周口歷史文化通覽

文化卷

（上）

《周口历史文化通览》编委会　编

學苑出版社

图书在版编目(CIP)数据

周口历史文化通览/《周口历史文化通览》编委会编.—北京：学苑出版社，2009.12
ISBN 978-7-5077-3279-5

Ⅰ.①周… Ⅱ.①周… Ⅲ.①周口市-地方史②文化史-周口市Ⅳ.①K296.13

中国版本图书馆 CIP 数据核字(2009)第206140号

出 版 人：孟　白
责任编辑：刘　丰
出版发行：学苑出版社
社　　址：北京市丰台区南方庄2号院1号楼
邮政编码：100079
网　　址：www.book001.com
电子信箱：xueyuan@public.bta.net.cn
销售电话：010-67674055、67675512、67678944
印 刷 厂：高碑店市鑫宏源印刷包装有限责任公司
开本尺寸：787×1092　16开本
印　　张：246.25
字　　数：4200千字
版　　次：2010年6月第1版
印　　次：2010年6月第1次印刷
定　　价：980.00元(全套四卷八册)

《周口历史文化通览》编委会

《文化卷》编委会

主　编　王　剑

副主编　高恒忠　李治中

编　委　（以姓氏笔画为序）

石耀东　刘运动　李荣华　杨文森

孟绘霞　游庆学

《周口历史文化通览》

前　言

地处黄淮平原的周口，历史文化积淀深厚，是一片蕴涵着丰饶文化资源的富矿区，这就让我们面临了三个任务：一是有力保护好，使文化资源不能自然湮没于时间，不能人为损毁于无知或利益；二是务实开发好，充分挖掘和展示其价值，让历史深处的燧火点燃我们今天案头的灯盏；三是全面传承好，当我们把这份遗产交给后人的时候，不能只是仰承历史原汁原味的东西，还要有我们的总结与创造、思想与智慧在里面，赋予其时代内涵，形成一个文明的新高度。最初动议编纂《周口历史文化通览》就是基于完成这三个任务的考虑，这是立意定位，也是一种文化责任感的体现。

2005年初编纂工作正式启动后，围绕写什么和怎么写，我们首先遇到的是通览周口历史文化的点、线、面关系处理问题。周口是个空间的点，历史是条纵向的线，但繁衍于周口这片土地的历史文化却不是相对封闭的地域文化，而是具有很强空间辐射力和时空穿透性的活力四射的文化形态。地理与气候是周口最早形成的优势，居平原腹地，握黄淮之枢，草木茂盛，渔猎相益，6000多年前伏羲氏部落的先民创造的原始文明，因为不断传播和广为接受而成为华夏文明的源头。这就决定了审视周口历史文化的着眼点就应该由焦点透视调整为散点透视，在中原文化、民族文化、中华文化的大背景下廓清周口历史文化的脉络，理其繁，纠其伪，释其疑，续其断，还原一些东西，深化一些东西。这是应有的学术视野，也是研究历

史文化的一种科学理念。

四年多来，360多位编纂人员根据《通览》四卷即历史卷、文化卷、民俗卷、人物卷的类别分工，全身心地投入工作中，克服资料缺乏、经费紧张等多重困难，凭着周口人的乡土情怀，凭着文化人的求知劲头，凭着工作者的职责意识，勉力实施这项没有先例可循、没有模式可套的大工程，以勇于开拓创新的精神，积极探索，锐意进取，志在出精品，填补周口历史文化发展史上的空白。其间所表现出来的工作作风和学术精神，也成为一种独特的时代文化现象。

书印出来了，无论我们的愿望多么美好，工作多么努力，但缺憾肯定是难免的，也就一并留给后人去弥补吧。这是历史和文化发展规律决定了的。

《周口历史文化通览》编委会

2009年12月30日

目 录

绪　论

周口地处中原腹地，位于河南省东南部。这里是一片广袤的平原，历经黄河和淮河两大水系亿万年的冲积，土地肥沃，物产丰饶。周口历史悠久，文化灿烂，是中华文明的重要发祥地之一。今周口市所辖区域的行政、文化中心过去一直在淮阳。淮阳古称“宛丘”，上古为太昊伏羲之墟，神农所都之地，夏为豫州之域，商为虞遂封地；西周分封，武王封舜后妫满于此，建立陈国；春秋末年，楚灭陈，陈为楚北方重镇；战国后期，楚徙都于此，陈城为“郢陈”，史称“陈楚”。本书所记述的周口地域文化，以历史概念而论，可称之为“陈楚文化”。

国内地域文化研究，均追溯至春秋战国，比如燕赵文化、吴赵文化、三秦文化、齐鲁文化、荆楚文化等，那个时期形成的丰富的文物、制度，为当今地域文化研究打下坚实的基础。陈楚文化与上述地域文化相并列，并具有自己独特的文化品质。所谓陈楚文化，概指产生发展于陈楚地区的一种地域性文化，是有史以来生活在陈楚地区的人们所共同创造的一切文化的总称。中华文化是多种地域文化交流、融汇的产物，陈地正处在多种地域文化交流的中心地带，在文化史上的地位十分重要，对中华主体文化的形成和发展作出了巨大贡献。

一、陈楚文化的形成

一种地域文化的形成，要受三方面因素的影响，即历史发展、地理位置以及上述二者相结合而形成的历史区位关系。陈地地处中原，这里自然环境优越，又是上古时期各种政治势力相互交接、争夺的地区，历次朝代更迭、文化演进都对陈地产生巨大的影响。特殊的地域位置，为陈楚文化的形成提供了条件。

从陈地的行政建置和区域沿革上讲，这里的历史源远流长。约公元前40世纪到前30世纪，相传东夷部族首领太昊氏率族居住于此。《左传·昭公十七年》载："陈，太昊之虚。"陈时称宛丘。《竹书纪年》载："太昊伏羲氏元年即位都宛丘。"宛丘在今淮阳县城东南4公里处的大连乡大朱庄村南。《淮阳县志》载："宛丘在县东南。"宛丘之名，说明这里是一块高地。《诗经·陈风》有《宛丘》一诗，《毛诗传》解释宛丘地形为："四方高，中央下曰宛丘。"马瑞辰《毛诗传笺》通释云："案之言，碗，其形如仰盂然。故《释名》谓如偃器，偃即仰也。《广雅》：偃，仰也。既如仰器，则其形为四方高，中央下矣。"说宛丘形如口朝上的碗，形象地描述了宛丘的地理特征。《山海经·大荒南经》载，颛顼国有"陈州之山"，这"陈州之山"即宛丘。王应麟《诗地理考》卷二云：陈地"其地广平，无名山大泽，西望外方，东不及明潴。"在广阔的黄淮大平原上，能有这样一座土丘，格外引人注目，所以常被原始部落作为定居点。现宛丘遗址存一座高约5米，面积100亩，呈正方形的高台。当地人称，此台为北宋时包拯下陈州，过筛四国舅米里所掺沙土堆积而成，称"平粮台"。《淮阳县志》载："贮粮台，俗呼平粮冢，高二丈，大一顷，有四门，林木郁然。"1979－1980年，河南省文物研究所发掘考证，发现此台是一座时代最早，面积最大，保留最好的龙山文化古城（据碳十四测定年代为公元前2405±175年，经树轮校正），与史载相符，证明这里确为"太昊之墟"的古宛丘之地，距今已有4500余年的历史。

相传，炎帝神农氏都陈，尝百草，艺五谷，教民农耕。炎帝生于烈山，育于姜水，故以姜姓，初都于陈，后徙鲁（今山东曲阜）。关于陈之得名，有两种说法。一是说，陈义为旧，宛丘为太昊旧都，炎帝继之，故称"陈"。《历代帝王陵寝备考》记载："伏羲都宛丘，神农仍之，故曰陈。"《陈州府志》叙云："陈为伏羲建都地，神农氏因其旧而都之，故名之曰陈。"《续河南通志》曰："古太昊之墟，为宛丘之地，神农都之始为陈。"另一种说法，见何光岳著《楚灭国考》，认为"陈"，同阵，本义为阵列。从春秋青铜器铭文来看，陈可写作"塦"，《路史·国名记甲》云："今陈治宛丘，考古字只字阵，隶谬为陈。传云：太昊之虚。"罗苹注："车列宫旁，所以为阵，转为平声。古无从东、陈，后世传家谬车为东，遂隶为东，世不之知，反以陈为正，阵为俗，今难顿革，姑定为陈，亦或用塦，出《说文》、《石经》有《孝经》、《车石碑》"，陈义《广雅》为"陈列"。《吕氏春秋》云："武王果以甲子至殷郊，殷已先陈矣。"这陈即布阵准备作战。从金文上可以看到陈字的形象，左边"阝"作旌旗之状，右之"車"为战车的车轮，下面之"土"为会意，即以车排列于国土边界以保卫土地。陈地先民在平原无险可守的环境下，利用车队排列成圆形，人畜居于其中，故其地名"陈"。但何光岳认为陈始名于原始氏族部落陈锋氏，最早见于《史记·五帝本纪》：“帝喾娶陈氏女，生放勋。”陈锋氏又作陈丰氏。查《路史·国名记》载：“陈丰，一作锋，邦也。侨极取陈丰氏生帝喾，喾复取陈氏生帝尧。齐之丰丘，陈氏邑也。”可知陈丰氏之地在“齐之丰丘”，而不在宛丘。所以说陈得名于陈丰氏不足为证。

夏代，陈地属豫州之地。商代始封虞舜的后代虞遂于陈。《世本》宋忠注：“虞思之后，箕伯直柄中衰，殷汤封遂于陈，以为舜后是也。”虞遂一系是商朝所封，因亲商，被周武王所灭。《逸周书·世俘解》载，周武王灭商之前，派大军攻取商纣王的两属国——陈、靡。“侯来伐靡，集于陈。”晋人孔晁注：“侯来，亦将也。靡、陈，纣二邑也。”这个陈，即虞遂封地。周武王的军队集中于陈，夺取了陈地，切断商朝淮河流域诸属国的援助，为灭商创造了有利条件。

周朝建立后，因虞舜的另一后代遏父（或作阏父）投靠于周，任陶正之官，为周立国立下了大功。武王便将长女大姬嫁给遏父之子妫满。因陈地曾是虞舜后裔世代居住之地，所以封妫满于陈，以延续对舜帝的祭祀。胡公妫满是陈国开国君主。时陈国为侯国。按照周朝的封建制度规定：四海之内分为九州，州方圆千里。每州建方圆百里的诸侯国三十个，方圆七十里的诸侯国六十个，方圆五十里的诸侯国一百二十个。九州总共一千七百七十三国，还有这些诸侯的附庸国没有计算在内。同时规定公爵和侯爵国家，方圆百里；伯爵国家方圆七十里；子爵和男爵国家，方圆五十里；不满五十里的小国，则成为其邻国的附庸。陈国是侯国，方圆百余里，而且位于川泽纵横，平坦无垠的黄淮大平原，物产丰富，文化发达，地理位置十分重要。历来被视作中原地区的一块宝地。陈国是西周初年首封的十大诸侯国之一。

周代陈国为陈奠定了基本区域，此后陈地区域无大变化。西周时辖14邑：防（治今太康县老冢）、柽（治今淮阳城西郑集）、相（后称苦，治今鹿邑县东，老子生地）、鸣鹿（治今鹿邑县西）、株林（治今西华县西）、辰陵（治今扶沟县南）、项（治今沈丘县槐店）、顿（治今项城县南顿）、壶丘（治今新蔡县东南）、株野（治今柘城县城）、沈（治今平舆县北射桥，另说今临泉县城）、焦（治今安徽省亳州市）、夷（治今亳州市东南35公里处，一名城父）、留（治今开封市陈留镇），其中沈、项、顿三个子国，为受陈国保护的附属国。

春秋末，楚国势力日渐强大，陈国则连年内乱，积弱不振。公元前479年，楚灭陈，置陈为县。陈为楚国北方军事重镇。公元前278年，楚顷襄王迁都于陈，“东北保于陈城”。至考烈王六年（前257年），楚都东迁于寿春

（今安徽寿县），陈为楚都38年。其时陈称“陈郢”。楚国辖陈、都陈，前后达200年之久。

社会的变革，朝代的更迭，如潮起潮落；地域的划分，名称的转变，似斗转星移，陈地的名称也几度沧桑，建置或国、或郡、或州、或府，数度更易，但周代陈国为陈奠定了基本区域，此后陈地区域无大变化，其辖区均相当于今河南省周口市。

从地理环境上看，陈地属黄淮平原的一部分，大致以沙颍河为界，以北为黄河冲积平缓平原区，以南为淮河及其支流冲积低缓平原区，土地平旷，河流众多，土质疏松肥沃；属暖温带半湿润季风型气候，降水量适宜，有利于农作物生长。陈地兼有南北地理条件之长，具有发展农牧业的得天独厚的自然环境。

陈地地处豫东要冲，疆域广袤，无山水阻隔，交通便利。《史记·货殖列传》载：“陈在楚、夏之交，通渔盐之货，其民多贾。”清初历史地理学家顾祖禹在《读史方舆纪要》中说：陈地“控蔡、颍之郊，绾汴、宋之道。淮泗有事，顺流东指，此其经营之所也”，“又其地原湿沃衍，水流津通”。这种特殊的地理环境条件，使之融汇南北，包容四方，熔铸成独具特色的地域文化风格。

从历史发展阶段来看，陈楚文化包括先陈文化、妫陈文化、陈楚文化三个延续的阶段。

（一）先陈文化

先陈文化指在周代陈立国之前，在陈地由东夷部族创立的文化。

近代以来，众多的考古发现以及考古学文化区系类型的研究成果已经昭示：中华文明起源有多个中心。许多学者将分散在中华大地上的远古部族区分为若干大系统或大集团。影响较大的是徐旭生提出的西方的华夏、东方的东夷、南方的苗蛮“三集团”说 。现代考古表明，黄河流域新石器时代遗址文化遗存和人类骨骸中，不同地区确实存在文化区别和人类体质差异。以今河南省为界，黄河中上游以仰韶文化为代表，大概与华夏集团的族群有密切关系。黄河中下游，河南东部至鲁皖苏，新石器时代文化呈现大汶口文化和龙山文化的演进序列，当与东夷集团有关 。《说文解字》释解“夷”字为“从大从弓”，即言夷人身材高大，擅长弓箭。考古发现新石器时代东方居民有高颅，面较高，较阔，身材也较高，并且伴有头部人工变形及拔牙的风俗。据《左传·昭公十七年》，郯子追叙其祖先的来历，指出在东方的平原上原有一大批自认太昊、少昊后裔的部族。他们以鸟为图腾，这批部族即是东夷。

陈地的土著文化是东夷文化。《左传·昭公十七年》载："陈，太昊之墟。"大量的地下考古发现和地上文物遗存与古代文献记载相印证，证明陈地在公元前40世纪到前30世纪确为以太昊氏为首的东夷族世居之地。

大汶口文化和龙山文化在陈地有较广泛的分布。陈地属于大汶口文化早期的遗址有商水马村、太康方城、周口市烟草仓库等9处；属于大汶口文化中期的遗址有西华小白庄、淮阳王禅冢、周口市烟草仓库等12处；属于大汶口文化晚期的遗址有郸城段寨、商水章华台、周口水灌台、项城高寺等18处。

诸多论家认证龙山文化为大汶口文化的延续，龙山文化在陈地有最典型的遗存。陈古称"宛丘"，《竹书纪年》载："太昊伏羲氏元年即位都宛丘。"《淮阳县志》载："宛丘在县东南。"取名"宛丘"，说明这里是一块高地。宛丘在今淮阳县城东南4公里处的大连乡大朱村南，今称"平粮台"。1980年河南省文物研究所对平粮台遗址发掘证实，这里是一处属龙山文化时期的古城遗址。现已发现了四周的夯土城墙、门卫房、陶质排水管道、高台建筑及灰坑、墓葬等，出土了大批文物。这座古城距今已有4500年历史，是我国发掘出的最古老的城堡之一。根据史书记载和考古发掘相印证，平粮台古城遗址即是被称为"太昊之墟"的古宛丘都城。

史载太昊薨葬于陈，太昊墓陵今存淮阳县城北，春秋前有墓，汉以前有祠，宋明以后各帝王均遣官祭奠。经历代修建，陵园占地875余亩，建筑雄伟，殿宇巍峨，是我国帝王级陵庙中大规模的宫殿式建筑之一。太昊伏羲被称为"三皇之首"、"百王之先"，是年代及影响早于黄帝、炎帝的民族始祖，所以淮阳太昊陵被称为"历代帝王寝陵之首"。

东夷部族创造了灿烂的文化，其势力范围从陈地渐次东移，分布于豫东、山东、苏北、皖北和辽东半岛，对中华早期文化和民族血脉的形成产生较大的影响。东夷是在中原可堪与华夏抗衡的部族，它与华夏的交往十分频繁。从中华民族的形成来看，可以说一部中华民族的早期历史就是华夷对举的发展史。傅斯年说："这两个体系，因对峙而生争斗，因争斗而起混合，因混合而文化进展。夷与商属于东系，夏与周属于西系。"其后裔建立了中国古史最具夺目光彩的殷商文化。

（二）妫陈文化

继太昊氏为代表的东夷部族之后，在陈地居留的是五帝之一的虞舜后裔妫陈一系。

夏代，陈地属豫州之地。商代始封虞舜的后代虞遂于陈。《世本》宋忠注：“虞思之后，箕伯直柄中衰，殷汤封遂于陈，以为舜后是也。”周朝建立后，因虞舜的另一后裔遏父（或作阏父）助武王伐殷有功，武王封遏父之子胡公妫满于陈地，以奉舜帝之祀。《左传·襄公二十五年》载：“昔虞阏父为周陶正，以服事我先王。我先王赖其利器用，与其神明之后，庸以元女大姬配胡公，而封诸陈，以备三恪。”陈胡公妫满是陈国开国君主，陈国是西周首封十大诸侯国之一。

周代对古代帝王后裔的分封其实是一种文化分封。《史记·周本纪》载：“武王追思先圣王，乃褒封神农之后于焦，黄帝之后于祝，帝尧之后于蓟，帝舜之后于陈，大禹之后于杞。”这种对“先圣王”后裔的分封，与宗周姬姓亲戚和功臣的分封有实质的不同。这些先圣后裔，可以在各自的封地上按照自己祖先以来的部族文化体系进行祭祀及文化活动，保持其先人的文化体系“以奉先祀”。舜帝一系，从祖源上看，亦为东夷后裔。《孟子》说：“舜生于诸冯，迁于负夏，卒于鸣条，东夷之人也。”妫满接受周的分封，且娶周武王长女为妻，这样，随着妫满一支的入主，夷文化与周文化在陈地相互影响、交汇。

自妫满封陈到公元前479年陈亡于楚，陈国共传20世，26代君主，历时588年。远古时期陈地农业的领先开发，为周代陈国经济的发展和繁荣奠定了坚实的基础。西周时期社会安定，作为周代十大诸侯国之一的陈国，其经济在原有领先的基础上得到进一步的发展。从陈地出土文物和史志记载来看，陈国农业和以麻纺、漆器业、青铜铸造业为代表的手工业均发展到较高水平。由于地处交通要冲，春秋时期陈国的商业也较为繁荣。

《诗经·国风》有《陈风》十首，保留了周代陈国的社会生活和礼俗风情。《汉书·地理志》：“周武王封舜后妫满于陈，是为胡公，妻以元女大姬，妇人尊贵好祭祀用巫，故其俗好巫鬼者也。”郑玄《诗谱》称：“大姬无子，好巫觋，祷祈鬼神歌舞之乐，民俗化而为之。”故有“陈风好巫”之说。《陈风》艺术风格独树一帜，兼具有南北文学之长，不仅开现实主义文学风格之先河，而且意境优美，抒情气息浓厚，具有浓郁的浪漫主义情调，为后世楚辞的产生奠定了基础。

（三）陈楚文化

陈地是太昊氏为首领的东夷部族的世居之地。这里与楚族的孕育和楚文化的形成与发展有着十分密切的关系。

屈原《离骚》开篇写道："帝高阳之苗裔兮，朕皇考曰伯庸。"他把自己的谱系追溯到颛顼高阳氏与重黎祝融氏那里。据《史记·楚世家》记载：

> 楚之先祖出自颛顼高阳。高阳者，黄帝之孙，昌意之子也。高阳生称，称生卷章，卷章生重黎，重黎为帝喾高辛居火正，甚有功，能光融天下，帝喾命曰祝融。共工氏作乱，帝喾使重黎诛之而尽。帝乃以庚寅日诛重黎，而以其弟吴回为重黎后，复居火正，为祝融。吴回生陆终。陆终生子六人，坼剖而产焉。其长一曰昆吾；二曰参胡；三曰彭祖；四曰会人；五曰曹姓；六曰季连，芈姓，楚其后也。昆吾氏，夏之时尝为侯伯，桀之时汤灭之。彭殷之时尝为侯伯，殷之末世灭彭伯氏。季连生附沮，附沮生穴能。其后中微，或在中国，或在蛮夷，弗能纪其世。

司马迁在这里十分清楚地开列出了楚族世系表。从楚人的族属源流考察，可以断定，楚王族最早是从黄河流域的中原地区迁徙到南方江汉一带的。屈原《湘君》和《湘夫人》中的神游路线是出自洞庭湖而北上，《九歌》中所娱之神有河伯等北方诸神，也表证楚王室非楚地土著而源出中原。

楚族的祖居地在今河南濮阳。《左传·昭公十七年》："卫，颛顼之虚也。故曰帝丘。"杜预注："卫，今濮阳县。昔颛顼氏居之，其城内有颛顼冢。"《史记·五帝本纪》集解引皇甫谧曰："颛顼都帝丘，今东郡濮阳是也。"此地正处于华夏集团和东夷集团的交界地。在这里，楚族是一个弱小民族，为求生存，或依附于华夏集团，或依附于东夷集团。

但应该指出的是，司马迁是站在华夏大一统文化的立场上推演楚族世系的。他将夷、楚归附于夏的族系。而事实上，楚族文化与东夷文化的关系更为密切。颛顼、帝舜都是东夷的祖神，也被楚人奉为先祖。如《九歌》的《湘君》、《湘夫人》所娱之神即是帝舜和他的两个妻子。

从原始崇拜的角度来看，颛顼高阳氏与太昊一样，都属于东夷日神崇拜的神话系统。《左传》不仅说陈为"太昊之虚"，而且还明确说："陈，颛顼之族也。"《左传·昭公八年》载，陈哀公三十五年（前534年），楚一度灭陈，晋侯问于史赵曰："陈其遂亡乎？"史赵回答说："未也。"并分析原因说："陈，颛顼之族也。岁在鹑火，是以卒灭，陈将如之。今在析木之津，犹将复由。且陈氏得政于齐，而后陈卒亡。自幕至于瞽瞍，无违命。舜重之以明德，置德于遂，遂世守之。及胡公不淫，故周赐之姓，使祀虞帝。臣闻盛德必百世祀，虞之世数未也。继守将在齐，其兆既存矣。”陈地在商为虞遂封地，在周为舜后妫满封地，从幕到瞽瞍、虞舜、遂、妫满，一脉相承。《孟子》说：“舜生于诸冯，迁于负夏，卒于鸣条。东夷之人也。”所以陈与楚在祖源上看，本为东夷一系，关系极为密切。

楚族南迁以前，在江汉一带生活的是三苗之民。《战国策·魏策一》：“三苗之居，左彭蠡之波，右洞庭之水，文山在其南，而衡山在其北。”三苗是楚地的土著居民，他们在这里繁衍生息，创造了较为先进的文化。三苗集团与夏、商、周均发生过激烈的冲突。《尚书·大禹谟》载：“三苗逆命。”《墨子·非攻》：“昔者三苗大乱，天命殛之。……高阳乃命禹玄官，以征有苗。”《韩诗外传》：“当舜之时，有苗氏不服。”《山海经·海外南经》郭注：“昔尧以天下让舜，三苗之君非之，帝杀之。有苗之民，叛入南海，为三苗国。”

夏王朝时，楚族祝融曾臣服于夏。《国语·周语》：“昔夏之兴也，融降于崇山。”韦昭注曰：“融，祝融也。崇，崇高山也。”崇山即今之嵩山。《左传·昭公十七年》载：“郑，祝融之虚也。”郑，即今河南新郑县。祝融部落的许多分支，如昆吾（先居濮，后迁许昌）、韦（今河南滑县）、顾（今山东范县），都是夏的与国。夏末年，东夷殷商部族在东方兴起，祝融部族的分支韦、顾、昆吾相继为商所灭。《诗经·商颂》：“韦顾既伐，昆吾夏桀。”夏朝灭亡之后，祝融部落的另一支芈姓季连部族，迫于商的威慑，南迁到江汉流域，与三苗之民相结合，这就是古代文献中所称的“荆楚”、“楚蛮”。

商朝建立后，曾对荆楚地区进行大规模征伐，迫使楚部族臣服于商。卜辞中“楚侯”、“楚子来告”等记载可证楚人曾依附于商。《诗经·商颂·殷武》：“挞彼殷开，奋伐荆楚，深入其阻荆之族。有截其所，汤孙之绪。维女荆楚，居国南乡。昔有成汤，自彼氐羌，莫敢不来享，莫敢不来王，曰商是常。”

楚国正式立国的始祖是鬻熊。他曾于商末和散宜生等人投归周文王，参加了周武王灭商的战争。鬻熊时期，楚族立都丹阳，建立了自己的国家政权。周武王时，因族祖鬻熊对文王有功，成王封熊绎以子爵，姓芈姓。历代楚君兢兢业业，励精图治，筚路蓝缕，以启山林，开拓疆域，发展势力，使楚成为“抚有蛮夷，奄征南海”的南方大国。

楚国南迁后，与南方土著居民苗、黎等民族融合、同化。这样，它承受商文化的恩惠，周文化的浸润，集中交融三代文化的精华，南迁后又吸收苗蛮文化的营养，从而滋长为具有鲜明特色和强大生命力的楚文化，并成为中华文明的一个活水源头。

楚文化在春秋晚期到战国完全成熟。春秋中晚期，楚国逐渐强大，国势已堪与中原诸大国相抗衡。《史记·楚世家》载：周夷王时，王室衰微，诸侯相伐。楚王熊渠“甚得江汉间民和，乃兴兵伐庸，扬粤，至于鄂。熊渠曰‘我蛮夷也，不与中国之号谥’。楚武王熊通雄才大略，武功鼎盛。楚伐随，随曰‘我无罪’。楚王傲然宣称：‘我蛮夷也。今诸侯皆为叛相侵，或相杀。我有敝甲，欲以观中国之政，诸王室尊吾号。’”楚国逐渐确立了向外发展、北定中原、统一中国的战略目标。

楚国占据并稳定了南方以后，便急剧向北扩张。楚庄王北伐陈、宋，又占领戎（洛水上游），“遂至洛，观兵于周郊”。问鼎中原，威慑周王朝，成为春秋五霸之一。楚共王时，楚国“抚有蛮夷，奄征南海，以属诸夏”。占据着中国南方大半领土。

进入战国时代，楚国和秦国是当时最有可能统一天下的国家。《战国策·楚策》苏秦说：“纵合则楚王，横成则秦帝。”若合纵成，则天下归于荆楚；若连横成，则天下归强秦。非楚即秦，非秦即楚。

在楚国势力日益强大并向北扩张的时候，原为中原大国的陈国却因为君臣荒淫，政治不修而日趋衰弱。春秋时代，楚、晋、齐交争于中原，陈国处于四战之域，无日不处于战争的气氛之中。加之国内多次发生争夺君位的内乱和残杀，国势不振，只得朝齐暮楚，依附于楚、晋、齐之间以求生存。

楚国随着疆域扩大，为了与中原诸国争雄，多次对陈用兵，灭而又复。史载楚庄王、灵王和惠王时，先后三度灭陈。《左传》载，陈灵公与大夫孔宁、仪行父不问国事，终日与夏姬饮酒作乐。大夫泄冶进谏说，君臣淫乱，人民效样。灵公便告诉孔、仪两人，两人杀害了忠臣泄冶。夏姬之子夏徵舒很气愤，射杀陈灵公。夏徵舒自立为陈侯。前598年，楚庄王借口要平定陈的叛乱，出兵攻入陈国，把夏徵舒车裂于陈都城的栗门之地，把陈国建为楚的一个县。后听大臣申叔时之言，楚庄王立灵公之子午为成公。公元前535年，陈哀公因爱宠妾之子公子留，便托其弟公子招、公子过做保护人。哀公生病时，招便杀了太子师，立留为太子。哀公很生气，欲杀招，招便派兵攻哀公，哀公自缢而死。招立留为陈君。公元前534年，楚公子弃疾趁陈内乱灭陈，为陈公，驻守陈地，陈君留逃奔于郑。次年，楚灵王至陈，鲁、宋、郑、卫各派大夫来会。楚以陈为基地又灭蔡国，并修筑陈、蔡、不羹等城池。到了公元前528年，弃疾弑王登位，是为楚平王，他为了笼络人心，求得各国的和好，便兴灭国，继绝祀，封陈，以陈太子师之子吴为陈君，即陈惠公。

其后吴、楚交争，陈首鼠两端，惶惶不可终日，陈趁楚内乱，结好于吴，终遭灭国。《左传·哀公十七年》载："楚白公之乱，陈人恃其聚而侵楚。楚既宁，将取陈麦。……秋七月己卯，楚公子朝帅师灭陈。"这一年是公元前479年。韩席筹《左传分国集注·楚惠灭陈》论及陈灭国时说"陈灵之荒淫，是以亡国，而卒不亡者，楚庄方欲图霸，未肯公然亡人国也。陈哀无道，国已亡矣，犹幸得复者，弃疾惩恶，欲假兴灭以为名也。迨春秋末，周室益微，霸者不作，强大日肆并吞，弱小几难自立。……况陈在楚之宇下，即竭诚事之，犹时有吞噬之处，乃背楚即吴，安有复存之理?"

楚灭陈后，由于陈地特殊的地理位置，陈成为楚国北方的军事重镇。进入战国以后，楚国势力牢牢地控制着陈地，楚文化取代这个地区的中原文化而成为主宰，陈地也完成了楚化的过程。公元前278年，楚顷襄王迁都于陈，在陈建都38年之久，并葬于此地。1981年，河南省文物研究所发掘淮阳马鞍冢，证实此冢为楚顷襄王墓。从楚灭陈到楚亡，楚辖陈，都陈，计200多年。

春秋战国时期，是民族文化大融合的时期。楚国北扩，占据陈地后，楚文化北上中原，陈地处于楚文化与东夷文化和华夏文化交汇的前沿。楚国定都于陈，这里一度成了楚国政治文化中心，楚文化与陈地原有的东夷文化交流、融汇，从而形成了一种独具特质的新型文化，并汇入中华主流之中。

二、陈楚文化的内涵

从地域文化来讲，陈楚文化与齐鲁文化、燕赵文化、吴越文化、荆楚文化等相并列，是一种有别于这些文化的独立的文化体系。其地域范围在河南东部和安徽西北部，以今河南东部周口市辖区为主，古为陈国疆域。时限上从上古传说时期到楚亡于秦。因而陈楚文化的内涵可以归纳为：陈楚文化是从远古传说时期到春秋战国时代在陈楚地区形成、发展并在后世得到继承和发展的一种地域文化，具有自己独特的风韵和价值。它既包括上古时期以太昊氏为代表的东夷部族在这里所创造的东夷文化，也包括西周封陈，陈国时期东夷文化与周文化交融形成的妫陈文化，也包括战国时期楚文化与这里的东夷文化和华夏文化相互交融而形成的多元复合型的文化。

陈楚文化以东夷文化为基础，周初融入华夏文化的因子，春秋战国时代楚文化则在这里占据主导，因而陈楚文化比荆楚文化更具有多元性和融汇性。东夷始祖是太昊，其图腾为凤；南方楚蛮文化的代表是伏羲和龙，而陈楚文化的代表是太昊伏羲。太昊、伏羲的合称正表明了陈楚文化民族和合、龙凤呈祥的特质。陈楚文化在哲学上的代表是《老子》，在文学上的代表是《诗经·陈风》，我们在淮阳楚墓和大量出土文物中可以找到它的踪迹，在陈地民俗之中可以觅到它的流绪。

陈楚文化兼具南北之长，既有尚实际、重思辨的北方文化传统，又有重想象、尚浪漫的南方文化色彩。陈楚文化所孕育的最主要的思想成果是老子的《道德经》。《史记》载："老子者，楚苦县厉乡曲仁里人也，姓李氏，名耳，字聃。周守藏室之史也。"老子生地苦县即今河南鹿邑，春秋时属陈国，战国属楚。老子所生活的春秋末年，正是中华主体文化形成和发展的"轴心时代"，与博大而丰富的中华文化一样，老子思想也是春秋及其更早时代多方文化相融合的结果。老子曾做周史官，其思想当然会有周代史官文化的影响。但是，作为一个生于陈地的哲学家、思想家，老子的思想形成自然得益于陈地多元化、复合性的文化滋养。《老子》中所包含的丰富的文化意蕴也是由老子的原居地——陈楚地区的生活背景和文化背景决定的。老子思想中具有浓重的南方巫觋文化特色。陈楚地区丰富的巫觋之风和原始崇拜的民间背景，对老子哲学思想和他的"道"的观念的产生，具有深刻的影响和必然的联系。老子在哲学上使北方丰富的政治－军事经验与南方所特有的那种浪漫、优游、柔静、华美的精神特质结合起来，并得到思辨性的升华。

三、陈楚文化对中华早期文化的贡献

陈地是古代多个部族和多方文化交流融汇的中心，为中华民族早期文化的形成作出了巨大贡献。中华民族是多民族大混血、大融合的结晶。毛泽东在《论十大关系》中指出："汉民族人口多，也是长时期内许多民族混血形成的。"地处中原腹地的陈地，既是各早期民族文化的交汇点，又是它们的争夺区。《左传·昭公十七年》谈及彗星对诸国的影响时说："夏数得天，若火作，其四国当之，在宋、卫、陈、郑乎？宋，大辰之虚也；陈，大皞之虚也；郑，祝融之虚也。皆火房也。"这里所说的宋、卫、陈、郑所在的中原地区，是古代中国的核心文化区，是华夏、东夷、楚蛮三大主体文化形成、发展和交流的中心地带。多方文化在这里辐集冲突，多种血脉在这里混合交流，使陈地成为中华民族的主要发祥地。

上古时期各部族的相争相斗与最终和合为一的过程，从各族始祖神祇的名号中可以体现出来。前述东夷部族的神祇和始祖是太昊（史籍或记为“太皞”），案《左传·昭公十七年》载，郯子言东夷部族图腾是“凤鸟”。今陈地太昊陵每年庙会上有大量原始图腾“活化石”——泥泥狗，其基本类型为“玄鸟”，亦可证东夷图腾是“凤鸟”。而伏羲是南方苗蛮集团的祖先神，此说闻一多先生论列甚详，已是不争之论。《山海经·海内经》谓：“有人曰苗民。有神焉，人首蛇身，长如辕，左右有首，衣紫衣，冠旃冠，名曰延维。”对此的训释当如闻一多所言，延维、委蛇，即汉画像中交尾之伏羲、女娲，乃南方苗族之祖神。古籍载伏羲蛇身人首。蛇是龙的原型，伏羲部族的图腾是“龙”。

但在先秦可考的典籍中，言太昊则不言伏羲，言伏羲则不言太昊，二者决不并称。太昊与伏羲在秦汉时期才融为一体，被视为一人，史称“太昊伏羲氏”。太昊与伏羲并称合一，体现了东方民族与南方楚蛮相互融汇的过程。

伏羲的北上并与太昊合称，进而在中原诸神中取得显赫地位，与楚族的南下苗蛮与北上中原有关。楚族源于中原，其祖系颛顼高阳氏与东夷的关系密切。《左传·昭公八年》：“陈，颛顼之族也。”《山海经·大荒东经》：“东海之外大壑，少昊之国，少昊孺帝颛顼于此。”所以楚文化带有浓重的东夷文化色彩。

楚族南迁到江汉一带，与三苗之民相结合，这就是古代文献中所称的“荆楚”或“楚蛮”。《诗经·商颂·殷武》：“维女荆楚，居国南乡。”周初，楚族鬻熊正式立国，历代楚君筚路蓝缕，以启山林，使楚成为“抚有蛮夷，奄征南海”的南方大国。楚族南迁后，与南方土著居民苗蛮民族融合同化。这样，它承受商文化的恩惠、周文化的浸润，集中交融三代文化的精华，南迁后又吸收苗蛮文化的营养，从而滋长为具有鲜明特色和强大生命力的楚文化，并成为中华文明的又一源头活水。

春秋末年，楚族急剧北扩，占据陈地，楚文化与陈地原有的东夷文化交流、融汇。楚文化与东夷文化有着共同的渊源，再加之政治的因素，两者自然地融汇在一起，共同以“太昊伏羲”作为先祖。

考之于先秦器物，我们也可以看到东夷文化（凤图腾）与南方楚蛮文化（龙图腾）之间从相争到相融的过程。商代玉器上的龙凤合璧造型，往往是凤大龙小，龙凤之间也往往是相衔相咬的关系。到了春秋战国以后，龙凤合璧造型的形象与含义都发生了质的变化。它们往往成对出现，或顾盼，或曼舞，充满和谐、欢快的气氛。“龙凤呈祥”——这已成为一种吉祥、和美的象征图案。太昊、伏羲合称，从图腾文化意义上说，也正是龙凤呈祥、民族和合的具体表现。

陈地是人文初祖太昊伏羲氏的主要活动区域，“羲黄文化”是中华文明的源头。木本乎根，人本乎祖。民族先祖是民族精神的支柱，是民族凝聚力的纽带，也是神圣血缘观念的具体表现。一个民族先祖地位的确立，有历史的因素，政治的因素，同时也是多种文化相互融汇的结果。中华民族共同先祖是国人历经千百年反复审慎地选择而确立起来的民族血缘和民族文化的代表。

按照一般的说法，我们中华民族共同祖先被认为是炎帝、黄帝，中华儿女共同为“炎黄子孙”。但是，炎帝、黄帝同属于华夏一族，以炎黄一系作为中华民族唯此独尊的文明源头，与中华文明多元起源的实际情形并不相符。

史籍列太昊伏羲为三皇之一，确认其为黄帝之前的民族先祖。《白虎通·德顺论》说：“三皇者何谓也，伏羲、女娲、神农是也。”晋皇甫谧《帝王世纪》以伏羲、神农、黄帝为三皇。唐司马贞《史记·补三皇本纪》以伏羲、女娲、神农为三皇。班固《汉书·律历志》引刘歆《世经》言：“庖牺继天而王，为百王先。首德始于木，故帝为太昊。”把伏羲推到三皇之首、百王之先的地位。《汉书·古今人表》中首叙伏羲，次列炎、黄；《汉书·律历志序》认为“稽之于《易》，炮牺、神农、黄帝相继之世可知。”以太昊伏羲为历史源头。这就是说，在古帝王系统中，只有太昊伏羲氏是“继天而王”的，因而他是百王之先，而炎、黄诸帝继伏羲而王。司马迁虽未敢为伏羲立传，但他在《太史公自序》说：“余闻之先人曰：‘伏羲至纯厚，作《易》八卦。’”肯定了伏羲的文化贡献。班固在《汉书》中将民族始祖定位于太昊伏羲。其后梁代肖绮《〈拾遗记〉序》中说：“文起羲、炎”，唐司马贞《史记索隐》引刘向言：“稽古羲黄，祖述尧舜。”唐高祖《修六代史诏》和唐太宗《修晋书诏》均以伏羲为中华文化的肇始者，所谓“伏羲以降，因秦斯及，两汉继绪，三国并命，迄于晋宋，载笔备焉”；“考龟文于羲载，辨鸟册于轩年”。所以茅盾先生在《中国神话研究》中说：“太昊伏羲显然是中华民族的文化始祖。”

在对太昊伏羲民族血缘先祖和文化始祖地位的选择和确认的过程中，人们又逐渐把众多的勋业归加在他身上。历代典籍对伏羲的文化贡献所载甚多，归结起来有以下几个方面：（一）画八卦，开启文化之源。（二）确立了天文历法。（三）发明网罟，教民渔猎。（四）养六畜以充庖厨。（五）定姓氏，制嫁娶。（六）造琴瑟，作音乐。魏陈思王曹植在拜谒陈地太昊伏羲陵时作《太昊宓牺氏赞》云：“木德风姓，八卦创焉；龙瑞名官，经地象天。庖厨祭祀，罟网鱼畋；瑟以象时，神德道元。”对太昊伏羲的创世王业作了崇高的评价和礼赞。太昊伏羲氏还赋予了我们民族以总徽号——龙。

从民族血缘和民族文化聚合、熔铸的过程来看，太昊伏羲与其他始祖相比，其传说流传面更广，对文化的贡献更大，而且“龙”图腾是中华各民族大融合的典型象征，伏羲文化是中华文化的真正源头。所以，以“羲黄”代替“炎黄”作为我们民族的共同先祖更为全面和符合实际，更具有广泛的代表意义。

陈地是道家学派创始人老子的故里，道家文化与儒家文化一起构成中华文化的主流。人们在研究中国古代思想文化的时候，往往把儒家文化视为其代表，或把儒家文化视作中国传统文化的核心和实质。这是十分偏颇的。事实上，作为中国传统思想文化“轴心”时代的先秦，是各种学说、各种学派“百家争鸣”的时代。而诸子百家中形成最早、影响最大的应是以老子为代表的道家学说。

老子不仅是道家学派的创始人，还是先秦诸子的启蒙者，九流百家皆受其影响。儒家后起于道家，孔子师承于老子。西汉董仲舒“罢黜百家，独尊儒术”之前，在中国思想文化上占主流地位的是道家文化。儒家学说崛起后，儒、道两家对立互补，成为影响中国文化两千多年的两个主要理论学派，为其余诸子百家所不能比拟。汉末，佛教传入中国，作为中国本土宗教的道教兴起。儒家、道家、佛教、道教，犹如中华文化的四只车轮，构成中华文化的主体，推动中华文化的发展。道家与道教同源而异流，其力量可堪与儒、佛相抗衡。

老子是当之无愧的中国哲学之父。《老子》一书是一座取之不尽、用之不竭的智慧宝库，它与《周易》、《论语》一起，成为世界上影响最大的三部中国古代文化典籍。

陈地是中华姓氏起源地，从陈地走出的中华大姓构成了汉民族主体血脉。陈楚地区是中华姓氏的发源地。相传太昊伏羲氏在这里始定姓氏，制嫁娶。罗泌《路史》载：“上古男女无别，太昊始制嫁娶，以俪皮为礼；正姓氏，通媒妁，以重人伦之本，而民始不渎。”《左传》、《竹书纪年》载：太昊为风姓。范文澜在《中国通史》中说：“中国最早的姓就产生在伏羲氏时期，伏羲之后为风姓，这是中国第一个姓。”

许多中华大姓从陈地起源，然后播迁到全国，乃至世界各地。当今中华姓氏中人数最多的李、王、张、刘、陈五姓之中，陈姓直接在陈地得姓，据统计约占全国人口的4.53%，从陈姓分支出的姓氏达60多个，其中胡、田、孙、姚、袁等也是中华大姓，王姓的一支妫姓也是从陈姓中分化出来的；李姓起源于今河南鹿邑，始祖是老子李耳。李姓是当今中华第一大姓，也是世界头号大姓。据统计，李姓占汉族人口的7.94%，即世界上李姓人口超过8700万人。

陈地除为以上李、陈、胡、田、孙、姚、袁等大姓的族源之地外，还是阳夏（今太康）谢氏、陈郡袁氏、阳夏何氏、长平（今西华）殷氏、南顿（今项城西南）应氏、宛丘符氏的族望之地。如果把这些姓氏人口加起来，数字将是十分惊人的。从陈楚地区走出来的姓氏和家族，作为中华民族的血脉的主要源头，汇入中华民族的浩瀚大河。

四、陈楚文化的现代价值

陈楚文化中的思想文化是当代文化建设的重要思想资源。陈楚地区悠久的历史和优秀的文化遗产，在中国文化版图中，是一颗璀璨夺目的历史明珠，研究开发这一散发着古色古香气息的文化资源，对于丰富中华文化宝库，增强中华民族凝聚力、强化中华文明的感召力和纽带作用，有着十分重要的意义。

文化发展的历史表明：任何一种新文化的发展，都不可能是完全抛弃原有的文化基础而凭空创造出来的。今日的文化都是在往日文化的沃土上生发出来的。任何文化的发展，总是要从它的先驱那里继承一定的材料作为前提和出发点。

陈楚文化含有极有价值的思想精华，积淀和凝聚着极为深刻的思想内容，为当代文化建设提供了丰富的思想资料。如伏羲“先天八卦”中所蕴涵的“天人谐和”观和老子哲学中的“道法自然”的观念等整体思维和辩证法，为我们正确处理人与自然之间的关系提供了一套精辟的思想方法，对我们在现代条件下认识自然、顺应自然、坚持可持续发展会有深刻的启迪。陈楚文化所体现出的多方文化融汇交流、多民族和合统一，也为我们今天加强民族团结，增进中华民族的凝聚力提供了思想基础。

陈楚地区的文物遗迹是开拓历史文化旅游的独特资源。源远流长的陈楚文化，留下极为丰富的地下遗存和历史文物。经考古发掘和文物部门鉴定，陈地查明现有不可移动的文物点1000处，其中全国重点文物保护单位7处，省级34处；查出文物遗址200余处，发现古城址31座，出土文物不计其数。

在被列为国家级文物保护单位的4处历史遗迹中，淮阳太昊陵被称为

“历代帝王寝陵之首”，是与黄帝陵、炎帝陵齐名的中华民族始祖陵墓；淮阳平粮台古城遗址对研究中国远古文化具有较高的价值，引起国内外考古界、史学界的极大关注；周口关帝庙是河南省最大、保存最好、建筑艺术价值最高的古建筑群；鹿邑太清宫是我国古代伟大的思想家、哲学家老子的故里。此外，陈地还有西华女娲墓、商高宗陵、西周陈胡公墓、战国楚顷襄王墓、东汉陈王刘崇墓等古代墓葬。这些历史遗迹，为开发中原历史文化旅游提供了得天独厚的物质条件。

陈地的姓氏文化资源是吸引海内外华人寻根祭祖，增进民族团结的宝贵财富。姓氏文化，宗族谱系，是一个家族发源、生息、繁衍的历史。它是种族传递的血脉，是民族生长的根系。尊祖敬宗，弘扬祖德，是中华民族的传统。当今世界，与“全球意识”相并列的是人们的“寻根意识”。每一个民族和国家都各自存在着自己的特殊问题，都希望从自己民族和国家的文化中寻求救世良方与文化之根，特别是那些已经实现现代化过上富裕生活的人们，将怀着强烈的文化认同感，寻求祖先繁衍生息的文化土壤，这就是全球范围内寻根谒祖活动之风日盛的深层原因。在世界范围内寻根谒祖活动中，河南是华人寻祖的重点地区，陈地是中华姓氏的主要发源之一。天下李、陈、胡、田、姚、孙、袁、陆等中华大姓的子孙根在陈地，在漫长的历史长河中这些中华子孙从陈地出发，走向全国，走向世界。中华民族血浓于水，中华子孙根脉相连。中国传统文化以群体为本位，以家为中心，强调的是家、族、宗、国、人际关系，注重人伦和乡土情谊。陈地丰厚的姓氏文化资源吸引着众多海内外华人来陈寻根祭祖，认祖归宗。

陈楚文化在中国传统文化占有重要地位，深入研究陈楚文化，对于我们深刻认识中国传统文化具有重要意义。

历史上陈楚文化的繁荣和发展是在开放的环境下与周边广大地区广泛的交流中实现的，在现代条件下全面推进陈地经济文化建设，一方面需要我们深入发掘、认真研究陈地古代文化的宝贵价值，另一方面也需要我们具有一种开放的胸襟，广泛宣传，打造文化名牌，吸引海内外关注，使陈楚文化重新焕发青春，在今天的现代化建设中发挥重要作用。

撰稿人　王剑

第一章　原始神话与伏羲、女娲始祖崇拜

神话和原始崇拜，是一种人类文化现象，是民族精神的最早记录。世界上的每一个民族都有自己的神话体系。每一个民族都可以从神话中找出自己民族童年时代的踪迹，从中追寻民族心理的成长历程。正如马克思所说："古代各族是在幻想中、神话中经历了自己的史前时期。"① 原始宗教与原始神话和原始社会组织紧密地联系着。我们研究某一个民族、某一地域史前时期的社会历史和文化，除了考古学家地下发掘的资料外，原始宗教崇拜和神话也是研究古代文化的重要史料。原始宗教崇拜和神话包括原始社会的哲学、天文学、科学、神学、风习、历史、语言学、文学等内容，从中可以了解古代社会的面貌，对探究民族历史、发展民族文化有相当重要的作用。

原始宗教崇拜和神话，一方面反映了人类共同的特点，具有人类的共通性；另一方面，由于自然环境、历史文化背景和具体发展道路的不同，不同民族、不同文化的神话又各不相同，即使是相同题材的神话，也有自己的特殊性，并最终形成了神话的民族性和地域性的特征。

周口，古为陈地，是中华文明的发祥地之一，在这块古老的土地上，保留着许多关于女娲、太昊伏羲等人类始祖的神话传说和原始崇拜遗迹，为我们探求陈地文化的丰厚内蕴，并进而探求中华民族的文明之源，提供了丰富的资料。

一、女娲与创世母神

女娲是我国上古神话和古史传说中一位非凡的女性英雄，她与伏羲、神农并列，被尊称为"三皇"之一，成为中华民族的人文初祖。从先秦以来的《史

① 马克思：《黑格尔法哲学批判导言》，《马克思恩格斯选集》第1卷，人民出版社1995年第2版，第6页。

籀篇》、《楚辞》、《礼记》、《山海经》、《淮南子》，到秦汉以来的《汉书》、《风俗通》、《帝王世纪》、《独异志》、《路史》、《绎史》等文献古籍，对其事迹多有记载描写。择其要者，主要有化育万物、抟黄土造人、补天治水和与伏羲兄妹成婚繁衍人类、定婚姻等。女娲的这些事迹及其传说，蕴涵着中华先民童年历史的种种信息，反映了原始时代一定阶段我国上古先民的真实生活和精神风貌，具有重要的历史价值和丰富的文化内涵。

（一）女娲与生殖崇拜

生殖崇拜是一个重要的文化现象。从考古发现、文献记载和人类学的论证来看，远古时代，世界各地的人类都经历了一个从女性生殖崇拜到创世母神崇拜的发展过渡阶段。在远古洪荒时代，人口平均寿命极低，所以人类的繁殖活动就成了保存自己种族免遭绝灭的重要手段。恩格斯在《家庭、私有制和国家的起源》中曾论道："历史中的决定因素，归根结蒂是直接生活的生产和再生产。但是，生产本身有两种，一方面是生活资料即食物、衣服、住房以及为此所必需的工具的生产；另一方面是人类自身的繁衍。"人类自身繁衍的本能动机，是人类生活不息的原动力，也是人类无穷创造的原动力。但是，母系氏族社会时期，"天设地而民生之。当此时也，民知其母，而不知其父"。① 初民习见妇女怀孕生育做母亲，因而崇拜生育他们的女性生殖器。从考古发现的远古崇拜偶像来看，最早的女体石雕都十分突出地夸张了乳房、腹部和阴部，显然是为了强调母体的生殖功能。在有些女体石雕像的阴部，还刻有▽形符号，这种▽形符号还多见于先民留下的岩画上和我国彩陶器具上。有人认为，这▽形符号即是女阴的象征，并进而指出甲骨文和金文中的"帝"字即源于此。卫聚贤说："在新石器时代的彩陶上多有三角形如'▽'的花纹，即是女性生殖器之象征。此三角形后演变为上帝的'帝'字。铜器的'▽己且丁父癸'鼎，及'己且丁父癸'卣，上一字'▽'为帝"②。郭沫若解释说："▽己且丁"即"妣己祖丁"，妣亦女阴，且即男根，▽则以符号代之。女性生殖器为生命诞生之所。置"▽"于"且"之上，不过说男人是女人生的。高祖妣无夫而孕，如"玄鸟生商"之为"图腾感生"。于是，▽便成为帝。"帝之用为天帝义者，亦生殖器崇拜之一例也。""在初意本尊

① 《商君书·开塞》。

② 《古史研究》第3集，商务印书馆1967年版，第568－569页。

严，并无丝毫猥亵之义。”①

妇女怀孕分娩，是客观实际，人们在生活中习见。先民们观察了自己的身躯，又观察大千世界。万物从大地上生长出来，于是他们探询，难道大地也和具有生殖功能的母亲一样能怀孕吗？这样，凭借直观思维，先民很自然地把宇宙拟人化，把宇宙万物和人类自身等量齐观。女性的生殖功能神化为创生万物的功能，氏族传说中创造人类的始祖母神化为创造世界的创世母神。从考古发掘的实物看，先民对母神像生殖特征和夸张强调，寄托着他们向母神祈求丰收和繁殖的热望。具有神奇而巨大的生殖力的母神，不仅是氏族成员生命的给予者，也是万物的创造者，是氏族的生殖神、丰产神、始祖神和创世神。

在汉族的神话系统中，能够“为天地母”的创世母神，当属女娲。

我们先从女娲的名号谈起。远古人类对先祖的命名，尤其是神话时期，一般都极为庄重，每个名字都包含着丰富的文化意蕴，反映了人们对先祖的评价和敬慕。关于女娲名号的原始文化含义，已往的研究主要有葫芦崇拜说②、蛙崇拜说③，但上述解释并未对女娲名号本身的含义作出说明。《说文》：“娲，古之神圣女，化万物者也。从女，呙声。”可知娲由“女”和“呙”两字组成。“女”字表示人名的性别，“娲”字的含义主要由“呙”来表现。《说文》：“呙，口戾不正也。”呙为“口戾不正”，是一句隐语，口是女性生殖器的象征，指女性生殖器。因此，从字形分析，“呙”代表的就是一个形体基本上正面站立、双腿稍微叉开，故意显露阴户的女祖神形象，“口戾不正”是其阴户大开，形态略有变异的呈现。这是生殖崇拜的反映，女娲的名号所包含的信息与考古发现的原始生殖女神的石雕像相同。据上可知，女娲名号来自于生殖崇拜。

女娲是生殖神，《路史·后纪二》云：“以其（女娲）载媒，是以后世有国，是祀为皋禖之神。”“皋禖”即高媒，就是司婚配与孕产的“始祖母”神。“‘高’言其大，其重要，‘禖’即‘媒’字，实亦即‘母’字（古代‘母’字多从‘某’），禖神即管理结婚与生子的女神，亦即‘大母之神’。”④

---

① 郭沫若：《甲骨文研究·释祖妣》，郭沫若全集（考古）第一卷，科学出版社 1982 年版。

② 闻一多：《伏羲考》，《闻一多全集》，三联书店 1982 年版。

③ 赵国华：《生殖崇拜文化论》，中国社会科学出版社 1990 年版。

④ 孙作云：《诗经恋歌发微》，《诗经与周代社会研究》，中华书局 1966 年版。

《后汉书·礼仪志》注亦云："以三牲请于高禖之神，居明显之处谓之'高'，用其求子故谓之'禖'。"郑玄注《礼记·月令》"以大牢祠于高禖"云："变媒言禖者，神之也。""媒"写作"禖"字，"神之也"。可见，"禖"即"神媒"，实即管理人间结婚与生育子女的女神。古人祈子时常祭此神，祭坛多设于郊外，又"高"者"郊"之借字，古音高与郊同，故又称"郊禖"。闻一多先生说："古代各民族所祀的高禖全是各该民族的先妣。"① 据其考证，夏的高禖是涂山氏，商的高禖是娀简狄，周的高禖是姜嫄，而中华先民最早的高禖即女娲。

作为高禖之神的女娲，又掌管人类的婚姻。《路史·后纪》说她："佐太昊，祷于神，祈而为女娲。正姓氏，职婚姻，通行媒，以重万民之则，是曰神媒。"《风俗通义》云："女娲祷祠神，祈而为女禖，因置婚姻。"《周礼官·媒氏》云："媒氏掌万民之判。"郑玄注："判，半也。得耦为合，主合其半，成夫妇也。"可见女娲充当的是好合男女的媒妁之神，由于她设立了最初的婚姻制度，因而她又被后人祀奉为"皋禖之神"。

在神话传说中，女娲与另一位男性大神太昊伏羲是人类的第一对夫妻。伏羲与女娲先为兄妹，后结为夫妻，他们创立了人类的婚姻制度。

在传世文献中，明确记载伏羲、女娲兄妹成婚传说的，是唐代卢仝《与马异结交》诗："女娲本是伏羲妇。"最为具体详细的，则是唐代李冗②的《独异志》卷下：

> 昔宇宙初开之时，只有女娲兄妹二人，在昆仑山，而天下未有人民。议以为夫妇，又自羞耻。兄即与妹上昆仑山，咒曰："天若遣我兄妹二人为夫妇，而烟悉合，若不，使烟散。"于烟即合。其妹即来就兄，乃结草为扇，以障其面。今时取妇执扇，象其事也。

敦煌写卷《天地开辟已来帝王纪》残卷中共有三处提到伏羲、女娲兄妹洪水后婚配再传人烟的故事，其中叙述这一故事最为详细的一处称：

> 伏羲、女娲，因为父母而生，为遭水灾，人民死尽，兄妹二人，

---

① 闻一多：《神话与诗》，华东师范大学出版社1997年版。

② 《独异志》，《四库全书总目提要》作唐李冗撰，《新唐书·艺文志》作李亢，未详孰是。

依龙上天，得存其命，见天下慌乱，唯金岗天神，教言可行阴阳，遂相羞耻，即入昆仑山藏身，伏羲在左巡行，女娲在右巡行，契许相逢，则为夫妇，天遣和合，亦尔相知，伏羲用树叶覆面，女娲用芦花遮面，共为夫妻，今人交礼，戴昌粧花，因此而起。怀娠日月充满，遂生一百二十子，各认一姓，六十子恭慈孝顺，见今日天汉是也，六十子不孝义，走入蘩野之中，羌故穴巴蜀是也。故曰：得续人位。①

除以上文字记述外，现已发现的大量汉代画像石（砖），多有伏羲、女娲蛇身人首的交尾形象，而且此类形象的画像石（砖）在我国各地均有大量发现，说明早在汉代甚至战国时代，伏羲、女娲结婚繁育人类的神话即已流行。

伏羲、女娲、玄武图汉画像石
（河南南阳新野李湖）

星空图中的伏羲女娲

① 苏芃：《敦煌写本〈天地开辟已来帝王纪〉考校研究》，《传统中国研究集刊（第7辑）》，上海人民出版社2010年版，第256页。

伏羲、女娲兄妹成婚，不仅流传甚广，而且在汉代画像砖和汉墓中多有发现，其人首龙身交尾的图像，象征着男女婚配，其寓意是伏羲、女娲兄妹通婚共同生育了人类。兄妹婚在族内婚时期是很普遍的现象，为什么我国古史传说中唯独把伏羲、女娲兄妹成婚的事迹保存下来并广泛流传？原因在于他们对当时的婚姻制度进行了变革。他们总结了过去氏族内部混乱的婚姻关系造成人丁不蕃的经验教训，对旧的婚姻习惯进行了大刀阔斧的改革，通过正姓氏，明确氏族源流，确定各人的血缘关系，并作出规定，严格禁止族内通婚，推行族外婚制度。他们正是上古婚姻制度转型期起了巨大作用的领袖人物，故而他们兄妹成婚的事迹，被人们口耳相传而流传下来。推行族外婚制，不仅有利于氏族群体的健康繁衍，提高人类的品质，而且打破了氏族活动的狭小范围，开阔了人们的眼界，加强和拓展了氏族间的交往与联系，对上古人类自身的发展和社会进步发挥了重要作用。

伏羲女娲交尾图

伏羲女娲执规矩图

婚姻与子嗣是密切相关的。古时候没有子嗣的人常常去高禖神庙求子。《诗经·大雅·生民》：“以弗无子。”毛传云：“弗，去也；去无子求有子，古者必立郊禖焉。”所以禖神又主繁衍生殖。女娲在民间信仰中被奉为“送子娘娘”，也是这个道理。女娲被后世尊奉为人类的始祖母，是一位生育之神。与此相关，就有了女娲造人的神话。女娲抟土造人的神话，大约是中国流传最广、影响也最大的人类起源神话了。这只要从农村中长期普遍存在着的对于人的起源及特征的解释，以及文人墨客们的吟咏题颂中便可以知道。

女娲造人的较早记载，见于汉末应劭的《风俗通义》。《太平御览》卷七八引《风俗通义》云：

> 俗说天地开辟，未有人民。女娲抟黄土作人，剧务，力不暇供，乃引绳絙泥中，举以为人。故富贵贤知者，黄土人也；贫贱凡庸者，引絙人也。

这一段记载是研究女娲十分重要的材料。其中最值得注意的有以下两点：

第一，明确地表明，在天地刚刚开辟、未有人民之时，是女娲独立地创造了最初的人类。女娲的始母神神格是再鲜明不过的了。她的活动应该属于开辟时期。

第二，女娲用黄土捏制成了人类。

泥土作人的神话母题，在世界上的许多民族和地区都有流传。最为人熟知和经常提及的，恐怕就是《圣经·旧约》中关于上帝用尘土造了人类的第一位始祖亚当，以后又用亚当的肋骨造了夏娃的希伯来神话。不过这个母题的分布，远远不限于《圣经》故事的传播区域。除此而外，在古巴比伦、古埃及、古希腊，以及新西兰土著、澳大利亚及爪哇的土著、非洲的俾格米人、罗马尼亚的特兰西瓦尼亚吉普赛人、美洲加利福尼亚迈都族印第安人等中，也都有泥土造人神话母题的流传。中国的许多少数民族，例如壮族、傣族、独龙族、景颇族、拉祜族、布朗族、佤族、彝族、苗族、鄂温克族、达斡尔族、哈萨克族、维吾尔族等民族中，也有这一母题的神话流传。女娲抟土作人，无疑也是这一母题的具体体现。强调“黄土作人”，或者可以视为中国这一类神话的特殊“个性”的表现。

现代民间流传的女娲造人神话，情节上大多与《风俗通义》相近，不过故事更完整、更细致。关于造人的起因，一般都说，天地开辟后，世间无人，冷清清的，或者世间只有动物、植物，乱哄哄的，女娲或出于无意中的游戏，或出于有意识的创造，或出于天上更高神灵（往往是玉帝）的差遣，用泥土造了人类。关于造人的方式和过程，最普遍的说法是女娲用泥捏制出人形，然后经过某种特别的手段，如吹气、晒太阳或火烧等，泥人才活了起来。或者说由于捏的速度太慢，或感到劳累，女娲又用青藤、绳子或树枝等蘸着泥浆甩，落到地上的泥点便成了人。

在周口淮阳、西华一带流传的女娲抟土造人的故事说，女娲用黄土捏了泥人，开始的时候为了使泥人结实，就在火里烧成，后来做得太多，来不及烧，就在太阳地里晒。所以烧过的人是贵人，晒干的人则是穷人。在还没有晒干的时候，忽然来了大雨，女娲赶紧用簸箕往回撮，结果有的泥人被撮断了胳膊或腿，这就是世界上一些残疾人的来历。

（二）女娲与创世神话

女娲作为具有神奇而巨大的生殖力的母神，她不仅给予人类生命，而且还被奉为创生宇宙万物的创世神。女娲创生万物，《说文·女部》：“娲，古之神圣女，化万物者也。”屈原《天问》：“女娲有体，孰制匠之？”意思是说女娲是创生万物的女神，那么她的身体是谁创造的？这是探究宇宙起源的诗哲之思。女娲是众神之母，《山海经·大荒西经》载：“有神十人，名曰女娲之肠，化为神，处栗广之野，横道而处。”

女娲创世神话，主要体现在“炼石补天”和“抟土造人”的传说中。关于“炼石补天”的神话出自《淮南子·览冥篇》：

> 往古之时，四极废，九州裂，天不兼覆，地不周载；火爁炎而不灭，水浩洋而不息；猛兽食颛民，鸷鸟攫老弱。于是女娲炼五色石以补苍天，断鳌足以立四极，杀黑龙以济冀州，积芦灰以止淫水。苍天补，四极正；淫水涸，冀州平；狡虫死，颛民生；背方州，抱圆天。

这段话为我们描述了这样一个神话场景：远古的时候，由于某种尚不明确的原因，天地间发生了一场大灾难，撑天的四根柱子倒了，大地裂了开来；天不能尽覆大地，地不能遍载万物。大火蔓延，洪水泛滥，各种凶猛的禽兽乘机吞食攫取人们的生命。宇宙从有序陷入一片混乱之中，在这种情形下，女娲熔炼了五色石，补好了天上的漏洞，斩断大鳌的腿来重立了四根撑天柱，杀死了作怪的黑龙，积聚了芦苇灰来堙塞了洪水。于是天补好了，四极立定了，洪水平息了，怪物杀死了，天下安定，人民重又安居乐业。宇宙又从混乱、无序归于有序。《淮南子》中所记载的女娲的一系列活动的实质，是女娲将宇宙从混沌、紊乱状态，整顿、改造为井然有序的乾坤。在这一系列活动中，补天、立极、屠龙、止水，四者是相辅相成的，都是达到最终目的所不可或缺的手段。其中“补天”一节，由于富有一定的民族个性和较强的神奇色彩，在世间广为传颂，常常被用作代表全体的局部，以“补天”指代着女娲的这一系列神话活动。而且，女娲补天的情节，使她身上带上了一些宇宙创世大神的色彩。

至于宇宙间这场大灾难发生的原因，《淮南子》是目前较早记载女娲补天神话的，情节也十分完整，但并未交代天灾的原因。从其他古文献和现代民间口承神话资料来看，所述及的原因主要有四种：

第一，天地有自然缺陷。《列子》及晋张华《博物志》中，均言女娲补天乃补修天地之不足。《列子·汤问篇》云：

然则天地亦物也。物有不足，故昔者女娲氏炼五色石以补其阙，断鳌之足以立四极。

《列子》述及女娲补天立极的原因乃是为了弥补天地的自然缺陷，然而由于其后共工与颛顼的争战，宇宙终于不能完满。晋张华撰《博物志》所载，与《列子》相类，不过更明确了女娲补天乃是由于“天地初不足”，这表明了女娲补天乃是在天地开辟时期，由于宇宙产生后的不完美，或者天地开辟工作未完成，又由女娲进行了完善、修补工作。

在周口地区，流行一种“自然进化型”的宇宙起源观念，认为天地是逐渐长成的。女娲补天，就是在天未长成的情况下进行的。例如西华县思都岗流传的《女娲补天》神话说：天地开辟时，天下净是洪水，草长了多么深，禽兽繁殖，虫子咕咕叫。那时天还没长成。后来，水退了，要安民，可天没长成咋弄。这才叫女娲去补天。这里说，天是自然长成的，女娲补天，就是在这“天地鸿蒙、宇宙洪荒”的背景条件下进行的。这与她在《风俗通义》中“天地开辟，未有人民”时的抟土为人活动，是相协调、相呼应的。在这一类神话中，女娲的活动无疑应属于开辟时期，其性质也并非是“修复”混沌中的宇宙秩序，而是使最初的混沌逐渐趋于有序。

第二，战争造成了宇宙间的大混乱。这种说法，无论是在古文献中，还是在现代民间的口头传承中，都是较常见的，也是三种原因中引起学者们讨论与关注最多的。共工所引发的神际之间的战争，是神话中最常出现的造成宇宙毁坏、并引起女娲炼石补天的原因。持“战争说”的古文献，较常引到的有王充《论衡·顺鼓篇》以及司马贞的《补史记·三皇本纪》。《论衡·顺鼓篇》载：

传又言：共工与颛顼争为天子，不胜，怒而触不周之山，使天柱折，地维绝，女娲消炼五色石，以补苍天，断鳌之足，以立四极。

王充所记载的这一神话，或者采自民间俗说，或者是由于他本人及其他儒生对女娲补天原因进行的合理揣测与黏合，总之，是较早将共工与“女娲补天”黏合到一起的。

唐代司马贞的《补史记·三皇本纪》[1] 中，女娲已带上了浓厚的历史化色彩，成为立了伟大功业的三皇之一了。

……特举女娲，以其功高而充三皇。……当其末年也，诸侯有共工氏任智刑以强，霸而不王，以水乘木，乃与祝融战，不胜而怒，乃头触不周山崩，天柱折，地维缺。女娲乃炼五色石以补天，断鳌足以立四极，聚芦灰以止滔水，以济冀州。于是地平天成，不改旧物。

司马贞的记载与王充不同的是，一是共工与祝融战，一是共工与颛顼战。究竟共工与谁战，这里暂且不作讨论，需要指出的是，二者都说共工与其他的神发生了战争，结果打了败仗，一生气，头撞倒了撑天的柱子不周山，于是天柱折了，系地的绳子也断了，这才使得女娲炼了石头去补天。“地平天成，不改旧物”，突出地表明女娲这一系列英雄业绩，最终完全恢复了宇宙被破坏前的正常状态。

第三，宇宙的劫难。在世界的发展过程中，会出现周期性的劫难，这一观念在一些民族的神话、宗教信仰中有所体现。一般说来，体现这类劫难观念的神话，其情节大致先描述宇宙经历了混沌初开及嗣后的秩序井然，接着由于违反禁忌，或由于人性的不完满，神祇间的纷争或其他原因，暂时安定下来的因素又被打乱，在战争、洪水、持久的干旱或其他灾害的破坏下，宇宙发生了大混乱或者毁灭。至高神或神圣英雄等往往这时出现，负担起整顿宇宙秩序与再造乾坤的任务。他们在神话和信仰中的伟大业绩和崇高地位往往与此相关。宇宙从混沌到有序，然后复归于混沌；又经过修复再造，为新一轮的宇宙循环提供了契机。在这一类型的神话中，可以看出，表现了一种“循环的宇宙观”，即宇宙的发展是始终相继、循环往复的。时间与空间上的变化、往复，往往并行不悖。

在中国的汉民族及其他少数民族中，反映这种“周期性的宇宙大劫难”

① 司马贞：《补史记·三皇本纪第二》，《史记索隐》卷三十，广雅书局刊。

观念的神话也是不少的。女娲神话中反映出的历劫方式主要有两种：一是鳌鱼翻身，造成宇宙劫难；二是自然的天地毁灭。

由神圣动物驮负着漂浮的大地的神话传说，广泛分布于美洲大陆、西伯利亚、日本列岛、菲律宾南部、印度、伊朗以及斯堪的纳维亚等地区的诸多民族中。在我国汉族、土家族、羌族、布朗族、白族、彝族、土族、满族、鄂温克族等族中也有流传。常见的驮地动物有龟、鱼、牛、蛇、象、鲸、龙等。其中有些神话说，由于这些驮着大地的动物的休息、眨眼、呼吸、翻身或其他原因，会引发大地的震动乃至造成世界的毁灭。

在汉民族的神话传说中，比较常见的驮地动物是鳌。有关它的这一神性的记载也很早。《楚辞·天问》中就有“鳌戴山抃，何以安之”的疑问，可见不仅当时已流传有鳌背负着大山的传说，而且出现了鳌驮山并不老实安稳的观念。《列子·汤问篇》亦有十五只巨鳌驮着五座仙山，分作三组，六万年一换班的记载。由此看来，鳌负大地并不稳固并要周期性休息的观念，是由来已久的。

在河南一带流传的女娲补天神话中说，女娲补天，就与这驮地巨鳌闯的大祸有关：

> 远古时候，天和地是由五根柱子撑着的，这五根柱子又分东、南、西、北、中五个方向，放在五个大老鳖身上。这些老鳖是五千年一小动，一万年一大动，动的时候，需要女娲派天神扶着柱子，天才不会塌，地才不会陷。有一年，海水干了，四个角的老鳖没水喝，一怒之下，翻身将四根顶天柱子捣翻了。女娲很生气，叫天神砍下四个老鳖的十六条腿，重新撑开大地。可是，天破得很厉害。天缝中漏下来的黑雾、红雾、绿雾、蓝雾，充斥了天地，人死得遍地都是。天上不见了飞鸟，地下不见了青草。于是女娲在中州平原上炼了五色彩石，去补天上的窟窿。

“老鳖”显然是民间对“鳌”的通俗化了的异称。值得注意的是，这里出现了“天柱”和斩断了鳌足、重立四极的情节。《淮南子》的记载中，鳌只与地面上的“撑天柱”相联系，而这则神话中，鳌负大地与鳌足立极则有机地连在一起，是很新鲜的说法。

出于自然的规律或者某种神意，世界以一定的周期历经劫难，造成自然的天地毁灭。体现这一类观念的神话在黑龙江、湖南、河南、江苏、湖北等地都有发现，尤其是中原地区，这种说法还比较普遍。比如河南的神话说“十万八千年要天塌地陷一次”，到时候“天欲倾，地欲陷，高山要崩毁，海水要出岸，天下人难脱鬼门关”；天塌地陷之后，“再变成一个洪荒太古，再生出人祖爷、人祖奶奶，再捏成泥人”。这一类劫难说，一般多与兄妹婚发生联系。宇宙的毁灭不是由于它自身的结构模式（如鳌负大地等），而是出于某种预定的自然发展规律。接下来的兄妹成亲、繁衍人类、重建世界，更加强了这一规律的循环意味。西华县有这样的说法：世上的第一世纪，有两万年，由老盘古和天姑娘治理；第二世纪，也是两万年，是玉皇大帝和王母娘娘治理。后来一场大洪水把这一世的人几乎灭完了，这才有了第三世纪，是人祖爷和人祖姑娘（女娲）治理，又是两万年。女娲炼石补天，补的就是第二世纪毁灭后尚未长严的天。淮阳有则《女娲补天》神话，讲混沌（天塌地陷）刚过，天没长严，世间仅剩的伏羲、女娲兄妹想补天，于是在白龟的帮助下，女娲学得织布本领，用织得的布补好了塌的天。这里出现的混沌、天塌地陷，与中原地区较为普遍地存在的“自然劫难”说法相一致。织布补天，是炼石补天的一种变异形式。

第四，洪水。世界性的关于宇宙毁灭和人类再生的神话，多与洪水有关。洪水神话中，多为远古某个时期人类在遭到毁灭性洪水灾异之后，洪水遗民两兄妹结婚、再生人类。洪水神话是一个世界许多地方共有的创世神话。在中国神话体系中，这个神话可分为南北两大系统。西南系统的洪水神话一般说是：雷公发洪水，淹没世界。兄妹二人躲在葫芦中，避过洪水。最后，通过滚石磨、抛石等占卜方式，决定结为夫妻，婚后生肉团繁衍出不同的种族。北方系统的洪水神话说：洪水泛滥，淹没世界，仅存的兄妹两人在石狮子或乌龟等的保护下，避过洪水。他们根据石狮子或乌龟的意思，通过滚石磨等方式决定结为夫妻。最后，兄妹二人捏黄泥人，再造人类，从而成为“人祖”。两大系统神话都存在原始血缘婚的痕迹，它是中国原始社会从群婚制向对偶婚制过渡的婚姻形态的反映。

近代西南苗、瑶等民族的洪水神话资料，在闻一多《神话与诗·伏羲考》中征引较详。中原和北方汉、蒙古、达斡尔等民族的洪水神话，不断被发现。北方特别是周口一带广大地区，这种神话现在还有流传。周口一带流传的洪水神话的基本情节是：一对兄妹外出，遇见一个神灵的化身——乌龟，告诉两个孩子说天地要毁灭，要他们带一些食物来，以便躲进一个地方，逃过这场大劫难。灾难过后，世界又是一片洪荒，神灵要两个孩子结合成夫妻，继续繁衍人类。经过一系列验证，如从山上向山下滚石磨，两扇石磨相合则天意让兄妹成婚；或燃烟，如两股烟相合则成婚。最后两人终于顺应天意结合成婚，重新造就人类和文明。在这个神话中，女孩子一般是女娲，男孩子则是伏羲。他们两人分别被称为“人祖奶奶”和“人祖爷”。

1942 年出土于长沙东郊王家祖山的楚墓，约为战国中晚期之交的墓葬，该墓出土的帛书甲篇，不仅记载了伏羲、女娲事迹，而且帛书内容为中国迄今所见先秦传世文献和出土文献中最系统、最明确的创世神话，兹据董楚平先生的研究和解释转录如下：

> 曰故（古）大熊包戏（伏羲），出自□（震）；居于睢□，厥□，□□□女。梦梦墨墨，亡章弼弼。□每（晦）水口，风雨是於。乃取（娶）□□子之子，曰女（娲），是生子四，□是襄而，是各（格）参化法（度）。为禹为契，此司域襄，咎而步廷。乃上下朕（腾）传（转），山陵丕疏。乃命山川四海，（熏阳）气百（魄、阴）气，以为其疏，以涉山陵、泷、汩、溢、厉。未有日月，四神相戈（伐），乃步以为岁，惟四时：长曰青干，二曰朱四单，三日白大木然，四曰□墨干。千有百岁，日月生，九州丕土旁（平），山陵备（　）。四神乃作，至于覆（天盖），天旁动，蔽之青木、赤木、黄木、白木、墨木之精。炎帝乃命祝融，以四神降，奠三天，□思（保），奠四极，曰非九天则大（　），则毋敢蔑天灵，帝乃为日月之行。共攻（工）□步十日四时，□神则闰，四□毋思，百神风雨，辰祎乱作，乃□日月，以传相□思，又宵又朝，又昼又夕。

经董楚平解读①，释文大意是：在天地未形成、世界处于混沌状态之时，先有伏羲、女娲二神，结为夫妇，生了四子。这四子后来成为代表四时的四神。四神开辟天地，这是他们懂得阴阳参化法则的缘故。由禹与契来管理大地，制定历法，使星辰升落有序，山陵畅通，并使三陵与江海之间阴阳通气，当时未有日月，由四神轮流代表四时，四神的老大叫青干，老二叫朱四单，老三叫白大木然，老四叫墨干。一千数百年后，帝俊生出日月，从此九州太平，山陵安靖。四神还造了天盖，使它旋转，并用五色木的精华加固天盖。炎帝派祝融以四神奠定三天四极，人们敬事九天，求得太平，不敢蔑视天神，

① 董楚平：《中国上古创世神话钩沉》，《中国社会科学》2002 年第 3 期。

帝俊于是制定日月的运行规则。后来共工制定十干、闰月，制定更为准确的历法，一日夜分为宵、朝、昼、夕。

在这篇我们可以看到的中国先秦唯一完整的创世神话里，它记载了伏羲、女娲、禹、契、帝俊、炎帝、祝融、共工等传说人物。其中，伏羲、女娲先天地而存在，结为夫妇，生四子而开天辟地、通九州、安山陵、协阴阳，制定日月（自然）运行规则和历法。这是典型的创世神话，说明伏羲、女娲是共同的创世英雄。

早在商代已有伏羲、女娲交尾图出土，张光直认为："安阳西北冈殷王大墓出土木雕中有一个交蛇的图案，似乎是东周楚墓交蛇雕像与汉武梁祠伏羲女娲交尾像的前身。"因此，伏羲、女娲兄妹成婚繁衍人类的始祖神话，并非出自唐代或汉代，而是早在与伏羲、女娲事迹的出现几乎同时的战国时期甚至更早即已存在了。

女娲是我国上古最负盛名的女神，她的业绩甚多。女娲是生殖神，又掌管人类的婚姻；她创生万物，又是拯救世界和人类的创世神，是众神之母；她创造了人类，是人类的始祖母。女娲有如此卓著的功勋，所以《淮南子·览冥训》在叙述了她的勋业以后，赞颂说："考其功烈，上际九天，下契黄垆，名声被后世，光辉熏万物。"其夸誉之词，可谓登峰造极。《山海经·大荒西经》郭璞注云："女娲，古神女而帝者。人而蛇身，一日七十变。"将她奉至天神和人帝的崇高地位。

二、周口崇祀女娲的习俗及其文化价值

原始人生活的环境极度险恶，使原始初民在强大的自然力面前虽有一定程度的抗争，但慑于外界环境的淫威，加之自身低下的智力发展水平和狭窄的生活范围的限制，他们采取更多的是消极逃避的方式。他们祈求神力，崇拜神力，而且在取得某些胜利之后，似乎神力就附在自己身上了。于是，他们就借想象创造出这些具有神力的形象来，作为自己的标徽，并祈求它的保护。存在于人民生活中的一些民俗事象，绝不可都简单地视为迷信和愚昧，虽然这些事象（包括祭祀活动）是有违科学的，但它的确可以反映出人们的一种善良的愿望和美好的祝愿。这种愿望和由此而产生的民俗心理是可以理解的。特别是在科学不发达的社会形态中，这种现象又是人们藉以生存的精神寄托。每一个民俗事象都凝聚着一些人类心理和人类命运的因素，渗透着

我们祖先历史中大致按照同样的方式无数次重复产生的欢乐与悲伤的残留物。

以农业生产为主的中原地区，人们赖以生存的先决条件是风调雨顺，五谷丰登。大自然给人以威胁，旱涝灾害是农业生产的大敌。在人们还无法支配自然力的情况下，只有靠祈求神灵来保佑自己，发展生产，而这些被祈求的神灵，又多是神话中的人物。女娲神话产生以后，女娲就成了原始人心目中能够支配自然的尊神。这种心理一直延续到今天，残存在人的意识中。

虽然女娲的传说几乎遍布我国各民族和南北各地，但溯其源流，其产生和流传最多的是中原和南方。闻一多、吕思勉诸前辈学者对此多有论述，“女娲盖南方大神”几成定论。周口地处中原，上古时期在文化上受楚国的影响甚深，崇祀女娲之遗风至今犹存。《东野纪闻》云：“陈之长平，即女娲炼石补天处。上有女娲城存焉。”长平即今西华县。西华县城西北十公里的思都岗女娲城，是一座春秋时期的古城遗址，为河南省重点文物保护单位。城南一公里，有女娲墓和女娲殿。国内女娲文化研究中，女娲墓址的“五墓说”和“三墓说”，均不包括此地的女娲墓。然而，历代志书记载，地下考古资料，及近年的田野调查，特别是河南大学中原神话调查组的调查，表明女娲城庙会源远流长，并形成至今延绵不绝的女娲神话、信仰传播中心。每年农历正月十二至二十日，方圆数百里的人们，云集庙会，朝祭女娲，敬神娱神，相沿成俗。

宋《太平寰宇记》卷十与清《读史方舆纪要》卷十七皆言：“女娲城在西华县西。”清顺治《西华县志》卷一载：“思都岗在县北二十里。”乾隆《西华县志》录《明思都岗龙泉寺碑文》云：“西华治北二十里，有城遗址，半就淹没，相传女娲之故墟也。”西华县文物所《女娲城档案》载：“女娲城为春秋时古城，相传女娲氏之故墟，古城址呈正方形，外城南北东西各一千米，内城各三百六十米。城墙分层夯筑，夯窝可见，有单棍和集合棍两种。出土有大量龙山文化前文化遗物。”1986 年 11 月，河南省政府将女娲城列为省级文物保护单位。今日西华民间流传着“站在女皇城，望尽天下城”之古说，这不单表明此地有史以来在西华县七岭岗的地势，同时表现了春秋时女娲城的巍峨壮观，气势不凡。如此浩大的工程，民间的自发组织很难完成，可见当时女娲信仰非但肆布民间，且在“国之大事，在祀与戎”的春秋时期，对女娲祭祀在官方亦至关重要。足见女娲在官方、民间信仰中居位之显和影响之大。而称之为“皇城”当是有了“皇帝”概念之后的变称，其内涵是肯定女娲的人皇地位，而“望尽天下城”则突出了她统领天下、化育万物的始母神神格及人们对其神力的尊崇。

关于西华女娲城庙会的盛况，史书无征，志书从略，但民间却有“会罢东陵赶西陵”之说。“东陵”即指淮阳的太昊伏羲陵，西陵指西华女娲城，说明历史上的女娲城庙会由来已久且相当繁盛。

西华女娲城庙会与各地其他庙会相比有一个最突出的特征，是女娲城庙会以女性为主体，表现了明显的始母崇拜和生殖崇拜意向。据张翠玲调查[①]，在西华女娲庙会中，妇女在庙会的组织、管理及歌舞、守功、附体等职能中占绝对优势。女娲城庙会的组织结构主要是民间信仰的传统组织形式——香会。香会由各乡村妇女自发组织，大的香会有几百人，小的香会几十人。在近200个香会中，会首几乎全是女性，会员百分之九十是妇女。祭拜礼仪开支和住庙守功的妇女们的开支，多是四方百姓捐集的粮食和还愿的祭品。守功者离庙时，又各人随心意留下守庙钱。因此，尽管守功的妇女很多，但庙会经济始终形成一种自然调节的良性流通。女娲城庙会的职能分工，带着浓郁的神秘色彩。妇女来到庙会，关心最多的就是“你是啥功”。这里所说的“功”，既指一种神职，又指女娲所赐的特殊功能。她们一致深信这种功的获得，是女娲根据各人的虔诚、能力及与神的天生缘分合理点化而得，非人力可为。如有“跑捐之功”负责捐集钱物，“守位之功”负责祭祀仪式，“宣传之功”负责讲唱神话祭歌，“带体之功”则是神灵附体者。女娲城庙会上，妇女们自然地司其职、显其能，一切全凭女娲的点化和安排。大家同吃同住，无论长幼，同宗相亲，姐妹相称，万善同归，颇有一种无为而治的原始共产意味。世俗生活中被淹没的女性潜能、才情，在庙会上得以狂放恣肆地发挥。漫长的封建社会乃至今日乡村男尊女卑的观念根深蒂固，但靠女娲信仰的巨大威力，几千年来在庙会上留存了一个独立于世俗之外的女性世界，而支撑这一世界的根基是曾延续了相当长历史时期的女娲信仰。

女娲城庙会表现的女娲信仰的基点，是以生殖繁衍为内容的始母崇拜。如敬神的祭品“花供”，是在八个特大的馒头上，用面食制成具有图腾崇拜、生殖崇拜、动物崇拜意义的瓜果和动植物，并涂上红、黑、黄、青、白五彩；添坟的祈语：“添把老娘土，痛打痛收保五谷”、“添把老娘土，来年配贵夫”、“添把老娘土，多子又多福”。还有庙会上祭拜求子、妇女守功等内容，都是这一基点生发的事象。尤其是“守功”和祭祀舞蹈“担经挑”对男性的禁忌，都表明对“生殖”这一母性天职的强化。

---

① 张翠玲：《西华女娲城庙会文化价值刍议》，《民间文学论坛》1996年第3期。

女娲城庙会诸多事象表明了女娲乃造人之始母、制婚之高媒的独立女神神格，同时也表现出这一原始神格在历时态中的变异泛化。在庙会敬神的供品中，留存的豫东民间面食“花供”，具有明显的生殖崇拜意向。添坟的祈语更是女娲这一神格的独白。在庙会的祭歌、故事及人们的祈求中，女娲都以独立女神的身份出现，伏羲的信仰相形失色。在女娲创世治世的系列故事中，除洪水后的婚姻故事之外，很少提到伏羲，在西华流传的洪水后婚姻故事中，强调天地间“首生女娲”，并且说“神界三天，人世三千”，女娲长于伏羲三千岁。这一神话情节，折射了母系氏族早于父系氏族的历史，同时也表明了女娲的独立女神神格。对于女娲的称谓，其他庙会故事中，多称“人祖奶奶”，而女娲城庙会忌此称谓，多称为“人祖姑娘”、“老姑娘”、“老娘”、“老母娘”。这大概与后起的人伦意识和性禁忌有关，但也表现着对女娲的配偶神神格的非认可性。女娲城庙会上，老百姓大多能讲出女娲创世治世的系列神话，有些“宣传功”能唱出女娲治水、居住、采集、斗兽、补天等英雄业绩，其创世治世神格有充分表现。由此，衍生了众多的故事，女娲在神话和信仰中就成了神力无边、有求必应的天地全神及明察秋毫、惩恶扬善的明君清官，表现了在漫长的历史进程乃至当今人文环境中女娲神话的变异和泛化。从庙会整体资料来看，女娲由造化人类的始母神，扩展为化育万物加创世治世的英雄神格，并在发展中变异、泛化为天地全神。

关于女娲的族属、地域问题，闻一多先生的“南方苗蛮始母说”在学界影响极大，女娲城庙会的有关内容，提示我们对这一问题似乎应作更多的思考。

其一，从对庙会相关的材料分析可见，女娲为汉民族始母的信仰和神话，绝非是远古的空穴来风，中原汉民族特定的生息环境及定居生活和原始农业的出现和发展，是产生这一信仰和神话坚厚的物质基础，且起源发展、传承的轨迹清晰而深刻。

其二，中原亘古以来的天地观，一如豫东尤其西华俗语“天心地脏是豫州”，在女娲城为中心的大量的地理风物故事中，包括东南诸岛如中国台湾、港澳与东北诸岛如日本、韩国，尚是女娲不经意间举手造就。这些故事虽非女娲故事的原型，是后起的衍生故事，但突出表现了汉民族历久年深的中原本位观念。因此，对于女娲神话和信仰，若断其为由外族外域传入，从历史到现实尚需相当的资料方能立论。

西华女娲城庙会大量的神话、祭歌、俗语等，是民间文学丰富的发源地之一。这里流传的长篇祭歌和大量神话故事，叙述了汉民族发祥创业的历史，可谓博大雄深，具有民族史诗的性质。这些女娲祭歌，不是欢乐的赞美诗，而是突出人类始母作为一代人杰，面临自然力的巨大威压和种群灭顶之灾时的恐惧、惊异、英勇搏击和繁衍生息的艰难，歌颂了人类的本质力量和英雄气概，因此女娲城祭歌的独特性又在于它表现了慷慨悲壮的英雄悲剧特征。同时，庙会上传唱的乡曲俚调、方言俗语、歌舞戏曲表演与声腔，不仅保存了大量的女娲神话和信仰内涵，而且广泛地反映了中原的人文心态、世俗生活、地方艺术与原始宗教关系等丰富的内容。尤其是以对歌的形式即兴演唱女娲功业的祭祀歌舞“对功”、“渡船”和“担经挑”的表演及庙会上所唱的大量经歌、民歌，对我们的民间文学、民间艺术及更多方面的研究，是极有价值的。

三、太昊伏羲与始祖崇拜

在上古神话世界中，太昊伏羲氏是一个十分重要的神祇，被奉为“三皇之首”、“百王之先”。然而，在先秦可考的典籍中，言太昊则不言伏羲，言伏羲则不言太昊，二者绝不并称。事实上，太昊是东夷部族（其后裔是殷商）的神祇和始祖，伏羲是南方苗蛮族（后与楚族融合）的神祇和始祖。那么，太昊与伏羲到底是什么关系？二者何以融为一身？二者的融合包含有什么文化意义？这有待于我们廓清其线索，探求其源流。

（一）太昊、帝喾与帝舜

太昊之“昊”，从“日”从“天”，表示太阳经天而行的意思，义即“光明”。金文作，这是一个头上有太阳或冠戴太阳王冠的大人（即神）。古籍中“昊”无定字，可写作“暤”、“皓”、“颢”等，均以“日”或从“白”，都有太阳和光明之意。所以，太昊即是太阳神。

太昊是东夷部族的神祇（或曰上帝）。《淮南子·天文训》：“东方木也，其帝太暤。其佐句芒，执规而治春。”唐兰先生对“昊”字的解释甚为精到：

> 古代人的想象中，大人就是巨人，是真的顶天立地的。所以他的头代表了天，而大字下面画一画来代表他，就是立字，也就是位字。昊字本来作，象正面人形顶着太阳，也可以说他的头就是太阳，所以古代把天叫做昊地。……那么，东方民族称他们的君长为

太昊、少昊，就是因为他们是代表上天的太阳神。因为东方民族自认为他们的地区是太阳出来的地方，所以认为太阳神是天神中最尊贵的。①

《左传·僖公二十一年》载太昊风姓：

任、宿、须句、颛臾，风姓也。实司太皞与有济之祀，以服事诸夏。

这里的任、宿、须句、颛臾四地均在山东境内，是东夷的族居之地。风即凤，甲骨文风、凤乃一字。“卜辞中多借凤字为风字”。《周易·说卦》：“离为雉。”离，火也，太阳也。雉，乃凤的原型。《淮南子·精神训》：“日中有夋鸟。”夋鸟即是凤。所以，可以认为凤鸟即是太阳。且，鸟为东夷部族的图腾，《左传·昭公十七年》所载甚详：

秋，郯子来期，公与之宴。昭子问焉，曰：“少皞氏鸟名官，何故也？”郯子曰：“吾祖也，我知之。……大皞氏以龙纪，故为龙师而龙名。我高祖少皞挚之立也，凤鸟适至。故纪于鸟，为鸟师而鸟名。”

少皞，从名称上即可看出是晚出于太皞的东夷另一大神，或曰东夷另一支的始祖。

前面说过，昊别字作皓，皓亦转作诰，皆从告声。喾与昊（皞）乃同音通假，因而太昊即帝喾。丁山先生曾指证太皞可能是“帝喾的音转”。②

帝喾为谁？帝喾又名“帝夋”。夋又写作“俊”。近人杨宽先生在《中国上古史导论》中引大量史料证“喾”即是“夋”，所论甚详。③ 这样，太昊就与在甲骨卜辞和《山海经》中大量出现的又一上古太阳神帝俊联系在一起了。

① 唐兰：《中国六千多年的文明史——论大汶口文化是少昊文化》，转引自萧兵：《中国文化的精英》，上海文艺出版社 1989 年版，第 89 页。

② 丁山：《中国古代宗教与神话考》，上海文艺书版影印本 1988 年版，第 374 页。

③ 杨宽：《中国上古史导论》，载《古史辨》第七册（上），上海古籍出版社 1982 年版，第 223 页。

据长沙出土的楚帛书上说："日月夋生。"又说："帝夋乃为日月之行。"也就是说，夋创造了太阳和月亮，并且安排了太阳和月亮的运行。《史记·五帝本纪》也说过帝喾"历日月而迎送之"。

《山海经》中帝俊之说凡十六处，其中几处给我们很大启发：

> 大荒之中有不庭之山，荥山穷焉。有人之身，帝俊妻娥皇，生此身之国，姚姓，黍食，使四鸟。
>
> ——《大荒南经》

> 东南海之外，甘水之间，有羲和之国有女子名曰羲和，方浴日于甘渊。羲和者帝俊之妻，生十日。
>
> ——同上

> 有女子方浴日。帝俊妻常羲，生月十有二，此始浴之。
>
> ——《大荒西经》

我们知道，上古传说中五帝之一的虞舜，也属于东夷神话系统。舜姚姓，有二妻，曰娥皇、女英。郭沫若著《中国古代社会研究》、《甲骨文研究》、《先秦天道观之进展》等书，以舜与帝俊、帝喾为一。郭沫若并指证女英乃常羲、常仪之音变。因而，帝俊之妻娥皇、常羲（或曰羲和）即是帝舜之妻。舜姚姓，同于《大荒南经》的记载。查晋人郭璞注《山海经》，即从"俊"字为"舜"字。所以，舜就是帝俊，可为定论。《史记·五帝本纪》载："虞舜者，名曰重华。""华"有光义。另传说舜为重瞳，这也跟光明崇拜有光。可知，舜也是太阳神。①

综上所述，我们已经理清了太昊、帝喾（俊）、帝舜同根同源的线索。据此，我们可以明白，为什么周代分封诸侯时，把虞舜的后代胡公妫满封于陈地。《左传·昭公十七年》载："陈，太皞之虚也。"既是太昊之墟，也自然是虞舜之故地。所以周武王"庸以元女大姬配胡公，而封诸陈，以备三恪"。②

---

① 参见萧兵：《楚辞的文化破译》，湖北人民出版社1991年版，第81页。

② 《左传·襄公二十五年》。

太昊、帝喾、帝舜为东夷始祖。陈地是东夷部族的主要活动地区，是中华民族发祥地之一。这块丰腴的土地，孕育了中华早期文明。

（二）伏羲考辨

伏羲的名号，古籍中有许多写法，除“伏羲”（《庄子·人间世》）之外，还有“伏戏”（《庄子·大宗师》）、“伏牺”（《法言·问题》）、“包牺”（《易·系辞下》）、“宓犠”（《汉书·古今人表》）、“炮牺”（《汉书·律历志下》）、“庖牺”（《水经注·渭水》）、“虑羲”（《管子·封禅》）等。一个值得注意的问题是，相对于黄帝等中华民族的始祖，伏羲氏在古代典籍中晚出。战国中期以前的典籍中，《论语》、《墨子》、《左传》、《国语》、《孟子》等对伏羲未置一词。即便是记载神话人物、古帝王甚多的《山海经》中，仍未有伏羲一席之地。

最早记载伏羲的是出于战国中晚期的《庄子》，然庄子此公好古，“著书十余万言，大抵率寓言也”。所言伏羲，亦虚亦实，亦神亦人，大都是托名设譬，借以形象说理，未可当作信史。《庄子》中关于伏羲的记载有五处，两处出于“内篇”，三处出于“外篇”。在“内篇”与“外篇”中，伏羲在古帝中的排位有所不同。属于“内篇”的《庄子·人间世》：“是万物所化也，禹、舜应物之所纽也，伏羲、几蘧之所行终，而况散焉者乎！”庄子在这里将伏羲列在禹、舜之后。《庄子·大宗师》：“夫道，有情有信，无为无形……狶韦氏得之，以挈天地；伏戏氏得之，以袭地母；维斗得之，终古不忒；日月得之，终古不息；堪坏得之，以袭昆仑；冯夷得之，以游大川；肩吾得之，以处大山；黄帝得之，以登云天；颛顼得之，以处玄宫。”这里是说“道”体无形、功用无限，狶韦氏运用“道”来整顿天地，伏羲氏运用“道”来调和元气。此段人神相杂，星月并现，十分混乱，《庄子》的许多注家疑为后人添加。我认为指其为后人添加则未必，但起码说明伏羲在这里尚未从神话脱形为人祖。

《庄子》“外篇”学术界历来认为是战国末或秦汉时期庄子后学所增益，不出于庄子之手，时代晚出。《庄子·胠箧》：“子独不知至德之世乎？昔者容成氏、大庭氏、伯皇氏、中央氏、栗陆氏、骊畜氏、轩辕氏、赫胥氏、尊卢氏、祝融氏、伏犠氏、神农氏，当是时也，民结绳而用之，甘其食，美其服，乐其俗，安其居，邻国相望，鸡狗之音相闻，民至老死而不相往来。”伏羲位列轩辕黄帝之后，神农之前。《庄子·缮性》：“逮德下衰，及燧人、伏羲始为天下，是故顺而不一；德又下衰，及神农、黄帝始为天下，是故安而不顺。”《庄子·田子方》：“古之真人，知者不得说，美人不得滥，盗人不得窃，伏戏、黄帝不得友。”在这两段中，伏羲在古帝中的排位，颇近于后世所列。

《庄子》一书之中，伏羲名号有三种写法，“伏羲”、“伏犠”、“伏戏”，前后不统一；身份混乱，或人或神；在古帝王中序列不定，或在禹、舜、黄帝之后，或在其前，地位渐次升高。这说明在庄子时期，伏羲尚在传说创造过程中，是一个不确定的、尚未定型的人物。

《庄子》之后的典籍，如《管子》、《荀子》、《商君书》诸书所记伏羲，或为由《庄子》移入，或为秦汉所掺。《易·系辞》托名孔子所作，其实大部分为秦汉间人所撰。《系辞下》记载伏羲功业最著：

> 古者包牺氏之王天下也，仰则观象于天，俯则观法于地。观鸟兽之文与地之宜，近取诸身，远取诸物，于是始作八卦，以通神明之德，以类万物之情。作结绳而为网罟，以佃以渔，盖取诸离。包牺氏没，神农氏作，……神农氏没，黄帝尧舜氏作，通其变，使民不倦，神而化之，使民宜之。

这段话影响甚大，但叙述伏羲功业如此全面系统，当出于秦汉年间，不会早于《庄子》。

《史记》从黄帝记起，不为伏羲作传，所记伏羲有两处，均系引前人所言。《太史公自序》：“余闻之先人曰：‘伏羲至纯厚，作《易》八卦’。”《封禅书》中借管仲言：“昔无怀氏封泰山，禅云云；虑羲封泰山，禅云云；神农封泰山，禅云云；黄帝封泰山，禅云云。”司马迁治史严谨，由于当时对伏羲传说语多谶误，难以辨识，虽不否认，但记之存疑。

东汉班固《汉书》突破《史记》的界限，将上古帝王从黄帝推至伏羲，至此，伏羲开始登上官定正史。《汉书·律历志》引刘歆《世经》言：“庖牺继天而王，为百王先。首德始于木，故帝为太昊”（详见下析）。《汉书·古今人表》中首叙伏羲，次列炎、黄，以伏羲为历史源头，认为伏羲氏“继天而王”，因而他是百王之先，而炎、黄诸帝继伏羲而王。《白虎通义》言：“三皇者何谓也，伏羲、女娲、神农是也。”把伏羲推到三皇之首、百王之先的地位。

晋代皇甫谧所著《帝王世纪》，是一部专述帝王世系、年代及事迹的史书，所叙上起三皇，下迄汉魏。三皇首列伏羲，言伏羲功业：“继天而王”、“作八卦”、“造书契”、“作瑟三十六弦”、“制嫁娶之礼”、“取牺牲以供庖厨”等。我们注意到，皇甫谧说：“女娲氏……承庖牺制度。……及女娲氏没，次有大庭氏、柏皇氏、中央氏、栗陆氏、骊连氏、赫胥氏、尊卢氏、浑混氏、昊英氏、有巢氏、朱襄氏、葛天氏、阴康氏、无怀氏，凡十五世，皆袭庖牺之号。”他一方面把伏羲当作一个古帝，另一方面将《庄子》中提到的一些名称统统纳入伏羲名下，“皆袭庖牺之号”，其实是把伏羲当成一个时代，这样，伏羲的赫赫功业，就未必是一人所创。

其后唐高祖《修六代史诏》和唐太宗《修晋书诏》均以伏羲为中华文化的肇始者，所谓“伏羲以降，因秦斯及，两汉继绪，三国并命，迄于晋宋，载笔备焉”。至唐开元间，司马贞为《史记》补写《三皇本纪》，综述、补充前世有关伏羲的文献材料，成一篇较为完备的史传。至此，伏羲在历史古代典籍中历史化的过程全部完成。

统上所述，在传世典籍中，关于伏羲的记载是在战国中晚期以后从《庄子》开始出现并逐渐载入正史的。春秋以前典籍未见伏羲。战国以至秦汉，时代越往后，关于伏羲的记载越详细，伏羲功业越卓勋，在古帝王世系中的地位越高。这说明，在传世的古代典籍中，伏羲经历了一个从无到有、从神到帝、记载从凌乱到系统的演化过程。

追溯伏羲传说的源头，有两条路径，除了上述从古代传世文献中找寻其踪影外，还有一条路径，即神话学、民俗学的方法。

近人对于伏羲最权威的考论是前辈学者闻一多所著《伏羲考》[①]，闻一多此文前半部分从传世文献中搜集了大量龙蛇记载，加上当时已发现的汉代画像砖石，证明伏羲为龙图腾；后半部采集了近50则西南少数民族关于伏羲女娲在洪水过后兄妹婚配再造人类的故事和民俗资料，并加以语音训诂，证明伏羲即为盘古，是南方苗蛮各族的祖先神。此文在以后半个多世纪中被广泛征引，已为不易之论。但近来亦有疑之者，林声认为伏羲的传说不是由古苗蛮民族的遗裔传入的，伏羲与盘古无涉，南方少数民族中洪水后兄妹相婚的传说起于东汉应劭《风俗通义》所记载的盘古；伏羲与女娲也本不相干，两者合谱归宗成为“一家人”是在唐开元之后[②]。常金仓认为闻一多是从抗战时“中华各族团结一致，共御外敌”的政治目的出发立论，以政治代学术，以西方图腾说和人类学理论附会民间传说，伏羲女娲创世立据不足[③]。二人均对伏羲是南方民族的创世神和祖先神的身份提出疑问。

---

① 闻一多：《伏羲考》，《闻一多全集》第一卷，三联书店1982年版，第3页。

② 林声：《伏羲考》，《江苏社会科学》1994年第1期。

③ 常金仓：《伏羲女娲神话的历史考察》，《陕西师范大学学报》2002年第6期。

但是，前文所引董楚平在《中国上古创世神话钩沉》中，通过对长沙子弹库战国楚帛书甲篇的解读，为闻一多的立论提供了新的证据。长沙子弹库楚帛书出土于1942年，据1973年对墓藏发掘的报告判断，墓藏年代为战国中晚期。楚帛书甲篇是一个完整的创世神话文本，对它的发现的解读，意义重大。它给予我们以下认识：其一，它是我们所能见到的先秦时期唯一完整的创世神话，与现代中国各民族流传的创世神话相比，它保留着更多史前神话的旧痕和原始思维的特点；其二，它是我们所能见到的最早的关于伏羲的出土文献记载，证明战国中晚期已有伏羲传说；其三，它带有楚文化的地域特征，证明伏羲神话主要产生和流传于南方楚国一带；其四，它证明了伏羲创世神的身份。

伏羲创世神的身份确定之后，接下来我们要思考和追溯的问题是，伏羲是如何由创世神演变为历史人物的?

民族学资料表明，创世神话产生与流传的主要途径是原始宗教祭祀活动。人类进入早期文明以后，宗教开始思索宇宙起源，思索的结果是产生创世神话。创世神话所思考的宇宙起源和生成的问题，也是人类早期哲学要探索的问题。近年出土并解读的郭店楚墓竹简《太一生水》，展示了一个系统完整的宇宙生成模式。宇宙生成的原点是“太一”，“太一”即《老子》之所谓的“道”、《周易》所谓的“太极”。《老子》二十五章：“有物混成，先天地生。寂兮寥兮，独立而不改，周行而不殆，可以为天下母，吾不知其名，字之曰道，强为之名曰大。”“大”通“太”，即为“太一”，《吕氏春秋》：“道也者，至精也，不可为名，不可为形，强为之名，谓之太一。”《易·系辞上》说：“是故易有太极，是生两仪，两仪生四象，四象生八卦。”孔颖达疏：“太极谓天地未分之前，元气混而为一，即是太初、太一也。”

“道”和“太一”本是一种混沌无形的元气。《淮南子·诠言训》：“洞同天地，浑沌为朴。未造而成万物，谓之太一。”汉高诱注：“太一，元神总万物者。”这个总万物的元神，应该就是伏羲。“羲”，《说文》释：“羲，气也”。“太一”为气，伏羲也是气，即是太始之初的混沌之气。

“太一”形为“混沌”，宇宙起源于混沌。混沌神话在南方盘古故事中保留完整。《御览》卷二引《三五历记》：“天地混沌如鸡子，盘古生其中，万八千岁。天地开辟，阳清为天，阴浊为地，盘古在其中，一日九变。”“混沌”与“葫芦”是对音关系，“混沌”犹言“胡涂”，“胡涂”在俗言俚语中转为“葫芦”。“葫芦”即是“盘古（瓠）”，“盘瓠”、“伏羲”同声之转，故“盘古”又是“伏羲”。对“混沌——葫芦——盘瓠——盘古——伏羲”转化演变的路径，闻一多论列甚详，此不赘。且楚诗人屈原《九歌》中有“东皇太一”，闻一多释为伏羲，足可证伏羲乃从原始神话中的创世神和原始哲学观念的宇宙本原、起源观念而来。

伏羲的原型本是宇宙本原和起始的意象和观念。随着文明的演进，人们对历史思考和探究越来越深入，这种思考和探究具体说就是对文明事实的一种根源性的说明。对世界起源的探究开始只是一种构想，它首先以神话的形式存在。神话思维是人类思维发展的一个必经的初期阶段，它随着人类思维的发展而消失在哲学和历史之中。先是追询宇宙是如何起源的，接着想象一个创世之神，再把这个创世之神想象为自己的祖先。伏羲形象的产生即是这样一个将神话传说哲学化、观念化，又将这一传说和观念历史化的过程。

（三）太昊伏羲并称及其“三皇之首”地位的确立

中华民族的历史源头，肇始于传统时代的“三皇五帝”。司马迁作《史记》，列《五帝本纪》于书首。关于“五帝”，史家多从司马迁之说，为黄帝、颛顼、帝喾、帝尧、帝舜。但“三皇”都是谁？司马迁却未敢为之立传。而典籍中说法甚多，如《尚书·序》云：“伏羲、神农、黄帝谓之三坟，言大道也。”《白虎通·德顺论》说：“三皇者何谓也，伏羲、女娲、神农是也。”又谓为伏羲、燧人、神农。晋皇甫谧《帝王世纪》以伏羲、神农、黄帝为三皇。唐司马贞《补史记·三皇本纪》以伏羲、女娲、神农为三皇。种种说法，均列伏羲为首，《汉书·律历志》则说：“庖牺继天而王，为百王先。首德始于木，故帝为太昊。”把伏羲推到三皇之首，百王之先的地位。

然而，我们既已说伏羲是上古创世神，历史上未必确有其人，那么他又是如何进入历史，被列入上古帝王世系，并被推为“三皇之首”、“百王之先”呢？这就要从伏羲与太昊的并称和太昊的身份论起。

在先秦可考的典籍中，言太昊则不言伏羲，言伏羲则不言太昊，太昊与伏羲并无任何瓜葛。荀子当生于战国之末，他在《正论篇》中提及“太昊”，在《成相篇》中又言“伏羲”，两名共见一书，自非一人。

如前所述，太昊是上古东夷部族的祖先和首领。东夷是上古在中原可堪与华夏抗衡的部族，它与华夏的交往十分频繁，并创造了灿烂的殷商文化。东夷部族世居之地在今河南东部及山东、安徽一带。《左传·昭公十七年》载：“陈，太皞之虚也。”陈地在今河南淮阳，淮阳今存太昊墓。周代以后，其后裔属地渐次东移，《左传·僖公二十一年》：“任、宿、须句、颛臾，风姓也。实司太皞与有济之祀，以服事诸夏。”直到春秋战国时期，东夷各支才逐渐被鲁、齐、越等国吞并，融入华夏。《后汉书·东夷列传》："秦并六国，其淮、泗夷皆散为民户。"也就是说，这时东夷各支已不再以独立的实体存在，成了华夏族的"编户"，与华夏融为一体，成为中华民族的主要组成部分。随着华、夷的交融和合，东夷的祖先和首领太昊、少昊等也纳入到华夏的古帝序列中。

一般认为，太昊与伏羲并称始于《世本》。《世本》这本书的出现不早于汉初，南宋佚亡，今存清代张澍萃补注本，是采集各书注录缀补而成的。《世本》一书多有妄误，已为学者所指证。顾颉刚说《世本》以太昊言伏羲乃刘歆所窜伪[①]，引证甚详，言之凿凿。杨宽先生也说：

> 太皞初不与伏羲氏有关，至刘歆辈始以《易经·系辞传》之炮牺神农比附于《左传》之太昊炎帝（见《汉书·律历志》引《世纪》），盖歆借《易经》以壮《左传》之声势耳。[②]

在可考的史籍中，最早将太昊与伏羲并称为一体的，乃是西汉末年刘歆的《世经》。刘歆与其父刘向俱为西汉学者，古文经学派的开创者。《世经》存录于《汉书·律历志下》。在《世经》中，刘歆从西汉末年的政治需要出发，突破传统的以黄帝为历代帝王之首的体系，以伏羲与太昊并称，炎帝与神农并称，列于黄帝之上，建立了一套新的上古帝王世系。

上古帝王世系的建立，始于战国。战国时阴阳家邹衍按照五行说以五帝配五方，以土、木、金、火、水五行相胜之序来解说王朝更替，此之谓"五德终始说"。《史记·历书》："是时独有邹衍，明于五德之传，而散消息之分，以显诸侯。"自此以后，人们都以这种学说作为王朝建立的合法依据。按照邹衍的"五德终始说"，《吕氏春秋·应同》和《史记·封禅书》都如此推演王朝更替：黄帝得土德，夏禹得木德，商汤得金德，周文王得火德，秦得水德。但是这个推演顺序到了汉代出现了问题：一是从邹衍所构建的古史帝王世系看，所叙述的只有黄帝、夏禹、商汤和周朝四代，而其后直到西汉，人们的古史观念已发生了很大改变，认为在黄帝之上还有伏羲氏、神农氏和

---

① 顾颉刚：《五德终始说下的政治和历史》、《古史辨》第五册，上海古籍出版社影印本1982年版，第580页。

② 杨宽：《中国上古史导论》，载《古史辨》第七册，上海古籍出版社影印本1982年版，第41页。

炎帝等古圣帝王，三代以前“三皇”、“五帝”依次代立，《吕氏春秋·应同》和《史记·封禅书》只叙述黄帝以来的四代，未能全部涵盖，因而需向上推演，重新排序。二是邹衍是按照土、木、金、火、水五行相克相胜之序来解说王朝更替、排列帝王世系的，五行相克相胜，则在政权更替上倾向于革命。而刘歆所处的西汉末年，刘汉皇室政权危机，外戚王莽势力强大，因而有“异姓受命”和同姓“更受命”的争议，禅让说一时兴盛。刘歆与王莽关系至密，任王莽“国师”，是禅让说的主要支持者。为了给王莽代汉提供合法依据，刘歆提出以木、火、土、金、水五行相生的新五德终始说。从《世经》可知，刘歆排列的帝王世系如下：太昊伏羲氏为木德，炎帝神农氏为火德，黄帝轩辕氏为土德，少昊金天氏为金德，颛顼高阳氏为水德；帝喾高辛氏为木德，帝尧陶唐氏为火德，帝舜有虞氏为土德，伯禹夏后氏为金德，成汤为水德；周武王为木德，汉朝为火德。刘歆在排定这个世系次序时，是先否定汉兴之初依五行相胜说所定汉为土德的说法，确定汉为火德，那么代之者应为土德，王莽自称为虞舜苗裔，帝舜土德，故王莽宜为土德，这样王莽代汉而立成为必然。

那么刘歆为什么要将伏羲与太昊并称呢?

刘歆根据当时人们的古史观念，将古帝的代序从黄帝向上推，认为最古的帝王应是伏羲。同时按照他的五行相生的五德终始理论，帝王应从木德始。于是他从两个方面找到依据，一是《左传·昭公十七年》载“郯子来朝”，昭子问少皞氏以鸟名官，何故，郯子曰：“吾祖也，我知之。昔者黄帝氏以云纪，故为云师而云名。炎帝氏以火纪，故为火师而火名。共工氏以水纪，故为水师而水名。大皞氏以龙纪，故为龙师而龙名。我高祖少皞挚之立也，凤鸟适至，故纪于鸟，为鸟师而鸟名。”刘歆据此而推：“言郯子据少昊受黄帝，黄帝受炎帝，炎帝受共工，共工受太昊，故先言黄帝，上及太昊。”以太昊为古帝之首。二是从《易传》中找到依据，《易传》曰：“帝出乎震”，震为东方之卦，五行属木。按五行相生之序，首为木，且太昊为东方之帝，“东方曰夷”，故太昊配木德。又《易·系辞下》有言：“古者包牺氏之王天下也”，所以刘歆接着说：“炮牺氏继天而王，为百王先，首德始于木，故为帝太昊。”伏羲就是太昊。“稽之于《易》，炮牺、神农、黄帝相继之世可知。”太昊伏羲氏继天而立，神农、黄帝皆继太昊伏羲而立。

东汉班固的《汉书·郊祀志赞》和荀悦的《汉纪·高祖纪》对刘歆创立五行相生的新五德终始说的过程均有记述，荀悦言：“及至刘向父子，乃推五行之运，以子承母，始自伏羲；以迄于汉，宜为火德。其序之也，以为《易》

称‘帝出乎震’，故太昊始乎震，为木德，号曰伏羲氏。”

刘歆从其政治目的出发，将伏羲与太昊相附而并称，推之于古代帝王世系之首，其后班固引之于《汉书》，后世史籍相继采从此说。刘歆此说并非是完全无据的妄说，今天来看，对刘歆的说法应有如下认识：

首先，它是当时人们历史意识的表现，随着人们历史意识的丰富，司马迁从黄帝开始排定帝王世系已不足以反映当时人们所认识的上古帝王，因而需要再向上推溯，重新安排上古帝王世系。

其次，如上所述，伏羲传说本始于南方楚地，而太昊是东方夷族的先祖，随着战国、秦汉时民族血脉和文化大交流融汇，伏羲与太昊的传说合流成为可能，司马迁仅以华夏先祖黄帝为全体中华民族的人文始祖已不能完全反映当时民族和合、文化融汇的实际情况，而以太昊伏羲为百王之祖，表现了当时民族统一、文化主脉已经形成。

最后，刘歆排定的古帝王世系宣扬了“圣王同祖”的思想，将先王古帝同纳于伏羲一系，有利于民族凝聚，文化一统。

这样，楚文化北上后，南方伏羲与东夷太昊被陈地初民混同为一了。长沙马王堆一号汉墓帛画上天正中人面蛇身的女娲，或有人认为是伏羲，其实前已证女娲、伏羲同源。但不讲这位大神是谁，我们看其左右各有月日，月、日之下有一对长身兽足，展翅而翔的飞龙，这一造型直接代表着“陈地一个部落的主神，或竟是一个以蛇为图腾的氏族的传说祖先”。[①] 从这里可以看到南方龙图腾与东夷日神崇拜融合的遗迹。

（四）龙凤合璧

《左传·昭公十七年》载：“太皞氏以龙纪，故为师而龙名。”

前证太昊是太阳神，东夷的图腾为凤鸟。太昊风姓，风即是凤。《说文解字》言：“姓，人所生，因生而以为姓，从女从生。”姓是人之初生，即原始社会的图腾。顾颉刚说《左传》中的这句话也是刘歆窜加作伪，[②] 此说未免唐突。龚维英先生十分费力地证明龙是日中电光，把龙与日连在一起。“由于雷雨时的闪电极似金蛇，故太昊时代的东夷初民，很可能视太阳里物为蛇，后来方才神化成龙。阳光与电光（火）在光亮夺目方面找到了共同点，说太

① 钟敬文：《马王堆墓帛画的神话史意义》，《中华文史论丛》1979 年第一辑。

② 顾颉刚：《五德终始说下的政治和历史》、《古史辨》第五册，上海古籍出版社影印本 1982 年版，第 580 页。

昊风姓，不过是后代风姓诸‘国’（族）奉太昊为精神祖先罢了。”[①] 此说牵强，且不能自圆。

郭沫若也不认为太昊为龙图腾。他指出，同属于东方夷人集群的“太昊”与“少昊”在以鸟为图腾上具有一致性。而不像某些上古史家那样迷信文献记载，仅仅据《左传》言太昊“以龙名官”的孤证，硬把太昊列入龙图腾文化并以其为“伏羲”。“传太皞是风姓，应同九夷中的风夷有更直接的关系。”卜辞风、凤同字。而“风夷在夷人氏族部落中居于首要地位，因而太皞又是所有夷人想象中的祖先”。[②] 今淮阳太昊陵庙会期间，当地农民出售的大量泥塑“泥泥狗”，被视为原始图腾的活化石。“泥泥狗”多为玄鸟造型，可见此鸟图腾崇拜之遗迹。“泥泥狗”的渊源比战国晚期与汉代砖画和帛画上才出现的世俗化了的女娲、伏羲连体交尾像要早得多，故其中尚不见龙蛇之踪影。

太昊由凤图腾变为龙图腾，是由于楚族南迁之后，东夷文化与南方苗蛮文化融合，太昊崇拜与伏羲崇拜合流而生产的。

楚人屈原《离骚》追溯其祖先说：“帝高阳之苗裔兮，联皇考曰伯庸。”楚先祖高阳颛顼氏的命名，即取自太阳，楚学论者多持此说[③]。何新认为“高阳即太昊，即太阳神”[④]。他的论据是在《左传》中，颛顼又记作“颛臾”、《左传·僖公二十一年》载，颛臾，“风姓也，实司太皞与有济之祀”。颛顼，太昊皆风姓，故一。我们认为，颛项是否就是颛臾?[⑤] 何新的推论还要求进一步的文献和训诂。但从字面上看，高阳就是“高踞长天的太阳”，与“昊”字的形义相同，所以，颛项与太昊一样，都是太阳神，此说不妄。萧兵也说：“颛臾与颛顼音近，有可能是其后代。”

我们并不认为楚族就是东夷部族的一个分脉。它可能是夷族近邻的一个弱小部族，与夷族冲突，交结，混血相当频繁，终而臣服于夷。《山海经·大荒东经》载：“东海之外大壑，少昊之国。少昊孺帝颛顼于此。”龚维英以为此言意谓颛顼曾寄养东夷少昊，充当养子[⑥]。其实，我们认为这表明的是楚族对夷楚的臣服关系。高阳颛顼氏是楚族的始祖，正如太昊是东夷的始祖一样。

---

① 龚维英：《原始崇拜纲要》，中国民间文艺出版社 1989 年版，第 188、190 页。
② 郭沫若：《中国史稿》，人民出版社 1976 年版，第 112 页。
③ 参见萧兵：《楚辞的文化破译》，湖北人民出版社 1991 年版，第 89－93 页。
④ 何新：《诸神的起源》，三联书店 1986 年版，第 26 页。
⑤ 萧兵：《楚辞与神话》，江苏古籍出版社 1987 年版，第 209 页。
⑥ 龚维英：《原始崇拜纲要》，中国民间文艺出版社 1989 年版，第 30 页。

两种文化相互交流，甚而融为一体，楚族文化暂时纳入东夷文化，所以楚文化带有浓重的东夷文化色彩。楚族南迁，东夷诸神南下，所以在《楚辞》中带有许多的东夷神话内容。

负载着东夷文化（凤图腾）的楚族，南迁以后，与南方苗蛮文化（龙图腾）相交融，这在楚人的习俗、神话的器物雕刻以及刺绣和漆画上有显著的表现。

铜樽　湖北江陵望山出土

楚族是一个崇拜龙凤的民族。相传楚人的祖先祝融是凤鸟的化身。《白虎通·五行篇》说祝融“其精为鸟，离为鸾”。鸾即是凤。楚人把自己的祖先说成是凤的化身是因为他们从东夷故土而来，所以楚对于凤总存在着一种深厚的感情。他们尤其喜欢以凤鸟喻人。传说楚庄王刚刚即位时，整天寻欢作乐不问国事。伍举便进谏问：“有鸟在于阜，三年不蜚不鸣，是何鸟也?”庄王答道：“三年不蜚，蜚将冲天；三年不鸣，鸣将惊人。”① 伍举以鸟喻人，庄王也以鸟自喻。《论语》和《庄子》都曾记载“楚狂接舆歌而过孔子”之事。孔子到楚国，接舆见到他后唱道：“凤兮凤兮，何德之衰。往者不可谏，来者犹可追。已而，已而，今之从政者殆而。”② 在《楚辞》中，诗人也爱将自己或者好人比作凤，而将群党丑类斥为鸡鹜。《怀沙》云：“凤凰在笯兮，鸡鹜翔舞。”意思便是说自己有着卓绝的才华、高贵的品质被放置不用，而那些无德无才的小人却当道横行。

楚人喜爱凤，也同样喜欢龙。龙凤的图案广泛地见于楚人的各种器物用品之中。在江陵楚墓出土的一件铜尊上，盖周便有四个鸟形钮；在盖顶和盖缘之间，镂有变形的龙纹和凤纹。“以四个鸟形钮为界分为四个单元，每个单元有六龙六凤，龙纹与凤纹之间施以云纹。龙游、凤翔、云流，极婉转、袅娜、飘荡之美。腹部纹饰分为六个单元，每个单元有六龙纠结。此器通高仅17.1厘米，口径为24.4厘米，而有嵌银的龙六十条，凤二十四只，其缛丽如此。”③

① 《史记·楚世家》。

② 《论语·微子》、《庄子·人间世》也有近似的记载。

③ 张正明：《楚文化史》，上海出版社1987年版，第155页。

龙凤相搏图，湖北江陵
马山楚墓出土

对龙对凤纹绣纹样
湖北江陵马山出土

龙飞凤纹绣纹样

龙凤人物图

在刺绣丝织品中，龙凤的图案也尤受楚人厚爱。1982 年在江陵马山发掘一座楚墓，出土衣物 35 件，丝绸碎片 425 片。这些丝织物刺有花纹图案，其中凤纹最多，龙纹次之。漆画中如江陵李家台四号墓出土的漆盾，绘有一舞人与虬龙鸾凤相率而舞的图案。在包山发掘的楚左尹邵㤂的棺盖及棺材的两侧壁板上，也绘有六单元龙凤纹图案，每单元为四龙四凤，凤压于龙纹之上。龙凤间填红彩，整体为四方连续结构。龙一首双身，黄首黄足，黑身黑鳞，盘绕成圆角方形。凤黄身黑尾，展翅卷尾，昂首作鸣叫状①。凤图腾与龙图腾

① 《荆门包山楚墓发掘简报》，《文物》1988 年第 5 期。

之间，当然也有一个从相争到相融的过程，这一遗迹在古代艺术品中十分鲜明地表现出来。

我们所能见到的早期龙凤合璧造型，往往是凤大龙小，龙凤之间也往往是相衔咬的关系。楚人从东方而来，起初是作为征服者的形象来到南方的，所以楚人尊凤贬龙。“凤是楚人先民的图腾，战国时代的楚人对此仍有朦胧的印象。因此，他们把一切美丽特性和特征都赋予凤了。在刺绣纹样中，凤是无可争议的主角。”作为被征服者的苗蛮人的图腾龙，则通常只能担当陪衬甚至反衬的角色。在楚人刺绣的图案中，凤几乎无不簪花佩花，龙簪花佩花的却少得可怜。“已见刺绣纹样 18 幅，其中凤与龙俱出的 10 幅，有凤无龙的 7 幅，有龙无凤的 1 幅。在凤与龙俱出的刺绣纹样 10 幅中，凤与龙互斗的 8 幅，凤与龙相安的 2 幅。在凤与龙互斗的 8 幅刺绣纹样中，凤进龙退、凤胜龙败的 5 幅，势均力敌的 3 幅。”① 而到战国时期，龙凤合璧造型的形象与含义都发生了质的变化。它们往往成对出现，或顾盼，或曼舞，其中充满着和谐、欢快的气氛。“龙凤呈祥”——这已成为一种吉祥、和美的象征图案。

四、伏羲的文化贡献

木本乎根，人本乎祖。对民族共同先祖的认定是关系到民族血脉延续的大事。民族先祖是民族精神的支柱，是民族凝聚力的纽带，也是神圣血系观念的具体表现。按照一般的说法，我们中华民族的共同祖先被认为是“炎、黄”。中华儿女共同为“炎黄子孙”，而事实上这种认定未必全面而准确。因为，炎帝、黄帝同属于华夏一族，而中华民族是由多民族汇聚而成的。再者，民族先祖地位的确立，还须看他对民族文化贡献以及民间影响的大小。相比而言，我们认为，以“羲黄”取代“炎黄”作为中华民族的始祖更为准确。

从远古的传说时代，到有文字的记载，民族先祖的选择及确立需要一个相当长的历史时期。这其中有历史的因素，也是多种文化相互融汇的结果。

与其他始祖相比，太昊伏羲传说流传范围广，影响面大。太昊氏是东夷族的祖先，伏羲氏是楚族（与苗蛮融合）的祖先。春秋战国时期是我国各民族大融合的时期，在秦国统一中国之前，楚国已统治了大半个中国疆域。东

① 张正明：《楚文化史》，上海人民出版社 1987 年版，第 176 页。

夷文化与楚文化有着共同的渊源，再加之政治的因素，两者自然地融汇在一起，共同以“太昊伏羲”作为民族先祖。秦统一中国，但时间短暂，20 多年的历史对于文化形成的影响毕竟是有限的。汉代统治虽然承继了秦代的典籍制度，但汉文化的根源仍是楚文化。“楚虽三户，亡秦必楚。”秦汉之争，取得最后胜利的是楚文化。统治者的思想意识必然在整个社会的意识形态中占主导地位。所以在汉代，楚文化逐渐扩展影响到华夏文化的腹地。《帝王世纪》：“太皞帝庖牺氏，风姓也。母曰华胥。燧人之世，有大人之迹出于雷泽之中，华胥履之，生庖牺于成纪。”华胥之国在今陕西蓝田县，成纪在今甘肃天水，为古秦州府治。《竹书纪年·太昊伏羲》说：“太昊之母居于华胥之渚，履巨人迹，意有所动，虹且远之，因而始娠，生帝于成纪，以木德王，为风姓，元年即位，都宛丘。”古陈宛丘为“太昊之墟”，太昊伏羲都于此，葬于此。太昊伏羲陵位于淮阳陈楚故城北三里的蔡河北岸。春秋之前即有陵墓。《淮阳县志》载：“陵墓始于春秋。”《孔子家语》载孔子自魏适陈，“陈侯启陵阳之台”。“汉以前有祠”，此后历朝历代对太昊伏羲屡加修葺，致祭谒祖。太昊伏羲的传说及影响以古陈淮阳为中心，扩展到全国各地，太昊伏羲成为中国各民族大汇融的典型象征。

我们说太昊伏羲为中华民族的人文始祖，尤其在于他对中华文化的巨大贡献。梁代肖绮《〈拾遗记〉序》中说：“文起羲、炎”，唐司马贞《史记索隐》引刘向言：“稽古羲黄，祖述尧舜。”均以伏羲为中华文化的肇始者。所以茅盾先生在《中国神话研究》中说：“太昊伏羲显然是中华民族的文化始祖。”历代典籍对伏羲的文化贡献所载甚夥，归结起来有以下几个方面：

1. 画八卦，开启文化之源。司马迁未为伏羲立传，但在《太史公自序》中说：“余闻之先人曰：‘伏羲至纯厚，作《易》八卦。”对伏羲画卦最详细、影响最大的记载在《周易·系辞下》：“古者庖羲氏王天下也，仰则观象于天，俯则观法于地，观鸟兽之文与地之宜，近取诸身，远取诸物，于是始作八卦，以通神明之德，以类万物之情。”《易》是中华文化最重要的元典，是中华传统文化之核。伏羲一画开天，开启了中华文化的源头。伏羲画八卦和造书契，是中华先民告别结绳记事时代，走向文明的开端。八卦，是以伏羲为代表的中华先民，在生产实践中经过长期仰观俯察和旁及近身事物，对变幻无穷的大千世界变化规律初步认识的基础上，加以总结和概括而形成的。这种八卦符号的基本结构由阴、阳二爻组成，体现了自然界最基本的两种物质——天、地的对立与阴阳关系，由此推演组合出代表天地、雷风、水火、山泽的八种符号。它们既对立又统一，相互作用又互相影响，变化无穷。标志着尚无文字的上古先民进行哲理思维的新成就，体现出先民们逻辑演绎能力和抽象与辩证思维能力已达到相当丰富的地步。八卦符号成为他们穷究天地、解释宇宙万物变化的万能钥匙。

用现代信息科学的观点分析，八卦符号具有丰富的象征意义和多层内涵。将其推而广之，可以组成含义异常广泛的信息码组：如乾卦象天，也可以为日、阳、男、朝廷、君主、君子、刚健等信息符号；坤卦象地，也可以作为月、阴、女、黎民、臣仆、小人、柔弱的信息符号，其余类推。这样每种卦象都可以在一定的定义域内，作为事物、状态、情绪、意愿的信息编码，它既有内涵的规定性，又有外延的模糊性，这正是八卦奥秘与魅力的基本所在。八卦又是先民们凭借卦象进行占筮以预知吉凶的手段，因而又同计数有关。若把卦爻"—"译作"1"，"– –"译作"0"，则八卦正好是一个三位二进制码组的集合；把阴阳二爻作为数字则最接近自然数，其所组成的复合信息传递效率就必定很高。据英国科学史家李约瑟考证，18 世纪初德国数学家莱布尼茨发明二进位制时，曾受到耶稣会士带给他的两张《易图》的启迪。八卦包含着丰富的数学内涵，上古巫史们从这些看似简单的卦象中，推演、阐发大千世界林林总总的事物，道理正在于此。

相传周文王据八卦而推演成周易，将八卦两两相叠，就形成六十四卦，共三百八十四爻。实际上《周易》是后人在八卦基础上，经巫史们对大量筮辞的筛选、整理、编排和加工而形成的。并经孔子重新整理，后被儒家列为经书，构成了中国传统文化中"正统"文化的重要组成部分。我们从《周易》卦辞、爻辞中，清楚地看到周人朝乾夕惕、居安思危的精神风貌，矛盾转化、否极泰来的辩证思维，以及尚节贵敬的文化心理。由伏羲八卦的创立到《周易》的形成，体现了先民认识自然，进而预知吉凶、趋利避害、改造自然的进化历程，也是中华先民文化心理和智慧日臻成熟的记录。中华先民们运用高度概括、浓缩的八卦信息符号，在论证宇宙万物的过程中，熔铸并不断锤炼了中华民族特殊的抽象思维和逻辑推论能力。悠悠岁月，大浪淘沙，人们对八卦及《周易》的兴趣，逐渐从推断吉凶的神学主旨和利用卦象、卦辞的表现形式，转移到用它观察世界的辩证思维方式和宏观把握能力上来。于是，卜筮之书转变成指导生活、分析矛盾、解释世界的圭臬。在此基础上，经历代思想家、哲学家的清理批判，逐渐形成一套完整严密、富有民族特色的阴阳变易的逻辑理论体系，深刻影响了中华民族的思维方式和文化进程。毫不夸张地说，八卦以及《周易》已成为开发民族智慧，陶冶民族精神，弘扬传统文化的"元素"和动力。郭沫若称《周易》是"古老的科学宝库"，古往今来的哲人学士从这座宝库中不断汲取，不断地有所发明，有所发现。追本溯源，伏羲创造的八卦符号，实乃中华传统文化的源泉与核心。

2．正姓氏、制嫁娶。《路史·后纪》注引《古史考》云：“上古男女无别，太昊始制嫁娶，以俪皮为礼；正姓氏，通媒妁，以重人伦之本，而民始不渎。”太昊氏时起，人类婚姻由族内婚向族外婚过渡。伏羲与女娲兄妹（或言姐弟）成婚繁衍人类，是为中华民族的始祖。兄妹成婚的传说，隐约反映了血缘家族内同辈血缘婚制的遗存。但值得注意的是，传说反映的兄妹成婚，是在一种洪水过后、人类灭绝、世上仅存兄妹二人的特殊环境中发生的。而且，他们已经自以兄妹成婚为“羞耻”，故以“烟”（或滚石磨）为媒决定是否婚配。这些信息曲折地表明，在特殊条件下的兄妹成婚，实际表达了母系氏族阶段相互结成族外婚的两个氏族，而以烟为媒则是上古先民“灵物崇拜”在婚配上的反映，意味着伏羲氏族已开始由一般的族外婚向对偶婚发展。伏羲“正姓氏”，是婚姻制度的制定者。姓氏之所以产生，其目的就是为了“明婚姻”，“同姓不婚，惧不蕃也”。表明以伏羲氏族为代表的上古人类不仅排除了不同班辈间的婚姻关系，而且也开始禁止同母兄妹间的婚姻关系。又相传伏羲“始创嫁娶，以俪皮为礼”。“俪皮”即鹿皮，一说指两张鹿皮，是男女双方订婚的礼物；一说为一张鹿皮，划为两半，男女各执一半为婚姻信物。伏羲的这一行动，可能是由对偶婚向一夫一妻制的巨大迈进。由伏羲感生的“神婚”，到伏羲兄妹成婚再过渡到“以俪皮为礼”，隐约揭示了伏羲氏族在漫长原始社会的一定阶段，婚姻制度的革命性变化。伏羲正姓氏，纯正了我们民族的血缘。

3．确立了天文历法。《春秋内事》曰：“伏羲氏以木德王天下，天下之人未有室宅，未有水火之和，于是乃仰观天文，俯察地理，画八卦定天地之位，分阴阳之数，推列三光，建分八节，凡二十四气，消息福祸，以制乃合，故以为元。”三光：日、月、星；八节：立春、春分、立夏、夏至、立秋、秋分、立冬、冬至；二十四气：从立春至大寒二十四个节气。伏羲确立的天文历法，数千年确认无疑，至今仍是人们进行生产、安排生活的重要前提。

4．发明网罟，教民渔猎。《汉书·律历志》说，伏羲“作网罟，以佃以渔，取牺牲，故天下号炮牺氏。”网，为取兽；罟，为取鱼。《礼记·月令》中说，伏羲“执伏牺牲”。先秦一些典籍称伏羲为“伏牺氏”，“伏牺”之意可理解为驯服野兽。从淮阳平粮台龙山文化遗址考古发掘来看，太昊伏羲所生活的年代，已有石刀、石斧、骨箭头、石箭头、石网坠等，这些都是太昊时所用的狩猎工具。网罟的发明，极大地推动了生产力的发展，使历史前进了一大步。

5. 养六畜以充庖厨。晋皇甫谧《皇王世纪》:“牺牲以庖厨，故号庖牺皇。”明李贽在《史纲评要·太昊伏羲》中说:“养六畜以充庖厨，且以为牺牲，享神祇，故又曰庖羲氏。”六畜指牛、马、羊、鸡、猪、犬。饲养六畜，标志着人类历史由新石器狩猎时代转向畜牧时代。

6. 造琴瑟，作音乐。《楚辞·大招》王逸注云，伏羲“作瑟，造《驾辨》之曲”。《竹书纪年》云，伏羲“造琴瑟，作立基之乐”。明李贽《史纲评要·太昊伏羲氏》:“作荒乐，歌扶徕，诵网罟，以镇天下之人，命曰立基。斫桐为琴，绳丝为弦，命之曰离征，以修身养性，反其天真，而乐音自是兴焉。”

7. 奠定中华多民族的基础。《书·序种性第十七》云:“懿亦建国大陆之上，广员万里，黔首浩穰，其始故不一族，大皞以降，力政经营，使姓合齐，以遵率王道者数矣。文字政教统一，其姓异者终且醇化，是故淳维姜（羌）戎。”在伏羲的旗帜下，多民族团结和合，统一为中华一家。

8. 以龙纪官。太昊伏羲氏还赋予我们民族以总徽号——龙。大量文献和考古资料均证明，伏羲“人首蛇躯”，蛇是伏羲氏的图腾。中华民族的总图腾“龙”，正是以蛇为基础，汇合了多民族图腾而成的。闻一多在《伏羲考》一文中指出，龙是“由许多不同的图腾糅合成的一种综合体，因部落的兼并而产生的混合的图腾”。龙的主体部分和基调则是蛇。“大概蛇的名字便叫做‘龙’，后来有一个以这种大蛇为图腾的团族（klan）兼并了，吸收了许多别的形形色色的图腾团族，大蛇这才接受了兽类的四脚、马的头、鬣的尾、鹿的角、狗的爪、鱼的鳞和须，……于是便成为我们现在所知道的龙了。”[①] 龙形象的定型时间当在战国至秦汉间，这一时期正是楚文化北上、与中原文化融汇的时期。循着龙的文化踪迹，展现在我们面前的便是一部中华民族的形成史。据统计，《山海经》一书共有“神”454个，其中“神人”307个，而龙身、蛇身、龙首的“神人”达138个，占“神人”数的45%。它们分布的地域几乎包括《山海经》记述的全部范围。据司马迁在《史记·五帝本纪》中的记载，颛顼是黄帝的嫡孙。而在从伏羲、女娲、炎帝，到黄帝、颛顼、帝喾、尧帝、舜帝，传说中的三皇五帝这个中华民族共同先祖的世系中，我们看到的，是一个又一个龙的身影！被尊为“三皇之首”、“百王之先”的伏羲与他的妹妹兼妻子女娲是传说中的人类的始祖，中国的亚当和夏娃，他们生得“人面而龙身”，是一对连体双龙。炎帝神农氏也是“龙颜大唇”、“牛

① 闻一多:《伏羲考》,《闻一多全集》第一册，三联书店1982年版，第26页。

首龙躯”，一副神龙模样，传说他的母亲女登有神龙入怀，怀孕生下了炎帝。至于轩辕黄帝，更是一条驾云而行的黄龙。《史记》中描绘他的形象是“轩辕黄龙体”，“自以为云师，有龙形”。颛顼帝“乘龙而至四海”，与龙的关系十分密切，他的足迹和神力遍布四海，“北至于幽州，南至于交趾，西至于流沙，东至于蟠木。动静之物，大小之神，日月所照，莫不砥砺。”此后的唐尧、虞舜、夏禹，也都是龙种龙形，续写着龙的传奇。不难看出，自五帝至先秦时代的英雄人物及其政权建立者，几乎都自称是龙图腾伏羲的后裔。“这综合式的龙图腾团族所包括的单位，大概就是古代所谓‘诸夏’和至少与他们同姓的若干夷狄。他们起初都在黄河流域的上游，即古代中原的西部，后来一部分向北迁徙的，即后来的匈奴，一部分向南迁移的，即周初荆楚吴越各蛮族，现在的苗族即其一部分的后裔。”[①] 中华先民从洪荒开始迈入文明门槛的时候，就已同“龙”结下了不解之缘，“龙”成为中华先民的“胎”记。龙先民及其龙文化凭借自身强大的力量，在中华文化生成之时便取得优势地位，进而使龙图腾升华为中华民族共同的象征。

龙不仅是中华先民共同认可的族徽，顶礼膜拜的至上神，更重要的是它深入并积淀于中华传统文化的诸多层面而弥久不衰。历代改朝换代，君主即位便自称是“真龙天子”，他们穿龙袍，坐龙椅，以龙子龙孙自居，朝堂宫殿无处不有龙。“龙”成为王权神授、神圣不可侵犯的权力象征。宫殿、庙宇和重要建筑，其雕刻、绘画、装饰、碑刻等大多以龙为图形。在辽阔的神州大地，龙山、龙岗、龙阳、龙渊、龙池、龙洲、龙城、龙泉等以龙命名的山川城池不计其数；龙堂、龙壁、龙祠、龙亭、龙门、龙楼、龙邸、龙塔等以龙相称的亭台楼阁比比皆是；在民间社会与龙有关的项目如龙舟、龙灯、龙笛、龙香、龙骨车、龙尾砚、龙吟曲、龙爪书等更是不胜枚举；龙既是吉祥喜庆的民俗标志，又是发洪水、地震、雷电时龙颜大怒、降罪众生的兆应。从物质世界到精神天地，从上层文化到民间习尚，龙几乎无所不在，中华大地几乎是龙的世界，以至人们将中华文化称为“龙的文化”。伴随封建帝制的寿终正寝，“龙”的神权外衣随之消失。然而，在中华民族心灵深处和意识领域，“龙”依然牢固地产生着影响，“龙的传人”这一口号仍是中华民族、海内外同胞寻根觅祖的归着点和民族团结的“黏合剂”，它将继续是所有炎黄子孙超越时空的共同族徽，并将在未来生发出新的精神养料和丰富内涵。龙图腾的

① 闻一多：《伏羲考》，《闻一多全集》第一册，三联书店1982年版，第26页。

形成，象征了中华民族主体血脉的汇聚和文化的奠基。从此，普天下中国人都有了一个共同的名字——“龙的传人”，共同尊奉同一个祖先——伏羲。

伏羲开创的古代文明，反映于原始社会生活的诸多方面。魏陈思王曹植在拜谒陈地太昊伏羲陵时作《太昊庖牺氏赞》，对太昊伏羲的创世王业作了崇高的评价和礼赞：

木德风姓，八卦创焉。
龙瑞名官，经地象天。
庖厨祭祀，罟网鱼畋。
瑟以象时，神德道元。

太昊伏羲是历经千百年人们反复审慎地选择而确立并公认了的民族血缘先祖和文化始祖。在选择和确认的过程中，人们又逐渐把众多的勋业归加在他身上，使之终于成为民族共同心理、共同文化的总代表，并产生了巨大的民族凝聚力。

五、伏羲神话传说的历史文化意义

众所周知，中国是一个历史意识觉醒较早的民族，当上古神话还没有形成完整系统之前，它已被神话历史化的潮流引入到历史传说之中，形成出现时间早、内容异常丰富的历史传说，因而它对中华文化的影响较别的国家和民族就更为重要和明显。伏羲神话传说产生于先秦，其“三皇”之首的地位确立于汉代，随着神话的历史化过程，从神话传说进入了民族历史。特别自唐至清千余年时间里，他在国家祀典里更占有稳固的地位。

对于太昊伏羲等民族始祖的认识和研究，往往存在着两种偏颇，一是仅仅把他们当作神话传说中的虚拟人物，认为历史上并无其人；二是通过对古代典籍中关于这些民族始祖的记载的考证，认为历史上确有其人。无论是以神话研究为核心还是以历史研究为核心，都会为民族始祖的研究留下辩难的缺憾，立论难以使人信服。所以，我们认为，对民族始祖的研究应该突破神话学或历史学的樊篱，从而建立一种以文化为核心的历史研究观，把太昊伏羲等民族始祖当成是一个文化现象而不仅仅是一种历史存在。

文化是历史的灵魂，历史是文化传承与发展的载体。一个国家和民族的历史不论怎么变迁，文化始终是这个民族所特有的传统与精神，它在生活习俗的延续与发展中传承，有着强烈的民族特征。中华民族的历史，就是以中国传统文化为核心传承下来的。因此，我们对于伏羲等民族始祖的认识，应当以文化为核心，重在对各个历史阶段中文化的产生、再现、发展与继承方面的研究，更加重视思想与精神在历史中的作用力，而不应囿于考证、修正、补充、完善历朝历代所发生的历史事件和历史人物的真伪的论证方面。

基于文化研究的方法，对于民族共同先祖的理解，首先应该明确三个方面的问题：第一，民族先祖只是一个象征，或者说只是存在于人们心中的一种观念，他在历史上是否确有其人并不重要；第二，对于一个民族先祖的认定，是从远古的传说到有文字记载的历史，在一个相当长的历史时期中逐渐确立起来的；第三，一个民族先祖，应具有民族文化广泛的代表性，必须得到构成本民族成员的广泛的认同。

人们对于历史的认识本身也是历史性的。历史事实是一回事，对历史的记忆是一回事，对于历史的表述又是一回事。“十口为古”，文明社会之初，人类已经有了历史意识，并通过口耳相传保存历史记忆。随着文明的演进，历史内涵的日渐丰富，人们对历史思考和探究越来越深入，这种思考和探究具体说就是对文明事实的一种根源性的说明。如人们有了房屋、宫殿，便试图构想一位最早的建筑师；人们靠农业而生活，知道百草可以治病，便试图构想出农业和医药的发明者。而对于个人和种族本身，则要试图构想出一个自所从来的先祖。

当然，这也必然使远古历史真假难辨。因为一方面通过口耳相传，先民们确实保存了一定的历史记忆，但另一方面，由于历史意识本身的历史性，先民们探究和传诵历史时，难免出于对历史的理解而附会历史，因而可能有虚构的成分。对此，顾颉刚先生提出中国古史是“层累地造成的”的观点。其大意有三：（一）时代愈后，传说的古史期愈长；（二）时代愈后，传说中的人物形象愈高大；（三）即便对某一历史人物或事件是否属实尚无把握，但亦可知其在传说中的最早状况。因而，顾颉刚及其古史辨派认为传说中的“三皇五帝”都是虚构出来的人物。而且越往后，虚构的历史越早，人物的功业越大。

顾颉刚的“层累说”符合中国历史的实际，并对20世纪中国史学产生了积极的影响。不过，“疑古”的态度固然是正确的，但是我们不能因此而对传说中的古史采取虚无主义的态度一笔抹杀，认为其毫无价值。古人“层累地造成的历史”虽然有不少虚构的成分，但我们更应该看到的是，“层累”地造成的古史，一方面有着极其深在的内因，与人们历史意识的自觉和发展紧密相关，是人类心智和思想逐步进化的结果，另一方面，这些古史也不是完全凭空捏造，而是有它的历史原型的，它是古人将神话历史化的结果。上古神话与历史之间有着深刻的内在联系，神话中包含着丰富的历史内容，这是上古历史和神话的实质所在。

因此，对于中华民族先祖的认识，也应该采取这样的态度。他在历史上未必确有其人，可能是一个神话人物，甚至可能只是来源于一个观念，但在他身上却蕴涵着丰富的历史内涵和文化基因。他是人们在漫长的历史发展过程中选择和确立起来的一个民族文化的象征，在他身上体现着一个民族血缘和民族文化观念的形成过程。

伏羲传说对中华传统文化的影响是多层面、全方位的，其价值与作用几乎同中华传统文化的兴衰荣辱息息相关。正如雍际春先生所指出的那样：这种因为传说化了的历史记载，在当时以及后来很长的历史时期内，被人们出于某种心理需要而视为信史，或不自觉地当信史来接受，促使社会形成了不尽真实但却广泛流传的历史观念和文化传统。在这种观念与传统的熏陶下成长起来的心灵，无形中接受了其中暗合的价值观念和是非标准。所以，伏羲传说对中华传统文化的形成与发展，民族精神的孕育和锤炼，国民性格的塑造与定位等方面和深层次，均有独特的功能和价值①。

伏羲传说也属博大灿烂的中华传统文化的一部分，具有自身鲜明的个性和特点。

第一，象征性意义。伏羲传说中龙图腾与八卦符号都具有典型的象征意义。如前所论，龙图腾的产生、传习正在于它是该部族先民及后裔共同认可和崇拜的标记与象征。有了这种象征，龙便成了中华先民认同、回归、凝聚的心理支柱；同时，龙也升华为中华民族普遍认同的族徽和共同象征。历史上，无论官僚上层还是平民百姓，物质领域还是精神世界，无不存在龙的影响和身影。时至今日，“龙”曾拥有的许多功能和价值已不复存在，唯独它的象征意义不仅没有消失，反而赋有新的含义和使命。八卦与《周易》原本就是一种象征符号，它的产生与日趋完善，本身就是我国古代象征文化兴盛的表现。八卦与《周易》构成了中华传统文化的核心，其象征意义与重大影响是不言而喻的。中华传统文化正是具有龙图腾的民族性与八卦符号独特哲学思辨的象征性，其风格与特征才格外鲜明和独特；反过来，这也从一个侧面

① 雍际春：《伏羲神话传说的文化价值》，《宁夏社会科学》，2005年第4期。

体现了伏羲传说的文化价值与魅力所在。

第二，民族团结和凝聚意义。伏羲与女娲兄妹成婚，繁衍人类，他们是中国古史系统的人类始祖。在古史记载中，伏羲成为不少民族及上古英雄人物的始祖，上古不同部族间的兼并与民族融合，又使伏羲的后裔不断壮大，汇成中华民族的主体；于是伏羲传说及其事迹就不单是哪一个民族独有的历史与财富，而是中华各民族共有的文化源泉。因此，伏羲传说既是各民族传说历史的源头，又是各民族心理认同的归宿；伏羲也就成为各民族崇拜的对象，又是中华民族共有的始祖。这种独自而又趋同的现象，使伏羲传说具备了维系中华民族大家庭的独特功能，成为民族融合的催化剂和民族团结的桥梁与纽带。

第三，推动民族精神和民族文化不断丰富和发展的意义。伏羲传说一经产生，在漫长的时期里，其主体对中华传统文化发生影响的方面与功能是比较稳定的，如龙图腾、八卦符号、伏羲的各种发明创造等。这种稳定对于中华文化传统的形成、壮大，对国民心理的成长、民族智慧的提高乃至国家的统一与强盛，都具有维护、促进、扩展和巩固的功能。另一方面，任何事物都不可能一成不变，它必然要随社会的发展变化而变化，否则就会失去生命力。如龙图腾由伏羲部族的标记到中华民族共有的象征；八卦与《周易》由最初的占筮发展为上层文化的哲理思维与世俗民间巫术的兴盛，都是典型例证。伏羲传说本体内容的这种变异，又对中华文化不断输入新鲜养料，推动民族融合，扩大中华文化的领域，激发民族活力，使中华民族与传统文化焕发出旺盛的生命力，具有积极的推动作用。总之，伏羲传说的稳定性与变异性，对中华传统文化的影响与作用最终殊途同归，是中华文化保持传统与发展更新、扩散统一与超越升华都不可缺少的重要因素。

所以，对于伏羲等民族共同先祖的确认与尊崇，是一个文化现象。民族始祖只是一个象征，或者说是存在于人们心中的一种观念，他在历史上的真实面貌其实并不重要；但由于这种对民族始祖的确认与尊崇，作为一种文化观念和历史传统，在长期的历史进程中已经形成为一种稳定的、巨大的精神力量，陶铸了我们民族的共同文化心理，在中华民族的发展史上发挥了持久的、恢宏的凝聚作用，已经成为我们民族历史不容忽视、不可分割的一个重要内容，因而就不能抱着虚无主义的态度漠视民族始祖在我们民族文化中的存在，而应该积极地承认、继承和发展这种文化传统，充分发挥其当今文化建设中的作用。

撰稿人　王剑

第二章 伏羲与易经文化

《易》——东方古人智慧的结晶。

它穿过时空的隧道，向我们传递着那古老的信息。

它从历史长河走来，向我们传达着那古人的智慧。

它披着神秘的面纱，扑朔迷离，向我们诉说着过去、昭示着未来。

它像一颗璀璨的明珠，至今仍放射着那灿烂的光辉。

悠悠6500多年，它像高山，令人景仰景止；它像大海，令人望而生叹；它像大地，滋生出一个民族的丰厚文化。

“人更三杰，世历三古”①。伏羲仰观俯察，以那先人的智慧审视宇宙，用简约的八卦符号记录了他对宇宙的认识和理解。又过去了3000多年，周文王怀着改造世界的忧患意识而作《周易》，给卦装上了卦辞，赋予八卦以语言生命。又过了500年，孔子50岁时见到了《周易》，他读易“韦编三绝”②，撰写《十翼》，向我们讲述了易学思想。至今，悠悠6500多年，愈古弥新！这部奇书，通过神秘的“占筮”外衣，焕发出恍惚幽冥的象征色彩，简单的一阴一阳，幻化出无穷无尽的奥妙玄机。

一、伏羲始画八卦

人类一出现，就想法了解人类自身及其周围的一切事物，探求世界的奥秘，使其为人类的生存和发展服务，伏羲及其先民就是这样，他们力求在实践活动中发现掌握事物的本质和规律，为己所用。八卦图的创制无疑就是伏羲及其先民的认识的一种升华，不过它来源于实践，根植于他们的生活生产活动。

《周易·系辞下传》：“古者包牺氏之王天下也，仰则观象于天，俯则观法于地，观鸟兽之文与地之宜，近取诸身，远取诸物，于是始作八卦，以通神明

① 《汉书·艺文志》。

② 《史记·孔子世家》。

之德，以类万物之情。”①《易纬·乾凿度》则借孔子的权威来论述伏羲画八卦：“孔子曰：方上古之时，人民无别，群物无殊，未有衣食器用之利。于是伏羲乃仰观象于天，俯观法于地，中观万物之宜，始作八卦。以通神明之德，以类万物之情。”《春秋公羊传·隐公元年》疏中引《春秋纬》还说：“孔子曰：伏羲作八卦，互合而演其文，读而出其神。”从这些记载可以看出，伏羲画八卦并无神秘性，只是人类认识上的一次飞跃。

八卦，是由阴（--）阳（—）符号组成的八个三画卦，代表了天地间八种物质，古人用这样独特的思维方式和表现形式，揭示了宇宙间的秘密。八卦是由伏羲所画，从而揭开了中华古代文明的历史，树立了第一座《易》之丰碑。伏羲“一画开天”，成为中华文明的起源。

存在决定意识。在生产力低下的古代，人们只能通过感官去观察世界，认识事物。当初，人类的祖先手里拿着一块石头来到树下生活时，不过是其他凶猛肉食动物的一种美味食物。可是几十万年乃至百万年过去了，人类并没有灭亡，反而成为这个地球的统治者，一些曾经以人类为食的凶猛动物，已经变得弱小而可爱，甚至成为人类的宠物。那么究竟是什么使人类发生了如此天翻地覆的变化？答案只有两个字——智慧。正是智慧加速了人类发展的进程。伏羲所画之卦是我国先人的智慧的结晶，正是这种智慧使中华民族成为世界上最早摆脱野蛮、步入文明，成为人类历史上最早成熟的民族。

人们要认识自然，于是仰观天、俯察地，将其认识记录下来，便产生了八卦。应该说，伏羲的这些认识也是在继承先人智慧的基础上而形成的，所以说，八卦的产生是先人群体智慧的结晶。

《易》生于筮，筮生于数，从最简单但也是最基本的意义说，八卦是数的表达形式和运演形式。只有产生了数，八卦方能构成。抱着“开物成务”的态度，运用数的观念，观察一切所见所闻，进行古往今来的思考，从具象到抽象，具象中显示抽象，抽象中包蕴具象，这就是八卦的原始出发点。

“仰则观象于天”，是对天体运行规律的探索和认识，这是人的一种本能，是自我求生存的一种手段。《尚书·尧典》载，帝尧“乃命羲和，钦若昊天，历象日月星辰，敬授人时”。将天象记录下来，制成历法，传授给百姓，按照自然规律去安排农时，这是公社首领乃至以后统治者的责任。“俯则观法于地”，是对大地的观察和认识。他们“观”和“察”，到底看到了什么呢？

① 本章所引《周易》均据《周易正义》（唐）孔颖达撰，（清）阮元校刻《十三经注疏》，（北京）中华书局1980年10月版。

“鸟兽之文”，这有多种说法，有代表性的主要有两种。

一种说法：这不是鸟和兽身上的纹理，而是人们肉眼能够见到的、被古人所认识了的天上的星座，并以地上的动物给它们命了名。当时人们已经认识到四个星座叫“四仲星”，它们是“星鸟（朱雀）”，“星火（青龙）”、“星虚（玄武）”、“星昂（白虎）”，每个星座有七颗星，共二十八颗星，称为二十八宿。“观乎天文，以察时变”①，白天黑夜的更替，春夏秋冬的形成，雷电云雨的产生，都与星体运动有关，“日月不过，而四时不忒”，日月星辰的运动和春夏秋冬的推移从没有发生过差错。

另一种说法，就是现实生活中的动物，受龟背纹理的启发而创制八卦。淮阳北关有画卦台，台前有白龟池，传说就是伏羲画卦的地方。画卦台，亦名八卦台，又曰八卦坛。清《一统志》称揲蓍坛。台基约十亩左右，呈龟形。高约六七尺，位于古陈淮阳城北一里许环城湖中，环台皆水，唯西南隅一条小路可通行人，相传为太昊伏羲氏画八卦之地。唐代地理总志《元和郡县图志》载：“宛丘县八卦台及坛在县北一里，古伏羲氏始画八卦于此。”而南宋罗泌所撰被誉为“所辑资料较富”的《路史》则云：“今宛丘城北一里有伏羲庙。”该庙唐代文字学家、文学家、长史张齐贤及刺史北海李邕都曾为文记之。至于台上庙宇始建于何时则已失考，台上唐、宋时期旧有建筑已倾圮殆尽。目前台上庙宇可考记载始于明代。

说到画卦台，自然也要说起白龟池。因为自古以来白龟池就和画卦台连在一起，被人们称为“蔡池秋月”，并为古陈八景之一。白龟池就在画卦台前，总面积660平方丈，相传是太昊伏羲于蔡水得白龟掘池放养之处，故名之。

传说伏羲当年从蔡水中捕得一只白龟，在此处掘池饲养。他常常临池观看，从白龟身上的花纹受到启迪，并因而画出了八卦。《周易·系辞上》说：“天生神物，圣人则之。天地变化，圣人效之。天垂象，见吉凶，圣人象之。河出图，洛出书，圣人则之。”又说：“古者庖牺氏之王天下也，仰则观象于天，俯则观法于地，观鸟兽之文，与地之宜，近取诸身，远取诸物，于是始作八卦，以通神明之德，以类万物之情。”伏羲所画八卦为八方八卦，白龟盖则分为八方八块。因此，白龟就是伏羲始作八卦的圣物，而且是最重要的圣物。

正因如此，历代旅陈的文人学士、词家墨客都对白龟和白龟池给予了极大的关注，写下了众多的文章诗篇。除明代王良臣所书《白龟灵池》外，明

① 《易经·贲卦》。

人宋塘及明学正杨廷宾的《白龟灵池》，清人吴履坦、雷方晓所作同题《蔡池秋月》也别有风致。杨廷宾《白龟灵池》诗道：

天将嘉瑞协庖羲，凿得灵池贮白龟。
几朵闲云笼曲岸，一泓寒玉漾清漪。
时游莲畔形偏古，晚曝沙头色更奇。
今日不知仍在否，鸣蛙落月草离离。

雷方晓的《蔡池秋月》则把白龟池为天心之所、地脐所在的神奇传说融入诗中，更显出一派神秘高妙：

闻道灵龟旧在兹，秋来光景动幽思。
一轮皎洁荒台月，半亩澄清碧水池。
衰柳堤边风淅沥，古碑亭外影参差。
闲看八卦羲皇画，恰是天心夜静时。

而宋塘的《白龟灵池》则又是一番美丽情景：

草满池塘漾碧流，曾闻灵物此中游。
静含素甲符祯瑞，光灿元文表卦畴。
蛙吹空闻喧薄暮，鸥群任尔散清秋。
一时阐透阴阳秘，千古令人咏不休。

凡此种种，都说明一个事实，伏羲画八卦确与白龟息息相关。伏羲观鸟兽之文的鸟兽不是别物，正是这神妙莫测的白龟。白龟不仅与伏羲女娲的洪水遗存有关，而且与太昊伏羲治世的理论纲领八卦有关。正是由于受到了龙马、白龟的启迪画成了“一画开天”的旷古文明八卦，太昊伏羲才当之无愧地被后世龙的子孙尊为了“人文始祖”。

白龟的确同龙马一样是一种人们心目中的“祯瑞”圣物。在陈楚民间，白龟的神话传说家喻户晓，而如前文所述的历代文人墨客面对白龟池时更有过无数美丽的遐想。但是，世上真的存在有白龟吗？恐怕连传说的传播者和那些大发感叹的历代文人墨客谁也不敢肯定。也许正因如此，神奇的白龟终于耐不住寂寞和众人的疑问了。1984 年 8 月 16 日凌晨，画卦台前白龟灵池中，一只体重0.65公斤，乳白色的神龟随着淮阳东关一位少年的钓钩飞跃出水面，优雅地与现代人相会了。据北京有关专家鉴定，这只白龟当时已有235龄。龟盖中央有五块甲，对应金、木、水、火、土“五行”；龟盖中央周围八块，与八卦的乾、艮、震、巽、坎、离、坤、兑相对应；外围二十四块，与一年中的二十四节气相对应；腹底十二块，民间故老俗称“地肢”，也正好与十二地支子、丑、寅、卯、辰、巳、午、未、申、酉、戌、亥相对应，也有专家认为是与一年有十二个月相对应。龟爪则像传说中的龙爪，且胫下有“人”字形花纹，的确神妙无比。

白龟池里出白龟，甲子嘉瑞露真容，正好印证了6000多年前太昊伏羲氏于蔡水获白龟，凿池放养，昼夜观察，得启迪而画八卦的传说的真实性。作为中华民族文化史上一个不大不小的奇迹，这件事立即震动天下，中央及省内外新闻单位纷纷报道，前往一睹白龟风姿的中外游人更是络绎不绝，成了古陈淮阳文化旅游的一个热点。而一大批古文化研究专家更是对此倾注了极大心力。在这些研究者中，土生土长于陈楚故地的伏羲文化专家杨复俊先生经过多年勤奋钻研，得出了最为切当的结论：

1. 白龟今既出水，则古代必有之；
2. 白龟确实与画八卦有关；
3. 白龟龟纹合八卦；
4. 白龟龟纹显五行；
5. 白龟龟纹显天干；
6. 白龟龟纹显地支；
7. 白龟龟纹显二十四节气。

因而可以推论出：

1. 伏羲当年确曾遇到了白龟；
2. 白龟神话传说源自古代宛丘先民见过真实的白龟，且有确凿的现实依据；
3. 伏羲画八卦确实受到了白龟龟纹启示；
4. 伏羲画八卦的圣地就是与白龟池相比邻的伏羲画卦台；
5. 白龟的出现同龙马一样，是人类文明曙光升起的象征。

如今的画卦台与白龟池经过重修整建，已是环台垂柳翠绿，院内松柏常青，清秋月夜，水波不兴的“蔡池秋月”美景成为广大群众劳动之暇赏玩度假及学习古代文化、研究现代文明的优雅所在了。而那只神奇的白龟，于1997年7月1日，在香港回归祖国怀抱的特殊日子，将其放回湖中，而真正“回龟”了。

“俯则观法于地”，是对地的观察和认识。地是人们赖以生存的空间，人的衣食住行都离不开它。地、川、山、泽都有它们各自的形态、不同的功效，人们要想生存就要正确地认识它们，掌握它们的规律，这是非常必要的。

“近取诸身”，说的是人。人有男女老幼、生老病死、喜怒哀乐，将其都取象于八卦之中。

“远取诸物”，说的是物，包括动物、植物及世间万物。

通过上面的“仰则观象于天，俯则观法于地”，将天、地、人所有的“象”都认识了，掌握了它们的运动规律，“圣人效之”①，之后就是“法”，效法这些象及其运动规律、法则。再后就是“取”，进行抽象、舍取，将其用符号记录下来，这就形成了八卦。

八卦是远古祖先对天地自然现象及其运动规律长期观察、认识的产物，是古人智慧的结晶，它不是凭空造出来的，也不是上帝赐给的，更不是天外来物，它是先人长期实践的结果。

孔子说：“《易》有太极，是生两仪，两仪生四象，四象生八卦”②，简练地说明了八卦的生成过程。

先有“太极”，“太极”是什么？“太”者大也，“极”者远也。“太极”就是在那遥远的时期，天地尚没有分开，还是一个浑然一体的气团的那个时期。《易纬》说：“有形成于无形”，宇宙大爆炸初期，天地混沌，被气团笼罩，“故曰：有太易，有太初，有太始，有太素”③ 这四个阶段。“太易”是未见气体，“太初”是气始生，“太始”是开始有了形体，“太素”是开始有了物质，“气形质而未离，故曰浑沦”。这种混沌时期就称为“太极”。

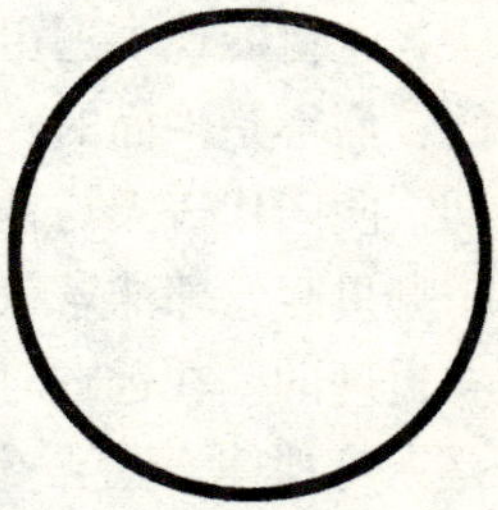
太极

远古的祖先不知道在什么样的启示下，发现了宇宙最原始的一粒种子，并给取了一个名字，叫“太极”。

太极生两仪，“两仪”就是天地。混沌初开，天地分明，由“太极”的混沌时期发展到了“两仪”阶段。远古人民继续发现太极并非是由单一的物质构成，而是

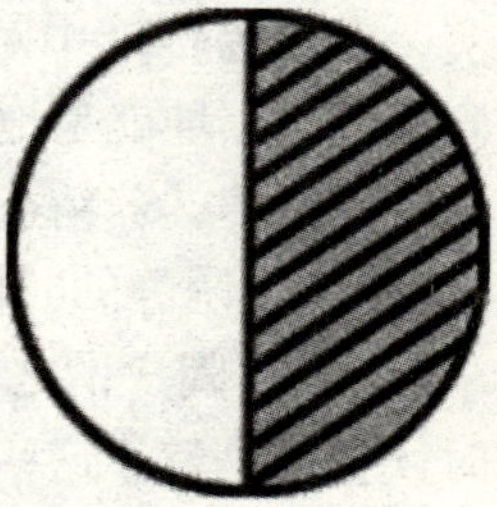
两仪

① 《易经·系辞上》。

② 《易经·系辞上》。

③ 《易纬·乾凿度》。也见《列子·天瑞》。

由两种性质相反的物质所构成，称之为两仪。

为了表达的方便，随后又将象形的两仪，转变成符号：—、- -。人类由象形发展到符号是一大进步。符号是文字的雏形。

为了口述方便，又为两仪分别起了一个名字。

—：阳，- -：阴。

阳和阴分别代表了宇宙间属性相反的事物，如：阳代表天、父、男、用、精神、刚健等；阴代表地、母、女、体、物质、柔顺等。

宇宙间的事物中，阳和阴是无法单独存在的，而是互相结合的，为了说明—、- -的结合，便组合下列四种方式：⚌、⚍、⚎、⚏。

我们今天可以用文字做这样的描述，可是远古时代没有文字，智慧的古人就用符号将其记录下来，用“—”表示天，用“- -”表示地，并赋予它们以属性，“—”为阳为天为刚，“- -”为阴为地为柔，将天地间万物都纳入了这个范畴，非阴即阳，非阳即阴，二者必居其一。

由平面看两仪应该是中间平分的，然而我们平时看到的两仪，都是如右图的：

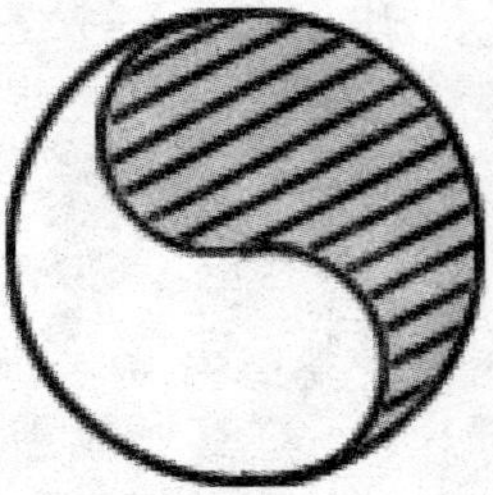

两仪

这更展现了远祖们的智慧，它说明了太极是球体的，而不是平面的；是运动的，而不是静止的。

阴阳代表天与地，那么，阴阳这两个符号又取象于哪里呢？郭沫若认为是取象于男女的生殖器，这是有道理的。在远古时代，人们穿树叶、裹兽皮，几乎是赤身裸体，甚至当女人怀孕时还不知道是怎么回事，以为是踩上了圣人的脚印，“近取诸身”自然就想到了人的生殖器。其实，在《易传》中对此已经作了表述，“乾道成男，坤道成女”，乾即是天为阳象征男，坤就是地为阴象征女。乾“其静也专，其动也直”，乾阳静的时候是专一静养，养精蓄锐；动而用事的时候则一往直前。坤“其静也翕，其动也辟”，坤阴静的时候是合起来的，动而用事的时候是张开的。孔子还用门作个比喻，“阖户谓之坤，辟户谓之乾”，静的时候将两扇门关闭时是坤，动的时候打开是乾。这些都直白地说明，乾坤符号是取象于男女的生殖器。

这两个符号是原始的，但却是合理的、科学的。它就好像正电（+）和负电（-）符号一样，形象而又精确地代表了两类不同的物质。它们是对立的，又是统一的。正负电碰撞时，将会产生巨大的能量；阴阳结合时，将会演绎出宇宙间千变万化的形态。

两仪生四象，“四象”就是四时。乾坤运转，天地变化，阴阳推移，因而产生了春夏秋冬，这是古人最先感知的客观事物和已被认识了的自然规律。从两仪到四象的认识，不知又经历了多么漫长的时间！

用什么来表示这四时呢？既然天地已一分为二，分成阴和阳，那么，四时就应该由这两对矛盾的变化、组合而生成。这一阴（--）一阳（—）两两组合只能有以下四种情况：⚌是两阳结合，谓太阳为夏。⚏是两阴结合，谓太阴为冬。⚎是一阳一阴，阳上阴下，谓少阳为春，⚍是一阴一阳，阴上而阳下，谓少阴为秋。这样春夏秋冬就标志出来了。

这个符号标志是科学的。既然将天地万物分成阴（--）和阳（—）这种认识是正确的，那么，阴阳的变化就必然首先生成这四种物象。少阳（⚎）阳在阴之上，虽说阴气未散，但天上阳光普照，犹如春天到来。太阳（⚌）是两阳结合，有阳无阴，犹如烈日炎炎，夏天到来了。少阴（⚍）阳在下未尽，而阴却在上初结，秋霜将至。太阴（⚏）与太阳相反，两阴结合而无阳，阴气凝结而代表冬。古人只画了这四种符号，今天我们却得用这么多文字去解读它，可见其含义之精深！

长沙马王堆出土的汉帛本《周易》，将阴的符号画成了∧。湖北省江陵县荆州镇王家台15号墓出土的竹简，将阴的符号画作┘ └。这都是因为画--时，易将其连接，分不出间隔而引起误解，故这样画的，应与--同样看待。

这就是四象，又称作“两爻卦”。给“两爻卦”的“爻”定一个位，上爻便是天位，下爻便是地位。例如：

—	--	—	--
天位	天位	天位	天位
—	—	--	--
地位	地位	地位	地位

四象生八卦　“四象”，在天它代表春夏秋冬四时，在地表示东南西北四方，可这还只是一个粗线条的划分。春至夏，夏至秋，秋至冬，再由冬返回春，这中间都有一个渐进的过程；东南西北之间都有一个偏角，有四至还有四隅。四象尚不能包含天地间万物，于是就又产生了八卦。这是从四时和四

方的角度讲，再从天地、社会的角度讲：宇宙中假如只有“天”和“地”，而没有“人”的话，这个宇宙必是死寂的。宇宙之所以生机蓬勃，就是因为“天”与“地”之间，尚有“人”存在。“天位”和“地位”之间，加上“人位”，便成了“三爻卦”。“三爻卦”的排列方式，有八种。也就是说八卦是由四象变化而生成的。怎么衍生的呢？请看下表：

在太阳⚌、太阴⚏、少阳⚎、少阴⚍各加上一个 - - 或—符号，就形成了八卦。

	太阳 ⚌	太阴 ⚏	少阳 ⚎	少阴 ⚍
上加—	☰ 乾	☶ 艮	☴ 巽	☲ 离
上加 - -	☱ 兑	☷ 坤	☵ 坎	☳ 震

这就是“八卦”：乾、兑、离、震、巽、坎、艮、坤，都是很抽象的。抽象的名字不容易记忆，为了使人们容易记忆，在抽象的名字之外，再取一个具体的象，也就是与人们生活中的八种事物相联系。

八卦代表了天地间八种物质，“雷以动之，风以散之，雨以润之，日以恒之，艮以止之，兑以说之，乾以君之，坤以藏之”，《说卦传》还将其进行了归类，其基本取象如下表：

八卦	乾☰	兑☱	离☲	震☳	巽☴	坎☵	艮☶	坤☷
物象	天	泽	火	雷	风	水	山	地
方位	西北	西	南	东	东南	北	东北	西南
人物	父	少女	中女	长男	长女	中男	少男	母
人体	首	口	目	足	股	耳	手	腹
季节	秋冬	秋	夏	春	春夏	冬	冬春	夏秋

至此，八卦的生成可用下图表示：

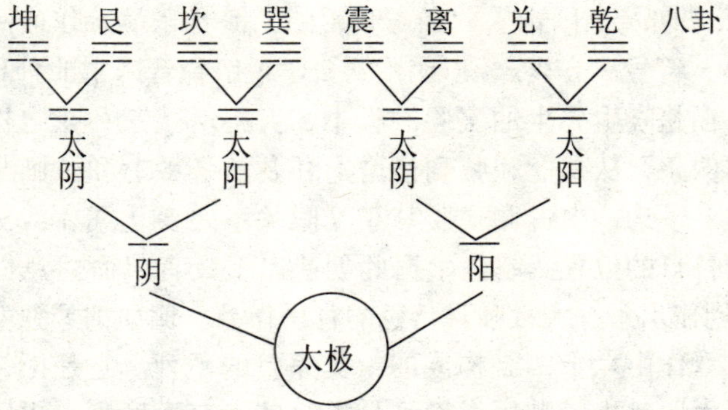

这张图看起来很简单，可它却说明了八卦衍生的全过程。存在决定意识，生产力越落后，人的认识就越缓慢。从阴阳符号至八卦的形成，不知经历了多么漫长的时间！伏羲就是总结前人的一切经验，是人类智慧的集大成者。

八卦是古人长期“仰观俯察”的思想和实践的结晶，伏羲为我们植下了中华民族文化的根，树立了一块永不磨灭的易的丰碑！

二、八卦的文化内涵

八卦既成，转动不停，阴阳消长，变化无穷。这一变，显出天地间有了日月盈虚，万物兴衰；草木有了四时变化，黄枯绿荣；人类有了生老病死，灾喜祸福；事有起落，家有盛败，国有兴亡。八卦相重又可组成六十四卦，再加上六爻的变化，自然界诸多事物的变化规律即可推测出来，神话传说中伏羲根据八卦治理天下，使人们变得既聪明又勇敢，虽属传说，不过也确实有道理可循。现在看来，虽然八卦的作用不会像神话传说的那样神奇，但研究结果却表明，八卦中确实蕴涵着朴素的唯物主义思想，它是中国先贤归纳出来的代表万事万物、大千世界、宇宙象征的总模型。八卦为华夏文明之肇始的说法，应该是没有什么异议的。

八卦原理乃太极生两仪，两仪生四象，四象生八卦，分到六十四为止。现代尖端科学：将男性精细胞置于加速离心机中析出细胞核，再将女性卵细胞作同样处理，然后将两种不同细胞核结合在一起，就可以生成出来六十四个遗传基因，这与八卦极数六十四不谋而合。其他动植物遗传基因的数目经科学分析证明也都是六十四个。

1988 年第 2 期《中国音乐》杂志刊发的上海音乐学院作曲系赵晓生先生的文章《周易·符号·音乐》，以阴阳八卦学说解释音乐中的种种现象，也竟然一通百通。在赵晓生先生的实验过程中，大小增减三和弦之构成成为少阳少阴太阳太阴四象，从减七和弦到倍增七和弦的各种七和弦则与坤艮坎巽震离兑乾八卦挂上了钩，中古调式及其相互间关系之变化亦在八卦的阴阳变易中找到了它们各自的位置。赵先生据此创造出了具有革命性意义的“太极乐旨”，并据之创作出了一大批独具特色的音乐作品。比如钢琴独奏曲《太极》，整个音乐可以看作由六十四卦构成的一套完整的系列。它是由最简单的二音音列逐步按六十四卦生成顺序发展到最繁复的十二音音列，再回到最初的二音音列之过程。同时在节奏上，亦取“律动中见自由，自由中见律动”，并有六十四卦变异形成之数列作为某些段落的节奏基础；在结构上则取“八卦”之“八”，以一气呵成的“八节”体现唐大曲结构的“散序——中序——舞遍”中体现出的“散起，入慢，渐快，急速，复散”之原则。赵晓生先生将这一系统称作“六十四卦音集整体系列”，又简称“太极系列”。这也说明音符与六十四卦之间具有神秘的对应关系。

另外，现代人将八卦与星球配定，发现八卦有什么排列组合，星球也就有什么排列和组合；将八卦与人体的五脏六腑相配定，也同样存在着一定的排列组合关系。17 世纪，德国大数学家、哲学家莱布尼茨受到伏羲八卦图的启发，运用八卦原理肯定了二进位制的巨大实用价值。他不仅写过关于八卦的学术论文，而且根据卦理制作了一部手摇计算机送给清朝康熙皇帝，为现代电子计算机的发展奠定了坚实的基础。我国学者刘子华先生则在 20 世纪 30 年代用八卦宇宙论指导现代天文学研究，测出太阳系中存在第十颗行星，比正式发现提前了 20 年。

总而言之，作为一部“无字天书”的八卦，正在自然科学以及人文社会科学的各个领域中发挥着越来越大的作用。研究东方文化，研究古老八卦的当今世界热潮，则是历史发展的必然趋势。我们对八卦的文化内涵自然也要认真地探讨一番，以期能够向其本质意蕴更好地贴近一点。

（一）伏羲先天八卦

6000 多年前，中华民族人文始祖太昊伏羲氏在黄河流域与淮河流域交汇的陈楚一带带领先民生殖养息，创造了亘古灿烂的伏羲文化。伏羲文化的根本之点，在于伏羲氏开物成务，一画开天，天才地创画了旷古文明的八卦。

伏羲文化的理论纲领就是伏羲八卦。关于八卦原理，《易经·系辞上》说得明白：“易有太极，是生两仪，两仪生四象，四象生八卦。”

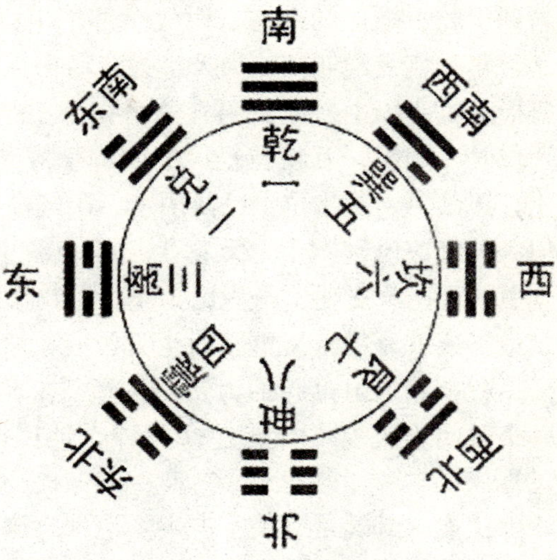

先天八卦方位图

伏羲画卦设定天地上下配合，尊卑定位，因此后世学者尤其是宋代学者称其为“伏羲先天八卦”，其所依据乃《易经·说卦》：“天地定位，山泽通气，雷风相薄，水火不相射。”据朱熹《周易本义·说卦传》云，邵子曰：“此伏羲八卦之位，乾南坤北，离东坎西，兑居东南，震居东北，巽居西南，艮居西北。于是，八卦相交而成。”“先天八卦图”由此而出。

而且，据今人杨复俊先生考查分析，此“先天八卦图”即伏羲仰观俯察的千年前天象地理图。

图中坤、艮、坎、巽、震、离、兑、乾，依次象地、山、水、风、雷、火、泽、天。伏羲都宛丘画八卦时代，以中原为本看天下大地山川，西北为高原，崇山峻岭甚多，而与西北相对应的东南方向，则是一望无际的泽国。在东北方向常闻云天之上滚滚雷声，西南则时常和风徐来，而天下江河则总是由西向东奔流。在伏羲看来，大河之水西方来，西方当然是水的发源地了。东方是太阳升起的圣地，太阳属火。天在上，地在下，火东水西，山西北，泽东南，雷东北，风西南，恰是一幅绝妙的天象地理图。

坤、震、离、兑、乾、巽、坎、艮之序恰是万物生长信息的一个循环。坤为地，用来藏养万物。元董真卿《周易会通》卷十四引蔡元定话，云坤“藏则物有所息”。明来知德《易经来注图解》则说道：“坤则为养物之府，而于物无所不容。”从卦气说，坤为三爻尽阴，阴气盛而至极，正是万物孕生的阶段，在天成象，在地成形。物极必反，坤一阳生为震，一声春雷冰消雪融，万物萌发。运至离位，已到春分时刻，两阳生，阴气渐弱，春风拂面，草木泛绿，已是欣欣向荣的春天了。离卦位于东方太阳升起之处，说明主宰大自然的元气已振。运至兑位，阴气消退，阳气更盛，天气渐热，草木旺长。

当到了乾天之位的南方，阴气全部消退，已达三阳，阳气盛极，烈日炎炎如火，正是盛夏时期。乾为天，为造物主，于万事万物无所不统，然物极必反，盛极必衰。阳中有阴，阴气悄悄在阳中孕生，又成为来岁的生发之地。运至巽位时一阴生，万物在轻风的吹拂下舒展生长。风吹致动，阴阳交融，万物生长正其时。至坎位，已两阴生，阳气渐弱退位。坎为水，水虽能滋润万物，但天气已凉风飕飕了，万物生长渐趋静止，萧条局面已经形成。至艮位，阳气更弱而阴气更盛。艮为山为止，万物肃杀，停止生长，天气则由凉而冷了。艮最终成就万物，又重新萌生万物，巍巍大山的寂静之中孕育着来岁动的种子，积蓄着东山再起的力量。再运行又到了坤位，进入全阴时期，开始了下一个轮回。伏羲八卦就是这样神奇地说明了大自然化育万物之微妙循环的过程。

伏羲八卦既是有关宇宙生生不息规律的科学，自然有着严格的数的概念。本质上讲，宇宙万物生生不息之序本身就是数的秩序，以数明卦，以卦定象，以象示卦，是伏羲八卦的重要表现形式。北宋易学大师邵康节认为，伏羲八卦为乾一、兑二、离三、震四、巽五、坎六、艮七、坤八。乾一对坤八合九，兑二对艮七合九，离三对坎六合九，震四对巽五亦合九，四九三十六。乾三画，坤六画，乾坤合九画，兑四画，艮五画，兑艮合九画，离四画，坎五画，离坎合九画，震五画，巽四画，震巽合九画。四九亦为三十六。九者天数也，阳也。《素问·三部九候论》云："天地之至数，始于一，终于九焉。"九乃最大的阳数。乾坤、兑艮、坎离、震巽，其合数合画皆为九，且总合数皆三十六，至成至大至极。今人用二进制验之，坤艮坎巽震离兑乾分别可表示为000、001、010、011、100、101、110、111，即零、一、二、三、四、五、六、七，说明伏羲八卦两两相对交错卦数、画数都妙合九数绝不是偶然的。只有达到天九之数，方成八卦，方成宇宙，方成世界，方得发生、发展而生生不息。也就是说，宇宙的形成，天体的演化，物质的发生，生命的起源，无一不和伏羲八卦数理妙合。可以说，伏羲八卦又是一幅宇宙万物演化数理图。

伏羲八卦的哲学内涵也非常深刻。某种意义上说，伏羲八卦就是物质世界的符号。这个物质的世界包含着两个方面：一个是阴世界，看不见，摸不着，无形无质；一个是阳世界，看得见，摸得着，有形有质。所谓"一阴一阳之谓道，继之者善也，成之者性也"。宇宙间的任何事物都有阴有阳，阴阳互相对立、互相转化是其根本规律。同时，任何事物又都存在着两重性即阴阳两面。伏羲八卦用阴鱼、阳鱼图示，以连画示阳，以断画示阴，以等量的黑白、卦画表示阴阳对立的客观物质世界。具体说：一是阴鱼对阳鱼；二是阴鱼眼对阳鱼眼；三是乾三阳对坤三阴，离一阴两阳对坎两阴一阳，兑一阴两阳对艮一阳两阴，震两阴一阳对巽两阳一阴；四是八卦的卦画阴阳如此，六十四卦的卦画阴阳亦是这样对立。这是伏羲八卦的第一个特性即对立性。

其第二个特性是转化性。一是太极图中阴阳鱼的转化，太极图阴阳鱼和中间S形的曲线称为“三才”，象征天、地、人。阳鱼尾下从复卦生一阳起，阳逐渐增大至乾，达鼎盛，完成阳的转化过程。然后盛极而衰，到乾卦阳极再也无有补充。相反从复卦始，阳中生出一阴，至剥卦至坤卦达全阴。阴极则反，复生阳，循复卦运行，世界物质“苟日新，日日新”，形成了一个运动转化的自足世界，这正如《易经》所云：“一阴一阳者，阴进即为阳，阳退即为阴也。道也，行也。往来不穷，故阴阳互更。”二是八卦八种物质本身即数的转化。乾一兑二离三震四巽五坎六艮七坤八，八卦在运动，在立体旋转，从正面看构成了那个S形的曲线。八卦本身之数的变化从一至八，也说明了伏羲八卦的自身转化功能。三是六十四卦的变化。其卦从坤零剥一比二观三直至姤卦已至三十一，从复三十二颐三十三屯三十四直到乾卦达六十三，是典型的阴阳转化过程。

第三个特性是负阴抱阳，伏羲八卦阴阳互根互存。《淮南子》中言：“所谓道者，体圆而法方，背阴而抱阳，左柔而右刚，履幽而戴明，变化无常，得一之原，以应无方。”① 阴阳相互纠缠，均以对方为生存发展条件，阳嵌于阴，阴含于阳，成为相互依存、发生的根源，阴阳仰俯，背阴抱阳，阴生阳成，阳生阴成，体现出阴阳的相互对立、渗透和交感带来的有规律的循环变化，蕴涵着矛盾对立、交感相斥、变化发展等可贵的辩证法因素。故而，人事之吉凶遭遇也可通过卦象显示出来，从而促使人趋吉避凶以应变。如“乾”(☰) 九三说：“君子终日乾乾，夕惕若，厉，无咎。”其意是说：终日小心警惕，虽处于危境，也可无事。又如“夬”（䷪）九三说：“壮于頄，有凶。君子夬夬，独行遇雨，若濡有愠，无咎。”其意是说：某人怒形于色，便会因失去理智而遭致不测；如果其人独行，遇雨浇淋，怒气消除，便不会有差错了。所以邵康节在其《观物外篇》中说：“阴不能自见，必待阳而后见，故阴以阳为唱。”又说：“阳不能独立，必得阴而后立，故阳以阴为基。”

在伏羲八卦中，卦爻阴阳互相对立，缺一不可，必须二者配合，两两相

① 刘安：《淮南子·卷十五·兵略训》。

对而存在，体现出阴阳间的对立统一，各卦皆是如此。再者，阴阳鱼相互纠缠，紧紧相抱，如一对少男少女在甜蜜地接吻。阴鱼中有阳鱼眼，阳鱼中有阴鱼眼。阳入阴，阴入阳，阳变阴合，阴变阳迎，阴阳无始，交通内成。这是典型的关于人与自然的关系思考的结果。

在伏羲六十四卦中，有不少是取自自然现象，用自然现象的变化过程况喻人们行事遭遇的变化，体现出自然天道和人事存在着同一性的深刻哲理。如前举之“乾”卦，便是用龙星象的变化来况喻人事的。其他如“履”卦（☰）是用白虎星象的位置来况喻人们处境的吉凶。再如“大过”（☱）之九二说：“枯杨生稊，老夫得其女妻，无不利。”之九五说：“枯杨生华，老妇得其士夫，无咎，无誉。”其意即指老龄婚姻就像枯木逢春一样，是美好的，也是符合自然规律的。

杨复俊先生在探讨伏羲八卦的文化意蕴之后，提出了一个伏羲八卦中包含有一个人心太极图的理论，十分富于理趣。

他说，人类作为万物之灵长，也是宇宙一分子，万物之一物。人本身便是一个太极图，心如水则定，定则静，静则明。天有天心，地有地心，人有人心，而太极是动静的根源，因此人心即太极。人心既为太极，便不可乱，不可杂，要主一，主定，定则无狂欲，如水止静，静则生明。伏羲八卦大道主诚，诚则通神明，顺大道，得大道。人须一忠二信方可不断修德不断醒悟；为人良善，对人诚挚方能成大业。若利欲熏心，尔虞我诈，欺人害人，为虎作伥，胡作非为，则必短命，必成为众矢之的而为社会忌除之。

伏羲八卦的天地、水火、风雷、山泽、阴阳皆相对相依，相辅相成，这是天机天理。人的身心性命同样如此。天理乃造化自然之枢纽，必须两两相对相依，如左右手、左右腿、左右耳、左右心室等即是。人生天地间，须保持心态平衡，合乎大道，否则将入谬误之区或陷于深渊。喜怒有常，至德敦厚，心地宽广，悲喜顺自然，不骄不吝，不淫不侈，是为得道。得道者则人正，人正则一切皆顺。伏羲八卦的文化意蕴远不止此。其对后世的影响源远流长。仅就先天八卦图而言，则有几个特点还要在此简单说明一下。

其一，先天八卦图循环的过程有着顺逆之分，即“由一至四，反时针方向，顺序为乾、兑、离、震四卦。乾象征天，在最上方，亦即南方。由五至八，顺时针方向，依次为巽、坎、艮、坤四卦。坤象地，在最下方，亦即北方”。

其二，伏羲先天八卦卦画全部两两相对，如乾三阳与坤三阴相对，坎中满与离中虚相对，震初阳与兑末阴相对，艮末阳与巽初阴相对。

其三，先天八卦主生，图中震巽木为一气，乾金生坎水，艮土生兑金，离火生坤土。震巽在五行中都属木，故为一气。乾为金，而坎为水，故乾金生坎水。艮为土，兑为金，故艮土生兑金。离为火，坤为土，故离火生坤土。

其四，先天八卦在人事上表现出老与老、少与少相对。老男与老妇相对，长男与长女相对，中男与中女相对，少男与少女相对。也是一种天道自然规律的表现。

综合前文所述，我们可以得出一个这样的结论：伏羲先天八卦中蕴涵着象、数及普通天文、地理、乐律等大千世界的玄机理趣，是一个包罗万象的符号世界，一幅以符号来表现宇宙和宇宙观的连环图谱。八卦成为后世永远诉说不完的话题概源于此。八卦最基本的符号是再简单不过的“爻”。“六爻”相合成八卦，由此生出万千变化，使八卦成为形式简朴而内涵深邃复杂的思维的载体：“一”中包含“不一”，繁复见诸单纯，而万物则仅生之于“一”。八卦以简单符号成之，其象数止于三画，又以一画之断续分别阴阳，可谓简单到了极处。而颠倒上下即寓阴阳消息之义，举凡宇宙万有悉可归纳其中，则又见出其化生万物的古典东方哲学土壤的精神与韵致了。这种符号来源于宇宙时空而又不受时空制约，兼具空间符号所特有的“具象性”与时间符号所特有的“象征性”特征，因而可无所不包，无所不容。在此观念基础上发扬光大的太极图，也与西方精神本原的十字架有了根本理念上的区别，成为中华民族特有的共同文化心理的表征。十字架与太极图是同构而异态的两个不同事物，同构指同样是两条线的交叉。异态则指十字架只有一个交叉点，而太极图却有两个交叉点。而且前者鲜明，后者隐蔽；前者居于中心，后者处于边缘；前者向四方发散，后者向核心收摄。

这实际上是东西方两种不同文化心理观念的形象化的反映。

在现实世界中，西方人崇尚自由，性格热情奔放。他们把自由建立在把握世界本根的基础上，认为人需超越客观必然性之后才能获取自由，故这种超越需经过一个本质的对象化的自我确认过程，亦即规定与否定的过程。所以，西方人喜欢变革，并且一旦发生变革，马上向各个领域放射，并很快促使其达到极点。

中国人则崇尚和谐、中庸、以伦理学为收缩中心的自由尺度，执著于一种本根不离现象，现象亦现本根，由人及天，由天及人，移远就近，因近知远的认识论和方法论。他们认为只要把握了人与对象之间的“度”也就是获得了自由，规定与否定的冲突也会因而在最大限度上被延缓、和解以至消失不见。落实在行动上，中国人则抱定一个如太极图一般只可意会不可言传的真谛，慢腾腾地将之加工完善。这样做的好处即是能够得到所谓至真至善至美的冲和圆融之境。而且既不存在以压抑主体自为性为代价去追求客观必然性所产生的丧失本性之苦恼，也不存在以放弃外在确定性为条件去追求内在任意性所产生的丧失客体之焦虑，这正是阴阳太极图所孕育的中国人智慧的表征。

令人不解的是，虽然同是一种人生智慧的符号化表征，崇尚自由、开放的西方的先人却创出了一个作为刑具的十字架，而崇尚冲和、内省的中国初民却偏偏画了一个体现观念的阴阳太极图。两者在互不相知的不同大陆上，竟然以一种互不相关的形式作着相互间的呼应与补充。也许，这正是人类文化的神奇之处，也正是它们的诱人之处。

（二）文王后天八卦

先天八卦和后天八卦之说始于宋朝。所谓先天八卦即我们前面所述的伏羲八卦，是宋代易学大师邵雍和祖籍陈楚故地鹿邑而隐居华山云台观的道士、易学大师陈抟等人从古籍中整理发掘出来的，当时叫作“先天图”，又称“先天八卦方位图”。而文王八卦方位图称为“后天八卦方位图”。今人刘大钧教授认为，后天八卦方位已见于《易经·说卦》。所谓后天八卦，实际上是从《说卦》第五章“帝出乎震，齐乎巽，相见乎离，致役乎坤，说言乎兑，战乎乾，劳乎坎，成言乎艮”各卦的方位而画的后天八卦图。

后天八卦图

所谓“帝出乎震”，指震卦为东方，春二月之令，太阳东升指为太阳普照，万物生长之期。

“齐乎巽”指巽卦为东南方，三、四月之令，太阳已经升起，照耀万物而鲜明易见。

“相见乎离”，离卦为南方，五月之令，正是太阳当空之时，可以明显地看到万物生长的情况。

“致役乎坤”，坤卦为西南方，六、七月之令，坤为地，养育万物，乃为万物开始走向成熟之时。

“说言乎兑”，兑卦为西方，八月之令，正是果实累累、喜庆丰收之时。

“战乎乾”，乾卦为西北方，九、十月之令，秋冬相交，太阳西沉，正是明与暗、阴与阳发生争斗之时。

“劳乎坎”，坎卦为北方，十一月之令，坎为水，不停地流动，是劳苦之义。在这一方位，太阳完全沉没，万物劳累，正是应该休息之时。

“成言乎艮”，艮卦为东北方，十二、正月之令，正是冬春之交，黑暗即将过去，光明即将来临。万物到此，既是一年（天）的完结，又是新的一年（天）开始之时。

后天八卦相传为周文王所演而成，与先天八卦相同之处为卦象，不同之处在方位，连带卦数也有了差异。先天八卦以天为上，以地为下，天南地北，故以乾坤定南北，以离坎定东西。后天八卦则以离坎定南北，以震兑定东西。先天卦数顺逆各半，顺序为乾一、兑二、离三、震四、巽五、坎六、艮七、坤八。后天八卦循环的过程只体现出顺的过程，即模仿天左旋，故后天八卦数为坎一、坤二、震三、巽四、中五、乾六、兑七、艮八、离九。对应于人事，先天八卦表现了老与老相对，少与少相对。老男与老妇相对，长男与长女相对，中男与中女相对，少男与少女相对。后天八卦除坎离外，其他都是老少相对，长男与少女相对，老男与长女相对，中男与中女相对，少男与老妇相对。

对于文王为什么改先天八卦为后天八卦，后世不少学者作了种种推断。比较可信的说法是：伏羲氏创画八卦时期，冰雪融化，海水上升，淹没了大片土地，到处都是水灾，故有先天八卦方位，到了周朝时，自然环境发生了变化，天地运行与先天八卦方位已经不一致，所以周文王把先天八卦改成了更符合当时天地运行规律的后天八卦。

在文王后天八卦中，以乾坤为父母，震、坎、艮、巽、离、兑为六子卦。其中震得乾之初爻为长男，坎得乾之中爻为中男，艮得乾之上爻为少男。巽得坤之初爻为长女，离得坤之中爻为中女，兑得坤之上爻为少女。

与伏羲先天八卦一样，文王后天八卦也用阴阳二爻表示天地万物。在后天八卦中，阴阳是万事万物矛盾两方面的对立统一，因而万事万物都有矛盾，都有阴阳，也都有其辩证的统一性。如天为阳，地为阴；男人为阳，女人为阴；化学上有阳离子与阴离子，数学上有正数与负数，电学上有阳极与阴极等。总之，无事无处不有阴阳。

后天八卦的阴阳符号也同先天八卦一样，不仅体现了万事万物都有阴阳两个方面的哲学观念，还说明了一个事物中总是阴中有阳，阳中有阴，阴阳交合互生这样一个辩证法观点。比如就人来说，男人为阳，女人为阴；就人体来说，头为阳，身为阴，背为阳，胸为阴，手背为阳，手掌为阴……这也如伏羲八卦太极图中的阴阳鱼一般，体现出了阴中有阳、阳中有阴的哲学观点。

与先天八卦主生相反，文王后天八卦是主克。图中坤艮为土为季气为收藏，一气互干东北西南，而凡纬乎其间者皆主克。坎水克离火，兑金克震木，乾金克巽木。坤艮在五行中都属土，故为一气。坎为水，离为火，故坎水克离火。兑为金，震为木，故兑金克震木。乾为金。巽为木，故乾金克巽木。

因为先天主生，所以人们在饮食、服饰、医药方面往往取法先天卦理而为之。而后天八卦主克，所以人们在祭祀仪式及棺椁的选择方面往往取法后天八卦之理式而为之。

关于先天八卦与后天八卦之关系，清人陈梦雷在其《周易浅述·先天主生后天主克图说》中云："有后天而无先天则无本，有先天而无后天则不成。至生之中未尝无克，克之中未尝无生，触类而长之可耳。"这事实上是说明了文王后天八卦与伏羲先天八卦之间的本原继承以及相辅相成的关系。也许就因为如此，宋代易学大师邵雍在研究先天八卦与后天八卦的基础上，又创造出了一幅用于预测占数的著名的实用八卦图。

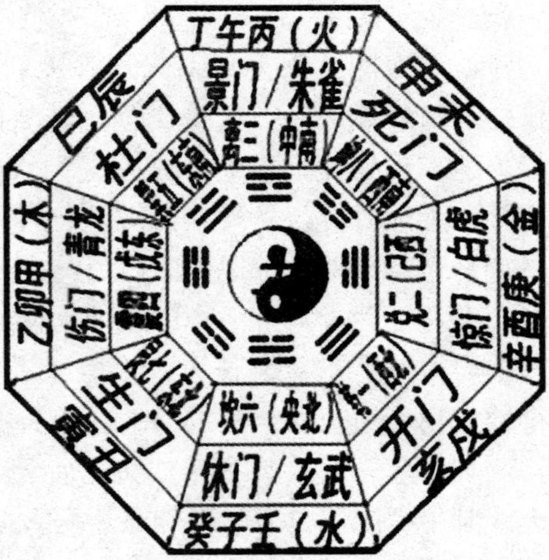

邵氏实用八卦图

这幅图的最奇妙之处，在于预测之时需用后天八卦图配先天八卦数。后世按时间起卦法和"六爻"预测法占卦之时，都是以此后天八卦图配先天数为用。

图中的天干地支排列既是时空方位标志，又是阴阳五行时事盛衰和生克的标志。而图中所列"八门"、"六神"则是后人参考《奇门》等书而排列的，旨在让观者了解"八门"及"六神"在八卦上的排列方法。"八门"中，开门、生门为吉门。休门主休养，等待时机，有"潜龙勿用"之意。伤门主伤和震恐之惊。杜门主杜塞不通，有不顺之意。景门主虚假之事。死门主大凶。惊门则主惊险惊慌之事。

（三）八卦与河图、洛书

自宋代以后，就有人称伏羲文化为河洛文化，甚至有人说伏羲八卦就是根据河图、洛书画出来的。因此，我们有必要说一说河图、洛书与伏羲八卦的关系。伏羲八卦最初源自天赐祥瑞，已是不争的事实。这祥瑞我们已介绍过是蔡水白龟，那么“河图”、“洛书”又是怎么回事呢？

关于河图、洛书，既有种种神奇传说，又有古代典籍记载。相传伏羲时代，有龙马出自黄河，背负河图，有神龟出自洛水，背负洛书。伏羲得到后，就根据河图、洛书上的点而画出了卦。而关于河图、洛书的文献记载，最早见于《尚书·顾命》：“大玉，夷玉、天球，河图在东序。”孔安国为之传曰：“伏羲氏王天下，龙马出河，遂则其画八卦，谓之河图。”《论语·子罕》篇中也提到过，而《管子·小匡》篇中说：“昔人之受命者，龙龟假，河出图，洛出书，地出乘黄，今三祥未见有者。”这些地方提到河图洛书，都是把它作为一种祥瑞，认为河图洛书的出现，乃是天下安定繁荣的标志，人们祈求它的出现，实是希冀太平盛世降临的心理反映。至于河图洛书到底什么样子，则无人论及。后世虽有谈及者，也多语焉不详。直到北宋初年，道士陈抟（陈楚鹿邑人）突然抛出了一个图式，叫作《龙图易》，他解释说这就是河图洛书。

《宋文鉴》中载有陈抟《龙图序》一篇，提出了龙图三变的说法。即一变为天地未合之数：“始龙图之未合也，惟五十五数。上二十五，天数也。中贯三五，九外包之，十五尽天，三天五天，九并十五之用，后形一六无位，又显二十四之为用也，兹所谓天垂象矣。下三十，地数也，亦分五位，皆明五之用也。十分而为六，形坤之象焉。”

二变为天地已合之数：“六分而几四象，地六不配，在上则一不用，形二十四，在下则六不用，亦形二十四。”

三变为龙马负图之形：“后既合也，天一居上为道之宗，地六居下为气之本。天三干地二地四为之用。三若在阳则避孤阴，在阴则避寡阳。”

河图中共有五十五个黑白点，其中白点为阳，黑点为阴。即一、三、五、七、九奇数为阳，称天之象；二、四、六、八、十是偶数为阴，称地之象。天地之数相合为五十五，与《系辞》相合。《系辞》云：“天一、地二、天三、地四、天五、地六、天七、地八、天九、地十。”“天数五，地数五，五位相得而各有合，天数二十有五，地数三十。凡天地之数，五十有五，此所以成变化而行鬼神也。”

天地之数五十有五，不仅是八卦的大衍之数，而且也是合为五行之数。即一六合水，二七合火，三八合木，四九合金，五十合土。这样天地万物分属为金、木、水、火、土的五行也就出来了。

洛书中共有四十五个黑白点，白点为阳，黑点为阴。一、三、七、九为奇数属阳，二、四、六、八为偶数属阴。以上阴阳数也称为天地之象。图中之数戴九履一，左三右七，二四为肩，六八为足，分居八个方位，正好与文王后天八卦相符。

至于河图洛书与八卦的关系，很显然，八卦之象是起源于龙图的。河图洛书两个图式如果去掉中间的五或十五，那么一三七九，二四六八，分别居于八个方位，即成为八卦之象。这一点宋人刘牧在其《易数钩隐图》中说得很明白："昔宓羲氏之有天下，感龙马之瑞，负天地之数，出于河，是为龙图者也。戴九履一，左三右七，二与四为肩，六与八为足，五为腹心。纵横数之皆十五。盖易素所谓参伍以变，错综其数者也。太昊乃则而象之，遂因四正，定五行之数。以阳气肇于建子，为发生之源；阴气萌于建午，为肃杀之基。二气交通，然后变化，所以生万物焉，杀万物焉。"

而朱熹在《易学启蒙》中也说："河图之虚五与十者，太极也。奇数二十，偶数二十者，两仪也。以一二三四为六七八九者，四象也。析四方之合，以为乾、坤、离、坎，补四隅之空，兑、震、巽、艮者，八卦也。"这段话意思是说：河图之数为五十五，虚去五与十不用，因为它们代表太极，还剩下四十。其中奇数二十，偶数也是二十，象征两仪，即阴与阳。以生数的一二三四各加以中五成为六七八九，即为老阳老阴及少阳少阴四象之数，四象再生八卦。根据"天地定位，山泽通气，雷风相薄，水火不相射"的原则，乾、坤、坎、离四卦居于四正之位，兑、震、巽、艮居于四隅之位。分北方一六之数为坤卦，南方二七之数为乾卦，东方三八之数为坎卦，西方四九之数为离卦。其余四卦则分别由它们分出。左边是阳内阴外，象征阳长阴消；右边是阴内阳外，象征阴长阳消。这一切，又正好与伏羲先天八卦方位相符。

由此我们可以结合伏羲画卦神话加以大胆推测，得出一个也许是天才创意、也许只不过耸人听闻的结论：所谓河出图，事实上即蔡水出白龟，白龟甲块为图。伏羲就是根据白龟之纹创画出了旷古闻名的八卦，并且由此引发出中国具象思维的早期萌芽。

这个结论看似荒诞不经，实则并非无稽之谈。其根据就在河图与白龟身上。

前文已经说过，河图以五十五个阴阳点象天地之数，且分布合八卦之象。

而1984年8月于白龟池出水的白龟（应该是当年伏羲氏凿池放养的白龟的后裔，该白龟曾于出水第二年产下八只龟蛋，说明池中白龟绝不止此一只）身上纹理也正好合五十有五天地之数。那只白龟形状近圆，与河图形状类似，有天圆之象。龟盖中央五块，中央周围八块，外围二十四块，腹底十二块，共四十九块。再加上头、尾、四肢，则正好五十五块，合乎天地之数。不仅如此，其每一分布区域又各有其象征。中央五块象征金木水火土五行，周围八块对应先天八卦，外围二十四块象征二十四节气，腹底十二块象征十二月或地支，四肢象征四时，头尾象征两仪，背腹象征日月，而整个神龟则象征混元太极。不仅如此，四十九本身也是一个常数。《周易正义》引东汉经学家马融的说法：合太极，两仪，日月，四时，五行，十二月，二十四节气为五十，而减去北辰之一为用四十九。“易有太极，谓北辰也。太极生两仪，两仪生日月，日月生四时，四时生五行，五行生十二月，十二月生二十四节气。北辰位居不动，其余四十九，运转而用也。”而《周易》揲蓍之法，也以四十九为用。可见四十九亦是与先天八卦密切相关的一个数字。

有了这些特征，则白龟即河图、河出图即蔡水出白龟应该不再是无稽之谈了。

正因为伏羲先天八卦源于天地万象尤其是白龟纹理之启示，才使其成为了一种独具民族文化特色的符号表现系统。这种符号表现系统的最重要的人类学意义，是奠定了民族思维模式尤其是具象思维模式的基础，同时也奠定了中国象形文字的基础。

众所周知，切切实实地认识自身的位置和行为，是上天赋予人类的特殊权利，也是人类得以认识周围世界的首要前提。人类自身要存在下去，发展下去，首要的任务就是揭开自身和周围世界的秘密。而人类以何种方式去认识世界，是受其所处的地理和气候环境以及这种环境下所结成的社会关系、实践对象、实践工具、实践范围和人自身的实践能力所决定的。我们的祖先在上述诸条件制约下所形成的认识特色，集中地体现在伏羲八卦之中，这就是经验型的思维模式。这种思维模式具有三个鲜明的民族文化特色：一是封闭的循环变动性，二是崇尚绝对的相对性，三是寓理于事的形象性。其中第三个特色即寓理于事的形象性特色尤为重要，是中华民族具象思维模式的渊薮，或者说源头。

诚如前文所述，伏羲八卦是象、数、事、理的统一。由数而生象，因象以指事，言事以寓理。八卦所指之事，多系仰观俯察、近摄远取而来，涉及古代的生产活动、社会习俗以及社会生活诸方面，甚至还涉及天文、地理、律历以至人体诸科学。如乾（☰）卦所指，便是东方苍龙宿运行的星象。整个卦象以苍龙七宿运行轨迹为凭借，表现出事物由不可为到可为、由弱而强、盛极复衰、物极必反的过程。再如艮（☶）卦，是以一种练习气功的过程为凭借喻示事物发展、变化的规律性。正是这种寓理于事的思维特征，形成了我们富于鲜明特征的形象思维传统。

具象思维的独特之处，是能够通过形象化的思维，把看不见但却应该看见的东西变为可以感觉的东西。就像绘画一样，要着眼于精神与形象之间的关系，换句话说，就是它特别注重主观与客观、内容与形式之间的关系。因为有了具象思维，人们才能够通过想象创造出上帝，用土木雕塑出佛像。具象思维是一种直觉联结思维，它的最大特点是借用某种形象来承载某种意义。通过这种直觉联结思维，我们可以把本来难以沟通的主观与客观、内容与形式、精神与形象等轻而易举地沟通起来，实现感觉与表现、表现与再现的神奇融合。外在意义借此机会进入形式之内，以至转化为形式本身，成为形式独具的表现力，从而赋予形式一种超越自身、独立于自身之外的精神生命。比如“岁寒，然后知松柏之后凋也”，① 其用意并不在“松柏”本身，但因其有了松柏之象，人们便可以透过它而领会到许多人生道理。所以王弼在《周易略例·明象》中说：“存言者，非得象者也，存象者，非得意者也。象生于意，而存象焉，则所存乃非其象也。言生于象，而存言焉，则所存乃非其言也。然则忘象者，乃得意者也，忘言者，乃得象者也。得意在忘象，得象在忘言。”这里就精辟地揭示了事物内容与形式的关系。“岁寒，然后知松柏之后凋也”，意在人品和境界，得意则可忘言忘象。意、言、象并无绝对的对应关系，言、象只是一种媒介，一个传递信息的邮差。中国具象思维的神妙之处便在于此。

三、“群经之首”话《易经》

中华民族人文始祖太昊伏羲氏在古陈宛丘画卦台上创画出的一画开天的先天八卦，经过后人的不断推演，于殷周之际完成了一个历史性的巨变，形成了一部被后世国人奉为冠据“群经之首”的伟大经典——《易经》。

---

① 《论语·子罕》。

（一）名字的由来

《易》，又称《易经》，也叫《周易》，涉及三个字，每个字都有几种解释：

先说易，易由蜥蜴而得名，为一象形字，此说出自许慎《说文解字》："易，蜥易。"蜥蜴因环境而改变自身颜色，曰之易，取其变化之义。蜥蜴俗称"变色龙"，所以"易"的变易义，为蜥蜴的引申义。

1. 日月为易，象征阴阳。"易之为字，从日从月，阴阳具矣"，因而"易者，即日月也"。或"日月为易，刚柔相当"。

2. 日出为易。陈鼓应认为这个意思也是"乾"的本义。易是占卜之名。

3. 有的说："易，飞鸟之形象也。"

4. 交易、变易、变化的意思。清人陈梦雷著《周易浅述》将"易"的定义归纳为两条，一条是"交易，阴阳寒暑，上下四方之对待是也"，亦即阴消阳长、阳长阴消的相互变化，如一般的太极图所显示的一样；另一条是"变易，春夏秋冬，循环往来是也"，指天下万物是常变的，故此《周易》是教导人面对变易的书。

5. "易"即是"道"，恒常的真理，即使事物随着时空变幻，恒常的道不变。

6. 《系辞传》："生生之谓易。"生生不息，义似"生命的意义在创造宇宙继起之生命"，体会生命之美、日新又新。

7. 在《周礼》"太卜"的记载中，亦有《三易》的说法；《三易》是指《连山》、《归藏》和《周易》，三个不同朝代的占筮书。据说《连山》是夏朝的占筮书，《归藏》是殷商的占筮书，《周易》是周朝的占筮书。

东汉郑玄的著作《易论》认为"易一名而含三义：易简一也；变易二也；不易三也。"这句话总括了易的三种意思："简易"、"变易"和"恒常不变"。即是说宇宙中事物的存在状态是：一、顺乎自然的，表现出易和简两种性质；二、时时在变易之中；三、又保持一种恒常。如《诗经》所说"日就月将"或"如月之恒，如日之升"，日月的运行表现出一种非人为的自然，这是简易；其位置、形状却又时时变化，这是变易；然而总是东方出、西方落这是"不易"。

再说"经"，经的含义有三：1. 通"径"字，路径；2. 经典；3. 方法。

《易经》的"经"是指经典的著作。儒家奉《周易》、《尚书》、《诗经》、

《礼记》、《春秋》为《五经》，是后来为了尊称这些书而加上的称呼，原来《五经》只称为《易》、《诗》、《书》、《礼》、《春秋》。

综合起来，《易经》是古代人对太阳月亮的运动规律总结之经验，是指导如何提高生命能量，教导人们为人处世及适应生活的书。它涉及三项内容：修行学、哲学、占卜学。因此，它成为道教、儒教、阴阳术数的经典，三教在各自领域内对其有不同理解和应用。

最后说“周”。东汉郑玄《易论》，认为“周”是“周普”的意思，即无所不备，周而复始。认为“周”是“易道周普无所不备”之意，即这部书包罗万象，什么都说到了，是一部百科全书。而唐代孔颖达《周易正义》认为“周”是指岐阳地名，是周朝的代称，即指《易经》乃是周朝的古书（传说中的周文王演八卦、著《易经》是其根据）。有人认为《易经》流行于周朝故称《周易》，亦有人依据《史记》的记载“文王拘而演周易”，认同《易经》乃周文王所著。然而在几种较早期的文献，例如《论语》、《庄子》、《左传》却只称《易经》为《易》，“周易”之名最早见于《周礼》；然而《周礼》的年代，学者还有争议。所以，就文献而言，“周”应该是后来加上去的。若以《周礼》的系统来看，《三易》的名称前两种皆无朝代名，所以《周易》的“周”解释为“周普”，和其他两种占筮书比较能够相应。然而夏代是否有《连山》、商代是否有《归藏》也都还是问题。两书很可能也是“古史积累说”所言的现象。所以比较肯定的是，《易经》或《周易》原来只称为《易》。

（二）《易经》概述

在整个中国古代文化典籍中，《易经》是流传最早也是影响最大的一部。它有一个鲜明的特点，就是包含着对于自然、社会、人类历史发展等范围极其广泛的问题的总体性的概括和说明，并且试图以此建立起一个自足的世界模式。所以，它历来都被看作是一部“弥纶天地，无所不包”的综合性经典著作。

《易经》全书分为《经》、《传》两个部分，《经》本来是古代用以占卜的书，分为上下两经，共六十四卦，每卦六爻，乾坤两卦各有七个爻（乾卦的用九及坤卦的用六本体不是爻但作用等于爻，也记称为爻），共计三百八十六个爻。每卦先列卦形次列卦名，如☰，乾，☷，坤等，然后列卦辞。每爻先列爻题，如初九、上九、九三等，次列爻辞。卦辞和爻辞共四百五十条，四千九百多字。后人传说卦辞为文王所作，爻辞为周公所作。《传》是一部典型的哲学著作，它由《彖》上下、《象》上下、《系辞》上下及《文言》、《说卦》、《序卦》、《杂卦》共十篇文章构成。这些文章开始附在《经》后，是为解经而著，并且不是出自一人之手，时间上也晚于原《经》，所以有人称它们为《经》的十翼。后来人们为了方便，把两书合二为一，统称《易经》，又叫《周易》，这便是我们今天所看到的这部完整的书了。

作为书名的“周易”一词最早见于《左传·庄公二十二年》：“周史有以《周易》见陈侯者。”

南怀谨在《易经杂说》中提出《易经》的三原则：[①] 第一，变易。所谓变易，是《易经》告诉我们，世界上的事，世界上的人，乃至宇宙万物，没有一样东西是不变的。在时、空当中，没有一事、没有一物、没有一情况、没有一思想是不变的，不可能不变，一定要变的。譬如我们坐在这里，第一秒钟坐下来的时候，已经在变了，立即第二秒钟的情况又不同了。时间不同，环境不同，情感亦不同，精神亦不同，万事万物，随时随地，都在变中，非变不可，没有不变的事物。所以学《易》先要知道“变”，高等智慧的人，不但知变而且能适应这个变，这就是为什么不学易不能为将相的道理了。

由这一点，我们同时亦了解到印度佛学中的一个名词“无常”。这个名词被一些佛教徒把它慢慢地变成迷信的色彩，城隍庙里塑一个鬼，高高瘦瘦，穿白袍，戴高帽，舌头吐得很长，名“白无常”，而说这个“无常鬼”来了，人就要死亡，这是迷信。实际上“无常”这名词，是一种佛理，意思是世界上没有一种东西能永恒存在的，所以名为“无常”，这就是《易经》中变易的道理。我们中国文化中的《易经》，是讲原则，宇宙中的万事万物，没有不变的，非变不可，这是原则。印度人则是就现象而言，譬如看见一幢房子盖起来，这房子将来一定会倒，看见人生下来，也一定会病、会老、会死，这是看现象而名之为“无常”。

第二，简易。宇宙间万事万物，有许多是我们的智慧知识没有办法了解的。在这里产生了一个问题，也可以说是哲学上的一个对比，天地间“有其理无其事”的现象，那是我们的经验还不够，科学的实验还没有出现，“有其事不知其理”的，那是我们的智慧不够。换句话说，宇宙间的任何事物，有其事必有其理，有这样一件事，就一定有它的原理，只是我们的智慧不够、经验不足，找不出它的原理而已。而《易经》的简易也是最高的原则，宇宙

---

① 南怀谨：《易经杂说》，复旦大学出版社2002年6月第2版，第5－8页。

间无论如何奥妙的事物，当我们的智慧够了，了解它以后，就变成为平凡，最平凡而且非常简单。我们看京剧里的诸葛亮，伸出几个手指，那么轮流一掐，就知道过去、未来。有没有这个道理？有这个方法。古人懂了《易经》的法则以后，懂了宇宙事物以后，把八卦的图案，排在指节上面，再加上时间的关系，空间的关系，把数学的公式排上去，就可以推算出事情来。这就是把那么复杂的道理，变得非常简化，所以叫作简易。那么，《易经》首先告诉我们宇宙间的事物随时都在变，尽管变的法则很复杂，宇宙万事万物再错综复杂的现象，在我们懂了原理、原则以后，就非常简单了。

第三，不易。万事万物随时随地都在变的，可是却有一项永远不变的东西存在，就是能变出来万象的那个东西是不变的，那是永恒存在的。那个东西是什么呢？宗教家叫它是“上帝”、是“神”、是“主宰”、是“佛”、是“菩萨”。哲学家叫它是“本体”，科学家叫它是“功能”。管它是什么名称，反正有这样一个东西，这个东西是不变的，这个能变万有、万物、万事的“它”是不变的。

《周易》之所以又称《易经》，且被奉为群经之首，首先是因为儒家、道家都推崇它，都将它列为经典。一方面，儒家将其列为“六经”（《诗》、《尚书》、《礼记》、《乐记》、《易》、《春秋》）之一。也就是说，它是儒家的正宗经典。另一方面，魏晋南北朝玄学盛行之时，以《易经》为“玄学之源”；以《道德经》为“玄学之本”；以庄子《南华经》为“玄学之精”，故合称三部书为“三玄”。玄学即道家之学，可见道家也是奉《易经》为自己的经典的。其实，《易经》原本既不属于道家，也不属于儒家，而是它们的源头。

《易经》的《经》、《传》两部分，在内容上有着很大差别，只是在形式上有较密切的联系，两者能结合为一个有机整体，在中外文化、思想史上应该说都是一个奇迹。

《易经》的思想起点事实上也就是在陈楚画卦台上画八卦的伏羲氏的思想起点，即将世界上的万事万物抽象、概括地分为两类，也就是所谓“阴”与“阳”。如天为阳，地为阴；日为阳，月为阴；男为阳，女为阴；进而又上阳下阴，前阳后阴，明阳暗阴，往阳来阴，昼阳夜阴，尊阳卑阴，贵阳贱阴，福阳祸阴……不一而足。甚至数字也以奇数为阳偶数为阴。自然界的一切事物都因时、因地分为阴和阳，并且分别被赋予刚柔动静等性质。阳刚阴柔相反相成，变化不已。动极则静，静极则动；动中有静，静中有动；阴中有阳，阳中有阴，交感互生，变幻无穷。所以《系辞上》总结说：“一阴一阳之谓道。”

由阴阳而两仪而四象而八卦，《易经》全用伏羲先天之卦理。只是在卦位排列上变换了一下方位，排成了文王后天八卦的方位，这已经无关宏旨，丝毫不影响伏羲先天八卦的源头位置和创始意义。

就《易经》的历史演变过程来看，是既复杂而又漫长的。它大约经历了阴阳概念产生、八卦创立、重卦和卦爻辞的问世及“十翼”的形成等几个阶段。在时间上，则经历了伏羲都陈及夏、商、周、春秋几个时代约三千多年，经由《连山》、《归藏》、《易经》而后才成为今天我们看到的《周易》。

站在今天的高度来看，作为“群经之首”的《易经》的确是一部博大精深的优秀典籍。它的巨大学术价值首先就在于体现了一种抽象思维的方法，并形成了那种我们前文说过的独特的具象思维的方法。与此同时，又将世间万事万物（包括天、地、人三才）统一于同一思维体系之中，规定了一套完整的概念体系。这对于整个中国文化、思想体系的形成及其发展都有着不可替代的重要意义。在这一点上，《易经》确实是堪称为“群经之首”、“学术之源”甚至“学术之范”的。

四、《易经》的思想文化内蕴

（一）哲理——《易经》的思想精髓

无可讳言，《易经》是一本卜筮之书。卜筮本身就是哲学，就是一种文化，就是一种智慧。在生产力低下的古代，人们是用卜筮这种手段去了解和认识自然和社会，这是一种哲理的推断，是一种文化的思考，是一种智慧的展现。《易经》是根据商周时期的一些历史事件、历史故事、历史人物，并吸收了前人的思想和智慧，将其抽象成哲理，从哲理的角度来揭示事物的发展规律和事物的内在联系，从而提出解决的办法，因而它具有深刻的哲学思想。

《易经》的哲学思想博大精深，这里我们只能略举一斑。

有孚颙若　“孚”是《易经》哲理核心，在六十四卦中，“孚”字出现二十六处之多。“孚”即是诚信。“孚”的对象有两个，一是对待祖先要用诚信，二是在人的交往中要讲诚信。周王朝是把祭天与祭祖结合进行，祭祖的目的是团结族人，凝聚人心。《易经》作者主张，“盥而不荐，有孚颙若”，祭祖要有“孚”，至于贡品嘛可以少一些，“二簋可以享”（《损》）。“东邻杀牛，不如西邻之禴祭，实受其福”（《既济》），用微薄的夏祭，也能得到上天的赐福，其关键就是“孚”。在国与国、上与下、人与人的关系上必须讲

“孚”，“有孚比之”（《比》），“有孚在道”（《随》），“有孚挛如”（《小畜》），“有孚威如”（《家人》），“有孚颙若”（《观》），“勿恤其孚”（《泰》），“有孚窒惕”（《讼》），大家不能以诚相待，就要发生讼事。如果人人都不讲诚信，那么，社会就要大乱了。

“孚”是什么呢?《易经》作者说：“有孚盈缶，终来有它”（《比》），诚信就像一个装满水的罐子，那样盈满，又朴实无华，外表毫无任何雕饰，供人随时饮用，长久汲取而不衰。

对立统一　《易经》是把卦辞和爻辞嫁接在八卦、六十四卦上的。八卦是由阴（--）和阳（—）两个符号组成的。这两个符号是贯通一切事物的对立而统一的两个方面。《乾》和《坤》是对立的，但它们又是统一的，阴阳调和才能有万物。《易经》在卦辞和爻辞中虽说没有提到“阴阳”，但无不贯穿着这一思想。在六十四卦中基本上都是两两相对的，这两个相连的卦反映了一个事物对立的两个方面，或者说是两个事物之间的必然联系。比如：《泰》下乾上坤，乾为阳，阳气上升，坤为阴，阴气下降，天地交而万物通；而《否》卦则是下坤上乾，天地不交而万物塞。《易经》就是这样来阐明和揭示事物的对立统一规律的。

无平不陂，无往不复　事物是曲线发展的，发展到一定阶段则“物极必反”，这一思想几乎贯穿了《易经》的始终。文王所排列的六十四卦次序，基本上就是按事物的发展规律排列的。《乾》和《坤》是六十四卦的总纲，从《屯》至《既济》完成了一个事物的发展过程，但《既济》卦辞却告知“初吉终乱”，接着就是《未济》，事物又回到了初始阶段。再从每个具体卦来看，每一个卦都是由“初”到“上”六个爻组成，初爻是事之始，上爻是事之终；至终之后就“物极必反”，就又形成了另外一个卦，开始了一个新的“小循环”。由此可见，《易经》就是这样来揭示事物发展规律的：事物的发展从宏观上来说是“履道坦坦”（《履》）；但发展的过程却是“无平不陂”，是曲线发展的；发展到最后则“无往不复”，物极必反。《易经》作者告诫：不要“过涉灭顶”（《大过》），“不远复”（《复》），“视履考祥，其旋元吉”（《履》）。古人有这样的朴素认识，实在是难能可贵!

矛盾的转化　应该说用阴阳的转化更为准确，一是中国几千年都是用阴阳来表示，二是阴阳不仅体现了对立的一面，而且体现了相互依存、阴中有阳、阳中有阴、量变到质变的多重关系。不过近几十年大都用矛盾来表示。《易经》通篇都充满着矛盾，每一个卦都是一个矛盾的个体。《易经》作者已经意识到两种不同的矛盾，并提出了不同的解决办法。《需》卦是说人们在田野里劳动发生了械斗，“致寇至”、“需于血，出自穴”，流了血。解决这个矛盾的办法很简单，“需于酒食”、“敬之终吉”。《易经》作者对解决这类矛盾的总的原则是“唯有解”（《解》）。另外一种矛盾用这样的方法来解决就不行了，得用“革”的办法。《革》卦就连孔子都承认写的是“汤武革命”。卦中提出解决类似殷纣这样的事情，要有“虎变”、“豹变”的决心和威力。这一思想在其他卦中也有反映，如：《师》卦说的是要动用军队，用武力的办法解决；《鼎》是以鼎喻国家政权，要让它“颠趾”、“耳革”、“折足”。《易经》作者把解决这种矛盾的办法称之为“改命”！正如武王在灭商以后所说：“膺更大命，革殷，受天明命”①。

匪正有眚　古人经过对自然界各种事物的观察，初步认识到了应该按客观规律办事，否则将受到惩罚。《无妄》卦（☰☳）下震上乾，雷在天下行，符合自然规律，谓之“天道”；卦中“六二”与“九五”正应，阴阳各得其位，刚柔交合而不乱，这是“人道”。天道和人道都按一定的规律运行，故“元亨”。卦辞诫之“其匪正有眚，不利有攸往”，是说如果不按“天道——自然规律”和“人道——社会规律”办事，将要有灾祸，受到惩罚。这一思想在许多卦中都有阐述。《大壮》卦与《无妄》相反，雷在天上行，有悖自然规律。当事物发展到强盛阶段，如若不审时度势，仍贸然前进，就如“羝羊触藩，不能退，不能遂，无攸利”（《大壮》），必然会受到挫折。

官有渝　古人已经认识到，人的认识来自实践，也要随着实践的变化而变化。《咸》（☱☶）卦的卦画是三个阳爻三个阴爻。从卦象上进行分析，上卦为兑、为喜悦、为少女、为泽，下卦为艮、为止、为少男、为山，山上有泽便是咸卦的卦象。泽为阴其性质向下，山为阳其性质向上，山与泽相互感应相合，这是从大的方面进行取象。下卦为阳刚为停止，上卦为阴柔为喜悦，内心刚强而能止，外表柔顺而喜悦，这是上升到哲学的角度来取象了。上卦为少女，下卦为少男，男女相互感应，这是从人类的生活特点进行取象。说的是“取（娶）女”，即用男女相亲相爱的经过来说明人的认识过程。男女之间的相互感应，先是“咸（感）其拇”，接着是腓（腿肚子）——股（臀部）——脢（背部）——辅（颚）——颊（腮）——舌，这是一个由浅入深、由表及里的感应过程。《随》卦提出了一个重要的哲学命题——“官有渝”。“官”指五官，代指思想；“渝”，变化。“官有渝”是说人的思想在实

① 《史记·周本纪》。

践过程中将会发生变化。“出门交”即走出家门与大家在一起，这样就会“随有求得”、“随有获”。古人的这种认识虽说还很粗浅，但却难能可贵！

《易经》还提出了许多古老的哲学思想，如“拔茅茹以其汇”（《否》）——事物都是相互联系的；“视履考祥”（《履》）——要进行考察研究，等等。《易经》的哲学思想非常丰富，还有待于我们去研究和开发。

（二）《易经》的文化蕴涵——生生不息的民族精神

一个社会除了有经济、政治制度的支撑，还需要有文化的支撑，特别是精神的支撑，它是一个国家、民族安身立命之所在，也是其发展繁荣的源头活水。每个国家、民族都有其国家、民族的精神，这是国家、民族凝聚力、生命力的根基。《周易》在塑造中华民族的灿烂文化和民族精神中作出了巨大的贡献。

1. 自强不息、厚德载物的精神

一个民族是需要有点精神的，没有精神的民族是会走向衰亡的。“自强不息”是《乾》卦所说君子应当具备的精神，它像天一样刚健，昼夜运行不息，即使有艰难险阻，也要奋勇前进。《需·象》：“险在前也，刚健而不陷，其义不困穷也。”《需》乾下坎上，《说卦传》：“坎，陷也。”刚健而不陷，克服困难，继续奋进。自强不息精神之所以然，其根据是“大哉乾乎，刚健中正，纯粹精也”（《乾·文言》）。即以天德的“刚健中正”，来提升人类的德性。

人类应内化天道的“刚健中正”的品德，即刚健自强品德，奋进拼搏品德，正气浩然品德和中正不阿品德。刚健自强是一种自尊和自信，自立和自进，它是对价值理想的坚定信念和不懈追求。如孔子被困于陈、蔡，为求道而志气高昂；奋进拼搏，即是一种“愚公移山”的精神品德，是“人不堪其忧，回也不改其乐”的纯诚心志；浩然正气是一种正直大丈夫的精神品格，即“富贵不能淫，贫贱不能移，威武不能屈”的精神。

“厚德载物”是《坤》卦的大象。如果说“自强不息”的根据是“天行健”，那么，“厚德载物”的根据是“地势坤”，帛书作“地势顺”。《坤》是与《乾》相对的纯阴之卦，而具有“柔顺”的品德。《乾》取象于天，《坤》取象于地。“至哉坤元，万物资生，乃顺承天”（《坤·象》）。大地以其广大无际、宽阔胸怀生育万物，普载万物，从而培育了中华民族敦厚、宽容、虚怀若谷的品德。《周易·系辞传》说：“劳而不伐，有功而不德，厚之至也。”“厚道”被视为善德。宽容也被作为美德，“有容，德乃大”（《尚书·君陈》），《论语·阳货》说：“宽则得众。”敦厚、宽容从主体的修养而言，就是谦虚，谦而不骄躁，虚而能容物。如《周易》："谦，亨，君子有终。……初六，谦谦君子，用涉大川，吉。六二，鸣谦，贞吉。九三，劳谦，君子有终，吉。六四，无不利，撝谦。六五，不富，以其邻利用侵伐，无不利。上六，鸣谦，利用行师，征邑国。"坤地在上，艮山在下。在上平淡平易，以坦荡胸怀容纳天下万事，以博大气度承载天地万物；在下不显高，不露峰，以低姿态隐身大地之中。《谦·象》是"地中有山"，地道卑而上行，山道高而不济，构成阴阳平和机制。谦虚是众善之母，吉无不利。无论是名声如雷，功劳顶天，推捧至极，都要谦虚再谦虚。有名声而容易骄傲，有功劳而容易居功自恃，受推捧而目空一切，便会走向反面。谦虚能将富有转换为快乐，富有知识而谦虚请教，富有资产而周急济贫，富有权势而从善如流，这便是对厚德载物的实际运用。

2. 变通日新，生生不息的精神

《周易》是一部讲变易的书，司马迁说："《易》长于变。"《周易》启迪人们去探索自然、社会、人生如何变易、为什么变易以及变易的趋势等问题，培育了中华民族日新之谓盛德、生生之谓易的精神。

《系辞下》说："《易》之为书也，不可远，为道也屡迁。变动不居，周流六虚，上下无常，刚柔相易，不可为典要，唯变所适。"一阴一阳之道，处在不断变化之中，六爻变动不居止，上下往来没定准，阳刚阴柔相互变易，人们不可死抱住教条、原则不变，而应该适应阴阳刚柔的变易。在这里提示变易的原因是一阴一阳相互作用、相互交感、相互变通。变易的形式有二：一是变，二是通。"化而裁之谓之变，推而行之谓之通。"（《系辞上》）"《易》穷则变，变则通，通则久。"（《系辞下》）就变来说，事物发展到一定限度，即穷到极点，就必须变化，死守不变，就要衰败，只有变才能通达，通达才能长久存在发展下去。譬如《泰》卦。"通"是变易过程中保持长久发展的机制，即生生不息的必要条件。

为了保持永久的"变通"，必须使变通的基础和条件得以具备并实行。

（1）日新而日日新，"日新之谓盛德"。日新就是不断有新事物、新生命、新面貌、新成果的出现。为此，必须不断创新、创造，无创造，就没有新。德若作得讲，内得于己，外得于人，内得于己就是要提高自己的文化、道德、精神、科技素质，才能有最大的获得。外得于人，只有博施济民，给予别人，自己才会得到。这就是说创新、日新，而成就大事业，才能实现内得和外得。

（2）物极则反，相反相成。"《易》穷则变"。穷，即到了极端、极点，就要向相反方面转化。如《泰》与《否》卦，"泰者，通也。物不可以终通，故受之以否”（《序卦传》）。《乾·上九爻辞》：“亢龙有悔。”《乾·文言》解释说：“亢之为言也，知进而不知退，知存而不知亡，知得而不知丧。”进而不止，必有败退；存不自警，必遭覆亡；贪得无厌，必生厚丧。要把物极必反转变成相反相成，即阴阳相反而相成，进退、存亡、得丧相反相成，这里需要引进主体的忧患意识、危机意识、道德意识。

(3) 与时偕行，与时偕极。《乾·文言》在释“亢龙有悔”时说：“与时偕极”，即不能与时变通，到了极限而不能变通，只能走向退、亡、丧。“知进退存亡而不失其正者，其唯圣人乎！”“知”其理势，而不失正道，才能变通而生生不息。如何做到变通日新，生生不息？即“与时偕行”。《乾·九三爻辞》：“君子终日乾乾，夕惕若厉，无咎。”终日勤勉不懈，夜晚反省似有危厉，这样才能做到“与时偕行”，变易生生，成就千秋大业。

3. **保合太和的和合精神**

和合是中华民族文化的首要价值和精髓。《乾·彖》曰：“乾道变化，各正性命，保合太和，乃利贞。首出庶物，万国咸宁。”天道变化使原来的次序、规则都被打破了，而需要使各个事物按照应有的本性和规则发展，各个国家、民族都依据自己的实际和特点来发展，这就是“各正性命”。“保合太和”，王弼注：“不和而刚暴。”是说乾道阳刚若无坤道阴柔的和合，就要刚暴而败亡。阴阳互补，刚柔相济，才能“保合太和”。这样才能使万物茂盛地生长，万国都安定繁荣。

之所以“首出庶物，万国咸宁”是因为和合。《系辞下》解释说：“天地絪缊，万物化醇；男女构精，万物化生。”天地、男女即乾坤、阴阳相对的两极，是谓冲突；絪缊、构精，便是交合、交感，即融合；化醇、化生即新事物、新生儿的诞生。构成冲突——融合——和合体（如新生儿）。这便是《国语·郑语》讲的“和实生物，同则不继”的意蕴，不继就是不能生生不息。《革·彖》解释说：“二女同居，其志不相得。”阴阴相加，不能生孩子，所以不继。

“保合太和”的和合思想精神影响中华民族的政治、经济、文化、思维、内政外交等。在人与自然关系上讲“天人合一”，“天人感应”，“天地万物与吾一体”；在人与社会关系上讲“礼之用，和为贵”，“和以处众”；在国家、民族关系上讲和亲善邻，“协和万邦”；在人与人关系上讲“仁者爱人”，和衷共济；各文明之间关系上讲“和而不同”、“和平共处”；在人的心灵上讲平心静气，和气长寿；在家庭关系上讲“家和万事兴”；在商业上讲“和气生财”等等。和合不仅渗透在社会生活的各个层面，而且成为社会生活的指导思想。

（三）《易经》的独特思维方式——中华思维的培育

《易经》作为中华民族文化的源头活水、文化之根，它孕育着中华民族的思维方式、模式及特点，它的意象思维、和合思维、阴阳思维，与西方的概念逻辑思维就有差异，其根据是中国的“和实生物，同则不继”[①] 与西方上帝“创世纪”的差异。

1．意象的直觉思维

象是与数、理相联系的，象是由阴、阳符号组成的卦面。“龟，象也；筮，数也。”（《左传·僖公十五年》）现发现龟卜的西周早期甲骨上已有数的记录，从陶片、甲骨上的数字卦向阴阳符号演变，经历了一个长期的过程。“古者包牺氏之王天下也，仰则观象于天，俯则观法于地，观鸟兽之文与地之宜，近取诸身，远取诸物，于是始作八卦，以通神明之德，以类万物之情”（《周易·系辞》）。观天、地、鸟、兽、人身等对象，取对象的“象”、“法”、“文”、“宜”而作八卦，以通神明，这是唯象的直觉思维的表现。

八卦的卦象与数相结合，并系统化为“易有太极，是生两仪，两仪生四象，四象生八卦，八卦定吉凶，吉凶生大业”（《系辞上》）。人们用这种思维方式来解释宇宙万物的产生和变化等各种现象，并把社会的运动、人们的生活纳入其中。

六十四卦都深蕴义理，义理依卦象而推理出来。如《革》（离下兑上）和《鼎》（巽下离上）。《革·象》：“泽中有火。”水火相熄，其势不两立。要么泽水浇灭离火，要么离火烧干泽水，革命是迫不得已而为，必须做出限定，《革》卦提出：“汤武革命，顺乎天而应乎人”（《革·彖》），同时要“君子以治历明时”，具备这两者和合，才能疏通历史进程，革故鼎新。《革》卦辞：“元吉，亨。”鼎古代作为烹饪器具，一日三餐离不开鼎。俗语说病从口入，去故取新，新鲜卫生才不会得病，新陈代谢畅通无阻，社会机体才能健康发展。

意象的直觉思维是观物取象，立象尽意。就是说，是以象作为中介环节直觉地体认事物的理性，即通过卦画、卦象、数理，而直觉其象意，并运用阴阳符号系统的转换，把思维的内容置于八卦——六十四卦的框架之中，便开拓了思维空间，使思维具有无限魅力。“立象以尽意，设卦以尽情伪，系辞焉以尽其言”（《系辞上》）。以卦象体认易理，又从象的符号中把握抽象意

① 《国语·郑语》。

义，在直觉的体认中完成天人合一。

2. **和合的整体思维**

《周易》认为万事万物都蕴涵着一阴一阳之道，天地万物亦体现一阴一阳之道，这个道就是和合有机整体。阴阳的冲突融合而和合为一卦，一个卦就是阴阳和合的整体。表现为阴阳消长、互渗，刚柔交错、互济的整体平衡的思维模式，或阴阳交感贯通、互融变易的整体和谐思维。思维的整体性就是以某个概念、范畴为中心，以反映思维对象内在整体或外在整体的概念群或范畴之网，进而揭示思维对象内在和外在的规定、关系以及联系。《周易》就是以阴阳为中心而展开的。

《周易·说卦传》说："立天之道曰阴与阳，立地之道曰柔与刚，立人之道曰仁与义。"天地人三才之道是整体的成章，即天地人三才和合。简言之即"天人合一"。《乾·文言》说："夫大人者，与天地合其德，与日月合其明，与四时合其序，与鬼神合其吉凶。"这"合"即从各个方面说明天人的整体和合之道。天人整体和合思维，是讲天人冲突、融合，而后和合的模式，而非天人无冲突的和合。天与人在"不违"、"不过"、"不流"、"不忧"、"能爱"中才能达到和合的价值理想目标。

3. **阴阳的逻辑思维**

概念是逻辑思维的起始，概念是观念形态，它可以用语言文字表达，也可以用符号表达。《易经》是运用符号来表现阴阳概念的。在远古时代，人们为适应农牧业的生产，已对向日与背日有了体认，如甲骨文晴天为"阳日"，阴天为"不阳日"等，阴阳在象征物愈来愈丰富的情况下，抽象为概念。并由此而概括出变、时、几、大德、生生、理、性、命等概念，进行逻辑思维。

《周易》六十四卦卦序，是逻辑思维的体现。它是按照"二二相耦，非覆即变"（孔颖达《周易正义·序卦》）的逻辑顺序排列的。一是覆，即二卦象颠倒，如屯（䷂）与蒙（䷃）；二是变，卦象六爻皆相反，如坎（䷜）与离（䷝）。前者为反对卦，后者为正对卦，两卦各爻阴阳互异。另有对耦卦，又分奇数对耦，如乾坤、坎离、泰否等共八对；偶数对耦卦，如震（䷲）与艮（䷳）成反对卦，震又与巽（䷸）成正对卦。这就是说，《周易》的演卦是按融突而和合的逻辑思维推演，并使相邻的卦画构成"非反即对"的逻辑结构，进而使六十四卦成为"非覆即变"的整体结构。

在《周易》的逻辑思维中，因果联系是其主要方式，说明卦爻象同卦爻辞之间存在某种必然关系，即用思维的逻辑性取代客观联系，把偶然联系看作必然因果关系，如筮与卦，卦名、卦辞与卦象，吉凶与爻象，占筮由象解义，推事析理，见微知著。又如“方以类聚，物以群分”。《周易》把宇宙万事万物，按其性质、功能分为八大类，即把与卦象相应、相感、相似的归为一类。这种归类法是中华民族思维能力的飞跃。这种归类法是据阴阳特性而归纳的，然后据其所居爻位，推断吉凶，预测未来，推断演绎从已知到未知。可见《周易》已具备归纳、演绎的逻辑思维形式。

（四）《易经》与自然科学

《周易》在长期操作实践过程中，对自然科学与技术的进步都产生了巨大的影响。它以阴阳为核心的理论和符号体系，形成了中华民族特殊的理论结构模式，据此而发展为宇宙理论（宇宙生成、感应、演化原理）、方法理论、价值理论以及科学理论等。它对中国传统科学的影响，突出地表现在天文学、农学、医药学、地理学、数学、建筑学、丹学、养生学等方面。

天文学“天文”，“仰以观于天文，俯以察于地理”，天文、地理均见于《系辞传》。汉代易学家用卦象模拟四时更替和气候变化的“卦气说”，西汉刘歆作《三统历谱》，东汉的《乾象历》、北魏《正光历》、唐《大衍历》，都以“卦气说”为历法的理论基础。唐高僧一行的《历本议》，就以《周易》概念符号系统解释历法。孟喜、京房“卦气说”又以“正卦说”（震、兑、坎、离四正卦）配四方、主二十四节气，或每爻主一节气。“辟卦说”，以卦配十二月、七十二候，即以十二消息卦的七十二爻相应；“纳甲说”，以易卦配天干、五行；“爻辰说”以易卦配地支、二十八宿。《周易》对天文历法具有理论指导意义。

医学、养生学　中医学是建立在阴阳理论基础上的，《黄帝内经》便据此而讲人体结构、生理功能、病理变化、施治方针。“人生有形，不离阴阳。”①人的生命活动以阴阳协调平衡为标准，失衡即阴阳失调，即任何一方偏盛偏衰都会得病。到阴阳两虚，生命就停止活动。望、闻、问、切都以辨阴阳为首务，“阳虚则外寒，阴虚则内热”（《素问·调经论》）。治疗方案和目的，都在于协调平衡阴阳。东汉张仲景创中医六经理论，即三阴三阳（厥阴、少阴、太阴、少阳、阳明、太阳）学说。六经说即六爻成象。

养生学讲“天人相应”理论，《黄帝内经》提出“和于阴阳，调于四时”，“处天地之和，从八风之理”。阴阳两种力量平衡协调，人即身心健康而

---

① 《黄帝内经》。

祛病强身。

数学 数学以阴阳学说为其本质和核心，西汉的《周髀算经》和《九章算术》便是其典范。刘徽在《九章算术注序》中说："观阴阳之割裂，总算术之根源。"汉代赵爽以"一阴一阳之谓道"解释《周髀》的勾股定理，并提出"数之法出于方圆"，从而引出从圆方到勾股定理，再到割圆术到尖锥术，而与西方数学发展道路有异。

建筑学 《周易》中的"天人感应"、"天尊地卑"、"得中重时"，成为建筑学的指导原理。无论皇宫、都城，还是百姓房屋都要看地理风水。商周时就有"相地"记载。"相地"又与阴阳五行八卦相结合，使中国建筑具有中国的风格与特色，而别具一格。

《周易》在中华民族成长、发展过程中，具有不可或缺的作用和影响。它深深渗透在中华民族文化的各个层面，影响中华民族的政治、经济、科学、艺术和思维方式、价值观念、伦理道德、民族精神、终极关怀等等。就此而言，不懂《周易》就不能真正懂得中国文化，不能真正体认中国文化精神，不能正确认识中国文化的本真。《周易》是打开中国文化之门的钥匙。《周易》是中国传统文化宝库中的珍贵资源，今天应深入地挖掘转化，为中华民族文化的繁荣和世界文化发展作出贡献。

五、《易经》的卜筮功能

《周易》是中华文化之根，是中华思想和民族精神的源头活水。它相当深刻地展现了中国古代社会经济、政治、文化结构，以及生活方式、伦理道德、风俗习惯、心理结构等，对数千年来中国文化乃至整个世界文化都产生了深远影响，并开启了中国先秦儒家、道家、墨家思想学说，如儒家的刚健学说和入世精神，道家的柔顺思想和避世精神，墨家的兼爱思想和反战精神，以及阴阳家的五德终始循环，名家同异坚白论，法家的形名法术，兵家正奇对策等等。

汉班固（32－92）在《汉书·艺文志》中说："《易》道深矣，人更三圣，世历三古。及秦燔书，而《易》为筮卜之事，传者不绝。""筮卜"即"卜筮"，指龟卜和筮占。夏商周三代，占卜是作为社会政治决策的重要仪式，

“占”根据灼烧龟甲坼裂兆象判断吉凶以决疑①。商代占卜吉凶活动在社会上很普遍，龟甲愈来愈稀缺，价格也愈来愈贵，因此，便采用蓍草进行筮占。卜筮并称，龟策合用。它们是巫觋沟通天地、感应鬼神的道具（法器）。

《周易》对社会政治的影响是非常巨大的，换言之，上古社会（或曰青铜时代）的政治，需要占卜来决疑吉凶，运用占卜来治理国家，安定社会。《易经》就是卜官在长期积累的十分丰富的卜筮记录基础上编纂而成的卜筮之书。古人占卜活动是非常广泛的，上至国家大事，下至生活小事，都要占卜。按照《周礼·春官》的记载：占卜的内容包括战争征伐，风云灾变，与人以物，策划诛议，事成与否，来到与否，降雨与否，病愈与否等。如以通行本《易经》卦、爻辞的内容来分类，大体上包括这八个方面：战争、行旅、祭祀、渔猎、牧畜、婚媾、疾病、灾异等。

东周时诸侯国国君的嗣位，建立侯国，都要占卜。《左传·昭公七年》记载：

> 卫襄公夫人姜氏无子，嬖人婤姶生孟絷。孔成子梦康叔谓己：“立元，余使羁之孙圉与史苟相之。”史朝亦梦康叔谓己：“余将命而子苟与孔烝鉏之曾孙圉相元。”史朝见成子，告之梦，梦协。晋韩宣子为政聘于诸侯之岁，婤姶生子，名之曰元。孟絷之足不良，能行。孔成子以《周易》筮之，曰：“元尚享卫国主其社稷。”遇《屯》䷂。又曰：“余尚立絷，尚克嘉之。”遇《屯》䷂之《比》䷇。以示史朝。史朝曰：“‘元亨’，又何疑焉？”成子曰：“非长之谓乎？”对曰：“康叔名之，可谓长矣。孟非人也，将不列于宗，不可谓长。且其繇曰‘利建侯’。嗣吉，何建？建非嗣也。二卦皆云，子其建之。康叔命之，二筮袭于梦，武王所用也，弗从何为？弱足者居，侯主社稷，临祭祀，奉民人，事民人，鬼神，从会朝，又焉得居？各以所利，不亦可乎？”故孔成子立灵公。十二月癸亥，葬卫襄公。

以《周易》的筮占来决定国家的嗣位、建侯等大事，把国家政治生活的吉凶都纳入《周易》的统摄之中。由于筮策的道具（法器）比龟甲容易获

① 龟卜刻辞为今发现之甲骨文。甲骨文有四种类型：一是前辞（叙辞），占卜的干支日期和卜人的名字；二是命辞，向祖先、神灵提出的疑问；三是占辞，以兆象所定吉凶之辞；四是验辞，卜后应验情况的记载。

得，所以，筮占不仅在上层政治核心集团中盛行（每事必占），而且在下层民众中也得到运用。

在这种情况下，卜筮人与君王、卿士、庶民通过《周易》的筮占活动，凝成上下一致的共识和社会共同体。根据《尚书·洪范》记载：

> 七、稽疑：择建立卜筮人，乃命卜筮。曰雨，曰霁，曰蒙，曰驿，曰克，曰贞，曰悔，凡七。卜五，占用二，衍忒。立时人作卜筮，三人占，则从二人之言。汝则有大疑，谋及乃心，谋及卿士，谋及庶人，谋及卜筮。汝则从，龟从，筮从，卿士从，庶民从，是之谓大同。身其康强，子孙其逢吉，汝则从，龟从，筮从，卿士逆，庶民逆吉。卿士从，龟从，筮从，汝则逆，庶民逆，吉。庶民从，龟从，筮从，汝则逆，卿士逆，吉。汝则从，龟从，筮逆，卿士逆，庶民逆，作内吉，作外凶。龟筮共违于人，用静吉，用作凶。

《洪范》记载的六重稽疑对策中，龟从、筮从起决定作用。即使君王违逆，仍然为吉，龟筮的意志超越君王的意志。在这种社会政治格局中，决大疑并非君王一人说了算，而是形成六方面意见的综合稽疑机制。如果说卜筮人的占卜属于“鬼谋”的话，那么，君王、卿士、庶民稽疑决策属于“人谋”。前者属于天的层面，后者属于人的层面，即天人合谋。尽管“鬼谋”与“人谋”相违逆时，凶多吉少，但“人谋”都顺从时，“用静吉，用作凶”，不宜有所作为，可静待时机。这在古代社会政治稽疑决定中，体认到要根据各个方面的意见，是一种理智化思考的曙光。

天人如何合谋，在“皇天无亲，唯德是辅。民心无常，惟惠之怀”① 的情境下，如何治理国家？王侯将相的职责就在于如何管理公共事务，协调民众利益。譬如《周易·临卦》就提供了这方面的资源。“䷒（兑下坤上）临：元亨，利贞。至于八月有凶。初九，咸临，贞吉。九二，咸临，吉，无不利。六三，甘临，无攸利。既忧之，无咎。六四，至临，无咎。六五，知临，大君之宜，吉。上六，敦临，吉，无咎。”兑为泽在下，心悦诚服（彖曰：“说而顺”）；坤为地在上，顺从民意，上顺下悦，元亨利贞。其治国策略为“咸临”，上下感通、交感，下情上达，上令下行。予民以甘露，如“甘临”，即

① 《尚书·蔡仲之命》。

给民以实惠。办事完善或极好为“至临”，也有训“至”读为“质”（《小尔雅·广言》）的，“质，信也”。以诚信临民，政府讲诚信，老百姓便安居乐业；知能善任，有智慧，办事恰到好处的“知临”。兢兢业业、老老实实办事的“敦临”。这里两阳爻都讲“咸临”，是对于上下、内外、左右的感应和心灵沟通的重视。这种感应和沟通增强了凝聚力，激活了生命力，使社会的公共管理机制充满了生机和活力。

《易经》是卜筮之书。但它与其他卜筮方法不同，也不同于抓阄，仅仅是一个简单的选择，易经的卜筮，不仅要以虔诚的心态、高尚的道德作基础，而且更是高智慧的推理、辩证的思考、精警的论证。不是说占到了“女子贞不字，十年乃字”（《屯卦》）就说这个女的十年后才能结婚生孩子，测到“夫妻反目”（《小畜》）就说夫妻不和必定要离婚，而是将事理和哲理结合起来进行推断。

在《左传》中记载了二十几个卦例，从中我们可以得到启示，现举《昭公十二年》一例。鲁国南蒯准备叛乱，他占了一卦：

> 南蒯之将叛也，……南蒯枚筮之，遇《坤》䷁之《比》䷇，曰：“黄裳元吉。”以为大吉也，示子服惠伯，曰：“即欲有事，何如?”惠伯曰：“吾尝学此矣，忠信之事则可，不然必败。外强内温，忠也。和以率贞，信也。故曰：‘黄裳元吉。’黄，中之色也，裳，下之饰也。元，善之长也。中不忠，不得其色，下不共，不得其饰。事不善，不得其极。外内倡和为忠，率事以信为共，供养三德为善，非此三者弗当。且夫《易》不可以占险，将何事也？且可饰乎？中美能黄，上美为元，下美则裳，参成可筮。犹有阙也，筮虽吉，未也。”

我们来看一下它占断的思维过程。此是《坤》卦五爻动，六五爻辞是“黄裳元吉”，如果望文生义，那就可以黄袍加身了，然而不能这样简单推断。惠伯认为“黄裳”是下饰，它具有忠、信、善的品德，要违背了这“三德”是不吉利的。惠伯这些话，一是源于孔子，《易传·坤文言》说：“君子黄中通理，正位居体。”二是顺应民意，乡人听说南蒯要叛乱，都嗤之以鼻，作歌云："已乎已乎，非吾党之士乎！"[①] 惠伯就是根据这些进行推理的，认为做臣子的犯上作乱是不吉利的。

周公曾对其子伯禽说："《易》有一道，大足以守天下，中足以守其国家，小足以守其身，《谦》之谓也。"[②]《谦》卦（䷎）上坤下艮，山本高却甘居于下，卦辞和爻辞是阐明以谦道养身、平家、治国的道理。如果说，占到了《谦》卦，问：能否升官发财、婚姻是否美满、丢的东西能否找到……这个卦辞和爻辞解决不了！

由此可见，《易经》是一部推理之书，是最古老的哲学著作，它讲的是世界观和方法论。这些哲学思想，对儒家、道家、法家学说的建立和发展有着重大影响。孔子说："不占而已矣"（《论语·子路》），荀子亦说："善为易者不占"（《荀子·大略》），其义很明确，只要掌握了《易》的基本理论，就可以用这些思想、理论去认识问题和解决问题，不需要什么占卜。治理天下，管理国家，设计个人，都可以用这个世界观、方法论、思维去推断、推理、预测，并不是局限于占卜。

周文王和周公将"无言《易》"发展为有生命的"文字《易》"，并赋以哲理，这不只是对易学的继承和发展，同时，也是对中国哲学思想史的一大贡献，为我们树立了又一座丰碑！

六、易学发展史略

自伏羲始画八卦，至《周易》的形成，这中间约三千多年。《易》作为一种历史文化现象，它肯定是代代相传的，并在传承过程中有所发展、有所创新，然而，随着岁月的流逝，这段易史已经变得模糊了。

（一）被历史湮没了的《三坟》

《左传·昭公十二年》载：左史倚相，"是能读三坟、五典、八索、九丘。"《春秋左氏传》也有类似的记载。《尚书序》亦说："伏羲、神农、黄帝之书，谓之三坟。"《三坟》，传说是我国古代最古老的易书，但在唐之前的典籍中并无此书内容的记载。北宋元丰年间，张商英自称得之于民间，明时刻

① 《左传·昭公十二年》。
② 《韩诗外传》卷八。

入了《汉魏丛书》。此书的真伪一直说法不一。

传说,《三坟》分《山坟》、《气坟》、《形坟》三篇。

《山坟》传说是先皇伏羲之易,取象于八种山,即:崇山、伏山、列山、兼山、潜山、连山、藏山、叠山;卦名分别为:君、臣、民、物、阴、阳、兵、象,反映了古人崇山的思想和人的等级制度。

《气坟》传说是人皇神农氏(炎帝)之易,八卦的名称是:地、木、风、火、水、山、金、天,此谓之“八气”。八气的生成转化过程是按“归、藏、生、动、长、育、止、杀”顺序排列的,反映了顺应自然和利用自然的思想理念。

《形坟》传说是地皇轩辕氏(黄帝)之易,其八卦取象和卦名是:乾形天、坤形地、阳形日、阴形月、上形山、水形川、雨形云、风形气。将《乾》列为首卦,反映了母系社会的解体和父系社会的确立,及崇尚阳刚之气的思想。

《三坟》的真伪尚不能定论。古籍记载有《三坟》,是否就是张商英所说的这个,尚有待考证、研究。但可以肯定地说,自伏羲之后,《易》并没有停止发展,这才有了夏、商之《易》。

(二)已经失佚了的《连山》和《归藏》

《周礼·春官宗伯》说:“筮人掌三《易》,以辨九筮之名,一曰《连山》,二曰《归藏》,三曰《周易》。”《连山》是夏代之易书,《归藏》是商代之易书,《周易》当然就是周朝之易书了。这段易史本来是可以连接的,但不幸的是《连山》和《归藏》已经失佚了!

《尚书·洪范》载,箕子说:“立时人作卜筮,三人占,则从二人。”在殷周时,三易还并存,太卜掌握着三易之法,对一个事物由三个人用三种方法卜筮,两个人占卜的结果是一样的就可信。春秋时,孔子还见过商易,《礼记·礼运》载孔子说:“我欲观殷道,是故之宋,而不足征也,吾得《坤乾》焉。”《坤乾》就是以《坤》为首卦的商易。后汉桓谭在《新论》中说:“厉山(连山)藏于兰台,《归藏》藏于太卜。”据此推测,此书没有毁于秦始皇之焚书,后汉时此二书尚存,以后却亡佚了!现在我们只能根据古籍中的只言片语来窥其一斑了。

《连山》是夏代(约公元前2070-前1600)的易书,传说是因袭伏羲《山坟》演化而来。《连山》以《艮》为首卦,这大概是与夏人崇拜山林有关。《国语·周语》说:“昔夏之兴也,融降于崇山。”当时人们以渔猎为生,活动在山林江河之中，天天以山林为伴，认为山有灵气，其气上升可与天相接，故名易为《连山》。

《归藏》是商代（约公元前1600－前1046）的易书，以《坤》为首卦，传说是由炎帝的《气坟》演变而来。坤为地，地是人们赖以生存的空间，它承载万物，将万物归而收藏，表明了商人对地的崇拜；坤又为母，又表现了商人尚母的思想。

《连山》与《归藏》有两个共同点：

一个共同点是：它们都是八个经卦、六十四个别卦，只是排列顺序不同，这在出土文物已经得到证明。1950年，郭宝钧先生在安阳四盘磨SP11探方中，发掘到三块卜骨，其中一块横刻三行文字。1957年，唐兰先生对卜骨文字进行考证，认为其数目字分别为“五、六、七、八”，两行的最后一个字是“隗”和“鬼”。1978年，张政烺先生在一次古文字研讨会上提出，“五、六、七、八”是四个特定数字构成的复合符号，就是由老阴、少阴、老阳、少阳所构成的卦。1980年，张先生又指出，“七八七六七六”是《未济》（䷿）卦，“七五七六六六”是《否》（䷋）卦，“八六六五八七”是《明夷》（䷣）卦，这就揭开了“数字卦”的秘密。之后，张先生又从甲骨上、铜器上收集到33个“奇字”，将其释为32个卦，其中有25个是六划数字卦。这种数字卦已被易界广泛认可，并认为它形成于商朝早期，这也就验证了高亨在1943年所说的“重卦之理，至晚当在殷代”①。

有人说六十四卦也是伏羲所演，从事物的发展和人的认识规律来看，是不可能的。刘运兴在《三易名义考》中说：“羲农时当洪荒远古，由文化发展规律而言自无重卦可能，其筮卦当不出八卦范畴。夏禹脚跨文明门槛，治理洪水，糅和万邦，其思维认识水平完全可以达到在传统筮卦基础上建立系统的可能。”不过，伏羲画八卦是一个良好的开端，后人按照伏羲的思路前进，演绎出六十四卦，这应是毫无疑问的，后人也就称为伏羲六十四卦了。

另一个共同点是：《连山》和《归藏》都有卦辞和爻辞。后汉桓谭在《新论》中说：《连山》八万言，《归藏》四千三百言。虽说现在已不得而见，但在古籍中尚可以寻到蛛丝马迹。《左传》和《国语》中就引用了二十多处《易》的卦辞和爻辞，而现存《周易》中没有。如《左传·成公十六年》载，厉公让太卜占筮，得《复》卦，卦辞是“南国蹙，射其元王中厥目”。又如

① 高亨《周易古经通说》。

《左传·僖公四年》载，晋献公欲立骊姬为夫人，命卜人占之，得繇（占辞）曰：“专之渝，攘公之羭，一薰一莸，十年尚犹有臭。”《僖公·十五年》又得《蛊》卦，卦辞是“千乘三去，三去之余，获其雄狐”。另外，《史记·太史公自序》说：“《易》曰：‘失之毫厘，差之千里’。”这些卦辞在《周易》中都是没有的，可以推断，在《周易》之外还有易书是有卦辞和爻辞的，这只能是《连山》或《归藏》。

《连山》八万言，《归藏》四千三百言，这在古代可以说是鸿篇巨作了！在没有文字的古代只能靠口头一代一代传承下来，甲骨文也是无法记录的。虽说春秋以后有了竹帛书，可要想把这么多文字刻录下来，并非易事；就是刻录下来，恐怕也得装上几车，所以只有在朝廷卜吏手中掌管，可以说是“孤本”了，不能向民间转移，这样失传的概率就很高了。《周易》也是五千余言，可此时刻书技术已经比较发达，可以刻录若干本，并向诸侯国和民间转移，使之得以保存。

《山坟》、《连山》和《归藏》已经失佚，使得这段易史变得模糊了，易界的专家、学者苦苦追索，想填补这段易史，无奈史料缺乏，尚不能如愿，这只有期待更多的文物出土和考古的新发现了。

（三）文王、周公与《易经》

《易经》原本叫《周易》，《左传·庄公二十二年》：“周史有以《周易》见陈侯者”，这是在现有典籍中最早出现《周易》书名的。之后，《左传》中多次提及“《周易》有之”，这说明，在春秋时期，《周易》就已经成书，并开始由周王室向诸侯国和民间传播。

春秋时，孔子作《十翼》解释《周易》。汉朝“独尊儒学”，将儒家之书称为“经”，把《周易》更名为《易经》，把《十翼》称为《易传》，后又将二书合一总称《周易》，这样，《周易》的署名权就被剥夺了。事隔两千多年了，这场“官司”也不知该找谁去打，我们姑且把《周易》就叫作《易经》吧！

1.《易经》成书的作者

伏羲时代已有八卦的轮廓，经不断努力，形成一种思维，然不能成为一部完整的著作。《易经》之书是何人所作，成于何人之手，在易界尚有不同看法。最先提出《易经》作者的是北宋的朱熹，他在《周易本义》解释《系辞上》“彖者，言乎象者也；爻者，言乎变者也”时说：

象，谓卦辞，文王所作者；爻，为爻辞，周公所作者。象，指全面而言；变，指一节而言。

朱熹将卦辞和爻辞的作者分属于文王和周公，父亲出题，儿子作文，是父与子的合作产物。这个说法是可信的。

周族是夏商时后起的一个姬姓部族，相传始祖为后稷，传十五代到文王。文王名昌，商殷时被封为西伯，故又称伯昌，是武王、周公之父，武王得天下后，追尊为文王。周第十三代先祖公亶父是周文王的爷爷，他的最大业绩是迁都至岐阳周原。为什么又要迁都？史书上有许多说法，但说得最明白的莫过于《诗经·鲁颂·閟宫》了：

后稷之孙，实维大王，
居岐之阳，实始翦商。

“翦”同“剪”，除掉之义。看来自公亶父迁都至岐阳周原开始，就立下了灭商的决策。公亶父——季历——文王——武王，历经四代才完成了灭商的大计。

文王之父季历继承先祖遗愿，为灭商不断积蓄自己的实力。据《竹书纪年》载，他有显赫的战功，商王大丁看见周人的势力越来越强大，于是就把季历给杀了。

杀父之仇不可不报，商、周之间的矛盾更加激化了。周文王继位之后，更加致力于扩张自己的势力，据《史记·周本纪》载，他先后征伐犬戎、密须、耆国等，均取得了胜利，使“三分天下有其二”。周的强大使殷大为震惊，故将文王关进了羑里国家监狱。

作为一个政治家、思想家的周文王，在羑里监狱长达七年的时间，他在想什么呢？我们猜度，他不会违背先祖的遗训，不会放弃自己的政治主张，他定是追昔抚今，总结历史的教训，谋划灭商建国的大计。他所能做的就是“演《易》”。《史记·周本纪》载：“其囚羑里，盖益《易》之八卦为六十四卦。”有人据此推测，是文王重演的六十四卦。这是不对的。前面已经提及，夏商之易就是六十四卦，文王不过是重新排列了六十四卦次序，并为其撰写了卦辞。孔子说：“《易》之兴也，其当殷之末世，周之盛德邪，当文王与纣之事邪，是故其辞危。”（《系辞下》）这话是对的。卦辞有些隐晦难懂，又多危厉之辞，这与文王的处境有关，身居囹圄之中，失去了人身自由，怎能把话说得明白呢！

演易要有时间，文王囚羑里七年，重新演易，并为之作了卦辞，寄托了他的政治主张。其子周公深得父亲的旨意，在平定殷叛后，因君臣发生了误会，回家待了三年，专心研易，为其作爻辞，使其成为完整的思想体系。从反映的内容上来看，《易经》记录了商周时期许多历史事件和历史故事，如王亥丧羊、武王伐纣、周公相国、平定殷叛、建造洛邑……而至周公还政后的一系列历史事件，在《易经》中就没有反映了，犹如历史至此戛然而止！这说明，《易经》中的爻辞确是周公所作。周公卒于约公元前1053年（根据夏商周历史断代工程，周公卒年应更晚些），《易经》当成书在这之前，距今约三千多年的历史。

《易经》是一部“奇书”，奇就奇在它是“符号+文字”，必须是文字与符号一起解，才能读懂。作者将商周时期的历史事件、历史人物、历史故事等归纳成哲理，形诸文字，巧妙地将其嫁接在卦的阴阳符号上，赋予“无言符号”以生命，给我们留下了一份宝贵文化遗产。

2.《易经》是周人的政治纲领

文王演《易》寄托了他的政治主张，周公又将其具体化了。让我们以《乾》、《坤》两卦为例说明之。

大家都知道，商易《归藏》是以《坤》为首卦的，而文王却以《乾》为首卦，以乾统坤，以坤顺乾，鲜明表明了要以“乾坤颠倒”的气魄去灭商。《乾》卦辞是“元亨利贞”，说明此道是大为亨通吉祥的。《坤》卦辞也是“元亨”，但却加了许多附加条件。“利牝马之贞”，利于阴性，阴顺阳则可获吉。“西南得朋，东北丧朋”，“西南”、“东北”指的是商、周当时的地理位置，周在商西南，商在周东北。《蹇》卦辞“利西南，不利东北”，《解》卦辞“利西南”，与“西南得朋，东北丧朋”都是一个意思，就是对周有利，对商不利，投向西南是周的朋友，奔向东北则是周的敌人。这可以说是文王的政治纲领。

周公总结了周朝建国前后的历史，对这一纲领作了充分的说明。

唐李鼎祚在《周易集解》中引干宝语，对《乾》爻辞注释说：“‘潜龙勿用’，言文王当困于羑里”，“‘见龙在田，利见大人’，而以文王免于羑里之日当之”，“‘君子终日乾乾，夕惕若’，此盖文王反国”，“‘或跃在渊’，此武王举兵孟津，观衅而退之爻也”，“‘飞龙在天，利见大人’此武王克纣正位之爻也”，“‘亢龙有悔’，武功既成，义在止戈”。

干宝对《坤》卦爻辞“龙战于野，其血玄黄”解释说：“纣遂长恶不悛，天命殛之，是以至于武王，遂有牧野之事，是其义也。”指的是武王伐纣之事，两军战于孟津之野，血色相杂，流血漂杵。

从干宝的这些解释可以看出，《乾》、《坤》两卦的卦辞表明了文王灭商的决心，而周公所作的爻辞是对这一历史的总结。所以我们说，《乾》、《坤》二卦是周王朝的政治纲领，其余六十二卦的卦辞和爻辞都是以此展开的，全面反映了西周初期的历史面貌。

3. 贯穿《易经》的一条主线是“灭商”

“翦商”的政治方针，经公亶父——季历——文王三代的努力，最后重任落在武王的肩上。

文王在伐崇后的第二年就死了，武王担当起伐殷的重任。《史记·周本纪》载：“九年，武王上祭于毕，东观兵，至于孟津。”这实则是一次试探性的军事行动，武王看到时机尚不成熟，敌强我弱，遂又退兵。又过了两年才大举伐纣。这段历史在《易经》中多有记载。

据《史记·周本纪》载，武王“东观兵”时：

> 武王渡河，中流，白鱼跃于王舟中，武王俯取以祭。即渡，有火至上复于下，至于王屋，流为乌，其色赤，其声魄云。

古《尚书》有类似的记载，只是将“俯取以祭”写作“出涘以燎”，这是一个卦象。鱼出泽中，火燎于下，正合“泽火革”之卦象。殷喜白，周喜红，红火烤白鱼，又有瑞鸟来贺，有伐殷必胜之象。但“能事鬼神”的周公却说：“恐恃之。”大概他看到鱼能跃上船，说明它还有生气，火本应上炎却复于下，说明时机还不成熟，武王同意周公的意见。

八百诸侯会于孟津，同仇敌忾，《革》爻辞“巩用黄牛之革”，是说这种会盟巩固得像用黄牛皮制成的革捆起来那样，牢不可破。武王在会盟大会上发表了三篇讲话（见《尚书·泰誓》），这就是爻辞所说的“革言三就”。这次会盟定下了伐纣的日期，即“巳日乃革之”，这与卦辞“巳日乃孚，元亨利贞，悔亡”是一致的。如果说卦辞是文王所作，那么，“巳日乃孚”当是文王的遗嘱了！“巳日”是阳气上升、阴气渐消之时，而武王伐纣恰是“癸巳始发日”，这大概是巧合！

“居二年，闻纣昏乱暴虐滋甚，杀王子比干，囚箕子，太师疵、少师强抱其乐器而奔周。于是武王遍告诸侯曰：‘殷有重罪，不可不毕伐’”（《史记·周本纪》），这就是《革》卦所说的“改命”，“大人虎变”，“君子豹变”。纣王看大势已去，“自燔于火而死”，大概应了“火烤白鱼”之卦象，这真是

“初登于天，后入于地”（《明夷》）。殷都“城复于隍”（《泰》），“阒于其人，三岁不觌”（《丰》）。

据《史记·周本纪》载，武王伐纣是在“二月甲子昧爽”，史书多记载了这一天的天文情况：“昔武王伐殷，岁在鹑火，月在天驷”（《国语·伶州鸠》），“五星聚于房”（《竹书纪年》），“日月若连璧五星若连珠”（桓谭《新论》）。中国科学院夏商周历史断代专家们确定，武王伐纣这一天是公元前1046年1月20日（甲子日），这一天，天上出现了彗星。彗星俗称“扫帚星”，古人认为这是不吉利之星。《丰》卦爻辞记录了这一罕见的天文现象。

“日中见斗”、“日中见沬”是一种奇特的天文现象。北斗星只有在夜晚才能见到，白天见到北斗星和沬星，说明天空非常昏暗。为什么会是这样呢?因为“丰其蔀”、“丰其沛”。阳光被遮蔽，不明亮，彗星横亘天空，遮天蔽日。可这时武王要举行庆祝大典，“往得疑疾”，人们产生了疑虑，占卜的结果告知“勿忧，宜日中”。“斗为帝车”，“天子之星”（《史记·天官书》）。日中见斗，说明一个新的明君就要出现了，故“遇其夷主”、“遇其配主”。至于那个倒霉的扫帚星，是应在殷纣身上的，故庆典照常举行，武王发表讲话说：“膺更大命，革殷，受天明命!”① 从而揭开了中国历史的新纪元。

武王克殷后，建立了西周。《师》爻辞“大君有命，开国承家，小人勿用”，说的就是建国后的第一件大事就是分封诸侯，建立诸侯国的领地。“列爵惟王，分土为三，建官惟贤”（《尚书·武成》）。

武王在灭商以后的第二年就病了，又二年逝去。当时武王之子成王尚幼，由周公摄政。在这七年时间里，周公用了三年东征平定殷乱和东夷族，营建了东都成周（洛邑），制定了一系列政策、法令，还政后仍主持殷地事务，对新生的西周政权的巩固作出了重大贡献。

（四）孔子《易传》

孔子（前551－前479），春秋末期思想家、政治家、教育家，儒家学派的创始人。名丘，字仲尼，鲁国陬邑（今山东曲阜东南）人。

《史记·孔子世家》：“孔子晚而喜《易》，序《彖》、《系》、《象》、《说卦》、《文言》。读《易》，韦编三绝。曰：‘假我数年，若是，我与《易》，则彬彬矣。’”《十翼》之说始见于《易纬·乾凿度》：“孔子占《易》得《旅》，

---

① 《史记·周本纪》。

息志停读，五十究作十翼。”《十翼》又称作《易传》，共七种十篇，它们是：《系辞》上下、《文言》、《彖辞》上下、《象辞》上下、《说卦传》、《序卦传》、《杂卦传》。此十篇是否孔子所作，在易界原有争议。孔子做学问的态度是“述而不作”，由其弟子将他的讲话整理出来而成书。1973 年在长沙马王堆第三号汉墓出土的汉《帛本周易》，就有孔子与他的弟子讨论卦、爻辞的记录，约一万一千多字，还出土了《系辞》和《说卦传》的部分章节，这说明，《十翼》确是孔子所作，它与《论语》的文字语言风格是一致的。《易传》与《论语》、《中庸》、《大学》都是儒家的重要著作，是研究儒家思想不可多得的史料。

汉朝将《十翼》更名为《易传》，与《易经》合为一书，统称《周易》，后人就认为，《易传》就是为解《易经》而作的，这种认识是不全面的。《易传》是“易之传略”，它在解《易经》的同时，对易史及易学理论都作了经典性的论述，这是前无古人的！如果没有孔子的这些论述，或许我们今天还不知《易》是在说什么！

1.《易传》——一部古代易学简史

在《易传》的《系辞》上、下和《说卦传》中，孔子简略而又全面地阐述了《易》的理论和发展历史，可以说是中国古代《易》的一部简史。其主要内容有：

《易》的形成与发展　《易》是怎么形成的？在孔子之前没有人谈这件事。孔子说：“古者包牺氏之王天下也，仰则观象于天，俯则观法于地，观鸟兽之文，与地之宜，近取诸身，远取诸物，于是始作八卦。”明确说明八卦是伏羲所作，而且强调它是从生产生活实践中来的，故它能“以通神明之德，以类万物之情”。《易》是怎么发展的呢？孔子说：“包牺氏没，神农氏作”，“神农氏没，黄帝、尧、舜作”，就这样一代一代传承下来。而《易》之兴是在殷周时期，“《易》之兴也，其当殷之末世，周之盛德邪”。这就将《易》的发展史粗线条地勾画出来了。

阴阳八卦　孔子说：“一阴一阳之为道。”阴和阳是卦的最基本也是最小的符号，但它也是最大的符号。将宇宙万物一分为二，曰阴曰阳，阴阳变化就形成了宇宙运动的规律。“《易》有太极，是生两仪，两仪生四象，四象生八卦”，明确地说明了八卦的形成过程。在《说卦传》中，孔子还详细地说明了八卦的方位和属性，“天地定位，山泽通气，雷风相薄，水火不相射，八卦相错。数往则顺，知来则逆，是故《易》逆数也”。这说的是伏羲（先天）八卦方位。“帝出乎震”一节说的是后天（文王）八卦方位。《震》为动在东，《巽》为风在东南，《离》为火在南，《坤》为地在西南，《兑》为悦在西，《乾》为天在西北，《坎》为水在正北，《艮》为山在东北。

六十四卦的形成　对于六十四卦的形成，后人提出"加一倍法"，即八分为十六，十六分为三十二，三十二分为六十四，这只是数量上的"分"。孔子说是："八卦成列，因而重之"，"刚柔相推，而生变化"，"刚柔相摩，八卦相荡"，这里说的是"合"，是三划卦两两相重而成六十四卦。

《乾》《坤》在六十四卦的作用　孔子推崇《乾》、《坤》二卦，认为"《乾》、《坤》毁，则无以见《易》"。"大哉乾元"，"乾以易知，坤以简能"，"乾道成男，坤道成女"……这些论述说明，《乾》和《坤》是六十四卦的统帅、灵魂，没有《乾》和《坤》就没有六十四卦。

《河图》《洛书》之说　孔子说："河出《图》，洛出《书》，圣人则之。"《河图》之说始见于《尚书·顾命》，说在成王逝世的葬礼上陈列了许多宝器、用具，其中"大玉、夷玉、天球、河图在东列"，至于"天球"是否就是《洛书》还不得而知。这说明，《河图》由来已久，孔子说这样的话，可能他见过这两张图，孔子用文字描述了《河图》："天一地二、天三地四、天五地六、天七地八、天九地十。""天数五，地数五，五位相得而各有合。天数二十有五，地数三十，凡天地之数五十有五。"这为后来研究《河》、《洛》提供了依据。

"大衍之数"说　卦是怎样演绎出来的？孔子说："大衍之数五十，其用四十有九，分而为二，以象两，挂一以象三，揲之以四以象四时，归奇于扐以象闰，五岁再闰，故再扐而后挂。《乾》之筮二百一十有六。《坤》之筮百四十有四，凡三百有六十，当期之日。"这对卜筮过程作了介绍。

从以上简单的介绍可以看出，《易传》是《易》的发展历史，是《易》的理论概述。除《河图》之外，其余一些论述在这之前的古籍中是没有的。凡是说《易》、写《易》的都要反复引用孔子的这些话，岂不知这些理论与《易经》并没有直接关系，它不是为解《易经》而作的，而是在向我们讲述那古老的易学！

孔子为我们树立起了《易》之第三座丰碑！

2.《易传》的思想内容

在《易传》中，孔子是用儒家思想来解释《易经》的，他所解不完全是《易经》的本义，许多地方是他学习的心得体会，但却精辟地阐述了孔子关于政治、经济、军事、哲学、教育以及伦理道德等的思想。下面我们择其要介绍如下。

天地人合一　孔子说："昔者，圣人之作《易》也，将以顺性命之理，是以立天之道，曰阴与阳；立地之道，曰柔与刚；立人之道，曰仁与义。"① 这就把天、地、人三者有机地联系在一起，提出了"天地人合一"思想。天上星移斗转，地上春夏秋冬，都按一定规律运行着。人在天地间，也随天地之道的变化而变化、运动而运动，天、地、人是浑然一体的。"天地细缊，万物化醇；男女构精，万物化生"②，天地阴阳二气缠绵交感，万物醇厚化生；男女构精，阴阳交合，而繁衍后代生生不息，这是同一个道理。孔子说："《易》之为书也，广大悉备，有天道焉，有人道焉，有地道焉，兼三才而两之。"③ 这是孔子对《易》的解释。"三才"就是天、地、人，"两之"说的是天地人在卦爻中的位置。卦有六爻，上两爻代表天，下两爻代表地，中间两爻代表人，将三者统一在一个卦中，以说明它们的统一性。天道、地道、人道，天道就是天体运行规律，人的行为要适应这个规律。

与时偕行　这是孔子的一个重要的哲学命题，在《乾·文言》、《象·损》、《象·益》中三次提及。"时"指四时，"偕"同俱。天体按一定的规律运行，一年四季，春夏秋冬，从不违时；人的行为也应该随之变化，不能违背。孔子说："夫大人者，与天地合其德，与日月合其明，与四时合其序，与鬼神合其吉凶。先天而天弗违，后天而奉天时。天且弗违，而况于人乎？况于鬼神乎？"④ 有圣德之人，他的行为遵循四时的变化而有序的变化，有时可能超越天象而行动，有时也可能后于天象而处事，这都不违背天道，天不会惩罚它，更何况人和鬼神呢！人的行为要适应有形的规律，也要符合这种无形的规律，天体在运动，社会在前进，时代在发展，人的思想也要随之变化、发展、前进。当今流行的"与时俱进"，语概出于此。

忧患意识　孔子认为："《易》之兴也，其当殷之末世，周之盛德邪。当文王与纣之事邪，是故其辞危。危者使平，易者使倾。其道甚大，百物不废，惧以终始，其要无咎，此之谓《易》之道也。"⑤ 孔子由此作了许多发挥。他在看到《否》卦爻辞"其亡其亡，系于苞桑"时说："危者，安其位者也；亡者，保其存者也；乱者，有其治者也。是故君子安而不忘危，存而不忘亡，

① 《易经·说卦传》。
② 《易经·系辞下》。
③ 《易经·系辞下》。
④ 《易经·文言》。
⑤ 《易经·系辞下》。

治而不忘乱，是以身安而国家可保也。”[①] 在释《乾》爻辞“亢龙有悔”时说：“知进而不知退，知存而不知亡，知得而不知丧，其唯圣人乎？知进退存亡，而不失其正者，其唯圣人乎！”[②] 这些论述都是很精辟的。作为一个统治者要有忧患意识，有安就有危，有治就有乱，有存就有亡，有进就有退，这是矛盾对立的两个方面，它们在一定条件下是可以互相转化的，要未雨绸缪。

关于刑罚的基本思想　孔子对刑罚作了许多论述，他的观点主要有：一是要“明罚敕法”[③]，就是说，在立法时要明确处罚规定，规定要清楚，处罚要准确，并将其公布于众，“圣人以顺动，刑罚清而民服”[④]。二是要“以明庶政，无敢折狱”[⑤]，在执法时，要明察各项政事，防止片面性；在断狱时，不能只听一面之词，更不能用粉饰的办法，不要轻易断案。贲卦上艮为山，下离为火，山下有火，明照万物，光辉灿烂，这是自然界的文饰。君子观此卦象，用于社会人事的管理，懂得了分清主次本末的道理，把重点放在修明庶政、处理各种重大的政治事务之上，而不敢让一些诉讼刑狱的案件来分散自己的精力。这并不是说不要去处理诉讼刑狱，而是表明，建设一个文明社会，应该抓住根本，从修明庶政入手。如果政治不能清明，政策措施有失公正，社会的矛盾冲突就会激化，诉讼刑狱的案件也随之层出不穷。反之，如果政治清明，公正的原则得到有效的维护，人际关系就会和谐而有序，诉讼刑狱的案件也随之而减少，甚至能达到无讼的境界。因此，就“明庶政”与“折狱”二者比较而言，“折狱”只是治标而不治本，并不能从根本上消除矛盾冲突，整合社会，而“明庶政”才是正本清源、建设文明社会的关键。三是“明慎用刑，而不留狱”[⑥]，明察案情，分辨是非，慎重用刑，判决要果断，不能久拖不决。四是“赦过宥罪”[⑦]，对犯有一般过错的人，应该赦免的就要赦免；对犯有严重罪行的人，也要减轻其刑罚，“以讼受服，亦不足敬也”[⑧]。五是“议狱缓死”[⑨]，对于犯有死

① 《易经·系辞下》。
② 《易经·文言》。
③ 《易经·噬嗑》。
④ 《易经·豫》。
⑤ 《易经·贲》。
⑥ 《易经·旅》。
⑦ 《易经·解》。
⑧ 《易经·讼》。
⑨ 《易经·中孚》。

罪的犯人，还是应该再核实证据，进行充分地论证、评议；如果证据确凿，也不要马上处决，可以缓期执行。在缓期期间如发现审判有误，尚可纠正；如若人头落地了，就再没有改正的机会和可能了。这些论述比较全面地反映了孔子"道之以政，齐之以刑，民免而无耻；道之以德，齐之以礼，有耻且格"① 的思想，主张德教，不要滥杀人，他对季康子说："子为政，焉用杀。"② 就是非杀不可，也要先教后杀，"不教而杀谓之虐"③。这反映了孔子及其儒家对刑罚的基本思想。

建万国，亲诸侯　孔子在观《比》卦（䷇）象时，看到"地上有水"，水地亲比，卦中唯一一个阳爻处尊位，由此想到"先王以建万国，亲诸侯"。"建万国"，就是分封诸侯国，武王伐纣胜利后，就开始分封诸侯，共立七十一国，这是周王朝的一个基本国体，在当时的历史条件下是有积极作用的。但是如何管理这些诸侯国，协调各诸侯国与中央集权的关系，这确是一个难题，孔子提出"亲诸侯"，即用亲比的方法安抚诸侯，"能以众正，可以王矣"④。"天地不交而万物不通也，上下不交而天下无邦也"⑤，君臣和睦，则国泰民安。天地阴阳密切结合为一个有机的整体，双向互动，交通往来，阳与阴合，阴与阳合，细缊化育，生生不已，表现为一个大化流行的动态的过程。如果像否卦那样，片面地凸显天尊地卑的秩序定位，使之僵化凝固，各自独立，结果就是"天地不交而万物不通"，整个宇宙就会变得死气沉沉，丧失了生机活力，停止了大化流行。

除戎器，戒不虞　在国家安全问题上，孔子也提出了自己的一些看法。他观《萃》卦是"泽上于地"，想到泽水大了也有决堤之时，人们聚集在一起也有生变的可能，因而提出"君子以除戎器，戒不虞"。要修治好兵器，以防不测之乱的发生，这是说国内之事。在国与国之间，孔子提出"王公设险以守其国"。在商周时期，尚没有设险防御的设施，武王伐纣时，很顺利地就渡过了古黄河，武王的军队没有受到阻拦就到了牧野。"设险守国"至战国时才普遍得到运用，所以说孔子的这一思想是超前的，用他的话说是"思患而豫防之"。

不伤财，不害民　这是孔子的重要的财政思想。衡量一个国家是否富足，

---

① 《论语・为政》。
② 《论语・颜渊》。
③ 《论语・尧曰》。
④ 《易经・师》。
⑤ 《易经・否》。

主要是看国库的积蓄。《礼记·王制》载："国无九年之蓄，曰不足；无六年之蓄，曰急；无三年之蓄，曰非其国也。"孔子认为，这些财政来源是"损下益上"，来自老百姓的税赋，"积中不败"，财物源源不断地充实国库，任其食用，永不衰竭，这是好事。然而，在财物的使用上应该是"节以制度，不伤财，不害民"①，要管好用好这些资财，并以制度、法规的形式确定下来，其基本原则就是：不奢侈浪费，又要不伤害百姓，要"损上益下"，用聚敛上来的财物为老百姓服务，做到"虽凶旱水溢，民无菜色"②，遇到了自然灾害，老百姓也不吃糠咽菜。

观民设教　孔子看《观》卦是"风行地上"，就是说上卦为巽为风，下卦为坤为地，风吹在大地上就是观卦的卦象，从而联想到"先王以省方观民设教"。统治者应该经常像风吹大地一样，视察四方，了解民情，体察民俗，看老百姓在想什么、做什么，根据不同情况采取不同的教化手段。设教也要上顺天意、下顺民心，"观乎天文，以察时变，观乎人文，以化成天下"③。孔子将教化与天地人联系在一起。孔子认为，君王是教育者，应该首先受到教育，一个有德之君才有资格去教化人。他说："说以先民，民忘其劳；说以犯难，民忘其死。"④君王应该以身作则，先于民众而不知劳苦，百姓也就会任劳任怨；君王不惧艰险，百姓也自然会舍生忘死。孔子说："君子之德风，小人之德草，草上之风，必偃。"⑤君子就像风，百姓就像草，风往哪边吹，草就往哪边倒；只要刮的是"德风"，社会就会被净化。

孚乃化邦　孔子在释《中孚》卦义时说："说而巽，孚乃化邦也。'豚鱼吉'，信及豚鱼也。""孚"就是诚信，是《易经》的主要思想之一，孔子将其提到"孚乃化邦"的高度，认为只有诚信才能安邦治国。《中庸》说："唯天下至诚，为能经纶天下之大经，立天下之大本，知天下之化育。"万物都讲诚信，四季变化有节，花开花落有时，雁行南北有序，就连豚鱼也不例外。江豚从水面露出来，则泽上必有风，向东则东有风，向西则西有风，未尝失信。许浑诗谓"江豚吹浪夜还风"⑥是也。孔子说"信及豚鱼"，就连豚鱼都讲诚信，况人

---

① 《易经·节》。

② 《礼记·王制》。

③ 《易经·贲卦》。

④ 《易经·兑》。

⑤ 《论语·颜渊》。

⑥ （唐）许浑《金陵怀古》。全唐诗：卷533－1。

乎！不但自己要讲诚信，还要用诚信去教育人、感化人、启发人，君臣、上下都讲诚信，国家就安定了，社会就会发展。

非礼弗履 “礼”是儒家道德标准和行为准则的核心，它的基本命题是“道之以德，齐之以礼”[①]，要用道德和礼教来治理国家，教化人民，而不主张用武力和刑罚，孔子在释《大壮》（䷡）卦义时说：“雷在天上，大壮，君子以非礼弗履。”“非礼弗履”与《中庸》所说的“非礼勿动”是一个意思，即不符合“礼”的事就不要去做。礼表现在行动上，则是“礼之用，和为贵……知和而和，不以礼节之，亦不可行也”[②]。

在《易传》中，孔子阐述了许多思想，内容十分丰富，道理深入浅出，具有很高的学术价值，应该很好地去研究和发掘。

他所著的《易传》，实则就是一部《易学简史》。虽说他五十岁才开始研《易》，却深得《易》之真谛，为今后《易》的研究和发展提供了理论依据。他对《易经》的思想进行了全面的发挥，使其哲理思想得到了进一步完善和升华，形成了完整的“人文易”，或说是“哲学易”，这对我国古代哲学思想的形成和发展，起到了奠基的作用。

（五）巍巍壮观的宋代易学

《易》是中华民族的文化之根。春秋战国的诸子百家无不从中吸收营养，丰富和完善自己的学说和理论。但由于对《易》的理解不一样，从而形成了不同的学派。

《易》基本上是按照两条主线发展的，形成了两个派别：一是“义理派”，其特征是“舍象取义，得意忘象”。自孔子撰《易传》对《易经》进行解释后，后家均据此进行注解、诠释，形成了“义理学”，可称为“儒家易”；另外一个就是“象数派”，其特征是以“象”和“数”解《易》，将《易》纳入了阴阳五行、日月星辰、四时变化之中，可以说是“道家易”。这派易学的一些理论，后来发展为“占卜术”。

在两派争斗中，“义理派”一直是占上风的。由于汉朝独尊儒术，就确定了“义理派”的地位。道家掌握有易之图象，或因自家的保守，或因政治原因，一直秘而不传，使象数的发展受到了限制。

与孔子同一时代略早于孔子的还有一位思想家，就是老子。他是道家

① 《论语·为政》。

② 《论语·学而》。

的创始人。据传，老子得到了易图，他是“用图解易”。据说，老子的《道德经》思想就来源于《归藏》易。商易是以《坤》为首卦，推崇阴柔，老子也尊重母性，反复讲“万物之母”、“为天下母”、“知其雄，守其雌”等，把母性放在了首位，并发展为重“无”，即自然“无为”的思想，提出：“天下万物生于有，有生于无”，“道生一，一生二，二生三，三生万物。万物负阴而抱阳，冲气以为和”，对《易》的阴阳学说进行了发挥，并鲜明地提出了矛盾的对立统一思想，说：“有无之相生也，难易之相成也，高下之相应也，音商之相和也，先后之相随也”，说明事物是相辅相成可以互相转化的，这就构成了道家宇宙本体论的基本模式，这个“老子易”对后世影响很大。

自汉、魏、晋、南北朝、隋唐，至五代这一千多年期间，是易学研究的平稳发展时期。这时，易界出现了一桩事，这就是“王弼扫象”。

王弼（226－249），三国魏玄学家，是魏、晋易学义理派的代表，他主张用《周易》经传和老庄思想解《易》，极力反对象数理论，提出“忘象以求其意”的口号。因为他少负盛名，又高居尚书郎，他的易学观点对后世影响很大，使义理派得到了发展，而象数派却遭到了负面影响。

易学发展到了宋代，人才辈出，出现了陈抟、邵雍、朱熹等易学大师，将易学推向了一个新的高峰。

1. 陈抟——宋代易学的奠基人

陈抟（约871－989），字图南，自号扶摇子，赐号“希夷先生”。真源（今河南周口市鹿邑）人。① 是五代、宋朝的道士和道教学者。当年举进士不第，便退隐山林，隐居修道，先隐居武当，后居华山四十年，被称为“华山道士”，寿高118岁。他继承汉代以来的象数学派传统，并把黄老清静无为思想、道教修炼方术和儒家修养、佛教禅观会归一流，对宋代理学有较大影响。后人称其为“陈抟老祖”、“睡仙”等。

他与麻衣道者、吕洞宾交往甚密，麻衣道者将道家秘藏传于陈抟。《佛祖统纪》载：“处士陈抟受《易》于麻衣道者，得所述《正易心法》四十二章，理及天人，历诋先儒之失，抟始为之注。及受《河图》、《洛书》之诀，发

① 一说“普州崇龛（在今潼南县境）人”。又有陕西人、洛阳人、四川夔州府人诸说。据宋人王称《东都事略·隐逸传》记载，陈抟“始四五岁，戏涡水”，则真源县（今河南周口市鹿邑县）应为其出生地。

《易》道之秘。”① 陈抟得到的易图有：一是《易龙图》，讲天地的变化和组合，此图再没有传下来，不过《河图》、《洛书》就是由此演化来的；二是《先天太极图》，又称《天地自然之图》，讲八卦之象和阴阳变化的法则；三是《无极图》，说《坎》《离》卦象和五行之象，据说陈抟曾将此图刻于华山石壁上，现已失佚。再有就是麻衣道者所著《正易心法》，陈抟为之作注。

陈抟的易学思想，在他所著的《龙图序》和《正易心法注》（也只有这两部书流传于世）里得到了集中表现。他说：“《易》之为书，本于阴阳。万物负阴而抱阳，何适而非阴阳也。”他特别强调乾和坤的作用，说：“凡阴阳之气，纯而不驳，是为乾坤。《老子》曰：‘天得一以清，地得一以宁’，正谓此也。因知能尽《乾》之道，是为圣人；能尽《坤》之道，是为贤人。”这显然是老子的道家易学思想。

陈抟极力主张：《易》应该以象为主。麻衣道者说：“《易》道不传，乃有周、孔。周、孔孤行，《易》道复晦。”“世俗学解，浸渍旧闻，失其本始，《易》道浅狭。”有人说这是对《周易》的批判和否定，这是望文生义！麻衣道者和陈抟所说的《易》指的是象数，认为八卦才是《易》之根本，“正《易》者，正为卦划，若今经书正文也”，这是对的。伏羲作《易》，为《易》之始祖；文王用《易》，以解世之利弊；孔子解《易》，以明《易》之真谛，这是易学发展的三个历史阶段。孔子解《易》，不只是解释了《易经》，而更多地是揭示了《易》之渊源及其原理，对阴阳、八卦、六十四卦乃至《河图》、《洛书》都作了经典的论述，如果没有孔子，《易》可能还传承不下来。陈抟说：“《易》之有辞，本为伏羲发扬”，明确说明《易经》的卦辞和爻辞也是发扬了伏羲之《易》，“经书正文”说的是伏羲的本义，是伏羲《易》的“注脚”。问题是“学者不知借辞以明其卦象，遂溺其辞，加以古今训注而袭谬承误，使伏羲初意不行于世，而《易》道由此浅狭矣！”这显然是对王弼“扫象”的批判。王弼全面否定象数，以经解易，使易界出现了“文字训诂”的恶劣倾向，把易学引向了歧途，陈抟此论是切中时弊的，起到了拨乱反正的作用。

陈抟主张《易》“不立文字”、“不作纸上功夫”。麻衣道者说：“卦象示人，本无文字。”这是客观事实，因为远古时期没有文字，也无法用文字传递信息，只有以图象示人，并一代一代传承下来。陈抟说：“羲皇始画八卦，重为六十四，不立文字，使天下之人嘿观其象而已。”主张“消息卦画”、“辞

① （南宋）志磐《佛祖统纪》卷43。

外见意”、“要须自悟”，这显然是道家的“参悟”思想，要靠自己去“悟”，“仁者见仁，知者见知”，悟性高的领悟就深，悟性低的所得就少，无需用文字语言去说明和解释，所以麻衣道者的书名就叫《正易心法》。陈抟不是一味反对用文字解《易》，而是反对那些胡诌八扯的语言，他本人就著有《指玄篇》、《钓谭集》、《龙图序》和《正易心法注》（前两篇已失佚），也是用文字解《易》的。

麻衣道者和陈抟都是得道高人，他们隐居山林，与世无争，一心修炼。朝廷有四位君王下诏，陈抟都不出山；最后一次宋太祖赵匡胤宣诏，陈抟以106岁高龄入宫，在宫中住月余也只是长睡不起。我们不是绝俗之人，终不能把《易》像画一样挂在墙上，天天观摩欣赏，而不发议论。我们研易，是为了探索《易》之真谛，用古人的智慧匡世救民，“不作纸上功夫”是不行的。

陈抟对易学的主要贡献有：

（1）创绘“太极图”、“先天方圆图”等一系列《易》图，成为中国太极文化的创始人。

在陈抟以前未见有“太极图”，亦未形成太极文化形态及其理论体系。自陈抟创绘出“太极图”、“先天方圆图”、“八卦生变图”等一系列《易》图，并发表《太极阴阳说》后，才出现了宋代大儒周敦颐的《太极图说》、张载的《太和论》、邵雍的《皇极经世》，程颢、程颐、朱熹等的《易传》，从而才有中华独有的太极文化形态和一系列理论的形成，尤其是宋代理学家的形成，推动了宋代历史的进步。张载（1020－1077）字子厚，继承陈抟的“宇宙一气论”，提出了“太虚即气论”，两者契合，成为宋代唯物论的先源。不难看出，陈抟应是当之无愧的中国太极文化的创始人，宋代理学的奠基人。

陈抟所绘的太极图

（2）著《易龙图序》，传河洛数理，成为中国“龙图”的第一人。

“龙图”又名“河图”，是“龙马始负图”和“河龙图发”传说的简称，早在《尚书·顾命》中就有“河图”记载，因未见图，两汉时期学者争论不休，各说不一。有《河图》20卷在隋炀帝时因战乱烧毁而失传。在五代后周时，陈抟著《龙图序》，又名《易龙图序》，从道家文化宝库中传出了《龙图》的基本内容后，人们才知道“龙图”是一个物象数理起源图示，后来科学家认定“河图为数学之母”，“数学为科学之母”，因而才知道《河图》的重大作用。《易龙图序》对南宋伟大数学家秦九韶的《数术九章》以启迪作用。他在自序中说"自爰河图洛书，八卦九畴"，即为明证。可见陈抟应是中国"龙图"第一传人。

(3) 注释《正易心法》，倡先天易学，为中国自然科学的发展提供了有力参考。

他的先天易学，是宋代新"易"学始祖。新就新在把"道儒佛"三家之学融合在一起，三教互补，融会贯通，形成中国古代完整的哲学体系。陈抟认为：周孔《易》学为儒家一家之言，已不能适应社会发展的需要。因此，他在《正易心法注》中明确指出："学易者，当于羲皇心地中驰骋，无于周孔语言下拘挛。"主张融合三家以治《易》、以治学、以治心、以治身、以治天下一切。在这一学术思想的指导下，大儒邵雍（陈抟的四传弟子）从事研究先天易学长达30年之久，"冬不炉，夏不扇"，写出了《皇极经世》巨著，至今仍是物理学、天文学、生态学、自然环境学等自然科学的重要参考工具书。

(4) 著《指玄篇》、《观空篇》、《胎息诀》和《阴真君还丹歌注》等，并亲自实践，成为天下睡仙第一人。

陈抟十分推崇《无极图》，并指导和完善道教内丹哲理，不仅使自己率先成为"天下睡功第一"，而且把秘而不传的内丹学说公开化、社会化，推动了中华全民健身运动发展，功在千秋。陈抟摈弃外丹，注重内丹。他以"身口为炉"、"宫室为灶"、"肾为水"、"心为火"、"肝为木"，使木生心火以炼肾水，达到"成尘得变"，结成人体内的无价"金丹"；其核心是"修心养肾"控制人的欲望，不让野蛮的欲望泛滥，这是他内丹修炼的目的，像这样的强身延年的内丹修炼法则，至今仍具有重要的现实意义。

(5) 著《龟鉴》、《心相篇》等，把中国古代相学引向唯物论的范畴。

《龟鉴》明言："有天者贵，有地者富，有人者寿。"有天、有地，人事不修，是徒有相也。人不可貌相，只要"有天"，人在自然界，只有靠劳动和智慧去换取生活财富，"有地"，身处世间，以"道德仁义礼"等的中华民族美德来规范自己。"天地人"三者的协调一致，不妄想，不妄为，这就是人的全相、贵相、富相、寿相的重要标志。他把自然物质的"水火"认作人的生命之源，重申了古代唯物哲学家认为宇宙万物的本源是物质的观点，维护了唯物的"天人相应论"。

(6) 著《三峰寓言》、《高阳集》、《钓谭集》、《木岩集》、《诗评》等，博学多才，后世尊他为"儒师道祖"。

陈抟与世不争，不贪富贵，不求仕禄，不仅受到社会人士的普遍尊重，而且受到朝廷多次召见。（曾谏过多次治国之道，均得皇帝恩准。）五代后唐明宗赐他为“清虚处士”。五代后周世宗赐他为“白云先生”，宋太宗赐他为“希夷先生”。陈抟集“道德文章已系于一身”，成为中华民族古代史、政治史、文化史上的一代楷模。元代学者虞集在《题陈希夷先生画像赞》中评价他为“图书之传，百世之师”。

（7）书写“福寿”二字，独具特色，为后世所推崇。

今安岳、大足、潼南、峨眉山、华山、山东、辽宁等全国各地，皆保存了陈抟书写的“福寿”二字石刻，此二字独具特色，内含“田给予福、林付长寿”八字哲理，受到世人赞叹。

其寓意是宣传道家人与自然、注重生态平衡、保护自然环境、粗食布衣等哲学思想，为后人留下一笔宝贵财富。

（8）精通棋艺，立健脑益智之功。

弈棋是中国一门增智强身的体育运动，古往今来受到社会的普遍重视。四川省邛崃县的白鹤山点易洞对面有棋盘山仙人洞，是陈抟修炼时常弈棋的地方；华山至今还保留一个“博台”，俗称“下棋亭”，传说陈抟与赵匡胤以棋局赢华山，其遗迹在此。“自古华山不纳粮”，就是讲的这个传说故事。

陈抟的最大功绩就是把《易图》传承下来了。

陈抟将这些图传给了种放，种放（956－1016）是北宋的一个易学家，官至工部侍郎，晚年归居嵩山。种放又将《先天图》传给了穆修（979－1032），穆修传李之才（字挺之，？－1045），李又传给邵雍（1011－1077），邵雍将其发展成为先天易学。

种放将《河图》、《洛书》传给了李溉，李传给了许坚，许传给范谔昌，范传给刘牧（1011－1064）。刘牧经潜心研究，提出了易图三变模式，第三变便是五行生成图和九宫图，皆称为《龙图》。九宫图为《河图》，五行生成图为《洛书》，提出“图九书十”之说（后人对此有不同看法），著有《易数钩隐图》。

种放将《无极图》传给了穆修，穆又传给了周敦颐（1017－1073），周与其弟子程颢（1032－1085）、程颐（1033－1107）兄弟一起，将《先天太极图》和《无极图》融为一体，提出了“无极”和“太极”是宇宙万物本原之说。

至此，宋代易学的传承关系就比较清楚了，可见是人才辈出，研究硕果累累。在宋代，还有两个人物是必须提到的，那就是邵雍和朱熹。

2．邵雍——宋代易学象数的开山鼻祖

邵雍（1011－1077），北宋著名易学家，字尧夫，自号安乐，谥康节。他生于河北范阳，后随父移居共城，后全家定居洛阳。隐居于苏门山百源之上，故被后人称为“百源先生”，其学派被称为“百源学派”，与周敦颐、程颢、程颐、张载并称“北宋五子”。他终生不为官，潜心研易，创立了先天象数易学，对易学的发展起到了很大的作用。邵雍，虽然不像三国的诸葛孔明那样家喻户晓，但是，无论从才干和品德来讲，他都不亚于诸葛亮。只不过，因为长期隐居，名字不被后人知道而已。宋朝理学鼻祖之一的程颢曾在与邵雍切磋之后赞叹道：“尧夫，内圣外王之学也！”①

少年时，邵雍就胸怀大志，发愤刻苦读书，于书无所不读。据《宋史·邵雍传》记载：邵雍“始为学，即坚苦自励，寒不炉，暑不扇，夜不就席者数年”。后来，为了增长见识，他还游学四方，越黄河、过汾河，涉淮水、渡汉水，到过齐、鲁、宋、郑等各地，回来后说道：“道在是矣。”于是就不再云游。当时有高人李挺之，见其好学不倦，就传授了他《河图》、《洛书》、《伏羲八卦》等易学秘奥。以邵雍的聪颖才智，他融会贯通、妙悟自得，终于成为一代易学大师，风靡遐迩的鸿儒。他形成了自己一套完整独特的宇宙观，对于天地运行、阴阳消长的规律了如指掌。《宋史》记载道：他对于“远而古今世变，微而走飞草木之性情”都能“深造曲畅”，通达不惑，而且“智虑绝人，遇事能前知”。北宋理学的另一位始祖程颐说他：“其心虚明，自能知之。”于是，他著书立说，撰写了《皇极经世》、《观物内外篇》等著作，共十余万言。他认为历史是按照定数演化的。他以他的先天易数，用元、会、运、世等概念来推算天地的演化和历史的循环。对后世易学影响很大的《铁板神数》和《梅花心易》都是出于邵雍。后人尊称他为“邵子”。中年后，他淡泊名利，隐居洛阳，著书教学。当时的名流学士，如富弼、司马光、吕公著等人都很敬重他。曾集资为他买了一所园宅，题名为“安乐窝”，邵雍也自号为“安乐先生”。他不仅学贯古今、奇才盖世，而且品德浑厚，待人至诚。这使他远近驰名，所到之处士大夫们争先请他留宿，有人还把邵雍留宿过的地方称为他的“行窝”，他在人们心中的威望可见一斑。今天，熟悉邵雍及其作品的人已经不多了，但在民间仍然流行着他所说过的一些警句。比如，人们常说的“一年之计在于春，一天之计在于晨，一生之计在于勤”就是出自邵雍。邵雍，这位遇事先知的奇才，对于后世的历史发展作出了惊人准确的预言，写下了他的传世之作——《梅花诗》，预言了他身后在中国发生的重大历史演变。当然，和所有预言一样，他采用了很隐晦的语言，并非很容易理解。有的部分，如果不是懂得

① 《宋史》列传第一百八十六《道学一·邵雍传》。

道学佛理的修炼人，是不易弄懂的。

邵雍的易学是得北海李之才真传，李之才得之于穆修，穆修得之于种放，种放得之于陈抟，邵雍是陈抟的四传子弟。邵雍在汉代象数学派的基础上，把陈抟的易学理论和道教思想与易理相结合，使易学成为理学的一个组成部分，形成了一个自成体系的先天象数学派。他的主要易学理论是，认为宇宙的本源是“太极”，太极生出天地，天生于动，地生于静，由太极生出数、象和器。“太极不动，性也；发则神，神则数，数则象，象则器，器则变，复归于神也。”① 他的主要易学著作是《皇极经世》，共十二卷，其中《观物内篇》主要讲的是易理，《观物外篇》主要侧重于象数。书中有多种图式，用以推演易理。

在众多易图中，其中最重要的有：

伏羲八卦次序图（小横图）　此图是对《周易·系辞》“《易》有太极，是生两仪，两仪生四象，四象生八卦”的解释。邵雍说：“一分为二，二分为四，四分为八。《说卦传》：‘《易》，逆数也’。”八卦的次序是：乾一兑二，离三震四，巽五坎六，艮七坤八。这是形成六十四卦的基础。

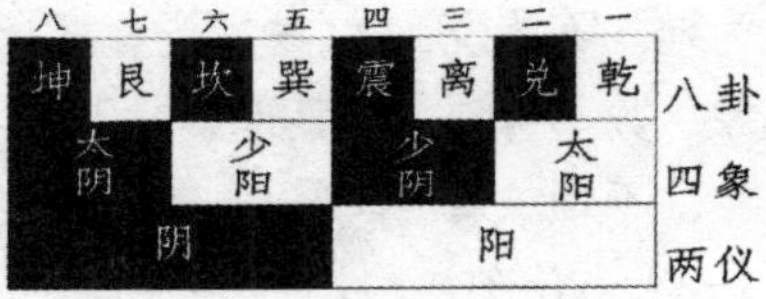

小横图

伏羲六十四卦次序图（大横图）　此图是对上面的小横图的延伸和发展，即八分为十六，十六分为三十二，三十二分为六十四，即成六十四卦，这就是《易传·说卦传》说的“八卦成列”“因而重之”。

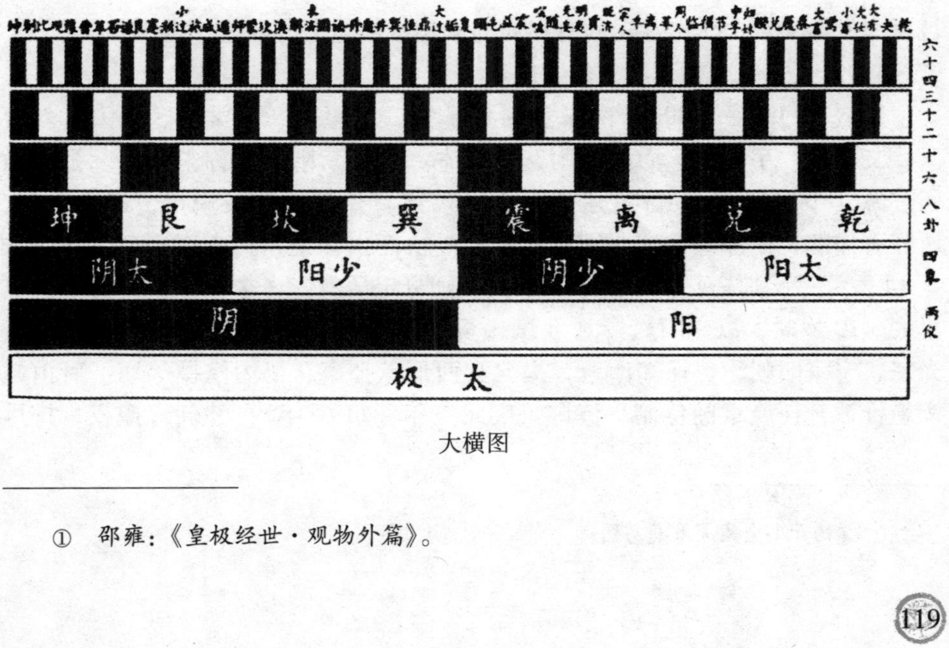

大横图

① 邵雍：《皇极经世·观物外篇》。

伏羲八卦方位图 又称“先天八卦方位图”，是乾南坤北，离东坎西，震东北，兑东南，巽西南，艮西北。自震至乾为顺，由巽至坤为逆。这是对《易传·说卦传》“天地定位，山泽通气，雷风相薄，水火不相射。数往则顺，知来者逆”的解释。

文王八卦方位图 又称“后天八卦方位图”，是离南坤北，震东兑西，巽东南，坤西南，艮东北，乾西北。邵雍说：“此文王八卦乃用之位，后天之学也。”

伏羲六十四卦方位（方圆图） 此图是易学一个非常重要的图，外图是六十四卦圆图，将其折叠后成为内方图。圆者动而为天，方者静而为地。陈抟说：“《易》学，意、言、象、数不可缺一，其理具见于圣人之经，不烦文字解说，止有一图，谓《先天方位图》也。”① 可见此图之重要！这也说明，此图是陈抟所传。

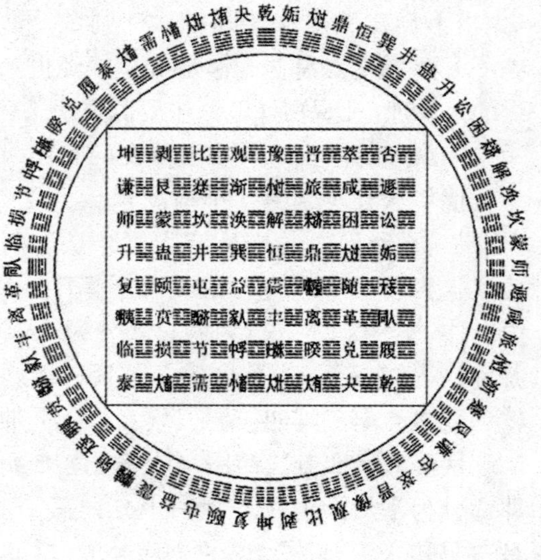

方圆图

邵雍首次将数和理结合起来，创造了自成体系的完整的象数模式，成为易学象数派的开山鼻祖，对后世易学发展有着巨大的影响。他的卜筮理论和所著《梅花易数》被后人发展为算命学，在民间有很大的影响，称他为占术之“祖师”。

3. 朱熹——宋代理学之集大成者

朱熹（1130－1200），南宋著名理学家、思想家、哲学家、诗人、教育家、文学家。字元晦，后改仲晦，号晦庵。别号紫阳，世称朱文公。祖籍徽州婺源（今属江西），侨寓建阳（今属福建）崇安。其父朱松，进士出身，历任著作郎、吏部郎等职，因反对秦桧妥协而出知饶州，未至而卒。此时朱熹14岁，遵父遗命，师事刘子翚等人，随母定居崇安（今福建武夷山市）五里夫。19岁时，以建阳籍参加乡试、贡试。荣登进士榜。历仕高宗、孝宗、光宗、宁宗四朝，曾任知南康，提典江西刑狱公事、秘阁修撰等职。后由赵汝愚推荐升任焕章阁侍制、侍讲。庆元三年（1197年），韩侂胄擅权，排斥

① 《杨升庵全集·希夷易图》。

赵汝愚，朱熹也被革职回家，庆元六年病逝。嘉定二年（1209年）诏赐遗表恩泽，谥曰文，寻赠中大夫，特赠宝谟阁直学士。理宗宝庆三年（1227年），赠太师，追封信国公，改徽国公。是程朱学派的主要代表，有《观书有感》、《春日》、《泛舟》等著名诗作。

朱熹是宋代理学的集大成者，他的理学对后世影响很大。他受学于北宋程颐、程颢三传弟子李侗，集周敦颐、邵雍、张载等北宋易学家之大成，融各家学派于一体，创造了自己的易理学派。他继承了北宋程颢、程颐的理学，完成了客观唯心主义的体系。认为理是世界的本质，“理在先，气在后”，提出“存天理，灭人欲”。朱熹学识渊博，对经学、史学、文学、乐律乃至自然科学都有研究。其词作语言秀正，风格俊朗，无浓艳或典故堆砌之病。不少作品的用语看得出都经过斟酌推敲，比较讲究。但其词意境稍觉理性有余、感性不足，盖因其注重理学的哲学思想故也。

朱熹自幼勤奋好学，立志要做圣人。李侗曾赞扬他：“颖悟绝人，力行可畏，其所诧难，体人切至，自是从游累年，精思实体，而学之所造亦深矣。”并说朱熹“进学甚力，乐善畏义，吾党罕有”（《年谱》卷1）。其仕途生涯多艰，做官清正有为。朱熹一生从事理学研究，又竭力主张以理学治国，但却不被当道者所理解。朱熹既是我国历史上著名的思想家，又是一位著名的教育家。他一生热心于教育事业，孜孜不倦地授徒讲学，无论在教育思想或教育实践上，都取得了重大的成就。

在易学上，朱熹提出“《易》本卜筮之书”的论点，认为上古之民，知识未开，“故圣人立龟以与之卜，作《易》以与之筮，使之趋利避害，以成天下之事”（《朱子语录》）。主张从卜筮的角度去解释《周易》，认为《周易》三百八十四爻的每条爻辞都是一个公式，可以代入世间任何事物。在易学理论上，他吸收了邵雍的“加一倍法”和张载、朱震的“阴阳二气”说，认为“《易》只是一阴一阳”，卜筮就是这阴阳变易，“理、象、数、辞”是浑然一体的，是阴阳的表现形式，谁也离不开谁。他说：“故《易》者，阴阳之道也；卦者，阴阳之物也；爻者，阴阳之动也。卦虽不同，所同者奇偶；爻虽不同，所同者九六。是以六十四卦为其体，三百八十四爻互为其用，远在六合之外，近在一身之中。暂于瞬息，微于动静，莫不有卦之象焉，莫不有爻之义焉。至哉《易》乎！”①

① 朱熹：《周易本义·序》。

朱熹的主要易学著作有《周易本义》、《太极图书解》、《易学启蒙》等，其《周易本义》首次将《易》之九张图公之于世，得以流传，此书也成为后代启蒙读物，流传至今。

宋代易学有“图书”和“义理”两大派，这是易学发展史的缩影。“图书派”的倡导者是陈抟，邵雍是集大成者；“义理派”的倡导者是胡瑗，后传给程颐。两派舌战笔伐，互不相让，可就在这争论中，出现了易学观点的相互融合和吸收，推动了易学的发展，使易学在宋代达到了顶峰。

对易学贡献最大的当属“图书派”。自伏羲画八卦之后，符号系统的演化就不清楚了。“图书派”所传出的易图，填补上了这段空缺的易史。从1997年出土的西汉《太乙九宫占盘》来看，陈抟所传之图并非空穴来风，此盘与《黄帝内经·灵枢》载九宫八风图及《洛书》完全相同，这至少说明在汉之前就有此图！

《汉书·艺文志》说：“人更三圣，世历三古。”这是对汉之前《易》发展的总结。班固若是活到宋代，他也会对宋代的易学发展感兴趣的。我们说宋代之易学是我国易学史上的第四个高峰，这是不过分的。

自宋以后的一千多年，《易》之研究时兴时衰，没有产生有影响的易学学派，也没有出现被易学界广泛认可的易学大师。

一部易学史，就是“义理派”和“象数派”相互争斗的历史，两派在争论中不断排斥又不断融合，《易》就在这争斗和融合中发展。

象数学是把宇宙符号化、数量化，将八卦原理与阴阳五行、日月星辰、四时变化相结合，以说明宇宙万物之理。义理学是以《易经》和《易传》为基础，专门阐述《易》之哲学思想。这两种学说都是《易》，是《易》的不同表现形式。就好像两人手中各执一块玉，你说他手中的白玉不是玉，他说你手中的蓝玉不是玉，其实都是玉，只是颜色不同。倒是孔子说得明白：“《易》有圣人之道四焉，以言者尚其辞，以动者尚其变，以制器者尚其象，以卜筮者尚其占。”（《系辞上》）这“辞、变、象、占”都是《易》。“观乎天文，以察时变；观乎人文，以化成天下”（《贲·系辞》），看来，孔子就是把《易》分成了“天文”和“人文”两大类。我们何必对此作无谓的争论呢！

七、六十四卦探秘

阴阳八卦和六十四卦是《易》之灵魂！没有它们就没有《易》。

在易学中，六十四卦似乎已经没有什么秘密可谈，其实不然。六十四卦是怎样演绎出来的？它的卦序是怎样排列的，最早的卦序是什么样？它为什么能“弥纶天地之道”……这都需要我们去认真探讨。

（一）六十四卦的衍生过程

六十四卦是在八卦的基础上衍生、发展起来的。宋朱熹在《周易本义》中载邵雍的《伏羲八卦次序》和《伏羲六十四卦次序》两张横图，以说明八卦和六十四卦的衍生过程。

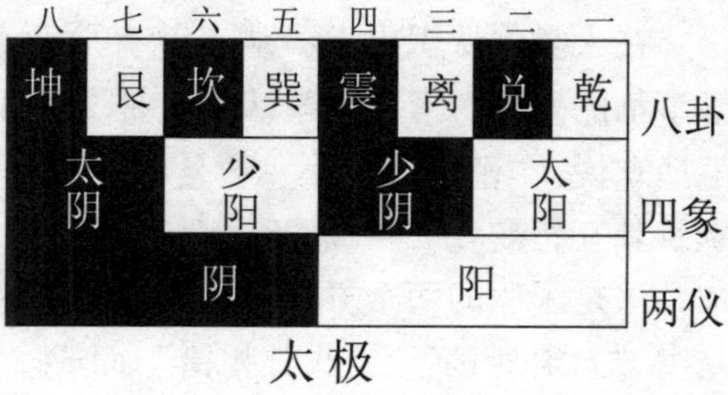

伏羲八卦次序图

此图是对《易传·系辞上》“《易》有太极，是生两仪，两仪生四象，四象生八卦”的解释。邵雍说八卦的形成是“一分为二，二分为四，四分为八也”。先有太极，宇宙混沌初开，分出天地，然后有万物。将太极一分为二，为阴为阳。阳分为太阳和少阴，阴分少阳和太阴，这就产生了四象。四象再一分为二，太阳生《乾》、《兑》，少阴生《离》、《震》，少阳生《巽》、《坎》，太阴生《艮》、《坤》，这样八卦就衍生出来了。所生八卦次序是按乾一、兑二、离三、震四、巽五、坎六、艮七、坤八排列的，这是伏羲八卦的次序，故称《伏羲八卦次序图》。此图是衍生六十四卦的基础。

在《伏羲八卦次序图》的基础上，又衍生出《伏羲六十四卦次序图》。邵雍认为，六十四卦是由八卦“八分为十六，十六分为三十二，三十二分为六十四”而成。由八卦生十六卦，十六卦生三十二卦，三十二卦生六十四卦。

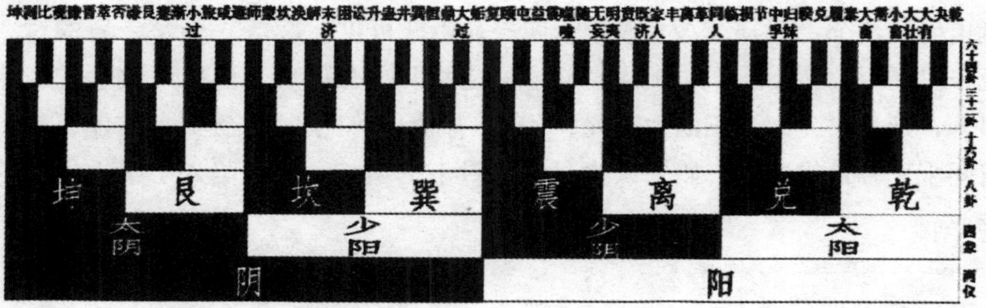

伏羲六十四卦次序图

后人对这种分法持有异议。“分”只是数量上的增加，没有确切地说明六十四卦的衍生过程。这其中的十六卦和三十二卦是个什么卦象呢？朱熹在《易学启蒙》中说“八卦上面各加一奇一偶，而为四划者十六”，这就是说，十六卦是四划卦，三十二卦就是五划卦，朱熹也说“于经无见”，看来这种分法没有什么实在意义。

这里涉及一个重要的哲学理论问题。

在人类的认识史上，从来就有形而上学和辩证法两种不同的世界观。对于事物的发展，形而上学认为只是增加和减少，辩证法则认为是对立和统一。毛泽东说：“范围的大小，数量的增减，不能说明事物何以有性质上的千差万别及其互相变化。”[①] 太极分而为阴和阳，这是“分”，但不只是数量上的增加，这是矛盾的两个方面，它们是对立的又是统一的。《孔子》说，六十四卦是由“八卦相荡”、“八卦相错”而成。“荡”和“错”义有些相近，有推荡交错之义。“荡”和“错”是动态的，是矛盾双方相互斗争的表现形式；它们又在这斗争中达到了统一，统一在一个卦中。三划卦是这样形成的，六划卦也是这样形成的。所以我们说，《易》是符合唯物辩证法的。

阴和阳是矛盾的两个方面，它们又统一在三划卦中。一个三划卦也是一个矛盾的个体，两两相荡相错，就形成了一个六划卦，又达到了统一。六十四卦就是这样形成的。它们的推荡过程有以下两种形式：

一是同卦相重，即乾与乾重、坤与坤重……这样就形成了八个六划卦：乾、坤、兑、离、震、巽、坎、艮。这八个六划卦称作“八纯卦”，其卦名还是原卦名。

二是一个经卦与另一个经卦相重。以乾卦为例，与坤重而成否，与兑重而成履，与离重而成同人，与震重而成无妄，与巽重而成姤，与坎重而成讼，与艮重而成遁。余仿此类推。这样，由一个经卦经过与自身或其他经卦重合，就衍生出八个六划卦，八八成六十四卦。由此可见，这是“合（矛盾的对立统一)”而不是“分（数量的增加)”，是两两重合而成。如果用数学式表示出来，则是$8^2=64$。正因为如此，《易》才能“弥纶天地之道”，才能解释宇宙间千变万化的形态。如果认为只是数量上的增加，那就陷入了唯心主义的泥潭。

---

① 毛泽东：《矛盾论》，《毛泽东选集》第1卷，人民出版社1991年版，第277页。

（二）六十四卦次序

六十四卦到底是按什么样的顺序排列的，在众多的六十四卦次序中哪个是最原始的，这一直是困扰易界的一个难题。为了讨论这一问题，让我们从六十四卦的次序入手。

六十四卦有多种排列次序，我们先选择有代表性的作一介绍。

1．文王《周易》卦序

1乾 ䷀	2坤 ䷁	3屯 ䷂	4蒙 ䷃	5需 ䷄	6讼 ䷅	7师 ䷆	8比 ䷇
9小畜 ䷈	10履 ䷉	11泰 ䷊	12否 ䷋	13同人 ䷌	14大有 ䷍	15谦 ䷎	16豫 ䷏
17随 ䷐	18蛊 ䷑	19临 ䷒	20观 ䷓	21噬嗑 ䷔	22贲 ䷕	23剥 ䷖	24复 ䷗
25无妄 ䷘	26大畜 ䷙	27颐 ䷚	28大过 ䷛	29坎 ䷜	30离 ䷝	31咸 ䷞	32恒 ䷟
33遁 ䷠	34大壮 ䷡	35晋 ䷢	36明夷 ䷣	37家人 ䷤	38睽 ䷥	39蹇 ䷦	40解 ䷧
41损 ䷨	42益 ䷩	43夬 ䷪	44姤 ䷫	45萃 ䷬	46升 ䷭	47困 ䷮	48井 ䷯
49革 ䷰	50鼎 ䷱	51震 ䷲	52艮 ䷳	53渐 ䷴	54归妹 ䷵	55丰 ䷶	56旅 ䷷
57巽 ䷸	58兑 ䷹	59涣 ䷺	60节 ䷻	61中孚 ䷼	62小过 ䷽	63既济 ䷾	64未济 ䷿

这是现行本《周易》的卦序，也是文王重新排列的六十四卦次序。它有如下特点：

以《乾》为首卦　此卦序是《乾》为首卦，总统其余六十三卦，表明《周易》作者崇尚天和阳刚之气，同时也是对商《归藏》易序的一种修订。《归藏》是以《坤》为首卦，将“坤乾”颠倒而成“乾坤”，表明崇尚阳刚之气，也带有明显的政治意图——翦商（前面已有说明）。

将六十四卦分成了上下《经》　从《乾》至《离》三十个卦为《上经》，

从《咸》至《未济》三十四个卦为《下经》。乾为父、坤为母，《上经》犹说父辈的事。《咸》卦上兑为少女，下艮为少男，男女交感而成婚，组成了一个恒久的家庭，《下经》犹说下一辈的事。

卦是按事物的发展规律排列的 这在《序卦传》中作了详细表述。有《乾》、《坤》而有万物，《屯》是物之初始，犹一个新生儿的诞生；幼童需要启蒙，故下卦是《蒙》；幼童还得喂养，故接下来是《需》……从《屯》到《既济》，事物完成了一个发展的全过程；然而事物还没有终结，故最后一个卦是《未济》，又开始了新一轮的循环。

表明了事物的对立统一规律 六十四卦除乾、坤、坎、离、颐、中孚、小过、大过这八个卦之外（因这些卦倒过来也一样），卦基本上都是一正一倒相邻排列的，如：泰和否，损和益，剥和复……它表明了事物对立统一的关系和曲线发展的规律。

2. 杂卦卦序

1 乾	2 坤	3 比	4 师	5 临	6 观	7 屯	8 蒙
9 震	10 艮	11 损	12 益	13 大畜	14 无妄	15 萃	16 升
17 谦	18 豫	19 噬嗑	20 贲	21 兑	22 巽	23 随	24 蛊
25 剥	26 复	27 晋	28 明夷	29 井	30 困	31 咸	32 恒
33 涣	34 节	35 解	36 蹇	37 睽	38 家人	39 否	40 泰
41 大壮	42 遁	43 大有	44 同人	45 革	46 鼎	47 小过	48 中孚
49 丰	50 旅	51 离	52 坎	53 小畜	54 履	55 需	56 讼
57 大过	58 姤	59 渐	60 颐	61 既济	62 归妹	63 未济	64 夬

这是《易传·杂卦传》的卦序，此卦序也是以《乾》为首卦。晋韩康伯说："杂卦者，杂糅众卦，错综其义，或以同相类，或以异相明也。"（《系辞注》）与通行本《周易》一样，除乾、坤、坎、离、颐、中孚、小过、大过这八个卦因正倒都一样而同类相邻安排外，其余各卦均是一正一倒排列的。不过其排列顺序不同，它在揭示对立统一关系的同时，更强调对立的一面，请看下图。

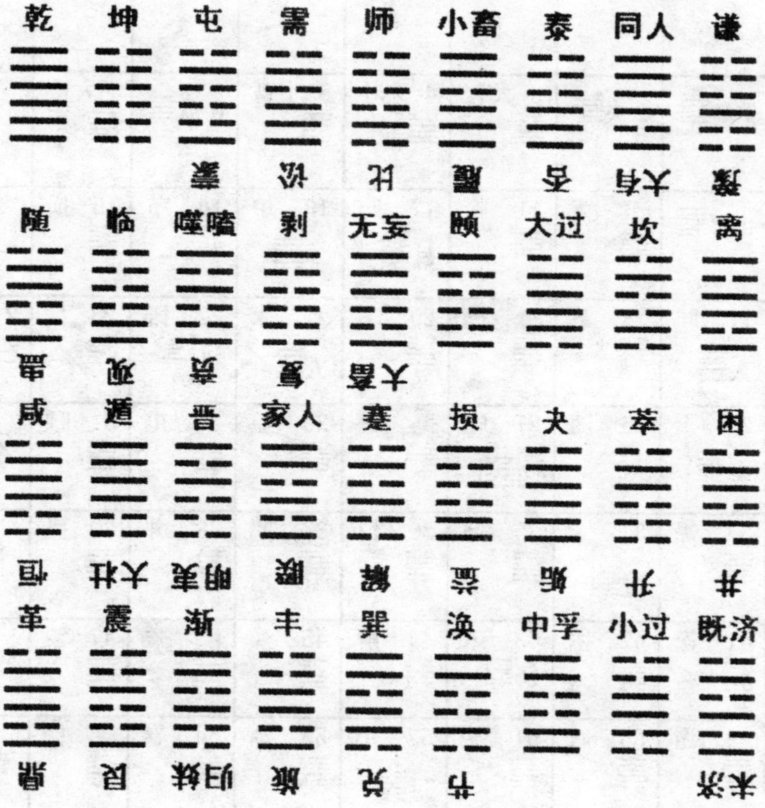

六十四卦复对次序图

唐孔颖达说："今验六十四卦，二二相耦，非覆即变。覆者，表里视之，遂成两卦。屯、蒙、需、讼、师、比之类是也。变者，反覆唯成一卦，则变以对之，乾、坤、坎、离、颐、大过、中孚、小过之类是也。且圣人本定先后，若元用孔子《序卦》之意，则不应非覆即变，然则康伯所云：因卦之次，托象以明义，盖不虚矣。"①

① 唐孔颖达《周易正义》。

如果说《杂卦传》也是孔子或其弟子所著的话，孔子的治学方针是“述而不作”，那么，这个卦序不可能是孔子“杂糅”的。或许孔子见到了另外版本的易书。

3．**先天六十四卦次序**

上经 / 下经	☰乾	☱兑	☲离	☳震	☴巽	☵坎	☶艮	☷坤
☰乾	1 乾䷀	2 夬䷪	3 大有䷍	4 大壮䷡	5 小畜䷈	6 需䷄	7 大畜䷙	8 泰䷊
☱兑	9 履䷉	10 兑䷹	11 睽䷥	12 归妹䷵	13 中孚䷼	14 节䷻	15 损䷨	16 临䷒
☲离	17 同人䷌	18 革䷰	19 离䷝	20 丰䷶	21 家人䷤	22 既济䷾	23 贲䷕	24 明夷䷣
☳震	25 无妄䷘	26 随䷐	27 噬嗑䷔	28 震䷲	29 益䷩	30 屯䷂	31 颐䷚	32 复䷗
☴巽	33 姤䷫	34 大过䷛	35 鼎䷱	36 恒䷟	37 巽䷸	38 井䷯	39 蛊䷑	40 升䷭
☵坎	41 讼䷅	42 困䷮	43 未济䷿	44 解䷧	45 涣䷺	46 坎䷜	47 蒙䷃	48 师䷆
☶艮	49 遁䷠	50 咸䷞	51 旅䷷	52 小过䷽	53 渐䷴	54 蹇䷦	55 艮䷳	56 谦䷎
☷坤	57 否䷋	58 萃䷬	59 晋䷢	60 豫䷏	61 观䷓	62 比䷇	63 剥䷖	64 坤䷁

此图就是前面介绍的“先天六十四卦次序”所演绎出来的，将其大横图折叠后排列成方图。从图中我们可以看出，它是以先天八卦推衍而来，横向和竖向都按“乾一、兑二、离三、震四、巽五、坎六、艮七、坤八”的次序排列，两两相合而成六十四卦，不是邵雍说的“加一倍法”。

这个卦序的八经卦按先天八卦次序，依次斜向排列，从《乾》至《坤》，称为经线；从《泰》至《否》为另一条斜线，称为纬线，经纬分明。

每横向八个卦的内卦（下卦）是固定不变的，而外卦（上卦）却按阴阳消长的规律变化着。以乾宫为例，其下卦都是《乾》☰，变在上卦，《泰》䷊三阴三阳，至《大畜》䷙一阳生于上，至《需》䷄一阳生于上卦中，至《小畜》䷈两阳生于上，至《大壮》䷡一阳生于上卦下，至《大有》䷍两阳居上下，至《夬》䷪只有一阴在上，至《乾》则为全阳，这是一个阳气渐长过程；如要倒过来，则是阳气渐消而阴气渐长的过程。如果说上是天、下为地的话，正体现了“天动地静”的古人宇宙观。天地变化，春夏秋冬，四季推移均在此次序中！

这是北宋邵雍易学的重要理论基础，是易学一个非常重要的次序图。

4.《帛书》六十四卦次序

上经 / 下经	☰ 乾	☶ 艮	☵ 坎	☳ 震	☷ 坤	☱ 兑	☲ 离	☴ 巽
	1乾 ䷀	9艮 ䷳	17坎 ䷜	25震 ䷲	33坤 ䷁	41兑 ䷹	49离 ䷝	57巽 ䷸
☰ 乾		10大畜 ䷙	18需 ䷄	26大壮 ䷡	34泰 ䷊	42夬 ䷪	50大有 ䷍	58小畜 ䷈
☷ 坤	2否 ䷋	11剥 ䷖	19比 ䷇	27豫 ䷏		43萃 ䷬	51晋 ䷢	59观 ䷓
☶ 艮	3遁 ䷠		20蹇 ䷦	28小过 ䷽	35谦 ䷎	44咸 ䷞	52旅 ䷷	60渐 ䷴
☱ 兑	4履 ䷉	12损 ䷨	21节 ䷻	29归妹 ䷵	36临 ䷒		53睽 ䷥	61中孚 ䷼
☵ 坎	5讼 ䷅	13蒙 ䷃		30解 ䷧	37师 ䷆	45困 ䷮	54未济 ䷿	62涣 ䷺
☲ 离	6同人 ䷌	14贲 ䷕	22既济 ䷾	31丰 ䷶	38明夷 ䷣	46革 ䷰		63家人 ䷤
☳ 震	7无妄 ䷘	15颐 ䷚	23屯 ䷂		39复 ䷗	47随 ䷐	55噬嗑 ䷔	64益 ䷩
☴ 巽	8姤 ䷫	16蛊 ䷑	24井 ䷯	32恒 ䷟	40升 ䷭	48大过 ䷛	56鼎 ䷱	

这是长沙马王堆第三号汉墓出土的帛本周易六十四卦次序。《帛书》卦名有三十一个与通行本周易相同，有三十三个不同，不同者如下：

乾—健　否—妇　遁—掾　履—礼　无妄—无孟　姤—狗　艮—根　大畜—泰畜　贲—蘩　蛊—箇　坎—赣　需—襦　震—辰　大壮—泰壮　豫—余　小过—少过　坤—川　谦—嗛　临—林　升—登　兑—夺　萃—卒　咸—钦　革—勒　随—隋　大过—泰过　离—罗　晋—溍　睽—乖　噬嗑—筮盍　巽—筭　小畜—少蓺　中孚—中复

这不同的卦名，可能有特殊的含义，也可能是一人口述，一人往帛上手书，在语音传递上发生了障碍，将同音字记错。

《帛书》六十四卦的次序与现行本《周易》的次序不同，有人推测，这是筮家经常使用，不免“韦编三绝”，简策散乱，手头没有《序卦传》，便胡乱整理在一起造成的。然而，这个卦序的排列是有一定的规律的。

从次序图可以看出，它与上面的“先天六十四卦卦次序”有相同之处，都是由两个经卦相重而成。不同之处是，“先天”是着重说明六十四卦形成的原理，内卦和外卦都是按“乾一、兑二、离三、震四、巽五、坎六、艮七、坤八”排列的，在图中，八纯卦按一条斜线有规律地排列着（见上表有底纹处）。在次序图中，八经卦的次序是：1 乾、10 兑、19 离、28 震、37 巽、46 坎、55 艮、64 坤。相邻两卦间隔为 9。

《帛书》八经卦的次序是：1 乾、9 艮、17 坎、25 震、33 坤、41 兑、49 离、57 巽，相邻两卦间隔为 8。内卦是按“乾一、坤二、艮三、兑四、坎五、离六、震七、巽八”排列的，很明显，其顺序是：父母、少男少女、中男中女、长男长女，表示阴阳的对立和统一。外卦是按“乾一、艮二、坎三、震四、坤五、兑六、离七、巽八”的顺序排列的。前四卦是阳（男），后四卦是阴（女），表示了先阳后阴的思想。由于内、外卦序不对应，就形成了与“先天”截然不同的卦序。因为将八经卦已经固定了位置，所以当相同的两个经卦相重时就出现了空白。这八个空格将六十四卦分成了八个单元，1 乾是一个单元，32 恒、33 坤、34 泰这三个卦是一个单元，其余六十卦每十个卦为一单元。至于为什么这样排列，有待研究。

这种排列不同于现行本《周易》，也不同于《连山》和《归藏》，因《连山》是以艮为首卦，《归藏》是以坤为首卦，《帛书》虽说也以乾为首卦，但其余卦的排列顺序不一样，我们推测，这可能是另外一个版本的《易》书。

5. 八宫六十四卦次序

	上世	一世	二世	三世	四世	五世	游魂	归魂
乾宫	1 乾	2 姤	3 遁	4 否	5 观	6 剥	7 晋	8 大有
震宫	25 震	26 豫	27 解	28 恒	29 升	30 井	31 大过	32 随
坎宫	9 坎	10 节	11 屯	12 既济	13 革	14 丰	15 明夷	16 师
艮宫	17 艮	18 贲	19 大畜	20 损	21 睽	22 履	23 中孚	24 渐
坤宫	49 坤	50 复	51 临	52 泰	53 大壮	54 夬	55 需	56 比
巽宫	41 离	42 旅	43 鼎	44 未济	45 蒙	46 涣	47 讼	48 同人
离宫	33 巽	34 小畜	35 家人	36 益	37 无妄	38 噬嗑	39 颐	40 蛊
兑宫	57 兑	58 困	59 萃	60 咸	61 蹇	62 谦	63 小过	64 归妹

"八宫六十四卦次序"是西汉京房所确立的，是他的易学理论的基础。这个卦序的特点是：

按八宫排列　将六十四卦分为八宫，每宫八个卦，以八纯卦领头，下各统领七卦，如乾宫以《乾》为首，统领《姤》、《遁》、《否》、《观》、《剥》、《晋》、《大有》七卦。每宫八个卦都各有其固定的位置，分别称为上世（八纯）、一世、二世、三世、四世、五世、游魂、归魂。《京氏易传》说："易有四世，一世二世为地易，三世四世为人易，五世六纯为天易，游魂归魂为鬼易。"这样就把天、地、人纳入了卦中，并将各卦六爻从下至上分别命为：元士、大夫、三公、诸侯、天子、宗庙。这是为占术服务的。

前阳后阴 八宫卦是按"乾、震、坎、艮、坤、巽、离、兑"顺序排列，这样的排列次序与《帛书》属一个体系。前四卦是阳卦，后四卦是阴卦。乾为父，震长男、坎中男、艮少男；坤为母，巽长女、离中女、兑少女，体现了《说卦传》"乾坤为父母，统帅三男三女"之说。

阴阳消长 六十四卦的排列始于《乾》卦，终于《归妹》，卦象的变化是阴阳消长的过程。从首卦横向看，《乾》为六阳，阳气极盛；《姤》是一阴始生而浸阳，《遁》是二阴生而浸阳，《否》是三阴生而浸阳，《观》四阴生而浸阳，《剥》是五阴生而剥阳，至此阳气几乎被剥尽。《晋》又复回一阳，表示阳气不可被剥尽，居外卦四位，称之"游魂"；《大有》则阳回归本位，即下卦为《乾》，是谓"归魂"。其他宫的卦也是按这样的阴阳消长排列的。

6. 后天六十四卦次序

☰乾宫	1 乾䷀	2 姤䷫	3 遁䷠	4 否䷋	5 观䷓	6 剥䷖	7 晋䷢	8 大有䷍
☵坎宫	9 坎䷜	10 节䷻	11 屯䷂	12 既济䷾	13 革䷰	14 丰䷶	15 明夷䷣	16 师䷆
☶艮宫	17 艮䷳	18 贲䷕	19 大畜䷙	20 损䷨䷨	21 睽䷥	22 履䷉	23 中孚䷼	24 渐䷴
☳震宫	25 震䷲	26 豫䷏	27 解䷧	28 恒䷟	29 升䷭	30 井䷯	31 大过䷛	32 随䷐
☴巽宫	33 巽䷸	34 小畜䷈	35 家人䷤	36 益䷩	37 无妄䷘	38 噬嗑䷔	39 颐䷚	40 蛊䷑
☲离宫	41 离䷝	42 旅䷷	43 鼎䷱	44 未济䷿	45 蒙䷃	46 涣䷺	47 讼䷅	48 同人䷌

续表

☷坤宫	49 坤	50 复	51 临	52 泰	53 大壮	54 夬	55 需	56 比
☱兑宫	57 兑	58 困	59 萃	60 咸	61 蹇	62 谦	63 小过	64 归妹

这个"后天六十四卦次序"是清江永所制，源于上面的京房"八宫卦"，每宫八个卦的次序相同，只是八纯卦的排列次序不一样，这也是为占术服务的。

7.《元包经》六十四卦次序

太阴	1 坤	2 复	3 临	4 泰	5 大壮	6 夬	7 需	8 比
太阳	9 乾	10 姤	11 遁	12 否	13 观	14 剥	15 晋	16 大有
少阴	17 兑	18 困	19 萃	20 咸	21 蹇	22 谦	23 小过	24 归妹
少阳	25 艮	26 贲	27 大畜	28 损	29 睽	30 履	31 中孚	32 渐
仲阴	33 离	34 旅	35 鼎	36 未济	37 蒙	38 涣	39 讼	40 同人
仲阳	41 坎	42 节	43 屯	44 既济	45 革	46 丰	47 明夷	48 师
孟阴	49 巽	50 小畜	51 家人	52 益	53 无妄	54 噬嗑	55 颐	56 蛊
孟阳	57 震	58 豫	59 解	60 恒	61 升	62 井	63 大过	64 随

此为北周卫元嵩《元包经》所载六十四卦次序，亦称《卫氏归藏卦序》。所列八经卦次序是：坤一、乾二、兑三、艮四、离五、坎六、巽七、震八，以坤为首卦，先阴后阳，阴阳相杂，体现了《归藏易》的思想。

此卦序“八宫”是按“太阴、太阳、少阴、少阳、仲阴、仲阳、孟阴、孟阳”排列的。每宫的八个卦的排列顺序与《先天六十四卦次序》相同，以首卦《坤》横向看，《坤》是六阴，表明阴气正盛；下卦是《复》，一阳始生于下而浸阴；第三卦是《临》，二阳下生；第四卦是《泰》，三阳生于下，阴阳均等；第五卦《大壮》，四阳生于下；第六卦《夬》，五阳生于下，此时阴将要被剥尽；然第七卦《需》则一阴回复外卦四位，表明阴气不尽；至《比》卦阴回归于下卦而成《坤》，说明阴气不尽。这“太阴”八个卦表现了阳息阴消的过程，这与“先天次序”是一样的。

六十四卦的排列方法还有一些，就不再一一介绍了。

六十四卦的排列次序一直困惑着易界。在众多次序中，到底哪一个是最原始的卦序？我们认为，可能根本就没有原始的卦序，也没有一个固定的卦序模式。卦序的排列根据人对《易》的理解不同，人的思想理念不一样，甚至根据政治的需要，可以有不同的排列。

《周礼·春官·太卜》载：“太卜掌三易之法，一曰连山，二曰归藏，三曰周易。”《连山》、《归藏》、《周易》都是八个纯卦、六十四个别卦。《连山》是以艮为首卦，《归藏》以坤为首卦，《周易》以乾为首卦，那么，这三个《易》对六十四卦的排列次序肯定是不一样的。

在众多的卦序中，《先天六十四卦次序》显得十分重要，它不但表明了六十四卦的衍生过程，而且揭示了古人“天圆地方”的宇宙观，对于认识古人的思想理念和解读符号、图象有着重要的作用。《帛书六十四卦次序》与此有相同之处。

现行本《周易六十四卦次序》和《杂卦六十四次序》都强调事物的对立统一的关系，而后者更重视其对立的一面。《元包经六十四卦次序》体现了商易的思想，是否是《归藏》易，尚没有得到易界的普遍认同。

“后天”、“八宫”次序主要是为占卜用的。

由此可见，《易》无体无方，六十四卦的次序没有一个固定的模式和一成不变的规则。六十四卦就好像是六十四块积木，可以搬来搬去，根据每个人的不同愿望演绎出各种图案。至于能演绎出多少个卦序，有兴趣的读者不妨试一下。古人尚作了多种排列，我们何不也尝试作新的排列，以揭示古人尚没有认识的客观规律！

（三）卦的演绎与宇宙模式

卜筮，是古人认识事物的一种原始手段。卦的演绎是一个复杂的过程，但其中却包含着哲理。

宇宙大爆炸之后，经过了一个漫长的“混沌”时期，之后各星辰都找到了自己的位置，天地开始分明。古人把这“太极”所生的物质“一分为二”，为阴为阳。在远古时期，人们只认识一和二，苏联柯斯文说：“在许多落后部落的语言中，‘二’这个数目仅仅意味着一件整个东西的两半。”[①] 随着社会的发展、人类的进步，逐步认识到三、四、五、六、七、八、九、十，从一到十的认识也是经过了一个漫长的过程的。

人们认识一至十之后，开始用这些数字来解释世界，“天一地二、天三地四、天五地六、天七地八、天九地十”，就是把天地又各分成了“五”，一三五七九是天为阳，二四六八十是地为阴，这样就形成了阴和阳、奇和偶五种对立统一的规律。“五位相得而各有合”[②]，“相得”就是一与二相得、三与四相得、五与六相得、七与八相得、九与十相得，这是五对矛盾；“有合”，就是阴与阴合，阳与阳合，合之后“天数二十有五，地数三十，凡天地之数五十有五”[③]。这个数是怎么来的呢？天数 $=1+3+5+7+9=25$，地数 $=2+4+6+8+10=30$，天数 + 地数 $=25+30=55$，五十五就是天地之数。

1. 大衍之数的演绎

“大衍之数五十（有五），其用四十有九，分而为二以象两，挂一以象三，揲之以四以象四时，归奇于扐以象闰，五岁再闰，故再扐而后挂”[④]，这说的是卜筮之法。

“大衍之数”就是天地之数[⑤]，而卜筮时只用四十九，因为只有四十九才能演绎出“七八九六”这四个数的一个。一个卦是怎样推演出来的呢？先从

---

① ［苏］柯斯文：《原始文化史纲》，张锡彤译，张广达校，人民出版社 1955 年版，第 164 页。

② 《易传·系辞上》。

③ 《易传·系辞上》。

④ 《易传·系辞上》。

⑤ 一说，大衍之数就是五十，与天地之数不同。大衍之数是占卜时演算天地变化之数。京房说：“五十者，谓十日、十二生辰、二十八星宿也。凡五十，其一不用者，天之生气，将欲以虚来实，故用四十九。”

推演一爻说起。

确定一个爻要经过三个步骤：

第一步：将49根蓍草信手分成两部分，分左右摆放。在两组中的一组随意抽出一根，放在另一边。再将每组蓍草四个四个地数（即除以4），各组都得出一个余数，如余数是0则认定为4，那么，这个余数的可能性是：1、2、3、4，即左是1、右必是3，右是1、左是3，左右都是2，或左右都是4，只有这四种的其中的一个。如若把两个余数相加，其结果非4即8（1+3=4、3+1=4、2+2=4、4+4=8）。

第二步：将上面演绎后左右两组的余下的蓍草合一，再按上面的步骤演绎一次。这时蓍草数不是49，而是40或44（49-1-8=40、49-1-4=44），再分二、挂一、揲四、归奇后，所得的数仍是1、2、3、4，但其组合发生了变化：左1则右2，左2则右1，左3则右4，左4则右3，再加上抽出的一根（第一步时不加“挂一”这一根），其余数仍非4即8。

第三步：将第二步后剩余的蓍草再合一，再按第一步的程序演绎一次。这时两组的余数不是48或44，而是32、36、40的其中一个（44-4=40、44-8=36、40-4=36、40-8=32）。经过推演后，其余数仍非4即8。

这三个步骤称为“三变”。将这三变的余数加起来，其结果有四种可能：8+8+8=24、4+4+4=12、8+8+4=20、4+4+8=16。

再将49根蓍草挂一以后的48，分别减去上数，则：48-24=24、48-12=36、48-20=28、48-16=32。

再将上面的余数分别除以4，则：24÷4=6、36÷4=9、28÷4=7、32÷4=8。这样就得出了六、七、八、九这四个数的一个。七为少阳（⚎）、八为少阴（⚍）、九为老阳（⚌）、六为老阴（⚏），这样就确定了一个卦爻！

按上面的步骤再重复两次，又得出两个爻，这样“十有八变而成卦”，只成了一个三画卦！再“因而伸之”，才得出一个六画卦。

这个推演过程相当复杂，就是今天我们用电子计算机计算，也得需要一定的时间。有兴趣的读者可以用筷子或火柴演绎一下，就知道其中的奥妙了。我们之所以介绍它，不是为了卜筮，而是我们可以从中看到古人的思维方式和思维方法。

2. 大衍演绎探秘

大者，广也；衍者，演绎也。大衍之数就是天地之数，用天地之数进行演绎，有千变万化之妙！

《系辞上》说：“《乾》之策，二百一十有六。《坤》之策，百四十有四。

凡三百有六十，当期之日。二篇之策，万有一千五百二十，当万物之数也。”将这种推演与自然规律联系在一起。“揲之以四以象四时，归奇于扐以象闰，五岁再闰”，“四时”即是春夏秋冬，“闰”就是闰月，“再闰”就是五年之内有两个闰月，这说明古人已经掌握了较为丰富的天文知识。

“策”就是蓍，“一策”就是一根蓍草。《乾》卦是由六个老阳爻组成的，经三变，每个老阳过揲之数是36根蓍草，$36\times6=216$，就是说，《乾》卦是由216根蓍草演绎出来的。《坤》卦是由六个老阴爻组成的，经三变，每个老阴过揲之数是24根蓍草，$24\times6=144$，即《坤》卦是由144根蓍草演绎出来的。《乾》《坤》之策相加，$216+144=360$，这与一年360天的数相当，故说是“当期之日”。

六十四卦每卦六爻，共三百八十四爻（$6\times64=384$），阴与阳爻各一百九十二。阳爻是老阳，每爻由36根蓍草推演而来，那么，老阳共有六千九百一十二策（$36\times192=6912$）。阴爻是老阴，每爻由24根蓍草推演而来，那么，老阴共有四千六百零八策（$24\times192=4608$）。老阴与老阳之和是一万一千五百二十策（$6912+4608=11520$），这就是“万物之数”，说“万物”只是约数。

《汉书·律历志》从天文历法角度推算：“四营而成《易》，为七十二。参三、统两，四时相乘之数也。‘参’之得《乾》之策，‘两’之则得《坤》之策。以阳九九之，为六百四十八；以阴六六之，为四百三十二，凡一千八十，阴阳各一卦之微算策也。‘八’之，为八千六百四十，而八卦小成。引而信（伸）之，又‘八’之，为六万九千一百二十，天地再之，为十三万八千二百四十，然后大成。五星会终，触类而长之，以乘章岁，为二百六十二万六千五百六十，而与日月会。三会为七百八十七万九千六百八十，而与三统会。三统二千三百六十三万九千四十，而复于太极上元。九章岁而‘六’之为法，太极上元为实，实如法得一，阴阴各万一千五百二十，当万物气体之数，天下之能之毕矣。”

“大衍之数”的求法也是推演法，由此可以推出宇宙万物之数，得出“阴阳各万一千五百二十”，其推算方法相当复杂！

“大衍之数”是有它的科学道理的。《数学九章》说：“大衍求一术云；置厅右上，定居右下，立天元一于左上。先以右上除右下，所得商数与左上一相生入左下。然后乃以右行上下以少除多，递互除之，所得商数随即递互累乘归左行上下，倾使右上未后奇一而止，乃验左上所得，以为乘率。”这是首次把整数论与“大衍之数”联系起来，创立了“大衍求一术”，即求解一次同余方程组的算法。

这种推演法还有两个值得注意的地方：

其一，这种演绎从一开始就有不确定性，带有模糊性。四十九根蓍草一分为二，左右各是多少是不确定的；之后，抽出一根，或左或右，也是不确定的。但它们的余数都是1、2、3、4其中的一个，其结果是六、七、八、九中的一个。这就好像抛铜钱一样，一个铜钱抛下去，不是“字”就是“背”，它的概率是百分之五十。这种推演方法，其实也是概率法，经过“十有八变”后，它的精确率就更高了。

其二，在演变过程中，体现了“天地人”的思想。“分而为二而象两”，就是把一个事物一分为二，一阴一阳，阳代表天，阴代表地。“挂一以象三”，就是抽出一根代表人，这样天、地、人就都有了。当第二变时，将代表人的这一根也加进去，用“天地人合一”的方法进行演绎，这反映了古人独特的思维方式。

（四）符号——弥纶天地之道

孔子说：“《易》与天地准，故能弥纶天地之道。”“道”是什么呢？孔子又说：“一阴一阳之谓道。”古人智慧地将天地万物一分为二，为阴为阳，这是古人长期实践的经验总结。天体运行有春夏秋冬、日出日落、月圆月亏、雷雨风电，分阴分阳；地上一切事物也是一样，非阴即阳，人分男女、兽分雄雌、山有高低、泽有深浅、色有红黑；就是同一个事物，也分阴和阳，上为阳下为阴，正面为阳反面为阴。阴阳概括了天地间一切事物的本质和属性。

如果说，将事物分成阴和阳这个命题是正确的话，那么，由此而演绎出来的八卦、六十四卦应该也是正确的。

推演出来的八卦，是古人的最原始、最基本的认识，它只是揭示了天地间的八种物质；而六十四卦则是更高级的认识，它囊括了天地间所有物质以及这些物质的运动规律，“以通神明之德，以类万物之情”。“神”是什么呢？它不是迷信所说的神仙、神鬼之类。孔子说：“阴阳不测之谓神。”①“神”是人的肉眼看不到的、但确实存在的无形的东西；“物”是能够看得见、摸得着的。这种无形的和有形的物质均包括在六十四卦之中了。六十四卦既然是从天地万物中抽象出来的法则，那么，反过来它就可以指导实践，能够“通

① 《易经·系辞上》。

神”，能够“类物”，所以，用它去解释万物乃至当今科学的新发现，都应是触类旁通的。

八、八卦方位图探秘

《易》最原始、最基本的是符号，即阴阳八卦和由此演绎出来的六十四卦，这是《易》之灵魂，没有这套符号系统就没有《易》!

其实，每个卦本身就是一个图像，或者说是一幅画，是没有文字和语言的象。后人为了解释这套符号体系，又画了许多图，用哑语对哑语。最早的易图只有九张，这就是北宋朱熹在《周易本义》中传出的《河图》、《洛书》、《伏羲八卦次序》、《伏羲八卦方位》、《伏羲六十四卦次序》、《伏羲六十四卦方位》、《文王八卦次序》、《文王八卦方位》，和后来又传出的《太极图》。可后来画图成风，据中国科学院哲学社会研究所专家收集，易图已达四千多种，可谓世界学术史之最！这就将本来就很复杂的易学，搞得更加混乱了。

在上篇中，我们已经介绍了这九张图中的《伏羲八卦次序》和《伏羲六十四卦次序》，在这一篇中，我们将介绍八卦方位图。八卦方位图有“先天”和“后天”之分。先天又称《伏羲八卦方位》，后天又称《文王八卦方位》。

（一）先天（伏羲）八卦方位图

《先天八卦方位图》，又称《伏羲八卦方位图》。有人说，它是伏羲画八卦的依据，这有些本末倒置。应该说，此图是对伏羲八卦方位的解释，其说源于《易传·说卦传》：

> 天地定位，山泽通气，雷风相薄，水火不相射，八卦相错，数往者顺，知来则逆，是故《易》逆数也。

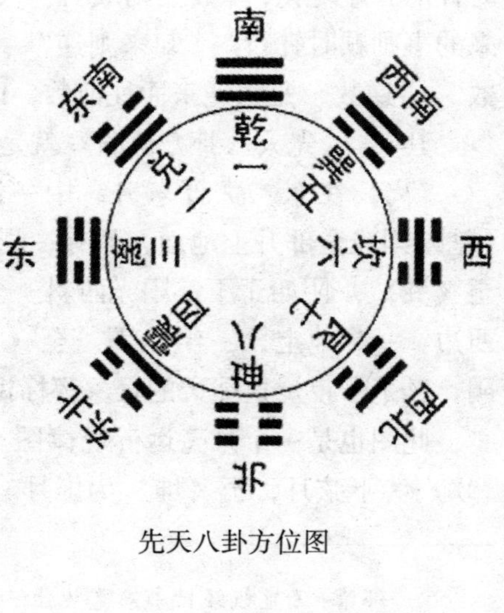

先天八卦方位图

邵雍在《观物外篇》解释说：“天

地定位一节，明伏羲八卦也。八卦者，明交相错，而成六十四卦也。数往者顺，若顺天而行，是左旋也，皆已生之卦也。故云数往也。知来者逆，若逆天而行，是右行也，皆未生之卦也，故曰知来也。夫易之数，由逆而成矣。此一节直解图意，若逆知四时之谓也。"①

这些说的都是什么意思呢？

"天地定位"，是先定天地的位置。乾上坤下，乾南坤北，"天尊地卑，乾坤定矣"。

"山泽通气"，山为艮，泽是兑，艮、兑相对，山高泽低，山雾缭绕，泽气上蒸，往来相通。

"雷风相薄"，震为雷，巽为风，雷借风威，风传雷声，互增其势。

"水火不相射"，坎为水，离为火，水火本不相容，但它们各居一方，在对立的同时也有统一的一面，不加害于对方。

这就把八卦的位置都标识出来了：乾南坤北，离东坎西，兑东南，震东北，巽西南，艮西北。

易界普遍认为，先天八卦体现了宇宙万物阴阳矛盾的对立统一、推摩交易规律，显示事物发展螺旋变化周期。乾一、兑二、离三、震四，皆为阳卦，自震四至乾一，表示阳气上升过程，仿天道左行，故说是顺行。巽五、坎六、艮七、坤八为阴卦，自巽五至坤八为逆行，表示阴气上升过程，仿地道右行，即逆天而行。从整个图来看，从坎北顺时针旋，恰是冬→春→夏→秋四季顺时针的有序变化，"数往则顺"。"数（shǔ）"是计算、测算之义，即预测未来的事则顺时针行。"知来则逆"，要推算过去的事则逆时针行。"《易》逆数"，"逆数"是由逆来而往前数，以过去推算未来。

其实，《先天八卦方位图》就是一个日月运行和四季变化的图。

《离》在东，犹日东升，中一阴象征地，日在地上和地下各一半。至《兑》阳光全部升上地面，只有一阴在上。至《乾》三爻皆阳，犹日在中天。至《巽》一阴始于下，阳光西斜。至《坎》一阳在中，阴居上下，犹日落于西边，一半地上，一半地下。至《艮》日已全落于地下。至《坤》三爻皆阴，已是子夜。这一天的日象都标识出来了，周而复始，又开始了新的一天。

此图也是一个月亮运行规律图。《离》为上弦月，至《乾》为满月，至《坎》为下弦月，至《坤》为虚月。

① 邵雍：《皇极经世书》卷七上，中州古籍出版社1993年版，第320页。

这又是一个一年四季的规律图。如若将每个卦分成三节，八卦可分为二十四节，均匀地分布着二十四节气。《离》为春分，《乾》为立夏，《坎》为秋分，《坤》为冬至。

（二）后天（文王）八卦方位图

后天八卦方位图又称文王八卦方位图。

《周易·易传·说卦传》说：

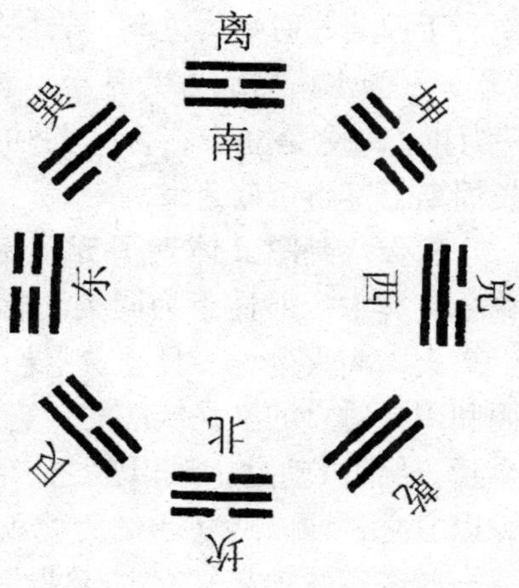

后天八卦方位图

> 帝出乎震，齐乎巽，相见乎离，致役乎坤，说言乎兑，战乎乾，劳乎坎，成言于艮。万物出乎震，震，东方也。齐乎巽，巽，东南也；齐也者，言万物之洁齐也。离也者，明也，万物皆相见，南方之卦也；圣人南面而听天下，向明而治，盖取诸此也。坤也者，地也，万物皆致养焉，故曰致役乎坤。兑，正秋也，万物之所说也，故曰说言乎兑。战乎乾，乾，西北之卦也，言阴阳相薄也。坎者，水也，正北方之卦也，劳卦也，万物之所归也，故曰劳乎坎。艮东北之卦也，万物之所成，终而所成始也，故曰成言乎艮。

后天八卦图就是根据这段论述而来的。

北宋·邵雍在《观物外篇》中说："起震终艮一节，明文王八卦也。至哉文王之作《易》也，其得天地之用乎？故乾坤交而为泰，坎离交而为既济也。乾生于子，坤生于午，坎终于寅，离终于申，以应天之时也。置乾于西北，退坤于西南，长子用事，而长女带母，坎离得位而兑艮为隅，以应地之方也。"

易界普遍认为，伏羲八卦为易之体，文王八卦为易之用。后天八卦体现了四时推移、八节变化、万物生长的流行周期以及阴阳互存互根、五行母子相生的规律。

"帝"，指北斗七星，古人认为北斗星是宇宙的主宰，天体都围绕着它运转。并且，根据北斗星所指的方位可以确定时节。"帝"就成了古人心目中的大自然的主宰，是大自然生机的元气。《震》☳在东，是日月生起的地方，一阳始生于下，时令为春分，万物由此而生。《巽》☴二阳在上居东南，时令为立夏，万物皆竞相生长。《离》☲者，明也，居南，时令为夏至，阳光普照，万物生长旺盛，纷纷展现其形体，相互媲美。《坤》☷者，地也，万物之母，居西南，值立秋，万物开始成熟，但仍努力生长，使其更加饱满。《兑》☱者，悦也，居西，值秋分，万物已经成熟，呈现出一派欢乐景象。《乾》☰三阳居于西北，时令为立冬，暑尽寒来，是万物相交季节，阴阳交而孕育万物。《坎》☵为水，居北方为冬至，物经四时，至此归藏休息，以待来春。《艮》☶为止，时令是立春，含“前功已成，后功复萌”之义，物完成了一年的生长周期，又将重新复发。

后天八卦图又体现了五行相生相克的道理。坎水克离火，乾金克巽木，兑金克震木，坤艮土为同类。乾、兑金生坎水，坎水生震、巽木，震、巽木生离火，离火生坤、艮土。《老子》说：“万物负阴而抱阳，冲气以为和。”① 阴和阳是对立的又是统一的，它们“互存互根”，相生相克、相感相摩而万物生焉。“雷以动之，风以散之，雨以润之，日以烜之，艮以止之，兑以说之，乾以君之，坤以藏之”②，万物就这样有序地生长。

此图还体现了“乾坤父母”的思想。北宋朱熹在《周易本义》中载有《文王八卦次序》：“天地絪缊，万物化醇，男女构精，万物化生。”③ 天有阴阳之别，人有男女之分。天地阴阳二气相互感应，而有万物化生；男女交感构精，而孕育后代。《说卦传》云：“《乾》，天也，故称乎父；《坤》，地也，故称乎母。《震》一索（得《乾》初爻）而得男，故谓之长男。《巽》一索（得《坤》初爻）而得女，故谓之长女。《坎》再索（得《乾》中爻）而得男，故谓之中男。

《周易本义》所载文王八卦次序

① 《老子·三十六章》。
② 《易经·说卦传》。
③ 《易经·系辞下》。

《离》再索（得《坤》中爻）而得女，故谓之中女。《艮》三索（得《乾》上爻）而得男，故谓之少男。《兑》三索（得《坤》上爻）而得女，故谓之少女。”（括弧内文字为笔者所加）

由此可见，此图是融方位、四季、五行及万物生长为一体的图。如果说“先天”是天运行规律图的话，那么，“后天”则是天与地的相交图。

九、《河图》、《洛书》探秘

易图，多数是为解释《易》的符号即八卦、六十四卦而作的。这些易图凝聚了古人、近代人和现代人的智慧，是易学的重要组成部分，其中有的具有很高的学术价值和科学价值。在众多易图中，首推《河图》、《洛书》起源最早、流传最广，后代的解释也分歧最大。

（一）《河图》、《洛书》之谜

《河图》、《洛书》是易学界争议最大、最为复杂的图，至今易界仍达不成共识。宋陈抟始将《河图》、《洛书》以及《先天图》、《太极图》传于世，朱熹在《周易本义》将其公之于世，这在易界引发了近千年的“河洛之争”。

1. 河、洛综述

古籍对河、洛的记载　《易传·系辞上》说：“河出图，洛出书，圣人则之。”孔子做学问是慎重的，他说此话，可能他见过这两张图。史籍最早有记载的是《尚书·顾命》，说在成王逝世的葬礼上，陈列了许多宝器、用具，其中“大玉、夷玉、天球、河图在东列”。与河图并排的“天球”是否就是《洛书》，这还有待于研究。河洛之说在先秦典籍中就多有记载：

天不爱其道，地不爱其宝，人不爱其情。故天降膏露，地出澧泉，山出器车，河出马图。（《礼记·礼运》）

昔人之受命者，龙龟假，河出图，洛出书，地出乘黄，今三祥未见有者。（《管子·小匡》）

凤鸟不至，河不出图，吾已矣夫！（《论语·子罕》）

故阳以七，阴以八为彖，易一阴一阳，合而为十五之谓道。阳变七之九，阴变八之六，亦合之十五，则彖变之数若之一也。阳动而进，变七之九，象其气之息也。阴动而退，变八之六，象其气之

消也。故太一取其数以行九宫，四正四维皆合于十五。（《易纬·乾凿度》）

这些论述说明，《河图》、《洛书》渊源甚古！

河、洛之争　宋代《河图》、《洛书》、《先天图》、《太极图》一面世，就引起了轩然大波，出现了“疑古派”和“图书派”的大论战，这一战就是九百年！

首先发难的是“疑古派”先驱、北宋大文学家欧阳修，他在《童子问》中说：

敢问八卦之说，或谓伏羲已授《河图》，又俯仰于天地，观取于人物，然后画八卦尔。二说虽异，会其义则一也，然乎？曰不然。此曲学之士牵合附会，以苟通其说而遂其一家之学尔……《河图》之出也，八卦之文已具乎？则伏羲授之而已，复何所为也？八卦之文不具，必须人力为之，则不是为《河图》也……呜呼！为斯说者，王制之所宜诛也。

针对“疑古派”的挑战，“图书派”当仁不让，奋起还击，舌战笔伐，时断时续，一直延续到1977年！

1977年，在安徽阜阳县双古堆西汉汝阴侯出土的《太乙九宫占盘》，给这场争论暂时画上了一个句号。

此盘正面按八卦位置和属性（水火木金土）排列，九宫的名称和各宫节气的日期，与《灵枢经·九宫八风篇》首图布局完全相同。小圆盘过圆心画四条等分线，在每条等分线两端刻“一君”对“九百姓”，“二”对“八”，“三相”对“七将”，“四”对“六”，这与《洛书》完全符合，也验证了《易纬·乾凿度》所说的“故阳以七，阴以八为象，易一阴一阳，合而为十五之谓道。阳变七之九，阴变八之六，亦合之十五，则象变之数若之一也。阳动而进，变七之九，象其气之息也。阴动而退，变八之六，象其气之消也。故太一取其数以行九宫，四正四维皆合于十五”。

这说明，《洛书》至迟在西汉时期就已经存在，不是宋人伪造，从而平息了这场争论。

河、洛的研究给了我们一个重要启示：对待历史问题要谨慎，不能采取简单否认的做法。我们的祖先在极其困难的情况下，给我们留下了这些宝贵的遗产，我们应该珍惜它。就是有文字以后，一些典籍都掌握在统治者手里，别人是很难见到的，就拿《尚书》来说，它是国家文书档案，很少有人能接触到它，秦始皇焚书时伏生藏在墙壁里的《尚书》，有可能是根据记忆刻在竹简上的，有些地方就不免与原文有误，但不能因此就否定它。《逸尚书》说是伪作，可其中确实记录了商周时的许多史实；如果是伪书，它也反映了造伪者的思想，还是有参考价值的。我们这一代人智慧不足，还是留给后人去考证，更何况出土文物不断发现，将会有个交代的，我们不宜忙于作否定性的结论。

河、洛是何人所得　这是更为复杂的历史遗案。孔子说：“河出图，洛出书，圣人则之。”可他没有说这个“圣人”是谁，这就留下了一个悬念，后人众说不一。

汉·孔安国为《尚书·顾命》作传说：“《河图》八卦，伏羲王天下，龙马出河，遂则其以画八卦，谓之《河图》。”《汉书·五行志》说：“刘歆以为伏羲氏继天而王，受《河图》则而画之，八卦是也。”《三坟·天皇伏羲氏皇策辞》：“河龙马负图，神开我心，子其未生，我画八卦，自上而下咸安其居。”都说是伏羲得《河图》，画八卦。

《竹书纪年》载：“五十七秋七月庚申，凤鸟至，帝祭于洛水……《龙图》出河，龟书出洛，赤文篆字，以授轩辕。”《洛史·黄帝纪》：“黄帝有熊氏，河龙图发，洛龟书成……乃重坤以为首，所谓《归藏易》，故曰归藏氏。”此说黄帝受《河图》、《洛书》，作《归藏易》。

《竹书纪年》说：“帝在位七十年……修坛场于河、洛……乃有龙马衔甲，赤文绿色，缘坛而上，吐甲图而去。甲似龟，背广九尺，其图以白玉为柙，泥以黄金约以青绳。检文曰：‘闿色授帝舜’。”此说帝尧得龙马图。

《竹书纪年》说：“舜乃设坛于河，依尧故事，至于下昃，荣光休至，黄龙负图，长三十二尺，广九尺，出于坛畔，赤文绿错，其言当禅禹。”此说帝舜得黄龙负河图。

《竹书纪年》说：“禹观于河，有长人白面鱼身，出曰：‘吾河精也’，呼禹曰：‘文命治水。’言讫，授禹《河图》，言治水之事……禹治水既毕……乃受舜禅，即天子位。洛也龟书，是为《洪范》。”《汉书·五行志》：“禹治洪水，赐《洛书》法而陈之，《洪范》是也。”此说大禹受《洛书》。

《竹书纪年》说：“汤乃东至于洛，观帝尧之坛，沉璧退立，黄鱼双踊，黑鸟随之止于坛，化为黑玉。又有黑龟，并赤文成字。”此说殷商成汤得赤文。

还有的说是周文王、周武王得到了河、洛。

这个问题看起来相当复杂。我们能否将复杂的问题简单化些，是否可以设想：上面这些“圣人”都得到过《河》或《洛》，这里有个传承和发展的问题。

上面这些说法多是引用《宋书·符瑞志》，《符瑞志》引自《古本竹书纪年》，《竹书》是战国时魏国的史书，此书自北宋之后已经失佚。今本《竹书》是在宋以前的古籍中辑得的佚文。可以认为，上面这些话都是出自《古本竹书纪年》。

然而，为什么在一本书里，把同一个东西给了不同时代的人呢？从“阎色授帝舜”、“其言当禅禹”、“乃受舜禅”这些语言来看，是将这部“天书”一代一代传了下去，而且传的礼仪非常庄重，要“洁斋修坛”，因为这两张图是古人智慧的结晶，它不仅涉及天文、地理问题，而且还涉及经济问题，甚至涉及政治问题，谁得到这本“天书”谁就可以王天下。郭璞《山海经》注说：“伏羲氏得《河图》，夏人因之，曰《连山》。黄帝氏得《河图》，商人因之曰《归藏》。列山氏得《河图》，周人因之曰《周易》。”从传承和发展的关系来看，这个观点是正确的。这些人都得到了《河》或《洛》，并将其不断发展。

2.“龙图三变”说

陈抟得《龙图》，《宋史·艺文志》载，陈抟著有《易龙图》一卷，现已失佚，仅存《龙图序》。陈抟在《序》中说：“且夫龙马始负图，出于羲皇之代，在太古之先也。”说明此图不是陈抟杜撰的，是太古伏羲氏传下来的，是画八卦的依据。“然则何以知之？于夫子三陈九卦之义，探其旨，所以知之也。”怎么知道是伏羲所作呢？是根据孔子的论述，得知“是《龙图》者，天数而示之，伏羲合而用之，仲尼默而形之”。“天数示之”，即是《易传》所说的仰观俯察所得的天地之象；“伏羲用之”，即是伏羲用这些认识始作八卦；“仲尼形之”，就是孔子用文字将其表述出来了。

陈抟说是伏羲得到了龙马图，其依据是孔子在《易传》中说的。然而，孔子只是说伏羲“始作八卦”，并没有说伏羲得到了河、洛；“圣人则之”，没有说这个圣人就是伏羲。这个谜待后我们再进行讨论。

陈抟在《序》中提出了“龙图三变”之说，一变是“未合之数”，陈抟说：“天之垂象，的如贯珠，少有差，则不成次序也。”即“散而示之”，此时，“圣人不得见其象”，是天地未合的图形；二变是“已合之序”，此时“圣人观象而明其用”，是天地已合之图；三变而成龙马负图，即《河图》、《洛书》。

元代张理在《易学图说》中，对“龙图三变”作了详细说明和图解，现一并介绍之。

龙图第一变 陈抟《龙图序》说：“始《龙图》之未合也，惟五十五数。

上二十五，天数也。中贯三五，九外包之，十五尽天，三天五天，九并十五之用，后形一、六无位，又显二十四之为用也。兹所谓‘天垂象’矣。下三十，地数也，亦分五位，皆明五之用也。十分而为六，形坤之象焉。”

这是天地未合之图。以白圈为天，以黑点为地。此图上图天数排列以五个为一组，即“天五”。横向三组，纵向三组，即“天三”。横线点数相加为九，竖线点数相加也是九，即“天九”。横向和竖向点数之和皆是十五，总数为二十五，这是天地未合之数。天数“一”与地数“六”皆不配位，故起作用的数是二十四。

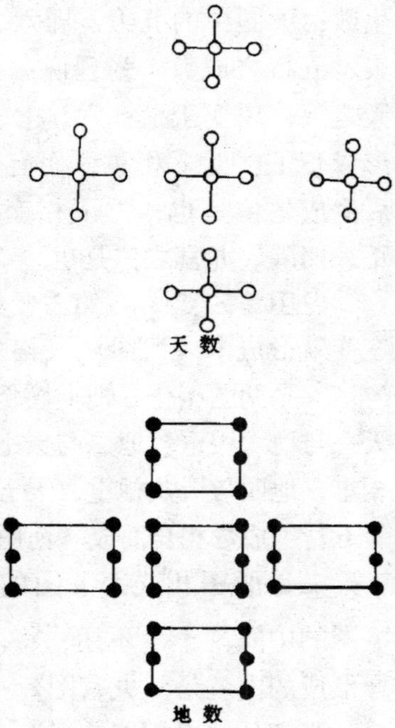

龙图第一变

此图下图是地数。天数以五为单位，地数以六为单位，每六个为一组，共分五组，总点数为三十。张理说：“上位天数也，天数中有五，分为五位，五五二十有五，积一、三、五、七、九，亦得二十五焉。五位纵横见二，纵横见五，三位纵横见九，纵横见十五。《序言》中‘中贯三五九，外包之十五’者，此也。下位地数也，地数中于六，亦分为五位，五六凡三十，积二、四、六、八、十，亦得三十焉。《序言》‘（三）十分而为六，形坤之象’者，此也。”

龙图第二变　在上图的基础上，演变成已合之图。

此图的上图是天数变图，是在第一变的天图演变而来。未合之天图共有五组，将上一组去四留一，左一组去一留四，右一组去二留三，下组去三留二。中间不动。这样所余一、三、五仍为阳数，用○表示；而二、四则变成了阴数，用●表示。

被去掉的这十个○到哪里去了呢？它隐藏在下图的“十”之中。

下图为地数，在未合六组之地图中，上组六加天图左边去掉的那个“一”则为七，左组六加天图右边去掉的“二”则为八，右组六加天图下去掉的“三”为九，天图上去掉的“四”加在中间为十，下组不动，这样天图减下来的十个○都有了位置。变化之后，上七、右九为阳数，用○表示；左八、下六、中间十为阴数，用●表示。

这样的加减似乎很麻烦，其实，在上面的天图各组数目上各加“五”，就成了此图的倒图。

这样变化以后，上图的点数是十五，下图的点数是四十，合而仍为五十五。上图中的五组，即一、二、三、四、五之数，表示五行之生数；下图中的五组，即六、七、八、九、十，表示五行之成数。张理说："一、二、三、四，天之象，象变于上；六、七、八、九，地之形，形成于下。上下相重，而有五行，则左右、前后生成之位是也；上下相交，而为八卦，则四正、四隅、九宫之位是也。"

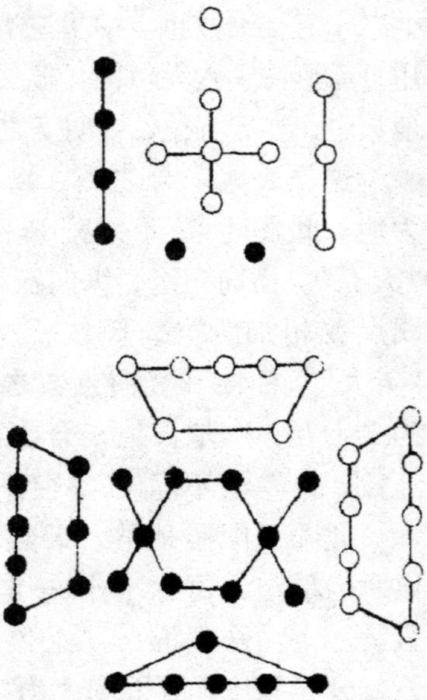

龙图第二变

龙图第三变　在第二变的基础上，再经第三变就形成了《河图》、《洛书》。变法有二：

一是两图相合，把上图倒过来与下图合，即天一与地六相重，地二与天七相重，天三与地八相重，地四与天九相重，天五与地十相重，这就是五行生成数相合而成《河图》，是五行生成图。

二是两图相交，上图的中间"五"不动，下图的中间"十"不用，将两图的奇数分居四正位，偶数分居四隅之位，这样形成的图就是《九宫图》，即《洛书》。

张理的"龙图三变说"是否就是陈抟的本意，后人有不同的看法，因为陈抟所说的只是《河图》，没有涉及《洛书》，这尚是一个疑案！

3."图九书十"和"图十书九"说

刘牧是陈抟的五传弟子，他得到了《龙图》，著有《易数钩隐图》和《易数钩隐图遗论九事》，两书载图六十四篇，其中与河、洛有直接关系的三篇，见下图。

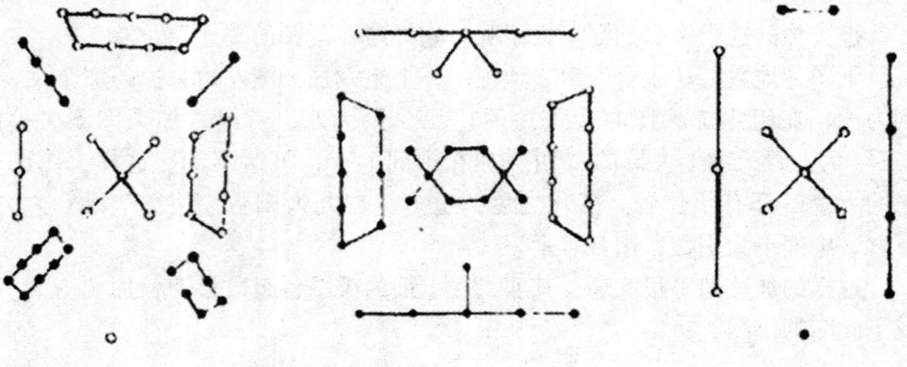

刘牧认为，九宫图是《河图》，五行生成图是《洛书》。因五行生成图奇偶各五、共十数，故说“书十”；九宫图共九数，故说“图九”。蔡元定又从另一个角度去认识。

南宋蔡元定与刘牧的认识相反，认为“图十书九”，朱熹赞成蔡说，在他们合著的《易学启蒙》中说：“河图主全，故极于十，而奇偶之位均，论其积实，然后见其偶赢而奇乏也。洛书主变，故极于九，而其位与实，皆奇赢而偶乏也，必皆虚其中也，然后阴阳之数，均于二十而无偏耳。”这说法得到了易界的普遍认可，在《周易本义》公诸此图时，就是采用“图九书十说”，见下图。

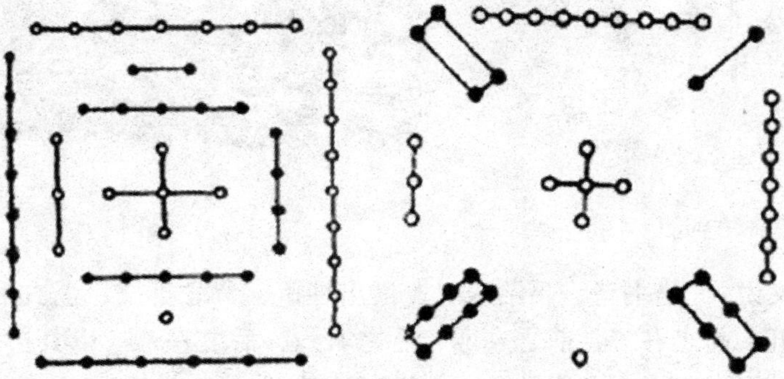

左河图　右洛书（宋·朱熹）

图中白圆圈代表天（阳），黑圆点代表地（阴）。《系辞上》说：“天一地二、天三地四、天五地六、天七地八、天九地十。”“天数五，地数五，五位相得而各有合，天数二十有五，地数三十。凡天地之数五十有五。”这指的是《河图》。“天数五”是指白圈一、三、五、七、九，合起来二十五。“地数五”是指黑点二、四、六、八、十，合起来是三十。天地数相加之和是五十五，这是天地之数。

《洛书》在《易传》中并未提及。朱熹说：“《洛书》盖取龟象，故其数：戴九履一，左三右七，二四为肩，六八为足。”九和一、三和七、中间五这都是阳数为天，居四正，两两相对，即天数二十五。二和四为阴数，居上隅；六和八亦为阴数，处下隅，四隅之和为二十，是地数，天地之数和为四十五。

4. 吴澄“龙马背负说”

《河图》、《洛书》的出现有个传说，说《古河图》是伏羲时代河中有龙马背负的图像，《古洛图》是大禹时代洛水之神龟背负的图像。

元·吴澄《易纂言》认为："河图者，羲皇时，河出龙马，背之后毛，后一六，前三七，左三八，右四九，中五十。以象旋毛星点，而谓之图。羲皇则其阳奇阴偶之数，以画卦生蓍。"（见下图）

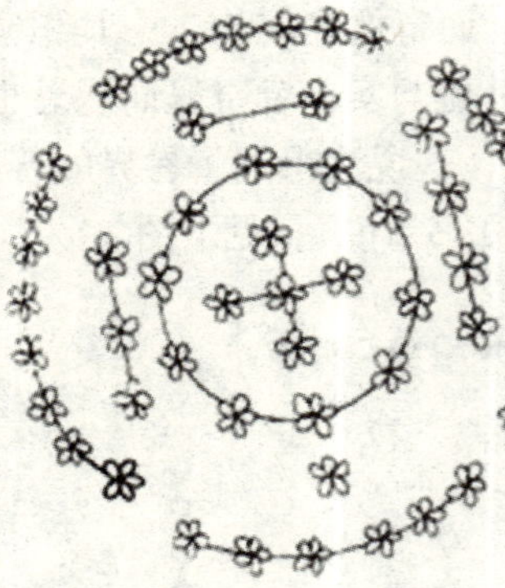
古河图

马图

吴澄又说："洛书者，禹治水时，洛出神龟，背之拆文，前九后一，左三右七，中五，前之右二，前之左四，后之右六，后之左八。以其拆文如字画，而谓书。禹则自其一至九之数，以叙洪范之畴。"

古洛书

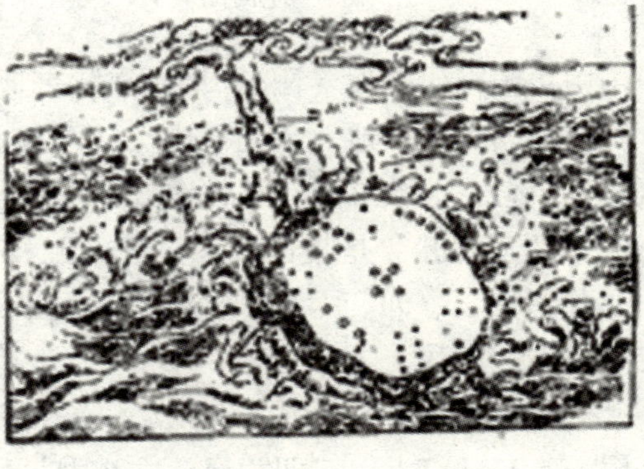
龟书图

这些带有神话色彩的说法没有得到易界的认同。然而，说《洛书》出于龟象还是有道理的。朱熹说"《洛书》盖取龟象"。古人占卜时用龟，认为龟是可以通神灵的。在河南舞阳贾湖一处距今约八千年的裴李岗文化遗址中，发现有龟壳随葬，龟壳内放有数量、大小、颜色不等的石子。安徽含山出土的"含山玉片”，出土时是夹在玉制龟的腹甲与背甲之间，与玉龟一同放置在墓主人的胸口上，这是否说明，在五千年前或许更早，就有“洛出神龟”的传说。冯时在《星汉流年》中说：“假如这个玉版真的能与神秘的图书建立某种联系的话，那么它就将第一次把‘洛书’与神龟连在一起，我们尤其应该注意，玉版夹放在龟甲之中，这个事实和历来最令人难以置信神话般的怪谈却可以相互印证起来，因为汉代的纬书中普遍流行着所谓‘元龟衔符’、‘元龟负书出’、‘大龟负图’的说法，这些说法竟也能找到它的事实依据。”这还需要我们研究、探讨。

（二）《河图》之谜

《河图》到底是什么，古人在向我们传递什么样的信息，与《洛书》一样，至今仍是个谜。一千年来，人们苦苦求索，企盼揭开《河书》之谜。

1. 诸家对《河图》的论述

陈抟首先得到了河、洛等图，按道理说，他对这些图的意思应该是明了的。可是，陈抟主张“不立文字”，让人们“嘿观其象”，“悟”出什么道理就是什么道理。伏羲时代没有文字，向我们打了一个哑语；陈抟也是用哑语对哑语，他画了二十张图以演绎天地变化之数，但也没有文字，不知什么原因，最后连这些图也没有传下来。这就给我们留下了许多悬念，后人只能是仁者见仁、智者见智，使人更不知所措了，不知到底谁说得对。现将易家对《河图》的主要观点介绍如下。

《河图》五行说　南宋·蔡元定与朱熹合著《易学启蒙》，对孔子“天地之数”作解说：

> 夫子所以发明《河图》之数也，天地之间，一气而已，分而为二，则为阴阳，而五行造化，万物始终，无不管于是焉。故《河图》之位，一与六共宗而居乎北，二与七为朋而居乎南，三与八同道而居乎东，四与九为友而居乎西，五与十相守而居乎中。盖其所以为数者，不过一阴一阳，以两其五行而已。

蔡元定和朱熹是以五行说来解释《河图》的。认为三、八居东为木，二、七居南为火，四、九居西为金，一、六居北为水，五、十居中为土。由东左旋，从东到南为木生火，由南到中为火生土，由中到西为土生金，由西到北是金生水，由北到东是水生木，周而复始。认为《河图》以生数为主，以五生数统五成数，即以“一二三四五”统率“六七八九十”，生数居于内，成数居于外，以中为主。

这种《河图》五行说对易界影响较大，诸家多从此说。

《河图》天地交说　明·来知德认为，《河图》的一、三、五、七、九是奇数，相加为二十五；二、四、六、八、十是偶数，相加为三十。奇偶总数为五十五，然偶大于奇。奇数是五位，偶数也是五位，这体现了奇位与偶位相合之理。他说："一、三、五、七、九，阳也，天之象也；二、四、六、八、十，阴也，地之象也，即奇偶位次，而天地之交见矣。"

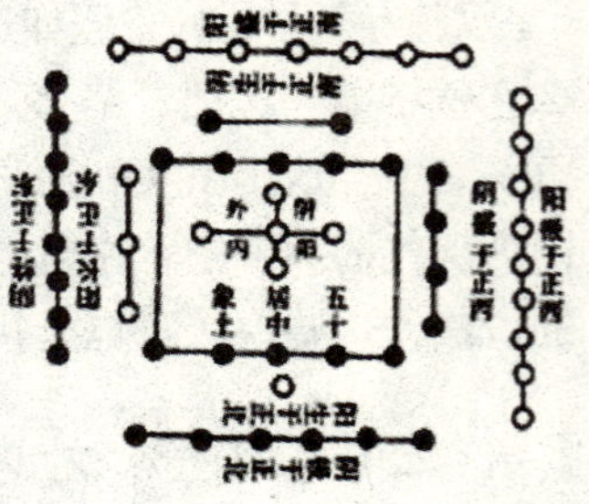

河图天地交图

在《易经来注图解》载有右图：

此图是说，白圈代表阳为天，阳气生于正北，长于正东，盛于正南，极于正西。黑点代表阴为地，生于正南，盛于正西，极于正北，终于正东。五、十居中，内为阳，外为阴。此是天地定位、阴阳相交之图。

外方内圆说　清·万年淳在《易拇》中载有一图：

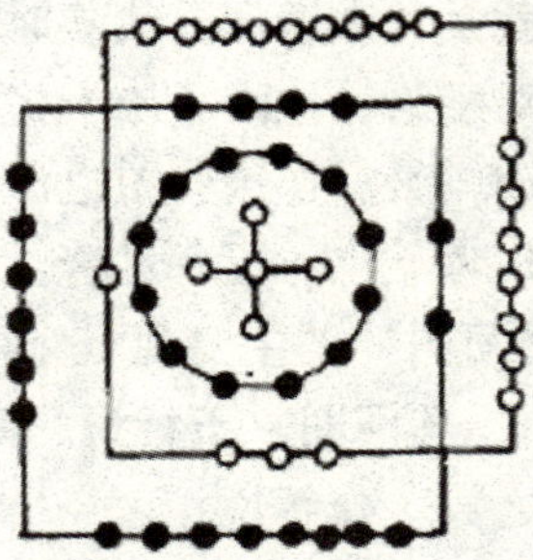

万氏河图

他说："盖《河图》外方而内圆，一、三、七、九为一方，其数二十也；二、四、六、八为一方，其数亦二十也；中十五，共五十五数。中十点作十方圆布，包五数在内，此外方内圆。而五数方布在中者。中一圈即太极圆形，外四圈分布四方，为方形，十包五在内，仍在圆中藏方、方中藏圆，阴中有阳、阳中有阴之妙也。"此图左边六合一为七，右边二合七为九，下边三合八为十一，上边四合九为十三，中间五合十为十五。总数为五十五，皆为阳数。与《洛书》对位相合，是《河图》包裹《洛书》之象。

这种说法不被易界所认可。但将其分成两图，却给人以启示：何不将天与地分开呢？这样不是可以把问题说得更清楚吗！

先天配《河图》说　清·李光地《周易折中》载有右图：

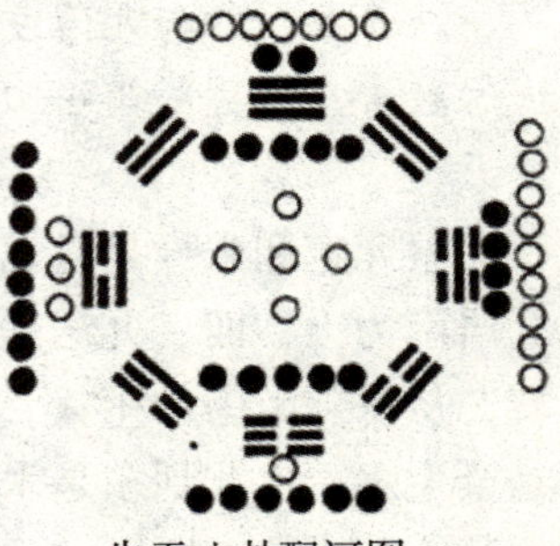

先天八卦配河图

此图是对宋朱熹、蔡元定合著的《易学启蒙》中有关《河图》论述的解释。朱、蔡说："《河图》

之虚五与十者，太极也。奇数二十，偶数二十者，两仪也。以一、二、三、四为六、七、八、九者，四象也。析四方之合，以为《乾》、《坤》、《离》、《坎》；补四隅之空，以为《兑》、《震》、《巽》、《艮》者，八卦也。”

这说的是什么意思呢？

《河图》中生数是一、二、三、四，各加上中间的“五”，即是六、七、八、九，这就是老阳、少阴、少阳、老阴之数，为“四象”。四象生八卦，分北方一、六之数为《坤》卦，分南方二、七之数为《乾》卦，分东方三、八之数为《离》卦，分西方四、九之数为《坎》卦，这样就将四正的位置定下来了；而《兑》、《震》、《巽》、《艮》则居四隅，这就形成了八卦。左边由《坤》至《离》，则阳内而阴外，表示阳长阴消；右边由《乾》至《坎》，为阴内阳外，则阴长阳消，阴阳二气正反互根，循环不已。

此图是想说明，《河图》是画八卦的依据。

则《河图》画卦说　清·江永对《河图》、《洛书》进行了全面而又深入的研究，著有《河洛精蕴》，此书中载有右图：

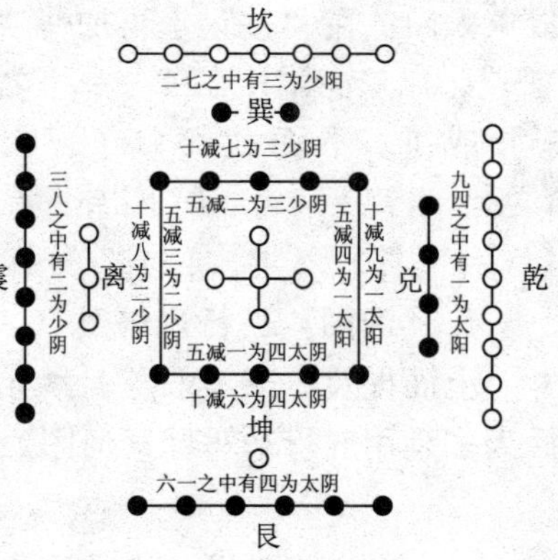

圣人则河图画卦图

江永认为：“《河图》之数，水北火南，木东金西，先天含后天之位。而其所以成先天八卦者，乃是析图之九、四、三、八，以当《乾》、《兑》、《离》、《震》之阳仪。分阳之二、七、六、一，以当《巽》、《坎》、《艮》、《坤》之阴仪。”从上图横向看，是阳仪；纵向则是阴仪。如果将其画成圆图，则就是“先天八卦图”，《乾》、《兑》、《离》、《震》在左，《巽》、《坎》、《艮》、《坤》在右，中而分之就是两仪。其表现在卦的下一画，横向四卦的下一画均是阳，纵向四卦的下一画都是阴，这就是两仪。

江永说：“方其生八卦，则一仪分为四；方其生四象，则一仪分为二。”这是什么意思呢？

江永认为，两仪既不以奇偶为准，也不以生成数为准，而是以纵横排列为准。横向是阳（—），纵向为阴（--），各分为二之组合就是“四象”：太阳⚌、少阳⚎、少阴⚍、老阴⚏。如若将一仪分为四，则就组成了八卦。其实，横向在“四象”下各加—，就成为☰、☱、☲、☳四卦；纵向在“四象”下各加--，就成了☴、☵、☶、☷四卦。江永认为：“不但八卦如此，六十四卦亦然。左边三十二卦之下一画，可连为一阳；右边三十二卦之下一画，可连为一阴也。”这样就形成了六十四卦。

江永否定了朱熹四象位和数分为二说，认为九、八、七、六固然是四象数之实，而一、二、三、四亦是数之实，而不仅仅是次序之位。他说：“太阳居一，藏于西方之九四，九减十为一，四减五为一，九为太阳，而四亦为太阳。少阴居二，藏于东方之三八，八减十为二，三减五为二，八为少阴，而三亦为少阴。少阳居三，藏于南方之三七，七减十为三，二减五为三，七为少阳，而二亦为少阳。太阴居四藏于北方之一六，六减十为四，一减五为四，六为太阴，而一亦为太阴。”

伏羲是怎样则《河图》而画八卦的呢？江永说，伏羲是先画一个“—”，以象阳，表示自西向东的九、四、三、八之横数；再画一个“--”，以象阴，表示由南到北二、七、六、一之纵数。然后，在“—”上再加一“—”，以象太阳；在“—”上再加一“--”，以象少阴；在“--”之上再加一个“—”，以象少阳；在“--”之上再加一“--”，以象太阴，这样“四象”就形成了。下面就简单了，在“四象”下各加一“—”，则成为《乾》、《兑》、《离》、《震》四卦；在“四象”下各加一“--”，就组成《巽》、《坎》、《艮》、《坤》四卦，这样八卦就画出来了。

2.《河图》五行说辨疑

上面提及，宋·朱熹、蔡元定的“五行造化”之说，在易界广为流行，后人多是用五行来解释《河图》，其有代表性的观点有：

> 天以一生水，地以二生火，地以四生金，天以五生土。五胜相乘，以生小周。（《汉书·律历志》）
>
> 五行之辨，始于图书……河图之左旋而顺者，相生之机也。洛书之右旋而逆者，相克之机也。生克即定，而五行具焉……。（胡煦，转引自《图典精华》）
>
> 天以一生水，地以六成之；地以二生火，天以七成之；天以三生木，地以八成之；地以四生金，天以九成之；天以五生土，地以十成之，此《河图》五行生成之数也。（清·陈梦雷《周易浅述》）
>
> 八卦五行，水火一而木金土各二，此后天一大节目，六十四卦之分宫于此，其源自一水、二火、三木、四金、五土地。即已盼清浊，分气质，亦是《河图》四象之变化。（清·江永《河洛精蕴》）

这里有一个问题：五行之说到底始于何时？

五行之说最早出现于《尚书》，《洪范》中箕子说：

> 鲧陻洪水，汩陈其五行……五行，一曰水，二曰火，三曰木，四曰金，五曰土。水曰润下，火曰炎上，木曰曲直，金曰从革，土爰稼穑。润下作咸，炎上作苦，曲直作酸，从革作辛，稼穑作甘。

大禹之父在治理河水时，采用“堵”的办法，没有遵循五行的规律，所以失败了，鲧被舜帝放逐到羽山而死。禹继父业，上天赐给他“洪范九畴”，其一就是“五行”，用此法治水取得成功。五行就是水、火、木、金、土，这是宇宙间五种最基本的物质。水向低处流，火向上燃烧，木可以弯曲或伸直，金可以顺从人意改变形态，土可以种植百谷。水可产生咸味，火产生苦味，木产生酸味，金产生辣味，土产生甜味。这将五行及其属性讲得很清楚了。有人据此说五行之说始于夏代。

《史记·历书》说：“神农以前尚矣。盖黄帝考定星历，建立五行，起消息，正闰余。”司马迁认为，神农氏之前太久远了，已无法考证，他猜测是黄帝考定的星辰历法，建立的五行，这种说法有其可信的地方。

《黄帝内经》是我国最古老的中医理论专著，它是用阴阳五行学说和“天人感应”的原理来解释人的生理、病理、诊断、治疗和预防的，可谓“中医学宝典”。该书用黄帝与太医岐伯对话的形式全面而系统地提出了五行学说与医学的关系：

> 天有四时五行，以生长收获，以生寒燥湿风。
>
> 五行者，金、木、水、火、土也。
>
> 东方生风，风生木……南方生热，热生火……中央生湿，湿生土……西方生燥，燥生金……北方生寒，寒生水。

这里明确说明了五行的方位，东木、南火、中土、西金、北水，与《河图》的方位是一致的。

问题在于：《素问》是否是黄帝时期的著作？这是一个历史遗案。

《汉书·艺文志》载“《黄帝内经》十八卷”，这其中有《素问》九卷，《灵枢》九卷，合为十八卷。这说明，在汉之前就有此书。中国医学渊源甚古，在新石器时代就有“神农尝百草，始有医药”[①] 的记载，黄帝论医是不奇怪的。黄帝与岐伯的论述一代一代传了下来，后人整理成书时有可能加入了一些新的观点，但必定会保留原貌。《素问》通篇讲的就是“阴阳五行”与人体的关系，这是该书的灵魂，这不可能是后人加进去的。所以说黄帝时就有了五行说是可信的，当然，这只是推测，司马迁也只是说“盖（大概）”，还有待发现更多的资料来验证。

如果说黄帝时就有了五行说，那么，这是否意味着是从伏羲时代继承下来的呢？伏羲到黄帝尚有一千多年的历史，要知道，越是在生产力低下的情况下，人的认识就越缓慢，从人的认识规律上来看，当时还不可能掌握这种学说。八卦的取象是：乾为天、坤为地，震为雷，巽为木，坎为水，离为火，艮为山，兑为泽，这是当时人们所认识到的宇宙间的八种物质，与“五行”不是一个概念；如果说这是“五行”的雏形，还是可信的。就是在新石器时代尚没有金属物的出现，人们不可能对“金”有所认识。孔子在《易传》中并没有提到五行，孔子说的“天数五”、“地数五”，是指“一、三、五、七、九”和“二、四、六、八、十”这两组数，不是五行。《说卦传》“天地定位，山泽通气，雷风相薄，水火不相射”，说的是八卦的方位，也不是五行的生克关系。所以，用五行之说解释《河图》，只能是后人用当时流行的理论来解释《河图》，这不是《河图》的本义！

3.《河图》探秘

《河图》说的不是五行，那么，它到底讲的是什么呢？它在向我们传递一个什么样的信息呢？先让我们再认识一下《河图》：

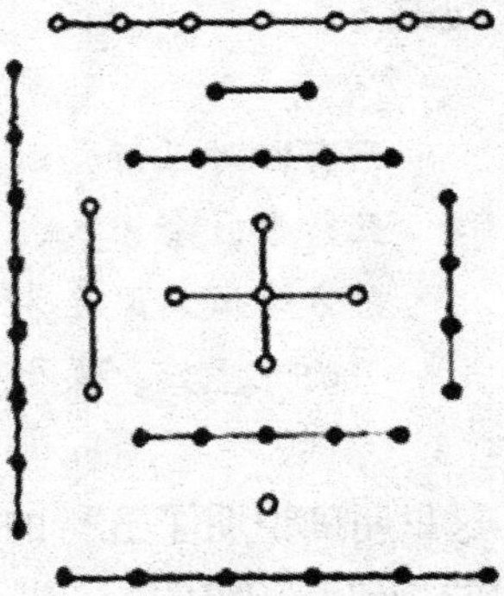

河图

河、洛都是由黑点和白圈组成的，这可能是古人“结绳记事”的产物，黑点是实扣，白圈是虚扣。

孔子说：“天一地二、天三地四、天五地六、天七地八、天九地十。天数五，地数五，五位相得而各有合，天数二十有五，地数三十，凡天地之数五十有五。”其意已经很明确，那就是：白圈一三五七九是天数，黑点二四六八十

① 《史记·补三皇本纪》谓：神农氏作蜡祭，以赭鞭鞭草木，尝百草，始有医药。

是地数。《河图》所反映的就是“天”和“地”。《易》与天文、地理有着密切的关系，它就是“仰观于天，俯察于地”的产物。古人认为天是圆的，地是方的，根据“天圆地方”说，白圈者应该是圆图，代表天；黑点应该是方图，代表地。如果将天与地剥离开来，画成天圆地方，就成为右图：

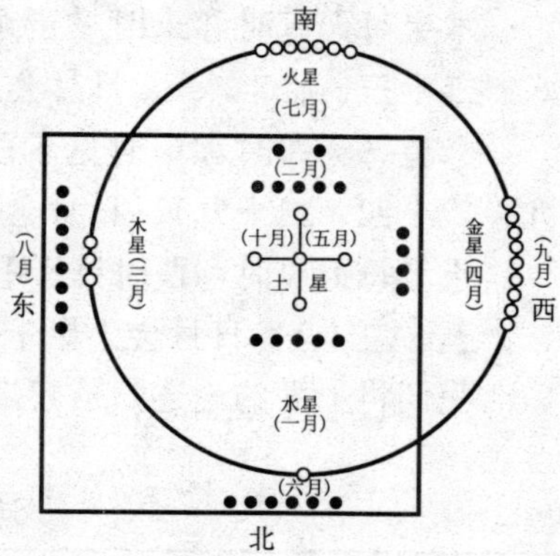

河图天地相交对应图

此图圆者是天，白圈分别是木、火、金、水、土五星。这是人的肉眼能够看见的最亮的五颗行星，也是古人“仰观天文”首先认识到的天文现象。这五颗星的运动与四时推移、昼夜变化以及世间吉凶有着密切关系，理所当然被古人所关注。

此图方者代表地，黑点分别为东、西、南、北、中五方。

五星古称“五纬”，它们是岁星（木星）、荧惑星（火星）、填星（土星）、太白星（金星）、辰星（水星）。这五颗星基本上是依次运行，每星各行七十二天，五星合计是三百六十天。远古时曾有过十月历治，即一年十个月，每月三十六天，每月三个节气，全年三十个节气。陈久金等在《彝族天文学史》中介绍，彝族远古时使用的就是十月历，至今彝族毕摩（巫师）还在使用，他们推测《河图》是彝族先祖所作。所谓十月历，即根据每星运行七十二天，二而分之，即每月三十六天，十个月三百六十天。古人用“十天干”纪年，这说明当时用的是十月历。

天和地是怎样相交的呢？邹学熹《中国医易学》对此作了深入研究。

水星一年两次行经北方，分别是一月和六月，故在天图上用一个白圈表示，地图上用六个黑点表示。同样，火星行经南方时是二月和七月，用两个黑点和七个白圈表示；木星运经东方时是三月和八月，用三个白圈和八个黑点表示；金星运经西方时是四月和九月，故用四个黑点和九个白圈表示；土星运行在中央则是五月和十月，故用五个白圈和十个黑点表示。这样就将一年十个月相交的具体时间标识出来了。

五星的运行还是古代记日记时的依据。

水星于每天子时和巳时见于北方，每月逢一、六（初一、初六、十一、十六、二十一、二十六），日月会水星于北方。

火星每天丑时和午时见于南方，每月逢二、七（初二、初七、十二、十七、二十二、二十七），日月会火星于南方。

木星每天寅时和未时见于东方，每月逢三、八（初三、初八、十三、十八、二十三、二十八），日月会木星于东方。

金星每天卯时和申时见于西方，每月逢四、九（初四、初九、十四、十九、二十四、二十九），日月会金星于西方。

土星每天辰时和酉时见于中央，每逢五、十（初五、初十、十五、二十、二十五、三十），日月会土星于中央。

我们将上面的论述归结起来，列成下表：

河图与日月时相交表

星名	方位	图的标识		月份	相交日期	时辰
		天图	地图			
水星	北	○	●●● ●●●	一六	初一、初六、十一、十六、二十一、二十六	子巳
火星	南	○○○○○○○	●●	二七	初二、初七、十二、十七、二十二、二十七	丑午
木星	东	○○○	●●●● ●●●●	三八	初三、初八、十三、十八、二十三、二十八	寅未
金星	西	○○○○○ ○○○○	●●●●	四九	初四、初九、十四、十九、二十四、二十九	卯申
土星	中	○○○○○	●●●●● ●●●●●	五十	初五、初十、十五、二十、二十五、三十	辰酉

从上表我们可以清楚地看出，之所以一个白圈和六个黑点组合在一起，是因为，一、六月金星会于北方，并且每逢一、六日金星与日月都会于北方。依此类推。古人把这种天文现象用结绳方法记录下来，便形成了《河图》。这个白圈和黑点，很可能是结绳记事，以此来表示天体运行和天地相交的规律，这是“仰观俯察”的最原始、最真实的记录！

至于说“天一地二、天三地四、天五地六、天七地八、天九地十”，这是一年十个月天地相交的关系，一月和二月、三月和四月、五月和六月、七月和八月、九月和十月，两两相对，天为奇数为阳，地为偶数为阴，“天数五，地数五，五位相得而各有合”，天数是五组共二十五个，地数五组共三十个，它们运行时便产生了年、月、日、时，真是巧夺天工！

有人会说，这不正是木、火、土、金、水吗？不是！这木火土金水说的是五星而不是五行，这个星的命名是后来才有的，古时并不叫这个名称，与现在所说的五行没有关系。

“《易》与天地准”，[①]《河书》既然是“此所以变化而行鬼神”，那么，天地之间的一切事物都应该包括在其中。用五行生克来解释《河图》是通的，就是今天用宇宙爆炸、量子力学、全息理论……来解释它也是通的，这就是《河图》的智慧魅力所在！

用五行生克来解释《河图》，将其内涵拓宽了，使易学的研究领域更广了。我们不是反对用五行来解释《河图》，而是说这不是《河图》的本义。

4.《河图》的预测功能

孔子说：“天地变化，圣人效之；天垂象，见吉凶，圣人象之。”[②] 可见，“星占”由来已久，古今中外，莫不如此。

《河图》首先是一部古代的历书。

历朝历代的公社首领和统治者都必须掌握历法，“历象日月星辰，敬授人时”。[③] 司马迁说：“雌雄（阴阳）代兴，而顺至正之统也。日归于西，起明于东；月归于东，起明于西。正不率天，又不由人，则凡事易坏而难成矣。”[④] 如果不按天的运行规律办事，就会受到惩罚。从上面的介绍可以看出，《河图》就是远古时代的一部历书，只要观察五星的运行，根据图上的标识，就可以知道年、月、日、时，这在远古是何等重要啊！

《河图》又是预测吉凶的占卜之书。

天时变化与人之吉凶有着密切的关系，古人早就认识到了这种关系。《素问》对金、木、水、火、土五星与人的关系作了详细的论述，现摘要如下：

> 岁木不及，燥乃大行，生气失应，草木晚荣，肃杀而甚，则刚木辟著，柔萎苍干，上应太白星。民病中清，胠胁痛，少腹痛，肠鸣溏泄，凉雨时至，上应太白星，其谷苍。上临阳明，生气失政，

---

① 《易经·系辞上》。
② 《易经·系辞上》。
③ 《尚书·尧典》。
④ 《史记·历书》。

草木再荣，化气乃急，上应太白、镇星，其主苍早。复则炎暑流火，湿性燥，柔脆草木焦槁，下体再生，华实齐化。病寒热，疮疡，痱胗痈痤，上应荧惑、太白，其谷白坚。

天上五星是按一定的规律运行的，“太过”与“不及”都会给人和草木带来灾难，从观察天象可以预测到吉凶祸福。

《史记·天官书》对此作了详细记载，现以填星为例，摘录如下：

历斗之会以定填星之位，曰中央土。主季夏，日戊、己。黄帝主德，女主象也。岁填一宿，其所居国吉。未当居而居，若已去而复还，还居之，其国得土；不，乃得女。若当居而不居，既已居之，又西东去，其国失土；不，乃失女；不可举事用兵。其居久，其国福厚；易，福薄。

意思是说，以北极星定填星的位置，填星居中央属土，斗柄指南为夏季，干支是戊、己。填星是黄帝之星，又是女主人的象征。填星一年顺时针转一周，其所相应的国家主吉利。不应该居而居，或是已经离去而又返回，回来后又停留，则其对应的国家将会得到土地，或者将会得到女子。如果当居而不居，或者已经停留下来又向东或西离去，则所对应的国家将要丧失土地，不然就丧失女人，该国不可举事用兵。填星居留的时间越久，其对应的国家就越有福；停留时间短，则福薄。

这种占法其实是古人认识世界的一种手段。我国农民在长期生产实践中积累了许多气象农谚，如：“初一落初二散，初三落月半”，初一要下雨初二则会晴，初三若下雨，可能会延续到十五。“春南夏北，无水磨墨”，春天若吹南风、夏天若吹北风，则雨水少，有大旱之象。“二月二打雷，稻尾较重锤”，二月初二这一天若打雷，则早稻定丰收。“四月芒种雨，五月无干土，六月大烧埔”，芒种这一天若下雨，五月将是连阴天，六月则无雨，天热难当……这些都是从“天垂象”中总结出来的，是有科学道理的。

（三）《洛书》之谜

与《河图》一样，《洛书》也是个未解之谜！

孔子在《易传》中首次提出“洛出《书》”，但没有文字说明。朱熹在公布此图时说：“《洛书》盖取龟象，故其数：戴九履一，左三右七，二四为肩，六八为足。”这只是说《洛书》的布局是取自于龟象，并没有说明其含义。一千年来，人们为解开《洛书》之谜作了不懈的努力。

1.《洛书》综述

让我们先认识一下《洛书》，见下图：

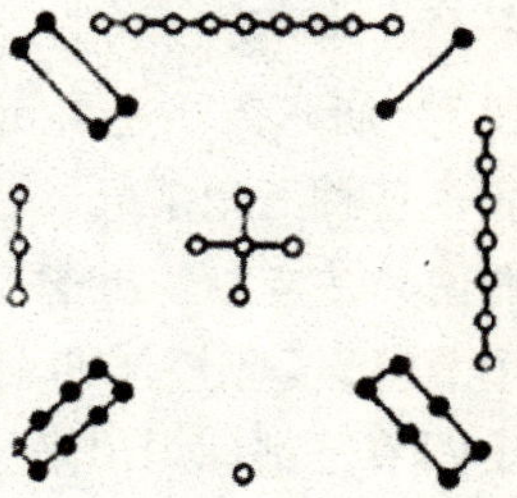

洛书

这张图是从《河图》演化出来的。也是用白圈代表天，用黑点表示地。天数仍然是二十五，所不同者，“九”和“七”换了个位，“九”居南而“七”居西。地数没有了中间的“十”，总数由三十变为二十，其方位也由四正变为四隅，“二”在西南，“四”在东南，“六”在西北，“八”在东北。天地总数由五十五变为四十五。为什么这样排列呢？易界有不同的说法。

《洛书》九宫八风说与《太乙九宫占盘》　九宫之说始见于《黄帝内经·灵枢·九宫八风篇》，此《经》载有下左图，后人根据该篇论述，将其绘成下右图。

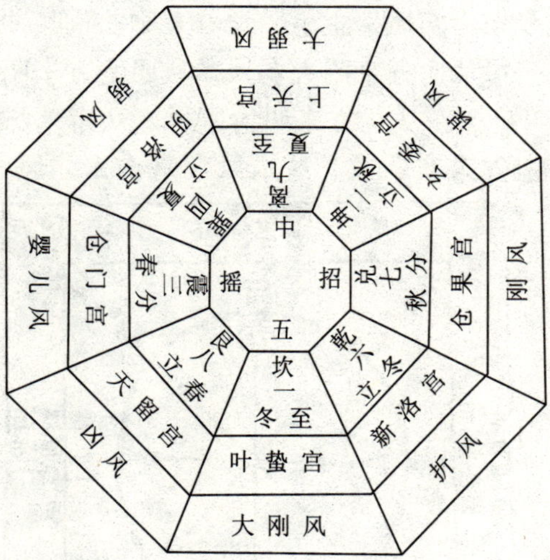

九宫八风图

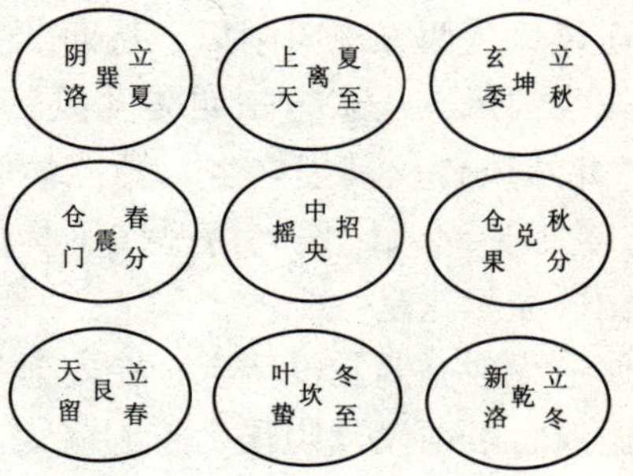

立夏	四	阴洛东南方	夏至	九	上天南方	立秋	二	玄秋西南方
春分	三	仓门东方	立夏	五	中央	秋分	七	仓果西方
立春	八	天留东北方	冬至	一	叶蛰北方	立冬	六	新洛西北方

左图是《洛书》九宫与八风、八卦、节气、方位融为一体的图式。图共分四个层次：

内层写有“中五招摇”四字，说的是中央五个白圈是北极星和北斗星。

古人观测天象，认为太乙（北极星）恒居北方，以此定位，以北斗星斗柄所指的方向来定四时，春夏秋冬依次推移。

内二层是八卦和四季节气，八卦是“后天八卦方位”。《坎》居北方，主冬至、小寒、大寒三个节气；《艮》居东北，主立春、雨水、惊蛰三个节气；《震》居东方，主春分、清明、谷雨三个节气；《巽》居东南，主立夏、小满、芒种三个节气；《离》在南方，主夏至、小暑、大暑三个节气；《坤》居西南，主立秋、处暑、白露三个节气；《兑》居西方，主秋分、寒露、霜降三个节气；《乾》居西北，主立冬、小雪、大雪三个节气。这样，八卦和一年二十四节气都标识出来了。

外二层是日运行规律。《灵枢》说：“太一常以冬至之日，居叶蛰之宫四十六日，明日居矢留四十六日，明日居仓门四十六日，明日居阴洛四十五日，明日居天宫四十六日，明日居玄委四十六日，明日居仓果四十六日，明日居新洛四十五日，明日复居叶蛰之宫。曰冬至矣。”依此类推，推移一周为三百六十六日，取其概数为一年三百六十五日。

最外层是“八风”，太乙徒于中宫，朝八风，以断吉凶。《内经·灵枢》说：“视风所从来而占之，风从所居之乡来为实风，主生，长养万物；从其冲后来为虚风，伤人者也，主杀主害者。”风从南方来叫大弱风，从西南方来叫谋风，从西方来叫刚风，从西北方来叫折风，从北方来叫大刚风，从东北方来叫凶风，从东方来叫婴儿风，从东南方来叫弱风。这八风都是伤人之风，“此八风皆从其虚之乡，乃能病人。”《灵枢》对八风伤人情况作了具体介绍。显然这是一个占盘。

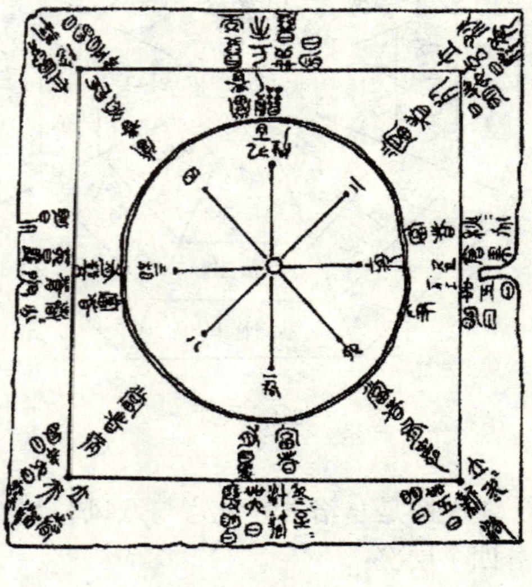

太乙九宫占盘图

无独有偶，1977 年，在安徽阜阳县双古堆西汉汝阴侯出土的《太乙九宫占盘》上的图（见右图）的布局与上面所说的《九宫八风图》完全一致。

此占盘分正面和背面。正面中间的圆图，以八条辐射线标明了四正和四隅的方位，其数从下左旋依次是“一八三四九二七六”，是“后天八卦方位”。四正标有“一君”对“九百姓”，“三相”对“七将”；四隅是

“二”对“八”，“四”对“六”，与《洛书》的方位完全相同。

外层方圆，标有各宫和节气，与“九宫图”一样。所不同的是，在方圆之间直接刻上了占辞：“当者有忧”、“当者病”、“当者有喜”……

这个出土的占盘对易学界来说有着重要意义。在这之前，易界对是否有《河图》、《洛书》尚有怀疑，河、洛一面世就引发了九百多年的“河洛之争”。占盘的出土，至少说明了在西汉之前就有《洛书》，不是宋代陈抟等人的伪造。

《易纬·乾凿度》九宫说　《易纬·乾凿度》说：“阳动而进，阴动而退，故阳以七、阴以八为象。易一阴一阳，合而十五，之谓道。阳变七之九，阴变八之六，亦合之十五，则象变之数若之一也。阳动而进，变七之九，象其气之息也。阴动而退，变八之六，象其气之消也。故太一取其数，以行九宫，四正四维，皆合于十五。”这是什么意思呢？见右图：

巽四	离九	坤二
震三	中五	兑七
艮八	坎一	乾六

此图数字所标方位正是《洛书》所居方位，八卦方位与后天八卦同，又与《九宫八风图》完全相同。

《乾凿度》认为，太一取其阴阳之数，即从一到九的顺序运行于九宫之中，九宫有四正四维，其数相加，皆为十五。郑玄注说：

太一（太乙）者，北辰（北极星）之神名也，居之所，曰太一。常行于八卦日辰之间，曰天一，或曰太一，出入所游，息于紫宫之内外，其星因以为名焉。故《星经》曰：天一、太一主气之神。行，犹待也。四正四维以八卦神所居，故亦名之曰“宫”。天一下行，犹天子出巡狩，省方岳之事，每率则复。太一下行八卦之宫，每四乃还于中央，中央者北神之所居，故因谓之“九宫”。天数大分，以阳出，以阴入，阳起于子，阴起于午，是以太一下九宫，从《坎》宫始，坎，中男，始亦言无适也。自此而从于《坤》宫，坤，母也。又自此而从《震》宫，震，长男也。又自此而从《巽》宫，巽，长女也。所行者半矣，还息于中央之宫。既又自此而从《乾》宫，乾，父也。自此而从《兑》宫，兑，少女也。又自此从于《艮》宫，艮，少男也。又自此从于《离》宫，离，中女也。行则周矣。上游自于太一、天一之宫，而返于紫宫。行于《坎》宫始，终于《离》宫。数自太一行之，《坎》为名耳。出从中男，入从中女，亦因阴阳男女之偶，为终始云。从自《坎》宫，必先之《坤》

者。母于子养之勤劳者。次之《震》，又之《巽》，母从异姓来，此其所以敬为生者。从息中而复之《乾》者，父于子教之而已，于事逸也。次之《兑》，又之《艮》，父或者老顺其心所爱，以为长育，多少大小之行，已亦为施。此数者合十五，言有法也。

此“九宫说”在于阐明阴阳二气与八卦的关系，是与“明堂九室说”相结合的产物。对于“明堂九室说”，《礼记》、《管子》、《吕氏春秋》诸典籍中均有记载。《大戴礼记·明堂》说：“明堂者古之有也，凡九室，二九四，七五三，六一八。”将九室配以数目。郑玄是以九宫来说明一年四季的变化。

《洛书》洪范五行说 南宋·蔡元定与朱熹合著《易学启蒙》认为：“古今传记，自孔安国、刘向父子、班固皆以《河图》授羲， 《洛书》锡禹，……《洪范》又明言天乃锡禹洪范九畴，而九宫之数，戴九履一，左三右七，二四为肩，六八为足，正龟背之象也。”体现了阳主阴辅和五行相克之理，北面一、六为水，西面二、七为火，南面四、九为金，东面三、八为木，中央五为土，从北始右旋为相克关系。水克火，火克金，金克木，木克土，右旋一周，而土复克水也。这是以五行生克来解释《洛书》的。然而，其五行顺序排法与传统不同，“后天八卦方位”是“南火西金”，此次序是“南金西火”，如若左旋就没有相生关系了。

此说来源于《尚书·洪范》：“天乃锡禹洪范九畴。”“洪范”即大法?“九畴”是九种治国大法。《汉书·五行志》说：“禹治洪水，赐《洛书》法而陈之，《洪范》是也。”班固《五行志赞》也说：“《洛书》赐禹，八卦成列，九畴由叙。”根据传承的关系来看，禹得《洛书》是可信的，但是否就是“洪范九畴”？“九畴”是否就是“九宫”？“九畴”第一是五行（水、火、木、金、土），第四是五纪（岁、月、日、星辰、历数），这与《洛书》是有关系的。可其余七畴：五事、八政、皇极、三德、稽疑、庶政、五福，是治国的方略，与《洛书》并没有直接关系。

《洛书》天文说 在现代，易界对《洛书》的研究比较活跃，各抒已见，说法不一，多是以天文来释《洛书》，现就影响较大者介绍如下。

中国社会科学院学部委员翁文波教授在遗作《洛书推理》（见《羑里易学》第一卷第三集）一文中说：

《易经》的起源有可能和《洛书》有点关系。《易经》的“易”字可能由“日”和“月”二字组成。故推理：《洛书》是一种天体图案，或星图。从“月”字出发，可推理：这片星图可能在月球轨道，暂称之为白道附近。

他绘制了《洛书和一段白道附近的星图》，见下图：

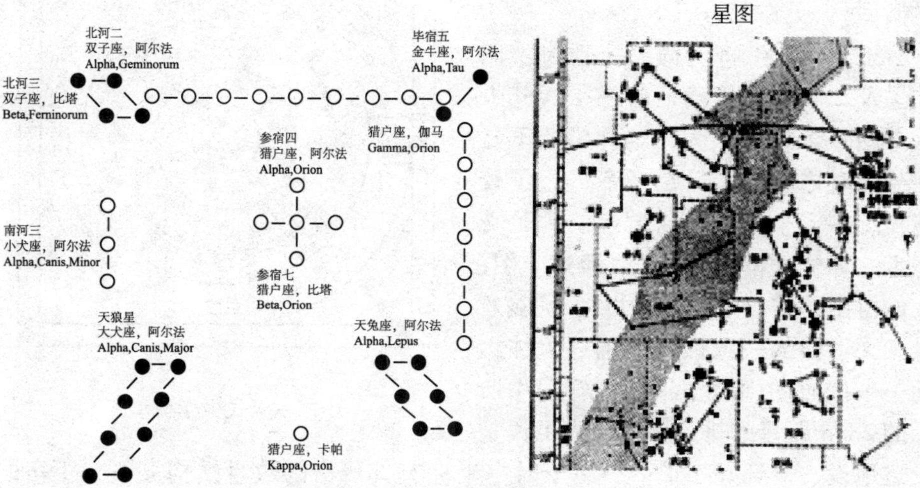

《洛书》和一段白道附近的星图

翁文波教授认为，《洛书》起源于黄河流域，这几颗很亮的星，可能在夏天的上半夜在中天容易看到。在我国的文献中提到的恒星约有二十余个，就包括这些星：《洛书》的左上、左下、右下各有封闭的斜方形图案，它们是双子星座、大犬星座、天兔星座。图中两幅图案的封闭连线，都是《洛书》和星图中原来就有的，当然不实际存在，而是哲学家和天文学家想象出来的。他推理说："古之《洛书》，可能和预测黄河洪水有关。"

邹学熹先生也是用天文来解释《洛书》的，他在《中国医易学》中也绘制了一个《洛书九星图》，见右图。

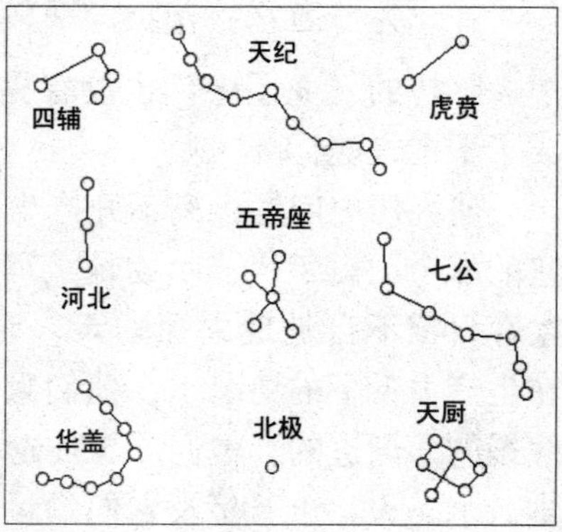

洛书九星图

此图是据北斗星所指，从天体上找出九个最明亮的星为标记，配合斗柄以辨方位，发现九星的方位与《洛书》的方位和数量相同。中宫是帝星（北极星）五星，正下方是北极一星居北，正南是天纪九星，正东是河北三星，正西是七公七星，东南是四辅四星，西南是虎贲二星，东北是华盖八星，西北是天厨六星。

王介南先生在《洛书·宇宙模式图论》中绘制了一个《中国古天文数学模型》，见右图：

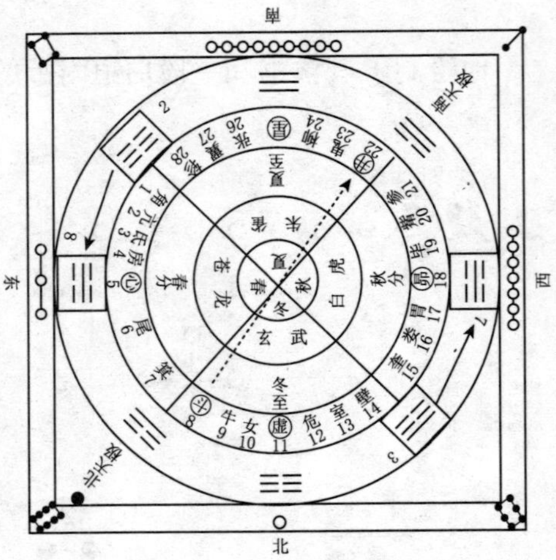

中国古天文数学模型

王介南先生将《尚书·尧典》四仲星及二十八宿精确地落在了《先天八卦图》上，并认为，这种星象不是在尧帝时才有的，只是尧帝进行了校正，统一了全国的授时制度。常秉义先生在评价这幅图时说："通过上图，我们得出的结论是：'洛书'、伏羲八卦和无形律的一致性可以描述天体运动……按照图中时空框架，看图中所示的28颗距星的排列顺序，真可说是天造地设、恰到好处了……由于时空坐标有其严格的数量结构关系，距宿的排定有其与实际相符合的规定性，所以观测人员对于这一'网状组织'中的任何一个恒星，不管星群距星的赤纬距离赤道远近如何，都能知道它们的准确位置，甚至当它们在地平线以下看不到的时候，只要观察和它们拴在一起的极星的上中天，也可知道它们的位置。"

由此可见，自古以来，人们孜孜以求，为解河、洛之谜作了不懈的努力，贡献了自己的聪明和才智。

2.《洛书》探秘

孔子在《易传》中提到"洛出书"，但对《洛书》并没有作文字上的表述。陈抟的《龙图序》也没有提到此图。可恰恰出土文物却有此图，这就形成了千古之谜！

研究历史问题，离不开产生它的历史时代和历史环境，要将其放回产生它的那个历史年代，唯物地、辩证地去研究、解读它。远古时期，人们为了生存自觉不自觉地去探索天、地之间的秘密，揭示天体运动的规律。然而，在生产力低下的情况下，他们只能靠五官来认识世界，而这种认识过程又是缓慢的、渐进的。他们可能首先认识到了"日"和"月"，之后又认识了金、木、水、火、土五星及它们的运动规律，用结绳的方法将其记录下来，这就是《河图》。再后他们认识了北极星和北斗星，掌握了二十八宿的运动规律，于是产生了《洛书》。

四仲星和二十八宿　《尚书·尧典》记录了古人对天象的认识，这是现存的最早的一部天文书。为了便于讨论，现抄录于下：

> （帝尧）乃命羲和，钦若昊天，历象日月星辰，敬授人时。分命羲仲，宅嵎夷，曰旸谷，寅宾日出，平秩东作，日中，星鸟，以殷仲春。厥民析，鸟兽孳尾。申命羲叔，宅南交。平秩南为，敬致，日永，星火，以正仲夏，厥民因，鸟兽希革。分命和仲宅西，曰昧谷，寅饯纳日，平秩西成，宵中，星虚，以殷仲秋，厥民夷鸟兽毛毨。申命和叔宅朔方，曰幽都，平在朔易，日短，星昴，以正仲冬，厥民隩，鸟兽氄毛。帝曰："咨！汝羲暨和，期三百有六旬有六日，以润月定四时，成岁。允厘百工，庶绩咸熙。"

从中我们可以看出，尧舜时就已经有掌管天文的官，并积累了丰富的天文知识。当时设立了五个天文官，羲和是总管，坐镇中央，羲仲、羲叔、和仲、和叔是分管东、南、西、北的天文官，他们居住的地方很遥远，"旸谷"是日出的地方，"昧谷"是日落的地方，"幽都"是最北方，"南交"是最南方。他们的分工是：羲仲是春官，负责测定春分（二月）的时间；羲叔是夏官，负责测定夏至（五月）的时间；和仲是秋官，负责测定秋分（八月）的时间；和叔是冬官，负责测定冬至（十二月）的时间；然后将测的结果报告给羲和，由他进行调整确定。他们预测的依据是星鸟、星火、星虚、星昴四仲星所在的位置。

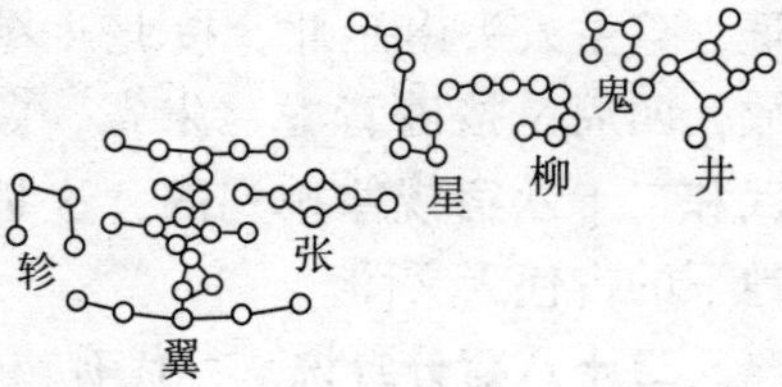

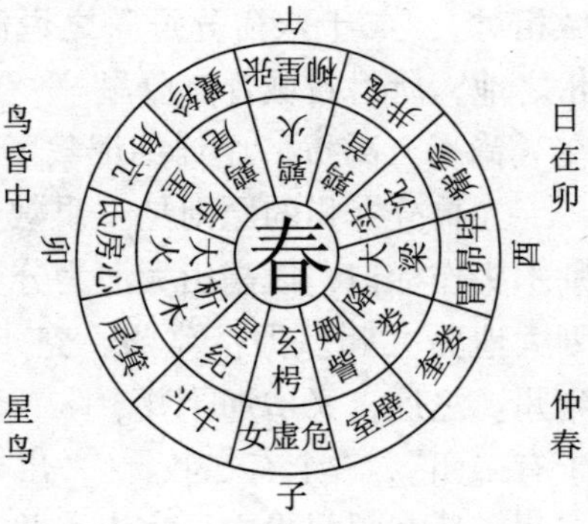

尧典四仲星图·仲春

四仲星即在赤道和黄道附近的四个星座，它们是"星鸟（朱雀）"、"星火（青龙）"、"星虚（玄武）"、"星昴（白虎）"，每个星座各有七颗星组成，四七二十八颗星，又称二十八宿。这二十八宿是：东方青龙含角、亢、氐、房、心、尾、箕，北方玄武含斗、牛、女、虚、危、室、壁，西方白虎含奎、娄、胃、昴、毕、觜、参，南方朱雀含井、鬼、柳、星、张、翼、轸。二十八宿以斗柄所指"角虚"开始，自西向东排列，与日、月视运动的方向相同。

北极星是恒居北方的一个星座。以北极星定位，看北斗星斗柄所指的方向，就可知道一年四季的具体时间，这就叫做“斗柄授时”。《鹖冠子·环流》说：“斗柄东指，天下皆春；斗柄南指，天下皆夏；斗柄西指，天下皆秋；斗柄北指，天下皆冬。”上图就是斗柄指东时，四仲星和二十八宿所在的位置，此时正是春季。

1978年，在湖北省随县发掘的战国时期曾侯乙墓出土的衣箱上，绘有彩色的二十八宿天文图，箱盖顶中央书写一个篆书大“斗”字，四周书写着二十八宿的名称。这说明，古人很早就认识了这种天文现象。河南濮阳西水坡M45号墓出土的四具古尸及其肢骨，据专家考证，墓主人头南足北，按北斗星方向安放，四周是按着青龙、朱雀、白虎、玄武和二十八宿规律排列的，这是沉睡在地下的古代天文图。

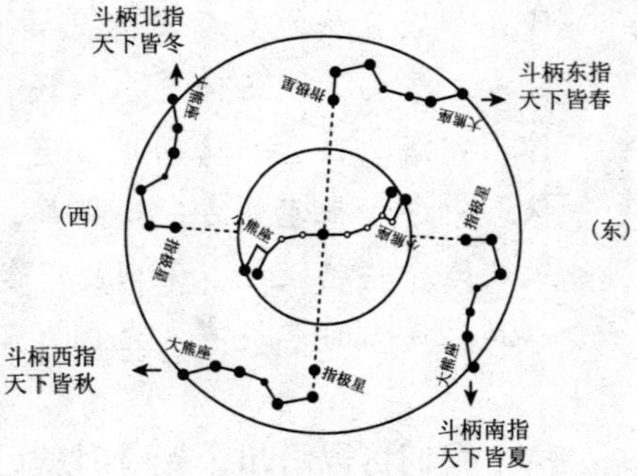

二十八宿天文图

二十八宿分野说 古代有“二十八宿分野”之说，将二十八宿分别与地域相对。“二十八宿分野”之说渊源甚古，《周礼·春官》载：“以星土辨九州之地，所封封域皆有分星。”《吕氏春秋》亦说：“天有九野，地有九州。”在《尚书·禹贡》中详细记载了大禹治水后将大地分为九州。

大禹分九州的原则是“禹敷土，随山刊木，奠高山大川”，即顺着山势砍削木头作标记，以高山大河为分界线。把山脉依照由北向南的次序进行划分，划大地为九州。即：冀州、兖州、青州、徐州、扬州、荆州、豫州、梁州、雍州。之后，又增加了并、幽、营三州而为十二州。《尚书·尧典》载：“肇十有二州”，“十有二牧”，“州十有二师”，这说明，在尧时不但分疆域为十二州，还在每州设立了官吏，并有军队建制。

随着时代的发展，十二州的名称有所变化。《史记·天官书》载“十二州分野说”：

> 角、亢、氐，兖州。房、心，豫州。尾、箕，幽州。斗，江、湖。牵牛、婺女，扬州。虚、危，青州。营室至东壁，并州。奎、娄、胃，徐州。昴、毕，冀州。觜觿、参，益州。东井、舆鬼，雍州。柳、七星、张，三河。翼、轸，荆州。

《逸周书》、《吕氏春秋》也有相似的记载。把地上的十二州与天上的二十八宿相对应，用天象来断地之四季变化及吉凶。

十二州是用“十二地支”（子、丑、寅、卯、辰、巳、午、未、申、酉、戌、亥）表示。

我们将上面谈及的二十八宿和十二分野归结起来，列成下表：

四象	十二星次	二十八宿	二十四节气	十二分野	十二地支	四象	十二星次	二十八宿	二十四节气	十二分野	十二地支
东方青龙	寿星	1. 角	谷雨 清明 春分 惊蛰 雨水 立春	兖州	辰	西方白虎	降娄	15 奎	霜降 寒露 秋分 白露 处暑 立秋	徐州	戌
		2. 亢						16 娄			
		3. 氐						17 胃			
	大火	4. 房		豫州	卯		大梁	18 昴		冀州	酉
		5. 心						19 毕			
	析木	6. 尾		幽州	寅		实沈	20 觜		益州	申
		7. 箕						21 参			
北方玄武	星纪	8. 斗	大寒 小寒 冬至 大雪 小雪 立冬	扬州	丑	南方朱雀	鹑首	22 井	大暑 小暑 夏至 芒种 小满 立夏	雍州	未
		9. 牛						23 鬼			
		10. 女					鹑火	24 柳			
	玄枵	11. 虚		青州	子			25 星		三河	午
		12. 危						26 张			
	娵訾	13. 室		并州	亥		鹑尾	27 翼		荆州	巳
		14. 壁						28 轸			

《洛书》是一个天地合一图　与《河图》一样，《洛书》也是一个天地合一图，根据“天圆地方说”，绘制了下图：

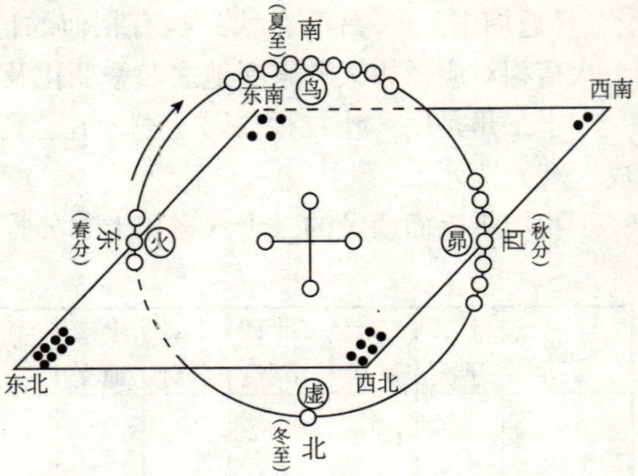

天圆地方图

此图是洛书仲夏日天地交图。白圈一、三、五、七、九是天数，故用圆图表示；黑点二、四、六、八是地数，故用方图表示。

图现在的位置是仲夏之日。图中白圈表示阳，阳气由北始生，故用一个白圈表示；至东阳气渐长，为三个白圈；至南阳气正极，为九个白圈；至西阳气渐消，故用七个白圈；接着返回正北，周而复始，但阳气始终没有消尽。

仲春之月，四方之星，各居其位，故星火在东，星鸟在南，星昴在西，星虚在北。仲夏之月，则“鸟”转而西，“火”转而南，“虚”转而东，“昴”转而北。仲秋之月，则“火”转而西，“虚”转而南，“昴”转而东，“鸟”转而北。仲冬之月，“虚”转而西，“昴”转而南，“鸟”转而东，“火”转而北。四仲星的推移（实则是地球在转动）便产生了春夏秋冬四季。中为北斗星，用以校正四时。北斗星是人的肉眼天天都能够观察到的一个星座。《史记·天官书》说：“斗为帝车，运于中央，临制四乡，分阴阳，建四时，均五行，移节度，定诸纪，皆系于斗。”古人认为，北斗星是天体的中央，外有四仲星，以其相互运动来定四时。

方图是大地示意图。四组黑点分列四隅，代表阴。阴气始于西南，故用两个黑点表示；长于西北，用六个黑点表示；盛于东北，用八个黑点表示；至东南阴气渐消，用四个黑点表示。根据二十八宿分野，便可知道地上的年、月、日、时及四季的变化。

圆图是以四仲星为标识的，从中间以扇形分列二十八宿。以北斗斗柄所指角宿开始，自西向东排列，与日、月视运动的方向相同，这就与地的方图相交。从示意图可以看出，四仲星和二十八宿，一半在地上，一半在地下，只有在南方才能考定。

（四）河、洛产生年代及相互关系

说到这里，我们可以讨论一下河、洛的产生时间了。

河、洛产生的年代　“河出图，洛出书”，明确说明，《河图》诞生于黄河流域，这是伏羲时代活动的地方；《洛书》产生于洛河流域，这是黄帝时代所辖区域。这里我们用了“时代”一词，是想说明一个历史的断代问题。

“伏羲始画八卦”，这在易界没有异议。八卦的方位与《河图》是一致的。《河图》是以天上的五星作为标记，以定十月历，历象日月星辰，这是伏羲时代的产物。伏羲时代延续了一千二百多年，这个《河图》或是伏羲所画，或是伏羲后代所为，终不能超越那个时代。

伏羲时代后五百年而有黄帝（中为神农氏）。《竹书纪年》载，黄帝之母“见大电绕北斗枢星，光照郊野，感而孕”，而生帝。黄帝之孙颛顼之母“见瑶光之星贯月如虹，感己幽房之宫，生颛顼于若水”。“枢星”和“瑶光”都是北斗七星之一。《竹书》又说，北方和南方有三颗星相连，“凡三星，皆黄色，以天清明见于摄提，名曰景星”。“摄提”是二十八宿中的亢宿中一个星。这说明当时人们已经认识北斗星和二十八宿，这与《洛书》有关。“帝祭于洛水”、“龟书出洛”，说明黄帝得到的是《洛书》，或说《洛书》出自于黄帝时代。

黄帝之孙颛顼建都于帝丘，即今天的河南省濮阳县，属洛水流域。M45号用人体摆放二十八宿的墓坑就出土于濮阳县境内，并与颛顼的时代相同。“太乙九宫占盘”和“含山玉片”都出土于安徽省境内，这当是远古时颛顼的管辖区。我们可以推测：《洛书》产生于黄帝时代，它是对《河图》的继承和发展，之后，连同《河图》传给了尧、舜和大禹，并一代一代传承下来。

《河图》与《洛书》的关系 天上有行星和恒星，木、火、土、金、水“五星”是行星，五星以黄道和赤道两侧绕行于天，依次右行，相继出现于北极天空，每星各行七十二天，年计三百六十日，这是《河图》产生的基础。二十八宿是恒星，实因地球自转，二十八宿相继出现再以北极星、北斗星为标志，用以测时，这是《洛书》产生的基础。

上面已经谈及，《河图》是以“十天干”作为标识的，《洛书》是以“十二地支”作为标识的。《吕氏春秋·勿躬》说：“大桡作甲子。”大桡是黄帝的大臣，他将天干、地支两两相组合，天干循环六次，地支循环五次，便形成了“六十甲子”。《素问·六微旨大论》说：“天气始于甲，地气始于子，子甲相合，命曰岁立。”这种纪年、纪月、纪时法，一直延续至今，五千年矣！

《河图》是《易》之根本，是最原始的天图。《洛书》是用作预测的。

上面介绍的《太乙九宫占盘》和《九宫八风图》都是占盘。图以太一（北极星）定位，共分为九宫。此盘可以预测二十四节气的变化和人的吉凶祸福，怎样预测呢？《灵枢·九宫八风》说：

太一移日，天必应之以风雨，以其日风雨则吉，岁美民安少病矣。先之则多雨，后之则多旱。太一在冬至之日有变，占在君；太一在春分之日有变，占在相；太一在中宫之日有变，占在吏；太一在秋分之日有变，占在将；太一在夏至之日有变，占在百姓……

所以在出土的占盘上刻有“君、百姓、相、将”字样。今天看来，这种预测方法是不科学的，但它反映了当时人们的思想观念和认识水平。

孔子说：“天地变化，圣人效之；天垂象，见吉凶，圣人象之。”可见，“星占”由来已久，古今中外，莫不如此。古人在长期的生产活动中，积累了丰富的天文知识。《诗经·豳风·七月》说：“七月流火，九月授衣。”这个“火”就是指四仲星的“星火”，此星仲夏日在正南，大地天气最热，六月以后就向西“流”去，预示着秋天将要到来；到了九月就该准备冬天用的棉衣了。除用天文知识安排生活生产活动外，也用于预测吉凶。《诗经·十月之交》说：“十月之交，朔月辛卯。日有食之，亦孔之丑。彼月而微，此日而微。今此下民，亦孔之哀。日月告凶，不用其行……”意思是说，十月初一早晨，天上出现了日食，不久前曾经出现过，这次又来了。日月都不按自己的轨道运行了，预示着灾难就要降临到老百姓头上了！可见，这种预测方法在民间也是很流行的。这是古人认识自然、求生存的一种手段，反映了那个时代的文明。

《河图》和《洛书》仍然是个谜，还有待我们去探讨。

十、六十四卦方圆图探秘

六十四卦方圆图是易学非常重要的一个图。陈抟说：“易学，意、言、象、数四者不可缺一。其理具见于圣人之经，不烦文字解说，止有一图，谓《先天方圆图》也，以寓阴阳消长之说，与卦之《生变图》，并非创意所作，孔子《系辞》述之明矣。”① 此语是说，易学只有这一方圆图就可以了，它包括了易学的意、言、象、数和阴阳消长之说，其理合于孔子的《系辞》所述。

方圆图为什么有这么大的神力，它的秘密在哪里呢？

---

① 《杨升庵全集·希夷易图》。

（一）认识六十四卦方圆图

此图又称《伏羲六十四卦方位图》，始见于朱熹《周易本义》。朱熹说：“伏羲四图，其说皆出邵氏，盖邵氏得之李之才挺之，挺之得之穆修伯长，伯长得之华山西夷先生陈抟图南者，所谓先天之学也。”这说明，此图与《伏羲八卦次序》、《伏羲八卦方位》、《伏羲六十四卦次序》一样，都是出自于陈抟之手。（见右图）

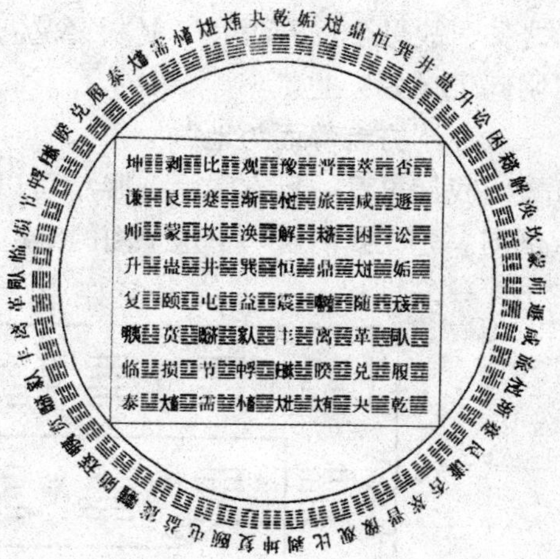

伏羲六十四卦方圆图

这实际就是我们在上面介绍的《先天六十四卦次序》。朱熹说：“此圆图布者，《乾》尽午中，《坤》尽子中，《离》尽卯中，《坎》尽酉中。阳生于子中，极于午中；阴生于午中，极于子中。其阳在南，其阴在北。方布者，《乾》始于西北，《坤》尽在东南，其阳在北，其阴在南。此二者，阴阳对待之数。圆于外者为阳，方于中者为阴。圆者动而为天，方者静而为地者也。”这说的是什么意思呢？

1.“圆者动而为天”

将外面的圆图单列出来，如右图所示。

其方位与先天八卦相同，重卦与三划卦相同，《乾》《坤》分居上下，《离》《坎》各列左右。乾一兑二离三震四逆数，巽五坎六艮七坤八顺行，自然地将六十四卦分成了八宫。左半圈从《复》到《乾》，共三十二卦，一百十二个阳爻，八十个阴爻，阳由少渐多，为“阳升阴消”过程。右半圈从《姤》到《坤》，共三十二卦，一百十二个阴爻，八十个阳爻，阴由少渐多，是“阴升阳消”过程。其他卦皆生于《复》、《姤》两卦，“刚交

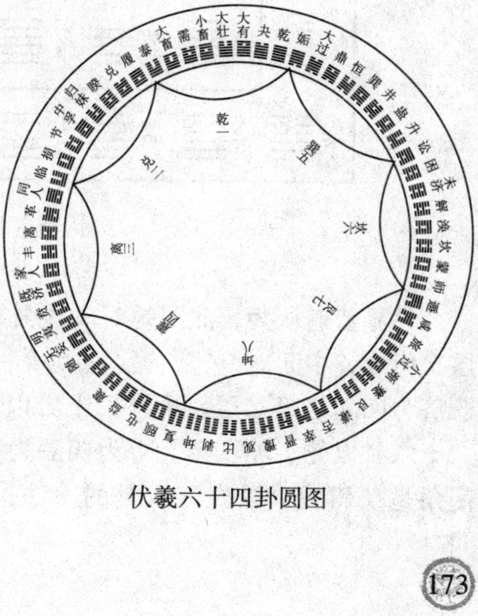

伏羲六十四卦圆图

柔而为《复》，柔交刚而为《姤》”，所以此图又称“复姤小父母”。《观物外篇》说：“无极之前，阴含阳也。有象之后，阳含阴也，阴为阳之母，阳为阴之父，故母孕长男而为《复》，父生长女而为《姤》，是以阳起于《复》，而阴起于《姤》也。”

2. “方者静而为地”

我们再看一看方图。一眼就可以看出，这个方图是先天六十四卦次序的倒图。先让我们看一下这个图的结构。

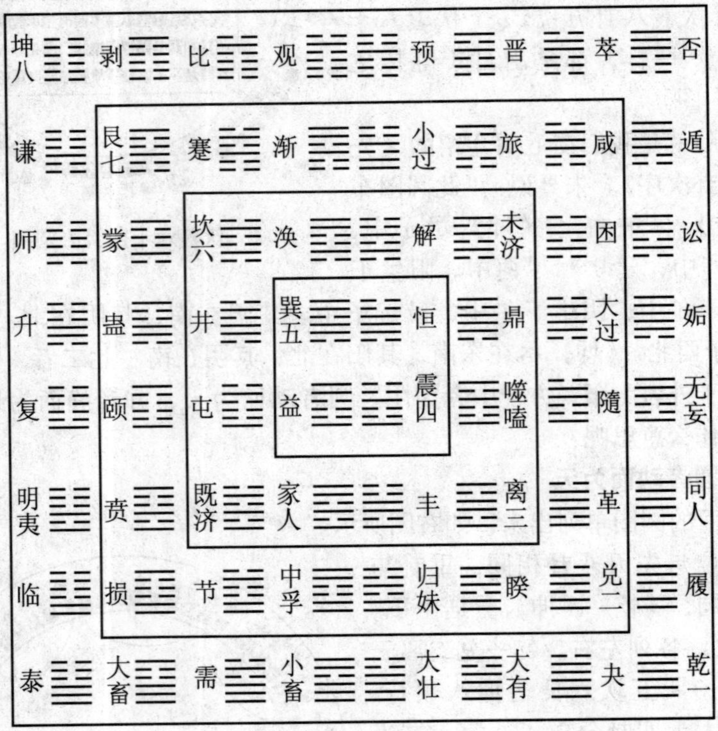

伏羲六十四卦方图

易界普遍认为，此图是对《说卦传》“天地定位”一节的解释。由四个层次组成，中间巽、震、恒、益为第一个层次。其外十二卦以坎、离、未济、既济为四隅是第二层。再外二十卦以艮、兑、咸、损为四隅是第三层。最外二十八卦以乾、坤、泰、否为四隅为第四层。从大方图来看，从西北角至东南角是条斜线，以先天八卦的次序排列着八纯卦——乾、兑、离、震、巽、坎、艮、坤，将六十四卦分成了两半。这样，四层对角卦象相反，第一层震、巽相对，表示“雷风相薄”；第二层离、坎相对，表示“水火相射”；第三层兑、艮相对，表示“山泽通气”；最外一层乾坤相对，表示“天地定位”。这是一个古代大地的方位图。

古人认为“天圆地方”、“天动地静”，所以一个是圆图，一个是方图。朱熹说，圆图“其阳在南，其阴在北”，方图“其阳在北，其阴在南。此二者阴阳对待之数”。即天与地、阴与阳在图中相交。

这里有一个问题：天的方位与地的方位是否是一致的？

《系辞》开篇就说：“天尊地卑，乾坤定矣。”如《伏羲八卦方位》所示，《乾》在上为南，《坤》在下为北；然而，方图却是《坤》在上而《乾》在下，天尊却屈居于下，地卑反高处于上，这是与易理不通的。《文王八卦方位》是《离》上为南，《坎》下为北，然而内二方图却是《坎》在上而《离》在下，为什么会倒过来呢？这都是谜，下面我们将进行探讨。

（二）六十四卦圆图探秘

朱熹说：“圆者动而为天。”对此易界是广泛认同的。这是一个天体运行的规律图，或者说是个古代的历法图，它精确地说明了年、月、日和四季的运行规律。用图表示：

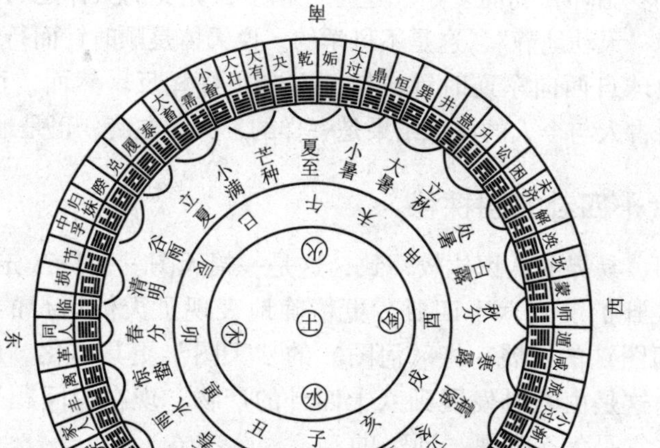

六十四卦与四季运行图

此卦序就是《伏羲六十四卦次序》，则从《乾》始逆时针排列一周而成圆形。金木水火土五星依次运行，而成春夏秋冬四季，配以十二地支和二十四节气，便是一幅完整的天体运行图。

"《坤》尽子中"，《坤》卦六爻皆阴，可谓阴极，物极则反，阳气由"子"而生。接下来是《复》卦，一阳在下始生，至《同人》共16个卦96爻，其中阳爻48个，阴爻也是48个，阴阳各半，表明昼和夜一样长，这就是"春分"。春分交在《离》、《革》、《同人》处，地支为"卯"，"《离》尽卯中"，方位为东。

"《乾》尽午中"，从《临》卦始至《乾》卦，阳气渐长，至《乾》达到盛极，六爻皆阳，地支临"午"。此区间其16卦，阳爻64个，阴爻32个，阳多阴一倍，表明昼多于夜，是一年中最炎热时期，为"夏至"，交于《乾》，"阳生于子中，极于午中"。

《姤》一阴始于下，至《师》卦仅存一阳在下卦二爻，这区间共有16卦、96爻，其中阳爻48个，阴爻也是48个，阴阳各半，昼夜一样长，为"秋分"，交在《坎》、《震》、《师》，地支为"酉"，故说"《坎》在酉中"。

从《遁》卦始至《坤》卦，亦是16卦、96爻，阴爻在下浸阳，至《坤》阴达盛极。这区间有阴爻64个，阳爻32个，阴倍于阳，表明夜多昼少，为"冬至"，地支为"子"，"阴生于午中，极于子中"。

至此，一岁循环，周而复始。这是一幅多么完美的天体运行图啊！

古人认为"天动地静"，这是不科学的。说天体是顺时针而行，这与今天我们所知道的地球自西向东逆时针自转，方向正好相反。然而，正是因为这个"相反"，使得古人与今人的认识结果是一样的，天体左旋，正是地球右迁。

（三）六十四卦方图探秘

对于圆图，易界的认识比较一致，这是一幅天图。它是《先天八卦方位》的延伸，将八卦扩展到六十四卦，更精确地表现了天体运行的规律；同时，它又是对《河图》的发展，将《河图》的"天图"更具体化、形象化，更具有可操作性。这是由八卦发展到六十四卦的产物。现在的问题是，方图到底说的是什么，它是怎么表现"地"的？

1. 古代大地方位辨析

远古时，天和地的方位都是"上南、下北、左东、右西"，《河图》、《洛书》都是以此定位的。这是古人对天、地方位的最初、最原始的认识。

传说伏羲之妻女娲就用圭表测日，根据日影之转移以辨别方位和计算时间。用圭测日影时，投影在东则日在西，投影在西则日在东，唯正午时投影在中，连接短影与圭根的延长方向则是南。人站在地上，只能看见东、西和南，而看不到北，所以以仰头见到的“上”为南，见不到的“下”则为北，天和地都是同一个方向。

这个方向什么时候“正”过来的呢？

《尚书·康王之诰》载，在成王逝世的葬礼上，“太保率西方诸侯入应门左，毕公率东方诸侯入应门右”。太保即召公，为西伯，他率领西方诸侯列应门左侧。毕公是东伯，他率领东方诸侯列应门右侧。这个方位实际就是“左西右东”，当然也就是“上北下南”了。

《尚书·禹贡》所载九州山川河流方向也与今天相同，如：“导淮自桐柏，东会于泗、沂，东入于海。”沂水源于今山东沂水县西北，在今江苏邳县与泗水汇合，然后在江都东入长江。这说明，至少在尧舜之时，大地的方位就已经“正”过来了，与今天的方位相同。

古人对地方位在认识上的改变是否更早？

《黄帝内经·素问》有“天不足西北，地不法东南”之说，认为西北属阴，多高山峻岭，故天气较冷。东南属阳，是汪洋大海，故天气较热。这与我国今天的地理位置是一致的。但是，学术界一般认为，《内经》是产生于战国时期，虽说它继承了传统的文化，有远古智慧的结晶，但也融进了后人的研究成果和认识，还不足以说明这种认识都是来自黄帝时代。不过，在尧舜之时地理方位与今天的视觉相同，是有史料可查的。

说到这里，让我们再看一下方图。这个方图是由《伏羲（先天）六十四卦次序》（即大横图）折叠而来的。朱熹说：“《乾》始于西北，《坤》尽于东南”，这还是“上南下北”的认识。可《伏羲八卦方位》是上（南）《乾》、下（北）《坤》，这二者的方位显然是相反的，“天尊”在下而“地卑”却在上。再看内二方图，是《坎》在上、《离》在下，这显然是《后天（文王）八卦方位》的倒图，《离》为日、为火、为阳，怎么会在下、在北呢？

古人认为“天圆地方”，这是由于认识上的局限性造成的。而实际古人认识的“天”，也只是月球绕地球回旋时的“白道”和地球绕太阳公转的“黄道”，确切地说，只是一个天体的“圆环”，而不是整个天体。由地上仰望天，认为天在上、在南，是对的。日的投影于地，地的方位也是“上”为南，就不对了。人们在绘制这个“方圆图”时，纠正了这种认识上的错觉，将地的方位改为“上北下南”，这就是这个方图倒过来的原因。

按原先的方位来说，方图西北至东南这条斜线依次排列着乾、兑、离、

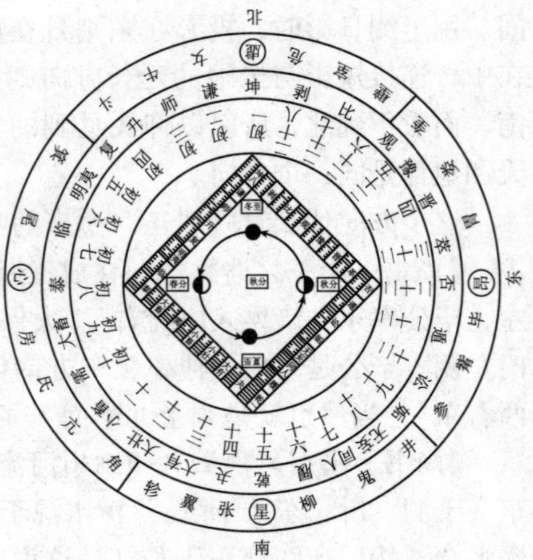

上北下南的方圆图

震、巽、坎、艮、坤八个经卦，被称为“子午线”，又称“经线”、“太阳线”。西南至东北斜线排列着否、咸、未济、恒、益、既济、损、泰八个卦，这条线被称为“卯酉线”，又叫“纬线”、“少阳线”。《内经·灵枢》说：“子午为经，卯酉为纬。天周二十八宿，而一面七星，四七二十八星。房、昴为纬，虚、张为经。”这明确说明，这条经线和纬线与二十八宿有关，由“房”至“昴”为纬线，从“虚”至“张”为经线。既然称为“经纬线”，那么，这张图应该是对角摆放的，即《坤》在北，《乾》在南，《泰》在西，《否》在东，这与今天大地的方位是一致的。这个方位的确定，是由日圭测影得出来的，日在东则影在西，日在西则影在东，日在中时则短影在北，对面为南，地与天的方位正相反。这就是方图方位的秘密所在！

2. 外方图探秘

外方图共有二十八个卦，《乾》一和《坤》八南北相对，和数为“九”，是极数代表天，投影到地则分为“一”和“八”。《乾》在下为南，《坤》在上为北，是一条南北的经线。《泰》在西，《否》在东，是一条东西的纬线。经纬线之说，说明当时人们已经初步认识到地球是圆的。一经一纬，将地分成了南北和东西两个半球。

此图是外方图二十八卦与二十八宿在仲春季节的月运行规律图。是天在地上的投影图，所以方位与天图方位相反。

二十八卦对二十八宿 此图内方是二十八卦，外圆是对应的二十八宿。

二十八宿环黄道和赤道两侧绕行于天。古人认为“天道左行，地道右迁”，而实际是地球绕太阳逆时针自转。在考定四季变化时，必以“南”为准。

《尚书·尧典》说：“寅宾出日，平秩东作，日中，星鸟，以殷仲春。”这说的是天象。仲春之时，星鸟（朱雀）七星在南方，这就是“春分”季节，人们恭敬地迎接这一天的到来，并开始有秩序地安排农事活动。

卦象精确地说明了仲春之日地的表象。易界普遍认为，《泰》是四季的春分点，此图的《泰》卦在左（西），这个位置是不可移的。春分交在《泰》，与东方青龙之“心”宿相遇。《泰》卦三阳在下、三阴在上，阴阳各半，表明“春分”这一日，昼夜时间相等。此时，朱雀在南，其“星宿”与《乾》相遇；玄武在北，其“虚”宿与《坤》相对；白虎在东，《否》在“昴”宿位置。

从《泰》至《乾》这八个卦，下卦均为《乾》，三阳在下而上扬，逐爻上升，至《乾》则六爻皆阳。“日永，星火，以正仲夏”。当青龙之“大火（含房、心二宿）转到南方时”，表明“夏至”来临，这一日白天最长。

从《乾》至《否》这八个卦，上卦均是《乾》，阴在下而渐长，至《否》亦是阴阳各半，“平秩西成，宵中，星虚，以殷仲秋”。当北方的玄武之“虚宿”转到南方时，则是“秋分”，此日与“春分”一样，也是白昼相等，表明开始秋收了。

从《否》至《坤》，下卦皆为《坤》，阴渐进而剥阳，至《坤》阳被剥尽，“平在朔易，日短，星昴”，北方玄武之“昴”宿黄昏之时在南方升起，表明“冬至”到来，这一天白日最短，预示着新的一年的转变，为除旧布新的季节。

从《坤》至《泰》八卦，上卦皆是《坤》，阳气在下始生而渐长，至《泰》则阴阳各半，又值“春分”，周而复始，历经一岁。

二十八卦与二十八宿相配合，真是天衣无缝！它真实地反映了天体运行在大地上的规律。

月球运行规律　此外方图又是月球运行规律图。

月球以椭圆形轨道沿地球自西向东自转，古人称这个天体运行的轨道为“白道”，测出月球自转一周的时间为二十八天，今天我们知道是 27 天 7 小时 43 分 11.47 秒。方外图的二十八卦正与月运行的二十八天相对应。

《尚书正义》说：“以月初为朔，月尽为晦，当月之中日月相望，故以月半为望，望去晦朔皆不满十五日也。又半此望去晦朔之数，名之曰弦。弦者，言其月光正半如弓弦也；晦者，月尽无月，言其暗也；朔者，苏也，言月死而更苏也。”

朔日，就是月球运行到太阳与地球之间，跟太阳同时出没，地球上看不到月光，其月象是●。天体运行到地的北面，人们就见不到了，故将朔日定在方图的北面《坤》的位置。《坤》卦六爻全阴，以象“朔”。这一天出现在农历初一，有如钩的小月出现，又称“新月”。

月球自西向东而行。由《坤》至《泰》这八个卦，坤阴在上，下卦阳气渐长，至《泰》则阴阳各半，为上弦月。此时，太阳跟地球的连线和地球与月球的连线成直角，其月象是◐，这一天是初八（或初七）。《坤》为初一、《谦》初二、《师》初三、《升》初四、《复》初五、《明夷》初六、《临》初七，至《泰》刚好是初八。

从《泰》至《乾》这八个卦，乾三阳在下，上卦阳气渐盛，至《乾》六爻皆阳，为望月。这一天地球运行到太阳和月球之间，地球上看到圆形的月亮，其月象是○，这一天为十五。从《泰》初八逐卦相排，至此恰好是十五。

从《乾》至《否》这八个卦，乾阳在上，下卦阴气渐长，至《否》则阴阳各半，为下弦月。这一天与上弦月相仿，太阳跟地球的连线和地球与月球的连线成直角，不过其月象是◑。这一天是二十二（或二十三）。从《乾》之十五至《否》刚好是二十二。

从《否》至《坤》这八个卦，坤阴在下，上卦阳气渐消，至坤已消尽，又为朔月，周而复始。

由此可见，此外方图是一个完整的月规律的运行图！月球连续两次相交时间称为“朔望月”，一个朔望月为 29 天 12 小时 44 分 2. 8 秒，我国的农历时间就是据此制定的，一月为二十九天或三十天。

根据此图，在东方就可以考定四季的变化。三月二十二（或二十一）为春分，六月二十二（或二十一）为夏至，九月二十二（或二十三）为秋分，十二月二十二（或二十一）为冬至。四季均交在下弦月之日。其他节气可依次排列，这样就可以排出一年二十四节气。

3. 次外方图与内方图探秘

次外方图和内方图是一个天体运行图，如下图：

次外方图共有二十个卦，艮七居北，兑二居南，其数和是九，在地为七、二。西是《损》，东为《咸》，从中分之，表示四正的方向。东北由《咸》至《艮》六个卦，《艮》在下；西北从《艮》至《损》六个卦，《艮》在下为山，表明东北和西北多山。西南由《损》至《兑》六个卦，《兑》在下；东南从《兑》至《咸》六个卦，又《兑》在上，《兑》为泽为水，表明西南和东南则多水，这与我们今天的地理位置和地貌基本上是相似的。

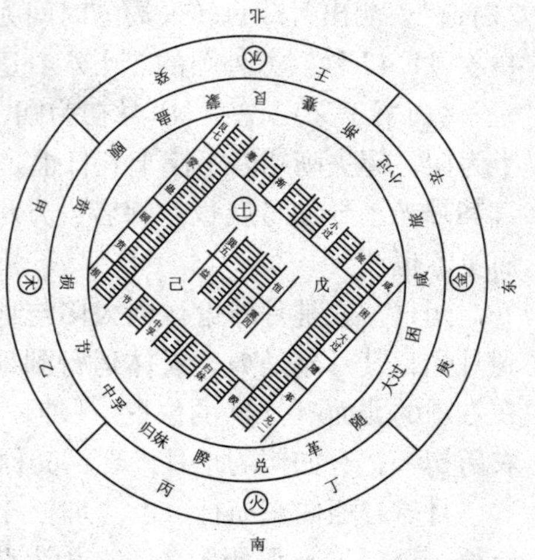

天体运行图

内方图共有四卦，巽五在上，震四在下，其和亦是九，天数在地为五、四。

将这两个图合一，则与《河图》相似，排列着五个行星。在天图上，火星居南在上，水星居北在下，但在地图上这个方位就倒过来了，当然东西也发生了变化。西为木星，东为金星，中为土星。然后再配以“十天干”。

凡是学《易》的人，都知道木星在东、东方青龙、甲乙东方木，将其倒过来就不习惯了，怎么看也不顺眼。其实，木星、青龙、甲乙在东方，这是天图的位置，是以“上南”定位的；现在方向倒过来了，它们所在的位置并没有动，只是方位改变了。原先我们面南，自然是上南下北、左东右西，这是天体的方位；现在我们面北，那么必然是上北下南、左西右东了，这是地理的方位。在前面论述中我们曾留下一个伏笔，当龙图三变时，上面的天图倒过来与下面的地图相合，为什么倒过来呢？这是因为，天图与地图的方位不一致。

在前面我们介绍过，《河图》是古代天地相交图，其圆图是个天体运行规律图，是十月历治，这与十二月历不相吻合。一、六月交在水星，二、七月交在火星，三、八月交在木星，四、九月交在金星，五、十月交在土星。每月初一交在水星，初八、二十八交在木星，十五交在土星，二十二交在火星。古人发明的“十天干”可能与“十月历”有关。我们将“十天干”排列在图中，此“十天干”与后图的“十二地支”相错，就将形成“六十甲子”！

内小方图是此方图的中枢。五星运行，“土”在中央，它同时也是北斗七星的位置，此图的位置是斗柄指南（下），天下皆春，随着斗柄的移动，四时推移，故在小方图中标明了春夏秋冬和东西南北的位置。外圆是四仲星方位。四仲星与内方二图的“十二纲纪”和外方图的二十八宿相对应，形成了一个完整的天体图。

小方图

4. **内方二图探秘**

在内二方图中，《坎》六在上为北，《离》三在下为南，东西分列《既济》和《未济》，这显然是“后天（文王）八卦方位”的倒图。十二卦配以十二地支，从《坎》起“子”，至《既济》为“卯”，至《乾》为“午”，至《未济》为“酉”，十二地支依序排列，它表示一年十二个月，同时也表示一天的十二个时辰。

外圆是十二卦对十二纲纪，它与四仲星和二十八宿对应，如下所示：

四仲星	十二纲纪	二十八宿	
青龙	析木	箕	尾
	大火	心	房
	寿星	氐 亢	角
朱雀	鹑尾	轸	翼
	鹑火	张 星	柳
	鹑首	鬼	井
白虎	实沈	参	觜
	大梁	毕	昴
	降娄	胃 娄	奎
玄武	娵訾	壁	室
	玄枵	危	虚
	星纪	女 牛	斗

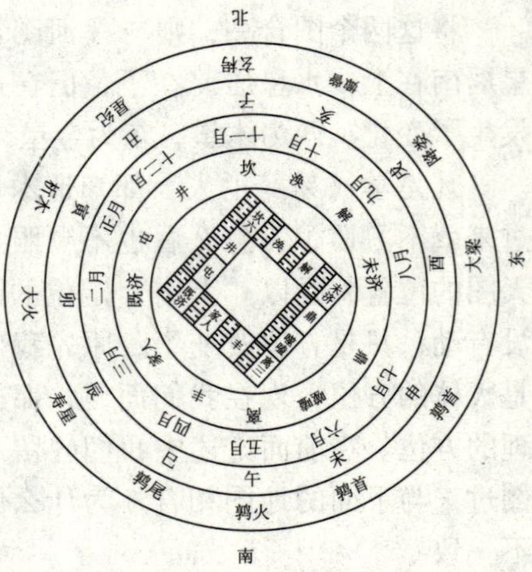

四仲星与内方二图

这是按天与地的对应关系排列的，其二十八宿是逆时针运转的。若根据古人的认识，地不动而天顺时针转动，其视觉效果是一致的。如若将这三张图组合在一起，就是一个完整的“六十四卦方图”，可以看出四仲星、十二星纪和二十八宿是按扇形有序排列的。

“方圆图”包含了八卦、六十四卦方位，《河图》、《洛书》内容，以及日和月的运行规律，有序地排列着金木水火土五星和四仲星、十二纲纪、二十八宿，形象而精确地说明了天地相交的规律，几乎囊括了《易》的所有内容，无怪乎陈抟说《易》“止有一图”！

十一、太极图探秘

太极图在我国民间广为流传，有着深厚的群众基础，认为挂此图可以驱邪保平安。一些商家也用它作为企业名称或商标。此图还走出国门，韩国的国旗中心部位就是太极图，甚至新加坡空军机徽也是太极图，它几乎成了东方文化的象征！

太极图是中国古代先民概括阴阳易理、探讨宇宙人生变化发展规律的图式。千百年来，它以博大精深的内涵，千古永辉的义理，激励着一代又一代的研究者对其寻根溯源，探赜索隐。

（一）太极及太极图综述

“太极之说”始于孔子，他在《易传·系辞上》说：“《易》有太极，是生两仪，两仪生四象，四象生八卦。”然而，孔子并没有说此图，也没有做文字表述，这就留下了一个悬念——什么是“太极”？有太极，是否有图？有图是什么样，它产生于何年何代？

1.“太极”的含义

对“太极”一说，易界有不同的解释，其主要观点有：

其一，混沌说。持这种观点的人认为，“太极”是指宇宙处于混沌的那个时期。《易纬·乾凿度》提出了“有形生于无形”的命题，认为宇宙的形成分“有太易，有太初，有太始，有太素”这四个阶段，太易是未见气时，太初是气始生时，太始是有了形体，太素是有了物质，这气、形、质浑然一体的时期，就是太极，“浑伦者，言万物相浑成，而未相离”。唐孔颖达也说：“太极谓天地未分之前，元气浑而为一。”（《周易正义》）

其二，阴阳说。北宋周敦颐著有《太极图说》（下面还将专题介绍），认为：“无极而太极，太极动而生阳，动极而静，静而生阴，静极复动。一动一静，互为其根，分阴分阳，两仪立焉。”认为太极是宇宙的中心，它一静一动而产生阴阳五行和宇宙间万物。

其三，虚无说。晋韩康伯说：“夫有必始于无，故太极生两仪也，太极者，无之称，不可得而名，取有之所极，况之太极者也。”（《周易正义系辞注》）认为太极只可意会、不可言传，是“不可为象”的虚无实体。

其四，大衍数说。汉王弼在解释“大衍之数，其一不用”时说：“不用而用以之道，非数而数以之成，斯易之太极也。”他认为“一”就是太极，“一”不是数，而是“无”，有了这个“无”，才有四十九之策数。崔憬也是用“大衍数”解释太极的，但他却认为：“四十九数合而未分是象太极也。今分而为二，以象两仪也。分揲其蓍，皆以四为数，一策一时，故四策以象四时矣。”大衍之数四十九未分是太极，分二为两仪，分四为四象。

其五，广大说。宋蔡清说：“‘太’字是‘大’字加一点，盖大之有加焉者也，既曰极矣，而又加以‘太’。盖以此理，至大至广，至精至微，至中至正。一‘极’字犹为足以尽之，故又加‘太’字于‘极’之上，则至矣尽矣，不可复加矣。《易》曰‘刚健中正，纯粹精者’，亦此意。”

此外，还有太极元气说、太极天地说、太极之理说……众说纷纭，莫衷一是。

在众多说法中，“混沌说”广被易界认同。

现代科学证明，在几亿年前，宇宙发生了大爆炸，形成了一个大的气团，各种物质都处于重新整合状态，古人称这个时期为“混沌”，又称之为“太极”。混沌初开，宇宙间各种物质都找到了自己的位置，天地开始分明，古人用“阴阳”来表述这个阶段，叫“两仪”，之后有了“四象”和“八卦”，这应该是孔子“易有太极”一段文字的真实意思。

2. 太极图出于何时、何人之手

太极图产生的时间，常见的有四种说法。一说太极图起源于远古的伏羲根据河图和洛书图研创的简易图，这种说法在古代典籍中有广泛记载；二说太极图起源于新石器时代陶器上的轮纹、旋涡纹、鱼纹等；三说太极图起源于东汉魏伯阳所作的《周易参同契》；四说太极图为宋朝前后的大师如北宋周敦颐、五代宋初的陈抟、宋元之际的佛徒寿涯等人所绘。持四说者颇多，有大量的古文献可以作证。

实际上，太极图起源之争涉及另一个问题——周易与太极图何者为先。前两种说法认为在易之前太极图就产生了，后两种说法则认为在易之后才产生太极图。言先有易后有太极图，证据好找；若说先有太极图后有易，证据难找。故而，对太极图的起源，大多数人更容易认同后两种观点。但认真考证可知，前两种说法也不无道理。理由之一，图形虽是对思想的反映，然记载思想的文字却产生于图形之后。先民的阴阳思想当源于对自然界的观察，而最早记载先民阴阳思想的当是图形。换言之，阴阳图与阴阳思想的次序当为：自然界阴阳现象——早期阴阳对称图形——阴阳思想——阴阳鱼图形。考古发现也在证明这种推断的有效性：阴阳对称的图案在河姆渡遗址有出土，距今已七千年；新石器时代有大量的与阴阳鱼相近的图形。因此，这些图形当视为阴阳鱼图的早期雏形，也即是说，若认同太极图的产生得益于中华先民阴阳易理的宇宙人生观念的滋养，就需承认原始时期那些蕴涵着阴阳易理观念的图形是阴阳鱼太极图的图形渊源。理由之二，周易作为阴阳易理思想的集大成者，它的产生除了得益于撰写周易的三贤对先民阴阳思想的概括、总结与诠释外，还来自于周易三贤对先民阴阳对称图形的领悟与研读。因此，原始时代那些蕴涵着阴阳易理观念的图形也应为阴阳鱼太极图的图形渊源。

不过，现在能见到的关于太极图及确切的文字记载，都是宋代以来的。

《宋史·朱震传》载：“陈抟以《先天图》传种放，放传穆修……穆修以《太极图》传周敦颐，敦颐传程颢、程颐。”从师承关系上来看，这是可信的。

然而，陈抟所传的《太极图》到底是什么样？谁也没有见过。清黄宗炎说，此图原名叫《无极图》，是魏伯阳、钟离权、吕洞宾传给陈抟，陈抟将其刻在了华山石壁上，后又经种放、穆修传给周敦颐，周把它改造成了《太极图》。然“刻壁”之事，不但《宋史·陈抟传》没有记载，元、明古籍上也没有记载，所以只能是“传说”。南宋朱熹在著《周易本义》时，收集了八张图（另有一“卦变图”），唯没有此图，说明朱熹当时也没有见到此图，否则他不会不载入书中的。陈抟（871－989）至朱熹（1130－1200）200多年，此图没有面世，故朱熹委托好友蔡季通至荆州等地去访此图，说是在民间得到了三张图，这是否就是所说的陈抟所传的图？

我们认为，任何一个事物的出现都有产生它的历史背景，并要经历一个发展过程。在宋初期，盛行“以图解易”之风，这时出现此图是可能的；但它又不是一下就达到了完美的程度，是经过了一个不断修改、完善的过程。

南宋林至在《易稗传》中绘有一图，就是一个圆圈○，说这就是太极图，又称太虚图。同时期的朱熹在《易学启蒙》中，将太极图也画成了一个圆圈○。这一圆圈○中空，表示虚无之象，这就是最原始的太极图。

朱熹在《朱子语类》中说，北宋程门弟子、龟山学派创始人杨时（1053－1135）曾以图与人说易，“龟山（杨时）过黄亭詹季鲁家，季鲁问易，龟山取一张纸画个圈子，用墨涂其半，云：‘这便是易。’”这个被涂抹的图像应该是◑，这是一个发展了的太极图。朱熹接着说：“此说极好，易只是一阴一阳，做出许多般模样。”这可能就是阴阳太极图的前身。

自北宋·周敦颐作《太极说》后，各式各样的太极图开始问世，约有数十种！

现代易学专家根据出土文物，在新石器时代的陶器上有双鱼图形和回旋图案，在大汶口出土了有图案的透雕象牙梳，主体纹类似八卦中的乾卦，中间为一巨大的“S”形，“S”内再刻“T”形纹。尽管这有了八卦符号的因素，但推测太极图始于远古时期，这还有待研究和证明。王怀先生在《阴阳鱼太极图源流探析》中说：“可以说阴阳鱼太极图是在众多的传统图形这个历史知识的背景下形成的……我们说任何文化的发展，都是一个不断继承、融合创新的过程，后一代的文化是在前人的基础上的积累，所谓‘无古不成今’。”（《易学与科学》2003年第1期）他认为，双鱼形的阴阳太极图是借鉴和依仿民俗文化形成的，推断“产生的时间当在元代或元末明初，最早不会超出南宋”。

（二）太极图式

后世所绘太极图种类有很多，如天地自然河图、唐朝的太极先天图、北宋周敦颐的周氏太极图、明朝来知德的来氏太极图、明朝左辅制作的景岳太极图与左辅太极图，清朝胡煦所制的循环太极图等。但一般认为，真正的太极图应当是以阴阳鱼相互涵容交感的圆形图案为主，外套八卦或六十四卦的环形图案。今日所见太极图为纯粹的阴阳鱼图，并无外套的八卦，实为时代发展要求图形日趋简明的结果。

太极图式大致分为两种，一是层迭式太极图，二是双鱼式太极图，现分别加以介绍。

1. 层迭式太极图

层迭式太极图有多种模式，现只介绍陈抟的《无极图》和周敦颐的《太极图》。

无极图　传说这就是陈抟所传三图之一。宋朱熹说："先天图传之希夷，希夷又自有所传，盖方士技术用于修炼，《参同契》所言是也。"（《语类》）《周易参同契》是早期道家炼丹理论之一，其书说："大易性情，各如其度；黄老用究，较为可御；炉火之事，真有所据；三道内一，俱出径路。"可见，它是融《周易》理论、黄老学说、炼丹实践为一体的著作。

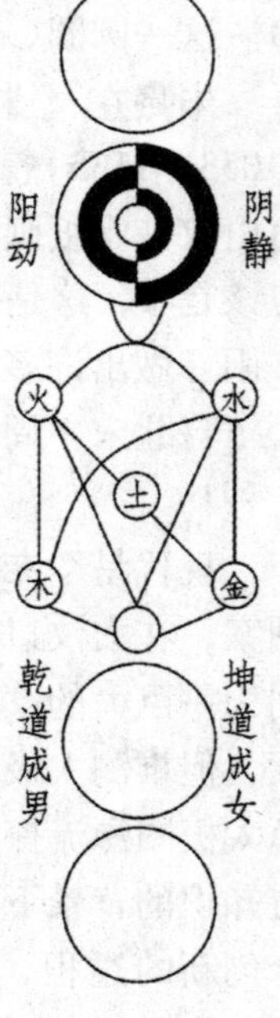

无极图

清黄宗炎《图书辨惑》说，此图式最下一圆圈为"玄牝之门"，指人身两肾间空虚之处，即祖气（丹田之气）所出之处。往上第二个圆圈"炼精化气，炼气化神"，对上升的祖气加以提炼，化精气而为呼吸之气，化呼吸之气而为精神。第三圈表示所炼之气藏于五脏之中，统率水、火、木、金、土五气，炼到火气下降，水气上升，火不燥热，水不卑湿，温养之至，则进入第四圈。第四圈"取坎填离"，水火相交，形成圣胎，这就是中央的那个白圈。此圣胎再加以修炼，则就到了最上层"炼神还虚，复归无极"，达到了虚无缥缈的神仙境界。最下和最上一圈皆为"虚无"，中间为"有"，表示从"无"到"有"，又反归于"无"，故称"无极图"。

易界有人不愿说此图与炼丹有关，可这是事实。陈抟是宋代得道高人，他得到道家秘传是不足为怪的。道家是在吸收了《易》的智慧的基础上发展起来的，炼丹是道事之一。中国的炼丹术在世界上是最早的，它对后来的冶金乃至化学都有重大贡献。

周氏太极图　北宋周敦颐对上面的“无极图”进行了发展，改造成了“太极图”，并著有《太极图说》。“周氏太极图”有古、今两种图式，今本图式是经朱熹修改过的，流传较广，现将两图录于下：

周敦颐所著《太极图说》，是为太极图写的说明，全文只有249字，《宋史》在周敦颐传内收录，全文如下：

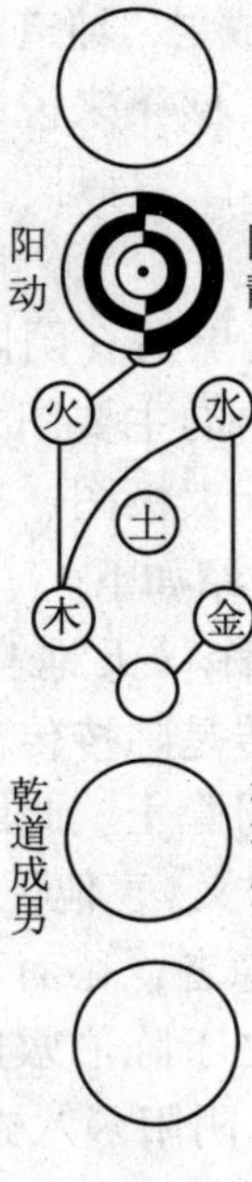

今本周氏太极图

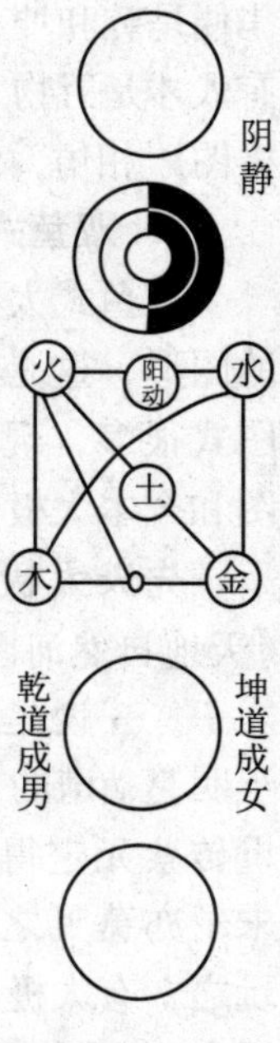

旧本周氏太极图

无极而太极。太极动而生阳，动极而静，静而生阴，静极复动。一动一静，互为其根；分阴分阳，两仪立焉。阳变阴合而生水、火、木、金、土，五气顺布，四时行焉。五行一阴阳也，阴阳一太极也，太极本无极也。五行之生也，各一其性。无极之真，二五之精，妙合而凝。乾道成男，坤道成女。二气交感，化生万物，万物生生而变化无穷焉，唯人也得其秀而为灵。形既生矣，神发知矣，五性感动而善恶分，万事出矣，圣人定之以中正仁义，而主静，立人极焉，故圣人与天地合其德，日月合其明，四时合其序，鬼神合其吉凶。君子修之吉，小人悖之凶，故曰立天之道曰阳与阴，立地之道曰柔与刚，立人之道曰仁与义。又曰原始反终，故知生死之说，大哉，《易》也，斯其至矣！

此说是将无极、太极、阴阳、五行以及《易》理结合在一起，来说明宇宙万物的形成过程。图是从上往下看的，最上一个圆圈是太极，太极是宇宙的本源，是寂静不动的。由太极而生阴生阳，阳动而阴静，阴阳二气合抱、交感而生出五行之气。阴阳五行的精华凝聚在五行图的最下一圆圈内。这种天地之精华便是乾和坤，“乾道成男，坤道成女”，阴阳交感而有万物；在这宇宙中，唯有人才是万物之“灵”。接下来说的就是“人道”了。可见，此图虽说与《无极图》相仿，但却摒弃了“炼丹”之说，而是从宇宙本源上来论太极图。

2. **双鱼式太极图**

双鱼式太极图就是黑白（阴阳）互纠的图形，这是太极图中的主要图式。这类图式很多，现只将先天太极图、来氏太极图和今本太极图简要介绍如下。

先天太极图 又称《天地自然图》、《天地自然河图》，相传是陈抟传出的三图之一，一说是来自西蜀隐士。此图最早载于明赵㧑谦的《六书本义》，他说：“此图世传蔡元定得于蜀之隐者，秘而不传，虽朱子亦莫见之，今得之于陈伯敷氏，当熟玩之，有太极函阴阳，阴阳函八卦自然之妙，实万世文字之本源，造化之枢纽也，呜呼，神哉！”

先天太极图

清胡谓在《易图明辨》解释说：

> 其环中为太极，两边黑白回互，白为阳，黑为阴。阴盛于北，而阳起而薄之。《震》东北，白一分，黑二分，是为一奇二偶；《兑》东南，白二分，黑一分，是为二奇一偶；《乾》正南全白，是为三奇纯阳；《离》正东，取西之白中黑点，为二奇含一偶，故云“对过阴在中”也。阳盛于南，而阴来迎之。《巽》西南，黑一分，白二分，是为一偶二奇；《艮》西北，黑二分，白一分，是为二偶一奇；《坤》正北全黑，是为三偶纯阴；《坎》正西，再取东之黑中白点，为二偶含一奇，故云“对过阳在中”也。《坎》、《离》为日月，升降于《乾》、《坤》之间，而无定位，故东西交易，与六卦异也。

此论甚明！这个太极图，其白为阳，其黑为阴，阴阳相合，互纠不分。黑白点表示阴中有阳、阳中有阴。巧妙地配以“先天八卦”，清楚地看出阴阳消长的过程，深得阴阳造化自然之妙！

此图揭示了天地变化的规律，蕴涵着深刻的哲理，后世的众多太极图均采用此种图式，也没有脱离此图的内涵。

来氏太极图　明代易学家来知德根据先天太极图，经“研索而成”来氏太极图。他说：“此圣人作易之原也，理气数象，阴阳老少，往来进退，常变吉凶，皆寓于其中。”

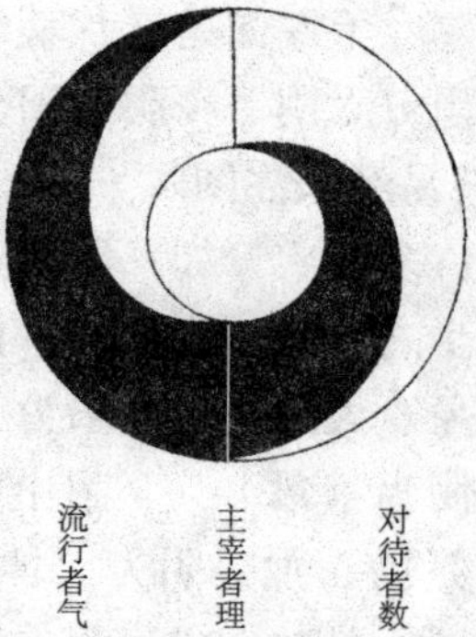

来氏太极图

此图白者为阳仪，黑者为阴仪，表明阴极生阳，阳极生阴。以居中的黑白两线代表原古太极图中的黑白点。中有一阳圈，以象太极，有“无极而太极，太极而两仪”之妙。来氏作《美圆歌》说：“我有一丸，黑白相合。虽是两分，还是一个。大之莫载，小之莫破。无始无终，无左无右。”来氏以此图解释伏羲八卦和文王八卦方位，释年月日变化，下面将作介绍。

今本太极图　当今将太极图画成如下图，成均匀对称之势，对此易界有不同看法。太极揭示的是宇宙变化的规律，应该是动态的。均衡之后，便形成了一个合力，成为静止不变的了，这不是太极的本义。如从欣赏的角度来看，这个图还是很悦目的。

今本太极图

（三）太极图与八卦

无论什么形式的阴阳太极图，它们的基本形状和原理都是一样的，都是对《周易·系辞》“易有太极”的解释。

“易有太极”，以圆象征太极，代表天地未分时的混沌状态。之后，宇宙间各类物质都找到了自己的位置，天地开始分明，“是生两仪”，有阴有阳，故用两个黑白鱼形表示。“两仪生四象，四象生八卦”，明来知德将太极图配以先天八卦和后天八卦，以说明之，见下图：

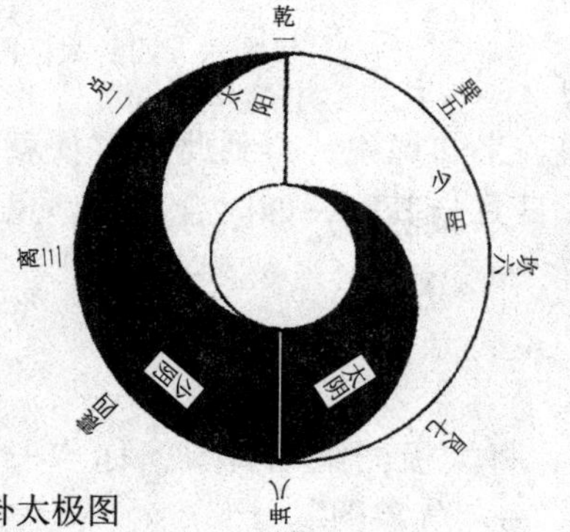

伏羲八卦太极图

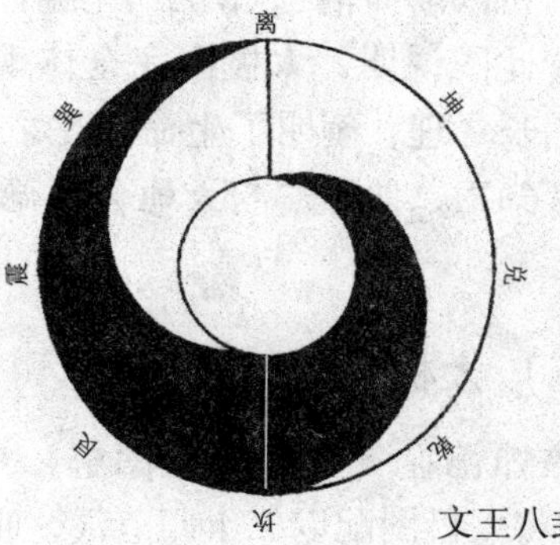

文王八卦太极图

上左图是《伏羲（先天）八卦太极图》，中空圆象征太极，以黑白环抱，黑分太阴、少阴，阳分太阳、少阳，“两仪生四象，四象生八卦”。来知德在《易经来注图解》中说：“伏羲只在一奇一偶上，生出六十四卦，又生出后圣许多爻象。如一阳上加一阳为太阳，阳自然老之象；加一阴为少阴，阴自然少之象；一阴上加一阳为少阳，阳自然少之象；加一阴为太阴，阴自然老之象。太阳上加一阳为《乾》，加一阴为《兑》；少阴上加一阳为《离》，加一阴为《震》；少阳上加一阳为《巽》，加一阴为《坎》；太阴上加一阳为《艮》，加一阴为《坤》，皆阴阳自然生八之卦。”这段论述是很精到的，说明了八卦的生成过程，体现了太极生八卦的自然之妙！

上右图是《文王（后天）八卦太极图》，这是对《周易·说卦传》“帝出乎震”一节的解释。与左图一样，也是阴阳环抱，有两条通道，白路通阴在北，为《坎》；黑路通阳在南，为《离》；万物出乎《震》，居东，《兑》正秋也，位西；其他四卦依次排列。此图说明了阴阳相依、五行相生、四时变化之理。

（四）太极图与六十四卦

下图是明来知德以太极图解释六十四卦的图式：

外圈环布的是前面我们介绍的《伏羲六十四卦圆图》。黑中的白路指向《复》，阳气由此而生，“白以渐而长，黑以渐而消”，《复》䷗—《临》䷒—《泰》䷊—《大壮》䷡—《夬》䷪—《乾》䷀，阳从下渐长，阴则渐消，至《乾》则阳盛极。白中的黑路指向《姤》，阴气由此而生，《姤》䷫—《遁》䷠—《否》䷋—《观》䷓—《剥》䷖—《坤》䷁，“黑以渐而长，白以渐而消”，阴在下浸阳，至《坤》为全阴。此图说明，太极图完全体现了六十四卦阴阳消长之理，阐明了生命造化之道。来知德说，得到此图“便就知进知退，知存知亡，便即‘与天地合其德，日月合其明，四时合其序，鬼神合其吉凶’”。

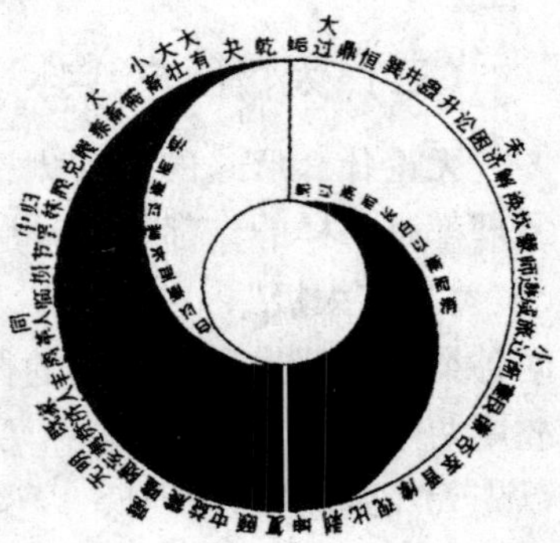

伏羲六十四卦太极圈

（五）太极图与气象

明来知德在《易经来注图解》中，将太极图配以日象，称“一日气象图”；又将太极图配以二十四节气，叫“一年气象图”。

来知德说："万古之始终者，一日之气象也。一日有昼有夜、有明有暗，万古天地，即如昼夜。"我们处于北半球，地球自转一周24小时，古人用"十二地支"表示，每一个地支管两个小时，称为一个时辰。将其配以太极图，白道指北起"子"，黑道指南起"午"，十二个时辰顺时针排列。子时全黑，但有一丝白光出现，之后黑渐消而白渐长，至午时达正午，之后，白渐消而阴渐长，黑白轮转，恰似地球自转一日，这是万古不变的。

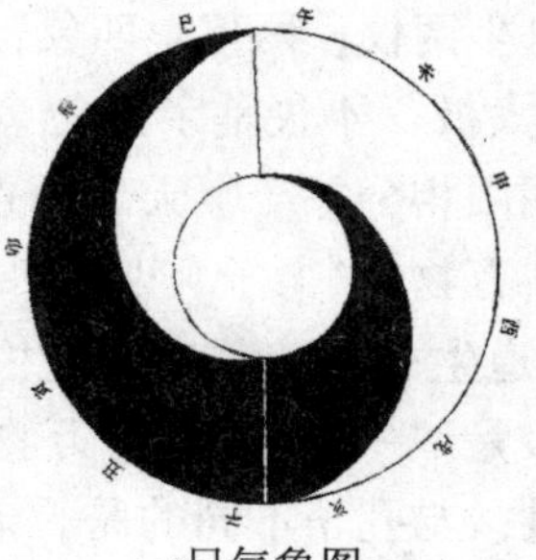

一日气象图

《一年气象图》是将太极图配以二十四节气，表示一年的气象。白道所指为"冬至"，全黑，说明天气寒冷，夜长昼短；左转至"春分"，黑白各半，表示昼夜相等，阳气渐升；再转至"夏至"，阳已盛极，昼多夜少；至"秋分"，亦是黑白各半，虽说昼夜相等，但阳渐消而阴渐长，最后又回旋至"冬至"，一年复始。

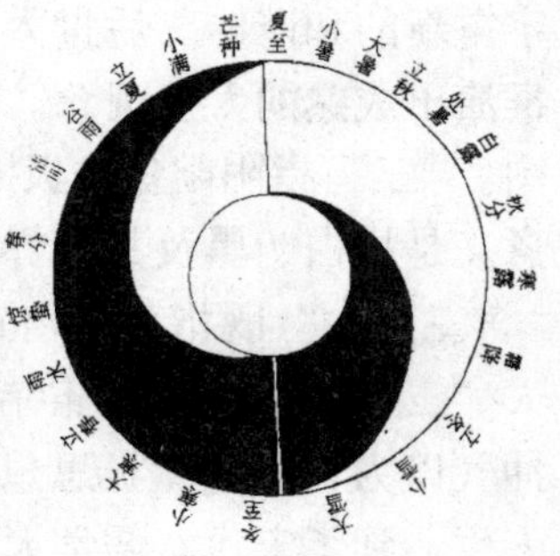

一年气象图

清胡谓认为，太极图揭示的是月亮运动规律，他在谈到古太极图时说："即其阴阳衰弱之数，以推晦朔弦望之气而知其理有合符节者矣。阳气生于东北而盛于正南，震离兑乾在焉，即望前三候阳息阴消之月象也。阴气生于西南而盛于正北，巽坎艮坤在焉，即望后三候，阴息阳消之月象也。阴极于北而阳起薄之，阴避阳，故回入中宫，而黑中复有一点之白。阳极于南而阴来迎之，阳避阴，故同入中宫，而白中复有一点之黑。盖望夕月东日西，坎离易位，其黑中白点，即是阳光；白中黑点，即是阴魂。"（《易图明辨》）来氏太极图与古太极图有异曲同工之妙！

（六）太极图的普遍性意义

太极图以它那简单的线条、活泼的图像揭示了宇宙运动的普遍性规律！

太极图是为解《易》而画的。一部《易》书，讲的就是"阴阳"，"一阴一阳之谓道"，它"范围天地"、"曲成万物"，是宇宙的普遍性法则。阴和阳是互根的，两者谁也离不开谁，无阴即无阳，无阳即无阴，两者是互为条件而存在的。图中阴阳互负、互抱、互纠，表明了它们的相互依存关系。

人们对太极图诠释历史的溯源常常追溯到《易传·系辞上》，就显得合乎逻辑了。一般认为，"太极"一词最早见于《易传·系辞上》："易有太极，是生两仪，两仪生四象，四象生八卦，八卦定吉凶，吉凶生大业。”孔子认为“太极”不仅是宇宙之“本”，也是宇宙演变之大道。宇宙之“本”运行，使阴阳相分并产生天地两仪。阴阳不断相分，便产生春、夏、秋、冬四象与宇宙万物。《老子·四十二章》也同样表达了一元论与变化论的“太极”哲思：“道生一，一生二，二生三，三生万物。万物负阴而抱阳，冲气以为和。”太极是“一”，是宇宙万物之根；宇宙万物生生不息的运动与发展是太极之真性。与孔子不同的是，老子参透了太极法则中的矛盾论与和谐论。太极之“道”包含着对立的阴阳两面，但阴阳二气的互相激荡与矛盾运动最终成就了宇宙新的和谐体。后世人们据老子、孔子的太极哲思而图解太极图，并逐渐推演出成熟的太极观念。三国的魏孟康以“太极元气，含三为一”解释太极图。“三”指阴阳鱼太极图中的白、黑及白黑的分界线。“含三为一”的字面意义是指白、黑及其分界线都包含在太极图的大圆圈内。实际上，后人认为“含三为一”既指事物由正、反、合三者组成的矛盾整体结构，也指天、地、人“三极”合一的宇宙结构。魏孟康之说既继承了老子“万物负阴而抱阳，冲气以为和”的太极思想，同时也将前人的太极观念从宇宙万物链接至社会人生。到了宋代，儒学大师以人学视角解读太极图，把太极法则设定为人的一切行为的标准，从而把“太极”学说发展为“人极”学说。周敦颐在《太极图说》中承继了前人太极学说中的一元论、发展观、矛盾论与和谐论等思想，但特别强调人作为万物之灵对太极之道的参悟，并提出“立人极”即树立“中正仁义”的做人标准。周敦颐的人学解读理路影响了后人对太极图的诠释，北宋邵雍，南宋胡宏、陆九渊，乃至清代的戴震都从太极图中阐释了以人为万物之秀、以人为天地之心的思想。

阴和阳又不是静止不动的，而是“刚柔相摩”、“刚柔相推”，在“推”和“摩”中相互交感，而生万物。它们是统一的，又是对立的，两者是可以互相转化的。阳息则阴消，阴息则阳消，从太极图的曲线变化清楚地看出，当阳气渐升时，阴气则渐渐退去；当阴气渐长时，阳气则渐消，这是事物运动的普遍性规律，如月有盈满虚缺、天有春夏秋冬、人有生老病死、花有花开花落、水有潮涨潮落……无不遵循这一法则！

宇宙是永恒的，物质是可以互相转化，由一种物质变成另一种物质，但是不会灭亡。阳极生阴，阴极生阳，但阴阳不会在这转化过程中消亡。太极图中的黑白点（或黑道和白道），则表示黑中有白，白中有黑；阴中有阳，阳中有阴。当阴达到了极点时，预示着阳开始渐长；当阳盛极时，也开始向反面转化，阴开始渐长，如此循环，生生不息。四时更迭、昼夜变化，甚至历史变迁，无不是按这一规律进行的。

回旋式运动是宇宙万物运动的普遍性规律。太阳系的星球，银河系星云，都是回旋运动的，地上的海水旋涡、地上气团、龙卷风等无不是螺旋式旋转的。从微观上来看，电子、质子、磁场的形成，就连构成人体基因的蛋白氨基酸也是螺旋式排列的。太极图正确地揭示了这种运动规律。

事物是曲线发展的，太极图中的阴阳曲线揭示了这种运动、发展规律。

正因为太极图揭示《易》的实质和宇宙运动的规律，所以将它配以八卦方位、六十四卦次序、河图，是通的；甚至配以日月星辰，也是天衣无缝！“《易》与天地准”，用太极图去解释天地间万物，都是触类旁通的，这就是太极图的魅力所在！

如此，由上可知，太极图虽简单明了，一个圆圈、一条曲线、两个圆点，两条黑白鱼图形，但经过历代的图解与诠释，它构成了一个涵义丰富深邃的庞大的“太极哲学”体系。这个哲学体系的关键词就是阴阳。阴阳既蕴涵着形而上的宇宙之道与天人之际的大法则，也包括形而下的人生法则。其中“太极和”辩证法是太极哲学体系的核心。“太极和”思想认为，事物发展的终极目标不是事物的矛盾对立，而是事物之间的包容与妥协、共存与共容，共容与共存才是事物发展的根本规律。简言之，圆润的太极图形启迪我们，在一个矛盾对立体中追求平衡，在众多矛盾平衡体中追求相互的包容、化合，在矛盾对立中最终走向多元的和谐统一，这才是事物发展的终极目的与永恒动力。

作为哲学图形，远在文字还未出现的六七千年前，太极图腾通过图形语言便揭示了矛盾对立统一规律。它内含的阴阳两仪，其实质就是当今辩证矛盾学说最直观、最简洁的表达。太极图以均衡对称的图形方式，揭示了追求阴阳平衡观点，鲜明地强调阴阳变化（矛盾运动）以平衡、“和谐”为根本目的，从而揭示了宇宙万物在运动中平衡发展的规律和人类进步、社会发展在于求“和”这一根本目的。

通过以上溯源我们大约可以推断以下两个结论：其一是太极图以简易的图形语言涵盖了中国“百经之首”——《易经》的大义要旨，创造了一个庞大的、根深叶茂的太极哲学体系，彰显了中华先民领悟宇宙万物变化之道的非凡智慧，因而享有“中华第一图”之美誉。其二是我们的祖先早在六至七千年前就已通过太极图阴阳这一辩证矛盾来概括宇宙万物的起源与变化，比2600年前的古希腊哲学起源至少早了两三千年，这充分说明太极图是中华哲学的起源，同时也是世界哲学的起源。

太极图不但深刻地影响着中华民族的思维方式、思想文化观念和人文性格，也对世界的发展产生了深刻影响。在韩国、蒙古国的国旗上；在新加坡、安哥拉空军的机徽上；在韩国、德国奥运会，韩国亚运会会徽上；在美国研制的世界第一台计算机商标上；在美洲印第安人的绘画和服饰上……太极图光辉无处不闪烁着人类的智慧和哲学的光芒。太极图是人类瑰宝，已成为人类的共识、世界的共识。

撰稿人　高恒忠

参考文献

[1] 明赐东:《探赜索隐太极图》,《光明日报》2009年3月26日，第12版。

[2] 周晓明:《伏羲文化考述》,《社科纵横》2008年8月总第23卷第8期。

[3] 邹文生、王剑等:《陈楚文化》，辽宁教育出版社，1997年。

[4] 朱炳祥:《伏羲与中国文化》，湖北教育出版社，1997年。

[5] 张立文:《〈周易〉对中国社会的影响》,《周易研究》2005年第3期。

[6] 黄寿祺、张善文:《周易译注》，上海古籍出版社，2004年。

[7]《易之源流》: http: //www. riyueyi. com/tanmi/index. asp

[8] 余敦康:《易学今昔》，新华出版社，1993年。

[9] 袁珂:《山海经校注》，上海古籍出版社，1985年。

[10] 张振犁:《中原古典神话流变论考》，上海文化出版社，1991年。

[11] 王孝廉:《中原民族的神话与信仰》，台北：时报出版公司，1992年。

第三章　老子及其思想学说

中国传统思想文化的构成是复杂的，但人们在研究中国传统思想文化的时候，往往把儒家文化视为其代表，或把儒家文化视作中国传统文化的核心和实质。这是十分偏颇的。事实上，作为中国传统思想文化“轴心”时代的先秦，是各种学说、各种学派“百家争鸣”的时代。而诸子百家中形成最早、影响最大的应是以老子为代表的道家学说。老子，陈地人；道家的另一代表人物庄子，《史记》言其为蒙人。蒙，应是今安徽蒙城，古属楚，与陈地相近。陈楚地区是道家文化的发源地。

老子不仅是道家的创始人，还是先秦诸子的启蒙者，九流百家皆受其影响。儒家后起于道家，孔子师承于老子。西汉董仲舒“罢黜百家，独尊儒术”之前，在中国思想文化上占主流地位的是道家的文化。萧萐父引古籍证之：

> 《庄子·天下》括为八家，除讲“阴阳数度”之学的阴阳家，讲“诗书礼乐”之学的儒家，从墨翟、禽滑厘为代表的墨家，以惠施及辩者为代表的名家外，其他四家——宋钘、尹文之学，彭蒙、田骈、慎到之学，关尹、老聃之学，庄周之学，皆属道家。《荀子·解蔽》所列六家，道家居三；《尹子·广泽》所列六家，道家居三；《吕氏春秋·不二》所列十家，道家居五。足见先秦诸子中道家独盛。班固依刘歆《七略》撰《汉书·艺文志》。在《诸子略》之外别出《六艺略》、《兵书略》，而将诸子括为“九流”。而“九流”中道家文献著录特多，达九十三，数量为诸子各家之冠。[①]

儒家学说崛起以后，儒、道两家对立互补，成为影响中国文化两千多年的两个主要理论学派，为其余诸子百家所不能比拟。汉末，佛教传入中国，后来，作为中国本土宗教的道教兴起。儒家、道家、佛教、道教，犹如中华

① 萧萐父：《道家·隐者·思想异端》，《江西社会科学》1989 年第 6 期。

文化的四只车轮，构成中华文化的主体，推动中华文化的发展。道家与道教同源而异流，其力量可堪与儒、佛相抗衡。

《老子》一书，是一座取之不尽、用之不竭的智慧宝库，它与《周易》、《论语》一起，成为世界上影响最大的三部中国古代文化典籍。

一、老子考辨

正如他的神秘哲学一样，老子其人也是一个谜。关于老子的生平和著作，历史上有过太多的说法。最早为老子作传的，是司马迁。《史记·老庄申韩列传》中有老子传四百多字。后世关于老子其人的种种说法和争议均据此传。为了论述方便，先将全文引录如下：

> 老子者，楚苦县厉乡曲仁里人也。姓李氏，名耳，字聃。周守藏室之史也。
>
> 孔子适周，将问礼于老子。老子曰："子所言者，其人与骨皆已朽矣，独其言在耳。且君子得其时则驾，不得其时则蓬累而行。吾闻之，良贾深藏若虚，君子盛德，容貌若愚。去子之骄气与多欲，态色与淫志，是皆无益于子之身。吾所以告子，若是而已。"孔子去，谓弟子曰："鸟，吾知其能飞；鱼，吾知其能游；兽，吾知其能走。走者可以为网，游者可以为纶，飞者可以为矰。至于龙吾不能知，其乘风云而上天。吾今日见老子，其犹龙邪！"
>
> 老子修道德，其学以自隐无名为务。居周久之，见周之衰，乃遂去。至关，关令尹喜曰："子将隐矣，强为我著书。"于是老子乃著书上下篇，言道德之意五千余言而去，莫知其所终。
>
> 或曰：老莱子亦楚人也，著书十五篇，言道家之用，与孔子同时云。
>
> 盖老子百有六十余岁，或言二百余岁，以其修道而养寿也。
>
> 自孔子死之后百二十九岁，而史记周太史儋见秦献公曰："始秦与周合，合五百岁而离，离七十岁而霸王者出焉。"或曰儋即老子，或曰非也，莫知其然否。老子，隐君子也。
>
> 老子之子名宗，宗为魏将，封于段干。宗子注，注子宫，宫玄孙假，假仕于汉孝文帝。而假之子解为胶西王印太傅，因家于齐焉。

世之学老子者则绌儒学，儒学亦绌老子。“道不同不相为谋”。岂谓是邪？李耳无为自化，清静自正。

从此传过多使用的“或曰”、“或言”、“莫知其终也”、“莫知其然否”等字句中可知，早在汉初，有关老子的生平事迹已无法确定。而且，司马迁还提及与孔子同时的老莱子和后于孔子一百二十九年的太史儋两个人，这就更为后人的争议提供了线索。所以，从古及今，老子是谁？生活于哪个时代？生地在哪里？这些一直是争论不休的历史悬案。

（一）老子生地考

司马迁对老子的生平语焉不详，但对其里籍却记载得十分详细和确切：“楚苦县厉乡曲仁里”，不仅写明属楚，而且详及县名、乡名、里名。《孔子世家》记孔子生地云：“孔子，生鲁昌平乡陬邑”，亦详及国名、乡名、邑名。但司马迁对老子籍贯的记载比孔子还详尽：多个里名。这种写法，如果也意味着是一种“待遇”，则可见在司马迁心目中，老子比孔子的地位还要高。司马谈、司马迁父子都是道家，特尊老子，故此。

关于老子生地，自司马迁提出苦县说以后，已成定论。在司马迁四百多字的《老子传》中，“唯一未曾引起令人怀疑，只有开头的第一句话：‘老子者楚苦县厉乡曲仁里人也，’（苦县原属陈国，春秋末年为楚国所灭。苦县即今河南鹿邑县），其余凡是涉及事实性的地方，无一处不使人争议”。[①] 但20世纪90年代以来，有几位学者对老子里籍提出了新的看法，最有代表性的一是地区不明的“宋之相人”[②]，一是安徽省涡阳县郑店村[③]。为本无疑义的老子里籍问题引来了一场纷争。如不加辨正，则势必会混淆视听，贻误子孙。

苦，这里读作 hù，苦县即今河南省鹿邑县。厉，这里读作 lài，《晋太康地记》云：“苦县城东有濑乡祠，老子所生地也。”厉乡曲仁里，即今鹿邑县太清宫。

著名的《史记》三家注分别对苦县地望和沿革作了训解。《集解》引《汉书·地理志》说：“苦县属陈国。”《索隐》按：“《地理志》苦县属陈国者，误也。苦县本属陈，春秋时楚灭陈，而苦又属楚，故云楚苦县。至高帝

① 陈鼓应：《老子注释及评介》，中华书局1984年版，第10页。

② 孙以楷：《老子外传·老子百问》。

③ 杨光：《老子生地考辨》，《阜阳师院学报》，1992年。

十一年，立淮阳国，陈县、苦县皆属焉。裴氏所引不明，见苦县在陈县下，因云苦属陈。今检《地理志》，苦实属淮阳郡，苦音怙。”《正义》引《括地志》云：“苦县在亳州谷阳县界，有老子宅及庙，庙中九井尚存，在今亳州真源县界。”《集解》与《索隐》一言苦属陈，一言苦属楚，其实都有道理。无论属陈属楚，实乃一地。楚灭陈在公元前479年，老子生于公元前571年。陈亡时老子已92岁，但老子以长寿著称，陈亡后他还活了若干年，所以说他是楚人亦无不可。

苦县之名及区划，历代屡有更易。苦县是陈时所设还是楚灭陈后所设？今已不可考。西汉苦县归属淮阳国统辖。东汉时，淮阳国改名为陈国。《后汉书·郡国二》“陈国”条下云：“苦，春秋时曰相，有赖乡。”这出现了一个“相”。关于相地，又见东汉国边韶《老子铭》称：“老子姓李，字伯阳，楚相县人也。春秋之后，周分为二，称东西君。晋六卿专征，与齐楚并僭号为王，以大并小。相县虚空，今属苦，故城犹在，在赖乡之东，涡水处其阳。”郦道元《水经注》卷二十三“涡水”注谓：“涡水又屈东迳相县故城南，其城卑小实中。边韶《老子碑》文云：老子，楚相县人也。相县虚荒，今属苦，故城犹存，在赖乡之东，涡水处其阳。疑即此城也。自是无郭以应之。”边韶撰《老子铭》时任陈相；郦道元也到过鹿邑，他们的记述是正确的，在今厉乡故址鹿邑太清宫以东5华里处有相城遗址，城址方形，每边仅300多米，确如郦道元所说，“其城卑小”。据夏太康失国，仲康的儿子相又被居住在涡河流域的有过氏灭掉，边韶所指的可能就是这个相。所以，苦县与相县，所指的是一个地方，而断不是宋国之相县。查宋之相县在今安徽濉溪县西北。

东汉以至隋代，苦县或称父阳、武平、谷阳、鹿邑，隶属陈郡或谯郡（今安徽亳州）。

唐代，唐太祖李渊认老子为始祖，唐高宗乾封元年（666年）封老子为太上玄元皇帝，所以唐朝又把老子故里更名为真源、仙源等名。《新唐书·地理二》“谯郡”条下有“真源”云：“真源，本谷阳，乾封元年更名，载初元年曰仙源，神元元年复曰真源。有老子祠，天宝二年曰太清宫；又有洞霄宫，先天太后祠也。”

宋元，又更名为卫真或鹿邑，隶属亳州。明清以后，鹿邑隶归德府。今鹿邑隶河南省周口市，涡河流经全境，注入淮河。

老子故里厉乡，又可写作赖乡、濑乡。查《中国历史地图集》第一册，在涡河流域最早出现的地名就是“厉”。从形势上看，它与商早期的葛、昆吾等氏族居地有着相同的地位。现此地有一遗存十分丰富的原始文化遗址，俗名叫隐山，位于老子故宅西北隅，高出地面 4 米多。遗址东部有夯土墙，应是最早的城址遗存。隐山文化遗址的上层发现有鹿角、石镞、鬲足等物，时代早期为龙山文化时期，晚至商周。隐山之侧有赖乡沟，原是涡河的一条支流，今仅为一条坡沟。厉乡具有悠久的历史传统和丰厚的文化积淀。公元前 5 世纪早期，伟大的思想家、哲学大师老子诞生在这里，厉乡成了道家哲学思想的发源地，汩汩涡河水也成了中国传统文化巨川的一支源头活水！

历代祀老，都在鹿邑太清宫。太清宫的前身为老子祠，或曰老子庙，亦称老子亭。《晋太康地记》说："苦县东有濑乡祠，老子所生地也。"老子祠兴由何时，已不得而知。东汉时，老子庙香火已经很盛。《后汉书·桓帝纪》，延熹八年（165 年）正月，"遣中常侍左悺之苦县，祠老子"。同年十一月，"使中常侍管霸之苦县，祠老子"。一年之中两次派专使到苦县祀老子，洵为盛举。边韶《老子铭》说："延熹八年八月甲子，皇上尚德弘道，含闳光大，存神养性，意在凌云，是以潜心黄轩，同符高宗，梦见老子，尊而祠之。"边韶《老子铭》写于桓帝两次祀老之后。正因为这年的八月甲子日桓帝梦见老子，方有一年内春秋两次祀老之举。《水经注·阴沟水注》："涡水又北迳老子庙东，庙前有二碑，在南门外。"其中之一，即东汉陈相边韶所撰之《老子铭》碑。

老子庙在唐朝改称为太清宫。据光绪年间《鹿邑县志》记载，唐高祖武德三年（620 年），"从吉善行之言，祖老子，特起宫阙如帝王居"。唐高宗乾封元年（666 年）二月，朝谒老子庙，建紫极宫和太清楼，加封老子为"太上玄元皇帝"。玄宗天宝二年（743 年）正月，唐玄宗亲祀老子，改紫极宫为太清宫。

天宝十四年（755 年），唐玄宗又亲注《道德经》颁布天下，并刻石于太极殿前，名为《唐开元神武皇帝道德经注碑》。此碑今存太清宫。

唐代以后，太清宫历经兵燹，几度重修。现存前宫之太极殿和后宫之洞霄宫，均为清代重建。虽粗具规模，但无法恢复唐时旧观。

前宫太极殿是现存的太清宫主要建筑。殿面阔五间，进深三间，上覆黄色琉璃瓦，屋脊上置宝瓶、兽头等饰物。檐下有斗拱，是宋代遗物。屋檐上有"明万历七年"字样。殿内柱础直径约为一米，雕刻精美，属于唐代遗物。殿前为平台，台前汉柏三株，仍生机盎然。太极殿东侧有九井，俗称"九龙井"。《后汉书·郡国志·豫州陈国》注引伏滔《北征记》曰："（苦县赖乡）有老子庙，庙有九井，水相通。"《水经注·阴沟水注》曰："（老君）庙东院中，有九井。"今井已不存，残存的井石圈有九龙浮雕，为唐代遗物。

1997年7月，河南省文物局、文物研究所对鹿邑太清宫进行考古发掘，初步探明，太清宫后宫宋代大殿东西长112米，南北宽40米，面积4480平方米左右。墙基、柱础及室内铺地砖保存完好，规模宏大，比北京故宫的太和殿规模还大，是我国目前发现的最大的宋代宫殿建筑。确实如史书记载，太清宫建筑“如帝者居”。同时发现东周马坑两座，及商、周、汉时期的遗物。这些均证明太清宫确为老子生地。

（二）老子的生平

司马迁说：“老子，隐君子也”，“其学以自隐无名为务”。所以，关于老子的生平事迹，也如“神龙不见首尾”，不为世人所熟知。司马迁对老子的身世游踪语焉不详，先秦典籍有关老子的记载也相当零散，综合起来，可以钩稽出大致的线索。

1. 关于老子的生卒年

老子的生年已经难以确考，目前学界较为普遍的说法是，老子年长于孔子，从《礼记》、《史记》、《孔子家语》等书所载老、孔交往的情节中可以明显地看出，孔子对老子的态度甚为恭谨，而老子的口吻则俨然前辈。依《礼记·曲礼上》的说法：“年长以倍，则父事之；十年以长，则兄事之；五年以长，则肩随之。”《孔子家语》记孔子与南宫敬叔适周见老子，这一年是鲁昭公二十年（前522年），孔子生于公元前551年，其时二十一岁，从此推算，老子比孔子约大二十岁，当生于公元前571年。胡适说：“老子比孔子至多不过大二十岁。老子当生于周灵王初年，当西历前570年左右。”① 至于月、日，道教以二月十五日为“老君诞辰”，可备一说。

老子卒于何时呢？太史公说：“盖老子百有六十余岁，或言二百余岁。”语气不怎么肯定，老子由于“修道而养寿”，活到百岁以外是完全可能的。但至于能否达到二百余岁，恐怕未必可信。

2. 老子的姓名和官职

老子姓什么？《史记》言老子“姓李氏，名耳，字聃”。李氏出于嬴姓，先祖皋陶，舜帝时为大理之官，掌管司法，后代“以官为氏”，为理氏。春秋前作理氏，或里氏，因李、理同音相通，作李姓。“聃”字的意思是“耳曼”，即耳朵又长又大，与“耳”意近而相通。

---

① 胡适：《中国哲学史大纲》，东方出版社1995年版，第39页。

司马迁记老子官职为“周守藏室之史”，司马贞《索隐》：“按藏史，周藏书室之史也。又《张苍传》：‘老子为柱下史’，盖即藏室之主下，因以为官名。”刘向《列仙传》亦云：“老子为柱下史。”此外，还有“周之大史”、“征藏史”之说，皆为同一官职。按照周代的制度，史官由太史和内史两类组成，“守藏室之史”属于太史类的史官，负责掌管图书文献资料、四方之书，也就是相当于今天所谓的图书档案馆馆长。

3．老子去周、归隐

司马迁又说老子“居周久之，见周之衰，乃遂去”。《庄子·天道》也载有此事：“周之征藏史有老聃者，免而归居。”老子去周时间应该是公元前516年前后。《左传》载：鲁昭公二十二年（前520年）四月，周景王因心脏病突发而卒，国人拥立长于猛；六月，景王生前宠爱的庶长子朝（史称王子朝）率部分王族及旧官、百工起事，与猛争夺王位，洛邑大乱；十月，晋国出兵援助猛；十一月，王子朝攻杀猛，而猛之同母弟即位，是为敬王；晋军班师后，王子朝即入据王城，敬王避居城外狄泉；二王并立，互争雄长，内乱不息。直到昭公二十六年（前516年），晋人再次勤王，出兵击败王子朝，子朝乃席卷周室典册，逃奔楚国。这样一来，藏室空空如也，藏室史自然无须做下去，老子也就返回陈国，回老家苦县归隐，从此步入“隐君子”生涯。

老子归隐之后的游踪及活动，由于资料零散，已无从详细推求。我们从这些资料中只能大致了解到，老子一多半时间都住在陈国，此外，还在鲁(今山东曲阜)，沛（今江苏沛县）等地居留过，后西游入秦国。

4．老子出关、著书

《史记》载，老子西游“至关，关令尹喜曰：‘子将隐矣，强为我著书。’于是老子乃著书上下篇，言道德之意五千余言而去，莫知所其所终”。其关，一般认为是函谷关。高亨在《老子列传笺证》中说：“盖秦末汉初，关字用为专名，通指函谷关。”汪中在《述学》中说：“秦函谷关在灵宝县，正当周通秦之道。”“关令尹喜”，先秦诸子称“关尹”或“关尹子”，“关尹”为守关之官职名。其人姓名已隐，遂从官职称之，后世或称“尹喜”。关尹求老子著书，老子“乃著书上下篇，言道德之言五千余言而去”。关尹对《老子》成书起着关键作用。但从老子“自隐无名”的人格和当时“述而不作”的历史风尚上看，我们推猜，老子在这里执笔著书不太可能，而应该是老子在这里将自己大半生的人生经验和哲学见解总结后口述给关尹。这从《老子》的韵文形式中也可以得到证实。老子出关后关尹将其笔录下来。《太平广记》对此事所记较为可信，卷一载：“尹喜执弟子之礼，（老子）具以长生之事援之。

喜又请教训，老子语之五千言。喜退而书之，名曰《道德经》焉。”《老子》又称《道德经》，为“上下篇”，一篇言“道”，一篇言“德”。

老子死于秦。《庄子·养生主》有“老聃死，秦失吊之”的记载。唐僧道宣在《广弘明集》的《辨惑篇序》中说：“李叟生于厉乡，死于槐里。庄生可为实录，秦失诚非妄论。”《水经注》卷十九云，“渭水出南山就谷，北经大陵西，世谓之老子陵”，可知老子陵在槐里县故城南，槐里县在今陕西省兴平县境内。

5. 老子与老莱子、太史儋

老莱子，楚人，“言道家之用”，也曾有教孔子之事，其事载于《战国策·楚策》和《庄子·外物》。因此有人将老子指认为老莱子。细读《史记·老子列传》，司马迁说到老莱子时，言“老莱子亦楚人也”，一个“亦”字，颇可玩味。这说明司马迁是在肯定老子的基础上，提及楚国还有一个讲“道家之用”的学者。司马迁并不认为老子就是老莱子，这里只是一则附传，附于老子传之后。司马迁在《仲尼弟子列传》中载：“孔子之所严事，于周则老子；于卫，蘧伯玉；于齐，晏平仲；于楚，老莱子；于郑，子产；于鲁，孟公绰。”这里将老子与老莱子并举，亦可知司马迁并没有把他们当作一个人。

老子是否就是太史儋，这是从古及今争论最多的问题。清代学者汪中作《老子考异》，曾断言《老子》作者不是老聃，而是太史儋，并据此推断《老子》成书于战国末期，在《论语》之后。20世纪初，梁启超重提此观点，钱穆、冯友兰、顾颉刚等著名学者附和此说，胡适、张煦当即提出异议。两派的争论十分激烈，留下五十多万字的考据文章，收在《古史辨》第四册和第六册上。

司马迁在老子传中就提出了老子是不是太史儋的问题，说这一问题“世莫知其然否”。但他知道是“否”，他在后面加了一句“老子，隐君子也”，老子西出入秦是归隐，“隐君子”是不会入见秦献公的。太史儋入见秦献公说霸王之道，可知他不是“隐君子”。太史儋见秦献公在孔子死后一百二十九年，而老子是孔子之师，年长孔子二十多年，老子若活到此时，已是二百多岁，这显然是不可能的。如果司马迁承认太史儋就是老子的话，那么老子就不可能是孔子之师。这样，司马迁行文前后是自相矛盾的。所以他在这里只是把一种说法列出来罢了，并没有肯定太史儋就是老子。

（三）《老子》的主要版本

《老子》问世以来，流传版本众多，各本互有差异。著名版本目录学家王重民于1927年著《老子考》，收录敦煌写本、道观碑本及历代刻印本，共存目450余种；至1965年，由严灵峰编纂的《无求备斋老子集成》初、续、补三《编》中总共辑录影印了各种《老子》版本356种。其中，大抵都是由魏晋人所编订的《老子》版本。

近人朱谦之在《老子校释·序文》中指出，《老子》本，“流传最广者，有河上公、王弼二种。河上本近民间系统，文句简古”；“王本属文人系统，文笔晓畅”。后世注本多依此两大系统。

关于河上公，古文献记载较含糊，有的记为河上公，有的记为河上丈人。《史记·乐毅列传》：“乐臣公学黄帝、老子，其本师号曰河上丈人，不知其所出。河上丈人教安期生，安期生教毛翕公，毛翕公教乐瑕公，乐瑕公教乐臣公，乐臣公教盖公。盖公教于齐高密、胶西，为曹相国师。”列举出其传承系统，自河上丈人凡六传至汉初曹参。据此，生当战国时代，其传承体系亦出自齐地黄老学者。又《太平御览·逸民部七》引皇甫士安《高士传》：“河上丈人者，不知何国人也。明老子之术，自匿姓名，居河之滨，著《老子章句》，故世号曰河上丈人。当战国之末，诸侯交争，驰说之士咸以权势相倾。唯丈人隐身修道，老而不亏，传业于安期先生，为道家之宗焉。”

东晋道教方士葛玄认为河上公是汉文帝时人，他在《道德经序诀》中神仙化地描述了河上公的生平事迹：

> 河上公者，莫知其姓名也。汉孝文皇帝时，结草为菴于河之滨，常读《老子道德经》。文帝好《老子》之言，诏命诸王公大臣州牧三千石朝直众官，皆令诵之。有所不解数句，天下莫能通者。闻侍郎说河上公通《老子》，乃遣诏使赍所不了义问之。公曰：道尊德贵，非可遥问也。文帝即驾从诣之。帝曰：普天之下，莫非王土；率土之滨，莫非王臣。域中有四大，王居其一也。子虽有道，犹朕民也，不能自屈，何乃高乎？朕足使人富贵贫贱。须臾，河上公即拊掌坐跃，冉冉在虚空之中，如云之升，去地百余丈，而止于玄虚。良久，而答帝曰：余上不至天，中不累人，下不居地，何民之有？陛下焉能令余富贵贫贱乎？帝乃悟，知是神人，方下辇稽首礼谢，曰：朕以不德，忝统先业，才不任大，忧于不堪，虽治世事，而心敬道德。直以昧，多所不了。唯蒙道君弘愍，有以教之，则幽夕太阳之耀光。河上公即授素书《老子道德经章句》二卷，谓帝曰：熟研此，则所疑自解。余注是经以来，千七百余年，凡传三人，连子

四矣，勿示非其人！文帝跪受经，言毕，失公所在。论者以文帝好老子大道，世人不能尽通其义，而精思遐感，仰彻太上道君，遣神人特下教之便去耳。恐文帝心未纯，故示神变，以悟帝意，欲成其道真。时人因号河上公焉。

这个故事也见于今本《神仙传》，文字大同小异。但据今人王明先生考证，河上公本成于东汉。西汉文帝好黄老刑名之言，东汉方士于是据此敷衍出河上公传道于汉文帝的一段传说，葛玄的《道德经序诀》中的这一传说的定型当在东汉全面神化老子和《老子河上公章句》成书之后，道教创立后的神仙传记大都本此。

河上公本二卷，上卷为道经，分三十七章；下卷为德经，分四十四章，共八十一章。并于每章之首加标题名。如“体道”第一，“养身”第二，“安民”第三，直至“显质”第八十一。河上公本承黄老道家，言养生之理，主要内容是汉代流行的黄老学派无为治国、清静养生观点，接近民间系统，文字简古。由于曾受到道教重视，得以广泛流行。此书原本已经失传，今所见是唐代重新出现的景龙碑本、遂州碑本与敦煌本，多古字，亦杂有俚俗语。

王弼本成书于魏晋时期。王弼（226－249），字辅嗣，魏国山阳（今河南焦作）。三国时期儒家学者，经学家，魏晋玄学的主要代表人物之一。王弼“幼而察慧，年十余，好《老氏》，通辩能言”。[①] 王弼与何晏、夏侯玄等人同倡玄学清谈，为人高傲，“颇以所长笑人，故时为士君子所疾”。正始十年（249年）秋天，以疠疾亡，年仅24岁。王弼好儒道之学，年未弱冠，就注解《周易》和《老子》。王弼著作有《周易注》、《周易略例》、《老子注》、《老子指略》、《论语释疑》等。王弼注本《老子》随着玄学思潮的扩展而流传，成为后世最有影响的《老子》版本。王弼本排列次序同于河上公本，但无章题，文句亦常有出入，文笔晓畅，其流派为苏辙、陆希声、吴澄诸本。唐宋时期影响并不如河上公本。宋以后人认为王弼本“还古者也”，从而地位逐渐上升，被认为是较好的本子和古注中第一流的作品。

北齐武平年间开项羽妾冢，得《老子》抄本，至唐初，傅奕遂据此校订为《老子古本篇》。傅奕本《老子》也是流传较广、研究《老子》的一个重要版本。同其他版本比较，傅奕本保存了较多的古句、古语、古字。傅奕本

① 荆门市博物馆：《荆门郭店一号楚墓》，《文物》1997年第7期。

有许多优点，但因其是根据几个旧本参校的，这些旧本本身就存在不少讹误，且傅奕本在流传过程中被后人改动的地方也很多，存在讹文、衍文、脱文、倒置的情况。

清末，在敦煌石室曾发现了《老子》六朝写本残卷及唐代写本残卷，罗振玉据此作《道德经考异》。敦煌写本《老子》主要源于河上公本，原因是敦煌写本《老子》多为道士诵读本。

1973 年 12 月长沙马王堆汉墓帛书出土，内有《老子》两种写本，这是老子研究史上划时代的大事，引起海内外学界的震动。帛书《老子》有两种写本，一种用隶、篆体抄写的称为甲本，一种用隶书体抄写的称为乙本。据考，甲本不避“邦”字，是汉高祖刘邦称帝前的抄本；乙本讳“邦”字，而不讳“盈”和“恒”字，是刘邦称帝后，汉惠帝刘盈和汉文帝刘恒称帝前的抄本。帛书《老子》独立于河公本与王弼本两大系统之外，未经后世学者过分修饰，于《老子》原貌保存较多，故可有分析地用来校正通行本的错误，澄清许多校勘家长期争论的疑点，因而为学界所重视。

长沙马王堆帛书老子

乙本三四－五〇上半段

帛书《老子》甲、乙两种写本，只分上下篇，德经在前，道经在后，不分章。这是与通行本不同之处。这是因为，先秦学者的习惯，著述往往以后为重，将总纲与序言置于书之后部，如《庄子·天下》在最后，古本《吕氏春秋》十二纪在最后。《老子》书将道篇置于德篇之后，是由于“道”比“德”更根本。而且《韩非子》解老、喻老所本的顺序，也是德经在前，道经在后，足见这种版本在韩非时代已经存在了。帛书本尚存古貌，推翻了《老子》成书于秦后的假设。

1993 年 10 月，位于湖北荆门市沙洋区四方乡的郭店楚墓因被盗而得以发现，并随即进行抢救性发掘，墓内出土了一批道家、儒家竹简。这批竹简包括道家之《老子》、《太一生水》2种，儒家之《缁衣》、《鲁穆公问子思》等11种，合计804枚。经过5年的整理，1998年5月，荆门市博物馆编辑、经北京大学裘锡圭教授审定的《郭店楚墓竹简》一书，由文物出版社出版。

郭店楚墓出土的《老子》竹简写本，抄写在三种不同长短的竹简上，整理者依次谓之甲本（长32.3厘米）、乙本（长30.6厘米）和丙本（长26.5厘米）。甲本现存竹简39枚，1090字；乙本现存竹简18枚，389字；丙本现存14枚，270字。总字数与帛书本或通行本相比，占1/3上下，说明它们都还不是足本。按照今本的分章来看简本，计简本甲本为20章，乙本为8章，丙本为5章，其中乙丙两本各有1章与甲本相重；剔除重复，共得31章，为今本81章的1/3弱。这31章去对照帛本和今本，许多在帛本和今本中分属德、道编或下、上编的章节，在简本中却常排在一起，前后相随。以甲本为例，相当于上编的第30章，紧接在相当于下编的第40章之后；相当于下编的第64章，其前为上编第15章，其后为上编第37章。这表明，简本并不曾像帛本或今本那样分编；至于分章，如果有的话，其章序也和后来的不同。

郭店楚墓“具有战国中期偏晚的特点，其下葬年代当在公元前4世纪中期至前3世纪初”①。竹简本《老子》的抄写时间不会晚于公元前300年左右，这比帛书本的抄写时间提早了约一百年。考虑到《老子》从成书到流传，以至被抄写而成为随葬品，不会是一个很短的过程，所以其书当在战国早期或中前期已经存在。郭店竹简本《老子》是我们今天所能见到的最古的本子。竹简《老子》带来了许多非同寻常的信息：第一，《老子》的成书年代可以进一步得以确定，已往的《老子》“晚出说”、“秦汉说”已不攻自破，甚至一些力主“战国说”者也已放弃旧说，而归向“春秋末期”说。第二，《老子》书中的一些重要概念和疑问得以澄清，如简本《老子》并未反对“仁义”，否定“圣”、“智”。第三，道家与墨家、法家，特别是与儒家的关系得以获取新知：道儒关系原初并非尖锐对立，势若冰火，而是平和共处，旨趣融通。第四，道家思想在先秦思想史中的地位、影响和发展线索将进一步得以明晰。

《老子》全书仅五千言，而千百年来对《老子》的注释则不下几千万言。元代道士张与材序杜道坚《道德经原旨》说：“《道德》八十一章，注者三千余家。”可见关于《老子》的典籍在当时已是蔚为大观了。清代学者魏源

---

① 荆门市博物馆：《荆门郭店一号楚墓》，《文物》1997年第7期。

《老子本义》说："解老自韩非下千百家，老子不复生，谁定之?"极言《老子》注家之多。

先秦有韩非《解老》、《喻老》两篇，这是今存最早的研究文章。两汉严遵《老子指归》、《淮南子·道应训》、河上公《老子章句》，魏晋王弼《老子注》，唐玄宗《御注道德真经》，宋元王安石《老子注》、苏辙《老子解》、林希逸《老子口义》、范应元《老子道德经古本集注》、吴澄《道德真经注》，明清薛蕙《老子集解》、释德清《老子道德经解》、焦竑《老子翼》、王夫之《老子衍》、俞樾《老子平议》、易顺鼎《读老子札记》、刘师培《老子斠补》、魏源《老子本义》等。近人校本有罗振玉《老子考异补遗》、马叙伦《老子校诂》、奚侗《老子集解》、高亨《老子正诂》、蒋锡昌《老子校诂》、朱谦之《老子校释》、张松如《老子校读》等。今人陈鼓应有《老子注译及评介》等，陈鼓应并搜列了古今《老子》注解 262 家，皆有姓名书名可考。

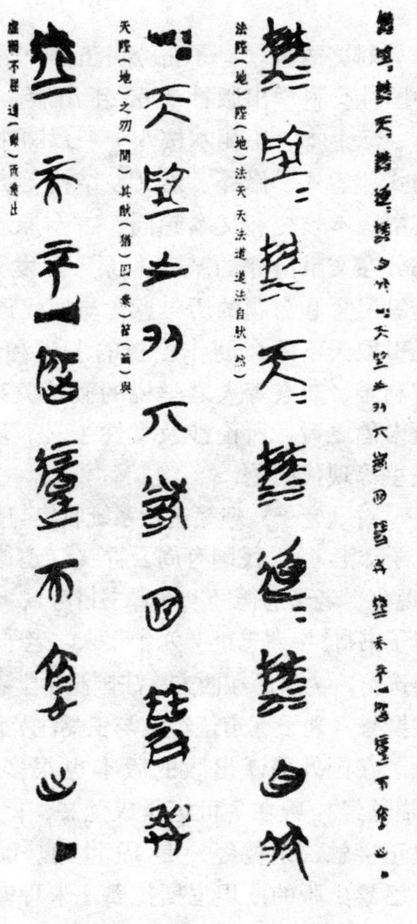

郭店楚墓竹简《老子甲》

陈鼓应著《老子注译及评介》由中华书局于 1984 年出版，此书不但是文献整理的杰作，也是中国哲学和哲学史研究的重要著作。陈鼓应是旅美华人学者，曾在台湾大学讲授老庄研究课程。他的《老子今注今译》初版于 1970 年，之后，作者继续进行研究，特别是长沙马王堆汉墓出土帛书发表以后，广搜海内外学者专家的意见，作了全面的修订和增补，更名为《老子注译及评介》。此书吸收了历代研究《老子》的成果，对《老子》作了详细的注释与分析，并加以今译，对前人的《老子》注疏也给予了评介，书后附录长沙马王堆汉墓帛书《老子》甲、乙本的释文和《老子》校定文以及参考书目等有关资料，是阅读和研究《老子》的重要参考书，是新时期诸子学的经典著作之一。

刘笑敢著《老子古今：五种对勘与析评引论》上下两卷，108 万字，由中国社会科学出版社 2006 年出版。此书将《老子》竹简本、帛书本、傅奕本、河上本、王弼本按八十一章顺序逐句对照排列，通过对勘举要，从字词、句式、韵式、修辞、语义、结构等方面着手分析该书两千年来的演变，揭示其中版本歧变和文本趋同、古本原貌与理想文本的辩证关系。此书析评引论部分在文献研究的基础上深入开发天道、人道、转万物之自然、无为而无不为等概念和命题的历史意含与现代形式，对知雄守雌、小国寡民、战胜举丧、无事取天下等命题作了新的考辨和诠释，并对老子思想与马斯洛、霍布斯、蒂利希、魁奈等人之学说的微妙关系作了新的探索，发前所未发之言，倡前所未倡之旨，所论涉及女性主义、环境保护、宗教信仰、区域冲突、科学与民主等现代问题。

对《老子》典籍进行系统收集与整理比较突出者，清代有《古今图书集成·老子部汇考》，民国有周云青《〈道德经〉书目考》、王重民《老子考》、谢扶雅《现存〈老子道德经〉注释书目考》，今世则以严灵峰《周秦汉魏诸子知见书目·老子书目》、谢忠正《六十年来之老子学》、朱继武与黄钊《〈老子〉研究参考资料选辑》为著。在西方，法国汉学学者编有《道教研究文献目录》，美籍华人林振述撰有《老子〈道德经〉与王弼注英译本》等。

在国外翻译出版的版本也很多，巴黎的保罗·佩里奥 1912 年撰文说，《道德经》曾在 7 世纪译成梵文，但无版本可寻。从现有资料看，西方人开始真正接触《道德经》是 19 世纪。确切的资料表明，西方第一个译本是 1842 年巴黎出版的斯坦尼斯拉斯·朱理安《老子道德经》法文本。1870 年莱比锡出版了维克多施特劳斯的《老子道德经》，它是第一个德文译本。1921 年出版了卫礼贤《老子道德经》，学者认为这一本是比较忠于原文的德译本。1884 年伦敦出版的鲍尔费的《道书》是最早的英文译本。1891 年理雅各的《道书》译本由牛津出版。1898 年美国芝加哥出版的保罗·卡鲁斯《老子道德经》译本，大家认为这是质量较好的译本。

20 世纪初，老子思想在西方逐步传开，普及程度较前有所提高。例如老沃尔特·高尔恩《老子译本》1904 年第一版，1913 年第三版，1922 年重印。1934 年伦敦出版的亚琴·章利英译本《道和德〈道德经〉及其在中国思想中的地位研究》，对《道德经》在西方的传播有较大影响，重印过多次。由中国人自己翻译的英文《道德经》在西方有一定影响的主要是胡泽龄的译本，1936 年在成都出版。林语堂 1948 年在纽约出版了《老子智慧》。《道德经》

译本虽然很多，难以统计，学者认为译文质量较好、有重大影响的本子是詹文锡1963年在纽约出版的《老子之道》，他在书中说："《道德经》已44次被译成英文，特别是在过去的20年里（指1963年从前）几乎每隔一年都有一种新译本出版，其中这些译本的半数是在美国出版的。"还有1977年美国密执安大学出版林保罗的《老子道德经及王弼著英译》。他在序言中说："各种外文译本已有70种至80种之多，而且至少是世界上每一种语言有一种译本。"自1963年以来，特别是1973年马王堆帛书老子甲、乙本出版以后，海外也掀起了一股研究老子热。研究老子其人其书，各种注本及英文译本大量出现。

二、《老子》的哲学体系

老子是当之无愧的中国哲学之父，他在中国哲学史上的地位，犹如苏格拉底和柏拉图在欧洲哲学史上的地位。中国哲学的一些基本概念，如"道"、"德"、"有"、"无"等等，都由老子提出。《老子》一书虽然只有五千多字，却包含一个较为完整的哲学体系。

（一）《老子》的宇宙论和本体论

《老子》又称《道德经》，"道"和"德"是全书的中心概念。《老子》的哲学体系是以"道"和"德"为中心展开的。在《老子》中，"道"和"德"的关系，是"体"和"用"的关系，形而上的"道"落实到经验上就是"德"，"德"是"道"的作用和体现。

"道"是《老子》哲学的最高范畴。张松如在《老子校读》中说："《老子》书中第一次提出'道'这个哲学概念，与一般习惯用法不同，大体说它有两个意思：一、有时是指物质世界的实体，亦即宇宙本体；二、在更多场合下，是指支配物质世界或现实事物运动变化的普遍规律。"概而言之，"道"兼具宇宙生成的总根源和运动变化的总规律的双重含义。

"道"作为宇宙生成的总根源，《老子》第四章说：

道冲，而用之或不盈。渊兮，似万物之宗；湛兮，似或存。吾不知谁之子，象帝之先。[1]

“道冲”，是说道体虚寂。道虽然是虚寂的，其作用却无穷无尽，它是“万物之宗”，是一切事物的始祖。道比上帝产生得更早，“象帝之先”，比上帝更根本。世界的一切发生、发展和变化，都是由道决定的。

道体是超出我们的感觉之外的，是无限定的，永存的，也是变化不息的。《老子》二十五章说：

有物混成，先天地生。寂兮寥兮，独立而不改，周行而不殆，可以为天下母。吾不知其名，强字之曰“道”。

这是说，道是先天地而存在的，是混沌未分的，是世界的本源。道即是“无”，“天下万物生于有，有生于无”（四十章）“有”是指有形有象的具体存在的事物，“无”是指先于具体事物的无形无象的本原。世界从“无”到“有”，有一个衍生过程。老子这样推演宇宙生成的过程：

道生一，一生二，二生三，三生万物。万物负阴而抱阳，冲气以为和。（四十二章）

“道”是虚无的，“无”生“有”，“一”即是“有”，是一个混沌未分的物质统一体。这个统一体分化为阴阳二气，即“二”。阴阳二气互相冲激鼓荡，互相发生作用，即“冲”。由此形成“和”气，即“三”。由和气而生成万物，这个宇宙生成的过程可以作如下演示：

“道”（无）——“一”（有）——“二”（阴阳）——“三”（阴阳和合）——“万物”

老子认为“道”不仅产生万物，而且决定着天地万物的生存和发展。《老子》三十四章说：“大道氾兮，其可左右。万物恃之以生而不辞，功成而不有。”“道”是广泛的，永恒的，无所不在的。万物依恃道而生存，道是万物存在发展变化的根据；“道”成就万物而不自以为功，是说“道”并不占有或主宰万物。“道”创生万物以后，还要内附于万物，以培养它们，畜养它

---

① 本书中所引《老子》据陈鼓应《老子校定文》，载陈鼓应：《老子注译及评介》，中华书局1992年版。

们。所以，《老子》五十一章这样概括“道”的作用：

> 道生之，德畜之，物形之，势成之，是以万物莫不尊道而贵德。

“德”是“道”的具体表现，一物得之于“道”而成之于体者，就是“德”。“道”生万物，“德”养育万物，于是物成其为物，器成其为器。

老子关于“道”的学说包含了“宇宙论”和“本体论”的问题。老子“道”的观念的确立，标志他是第一个摆脱了宗教或神话之网的束缚，从哲学的角度思考世界起源和存在根据问题的伟大思想家。从老子始，“道”成为了中国哲学的最基本的概念，道“象帝之先”，在老子这里，上帝和天神已降至次要的地位。由此，我们也可以理解到中国历史上为什么没有出现西方中世纪那种神学和宗教世纪，也可以理解到中国为什么没有世界上许多地方产生的那种“政教合一”的现象。

（二）道法自然

“道”，原义即是道路。《说文》云：“道，所行道也。”道又引申为人所必经之途，也就有了所必须遵循的规律的意思。韩非说：“道者，万物之所然也，万理之所稽也。”道便是万物的总规律。在老子这里，道不再是某种具体的事物，而是超越了事物的具体形态的一般性。是对于万物本质或本原的哲学抽象。

《老子》开篇说：

> 道可道，非常道；名可名，非常名。无名，天地之始；有名，万物之母。故常无，欲以观其妙；常有，欲以观其徼。此两者同出而异名，同谓之玄，玄之又玄，众妙之门。

“道”是不能用语言描述或命名的，凡是可用语言来描述的，就不是永恒的道，凡是可以用一般概念来命名的，就不是永恒的名。老子的“道”，是一个抽象的概念，它超脱具体的事物，因而具有形而上的品格。老子用“无”和“有”进一步解释道。“无”是“万物之始”，“有”是“万物之母”，而“道”则非“无”非“有”，亦“无”亦“有”，“道”的涵义衍生出“无”与“有”的概念，是“无”与“有”的统一。“无”、“有”同出而异名，都用来指称“道”。

老子强调“道”是“玄而又玄”的，他一方面讲“道”是真实存在的，一方面又讲“道”是无形无象的，是感官所无法把握的。他在十四章中说：“视之不见，名曰夷；听之不闻，名曰希；搏之不得，名曰微。此三者不可致诘，故混而为一。其上不谬，其下不忽；绳绳不可名，复归于无物。是谓无状之状，无物之象，是谓恍惚。迎之不其首，随之不见其后。”“道”是超感官的，是人的普通的认识方法所无法把握的，视不可见，听不可闻，触不可得。“道”浑然一体，广袤无边，没有上下之别，前后之分，也没有明暗的不同。这样的“道”无可名状，好像空无一物，但它又是真实存在的。老子在二十一章中进一步说：“道之为物，惟恍惟惚。惚兮恍兮，其中有象；恍兮惚兮，其中有物；窈兮冥分，其中有精；其精甚真，其中有信。”这里他一方面说“道”恍恍惚惚，缥缥缈缈，难以测知，另一方面他又强调“道”实有其物，而不是虚幻之事。“其中有象”，“其中有物”。

老子强调道体无形无象，缥缈不定是为了说明道不是一般的存在之物。它是自生成，自存在，不役于外物的。它的存在和作用遵循着一个十分重要的法则——“道法自然”。“道法自然”是老子哲学的基本精神，是《老子》一书的精华所在，也是以老子为代表的南方哲学与以孔子为代表的北方哲学相区别开来的特色。

《老子》二十五章说：

人法地，地法天，天法道，道法自然。

这里的“自然”，并不是我们今天所常说的“自然界”。“自然”在这里的意思是自然而然，自己如此，与“人为”相对。“道法自然”的意思是“道”纯性自然，自己如此。河上公注谓：“道性自然，无所法也。”

《老子》有一句非常著名的话：“道常无为而无不为。”（三十七章）这是对“道法自然”的进一步阐发。“无为”，王弼注云：“顺自然也。”“无为”并不是不为，而是不妄为，顺其自然而为，不能以外界人为的意志制约它。“道”是顺应万物的自然去做，所以“无不为”，没有一件事物不是它所为，任何事物都离不开它的作用。老子进一步说：“侯王若能守之，万物将自化。”（三十七章）又说：“故圣人云：我无为而民自化，我好静而民自正，我无事而民自富，我无欲而民自朴。”（五十七章）好静、无事、无欲，都是无为；自化、自正、自富、自朴，都是自然。圣人无为而民自然。老子把“道法自法”看作是人与万物所应遵循的根本法则。只有顺应这一根本法则，才能顺乎人与万物的本性，而得以合理的发展。

“自然”一词始出于《老子》，大用于《庄子》，亦见于《楚辞》，在北方著述中却不见用。以孔子为代表的儒家学派理论是建立在宗法思想文化基础上的伦理型学说；老子为代表的道家学派则是自然型学说。儒家更强调的是后天的教化、“风化”。这是儒、道两家学说的根本差异。

（三）道的辩证法

中国古代的辩证法思想萌芽很早。在卜筮用的《易》中，阴爻阳爻的对立与配合就透露了世界上普遍存在的阴阳两个方面对立而又统一的辩证思想。在《老子》中，这种辩证法思想十分丰富，并形成了一套完整的思想体系。

老子以“道”来揭示万物运动发展的总规律。这个总规律，即是“有无相生，难易相成”和“反者道之动”的辩证法。

《老子》中列举了一系列矛盾概念：有无、难易、大小、高下、长短、前后、生死、进退、美丑、刚柔、强弱、福祸、荣辱、胜败、损盈、正反、智愚、巧拙、正奇、利害、阴阳、盈虚、静躁、曲全、枉直、雌雄、贵贱、轻重、攻守等等，反映了事物存在的普遍的客观性。

矛盾的两个方面既是对立的，又是相互依存，相反相成的。《老子》第二章云：“天下皆知美之为美，斯恶已；皆知善之为善，斯不善已。故有无相生，难易相成，长短相形，高下相盈，音声相和，前后相随，恒也。”天下人都知道美之为美，那么丑的观念就产生了；天下人都知道善之为善，那么恶的观念就产生了。所以有了无，就有了有；有了难，就有了易；……一切矛盾的两个方面都是在对立的关系中相互生成，又相互依存、相互补充的。这是永恒的规律。

“有”和“无”在老子哲学中是一对很重要的概念。老子列举了许多实例说明“有”和“无”相互结合而发生作用，他在十一章中说：“三十辐共一毂，当其无，有车之用。埏埴以为器，当其无，有器之用。凿户以为室，当其无，有室之用。故有之以为利，无之以为用。”车轮的轴圈中间是空的，才能穿过车轴形成轮子；陶器的里面是空的，陶器才有它的功用；房屋的门窗是空的，才有门窗的作用。人们一般只注意到“有”的作用，而没有注意到“无”的作用，其实“无”的作用才是最根本、最实际的。只有“有”，事物不能发生作用，只有有了“无”，“有”的作用才能发挥出来。“有”依赖于“无”，“无”又离不开“有”。老子在中国哲学史上第一次提出了“有”和“无”这一对哲学概念，不仅用它们指称“道”，而且从辩证法的角度揭示了二者，尤其是“无”的作用，表现了他非凡的思考力。西方哲学从“原子论”开始，起点是“有”，老子哲学从“道”开始，“道”涵盖“无”和“有”，且“无”中生“有”，比西方哲学的起点高出远甚。

老子认为，矛盾的双方总是向相反的方向转化的，“反者道之动”（四十章），向相反的方向转化是“道”自身运动的规律。所以他说：“曲则全，枉则直，洼则盈，敝则新，少则得，多则惑。”（二十二章）委曲反能保全，弯曲反能变直，低洼反能充盈，敝旧反能变新，少取反能多获，多智反会迷惑。又如：“祸兮，福之所倚；福兮，祸之所伏。”（五十八章）祸和福是相互依存，又相互转化的。老子看到了这种“物极必反”的规律，所以他主张避免极端化，以防止适得其反，走向反面。

老子进一步把这种辩证法用之于人生艺术。在认识了矛盾双方相互转化的道理后，老子研究了两种情况：一是如何在不利的情况下争取有利的结果，二是如何避免在有利的情况下向不利的方面转化。

对于第一种情况，老子提出了“柔弱胜刚强”的原则。他在七十八章中举例说：“天下莫柔弱于水，而攻坚强者莫之能胜，以其无以易之。弱之胜强，柔之胜刚，天下莫不知，莫能行。”水是最柔弱的，但滴水却能穿石。这个道理人人都知道，却很少人能实行。那么如何实行“柔弱胜刚强”的原则呢？他说：“将欲歙之，必固张之；将欲弱之，必固强之；将欲废之，必固兴之；将欲夺之，必固与之。是谓微明。柔弱胜刚强。”（三十六章）从事物的反面促使事物的变化，欲取先与，从而达到以弱胜强的目的。

对于第二种情况，老子主张“知雄守雌”。认为为人处世应谦下谨慎，甘居柔弱。老子爱以水作喻，“上善若水。水善利万物而不争，处众人之所恶，故几于道”。（八章）“江海所以能为百谷王者，以其善下之，故能为百谷王”（六十六章）。陈鼓应对此阐发说：“水最显著的特征和作用是：一、柔。二、停留在卑下的地方。三、滋润万物而不与相争。”[1] 这种柔弱、隐忍、不争、处下、包容大度的品格，是一种难得的修养功夫。老子并以“不敢为天下先”（六十七章）为人生三宝之一。他主张“知其雄，守其雌”（二十八章），虽有雄健之势，却甘居于雌弱之地。这是一种正中含反、以反求正的方法。老子提出的以反求正的方法是他的辩证法达到纯熟的一个标志。证明他对矛盾的普遍存在和对立面的相互转化有了深刻的理解，并能够运用自如。

① 陈鼓应：《老子注译及评介》，中华书局1992年版，第91页。

老子是中国哲学史上的第一个较为系统、丰富地提出辩证法体系的人，在同时代的世界哲学史上也是无人能比的。老子的辩证法思想对中华民族的思想方法产生了巨大影响。

三、老子的政治思想

班固在《汉书·艺文志》中说，道家“历记成败存亡福祸古今之道，然后知秉要执本，清虚以自守，卑弱以自持，此君人南面之术”。而“道家取《老子》为重”。[①] 所以，从汉代起，就有人将《老子》看作是一部为统治者进言献策的政治权谋之书。我们认为，将老子学说看作“君人南面之术”是不符合《老子》一书的整体实际的。但是，对于应该如何治理天下国家，老子又的确发表过精辟的意见。这些内容对中国古代政治的确产生了深远的影响。老子思想博大精深，《老子》一书是老子对长期历史经验和丰富人生阅历的总结和升华，处处放射出智慧的光辉，即使在政治方面，也可以获得启迪。

（一）老子政治思想产生的社会原因

老子出身于陈国贵族，他的政治思想是根植于春秋时期陈国的社会现实而产生的。这种思想的产生又与楚国有极其密切的，甚至是直接的关系。春秋初期，由于周王室的衰微，各诸侯国经济的发展，晋、楚、齐、秦等大国利用自己的实力，疯狂地向外扩张，开拓疆域，并开始了长达二百多年的争霸战争。这个时期，楚国在江汉流域崛起，统一了江汉平原，开始了激烈的灭国活动。楚在灭了申、息、吕、弦、江、黄、道、柏等小国以后，自然地把进攻的矛头指向了中原的陈、蔡诸国。

陈、蔡、郑、宋等小国处于晋楚等周围大国的中间地带，承受着深重的灾难。陈国由于与楚国相临，因此更直接地遭受到楚国的剥削和压迫。陈国不仅对楚国承担沉重的纳贡义务，而且数遭楚国欺凌，数次被灭。楚庄王、楚灵王皆以平定陈国内乱为名，两度灭陈。至公元前479年楚惠王时，陈国终于被并入了楚国的版图。

老子正是这样一个产生于弱小国家中的思想家。他亲眼看到诸侯争霸战

① 周寿昌：《汉书注校补》，商务印书馆民国二十五年（1936年）版。

争给弱国及其人民带来的危害，因而强烈反对大国贪得无厌，向外扩张，对小国进行侵略。他说："天下无道，戎马生于郊。祸莫大于不知足，咎莫大于欲得。"（四十六章）认为大国统治者无休止的贪欲，不修内政务求其外是引起战争的根源。老子希望统治者不要打仗，"以道作人主者，不以兵强天下"（三十章）。"兵者，不祥之器，非君子之器，不得已而用之，恬淡为上，胜而不美。而美之者，是乐杀人。夫乐杀人者，则不可以得志于天下矣。"（三十一章）军队只是用以救难而已，不得已而为之，绝不能以兵力取强于天下。他奉劝统治"不尚贤"，"不贵难得之货"（三章）。这样就可以杜绝机巧，使有才能的人没有施展的机会，从而避免导致残酷的战争。

老子作为一个小国的贵族，面对强大的霸主国的侵略，只能存在着一种无能为力的心理。因此他一方面对小国提出"柔弱胜刚强"的策略，一方面劝大国知雄守雌，不能恃强凌弱。他说："大国者下流，天下之交，天下之牝；牝常以静胜牡，以静为下，故大国以下小国，则取小国；小国以下大国，则取大国。故或下以取，或下而取。大国不过欲兼畜人，小国不过欲入事人；夫两者各得其所欲，大者宜为下。"（四十五章）无论是大国还是小国，都应该从谦下自守为原则。尤其是大国，首先应该谦下，应该像江海那样，自居于下流，因为"江海所以能为百谷王者，以其善下之，故能为百谷王"（六十六章）。大国应该贵柔守雌，因为"牝常以静胜牡"，"清静为天下正"（六十一章）。大国率先谦让不争，就能以"柔弱"、"清静"胜于他邦，而且小国自然乐从。这样，各国之间和平相处，平等相待，互相谦让，不以兵戎相见，那么大国根本用不着借口"尊王攘夷"谋求霸业，就已经具有号召力，赢得众多小国的拥戴；小国也根本用不着"欲入事人"而仰人鼻息，就已经蒙受大国的友好相待。这样，天下自然就"大道"融融了。

老子的政治思想产生于春秋时期诸侯争霸战争频仍的特定历史环境中，代表着弱小国家的愿望和利益，反映了当时社会政治的残酷现实和小国贵族的苦闷而又无奈的心理。

（二）"无为而治"的政治原则

"道法自然"是老子哲学的理论基础。将这一理论运用于社会政治，老子提出了"无为而治"的政治原则。他说：

道常无为而无不为。侯王若能守之，万物将自化。化而欲作，吾将镇之以无名之朴。镇之以无名之朴，夫亦将不欲，不欲以静，

天下将自正。（二十七章）

“道”即“自然”，它是永恒常在的，是无所为的。但是，从另一方面讲，天地万物都因“道”而生，无一不是“自然”的产物，那么，“道”又是“无不为”的。应用于政治原则，老子认为，作为国家统治者的“侯王”，应谨守自然之“道”，这样，百姓就可以自生自化，安宁质朴地生活。这里所谓“无为”，乃是指效法“道”，顺应自然，“辅万物之自然而不敢为”（六十四章）。也就是说，“无为而无不为”的根本涵义是，顺应自然规律治国理民，而不是什么事都不做，消极而无所作为。

“无为”还应“无欲”，不能以个人私欲骚扰百姓。如果产生了不合于“道”的私欲，统治者就应该用“无名之朴”即“道”的真朴镇住它。这样，才能达到“无欲”的境界，“无欲”的境界也就是“静”的境界，老子说：“清静为天下正。”这里的“静”、“朴”、“无欲”都是“无为”的内涵。统治者如果做到清静、真朴、不以一己之贪欲役使人民，对人民不骚扰、不侈靡、不扩张私人意欲，社会才会清静安定。所以，老子说：“故圣人云‘我无为而民自化，我好静而民自正，我无事而民自富，我无欲而民自朴。”（五十七章）统治者“无为而治”，百姓自然富足，民风自然淳朴，社会自然安定。

“无为而无不为”是老子政治思想的总原则，这一原则应用于政治实践，老子提出了“治大国若烹小鲜”的著名主张：

治大国，若烹小鲜。以道莅天下，其鬼不神，非其鬼不神，其神不伤人；非其神不伤人，圣人亦不伤人。夫两不相伤，故德交归焉。（六十章）

“小鲜”即小鱼。苏辙解释说：“烹小鲜者不可挠，治大国者不可烦；烦则人劳，挠则鱼烂。”煎小鱼时应注掌握火候，不能过多地翻动，否则只会把好端端的鱼弄得一塌糊涂。为政治国也是同样的道理，统治者政令繁苛，多事琐碎，则人民必将不堪其扰，这样，灾祸就会来临。统治者若能“清静无为”，“处无为之事，行不言之教”（二章），使百姓感受不到统治者的压迫，人人相安无事，各遂其生，那么一切外在的力量，甚至“鬼神”也不至于伤害人民。

老子“治大国若烹小鲜”的思想在中国政治史上产生过很大影响。例如汉初文、景二帝，好黄老之学，以清静恭俭安养天下，“扫除烦苛”，使得人民生活安定，经济迅速发展，这就是历史上有名的“文景之治”。即使在当代，“治大国若烹小鲜”这一思想仍具有现实意义，据说，美国前总统里根在《国情咨文》中就曾引用过这句话，可见老子这一至理名言已经成为当代政治家的共识，也可以看出老子的政治思想所产生的巨大影响。

（三）“小国寡民”的社会理想

春秋时期，各诸侯大国为了争霸战争的需要，相继采取一些旨在富国强兵的政策。如楚国推行县制，晋国“作爰田”、“作州兵”，齐国“相地而衰征”，鲁国施行“初税亩”，秦国施行“初租禾”等。这一系列措施导致了贫富的分化。各诸侯大国还推行尚军功的政策，使原来地位较低的士或下层贵族因军功而上升为诸侯国的执政者，其社会地位发生了剧烈的变化，由于贫富分化而引起的等级观念更加明显，社会上出现了激烈的竞争与争夺，成为武力角逐的场所。

老子的母国——陈国处淮河流域，这里是淮夷杂居的地区，陈国在春秋末年与秦楚等大国相比，国力弱小，没有进行富国强兵的政策。特别是陈国又是虞舜之后，对西周王朝虽有贡纳义务，但却保持着相对的独立性。西周到春秋时期，陈国还处于较为原始的农村公社时期，甚至还保存了许多家庭公社的因素，他们的土地是定期分配的。如《周礼·遂人》所载，原始农村公社的每一个成员，包括“余夫”都可以分到一份土地，当然他们仍须按自己份地的1/10的比例为统治者种地，同时为了达到财均力平的目的，还要“三年一换土易居”，从而使“肥饶不得独乐，硗确不得独苦”。[①] 陈地实行着这样的土地分配制度。

春秋时期，晋楚两大国进行激烈的争霸战争。陈是楚的近郊，首受其害。如楚灵王灭陈为县，大城陈、蔡不羹，“赋皆千乘”，陈国遭受楚国沉重的剥削。晋楚“弭兵之盟”后，陈、蔡、郑、宋等小国还要“牺牲玉帛，待于二竟”，同时向两个霸王纳贡。大国对小国疯狂的剥削和掠夺打破了陈国的平静，增加了陈国的负担，这样就引起了他们对原始的农村公社组织形式的向往，这就是老子“小国寡民”社会理想所赖以形成的社会基础。

老子这样描绘“小国寡民”的社会图景：

① 《公羊经》宣公十五年何休注。

> 小国寡民。使有什伯之器而不用，使民重死而不远徙。虽有舟舆，无所乘之；虽有甲兵，无所陈之。使民复结绳而用之。甘其食，美其服，安其居，乐其俗。邻国相望，鸡犬之声相闻，民至老死，不相往来。（八十章）

这就是老子所憧憬的“太上”之治、“道治”社会，在这个理想社会中，“没有兵战的祸难，没有重赋的逼迫，没有暴戾的空气，没有凶悍的作风，民风淳朴真质，文明的污染被隔绝。故而人们没有焦虑，不安的情绪，也没有恐惧，失落的感受”。[①] 这种“小国寡民”的社会理想，是陈地原始的农村公社小农经济基础在老子头脑中的反映。但是，在当时的社会现实中，老子的这种理想也只能是一种“桃花源”式的乌托邦，绝无实现的可能。

在这个理想的社会中，老子希望统治者无私无欲，“圣人常无心，以百姓心为心”（四十九章）。希望天下均平，“高者抑之，下者举之；有余者损之，不足者补之。天之道，损有余而补不足”（七十七章）。为了维护“小国寡民”的社会不被破坏，老子劝诫统治者，“以智治国，国之贼；不以智治国，国之福”（六十五章）。其所谓“智”，是机巧作伪之意。老子反对机巧作伪，劝导人民保持自然淳朴的本性。

四、《老子》的艺术价值

老子不仅是中国最早的哲学家，也是中国最早的文学家、美学家。无论是老子的美学思想还是《老子》一书本身的艺术成就，都可以说是中国艺术史上的一座里程碑，许多学者认为，老子及道家为中国艺术之源，开启了中国文艺的传统，给予文艺创作与文艺欣赏以最深刻的影响。道家哲学曾经成为中国文人人生观的一个重要部分，造成了中国作家风流倜傥的独立人格，而且也熔铸了中国文学自然隽永的艺术风范。《老子》也启迪了中国式的文艺理论思维，奠定了中国美学的理论基础。魏晋玄学秉承道家哲学，迎来了一个文学的自觉时代。陶渊明、李白的诗歌，苏轼的文词，以至曹雪芹的《红楼梦》中，我们都能清晰地看到道家艺术精神的血脉贯穿。

---

① 陈鼓应：《老子注释及评介》，中华书局1992年版，第360页。

(一)《老子》的艺术成就

《老子》可以说是迄今所知中国第一部文人独立创作的大型作品，尽管传世本《老子》存在着后人在传抄过程中有所走样的现象和予以修改润色的可能，但从内容和文风上看，它基本上保持了春秋末年老聃自著的风貌，陈鼓应在《老子注译及评介·修订版序》中说：“我们认为，《老子》这本书是一本专著而不是纂辑。这本书前后理论一贯，层层推出，成一家之言，而且‘全书分明有著自称的‘我’、‘吾’，则非由编纂而成，甚为明显’。由《老子》书中没有一处自称‘老子曰’或‘老聃曰’，这也可以证明是老聃自著。无论从文体或思想内容一贯性来看，这本书很可能是出于一人的手笔。当然，有些字句为弟子后学所附加，亦所不免。”

《老子》的艺术成就，归结起来说，表现在它在文学史上的价值和艺术表现上的价值两个方面。

1.《老子》的文学史价值

任何民族的文学源流，从形式上看，都必然经历从韵语到散体的发展流变。诗歌是一切文学样式中最古老的形式。“歌咏所兴，宜自生民始”。[①]《尚书·尧典》“诗言志，歌咏言”，即谓“诗”就是“志”。《周礼·保章氏》：“志，古文识，记也。”《管子·山权数》：“诗者所以记物也。”由此推知，原始的诗，当是以记物、记事为功能，以帮助记忆为宗旨的一种有韵、有节奏感的艺术语言。同为原始时代没有文字，口耳相传是很容易忘掉和变样的，所以要用韵语来帮助记忆。章太炎说：“古者文学之未兴，口耳之传渐则忘失，缀以韵文，斯便吟咏而易记忆。”[②]

随着生产力的发展，人类需要更大的规模和更高的程度来改造自然。这样，仅靠口耳相传的韵文显然不够了。特别是在文字这套辅助性的交际工具产生之后，人们便开始较多地使用散文体文字来表达更丰富的思想成果。西周时期是诗歌的时代。这个时代的标志，便是一部《诗经》。《诗经》是我国文学的源头。到了春秋末年，生产力的迅速发展给文体带来的影响便是散文的兴盛。

《老子》之产生，就处在这个历史演变的过渡时期。《老子》承前启后，因而较多地保存着诗的韵律。邓廷桢云：“诸子多有韵文，惟《易》老子独

---

① 沈约：《宋书·谢灵运传论》。

② 章太炎：《正名杂议》。

密，《易》、《诗》而外，斯为最古矣。”① 鲁迅也说：《老子》“时亦的字协韵，以便记诵”。② 近人朱谦之撰《老子校释》附有专文《老子韵例》，考辨《老子》古音韵，颇有参考价值。作者说：“余以为《道德》五千言，古之哲学诗也。既曰诗，即必可以歌，可以诵，其疾徐之节，清浊之和，虽不必尽同于《三百篇》，而或韵或否，则固有合于诗之例焉为无疑。”并指出：“实则《五千言》与《诗》或异或同，与《易》则几无不同。且以楚人书楚语，作楚音，是又为《骚》韵开其端也。”③

《老子》的语言章句整齐，音韵和谐，读之朗朗上口，韵味无穷。如：

> 谷神不死，是谓玄牝；玄牝之门，是谓天地根。绵绵若存，用之不勤。（六章）

这显然是《诗经》的余韵。

> 唯之与阿，相去几何？善之与恶，相去若何？人之所畏，不可不畏。荒兮，其未央哉！众人熙熙，如享太平，如春登台。我独泊兮，其未兆；纯纯兮，如婴儿之未孩；累累兮，若无所归。众人皆有余，而我独若遗，我愚人之心也哉。俗人昭昭，我独昏昏，俗人察察，我独闷闷。惚兮其若诲，恍兮其若无所止。众人皆有以，而我独顽且鄙。我独异于人，而贵食母。（二十章）

这又是《楚辞》的先声。

从这里可以看出《老子》从短歌小诗发展到煌煌散文的辙迹。因而从文体演变过程上看，《老子》处于文学文体从诗歌到散文的过渡阶段，带有明显的时代演进的痕迹。

《老子》的产生与《诗经》中大多数诗篇一样，是以口头文学的形式记录流传下来的。我们在前面已经指出，《老子》不是老聃在函谷关执笔撰写，而可能是他将其人生经验和哲学见解总结后口述给关尹，由关尹笔述而成的。所以《老子》有散文的内容，但大体上保持着诗体的形式。《老子》不是语

---

① 邓廷桢：《双砚斋笔记》。

② 鲁迅：《汉文学史纲要》，鲁迅全集，人民出版社1981年版。

③ 朱谦之：《老子校释》，中华书局1984年版。

录体，与《论语》不同。《论语》是孔子的弟子或再传弟子笔录的孔子讲习时的言行，已是纯散文的形式了。《论语》语言质朴平实而缺乏诗歌的韵致。从诗体的《老子》到语录体的《论语》，这一时期是我们散文的草创时期。此后经由《墨子》，到《孟子》、《庄子》而至《荀子》、《韩非子》，散文开始以专题论文、论著为主，结构也圆合完整了。我国散文形式才完成了从诗中分化而确立的过程。

2.《老子》在艺术表现上的价值

刘勰在《文心雕龙·精采》中指出："老子疾伪，故称'美言不信'；而五千精妙，则非弃美矣。"《老子》是精妙的美文，在艺术表现的内容和形式上具有较高的价值。

首先，从内容上看，《老子》具有深刻的现实性和强烈的抒情性。

老子阅历甚广，学识极博。他生逢乱世，身处弱国。作为被楚灭国的贵族，他亲身经历了楚国数度灭陈，对诸侯兼并战争给社会生活带来的动荡不安，和当时阶级分化和阶级斗争的尖锐激烈，具有深切的体察。

老子疾伪求真，所著《老子》对当时不合理的社会现实进行了真实的反映，对统治者的罪恶进行了深刻的批判。

老子反对大国贪得无厌，向外扩张，对小国进行侵略。他说："无下无道，戎马生于郊。祸莫大于不知足，咎莫大于欲得。"（四十六章）他深刻揭露当时贫富不均的社会现实，并对统治者压榨劳动人民的倒行逆施予以强烈抨击。"朝甚除，田甚芜，仓甚虚；服文采，带利剑，厌饮食，财货有余，是谓'盗夸'。非道也哉！"（五十二章）他从统治者对人民的残酷剥削中，看到了新旧贵族所倡导的"仁"与"礼"的虚伪性和欺骗性，因而指出："大道废，有仁义；智慧出，有大伪；六亲不和，有孝慈；国家昏乱，有忠臣。"（十八章）

对黑暗的社会现实的不满，对残暴和伪善的统治者的憎恶，使得老子不能不愤世疾欲，因而在文章中自然流露出强烈的抒情色彩。如第七十四章："民不畏死，奈何以死惧之？若使民常畏死，而为奇者，吾得执而杀之，孰敢？"这愤激的语言，活画出老子的音容表情。再如我们前文所引述过的第二十章，简直是一首美轮美奂的绝妙楚歌，又是一幅安贫乐道、超凡脱俗、淡泊守志、独善其身的作者自画像。《老子》率真的感情，使它具有了鲜明的个性，从而使这部哲学著作具有了浓厚的文学色彩。

其次，从表现形式上，《老子》在诸子散文中色彩独异，对后世文学产生了巨大的影响，其主要特色表现在以下几个方面：

以诗为文，辞约义丰。前文已经论及，《老子》较多地保留了诗歌的韵律。将玄奥深邃的哲理与韵味悠长的诗律结合在一起，是《老子》的最大特色。《老子》是哲学，也是诗。哲学与诗的结合使《老子》语言具有两个方面的显著特色。其一，由于《老子》运用音乐的旋律、诙谐的笔调来阐发玄妙的哲理，读之朗朗上口，悦耳动听，因而比《论语》式的说教更能激发起人们的兴趣。其二，由于诗歌语言的凝练精粹，使得《老子》言辞简要，旨深意远，包蕴丰厚，处处闪烁着智慧的火花。许多句子成为千百年来流传于人们口头的格言警句。如“知人者智，自知者明”（三十三章），“祸兮，福之所倚；福兮，祸之所存”（五十八章），“合抱之木，起于毫末；九层之台，起于累土；千里之行，始于足下”（六十四章），等等。

手法多变，形象鲜明。《老子》并不抽象地谈哲理，而是调动了丰富的想象，运用多种修辞手法，寓哲理于形象之中。这又是《老子》的一大艺术特色。

首先是比喻手法的运用。《老子》的比喻具体生动，而且饶有风趣。如对“治大国”这么严肃的问题，他以“若烹小鲜”作比。又如第八章以水的特性比喻有上德的人的品格。再如第五十五章，讲“无为”的处世哲学，老子认为道德涵养深厚的人，具有“真朴”的生命力。用了“未知牝牡之合”的“赤子”（婴儿），竟然有时也会“朘作”（幼小的生殖器勃勃欲举）这样貌似不雅但却富有情趣的比喻。

排比也是《老子》运用得较多也较为成功的修辞手法。如“合抱之木，生于毫末；九层之台，起于累土；千里之行，始于足下”，把几个形象的比喻排比在一起，说明事物的发展必然遵循由小到大的客观规律。这段话已成为千古名言，激励弱小者发愤图强，有志者奋斗不息。其客观意义已超越了老子的原意。

《老子》中还有一种独特的修辞手法，即“反显法”。如在论述其哲学的根本范畴——“玄而又玄”的“道”时，由于“道”是不可言说的、不可概念化的东西，他就使用这种反显法。“道可道，非常道；名可名，非常名”，陈鼓应说：“老子说到‘道’体时，惯用反显法。他用了许多经验世界的名词去说明，然后又一一打掉，表示这些经验世界的名词都不足以形容，由此反显出‘道’的精深的奥妙性。”

多种修辞手法的运用，使得《老子》形象具体鲜明，生动传神。如第二十章中，有比喻，有对比，有排比，有叠词形容，有情绪的描写，有心理的描写，有神态的描写，勾勒出了世俗的人和老子自我两种人物形象，表现出老子飘逸超脱的自我个性，显示了作者的艺术天才，对后世屈原等人的创作产生了巨大的影响。

《老子》作为陈楚地区春秋时期最有代表性的著作，从内容上说，一方面继承和发扬了以《诗经》为代表的中原文学的写实精神，另一方面又在一个新的高度上继承和发扬了楚地民歌的抒情性、浪漫性传统；从语言上说，清以来，一些学者如顾炎武、江慎修等指出《老子》用韵既有与《诗经》相同之处，又有和《楚辞》近似的地方，所以，可以说它陶铸了南北文学艺术融合发展的风貌，代表了春秋时代楚文学和中原文学的最高成就。

（二）《老子》的美学贡献

中国古代美学理论基础的奠定，也与老子哲学有很大的关系。黑格尔在《哲学史讲演录》中说，孔子只是“一个实际的世间智者”、“讲的是一种常识道理”，而老子哲学则是一种真正的哲学。同样的道理，儒家注重美和艺术的外在功利和实用性，而道家突出的是美和艺术的独立。所以，与儒家相比，老子及道家美学更接近于美的本质，对中国古代美学的影响更大。

老子把“道”作为宇宙万物生命的本原，认为“道”是自然的，同时又处于永恒的生长变化和运动之中。这里的“道”已上升到哲学宇宙论和本体论的高度，成为一个根本性的哲学范畴。老子“道”的概念的提出，标志着中国古代哲学思维的成熟和理性意识的觉醒，同时也奠定了中国美学思想的基础。

老子把“道”看成是宇宙万物生命的本原，看成是无限生成、永恒运动的东西，这实际上成就了一种伟大的、形而上的超越思想和传统。用这一观点来解释“美”，“美”就不再是经验现象世界的东西，而是形而上、永恒的生命存在，是生生不息、永恒运动的东西，这正是中国古代艺术审美根本精神所在。

由“道”的超越精神，老子否定批判了一切人为的美，如他所说的“五色令人目盲，五音令人耳聋，五味令人口爽”（十二章）等，而建立起理想的美的价值目标，即追求天道自然和天然境界的美。老子所言“道法自然”、“道常无为而无不为”的观点，对中国古典美学的影响也是巨大的。从此出发，庄子提出“朴素而天下莫能与之争美”，刘勰“标自然为宗”，司空图倡“妙造自然”，苏轼言“文理自然、姿态横生”等等，中国古典美学从此引申出了崇尚自然、含蓄、冲淡、质朴的审美价值。

老子认为“道”是无法言说的，“道可道，非常道，名可名，非常名”，

"吾不知其名，故强字之曰道"，"古之善为道者，微妙玄通，深不可识"。老子的"道"，不能用知性的和逻辑的语言来硬性规定、阐释，而只有通过直观体验才能把握。理解了这一点，对认识老子美学思想也十分重要。老子言"道之为物，惟恍惟惚，惚兮恍兮，其中有象；恍兮惚兮，其中有物"，"大音希声，大象无形，道隐无名"。"道"虚空无名，超出人的各种感官和语言世界之外，不能用逻辑、理性、语言传达，而只能凭借意象表达人的感悟和体验。《老子》一书充满了这种意象感悟的符号，如"水"、"谷"、"母"、"玄牝"、"赤子"等等，它们均通过人的感悟、借助人的想象，指向不可言说的、难以穷尽的"道"。老子这种独特的认识理论和思维方式，使人的感悟力和想象突破了概念的僵化、固定化，而把人的思考引向一个杳冥而深远的世界，对中国古代美学重感悟、重意象的审美方式的形成，有重大意义。不仅如此，老子以"道"为本，重象轻言，还使他进一步提出有关中国古代艺术创造和鉴赏的一系列范畴，如"有"、"无"、"虚"、"静"、"妙"、"味"等等，并为后世那种重视整体意象、重视直觉感悟的诗学理论和无言独化、求解言外的审美趣味开启了先河。

五、《老子》的文化渊源

老子创始了道家，但道家文化并不是老子的凭空创制，而是对上古文化的继承和发展。魏源在《老子本义》中说："删书断自唐虞，而老子专述皇坟以上。"《老子》的思想渊源，来自原始宗教崇拜，如果我们探寻它的源头的话，甚至可以追溯到母系氏族的女性生殖崇拜、创世神话和三代时期巫史文化、帝王经验。

（一）《老子》与女性生殖崇拜

哲学脱胎于宗教，老子哲学脱胎于母系氏族的宗教崇拜，特别是女性生殖崇拜。

《老子》首章言"道"，先从"无"和"有"这一世界起源的根本问题入手讨论。我们注意到老子对"无"和"有"的解释："无名，天地之始。""始"的本义是少女，《说文》："始，女之初也。""有名，万物之母。""母"《说文》："从女。象褒子形，一曰象乳子也。"从"无"到"有"的生成过程，即是从少女演化为孕妇的过程。"天下有始，以为天下母"（五十二章）。

老子说，“无”和“有”同出而异名，即两者的本源是同一的，这个本源即是“道”。“道”是“万物之宗”，是世界的本体和本源。“道”又谓之“玄”，玄即是“元”，“玄之又玄，众妙之门”，它是化生万物的幽渺的门户。

老子对这个“众妙之门”又做了进一步的解释：

谷神不死，是谓玄牝。玄牝之门，是谓天地根。绵绵若存，用之不勤。（六章）

“谷”是虚空的意思。老子说，这个虚空而神妙的所在是永恒存在的，它就是“玄牝”。那个化生万物的“众妙之门”即是这里所说的“玄牝之门”。

“玄牝”何物？郭沫若《甲骨文字研究·释祖妣》言“且”和“匕”为“牡”、“牝”的初文，“盖以牝器（女阴）似匕，故以匕为妣若牝也。”明确指出“牝”是女性生殖器。以此而论，老子所谓“道”——这“以为天下母”而化生物的“玄牝之门”，即是幽深玄秘而又无边无涯的母体阴器。

老子的“道”，最初是建立在对女性生殖力的认识之上，然后将这种女性生殖作用扩而充之，用来观察整个宇宙创生过程，以此而上升到哲学高度，形成了“道”这一哲学范畴。

《老子》在说理时运用了许多生动形象的比喻。但是，以女性生殖论“道”，绝非是简单的比喻。在《老子》中，不仅女性生殖崇拜与“道”的生成有直接的联系，而且老子还提出“食母”、“守雌”、“好静”、“善下”、“牝常以静胜牡”等母性原则作他的人生观和方法论。母性精神是作为“道”的直观形象和整体象征贯穿于老子哲学之中的。

老子学说主阴贵柔，最富女性特征。我们知道，女性的生理特征是温顺柔和，谦虚文静，慈爱多情，同时又坚韧耐劳，生命力顽强。老子在其学说中将女性的这些品质哲理化，升华为一般性的人生原则。他在第二十八章说：“知其雄，守其雌，为天下谿。”老子深知雄强的表面力量，却安于雌柔。因为雌柔的地位低，却可以像涧谷一样而有不尽的含藏，从而在实际上比雄强更富有生命力。这是从女性的伟大力量中得到的启悟。正因为如此，人们认为老子及道家学说承袭的是母系氏族文化，是母系氏族文化的升华。

老子所生活的陈楚地区留有丰富的原始生殖崇拜和创世母神崇拜的遗迹。这对老子“道”的观念的产生和他的哲学思想的形成，无疑具有深刻的影响和必然的联系。

“道”的观念，是老子对世界本根本始问的哲学求索。“道”固然是老子哲学的逻辑抽象，但它却是以女性生殖和创世母神这种原始宗教和神话内容为基础的。西方哲学家说，任何神话中的诸神都不过是客观的或者实在地直观到的哲学理论。黑格尔也有一个著名的论断：哲学理论亦即哲学的历史。在《老子》中，女性生殖器直观地象征为“道”的理念，显示了从原始宗教崇拜（包括神话）到哲学的演进历程，实现了哲学思维形式的重大飞跃。这正是老子对中国哲学的最伟大的贡献，也是以母论“道”的意义所在。

（二）《老子》与巫史文化

如此博大精深的老子学说，绝不会横空出世、突然产生，必有其思想前驱。《庄子·天下》云：“以本为精，以物为粗，以有积为不足，澹然独神明居。古之道术有在于是者，关尹、老聃闻其风而悦之。”可知老子之学来自“古之道术”。老子自己也指明道家传统渊源甚古。他说：“执古之道，以御今之有。能知古始，是谓道纪。”（十四章）所谓“古始”，实为中国古代文明之始。

班固在《汉书·艺文志·诸子略》中考察诸子各派源流时指出：“道家者流，盖出于史官。历纪成败存亡祸福古今之道，然后知秉要执本，清虚以自守，卑弱以自持。此君人南面之术也。”这段话简练、概要地说明了道家思想同史官和帝王经验的关系。

原始宗教文化，实际上是一种巫史文化。上古巫史不分，政教合一。“巫”是巫术的掌管者，实施者。巫在施行巫术时，要祈祷、歌唱、舞蹈、占卜，并将占卜结果记录下来。这样巫便和史合而为一，巫文化和史文化合而为一，形成了巫史文化。中国在夏商时期就有了史官制度。史官便是巫师。史官记言载事，以司典籍，其活动都是以王事为中心，记载的内容主要是王事。“古之王者，世有史官。君举必书，所以慎言行，昭法式也。”① 例如我们现在所能见到的殷商时期的甲骨卜辞，大多是殷代王室祭仪、田猎、农耕、畜牧、气象、历法、战争等方面的内容，巫史活动带有浓厚的原始宗教色彩，保留了古代宗教文化的许多内容。

周代官师合一，学在官府，典籍皆由史官掌握。老聃既为周守藏室之史，掌学库之管钥，“近水楼台”，得以阅读大量古代典籍，所以由他将古代帝王的政治经验和原始宗教文化传统继承下来，著成道家经典著作，当是情理之

① 《朱子文集·卷三·答汪尚书》。

中的事。朱熹说："盖老聃，周之史官，掌国之典籍，三皇五帝之书，故能述古事而倍好之。如五千言，亦或古有是语而老子传之，未可知也。"[①]《老子》书中亦透露其学说思想源自古代"圣人"。查《老子》八十一章，有二十二章，凡二十六处提到古之"圣人"，这里的"圣人"应是指具有原始道家思想的古代圣人，他们多是具有治国经验的"社稷王"、"天下王"，实则是古代原始社会的部落酋长。一些学者认为，原始道家思想本为我国上古社会治国的政治传统。道家出于史官，道家学说是对遥远的古代原始社会祖祖辈辈流传积累下来的从政、立身、处世经验的总结，历史的福祸兴亡给予了道家以启迪和思考，培养了道家无尽的智慧。

（三）《老子》与《易经》

《易经》被《汉书·艺文志》推尊为"群经之首"，是中国传统文化最重要的元典。无论道家或儒家，都与《易经》有着密切的渊源关系。

"易"是上古筮书的泛称。据载古代《易》分为三，夏曰《连山》、殷曰《归藏》、周曰《周易》。其中《归藏》以坤为首卦，"坤、阴物也"，"坤道成女"[②]，万物都归藏于地。地、女相对于天、男来说，属于阴性，相对于天、男的刚健来说，属于柔顺。《周易》以乾为首卦。《易传》云："天行健，君子以自强不息；地势坤，君子以厚德载物。"乾、坤两卦所代表的精神，正合乎儒、道两家思想的特点。

老子及道家思想源于《易》，这已是许多学者所认同的观点。老子受《归藏》阴柔文化传统的启迪，发挥贵柔尊阴思想，从女性生殖崇拜而推演天地万物的产生、成长。将"玄牝"的形状和生育功能，扩展和规定为"道"的性质，从而建构了以"道"为万物存在普遍根据的本体论。

老子推演宇宙万物的生成程序为："道生一，一生二，二生三，三生万物。"这是对《易》深切的体悟。在《易》中，宇宙之初为混沌未分的"一"，"分而为二以象两"，两即阴阳，亦即卦画的阴爻与阳爻。老子诠释万物都"负阴而抱阳"，都蕴涵着阴阳二性。卦画由阴阳两爻而有三爻即老子言"二生三"；画卦三爻而成八卦，八种象征物相互作用而成六十四卦，以象万物，即老子所言"三生万物"。所以，老子的宇宙生成论是从《易》的成卦程序和《易》有两仪、四象、八卦的启示下衍生出来的。《易经》以阴阳二

① 《周易·系辞上传》。

② 《周易·系辞上传》。

爻表示阴阳、消息、奇偶相反相成之象。六十四卦在排列中两两对立，如“乾”和“坤”，“否”和“泰”、“既济”和“未济”等等，都体现了矛盾或对立的辩证性质。《老子》论证阴阳，消息、相反相成之理，提出有无、难易、静躁、雄雌、祸福之类的对立统一的概念。

《易》讲变易，其基本精神之一是对立和谐，其有丰富的矛盾、对立和转化发展的观念。无变不成易，在变易中组合六十四卦。老子也认为矛盾的对立和相互转化是自然、社会中普遍存在的、根本的原则，“反者道之动”。《老子》丰富的辩证法思想是对于《易》文化的继承和发挥。

六、老子学说的发展及影响

《老子》五千言，博大精深，犹如长江浩海，任人取酌。陆游有《读〈老子〉》诗云：“《道德》五千言，巍巍众妙门。管窥那见豹，指染仅尝鼋。”老子之后诸子百家各取所需，均或多或少受其影响。老子学说中的天道观、宇宙观发展为庄子的哲学，以及后世魏晋玄学、宋明理学。以老子学说为主流，推动了中国哲学史上的三次高潮。老子无为论发展而为申韩的法家权术，应用为西汉的政治实施，为“帝王南面之术”。其军事思想发展的孙子兵法，为千古用兵者确守不移的原则。其无名论发展为名家辩学。一源百流，各蔚奇观。

（一）老子之弟子后学

据古代文献记载，老子之后，以老子学说为核心，发展了道家学派的代表人物当推杨朱、列子和庄子。但直接向老子受学者却寥寥可数。相传孔子弟子三千，贤徒七十余人，墨子门徒“百八十人”，而老子则只有关尹、彭蒙、田骈等少数几个门人，原因大概是因为老子“以自隐无名为务”，理所当然地不会像孔子那样有教无类，广收门徒。

关尹等老子弟子是老子与战国时期的庄子和稷下黄老道家的中间环节，对老子学说的传播和发展起到了重要作用。

1. 关尹

依《史记》说，老子著书名世，与关尹其人有极大关系。《庄子·天下》以关尹、老聃为一派，并称赞他们是“古之博大真人”。《汉书·艺文志·道家略》有《关尹子》，班固自注曰：“名喜，为关吏。老子过关，喜去吏而从之。”将关尹视作老子之弟子。

关于关尹之名，后世有诸多猜疑。对《史记》中记载老子出关一段话中“关令尹喜”四字争论颇多。有人认为守关之令名叫“尹喜”；有人认为关尹名喜，“令”乃后人妄加，因为周代守关之令即称“关尹”①。有人认为“喜”为动词，作“欢喜”解。这几种说法难以定于一尊，但《庄子》等先秦文献中多以“关尹”称之，故从。

关于关尹的事迹，《史记》除言关尹强令老子为其著书外，未云其他。刘向《列仙传》说：“关令尹喜者，周大夫也。善内学，常服精华，隐德修行。时人莫知老子西游，喜先见其气，知有真人当过，物色而遮之，果得老子。老子亦知其奇，为著书授之。后与老子俱游，流沙化胡，服苣胜实，莫知所终。尹喜亦自著书九篇，号曰《关令子》。”关尹从老子西游，可能真有其事，也可能是神仙家的附会。其书《关令子》今亡佚。

关尹之学源出老子。其学以“太一”（道）为核心，以“常无”、“常有”为理论基础，而又具有自己的特色。《吕氏春秋·不二》称“老聃贵柔”，“关尹贵清”。《庄子·天下》载：“关尹曰：‘在己无居，形物自著。其动若水，其静若镜，其应若响。芴乎若亡，寂乎若清。同焉者和，得焉者失。未尝先人而常随人。’”大意是要使心灵保持自然清寂的状态，才可能认识万事万物的本来面目。关尹“贵清”的思想与老子尚静的思想一脉相承。

2. 杨朱

杨朱之名，史载多异。《庄子》作“阳子居”或“阳子”，《孟子》、《韩非子》作“杨子”。古代“阳”、“杨”通假，所以“杨朱”和“阳子居”是同一个人。古代文献中关于杨朱的记载散见于《庄子》、《孟子》、《荀子》、《韩非子》、《吕氏春秋》诸书中，《列子》中有《杨朱》篇，可视为杨朱流派的作品。

《庄子·应帝王》载杨朱向老子讨教“明王之道”。《庄子·寓言》又说杨朱追随老子，执弟子之礼，“进盥漱巾栉，脱履户外，膝行而前”。老子教导他：“大白若辱，盛德若不足。”具有谦弱卑下、不骄不矜的态度，方可修习大道。

杨朱开一派学说，曾为战国显学。《孟子·滕文公下》说：“杨朱、墨翟之言盈天下；天下之言，不归杨，则归墨。”可见其在当时有相当大的影响。

杨朱思想的主要内容是“贵己”。《吕氏春秋·不二》云：“阳生贵己。”孟子认为杨朱“贵己”即是“为我”，他在《孟子·尽心上》中对杨朱大加

① 据《国语·周语》，周之秩官有之曰：“敌国宾至，关尹以告”，可知周代守关官员称关尹。

挞伐，说："杨子取为我，拔一毛而利天下，不为也。"把杨朱说成是一个极端利己主义者，这其实是有失公允的。《韩非子·显学》称杨朱是"轻物重生之士"，《淮南子·氾论》说杨朱之学的核心是"全性保真，不以物累形"。他的"贵己"之说颇得老子思想之精髓。"拔一毛以利天下而不为"，语出《列子·杨朱》，原话为："损一毫利天下不与也，悉天下奉一人不取也；人人不损一毫，人人不利天下，天下治矣。"对这段话正确的理解应该是：杨朱之学，贵己则重生，重生则轻利。用以治身，则任性纵情，全生远害；用以治国，则行自然无为之治，为无损无益之政。如果拔一毛以利天下，则违背了自然无为的原则，行扰民之政，反而有害天下，所以杨朱不为拔毛之事。由此观之，将杨朱说成是自私自利的个人主义者，是没有全面理解杨朱的思想。

3. **列子**

列子，名列御寇，或圄寇、圄寇。郑国人，其活动年代略早于庄子，曾从关尹问学，其事见载于《庄子》、《吕氏春秋》、《战国策》诸书。《汉书·艺文志》有《列子》八篇，大约是列子门人后学追记汇编而成。

列子与老子、庄子并称为道家三大代表人物。他的思想受到老子的重大影响。如他的天道观，认为不生不死的道体生成万物；他的处世思想，认为应顺物之自然等，几与老子同。

《吕氏春秋·不二》称列子之学"贵虚"，"虚"即是道家的"清虚自守"。《列子·天瑞》篇中说："或谓列子曰：'子奚贵虚？'列子曰：'虚者无贵也。'子列子曰：'非其名也，莫如静，莫如虚，静也虚也。得其居矣，取也与也，失其所矣。事之破毁而后有舞仁义者，弗能复也。"这与老子所谓"致虚极，守静笃，万物并作，吾以观复"（十八章）的思想是一致的。

4. **庄子**

庄子，名周，是老子之后道家学派的主要代表人物，与老子并称"老庄"，后世常以"老庄"代指道家。

《史记·老庄申韩列传》载："庄子者，蒙人也，名周。周尝为蒙漆园吏，与梁惠王、齐宣王同时。其学无所不窥，然其要本归于老子之言。故其著书十余万言，大抵率寓言也。作《渔父》、《盗跖》、《胠箧》，以诋此孔子之徒，以明老子之术。"

庄子学说集先秦道家之大家，继承老子学说，并丰富而发展之，且自成机杼，将道家学说推向一个更高的境界。著名学者陈鼓应先生说："庄子对老子思想的最大发展，是他把老子那里主要是宇宙论及本体论意义的道转化为心灵的境界，从而使庄子哲学主要成为一个境界哲学。庄子最关注的是人体道之后的境界及达到此种境界的门径，而不是客观、实际的道。因而庄子对老子所特别强调的道的‘反’的规律以及道的无为、不争、柔弱、处后、谦下等特性，加以全面的扬弃。在自然说方面，庄子更为深广地发挥了人的自由性与自在性。”①

庄子散文想象瑰丽，形象丰富，文势滔滔，汪洋恣肆，是我国浪漫主义文学之源。

《史记》言庄子为蒙人，蒙在何处？一说在今河南商丘东北，古属宋国。《淮南子·修务训》高诱注中说：“庄子名周，宋蒙县人。”这是比较通行的说法。一说在今安徽蒙城，古属楚。我们认为这种说法有一定的道理。因为老庄道家学说属于楚文化系统。朱熹、王国维都认为庄子是楚人。王国维说：“庄子楚人，虽生于宋，而钓于濮水。陆德明《经典释文》曰‘陈地水也’，此时陈已为楚灭，则亦楚也，故楚王欲以为相。”② 但不论庄子是宋之蒙人还是楚之蒙人，都与陈地相近，都可纳入陈楚文化的系统中来。

（二）稷下黄老道家

春秋中期，陈国内乱，公子陈完亡命奔齐，改陈姓为田姓。田氏子孙在齐国世代官宦，权势倾国，终于在战国时取代姜姓，夺取齐国政权。田氏作为新兴的封建地主阶级在齐国政治舞台上取得胜利之后，为适应新政权的需要，实行了一系列招贤纳士、鼓励言论的做法，于是在齐国集中了一大批文人学士。齐国统治者在国都临淄西门（即稷门）外建立了著名的“稷下学宫”。

稷下学宫开创于齐桓公田午之时（前375年），至齐威王、宣王时达到鼎盛。《史记·田敬仲完世家》载：“（齐）宣王喜文学游说之士，自如驺衍、淳于髡、田骈、接子、慎到、环渊之徒七十六人，皆赐列弟，为上大夫，不治而议论，是以齐稷下学士复盛，且数千百人。”可以想象当时齐国稷下学宫的繁荣景象。稷下学宫前后历时150多年，贯穿战国时齐国的全部历史，对当时政治、学术影响甚大，成为当时全国的文化中心。稷下学宫是中国历史上最早的一所具有相当规模的国立大学或研究机构。

稷下学宫延揽各国智士，对诸子百家采取兼容并包的态度。儒、道、法、

① 陈鼓应：《老子与先秦道家各流派》，载《老子故里话老子》。

② 王国维：《国朝汉学派戴阮二家之哲学》“老庄之徒生于南方”自注。见《静庵文集》，收入《王国维遗书》第5册，上海古籍出版社1983年影印版，第80页。

名、墨、阴阳等各流派代表人物都曾汇集到这里讲学论辩、著书立说。道家学说在这里广纳博采众家之所长，如司马谈所言："道家使人情神专一，动合无形，赡足万物。其为术也，因阴阳之大顺，采儒墨之善，撮名法之要与进迁移，就硪变化，立俗施事，无所不宜，指约而勿操，事少而动多。"① 从而发展成为一种新的思想体系——黄老道家。正如司马谈所描述的，黄老道家是以道家学说为本，杂糅诸家学术而形成的新的思想学说，因当时齐威王"高祖黄帝"学者们逐将黄老联称，共禀为道家学派创始人，黄老之学也成为道家的代名词。《史记·孟子荀卿列传》云："慎到，赵人；田骈、接子，齐人；环渊，楚人。皆学黄老道德之术，因发明序其旨意。"黄老道家是稷下之学中影响最大的一派。

稷下黄老道家不同于庄子学说，如果说庄子之学是将老子宇宙论及本体论意义的"道"沿着纯粹哲学的道路推向一种更高的人生境界，那么，稷下黄老道家则是将老子学说中深藏的"君王南面之术"加以发挥，使道家哲学与政治权术相结合，"著书言治乱之事"②。所以，黄老道家可以认为是"因道全法"、以道为主、援法人道、道法互补的思想体系。这种思想使黄老道家具有了强烈的功利性和实用性，恰好符合田齐统治的需要。有人认为稷下黄老学派形成是北方道家的一次重要发展，代表作是《管子》。而《庄子》一书乃是南方道家各派的结集。

齐国历代君主在政治文化方面祖述黄老，倾向道家，是有一定的历史线索的。首先，姜氏齐王，其祖太公望姜尚立国之初，"因其俗，简其礼"，《汉书·艺文志》述道家将姜尚书《太公》置于《老子》之前，将姜太公视为道家先驱。其次，田氏齐王远祖陈国贵族，田氏夺得政权后，自然把老子看作自己故国的学者，并给以特殊的优势，所以，稷下黄老道家正是陈楚文化对齐文化影响的产物。

黄老学说在汉代大兴，西汉初年，统治者采取清静无为、与民生息的政策，取得了积极的社会效果，迎来了"文景之治"的太平盛世。稷下黄老学说与稷下学宫另一有影响的流派阴阳术数相结合，成为道教的重要源头。

（三）老子对诸子的影响

老子学说产生以后，迅速在社会上流传，至战国中后期已经相当普及，

---

① 司马谈：《论六家要旨》。

② 《史记·孟子荀卿列传》。

先秦诸子多受其影响。可以说，老子学说为先秦许多学派提供了哲学基础和思想营养。

1. 老子与兵家

《老子》是一部伟大的哲学著作，其思想运用于军事斗争，可推演出许多用兵之道和权谋策略。所以，自古及今，都有人把《老子》视为兵书。《隋书·经籍志》兵家类著录就有《老子兵书》一卷。唐代王真则认为，《老子》“五千之言”“未尝有一章不属意于兵也”。[①]

兵家代表人物孙武，本是陈国贵族后裔[②]，约与孔子同时，其《孙子兵法》是我国古代军事理论的经典之作。《孙子兵法》中的许多内容隐约含有老子学说的影响。如老子对兵的基本看法为：“夫兵者，不祥之器。物或恶之，故有道者不处，”（三十一章）“以道作人主者，不以兵强天下。”（三十章）不得已而用兵时，老子主张“恬淡为上”（三十一章）。孙子受此影响，在《谋攻》篇中说：“上兵伐谋，其次伐交，其次伐兵，其下攻城。攻城之法为不得已。”“善用兵者，屈人之兵而非战也，拔人之城而非攻也，破之人国而非久也。”老子讲到用兵之策时提出“以正治国，以奇用兵”（五十七章）的方略。“以奇用兵”的内容大致是：“用兵有言：‘吾不敢为主而为客，吾不敢进寸而退尺’。”（六十九章）以及三十六章，“将欲取之，必固与之”，“柔弱胜刚强，鱼不可脱于渊，国之利器不可以示人。”与此相应，孙子也认为“凡战者，以正合，以奇胜”；“兵者，诡道也；故能而示之不能，用而示之不用；近而示之远，远而示之近。利而诱之，乱而取之，实而备之，强而避之，怒而挠之，卑而骄之，佚而劳之；攻其无备，出其不意。此兵家之胜，不可先传也”。这些用兵思想，可谓是老子思想的再版。

孙子从老子辩证法思想出发，主张用兵“刚柔相得”，并强调“柔”。老子以水喻道，孙子以水喻兵。“夫兵形象水，水之形，避高而趋下；兵之形，避实而击虚。水因地而制流，兵因敌而制胜。故兵无常势，水无常形，能因敌变化而取胜者，谓之神。”[③]

这种以柔克刚的思想，是对老子“守柔曰强”（五十二章）思想的运用和发展。对此，魏源曾评论道：“《老子》其言兵之书乎？‘天下莫柔弱于水，而攻坚强者莫之能先’，吾于斯见兵之形。《孙武》其言道之书乎？‘百战百

① 王真：《道德真经论兵要义述》。

② 参看本书有关姓氏文化的章节。

③ 《孙子·虚实篇》。

胜，非善之善者也；不战而屈人之兵，善之善者也。故善用兵者，无智名，无勇功。’吾于斯见兵之精。”

2．老子与法家

司马迁在《史记》中，以老子、庄子与法家代表人物申不害、韩非同传，且称韩非之学“其要归本于黄老”，足以说明法家学派与老子及道家学说的关系至为密切。法家作为一个学派出现较晚，其学说多承继他家，且以道家为甚。稷下学者慎到是处于道、法之间的人物；申不害、韩非也多从老子学说中吸取养分。《韩非子》中有《解老》、《喻老》两篇，阐释发挥老子之意，明显地表现了法家与老子的承继关系。韩非认为，“法”应遵循“自然”。《安危》篇云：“安国之法，若饥而食，寒而衣，不令而自然”；“废自然，虽顺道不能立。”与老子“道法自法”的观点一脉相承。概而言之，法家是把老子学说实用化，把老子的策略思想变成阴谋权术，把老子的“无为而治”改造成依法管理。虽然有较大的转向，但“其要归本于黄老”却是事实。

3．老子与名家

吕思勉《先秦学术概论》称：“法因名立，名出于形，形原于理，理一于道。故名、法之学，仍不能与道相背也。”指出了名家、法家与道家渊源关系。

老子说：“无名，天地之始；有名，万物之母。”（一章）“道常无名朴”（三十二章）、“朴散则为器。”（二十八章）所谓“无名”，指无形无象的“道”。“道”是真实的存在，却无形无象，不可能因形以名，便只好勉强称之为“道”。“有名”即指具有一定形体的“器”。《易·系辞》云：“形而上者谓之道，形而下者谓之器。”在名家这里，《尹文子》中说“大道无形，称器有名”，又说“大道不称，众有必名，生于不称”，显然脱胎于老子的思想，尹文，齐人，刘向称其学“本于黄老”。

（四）秦汉时期的黄老学说

虽然在战国时期黄老之学已见端倪，黄老学说在政治和学术产生巨大影响的，是在两汉之际。陈澧《东塾读书记》卷十二引洪亮吉的话说：“自汉兴，黄老之学盛行，文景因之致治。”秦汉时期的黄老学大略分为两支，在政术方面，以萧何、曹参、文帝、景帝等当权者与民休息、行无为之政为代表；在学术方面，以《吕氏春秋》为黄老学形成的标志，并渗入陆贾、贾谊、韩婴、董仲舒为代表的儒家思想，最后由《淮南子》作理论总结。然而由于黄老之学本质上是一种统治术，故政术与学术又不可截然分开，而是相互交杂、促进，构成了秦汉黄老学的整体。

《吕氏春秋》是一部政论书，并没有辟出专门的章节具体讨论“道”，然而道论思想在不同的篇目中散见，道家的意味很浓。在本体论方面，《吕氏春秋》中的“道”与老子之道并没有本质的差别，而又沿用并发展了战国黄老学以阴阳释道的观点，把“道”作为包含阴阳两种矛盾素质的混沌存在，又将精气说与阴阳矛盾观念相结合，提出阴阳气化观点。《吕氏春秋》的政论部分，着重探讨的是人道要顺应天道，天道无为，故人道也要无为。《知度篇》有言：“有道之主，因而不为，责而不诏。去想去意，静虚以待，不伐之言，不夺之事，督名审实，官使自司。以不知为道，以奈何为宝。”进一步说，君主的无为需要臣下的有为。《分职篇》云：“夫君也者，处虚素服而无智，故能使众智也。智反无能，故能使众能也。能执无为，故能使众为也。无智、无能、无为，此君之所执也。”君主去私意，行无为，臣下殚精竭虑，最终目的在于为建立大一统的国家服务，这无疑是符合当时政治形势的。

《吕氏春秋》为当权者所规划的以清静无为的政治主张为特色的统治蓝图，并没有被秦始皇所接受。暴秦二世而亡，随之而起的汉政权选择了废除烦苛、与民休息的无为政治，代表人物有萧何、曹参。曹参在汉初为齐国相，在齐地推行“黄老”之治，成效颇大。中央先有萧何为相，萧何死后，曹参代任。“萧何为法，顜若画一；曹参代之，守而勿失。载其清静，民以宁一”。此“无为”政治，就是依循已制定出的一套规章制度，后任者不作轻易地更改，于是有“萧规曹随”之说。

西汉早期的汉文帝、窦太后尤尊黄老之学。《史记·外戚世家》载：“窦太后好黄帝、老子言，帝及太子、诸窦，不得不读《黄帝》、《老子》，寻其术。”如此直到汉武帝执政逐渐改变施政方式，此前的汉朝统治上层达成一致的都是循乎制度、依乎律令而达于无为的统治术。其成果是极大地推动了生产力的发展，如《汉书·食货志》记载：“非遇水旱，则民人给家足，都鄙廪庾尽满，而府库余财，京师之钱累百巨万，贯朽而不可校，太仓之粟，陈陈相因。”

汉初黄老之治的兴盛，也有着学术方面的背景因素。此时学术上的代表有陆贾、贾谊、韩婴三人，从他们留下的著作来看，受荀子影响较深，都不算是老学的嫡系，然而这三人的路子受时代风气的影响，接近于黄老之学。总的说来，陆贾《新语》、贾谊《新书》偏重于议论，多从总结秦朝灭亡的教训和汉初面临的各种社会矛盾来建立学说，结论不外乎崇尚道术、无为治国、法道而治等等，而显著的特点在于尚道德行仁义，从而呈现了整合儒道的趋势。韩婴的《韩诗外传》则偏重于学术方面，借由诠释儒家经典来表达自身对于黄老之学的理念。

《淮南子》问世于汉武帝建元二年（前139年）前后，由淮南王刘安集合诸门客写成。其时黄老学的发展及于鼎盛，因而该书是集汉初黄老学之大成的作品，其道论不仅继承发展了《老子》原作中的思想，战国以来发挥《老子》思想的黄老学道论也被充分吸纳。其《原道篇》从各个侧面详细论证了道的各项特征，不脱先秦以来道论的内容；而道论之致用在于政治，这点则是《淮南子》所着重关注的内容：

其一，无为论。这里对“无为”的正确理解应当是不违背事物的本性而为。“人主之术，处无为之事，鞋而行不言之教，清静而不动，一度而不摇，因循而任下，责成而不劳”（《主术训》），“上操其名，以责其实，臣守其职，以效其功”（《修务训》）。实质上是君逸臣劳，以臣下众人的智慧实现君主的“无为”，而所谓君主的“无为”在于不亲自处理庶务，并不代表放弃对官吏职责的考核。

其二，理想社会。《淮南子》推崇的至德之世，要“贾便其肆，农乐其业，大夫安其职，而处士修其道”（《俶真训》），要“别男女，异雌雄，明上下，等贵贱，使强不掩弱，众不暴寡，人民保命而不夭，岁时孰而不凶，百官正而无私，上下调而无尤，法令明而不暗，辅佐公而不阿，田者不侵畔，渔者不争限，道不拾遗，市不豫贾，城郭不关，邑无盗贼，鄙旅之人相让以财”（《览冥训》）。推崇的是一个互助互爱、清静恬愉、无尔虞我诈之心而有等差贵贱的社会。

其三，理想人格。《淮南子》推崇的理想人格是：“人生而静，天之性也，感而后动，性之害也。物至而神应，知之动也；知与物接，而好憎生焉。好憎成形，而知诱于外，不能反己，而天理灭矣。”（《原道训》）可见，理想人格的实现，需要节欲、无为，需要后天的学习，“故其形之为马，马不可化。其可驾御，教之所为也。马，聋虫也，而可以通气志，犹待教而成，又况人乎?”（《修务训》）如此而成为“所谓真人者，性合于道也。故有而若无，实而若虚；处其一不知其二，治其内不识其外；明白太素，无为复朴，体本抱神，以游于天地之樊，芒然仿佯于尘垢之外，而逍遥于无事之业。浩浩荡荡乎，机械知巧，弗载于心”（《精神训》）。

至汉武帝执政，重用儒生董仲舒，以杂入阴阳五行、谶纬学说的儒术统一各家思想，作为官方的意识形态，虽然其中也暗含了黄老学的支脉，然而作为一种独立的政治统治术，黄老学渐渐退出执政舞台，自《淮南子》之后也不再见到对道家老子思想的系统汇编。然而黄老学作为一种学术思想，在此后的汉朝社会依然存在并发挥着影响，既吸收神仙家长生久视的思想，又保留着汉初黄老之学经世济民的传统，演化为以养生为主、身国兼治的黄老养生之学。严遵《老子指略》、王充《论衡》、河上公《老子章句》为其中代表，其他如扬雄、王符、仲长统诸人都在不同程度上受到了黄老思想的影响。

据《汉书·艺文志》著录，西汉人研究《老子》的著作有四部：《老子邻氏经传》、《老子傅氏经说》、《老子徐氏经说》、刘向《说老子》。此外还有严遵的《老子注》、《老子指归》。而《后汉书》当中，多载有时人习研《老子》的文字。

（五）老子学说与魏晋玄学

魏晋南北朝时期，中国学术进入了玄学阶段。魏晋玄学所接应的是先秦时期的老庄之学，与秦汉黄老学有重大差别。陈澧《东塾读书记》云："至汉末，祖尚玄虚，于是始变黄老而称老庄，陈寿《魏志·王粲传》末言嵇康好言老庄。老庄并称，实始于此。"玄学兴起的社会背景，如刘大杰在《魏晋思想论》中所说：

> 从建安到永嘉，这一百多年中，是中国政治动摇最厉害的时代，也可以说是汉民族单独发展的最后期。从此以后，东晋偏安江左，成为中国古代文化中心的大江北部，为外族所据，中原文物，摧毁殆尽。在这一时期内，前代学术道德的腐败，都暴露出来，再不能维系读书人的信仰了。君主以篡夺残杀相尚，仕宦以巧媚游说相欺。于是一般士大夫，都竞尚虚无，谈玄说理，探讨人生之究竟；保性全真，以求安身立命之道。有的嬉笑怒骂，行近癫狂。有的袒裼裸裎，违叛礼教。因此《老》、《庄》、《周易》之学，成为当时读书界的经典了。①

魏晋时期，士人们将"自然"与"名教"相对而论，并以《老子》、《庄子》、《周易》为"三玄"，对之注释阐发，试图以道家理论重建名教的理论基础，并以此解决社会危机和知识分子的信仰危机。汤用彤将这个过程分为

---

① 刘大杰：《魏晋思想论》，上海古籍出版社1998年版，第19页。

四个阶段，而略述这四个阶段学风如下：正始时期，在理论上多以《周易》、《老子》为依据，以何晏、王弼为代表；元康时期，在思想上多受《庄子》学的影响，"激烈派"的思想流行；永嘉时期，至少一部分人士上承正始时期"温和派"的态度，而有"新庄学"，以向秀、郭象为代表；东晋时期，也可称"佛学时期"。①

何晏、王弼为代表的是正始年间的贵无论。《晋书·王衍传》："魏正始中，何晏、王弼等祖述《老》、《庄》，立论以为天地万物皆以无为本。无也者，开物成务，无往而不存者也。阴阳恃以化生，万物恃以成形，贤者恃以成德，不肖恃以免身。故无之为用，无爵而贵矣。"其中尤以王弼的贡献最大。

王弼将《老子》思想归结为"《老子》一书，其几乎可一言而蔽之。噫！崇本息末而已矣"（《老子指略》）。他所作《老子注》并不因循旧说，而是多从社会现实出发立论。其"贵无"思想，发挥了《老子》"有生于无"的命题，提炼出"以无为本"，"有"是"宇宙万物"，"无"是"有"的依据，是为"无"的本体论；沿着这个思路，王弼首次提出了"体用"、"本末"的范畴，本末不二，体用如一，扩充了《老子》书中原有而未加提炼之意。王弼的"圣人体无"，又是魏晋玄学中极其重要的一点。王弼与何晏的学说切入点均在重新解释儒、墨两家的"道"，之后的魏晋玄学均在儒道关系的问题上用力甚多，目的在于齐一儒道，调和名教与自然的关系，其立论认为：名教是末，自然是本，名教出于自然。王弼又有"言意之辨"，《庄子》已有"得意忘言"，《周易》有"书不尽言，言不尽意"，正始玄学综合两者，提取出"言不尽意"、"得意忘言"、"得意忘象"的思想。"意"指哲理，言、象为得意之工具，因此，要真正体悟玄理，不可固守作为工具的"言"、"象"，应当注重内心之体认，是为得道的正确途径。

玄学的以下几个阶段，也讨论自然与名教，与第一阶段依循《老子》为多的特征相比，之后的玄学基本上侧重于对《庄子》的解读。因所处世道不同，元康时期，司马氏当权时沉重的政治压力，迫使有所思想的士人避开政治，以《庄子》学说为避世的法宝，通过"坐忘"的途径转而向人生哲学的层面寻求出路，所谓"任自然以托身，并天地而不朽"，是为"越名教而任自然"。行至中朝时期，郭象通过改造庄子的学说，提出"崇有说"、"独化

① 汤用彤：《魏晋玄学论稿》，上海古籍出版社2001年版，第120页。

论”，认为万物自生，其发展也当独立自足而生生化化。以此为根基，郭象将自然、名教调和为一，主张顺其自然，而“明内圣外王之道”。东晋玄学的中心课题是个人的生死解脱问题，以张湛、韩康伯、支遁等人为代表，特点是将佛教大乘般若学和玄学之老庄思想相融合，在玄学义理中引入佛理。

事实上，当郭象以崇有论论证现实等级社会的合理性时，玄学之调节自然与名教、调和儒道的初衷已然实现，而这也宣告了魏晋玄学的终结。所谓东晋之玄学，其实已经失去了玄学的原意。

诠释《老子》的文献，见于《隋书·经籍志》的有41种，王重民《老子考》（《中华图书馆协会丛书》第一种，1928年）则搜罗了77家85种。注《老子》者既有儒学大家、玄学名士，如流传至今最为完整也最具代表性的王弼《老子注》。

（六）唐宋元明清的道学与道教

自唐以来，国家趋于统一稳定。是时，社会转型也基本完成，士大夫逐渐以官僚身份而不再是以贵族身份占据政治中的重要地位，并在社会的各个层面发挥其影响力。宋以后，市民阶层兴起成熟。整个社会环境的变迁，无疑会给老学的发展带来变化。其中最重要的一点，在于儒、佛、道呈合流趋势。

所谓合流，在东晋时期已见端倪，佛教的传入，玄学有接引之功，于是玄、佛合一是为当时潮流。唐宋元明清，主流的趋势都是三教互补、三教合流，儒、释、道三家在研究上逐渐达到了同步。合流的具体形式有：儒家人士将道家的教义纳入儒学体系当中，佛学之士以佛教融合儒、道思想，道家兼采儒、释两家学说，其目的都在于扩展、完善自身的理论体系。

除了三教合流，唐至宋的对老子学说的研究也呈现合流趋势，道家与道教日益混为一谈，在深层的理念上实现合流，主要的还是偏向于宗教方面，所以老学主要是借助于宗教形式流传。

其次，对《老子》的研究呈现出多样化的特征。研究者，既有政治人物，例如皇帝、高官、小吏，也有宗教人士，包括道士、释家，还有普通的文人，也有兼具两种以上身份者。由于研究者身份的差异，阐释的思想内容也是相当不同。于是，对《老子》的研究有集中于考证集释的，包括对《老子》版本的研究、字句正误的考释，此风又以明清时期（特别是清训诂之风大盛之后）最为明显，代表作有唐傅奕《校定古本老子》，宋吕祖谦对河上公《老子道德经》注本进行的校勘订正，清毕沅《老子道德经考异》，王念孙《老子杂志》，纪昀《老子道德经校订》等；有集注集解《老子》文义的，如唐张君相《三十家老子注》，前蜀强思齐《道德真经玄德纂疏》，明焦竑《老子翼》等；有专注于诠释《老子》中体现的思想和理论体系，并对之进行评点与发挥的，如有唐一代多从哲学层面分析《老子》，探讨心、理、情欲、修身、养性等问题，以促使人们通过伦理道德的力量来约束自己的行为，与社会存在保持一致，而有成玄英《道德经义疏》以佛教理论释老，陆希声《道德真经传》以儒注老，王真《道德经论兵要义述》则系统言说《老子》的兵书性质，明薛蕙《老子集解》、朱得之《老子通义》等均以儒释老；有专注于政治权术的，在此时间段有四位皇帝御注《老子》(唐玄宗、宋徽宗、明太祖、清世祖)，宋王安石《老子注》、明沈一贯《老子通》、清魏源《老子本义》意在阐述《老子》一书中包含的可为现实政治所用的谋略思想；还有将《老子》引向宗教化的：早就有人质疑过，唐宋之后只有道教没有道家，在明人所著《千顷堂书目》“道家类”中，从老子的注解书到“金丹方”之属皆包括之，《明书·艺文志》也将两者混同。

作为一种学术流派，老子学说发展至此时，不再有独立而强大的社会思潮意义，也不再有纯粹意义上的道学大家，但老子的影响并没有消失，其精神渗透到了社会的各个领域，在中国民族心理的构成中占有相当的地位。

(七) 20世纪老子学说的复兴

时至20世纪，仍有不少学者沿用传统的路子研究阐释《老子》。19世纪末20世纪初有俞樾、孙诒让等人，立足点在对《老子》文字的考异、对《老子》文意的发挥，黄裳《道德经注释》(1920年重印时改名《道德经讲义》)贯通儒、道、释三教为一，而主旨仍在养心养气、端正风俗，刘师培有《老子斠补》、《老子韵表》。

二三十年代有罗振玉《老子考异》、马叙伦《老子檄诂》、奚侗《老子集解》、陈柱《老子集训》、丁福保《老子道德经笺注》、王重民《老子考》、高亨《老子正诂》、杨树达《老子古义》及《附汉代老学者考》、蒋锡昌《老子校诂》、于省吾《老子新证》。50年代有任继愈《老子今译》、朱谦之《老子校释》。

除此之外，20世纪的老学也出现了许多不同于以往的全新现象：

第一，新资料的出现。1973年在长沙马王堆汉墓出土《老子》帛书甲、乙本，1993年在湖北荆门郭店出土《老子》四篇。由于其编次、文字等与流传的今本《老子》颇有不同，而具有相当重要的研究价值。许抗生《帛书老子注译与研究》、高明《帛书老子校注》、戴维《帛书老子校释》、尹振环《帛书老子释析》等著作与一些论文都是对帛书《老子》的研究与阐发。而郭店《老子》资料发布一年以内，就有“郭店《老子》国际研讨会”召开。1998年文物出版社出版了《郭店楚墓竹简》，同年有台湾丁原植的《郭店竹简老子释析与研究》；另有彭浩的《郭店楚简〈老子〉校读》、崔仁义的《荆门郭店楚简〈老子〉研究》、刘信芳的《荆门竹简〈老子〉解诂》、邹安华的《楚简与帛书老子》等书。这两批《老子》古本一经出土，就成为国内外中国古代史研究、考古学研究、古代文献学研究、古文字研究、哲学史研究等众多学科领域共同关注的焦点，成为近20年来学术界老子研究的一条主线。

第二，崭新的研究方法。清末以来，社会风尚急剧变化，救国思潮的涌现、西学东渐的影响也及于老子研究。因为国力的衰落，有识之士纷纷多方寻求救国之策，西学东渐之风又无疑为这些有济世之心的学者提供了一项可行的选择。严复的《老子道德经评点》不仅融会儒佛，更与西方的哲学、宗教思想进行比较；随之有胡适的《中国哲学史大纲》，其中《老子》一篇，先讲老子其人其书，之后是时代背景与政治思想，以作为老子哲学思想的来源，然后讲具体哲学，这是一种完全不同于传统的研究方法，冯友兰在《中国哲学史》中，体例、思路均沿用之。又十月革命以后，马克思主义传入中国，为《老子》的研究带入了马列主义观点，如吕振羽《中国政治思想史》、侯外庐《中国古代社会与老子》。及中华人民共和国成立以后，受主流意识形态的影响，展开了老子思想唯心主义的讨论，延续到60年代，1959年的《老子哲学讨论集》遂以唯心、唯物两部分来区分所收录的论文。

第三，研究的细化。1995年，福建人民出版社出版了由熊铁基、马良怀、刘韶军合著的《中国老学史》，系统讨论老学在各个阶段的发展演进。随后有刘固盛《宋元老学研究》（巴蜀书社2001年版），董恩林《唐代老学：重玄思辨中的理身理国之道》，熊铁基、刘固盛《二十世纪中国老学》等，专论一个时段之内的老学发展。

第四，研究视角的丰富。传统对《老子》的研究，大多是义理的发挥，文字的考订。此时，有许多学者开始从不同的角度诠释《老子》，史学方面如王博《老子思维的史学特色》，美学方面如叶朗《中国美术史大纲》、敏泽《中国美术思想史》都有论老子美学的专门章节，比较学、文化学方面如张智彦的《老子与中国文化》与萧兵、叶舒的《老子的文化解读》可以作为代表。

第五，港台地区《老子》研究的兴盛。从五六十年代以来，港台地区对

《老子》的研究一直持续不断，研究成果颇为值得关注。钱穆著有《老庄通辩》，严灵峰编印有《无备斋老子集成》(1956 年)、《无备斋老子集成续编》(1970 年)，著有《老子章句新编》、《老子众说纠谬》、《老庄研究》、《老子达解》等。陈鼓应先后发表《老子今注今译》（1970 年)、《老子注译及评价》（1984 年)、《老庄合集》（1987 年，与张松如合著)、《老庄新论》(1991 年)、《老子评传》，还主编了《道家文化研究》近 20 期。香港地区则有饶宗颐《老子想尔注校证》、《索统写本道德经残卷考证》等引人注目。

最近十几年来，随着我国改革开放形势的不断发展和文化热的兴起，《老子》研究迈入崭新的阶段，呈现出繁荣的景象。研究领域有所拓展，研究方法有所更新。在研究中努力发掘老子哲学的深层内涵，并开始将研究触角伸向人类学、文化学的新领域探索老子思想的起源与特色，如老子与女性生殖崇拜、老子与楚文化等等。还有学者从儒、道对立而又互补的比较研究中揭示老子及道家学说的特质及其在中国传统文化中的主干地位，改变了过去仅以儒家道统为中国传统文化主流的偏颇认识，提高了老子及道家学说的历史文化地位。从艺术和美学角度上研究《老子》，也是近年《老子》研究的一个重大课题。许多学者肯定地认为，老子及道家学说是中国艺术之源，为中国艺术和美学奠定了理论基础。除此之外，许多学者还论述了老子与古代医学、气功、养生等的关系，老子与现代科学的关系，以及老子对现代企业管理、对现代社会的影响等问题。

七、道家与儒家

春秋战国时期的诸子之说、百家之学，由于阶级地位、政治倾向和地域文化等方面的差异，理论重心、思维方式和风格特征也各不相同，因此而形成了各种流派。司马谈《论六家要旨》中把诸子之说总括为阴阳、儒、墨、法、名、道德六家。班固在六家之外，分出纵横、杂、农、小说四家，总括为十家。各家学说“各引一端，崇其所善，从此驰说，取合诸侯”，然而“其言虽殊譬犹水火相灭，亦相生也”。虽然相互争鸣，相互对峙，但却相反相补，相辅相成。其中儒、道两家，在对立中各自把握一端，糅合各家学说，成为构成中国传统文化的两条主干。南朝刘勰在其所著《刘子·九流》中说：“道者玄化为本，儒者德教为宗。九流之中，二化为最。夫道以无为化世，儒以六艺济俗。”这里“二化”，即是儒道两家。二者并行不悖，相补相济，形成中国文化的主流。

儒学家说发源于邹鲁地区，秉承北方文化传统，维护的是西周以来的宗法礼乐制度。主张建立“君君、臣臣、父父、子子”的尊卑等级名分观念。在维护“礼”的同时，儒家又主张建立以血缘关系为纽带的“仁”学结构与“忠孝”伦理观。儒家关心人生、社会问题，注重道德观念，从而构建了一整套政治伦理哲学。

儒家的伦理型哲学，由于能够适应和满足中国封建宗法、专制体制的要求，因而被统治阶级当作正统思想，长期作为统治人民的思想工具和维护其专制体制的精神武器，在百家之学中处于独尊的地位。

道家发源于陈楚地区，带有更多的南方文化的特色。与儒家尚礼乐、重人伦的伦理型哲学不同，道家则重自然，并致力于宇宙根源问题的探讨。主张“道法自然”、“天道无为而自然”，形成了“人法地，地法天，天法道，道法自然”这样一个由宇宙论到人生论再到政治论的哲学系统。道家更强调“人之道”应符合“天之道”。社会发展的特殊规律不能背离宇宙发展的一般规律①。所以，如果说儒家哲学是一种伦理型哲学的话，那么道家哲学则是一种自然型哲学。

春秋末年，先是形成了道家学派。史载孔子几次问礼于老子，而后创立了儒家学派，招收弟子，设坛讲学，整理典籍。殆至战国中期，儒家还只是百家争鸣中的一家，没有成为当时社会的主要思潮。孟子在谈到孔子之后社会意识的走向时慨叹道：“圣王不作，诸侯放恣，处士横议，杨朱、墨翟之言盈天下。天下之言不归杨，则归墨。”“杨、墨之道不息，孔子之道不著，是邪说诬民，充塞仁义也。”这说明在当时的思想界，道家与墨家之学最有势力，而儒学处于守势。道家学说经稷下学者的继承，在战国时期得到重要的发展，而且对社会产生了巨大影响。西汉前期社会当权者提倡黄老思想。《史记·儒林列传》载：“孝文帝本好刑名之言，乃至孝景不任儒者。而窦太后又好黄老之术。”《汉书·外戚传》也说：“窦太后好黄帝老子言，景帝及诸窦不得不读《老子》，尊其术。”汉初统治者将道家“无为而治”学说应用于政治实践，给人民以“休养生息”的机会，安定社会秩序，恢复发展生产，于是出现了历史上不多见的“文景之治”的社会昌盛局面。可是，西汉中期，社会统治阶级内部发生了重大变化，这种变化很快反映到思想文化领域。《史

① 参阅赵明：《道家思想与中国文化》，吉林大学出版社1980年版，第12页。

记·儒林列传》载："及窦太后崩，武安侯田蚡为丞相，绌黄老、刑名百家之言，延文学儒者数百人，而公孙弘以《春秋》白衣为天子三公，封以平津侯，天下之学士靡然乡风矣。"终于在汉武帝时，接受了董仲舒的建议，"罢黜百家，独尊儒术"。儒学从此登上了封建意识形态的统治地位。但此后的道家文化并没有退出历史舞台，东汉以后道家演变为道教，道家思想披上了宗教的外衣，走向民间，仍然取得深厚的社会基础。

如果说儒家学说和思想对民族文化的社会秩序、礼法习俗等表层结构起决定作用的话，那么道家思想则沉淀于民族文化的深层结构，对中国人的心理、民俗、哲学、宗教、艺术、文学、科学、医学等方面产生不可替代的影响和作用。特别是道家"无为而治"、"恬淡虚静"、"吃亏是福"、"难得糊涂"、"不为人先"等思想对士人阶层的生活、心态的影响，是不可估量的，所以，道家之学与儒家之学在中国文化结构中一直处于主体地位。儒家救世，道家救心。中国封建士大夫总是走着入仕以儒，出世以道的路线，在行时进取时，总是提倡治国平天下的儒家思想；在失势退隐时，便津津乐道于老庄之学。

我们在前面已说过道、儒两家同源于《易》，老子的哲学继承了《归藏》之易的路线而发展了它的重阴的倾向；孔子的儒学则继承了《周易》的路线而发展了它的重阳的倾向。道、儒两家把握着传统文化的阴阳两极，相互依存，相互对立，相互补济。对此，魏源早有所见，他说："老子与儒合乎？曰否。天地之道，一阴一阳。而圣人之道（指孔学），恒以扶阳抑阴为事。其学无欲则刚，是以乾道纯阳，刚健中正，而后足以纲维三才，主张皇极。老子至柔宾刚，而取牝取雌取母，取水之善下，其体用出于阴。"①道、儒两家一阴一阳、一反一正、一柔一刚、一南一北、一冷一热、一静一动、一退一进，以其鲜明的个性差异，各自为中国传统文化建构了一个支点，以其巨大的创生力和支撑力，塑造了中国传统思想文化的两大主流，犹如长江和黄河。

八、老子与道教

道教是中国土生土长的宗教。道教把老子奉为教主，尊为"太上老君"，

① 魏源《老子本义》。

奉《老子》为圣典，即《道德真经》。但我们知道，《老子》只是一部哲学著作，并非宗教经典；老子也只是一个有生有死、有子有孙的大贤者，并非神仙。以老子为代表的道家只是一个学术派别，并非宗教团体。然而，就一般中国老百姓而言，一提起“太上老君”，几乎是无人不知，无人不晓，但对这位“老君”作为哲学家的真实身份，却所知寥寥，足见老子及其思想在宗教方面的深远影响。老子的哲学思想是无神论的，他以“道法自然”来否定鬼神的主宰，但他自己却被后世奉为神灵，这恐怕是这位哲人所始料未及的。

那么，老子是如何摇身一变，由一个肉胎凡骨的贤人，而成了道教的至高天神？或者为什么道教要尊老子为教主呢？

（一）道教的渊源

一般认为，道教是东汉顺帝时（126－144）张陵创立的。但是，道教的形成过程与基督教、佛教、伊斯兰教等世界大宗教不同，道教不是由某位教主在短时期内创立的，它有一个相当长的文化渊源，其源头甚至可以上溯到中国母系氏族社会的原始宗教。道教教义和组织的完善也经历了几百年的历史。

我们今天所说的道教，可以认为是中国母系氏族社会时期的原始宗教在演变过程中，杂糅入流传下来的巫术禁忌、鬼神祭礼、民间信仰、神话传说、各类方技术数，以道家黄老之学为旗帜和理论支柱，杂取儒家、墨家、阴阳家、养生家等诸家学说中的自我修养思想、宗教信仰成分和伦理观念，在渡世救人、长生仙进而追求与道合一的总目标下神学化、方术化为多层次的宗教体系。它是汉代特定的历史条件下汲取佛教的宗教形式，逐步发展而成的具有中国传统的民族文化特色的宗教①。

道家和道教有一个共同的渊源，即母系氏族的原始宗教。闻一多在《道教的精神》一文中论及道家与道教的渊源关系时指出：“我常疑心这哲学或玄学的道家想必有一个前身，而这个前身很可能是某种富有神秘思想的原始宗教，或更具体点讲，一种巫教。这种宗教，在其本性质上恐怕与后来的道教无大差别，虽则在形式上与组织上尽可截然不同。这个不知名的古代宗教，我们暂可称为古道教。哲学中的道家是从古道教中分泌出的一种质素、精华。”他在这里指出了道家和道教都是从原始巫教中分化出来的。

---

① 参阅胡孚琛：《道家·道教缘起说》，载《老子故里话老子》，中国鹿邑老子学会编。

夷族崇巫，所以燕齐、荆楚等受东夷文化影响最深的地区方术和巫觋最为活跃。陈地巫风最盛，《诗经·陈风》多有反映，老子的思想不可避免地受其影响。

原始宗教传统和巫史文化，在春秋战国时期经过理性主义和人文思潮的洗礼，开始了分化，道家、阴阳家等理性程度较高，其次是天文、历谱、五行、蓍龟、杂占、刑法等术数派，皆是原始巫教文化母体中的分泌物。由于人类理性的觉醒，不仅巫史分家、巫医亦分家，巫的社会地位被文化程度较高的方士取代。这样，医经家、房中家、神仙家等方技派也从巫史文化中分化出来，最后剩下那些祭祀鬼神、禳祸祈福之类的低层文化，被巫觋带到民间去传播。道家从巫史文化中脱胎出来，占据上流，巫祝从高层跌落下来，流入“四夷”和民间。战国至两汉，百家之学由交流而趋向汇合之势，齐楚道家在老子学说的基础上，假托一个黄帝以为其政治哲学而立言，黄老之学产生。黄老道家在西汉演变为修身养性之学。东汉时黄老道家又开始同神仙家、阴阳家、五行家、方技家、术数家相融，进而演变为祭祀黄老的黄老道。黄老道是早期道教的主要源头。

汉代，佛教的传入刺激了道教的建立。从东汉到魏晋，道教吸取佛教宗教的形式，逐渐发展完善成宫观式道教。

（二）从老聃到“太上老君”

道教从它产生之日起，即奉老子为教主。《道德经》被推尊为道教首部经典。道家学说的宗教化，老子的神化，有其历史的必然性。

首先，汉初黄老之学的兴盛。老子在被神化之前已经是影响巨大的人物。战国中后期，道家学说逐渐发展演变为黄老之学，将人们推崇的中华始祖黄帝与老子并立，同尊为古代文化的创始人，反映了地域性文化的融合，即南方楚文化系统中的道家学说与北方华夏文化系统中的黄帝信仰的结合。但究其实，黄老之学是借黄帝之名，述老子之学；黄帝为虚名，老子为实有。汉期的建立，是楚文化的胜利。汉初文景之治，黄老之学在政治上的成功，使老子名声大振，老子在与黄帝联名之中已经取得中华民族传统文化代表人物的资格。

其次，老子的神化。老子的身世扑朔迷离，再加上《老子》一书哲理深奥，更使人感到神秘莫测。随着黄老之学的日盛，且与阴阳术数家和神仙方技家的结合，哲学家老子也逐渐被捧离世俗，演化为神仙。东汉前期楚王英“晚节更喜黄老，学为浮屠斋戒祭祀”，汉明帝下诏奖勉“楚王诵黄老之微言，尚浮屠之仁祠”。[1] 将黄老与浮屠并提，已有宗教意味。王阜作《老子圣母碑》云：“老子者，道也。乃生于无形之先，起于太初之前，行于太素之元。浮游六虚，出入幽冥。观混合之未别，窥清浊之未分。”这里直接把老子与“道”等同起来，老子已不是一个肉体凡胎的人，而是创生万物的“道”本身。汉桓帝时陈相边韶作《老子铭》，说当时信道者附会《老子》“天地所以能长且久者，以不自生也”、“谷神不死，是谓玄牝”之语，把老子本人描述为“离合于混沌之气，以三光为终始，观天作谶，降升斗星，随日九变，与时消息。规矩三光，四灵在傍；存想丹田，太一紫房。道成身化，蝉蜕变世。自羲农以来，世为圣者师”。这里，老子已真正成为一个无处不在、无世不在、无所不能的天神。

最后，老子学说为道教教义奠定了基础。道教自创立之始，一直奉《老子》为首经，以老子学说为基本教义，用神仙信仰去解释和阐发《老子》。之所以如此，一方面是因为老子在古代文化中有崇高的地位和影响，另一方面最根本的也是因为《老子》中确实含有可以为宗教所用的神秘主义思想因素，特别是其中的宇宙论和修道养寿的人生哲学，都成为了道教教义的理论基础。如《老子》第四章：“道冲而用之或不盈，渊兮似万之宗。湛兮似或存。吾不知谁之子，象帝之先。”第五十章：“盖闻善摄生者，陆行不遇兕虎，入军不被甲兵。”第五十九章：“深根固柢，长生久视之道。”等等。这些思想为道教直接提供了理论依据。

道教把老子的“道”宗教化。道教教义认为：大道具有永恒的生命活力，人经过炼养，生道合一，即可获得永恒的生命，故称“道教”。道教早期经典《太平经》说：“夫道何等也？万物之元首，不可得名者。六极之中，无道不能变化。元气行道，以生万物，天地大小，无不由道生也。”“道无奇辞，一阴一阳，为其用也，……阳安即万物自生，阴安即万物自成。”传为三国时期吴人葛玄撰的《太上老君说常清静妙经》说：“大道无形，生育天地；大道无情，运行日月；大道无名，长养万物。吾不知其名，强名曰‘道’。”不难发现，这些道书中的“道”直接源于老子的“道”。道教徒又将“道”与“太上老君”合而为一，《老子想尔注》说：“一者道也……一散形为气，聚形为太上老君。”老子的自然之“道”在这里变成了至高无上的人格神。

道教的宗旨是追求长生不死，得道成仙。为求长生，必重炼养。道教的

---

① 《后汉书·楚王英传》。

养生之术源于老子的养生之道。老子主张清静无为，教导人们“致虚”、“守静”、“谦下守柔”、“营魄抱一”等，这些都成为道教炼养术的理论依据。道教诸多经典，都是附会《老子》演说教义，并托言老子降授，因之，道教以老子为教主，也是顺理成章的。

九、老子的世界影响

老子是一位世界级的文化哲人。

16世纪，随着法国、意大利、比利时等国的天主教传教士来到中国，《老子》一书开始传至欧洲。17、18世纪，欧洲哲学中开始出现老子的名字。

法国是欧洲的汉学中心，法兰西学院汉学讲座第一位中文讲席雷慕沙（Jean Pierre Abel Rémusat，1788－1832）1823年在《亚洲丛刊》发表的《关于老子的一生及其作品的报告》中选译了《老子》的第一、二十五、四十一、四十二各章，说“道”只能译成三种含义：最高的存在（即上帝）、理性及体现，除此不可能有任何其他正确的译法。1825年，他对《老子》作了进一步研究，称老子的思想与稍后的毕达哥拉斯学派和柏拉图学派所提出的“学说有无可争辩的共同之处”。雷氏去世后，他的学生斯塔尼斯拉斯·朱理安在1842年出版了全译法文本《道德经》。这个译本至少利用了七种注本，不仅包括标准的河上公注本和王弼注本，还有焦竑的《老子翼》和薛蕙的《老子集解》。1839年卜铁发表拉丁文本《道德经》全译本，被视为欧洲的第一个译本，然而其影响很小，还受到朱理安的批评。勒木萨作《老子传》，称老子是一位“真正的哲学家、有见识的伦理师、善言的神学家和形而上学家”，其风格与柏拉图一样崇高，“道”的概念与希腊的“逻格斯”相当。法国著名思想家伏尔泰在其《哲学词典》中有《中国教理问答》一章，曾两次使用了“老君”这个术语。狄德罗在其主编的《百科全书》中特别立有《老君》的条目，并把老子描绘成一个洋溢着伊壁鸠鲁精神的圣者，而这则正合当时法国的资产阶级启蒙思想。

老子思想对德国哲学影响巨大。中国社会科学院哲学研究所薛华教授在《中国哲学史》（1995年第3、4期合刊号）发表过长文《老子释撮要——德语范围老子研究资料》，比较系统地回顾了老子在德国哲学中的发展史，说明数百年来很多大思想家如康德、黑格尔、谢林、雅斯贝斯、叔本华、狄尔泰、海德格尔、布勃、瑞士心理学家荣格，以及大文学家席勒、歌德、黑塞、德布林等都与《老子》有过关联。

《老子》的第一个德译本是由德国学者普兰克内尔和斯特劳斯于1870年在莱比锡分别出版的《道德经：通向德行之路》和《老子：道德经》。德国19世纪辩证法大师黑格尔读过老子的著作，对老子极为赞赏，他在《哲学史讲演录·中国哲学》中说，老子是东方古代世界的精神代表者，老子为代表的中国哲学已从感性的感觉“走到概念理解的阶段”，已“说到了某种普遍的东西”，还说老子的“主要概念是‘道’，这就是‘理性’”。他的辩证法受到老子对立转化思想的影响。马克思继承和改造了黑格尔的辩证法，创造了唯物辩证法，从而形成了科学的思想方法，在人类历史上发挥了巨大作用。而谢林则在其《神话哲学·中国哲学》中指出：“道不是人们以前翻译的理性，道是门。”哲学家温第施曼把《道德经》看作是人类原发性智慧的重大著作，它不但是道家和中国的一部圣书，而且也是整个人类的一部圣书。德国著名社会学家马克斯·韦伯，依据一些不完全的翻译材料站在欧洲中心主义的立场上看中国，写了一本《儒教与道教》，这自然免不了说出一些外行话。韦伯拿西方的基督教来和中国宗教作比较，通过这种比较，韦伯认为，基督新教是外在的超越，中国的宗教是内在的超越，外在的超越强调征服世界，控制世界；内在的超越强调适应世界，顺从世界，因而前者改造了传统，后者则是传统主义的。尼采评论《道德经》一书说：“像一个永不枯竭的井泉，满载宝藏，放入汲桶，唾手可得。”到了现代，存在主义大师海德格尔认为老子与自己的思想很吻合，他把老子哲学视为源头活水，认为老子的“道”就是他要寻找的那个最初的、本源的词，这种词是人们思维得以推进的渊源。海德格尔将老子“孰能浊以静之徐清，孰能安以动之徐生”的字句挂于墙、悬于壁，一派老子忠实信徒的模样。冯·布兰切勒在《老子〈道德经〉：美德之道》一书中说老子如同基督教的上帝，具有博爱与宽容的精神。诺贝尔文学奖获得者、瑞士籍德裔作家赫尔曼·黑塞曾经撰文指出：“我们迫切需要的智慧在《老子》中，把《老子》译成欧洲语言是我们当前唯一的思想任务。”萨冯·施特劳的《道德经》注释本则按照严密的德国唯心主义的逻辑体系重构五千言的结构图式。德国格式塔心理学派不少学者用其模型解读《道德经》。

英国著名哲学家罗素到中国访问时，有人向他介绍《道德经》中几段文字后，他极为惊叹，认为两千多年前能有这么深邃的思想，简直不可思议。英国著名历史学家阿诺德·汤因比在《人类与大地母亲》一书中对老子也作过高度评价。他说：“在人类生存的任何地方，道家都是最早的一种哲学。”

世界著名的生物化学家和科技史学家李约瑟，英文原名约瑟夫·尼达姆（Noel Joseph Terence Montgomery Needham），出于对老子的崇敬，他以李为姓，把自己的英文名翻译成李约瑟，取字“丹耀”，号“十宿道士”和“胜冗子”，显然是受道教的影响。在他撰写的著名的《中国科学技术史》第二卷中表达了对老子及其道家思想的看法，他认为，《道德经》是一本预示着中国科学和文明发展的最辉煌前景的极其重要的著作，“中国如果没有道家，就像大树没有根一样”。“必须指出的是，由于这样的或那样的原因，道家思想曾几乎完全被大多数欧洲翻译者和作家误解了。道家被人们忽视，道家方术被视为迷信而被一笔勾销，道家哲学被说成是纯粹的宗教神秘主义和宗教诗歌。道家思想中属于科学和‘原始’科学的一面，在很大程度上被忽视了，而道教的政治地位则更是这样。谁也不想否认，古代道家思想中具有强烈的宗教神秘主义的成分，而道家的最重要的思想都处在历史上最出色的作家和诗人之列。但是，道家不仅退出了封建诸侯的宫廷，在那里儒家的人道主义说教与法家的专制政体的辩护进行着斗争，而且还对整个封建制度展开了尖锐而激烈的抨击。为弄清他们抨击的确切内容，我将在下面加以阐明。但这种强烈的反封建特点，却为西方的以至大多数中国道家思想注释家所忽视。这里，还有另一条理由说明道家哲学和方术的结合，因为如前所说，萨满教的一些代表人物同古代大多数民间习俗有密切的联系。而对那种更为理性的对于天和上帝的崇拜则具有几分敌意。说道家思想是宗教的和诗人的，诚然不错；但是它至少也同样强烈地是方术的、科学的、民主的，并且在政治上是革命的。”还说：“道教能将理论付诸实践，所以，东南亚的化学、植物学、动物学和药物学，都发端于道教。”

老子的“无为而治”与亚当·斯密在《国富论》中提到的“一只看不见的手”、“小政府大社会”、“宏观调控”等现代理念在逻辑关系上具有思想方面的承续性和暗合之处。当代英国汉学家和哲学家克拉克的《西方人的道——道家思想的西方化》则把道家思想在西方的流行归结为西方人思维方式上的三个变化：希望过更好的生活，但要从传统宗教教条式信念的束缚中解放出来；透过克服身心二元论达到一种身心完整的生活；需要从更广的范围看待当代各种思想潮流。

俄国文豪托尔斯泰也用他那“对恶不抵抗”的学说来诠释《道德经》的“无为”思想，把老子当成自己的同调，并且指出：“老子学说的基础，也就是一切伟大的、真正的宗教教义的同一个基础。它是：人首先意识到自己是与所有别人分离的、只为自己谋幸福的有形体的个人……但是，他还意识到自己另有一个无形体的灵魂，它存在于一切生物之中，并赋予全世界以生命和幸福。”（《老子学说的实质》）苏联学者杨兴顺认为：“作为人民利益的真诚捍卫者，老子反对中国古代统治阶级的一切文化。他认为这种文化是奴役人民的精神武器，‘下德’的圣人借此建立各种虚伪的道德概念，而只有‘朝甚除’的人们才能享用这种文化的物质财富。不宁唯是，这一切产生虚伪的文化还腐蚀了淳朴的人民，激发了他们对‘奇物’的欲望。这种文化乃是‘乱之首’。从这些表白中，可以明显地看出，老子斥责统治阶级的文化，在他看来，这种文化和具有规律性的社会现象是矛盾的，即和‘天之道’是矛盾的。必须抛弃这种文化。它对人民毫无益处。由此可见，老子反对统治阶级的文化，否认它对人民的意义，并提出一种乌托邦思想——使人民同这种文化隔绝。”（《中国古代哲学家老子及其学说》）

在美国，1988年1月26日，里根总统在提交给国会的一份报告中就提到：“正如中国古代哲学家老子所说的‘治大国若烹小鲜’，不要翻动过大。”1993年6月15日，《纽约时报》发表了一篇题为《老子的忠告——致克林顿》文章，竟然引用了十三句老子的经文来点评克林顿的言行，其中老子的语言约占篇幅的三分之一。因而，许多学者用“总统之师”来形容老子在美国政坛上的地位。

《老子》被海外学者视为至宝。不少诺贝尔奖金获得者和著名科学家把自己的科学发现归功于老子这个东方圣人的启示。日本学者汤川秀树说：“早在两千多年前，老子就已预见到了未来人类文明所达到的状况。”美国学者卡普拉惊奇地发现了道家哲理与高能物理现象的吻合，他在《物理学之道》中说：“中国的哲学思想，提供了能够适应现代物理学新理论的一个哲学框架，中国哲学思想的‘道’暗示着‘场’的概念，‘气’的概念与量子‘场’的概念也有惊人的类似。”物理学家李政道谈到老子所说的“道可道，非常道，名可名，非常名”与量子力学中的“测不准定律”具有相通的地方。著名数学家陈省身说：“1943年，我在美国认识爱因斯坦。他书架上的书并不多，但有一本很吸引我，是老子的《道德经》德文译本。西方有思想的科学家，大多喜欢老庄哲学，崇尚道法自然。”

老子是中国的，也是世界的。

今天，在德国、法国、英国和日本、美国等发达国家，都在悄悄兴起一股“老子热”。在西方人眼里，老子是充满智慧的有着无穷魅力的长者。据联合国教科文组织的统计，老子《道德经》的发行量，在欧洲和世界各地仅次于《圣经》。据该组织最新的统计，近年来世界发行量第一的图书就是《道德经》。这说明《道德经》越来越受到了世界各国人民的重视。

附：

弘扬老子文化国际研讨会（鹿邑）宣言

我们期望21世纪是一个人类不断实现其自身美好理想的继往开来的世纪。经历了20世纪上半叶血与火交织的两次世界大战，经历了由工业化、城市化引发的对自然生态的巨大影响，经历了冷战及冷战后世界格局的分化组合，全人类都深刻认识到，人类只有一个地球，地球难以无限制地承载过多的欲望和贪婪。全球有识之士把寻求和谐发展之道的目光投向东方，投向古老的中国传统文化，投向以“道法自然”为基本宗旨的老子及其道家的深邃思想。在这一大背景下，由联合国教科文组织、中国社会科学院、北京大学、政协河南省委员会共同主办，周口市人民政府、鹿邑县人民政府承办的“自然·和谐·发展——弘扬老子文化国际研讨会”，于2005年11月10日至11日在老子故里——中国河南鹿邑举行，12个国家和地区及中国22个省、市、自治区的180多位专家学者代表和媒体记者参加了研讨，并发表如下宣言：

一、老子思想具有崇高的历史地位

老子是活跃于被誉为“文化轴心时代”的一位最具思想创造性的中国哲学家、思想家，道家学派的创始人。老子在综合继承中国殷商以前文化传统的基础上，以“道”为核心概念，以“道法自然”、“尊道贵德”、“清净无为”等为基本原则，创建了中国思想史上第一个系统探讨世界存在“始源”问题的哲学理论体系。它涵盖了自然、社会和人生各领域，统摄了宇宙论、社会论和人生论，融本体论、认识论、价值论、方法论、历史观以及政治哲学、生活哲学、军事哲学、生态哲学等各哲学学科为一体，深刻地揭示了世界的本原和最高统一性，阐明了人与自然、人与人相统一的终极基础，体现了人类的高度思想智慧。

在中华文化形成和创建的过程中，老子思想也对孔子思想以及其他先秦诸子的思想发生了重要的影响，从而与孔子思想及其所代表的儒家学说既互相分立，又互相补充，共同奠定了中国传统文化的根基，成为中国文化及其哲学的渊源和主流传统之一，并培育了中华民族的共同心理和精神特质，造就了中华民族的精神，对中华民族的生存和发展产生了深远的影响。近代以降，随着国际交往的扩大，老子思想也在世界上获得了广泛的传播，开始真正成为人类的共同精神财富。雅斯贝尔斯、罗素、海德格尔、托尔斯泰、爱因斯坦、李约瑟等享誉世界的哲学家、文学家、科学家等，都从老子文化中吸取了丰富的思想营养并对其予以高度评价。在英语世界中《道德经》也成为最受重视的中国古代经典之一。

毋庸置疑，老子思想及其所代表的道家文化不仅是中国而且也是全人类的一份极其珍贵的思想文化遗产。

二、老子文化具有重要的现实意义

进入21世纪，人类历史的发展进一步加速。伴随全球化进程的推进，现代化所内含的发展与代价、成就与丧失、进步与退步等内在矛盾也在更深刻的层面和更广泛的程度上得到彰显和展开。人类凭借工业和科技的力量赢得了迅猛增长的物质财富和舒适的生活条件，但同时也导致了物欲至上主义和人文精神的失落、贫富分化以及对作为自身必要生存条件的周围自然环境的严重破坏。现代性遭遇到了前所未有的危机。

正是在人类探索和致力于合理解决现代化内在矛盾的过程中，在努力构建公正、合理的国际新秩序的过程中，以及在中华民族加快现代化建设、实现民族振兴的过程中，老子及其道家思想愈益显示出其当代价值和意义。它正得到世界日益广泛的关注和认同，展现出其超越时代、民族和国界的强大生命力。老子的“道”论特别是“尊道”思想为实现人与人、人与自然之间的和谐统一提供了重要的哲学基础和根据，对于中国现阶段落实科学发展观、构建和谐社会也具有重要的借鉴价值。老子的“贵德”思想能够促进社会的思想道德建设，有助于人们思想道德素质的提高和人类精神文明的发展。老子的“道法自然”、“无为而无不为”的思想，既体现了对事物发展客观规律的尊重，又体现了对主体能动作用的强调，它所蕴涵的生态智慧正在为不同国度、不同肤色、不同种族、不同语言的人们所接受，成为当今人类解决生态困境、建设绿色家园的重要传统资源。老子为反对物欲至上、反对把物质财富作为追求的目的而提出的“节欲”思想，有益于人们树立合理的利义观，反对、防止和克服物欲主义、拜金主义、享乐主义和极端个人主义。最后，老子所代表的道家文化的丰富养生思想也日益受到全球广泛的关注，成为造福人类健康的重要法宝。总之，具有悠久历史传统和深厚文化底蕴的老子及其道家思想正愈来愈成为一种有着警世、医世功能的普适文化，在当代显示出其独特的价值和魅力。

三、弘扬老子文化，造福于中国和人类

鉴于老子思想精华所具有的当代意义，挖掘、吸收、借鉴和弘扬老子文化就成为人类所面临的一项重要任务。因此，应该大力加强对老子思想和老子所代表的道家文化的研究，尽快改变老子的研究落后于孔子研究的状况。

除了加强对老子思想本身的研究，亟需加强相关的文化设施建设，构筑必要的研究平台。在此方面，河南省、周口市以及鹿邑县各级党委和政府高度重视老子思想的研究，大力开发和弘扬老子文化，体现了高远的发展眼光。在河南省诸多历史文化遗存中，老子文化以其独具的深邃与厚重，引起中国和世界的重视。作为中国古代思想史、哲学史的奠基，老子文化具有深厚的文化底蕴和广阔的产业发展前景，在建设“文化河南”，做大做强河南的文化产业中，开发和弘扬老子文化显然有其独特的价值和意义。关于“老子故里”的建设和“道教祖庭”文化品牌的打造，无疑将为进一步开发和弘扬老子文化提供必要的支撑，是对弘扬老子文化作出的重要贡献。相信“中国老子道学文化研究会”的成立，将进一步凝聚海内外各方面力量，形成老学研究合力，引领和推进有关老子思想的研究。筹备中的“国际老子文化节”，在各有关机构和海内外有识之士的鼎力支持和参与下，也一定能够举办成功。老子思想是人类共同的精神财富，老子文化是人类共同的文化瑰宝。继承并光大老子思想精华，是海内外有识之士义不容辞的神圣使命。

让老子的思想造福于中国和人类。

“自然·和谐·发展———弘扬老子文化国际研讨会”全体代表

2005年11月11日于中国·周口·鹿邑

（原载《光明日报》2005年11月24日）

撰稿人　王剑

第四章　姓氏文化及其源流

姓氏文化，宗族谱系，是一个家族发源、生息、繁衍的历史。它是种族传递的血脉，是民族生长的根系。“参天之木，必有其根；怀山之水，必有其源”，是谓“寻根”。“草木祖根，山祖昆仑，江河祖海”，是谓“问祖”。寻根问祖是人生根本的诉求，清人张澍在《姓氏寻源》中说，“不此之求，是谓之昧”。人生短短几十秋，来到世上不容易，如果不知自己的血脉传承，弄不清自己的祖根来源，稀里糊涂，度此一生，岂不悲乎！

姓氏，是人的符号标志，又是一种超越时空的文化现象。小儿呱呱坠地，便有了自己的姓氏和名字，然后带着它进入社会活动，使之起到代表自我而与他人相区别的最实际的作用，其价值简单到可以用“符号”一词来概括。但是，对于一个中国人来说，姓名，尤其是冠在姓名之前的姓氏，其意义却不仅仅是如一个个人的名称符号那么简单。中国人见面常常尊问一声：“你贵姓?”这一声询问，不仅是对你个人的尊敬，还包括着对你的出身、你的家世、家族的尊崇，因为在你的姓氏中，包含着的是一个家族、一部历史、一种血统、一条绵延几千年的生命之河！“请问贵姓?”“姓李，木子李，李耳的李。”今天姓“李”的现代人，与两千多年前出生于周口鹿邑的伟大的思想家、哲学家老子李耳的姓氏符号是完全相同的，由今之李姓可以上溯到春秋时代的老子，这是一条多么悠长多么神秘而又多么动人心弦的寻根隧道！沿着姓氏的源流“寻根问祖”，我们可以祈福于祖先，更可以明白我们自身：我们与祖先血脉相连，祖先曾经的苦难与辉煌，一定会通过这血脉，流传到我们现在。

一个姓氏，从其发端发展、嬗替演变的漫长历史看，从其包罗宏富、形式纷繁的复杂构成看，从其义连礼制、普及世俗的广泛影响看，它曾是中华民族物质生活和精神生活的主要环扣之一，在政治、文化及社会活动诸领域中，都发挥着极其重要的作用，从而成了举世无双、特色独具的中国传统姓氏文化。

重生报本，寻根问祖，是中华文化的光荣传统。姓氏谱系是中华民族血缘的延续，寻根认祖是一种民族文化的认同。而当代世界各地华人华裔回到祖国故土寻根祭祖，正是中华文化和民族血缘强大凝聚力的生动体现。中华民族历来崇尚尊祖敬宗，弘扬祖德。因此，研究姓氏文化，追溯种姓源流，对于承续民族血缘，增强民族凝聚力，具有重要意义。

河南淮阳位于中原腹地，这里古称宛丘，是上古时太昊伏羲之都，周代为陈国，战国归楚，史称“陈楚”，以后历代或府或郡，所辖大约相当于今周口市区域。相传太昊伏羲氏都陈，在这里始定姓氏。许多中华大姓从古陈淮阳起源，然后播迁到全国，乃至世界各地。可以说，陈地是中华姓氏的重要发源地。

一、“万姓之源”说陈地

（一）源远流长的中华姓氏

中华文化是一种宗法文化。中华文化重现实，重此生，所以中国没有产生于本土的西方意义上的宗教，那么，没有人生彼岸的精神寄托，没有宗教道德约束，中国人信仰什么？中国人将宗族观念悬置于至高无上的地位，将体现宗法意识的“忠孝节义”作为最高的道德规范。宗族观念就是中国人的宗教。

如果我们把中国人的姓名与西方人的姓名对照起来，就会发现，中国人将体现宗族标志的姓氏放在名字的前面，而西方人将姓氏放在名字的后面。对于一个中国人来说，先有宗族，然后才有个体的自我，宗族的利益高于一切。所以，崇宗敬祖，慎终追远，中国人更甚于世界其他民族。这也是中华姓氏文化、宗族谱系特别发达的原因。

中华姓氏源远流长。中国人早在三皇五帝时代已形成姓氏，并逐渐发展扩大，世代延续。现代欧美各国的姓氏大多来源于中世纪，最早的可以追溯到距今二千五六百年前的古希腊和罗马帝国时代。

中华姓氏导源于上古。我们从“姓氏”这两个字上可以看出它的渊源。夏、商、周三代以前，“姓”与“氏”的意义不同。“姓”产生较早，“氏”产生较晚。具体地说，姓起源于原始社会的母系氏族时期，与先民们的图腾崇拜有关。母系氏族初期的人，以为每一个氏族都与某种动物、植物或无生物有血缘关系，往往以此作为本氏族的名称，即氏族的徽号，这就是图腾。“图腾”系印第安语，意为“他的亲族”。马克思在《摩尔根〈古代社会〉一书摘要》中说：“图腾一词表示氏族的标志和符号。”

上古姓氏起源于“图腾感生”，初民们不了解男女构精合生子女的生育奥秘，而把氏族繁衍归之于图腾的意志和行为，认为氏族中的女性只要与图腾发生神秘接触，就可以感生而受孕。《白虎通义·姓名篇》载：“禹姓姒氏，祖以薏生；殷姓子氏，祖以玄鸟子也。”《论衡·奇怪篇》也有同样的记载：“禹母吞薏苡而生禹，故夏姓曰姒；契母吞燕卵而生契，故殷姓曰子。”禹的母亲因为吞食了薏苡（车前子，一种植物），受孕生下禹，于是夏族以薏苡为图腾，并姓“姒”；商族的先祖契是因为其母亲吞食了燕子的卵而生，所以商人就以玄鸟（燕子）为图腾，并姓“子”。至于周人姓“姬”，据考证，是由于周族以熊为图腾，其始祖母“履大人之迹”，踩了熊的脚印而生后稷，所以周人姓“姬”。姬字的“叵”旁原像“熊迹”之形。

由于当时的子女“知其母，不知其父”，所以姓是代表有共同母系血缘关系的氏族符号，即一个氏族名下的成员都出自一个母系祖先。“姓”的造字属于会意字，古体字形是由“人”和“生”组成，意为人所生，因生而为姓。用“女”和“生”组成的“姓”字，最早见于秦国刻石《诅楚文》，经汉代许慎最终定型，《说文解字》载：

> 姓，人所生也。古之神圣母感天而生子，故称天子。从女，从生，生亦声。春秋传曰天子因生以赐姓。

上古最早的姓，均带“女”字旁，如姬、姜、妫、姚、嬴、姒等。

姓的作用是“明血缘”、“别婚姻”。“女”人“生”了孩子，要表明这个孩子属于哪一族的，就给他一个“姓”。而“姓”的意义，以现代眼光看来，它最大的科学意义是作为选择婚配的识别，近亲结婚不利于优生，这种知识在中国上古时代就已具备了。故《国语》说：“同姓不婚，惧不殖也。”《左传》也说：“男女同姓，其生不蕃。”用现代语言来说，这就是优生学，古人为了优生，发明了每个女人都要有姓的办法。

至于“氏”的起源，则较为迟晚。氏起源于父系氏族时期。“氏”的字义，历来有分歧。有人认为“氏”的造字方法是象形字，早在甲骨文中就有，解释为木本，即植物之根，后来转注为姓氏的氏，取水之源头、木之根本的意思。有人认为“氏”指“支”、或“枝”，氏与枝、支同音。《诗经·大雅·文王》：“文王孙子，本支百世。”《左传·庄公六年》：“本枝百世。”这里所说的支、枝，都是宗族的分支——氏。我们认为“氏”同“支”说有道理。历史学家吕思勉先生在《中国制度史·宗族》中说得明白：

> 人类既知有统系，必有所以表之。时曰姓、氏。姓所以表女系，氏所以表男系也。然及后来，男子之权力既增，言统系者专以男为主，姓亦遂改而从男。特始祖之姓，则从其母耳。周制，始祖之姓曰正姓，百世不改。正姓之外，别有所以表支派者，时曰庶姓，庶姓即氏也。

也就是说，姓是大宗的族号，始祖的族号，氏是同一大宗（姓）分出去的支系——小宗的族号。例如，周朝初年平定天下后，封其同姓（姬）于鲁、晋、蔡、郑、曹、吴、魏等国，这些国名，便成为受封各同族的“氏”，但仍与周共同姓姬。《通鉴·外纪》：“姓者，统其祖考之所自出。氏者，别其子孙之所自分。”

氏最初只是贵族的专利，据宋朝的郑樵说：“氏所以别贵贱；贵者有氏，贱者有名无氏。”氏是封国赐邑的结果，诸侯、大夫因封国受土而得氏，于是造成了只有诸侯、大夫才有氏的尊荣，氏因而成为贵族的特征。

但是，以氏“别贵贱”的作用，历经战国而至秦汉，随着封建制度的崩溃，由于贵族不再存在而起了变化。秦汉以后，氏不再象征特权，平民不但有名有氏，且所用的氏大都因袭自周代，并开始与姓混而为一。这种演化的经过，清朝的钱大昕说得最清楚：“战国分争，氏族之学久废不讲，秦灭六雄，废封建，虽公族亦无议贵之律；匹夫编户，知有氏不知有姓久矣。汉高祖起于布衣，太史公以上名字且无可考，况能知其族姓所出耶？故项伯、娄敬，赐姓刘；娥姁为皇后，亦不言何姓。以氏为姓，遂为一代之制，而后世莫能改焉。”郑樵在《通志·氏族略》中说：“三代之后，姓氏合而为一，皆所以别婚姻，而以地望明贵贱。”顾炎武《日知录》中说，见于文字记载正式将姓氏混用的，是西汉司马迁，因为他在《史记》中写秦始皇“姓赵氏”，汉高祖“姓刘氏”。

这便是姓与氏的不同意义及其演化的经过。

关于姓氏的主要来源和类别，《左传·隐公八年》有一段著名的话：

> 天子建德，因生以赐姓，胙之土而命之氏。诸侯以字为谥，因以为族；官有世功，则有官族；邑亦如是。

从这段话中，我们可以看出古代姓氏的五种主要来源：1. 天子因生而姓；2．诸侯以封国为氏；3．侯国的庶支，以王父（祖父）的字谥为氏；4．世代有同一官衔者，以官为氏；5．受有封邑者，以邑地为氏。

汉代应劭的《风俗通》则把氏分为九类：1．氏于号；2．氏于谥；3．氏于爵；4．氏于国；5．氏于官；6．氏于字；7．氏于居；8．氏于事；9．氏于职。

而宋代郑樵在《通志·氏族略》中，则把得姓受氏细分为32类，即：以国，以邑，以乡，以亭，以地，以姓，以名，以字，以序，以族，以官，以爵，以凶德，以吉德，以技，以事，以谥，以爵系，以国系，以族系，以名氏，以国爵，以邑系，以官名，以邑谥，以谥氏，以爵谥等27类；又有代北、关西、诸方复姓及代北三字复姓和四字复姓等5类，合共32类。

把姓与氏的由来做这样的细分，在外行人看来仍是不得要领的。这里，除前面所举以图腾为姓、以生地为姓的例子之外，再摘要举几个例子加以说明：

1．以地为氏：以生长的地名为姓氏，如史载舜帝有二姓，姚和妫。“因姚墟之生而姓姚，因妫水之居而姓妫。”

2．以国为氏：从唐虞到秦代，都是国为氏，春秋时代的诸侯，也是以国为氏，如陈、赵等。

3．以邑为氏：邑（采邑），亦名采地，系周代诸侯封赐后裔贵族（卿、大夫）作为世禄的田邑，被封邑的人，就以邑为氏。例如春秋时楚武王之子瑕，被封于屈邑（今湖北秭归），以邑为氏，故称屈瑕，屈原即为屈瑕后裔。

4．以官为氏：李氏先祖世代为大理之官，理通里、李，后世以李为氏；古代有司马的官名，做司马的人以司马为氏。

5．以爵为氏：古代有王爵、侯爵，凡受封王爵、侯爵的人，就以王、侯为氏，王和侯都变成后代的姓。

6．以谥为氏：陈国首任国君妫满谥号胡公，其后人就以胡为氏；卫康公的康字是谥号，后人就以康为氏。

7．以字与名为氏：按照周代宗法制度，诸侯之子称“公子”，“公子”之子称“公孙”，“公孙”之子则不可再称“公孙”，则以祖父的名或字为氏。如陈胡公后裔陈诸，字伯爰（或记为伯辕），其孙涛涂，春秋时为陈国大夫，涛涂以祖父之字为姓，成爰姓。古时爰、辕、袁、榬诸字同音相通。涛涂为袁姓始祖。

8．以事为氏：汉武帝的丞相为车千秋，本姓田；皇帝念他年老，准许他每天乘小车上朝，因此号为车丞相，他的后裔就以车为姓。

9. 以技为氏：古代做巫卖卜的人，他们的子孙就以巫或卜为氏了。

我国姓氏的演变由来既有上述的繁复，但其间还有各种离合、混化、更改的情形，分析起来也很复杂。一是姓氏的变迁分化。春秋三代以前，一人一家的姓氏，往往一变再变。如《汉书·王莽传》载王莽在谈及自己的族系时说："虞氏之先受姓曰姚，其在陶唐曰妫，在周曰陈，在齐曰田，在济南曰王。"二是姓氏的混合。秦汉以后，往往在一姓之中，包括了许多不同系族的姓在内。如王姓，包括有姬、妫、子三姓及高丽族、鲜卑族和女真族的后人在内。因此，现在的所谓同宗，并不一定同族同系；即使在同姓之间，也有异族异系的混入。

古人改姓的原因主要是：1. 因赐姓而改姓氏：帝王赐姓，是古代统治者笼络臣下或番邦的一种政治手段与褒奖形式。赐姓主要是"赐国姓"，当然也有作为打击政敌的手段"赐恶姓"。如汉代皇帝赐一些人姓刘，唐代皇帝赐予许多人姓李。2. 因避讳而改姓氏：这是指凡是遇到皇帝或尊者的名字不能说出或写出，往往因此而改姓。如秦汉时的籍姓，因避西楚霸王项籍（项羽）的名讳而改姓席。3. 因逃避祸乱改姓：这样的例子很多，如齐王灭亡后，齐王田建的子孙纷纷改姓，有王氏、第氏等等。

中国究竟有多少姓氏？我们常说"百家姓"，其实中华姓氏何止百家？历代对姓氏的统计数字都很悬殊，直到现在，中国姓氏具体有多少，还是谁都说不准。这是因为中国地大人众，交通阻隔，加上姓的源流演化又如此繁复，调查统计的工作很难做到正确。在这里，只能举出历代几种代表性的数字作为参考。

1. 春秋时代的姓，不过几十个而已，据顾炎武《日知录》中说，春秋时本于五帝的姓只有 22 个，后来梁启超《中国文化史》又查出 8 个，若再加上五帝以外的姓，最多也不会超过 50 个。

2. 汉朝的史游《急就篇》则列出单姓 127 个，复姓 3 个。

3. 唐朝温彦编定的姓有 193 家，并分列为 9 等。

4. 元朝马端临的《文献通考》，收录的姓已达 3736 个。

5. 宋代成书的《百家姓》收集了 442 个单姓，61 个复姓，凡 503 姓。

6. 明代陈士元编的《姓觿》共收单姓、复姓 3625 个。

7. 明代王圻的《续文献通考》增列为 4657 姓。

8. 1978 年，有关部门通过户籍和邮电部门对七大城市汉字姓氏的使用情况进行了调查，所得的姓氏总数是 2587 个。

9. 1984 年，中国文字改革委员会汉字处对全国 1982 年人口普查资料进行分省区抽样调查，共抽查174900人，得到姓氏737个。两年后，中国科学院遗传所也对这些普查资料进行随机抽样调查，抽查537429个汉族人，共发现姓氏1066个。至1989年，国家语言文字工作委员会汉字处又利用1982年的人口普查资料，对全国六大方言区570822人进行统计，得到姓氏1086个。

10.《半月谈》1992年刊载《中华姓氏的调查研究》称："中国科学院遗传研究所杜若甫、袁义达研究结果表明，中华民族的姓氏多达11939个。"又据袁义达、杜若甫编著的《中华姓氏大辞典》，该书共收中国古今各民族用汉字记录的姓氏11969个，其中4820个姓氏为汉族姓氏。

据《人民日报》1987年5月3日及1992年10月4日报道，一些专家根据国家统计局提供的1982年全国0.5‰随机抽样资料（57万余人），参考1970年台湾省出版的《台湾地区人口之姓氏分布》一书进行统计，发现当代中国李、王、张、刘、陈五姓人口最多，分别占人口总数的7.9%、7.4%、7.1%、5.4%、4.5%。即李姓超过8700万人、王姓超过8000万人、张姓超过7800万人、刘姓超过6000万人、陈姓超过5000万人。仅这五个姓合起来，人口计3.5亿。此外，另有14个姓氏的人口超过人口总数的1%，它们依次是：杨、赵、黄、周、吴、徐、孙、胡、朱、高、林、何、郭、马。这19姓的人口之和超过了总人口的一半以上，占人口总数的55.6%。占全国87%的人口，基本只使用100个姓氏；90%左右的人口使用120个姓氏，96%的人口使用200个姓氏，98%的人口使用300个姓氏，99%的人口使用500个姓氏。这种统计结果，在一定程度上反映了我国目前姓氏使用的实际情况。

根据中国科学院遗传研究所人员杜若甫、袁义达先生所统计的资料整理，汉族人口百家姓排行如次：

序号	姓氏	百分比%	序号	姓氏	百分比%	序号	姓氏	百分比%
1	李	7.94	2	王	7.41	3	张	7.07
4	刘	5.38	5	陈	4.53	6	杨	3.08
7	赵	2.29	8	黄	2.23	9	周	2.21
10	吴	2.05	11	徐	1.66	12	孙	1.54
13	胡	1.31	14	朱	1.26	15	高	1.21
16	林	1.18	17	何	1.17	18	郭	1.15
19	马	1.05	20	罗	0.86	21	梁	0.84
22	宋	0.81	23	郑	0.78	24	谢	0.72

续表

序号	姓氏	百分比%	序号	姓氏	百分比%	序号	姓氏	百分比%
25	韩	0.68	26	唐	0.65	27	冯	0.64
28	于	0.62	29	董	0.61	30	萧	0.59
31	程	0.57	32	曹	0.57	33	袁	0.54
34	邓	0.54	35	许	0.54	36	傅	0.51
37	沈	0.50	38	曾	0.50	39	彭	0.49
40	吕	0.47	41	苏	0.47	42	卢	0.47
43	蒋	0.47	44	蔡	0.47	45	贾	0.42
46	丁	0.42	47	魏	0.42	48	薛	0.42
49	叶	0.42	50	阎	0.41	51	余	0.41
52	潘	0.41	53	杜	0.40	54	戴	0.39
55	夏	0.39	56	钟	0.39	57	汪	0.38
58	田	0.38	59	任	0.38	60	姜	0.37
61	范	0.36	62	方	0.36	63	石	0.35
64	姚	0.35	65	谭	0.34	66	廖	0.34
67	邹	0.33	68	熊	0.32	69	金	0.32
70	陆	0.31	71	郝	0.30	72	孔	0.29
73	白	0.29	74	崔	0.28	75	康	0.28
76	毛	0.27	77	邱	0.27	78	秦	0.26
79	江	0.26	80	史	0.25	81	顾	0.25
82	侯	0.25	83	邵	0.24	84	孟	0.24
85	龙	0.24	86	万	0.24	87	段	0.23
88	雷	0.23	89	钱	0.22	90	汤	0.19
91	尹	0.19	92	易	0.19	93	黎	0.18
94	常	0.18	95	武	0.18	96	乔	0.18
97	贺	0.18	98	赖	0.18	99	龚	0.17
100	文	0.17						

（二）“万姓同根”，根在陈地

如果能沿着时光的河流，上溯到距今五六千年前的三皇五帝时代，你会发现地球上大多数地方蛮荒未开，而河南大地文明之光闪烁明亮。从三皇五帝到夏商周三代，从春秋战国到秦汉魏晋，中华文化在中原大地上发育成长，文明的种子向四周传播扩散……

河南，是中华民族的摇篮。

什么是一个民族？一个民族的形成，有两个决定要素：一是种族血缘，二是文化传统。而作为中华民族主体的汉族的血缘主脉，正是在中原大地上孕育、汇聚，发展，壮大，然后分脉到全国各地。

姓氏是血脉渊源的记录符号。据统计，在4820个汉族姓氏中，起源于河南的共有1831个；而在占汉族人口90.11%的当今120个大姓中，起源于河南的姓氏有52个，部分源头在河南的姓氏有44个，两项合计为96个，占120个大姓的80%，占汉族人口的79%。河南是中华姓氏的主要发源地，华人祖根在河南。

而在河南这块丰厚的土地上，产生姓氏最多的，是陈地周口。陈地是中华民族的主要发祥地之一，也是中华姓氏的重要发源地。

相传太昊伏羲氏都陈，在这里始正姓氏，中华姓氏自此肇始。一源百流，万姓同根，根源于此——人祖伏羲为万姓之根，古陈淮阳是万姓之源。

许多中华大姓从古陈淮阳起源，然后播迁到全国，乃至世界各地。当今中华姓氏中人数最多的李、王、张、刘、陈五姓之中，陈姓直接在陈地得姓，据统计约占全国人口的4.53%，从陈姓分支出的姓氏达60多个，其中胡、田、孙、姚、袁、夏、陆等也是中华大姓，在中华100大姓中，孙姓列第12位，胡姓列第13位，袁姓列第33位，夏姓列第55位，田姓列第58位，姚姓列第64位，陆姓列第80位。王姓的一支妫姓王也是从陈姓中分化出来的；李姓起源于今河南鹿邑，鹿邑古为苦县，乃陈国属地，李姓今列中华第一大姓，约占全国人口的7.94%。

除直接在陈地得姓的姓氏之外，陈地还是一些中华大姓的郡望之地。

郡望又称“姓望”，郡是中国古代的一种行政建置、行政区划。郡的设置开始于先秦，盛于汉魏六朝时期。陈地在秦和魏晋南北朝时为陈郡。“望”就是“望族”，指有声望的姓氏大族，为世人所仰望的显贵姓氏。一个姓氏或家族的“郡望”，就是指这个姓氏或家族世居某地，由于产生了在历史上有影响的名人，从而成为世人仰望的望族大姓。郡望地不一定是这个姓氏的发源地，如李氏发源于陈地，而其郡望地在陇西；陈氏发源于陈地，郡望地在颍川（今河南长葛）；谢氏发源地在南阳，郡望地在陈地。

郡望有两个功能，一是社会的功能，即通过郡望来标明出身，为人们通婚姻、入仕途提供参考；另一个是宗族的功能，即为人们寻祖问根、联宗认亲提供参考。

郡望在陈地的姓氏有：阳夏谢氏、太康袁氏、长平殷氏、宛丘符氏、南顿应氏等。这几个姓氏，除袁氏外，并不直接得姓于陈地，但世居陈地，在这里成为中华望族。

如果我们把这些得姓于陈地和郡望在陈地的姓氏人口加起来，数量将十分惊人。所以我们可以毫不夸张地说，正是从陈地走出来的姓氏和家族，构成了中华民族的主体血脉！

陈地成为中华姓氏的重要起源地，具有得天独厚的地理、历史和文化条件：

1．历史条件。陈地是姓氏肇始时期人类活动的重要地区。如上所述，姓起源于原始社会的母系氏族时期，氏起源于父系氏族社会。姓氏起源与先民们的图腾崇拜有关，早期的姓是由图腾转化而成的。而传说中的女娲和太昊伏羲所处的时代，正是由母系氏族社会向父系氏族社会转化的时代。太昊伏羲氏和女娲氏的主要活动区域在陈地。《左传·昭公十七年》载："陈，太昊之墟。"太昊伏羲建都于陈，在陈地"正姓氏，制嫁娶"，并自定为风姓。陈地是中国姓氏最早也是最重要的起源地，风姓是中国第一个姓氏。

继太昊伏羲在陈地称帝的是神炎帝农氏。炎帝一族从姜水流域向东发展，到达中原地区后，活动范围较广。史载炎帝神农氏"初都陈，后徙鲁"，据《淮阳县志》载，"相传东夷部落首领太昊伏羲氏都宛丘，炎帝神农氏继都之，则曰'陈'，'陈'名自此始"。陈地今存多处炎帝遗迹。炎帝为姜姓，他的子孙大部分是在中原定居并得到发展的，姜姓衍生出的一些姓氏也大都是在中原形成的。

陈地夏代隶属豫州，商代成汤封虞舜后代虞遂于陈地，这是舜的后代首次在陈地得到封邑。到了周代，武王又将舜的后代妫满封到陈地，建立了陈国，陈是周首封十大诸侯国之一。周代是我国姓氏普及的时代，也是产生姓氏最多的时代。妫姓陈氏在陈地发展壮大，经历代繁衍播迁，又分化60多姓，陈姓子孙遍布全国。

2．地理条件。古代的"得姓受氏"与地理位置、人口多少和经济、政治发展状况等条件有密切关系，陈地在这方面独具优势。陈地地处中原腹地、豫东要冲，这里位于川泽纵横、平坦无垠的黄淮大平原，物产丰富，文化发达，地理位置十分重要。清初历史学家顾祖禹说：陈州"控蔡、颍之郊，绾汴、宋之道。淮泗有事，顺流东指，此其经营之所也"，又说"其地原湿沃衍，水流津通”。历来被视作中原地区的一块宝地。

陈地兼有南北地理条件之所长，具有发展农林牧副渔业等多种经营的得天独厚的自然环境。早在上古时期，这里就是我国原始农牧业的发源地，相传太昊伏羲氏在这里作网罟，教民渔猎，“养六畜以充庖厨”，开创了原始畜牧业；神农氏在这里“教民艺百谷”，开创了原始农业。从目前在陈地发掘出的龙山文化时期的平粮台古城遗址和大量村落遗址看，远古时代陈地村落棋布，人口稠密，农牧业已有了较高水平的发展。

远古时期陈地经济的领先开发，为周代陈国经济的发展和繁荣奠定了坚实的基础。西周时期社会安定，全国经济的发展以中原黄河、淮河流域为主要代表，作为十大诸侯国之一的陈国，其经济在原有领先的基础上得到进一步发展。同时，以麻纺织和青铜铸造业为代表的手工业也十分繁荣。工农业的发展，带动了商业的繁荣。陈地地处豫东要冲，疆域广袤，交通便利，南与楚国毗邻，东、北与鲁、宋、郑接壤，四通八达。《史记·货殖列传》载：“陈在楚、夏之交，通渔盐之货，其民多贾。”说明春秋战国时期陈地商业的发达。

由于陈地具有优越的地理环境条件和发达的农牧工商业，先民在此聚族而居，繁衍生息，这些，正是陈地成为中华姓氏主要发源地的先决条件。

3．文化条件。中华文化是多种地域文化交流融会的产物，陈地正处在多种文化交流的中心地带，在文化史上的地位十分重要。一般认为，中华早期文化由三大主体融合而成，这三大主体文化分别是华夏文化、东夷文化和楚蛮文化。陈地正处于这三大文化相交流、融汇的中心地带，它的西面毗邻夏、周的起源地，夏、周是在进入中原之后才真正发展壮大起来的；它的东面是夷人的发祥地，夷人进入中原，建立了商朝；楚文化后起，它滥觞于中原，承受了多方文化的滋养后，经陈地南迁江汉，与苗蛮文化融合，在南方发展壮大、孕育成熟之后，挺进中原，驻足陈地。春秋战国时期陈地为楚北方重镇，且作楚都38年。三方文化在陈地交流融会，形成中华文化的主脉。

中华民族是多民族大混血、大融合的结晶。毛泽东在《论十大关系》中指出：“汉民族人口多，也是长时期内许多民族混血形成的。”地处中原腹地的陈地，既是各早期民族文化的交汇点，又是它们的争夺区。多方文化在这里辐集冲突，多种血脉在这里混合交流，使它成为中华民族的主要发祥地。任继愈在《中国少数民族哲学思想史论集》一书的序言中说：“过去的华夏族，是中原地区众兄弟民族不断融合的结果。我们的民族在历史上有多次的大融合；殷周时期为第一次大融合，当时主要是东西方各民族的大融合；秦汉时期为第二次大融合；隋唐时期为第三次大融合；宋、元、明、清为第四次大融合。由殷周上溯，龙山文化、仰韶文化，已经说不出是汉族的前身还是其他兄弟民族的前身，应当是黄河流域各族共同创造的。”殷周时期，特别是春秋战国时期的民族融合是影响最为深远的一次，正是这一次民族大融合，形成了汉民族血缘的主脉。而陈地作为各民族文化交流的中心，在我们伟大民族的形成中有重要的地位。

中华民族血浓于水，中华子孙根脉相连。中国传统文化以群体为本位，以家为中心，强调的是家、族、宗、国、人际关系，注重人伦和乡土情谊。陈地丰厚的姓氏文化资源吸引着众多海内外华人来陈寻根祭祖，认祖归宗。

二、太昊伏羲都宛丘始正姓氏

太昊伏羲所生活的氏族时代，正是从原始群婚向一夫一妻对偶婚过渡的时期。原始公社时期，没有婚姻之制，没有家庭生活，随着文明进步，人们慢慢地知道群婚之患，开始出现对偶婚，一夫一妻结为婚姻。

太昊伏羲是婚姻制度的肇始者。

神话传说，是民族历史的最早记录。世界上每一个民族都有自己的神话体系，每一个民族都可以在神话中找到自己民族童年时代的踪迹。正如马克思所说：“古代各民族是在幻想中、神话中经历了自己的史前时期。”全国各地都流传有伏羲女娲创世的神话。远古洪荒时期，一次大洪水给人类造成巨大的灾难，伏羲、女娲兄妹伏在白龟背上（南方少数民族地区传说是躲在葫芦中）逃过洪水大难，然后兄妹结婚，重新创世。陈地关于伏羲女娲的民间传说最多，伏羲、女娲被称为“人祖爷”、“人祖奶奶”。《滚石成婚》的故事最形象地叙述了人类婚姻制度的演进过程：

洪水过后，只剩下伏羲女娲兄妹俩，兄妹俩都非常发愁。因为已没有别的人，就是说他们俩成了“人根”，怎么才能让人繁衍不息呢？男女结婚才是人类繁衍的根本，可兄妹结婚又是一大禁忌，怎么办？他们想出了办法，听天意，以石磨为断。兄妹二人向天祷告：“苍天在上，今有伏羲女娲兄妹向您询问，俺从山顶把两扇石磨往下滚，如果二磨相合，俺兄妹结为夫妻；如果各自东西，俺仍为兄妹，请苍天一断。”祷告毕，二人各执一扇石磨奋力朝山下滚去。只听一声惊天动地的巨响，两扇磨同时飞奔下山，穿过茂密的树林，飞过陡峭的山崖，越过百丈深渊，跳过盘卧的巨蟒，一会儿一道并行，像一对深情款款的鸳鸯；一会儿一扇前飞，另一扇子紧追，像一对追逐戏耍的恋人；一会儿追上了，又一起前行，轻轻碰击一下，又分开了……从山顶到山腰，从山腰到山下，两扇磨始终没有远离。当滚到山脚下的时候，忽然闪过一道金光，两扇磨在一声惊天动地的大响之后，牢牢地合在了一起。伏羲女娲按照天意结为夫妻，从此开始了繁衍人类的伟大历程。

《滚石成婚》故事的实质是再现了群婚时代的结束，一夫一妻制的开始。神话传说与典籍记载相互参证，证明伏羲时代是我国婚姻制度的肇始。

《路史》注引谯周《古史考》载：

> 上古男女无别，太昊始制嫁娶，以俪皮为礼；正姓氏，通媒妁，以重人伦之本，而民始不渎。

所谓“以俪皮为礼”，是说用两张鹿皮作为男女双方订婚的礼物，这是伏羲所确定的婚姻礼制。

为了“明血缘”、“别婚姻”，太昊伏羲明确厘定各族族姓，同姓同族不得通婚，“男女同姓，其生不蕃”。至此，人们开始从群婚过渡到对偶婚，从族内婚过渡到族外婚，彻底走出了蒙昧时代。

姓氏制度的确立，始自太昊伏羲。

太昊伏羲还为自己确定了姓氏——风。

太昊风姓，这是有案可稽的。《左传·僖公二十一年》有载：

> 任、宿、须句、颛臾，风姓也，实司太昊与有济之祀，以服事诸夏。

任、宿、须句、颛臾四国，都是太昊后裔，因此为风姓，四国之地在今山东，说明在周代的时候，太昊的后裔已经播迁到山东省境内。所以，范文澜在《中国通史》中说：“中国最早的姓就产生在伏羲氏时期，伏羲之后为风姓，这是中国第一个姓。”

关于太昊以风为姓的原因，历来说法不一。

一种说法是：風，是“天下一条虫”，“虫”就是“长虫”，即蛇。蛇是龙的原型，伏羲为龙师，姓风乃由龙而来。第二种说法见罗泌《路史·后记》：“《三坟书》言，因风而生为风姓。”第三种说法见《邓氏姓书》：太昊为东方之帝，号木德王，木能生风，故以风为姓。第四种说法是：伏羲听八风，画八卦，因此以风为姓。第五种说法见于郭沫若写于20世纪20年代的《甲骨文研究》，他认为“风”与“凤”在甲骨文中是同一个字，风姓起源于凤鸟图腾：“卜辞风字均作凤，盖古代神话以太凤为大风神。……古有风姓之国，春秋时有任宿须句颛臾皆风姓，古云，伏羲氏之胤，案其实乃以凤为图腾之古民族也。”上古姓氏起源于图腾崇拜，《左传·昭公十七年》记载太昊乃东夷人，东夷少昊是以凤鸟为图腾的庞大家族。今天我们在太昊陵庙会上看到的大量泥塑玩具“泥泥狗”，被称为远古图腾的“活化石”，而“泥泥狗”中的主体形象是“玄鸟”，正是“凤鸟”图腾的遗迹。

《中国姓氏大全》载：相传伏羲、女娲皆风姓，黄帝臣有风后。《汉书·艺文志》有风后兵法十三篇。

有关史料记载，出自风姓的有20多氏：

伏氏、宓氏、虙氏、服氏——四字并通，四姓同源，出自风姓伏羲之后（《路史》、《氏族略考》、《古今姓氏书辨证》）。

戏氏、希氏、牺氏、羲氏——四字并通，四姓同源，出自风姓伏羲之后（《路史》、《氏族略考》、《古今姓氏书辨证》）。

庖氏——伏羲在古籍中有写作“庖羲”，《姓源》：“庖羲氏之后。”

东方氏——《风俗通》：“伏羲之后。帝出于震，以主东方，子孙因氏也。”《姓源》：“伏羲之后。”也有的姓书上说东方氏始于汉代的东方朔，东方朔父张夷，母田氏。

典氏——《元和姓纂》：“大昊娶少典氏，其后袭封者以为氏。”

任氏——风姓，太昊之后，以国为氏（《左传》）。

宿氏——风姓，太昊之后，以国为氏（《左传》）。

蹇氏——出自人名，伏羲氏臣蹇修之后有蹇姓、謇姓（《路史》）。

视氏——伏羲臣视默之后（《姓源》）。

须句氏、须氏——风姓，太昊之后，以国为氏（《左传》）。

臾氏——风姓，太昊之后，以国为氏（《左传》）。

郝氏——出于太昊的佐臣郝省氏（《元和姓纂》、《通志》、《古今姓氏书辨证》）。

朐氏——《路史》：“伏羲后有朐氏。”

三、神农炎帝都陈与姜姓的播迁

（一）炎帝及其在陈地的遗迹

继太昊伏羲之后，在陈地建都称帝的，是炎帝神农氏。西晋皇甫谧所撰《帝王世纪》是一部专门记述帝王世系、年代及事迹的史书，所叙上起三皇，下讫汉魏。书中记载："炎帝初都陈，又徙鲁（今山东曲阜）"，"葬长沙"。

按照史志的说法，陈地之得名为"陈"，即与炎帝继伏羲而建都有关。《历代帝王陵寝备考》记载："伏羲都宛丘，神农氏仍之，故曰陈。"《陈州府志》载："陈为伏羲建都地，神农氏因其旧而都之，故名之曰陈。"《续河南通志》曰："古太昊之墟，为宛丘之地，神农都之始为陈。"

炎帝开创了农业，带领部属从游牧生活转为农耕定居生活，因而炎帝以"神农"为氏。《白虎通义》说："古之人民皆食禽兽肉，至于神农，人民众多，禽兽不足，于是，神农因天之时，分地之利，制耒耜，教民农作，神而化之，使民宜之，故谓之神农也。"

中国文化以农为本，炎帝由于发明农耕成为中华民族的始祖。"包牺氏没，神农氏作，斫木为耜，揉木为耒，耒耨之利，以教天下。"《管子》："神农作，树五谷淇山之阳，九州之民乃知谷食，而天下化之。"《补史记·三皇本纪》："斫木为耜，揉木为耒，耒耜之用，以教万人，始教耕，故号神农氏。"《论衡》："神农之挠木为耒，教民耕耨，民始食谷，谷始播种，耕土以为田，凿地以为井，井出水以救渴，田出谷以拯饥，天地鬼神所欲为也。"这里不仅记载了炎帝的丰功伟绩，还揭示了他教民耕种、饮食，获得"神农氏"称谓的由来。

炎帝遍尝百草，为人医病，是华夏中草药的第一位发现者和利用者。相传炎帝晚年到南方巡视，了解民情，尝草采药，为民治病，不幸误尝断肠草中毒身亡，"崩葬长沙茶乡之尾"，即今湖南省株洲市炎陵县鹿原陂。

炎帝时代后期，炎帝的姜姓部落曾与黄帝部落在阪泉（今河北涿鹿东南）大战。战败后两部落结成联盟，由黄帝率领在涿鹿（今河北涿鹿南）大战南方九黎族。击败并擒杀其首领蚩尤。炎黄两部的结合成为中原各族的主干，故炎帝与黄帝并称为中原各族的共同祖先。

炎帝在淮阳的遗迹有神农五谷台，在县城东北 5 公里，相传为神农氏试种五谷处，《史记》《索隐》按："今淮阳有神农井。"神农井在五谷台附近。

考古证明，五谷台是一座新石器时代文化遗址，在这里发现了石镰、石锛、石斧等农业生产工具，与传说中的神农氏时代大致相同。

（二）姜姓“四岳”及其分支

炎帝姓姜，是姜姓始祖，姜姓是上古八大姓之一，分支很多，达60多姓，构成中华姓氏的重要部分。

《帝王世纪》中说：“神农氏，姜姓也”，“长于姜水，因以为氏”。由此看来，姜姓是由于炎帝的出生地而得姓的。姜水，根据《水经·渭水注》的解释，“岐水东迳姜氏城，南为姜水”，也就是岐水的一部分称为姜水。至于岐水，则属于渭水的支流，在今陕西省的岐山县西面，宝鸡市一带。

炎帝姜姓部族起源于姜水，其后裔不断地向外迁徙，到周代，炎帝后裔的活动足迹已遍布黄、淮及长江流域。在这广大的区域内，他们与其他远古民族融合发展，为中华民族的初步形成作出了巨大贡献。

炎帝之所以被奉为中华民族的始祖，恐怕不仅仅因为他的一系列功绩，还有一个更重要的原因，那就是姜姓后裔在先秦时代曾屡屡发挥过不可替代的作用，这一点在整个西周历史上表现得尤其明显。

姬姓周族的兴亡历史与姜姓有着密不可分的联系，姬、姜二姓世代联姻，可以说姬姓王族的血脉中，同样流淌着姜姓的血。

周族也是从渭水中上游兴起的，关于周族的起源，周人在追述自已的先人时总会提到给他们生命、抚育他们成长壮大的母族。《诗经》中的《生民》和《绵》是周族的史诗，《生民》中说，“厥初生民，时维姜嫄。”生民之初，他们首先述及自已的始祖母姜嫄。姜嫄显然就是炎帝后裔，这说明周人在“初生”时就具有姜姓血统。

《绵》一诗从“绵绵瓜瓞”发端，而终于“文王厥厥生”，更具体详细地叙述了周人发展的历史：“绵绵瓜瓞。民之初生，自土沮漆。古公亶父，陶复陶穴，未有家室。古公亶父，来朝走马，率西水浒，至于岐下。爰及姜女，聿来胥宇……”古公亶父是周族历史上的第一人，史称“周太王”，他的妻子是在岐山下娶的，是姜水边上的人，这位姜女从姜族嫁给周家，被周家后代称为“太姜”。太姜出嫁之初，周家一穷二白，连座房屋都没有，她帮助丈夫古公亶父定居周原，选择地形，建造家室。周人在追忆先祖太王古公创业功绩时，特别要写上一笔“爰及姜女”，足见太姜在周人初兴时所起的重要作用。

姬周与姜姓世代为姻亲，《帝王世纪》载，周太王为其孙姬昌（文王）

娶姜女，文王又为其子姬发（武王）娶女邑姜。

周族是在姜姓氏族的怀抱中长大的，从传说时代到周太王，周族一直是一个弱小的民族，它的兴盛，是因为背后有母族姜姓氏族的支持。

周文王姬昌在与殷商争夺天下时，首先想到的，当然也是依靠姜族的支援。他以诚意邀请姜姓中威望最高的首领姜尚出山，同他共同策划灭商大计。姜尚的足智多谋是人所共知的，他率领关中姜族，联系四方共同拥戴文王。武王继位后，尊姜尚为“师尚父”，姜尚辅助武王伐纣灭商，建立周朝。这段历史时至今日，我们仍耳熟能详。

武王克殷，分封诸侯，因姜尚首功，封地于齐。《史记·周本纪》说：“（武王）于是封功臣谋士，而师尚父为首封。封尚父于营丘，曰齐。”“师尚父为首封”，足见周武王对姜尚的褒奖和尊重远在王族之上。与姜尚一同受封的姜姓诸侯，还有申、许、吕等。

姜姓的四大分支齐、许、申、吕，号称“四岳”。《史记·齐太公世家》云：“其先祖尝为四岳，佐禹平水土，甚有功，虞、夏之际封于吕，或封于申。”《诗经·崧高》《毛传》：“尧之时，姜氏为四伯，掌四岳之祀，述诸侯之职。于周，则有甫，有申，有齐，有许也。”按“甫”与“吕”通。

《国语·周语》：“齐、许、申、吕由太姜。”他们的受封，一方面是姻亲之故，另一方面的原因是他们长期作为周族的盟友，为周朝的建立立下了汗马功劳，而且周室将他们分封在四周，想凭借他们的力量拱卫王室，抵御四夷侵掠。

《左传·僖公四年》记载齐国伐楚时，管仲对楚使有一段义正词严的训话：“昔召康公命我先君大公曰：‘五侯九伯，汝实征之，以夹辅周室！’赐我先君履，东至于海，西至于河，南至于穆陵，北至于无棣。”管仲为了申明齐伐楚的名正言顺，搬出“尚方宝剑”，即召康伯代表王室对齐国始封君姜尚的册封，天下诸侯，姜齐可以任意征讨！

申、吕、许姓封在今河南许昌、南阳一带，以加强东南地区的控制。周代受封的姜姓的诸侯国还有纪（山东寿光）、向（安徽怀远）、井（山东安丘）、彰（山东东平）、厉（湖北隋县）等。

周室兴以姜姓，衰亦以姜姓。西周后期，位于今河南南阳地区的姜姓申国的申侯势力最大。周幽王（前781－前771）废申太后和太子宜臼，引起申太后父亲申侯的不满，于公元前771年将西周第12世幽王杀死在丽山，申侯主持共立宜臼为平王，西周灭。于公元前770年姬宜臼即位，迁都河南洛阳，史称东都，进入东周时代。

姜姓作为中华最早的姓氏之一，自炎帝开始，与黄帝一同创下华夏基业，至周代辅佐姬姓立国，子孙后代遍布全国，从而构成了中华民族的主干。

姜姓分支众多，《史记·补三皇本纪》云：“（炎帝）其后有州、甫、甘、许、戏、露、齐、纪、怡、向、申、吕，皆姜姓之后，并为诸侯，或分四岳。当周室，甫侯、申侯为王贤相，齐、许列为诸侯，霸于中国。盖圣人德泽广大，故其祚胤繁昌久长云。”

东汉王符《潜夫论·志氏姓》列姜姓27氏：“炎帝苗胄，四岳伯夷，为尧典礼，折民惟刑，以封申、吕。裔生尚，为文王师，克殷而封之齐，或封许、向，或封于纪，或封于申。申城在南阳宛北序山之下，故诗云：‘亹亹申伯，王荐之事，于邑于序，南国为式。’宛西三十里有吕城。许在颍川，今许县是也。姜戎居伊、洛之闲，晋惠公徙置陆浑。州、薄、甘、戏、露、怡，及齐之国氏、高氏、襄氏、隰氏、士强氏、东郭氏、雍门氏、子雅氏、子尾氏、子襄氏、子渊氏、子干氏、公旗氏、翰公氏、贺氏、卢氏，皆姜姓也。”

出自姜姓的有60多姓，除上述诸姓外，尚有：

封氏——出自国名，炎帝裔孙名钜，曾为黄帝之师。夏朝时钜的后代被封于封父（今河南封丘）。至周代，封父国被灭，其国人遂以原国名为氏，成封姓或封父姓（《姓苑》）。

申氏——《元和姓纂》：“申，姜姓，炎帝四岳之后，封于申，号申伯，周宣王元舅也。”申地在今河南南阳。

齐氏——《元和姓纂》：“炎帝姜姓之后，太公望子牙封营丘，为齐国，因氏焉。”

高氏——春秋时，齐太公吕尚（姜子牙）的六世孙齐文公吕赤有个儿子被封于高（今河南禹州市西南），称为公子高。公子高的孙子名傒，他以祖父的封邑为姓，叫高傒，其后代就姓高（《姓氏寻源》）。

赖氏——赖与烈、厉古音相通，炎帝生烈山（或说厉山），故烈山氏、厉山氏、赖山氏皆同。郭沫若在《中国史稿》中称：“传说中的炎帝后裔有四支，可能是属于古羌人的四个氏族部落。一支是烈山氏，其子名柱，会种谷物和蔬菜，从夏代以上被奉为稷神。”何光岳《炎黄源流史》说，古代的烈山氏从渭水流域东迁，约于商代在今河南鹿邑东的厉乡（《史记·老子列传》正义：“厉，音赖。”）建立赖国，古赖国就是后来老子出生的地方。烈山氏的这一支在周代又受封为子爵，称赖子国，封地在今河南息县东北，子孙以国为氏，为赖姓（《古今姓氏书辨证》）。

许氏——许氏来源明确，为姜姓之后，四岳之一。《元和姓纂》说：“许，姜姓，炎帝四岳之后。周武王封其裔孙文叔于许，后为楚所灭，子孙分散，以国为氏。”许国在今河南许昌。

吕氏——出自炎帝裔孙伯夷，《中国古今地名大辞典》：“吕，周国名，姓姜，周穆王时封。《国语·郑语》：‘史伯曰：当成周者，南有申吕。’宣王时改为甫，后为楚灭。在今河南南阳县西三十里董吕村。”

文氏——文姓的起源有四支，其中一支出自姜姓许氏，即炎帝之后姜文叔。《路史》云：“太岳之后有文氏。”春秋时，许国受郑国所迫，四次迁徙，于公元前506年迁到容城（今河南鲁山），传至战国初年许元公时，为楚国所灭，子孙分散四方，除有以许为氏之外，还有以许国开国君主许文叔之字为氏的，就是文氏。

谢氏——《元和姓纂》：“谢，姜姓炎帝之胤申伯，以周宣王舅受封于谢，今汝南谢城是也。后失爵，以国为氏焉。”

傒氏——春秋时齐国公子高傒之后，以祖辈名字为氏，为傒姓。源同高氏。

甫氏——炎帝孙伯夷之后在周穆王时被封于吕（今河南南阳西），周宣王时改吕邑为甫邑，建甫国。伯夷之后遂为甫姓（《风俗通》、《国语·郑语》）。

章氏——《元和姓纂》“章，姜姓。齐太公支孙封鄣。《左传》‘齐人降鄣’。子孙改鄣为章氏。”

桓氏——姜姓，齐桓公之后，以谥为氏。

丁氏——本自姜姓，姜太公子伋谥丁公，因以命族。

崔氏——姜姓，姜丁公伋之子食采于崔，因以为氏。

鲍氏——齐有大夫鲍叔牙。

甘氏——《潜夫论·志氏姓》列姜姓27氏，有甘氏。

贺氏、庆氏——《通志·氏族略》：“贺氏：即庆氏。姜姓，齐桓公之支庶。自齐庆父之后，皆以庆为氏。到后汉，有汝阴令贺仪，其曾孙侍中贺质，避安帝父讳，改为贺氏。”

聂氏——系出姜姓，姜丁公封支子于聂城，国以为氏。

东宫氏——《广韵》：“齐有大夫东宫得臣。”

东郭氏——《元和姓纂》：“东郭，齐公族，桓公之后也。”

将具氏——齐太公子之后，见《国语》。

将其氏——齐公子将其之后。

纪氏——《元和姓纂》：“纪，姜姓，炎帝之后，为齐所灭，以国为氏。”

焦氏——周武王封炎帝之后于焦，建立焦国，子孙以国为氏（《广韵》、

《通志》)。

井氏——《姓源》:“炎帝姜姓之后。”

卢氏——《元和姓纂》:“卢,姜姓,齐太公之后,至文公子高,高孙傒,食采于卢,因姓卢氏。”

露氏——《潜夫论·志氏姓》列姜姓27氏,有甘氏。

略氏——《通志·氏族略》:“略氏,姜姓。”

骆氏——《元和姓纂》:“骆,姜姓。齐太公后有公子骆,以王父为氏。”

丽氏、郦氏——系出姜姓,郦,古国名。

年氏——《路史》:“齐公族。”

农氏——神农之后(《风俗通》、《姓解》)。

平氏——《广韵》:齐相晏平仲之后。

其氏——《路史》:齐公族。

阚氏——《无和姓纂》:齐大夫阚止之后。

柴氏——出姜姓,高氏分支。齐文公子高傒,子孙以王父字为氏,姓高,高傒十世孙高柴,是孔子弟子,高柴孙高举,又以祖父字为氏,姓柴氏。

强氏——系出姜姓,齐大夫公孙疆之后,疆与强通,后以强为氏。

丘氏、邱氏——《元和姓纂》:齐太公封营丘(今山东临淄),子孙以地为氏。邱氏本作丘氏,因避讳孔丘,改为邱。

山氏——烈山氏之后。

尚氏——《通志·氏族略·以字为氏》:尚氏,姜姓。齐太公之后也。太公号师尚父,支孙因氏焉。

向氏——《补史记·三皇本纪》:“炎帝神农氏,其后有向氏,姜姓。”

邰氏——《说文》:炎帝之后,姜姓所封。

棠氏——《通志·氏族略·以邑为氏》:棠氏,姜姓。齐桓公之后。邑于棠,其后为棠氏。

望氏——《通志·氏族略·以名为氏》:望氏,姜姓。《风俗通》云:“太公望之后。”

牙氏——《姓考》:“齐公子牙之后。”

晏氏——《元和姓纂》:“《左传》:晏桓子,名弱,齐公族。”

岳氏——姜姓太岳之后(《元和姓纂》)。

怡氏——《史记》索隐:三皇本纪云:“神农氏,其后有州、甫、甘、许、戏、露、齐、纪、怡、向、申、吕,皆姜姓之后。”

移氏——《风俗通》:齐公子雍,食邑于移,其后氏焉。

易氏——齐大夫易牙之后。

榆氏——《姓苑》：炎帝裔路子分居榆，后灭于晋，因氏。

渊氏——《姓源》：齐大夫子渊之后。

州氏——《水经注·阴沟水篇》引《世本》云："许、州、向、申，姜姓也，炎帝后。"

舟氏——《姓源》：舟，姜姓，炎帝之裔。有舟国，因氏。

柱氏——《补史记·三皇本纪》引《左传》："烈山氏之子曰柱亦曰历山氏。"

烈山氏——同"赖氏"。

查氏——出自姜姓，齐顷公子食采于楂，后去"木"为"查"氏。

訾氏——《姓苑》："齐人，本姓祭，以为不祥，改姓訾。"

淳于氏——《通志·氏族略》："淳于氏，亦曰州公，姜姓。"

《路史·后纪四》云："黄帝封参卢于路"，注：亦作"'露'"。又云："伊、列、舟、骀、淳、戏、怡、向、州、薄、甘、隋、纪，皆姜国也。禹有天下，封怡以绍烈山，是为默台。"

国氏——《左传·昭公四年》杜注："国氏，齐正卿，姜姓。"

四、陈：得姓于陈地的中华大姓

（一）陈地与"陈"

每一个姓氏的起源、发展、分化和演变都有极其复杂的历史原因，大到朝代更迭、属国覆灭、部族兴衰，具体到移民戍边、家庭凌替、个人亡命，都会对姓氏的演变产生影响。每一个姓氏都有它的来历，无一不打上历史的烙印。

陈姓，是直接得姓于古陈淮阳的中华大姓。在当今中华大姓中，陈姓列第5位，约占全国人口的4.53%，人数超过5000万。而且，陈姓是中华诸大姓中繁衍和分化能力最强的姓氏，从陈姓中分化出的姓氏有60多个，其中胡、田、孙、姚、袁、夏、陆等也都是列前100名的中华大姓，如果把这些姓氏人口加在一起，数量将十分惊人！与位列中华第一大姓、源于陈地鹿邑的李姓相比，我们会发现，李姓的特点是外姓并入者多，而陈姓是分化出来的姓氏多。这么说来，我们说陈姓是中华第一大姓也无不可。

一个姓，一部史。悠悠五千年，一部陈姓起源、繁衍、分化、播迁的历史，犹如一幕幕波澜壮阔的历史戏剧，演尽了人间的生灭盛衰、聚散悲欢。这是一部陈地先民生生不息的生命史，也是一部中华民族发展壮大的生长史。

当我们拂去历史的黄尘，面对陈姓发展衍化的宏阔流脉的时候，我们不能不感喟于古陈淮阳这块古老的土地的神奇与丰厚，不能不感喟于它贡献于我们伟大民族的不息的血脉、永享的福荫和无比强大的生命力量！

陈地，赋予了陈姓“陈”的名号。还是让我们先来看一看“陈”字的含义，我们会发现其中别有意趣的文化内蕴。

翻开《陈州府志》，我们看到，这部志书上对陈地名号的解释是：“陈为伏羲建都地，神农氏因其旧而都之，故名之曰陈。”即认为陈地名“陈”与炎帝继伏羲而在这里建都有关。在其他史书上，我们也发现与此相同的说法，《历代帝王陵寝备考》记载：“伏羲都宛丘，神农氏仍之，故曰陈。”《续河南通志》曰：“古太昊之墟，为宛丘之地，神农都之始为陈。”在这里，“陈”的意思作“旧”，但是，陈字的“陈旧”的义项是晚出的，因而，以上史书如此解释陈地名“陈”的原因，是不正确的。还是让我们从古文字学的训诂中看看“陈”字所包含的历史文化意义吧！

许慎在《说文解字》中释“陈”字：“陈，宛丘也，舜后妫满之所封。从阜，从木，申声。”段玉裁注：“许必言宛丘者，为其字从阜也。”陈字从“阜”，“阜”字，意为土山，《说文解字》：“阜，大陆也。”段玉裁注：“土地丰正名曰陆，陆土地独高大名曰阜。”就是说，高大凸出的陆地称阜。这与宛丘的地貌相似。段玉裁接着说：“陈本太昊之墟正字，俗假为敶列之陈，陈行而敶废矣。”这里的意思是说，陈的本字作地名用，专指太昊之墟宛丘。后来与表示“陈列”之义的“敶”字通假，并以“陈”代“敶”，所以陈字也有了陈列之义。

春秋早期·陈侯簠铭文

所以从训诂学上说，“陈”字的本义，就是宛丘。至于其后的“陈列”之义、“陈旧”之义，都是晚出而引申之义。

铸在青铜器上的“陈”字是一个极有意思的形象：“陻”（见《陈侯午敦》、《子禾子釜》、《陈尊》）。左边为旌旗的形状，右边则是战车的车轮，下面是土的会意。整个陈字的含义，是以战车排列于国土边界，用于保卫自己的土地。而战车，是上古时最重要的战争装备。

当夜幕悄悄降临，部落酋长便指挥他的子民将车队排列成圆圈形战阵，

战国·陈侯午敦铭文

人畜居于阵中。在无险可守的广荡大平原上，在巍巍而立的土山之上，顿时形成了一个坚固的城堡。这座土山，即是宛丘。宛丘，其形似仰碗，《诗经·陈风·宛丘》毛传："四方高，中间下，曰宛丘。"

驱车作战，围车成阵，在这个便于使用车辆的地方，居住着一个善于使用车辆的部族。在这里带领他的子民渔猎稼穑、驱车作战的，是太昊伏羲。

在陈姓先祖居于陈地之前，这里就有了"陈"的名号。

（二）血缘先祖舜帝

陈氏的血缘先祖是五帝之一的虞舜。

周武王灭掉商朝之后，实行分封制度，受封的对象主要有三种人，一是先圣先王之后；二是功臣谋士之后；三是姬周血亲。周武王为褒扬上古"先圣王"之德祉，对黄帝、帝尧、帝舜、帝禹的后裔裂土分封，"兴亡国，继绝世"，让他们延续其先祖的德荫，也使这些"先圣王"永享后代的祭祀，苗裔兹兹，万世不绝。《史记·周本纪》记载武王分封诸侯时说：

> 武王追思先圣王，乃褒封神农之后于焦，黄帝之后于祝，帝尧之后于蓟，帝舜之后于陈，大禹之后于杞。

周武王求得舜帝的后裔妫满，封于陈地，建立陈国。《史记·陈杞世家》载：

> 至于周武王克殷纣，乃复求舜后，得妫满封之于陈，以奉帝祀舜。

妫满在陈地封国得姓，为舜帝奉祭，延续舜帝的血脉。

司马迁在《史记·五帝本纪》中，将帝舜与黄帝、颛顼、帝喾、帝尧并举为五帝，同为中华民族上古史上的重要帝王。而且，在《尚书》、《史记》等典籍中，舜帝的形象是一个尽善尽美的道德楷模，他是中华道德文化的鼻祖。

道德，是人类文明的最高体现。人们常说："中国是文明古国。"中华道德文明的源头，按照《尚书》和《史记》所载，不是起于三皇时代，也不是起于黄帝、尧帝时代，而是从舜帝时代起始的。《尚书·舜典》称舜“睿哲文明”，《史记·五帝本纪》称：“天下明德，皆自虞帝始。”

舜的父亲名瞽叟，生母是握登。传说握登曾看见大虹，意感怀孕而生舜于姚墟。舜的两个眼睛有三个瞳子，所以名叫重华。他方头方脑，龙颜大口，黑皮肤，身高六尺一寸。

舜的童年和少年时期经历了家庭的两次变故，这两次不幸磨砺了他的品格，成就了他的德行。一次是在他三岁时，生母不幸去世，他饱尝了人生第一苦——幼年丧母；再次是他的父亲续娶，后母生下弟弟象。《尚书·尧典》和《史记·五帝本纪》上说，后母的到来和异母弟的出生，使舜的家庭环境变得十分恶劣：“父顽，母嚚，象傲。”父亲是个瞎子，又且顽固不化；继母是个心地毒狠的泼妇，无所不为，一心只宠着她的亲生小儿子象；弟弟象，狂傲顽劣，无所不为。“瞽瞍爱后妻子，常欲杀舜，舜避逃。”但在这样恶劣的环境中，舜仍然能够每天小心谨慎地孝顺父亲和后母，慈爱弟弟，“欲杀，不可得；即求，尝在侧。”

“百善孝为先”。“舜年二十以孝闻”，舜的孝行闻名四方，成了一个为世人景仰的人。在他30岁时，尧帝寻求继任者，四方大臣都推举舜。于是尧对舜进行了一番深入考察，“以二女妻舜，以观其内；使九男与处，以观其外。”结果是，尧的两个女儿娥皇、女英不因出身高贵而看不起舜的亲戚，九个儿子与舜相交甚笃。

对内能孝父母，对外必能泛爱众人。有孝有爱，自能淳化风俗。《史记·五帝本纪》载：“舜耕历山，历山之人皆让畔；渔雷泽，雷泽之人皆让居；陶河滨，河滨器皆不苦窳。一年而所居成聚，二年成邑，三年成都。”这是说，他到了哪里，就把勤劳谦让的美德撒布到哪里，哪里的人们就受到感化。人们爱戴他，拥护他，以至到了热烈的程度。人们完全自觉自愿地追随着他，人数之多，一年就成村落，二年就成乡镇，三年就成都市。可见他的感召力和凝聚力是何等之大！

于是帝尧禅位于舜，舜成为一代帝王。《史记》载：

> 舜年二十以孝闻，年三十尧举之，年五十摄行天子事，年五十八尧崩，年六十一代尧践帝位。践帝位三十九年，南巡狩，崩于苍梧之野。葬于江南九疑，是为零陵。

舜帝作为“五帝”的最后一帝，这时“国家”的概念虽然尚未完全形成，但舜帝在位期间，建立赏罚制度、任用官员、发展经济、安定民生、实施教化，创建与完善了一整套政体体系。

舜帝对中华文化最重要的贡献，是建立了以孝为核心的伦理道德文化。舜帝以孝事亲，以仁施政，以德教人的身体力行和思想开创了中华传统道德的先河，并成为华夏儿女几千年所遵循的风范。

舜所建立的道德文化，集中体现在四个方面：一是在伦理道德上，他忍辱负重，仁爱敬孝，推行“父义、母慈、兄友、弟恭、子孝”的五常教育，使古代人伦道德逐渐推向全国。二是在社会道德上，力行“乐于助人”，“邻里和睦”，“谦恭礼让”，“童叟无欺”。他“耕于历山，人皆让畔”，“渔于雷泽，人皆让居”。三是在职业道德上，舜一生从事多种职业，农耕、渔猎、手工业生产与经商。他始终以诚相待，信义为本。四是在政治道德上，主张“勤民事”，“苦忧人”，“只为苍生不为身”，非常讲求施政道德。他举贤任能，83岁禅让大禹。

舜代表了由野蛮走向文明的历史转折时期的中华文化。就历史的进程而言，舜帝处于承前启后的时段。他之前，炎帝、黄帝这些民族的神圣人物所作出的辉煌业绩，可以说无一不是为了脱离野蛮时代，为我民族进入文明社会创造条件。而舜帝的活动，才是真正意义上的划时代的里程碑。他全面铺开了步入文明社会之路，奠定了中华民族文明的基石。我们可以认为：以农耕文化为内涵的炎帝文化，以政体文化为内涵的黄帝文化，以道德文化为内涵的舜文化共同构成了中华文化的三座里程碑。

几千年来，支配中华文化的主流是儒家文化。而儒家文化的源头乃是舜文化。孔孟在追溯其思想源流时言必称尧舜，所谓“仲尼祖述尧舜，宪章文武”（《中庸》），“孟子道性善，言必称尧舜”（《孟子·滕文公上》）。儒家后来所建构的道统即是“尧舜禹汤文武周公孔孟”的九人系列。对于尧和舜的记载，最早最详的是编撰于战国时期的《尚书》。《尚书》有《尧典》和《舜典》，主要内容与《墨子》、《孟子》所引据者相同。二典的最后定稿当在秦皇统一全国的前期，虽时间较后，然而所表述的尧舜事迹毫无神怪色彩，应是依据儒门传授的古代经籍而写作的。《尧典》和《舜典》原为一篇，经后人改为两篇。据《大学》所称，原名应为《帝典》。《帝典》虽记载尧舜二君，但从全篇考察，不难发现，其主要人物是舜，不仅因为舜的政绩最多，而且尧的出现也是为了铺垫舜的登场亮相，他的功绩主要是发现和提拔舜这个人才。儒家传述的尧较为空泛，所以孔子说：“唯天为大，唯尧则之。荡荡乎民无能名焉。”（《论语·泰伯》）意思是说，尧帝的功德虽然很大，但历史记载空泛，人们难以说清。看来，上古最早的圣王真正的主题人物是大舜。

从舜帝时期开始，历经4000余年，直至今天，我们国家在政体、经济、人伦、道德、教化、礼乐诸方面，就其总体而言，无一不是从这一源头上发展拓新的。所以，《史记·五帝本纪》有言：“天下明德，皆自虞帝始。”这是最确切的定评。

当然，值得讨论的问题是，儒家典籍中对舜的形象和功业的传说和记述是否存在有为了颂祖扬善而夸张附会、虚构想象，使之传奇化、神话化的成分？可信度有多高？

其实，自古就有人对此产生疑问，例如战国时法家的代表人物韩非就曾对尧、舜、禹三代的“禅让”制提出过怀疑，他曾说：“舜逼尧，禹逼舜，汤放桀，武王伐纣，此四王者，人臣弑其君者也，而天下誉之。”韩非认为，舜、禹（以及后来的商汤，周武王）继承帝位，是利用权势迫使先前的君王退位，从而夺得政权，并不是“禅让”的结果，后人对此予以赞誉是不得当的。此后，附和韩非观点的也大有人在。如果我们能够历史地看待这个问题，不能不说韩非的怀疑有一定的道理。历史学家顾颉刚先生曾提出著名的“层累说”，认为上古帝王的历史功业是靠后世著史者出于某种思想观念而逐渐想象附会而成的。

确实，人们对于历史的认识的本身也是历史性的。历史事实是一回事，对历史的记忆是一回事，对历史的表述又是一回事。“十口为古”，历史是在人们的表述中完成的，在表述过程中必然会有出于某种想象而附会的成分。但是，我们认为，古人“层累地造成的历史”虽然可能有不少虚构的成分，而我们更应该看到的是，“层累”地造成的古史，一方面有着极其深在的内因，与人们历史意识的自觉和发展紧密相关，是人类心智和思想逐步进化的结果，另一方面，这些古史也不是完全凭空捏造，而是有它的历史原型的。上古历史传说包含着丰富的历史内容，与历史事实之间有着深刻的内在联系。

以此而论，对于儒家典籍和史书中关于舜帝的记载，我们应有如下的认识：

首先，舜帝是确有其人的。《尚书》所表述的尧舜事迹毫无神怪色彩，应是依据儒门传授的古代经籍而写作的。《书经·多士》云：“惟殷先人有册有典。”儒、墨所传史册，当是从殷朝史官承传而来，孟子说舜是“东夷之人”，东夷人是殷商的先祖。舜既是殷人的始祖，其典册所传亦必翔实。《尚书》中的记载，虽有颂祖扬善之偏见，但非脱离现实生活之虚构，可信性较高。因为殷商史官们自然不会信从民间传说、神话中的离奇成分。

其次，即便是儒家为了自己的观念而虚构了历史，但我们也不能不承认这种虚构了的历史也是历史的一部分。因为历史并不完全等于史实，它还应包括人们对于史实的认识和解说。儒家将舜帝塑造成为中华道德文化的源头，而正是儒家塑造出来的大舜的道德形象在中国传统文化的形成和发展中起到了至关重要的作用。这，就是舜帝在中华历史文化中的价值和地位。

（三）帝舜一氏二姓

舜姓什么？这似乎是一个十分复杂的问题。从史书记载来看，舜拥有二姓：姚、妫；一氏：虞。郑樵《通志·氏族略》言："虞有二姓，曰姚曰妫。因姚墟之生而姓姚，因妫水之居而姓妫。"

关于舜以虞为氏，有三种说法。

一种说法是：虞是以舜的国号为氏。司马迁说，五帝国号各异，黄帝的国号是有熊氏，颛顼的国号是高阳氏，帝喾的国号是高辛氏，帝尧的国号是陶唐氏，帝舜的国号是有虞氏。《帝王世纪》中说，尧将两个女儿娥皇、女英嫁给舜，为了"南面问政"，为舜"筑宫室，封之于虞"。虞地一说在今山西永济南，一说在今河南虞城。舜立国后，就以虞为国号，号有虞氏。《风俗通》："凡氏之兴九事：一氏于号，唐、虞、夏、殷是也。"《元和姓纂》："虞氏：虞舜有天下，号曰虞。子商均因以为氏。"

《通志·氏族略》："虞，姚姓。舜建国，以天下授禹。禹封舜子商均于虞城，为诸侯。后世国绝，以国为氏。"这是认为舜将帝位让于大禹后，大禹建立夏国，封舜的儿子商均于虞城，虞是夏的一个诸侯国，后来虞国亡，子孙以国为氏，姓虞。

第二种说法是：虞是以图腾为氏。"虞"字在《说文解字》中释为"虎文（纹）也，象形。"像一个张开大口的兽类。《诗经》有一首《驺虞》，《毛诗》中释驺虞为"仁兽"，类似麒麟之名。舜属于有虞部落，有虞部落的图腾是虞。何光岳说有虞部落的始祖是幕，《吕梁碑》载："舜祖幕。幕生穷蝉，穷蝉生敬康，敬康生乔牛，乔牛生瞽叟，瞽叟生舜。"幕又作莫，即以獏为图腾，獏即是驺虞。

第三种说法认为：舜号为虞舜，这里的"虞"并非地名，而是职务，虞本为驯养捕猎兽类的官职。《尚书·舜典》中载，舜任命伯益去管理"上下草木鸟兽"，说："益、汝作朕虞。"《礼记·檀弓》称此职为"虞人"。《周礼·大宰》则名为虞衡。对于《诗经》中的《驺虞》，比《毛诗》早出的《鲁诗》与《韩诗》则以为是“天子之掌鸟兽官”，正与《尚书·舜典》之义相合，可证虞是指掌管鸟兽的职事人员。舜的祖辈应是掌虞的驯象员。

关于舜的两个姓，一是姚，一是妫，郑樵在《通志·氏族略》中说得明白：“因姚墟之生而姓姚，因妫水之居而姓妫。”但这里有两个问题：第一个问题是：古人一般可以有多个氏，但姓只有一个，为什么舜却有两个姓？这其中一定大有玄妙。其中有原因是，舜本姓姚。姓是因生而得，舜生在姚墟，因此姓姚。但是，后来舜娶了尧的两个女儿娥皇、女英为妻，不过这个娶与其说是舜娶尧之女，不如说是尧女娶舜，也就是说，舜其实是入赘到尧家。《尚书·尧典》载：“釐降二女于沩汭。”娥皇、女英居于沩汭，沩汭又作妫汭，舜受其家庭的排挤，则离家从妻而居。《大戴礼·五帝德》：“（舜）承受大命，依于儀皇。”儀皇即是娥皇。这是说，尧将治理国家的重任交给舜，但条件是，舜从姚墟搬到沩汭，从妻而居。当然，也可以解释为，舜以入赘的方式，依附于更强大的部落，因而兼祧姚和妫两个姓。或者是，舜和尧所代表的两个部落，以“和亲”的方式，建立起部落联盟。所以，舜以生于姚墟而姓姚，又因为居于沩汭，他的子孙从母姓，以妫为姓，于是舜有了两个姓。这几种说法，都讲得通。

第二个问题是：姚墟和妫水各在哪里？这更是一个从古及今争讼不已、众说纷纭的问题。关于姚墟，有人认为在河南濮阳，有人认为在山东菏泽，有人认为在山西永济，甚至有人认为在浙江余姚。根据《孟子》中的记载：“舜生于诸冯，迁于负夏，卒于鸣条，东夷之人也。”如果舜是东夷人的话，那么从方位上讲，姚墟应该在河南濮阳和山东菏泽一带。今河南濮阳市范县濮城镇东南一带有姚墟，山东菏泽市附近也有一处姚墟，菏泽与濮阳相距不远。《史记·五帝本纪》正义引《括地志》：“姚墟在濮州雷泽县东十三里。”濮阳古称帝丘，是颛顼的故都，《左传·昭公八年》载：“陈，颛顼之族也。”《史记·五帝本纪》也记载舜是颛顼之后，所以，姚墟在濮阳一带的说法是正确的。关于沩汭，一般的说法是，在今山西省永济县南，也有人认为在北京市延庆县境内。前者的说法是正确的，因为史载舜建都于蒲板，蒲板在今永济县东三十里虞乡。《辞海·妫》：“古水名。一作‘沩汭’。有作一水，将‘汭’为‘内’解，谓沩水限曲之处，在今山西永济南，源出历山，西流入河。《书·尧典》：‘釐降二女于沩汭。’《水经注·河水》：‘历山，沩汭二水出焉。南曰妫水，北曰汭水。’”《尚书稗疏·沩汭》：“尧以沩汭二水之地，为二女食邑，使即封于彼，而其归而为嫔，则在舜所复封先代虞幕之旧邑，平陆之虞城也。”

舜的陵墓在今湖南零陵宁远县南60里的九嶷山上。《史记》载："舜南巡狩，崩于苍梧之野，葬于江南九嶷，是为零陵。"舜帝南巡是为了平三苗之乱，后舜帝薨于南方。舜葬于九嶷山之南，他的儿子商均葬于山北，山前有舜庙，附近有舜峰、女英峰，箫韶峰，旁有娥皇峰，下有舜池。

从汉代开始，九嶷山舜帝陵就成为祭祖朝圣之所。汉武帝曾祭祀于九嶷山，蔡邕曾作《九嶷山铭》歌颂舜帝功德。此后历朝历代，逢时节岁令，无不遣官致祭，秦始皇、汉武帝南巡时遥祭舜帝，明太祖、清乾隆下御祭文祭祀舜帝。一代伟人毛泽东也曾挥笔写下"九嶷山上白云飞，帝子乘风下翠微"的壮丽诗篇。

舜陵是妫陈家族最古老的祖坟。

（四）得姓始祖妫满

舜帝是陈姓的血缘先祖，但舜帝并不姓陈。陈姓得姓于舜的后代、周代陈国的第一个国君胡公妫满。

关于妫满封国得姓，《史记·陈杞世家》所记甚详：

> 陈胡公妫满者，虞帝舜之后也。昔舜为庶人时，尧妻之二女，居于妫汭，其后因为氏姓，姓妫氏。舜已崩，传禹天下，而舜子商均为封国。夏后之时，或失或续。至于周武王克殷纣，乃复求舜后，得妫满封之于陈，以奉帝祀舜，是为胡公。

舜的两位妻子娥皇和女英，娥皇无子，女英有一个儿子叫商均，所以商均是舜的嫡长子。按照司马迁在《史记》中的说法，商均是一个不肖之子，与尧的儿子丹朱一样，是一个庸人，没有资格获得他们父亲的帝位。舜将帝位传给了治水有功的大禹。禹即帝位后，将商均封在虞城，此虞城一般认为在今河南虞城县。此后商均迁徙，他的后人虞思仍留在虞城旧地。这以后，舜帝后裔的爵位封国时断时续。

到了周代，周武王灭商，建立周朝，在分封"先圣王"后裔时，寻到舜帝的后代妫满，建立陈国。妫满称陈胡公，他的后代以国为姓，从而产生了陈氏姓族。

其实，舜帝后裔居于陈地并不是从妫满才开始的，商代时这里就曾是舜帝后裔的封地。殷汤建立商朝，曾将虞思的后代虞遂封在陈地。《世本》宋忠注："虞思之后，箕伯直柄中衰，殷汤封遂于陈，以为舜后也。"箕伯、直柄都是舜的后裔，至于他们是舜的嫡子商均的后代，还是像有些书中所说箕伯是舜帝的庶子，属于舜的另一支后裔？司马迁尚且说不清楚，我们更无从考证。但有一种可能是，商代封于陈地的虞遂，本为商臣，附属于商朝。周武王灭商后，因虞遂是商朝臣子，便取消了虞遂的封爵，另封也是舜的后裔的妫满到陈地，建立陈国。

至于为什么要封妫满，在《左传·襄公二十五年》中记载有郑国大臣子产的一段话，说明了其中的原因：

> 昔虞阏父为周陶正，以服事我先王。我先王赖其利器用也，与其神明之后也，庸以元女大姬配胡公，而封诸陈，以备三恪。

《左传·昭公八年》也记载有晋国大臣史赵的一段话：

> 舜重之以明德，置德于遂，遂世守之。及胡公不淫，故周赐之姓，使祀舜帝。

妫满受封，有两个原因：第一，他是舜帝的后裔；第二，他是周的大臣之子。妫满的父亲虞阏父是周武王的陶正，即主管制造陶器的大臣，陶器是当时人们的生活必需品，武王主要靠使用他制造的陶器而生活。并且，舜重以德，舜的德行延续到虞遂，商代虞遂奉祀舜德，但虞遂为商臣，胡公妫满品德端正，又是周的大臣之子，有功于周，所以周武王把自己的大女儿大姬嫁给他，把他封到陈，代替虞遂，建立陈国，来世代祭祀舜帝，以使舜帝香火不绝。

相传大姬出嫁时，适逢肃慎国派使臣来向武王进贡枯矢石砮，其长尺有咫（即一尺八寸），武王便将这些东西赠予大姬，存放在陈国的宝库作为陈国的传国之宝。直到春秋末年，孔子周游列国来到陈国，陈湣公指着庭院里被石砮射死的隼鸟问孔子，孔子向他讲了枯矢石砮的来历，要他查国库里所存的石砮，果然相同。

胡公妫满既是陈国的始君，也是陈姓的得姓始祖，是天下陈、田、胡、孙、袁等姓的一世先祖。

陈国为侯国，按照周朝的封建制度规定：公爵和侯爵国家方圆百里；伯爵国家方圆七十里；子爵和男爵的国家方圆五十里；不满五十里的小国则成为其邻国的附庸。作为侯国的陈国方圆百里，其地域相当于今天的河南省周口市辖区和安徽省西北部亳州一带。这里正处中原腹地，位于川泽纵横、平坦无垠的黄淮大平原上，土地肥沃，物产丰富。胡公妫满在陈国建宗庙，行周礼，以奉舜祀；筑陈城，御外患，抗洪水，防内乱，励精图治，为陈国的发展奠定了良好的基础。

妫满卒于陈，葬于陈。今淮阳尚存有胡公祠、胡公花园、胡公钓鱼台遗址。《陈州府志》和《淮阳县志》均记载："陈胡公祠，在城南门外。乾隆十年知府崔应阶、知县冯奕宿就三元庙改建，以司城贞子配，久废。"现淮阳城南湖中三官庙村西头有陈胡公祠遗址，后面司城贞子阁尚存。

胡公墓在淮阳县城东南柳湖（今称龙湖）旁，因湖水注浸其址，故以铁锢之，俗称铁墓。城东南又有元女冢，是周武王长女胡公之妻大姬之墓。后人有《胡公铁墓》诗云：

郁郁之台卧草莱，周遭铁金铸莓苔。
古波流水消春雪，高树秋风入夜台。

胡公墓现已被陈姓族人树碑添坟，整修一新。每逢农历十月十五日举行大祭，隆重非凡。如今，海内外陈、胡、田等胡公后裔每年来胡公墓前祭拜者不绝。

（五）陈国春秋

陈地优越的自然环境和地理条件，为陈国的经济发展奠定了基础。加之陈国早期的几位君主政治修明，所以在整个西周时期，陈国国力比较强盛，成为西周十二大诸侯国之一。陈国在西周时期共传10君：胡公卒，其子申公犀侯立；申公卒，其弟相公皋羊立；相公卒，其子孝公突立；孝公卒，其子慎公圉戎立；慎公卒，其子幽公宁立；幽公卒，其子釐公孝立；釐公卒，其子武公灵立；武公卒，其子夷公说立；夷公卒，其弟平公燮立。平公七年时，周朝东迁，开始进入东周时代，诸侯"礼崩乐坏"，多不义之战，周室衰微，陈国也由此进入多难之秋。

东周时期，原为中原大国的陈国国势日趋衰弱。春秋时代，楚、晋、齐交争于中原，陈国处于四战之域，无日不处于战争的气氛之中。加之国内多次发生争夺君位的内乱和残杀，政治开始腐败，国力不振，终至覆亡。

陈平公卒后，其子文公圉立。文公娶蔡女，生子佗。文公卒后，长子鲍立，是为陈桓公。公元前719年，宋、陈、蔡、卫四国联军伐郑，公元前707

年，伐郑胜利，但陈桓公也去世了，国内因此暴发了一场争夺君位的内讧。桓公鲍的异母弟弟佗，其母为蔡女，蔡人为支持佗，杀死桓公太子免，立佗，是为厉公。陈国从此大乱不已，国人分散。厉公生子完，陈完即是田敬仲，是陈姓的一个极其重要的人物。陈厉公也是娶蔡国女子为妻，蔡女与蔡人淫乱，厉公也多次到蔡国奔淫。原来陈桓公的太子免有三个弟弟，大的叫跃，中的叫林，小的叫杵臼。三兄弟联合蔡人杀死厉公，为其兄复仇。厉公死后，跃、林、杵臼相继即位，为利公、庄公、宣公。（此处《史记》与《左传》有异，《左传》以跃为厉公。）陈宣公的女儿嫁与周惠王为王后。宣公的宠妃生子款，深得宠爱，宣公欲立款为国君，就杀死了自己亲生的太子御寇。这是陈国的第二次内乱。厉公之子陈完与御寇关系很好，陈完害怕祸及于己，被迫出逃到齐国，改姓为田，却因祸得福，陈完的这一支在齐国发展壮大，到战国时篡夺了姜姓齐国的君位，成为战国七雄之一。

陈宣公之子款立，为穆公；穆公卒，子共公朔立；共公卒，子灵公平国立。这时齐桓公称霸诸侯，陈国被迫跟在齐国后面攻打楚国。后来楚国势力强大，陈又臣服于楚。随后，晋国称霸，陈又加入到晋的联盟中。晋楚相争，陈国处于两大强国的夹缝当中，只得朝晋暮楚，惶惶奔波于楚、晋之间以求生存。而就在这个时候，陈国又发生了第三次内乱。

陈国有一个寡妇，是陈大夫夏御叔之妻，叫夏姬，风流美貌。陈灵公和两位大夫孔宁、仪行父终日不问国事，三人与夏姬私通，经常跑到城外株林中与夏氏淫乐，甚至在朝堂上拿着夏姬的内衣相互取笑。大夫泄冶劝谏说：“你们君臣淫乱，人民就会效样。”三人便把忠臣泄冶杀了。一次三人在夏氏家饮酒寻欢，嬉戏间，互笑夏姬之子夏徵舒像对方，此话被夏徵舒听见，徵舒父夏御叔早死，徵舒在朝做官当了陈国大夫，不忍其辱，起了杀机，灵公出门时，被徵舒一箭射死，孔宁、仪行父二人匆忙逃往楚国去了。灵公的太子午也逃往晋国。于是夏徵舒自立为陈侯，并参加了楚、郑的盟会。当时楚庄王正称霸，趁此机会，以平定陈国内乱为借口，出兵攻入陈国，将夏徵舒车裂于陈都城的栗门之地，要灭掉陈国，把陈国变为楚国的一个县，楚大夫申叔时劝阻楚庄王说：“乡下人有句俗话：‘牵牛经人田，田主夺其牛。’走到人家田里已经不对了，再夺人家的牛，不是更错了吗？夏徵舒弑君有罪，你已经杀了他，再灭了他的国，恐怕以后无法施令于天下了。”楚庄王听从了他的劝告，于是派人到晋国把灵公的太子陈午接回陈国，立为诸侯，是为陈成公。但将陈国每乡取一人迁往楚国，居住在今汉口之东，谓之“夏州”，也就是现在的夏口。此事史称“株林之乱”，《诗经·陈风》中有

《株林》一诗，讽刺陈灵公君臣荒淫祸国。

陈成公因楚得以复国，但楚庄王死后一年，陈国便叛楚附晋，又遭楚共王攻伐，但因陈成公病逝由其子弱继位，是为陈哀公，按照礼不伐丧，楚便撤围而去。陈国大夫庆虎、庆寅串通楚人，把哀公弟黄抓了起来，放风说，楚要立黄为陈国君。此时哀公正在参加晋国为盟主的会议，得知后，退会回国，决定与楚和好。后来，哀公入楚朝贡，遇见弟黄，黄拉哀公同见楚康王，诉说庆虎、庆寅二人挟持他来楚的经过。楚康王召二庆来楚，庆虎、庆寅不敢前来对质，乘哀公不在之机，煽动叛乱。二庆强征壮丁筑城，有壮丁怠工，被二庆杀，引发壮丁愤怒，群起而攻之，把二庆杀死。哀公才得以回国。这已经是陈国的第四场内乱了。至此，陈国已经衰微到奄奄一息的地步了。

哀公娶郑女，生师立为太子，然而哀公二宠妃，一生留，一生胜。哀公喜留，托弟司徒招照管。司徒招乘哀公生病之机，便杀死了太子师，宣布留为太子，哀公对招的做法非常恼火，欲杀招，但招聚兵围攻王宫，哀公力不及，怕被俘受辱，便上吊身亡。招于是立留为君。局势稳定后，招派使去楚说明情况，楚灵王当场杀死陈使，派公子弃疾率兵伐陈，陈留逃往郑国。陈国的第五次内乱，招来的结果是楚国第一次灭陈。

弃疾在灭陈五年后，回国弑楚灵王自立，是为楚平王，平王为博取天下人的好感，把太子师之子陈吴从晋国接回，立为陈国国君，是为陈惠公，陈国又算复了国。春秋末年，吴国崛起，与楚争雄，陈国处在吴、楚交兵之地，首尾两端，惶惶不可终日。陈惠公死后，其子陈柳继位，是为怀公。怀公欲结交吴国，却被吴国扣留，后悄然死于吴国，陈国只好立怀公之子陈越为君，是为陈湣公（或称为闵公）。不久吴

陈国君系表

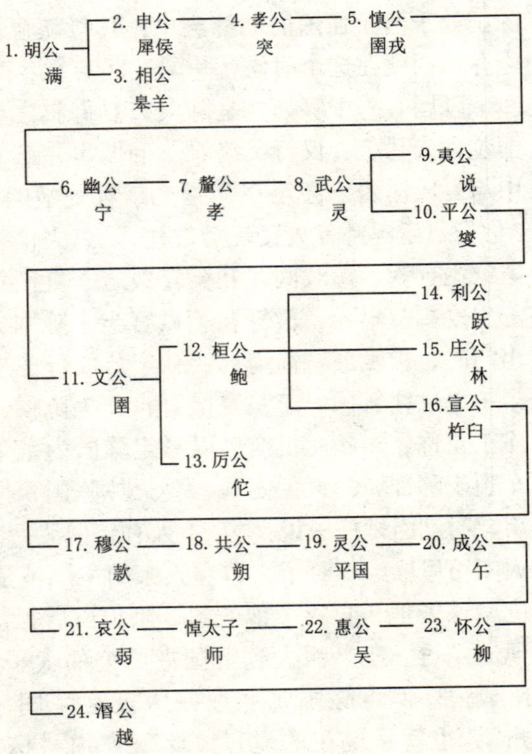

又来攻陈，陈国向楚告急，楚昭王亲驾相救，驻兵城父（安徽亳州东南），吴兵退，楚昭王死在这里。隔九年后，吴王夫差伐齐，打败齐军后，派人召见陈湣公，湣公鉴于其父客死吴国，马上应召前往，而此举又得罪了楚国，楚出兵讨伐。终于在春秋末年，公元前479年，楚惠王出兵北伐，杀掉陈湣公，将陈地划为楚国的郡县，至此陈国宣告灭亡。

陈国自西周时妫满被周武王封到陈地，经过发展、兴旺、衰落、败弱，直到春秋末年陈湣公亡国，享国645年，共传20世24位国君。陈国灭亡后，公室贵族纷纷迁徙他地，好多改为他姓，大多数百姓仍居留原地，以陈为姓氏。可以说古陈国之地是天下陈姓的发源地。

按照《史记·陈杞世家》的记载，陈国世系如上：

五、陈姓主脉及其播迁

（一）陈国宗室后裔

陈国在春秋时期国势积弱不振，内忧外患，几次遭受覆国之祸。这一方面是陈国的不幸，但另一方面，正是由于陈国的多灾多难，陈姓子孙被迫迁徙，星散各地，在异地他乡重新生根开花，生息繁衍，又为陈姓子孙撒遍神州、发展成为中华望族提供了条件。正所谓"塞翁失马，焉知非福"，陈国的多灾多难，反而磨砺了陈姓子孙坚韧的生存能力和生生不息的生命力！

陈姓的生灭盛衰、聚散悲欢，是一部饱含着血和泪的历史，也是一部自强不息、奋斗不止的历史！陈姓子孙承袭着先祖大舜的盛德，生息繁衍，万世不绝。陈姓血脉，一如浩瀚的长江大河，汩汩不尽，流遍九州！

早在春秋中期，从陈国宗室中分支出去的陈完后裔，是陈姓中最为显赫的一支。这一支陈姓子孙后改姓为田，另立门户，在齐国发展，并在战国时取代姜姓齐国，建立田姓齐国，成为战国七雄之一，后又从中分化出许多中华大姓。关于陈姓的这支田齐支派，我们将在后面详细叙述。这里，我们先来看看陈国覆亡后，其宗室后裔分脉播迁的情况。

1. 陈留支裔：公元前571年，陈成公去世，其子弱继位，即是陈哀公。哀公夫人是郑国女子，生太子师。哀公有两个宠妾，长妾生的儿子叫留，少妾生的儿子叫胜。哀公喜爱留，委托弟弟司徒招照顾。尽管哀公喜留，却怕引起内乱，不敢废掉太子师，此想法被招看出，司徒招乘哀公生病之机，杀死了太子师，宣布留为太子。哀公对招的做法非常恼火，欲杀招，但招抢先聚兵围攻哀公，哀公怕被俘受辱，上吊自杀。于是招大胆立留为君。局势稳定后，招派人去楚说明情况，楚灵王当场杀死陈使，派公子弃疾率兵伐陈，陈不敌，国君留出逃。楚灵王任命弃疾为陈公。这是陈国第一次亡国。留逃到郑国避难，他以国为姓，史称“陈留”。他居住的地方也因而得名——陈留（今河南开封县南陈留镇）。如今住在陈留一带的陈姓人，除外来户外，大都是陈留的后世子孙。

2. 陈吴支裔：陈吴是被司徒招杀害的哀公太子师的儿子，在他的父亲被杀后，他逃到陈国属邑柘城（今河南柘城），以陈为姓，史称“陈吴”，寄食于同族胡襄的家里（今柘城东1公里有胡襄城），即以这里为家。陈吴在这里留下一支，后来成为柘城一大姓。陈吴在柘城，后恐被楚追杀，又跑到晋国。过了五年，楚国公子弃疾弑杀楚灵王，回国自立为王，称楚平王。为了争取诸侯的支持，巩固他的王位，平王放弃了对陈国的占领，全面退兵，陈国又到晋国找回了太子师的儿子陈吴回国当陈侯，是为陈惠公。惠公回国后，把弃疾占领的五年也接上，以他的祖父哀公去世那一年为元年，在位28年。陈惠公陈吴死后，仍葬于他曾避难过的地方胡襄城。

据《柘邑陈氏族谱自叙》载：“今按我柘邑陈氏由来已久矣，而溯其始，自周武王封舜后胡公满于陈，配以元女大姬，以备三恪，世守侯封，即以地为姓。其后为楚所灭，惠公遂徙居属邑柘城东，寄食同族胡襄家，今胡襄城是也。及薨，葬于柘城东约二里许，而子孙遂以胡襄为家焉。”此支陈氏人丁兴旺，仅柘城县境就有4万多人，尊陈吴为始祖。

3. 陈亢支裔：陈亢（前511－前433），字子禽，孔子弟子。陈亢是陈胡公的第20代孙，原为庶支。因陈国屡遭外侵，避难于卫国的河阳，后到鲁国求学，受业于孔子。子禽能举一反三，少年有成，成为孔子高足七十二贤人之一。他一生没有做官，设馆教徒，颇有名声。后卒于卫国，他的两个儿子陈德和陈瑶（又谓陈尧），率领陈亢的弟子20余人护灵返回故里，治丧于原陈国都城陈城（此时陈已被楚国所灭，由楚将镇守），葬于今太康县北10余公里的来凤岗。他的子孙除留在陈城外，因守墓，其另一支就以来凤岗为家了。而留在陈城的陈亢后裔，因金兵南侵，在北宋末年南迁。其中有迁往江苏盱眙的，在那里形成了一支陈氏家族。明朝初年，从盱眙又迁回一支，定居于今扶沟县的陈马岗（今为包屯）。后来，又分别居于陈家岗、小岗、吕潭、季历岗、陈潭等地。

太康《陈氏族谱》卷一《家谱世系图文》说：“我始祖先贤子禽，系虞舜之苗裔，始居妫汭因以妫为姓，及禹受禅封嗣子商均于虞，以奉舜祀。传至虞君讳思，佐少康以中兴。越商及周有讳阏父者，夫阏父为周武王之陶正，能利器用，遂以孟姬妻子满，封于陈，以备三恪，谥曰胡公。易姚姓为妫，传十二代至桓公又八世，而子禽予则陈其姓矣。”陈亢作为孔子贤徒，汉代以后，就从祀于孔庙，并被追封为颍伯，北宋真宗时，又加封为南顿侯。

4. 全温支裔：楚灭陈后，最后一位国君陈湣公次子全温，避难于晋，以陈为姓，史称陈全温。后晋卿公孙路麾推荐他到魏国，担任浚仪大夫（即今河南开封县西北）。陈全温这一支在浚仪发展壮大，成为浚仪支派。全温谥文子，传九世到陈武，已是秦汉之间，陈武投同宗陈平部下，屡立战功，封棘津侯。传十一世陈鱼，任江王太傅。鱼生公望，为汉武帝春秋博士。浚仪陈氏后裔传至东汉时，有陈孟琏，为固始侯相，迁居固始，葬浮光山，遂为固始陈氏开基祖。固始陈氏到了唐代，开始南迁入闽，后裔出了“开漳圣王”陈元光。这一脉在东南发展，并渡海入台，成为台湾大姓。

（二）陈平与户牖衍派

陈国的最后一位国君是陈湣公，陈湣公名越，他的长子名衍。陈湣公二十年（前479年），楚灭陈。衍弃国避难于阳武户牖乡（今河南兰考县陈寨一带），以故国名为姓，称陈衍。陈衍的子孙在阳武户牖居住繁衍，到西汉时，这一支出了著名的丞相陈平。

作为陈国宗室直系后裔的户牖衍派陈姓，自西汉陈平之后冠冕相承，代有名人，子孙繁盛，蔚为望族，播迁全国，成为现代陈姓的主要来源。

从陈衍到陈平，中间大约传承10代，从末代王侯到逃亡贵族，历代战国时代200余年的世事沧桑，到秦汉时的陈平，已沦落为一介平民了。《史记·陈丞相世家》载：“陈丞相平者，阳武户牖乡人也。少时家贫，好读书，有田三十亩，独与兄伯居。”其兄陈伯在家耕田，支持陈平四处游学。兄弟俩住在穷乡陋巷，以破席为门，然而陈平好学多友，“门外多有长者车辙”。乡中举办社祭时，常以陈平为社宰（主持人），他每次分配祭肉都非常恰当公平，颇受乡人称赞，陈平说：“嗟乎，使平得宰天下，亦如是肉矣！”此时的陈平，已经有志于天下了。

秦末陈胜起义，在陈地称王，天下群雄并起，正是英雄纵横的时候。陈平辞别其兄，先从魏王咎，再从楚霸王项羽，后奔汉王刘邦。在刘邦帐下，陈平颇得赏识，成为刘邦的重要谋士。陈平辅佐刘邦，六出奇计而定天下：一是行反间计，离间项羽的重臣钟离昧、谋臣范增等人，气死范增；二是夜出女子二千人诈降，解除刘邦荥阳之围；三是劝刘邦封韩信为王，利用他为刘邦打天下；四是与张良一起定计，穷寇宜追，垓下灭楚；五是为刘邦设计假称游云梦，在陈城擒拿韩信；六是使用反美人计，解刘邦白登之围。史家评说："陈平奇计，叹为观止。"

陈平六出奇计，每次都得到封赏，先被封为户牖乡侯，后被封为曲逆侯，食邑三万户。刘邦称帝后，大屠功臣，连张良也遁迹学仙，而陈平却避过一次又一次的谗言，先后担任汉高帝、汉惠帝、汉文帝三朝丞相。

汉文帝二年（前178年），陈平去世，谥号为献侯。其子陈买、孙陈恢相继承袭侯位。到陈恢之子陈何时，因罪失爵。

（三）陈汤与山阳支派

陈汤，字子公，山阳瑕丘（今山东兖州东北）人，西汉著名将领。相传为陈平第6代孙。

陈汤出身贫寒，经人举荐为郎官。当时匈奴郅支单于联合西域各小国，侵略汉朝西部国土，成为当时的大患。陈汤请缨出战，讨伐匈奴，檄文中发出豪言壮语："明犯强汉者，虽远必诛!"

汉元帝时（前43年），陈汤任西域副校尉，与甘延寿（正职）一起出使西域。陈汤"沉勇有大虑，多策谋，喜奇功"（《汉书·傅常郑甘陈段传》）。每当路过城镇或高山大川时，他都登高远望，认真观察、记忆。这次出使西域，只带着一支护卫军队，而不是征讨大军。当他们走出国境时，陈汤便对甘延寿说："郅支单于剽悍残暴，称雄于西域，如果他再发展下去，必定是西域的祸患。现在他居地遥远，没有可以固守的城池，也没有善于使用强弩的将士，如果我们召集起屯田戍边的兵卒，再调用乌孙等国的兵员，直接去攻击郅支，他守是守不住的，逃跑也没有可藏之处，这正是我们建功立业千载难逢的大好时机啊!"甘延寿认为他的分析很有道理，便说要奏请朝廷同意后行动。陈汤说："这是一项大胆的计划，那些朝廷公卿都是些凡庸之辈，一经他们讨论，必然认为不可行。"甘延寿考虑还是应该履行奏请的手续，这时他得病了。陈汤等了一天又一天，焦急之中便果断地采取了假传圣旨的措施，调集汉朝屯田之兵及车师国的兵员，准备行动。甘延寿在病榻上听到这一消息，大吃一惊，想立即制止陈汤这种犯法的举动，陈汤愤怒地手握剑柄，以威胁的口气呵叱延寿："大军已经汇集而来，你还想阻挡大军吗？不抓住战机出击，还算什么将领？"甘延寿只好依从他，带领起各路、各族军兵4万多人，规定了统一的号令，编组了分支队伍序列，大张旗鼓向北进发。

甘延寿与陈汤将大军分为六路直抵郅支城都赖水边，四面包围其城，展开了激战。郅支单于身穿甲衣带领他的妻妾数十人一齐登上城楼，汉军冲进土城，击杀郅支。入城将士搜捕敌军，诛杀了郅支单于的妻妾、太子以及得封的王公等共1518人，生擒官吏145人。另外俘虏敌兵1000余人，都交给了参与打击郅支的小国军队。这就是历史上有名的“矫诏立奇功”。这次胜利，结束了西汉与匈奴的百年战争，提高了汉朝在西域各国的威信。时人称叹：“枭俊擒敌之臣，独有一陈汤耳！”

战后，甘延寿与陈汤立即写出上报朝廷的奏疏，派人连同郅支首级送回长安，朝廷封陈汤为关内侯。王莽执政后，又追谥陈汤为破胡壮侯，封其子陈冯为破胡侯，陈勋为讨狄侯。

陈汤一支起于山阳，被称为陈氏山阳支派。

陈汤之后，又三代为侯。到东汉末年时，出于山阳陈氏的陈翔，官至御史中丞。陈翔为官清廉，颇有政声。陈翔迁至许地（今河南许昌长葛市古桥乡陈故村），他的后代有汉太丘长陈寔，是陈姓最为显赫的一支颍川陈氏的始祖。

（四）陈寔与颍川支派

在汉末魏晋以后的历代陈氏谱牒中，东汉时的颍川陈寔是一位极其关键的人物。陈氏世系源流中，各派都以虞舜为陈姓的“血缘先祖”，从虞舜以下，传至胡公妫满在陈地立国得姓，天下陈氏又以胡公妫满为“得姓始祖”。胡公之后，陈氏有陈完齐田支系、陈平户牖支系——陈汤山阳支系、陈全温俊仪支系等，这些主要支系最后都归结于颍川陈氏的始祖陈寔。陈寔之后，陈朝长城支系——江州义门派、开漳派等，又都以陈寔为祖。可以说，陈寔是陈姓继虞舜、妫满之后的第三位重要始祖。

陈寔（104－187），字仲弓。颍川许县（今河南许昌长葛市古桥乡陈故村）人。《后汉书》有传。陈寔少时家境贫寒，曾在县里做小吏，做事任劳任怨，而又有志好学，受到县令的赏识，让他去太学读书。后来陈寔先后任郡督邮、功曹，深明大义，“善则称君，过则称己”，其高尚的德行为远近所叹服。东汉桓帝元嘉元年（151年）司空黄琼选任陈寔为闻喜长，后又改任太丘（在今河南永城）长。在地方任上，陈寔以德施治，关心、爱护百姓，邻县甚至有不少人因此要迁居到他属下的地方。后来沛国相违法赋敛，加重百姓负担，陈寔无法阻止，便辞官归里。

陈寔德冠当时，成为远近宗师的名士之首，荀爽、贾彪、李膺、韩融、王烈、管宁、华歆、邴原等都曾向他问学。陈寔作为名士领袖的活动为各方所关注，按照贤人上应星象的说法，陈寔出行，据说掌管天文历法的太史从观测德星（即木星，旧谓主祥瑞之星）出现上也看出来了。

东汉末年，宦官弄权，大兴“党锢之祸”，对士族名士进行迫害。延熹九年（166 年），李膺等 200 余人受诬为党人，被捕下狱，陈寔也在其列。其他人大多逃避求免，但他却说：“吾不就狱，众无所恃。”大义凛然地自请入狱。第二年才遇赦出狱。建宁元年（168 年）灵帝即位，大将军窦武谋除宦官，征召陈寔为掾属，参与共定计策。但不久事败，窦武等被杀，宦官更大规模地缉捕党人，死徙废禁达六七百人。陈寔再受党锢，隐居家乡。

陈寔在乡里，注意以高尚的道德感化人们，威信很高，人们都很重视他的意见，认为“宁为刑罚所加，不为陈君所短”。宁愿接受刑罚，也不愿听到陈寔的批评。一次，有个小偷躲到他家屋梁上，准备夜间行窃。陈寔发觉后，不动声色，把儿孙们叫到屋里，教育他们要努力上进，正正当当做人，不要像梁上君子那样养成了坏习惯。伏在梁上的小偷听了很受感动，跳下来向他请罪。这事传开后，其他人也都受到了教育，县里盗窃案也减少了。“梁上君子”的典故即就此而来。

党锢解除后，大臣们都纷纷推荐陈寔，朝廷也多次以公相之位相召，但他都推辞了。中平四年（187 年），陈寔病逝于家中，享年 84 岁。各地赶来吊祭的有 3 万多人，送殡的车子千辆，披麻戴孝者 500 多人，大将军何进也遣使出席，公元 188 年，豫州刺史为陈寔褒功，建庙立碑，谥为“文范先生”，著名文学家蔡邕撰写碑文，并将他的图像张贴百城，树为朝野吏民学习的道德典范。后又追封为颍川侯，钦赐龙牌。

陈寔共有六个儿子，其中陈纪、陈谌最有贤名。当时人们把他们父子三人并称为“三君”。其孙陈群为魏司空，是“九品中正制”的创建者，陈群之子陈泰也位至魏之司空。汉末魏晋颍川陈氏家族成员史实见载于《后汉书》、《三国志》、《晋书》、《宋书》及《世说新语》等书，其中陈寔及其子孙陈纪、陈群、陈泰都在《后汉书》、《三国志》中列有专传。

颍川陈氏由汉末入于魏晋，成为当时的一流高门，子孙历十余世冠冕相承、名士风流，家族地位历三百年而不坠，可说是魏晋间历史最为悠远的世家大族之一。相比而言，所谓王谢之家只能算是后起之秀了。虽然颍川陈氏主支南迁，但在北朝，北魏孝文帝太和十九年（495 年）定士族，在历史上首次以朝廷的威权采取法律形式明确制定门阀序列，陈氏也一直列为颍川首姓。

颍川陈氏成为中华望族，天下陈氏共以颍川陈寔为祖，这不仅在陈姓氏族历史上，而且在中华各姓的历史上，也是一个奇观。因而，我们有必要探讨清楚这其中的缘由。

事实上，据《后汉书·陈寔传》所载，陈寔“出于单微”，其先祖渊源并无可考。他之所以被尊奉为颍川陈氏之祖，并为后来天下大多数陈氏子孙共同尊崇，有以下原因：

其一，陈寔虽不是位极人臣的高官，也没有彪炳千秋的功业，但他品德高尚，“兼资九德（忠、信、敬、刚、柔、和、固、贞、顺），总修百行”。陈寔谥号“文范先生”：“文为德表，范为士则”。在中国古人“立功、立言、立德”三不朽中，“立德”是最高境界。比之于他以前的陈姓名人，陈胡公妫满是第一个得姓的人，但他和他的公室后裔并不姓陈，而姓妫；公子完奔齐，以故国为姓，称陈完，但不久改姓为田；陈国亡后，公室子孙多无显贵者；陈胜称王，但他是反者；陈平位至汉相，但多用阴谋；陈汤有军功，但人品有疵。而陈寔道德为后世旌表，是陈氏先贤中最为突出者。

其二，陈寔及其家庭所处的汉末魏晋时代，是中国历史上士族门阀制度最为鼎盛的时期。东汉末年以来，地方上的世家大族对政治起着巨大的作用，士族名士成为士大夫的核心，所以姓氏郡望多起于汉末魏晋时代。颍川陈氏正是以汉末大名士身份起家成为当时的巨姓望族，世代传袭，名重魏晋。因而，后世修撰家谱者总要追溯至汉末魏晋时期的名望家族，尤其是明清以来民间跨地域联宗修谱活动，使各姓氏支派先祖渊源的合流成为一个普遍现象。

其三，陈寔一系，从东汉到三国魏晋，子孙历十余世显贵，家族地位延续300年。尤其是自南朝陈代立国者陈霸先“自云汉太丘长陈寔之后”以来，以颍川陈氏广布南北的事实及其在历史上的影响来看，天下陈氏共祖颍川的情况于理于情都还是合理的。

（五）陈朝与长城支派

颍川陈氏是陈氏家族中人数最多的一支，他们从东汉太丘长陈寔起，在许昌、长葛一带度过了一个半世纪的安定生活，历史便推进到了西晋末年。

那时军阀混战，民不聊生，中原板荡，士民纷纷向南迁徙。当时长江以南地区尚未被战争波及，社会秩序比较安定，陈姓和林、郑、黄等姓越山渡江，来到了闽中。

到了南朝时期，陈姓成为闽中四大姓之一。有关资料表明，他们之中大多数是颍川派始祖陈寔之后。陈寔的玄孙陈准，曾在晋朝当过太尉，官职不小。他的孙子陈达在晋室南渡后当过长城县（今浙江长兴县）令。长城位于浙江北部，与安徽、江苏毗邻，是个偏僻的小县，可是这里风光宜人，一丘一壑都显得空净明丽。陈达喜爱这里的山水之美，便携家人居于此。陈达选择长兴作为定居地时，曾有过预言："此地山川秀丽，当有王者兴焉，二百年后，我子孙必钟斯运。"到陈达之后的第十代陈霸先时，预言果然应验。

陈达的儿子陈康，曾当过东晋丞相的掾属。从此以后，陈家每代都有人做官，虽算不上簪缨世家，可也称得上书香门第。传至第九世陈文赞时，生了三个儿子：谈先、霸先、休先。

陈霸先创立了南北朝时期的陈朝，将陈姓家族又推向一个黄金时代！

《陈书·高祖本纪》载陈霸先世系：

> 高祖武皇帝讳霸先，字兴国，小字法生，吴兴长城下若里人，汉太丘长陈寔之后也。世居颍川。寔玄孙准，晋太尉。准生匡，匡生达，永嘉南迁，为丞相椽，历太子洗马，出为长城令，悦其山水，遂家焉。尝谓所亲曰：'此地山川秀丽，当有王者兴，二百年后，我子孙必钟斯运。'达生康，复为丞相椽，咸和中土断，故为长城人。康生盱眙太守英，英生尚书郎公弼，公弼生步兵校尉鼎，鼎生散骑侍郎高，高生怀安令咏，咏生安成太守猛，猛生太常卿道巨，道巨生皇考文赞。

陈霸先（503－559），字兴国，小字法生，庙号陈高祖，史称陈武帝，浙江长兴人。陈霸先志度弘远，恭俭勤劳。在中国众多的封建皇帝中，陈霸先应属于其中的一代贤明君主。

陈霸先青少年时打鱼练武，兴趣广泛。古代正史对他青少年时有这样的评价：倜傥大度，志度弘远，不理家产，"明达果断，为当时所推服"。又称陈霸先"及长，涉猎史籍，好读兵书，明纬候、孤虚、遁甲之术，多武艺。"

到陈霸先时，陈达在长兴的子孙经过十世繁衍，已蔚然成为人数众多的大家族。陈霸先起先担任过里司、油库库吏，不久，担任了新喻侯萧映（梁武帝侄子）侯府的传令吏。由于受到萧映器重，萧映任广州刺史，授陈霸先为中直兵参军，不久出任西江督护、高要太守。梁大同十年（544 年），广州爆发兵乱，萧映被围。陈霸先率三千精兵，一战解围，受到梁武帝瞩目。

梁大同十一年，陈霸先受任为交州司马，兼武平（在今越南永安附近）太守，前往交州讨伐地方分离势力。交州平定，已是梁太清二年（548 年）。梁朝首都被侯景围困，梁武帝饿死，萧纲被扶为傀儡皇帝。

陈霸先得知都城被围，立即准备赴援，但从广州到建康，大大小小的地方藩镇势力或勾结侯景，或拥兵自重，层层设阻，处处为难。陈霸先以国家大局为重，与这些藩镇势力展开了顽强的斗争。太清三年底，陈霸先遣使往江陵，投到湘东王萧绎门下，取得了北伐的合法权。在战胜各种地方割据势力后，陈霸先大军于大宝二年（551 年）六月发兵南康，沿赣江北下。

大宝二年十月，侯景残杀梁简文帝萧纲，十一月自立为皇帝。大宝三年正月，陈霸先南路征讨大军从豫章（今江西南昌）出发，这时已有甲士三万人。陈霸先与西路都督王僧辩会师后，三月，在建康与侯景展开了大决战，终于彻底摧毁了侯景势力。萧绎就在江陵称帝，即历史上的梁元帝。陈霸先奉命镇守在京口（今江苏镇江），王僧辩镇守在建康。

梁承圣三年（554 年）九月，西魏发兵突袭江陵，王僧辩未及时救援，梁元帝被杀。陈霸先与王僧辩反复商议，迎梁元帝第九子萧方智（543－558）至建康，准备称帝。

承圣四年，北齐乘梁国多次遭遇兵祸之机，派兵南向，护送贞阳侯萧渊明来登梁国帝位，企图培植傀儡皇帝。王僧辩屈从北齐压力，于七月迎萧渊明到建康称帝。

陈霸先出于国家利益，九月，在京口举兵，除去王僧辩，把萧渊明赶下台，萧方智登基称帝。陈霸先任大都督，总摄梁朝军国大事，分别于绍泰元年（555 年）底和太平元年（556 年）六月，先后击溃北齐两支武装力量的大规模进犯。于是梁朝皇帝封陈霸先为陈王。

陈霸先于太平二年（557 年）禅梁称帝，建立陈朝。陈霸先代梁而立，实际上受命于危难之际，既是民情所需，也是时局所迫。陈霸先生逢乱世，尽管身经百战，收拾的却是百废待兴的江山，在位三年，任贤使能，政治清明，江南局势渐趋稳定。公元 559 年 6 月，陈霸先病逝。

陈霸先在抵御落后势力摧残，维护社会稳定，保护中国传统文化等方面，为中华民族立下了不可磨灭的功勋，是中国古代杰出的政治家和军事家。中国历代先贤对陈霸先的历史地位和功绩都给予了充分肯定。唐代魏徵认为陈霸先效命梁朝，立下丰功伟绩，功勋不下曹操、刘裕；三分天下，能够“决机百胜”，雄豪无愧刘备、孙权。毛泽东也曾经要求人们读读《陈书》，了解陈霸先的身世经历。

有关陈霸先的事迹，记载在《陈书》中。除《陈书》之外，还记载于《梁书》、《南史》、《资治通鉴》等史著之中。陈霸先的坟墓在南京，是全国重点文物保护单位。

陈朝共有三代五帝：陈武帝（霸先）、陈文帝（蒨）、陈废帝（伯宗）、陈宣帝（顼）、陈后主（叔宝）。陈朝立国33年，公元557年建国，公元589年被隋朝吞并。陈朝的疆域约相当于今天的长江中下游以南地区，包括海南岛和越南的北越部分。

陈朝立国，正值侯景之乱不久，连续数年的战乱对南方的经济、文化造成了严重的破坏。陈朝的几位君主一边平定大大小小的地方割据，一边医治战争创伤，南方的经济、文化逐渐得到了恢复。陈霸先打下基础后，继承人陈文帝励精图治，国势逐渐强盛起来；陈宣帝为了实现陈霸先的统一遗愿，兴兵北伐，战败北齐，拥有了淮南之地，这是陈朝鼎盛时期。后因陈后主溺于文酒，不图进取，江山拱手让给了隋朝。

中国史学界公认，中国强盛的隋唐文化，主要继承了南朝文化。早在东晋时期，长江流域经济就有了很大的发展，逐渐接近黄河流域未遭破坏时的经济水平，文化的兴盛，更远远超过当时的北方。经过宋、齐、梁三代的建设，江南的经济与文化已渐渐成为当时整个中国的重心所在，尽管经过梁末战火摧残，江南仍占有十分重要的地位。范文澜在《中国通史》中说："隋唐文化继承南朝，隋唐经济也依仗南方，数全国财富，'扬一益二'，就是长江流域开发的结果。到唐中期，韩愈说'当今赋出天下而江南居十九'，长江流域地位更见重要。"又说："中国古文化极盛时期，首推汉唐两朝，南朝却是继汉开唐的转化时期。唐朝文化上的成就，大体是南朝文化的更高发展。"

正如范文澜所说："西晋灭亡后，黄河流域在少数族统治下，长期遭受严重的破坏，汉族在长江流域建立本族政权，抵抗少数族的南来蹂躏，这是有利于民众的事业，不能看作分裂和割据。"陈朝立国时间虽然不长，但在保护南方华夏传统文化方面，作出了巨大的贡献。

陈霸先毕生奋斗，不仅为整个中华民族作出了重大贡献，还把陈姓家族从政治上提升到了辉煌的顶点。陈霸先使天下陈氏引为自豪，各种陈氏家谱都载有陈霸先像，把这位英雄先祖作为楷模来教导子孙。

继陈霸先而立的是他的兄长陈谈先之子陈蒨，陈蒨为陈文帝，文帝共有11位儿子。文帝传位于其弟陈顼，陈顼为陈宣帝，宣帝有39位儿子。这些陈氏子弟在陈朝时都被授予王位，到了隋朝，大部分仍然得到分封，受任为地方守宰，因而遍布天下。这是陈氏子弟面向全国的一次强势推进。

（六）江州义门支派

陈氏后裔是一个庞大的姓氏网络，派系众多。目前天下陈氏最有名的一支是“江州义门陈氏”，其祖先根据宋代兵部侍郎胡旦考证，“江州义门陈氏”是陈朝宜都王陈叔明的后裔。

陈朝灭亡后，陈后主陈叔宝的弟弟宜都王陈叔明一支避居福建泉州仙游（今莆田县），陈叔明五世孙陈兼，在唐玄宗时考中进士，任右补阙。陈兼的儿子陈京，在唐德宗时居官。京无子，以侄陈褒为嗣，陈褒任盐官（浙江海宁县西南盐官镇南）县令。陈褒的孙子陈环任临海（今属浙江）县令。陈环之子陈伯宣居江西庐山，陈姓从此开始了又一轮迁移运动，并创造了旷世奇迹。

陈伯宣之孙陈旺在唐文宗太和六年（832 年）居江西德安县太平乡常乐里永清村（今德安县车桥乡义门陈村），开始在那里构建最具有中国宗法社会特色的合族居住大宅第。江西德安在九江之南，九江古称江州，因此这一支陈姓就以江州为名，称江州义门陈姓，陈旺为江州义门陈氏开山之祖。

从陈旺开始，江州陈氏家族人口猛增，家族极其兴旺。自“义门”陈氏始立，到宋太祖开宝年间（968－976），义门陈氏有人口 740 余人。到宋真宗咸平三年（1000 年），增至 1470 余人，短短 20 余年时间里，人口增加一倍。到了宋仁宗天圣四年（1026 年），“江州义门”陈氏已延续了 320 多年，19 代同吃同居，全家族人口达 3900 多人，田庄 300 多处，发展成一个庞大的封建家庭，“室无私财，厨无异馔，大小知教，内外如一。四百零三人同期应举，二十四人同榜进士”，这实在是人间一大奇迹。历代受到统治者褒扬鼓励的山东曲阜孔子后裔孔氏家族，也无法达到如此规模。而一个没落王朝的后代，一位名不见经传的布衣儒士，却于江西庐山脚下一处平和的村庄里做到了。

江州义门陈姓家族 3900 多人聚居一堂，其实就是一个微型的国家，一个独立的社会，具有和国家机制相对应的各种功能。它拥有学校、藏书楼、接待馆、医院、祠堂、田庄、园林，有自备生产、生活用品的各种设施，是中国古代传统的自给自足的自成体系的田园社会的典型。需要有高度的组织管理才干、大公无私的高贵品质、敬老抚幼的天职观点、互谦互助的团结精神、调和官民关系的有效策略和一套完整优善的规章制度，才能使这个大家族能够 19 代聚居一处，前后延续 230 年之久。

对这个封建大家庭的管理，靠的是严谨的族规家训和严密的组织管理制度。陈氏家族有一套成熟的管理机构，负责处理族内外一切事务，对上负责向族人征收赋税，保证家族与国家的协调沟通，保证能安全地与国家相处；对内有一套系统的管理制度，以保证族人不为争夺资源而发生冲突。

《义门陈氏家法》33 条，以儒家规范为基础，可说是中国宗法社会法典的缩影，也是中国儒学的精髓，字里行间处处体现忠、恕、孝、悌的思想。家法规定，在这个大家族里，“以治家之道为人伦之本，欲隆风教之原，必从孝第（悌）始”。这无不渗透着儒学的精义，真正做到了老幼皆知，心领神会，成为每个家庭成员的行动准则，因此，尽管子孙众多，却上下尊卑有序，和善相处，齐心协力共建家族的繁荣。家法33条，对家庭生活的方方面面都有严格细致的规定。整个大家庭里，在家长的权威领导下，分工细密，各司其职，无一闲人，一切都是井井有条。“置库司以掌家财，立庄长以督赋租。学校以教童稚，道院以业焚修，巫法以备祈祷，医师以供药石，东佳书院以待学者，德安廨宇以奉公门。其余酒浆盐禾之储，衣裳笄箱之具，三时饮食之节，四序宴会之期，长幼出入之仪，昏定晨省之礼，婚姻丧吊，送往迎来，赏以劝善，罚以惩恶，凡诸纤悉，莫不周详。”（《长沙陈氏谱·义门记》）淳厚的家风影响着陈姓家族的每一片土地，这里游手好闲的人没有，玩物丧志的人没有，奇谈怪论的人没有，营私舞弊的人没有。据记载，这种家风使家族里的百余条狗也受到了感染，它们共居一舍，吃食时，如果有一条狗没有准时到达，其他的狗绝不会抢先而食。时人有诗赞道：“堂前架上衣无主，三岁孩儿不识母，一十五代未分居，农夫不怨耕田苦。”像这样的忠义之家，堪称封建家庭的最高理想模式，自然是封建社会的光辉楷模。

义门陈氏亦家亦国，亦国亦家，可见陈姓大家族在治理家政上，已经体现出治家治国的高度统一性。陈姓有建立陈国、齐国、新朝、陈朝的丰富经验，以此来治家，自然是得心而应手了，这种经验，似乎潜藏在陈姓生命史绵延的基因之中。

在主张君君臣臣的封建社会里，当然需要这样一个古风纯朴的田园牧歌式的家族来做典型和样板。最先看中它的是唐朝统治者，唐昭宗大顺二年（891年）赐立“义门”，免除诸杂科舶盐面钱等赋税，这是“义门”名号的由来。到了北宋时代，“江州义门”最为鼎盛显赫。宋太宗淳化三年（992年）旌赐“忠孝世家”匾额。至道三年（997年），太宗又御书“真良家”，并赐联语：“三千余口文章第，五百年来孝义家”，匾额为“义门陈氏”，还有诗一首：“金门宴罢月如银，环佩珊珊出凤城。问道江西谁第一，咸称惟有义门陈。”宋真宗赐的联语是：“萃居三千口人间第一，合聚四百年天下无双。”宋仁宗赐的匾额是“忠孝世家”，等等。宋仁宗嘉祐八年（1063年），文彦博、包拯、范师道、吕海等又上表宋仁宗，建议把“义门陈氏”作为封建教化的样板进行褒扬，诏令全国学习。

但是，乌托邦式的理想国，小农经济那种自给自足的生产生活方式，到底经不起历史的风浪，终有一天会解体。尤其是当它庞大到超过管理者的能力时，矛盾就暴露出来了。试想百口尚且难调，又有谁能让几千人同搅一把勺而个个吃得满意呢。

矛盾首先暴露在经济上。在封建社会，生产工具的简陋，整体生产水平低下，农业生产技术落后，无不制约着农业生产的发展，因此，粮食产量较低，在风调雨顺的年份，义门陈氏还可以维持粗糙的温饱，但一遇到自然灾害，兵荒马乱，收成不好，吃饭问题就变得不堪应付了，典籍中便有“陈氏举宗啖粥”的记载。在灾荒严重的年头，人口众多，库无余粮，饥饿的阴影笼罩着陈姓家族。淳化年间，江州的地方长官，目睹这种状况，急忙向皇帝汇报，皇帝动了恻隐之心，下诏江州每年向陈姓家族发放救济粮二千石，以维持他们的正常生存。此制以后就成了惯例。

陈姓家族对于经商之道，是颇为蔑视的，其思维模式和整个封建社会的“重农轻商”是一脉相承的。除了全力以赴地抓农业外，“商贾营贩之利，禁之不习”。陈姓家族的经济命脉完全在于田地生产，年景好时仅能维持温饱，一到灾年便捉襟见肘，别无他法。田土不会增加，人口却飞速发展，日子也就愈过愈穷了。

另外，还有一个重要的原因，即陈姓家族的极端的平均主义分配制度，不利于家族成员的积极性，老幼无别，智愚相等，干多干少一个样，反正是有饭同吃，有衣同穿。在这样一种所谓淳朴的民风中，生产效率自然是不高的。这些不可解决的矛盾，是导致后来陈姓家族分家的基本因素。这种分家的缘由，首先是因为经济上家族的日益庞大，居住地空间的促狭，田地的不可增加，粮食产量的低微，要维持一种正常的温饱生活已逐渐不可能，“人满为患”，于是只有分家以疏散人口，使江州义门的生存环境得到合理的调节。

政治因素也是江州义门分家的主要原因。不可讳言，陈姓这样的忠义之家，对于封建社会的稳定和教化，起过极其重要的作用。但是，朝廷方面既需要这样一个以“义”著世的家族来做样板，又怕它势力过于膨胀，尾大不掉，毕竟这个家族是被取代了的皇族后裔，其远祖先后建立过西周陈国、战国齐国、秦汉陈胜的张楚国、西汉末年王莽的新朝和南北朝时的陈朝，主宰过国家的命运，有着良好的政治素质和管理才能；家族中在当时就有许多人官居要职，掌管着一些重要的部门。一个如此庞大的家族，高度地统一于一个家长的领导之下，如果有谁振臂一呼，一族同起，再呼应四方，可能对王朝造成极大的威胁。这不能不成为最高统治者的一块心病。于是有人上书皇帝，说义门人口大盛，家族过于集中，而且在朝野把持政权的人过多，建议削弱，实行分析。这个家族的当事人“善解君意”，也就顺水推舟，奏请分家，真是明智之举。好合好散，圆满收场，历史上落个好名声。

凡此种种，文彦博、包拯等大臣建议“分析”，即分散居住，宋仁宗征得陈氏家族同意之后，采纳了这一建议，于嘉祐七年（1062 年）7 月派人监护，按皇帝御赐字号：“知宋宗希，公汝才思，彦承延继”十二个字进行分析，把陈姓在郑州（今属河南）、潭州（湖南长沙）、黄州（湖北黄冈）、汉阳（湖北武汉市）、安庆（今属安徽）、棣州（山东惠民）、松州（四川松潘）、泸州（今属四川）、光州（河南潢州）、洪州（江西南昌）、舒州（安徽潜山）等地的产业，分为 291 份，抓阄定夺，属于小宗。又把德化（江西九江）、瑞昌（今属江西）、星子（今属江西）三县庄田，分为 27 份，德安、建昌（江西奉新西南）的财产分为 20 份，这些均不在 291 份之内。抓阄抓到何处，便迁往何处。他们迁往居住的田庄多达 290 余处，江西、河南、浙江、湖北、广西、江苏、安徽、海南、四川、山东、山西、陕西、福建、湖南、广东、上海、天津等 17 个省、市，均有陈姓的足迹。若以县份计算，陈姓分布 125 个县、市中，其中以江西最多，占 28 个县市。

现全世界 8000 余万陈姓中 98% 是江州义门陈氏的后裔，全国还有许多地方陈氏的门首写有“义门世家”的匾额，故有“天下陈氏出义门”之说。据查，中国共产党的著名人物陈云、陈毅、陈赓，国民党元老陈立夫、陈果夫，国民党将领陈诚，中共早期领导人陈独秀等，都是江州义门陈氏分析到各地支派的子孙。

（七）陈氏入闽、迁台与走向世界

1. 开漳圣王派：在唐代，有一支陈姓因为接受唐王的君命，率子弟兵南下征伐叛乱，就在闽南地区发展起来。

唐代中原陈氏入闽，影响相当深远。唐高宗总章二年（669 年），闽南少数民族发生动乱，攻城克池，斩将搴旗，把地方政权冲得七零八落，告急文书雪片般飞向朝廷。高宗派河南固始人陈政为岭南行军总管，率兵 3000 多人前往讨伐，但是那些少数民族均是土生土长，熟悉地理，剽悍骁勇，陈政招架不住，只好据城固守。后加派陈政之兄陈敏、陈敷率固始 58 姓军校前去增援。不料陈敏、陈敷不适应瘴疠之乡的恶劣气候，先后染疾死去。一时军中无主，乱作一团，陈敏之母魏氏（据说是唐太宗宰相魏徵之妹）适在军中，便挺身而出，统率军队，驻扎在福建云霄县。陈政于仪凤二年（677 年）死于军中，由他的儿子陈元光代替领兵。当时元光正是 20 岁的青年，他博览群书，通晓文韬武略，指挥军事，得心应手。经过 9 年苦战，终于大败蛮獠，平息战乱。为了开发闽南这片沃土，陈政奏请朝廷设立漳州郡，进行大规模的经济、文化建设。元光不惮辛劳，亲自经营擘画，选贤任能，开垦荒田，招徕流亡，兴修水利，劝课农桑，设置学校，使闽南大地上无烽火干戈之扰，百姓安居乐业，被人称为乐土，陈元光后来就长眠在这里。他祖孙四代一直担任漳州地区的行政长官，历时一个世纪之久，使这块荒凉偏僻的边徼之地出现了欣欣向荣的景象。陈元光的后裔也在这里繁衍生息，成为当地的一支望族，分居在饶平、澄海等地，当地人称元光为"北庙"始祖，并尊称为开漳圣王，这个称呼是名副其实的。

陈元光的子孙称"开漳圣王派"，成为闽、粤、台及南洋诸岛陈姓最主要的一支。为了表达对陈元光的崇敬之情，许多地方建有陈圣王庙，福建有 100 多座，台湾有 53 座，南洋诸岛也有 20 多座。闽南的几座"开漳圣王庙"，如燕翼宫、威惠庙等，其规模之大，香火之盛，不亚于国内一些大型的佛、道教寺观。

2. 太傅派：唐朝中期，陈邕为唐中宗时进士，官至太子太傅，因受宰相李林甫排挤，玄宗时率家由京兆万年（今陕西长安）迁至福建同安嘉禾，又徙漳州南厢山，其子陈夷行，唐文宗时任宰相。陈邕的裔孙陈洪进，福建仙游人，在闽主王延政手下任统军使，以才勇闻，屡立战功。王延政死后，陈洪进降南唐，并把王延政之子王绍送去作见面礼。南唐后主李煜大为高兴，封陈洪进为泉南等州观察使。南唐被北宋攻灭，陈洪进自知无力与宋朝抗衡，于是去朝见宋太宗，主动献出漳、泉二州，被封为武宁军节度使、同平章事（宰相），留居汴京（今河南开封市）。陈洪进的两个儿子文福、文灏分别任泉州刺史和温州刺史，子孙兴旺，后在闽南发展成为望族，以先祖陈邕官太子太傅之故而称"太傅派"陈氏，并尊陈邕为"南院"始祖。

唐末五代时，光州固始人王潮在王绪部下为军正，随军入闽，后任福建观察使等职，死后由其弟王审知继任威武军节度使。909 年，王审知被封为闽王，其后并建立闽国。跟随王氏弟兄入闽的有 27 姓军校，第一便是陈姓。明刘球《陈叔刚行状》："陈之先，光州固始人，唐末之乱，有讳檄者，从王审知入闽，官闽至大尉。其子令镕居闽之大义，令图居侯官之古灵。令图为宋直学士襄曾祖。"北宋孙觉《陈襄墓志铭》："其先光州固始人。五代时，王氏入闽，因随家焉。今为福州侯官县古灵人。曾祖讳令图，仕闽通显。"陈襄为宋世硕学名臣，学者称古灵先生。古灵、大义陈氏及其支系胪雷、南阳、螺江陈氏等广泛分布于现在的闽东地区。

3. 莆田陈氏：隋朝大业十二年（616 年），一个叫陈迈的人领兵镇守莆田，后来归唐，出任开莆县令，此为陈姓人莆田之始。陈迈任县令期间多有惠政，因爱这里林壑优美，致仕后便卜居于此。他逝世后当地百姓曾立庙祭祀。他的后裔号称“十八陈”，已成为莆田著姓。陈氏族人在今县政府东侧建有祠堂，命名为“崇功祠”，其主体建筑尚存，保留有明、清建筑风格。

4. 广东陈氏：陈氏入粤，始于南宋。北宋末年，金兵南侵，中原士族大批南迁，陈寔后裔陈魁率族人 93 口移居福建宁化、上杭，至其曾孙二郎，三郎再迁至广东、程乡，后散居大埔、肖宁、长乐、龙川等县。

5. 陈氏迁台：陈氏入台，始于明末。福建同安人陈永华，于明末随郑成功入台湾，被尊为陈氏入台始祖。自清初至新中国成立的 300 多年间，陈氏迁台人数很多，陈姓成为台湾人口最多的首姓大族，与林姓共有“陈林半天下”之誉。

据香港《文汇报》载，福建省漳州市诏安县太平镇白叶村，据说是台湾陈水扁祖籍。白叶村有陈氏祖祠——星斗楼，故这里的陈氏称星斗楼陈氏。星斗楼陈氏族谱上记载着从陈姓开基祖到现今的陈氏子孙，其中 200 多年前有一名叫做阿乌的陈氏子孙。据了解，陈水扁家族去台始祖名陈乌（1739－1796），陈水扁是第九代孙。如果陈水扁祖先陈乌就是白叶村族谱里记载的“阿乌”，那么陈水扁就是星斗楼陈氏第二十代孙。

6. 越南陈朝：陈氏迁入越南的历史比较久远，至宋代人数更多，有的成为安南王朝的重臣。其李朝女皇李昭皇之夫陈炅于 1228 年创建越南陈朝，传 8 世 13 王历时 175 年，促进了陈姓人口的发展。至今，陈姓仍被列为越南十大姓之首。

7. 走向世界：陈氏移居日本始于明初，大都是由明太祖朱元璋派去的水手，此后有的在琉球群岛落户。明清以后，闽粤等沿海地区的陈氏，有许多人出海谋生。福建永春人陈臣留，到马来西亚经商，后又率领亲族百余人迁居马来西亚和新加坡。另有一些人分别迁至菲律宾、泰国、印度尼西亚和美、英、法、加拿大、澳大利亚等国家，分布相当广泛，他们对当地的繁荣与进步都作出了积极贡献。

（八）陈姓在当代中国的分布

陈姓是当代中国的第五大姓，占全国人口的 4.53%。

按区域而言，在南方地区（闽台、两广）陈姓则居于首位，占该区域人口的 10.57%；在长江流域（江浙皖赣湘鄂川黔滇），陈姓位列第四，占该区域人口的4.86%；在北方地区（即除南方、长江流域以外地区）陈姓则退居第七位，占该区域人口的2.51%。

从省别来看，福建、台湾、广东、浙江等省是陈姓人口最集中的地区，陈姓占本省人口的比例分别为14.01%、12.21%、10.52%、7.74%，并且在台湾、广东、浙江三省，陈姓均为本省第一大姓（福建陈姓略低于林姓，居本省第二位）。各省情况详见下表：

省别	陈姓占本省人口比例（%）	本省姓氏排名	备注
福建	14.01	2	
台湾	12.21	1	
广东	10.52	1	含海南
浙江	7.74	1	
广西	5.95	3	
贵州	5.53	4	
云南	5.36	4	
江苏	5.27	3	含上海
四川	4.8	4	含重庆
江西	4.75	3	
湖北	4.69	5	
新疆	4.18	5	
甘肃	4.16	4	
湖南	4.11	6	
安徽	3.58	5	
河南	3.15	7	
辽宁	2.98	5	
黑龙江	2.75	7	
山东	2.57	7	
陕西	2.24	7	
吉林	2.15	8	
河北	1.69	9	含北京、天津
山西			姓在本省姓氏排名中未进入前十，无数据
内蒙古			
青海			
宁夏			

从人口总量来看，广东为当代中国陈姓第一大省，该省陈姓人口占全国陈姓总人口的比例达14.7%，其次为四川、福建，三省陈姓人口合计可占全国陈姓总人口的33%。

以上数据由袁义达先生（中科院遗传与发育生物学研究所副研究员）依据1982年第三次人口普查抽样资料统计，详见袁著《中国姓氏——群体遗传和人口分布》。统计数据不包括少数民族。

六、妫汭五姓及陈姓的其他分支

（一）妫汭五姓

在中华姓氏中，妫、陈、田、姚、胡五姓同根同源，其血缘先祖同为舜帝。郑樵《通志·氏族略》言："虞有二姓，曰姚曰妫。因姚墟之生而姓姚，因妫水之居而姓妫。"因而史称妫、陈、田、姚、胡为"妫汭五姓"。"妫汭"，古水名，又作"沩汭"，在今山西永济南，源出历山，西流入黄河。前文已述，舜帝本为姚姓，因居妫汭而得妫姓。

舜帝一系主支姓氏历经多次变迁，夏代和商代商均、虞遂为正朔，姓虞；西周和春秋时妫满正朔，姓陈；战国时承继舜帝香火的是陈完一支，姓田；此后舜帝一系姓氏又不断地分化。《汉书·王莽传》载王莽在谈及自己的族系时说：

> 黄帝二十五子，分赐厥姓，十有二氏。虞氏之先受姓曰姚，其在陶唐曰妫，在周曰陈，在齐曰田，在济南曰王。姚、妫、陈、田、王氏，凡五者皆黄帝苗裔。

王莽在这里概述了舜帝一族姓氏变迁的历程。舜帝后裔历经数千年繁衍播迁，蔚为望族，并从中派生出60多姓，其中多为中华大姓，除陈、田、姚、胡姓外，在中华100大姓之内的还有王（一支）、孙、袁、夏、陆等等。

据估计，舜裔人口在全世界约有1.5亿，其中陈姓繁衍得最旺盛，约占一半。现海外成立有"世界舜裔宗亲联谊会"。该会是一个全球性的民间社团，也是一个包容较多姓氏的寻根组织，目前参加这个组织的有陈、姚、虞、胡、田、袁、孙、车、陆、王等10姓。

世界舜裔宗亲联谊会总部设在香港，自1982年起每年轮流在各地举行国际大会。首届世界舜裔国际大会于1982年在香港举行，盛况空前。之后分别由中国台湾、泰国、马来西亚、菲律宾及美洲各地轮流主办。1999年4月21日至23日，世界舜裔联谊会第13届国际大会在颍川陈氏的发源地河南许昌长葛隆重举行，这也是该组织首次回到祖国故土认祖归宗。目前已举办了15届，影响非常大。

天下舜裔子孙，姓氏各异，但同根同源，血脉相连，具有巨大的亲和性和凝聚力。

（二）田姓：陈姓引以为荣的一个重要分支

田姓是陈姓的主要分支，今列中华100大姓的第58位。

田姓的始祖是春秋时的陈国公子完，陈完又称田完，谥号敬仲，其事在《左传》中有多处记载，司马迁《史记》有《田敬仲完世家》。

陈完是陈厉公之子，他出生时，正好周朝太史经过陈国，厉公请太史为儿子卜卦，卦象是由“观”卦变为“否”卦，周太史解卦云：“是为观国之光，利用宾于王。此其代陈有国乎？不在此而在异国乎？非此身也，在其子孙。若在异国，必姜姓。姜姓，四岳之后。物莫能两大，陈衰，此其昌乎？”意思是说，这个孩子将会是国家的重臣，可能替代陈国而立国，掌握国家政权。可能不在陈国而在别的国家；不在他本人而在他的子孙。如果是在别的国家，很可能是姜姓齐国。一个事物不可能两边同时强大，陈国衰亡后，这个孩子的后代可能昌盛起来。后来，周太史的预言真的应验了。

春秋中期，陈国发生了两次争夺王位的斗争。陈完之父陈厉公名佗，陈佗的父亲是陈文公，陈文公卒后，传位于陈佗之兄陈鲍，为陈桓公。陈佗与陈鲍是异母兄弟，陈佗之母是蔡国人。陈桓公陈鲍生病时，蔡人帮助陈佗杀死桓公和太子陈免，立陈佗为君，为厉公。后来桓公的三个弟弟跃、林、杵臼为其兄复仇，杀死了厉公，三兄弟相继为陈君，即利公、庄公、宣公（此处从《史记》说）。陈完本为厉公之子，厉公死后，陈完不得立，做了陈国的大夫。陈宣公时，宣公的宠妃生子款，深得宠爱，宣公欲立款为国君，就杀死了自己亲生的太子御寇。陈完与御寇关系很好，陈完害怕祸及于己，被迫出逃到齐国。

陈完避难逃到齐国时，正是齐桓公十四年。因为陈完是陈国贵族，齐桓公想让他做贵卿，陈完推辞说：“我本是一个逃难的人，您能收留我，我就十分感激了，不敢再当高位。”于是齐桓公给了他一个称之为工正的官职。齐懿仲想把女儿嫁给陈完，也先算了一卦，占得的卦兆说：“这叫做凤凰齐飞，和鸣锵锵。妫氏的后代，将育于姜。五代之后，将会昌盛起来。八代之后，将无人能比他更强大。”齐懿仲把女儿嫁给了陈完，陈完死后谥为敬仲。此事见载于《左传》和《史记》。

陈完逃到齐国后，改姓为田。《史记·田敬仲完世家》载：“敬仲之如齐，以陈字为田氏。”关于陈完为何改姓为田，《史记》的注家有二说：《正义》言“敬仲既奔齐，不欲称本国故号，故改陈字为田氏”，《集解》言“始食采地于田，由是改姓田氏”，是说因采邑地在田地，以地为姓；《索隐》云“敬仲奔齐，以陈田二字声相近，遂以为氏”，是说“陈”、“田”二字同音相转，于是改陈姓为田氏。我们赞同后一种说法，因为：一是陈完逃到齐国，寄人篱下，是个落难之人。因为无功无禄，齐国不可能赐给他封邑；并且作为地名的田，无从查考。二是陈、田同音相转可查《说文解字》：“田，陈也，树谷曰田。”段玉裁注：“各本作陈，今正。敶者，列也。田与敶古皆音陈，故以叠韵为训。”《新唐书·宰相世系》谓：“田陈相近也。”钱大昕《十驾斋养新录》卷五谓：“陈田声皆相近。”陈、田互相通用在古代典籍中例子极多，如《韩诗外传》七：“召门尉陈饶等。”而刘向《说苑·尊贤篇》说：陈饶作田饶。可以说，汉代以前陈、田可以通用。《大戴礼·保传篇》载：“齐有田卓、襄王得其国。”而《贾子新书·胎教篇》说：田作陈。汉以后陈、田才分为两姓。所以，陈完入齐，改陈姓为田姓，以避与陈故国之嫌，这是很好理解的事。至今闽南话尚保留不少古音，陈、田读音相同，而潮汕话的陈、田之音仅略略一转而已。由闽南方言这个语言活化石可以看出，田、陈古读音确实是相同的。所以，陈完因封邑得姓的可能性不大。他改姓田，应是古陈、田二字相近的原因。

陈完的后代田氏家族在齐国逐渐发展，至其五代孙田乞，为齐景公大夫，田乞行德施惠于民，甚得众心。于是联合异姓大夫鲍牧，发动政变，率兵攻齐君晏孺子，杀其相及亲族。田乞在自己家立晏孺子的庶兄阳生为齐君，是为齐悼公。阳生与田乞原是好友，更加宠信田氏。田乞之子田常又任齐悼公之子齐简公的相国。田常用大斗出货、小斗收进的办法，以笼络人心，完全控制了齐国政权。后又发动政变，尽诛齐国卿族鲍、晏、阚止和其他公族，再杀简公而立其弟为平公。从此，田氏世代为相，垄断齐国政权，齐公犹如傀儡。

田氏在齐国，不是王室，胜似王室。田常为相时，割地封邑，选妃入宫，其生子就有70多个，使田氏家族人丁大兴。田常之子田盘又使田氏兄弟宗人尽任齐国各都邑的大夫，进一步把全国地方政权全揽在田氏一族手里。到田盘之子田和时，终于夺取了姜姓齐国的政权，田和废除齐康公而自立为齐太公，并受到周王朝和诸侯列国的承认。公元前386年，周安王正式承认田和为齐侯，这就是历史上著名的“田代齐姜”。田和为田太公，是陈完的十代孙。田姓齐国，比故国陈国要强大得多，成为战国七雄之一。

春秋末年，陈国亡后，陈姓主脉不显，而在齐国由陈改姓为田的这一支则秉续虞舜一脉，成为正宗。《左传·昭公八年》载：

> 陈，颛顼之族也。岁在鹑火，是以卒灭，陈将如之。今在析木之津，犹将复由。且陈氏得政于齐，而后陈卒亡。自幕至于瞽瞍，无违命。舜重之以明德，置德于遂，遂世守之。及胡公不淫，故周赐之姓，使祀虞帝。臣闻盛德必百世祀，虞之世数未也。继守将在齐，其兆既存矣。

这段话说明：陈姓本是颛顼之族，东夷之人，舜帝后裔。舜帝的功德，到商代传于虞遂，虞遂承继舜帝香火。周代时胡公妫满不淫，周王封国赐姓，为陈姓，让妫满奉祀虞帝，以妫满为舜帝正宗。凡有盛德的古先圣王，必定享有百世之祀。陈国之后，舜帝一脉的正朔传到了齐国，舜帝香火不绝。

田齐历时180多年，传八君。公元前221年，齐王田建时，齐国为秦所灭。齐王田建亡国后，子孙纷纷改姓避难，舜帝一系又经历了一次大分化。田齐世系如下：

齐国田氏世系

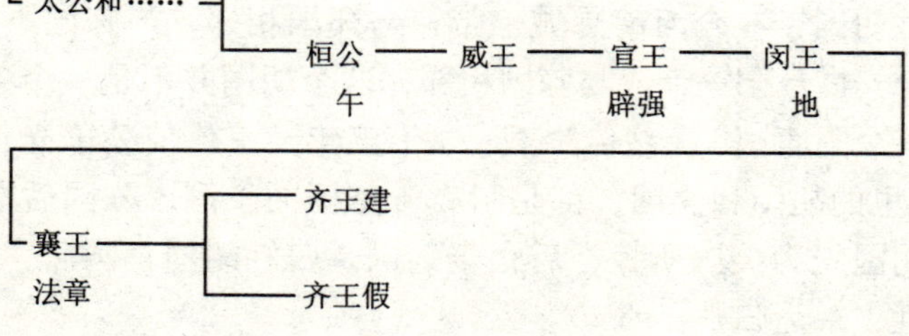

（三）胡姓：以谥为氏

胡姓为当今中国第13大姓，占总人口的1.31%。

关于胡姓的来源，有多种说法。其中，最主要的两种说法均与陈地有关：一是以陈胡公谥号为氏；二是以国为氏，春秋有胡国，子爵，其地在陈国附近，是附庸于陈国的一个小国。

古代姓氏学著作认为，以谥为氏是胡姓的主要源头。唐代林宝《元和姓纂》上说："胡，帝舜之后，胡公封陈，子孙以谥为氏，系出妫姓。"林宝所依据的是出于汉代的《世本》一书，《世本》中对胡姓来源的解释是："周武王封虞满于陈，谥胡公，因氏。"

这里我们要讨论的是，妫满为什么得了一个"胡公"的谥号？或者说，"胡"字包含着一个什么样的美好意义？

关于妫满谥号"胡公"的由来，我们从周代的谥法中也许能找到一些线索。《逸周书·谥法解》云："保民耆艾曰胡，弥年寿考曰胡。"胡，即是年老高寿的意思。也就是说，妫满年高寿长，人乐其寿，故以其寿而谥之曰"胡"。

但是，是谁最先以胡为姓的？遍查古代姓氏书籍，难以考究。广州市胡海先生为调查全国安定《胡氏族谱》，从1991年8月到1996年9月，自费踏13省，遍寻资料，历千辛万苦，从民间浩瀚的家谱史料中，做出结论，认为陈国最后一个国君陈胡公20世孙陈湣公亡国后，他的两个儿子逃往阳武户牖避难，其中陈衎，生子二：长子名琏、次子名玙。琏以国为氏，姓陈；玙以胡公谥号为氏，姓胡。玙生澄，于是有胡氏一系。此为一说。但从胡公妫满到其21世孙玙，其间相距600余年，若以胡公谥号为氏，当在胡公孙辈三、四代之间，不一定会延续到21世。有的胡氏族谱上说，胡氏始于陈胡公长子申公犀侯。胡公有二子，长子名犀侯，为申公，以胡公谥号为氏，姓胡；次子名皋羊，继兄即位，为相公。此又为一说。

对胡氏起源的另一种说法是源于胡子国，以国为氏。春秋时有两个胡子国，一为姬姓胡国，在今河南郾城一带，与郑国相邻，与陈国不远。一为归姓胡国，在今安徽阜阳一带，与陈国相邻，这个胡国并不是一个独立的小国，而是陈国的一个附庸国。《左传》载："十五年吴王僚使公子光伐陈，取胡、沈而去。"这里的胡国和沈国，都是附庸于陈国的子国。陈国后期国力衰弱，自顾不暇，胡国先为吴国所掠，后亡于楚国。归姓胡国亡国后，后人分为两支，一为胡姓，一为归姓。

关于胡公的这两个来源，宋代郑樵在《通志·氏族略》中说："胡氏，子爵。其地在今颍州汝阳西三里胡城是也。春秋定公十五年，楚灭之，其后以国为氏。或云：胡公满封于陈，其后亦为胡氏。"他在这里提出了两个来源，但最早的姓氏书籍、早在汉代的《世本》认为胡姓源于陈胡公，且大多数胡姓族谱均记为源于陈胡公，所以我们还是取胡姓以胡公谥号为氏，与陈姓同源之说。

胡氏家谱源流甚早，现有确切文字可查的是宋代修的族谱。朱熹有《胡氏族谱序》存于世，《序》云：

> 胡氏之先自周武王封舜后胡公于陈，子孙以谥为姓，历汉文恭公，以迄晋关内侯质为立谱之鼻祖，相传二十五世，中间序昭穆，别疏戚，因流溯源，由本达枝，作谱以传，庶几不忘本也。胡氏子孙继此能自振于时，则斯谱之传愈久愈光，由一世及千万世，莫可量也。

胡姓的郡望在唐代以前，主要在安定、新蔡两地，其中安定声望最高。安定郡在今宁夏固原。安定成为胡姓著名的郡望是在两晋时期，据《元和姓纂》记载，西汉时胡建始居安定。胡建曾任安定太守，"出门名户，占系陈国"，即为陈国胡公满的后裔。东汉时，太尉胡广为安定人。三国时，魏荆州刺史胡质为安定人，其子胡威为青州刺史、平春侯，又迁居淮南。安定胡氏历经两晋，世代官宦，权倾朝野，由此安定胡氏名闻天下，安定胡氏成为天下胡姓最显达、最庞大的一支。

南朝时，刘宋名将胡藩居江西华林（今江西奉新县西南），胡藩有60多个儿子，经数十年繁衍，成为当地大族，胡藩为华林胡氏始祖。自胡藩历24世，传至唐代胡魁，历任饶州判官、侍御史等职，胡魁有5个儿子，分居5处，蔚为华林五宗，华林胡氏走向兴盛。

华林五宗中，胡魁长子胡珰之后，宋代有国子监主簿胡仲尧兄弟，一门进士，盛极一时。胡珰后裔后来有迁到湖南、湖北、云南及江西其他地方的。迁至湖南的有一支居于浏阳中和乡，这里为罗霄山余脉，有一小山岭，名叫"西岭"，西岭山脚下有一村子，自明末以来就有胡姓人居住，经400年繁衍生息，成为当地有名的"西岭胡氏"。

胡氏家族的另一支在安徽徽州特别引人注目，他们创造的文化成为徽州文化中的不可或缺的重要组成部分。早在宋代，著名学者汪藻就曾这样说过：

“大江之东以郡名者十，而士之慕学新安为最。新安之属以县名者六，而邑小多士，绩溪为最。绩溪之氏以族名者无虑百余，而学传子孙胡氏为最。”

绩溪是徽州的六县之一，今为安徽绩溪县。“绩溪胡氏”以其独特的文化而著称于世，为当地闻姓望族。绩溪胡氏著名的家族有三支，即“明经胡氏”、“金紫胡氏”、“尚书胡氏”，人称“绩溪三胡”。

“明经胡氏”系由李姓改为胡姓者，是近代名人胡适和胡光墉（即红顶商人胡雪岩）的家族。

“金紫胡氏”，其始祖为宋代名臣、学者胡舜陟（1083－1143），他因受封为金紫光禄大夫，故后人把“金紫”作为其家族的称呼，称“金紫胡氏”。金紫胡氏自家居绩溪后，聚族而居，世代为学，过着耕读与世宦相结合的生活。胡舜陟之子胡仔也是宋代大学者。据史载，宋、明、清三朝中，金紫胡氏共有154种著作问世，著作多以解经为主，故有“经解世家”之称。

“尚书胡氏”，其始祖可追溯到东晋时的胡焱。胡焱本是山东青州人，东晋时任散骑常侍官职，奉命镇守新安郡的歙县，咸康三年（337年），胡焱游览华阳镇（今绩溪县城），到了龙川（今绩溪县瀛洲乡坑口村），看到这里环境优美，山清水秀，是一块风水宝地。他便在龙川之口的荆林里占卦，大吉大利，于是举族从青州迁居于此，从此龙川村开始发展，距今已有1600年历史。

《龙川胡氏宗谱序》记载：“我徽州固多世家，而华阳（即今绩溪）则以胡氏为首，胡氏又以龙川为首，龙川之胡氏即吾徽州郡亦无出其右者。”龙川胡氏的兴盛在元明之际，其家族在此间考中进士的接连不断。据统计，绩溪县历史上共有进士100余名，龙川村有典籍记载的就有11名，是有名的“进士村”。明代成化年后，龙川胡氏出了两位尚书胡富、胡宗宪，达到鼎盛期，因此被人称作“尚书胡氏”。

“尚书胡氏”到近代则以经商而著称于世。当时因徽州山区地少，粮食奇缺，生存不易，大部分人一到成年就去外地做生意，穷则思变，于是逼出了在中国历史上著名的徽商。

《广韵》中说，陈胡公之后有公子非，因以胡非为氏。

另外，源于妫姓的还有胡毋氏，又作胡母氏，《广韵》、《姓氏急就篇》、《姓解》、《通志·氏族略》均载：齐宣王母弟封母乡，因战国齐国王室为田氏，本是妫姓陈氏后裔，所以齐宣王母弟远本陈胡公，近取母邑，为胡母氏。

（四）孙姓：因赐为氏

孙姓在当今中国100大姓中列第12位，占全国总人口的1.54%。在宋代的《百家姓》中居于第三位，是中国传统大姓之一。

孙氏本有三支：姬姓孙氏、芈姓孙氏和妫姓孙氏。其中最为兴旺的是源于妫陈田氏的战国军事家孙武、孙膑，三国东吴孙权，近代中国革命的先驱孙中山先生一系，这一支成为现代孙姓的主脉。

孙姓中起源较早的一支源于姬姓，是周文王第八子卫康叔之后，卫康叔8世孙有武公名和，生惠孙，惠孙之孙以祖父名字为氏，姓孙氏。

另一支孙姓源于楚国王族芈姓，为楚国名臣孙叔敖之后。据《新唐书·宰相世系表》称：春秋初年楚国国君蚡冒生王子蔿章，蔿章之子蔿吕臣，为楚成王时令尹（即相国），蔿吕臣之孙即蔿敖，是楚国著名的贤臣，帮助楚王称霸中原。蔿敖死后其子被封于寝丘邑，其地与陈国相邻，在今河南淮滨县东南。"寝"与"孙"相通，且蔿敖排行第三，所以人称孙叔敖，其后裔以邑为氏，以寝为孙，姓孙氏。

以上两支孙姓，战国后不显，而最为显赫的，是源于由陈姓改为田姓的齐田一支。《通志·氏族略》和《新唐书·宰相世系表》称：孙，妫姓。齐田完字敬仲，四世孙无宇，二子：常、书。田书，字子占，很有军事才干，因为领兵伐莒（今山东莒县）有功，齐景公在乐安（今山东惠民）封给他一块采地，并赐姓孙氏。因此，田书又被称为孙书。孙书是"乐安孙氏"之祖。孙书的儿子孙凭，做了齐国的卿，成为齐国君主以下的最高一级官员。孙凭就是战国著名军事家孙武的父亲。

孙武，字长卿，后人尊称其为孙子、孙武子。他出生于公元前535年左右的齐国乐安，具体的生卒年不可考。由于出身贵族家庭，优越的学习环境，使孙武得以阅读众多古代军事典籍，加上当时战乱频繁，兼并激烈，他的祖父、父亲都是善于带兵作战的将领，他从小也耳闻目睹了一些战争，这对少年孙武的军事方面的培养是非常重要的。但孙武生活的齐景公时，齐国田、鲍、国、高等四大家族相互之间争权夺利，国内矛盾重重，内乱不止。而当时南方的吴国联晋伐楚，国势强盛，很有新兴气象。大约在齐景公三十一年（前517年）左右，青年孙武毅然离开乐安，告别齐国，长途跋涉，投奔吴国，孙武一生事业就在吴国展开，死后亦葬在吴国，因此《吴越春秋·阖闾内传》把孙武称为"吴人"。

孙武来到吴国后，在吴都姑苏（今苏州）结识了从楚国避难而来的伍子胥。孙武结识伍子胥后，十分投机，结为密友。这时吴国的局势也在动荡不安之中，两人便避隐深居，待机而发。

公元前515年，吴国公子光利用吴国伐楚、国内空虚的机会，以专诸为刺客，袭杀吴王僚，然后自立为王，称阖闾。阖闾即位后，礼贤下士，任用伍子胥等一批贤臣，他又体恤民情，注意发展生产，积蓄粮食，建筑城垣，训练军队，因而大得民心，吴国呈现出一派欣欣向荣的景象。阖闾注重搜求各种人才，立志要使吴国向长江中游发展，灭楚称雄。隐居吴都郊外的孙武带着自己撰写的13篇兵法，在伍子胥的引荐下，见到了吴王，吴王阖闾任命他为大将军。孙武上任后，即显示出惊人的军事才能。就在他上任后的那年秋天，他就同伍子胥一起领兵灭了钟吾国（今江苏省宿迁县）和徐国（今安徽省泗县）。公元前506年，吴军在孙武的指挥下大举攻楚，五战五捷，进驻楚国国都郢（今湖北江陵）。从此，吴国声威大振。公元前484年，孙武又指挥吴军在艾陵（今山东莱芜）大败齐军，活捉齐国五名统兵之将，缴获兵车800多辆。公元前482年，吴王阖闾约晋定公等诸侯国在黄地（今河南封丘）会盟，取代了晋国的霸主地位。孙武对吴国的发展强大立下了卓越的功劳，司马迁在《史记》中给予了极高的评价："（吴国）西破强楚，入郢，北威齐晋，显名诸侯，孙子与有力焉。"

孙武最重要的贡献在于他留下了一部不朽的军事著作——《孙子兵法》。

《孙子兵法》共13篇，6070字。各篇既可独立成章，也相互有机联系，是一个博大精深的军事思想体系。书中系统地总结了春秋末期及其以前的军事经验，揭示了战争的重要规律，对战术韬略、军事法度、将领士气、军事心理、天文地理、行军扎营、水势火攻等无所不包。书中阐述的一些战略、战术的原则，以及所提出的军事学概念和论断，两千多年来一直为历代兵家所尊奉，成为我国战争史上的重要军事指导思想。

历代思想家、军事家对孙子推崇备至。曹操说："吾观兵法战策多矣，孙子所著深矣"；明代戚继光认为，此书"纲领精微"，是"上乘之教"；孙中山评价道："就中国历史来考究，二千多年的兵书，有十三篇，那十三篇兵书，便成为中国的军事哲学"；毛泽东也常提孙子，并指出："孙子的规律，'知彼知己，百战不殆'，仍是科学的真理。"

不仅如此，《孙子兵法》对世界军事思想史也产生了广泛影响。它的出现不仅比古希腊希罗多德、色诺芬和古罗马弗龙廷的军事著作都早，而且更具体、更有学术价值。早在唐代，《孙子兵法》就流入日本、朝鲜，1660年有了日译本；18世纪60年代，它传入欧洲，1772年便有了法文本。日本对

《孙子兵法》尤为推崇，称之为“东方兵学的鼻祖”、“世界古代第一兵书”。20世纪60年代初，英国元帅、“二战”名将蒙哥马利访华时就说过，世界上所有的军事院校都应把《孙子兵法》列为必修课。

《孙子兵法》主要讨论与战争有关的军事问题，也涉及政治与军事的关系，并对中国思想史有重大的影响。今天，《孙子兵法》的社会影响已远远超出军事学领域，各国的企业家、外交家、政治家、科学家等均将之视若“圣典”，从中吸取无穷的智慧。

孙武生有三子：孙驰、孙明、孙敌。孙明因父功食采于富春（今浙江富阳），定居富春，是富春孙氏的始祖。

孙武之后百余年，孙氏家族又出现了一位杰出的军事家——孙膑。

孙膑，齐国人，兵圣孙武的后世子孙，战国中期著名的军事家和军事理论家。真名不详，因其曾受膑刑，故称孙膑。孙膑之时，已进入战国时代，吴国已被越国所灭，而在孙氏的祖国齐国，“田氏代齐”已经完成，孙氏的同宗田氏已在齐国夺取政权，这对于孙氏来说无疑是有利的，所以孙膑一支又迁回到齐国。

据载，青年时的孙膑曾与庞涓一起师从鬼谷子学习兵法。庞涓投奔魏国，任魏将。庞涓才不及孙膑，心怀妒忌，骗孙膑入魏，设计陷害孙膑，无端处孙膑以膑刑，挖掉了他的两块膝盖骨，使之终身残废。孙膑在齐使的帮助下，逃回齐国，得到齐国大将田忌的赏识；又通过“田忌赛马”显露出惊人的才华，得到齐威王的器重，被任为齐国的军师，开始了自己的军事生涯。

公元前354年，魏国以庞涓为将率军伐赵，兵围邯郸。齐国应赵国之请，以田忌为将，孙膑为军师，率军击魏救赵。孙膑令一部轻兵乘虚直趋魏都大梁，而以主力埋伏于庞涓大军归途必经的桂陵之地。魏国因主力远征，都城十分空虚。魏王见齐军逼进，急令庞涓回师自救。刚刚攻下邯郸的庞涓闻大梁告急，急率疲惫之师回救。至桂陵时，遭到齐军迎头痛击，几乎全军覆灭。这便是历史上著名的“围魏救赵”。

12年后，魏国再次发动战争，兵伐韩国。韩国向齐国求救。齐威王采纳孙膑的建议，在魏韩两国几经激战，韩危魏疲之际，再次以田忌为将、孙膑为军师，出兵救韩。孙膑依然采用围魏救赵的计策，率兵长驱魏境，兵锋直逼大梁。魏国鉴于桂陵之战的教训，遂撤韩国之围，调10万大军，准备与齐军进行决战。孙膑为调动敌人，创造战机，果断引兵东撤。一路上，他令军队逐步减灶，造成齐军大量逃亡的假象，以诱敌深入。庞涓果然上当，便丢下步兵，率轻骑精锐，兼程穷追。至马陵时，遭到齐军主力伏击，庞涓智穷力竭，愤愧自杀。齐军遂全歼魏军，取得了马陵之战的重大胜利。

桂陵和马陵两战的胜利，充分显示了孙膑的军事才能，为齐威王进一步争霸中原奠定了基础。

同他的祖先孙武一样，孙膑也有军事著作传世。《孙膑兵法》又名《齐孙子》，系与《孙子兵法》区别之故。《汉书·艺文志》称“《齐孙子》八十九篇，图四卷”，但自《隋书·经籍志》始，便不见于历代著录，概大约在东汉末年便已失传。1972年4月间，在山东临沂银雀山发掘的两座汉代墓葬中同时发现了用竹简写成的《孙子兵法》和《孙膑兵法》，这部古兵法始重见天日。1985年，文物出版社出版的《银雀山汉墓竹简（壹）》中，收入《孙膑兵法》凡16篇。

孙氏一系从陈氏到田氏，春秋末年田书因赐为姓，改姓为孙氏后，经孙武到孙膑，后进入三国时期，孙姓人又开始建业立国，称孤道寡，将孙氏家族推向兴盛。

东汉末年，军阀割据混战，吴郡富春孙氏孙坚因镇压黄巾起义有功，升任长沙太守，拥兵自居，成为割据首领。孙坚长子孙策，年轻有为，领其父部下千余人，渡江削平江东，占据江东六郡（吴郡、会稽、丹阳、豫章、庐陵、庐江）而被封为吴侯。孙坚次子孙权，秉承父兄遗志，在周瑜、张昭等一批士族豪强的支持下，稳定江东局势，战败曹操、刘备，于公元229年称帝，定国号为吴，成为三国鼎立中的吴国。

据《新唐书·宰相世系表》所记，从第一个从田姓改为孙姓的孙书，经孙武在江南发展，传到三国东吴孙权，已是第23代。

孙吴在江南59年的统治期间，孙权家族共传4位皇帝。由于孙吴政权的影响，富春孙氏至明清时代，孙姓已广布江南、江东，形成江南孙氏支派众多的局面。

富春孙氏传至近代，又出现了一代伟人——孙中山。

唐朝时期，妫姓孙氏一支世居中原，在陈留（今河南开封陈留镇）成为大族，其后名人辈出。唐僖宗年间，中书舍人及两浙节度使陈留孙氏孙拙，其子孙誗，因唐末乱起，以武才被选为佰将，带兵作战于闽、越、江右之间，后以军功封“东平侯”，于公元884年迁居虔州虔化县（今江西宁都），其后人相继迁居赣、闽、粤、台及东南亚，其中广东香山（今中山市）翠亨孙氏孙中山先生即唐东平侯孙誗之直系后裔。

据《宁都府富春孙氏伯房十二修族谱》、《陈族谱·先世述略》及罗香林《国父家世源流考》载：唐将孙誗由汴梁陈留移居宁都，传至孙承事，迁居福建长汀河田，明代孙友松再迁至广东紫金县，其后孙殿朝又迁至翠亨村，孙殿朝既孙中山的高祖。他的孙子孙敬贤有三子：长子达成、次子学成、三子观成。达成娶妻杨夫人，生三子：长子德佑、次子德彰、三子德明。德明就是中国伟大的革命先行者孙中山先生。

最早记载陈留孙氏孙詗之谱，系出自北宋元祐年间中顺大夫和岳州事孙勰撰《富春孙氏族谱世系总序》，谱中有宋欧阳修题唐东平侯孙詗像，大文学家苏轼书。南宋时此谱又多次修撰，有文天祥撰写的序篇，现保存于江西省宁都县档案馆珍藏。20 世纪初，客家文化学者罗香林教授历经 10 年潜心研究，于 1942 年首次在重庆出版了一本有关孙中山先生家世源流考的专著。罗香林采纳广东《紫金袁田孙氏支谱》，详细考证了唐东平侯孙詗自陈留迁往江西虔化（今宁都）至孙科的传世 30 代的世系。

（五）王姓：以爵为氏

王姓为中华第二大姓，占中华人口的 7.41%，人口近亿。

王姓来源复杂，支派众多，向来被认为是中国最复杂的姓氏之一。其来源主要有四支，宋人郑樵在《通志·氏族略》中说：

> 王氏，天子之裔也，所出不一。有姬姓之王，有妫姓之王，有子姓之王，有虏姓之王。……以其所出既多，故王氏之族最为蕃盛也。

在郑氏所说王姓的四个来源中，第四个“虏姓之王”源于少数民族，其实除这支源于少数民族的王姓之外，汉族的王姓也是四支，其中姬姓之王有两支：周灵王太子晋之后，即琅琊王、太原王；姬姓毕公高之后，即京兆王、河间王。妫姓之王一支：齐王田建之后，即北海王、陈留王。子姓之王一支：殷商王子比干之后，即汲郡王。

周灵王太子晋是天下王姓人最重要的得姓始祖之一。太子晋又称王子晋、王子侨、王乔，是东周灵王的太子，本为姬姓。《通志·氏族略》言：“若太原、琅琊王之王，则曰周灵王太子晋，以直谏废为庶人，其子宗恭为司徒，时人号曰王家。”晋生于洛阳，在周灵王初年被立为太子，当时流经洛阳的谷、洛二水经常泛滥，灵王派人壅塞河道，他力陈不可，主张因势利导以治水，不被灵王采纳，后终因忤逆之罪被夺去太子名位，废为庶人。他被废后名声依然不减，心忧国事，才识过人，能言善辩，名声远布。其后人也因他曾是灵王太子的缘故而改姓王氏。太子晋的后人战国秦汉时有大将王贲、王翦、王离等，开创了太原王氏和琅琊王氏，两支后来都发展成为天下王姓的最主要支派。

姬姓之王的另一支京兆王、河间王为周文王的第十五子、周武王之弟毕公姬高之后。姬高始封于毕，其裔孙毕万入晋为官，封为魏成侯，战国时与赵、韩三家分晋，立魏国。后魏王假在位时，魏国被秦所灭，子孙分散，因号为王家，以王为氏。也有一种说法是，魏昭王公子信陵君之后，在秦灭魏后逃于泰山，时人因其为王族，称王氏。

子姓之王比干之后，即汲郡王。《通志·氏族略》说："王氏……出于汲郡者则曰王子比干之后，此子姓之王也。"王子比干是商朝国王文丁之子，亦是商朝末帝纣王的叔父。王子比干生活在国运每况愈下的商朝末年，加之纣王昏庸无道，他不满于时局，多次犯颜直谏，最终不被纣王所容，被剖心而死。他为了国家，杀身以成仁，被后世誉为忠于祖国的楷模，并与同时的微子、箕子一起合称为"商末三仁"。王子比干被杀后，就葬在当时的国都朝歌附近，亦即今卫辉市城北15里比干庙村旁。他的子孙在他罹难后，世代居住在今卫辉淇县一带，为他守陵；同时，为了纪念他，改以"王"字为姓。子姓之王是最早的一支王姓人。因为他们居住的卫辉一带原由汲郡管辖，因此又被称为汲郡之王氏。

出于妫陈一支的为北海王、陈留王，乃舜裔齐田之后。

《通志·氏族略》说，王姓"出于北海、陈留者，则曰舜之后也。其先，齐诸田为秦所灭，齐人号为王家，此妫姓之王也"。《姓氏考略》载："北海、陈留之王，皆舜后。其先，齐诸田为秦所灭，齐人号为王家，考为齐王田建之子田升、田桓改田姓为王姓。"王莽出于此脉。《汉书·元后传》："孝元皇后，王莽之姑也。莽自本曰：田和有齐国，三世称王。至王建为秦所灭，项羽封建孙安为济北王，齐谓之王家。因以为氏。"

齐国最后一名国王是齐王田建。他在亡国后被迁到共（今辉县古城），田建之孙名田安，项羽反秦时被封为济北王，及项羽为刘邦所败，田安也失去了王位。但他的子孙为了纪念这一事情，从此便改姓王氏。两汉之际的新朝皇帝王莽，以及魏晋隋唐时期的北海王氏、陈留王氏等等，都出自这支王姓。

王莽（前45－23），字巨君，汉元帝皇后之侄。西汉末，王莽以外戚掌握政权，成帝时被封为新都侯。初始元年（8年）篡汉称帝，改国号为新，建立新王朝。

王莽自称舜帝后裔。在篡汉夺权时还利用这一身份大作文章。他说，舜帝一裔本姓姚，在尧帝时姓妫，在周代姓陈，在战国时的齐国姓田，齐国亡后主脉姓王，他自认是舜帝正脉。他并且“五德终始”学说为代汉寻找理论基础和合法依据。他的新“五德终始”说按照木、火、土、金、水五行相生的原理解说王朝更替，以“五行”配“五帝”，五帝后裔应该是代序而立的。在《世经》中，王莽的“国师”刘歆排列帝王世系如下：太昊伏羲氏为木德，炎帝神农氏为火德，黄帝轩辕氏为土德，少昊金天氏为金德，颛顼高阳氏为水德，这是第一个轮回；帝喾高辛氏为木德，帝尧陶唐氏为火德，帝舜有虞氏为土德，伯禹夏后氏为金德，成汤为水德，这是第二个轮回；周武王为木德，汉朝为火德。按照这个次序，汉朝刘氏本为帝尧之后，为火德；那么代之者应为帝舜之后，土德。王莽自称为虞舜苗裔，帝舜是土德，故王莽宜为土德，这样王莽代汉而立成为必然。

王莽所建立的新朝只存在了短短的15年，后由于国内矛盾加剧，激发了赤眉、绿林起义，新朝崩溃，被刘秀建立的东汉取代。

妫姓之王直接得姓于齐国亡国以后，追本溯源，其远祖是虞舜、妫满。

（六）袁姓：以字为氏

袁姓列中华大姓第33位，占总人口的0.54%。

袁氏姓源比较纯正，主要出自妫姓，即为虞舜之后。

据《新唐书·宰相世系》和《元和姓纂》诸书记载：陈胡公妫满生申公犀侯，犀侯10代孙名诸，字伯爰（或记为伯辕），其孙涛涂，春秋为时为陈国大夫。涛涂以祖父之字为姓，为爰姓，或记为辕姓。由于当时“爰”字和“袁”、“辕”、“榬”、“溒”、“援”等字音同，所以后来的子孙就分别以这6个字为姓。正如《袁枢年谱》所云“一姓有六字五族之异”，共尊涛涂为始祖。

袁涛涂所处的时代，正是齐桓公称霸诸侯的时候。当时齐桓公出兵攻伐蔡国，接着又攻伐楚国，大胜而归，在召陵会盟诸侯。齐军回师要路经陈国，袁涛涂为陈国上卿，为陈国利益考虑，因怕对陈国不利，就劝齐桓公向东走东海之滨，东路道险，齐军大陷于沛泽之中。涛涂因参加齐桓公盟会，被赐封食邑阳夏（今河南太康）。

秦末，涛涂7世孙辕告避难于河洛间，辕告的小儿子辕政将“辕”去“车”，以“袁”为姓。

袁氏世居阳夏，在这里发展成大族。阳夏属陈地，故袁姓以陈郡为其地望。此后徙往各地的袁姓多为陈郡袁氏分支。袁氏盛于东汉，自东汉袁安起，累世官宦，四世五公，东汉末袁绍、袁术各据一方，称雄一时。

（七）姚姓：因生为姓

姚姓是中华民族最古老的姓氏之一。它与姬、姜、妫、姒、嬴、妘、姞一起称为上古八大姓。这些姓氏都带女旁，从造字上首先打上了久远的烙印——发源于中华民族远古时代的母系社会。因此，这些姓氏又被人们称为中华民族的始祖姓。

姚姓今列中华大姓的第64位，是上古八大姓中少数几个延续至今仍列100大姓中的古老姓氏之一。

姚，是舜帝本姓。也就是说，姚是虞帝一系的第一个姓氏。

关于舜的姓氏，前文已有论述。舜有两姓一氏，本姓姚，《元和姓纂》载："姚，虞帝生于姚墟，子孙以姚为氏。"后舜因娶尧的两个女儿而移居沩汭，姓妫。此后舜裔姓氏屡有更改。夏代舜后有封国为虞，以国为氏，姓虞。周代封舜的后裔妫满于陈地，姓陈，战国时陈公子完奔齐，其后在齐国改姓为田，"田代齐姜"，建立田姓齐国。到了西汉末年，田氏的一支田丰，其后裔先改姓为妫，再改姓为姚。

《古今姓氏书辨证》和《新唐书·宰相世系表》载：田丰被王莽封为代睦侯，让他奉祭舜帝，继续帝舜的香火。其后田丰的儿子田恢为避王莽之乱，过江徙居吴郡（治所在今江苏苏州市），改为妫姓。其五代孙妫敷，又改为姚氏。由此可见，姚、妫二姓同宗，曾经互用。姚姓尊称虞舜为其始祖。

在唐代以前，姚姓发展成为浙江吴兴及甘肃陇西的望族。唐代以后，姚姓繁衍甚为广泛，已遍及我国大江南北广大地区。四川、云南等地的姚姓大多是由甘肃或陕西、河南等地播迁而云的。其中云南省的姚安、大姚等县的姚姓最多，故唐武德四年（621年）因此地多姓姚而置姚州，其治所就在今云南省姚安县北。姚氏入闽，始于唐初。据《漳州府志》所载，陈元光入闽开漳州时，亦有姚氏相随。其后，又有姚氏从福建入广东等地。

（八）夏姓：以字为氏

夏姓在中华大姓中列第55位。

关于夏姓的起源，《元和姓纂》说："夏后氏之后，以国为姓；又，陈宣公孙御叔亦为夏氏，徵舒其后也。"即认为夏氏有两支，一是夏朝之后，大禹的后裔，姓姒。《通志·氏族略》说，当尧之时，有洪水之患，使鲧治之，九年不成。后用其子禹治水，禹治水有大功，舜将天下禅让给他，禹之子启立国，建立夏朝，为夏后氏。禹至桀，历17君14世，为商汤所灭。周武王克商，封夏朝王室后裔于杞（今河南杞县），不得封者，以国为氏，姓夏氏。但《元和姓纂》和《通志·氏族略》紧接着又提出夏氏的另一支，是源于妫姓陈氏。陈国第16位国君陈宣公有庶子名子西，字子夏，后来子西另立一族为少西氏。子西之孙徵舒以祖父之字为氏，姓夏氏。

《古今姓氏书辨证》对以上夏氏二源进行了辨证："姓书曰：姒姓，夏王后，误。谨按《春秋》：夏氏出自妫姓。陈宣公庶子西，字子夏，别其族为少西氏，生御叔。御叔娶郑宣公子貂之妹，生徵舒，字南，始以王父字为夏氏，而其母谓之夏姬。"以为夏氏不是源于夏王朝，而是源于妫姓陈氏，始祖是夏徵舒。

夏徵舒是陈大夫夏御叔之子，也是陈国大夫。他的母亲叫夏姬，风流美貌。当时正是陈灵公时，因为夏姬，陈国发生了一场内乱，史称"株林之乱"。夏徵舒射死陈灵公，自立为陈侯，并参加了楚、郑的盟会。当时楚庄王正称霸，借口平定陈国内乱，出兵攻入陈国，将夏徵舒车裂于陈都城的栗门之地，要灭掉陈国，把陈国变为楚国的一个县。后楚庄王听从大臣劝告，派人到晋国把灵公的太子陈午接回陈国，立为诸侯，是为陈成公。但将陈国每乡取一人迁往楚国，居住在今汉口之东，谓之"夏州"，也就是现在的夏口。

（九）陆姓：以乡为氏

陆姓在中华大姓中列第70位。

陆姓源出妫姓陈氏的田齐一系。《通志·氏族略》载："陆氏，妫姓。田敬仲之后也。齐宣王少子通，封于平原般县陆乡，即陆终氏之故地，因以为氏。"陆姓源出齐宣王田辟少子田通，田通封地陆乡在今山东乐陵西南。《元和姓纂》将陆氏世系说得更详细。陆，齐宣王田氏之后。宣王封其小儿子田通于平原陆乡，因乡为氏。汉代陆贾，官拜大中大夫，著《新语》12篇。陆贾子孙过江居于吴郡吴县，到三国时的吴国，陆贾后裔陆逊为三国名将，孙吴大都督，其子陆抗，也官到大司马。其后陆机、陆云均为晋代文学家。陆云在其《祖考颂》中称："承黄虞之苗绪，在周之衰，有妫之后。"把自己的祖源上溯到妫姓。

宋代以前，陆姓史有正传15人：《汉书》有陆贾、陆续、陆康。《三国志》有陆绩、陆逊。《晋书》有陆机、陆云、陆晔。《唐书》有陆德明、陆贽、陆羽。《宋史》有陆九龄、陆九渊、陆佃、陆游。

（十）其他舜裔氏姓简略

舜帝后裔，除以上详述的陈、田、胡、孙、姚、王、袁、夏、陆等大姓外，尚有40余姓，但其中的一些姓氏，已不见于当代，有的是复姓改成了单姓，有的则已失传湮没了。这里略述一些其他舜裔姓氏。

1. 源于虞舜者

吴氏——吴姓列当今中国第10大姓，占总人口的2.05%。一般认为吴姓来源于姬姓，周太王之子周太伯、仲雍封于吴，建吴国（今江苏一带），子孙以国为氏。但也有人认为有一支源于虞舜，《姓氏急就篇》："周太王子太伯封吴，其后为氏。舜后封虞，吴、虞音相近，故舜后亦姓吴。""吴"与"虞"同音相转，且字形相近，所以可以通用。因而吴氏由虞氏而来。在一些吴氏族谱上记载一个故事：汉高祖刘邦之妻吕后忌恨西楚霸王项羽之妻虞姬，要刘邦将虞姓人全杀掉，刘邦以为不妥，但"妻命难违"，于是命下官"将虞姓的头砍掉"，下官会意，命虞姓人改姓为吴。所以舜后亦有吴氏。吴广，秦末农民起义领袖，出自舜后陈国之地阳夏（今河南太康）。

妫氏——因舜居沩汭，子孙姓妫氏，后来有改作姚氏、虞氏或其他姓氏。

甄氏——《广韵》：舜陶甄河滨，其后为氏。

遂氏——舜的后代虞遂之后裔，《左传》舜后封遂国，在济北。郡望在山东巨野。

舜氏——《姓源》：虞舜之后。

幕氏——《风俗通》：舜祖幕，支孙以王父为氏。《左传·昭公八年》载：楚灭陈，晋平公以问史赵。对曰："自幕至于瞽叟，无违命。"幕、瞽叟皆为舜之先。

鼻氏——舜弟象之后。《千家姓》：象郡族。

司徒氏——《帝王本纪》上说，舜为尧司徒，子孙氏焉。《通志·氏族略》陈有司徒公子招，其后为司徒氏。司徒氏也是当今常见的复姓。

卫氏——卫氏有二源：一为姬姓，周文王子卫康叔之后，封卫国，以国为氏；二为古卫国，姚姓，舜后，灭于商，见《后汉书·郡国志》。

圭氏——《姓考》：圭国，舜后。《左传》郑穆公妃圭妫是也。因舜创玉圭，其裔有以圭为部落之名。

铫氏——由姚演变而来。

负氏——《世纪》说舜迁负黍。

息氏——《元和姓纂》：息，妫姓侯国，为楚所灭，子孙以国为氏。今息县即其故地。息国有二，周灭商封宗子于妫姓息国之故地。

邹氏——《姓觿》：古邹国，舜后，姚姓。又有《通志》言：邹氏，子姓，宋愍公之后，正考父食采于邹，因氏。

饶氏——《姓源》：姚舜之后。舜的支裔取饶为部落名，后为氏。

直氏——舜之后裔直柄之后，以直为氏。

舀氏——《潜夫论·志氏姓》谓舀氏为舜后。

咸氏——《路史》记，咸氏为舜后。

2．源于陈姓者

敬氏——《元和姓纂》：敬，陈厉公子敬仲之后，以谥为氏。

庆氏——陈桓公五世孙有庆氏，陈有庆虎、庆寅。

子夏氏，少西氏——陈宣公子西，字子夏，子夏后人有子夏氏、少西氏。

鍼氏（针氏）——《元和姓纂》言：鍼，出自妫姓，陈喜公之孙鍼子之后。

宗氏——《元和姓纂》言：陈宣公六世孙有宗来氏，陈公族。

盎氏——爰盎之后，即袁涛涂之所传。

颛孙氏——《风俗通》：陈公子颛孙仕鲁，因颛孙为氏。

原氏、原仲氏——陈大夫原仲之后。

仪氏——《潜夫论·志氏姓》：陈姓之后有仪氏。

来氏——《潜夫论·志氏姓》：陈公族有来氏。

子仲氏——《风俗通》：陈宣公之子子仲之后。

子宋氏——《元和姓纂》：陈宣公子楚，其后为子宋氏。

子石氏——陈桓公之子石之后。

子占氏——《世本》：陈桓公生书字子占，其后以字为氏。

子舆氏——《姓谱》：陈桓公之子石之后。

子沮氏——陈桓公生子沮，为子沮氏。

子献氏——《世本》：陈桓公孙子献之后。

子鞅氏、子穆氏、子枋氏、子芒氏、子禽氏、子寤氏——皆陈僖公八子后人所承父祖之字为姓。

偃师氏——陈悼公太子偃师，后代以王父字为氏。

司城氏——陈哀公之子郗胜之后。

恩氏——陈大夫成仲不恩之后。

公良氏——陈姓之支族。春秋时孔子弟子有公良孺，陈人，贤而有勇。曾以家车五辆跟随孔子。

斗门氏——《元和姓纂》：陈斗父之后。

孔氏——孔氏有二源，主支为子姓，宋公族，即孔子之族。另一支为陈姓之后，陈公族有公孙宁，称孔宁，其后有孔奂。

3. 源于田齐者

尝氏——齐孟尝君之后。

法氏——田氏之裔，齐襄王名法章，因以为姓。秦灭齐，子孙不敢称田氏，以法为氏。

车氏——汉丞相田千秋，因为年老，出入乘车，人称车丞相，子孙有取车为氏者。

靖氏——单靖公之后，田姓族。

第氏、第一氏、第二氏、第三氏、第五氏、第八氏——《后汉书·第五伦传》：齐诸田徙园田者多，故以次第为氏。

剧氏——《元和姓纂·二十陌》："齐大夫食采于剧，因地为氏。燕将剧辛。《汉书·游侠传》：剧孟，洛阳人。《汉书·艺文志》：剧子，著书。"

廩邱氏——《通志》：齐大夫廩邱子之后。

赐氏——齐大夫简子赐之后。

於陵氏——齐国贤哲田仲子（陈仲子）后裔，居于於陵（今山东邹平），以地为氏。《风俗通·姓氏篇》："於陵氏，陈仲子，齐世家也，辞爵灌园，居于於陵，因氏焉。汉有议郎於陵钦。"

五王氏——田姓之后。

威王氏——齐威王之后。

穰氏——齐穰苴之后。

七、李：起源于陈地的当代第一大姓

（一）得姓传说

李姓是当今中华第一大姓，也是世界头号大姓。

李姓起源于鹿邑，鹿邑里古称苦县，春秋时先属陈国，后归楚国，是我国古代伟大的思想家、哲学家、道家学派的创始人、李姓始祖老子（李耳）的生地。

中国古代十分重视对宗族谱牒的研究和整理，但一是因为姓氏起源渊源久远，常追溯于无文字记载的史前时期，无信史可资凭证，因而多推测臆想之辞；二是因为古代谱牒编纂者常出于某族某姓的政治需要，抬高门第，勉强攀附，因而可信度不高，所以越是高门大姓，其源流越容易湮漫不清。

李姓为唐代国姓，唐以后繁衍兴旺，蔚为望族。李唐皇族有西北少数民族血统，入主中原后，为加强对中原的统治，唐高祖李渊自称陇西李氏，族源由秦将李信、汉将李广上溯到老子李耳，以此抬高其氏族门第。唐太宗李世民运用政治手段组织编撰《氏族志》，改变魏晋以来以中原卢、崔、郑、王汉族四姓为主体的士族门第观念，以御定志书的形式确定李氏至高无上的地位。这种做法难免对李姓的起源增添穿凿附会、主观臆测的成分，所以关于李姓的起源，唐以后的典籍中有太多的说法。宋代史学家郑樵在他所著的《通志·氏族略》中说："李氏凉武昭王有国二十年，高祖有天下三百年，支庶既蕃，子孙必众。然谱牒之议纷纷不知何始。"

考索李姓的起源和得姓始祖，归结起来，主要有五种说法：

其一，源出理氏说。

这是一种流传最广，并写入正史的说法，认为李氏源出嬴姓，血缘先祖为皋陶，先为理氏，后为李氏，得姓始祖为李利贞，李耳为十一世。

这种说法最早是由唐朝李延寿提出的。他在《北史·序传》中说："李氏之先，出自帝颛顼高阳氏。"到了唐宪宗元和年间（806年），林宝撰《元和姓纂》，记载李姓之源，即依据李延寿的说法。北宋欧阳修、宋祁等人撰《新唐书》时，又依据林宝的说法，并加以充实。《新唐书》中的《宗室世系》和《宰相世系》里，所列李姓的起源、谱系甚为详尽。《新唐书·宗室世系》载：

> 李氏出自嬴姓。帝颛顼高阳氏生大业，大业生女华，女华生皋陶，字庭坚，为尧大理。生益，益生恩成。历虞、夏、商，世为大理，以官命族为理氏。至纣之时，理徵字德灵，为翼隶中吴伯，以直道不容于纣，得罪而死。其妻陈国契和氏与子利贞逃难于伊侯之墟，食木子得全，遂改理为李氏。

这里是说李姓源于嬴姓，是五帝之一颛顼高阳氏的后裔，系出皋陶一脉。皋陶在帝尧时任大理（司法长官），他的子孙世袭大理之职，以官职命族，为理氏。商朝末年，理氏后代有一个叫理徵的，因直谏触怒纣王，得罪被杀。理徵的妻子契和氏是陈国人，契和氏带着儿子理利贞逃回陈国，至伊侯墟，饥饿不堪，靠采食木子（树木果实）得以保全性命。为感激木子，躲避纣王追缉，隐去原姓，因“理”与“李”同音，自利贞起改理氏为李氏，李利贞为李姓得姓始祖。

李利贞母子回到陈国，在离陈不远的苦县（今河南鹿邑）定居。《元和姓纂》、《古今姓氏书辨证》、《新唐书》、《路史》等典籍记载，李利贞也是娶陈国契和氏之女为妻，生子昌祖，后在陈国任大夫，家在苦县。

李昌祖生彤德，彤德曾孙硕宗，被周康王赐采邑于苦县。李硕宗的五世孙为李乾，字元果，在西周任御史大夫，娶益寿氏女婴敷，生李耳。《史记》载：“老子者，楚苦县厉乡曲仁里人也，姓李氏，名耳，字聃，周守藏室之史也。”林宝引《秘笈新书》云：“利贞十一代孙老君，名耳，字伯阳，居苦县赖乡曲仁里。”而邓名世《古今姓氏书辨证》言利贞为老子六世祖。

其二，指李为姓说。

这种说法颇神话色彩，据《史记·正义》引《玄妙内篇》云：“李母怀胎81载，逍遥李树下，乃割左腋而生。”《史记·索隐》云：“按：葛玄曰：‘李氏女所生，因母姓也。’又云：‘生而指李树，因以为姓。’”此说以老子为李姓得姓始祖。

今鹿邑仍有民间传说，李母怀胎81年，在李树下分娩，李耳诞生时已是白发苍苍的老人，李母呼道：“我的老儿子”，因而名之“老子”，老子一诞生就用手指着李树，自认李姓。此说甚为离奇，可能是道教神化老子所为，历来被认为荒谬不可信。

其三，李树图腾说。

这种说法认为，李姓起源于图腾崇拜，李族的图腾是李树，以图腾为姓，姓李。

何光岳《东夷源流史》讲到李氏以李树为图腾树：“李氏因大理之官而得姓为理，后因理徵避难以木子为食而姓李。因其所食为野生李，故由理氏培育成为家生李树，并以李树为神树，亦即图腾树。故凡李氏子孙，常于宅旁种李以为象征，至今还保存这个习惯。如李白家有桃李园，唐朝皇宫苑园多植李树。”

但此说的问题在于，李氏崇李树图腾，是在指李为姓传说之后，所以此说也有待于考证。

其四，源于虎图腾说。

此种观点认为李氏图腾不是李树，而是老虎。老子李耳生地陈楚地区的图腾是老虎，且“李耳”即楚语“老虎”。龚维英著《原始崇拜纲要》中说：

原来，李耳亦楚语，即虎。《方言·八》云：“虎，……江淮南楚间之李耳。”老子故国陈，灭于楚，故得为楚人。陈属淮河流域，正呼虎作“李耳”。老子之亦名李耳，理由在此。需要说明的是，陈为舜裔，妫姓，古亦有虎图腾崇拜。陈、楚的虎图腾信仰是相互渗透、相互促进的，不是一方单方面对另一方面的作用。

“李耳”应是陈楚民间对虎的俗称。今陈地民间相传，老子生于庚寅年，属虎。当时苦县一带方言称虎为“狸儿”，故亲邻戏呼老子为狸儿，后渐演变为“李耳”。孙以楷在《庄子通论》一书中说：

既然先秦典籍中没有“李耳”之说，那么司马迁所谓“姓李名耳”，又是从哪里来的呢？我们认为，最大的可能就是老子的小名叫李耳。扬雄《方言》：“虎，陈、魏、宋、楚之间或谓之李父；江淮南楚之间，谓李耳。”方以智《通雅》卷四十六说，虎“或曰狸儿，转为李耳”看来，生于陈、宋、楚之交的老聃，可能小名叫小老虎（狸儿），音转而为李耳。乡里邻居们都只叫他的小名李耳。司马迁所谓“姓李名耳”，很可能是把从民间了解到的老子的小名误为大名了。至于老子为什么小名叫狸儿（小老虎），我们推测，可能在春秋时代已经有了十二生肖纪年的习俗。……十二生肖之民俗，无非是远古先民图腾崇拜的遗存，它的形成不会很晚。如果我们这一推测可以成立，再回头来看看许多人所承认的老子的生年——公元前571年，那一年正是庚寅年，即虎年。虎年出生，小名为小老虎，这是很自然的事。而小老虎，在老子故乡又叫狸儿，于是老聃的小名小老虎就成了狸儿，音转为李耳。

按照这种说法，“李耳”的意思是“老虎”，李耳以虎图腾为号，他的后代以祖先的名字为姓氏，姓李氏。

其五，源于老姓说。

这种说法主要源于对老子姓氏的考证，认为老子不姓李而姓“老”，李姓源于老姓。

20世纪20年代，学术界兴起一场“疑古”思潮，其中关于老子其人其书问题也提出了一些疑问，并展开了一场大辩论，辩论中涉及老子的姓名问题。古文字学家唐兰在《老聃的姓名和时代考》一文中认为，老子姓李名耳的说法不确实："据当时人普通的称谓，老聃的老字是他的氏族的名称，因为当时称子的，像孔子、有子、曾子、阳子、墨子、孟子、庄子、惠子以及其余，都是氏族下面加子字的"，"老聃在古书中丝毫没有姓李的痕迹"。唐兰明确地说明：老子并不姓李，而是姓老。郭沫若、马叙伦、陈独秀等人同意唐兰之说。高亨对此说有进一步的考证，他在《老子正诂·前记》中说：

老、李一声之转，老子原姓老，后以音同变为李，非有二也。

他列出四条证据：一、先秦旧籍如《庄子》、《荀子》等，对孔、墨等人皆举其姓，称"孔子"、"墨子"，独于老子则称"老聃"而不称"李聃"，称"老子"，而不称"李子"，所以"明见老子原姓老矣"。二、"古有老姓而无李姓"。《左传》成公十五年："宋有司马老佐。"昭公十四年："鲁有司徒老祁。"《世本》："颛顼子有老童。"《风俗通义》："老氏，颛顼子老童之后。"春秋时代无李姓。《史记·循吏列传》的李离，系《左传》士离之误，不作李。《战国策》中始有李悝、李牧，李姓起源甚晚。三、古人姓氏多无本字，常假借同音字。老姓变为李姓，也是同音假借。四、"古韵'老'属幽部，'李'属之部，二部音近，古或不分"。高亨从《老子》一书中引大量语句，证幽部、之部音韵通谐。最后，他说："老、李二字其声皆属来纽（即声母为L），其韵又属一部，然则其音相同甚明，唯其音同，故由老而变为李。"

依高亨等人的说法，李姓不是由理姓演化而来，而是源于老姓。

（二）李姓探源

以上关于李姓起源的五种说法，虽有许多传说和附会猜测的成分，但这种说法毕竟反映了从古到今人们对于李姓来源的基本认识，可以作为我们探讨李氏渊源问题的出发点和重要线索。

在以上五种说法中，影响最大的《北史》李延寿《传序》和《新唐书·宗室世系》所记李姓源于嬴姓理氏之说。这种说法载入正史，流传甚广，几乎成为定论，现在许多新编姓氏书籍多采此说。但是，这种说法在产生之初，就有人提出疑问。

疑问的原因主要有三个：一是老子之前的人物，如理徵、李利贞不见于先秦古籍，言之无据。老子李耳是《新唐书》以前正史所载李姓第一人。《史记》为李耳立传，但对李耳的祖辈只字未提。广收博录古代人物的《汉书·古今人表》也没有收录，所以理徵、李利贞是否确有其人值得怀疑。

二是《北史·传序》和《新唐书·宗室世系》对于李姓起源于理利贞食木子得生的说法叙述得过于生动而富于传奇色彩，难免引起后人的疑义。郑樵《通志·氏族略》说："以食木子为氏而取理同音者，无是理也。"但是，郑樵并没有提出有说服力的否定理由，则又说："今不得其始，姑从理说。"他自己弄不清李姓的来源，所以在《通志》中也只好暂且沿用《新唐书》的说法。

三是因为此说起于唐代，有为李唐宗室抬高门第而强为攀附、主观臆测的成分，可信度不高。《升庵集》卷五十《李姓非一》中认为"陇西之李与李唐之李不同族"，《新唐书·宗室世系》"附会枉撰，媚时之说"，并说"唐本李暠之后，乃西凉，非中国人，与皋陶之理风马牛不相及也。而唐帝以李老君为祖，封玄元皇帝，而庙祀之，使史官皋陶之理之说有据，何不直祖皋陶，而乃下祖李耳乎？是自相矛盾，可疑甚矣。"陈寅恪也曾证李唐宗室的祖先不是陇西李氏，因而《北史·传序》和《新唐书·宗室世系》所言李氏起于嬴姓说乃刻意攀附皋陶之理和老子之所为。

那么，李姓的真实渊源是什么呢？

其实，李姓起源并不复杂，不过与"李树"无关，也与"食木子"的传说无关。"李"通"理"、"里"，李氏源于理姓，理即"大理"，以官职为姓。早在隋唐之前，东汉王符的《潜夫论·志氏姓》和应劭的《风俗通义·姓氏篇》中，就考索了李氏和理氏，但只字未提食木子而改李氏的事，可见东汉的时候还没有这个传说。理、里、李三字代换的原因非常简单，即音同字通。段玉裁在《说文解字注》中说明白："古李、理同音通用，故'行李'与'行理'并见，'大李'与'大理'不分。"就字义来说，理（里）氏、李氏与古代刑狱有密切的关系，我们看看隋唐以前的古籍中对"理"和"李"是怎样解释的：

《说文解字·玉部》："理，治玉也。从玉，里声。"

《广雅·释诂》："理，治也。"

《左传·成公二年》杜预注："理，正也。"

《国语·晋语》韦昭注："理，士官也。"

《吕氏春秋·离谓》："理也者，是非之宗也。"

《吕氏春秋·孟秋》高诱注："理，狱官也。"

《礼记·月令》郑玄注："理，治狱官也。有虞氏曰士，夏曰大理，周曰大司寇。"

《说文解字·木部》："李，果也。从木，子声。"

《管子·大匡》注："李，狱官也。李、理同。"

《管子·法法》注："古治狱之官作此李字。"

《史记·天官书》索隐："李即理，法官也。"

古人的解释十分明确，"理"即"大理"，是司法官的名称。"李"的本义是果实，因李与理同音相通，也演变为法官的名号。由此看来，李姓是"以官为氏"的说法是合乎情理的。

李姓在周代以前并没有出现，所以并不是源于图腾崇拜的上古之姓，而是后起之氏。李姓起源在春秋时期，战国时已很普遍。春秋时已有里氏，见于记载的有里克、里革、里析等人。里克是晋献公的重臣，里革是鲁国太史，里析是郑国大夫。战国时的李氏人物有李耳、李离、李悝、李兑、李冰、李同、李牧、李斯等，踪迹遍及列国。特别值得注意的是，李离、李悝、李斯都曾是执法大臣，与"李（理）"氏的含义相同。李离在晋文公时任大理，《新序·节士篇》载，李离因下属执法失误而引咎自杀。李悝是春秋末战国初时人，古籍中也作里悝、李克、里克，战国初年在魏国主持变法，李悝开战国变法运动之先河，他所制定的《法经》集前代法律之大成，对后世法律有重要影响，《晋书·刑法志》说："律文起自李悝。"李斯则在秦国曾任廷尉，掌管秦法，"明法度，定律令"，是秦代法制政治的主要策划者。这些早期李姓人物的司法理论和实践，继承了李（理）氏家族的历史传统。

概括以上分析，我们可以清楚地理出李姓的来源：李氏出于理姓，其先祖为大理之官，后代"以官为氏"，为理氏，春秋前作理氏或里氏，因李、理、里同音相通，战国时作李姓。

至于《北史》和《新唐书》中李氏先祖因"食木子"保全性命，木子为"李"而与理同音，因而改为李姓的说法，史不见载，此说无据，反而使李姓来源争讼不已，湮漫不清。罗泌在《路史》就说："昔晋文公命李离为理，以为皋陶之后，并其证也。老子为皋陶之后，而唐书乃云老子生于李下而以为姓；或云因乱食苦李而得姓；可以为饥饵木子而姓之，均是妄诞。"关于《北史》和《新唐书》为什么要编造如此离奇的传说，郑樵在《通志·氏族略》中说得明白："唐家有天下，必欲世系详明。然自成纪令之后，信以传信；自成纪令之前，疑以传疑。盖谱牒之家信疑相半。"明确指出了食木子为李氏的荒诞无稽，并说明此说是唐代宗室"必欲世系详明"而杜撰，其可靠性值得怀疑。

（三）远祖皋陶

东汉以来的姓氏著作大都将李（理）氏的渊源上溯至皋陶，把皋陶视为李氏的远祖，李氏出自皋陶已成人们的共识。那么皋陶是怎样的一个历史人物呢？

皋陶在上古史籍中也写作咎繇，是古史传说中的人物。他和许多传说时代的人物一样，既是一个真实的部族首领，也代表了一个部族名号。皋陶之族源于颛顼，与太昊、少昊、颛顼、帝舜、伯益一样，是发祥于黄河中下游地区的东夷族人。《帝王世纪》中说："皋陶生于曲阜。"从陈地到曲阜一带，是东夷部族的主要活动区域，太昊、少昊、颛顼就生活在这里。

皋陶本姓偃，又姓嬴。《帝王世系》说："曲阜，偃地，故帝因之而以赐姓曰偃。"皋陶长子伯益"为舜主畜，多，故赐姓嬴氏"。

皋陶主要生活在尧、舜、禹时代，相传皋陶与禹、契、后稷等人在尧帝时都被重用，但没有分职。舜即位后，皋陶仍受重用，在舜帝的群臣中地位仅次于禹。《尚书》中有一篇《皋陶谟》，记述了皋陶与舜、禹议政的许多言论。

皋陶还差一点成为继舜禹之后的帝王。《史记·夏本纪》记载："帝禹立而举皋陶荐之，且授政焉，而皋陶卒。"《帝王世纪》中也说："舜禅禹，禹即帝位，以咎陶最贤，荐之于天，将有禅之意。未及禅，会皋陶卒。"禹帝曾有意禅位于皋陶，但因皋陶去世而作罢。

这些传说，反映了皋陶在夏代之前声名显赫的地位和影响。

皋陶对中华文化最主要的贡献在于刑狱方面。他是中国刑法的创立者，相传"皋陶作刑"、"陶作五刑"。帝舜时，皋陶的官职是"大理"。《史记·夏本纪》记载："皋陶作士以理民"，掌司法之权，断狱公平，朝野咸服。他强调"天讨有罪"，主张"五刑五用"，奠定了中国古代早期刑法的理论基础。传直到春秋时期，司法者还常常以"皋陶之刑"作为断狱定罪的重要依据，足见皋陶对后世刑法影响的深远。

传说皋陶专门驯养了一头名叫触的独角奇兽，这奇兽有一种特异功能，那就是能辨善恶真伪。它一遇见有罪的人，就会用尖利的独角去冲撞；一发现谁在说假话，就会怒气冲冲，令人生畏。皋陶就是用这样的奇兽断案。神话毕竟是神话，可这个神话故事却把人们带到遥远的上古时代，仿佛看到皋陶正直而果断的形象。

皋陶本姓偃，其子伯益被赐姓为嬴，伯益的后裔有 14 支，分为 14 氏，即：徐氏、郯氏、莒氏、终黎氏、运奄氏、菟裘氏、将梁氏、黄氏、江氏、修鱼氏、白冥氏、蜚廉氏、秦氏、赵氏，合称嬴姓十四氏。

嬴姓十四氏中，赵、徐、黄、江、秦五氏今列中华100大姓之中。

赵氏列第7位，占2.29%。《元和姓纂》："赵，帝颛顼伯益嬴姓之后。益十三代孙造父，善御，事周穆王，受封于赵城，因以为氏。"赵姓形成于西周，祖先是伯益，始祖是造父。造父是西周时著名的驾驭马车的能手，周穆王把赵城赐给他，自此以后，造父族就称为赵氏。周幽王时，造父的裔孙赵叔带离周仕晋，从此赵氏子孙世代为晋大夫。到战国初年，赵氏联合魏氏、韩氏三家分晋，建立赵国。公元前222年，赵国为秦国所灭，其王室贵族和平民百姓纷纷以国名为姓，称赵氏。

黄氏列第8位，占2.23%。出自嬴姓，伯益之后。黄氏大约于商末周初在今河南潢川建立黄国，因被周朝封为子爵，又称黄子国。春秋时期，楚国称霸，只有黄国和随国敢于抗衡。公元前648年，黄被楚灭。亡国后的黄国子孙，以国名为氏，就是黄氏。

徐氏列第11位，占1.66%。徐氏是伯益之子若木的后裔。伯益因辅佐大禹治水有功，帝舜除了正式赐他为嬴姓以外，还把本族的女子姚氏嫁给他，姚女后来生了两个儿子，其中小儿子叫若木，因为他的父亲有功，所以封他于徐，建立徐国。春秋时期，徐国被吴国所灭，徐国的后裔就称为徐氏，以国为姓。

秦氏列第78位，占0.26%。秦氏出自嬴姓，伯益的后人有个叫大骆的，他的庶子非子被周孝王封在陇西秦亭为附庸国，让他恢复嬴姓，称为秦嬴。秦国后来成为战国七雄之首，并进一步统一了全国。秦灭后，王族子孙以国为氏，称为秦氏。

江氏列79位，占0.26%。出自嬴姓，伯益之后。伯益传至十几代，至西周时，伯益的后裔受封于江，春秋时被楚国所灭，子孙就以国名为氏而姓江。江国在今河南正阳县一带。

此外，出自嬴姓的还有马氏，列第19位，占1.05%。马氏形成于战国后期，出自赵氏，始祖是赵奢。赵奢是战国时赵国人，为赵国将军，因功被封为马服君。赵奢的子孙因以为氏，即马服氏，后又省"服"为马氏。

（四）始祖老子

说到李姓，当然不可不说李氏的这位伟大的先祖——老子李耳。

天下李姓子孙共认老子李耳是他们的一世先祖，而鹿邑则是李姓的千年祖地。最早为老子作传的，是太史公司马迁。司马迁在《史记·老子列传》中对老子的家乡籍贯记载得十分清楚，“老子者，楚苦县厉乡曲仁里人也”。不仅写明属楚，而且详细到县名、乡名、里名。苦县，就是现在的河南省鹿邑县。厉乡曲仁里，即今鹿邑县太清宫镇。

老子被奉为李姓始祖自唐时始。

三国时实行九品中正制，形成士族制度。到魏晋时任用官吏特别重门第家世，高门大姓享有特殊的荣誉。北魏时确定范阳卢氏、崔氏、荥阳郑氏、太原王氏汉族四姓为最高门。唐高祖李渊入主中原登上帝位后，努力提高自己的门第，采取的最简便的办法就是与汉族李姓最著名的历史人物攀亲，于是他找上了老子李耳。李渊登基的第三年，便封李耳为始祖，在李耳生地鹿邑按照帝王居住的规格建筑宫阙殿宇。据光绪年间《鹿邑县志》记载：“唐高祖武德三年，从吉善行之言，祖老子，特起宫阙如帝者居。高宗乾封元年追封老子为太上玄元皇帝，建紫极宫。天宝元年，易紫极宫为太清宫。”唐文宗开成五年（840 年）庚申敕老子诞日（2 月 25 日）为降圣节。

鹿邑太清宫老子故里在唐代以前就有老子祠，老子祠建于何时已不可考知。东汉时，由于道教的兴起，老子祠香火已经很盛，东汉桓帝延熹八年（165 年），对老子进行了扩建，扩建后的老子庙宇分前后两宫，前宫祭祀老子，后宫供奉李母。

唐代大规模扩建后的老子庙始称太清宫，宫阙建筑大气辉煌，规模宏大。武则天光宅元年（684 年）尊李耳母为“先天太后”，另建洞霄宫；太清、洞霄两宫相距 500 米，占地 720 亩，中间隔一条河，河上有桥，名叫会仙桥。前宫住道士，后宫住道姑。两宫有事相商，以云牌传递，道规甚严。宫殿周围 40 里都是太清宫的领地，一如长安皇宫。

宋以后，太清宫屡次扩建，香火不绝。宋元以后，经历了屡次战乱，太清宫毁于战火，鹿邑现存的太清宫建筑，是清康熙十七年（1678 年）民间自发集资所建，规模已不及唐宋时的十分之一。1997 年，河南省文物局、文物研究所对鹿邑太清宫进行考古发掘，初步探明，太清宫后宫宋代大殿东西长 112 米，南北深 40 米，面积 4480 平方米左右。墙基、柱础及室内铺地砖保存完好，规模比北京故宫的太和殿还大，是我国目前发现的最大的宋代宫殿建筑，确实如史书所记“如帝者居”。

历代祭祀老子，都在鹿邑太清宫。东汉桓帝延熹八年，曾在一年之中于春、秋两次派人到鹿邑祭祀老子。唐高宗李治、唐玄宗李隆基都曾亲自到鹿邑拜谒先祖李耳。天宝十四年（755 年），唐玄宗亲注《道德经》颁布天下，并刻石于太清宫，名为《唐开元神武皇帝〈道德经〉注碑》，此碑今存太清宫。除这两位李唐皇帝外，到鹿邑祭老子的还有武则天和宋代的真宗赵恒。

李姓在陈地鹿邑起源，在这里生息繁衍，发展壮大，逐渐成为中国望族，在中华民族的历史上发挥了巨大的作用。

（五）兴盛与播迁

旧时李姓家族祠堂前，常挂这样两副对联：

> 陇西世族，柱下名家。
> 经传道德，名重谪仙。

两副对联除了颂及李姓始祖老子之外，上一联提到了涌现出飞将军李广和建立盛唐的陇西李氏，下一联提到了也是出自陇西李氏的诗仙李白。李氏家族代有名人，创造了辉煌的历史。

《史记·老子传》把老子写得“神龙不见首尾”，但对老子后代家世的记载却十分详尽：

> 老子之子名宗，宗为魏将，封于段干。宗子注，注子宫，宫玄孙假，假仕于汉孝文帝。而假之子解为胶西王卬太傅，因家于齐焉。

这说明西汉时李姓已有一支迁往山东。又据《新唐书·宗室世系》和《宰相世系》记载，李耳的八世孙李昙，字贵远，战国时为赵国柏人侯，后入秦为御史大夫，生有四子：崇、辨、昭、玑。因在外地做官、定居而分为两支。一支为长子李崇，任陇西太守、南郑公，居陇西，后来成为陇西李氏的始祖。一支为四子李玑，居赵郡，成为赵郡李氏的始祖。陇西房后来又分为39房，赵郡房分为东、南、西三组，繁衍昌盛，人丁兴旺，都成为名门望族。

赵郡李氏后来涌现了赵国大将武安君李牧、秦末将军广武君李左车、唐代大臣李吉甫、李德裕和文学家、书法家李阳冰。

陇西李氏从李崇起居住在今甘肃陇西，世代为官，其孙李信任秦大将军，封陇西侯，李信的后人“飞将军”李广和他的儿子李椒、李敢，孙子李陵都是西汉将军。到了十六国时，李广的十六世孙李暠建立了西凉国。李暠的十六世孙就是唐高祖李渊。

公元618年，李渊建立了唐朝。唐朝是中国封建社会的鼎盛时期，李姓作为“国姓”，是最尊贵的姓氏，在唐朝蓬勃发展，所以唐朝也是李姓发展史上的黄金时期。

唐朝李氏贵为“国姓”，李姓人口的增殖呈现出前所未有的兴旺景象。李姓人口急剧扩张的主要原因有两个：

第一个原因是李唐宗室子孙蕃盛。李唐宗室特殊的政治地位，为他们创造了发展繁衍的优越条件。唐朝有 19 位皇帝，皇帝妻妾成群，儿子自然也众多。这些皇子们被分封到各地，都成了当地的贵姓大家。此外，李氏宰相数十人，各成一支，子孙繁衍，又为李姓扩充了许多人口。

李姓人口扩充的第二个原因是赐姓。李唐皇帝为了巩固自己的统治，往往以褒赏、恩惠、笼络的手段，赐给外姓人以“国姓”，使他们更忠于李唐王朝，这也为李姓增添了许多新的成员。由于“国姓”至高无上的地位，对被赐姓者来说，也是一种无上的荣耀。唐朝皇帝赐姓之风盛于以前各朝，自开国皇帝李渊始，至末朝的昭宗李晔，绵延不断。被赐为李姓的，既有开国治政的文臣武将，又有中、后期有功于唐朝的臣属。据史书记载，唐朝被赐李姓的有汉族徐、邴、安、杜、胡、弘、郭、麻、张、董、罗诸姓，也有少数民族的鲜于、阿布、阿跌、舍利、朱邪氏等等。

除唐朝外，在中国历史上，李姓称帝者多达 60 余人，先后建立有大成、西凉、吴、魏、楚、后唐、南唐、大蜀、西夏和大顺等政权。这在中华姓氏中是比较突出的。此外，李姓子孙还有在海外建立王朝的。如越南李朝，是唐太宗子曹王李明的后裔李公蕴在 1009 年建立的。越南李朝历 8 主，216 年，李姓也成为越南大姓。朝鲜李朝，创建者李桂成，其先祖是辽东李氏的一支，后因躲避战乱而迁至朝鲜，1392 年即皇帝位，国号为朝鲜。朝鲜李朝历 27 主，519 年，在当今朝鲜大姓中，金姓第一，李姓第二。

李氏经唐代大发展后，子孙开始向全国播迁。唐代大诗人李白曾以李姓人多族望而作诗曰：“我李百万叶，柯条遍中州。”可见唐代时期，李姓的分布已经很广了。宋朝时期，李姓大约有 560 万人，约占全国人口的 7.2%，排在王姓之后，为宋朝第二大姓。在全国的分布主要集中于河北、四川、河南、山东，这四省李姓大约占全国李姓总人口的 44%；明朝时期，李姓大约有 510 万人，约占全国人口的 5.5%，仅排王、张之后，为明朝第三大姓，分布主要集中于江西、山西、山东三省。当代李姓的人口已达 9500 余万，为全国第一位大姓，大约占全国人口的 7.9%，在全国的分布目前主要集中于河南、四川、山东三省，大约占全国李姓总人口的 29%。时到当今，李姓遍布于中华民族的每一片土地，乃至全世界的每一个角落。

八、源于陈地的其他中华大姓

（一）张姓起源新证

张姓人口略少于李姓和王姓，是当今中国第三大姓，约占汉族人口的7.1%，即世界上张姓人口超过7800万人。

关于张姓的起源，一般公认是源于黄帝之孙张挥，传说张挥是第一个制造弓箭的人。唐人林宝《元和姓纂》云："黄帝第五子青阳生挥，为弓正，观弧星，始制弓矢，主祀弧星，因姓张氏。"又据《新唐书·宰相世系表》所载："黄帝子少昊青阳氏第五子挥为弓正，始制弓矢，子孙赐姓张氏。"

张挥为黄帝主祀弧星，弧星即弧矢星，共9颗，在天狼星东南，其中八星如弓形，一星像矢，在大犬、船尾两星座内，很像上弦的弓箭。挥经过许多夜晚观察，受到启发，终于制成弓箭，这在当时对社会确实有很大的贡献，挥任黄帝弓正（监管制造弓箭的官），因此被赐姓张。"张"字本义为弓上弦，引申为开弓、长弓，与官名"弓正"及古星名"弧"均密切相关。

还有一种观点认为：张姓之"张"不是源于弓矢，而源于张网罗捕禽兽。《古今姓氏书辨证》："张氏，姬姓。黄帝子少昊青阳氏第五子挥为弓正，始造弓矢，实张罗以取禽兽，赐张氏。"

但是，对于张姓来源的这种解说，是基于上古时的神话传说，语多虚妄。其疑点有二：其一，张挥是黄帝之子还是黄帝之孙，古籍所记不同，《世本》言："黄帝子挥为弓正，始造弓矢，张网罗，因氏。"其二，说张挥受弧星启发而发明弓箭，似乎也讲不太通，因为相对于观测星象以记时历要比发明弓箭复杂得多，人类应是发明弓箭以狩猎在前，而观测星象以记时令在后。所以，因挥发明弓矢而得姓张氏乃后人推想，并无确证。

对张挥发明弓矢而得姓张氏的说法，早有人提出疑义。宋人郑樵《通志·氏族略》说："谱家谓：'黄帝子少昊青阳氏子挥，为弓正，观弧星始制弓矢，主祀弧星，赐姓张氏。'此非命氏之义也。"但郑樵认为，张姓是因字为氏，源于晋国公族："晋有解张，字张侯，自此晋国世有张氏。则因张侯之字为氏，可无疑也。"

近来有学者又提出新说，认为：张姓源于长国，长国在河南鹿邑，且论证甚详。

张志华先生在《周口日报》撰文对张姓起源于鹿邑的说法，从考古学和文字训诂学上进行了有说服力的论证。

1997年对鹿邑太清宫遗址进行发掘时，发现了一座商末周初大墓。该墓平面形状为中字形，有南、北墓道。墓总长为49.5米，墓室长9米，宽6.63米，墓底距地表深8米。墓东、西、北有二层台，葬具为两椁一棺。墓主头北脚南，为60岁左右的男性。墓室南部殉葬8人，东西棺椁之间和东西二层台各殉葬1人，南墓道杀祭1人，总计殉葬13人之多，且多为青年男女，最小者10岁左右。墓内随葬品极为丰富，其中青铜器222件，玉器99件，原始瓷器12件，陶器200余件，加上贝币、骨器等总计2000余件。

该墓出土的青铜器，有铭文者皆为青铜礼器，共计54件，有48件器物均为“长子口”自铭。由此推断，该墓墓主应为长子口。“长”应是氏族或国名，“子”是身份，“口”为私名。据宋镇豪先生考证，长子即长，一称长侯或长伯。根据甲骨文三期卜辞中，有“其又长子唯龟至王受又”的记载，意思是商王贞问：“长子是否来贡龟?”说明长是一个方国，长子是长国的封君，这个长国要定期向商王贡龟，可见其与商王朝关系之密切。有学者研究，长氏原为东夷的后裔，臣服于商后，负责制造弓箭等武器，后来繁衍为张姓，故长氏是张姓之祖先。

关于长、张，据著名考古学家、古文字学家唐兰先生考证，长即张。而且，“长”字作为姓氏被释为“张”是有不少先例的。如著名史学家和古文字家李学勤先生在《战国题铭概述（中)》一文里，将“长武”释为“张武”(见《文物》1959年第8期，第60、61页)。黄茂林先生在《新郑出土战国兵器中的一些问题》一文中将“长朱”释为“张朱”(见《考古》1973年第6期，第377、378页)。综上所述，我们认为在先秦以前，作为姓氏“长”、“张”二字是通用的。自1949年以来，我国目前共发掘出三批长国铜器。除1997年发掘的鹿邑大墓外，还有1954年在陕西长安斗门镇普渡村发掘一座西周墓，出土带铭文铜器4件，其中一件（001号）铭文为“长田作宝尊敦”。根据器物特征和青铜器记载，该器应为周穆王时期长田作的长器。另外，1977年在湖北黄陂县鲁台山发掘5座西周墓，出土一批青铜器。其中M30最大，墓平面为甲字形，出土3件铜器为长国铭文。圆鼎铭文为“长子狗作父乙尊彝”。根据器物特征，该墓时代应为周康王时期。从这三次发掘的长国铜器的时代看，以鹿邑太清宫M1为最早，其次是湖北黄陂鲁台山M30，再次是陕西长安斗门镇西周墓。

根据郭沫若主编的《甲骨文合集》卜辞初步统计，有关长的卜辞达64条之多。通过对卜辞的研究，我们知道了长国乃是商王朝的重要盟邦，长国的首领被称为长伯、长侯。商王平时往来于长地，既命长办事，又关心长的灾、祸、吉、凶、是否受年等。商王对长关心备至，而长对商王忠心耿耿，向商王朝反映敌对方国的活动情况，向商王朝贡龟等。长国不仅与商王朝关系密切，而且他还在商王朝西征敌对方国时起了重要作用。另外，根据考古资料证明，在商周时代，长国的后裔已分别迁往各地，并在各自的封地繁衍着长氏后裔，创造着长氏文化。这为以后张氏成为中国姓氏大户奠定了雄厚的基础。另据专家考证，长子狗、长田是箕子的后人，是殷遗民，长子狗是箕子的孙子，是长氏宗子。据此说法，长子口应是长子狗的先祖，受商王册封在鹿邑一带，商亡后又被周册封于此。既然“长子口”是张氏的祖先，那么张氏的根在鹿邑应是毋庸置疑的。

（二）沈丘与沈姓

沈姓在中华100大姓中排在第37位。查历代姓氏典籍所载，沈姓源于沈子国，沈子国之地屡有变迁，但均属陈地，或为陈国附属国。

据《新唐书·宰相世系》、《元和姓纂》、《姓谱》等书记载，沈氏出于姬姓。周文王第10子聃叔季食采于沈，为沈子国，其地在今河南平舆县北沈亭，今县北40华里射桥村西有古城址。公元前506年，蔡灭沈，聃季后代有子逞，逃奔楚国，以国名为姓，遂成沈氏。

另据《通志·氏族略》：“楚有沈邑，楚庄王之子公子贞封于沈鹿，故为沈氏，其地在今颍州沈丘。”此支沈氏出于芈姓，为楚公族。沈丘，春秋时名寝丘，先属陈，后归楚，其地在今沈丘县境。

据《新唐书·宰相世系》载：春秋时，沈国被蔡国灭掉后，沈子逞逃奔楚国，子逞之孙有沈尹戎，隐居于零山。其后在楚国世代做官。尹戎之子沈诸梁，官左司马，食采于叶（今河南叶县），号叶公，其后裔有叶姓，是为沈姓的分支。《风俗通》：“楚沈尹戎生诸梁，食采于叶，因氏焉。”叶姓是当今中国第49大姓。

秦代，沈诸梁曾孙沈逞，召为丞相，不就，居沈丘，建沈亭于颍水之上，游钓终生。逞子沈遵，汉代为齐王太傅，徙居九江寿春（今安徽寿县）。其后代子孙历东汉，有多人在朝中做官，分别居于今河南洛阳、南阳、桐柏及安徽东北部。东汉初年，有沈戎，因说降“巨贼”尹良有功，被光武帝封为海昏侯，举家迁居会稽乌程吴兴（今浙江吴兴县），此为沈姓南迁之始。沈戎后代在江南繁衍发展，形成望族，历魏晋、南北朝，世代官宦，名人辈出，所以沈姓后人多以“吴兴”为堂号。

唐宋两朝，又有沈姓由中原南迁到福建，再由福建移居广东、广西等地。唐朝初年，河南固始人陈政、陈元光父子奉命入闽平息“蛮獠之乱”，随陈氏父子入闽的有45姓，其中有沈姓。《漳州府志》载：唐初随陈元光开漳“有沈世纪（一说沈天学）从陈主政领军入闽……日与元光披荆棘，开村落，翼天地里，子孙散处龙溪、漳浦、南靖、长泰、诏安等处”。唐朝末年，又有河南固始人王潮、王审知兄弟率军入闽，随之入闽者27姓，其中也有沈姓。明清之际的民族英雄郑成功及其所率入台将士，多是这次移民的后代。沈姓也是当今台湾大姓之一。

（三）项城与项氏

项姓源于古项子国。古项子国为西周时分封的子爵国，其地在今河南省项城县东南部、沈丘县大部。初为陈国属国，后为齐国所灭，战国时又属楚。

项氏来源有二：其一为古项子国国君，出自姬姓，以国为氏。据《通志·氏族略》载：“项氏或言姬姓之国，故城在陈州项城县东北一里，为齐所灭子孙以国为氏。”林宝《元和姓纂》载：“项，《左传》云鲁灭项，《公羊传》曰为桓公所灭，子孙以国为氏。”《广韵》载：“项，本姬姓国，为齐桓公所灭，子孙以国为氏。”以上三种书都说项氏是以国为氏，但对项子国为何国所灭，所言不同，一说为鲁所灭，一说为齐国所灭。春秋时齐桓公伐楚，回师在召陵会盟诸侯，经陈国，因而齐桓公灭项也许是正确的。

其二为封于项地的楚国贵族后代，出自芈姓，以邑为氏。《史记·项羽本纪》载：“项氏世世为楚将，封于项，故姓项氏。”项羽原为下相（今江苏宿迁县西）人，属楚。项羽曾祖父随楚考烈王灭鲁有功，受封于项，子孙以邑为氏。

最早见于史籍的项氏名人是春秋时的项橐。《史记·樗里子甘茂列传》记有“项橐生七岁为孔子师”的话。《国策》、《新序》、《论衡》等书也均有记载。高诱注《淮南子》中也称“项橐七岁，穷难孔子而为师”。七岁的项橐不可能为孔子之师，可能是项橐的话被孔子引用过。

战国至秦末，项燕、项梁、项羽一族三代，威震列国，名闻诸侯，项姓也成为煊赫一时的望族大姓。公元前225年，秦派大将王翦率60万大军攻楚，楚将项燕英勇抗敌，顽强战死，表现出强烈的爱国精神。以至于陈胜、吴广“伐无道、诛暴秦”，发动农民大起义时，也要打起项燕这面旗帜作为号召，可见项燕的影响是非常大的。公元前209年，陈胜、吴广起义，项梁与项羽叔侄起而响应。项梁作为起义军的首领之一，有勇有谋，在反秦斗争中起了很大作用。项梁死后，项羽率军在巨鹿之战中摧毁了秦军主力。秦亡后，项羽自称“西楚霸王”，不久在与刘邦争雄的战争中，失败自杀。项羽的历史功绩和英雄气概名垂青史，为后世所称道。

项羽失败后，到了汉代，项姓人数大为减少，名声也不再那么显赫了。一个原因在于项氏后人惧怕株连而四处逃散，远离中原，在边远地区定居下来。因为项羽起兵在江东，楚国统治中心在江南，所以项氏后人向东南逃往浙江、江苏、福建、湖南、云南、广西、江西等地。另外一个原因是西汉王朝建立后，不少项姓人被封侯赐姓，或因避难而改姓。《史记·项羽本纪》载：项羽死后，刘邦“以鲁公礼葬项王谷城。……诸项氏枝属，汉王皆不诛。乃封项伯为射阳侯。桃、平皋侯、玄武侯皆项氏，赐姓刘氏”。因此，在今天的项城、沈丘一带项姓起源地，项姓人数已经很少了。

九、陈地名门望族

（一）阳夏谢氏

谢氏是当今中国大姓中排第24位，占总人口的0.27%。

谢氏起源于南阳。但陈郡阳夏（今太康县）是谢氏的族望之地，天下谢氏后裔均自称“陈郡阳夏谢氏”。陈郡阳夏谢氏自两晋之际步入历史舞台，宗族势力日渐壮大，历东晋、宋、齐、梁、陈数朝，经十数代人，三百余年风流不衰，冠冕不绝，在南朝的政治、军事、文化等方面发挥了重要作用，其风流余韵还延续到了隋唐之世，不愧为名副其实的“五朝门第”，对中国历史产生了极其重要的影响。

对于谢氏的姓源，一般认为，是出自姜姓，为周宣王的舅父申伯之后。但是，考征于史，谢氏族源尚是值得研究的问题。

《诗经·大雅》有《崧高》，《诗经·小雅》中也有《黍苗》一诗，记载了申伯和他所创立的申国的创业史。申氏原是姜姓四岳之后。四岳为齐、许、申、吕，是姜姓的四大分支。姜姓与姬周世代联姻，申伯就是周宣王的舅父。作为姜戎的一支，申氏在夏、商时居住在陕西、山西一带。周初分封诸侯时，将同姓亲属分封在王都附近，而将其姻亲姜姓四岳分封在四周边域，凭借他们的力量拱卫王室，抵御四夷侵掠。姜姓四岳中，齐被封到山东，许被封到今河南许昌，申、吕被封到今河南信阳与南阳。

周朝初期，申国并没有太大影响。但到了西周中后期，申伯声威大震，成为匡扶社稷、左右政局的股肱大臣。周厉王时，厉王无道，天下大乱，百姓暴发，厉王出逃。申伯与周公、召公和尹吉甫等人摄政，史称共和行政。周厉王死后，太子姬靖即位，是为周宣王。申伯以周宣王元舅的身份辅助宣王，成为周朝重臣，助宣王中兴。

当时在周朝的南方，有芈姓熊氏建立的楚国。熊氏本为子爵，爵位甚低，国势甚小，偏居在江汉一带，与苗蛮杂居，处蛮荒之地。但历代楚王筚路蓝缕，以启山林，开拓疆域，发展势力，迅速发展成为“抚有蛮夷，奄征南海”的南方大国。周夷王、厉王时，周室衰微，楚王趁机北上南侵，并宣称：“我蛮夷也，不与中国之号谥。”与周朝相抗衡。为了阻止楚国北进，加强对南土的控制，周宣王派自己的元舅申伯驻居南方，建立申国，震慑楚蛮，经营南疆，以为周朝的东南屏障。

《诗经·大雅·崧高》载：“亹亹申伯，王缵之事。于邑于谢，南国是式。王命召伯，定申伯之宅。登是南邦，世执其功。王命申伯，式是南邦，因是谢人，以作尔庸。”申伯受封时宣王十分重视，亲自选定封地，国域定在谢邑，并派召公为申伯营建新都。申国国都在谢邑，谢邑在今南阳市宛城一带，孔颖达注《大雅·崧高》说：“申国在南阳宛县，是在洛邑之南也。”朱熹在《诗集传》中也说：“谢，在今邓州南阳县，周之南土也。”

这里，一个需要注意的问题是，在申伯到来之前，谢邑就有一支谢氏族人居住。那么这支最早的谢氏族人的族源是哪里呢？

在申国之前，谢邑原有一个谢国，是黄帝之后，源出任氏。《世本》载：“谢，任氏。黄帝之后。”相传黄帝25子，得姓者14人，为12姓，其中有任姓。任姓有10族，谢氏是其中之一。《古今姓氏书辨证》说：“谢，出自黄帝之后，任姓别为十族，谢其一也。……三代之际微不见，至《诗·崧高》始言周宣王使召公营谢邑以赐申伯。盖谢已失国，子孙散亡，以国为氏。”汉代王符的《潜夫论·志氏姓》、宋代罗泌的《路史》也有同样的记载。《南阳县地名志》说得更为具体：“任姓又分为十族，其一为谢，居谢水。至夏、商、周，谢族演变为诸侯国，因其弱小，故少见于史册。西周末失其国，子孙迁徙他地，以国为姓。”

但是，关于任姓，还有一个问题：《左传·僖公二十一年》载：“任、宿、须句、颛臾，风姓也，实司太昊与有济之祀，以服事诸夏。”《左传》记载任姓源于风姓，是太昊之后。任与宿、须句、颛臾四国，都是东夷族人，四国之地在今山东境内。《左传》与上述诸书所载不同。对于任氏的姓源，郑樵在《通志·氏族略》中也弄不明白，他说：“任，姓也。未详因生之始。然妊娠，女子之事也；姓，女子之称也。妊古作壬，又作任。”接下来他列举了任姓源于黄帝说和源于太昊说，并说任姓可能有两支，一为任姓之任，即因生为姓；一为任国之任，即以国为氏。前者为黄帝之裔，后者为太昊之裔。那么，按照郑樵的说法，谢氏所源的任姓，乃是黄帝之裔，其地在南阳一带。

商周之际，任姓谢氏在今南阳宛城一带立国，为古谢国。周宣王时，古谢国被灭，子孙以国为氏，为即为《诗经》所言之“谢人”。申伯举族迁徙，来到谢地，取代任姓王族而统治谢人。“因是谢人，以作尔庸”，“申伯还南，谢于诚归”。原来谢地的谢人，因申伯改封于此，也就成了申伯统治下的臣民。申伯重新营建谢城，并将原谢国遗民安置到棘阳（今新野、唐河县交界处）居住。

在西周后期，申国的势力强大，“不显申伯，王之元舅，文武是宪。申伯之德，柔惠且直。揉此万邦，闻于四国”，在西周历史上发挥了巨大作用。后来，周幽王废申太后和太子宜臼，引起申太后父亲申国国君的不满，申侯将周幽王杀死在丽山。公元前770年，申侯主持立宜臼为平王，迁都河南洛阳，自此，周朝进入东周时代。公元前688年，申国被楚国灭亡。

考索谢氏之源，我们认为，谢氏应是源于任姓，是黄帝后裔，以国为氏，故姓谢。西周时申伯在谢地立国后，谢人开始尊申伯为始祖，其祖源也就由黄帝改成炎帝，姓源由任姓改为姜姓了。

查古今谢氏谱牒，几乎所有的《谢氏族谱》都认为自己是炎帝苗裔、申伯之后。河南太康县老家镇谢家堂收藏的唐代广明元年（880年）的《谢氏族谱》是我们所能见到的最早的谢氏族谱，谱中说：“谢氏本系出自炎帝神农之嗣。”陈留堂《谢氏源流总序》说：“谢氏原本姜姓……申伯佐周中兴，封谢邑，以邑为姓，故谢氏以申伯为一世祖也。”唐代谢肇《谢氏宗支避地会稽序》说：“谢氏本系出自炎帝，神农之嗣。”北宋苏洵《赠谢氏谱序》：“粤稽谢氏之先，始出自周宣王之舅申伯，受封于谢，其后以国为氏。”朱熹在为谢氏族谱所写的序中也说：“谢氏之先，始于炎帝六十三世申伯，佐周中兴，封左王，加太师，继赠谢邑。支子即以邑为氏，是谢氏之鼻祖也。”

谢氏虽然得姓较早，但显迹较晚。自西周宣王时有谢姓后，谢氏人主要居住在河南南部。申国灭亡后，谢氏的主脉在河南逐渐发展。但一直到魏晋南北朝时期，谢氏才迎来了发展的黄金时期。魏晋时期，居于陈郡阳夏的一支谢氏，名人辈出，人丁兴旺，这一支谢氏于西晋时南迁到会稽始宁（今浙江上虞），东晋时有谢安为相（尚书仆射），与其侄谢玄一起指挥了淝水之战，击溃了前秦大军，为晋室偏安江南奠定基础，阳夏谢氏也由此成为江南名族，名扬天下。

阳夏，即今河南太康，其地在陈地淮阳北。史料记载，夏禹之孙太康在位时，因“盘游无度，不恤民事”，“畋于洛表”，竟“十旬不归”，东夷族有穷氏首领后羿乘机占领夏都安邑（今山西夏县境），太康南逃于此，“筑城定居”。后少康中兴，北还都安邑，此地称阳夏邑。秦王嬴政二十三年（前224年），初置阳夏县，隋文帝开皇七年（587年），改阳夏县为太康县。

据唐代广明元年（880年）所修《谢氏族谱》记载，谢氏先民早在秦汉之际，就已在阳夏定居，因无名人、显官，故史无所载。陈郡阳夏谢氏最早见于史传的是三国时的谢缵。谢缵在魏国居官，但《三国志》没有为他立传。《晋书》卷四九有《谢鲲传》载：“祖缵，典农中郎将。”典农中郎将一职设于东汉末年，实行于屯田地区，掌管农业生产、民政和田租，职权相当于太守。陈郡阳夏谢氏以谢缵为一世祖。

《谢氏族谱》载：

谢氏本系出自炎帝神农之嗣……若始祖讳嘉者，其先南阳人也，西汉末为水衡都尉。其后有讳夷吾者，以明风角候之术鸣于世，然其间数不可考也。西晋祭酒公衡，又本于阳夏。永嘉不靖来寓于始宁，至有关方面傅安石、大元帅万、石，诚为江左望族。

阳夏谢氏自南阳迁居，谢缵以前的谢嘉和谢夷吾，史不见载。阳夏谢氏起于谢缵，谢缵的儿子谢衡，仕于西晋武帝、惠帝时，任过博士祭酒、太子少傅、散骑常侍一类的文官，“博物多闻”，“以儒素显”。永嘉年间（307－313），西晋大乱，史称“永嘉之乱”，晋室南渡，中原士民大举南下，谢衡迁居会稽始宁（今浙江上虞）。谢衡生二子：长子谢鲲，官至豫章太守、封咸宁侯；次子谢裒为吏部尚书、吴国内史、封福禄伯。谢裒有六个儿子，皆居显位：长子谢奕，官安西将军、豫州刺史；次子谢据，为东阳（浙江金华）太守；三子谢安，官太保、封太傅；四子谢万、五子谢石、六子谢铁都是东晋重臣。

阳夏谢氏于永嘉之后在江南繁衍，实际上谢氏在江南的后代为谢裒所传。谢裒六子中以谢安最为著名，因他出仕前曾在会稽东山隐居，故江南阳夏谢氏又号为“东山族谢氏”。

谢安（320－385），字安石，东晋杰出的政治家、军事家、文学家。谢安从小受家庭的影响，在德行、学问、风度等方面都有良好的修养，少年时就有重名。然而谢安并不想凭借出身、名望猎取高官厚禄。东晋朝廷多次征召，他都以有病为借口推辞了。谢安隐居会稽东山，与王羲之、许询、支道林等名士名僧交游，出则渔弋山水，入则吟咏属文，优游山林，过着悠闲的逸士生活。

谢安堂兄谢尚、哥哥谢奕、弟弟谢万相继任豫州刺史，都督豫、冀、幽、并四州军事，握有相当的军政大权。后谢万北征兵败被革职，为避免门户中衰，谢安便毅然决定出仕。升平四年（360 年），征西大将军桓温邀请谢安担任自己帐下的司马，当时谢安年已 40 了。

谢安在朝为官 20 多年，做了两件大事：一是遏制了桓温篡夺晋室的图谋。二是打败了前秦苻坚大军的南侵，取得了历史上著名的以少胜多的“淝水之战”的胜利。

咸安元年（371 年），权臣桓温废黜了司马奕，另立会稽王司马昱为帝，是为简文帝。此时的谢安已升任为吏部尚书。他洞悉桓温的野心，忠心匡扶朝廷，竭力不让桓温篡权的图谋得逞。咸安二年（372 年），简文帝崩，太子司马曜即位，是为孝武帝。桓温率军来到建康（今南京）城外，准备杀大臣，取司马以代之。他预先埋伏了兵士，下令召见谢安和王坦之。王坦之非常害怕，谢安则神情坦然地说：“晋祚存亡，在此一行。”席间，谢安从容地对桓温说：“我听说有道的诸侯设守在四方，您何必在幕后埋伏士卒呢?”桓温只得尴尬地下令撤除了埋伏。迫在眉睫的危机，被谢安从容化解了。

孝武帝年幼无能，全赖谢安、王坦之等大臣尽忠臣辅，维持政局平衡，使桓温始终不能取司马氏而代之。后桓温得了重病，但他还在幻想着能得到加九锡的殊荣，不断派人催促。谢安故意拖延，对已经起草好的诏书一再加以修改，迟迟不予颁发。桓温终于没有如愿，抱憾而死。

桓温死后，谢安被任命为尚书仆射兼吏部尚书，后又兼总中书省，实际上总揽了东晋的朝政。谢安主政时，北方的前秦、前燕等少数民族政权强盛，不断侵扰东晋边境；国内宗室司马道子弄权，大族如王、桓诸族恃强抗衡。鉴于这种国情，谢安对外采取和靖政策，尽量减少武力冲突；对内施行德政，文武用命，富国强兵，同时维持各大族之间及大族与皇室之间的势力平衡。

当时，前秦在苻坚的治理下日益强盛，东晋军队在与前秦的交战中屡遭败绩。谢安派自己的弟弟谢石、侄子谢玄率军征讨，接连取得胜利。又命谢玄训练出战斗力很强的北府兵，为抗击前秦做好了准备。

太元八年（383 年），苻坚率领着号称百万的大军南下，志在吞灭东晋。军情危急，建康一片震恐。谢安依然镇定自若，以征讨大都督的身份负责军事，并派了谢石、谢玄等人率兵 8 万前去抵御。

当双方在淝水交战时，谢安正安闲地与客人下棋。晋军大败前秦的捷报送到，他看完捷报，便放在座位旁，不动声色地继续下棋。客人憋不住问他，谢安淡淡地说："没什么，孩子们已经打败敌人了。"直到下完了棋，客人告辞以后，谢安才抑制不住心头的喜悦，舞跃入室，把木屐底上的屐齿都碰断了。

淝水之战，谢安、谢玄叔侄以 8 万新军大败前秦苻坚的 80 万大军，为东晋朝廷建下不世功勋，后人评价说："淝水一战，功在一族。"朝廷为表彰阳夏谢氏功臣，封谢安为庐陵郡公，谢石为南康公，谢玄为康乐公，谢琰为望蔡公。谢氏一门四公，鼎贵无比。

从东晋到南朝，是阳夏谢氏的黄金时代。他们不仅是社会上的名门望族，而且还享有政治、经济、社会、文化等方面的特权。研究表明，在东晋到南朝末年的 200 多年中，谢家见于史传的人达 11 代 100 多人，其中担任高官的有 76 人，三品以上的官员有 33 人。

两晋南北朝时期，士族门阀兴盛。这一时期的政权更迭频繁，亡国之后的帝王之家想求为平民而不可得，面临的常是合族诛灭的命运。而作为世族的谢家则不受朝代的限制，可以累朝累世永远显贵。出身贫寒的开国皇帝为了抬高自己的身价，还把能得到谢氏家族主持的登基仪式作为一种荣耀。

陈郡阳夏谢氏能够在六朝数百年间家族门第长盛不衰，人才辈出，这在中国古代史上是一个颇为独特的现象，值得人们深入研究。究其原因，除了他们社会历史变迁的风浪中不断立下政治、军事的功业，从而仕途亨通、冠冕相承外，一个更重要的内在原因是，谢氏家族具有深厚的家学传统和文化渊源，这种具有个性的家教门风，形成了谢氏鲜明的家族文化。

关于陈郡谢氏之家风，唐代李延寿在《南史·谢晦传论》中有一句概括性的话："谢氏自晋以降，雅道相传。"所谓"雅道"，即是任性、率真，重风流、尚老庄的名士风尚。但同时，谢氏又有深厚的儒学传统。史载谢安祖父谢衡"以儒素显"，官至国子祭酒，擅长礼仪制度。谢氏诸名士虽放达任诞，但皆不废事功，颇具进取精神。也就是说，谢氏对外任情纵性，崇尚玄老，但在宗族内部，谢氏家族仍然有坚实的儒家礼法传统。中和儒道，进退两由，在玄风掩盖下的进取与礼法精神，这是陈郡阳夏谢氏家风的独特之处。

谢安不仅以自己的地位和业绩，对谢氏家风的形成和延续起到了决定作用，而且他在隐居东山期间，在诸兄弟在外任职的情况下，承担了教育子侄的重任。《世说新语》中记载了许多谢安教育子侄的故事，表现了谢安之家教重视性情、文义的风格，这对谢氏家族文化的传承和发扬，具有重要的意义。

六朝时期的世家大族往往具有多方面的文化兴趣与建树，诸如琴、棋、书、画等等。一些家族在某一方面卓有成就，世代相承，在文化史上作出了巨大贡献，如琅琊王氏在书法史上的贡献。但阳夏谢氏具有多方面的才艺修养，他们在书法、围棋、音乐、文学等方面，皆代有才人，留下了许多令人称道的风流雅事。

在中国文化史上，陈郡阳夏谢氏最显著的贡献当属山水文学。阳夏谢氏多善诗文，谢氏家风的奠基者谢鲲、谢尚、谢安等皆以文名著称于时。这一传统在晋宋之际得到发扬光大。当时谢混为谢氏重要代表，他本人有文才，“以文词获誉”，并且组织同族子弟，形成了一个宗族文学群体。《南史》卷二十《谢弘微传》：“混风格高峻，少所交纳，唯与族子灵运、瞻、晦、弘微以文义赏会，常共宴处居在乌衣巷，故谓之乌衣巷游。”在谢混的影响下，谢氏子孙文学才能大进，名家辈出。特别是晋宋时期的谢灵运，“才藻艳逸”，《南史》中称其“每一首诗至都下，贵贱莫不竞写，宿昔间士庶皆遍，名动都下”。其他如谢瞻、谢惠连、谢庄、谢朓等，都是南朝文名卓著的诗人。阳夏谢氏在“雅道相传”的家风熏染下，崇尚玄风，爱尚自然，精神自由，纵情丘壑，寄托玄思于山水自然之中，因而创造了精美的山水文学。在东晋南朝山水文学的发展历程中，谢混、谢灵运、谢朓三人分别代表了不同的发展阶段，不断推动这一文学形式走向成熟，而且对唐代诗歌的发展产生了巨大的影响。

王谢比肩，传誉千古；淝水一战，震古烁今；大谢小谢，文采风流；乌衣望族，宝树家声。阳夏谢氏自东晋至南朝，辉煌200余年，但到隋代以后，阳夏谢氏逐渐式微，子孙散居各地，昔日盛况不再。正如唐代诗人刘禹锡所说：“朱雀桥边野草花，乌衣巷口夕阳斜。旧时王谢堂前燕，飞入寻常百姓家。”

谢姓自东晋南渡在南方发展，分布很广。今天，谢姓尤以广东、江西、四川、湖南等省为多，四省谢姓约占全国汉族谢姓人口的45%。谢氏起源于河南，发展于江南，并由江南广播海外。

太康是谢姓的主要发迹地，陈郡阳夏也因此名垂史册。今太康县老冢镇谢家堂村是阳夏谢氏的祖居地，今谢家堂村现存阳夏谢氏一世祖、谢安曾祖父谢缵的陵墓所在地，这也是现存谢氏陵墓中时代最早、名气最大、又具有代表性的谢氏先祖陵墓。谢缵墓碑碑文为“魏典农中郎将谢公讳缵之墓”，碑额有“流芳百代”四字，左下角四行字为：“升平四年炳月望，曾孙谢万立，后裔宋进士谢文瓘重刻，熙宁丁巳年清和月。”1999年，世界谢氏宗亲总会会长谢汉儒率先捐资20万元作为首倡，在谢家堂村建成“中华谢氏陵园”，陵园碑亭两副楹联为：

成周屏翰维申伯，有晋安危赖谢公。

筚路蓝缕有申伯创业维艰，调和鼎鼐赖谢公匡扶社稷。

基于血浓于水的认识和同在异乡为异客的共同感受以及同宗族谊的亲切感，生活在海外的谢姓人自发地组织了各种形式的宗亲联谊团体。目前，世界各地已有40多个谢氏宗亲联谊会，如新加坡南洋谢氏总会、泰国谢氏宗亲总会、美国旧金山谢氏宗亲会、加拿大多伦多谢氏宗亲会、美国三藩市谢氏宗亲会、马来西亚谢氏联宗总会、香港谢氏宗亲会以及台湾台北、桃园、新竹、台中、南投、彰化、台南、台东、花莲、基隆等地的宗亲会等。1977年8月，由香港宗亲会和美国三藩宗亲会联合倡议，世界谢氏宗亲总会在美国旧金山宣布成立，随后召开了世界谢氏宗亲总会第一届第一次会员代表大会。其后，又分别在台北和美国旧金山召开了多次代表大会。

1988年，世界谢氏宗亲总会决议开始筹组“寻根谒祖访问团”，到河南寻根。1992年，世界谢氏宗亲总会组团到陈郡阳夏谢氏故里——河南省太康县谒祖。

（二）太康袁氏

袁氏出妫姓，是陈氏的一个主要分支。关于袁氏渊源，前已详述。袁氏得姓于陈地，世代居于陈地，也兴旺于陈地。

阳夏袁氏分为两支，袁安一支迁居汝阳（今商水西北），袁滂一支仍留居阳夏。“汝阳袁氏”和“阳夏袁氏”均兴盛一时，官宦名人历代不绝。

汝阳，今商水县。秦时置阳城县，属陈郡。两汉、三国以至隋，置汝阳县。隋唐改置溵水县，宋代改溵水为商水至今。

汝阳袁氏以袁安为祖，兴盛于东汉。

袁安（？－92），东汉汝阳（今河南商水西南人），字邵公。明帝时，任楚郡太守、河南尹，以严明著称。后历任太仆、司空、司徒。和帝即位，外戚窦宪兄弟专权，他不避权贵，曾多次弹劾窦氏的专横。其子孙世代任大官僚，“汝阳袁氏”成为东汉有名的世家大族。

袁安的儿子袁敞、孙子袁汤、袁汤之子袁逢、袁隗，与袁安一样，分别官居司空、司徒。汝阳袁氏一门四世出了五公，名重当时。到了汉末，党事并起，汉失其鹿，群雄逐鹿中原，袁安的五世孙袁绍、袁术兄弟分别成为割据一方的军阀豪强。

袁绍（？－202），东汉汝阳人，字本初。初为司隶校尉。何进召董卓诛宦官，董卓未至而事泄，何进被杀，袁绍尽杀宦官。董卓进京专朝政，袁绍逃奔冀州（今河北中南部），号召起兵攻卓。后在与各地方势力的混战中，据有冀、青（今山东东北部）、幽（今河北北部）、并（今山西）四州，成为当时地广兵多的割据势力。建安五年（200 年）在官渡（今河南中牟东北）被曹操大败，不久病死。

袁术（？－199），东汉汝阳人，字公路。袁绍堂弟。初为虎贲中郎将。董卓专权，袁术逃亡于南阳，据有其地。后遭曹操和袁绍攻击，率余众割据扬州（今长江下游与淮河下游间）。建安二年（197 年）称帝于寿春（今安徽寿县），号仲家。后为曹操所破。

与汝阳袁安一系贵崇富奢不同的是，阳夏袁滂一系以“道素为业”，忠耿清正，因而其子孙世有名位，延续不绝。

袁滂在东汉光和元年（178 年）为司徒，位至三公。但《后汉书》并未为之立传。只有其六世孙袁宏在《后汉纪》说：“滂字公熙，纯素寡欲，终不言人短。当权宠之盛，或以同异致祸，滂中立于朝，故爱憎不及焉。”这就是说，袁滂在汉末派系斗争十分激烈的情况下，采取了独善其身的“中立”方略，既没有与人结下冤仇，也没有得到过分宠爱，因而其家族才没有致祸。袁滂子孙，从三国、魏、晋以至南北朝和隋唐，世有忠节，澹泊自守，为官清正，多有政声。所以唐代史学家评论阳夏袁氏时说：“观夫宋、齐以还，袁门世蹈忠义，固知风霜之概、松筠其性乎！”

阳夏袁氏在文化方面也有突出的作为。袁家人物大都学识渊博，多能多艺，确有真才实学。仅名载史书文苑者就有十多人。突出者有东晋袁宏。

袁宏（328－379），东晋文学家、史学家。字彦伯，小字虎，阳夏人。曾任桓温的记室。因不满于当时已出的几种《后汉书》，继荀悦《汉纪》，著《后汉纪》，并著有《竹林名士传》三卷及《东征赋》、《北征赋》、《三国名臣颂》等篇。

到了唐代，以宗族、姓氏论贵贱之风复盛，只要能攀上望族大姓之列，就可享有特权，高人一等。唐代上自帝王将相，下至黎民百姓，都以出身大姓为荣，纷纷续谱寻宗。所以有唐一代几乎所有袁姓都寻根于阳夏袁氏，如乐陵东光袁恕己为袁熙之后，襄阳袁仁敬为袁术之后，河东袁智弘本出陈郡阳夏，京兆袁处宏、华阴袁子温皆为袁涣之后。唐代阳夏袁氏宗族地位仍在贵族之列，并出了袁智弘、袁恕己、袁滋三位宰相。

近代，陈地袁氏又一度复兴，清代淮军将领袁甲三出于项城，其侄就是民国大总统袁世凯。

（三）长平殷氏

殷氏出于子姓，是殷商朝王族的后代。《世本》载："周武王克纣，子孙分散，以殷为氏。"

殷商的始祖为契，传说契是其母简狄食玄鸟（燕子）的卵而生，因而姓子，取鸟子之意。契被舜封于商，传到成汤时，经多次迁徙，商族居于亳。成汤处夏朝最后一个王夏桀之时，夏桀荒淫无道，成汤兴师伐桀，建立了商朝。商都屡迁，初居亳，在今河南亳州一带。成汤建立商朝后，又经多次迁都，自盘庚时定都在殷（今河南安阳市西北小屯村），因而商朝也称殷。从盘庚迁殷到纣亡国，共8世，12王，273年，一般称为殷代。殷商王朝被周所灭，周武王封殷商的最后一个国王纣王的儿子微子于宋（今河南商丘），其子孙不得封者，以商或以殷为氏。

关于殷姓的姓氏来源和发展，《元和姓纂》上有一段更为详尽的记述："殷，子姓，成汤国号也。二十四代，三十四王，六百二十九年，为周所灭，子孙以国为姓。秦末居河内野王。汉初迁汝南。陈郡长平县：汉北地太守殷续，始居长平。魏有褒，生旻。旻生敞，过江。六代孙高明生不害、不占、不佞。不害孙开山：唐吏部尚书。"

长平，今西华县。夏属豫州，周代为陈国属地，陈灭归楚。秦初置长平县，西汉置西华，隋改称柳城、鸿沟，唐改称箕城，唐睿宗景云元年（710年）复称西华至今。

殷氏居于长平，始于东汉北地太守殷续。三国时，殷续的后人殷裒，任魏国荥阳令。殷裒长子殷旻，生殷敞；次子殷跻为上党太守，生殷识，为濮阳令。殷旻、殷跻兄弟两支，从东汉至五代后唐，近800年间，代有名人，传19世，成为名门望族。长平殷氏历代为官者60余人，《晋书》、《宋书》、《梁书》、《陈书》、新旧《唐书》等正史中，为立传者有25人，载名者计84人。殷氏一裔从殷纣王失国之后，到长平殷氏，衰落已久的殷商宗族又兴盛起来。

从晋代始到南朝宋，长平殷氏殷跻之子殷识一支后人相继出仕。殷识二子，长子殷羡，字洪乔，晋代曾官至豫章太守、光禄勋。次子殷融，字洪远，为太常、吏部尚书。此系在历史上最知名的是殷羡之子魏晋名士殷浩。

殷浩（？－356），字深源，晋陈郡长平人。殷浩年轻时好《老》、《易》，有识度清远、尤善玄言的美名，为尚清谈的人所尊崇。《世说新语》中有许多关于殷浩谈玄的记载。初为征西将军庾亮幕下记室参军，后升至司徒左长之职。但后来殷浩不愿做官，视官禄如粪土，弃官退居墓所10余年，当时人称他为管仲、诸葛。晋大臣王蒙、谢尚闻知其名，前往其墓所拜访，求问当时逃居江左的晋王朝的兴亡，殷浩与之畅谈，王、谢听后看到殷浩心怀收复中原大志，回朝禀告穆帝，说："深源不起，当如苍生何?"

穆帝于是起用殷浩为建武将军、扬州刺史。当时桓温刚刚灭蜀，位居征西将军，威势显赫，朝野上下对他皆怀惧心。殷浩久负盛名，朝野众臣对他也很推崇拜服。朝廷因此重用殷浩，以其与桓温制衡，殷、桓之间也因此种下疑忌的种子。

穆帝永和六年（350 年），朝廷欲平关河，以殷浩为中军将军，都督扬、豫、徐、兖、青五州军事。殷浩以平定中原为己任，上疏北征，穆帝应允。但他率军连年北伐，均告败绩。桓温于是趁机上疏攻击殷浩，殷浩遂被朝廷废为庶人。桓温这时对其属下说："如果使浩作令仆（即宰相），足以调理庶政，仪正群僚。朝廷用非所长。"

殷浩被革职后，虽口无怨言，但内心痛苦，"终日书空'咄咄怪事'四字"，不明白失败的原因。后桓温写信请他做尚书令，他欣然相许，但回信时，他顾虑话说得不对，反复开封了数十次，结果回复桓温的竟是空函。桓温看到空函，以为是殷浩对自己的最大蔑视，遂与殷浩断绝往来。殷浩于永和十二年（356 年）卒。

长平殷氏名人历朝为官者，或军事或内政，均有建树，但最重要的贡献，还是在文化建设上。长平殷氏中有不少人担任过秘书丞之官，这是掌管国家图书文献的收藏、整理事务的职位。如殷淳、殷钧、殷僧首、殷仲容任过秘书丞，殷芸任过秘书监，殷践猷为秘书省学士，殷季友为秘书郎，都对整理历史文献、保护文化遗产作出过贡献。

长平殷氏在文学上最突出的是殷芸。殷芸（471－529），字灌蔬，南朝齐梁时人。其生性倜傥，不拘细行，但不随便交友，门无杂宾。他励精勤学，博览群书。南朝齐武帝时，为宜都王行参军。南朝梁代，任临川王记室，后又任尚书左丞、国子博士、昭明太子侍读、秘书监、司徒左长史等职。殷芸知识博广，富有才情。梁武帝普通六年（525 年），皇帝在敕令作通史时，凡不经之说，为通史所不足取者，都让殷芸收集整理起来，名为《小说》。

《殷芸小说》是中国文学史上一部重要的著作。其价值主要表现在：首先，《殷芸小说》收集保存了许多已亡佚的史书的珍贵文献资料，具有补充正史之不足的史料价值。其二，在殷芸以前的作家，如刘义庆、沈约等人所编撰的小说，大多是有关历史名人的故事，而殷芸除辑录这些之外，还把笔触延伸到民间传说、野史故事、山川风物、名人遗迹等。其三，在体例上，《殷芸小说》还具有始创价值。《殷芸小说》原是作通史时内容荒诞不经，或虽有史料价值却不符合通史体例要求的剩余材料，可说是“史之余”，实是野史。《殷芸小说》以时代为次编录，具有史书的体例和规模，是后世野史、笔记的滥觞。其四，殷芸是最先以“小说”为书名的人，在殷芸之前，“小说”虽已成家，但编撰小说的人，多用“子”、“说”、“语”、“书”作书名，如南朝宋代的刘义庆撰录魏晋士人言行的《世说新语》，未用“小说”作书名。唯有殷芸编撰的“街谈巷语，不经之说”，才名副其实地名为“小说”。

《殷芸小说》原书30卷，隋时存10卷，后散佚。仅散见于《太平广记》等书中，鲁迅先生撰《古小说钩沉》时，才把散佚的殷芸小说辑录在一起。1984年由上海古籍出版社出版的，由周楞伽补辑加注的《殷芸小说》计163则，是现今保存殷芸小说最详的辑本。

南朝梁陈时期，长平殷氏殷识一支由盛渐衰，而殷敞一支却兴旺起来。殷敞五世孙殷汪，仕齐豫章王行参军，其子殷高明为梁尚书兵部郎。殷高明有五子，长子殷不害、幼子殷不佞知名于陈。陈朝灭亡，殷不害之子殷僧首移居关中。李渊起兵，殷不害之孙殷峤（？ –619），字开山，跟随李氏转战南北，唐高祖时为大将军府掾，官拜光禄大夫。唐太宗时为渭北元帅，后赐爵陈郡公，迁丞相府掾，随李世民平薛仁果、平王世充，进封郧国公。殷不害的子孙在唐朝为官者近30人。

（四）南顿应氏

应氏出自姬姓。周武王封其第四子为应侯，应地即今叶县应城。应侯的子孙以“应”为姓。《广韵》载：“应，姓。出自南顿。本自周武王后。《左传》：‘邘、晋、应、韩，武之穆也。’”《通志·氏族略》：“应：侯爵。武王第四子所封，今汝州叶县故应城是也。”汉初有应曜者，隐居淮阳，曾与“商山四皓”同时被召。“四皓”应召，而唯独应曜不出。时人语曰：“商山四皓，不如淮阳一老。”

应氏的族望地在南顿。南顿即今项城南顿镇，古为顿国。顿国为子爵国，与陈国相邻，原在沙河北，后为避陈，迁沙河南，故称南顿。顿子国于公元前496年被楚国所灭。

应氏望于南顿，始于东汉建武年间。应曜的曾孙媳应妪生四子而寡，流落于南顿。据说，她在一天夜里看一所破庙里神光照射，到里面探看，得到一笔黄金。于是她便供应诸子上学，四个儿子都成了才。其一子应顺，在汉和帝时为将作大匠。应顺少时在本郡做给事一类的小吏。为吏清公，不发私书。举孝廉，后累迁尚书郎、左丞、冀州刺史，廉直无私，赏罚必信，吏不敢犯。任将作大匠职五年，节省经费亿万，是一位清正之官。

应顺有10子，皆有才名。其一子名高，为中大夫。一子名叠，任江夏太守。叠子郴为武陵太守，有政声。

应郴之子应奉，少时聪明，记忆力极强，“读书五行俱下”，从小到大所经历之事，没有不记得的。他在郡中当决曹史时，到42个县了解狱情，记录囚徒数百千人。回去口头向太守汇报，从姓名、罪状、判决轻重等无一说漏，时人奇之。后来应奉为武陵太守，重视发展与南方少数民族的团结、友好关系，兴教办学，兴利除弊，为蛮人所服。迁司隶校尉，纠举奸违，不避豪戚，以严厉著名。东汉末天下大乱，应奉慨然自退，追愍屈原，因而自伤，著《感骚》30篇，数万言。另有《汉书后序》、《汉事》17卷，并行于世。

南顿应氏对中国文化作出最突出贡献的，是应奉之子应劭。

应劭（约153－196），字仲远，主要活动于东汉末年。少笃学，博览多闻。汉献帝时官拜泰山太守，任袁绍军谋校尉。当时刚迁都许昌，旧的典章湮没，书籍罕存。应劭乃缀集所闻，著《汉官礼仪故事》，凡朝廷制度、百官典式，多是应邵所立。应劭文章著述甚多，达十余种：集《汉朝驳义》30篇，删定律令为《汉仪》，著《汉书集解》150卷，另有《汉记注》30卷、《状人记》、《中汉辑序》、《地理风俗记》、《十三州记》等及文集四卷传世。尤其是《风俗通义》23卷，又称《风俗通》，内容以考释物类名号、时事风俗为主，对研究古代风俗文化有重要价值。

应劭弟应珣，有二子应场、应璩，并以文章显名。应场被曹操任为丞相掾，为“建安七子”之一，有文集二卷；应璩博学好属文，晋时任散骑常侍、大将军长史。曹爽专权，多违法度，应璩作《百一诗》嘲讽之，其言颇谐洽，多切时要。

应璩之子应贞，以才学名当时。历任晋给事中、太子中庶子、散骑常侍。诗赋优美，有文集五卷及《周易论》传世。

应贞之子应詹，以文章学艺知名于时，官至南平太守，都督南平、天门、武陵三州军事。当时晋朝政令不一，朝政混乱，南方少数民族共谋叛乱，应詹与蛮酋破铜镜为盟，于是数郡无事。后天下大乱，应詹所管辖的境内平安无事。晋时玄言风盛，而应詹素崇礼教，上书请修建学校。王敦作乱，应詹负戈前驱，为护国将军，叛乱平息后，应詹被封为观阳县侯，迁平南将军、江州刺史。应詹为官深受民众爱戴。死后谥烈侯，祠以太牢。

应詹有二子，长子应玄继承爵位，位散骑侍郎。次子应诞，为六郡太守、龙骧将军，皆有才学。此后，南顿应氏在整个南北朝时期便绝迹于史传。大概应氏后来的子孙，才学不著，为官不显，或虽有优秀子孙，在晋后乱世年代，避世不出，像他们的先人应曜那样隐遁山林了。

南顿应氏从东汉初年应顺始，至晋代应玄，经汉、魏、晋三代传九世，历300余年，世代以文章显名于世，为中国历史文化的发展作出了突出贡献。他们的诗文至今尚存的有文赋165篇及《风俗通》、《汉官仪》等，均为《全上古三代秦汉六朝文》辑录。有诗49首见于《先秦两汉魏晋南北朝诗》。

（五）宛丘符氏

符氏源出姬姓，《元和姓纂》载："鲁顷公孙雅，为秦符玺令，因为氏。"符玺令应是掌管印玺的官职，所以符氏是以官为氏。

宛丘（淮阳县）符氏，不知所本。以将门显贵于五代和北宋。后梁时，有陈郡牙将符楚，行伍出身，其子符存审，幼好习武，多智算，喜言兵家事。年轻时曾组织地方武装捍卫乡里。后归附于李克用，屡战有功。后唐建立后，符存审位至检校太保、蕃汉马步军总管。符存审有六个儿子，皆有武功。长子符彦超，在后唐任金吾上将军；次子符彦饶，在后晋任检校大傅；三子符彦图，为后晋骑将；五子符彦能，为宋楚用防御使；六子符彦琳，为宋金吾上将军。

在符存审的六个儿子中，四子符彦卿最知名。符彦卿，字冠侯，宋宛丘人。彦卿幼年习武，13岁能骑射。后唐天成年间（926－930），任吉州刺史时，曾讨王都于定州，破辽兵于嘉山。后晋开运年间（944－947），辽兵围阳城，彦卿率军解围，辽兵大败。后汉时，彦卿镇守兖州，乾祐元年（948年）被封为魏国公，官太保。后周时，任天雄军节度使，被封为淮阳王，后来又加封为魏王。符彦卿多谋善战，戍边多年，屡战屡胜，辽军惧怕，称为符王。到北宋时，宋太祖本欲重用，但后来听从宰相赵普之谏，罢符彦卿兵权，移镇凤翔。

符彦卿有6个女儿，其中3个为皇后。其一女为周世宗柴荣的夫人，26岁死去，世宗即位，册封为宣懿皇后，同时立其妹为皇后，即代姊为后也。彦卿小女嫁与宋太宗赵光义，34岁卒，赵光义即位，册封为懿德皇后。符氏一门三后，名贵当时，符彦卿也因此被宋太宗加封为太师、魏王，子孙后代，多承恩荫。

符彦卿有3个儿子，长子昭信为贺州刺史，二子昭愿为陈州团练使，三子昭寿为益州刺史，均有政声。昭愿子承煦为左千中、卫将军，昭寿子承谅为内殿承制。

撰稿人　王剑

第五章　周口学术发展史

周口所处的历史地理位置及其在中国文化版图中特殊的区位关系，决定了陈州在中国传统学术发展史上是绝不会甘于寂寞的，各种思想流派在这里碰撞的激烈程度在中国传统学术发展史上也是少见的。

陈楚学术文化源远流长，上古时期的女娲、伏羲文化，就已经谱写了中华文明辉煌灿烂的篇章。百家争鸣时期，这里孕育了博大精深的道家思想。儒家创始人孔子也曾多次游历陈地，讲经、授徒、传道，并且问礼于老子，开启了中国历史上儒道两家的第一次思想交流。在老子、孔子之后，以胡非子为代表的墨家学派，以子张和世子为代表的孔门后学，也都大放光芒，异彩纷呈。西汉初年，在儒学和黄老之学的激烈斗争中，以汲黯、郑当时为代表的黄老学派，深得老子治国思想的精髓，用自己独特的“卧而治之”的方式，再一次向世人证明了道家思想的魅力。罢黜百家，独尊儒术后的陈地学术，以薛汉、蔡玄、蔡衍等人为代表，以儒家学说的传播和研究为主，总体上大致遵循经学的逐渐神学化这一趋势，体现出鲜明的两汉经学的特色。魏晋南北朝时期，以应氏、谢氏、袁氏、殷氏为代表的家族学术群体，对于玄学的形成、发展、完善都作出了重要的贡献。唐宋以降，陈州学术虽然从整体上处于衰落时期，但是在某些方面取得的成就依然辉煌。

陈楚文化有其地域性，但是陈州学术的影响却早已超出了陈州这一地理区域，走向全国乃至世界。研究中华文化，求其本末，溯其源流，对于陈州传统学术的研究是绝对不可少的。

一、商周时期的陈地学术

中国有文字可考的历史始于商周，这一时期出现并且流传下来的经籍，对中国文化的研究有着一字千钧的作用。陈州学术思想源远流长，在中华文化尚处于萌芽状态的商周时期，就为中华文化作出了独特的贡献。这其中最重要的代表即是箕子。

箕子（约前1173－前1080），名胥余。他与纣同姓，是殷商贵族，曾任纣王太师。箕子性格耿直，他见纣王进餐必用象箸，忧虑地说："现在吃饭用象牙做的筷子，将来必然会用玉做的杯子。用玉做的杯子，就一定要有珍禽异兽、舆马宫室来搭配。如此下来，国家灭亡之日不会很远了。"后来纣王果然愈来愈奢靡，整天饮酒作乐不理朝政。箕子屡谏不听。有人劝箕子离去，箕子说："作为人臣，因为自己的意见不被采纳而离开国家，那是在故意宣扬君王的错误，我不忍心这样做。"箕子觉得纣王已经无可救药，于是披发佯狂。纣王以为箕子真的疯了，把他囚禁在河南西华。相传，箕子曾经在西华衍洪范九畴，故西华有箕子读书台、祠及衍畴书院等遗址。《陈州府志》载："华邑，箕子之旧封也，故城号称箕城。县城东南隅，其势甚高，有箕子祠在焉。"

箕子读书台，原位于城东南隅，与衍畴书院、箕子祠在一起。共有房屋9楹，礼堂3楹。明神宗万历二十年（1592年），巡抚吴自新委邑令重建，始改县城西北隅。砖木结构，下部呈圆柱形，台顶上尖下方。有四压脊，门南启，东西各有砖砌圆窗。四周环水，每逢路霞浸空，波光荡漾，台影倒置，景色宜人，俗称"畴亭夕照"。曾有诗赞之：九数陈亭岂有穷，当年恒雨有恒风。沧桑不改商臣迹，犹在畴亭夕照中。

武王灭商建周后，命召公释放箕子，并且向箕子询以治国之道：

> 武王胜殷，杀受，立武庚，以箕子归。作《洪范》。惟十有三祀，王访于箕子。王乃言曰："呜呼！箕子。惟天阴骘下民，相协厥居，我不知其彝伦攸叙。"（《尚书·洪范》）
>
> 武王既克殷，访问箕。武王曰："于乎！维天阴定下民，相和其居，我不知其常伦所序。"箕子对曰："在昔鲧湮洪水，汩陈其五行，帝乃震怒，不从洪范九等，常伦所斁，鲧则殛死。禹乃嗣兴，天乃锡禹洪范九等，常伦所叙。初一曰五行，二曰五事，三曰八政，四曰五纪，五曰皇极，六曰三德，七曰稽疑，八曰庶征，九曰向用五福，畏用六极。"（《史记·宋世家》）

周文王十三年，武王询问箕子。武王说道："啊！箕子，上帝庇荫安定下民，使他们和睦相处，我不知道那治国的方法。"箕子回答说："我听说从前，鲧堵塞洪水，胡乱处理了水、火、木、金、土五种用物。上帝震怒，不赐给鲧九种大法，治国的常理因此败坏了。后来，鲧被流放，禹承命而兴。上帝就把九种大法赐给了禹，治国的常理因此定了下来。”所谓九种大法，也即文中所言“五行”、“五事”、“八政”、“五纪”、“皇极”、“三德”、“稽疑”、“庶征”、“五福”。

所谓五行即是金、木、水、火、土。这五种物质具有不同的性质和作用。水润湿下方，火向上燃烧，木能弯曲、伸直，金属可以改变形状，土壤可以种植百谷。向下润湿的水产生咸味，向上燃烧的火产生苦味，可曲可直的木产生酸味，顺从人意而改变形状的金属产生辣味，种植的百谷产生甜味。以上内容就是五行说的最初形态。五行说是中国古代思想史上出现最早的哲学形态，在《尚书·甘誓》中，就已经提到夏启指责有扈氏“威侮五行，怠弃三正”，但并没有指出五行为何物。《尚书·洪范》在中国历史上第一次对五行观念作了明确的表述。在这里，五行的观念还是很粗糙、原始的，文中出现的五行，还类似于自然界中具体的物质，如水、火等。这五种物质也并没有相生相克的关系，具有古代朴素的唯物主义性质，“虽然它与社会思想纠结在一起，但其主要内容则属于自然观念，更多地受到当时科学知识的影响”。[①]《尚书·洪范》是中国最早的关于五行之说的记载之一，也是汉代“天人感应”思想的理论基础。董仲舒以五行之序释孝子忠臣之行，夏侯始作《洪范五行传》，刘向作《洪范五行传论》，皆源于《洪范》的思想。

所谓五事，也即“貌”、“言”、“视”、“听”、“思”。容貌要恭敬严肃，言论要恰当全面，观察要细致深入，听要从谏如流，思考要缜密。这五种要求是“圣人治国之大本，检身之常法也。……五事谨则长兴，慢则取亡”。[②]

八种政务，皆国家所急之政：一曰民食，二曰财货，三曰祭祀，四曰居民，五曰教育，六曰盗贼，七曰朝觐，八曰军事。

五纪指五种纪年方法：一为岁，岁有四时；二为月，月有晦朔；三为日，日有甲乙；四为星辰，也即星辰的出现情况；五为历数，也即日月运行所经历的周天度数。

第五为皇极。皇，大也。极，中也。言圣人之治天下，建立万事当用大中之道。何为大中之道？也就是其所言之无偏、无党、无反、无侧、遵王之道、遵王之路。

第六为三德。“一是正直，二是过于刚强，三是过于柔弱。中正和平，就是正直；强不可亲就是刚克；和顺可亲就是柔克。应当抑制刚强不可亲近的

① 王岂之：《中国思想史》，西北大学出版社1989年版。

② （宋）胡瑗：《洪范口义》卷上，四库全书版。

人，推崇和顺可亲的人。只有君王才能作福，只有君王才能作威，只有君王才能享用美物。臣子不许有作福、作威、美食的情况。假若臣子有作福、作威、美食的情况，就会害及您的家，乱及您的国。百官将因此倾侧不正，百姓也将因此发生差错和疑惑。"①

第七为稽疑。稽的意思是求证。古时圣人碰到决定不了的事情，就会用占卜的方法解决，即下文所谓“择建立卜筮之人”。这实际上是商周时期“灼龟以为卜，揲蓍以为筮”的反映。雨、霁、蒙、驿、克，皆为古人灼龟时的裂纹，按照古人的说法，“似雨飞而淋流者曰雨；若雨而舒豁者曰霁；卦象蒙昧而连沿者曰蒙；其气络绎而不连属者曰驿；其文交相往来而相参错者曰克”。② 贞和悔都是卦象的名称，古代筮法合上下二体为一卦。下体曰贞，是为内卦；上体曰悔，是为外卦。要专设卜筮之官，三人占卜就听从两个人的意见。国家面临大的选择时，统治者一定要有主见，再与卿士商量，再与庶民商量，再与卜筮官员商量。你同意，龟卜同意，蓍筮同意，卿士同意，庶民同意，这就叫大同。君从，龟亦同，筮亦同，卿士与庶民不从，也可以算是吉，因为“天地之情已和，卿士与庶民违者，则是人心有所不顺，虽不能全进，然王者戴天履地而治也，顺天地而行，亦可以获吉矣”。③ 这当然是古人的谬论，但是从这一段文字中我们可以看到，《洪范》的作者并没有把卜筮绝对化，还是相当注重百姓和大臣们的意见。

第八为庶征。庶征，即为征兆，曰雨，曰旸，曰燠，曰寒，曰风。雨以润物，旸以乾物，燠以长物，寒以成物，风以动物。各以其时，就会草木繁茂，五谷丰收。雨多则涝，雨少则旱，极备亦凶，极无亦凶。其余四者皆然。君王行为端正，上天就会降下美好的征兆；君王行为不端，上天就会降下不祥的征兆，“在天为五行，在人为五事。五事修，则休徵各以类应之。五事失则咎徵各以类应之。自然之理也”。④ 这种唯心主义神学目的论的“天人感应说”，成为西汉以董仲舒为代表的今文经学家们的重要理论观点。董仲舒在《春秋繁露》中不断强调“天者，百神之君也”，“唯天子受命于天，天下受命于天子”，“以类合之，天人一也”，就是为了证明天与人之间存在一种神秘的联系，“人主以好恶喜怒变俗习，而天以暖清寒暑化草木。喜怒时而当，则

① 周秉钧：《白话尚书》，岳麓书社 1997 年版。

② （宋）胡瑗：《洪范口义》卷下，四库全书版。

③ （宋）胡瑗：《洪范口义》卷下。

④ （清）胡渭：《洪范正论》卷五。

岁美；不时而妄，则岁恶。天地人主一也”，更是将这种思想发展到了十分荒谬的地步。

第九为五福。一为长寿，二为富贵，三为康宁，四为遵行美好的品德，五为善终。六极为六种不幸的事，一为早夭，二为疾病，三为忧虑，四为贫穷，五为邪恶，六为不为善。

箕子为武王陈述的即是《尚书》中的《洪范》篇，也叫《洪范九畴》，或《洪范九类》。洪，是大的意思。范，是法的意思。洪范即是说天地之大法。此篇为“自夏商而下圣贤之笔仅有存者”①，是箕子对商及商以前政治哲学思想的总结。

20世纪初，学术界以梁启超和其弟子刘节为代表的一批人，认为《洪范》并非作于周初，当然也不会是箕子的作品。这种观点在普遍疑古的时代风潮下曾经风靡一时。20世纪80年代以来，学术界又基本否定了这种看法。比如刘起纡先生在《洪范成书时代考》（《中国社会科学》1980年第3期）一文中就坚信《洪范》是周初的作品，其中心思想也是商代的思想，他认为《洪范》“倡导一种基于上帝意志的神权政治论，强调按照神的旨意建立君主的最高统治准则……而一点也不谈周人所强调的君主必须重视的所谓‘德教’，可知这完全是商代统治者所推行的一整套自成体系的统治思想”。陈蒲清《〈尚书·洪范〉作于周朝初年考》② 认为20世纪初期的怀疑说其实不能举出什么有力的证据，他并且从流传历史、版本及《洪范》的字句、用韵和龟卜与筮兆的地位这几个方面系统论证了《洪范》的作者确为箕子。

《洪范》从五行、王道、天人关系三个方面奠定了中国封建时代政治哲学的基础，对整个中国传统文化的走向产生了重要影响，是殷周时期时代精神的精华和中国古代文明的灵魂，在整个《尚书》的《周书》部分中，《洪范》是一篇最具有文化内涵与气质的文章，是研究我国古代政治史和思想史的重要文献。除对儒家思想和政治哲学的发展具有重要作用外，其在法学、行政管理学、经济学、中医理论诸领域也都产生了深远影响，在中华文化发展史上有着重要的奠基作用。

---

① 明黄道周：《洪范明义·序》，四库全书版。

② 《湖南师范大学社会科学学报》2003年第1期。

二、百家争鸣时期的陈地学术

春秋战国时代，社会处于大变革时期，各种思想流派也纷至沓来，“凡诸子百家，……蜂出并作，各引一端，崇其所善，以此驰说，联合诸侯。”（《汉书·艺文志》）班固所言，客观地概括了此时的学术状况。

这一时期，在陈楚区域内，有儒家、道家、墨家思想的传播，学坛极为活跃，他们或“以六艺为法，……列君臣父子之礼，序夫妇长幼之别”；或“虚无为本，以因循为用，究万物之情。……不为物先，不为物后”，或“尚尧、舜道，夏日葛衣，冬日鹿裘，……为万民之率”。这种争鸣学风，不仅使陈地文化得到升华，对促进古代中国文化的交融与整合，也作出了重大的贡献。

（一）孔子游陈及其问礼于老子

儒学为春秋“显学”之一，后来又成为中国封建社会官方统治思想。其创始人孔子曾经三次来到陈地，传播儒家学说。孔子并曾数次问礼于老子，两位创始人之间的交流对于儒、道两家的影响是非常深远的。

孔子一生共到过陈国三次，其中第一次和第三次的时间比较确定，分别为定公十四年（前496年）和哀公元年（前494年）。定公十四年，时年56岁的孔子，由于季桓子“卒受齐女乐”之事，开始了其列国之旅，并且第一次来到陈国。到陈国后，孔子住在他的好友司城贞子家中。此时陈国的国君一说为陈惠公（王肃《孔子家语》、司马贞《史记索隐》主此说），一说为陈湣公（司马迁《史记》、张守节《史记正义》主此说）。孔子在陈国的三年中，虽然没有什么官职，但他得到了陈国最高统治者的赏识，陈国的国君经常向他请教一些问题：

有隼集于陈廷而死，矢贯之，石，矢长尺有咫。陈湣公使使问仲尼。仲尼曰：“隼来远矣，此肃慎之矢也。昔武王克商，通道九夷百蛮，使各以其方贿来贡，使无忘职业。于是肃慎贡楛矢石砮，长尺有咫。先王欲昭其令德，以肃慎矢分大姬，配虞胡公而封诸陈。分同姓以珍玉，展亲；分异姓以远职，使无忘服。故分陈以肃慎矢。”试求之故府，果得之。（《史记·孔子世家》）

陈国宫廷里落下很多被箭射中的鸟。箭是用楛木做的，以石为砮，长一尺八寸。陈湣公派人向孔子请教。孔子告诉他，隼是从很远的地方来的，箭是肃慎人的箭。武王克商以后，各少数民族都臣服于周，向周人进贡。当时肃慎人向周王所进贡的就是这样的箭。周王又把这种箭送给了他的长女大姬，大姬后来嫁于虞胡公，胡公后来被分封在陈地，所以这种箭和陈也是有关系的。

这件事，《家语》亦有记载，应当确有其事，但是对于孔子的回答，前人往往非之，例如清代的邵泰衢说："子不语怪，吾闻之矣！博学多闻，非羵羊、罔象、防风、肃慎之谓也。以此多圣诚不若太宰矣！立极之圣，岂若张华之知诡物，东方朔滑稽逢君者流哉！"① 对于这样的疑问我们并不足为奇，孔子一贯喜欢断章取义，为己所用。相对于他把"夔一足"释为"夔一，足"，将"黄帝四面"释为黄帝有四个大臣，他在这里杜撰出肃慎之箭也没有什么特别之处。孔子的目的恐怕在于由这支箭出发，去教导湣公"循先王之道，蹈成汤之踪，以安天下"的政治思想，这也是孔子周游列国的目的。另外一件事更能证明这点：

陈惠公大城，因起凌阳之台。未终，而坐法死者数十人，又执三监吏。夫子适陈，闻之。见陈侯，与俱登台而观焉。夫子曰："美哉，斯台！自古圣王之为城台，未有不戮一人而能致功若此者也。"陈侯默而退，遂窃赦所执吏。既而见夫子，问曰："昔周作灵台，亦戮人乎？"答曰："文王之兴，附者六州。六州之众各以子道来，故区区之台，未及期日而已成矣，何戮之有乎？夫以少少之众能立大大之功，唯君尔。"（《孔丛子·嘉言》）

如果说在前一件事中，孔子对陈国国君的讽谏还是比较隐讳的话，那么此次儒家伦理的说教非常的不客气。面对不顾百姓死活而大兴土木的陈惠公，孔子直接用文王的例子告诉惠公，凌阳之台建设工程的不顺利，原因并不是出在工人和监工身上，而是出在他不能像文王那样，实行德政。由此可以看出，在陈的三年，孔子对于儒家思想的传播是不遗余力的。当然，和孔子周游列国的整个情况一样，他的观点并没有被陈国的统治者所接受，但孔子三

① （清）邵泰衢：《史记疑问》卷中，四库全书版。

次游陈的经历以及他不遗余力地对于德政思想的传播所带来的影响还是很深远的：

> 孔子迁于蔡三岁，吴伐陈。楚救陈，军于城父。闻孔子在陈蔡之间，楚使人聘孔子。孔子将往拜礼，陈蔡大夫谋曰：“孔子贤者，所刺讥皆中诸侯之疾。今者久留陈蔡之间，诸大夫所设行皆非仲尼之意。今楚，大国也，来聘孔子。孔子用于楚，则陈蔡用事大夫危矣。”于是乃相与发徒役围孔子于野。不得行，绝粮。(《史记·孔子世家》)

这件事发生在孔子第三次游历陈国之时。当时他住在陈蔡交界的边境上，时逢吴国进攻陈国，楚派兵前来救陈。楚人听说孔子在陈，就派专人前来聘请孔子。陈蔡两国的大夫们听说孔子要去楚国，非常紧张，聚在一起说：“孔子是位贤者，他所说的话都切中诸侯国的弊病。现在他在陈蔡两地徘徊不去，我们两国大夫所做的事情都跟仲尼所主张的相反。楚国是当今的大国，他们聘请孔子，孔子倘若被楚王所用的话，那么我们两国主政的大夫就危险了。”于是他们双方都派兵把孔子围起来。孔子绝粮七日，以至于学生都饿病了。孔子派子贡找到楚军后，才得以脱险。表面上看，陈蔡两国大夫们根本没把孔子放在眼里，但是这件事恰恰是孔子在陈蔡影响力的一个反证，说明他们对于孔子所宣扬的儒家学说不感兴趣，并不是因为孔子的主张没有一点现实意义，恰恰相反，连他们自己也认为孔子的学说“所刺讥皆中诸侯之疾”。当孔子在陈蔡之间的时候，他们就惴惴不安，现在南方强敌楚国要聘请孔子，他们也只能铤而走险了。

孔子在宣扬儒家思想的同时，并且曾经亲自向道家始祖老子请教问题，这对于儒道两家思想体系的影响是很深远的，也在某种程度上开启了唐宋以来中国文化体系中出现的儒、道交流、融汇的趋势。

关于孔子问礼于老子这件事，很多典籍都有记载。

《史记》的记载如下：

> 孔子之所严事，于周则老子，于卫蘧伯玉，于齐晏平仲，于楚老莱子，于郑子产，于鲁孟公绰，数称臧文仲、柳下惠、铜鍉伯华、介山子然。(《史记·孔子世家》)

《庄子》中有关此事的记载如下：

孔子西藏书于周室。子路谋曰："由闻周之征藏史有老聃者，免而归居，夫子欲藏书，则试往因焉。"

孔子曰："善。"

往见老聃，而老聃不许，于是繙十二经以说。

老聃中其说，曰："大谩，愿闻其要。"

孔子曰："要在仁义。"

老聃曰："请问，仁义，人之性邪？"

孔子曰："然。君子不仁则不成，不义则不生。仁义，真人之性也，又将奚为矣？"

老聃曰："请问，何谓仁义？"

孔子曰："中心物恺，兼爱无私，此仁义之情也。"老聃曰："意，几乎后言！夫兼爱，不亦迂乎！无私焉，乃私也。夫子若欲使天下无失其牧乎？则天地固有常矣，日月固有明矣，星辰固有列矣，禽兽固有群矣，树木固有立矣。夫子亦放德而行，循道而趋，已至矣；又何偈偈乎揭仁义，若击鼓而求亡子焉？意，夫子乱人之性也！"（《庄子·天道》）

孔子见老聃而语仁义。老聃曰："夫播糠眯目，则天地四方易位矣；蚊虻噆肤，则通昔不寐矣。夫仁义憯然乃愦吾心，乱莫大焉。吾子使天下无失其朴，吾子亦放风而动，总德而立矣，又奚杰然若负建鼓而求亡子者邪！夫鹄不日浴而白，乌不日黔而黑。黑白之朴，不足以为辩；名誉之观，不足以为广。泉涸，鱼相与处于陆，相呴以湿，相濡以沫，不若相忘于江湖！"

孔子见老聃归，三日不谈。弟子问曰："夫子见老聃，亦将何规哉？" 孔子曰："吾乃今于是乎见龙。龙，合而成体，散而成章，乘云气而养乎阴阳。予口张而不能，予又何规老聃哉！"

子贡曰："然则人固有尸居而龙见，雷声而渊默，发动如天地者乎？赐亦可得而观乎？"遂以孔子声见老聃。

老聃方将倨堂而应，微曰："予年运而往矣，子将何以戒我乎？"

子贡曰："夫三王五帝之治天下不同，其系声名一也。而先生独以为非圣人，如何哉？"

老聃曰："小子少进！子何以谓不同？"

对曰："尧授舜，舜授禹，禹用力而汤用兵，文王顺纣而不敢逆，武王逆纣而不肯顺，故曰不同。"

老聃曰："小子少进！余语汝三皇五帝之治天下。黄帝之治天下，使民心一，民有其亲死不哭而民不非也。尧之治天下，使民心亲，民有为其亲杀其杀而民不非也。舜之治天下，使民心竞，民孕妇十月生子，子生五月而能言，不至乎孩而始谁，则人始有夭矣。禹之治天下，使民心变，人有心而兵有顺，杀盗非杀，人自为种而天下耳，是以天下大骇，儒墨皆起。其作始有伦，而今乎妇女，何言哉！余语汝，三皇五帝之治天下，名曰治之，而乱莫甚焉。三皇之知，上悖日月之明，下睽山川之精，中堕四时之施。其知憯于蛎虿之尾，鲜规之兽，莫得安其性命之情者，而犹自以为圣人，不可耻乎，其无耻也？"

子贡蹴蹴然立不安。

孔子谓老聃曰："丘治《诗》、《书》、《礼》、《乐》、《易》、《春秋》六经，自以为久矣，孰知其故矣；以奸者七十二君，论先王之道而明周、召之迹，一君无所钩用。甚矣夫！人之难说也，道之难明邪？"

老子曰："幸矣子之不遇治世之君也！夫《六经》，先王之陈迹也，岂其所以迹哉！今子之所言，犹迹也。夫迹，履之所出，而迹岂履哉！夫白鶂之相视，眸子不运而风化；蟲，雄鸣于上风，雌应于下风而风化；类自为雌雄，故风化。性不可易，命不可变，时不可止，道不可壅。苟得于道，无自而不可；失焉者，无自而可。"

孔子不出三月，复见曰："丘得之矣。乌鹊孺，鱼傅沫，细腰者化，有弟而兄啼。久矣夫丘不与化为人！不与化为人，安能化人！"

老子曰："可。丘得之矣！"（《庄子·天运》）

孔子见老聃，老聃新沐，方将被发而干，慹然似非人。孔子便而待之，少焉见，曰："丘也眩与，其信然与？向者先生形体掘若槁木，似遗物离人而立于独也。"

老聃曰："吾游心于物之初。"

孔子曰："何谓邪？"

曰："心困焉而不能知，口辟焉而不能言，尝为汝议乎其将。至阴肃肃，至阳赫赫；肃肃出乎天，赫赫发乎地；两者交通成和而物生焉，或为之纪而莫见其形。消息满虚，一晦一明，日改月化，日有所为，而莫见其功。生有所乎萌，死有所乎归，始终相反乎无端而莫知乎其所穷。非是也，且孰为之宗！”

孔子曰：“请问游是。”

老聃曰：“夫得是，至美至乐也，得至美而游乎至乐，谓之至人。”

孔子曰：“愿闻其方。”

曰：“草食之兽不疾易薮，水生之虫不疾易水，行小变而不失其大常也，喜怒哀乐不入于胸次。夫天下也者，万物之所一也。得其所一而同焉，则四肢百体将为尘垢，而死生终始将为昼夜而莫之能滑，而况得丧祸福之所介乎！弃隶者若弃泥涂，知身贵于隶也，贵在于我而不失于变。且万化而未始有极也，夫孰足以患心！已为道者解乎此。”

孔子曰：“夫子德配天地，而犹假至言以修心，古之君子，孰能脱焉？”

老聃曰：“不然。夫水之于汋也，无为而才自然矣。至人之于德也，不修而物不能离焉，若天之自高，地之自厚，日月之自明，夫何脩焉！”

孔子出，以告颜回曰：“丘之于道也，其犹醯鸡与！微夫子之发吾覆也，吾不知天地之大全也。”（《庄子·田子方》）

孔子问于老聃曰：“今日晏闲，敢问至道。”老聃曰：“汝齐戒，疏瀹而心，澡雪而精神，掊击而知！夫道，窅然难言哉！将为汝言其崖略。

夫昭昭生于冥冥，有伦生于无形，精神生于道，形本生于精。而万物以形相生，故九窍者胎生，八窍者卵生。其来无迹，其往无崖，无门无房，四达之皇皇也。邀于此者，四肢彊，思虑恂达，耳目聪明。其用心不劳，其应物无方。天不得不高，地不得不广，日月不得不行，万物不得不昌，此其道与！

且夫博之不必知，辩之不必慧，圣人以断之矣。若夫益之而不加益，损之而不加损者，圣人之所保也。渊渊乎其若海，魏魏乎其终则复始也，运量万物而不匮。则君子之道，彼其外与！万物皆往资焉而不匮，此其道与！

中国有人焉，非阴非阳，处于天地之间，直且为人，将反于宗。自本观之，生者，喑醷物也。虽有寿夭，相去几何？须臾之说也。奚足以为尧、桀之是非！果蓏有理，人伦虽难，所以相齿。圣人遭之而不违，过之而不守。调而应之，德也；偶而应之，道也；帝之所兴，王之所起也。

人生天地之间，若白驹之过郤，忽然而已。注然勃然，莫不出焉；油然漻然，莫不入焉。已化而生，又化而死，生物哀之，人类悲之。解其天弢，堕其天帙，纷乎宛乎，魂魄将往，乃身从之，乃大归乎！不形之形，形之不形，是人之所同知也，非将至之所务也，此众人之所同论也。彼至则不论，论则不至。明见无值，辩不若默。道不可闻，闻不若塞。此之谓大得。”

如果说道家自己的典籍有自神其教嫌疑的话，儒家的典籍就更有说服力：

曾子问曰：“古者师行，必以迁庙主行乎？”孔子曰：“天子巡守，以迁庙主行，载于齐车，言必有尊也。今也，取七庙之主以行，则失之矣。当七庙五庙无虚主。虚主者，唯天子崩，诸侯薨与去其国，与祫祭于主，为无主耳。吾闻诸老聃曰：‘天子崩，国君薨，则祝取群庙之主而藏诸祖庙，礼也。卒哭成事，而后，主各反其庙。君去其国，大宰取群庙之主以从，礼也。祫祭于祖，则祝迎四庙之主。主出庙入庙必跸。’老聃云。”（《礼记·曾子问》）

曾子问曰：“葬引至于堩，日有食之，则有变乎？且不乎？”孔子曰：“昔者，吾从老聃，助葬于巷党，及堩，日有食之，老聃曰：‘丘！止柩，就道右，止哭以听变’。既明，反而后行。曰：‘礼也’。反葬，而丘问之曰：‘夫柩不可以反者也，日有食之，不知其已之迟数，则岂如行哉？’老聃曰：‘诸侯朝天子，见日而行，逮日而舍奠。大夫使，见日而行，逮日而舍。夫柩不蚤出，不暮宿。见星而行者，唯罪人与奔父母之丧者乎？日有食之，安知其不见星也。且君子行礼，不以人之亲痁患。’吾闻诸老聃云。”（《礼记·曾子问》）

曾子问曰："下殇，土周葬于园，遂舆机而往，涂迩故也。今墓远，则其葬也如之何?"孔子曰："吾闻诸老聃曰：昔者史佚有子而死，下殇也。墓远，召公谓之曰：'何以不棺殓于宫中?'史佚曰：'吾敢乎哉?'召公言于周公，周公曰：'岂不可?'史佚行之。下殇用棺衣棺，自史佚始也。"(《礼记·曾子问》)

子夏问曰："三年之丧卒哭，金革之事无辟也者，礼与？初有司与?"孔子曰："夏后氏三年之丧，既殡而致事，殷人既葬而致事。《记》曰：君子不夺人之亲，亦不可夺亲也，此之谓乎?"子夏曰："金革之事无辟也者，非与?"孔子曰："吾闻诸老聃曰：昔者鲁公伯禽有为为之也。今以三年之丧，从其利者，吾弗知也!"(《礼记·曾子问》)

另外在一些诸子著作如《吕氏春秋》中也有孔子问学于老子的记载。这些都说明孔子问学于老子是一个不争的事实。但是关于孔子问礼于老子的时间、地点，学界分歧一直很大，归纳起来比较可靠的有以下几次：

第一次在鲁昭公七年（前535年），孔子17岁时，[①] 地点为东都洛阳：

孔子年十七，鲁大夫孟厘子病且死，……鲁南宫敬叔言鲁君曰："请与孔子适周。"鲁君与之一乘车，两马，一竖子俱，适周问礼，盖见老子云。辞去，而老子送之曰："吾闻富贵者送人以财，仁人者送人以言。吾不能富贵，窃仁人之号，送子以言，曰：'聪明深察而近于死者，好议人者也。博辩广大危其身者，发人之恶者也。为人子者毋以有己，为人臣者毋以有己。'"孔子自周反于鲁，弟子稍益进焉。(《史记·孔子世家》)

孔子适周，将问礼于老子。老子曰："子所言者，其人与骨皆已朽矣，独其言在耳。且君子得其时则驾，不得其时则蓬累而行。吾闻之，良贾深藏若虚，君子盛德容貌若愚。去子之骄气与多欲，态

① 边韶《老子铭》、郦道元《水经注·渭水》均言"孔子年十七问礼于老子"。近人高亨亦持此说，并举出《左传·昭公七年》有日食的记载，以为旁证（见高亨《关于老子的几个问题》，《社会科学战线》1979年第1期）。

色与淫志，是皆无益于子之身。吾所以告子，若是而已。”孔子去，谓弟子曰：“鸟，吾知其能飞；鱼，吾知其能游；兽，吾知其能走。走者可以为罔，游者可以为纶，飞者可以为矰。至于龙，吾不能知其乘风云而上天。吾今日见老子，其犹龙邪！”（《史记·老庄申韩列传》）

在二人的第一次会面中，孔子向老子请教的重点是礼，这也是儒家体系中的核心概念。我们知道，老子是反对礼的，他曾经说：“失道而后德，失德而后仁，失仁而后义，失义而后礼。”在他的思想体系中，最高的标准是无为的自然之道，而孔子及儒家所主张的所谓“礼”与“义”，在老子看来，正是对自然之道的反动，也即“礼者忠信之薄，而乱之首也”。但面对这样一个好学的后生，老子也不是不留脸面的批评，他委婉地告诉孔子说：“君子如果有当政的机会，就要施展自己的才能，如果不为世所用，也要心平气和地随遇而安。我听说，会做生意的人，把自己的宝物隐藏得很严密，而通达的君子，虽有盛德，其言谈举止也要像愚钝的人。去掉你身上的骄气与欲望，姿态与容色都是对你不利的东西。我要告诉你的就是这些东西。”老子所告诫孔子的容人谦下、勿矜夸、戒骄戒欲这些品德，也就是道家所主张的清静自然、随遇而安的生活态度。

第二次在鲁昭公二十四年（前518年），孔子34岁时，地点为鲁国的巷党。阎若璩在《先圣生卒年月考》中说：“《礼记·曾子问》记孔子曰：‘昔者吾从老聃助葬于巷党，及堩，日有食之。’唯昭公二十四年夏五月乙未朔，日有食之，见《春秋》，此即孔子从老聃问礼也。”此为其明证。

第三次在定公九年，孔子年51岁时，[①]地点为沙水与涡水汇合处的沛这个地方，大约在扶沟县大扶城（今百子岗）附近：

孔子行年五十有一而不闻道，乃南之沛见老聃。老聃曰：子来乎？吾闻子，北方之贤者也，子亦得道乎？孔子曰：未得也。老子曰：子恶乎求之哉？曰：吾求之于度数，五年而未得也。老子曰：子又恶乎求之哉？曰：吾求之于阴阳，十有二年而未得。老子曰：然。使道而可献，则人莫不献之于其君；使道而可进，则人莫不进

① 梁玉绳《史记志疑》说：“盖适周问礼，不知何年。……此本阙疑之事。必欲求其年，则《庄子》五十一之说，庶几近之。”

之于其亲；使道而可以告人，则人莫不告其兄弟；使道而可以与人，则人莫不与其子孙。然而不可者，无佗也，中无主而不止，外无正而不行。由中出者，不受于外，圣人不出；由外入者，无主于中，圣人不隐。名，公器也，不可多取。仁义，先王之蘧庐也，止可以一宿而不可久处，觏而多责。古之至人，假道于仁，托宿于义，以游逍遥之虚，食于苟简之田，立于不贷之圃。逍遥，无为也；苟简，易养也；不贷，无出也。古者谓是采真之游。以富为是者，不能让禄；以显为是者，不能让名；亲权者，不能与人柄。操之则栗，舍之则悲，而一无所鉴，以窥其所不休者，是天之戮民也。怨恩取与谏教生杀，八者，正之器也，唯循大变无所湮者为能用之。故曰：正者，正也。其心以为不然者，天门弗开矣。（《庄子·天运》）

这段话的意思是说，孔子51岁的时候仍然没有参透道的真正含义，他于是到沛地去见在此隐居的老子。此次他们讨论的重点是关于道和仁的问题。老聃说："你来了吗？我听说你是北方的贤者，你应该得道了吧？"孔子说："还未能领悟到。"老子说："你是怎样寻求的呢？"孔子说："我在制度名数方面寻求大道，用了五年的功夫还未得到。"老子说："你又怎样寻求大道呢？"孔子说："我又从阴阳的变化来寻求，十二年了还是未能得到。"老子说："是的。假使道可以进献，人臣没有不进献给国君的；假使道可以进供，人子就没有不进供给父母的；假使道可以传告他人，那么没有谁不会告诉他的兄弟；假使道可以给予，那么没有谁不会给予他的子孙。然而这是不可能的，没有其他的原因，内心不能领悟大道也就不能停留，向外没有什么相对应大道也就不能推行。出于内心的东西，而不能为别人所接受时，圣人就不会传授；由外部进入，但是内心不能领悟，圣人也就不会留下。名器，是天下公用的器物，不应过多猎取。仁义，只不过是帝王们的旅馆，可以停留一宿而不可以久居，过于招摇必然生出祸端。古代至人，假道于仁，托宿于义，悠游逍遥，生活简单，并且没有施与的行为。逍遥，即是无为；苟简，即是易养；不贷，即是无出。这就是所谓的采真之游。贪图财贿的人，不会让人利禄；追求显赫地位的人，不会与人名声；迷恋权势的人，不会给人权柄。拥有利禄、名声和权势便会战栗不安，放弃又会悲苦。而且心中会没有客观的看法，只关注自己所追逐的东西，这样的人就像遭受刑戮的人。怨、恩、取、与、谏、教、生、杀，这八种做法全是纠正他人的工具，只有遵循大道人才能够运用它。所以说，正，就是端正。如果内心里不是这样，那么天门永远不可能打开。”

老子告诉孔子，真正的道是不能够求之于度数、阴阳这些事物的表象的，道也不可能经由正常的渠道传播，臣子不能将它献给帝王，父亲不能把它传授给儿子。至于仁和义，那更是不可以久居的东西，它们顶多是前代帝王圣人暂时的馆舍，久与之处，必然会给自己带来灾难。那么真正的道在哪里呢?它在于一种自由自在、无拘无束的生活态度，同于大道自然无为，不需要任何人为的改变，即是所谓“采真之游”。

孔子第四次见到老子是在鹿邑，具体时间不详。1992 年安徽亳州市文物部门在鹿邑太清宫镇东北方向 5 公里的该市安溜镇发现了问里宫石刻，所指即孔子问老子故里处。鹿邑县城西街有明代“孔子问礼处”碑刻一通，圆首，高 1 米，宽 0. 46 米。这些都说明孔子确实曾由当时的鲁国出发途经今亳州安溜镇的地方到鹿邑问礼于老子。

孔子向老子的问礼，从史料记载来看，是终其一生的，从十来岁一直持续到五十多岁，其所请教的问题不仅广泛而且深刻，都是涉及儒道两家思想的核心概念，这种对话对于孔子和老子各自思想体系的影响是不言而喻的。“中国思想的两个主要趋势道家和儒家的根源，它们是彼此不同的两极，但又是同一轴杆的两极”。① 老子与孔子的会晤，是历史上儒道两家的第一次思想碰撞，也是最为重要的一次思想交流。孔子和老子的思想昭示着中国历史上最为重要的两种思想学派的前进方向，“然而，老、孔之间的分歧和对立只是事情的一个方面，儒道两家思想从一开始就存在着互补性，而二者学术宗旨上的差异正是这种互补性所必不可少的前提。……从文化的深层结构来看，在之后的数千年中，儒道互补一直是中国文化历史演进的主要内容。可以说，与中国学术文化的发展相始终的儒道互补，在他们的创始人老子和孔子会面的时候起，就已经开始了。”②

（二）陈地孔门四弟子对儒家思想的丰富与发展

在孔子的七十二弟子中，有四位是陈人，他们对儒家思想的传播与发展也作出了历史的贡献。

1. 颛孙师（前 503 - ?）。字子张，春秋末陈国人。《吕氏春秋·尊师》

---

① 冯友兰：《中国哲学简史》，北京大学出版社 1985 年版，第 22 页。

② 陈鼓应、白奚：《孔老相会及其历史意义》，《南京大学学报》哲学人文社会科学版，1998 年第 4 期。

言其“鲁之鄙家也……刑戮死辱之人也”，可见他出身并不太好，甚至有可能犯过罪。《孔子家语》说他“有容貌，资质宽冲，博接从容。自务居，不务立于仁义之行。孔子门人友之而弗敬”。前一句说他为人博爱容众，交友颇广，宽以待物。中间一句说不务立仁义之行，很让人费解，我们将在下文重点讨论。最后一句说孔门弟子中，以其为友却不尊重他，我认为主要是由于子张的性格以及他的思想主张与七十子之徒有些差异。

子张好学深思，在《论语》中记载他与孔子的对话就有十一处之多：

子张学干禄。子曰：“多闻阙疑，慎言其余，则寡尤；多见阙殆，慎行其余，则寡悔。言寡尤，行寡悔，禄在其中矣。”

子张问：“十世可知也？”子曰：“殷因于夏礼，所损益，可知也；周因于殷礼，所损益，可知也。其或继周者，虽百世，可知也。”

子张问曰：“令尹子文三仕为令尹，无喜色；三已之，无愠色。旧令尹之政，必以告新令尹。何如？”子曰：“忠矣。”曰：“仁矣乎？”曰：“未知，焉得仁？”

子张问善人之道。子曰：“不践迹，亦不入于室。”

子张问明。子曰：“浸润之谮，肤受之愬，不行焉，可谓明也已矣。浸润之谮，肤受之愬，不行焉，可谓远也已矣。”

子张问崇德辨惑。子曰：“主忠信，徙义，崇德也。爱之欲其生，恶之欲其死。既欲其生，又欲其死，是惑也。‘诚不以富，亦祇以异。’”

子张问政。子曰：“居之无倦，行之以忠。”

子张问：“士何如斯可谓之达矣？”子曰：“何哉，尔所谓达者？”子张对曰：“在邦必闻，在家必闻。”子曰：“是闻也，非达也。夫达也者，质直而好义，察言而观色，虑以下人。在邦必达，在家必达。夫闻也者，色取仁而行违，居之不疑。在邦必闻，在家必闻。”

子张曰：“《书》云，‘高宗谅阴，三年不言。’何谓也？”子曰：“何必高宗，古之人皆然。君薨，百官总己以听于冢宰，三年。”

子张问行。子曰：“言忠信，行笃敬，虽蛮貊之邦行矣。言不忠信，行不笃敬，虽州里行乎哉？立，则见其参于前也；在舆，则见其倚于衡也，夫然后行。”子张书诸绅。

子张问仁于孔子。孔子曰："能行五者于天下为仁矣。"请问之。曰："恭、宽、信、敏、惠。恭则不侮，宽则得众，信则人任焉，敏则有功，惠则足以使人。"

子张问于孔子曰："何如斯可以从政矣？"子曰："尊五美，屏四恶，斯可以从政矣。"

子张曰："何谓五美？"子曰："君子惠而不费，劳而不怨，欲而不贪，泰而不骄，威而不猛。"

子张曰："何谓惠而不费？"子曰："因民之所利而利之，斯不亦惠而不费乎？择可劳而劳之，又谁怨？欲仁而得仁，又焉贪？君子无众寡，无小大，无敢慢，斯不亦泰而不骄乎？君子正其衣冠，尊其瞻视，俨然人望而畏之，斯不亦威而不猛乎。"

从这些对话中可以看出，他向孔子所请教的问题很广泛，有"问仁"、"问明"、"问善人之道"、"问政"、"问干禄"等等。而且，这些发问并不是单纯的发问，他往往是带着自己的见解去和老师讨论，比如他问孔子何为"达"，当孔子反问他怎样才能算"达"时，子张很流利地回答说："在诸侯邦国中必然有声誉，在卿大夫中也必然有声誉。"采用这样的学习方式，子张从孔子那里得到的自然就比别人多，所体会的自然也就比别人深，他也就比较容易形成自己的学术观点。例如他随孔子周游列国，被困于陈、蔡时，就提出了"见危致命，见得思义"的主张，从而丰富了儒家的思想体系：

子张曰："士见危致命，见得思义，祭思敬，丧思哀，其可已矣！"

朱熹集注：致命，谓委致其命，犹言授命也。四者立身之大节，一有不至，则余无足观。故言士能如此，则庶乎其可矣。

这句话的意思是："士应该看见危险便肯献出生命，看见所得便考虑是否该得，祭祀时考虑是否严肃认真，居丧时则应悲痛哀伤，那也就可以了。"见危致命主张献身精神，见得思义提倡廉洁风范，这两条到今天都具有重要的现实意义。他在与子夏门人的一段对话中，所提出的"君子尊贤而容众，嘉善而矜不能"的观点也成为历代统治者治国之明鉴：

子夏之门人问交于子张。子张曰："子夏云何？"对曰："子夏曰：‘可者与之，其不可者拒之。’”子张曰：“异乎吾所闻：君子尊贤而容众，嘉善而矜不能。我之大贤与，于人何所不容？我之不贤与，人将拒我，如之何其拒人也？”（《论语》）

子张是一个很有个性、思想激进的人，所以孔子以及众弟子对他都有些意见：

子贡问：师与商也孰贤？子曰：师也过，商也不及。曰：然则师愈与？子曰：过犹不及。（《论语》）

柴也愚，参也鲁，师也辟，由也喭。（《论语》）

子曰：“吾欲以颜状取人也，则于灭明改之矣；吾欲以言辞取人也，则于宰我改之矣；吾欲以容貌取人也，则于子张改之矣。”（《家语》）

“过”是指做事不符合中庸之道，总是做过了头。朱熹评曰：“子张才高意广而好为苟难，故常过中。”孔子将子张和子夏一起作为中庸之道的对立面，只不过子张失之于“过”，而子夏失之于“不及”。“辟”，有偏的意思。马融注曰：“子张才过人，失在邪辟文过。”朱熹注曰：“辟，便辟也。谓习于容止少诚实也。”结合上句话，孔子的意思是说子张生性偏激，动机虽好，却容易做过头。又很固执，不承认错误。这种“辟”和“文过”是指在个人禀性和思想态度这两个层面，并不意味着日常生活中有文过饰非的具体行为，所以宋戴溪在《石鼓论语答问》中称之为“堂堂之失”。整体上孔子对子张是比较失望的，他认为子张虽然容貌堂堂，性格和思想并未尽善尽美，“吾欲以容貌取人矣，则于子张改之矣”。

孔子对于子张并不是一味指责，他有时甚至称赞子张的这种性格：

子夏问于孔子曰：“颜回之为人奚若？”子曰：“回之信贤于丘。”曰：“子贡之为人奚若？”子曰：“赐之敏贤于丘。”曰：“子路之为人奚若？”子曰：“由之勇贤于丘。”曰：“子张之为人奚若？”子曰：“师之庄贤于丘。”子夏避席而问曰：“然则四子何为事先生？”子曰：“居，吾语汝。夫回能信而不能反，赐能敏而不能诎，由能勇而不能怯，师能庄而不能同。兼四子者之有以易吾弗与也，此其所以事吾而弗贰也。”

在回答子夏的提问时，孔子认为他们四人都在某个方面超过了自己，而子张超越自己的地方就是“庄”。在这句的末尾王肃注曰：“言人虽矜庄，亦当有和同时也。”“庄”这个词显然是孔子用来称赞子张的，它是一个褒义词，那么“庄而不同”应该理解为绝对坚持自己的意见，而不为任何外在因素所改变。可见子张是一个有头脑、有主见的人，勇于坚持自己的观点，勇于为自己的观点负责。这实际上和上文所言子张之“辟”有类似的地方。

综上所述，孔子对于子张的批评主要集中在子张固执倔强的性格方面，这种批评是站在老师的角度为了使子张具备健全的思想人格而采取的行为。并且孔子本身也很矛盾，他并不认为子张的这种性格完全错误，当他站在一个平等的高度看待子张时，甚至称赞子张的这种性格。

与孔子不同，七十子之徒与子张的对立主要集中在思想主张方面：

子游曰：“吾友张也，为难能也，然而未仁。”（苞氏曰：“言子张之容仪之难及者也，然而未仁。”）

曾子曰：“堂堂乎张也，难与并为仁矣。”

从子游和曾子对子张的评价来看，他们一致认为子张不能为“仁”。由于观点的不同，子张和同门的关系很紧张，经常发生一些激烈的争论：

孔子过康子，子张子夏从。孔子入坐。二子相与论，终日不决。子夏辞气甚隘，颜色甚变。子张曰：“子亦闻夫子之议论邪？徐言誾誾，威仪翼翼，后言先默，得之推让。巍巍乎、荡荡乎，道有归矣！小人之论也，专意自是，言人之非。瞋目搤腕，疾言喷喷，口沸目赤。一幸得胜，疾笑嗌嗌，威仪固陋，辞气鄙俗。是以君子贱之也。”

从《韩诗外传》的记载来看，子夏和子张之间的对立非常严重，辩论长达终日，但最终没有一个人说服对方，以至于子张最后用子夏辩论时的局促诟病子夏，以求占得上风。

奇怪的是，在子张是否“仁”这个问题上孔子和他们是相反的，他虽然不满子张偏激的性格，却从来没有说过子张不“仁”，相反他还特别肯定这一点：

> 业功不伐，贵位不善。不侮可侮，不佚可佚。（不侮可侮者，不佚可佚者，仁之至也）不敖无告。（天穷之民无所告者，不陵敖之也）是颛孙之行也。孔子言之曰：“其不伐则犹可能也，其不敝百姓者则仁也。诗云‘恺悌君子，民之父母’。”

这一段话在《孔子家语》中也有记载，内容稍有不同。从上文来看，孔子认为子张是一个不会因为功高位尊而骄然自得的人，甚至对于社会最下层的人民，他都会平和待之，所以孔子说：“他不夸耀自己功德还可以理解，他不去愚弄百姓就是仁的行为了。”孔子并且引用《公刘》篇，把子张比喻成“民之父母”。

我们知道孔子很少夸奖他的弟子为“仁”。有人说冉雍“仁而不佞”，孔子回答说：“不知其仁。焉用佞。”又曾说子路、冉有、公西华都“不知仁”。对令尹子和陈文子，孔子认为他们“清”或“忠”，也并未说他们为仁。甚至对最得意的学生颜回，也只是说其“三月不违仁”而已。从这一点来看，孔子对于子张的评价是非常高的。那为什么会出现这种矛盾的现象呢？一个很重要的原因就是作为儒家学派核心概念的“仁”，孔子作过很多解释，但这些解释往往是随机而发甚至自相矛盾的。他有时倡言“克己复礼为仁”，有时又主张“能行五者（恭、宽、信、敏、惠）于天下为仁”，有时干脆认为“爱人”即是“仁”。以至于有学者宣称“仁构成孔子学说中的一个高难问题……要把这个概念解释清楚，要使这个问题得到公认的解决，至今仍然是困难的”。①

孔子对“仁”这个重要概念意义界定的缺失，为弟子们的理解提供了广阔的空间。从子张的言论来看，他对于“仁”的解释带有鲜明的下层人民的特色。子张出身于“鲁之鄙家”，甚至还犯过罪，性格刚烈。《艺文类聚》卷九一五引《庄子》佚文云：“子路勇且力，其次子贡为智，曾参为孝，颜回为仁，子张为武。”这句话虽然出自庄子之口，但是即使我们将其作为庄子或其后学对子张的评价，它仍然具有重要的参考意义。在这句话中，“武”与

① 王树人：《〈论语〉中仁的不同含义辨析》，《孔子研究》，1991年第1期。

“勇”、“力”对言，勇、力着重于行为，武则更关注精神，所以其本义是指子张具有冲决一切现有观念的精神潜质，而绝不会囿于成见，固步自封：

子张问仁于孔子。孔子曰：“能行五者于天下为仁矣。”请问之。曰：“恭、宽、信、敏、惠。恭则不侮，宽则得众，信则人任焉，敏则有功，惠则足以使人。”

子夏之门人问交于子张。子张曰：“子夏云何？”对曰：“子夏曰：‘可者与之，其不可者拒之。’”子张曰：“异乎吾所闻。君子尊贤而容众，嘉善而矜不能。我之大贤与，于人何所不容？我之不贤与，人将拒我，如之何其拒人也？”

在上面所引第一段中，孔子向子张列举了仁的五种要求：恭、宽、信、敏、惠。恭是指恭敬；宽是指宽以待人；信是指信用；敏是指反应迅速，行动果断；惠是指施恩惠于民。前人多把这段话理解为孔子针对子张的缺点而发，如朱熹言其“盖因子张所不足而言耳”，实际上从《论语》的成书来看，把它们看作子张之儒的观点更为合适，“大约是子张氏之儒所保留下来的一些纪录。虽然主要是孔子所说的话，但可见子张所关心的是些什么问题，而且就是孔子的答辞也一定是经过润色，或甚至傅益的”①。尤其“敏”这个概念，在孔子回答子张的其他问题中也经常出现。如子张问政，孔子即以“居之无倦”告。在上文所引第二段中，子张提出了一个和子夏完全对立的观点。他认为君子与人交往，对于比自己有能力有道德的要尊重他，对于不如自己的也要包容他、鼓励他，“可者与之，其不可者拒之”，则天下有多少人可与之交往，又何谈改变社会，兼善天下。皇侃认为子张之论出其“偏性”，朱熹认为子张之言有“过高之敝”，宋郑如谐认为子张之论开墨家之源，恰好从反面说明子张对于仁的理解表现出下层人民特有的博大心胸和一个政治家的气魄。

在怎样推行仁政这个问题上，子张也表现出了强烈的激进色彩：

子张曰：“执德不弘，信道不笃，焉能为有，焉能为亡。”

① 郭沫若：《十批判书》，东方出版社1996年版。

子张认为："自己拥有道德修养却不把它发扬光大，相信真理却不坚定。这样的人，即使活在世上又能有什么用？即使离开人间，何能为无而轻？"言外之意是说这样的人毫无用处。他反对"执德不弘，信道不笃"的行为，也就是支持政治家推行其仁德要宏大，信奉道德要笃厚。再联系到《论语》中子张问仁、问从政这些问题来看，子张"是站在为民众的立场的极左翼的"，他的思想是对儒家"迂远而阔于事情"的一种反拨，这也是后人经常认为子张之儒开墨家之源的一个重要原因。

孔子生前并没有调和弟子之间的这种矛盾。孔子死后子张与曾子之间、子张与子夏之间、子张与子游之间的这种对立更为严重，他们在撰述《论语》的时候如此指责子张也就不足怪了。

孔子及七十子之后，对子张指责比较激烈的主要是孟子和荀子：

昔者窃闻之：子夏、子游、子张皆有圣人之一体，冉牛、闵子、颜渊则具体而微。（《孟子·公孙丑上》）

弟佗其冠，神禫其辞，禹行而舜趋，是子张氏之贱儒也。（《荀子·非十二子》）

一体，一肢也。得圣人之一体，意思是说子张并没有全面领会圣人的思想，仅得圣人思想中很少的一部分。至于怎样才算得圣人之全体，子张得到的到底是圣人思想中的哪一部分，孟子并没有提及。孟子源出于子思，子思受业于曾子。如前所述，曾子在仁学的观点上和子张的对立是很严重的。存在这样的门户之见，我们很难认可这种语焉不详的评价。

荀子对子张之儒的指责也没有实际的意义，正如郭沫若所说，荀子"骂人每每不揭出别人的宗旨，而只是在枝节上作人身攻击"，[①] 这就是一个很好的例子，从这段话中，我们根本不能够得知，子张一派的主张究竟哪些方面让荀子不满意。另外，这种近乎詈骂的语言是针对子张之后学的。

司马迁在《史记·仲尼弟子列传》中感慨地说："学者多称七十子之徒，誉者或过其实，毁者或损其真。"子张正是一个被"毁"而"损其真"的人物。孔子对他的批评主要是为了救其偏，为了更好地提高他的学术道德水平；他与同门师兄弟之间的对立，又都源于对仁这个概念的不同理解，是正常的

① 郭沫若：《十批判书》，东方出版社1996年版。

学术纷争；至于孟子、荀子对他的指责，又根本落不到实处。但是当历史将这些叠加在一起的时候，它的效应被大大地放大了，完全遮盖了子张的本来面目，而我们反而没有了司马迁那种实事求是、付之阙如的勇气。

战国时期，儒家内部分化而成为八个学派，居于八派之首的即是“子张之儒”：

自孔子之死也，有子张之儒，有子思之儒，有颜氏之儒，有孟氏之儒，有漆雕氏之儒，有仲良氏之儒，有孙氏之儒，有乐正氏之儒。《韩非子·显学》

2. 巫马施（前 521－?）。字子期，亦称巫马旗、巫马期。春秋时陈国人，少孔子 30 岁。《论语》及《史记》中关于巫马施的记载只有“陈司败问昭公知礼乎”一事：

陈司败问：“昭公知礼乎?”孔子曰：“知礼。”孔子退，揖巫马期而进之，曰：“吾闻君子不党，君子亦党乎？君取于吴为同姓，谓之吴孟子。君而知礼，孰不知礼?”巫马期以告。子曰：“丘也幸，苟有过，人必知之。”

如上文，在这件事中巫马施只是把陈司败的话转述给孔子，所以我们很难去全面把握他的思想及性格。从《韩诗外传》及其他史料的记载来看，他是一个有志于学、安贫乐道的人：

子路与巫马期薪于韫丘之下。陈之富人有处师氏者，脂车百乘，觞于韫丘之上。子路与巫马期曰：“使子无忘子之所知，亦无进子之所能，得此富，终身无复见夫子，子为之乎?”巫马期喟然仰天而叹，阘然投镰于地曰：“吾尝闻之夫子‘勇士不忘丧其元，志士仁人不忘在沟壑’，子不知予与？试予与？意者，其志与?”子路心惭，故负薪先归。孔子曰：“由来，何为偕出而先返也?”子路曰：“向也，由与巫马期薪于韫丘之下，陈之富人有处师氏者，脂车百乘，觞于韫丘之上，由谓巫马期曰：‘使子无忘子之所知，亦无进子之所能，得此富，终身无复见夫子，子为之乎?’巫马期喟然仰天而叹，阘然投镰于地，曰：‘吾尝闻夫子：勇士不忘丧其元，志士仁人不忘在沟壑。子不知予与？试予与？意者，其志与？'由也心惭，故先负薪归。"孔子援琴而弹："诗曰：'肃肃鸨羽，集于苞栩。王事靡盬，不能艺稷黍。父母何怙？悠悠苍天，曷其有所？'予道不行邪，使汝愿者。……"

子路与巫马施在辒丘砍柴，陈国有个姓处师的富人，大张旗鼓地在辒丘喝酒。子路对巫马施说："假如你不忘记你所学习到的，也不运用你的能力，(却能）得到这样的富贵。一生都不再见夫子，你愿意吗？"巫马期仰天长叹曰："我听夫子说过，志士固穷，常念死无棺椁弃沟壑而不恨；勇士轻生，常念战斗而死，丧其首而不顾。你不了解我吗，还是你想试试我的志向，或者这就是你的志向？"子路惭愧得背起干柴就走了。

巫马施曾继宓子贱为单父宰，披星戴月，栉风沐雨，日夜劳苦，事必躬亲，把单父治理得很好，深得百姓的拥护和孔子、鲁公的赞赏。后来巫马施听说宓子贱治理简直不费什么气力，可单父也一样富足，便特意到宓子贱府上求教，探讨治理单父的窍门。宓子贱得知巫马施来意后，微微一笑，说道："我哪里有什么治理的窍门呀。只不过我治理单父时凭借大家的力量。而你治理单父时，你用的方法是只用你自己的力量。光依靠自己的力量治理当然辛苦不堪，而我动员了大家的力量，依靠众人当然使我自己安逸得多了。"

唐代封巫马施为鄫伯，宋代又封其为东阿侯。

3．陈亢。字子元，一字子禽，又名原亢，生于公元前511年，小孔子40岁，陈人。从《论语》中其与伯鱼、子贡的对话来看，他是一个很有天分、勤于思考的学生：

陈亢问于伯鱼曰："子亦有异闻乎？"对曰："未也。尝独立，鲤趋而过庭，曰：'学《诗》乎？'对曰：'未也。''不学《诗》，无以言。'鲤退而学《诗》。他日又独立，鲤趋而过庭，曰：'学《礼》乎？'对曰：'未也。''不学《礼》，无以立。'鲤退而学《礼》。闻斯二者。"陈亢退而喜曰："问一得三，闻《诗》，闻《礼》，又闻君子之远其子也。"

子禽问于子贡曰："夫子至于是邦也，必闻其政。求之与？抑与之与？"子贡曰："夫子温、良、恭、俭、让以得之。夫子之求之也，其诸异乎人之求之与！"

陈亢认为孔子教自己的儿子，一定会与别的学生不同，会给儿子一些特殊的传授。所以他就私下里问孔子的儿子伯鱼（名鲤）说："你也许听到过老师的特殊教训吧？"伯鱼回答说："没有啊。曾经有一天，父亲一个人站在厅上，我很快地走过庭前，父亲问我：'有没有温习《诗》？'我答说：'没有啊。'父亲说：'《诗》里面知识丰富，不把《诗》温习熟，就缺乏说话的材料。事理不通达，心气不和平，便不能从容应对说话。'我就退下去温习《诗》。又一天，遇到父亲一个人站在厅上，我也是很快地走过庭前，父亲问我：'你有没有温习《礼》？'我回答说：'没有啊。'父亲说：'学《礼》就是学做人，不把《礼》温习熟，品节不详明，德性不坚定，将来便不能立身处世！'我就退下去温习《礼》。我所听到的教训就是这两点。"陈亢回到家中，很欢喜地说："我去问伯鱼一件事，却得到了三种知识：一是学诗可以言，二是学礼可以立，三是君子对儿子也和对弟子一样教导，并不偏爱儿子。"

相传他也曾做过单父（山东单县南）宰。在位期间，施德政于民，颇受后人好评。明代学者顾龙裳游蒙城清燕堂时，写有《公堂清燕》诗："缅想鸣琴治邑时，雍容雅化坐无为"，以颂扬陈亢。

唐代封其为颖伯，宋代封其为南顿侯。

4. 公良孺。字子正，一字子幼。春秋时陈人。贤而有勇，孔子周游列国时，子正以家车五乘从孔子行。他们途经卫国时，遭蒲人阻拦，子正持剑挺身而出，大义凛然地说："我过去曾经跟着夫子在匡地受苦，今天又在这里遭受不幸，这大概是上天的安排。今天在这里我宁愿战斗而死！"蒲人很害怕，和孔子说："假如你不到卫国的话，我们就放你出去。"孔子与蒲人盟誓之后，脱离了危险。

唐代封其为东牟伯，宋代封其为牟平侯。

（三）百家异说时期陈地其他学术活动

1. 田齐政权支持下的稷下之学。稷下之学本为战国时风靡一时的齐国学派，但它和陈楚学术却也有着千丝万缕的联系，这种联系要从篡夺姜齐政权的田齐贵族说起。

齐国田姓，本出自陈厉公。公元前673年，陈宣公因宠姬生子款，便杀了太子御寇，而御寇和厉公之子完要好，陈完便逃往齐国，被任为工正，食采于田这个地方：

陈完者，陈厉公佗之子也。完生，周太史过陈，陈厉公使卜完，卦得观之否："是为观国之光，利用宾于王。此其代陈有国乎？不在此而在异国乎？非此其身也，在其子孙。若在异国，必姜姓。姜姓，四岳之后。物莫能两大，陈衰，此其昌乎？"

厉公者，陈文公少子也，其母蔡女。文公卒，厉公兄鲍立，是为桓公。桓公与佗异母。及桓公病，蔡人为佗杀桓公鲍及太子免而立佗，为厉公。厉公既立，娶蔡女。蔡女淫于蔡人，数归，厉公亦数如蔡。桓公之少子林怨厉公杀其父与兄，乃令蔡人诱厉公而杀之。林自立，是为庄公。故陈完不得立，为陈大夫。厉公之杀，以淫出国，故春秋曰"蔡人杀陈佗"，罪之也。

庄公卒，立弟杵臼，是为宣公。宣公二十一年，杀其太子御寇。御寇与完相爱，恐祸及己，完故奔齐。齐桓公欲使为卿，辞曰："羁旅之臣幸得免负檐，君之惠也，不敢当高位。"桓公使为工正。

从史记的这一段记载来看，国力本就弱小的陈国，兄弟父子之间的王位争夺十分激烈。先是陈完的父亲厉公杀掉桓公鲍及其太子，然后是桓公的小儿子林又把厉公陈佗杀死，自立为君，是为庄公。庄公卒，立弟杵臼，是为宣公。宣公于公元前673年又杀掉自己的儿子御寇，而为御寇之党的陈完害怕祸及己身，逃到齐国。当时的齐国国君齐桓公，想用陈完为卿，陈完认为自己能力有限，没有接受，只是做了一个工正的小官。陈完逃到齐国，改姓田氏。陈完十代孙田和，于公元前386年自立为齐侯，是为田齐，再过七年，便夺取了苟延残喘的姜姓齐康公的残余国土，完全取代了姜齐。

用武力可以夺取政权，但是用武力却不能博得民心，博得政治道德的认可。在东周那个宗法制度根深蒂固的年代，代姜齐而立的田氏贵族感受到的压力之大可想而知。为了巩固自己的统治地位，为"田氏代齐"的合理性制造舆论，田齐政权在齐国都城临淄的稷门（西门）外设立了稷下学宫，招徕天下文人学士，并且给以很优厚的待遇，让他们在那里讲学和著书立说：

稷门。刘向别录云："齐有稷门，齐之城西门也。外有学堂，即齐宣王立学所也，故称为稷下之学。"（《太平寰宇记》卷十八）

宣王喜文学游说之士，自如驺衍、淳于髡、田骈、接子、慎到、环渊之徒七十六人，皆赐列第，为上大夫，不治而议论。是以齐稷

下学士复盛，且数百千人。(《史记》卷四十六)

驺衍、淳于髡这些稷下学者的思想主张是很复杂的，我们不能用一句话去概括，但是这其中有一条主线，那就是对黄老思想的尊崇。田氏篡齐之后，为了摆脱篡逆的指责，抬出了自己的祖先黄帝（田齐的祖先是黄帝、大舜、陈国国君、陈完；姜齐的祖先是炎帝、伯夷、四岳、姜太公），想借黄帝战胜炎帝的历史，为自己正名。至于老子，本为田齐同乡，再加上齐国从姜太公立国起就有重“道术”的传统，田齐统治者自然也是大加推崇。如此一来，黄老思想自然成为稷下学派的主流思潮。在齐宣王授予的76位上大夫中，黄老学者也占了大多数，如慎到、环渊等人：

慎到，赵人。田骈、接子，齐人。环渊，楚人。皆学黄老道德之术，因发明序其指意。故慎到著十二论，环渊著上下篇，而田骈、接子皆有所论焉。(《史记》卷七十四)

司马迁明确提到慎到、田骈、环渊这些人都属于黄老学派，虽然他并没有进一步展开论述，不过我们可以从他们的著作中去考证他们具体的思想主张：

《庄子·天下篇》曰，慎到弃知去己，而缘不得已，泠汰于物，以为道理，曰知不知，将薄知而后邻伤之者也。謑髁无任而笑天下之尚贤也，纵脱无行而非天下之大圣。椎拍輐断，与物宛转，舍是与非，苟可以免，不师智虑，不知前后，魏然而已矣。推而后行，曳而后往，若飘风之还，若羽之旋，若磨石之隧全而无非。动静无过，未尝有罪。是何故？夫无知之物，无建己之患，无用知之累，动静不离于理，是以终身无誉。故曰至于若无知之物而已，无用贤圣。夫块不失道，豪杰相与笑之，曰慎到之道，非生人之行而至死人之理，适得怪焉云云。……今考其书，大旨欲因物理之当然，各定一法而守之。不求于法之外，亦不宽于法之中，则上下相安，可以清净而治。然法所不行，势必刑以齐之。道德之为刑名，此其转关。所以申、韩多称之也（《四库全书总目提要》卷一一七）。

从四库馆臣对《慎子》一书的评价我们可以看出，“黄老之学”中的

“黄老”二字，最重要的是“老”字，因为黄帝只是一个假托的对象。黄老之学实际上是以老子的哲学政治观为基础的，它是老子哲学政治思想在特定时代环境下的继承和发展。

田齐政权不仅在思想上推重黄老思想，在治理齐国的具体实践中，也都以老子思想为旨归，鲜明地体现出道家无为而治、顺其自然的法则。田齐在立国之初，并不算一个很强大的国家，再加上政权更替前后，由于内乱而数求于他国，齐国在诸侯国中的地位远不如姜齐时显赫。田齐政权的前两个皇帝享国日短，政治上也没有太大的作为。齐威王即位不久即开始了改革，不过他的改革不像其他政治变革一样轰轰烈烈，大刀阔斧，而是从看似和改革没有任何关系的地方着眼。齐威王首先召见即墨大夫说：“自从你到即墨后，诋毁你的话一天比一天多。我派人去视察后发现，即墨这个地方人民安居乐业，官员奉公守法。可见你不是一个善于投机钻营的人。”于是封赏给他一万户的采邑。他又召见阿地大夫说：“自从你去阿地后，称赞你的话一天比一天多。我派人去阿地视察后发现土地并没有增加，人民非常贫穷。赵国进攻甄地，你没有解救。卫国取我薛陵，你推说不知道。可见你的名声是用钱买来的。”威王当天就把这个大夫和曾经替他说好话的人杀了。如此一来齐国上下震惧，人人不敢饰非，务尽其诚为国效力。齐威王乘势西击赵、卫，败魏于浊泽而围惠王，诸侯闻之，二十余年间莫敢加兵于齐。

2. 庄子的学术思想。庄子（约前369－前286），名周，字子休（一说子沐）。著名思想家、哲学家、文学家，是道家学派的代表人物，老子哲学思想的继承者和发展者，先秦庄子学派的创始人。庄子曾做过官职卑微的漆园吏，楚威王聘他为相，不赴，遂终身不仕。《史记》言庄子为蒙人，蒙在何处？一说在今河南商丘东北，古属宋国。《淮南子·修务训》注中说：“庄子名周，宋蒙县人。”这是比较通行的说法。一说在今安徽蒙城，古属楚。我们认为这种说法有一定的道理。因为老庄道家学说属于楚文化系统。朱熹、王国维都认为庄子是楚人。王国维说：“庄子楚人，虽生于宋，而钓于濮水。陆德明《经典释文》曰‘陈地水也’，此时陈已为楚灭，则亦楚也，故楚王欲以为相。”① 《水经·渠水注》：“（沙）水东注，即濮水也，俗谓之父水也。”《水经注·淮水篇》：“濮水即沙水之兼称。”这些记载清楚表明沙水即今天沙河水系，又如《水经·渠水注》：“沙水又东南迳东华城西，又东南，沙水枝渎西

① 《国朝汉学派戴阮二家之哲学说》，见《王国维遗书》，上海古籍书店1983年影印商务印书馆1940年版，第五册，《静安文集》，第80页。

南达洧，谓之甲庚沟，今无水。……沙水又东迳长平县故城北，又东南迳陈城北，故陈国也。伏羲、神农并都之。”晋郭象之《庄子注》也说过濮水“陈地水也”，郭象离庄子的年代比较近，他的观点应该更有说服力。此外，明焦竑《庄子翼》也认可这种说法。所以不论庄子是宋之蒙人还是楚之蒙人，他主要生活于陈，可以纳入陈楚文化的系统中来。

相传庄子曾在今河南省西华县游览讲学，后病逝于此地庄铺村，因庄子曾在此村逗留居住，此村故名“庄铺”。庄铺村位于西华县城15公里的西夏镇，村里有庄子墓，墓前有石碑。

3. 世硕的思想。世硕，陈人，生当战国前期，七十子之弟子。关于他的记载不是很多，但其所倡之人性有善恶论，却是极有见地的。

作为儒学的创始人，孔子并没有建立完整的心性论。孔子没有论及心，论性也只有一句：“性相近也，习相远也”。（《论语·阳货》）孔子一生讲得最多的是仁。然而孔子论仁，主要局限于仁本身，即仁是什么，为什么行仁的层面上。至于如何行仁，在孔子那里，还不是问题的重点。世子关于人性的论述正好弥补了先秦儒家思想在这方面的缺失：

> 世硕以为人情有善有恶，在所养焉。作养书一篇。《尚史·卷八十五》
>
> 周人世硕以为人性有善有恶，举人之善性养而致之，则善长；性恶养而致之，则恶长。如此则性各有阴阳善恶，在所养焉。故世子作养书一篇。《论衡·卷三》

从上文所引来看，世硕认为人性的善恶，完全在于后天生活的环境。如果后天环境有利于人性格中善的方面发生成长，那么这个人就是善的。如果后天环境有利于人性格中恶的方面发生成长，那么这个人就是恶的。人性是善是恶，一直是一个众说纷纭、莫衷一是的问题。相对于孟子从“不忍人之心”出发，而坚持人性的善，荀子从“好利”、“疾恶”出发而坚持人性的恶，世子的观点具有更大的合理性，它让我们从对于人性的形而上的争论中解脱出来，去关注后天环境的影响与改造，使得人性论具有了更多操作实践方面的意义。世硕有《世子》二十一篇行世，该书始见于《汉书·艺文志》之儒家类，后志不载，盖已亡佚。马国翰辑为一卷，见《玉函山房辑佚书·子编·儒家类》。

4. 胡非子的思想。胡非子，生当战国前期，陈（今河南淮阳）人。妫姓，陈胡公之后，墨子弟子，具体事迹不详。陈厚耀《春秋战国异辞》对其有这样的记载：

胡非子修墨以教。有屈将子好勇，闻墨者非斗，带剑危冠往见胡非子而问之曰："将闻先生非斗，而将好勇。有说则可，无说则死！"胡非子曰："吾闻勇有五等：夫负长剑、赴榛薄、折兕豹、搏熊罴，此猎徒之勇也；负长剑、赴深渊、斩蛟龙、搏鼋鼍，此渔人之勇也；登高涉危、鹄立四顾、颜色不变，此陶匠之勇也；剽必刺、视必杀，此五刑之勇也；齐桓公以鲁为南境，鲁公忧之，三日不食。曹沫请击颈以血溅桓公，公惧不知所措。管仲乃劝与之盟，曹沫匹夫之士，布衣柔履之人，一怒屈万乘之师，有千乘之国，此君子之勇也。五勇不同，公子将何处？"屈将说，称善。乃辞长剑，释危冠，而请为弟子焉。

胡非子恪守墨家的思想，并且授徒讲学。有个人名叫屈将子，好勇斗狠，听说墨家反对用武力解决问题，于是带着宝剑和高高的帽子，全副武装地去见胡非子。屈将子对胡非子说："我听说你们墨家反对暴力，但是我就是喜欢用武力解决问题。今天你得给我个说法，不然的话你要用生命来践行诺言。"胡非子面无惧色地说："我听说勇敢可以分为五等：背着长剑，到茂密的深林中，能够杀死狼虫虎豹，这是猎人的勇敢；背着长剑，潜到深渊中，斩杀蛟龙巨龟，这是渔人的勇敢；登上很高的山峰，环顾四周，面不改色，这是陶匠的勇敢；稍微感觉到敌意即制人于死地，这是侠客的勇敢；齐桓公有吞并鲁国的想法，鲁公很是担忧，三天都没有吃饭。曹沫在盟会上请击颈以血溅桓公，桓公不知所措。管仲于是劝说桓公和鲁国订立盟约。曹沫只是一介匹夫，一怒而屈万乘之师，保全了千乘之国，这是君子的勇敢。请问你的勇敢属于哪一种？"屈将子听完之后深为折服，于是请胡非子收他为徒。从这段对话来看，胡非子当为当时墨家众弟子中比较有名气的，所以才成为当时疾墨者的目标。胡非子有《胡非子》三篇，此书始见于《汉书·艺文志》，隋、唐《志》作一卷。南宋王应麟在《汉书艺文志考证》中对此书的考辨也很有价值：

隋、唐《志》各一卷。洪氏曰：二书（《随巢子》和《胡非子》）今不复存。马捴《意林》所述，随巢兼爱、明鬼，而墨之徒可知。胡非言勇有五等，其说亦卑陬无过人处。《艺文类聚》引随巢子曰，昔三苗大乱，天命夏禹于玄宫有大神，人面鸟身，降而福之，司禄益食，而民不饥。司金益富，而国家实。司命益年，而民不夭。四方归之，禹乃克三苗，而神民不违。《史记索引》随巢子云：夷羊在牧，飞拾满野，天鬼不顾，亦不宾灭。《太平御览》引，昔三苗大乱，龙生于庙，犬哭于市，天赐武王黄鸟之旗，以代殷，愚谓此即墨氏之明鬼也。

元朝末年丞相脱脱修《宋史·艺文志》的时候，也没有记载这本书，看来亡佚已久。后马国翰辑其佚为一卷，见《玉函山房辑佚书·子编·墨家类》。

三、西汉初年的陈地学术

公元前206年，刘邦建立了强大的汉王朝。西汉初年的统治者鉴于秦代由于推行法家的严刑酷法政策而导致“二世而亡”的惨剧，在摸索当朝治国途径的过程中，施行了相对灵活的策略。百废待兴，如何使国家机器、天下百姓从连年征战的重负中喘过气来，恢复和发展经济，使社会走向安定，是西汉政权面临的当务之急。

统治者发现，黄老之学的“无为而治”思想，不仅能否定秦朝的严刑酷法和横征暴敛，而且有利于节用民力、恢复生产，适应当时“休养生息”的社会需要。于是，从汉代建立（前206年）到汉武帝即位（前140年）的60余年里，黄老之学在政治上和学术上都居于统治地位。

黄老之学兴起于战国晚期，以传说中的黄帝和老子为创始人。它以道家思想为主，吸收了法家思想中的积极方面，并兼采阴阳、儒、墨等诸家观点。黄老之学被汉初统治集团奉为国策，除其适于汉初的社会政治状况这一原因外，统治集团中强力人物的支持也是不可忽视的原因。在西汉初年的政治生活中，窦太后有着特殊的地位。她被汉文帝立为皇后，景帝继位后，被尊为皇太后，武帝继位又被尊为太皇太后。她总计做了23年皇后、16年太后、6年太皇太后，在宫中长达45年。她十分笃信黄老学说，文帝时，就命令儿子景帝和窦氏家族都研读黄老之术。有人对老子稍有非议，就遭到她的惩罚，有一次她召见一个叫辕固的儒生，问辕固如何看待老子的学说，辕固不以为然地说："此是家人言耳。"意思是，这不过是家人的常言罢了。窦太后听了大怒，强令他去猪圈里与野猪搏斗，才稍稍消气。

西汉之前，所谓"显学"是指儒、墨二教，道家思想无论在政治生活还是在思想领域，都不占主要地位。以道家为主的黄老思想，能够取得西汉初年政治和思想领域的统治地位，只是有统治集团中某些人的支持是不行的，必须有实际的成绩来证明自己。当时采用黄老思想治理国家的官员，中央政府内以曹参为代表，地方官员则以曾经"卧治淮阳"的汲黯为代表。

（一）汲黯的学术思想

汲黯（？–前122），濮阳县人，汉时曾任淮阳太守。汉景帝时为太子洗马，办事严肃认真，为人所敬畏，被汉武帝称为"社稷之臣"。景帝死，汉武帝刘彻继位，为谒者（专门负责皇帝文书收发的官员）。河内郡（今河北省南部）失火，蔓延数千余家，武帝命黯前往视察。汲黯回来报告说："民家失火，房屋毗连，火势蔓延，不足为忧。但我经过河南（今河南省西北），看到水旱很厉害，一万多老百姓饥饿少粮，无家可归，以致父子相食，就假托皇上命令，发放仓库粮食，救济灾民，愿受惩处。"武帝以汲黯贤良，不予追究。后因多次极言直谏，不得久留朝中，调为东海（今山东省南部）太守。汲黯到任以后，并不像其他官员一样：

> 黯学黄老之言，治官理民，好清静，择丞史而任之。其治，责大指而已，不苛小。黯多病，卧闺阁内不出。岁余，东海大治。称之。上闻，召以为主爵都尉，列于九卿。治务在无为而已，弘大体，不拘文法。

汲黯深得黄老治国思想的精髓，他管理东海，并不是事必躬亲，而是选择一些有能力的下级官员，大胆地把各种权力交给他们，自己只是处理一些有关东海的大事而已。再加上汲黯身体向来不好，经常卧床静养，所以更是深居简出。但是，就是这样的无为而治，过了一年，东海竟然前所未有的大治。武帝听说了也很是奇怪，于是把他召回朝中，任命其为主爵都尉，位列九卿。地位变了，身份提高了，但他做事的方法仍然是"治务在无为而已，弘大体，不拘文法"。

黄老治国思想到了汉武帝时期，面临着很大的危机。经过几十年的恢复与发展，汉武帝时期西汉国力达到鼎盛，武帝也逐渐抛弃从刘邦一直到景帝所实行的与民休息政策，对内大兴土木，对外大肆用兵，与此相应的必定是官方统治哲学的重新确立，也即后来的“罢黜百家，独尊儒术”，这自然对黄老思想造成很大压力，汲黯作为黄老思想的信徒，其与汉武帝所支持的儒教徒的冲突是不可避免的，《史记》这样的记载很多：

天子方招文学儒者，上曰吾欲云云，黯对曰：“陛下内多欲而外施仁义，奈何欲效唐虞之治乎！”上默然，怒，变色而罢朝。公卿皆为黯惧。上退，谓左右曰：“甚矣，汲黯之戆也！”

而黯常毁儒，面触弘等徒怀诈饰智以阿人主取容，而刀笔吏专深文巧，诋陷人于罪，使不得反其真。

黯数质责汤于上前曰：“公为正卿，上不能褒先帝之功业，下不能抑天下之邪心，安国富民，使囹圄空虚，二者无一焉。”

时汉方征匈奴，招怀四夷，黯务少事，承上间，常言与胡和亲无起兵。

天子既数征匈奴有功，黯之言益不用。

武帝一改旧制，亲近儒生，不再崇尚无为。汲黯当然不会明白，“寡欲政治”是与西汉初年弱小的国力相对的，武帝时期，强大的国力给汉武帝逐渐转向“多欲政治”提供了强大的支撑，这种改变同时也需要相应的理论支持。汉武帝之所以对儒学情有独钟，关键是儒学适应他的多欲政治的需要。

汲黯不遗余力地诋儒倡道，与公孙弘、张汤等人的冲突越来越激烈，自然也招致武帝对他的不满，元狩二年，汲黯因为一个小过失而被免去所有官职。正像历史没有最终抛弃黄老思想一样，汉武帝也并未彻底忘记汲黯，元狩五年（前118年），由于颁行五铢钱的缘故，民间多有私下伪造盗铸者，楚地尤其厉害，地方官无能，屡禁不止。此时的武帝又想起了汲黯：

上以为淮阳楚地之郊，乃召拜黯为淮阳太守，黯伏谢不受印。诏数强予，然后奉诏。召见黯，黯为上泣曰：“臣自以为填沟壑，不复见陛下，不意陛下复收用之，臣常有狗马病，力不能任郡事，臣愿为中郎，出入禁闼，补过拾遗，臣之愿也。”上曰：“君薄淮阳邪，吾今召君矣！顾淮阳吏民不相得，吾徒得君之重，卧而治之。”……黯居郡，如故。治淮阳，政清。

汲黯到淮阳后，如同当年任东海郡、右内史一样，实行“无为而治”，不出一年，就把淮阳郡治理得政治清明，人民安居乐业。七年后（汉武帝元鼎五年、前112年），汲黯病故于淮阳任上，葬于汲冢（今属周口市郸城县）。后人为了弘扬汲黯的美德，在太守府院内兴建了“卧治阁”（今淮阳县政府招待所院内）。“卧阁清风”则成为古陈州十景之一。

汲黯在淮阳的岁月，是西汉初年黄老无为而治的最后一个亮点，这不仅是淮阳人民的幸运，也是中国历史的幸运。道家思想发源于陈地，它最为灿烂的历史时期，也是在淮阳结束的，历史在这里画上了一个圆满的句号。

（二）郑当时的学术思想

在西汉初年推崇黄老之学的人物当中，还有一个人值得我们注意，他就是陈人郑当时。清儒王鸣盛说：“汉初黄老之学极盛，君如文景、宫闱如窦太后，宗室如刘德，将相如曹参、陈平，名臣如张良、汲黯、郑当时、直不疑、班嗣，处士如盖公、邓章、黄子、杨王孙、安丘望之等皆宗之。”明确地提到了郑当时是西汉初年推行黄老之学的一员健将。《史记·汲黯传》中提到汲黯“为人性倨少礼，面折不能容人之过，合己者善待之，不合己者不能忍”，但他“善灌夫、郑当时”，可见郑当时在学术思想上同汲黯是一致的。另外，司马迁在《史记》中为此二人作传，是放在一起的，即“汲郑列传”，这说明在太史公眼中，汲黯和郑当时在思想和遭际方面是相同的。与汲黯不同的是，郑当时对黄老思想的接受，主要体现在其为人处世和人格魅力等方面。

郑当时（生卒年不详），字庄，西汉陈县（今淮阳）人。由于受家风影响，少年时就讲义气，重然诺，乐于助人，很有侠士风范。郑当时喜爱黄老之术，交游甚广，尤喜德高望重的长者，时有谚云：“郑庄行，千里不赍粮。”武帝即位，郑庄渐次升迁为鲁国中尉、济南太守、江都相国，直至九卿，为皇帝右内史。虽然位居显贵，而礼贤下士，一如既往。尝告门下：凡有宾客，不论地位高下，立即通报，待之以礼，以免欠候。郑庄奉公守法，仅靠俸禄招待宾朋。生活俭朴，赠送友人礼物，多是食品之类。每逢朝见皇帝，常寻机荐贤举能。他尊重、关心下属，从不以势压人，从不直呼下属姓名，与官属交谈，和颜悦色，唯恐有些微伤害。其嘉言善行，在长安以东广为传颂，士人君子莫不交口称赞。

元光五年（前130年），陈地大水成灾，郑庄与主爵都尉汲黯奉命治理，疏浚陈北水道，修陂塘以灌溉农田，政绩卓著。武帝晚年，好大喜功，连年征战，耗费巨大，财力日竭，横征暴敛。郑庄的宾客中也多有亏欠者，为淮阳太守司马安告发，郑庄以此得罪，免官为民。不久朝廷起用为丞相府长史。后又出任汝南郡太守。几年后死于任上。郑庄一生清正廉洁，不置私产，家居贫寒。晚年虽为一郡之守，不贪不义之财，尤为世人称道。

郑当时有文一篇《上言引渭穿渠》，此文收录于《史记·河渠书》、《汉书·沟洫志》。

道家思想发源于陈州，并不是一个偶然的现象，陈楚地区丰厚的历史文化是其产生发展的基础。而有了这样的基础，陈楚地区道家思想的表现就不会是简单的一过性的，必然是前后相继，绵延不绝，这恐怕就是汲黯和郑庄能够独步当时的深层次原因了。

四、“罢黜百家，独尊儒术”后的陈地学术

窦太后于汉武帝即位后的第六年，即建元六年（前135年）去世。这位几十年如一日笃信黄老思想的老妇人的去世，使汉武帝可以放开手脚进行政治、经济、文化等方面的改革。元光元年（前134年），汉武帝举行了大规模的举贤良对策，西汉的大儒董仲舒，在著名的《天人三策》中，不仅阐述了自己的思想学说，而且向汉武帝建议“罢黜百家，独尊儒术”，把以孔子为代表的儒家经学确定为官学。汉武帝最终采纳了董仲舒的建议，于京城置太学，于建元五年正式置《五经》博士，又为博士设弟子员。从此，儒家学说取得了大一统封建国家政权的支持，从一种诸子之学上升为封建国家的统治思想。董仲舒虽然也坚持先秦儒学以仁为核心的学说体系，但他也顺应现实，广泛吸收诸子学说的理论。班固评价说，“汉兴，承秦灭学之后，景、武之世，董仲舒治《公羊春秋》，始推阴阳，为儒者宗”，显然是看到了董仲舒学术中新出现的本不属于先秦儒家的所谓“天人感应”和“阴阳灾异”之学。在这一时期，陈州地区的思想学术，以儒家学说的传播和研究为主，总体上也大致遵循经学的逐渐神学化这一趋势，体现出鲜明的两汉经学的特色，代表性的人物主要有薛汉、钟兴、周举、李巡、应劭等人。

（一）薛汉的学术思想

薛汉，字公子，生卒年不详。东汉光武帝建武初博士，淮阳人。善解《韩诗》：

东汉伏恭、任末为齐诗。包咸、高诩、魏应、为鲁诗。薛汉、召驯、澹台敬伯为韩诗。(《待轩笔记·诗经通谱》)

薛汉、杜抚、澹台敬伯、韩伯高(以上并薛汉门人)、郅恽、召驯……右诸儒传韩诗。(《儒林宗派》)

汉兴以来，传播研究《诗》的有齐、鲁、韩、毛四家。“韩诗”为今文学派之一，始自汉初燕人韩婴。“韩诗”于汉文帝时立为博士，成为官学，西汉时与鲁诗、齐诗并称三家诗。薛汉家学深厚，天资聪颖，在东汉传“韩诗”者中为佼佼者：

世习韩诗，父子以章句著名。汉少传父业尤善说灾异、谶纬。教授常数百人。建武初为博士，受诏校定图谶。当世言诗者推汉为长。永平中为千乘太守，政有异迹。后坐楚事辞。相连下狱死。(《后汉书》卷一〇九)

薛汉，字子公(当为公子之误)，淮阳人。才高名远，兼通书传，无不照览。道术尤精，教授常数百。弟子自远方至者，着为録。(《东观汉纪》卷一七)

文中所谓“灾异”、“谶纬”、“图谶”皆为今文经学标准用语，带有鲜明的东汉谶纬神学特色。先秦儒学自经董仲舒改造之后，大力倡导所谓“天人感应”和“阴阳灾异”学说，已经完全成为维护封建统治的工具。所谓“天人感应”也即“以类合之，天人一也”(《春秋繁露·阴阳义》)，天和人是同类的，天有什么，人也就有什么。人是天的副本，是天的缩影，“天地之符，阴阳之副，常设于身，身犹天也。数与之相参，故命与之相连也。天以终岁之数（366日）成人之身，故小节三百六十六，副日数也；大节十二分，副月数也；内有五藏（脏），副五行数也；外有四肢，副四时数也”（《春秋繁露·人副天数》）。当然，他的所有论述都会归结到神秘主义君权神授观念，“天不变，道亦不变”，皇权亦不变，把人的动作，特别是人君的行为，说成是一种神秘的力量，从而论证君权的神圣性。

董仲舒又说：“国家将有失道之败，而天乃先出灾害以谴告之。不知自省，又出怪异以警惧之。尚不知变，而伤败乃至。以此见天心仁爱人君而欲止其乱也。”这就是说天的异象比如地震、日食、洪水，并不仅仅是纯粹自然的运动，而往往代表天对人君的示警，也即“灾者，天之遣也；异者，天之威”。至于“谶纬”和“图谶”，就更是东汉光武以来，经学日益神学化的产物，荒诞不经，毫无根据，“它们的主要倾向就是要把六经神秘化，把儒家思想宗教化，把孔子说成是个超人的教主”①。

薛汉师承其父，尤其擅长这种谶纬神学。光武帝曾对谶纬书组织了两次编纂工作，其中一次就是由薛汉领衔的，可见其为当时以谶解经、解说灾异的高手。薛汉门生众多，从其学者常数百，比较著名者有廉范、杜抚、尹勤等。薛汉著有《薛汉韩诗章句》二十二卷，考证翔实，体例严谨，其所论述多为学者引用，而尤以李善《文选》注文中为多。惜其书已佚，现仅散见于他书。

《韩诗章句》曰：“鹳，水鸟。巢居，知风，穴处。知雨天将雨而蚁出壅土，鹳鸟见之长鸣而喜。”（《陆氏诗疏广要·卷下之上》）

《韩诗章句》曰：“人君退朝，后妃御见有度，应门击柝，鼓人上堂。今内倾于色，故咏关雎，说淑女以刺时。”（《慈湖诗传》卷一）

《韩诗章句》云：“游女谓汉神也，言汉神时见，不可求而得之。”（《六家诗名物疏》卷四）

登降饫宴之礼既毕，因相与嗟叹玄德，谠言弘说，咸含和而吐气，颂曰：盛哉乎斯世！〔《毛诗》曰：傧尔笾豆，饮酒之饫。毛苌曰：不脱屦升堂谓之饫。薛君《韩诗章句》曰：饮酒之礼，下跣而上坐者谓之宴。〕（《文选》卷一赋甲）

海若游于玄渚，鲸鱼失流而蹉跎。〔海若，海神。鲸，大鱼。善曰：《楚辞》曰：令海若舞冯夷。又曰：临沅湘之玄渊。薛君《韩诗章句》曰：水一溢而为渚。〕（《文选》卷一赋甲）

众鸟翩翻，群兽駓騃。〔皆鸟兽之形貌也。善曰：薛君《韩诗章句》曰：趋曰駓，行曰騃。駓音皮。騃音挨。〕（《文选》卷一赋甲）

娄敬委辂，干非其议。〔善曰：《汉书》，娄敬脱挽委辂，曰：臣愿见上，言便宜。又说上曰：陛下都洛阳，不如入关中。言娄敬贫乏人，不合干上妄议。其说允合帝心。《汉书·音义》，应劭曰：辂，谓以木当胸，以挽辇也。薛君《韩诗章句》曰：干，正也，谓以其

① 冯友兰：《中国哲学史新编》，人民出版社2001年版，第210页。

议非而正之。]（《文选》卷一赋甲）

况河冀之爽垲，与江介之湫湄。〔善曰：《左氏传》齐景公欲更晏子之宅，曰：子之宅湫隘嚣尘，请更诸爽垲。《楚辞》曰：长江介之遗风。薛君《韩诗章句》曰：介，界也。]（《文选》卷一赋丙）

旅楹闲列，晕鉴抰振。榱题黮〈䨴〉䨴，阶〈陏〉嶙峋。长庭砥平，钟虡夹陈。风无纤埃，雨无微津。〔《诗》云：旅楹有闲。抰，中央也。振，屋宇檼也。文昌殿前有钟虡，其铭曰：惟魏四年，岁在丙申，龙次大火，五月丙寅，作蕤宾钟。又作无射钟，建安二十一年七月，始设钟虡于文昌殿前，所以朝会四方也。善曰：郑玄《毛诗笺》曰：旅楹，众也。薛君《韩诗章句》曰：闲，大也，谓闲然大也。]（《文选》卷一赋丙）

八神奔而警跸兮，振殷辚而军装。服虔曰：自招摇游神之属也。张晏曰：堪舆至猖狂，八神也。善曰：言上诸神，各有职役，夔、魖之属，又捎去之，故令八方之神，奔走而警跸，殷辚之盛，而以军装也。《汉书·武帝纪》曰：用事八神。文颖曰：八方之神也。薛君《韩诗章句》曰：振，奋也。殷辚，言盛多也。军装，如军戎之装者也。蚩尤之伦，带干将而秉玉戚兮，飞蒙茸而走陆梁。（《文选》卷一赋丁）

腾清霄而轶浮景兮，夫何旟旐郅偈之旖旎也？张晏曰：轶过云与倒景也。服虔曰：旖旎。从风柔弱貌。善曰：薛君《韩诗章句》曰：腾，乘也。（《文选》卷一赋丁）

是时未轃夫甘泉也，乃望通天之绎绎。善曰：轃，与臻同，至也。通天，台名。已见上文。薛君《韩诗章句》曰：绎绎，盛貌。下阴潜以惨廪兮，上洪纷而相错。（《文选》卷一赋丁）

香芬茀以穹隆兮，击薄栌而将荣。〔善曰：言香气芬茀穹隆而盛，乃拂击薄栌，而及屋荣也。《说文》曰：薄栌，柱上〈枅〉也。薛君《韩诗章句》曰：将，辟也。]（《文选》卷一赋丁）

袭春服之萋萋兮，接游车之辚辚。〔司马彪《上林赋注》曰：袭，服也。《礼记》曰：孟春，衣青衣，春服，已见《魏都赋》。薛君《韩诗章句》曰：萋萋，盛也。文颖《汉书注》曰：天子出，游车九乘。《毛诗》曰：有车辚辚。]（《文选》卷一赋丁）

从此观之，齐楚之事，岂不哀哉！地方不过千里，而囿居九百，是草木不得垦辟，而人无所食也。〔善曰：《苍颉篇》曰：垦，耕也。

薛君《韩诗章句》曰：辟，除也。〕(《文选》卷一赋丁)

帝将惟田于灵之囿，开北垠受不周之制，〔善曰：薛君《韩诗章句》曰：惟，辞也。孟康曰：西北为不周风，谓冬时也。〕(《文选》卷一赋丁)

涉青林以游览兮，乐羽族之群飞。〔乐羽翮之类，或群或飞，饮啄恣性也。善曰：《七发》曰：游涉乎云林。薛君《韩诗章句》曰：青，静也。〕(《文选》卷一赋戊)

厉耿介之专心兮，奓雄艳之姱姿。〔厉，严整也。耿介，专一也。奓，丰也。姱，好也。美色曰艳。言雉严整其不群之性，奋扬其雄艳之貌，见敌必战，不容他杂，此之谓英丽也。善曰：薛君《韩诗章句》曰：雉，耿介之鸟也。〕(《文选》卷一赋戊)

揆悬也，骋绝技。〔悬刀，弩牙后刀也。一名机。揆，度也。筹量可发而发，故言骋绝技也。善曰：《释名》曰：弩牙外曰郭，下曰悬刀，其形然也。《西京赋》曰：妙材骋技。薛君《韩诗章句》曰：骋，施也。〕(《文选》卷一赋戊)

越安陵而无讥，谅惠声之寂寞。〔《汉书》曰：惠帝葬安陵。《谷梁传》曰：公会齐侯于欢，无讥乎？《楚辞》曰：欲寂漠而绝端。薛君《韩诗章句》曰：寂，无声之貌也。漠，静也。〕

红鲜纷其初载，宾旅竦而迟御。既餐服以属厌，泊恬静以无欲。回小人之腹，为君子之虑。〔傅毅《七激》曰：脍其鲤鲂，积如委红。张衡《七辨》曰：巩洛之鳟，割以为鲜。薛君《韩诗章句》曰：载，设也。〕

（二）钟兴的学术思想

钟兴，字次文，生卒年不详。汝南汝阳（今河南商水西南）人。少从少府丁恭受《严氏春秋》。丁恭，东汉山阳东缗（今山东金乡东）人，字子然，光武帝时曾任谏议大夫。丁恭是著名学者，当时从全国各地慕名而来从学的达数千人，钟兴在众多弟子中脱颖而出，得到丁恭的赏识。在丁恭的极力推荐下，光武帝召见了钟兴。钟兴在召见时应对如流，光武帝大加赞赏，拜为郎中，不久迁为左中郎将。后来光武帝命其重新修订《春秋》章句，去除重复的内容，以授皇太子及宗室诸侯。光武帝后封钟兴为关内侯。钟兴以为自己并没有大的功劳，不愿受爵。皇帝下诏说：“你修订《春秋》章句，教授太子和王公贵族，这难道不是功劳吗？”再次下诏封丁恭为关内侯。丁恭固辞不受。后卒于官。

钟兴著有《春秋章句》一书。此书始见于《汉书》本传，后史无著录，唯钱大昭《补续汉书艺文志》存其目。

（三）周防及周举的学术思想

周防（28－105），汝南汝阳（今商水西南）人，东汉大儒。周防为人忠厚，少年未知名时，经常维修逆旅馆舍，方便来往行人，却从不接受客人的回报。16岁时，担任郡中小吏。光武帝巡狩汝南时，召郡中掾史考以经籍。周防记忆力特别好，善于背诵，表现突出，被光武帝任命为守丞。但是周防认为自己尚未成年，不愿为官。后来他师从徐州刺史盖豫，学习《古文尚书》。后举孝廉，拜郎中。周防撰有《尚书杂记》32篇，40万言。

周防所著之《尚书杂记》，始见于《后汉书》。《隋书》及《唐书》中都不见记载，大概已经亡佚。

周防的儿子周举，字宣光，深得周防之学，也是当时有名的儒者。周举长相丑陋，但是“博学洽闻，为儒者所宗”，京城当时有民谣说“《五经》纵横周宣光”，可见人们对他满腹经纶的敬佩。周举后举茂才，又为平丘令。阳嘉三年，在司隶校尉左雄的推荐下，征拜尚书。后来他与杜乔、周栩、冯羡、栾巴、张纲、郭遵、刘班七人巡行天下风俗，天下号曰“八俊”。

前文提到，两汉经学的一个重要特征就是经学的神学化，流行于西汉末期并兴盛于整个东汉时代的谶纬神学直接继承了董仲舒的感应、灾异之说，在综合网罗了古代各种方术之后，成为占统治地位的官方意识形态。在议论灾异时，他们多依据天人感应说和阴阳五行说探讨灾异成因及其与朝政得失的关系。周举便是当时这方面的高手，阳嘉三年（134年），河南、三辅（京畿之地）等地大旱，汉顺帝刘保亲自露坐德阳殿请雨，又令各地祷祀河神、名山、大泽求雨，都未能如愿。皇帝认为周举才学优深，特召问对：

> 诏书以举才学优深，特下策问曰：“朕以不德，仰承三统，夙兴夜寐，思协大中。顷年以来，旱灾屡应，稼穑焦枯，民食困乏。五品不训，王泽未流，群司素餐，据非其位。审所贬黜，变复之征，厥效何由？分别具对，勿有所讳。”举对曰：臣闻《易》称“天尊地卑，乾坤以定”。二仪交构，乃生万物，万物之中，以人为贵。故圣人养之以君，成之以化，顺四节之宜，适阴阳之和，使男女婚娶不过其时。包之以仁恩，导之以德教，示之以灾异，训之以嘉祥。

此先圣承干养物之始也。夫阴阳闭隔，则二气否塞；二气否塞，则人物不昌；人物不昌，则风雨不时；风雨不时，则水旱成灾。陛下处唐、虞之位，未行尧、舜之政，近废文帝、光武之法，而循亡秦奢侈之欲，内积怨女，外有旷夫。今皇嗣不兴，东宫未立，伤和逆理，断绝人伦之所致也。非但陛下行此而已，竖宦之人，亦复虚以形势，威侮良家，取女闭之，至有白首殁无配偶，逆于天心。昔武王入殷，出倾宫之女；成汤遭灾，以六事克己；鲁僖遇旱，而自责祈雨；皆以精诚，转祸为福。自枯旱以来，弥历年岁，未闻陛下改过之效，徒劳至尊暴露风尘，诚无益也。又下州郡祈神致请。昔齐有大旱，景公欲祀河伯，晏子谏曰："不可。夫河伯以水为城国，鱼鳖为民庶。水尽鱼枯，岂不欲雨？自是不能致也。"陛下所行，但务其华，不寻其实，犹缘木求鱼，却行求前。诚宜推信革政，崇道变惑，出后宫不御之女，理天下冤枉之狱，除太官重膳之费。夫五品不训，责在司徒，有非其位，宜急黜斥。臣自藩外擢典纳言，学薄智浅，不足以对。《易传》曰："阳感天，不旋日。"惟陛下留神裁察。

旱涝灾害本是一种纯粹的自然现象，但在汉代经学家看来，这却是由于皇帝赏罚不当而造成的，是上天对人君德行不修，仁义不举的示警。所谓"世治而民和，志平而气正，则天地之化精，而万物之美起。世乱而民乖，志僻而气逆，则天地之化伤，气生灾害起"（《春秋繁露》），意思是说，好的政治可以使寒暑得时，风调雨顺，不好的政治可以使寒暑不时，从而形成自然灾害。所以当顺帝刘保向他咨询为何大旱时，周举的回答非常的不客气，他说："陛下虽然位居唐、虞之尊，却并没有像尧和舜一样施行仁政，而是废除了文帝和光武帝时期设立的有效的法令，像秦二世胡亥一样多欲，以至于内有怨女，外有旷夫，男女失时。如今陛下子嗣不兴，太子未立，伤天地之和而有悖人伦。不但陛下如此，陛下所宠信的人，也都仗势欺人，至于强抢民女，天怒人怨。……陛下这样的行为，但求其华，不务其实，行事如此却希冀天下太平，无异于缘木求鱼，却行求前。"这样严厉的指责并没有招致皇帝的不满，若不是放在东汉谶纬神学的大背景下，我们是很难理解的。之后每逢灾异出现，周举也大都依天象而说人事，皇帝也大都遵从他的建议：

永和元年，灾异数见，省内恶之。诏召公、卿、中二千石、尚书诣显亲殿，问曰："言事者多云，昔周公摄天子事，及薨，成王欲以公礼葬之，天为动变。及更葬以天子之礼，即有反风之应。北乡侯亲为天子而葬以王礼，故数有灾异，宜加尊谥，列于昭穆。"群臣议者多谓宜如诏旨，举独对曰："昔周公有请命之应，隆太平之功，故皇天动威，以章圣德。北乡侯本非正统，奸臣所立，立不逾岁，年号未改，皇天不佑，大命夭昏。《春秋》王子猛不称崩，鲁子野不书葬。今北乡侯无它功德，以王礼葬之，于事已崇，不宜称谥。灾眚之来，弗由此也。"于是司徒黄尚、太常桓焉等七十人同举议，帝从之。

时，连有灾异，帝思商言，召举于显亲殿，问以变眚。举对曰："陛下初立，遵修旧典，兴化致政，远近肃然。顷年以来，稍违于前，朝多宠幸，禄不序德。观天察人，准今方古，诚可危惧。《书》曰：'僭恒旸若。'夫僭差无度，则言不从而下不正；阳无以制，则上扰下竭。宜密严敕州郡，察强宗大奸，以时禽讨。"其后江淮猾贼周生、徐凤等处处并起，如举所陈。

周举另外有文章八篇，分见于《后汉书》，严可均把它们辑入《全后汉文》卷五十九。

（四）李巡的学术思想

李巡，生当东汉末期。汝南汝阳（今商水西南）人。灵帝时为宦官，不事威权，称为清忠。他在中国文化史上最重要的贡献是他主持雕纂了中国最早的石经——"熹平石经"。

秦始皇焚书坑儒以后，先秦时期重要的典籍大都亡佚。西汉初年，凭借经师们的回忆重新写定的五经始终不能让人们完全相信其内容与文字。汉武帝虽然立五经于学官，置十四博士，但是各家经文皆凭所见，并无供传习的官定经本，博士考试常因文字异同引起争端，儒生们甚至行贿修改兰台漆书经字。这种情况一直延续到东汉灵帝时期。李巡深感经籍文字的淆乱已经严重影响到学术与文化的传播，他于汉灵帝熹平四年（175 年），上书灵帝，请求汇集众儒，勘定文字并且"共刻五经文字于石"，得到灵帝许可。在对各经文字经过认真地考证后，由蔡邕等书于石上，镌刻为四十六碑，立于洛阳城南的开阳门外太学讲堂（遗址在今河南偃师朱家圪垱村）前，供天下学者校订异同。这就是中国历史上非常有名的"熹平石经"。"熹平石经"碑高一丈许，广四尺。所刻经书有《周易》、《尚书》、《鲁诗》、《仪礼》、《春秋》和《公羊传》、《论语》。除《论语》外，皆当时学官所立。石经以一家文本为主而各有校记，并且将各家文本的歧异备列于后，以供参考。《易》、《书》、《礼》三部经典校记已经不在，所以没法考证这三部经书分别以哪家文本为主；《诗》用鲁诗本，有齐、韩两家异字；《公羊传》用严氏本，有颜氏异字；《论语》用某本，有盍、毛、包、周诸家异字。共约二十万零九百一十一字。这对纠正俗儒的穿凿附会，臆造别字，维护文字的统一，起到了积极作用。石碑已毁，北宋以来屡有残石出土。近人马衡汇为《汉石经集存》，存八千余字。考证其源流的有顾炎武《石经考》、万斯同《石经考》和张国淦的《历代石经考》等，可供参考。

熹平石经残石，碑阳高 31 厘米，宽 66 厘米，碑阴高 33 厘米，宽 61 厘米。1929 年河南洛阳大郊村出土，1952 年收藏于西安碑林博物馆。

熹平石经残石

李巡著有《尔雅注》三卷，此书始见于《隋书·经籍志》，后来亡佚。

（五）应劭的学术思想

应劭（约 153 – 196），字仲远，汝南南顿（今项城西）人。为人笃厚好学，博览多闻。灵帝时，举孝廉。中平六年（189 年），拜泰山太守。兴平元年（194年），曹嵩和他的儿子曹德要从琅琊到泰山去，应劭得知消息后立即派兵迎接。结果尚未见到曹嵩和曹德，嵩、德二人已经被和曹操素有恩怨的徐州牧陶谦派兵杀害。应劭害怕曹操怪罪自己，仓皇投奔袁绍。但是在袁绍处应劭并不被重视，他“所做的主要事情是收集整理各类著述”①，但是这为他成为一代著名学者奠定了深厚的基础。

南顿应氏自应顺起世代为官，大多精于儒学，再加上两汉时期官方的统治哲学即为今文经学，所以应劭的思想基本是以当时的官方统治哲学为主的，今文经学对他的影响比比皆是，比如《后汉书》中所记载的他“引经断狱”的事情：

> 初，安帝时，河间人尹次，颍川人史玉，皆坐杀人当死；次兄初及玉母军，并诣官曹，求代其命，因缢而物故；尚书陈忠以罪疑从轻，议活次、玉。劭后追驳之，据正典刑，有可存者。其议曰：“尚书称‘天秩有礼，五服五章哉！天讨有罪，五刑五用哉！’而孙卿亦云：‘凡制刑之本，将以禁暴恶，且惩其末也。凡爵列官秩，赏庆刑威，皆以类相从，使当其实也；若德不副位，能不称官，赏不酬功，刑不应罪，不祥莫大焉。杀人者死，伤人者刑，此百王之定制。’有法之成科，高祖入关，虽尚约法，然杀人者死，亦无宽降。夫时化则刑重，时乱则刑轻，书曰：‘刑罚时轻时重。’此之谓也。
>
> 今次、玉公以清时，释其私憾，阻兵安忍，僵尸道路，朝恩在宽，幸至冬狱，而初、军愚狷，妄自投毙。昔召忽亲死子纠之难，而孔子曰：‘经于沟渎，人莫之知。’晁氏之父，非错刻峻，遂能自陨其命，班固亦云：‘不如赵母指括，以全其宗。’传曰：‘仆妾感慨而致死者，非能义勇，顾无虑耳。’夫刑罚威狱，以类天之震耀杀戮也，温慈和惠，以放天之生殖长育也。是故春一草枯则为灾，秋一木华亦为异；今杀无罪之初、军，而活当死之次、玉，其为枯华，不亦然乎？陈忠不详制刑之本，而信一时之仁，遂广引八议求生之端；夫亲故贤能，功贵勤宾，岂有次、玉当罪之科哉？若乃小大以情，原心定罪，此为求生，非谓代死可以生也。败法乱政，悔其可追。”劭凡为驳议三十篇，皆此类也。

① 刘明怡：《从应劭著述看汉末学术风气的变迁》，许昌学院学报，2006年第6期。

“引经断狱”是西汉时期一种特殊的政治制度，是由当时儒家代表人物董仲舒提出来的，它主张用孔子的思想来对犯罪事实进行分析，将《易》、《诗》、《书》、《礼》、《乐》、《春秋》作为判决案件的依据。如上文所述，应劭在查看汉安帝（107－125）时的案卷时，发现河间人尹次、颍川人史玉都是因杀人而应处死。尹次的兄长尹初和史玉的母亲向官府请求代死，尚书陈忠于是对他们二人从轻发落。应劭认为陈忠的做法非常不妥，他引用孔子、荀子、班固的话据理力争，以正典刑，并为此著驳议三十篇，作为后人断案的依据。以今天的眼光来看，应劭这种以经决狱的做法未免过于主观和随意，毕竟前贤说过的话歧义很多，往往是仁者见仁，智者见智，假如以此断案，存在偏差在所难免。其实按照董仲舒最初的设想，“引经断狱”主要是依据事实，通过追究犯罪人的动机来确定刑罚。如果犯罪者的动机是好的，那么一般要从轻处理，甚至可以免罪。如果动机是邪恶的，即使犯罪未遂也要受到严厉的惩罚。这样的设想近乎完美，但是东汉中期以后，因为战乱，旧章湮没，书记罕存，司法官员经常以自己的个人好恶任意定罪，背离了法律公正性、正义性的要求，应劭有鉴于此，缀辑旧闻，汇集成编：

又删定律令，为汉仪，建安元年，乃奏之曰：“夫国之大事，莫尚载籍也。载籍也者，决嫌疑，明是非，赏刑之宜，允获厥中，俾后之人，永为监焉。故胶东相董仲舒，老病致仕，朝廷每有政议，数遣廷尉张汤亲至陋巷，问其得失，于是作春秋决狱二百三十二事，动以经对，言之详矣。逆臣董卓，荡覆王室，典宪焚燎，靡有孑遗，开辟以来，莫或兹酷。今大驾东迈，巡省许都，拔出险难，其命维新。臣累世受恩，荣祚丰衍，窃不自揆，贪少云补，辄撰具律本章句、尚书旧事、廷尉板令、决事比例、司徒都目、五曹诏书、及春秋断狱，凡二百五十篇，蠲去复重，为之节文，又集驳议三十篇，以类相从，凡八十二事，其见汉书二十五、汉记四，皆删叙润色，以全本体；其二十六，博采古今瑰玮之事，文章焕炳，德义可观；其二十七，臣所创造，岂繄自谓，必合道衷，心焉愤邑，聊以藉手。昔郑人以干鼠为璞，鬻之于周；宋愚夫亦宝燕石，缇缙十重。夫睹之者，掩口卢胡而笑，斯文之俗，无乃类旃。左氏实云：‘虽有姬、姜丝麻，不弃憔悴菅蒯。’盖所以代匮也。是用敢露顽才，厕于明哲之末，虽未足纲纪国体，宣洽时雍，庶几观察，增阐圣听，唯因万机之余暇，游意者览焉。”献帝善之。

应劭的思想虽然以今文经学为主，但他也受到了东汉末已经兴盛起来的古文经学的影响。刘明怡先生认为："在学术方面，应劭应当是秉承家传。因为在汉代学术特别重师学和家学，重视师承派别。……应劭的父亲应奉属今文学家，那么应劭继承家学也当是今文学者。但在当时，今古文之争非常激烈。古文经学自西汉末年以私学的身份流行于民间之后，越来越受到士人和学者的关注和喜爱，很多当时著名的学者兼通今古文学，如马融、郑玄。到东汉末年，古文经学已逐渐压倒今文经学而占据上风。所以，在当时的学术背景下应劭不可能不受到大的学术环境的影响，在家传今文经学的基础上，而对古文经也有所研究。……在《风俗通义》中，他今、古文经兼引，这说明他兼通今古文经学。今文学来自于家传，而古文学则来自于大的学术趋势的影响。"

两汉今文经学和古文经学最初的差别只是体现在文字上，后来二者在经书的字体、文字、篇章等形式上，在经书中重要的名物、制度、解说等内容上都不相同。今文经学近于哲学，强调"经世致用"，将儒家经典神化、迷信化，与谶纬结合，以符合统治阶级的需要；古文经学近于史学，讲究考据，注重语言的训诂和史事、名物制度的考释，以科学的精神做纯粹的学术研究。在应劭的《风俗通义》中"可以发现应劭的朴素的唯物主义科学精神和尚实、求真的处世态度……这也是与今文学家的一贯作风大大不同的。从应劭著述的内容、研究方法和其著作中所表明的态度反映出他崇尚严谨的学风和踏踏实实的治学态度以及崇尚真实，反对虚妄的处世态度"。①

应劭为当时大儒，著述繁多，据吕友仁、查洪德之《中州文献总录》的统计，他一生共撰述图书22部，在经学、史学、语言学方面都取得了骄人成绩。现将其所著之书简单介绍如下：

1.《建武以来灾异表》。建武是东汉皇帝刘秀的第一个年号，共计32年。此书所记有当时习俗、民谣及自然现象等内容，但作者对这些内容的解释却仍然不出今文经学的窠臼，大多以人事附会当时的政治事件，去验证所谓的天意，颇多迷信色彩，比如此书曾经记载桓帝元嘉中妇女的形象：愁眉、啼妆、堕马髻、折腰步、龋齿笑。所谓愁眉也即细而弯的眉毛；啼妆也即眼睛下面梨花带雨般的敷粉；堕马髻，头发偏在一面，如堕马状；折腰步，形容女子走路弱不禁风的样子；龋齿笑，也即女子矜持的笑。这些女子的日常打

① 刘明怡：《从应劭著述看汉末学术风气的变迁》，许昌学院学报，2006年第6期。

扮，在应劭这位经学大师看来就有些深意了，他认为，这些现象是由于“天”要给人间带来战争，“兵马将往收捕”，于是妇女们才会出现这样奇怪的不祥打扮。再如，此书中有这样一条：

灵帝好胡服、胡帐、胡床，京师皆竞为之。后董卓拥胡兵，掠宫掖。

汉灵帝喜欢穿胡服、睡胡床、挂胡帐，这本来是一种个人的喜好。京师之人也纷纷效仿。但这些极其正常的现象却被作者和董卓带领胡兵大乱京城联系上。

该书始见于《后汉书·五行志序》。散佚已久，唯严可均辑为二十一篇。

2.《汉书集解》。此书始见于《后汉书·应劭传》，传中说应劭“集解汉书，传于时”。《隋书·经籍志》著录“《汉书》一百一十五卷，汉护军班固撰，太山太守应劭集解”。这本书散佚已久，颜师古注汉书时多所引用。

3.《汉书集解音义》二十四卷。此书始见于《隋书·经籍志》，宋后不见著录。

4.《汉书注》。始见于《新唐书·艺文志》。《宋书》不载，盖已亡佚。

以上三篇皆为应劭对汉书的注解。

自颜师古采诸家之说对《汉书》进行注释，写成《汉书注》之后，应劭的这几本书逐渐不再流传，但我们仍然可以从颜书中了解到应劭注《汉书》的一些情况。内蒙古师范大学历史系的闫崇东在《应劭之〈汉书〉注》一文中，即是运用这样的方法，为我们总结出了应劭注解《汉书》的三个特点：

首先，他认为，应劭的汉书集解音义，突破了前代人注释《汉书》“汉时偏重音，汉后偏重释义”的模式，而恰恰是以释义为主，以释音为辅。应劭在注释中也有注音的现象，而且注音的方法很多，很讲究，既有用通俗的汉字直接注音的，也有用反切的方法注音的，还有两者兼而有之的。但无论如何，应劭的注音远远少于他的释义。

其次，他认为应劭对《汉书》的注释，重在地理沿革方面。例如，《地理志上》“河东郡”下有“闻喜”，应劭注云：“今曲沃也。秦改为邑。武帝于此闻南越破，改曰‘闻喜’。”又如《地理志上》“汝南郡”下有“南顿”，应劭注曰：“顿迫于陈，其后南徙，故号‘南顿’，故城尚在。”又如同一志中在“河内郡”有“隆虑”，应劭注云：“隆虑山在北，避殇帝名改曰林虑也。”并且应劭注下的地名方位明确，名称变动之原因亦很清楚，所以颜师古在《地理志》的注释中大量地引用了应劭的注，在相当多的章节中，所引用的应劭的注超过了其本注。另外，在其他的志书传目中，也经常能够看到对地名、地理沿革、行政隶属变化等方面的注释。

再次，他认为大量地引用典籍文献也是应注的一个特点。据闫崇东先生的统计，应劭在注释中引用的古代典籍文献有《诗经》、《周易》、《尔雅》、《孟子》、《淮南子》、《楚辞》、《伊尹书》、《尚书》、《史记》、《世本》、《春秋》、《左传》、《国语》、《山海经》、《战国策》等等，几乎包括了东汉时所能看到的大部分儒家经典和有关史书。

5.《汉仪》，始见于《后汉书》应劭传，说这本书乃“删定律令”而成，建安元年奏上，劭于奏表中说此书“虽未纲纪国体，宣洽时雍，庶几观察，增阐圣听。惟因万机之余暇，游意省览焉”。《隋书·经籍志》著录有应劭《汉官仪》十卷。后来散佚。元陶宗仪辑为一卷。清人孙星衍辑佚为二卷。相对于陶宗仪所辑，孙氏所辑之二卷，资料丰富，考证翔实。

6.《汉官礼仪故事》，此书始见于《后汉书》应劭传。东汉末年“旧章堙没，书记罕存”，目睹这种情况，应劭慨然叹息，于是缀集所闻，撰成此书。这本书写成之后影响很大，“凡朝廷制度，百官典式，多劭所立”。其书后史不见著录。《隋书·经籍志》有“《汉官》五卷，应劭注”，《中州文献总录》认为二者或即一书。

7.《地理风俗记》，始见于《水经注》引。这本书史志及各目录书虽然没有记载，但是《太平寰宇记》、《太平御览》两书经常引用。

8.《十三州记》，始见于《水经注》引。其书久佚，史志失载。

9.《风俗通义》，此书始见于《后汉书》本传，《隋书·经籍志》著录为“《风俗通义》三十一卷，应劭撰”。《后汉书》评价说：“文虽不典，后世服其洽闻。”华峤《后汉书》也说：“辞虽不典，世服其博闻。”刘明怡认为所谓的“不典”，应该包含两方面的意思：一是《风俗通义》这部书内容驳杂，以民间风俗为取向，包含很多民间的、下层大众的通俗文化。有人情世故、处世方式、流行世风、神怪、丧葬、祭祀、俗说、谬传、逸事传闻等内容，可谓包罗万象。二是应劭之作《风俗通义》，本于“俗间行语，众所共传”，该书语汇接近当时口语。据粗略统计用“俗说”一词就有55处之多，其他类似词语的使用还有“俗语”、“俗言”、“俗云”、“传言”、“传称”、“世间多传”、“世间共传”、“世间多有”等。

这本书《唐志》著录为三十卷，《崇文总目》、《郡斋读书志》、《直斋书录解题》都著录为十卷。今本多已散佚，仅存《皇霸》、《正失》、《愆礼》、

《过誉》、《十良》、《声音》、《穷通》、《祀典》、《怪神》、《山泽》十卷。清卢文绍《群书拾补》中辑有《风俗通逸文》多条，系十一卷补之所逸，中有“女娲造人”、“李冰斗”等神话，皆为首见于记录者。清乾隆年间编修四库全书时，将其采入，《四库全书总目提要》对其流传、版本、引用情况介绍甚详。

其书因事立论，辨物类，释时俗，考论典礼类《白虎通》，纠正流俗类《论衡》，记录了大量的神话异闻，虽不主一家，而自有见地，从而成为研究古代风俗和鬼神崇拜的重要文献。今人王利器之《校注》，1981 年中华书局出版，为校本之最新者。

10.《应劭集》二卷，始见于《隋书·经籍志》。《后汉书》本传谓劭“凡所著述百三十六篇”。两《唐志》著录并作四卷。《宋志》不载，盖已亡佚。严可均《全后汉文》辑其佚文为九卷。

五、魏晋南北朝玄学时期的陈地学术

东汉末年，随着西汉建立起来的道德伦理规范逐渐衰落和丧失生命力，魏晋时期出现了一股崇尚老庄的思潮——玄学。魏晋玄学的产生有其深刻的社会和思想文化背景，简言之，它是在汉代儒学衰落的基础上，为弥补儒学之不足而产生的，是由汉代道家思想、黄老之学演变发展而来的，是汉末魏初的清谈直接演化的产物。它以“三玄”为主要研究对象，以论辩“有无”问题为中心，以“辨名析理”为其哲学的思维形式。中国学术思想的这一转变，在由儒入玄的谢鲲身上体现得最为明显。魏晋之际的学术往往是以家族为中心的，这一点在陈地也不例外。本章也以家族为线索来讨论此一时期的陈地学术。

（一）阳夏谢氏家族的学术活动

谢氏系出姜姓，炎帝之后。周宣王令召公营谢邑（今河南谢城），以赐其舅父申伯，后失爵，申伯子孙散亡各地，以国为氏。据唐代广明元年（880年）所修《谢氏族谱》记载，谢氏先民于春秋、秦汉之际就已在阳夏定居，因无名人显官，故史无所载。直至三国谢缵出任魏典农中郎将，阳夏谢氏始崭露头角。谢缵有子谢衡，知识渊博，“以儒素显”，历任西晋国子博士、散骑常侍、国子监祭酒。而对谢氏家族学术上有奠基之功的，就是他的儿子谢鲲。

谢鲲（280－322），字幼舆，陈国阳夏（今河南太康）人。年少时即名声在外，《晋书》言其“通简有高识，不修威仪”，对玄学重要著作《老子》和《易经》非常精通，又能歌善琴，所以当时名士王衍、嵇绍等人对他大为称赞。

谢鲲远祖即是做过魏典农中郎将的谢缵。关于谢缵，《晋书》对他的记载只有寥寥几笔，《三国志》中并没有记载，很可能是起自寒微，不为世人所重。谢鲲父谢衡，生活于晋武帝、晋惠帝时。《晋书》记载谢衡在武帝太康元年（280年）为守博士，惠帝元康元年（291年）为国子博士，不久又迁为国子祭酒，元康中升任太子少傅，太安元年（302年）又为散骑常侍。关于谢衡的学问，《谢鲲传》里面说他“以儒素显”，可见谢衡是个儒生，并不精于玄学；《世说新语·文学》“卫玠始渡江”条注引《晋阳秋》谓谢衡为“晋硕儒”；《晋书·王接传》谓谢衡“博物多闻”。从这些记载来看，谢衡的学识和官守是一致的，以儒学为官，遂以儒学显名。见于《晋书》卷二〇《礼志》、《宋书》卷一五《礼志》以及《通典》卷八九、卷九〇中的谢衡资料，均为其议论丧服之文。

从谢衡的这些作品来看，他是笃守传统的儒者，没有一点元康名士的玄学习气，这样的人，显然不会为时所重，为士流所倾心。魏晋之际，随着学校制度的废弛，博士传授之风止息以后，学术中心移于家族，文化学术的传承主要依赖家族的父子世业。谢鲲并没有子承父业，而是一改其家学传统，弃儒而倾心于玄理，与当时名士童昶、王澄、阮瞻、庾敳、胡毋辅之、于法龙、光逸共称为“八达”，为人不拘小节、放浪不羁，“时贵游子弟多慕王澄、谢鲲为放达”（《资治通鉴》卷九十三）。《晋书》本传有很多这样的事例：

永兴中，长沙王乂入辅政，时有疾鲲者，言其将出奔。乂欲鞭之，鲲解衣就罚，曾无忤容。既舍之，又无喜色。太傅东海王越闻其名，辟为掾，任达不拘，寻坐家僮取官稿除名。于时名士王玄、阮修之徒，并以鲲初登宰府，便至黜辱，为之叹恨。鲲闻之，方清歌鼓琴，不以屑意，莫不服其远畅，而恬于荣辱。邻家高氏女有美色，鲲尝挑之，女投梭，折其两齿。时人为之语曰：“任达不已，幼舆折齿。”鲲闻之，傲然长啸曰：“犹不废我啸歌。”越寻更辟之，转参军事。鲲以时方多故，乃谢病去职，避地于豫章。尝行经空亭中夜宿，此亭旧每杀人。将晓，有黄衣人呼鲲字令开户，鲲憺然无惧色，便于窗中度手牵之，胛断，视之，鹿也，寻血获焉。尔后此亭无复妖怪。

左将军王敦引为长史，以讨杜弢功封咸亭侯。母忧去职，服阕，迁敦大将军长史。时王澄在敦坐，见鲲谈话无倦，惟叹谢长史可与言，都不眄敦，其为人所慕如此。鲲不徇功名，无砥砺行，居身于可否之间，虽自处若秽，而动不累高。敦有不臣之迹，显于朝野。鲲知不可以道匡弼，乃优游寄遇，不屑政事，从容讽议，卒岁而已。每与毕卓、王尼、阮放、羊曼、桓彝、阮孚等纵酒，敦以其名高，雅相宾礼。

尝使至都，明帝在东宫见之，甚相亲重。问曰："论者以君方庾亮，自谓何如？"答曰："端委庙堂，使百僚准则，鲲不如亮。一丘一壑，自谓过之。"温峤尝谓鲲子尚曰："尊大君岂惟识量淹远，至于神鉴沈深，虽诸葛瑾之喻孙权不过也。"

谢鲲作为陈郡谢氏家族的重要一员，弃儒从玄，最终成为一代风流名士，不仅为他自己带来了巨大的声誉，也为地位本不显赫的谢氏家族打下了立于江南氏族之林的基础。谢鲲之后，谢氏子弟倾心于玄理，崇尚老庄者代有其人。

1. 谢安（320－385）。谢安，字安石，东晋著名政治家、军事家。自幼聪慧，沉着冷静，举止大方，思辨敏捷，颇具清谈之才。

谢安年少时，请阮光禄道《白马论》，为论以示谢。于时谢不即解阮语，重相咨尽。阮乃叹曰："非但能言人不可得，正索解人亦不可得！"（《世说新语》）

"白马非马"论是中国古代伟大的逻辑学家公孙龙（约前320－前250）提出的一个非常深奥的哲学命题。在晋代，研究名家学说的人不多，而长于此道者就更为罕见，而谢安却没有畏难情绪，敢于攀登学术高峰。该条后刘孝标又引《中兴书》曰："裕甚精论难。"由此可知他为谢安作的这篇文章思辨性较强，所以谢安不能马上理解其文，重新请教，知之为知之，不知为不知。这种思辨性很强的学习，为后来谢安成为玄学名士打下了坚实的基础，《世说新语》又记载有这样一件事：

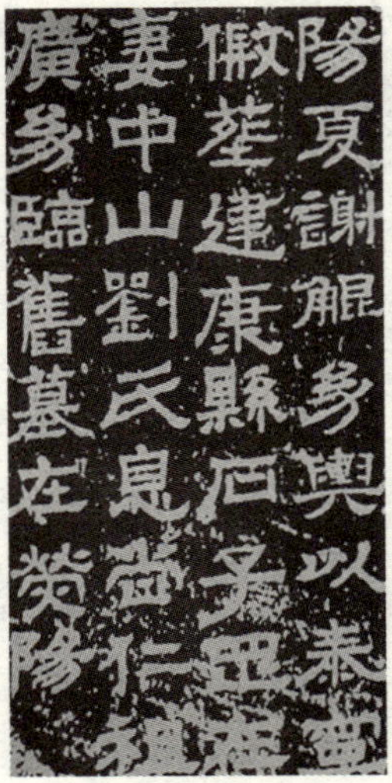

《谢鲲墓志》立于东晋太宁元年（323 年）十一月。志长 60 厘米，宽 16.5 厘米，厚 11 厘米，质地为花岗石。志文共四行，行十七字，末行少一字，共六十七字。

谢太傅未冠，始出西，诣王长史清言良久。去后，苟子问曰：“向客何如尊?”长史曰：“向客亹亹。为来逼人。”

所谓“清言”，也即“清谈”。“亹亹”，形容侃侃而谈的情状。“为来逼人”，谓其语锋甚健，锐不可当。谢安与王长史谈论的内容《世说新语》并没有记载，但我们可以从王蒙的回答中知道青年时代的谢安具有十分出色的辩才，对玄学著作及其义理必有勤苦、精湛的研究和深刻、独到的体悟。

谢安在中国历史上以政事闻名，他在性格和行为方式上受玄学的影响很深。40 岁前，高卧东山，“优游山林，六七年间，征召不至，虽弹奏相属，继以禁锢，而晏然不屑”（《世说·赏誉》），追求一种悠闲自适、与道合一的人生，自视甚高却又无意仕进：

初，谢安在东山居布衣时，兄弟已有富贵者，翕集家门倾动人物。刘夫人戏谓安曰：“大丈夫不当如此乎!”谢乃捉鼻曰：“但恐不免耳!”

入仕后“将逍遥的精神注入自己的政治实践之中”①，淡定从容，超然物外，有“风流宰相”之誉。淝水之战时：

坚后率众，号百万，次于淮肥，京师震恐。加安征讨大都督。玄入问计，安夷然无惧色，答曰：“已别有旨。”既而寂然。玄不敢复言，乃令张玄重请。安遂命驾出山墅，亲朋毕集，方与玄围棋赌别墅。安常棋劣于玄，是日玄惧，便为敌手而又不胜。安顾谓其甥羊昙曰：“以墅乞汝。”安遂游涉，至夜乃还，指授将帅，各当其任。玄等既破坚，有驿书至，安方对客围棋，看书既竟，便摄放床上，了无喜色，棋如故。客问之，徐答云：“小儿辈遂已破贼。”既罢，

① 黄圣平：《逍遥与政治——谢安玄学人格探微》，《南京社会科学》2004 年第 6 期。

还内，过户限，心喜甚，不觉屐齿之折，其矫情镇物如此。

苻坚之众百万，东晋命悬一线，却故作镇静；内心狂躁不安，却非要装作毫不在意。这种矫情固然可能有个人的原因，却更多地反映了魏晋之际越明教而任自然的反儒学潮流。西汉初年董仲舒确立儒学独尊地位之后，今文经学对人们思想的压制，经过东汉谶纬神学的强化，已经到了一个无法忍受的地步。物极必反，随着大一统国家政权的瓦解，社会对于这种禁锢人们思想长达400年之久的今文经学的反作用力也是巨大的。于是，当嵇康提出“非汤武而薄周孔，越名教而任自然”的口号后，整个社会风起云涌的反应也就无足怪了。

谢安著有《晋太傅谢安集》，《隋书·经籍志》著录为十卷，两《唐书》皆著录为五卷。宋后不见著录，盖已亡佚。另有《上疏论王恭》、《魏陟周丧拜时议》等文六篇。

2. 谢灵运（385－433）。陈郡阳夏（今河南太康）人，其祖父为谢玄，晋车骑将军。其父为谢瑍，“生而不慧”，虽做过秘书郎，但是很早就去世了。谢灵运从小即颖悟异常，他的爷爷也感到很奇怪，曾经对亲朋好友说：“我的儿子谢瑍一点也不聪明，但是谢瑍却怎么有这样聪明的儿子！”

谢灵运非常好学，少年时期即博览群书，文笔之美，江左无人能及。后袭封康乐公，食邑三千户。按照当时的惯例，皇帝任命他为员外散骑侍郎，谢灵运没有接受。后来曾经做过琅琊王大司马行参军。谢灵运生性奢豪，车服鲜丽，衣裳华贵，当时的人都以他家的器用穿戴为标准。刘毅在姑苏为抚军将军时，曾以其为记室参军。后来刘毅到江陵为官，又以其为卫军从事中郎。刘毅叛乱被杀，谢灵运受到牵连，被免去所有官职。刘裕代晋时，降谢灵运爵位为侯，食邑五百户。后来又任命他为散骑常侍，不久迁太子左卫率。谢灵运性格偏激，经常不遵守刘宋王朝的制度法令，刘裕爱惜他的名声，虽然不加责罚，却也从未委以重任。谢灵运由此郁郁不乐。少帝即位后，出为永嘉太守。永嘉山水秀丽，仕途不得意的谢灵运于是肆意山水之中。他游山玩水，少则六七天，长则动逾旬朔，郡中政事，全不以为意。宋文帝即位后，又召他为秘书监，整理秘阁图书。谢灵运有感于晋氏一代竟然没有一家之史书流传，立志修撰《晋书》。但是最终没能完成。谢灵运后来又为临川内史，不知什么原因被别的官员在皇帝面前告了一状，于是起兵造反，兵败被杀于广州。

谢灵运自幼对玄学思想即非常感兴趣，这当然有他的家学渊源的原因。

谢氏家族中的谢安、谢玄、谢朗、谢举等人都是善清言名理的玄学名流，而其中谢安与谢玄更是名扬当时的玄学家。生活于这一家族中的谢灵运自然受到不少玄学思想的浸润。这种影响在谢灵运的诗歌里面比比皆是，如其《过白岸亭诗》：

> 拂衣遵沙垣。缓步入蓬屋。近涧涓密石。远山映疏木。
> 空翠难强名。渔钓易为曲。援萝临青崖。春心自相属。
> 交交止栩黄。呦呦食萍鹿。伤彼人百哀。嘉尔承筐乐。
> 荣悴迭去来。穷通成休慽。未若长疏散。万事恒抱朴。

诗的前半部分写白岸亭一带的水光山色，最后四句却无缘无故地生发出所谓“万事恒抱朴”的哲理。这种现象并不是谢灵运某一类或者某一些诗中才出现的情况，他几乎所有的诗歌都是如此，山水美景所给予他的并不是一种情景交融、浑然一体的审美境界，而只是一种玄学的思考，正如袁行霈先生所说，陶渊明“写松意不必在松，写菊意不必在菊，写归鸟不必在归鸟，言在此而旨归于彼。但谢氏则写风就是风，写月就是月，写山也就是山，写水亦就是水”，从这个角度讲，与其说谢灵运是在写山水诗，不如说他在进行玄学的思考更为合适。

谢灵运与佛教徒们交往甚密，嗜读佛书，与庐山慧远、慧琳诸僧都有深交。《高僧传·慧远传》里曾说道：“陈郡谢灵运，负才傲宿，少所推崇，及一个见，肃然心服。”谢灵运尝著《辩宗论》一文，祖述道生顿悟之说。又与慧严、慧观等人将北本《涅槃经》（四十卷）加以修治，编集而成南本《涅槃经》（三十六卷）。他还撰有《金刚般若经注》。在谢灵运的其他作品里也有不少颂佛、护法的作品，如《佛影铭》、《维摩经十譬赞》、《和范光禄只洹像赞》等，都反映了他对佛法的尊崇。这种广泛的研习为他日后的学术成就打下了坚实的基础。

谢灵运一生在文学、史学、经学、佛学方面都相当有造诣。他的相关作品虽然大都亡佚，但是我们仍然可以从其他渠道了解这些著作。他一生比较重要的著作有：

《晋书》三十六卷。此书《谢灵运传》说仅“粗立条疏，书竟不就”。《隋志》著录为三十六卷，《新唐书·艺文志》著录为十四卷，《旧唐书·经籍志》著录为三十五卷。大概于宋时亡佚，清汤球《九家旧晋书辑本》辑有一卷。

《大般涅槃经》三十六卷。此经原为昙无谶译，谢灵运与释慧严、慧观共同润饰。

《金刚般若经注》，始见《文选》。后佚。

《游名山志》，始见《隋书·经籍志》。佚。严可均曾辑为一卷。

3. 谢绰。谢绰，生卒年不详，陈郡阳夏（今河南太康）人。天监初任廷尉卿，后为少府卿。谢绰著有《宋拾遗》十卷，此书始见于《隋书·经籍志》，两唐《志》也有记载。后亡佚。元陶宗仪曾辑有一卷。此书约为补沈约《宋书》之遗失而为之，其性质大概类似于裴松之《三国志》。

此书《史通》对其评价虽然不高，但其所记街谈巷议，时有可观，能补正史之阙。如其所记豆腐一条，对于考证豆腐这种食物之产生年代是非常有帮助的。谢绰又著有《答释法云书难范缜神灭论》一文，严可均辑入《全梁文》卷五九。

三国魏晋南北朝谢氏家族部分佚书、佚文目录

姓名	字号	仕宦	佚书
谢衡		晋国子博士	《国子祭酒谢衡集》二卷
谢鲲	幼舆	晋豫章太守	《晋太常谢鲲集》六卷
谢尚	仁祖	尚书仆射	《卫将军谢尚集》十卷
谢安	安石	司马　太保　太傅	《谢安集》十卷
谢万	万石	豫州刺史　散骑常侍	《周易·系辞注》二卷　《集解孝经》一卷　《谢万集》十六卷
谢石	石奴	秘书郎　散骑常侍　司徒	
谢玄	幼度	建武将军　会稽内史	《内外书仪》四卷 《谢玄集》十卷
谢混	叔源	尚书左仆射	《文章流别本》十二卷 《集苑》六十卷　《谢混集》三卷
谢道韫			《晋江州刺史王凝之妻谢道韫集》二卷
谢郎	长度	车骑长史 东阳太守	《车骑长史谢郎集》六卷
谢韶	穆度	车骑司马	《车骑司马谢韶集》三卷

续表

姓名	字号	仕宦	佚书
谢重	景重	骠骑长史	《晋骠骑长史谢景重集》一卷
谢稚		宋西阳太守	《孝经图》一卷
谢瞻	宣远	豫章太守	《谢瞻集》三卷
谢灵运		康乐公　永嘉太守 临川内史	《晋书》三十六卷 《游名山志》一卷 《居名山志》一卷 《四部书目》 《金刚般若经法》
谢元	有宗		《内外书仪》四卷 《谢元集》一卷
谢晦	宣明	荆州刺史	
谢密	弘微	太常	《谢弘微集》二卷
谢惠连			《谢惠连集》六卷
谢庄	希逸		《琴论》一卷 《琴谱三均手诀》 《雅琴名录》 《谢庄集》
谢朓	玄晖	宣城太守	《谢朓逸集》
谢绰		少府卿	《宋拾遗》十卷 《谢绰集》十一卷
谢几卿			《谢几卿集》
谢举	言扬	尚书令	《净名经注》 《谢举集》二十卷
谢微	玄度	兰陵太守	《谢微集》二十卷

（二）太康袁氏家族的学术活动

袁氏一族在东汉特盛，“四世出五公”。至晋，袁涣曾孙袁环永嘉时南渡，在江南世代绵延不绝，成为东晋和整个南朝时期的“压世大族”之一。魏晋时期袁氏家族在学术上有重要贡献的主要有以下几人。

1. 袁准。约魏明帝景初元年（237年）至晋愍帝建兴末年（316年）间在世。字孝尼，陈郡扶乐（今河南太康西北）人，袁涣之子。他在曹魏时期的经历不详，西晋建立后官拜给事中。《晋书》说他“以儒学知名”，从其著作来看，袁准学识渊博，五经兼善，著述繁富。虽然他的著作大都散见于史籍中，但是我们仍能从中感觉到袁准扎实的经学功底、缜密的逻辑推理，如其“明堂、辟痈、灵台、太庙”论：

> 袁准论云：“明堂、宗庙、太学，礼之大物也。事义不同，各有所为，论者合以为一，失之远矣。夫明堂者，大朝诸侯讲礼之处。宗庙，享鬼神岁觐之宫。辟雍，大射养孤之处。大学，众学之居。灵台，望气之观，清庙训俭之室。各有所为，非一体也。”古有王（《诗集传名物钞》卷七）

明堂，是诸侯议论国事的地方。辟雍，乃乡射之所。灵台、太庙，也各有其专职，袁准之前先儒将其功能多合而为一，是不知而强为之解。就拿明堂而言，《周礼》以为“宗庙之数”，至于《大戴礼记》就把它和辟雍混而为一了，到了蔡邕更是把它们和大庙合而论之，以至于“射飨养老教学选士皆在其中靡所不聚”，[①] 成了一个万能之所，不符合礼的精神，无怪乎明王应麟讥之曰：“人鬼混黩，死生错杂，囚俘截耳，疮痍流血。此为何理，无乃谬说？况茅茨采椽，至质之物。车乘玉辂，旗建日月，无乃非类。文质无别，若夫桥门聚观，岂冠带之能容？大射爰举，岂三侯之能设？”袁准此论确实可以破诸家之说，辨千载之惑。

袁准于魏晋之际广泛流行的才性论上，也有自己独到的见解，他在《才性论》一文中说：

> 凡万物生于天地之间，有美有恶。物何故美，清气之所生也。物何故恶，浊气之所施也。夫金石丝竹，中天地之气；黼黻玄黄，应五方之色。曲直者木之性也，曲者中钩，直者中绳，轮桷之材也。贤不肖者人之性也，贤者为师，不肖者为资，师资之材也。然则性

---

① （明）王应电：《周礼图说》卷上。

言其实，才名其用，明矣。(《西晋文纪》卷八)

袁准在这里所要表达的意思和刘劭在《人物志·九征》篇中所说的大致相同。他们皆以人所禀受的天地之气的性质，来说明人性的不同。“木曰曲直”这句话出自于《尚书·洪范》，它的意思是说木的本性有曲有直。曲直是木之性，曲木作轮，直木为椽，这就是木之材能。人性生来也有贤不肖之分，贤者为师，不肖者为资。为师为资，都由才性引起，也即所谓“性言其质，才名其用”。

袁准所著计有《易传》、《诗传》、《周官传》、《丧服经传注》、《五经滞义论》、《袁子正论》、《袁子正书》、《袁准集》，基本都已亡佚。唯严可均之《全晋文》曾将其文辑为二卷，所辑之书主要为《袁子正论》和《袁子正书》。

《袁子正论》,《隋志》著录为《袁子正论》十九卷，袁准撰。《梁书》又有《袁子正书》二十五卷。《旧唐志》著录为《政论》二十卷，《正书》二十五卷，袁准撰。《新唐志》作《正论》，卷数与旧《唐书》同。各书或称袁准，或称袁淮，大概都是指同一人。《政论》即《正论》之误，也只是同一本书。此书久佚，严可均《全上古三代秦汉三国六朝文》辑有一卷。从严氏所辑来看，《袁子正论》内容庞杂，所论兼及礼制、婚俗、丧服等内容。《袁子正书》主要为治理国家的大政方针，分为论兵、礼政、经国、设官、政略、王子主失、厚德、用贤、悦近、贵公、治乱、损益、世治、刑法、人主、致贤、明赏罚等十七章，内容不出儒家仁政之藩篱，但也相当注重法律、制度的重要性。

治国之大体有四：一曰仁义，二曰礼制，三曰法令，四曰刑罚；四本者具，则帝之功立矣。……夫仁义礼制者，治之本也。法令刑罚者，治之末也。无本者不立，无末者不成，何则？夫礼教之治，先之以仁义，示之以敬让，使民迁善日用而不知也。儒者见其如此，因谓治国不须刑法，不知刑法承其下，而后仁义兴于上也。法令者，赏善禁淫，居治之要会，商、韩见其如此，因曰治国不待仁义，不知仁义为之体，故法令行于下也。是故导之以德，齐之以礼，则民有耻；导之以政，齐之以刑，则民苟免，是治之贵贱者也。先仁而后法，先教而后刑，是治之先后者也。夫远物难明，而近理易知。故礼让缓而刑罚急，是治之缓急也。夫仁者使人有德，不能使人知禁；礼者使人知禁，不能使人必仁。故本之者仁，明之者礼也，必行之者刑罚也。

先王为礼以达人之性理，刑以承礼之所不足。故以仁义为不足以治者，不知人性者也，是故失教。失教者无本也。以刑法为不可用者，是不知情伪者也，是故失威。失威者不禁也。故有刑法而无仁义，久则民怨，民怨则怒也。有仁义而无刑法，则民慢，民慢则奸起也。故曰本之以仁，成之以法，使两通而无偏重，则治之至也。夫仁义虽弱而持久，刑杀虽强而速亡，自然之治也。

他认为治理国家应以仁义为本，辅之以刑，二者不可偏废。腐儒只行仁义，不用刑法，会使老百姓有慢怠之心；商鞅、韩非之徒全凭法令的力量来治理国家，也会导致国家的丧乱。站在儒家的立场上，袁准是极力维护仁政这一传统观点的，但是时代的发展也使他不能不正视儒家“迂远而阔于事情”的弱点，所以要借重法律的力量来弥补它。

正是基于对儒家思想的全面认识，袁准在此书中的见解不仅切中儒、法两家思想的弊病，而且对于现实生活中的很多问题也都有重要参考意义。在《经国》篇中，袁准讨论的是当时人们所关心的采用分封制还是郡县制管理国家的问题。对于这个问题，袁准并没有一味地去肯定哪一个。他指出前朝有因为分封而兴，也有因为分封而亡的，也有因为郡县而兴，因为郡县而亡的，所以正确的做法不是非要排斥某一个，而是要权其利害，因地制宜，“审终始之道，取其长者”。在《设官》篇中，他针对当时中央政府所存在的有权无事、有事无权、机构重叠的反常现象提出深刻批评，并且提出“各有分职”的设官原则。他所提出的很多观点虽然总是借着先王之道的面目出现，但是这些原则到今天仍然有重要的参考意义。

2. 袁宏（328－376）。字彦伯，小字虎。陈郡阳夏（今河南太康）人。少孤贫，以运租为业。谢尚镇守牛渚时，曾经微服泛江私访。此时袁宏恰好在船中高歌，声调清会，言辞藻拔。谢尚命人把他叫来，与之谈论至夜深而不寐。自此后袁宏名声大振。谢尚为安西将军、豫州刺史时，也引荐袁宏参其军事。后官至大司马桓温府记室。袁宏性格刚烈，虽被桓温礼遇，但是每逢与桓温辩论，并不阿屈，所以几乎没有荣升的机会。他又深得谢安的赏识。谢安为扬州刺史时，袁宏自吏部郎出为东阳郡，相遇于冶亭。时贤皆集，谢安“欲以卒迫试之”，临别执其手，随手取一扇交给袁宏说：“聊以赠行。”袁宏应声而答曰：“辄当奉扬仁风，慰彼黎庶。”在座的人没有不叹其机敏的。

袁宏年少即有逸才，文笔绝美，名重当时。他曾作《东征赋》，赋末列称过江诸名德贤达，却独不载桓彝，所以深遭怨愤；又不载陶侃，以至于其子胡奴“尝于曲室抽刃问宏”。可见其文名之重。

袁宏流传下来的最重要的著作是《后汉纪》三十卷。此书始见《晋书·袁宏传》，《隋志》著录为三十卷。《后汉纪》是记载东汉历史的一部编年体史书，始于淮阳王刘玄更始元年（23年），止于汉献帝建安二十五年（220年）。书前有序，历叙此书由来及行文体例：

> 予尝读后汉书，烦秽杂乱，睡而不能竟也。聊以暇日，撰集为后汉纪（案：此《汉纪》盖指荀悦之书涉及东汉初事，非者张璠书也）。其所缀会汉纪、谢承书、司马彪书、华峤书、谢沉书、汉山阳山记、汉灵献起居注、汉名臣奏，旁及诸郡耆旧先贤传，凡数百卷。前史阙略，多不次叙，错谬同异，谁使正之？经营八年，疲而不能定。颇有传者，始见张璠所撰书，其言汉末之事差详，故复探而益之。夫史传之兴，所以通古今而笃名教也。丘明之作，广大悉备。史迁剖判六家，建立十书，非徒记事而已，信足扶明义教，网罗治体，然未尽之。班固源流周赡，近乎通人之作；然因籍史迁，无所甄明。荀悦才智经纶，足为嘉史，所述当也，大得治功已矣；然名教之本，帝王高义，韫而未叙。今因前代遗事，略举义教所归，庶以弘敷王道，前史之阙。古者方今不同，其流亦异，言行趣舍，各以类书。故观其名迹，想见其人。丘明所以斟酌抑扬，寄其高怀，末吏区区注疏而已。其所称美，止于事义；疏外之意，殁而不传，其遗风余趣蔑如也。今之史书，或非古之人心，恐千载之外，所诬者多，所以怅怏踌躇，操笔恨然者也。

从该书的序来看，在袁宏著《后汉纪》之前，已经有《东观汉记》和谢承、司马彪等人的史书行世，但袁宏以为它们体例不一，所载史实多有出入，遂参照《汉山阳公载记》、《汉灵献起居注》、《汉名臣奏》，以及各郡的相关史料，写成《后汉纪》。书成之后，他看到张璠写的《后汉纪》，又参考着对其书进行了补充。袁宏《后汉纪》体现了非常优秀的史书编撰水平，他采用“言行趣舍，各以类书”的编撰方法，把时代略近的同类人物放在一起加以记述，这种写法，既吸收了纪传体的长处，又扩大了编年史可能容纳的范围。此书体例虽仿荀悦书，而悦书因班固旧文，翦裁联络，此书则抉择去取，自出鉴裁，抑又难于悦矣，刘知几《史通·正史篇》称："世言汉中兴，史者惟袁、范二家，以配蔚宗。要非溢美也。"

案《隋志》载张璠《后汉纪》三十卷，今已散佚。唯《三国志注》及《后汉书注》间引数条。将两书互相勘校，我们发现张璠《后汉纪》所记载的内容，袁书要么不载，要么多所点窜，互有详略。如张璠《后汉纪》称"卢芳，安定人，属国夷数十畔在参蛮，芳从之，诈姓刘氏"。袁宏《后汉纪》则作"刘芳，安定三川人，本姓卢氏。王莽末，天下咸思汉，芳由是诈称武帝后，变姓名为刘文伯。及莽败，芳与三川属国羌胡起兵北边"。以及朱穆论梁冀池中舟覆、吴佑谏父写书事，皆较张璠《后汉纪》详细。张璠《后汉纪》称明德马皇后不喜出游，未尝临御窗牖。袁宏之书则作性不喜出入游观。但总体来看，袁宏之《后汉纪》要优于张璠之《后汉纪》，这恐怕也是宏书得以流传而璠书亡佚的原因。

在其序言中，还有一点需要我们注意，那就是袁宏撰述此书的宗旨与以往史家截然不同。他认为"夫史传之兴，所以通古今而笃名教也"，这与司马迁"究天人之际，通古今之变，成一家之言"，班固作《汉书》，"追述功德"、表彰汉朝使之"扬名于后世"是迥然不同的。名教问题一直是玄学论战的主题，袁宏在这里开宗明义地表明自己作《后汉纪》是为了"笃明教"，体现出鲜明的玄学色彩。从这个观点出发，他认为从《左传》、《史记》到《汉书》、《汉纪》，虽然各有突破，"然名教之本，帝王高义，韫而未叙"。正如吴怀祺先生所说，他"是以玄学家的眼光认识学术的变化，又反映儒道合流的趋势"①。在具体的写作过程中，袁宏也非常注重用玄学家的观点来观照史事：

自古在昔，有治之始，圣人以顺人心以济乱，因去乱以立法。故济乱所以为安，而兆众仰其德；立法所以成治，而民氓悦其理，是以，有法有理，以通乎乐治之心，而顺人物之情。岂可使法逆人心，而可使众兆仰德；治与法违，而可使民氓服悦哉！由是言之，资大顺以临民，上古之道也；通分理以统物，不易之数也。（《后汉纪》卷六）

夫称至治者，非贵其无乱，贵万物得所，而不失其情也。言善

① 吴怀祺：《中国史学思想史》，商务印书馆2002年版，第142页。

教者，非贵其无害，贵性理不伤，性命咸遂也。故治之兴，所以道通群心，在乎万物之生也。古之圣人，知其如此，故作为名教、平章天下。天下既宁，万物之生全也。保生遂性，久而安之，故名教之益万物之情大也。当其治隆，则资教以全生；及其不足，则立身以重教。然则，教也者存亡之所由也。夫道衰则教亏，幸免同乎苟生；教重则道存，灭身不为徒死，所以固名教也。……夫称诚而动，以理为心，此情存乎名教者也。内不忘己以为身，此利名教者也。情于名教者少，故道深于千载；利名教者众，故道显于当年。（《后汉纪》卷二十三）

在上面所引第一段话中，袁宏认为圣人为政的一个根本原则就是顺乎人心，圣人立法也是如此，只有通乎人心、顺乎人情，才能使人民“悦其理”。如若所立之法与人心不符，是绝对不能使人民“众兆仰德”的。他最后得出结论，“资大顺以临民”是上古以来最为重要的治国原则。在上面所引第二段中，他认为所谓大治，并非指这个时期没有任何天灾人祸，而是指这个时期万物得所，不失其情。好的教化也不应该是指它的原则和方法没有任何的不足，而应该是指这种教化可以使天下万民“性理不伤”，能保持他们的天性、自然之性。所谓“保生遂性”，也就是顺从自然。由此出发，则名教一定不能有害于万物之生和有违于万物之性。

《后汉纪》卷十，专有一段记述佛教，宣扬佛教教义，这是首次在史书中以正式记载的形式称颂佛教。

浮屠者佛也，西域天竺有佛道焉。佛者汉言觉，将悟群生也。其教以修善慈心为主，不杀生，专务清净。其精者号为沙门。沙门者汉言息心，盖息意去欲而归于无为也。又以为人死精神不灭，随复受形，生时所行善恶皆有报应，故所贵行善修道以炼精神。

袁宏宣扬名教，又颂扬佛教，我们可以比较清楚地看出佛教势力从魏晋到南朝不断发展，并取得国教地位的历史过程。佛教势力的扩展，真切反映了统治者自身的腐朽和没落。此书对于佛教的研究有很重要的史料价值。佛教初传中国时，最著名之故事为后汉明帝之“感梦求法”。而本书约成于汉明帝之后二百年，书中对于“感梦求法”之记载乃同类记载中最古、最信实之资料：

初，明帝梦见金人，长大，项有日月光，以问群臣，或曰："西方有神，其名曰佛，陛下所梦得无是乎！"于是遣使天竺，问其道术，而图其形像焉。

宏又有《去伐论》，此书史志不见著录。《艺文类聚》卷二十三有引：

袁宏伐论曰："夫君者必量才任以授官，参善恶以毁誉，课功过以赏罚者也。苟伐其善，必忘其恶，于是怨责之情必存乎心，希望之气必形乎色，此矜伐之士自贤之人所以为薄而先王甚恶之者也。君子则不然，劳而不伐，施而不德，致恭以存其位，下人不隐其功。处不避污，官不辞卑，惟惧不任，惟患弗能。故力有余而智不屈，远咎悔而行成名立也。"

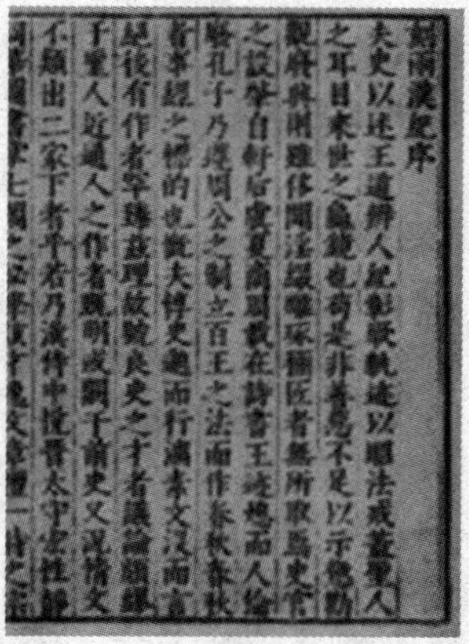

《后汉纪》书影（明嘉靖二十七年黄姬水刻本）

从上文所引来看，这本书当是为人君选官所作。所谓"去伐"，也即去掉矜伐夸耀之心。有夸耀之心，则不知其恶；不知其恶，则难以成事。这些都是选官任贤所要注意的。

袁宏一生作品很多，除去上文所论之《后汉纪》、《去伐论》外，尚有《周易谱》、《论语注》、《集议孝经》等重要著作，但均已亡佚。

3. 袁崧（？－401）。袁崧，字山松，陈郡阳夏（今河南太康）人。博学能文，年少时就有才名。他又于音乐非常擅长，当时民间流传有《行路难》旧曲，袁崧对它过于朴拙的曲辞不很满意，于是重新改定，并且对它的音乐节奏也作了修改。修改之后，袁崧每次酒酣都会纵情歌唱它，听到的人莫不流涕。和袁崧同时的羊昙善于唱乐，桓伊能作挽歌，等到山松《行路难》作成之后，时人谓之"三绝"。当时又有名士张湛喜欢在斋前种松柏，而山松每次出游，总是命令左右作挽歌，时人打趣说："湛屋下陈尸，山松道上行殡。"其风流如此。山松曾为吴郡太守。孙恩叛乱时，袁崧坚守沪渎，城陷被害。

袁崧最著名的著作是《后汉书》五十九卷。此书始见于《晋书》，《隋志》著录为一百卷。大概在宋代就散佚了。袁崧乃袁宏之从兄弟，清代姚之骃盛赞其为“与袁宏为从昆弟，一纪一书，疑同时所作，故不相为引。顾一门皆良史才，何其盛也”，并在其《后汉书补逸》中将其辑为一卷。

袁崧又著有《宜都山川记》、《勾将山记》、《袁山崧集》等书，其书大都已佚，散见于史籍中。

4．袁昂（461－540）。袁昂，字千里，陈郡阳夏（今河南太康）人。昂本名千里。袁昂在南朝齐时官至吴兴太守。南朝梁建国后官居司空。死后谥曰穆正。

袁昂著有《古今书评》一书。据史书记载，袁昂虽然善画，但是他并不精于书法。袁昂在《古今书评》的最后也说自己“评古今书，臣既愚短，岂敢辄量江海！但圣主委臣斟酌是非，谨品字法如前”，表达了他本不精于此道，只是奉命编撰的无奈。虽然如此，《古今书评》对张芝、索靖、钟繇、王羲之、王献之、羊欣等25位书法家的艺术特点概括非常准确。此书行文采用比喻手法，如将王献之书比作“河洛间少年”，将羊欣书比作“大家婢为夫人”，将庾肩吾书比作“新亭伧父”，形象生动。其中特别推崇张芝、钟繇、王羲之、王献之四人。梁武帝萧衍《古今书人优劣评》即是以此文附益而成。此文曾收入唐《法书要录》、宋《书苑菁华》中。

三国魏晋南北朝袁氏家族部分佚书、佚文目录

姓名	字号	仕宦	佚书
袁准	孝尼	给事中	《易传》、《诗传》、《周官传》
袁乔	彦叔	益州刺史	《诗注》、《论语注》、《袁乔集》
袁质	道和	琅琊内史	《袁质集》
袁豹	士蔚	丹阳尹	《晋元正宴会诗集》、《袁豹集》
袁悦之	元礼	参军	《易音》、《周易·系辞注》
袁淑	阳源	侍中	《高隐传》、《袁淑集》、《诽谐文》
袁粲	景倩	中书监	《袁粲集》
袁凯		武陵内史	《袁凯集》
袁峻	孝高	散骑侍郎	《史记钞》、《汉书钞》
袁枢	践言	吏部尚书	《袁枢集》
袁宪	德章	晋王府长史	《丧礼五服》

（三）长平殷氏家族的学术活动

魏晋南北朝时期，长平殷氏在玄学、经学、史学方面都取得了巨大的成就，但是由于他们的作品大量亡佚的原因，我们今天已经难窥殷氏家族学术的全貌了，有史可考的只有寥寥几位。

1. 殷浩（？ –356）。殷浩，字渊源（或作深源，或作泉源，皆唐人避讳改），陈郡长平（今河南西华）人。因曾为中军将军，世又称“殷中军”。生年不详，卒于晋穆帝永和十二年（356 年）。其父殷羡，字洪乔，为豫章太守。京都人士通过其父写信给殷浩，希图结交的有百余次。殷浩全然不买父亲的账，把这些信全部投入江中，说：“沉者自沉，浮者自浮，殷洪乔不应该作书邮。”永和年间曾为中军将军，都督扬、豫、徐、兖、青五州军事。殷浩以恢复中原为己任，数次上疏北征。姚襄造反的时候，殷浩派遣部将平叛，结果反被叛军打败，殷浩也被废为庶人。殷浩虽然口无怨言，但是整日书写“咄咄怪事”四字。

据《晋书》记载，殷浩识度清远，弱冠即有美名。《世说新语》说他“言及四本（钟会之《四本论》），便若汤池铁城，无可攻之势”。与其叔父殷融俱好《老子》和《周易》。虽然年纪轻轻，写玄言文章辩论时不及其叔父，但“口谈则（融）辞屈”，由是为风流谈论者所宗。他与人辩论，常使人“坠其云雾中”，王胡之与其谈论后，禁不住长叹：“己之府奥，蚤已倾泻而见；殷陈势浩汗，众源未可得测。”谢尚年少时听说浩善清言，前往造访。殷浩并没有长篇大论，只为谢尚“标榜诸义，作数百语”，尚看完以后“不觉流汗交面”。他与人辩论，有时达到了废寝忘食的地步，有次他同孙安国清谈，连吃饭都忘记，“左右进食，冷而复暖者数四”。《世说新语》有关殷浩清谈玄言的记载很多。

人问抚军：“殷浩谈竟何如?”答曰：“不能胜人，差可献酬群心。”

殷中军道王右军云：“逸少清贵人，吾于之甚至，一时无所后。”

王长史与刘尹书，道渊源“触事长易”。

王仲祖称殷渊源：“非以长胜人，处长亦胜人。”

王司州与殷中军语，叹云：“己之府奥，蚤已倾泻而见；殷陈势浩汗，众源未可得测。”

王仲祖、刘真长造殷中军谈，谈竟，俱载去。刘谓王曰：“渊源真可。”王曰：“卿故堕其云雾中。”

简文云：“渊源语不超诣简至，然经纶思寻处，故有局陈。”

王长史与大司马书，道渊源“识致安处，足副时谈”。

桓公语嘉宾：“阿源有德有言，向使作令仆，足以仪刑百揆。朝廷用违其才耳！”

殷中军为庾公长史，下都，王丞相为之集，桓公、王长史、王蓝田、谢镇西并在。丞相自起解帐带麈尾，语殷曰：“身今日当与君共谈析理。”既共清言，遂达三更。丞相与殷共相往反，其余诸贤略无所关。既彼我相尽，丞相乃叹曰：“向来语，乃竟未知理源所归。至于辞喻不相负，正始之音，正当尔耳。”明旦，桓宣武语人曰：“昨夜听殷、王清言，甚佳，仁祖亦不寂寞，我亦时复造心；顾看两王掾，辄翣如生母狗馨。”

孙安国往殷中军许共论，往反精苦，客主无间。左右进食，冷而复暖者数四。彼我奋掷麈尾，悉脱落，满餐饭中。宾主遂至莫忘食。殷乃语孙曰：“卿莫作强口马，我当穿卿鼻！”孙曰：“卿不见决牛鼻，人当穿卿颊！”

殷中军尝至刘尹所清言。良久，殷理小屈，游辞不已，刘亦不复答。殷去后，乃云：“田舍儿，强学人作尔馨语！”

殷中军虽思虑通长，然于才性偏精。忽言及四本，便若汤池铁城，无可攻之势。

世目殷中军：“思纬淹通，比羊叔子。”

殷浩并且精通医理，“妙解经脉”，但不知什么原因，中年以后就再也不为人看病把脉了。《世说新语》曾记载一个常年服侍他的仆人，有一天忽然在他面前长跪不起。殷浩问其故，仆人说：“有死事，终不可说。”盘问良久，才得知这位仆人有百岁老母抱疾，企求殷浩把脉施救，“浩感其至性，遂令舁来，为诊脉处方。始服一剂汤，便愈”。殷浩后来把他的问诊经验整理成医书《方书》，此书始见于文廷式《补晋书艺文志》。今佚。散见于史籍中。

殷浩著有《晋扬州刺史殷浩集》四卷，此书始见《隋书·经籍志》，著录为四卷。两唐《志》则著录为五卷。宋时佚。严可均《全晋文》卷一二九曾辑有其佚文三篇。在这三篇文章中，《遗王羲之书》和《遗褚裒书》是两篇应酬交游的文章，对于研究殷浩的思想没有太多帮助。其《易象论》一篇则是研究殷浩思想的重要文献。

易象论

圣人知观器不足以达变，故表圆应于蓍龟；圆应不可为典要，故寄妙迹于六爻，六爻周流，唯化所适，故虽一画，而吉凶并彰，微一则失之矣。拟器托象，而庆咎交着，系器则失之矣。故设八卦者，盖缘化之影迹也。天下者，寄见之一形也，圆影备未备之象，一形兼未形之形，故尽二仪之道，不与乾坤齐妙，风雨之变，不与巽坎同体矣。（《世说文学篇》注）

就文中观点来看，殷浩有关《易》的观点，和正始王弼的思想是一脉相承的，其视卦象为表现义理的工具或天下万物变化的影迹，符合魏晋玄学家贵道贱器的一贯思想。殷浩认识到观器是不能够通达天下万物之变的，于是作《易》，设卦，用来显示《易》道变化的影迹。因为卦象和爻象乃是天下万物变化周流之道和吉凶的影迹，并且随着变化而有不同的呈现，所以一卦之象，可以具备其未有之象；一爻之形可以兼有其未有之形。

2. 殷融。殷融，字洪远，陈郡长平人，生卒年不详，约公元300年前后在世。咸和初（晋成帝司马衍的第一个年号）为庾亮都督府司马，后为丹阳尹，迁尚书，穆帝时拜太常卿、吏部尚书。殷融也为当时玄学名士，善清言，殷浩与他论辩，有时也常常输于他。

殷融《象不尽意论》是研究魏晋玄学言意关系的重要作品，但是此文久佚，唐翼明先生在其《魏晋清谈》的第六章“清谈的重振与衰落”中，以《世说新语·文学》第七十四条及该条注所引《中兴书》的说法，认为殷浩的叔父殷融所著《象不尽意论》与孙盛的《易象妙于见形论》相对立，推测殷氏叔侄论《易》皆承王弼之说，属于魏晋清谈中的主流派。在魏晋玄学中，荀粲首先提出“言不尽意”的命题，认为“盖理之微者，非物象之所举也”，即事物内部的理的微妙之处，不是物象能反映出来的，对于《周易·系辞》所说的“立象以尽意”、“系辞以尽言”，他认为这也并不能“通于意外”、“言乎系表”，仍存在着“象”和“辞”所不能表达的“象外之意，系表之言”，因此，不但言不尽意，象亦不能尽意。殷融的观点大概与荀粲之说相近。

殷融著有《太常卿殷融集》十卷，此书始见于《隋书·经籍志》，宋代亡佚。又有文六篇，严可均辑人《全晋文》。

3. 殷仲堪。殷仲堪，陈郡人，生卒年不详。其祖父为殷融。初为补佐著作郎，孝武帝召为太子中庶子，对他宠爱有加。后来镇守江陵，掌管荆、益、宁三州军事。在江陵期间爱民如子，《世说新语》记载当时荆州遭受水灾，他吃饭的时候，只有五个菜，“饭粒脱落盘席间，辄拾以啖之”，以他的名声与地位，这实在很难得。后被桓玄所杀。

殷仲堪喜欢玄学，史书说他“三日不读《道德论》，便觉舌本间强”。他和当时名士韩康伯齐名。《世说新语》记载他死后，桓玄问殷仲文：“卿家仲堪，定是何似人？”仲文答曰：“虽不能休明一世，足以映彻九泉。”这句话是对他相当公允的评价。

殷仲堪著述繁富，现将可考者条列如下：

《毛诗杂义》四卷，此书始见《隋书·经籍志》。后亡佚。

《论语注》，此书始见文廷氏《补晋书艺文志》，已佚。今有清马国翰辑本，见《玉函山房辑佚书》。

《常用字训》一卷，此书始见《隋书·经籍志》。后佚。

《论集》八十六卷，此书始见《隋书·经籍志》，《新唐书·艺文志》则著录为九十六卷。宋时佚。

《殷荆州要方》，此书始见《隋书·经籍志》。后佚。

4. 殷淳（403－434）。殷淳，字粹远，陈郡长平人。年少时非常好学。少帝景平初（423年）为秘书郎，继而升迁为秘书丞。元嘉八年（431年）迁中书黄门侍郎，后因为父亲身体不好，辞官。不久病死于家中，年仅32岁。

殷淳是我国著名的目录学家，在任秘书丞时，他就曾领校秘阁图书，撰《四部书目》40卷（《南史》作《四部书大目》、《唐书·艺文志》作《四部书序录》39卷）。之后，又协助谢灵运作《元嘉八年秘阁四部目录》，名义上他是协助谢灵运的，实际上这本书大多是殷淳的功劳。

目录是记录精神财富的数据库，中国传统目录学不但与中国学术史关系非常密切，而且它本身也是一门非常深奥的学问。中国传统目录学始于西汉刘向、刘歆父子校雠图书、编撰目录的工作，魏晋南北朝时虽然战乱不断，统治者却都很重视公私图书的整理编目工作。关于殷淳撰写《四部书目》一事，除《宋书》本传有记载外，同一时期另一部目录书梁阮孝绪《七录》的序言及书末所附《古今书最》中亦提及此事：

> 宋秘书监谢灵运、丞王俭，齐秘书丞王亮、监谢朏等，并有新进，更撰目录。宋秘书殷淳撰《大四部目》，俭又依《别录》之体，

撰为《七志》。(《七录序》)

《元嘉八年秘阁四部目录》一千五百六十四匣，一万四千五百八十二卷。五十五匣，四百三十八卷，佛经也。(《七录序》末附《古今书最》)

这些史料都明确无误地证明殷淳确实曾经撰写过《四部书目》，并且这部目录学著作，应当是私撰性质的。它的撰写时间也应早于王俭《七志》，所以其为中国私撰目录之始。

殷淳有《殷淳集》二卷，此书始见于《七录》，《隋书·经籍志》注云亡佚。《妇人集》三十卷，此书始见于《隋书·经籍志》注，《新唐书·艺文志》亦载，后佚。

三国魏晋南北朝殷氏家族部分佚书、佚文目录

姓名	字号	仕宦	佚书
殷康	唐子	武康令	《殷康集》
殷觊	伯通	南蛮校尉	《殷觊集》
殷仲文	仲文	东阳太守	《论语解》、《孝经注》、《殷仲文集》
殷允	子思	太常	《殷允集》
殷叔献			《殷叔献集》
殷旷之		中军功曹	《殷旷之集》
殷阐		相国主簿	《殷阐集》
殷景仁		扬州刺史	《殷景仁集》
殷淳	粹远	右光禄大夫	《四部书目》、《殷淳集》、《妇人集》
殷琰		豫州刺史	《殷琰集》
殷芸	灌蔬	秘书监	《小说》
殷钧	季和	国子祭酒	梁天监四年《四部书目》
殷僧首			《乐府新歌》

（四）南顿应氏家族的学术活动

西汉时期，应氏名人有应顺、应奉、应劭等人，他们在史学方面取得的

成就尤其突出。魏晋南北朝时期，应氏家族在学术上的代表主要为应贞。

应贞（？-269），字吉甫，汝南南顿（今河南项城）人。应璩之子。善于清谈，声誉当世。正始时期，夏侯玄在玄学界名声很大，应贞曾经在夏侯玄面前作五言诗数首，深得夏侯玄嘉许，从此声名更大。

应贞雅好著述，曾与太尉荀凯等撰定新《礼》。《礼》书之撰向来为各朝之大事，但东汉末年三国之乱，统治者不遑及此。西晋的建立为国家带来了难得的安定，应贞遂得受文帝之命撰修新《礼》一百六十五篇。此书各志未见著录。

应贞又著有《明易论》一卷，此书见于《新唐书·经籍志》。丁国钧《补晋书艺文志》作《周易论》。

三国魏晋南北朝应氏家族部分佚书、佚文目录

姓名	字号	仕宦	佚书
应璩	休琏	散骑常侍	《百一诗》、《书林》、《应璩集》
应玚	德琏		《应德琏集》
应硕		汝南太守	《应硕集》
应詹	思远	光禄勋	《沔南旧事》、《东宫旧事》、《应詹集》
应亨		著作郎	《应亨集》

（五）四家族之外的其他学术活动

1. 胡冲。胡冲是汝南固始（今河南沈丘，三国、晋时沈丘名固始）人，大约魏末晋初间在世。晋尚书郎、吴郡太守、吴偏将军胡综之子。赤乌六年（243年）胡综去世，胡冲嗣爵为乡侯。胡冲平和有文干，天纪中为中书令时，曾作《吴历》六卷。晋灭吴后，胡冲官为尚书郎、吴郡太守。

胡冲所著《吴历》，《旧唐书·经籍志》、《新唐书·艺文志》皆著录为六卷。此书所记以吴国君臣事迹为主，兼及蜀、魏两国。体例谨严，考证详确，叙述明白晓畅，人物形象栩栩如生，如其中孙策见张纮、曹公攻濡须之描写，皆堪称史书写作之典范。后亡佚。其内容散见于《晋书》及《三国志注》中。

2. 王隐（晋元帝时人）。王隐，字处叔，陈郡人。他的父亲王铨曾官历阳令，少年时即有志于儒学经籍，立志修撰一代之史书，可惜没有完成就去世了。王隐深受他父亲的影响，固守儒道，不交势援，博学多闻，醉心于史书的编撰，很早就留意晋朝旧事、典故的积累和收集。晋室南渡以后，王隐有感于书籍流落、典章未备，特向自己的好友丞相军谘祭酒涿郡祖纳进谏曰：

盖古人遭时，则以功达其道；不遇，则以言达其才，故否泰不穷也。当今晋未有书，天下大乱，旧事荡灭，非凡才所能立。君少长五都，游宦四方，华夷成败皆在耳目，何不述而裁之！应仲远作《风俗通》，崔子真作《政论》，蔡伯喈作《劝学篇》，史游作《急就章》，犹行于世，便为没而不朽。当其同时，人岂少哉？而了无闻，皆由无所述作也。故君子疾没世而无闻，《易》称自强不息，况国史明乎得失之迹，何必博弈而后忘忧哉。

他认为晋室南渡，国家丧乱，旧事荡灭，典章散佚是一个很大的损失。史书之修撰非常人所能担当，而祖纳自小即游于通都大邑，风土人情、华夷风俗了然于心，正好可以在这方面有所作为。而当时的祖纳无意于此，但还是把他推荐给晋元帝，只可惜元帝以为当时国家草创，未遑史官之事，遂搁置此事。

太兴初年，元帝终于招王隐为著作郎，令他修撰晋史。在王隐潜心于晋史修撰时，著作郎虞预恰好也在撰《晋书》。虞预生于东南，不知西晋旧事，多次向王隐讨教，并窃取了王隐的很多研究成果，使他的书流传很广。虞预很害怕王隐揭发他，于是交结权贵，勾结起来陷害王隐。王隐最终黜归于家。最后王隐到武昌投靠征西将军庾亮，才将书写成。王隐虽有积累，但才气不足，他所撰之《晋书》“次第可观者，皆其父所撰”。大概由于这个原因，他所著之书没有流传。他所著《晋书》，《隋志》著录为八十六卷，新旧《唐书》著录为八十九卷，后志不载，盖已亡佚。所幸裴松之注《三国志》时有引用。清汤球辑有王隐《晋书》十一卷，见《丛书集成初编·史地类·九家旧晋书辑本》。清王仁俊也辑有《晋书》一卷，见《玉函山房辑佚书补编》。王隐另著有《晋地道记》一卷，此书久佚，但在《太平寰宇记》、《水经注》、《太平御览》中多所引用。

其父著有《晋洛京史》，黄逢元《补晋书艺文志》有载，久佚。估计也是成于其父子二人之手。

3. 周兴嗣（？－521）。兴嗣字思纂，陈郡项（今河南项城）人。13 岁时就游学京师，10 余年后博通记传，尤其善于写文章。梁武帝即位，兴嗣奏

《休平赋》，深得武帝赞许。以后每有大事，武帝都会让周兴嗣作文祝贺，《铜表铭》、《栅塘碣》、《北伐檄》、《次韵王羲之书千字》等都是他这时期的文章。

周兴嗣不仅文学成就突出，他在史学及教育学方面的成就也非常巨大。他比较有影响的著作有《皇帝实录》、《皇德记》、《起居注》、《职仪》等百余卷，文集十卷。其中对后代影响最深的就是幼儿教育启蒙读物《千字文》。

《千字文》是我国早期的蒙学课本。此书为梁武帝萧衍命周兴嗣取王羲之书法中一千字不重者编为四言韵语而成。既要避免重复，又要从王羲之遗书中抽出一千字组成，还要使之成韵。《尚书故实》称周兴嗣“一夕编缀进上，鬓发皆白……右军孙智永禅师自临八百本，散与人间”。古人多简称其为《千文》，它在“三（字经）、百（家姓）、千（字文）”中虽排在最后，但其成书时间却是最早的，也是“三、百、千”中唯一确切知道成书时间和作者的一部书。

隋唐以来，《千字文》大为流行，背诵《千字文》被视为识字教育的捷径。它不是简单的单字堆积，而是条理分明、通顺可诵、咏物咏事的韵文，其内容又涉及自然、社会、历史、教育、伦理等多方面的知识。所选千字，大都是常用字，生僻字不多，便于识读。因流传甚广，以致文书编卷，都采用“天地玄黄”来代替数字。兄弟民族地区也出现了满汉、蒙汉文的对照本子。由于历代不少大书法家都曾书写，更使《千字文》至今仍是学习各种书法的范本。

周兴嗣的著作除《千字文》外，其他均已亡佚，所以我们也无从窥见他的史学成就，这实在是个不小的遗憾。

六、宋明理学时期的陈地学术（附唐代学术）

（一）唐代陈地学术

唐代时期的陈地学术相对来讲是比较沉寂的，其中一个重要的原因就在于自晋室南渡一直到唐统一中国前，整个中原地区战乱频仍，王朝更迭频繁，人民流离失所，文化与学术的衰落也在所难免。而这种文化与学术的断层远非一代甚至数代人的时间所能弥补。有唐一代，陈地学术中的亮点只有殷侑而已。

殷侑（767－838），陈州（今河南淮阳）人。殷侑儿童时，即有志于学，唐书言其“励志力学，不问家人资产”。贞元末，以《五经》登第，尤其精于历代礼制的沿革，文宗曾经在延英殿对当时的宰相说："殷侑通经学，为人颇似郑覃。"元和中，殷侑为太常博士时，回纥请求和唐朝和亲，而朝廷正用兵伐叛，费用拮据，欲推迟和亲之期，于是命宗正少卿李孝诚及殷侑出使回纥。到单于宫廷后，可汗在招待汉使的同时，列兵甲于帐外，欲胁迫李孝诚及殷侑。侑不为所动，照常宣读唐朝天子谕示。可汗扬言因为唐朝使臣傲慢无礼，要将他们全部扣留，同行的人都很恐惧，殷侑大义凛然地对虏使说："可汗是唐朝女婿，想要我们以臣子的礼节拜见他，是可汗失礼，并非使臣傲慢。"可汗畏其气势，最终放还唐朝使团。

殷侑在学术史上最大的贡献在于其对史学及《春秋三传》之学的提倡。在汉武帝以后漫长的封建社会中，经学虽然从总体上一直处于主导地位，但经学不同分支的发展并不平衡。唐代也是如此，《春秋》经传作为儒家重要的传统典籍，统治阶级自然也是很看重的。但是由于其内容庞杂，学习起来较其他经典费力。再加上唐代科举，首重进士，而进士科的考试，是以诗赋为主，较少涉及经义，而《春秋》学的内容，更是难与诗赋沾边。士人研治《春秋》既不能俯拾青紫，又不能换取衣食，所以这门学问的衰落是难以避免的，韩愈寄卢仝诗云"《春秋》三传束高阁，独抱遗经究终始"，正是这种情况的真实写照。

在这种情况下，不仅春秋三传之学，与之相关的史学也日益式微。以铜为镜，可以正衣冠；以史为镜，可以知兴衰。史学及春秋三传之学的衰落使殷侑非常担忧。他在给皇帝的奏表中写道：

谨按春秋二百四十二年行事，王道之正，人伦之纪备矣。故先师仲尼称志在春秋。历代立学，莫不崇尚其教。伏以左传卷轴文字，比礼记多校一倍；公羊谷梁，与尚书周易多校五倍。是以国朝旧制，明经授散。若大经中能习一传，即放冬集。然明经为传学者，犹十不一二。今明经一例冬集，人之常情，趋少就易，三传无复学者。伏恐周公之微旨、仲尼之新意、史官之旧章，将坠于地。伏请置三传科，以劝学者。左传问大义五十条，公羊谷梁各问大义三十条、策三道。义通七以上，策通二以上，与及第。其白身应者，请同五经例处分。其先有出身及前资官应者，请准学究一经例处分。又奏：历代史书，皆记当时善恶，係以褒贬，垂裕劝戒。其司马迁史记、班固、范煜两汉书，音义详明，惩恶劝善，亚于六经，堪为世教。伏惟国朝故事，国子学有文史直者、宏文馆宏文生，并试以史记两

> 汉书三国志。又有一史科。近日以来，史学都废，至于有身处班列，朝廷旧章，昧而莫知，况乎前代之载。焉能知之。伏请置前件史科。每史问大义一百条、策三道，义通七。策通二以上，为及第。能通一史者，请同五经三传例处分。其有出身及前资官应者，请同学究一经例处分。有出身及前资官，优稍与处分。其三史皆通者，请录奏闻，特加奖擢。仍请颁下两都国子监，任生徒习读。（《唐会要》卷七十六）敕旨。宜依。仍付所司。

他认为由于史书及春秋三传卷轴文字远超其他经典，士子们避难就易，史学的废绝已经到了当朝大臣都不知旧事的地步，从长远来看这会给国家带来严重的伤害，因此请求朝廷在科举考试中设立相关科目，鼓励士子们用力于此。朝廷最后采纳了殷侑的建议，于科举考试中立“史科及三传科”，这对于唐代史学及春秋三传之学的发展意义是非常重大的。

殷侑著有《公羊经注》一书，始见于《春秋集传纂例·序》，史志无载，久佚。

（二）宋明理学时期的陈地学术

唐代以后，理学成为文化学术思想的主流，陈地学者为构建、发展、传播这一理论形态，曾经发挥过独特的作用，作出过积极的贡献。这一时期陈地学术的代表人物为万适和程颢。

1. 万适。万适约宋初在世，字纵之，陈州宛丘人。自号遣玄子。六七岁即能为诗。长大以后，喜学问，尤其精于《道德经》。他与高冕及韩伾关系很好，与他们之间的酬唱多有警句。万适无意仕进，专力著述，著有《狂简集》百卷、《雅书》三卷、《志苑》三卷、《雍熙诗》二百首，《经籍擿科讨论》计四十卷。其所著作均已亡佚，我们也无从了解其思想。

2. 陈抟（871－989）。陈抟，字图南，号扶摇子、希夷先生。亳州真源（今河南鹿邑）人。五代、宋初时期著名隐士。陈抟学识渊博，学通三教，蒙文通先生评价他说：“图南不徒为高隐，而实博学多能；不徒为书生，而固有雄武之略。其人之龙耶！方其高卧三峰，而两宋之道德文章已系一身。”他继承汉代以来的象数学传统，把黄老清静无为思想、道教修炼方术和儒家修养以及佛教思想融为一炉，对宋代理学有较大影响。

所谓象数学，是中国易学的一个分支，它把物象符号化、数量化，用以推测事物之间的关系与变化。象数学源远流长，早在《左传》中就有关于

“象数”的记载，当时是指运用数字的组合关系解释《周易》爻卦形成及其象征的方法。两汉时期象数学虽然有所发展，但是汉儒运用这一学问主要是为了适应预言灾变的需要，偏离了《左传》中象数学的原则。这一原则一直到陈抟才开始延续，但是他使用的象数学方法，和汉儒也有很大的不同，以图式解析易理，也使易学和道家结合起来，黄宗羲说：“盖易至京房、焦延寿而流为方术，至宋陈抟而歧入道家，学者失其初旨。”皮锡瑞也曾说：“孔子所作之《易》，以为止有《十翼》；则孔子于《易》，不过为经作传，如后世笺注家。陈抟又杂以道家之图书，乃有伏羲之《易》、文王之《易》加于孔子之上，而《易》义大乱矣。”

陈抟所著之书后世无传，但是他作太极图一事，正史中多有记载。陈抟的《无极图》自下而上由五部分组成。第一层圆形，注为“玄牝之门”，玄牝即谷神也，谷者虚也，虚者容物；第二层圆形注为“炼精化气，炼气化神”；第三层为金、木、水、火、土五圆，按照一定方位排列并以直线相连，注为“正气朝元”；第四层圆形，注为“取坎填离”；第五层仍为圆形，注为“炼神还虚，复归无极”。

陈抟所作《无极图》，是图学中最突出、影响也最大的图式。无极图不仅对后世道家产生很大影响，对北宋理学的发展也产生了很大的影响，黄宗炎曾说：“有华山羽流陈抟者独得异学，授之种放。放授穆修，修授李之才，之才授邵雍。雍之死，朱熹元晦私淑之，如释氏所谓教外别传者。迨至有明，以元晦同国姓，崇奉特异，颁诸学宫，诸儒之易悉废。独陈抟之易盛行。”谢良佐的弟子朱震在《汉上易卦图》和《进周易表》中，曾列举了北宋象数学的传统，从中我们可以明确看出理学名家和陈抟之间的师承关系：

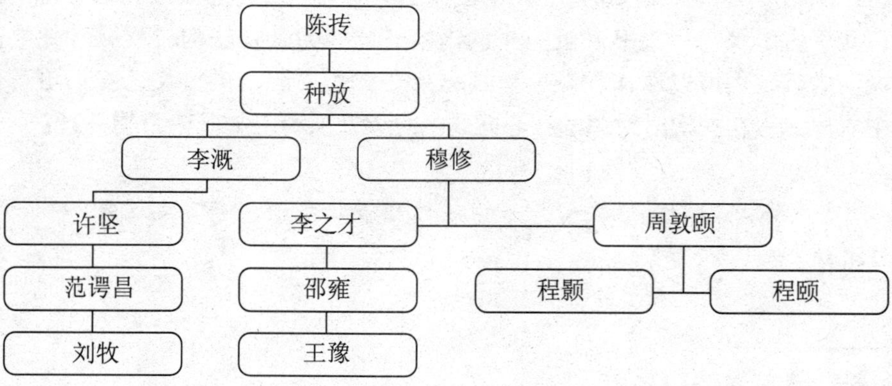

3. 程颢（1032－1085）。程颢，字伯淳，人称明道先生，河南府（今河南洛阳）人。宋代著名理学家、教育家。程颢死后，潞公文彦博为其题墓志铭称“明道先生”，后世沿用此称号。与程颐为同胞兄弟，世称“二程”。二程以儒家伦理为本位，批判地吸取佛、道精致的思辨哲学，结合社会发展之需要，创立了理学思想体系。它把儒家思想哲理化，把儒家经学义理化，把儒家道德体系化，把儒家学说大众化。构筑起逻辑严密、内涵丰富、博大精深的思想大厦。冯友兰先生认为：“濂溪、康节、横渠，虽俱为道学家之有力分子，然宋明道学之确定成立，则当断自程氏兄弟。”① 二程的学说，后来被南宋朱熹所继承和发展，这就是中国封建社会后期的官方统治思想——程朱理学。

宋神宗熙宁八年（1075 年）至元丰三年（1080 年），程颢任扶沟知县，程颐同往。程颢在扶沟任知县的六年间，一心为民，不阿权贵，执法严明，公平断案，政绩卓著，上下称颂。除去日常政务琐事外，程颢将其大部分的精力放在理学体系的构建和传播方面。他建乡学、县学多处，并在县城创办书院一处，使之成为一个重要的理学学术中心，杨时、吕大临、谢良佐、游酢（四人为程门四大弟子）都曾寓居扶沟师学于程颢。

吕大临（1040－1092）。字与叔。中国宋代金石学家。其先汲郡（今河南卫辉）人，后移居京兆蓝田（今陕西蓝田）。吕大临六经皆有造诣，尤精于礼，当时有“关中言礼学者推吕氏”之称。他著有《考古图》十卷，《易章句》、《大学说》、《中庸说》各一卷，《礼记传》十六卷，《论语解》十卷，《孟子讲义》十四卷，《玉溪先生集》二十八卷。吕大临与游酢、杨时、谢良佐并称程门四先生。公元 1079 年，宋神宗元丰二年，吕大临在扶沟与程颢相见，《二程遗书》卷二上载有《元丰己未吕与叔东见二先生语》，约有近两万字，几乎占了《二程遗书》近一半的内容，此即为其在扶沟时程颢和他之间的谈话内容，也可以看作程颢、程颐兄弟在大程书院时的讲义，我们更可以从中看出二程在扶沟时对理学核心问题的思索及所得。如其论万物一理：

> 一人之心即天地之心，一物之理即万物之理，一日之运即一岁之运。

① 冯友兰：《中国哲学史》，中华书局 1984 年版，第 868 页。

此即二程著名的“万物一理”论，万物的本源是同一道理。由于“理”是同源，因此“一人之心即天地之心，一物之理即万物之理”，理是有互通性的。季惟斋《庸经堂笔记初编》称此语为“理学家妙悟之语，如有天授”。又如其论为学：

志道恳切固是诚意，若迫切不中理则反为不诚。盖实理中自有缓急，不容如是之迫，观天地之化乃可知。

这句话说求学当有恒心，不可求速成。“缓急”也即读书的先后次序，朱熹《近思录集注》评此语说：“读书穷理则细立课程，耐烦着实，而勿求速解。操存持守则随时随处省察收敛，而毋计近功，如此积累之久，庶几心意渐驯，根本粗立而有可据之地矣。”王阳明“志道恳切，固是诚意，然急迫求之，则反为私己，不可不察也”就是从这一句话转化而来。在《元丰己未吕与叔东见二先生语》中，最重要的一篇文章即是《识仁》篇，它是明道“返诸六经而后得之”之后的语录，为其后期代表作。它以孔子的“仁”为中心，结合孟子的心性论，旨在阐述儒学的本体与功夫的关系，表明“仁”是天道本体，又是一切道德法则的根据。

学者须先识仁。仁者，浑然与物同体，义、礼、智、信皆仁也。识得此理，以诚敬存之而已，不须防检，不须穷索。若心懈，则有防；心苟不懈，何防之有！理有未得，故须穷索；存久自明，安待穷索！

此道与物无对，“大”不足以明之。天地之用，皆我之用。孟子言“万物皆备于我”，须“反身而诚”，乃为大乐。若反身未诚，则犹是二物有对，以己合彼，终未有之，又安得乐！《订顽》意思，（横渠《西铭》，旧名《订顽》）乃备言此体，以此意存之，更有何事。

“必有事焉而勿正，心勿忘，勿助长”，未尝致纤毫之力，此其存之之道。若存得，便合有得。盖良知良能，元不丧失。以昔日习心未除，却须存习此心，久则可夺旧习。此理至约，惟患不能守。既能体之而乐，亦不患不能守也。

程颢认为求学之人，第一要了解的就是“仁”。仁存在于任何一物中，它能涵盖万物，普及一切。学者记住这个道理，再存之以诚敬之心，自然事事符合仁的标准，所以不须防检，不须思索。倘若没有诚敬之心，则须立即防检。诚敬之心无一刻放松，自然不需要防检。在明道看来，所谓“防检”，只是因为心有懈怠，若为仁之心不懈怠“敬则无间断”（《遗书》卷十一），又何懈怠之有？又何须防检？所谓“穷索”，只是因为不明白这个道理，如果知道本心即是天理，又何须穷索！至于理，在“识仁”的前提下可以“存久自明”，不断地存养便可自然而明，不须用力求索。刘蕺山曰：“程子首识仁，不是教人悬空参悟，正就学者随事精察力行之中，先与识个大头脑所在，便好容易下工夫也。识得后，只须用葆任法，曰‘诚敬存之’而已。而勿忘、勿助之间，其真用力候也。盖天理微妙之中，着不得一毫意见伎俩，与之凑泊。才用纤毫之力，便是以己合彼之劳矣，安得有反身而诚之乐。诚者，自明而诚之谓。敬者，一于诚而不二之谓。诚只是诚此理，敬只是敬此诚，何力之有！后人不识仁，将天地间一种无外之理，封作一膜看，因并不识诚敬，将本心中一点活泼之灵，滞作一物用，胥失之矣！良知良能是本心，昏昧放逸是习心。向来不识此理，故种种本心为习心用；今来既识此理，故种种习心为本心转。又何患不存之，又存而不能期月守也？”①

“物”在这里指天下万物，仁既然浑然与万物同体，所以也就不可能有什么东西在它之外，也就不可能有什么东西与它相对。若一直存诚敬之心，万物皆备于我，天地之用皆我之用，物我一体，彼此无隔，主客俱泯。倘若反身未诚，则物我各不相干，并非一体，而是“二物有对”。

程颢之学与张载多所不同，吕东临初学于张载，《宋元学案》卷三十一载：“吕与叔初学于横渠，横渠卒，乃东见二程。先生故深淳近道，而以防检穷索为学。明道语之以识仁，且以不须防检穷索开之，先生默识心契，豁如也。”可见其立说与张载之异。但程颢对《西铭》极为推崇，曾说：“《西铭》某得此意，只是须得子厚如此笔力，他人无缘做得。孟子以后，未有人及此。得此文字，省多少言语。要之仁孝之理备于此，须臾而不如此，便不仁不孝也。”②《宋元学案》载杨龟山致书伊川，怀疑《西铭》只讲体而不及用，恐其流于兼爱，程颐答曰：“横渠立言，诚有过者，乃在《正蒙》。若《西铭》明理以存义，扩前圣所未发，与孟子性善养气之论同功，岂墨氏之比哉！《西铭》理一而分殊，墨氏则二本而无分，子比而同之，过矣！且谓言体而不及

① （明）黄宗羲：《宋元学案》卷十三。

② （明）黄宗羲：《宋元学案》卷十八。

用，彼欲使人推而行之，本为用也。反谓不及，不亦异乎？”可见二程对《西铭》之推崇。

谢良佐（1050－1103）。字显道，上蔡人，北宋著名理学家，世称“上蔡先生”或“谢上蔡”。谢良佐创立了上蔡学派，是心学的奠基人、湖湘学派的鼻祖。他著有《论语说》、《谢上蔡语录》等书。宋神宗元丰元年（1078年）拜程颢为师时，29岁的谢良佐已经很有名气了，但他为了使学问精进，专程到河南扶沟向时任扶沟知县的程颢求教学问，《外书》载其“习举业，已知名，往扶沟见明道先生受学，志甚笃”。程颢一见到他，就说：“其才能广而充之，吾道有望矣。”还曾说：“是子展拓得开，可望矣。”程颐称其为“切问近思学者”。谢良佐也不负师望，不仅将二程的思想发扬光大，而且把二程之说传于南方，并且最终形成以朱熹学术为主体的新儒学，开启儒学史上的新篇章。

谢良佐提出“心为天之理”的命题，认为心、仁、理是一体的。他的思想已经具备心学的雏形和基本模样，开陆九渊心学之先河。

游酢（1053－1123）。字定夫，号豸山，福建建阳麻沙人。宋代理学家、教育家、书法家。学者称广平先生。熙宁五年（1072年），20岁的游酢行冠礼之后，离开长坪，慕名赴洛阳拜见明道先生程颢。先生对这位风华正茂的弟子十分赞赏，便断言“其资可以进道”。同年八月，程颢出任河南扶沟县知县，特意举荐游酢任该县教谕。从此，游酢学有专攻，成为福建闽北最早接受“洛学”的学者。元丰四年（1081年），游酢又荐杨时拜程颢为师。不到一年，两人同时告别老师。程颢嘱咐他俩把理学传向南方，目送他俩离去，怡然自得地说：“吾道南矣！”

大程书院不仅是重要的理学传播、研究基地，其对扶沟乃至整个陈州地区教育学术的发展也起着重要的推动作用。明代户部、兵部、刑部尚书刘自强，吏部尚书刘泽深，一代才子江西提学副史李梦阳，广东道监察御史杜化中以及柳堂、罗赞、曹嘉、卢传元、郝维乔、何出光、何出图等人，都是在二程精神的激励感召下，从大程书院走出去的治国之才。

4．李梦阳（1472－1529）。字献吉，号空同子，祖籍河南省扶沟县大岗。生于甘肃庆阳，后还归故里，故《登科录》直书李梦阳为河南扶沟人。

李梦阳生性耿直、疾恶如仇、不畏权贵，一生数次入狱，充满传奇色彩。他于弘治六年（1493年）登癸丑科乡试解元，七年（1494年）登甲寅科进士。初授户部主事时，即对当时外戚寿宁侯张鹤龄怙宠横甚、人莫敢问的嚣张气焰深恶痛绝。弘治十八年（1505年），他不畏权势，直言上书，写了有名的《应诏指陈疏》，大胆揭发寿宁侯“招纳无赖，网利贼民，夺人田土，拆人房屋，虏人子女，要截商货，占种盐课，横行江河，张打黄旗，势如翼虎”等罪行。张鹤龄上书为自己辩解，并以梦阳疏中“陛下厚张氏”语影射太后的罪名告发梦阳。梦阳因此被罢官下狱，遭到严刑拷打。朝中王公贵戚也多不满李梦阳，早欲除之而后快，因此对其亦多加诋毁。后因皇帝醒悟，李梦阳才得官复原职。

同年，武宗（即正德皇帝）即位，宦官刘瑾等“八虎”把持朝政，大臣上书皇帝皆不能亲见。他又毅然为户部尚书韩文写疏揭发刘瑾，几成杀身之罪。多亏康海力求，才使李梦阳免死。

正德五年（1510年），刘瑾被诛，李梦阳冤案平反，官复原职，升为江西提学副使。后又因其得罪人太多，被人以“欺压同列、挟制上官”的罪名告发而丢官。正德十四年（1519年）宁王朱宸濠谋反被诛，那些对李梦阳恨之入骨的人又趁机揭发李梦阳是其同党，李梦阳再一次被捕入狱。多亏大学士杨廷和、刑部尚书林俊等人上书力陈李梦阳无罪，才得以获释。嘉靖帝即位后，诸大臣虽对李梦阳相继屡荐，但几十年的风风雨雨，使李梦阳看透了世间之险恶，不愿再为官。他治园池，招宾客，饮酒著述，名驰海内。嘉靖八年（1529年），李梦阳卒，时年58岁。

李梦阳才藻雄势，卓然以复古自命，其于文学倡言“文必秦汉，诗必盛唐”，以气节文章雄视一代，与何景明、徐祯卿、边贡、康海、王九思、王廷相号为七才子，堪称古文词一代宗师。在学术思想上，李梦阳反对腐朽的宋明理学，倡言人人平等，追求个性解放，他的思想具有鲜明的启蒙主义色彩。

明朝立国之初，为巩固封建统制，钳制人民思想，奉程朱理学为国教。他们一方面以程朱思想为标准，汇辑经传、集注，由胡广等人编出《五经大全》、《四书大全》、《性理大全》，诏颁天下，统一思想，即所谓“合众途于一轨，会万理于一原”，“使家不异政，国不殊俗”。另一方面又制定了八股取士制度，进一步以程朱理学和八股文禁锢文人学士以及广大群众的身心思想。据《明史·选举制》记载，“三年大比，以诸生试之直省，曰乡试；次年，以举人试之京师，曰会试；中试者，天子亲策于廷，曰廷试，亦曰殿试。状元、榜眼、探花之名，制所定也”。《选举制》中还说，凡应科举者必用八股文，并规定了考试的内容要专以四书五经为题。四书义三题，字在200以上；五经义四题，字在300以上。这种考试制度不仅内容有限制，字数也有限制，严重禁锢了士子们的思想。

统治者支持下的程朱理学在明代初年盛极一时，但是到明代中叶，情况就开始发生变化。明代中叶以后，中国封建社会经济全面繁荣，经济发展超过宋元时代的最高水平，社会生产和商品经济达到了整个中国封建时代的顶峰，资本主义萌芽开始出现。与经济发展相适应，社会思想领域也出现了一股反传统的、具有个性解放色彩的以陈白沙、王阳明对于程朱理学的革新、背离为代表的新思潮。

李梦阳的思想主张也体现出鲜明的时代气息。如他在论及理欲关系时说：

> 孟子论好勇、好货、好色，朱子曰，此皆天理之所有而人情之所不能无者。是言也，非浅儒之所识也。空同子曰，此道不明于天下，而人遂不复知理欲同行异情之义，是故近里者讳声利，务外者黩货色。……此义惟孔知之，孟知之，朱知之。故曰非浅儒之所识也。

李梦阳提到的这句话，为朱熹在《孟子集注·卷二·梁惠王章句下》中针对梁惠王说自己“好色”这件事时所说。朱熹在评论中指出，钟鼓、苑囿、游观的乐趣和好勇、好货、好色的心理，皆为人之常情。在这一点上，就是圣人也不能脱俗。天理和人欲虽然同生相连，但是他们对人的影响却有着很大的不同。圣人循理尽其性，小人穷欲而灭天理。李梦阳在这里引用朱熹这句话，所要表明的和朱熹以及后代理学家们的理解都不相同，他没有把人欲极端地排斥在人性之外，而是在某种程度上肯定了人的合理欲望。“天地间惟声色，人安能不溺之？声色者，五行精华之气，以之为神者也”，这句话的意思是说所谓的声色是大自然的精华，人既然是大自然的一部分，又怎么能不喜欢它们。这种肯定人欲的理论旨在说明人欲的合理性和不可抑制性，一针见血地指出了程朱理学一向宣称的“存天理，灭人欲”这一观点的荒谬和腐朽，对于明代中叶以后社会新思潮的形成起到重要的引导和培育作用。

5．李泰（1382－1463）。李泰字叔通，鹿邑人。《明史·万安传》说他为中官永昌养子。洪武三十年（1397年）进士。姚福《青溪暇笔》称其官为詹事府通事舍人，其他事迹则无考。

李泰精于阴阳五行之学，著有《五行类事占徵验》一书。此书九卷，《四库全书总目提要》：“其大旨祖《汉书·五行志》所引董仲舒、刘向、刘歆之说而衍之。故其体例近古，不似五行家之猥鄙，然其为穿凿附会则一也。”又著有《天文释义》一书，此书“依丹元子《步天歌》分布垣舍之星为之，复以汉唐天文志现象立意为法，正伪注疑以为占验”①。

李泰又著有《四时气候集解》四卷。是书成于洪熙元年，大旨“以《月令》诸书纪载时物，仅得其大略。前人训释又互有异同，因搜采群籍，以为考证”②。

在全国地域文化的热潮中，陈楚文化研究的兴起绝不是跟风或是一时兴起的头脑冲动，而是由于历史文化厚重的积累而不得不发的行为。由自然环境、历史传统以及现实的价值观念所决定的学术独特性、由陈州所处的历史区位关系而引起的其对中国传统学术的桥梁连接作用，都奠定了陈楚文化在中华文化体系当中的一席之地。从伏羲易学，到老庄哲学，再到汉初黄老思想及理学圣地二程书院，历史文化悠久的周口展现出一条清晰的和中国古代学术基本平行的发展线索。

撰稿人　杨文森

① 吕友仁:《中州文献总录》，中州古籍出版社2002年版。

② （清）纪昀:《四库全书总目》卷六十七。

第六章　周口文学概观

周口位于中原腹地，在文化史上不仅直接参与中华文明的进程，而且也是中华文明的滥觞之地。早期的周口文学在文学发展史上举足轻重，这里有以混沌创世、寻根问祖、洪水灭世等为主要内容，蕴涵民族记忆的羲娲神话，有生长于斯的老子的《道德经》，也有内容悱恻、艺术奇崛的《诗经·陈风》。至中古时期，周口文学人才辈出，从东汉到六朝，籍贯周口的应氏、袁氏、谢氏、殷氏等家族文人，随着晋室南迁，作为轴心的中原文明移至江南，以其文学成就在文学史上占有重要地位。这期间，周口为文学史贡献了应劭、应玚、应璩、袁绍、袁宏、谢道韫、谢混、谢灵运、谢朓、殷仲堪、殷芸等大批优秀作家，成为研究世家大族与六朝文学的主要内容。唐宋及其以后，主要是旅陈文学、戏曲文学。李白、李密、苏轼、苏辙、张耒等人为周口留下许多动人的诗篇，元杂剧《秋胡戏妻》、《陈州粜米》使人对周口的人文风物产生许多玄想。明清时期出现一些诗人如李梦阳、高梅阁、王新祯等，或闻名遐迩，直接参与文学史进程，或名噪一时，为地方、时人所推崇。这一时期，周口文学在文学史上的边缘化位置是非常明显的。借鉴文学史，让我们寄希望于将来。

一、陈风：古代诗歌艺术的奇葩

《诗经》按风、雅、颂分为三类，风诗包括周南、召南、邶风、鄘风、卫风、王风、郑风、齐风、魏风、唐风、秦风、陈风、桧风、曹风、豳风，共计15国风160篇，陈风为其一，共计10篇。风即音乐曲调，国风即各地区的乐调。国是地区、方域之意，十五国风即这些地区的地方土乐。国风中，豳风全部是西周作品，其他除少数产生于西周外，大部分是东周作品。就诗歌的文学艺术成就而言，国风是《诗经》中最出色的。陈风的创作时间，主要集中在东周时期，比如创作时间可考的《株林》，应在公元前613年之后的15年间，即陈灵公在位期间。陈风主要表现陈地先民的生产、生活及精神风貌，其表达爱情缠绵悱恻，对于家国之乱不畏强暴、不惮言辞；其语言简明、形象，内容质朴、自然，不乏人生哲理的思考。另外，东周时的陈国，受到南方楚国的重要影响，国都曾一度沦为楚都，项（今沈丘县槐店镇西）为别都，刘师培曾将陈地视为荆楚，比如他认为“惟荆楚之地，僻处南方，故老子之书，其说杳冥而深远”①。15国风中没有楚风，因此陈风又是研究南方楚文学的重要参照。

（一）陈风的思想内容

翻阅陈风，首先感到的是浓郁的民俗情味。陈地土地肥美，人烟稠密，为中原富庶地区，物产、文化均兴盛。人们为了更好地发展农业生产，总要虔诚地祈神降福。所以其地巫风颇为盛行。相传这一习俗是受陈国第一代君主胡公妫满的妻子、周武王的长女太姬的影响而盛行并流传下来的。《汉书·地理志》载：“太姬妇人尊贵，好祭祀用巫，故俗好巫鬼。击鼓于宛丘之上，婆娑于枌树之下，有太姬歌舞遗风。”马瑞良《毛诗传笺通释》说：“按《乐记》言陈风好巫，汉书匡衡传陈夫人好巫而淫祀。张晏注，胡公夫人武王之女，太姬无子，好祀鬼神，鼓舞而祀。”

陈风的首篇《宛丘》就是这一特殊民俗的反映。“子之汤兮，宛丘之上兮”写的是一个能歌善舞的巫女，正在宛丘之上舞蹈，舞态娉婷多姿。宛丘，朱熹注，“四方高，中央下，曰宛丘”。《郡县志》上说，宛丘“在陈州宛丘县南三里”，也就是现在的淮阳县城东南四公里处的平粮台。现代考古发现，这里是龙山文化时期的古城遗址，在周代是陈国著名的游乐祭祀场所。每逢祭日，人们从四面八方汇集于宛丘，载歌载舞，祈神赐福，并有男女欢会的物资交流。这一风俗一直延续到今天，现在淮阳每年农历二月二至三月三的太昊陵庙会大约是起源于此。《宛丘》的第二、三章是对歌舞场面的描写。在歌舞狂欢的高潮，鼓乐齐奏，巫女狂舞，可以想见当时的热烈场景。诗中歌舞的女子是位领舞人，她“值其鹭羽”，用以指挥全场，形成整齐划一的动作。“鹭羽”是用鹭鸶羽毛制成的舞蹈道具，像扇形或伞形。古代舞蹈与劳动生产关系密切，往往在获得劳动成果时，人们便情不自禁地载歌载舞，跳舞时随手取兽骨或兽皮敲打伴奏，或拿起鸟羽或牛尾等挥舞起来。这就是原始的乐器和道具。《宛丘》中巫女“值其鹭羽”的歌舞，与《吕氏春秋·古乐》

---

① 刘师培：《南北文学不同论》，载程千帆《文论十笺》，黑龙江人民出版社1983年版，第89页。

记载的“昔葛天氏之乐，三人操牛尾，投足以歌八阙”的歌舞形式大致相仿，这在歌舞史上颇有参考价值。

“爱情”是陈风表达的主要思想内容。陈风中描写爱情的诗篇比较多，《东门之枌》、《东门之池》、《东门之杨》可以视为代表，兼有《月出》、《泽陂》，真情毕现，情景动人。《东门之枌》成功塑造了一个善于钟情，且已坠入爱河的“子仲的女儿”，她与情人相约，将要远行。其与情人之间的相知，如“视尔如荍，贻我握椒”，充满喜悦之情。朱熹《诗集传》称：“此男女聚会歌舞，而赋其事以相乐也。”细考文本，此诗主人公为钟情的子仲的女儿，其为情所系，不事纺织，徘徊于陈之郊野与市井，不能自已。子仲女儿之钟情大胆，可嘉可叹。诗人此处设问，尽彰得人之意。至于“婆娑”一词，实“徘徊”非“歌舞”，女子从一钟情，默而识之，岂见张扬使世人尽知？至于两人相约、相誓而远行，此两情相愿，彼此不失。《东门之池》为大夫钟情之词，描写一位陈大夫游逸东门，于潋滟水波之上，偶见沤麻夫人，遂春心荡漾，不能自已，歌以咏之，希望与该女子认识，所以有“彼美淑姬，可与晤歌”，一咏三叹。《东门之杨》描写一对恋人相约、相得的美好心情，二人黄昏在东门相约，厮守一起直至启明星升起，美妙之处在于诗歌以启明比佳人，情景交融。《月出》一首，描写一位饱含幽怨的美丽女子在皎洁的月光之下与情人相见，其郁结得到了舒缓，但是却增添了男子的无限忧愁，因此有“舒夭绍兮。劳心惨兮”，宋代朱熹《诗经集传》认为，“此亦男女相悦而相念之辞”。[1] 宋代王柏《诗疑》称：“《月出》——此为淫奔之诗。”[2] 王柏之说以朱熹之说为前提，此说在清代以前接受的人很多。《毛序》称“《月出》，刺好色也。在位不好德，而说美色焉”，这种说法具有一定道理。

“爱国”是陈风表达的另一思想内容。在这个主题上，突出表现了陈风的美刺功能，代表作品有《墓门》、《防有鹊巢》，还有《株林》，它们是所谓的“变风”。关于陈风的美刺，孔颖达疏曰：“其诗《宛丘》、《东门之枌》序云幽公，为幽公诗矣。《衡门》云‘诱僖公’，《东门之池》、《东门之杨》从上明之，亦僖公诗也。《墓门》刺陈佗，陈佗诗也。《防有鹊巢》云宣公，《月出》亦从上明之，亦为宣公诗也。《株林》、《泽陂》序云灵公，为灵公诗也。郑于左方中皆以此而知也。”孔颖达虽然有些牵合附会，其中也多有道理。现在看来，《墓门》指称时事无疑，《毛序》称：“《墓门》，刺陈佗也。陈佗无

---

① 朱熹：《诗经集传》，上海古籍出版社1987年版，第56页。

② 《续修四库全书》，上海古籍出版社1995年版，57册，第222页。

良师傅，以至于不义，恶加于万民焉。不义者，谓弑君而自立。”其事《史记·陈杞世家》载：“三十八年正月甲戌己丑，桓公鲍卒。桓公弟佗，其母蔡女，故蔡人为佗杀五父及桓公太子免而立佗，是为厉公。桓公病而乱作，国人分散，故再赴。”①《史记·田敬仲完世家》：“厉公者，陈文公少子也，其母蔡女。文公卒，厉公兄鲍立，是为桓公。桓公与他异母。及桓公病，蔡人为他杀桓公鲍及太子免而立他，为厉公。”桓公有病，其弟陈佗杀之，蔡人又为陈佗杀五父及桓公太子免，后来立陈佗。陈国政治混乱，持不同政见者远遁，因此有“国人分散”，此诗为疾政之作，痛斥陈佗弑君自立等不轨行为。又考查厉公陈佗立后，“桓公之少子林怨厉公杀其父与兄，乃令蔡人诱厉公而杀之。林自立，是为庄公”（《史记·田敬仲完世家》），诗人为陈林一党无疑，又文本直言宗庙为“墓门”，以复兴嫡传为己任，诗人宗室地位不言而喻。桓公及太子免等被杀，因此“墓门有棘”，“有鸮萃止”，诗人直言“夫也不良，国人知之”，可见厉公不信不立，为人非议，又言“讯予不顾，颠倒思予”，诗人所处危疑之际。至于诗人不顾安危，慷慨直言，是忧心国事所导致的，揭露统治者的罪恶，闪烁着民主性的思想光辉。《防有雀巢》也是政治抒情诗，言大夫处于危疑之际。“中唐有甓，邛有旨鹝”说陈邑宗庙巍峨，为奉帝舜祀之仁义之地，“谁侜予美？心焉惕惕”说诗人耿介遭谗，内心忧惧不已。由此可见，此诗主旨在于讽陈国政乖，有不君。《毛序》称：“《防有鹊巢》，忧谗贼也。宣公多信谗，君子忧惧焉。”察宣公事，《史记·陈杞世家》载：“二十一年，宣公后有嬖姬生子款，欲立之，乃杀其太子御寇。御寇素爱厉公子完，完惧祸及己，乃奔齐。”宣公信谗言，陈完惧祸，诗人就是陈完吗？我们不得而知。至于《株林》，是写陈灵公与孔宁、仪行父君臣淫乱夏姬一事，对他们的荒淫无耻进行了辛辣的讽刺。《毛序》称：“《株林》，刺灵公也。淫乎夏姬，驱驰而往，朝夕不休息焉。”《左传·宣公九年》记载：“陈灵公与孔宁、仪行父通于夏姬，皆衷其服以戏于朝。泄冶谏曰：‘公卿宣淫，民无效焉，且闻不令，君其纳之。’公曰：‘吾能改矣。’公告二子，二子请杀之，公弗禁，遂杀泄冶。”《左传·宣公十年》：“陈灵公与孔宁、仪行父饮酒于夏氏。公谓行父曰：‘徵舒似汝。’对曰：‘亦似君。’徵舒病之。公出，自其厩射而杀之。二子奔楚。”复见《史记·陈杞世家》：“十四年，灵公与其大夫孔宁、仪行

① 赴：急走报丧，后作“讣”，《玉篇·走部》：“赴，告也。或作讣。”

父皆通于夏姬，衷其衣以戏于朝。泄冶谏曰：‘君臣淫乱，民何效焉?’灵公以告二子，二子请杀泄冶，公弗禁，遂杀泄冶。十五年，灵公与二子饮于夏氏。公戏二子曰：‘徵舒似汝。’二子曰：‘亦似公。’徵舒怒。灵公罢酒出，徵舒伏弩厩门射杀灵公。孔宁、仪行父皆奔楚，灵公太子午奔晋。徵舒自立为陈侯。徵舒，故陈大夫也。夏姬，御叔之妻，舒之母也。”首章“从夏南”，国君为礼制限制，不能随便出入臣家，《礼记·礼运篇》：“诸侯非问病，吊丧而入诸臣之家，是谓君臣为谑。”次章“乘马”、“乘驹”，何休《公羊传》注云：“礼，大夫以上至天子，皆乘四马，所以通四方也。天子马曰龙，高七尺以上；诸侯曰马，高六尺以上；卿大夫士曰驹，高五尺以上。”“乘马”指灵公，“乘驹”指孔宁、仪行父。总而言之，上述三首诗歌，均表达出陈国政治混乱，国君昏聩，是时，诗人忠信而见疑，因此歌以咏志，故《汉书·地理志》云：“吴札闻《陈》之歌，曰：‘国亡主，其能久乎!’自胡公后二十三世为楚所灭”，然则不安于苟且，慷慨陈词，率而讽之，虽“国亡主”，却是民之福祉，民族精粹，生生不息，由此可见一斑。

（二）陈风的艺术风格

陈风为《诗经》重要组成，它关注现实，抒发现实生活触发的真情实感，这种创作态度，使其具有强烈深厚的艺术魅力。无论是在形式体裁、语言技巧，还是在艺术形象和表现手法上，都显示出我国最早的诗歌作品在艺术上的巨大成就。

赋、比、兴的运用，同样是陈风艺术特征的重要标志。关于赋、比、兴的意义，历来说法众多。简言之，赋就是铺陈直叙，即诗人把思想感情及其有关的事物平铺直叙地表达出来。比就是比方，以彼物比此物，诗人有本事或情感，借一个事物来作比喻。兴则是触物兴词，客观事物触发了诗人的情感，引起诗人歌唱，所以大多在诗歌的发端。赋、比、兴三种手法，在诗歌创作中，往往交相使用，共同创造了诗歌的艺术形象，抒发了诗人的情感，赋运用得十分广泛，能够很好地叙述事物，抒写感情。如《株林》叙述陈灵公与孔宁、仪行父通于夏姬就是用赋法。赋是一种基本的表现手法，赋中用比，或者起兴后再用赋，在陈风中是很常见的，如《泽陂》“彼泽之陂，有蒲与荷。有美一人，伤如之何?”赋可以叙事描写，也可以议论抒情，比兴都是为表达本事和抒发情感服务的，在赋、比、兴三者中，赋是基础。陈风也多用“比兴”手法，如《东门之池》“东门之池可以沤麻。彼美淑姬，可与晤歌"，又如《泽陂》"彼泽之陂，有蒲与荷。有美一人，伤如之何?"吴小如先生认为："这种因物起兴、触景生情的形象化表现手法，利用人民日常生活中所习见的事物和景象来引起感情的抒发，可以使读者产生亲切而具体的感受，正是我国诗歌艺术的传统特色，特别在民歌里用得更加广泛。"①

陈风的句式，也以四言为主，四句独立成章，其间杂有二言至八言不等。二节拍的四言句带有很强的节奏感，是构成陈风整齐韵律的基本单位。四字句节奏鲜明而略显短促，重章叠句和双声叠韵读来又显得回环往复，节奏舒卷徐缓。陈风重章叠句的复沓结构，不仅便于围绕同一旋律反复咏唱，而且在意义表达和修辞上，也具有很好的效果。陈风中的重章，许多都是整篇中同一诗章重叠，只变换少数几个词，来表现动作的进程或情感的变化。如《月出》：

月出皎兮。佼人僚兮。舒窈纠兮。劳心悄兮。
月出皓兮。佼人懰兮。舒忧受兮。劳心慅兮。
月出照兮。佼人燎兮。舒夭绍兮。劳心惨兮。

置换若干个动词，就描绘出男女双方复杂的心境。复沓回环的结构，灵活多样的用词，把情感的微妙变化分置于三章中，三章互为补充，在意义上形成了一个整体，一唱三叹，曼妙非常。陈风的叠句，有的在不同诗章里叠用相同的诗句，如《衡门》"岂其食鱼，必河之鲂?岂其取妻，必齐之姜?岂其食鱼，必河之鲤?岂其取妻，必宋之子?"陈风中的叠字，又称为重言。《东门之杨》"东门之杨，其叶牂牂。昏以为期，明星煌煌。东门之杨，其叶肺肺。昏以为期，明星皙皙。"以"牂牂"、"肺肺"形容杨树的茂盛，以"煌煌"、"皙皙"形容启明星皎洁的光亮。和重言一样，双声叠韵也使诗歌在演唱或吟咏时，章节舒缓悠扬，语言具有音乐美。总之，陈风的语言形式形象生动，丰富多彩，往往能"以少总多"、"情貌无遗"（《文心雕龙·物色》）。它从多方面表现了那个时代丰富多彩的现实生活，反映了人们的喜怒哀乐，以其清醒的现实性，展现出独特的艺术魅力。

---

① 吴小如：《古典诗文述略》，陕西人民出版社1984年版，第15页。

二、陈郡家族文学

家族是社会史中最基本的一个结构单位，活跃在汉魏六朝的陈郡应氏、袁氏、谢氏、殷氏家族，无论是在政治史抑或文学史舞台上，均令人格外瞩目，尤其是在文学方面的突出贡献。陈郡家族是靠自身在政治文化上的突出表现，逐步得到社会确认的，他们谨持门风，笃重家学，增强家族的凝聚力，重视家族人才的培育，以陈郡谢氏为例，家族子弟与父叔辈彼此往来，逐渐形成一种家族文学集团。事实上，陈郡家族的崛起，多是由于其在政治、经济、军事的才干，从他们现存的文章可以看出，更多的是奏议之类的公牍及杂文，至于后来，政治色彩减弱，文学意味增强，赋颂、诗歌成为他们创作的重要文体。陈郡家族的式微和他们逐渐远离政治中心有关，政治特权被削弱，整个家族的势力、作用与影响也随之减弱，其文学优势也难以保持下去了。

（一）应氏家族文学

陈郡应氏家族历经东汉、三国、两晋三个朝代，从东汉初任河南尹的应顺开始，九代中不乏文韬武略治世良才，且代代都有显官要职。据《后汉书》卷四十八《应劭传》记载："中兴初，有应妪者，生四子而寡。见神光照社，试探之，乃得黄金。自是诸子宦学，并有才名，至玚七世通显。"所谓"七世"指应顺子迭，迭子郴，郴子奉，奉子劭，劭子郇，郇子玚。

应顺是应氏家族第一代做官的，以其才气被郡守举为孝廉，先任尚书郎，再转右丞，后迁冀州刺史，因廉直无私，又迁东平国相国。任相国期间，赏罚必信，吏不敢犯。和帝即位后，任为将作大匠，主管修建皇家宗庙、路寝、宫室、陵园土木，视事五年，节费亿万。后升任掌管京都的河南尹。《后汉书》卷四十八给应顺很高的评价："字华仲，和帝时为河南尹、将作大匠，公廉约己，明达政事。"应顺文章现存一篇《上言宜给计吏舍馆》，见于严可均校辑《全上古三代秦汉三国六朝文》（中华书局，1958 年版）。[1]

第四代应奉，字世叔，文章现存两篇。其一为《理李膺等疏》，载于《后

① 以下所引文章皆同。

汉书·李膺传》。延熹二年（159 年），李膺任河南尹时曾与廷尉冯绲、大司农刘佑等一起与宦官抗争，比如李膺上表皇帝请依法惩治羊元群，而羊元群却用贪污来的钱财买通宦官，反而使正直的李膺受到诬陷，与冯绲、刘佑以及地方郡太守刘质、成晋等人一同下狱。时任司隶校尉的应奉遂上此疏为之求情，李膺才得免罪。应奉另有《上书谏立后》一篇，载于《后汉书·应奉传》。

1. 应劭与《风俗通义》

陈郡应氏第五代应劭（约 153－196），字仲远，少年时专心好学，博览多闻。灵帝时被推举为孝廉。中平六年（189 年）至兴平元年（194 年）任泰山郡太守，后依袁绍，卒于邺。应劭博学多识，平生著作 11 种、136 卷。《风俗通义》原书 23 卷，现存黄霸、正失、衍礼、过誉、十反、声音、穷通、祀典、怪神、山泽十卷，附录一卷。《风俗通义》的创体背景是，东汉末年，“王室大坏，九州幅裂，乱靡有定，生民无几”。应劭所努力做到的，是“言通于流俗之过谬，而事该之于义理也”。该书考论典礼类《白虎通》，纠正流俗类《论衡》，记录了大量的神话异闻。《风俗通义》主要是剖析事理，考察“俗间行语”，对于每条词语，应劭往往多方求证词义，认真梳理不同说法，并且附上自己的意见，对我们考察或了解那个时代的风俗，以及人文典故等起到重要的作用。

2. 建安七子之一——应玚

陈郡应氏到第七代，三国曹魏时期出了两个著名的文学家，即应郇的两个儿子应玚和应璩。

应玚为建安“七子”之一。“七子”之称出于曹丕《典论·论文》，指孔融（字文举，153－208），陈琳（字孔璋，?－217），王粲（字仲宣，177－217），徐干（字伟长，171－217），阮瑀（字元瑜，?－212），应玚（字德琏，?－217），刘桢（字公干，?－217）七人。王粲、刘桢、应玚等竞逞才藻，各造新诗，都有鲜明的文学个性。应玚被魏王曹操任命为丞相掾属，后转为平原侯庶子。曹丕任五官中郎将时，玚为将军府文学（掌校典籍、侍奉文章），著文赋数十篇，亦以诗歌见长。谢灵运游邺宫，感于建安文人集团凋零，内心悲怆，遂作《拟魏太子邺中集诗八首》，其中《应玚》云：

> 汝颍之士，流离世帮，颇有飘薄之叹。嗷嗷云中雁，举翩自委羽。求凉弱水湄，违寒长沙渚。顾我梁川时，缓步集颍许。一旦逢世难，沦薄恒羁旅。天下昔未定，托身早得所。官渡厕一卒，乌林

预艰阻。晚节值众贤，会同庇天宇。列坐荫华榱，金樽盈清醑。始奏延露曲，继以兰夕语。调笑辄酬答，嘲谑无惭沮，倾躯无遗虑。在心良已叙。(《文选》三十；《诗纪》四十八)

曹植《送应氏》（二首）是为送别应玚而作的，此诗作于建安十六年，在送别的地方，望见洛阳残破、田园荒芜，“千里无人烟”，描绘出经历战乱之后的令人触目惊心的一幅凄凉图景，致使作者“气结不能言”。诗歌也表达了作者与应玚的真挚友情，描绘“亲昵并集送，置酒此河阳”的送别情形，寄托“愿为比翼鸟，施翮起高翔”的美好愿望。诗云：

步登北邙阪，遥望洛阳山。洛阳何寂寞，宫室尽烧焚。垣墙皆顿擗，荆棘上参天。不见旧耆老，但睹新少年。侧足无行径，荒畴不复田。游子久不归，不识陌与阡。中野何萧条，千里无人烟。念我平生居，气结不能言。

清时难屡得，嘉会不可常。天地无终极，人命若朝霜。愿得展嬿婉，我友之朔方。亲昵并集送，置酒此河阳。中馈岂独薄，宾饮不尽觞。爱至望苦深，岂不愧中肠。山川阻且远，别促会日长。愿为比翼鸟，施翮起高翔。(《文选》二十)

应玚处于汉、魏战乱时期，对人民的灾难深感同情，在他的《灵河赋》、《愍骥赋》、《征赋》和《公宴赋》等作品中都有较深刻的反映。这些作品辞情慷慨，深刻反映了汉末社会的动乱和人民流离失所的痛苦。体现了他企盼国家统一的愿望。其传世之作不多，原有集，今散佚。明人辑有《应德琏集》。其诗《侍五官中郎将建章台集诗》以悲鸣大雁自喻，称自己出身寒门，栖息无定所，所幸为曹丕所收容，内心感佩不已：

朝雁鸣云中，音响一何哀。问子游何乡，戢翼正徘徊。言我塞门来，将就衡阳栖。往春翔北土，今冬客南淮。远行蒙霜雪，毛羽日摧颓。常恐伤肌骨，身陨沉黄泥。简珠堕沙石，何能中自谐。欲因云雨会，濯羽陵高梯。良遇不可值，伸眉路何阶。公子敬爱客，乐饮不知疲。和颜既以畅，乃肯顾细微。赠诗见存慰，小子非所宜。为且极谦情，不醉其无归。凡百敬尔位，以副饥渴怀。(《文选》二十；《诗纪》十七)

应玚和建安时期其他作家一样，作品具有骈化的特点，在其博赡的学问基础上尽量表现才华，因此作品闪耀着绚烂的辞采，显示了文章在修辞方面的进步，整篇文章呈现辞句的匀称之美，并贯注着谐婉流畅之气，比如其《正情赋》：

夫何媛女之殊丽兮，咨温惠而明哲。应灵和以挺质，体兰茂而琼洁。方往载其鲜双，曜来今而无列。发朝阳之鸿晖，流精睇而倾泄。既荣丽而冠时，援申女而比节。余心嘉夫淑美，愿结欢而靡因。承窈窕之芳美，情踊跃乎若人。魂翩翩而夕游，甘同梦而交神。昼彷徨于路侧，宵耿耿而达晨。清风厉于玄序，凉飚逝于中唐。听云雁之翰鸣，察列宿之华辉。南星晃而电陨，偏雄肃而特飞。冀腾言以俯首，嗟激迅而难追。伤往禽之无隅，悼流光之不归。愍伏辰之方逝，哀吾愿之多违。步便旋以永思，情憀栗而伤悲。还幽室以假寐，固展转而不安。神眇眇以潜翔，恒存游乎所观。仰崇夏而长息，动哀响而余叹。气浮踊而云馆，肠一夕而九烦。（《艺文类聚》十八）

又如《文质论》：

盖皇穹肇载，阴阳初分，日月运其光，列宿曜其文，百谷丽于土，芳华茂于春，是以圣人合德天地，禀气淳灵，仰观象于玄表，俯察式于群形，穷神知化，万国是经，故否泰易趍，道无攸一，二政代序，有文有质，若乃陶唐建国，成周革命，九官咸乂，济济休令，火龙黼黻，暐韡于廊庙，衮冕旗旒。舄弈乎朝廷，冠德百王，莫参其政，是以仲尼叹焕乎之文，从郁郁之盛也，夫质者端一玄静，俭啬潜化利用，承清泰，御平业，循轨量，守成法，至乎应天顺民，拨乱夷世，摛藻奋权，赫弈丕烈，纪禅协律，礼仪焕别，览坟丘于皇代，建不刊之洪制，显宣尼之典教，探微言之所弊，若夫和氏之明璧，轻縠之袿裳，必将游玩于左右，振饰于宫房，岂争牢伪之势，金布之刚乎，且少言辞者，孟僖所以不能答郊劳也，寡智见者，庆氏所以困相鼠也，今子弃五典之文，暗礼智之大，信管望之小，寻老氏之蔽，所谓循轨常趍，未能释连环之结也，且高帝龙飞丰沛，

> 虎据秦楚，唯德是建，唯贤是与，陆郦摛其文辩，良平奋其权谞，萧何创其章律，叔孙定其庠序，周樊展其忠毅，韩彭列其威武，明建天下者，非一士之术，营宫庙者非一匠之矩也，逮至高后乱德，损我宗刘，朱虚轸其虑，辟强释其忧，曲逆规其模，郦友诈其游，袭据北军，实赖其畴，冢嗣之不替，诚四老之由也，夫谏则无义以陈，问则服汗沾濡，岂若陈平敏对，叔孙据书，言辨国典，辞定皇居，然后知质者之不足，文者之有余。(《艺文类聚》二十二)

建安时代“三曹”、“七子”并世而出，确立了“建安风骨”这一诗歌美学的典范。曹操古直悲凉，曹丕便娟婉约，曹植文采气骨兼备。曹氏父子的创作，完成了乐府民歌向文人徒诗的转变，为五言诗的发展开辟了道路。七子中王粲、刘桢的成就最突出，钟嵘《诗品》列之于上品，只是在诗风上，刘桢为《国风》派，王粲为《楚辞》派。王粲和刘桢的诗：“仲宣躁竞，故颖出而才果；公干气褊，故言壮而情骇”(刘勰《文心雕龙·体性》)。建安时代是文学开始走向自觉的时代，也是诗人创作个性高扬的时代。建安诗人多高自标置，以文才武略自负，比如应玚《与刘公干书》：“鹑鷃栖翔凤之条，鼋鼍游升龙之渊，识真者所为愤结也。”① 在进行诗歌创作时，便不肯踵武前贤或效法同辈，而是另辟蹊径，努力展现自己独特的风貌。在诗体的运用上，也各具匠心。曹丕《典论·论文》评价“七子”说：“斯七子者，于学无所遗，于辞无所假，咸自以骋骥騄于千里，仰齐足而并驰。以此相服，亦良难矣！盖君子审己以度人，故能免于斯累，而作论文。王粲长于辞赋，徐干时有齐气，然粲之匹也。如粲之初征、登楼、槐赋、征思，干之玄猿、漏卮、圆扇、橘赋，虽张、蔡不过也。然于他文，未能称是。琳、瑀之章表书记，今之隽也。应玚和而不壮；刘桢壮而不密。”其中涉及应玚的，虽是“应玚和而不壮”，但是还有下句“刘桢壮而不密”，应玚与刘桢比较，可以想见，曹丕此句并非贬低应玚，而是说明诗风各有所长，至于“七子”才华，“于学无所遗，于辞无所假，咸自以骋骥騄于千里，仰齐足而并驰”。指他们的文学成就实际上不分伯仲。事实上，曹丕对应玚的才华是非常看好的，只是为其创作量少而叹惋，其在《与吴质书》中说：“德琏常斐然有述作之意，其才学足以著书，美志不遂，良可痛惜。”

---

① 《文选》陆机《吴王朗中时从梁陈作诗》注。

应玚的诗歌，是继承汉乐府民歌的传统，又加以发展、改造的结果，其中五言诗是从汉乐府民歌继承而来，如应玚表达其慷慨悲凉情感的《别诗》："朝云浮四海。日暮归故山。行役怀旧土。悲思不能言。悠悠涉千里。未知何时旋。"五言被诗人经常使用，并加以发展。就发展和改造方面来说，首先，过去作为诗歌主体的乐府民歌，是一种社会性的集体创作。它们由某些无名作者最初写成以后，在流传过程中不断地被加以改造，很少能表现出作者的个性特征。而建安时代，就不大有作品无主名的现象。这些与作者的名字联系在一起的作品，常常也和作者个人的特殊经历、情感和独特的审美爱好紧密联系在一起。这就促使诗歌向风格多样化的方向发展。反映在应玚的诗歌上，过去作为文人文学之主体的辞赋的某些特点，也被带到诗歌领域中来。辞赋最显著的特点是语言华丽，应玚的诗明显带有华丽的倾向。而且，在辞赋中较早就被大量运用的骈偶手段，在诗歌领域内，也被普遍使用。这些骈偶（即对仗）诗句，还显示出有意锤炼的痕迹。比如：《正情赋》："夫何媛女之殊丽兮，咨温惠而明哲。应灵和以挺质，体兰茂而琼洁。方往载其鲜双，曜来今而无列。发朝阳之鸿晖，流精睇而倾泄。既荣丽而冠时，援申女而比节。"这种趋向华丽的书面语言，曹丕说"诗赋欲丽"，从应玚的诗歌中正反映了这种普遍的文学观念。感于应玚的文学成就，《文心雕龙·才略》称"应玚学优以得文"，《文心雕龙·序志》称"魏文述典，陈思序书，应玚文论，陆机《文赋》"，可以看出，刘勰对他有极高的评价，既赞赏他的学识，又肯定他在文论上的成就。

应玚之弟应璩（？－252），字休琏。据《三国志》卷二十一记载："璩博学好文，善书记，魏文帝、明帝时，历任散骑常侍。齐王时迁侍中、大将军长史。"齐王曹芳时曾任侍中、大将军长史等职。其以《百一诗》闻名后世，其内容相当广泛，主旨是对曹爽的规劝。态度平和，正是儒家所提倡的温柔敦厚的风人之旨。语言质朴，以言事与说理见长，比如其诗言交友需有好的品德："子弟可不慎，慎在选师友。师友必良德，中才可进诱。"言才学不如人却身居高门，内心的惶恐与不安："下流不可处，君子慎厥初。名高不宿着，易用受侵诬。前者隳官去，有人适我闾。田家无所有，酌醴焚枯鱼。问我何功德，三入承明庐。所占于此土，是谓仁智居。文章不经国，筐箧无尺书。用等称才学，往往见叹誉。避席跪自陈，贱子实空虚。宋人遇周客，惭愧靡所如。"言居安思危，未雨绸缪："细微可不慎，堤溃自蚁穴。腠理早从事，安复劳针石。哲人睹未形，愚夫暗明白。曲突不见宾，燋烂为上客。思愿献良规，江海倘不逆。狂言虽寡善，犹有如鸡跖。鸡跖食不已，齐王为肥泽。”具有格言般的道德说教意味。钟嵘《诗品》将其列为中品，称其：“祖袭魏文，善为古语，指事殷勤，雅意深笃，得诗人激刺之旨。至于‘济济今日所’，华靡可讽味焉。”

应氏家族墓位于现在项城市高寺镇王冢子村东北角，应劭、应玚墓地均在这里，被项城市人民政府公布为县级文物保护单位。

周口市应氏家族文学家考表

国别	姓名	谱系	生卒年	职官	全后汉文	全三国文	全晋文	文选	文心	诗品
东汉	应顺	字仲华，汝南南顿人	建初、永元（76－?）	右丞、东平相、河南尹等	*					
东汉	应奉	字世叔，顺玄孙	桓帝（147－?）	武陵太守、司隶校尉	*					
东汉	应劭	字仲远，一作仲援，又作仲瑗，奉子	灵帝时、兴平（约153－196）	太山太守	*					
东汉	应玚	字德琏，劭弟珣之子，顺六世孙	（?　－217）	丞相掾、平原侯庶子、五官将文学	*	*	*			
曹魏	应璩	字休琏，玚弟	（190－252）	历仕文帝、明帝，为散骑常侍。齐王时迁侍中，为大将军曹爽长史，后复为侍中		*		*	*	*
西晋	应贞	字吉甫，汝南南顿人，魏侍中璩子	正始、咸熙（234－269）	抚军参军、相国参军、给事中、太子中庶子、散骑常侍			*			
西晋	应琳	贞从父	太康（280－?）	博士			*			
西晋	应詹	字思远，贞弟秀之子，璩之曾孙	元帝、明帝（317－?）	建武将军、江州刺史			*			
西晋	应亨	贞从孙		著作郎、南中郎长史			*			
	应硕	未详		汝南太守			*			

（二）袁氏家族文学

东汉袁氏的兴起，从袁安开始。袁安（？－92）东汉大臣，字邵公。汝南汝阳（今河南商水西南）人。少承家学。举孝廉，任阴平长、任城令，驭属下极严，吏人畏而爱之。明帝时，任楚郡太守、河南尹，政号严明，断狱公平，在职10年，京师肃然，名重朝廷。后历任太仆、司空、司徒。继袁安之后，袁安子袁敞，袁安孙袁汤，袁汤子袁逢、袁隗也都担任过三公的职务。这样，自袁安始，汝南袁氏四代人中先后有五人担任三公的职务，被称为"四世三公"，也成为汝南袁氏功绩与荣耀的代名词。后来，袁绍官至大将军、邺侯、太尉，也居三公之上，其弟袁术则称仲家皇帝，袁氏一族可谓"五世三公一帝王"。

1. 投身政治的袁安

袁安从小受到良好家庭教育，"为人严重有威，见敬于州里。初为县功曹"①，后来能够担任三公，与他的政治才干密不可分，他的文章也多为奏议，较具代表性的有《奏议立左鹿蠡王阿佟为北单于》、《又上封事谏立北单于》、《还北匈奴生口议》等，前两篇文章围绕的是一件事情，即窦宪屯驻武威时，北单于被耿夔打败，逃亡乌孙，北单于塞北的余部无人统领。"（窦）宪日矜己功，欲结恩北虏，乃上立降者左鹿蠡王阿佟为北单于，置中郎将领护，如南单于故事"（《后汉书·袁安传》），袁安坚决反对这件事，他认为，当初立南单于只是权宜之计，复立北单于只能增加国费，可以让南单于返回北庭。皇上迟疑不决，袁安不畏强权，毅然再次上书。后来，袁安的意见不被采纳，窦宪终于立匈奴降者右鹿蠡王于除鞬为北单于，但其后来果真反叛了。这两篇奏议条理清晰，有理有据，富有文采，从中看出袁安坚持已见的倔强性格以及出色的政治才干。

2. 作为文学家的袁绍

袁绍，字本初，东汉大将军、邺侯太尉。袁绍作品有《上书自讼》、《漳河盟辞》、《拜乌丸三王为单于版文》、《与曹操书》等，其《上书自讼》和《漳河盟辞》两篇文章，词义贞刚，析理通明，对于国祚败亡、董卓作乱痛心疾首，并敢以天下为己任。其语言悲哀刚劲，浑然有"慷慨任气、磊落使才"的建安文风。袁绍自幼接受良好教育，虽然现存作

① 《后汉书》卷四十五《袁安传》。

品多是奏议和书札，但是仍能看出他不凡的文学才华。

汝南汝阳（今河南商水县西南）袁氏世系表

<table>
<tr><td rowspan="13">袁安（司空）</td><td>袁赏</td><td colspan="5">袁著</td></tr>
<tr><td rowspan="10">袁京</td><td rowspan="3">袁彭</td><td rowspan="3">袁贺</td><td colspan="3">袁闳</td></tr>
<tr><td>袁忠</td><td colspan="2">袁秘</td></tr>
<tr><td colspan="3">袁弘</td></tr>
<tr><td rowspan="7">袁汤（历任司空、司徒、太尉三公）</td><td rowspan="3">袁成</td><td rowspan="3">袁绍</td><td colspan="2">袁谭（出继）</td></tr>
<tr><td>袁熙</td><td>袁买</td></tr>
<tr><td colspan="2">袁尚</td></tr>
<tr><td rowspan="3">袁逢（司空）</td><td colspan="3">袁基</td></tr>
<tr><td>袁术</td><td colspan="2">袁雟</td></tr>
<tr><td>袁浚</td><td colspan="2">袁谭（入嗣）</td></tr>
<tr><td>袁隗（历任三公、太傅）</td><td colspan="3">袁满来</td></tr>
<tr><td rowspan="2">袁敞（司空）</td><td rowspan="2">袁盱</td><td rowspan="2">（佚名）</td><td colspan="3">袁遗</td></tr>
<tr><td>袁迪</td><td>袁绥</td><td>袁晔</td></tr>
</table>

其实，袁姓首先在陈郡扶乐（今河南太康西北）形成望族，陈郡袁氏同汝南袁氏是袁氏的两大望族。据《后汉书》卷四十五《袁安传》记载："袁安字邵公，汝南汝阳人也。祖父良，习《孟氏易》，平帝时举明经，为太子舍人；建武初，至成武令。"即袁安的祖父是袁良，他通晓《孟氏易》，平帝时被推举为明经，任太子舍人等。程章灿著《世族与六朝文学》，其中"袁宏考"篇认定，陈郡扶乐的袁滂也是袁良之孙，其世系是袁良子袁昌，袁昌子袁安；袁良子袁璋，袁璋子袁滂。[①] 如此看来，陈郡袁氏同汝南袁氏原本一家，只是从袁良之后被分开了。随着袁绍、袁术兄弟在政治上的失败，袁安一支遂告式微，而袁涣一支仍迭居要职，显

① 参见程章灿：《世族与六朝文学》，黑龙江教育出版社1998年版，第137页。

达依旧。如果说汝南袁氏在东汉时大放异彩，强盛了百余年之后最终湮灭，那么从曹魏至隋唐长达数百年的时间内，是由陈郡（当时为陈国，后改为陈郡）袁氏唱主角。

3. 陈郡扶乐袁氏的文学成就

袁涣，字曜卿，汉司徒袁滂的儿子。据《三国志·魏书十一》记载："当时诸公子多越法度，而（袁）涣清静，举动必以礼。郡命为功曹，郡中奸吏皆自引去。后辟公府，举高第，迁侍御史。除谯令，不就。刘备之为豫州，举涣茂才。后避地江、淮间，为袁术所命。"又"魏国初建，为郎中令，行御史大夫事。涣言于太祖曰：'今天下大难已除，文武并用，长久之道也。以为可大收篇籍，明先圣之教，以易民视听，使海内斐然向风，则远人不服可以文德来之。'太祖善其言。时有传刘备死者，群臣皆贺；涣以尝为备举吏，独不贺。居官数年卒，太祖为之流涕，赐谷二千斛，一教'以太仓谷千斛赐郎中令之家'，一教'以垣下谷千斛与曜卿家'，外不解其意。教曰：'以太仓谷者，官法也；以垣下谷者，亲旧也。'"袁涣当年被吕布拘押，吕布再三强逼袁涣写信辱骂刘备，袁涣不答应，吕布就以生死相逼，袁涣终于以理服人，使吕布折服。这一点也使曹操钦佩不已。袁涣有四个儿子，袁侃、袁宇、袁奥、袁准。"侃字公然，论议清当，柔而不犯，善与人交。在废兴之间，人之所趣务者，常谦退不为也。时人以是称之。历位黄门选部郎，号为清平。稍迁至尚书，早卒。宇字宣厚，精辩有机理，好道家之言，少被病，未官而卒，奥字公荣，行足以厉俗，言约而理当，终于光禄勋。准字孝尼，忠信公正，不耻下问，唯恐人之不胜己。以世事多险，故常恬退而不敢求进。著书十余万言，论治世之务，为易、周官、诗传，及论五经滞义，圣人之微言，以传于世。此准之自序也。荀绰九州记称准有俊才，泰始中为给事中。"① 按照袁涣生前意愿，家人把他安葬在家乡汉扶乐城北。由于其先祖西汉关内侯袁经、袁山，广陵太守袁良、父亲袁滂都埋葬于此，所以人称"诸袁墓"。又因为这里有"袁三老碑"，因此又叫做"三代冢"，在今天的扶沟县大新镇三太冢村附近。袁涣有《袁涣集》五卷，现存文章有《与主簿孙徽等教》、《说曹公》、《与曹子建书》。

① 《三国志·魏书十一》引"袁氏世纪"。

陈郡扶乐（今河南太康县西北）袁氏世系表

<table>
<tr><td rowspan="9">袁滂</td><td rowspan="6">袁涣</td><td>袁侃</td><td></td><td></td><td></td><td></td><td></td></tr>
<tr><td>袁寓</td><td></td><td></td><td></td><td></td><td></td></tr>
<tr><td rowspan="2">袁奥</td><td rowspan="2">袁毅</td><td>袁瑰</td><td>袁乔</td><td>袁方平</td><td>袁山松</td></tr>
<tr><td>袁猷</td><td>袁勖</td><td>袁宏</td><td></td></tr>
<tr><td rowspan="2">袁准</td><td rowspan="2">袁冲</td><td rowspan="2">袁耽</td><td rowspan="2">袁质</td><td>袁湛</td><td>袁淳</td></tr>
<tr><td>袁豹</td><td>袁洵</td></tr>
<tr><td>袁霸</td><td>袁亮</td><td>袁粲</td><td></td><td></td><td></td><td></td></tr>
<tr><td>袁徽</td><td></td><td></td><td></td><td></td><td></td><td></td></tr>
<tr><td>袁敏</td><td></td><td></td><td></td><td></td><td></td><td></td></tr>
</table>

袁徽，字曜仁，袁涣弟。为人正直，有勇有谋，忠于曹家，因反对司马氏专权，而遭忌恨。其文章《与尚书令荀彧书》两篇，其一写孙策渡江侵犯，众人都逃往交州避难，刘靖先让随从乘船离开，等无论关系远近都离开了，最后才走这件事。文章感慨刘靖才智出众，认为其具有仁德。

事实上，随着晋室南渡，东晋南朝是门阀士族统治时期，琅琊王氏和陈郡谢氏是高门士族的领袖，其次便是陈郡袁氏和兰陵萧氏。陈郡袁氏与谢氏、王氏、萧氏联姻，王、谢、袁、萧并称四大盛门。据《晋书》、《南史》等书记载，袁湛、袁豹兄弟二人的母亲是东晋宰相谢安的侄女，袁湛又娶谢安侄子、东晋名将谢玄之女为妻；袁湛的外甥，是陈郡谢绚；袁粲的母亲，是琅琊王氏、太尉长史王诞之女。因为这层关系，彼此相互提携，形成利益共同体，在政坛上发挥作用。袁宏本是一介平民，后得到安西将军、豫州刺史陈郡人谢尚的提携，进入仕途；袁湛、袁豹在仕途上的升迁，也得到陈郡谢氏的帮助。陈郡袁氏也是南朝皇帝依赖的重要政治力量，自袁湛在东晋末期出任太尉始，袁粲、袁昂、袁枢、袁宪等先后在南朝担任宰相之职。唐人林宝《元和姓纂》云："袁氏自后汉、魏、晋至梁、陈，正传世二十八人，三公、令仆一十七人。"这其中主要是指陈郡袁氏。陈郡袁氏文化底蕴丰厚。袁涣的曾孙袁瑰在东晋任国子祭酒（全国最高学府国子学的主管）等职。他曾上书朝廷，要求重视儒学，恢复因战乱而受到削弱的礼教，因此，受到晋成帝的重视，东晋从此开始重视儒学教育。据《隋书·经籍志》：陈郡袁氏中袁涣、袁准、袁质、袁乔、袁休明、袁豹、袁彦伯、袁宏、袁山松、袁淑、袁粲、袁昂、袁枢、袁宪等都有文集传世。袁乔博学多识，才华出众，曾为《论语》、《诗》作注。袁乔的孙子袁山松，年幼时即有才名，著有《后汉书》百篇。他喜好音乐，当时流传一首歌曲叫《行路难》，歌词颇为粗疏质野，经过他的修改、加工，使词、曲更为精练、凄婉。他每当酒酣耳热之际，便高歌此曲，在场的人都忍不住流泪。人们把同时代的羊昙善唱歌、桓伊好唱挽歌、袁山松喜好《行路难》并称为“三绝”。

4. 袁宏及其作品

对后世影响最大的当属袁宏，袁宏（328－376），字彦伯，小字虎。袁猷的孙子，袁勖的儿子。初入仕途，谢尚引为参军，累迁至大司马桓温府记室，其间创作有《北征赋》。

关于《北征赋》，《晋书·袁宏传》记载，袁宏曾经和王珣、伏滔同在桓温那里，讨论《北征赋》用韵的问题，其间袁宏才思敏捷，王珣最后对伏滔说：“当今文章之美，故当共推此生。”后来《文心雕龙·诠赋》说：“彦伯梗概，情韵不匮。”除此之外，袁宏的《东征赋》、《三国名臣赞》也很著名。

袁宏在《东征赋》的结尾处，将西晋永嘉年间随琅琊王、安东将军、都督扬州诸军事司马睿（后来的晋元帝）渡江的诸位名臣一一著录，并分别称赞其德行。由于袁宏在当时文坛声誉很高，他的《东征赋》一问世，人们争相传看。那些被袁宏列名的诸位名臣后代倍感无上光荣，未被登上的名臣之后觉得受到冷落，就有意找碴儿。桓温的父亲桓彝虽是渡江名臣之一，曾任宣城太守，在东晋初年平定苏峻之乱中为国死难，但袁宏在《东征赋》中故意不列桓彝之名。与袁宏同在桓府又与之友善的伏滔多次劝他把桓彝名字列上，袁宏却笑而不答，始终未改。

（三）谢氏家族文学

由东汉至整个南朝，陈郡谢氏家族显赫近300年。谢氏家族文学发旺于谢裒一支，谢裒也为东晋著名将领，官至太常卿，他共有六个儿子，分别是谢奕、谢据、谢安、谢万、谢石、谢铁，阳夏谢氏文学名家谢道韫、谢混、谢灵运、谢瞻、谢晦、谢惠连、谢朓、谢庄等均出自他们之后，这些谢氏作家以他们的文学成就，为中国古代文学作出突出贡献。

陈郡阳夏（今河南太康县）谢氏世系表

<table>
<tr><td rowspan="12">谢缵</td><td rowspan="12">谢衡</td><td>谢鲲</td><td>谢尚</td><td></td><td></td><td></td><td></td></tr>
<tr><td rowspan="11">谢裒</td><td rowspan="2">谢奕</td><td>谢玄</td><td>谢瑍</td><td>谢灵运（385－433）</td><td></td></tr>
<tr><td>谢道韫（女）</td><td></td><td></td><td></td></tr>
<tr><td rowspan="3">谢据</td><td rowspan="3">谢允</td><td rowspan="2">谢裕</td><td>谢瞻（386－421）</td><td></td></tr>
<tr><td>谢晦（389－426）</td><td></td></tr>
<tr><td>谢述</td><td>谢纬</td><td>谢朓（464－499）</td></tr>
<tr><td rowspan="2">谢安</td><td>谢瑶</td><td></td><td></td><td></td></tr>
<tr><td>谢琰</td><td>谢混（？－412）</td><td></td><td></td></tr>
<tr><td>谢万</td><td>谢韶</td><td>谢恩</td><td>谢密</td><td>谢庄（421－466）</td></tr>
<tr><td rowspan="2">谢铁</td><td>谢邈</td><td></td><td></td><td></td></tr>
<tr><td>谢冲</td><td>谢方明</td><td>谢惠连（397－433）</td><td></td></tr>
<tr><td>谢石</td><td></td><td></td><td></td><td></td></tr>
</table>

1. 谢氏才女谢道韫

谢道韫，生卒年不详，东晋女诗人。名相谢安的侄女，安西将军谢奕的女儿，王羲之的儿子王凝之的妻子。她识知聪明，很有辩才，据《晋书》记载："叔父安尝问：'《毛诗》何句最佳？'道韫称：'吉甫作颂，穆如清风。仲山甫永怀，以慰其心。'安谓有雅人深致。又尝内集，俄而雪骤下，安曰：'何所似也？'安兄子朗曰：'散盐空中差可拟。'道韫曰：'未若柳絮因风起。'安大悦。"① 后世常以"咏絮才"称赞能诗善文的女子。公元 399 年，王凝之及其子女为孙恩起义军所杀，谢道韫孀居会稽，严循礼法，不辱谢氏

① 《晋书》卷九十六《谢道韫传》。

家门。

谢道韫今存散文《论语赞》一篇，诗歌作品现存三首，分别是《泰山吟》、《拟嵇中散咏松诗》、《咏雪联句》。①其《泰山吟》写作者登临泰山，为其雄伟而秀丽的景色倾倒，言其鬼斧神工，并且借物抒情，抒发自己多次迁居的郁闷心情，发誓自己将在泰山居住下来，颐养天年。此诗借物言志，气象开阔，在女性诗歌作品中是不多见的。

嵇康有《游仙诗》，诗云："遥望山上松，隆谷郁青葱。自遇一何高，独自迥无双。"嵇康的诗歌，以高山上的松树比喻人居高位，说明是由于借势使然，慨叹的是魏晋门阀政治的黑暗。谢道韫《拟嵇中散咏松诗》，抒发相同的感慨，哀叹自己时运不济，表明作者有较高的政治抱负。结合谢氏家族情况，作者的这种自视之高还是可以理解的，据《世说新语·贤媛》记载：

> 王凝之谢夫人既往王氏，大薄凝之。既还谢家，意大不说。太傅慰释曰："王郎，逸少之子，人才亦不恶，汝何以恨乃尔？"答曰："一门叔父，则有阿大、中郎；群从兄弟，则有封、胡、遏、末。不意天壤之中，乃有王郎！"

文中封、胡、遏、末分别指谢韶、谢朗、谢玄、谢渊。阿大、中郎即谢尚、谢据，除谢渊传记阙略，其余五人都有文集传世。琅琊王氏为其时一等高门，王凝之"人才亦不恶"，谢道韫仍不免有所怨艾，可见当时陈郡谢氏在政治上举足轻重，文学地位上人才济济的极高地位。

2. 谢混

谢混（381？-412），字叔源，小字益寿，东晋诗人。谢安之孙，谢琰之子，尚孝武帝晋陵公主，谢灵运之族叔。历任中书令、中领军、尚书左仆射。因与刘毅关系密切，晋安帝义熙八年（412年）为刘裕所杀。谢混自幼喜读诗书，善于为文，被誉为"江左风华第一"，据《宋书》记载：

> 混风格高峻，少所交纳，唯与族子灵运、瞻、曜、弘微并以文义赏会。尝共宴处，居在乌衣巷，故谓之乌衣之游。混五言诗所云"昔为乌衣游，戚戚皆亲侄"者也。其外虽复高流时誉，莫敢

---

① 均见逯钦立编《先秦汉魏晋南北朝诗》，中华书局1983年版。下同。

造门。[①]

由此看出，谢混等已经形成以一个文学集团，其标格之高，声誉之隆，当时无人能比。其完整的诗歌现存三首，有《诫族子诗》、《游西池诗》、《秋夜长》。

谢混是谢灵运、谢瞻、谢晦、谢曜族叔，他在《诫族子诗》中客观地分析了谢灵运等五人的长处与不足，具有针对性地谆谆教诲，殷勤劝勉，鼓励他们取长补短，完善自我。在谢氏文学群体之中，谢混起到了实际的领导作用。

《游西池诗》明言西池山水，实际写人生苦短，良辰不再来，因此有“美人愆岁月，迟暮独如何”。只是此诗写景，耳目清新，有秀句“景昃鸣禽集，水木湛清华”，胡应麟《诗薮》认为可与谢灵运“池塘生春草”、“清辉能娱人”等媲美。

谢混的诗歌清新隽永，钟嵘《诗品》称：“其源出于张华。才力苦弱，故务其清浅，殊得风流媚趣。课其实录，则豫章仆射，宜分庭抗礼；徵君、太尉，可托乘后车。征虏卓卓，殆欲度骅骝前。”将其列为中品。《南齐书·文学传论》也说“谢混情新”。谢混写景近于白描，一改玄言诗的“平典似《道德论》”，《宋书·谢灵运传论》称“仲文始革孙许之风，叔源大变太元之气”，充分肯定谢混对山水诗的贡献，他清新俊逸的诗歌，对谢灵运、谢朓、谢惠连等人的山水诗有巨大影响。

3. 山水诗人谢灵运

谢灵运（385－433），小名客儿，东晋末年刘宋初年的著名诗人。他是中国山水诗的开创者，是第一个大量创作山水诗的诗人。他信奉佛道，曾注释过《金刚般若经》，润饰过《大般涅槃经》，有《辩宗论》为其阐释顿悟的哲学名篇。谢灵运还于元嘉间奉诏撰《晋书》，《隋书·经籍志》著录36卷，已佚。《隋书·经籍志》又著录有《谢灵运集》19卷，已佚。明代张溥辑有《谢康公集》2卷，收入《汉魏六朝百三家集》。另有明代李献吉等辑刻的《谢康乐集》。谢灵运除山水诗以外的作品，主要是拟古的乐府诗，现存乐府诗《善哉行》、《苦寒行》、《燕歌行》等十余首。

谢灵运的山水诗，绝大部分是他做永嘉太守以后写的。在这些诗里，他

① 《宋书》卷五十八《谢弘微传》。

用富丽精工的语言描绘了永嘉、会稽、彭蠡湖等地的自然景色。与陶渊明诗歌比较，谢灵运更注重山水景物的描摹刻画，但这些山水景物往往独立于诗人性情之外。在诗歌结构上，谢灵运的山水诗也多是先叙出游，次写见闻，最后谈玄或发感喟。

但是，把叙事、写景、抒情结合得比较好，玄言佛理成分也不太多，艺术风格较为完整的作品，在他诗中为数很少。需要指出的是，由于他的家庭地位及才华为当世所重，所以他的诗风给予文坛影响极大，《宋书·谢灵运传》说他在始宁山居时，“每有一诗至都邑，贵贱莫不竞写，宿昔之间，士庶皆遍，远近钦慕，名动京师”。宋初诗风由玄理转向山水，谢灵运是起到主要作用的。

谢灵运有不少自然清新的佳句足以垂范后世，无不显示着高超的描摹技巧。如写春天“池塘生春草，园柳变鸣禽”（《登池上楼》）；写秋色“野旷沙岸净，天高秋月明”（《初去郡》）；写冬景“明月照积雪，朔风劲且哀”（《岁暮》）等。这些句子语言工整精练，境界清新自然，犹如一幅幅鲜明的图画，显然是出于精心的雕琢，诚如《文心雕龙·明诗》所言：“俪采百字之偶，争价一句之奇。情必极貌以写物，辞必穷力而追新。”谢灵运以他的创作极大地丰富和开拓了诗的境界，使山水的描写充满道法自然的精神，并从玄言诗中独立了出来，标志着一种新的自然审美观念和审美趣味的产生，从而扭转了魏晋以来的玄言诗风，确立了山水诗的地位。钟嵘《诗品》卷上：“其源出于陈思，杂有景阳之体。故尚巧似，而逸荡过之，颇以繁富为累。嵘谓若人兴多才高，寓目辄书，内无乏思，外无遗物，其繁富，宜哉！然名章迥句，处处间起；丽典新声，络绎奔会。譬犹青松之拔灌木，白玉之映尘沙，未足贬其高洁也。”《南史·颜延之传》记载：“延之尝问鲍照己与灵运优劣，照曰：‘谢五言如初发芙蓉，自然可爱；君诗若铺锦列绣，亦雕缋满眼。’”萧纲也说“谢客吐语天拔，出于自然”（《与湘东王书》）。自谢灵运之后，南朝的谢朓、何逊，唐朝的孟浩然、王维等许多山水诗人相继出现，他们都曾取法于谢灵运，以优美的山水诗篇丰富了诗歌的园地。谢灵运又是一个用全力雕章琢句的诗人，他也为齐梁以后的新体诗打下了一定的基础。

4．谢灵运与谢惠连

谢惠连（407－433），谢方明之子，南朝宋文学家，谢灵运族弟。据《南史》谢惠连本传记载：“族兄灵运嘉赏之（谢惠连），云‘每有篇章，对惠连辄得佳语’。尝于永嘉西堂思诗，竟日不就，忽梦见惠连，即得‘池塘生春草’，大以为工。常云‘此语有神功，非吾语也’。”又据《宋书》谢灵运本传：“灵运尝自始宁至会稽造方明，过视惠连，大相知赏。时长瑜教惠连读书，亦在郡内，灵运又以为绝伦，谓方明曰：‘阿连才悟如此，而尊作常儿遇之。何长瑜当今仲宣，而饴以下客之食。尊既不能礼贤，宜以长瑜还灵运。’灵运载之而去。”梳理谢灵运诗歌，有《酬从弟惠连诗》、《答谢惠连诗》，既抒写结识谢惠连的喜悦，比如“末路值令弟，开颜披心胸”，又抒写与谢惠连的离愁别绪，比如“别时悲已甚。别后情更延”。《酬从弟惠连诗》：

寝瘵谢人徒。灭迹入云峰。严壑寓耳目。欢爱隔音容。永绝赏心望。长怀莫与同。末路值令弟。开颜披心胸。心胸既云披。意得咸在斯。凌涧寻我室。散帙问所知。夕虑晓月流。朝习曛日驰。悟对无厌歇。聚散成分离。分离别西川。回景归东山。别时悲已甚。别后情更延。倾想迟嘉音。果枉济江篇。辛勤风波事。款曲洲渚言。洲渚既淹时。风波子行迟。务协华京想。讵存空谷期。犹复惠来章。只足搅余思。傥若果归言。共陶暮春时。暮春虽未交。仲春善游遨。山桃发红萼。野蕨渐紫苞。嘤鸣已悦豫。幽居犹郁陶。梦寐伫归舟。释我吝与劳。（《文选》二十五）

《答谢惠连诗》：

怀人行千里。我劳盈十旬。别时悲已甚。别后情更延。（《类聚》二十九）

谢灵运与谢惠连的友谊并非偶然，他们都信奉佛教。谢惠连在《高僧传》和《广弘明集》等佛家经典里多次以“弟子惠连”自称，谢灵运主张化解佛教与玄学、儒学之间的矛盾，他在《与诸道人辩宗论》中提出了折中佛、儒的全新观点，认为“释氏之论，圣道虽远，积学能至，累尽鉴生，方应渐悟；孔氏之论，圣道既妙，虽颜殆庶，体无鉴周，理归极”，应当“去释氏之渐悟，而取其能至；去孔氏之殆庶，而取其一极”。他把儒家作圣之功和佛家顿悟思想相结合，试图用佛理充实和改造儒家思想的论点。除此之外，他们都爱好诗文创作，他们的往来主要是以文会友的性质，据《宋书》谢灵运本传：“元嘉五年。灵连既东还，与族弟惠连、东海何长瑜、颍川荀雍、泰山羊璿之，以文章赏会，共为山泽之游，时人谓之四友。”谢灵运的山水诗在南朝独树一帜，谢惠连曾与他朝夕相处，游宴赋诗，深受其影响。惠连诗虽不如灵运精警，但遣词构句颇似灵运，有较明显的模仿痕迹，钟嵘《诗品》卷中：“小谢才思富捷，恨其兰玉夙凋，故长辔未骋。《秋怀》、《捣衣》之作，虽复灵运锐思，亦何以加焉！又工为绮丽歌谣，风人第一。”如《愁杯》中的“皎皎天月明，奕奕河宿烂。萧瑟含风蝉，寥唳度云雁。寒商动清闺，孤灯暖幽幔”，《捣衣》中的“白露滋园菊，秋风落庭槐。肃肃莎鸡羽，烈烈寒螀啼。夕阴结空幕，霄月皓中闺”等句，皆笔调轻灵，词语绮丽。谢惠连的《雪赋》非常有名，假托司马相如与梁孝王的对话，描摹雪景。“联翩飞洒，徘徊委积。始缘甍而冒栋，终开帘而入隙；初便娟于墀庑，末萦盈于帷席。——眄隰则万顷同缟，瞻山则千岩俱白。”描写细腻，“联翩”、“徘徊”、“便娟”、“萦盈”这些摹态词，都选得比较精当，既表现飞雪的状态，又有声音之美。

5. 永明体诗人谢朓

谢朓（464－499），字玄晖。最初做南齐诸王幕下的参军、功曹、文学等官职，曾得随王萧子隆、竟陵王萧子良的赏识，经常出入萧子良的藩邸，为“竟陵八友”之一。公元495年出任宣城太守，后回朝任尚书吏部郎。因事牵连，被诬下狱而死，年仅36岁。有《谢宣城集》。

永明前期，谢朓作为“竟陵八友”之一，主要在建康活动，所作大多为游宴酬唱之作。谢朓是“永明体”的积极参与者，积极探索新体，他将讲究平仄四声的永明声律运用于诗歌创作之中，因此他的诗音调流畅和谐，读起来琅琅上口，语言清新晓畅而又富于思致，音韵铿锵而又富于变化。沈约在《伤谢朓》诗中所说：“吏部信才杰，文锋振奇响。调与金石谐，思逐风云上。”在写作方法上，侧重于对自然景物作选择、提炼，重新加以安排，摆脱了过去文人诗常见的冗长、深芜的弊病。所用的词语，既是精炼的、诗化的，却又浅近易解。这就容易达到他所提出的“好诗圆美流转如弹丸”① 的要求。谢朓的新体诗，对唐代律诗、绝句的形成是有影响的。严沧浪说：“谢朓之诗，已有全篇似唐人者”，也主要是就他的新体诗说的。谢朓作于永明十一年以后的诗，很多蕴涵着仕宦的忧虑。虽是同样以写景见长，但写景与抒情的结合要比前期密切，内容也因此显得丰富一些。

谢朓的突出贡献还表现在对山水诗的发展方面，他继承了谢灵运山水诗细致、清新的特点，但又不同于谢灵运那种对山水景物作客观描摹的手法，而是通过山水景物的描写来抒发情感意趣，达到了情景交融的地步。从而避免了大谢诗的晦涩、平板及情景割裂之弊，同时还摆脱了玄言的成分，形成

① 《南史·王昙首传》附《王筠传》。

一种清新流丽的风格。

谢朓的存诗，有将近四分之一的作品是在做宣城太守的两年中写成的，他的名作《之宣城郡出新林浦向板桥》就写于赴任途中。诗中“天际识归舟，云中辨江树”两句，写天边疏淡的归帆远树，表现了诗人平静和谐的心境。“既欢怀禄情，复协沧州趣”等句，在表现喜得外任的心情中，又流露了士族文人流连光景的生活情趣和回避现实的政治态度。诗中以归流、归舟与旅思、孤游之间的相互映衬与生发，突出地表达了诗人倦于羁旅行役之思和幽居远害之想。其语言之清新、构思之含蓄、意境之浑融，无不给人以深刻的印象。

他在宣城所写的山水诗，脍炙人口的佳句特别多，例如：“寒城一以眺，平楚正苍然”（《宣城郡内登望》）；“苍翠望寒山，峥嵘瞰平陆”（《冬日晚郡事隙》）；“窗中列远岫，庭际俯乔林。日出众鸟散，山暝孤猿吟”（《郡内高斋闲望答吕法曹》）；“余雪映青山，寒雾开白日。暧暧江村见，离离海树出”（《高斋视事》）。这些诗句对仗工整，和谐流畅，清新隽永，体现了“新体诗”的特点，很像一幅幅萧疏淡远的水墨画，平淡而又富有思致。不仅和谢灵运的富艳精工的诗迥然不同，就是和他自己以前在建业、荆州写的诗篇相比，也颇有变化，藻绘流丽的色彩冲淡了，清新自然的成分增加了。

谢朓的诗辞句秀丽，音律和美，带有一种清新的风格。钟嵘《诗品》称他的诗：“其源出于谢混，微伤细密，颇在不伦。一章之中，自有玉石，然奇章秀句，往往警遒，足使叔源失步，明远变色。”这种风格对唐代诗人王维、孟浩然等人影响至深，比如严羽《沧浪诗话》说：“谢朓之诗，已有全篇似唐人者。”至于他的文学成就，李白在《金陵城西楼月下吟》诗中吟道“解道澄江净如练，令人长忆谢玄晖”，对谢朓进行高度评价。此外他还说：“蓬莱文章建安骨，中间小谢又清发。”（《宣州谢朓楼饯别书叔云》）“我吟谢朓诗上语，朔风飒飒吹飞雨。谢朓已没青山空，后来继之有殷公。”（《酬殷明佐见赠五云裘歌》）杜甫也说：“礼加徐孺子，诗接谢宣城。”（《陪裴使君登岳阳楼》）“谢朓每篇堪讽诵，冯唐已老吹听嘘。”（《寄岑嘉州》）这些既说明谢朓对唐代诗人的深刻影响，也足以说明他在中国诗史上的重要地位。

谢朓还写了不少乐府诗。他的非乐府诗，有吸收乐府民歌之长的地方；他的乐府诗，却又涵化以文人的素养，使之摆脱俚俗风格，语言在浅近中呈精致，意蕴在明晓中显婉转。尤其是五言四句的小诗，原是南朝民歌中最普遍的一种形式，过去文人也有一些模仿之作，但只是模仿而已，到了谢朓手中，才形成与民歌显然不同的特点，使之成为文人诗的一种新诗体，这就是后来所说的五绝。

由于谢灵运和谢朓二人在文学领域的成就巨大，后人并称为“大小谢”。在他们笔下，山川有意，草木多情，一派生机盎然的图画。人们通过欣赏他的诗，不仅可以从中感受到大自然的美，而且还可以陶冶情操，激发对生活的热爱。后人把谢灵运称为山水派祖师，把谢朓称为唐诗鼻祖，他们都是当之无愧的。

（四）陈郡殷氏文学

陈郡殷氏在西晋时开始崭露头角，殷褒仕为荥阳令、章武太守，他重视学校教育，教化百姓，淳朴民风。其人其事，“殷氏《世传》曰：殷褒为荥阳令，广筑学馆，会集朋徒，民知礼让，乃歌曰：荥阳令，有异政，修立学校人易性，令我子弟耻讼争”。[①] 东晋南渡时，殷褒之孙殷敞等渡江移居江南。其后，长平殷氏迅速崛起，从东晋至南朝宋、齐、梁、陈，陈郡殷氏涌现了豫章太守殷羡、吏部尚书殷融、建武将军殷浩、东阳太守殷仲文、荆州刺史殷仲堪、尚书仆射殷景仁、兖州刺史殷孝祖、豫州刺史殷琰、东宫大学士小说家殷芸、著作家东宫大学士殷钧等出类拔萃的人才，其中不乏文学才干卓异之士。

陈郡长平（今河南西华县）殷氏世系表

<table>
<tr><td rowspan="2">殷羡</td><td rowspan="2">殷浩</td><td>殷祖宦</td><td>殷孝祖</td><td></td><td></td><td></td></tr>
<tr><td>殷涓</td><td></td><td></td><td></td><td></td></tr>
<tr><td rowspan="11">殷融</td><td rowspan="3">殷康</td><td>殷顗</td><td></td><td></td><td></td><td></td></tr>
<tr><td>殷仲文</td><td></td><td></td><td></td><td></td></tr>
<tr><td>殷叔献</td><td></td><td></td><td></td><td></td></tr>
<tr><td rowspan="3">殷师</td><td rowspan="3">殷仲堪</td><td>殷简之</td><td></td><td></td><td></td></tr>
<tr><td>殷旷之</td><td></td><td></td><td></td></tr>
<tr><td>殷元素</td><td>殷宁</td><td>殷睿</td><td>殷钧②</td></tr>
<tr><td rowspan="4">殷允</td><td rowspan="4">殷穆</td><td rowspan="2">殷淳</td><td>殷浮</td><td></td><td></td></tr>
<tr><td>殷臻</td><td></td><td></td></tr>
<tr><td>殷冲</td><td></td><td></td><td></td></tr>
<tr><td>殷淡</td><td></td><td></td><td></td></tr>
<tr><td>殷茂</td><td>殷道裕</td><td>殷景仁</td><td>殷道矜</td><td></td><td>殷恒</td></tr>
</table>

① 《艺文类聚》卷十九。

② 《南史》卷六十《殷钧传》记载：殷钧，晋荆州刺史仲堪五世孙也。曾祖元素，宋南康相，元素娶尚书仆射琅琊王僧朗女，生子宁，早卒。宁遗腹生子睿，殷钧为殷睿子。

1. **家国以教育为先：从殷褒开始**

殷褒字元祚，为章武太守。有《殷褒集》二卷，现散佚。严可均《全上古三代秦汉三国六朝文》收文章《荐朱俭表》、《诫子书》两篇。殷氏十分强调家族教育，殷褒首倡其风气，其《诫子书》云：

> 夫道也者，易寻而难穷，易知而难行也。故京房之徒，考步吉凶之变，而不能自见其祸，更为姚平所戒，此道之难知也。省尔之才，不及于房，而吾之言，过于平矣。昔正考父三命滋恭，晏平仲久而敬之；曾颜之徒，有若无，实若虚也。况尔析薪之智，欲弹射世俗，身为谤先，怨祸并集，使吾怀朝父之忧，为范武子所叹，亦非汝之美也。若朝益暮习，先人后己，恂恂如也。则吾闻音而识其曲，食旨而知其甘，永终吾余年矣，复何恨哉？古人有言："思不出其位。"尔其念之，尔其念之！（《艺文类聚》二十三）

家族始兴阶段，族长对其子孙无不谆谆教诲，殷氏也不例外。在殷褒看来，其子天分并不高，却"欲弹射世俗，身为谤先，怨祸并集"，换言之，他的儿子愤世嫉俗，广为世人诽谤，使人多有怨恨，以至于有灾祸及身。殷褒告诫他"有若无，实若虚"，不在其位，不谋其政，明哲保身，颐养天年。对于在封建专制制度下存身而言，这番话是颇有道理的。事实上，魏晋南北朝世族大家都强调家教，殷氏仅仅是个案而已，钱穆认为，"当时门第传统共同理想，所希望门第中人，上自贤父兄，下至佳弟子，不外两大要目：一则希望其能具孝友之内行，一则希望其能有经籍文史学业之修养。此两种希望，并合成为当时之家教。其前一项表现，则成为家风，后一项表现，则成为家学"。①

殷融字洪远，咸和初为庾亮都督府司马，后为丹阳尹，迁尚书，穆帝时拜太常卿、吏部尚书。据记载他喜欢饮酒，善于歌舞，不以世事自缚，有《殷融集》十卷，现散佚。其现存文章有《上言奔赴山陵不须限制》、《显赠刁协议》《后父不应拜后议》等。晋成帝崩，殷融时任尚书，针对子弟不能谒陵的旧制，殷融提出不同看法，上书《上言奔赴山陵不须限制》。他认为名教秩序、忠孝之道"不严而著，不肃而成"，谒陵既可以弘道，又可以表彰臣子

① 钱穆"略论魏晋南北朝学术文化与当时门第之关系"，载香港《新亚学报》第五卷第二期，1963年版。

的忠义。

殷融的儿子殷允，晋孝武帝时为豫章太守，后拜太常，有集十卷；殷融的儿子殷康，为武康令，迁吴兴太守，有集五卷；殷融的小儿子殷茂，太元中为国子祭酒，隆安初，迁太常，历散骑常侍特进左光禄大夫。他们均有文章存世，殷允写有《杖铭》，想必诗人将此文镌刻手杖之上，时刻警醒自己。

无独有偶，殷康写有《明慎》，反复警告自己谨慎行为，居安思危，避灾免祸。由这些诗文可以看出社会生态的不良，折射出诚惶诚恐、朝不保夕的官场畸形心态。

太元元年，殷茂任国子祭酒，上书《上言宜令清官子入学》，倡言教育下移，改变国子生仅招"冠族华胄"的局面，使得位卑的清官子弟也能受到高等教育。此举扩大了教育对象，起到巩固封建专制基础的作用。

2. 殷仲堪与殷仲文

殷仲堪（？－400），殷融之孙，殷师之子。晋孝武帝时初为著作佐郎，冠军将军谢玄镇京口时，请为参军，迁长史，领晋陵太守，其"父病积年，仲堪衣不解带，躬学医术，究其精妙，执药挥泪，遂眇一目。居丧哀毁，以孝闻"。[①] 父忧服阕，召为太子中庶子，领黄门郎，寻为振威将军、都督荆益宁三州诸军事、荆州刺史假节，镇江陵。坐事降号鹰扬将军，又坐水灾，复降号宁远将军，晋安帝时为桓玄所败，自杀，有《毛诗杂义》四卷，集十二卷。

据《晋书·殷仲堪传》"仲堪能清言，善属文，每云三日不读《道德论》，便觉舌本间强。其谈理与韩康伯齐名，士咸爱慕之。调补佐著作郎。"其清言文章，比如《水赞》、《琴赞》等。以水为德的观念，备受先贤推崇，譬如孔子赞水曰："以其不息，且遍与诸生而不为也，夫水有似乎德；其流也，则卑下倨拘必修其理，似义；浩浩乎无屈尽之期，此似道；流行赴百仞之溪而不惧，此似勇；至量必平之，此似法；盛而不求概，此似正；绰约微达，此似察；发源必东，此似志；以出以入，万物就以化洁，此似善化也。水之德有若此，是故君子见必观焉。"（《孔子家语·三恕》）《老子·道经》："上善若水。水善利万物，又不争。"《老子想尔注》云："水善能柔弱，像道去高就下，避实归虚。常润利万物，终不争，故欲令人法则之也。"殷仲堪的

① 《晋书》卷八十四《殷仲堪传》。

《水赞》表达了相同的意思：

> 大象无形，气以分粗。淡淡冲津，质有虽虚，清澜可濑，明激弗渝。孰能怀之，泛然靡拘。(《艺文类聚》八)

需要指出的，这种玄言诗风几乎统治了整个东晋诗坛，《诗品序》称此时诗“皆平典似道德论”，《文心雕龙·时序篇》精确地指出：“自中朝贵玄，江左称盛，因谈余气，流成文体。是以世极迍邅，而辞意夷泰，诗必柱下之旨归，赋乃漆园之义疏，故知文变染乎世情，兴废系乎时序。”生长于世族大家，殷仲堪自幼受到良好的教育是毋庸置疑的，从其作品的部分内容来看，其学识也有家学的影响，殷仲堪祖父殷融曾任太常一职，所谓太常，据《通典》，“汉以太常、光禄勋、卫尉、太仆、廷尉、大鸿胪、宗正、大司农、少府谓之九寺大卿”，① 晋承汉制，太常熟悉各种文物制度，掌管朝廷宗庙祭祀、礼仪。殷仲堪因于家学，熟悉各种文物礼制，名噪一时，为人推崇。如其作品《答徐农人问》，向徐农人讲解晋承周制的丧服制度，关于祖父母、父母去世，应当遵循哪些礼制，殷仲堪对于徐农人的问礼，俨然以师尊自居。又如《与徐邈书》，向徐邈解释“后”用之于女性的不同意义。殷仲堪任黄门郎时，晋孝武尝示仲堪《诗》曰：“勿以己才，而笑不才。”可见殷仲堪放旷不羁的一面。据《殷仲堪传》，谢玄对殷仲堪有知遇之恩，晋孝武帝太元八年(383 年)，谢玄任冠军将军镇京口，殷仲堪担任其参军，朝廷迁殷仲堪为尚书郎，殷仲堪不就任，谢玄推荐其一个更加重要的职位——长史。此时殷仲堪有《致谢玄书》。书中谈道，公元 382 年东晋在淝水之战中获胜之后，无数中原子女被抄掠卖于江东地区，而这些人都是生活困苦的农人，产生的结果是“生离死绝，求之于情，可伤之甚”，殷仲堪呼吁“弘之以道德”，“救其涂炭”，“使边界无贪小利，强弱不得相陵”，禁止在边界抄掠人口，谢玄深深感到所言极是。从殷仲堪这篇文章，看出其既悲天悯人，心系百姓，又存问国事的积极性格，文章格调之高，极为少见。

殷仲堪不仅关注下层人民的生活疾苦，而且关注他们的教育问题，针对晋室南迁，原有淳朴风俗败落，他撰有《合社文》提倡复原有制度，明圣贤之道，教化百姓。

---

① 《通典》卷二十五《职官七》。

殷仲文（？－407），字仲文，殷康之子。最初由从兄殷仲堪推荐给会稽王道子，引其为骠骑参军，转谘议参军，后为元显征虏长史，左迁新安太守。殷仲文的妻子是桓玄的姐姐，桓玄举兵，以其为谘议参军，领记室，进侍中，领左卫将军。及桓玄败，投义军，为镇军长史，转尚书。晋安帝司马德宗反正，迁东阳太守，义熙三年（407 年）与骆球等谋反被诛，《晋书》有传，有集七卷。

据《殷仲文传》，殷仲文“少有才藻，美容貌”，“仲文善属文，为世所重，谢灵运尝云：‘若殷仲文读书半袁豹，则文才不减班固。’言其文多而见书少也”。[①] 正因为此，清严可均《全上古三代秦汉三国六朝文》仅收其一篇文章。逯钦立辑校《先秦汉魏晋南北朝诗》收其诗三首，分别是《南州桓公九井作诗》、《送东阳太守诗》、《入剡诗》。

3.《殷芸小说》

殷芸（471－529），字灌蔬，陈郡长平（今河南西华）人。《梁书》有传，记载较略，全文如下：“殷芸，字灌蔬，陈郡长平人。性倜傥，不拘细行。然不妄交游，门无杂客。励精勤学，博洽群书。幼而庐江何宪见之，深相叹赏。永明中，为宜都王行参军。天监初，为西中郎主簿、后军临川王记室。七年，迁通直散骑侍郎，兼中书通事舍人。十年，除通直散骑侍郎，兼尚书左丞，又兼中书舍人，迁国子博士、昭明太子侍读、西中郎豫章王长史，领丹阳尹丞，累迁通直散骑常侍、秘书监、司徒左长史。普通六年，直东宫学士省。大通三年卒，时年五十九。”[②] 殷芸撰有《小说》十卷，时称《殷芸小说》。“小说”一词，最早出现于《庄子·外物》称“饰小说以干县令，其于大达亦远矣”，言其不合于大道，班固《汉书·艺文志》诸子十家中有“小说家”，考虑到殷芸以前所有命名“小说”的均已寸简不存，殷芸可以称为第一个用“小说”作书名的人。

据记载，南齐竟陵王萧子良“少有清尚，礼才好士，居不疑之地，倾意宾客，天下才学皆游集焉。善立胜事，夏月客至，为设瓜饮及甘果，著之文教。士子文章及朝贵辞翰，皆发教撰录”。在武帝永明五年，“移居鸡笼山邸，集学士抄《五经》、百家，依《皇览》例为《四部要略》千卷。招致名僧，讲语佛法，造经呗新声。道俗之盛，江左未有也”[③]，如《梁书·武帝纪》所

① 《晋书》卷九十九《殷仲文传》。

② 《梁书》卷四十一《殷芸传》。

③ 《南齐书》卷四十《萧子良传》。

记："竟陵王子良开西邸，招文学，高祖与沈约、谢朓、王融、萧琛、范云、任昉、陆倕等并游焉，号曰八友。"作为文坛领导者的沈约、范云、任昉、陆倕对后进常奖掖提携，吸引了大批南北文人和学士，汇聚西邸，来往揄扬，赋诗游宴。从南朝五史的记载以及齐梁诗文可以考知，与竟陵八友交往的当时名流不下百人，其中有不少关系相当密切，陈郡的就有谢举、谢景、谢览、殷钧（484－532）、殷芸、周兴嗣等。殷钧为殷芸宗人，和殷芸不同，殷钧祖、父辈记载甚详，其为"仲堪五世孙也。曾祖元素，宋南康相，坐元凶事诛。元素娶尚书仆射琅琊王僧朗女，生子宁，早卒。宁遗腹生子睿"，殷钧是殷睿的儿子，"恬静简交游，好学有思理，善隶书，为当时楷法。南乡范云、乐安任昉并称美之。梁武帝与睿少故旧，以女永兴公主妻钧，拜驸马都尉。历秘书丞，在职启校定秘阁四部书，更为目录。又受诏料检西省法书古迹，列为品目。累迁侍中，东宫学士"①。殷钧以其学思、隶书、驸马地位等与竟陵文人集团密切交往应无异议，殷芸也是如此，这对他从事小说创作影响深远。需要指出的是，殷芸创作小说在当时并非是一个孤立的现象，竟陵文人集团中的萧子良、任昉、吴均等均有作品传世，萧子良有《冥验记》，旨在"征明善恶，劝戒将来"，任昉有《述异记》，内容驳杂，具有博物书性质，吴均有《续齐谐记》，虽然仅有一卷，但是文体清拔，格调高雅。殷芸与竟陵文人集团的密切交往有诗文为证。陆倕，字佐公，吴郡吴县人。仕齐历竟陵王议曹从事参军、庐陵王法曹行参军。梁天监初。为安成王外兵参军、临川王东曹掾。迁太子庶子、国子博士、中书侍郎。有《赠任昉诗》，表明殷芸作为后进参与"兰台聚"事宜。

昭明太子萧统在诗中称赞殷芸"灌蔬实温雅"（《宴阑思旧诗》），又据《梁书·任昉传》，任昉出为新安太守，卒于官舍，殷芸与建安太守到溉书云："哲人云亡，仪表长谢，元龟何寄，指南谁托。"殷芸现存《咏舞诗》一首。

《殷芸小说》全书十卷，自《隋书·经籍志》以下，历代著录，比如《旧唐书·经籍文志》、《新唐书·艺文志》、《崇文总目》等都是十卷。《殷芸小说》久已散佚，最初把它辑录起来的是鲁迅先生，时间是在1910年，他在《中国小说史略》中说："梁武帝尝敕安右长史殷芸撰《小说》三十卷，至隋仅存十卷，明初尚存，今乃止见于《续谈助》及原本《说郛》中，亦采集群书而成，以时代为次第，而特置帝王之事于卷首，继以周、汉，终于南齐。"

---

① 《南史》卷六十《殷钧传》。

1942年，余嘉锡推出了《殷芸小说辑证》，并对全文作了精心校勘和考释。1984年，上海古籍出版社出版了周楞伽的《殷芸小说》，他在余本的基础上又作增益，共得一百六十三条。就创作动机，《隋书·经籍志》称“梁武帝敕安右长史殷芸撰”，姚振宗称“殆是梁武帝作《通史》时，凡不经之说为通史所不取者，皆令殷芸别集为《小说》。是《小说》因《通史》而作，犹《通史》之外乘”。[①] 刘知几《史通·杂说中》云：“刘敬升（叔）《异苑》称晋武库失火，汉高祖斩蛇剑穿屋而飞。其言不经，故梁武帝令殷芸编诸《小说》。及萧方等撰《三十国史》，乃刊为正言。”就成书时间，据《梁书·豫章王综传》，天监十三年（514年）豫章王综迁安右将军，十五年迁西中郎将，兼护军将军。作为他的随从，殷芸可能在这个时候出任安右长史，所以天监十三年至十五年间可能就是编撰《殷芸小说》的时间。就成书特点，表现为杂纂故书的性质，余嘉锡称：“考芸所纂集，皆取之故书雅记，每条必注书名，与六朝人他书随手抄撮不注出处者不同。”[②] 据统计，《殷芸小说》共引录40余种古书，其中既有《语林》、《幽明录》、《郭子》等人们较为熟悉的六朝小说，更有一些非常罕见的文献载籍，如《简文谈疏》、《宋武帝手诏》、《俞益期笺》、《鬼谷先生书》、《张良书》、《濑乡记》等，这对于六朝古书的辑佚考证大有裨益。

《殷芸小说》的故事来源，一为采集群书而成，一为正史所不取的人物传说与异闻，体现了志人与志怪小说的合流，后者可以视作后代野史笔记的滥觞。姚振宗所谓“不经之说”的评价，主要是针对记载的怪异事件，至于出处，可以归结于道听途说，正如班固《汉书·艺文志》所谓“小说家者流，盖出于稗官，街谈巷语，道听涂说之所造也。”又如鲁迅称“诸书大抵或托故人，或记古事。托人者似子而浅薄，记事者近史而悠缪者也。”所谓的“悠缪”必然涉及怪诞之事，比如第二十条所记：

> 20. 晋咸康中，有士人周谓者，死而复生。言天帝召见，引升殿，仰视帝，面方一尺，问左右曰：“是古张天帝邪？”答云：“上古天帝，久已圣去，此近曹明帝也。”（此条据《绀珠集》，校以《类

---

① 姚振宗：《隋书·经籍志考证》，载《二十五史补编》，中华书局1955年版，第5537页。

② 余嘉锡：《殷芸小说辑证》，载《余嘉锡论学杂著》，中华书局1963年版。

说》。)[1]

老子故里为楚国苦县厉（赖）乡曲仁里（今河南鹿邑县太清宫），相传从母亲腋下产出，一生下来就是白眉毛白胡子，小说的记载是对老子容貌特征的补充，至于老子庙，今太清宫所在。

38. 老子始下生，乘白鹿入母胎中。老子为人：黄色美眉，长耳广额，大目疏齿，方口厚唇，耳有三门，鼻有双柱，足蹈五字，手把十文。(此条据《续谈助》，校以《说郛》、《类说》及《艺文类聚》九五。)

39. 襄邑县南八十里曰濑乡，有老子庙，庙中有九井。或云每汲一井，而八井水俱动。有能洁斋入祠者，须水温，即随意而温。(此条据《说郛》，校以《太平御览》一八九、《幽明录》。)

据《史记》，孔子奔波于陈蔡之间达六年之久，小说有相关的记载，增加了正史没有的戏剧性因素。所谓孔子“去卫适陈”，发生在陈滑公六年（前496年），由卫国前往陈国，但路过匡（今河南省长垣县）时被围困，《史记·孔子世家》有详细记载，直至公元前492年孔子由郑国至陈，“主于司城贞子家。岁余，吴王夫差伐陈，取三邑而去。赵鞅伐朝歌。楚围蔡，蔡迁于吴”[2]。所以在陈绝粮是居陈以后的事情，大夫为何“发兵围之”，必然事出有因，而又因何令“穿九曲珠”，小说这种虚构性的描写，具有了较多的民间叙事特点，富有戏剧性，至于孔子与采桑女的对歌，为作为圣贤的孔子涂抹了一层人性化的油彩。这些更符合了小说的特性：

45. 孔子去卫适陈，途中见二女采桑。子曰：“南枝窈窕北枝长。”答曰：“夫子游陈必绝粮。九曲明珠穿不得，著来问我采桑娘。”夫子至陈，大夫发兵围之，令穿九曲珠，乃释其厄。夫子不能，使回、赐返问之。其家谬言女出外，以一瓜献二子。子贡曰：“瓜，子在内也。”女乃出，语曰：“用蜜涂蛛，丝将系蚁，蚁将系丝；如不肯过，用烟熏之。”孔子依其言，乃能穿之。于是绝粮七

① 所引均据周楞伽辑注：《殷芸小说》，上海古籍出版社1984年版。

② 《史记·孔子世家》。

日。（此条据马骕《绎史》八六引《冲波传》，但仅引至“问我采桑娘”止，以下所引，据云系《韩诗内传》佚文。）

小说还记载了袁安家族之所以兴盛的民间版本。袁安，东汉汝南汝阳（今河南商水西南）人。少承家学。明帝时，任楚郡太守、河南尹，政号严明，断狱公平，在职十年，京师肃然，名重朝廷。后历任太仆、司空、司徒。继袁安之后，袁安子袁敞，袁安孙袁汤，袁汤子袁逢、袁隗也都担任过三公的职务。小说这样记载道：

64. 汉袁安父亡，母使安以鸡酒诣卜工问葬地。道逢三书生，问安何之，具以告。书生曰：“吾知好葬地。”安以鸡酒礼之，毕，告安地处云：“当葬此地，四世为贵公。”便与别。行数步，顾视皆不见。安疑是神人，因葬其地，后果位至司徒，子孙昌盛，四世三公焉。（此条据《续谈助》，原注：“出《幽明录》。”）

《殷芸小说》的内容主要有地理、杂记、别传、琐言、逸事五类，主体是琐言和逸事，具有弥补正史不足的史料价值。比起殷芸之前如裴启、刘义庆、沈约所编撰的小说来，殷芸笔触的范围则更为广泛，能注意到民间传说、山川风物、名人遗迹，如孔子井、贾谊宅、郑玄墓、诸葛亮故居等，卷一引用的楚汉相争时的歌谣饶有趣味，引用的汉高祖手敕太子书等，更是此书独有，可说是本书的一个特色。《殷芸小说》虽大部分材料取自故书杂记，但也有不少是他自己的创作，而且是他亲自调查得来。即使是取自故书杂记的材料，他都要注明书名出处，这在六朝人的著作中，其体例严谨显而易见，与刘孝标的《世说新语》相比，毫无逊色之处。《殷芸小说》不仅为后世保存了历史文献资料，反映了当时的社会现实，也对我国小说的发展，如以唐宋传奇为代表的文言小说，和宋明白话小说以及后来章回小说的形成，都起到了一定的作用，成为研究古代社会发展史和文学发展史弥足珍贵的文献资料。

三、唐宋以后旅陈文学

据清王士麟修、何润纂《陈州志》记载，今周口淮阳，“太昊之墟，古宛丘之地。神农都之始为陈，殷以封舜之后，周复封虞妫满为陈侯国”。战国楚曾“东北退保陈城”，以此作为都城，史称“郢陈”，又秦末陈涉首义，以此为都城，建“张楚”政权。其后淮阳为历朝重要郡县，由唐代至北宋，据《淮阳县志》“区域沿革”记载，在唐代（618－907）的时候，“陈州淮阳郡统六县：宛丘、太康、西华、溵水、南顿、项城，治宛丘。贞观初，省西华县入宛丘县。武德元年（618 年），析宛丘置新平县，武德八年（625 年）废，复入宛丘”。在五代（907－960）的时候，“陈州辖区无变更，宛丘属之”。在北宋（960－1127）初，“宛丘属陈州淮阳郡，后升淮宁府，治宛丘，辖县五：宛丘、项城、商水、西华、南顿”①。本节为“旅陈文学”，“旅”，据许慎《说文解字》，指“周旋，旌旗之指麾也”，引为在外作客，旅行。历史上非陈籍而旅陈的文人墨客不计其数，情形各异，来陈建国者有之，如曹魏陈思王曹植，来陈赴任者有之，来陈定居者有之，来陈晤客者有之，偶尔经陈者亦有之，其时间当然不局限于唐宋。所以设此章节，只因为唐宋为封建制度鼎盛的时期，文人交往繁密，唐诗宋词亦是文学史上文学发展的两个高峰。

唐宋旅陈文学，主题基本有二。其一，由于科举考试成为文人进阶的必由途径，文人之间奖掖提携之风盛行，他们交往繁密，喜相逢、悲别离，来往揄扬，赋诗游宴。另一方面，也有文人遭贬谪，天涯孤旅，因此心情愁苦，感时伤怀。他们留下大量的旅陈诗歌，主要集中于唐代。其二，在唐宋旅陈文学作品中，出现文人唱和，主要表现为宋神宗熙宁年间苏轼、苏辙兄弟的唱和，围绕其兄弟两人，又有张耒定居于陈，他们都留下大量的诗歌作品。此外，因为淮阳曾是太昊伏羲、女娲、神农建都的地方，其后又多次被立国，人杰地灵，有众多古迹可以凭吊，有众多人物可以悼念，因此旅陈文学作品中有大量谒陵、凭吊的诗歌，时间并不局限于唐宋，蔚为壮观，构成周口文学的一个特色景观。

（一）唐代旅陈作品

唐代早期旅陈作品，比较有名的是李密的《淮阳感怀》。李密，字玄邃，本辽东襄平人。大业九年，与玄感同反隋炀帝，后来兵败被俘，“行至邯郸，密等七人穿墙而遁”，“诣淮阳，隐姓名，自称刘智远，聚徒教授。经数月，郁郁不得志”，作此五言诗，“诗成而泣下数行。时人有怪之者，以告太守赵

① 《淮阳县志》，河南人民出版社 1991 年版，第 83 页。

佗，下县捕之，密又亡去”。[1] 据其诗歌，时值深秋的傍晚，李密目睹淮阳“野平萑苇合，村荒藜藿深”的凋敝景象，感叹自己命途的不堪，但是其仍有凌云之志，遥想“樊哙市井徒，萧何刀笔吏。一朝时运会，千古传名谥”，借咏古以咏怀，对自己却不能建功立业，感到沮丧、惭愧万分。其诗云：

金凤荡初节，玉露凋晚林。此夕穷涂士，郁陶伤寸心。
野平萑苇合，村荒藜藿深。眺听良多感，徙倚独沾襟。
沾襟何所为，怅然怀古意。秦俗犹未平，汉道将何冀。
樊哙市井徒，萧何刀笔吏。一朝时运会，千古传名谥。
寄言世上雄，虚生真可愧！

以淮阳为驿站，来往奔波，经纶事务，也有大量诗歌。诗人们往往以淮阳风景为兴寄，抒发内心情愫。比如晚唐诗人李商隐诗《淮阳路》。李商隐（813－858），字义山，怀州河内人。诗云：“荒村倚废营，投宿旅魂惊。断雁高仍急，寒溪晓更清。昔年尝聚盗，此日颇分兵。猜二谁先致，三朝事始平。”由诗歌知其住宿淮阳，却是提心吊胆，住宿的地方是“荒村倚废营”，当时的心情是“投宿旅魂惊”，可见晚唐时期，由于节度割据，战乱频仍，给淮阳百姓带来很大的痛苦。同样借宿淮阳，张九龄（678－740）显然没有安全方面的顾虑，他在日暮时分宿于淮阳荒亭之上，因一派萧瑟的秋景，不能自已，遂抒发天涯羁旅的思乡之情，其《宿淮阳》云：“日暮荒亭上，悠悠旅思多。故乡临桂水，今夜渺星河。暗草霜华发，空庭雁影过。兴来谁与晤，劳者自为歌。”唐人留下的诗歌有晚宿的，又有朝发的，张继《晓发淮阳》描绘出淮阳秋天的美好风光，但是仍有掩饰不住的飘零之感，诗云：“微凉枫叶下，楚俗转清闲。候馆临秋水，郊扉掩暮山。月明潮渐满，露湿雁初还。浮客了无定，萍流淮海间。”唐人诗歌中还有送友赴任的，如边塞诗人岑参（715－770）的《送颜少府投至陈州》，诗云：“一尉便垂白，数年唯草玄。出关策匹马，逆旅闻秋蝉。爱客多酒债，罢官无俸钱。知君羁思少，所适主人贤。”又如“大历十才子”之一卢纶（748－800）的《送宛丘任少府》，诗云：“带绶别乡亲，东为千余里。俗讹唯竞祭，地古不留春。野戍云藏火，军城树拥尘，少年何所重，才子又清贫。”此类诗歌不胜枚举。

① 《旧唐书》卷五十三《李密传》。

诗人李白（701－762）有诗《颍阳别元丹丘之淮阳》，考其内容，有“尝恨追世网，铭意俱未伸”，“悠悠市朝间，玉颜日缁磷”等不平之语，应是其“赐金放还”之后的作品。天宝初年，李白被唐玄宗召见，诏供奉翰林。据《新唐书》记载，“白犹与饮徒醉于市。帝坐沈香亭子，意有所感，欲得白为乐章；召入，而白已醉，左右以水靧面，稍解，援笔成文，婉丽精切无留思。帝爱其才，数宴见。白尝侍帝，醉，使高力士脱靴。力士素贵，耻之，擿其诗以激杨贵妃，帝欲官白，妃辄沮止。白自知不为亲近所容，益骜放不自脩，与知章、李适之、汝阳王琎、崔宗之、苏晋、张旭、焦遂为‘酒八仙人’。恳求还山，帝赐金放还。白浮游四方云云”①。李白好黄老，受其影响较深，平素即与元丹丘亲近，这首诗叙述与元丹丘作别，表达对长安生活的悔恨，以及“人生在世不称意，明朝散发弄扁舟”（《宣州谢朓楼饯别校书叔云》）的淡泊心境，全然不是初得玄宗宣诏入京时的“仰天大笑出门去，我辈岂是蓬蒿人”（《南陵别儿童入京》）的豪迈之情，入京前后心情迥异若此，令人击节叹息。《颍阳别元丹丘之淮阳》诗云：

吾将元夫子，异性为天伦。
本无轩裳契，素以烟霞亲。
尝恨追世网，铭意俱未伸。
松柏虽寒苦，羞逐桃李春。
悠悠市朝间，玉颜日缁磷。
所失重山岳，所得轻埃尘。
精神渐芜秽，衰老相凭因。
我有锦囊诀，可以持君身。
当餐黄金菜，去为紫阳宾。
万事难并立，百年犹崇晨。
别尔东南去，悠悠多悲辛。
前志庶不易，远涂期所遵。
已矣归去来，白云飞天津。

① 《新唐书》卷二百二《李白传》。

（二）苏辙、苏轼、张耒等与淮阳

苏辙（1039－1112），字子由。曾担任陈州教授，任职达三年之久，据《宋史》记载，宋神宗熙宁二年（1069年）二月，“王安石以执政与陈升之领三司条例，命辙为之属”，他却大胆倡言青苗法的谬误，所谓“青苗法”，即“以常平籴本作青苗钱，散与人户，令出息二分，春散秋敛”。[①]苏辙后因力阻王安石颁行，被降职为河南推官。张方平，字安道，南京人，也不同意王安石新法，于熙宁三年春正月，外调知陈州。苏辙“会张方平知陈州，辟为教授。三年，授齐州掌书记”，[②]即苏辙任陈州教授三年之后，又出任齐州掌书记。苏辙到陈州时间应是熙宁三年，旧记多有谬误。张方平《太尉赵公祠堂碑》云：“熙宁三年，余守淮阳州学教授苏辙为余言，赵太尉有画像在开元寺东庑僧院，已闻之，不早寻，被代不及见云云。”[③]说明熙宁三年苏辙已经在陈州任职。苏辙初到陈州时心情较为复杂，写有《初到陈州二首》，既表达其与王安石“俎豆终难合”的不平等关系，又对任教授一职“深恐误诸生”，还有教化一方的美好愿望，其诗云：

谋拙身无向，归田久未成。
来陈为懒计，传道愧虚名。
俎豆终难合，读书强欲明。
斯文吾已试，深恐误诸生。

久爱闲居乐，兹行恐遂不。
上官容碌碌，饱食更悠悠。
枕畔书成癖，湖边柳散愁。
疏慵愧韩子，文字化潮州。

苏辙在淮阳的教学环境并不是很好，苏轼有诗《戏子由》，戏称其为“宛丘先生”，其中诗云：“宛丘先生长如丘，宛丘学舍小如舟。常时低头诵经史，忽然欠伸屋打头。斜风吹帷雨注面，先生不愧傍人羞。”三年之后，苏辙离开

① 《宋史》卷三百二十七《王安石传》。
② 《宋史》卷三百三十九《苏辙传》。
③ 民国二十二年《淮阳县志》，《文征外集（散文）》。

淮阳出任齐州掌书记，有诗《自陈适齐戏题》，诗云："庠斋三岁最无功，羞愧宣王禄万钟。犹欲谈经谁复信，相招执龠更须从。陈风清净眠真足，齐俗强梁懒不容。久尔安闲长自怪，此行磨折信天工。"由诗歌文本来看，苏辙对自己在淮阳教授生徒并不满意，羞愧于朝廷所给予的俸禄，归咎于自己慵懒的性情。苏辙虽然对教授生徒不满意，但对淮阳山水还是钟情有加的，在三年时间里，他寄情于山水美景，生活得平静而快乐，据清王士麟修、何润纂《陈州志》记载，辛永和的《修苏湖亭记》云："莲花池，宋苏辙常读书其处，名曰苏湖子由亭，环亭皆水也。荷花盛开，香袭数里。"又苏辙有《宛丘二咏》，叙述其钟情美好风光的愉悦之情：

> 宛丘城西柳湖，累年无水。开元寺殿下山茶一株，枝叶甚茂，亦数年不开。辙向从子瞻游此，每以二物为恨。去秋雨雪相仍，湖中春水忽生数尺，至二月中，山茶复开千余朵，因作二诗奉寄。
>
> 旱湖堤上柳空多，倚岸轻舟奈汝何？
> 秋雨连渠添积润，春风吹冻忽生波。
> 虫鱼便尔来无数，凫鸟犹疑未肯过。
> 持诧钱塘应笑我，坳中浮芥两么麽。
> 古殿山花丛百围，故园曾见色依依。
> 凌寒强比松筠秀，吐艳空惊岁月非。
> 冰雪纷纭真性在，根株老大众园希。
> 山中草木虽携种，潦倒尘埃不复归。

苏辙任职陈州，苏轼（1037－1101）于熙宁三年去看他，证以苏轼《书李简夫诗集后》，其中云："熙宁三年，轼始过陈，欲求见公，而公病矣。"后来苏轼长期逗留淮阳，留下大量诗篇，其中表现出的兄爱弟恭为人赞颂。苏轼，字子瞻，号东坡居士。嘉祐二年（1057 年）正月，欧阳修知礼部贡举，苏轼、苏辙兄弟同登进士科。嘉祐六年，苏轼经欧阳修的推荐，参加了秘阁的制科考试，考取贤良方正能言极谏科，提出系列革新建议，比如其在《进策·策略三》中说："臣窃以为当今之患，虽法令有所未安，而天下之所以不大治者，失在于任人，而非法制之罪也。"他的这种观点与王安石变法的思想相左，致使他后来站在保守派一边，反对王安石的做法。苏洵在治平三年（1066 年）去世，苏氏兄弟扶灵柩回四川居丧，即"丁父忧"三年，至熙宁二年（1069 年）二月还朝。时值"王安石执政，素恶其（苏轼）议论异己，以判官告院”。熙宁四年（1071年）的时候，王安石想变革科举、兴办学校，“诏两制、三馆议”，苏轼于是上书言事称：“陛下生知之性，天纵文武，不患不明，不患不勤，不患不断，但患求治太急，听言太广，进人太锐。愿镇以安静，待物之来，然后应之。”宋神宗颇为震惊，答应认真考虑这件事情，苏轼退出之后，又把这件事告诉同僚，致使王安石非常不高兴，命权开封府推官。“时安石创行新法，轼上书论其不便”，接下来，苏轼见“安石赞神宗以独断专任，因试进士发策，以‘晋武平吴以独断而克，苻坚伐晋以独断而亡，齐桓专任管仲而霸，燕哙专任子之而败，事同而功异’为问，安石滋怒，使御史谢景温论奏其过，穷治无所得，轼遂请外，通判杭州”。[①] 苏轼去杭州赴任，路经淮阳看望苏辙，证以苏轼诗《颍州初别子由二首》，诗中云：“始我来宛丘，牵衣舞儿童。便知有此恨，留我过秋风。秋风亦已过，别恨终无穷。”知其在淮阳滞留时间很长，甚至度过秋天。

在苏辙任陈州教授的三年间以及其后数年，苏轼曾多次来淮阳，留下许多与苏辙互相吟和的诗歌。比如苏辙有《初到陈州二首》，苏轼有《和弟子由初到陈州二首》；苏辙有《柳湖感物》，苏轼便有《次韵子由柳湖感物》；苏辙有《柳湖久无水怅然成咏》，苏轼便有《和子由柳湖久涸忽有水》。反之，苏轼有《十月十六日记所见》，苏辙便有《次韵子瞻记十月所见》；苏轼有《八月十日夜看月有怀子由并崔度贤良》，苏辙便有《次韵子瞻对月见忆并崔度》等。除此以外，他们吟和、送别、赠与的诗歌还有很多，他们因反对新法而一起遭贬谪，在逆境之时相互扶持，情感深厚令人钦慕，因此《宋史》赞曰：“辙与兄进退出处，无不相同，患难之中，友爱弥笃，无少怨尤，近古罕见。”[②] 苏辙离任陈州以后，苏轼仍与陈州有较多往来，有诗歌《陈州与文郎逸民饮别，携手河堤上，作此诗》为证，诗云：

白酒无声滑泻油，醉行堤上散吾愁。
春风料峭羊角转，河水渺绵瓜蔓流。
君已思归梦巴峡，我能未到说黄州。
此生聚散何穷已，未忍悲歌学楚囚。

这首诗描述苏轼与苏辙女婿文务光在柳堤饮别的情景。文务光之父文同，

① 《宋史》卷三百三十八《苏轼传》。
② 《宋史》卷三百三十九《苏辙传》。

字与可，今四川盐亭县人，是苏轼哥俩的表兄、好友，能诗文，画竹尤工。苏轼有《和文与可洋川园池三十首》等诗歌，又有评论《文与可画筼筜谷偃竹记》。神宗元丰元年文与可知湖州，元丰二年正月卒于陈州馆驿。是年八月，苏轼以诽谤新政的罪名关进御史台监狱，即著名的"乌台诗案"，十二月出狱，有诗《十二月二十八日蒙恩责授检校水部员外郎黄州团练副使，复用前韵二首》，此事详细见于《宋史》："（苏轼）以事不便民者不敢言，以诗托讽，庶有补于国。御史李定、舒亶、何正臣摭其表语，并媒蘖所为诗以为讪谤，逮赴台狱，欲置之死，锻炼久之不决。神宗独怜之，以黄州团练副使安置。"[①] 这首诗苏轼作于元丰三年（1080年）正月赴任黄州团练副使途中。是时，文务光仍家居淮阳，苏轼自京赴任途经淮阳，感于文与可去世不久，自己也刚出狱，因此有"君已思归梦巴峡，我能未到说黄州"。这时苏辙也前来探望，苏轼有《子由自南都来陈三日而别》为证。需要一提的是，苏轼离开淮阳的时间是正月十四日，苏轼有诗《今年正月十四日，与子由别于陈州，五月，子由复至齐安（黄州），以诗迎之》为证，诗云："惊尘急雪满貂裘，泪洒东风别宛丘。又向邯郸枕中见，却来云梦泽南州。暌离动作三年计，牵挽当为十日留。早晚青山映黄发，相看万事一时休。"是年五月份，苏辙又到黄州看他。苏轼后来也曾做出恩泽淮阳百姓的事情，他以龙图阁学士出知颍州时，据《宋史》本传，"开封诸县多水患，吏不究本末，决其陂泽，注之惠民河，河不能胜，致陈亦多水。又将凿邓艾沟与颍河并，且凿黄堆欲注之于淮。轼始至颍，遣吏以水平准之，淮之涨水高于新沟几一丈，若凿黄堆，淮水顾流颍地为患。轼言于朝，从之"。惠民河即蔡河，"自汴城东南流至州城西北五十里明马集西入境"。[②] 苏轼既否定了他们的做法，又防止了淮水倒灌，使淮阳免遭水灾。

在苏轼的影响下，出现一批作家，其中具有代表性的，有黄庭坚与"张耒、晁补之、秦观俱游苏轼门，天下称为四学士（《宋史·文苑传》）"，还有陈师道、李廌等人，平时苏轼对这些人注意提拔，并给予鼓励与支持，其中与淮阳密切相关的是张耒。张耒（1052－1112），字文潜，号柯山，楚州淮阴人。据《宋史》本传，"幼颖异，十三岁能为文，十七时作《函关赋》，已传人口。游学于陈，学官苏辙爱之，因得从轼游，轼亦深知之，称其文汪洋冲

① 《宋史》卷三百三十八《苏轼传》。
② 清王士麟修、何润纂《陈州志》。

澹，有一倡三叹之声”。[1] 其外祖父李宗易，字简夫，淮阳人，真宗天禧三年（1019年）进士，历任尚书屯田员外郎，知光化军事，官至太常少卿，与晏殊、范仲淹交游极厚。苏辙有《赠李简夫秋园》诗，又其《挽李简夫》云："老成浑欲尽，吊客一潸然。遗事人人记，清诗句句传。挂冠疏傅早，乐世白公贤。叹息风流在，埋文得细镌。归隐淮阳市，遨游十六年。养生能淡泊，爱客故留连。倾盖知心晚，论诗卧病前。葆光尘满榻，无复听谈禅。"李简夫有诗集，苏辙为之作《李宗易诗集序》，苏轼为之作《书李简夫诗集后》，可见李简夫与苏辙兄弟关系很好，这对张耒来陈从苏辙兄弟游学是大有帮助的。

张耒18岁寓居于淮阳，时间为熙宁三年，苏辙来淮阳任教授。熙宁五年（1072年）张耒父亲为吴江令，秋天张耒应举姑苏，20岁便进士及第。元祐年间，张耒任秘书省正字、著作郎，官至龙图阁大学士。绍圣中遭到新党的排挤打击，被贬至宣州、黄州。徽宗时，因听到苏轼的讣闻，举哀悼念，为新党忌恨，谪房州别驾。晚年定居于陈州，人称宛丘先生。著有《宛丘集》（或称《柯山集》、《张右史文集》），另有《柯山词》，现存十首。

据张耒本传，"耒仪观甚伟，有雄才，笔力绝健，于骚词尤长。时二苏及黄庭坚、晁补之辈相继没，耒独存，士人就学者众，分日载酒肴饮食之。诲人作文以理为主"。张耒师承苏轼，论文崇尚自然。在文学理论上，他对自然至诚文风的大力提倡，对文以明理的强调，对理之内涵的努力探索，对主题修养的重视，均为宋代文学批评思想注入了新鲜血液。他在《贺方回东府序》中说："文章之于人，有满心而发，肆口而成，不待思虑而工，不待雕琢而丽者，皆天理之自然，而情性之至道也。"在《答李推官书》中，他认为文是"寓理之具"，"学文之端，急于明理"，同时又指出能文者"因其言工而理益明，是以圣人贵之"。所以他的散文名篇如《冰玉堂记》、《双槐堂记》等，既有积极的思想内容，又有一定的艺术技巧。[2] 张耒的诗歌也是如此，自然平易，至真至诚，能够表现深广的现实内容与社会关怀。由于他不得志的仕途，长年担任地方小吏，正如其《投知己书》所言："少苦贫贱"，不及弱冠而亲丧，"既仕而困于州县"，使他有机会更多地接近中下层百姓，感受百姓痛苦，从而产生深切的同情。《劳歌》是张耒古乐府的代表作，巧妙运用了对比手法。先拿自己和长街的"负重民"比较，炎炎夏日，自己午睡于"深堂"，养尊处优，而"负重民"迫于生计，却在"筋骸长彀十石弩"；再拿"负重

① 《宋史》卷四百四十四《张耒传》。
② 程千帆、吴新雷：《两宋文学史》，上海古籍出版社1991年版，第181页。

民”与富贵人家的牛马比较，富贵人家尚且“惟恐牛躯犯炎酷”，提出“天工作民良久艰，谁知不如牛马福”，人竟然不如牲畜，深刻揭示出社会贫富悬殊的极度不合理。其《劳歌》云：

暑天三月元无雨，云头不合惟飞土。
深堂无人午睡余，欲动儿先汗如雨。
忽怜长街负重民，筋骸长彀十石弩。
半衲遮背是生涯，以力受金饱儿女。
人家牛马系高木，惟恐牛躯犯炎酷。
天工作民良久艰，谁知不如牛马福。

重视友情是张耒诗歌的重要内容，突出表现在其与苏辙兄弟的诗歌。苏辙兄弟是张耒敬佩的老师，同时也是信任的朋友，他有许多诗歌直寄二人，比如《寄子由先生》、《再寄子由先生》、《岁暮即事寄子由先生》、《寄子由二首》、《寄子瞻舍人二首》等作品，表达自己的生活遭遇，以及对老师的思念，情真意切，充满钦佩与爱戴之情。比如“宛丘之别今五年，汴上留连才一日。贱生漂泊客东南，忧患侵陵心若失。先生神貌独宛然，但觉岩岩瘦而实。有如霜露入秋山，扫除繁蔚峰峦出”（《再寄》），又如《岁暮即事寄子由先生》，表明自己“岁暮淮阳客，贫闲两有余”的生活境况，虽然家境贫困，但仍“未能忘素业”，字里行间有对人生困惑的咨询，亦有浓郁而深切的思念，透出两人之间真挚无间的师友之情。张耒寄信，苏辙多次回复，也有寄信问候。苏辙有《次韵答张耒》、《次韵张耒见寄》、《次王适韵送张耒赴寿安尉二首》等作品。针对张耒遭遇的仕途困境，苏辙提出“浮木寄流水，行止非所期。何须自为计，水当为我移。外物不可必，惟此方寸心。心中有乐事，手付瑟与琴”（《次韵答张耒》），教会张耒不必拘泥于外物，要以豁达的心境面对挫折，学会自得其乐，提高生活质量。苏辙也表达自己疲于仕途的真实心境，与对张耒的真挚友情，他在《次王适韵送张耒赴寿安尉二首》中写道：“羞见故人梁苑废，梦寻归路蜀山长。怜君顾我情依旧，竹性萧疏未受霜。”他看张耒不仅是学生，而且还是朋友。

张耒不仅喜爱淮阳厚重的历史人文，而且钟情于淮阳清新美丽的自然风光，张耒有许多关于淮阳的田园诗歌，《春日怀淮阳六绝》其中三首云：

西门城外古濠情，太昊祠前春草生。

早晚粗酬身计了，长为闲客此间行。

最爱南城汲井园，春来蔬甲不胜繁。
人家断处无鸡犬，迟日东风似古源。

莽莽郊原带古丘，渐渐陇麦散羊牛。
杏花杨柳春浓处，一片青帘慰客愁。

他喜爱到“西门城外”、“太昊祠前”走动，甚至想到自己把庸碌事务都摈弃，尽情享受漫步其中的乐趣；他对南城“汲井园”的描写，“春来蔬甲不胜繁”，掩饰不住对丰收的喜悦，透出恬淡的田园乐趣。从那里望去，那荒无人烟、一望无际的旷野，勾引起作者无限的幽思；淮阳的田园风光是非常美丽的，正如张耒在郊外所看到的：古丘此起彼伏，连绵不绝，牛羊散落在麦田的田埂上；又有杏花娇艳，杨柳依依，构成了一幅春机盎然的精美图画。睹此美景，他忘却了烦恼。在接下来的《淮阳》一诗里，他更详细地介绍了所钟情的“西城门外”，“最爱城西路，槐榆拱高秋。城下古濠水，水澄泓不流”，即那里有高大的槐树与榆树，城下蔡河水清澈丰盈，尤为重要的是，那里可是太昊伏羲的丧葬地。他继续写道：“异乡仍谪官，一步九回头。”既表达他对污浊官场的厌倦，又表达了喜爱淮阳，以及终老淮阳的想法。

（三）历代谒陵与凭吊诗词

伏羲被称为“人文始祖”，位居三皇之首。《白虎通·德顺论》曰：“三皇者何谓也，伏羲、女娲、神农是也。”伏羲也被列为五帝之先，见于《易·系辞》、《战国策·赵策》、《庄子·缮性》、《淮南子·俶真》等文献，相继为伏羲、神农、黄帝、帝尧、帝舜。伏羲不仅是一位民族的始祖神，又是一位具有伟大功绩的先贤圣哲，相传他在淮阳建都，死后葬城北于蔡水之滨，今称之为“太昊伏羲陵”。据记载，该陵春秋时就有，孔子周游列国到陈，陈灵公曾陪同观瞻陵墓，现在仍有观陵遗址。春秋以降，前来拜谒的文人很多，谒陵作品也多，特别是在魏晋、北宋与明清时期。其中文体纷呈，仅以“赞”为文体，保留下的就有曹植、挚虞、潘岳、王彪之、陈凤梧和胡缵宗的六篇作品。

曹植（192－232），字子建。魏明帝曹叡太和六年在淮阳建国，其《伏羲赞》为谒陵之作，诗云：“木德风姓，八卦创焉。龙瑞名官，法地象天。庖厨祭祀，网罟渔畋。瑟以象时，神德通玄。”曹植以“赞”为体当为时人之先，曹丕与之同时，其《典论》将文体分为八种，即奏、议、书、论、铭、诔、诗、赋，其中并没有“赞”。曹植以“赞”为文体，可能是取“称赞”、“赞美”之义，用如《三国志·魏书·许褚传》：“下诏褒赞。”曹植的《伏羲赞》旨在赞扬伏羲功德，文风雄浑，文采斐然。曹植还作有《女娲赞》，古时伏羲庙内常设女娲神位，可以视为与《伏羲赞》同时创作的作品。

西晋挚虞（250－311），皇甫谧弟子，撰有《三辅决录注》、《文章流别志论》等，怀帝时官至太常卿。挚虞的《伏羲赞》曰：“昔在上古，怀德居住。庖羲作王，世尚醇懿。设卦分象，开物纪类。设网施罟，人用不匮。”挚虞的《文章流别志论》为文体专论著作，钟嵘《诗品序》称其“详而博赡”，程千帆先生认为，“挚书今残，就佚文考见者，惟颂、诗、七、赋、箴、铭、诔、碑、哀辞、哀策、图谶、设论诸作”，[①] 没有见到“赞”，陆机和挚虞为同时期作家，共同生活在武帝和惠帝年间，其名作《文赋》将文体分为诗、赋、碑、诔、铭、箴、颂、论、奏、说十种，其中也没有“赞”，但有“颂”，且称“颂优游以彬蔚”。唐代李善注曰：“颂以褒述功美，以辞为主，故优游彬蔚。”现在看来，陆机对“颂”的界定较为符合后来“赞”体的基本特征。

西晋潘岳（247－300），荥阳中牟人，与陆机和挚虞同时期，潘岳的《伏羲赞》云：“肇自初创，二仪絪缊。粤有生民，伏羲始君。结绳阐化，八象成文。茫茫九有，区域以分。”

东晋王彪之（305－377），字叔武。琅琊王氏，丞相王导从弟王彬之子，孝武帝时迁尚书令，其《伏羲赞》云：“悠悠皇羲，体尊神澄。无为而化，出道之凝。不知有始，冥感自兴。因应之迹，画象结绳。”西晋都洛阳，经历“八王之乱”、“永嘉之乱”，流民起义此起彼伏，最终走向覆亡。东晋有“王与马，共天下”之称，王恭、桓玄称兵跋扈，孙恩、卢循起义，最终走向覆亡。感于战乱频仍，社会乱离，两晋时期的《伏羲赞》中“世尚醇懿”、“体尊神澄”等词语，表达了作者对治世的渴求。

到了明代，统治者对祭祀伏羲更为重视。明太祖洪武四年（1371 年），颁布诏书整修太昊陵，朱元璋亲撰祭文曰：“朕典百神之祀，考君陵墓在此，然相去年岁极远。朕观经典所载，虽切慕于衷，奈秉性之愚，时有今古，民

① 程千帆：《文论十笺》，黑龙江人民出版社 1983 年版，第 187 页。

俗亦异，仰惟神君，万世所法。”洪武之后，每年祭祀成为朝廷惯例，永乐、弘治、嘉靖、万历年间还屡次被诏文追祭，就笔者文献所及，明代对伏羲祭祀的周详礼制，是明以前历代所未有的。明代拜谒伏羲的作品增多，其中题为《伏羲赞》的就有两首。陈凤梧，生卒年代不详，字文溜，江西泰和人，弘治年间进士，历任湖广提学佥事，河南按察使，累擢有副都御史，巡抚应天十府。他著有《毛诗集解》、《周礼合训》、《射礼集要》等，《伏羲赞》可能是其任职河南时的作品，诗云：“于维神圣，继天立极。仰观俯察，卦爻斯画。始造书契，以代结绳。开物成武，万古文明。”胡缵宗（1480－1560），字孝思，又字世甫，号可泉、鸟鼠山人，秦州秦安（今甘肃天水市秦安县）人，正德三年（1508年）进士，历任翰林院检讨，安庆、苏州知府，山东、河南巡抚等职，在河南巡抚右副都御史任上罢官。罢官之后，胡缵宗“开阁著书”，代表性著作有《鸟鼠山人集》、《拟汉乐府》等。他还擅长书法，天水伏羲庙门有“与天地准”，江苏镇江焦山迎客照壁上“海不扬波”，曲阜孔庙下面第一坊有巨匾“金声玉振”。其《伏羲赞》云：“立极同天，开物成务。则彼图书，启此象数。先天之易，斯文之祖。德合乾坤，道传今古。惟天挺圣，惟圣作易。卦列先天，理涵太极。万世文祖，百王仪则。河洛出图，天地合德。”有别于之前的四言八句，胡缵宗的《伏羲赞》四言十六句，大大突破《伏羲赞》旧有的长度，使“赞”体不再“促而不广”。细心比较就能发现，单就内容而言，其中多出对世俗权柄的褒赞，如“万世文祖，百王仪则”，以及将道德神圣化的谶纬之词，如“德合乾坤，道传今古”，文本中出现的这些新内容，成为明代不断强化皇权与进行思想禁锢的真实写照。

除同题为《伏羲赞》的六篇之外，还有大量的谒陵诗词，具有代表性的《太昊遗墟》有五篇，作者分别是宋王禹偁、张耒，明代的陈朴、王教和余翔菜。其中王禹偁（954－1001）的《太昊遗墟》云：

宛丘何隆隆，草木方蔽芾。
羲皇不可作，封树表万世。
缅惟开辟时，人物无所异。
虽有结绳政，礼法殊未制。
自非神圣兴，孰发天地秘。
人文一以宣，三才道斯备。
立极尽恒性，稽疑示精意。
泰和董八纮，独守君师位。

群圣承治统，百王赖书契。
惜哉风气漓，复古终莫逮。
日余昧先天，玩象冀深诣。
可能穷蕴奥，一理贯万汇。
兹焉拜古陵，聊以酬素志。
愿求五十蓍，决彼天下事。

除此之外，谒陵诗词还有很多，如明苏光泰《元日谒太昊陵道中眺望》、清蒋涟《恭祀太昊伏羲氏陵记事》、王清彦《太昊陵》、姚之琅《拜太昊陵》等。除大量谒陵诗词之外，还有许多对其他古迹的凭吊作品。根据伏羲作八卦的传说，淮阳有画卦台，明方大美有《卦台秋月》、清曹申吉有《登画卦台》，以及李及秀有《初冬登画卦台》；周武王封陈胡公妫满于陈，淮阳有胡公铁墓，明代戴昕、宋塘和王良臣同题有《胡公铁墓》；孔子周游列国至陈，寄居司城贞子家，相传厄于陈，并弦歌七日。明王举有《吊司城贞子阁》，清苑重华有《秋日重到弦歌台》；曹植死后初葬于陈，淮阳至今有其陵墓，南朝梁庾肩吾有《经陈思王墓》，明戴昕有《思陵暮霭》等等，这里不再罗列。需要一提的是，除去诗词以外，还有众多凭吊的散文，比如宋曾巩的《厄台碑》，清方苞的《弦歌台记》等。他们旅陈，凭吊人文古迹，或表达企慕、哀伤之思，或借咏史而抒怀，或研读历史、体悟人生。淮阳谒陵与凭吊诗词作品很多，具有较高的艺术成就和重要的文化价值。

四、元代戏剧文学

金末至元初，杂剧这种戏剧形式最初出现。元陶宗仪《辍耕录》称“金有院本、杂剧、诸宫调，院本、杂剧其实一也。国朝院本、杂剧始厘而二之”，杂剧体制的完备、成熟并开始兴盛起来是在蒙古王朝改称元王朝之后。在众多的优秀剧作里，考其内容涉及今河南周口地区的有两部，一部是石君宝的《鲁大夫秋胡戏妻》，另一部是无名氏的《包待制陈州粜米》，不仅可以考之于史料，而且尚有耳熟能详的民间传说与相关文化遗存，尤为重要的是，这两部作品表现出的人物的优秀品质，都能契合周口地区人民不畏强暴、富有理想、追求美好生活的基本特点。

（一）石君宝与《秋胡戏妻》

石君宝,[1] 平阳（今山西临汾）人，著有杂剧十种。今存《秋胡戏妻》、《曲江池》、《紫云亭》三种。《秋胡戏妻》见于《元曲选》丁集上，“题目正名”是“贞烈妇梅英守志，鲁大夫秋胡戏妻”。《录鬼簿》、《正音谱》、《也是园书目》皆著录。《秋胡戏妻》的故事最早见于汉代刘向所撰《鲁秋洁妇》[2]，全文如下：

> 鲁秋胡子妻也。既纳之五日，去而官于陈，五年乃归。未至家，见路旁妇人采桑，秋胡子悦之，下车谓曰：“若曝采桑，吾行道远，愿托桑荫下飡，下赍休焉。”妇人采桑不辍，秋胡子谓曰：“力田不如逢丰年，力桑不如见国卿。吾有金，愿以与夫人。”妇人曰：“嘻！夫采桑力作，纺绩织纴，以供衣食，奉二亲，养夫子。吾不愿金，所愿卿无有外意，妾亦无淫泆之志，收子之赍与笥金。”秋胡子遂去。至家，奉金遗母，使人唤妇至，乃向采桑者也，秋胡子惭。妇曰：“子束发修身，辞亲往仕，五年乃还，当所悦驰骤，扬尘疾至。今也乃悦路傍妇人，下子之装，以金予之，是忘母也。忘母不孝，好色淫泆，是污行也，污行不义。夫事亲不孝，则事君不忠。处家不义，则治官不理。孝义并亡，必不遂矣。妾不忍见，子改娶矣，妾亦不嫁。”遂去而东走，投河而死。君子曰：“洁妇精于善。夫不孝莫大于不爱其亲而爱其人，秋胡子有之矣。”君子曰：“见善如不及，见不善如探汤。秋胡子妇之谓也。”《诗》云：“惟是褊心，是以为刺。”此之谓也。
>
> 颂曰：秋胡西仕，五年乃归，遇妻不识，心有淫思，妻执无二，归而相知，耻夫无义，遂东赴河。

无论从《列女传》的题目“鲁秋洁妇”，还是内文“鲁秋胡子妻”，我们均可得出一个确切的判断，即秋胡是鲁人。又“去而宦于陈，五年乃归”与“辞亲往仕，五年乃还”，得知其到陈做官，而陈，即今天河南淮阳所在。又

① 孙楷第《元曲家考略》认为石君宝即王恽《秋涧集》所记盖州人石盏德玉，女真族，字君宝，元人于女真人每不称其姓，只取女真复姓中的一字作为姓氏。

② 刘向《列女传》卷五《节义传》。

见秋胡说“力田不如逢丰年，力桑不如见国卿”，“卿”是先秦诸侯国所设的最重要的官的品秩，其下为“大夫”，秋胡自称国卿，可以基本判定这个关于秋胡的故事发生在先秦时期，至于地点，自然是陈国与鲁国。这个故事的结局是，秋胡的妻子“去而东走，投河而死”。晋人葛洪《西京杂记》记载了一个相同的故事，不同的是称秋胡“游宦三年，休还家”，做官的地点没有点明，见“其妇采桑于郊”，知道其家居住城里，去郊外采桑养蚕，家境可能颇窘困，最后“妻赴沂水而死”，大致知道秋胡所还之家在沂水附近。《西京杂记》记载原文如下：

鲁人秋胡，娶妻三月，而游宦三年，休还家。其妇采桑于郊。胡至郊而不识其妻也，见而悦之，乃遗黄金一镒。妻曰：“妾有夫，游宦不返。幽闺独处，三年于兹，未有被辱于今日也。”采桑不顾，胡惭而退。至家，问：“妻何在?”曰：“行采桑于郊，未返。”既归还，乃向所挑之妇也，夫妻并惭。妻赴沂水而死。

秋胡回到鲁，其妻投水之后的境况我们已经不知道了，但其在陈时的情形我们略知一二。据段正则著《淮阳名胜古迹散记》，旧淮阳有“七台八景”之说，其一称“秋胡台”，“在城东南六十里，俗传鲁有秋胡子仕于陈居此，每思家常登台以望鲁，故曰鲁台，或曰望鲁台”。《淮阳县志》亦云：“在县东南六十里。俗传秋胡仕陈时居此。秋胡，鲁人，故又名鲁台”。① 鲁台所在，即今天郸城县鲁台镇。“鲁秋洁妇”中“戏妻”的细节也见于乐府民歌《陌上桑》，② 如果我们非要将二者联系在一起，在乐府诗里，秋胡子妻姓秦自名罗敷，乐府诗仅是择取“戏妻”一节而精彩放大，去除了其他故事情节，为故事增添了艺术性特点。从艺术创作的角度，我们宁肯相信“鲁秋洁妇”即是《陌上桑》的母题，至于秋胡子妻的名字，也是作者出于创作需要添加的。

---

① 民国二十二年《淮阳县志》卷二，舆地（下）。

② 宋·郭茂倩编《乐府诗集》卷二十八，相和歌辞三。题解云：一曰《艳歌罗敷行》。《古今乐录》曰：“《陌上桑》歌瑟调。古辞《艳歌罗敷行》《日出东南隅篇》。”崔豹《古今注》曰：“《陌上桑》者，出秦氏女子。秦氏，邯郸人有女名罗敷，为邑人千乘王仁妻。王仁后为赵王家令。罗敷出采桑于陌上，赵王登台见而悦之，因置酒欲夺焉。罗敷巧弹筝，乃作《陌上桑》之歌以自明，赵王乃止。”《乐府解题》曰：“古辞言罗敷采桑，为使君所邀，盛夸其夫为侍中郎以拒之。”与前说不同。若陆机“扶桑升朝晖”，但歌美人好合，与古词始同而末异。又有《采桑》，亦出于此。

需要一提的是，乐府诗《陌上桑》一旦传唱，出现很多同题作品，众多的作者在歌咏或发挥这个故事，南朝梁吴均“袅袅陌上桑，荫陌复垂塘”；同时代王筠“人传陌上桑，未晓已含光。重重相荫映，软软自芬芳。秋胡始停马，罗敷未满筐”；李白“妾本秦罗敷，玉颜艳名都。绿条映素手，采桑向城隅。使君且不顾，况复论秋胡”等。又见《乐府解题》称“后人哀而赋之，为《秋胡行》”，傅玄、颜延年、谢惠连等有《秋胡行》，曹丕、曹植、嵇康等皆以旧题谱新辞，可见由南朝至唐代，“秋胡戏妻”的故事已经广为流传，分歧点在于秦罗敷为何地人，事实上，“秦罗敷”只是《陌上桑》对“鲁秋洁妇”的艺术加工的产物，“罗敷”可能只是指称美貌妇人的专用名词。

敦煌所见的唐代《秋胡变文》极大地丰富了故事的戏剧性，只是首尾均残缺，没有题名。写到秋胡“少失阿耶”，“辞娘，远学三年”，然后向妻子辞行，见其“愁眉不画，顿改容仪，蓬鬓长垂，眼中泣泪”，称“今蒙娘教，听从游学，未季娘子赐许已不?”妻子告诉他“学问得达一朝，千万早须归舍”。秋胡三年有成，“辞先生出山，便即不归，即头魏国，意欲觅官”，后来在陈国“拜便为左相，赐户三千，锦绮绫罗，更卖十万，歌谭美女，随意简将，细壮奴婢，任情多少”，秋胡与妻子从“游学已后，经历六年，书信不通，阴符隔绝”。“又经二载，通前六秋，忽成九载”，秋胡思母心切，奏请放还，陈王说，“臣忆念慈母，念欲放还，朕有恋情，宜赐黄金百挺，乱采千段，暂放归，奉谢尊堂，如乡事达，见母早来”。接下来“行至本国”，于桑间“忽见贞妻，良久占相，容仪婉美，面如白玉，颊带红莲，腰若柳条，细眉段绝”，却互相不认识，于是上前搭讪说，“娘子！不闻道：采桑不如见少年，力田不如逢丰年。仰赐黄金二两，乱采一束，暂请娘子片时在于怀抱，未委娘子赐许以不?”秋胡轻浮浅薄的性格溢于言表。接下来，秋胡遭到严词拒绝，回家之后，妻子斥责其“一即于家不孝，二乃于国不忠”。由于下文残缺，不知结局如何，但唐代故事多不回避悲剧结局，而此变文述秋胡妻如此贤而知礼，其态度之决绝有性格的一贯性，故此亦可能以悲剧告终。至宋末元初，这个故事仍颇为流行，甚至被人绘制成图，赵孟頫有诗《题秋胡戏妻图》，诗云：“相逢桑下说黄金，料得秋胡用计深，不是别来浑未识，黄金聊试别来心。”石君宝剧中说，“至今人过巨野，寻他故老，犹能说鲁秋胡调戏其妻”。

石君宝的《秋胡戏妻》在《列女传》“鲁秋洁妇”、《秋胡变文》等文本的基础上，对这个故事作了进一步的加工改造。王国维在《元剧之结构》中指出：“元剧以一宫调之曲一套为一折。普通杂剧，大抵四折，或加楔子。”《秋胡戏妻》即为四折，但没有楔子。第一折叙述角色为正末的秋胡与角色为正旦的罗梅英新婚三日，在宴请岳父母的宴席上被勾军人勾去当军。罗梅英出身大户，下嫁秋胡，对他有着美好的憧憬，比如她对媒婆唱道：

【油葫芦】至如他釜有蛛丝甑有尘，这的是我命运。想着那古来的将相出寒门，则俺这夫妻现受着齑款困，就似他那蛟龙未得风雷信。你看他是白屋客，我道他是黄阁臣。自从他那问亲时，一见了我心先顺，咱人这贫无本、富无根。

当罗梅英得知秋胡离家当“正军”，非常失望，甚至怨天尤人，她这时唱道：

【柳叶儿】眼见的有家来难奔，畅好是短局促燕尔新婚。莫不我尽今生寡凤孤鸾运？你可也曾量忖，问山人，怎生的不拣择个吉日良辰？

第二折叙述的已经是十年以后的事情了，秋胡当军仍然未归，角色为净扮的李大户以罗父欠粮相要挟，设计谋娶罗梅英为妻，但是遭到罗梅英严词拒绝，甚至斥骂李大户，这时仍对秋胡的将来充满憧憬。她唱道：

【煞尾】我则骂你闹市云阳吃剑贼，牛表牛筋是你亲戚，大户乡头是你相识。哎！不晓事庄家甚官位？这时分俺男儿在那里？他或是皂盖雕轮绣幕围，玉辔金鞍骏马骑，两行公人排列齐，水罐银盆摆的直，斗来大黄金肘后随，箔来大元戎帅字旗。

前两折尖锐的戏剧冲突，主要塑造罗梅英这一鲜明人物形象，她心高志远，初嫁秋胡即对他的前程有着美好的憧憬。换言之，她深信自已的眼光，对选择秋胡表现出较强的自信心。但是，当她获悉秋胡从军的消息，却不禁哀叹自己的命运，归咎于没有择好良辰吉日，我们从中看出她作为下层妇女的思想局限性。她的性格是敢爱敢恨的，对待财主李大户利用财势串通梅英娘家父母欲图娶她为妻的行径，梅英表现得十分刚烈，同时也为她后来与秋胡斗争作了有力的铺垫。在斥骂李大户的唱词里，我们充分领略到她的泼辣大胆，以及不慕荣华的可贵品格。

第三折是戏剧的高潮部分。离家十年，秋胡“累立奇功，官加中大夫之职”，他感于“有老母在堂，久缺侍养，乞赐给假还家”，又“谢得鲁昭公可怜，赐小官黄金一饼，以充膳母之资”。这里需要注意的是，《秋胡变文》等文本指称的陈王，改为“鲁昭公”，秋胡由鲁人仕陈，改为鲁人仕鲁，这是石君宝对故事进行艺术再加工的结果。只见罗梅英一出场便自怨自艾，怨恨自己的命运，甚至对自己嫁给秋胡的合理性也表示怀疑。她唱道：

【粉蝶儿】自从我嫁的秋胡，入门来不成一个活路，莫不我五行中合见这鳏寡孤独？受饥寒，捱冻馁，又被我爷娘家欺负。早则是生计萧疏，更值着没收成歉年时序。

罗梅英的这种心境，实际表明了她所处的一种窘境，通过对自我的不断反省或内心的不断冲突，增强了戏剧性色彩，为与秋胡的桑园会作足了铺垫。在桑园里，秋胡先是吟诗挑拨不成，紧接着，他认为“财动人心，我把这一饼黄金，与了这女子，她好歹随顺了我”，遂以赠金相诱，但是仍遭到罗梅英的严词拒绝，并揭露出他的卑污行径；对待秋胡的武力威胁，她仍是神态凛然，坚贞不屈，表现出她忠贞、刚烈、泼辣的性格特点。比如她唱道：

【耍孩儿】你将着金，要买人犹云殢雨，却不道黄金散尽为收书。哎，你个富家郎，惯使珍珠，倚仗着囊中有钞多声势，岂不闻财上分明大丈夫，不由咱生嗔怒。我骂你个沐猴冠冕，牛马襟裾！

【三煞】你瞅我一瞅，黥了你那额颅；扯我一扯，削了你那手足；你汤我一汤，拷了你那腰截骨；掐我一掐，我着你三千里外该流递；搂我一搂，我着你十字阶头便上木驴。哎，吃万剐的遭刑律。我又不曾掀了你家坟墓，我又不曾杀了你家眷属！

唱词的排比句式，把罗梅英的泼辣性格展示无遗，自带有一股凛然正气，把她的情感充分宣泄出来。第四折叙述罗梅英返家，秋胡遭到她不依不饶的追问，决意不原谅秋胡的丑行，向他索要休书，这就把一个自尊自重，富贵不能淫、威武不能屈的劳动妇女形象鲜明生动地刻画出来。但是，梅英迫于婆母以寻死相逼，最终仍选择夫妻团圆。至于梅英与秋胡坚持离异的原因，其唱出“做出这乔模样，也则要整顿我妻纲”，即在相夫教子的儒家伦理框架内自圆其说，较为符合历史真实。

（二）无名氏与《包待制陈州粜米》

《陈州粜米》是元代著名的包公戏，《录鬼簿》、《录鬼簿续编》及《太和正音谱》诸书皆未著录此剧，见于《元曲选》甲集上，“题目正名”作“范天章政府差官，包待制陈州粜米”。后人大抵相信它为元人作品。[①] 在现存元人杂剧中，以某一历史人物为中心，选取有关历史资料和民间故事传说为题材进行再创作的作品，就其数量之多、流传之广和影响之大来说，包公戏恐怕最为突出。元代包公戏有多种，优秀剧目有《蝴蝶梦》、《鲁斋郎》、《后庭花》、《生金阁》、《灰阑记》、《留鞋记》等，还有无名氏的《陈州粜米》。

包拯（999－1062），字希仁，庐州合肥（今安徽合肥）人，主要生活在北宋仁宗时，28岁进士及第，后来除龙图阁学士，权知开封府，拜枢密副使，是一个刚直廉明，为人民所称颂的人物。据《宋史》记载：“拯立朝刚毅，贵戚宦官为之敛手，闻者皆惮之。人以包拯笑比黄河清，童稚妇女，亦知其名，呼曰‘包待制’。京师为之语曰：‘关节不到，有阎罗包老。’旧制，凡讼诉不得径造庭下。拯开正门，使得至前陈曲直，吏不敢欺。”又“拯性峭直，恶吏苛刻，务敦厚，虽甚嫉恶，而未尝不推以忠恕也。与人不苟合，不伪辞色悦人，平居无私书，故人、亲党皆绝之。虽贵，衣服、器用、饮食如布衣时”。[②] 司马光在《涑水纪闻》中说他“为人刚严，不可干以私。吏民畏服，远近称之”，其友人吴奎也称他“峻节高志，凌乎青云”。可见其在做官期间，大胆地整顿吏治，打击权贵，受到朝野好评。

《陈州粜米》故事的发生地在陈州，即今天的河南淮阳。包公下陈州放粮的传说，至今仍在淮阳流传不衰，其中有《土地爷的冠》、《铡曹四国舅的地方》、《包公监粜的地址》[③] 等。据《淮阳县志》记载，淮阳有“古粮城”，“在城北三里蔡河滨。相传包公监粮处。《乾隆府厅州县图志》：古粮城在县北一里。《府志》：门上有楼绕以周垣，旧以贮江淮漕运之粮，今建关帝庙”。[④] 单从今天陈州放粮的传说与淮阳的古迹来看，《陈州粜米》的故事可能并非演绎附会。事实上，宋仁宗时期的陈州确实多次发生灾荒，包拯曾上《请免陈州添折见钱疏》[⑤] 奏请免除陈州人民劳役，减轻人民负担和安定人民生活：

---

① 一种认为《陈州粜米》即清曹栋亭本《录鬼簿》卷下所载陆登善的《开仓籴米》。陆登善为元代后期作家，“籴”当为“粜”之误。

② 《宋史》卷三百一十六《包拯传》。

③ 段正则遗著《淮阳名胜古迹散记》，太昊陵文物保管所，1981年，第62页。

④ 民国二十二年《淮阳县志》卷二，舆地（下）。

⑤ 淮阳县地方史志办公室整理《民国二十二年淮阳县志》（整理本），豫内资周新通字［2001］028号，第383页。

臣闻知陈州任师中昨奏，为本州管下五县自去冬遇大雨雪，冻折桑枣等。并今年养蚕只及三五分，二麦不熟，全有损失。去处除擘画不放省税外，只乞与免支移折变。已奉圣旨，令京西转运司相度闻奏。窃知本路转运司牒陈州令，将今年夏税大小麦与免支移，只令就本州送纳见钱，却令将大小麦每斗折见钱一百文，钱脚二十文，诸般头子仓耗，又纳二十文，是每斗麦纳钱一百四十文。况见今市上小麦每斗实价五十文，乃是于灾伤年分三倍诛剥贫民也。民间钱货从何出办，兼将客户等蚕盐一斤一例折作见钱一百文，又将此一百文，纽做小麦二斗五升，每斗亦令纳见钱一百四十文，计每斤土盐却纳二百五十文。况一郡五县数十万口，非常暴敛，小民重困，体实非便，乞特降指挥，令本州疾速依见今在市二麦实价，估定钱数，令民取便，送纳见钱，或纳本色，庶使京辅近地有济人口，稍获苏息。兼虑本路应系灾伤军民，或有似此重行折变之处，亦乞特行勘会，速赐指挥，若稍稽延，恐无所及。

由其奏折可以获悉，因为陈州遇到天灾，大小麦歉收，转运司已经同意夏税免于收缴大小麦，同意将应缴纳麦子折成现钱，但是折算现钱太多，弄得怨声载道，包拯上疏，要求降低折算现钱缴纳夏税，使“京辅近地有济人口，稍获苏息”。至于包拯去陈州放粮赈济灾民，还没有发现直接资料，但是降低折算现钱缴纳夏税，与低价放粮赈济灾民，其作用殊途同归。在这个史料上，我们可以说《陈州粜米》的故事源于包拯上书奏请减轻陈州人民负担的史实。但还有一种说法是，至今尚流传在河南淮阳的包公放粮故事，可能受到杂剧的影响，也就是说，杂剧在先。结合淮阳的具体情况分析，这种说法是不太可能成立的。持有这种说法的援引元代陈州史上的天灾，称是元代生活的真实反映。元代陈州史上的灾害主要是水灾，民国《淮阳县志》仅记其一，即“仁宗皇庆二年（1313 年）六月，河决陈、亳等州”，又据《元史·食货志·赈恤》条记云“延祐二年，河南、归德、南阳、徐、陈、蔡等处水，皆免其民户税粮”。这些和杂剧反映的“亢旱三年”灾况不符。就史实与反映史实的杂剧之间的关系，笔者以为它们之间的作用是交互的，无名氏创作于元代，自然反映元代的社会生活，但是其以陈州为故事发生地，结合同时期剧作家的创作经验，恐怕也并非空穴来风，而是有相应故事基础的。

《陈州粜米》主要内容是：先是“陈州亢旱三年，六料不收，黎民苦楚，几至相食”，经范仲淹、韩琦、吕夷简、刘衙内等人议定，派刘得中、杨金吾前往救灾，掌管开仓赈饥事项。经刘衙内授意，“钦定五两白银一石细米，私下改做十两银子一石米”，“斗是八升的斗，秤是加三的秤”，灾民张撇古与他们论理，结果被他们用敕赐紫金锤打死。按照张撇古的临终嘱咐，小撇古前往汴京开封府告状，时逢包拯“五南采访”回京，到议事堂与众公卿议事，其仕意萧索，对久居官场产生惧意，比如他唱道：“到今日一笔都勾。从今后不干己事休开口，我则索会尽人间只点头，倒大来优游。”又“那范蠡呵若不是暗奔走，这两个都落不的完全尸首。我是个漏网鱼，怎再敢吞钩？不如及早归山去，我则怕为官不到头，枉了也干求。”但是当他遇到小撇古的冤情，他气愤填膺，出于刚直不阿、疾恶如仇的性格，他立即打消去意，赶赴陈州察访，最后用御赐“势剑金牌”，杀了刘得中，并让小撇古用紫金锤打死了杨金吾，又利用赦书“只赦活的，不赦死的”，赦免了其杀死官员的罪行，最终也解救了陈州百姓。

《陈州粜米》为四折一楔子，关于楔子的名称及作用，王国维以木工斫木片固隙比喻，进行说明：“四折之外，意有未尽，则以楔子足之。”就其在剧中位置，“或在前，或在各折之间”。[①]《陈州粜米》的楔子位于四折之前，虽然并没有正末主唱，只有众多外扮、净扮等角色出场，但是可以看作是全剧的要点。它所叙述的是感于“陈州亢旱三年，六料不收，黎民苦楚，几至相食”，范仲淹召集众位丞相，议定去陈州开仓粜米的人选。刘衙内保举他两个孩儿，一个是小衙内刘得中，一个是女婿杨金吾，在一片非议中得到范仲淹的认可。就在成行之际，刘衙内却交代说：“如今你两个到陈州去，因公干私，将那学士定下的官价，五两白银一石细米，私下改做十两银子一石米，里面再插上些泥土糠秕，则还他个数儿罢。斗是八升的斗，秤是加三的秤，随他有甚么议论到学士根前，现放着我哩。你两个放心的去。”提示了剧情的发展，至于韩琦与吕夷简对人选所持的非议，为剧情的发展埋下伏笔。需要一提的是，在楔子里即对小衙内进行了丑化，比如其宾白：“俺两个全仗俺父亲的虎威，拿粗挟细，揣歪捏怪，帮闲钻懒，放刁撒泼，那一个不知我的名儿！见了人家的好玩器好古董，不论金银宝贝，但是值钱的，我和俺父亲的性儿一般，就白拿白要，白抢白夺。若不与我呵，就踢就打就挦毛，一交别番倒，剁上几脚。”王国维所称“则演剧时伶人自为之，故多鄙俚蹈袭之语”，展示给大家的是两个活脱脱的泼皮形象，增强了愉悦性，增加了人物的生活色彩。

第一折叙述刘得中、杨金吾陈州粜米的情形，他们执行的标准通过百姓

① 《王国维戏曲论文集》，中国戏剧出版社1984年版，第80页。

的口表达出来是，“钦定米价是五两白银粜一石细米，如今又改做了十两一石，米里又插上泥土糠秕；出的是八升的小斗，入的又是加三的大秤”，弄得前往籴米的百姓怨声载道。这时，作者着力塑造的第一个人物，角色为正末的张撇古出场，其自称“老汉陈州人氏，姓张，人见我性儿不好，都唤我做张撇古”。张撇古这一形象似乎是专门与刘得中等过不去的，在获悉粜米情形的情况下，他不顾小撇古的劝阻，认定“这是朝廷救民的德意，他假公济私，我怎肯和他干罢”，这样也就注定了他悲剧的命运。需要一提的是，张撇古作为戏剧塑造的主要人物形象，是在元杂剧里经常出现的，《陈州粜米》、《盆儿鬼》、《渔樵记》里都有他的身影。在《陈州粜米》里，张撇古的儿子叫张仁，但是又叫小撇古，可见“撇古”乃是绰号，又见小撇古劝告其父，“父亲，则一件，你平日间是个性儿古撇的人，倘若到的那买米处，你休言语则便了也”，可以认为张撇古平日即是性情执拗，与人不易相处。区别于其他百姓的忍气吞声，张撇古的出场让人们寄予了厚望，同时，我们也为他接下来的命运捏一把汗。张撇古是杂剧塑造的封建专制造成的社会不良状况下敢于反抗的典型代表，但就其绰号，我们却解读出对其嘲讽的意味，这使我们对传统文化的糟粕多几分警惕。

接下来的三折主要塑造的是刚正不阿又富有智慧的包拯形象，他是作者着力塑造的第二个人物。当获悉小撇古的冤情和陈州百姓的灾情，包拯巧接圣旨，立即赶赴陈州。为避免打草惊蛇，直接获取罪证，不显示自己的“钦差”身份，他吩咐张千前行，说：“我在后面，如有人欺负我，打我，你也不要来劝。”接着他戏剧性地为搽旦王粉莲“笼驴”，王又恰好与杨金吾与刘得中有染，家里还藏有他们当的紫金锤，包拯为了解实情，遂以看紫金锤为名与王粉莲同行，后来因与大斗子冲突，被刘得中吊在槐树上。接下来包拯被释放，“先拿出杨金吾去在市曹中枭首”，接着让小撇古也用金锤把刘得中打死，他唱道：

【沽美酒】小衙内做事歹，小撇古且宁奈，也是他自结下冤仇怎得开。非咱忒煞，须偿还你这亲爷债。

因为刘得中用金锤打死张撇古，包拯让小撇古用金锤打死刘得中，这种处理方式容易引起人们对其合理性的质疑，比如认为杂剧“宣扬的‘王法’

在很大程度上又是民间‘冤报冤’的观念的反映”[①]，但作为民间“以牙还牙，以眼还眼”的思维实践，却寄予了民间智慧，蕴藉了朴素的平等观念，表达了民间渴求社会正义的强烈呼声。从另一个角度，剧本也反映了元代早期杂剧民间本色浓厚、强调舞台规律的审美取向。区别于包拯形象，杂剧塑造的天章阁大学士范仲淹的形象是耐人寻味的。他先在遭人非议的情况下接纳刘衙内的保举，让其子与其女婿前往陈州粜米，通过刘得中的口，我们得知刘衙内与范仲淹关系非同一般。接着当包拯前往陈州，刘衙内忧心忡忡之时，范仲淹又安慰他道：“刘衙内，你放心。老夫就到圣人跟前说过，着你亲身为使命，告一纸文书，则赦活的不赦死的，包你没事便了。”连韩琦也打圆场道：“衙内，不妨事，你只与学士计较。”在明知陈州实情的情况下，范仲淹仍采取包庇的态度，可见他们关系的亲密程度。他的暧昧行为也遭到包拯的质疑，比如包拯唱道：“那刘衙内把孩儿荐，范学士怎也就将敕命宣?”又“那怕你天章学士有夤缘，就待乞天恩走上金銮殿。只我个包龙图元铁面，也少不得着您名登紫禁，身丧黄泉。”面对大是大非，朝廷重臣却工于权术，心态各异，通过范仲淹这一形象，我们看到先前包拯对官场心灰意冷的必然性的一面。

五、周口明清诗词

明清直至近代，周口文学的成就主要表现在诗词方面。扶沟籍诗人李梦阳及其追随者在明中期着力文学复古运动，“倡言文必秦汉，诗必盛唐”，反对台阁体流弊，积极推动了文学自身的发展。清咸丰年间，民间教育家、项城籍诗人高梅阁著有诗集《形短集》，其诗兴象丰富，语句清新自然，以其篇幅短小的咏物哲理诗为人所瞩目，特别是其践行的教育思想，在豫东地区造成广泛影响。至民国初年，年迈返乡的前清遗老王新祯与李擢英等为代表的周口诗人，在淮阳成立耆英诗社，高扬儒家诗教礼义，即席赋诗，创作新篇，是周口文学民间结社的一个优秀个案。诗词学家张伯驹，项城人，是近现代周口文学史上的一抹亮色。以其创作的众多诗词作品，及其达到的罕见艺术水平，奠定了其在词史上的不朽地位，成为周口人民的骄傲。

---

① 邓绍基主编：《元代文学史》，人民文学出版社1991年版，第263页。

（一）李梦阳与文学复古

李梦阳（1472－1530），字献吉，号空同子。明代著名诗人，“祖籍河南省扶沟县大岗人，明成化八年出生于甘肃庆阳，后又徙还故里。故《明诗综》云：献吉虽产于秦，其父教授封丘，徙家大梁。故《登科录》直书河南扶沟人”。[①] 据《明史》本传记载，其“母梦日堕怀而生，故名梦阳”，[②] 弘治癸丑（1493年）科解元，次年又中进士，连科及第。初授户部主事，弘治十八年（1505年）进郎中，正德五年（1510年）升为江西按察司提学副使。嘉靖即位后归隐乡里。著有《乐府古诗》三十六卷，《疏书碑志序集文》二十七卷，《空同集》八卷。其子李枝，嘉靖壬午科举人，癸未科进士，也是连科及第。

明永乐（1403－1424）至天顺（1457－1464）年间，诗坛以台阁体独尊，其代表人物是杨士奇、杨荣、杨溥，号为“三杨”，主张“以其和平易直之心发而为治世之心”，[③] 主要题材是朝贺、宸游、巡狩、征伐和官场迎送等，创作倾向是雍容华贵，平正典雅，表现盛世阁臣的自得心态，由于“三杨”的特殊地位，大臣竞相仿效，但流弊逐渐滋长，最终导致诗歌“冗沓肤廓，万喙一音，形模徒具，兴象不存”，[④] 台阁体诗风亟待扭转。接着，茶陵派以李东阳为代表，提出诗歌变革，主张关注国计民生，“求其浑雅正大”，为李梦阳、何景明等前七子张扬复古理论奠定基础。主要活动于弘治（1488－1505）、正德（1506－1521）年间的前七子，多以新科进士、郎署少壮派革新者的锐气高自标帜，将文坛帅旗由“台阁坛开始移于郎署”，积极推动文学复古，其中以李梦阳影响最大，成就最高。《明史》本传记载较详：“梦阳才思雄鸷，卓然以复古自命。弘治时，宰相李东阳主文柄，天下翕然宗之，梦阳独讥其萎弱。倡言文必秦、汉，诗必盛唐，非是者弗道。与何景明、徐祯卿、边贡、朱应登、顾璘、陈沂、郑善夫、康海、王九思等号十才子，又与景明、祯卿、贡、海、九思、王廷相号七才子，皆卑视一世，而梦阳尤甚。吴人黄省曾、越人周祚，千里致书，愿为弟子。”

李梦阳提出“宋德兴而古之文废矣”，“古之文，文其人如其人便了，如画焉，似而已矣。是故贤者不讳过，愚者不窃美。而今之文，文其人，无美

---

① 秦永军、郝万章主编：《周口文物考古研究与探索——扶沟卷》，中国广播电视出版社2007年版，第117页。

② 《明史》卷二百八十六《李梦阳传》。

③ 杨士奇：《东里文集》卷五《玉雪斋诗集序》。

④ 《四库全书总目》卷一百九十《明诗综》提要。

恶皆欲合道”（《论学上篇》），认为“今之文”受宋儒理学风气的影响，用同一种道德模式去塑造不同的人物，其结果造成“文其人如其人”的古文精神的丧失。他以为“诗至唐，古调亡矣，然自有唐调，可歌咏，高者犹足被管弦。宋人主理不主调，于是唐调亦亡”，因而使得“人不复知诗矣”，并且指责“今人有作性气诗”无异于“痴人前说梦”（《缶音序》）。在贬斥文学“主理”现象的同时，李梦阳提出文学应重视真情表现的主情论调，他将民间创作与文人学子作品进行对比，以为“真诗乃在民间”，而所谓“真者，音之发而情之原也”，文人学子之作“出于情寡而工于词多”（《诗集自序》）。他与何景明甚至还赞赏《锁南枝》这样在市井传唱的民间时调，说学诗者“若似得传唱《锁南枝》，则诗文无以加矣”。这些都在强调文学自身价值的基础上，对传统的文学观念与创作大胆提出怀疑，具有某种挑战性。而所谓“真诗在民间”之说，也反映了以李梦阳为代表的前七子文学观念由雅向俗转变的一种特征，散发出浓烈的庶民化气息。[①] 李梦阳还主动接触社会下层，从中汲取创作素材，他一生与许多商人交往过密，他的《梅山先生墓志铭》、《明故王文显墓志铭》、《潜虬山人记》、《鲍允亨传》等篇，都是写商人的作品。其中《梅山先生墓志铭》可为代表，墓主系徽商鲍弼，与李梦阳交情深笃，该文描绘了作者与其生前谑笑不避、亲密无间的交往，亡者和作者的友情跃然纸上，形象生动，比如：

> 正德十六年秋，梅山子来。李子见其体腴厚，喜握其手曰：“梅山肥邪？”梅山笑曰：“吾能医。”曰：“更奚能？”曰：“能形家者流。”曰：“更奚能？”曰：“能诗。”李子乃大诧喜，拳其背回：“汝吴下阿蒙邪？别数年而能诗，能医，能形家者流。”

时事题材是李梦阳诗歌的一个重要部分，或描写个人生活遭遇，或直言政治弊端与民生忧苦，或抒发个人情怀，有较为浓厚的危机感与批判意识。比如其《秋望》云：“黄尘古渡迷飞挽，白日横空冷战常。闻道朔方多勇略，只今谁是郭汾阳。”诗歌描述了战车驰骋在秋季的古渡上，荡起遮天蔽日的尘土，对于那些枕戈待旦的卫国将士，诗人寄予无限的感慨，深表自己对国事的忧虑。又如李梦阳的《离愤》，以自己由于攻讦张鹤龄与宦官刘瑾而被逮下

---

① 袁行霈主编：《中国文学史》（第四卷），高等教育出版社 2005 年版，第 68 页。

狱的经历作背景，抒写了自己不幸的遭遇。复如《自从行》，针对朝廷弊政有感而发，尤其对“窃钩者诛窃国侯”这样一种颠倒的世情，更是疑惑不平，其语气慷慨激烈，作者内心充满愤懑之情。其诗云：

> 自从天倾西北头，天下之水皆东流。若言世事无颠倒，窃钩者诛窃国侯。君不见，奸雄恶少椎肥牛，董生著书翻见收。鸿鹄不如黄雀啅，撼树往往遭蚍蜉，我今何言君且休！

倡导文学复古，李梦阳以其诗文创作实践起到了重要作用，明代顾起纶在《国雅品》中评论说：“李献吉、何景明二学宪，气象宏阔，词采精确。力挽颓风，复臻古雅。遴材两汉，嗣响三唐——为明音中兴之盛，实二公倡之也。”① 李梦阳及其追随者以其猛烈的声势冲击台阁体，具有一定积极的意义。但是他们有时走上盲目的道路，比如模拟古人、刻意深奥、佶屈聱牙。后来李梦阳有所醒悟，他说：“余之诗非真也，王子（淑武）所谓文人学子韵言耳，出之情寡而工之词多者也。”（《李梦阳诗集·自序》）以李梦阳为代表的文学复古，尽管存在着种种弱点，但在客观上有利于对文学自身规律的探讨，在一定程度上显出明代中期文学逐渐走出僵化格局而不断探求的新动向。

（二）高梅阁与《形短集》

高梅阁（1783－1860），名芳云，晚年自号荆布老人，项城市人，是一位具有影响力的诗人和民间教育家。年22岁妻太学生张东林，其子张安雅。她精于诗书画篆刻，著有诗集《形短集》，有《训子语》附后。高梅阁生于诗书礼义之家，其父高玉麟是贡生，兄高颉云是举人，弟高崃云是进士，侄高钊中是翰林，她自幼得到较好的教育。与诸兄弟讲求功名科举不同，高梅阁讲求教育之养成，谨言慎动，重视生活伦常之道，读书为做人，深得诸兄弟的敬重。高梅阁所嫁张家，家境较为贫寒，她却安之若素，没有怨词，“藏其书籍翰墨，操井臼，典钗钏，以供我大父大母之甘旨，而自食粗粝”，平素“言论讷讷，平实无文，而切中事理”（张安雅《荆布老人传》），孝名闻于闾巷。

高梅阁在井臼薪炊之余耽于诗作，但是少有保存又多有散佚，其去世次年，孝子安雅复结集其诗稿，按照高梅阁生前所题，取“诚于忠形于外，而

① 丁福保辑：《历代诗话续编》下册，中华书局1983年版。

不自掩其短”之意，命名为《形短集》，此事又见于高钊中为《形短集》所撰之文，“老人为诗，未尝刻意求工，有所触，辄寓诸吟咏。随作随置去，未尝存稿，殁后得六十九首”。

就高梅阁诗歌创作的动机，张安雅以为，“先妣当年，日惟妇职是供之不暇，何暇为诗。间为诗，亦只自写心之不容已，意固不在为诗也”。所谓“心之不容已”，可见于高梅阁自己对文艺的理解，她认为：“古人有不容已于心者，而后咏歌以宣其郁勃之情。如悲之思泣，乐之思笑，非有意于其间也。故其诗由中而发。后人以诗为文艺玩物，而自外拟袭之，如之何其相及也。”她所说的其实是诗与情之间的关系，《毛诗序》早有揭示，“诗者，志之所之也，在心为志，发言为诗，情动于中而形于言”，她所谓“不容已于心者”必是平生所遭遇到的忧患，使内心激愤或慷慨，诉诸语言为诗歌，至于张安雅所云，是讲高梅阁不为写诗而写诗，诗歌是从胸中自然流淌出来的，如果勉强为之，则是为诗造情，使创作陷于困境，使诗歌“六情底滞，志往神留，兀若枯木，豁若涸流”（陆机《文赋》）。基于高梅阁的观点，她是深得儒家诗教的宗旨的。

《形短集》所收作品为五言、七言，篇幅短小，语句清新自然，富有生活情趣与哲理。高梅阁的诗歌不是空洞或抽象地讲道理，而是赋之于繁复的意象，这些意象都是通过咏物而获取的，因此她的诗大多是咏物诗。在《夏竹》一诗中，诗人先陈述一个自然现象，茂密的竹林可以抵御夏季的酷暑，接着说明一个道理：“无须论世味，只在自�深”，这使得诗歌具有丰富的内涵。我们把对自然想象的陈述看成是起兴，把结句看成是诗人真正想表达的内容，即只要有真学问，人情冷暖其实是可以不计较的。《白梅》也是一首咏物诗，抒写天气犹寒，白梅早绽的自然现象，诗中写道：“算来还未到花期，蓓蕾霜华已满条。一树嫩寒春独早，半溪新水冻才消。苍苔残雪古林屋，淡月轻烟小板桥。”诗人对白梅进行了细腻的描绘，意象丰富，语言清新自然，浑然天成，展现的是一幅美丽的风景画。但这还仅是诗歌的起兴，只见结句写道：“入画不宜浓墨写，欲留真色须白描。”诗人精于书画，以书画的真谛试图说明一个本色做人的道理。《冬雪》也是一首咏物诗，诗云：“庭前雪已销，庭后雪犹全，向阳易为损，处幽何自然。”冬雪积于房前屋后，房前的由于向阳率先融化掉了，而屋后的却不是这样，示弱或不争也是一种学问，其中具有道家辩证法的思想。俗话讲，人生不如意处十之八九，生活需要认清自己，对于本职工作应坚守并付出，《菊》表达的就是这么一个道理：“风霜凄凉最无情，何事芳心与尽倾。既作秋花当应节，炎凉不肯易精诚。”除此之外，诸如此类的还有《尺》、《残梅》等，粗略列举几首，我们可看出诗人对于生活的基本主张，即要做真学问、真人，并忠于职守、不为人先，它们代表了诗人的价值取向。其实，这些主张基本能契合儒家温柔敦厚的诗教传统，《论语·述而》曰：“子以四教：文，行，忠，信。”做真学问为文教，真人为信教，忠于职守为忠教，不为人先为中庸的行教。高梅阁自己说：“词章之华美，而不中于道者，比之紫色郑声。为词章只求悦人耳目者，比之巧言令色。”在这个意义上，她不仅是主张“文以载道”的，还是儒家教育思想的忠实践行者。关注现实生活，从生活实际出发，是高梅阁基本的写作立场。她大多时间生活于乱世，目睹百姓生活的苦难，平生喜爱杜甫诗歌并受其影响的她，在自己的诗歌中对他们寄予深切同情，其《五鼓闻春》云：“四邻春野碓，梦寐忽为惊。月向窗边白，鸡才架上鸣。风霜侵曙苦，帷幄尚寒生；短布茅檐外，如何奈五更？”描述了四邻在冬天的五更时分舂米，他们身穿单薄短衣，怎么能抵御室外的严寒呢？表现出诗人悲天悯人的济世情怀。

高梅阁初生子女皆夭亡，40岁才生张安雅。在安雅7岁时，高梅阁“尽出所藏之书以教子”，“先以小学，次以《论语》，出入言动，随在讲以事亲敬长，应对进退之仪，不汲汲于时文应试之学”（张安雅《荆布老人传》）。在长期的教育实践中，她总结心得体会，写有《训子语》数条，比如“教小儿读书，先讲说与他，是教他为人，不是教他穷经”，一语道破传统国学教育的重点所在。在对待孩子贪图安逸、学习懈怠的问题上，她认为：“无屋漏功夫，做不得宇宙事业。少年聪明子弟若不能吃些苦楚，谁与安逸有仇，肯做屋漏功夫耶？”又“怠惰无恒，似骄矜尤为害事。自弃者固多怠惰，汝则师心任性，积成玩忽，仍是由矜发出。若常存敬畏，何怠惰无恒之有哉？”提出需要教育孩子有吃苦的精神，对治学要心存敬畏，切忌懒惰懈怠。在对待如何省察自己的问题上，她认为：“自谓无过恶者，只是不曾省察，终身养贼而不知。”又：“敬人正是自敬，慢人正是自慢。好说人好处，正是自己好处，好说人不好，正是自己不好。”提出从生活细节入手改正自己的过失。在高梅阁的教诲下，张安雅“高才博学，倜傥有奇气”（冯端本《形短集》跋），但出于对母亲“吾不望其为宦，但愿其为人耳”要求的遵循，他虽然早有才名，但终生不入仕途，著有《得所轩文集》。

高梅阁诗文作品一经问世，不胫而走，为人们所喜爱。光绪三年（1877年）广州太守冯端本筹资刻版印刷，并为之作跋，亦称冯刻本。他在跋中评道：“奉读一过，不独词旨温厚，得诗人之意，抑且训言纯正，撷语录之精，求之古昔坤范，亦所罕见。”朱撰卿，清举人，太康人，民国二十二年《淮阳县志》主纂。他在《重印〈形短集〉识言》中说：“老人之诗及训子各条，裕道韫之才华，而去其浮靡，具惠姬之深厚，而出以温雅。观其论学见道之章，直可振士林之聋聩，以导其先路，奚仅树范裙钗云尔哉！”随着冯刻本的问世，《形短集》在河南，尤其是在豫东广为流传。出于对《形短集》的钟爱，沈丘人杨敬堂民国二十年（1931 年）将《形短集》交付上海文明书局重印成铅印本，亦称杨印本；1984 年，原周口师专萧士栋、张衡石、邹文生、涂自勤、阎钦莱申报《形短集》为河南省古籍整理项目，校勘冯刻本和杨印本，其成果于 1990 年由中州古籍出版社公开出版。

（三）耆英社和王新祯

王新祯（1849－1931），字楷庭，号两一子，太康人。光绪十二年中进士，授翰林院庶吉士，散馆后归工部选授陕西雒南知县。光绪二十八年署理陕西澄城县，陕西巡抚知其廉洁正直，又任命他为吴保知县。中华民国建立后，王新祯回归故里。他的书法艺术水平较高，有诗文著作《两一子稿》、《百子草异》等。原周口师范学院王开文编有《王新祯诗文校注》，于 1993 年由河南大学出版社出版。

李擢英，字子襄，周口川汇区人。光绪三年中进士，历任监察御史、内阁侍读学士、太常寺少卿及大理寺少卿等，辛亥年回周口安度晚年。据李擢英《耆英社诗序》，[①] 民国二年三月三日由淮阳人廪贡周景濂召集，成立诗歌社团耆英社，公推李擢英为社长，包括西华人拔贡凌甲烺、翰林王新祯等。

耆英社为前清遗老所结文学社团，为民间文学结社的一个重要案例。有召集人，有重要成员参加，并公推出社长。在成立耆英社的聚会上，他们四人各自赋诗，让我们一窥当时的具体情景：结社时间是阳春三月一场春雨之后，李擢英有诗“野阔雨酥鸿雁苦，尘消风送马蹄轻”；王新祯有诗“尘埃经雨消除甚，珠玉临风咳唾轻”；周景濂有诗“杨柳风和拂面轻”，又云“苍天欲把尘氛靖，喜雨初晴夕照横”。结社地点是淮阳城西细柳营，李擢英有诗“上巳同来细柳营”。至于结社的动机，李擢英有诗云“久思结社会耆英”，又有“携酒欣班故友荆”；王新祯有诗“旧交洛社喜新营”，周景濂称“争赋新诗同搦管，重逢旧友共班荆”，凌甲烺称“洛社耆英闲话旧，山阴禊事又翻新”。从这些可以看出，结社动机在于聚会故友旧交，赋新词话旧言新，但又不能简单归结为一次文人雅集。在清朝灭亡、民国取而代之之际，作为前清

---

① 见于民国二十二年《淮阳县志》，《文征外集（韵文）》。李擢英《耆英社诗序》称：“民国癸丑三月上巳，邑西柳林周景濂芷湘，招商水李擢英子襄、太康王新祯楷庭、西华凌甲烺葆生，邑于云楼海观诸君，结耆英社。子襄年最高，推为社长。当日诸君即席赋诗，限每人两韵。兹节录各作，用志其胜云尔。”

遗老自视为天下英才，如王新祯所云“盟主群推盖代英”，自然不甘于寂寞，群结耆英社，置酒即席赋诗，“浇得心中块垒横”。

又旧时淮阳流传董氏贞女的故事，王新祯曾为之赋诗，30余年后又为之作传。董氏的故事，详见于王新祯《董贞女传》，[①] 其中云：“烈女，淮阳董公金镜女，幼失怙，奉母氏以抚弱弟，温柔庄重，言笑不苟，受聘于同郡拔贡庞君丕化之长子理黼为室，赋性明敏，好读书，未弱冠通经史，力文章，殆所谓才公子非耶？年十八，将授室而病，病而不起，死矣。讣于董氏烈女闻之，哭不食，觅间吞金亦死。”董氏是淮阳董金镜的女儿，祖籍江都。父亲早亡，居家侍奉母亲，抚养幼弟，不苟言笑，温柔贤淑。后来受聘于淮阳拔贡庞丕化的长子，其性情聪慧，力学有成，只是在18岁将要成婚的时候，因病故去。噩耗传来，董氏恸哭、绝食，不久吞金而亡。

王新祯初作《董贞女诗》，是为了响应赵星五征集关于董氏诗歌的倡议。董氏女的事迹在当时广为流传，清进士赵星五出于高扬礼教节义，旌表闾里、教化百姓、淳朴民风的目的，曾广泛向社会征集褒赞董氏的诗歌，诚如其《董贞女征诗序》云：“若夫属事比词，扬芬铺藻，使江汉之间歌咏其德于勿衰，则有诸君子之鸿章巨制，固足以传志久远矣。”倡议一出，有许多士人赋诗，据所存诗歌，题为《董贞女诗》[②] 的作者有王新祯、易贞、杨凌阁，另外还有清岁贡齐楷之的《咏董烈女》，清拔贡唐巨峰的《董贞女词月华清调》，清举人严汝诚的《贞女行》等。其中王新祯《董贞女诗》云：

> 君不见淮阳城外，萧萧几株白杨树。哀乌双栖啼早暮，说是始平公子、江都贞女合窆之丘墓。忆惜贞女早失怙，有母待奉弟待抚。心力交瘁十余年，二月夭桃诗将谱。忽然一夕噩耗传，郎先羽化身无主。身无主兮心愈坚，暗吞黄金归黄土。谷则异室死同穴，精魂耿耿著贞烈。岂是天地钟毓私，丈夫何偏出巾帼。采风定来輶轩使，专章驰奏达天子。纶音旌表光闾里，遂使一树女贞枝，万古常青心不死。

董氏女的事迹所以备受淮阳士林推崇，和明清儒家礼教有关。在其待字闺中的时候，已经“事亲以孝闻，抚弟以慈称，贤淑之德，籍甚里巷”（《董

① 民国二十二年《淮阳县志》，《文征外集（散文）》。

② 民国二十二年《淮阳县志》，《文征外集（韵文）》。

贞女征诗序》），后来听到夫君去世，毅然吞金自杀，赵星五称其“泪洒湘君城，枯杞妇尔”，即将其比作史上著名的殉夫的湘妃与杞梁妻，又称赞她的行为是“珠沉玉碎，冰结霜零，较断臂为尤烈，视捐躯为坦途”，感叹道：“寿金石，光泉壤，其有关于世道人心者，岂浅鲜哉？此天地严正之气所结而成，亦祖宗讲礼教崇节义之所渐而致也。”对于社会给董氏女附加的弘扬明清儒家礼义的价值，王新祯长久不能释怀，“兹历三十余年，而又为之传”，即三十余年后又写作《董贞女传》，坦言自己“非有意创古今未有之奇，不过一心之无憾而止耳！”依然强烈感慨道：“孱女子义烈出于天性，毅然蹈之而不惧，是其碧血丹心，不诚照耀千古哉！”王新祯的性情可见一斑，亦可由此一窥旧时的文化风尚。

（四）诗词学家张伯驹

张伯驹（1898－1982），字家骐，号丛碧，别号游春主人、好好先生，别署冻云楼主，河南项城人。张锦芳之子，过继其伯父张镇芳，张镇芳字馨庵，光绪三十年进士，袁世凯哥哥的内弟，历任天津道、长芦盐运使、直隶按察使、河南提法使等职。张伯驹曾任北京中国书法研究社副社长、北京京剧基本艺术研究社副主任理事、故宫博物院专门委员、国家文物局鉴定委员会委员，吉林省博物馆副研究员、副馆长，中央文史馆馆员；曾任燕京大学国文系中国艺术史名誉导师，北京中国画研究会名誉会长，中国书法家协会名誉理事，北京戏曲研究所研究员，北京昆曲研习社顾问，民盟中央文教委员等职。有诗词和研究音韵、戏曲的论著《丛碧词》、《春游词》、《秦游词》、《雾中词》、《无名词》、《续断词》和《氍毹纪梦诗》、《氍毹纪梦诗注》、《洪宪纪事诗注》及《乱弹音韵辑要》、《丛碧书画录》、《素月楼联语》等。

张伯驹集诗词学家、收藏鉴赏家、书画家、京剧艺术研究家等于一身，与张学良、溥侗、袁克文一起被称为“民国四公子”。早年进入袁世凯的陆军混成模范团骑兵科受训，先后在军阀曹锟、吴佩孚、张作霖等部任职。不久就退出军界，把兴趣全部转移到读书、吟诗、听戏、收藏等文化艺术活动之中。张伯驹乐于和文人雅士们交往，经常和他们一起聚会品文，一起吟诗作画，鉴赏并收藏古董墨宝。他虚心向专家请教鉴赏古董真伪的方法，并不惜重金购买、收藏古代珍品字画，经他收藏的书画名迹有118件之多，其中以陆机手书的《平复帖》和展子虔的《游春图》最为珍贵，尝自云：“予生逢离乱，恨少读书，三十以后嗜书画成癖，见名迹巨制虽节用举债犹事收蓄，人或有訾笑焉，不悔。”新中国成立后，张伯驹将自己珍藏的，包括《平复帖》、《游春图》、杜牧《张好好诗卷》、黄庭坚《诸上座帖》、赵佶《雪江归棹图卷》、钱选《山居图卷》等价值连城的八件真迹墨宝捐献给国家，还把自己收藏的脂砚斋藏砚捐赠给吉林省博物馆。张伯驹自幼喜爱京剧，学唱并登台演出，是京剧须生泰斗、余派艺术创始人余叔岩家的座上客。余叔岩经常为张伯驹说戏，既教唱腔念白，又教身段作派。张伯驹对余派唱腔、念白、身段动作等都十分有研究，曾自豪地说："叔岩戏文武昆乱，传予者独多!"余叔岩去世后，北京的一些余派演员常常登门向他求教。

张伯驹因其收藏和曾为贵介公子的风流倜傥为人乐道，却忽略其罕见的诗词造诣及留下的大量诗词作品。周汝昌在《张伯驹先生词集序》中称其词"风致高而不俗，气味醇而不薄"，又称"竟似天成"，"终无败笔"。[①]《张伯驹词集》收录以前诗词著作，就创作时间，楼宇栋在《张伯驹词集》"后记"中说："先岳丈自三十岁（1927 年）学为词，至庚寅（1950 年）间所作，集有《丛碧词》。后二十余年，再集《春游词》、《秦游词》、《雾中词》。至甲寅（1974 年）一年内得词二百数十阕，命为《无名词》。乙卯年（1975 年）复又为词百余阕，以《续断词》名系之。"《八声甘州》为词集第一首，题为《三十自寿》，应是 1927 年的作品，是年南京国民政府建立，继续挥师北伐，故云"残棋一枰收"，又云"烽火遍中州"，曾为旧军人的，既已的渴求功名的热望与机会都成为泡影，往事不堪回首，故云"前事都随逝水，明月怯登楼"，意境略同于李煜《浪淘沙》"独自莫凭栏，无限江山"，只是前者绮丽柔靡，后者凄凉悲壮，至于他的词与李煜词的继承关系，张伯驹在其《无名词》序中提到，周玉言曾跋云："词以李后主始，而以余万为殿。"张伯驹称"心未尝不感玉言"，说明他在心理上是较为认可的。李煜词伤于别离，张伯驹也是这样，他有《浪淘沙慢》，题为"恨别，依清真韵"。其中云"念久客归人今又去"，极尽哀怨之意，又"记执手沾巾，花里离别，笛声渐竭。更水程山驿，疏星残月，闲馆云屏遮重叠"，渲染刻骨铭心的离别意象，至于"晓来看、昨夜东风，甚作剧，吹残满架蔷薇雪"，如此凄清落寞，都是身逢乱世的原因。文人悲秋，词人伤春，"往事重寻陌上尘，年年肠断几黄昏。花开花落浑如梦，春去春来不问人"（《鹧鸪天·春感》），感于往事无情，命运乖张，张伯驹被时代洪流裹挟着，那些年，他过的是无比消沉的生活。其《八声甘州·三十自寿》云：

几兴亡无恙旧河山，残棋一枰收。负陌头柳色，秦关百二，悔觅封侯。前事都随逝水，明月怯登楼。甚五陵少年，骏马貂裘。

① 张伯驹：《张伯驹词集》，中华书局 1985 年版。

玉管珠弦欢罢，春来人自瘦，未减风流。问当年张绪，绿鬓可长留？更江南、落花肠断，望连天、烽火遍中州。休惆怅、有华筵在，仗酒销愁。

出于对春天的独特感受，张伯驹将“词始辛丑（1961年），乙巳（1965年）春序”的词集命名为《春游词》，其“自序”云：“彼者或生还，或死而未归，余则无可无不可。沧桑陵谷，世换而境迁，情同而事异。人生如梦，大地皆春，人人皆在梦中，皆在游中，无分尔我，何问主客。以是为词，随自然而已。万物逆旅，尽作如是观。”见其《浣溪沙》题为《回京》云：“小巷依稀认旧门，蛛丝萦槛案堆尘，萧萧梧竹易黄昏。风扫壁琴弦断轸，泥封厨甕酒空尊，不知客人是主身。”词人身遭乱离，欲安居不能，离京数年返家后，“不知客人是主身”句令人凄怆绝倒。又“如梦春光直到秋，春愁未尽复秋愁，斜阳犹自为人留”，在所谓“大地皆春”的季节里，词人却忧愁无限，只能觅以“斜阳”排解。词人写人生实感，真实细腻逼真，其中不乏豪壮。“庚戌（1970年）初冬”，张伯驹整理诗词，为《秦游词》写序云：“余少年从戎入秦，宝马金鞭，雕冠剑佩，意气何其豪横。中年避寇，再居关中，兵火之余，仅存书画，讬迹商贾，聊供菽薪。暮岁东出榆关，追步道君、秋笳，铩羽归来，疾病穷苦，乃更入秦依女儿以了残年。”词人晚年北京失职，流离失所，应是一件很痛苦的事情，《浣溪沙》题为《自题梦华图》云：“莫向空华问幻真，重思前事每逡巡，悲多欢少易销魂。岂待闻钟方醒梦，不须对酒更伤春，无情最是过来人。”这里，不断的追问与反省可能都是无用的，好在词人只在西安生活一年时间，辛亥（1971年）冬，受聘为中央文史馆馆员，重又回到北京。他将返京后“癸丑（1973年）一年得百余阕”作品整理，题名为《雾中词》，在“自序”中称：“余已在雾中，而如不知在雾中；即在雾中，而又如知不在雾中。佛云：‘非空非色，即空即色’，近之矣。”其中一阕《水调歌头》题为《读陶渊明》，词云：

陋巷一瓢饮，知乐不知贫。先生只有五柳，随世任天真。笑看英雄屠狗，还耻折腰匏系，肯为作臣民。醉里乾坤大，日月互明昏。

秦荆棘，晋禾黍，楚骚魂。除非高蹈东海，此外更何论。闻说神仙鸡犬，流水桃花别境，空自问渔人。未识武陵路，到处是迷津。

这首词是咏怀，陶渊明辞彭泽令之后，彻底归隐，再无为官志向与行为，尽管其生活窘迫，几为乞食。陶渊明安贫乐道、任真自然，耻于屈膝迎来送往，以及不同流合污的耿介性情为词人所折服，但作为现实的选择，词人既不能“高蹈东海”，又“未识武陵路”，突出表现了作者对生活前行的迷茫，所以自称其在雾中。亲历“文革”那些事，翻手为云覆手为雨，这给性情真率、为人耿介的张伯驹带来极大的苦闷，如端坐云里雾里，然而心里未尝不是清楚的。这时的他，说不知道是在雾中，是逃避，说知道自己不在雾中，而大胆面对，该是一件多么痛苦的事情啊！究竟在与不在，思辨接近于谈玄，晚年的张伯驹向禅的思想抬头了，他在《无名词》序中说：“甲寅（1974年）一年，复有词二百数十阕，因思何以名集。余即将八旬，以诵佛所得，以为文采风流皆是罪障。悟及此，才一年间耳，正针对余之无名而有名。”又说：“盖为知止而止，此后不再为词，无词即无名矣。使余心如止水，如死灰，尽忘一生之事。”集中所收作品多有禅机，比如《前调》题为《甲寅夏至后，花蔬八咏》，又如《小秦王》题《携外孙女游紫竹园》云：“耳际蝉声换世声，风来荷气入心清。浮生半日如千日，应是忘情太上情。”本打算不再写词，但是次年又有词集《续断词》，张伯驹于乙卯（1975年）除夕为之作序，归因于“缘之未了，情之尚在，当归不归，亦自然随缘而作续断，余亦不自知也”。本来言之凿凿不再创作，年余却又出新集，作为忠诚于写作事业的写作者，在极为恶劣的创作环境里，张伯驹表现出极为真纯的词人本色。他也许并没有认识清楚自己对诗词创作的热爱程度，在《续断词》“自序”里，他是从禅宗里寻求答案，他写道：“佛法万事随缘，当归而归，亦自然随缘而归；当归不归，亦自然随缘而作续断。此即即有即无，不粘不脱。佛有出世而在世者，人亦有在世而出世者，只在此心，心即佛即缘也。”离弃自己热爱的诗词事业，成为一名在世的出世者，张伯驹为那个荒唐的岁月做了一个令人心悸的注脚。张伯驹何许人，让我们且从周汝昌《张伯驹先生词集序》一睹他的尊颜：“无俗容，无俗礼，讷讷如不能言，一切皆出以自然真率。其人重情，以艺术为性命。伉爽而无粗豪气，儒雅而无头巾气。”

撰稿人　李治中

周口歷史文化通覽

文化卷

（下）

《周口历史文化通览》编委会　编

學苑出版社

第七章　周口民间音乐及表演艺术

民间音乐一般是指在民间形成并流传于民间的各种音乐体裁，一般包括民间歌曲、民间歌舞音乐、说唱音乐、民间戏曲和民间器乐等。民间音乐是民俗文化的组成部分，是传统文化的重要方面，是非物质文化遗产中的重要组成部分。民间音乐与专业音乐的不同主要在于创作方式，即民间音乐的口头创作方式和专业音乐的笔头创作方式的不同，以及由于不同的创作方式而生发出的不同的创作手法、创作风格、创作特征等。

周口地处黄淮腹地，历史悠久，文化灿烂，这里也是我国民间音乐的重要发祥地，相传民族始祖太昊伏羲氏都宛丘（今淮阳县），作八卦，结网罟，灼土埙、制琴瑟，创作乐曲歌谣；女娲氏都西华，抟土造人，炼石补天，制造笙簧，化育万物，肇始人类文明曙光。西周初年，周武王封舜帝后代妫满于陈，建陈国，其妻大姬好巫善舞，《诗经·陈风》遗韵飘香。道教始祖老子（李耳）生于陈国苦县，所著《道德经》流芳千古，道家文化和道教音乐至今滋润着世人。思想家、教育家、音乐家孔子，曾三次来陈，至今仍完好保存着他当年陈蔡绝粮时吟诵歌唱的弦歌台。战国末期，淮阳为楚都所在地，史称郢陈。秦末农民起义，陈胜、吴广在此建立张楚政权。两汉时期，陈为皇子领地，繁荣昌盛，富甲一方。魏晋以来，淮阳历次设郡置府。周口交通便捷，公路、铁路、水路运输交织成网，四通八达。沙河、颍河、贾鲁河在周口市三川交汇，是历史上通衢五省、人杂八方、南北之声不绝于耳的商贾云集聚居地，素有中国“小武汉”之盛名。沙颍河自古以来就是通航河道，入淮河、汇长江。沙颍河航运可直达南京、上海，到20世纪中期，河内还曾千帆竞立，船工号子不绝于耳。肥沃的土地便利的交通，悠久厚重的历史和辉煌灿烂的文化，直接造就了周口丰富多彩的民间文艺资源。

与周口民间民俗文化息息相关的周口民间音乐，具有哪些特点呢?

一、乡土性。所谓乡土性，也叫地方性或地域性。周口地势平坦，河流较多，四季分明，自然生产条件一般，社会变迁不大，传统文化厚重，虽然受东西南北不同文化的影响，但仍然保持着自己的特色。周口民间音乐的地域性特征主要表现在以下几个方面：

1．性格特征。地理环境造就了人，人以自己被造就的性格创造了与环境相协调的文化，文化又进一步强化了环境氛围。长此以往，周口的人们在地理环境、文化氛围以及历史传统等因素的作用下，形成了独具特色的文化类型。这种文化类型在篇幅更大一些、包容力和表达力更多一些的地方戏曲中表现得尤为充分。例如道情擅长表现家长里短的人情世故和才子佳人的悲欢离合，越调、沙河调（豫剧）擅长表现帝王将相的功绩和争斗，曲剧擅长表现激昂悲烈的苦情冤案，等等。

2．音乐特征。由于文化发展的历程和传统不同，周口的民间音乐在音乐的构成要素上既有北方民间音乐多使用的七声音阶，也有南方民间音乐多使用的五声音阶；旋律音程有大有小，旋律运动有跳进有级进，旋律线有的棱角分明，富于叙事性特征，有的曲折连绵，富于抒情性特征；在淮阳至今流传着三音阶构成的旋律音乐等。

3．语言特征。汉语方言之多，有“十里不同音”的说法。这就使同一首民歌在不同地区的流传中，由于语音的不同而发生音调上的变化。周口方言变化南北纵向基本上沿106国道为界线，存在z、c、s与zh、ch、sh错位使用，r与y，f与v，w与v等混合使用，例如把“在”“吃”说成“zhai”“ci”，把“水”和“说”念成“fei”和“fuo”，把“用、永”读成“rong”等，独具地方韵味。

二、即兴性。周口民间音乐的基本传播方式是口传心授。老歌手、老艺人或师傅在传艺时凭借演唱演奏，新歌手、年轻艺人或徒弟在学艺时凭借听觉和记忆，基本上不采用书面乐谱的传承方式。口耳相传的传承方式，造成了民间音乐的不确定性和易变性，为集体加工提供了条件；而不断的集体加工，又使世代流传的民间音乐日臻完美。如此发展下来，民间音乐在演唱、演奏中的即兴发挥，就成了验证歌手、艺人造诣的标准。即兴变化是民间音乐的一种创作方式，创作者即表演者。在这种创作中，听众既是欣赏者，又是评判者，他们不必等到演员谢幕时再报以赞许、鼓舞或尊重式的掌声。民间音乐的演员与听众有着更为融洽、更为平等、更为直接的关系。

三、人民性。从《诗经》中的《陈风》十首开始，周口民间音乐就记录着普通老百姓的喜怒哀乐，如对劳动的歌颂，对为富不仁者的痛恨和嘲笑，对官府黑暗统治的不平和反抗，对穷苦人不幸遭遇的同情，对纯真爱情的赞美，以及对美好生活的憧憬，对乡民郁闷生活的自我调剂等等。

四、多功能性。专业音乐的功能是他娱的，在舞台上为听众演出。民间音乐则具有多功能性。它可以是自娱的，在愁苦之至或喜悦之极时，唱上一曲以发泄强烈的感情；它也可能是他娱的，在众人面前炫耀自己驾驭音乐的能力，得到他人的赞赏和爱慕；它可以作为传送青年男女间感情的媒介，也可以用于红白喜事的仪式；它可以是集体劳动时的组织、指挥者，也可以是传授生产、生活知识的手段；它可以在不识字的劳动人民中间充当记载岁月变迁的史书，又可以作为宣扬民族英雄光辉业绩的教本；它可以是儿童的游戏，也可以是长辈或首领对民众的鼓动、号召；等等。

综上所述，周口民间音乐由于其本身根植于深厚的民族传统文化土壤，同时又有着几千年的不断提高发展的文明历史积累，形成了它与职业艺术家和专业音乐院校艺术的不同。今天我们研究民间音乐，就要对其自身所具有的特点进行了解、学习和掌握。它历史悠久，博大精深，与人民生活的各个侧面息息相关，密不可分，成为民间的百科全书。可以说，周口民间音乐是了解周口人民文化生活的窗口。本章将从民间戏曲、民间歌曲、民间舞蹈、民间器乐、说唱音乐、杂技几个方面分而述之。

一、民间戏曲

灿烂的历史和文化，为戏曲艺术在这块土地上生长发育提供了肥沃的土壤，戏曲艺术因而很早就在周口地区萌生并源远流长地发展了起来。一般人们都认为，戏曲的起源可以上溯到原始时代的歌舞。那时虽然没有戏曲，但歌舞却已出现了。周口历史文化悠久，是有着悠久历史的歌舞之乡。生活在周口地区这块土地上的古人，很早就在劳动中创造出了最原始的简单歌舞，后经演化发展，到春秋战国时代之前，已经极盛一时，广为流传开来，形成了相当发达的歌舞文化。淮阳县城东南的宛丘，在当时已经形成我国目前所知的最古老的盛大歌舞场所。与此同时，在歌舞发展过程中祭祀先祖和祖先之需而形成的远古宗教舞蹈巫舞，也在周口十分盛行起来。史料记载，早在西周初，陈胡公妫满之妻大姬尊贵好巫觋歌舞之事，其民化之，境内祭祀活动渐起。我国第一部诗歌总集《诗经》中的《陈风·宛丘》，具体描绘了古代淮阳众青年男女在宛丘击鼓奏乐，手里拿着鹭鸶羽毛，在树下不分冬夏欢乐歌舞的盛况。

另一首《东门之枌》，同样记录着陈地先民们带有巫舞性质的爱情生活，也是反映陈地的乐舞诗，生动地诉说着陈国的歌舞蔚然成“风”，陈国人能歌善舞由来已久。程俊英《诗经译注》中说《宛丘》：“这是一首描写男女相爱，聚会歌舞的民间情歌，表现了当时男女的爱情生活，也反映了陈国男女聚会、歌舞相悦、巫风盛行的特色风俗。”

再者，淮阳曾为楚国都城，好巫的楚人不仅把城墙和坟墓留在了陈地，同时也把生活习俗流传了下来。直到清代雍正年间《河南通志》还有这样的文字：邑民“崇祭祀，多尚史巫”。足见该地崇巫尚舞源远流长。

《诗经》中说陈地“为巫舞之乡”。在原始社会，“巫觋”是占卜、祭祀时以歌舞形式交通神人的神秘人物。原始社会早期，由于生产力低下，人类对宇宙间物质运动的规律、自然现象等不能作出科学的解释，冥冥中好像有一种超自然的力量在支配世界，于是，神鬼的概念产生了。巫觋则是被认为能与神鬼交往、代表它们说话、执行它们意志的人。在祭祀活动中，巫觋以卜筮、巫词、咒语以及歌舞等手段制造气氛，沟通人神之间的“联系”。其中尤以舞蹈为重要的手段。巫舞即原始舞蹈发展演化的产物，它使当时的舞蹈发展得到进步。东汉许慎著《说文解字》认为：“巫，祝也，女能事无形以舞降神者也。”殷商时期，巫觋权力甚大，直接参与国家政治活动，指导国王的行动：“国之大事，在祀与戎。”扮跳巫舞的巫觋，当时以娱乐鬼神为职，他们在娱乐鬼神时要装扮成“灵保”或“尸”，以作为鬼神凭依的实体。王国维据此在《宋元戏曲考》中说，这种由巫觋扮装跳跃的巫舞，正是“后世戏曲之萌芽”。依此说，戏曲在周口这块古老的土地上，早在殷商时代就萌生了，只不过它是当时巫舞中隐含的原始的戏曲萌芽，还不具今日戏曲之型罢了。

到了秦汉时期，戏曲在周口这块土地上获得了初步发展。对此，近年出土的文物可以作为最权威的证明。首先，从西华、扶沟二县出土的近万块汉代画像砖上看，有的砖上画像清晰，演者形象生动，姿态优美，面部似有表情，口微张，作且歌且舞之状，便是这时歌舞戏曲表演之佐证。其次，从淮阳出土的“三进陶院落”的中间庑殿看，殿中由五男一女六人组成的陶伎乐俑，各作弹琴、吹笙、捧匝、合掌之姿，更是这一时期歌舞戏曲表演之佐证。最后，从项城出土的汉代陶制戏楼看，戏楼中正在上演汉代百戏之一的“跳丸戏”，其演者陶俑造型生动逼真，姿态优美，其作乐者陶俑手捧乐器，演奏认真，更为这一时期的戏曲表演场景提供真实的写照。据此，我们可以推断，戏曲在周口不仅秦汉之时已经形成，而且已经走上了高台演唱。因为戏曲不兴没有戏楼，有了戏楼戏曲便搬上了高台。

其后历经魏晋南北朝、隋、唐、宋朝诸代，戏曲在周口发展演化的详细情况还不得而知，仅知古都汴京在宋时演戏之风炽盛，波及周口。当时，常有下路艺人到京，京中艺人外流路经此地，在民间和城中演出戏曲。与此同时，民众在丰稔之时、节庆喜日、酬神还愿等情况下，也演戏助兴。朝廷钦差来到淮阳祭扫伏羲陵和西华商高宗陵，以及到鹿邑太清宫和老君台敬祭老子时，也必须唱戏。这时宋都汴京演出和流传出的戏曲，主要是在汉代百戏演化而成的唐代角抵戏和参军戏基础上，广泛吸收许多其他表演歌唱技艺，并把它们与之综合而形成的勾栏瓦舍戏和杂剧戏。瓦舍，是宋代出现的集合多种技艺在一起向观众长年卖艺的地方。其中所演出的技艺包括范围很广，有小说、讲史、小唱、诸宫调、合生、武艺、杂技、各种傀儡戏、影戏、说笑话、猜谜语、舞蹈、滑稽表演和装神弄鬼等等。宋代汴京瓦舍出现于公元11世纪，当时极盛。宋人所撰《东京梦华录》记载，汴京的瓦舍在1102年以前已遍布东西南北四城，有桑家瓦子、中瓦、里瓦、朱家桥瓦子、周西瓦子、周北瓦子等若干座，尤以城东靠近大商业区的为最大。在这一带不仅紧连着几家瓦舍，而且每一座瓦舍中都有好几十座“勾栏棚”，多的有50座。瓦舍演出“不以风雨寒暑，诸棚看人，日日如是”，可见当时勾栏瓦舍戏演出之盛。杂剧的演出在宋时的汴京也很兴盛。据记载，当时的杂剧艺人虽然还没有成立班社，但有七八个人组成一“甲”的，所谓甲即是经常合作的演出搭档，正是日后戏曲班社的前身。这时的杂剧演员在演出中已经有了行当之分和装扮，《东京梦华录》载：“诸杂剧色皆诨裹，各服本色紫绯绿宽衫，义澜，镀金带。”同时，已开始演出有故事情节的戏曲剧本。由此可见，戏曲发展到宋代杂剧阶段，在漫长的发展阶段中通过对滑稽戏、歌舞说唱、角抵戏和参军戏等的综合吸收，已经奠定了今日戏剧的雏形，进入其发展阶段了。宋都汴京勾栏瓦舍和杂剧演出既然如此炽盛，位处汴京之南近处的周口当时素有“天子脚下”之称，地面上又经常有上下京都的艺人来往和朝廷祭祀带来的戏曲演出，因而京中盛行的勾栏瓦舍戏和杂剧必然在宋代已经传入了周口，为戏曲在这块土地上进一步发展奠定了基础。

因此，从宋末到元朝，周口各地方戏曲剧种，便在宋时传入的勾栏瓦舍戏和杂剧的演唱技巧基础上，在这块土地上开始了各自的漫长孕育阶段。对于各地方戏曲剧种孕育的具体细节，我们虽然无法说清，但据历史记载，当时这里却已出现了以这里的地方故事为题材的巨作《陈州粜米》和《秋胡戏妻》。

历史跨入明代，戏曲在周口地区各地已兴盛起来，其主要标志是各地方纷纷建立起了戏楼。现在周口有据可查的建立最早的戏楼，是元末1350年建立的太康县鲁班庙戏楼。其后到明代有1368年建立的淮阳县城隍庙戏楼，1398年建立的淮阳县火神庙戏楼，1436年建立的项城县秣陵镇城隍庙戏楼，1536年建立的扶沟县崔桥戏楼，1573年建立的西华县逍遥镇戏楼等十余座。这些戏楼大都为庙院的附属建筑物，为人们在丰稔之年或灾祸之际，以及年节之时，酬神还愿时演戏之用。它们为戏曲演出提供了固定场所，促进着戏曲的发展。我们今天从它们的数量之多中可以看出戏曲至明代在周口这块土地上发展的兴旺之状。

到了清代，各地方剧种经过宋末、元、明三代的漫长孕育阶段，在周口地区可以说已各自形成了独立的门户。眷戏早在明末的1628年已传入了沈丘，后又由沈丘传入了项城；豫剧由明末传入周口，后来在沙河两岸形成沙河调唱法；二夹弦于清初传唱于周口；罗戏于清康熙年间风靡于这片土地，《太康县志》记载，太康人"好约会演戏，如逻逻、梆弦等类"；越调于清同治年间流入项城；花鼓戏于清道光年间传人；到清末，道情戏和曲剧也出现在周口。

在清代，由于各地方戏曲剧种已经在周口形成，因而戏曲演唱便在这块土地上兴盛了起来，其标志便是出现了众多的戏班。周口现在有据可查的出现最早的戏班，是项城县秣陵镇街民于明末1573年自发组建的戏曲演出玩会班。那时，各剧种戏曲艺人先是分散在民间进行单独演唱，其后便渐渐少则三五人、多则十余人组成玩会班，以地摊的形式进行演出。与此同时，随着各地会馆的兴建和社会上因祭祀而大兴庙会广建寺庙，大批戏楼在会馆和寺庙中出现，规模较大的戏班便应运先后组建了起来，以适应会馆和庙会对戏曲演唱之需。据目前掌握的资料看，周口地区出现最早的规模较大的戏班，是清嘉庆四年（1799年）商水人赵龙章组建的赵家戏班，该戏班为赵出任台湾提督庆贺赴任而组建。其后有出现于1821年的商水县城关北街赵氏家族创建的大赵家戏班，1843年的郸城县张完集旧戏班，1872年商水县邓城的赵宅戏班，1874年的太康县双盛戏班，以及扶沟县的四喜班、人和班、福成班等。据统计，清末仅商水、西华二县就有较大的戏班25个之多。加上其他县市，将达百数之多，并且涌现出了一大批演出技艺精湛的戏曲艺人。

但在清代，由于戏曲班社刚刚建立，班社蜂拥出现，各自只顾争鸣竞放，博得观众一快者为强手，故对戏曲故事内容不事雕琢，污词秽语多不检点，在一定程度上败坏了社会风化。《西华县志》记载："丧用僧道乐工——风俗之恶，至此为极然。用僧道者，惑也；其用乐工者，戏也。士大夫而已丧戏，又何怪乎！愚民诗曰：尔之教也，民婿效也。"由此再加上封建统治阶级视戏曲事业有伤风化，为藏污纳秽之所，因而不仅压抑戏曲事业的发展，而且称艺人为"戏子"，并将其划入"下九流"之列，其社会地位低至"活不入正席，死不入老坟"之境。更有甚者，连对艺人的行动自由也进行限制。譬如，西华县令宋洵，于清乾隆十七年颁布保甲禁令规定："凡有走所跑解，弄猴打拳，秧歌戏法，唱曲说书，卖药算卦及无衣单度牒之游方僧道，市镇村庄，集场庙会不许容留敛钱歇店，饭铺庵观寺院，不许留宿。如敢在境逗留，保甲查拿禀究，递解本籍。”由此可见，当时戏曲流散艺人遭际之严酷。故而致使民间有“鹌鹑戏子麻利猴，歪根子棉花不可留”之说。

进入民国初年，戏曲在周口地区更是兴旺发达。比如在太康县，流行的剧种就有罗戏、柳戏、越调、二夹弦、大油梆、河北梆子、道情、花鼓戏、京剧、曲剧、渔鼓等11个之多。戏班则多达40多个，其中有豫剧二十二班，道情十二班，越调六班，曲剧四班，二夹弦两班，大油梆一班，河北梆子二班，罗戏一班，京戏一班，花鼓戏一班，渔鼓戏一班。同时，另有各类班科26所。在西华县，戏曲班社达15个之多，加上乡村玩会班，从艺人数多达千余人。据《西华县续志》记载：民国二十一年，西华人丁为四十二万七千人，约四百人中即有一名艺人。戏曲剧种众多，“最流行者为梆子戏，所演剧多为历史侠义忠义，如关公、杨家将、罗家将之类。言情戏桃花庵、双头马等。响马戏如梁山泊、大狼山、五花岭之类亦颇有可观者。次为越调……道情班又有二夹弦……所演剧本多为闺阁琐事，如闹小窝、闹花科等”。

在这一时期里，由于戏曲演员大都出自科班，因而表演技艺达到了一定水平。周口现有据可查的科班是太康县南王庄组建于清道光年间的，其后有太康县窦岭建于清末的科班，商水建于1911年的五福小窝班，郸城建于1912年的洪山庙科班等。到民国初年，全区各类戏曲科班多达近百所，仅太康一县就有26所之多。学员在科班学艺时，班规森严，基本功训练扎实，所以在登台演唱时大都功法俱佳。以唱为主的演员，唱、念、做、打四功全面；以武功见长的演员，各怀绝技。因而演出水平大为提高。当时在行当之分上，也有了较大的变化。仅以豫剧为例，就可窥见一斑。在清朝中叶以前，豫剧一直没有行当划分。进入20世纪初年，周口的豫剧戏班中的角色行当，都由“四生四旦四花脸，四兵四将两丫鬟”组成，戏班中没有女演员，旦角行当由男演员装扮。这时的剧目因角色行当设置的限制，多是宫廷戏和公案戏。1908年，豫剧女演员顾秀荣首次在郸城旧戏班——顾家班出现，她的登台演出，打破了周口豫剧戏班没有女演员的局面。随后，该戏班又有顾锡轩的五个义女相继登台演出，从而，带动周口豫剧班社纷纷增添了女演员。豫剧女演员的出现，不仅是豫剧演员成分的巨大变革，而且也引起了豫剧角色行当的巨大变化。随之，男扮女角渐渐不为观众称道，戏班为满足观众新的审美观念，便各各因时而变，开始重视女演员即“坤角”的作用，纷纷吸收女演员入班演出，男旦行当逐渐消失。因此，豫剧演出以四生四花脸“外八角”戏为主的时代便告结束，逐渐让位给了以表演“坤角”戏为主的新时代。由于坤角地位对豫剧旧角色行当的冲击，豫剧角色行当也随着增多分细起来。就旦行而言，便由原来的正旦、小旦、花旦和老旦“四旦”，又分化出了帅旦、刀马旦、彩旦和丑旦等角色，共称为“里八角”。与此同时，随着女演员进入戏班，豫剧演出剧目也发生了巨变，走上了演出以女演员为主剧目的新阶段。随着女演员表演技艺的提高，一些出色的女演员扩大演出角色行当范围，不仅能演各种旦角，而且能演文武小生和花脸类净末行当角色，从而使周口戏曲演出水平达到了一个新的阶段，出现了一大批优秀演员。其中演员名声佼佼者，豫剧有胡春、游喜、李双印、金豆子、华天成、易象山、傅喜、王仲华、曹颜章、翟德元、王文才、燕守立等，越调有姜高、刘得昌、刘连成、刘松堂、刘心志、张秀卿等，道情有龚长法、张广志等。

在这一时期里，庙会戏曲演出成为戏曲演出的一种主要方式。周口民间神泛庙多，庙会此起彼落，因而戏曲演出十分兴盛。庙会起时，演戏一般都在三至五日以上，一会少则一台戏，多者则达十台以上。周口的主要庙会，有淮阳县太昊陵庙会：会期由每年农历二月二日起，至三月三日止历时一个月，每逢会期，豫东和皖、鲁、苏三省西部数百平方公里的人们，都蜂拥而至陵园来赶庙会，人数之多竟使淮阳街巷道路阻塞。会上，戏班、歌舞班、唢呐班以及说唱、经歌、杂技班表演随处可见，省内外艺人竞相献艺，热闹之景实难诉诸笔墨。鹿邑县太清宫庙会起于农历二月十五，会期三天，也是戏班比比皆是。西华县女娲娘娘庙会，会期为农历正月十五至二月二，会间也常有数台戏进行演出。据统计，当时周口此种古庙会达数百之多，会期从年初直至年底，“常年香火会，以敬事神，且因以立集场，通商贩，为仕女游观者，亦各有日期”。《西华县续志》记载：“乡间有迎神赛会祀各种神社演唱奏乐，藉以娱乐。是日，祖师诞，多演戏赛会。”由于有会必有戏，所以戏曲演出十分繁盛；同时，戏曲演出有力地促成了庙会的盛景，届时“商贩如云，街市农器山集，呈斗繁华，占年丰啬。四方辐辏，贸易盈城，焕然巨观”。进而庙会越起越众，戏曲演出越来越盛。

《西华县志》记载，西华县于“民国十七年（1928 年）训政开始，注重社会教化，改良社会风气，组织新剧团，送学员赴省学习后，后每逢纪念会、庆祝、欢迎或公共娱乐以演剧为余兴，所演剧本多改革民风，提倡女权”。民国二十一年（1932 年），西华县首次建立戏曲研究机构——戏曲改良研究会。该会隶属县民教科领导，设委员五人，每月开会一次，负指导及设法改良之责，编有新戏曲多种，如：《终身大英雄事》、《解放女》、《孔雀东南飞》、《教子悔婚》、《赖债》等。因此，戏曲事业在社会上为人所重视。在戏曲改良委员会的指导下，革除了旧戏曲带来的封建迷信、伤风败俗、鄙俚不堪的弊端。《西华县续志》载：“戏曲能转移风化，调和性情，感动情绪最为深切，故在社会上感人效力最大。而淫靡之曲，多迎合社会上普遍心理之弱点，作态猥琐，诲淫诲盗，伤风败俗，莫此为甚。西华于民国二十年间，曾有戏曲改良社会之组织，学校中各有新剧之表演课。能逐渐改良，发扬中国故有之旧道德，输送现代社会之新知识，使之明白领略，实乃改进之利器也。”当时，这种“训政”和“戏曲改良委员会”当波及全区，但大多县份没有记载，也不像西华那样重视戏曲之作用。不过，戏曲演员仍旧生活在社会最底层，戏班仍然困难重重。那时的演员多为生存计，方进梨园学戏，戏班仍为地方豪绅的依属物，靠他们的施舍过活，致使民间有“没模①别玩戏，没儿别过继”之说，如郸城县宜路乡地主单老健，由于有钱无势，所办戏班单家班只能“南走十五，北走十五”，出了这个圈就会遭到外地财势霸头“夺箱”、“封箱”的欺压。由此可见，戏班在当时的依附性之强，演出活动之艰难。

抗日战争爆发前夕，戏曲在周口有了新的发展。太康县四街豫剧班在1929年排演的时装戏《总理北上》在当时轰动很大。光明话剧团为了抗日，于1938年先后巡演于周口东部几县，有力地推动了抗日救亡运动的开展。可随后而来的滔滔黄河水淹没了扶沟、西华、太康、淮阳数县的大部分地区，百姓四处逃散，戏班也随之散伙。没有受黄水之灾的沈丘、项城、商水三县，戏班也相继倒闭，艺人生活无着，多有沿街乞讨者。从改年一直到中华人民共和国成立前十年之久，是戏曲在周口出现后最不景气、岌岌可危的十年。新中国成立之初，周口戏曲在“百花齐放、推陈出新”文艺方针指引下，出现了兴盛局面。到1966年前，是周口戏曲的一个繁荣时期。在这一时期里，剧团发展，领导重视，艺术进步，设备增加，设施改善，出现了一大批优秀演员。可是，长达十年之久的“文化大革命”使周口的戏曲艺术陷入了停滞状态，许多古戏服装道具被付之一炬。

1978年中国共产党召开了十一届三中全会，彻底结束了历时十年的“文化浩劫”。传统的戏曲艺术重获解放，被禁锢十年之久的古装戏得以恢复，广大人民群众欢呼雀跃，奔走相告。从那时起，周口各级政府不仅重新重视起了戏曲事业，而且恢复了十年动乱中被改组砍掉的剧团，落实了对戏曲艺人的各项政策，被禁锢的现代戏和传统戏重新得到了上演。创建了戏校和文艺班，培养出了新一代青年演员，以举办戏曲汇演观摩的形式，不断进行戏曲艺术的交流。时至今日，已成为国家非物质遗产的“周口越调”与“太康道情戏”引领着周口的戏曲艺术唱响中国大地。

---

① 方言，读mǒ，本事、能力、能耐的意思。

（一）越调

越调是周口地方戏曲主要剧种之一。越调因其主弦“大弦”由四股丝弦组成，所以旧时又称“四股弦”。

关于越调的起源，说法不一。其中之一据说越调原本被称为“月调”，乃系中国古代戏曲的一般地方剧种所共同拥有的“平、背、侧、月”的四种调门之一。有的说越调起源于南阳，南阳一带的民歌小曲“四股弦”专门采用月调来进行演唱，之后慢慢地演变为专门的戏曲，也就是现在所说的“越调”；南阳古称“豫州”，后人叫讹了念成了“越调”；有的说越调是战国时期越国大臣范蠡在故乡南阳传下的越国复国之音，故名越调；有的说越调起源于明代杂曲《九宫十三调》中的曲调越调，故而得名。究其根源，其实际上是由河南梆子的一种变体演化而来。

越调最早于清同治年间流入周口项城，是以姜高为主演的著名班社南阳班带来的。此后，外地诸戏班纷纷来周口演出，把越调传到周口各地各县。到1949年春，淮阳组建了以张秀卿（艺名大宝贝）为主的淮阳专区人民越调剧团（即现在的河南省越调剧团），越调在周口生根发芽，茁壮成长。特别是到了以擅演“诸葛亮”号称“活诸葛”的申凤梅时代，由于多次晋京演出，受到毛泽东、刘少奇、周恩来、朱德、邓小平、江泽民等党和国家领导人的亲切接见，周口越调驰名河南，饮誉京华。

最早时候的越调唱腔是曲牌格式体制的，后来由于受到梆子等戏种的影响，在演出的剧目上逐渐正规化，其具体形式随着由“正庄戏”（即表现帝王将相的袍带戏，为越调的传统剧目，其结构严整、唱词深奥，每段唱词固定，并规定有一定的曲牌和调门，道白时用卧笛伴奏，多以生、净为主角，如《抱火斗》、《打金枝》、《骂金殿》、《文王吃子》、《乌江岸》、《收姜维》、《诸葛亮吊孝》等）到“外庄戏”（多系活词连台本，也有许多公案戏。以小生、小丑为主角，词句通俗，多唱少白，生活气息浓厚，如《李双喜借粮》、《杀狗劝妻》、《双灵牌》、《生死牌》、《哭殿》、《王金豆借粮》、《张廷秀私访》等）的过程而发展变化。越调的表演也开始由曲牌体向板腔体过渡，乐队也由以唢呐、竹笛为主过渡到以四弦乐器为主。

越调从最初的曲牌体渐变为板腔体后，其调式也相应演变成主要用宫调式，一般只在插曲性质的曲牌调子中偶尔采用其他调式来演奏。越调在演唱的时候因其采用河南方言演唱，旋律与豫剧多有相通之处，也是大小嗓结合，以真嗓为主，假嗓为辅，唱腔优雅纯朴，有自己的演唱风格。早在清朝末年曾经盛行的句尾拖腔的形式，以假嗓八度上挑的唱法，现今已经极少被使用。

净行演唱的活动音区要比其他对应的行当高五度，所以大多采用假嗓演唱。因为越调的各行当在清代时都是男演员，因此比较容易采用同宫同腔的方式。发展到20世纪20年代以后，随着女演员的登台唱戏以后，越调逐渐采用了男女同宫异腔的方法。其唱腔有“九腔十八调”，常演剧目有《快活林》、《跑马跳坑》等老十八本，《两狼山》、《乳石关》、《关公小出身》等小十八本，除此之外还有《打铁》、《卖豆腐》、《李天宝吊孝》、《无佞府》、《秦香莲》、《卖丫鬟》、《乔老爷上轿》、《双锁山》、《司马义滚钉》、《打当店》、《二龙山》、《三哭殿》、《许状元祭塔》等小戏。具体说来，其“九腔十八调”大致如下：

九腔：前五腔分别叫一腔、二腔、三腔、四腔、五腔，都属于［慢板］。从第六腔始转［流水］。但也可以从第二腔或第三腔或第四腔转［流水］。第六腔称彩腔。第七腔称吹腔，属于曲版体。第八腔称昆腔。第九腔称哭腔，速度较快。

十八调：十字头、乱弹、铜器调、披甲调、拉马调、潼关调、打揪调、打铁调、四河调、定杠调、玩猴调、二簧调、清戏调、罗戏调、银纽丝、拖着调、吓唬调等。

越调曲牌体唱腔音乐，即使用曲牌体曲子填词进行演唱。曲牌有曲牌名，源于南北词曲、杂曲等地方音乐。演唱时不用弦乐而用竹笛和唢呐伴奏，格外古朴典雅。随着时代的发展，它虽然几乎已被板腔体唱腔音乐取代，但由于它有板腔体唱腔音乐不能胜任之处，所以在一些特定的场合仍要使用曲牌体唱腔音乐。曲牌体唱腔音乐2/4节拍构成，调式有宫、角、徵、羽多种。目前，越调曲牌体唱腔音乐保留下来的还有相当数量，如［起床调］、［汉调］、［大潼关调］、［昆腔］、［小潼关调］、［上天梯］、［钉缸调］、［开门调］、［放牛调］、［银纽丝］、［望乡台］、［回头浪］、［上小楼］等，只是出现在舞台上的数量极少，如今已几乎不见了。

越调板腔体唱腔音乐主要由［慢板］、［流水］、［铜器调］、［乱弹］、［垛子板］、［散板］、［十字头］诸板式构成。

一、慢板类。这是越调最具代表性的音乐体系。慢板为一板三眼，4/4节拍，第一拍（强拍）称为“板”，第二拍（弱拍）称为“头眼”，第三拍（次强拍）称为“中眼”，第四拍（弱拍）称为“三眼”，所以慢板传统叫法为“一板三眼”。上下句是最基本构成单位，每个上下句又大多由两个小分句构成。其音乐乐段由过门和唱腔两部分组成。唱腔分一、二、三、四、五腔，到第六句时必须转入其他板式，但也可以选唱其中一腔或某几腔，只是绝不允许唱六句慢板，即只能少唱，不许多唱。其一、二、四、五腔的落音都是宫音，唯有第三腔落到羽音。唱词为三三四的十字句或为二二三的七字句构成，上、下句均起于中眼，且上句切分搭口与下句平搭形成对称的句式乐段，不仅旋律优美，速度也灵活多变，适用于表达喜、怒、哀、乐等多种情绪和发展变化着的感情。代表唱段［慢板］（如《收姜维》中“探马报四千岁打了败仗”一折，见谱例一。本章所有谱例附于本章之后），［阴司板］（《双灵牌》中“眼望着双灵牌泪如雨降”一折的过门，见谱例二），其他有［大慢板］（如《文王访贤》中“前三皇后五帝年长久远”一折的过门）、［二八板］（如《诸葛亮吊孝》中“小乔坐府”一折“九月重阳菊花黄”的过门，再比如《掉印》中“绣花屏”一折“风和日暖艳阳天”的过门）、［高四腔］（多用于黑头、花腔等）等。这一类字少腔多，一板三眼，多表达哀怨、感伤、思恋、哀叹等情感。

二、流水类。这是越调音乐创作中使用最广泛的一种。［流水板］是一种腔体自由、曲调流畅的板式。其乐段虽然只是由上、下乐句构成，但可以根据唱词的需要任意反复，再加上通过节奏的疏密对比，音色变化，分句的抑扬顿挫和唱腔的收放，变幻出不同的情趣和韵味。［流水板］记谱通常为2/4拍子，传统称为一板一眼。唱时一般在眼上起腔，下句落到板上。［流水板］有慢速、中速、快速之分，常见有［慢流水］（如《烈火扬州》中“圣上软弱乱臣横”一折，见谱例三）、［紧头流水］（如《李天保娶亲》中“牛王庙五彩花灯无心赏”一折，见谱例四）、［连头流水］（如《哭殿》中“大皇儿今天把殿上”一折，见谱例五）、［对口流水］、［苦流水］、［上口流水］等等。

三、铜器调类。又名［铜器垛］或［原板］，［乱弹］则是［铜器调］的发展，二者实质上是一个板式，多为2/4节拍。［铜器调］音乐甩腔很多，且一甩腔就要随奏长过门，使唱腔有被割裂的感觉。一个多世纪前的女艺人“老闺红”减少［铜器调］的甩腔，把［铜器调］改成了［乱弹］唱法，后经众艺人丰富，作为一个板式固定了下来。使用这样的音乐时，过门时打击铜器，过门多，说唱性强。上下句，每两句打击一次铜器。其派生调有：［十字头］（每句十个字，三三四结构，最为著名的就是《收姜维》中“四千岁你莫要羞愧难当”一折）、［乱弹］（每句一般七个字，二二三结构，比如《曹夫走雪》中“出宫红灯一声应”一折）等。

四、垛子板类。也叫“攒子”，由2/4节拍构成，它速度、句式变化都很大，可唱七、八、九、十、十一、十二、十三各数字句。在唱十字句时，有时把六、七二字重复一次，形成六七六七重复节奏型，叫做［花垛子板］或［花攒子］。主要板式是垛子，顶板唱。字少腔多，字句灵活，可加衬字。主要用于叙事、指责、争辩、哀伤、痛苦地申诉等情节中。“张口板合口眼”，唱到板上叫顶板唱，即是垛子，唱到眼上即是乱弹。垛子类的派生板式有[花垛子]（如《舌战群儒》“莫道这长江水风急浪又猛”一折）、[叠句垛子]（如《刘金定下南唐》中“坐山”一折）等。

五、散板类。无板无眼，节奏自由。有[非板]即[飞板]（节奏自由，可以独立)、[滚板]即[滚白]、[导板]即[倒板]（是一段唱腔的引子，比如《舌战群儒》中“乘长风下江东连天涛涌”。唱段不长，或四句，或六句、八句即转入其他板式或结束。[导板]和[炸板]只一句上韵，便转入其他板式。[散板]的派生板式称[软倒板]，多由旦角演唱，如《杨门女将》中“风萧萧雾漫漫星光惨淡”)、[大起板]、[叫板]（多在幕后唱，如《斩杨景》中“日落西山还转东”的前奏“女儿们，随娘来呀”）等等。

六、十字头类。因其唱词为三三四的十字句而得名，由2/4节拍构成。在旋律中，偏音清角（4）① 的出现，常常以宫代徵，造成宫调式与徵调式交替出现，调性调式形成对比，给人以新鲜感。早期的[十字头]共八小节，要求严格。同时像[乱弹]音乐一样，其中的打击乐过门显得游离和多余。

七、过板类。第一句不独立存在，打击乐器奏出如上梯一般，所以又叫[上天梯]，如《扒瓜园》“老头子给队里来种瓜”。

八、哭腔类。有板无眼，紧打慢唱，唱腔自由。

九、碰板儿类，又称拉马调。顶板唱，多用于抒情、对唱的时候。

十、碰花垛类。由碰板和花垛子结合而成，多用于抒情、缓慢情绪的表达等时候。比如《尽瘁祈山》中“孔明祭灯”一折。

越调曲牌体音乐源于南北词曲、杂曲等地方音乐，用以烘托表现不同的气氛和人物的思想感情，有弦乐曲牌、唢呐曲牌等分别。唢呐曲牌有诸如[寿宴客]、[叹如雷]、[神童令]、[歌步不断]、[小桃红]、[折桂令]、[雁儿落]、[红绣鞋]、[梅花酒]、[打娃娃]、[秦阳辉]、[鹿毛令]、[三枪]、[小唢皮]、[老唢皮]、[欠场]、[增板]、[朱罗]、[汉中山]、[上小楼]、[寄生草]等。而丝弦曲牌则大多来自于民间乐曲，有[大开门]、[小开门]、[小花园]、[香草曲]、[水龙吟]、[菠菜叶]、[反游场]、[压板]、[老游场]、[紧游场]、[过桥]、[叠落]、[采莲]、[小金钱]、[老八板]、[双叠翠]、[闷葫芦]、[苦中乐]、[自由花]、[上天梯]、[扫地歌]、[步步

---

① 我国民族调式中，正音为宫（1）、商（2）、角（3）、徵（5）、羽（6），偏音为变宫（7），清角（4），变徵($^{\#}4$)，闰（$^{b}7$）四个音。

紧］等。

越调所采用的调高一般为E宫或F宫，唱腔则由上下句形式构成，上句一般停在调式的主音以外的其他各音上，而下句则一般停于调式的主音上。越调的唱词一般以七字、十字为主。它的句法结构有起眼落板、起板落板、起眼落眼、起板落眼等多种形式。

越调的伴奏乐器在文场一般以象鼻四弦为主，后于20世纪初逐渐改造成短杆形式，音弦的定调也随之发生改变，此外再搭配上三弦、月琴，就构成越调伴奏的“三大件”。除此之外的伴奏乐器还有诸如竹笛、唢呐、笙等。发展到新中国成立以后又增加了二胡、中胡、中阮、古筝、琵琶、大提琴等。越调的武场伴奏则一般以鼓板、手镲、大锣、小锣为主，再配上堂鼓、低音锣，后来又逐渐增加进许多种色彩性、效果性的打击乐器，使其更富有表现力。越调在唱词上，其原有的传统戏结构十分严密，唱词少，道白多，语句相对比较文雅深奥，在唱调上也按一定的曲牌和调门演唱。现代剧中大都是根据说唱的故事和小说新编的剧目，唱词多，道白少，通俗易懂。越调的角色行当齐全，包括大红脸、二红脸、文生、武生、大净、二毛、三花脸、正旦、花旦、闺门旦、浪旦、武旦、老旦等十几种，每个行当都有鲜明的个性色彩。

（二）太康道情

周口道情戏是流传于周口的全国稀有剧种之一，属于梆子声腔系统剧种，以太康道情为典型代表，起源于豫东南、皖西北一带的道教乐歌，是由渔鼓道情吸收河南坠子发展演变而成。

道情，源出于唐代道教在道观内所唱的“经韵”，文体为诗赞体，因道士唱乐歌时配以鱼皮筒鼓伴奏，故古时称“渔鼓道情”，俗称“道情筒子”。经晚唐与五代，道观经韵得到了发展，开始编撰传记故事进行说唱，吸收词调、曲牌，演变为在民间布道时演唱的“新经韵”，也称“道歌”，初步具备了后世曲艺道情的基本特点。后中唐时“拍简板唱道歌”的艺术形式盛行，唐朝段常著《续仙传》书曾经记载：“蓝采和手持拍板（简板）唱踏歌行乞于市。”随着道教艺术演唱方式与内容的转变，到了北宋，随着说唱艺术的兴起，便正式由道观走向社会，活跃在群众之中，并诞生了“道情”这个名称。据南宋周密《武林旧事》记载，淳熙十一年（1184年）宫中唱的道情，与鼓子词相类似。又据明人记载，“渔鼓、简板始于宋朝”，而这两件乐器正是道情所专用的。由此可知，至迟于南宋时已有曲白相间说唱故事的道情存在了。后来，道情中诗赞体的一支主要流布于南方，仍多为说唱道情；曲牌体的一支主要流布于北方，并在陕西、山西、甘肃、河南、山东等地发展为戏曲道情。它以［耍孩儿］、［皂罗袍］、［清江引］等为主要唱腔，吸收和采用秦腔或梆子戏的一些锣鼓、唱腔、表演、剧目，以及民歌、小戏，逐步形成为各地的道情戏。明清之际在皖北地区流行的道情，和阜阳一带民间小调“莺歌柳”融合后，形成曲艺说唱艺术。当时的演唱只限于单口说唱，伴奏也只有便于携带的渔鼓和简板。清代后期，约在1860年前后，道情从沈丘、郸城一带传入太康。20世纪初受河南梆子、越调等地方戏曲影响，道情艺人开始尝试对口演唱和群口演唱，题材突破了原先的道教故事，扩大到家长里短、才子佳人的范围；演员大体分角色，但不化妆，也无明显行当，时称“座摊道情”，这是道情戏的孕育阶段。清末1902年，西华人龚长法（翻毛鸡）在西华首先组建道情戏班。其后1905年，太康县老冢镇干张村艺人张广志组建了第一个道情戏班。他是太康道情戏的最早开拓者，早年从事说唱道情，并能演唱河南梆子戏，后来尝试“座摊道情”。1922年前后，他又首创道情科班，收徒20人。1924年7月，张广志的道情戏班在太康县洪山庙、五里口等村开始化妆登台演唱，将道情戏首次搬上了舞台。同时在演出伴奏中增添了坠子弦和成套打击乐器，采用了河南梆子的声腔板式和表演形式。这是道情戏由简单到复杂、由幼稚到成熟的一次成功突破和飞跃，从此使道情由曲艺形式一跃而成为戏剧舞台上一个崭新的独立剧种——道情戏。当时登台演出的除张广志之外，还有科班出身的张的养女张大妮（张文秀），她是道情戏的第一位女演员。还有科班出身、张的得意门生李继广，艺名“大白鞋”，专攻旦角。他们唱腔新鲜，唱词通俗，表演极富乡土气息，演出轰动一时，乡民奔走相告。但因其服装道具简陋，终未进入城市演出，而活跃于太康、淮阳、西华三县边界乡村。1930年中原大战爆发，该道情戏班流散。但这之后，道情之火并未泯灭，而且有了燎原之势。一些道情艺人如范炳（范炳成）、李继广、郭大连、张六顺、周传江等，相继在李兴营、西华营、郭楼等地组建了道情班。到了20世纪30年代中后期，马头集、常合营、四柳树、彭庄等地的道情班和科班，如雨后春笋般纷纷出现，发展到十几个。太康道情班在鼎盛期有大大小小60多个。其表演特技堪称一绝，早期道情演唱时，穿插加入一些“绕口令”，如“百家姓与三字经混唱”等。而演员在扮演鬼怪角色时，要佩戴外形像鸡蛋的铜铃假眼，眼珠会滚动，惊奇可怕，这也是其他剧种所少有的特技。当时道情戏在群众中享有很高的声誉，流传着不少谚语，如“宁叫面发酸，也不能耽误看太康的道情班”，“任凭少锄二亩地，也不能耽误看太康的道情戏”，太康也因此被誉为“道情之乡”。这些道情班因战乱和灾荒时断时续，有些一直坚持到解放初期。总之，周口太康道情经历了“道歌”——“说唱道情”——“戏曲道情”三个自然发展阶段的演变。到1953年，太康县选拔道情中老年艺人29名培训学习，排练节目，邀请长期流散在农村的道情艺人登台表演，并于1957年成立了太康县道情剧团。1992年，《王金豆借粮》参加全国“天下第一团”优秀剧目展演，荣获八大奖项，剧团正式被文化部命名为“天下第一团”。

道情戏以唱为主，剧本多唱词而少插白，甚至没有插白，一板下来就是上百句唱词。道情音乐从板腔程式上，主要可分为［铜器垛］、［慢板］、［非板］、［倒板］、［紧打慢唱］、［流水］、［一锣才］诸板式构成。

一、铜器垛：也叫［二八板］，是道情的基本板式，其变化最丰富，表现力最强。其曲调一般是由中速一板一眼的2/4拍子组成。其基本腔格律为三三四的十字句或为二二三的七字句构成，根据需要可混合其他格律演唱。它节奏平稳，旋律简单富有口语化特征。如《珍珠塔》中“老妇人守孝三年坟堂进”一折；《双拜寿》中“我一见穷种客厅离”一折（见谱例六）；《撕蛤蟆》中“大清家一统震华夷”一折（见谱例七）。

二、慢板类：道情［慢板］是豫剧唱腔的照搬板式，节奏为一板三眼(4/4拍)。中眼起腔，落于板上。一般的上下句皆由两个分句组成，分句间皆用一板的小过门。句尾多用甩腔，上下句之间均有一个较长的间奏过门。可分为［慢板］、［中慢板］、［连环扣］、［金钩挂］等。如《高文举进京》中“东风吹如虎叫天气寒冷”一折。

三、非板类：［非板］也写作［飞板］，属无板无眼、自由节拍的散唱形式，也可说是一种有乐队伴奏的朗诵式唱腔，没有严格的节奏和节拍限制。［非板］的起板过门和间奏一般只有一二句，常用在其他板式最后一句送板时。如《雷保同投亲》。

四、倒板类：又叫［导板］，近似豫剧的［裁板］，是散板形式的上句，列在一个唱段的开始，作为开导之用。一般只唱一个上句即转入其他板式。如《跪洞房》“奉王命到江西”之前的音乐。

其唱腔中板腔和曲牌兼而有之的，如［裁板］、［大过］、［单过］、［双过］、［哭死］、［哭活］、［垛子］、［滚白］等。曲牌有［锁落枝］、［唠叨红］等。演唱时男女唱腔都用真嗓，咬字清晰。唱“二八”或“流水”时有重叠句，而且有“哪呼嗨”、“哪嗨依”的衬词，其曲调纯厚朴实，唱词通俗易懂，深受群众喜爱。如《王金豆借粮》中“家住河南太康县”一折（见谱例八）和“一句话羞坏了小妹妹”一折（见谱例九）。道情戏的伴奏乐器由原始的渔鼓、简板，逐步过渡到以两把道情胡（坠胡）为主。但它的坠胡又与一般坠胡不同，它筒大杆短，中间有腰码，声似二胡。后来，伴奏又增添了皮胡、大胡、笙、唢呐、横笛以及一些民族弹拨乐器琵琶、中阮、三弦、筝，以及打击乐器堂鼓、大掌鼓、小鼓子、锣（中、高、低）、钹、铰、镲、渔鼓（即道情筒）、木梆、碰铃等。道情的表演、化装和服饰与其他剧种差别不大，主要区别是道情注重唱功，善演喜剧，其演员不习武功，科班也无武科；没有严格的行当区分，除生、旦、须为专行演员扮演外，净、丑、末则无固定行当。没有大花脸、黑面、铜锤架子、花脸之类区分，丑角仅在声腔中加些滑稽的花腔衬字与灵巧的颤舌音。随着时代的发展，今天的道情角色行当划分得也相当精细了。生行根据剧中人物年龄、性格诸方面的不同，被细分为老生、小生、武生、红生等；旦行又分为青衣、花旦、彩旦、老旦、婆旦、闺门旦等；丑行分为小丑、老丑、官丑、丑婆、丑旦等。

（三）沙河调

沙河调，豫剧的主要流派之一。新中国成立以前无“豫剧”之称，本地称“梆子戏”，后来称“河南梆子”，也叫“河南高调”，因早期演员用本嗓演唱，起腔与收腔时用假声翻高尾音带“讴”，又叫“河南讴”，在豫西山区演出多依山平土为台，当地称为“靠山吼”。因为河南省简称“豫”，解放后定名为豫剧。

豫剧起源已经很难考证，说法不一。一说是明末秦腔与蒲州梆子传入河南后，与当地民歌、小调相结合而成，一说是由北曲弦索调直接发展而成，一说是自明朝中后期在中原地区盛行的时尚小令基础上，吸收“弦索”等艺术成果发展而成，一说是由唱“三截棍”演变而来。唱三截棍，是旧社会演唱者沿街乞讨的一种艺术化的形式，演唱者腋下夹一长棍，两手拿两根短棍，以短棍作板，长棍作过场，边敲棍边演唱。从行腔特点上分析，它同豫剧有明显的亲缘关系。后来，“三截棍”由沿街演唱，变为“座唱”，也就是“唱板凳头”，又叫“地摊戏”。初时以清唱为主，深受老百姓的喜爱，因而发展非常迅速。

豫剧形成以后，由于语音方言的不同，在各地流传过程中形成了各具特色的多路流派。据一些老艺人追忆，他们在1912年前后学艺时，曾听师傅说起河南的“内十处”，即祥符（今开封）、杞县、陈留（今并入开封）、尉氏、中牟、通许、仪封、兰封（今并入兰考）、封丘、阳武（今并入原阳）和“外八处”，即淮阳、西华、商水、项城、沈丘、太康、扶沟、鹿邑，明清时代即流行“河南讴”。以开封为中心的唱法称“祥符调”；以商丘为中心的唱法称“豫东调”，又称东路调；以洛阳为中心流传的唱法称为“豫西调”，又称西府调、靠山簧；豫东南沙河流域以周口、漯河为中心流传的唱法称“沙河调”，又称“南路调”，也叫本地梆。目前，豫剧四大地域流派中，沙河调最受冷落。

沙河调是指早期豫剧在缺少交流、相互不渗透的发展时期流传于漯河、周口等沙河沿岸的豫剧演唱方式，流行区域以漯河、周口附近的沙河沿岸为中心，西起南阳的白河、瀼河，东达安徽阜阳的颍河、涡河，传布于大约20多个市县。该流域地处中原，文化、商业发达，人口集中，适于地方戏的交流借鉴及流行。早在元明时期，该地就出现了不少戏楼，庙会演戏已相当频繁。在旧的志书中亦有不少关于邑人乐于文化娱乐活动的记述：“大河风土，自秋成以后，冬月以至新春三四月间，无处不以唱戏为事。”又“集贸集会，然有会必有戏，非戏则不闹，不闹则趋之者寡，二贸易亦因之而少甚矣，戏固不可少……”这些记载，足以证明当地戏曲活动既早而又繁荣。据1754年的《太康县志》记载：“又好约会演戏，如逻逻、梆弦等类……”这说明该地在清乾隆以前就已有罗戏、梆戏、弦戏等剧种的流行。古老的豫东大地，戏是活人的养分，许多人一辈子大字不识一个，却能三皇五帝地跟你白话，究其根源，总是那戏里来。当时当地罗戏、卷戏（现已失传）盛行，河南巡抚田文镜在雍正初年所发布文告中，曾提到罗戏。由于禁演，生活无着的罗戏、卷戏艺人融入从荆、楚、宛等外地来的楚剧、汉剧、宛梆戏班，经长时间的交流、融合，逐渐形成了有着独特表演风格的戏剧流派——罗卷梆，俗称“本地梆”。据现有资料，清道光年间，新蔡、沈丘、临泉一带已有梆子戏“窝班”的兴建。至全国解放时，“本地梆”已风靡于沙河流域的河南、安徽及湖北等地。1960年，时任河南省文化厅副厅长的戏剧理论家冯纪汉在河南省文艺座谈会上，根据“本地梆”的演唱特色、流行地域及产生的影响，提议将其归纳命名为“沙河调”，遂得全省戏剧界广泛响应。“沙河调”由此得名。沙河调之所以能在豫剧界独树一帜，主要有以下几个方面原因：

一、剧目。任何一个艺术流派的形成，代表作品是先决条件，具体到戏剧，代表剧目就是奠定流派形成的基础。沙河调传统的部分代表剧目不但其他剧种、流派没有，其内容的革命性也是其他剧种、流派所不敢涉足的。仅以其保留剧目《大闹雷音寺》、《齐寡妇造妇》为例，前者以农民起义军领袖李自成为主角，红生正扮，在舞台上称王道孤，完全以正面英雄形象展示于观众；后者以农民造反、杀官除暴为主要内容。这样内容的戏能够在几百年前的沙河流域的舞台上诞生、流行、传承且盛极一时，简直令人不可思议，这大概与明末来自陕西的李自成农民起义的队伍，随着他们进军路线的延伸，把对秦腔的爱好播散出去，与各地的地域文化结姻而绽放出新的梆子腔血脉品种有密切的关系。

二、演员。在沙河调形成的过程中，一大批优秀的演员构筑了该流派绚丽的艺术特色，也在该流派的成熟中张扬了各自的艺术个性。远的不说，仅观众熟知的表演艺术家高兴旺、桑振君、唐喜成等都由沙河调起步，只不过在后来的艺术实践中他们又和其他艺术流派融合，逐渐形成了自己的艺术风格而已。

三、风格。沙河调的音乐形态，旋律下五韵上三韵，在行唱时以木梆子击节拍，节奏鲜明，音调高亢。沙河调的行当，受罗戏的影响，早期大致分为红脸、黑脸、丑、小生、旦等。多以红脸、黑脸为主，后来改以小旦、小生为主，"红脸"即其他剧种的"老生"（在沙河流域一带，认为"老生"有"晚生子"之意，所以一般不用"老生"这个名词）。男角多用假嗓（即二本嗓）演唱，俗称"上五音"，净角多用真假嗓结合，沙河调吸收了南阳梆子和越调的特点，唱腔粗重急促，演唱风格较之其他流派而言是以夸张、粗犷、高亢、豪放、激越和气氛热烈为特色，这是由于流派的演出剧目多为"外八角"（即以男演员为主角）戏，除此之外，该流派的音乐伴奏也独具个性；特别是该流派还独创了"搬板凳"的豫剧板式，至今其他流派仍无这种唱法。

总之，沙河调作为一个大剧种的艺术流派不但盛极一时，而且具有极强的地域特色。沙河调音乐丰富多彩，曲调流畅，节奏鲜明，文场柔和舒畅，武场炽烈劲爆，艺术风格豪迈激越。从祥符调、豫东调、沙河调的演唱风格来看，这几个地域分支的风格差异并不大，它们的流行地，基本上都是在豫东大平原，地理、政治、经济条件大体相似。这三个地域分支的唱腔旋律主要在"徵羽宫商角"即简谱的"5、6、1、2、3"音区间进行，多向上行进，主音落在"徵（5）"上，俗称"上五音"。唱词通俗易懂，多为七字句或十字句，也有五字、六字、八字、九字乃至十字以上的唱词句子。词格，七字句为"二、二、三"，十字句为"三、三、四"。有时也可灵活掌握，字数不等的长短句和分逗不规则的唱词亦可演唱。

沙河调唱腔男女同宫同调，皆为七声音阶徵调式。其音阶结构为"徵、羽、变宫、宫、商、角、清角"即简谱的"5、6、7、1、2、3、4"，其中的"清角（4）"音在实际演唱中，往往比十二平均律的"4"略高，而低于"$^{\#}4$"。上句落音比较灵活，一般落"羽（6）"，也可落"宫（1）、商（2）、角（3）、清角（4）"各音；下句均落主音"徵（5）"上。唱腔定调一般是"^{b}E"或"D"，但为适应演员嗓子条件的差异，也可灵活掌握。在旋律进行中，多级进上行导入主音。这是构成沙河调唱腔旋律特点的重要因素之一。乐器用高梆，梆子用紫檀木或枣木制成，其声铿锵清脆。（生、旦）行角色唱调高昂，多用"上五音"，由于男女在演唱中同腔同调，致使男声在发高音时不得不采用“二本嗓”（假声）为主，也有用“大本嗓”（真声）寒韵吐字，“二本嗓”甩腔的，发音部位多在胸部以下，由喉头传送，多含“呕”声。声腔以中州音韵和商丘、开封的语音为基础，声音高细，花腔较多，具有激昂、豪放、明朗、花哨的特点。一般生行的发声比较纤细，而（净）行角色所唱旋律一般围绕在主音附近，称作脸子腔，唱腔复多真假声结合，声音粗野憨大，嗓音洪亮，有时带有沙音和炸音，使唱腔粗犷、奔放豪迈，声达数里，有气吞山河之感。生、旦角在唱［滚白］［哭腔］时，多用真嗓（大本嗓），似有“下五音”寒韵风味特色，具有浑厚、悲壮、深沉的特点。

随着时代的发展，沙河调的角色行当基本上可分为四生、四旦、四花脸，俗称“四生四旦四花脸，四兵四将俩丫鬟，八个场面（即一鼓二锣仨弦手，梆子手镲共八口）俩箱倌，外加四个杂役员”。四生是大红脸（又叫红净、戏生）、二红脸（又叫马上红脸）、小生、边生（又叫二补红脸）；四旦是正旦（青衣）、小旦（花旦、闺门旦）、老旦、帅旦；四花脸是黑头（副净）、大花脸、二花脸、三花脸。正因为是男八女四的行当，把四生四花脸叫做外八角，以男角为主的戏叫做“外八角戏”。据说，早期沙河调以“外八角”（四生四花脸）戏为主，生行戏占重要地位。红脸唱腔，吸收地方鼓书艺人的唱法，如半说半唱，先吐字后放腔，数十句连唱后拖腔而完毕，不受七字十字唱词限制。生行的大红脸和二红脸的界限分明，大红脸专演关羽，二红脸专演赵匡胤、秦琼、康茂才等类角色，主要是武功戏。小生行一般有文武之分，也有的演员文武兼备，武功戏较出色。旦行在以“外八角”为主的时代，只占次要地位，但随着女演员的登台与逐渐增多，旦行在戏中取得了主导地位。大净主要以唱工取胜，三花脸除表演诙谐风趣外，武功戏也有“盘绳”、“吊水桶”、“空中还原”、“探海”、“元宝顶”、“大翻身”等不少绝招。各行当都有自己的表演要诀，如手势要诀是“花脸过项，红脸齐眉，小生齐唇，小旦齐胸”，武打戏的短打要诀是“身如蛇形眼似电，拳如流星腿似钻；稳如重舟急似箭，猛、勇、急、快、坐、站稳如山”，“动如虎，行如龙，站如松，坐如钟”，在枪路上，有“走丝”、“连九枪”、“十三枪”、“九个鼻”、“八杆”、“单倒”等路数。演生行者要做到精雕细镂，毫不含糊，表演口诀为“台步大小要合宜，手臂扩张躯身立，头劲出神不耸肩，踢腿抬脚腿不弯，行走腿直身不动，两袖抖开风度力”。青衣中闺门旦的表演要诀是“场上伸手如撵鹅，回手水袖搭手脖；飘飘下拜如抱子，跪下不能露脚脖”，“说话不看人，走路不踢裙，男女不手授，坐下看衣裙”。彩旦的表演要诀是“斜眼偷看人，说话咬嘴唇，一扭浑身动，走路甩汗巾”。小旦的上场要“出门按鬓角，双手掖领窝，弯腰提绣鞋，再整衣裳角”。小生的表演要诀是“清、净、冲”。

"清"是清秀，唱词吐字清，神态秀气；"净"是动作干净利落，恰到好处；"冲"是武打勇猛，精神振奋。

沙河调的班社早期多以三五人组成，不化装，不穿戏衣，坐在板凳上演唱，弦乐伴奏，只用一把京胡（软弓），称"坐地梆子唱板凳头"。20世纪30年代，沙河调开始进入中等城市演出。40年代，是沙河调的发展高峰，田间地头的群众都能唱几句红脸、黑脸梆子腔。沙河一带农民群众，喜欢它的表演粗犷豪放，动作简练夸张。如表示愤怒则吹须，瞪眼，鼓腮，晃脑，跺脚，咬牙，摆手，捋胳膊等。表示高兴则双手扬须，前俯后仰，摇头摆手，朗声大笑。后来吸收当地民间舞蹈和武术，如旦角运用花鼓灯的扇舞、耍手帕等；武戏运用长刀破枪、单刀、双刀、枪、五截鞭、三截棍等，以及自己苦练出的金钩倒挂、滚绳滚棚、四十八竿等，都较有特点，依然保存有早年罗戏的特征。

沙河调在形成的过程中，具有独特的板式结构和比较完整的音乐程式。可分为［慢板］、［流水板］、［二八板］、［飞板］四大板类。

一、慢板类：［慢板］是豫剧唱腔的主要板式，可分为［慢板］、［中慢板］、［连环扣］、［金钩挂］以及其他一些所属的板式类别，艺人们多将这些所属板式称作"交织板"。这些所属的板式有：［七辙］、［五音］、［拐头钉］、［哭剑］、［倒脱靴］、［迎风］等。［慢板］节奏为一板三眼（4/4拍）。中眼起腔，落于板上。一般的上下句皆由两个分句组成，分句间皆用一板的小过门。句尾多用甩腔，上下句之间均有一个较长的间奏过门。慢板的头句腔，有时突破上句的结构，形成三个分句。第一分句之后，常用长腔过门变奏重复唱腔，第三分句要做较大的展开，并在句尾接奏大过门。

［慢板］唱腔，生、旦、净、丑各行皆常使用。一般旦腔［慢板］的节奏比较平稳，旋律华彩、俏丽。生腔［慢板］的节奏显得刚直、有力，旋律质朴、抒情，富有豪放的气势。净腔［慢板］则更加简朴，雄劲，粗犷大度。［慢板］类中的辅助板式［金钩挂］，又名［一锣切］，演唱速度很快，一般每分钟约为150拍~200拍之间，旋律简洁，节奏明快；［大二犯］，无上句，并有打击乐包打间奏；［小二犯］，与［金钩挂］相仿，但托腔小过门配置打击乐；［一句正］，无下韵句；［一句落］，即［慢死板］，属唱段的收尾句；［破字慢板］，唱词可自由变格。在慢板类的辅助板式中，还有一种很有特色的［五音］，它的旋律较之［慢板］有大幅度的扩展，使之更具抒情功能。根据所表现感情的不同，又分为［上五音］和［哭上五音］。［上五音］一般用于大段唱腔的开始部分；［哭上五音］更适于表现人物悲切哀怨的心情。

二、二八板：［二八板］的板式变化最丰富，表现力最强。其曲调一般是由中速一板一眼的2/4拍子组成。其基本腔格上下句皆为八板句幅，故而得名。现在这种格式已被打破，上下句的板数可多可少，根据需要可灵活变化。[二八板]在开唱之前和句间都伴以打击乐，一般以一个上下句为一番，并配以“三锣”或“五锣”的击乐间奏，有时也可垛唱数句后再使用锣鼓过门。[二八板]的头句腔称为“始腔”，句幅很长，一个上句唱词要分作两次以上唱完，第一次不把唱词唱完，剩下句尾的二三个字，即接弦乐和锣鼓过门，然后再重复前面的唱词，将全句唱完。有的可以不唱“始腔”，直接唱完上句。[二八板]的演唱速度伸缩性较大，旋律进行和过门的穿插也比较灵活多变。根据演唱速度的不同，可分为[慢二八]、[中二八]、[紧二八]三种。[慢二八]旋律性较强，可叙事又可抒情。[中二八]字多腔少，节奏明快，旋律简洁，长于表现喜悦、激奋的情绪，如《拴娃娃》中“余二姐十九岁我就把门过”一折（见谱例十）。[紧二八]则是一种紧打散唱的形式，适于表现极度愤慨和激烈悲壮的情绪。[二八板]类中的辅助板式有[一鼓二锣]，即打击乐的伴奏去掉铙、钹，只用板鼓和大锣、小锣三件乐器，故而得名；[呱嗒嘴]多穿插于[流水板]、[垛板]中运用。此外，还有[倒反拨]、[哭二八]、[紧二八哭头]、[二八康令康]、[双一串铃]及[嘟噜锤]等。

三、流水板：[流水板]可分为[流水]、[满流水]、[快流水]、[流水连板]等，唱腔一般为一板一眼，并按2/4拍记谱，眼起板落；也有的视其为有板无眼，按1/4拍记谱。其曲调流畅，轻快活泼。上句节奏稍紧，有小拖腔；下句节奏相对舒展，无小拖腔。此板式变化非常灵活，演唱速度的可塑性很大，有慢、中、快之分。[流水板]的每句腔均用过门相间。[流水连板]的每句腔之后则只有短小的过门或不用过门，句句紧接，一气呵成。[流水板]善于叙事，亦可用于抒情。有的[流水板]唱段常使用花腔和虚词衬字，用以表现人物欢欣喜悦的心情。[流水板]类中的辅助板式有：[流水垛]，速度极快，字多腔少；[流水一串铃]，属垛板；[流水呱嗒嘴]，为上下句对答，无过门。此外还有[花腔流水]、[碾子]等。

四、飞板：[飞板]也写作[非板]，属无板无眼、自由节拍的散唱形式，也可说是一种有乐队伴奏的朗诵式唱腔，没有严格的节奏和节拍限制。通常有两种表现不同情绪的[非板]：一种是用于表现悲哀情绪的，旋法上多为四、五度音程大跳，声区宽而偏高；另一种是表现愤慨激昂情绪的，旋法上多采用同度音程和级进的手法，力度较强，声区居中偏窄。[非板]的起板过门和间奏均根据不同的感情需要加用不同的锣鼓点子，借以烘托演唱气氛，增强其艺术感染力。它可以与其他板式组合使用，多应用于大段成套唱腔的开始或结束部分。

另外，［搬板凳］和［快呱嗒嘴］是沙河调音乐的独有板式，也是沙河调音乐的特色。［搬板凳］节奏明快，一字一音，字清板稳，铿锵有力，体现了沙河两岸人民爽快率直的性格，如《雷音寺》中“在寺院”一折（见谱例十一）。［快呱嗒嘴］节奏迅疾，连贯性强，一气呵成，具有垛板风格，唱词多为四字韵，如《太平花》中“东风阵阵”一折（见谱例十二）。

沙嗓和甩腔都是沙河调独有的唱腔。沙嗓是二本腔的一种唱法，多伴有沙哑音。唱腔粗犷浑厚，高亢恢弘，如《寇准背靴》中沙嗓唱段“金牌官招罢了”（见谱例十三）、甩腔唱段《斩皇袍》（见谱例十四）。

沙河调的伴奏乐队，过去曾有“一鼓二锣三弦手，梆子手钹共八口”的说法。早期的豫剧在乐器上还使用四大扇（大铙、大钹）和尖子号（管长1米左右），以此来制造雄壮热烈的气氛。其曲牌音乐由丝弦曲牌和唢呐曲牌组成。丝弦曲牌中常用的有：［金钱尾］（见谱例十五）、［抱灵牌］、［一板］、［乌龙摆尾］、［石榴花］、［花朝元歌］、［百鸟朝凤］、［鸡爬坡］、［小开门］［小花园］、［九连环］、［秋云遮月］、［小红鞋］、［苦中乐］、［浪淘沙］、［苦中乐］、［小老鸹］、［四合四］、［倒贴］等。唢呐曲牌中常用的有：［慢欠场］（见谱例十六）、［一枝花］、［水龙吟］、［石榴花］、［大桃红］、［小桃红］、［大风入松］、［小风入松］、［文二凡］、［武二凡］、［逍遥令］、［新水令］、［折桂枝］、［晏驾令］、［山坡羊］、［红绣鞋］、［唢呐皮］、［升帐］等。

（四）坠剧

坠剧是全国稀有剧种，以河南坠子的曲调为基础发展形成，是以郸城为主要阵地流行于周口的剧种之一。坠剧以其主奏乐器为“坠子”（坠胡）而得名。伴奏乐器除坠胡外，新增加了二胡、三弦、高板、笙、竹笛、唢呐、堂鼓、班鼓、大锣、二锣、手钹、梆子等，还借用了一些豫剧、京剧、四平调等剧种的曲牌。

坠剧是以民间说唱的单口坠子为基础，多以坠子艺人单人自拉自唱、二人对唱或群口对唱的形式演出于乡间、街头或书棚等场所，不登高台，《劝夫参军》是当时自编的群口对唱坠子的第一个曲目，经过“大扬琴”、“道情班”和“曲艺剧”的过程发展而成。坠剧的形成过程，可以追溯到20世纪40年代后半期。时著名河南坠子演员吴宗俭、马艳秋、叶正品及琴师吴宗贵、杨克明等众多曲艺演员活跃在商丘、亳州一带。据郸城坠剧演员吴宗俭回忆，坠剧首次登高台演出是1950年商丘群声曲艺社在商丘市广福街南头戏院上演的《渔夫恨》。河南坠子搬上戏剧舞台，以一个新剧种的面目出现，《渔夫恨》当是其标志性剧目。当时人们或称之为“坠子戏”，或呼之为“化妆坠子”。

坠剧是一个具有浓郁乡土气息、艺术个性很强的地方戏曲剧种。其基本唱腔委婉多姿、丰富多彩，抒情性很强，大气动人；花腔小调幽默诙谐，衬词衬腔优美华丽；悲苦的“大寒韵”可催人泪下。坠子戏的唱腔有着独特的艺术感染力。坠剧的有些表演程式是从当地农民的日常生活中模拟提炼而成的，具有较强的乡土色彩。坠剧的剧目大多由单口坠子中的“段子话”（说唱小段）与“蔓子话”（大部书）改编而成。在演出过程中，唱腔音乐不断改进和发展，既保留了曲艺音乐的清润脆巧、吐字清楚、乡音土韵的特点，又具有鲜明的节奏、优美的旋律、生动的音乐形象，逐渐形成了坠剧独特的板式结构和由此构成的音乐程式。

1956 年为支援新建县的文化建设，商丘市群声曲艺剧社调到郸城县，改称“郸城县实验坠子剧团”，不久又改名为“郸城县坠剧团”。在县委、县政府的关怀和支持下，购置了音响设备，增添了服装道具，设立了画室，改善了照明设备，又吸收了一些新的人员。他们积极探索，不断改革，一方面把传统曲艺大书如《回龙传》、《大红袍》、《张廷秀私访》等改成连台本戏，一方面移植别的剧种剧目如《不能走那条路》、《党的好女儿》、《野火春风斗古城》、《桃花装疯》等，大大丰富了演出剧目。1959 年，中国戏剧家协会主席写信给郸城县坠剧团，给予了热情赞扬和鼓励：“河南坠子搬上舞台，这是一个新的发展，百花园中又添一枝新花。你们一定要努力把这个剧搞好。”至此，新剧种坠剧，已是戏剧艺苑中独树一帜的奇葩。坠剧在郸城得到了很大的发展和提高，也获得了深厚的群众基础。数十年来，虽由于诸多原因受到一些磨难和挫折，仍然取得了很多骄人的成就，其影响扩大到全省及周边多省甚至全国。继古装戏《回龙传》、现代戏《友谊》由河南省广播电台录播之后，他们的创作剧目《包公招亲》，由省广播电台全剧录播，并由黄河音像出版社出版盒带，广泛发行；1983 年，由河南著名编剧李洪喜创作的现代戏《嫁母》，由省广播电台全剧录播后，又由河南电视台采录选场，更名为《特殊媒人》，全国播放。1985 年以后，由于受到电影、电视、歌舞、网络的冲击，全国出现“戏曲危机”，坠剧也陷入步履维艰的境地。1987 年，郸城县坠剧团被并入豫剧团，该剧种濒临灭绝。销声匿迹 20 年后，2008 年，郸城县文化局在县委、县政府的大力支持下，把现有的坠剧 30 多名新老演员请到县艺术团，召开拯救坠剧研讨会，决定重新将坠剧团建立起来。在征得原坠剧团团长张敬明、现有坠剧主要继承人吴艳萍等编剧、李洪喜等十多位老艺人、演员、专家的同意后，恢复了郸城县坠剧团。与此同时，多方筹措资金 30 万元，购买大量乐器、服装、道具，并聘请专家、名师指导，寻找优秀剧本，高标准地编排坠剧《小包公》、现代坠剧《嫁母》、《回龙传》等坠剧节目，力争使这一濒临灭绝的戏剧奇葩得到继承和发展。

坠剧音乐也属于梆子声腔体系，为板腔体。主要板式有［慢坠子］、［中速坠子］、［快坠子］、［垛板］和［散板］等。坠剧与其他剧种板式音乐不同的是，它只使用板式名称，只能说明唱腔的节奏速度，而不说明音乐结构的实质。

一、慢坠子：由2/4节拍构成，唱词为三三四的十字句或为二二三的七字句，偶尔也有四字句或五字句的短句和十字以上的长句。旋律曲折迂回，既可叙事，也可抒情，适宜表现低沉情绪。如《嫁母》中“捧遗像心如刀绞肝肠寸断”一折（见谱例十七）。

二、中速坠子：其音乐、唱词结构均与［慢坠子］相同，不同的是其节奏速度快，旋律明快，适宜于平稳地叙事。如《王二姐思夫》中“小二姐打坐在绣楼棚”一折（见谱例十八）。

（五）二夹弦与花鼓戏

二夹弦也是流行于周口的剧种之一，也称“两夹弦”、“大五音”、“淮阳调”。民间流传有“二夹弦哼一哼，不穿棉袄能过冬”、“不吃、不穿、不过年，也要听听二夹弦”等说法。在旧时以农耕为主的农业社会里，二夹弦这个地方小戏对普通群众所呈现的魅力，从以上这些民间的“顺口溜”可窥一斑。

二夹弦是以流行于鲁西南、豫东一带的一种叫做“花鼓丁香”的民间文艺为主，吸收四股弦以及赞子、捻子、砍头橛等曲调发展、演变而成的剧种。二夹弦是由它的主要伴奏乐器——“四胡”的四股弦，分别夹着弓上所系的两股马尾进行拉奏而得名。在周口一带，由于为五音戏加用伴奏之故，称为大五音，因淮阳最多，又称淮阳调。

二夹弦在周口很早就已广泛流传。1916年《河声日报》载：杞县、柘城、西华等地，演二夹弦小戏，昼夜聚赌。可见当时二夹弦流传之盛。据载，周口聂堆滩上村清末秀才王老成为示豁达，于1916年招募驻马店二夹弦艺人40余名，并聘请开封童家寨名角童喜为掌班，王老成自为后盾，成立了王老成二夹弦戏班，同年上演了《雷公子投亲》《张廷秀私访》等二夹弦剧目，四方为之轰动，影响颇大，虽多经坎坷变迁，但一直存在到1981年方才散班。据开封戏剧专家尼树仁先生考证，二夹弦大约创始于清朝中前期，最早流行于河南、山东交界的黄河两岸，后来又传播到河北、安徽的一些地方。而这个时代也正是民间戏剧活跃的时候。还有一种说法是二夹弦流行于鲁西南、豫东、皖北一带，由当地农村演唱的“花鼓丁香”发展而成。最初为艺人腰挎花鼓串乡走镇卖唱，后来发展成为“坐板凳头”的清唱及打地摊的化装表演，并于清光绪六年（1880年）前后采用了四胡伴奏，并由七八人组成业余戏班，所以有“紧七慢八，六个人抓瞎”的说法。它们活动于庙会或集市，临时搭台演唱《休丁香》、《站花墙》等小戏。一说早期的二夹弦只是一种“玩会班”的组织，是农闲时节村民自我娱乐的手段。常以“摆地摊”或“坐板凳头”的形式出现在农村、集镇，每班三五人、七八人不等，配有锣鼓、木梆、四胡，说说唱唱，以唱为主，开始表演一些以民间传说或家庭生活为主要内容、由两三个角色组成的小戏。因其农闲时唱、农忙时散，后来这种演出形式逐渐满足不了群众文化娱乐逐步提高的需求，加上受其他剧种的影响，开始化装搭台演出，有了自愿组合的“义气班”，并逐步由农村流向城市。在周口邻县睢县与安徽亳州，二夹弦都广为流传。睢县二夹弦有两个有着密切联系的分支，一个是当地后台乡阎庄村二夹弦，另一个是尤吉屯乡丘井村，影响到周边地区。河南周口、杞县、原阳、叶县、河北石家庄、山东曹县等地也都留下他们的足迹。淮阳县早在20世纪30年代就有了二夹弦戏班。新中国成立后，淮阳安岭人常树森等于1953年组建了阎楼业余二夹弦剧团，1958年成立了淮阳县二夹弦剧团。2009年，西华县笙簧二夹弦被纳入河南省省级非物质文化遗产名录。

花鼓戏也曾在周口流行。新中国成立前后，太康、淮阳、周口都曾有业余花鼓戏剧团活动。周口的花鼓戏来源于流行在安徽北部和皖豫苏鲁交界地区的花鼓戏。这种花鼓戏的原始形式是民间的小型歌舞。劳动人民在农闲季节里借以自娱，有时在进行这些民间小唱时，伴以舞姿。这些舞姿都是根据民歌的内容，模仿生产生活上的动作编成。其伴奏不用弦乐，仅用锣鼓。其突出特点是在舞台两侧各置一个二尺长的大梆子，在演员表演时二梆齐响，演员一句接一句不间歇地唱下去。其演出剧目多是民间小故事及连台戏，代表剧目有《王小赶脚》、《巧合奇冤》、《金镯玉环记》等。内容多反映当时人民的生活、劳动、习惯、性格，用当地群众的纯朴语言，具有浓厚的乡土气息。由于其和其他剧种竞争力不足，周口一直没有专业剧团出现，今日连业余班社也不复存在了。

（六）四平调

四平调源于花鼓戏（即花鼓丁香），广泛流行于豫、鲁、皖、苏等省的边界地区。早期的花鼓戏打地摊演出，三五个人就能演出。多年来，许多老艺人在花鼓戏的基础上，吸收豫剧、评剧、京剧的艺术营养，填补花鼓戏的不足。从打地摊到走上舞台，从单纯的锣鼓梆子到弦乐伴奏，从行当搭配到服装道具，都充实、完善、丰富起来，直到成为一个独立剧种——“四平调”。叫它“四平调”，一种说法是它由花鼓、豫剧、京剧、评剧四拼而成，即“四拼调”。还有另一种说法是，四平调的主要曲调由花鼓的平调发展演变而成，曲调四平八稳，四句一平，这就是地地道道的“四平调”了。事实上许多代艺人为四平调的发展付出了许多智慧和心血。

四平调的音乐唱腔，属于梆子音乐系列，它善于说唱，旋律纯朴而优美。四平调演唱起来，旦角曲调像评剧，小生的曲调像花鼓戏，须生、花脸的曲调像梆子戏。板式唱腔的名称，诸说不一。根据花鼓戏的板式分为［二四板］、［平腔］、［紧板］、［直板］、［散板］等，基本唱腔通常由四个乐句组成，四句一翻。旦角唱腔近似评剧，小生近似京剧，须生和花脸唱梆子腔。除旦角外，其他角色有时行腔与弦音不一致，最后才统一起来。一般唱完一段时，最后一句留给其他角色唱。伴奏乐器以高音二胡为主，还有笙、笛、唢呐、扬琴、二胡、三弦、琵琶等。

四平调是一个新兴的年轻剧种，加上它产生于民间，其剧目多以婚姻、恋爱、家庭伦理的题材为主，经常上演的比如《陈三两爬堂》、《小包公》、《哑女告状》、《三告李彦明》、《小姑贤》、《吕蒙正赶斋》等。它的连台本戏有《大红袍》、《杨家将》、《回龙传》等。由于四平调大量吸收了其他姊妹剧种的艺术营养，形成了具有浓厚地域特点的艺术风格。女声在质朴之中不失委婉俏丽，男声则高昂豪放、刚柔兼备，保留着较强的说唱特征。

（七）曲剧

曲剧是在周口流传较广的地方剧种之一，旧时也称“高台曲”或“曲子戏”。由于曲剧最初流行于洛阳、南阳，所以有些地区又称“洛阳曲子”和“南阳曲子”。

曲剧是在河南曲艺的基础上发展而成的，起初的形式是由表演者边踩高跷边唱曲子，后来逐渐发展成为高台曲。鼓子曲是一种曲牌连缀体式的说唱艺术，演唱时，三五人自执檀板击节，一反以前的三弦伴奏形式，需要帮腔处就一起帮腔。每一曲目，均按一定的曲牌顺序来演唱。约于清末民初，出现鼓子曲与踩高跷相结合的形式，称为“高跷曲”。它最初出现的时候，既不化装，也不分行当，只是由数人踩高跷唱有故事情节的曲子，以三弦等乐器伴奏，走街串坊。发展至1920年前后，才出现了有简单化装和粗略的行当分工的高跷曲，多数演出鼓子曲中大多有人物故事的民间传说脚本，如《小姑贤》、《打皂》、《小打鱼》等。“高跷曲”去掉高跷拐子并登上戏剧舞台，是它由一般的民间歌舞演变为正式的“高台曲”这种戏曲形式的标志性事件，形成曲剧发展的一个质的飞跃。从此，高跷曲走上了舞台。这种去掉高跷在高台演出的形式，在20世纪20年代后期已较普遍，被称为“高台曲”。此后又有“曲子戏”、“曲剧”等称谓。

曲剧吸收了豫剧、京剧等戏曲剧种的打击乐，并根据演唱伴奏需要丰富了管弦乐，剧目也渐渐由演家庭生活戏而偏向于演历史戏（袍带戏），由演中小型戏而演大戏，各行当也逐渐完善起来。但在30年代前期，一般曲剧戏班还是停留在业余性质：农忙务农，农闲从艺，一个班社也仅十余人。他们在演出时也不讲戏价，只求管吃。若收到馈赠钱物，则全班社平均分配。当时，在汝南、周口、信阳、南阳等地，都先后出现了高台班。在周口、淮阳、界首等地开始出现半职业性剧团，知名演员有杨德富（艺名洋白菜）、李金波、程万顺、刘曾荣、郭新德等。

由于曲调来源于民间生活小戏，因此歌词易学，并大多采用本嗓来演唱，表演也相当接近生活，传播速度极快。河南曲剧的唱腔是采用曲牌体式。最初登上舞台时，曲剧的腔调大多采用“杂牌小调”的形式，仅有［阳调］、［剪靛花］、［诗篇］等十余支。后逐渐吸收流行于南阳一带的曲艺“大调曲”，丰富了唱腔的形式。曲剧的曲牌大多由两句、三句、四句以及各种垛子组成，有大牌子（大调）、中小杂牌（小调）和丝弦曲牌之分。曲剧的唱腔结构为长、短句——曲牌联套体制。唱腔、曲牌有来自明、清民歌小曲的［阳调］、［剪剪花］、［诗篇］、［打枣竿］、［茨儿山］、［太平年］、［罗江怨］，有来自鼓子曲的［马头］、［小桃红］、［满江红］、［劈破玉］等。伴奏用的丝弦曲牌有［大起板］、［山坡羊］、［高山流水］等。大牌子（大调）主要有［马头调］、［黄鹂调］、［满江红］、［叠落］、［寄生草］、［叠断桥］、［小桃红］、［金纽丝］、［上小楼］等。这类大调一般慢板长腔，表现婉转柔细，缠绵悱恻。中小杂牌（小调）则均在百板以下，主要有［阳调］、［太平年］、［打枣竿］、［银纽丝］、［剪剪花］。这类小调多表现为声韵清亮，灵活多变，音域宽广，音调随高就低舒展自如，可塑性大，表现力强。也有一些把原有曲牌改编成新曲调的，如［小汉江］、［软诗篇］等。另有吸收其他剧种的，如［书韵］、［瓦碴堆］等。丝弦曲牌则主要有：［老八板］、［过街俏］、［葡萄架］、［开手］、［哭周瑜］、［山坡羊］、［大起板］、［高山流水］、［小雀］等。这类曲牌主要在剧中用来烘托气氛，配合各舞蹈动作来表现人物思想感情的变化。按表现内容风格的不同来分，曲剧的曲牌中表现活泼愉快的情绪的有［银纽丝］、［垛子］、［太平年］等，表现悲伤哀愁的情绪的有［在汉江］、［诗篇］等，表现激越愤慨的情绪的有［阳调］等。

曲剧的主奏乐器是坠胡。另外还有三弦、唢呐、琵琶、二胡、筝、笙、月琴等。打击乐器最初仅有锣鼓，只用于“打闹台”。于1940年前后，曲剧吸收了京剧、豫剧的锣鼓经，打击乐器才逐步得到完善，有象鼓板、大锣、二锣、铙、钹、小钹、风锣、木鱼等。新中国成立后，有些剧团还分别增加了诸如木管、铜管、弦乐、定音鼓等西洋乐器。

早期的曲剧在表演上继承了高跷曲的歌舞身段和行当分工。高跷曲一般有五个角色：老婆（老旦）、媳妇（青衣）、姑娘（小旦）、相公（小生）、和尚（丑）。和尚经常兼扮演老旦，并且有时还会增加诸如“二姑娘”、“瞎子”等配角行当。早期的河南曲剧无论演什么戏，角色一般不外乎以上五种主要形式。早期演出时，剧中的人物出场，一般开始时都是背对观众，走至台中心后才转身亮相，然后踩着“大起板”的弦乐伴奏节拍跑“剪子股”圆场，形式与踩高跷时的打场子相同，必须跑完四十八板再进行正式演唱。曲剧的动作、身段、架势还基本保留着高跷曲舞姿的原型：表现为不停地前走和后退，而和尚或瞎子（丑角）则在其间不断地插科打诨。

1933年，曲剧流传到周口一带。在流传的过程中，随着上演的剧目的丰富，曲剧在吸收了豫剧、京剧、越调、汉剧等兄弟剧种的表演艺术后，才逐渐建立起生、旦、净、丑完整的各行当，并出现了一批较有成就的演员。旦行是曲剧各行当之首。生行大多以小生为主，表演时一般以文生、空生一类角色居多，没有武生。从40年代曲剧开始演出“袍带戏”后，发展了须生。丑行在曲剧发展的早期，作用仅限于插科打诨、逗人取笑。

曲剧总的风格特点是：质朴、自然、婉转、柔美，悠扬缠绵，抒情性强，生活气息浓郁，唱腔通俗易懂，演出形式轻便灵活，因而深受群众喜爱。新中国成立初期，周口曾一度出现众多的曲剧业余剧团，演出遍及每一个乡村，使曲剧得到迅猛发展。

（八）布袋木偶戏

木偶戏是艺人操纵傀儡来进行表演的剧种。它有着悠久的发展历史，主要在民间流传。木偶戏源于古代武俑，据《旧唐书·音乐志》载：“歌舞戏，有大面、拨头、踏摇娘、窟儡子等戏，玄宗以其非正声，置教坊于禁中以处之。”又云：“窟儡子，亦云魁儡子，作偶人以戏。善歌舞，本丧家乐也。汉末始用之于嘉会。齐后主高纬尤所好。”说明至少在汉代已有了木偶戏这种戏剧形式。古籍《武林旧事》、《东京梦华录》中记载，宋朝宫廷宴会的礼单上就有掌中木偶戏。

太康布袋木偶戏，有三四百年的历史，大约始于明清时期，或者更早一些，艺人多分布在太康马头镇吴振岗村、湾子桥一带。布袋木偶戏是一个人表演的艺术，一副担子、一套行头走四方，一个人、一张嘴演活一台戏。道具人物一箱载入，小小舞台可以拆合，一根扁担挑着全部家当，故而又叫独台戏、走偶、扁担戏。扁担戏集戏曲、坠子书、鼓词、口技、民间工艺泥塑、彩绘为一体，由一人挑着戏担子穿乡走村进行表演。和其他木偶所不同的是，布袋木偶的头部是用木头雕刻成的，大小如鸡蛋一般，施以彩绘，身体服装是由布缝成的，呈口袋形状，是个布套子，根据角色的不同，口袋上的彩绘不一样。如匣子一般的戏台作为背景的一面是一块高起的栏板，栏板上镂有花纹并涂以金、红两色，其余三面均围上布。艺人躲在栏板后面，套有木偶的手从栏板上开的门洞里伸出来，伸到台前表演。

布袋木偶戏题材较广，曲调多以戏曲、说唱艺术为主，唱腔、念白随着人物角色变化而变，表演者要有多变的声腔、协调的动作等高超技艺。表演方式和表演技巧为：表演时艺人钻入布幔（即戏台）中，将木偶口袋套在手上一边用手指操纵木偶的头和臂，一边用脚敲锣和钹，大戏、小戏、文戏、武戏，生、旦、净、末、丑，唱、念、做、打、耍，全靠艺人的手、脚、口、舌并用，十指灵活调度进行绘声绘色的表演。以左手操偶为例，只要将食指部分套入偶头，拇指放入布袋戏戏偶右手，另外三根手指放入戏偶左边（左手）之后，即可利用手掌与五指的摇摆或晃动，来控制戏偶头、身体、手来作操偶表演。

布袋戏操偶入门相当容易：操偶人员仅将手放入中空偶身即可做戏偶之点头、摇头、行走表演。不过因为木制戏偶表情并无变化，要借由木偶肢体动作表达剧中人物情感，也有其一定难度。因为布袋戏可单手操偶，因此传统布袋戏操偶师通常可一人操纵两偶，互做对谈的文场表演，更甚者，两手均可做木偶之跑、跳、抛接、武打等武场表演。事实上，在实际操演上，布袋戏戏剧进行中，通常以两偶互相之对话与武打互动为最多。

表演的同时，根据剧情、角色不同，也要给予配音。配音中，除有正常的道白之外，还要模仿不同的腔调说唱，喜怒哀乐，丰富之极，将一个故事或一台戏演得满场生辉。

布袋木偶戏主要剧目有《王小二砍柴》、《大闹天宫》、《猪八戒背媳妇》、《封神榜》、《三国演义》等，以武打戏、鬼怪戏、滑稽戏居多。大戏表演的为一些豫剧、越调、道情等剧种的名戏，如《南阳关》、《李天保吊孝》等，需要的舞台和木偶等道具也很大，艺人表演的技艺难度很大。小戏则是根据市井故事、民间传说、神话等改编而成，剧情简单，幽默风趣，夹杂方言俚语，具有极强的感染力和教育意义。20世纪六七十年代以前，在太康县吴振岗、闫庄、李楼一带，大戏还保存着。艺人们用扁担挑着屋形的戏楼舞台和盛着木偶道具的箱子，走乡串户，到处卖艺，但是由于大戏的戏楼和木偶道具很笨重，往来搬运不方便，后来就将大戏渐渐地舍弃了，以小戏为主进行表演。“扁担戏”的剧目多源于历史故事，神话传说，寓言故事及戏曲，这些故事都是以伸张正义，惩恶扬善，积极向上、乐于助人为内容。这些内容融入“扁担戏”轻便、灵活的表演形式之中，使百姓喜闻乐见，深受其教育。

目前，进行布袋木偶戏表演的仅剩下60多岁的吴培忠老人。吴培忠家住在位于太康县城东北十多公里处，离周口有80多公里路程的太康县马头镇、朱口镇与高朗乡交界的吴振岗村，是个很偏僻很贫穷的地方。在19岁那年（1962年），他初中毕业，因爱好工艺美术，就拜当地老艺人宋浩然为师，学雕刻、绘画等手艺。他跟宋师傅学艺期间，当地的一些布袋木偶艺人，找他们雕刻木偶道具（指木偶脸谱）。这样，他也慢慢地学会了布袋木偶的制作。他说，由于他的村里有木偶艺人，经常看他们表演，加上常为艺人们做活，对于木偶戏的喜爱，自然也就非同一般。后来，他跟随宋师傅到安徽省临泉地区做活，在空闲时间，做了一套布袋木偶和戏台，为当地群众表演了布袋木偶戏《王小打柴》、《猪八戒捉妖》，一下子演了两三天，这是他一生中第一次演出。尽管很紧张，不过凭借耳濡目染所学来的技艺和戏词，竟也演得像模像样，受到当地群众的喜爱。在旧社会，养家糊口的门路少，易学易表演的布袋木偶戏是村民们谋生的手段之一。即使到了20世纪60年代初期，吴振岗村还有两担布袋木偶戏，其中一担布袋木偶戏的艺人是他的邻居，叫吴西灵。吴培忠老人说，他的布袋木偶戏就是跟吴西灵学的。后来，当地曾闹过一段饥荒，村民们为了生存，纷纷玩起布袋木偶戏，吴振岗、湾子桥、洼李很快发展到几十担布袋木偶戏，大家走村进城，到处卖艺，挣来一些粮食或钱，养家糊口，助村民们渡过饥荒。他为了养家，也拉着幼小的孩子，起五更，摸半夜，东奔西跑地卖艺，西华、扶沟、淮阳、鹿邑、睢县等，转遍附近县市的乡村。“文化大革命”时期，也未能阻止他和村民外出卖艺的脚步。但是，在目前，随着娱乐市场进入多元化时代，布袋木偶戏的发展空间也越来越小。布袋木偶艺人越来越少，布袋木偶戏越来越淡出观众的视野，有退出舞台的迹象。周口市与太康县有关部门非常重视对布袋木偶戏这一传统艺术形式的挖掘保护，把长期在民间销声匿迹的太康布袋木偶作为周口民间艺术的“绝活”典型，于2008年春节期间赴澳参加“内地习俗展”；2009年，周口木偶戏被纳入河南省省级非物质文化遗产名录。

（九）罗戏与眷戏

罗戏与眷戏，都是曾在周口出现但今日已经灭绝的剧种。

罗戏古称罗腔，又叫逻逻，铙钹戏，由于伴奏乐器以大笛（唢呐）为主，另以笙笛相和，间或使用皮翁，民间俗称“笛戏”、“大锣戏”，亦有称谓“响器班”。

罗戏源于“傩”或“傩戏”，是由旧时迎神赛会、驱逐疫鬼或举行酬神还愿仪式演变而来的古老戏曲剧种。据《中国戏曲曲艺辞典》载，“罗戏流行于河南，历史悠久”。据传，罗戏创始于唐太宗时期，是皇帝和文武百官为了取乐而模仿天宫的仙乐编出来的宫廷戏，因此，罗戏也叫“乐戏”。在清代初年，罗戏是非常红火的剧种，演员以真嗓演唱，黑红脸角色的演唱常配合使用假嗓（即二本嗓）。一个乡村演出罗戏，许多村子的观众争相前来观看。影响之大，常令“男女若狂”、“动辄三五日不散”。在清雍正年间，罗戏眷戏最初流行于农村，很少在城市演出。所谓的戏班子就是一辆太平车，戏箱行头，锣鼓梆钗，桌椅道具，走哪唱哪。化装、服装及乐器都很简单。从清末开始，罗戏由于长期因循守旧、闭门自囿等原因，日渐走向衰落。

周口境内罗戏的最早记载是清道光之前《太康县志》：“好约会演戏，如逻逻、梆弦等类”。这里的“逻逻”即指罗戏。1822 年前后，太康县衙内办了一罗戏班名曰“快戏班”。1861 年前后，西华县西七里仓何东才创办罗戏班。

罗戏服装道具简单，伴奏无弦乐。罗戏的伴奏乐器，文场有大唢呐（二支）、小唢呐（一支）、笙（大中小各一）、大三弦（一把）、横笛（曲笛一支）、尖号（挑子）；武场有扁鼓、大鼓、小鼓（战鼓）、檀板、大镲、大铙、梆子、手锣、苏锣、铙钹、碰铃等。

罗戏的行当，分生、旦、净、丑。生有老生、小生；旦（包头）有老旦、青衣、小旦；净有大花脸、二花脸之分，二花脸称刚花脸；丑又名三花脸。唱词开句似白，一句的最后一个字翻高八度拉后音。罗戏的特点是纯朴有力，词句清楚，善演武戏。

罗戏代表剧目有《盗火龙驹》、《张飞卖肉》、《火烧纪信》、《投纪州》等。

眷戏，或作“卷戏”。其来源一说出自宫廷，一说出于寺庙音乐，均无所证。据传，中原士大夫群中的一些文人、明朝遗老，为了消遣娱乐，招收闲散艺人在自家庭院里演唱，开始叫“眷戏”，久而久之叫成了“卷戏”。周口的眷戏最早出现在清初沈丘县莲池乡一个白姓家族中。眷戏初以地摊形式在节日盛会时演出，后被搬上舞台成为独立剧种。

眷戏与罗戏相比，就文化意义上要更深远一些、成熟一些。它的唱词结构严谨，文词华丽深奥，有笛笙、锣、钗和梆子伴奏，搬上舞台之后，各方面都比罗戏显得体面、高雅。也正是这种高雅，其唱词的深奥、生涩而难以与平民百姓们沟通，受到了前所未有的冷落，因而渐渐地被人们淡忘了。这一剧种至清末已衰落。1956年河南省举行首届戏曲观摩会演时，曾邀请沈丘县莲池乡的几位眷戏老艺人演出《下南唐》一剧。该剧种现已失传。

眷戏剧目数量已无从统计。据参加河南省首届戏曲观摩会演的老艺人凭记忆记载，仅有《铡美案》、《白生卖酒》、《打潼关》、《黑水关》、《马家寨》、《南阳关》、《双座山》、《桃花庵》等十出。又据罗戏老艺人提供的资料，在罗戏剧目中，有些来自眷戏。如《吊打老包》、《李子精临凡》、《康府吊孝》、《朱洪武吊孝》、《牛伯成回家》、《龙抓熊氏女》、《刘金定下南唐》、《花打朝》、《四圣归天》、《打黄海》、《收吴汉》等。

眷戏唱腔一般比较深奥，讲究音韵，词格为七字句、十字句。唱腔有原板、赞子、飞板、叫板、慢板、滚板、哭板等，以婉转清新、优雅抒情见长。伴奏乐器以锡笛（管子）、笙、横笛为主。打击乐器有锣、鼓、镲、钹、梆子等，无弦乐。曲调有原板、赞子、帘子、飞板、叫板、慢板、起板、流板、哭板等。传统剧目丰富，不少剧目如《铡美案》、《南阳关》、《桃花庵》等，多保留在豫剧中。罗戏与眷戏均已灭绝失传。

二、民间歌曲

民间歌曲简称民歌，是指劳动人民在生活和劳动中自己以口头创作、口头流传的方式生存于民间的歌曲。在漫长的历史发展过程中，传统民歌在流传过程中持续不断地经受着人民群众集体的筛选、改造、加工和提炼，用最直接的方式表达着自己的思想、感情、意志、要求和愿望。民间歌曲的歌词感情真挚、形式完美、题材丰富多样，它使民歌产生了强烈的艺术效果，使其能代代相传，产生深远影响。民间歌曲的曲调具有简练、质朴、生动、灵活的特点，其曲式结构多种多样，但大都是单乐段的分节歌。民歌曲调的结构短小精悍，节奏灵活多变，形象生动鲜明，音乐语言通顺流畅，这使它具有感人的魅力，吸引了人们的注意力，哺育了众多音乐家。民间歌曲源于民间，流传于民间，是人类社会生活中最早形成的音乐形式，是人民群众的集体创作和集体智慧的结晶，民间歌曲反映和记录了各个历史时期人民的生活和民族地区不同的风俗，是人民喜爱的一种艺术形式。

周口的民歌历史悠久，相传，早在六千多年前，定都宛丘的伏羲女娲兄妹发明了乐器（如琴、瑟、埙、笙），创作有《扶来》和《网罟》之歌。而后，定都于陈的炎帝神农氏也发明乐器，制定十二乐律。最早的民歌可能既包括原始祭祀时的吟诵，也包括生产劳动中的呼喊吆喝，还包括求偶时心声的外露和历史与其他知识的传授。

《诗经》是我国第一部乐歌总集，其中有165篇是民间歌诗。其中的“国风”记录了西周到春秋中期大约500年间流行于黄河流域包括陈国在内的15个诸侯国的民歌，故又称“十五国风”。那时称民歌为“风”，把采集民歌称为“采风”。以这些作品所反映的社会历史内容而言，不仅十分广泛宏阔，而且也典型深刻，称得上是以歌唱方式揭示周民族500年来民间社会的一部“创世纪史”。

《诗经》中的《陈风》是陈国地区的民歌，传世共十篇。在春秋战国或更前，陈地歌舞已极为隆盛，陈国人在太昊之墟宛丘祭祖娱神求子，甚至出现了以巫舞为职业的舞女。《陈风》中的《宛丘》描述了她们在鼓与缶的击节声中，载歌载舞于古宛丘上下以及道路上，证明当时的宛丘已成了古代巫舞场。《东门之枌》描写陈国男女在歌舞聚会中的恋爱故事，描绘了他们相识相知的过程，最后相互慕悦，赠物定情，其中“不绩其麻”和“越以鬷迈”的描述，尤能看出热恋中的男女特点，也能看出陈国的特定风俗。

这些民歌的内容真切地反映了陈国的民俗，涉及劳动、生活、爱情及乐观精神等方面，生动地反映了陈国歌舞蔚然成风的艺术氛围，展示了陈国人能歌善舞的风采。特别应该提到的是，这些歌诗大都采用了“四言体”句式。这一词格的相对稳定和广泛使用，为中国民歌的唱词句式的进一步发展和多样化，起到了重要的奠基作用。不但内容清新明畅，而且词格句式本身已包含了丰富的歌唱性。

在春秋时期，楚国的民歌已经十分繁荣。战国后期，诗人屈原等人对楚国民歌进行了搜集整理，并根据楚国民歌曲调创作新词，称为《楚辞》。《楚辞》中的不少作品，充满了热爱祖国和人民的感情，热烈而富于幻想，充满了浪漫主义色彩。从公元前479年楚国灭陈，到公元前278年楚顷襄王迁都陈城，两百多年中，“俗信鬼而好祠，其祠必作歌乐鼓舞，以乐众神”的楚国风俗给本来就好巫的古陈地民众以更深刻的影响。

汉魏南北朝时期为了及时收集民间歌曲而于秦汉间成立的专门音乐机构——“乐府”，在记录和推广民歌方面发挥了重要作用，如汉代的《相和大曲》，魏、晋、南北朝的《清商乐》等。为此，人们便把汉魏时期流传的民间歌诗总称为“乐府”，同时也把这一时期民歌所采用的基本体式——五言体总称为“乐府体”。“乐府”是继《诗经》之后中国民歌迭起的又一个高峰，在长达五六百年的漫长岁月中，不仅民间广泛使用这一体式，而且也直接影响了文人的诗歌创作。“五言体”乐府是对“四言体”国风的合理继承和新发展，它们为接着出现的“七言体”句式和长短句词格提供了先决条件。这个时期，随着政治文化中心的迁徙与扩散，南方的民歌受到重视和喜爱，并传到北方。周口地区作为南北融合的必经之地，也深受影响。古人有“秦声、楚调、吴歈、蔡讴”者之说，这其中的蔡是周朝的国名之一，即今河南的上蔡县、新蔡县一带（周口南临邦县）。陈、蔡两国交往密切。

在楚汉之争中，“四面楚歌”和“霸王别姬”的故事就发生在周口地区鹿邑境内（至今仍有虞姬墓）。公元前202年10月，项羽引军东撤，刘邦率军实施战略追击，双方在固陵（今河南太康南）僵持，同年12月，项羽军被包围在垓下（今河南鹿邑），陷于一筹莫展的境地。为了进一步动摇和瓦解楚军，一天夜里，刘邦要汉军四面唱起楚歌：“九月深秋兮四野飞霜，天高水涸兮寒雁悲伤。最苦戍边兮日夜彷徨，披甲持戟兮孤立沙岗。离家十年兮父母生别，妻子何堪兮独宿空床？白发倚门兮望穿秋水，稚子忆念兮泪断肝肠，家有余田兮谁裹萬粮？魂魄悠悠兮往之所以，壮士寥寥兮付之荒唐。汉王有德兮降军不杀，指日擒羽兮玉石俱伤。我歌岂诞兮天谴告汝，汝知其命兮勿为渺茫。”楚军听了，益发怀念自己的家乡。《史记·项羽本纪》载：项王军壁垓下，兵少食尽，汉军及诸侯兵围之数重。夜闻汉军四面皆楚歌，项王乃大惊，曰：“汉皆已得楚乎？是何楚人之多也。”项王则夜起，饮帐中。有美人名虞，常幸从；骏马名骓，常骑之。于是项王乃悲歌慷慨，自为诗曰：“力拔山兮气盖世，时不利兮骓不逝。骓不逝兮可奈何！虞兮虞兮奈若何！”歌数阕，美人和之。《楚汉春秋》云：“歌曰‘汉兵已略地，四方楚歌声。大王意气尽，贱妾何聊生’。”

作为该时期建安文学的集大成者、建安诗坛最杰出的代表曹植，其封地在陈郡，后人称之为“陈王”或“陈思王”。曹植诗歌文采气骨兼备，取得了很高的成就。他对诗歌的题材和内容进行了多方面开拓，艺术上注重声色的描绘和技巧的琢磨，富于创造，大大丰富了诗歌的艺术表现力。曹植又是第一位大力写作五言诗的文人，现存诗中有三分之二是五言诗。他以自己杰出的创作为我国古典诗歌从朴质无华的民歌向体被文质的文人诗转变作出了巨大贡献。以其为代表的三曹的诗歌继承了《诗经》、楚辞和汉乐府民歌的传统，气魄宏伟，慷慨悲壮。

隋唐时期，人们逐渐筛选出特别受到喜爱的民歌，对这些曲调进行了更多的加工和改编，填入了多种唱词，并在演唱上精心处理。这就是唐代的“曲子”。虽然它们仍出于民歌，但已脱离了民歌最初的形式。唐代的道教佛教对民歌也产生过一些影响，至今流传在淮阳周边的“担经挑歌”与其有着一定的渊源关系。李唐统治者以老子后人自居，大扬道教。唐王室多次亲临鹿邑老子故里。道教音乐由古迄今，传授不易，道人们实际上是披着宗教外衣的音乐家。他们所演唱的法曲有俗有雅，对民间音乐影响很大。唐宋以来道士们对群众宣讲教义，手敲渔鼓、简板，所唱之歌称为道情。直到今天，周口的道情仍很普及，特别是太康道情戏的形成，使传统的道情得到进一步发展。

宋元时期的民歌基本形态是七言四句式。民间盛行的“词曲”是唐以前未曾有的。民间曲子成为多种音乐形式如说唱、戏曲等的构成因素。元代民间“小令”比较盛行，“小令”是民歌的一种。文人竞相模仿民间曲子的形式写作歌词，成为词牌。唐宋时期，边疆民族的歌舞艺术大量传入中原，对于中原的民间音乐产生了重大的影响，宋以来民间音乐中的说唱与戏曲逐渐形成。

明清两代是封建社会的末期，新兴的资本主义经济开始萌芽，中小城镇市民阶层兴起，阶级矛盾与民族矛盾都十分尖锐，在这种历史背景下人民思想异常活跃，民歌特别兴盛，其数量之多、人民性之强烈都是前所未有的。从明代中期开始，大量人口流入城市，带来了许多农村中产生的新民歌。这些民歌受到城市艺人的利用和加工，产生了演唱民歌小曲的职业艺人，并开始有著录民歌、小曲的刊本出现，这对民歌的发展也起着一定的推动作用。明代大量的曲牌民歌，如《耍孩儿》、《双叠翠》、《山坡羊》等等，流传至今。这一时期，周口产生了以反映民生疾苦和反封建、反抗外来侵略为主题的民歌。如明代民歌：“吃闯王、穿闯王，闯王来了不纳粮。”“盼星星、盼月亮，盼着闯王出主张”。“米米蒿，长得高，薅一把，锅里熬。婆婆锅前扭扭脸，媳妇锅后偷吃一小碗。”

20世纪以来，民歌进入了一个新的阶段，反帝、反封建的民歌达到了高潮。反映人民革命和团结一致抵抗外来侵略题材的新民歌，空前繁荣，争取婚姻自由、男女平等、反对烟毒的民歌也为数不少。作为历史的见证，中国人民反帝反封建的壮丽史诗，在民歌中有着鲜明的反映。

中华人民共和国的诞生，赋予了民歌新的生命，民歌创作进入了一个崭新的时期，劳动人民翻身当家做了主人，美好的前景，展现在人们的眼前，尽管有不少群众甚至尚不识字，民歌仍然是他们的主要艺术形式，也是日常生活中不可缺少的一部分，而且大都保留着“诗、歌、舞”相结合的形式。这也是新的历史时期民歌的一个显著特征。人们用歌声唱出了对新生活的无限热爱。周口流行的有“瓜不离秧，孩不离娘，幸福不忘毛主席，翻身不忘共产党”，“一根花棍两头长，说说咱们的共产党，它领导人民把身翻，大翻身求解放，幸福不忘共产党，永远不忘共产党”等民歌。

民歌是人民的歌，是广大人民群众在社会生活实践中，经过广泛的口头传唱逐渐形成和发展起来的、和人民生活紧密地联系着的歌曲艺术。民歌由大众创造，在大众中传播，为大众利用，反过来又影响大众的生活，而这一点也正是文化的特征。文化，无论是物质文化还是精神文化，都是一个民族在长期的历史演进过程中，由本民族的成员逐渐创造并积淀而成的，所以文化是一种行为方式的规则。规则不同，文化的模式也不同，这正是世界上不同文化千差万别的根本原因。观察、判断一种文化，不只是看这种规则在个别人身上的体现，还要看它在大多数成员身上出现的重复率。民歌正是如此，即使是在很小的范围内传唱的民歌，也不会是个别人的行为结果，而民歌中所蕴积的社会历史内容也不能仅从唱词和曲调中加以判别。

民歌在民间音乐中一向处于非常重要的地位，民歌是其他民间音乐的基础，它是各类民间音乐的“母亲”。许多民间歌舞音乐，直接在民歌的基础上发展而成；说唱音乐中，也有源于民歌的明显痕迹；民间器乐曲中，许多曲调直接来自于民歌，或根据民歌加以变化而成；多种地方戏曲音乐，也是在各地民歌小调的基础上经加工发展而形成的。在民歌的基础上形成的其他民间音乐形式，成熟后又被民歌所吸收，影响了民歌的进一步发展。民歌与其他民间音乐品种的亲密关系，证明它们是一个整体，这个整体以其多样化的体裁形式体现了民族文化的一系列共同特征。

民歌作为一种文化，从其“发生”之时就灌注着不同族群的民族性格，是广大民众精神和感情的最直接、最本质、最坦率的体现。民歌的发生、传播、加工、变化，都离不开人，离不开人的生活环境。首先是民歌的传唱环境，包括自然环境和城镇、乡村、寺庙等社会环境，即民歌“在什么地方唱”这一基本因素。其次是民歌的歌唱场合。习俗作为传统文化的一个重要内容，对民歌的传唱方式、规模、参与者的身份、数量，内容以至穿戴均有直接的影响，这又牵涉到民歌“在什么时候唱”和“怎样唱”这类基本要素。还有，民歌作为一种精神产品，永远也离不开社会这个大舞台，因此，人与人的关系，人与自然界的关系，人与生产劳动、宗教信仰、爱情婚姻的关系等都会自然而然地在民歌中有所表露。这样，我们就有理由说，民歌可以代表一个民族的精神，也可以作为一个民族的文化标志。在共同的民族素质、民族语言、民族心理的支配下，通过漫长历史所积淀起来的思维模式、感情模式、行为模式早已深深地渗透在民歌等各种民间艺术形式之中，共同融为中华民族的文化模式。例如，《诗经》所普遍使用的“赋、比、兴”手法，在经历了近三千年之后，仍是民歌歌词所运用的基本手段。

悠久深厚的历史传统，复杂多样的自然环境，博大的文化背景，众多的民族和人口，是造就民族音乐的最大原因。民歌有着三个基本特征：

一、民歌产生、发展于人民群众的社会实践中，和人民的社会生活有着最直接最紧密的联系。民歌的作者是人民群众，是他们在长期的劳动、生活实践中，为了表现自己的生活，抒发自己的感情，表达自己的意志、愿望而创作的。在过去，劳动人民被剥夺了掌握文化的权利，不识字，更不懂谱，但他们却用口口相传的方式编唱自己的歌曲，以满足生活的需要。民歌所表现的人民群众的思想是最真实，最深切的，是劳动人民生活的真实写照。例如流传在商水的《父母养儿苦受尽》（见谱例十九），流传在扶沟的《难民歌》（见谱例二十），都在向世人陈述一种社会现象。

二、民歌具有口头性、集体性、即兴性和变异性。民歌是经过广泛的群众即兴编作、口头传唱而逐渐形成和发展起来的，它是无数人的智慧结晶。民歌的创作过程和演唱过程、流传过程是合而为一的，在传唱过程中即兴创作，在编制过程中演唱流传。在世代相传中，不同时期、不同地区的不同歌唱者，常按个人需要，将某首现成民歌作为蓝本，进行即兴编词，见啥唱啥，想啥唱啥，这就是民歌创作和歌唱中的即兴性。在即兴编词的同时，民歌的曲调必然发生不同程度的变异，因此出现了一首民歌有许多变体的现象。如流传在沈丘的《十二个月》（见谱例二十一）和流传在郸城的《十二月对花》（见谱例二十二），根据十二个月的典型物种即兴对答，富有情趣。

三、民歌的音乐形象准确生动，结构短小，手法洗练，长于抒发人的内心世界。民歌运用短小的结构，凝练的音乐语言，极为经济的音乐素材来表达深刻的思想感情。从诗的角度看，民歌具有紧贴人民生活、主题明确、形象鲜明、感情真挚的特点。民歌的歌词篇幅短小、通俗易懂，属歌谣体；一般句式整齐，押韵，平仄不严；以七字句为多，兼有其他句式，在结构上以两句体、四句体为多。民歌的作者在短短数句歌词中运用比喻、比兴、对比、夸张、叙事等手法，使主题思想得到鲜明突出的体现。如流传在商水的《割韭菜》（见谱例二十三）和流传在沈丘的《请你快开门》（见谱例二十四），情人之间的思慕爱恋之态跃然纸上。

民间歌曲有多种分类法，有按题材分类的，有按体裁分类的，也有按色彩分类的。此外，还有根据历史发展时期分类，或出于某一专题研究的需要而进行的特殊分类。周口地处豫东黄淮平原，根据不同的民族文化背景以及歌的不同风格色彩，属于“东北部平原民歌支区”与“江淮民歌支区”过渡区域，稍倾向于江淮民歌支区。江淮民歌支区包括淮河流域的苏北、安徽大部以及河南东南部地区，西面以大别山与江汉民歌区为界。音乐文化兼容南、北因素，带有过渡性的特征。使用北方方言。民歌以小调突出，风俗歌次之。闻名的曲目有《卖饺子》、《王三姐赶集》、《游春》、《放风筝》、《王大娘锔缸》等。

（一）小调

小调又称“小曲”、“俚曲”、“里巷歌谣”、“市俗小令”、“俗曲”、“时调”、“丝调”、“丝弦小唱”等，是人们在劳动之余，日常生活当中以及婚丧节庆用以抒发情怀、娱乐消遣的民歌。小调因有职业艺人与半职业艺人的传唱，并和曲艺、戏曲有千丝万缕的联系，因而加工提炼的成分较多，词、曲即兴性少，较定型化，艺术上较为成熟和完善。经过历代的流传，小调在艺术上经过较多的加工，具有结构均衡、节奏规整、曲调细腻、婉柔等特点。

小调所反映的社会生活内容极其广泛。它不受某个特定的社会阶层和具体劳动环境的制约，它所反映的不仅包括农民，而且还有城市小手工业者和其他劳动者、商人、市民乃至江湖艺妓、贩夫走卒、和尚尼姑、流浪行乞者等各种阶层的爱情婚姻、离别相思、风土人情、娱乐游戏、自然常识、民间故事等，几乎无所不包。农村小调以反映农村日常生活，特别是反映农村妇女的爱情、婚姻生活者居多；城市小调则涉及城镇小手工业者、商人、市民和处于社会底层的妓女、乞丐等的生活，以及娱乐嬉戏、自然风光、生活知识、民间故事等。《打樱桃》、《卖杂货》、《小拜年》、《磨豆腐》、《看灯》、《补缸锔缸》、《游春》、《放风筝》、《打秋千》、《割韭菜》、《赶庙》、《游灯》等对于民间风俗生活场景也都一一涉猎。其中有不少小调的唱词，往往能够以高度的概括力和尖锐的批判锋芒触及社会生活的各个方面，从而使主题获得了广泛的社会意义。

小调表现感情细腻曲折，形式较规整，表现手法丰富多样。按照内容的不同，可以将小调分为抒情歌、诙谐歌、儿歌和风俗歌四类。小调多数属分节歌形式，一曲多段词，常采用四季、五更、十二时等时序体，多侧面、较细致的陈述内容。为适应多段词的需要，其曲调则概括、凝练地表达某种情绪（或柔美、或哀怨、或欢快），曲调性强、旋律流畅、婉转曲折，旋律线丰富多变，表现力强。小调的节奏规整，节奏型丰富多变，歌唱形式以独唱为多，其次为对唱和一领众和等。城市小调多有丝弦乐器伴奏、引子和过门的运用，以及伴奏中乐器的加花装饰、托腔垫腔等，使小调音乐更为优美动人。

小调的歌词格式多样：除七字句外，也有长短句式，除二句、四句常见外，也常有非对偶的三句、五句等结构；加上衬词的丰富多变和格律化，使小调的曲式结构较之其他民歌更为成熟且富于变化。

小调各地都有，一般曲调比较流畅，结构比较规整。唱词因由艺人传授和唱本传播而比较稳定，格式多样，富于变化，长短句的形式比较普遍，非对偶的三句、五句等结构以及多段词的反复也较为普遍。并常用四季、五更、十二月、花名等形式连缀。曲式结构以二句和四句的单段结构为多，仍因歌词格式多样而富于变化，并用衬字、衬句扩充音乐结构，加强感情表达。多段结构也颇多，用于具有叙事成分的小调中，如流传在郸城县的《哭五更》（见谱例二十五）和流传在项城的《四辈上工》（见谱例二十六）；也有原为单段结构，由于多段词反复时曲调的节奏和速度有了变化而成为长大结构的，如流传在沈丘的《见个大姐去插青》（见谱例二十七）。对旧时代劳动人民受压迫、受奴役的苦难生活有广泛的反映，如流传在项城的《小寡妇上坟》（见谱例二十八）。近代以来，亦用以宣传革命思想，如流传在西华的《减租减息小唱》（见谱例二十九）和流传在鹿邑的《抗日小调》（见谱例三十）等。题材广泛，从重大政治、社会事件至日常生活、风俗、爱情等，如流传在沈丘的《太平年》（见谱例三十一）涉及社会生活的各个方面。但在旧社会，由于受到不良思想影响，也存在反映落后社会意识的作品，如一些低级色情的歌曲。歌唱形式以独唱为主，也有对唱，如流传在沈丘的《上山坡》（见谱例三十二）、《姑嫂问话》（见谱例三十三），或齐唱，大多有器乐伴奏。

小调的产生和发展，经历了漫长的岁月，《诗经》中的某些叙事性篇章，已经孕育了这一体裁的某些因素，汉代的相和歌就是用丝竹伴奏的歌唱形式，同徒歌谣（清唱一类的歌）有明显不同，相和歌可以说是小调的源头之一。

小调在流传过程中，其曲调由于歌者的个性、审美习惯、填配新词、唱法不同而发生不同程度的变异，因而形成不同的变体，蕴涵着不同的情绪和表现性能。例如《孟姜女》与《梳妆台》、《十杯酒》、《哭七七》，《无锡景》与《探清水河》，《剪靛花》与《码头调》、《放风筝》、《四季歌》等，相互之间既保持着承传的派生关系，又自成一曲，各有特色。一般情况下，一首小调流传的地域和时间愈广愈久，其变体就愈多；而且，各种变体与原歌的关系也是有远有近，纷杂而多样。

在各类民歌中，小调是一种基本上摆脱了实用性功能的制约，成为独立的以表现性功能为主的音乐体裁。其音乐特征是：

一、小调的曲调具有流畅、婉柔、曲折、细腻的艺术特色。它的旋律变化丰富，常常把级进音型和跳进音型，单向上升、下降同弧形、波状旋律线等表现手段灵活、巧妙地结合在一起，造成一种起伏跌宕、多样而又统一的曲调进行。同时，在歌唱艺人的长期实践和加工之下，旋律的装饰性强，乐汇、乐句之间衔接自然，富有逻辑性，很善于表达那些既有叙述性又有浓厚的抒情性的题材内容，如流传在项城的《送饭》（见谱例三十四）。多数小调在演唱时都有器乐伴奏，并加上前奏、过门、尾声等，使之更加完整。

二、小调不受外在因素的影响，根据旋律进行本身的内在要求，追求词曲协调一致的均衡性和表现手段的灵活性。因此，小调的节拍规整而不拘泥，节奏感鲜明而不强烈。它常常在既不破坏唱词的韵律，又服从节拍规整性的前提下，灵活地使用各种节奏型，使其疏密相间、变化有致，富有很强的动力感，如流传在沈丘的《放风筝》（见谱例三十五）。

三、小调的结构大多以单曲体为基础，讲究结构内部的规整性和匀称性，如流传在沈丘的《孔子哭颜回》（见谱例三十六）。无论篇幅长短，乐句的结构功能比较清晰。小调的曲体结构内部以对应和起承转合为原则，基本上分成对应式和起、承、转、合式两类，形成整齐平衡的关系，末句常具有总结性分量，稳定感较强。如流传在沈丘的《送君歌》（之二）（见谱例三十七）、《送君歌》（之一）（见谱例三十八）、流传在淮阳的《劝婆媳》（见谱例三十九）。非对偶性的三、五句单曲体结构也较常见，如流传在沈丘的《爱人留下相思豆》（见谱例四十）、《漂亮人》（见谱例四十一）、《老渔翁》（见谱例四十二）、《三国四英雄》（见谱例四十三）、《卖饺子》（见谱例四十四）。

四、小调中的衬词、衬腔定型化和规整化。在分节演唱时，虽然每段唱词不同，但衬词、衬腔却是原样重复，成为加强整个作品统一性的有力手段，如流传在项城的《对灯歌》（见谱例四十五），流传在沈丘的《李三哥串门》（见谱例四十六）。

（二）风俗歌

风俗歌亦称“风习歌”“习俗歌”，是由传统习惯支配，在相沿积久的特定风俗活动中传唱，并直接反映该风俗活动基本内容和特征的一类民间歌曲。中国各地、各民族都普遍流传各具特色的风俗歌。流传在中国各地各族中的风俗歌，可划分为季节性风俗歌和非季节性风俗歌两类。

季节性风俗歌在特定年节、时令风俗活动时传唱，具有季节性。下述节日、节气期间传唱的各种风俗歌，流行区域较广，具有一定代表性：春节正月，有春节贺年时传唱的过年调“年歌”、“拜年调”、“赞狮”、“送春牛”。欢庆元宵节时传唱的“灯歌”，敬神祭祀时传唱的“赞土地”等。如流传在沈丘、周口的《玩花灯》（见谱例四十七、四十八）、流传在周口的《旱船歌》（见谱例四十九）。春季有谢土地神和敬财神时传唱的“谢土地”、“送财神”，春游活动期间传唱的“踏青”、“荡秋千”、“风筝调”等。流传在项城的《放风筝》（小踏青）（见谱例五十）。仲夏有端午节祭祀时传唱的“端午歌”；赛龙舟时传唱的“龙船歌”；消灾免疫祭祀时传唱的“送瘟船”；天旱祈雨时传唱的“求雨歌”等。乞巧节（七夕）有妇女祭拜织女时传唱的“请七姐”；中元节（盂兰盆节、鬼节）有祭亡灵时传唱的“祭孤调”等。秋后有中秋节夜妇女拜月时传唱的“踏月歌”（“月姐歌”）、“摸秋歌”等。

非季节性风俗歌不受年节、时令限定，在婚姻、丧葬、祭祀、礼仪等特定风俗活动中传唱，如“祭祖歌”、“拦路歌”、“酒歌”、“宴席曲”等。如流传在西华的《酒令歌》（见谱例五十一）、《喝酒歌》（见谱例五十二）。

风俗歌的音乐体裁多种多样，季节性风俗歌大多小调和歌舞曲体裁。其中一部分已被划入其他歌类，如元宵节期间传唱的歌舞性的灯歌，其繁多的歌目已划入歌舞音乐一类。端午节赛龙舟时传唱的“龙船歌”，其音乐体裁多数属劳动号子类型，其演唱形式和音乐结构形式基本上与船夫号子类同。非季节性风俗歌除少部分外，大多数是地方特色鲜明、民族风格浓郁的、歌舞及说唱音乐体裁。

季节性风俗歌和非季节性风俗歌虽然音乐体裁形式多有共同之处，但二者音乐风格仍有一定差异。一般歌舞体裁的季节性风俗歌，音乐风格多清新、雅致、抒情，音乐性格相对的较单纯、统一；而同类体裁的非季节性风俗歌，音乐风格则多粗犷、深邃、酣畅，音乐个性相对的纷繁、突出，其中既有激情豪爽的喜曲，也有悲痛欲绝的哀调，还有悠扬深沉的长歌。

风俗歌的演唱形式除少数是独唱外，多数是对唱、齐唱、一领众唱以及多声部重唱与合唱。主要是在群众性场合歌唱。

（三）舞歌

舞歌是且歌且舞的民间歌曲，即采用歌唱的方式来表现民间舞蹈的内容情绪，并与舞蹈配合出现的民间音乐形式，又称声乐类的歌舞音乐。其曲调的律动感、节奏感较强，既包括不用乐器伴奏的徒歌形式，也包含某些有乐器伴奏的歌舞品种，大多是在民间喜庆、节日集会时演唱，习称“社火”、“秧歌调”、“花会歌”等。根据舞蹈形式的不同，还有担经挑、打花棍、莲花落、高跷、龙船、旱船等，如流传在淮阳太康沈丘的《一朵莲花开的鲜》（见谱例五十三）、《皇城里柏树青又青》（见谱例五十四）、《高高山上一棵梨》（见谱例五十五），流传在商水的《经挑歌》（见谱例五十六），流传在沈丘的《旱船歌》（见谱例五十七）、《小放牛》（见谱例五十八）。舞歌对民间歌曲的兼容、吸收最为明显，按兼容类别的不同又分为小调类舞歌、时调小曲、儿歌及多声部舞歌。小调类舞歌既是对淳朴自然的地域性民歌的继承，又是对外来民歌、戏曲、曲艺的兼容发展。不论是继承还是发展，都是兼容性的体现。兼容性不仅体现在对一般小调的吸收与创造上，时调小曲也以其传唱之广泛、形式之完善被小调类舞歌所吸收。它与情节性舞蹈相结合，艺术形式更加完善。这样，又进一步扩大了时调小曲的传唱范围。因此，在这里，兼容性也可理解为互补性。舞蹈与时调浑然一体，形式与内容的高度结合，提高了此类舞歌的艺术价值和欣赏价值。儿歌类舞歌在兼容程度上与小调类舞歌有别。如果说小调类舞歌只是兼容了民歌小曲的旋律进行创造，并与舞蹈结合，从而使自身的艺术价值提高的话，那儿歌类舞歌则是完全吸收了民间歌曲中儿歌（童谣）的内容与形式，并加以简单的舞蹈动作而形成。因此，小调类舞歌是歌舞并重，而儿歌类舞歌是重歌轻舞。在儿歌类舞歌中，知识性与娱乐性已成为儿歌内容的主宰。儿歌类舞歌的内容重于形式。

（四）号子

号子也称劳动号子、哨子，是一种伴随着劳动而歌唱的民间歌曲，流传于中国各地。先秦典籍《吕氏春秋》有一段载：“今夫举大木者，前呼‘邪许’，后亦‘应之’，此举重劝力之歌也。”这是先民一边集体搬运巨木，一边呼喊号子的逼真描写。而且，还说出了一个极朴素又极重要的道理：早在原始时代，凡“举重”，必唱“劝力之歌”。所谓“劝力之歌”就是后来的劳动号子。一些协作性较强而劳动动作在节奏、速度上经常变化的集体劳动，需要步调一致、动作协调，如果没有统一的指挥号令，动作就会参差不齐、力量分散，劳动就无法顺利进行。劳动号子就是人们在这类劳动场合，为了统一节奏、协调动作、激发劳动热情和缓解疲劳而唱的一种歌。所以，产生“号子”的必备条件首先是集体劳动，同时还必须是需要互相协作的集体劳动。诸如伐木、抬木、江河摇橹、拉纤、放排、码头搬运、建筑工地打夯、打硪等劳动几乎都要有不同的劳动号子相伴。劳动号子曲调高亢激奋，节奏沉稳有力，调式调性变化频繁。一领众和或众人齐唱，变化多端。在节奏较缓的劳动中，“领”句较长，“和”句稍短。而在较为紧张的劳动中，领句、和句都十分短促。另外，多数情况下，领句唱完之后，合句再接唱，但也有合句在领句结束以前就进入的，两个声部由此构成重叠状态。这种劳动号子虽然也有曲调，但主要还是强调节奏以便人们在同一的有规则的节奏中进行劳动。紧张的劳动动作、沉重的体力负荷，赋予劳动号子的歌唱以吆喝呐喊的特点，因此，民间习惯称它为“吆号子”、“喊号子”和“哨子”等。劳动号子从大的方面分，主要有搬运号子、工程号子、农活号子、渔船号子和作坊号子五大类。每一类号子歌词内容多为劳动呼号用语，少数为见景生情、即兴编歌。由于劳动强度不一，号子的节奏有的规整有力，有的短促轻捷，有的长而舒展。唱法有独唱、对唱和一人领唱众人和等等，后者最为常见。领唱者既是劳动者又是指挥者，其歌词复杂，曲调高扬舒展；和者为劳动者，曲调深沉有力、节奏性强，但没什么歌词，只是“嘿”、“哟”、“嗬”等。周口的号子主要有两大类：一类是夯硪号子，亦即“打夯号子”和“打硪号子”；唱号子的人都是聪明能干、口齿清楚、喉咙大的唱得好，不仅可协调和鼓舞打夯（硪）队员，连挑土的、挖土的听了也开心。如《打夯号子》领唱打夯号子，领一句加一个“哟”，队员整齐应唱“哎哟”。号子多为固定的，如叙述《数九》歌的，有叙述十二个月农事的，有规劝人勤劳过日子的，老农百听不厌。《数九》的硪号子是这么唱的：

（领）：硪子飞上天哟，（和）：哎哟；
（领）：号子唱得响哟，（和）：哎哟；
（领）：《数九》唱起来哟，（和）：哎哟；
（领）：一九开始冷哟，（和）：哎哟；
（领）：家家要防寒哟，（和）：哎哟；
（领）：二九背粪篓哟，（和）：哎哟，
（领）：开春有肥料哟，（和）：哎哟；
（领）：三九冰上走哟，（和）：哎哟，
（领）：小心掉下水哟，（和）：哎哟；
（领）：四九三十六哟，（和）：哎哟；
（领）：娃儿冻得哭哟，（和）：哎哟；
（领）：五九看杨柳哟，（和）：哎哟；
（领）：家家有农事哟，（和）：哎哟；
（领）：七九六十三哟，（和）：哎哟；
（领）：行人把衣捏哟，（和）：哎哟；
（领）：八九七十二哟，（和）：哎哟；
（领）：修车装车板哟，（和）：哎哟；
（领）：九九八十一哟，（和）：哎哟；
（领）：老少齐下田哟，（和）：哎哟。

一类是沙颍河船工们唱的船工号子。如《颍河摇橹号子》（见谱例五十九），记录了周家口船工们坚毅质朴、开朗乐观的形象，具有浓郁的生活气息和鲜明的地方特色。以上各种号子都是采取一领众和的形式。大都无固定唱词，唱词都是在劳动进行中领号人见景生情，随时即兴编出的。民间歌曲中，劳动号子占有重要的地位，可以说，劳动号子是民歌音调的最早的根源和基础。号子是劳动人民伟大力量的一种艺术形式表现。

（五）经歌

经歌也称“念经儿”、“经调”，指民间的善男信女们烧香念佛或进庙降香时演唱的一种经歌，也指寺庙音乐或其他庙会音乐能够演唱的部分，我们都把它归为经歌调类，含有一定的宗教色彩。常见的曲目有《扫庙堂》、《小菠菜》、《老了难》等，内容多系劝人为善，即人生在世要做善事，尊老爱幼，恪尽孝道，如流传在商水的《奉劝大娘大嫂们》（见谱例六十）、《弟兄姐妹应当孝父母》（见谱例六十一）、《佛经歌》（见谱例六十二），流传在沈丘的《经歌》（见谱例六十三）；劝邻里和睦，处事公平的，如流传在西华淮阳太康沈丘等地的《五朵莲花》（见谱例六十四）。但其内容也有一些是宣扬封建迷信思想意识的，如流传在商水的《学道人》（见谱例六十五）。经歌多选择在庙会上以群众念经、唱经、挑经担等载歌载舞的形式出现，演唱方法多半是一人领唱众人来和。经调的曲调，一般是比较刻板规整，领和都有一定的程式，和唱的衬词每段都是固定的，并多以“嗨嗨弥来，嗨嗨陀来，嗨嗨佛来……”等作为衬词段落，带有浓厚的宗教色彩。但在围观者众多的情况下，将衬词延长，也有节日的庄重欢腾气氛。特别延长一些民间风俗或民间传说故事的时候，也不乏热烈感人的场面。在西华女娲城庙会和淮阳太昊陵庙会上最易见到。

（六）儿歌

儿歌是反映儿童生活的歌曲，它包括儿童玩耍时所唱的各种游戏歌，其结构短小精悍，旋律简洁生动，歌词通俗易懂，如《扑蚂螂》、《萤火虫》、《摞板凳》等。《摞板凳》的唱词是“板凳板凳摞摞，里头坐个大哥；大哥出来买菜，里头坐个奶奶；奶奶出来烧香，里头坐个姑娘；姑娘出来磕头，里头坐个小猴；小猴出来蹦蹦，里头坐个豆虫；豆虫出来拱拱……”。另一种是成人哄幼儿入睡时所唱的歌。如《摇儿歌》、《哄儿调》等，如流传在太康的《月奶奶》（见谱例六十六）、《摇儿歌》（见谱例六十七），其曲调平稳，多与晃动摇篮或怀抱幼儿摇摆的节奏相适应。还有幼儿做游戏的儿歌，如流传在太康的《筛箩箩》（见谱例六十八），含知识性的问答歌，如流传在太康的《二月二》（见谱例六十九），教幼儿学孝道的，如流传在商水的《乌鸦反哺》（见谱例七十）、《小麻嘎》、《小喜鹊》等。

三、民间舞蹈

民间舞蹈是音乐与表演结合的艺术。民间歌舞的形式，或者以歌为主以舞为辅，或者歌舞并重，或者以舞为主以乐为辅，或者边奏边舞、乐舞并重。

周口民间舞蹈的起源可追溯到远古氏族社会的原始乐舞时代。

伏羲的乐舞传说名《扶来》，也叫《立本》或《立基》（或说整个乐舞名《荒乐》，歌词部分名《扶来》）。《扶来》也就是“凤来”。跳舞时歌唱的内容，便讲的是伏羲氏发明结网渔猎的功绩。《扶来》歌词早已失传，唐代诗人元结曾写过《补乐歌》十首，其中伏羲氏之乐名《网罟》：“吾人苦兮，水深深；网罟设兮，水不深。吾人苦兮，山幽幽；网罟设兮，山不幽。”

古籍记载女娲的乐舞叫《充乐》，《路史·后纪》：“（女娲）作《充乐》。用五弦之瑟于泽丘，动阴声，及其数而为五十弦……乐成而天下幽微无不得其理。”

神农氏的乐舞叫《扶犁》，舞蹈时歌唱的内容也为表现耕作收获后的丰收之乐，伴奏的乐器是“土鼓”，作品表现农业劳动的乐舞。古代的原始歌舞音乐是一种史、诗、歌、舞融为一体的混合艺术形式。

《诗经》可歌可舞，“歌诗三百，舞诗三百”，很多诗歌写出了民间歌舞的盛况。如《陈风·宛丘》描述陈国都城宛丘男女无冬无夏地在宛丘欢娱歌舞。至今河南民间舞仍然盛行，特别在祭祀伏羲女娲时在太昊陵前所跳的《担经挑》舞，闻名遐迩，人称“大姬遗风”。

周口从古到今沿袭下来的民间舞蹈有20多种，如龙灯、高跷、舞狮、旱船、竹马、小车舞、拉犟驴、挑花篮、秧歌舞、担经挑、打花棍、打铁舞、肘歌、鸡毛人逗蟾、大头和尚戏翠翠、花鼓舞、独杆轿、顶塔、抬花轿、扑蝶舞、锔缸舞等等，极具地方色彩。高跷、竹马、旱船、龙灯舞、拉犟驴等形体动作夸张大气、妙趣横生。大头和尚戏翠翠等寄托人们的强烈爱憎，表演中糅进不少武术和杂技艺术，多人同时作舞又各有独特造型。担经挑历史传说色彩浓郁，情节诱人。小车舞以活报剧的形式鞭挞丑恶，浓厚的民间情趣令人捧腹。锔缸舞以当地民间生活为题材，有浓厚的地方色彩和生活气息，让人百看不厌。

（一）担经挑

担经挑又称“担花篮”、“端花篮”，是敬“老母娘娘”（女娲）的一种祭祀歌舞。舞者全身穿镶黄边的黑衣，偏大襟上衣，大腰裤均镶彩边，扎裹腿，绣花黑鞋，黑头纱长约五尺，下缀二寸长穗并拖垂背后，双肩挑龙凤等小花篮。表演时每班有四个老斋公（当地对年长妇女的尊称），三人担经挑，一人打经板（竹板），边舞边唱，歌功颂德，以此祭祖。舞姿大致有三种变化。“剪子股”：一人打经板，三人表演，以“十”字路线为中心，对面穿插；“铁索链”：二人各走一条线，像拧麻花一样多次相迭；“蛇蜕皮”：一人在前，三人（包括打经板者）朝一个方向沿履而舞，然后，每二人从中交叉而过，像委蛇而行一样。三种变化的共同特点是：舞蹈者走到中间时定要靠背而过，这时身后的黑纱长尾就会碰绕在一起，象征男女交合。担经挑传女不传男，相传是由远古时期原始巫舞“龙花会”流传下来。“龙”指伏羲和女娲。“花”指以担花篮的形式兴起的祭祖和求子的活动。担经挑既是颂扬伏羲、女娲繁衍人类等功绩的祭祖形式，也是求子还愿的一种形式。如果求子成功，要请三年担花篮还愿，成为淮阳、西华及周边县乡民间盛传不衰的风俗。担经挑是一种祭祀仪式的舞蹈，因而它带有巫舞的形式。担经挑承载着先祖的信息，是古老文化活的遗存。

（二）打铁舞

打铁舞流传在中州大地上尤其是豫东平原鹿邑县，是一种十分古朴通俗、粗犷而形象的、深受“巫风”和“老子制炉铁”传说影响的民间舞蹈。它以“打铁”为主要内容，舞蹈的主体动作突出了“打”，双手做的是拍打自己肩部、胸部、腰部等部位的动作，口里唱的是打铁歌谣，形象地表现了传说中老子制炉打铁为民造福的景象和人们的崇敬之情。在每年的二月十五庙会晚上或五、六月喜庆丰收的日子里，这种古老的民间舞蹈盛行乡里。

（三）官会响锣

官会响锣是河南省项城市官会镇传统的民间舞蹈，在当地影响极大，是群众喜爱的传统民间文艺形式。官会响锣源于南朝梁武帝时期，已有1500多年历史。起源于清朝乾隆年间的官会镇马氏一家祖传该舞已有十辈之多，有300年左右的历史。官会响锣是以锣为道具表演的传统民间舞蹈，这种锣舞在全国很少见，是目前为止全国发现的唯一以锣作为道具表演的舞蹈形式，填补了我国舞蹈文化中缺少锣舞的空白，具有很高的艺术价值和科学价值。传统的《官会响锣》打击乐只有锣，其打法有“七点锣”（即节奏为四慢三快）、“九点锣”、“十二点锣”、“十六点锣”、“二十四点锣”等。传统的表演形式有“二郎担山”、“狮子滚绣球”、“天女散花”、“寇准背靴”、“青蛙啃泥”等多种套路，具有独特的表演程式及演奏技巧。为了更好地传承与发展，官会人又在传统套路基础上创作出“锣龙舞”，表演形式上除保留锣舞精彩段落外，又糅进了“二龙戏珠”、“龙摆尾”、“龙滚翻”、“龙蜕皮”、“龙盘柱”、“跳龙门”、“龙穿洞”等十二套表演龙的套路。

官会响锣

（四）鸡毛人逗蟾

鸡毛人逗蟾，又称“逗蟾舞”、“羽人戏蟾舞”，它是一种原始的民间舞蹈，流传于河南省西华县西部奉母、址坊等乡镇，有着典型的中原民间舞蹈特色。表演时，蟾的动作有蹦、跳、爬、翻、滚、蹬腿、扭身、摆头等，而鸡毛人则在蟾的周围通过跑、跳、打车轮和对蟾的拍、抚、骑等动作百般挑逗。舞者二人，一人身着鸡毛羽衣，头戴鸡毛硬壳，扮蟾者两臂夹头，相握着地，两腿作蟾之前腿，臀部安一蟾头壳，为蟾头。鸡毛人与蟾相互嬉戏打斗。鸡毛人逗蟾舞形成于远古时代的生殖崇拜时期，在漫长的发展演变过程中，蕴以丰富的民族文化基因，也渗透着女娲时代的经济社会生活影响，是种不可忽视的舞蹈“活化石”。

（五）沈丘回族文狮舞

沈丘回族文狮舞又名“文狮子”，它由狮子舞、麒麟舞、独角虎舞组成，为中原地区罕见的少数民族民间舞蹈，在全国传统民族民间舞蹈中也独树一帜。它流传于周口市沈丘县槐店回族镇一带，属豫东平原少数民族特有的民间舞蹈，具有原生态的质朴美，现全国仅存沈丘一处，在每年的春节、元宵节演出，有稀有性、年节习俗依存性、多源性、共存性、传奇性、摹拟性、导乐性等特征。“文狮子”舞最早发源于汉唐时期的西域“五方狮子舞”和“胡人假狮子”。“文狮子”的最大特点是表演主体为雌狮子，区别于“武狮子”中雄狮的嚣张和威猛。舞蹈动作以原生态为主，特别是“母狮生小狮”的表演，从“闻笼绣”到“吻啃”而后“吞笼绣”受孕等，形象体现了雌狮子的温雅柔和，在沿袭西域“胡狮”舞技的同时又接纳了中国古图腾文化。“文狮子”舞在表演中分游街和场地两种形式，狮、虎、麒麟道具各一套，小狮道具一至两套，圆笼绣一个，道具全部由本地老艺人自己制作。乐器为打击类和吹奏类，打击类乐器有重音大鼓、大锣、堂锣、铙钹、中钹、镲等，吹奏乐器为“别里子”（波斯螺号）。表演顺序分为独角虎、麒麟、狮子。在鼓锣镲的节奏中舞蹈，以鼓点振节导乐，在“别里子”奏出的麒鸣、狮吼、虎啸之音中转换情节。

沈丘回族文狮舞

（六）项城肘阁

项城肘阁

肘阁，也叫肘歌，是一种古老的民间舞蹈，以人体的肘作为支撑，演员们踩着鼓点进行表演。其表演形式非常特别，由上下两部分组成。肘阁下部叫底座，也叫“下枝”，由成年男子扮演。表演时，“下枝”演员身上系一套完整、牢固的铁装，俗称铁坎肩。铁坎肩一侧有一根向上的铁棍，可接“上枝”或“双枝”。因支撑“上枝”小演员的铁杆是在“上枝”小演员脚下，旁人看不到支撑物藏在何处，肘阁艺术的神秘感就在于此。特别是有些身强力壮、技术高超的“下枝”演员，一人上面支撑两个“上枝”小演员，更是让人惊奇不已。肘阁特点是由一个“下枝”演员和被其支撑的“上枝”小演员即可塑造一个独立的故事形象，且让人一看便知道这是“三娘教子”，那是“三打白骨精”等等。肘阁被称为民间舞蹈的“活化石”。这枝民间艺术的奇葩，经过千年的发展与传承，已经成为民俗文化的经典，被人们誉为“空中芭蕾”，还被海外戏剧家称为“无言的戏剧”。

（七）秧歌

秧歌俗称“扭秧歌”，由古代的“村田乐”演变而来，它是表现农业劳动生活的民间歌舞，有浓厚的乡土味，是周口流行最广的一种群众性舞蹈。通用道具有彩扇、手帕、彩绸及劳动工具等物。基本动作有“前进步”、“十字步”、“三进一退扭步”、“二进二退扭步”、“扭腰步”等。特点是突出一个“扭”字，腰胯主动，下肢随动，上肢摆动，全身协动，熟练者也有突出某个部位的。表演人数一至数百人不等，有锣鼓伴奏。秧歌舞有大小之分。大秧歌扭动幅度大，双臂甩开，速度较快，挺胸昂头，显得雄健有力，适宜走街串巷表演；小秧歌步伐柔美，双臂摆动幅度较小，适宜街头、广场和舞台表演。秧歌舞统一着装，场面欢快活泼，整齐壮观，深受人民群众喜爱。

秧歌

（八）舞狮

舞狮俗称“耍狮子”，汉代即已流行。舞狮子俗称“玩狮子”、“打狮子”，也是杂技的一种。人披特制的狮皮为狮，模拟狮子的各种动作表演的舞蹈。舞狮有文武之分。文狮有行走、蹲卧、睡觉、打滚、舔毛、抖毛、挠痒等形态，刻画狮子温驯、乖巧之状。武狮则为腾挪、闪跳、直立、登高、窜火圈、走钢丝、滚跷板等高难动作，表现狮子勇猛、彪悍、强大的王者之概。舞狮的道具有绣球、狮头、狮身、狮尾和方桌、木板等。竹笛或铁丝做骨架制成中间有轴的圆球，外蒙红布，缀彩穗、铃铛便为绣球，由领舞者执拿以逗狮，谓之“狮子逗宝”。狮头在模具上用粗布糊成，图眼、鼻等位置；内有一木棍支撑，演出时，狮头扮演者双手紧抓木棍，作狮子摇头、晃脑动作。眼、耳上安活动装置，眼球黑白相间，镶一钢片为瞳仁，钢片能用细绳左右拉动，如眼转动。下颌用木板弯制，用铁片连在上边，上下可活动。脖颈木条上安铁鼻儿，用以连接狮身。狮身用厚布染成黄色，缝制而成，外用粗绳子勒麻纰成狮毛，分层缀于黄布上，每层相压三分之二，黄布前边缀布条，作披用时系带。狮尾用细竹木条捏弯，缠上麻纰染成的尾毛。再专做出眼毛、胸毛便可。舞狮多在春节、元宵节、庙会、喜庆时，场子如村头、街口、场地等宽敞平坦处即可。民间认为狮子有镇妖、驱魔、辟邪等作用。

（九）舞龙

舞龙也叫“龙舞”、“耍龙灯”、“舞龙”、“龙灯舞”，是流行于周口的一种民间传统舞蹈。龙身由许多节组成，每节间距约五尺左右，一般用竹、木、纸、布扎成，每节龙身下扎一个棍子，节数不等，第一节称一档。组成龙身的“节”，一般都是单数（如九节、十一节和十三节）。龙头部分也轻重不同，一般重量约30多斤。舞龙者由数十人组成。一人在前用绣球斗龙，其余全部举龙，表演“二龙戏珠”、“双龙出水”、“火龙腾飞”、“蟠龙闹海”等动作。“耍龙灯”的表演，有“单龙戏珠”与“双龙戏珠”两种。龙珠内点蜡烛的称“龙灯”，不点的称“布龙”。在耍法上，各地风格不一，各具特色。耍九节的主要侧重于花样技巧，较常见的动作有：蛟龙漫游、龙头钻裆子（穿花）、头尾齐钻、龙摆尾和龙蜕皮等。耍龙中，不论表演哪种花样动作，表演者都得用碎步起跑。耍十一、十三节龙的，主要表演蛟龙的动作，就是巨龙追捕着红色的宝珠飞腾跳跃，忽而高耸，似飞冲云端；忽而低下，像入海破浪，蜿蜒腾挪，煞是好看。

（十）竹马

竹马

竹马民间也叫“跑马灯”、“活马”或“竹马灯”。舞者身着彩装，身挎用竹篾、绸布或彩纸编制成的竹马，马头挂在前腹高处，马屁股挂在背后腰间，下有围布遮腿，骑马人左手提缰绳，右手持马鞭，排成马阵，时而跳跃，时而疾驰，伴有踏步、摇步、磨步及踢人、失蹄等动作。竹马舞表演人可多可少。一人者称独马，作演马、跳卧等表演；两人者多演“小两口回娘家”；四人者多表演“三英战吕布”等。队形有直线前进、斜线穿插、走圆场、跑8字等，可单行表演也可二路并进、三路交叉，用民间小调或锣鼓伴奏。

（十一）高跷

踩高跷俗称“缚柴脚”，亦称“高跷”、“踏高跷”、“走高腿”，是民间盛行的一种群众性技艺表演，多在一些民间节日里由舞蹈者脚上绑着长木跷在广场进行表演。踩高跷技艺性强，形式活泼多样，由于演员踩跷比一般人高，便于远近观赏，而且流动方便，无异于活动舞台，因此深受群众喜爱。汉魏六朝称为“跷技”，宋代叫“踏桥”。清代以来称为“高跷”，用一至三尺长的条木制成，上有木托。表演的人将双脚分别绑在木棍上，化装成各种人物，一人或多人来往逗舞，有文跷、武跷之分。文跷主要表演走唱，有简单的舞蹈动作。武跷则表演倒立、跳高桌、叠罗汉、劈叉等动作。

（十二）旱船

旱船俗称“跑旱船”，也叫采莲船。船身大多是用竹、木和秫秸扎成长方形，外边蒙上布，套系在女舞者的腰间，就像一个姑娘坐在船上；另一个人头戴毡笠，手持木桨，扮做船夫模样，两人边行边舞，如行船于水面之上。以二船对舞居多。旱船舞所用的服饰道具有：船桨、撑篙、彩旦戏衣、老生及武生戏衣。旱船的演出一般是单船（一人坐一船），演员有一个坐船女、一个撑船老汉，也有数人撑船的，分别称之为“头道篙”、“二道篙”。每个演员都要装扮一定角色，如《打渔杀家》中萧恩父女，《白蛇传》中的白蛇、青蛇、许仙、船夫、丫环等。演出时按各人所扮角色演出各种情节。旱船舞演出的主要形式有：跑场子、摆画面、亮把子。模仿船在水中行驶的基本动作有：起锚、开船、拨水、波浪行、卧船、翻身、跨船、下篙等。坐船女的基本动作有：跑步、碎台步、蹲步、搓步、慢步等。坐船女的表演需要有较高的艺术手段，既要和撑船人密切配合，又要表演女子的各种修饰动作，而且还要操纵船身，模仿船在水中行驶的各种形态。头道篙、二道篙等人的动作有：旋风飞脚、翻跟头、单叉、双叉、爬虎、跑步、搓步、摇桨、撑篙、起放锚等。这些演员武把子要好，才能演得精彩。旱船舞在比较固定的场地演出时，往往还要根据扮演的戏目，像唱戏一般进行演唱。

（十三）小车舞

小车舞也叫车灯，是用竹子或木条扎成独轮车架，外边蒙上布，也是套系在女舞者的腰间，好像坐车的样子，有的还在腰前车架上安两条盘起的假腿，很像一个姑娘盘脚坐在车子上；另一个人一般为庄稼汉打扮，在后面推车，模仿推独轮车的动作，和车中女舞者配合，翩翩起舞。小车舞的服饰道具有：木制手推小车、蒲扇、烟袋、手巾、老头及老婆（或媳妇、小孩）穿的民族服装。舞蹈动作有：起车、搬车、扶车、快行、慢行、上坡、下坡、撞车等。表演内容幽默风趣，欢快活泼，有说有唱，有打有闹。小车舞唱腔多是豫剧曲调，也有唱太平调、道情的，表演时，几个演员互相配合，边走边唱，边说边闹，翩翩起舞，很有乡土趣味。

（十四）大头和尚

大头和尚俗称“大头人”。此舞以青少年表演居多。以舞者头戴各种脸谱的大头壳而得名。演员身着符合头像身份的服装及道具，以动作笨拙、憨态可掬的风格取悦观众。所用服饰道具有：扮大头和尚的大头假面一个，拂尘一个，僧衣一套，扮女演员的彩旦戏衣、头饰一套，折扇一把。通过捅耳、敲头、扑、闪、躲、拉等动作，展开戏闹的场面，是一种幽默风趣的舞蹈。

（十五）跑犟驴

跑犟驴俗称“跑黑驴”。道具制作和竹马大同小异。有单跑、对跑、三驴跑等形式。一般有一人骑驴、一人赶驴，二人合作表演，也有加入其他人物表演某一故事情节的，如“和尚拐闺女”、“八戒娶媳妇”等。

跑犟驴

（十六）打夯舞

打夯舞是在劳动过程中产生并在劳动过程中表演的。它有浓郁的生活气息，体现了劳动者们在劳动时的热情、愉快的场面。打夯舞的表演方法是八人一组，其中有一名领夯者，抬一个石夯。抬夯人围绕石夯的周围，领夯者唱一句，全体人员接“嗨哟……”并弯腰抓夯把，举起放下。步法有向后退三步，还有十字交叉步等。这种劳逸结合的娱乐形式，对活跃劳动者的情绪，提高劳动效率，起到了积极的鼓动作用。

（十七）打花棍

打花棍民间又称“霸王鞭”、“金钱棍”、“浑身响”，是周口农村很流行的民间舞蹈形式。花棍长以齐眉为准，选天然圆木或竹竿，用彩布缠绕，两端有孔，孔内有环，环上穿有小铃及铜钱数枚，扎有彩穗。舞者右手持棍，左手拨棍，忽上忽下，时右时左，按照固定程式以棍击打或碰击臂、腿、肩、腰、背、脚心、膝、胯、肘、手掌等部位或地面，可一个人打，男女双打，也可集体分组对打，参赛者人数不限，两人以上舞蹈时常常互相对敲，按一定套路有规律、有节奏地挥舞击打，形成一套跳跃、舞打的连续动作。随着跳动的步伐，这些器械发出整齐有节奏悦耳的响声。舞者击打一段后，接唱一段小曲，或说上一段快板，说唱内容多与舞蹈表演内容有关。由于击棍时

打花棍

动作激烈，跳下来比较累，大多数演员已没有气力再说唱，就慢慢形成了不说不唱以击棍为主的表演形式。传统的说唱词如："打花棍，一月一。一封果子一封蜜。打花棍，二月二。二封果子二封刺。打花棍，三月三。三封果子三封烟。打花棍，四月四。四封果子四个字。打花棍，五月五。五封果子五封卤。打花棍，六月六。六封果子六封肉。打花棍，七月七。七封果子七封蜜。打花棍，八月八。八封果子八封蜡。打花棍，九月九。九封果子提着走。打花棍，十月十。十封果子十封梨。打花棍，十一月，转起来花棍俺歇歇。"

（十八）腰鼓

腰鼓在周口民间十分盛行，是人民群众喜闻乐见的一种表演形式。在表演的形式和技巧上，变化极为丰富，在表演上强调整体效果，要求动作的整齐统一和队形变化的规范性，主要通过鼓手们婀娜的舞姿和刚劲有力的击鼓技巧，充分展现鼓手们的英姿。腰鼓的表演形式可大致分为"路鼓"和"场地鼓"。"路鼓"是腰鼓队在行进中边走边舞的一种表演形式，前由两名伞头领队，后随由挎鼓子和拉花组成的舞队。"路鼓"由于在行进中表演，一般动作简单，幅度较小，多做"十字步"、"走路步"、"马步缠腰"等动作。常用的队形有"单过街"、"双过街"、"单龙摆尾"、"双龙摆尾"等。"场地鼓"是指腰鼓队到达表演地点打开场子后的表演形式。

腰鼓

四、民间器乐

民间器乐是用我国各民族民间乐器演奏的民间乐曲，有独奏、重奏、合奏等形式。民间器乐曲，是民间器乐所演奏的音乐载体，也是民间音乐唯一不与文学诗词结合的纯音乐样式。民间器乐可分为独奏音乐和合奏音乐两类。民间还有一种分法，即根据其演奏乐曲时所用的乐器来分做细乐和粗乐。

根据出土文物和文献的记载，先秦时期，周口地区已有多种乐器，如骨笛（龠）、鼓、钟（编钟）、磬（编磬）、铃、埙、箫、管、笙、琴、瑟等。从西周到春秋战国时期，民间流行击缶、击鼓、击筑、鼓瑟、吹笙、吹竽、弹琴等器乐演奏形式，《诗经·陈风》中有多处记载。秦汉以后，又陆续出现了筝、琵琶、笛、筚篥、唢呐、胡琴、阮、月琴、扬琴等乐器，在淮阳平粮台遗址博物馆内，十几个手持乐器或吹或弹的乐俑，特别是两个横抱琵琶的乐俑，似乎对今人描述着昔日的动人场面。这些乐器有产生自我国本土的，也有从边境少数民族地区或国外传入中原的。宋代以前的民间器乐主要与民间歌唱和歌舞音乐相联系，宋以后，特别是明、清时期，民间器乐的形成、风格和特点，则主要与戏曲、说唱音乐以及时调小曲相关。自宋以后，民间器乐日益兴盛，出现了以箫、管、笙、轧筝、嵇琴、方响等乐器合奏的“细乐”，以笙、笛、筚篥、方响、小提鼓、拍板、札子合奏的“清乐”，以拍板、鼓和笛三种乐器合奏的，有时也加用其他一些打击乐器的“鼓板”等器乐合奏形式。

（一）吹奏乐器

周口吹奏乐器的发音体大多为竹木制，也有陶土类或骨质吹管等。根据其起振方法不同，可分为三类：第一类，以气流吹入吹口激起管柱振动的有箫、笛（曲笛和梆笛）、口笛等。第二类，气流通过哨片吹入使管柱振动的有唢呐、管子、双管和喉管等。第三类，气流通过簧片引起管柱振动的有笙、抱笙、排笙等。典型乐器有埙、笙、唢呐、簌、笛、管子、箫等。

1. **埙**。埙是我国特有的闭口吹奏乐器，在世界原始艺术史中占有重要的地位。埙的起源与先民的劳动生产活动有关，最初可能是先民们模仿鸟兽叫声而制作，用以诱捕猎物。史书《拾遗记》中说：“庖牺……丝桑为瑟，灼土为埙，礼乐于是兴矣。”庖牺即太昊伏羲氏。至今淮阳的泥泥狗都可以吹响。埙是泥泥狗中的一种，群众叫它“梨喽”，又叫“娃娃头”、“喔笛”等。淮阳埙，音孔有三、五、六、八之别。一个音孔经气息控制与按指力度，可发出不同的音律。其音圆声幽，婉转悠扬，闻之如返远古时代。周口考古发掘出的土埙，今在淮阳县博物馆存放。

2. **笙**。笙是中国古老的簧管吹奏乐器，历史悠久，能奏和声。它以簧、管配合振动发音，簧片能在簧框中自由振动，它是世界上最早使用自由簧的乐器，史记有“女娲氏制笙簧”，由此推算笙的历史至少在三千年以上。古时大笙称“竽”，小笙称“和”，公元前15世纪殷代甲骨文上已有关于“和”的记载。春秋战国时期，笙已非常流行，它与竽并存，在当时不仅是为声乐伴奏的主要乐器，而且也有合奏、独奏的形式。早期的笙为竹制，后来改为铜制。明清时期，民间流传的笙有方、圆、大、小各种不同的形制。其音色清幽而明亮，能吹奏和音与简单复调，表现力很强，受到广大听众欢迎。

3. **唢呐**。唢呐民间俗称喇叭、大笛、大号等，分为高音唢呐（海笛）、中音唢呐、低音唢呐三种，它是以一个用芦苇制的唢呐嘴而发音，是一种双簧乐器，其底部用一个喇叭形的金属制的扩音器，把声音扩大。最初的唢呐是流传于波斯、阿拉伯一带的乐器，就连唢呐这个名称，也是古代波斯诺Surnā的音译。在700多年前的金、元时代，传到我国中原地区。在民间的婚、丧等红白二事以及风俗性节日中，唢呐均是主奏乐器。它有时亦用于戏曲伴奏中。其演奏技法多样，音色粗犷高亢，变化丰富，音量较大，并擅长模拟飞禽走兽之声，在民间很受欢迎。

唢呐演奏的曲目比较丰富，除大型套曲外，还有各种曲牌、民间小调和咔戏等。既有欢快抒情的，又有悲亢低回的，还有能叙述故事情节的，演奏风格以灵巧、婉转、柔和见长。常见的有《慢龙皇》、《凡乙调》、《小开门》、《大开门》、《十八板》、《大起板》、《一枝花》、《三八板》、《抬花轿》、《百鸟朝凤》等，其中《小开门》多为民间艺人传授技艺时的开手乐曲，旋律流畅，情绪明快，演奏速度由慢到快递进，在流行过程中又出现了众多变体，是民间器乐曲中一曲多变的典型代表。《百鸟朝凤》是一首广为流传的唢呐名曲，艺人们在演奏时，以丰富的想象力和娴熟的技巧，细腻地模拟各种飞禽的啼啭，神态生动活泼，情绪欢快热烈，富有浓厚的生活气息，常常能把唢呐演奏的气氛推向高潮。

周口民间唢呐吹奏活动，多在笙、笛、弦、梆的伴奏下平和细腻地独奏、合奏、领奏。内容以传统乐曲和各种戏曲为主。运用乐器分为主奏乐器与配奏乐器。前者又分为长杆和短杆，长杆有：高音唢呐（又称“海笛”），中音唢呐（又称“中音笛”），低音唢呐（亦称“塌笛”）。其中高闷子、塌闷子、三眼冲，均称为“一套三”。短杆乐器有：高呐（亦称“高把攥子”），低呐

（亦称“低把攥子”），红脸呐、黑脸呐（亦称“猫脸筒”），哈管（亦称“哈子筒”），错子（亦称“口琴”）。配奏乐器有：高音笙、中音笙、低音笙、横笛、板胡、二胡和各种打击乐器，如：堂鼓、大鼓、板鼓、手板、梆子、木鱼、大锣、二锣、云锣、碰铃、小钱等。主奏乐器与配奏乐器已形成一个完整的系列。在主奏乐器中，短杆乐器主要是吹戏所用，可根据戏曲的生、旦、净、末、丑不同角色，运用不同的短杆乐器来模仿。长杆乐器也可以吹戏，如《抬花轿》等。但由于短杆乐器更接近人声，模仿性又强，因而吹戏主要还是运用短杆乐器。吹戏的另一种方法是“咔戏”，它是以肺部呼出的气流经过声带振动再激起哨片发声，一般是运用“二本腔”哼出唱词。这种方法在长杆短杆乐器上均可运用。由于不断变化吹戏、咔戏的方法，使听众们也更增加了对它的热爱。芳香的泥土味，浓郁的地方风格和惟妙惟肖的艺术形象，使听者如痴如醉，回味无穷。

4. **篍**。道教“篍”，流行于中原一带古陈国所属的河南安徽交界处等地，多为民间道士所吹奏。其器名今人多写作“筹”，古文献中则写作“楚”，而正名则应是《说文》中被称为“吹筒”的“篍”。现存民间的“篍”，多以竹笛改制。先将笛的上段自吹孔处截去（不要吹孔，保留膜孔），再将新截的管口削成坡形即可。篍的音色及音域皆与竹管相似而略感柔和。其特点是通过吹口角度与气息的有机结合，可以随角度对调高作一个小二度左右的微调。

篍是古龠的一种，龠是中国的民族管乐器。篍乐器在全国民间尚存无几，项城市仅有一人会吹奏。篍的演奏姿势为斜吹，在中国民族吹奏乐器中具有唯一性（“横吹”者，笛、篪一类乐器是也；“直吹”者，簧哨一类唢呐，管子诸器属之；“竖吹”者，则为洞箫，尺八诸管。此三种持势吹法皆寻常习见，为大众所熟知）。从乐曲形式上来看，篍音乐既有音质文雅清新、神秘委婉、令人神怡的独奏曲，又有音质丰富、气势宏大的合奏曲。从曲式上来讲，既有单段体，又有两段体、三段体甚至多段体。从风格上讲，既有热情欢快、轻松活泼的，也有凄凉哀怨、如泣如诉的。乐曲结构严谨，旋律优美动听，具有很高的艺术价值。篍音乐曲目丰富，吹奏方法独特，其音域、音色、音质等都能与同类单管吹奏乐相媲美。

（二）弹拨乐器

弹拨乐器分横式与竖式两类。横式，如：古筝、古琴、扬琴等；竖式，如：琵琶、阮、月琴、三弦等。弹奏乐器音色明亮、清脆。右手有戴假指甲与拨子两种弹奏方法。右手技巧得到较充分发挥，如弹、挑、滚、轮、勾、抹、扣、划、拂、分、摭、拍、提、摘等。右手技巧的丰富，又促进了左手的按、吟、擞、煞、绞、推、挽、伏、纵、起等技巧的发展。弹拨乐器除独弦琴外，多以码（或称柱）划分音高，竖式用相、品划分音高，分为无相、无品两种。典型乐器有三弦、筝、琵琶、扬琴、七弦琴（古琴）、阮。

1．**三弦**。是一种古老的弹拨乐器，已有2000多年历史，也称“弦子”，其弹奏指法为琵琶指法的一部分。三弦主要用于民间说唱和戏曲伴奏，三弦独奏曲也是在大调曲子板头曲的基础上，由演奏者充分发挥其演奏技巧和表现性能而形成的，主要曲目有《高山流水》、《思春》、《思情》、《寒鹊争梅》、《苏武思乡》、《打雁》、《大泉》、《陈杏元和番》等。由于三弦在多种曲艺、戏曲中作为伴奏乐器使用，因而颇为广大群众所熟悉、喜爱。

2．**筝**。周口筝曲属河南筝派，在秦汉两代已有相当普遍的发展。河南筝在演奏上有一个很大的特点就是右手从靠近琴码的地方开始，流动地弹奏到靠近岳山的地方，同时，左手作大幅度的揉颤，音乐表现很富有戏剧性，也很有效果。河南筝的传统用法，从民间相传的一首诗可以概见：“名指扎桩四指悬，勾摇剔套轻弄弦，须知左手无别法，按颤推揉自悠然。”其中尤以左手的滑按（左手按至音位，弹弦时略退少许，迎音迅速滑上，敏越无迹）、小颤（颤音细密紧促）、滑颤（边沿边颤）、大颤（颤幅阔大，动宕有情）等招法最有特色。在指法的运用上，则无论是珠圆玉润的长摇，错落有致的剔打，或是凄婉欲绝的走吟，悲壮苍凉的重颤，莫不和曲调曲情浑然一体，描摹情态，刻画入微。河南筝的音阶特点，多用变徵而少用清角，近于三分损益律的七声古音阶，但二变音高，亦非绝对不变，往往会更高按到近于宫和徵，真可谓“七音、六律以奉五声”了。河南筝的曲调，歌唱性很强，旋律中四、五、六度的大跳很多，于清新流畅中见顿挫雄壮；频繁使用的大二、小三度的上、下滑音，特别适合中州铿锵抑扬的声调，使筝曲具有朴实纯正的韵味。在演奏风格上，不管是慢板或是快板，亦无论曲情的欢快与哀伤，均不着意追求清丽淡雅、纤巧秀美的风格，而以浑厚淳朴见长，以深沉内在慷慨激昂为其特色。周口流传的传统河南筝曲主要可分为板头曲及牌子曲两大类。板头曲乐曲属八板体系，全曲六十八板，曲式结构严谨，其中又分三大类：慢板（一板一眼），代表曲目如《陈杏元和番》、《苏武思乡》等；中板（一板一眼），代表曲目如《打雁》、《上楼》、《高山流水》等；快板（有板无眼），代表曲目如《小飞舞》、《打秋千》等；牌子曲活泼明快有地方特色，不受六十八板的板数限制，在句数上略有增减，同名变体形式居多，代表曲目如《双叠翠》、《山坡羊》、《剪靛花》等。

3．**琵琶**。琵琶被称为“民乐之王”、“弹拨乐器之王”、“弹拨乐器首座”，属于拨弦类弦鸣乐器，木制。音箱呈半梨形，张四弦，颈与面板上设用以确定音位的“相”和“品”，演奏时竖抱，左手按弦，右手五指弹奏。是可独奏、伴奏、合奏的重要民族乐器。历史上的所谓琵琶，并不仅指具有梨形共鸣箱的曲项琵琶，而是多种弹拨乐器，形状类似，大小有别，像现在的柳琴、月琴、阮等，都可说是琵琶类乐器。其名“琵”、“琶”是根据演奏这些乐器的右手技法而来的。琵和琶原是两种弹奏手法的名称，琵是右手向前弹，琶是右手向后弹。经历代演奏者的改进，至今形制已经趋于统一，成为六相二十四品的四弦琵琶。琵琶音域广阔、演奏技巧为民族器乐之首，表现力更是民乐中最为丰富的乐器。演奏时左手各指按弦于相应品位处，右手戴赛璐珞（或玳瑁）假指甲拨弦发音。在淮阳出土的汉代两个横抱琵琶的乐俑，充分说明早在秦汉时期周口一带已盛行弹奏琵琶。一些传统的琵琶代表曲目，如《十面埋伏》、《霸王卸甲》、《夕阳箫鼓》、《阳春古曲》等等，也都在周口流传，并受到人们的喜爱。

（三）打击乐器

打击乐器也叫“敲击乐器”，是指敲打乐器本体而发出声音的，根据其发音不同可分为：1. 金石类，如：大锣、小锣、云锣、大、小钹，碰铃、钟（编钟）、磬（编磬）等；2. 土木类，如：板、梆子、木鱼、缶等；3. 皮革类，如：大小鼓、板鼓、排鼓、陶鼓等。周口地区早在几千年前就有打击乐器活动的记载，《诗经·陈风·宛丘》有“坎其击鼓”、“坎其击缶”之说，淮阳出土的一组十三个青铜编钟，也在向今人述说打击乐在周口大地上辉煌的历史。

1. **鼓**。鼓是我国传统的打击乐器，在远古时期，鼓被尊奉为通天的神器，主要是作为祭祀的器具。鼓的出现比较早，从目前发现的出土文物来看，可以确定鼓大约有3000年的历史。在古代，鼓不仅用于祭祀、乐舞，它还用于打击敌人、驱逐猛兽，并且是报时、报警的工具。随着社会的发展，鼓的应用范围更加广泛，民族乐队、各种戏剧、曲艺、歌舞、赛船舞狮、喜庆集会、劳动竞赛等都离不开鼓类乐器。鼓的结构比较简单，是由鼓皮和鼓身两部分组成。鼓皮是鼓的发音体，通常是用动物的皮革蒙在鼓框上，经过敲击或拍打使之振动而发声的。流行在周口地区的鼓类乐器的品种非常多，其中有腰鼓、大鼓、同鼓、堂鼓、板鼓、书鼓等。

2. **锣**。锣属于打击乐器，以黄铜制成，可以分为大锣、小锣、云锣十面锣等。大锣的声音洪亮、强烈，力度变化幅度大；小锣的声音清脆，有诙谐色彩；云锣是有节律的打击乐器；十面锣是由十几面大小不等，音色、音高各不相同的锣悬于木架上，由一人独奏。锣由锣体、锣架（锣绳）、锣槌三部分组成。锣体铜制，因用“响铜”制成，故也有“响器”之称。明、清以来，各种形制的锣广泛用于戏曲音乐、舞蹈音乐和传统鼓吹乐、吹打乐、锣鼓乐中。在周口广大城乡，锣还曾是肩担贸易小贩和耍猴者沿街招揽生意的工具，以锣的特有音调代替叫卖，称之为“唤头”。项城市的“官会响锣”已经发展演变成为一种独具豫东风情的民间艺术形式，并一直活跃在豫东广大农村的红白喜事，庙会庆典活动中，深受群众的喜爱。传统的“官会响锣”打击乐只有铜锣，锣重4公斤，直径约80厘米。其打法有“七点锣”（即节奏为四慢三快）、“九点锣”、“十二点锣”、“十六点锣”、“二十四点锣”，表演形式有“二郎担山”、“狮子滚绣球”、“天女散花”、“寇准背靴”、“青蛙啃泥”等多种套路。

（四）弓弦乐器

我国弓弦乐器是在胡琴的基础上发展起来的，种类繁多，有二胡、板胡、中胡、高胡、京胡、京二胡，以及各地流行的多种多样的弓弦乐器等。其音色柔和，擅长演奏歌唱性旋律。它以各种不同的弓法、指法等技巧塑造多种多样的音乐形象，具有丰富、细腻的表现力。弓弦乐器在唐代（公元7世纪）开始出现，至今已有1000多年的历史。但对于具有八九千年的淮阳骨笛和两三千年的古琴、古筝，以及各类编钟、编磬、笙、管、笛、箫等乐器来说，弓弦乐器可谓相当年轻。弓弦乐器虽然比吹奏乐器及弹奏乐器出现得晚，但其发展速度是非常快的。从唐宋至今，尤其是明清以来，随着各地区的地方戏曲和梆子戏的发展，以及人们不断的创造，逐步繁衍出了各种各样的弓弦乐器，以适应戏曲的伴奏要求。

1. **二胡**。二胡是周口民间流传极广的拉弦乐器，又称南胡、嗡子等。它的内弦音色柔和、丰满，外弦音色较明亮、刚健。二胡适宜演奏柔和细致的抒情性旋律，通过一些特殊演奏技巧也能演奏刚健有力或活泼欢快的旋律，还能模拟锣鼓声、马嘶、鸟鸣、马蹄声等，是一件表现力极为丰富的独奏乐器。琴筒由木或竹制成，一端蒙蛇皮，两根弦，竹弓，弓尾夹于二弦之间拉奏。它是民族乐队中的“乐器之王”，技巧可以与小提琴相媲美，同时又是自我修养中特别有韵味的乐器。二胡的主要作品有《二泉映月》、《流波曲》、《赛马》等。

2. **板胡**。板胡因琴筒上蒙木板而得名。又称梆胡、秦胡等，是梆子腔戏曲及其他若干北方戏曲、曲艺的主要伴奏乐器。它表面类似于二胡。板胡的音箱是椰壳或木制。面板用薄桐木板，琴杆用较硬的乌木或红木，二根弦，马尾。它音色明亮、高亢、清脆，特别富有乡土气息，是民族管弦乐队中弓弦乐器组的一种特性乐器。它最适合表现热烈、奔放、欢快的情绪。板胡曲《大起板》、《翻身的日子》等就充分运用了板胡特有的那种刚健泼辣的演奏技巧和它那明亮的音色，增添了音乐的阳刚之气和乡土气息。

3. **京胡**。京胡最初也称胡琴，是京戏的主要伴奏乐器。它是在胡琴的基础上改制而成。它的琴杆、琴筒都是竹制的，琴杆置有千斤，筒口蒙蛇皮，用马尾弓拉奏。据京剧界老艺人说，早期的京胡用软弓子拉弦（就是弓毛松软），19 世纪后才出现硬弓。而现在安徽、河南等省仍有人使用软弓演奏。使用这种弓演奏，有一种特殊的碎弓效果，演奏技巧也是很高的，而硬弓的发音则刚劲、嘹亮。

4. **中胡**。中胡是在二胡的基础上创制的。它主要为了加强乐队中声部表现力，是乐队里中音声部的弓弦乐器，也可用来独奏，所以也称中音二胡。中胡的琴筒比二胡大，琴杆比二胡长，构造与二胡相同。此乐器多用于合奏、伴奏，也用于独奏。它是民族管弦乐队中不可缺少的乐器之一。它的音色较浑厚、广阔饱满，音色比较别致。

5. **四胡**。四胡又称四弦、二夹弦。起源于古代奚琴。结构与二胡相同，琴杆略长而粗，置四轴，张四弦。它的琴筒是木制的，蒙蟒皮，琴杆用乌木或红木制成。两组弦（即四根），1、3 弦为内弦，2、4 弦为外弦，每组的音高相同。竹弓、马尾分成两股，分别夹在 1、2 弦和 3、4 弦之间，同时拉响两根弦。四胡有大小两种之分，即大四胡和小四胡。大四胡多用于说唱音乐的伴奏，而小四胡多用于独奏和民间器乐合奏。它的演奏方法与二胡大致相同。这种乐器由于结构特殊，音色特征也别具一格，是周口越调的主要伴奏乐器。

6. **坠胡**。坠胡是由小三弦改制的，又名坠琴或坠子，又叫二弦。这种乐器既能独奏又能合奏，它的音域非常宽，声音柔和，音量也比较大，与别的乐器有所不同的是它可以惟妙惟肖地模仿人声、唱歌、讲话，甚至鸟兽的叫声等等，是周口坠子的主要伴奏乐器。

五、说唱艺术

说唱又叫曲艺，是用来讲唱历史、传说、故事及文学作品的艺术体裁，是广泛流传于民间的各种说唱艺术的总称，是音乐、文学和表演相结合的综合艺术形式。曲艺以说讲和歌唱为主要艺术手段，辅以动作、表情、口技等叙述故事，塑造人物。它主要诉诸人们的听觉，以第三人称叙述故事为主，代言为辅。因其最基本的艺术表现方式为第三人称口吻的说、唱、诵（无乐之歌），一般又将其统称为第三人称为主的说唱化了的口头语言艺术，或简称为说唱艺术。其音乐以叙述功能为主，兼有抒情功能。说唱音乐有与语言音调密切结合的特征，具有浓郁的地方色彩。

说唱音乐采用一人多角的表演方式。在讲唱故事情节、塑造人物形象时，叙事与代言相结合。演员有时是书中人物，有时又是说书人，并模拟出各种人物、角色的音色和口吻。在说唱音乐中，说与唱有机地结合在一起，有说有唱，半说半唱，似说似唱。因此说唱既是音乐的艺术，又是语言的艺术。说唱音乐在民歌、歌舞和叫卖货声的基础上形成，并成为戏曲音乐吸取养料的丰厚土壤。但同时，说唱音乐在成熟和完善的发展过程中，又大量吸收了戏曲音乐的成就，并且给民歌、歌舞的进一步发展以启发和丰富。公元前3世纪战国时期荀子的《成相篇》，是一篇兼用韵文和散文的作品，很像后来说唱文学的结构。汉魏的相和歌，南北朝的各种长篇叙事歌，唐代民间流行的“说话”，以及佛教徒宣传教义的“俗讲”（变文）等，都可看作是说唱音乐的先导。宋元时期，说唱艺术达到了成熟的阶段。当时城市繁荣，手工业、商业发展，都市人民娱乐生活需要，以及说唱音乐本身所具有的容纳长篇故事和表现复杂情节的特点，使说唱音乐成为市民所喜好的艺术形式，并有了固定的演出场所，即所谓的“勾栏瓦肆”。艺人们集中在这里表演，便于观摩和交流，大大推动了说唱音乐技艺的发展。同时，由于文人参与唱本的编写活动，对唱本文学水平的提高也具有促进作用。这时流行的曲种，有小型曲艺如“陶真”、“涯词”、“小唱”、“货郎儿”、“鼓子词”，也有集诸家腔谱而成的大型曲艺如“唱赚”和“诸宫调”。据记载，诸宫调为北宋勾栏艺人孔三传所创。其曲调来自唐宋词调、唐宋大曲、宋代唱赚及当时流行的其他俗曲。表演形式以唱为主，兼而有说。唱时自击鼓，并有板、笛等乐器伴奏。明、清以来，说唱音乐的延续和发展表现为几种不同的情况。有些古老曲种，如“道情”、“宣卷”、“莲花落”等，随着时代的进展，不断更新，一直流传于今；有的则因不能顺应时代发展，停滞不前而自行消亡；有的虽作为独立体裁已不复存在，但其艺术成就却被其他音乐体裁所吸收，使其积累的技艺与传统在别的艺术品种的形式内得以延续。那些得以继续发展的说唱曲种，在传播、散布过程中与各地的方言和民间音乐相结合，有些并变换了主奏乐器，从而派生衍化出许多新的曲种。

1. **坠子书**。也叫“河南坠子”、“简板书”、“铰子书”，一说是在“莺歌柳书”和“道情书”基础上结合而成的，一说是在“三弦书”和“道情书”基础上结合而成的。名字来源于当年道情的击节乐器渔鼓筒上作为装饰用的一块玉石坠，艺人们为不忘列祖列宗之意，把它改系在弦袋束口上，天长日久，渔鼓坠逐渐消失，而坠子得其名。演唱形式为自拉自唱、一拉一唱和对唱，亦叫双口和群口。表演者左手持檀木或枣木简板边打边唱，对口时，一人还打单钹，或者伴奏者拉坠子弦（俗称坠琴或坠胡），有的并踩脚梆、腿梆。

周口坠子书的特点是，音韵婉转，调口词句文雅，注重形象，在唱法上是慢打慢唱，大打快唱，紧打慢唱，非常活跃，是当地人民特别喜爱的曲艺形式之一。周口坠子取材十分广泛，有历史故事《三国演义》、《水浒传》、《五侠剑》、《五虎征西》、《金鞭记》、《平北辽》、《五色云》、《黄马告状》等，有古典名著《红楼梦》、《西厢记》以及民间传说《白蛇传》、《梁祝》等，也有以日常生活为题材的《小寡妇上坟》、《李豁子离婚》、《张廷秀私访》、《何文秀私访》等，较古老的传统曲目《王大娘钉缸》、《尼姑思凡》、《目连救母》等。

2. **大鼓书**。大鼓书，在周口俗称“鼓儿词”、“鼓词”、“鼓儿哼”。其表演不用丝弦伴奏，只用小鼓或战鼓，犁铧片或檀板、简板击节演唱，有吟有颂，有说有唱。因唱腔的尾音多鼻音带哼字，故又叫“鼓儿哼”。其鼓点多用紧急风、长流水、五鼓二板、凤凰三点头、蜻蜓点水等，曲目多为长篇大书。

周口境内不少大鼓书艺人在唱腔上多为立嗓和卧嗓。立嗓唱法，特点是刚健高昂，吐字真切，鼓板技艺精湛清晰，行腔明亮。卧嗓唱法，尾音多带鼻哼音，虽然声腔低沉沙哑（群众俗称屙屎腔），但咬字用气颇有功夫，给人以久而耐听之感。早期鼓词多为长篇故事，如《三国志》、《水浒传》、《杨家将》、《刘公案》、《杜公案》之类，可连续说唱数十日之久。

3. **评书**。评书，也叫“评词”，相传起源于明末清初的北京、天津及北方各地。主要是单口说评，即以说话的形式阐述故事。形式十分简便，且场所易得。早期为一人坐于桌子后面，只说不唱，表演时纸扇一把，醒木一块做道具，在说书过程中以醒木击案来引起听众注意，故又有“惊堂木”、“震子”之名。许多渠道的资料证明，评书虽然是口头讲说的表演形式，但其艺人来源却多为“唱曲”的转行，富有浓郁的乡土气息。

周口地区流传的评书曲目均为武侠故事或历史故事，如袍带书《杨家将》、《包公案》、《三国》，长枪书《英烈传》、《岳飞传》，短打书《水浒传》、《三侠五义》、《七侠五义》，神魔书《西游记》、《济公传》。传统曲目以长篇书目为主，也有短篇，如《聊斋》故事《画皮》等。新书目如《林海雪原》、《平原枪声》、《烈火金刚》、《淮海战役》、《智取威虎山》等。

4. **数来宝**。数来宝又名顺口溜、溜口辙、练子嘴。数来宝本来是流落于民间的乞丐要钱的一种手段，他们用两个牛胯骨（内行叫“合扇”）上面拴有十三个小铃铛（俗称十三太保），头上有两个红缨，敲打着念自己编的词向商号要钱。一人或两人说唱，用竹板或系以铜铃的牛髀骨打拍。由于艺人把商店经营的货品夸赞得丰富精美，“数”得仿佛“来”（增添）了“宝”，因而得名。数来宝的表演为韵诵式的数唱。传统唱词大都是即兴编唱，依一定的程式，凭借着演员自身丰富的生活阅历和即兴创作的才能，讲今说古，类编排比、夹叙夹议。唱词的句式为上六下七的上下句式，上句六个字可为三、三句式；下句七个字为二、二、三句式。采用“大花辙”的押韵方法，上下句尾字要求同辙同韵（同一个声调），数唱中常可穿插简短说白。

5．**快板书**。由数来宝演变而成。因沿用数来宝的击节乐器七块板儿，故名。它融合了相声、评书的艺术手段，丰富了数来宝原有的句式和板式，加强了表现力。快板书突破了数来宝三、三、七的句式，在七言对偶的基本句式之外，增添了单字垛、双字垛、三字头、四字联、五字垛等句式，以及重叠、连叠句的长句式。为了提高艺术格调，避免传统数来宝的江湖气，又借鉴了竹板书、西河大鼓的演唱艺术，革新口风语气和表情动作，增强了刻画人物、描述情景的艺术表现力。

6．**渔鼓**。又称道筒、竹琴。简板，又称简子。渔鼓简板始于宋朝，渔鼓用竹筒制作，筒长65－100厘米，鼓面直径13－14厘米，一端蒙以猪皮、羊皮或油膜（猪膀胱膜）而成。演奏时，左手竖抱渔鼓，右手击拍鼓面。指法有“击”（四指同时拍击）、“滚”（四指连续交替单击）、“抹”（四指击鼓止音）、“弹”（四指屈指连续交替击弹）等。简板用竹片制作，长45－65厘米，宽1.7－2厘米，一端向外弯曲，两根为一副。演奏时用左手夹击发音。与渔鼓一起为“渔鼓”、“道情”伴奏。

7．**道情**。是渔鼓的前身，“道情”又名“黄冠体（黄冠可能是指道人的装束）”，是道家所唱的道家的情事，源于唐代道教在道观内所唱的经韵，为诗赞体。宋代后吸收词牌、曲牌，演变为在民间布道时演唱的新经韵，又称道歌，是传道者宣传教义及募捐化缘的工具。用渔鼓、简板伴奏，与鼓子词相类似。道情艺术的历史比较悠久，流传区域也比较广阔。唐朝段常著《续仙传》曾经记载：“蓝采和手持拍板（简板）唱踏歌行乞于市。”这便是道情的最初形式。在中唐时期，玄宗皇帝李隆基十分崇信道教，并将它奉为国教，甚至还与老子李耳续起家谱，称之为祖上。当时道教广为流传，传教道士云游天下，到全国各地传道时皆唱道情，道情之影响和活动范围达到顶峰。

8．**相声**。相声，曲艺形式之一，用诙谐的说话，尖酸、讥讽的嘲弄，以达到惹人“大笑捧腹”而娱人的目的。它最早是由“俳优”这种杂戏派生出来的。在这些笑料中，艺人们往往寄托了对统治者的嘲弄和鞭挞。相声古作像生，原指摹拟别人的言行，后发展成为相声。相声起源于中国华北地区的民间说唱曲艺，在明朝即已盛行。经清朝时期的发展直至民国初年，相声逐渐从一个人摹拟口技发展成为单口笑话，名称也就随之转变为相声。相声的表演方式，最初有两种，在帷幕中表演的相声称“暗春”，公开表演的相声称“明春”。到了清宣统三年（1911 年）后只有“明春”一种在继续发展。相声的形式共分单口相声、对口相声、群口相声三种。单口相声，是一个演员表演的长短笑话。对口相声，是两个演员表演的，叙述人甲称“逗哏”，辅助对话的乙称“捧哏”，表演时，依甲乙二人说表内容的轻重与语言风格之不同，又可分为“一头沉”、“子母哏”和“贯口活”三类。群口相声，是三个以上演员共同表演的，甲称“逗哏”，乙称“捧哏”，丙等称“腻缝”。在相声形成过程中广泛吸取口技、说书等艺术之长，寓庄于谐，以讽刺笑料表现真善美，以引人发笑为艺术特点，以“说、学、逗、唱”为主要艺术手段。“说”是叙说笑话和打灯谜、绕口令等；“学”是模仿各种鸟兽叫声、叫卖声、唱腔和各种人物风貌、语言等；“逗”是互相抓哏逗笑；“唱”相声的本工唱是指太平歌词。一段相声一般由“垫话儿”——即兴的开场白；“瓢把儿”——转入正文的过渡性引子；“正活儿”——正文；“底”——掀起高潮后的结尾四部分组成。中华人民共和国成立以后，新创作的相声也常有省略“瓢把儿”的。相声用艺术手法组成“包袱儿”，表演当中通过说表而“抖响”使人们发笑。其手法计有：三翻四抖、先褒后贬、阴错阳差、一语双关、自相矛盾、表里不一、歪讲曲解、违反常规等数十种。每一段相声里一般含有四五个以上风趣幽默的“包袱儿”。

谱例一

50年代剧目《收姜维》[慢板]音乐选例

演唱：申凤梅

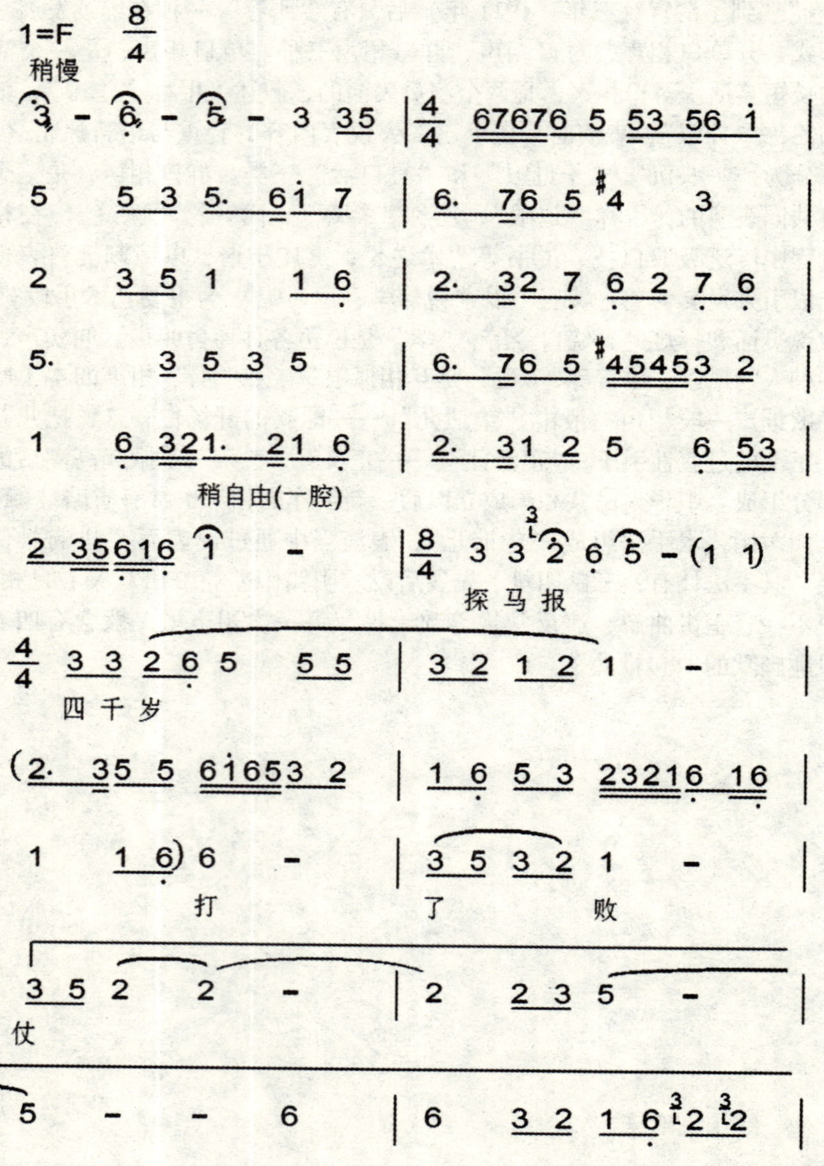

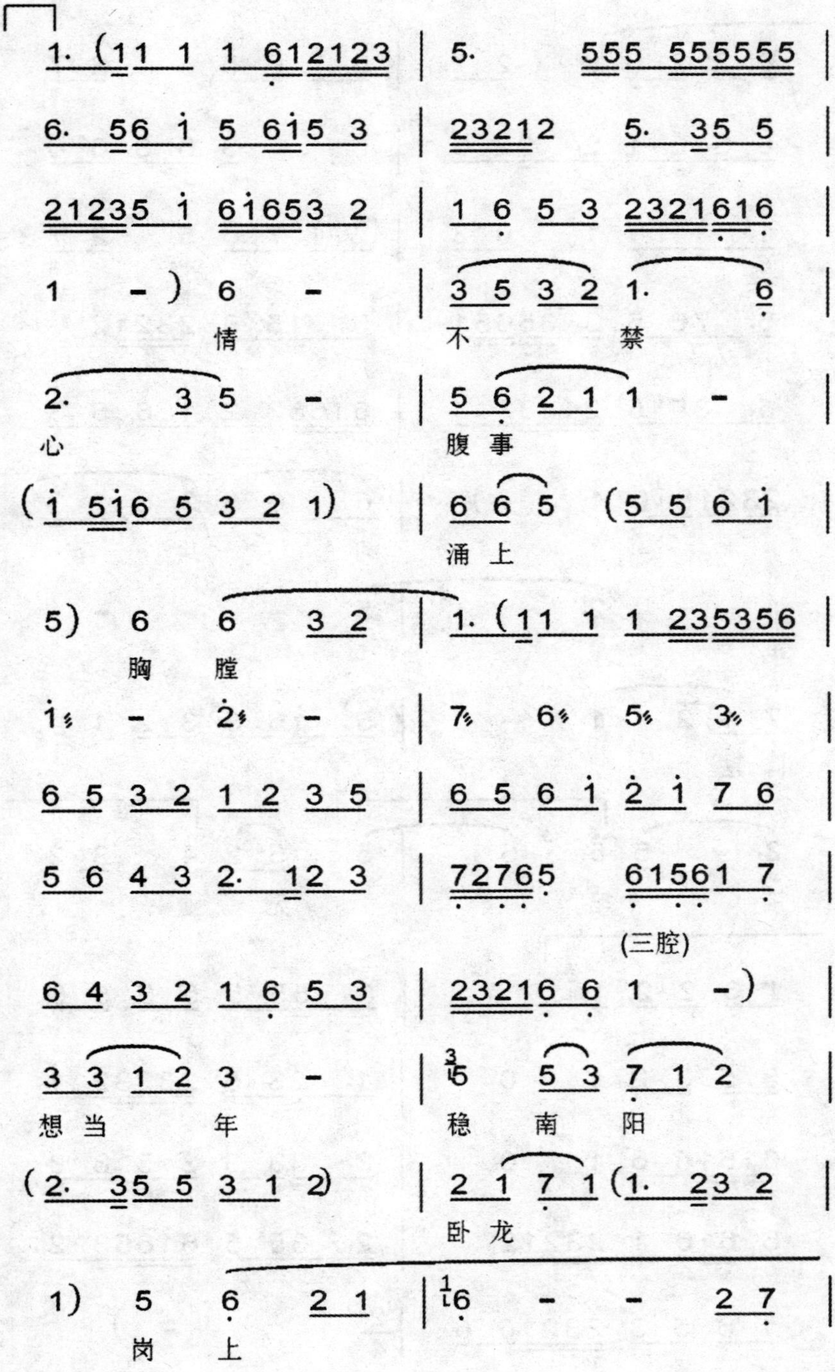
情
不 禁
心
腹 事
涌 上
胸 膛
(三腔)
想 当 年
稳 南 阳
卧 龙
岗 上

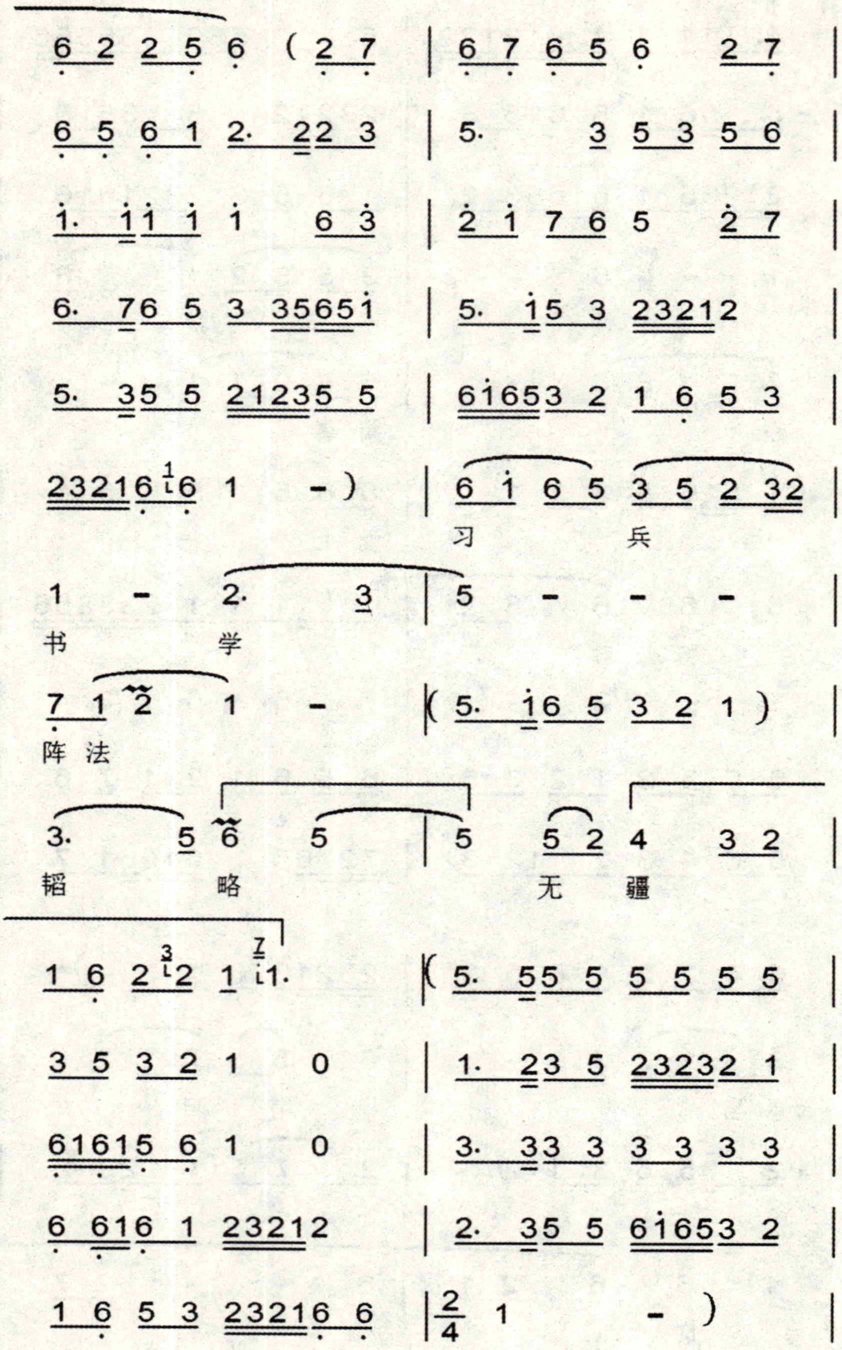
习
兵
书
学
阵法
韬
略
无
疆

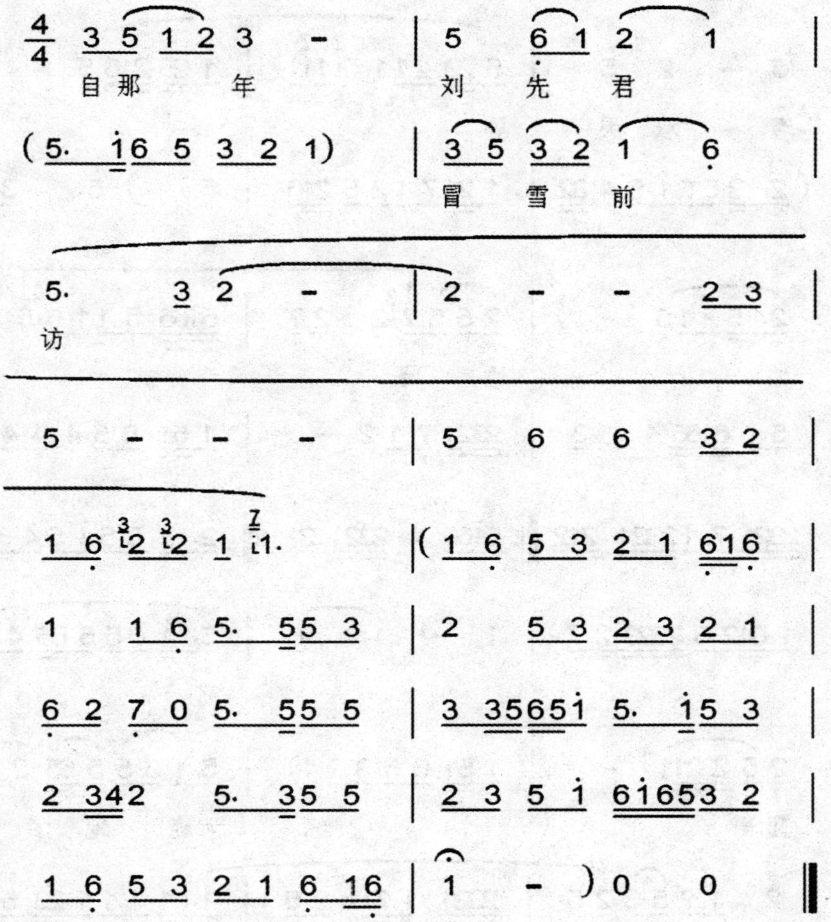

谱例二

80年代剧目《双灵牌》

［慢板］音乐选例

作曲：陈家训
演唱：马 兰

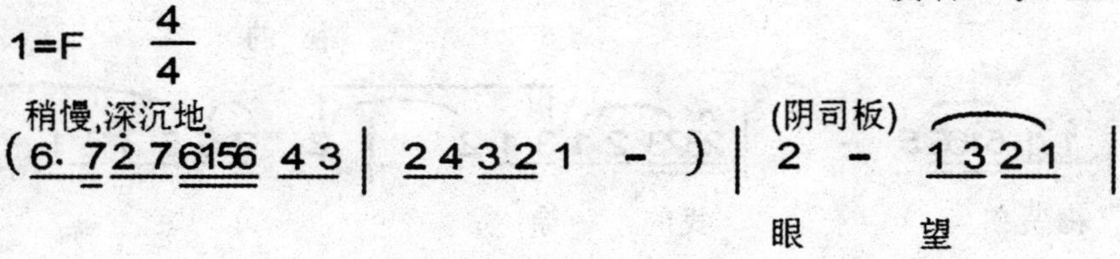

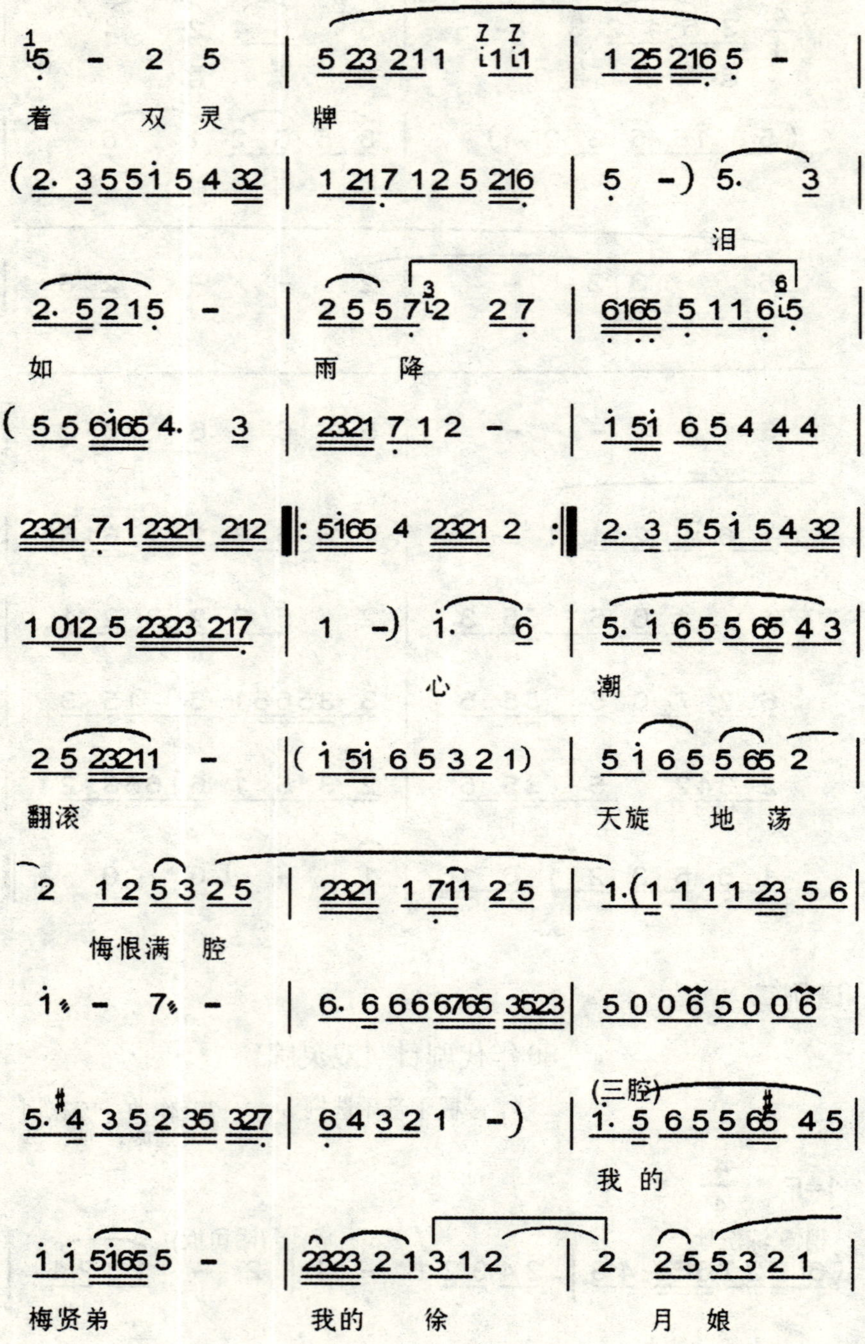
着 双灵 牌
泪
如 雨 降
心 潮
翻滚 天旋 地荡
悔恨满 腔
(三腔)
我 的
梅贤弟 我的 徐 月 娘

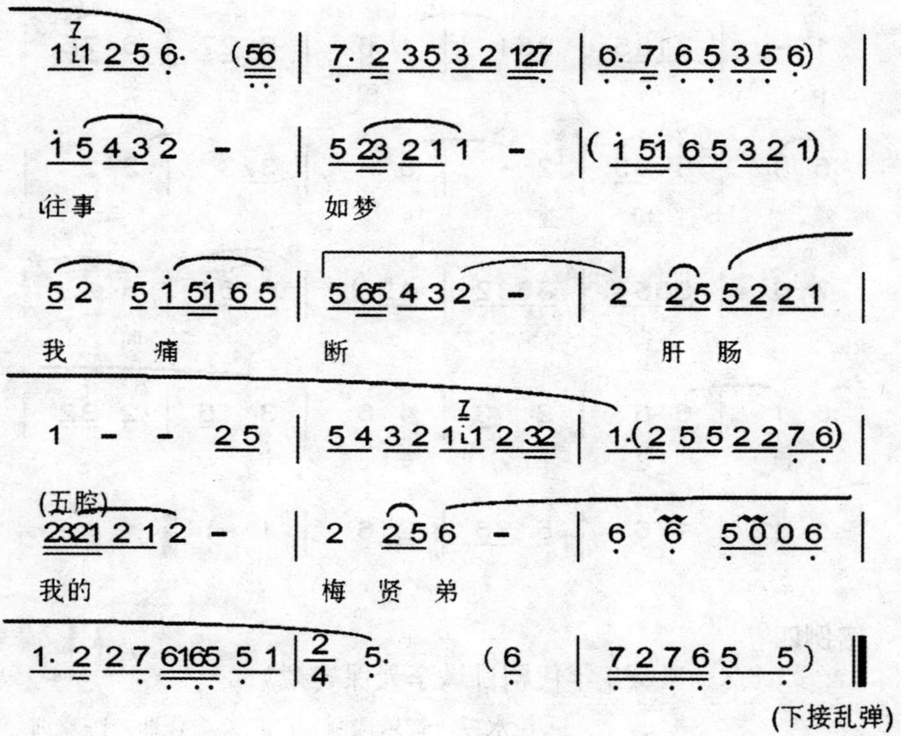

谱例三

50年代剧目《烈火扬州》

［流水板］音乐选例

作曲：陈家训
演唱：张秀卿

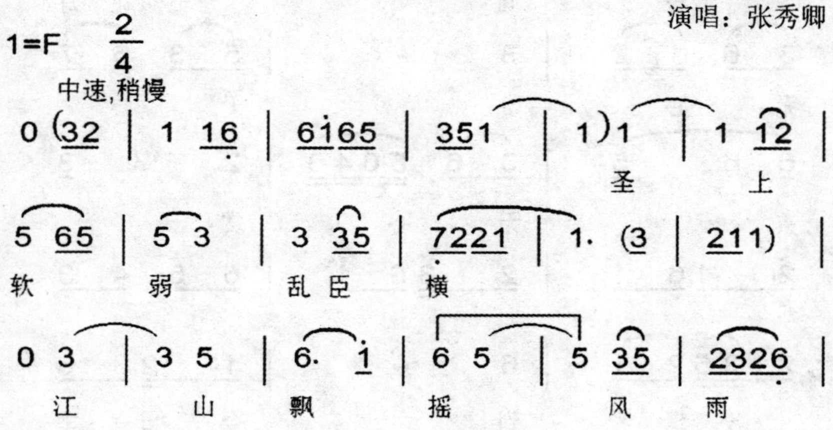

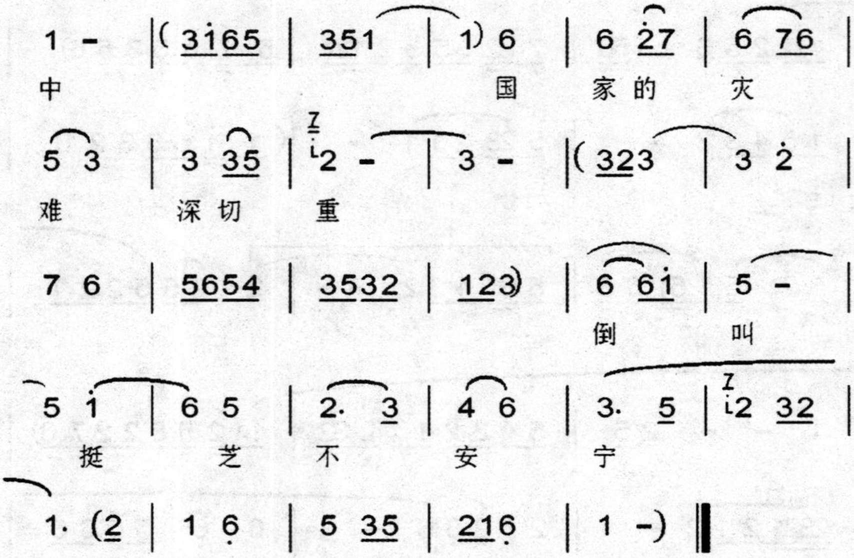

谱例四

80年代剧目《李天保娶亲》

［流水板］音乐选例

作曲：陈家训
演唱：马　兰

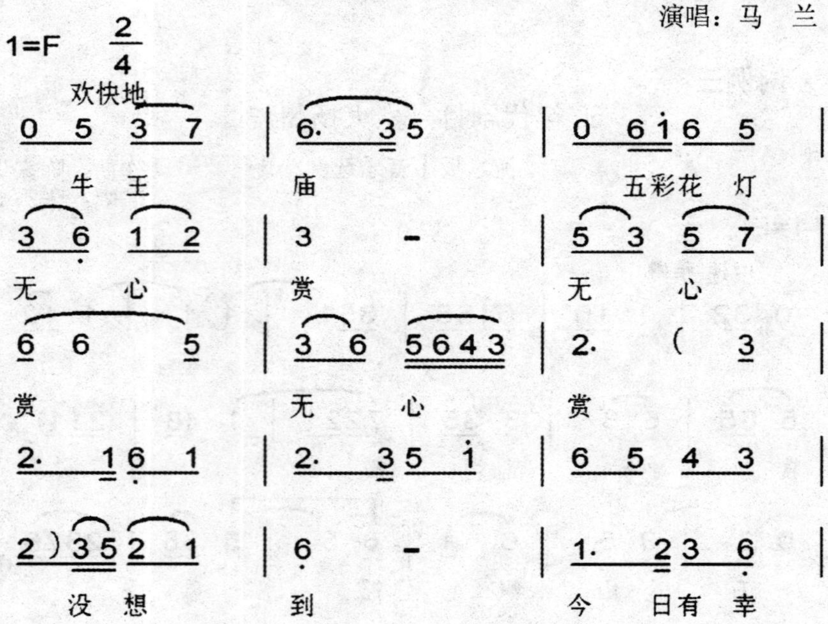

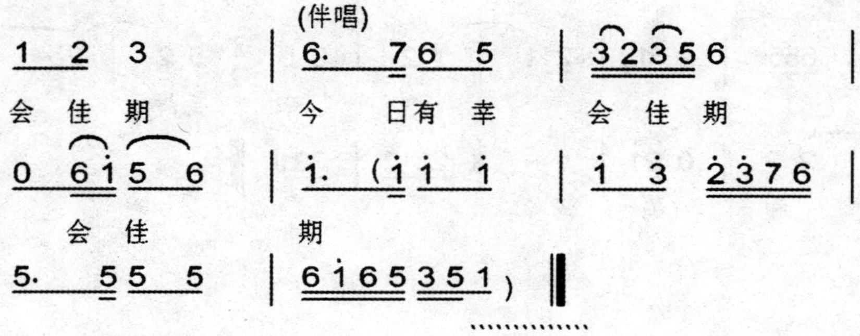

谱例五

新中国成立前剧目《哭殿》

［慢板］音乐选例　　作曲：陈家训

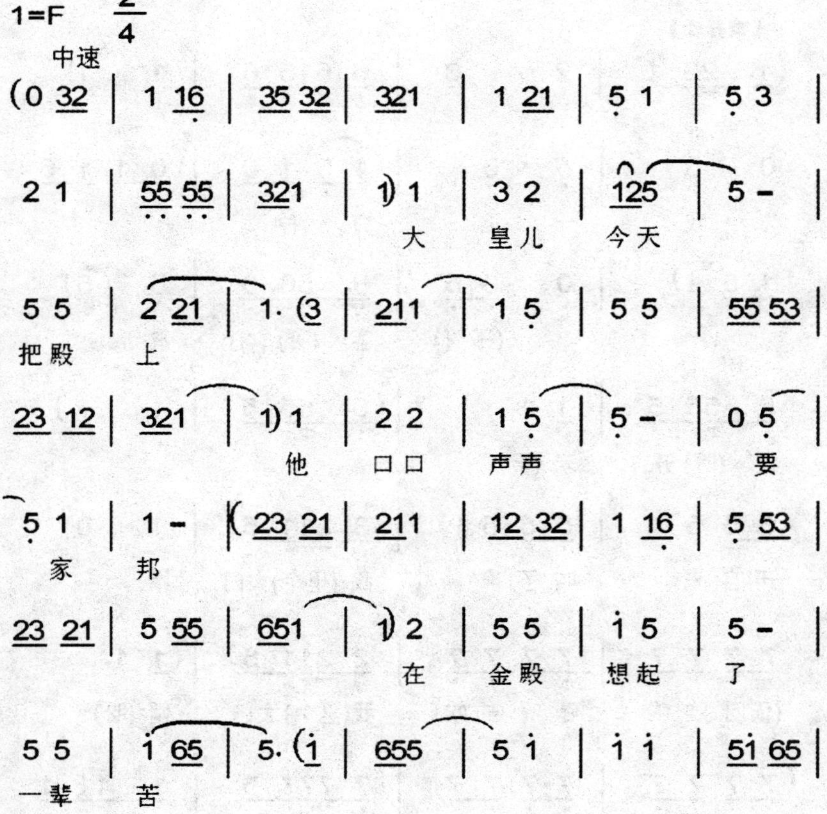

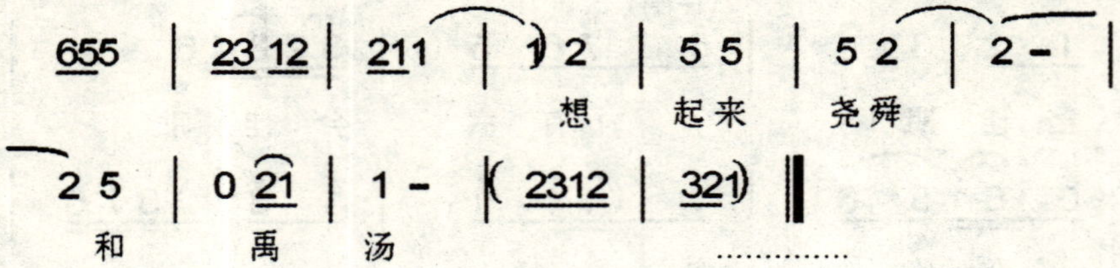

谱例六

选自《双拜寿》中余老一的唱段

端一碗鸡骨头鱼刺老茄皮

演唱：岳振顶
记谱：宋 培

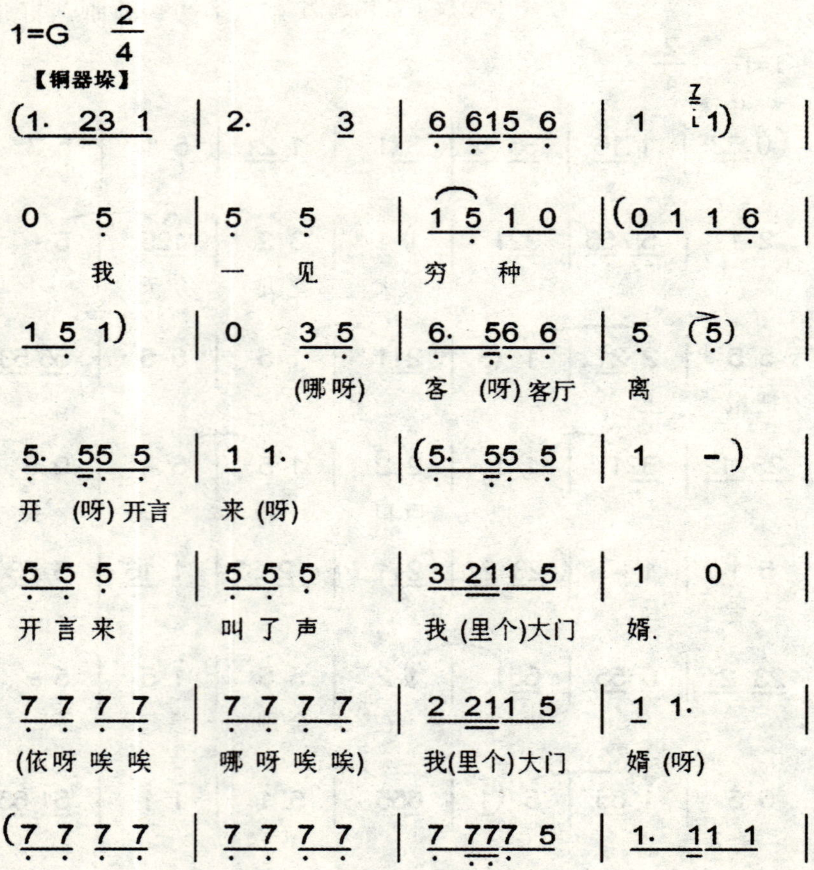

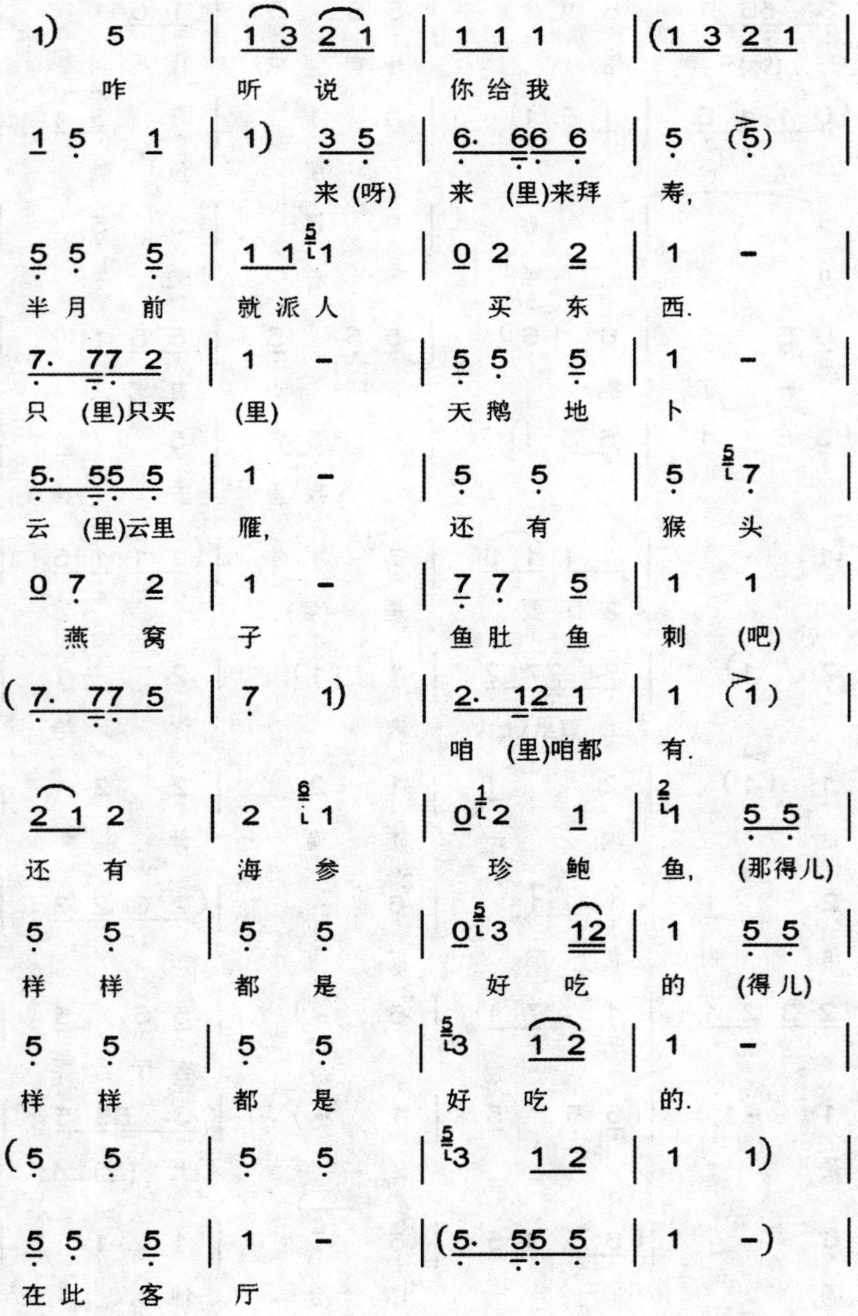
咋 听 说 你给我
来 (呀) 来 (里)来拜 寿,
半 月 前 就 派 人 买 东 西.
只 (里)只买 (里) 天 鹅 地 卜
云 (里)云里 雁, 还 有 猴 头
燕 窝 子 鱼 肚 鱼 刺 (吧)
咱 (里)咱都 有.
还 有 海 参 珍 鲍 鱼, (那得儿)
样 样 都 是 好 吃 的 (得 儿)
样 样 都 是 好 吃 的.
在 此 客 厅

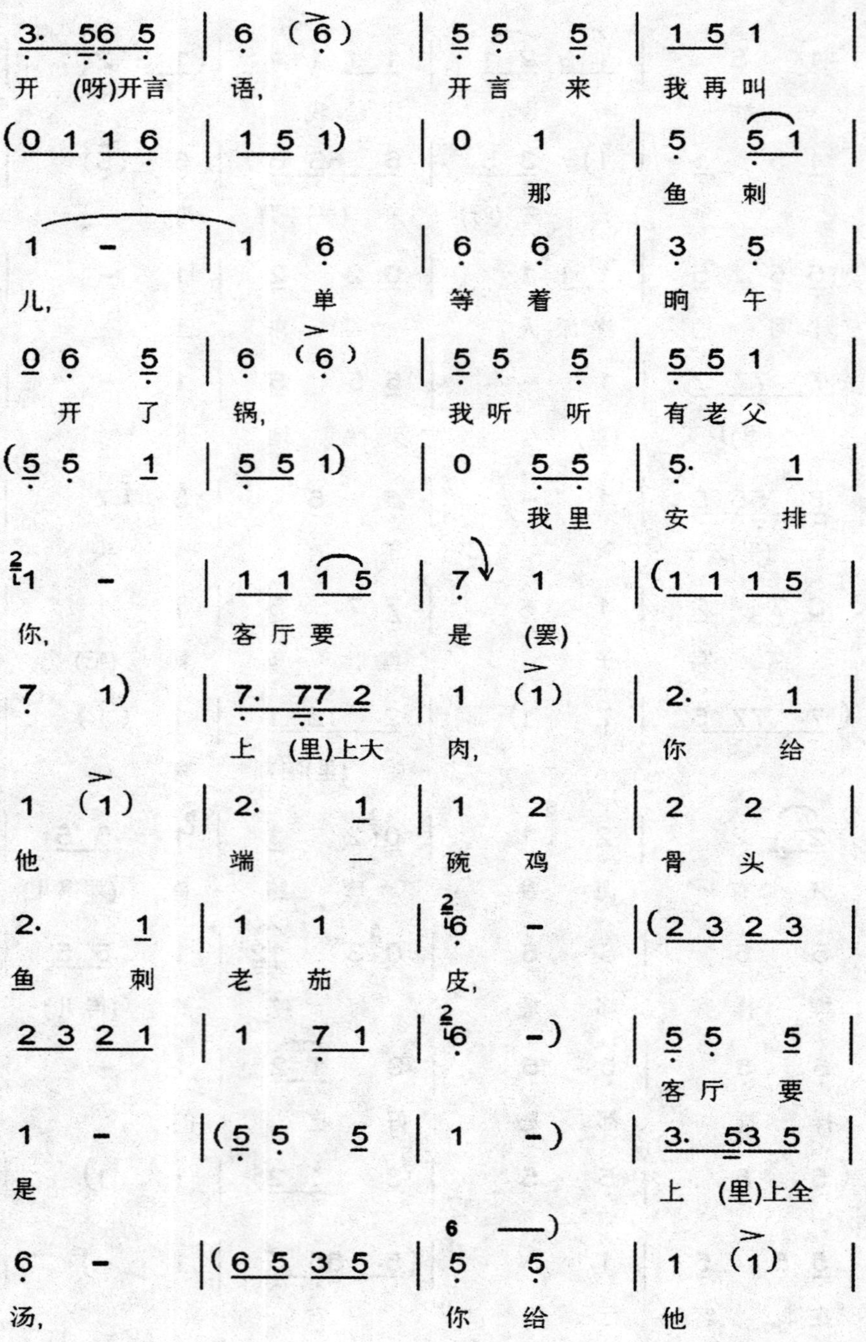
开 (呀)开言 语， 开言 来 我再叫
那 鱼 刺
儿， 单 等 着 晌 午
开 了 锅， 我听 听 有老父
我里 安 排
你， 客厅要 是 (罢)
上 (里)上大 肉， 你 给
他 端 一 碗 鸡 骨 头
鱼 刺 老 茄 皮，
客厅 要
是 上 (里)上全
汤， 你 给 他

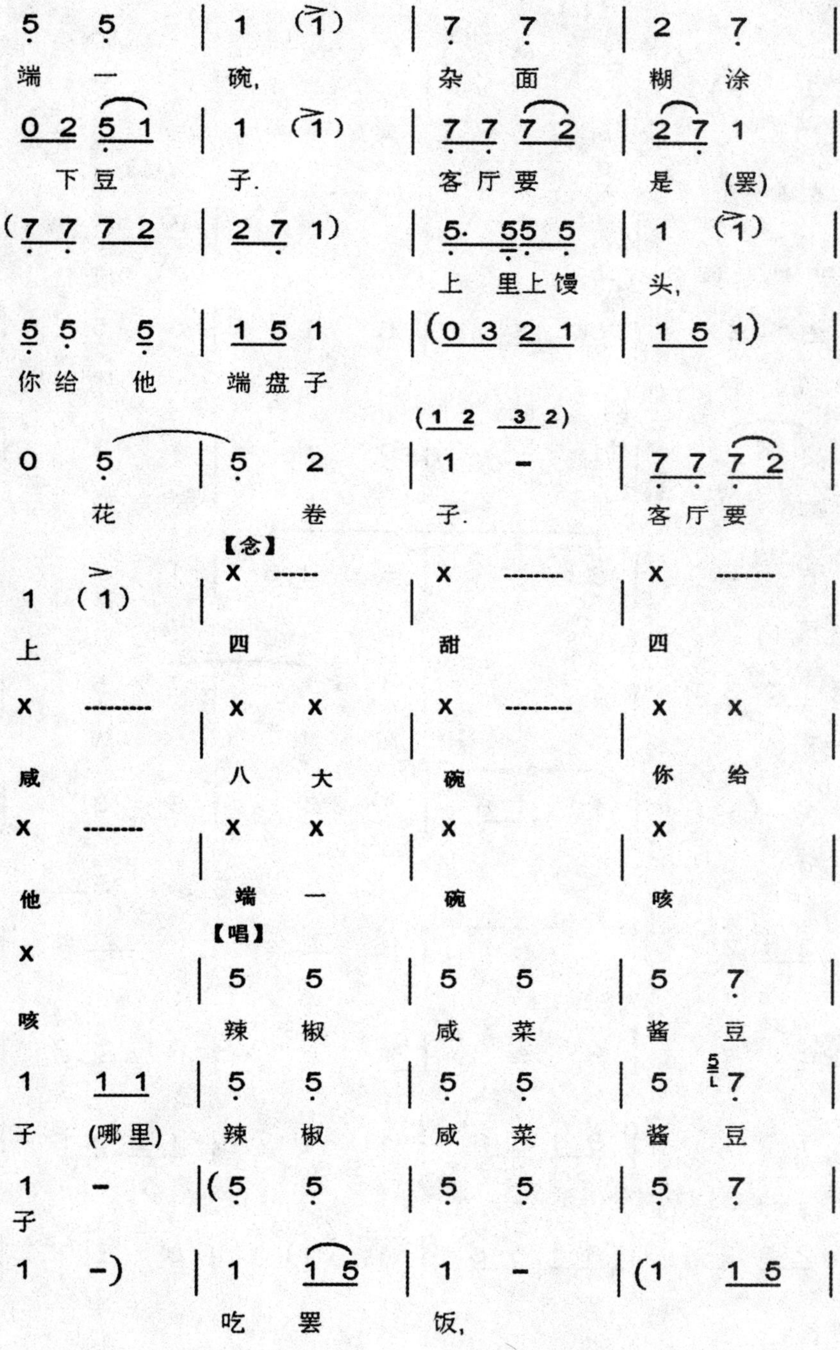
端 一 碗， 杂 面 糊 涂
下 豆 子. 客 厅 要 是 (罢)
上 里上馒 头，
你给 他 端 盘 子
花 卷 子. 客 厅 要
【念】
上 四 甜 四
咸 八 大 碗 你 给
他 端 一 碗 咳
【唱】
咳 辣 椒 咸 菜 酱 豆
子 (哪 里) 辣 椒 咸 菜 酱 豆
子
吃 罢 饭，

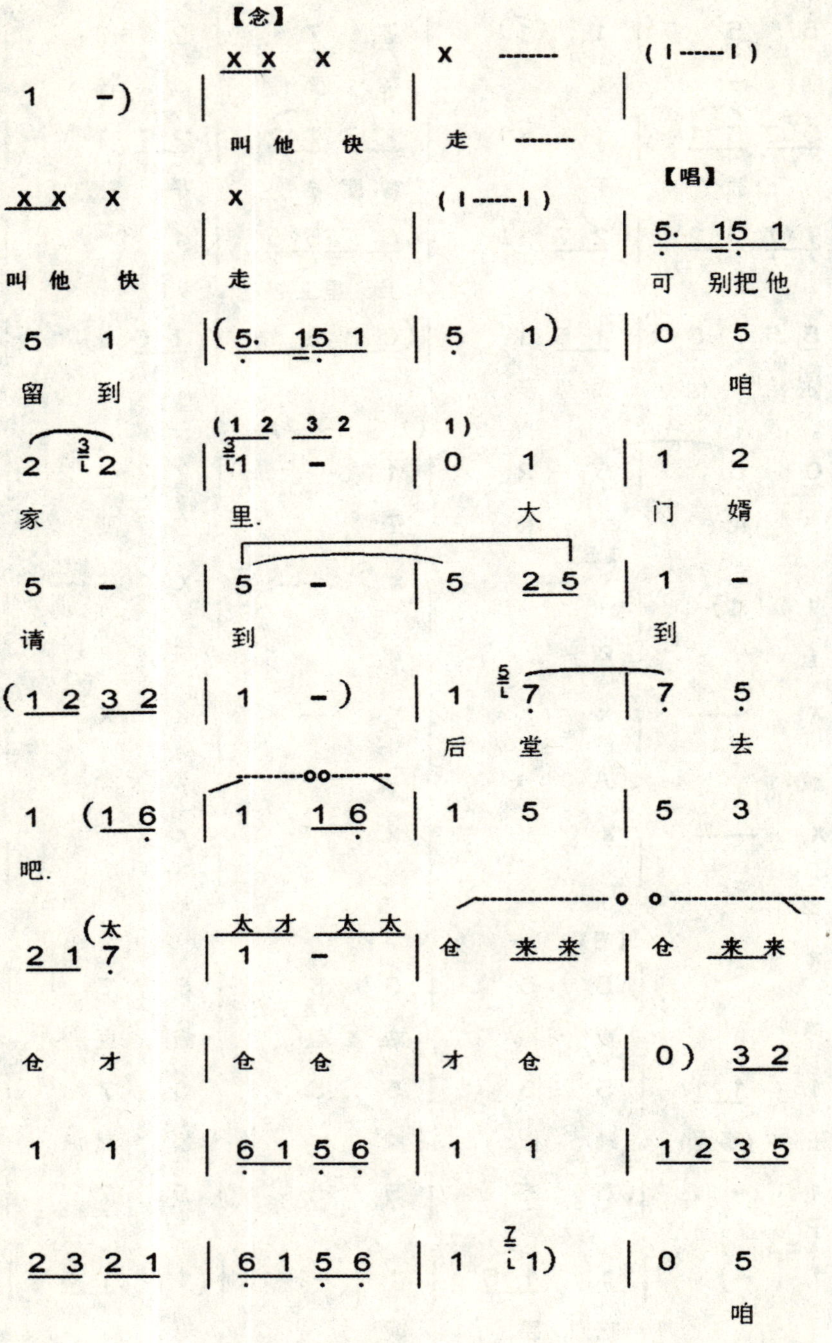
【念】
叫他快走
叫他快走
【唱】
可别把他留到
咱家里.
大门婿请到到
后堂去
吧.
(太
太才太太
仓来来
仓来来
仓才
仓仓
才仓
咱

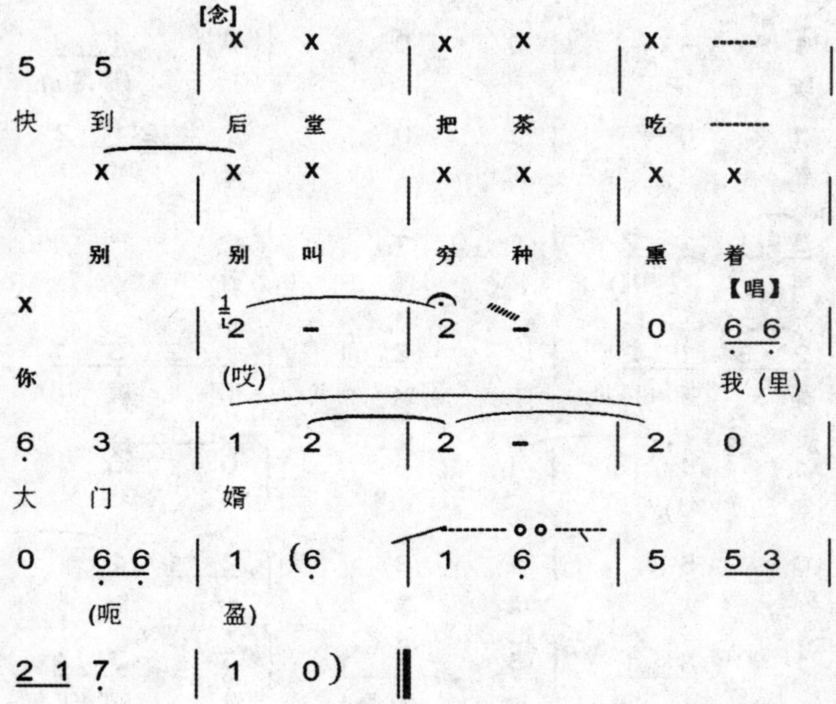

谱例七

选自《撕蛤蟆》中王二愣唱段

王二愣开小车铺　　　　记谱：宋　培

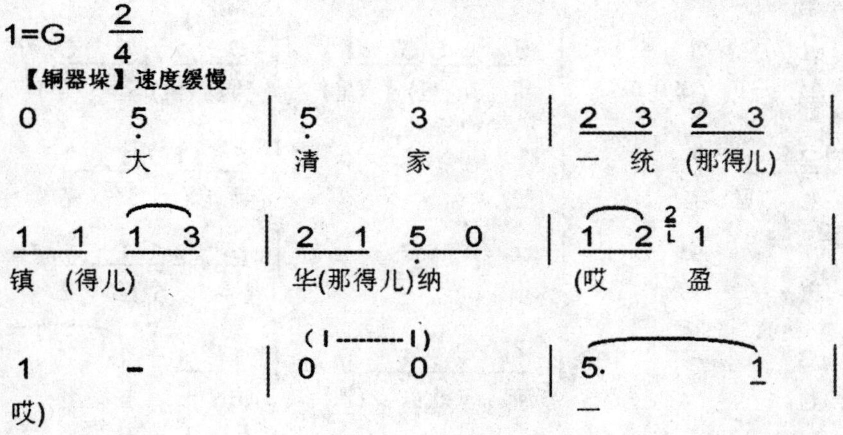

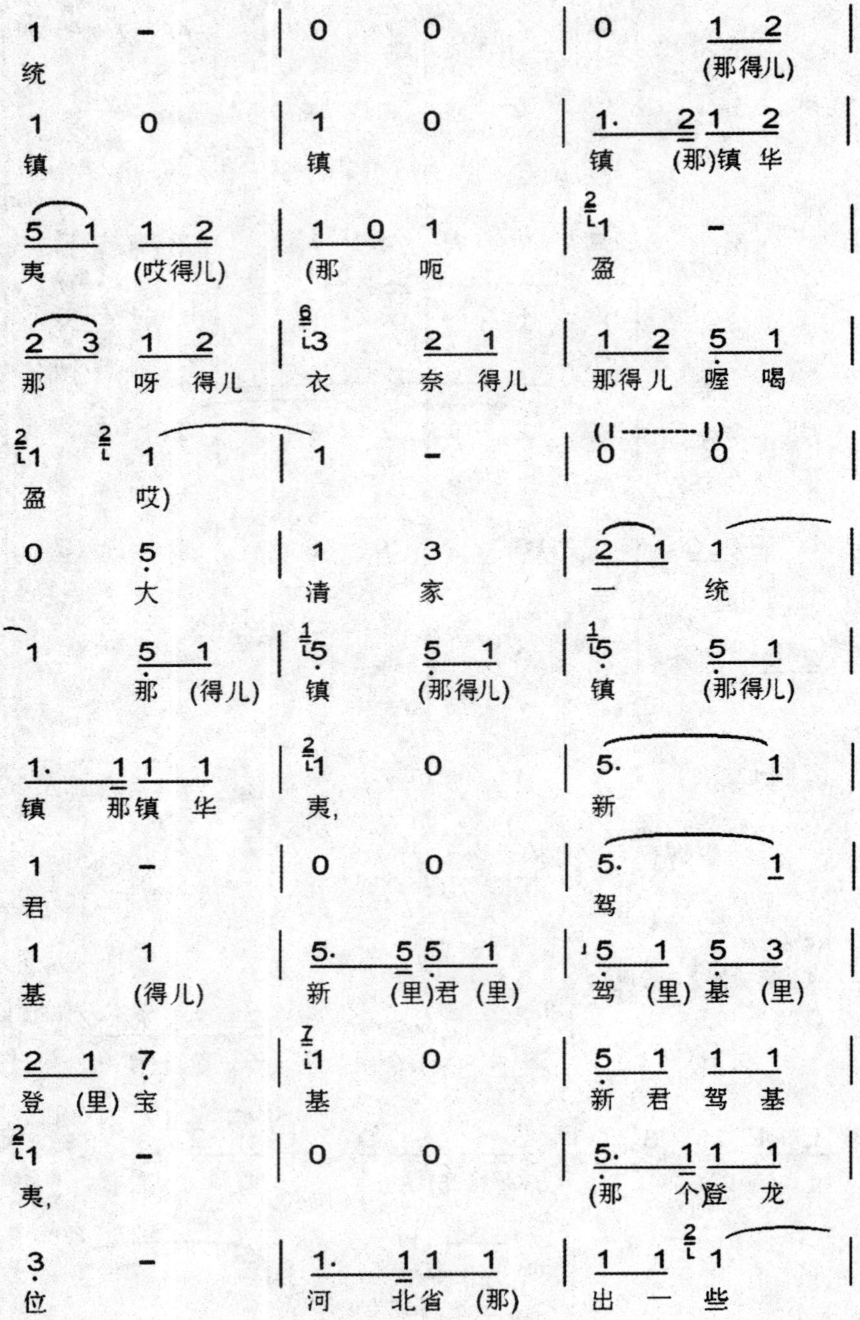
统 (那得儿)
镇 镇 镇 (那)镇 华
夷 (哎得儿) (那 呃 盈
那 呀 得儿 衣 奈 得儿 那得儿 喔 喝
盈 哎)
大 清 家 一 统
那 (得儿) 镇 (那得儿) 镇 (那得儿)
镇 那镇 华 夷, 新
君 驾
基 (得儿) 新 (里)君 (里) 驾 (里) 基 (里)
登 (里) 宝 基 新 君 驾 基
夷, (那 个登 龙
位 河 北省 (那) 出 一 些

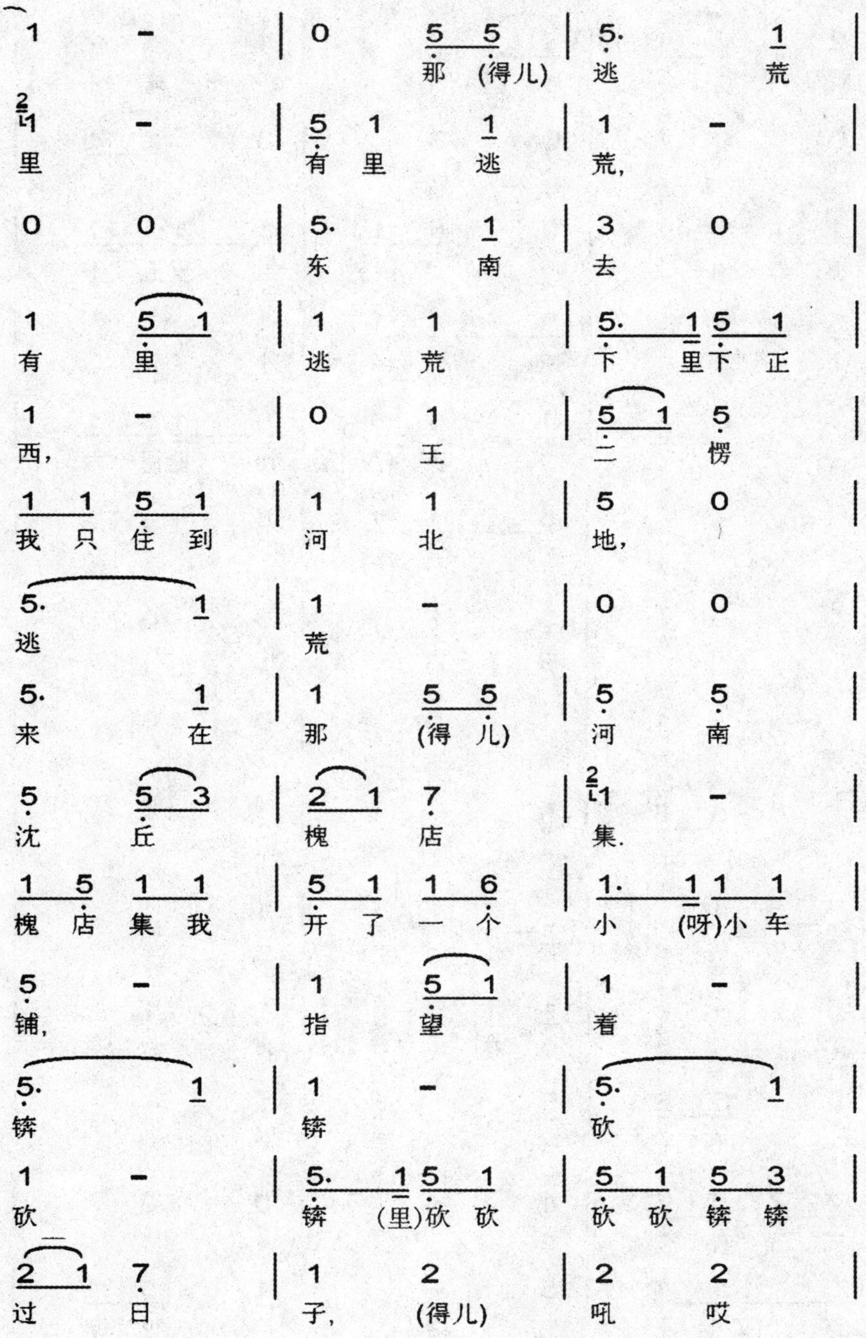
那（得儿）逃荒
里有里逃荒，
东南去
有里逃荒下里下正
西，王二愣
我只住到河北地，
逃荒
来在那（得儿）河南
沈丘槐店集.
槐店集我开了一个小（呀）小车
铺，指望着
锛锛砍
砍锛（里）砍砍砍砍锛锛
过日子，（得儿）吼哎

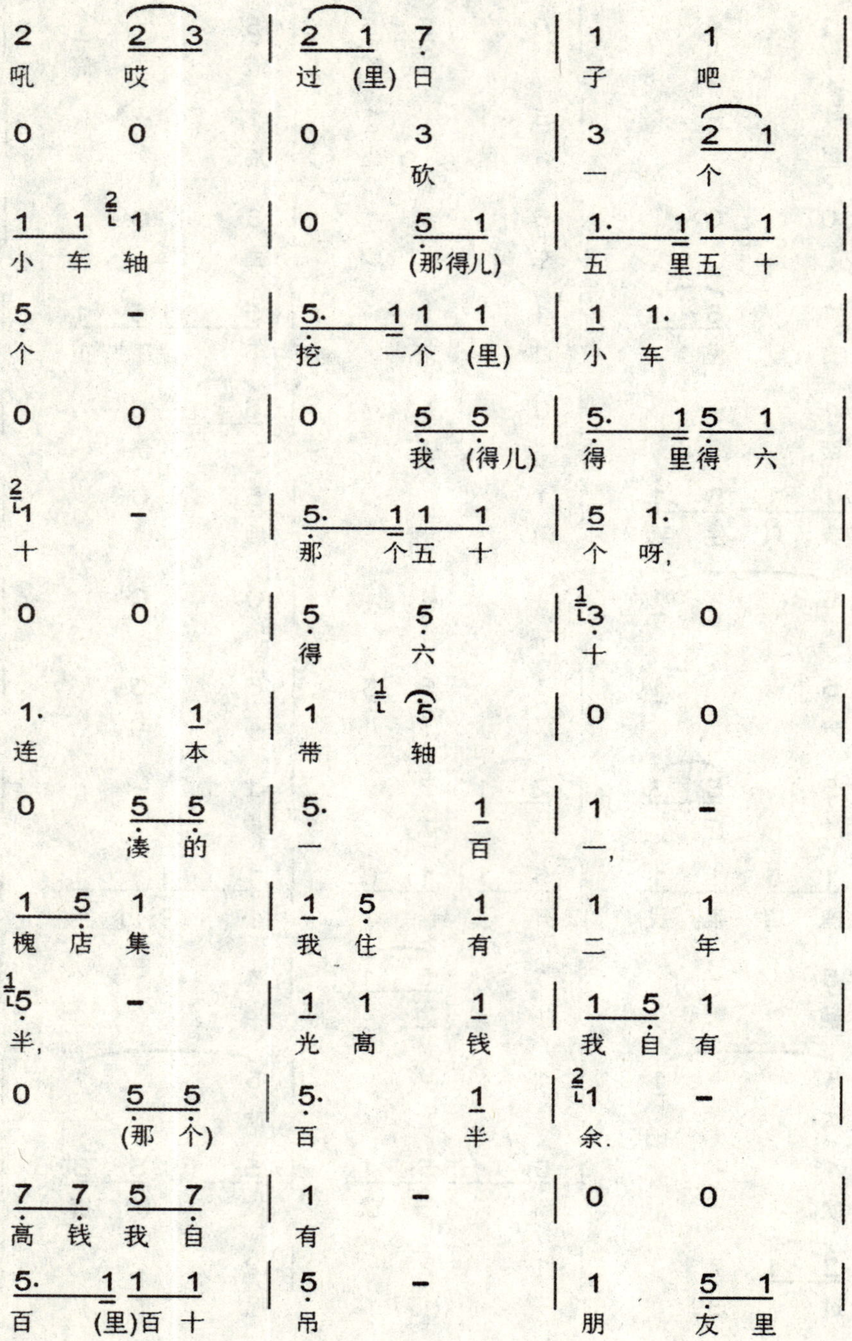
吼 哎 过 (里) 日 子 吧
砍 一 个
小 车 轴 (那得儿) 五 里五 十
个 挖 一个 (里) 小 车
我 (得儿) 得 里得 六
十 那 个五 十 个 呀，
得 六 十
连 本 带 轴
凑 的 一 百 一，
槐 店 集 我 住 有 二 年
半， 光 高 钱 我 自 有
(那 个) 百 半 余.
高 钱 我 自 有
百 (里)百 十 吊 朋 友 里

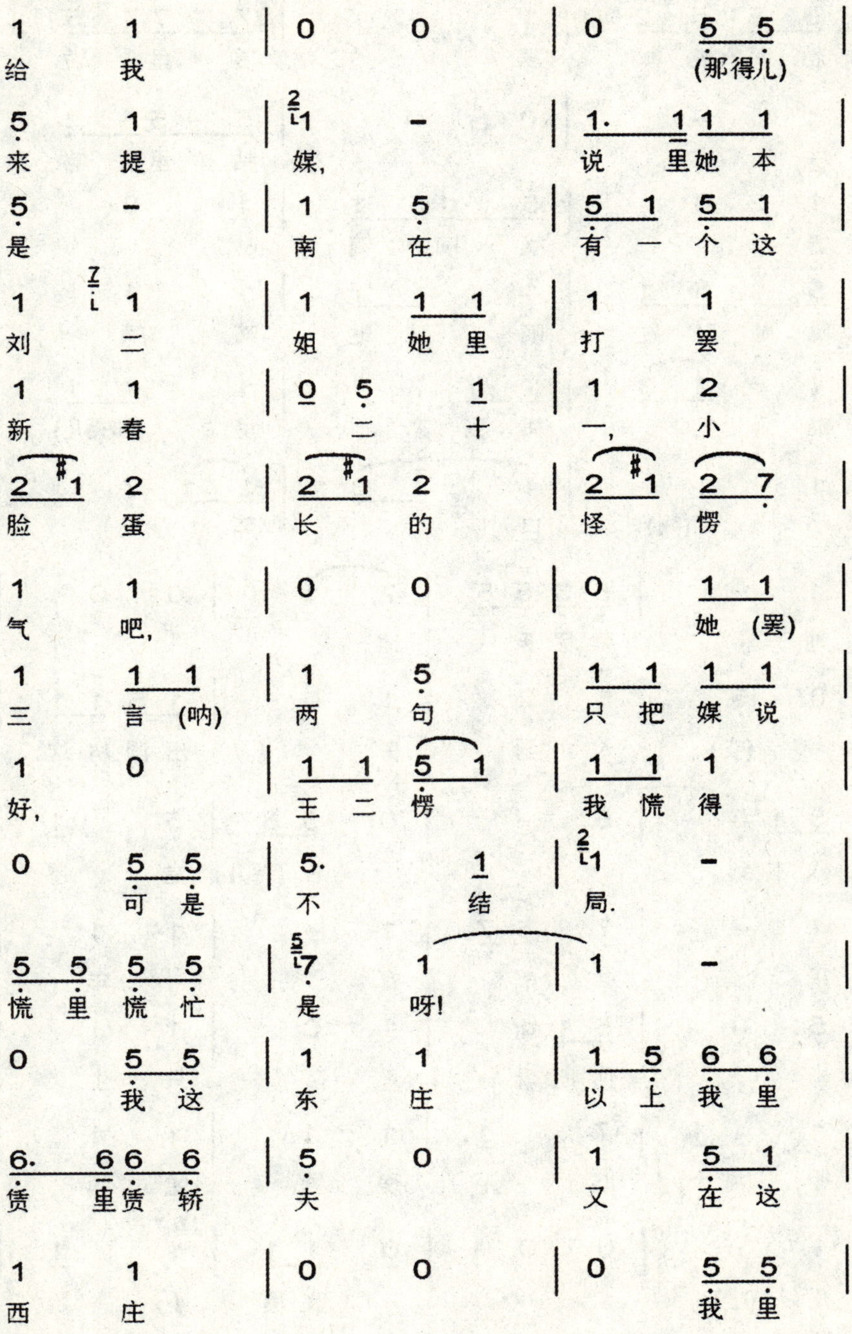
给我(那得儿)
来提媒，说里她本
是南在有一个这
刘二姐她里打罢
新春二十一，小
脸蛋长的怪愣
气吧，她(罢)
三言(呐)两句只把媒说
好，王二愣我慌得
可是不结局.
慌里慌忙是呀!
我这东庄以上我里
赁里赁轿夫又在这
西庄我里

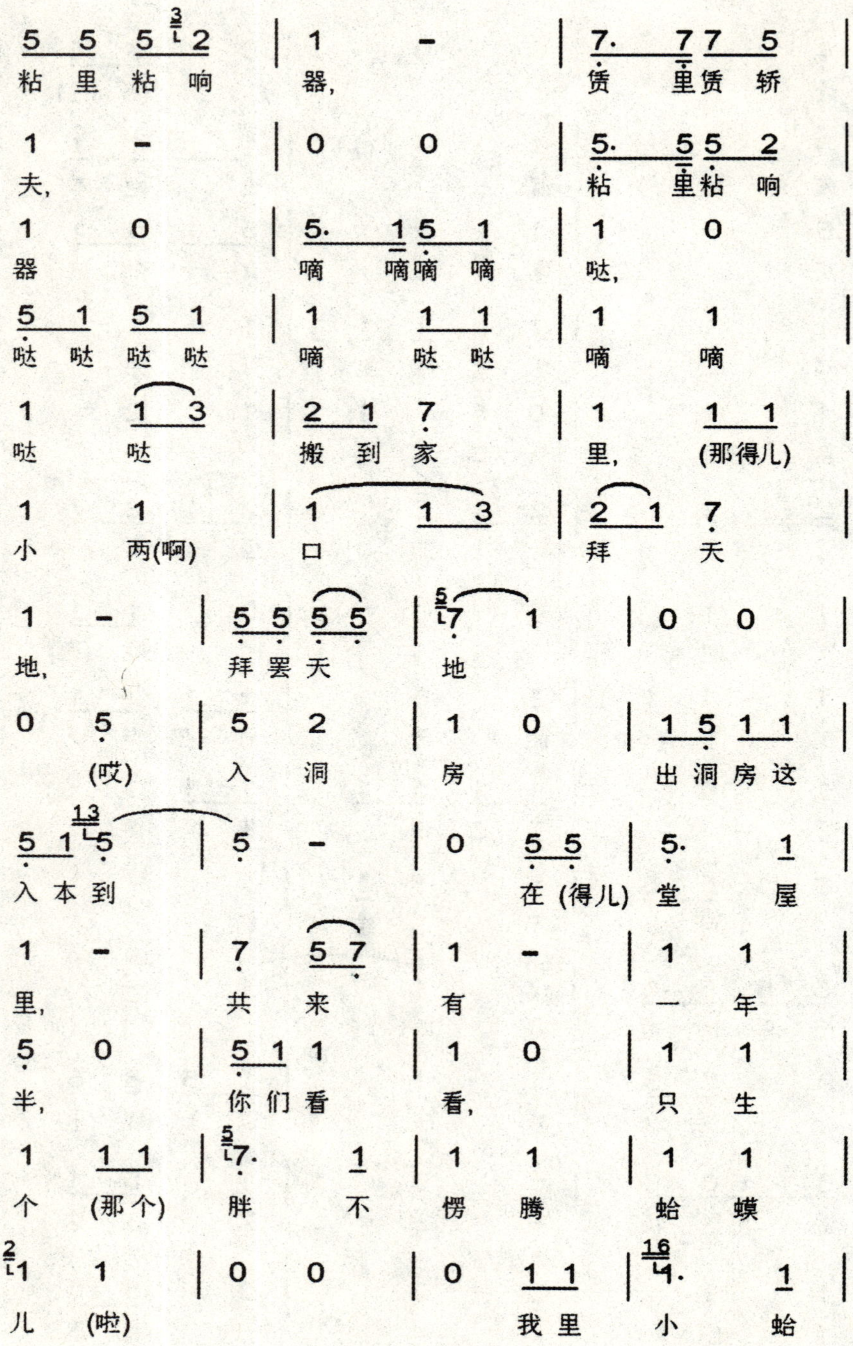
粘 里 粘 响 器， 赁 里 赁 轿
夫， 粘 里 粘 响
器 嘀 嘀 嘀 嘀 哒，
哒 哒 哒 哒 嘀 哒 哒 嘀 嘀
哒 哒 搬 到 家 里， (那得儿)
小 两(啊) 口 拜 天
地， 拜 罢 天 地
(哎) 入 洞 房 出 洞 房 这
入 本 到 在 (得儿) 堂 屋
里， 共 来 有 一 年
半， 你 们 看 看， 只 生
个 (那 个) 胖 不 愣 腾 蛤 蟆
儿 (啦) 我 里 小 蛤

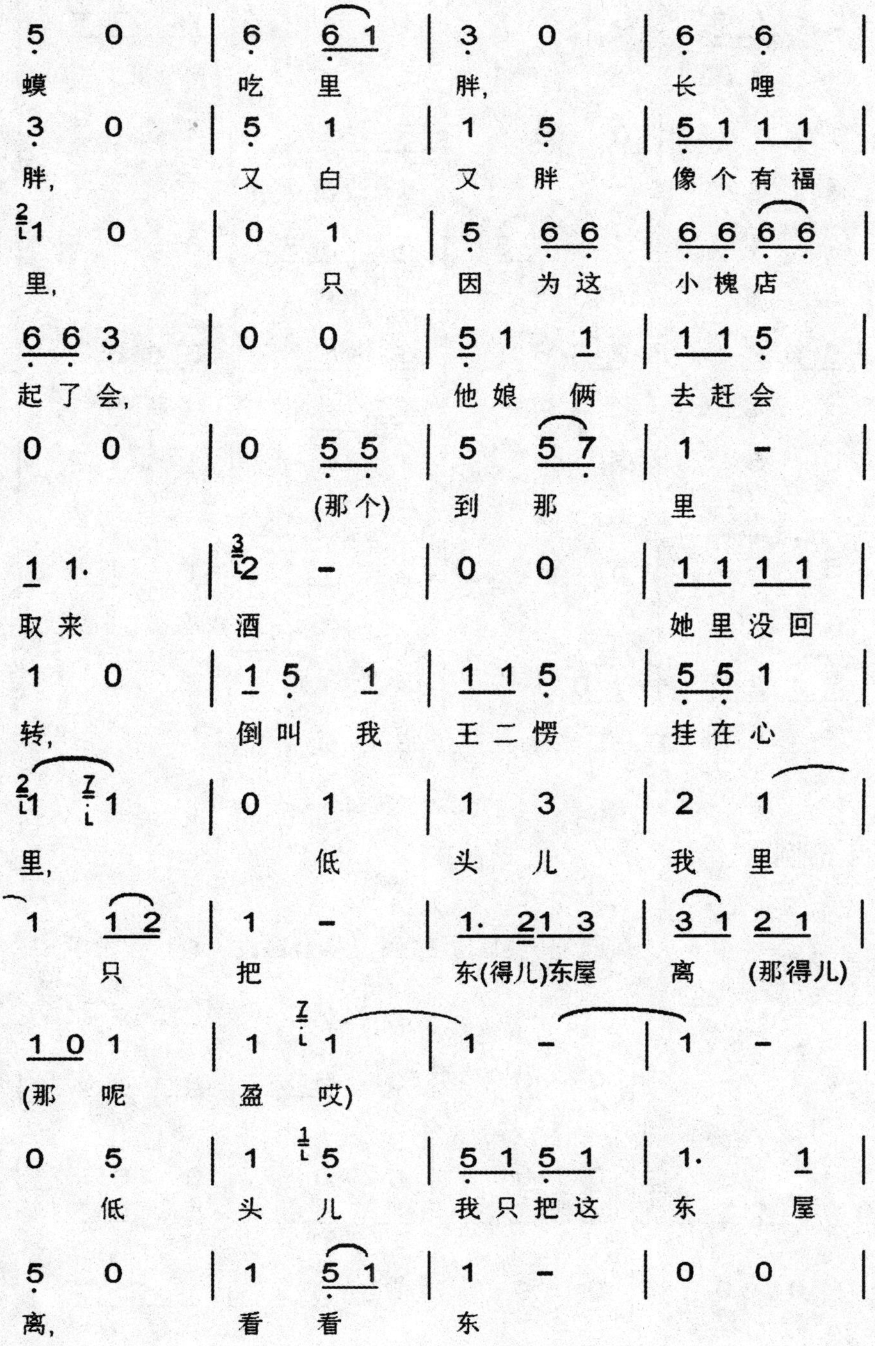
蟆 吃 里 胖， 长 哩
胖， 又 白 又 胖 像个有福
里， 只 因 为这 小槐店
起了会， 他娘 俩 去赶会
(那个) 到 那 里
取来 酒 她里没回
转， 倒叫 我 王二愣 挂在心
里， 低 头儿 我 里
只 把 东(得儿)东屋 离 (那得儿)
(那 呢 盈 哎)
低 头 儿 我只把这 东 屋
离， 看 看 东

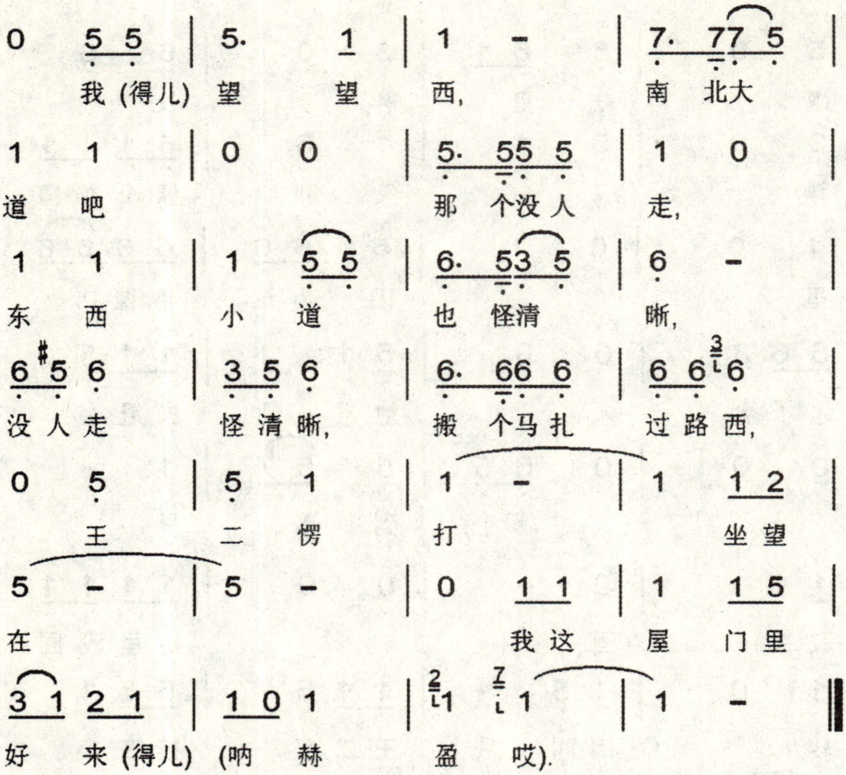

谱例八

家住河南太康县

选自《王金豆借粮》中王金豆唱段　演唱：朱锡梅

记谱：王　珺

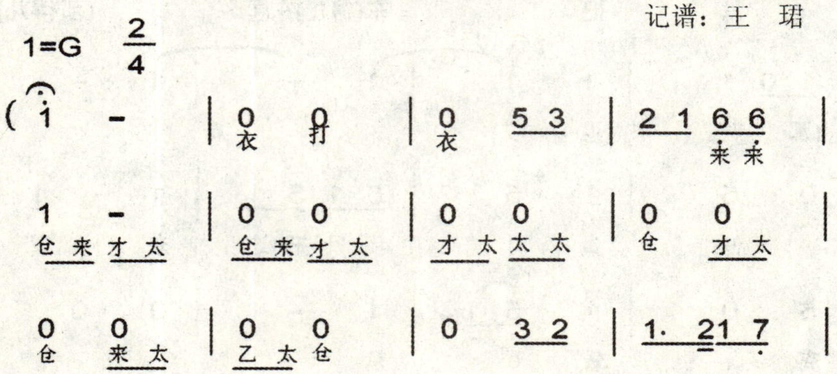

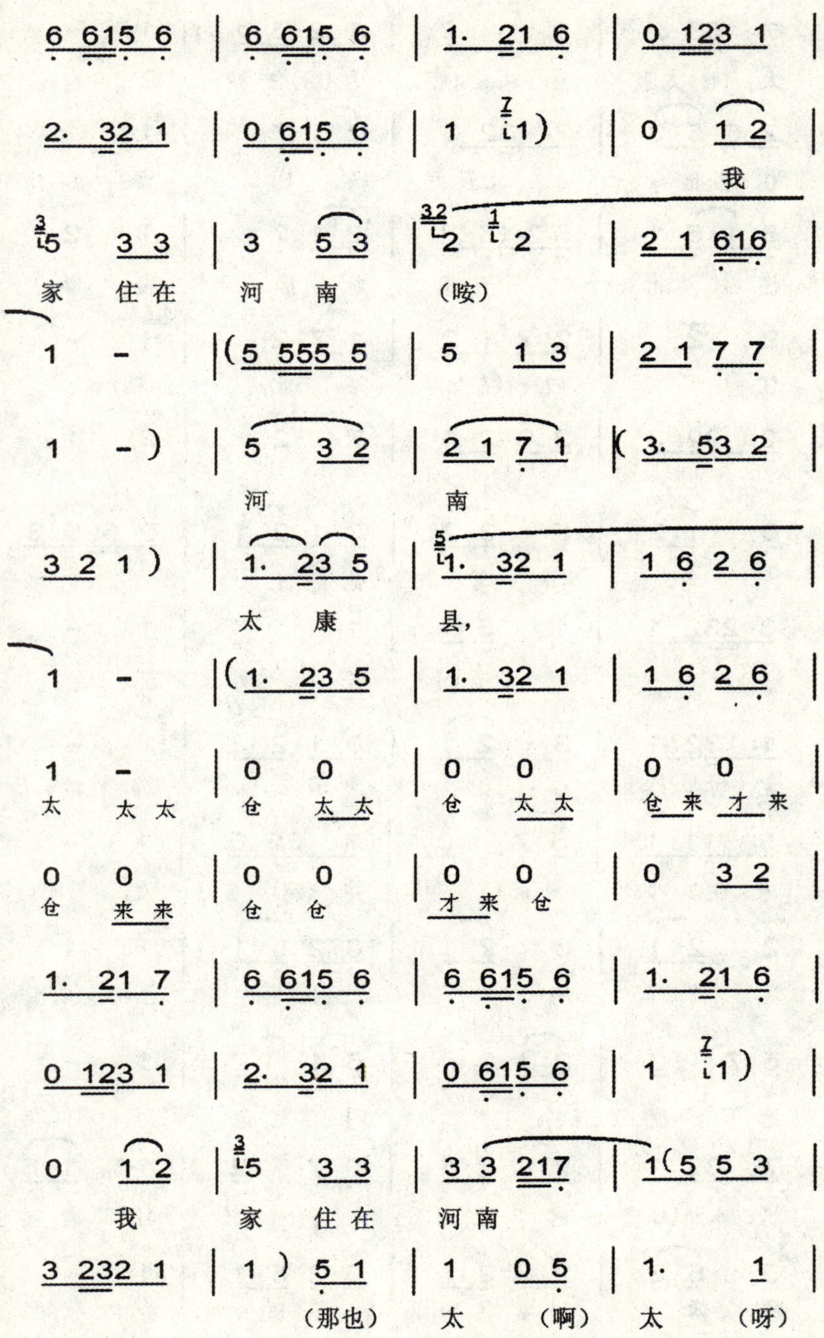
我
家 住在 河 南 （唼）
河 南
太 康 县，
太 太太 仓 太太 仓 太太 仓来才来
仓 来来 仓 仓 才来 仓
我 家 住在 河南
（那也） 太 （啊） 太 （呀）

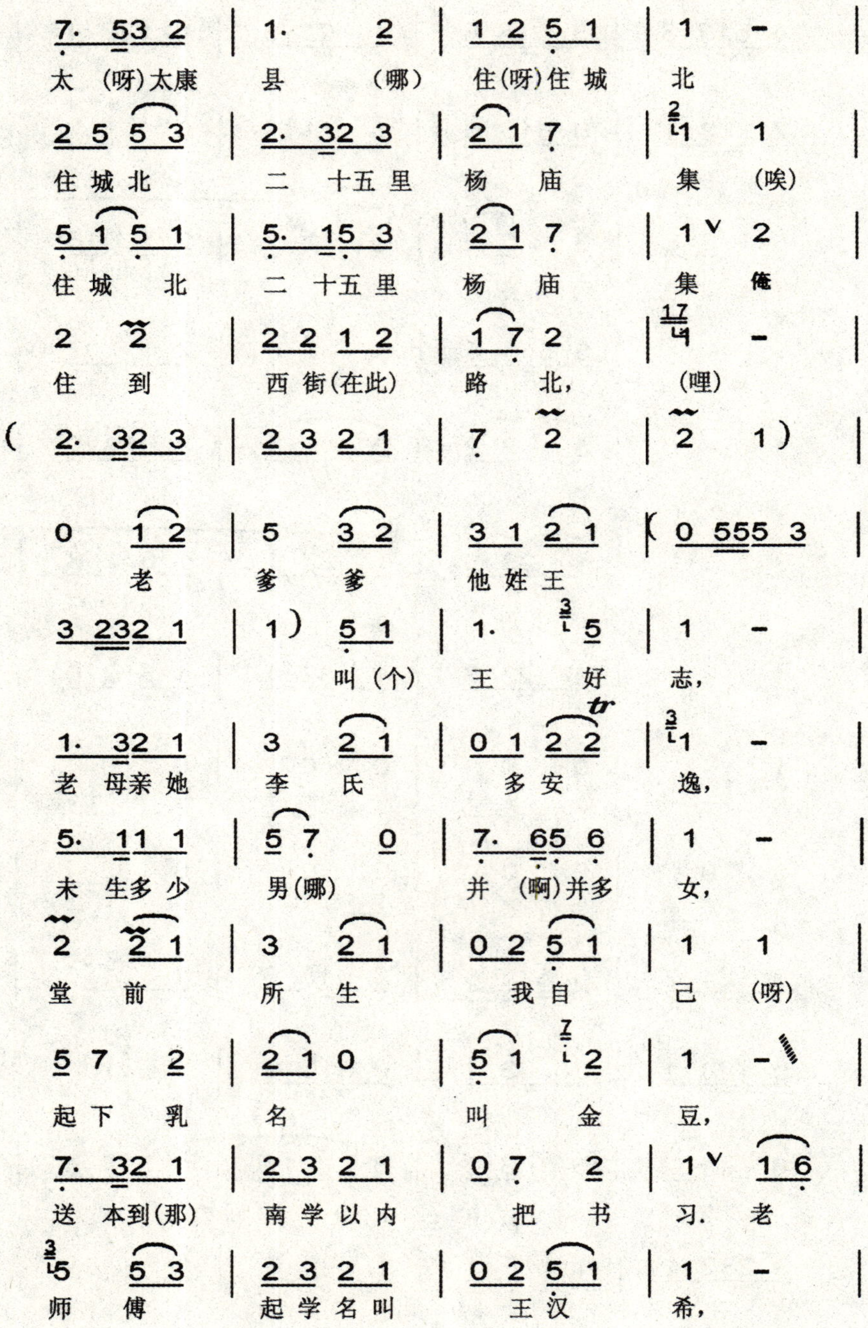
太（呀）太康 县 （哪） 住（呀）住 城 北
住城北 二 十五里 杨 庙 集 （唉）
住城 北 二 十五 里 杨 庙 集 俺
住 到 西 街（在此） 路 北， （哩）
老 爹 爹 他姓王
叫（个） 王 好 志，
老 母亲她 李 氏 多安 逸，
未 生多 少 男（哪） 并 （啊）并多 女，
堂 前 所 生 我自 己 （呀）
起下 乳 名 叫 金 豆，
送 本到（那） 南学以内 把 书 习。老
师 傅 起学名叫 王汉 希，

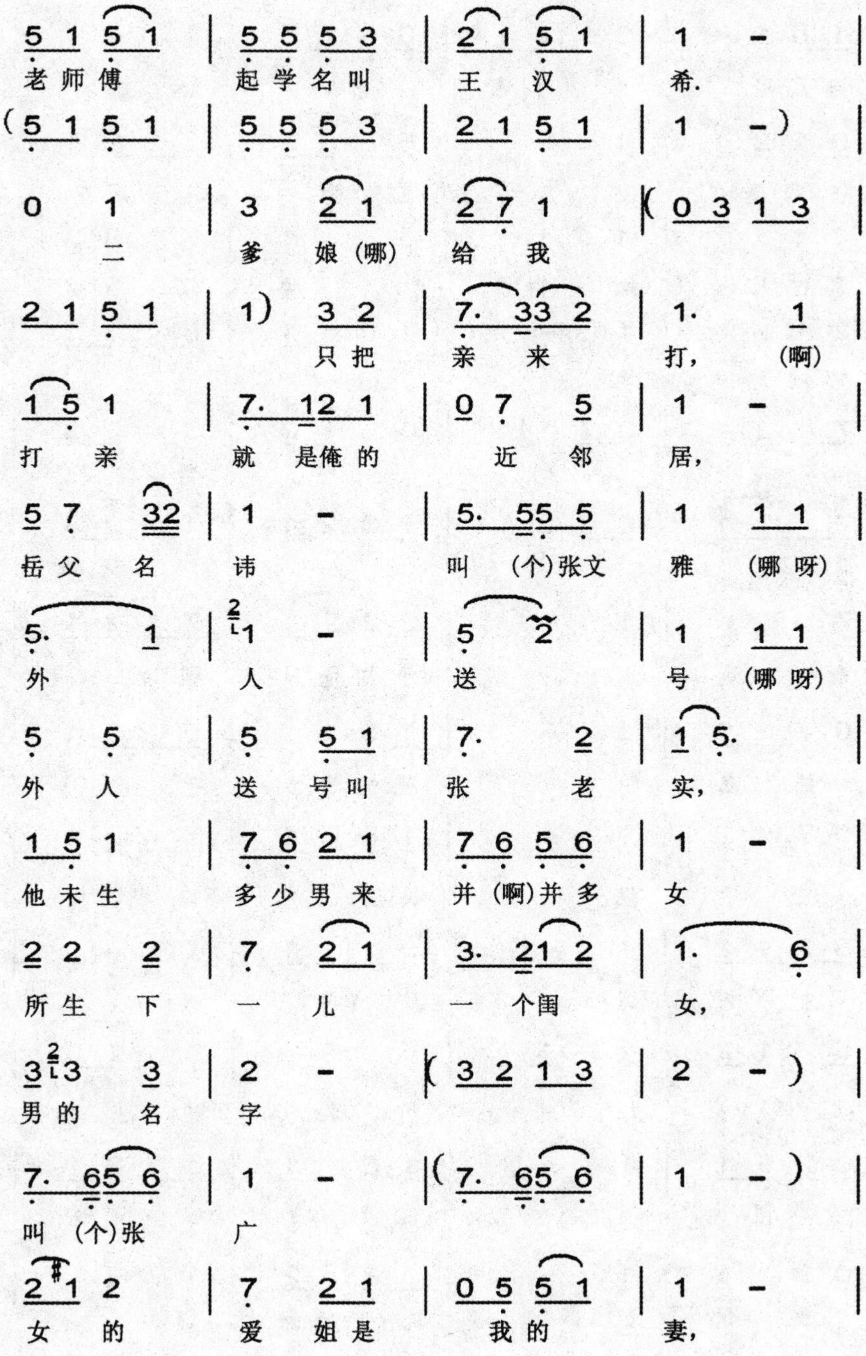
老师傅 起学名叫 王 汉 希.
二 爹 娘(哪) 给 我
只把 亲 来 打, (啊)
打 亲 就 是俺 的 近 邻 居,
岳父 名 讳 叫 (个)张文 雅 (哪 呀)
外 人 送 号 (哪 呀)
外 人 送 号叫 张 老 实,
他未生 多少男来 并(啊)并多 女
所生 下 一 儿 一 个闺 女,
男的 名 字
叫 (个)张 广
女 的 爱 姐是 我的 妻,

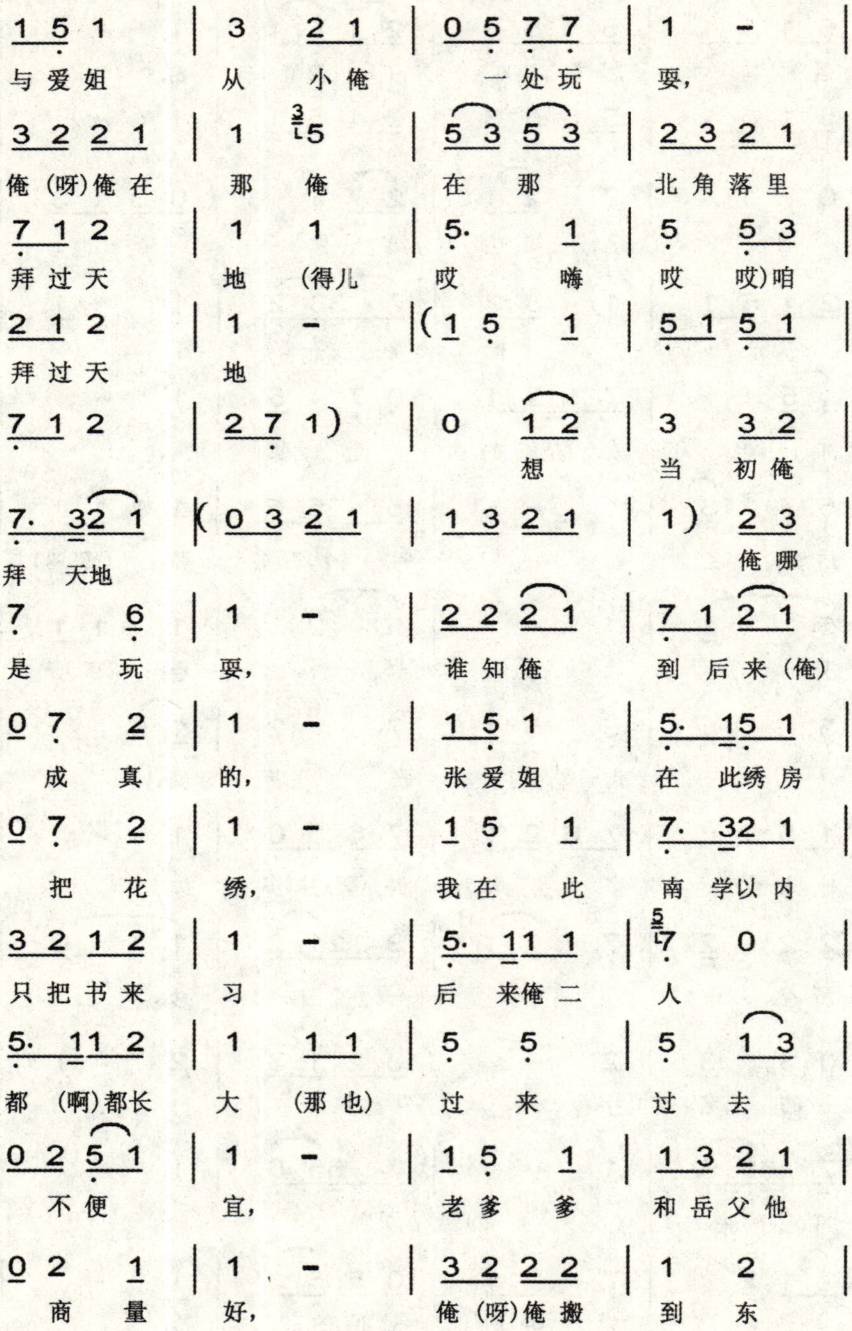
与爱姐 从 小俺 一处玩 耍，
俺（呀）俺在 那 俺 在 那 北角落里
拜过天 地（得儿 哎 嗨 哎 哎）咱
拜过天 地
想 当 初俺
拜 天地 俺哪
是 玩 耍， 谁知俺 到后来（俺）
成 真 的， 张爱姐 在 此绣房
把 花 绣， 我在 此 南 学以内
只把书来 习 后 来俺二 人
都（啊）都长 大（那 也）过 来 过 去
不便 宜， 老爹 爹 和岳父他
商 量 好， 俺（呀）俺搬 到 东

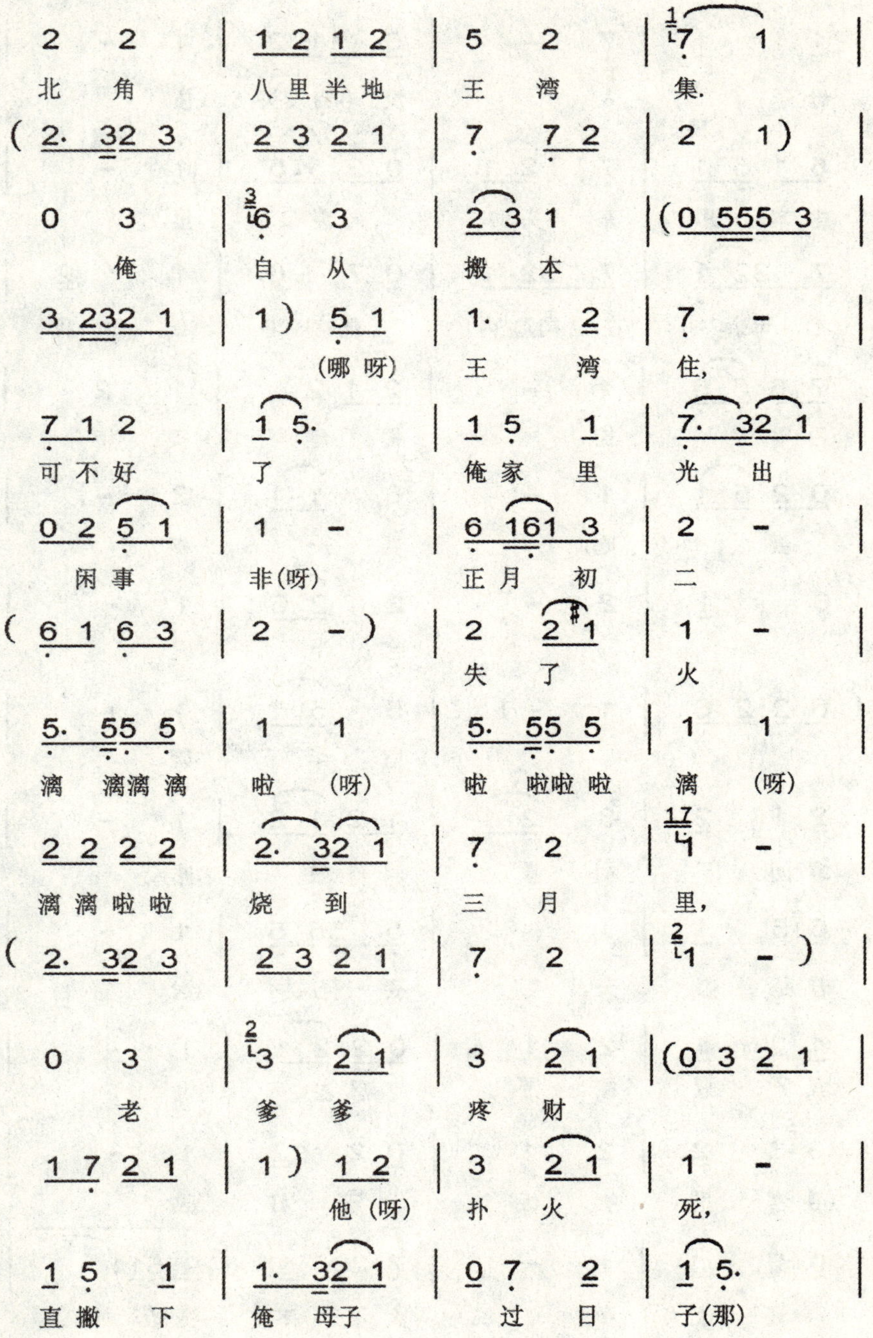
北角八里半地王湾集.
俺自从搬本
(哪呀)王湾住,
可不好了俺家里光出
闲事非(呀)正月初二
失了火
漓漓漓漓啦(呀)啦啦啦啦漓(呀)
漓漓啦啦烧到三月里,
老爹爹疼财
他(呀)扑火死,
直撇下俺母子过日子(那)

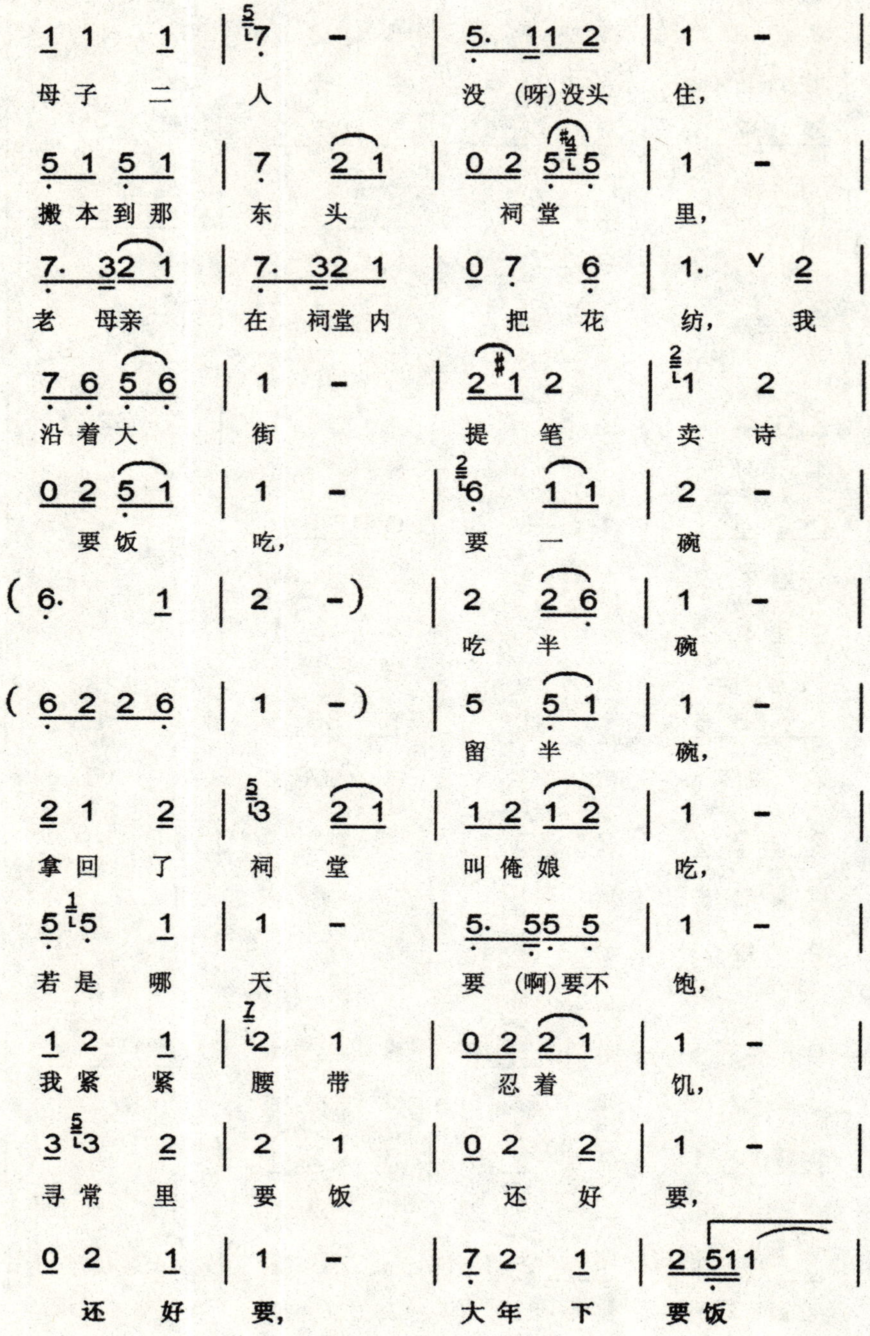
母子二人 没（呀）没头住，
搬本到那东头 祠堂里，
老母亲在祠堂内 把花纺，我
沿着大街 提笔卖诗
要饭吃，要一碗
吃半碗
留半碗，
拿回了祠堂 叫俺娘吃，
若是哪天 要（啊）要不饱，
我紧紧腰带 忍着饥，
寻常里要饭 还好要，
还好要，大年下要饭

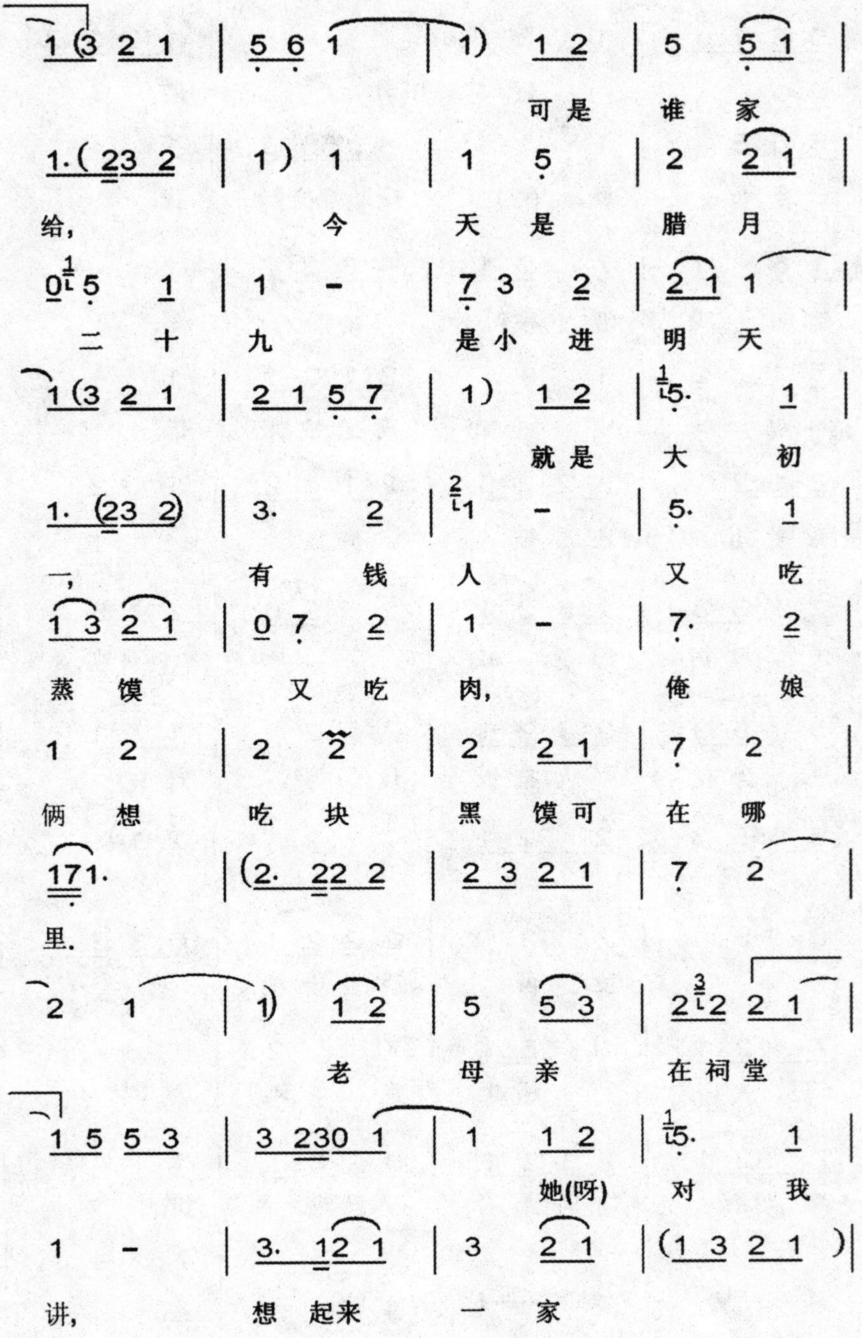
可是 谁 家
给， 今 天 是 腊 月
二 十 九 是小 进 明 天
就是 大 初
一， 有 钱 人 又 吃
蒸 馍 又 吃 肉， 俺 娘
俩 想 吃 块 黑 馍 可 在 哪
里.
老 母 亲 在 祠 堂
她(呀) 对 我
讲， 想 起来 一 家

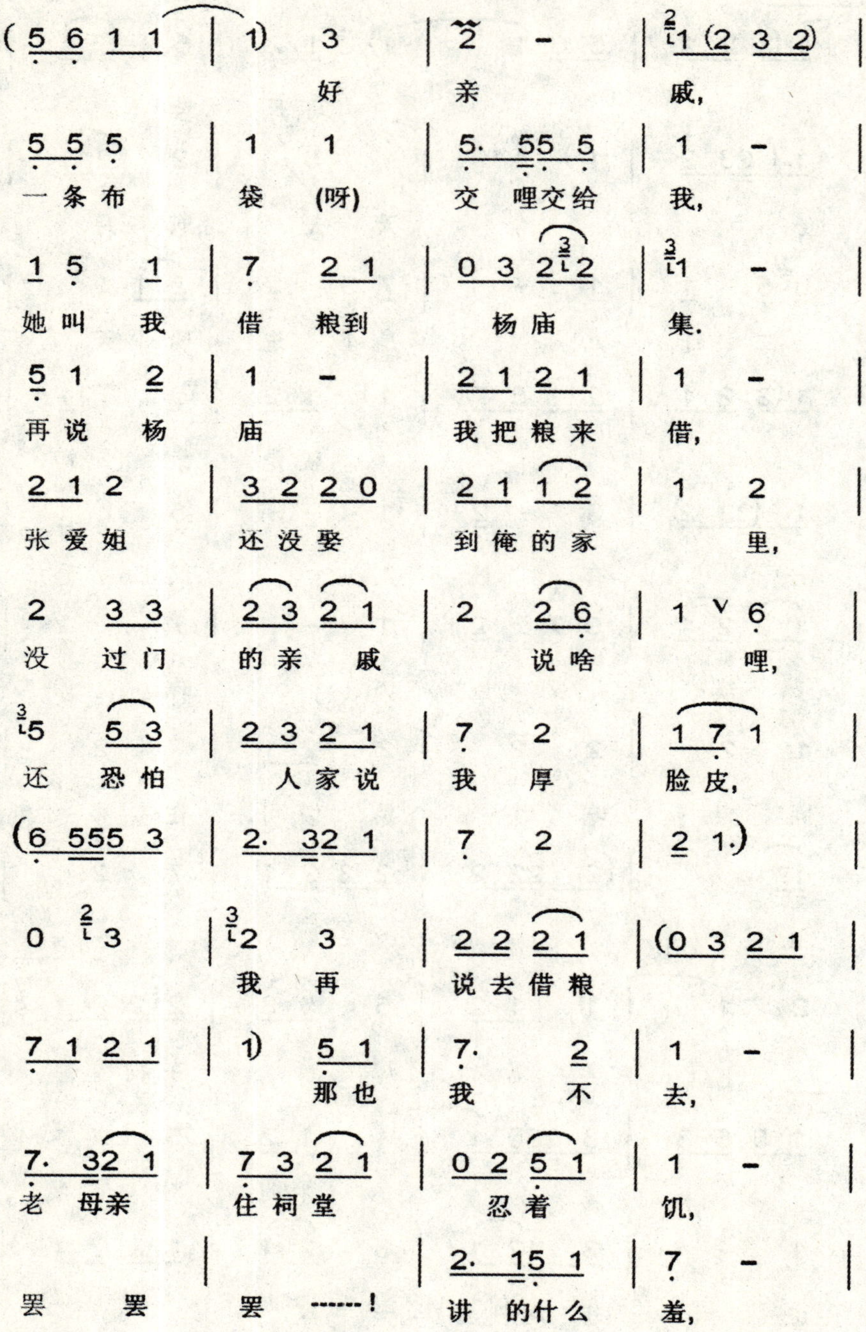
好 亲 戚，
一条布 袋 (呀) 交 哩交给 我，
她叫 我 借 粮到 杨庙 集.
再说 杨 庙 我把粮来 借，
张爱姐 还没娶 到俺的家 里，
没 过门 的亲 戚 说啥 哩，
还 恐怕 人家说 我 厚 脸皮，
我 再 说去借粮
那也 我 不 去，
老 母亲 住祠堂 忍着 饥，
罢 罢 罢 ------! 讲 的什么 羞，

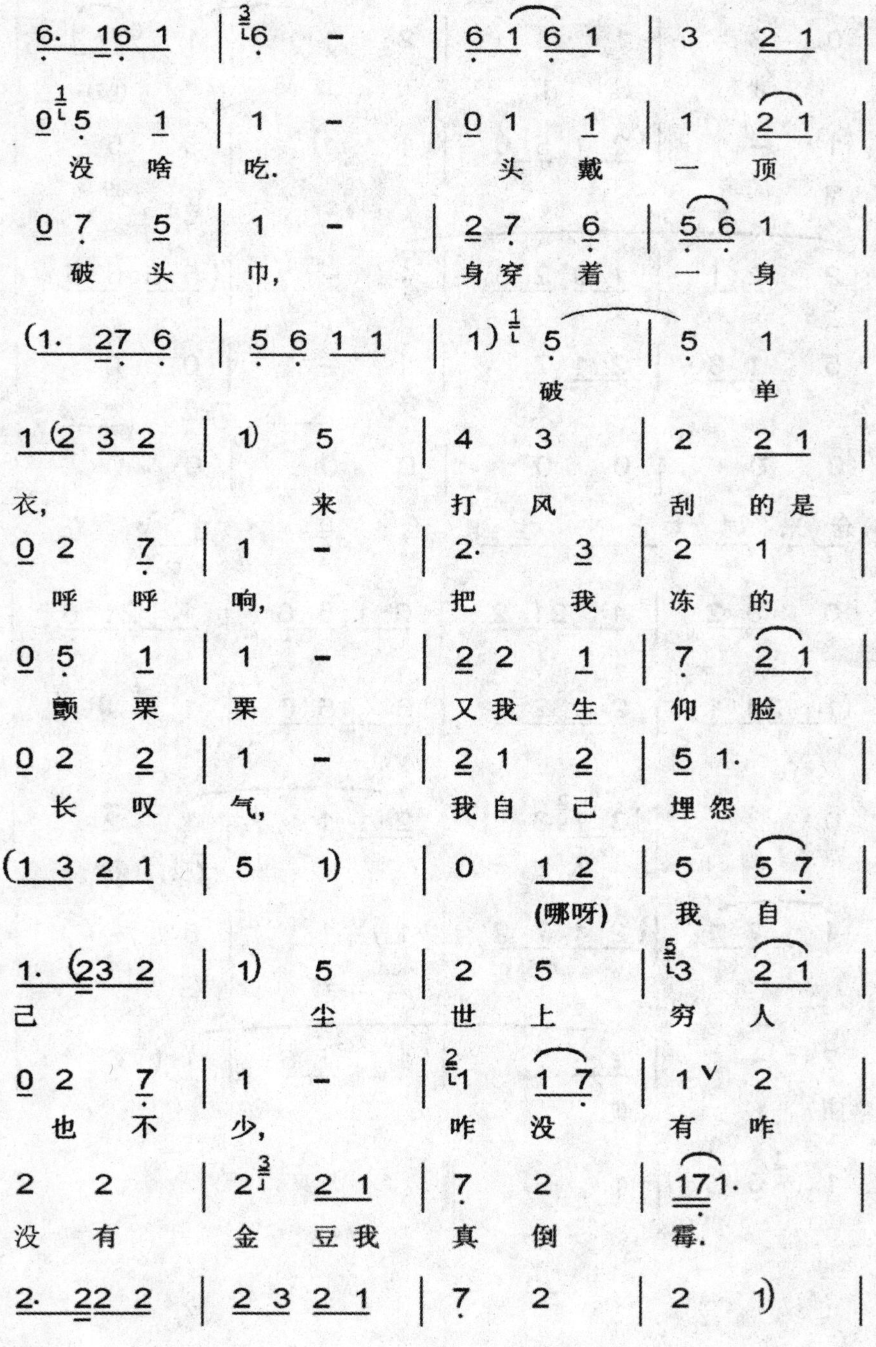
没 啥 吃. 头 戴 一 顶
破 头 巾, 身穿 着 一 身
破 单
衣, 来 打 风 刮 的 是
呼 呼 响, 把 我 冻 的
颤 栗 栗 又我 生 仰 脸
长 叹 气, 我自 己 埋 怨
(哪呀) 我 自
己 尘 世 上 穷 人
也 不 少, 咋 没 有 咋
没 有 金 豆 我 真 倒 霉.

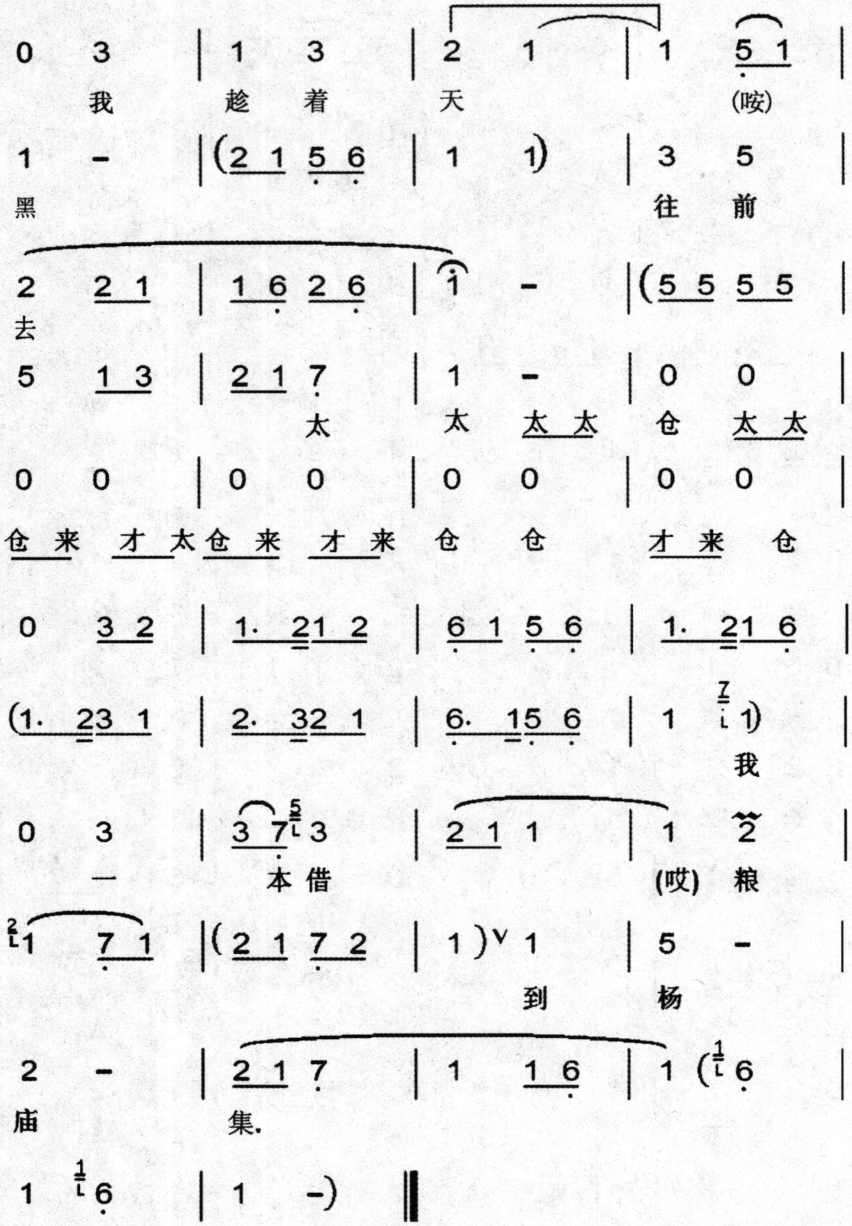
我 趁 着 天 (咹)
黑 往 前
去
太 太 太太 仓 太太
仓来 才太仓来 才来 仓 仓 才来 仓
我
一 本借 (哎) 粮
到 杨
庙 集.

谱例九

一句话羞坏了小妹妹

选自《王金豆借粮》刘氏的唱段

演唱：冯春芳
记谱：宋　培

1=G $\frac{2}{4}$

【铜器垛】 亲切热情地　　（俗称："大赔送"）

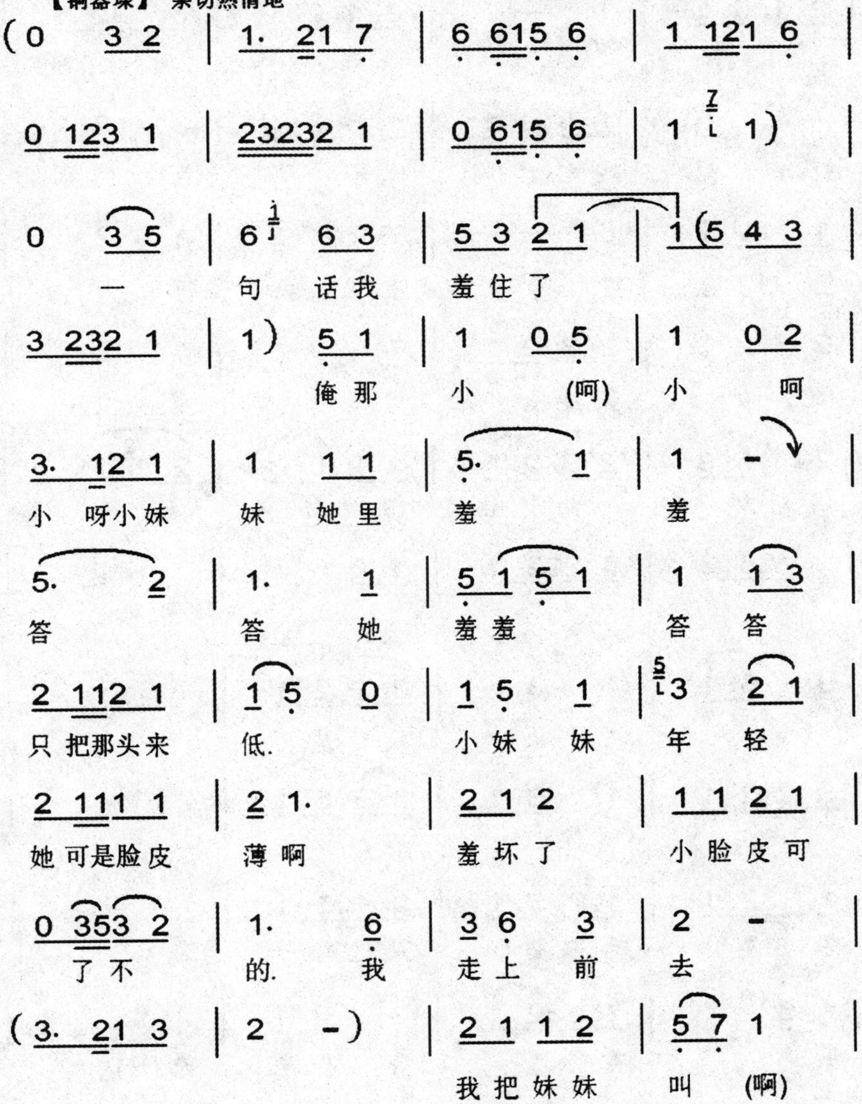

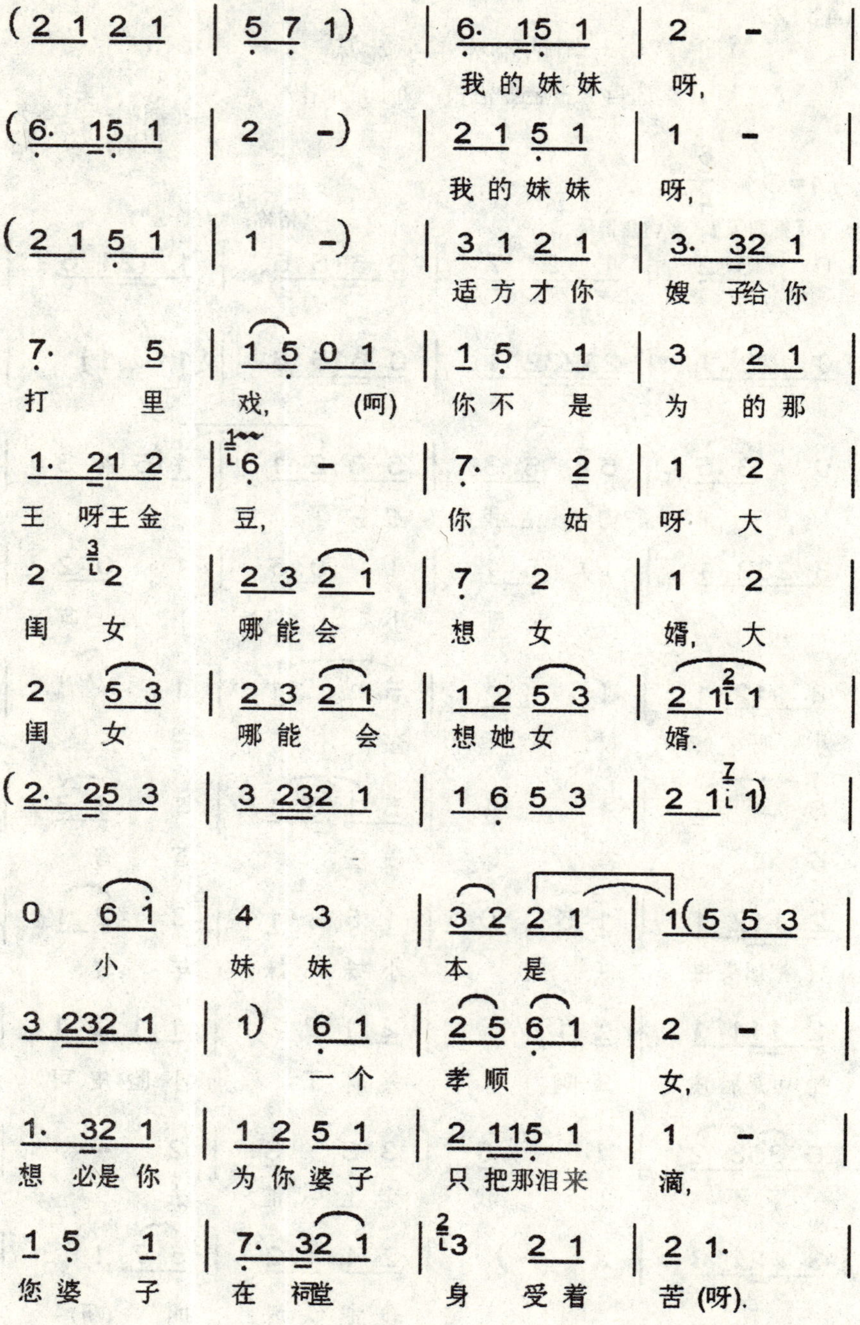
我的妹妹呀，
我的妹妹呀，
适方才你嫂子给你
打里戏，(呵)你不是为的那
王呀王金豆，你姑呀大
闺女哪能会想女婿，大
闺女哪能会想她女婿.
小妹妹本是
一个孝顺女，
想必是你为你婆子只把那泪来滴，
您婆子在祠堂身受着苦(呀).

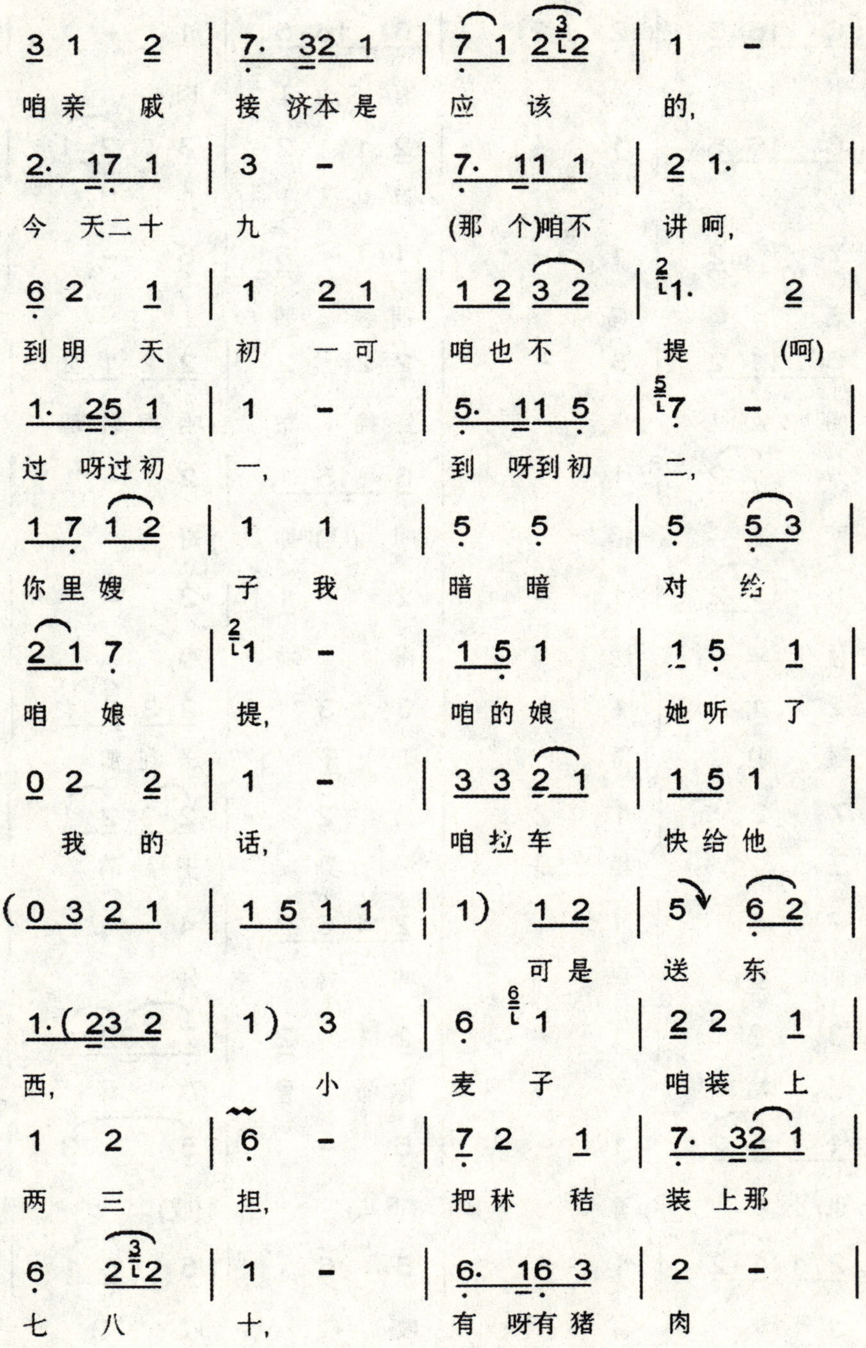
咱亲戚接济本是应该的，
今天二十九(那个)咱不讲呵，
到明天初一可咱也不提(呵)
过呀过初一，到呀到初二，
你里嫂子我暗暗对给
咱娘提，咱的娘她听了
我的话，咱拉车快给他
可是送东
西，小麦子咱装上
两三担，把秫秸装上那
七八十，有呀有猪肉

有 呀有 羊 肉,
再装 上 几 只
老 母 鸡. 铜钱 装 上
(那 个)好几 串, 好棉 布 咱再装那
两 三 担, 叫 (哇)叫你 哥,
使 车 送 得 啦 喔,
喔 啦 得 一 下 子 送到那
王 湾 集 是 送 到 王 湾
祠 堂 里 叫 妹 妹
恁 姑 呀 你看 看 欢 喜
也不欢 喜. (得儿) (哎)
也不欢 喜 (得儿 哎 哎 哎 哎)

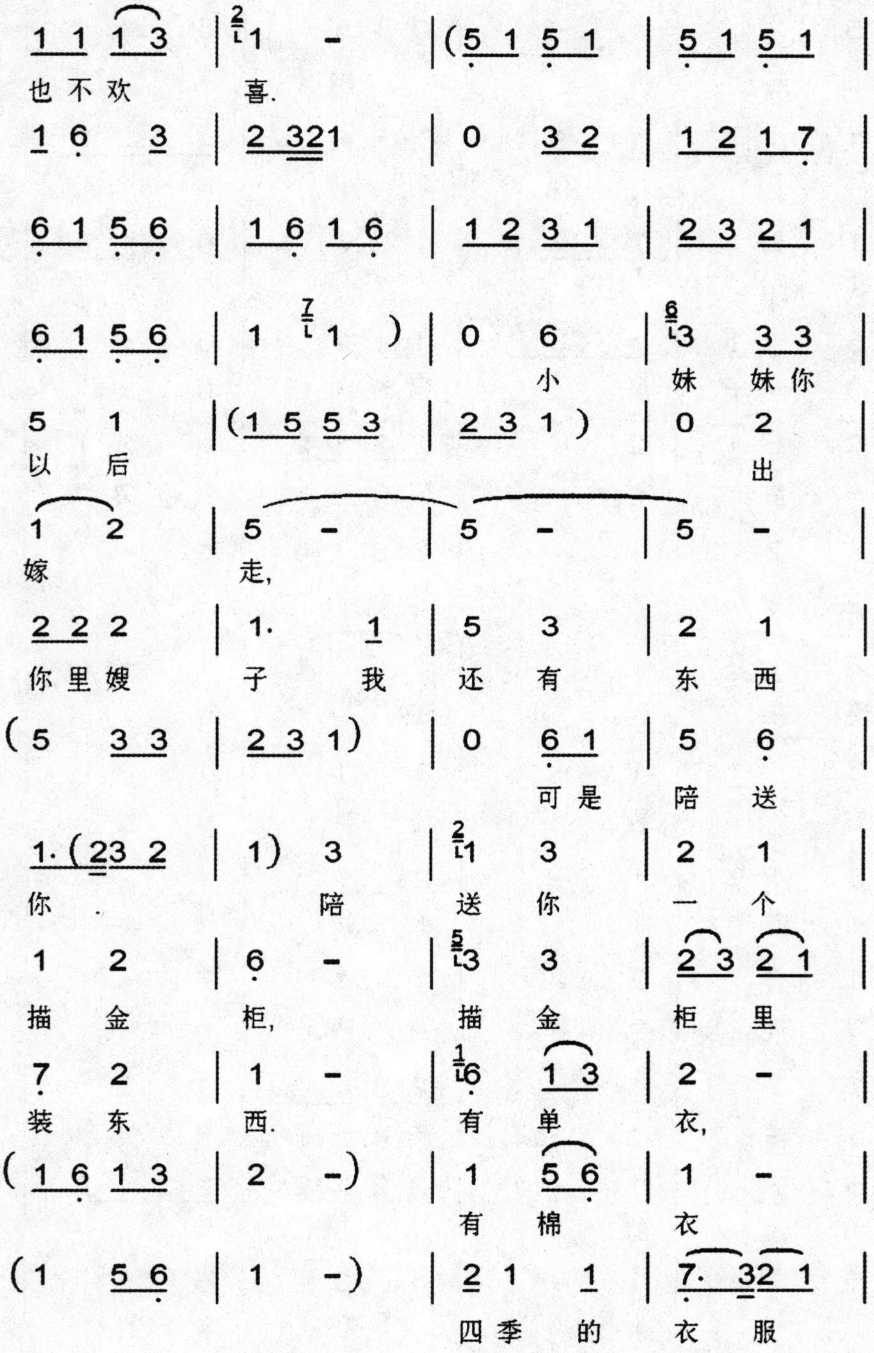
也不欢　喜.
小　妹　妹你
以后　出
嫁　走,
你里嫂　子　我　还　有　东　西
可是　陪　送
你　陪　送　你　一　个
描　金　柜,　描　金　柜　里
装　东　西.　有　单　衣,
有　棉　衣
四季　的　衣　服

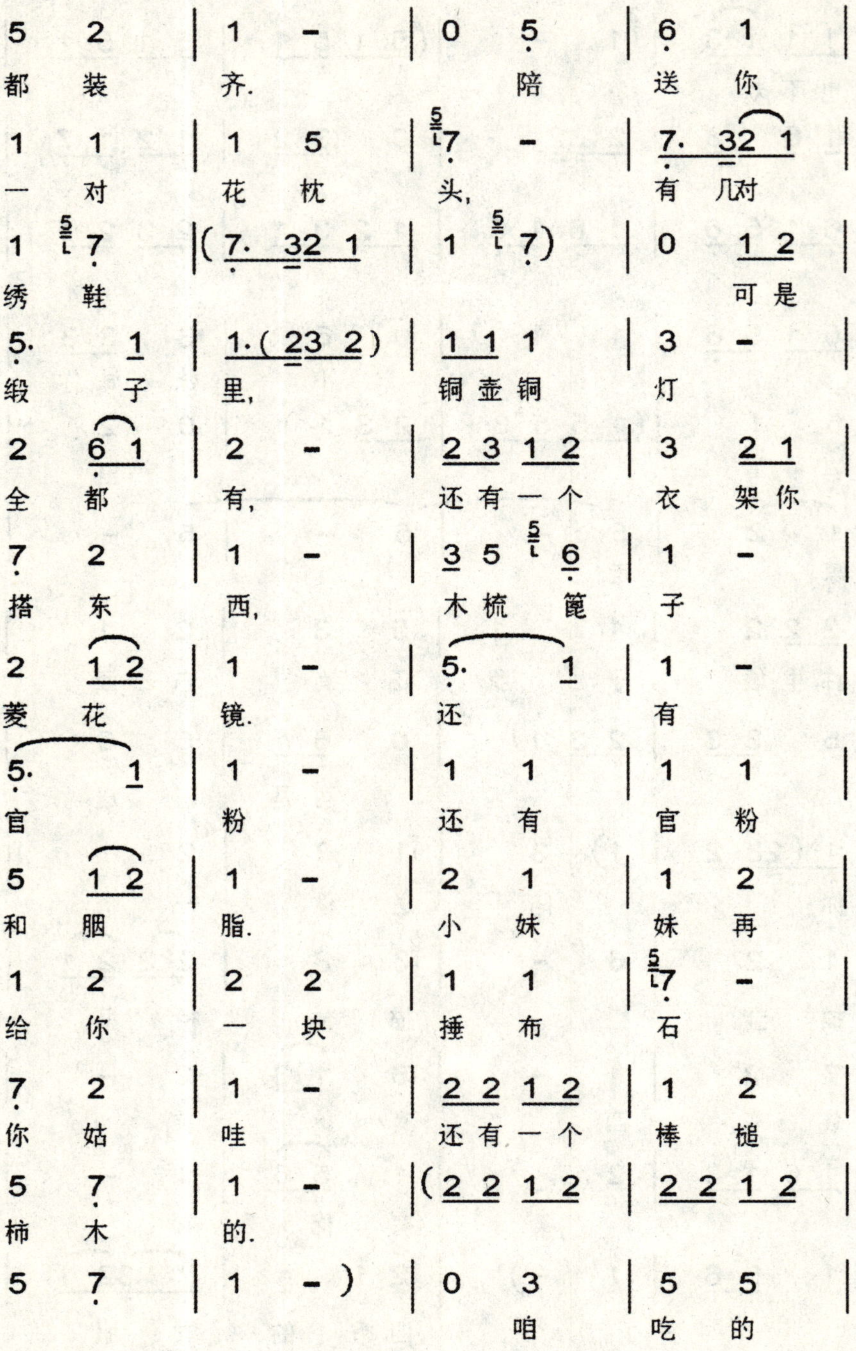
都装齐. 陪送你
一对花枕头, 有几对
绣鞋 可是
缎子里, 铜壶铜灯
全都有, 还有一个衣架你
搭东西, 木梳篦子
菱花镜. 还有
官粉 还有官粉
和胭脂. 小妹妹再
给你一块捶布石
你姑哇 还有一个棒槌
柿木的.
咱吃的

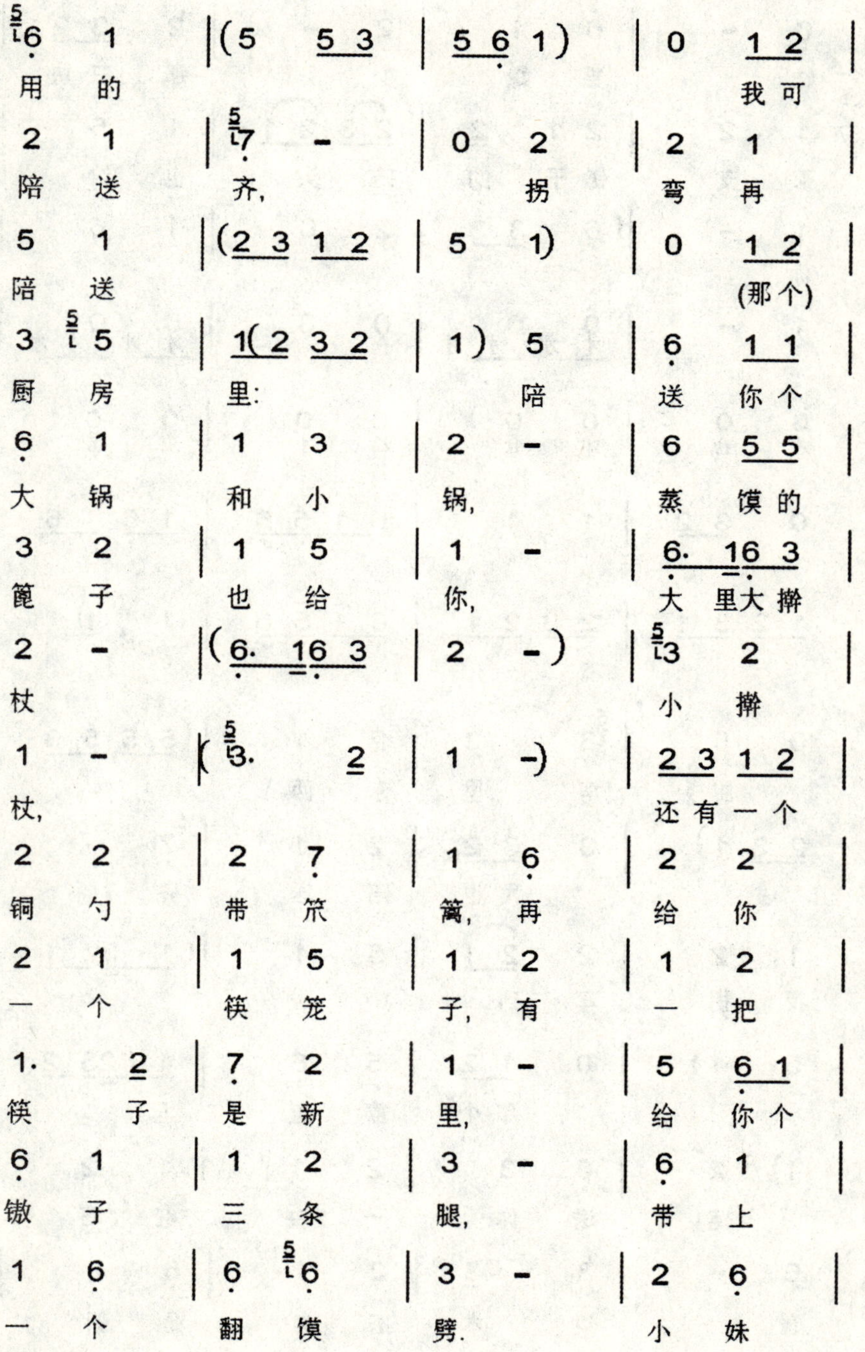
用的　我可
陪送齐,　拐弯再
陪送　(那个)
厨房里:　陪送你个
大锅和小锅,　蒸馍的
篦子也给你,　大里大擀
杖　小擀
杖,　还有一个
铜勺带笊篱,再给你
一个筷笼子,有一把
筷子是新里,给你个
镦子三条腿,带上
一个翻馍劈.　小妹

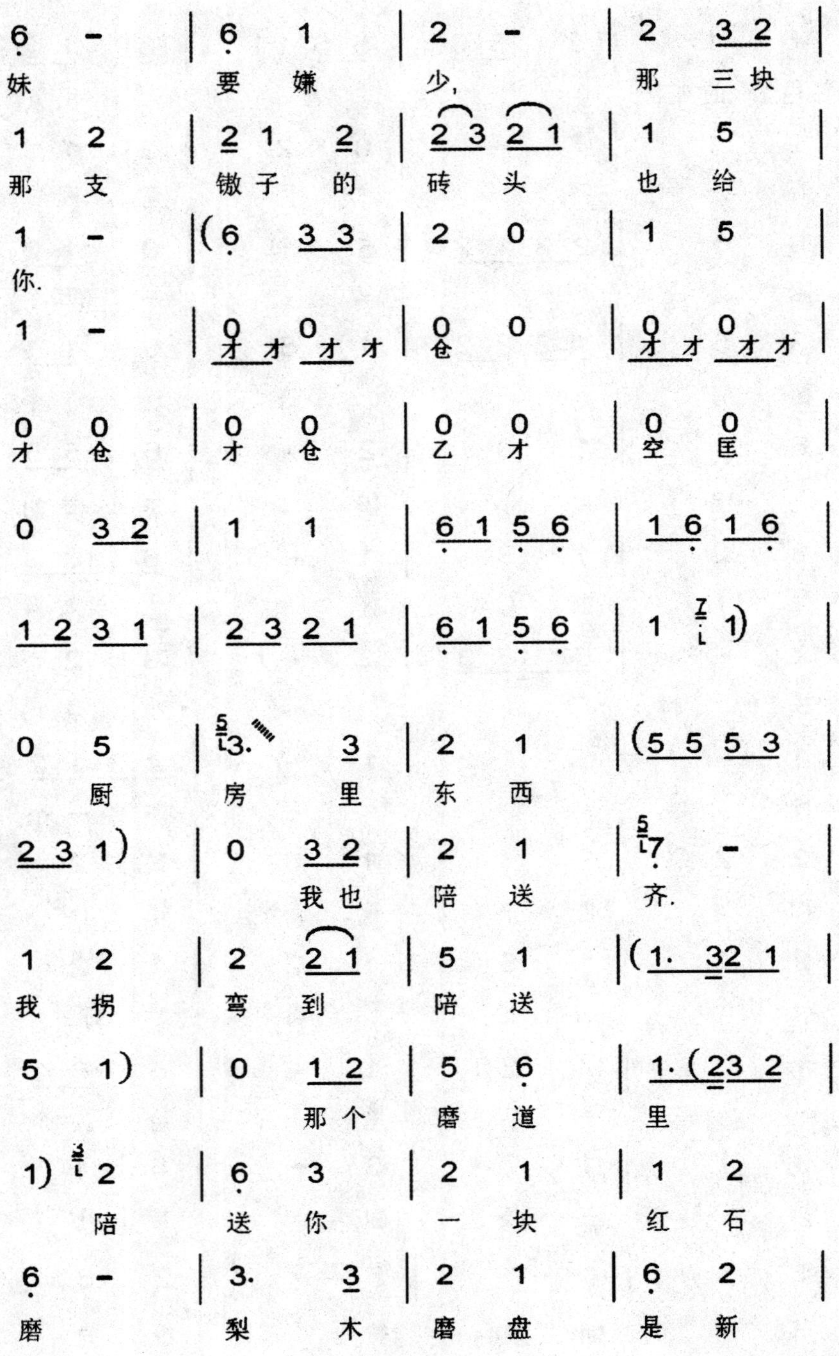
妹 要 嫌 少，那 三 块
那 支 镢 子 的 砖 头 也 给
你.
才 才 才 才 仓 才 才 才 才
才 仓 才 仓 乙 才 空 匡
厨 房 里 东 西
我 也 陪 送 齐.
我 拐 弯 到 陪 送
那 个 磨 道 里
陪 送 你 一 块 红 石
磨 梨 木 磨 盘 是 新

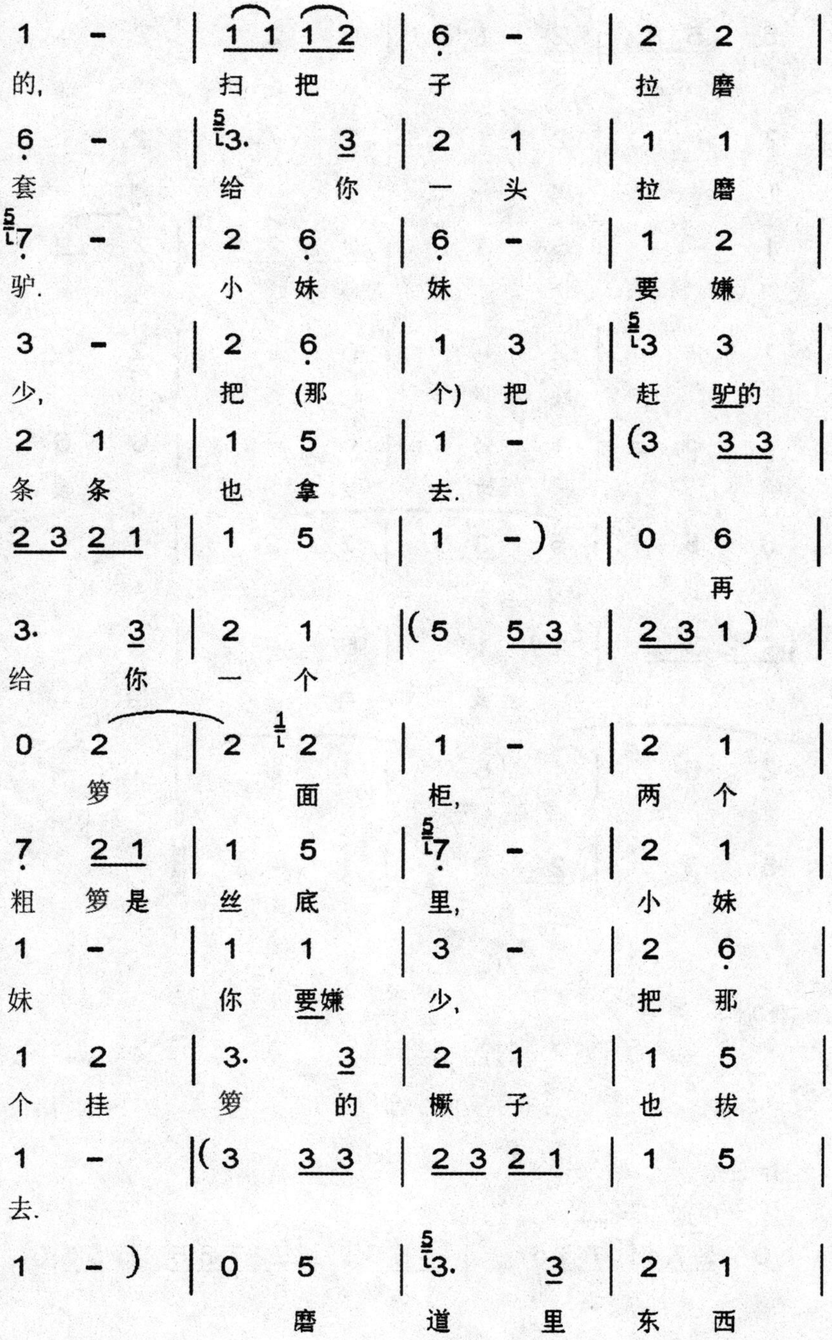
的，扫把子拉磨
套给你一头拉磨
驴．小妹妹要嫌
少，把（那个）把赶驴的
条条也拿去．
再
给你一个
箩面柜，两个
粗箩是丝底里，小妹
妹你要嫌少，把那
个挂箩的橛子也拔
去．
磨道里东西

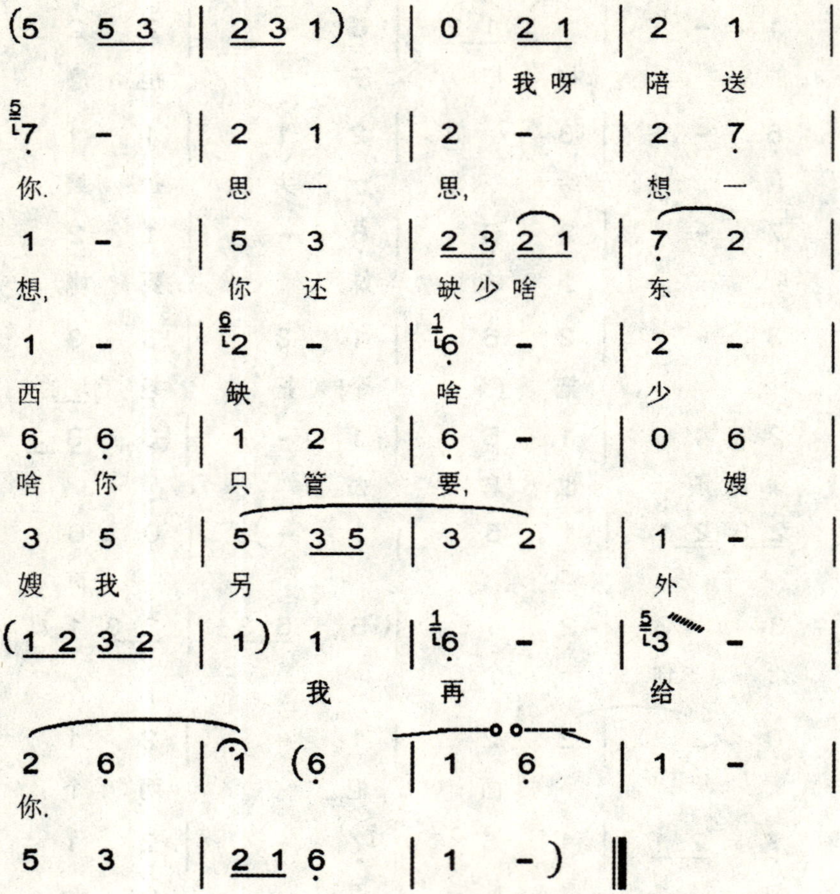

谱例十

《拴 娃 娃》

中字多腔少唱段选例　　　　王仲华：演唱

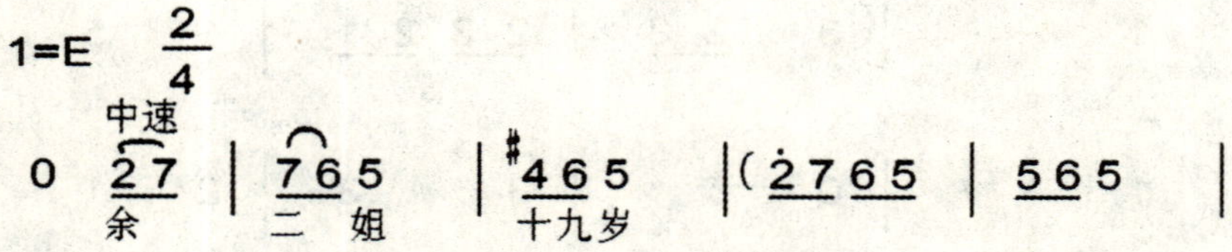

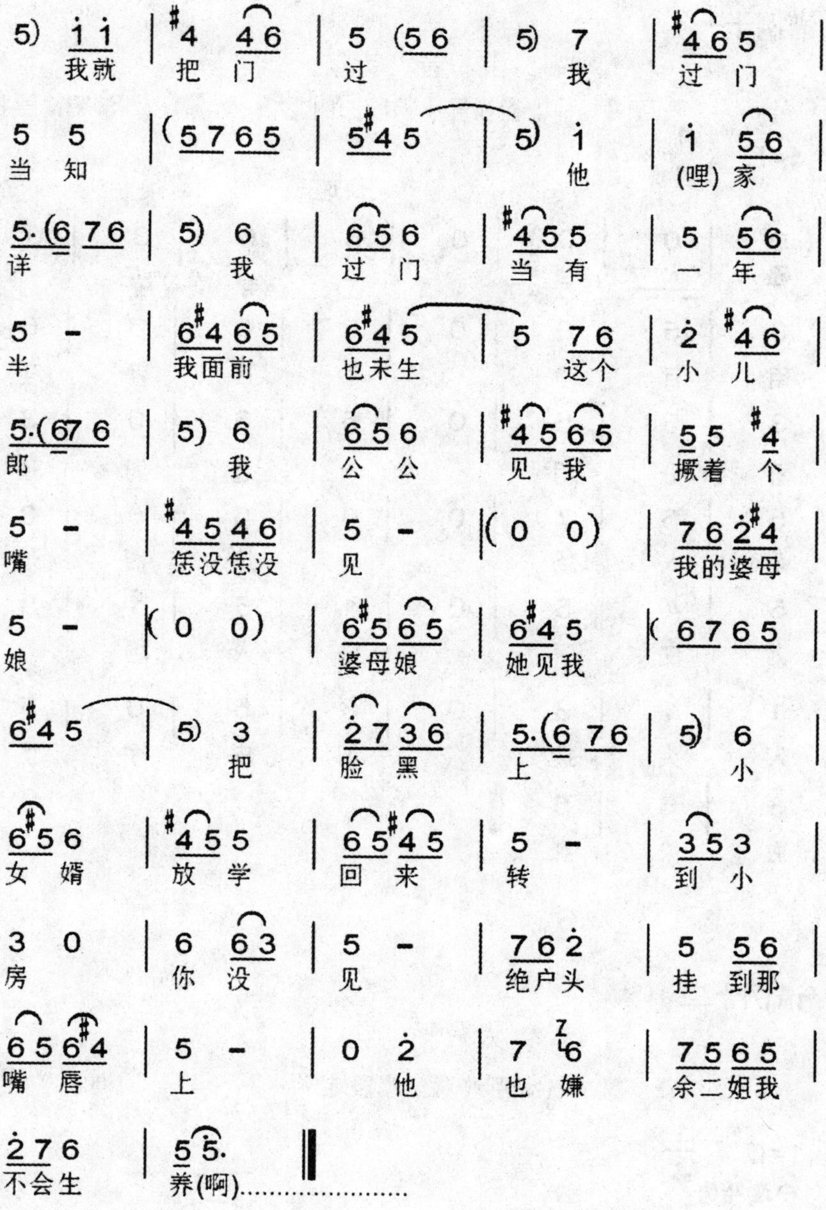
我就 把 门 过 我 过 门
当 知 他 (哩) 家
详 我 过 门 当 有 一 年
半 我面前 也未生 这个 小 儿
郎 我 公 公 见 我 撅着 个
嘴 恁没恁没 见 我的婆母
娘 婆母娘 她见我
把 脸 黑 上 小
女 婿 放 学 回 来 转 到 小
房 你 没 见 绝户头 挂 到那
嘴 唇 上 他 也 嫌 余二姐我
不会生 养(啊)……

谱例十一

雷 音 寺

［搬板凳］唱段选例　　　　演唱：梁振启

1=E $\frac{1}{4}$

快速

(0	0	0)	0	6	6	3	0
乙	大 大	仓		在	寺	院	
3	5	6	0	6	6	6	6
用	目	睁		举	目	睁	睁
3	6	5	0	6	6	6	3
看	分	明		一	边	厢	是
5	6	7	0	6	6	6	3
杀	人	场		一	边	厢	是
5	4	5	0	$\dot{1}$	5	$\dot{1}$	0
剥	皮	厅		杀	人	场	
$\dot{1}$	$\dot{1}$	3	0	6	5	6	5
人	头	挂		剥	皮	厅	里
6	6	5 ‖					
血	染	红…………………					

谱例十二

太 平 花

［快呱嗒嘴］唱段选例　　　　演唱：宋保太

1=E $\frac{1}{4}$

中速 稍快

0 6	6 5	6 $\dot{1}$	6	0 6	6 5	5
东	风	阵	阵	大	雪	纷

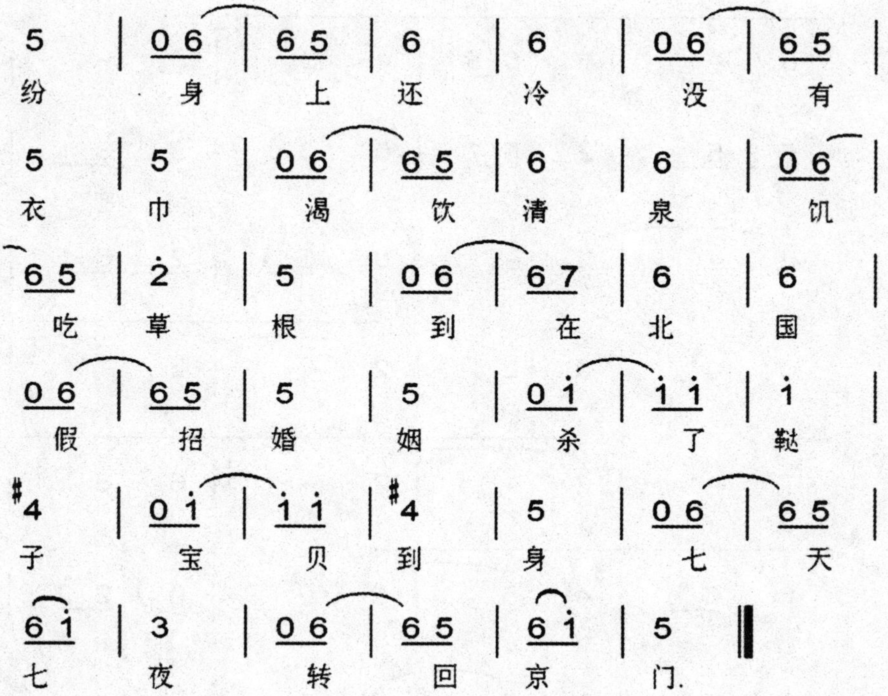

谱例十三

寇准背靴

中沙嗓唱段选例　　　　演唱：梁振启

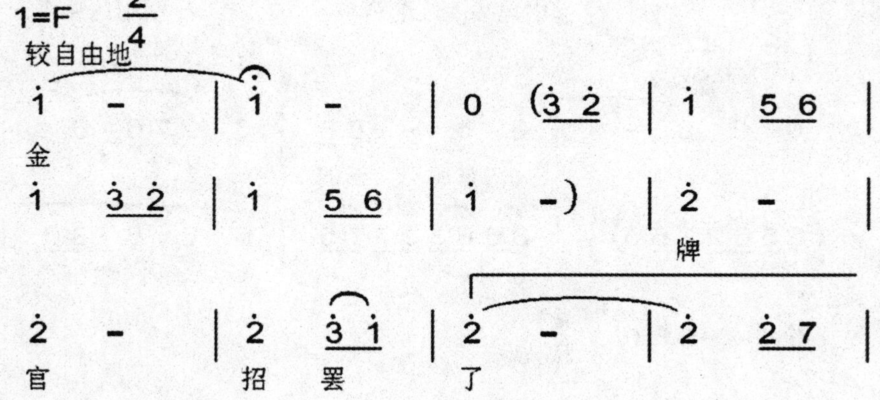

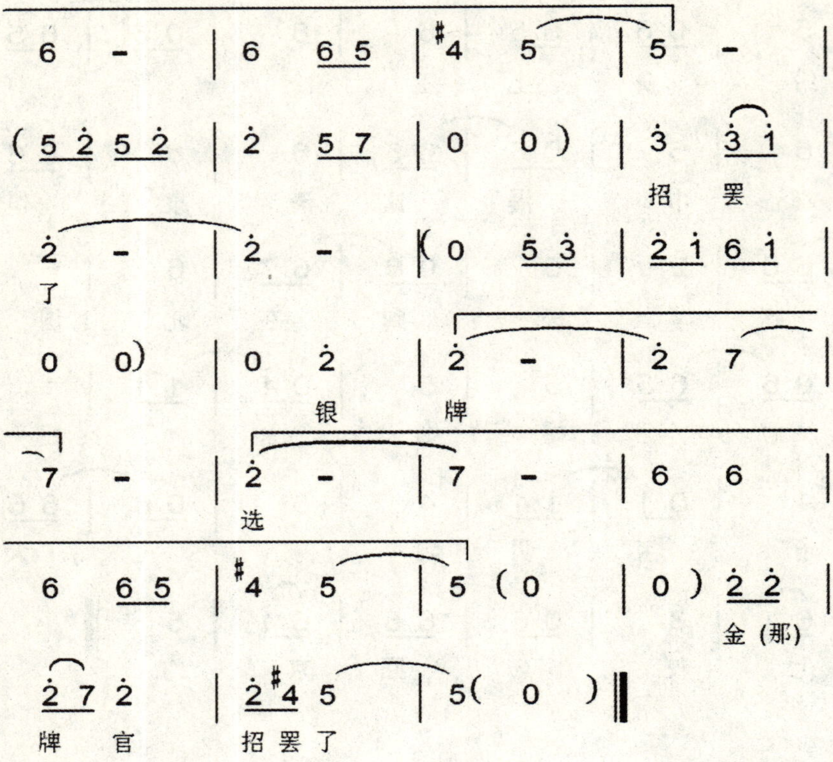

谱例十四

斩 黄 袍

中甩唱腔段选例　　　　演唱：燕守立

1=E $\frac{4}{4}$

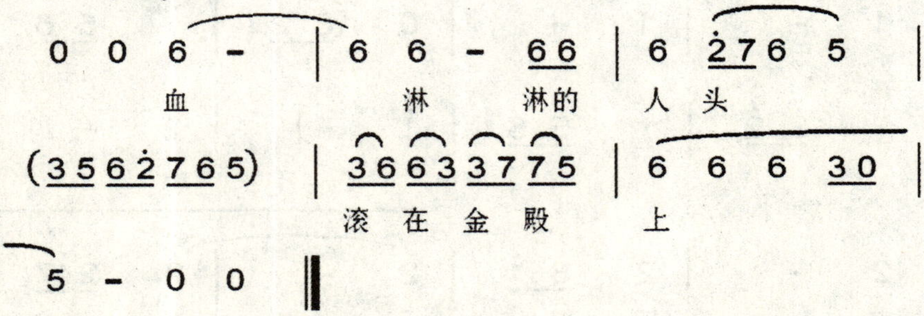

谱例十五

丝弦曲牌选例

［金钱尾］

江海云口述

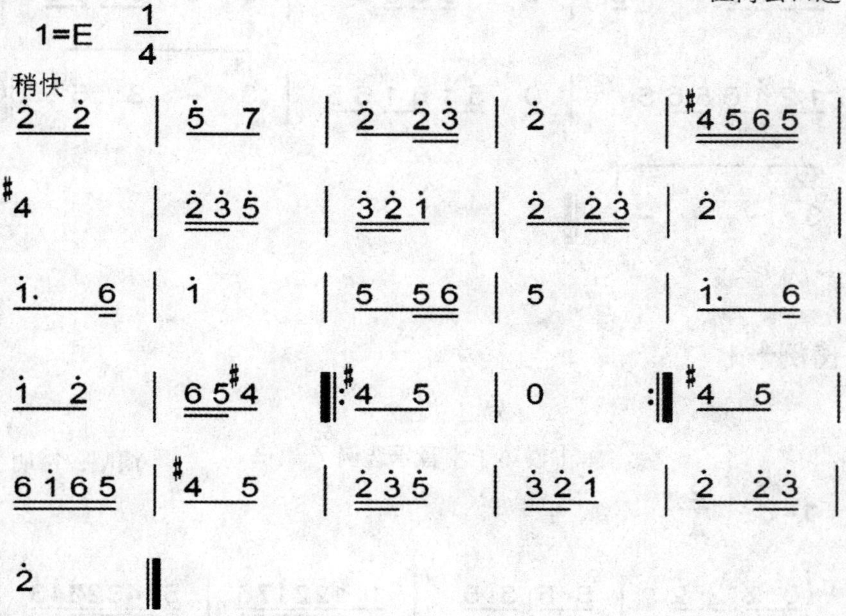

谱例十六

唢呐曲牌选例

［慢欠场］

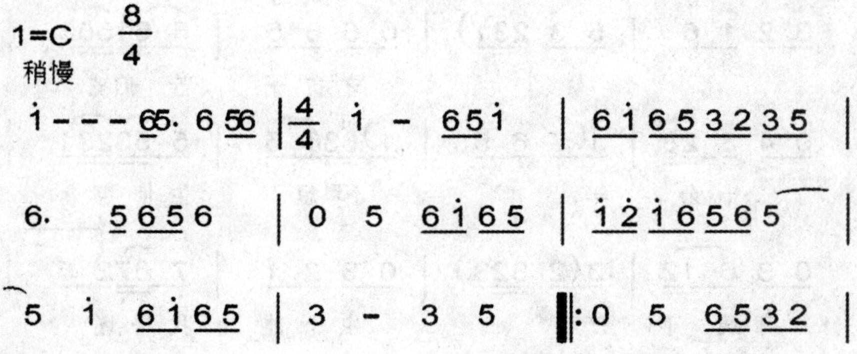

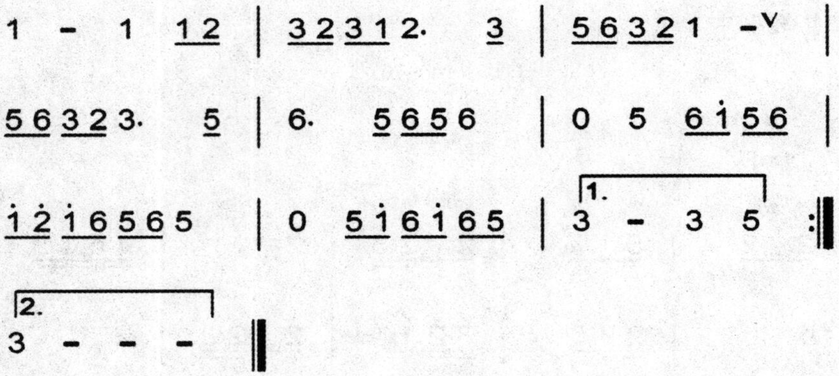

谱例十七

《嫁　母》

［慢坠子］音乐选例　　　　演唱：雷明

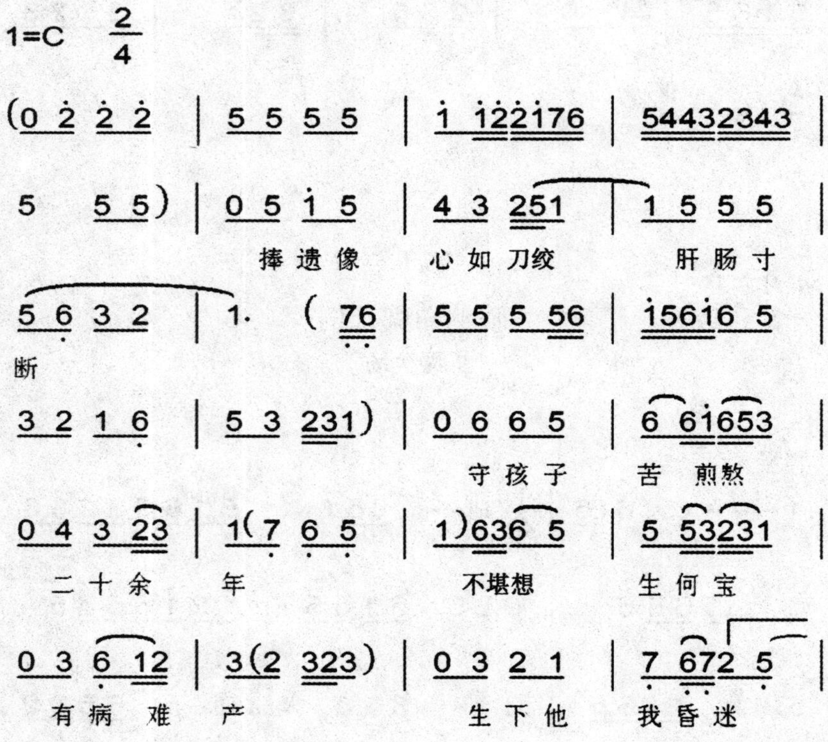

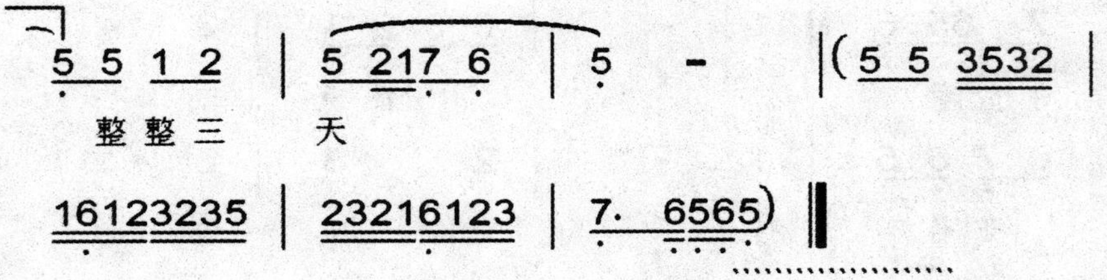

谱例十八

《王二姐思夫》

［中速坠子］音乐选　　　　演唱：马艳秋

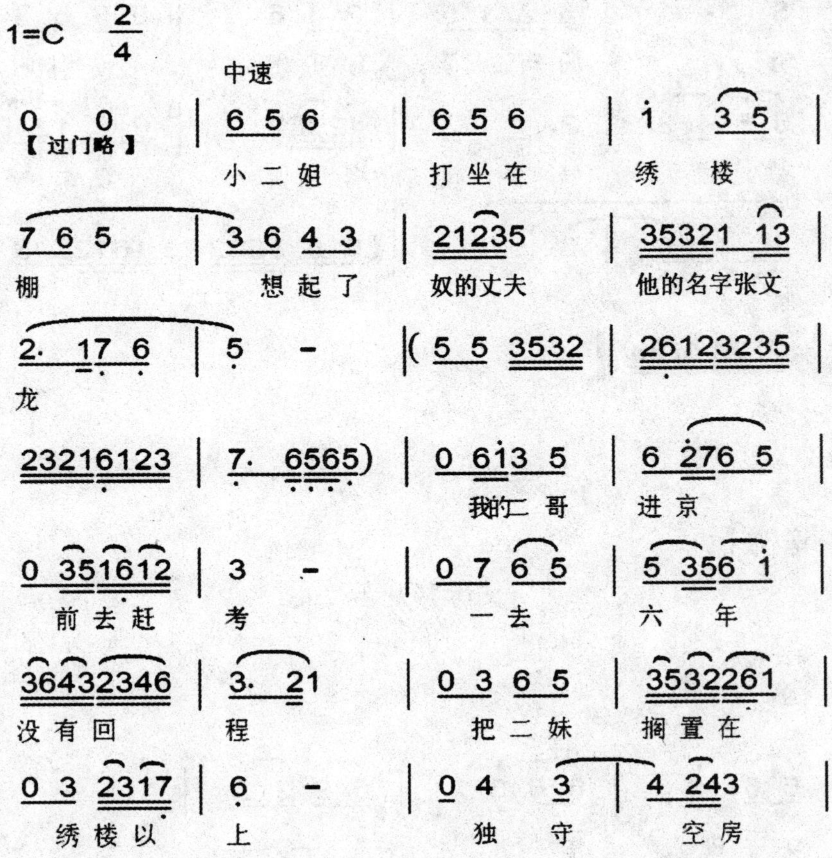

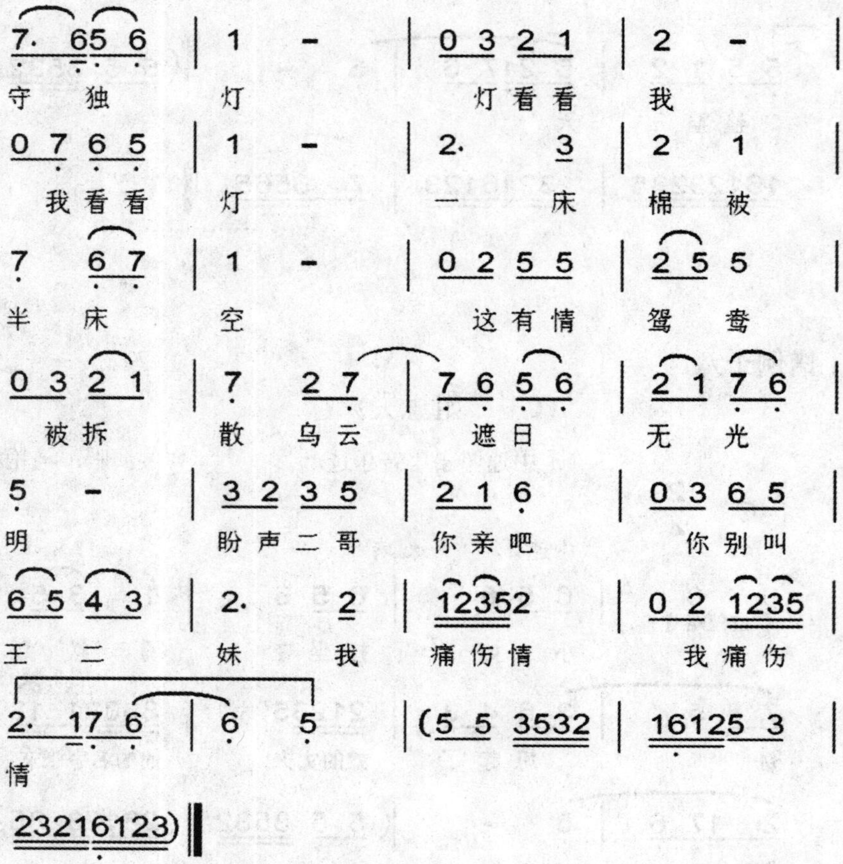

……………

谱例十九

父母养儿苦受尽

〈商水〉

演唱：邵国珍
采记：王化政

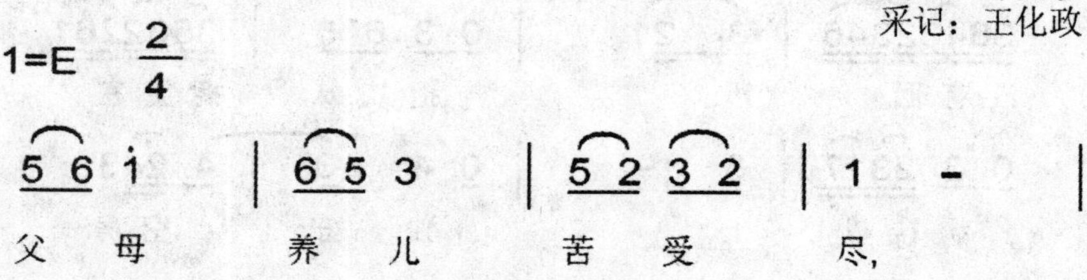

谱例二十

难民歌

〈扶沟〉

演唱：白文长

采记：崔鸿斌

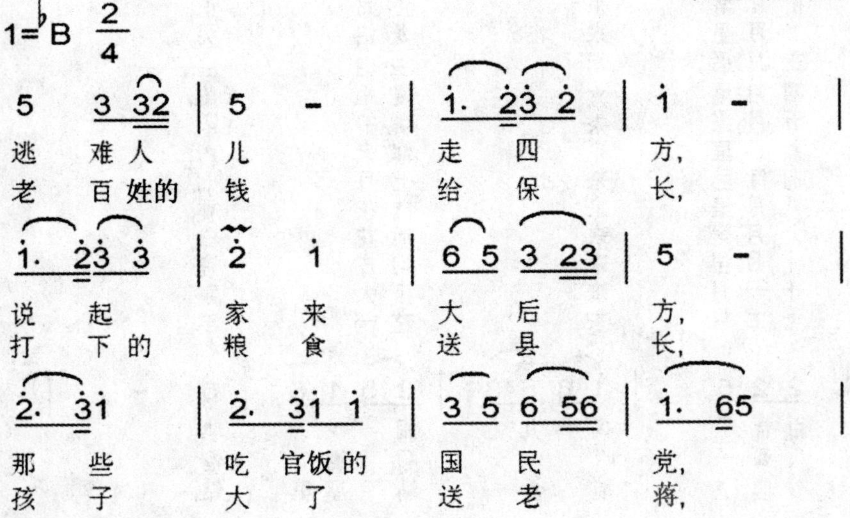

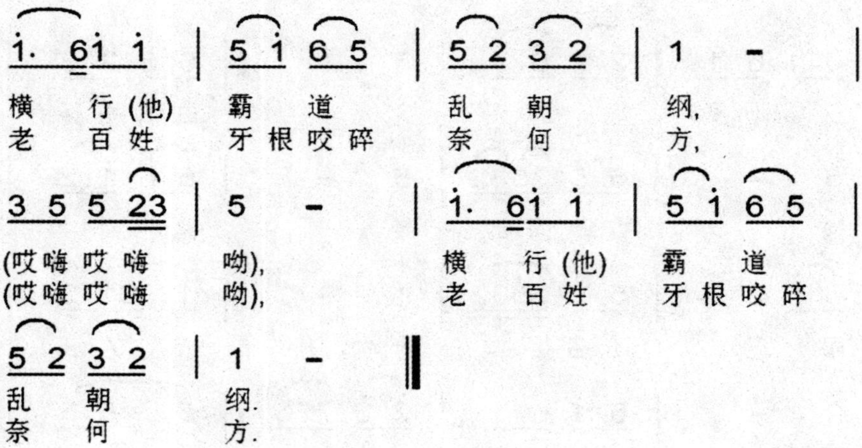

谱例二十一

十二个月

〈沈丘〉

演唱：刘庆玉
采记：赵中良　陈魁喜

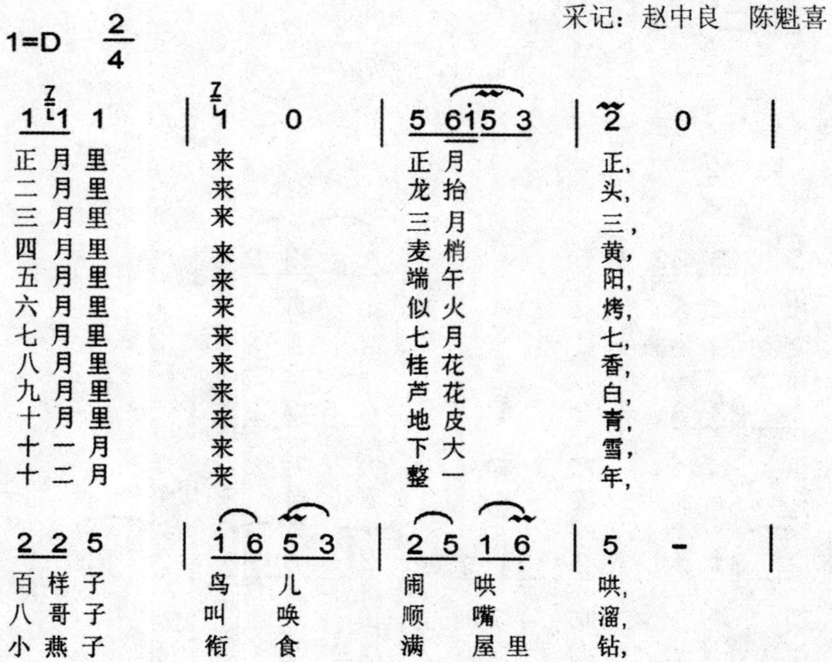

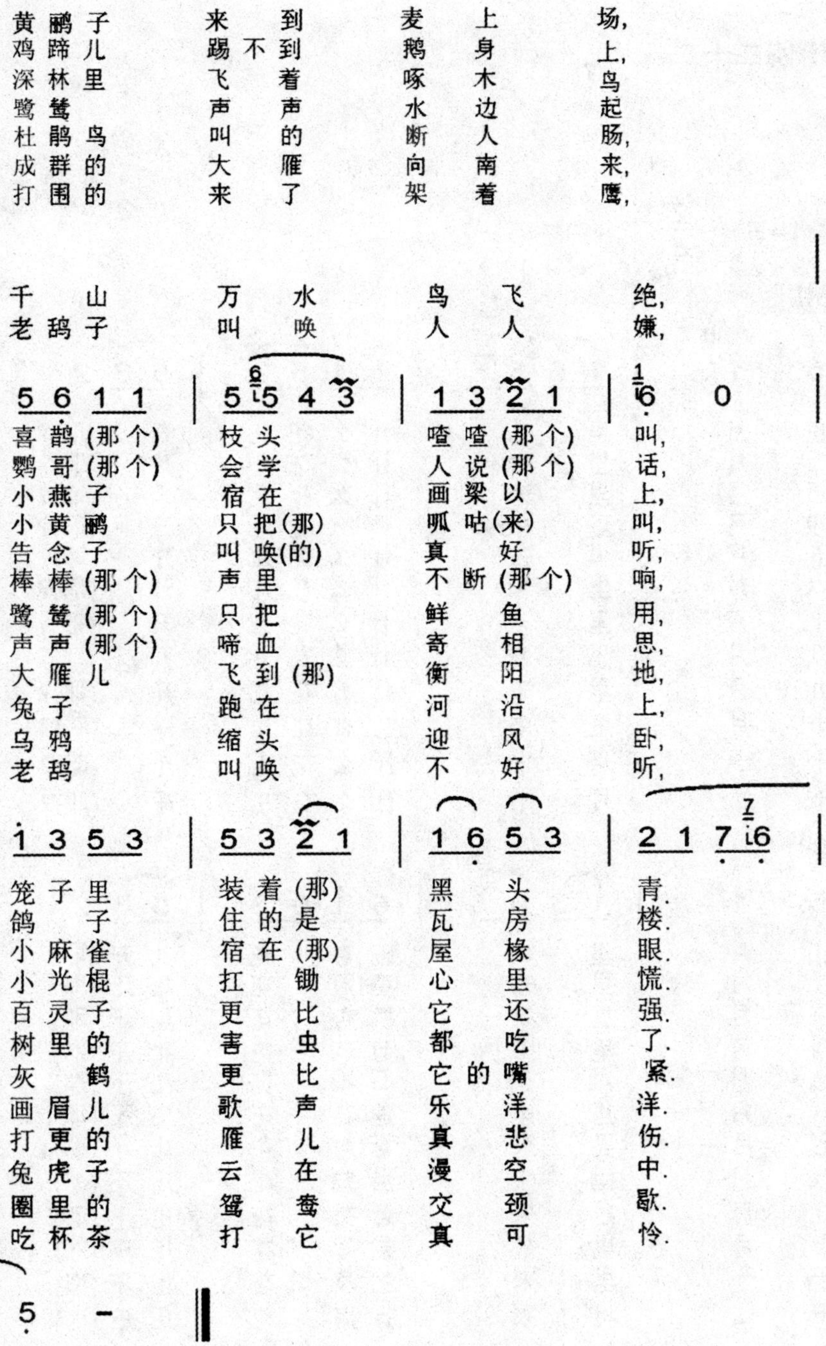
黄鹂子 来到 麦上 场，
鸡蹄儿 踢不到 鹅身 上，
深林里 飞着 啄木 鸟
鹭鸶 声声 水边 起
杜鹃鸟 叫的 断人 肠，
成群的 大雁 向南 来，
打围的 来了 架着 鹰，
千山 万水 鸟飞 绝，
老鸹子 叫唤 人人 嫌，
喜鹊(那个) 枝头 喳喳(那个) 叫，
鹦哥(那个) 会学 人说(那个) 话，
小燕子 宿在 画梁以 上，
小黄鹂 只把(那) 呱咕(来) 叫，
告念子 叫唤(的) 真好 听，
棒棒(那个) 声里 不断(那个) 响，
鹭鸶(那个) 只把 鲜鱼 用，
声声(那个) 啼血 寄相 思，
大雁儿 飞到(那) 衡阳 地，
兔子 跑在 河沿 上，
乌鸦 缩头 迎风 卧，
老鸹 叫唤 不好 听，
笼子里 装着(那) 黑头 青.
鸽子 住的是 瓦房 楼.
小麻雀 宿在(那) 屋椽 眼.
小光棍 扛锄 心里 慌.
百灵子 更比 它还 强.
树里的 害虫 都吃 了.
灰鹤 更比 它的嘴 紧.
画眉儿 歌声 乐洋 洋.
打更的 雁儿 真悲 伤.
兔虎子 云在 漫空 中.
圈里的 鸳鸯 交颈 歇.
吃杯茶 打它 真可 怜.

谱例二十二

十二月对花

〈郸城〉

演唱：韩文先
采记：碧 岩

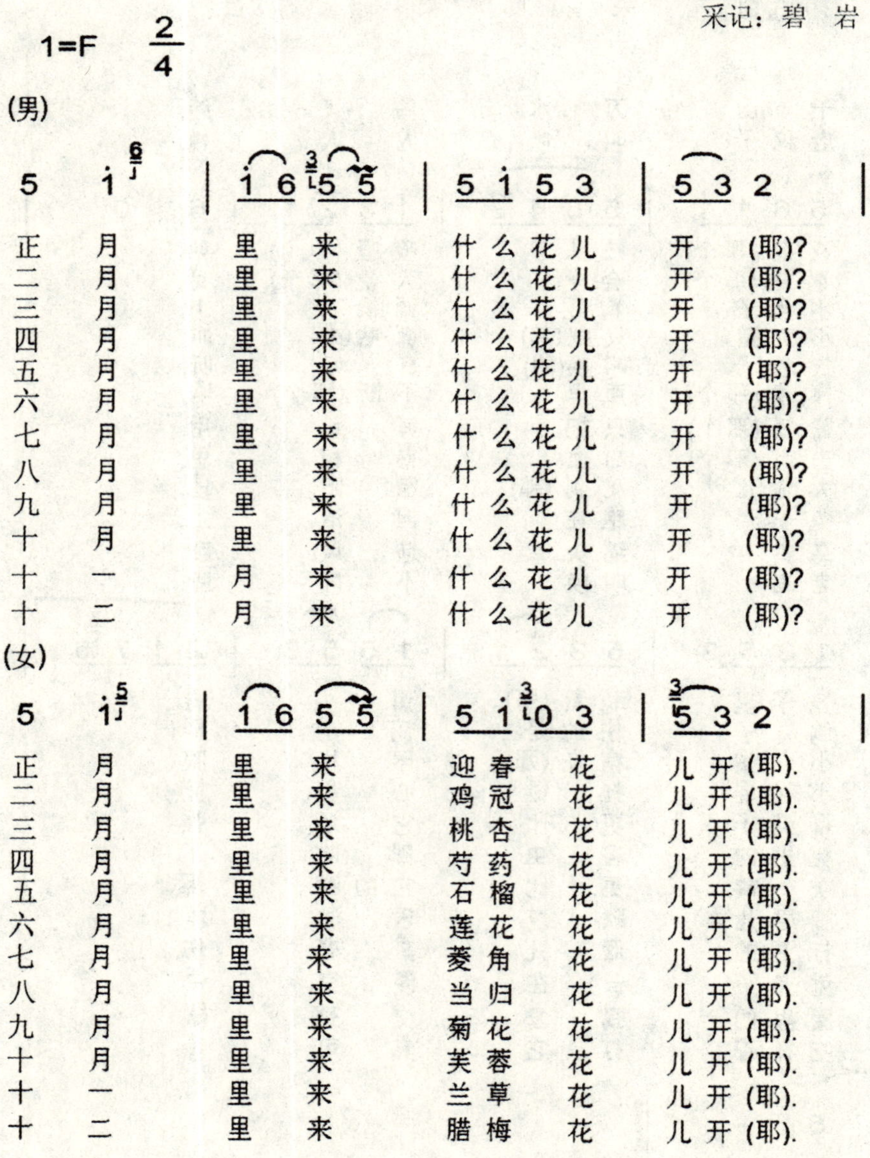

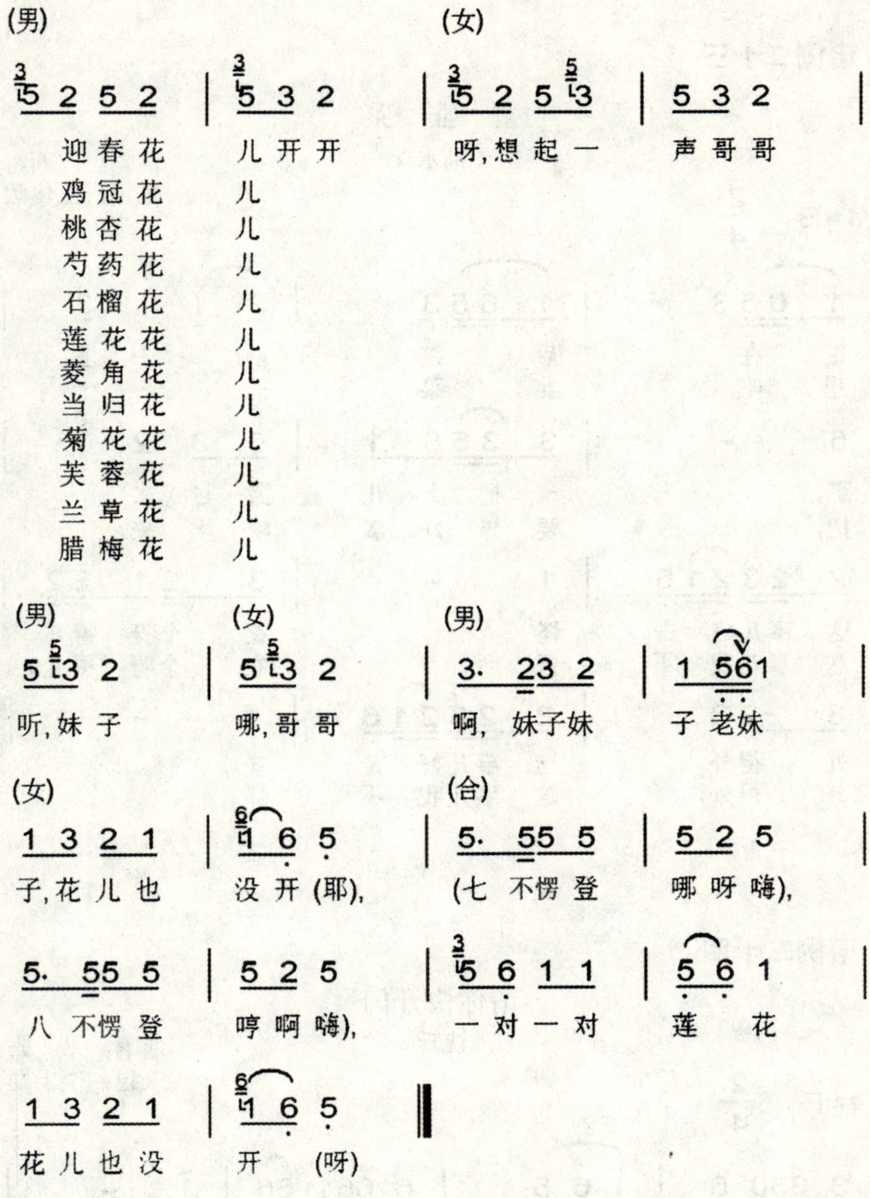
(男)
(女)
迎春花 儿开开 呀,想起一 声哥哥
鸡冠花 儿
桃杏花 儿
芍药花 儿
石榴花 儿
莲花花 儿
菱角花 儿
当归花 儿
菊花花 儿
芙蓉花 儿
兰草花 儿
腊梅花 儿
(男)
(女)
(男)
听,妹子 哪,哥哥 啊,妹子妹 子老妹
(女)
(合)
子,花儿也 没开(耶), (七不愣登 哪呀嗨),
八不愣登 哼啊嗨), 一对一对 莲花
花儿也没 开(呀)

谱例二十三

割 韭 菜

〈商水〉

演唱：赵西占
采记：王化政

1=E $\frac{2}{4}$

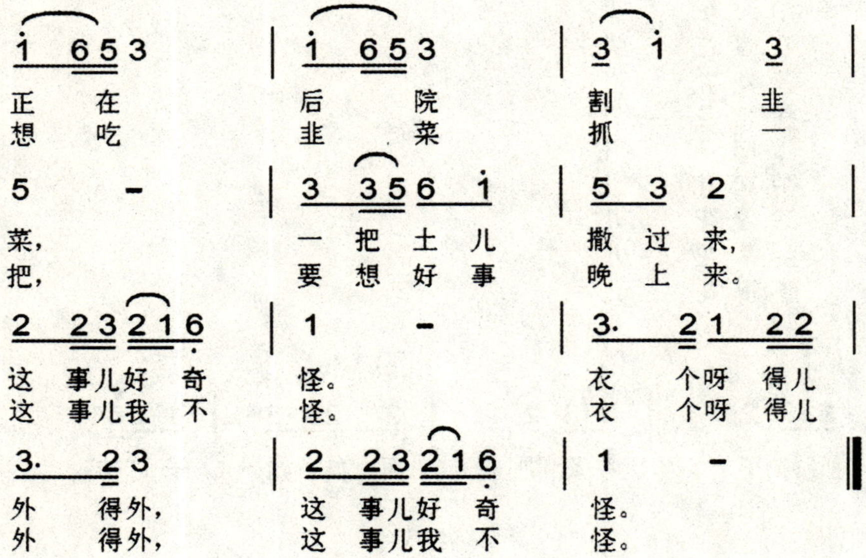

谱例二十四

请你快开门

〈沈丘〉

演唱：李 珍
采记：李士勋

1=F $\frac{2}{4}$

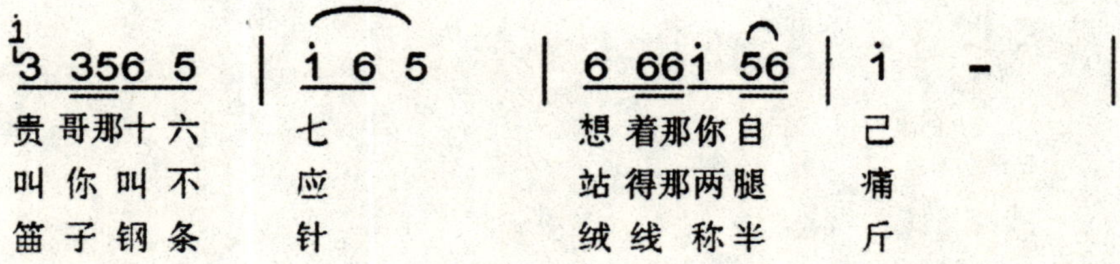

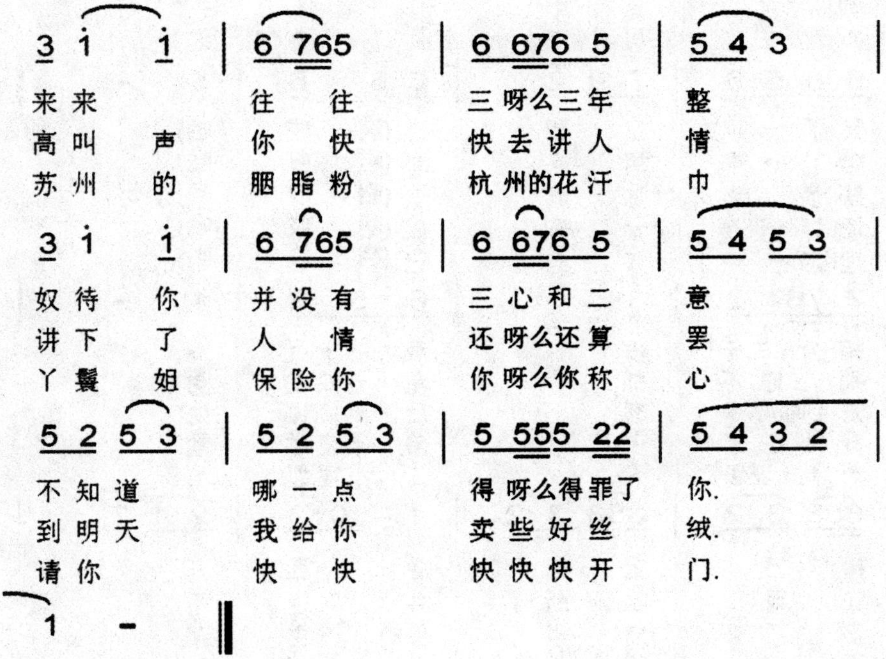

谱例二十五

哭五更

〈郸城〉

演唱：赵老师
采记：郝庆海

1=D $\frac{2}{4}$

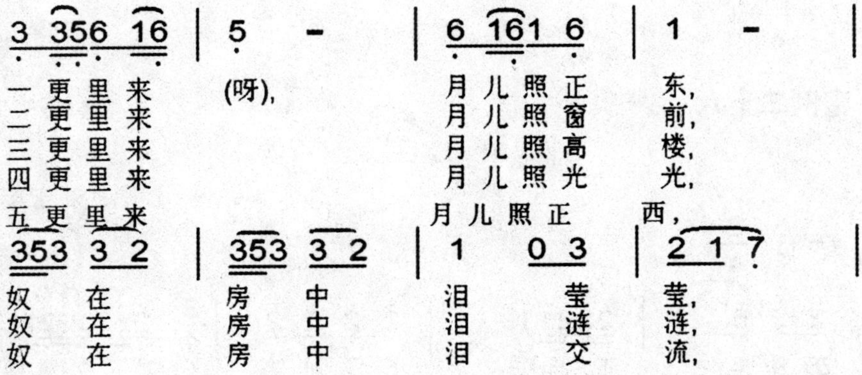

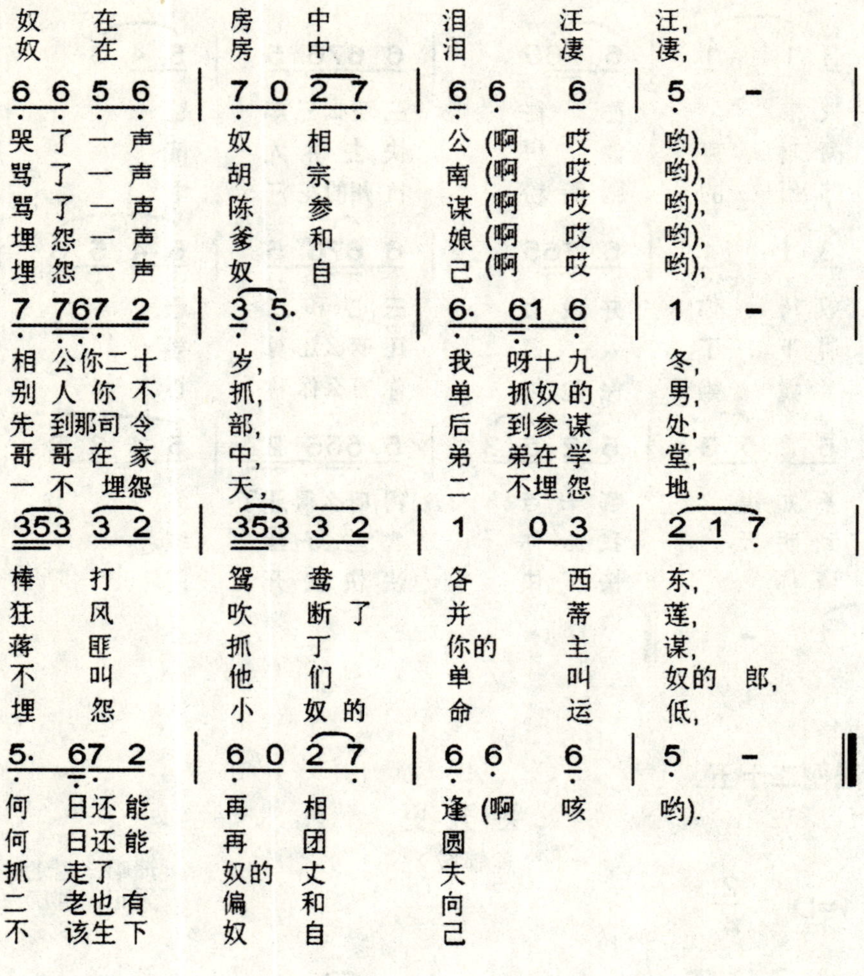

谱例二十六

四辈上工

〈项城〉

演唱：刘连云

采记：崔鸿斌

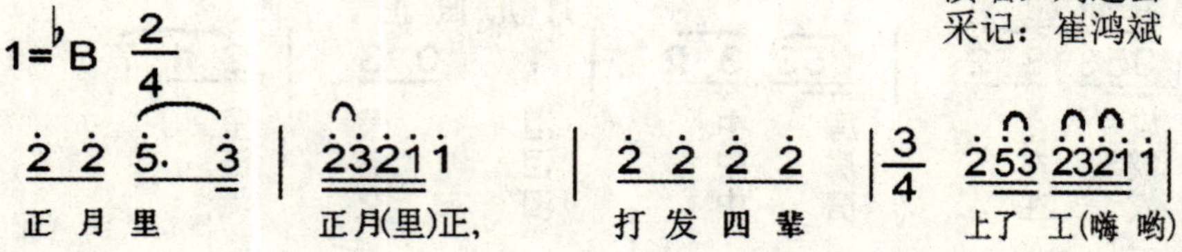

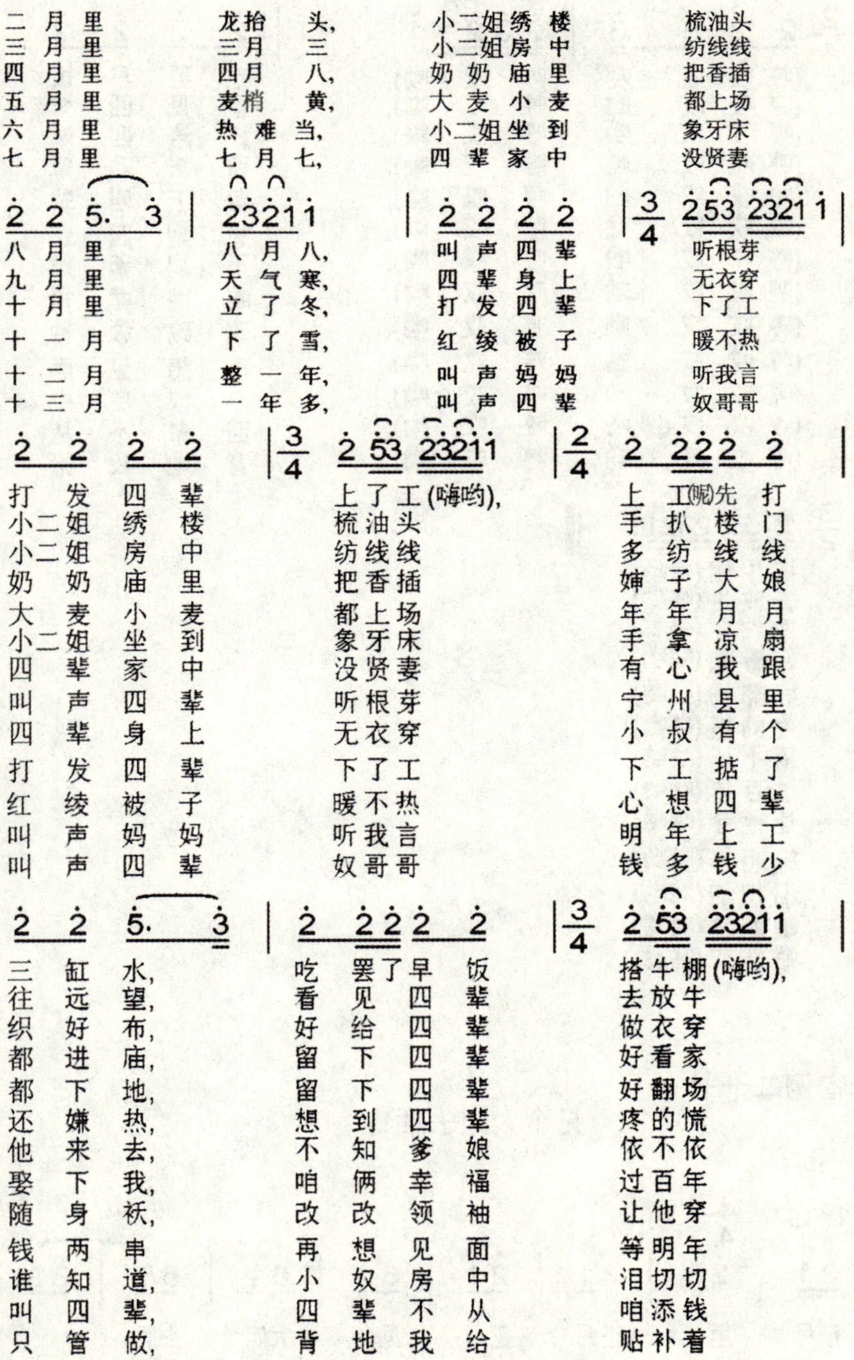
二月里 龙抬头, 小二姐绣楼 梳油头
三月里 三月三 小二姐房中 纺线线
四月里 四月八, 奶奶庙里 把香插
五月里 麦梢黄, 大麦小麦 都上场
六月里 热难当, 小二姐坐到 象牙床
七月里 七月七, 四辈家中 没贤妻
八月里 八月八, 叫声四辈 听根芽
九月里 天气寒, 四辈身上 无衣穿
十月里 立了冬, 打发四辈 下了工
十一月 下了雪, 红绫被子 暖不热
十二月 整一年, 叫声妈妈 听我言
十三月 一年多, 叫声四辈 奴哥哥
打发四辈 上了工(嗨哟), 上工(呢)先打
小二姐绣楼 梳油头 手扒楼门
小二姐房中 纺线线 多纺线线
奶奶庙里 把香插 婶子大娘
大麦小麦 都上场 年年月月
小二姐坐到 象牙床 手拿凉扇
四辈家中 没贤妻 有心我跟
叫声四辈 听根芽 宁州县里
四辈身上 无衣穿 小叔有个
打发四辈 下了工 下工掂了
红绫被子 暖不热 心想四辈
叫声妈妈 听我言 明年上工
叫声四辈 奴哥哥 钱多钱少
三缸水, 吃罢了早饭 搭牛棚(嗨哟),
往远望, 看见四辈 去放牛
织好布, 好给四辈 做衣穿
都进庙, 好留四辈 好看家
都下地, 留下四辈 好翻场
还嫌热, 想到四辈 疼的慌
他来去, 不知四爹娘 依不依
娶下我, 咱俩幸福 过百年
随身袄, 改改领袖 让他穿
钱两串, 再想见面 等明年
谁知道, 小奴房中 泪切切
叫四辈, 四辈不从 咱添钱
只管做, 背地我给 贴补着

2/4 2 2 5· 3 | 2321 1 | 2 2 2 2 |

(哼 哎 哎 哟 哼 哎 呦)，	吃 罢 早 饭
(哼 哎 哎 哟 哼 哎 呦)，	看 见 四 辈
(哼 哎 哎 哟 哼 哎 呦)，	好 给 四 辈
(哼 哎 哎 哟 哼 哎 呦)，	留 下 四 辈
(哼 哎 哎 哟 哼 哎 呦)，	留 下 四 辈
(哼 哎 哎 哟 哼 哎 呦)，	想 到 四 辈
(哼 哎 哎 哟 哼 哎 呦)，	不 知 爹 娘
(哼 哎 哎 哟 哼 哎 呦)，	咱 俩 幸 福
(哼 哎 哎 哟 哼 哎 呦)，	改 改 领 袖
(哼 哎 哎 哟 哼 哎 呦)，	再 想 见 面
(哼 哎 哎 哟 哼 哎 呦)，	小 奴 房 中
(哼 哎 哎 哟 哼 哎 呦)，	四 辈 不 从
(哼 哎 哎 哟 哼 哎 呦)，	背 地 我 给

3/4 2 53 23211 ‖

搭牛棚(嗨哟).
去放牛(嗨哟).
做衣穿(嗨哟).
好看家(嗨哟).
好翻场(嗨哟).
疼的慌(嗨哟).
依不依(嗨哟).
过百年(嗨哟).
让他穿(嗨哟).
等明年(嗨哟).
泪切切(嗨哟).
咱添钱(嗨哟).
贴补着(嗨哟).

谱例二十七

见个大姐去插青

〈沈丘〉

演唱：郑永福
采记：欧阳玉川

1=G 1/4

31 | 2 | 31 | 21 | 61 | 61 | 65 | 32 |

正月 里 正月 正 见个 大姐 去插

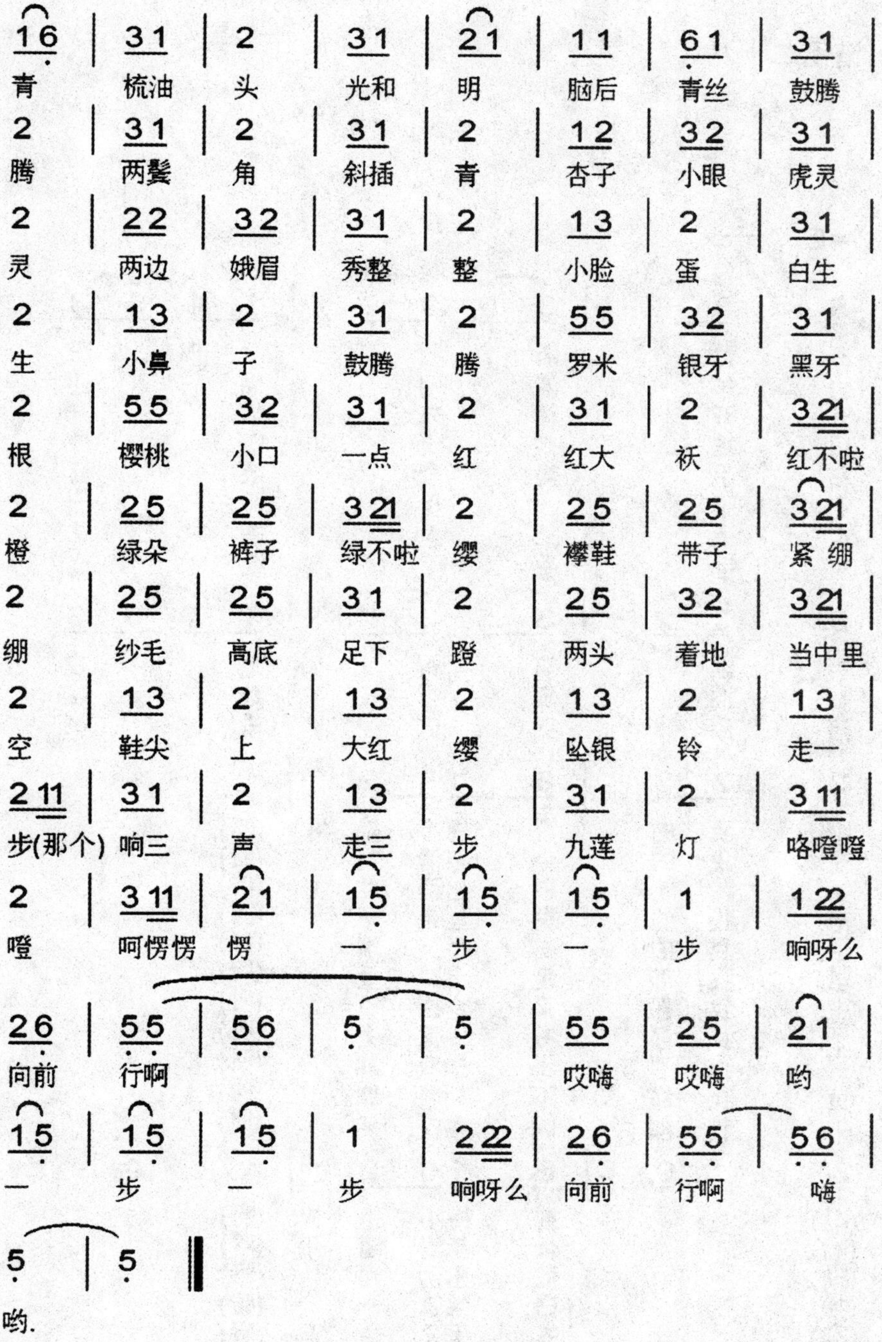
青 梳油 头 光和 明 脑后 青丝 鼓腾
腾 两鬓 角 斜插 青 杏子 小眼 虎灵
灵 两边 娥眉 秀整 整 小脸 蛋 白生
生 小鼻 子 鼓腾 腾 罗米 银牙 黑牙
根 樱桃 小口 一点 红 红大 袄 红不啦
橙 绿朵 裤子 绿不啦 缨 襻鞋 带子 紧 绷
绷 纱毛 高底 足下 蹬 两头 着地 当中里
空 鞋尖 上 大红 缨 坠银 铃 走一
步(那个) 响三 声 走三 步 九莲 灯 咯噔噔
噔 呵愣愣 愣 一 步 一 步 响呀么
向前 行啊 哎嗨 哎嗨 哟
一 步 一 步 响呀么 向前 行啊 嗨
哟.

谱例二十八

小寡妇上坟

〈项城〉

演唱：韩云峰
采记：崔鸿斌

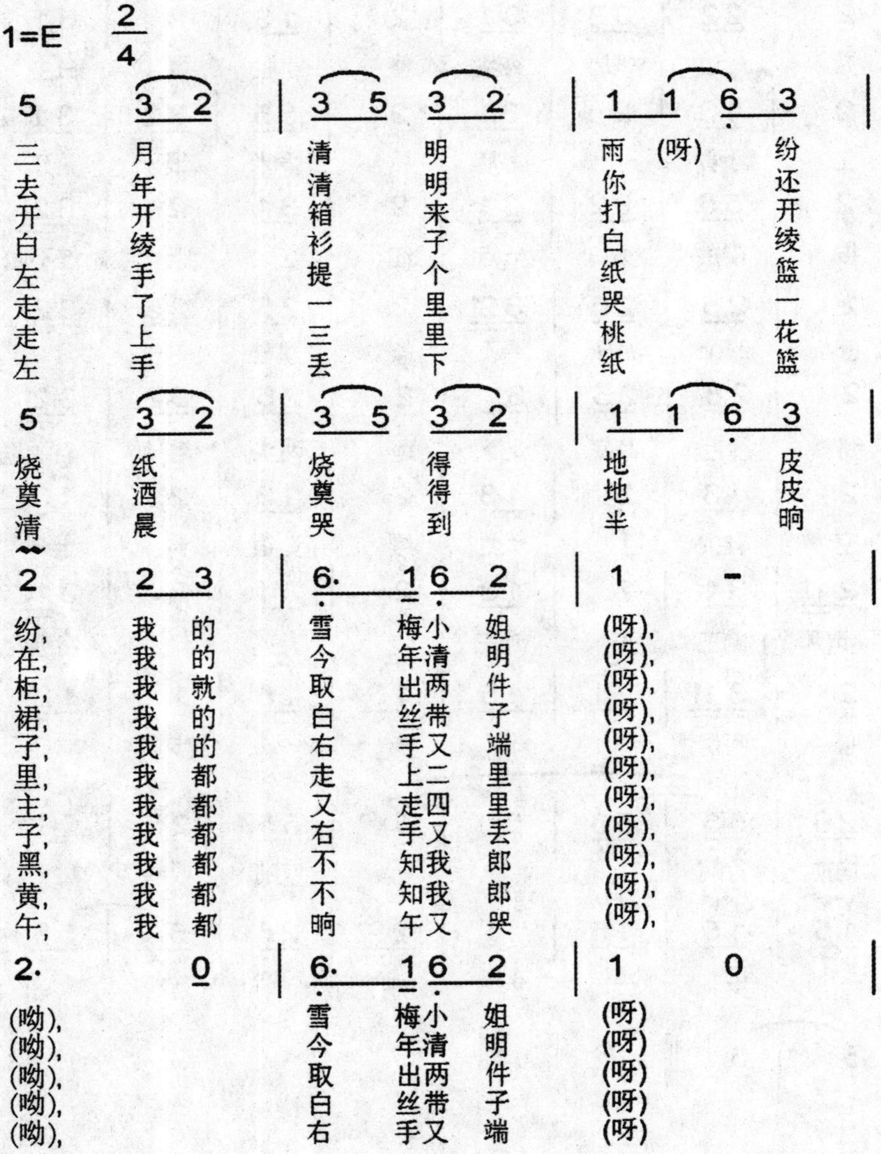

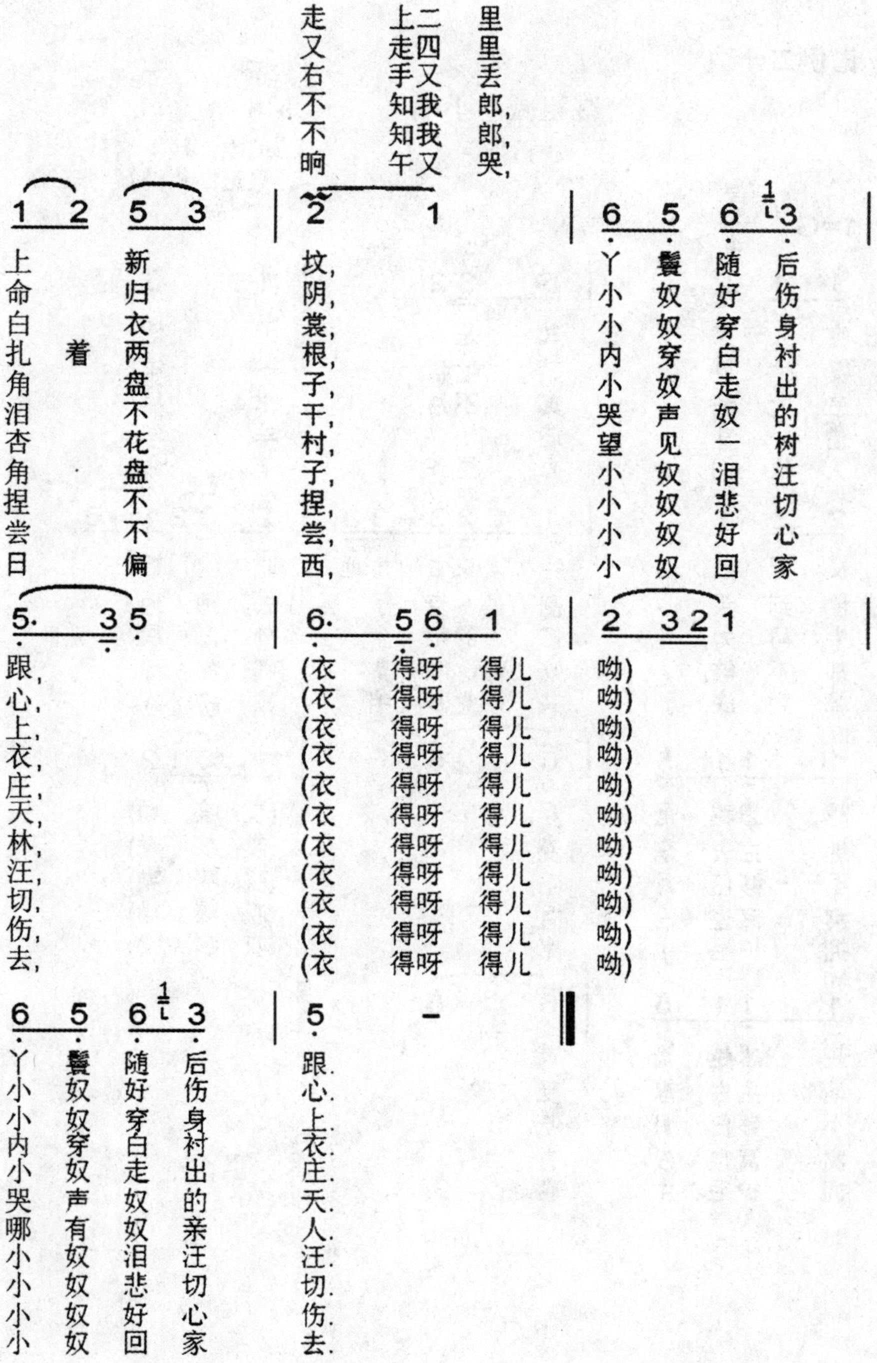
走又右不不晌
上走手知知午
二四又我我又
里里丢郎，郎，哭，
上命白扎角泪杏角捏尝日
着
新归衣两盘不花盘不不偏
坟，阴，裳，根，子，千，村，子，捏，尝，西，
丫小小内小哭望小小小
鬟奴奴穿奴声见奴奴奴奴
随好穿白走奴一泪悲好回
后伤身衬出的树汪切心家
跟，心，上，衣，庄，天，林，汪，切，伤，去，
(衣 得呀 得儿 呦)
(衣 得呀 得儿 呦)
(衣 得呀 得儿 呦)
(衣 得呀 得儿 呦)
(衣 得呀 得儿 呦)
(衣 得呀 得儿 呦)
(衣 得呀 得儿 呦)
(衣 得呀 得儿 呦)
(衣 得呀 得儿 呦)
(衣 得呀 得儿 呦)
(衣 得呀 得儿 呦)
丫小小内小哭哪小小小
鬟奴奴穿奴声有奴奴奴
随好穿白走奴奴泪悲好回
后伤身衬出的亲汪切心家
跟．心．上．衣．庄．天．人．汪．切．伤．去．

谱例二十九

减租减息小唱

〈西华〉

演唱：佚　名
采记：崔鸿斌 张云松

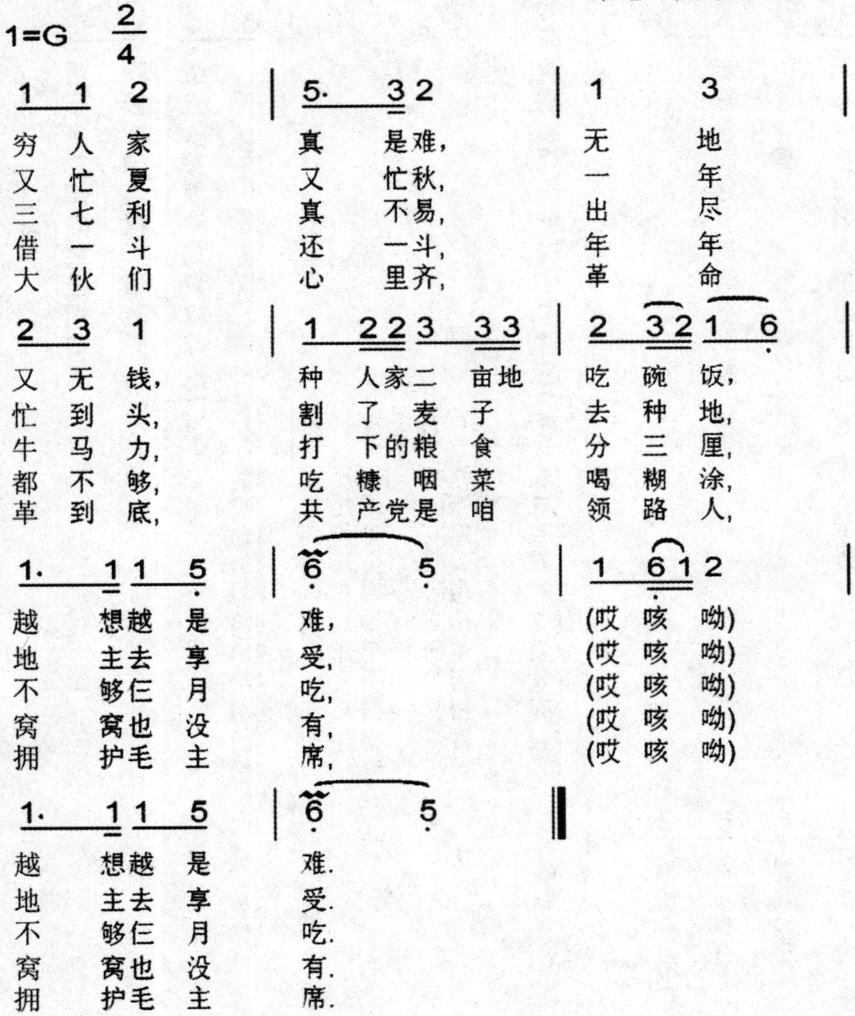

谱例三十

抗日小调

〈鹿邑〉

演唱：方　玉
采记：王秀清

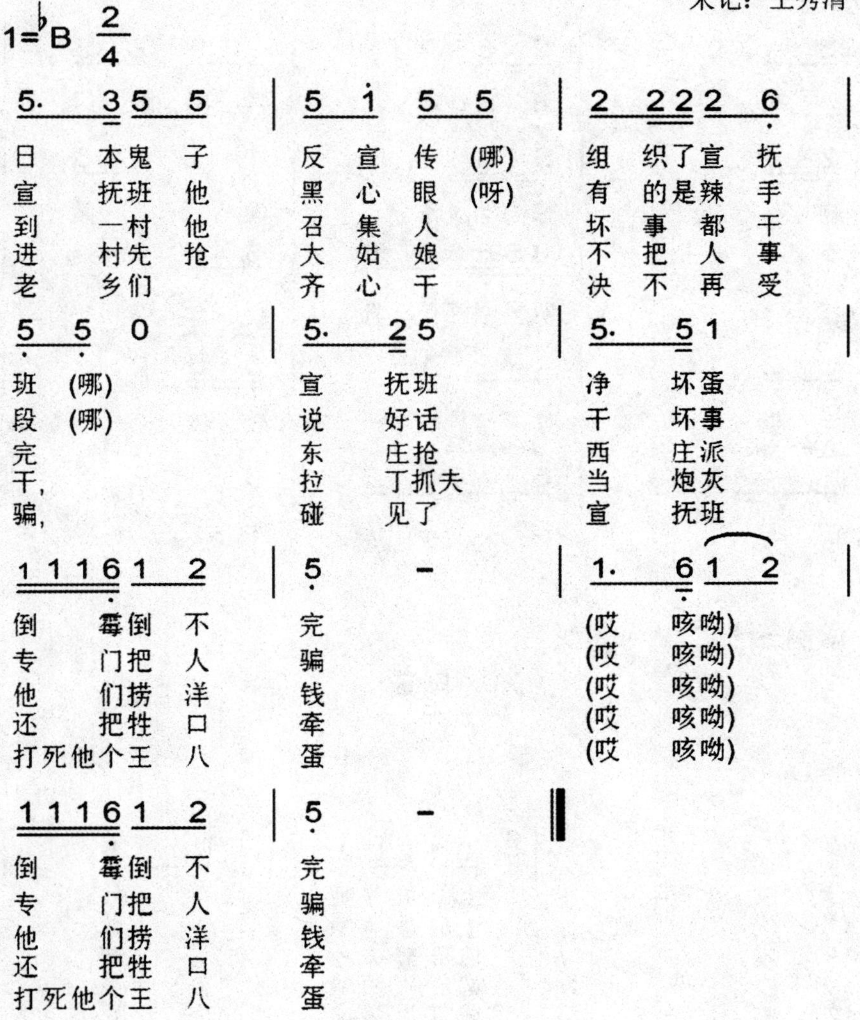

谱例三十一

太平年

〈沈丘〉

演唱：陈宇廷
采记：李士勋

1=G 2/4

3 1 2	2 5 2	2 5 2 5
一 更 里	有 情 郎	情 郎 拨 门
217 1	6161 2	1 3 6
响 叮 当,	惊 动了东	间 二 爹
5 -	35656 6	3 5 6
娘,	叽里咕咚孩 儿	什 么 响
6 2 1	1 2 1	6161 2
太 平 年	亲 娘 啊	秋 风 刮
1· 36 3	5· 76 3	5 - ‖
门 响 叮	当 年 太	平.

谱例三十二

上山坡

〈沈丘〉

演唱：赵文明
采记：欧阳玉川

1=D 2/4

2 - v | 3/4 3 1 2 2 2 | 2/4 7· 65 |

(女) 哎 上山坡来吔 下 山坡
(男) 哎 上山坡来吔 下 山坡
(女) 哎 您拾着来吔 您 拾着
(男) 哎 贰佰大钱呐 俺 不要
(女) 哎 贰佰大钱呐 您 不要
(女) 哎 俺的小妈吔 叫 您摸
(男) 哎 您二老知道了 打 骂你
(女) 哎 二老打骂我 是 小事
(男) 哎 不要你来吔 跟 着我
(女) 哎 过生活来吔 过 生活

56 7 2̇ 6 5 | 3/4 5 635 - ‖

俺的汗巾掉　了	谁拾着.
您的汗巾掉　了	俺拾着.
给您贰佰大　钱	打酒喝.
您的小妈叫　俺	来摸摸.
谁的家的小　妈	叫您摸!
二　老　知道了	打骂我.
回　家　别跟你	二老学.
俺的婆家知道了	不要我.
咱　俩个一　同	过生活.
你　说　咋　着	就咋着.

谱例三十二

姑嫂问话

〈沈丘〉

演唱：郑永福
采记：欧阳玉川

1=G　2/4　(嫂)头戴缎子帽带手托画眉笼子在门前摆来摆去那是哪个呀?

	12 53	2· 3	12 53	2· 3	1 1 6	3 53
(姑):	那　是	啊	南　庄	啊	俺那	表
	奴　爱	呀	表　兄	啊	三那	巾
	表　兄	啊	是　个	呀	男那	子
	丫　鬟	哪	端　来	呀	一呀	碗
	爹　爹	呀	出　门	呀	没呀	回
	哥　哥	呀	出　门	呀	去呀	贸
	东　院	呀	婶　子	呀	是呀	皮
	插　花	呀	描　云	呀	奴呀	也

2̇ 16	1 -	66 1	2 32	12 26	5 5
兄　啊		天晌	午　时	到　俺	家　呀
扇　哪		表兄	爱　奴的	海　棠	花　呀
汉　呀		我奴　家	是　一个	女　孩	家　呀
茶　呀		表兄	不　吃	泼在地	下　呀
来　呀		母亲	去　走	老　娘	家　呀
事　呀		新来　的	嫂　子	走　娘	家　呀
条　呀		西院　里	大　娘	把　线	拉　呀
会　呀		鞋底	鞋　帮	奴　会	纳　呀

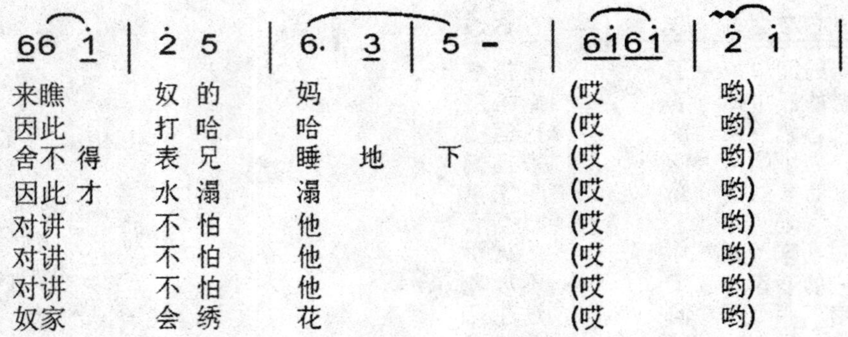

谱例三十四

送 饭［秧歌调］

〈项城〉

演唱：马仁杰 王昌芝

采记：中 原 马艺耘

1=A $\frac{2}{4}$

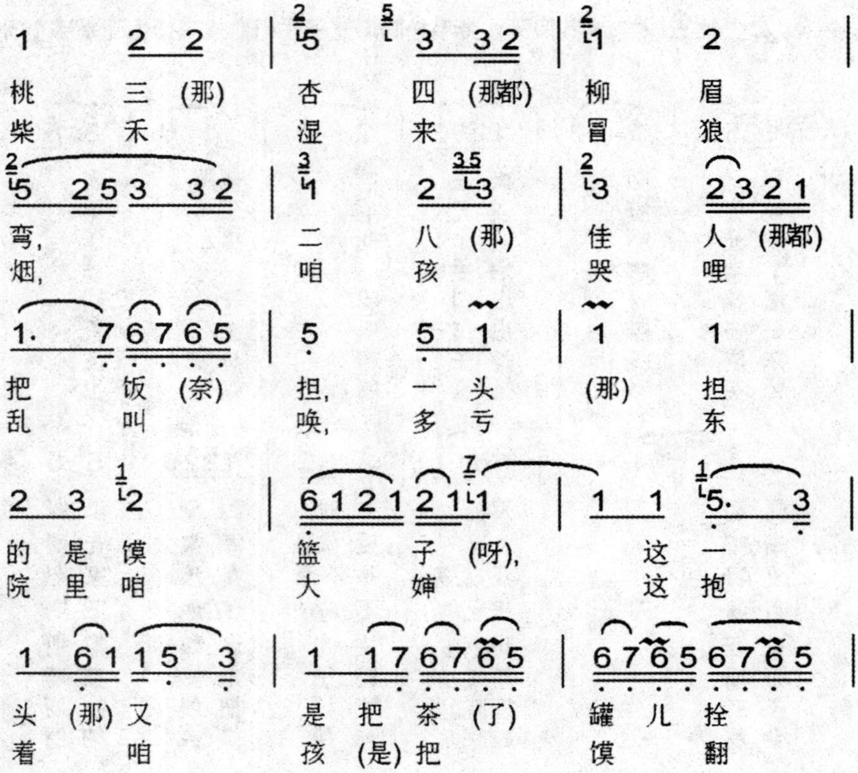

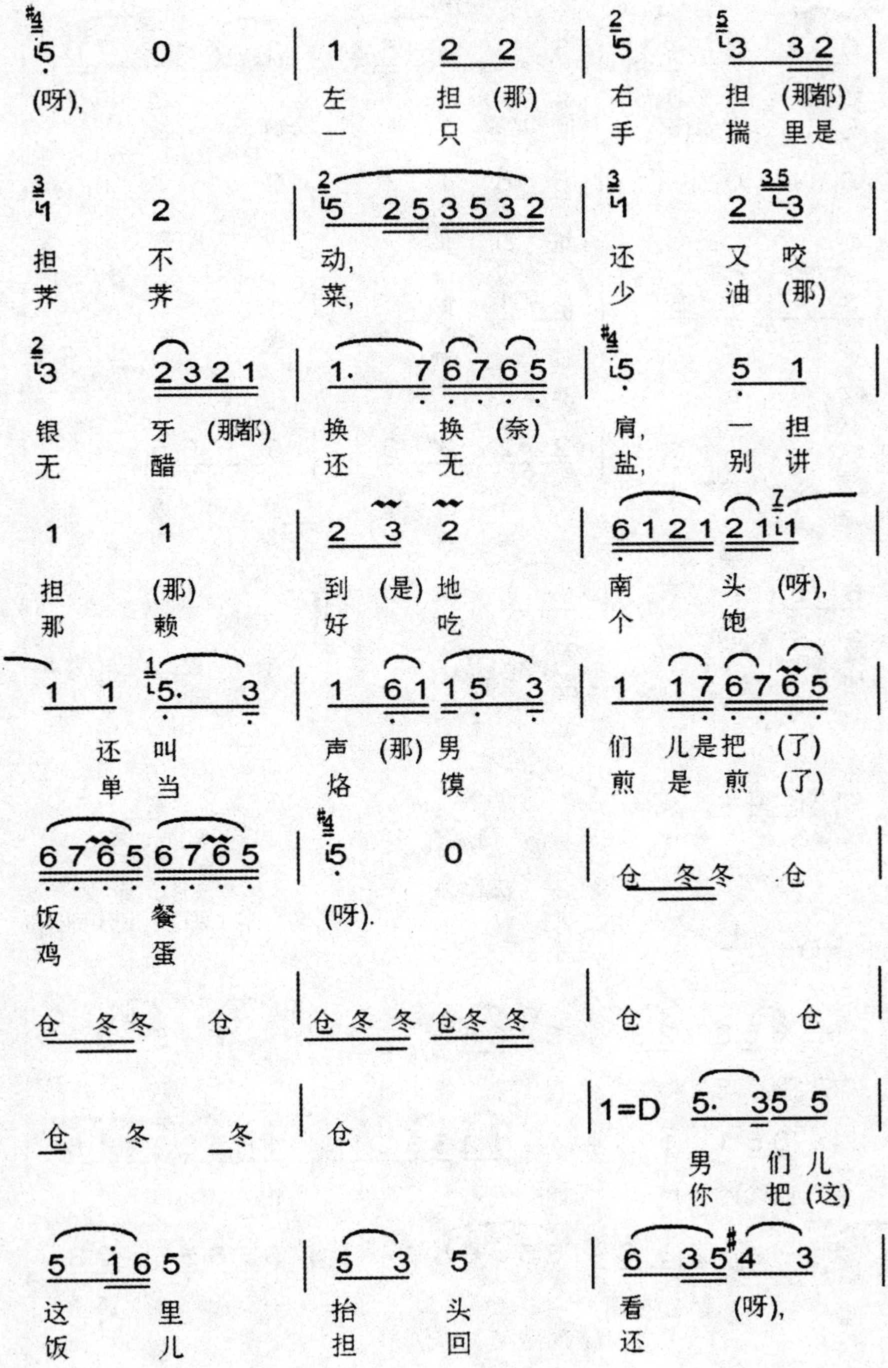
(呀), 左 担 (那) 右 担 (那都)
一 只 手 揣 里是
担 不 动, 还 又 咬
荠 荠 菜, 少 油 (那)
银 牙 (那都) 换 换 (奈) 肩, 一 担
无 醋 还 无 盐, 别 讲
担 (那) 到 (是) 地 南 头 (呀),
那 赖 好 吃 个 饱
还 叫 声 (那) 男 们 儿是把 (了)
单 当 烙 馍 煎 是 煎 (了)
饭 餐 (呀).
鸡 蛋
仓 冬冬 仓
仓 冬冬 仓 仓 冬 冬 仓冬 冬 仓 仓
仓 冬 冬 仓
1=D
男 们 儿
你 把 (这)
这 里 抬 头 看 (呀),
饭 儿 担 回 还

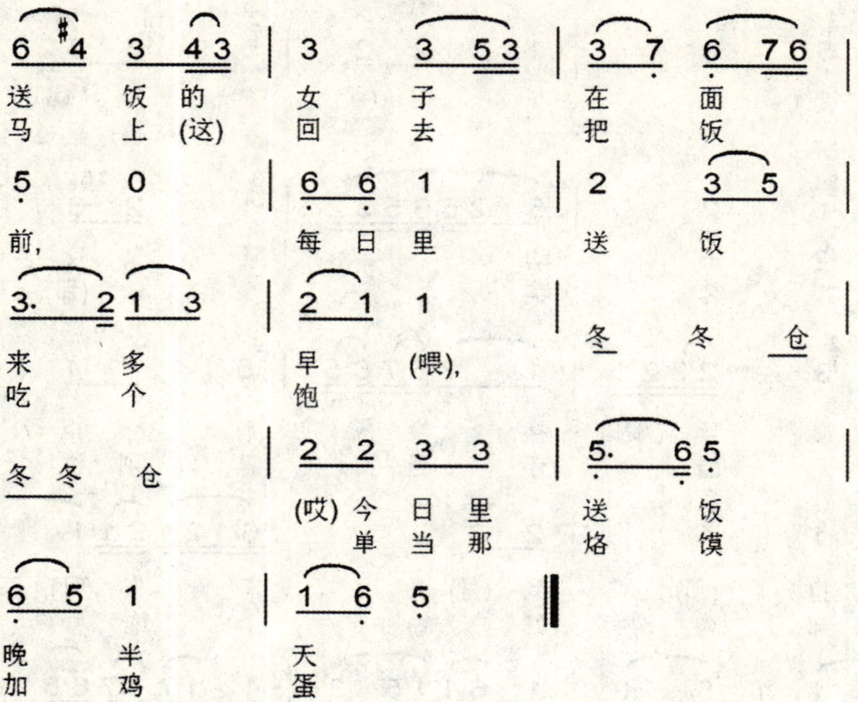

谱例三十五

放风筝

〈沈丘〉

演唱：赵汝喜
采记：欧阳玉川

1=D 4/4

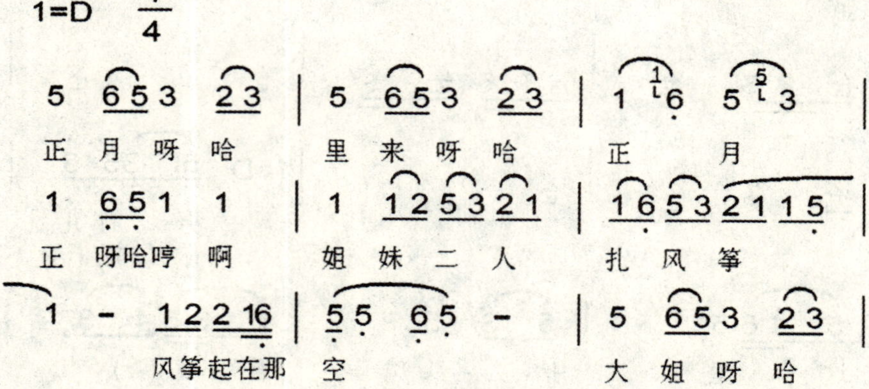

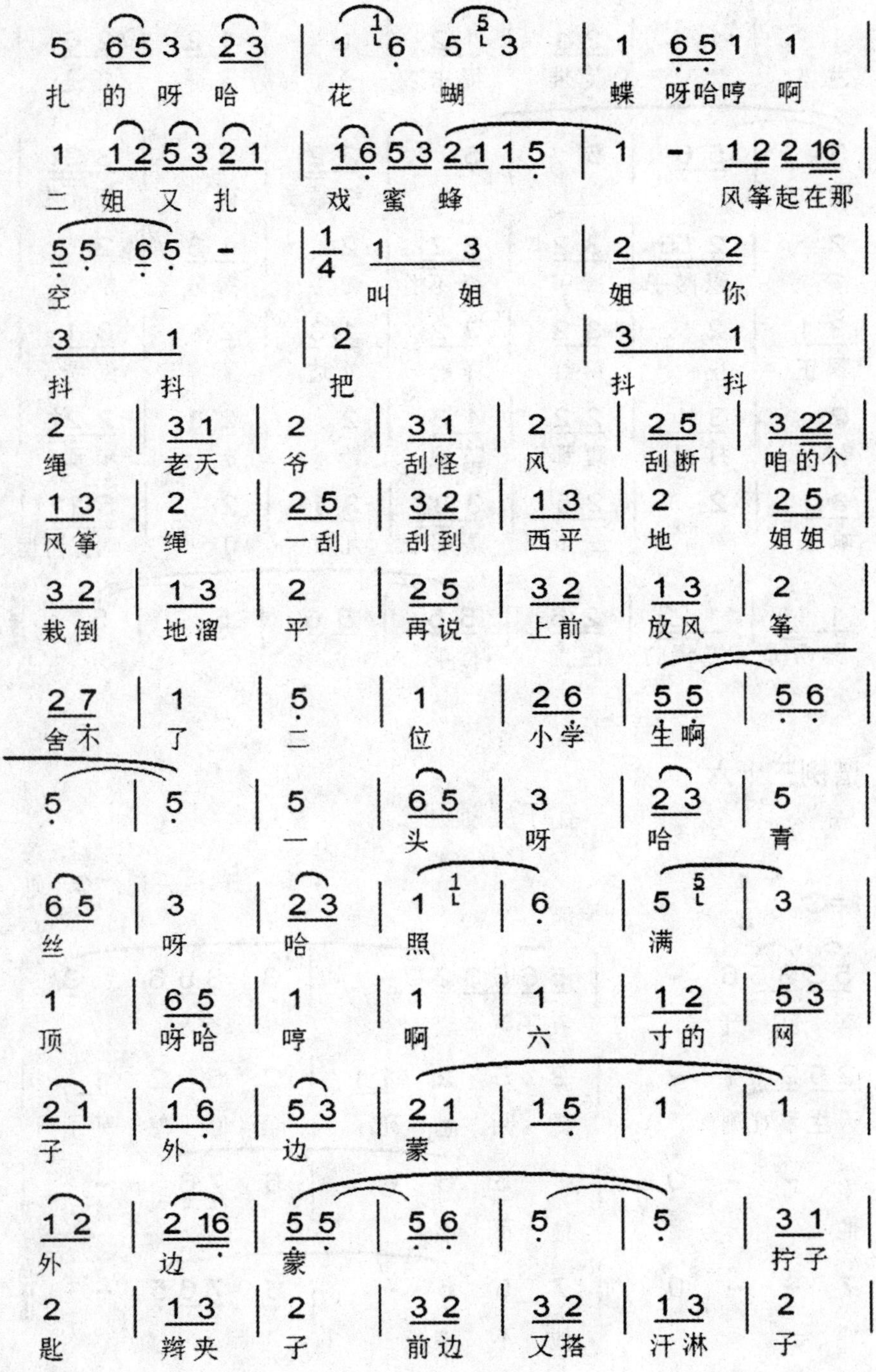
扎 的 呀 哈 花 蝴 蝶 呀哈哼 啊
二 姐 又 扎 戏 蜜 蜂 风筝起在那
空 叫 姐 姐 你
抖 抖 把 抖 抖
绳 老天 爷 刮怪 风 刮断 咱的个
风筝 绳 一刮 刮到 西平 地 姐姐
栽倒 地溜 平 再说 上前 放风 筝
舍不 了 二 位 小学 生啊
一 头 呀 哈 青
丝 呀 哈 照 满
顶 呀哈 哼 啊 六 寸的 网
子 外 边 蒙
外 边 豪 拧子
匙 辫夹 子 前边 又搭 汗淋 子

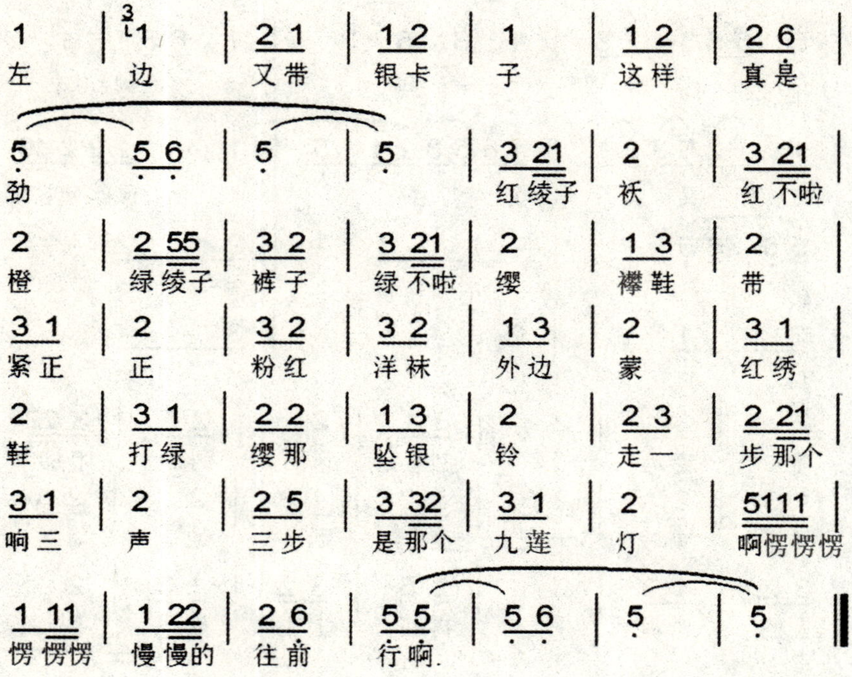

谱例三十六

孔子哭颜回

〈沈丘〉

演唱：李 珍
采记：李士勋

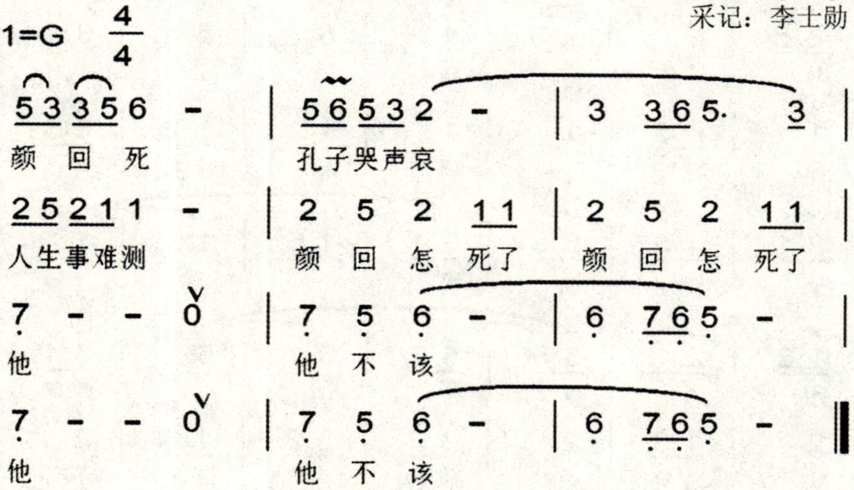

谱例三十七

送君歌（之二）

〈沈丘〉

演唱：刘庆玉
采记：赵中良

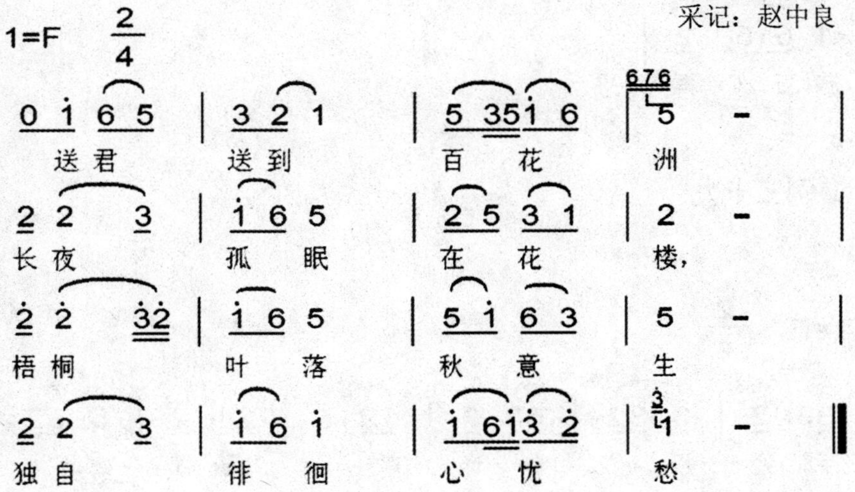

谱例三十八

送 君 歌（之一）

〈沈丘〉

演唱：刘庆玉
采记：赵中良

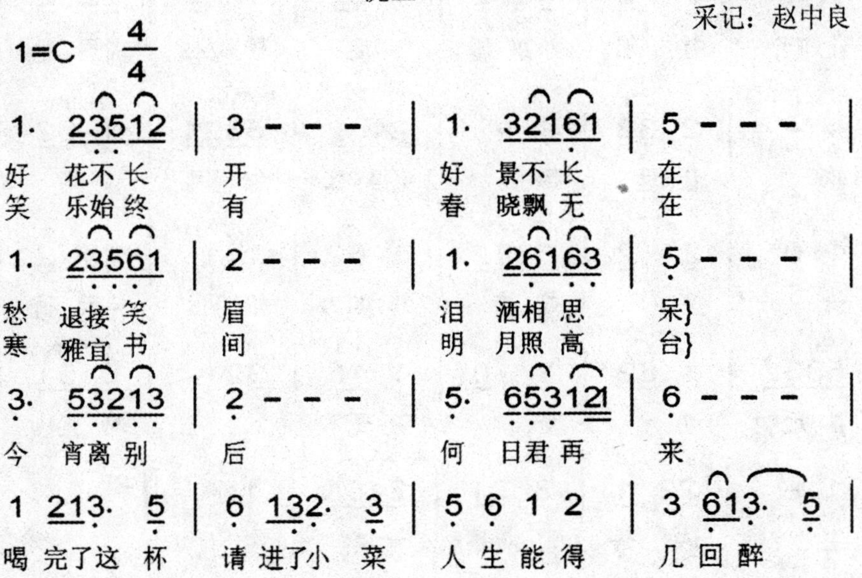

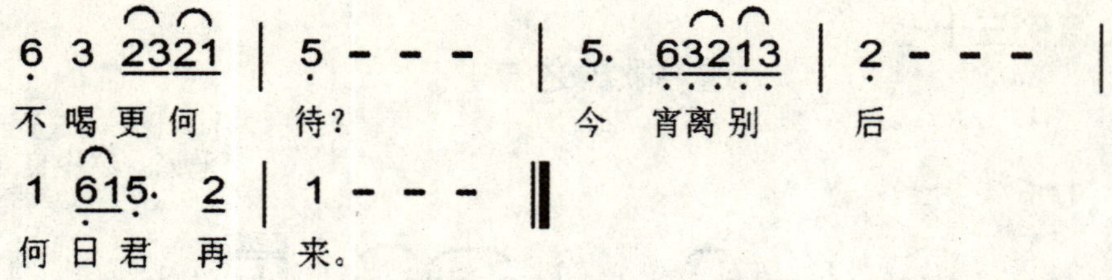

谱例三十九

劝婆媳

〈淮阳〉

演唱：胡秀荣
采记：李荣华

1=F $\frac{2}{4}$

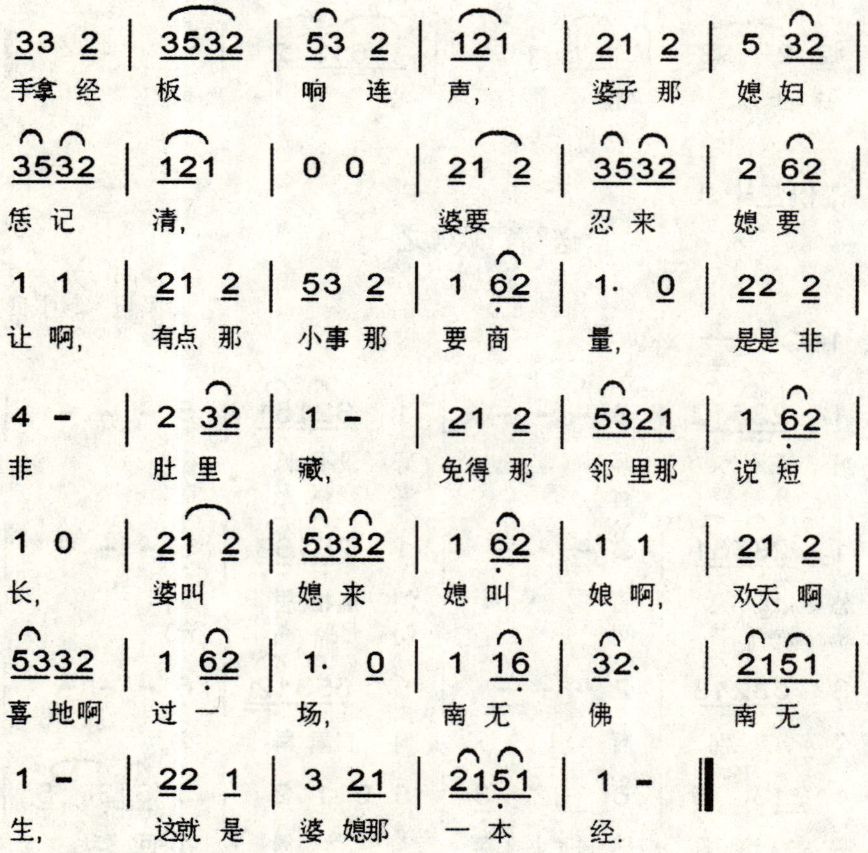

谱例四十

爱人留下相思豆

〈沈丘〉

演唱：刘庆玉
采记：赵中良

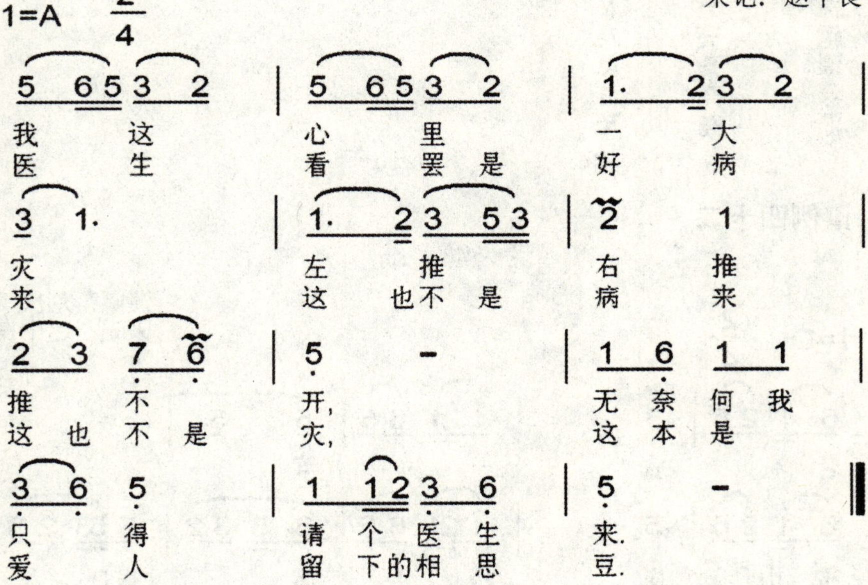

谱例四十一

漂亮人

〈沈丘〉

演唱：李　珍
采记：李士勋

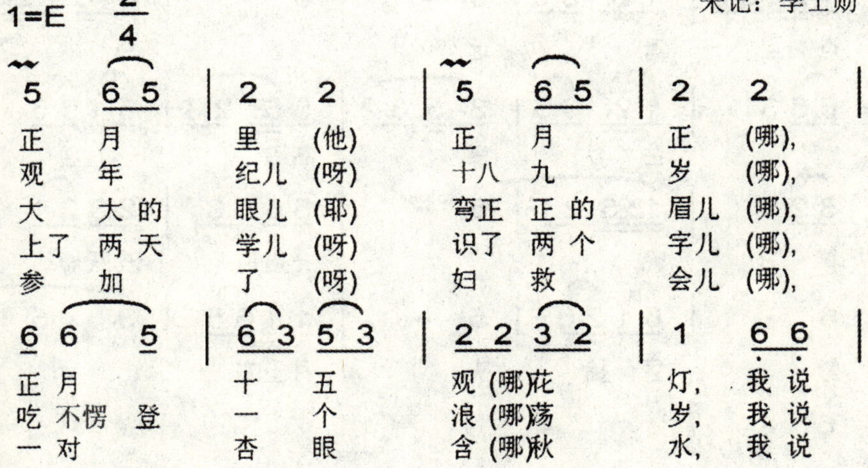

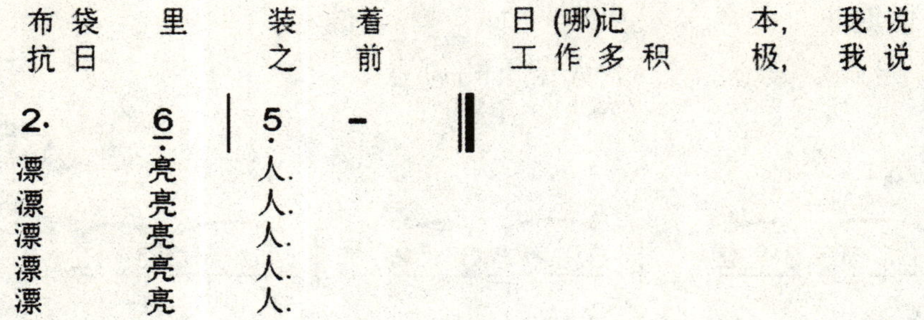

谱例四十二

老渔翁

〈沈丘〉

演唱：刘庆玉
采记：赵中良

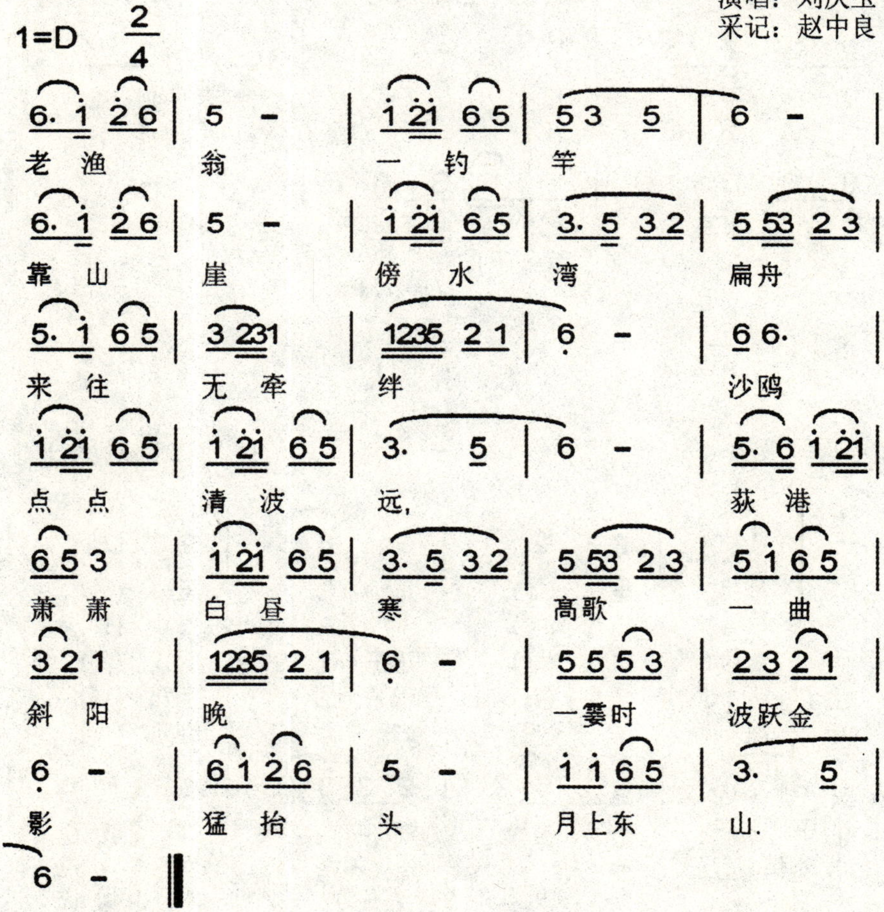

谱例四十三

三国四英雄

〈沈丘〉

演唱：李　珍
采记：李士勋

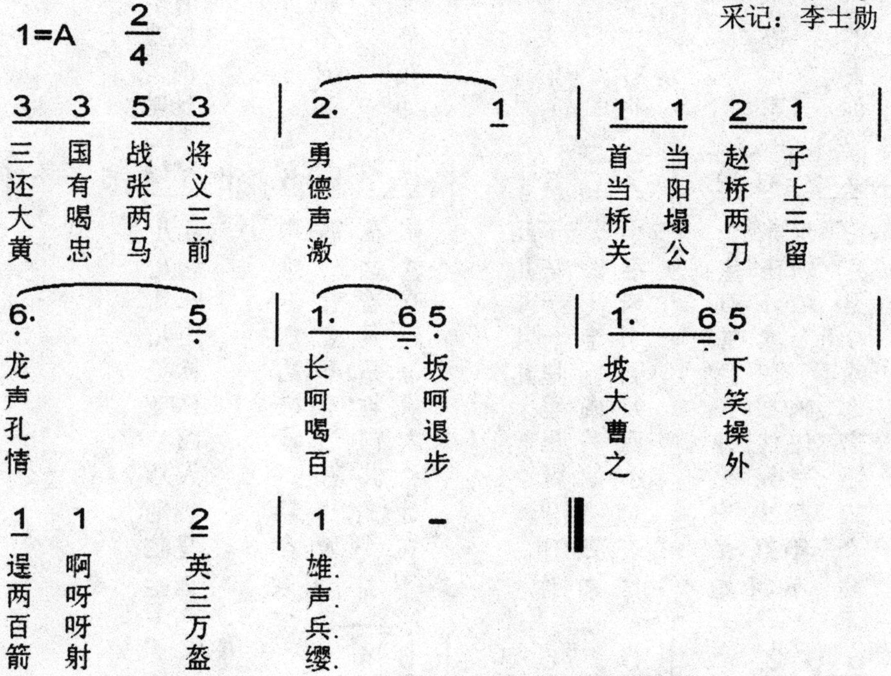

谱例四十四

卖　饺　子

〈沈丘〉

演唱：李新敏
采记：李士勋

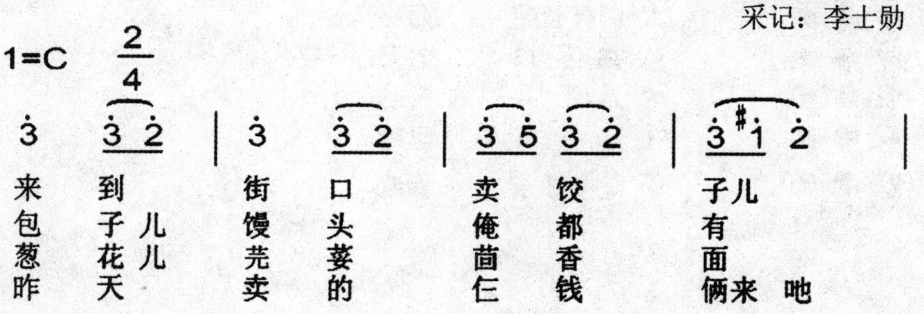

要 吃	饺 子儿	吃 一	碗乃
吃 不了	一 碗	吃 半	碗乃
不 住	东 来	不 住	西
公 公	婆 婆	俺 都	有喂
不 提	丈 夫	俺 不	恼喂
去 年	打 信	在 河	南
你 家	也 有	姐 和	妹吔

2̇ 2̇ 6 2̇ | 7 6 5 | 6 7 6 5 | 5 #4 5 |

正 东来个	小公子儿	站在锅跟	起儿
外 锅下里	小饺子儿	就这 生	意儿
里 边还有	肉丁子儿	吃着有滋	味儿
今儿个卖的	个半一儿	还是老规	矩儿
吃不了仨俩	到哪里儿	可是不沾	稀呀
你 碗拨在	奴碗里	奴也不嫌	你呀
家 住沈县	西关里	大门门朝	西
还 有兄弟	小妹妹	总共五口	人乃
提 起丈夫	恼心里	他是当兵	哩吔
今 年打信	在四川	在那营盘	里吔
咋 不叫她	跟着你	不是个好东	西吔

6 6 2̇ | 6 676 5 | 5 #4 5 ‖

哎嗨哟	站在 锅跟	起儿.
哎嗨哟	就这个小生	意儿.
哎嗨哟	吃着 有滋	味儿.
哎嗨哟	还是 老规	矩儿.
哎嗨哟	可是 不沾	稀呀.
哎嗨哟	奴也不嫌	你呀.
哎嗨哟	大门门朝	西呀.
哎嗨哟	总共五口	人乃.
哎嗨哟	他是当兵	哩吔.
哎嗨哟	在那营盘	里吔.
哎嗨哟	不是个好东	西吔.

谱例四十五

对　灯　歌

〈项城〉

演唱：赵永昌
采记：崔鸿斌

1=D　2/4

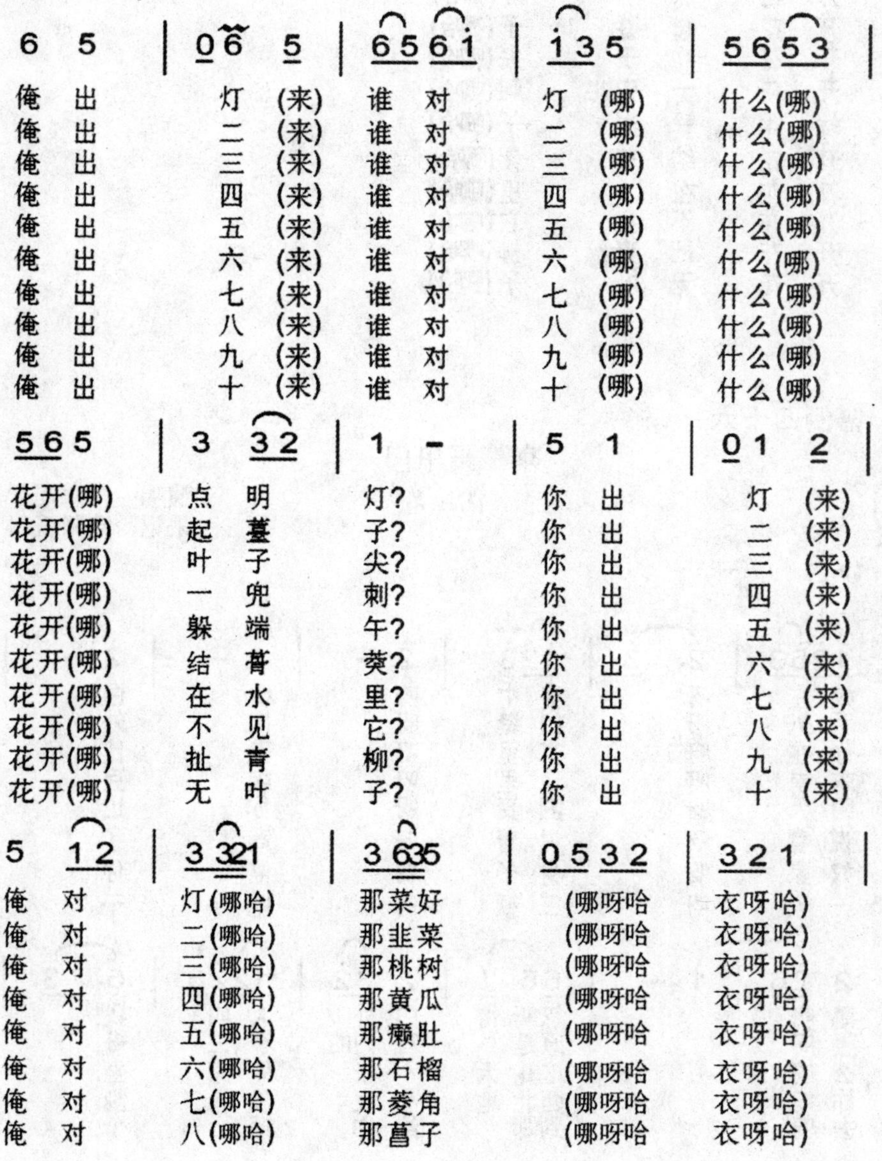

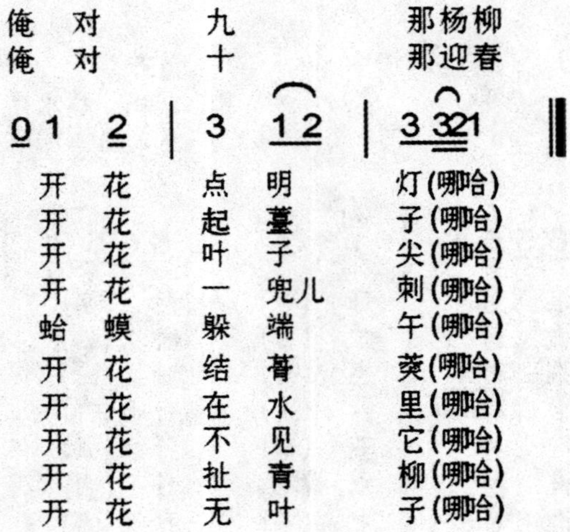

谱例四十六

李三哥串门

〈沈丘〉

演唱：郑永福
采记：欧阳玉川

1=G $\frac{2}{4}$

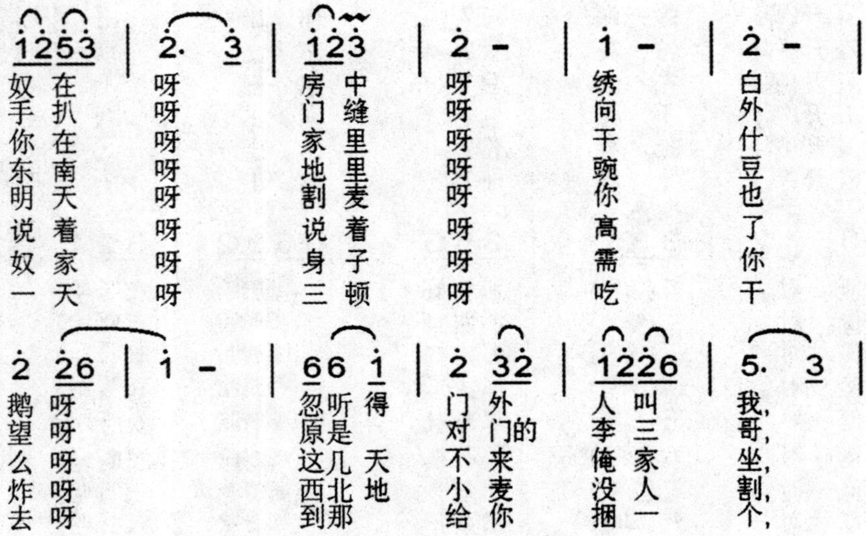

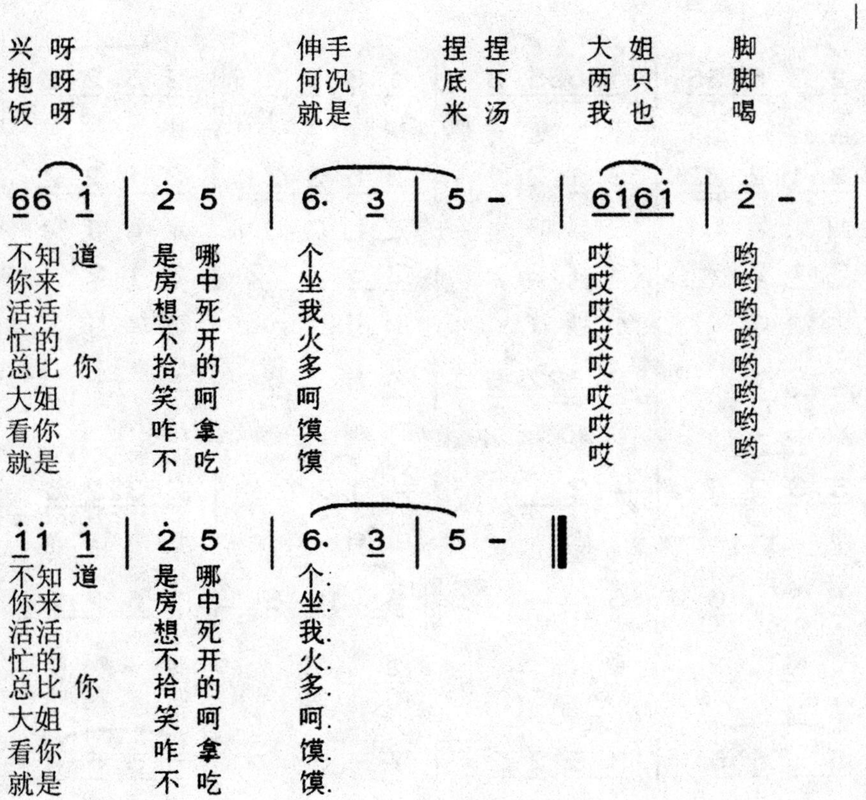

谱例四十七

玩　花　灯

〈沈丘〉

演唱：李清堂
采记：李士勋

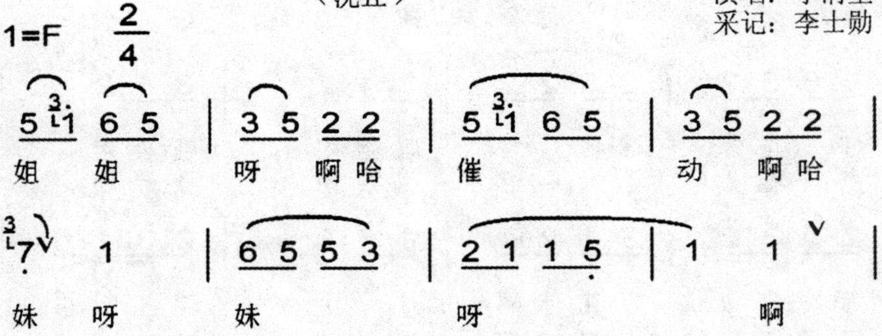

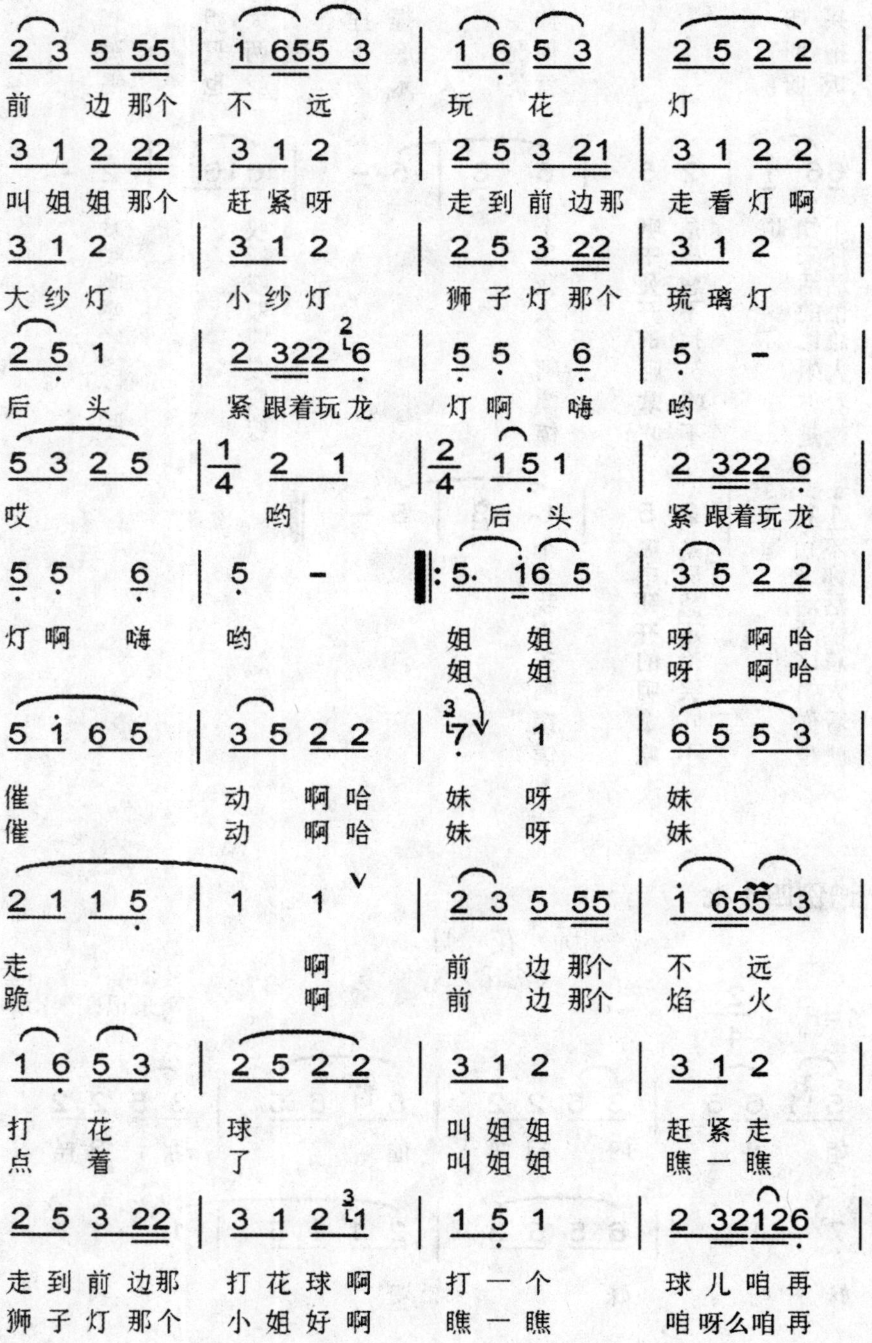
前边那个 不远 玩花 灯
叫姐姐那个 赶紧呀 走到前边那 走看灯啊
大纱灯 小纱灯 狮子灯那个 琉璃灯
后头 紧跟着玩龙 灯啊 嗨 哟
哎 哟 后头 紧跟着玩龙
灯啊 嗨 哟 姐 姐 呀 啊哈
姐 姐 呀 啊哈
催 动 啊哈 妹 呀 妹
催 动 啊哈 妹 呀 妹
走 啊 前边那个 不 远
跪 啊 前边那个 焰 火
打 花 球 叫姐姐 赶紧走
点 着 了 叫姐姐 瞧一瞧
走到前边那 打花球啊 打一个 球儿咱再
狮子灯那个 小姐好啊 瞧一瞧 咱呀么咱再

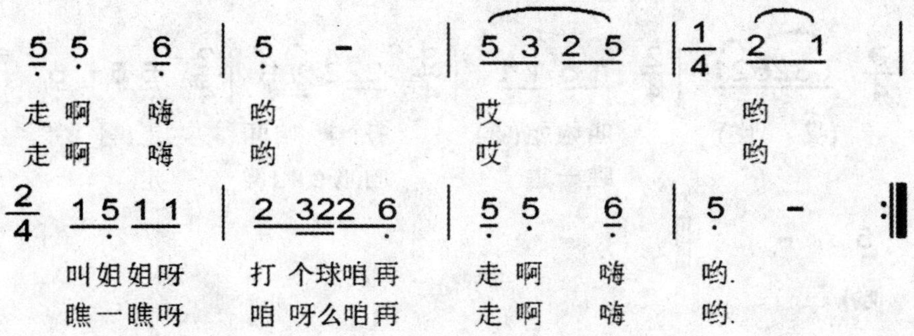

谱例四十八

玩　花　灯

〈周口〉

演唱：李清堂
采记：李士勋

1=#C 2/4

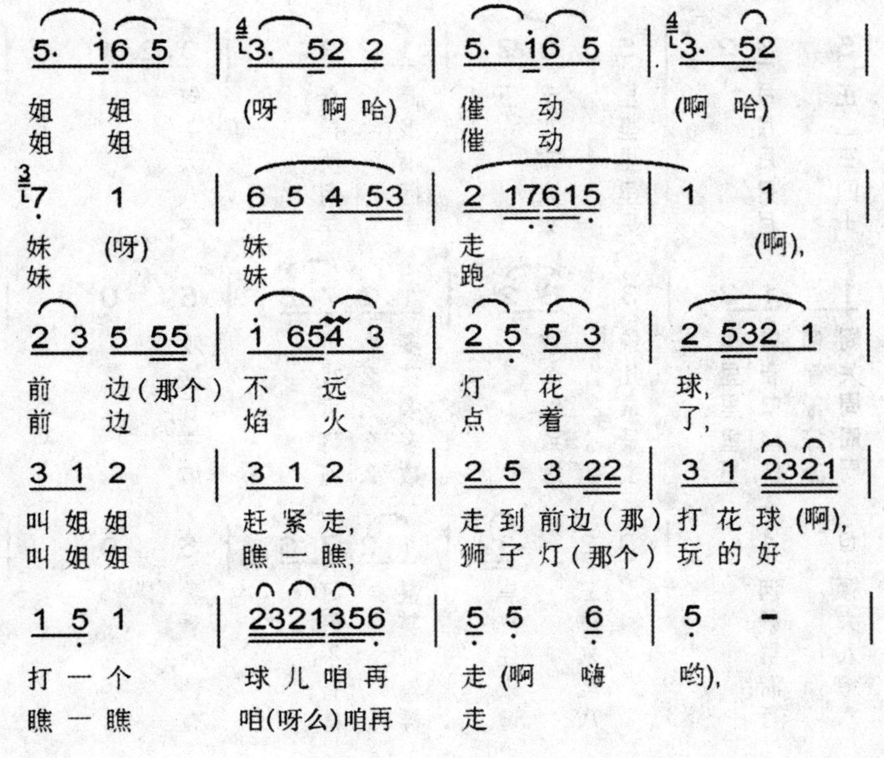

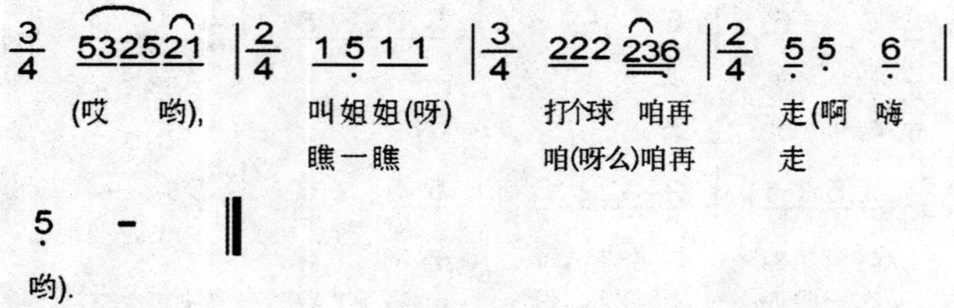

谱例四十九

旱船歌

〈周口〉

演唱：陈维刚 李书印
采记：穆 昉 闫魁禄

1=A $\frac{2}{4}$

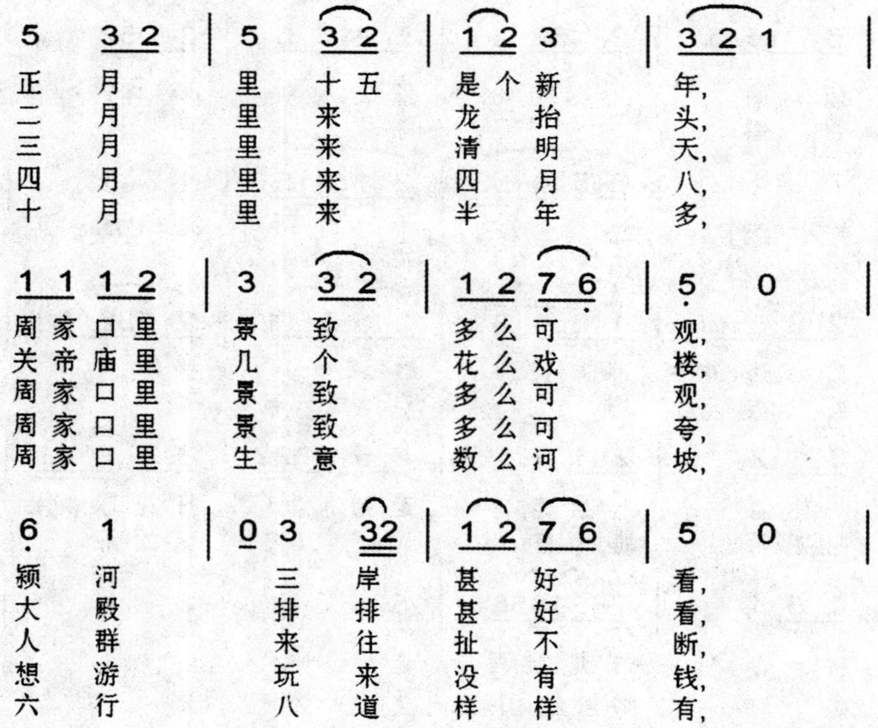

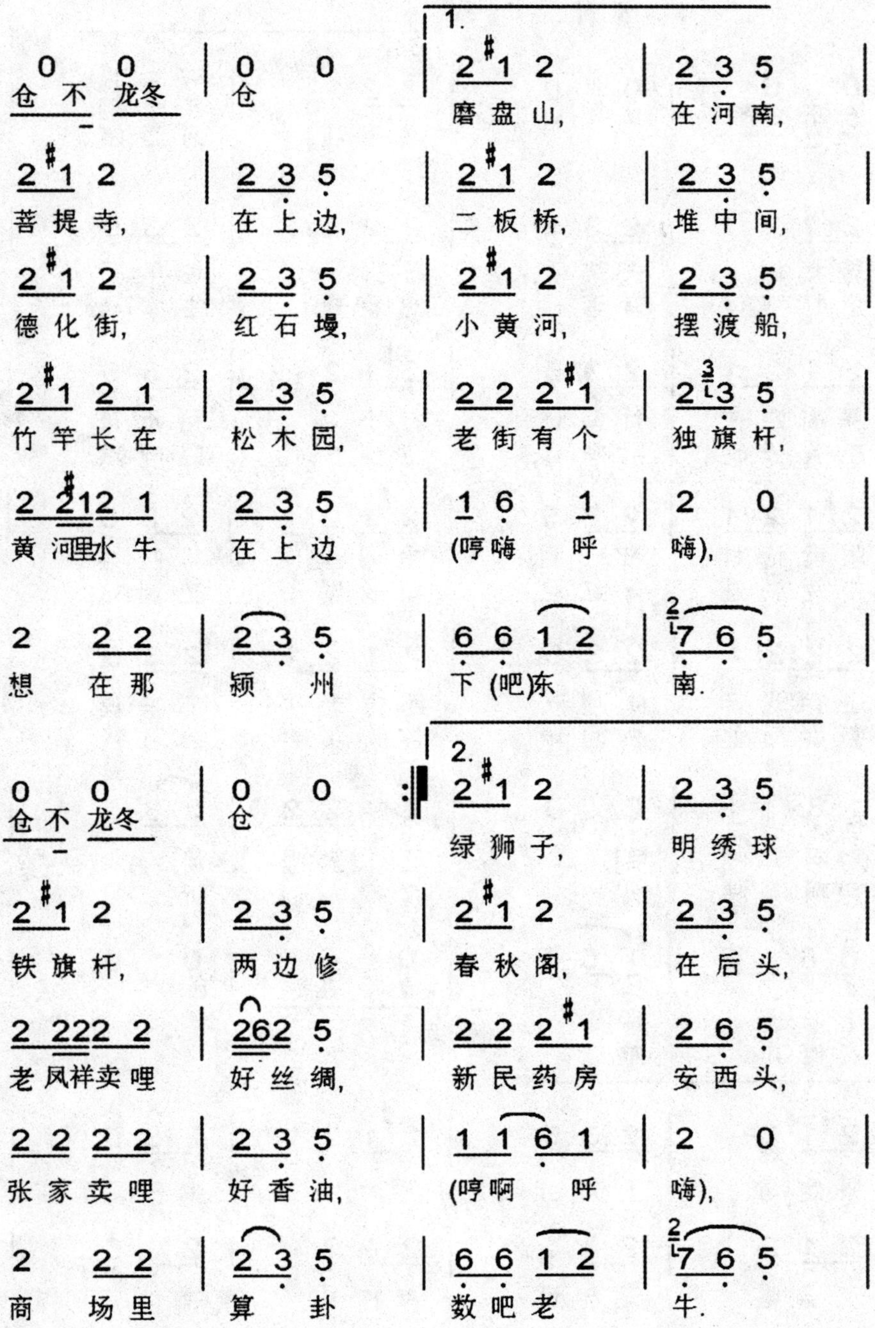
仓不 龙冬 仓
磨盘山, 在河南,
菩提寺, 在上边, 二板桥, 堆中间,
德化街, 红石墁, 小黄河, 摆渡船,
竹竿长在 松木园, 老街有个 独旗杆,
黄河哩水牛 在上边 (哼嗨 呼 嗨),
想 在那 颍 州 下(吧)东 南.
仓不 龙冬 仓
绿狮子, 明绣球
铁旗杆, 两边修 春秋阁, 在后头,
老凤祥卖哩 好丝绸, 新民药房 安西头,
张家卖哩 好香油, (哼啊 呼 嗨),
商 场里 算 卦 数吧老 牛.

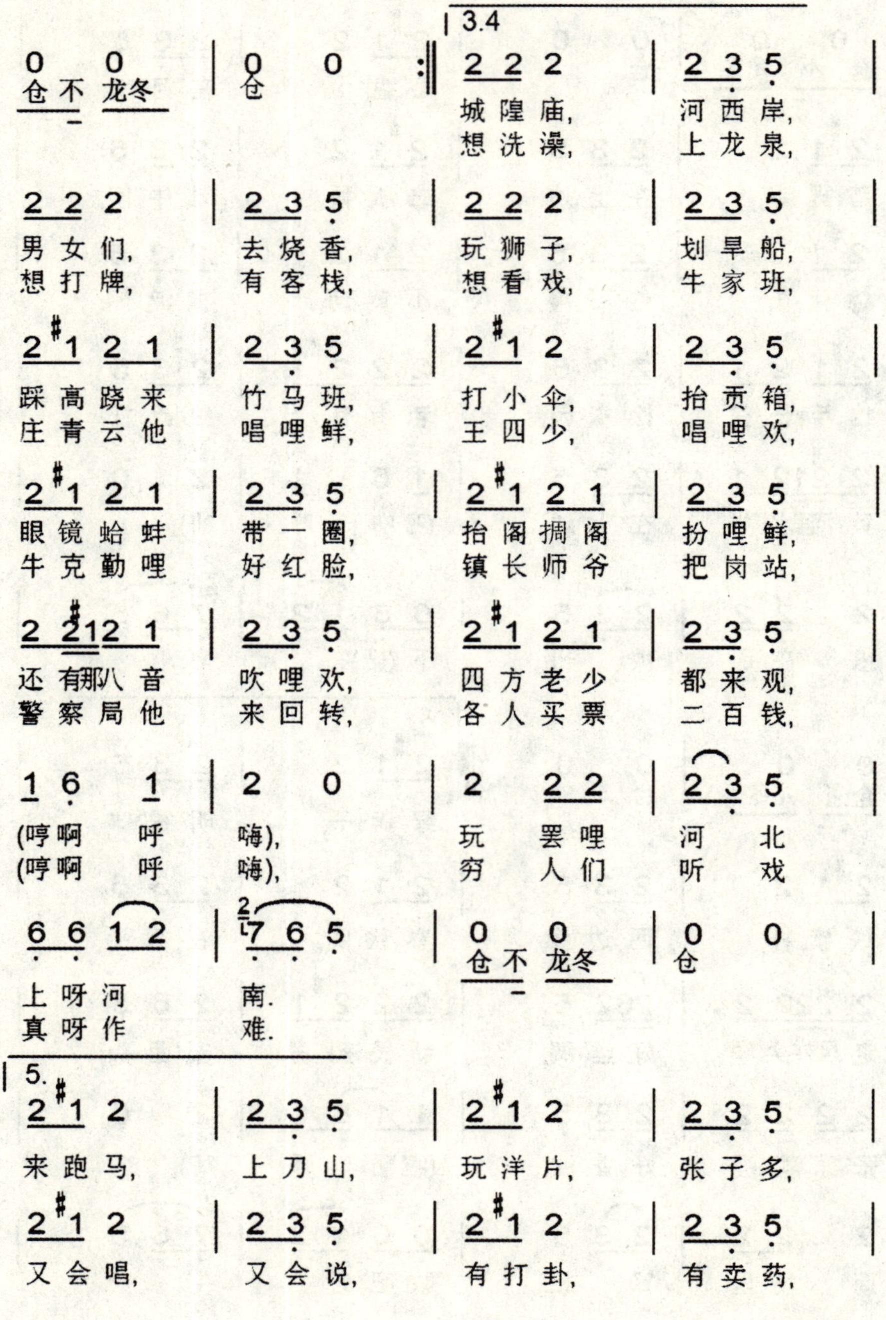

仓不 龙冬 仓
城隍庙, 河西岸,
想洗澡, 上龙泉,
男女们, 去烧香, 玩狮子, 划旱船,
想打牌, 有客栈, 想看戏, 牛家班,
踩高跷来 竹马班, 打小伞, 抬贡箱,
庄青云他 唱哩鲜, 王四少, 唱哩欢,
眼镜蛤蚌 带一圈, 抬阁搁阁 扮哩鲜,
牛克勤哩 好红脸, 镇长师爷 把岗站,
还有那八音 吹哩欢, 四方老少 都来观,
警察局他 来回转, 各人买票 二百钱,
(哼啊 呼 嗨), 玩 罢哩 河 北
(哼啊 呼 嗨), 穷 人们 听 戏
上呀河 南. 仓不 龙冬 仓
真呀作 难.
来跑马, 上刀山, 玩洋片, 张子多,
又会唱, 又会说, 有打卦, 有卖药,

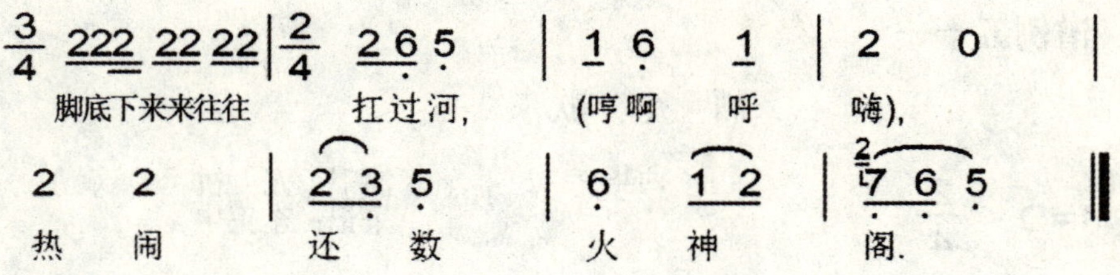

谱例五十

放风筝
(小踏青)
〈项城〉

演唱：于运荣
采记：崔鸿斌

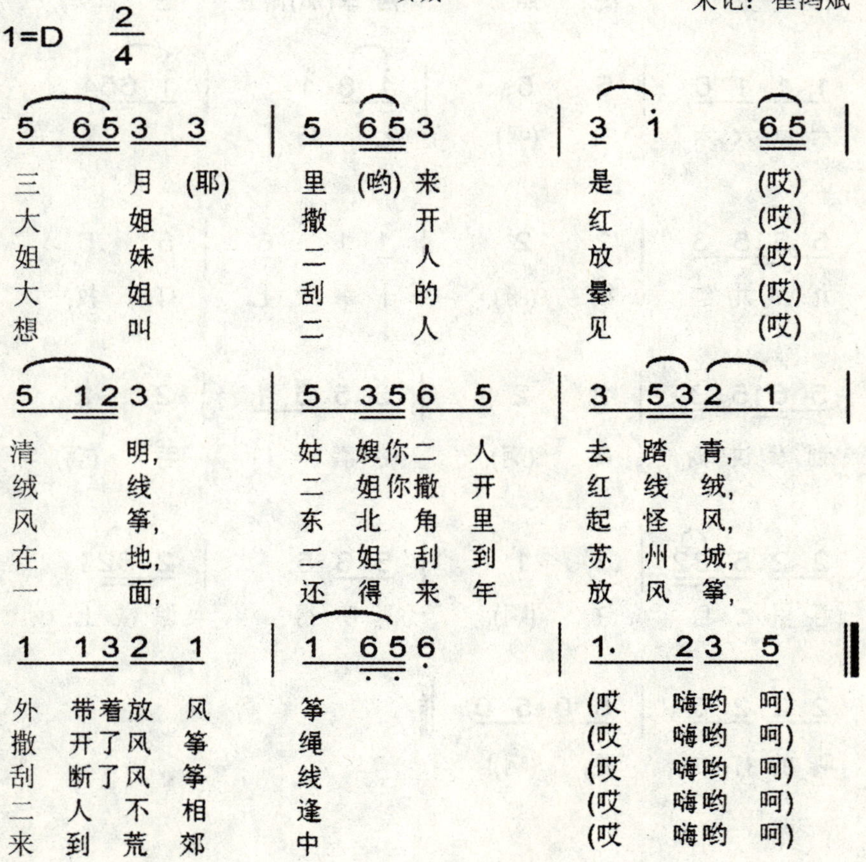

谱例五十一

酒令歌

〈西华〉

演唱：张 桥 崔鸿斌
采记：李正申

1=D $\frac{2}{4}$

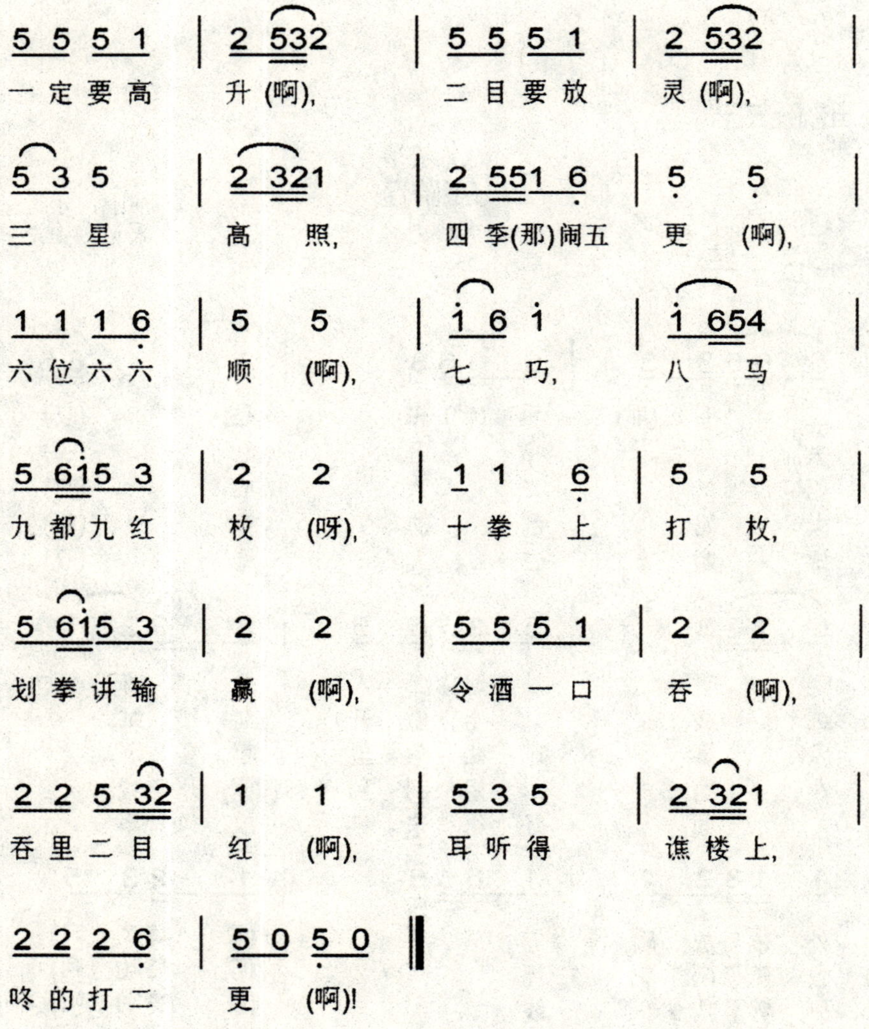

谱例五十二

喝　酒　歌

〈西华〉

演唱：张　桥　崔鸿斌

采记：李正中

1=G $\frac{2}{4}$

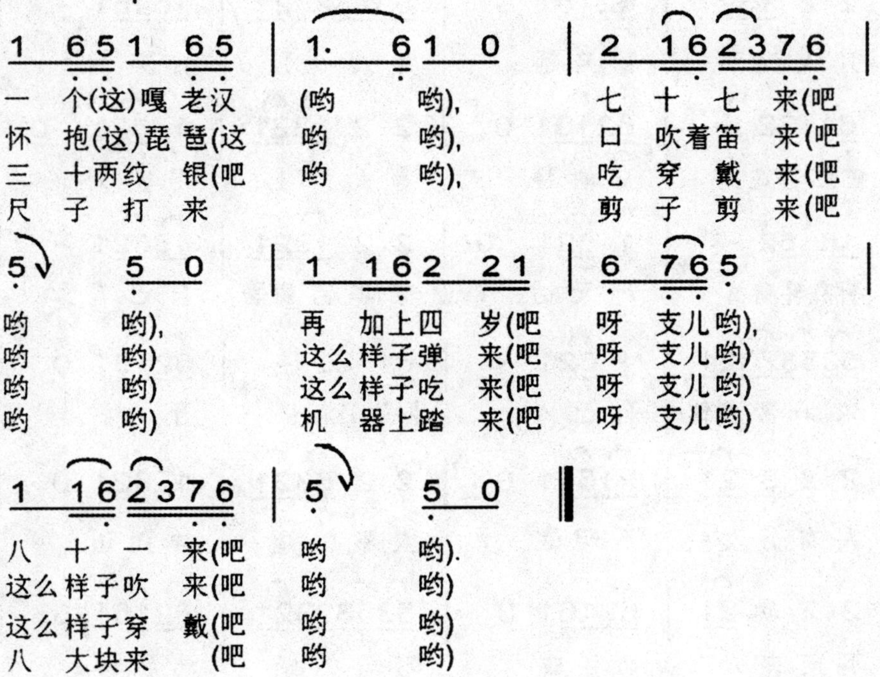

谱例五十三

一朵莲花开的鲜

〈淮阳〉

演唱：王雪莲

采记：李荣华

1=G $\frac{4}{4}$

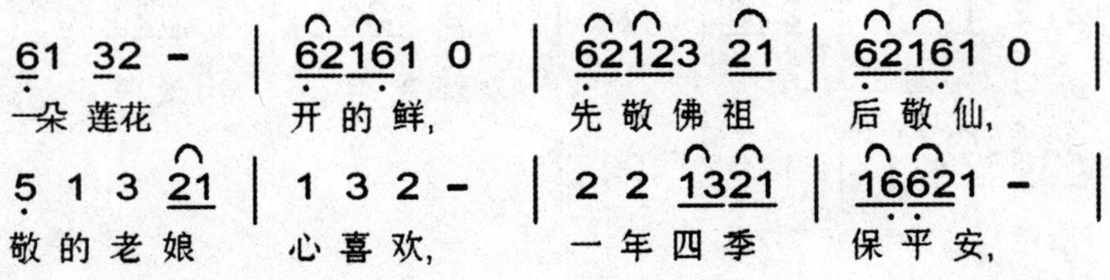

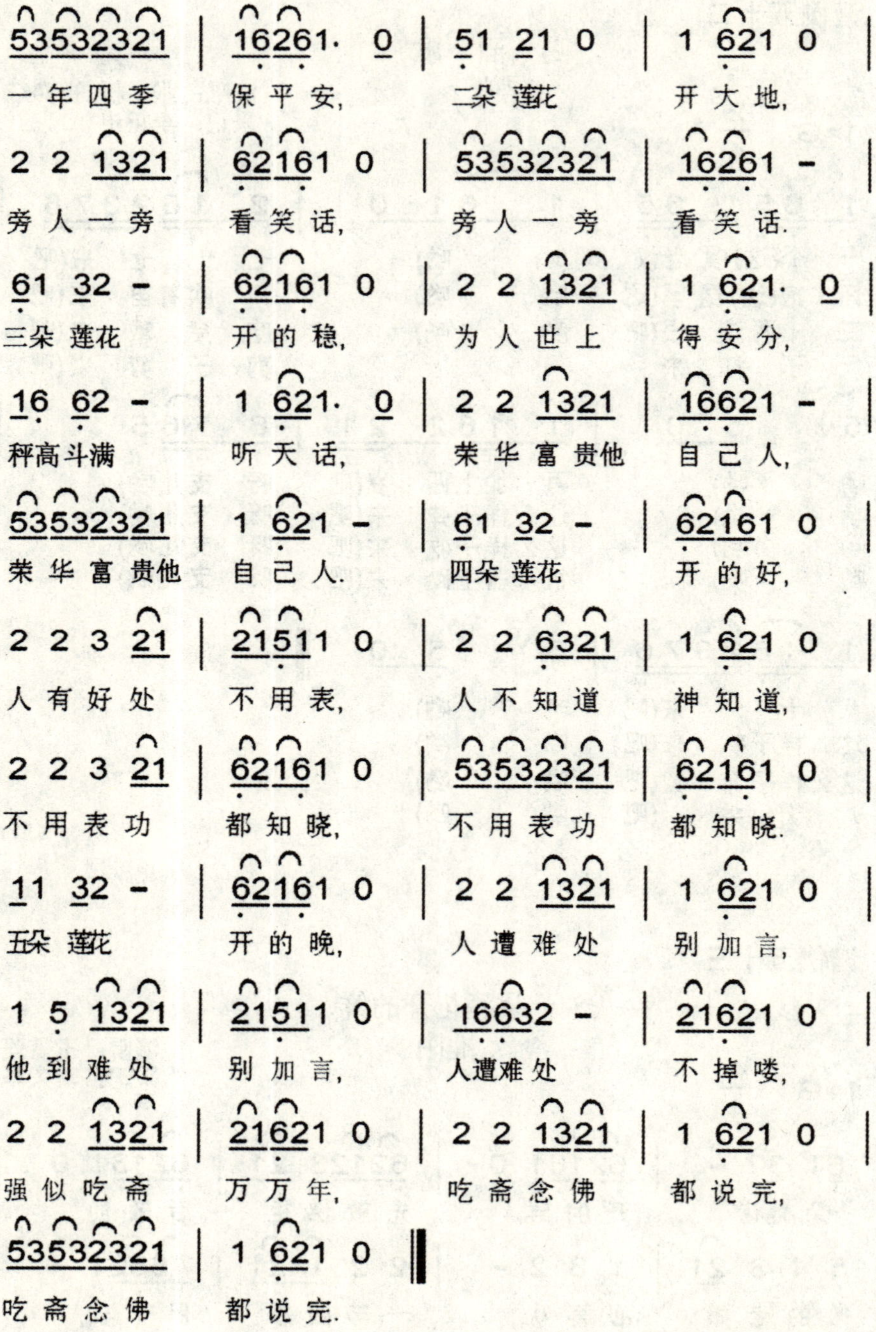
一年四季 保平安, 二朵 莲花 开大地,
旁人一旁 看笑话, 旁人一旁 看笑话.
三朵 莲花 开的稳, 为人世上 得安分,
秤高斗满 听天话, 荣华富贵他 自己人,
荣华富贵他 自己人. 四朵 莲花 开的好,
人有好处 不用表, 人不知道 神知道,
不用表功 都知晓, 不用表功 都知晓.
五朵 莲花 开的晚, 人遭难处 别加言,
他到难处 别加言, 人遭难处 不掉喽,
强似吃斋 万万年, 吃斋念佛 都说完,
吃斋念佛 都说完.

谱例五十四

皇城里柏树青又青

〈淮阳〉

演唱：王雪莲
采记：李荣华

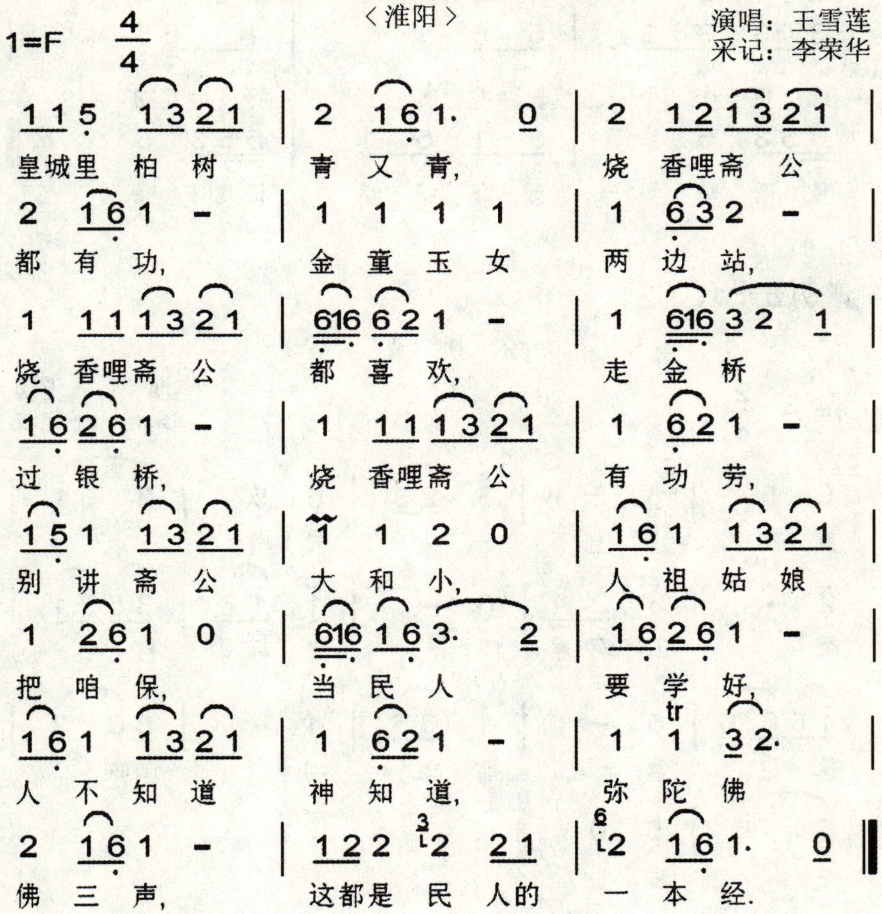

谱例五十五

高高山上一棵梨

〈淮阳〉

演唱：王雪莲
采记：李荣华

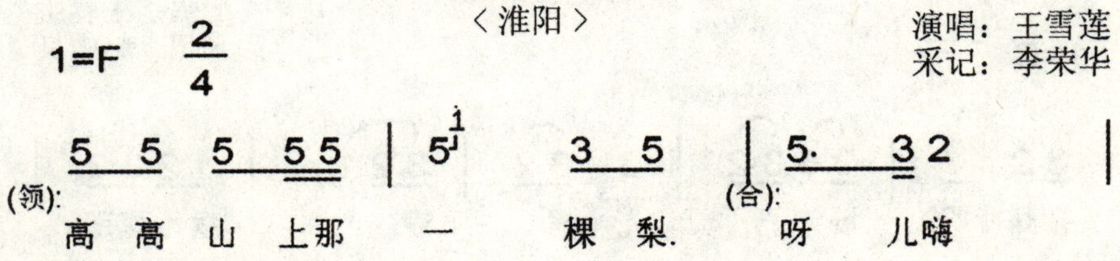

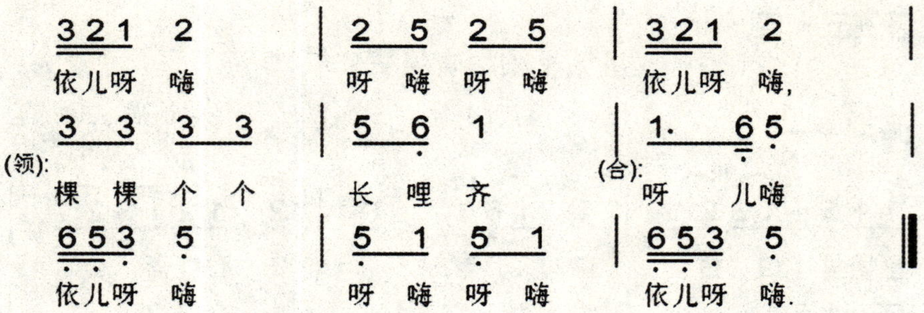

谱例五十六

经 挑 歌

〈商水〉

演唱：张玉廷
采记：王化政

1=♭B 2/4

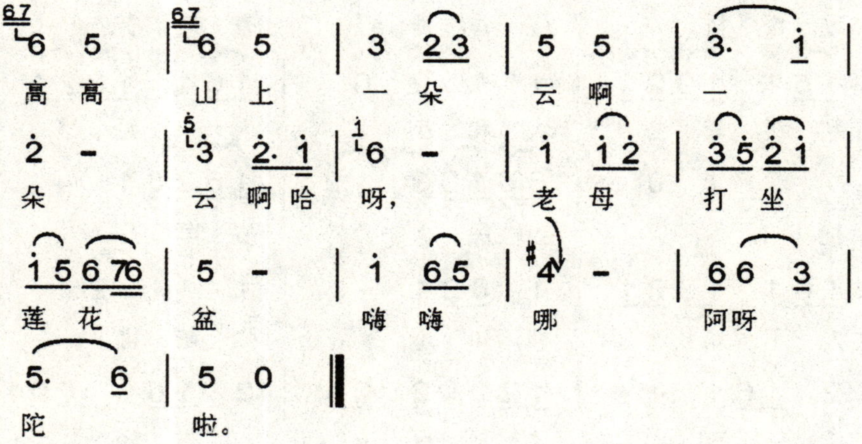

谱例五十七

旱 船 歌

〈沈丘〉

演唱：王春生
采记：赵中良

1=B 2/4

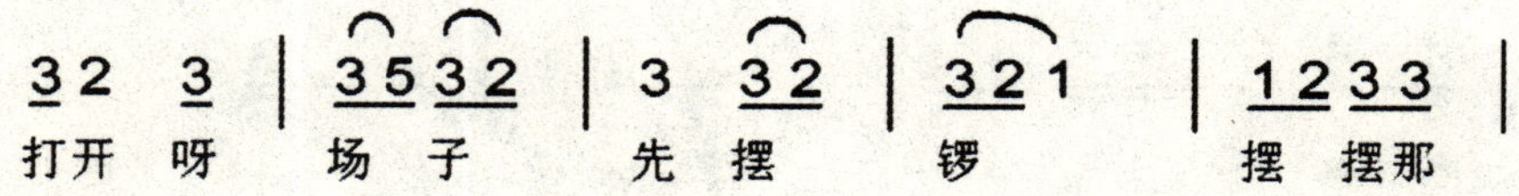

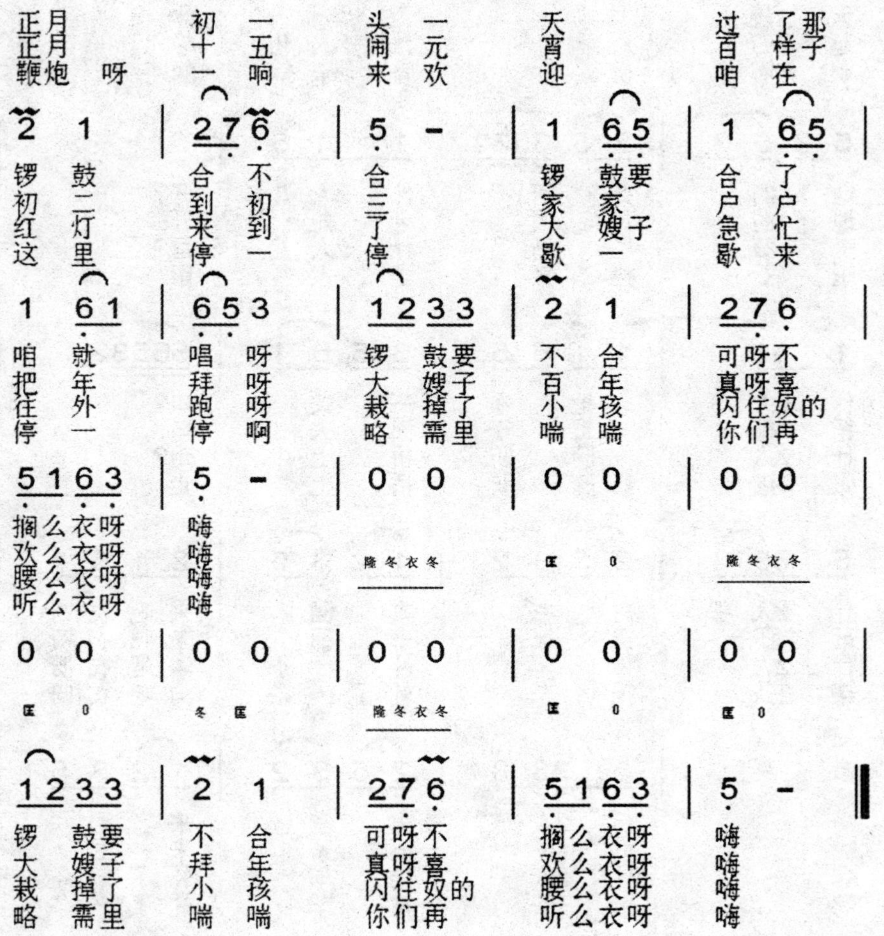

谱例五十八

小放牛

〈沈丘〉

演唱：李清堂
采记：李士勋

1=F $\frac{2}{4}$

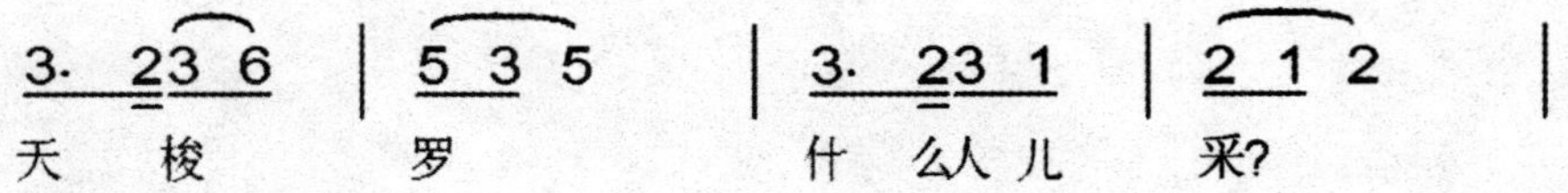

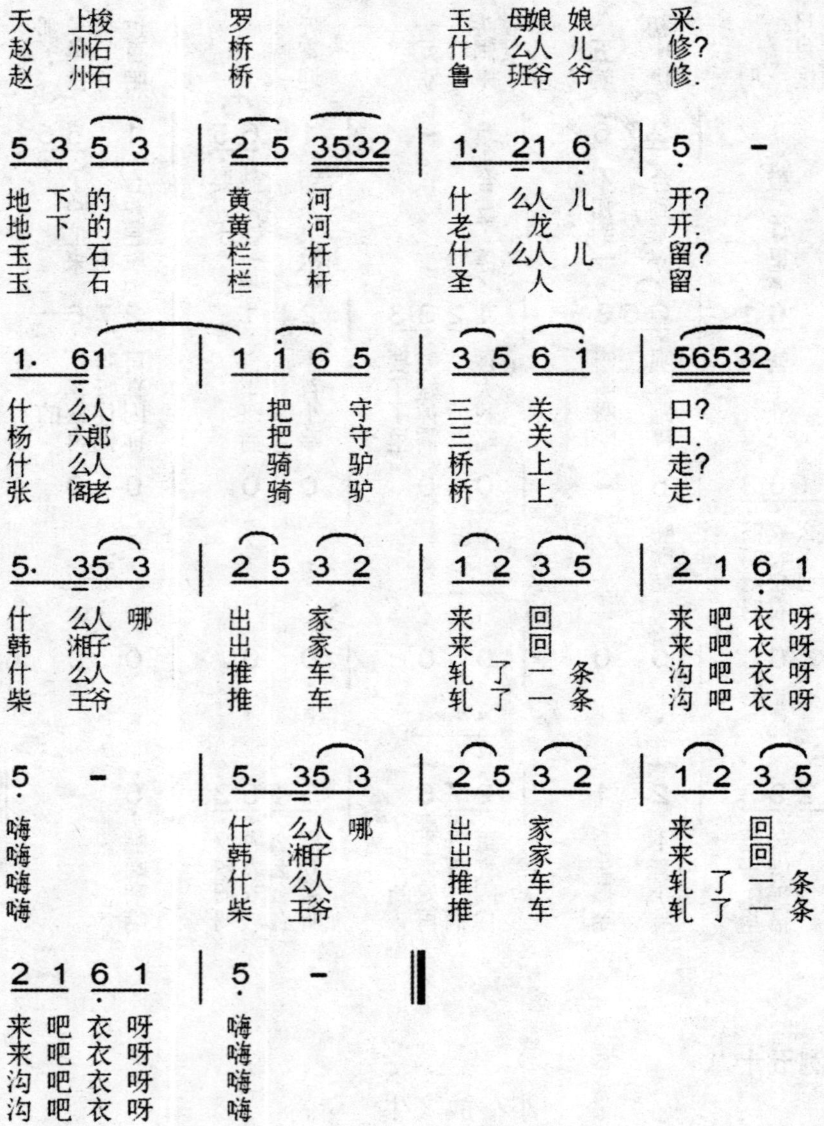
天 上梭 罗 玉 母娘 娘 采.
赵 州石 桥 什 么人 儿 修?
赵 州石 桥 鲁 班爷 爷 修.
5 3 5 3 | 2 5 3532 | 1. 21 6 | 5. - |
地 下 的 黄 河 什 么人 儿 开?
地 下 的 黄黄 河 老 龙 开.
玉 石 栏 杆 什 么人 儿 留?
玉 石 栏 杆 圣 人 留.
1. 61 | 1 1 6 5 | 3 5 6 1 | 56532 |
什 么人 把 守 三 关 口?
杨 六郎 把把 守守 三三 关关 口.
什 么人 骑 驴 桥 上 走?
张 阁老 骑 驴 桥 上上 走.
5. 35 3 | 2 5 3 2 | 1 2 3 5 | 2 1 6 1 |
什 么人 哪 出 家 来 回 来 吧 衣 呀
韩 湘子 出出 家家 来来 回回 来 吧 衣 呀
什 么人 推 车 轧 了 一 条 沟 吧 衣 呀
柴 王爷 推 车 轧 了 一 条 沟 吧 衣 呀
5. - | 5. 35 3 | 2 5 3 2 | 1 2 3 5 |
嗨 什 么人 哪 出 家 来 回
嗨 韩 湘子 出出 家家 来来 回回
嗨 什 么人 推 车 轧 了 一 条
嗨 柴 王爷 推 车 轧 了 一 条
2 1 6 1 | 5. - ‖
来 吧 衣 呀 嗨
来 吧 衣 呀 嗨
沟 吧 衣 呀 嗨
沟 吧 衣 呀 嗨

谱例五十九

颍河摇橹号子

〈周口〉

演唱：郭京启 冯天林
采记：崔鸿斌 吴博礼

1=♭B 2/4

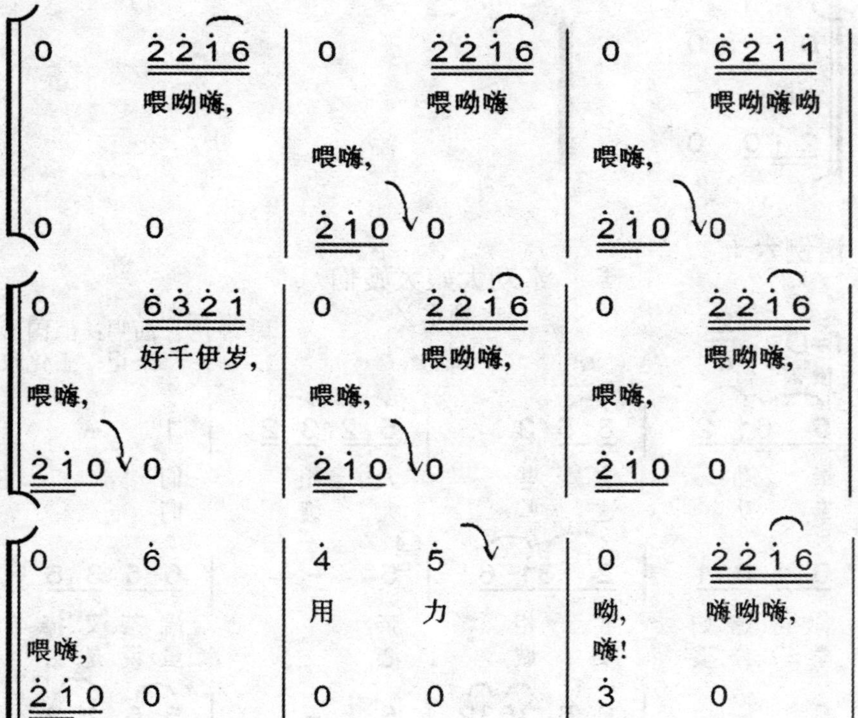

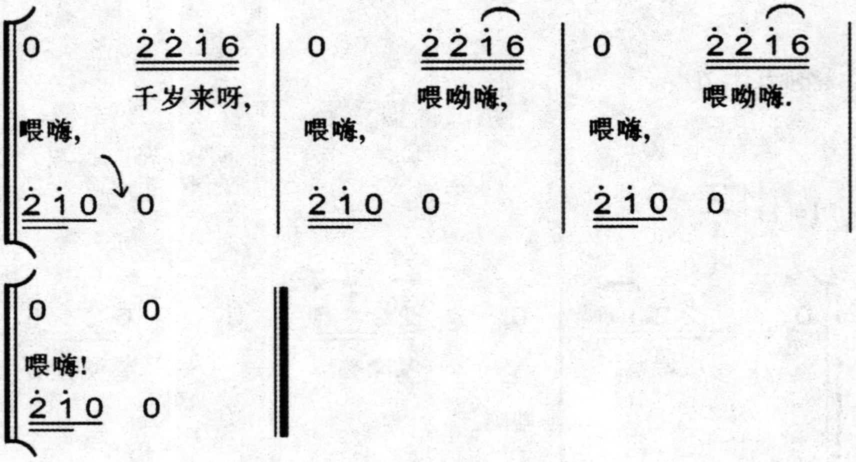

谱例六十

奉劝大娘大嫂们

〈商水〉

演唱：邵国珍
采记：王化政

1=D $\frac{2}{4}$
慢速

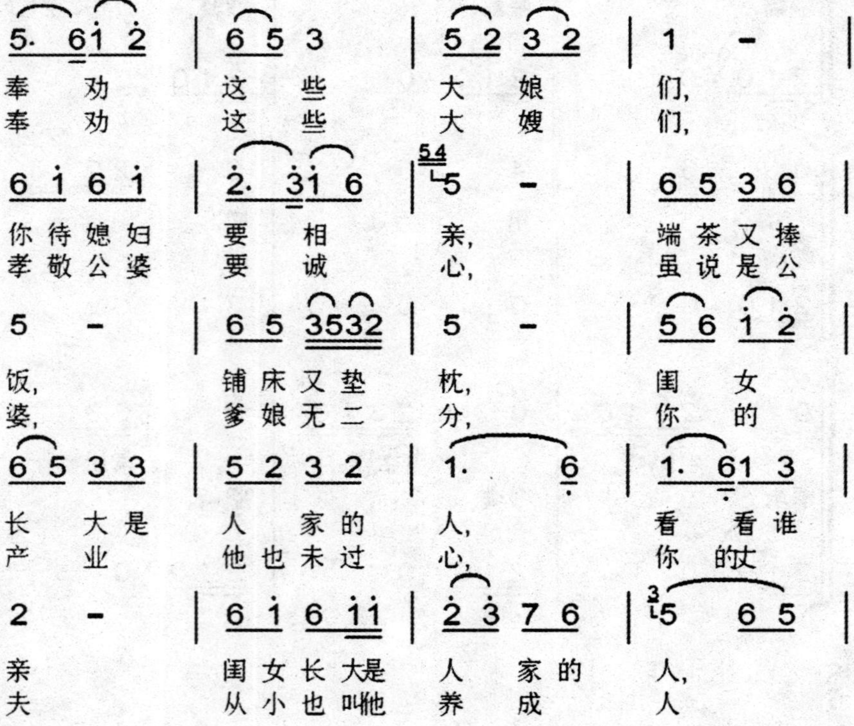

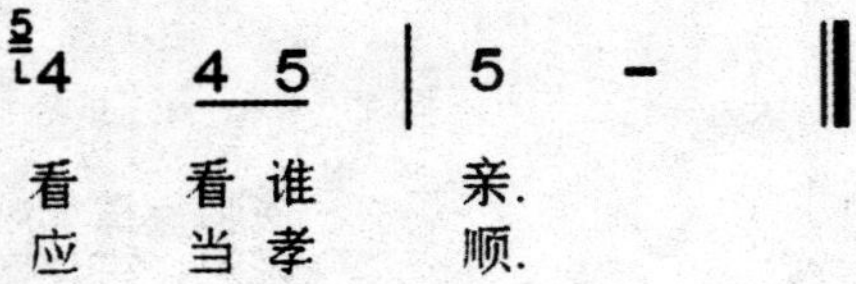

谱例六十一

弟兄姐妹应当孝父母

〈商水〉

演唱：邵国珍
采记：王化政

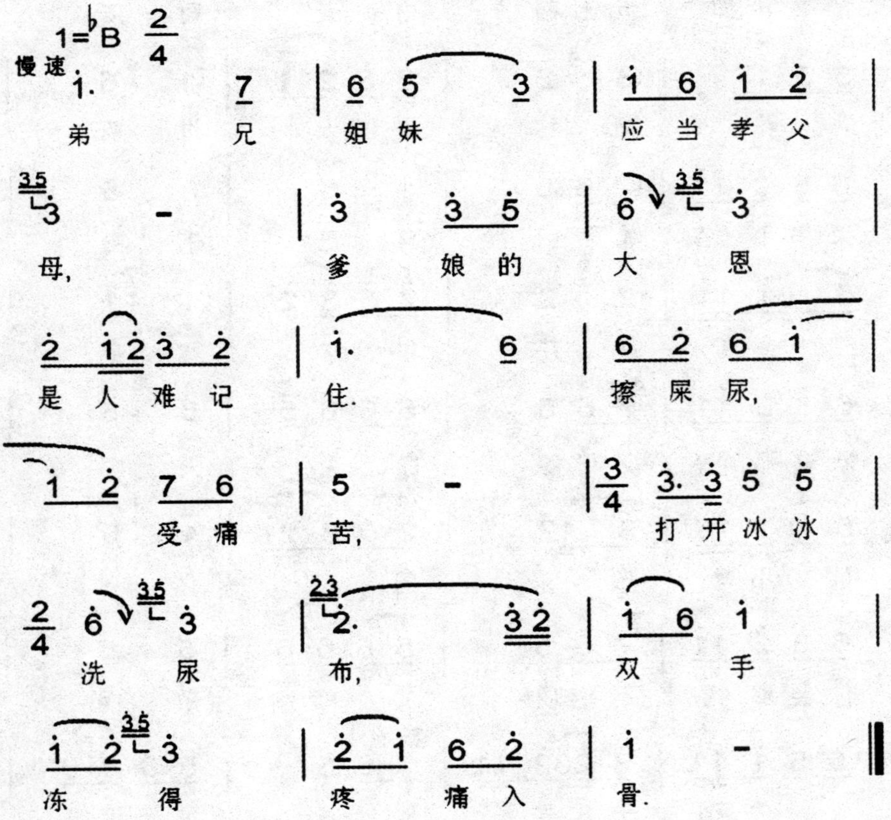

谱例六十二

佛经歌

〈商水〉

演唱：谭如岭
采记：王化政

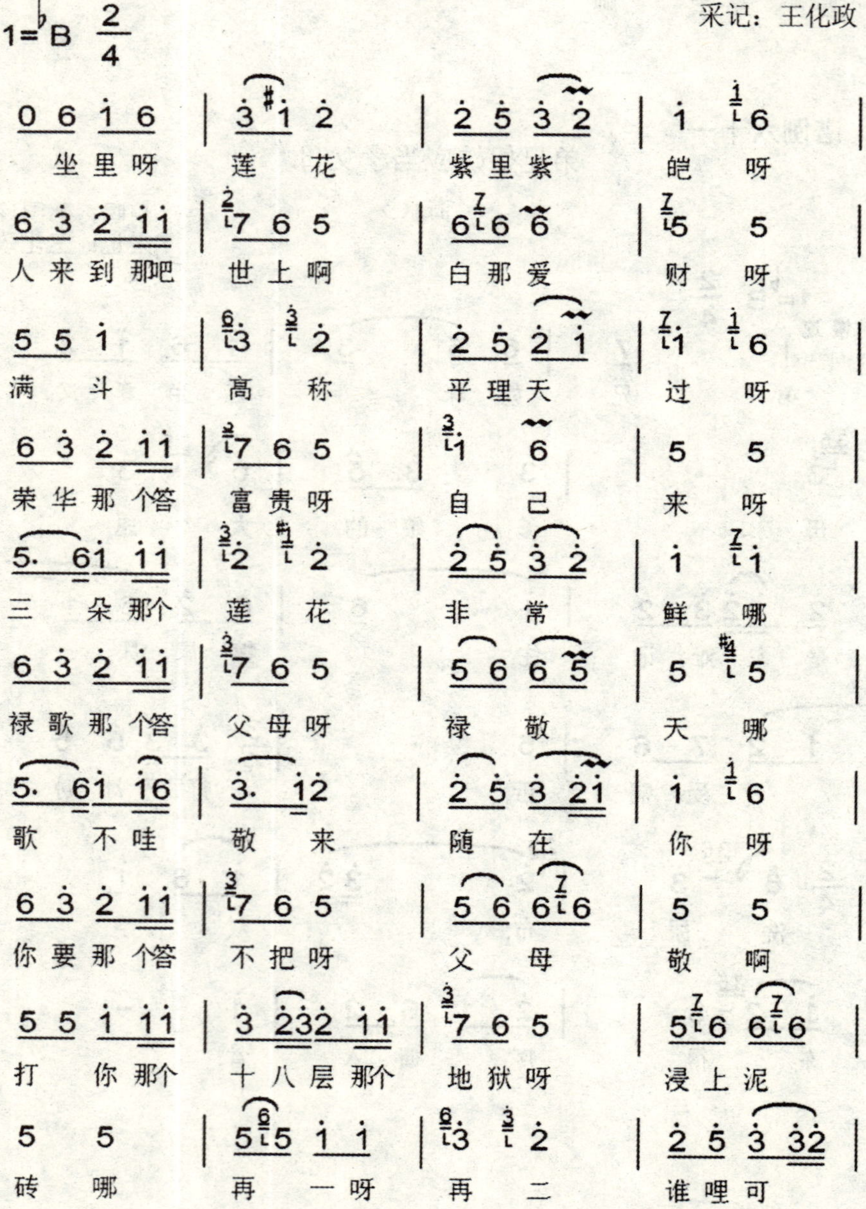

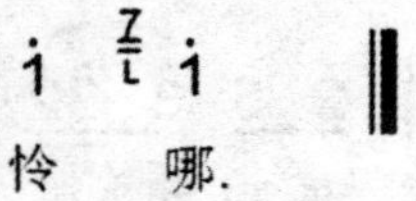

谱例六十三

经 歌

〈沈丘〉

演唱：佚 名
采记：李士勋

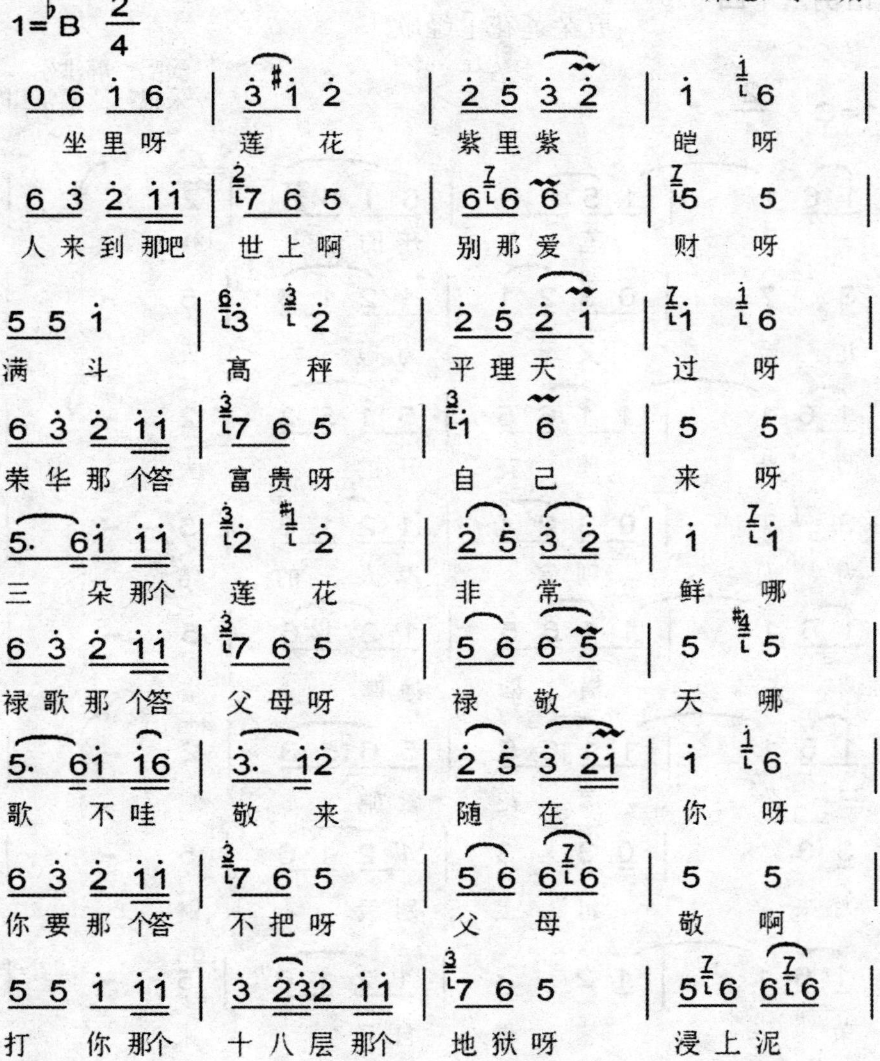

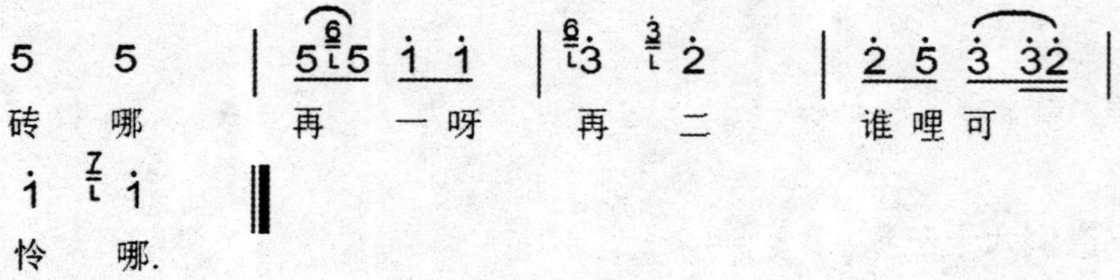

谱例六十四

五朵莲花［经歌］

〈沈丘〉

演唱：郭洪生
采记：欧阳玉川

1=C $\frac{2}{4}$

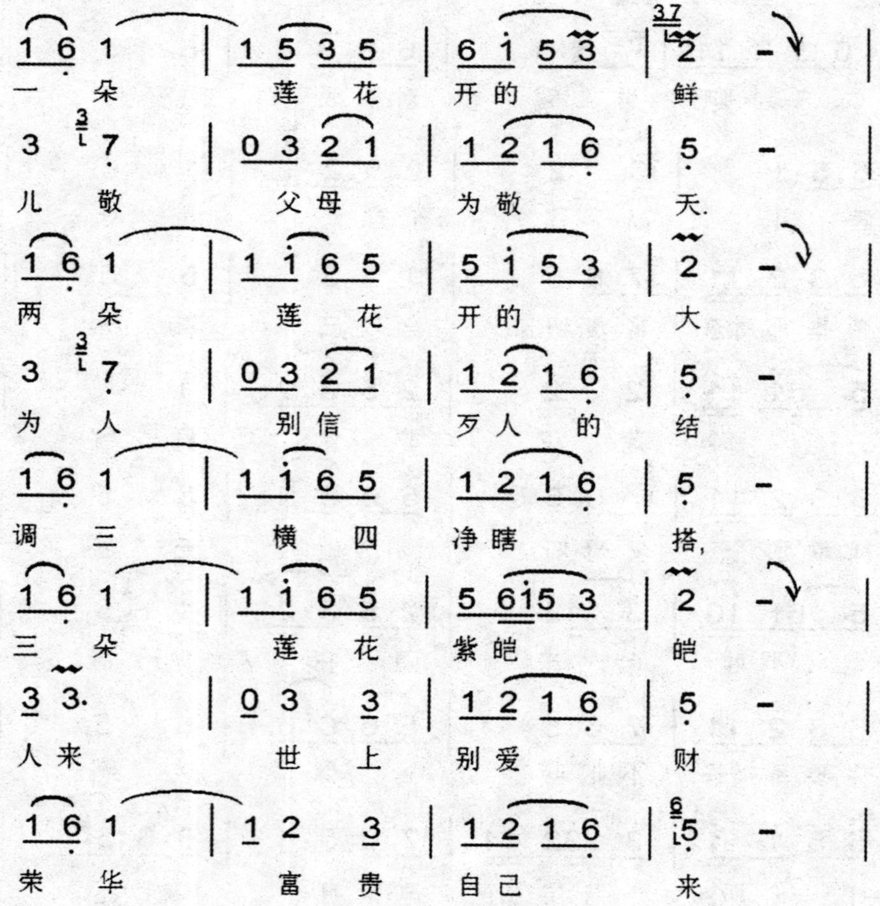

谱例六十五

学 道 人

〈商水〉

演唱：邵国珍

记录：王化政

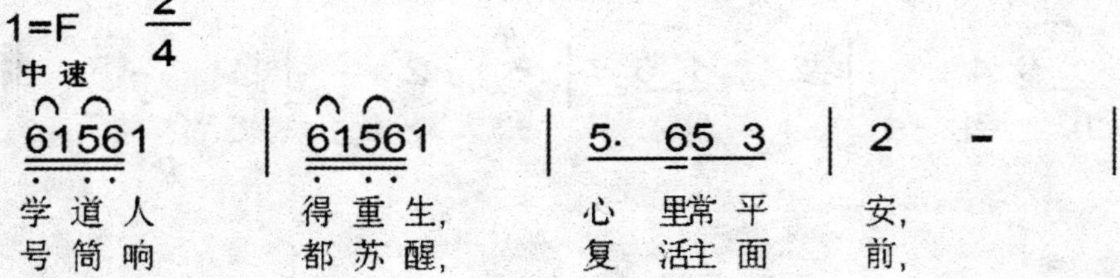

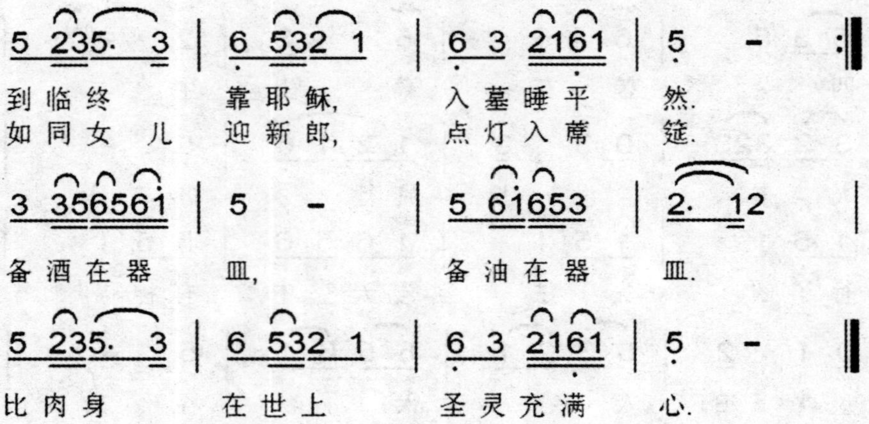

谱例六十六

月奶奶

〈太康〉

演唱：李桂荣
采记：李荣华

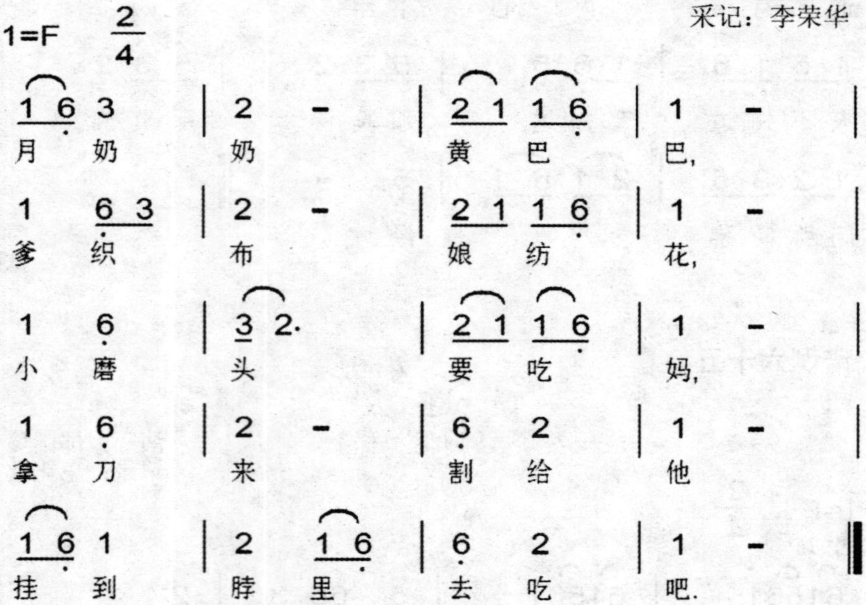

谱例六十七

摇 儿 歌

〈太康〉

演唱：李李氏
采记：李荣华

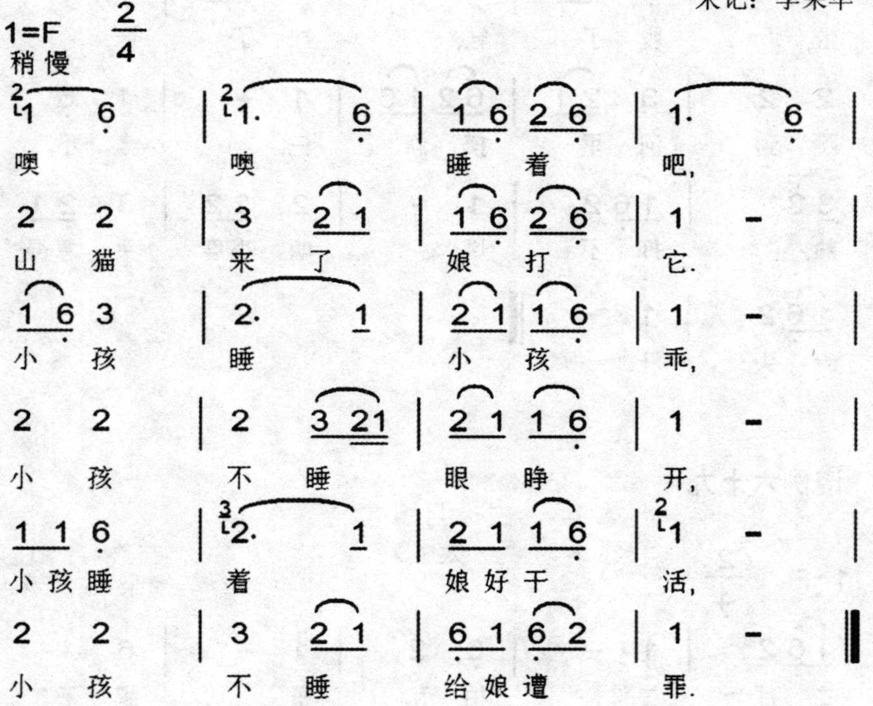

谱例六十八

筛 箩 箩

〈太康〉

演唱：李桂荣
采记：李荣华

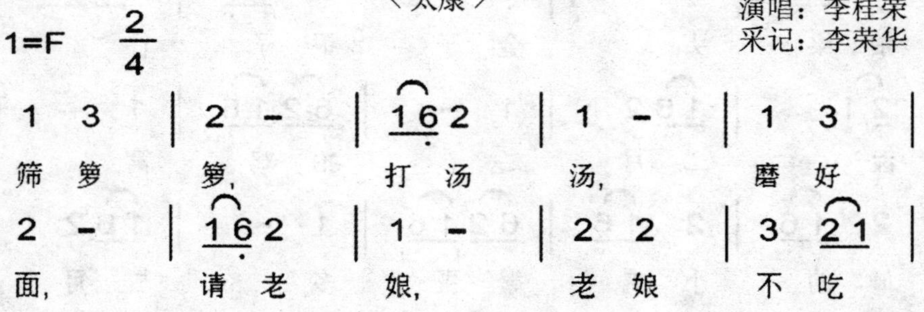

谱例六十九

二 月 二

〈太康〉

演唱：李桂荣
采记：李荣华

1=F $\frac{2}{4}$

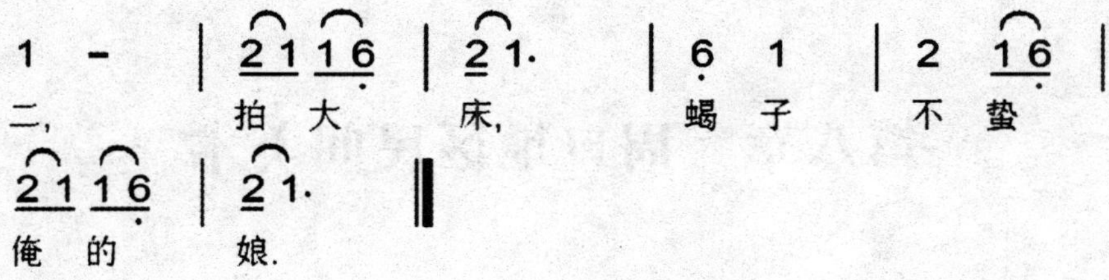

谱例七十

乌鸦反哺［儿歌］

〈商水〉

1=E 2/4

演唱：郜布雨
采记：王华政

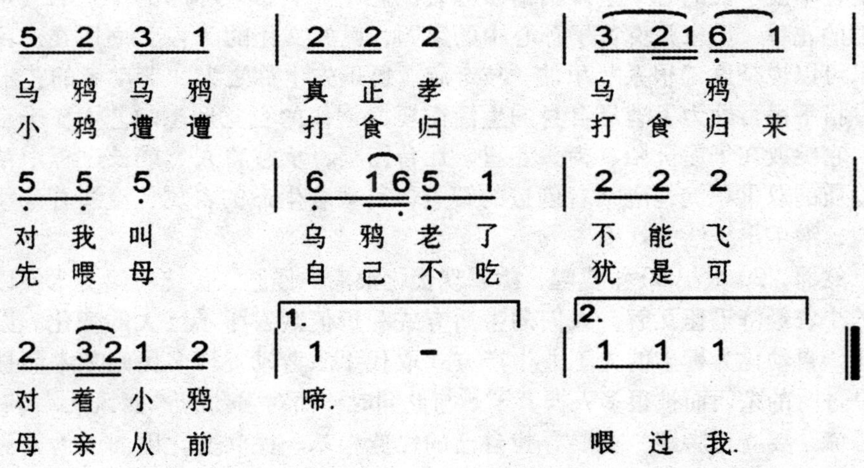

撰稿人 李荣华

（注：成军撰写“越调”章节部分文字）

第八章 周口地区民间美术

一、周口地区民间美术的内涵

（一）周口地区民间美术的界定

在中国几千年农耕文化的熏陶下，“民间”常和“乡土”联系在一起，总能在华夏子民的心中生发出诸多温暖的触动。它带着朴厚的泥土的气息和馥郁的花香，历来是炎黄子孙心中的家园，民族文化的“根”之所在。民间美术可以说是这“根系”里的一枝奇葩。鲁迅先生称之为“劳动者的艺术”，它是指平民百姓为了满足自身的生活需要而创作的视觉形态的艺术。千百年来，它绽放在华屋阡陌、街头巷里、灶台窗棂，承载着人类成长过程中精神和物质的双重积淀，凝结着创造的智慧，负载着生命的希冀，浸润着沧桑的灵魂，滋生出生活的欢乐……

然而，20 世纪 80 年代起，随着现代化浪潮的侵湮，传统民间美术赖以生存的小农经济迅速瓦解，人们的生活方式和价值观发生了巨大的变化。以机械化、自动化为标志的大工业生产方式取代手工劳动，许多民间艺术品被认为是过时的东西而被很多人摒弃了。与此同时，面对强劲的“西风”，人们开始恐慌，要立稳脚跟，就要寻找自己的民族根基。民间文化因而成为人们寻根的圣地。在复兴民族文化、抢救民间文化遗产的呼声中，民间美术同其他诸民间文化艺术形式一起，被作为民族传统生活形态的活化石获得了保护。许多民间美术作品被保存在博物馆中，见证着一个古老文明的辉煌，承载着人们对一个逝去年代的无限怀念。也正是带着这种悲惋与豪迈、怀念与憧憬的复杂心情，笔者走人乡间，希望能采撷一些种子，掘回一些泥土，为新时代民间美术的发展捕获一丝新生的契机。

民间美术是与宫廷、贵族、文人士大夫与职业画家创造的艺术相对而言的，虽然民间美术在某些部分与纯美术相交，但在本质上和形态上还是与纯美术不同。正如靳之林先生所概括的那样：“中国民间美术具有六个最基本的因素：1. 它的创造者是中华民族大众群体；2. 它是为包括生产劳动、衣食住行、人生礼仪、节日风俗、信仰禁忌和艺术生活在内的自身社会生活需要而创造的艺术；3. 它的文化内涵和艺术形态，代表着民族文化群体的中国本原宇宙观、美学观、感情气质、心理素质和民族精神，反映了中国本原文化的哲学体系、艺术体系、造型体系和色彩体系；4. 它是中华民族的母体艺术之一，具有民族文化传统的延续性；5. 它具有鲜明的民族特征与地域文化特征；6. 艺术创造所使用的工具材料，都是随手可得、就地取材的，具有农村自然经济的地域特征。”①

由此，我们可以说周口地区的民间美术是指由周口地区广大劳动人民群众所创作的与该地区民间文化及民俗文化相关联的，反映周口地区人民的生活、思想、情感和愿望的一种造型艺术形式。它不仅作为一种艺术形态，有其独特的美学价值，而且也是一部反映周口地区文化、历史的宝典，是周口人民用种种形象符号构建起来的综合文化载体，是探求周口地区的地域文化乃至中国民族文化及全人类文化本源的有效途径。

与其他艺术相比，民间美术带有更强烈的原发性、传承性和生活性。民间美术不仅与人们的日常生活密切相关，有些甚至就是生活的一部分。它更多地保持了原始艺术的诸多特征，而且同时又作为本源性“母体”派生出其他非民间艺术。民间美术作为民俗文化与民族文化的物化形式，亦有着深厚的民俗价值、文化意义和社会意义。它博大、宽泛、厚重，是物质文化与精神文化的双重载体，是劳动人民几千年智慧的结晶。

（二）周口地区民间美术的源流

周口地区地处黄淮平原的腹心，是中华民族的发祥地之一 。著名的地质学家李四光曾这样说过：“在五亿七千万年前至十九亿年震旦纪期间，中国境内绝大部分是海洋的情况下，就出现了大片的淮阳古陆。”②这里除了发现属于数万年乃至数十万年前的鸵鸟蛋、古象牙、鹿角等众多生物化石外，截至目前，还发现新石器时代遗址 150 多处。据相关研究者指出，史前时期，这里森林茂密、水草丰美、鸟兽众多，气候湿润温暖，是原始人生活和居住的理想之地。从当地的考古资料可以得知，在距今 8000 年左右的裴李岗文化期，这里就有了人类活动的足迹，发掘于扶沟前闸遗址的石磨、石斧及陶器昭示

---

① 靳之林著：《中国民间美术》，五洲传播出版社 2004 年版，第 8－9 页。

② 转引自秦永军、李全力主编：《周口文物考古研究》，中州古籍出版社 2005 年版，第 1－2 页。

出原始先民的生息与智慧，可谓该地区最早的民间美术遗存。

淮阳太昊陵　赵腊梅摄

尔后，该地区的原始先民又创造了仰韶、大汶口、屈家岭、龙山、二里头等文化，在上述不同时期的遗址中当地很多遗址各时期的文化共存，如：淮阳的平粮台、周口的水灌台、商水的朱集、项城的南顿城、郸城的段寨、太康的方城、西华的陆城、沈丘的孙寨等，均包含几个时代的文化遗存，证明该地区是古代人们长期居住的地点。他们创造了周口地区早期的民间艺术形态。其代表如仰韶文化期的罐形陶鼎、高领罐、陶纺轮；大汶口文化期的高圈足镂孔灰陶豆、彩陶罐；龙山文化期的深腹罐；二里头文化期的加沙灰陶鼎、陶罐、平底盆等，造型简洁，质朴、奔放，随意、自然，体现出石器时代的原始先民在泥与火中俯仰生息、纯真稚拙的天然情趣。正如马克思所说："人类的第一件工具是以后所有创造物的起点和最初形态。它包含人类在以后一切（精神的和物质的）创造活动中所有的最初要素，蕴涵着创造的思维和想象，也体现了并增进着创造实践的技能、技巧。"① 人类童年时期，造物的目的是用来满足生活的需要，但同时也在创造过程中获得了精神上的满足。实际上，自原始工具产生以后，人们的实用功利意识和审美意识便同时产生了。伴随着实用功利意识和审美意识两者关系的不断发展，成为该地民间美术发生、发展的源流。

① 引自邓福星：《艺术前的艺术》，山东文艺出版社 1987 年版，第 8－9 页。

随着生产力的发展与社会分工的细化，民间美术的分类增多，做工也愈加细致多样。从殷商到近代，民间美术都出现了兴旺的发展状态，并以其强大的生命力渗透到人们的衣食住行之中。特别是明清时期，周口市社会经济文化空前繁荣。自明成化年间，贾鲁河与沙河汇流，航运开始发展，至清康乾年间，周家口三岸商务日渐走向鼎盛，各种手工业兴盛，砖、木、石雕、年画、纸扎、玉器、陶瓷、打铜、泥塑、染织、刺绣、剪纸、草编等显示出了强大的艺术力量。现保存较完好的建筑群如太昊陵建筑群、关帝庙建筑群及太康黉学大殿等皆雕梁画栋，做工精细，有较高的艺术价值。

周口关帝庙　杨峰摄

周口地区有文字可考的历史可以上溯到6000年以前。传说中的三皇——伏羲、女娲、神农都曾定都于此。居住于这块古老土地上的原始先民在这里创造了辉煌灿烂的远古文明。在上古传说中，这里是女娲炼石补天之处；是伏羲氏俯仰天地，创八卦，定姓氏，制嫁娶，作网罟，教民渔猎，开创人类文明的圣地；也是神农氏尝百草，艺五谷，教民稼穑，开创中国传统农业的发祥地之一。在上古时代，这里是华夏、东夷和苗蛮部落交汇地带。商周至春秋战国时期，以淮阳为中心的陈地，是来源于东夷部族的帝舜的后裔受封之地。楚灭陈后，迁都于此，又把楚文化带到这里。所以说，这里自古以来就是东西、南北文化的交汇处。

淮阳泥龟身上的八卦纹饰淮阳县许楼村房国富绘制　孟绘霞摄

周口地区石器时代所呈现的多元性和融汇性及太昊伏羲氏奠定的民族和合、龙凤呈祥的特质，成为数千年来该地文化及艺术思想的根本特征之一。此外，以伏羲八卦与老子哲学所奠定的“宇宙自然”、“天人合一”、“阴阳消长”、“生生不息”的观念成为中华民族重要的精神内涵之一，也已深入当地百姓的意识底层。老子《道德经》所奠定的道家思想如“无为而治”、“吃亏是福”、“难得糊涂”、“安贫乐道”、“知足常乐”、“不为人先”等，不仅影响到我国士大夫阶层，在周口地区的平民百姓中亦深入人心。特别是东汉以后，道家思想披上宗教外衣，走向民间，成为该地民间传统思想的组成部分，亦是该地风俗及民间美术所隐含的重要精神动因之一。《诗经·陈风》所展现的纯朴、浪漫的生命气息及所隐含的洒脱、知足等精神内涵亦见于当地民间美术的风格特征之中。从大量的周口地区的民间雕塑、纸扎、剪纸艺术中随处可以见到自由浪漫、粗放朴拙的艺术形象。

（三）周口地区民间美术的人文价值

1．民俗价值

民间美术的创作总是与一定的民俗活动有着对应关系，各民族的岁时节令、人生礼仪、居住、饮食、服饰、信仰、游艺、竞技等，都离不开相应的民间美术作品。民间美术受民俗活动和民俗心理的制约，是民俗观念的形象载体。如春节的年画、元宵的灯彩、婚礼的喜花、丧葬的纸扎、祝寿的枣馍、儿童满月的项饰及虎头鞋帽等民间美术作品无不是富有表征意义的民俗事象的显现。周口地区的美术作品反映了农耕文化背景下周口地区平民大众的民俗心理和民俗观念。在周口地区民间美术中常见的“福”、“禄”、“寿”三星的形象，已不是简单的神祇，而是民间百姓心中富足、前途、安康的象征；民间刺绣中的“花瓶”、“石榴”、“芙蓉”、“喜鹊”、“梅花”、“海棠”、“牡丹”等纹样则表达了祈福迎祥、富贵平安、多子多福等祈求平安、圆满的民俗心理。

丰富的民俗活动为民间美术的创造提供了大量的素材和原动力，造就、丰富着民间美术的题材、形式和内涵。而另一方面，民间美术直观、生动的形式也强化、丰富了民俗活动的气氛，使民俗活动得以更为生动地展示。二者渗透在一起，互为表里，直接反映着广大民众的精神追求和思想内涵。正是这种互联关系使得民间美术承载了艺术形式以外的种种含义，超出了艺术以外的功能和价值，成为一种有形的文化，物化的民俗，成为研究、发扬民俗社会意义的重要途径。

2．文化学价值

民间美术的创作活动是一种精神性的生产活动，它与民间的社会意识保持着直接、密切的关系。各式各样的民间美术作品都直接或间接地表达了一定的民间文化观念，或深受民间文化的影响。周口地区有着多元深厚的文化基础，早在上古时期，这里便是各种文化的交汇点。周口地区的民间美术的发展体现出该地区劳动人民几千年来才智的积累过程，保留了千百年来该地文化传统的遗影，凝聚着深厚的民族文化精神。古往今来，生活在这片土地上的劳动人民利用手头简单、廉价的工具、材料，质朴、真实地表现着对生命、生活的所感、所悟、所求，构建着一个属于心灵的世界，昭示出他们在苦难、艰辛的生命历程中的挣扎、奋斗，也鼓舞着他们生存与创造的勇气和力量，安抚着他们的灵魂，给他们的单调困乏的生活带来无比的慰藉、趣味和希望。可以说，每一件民间美术作品都包含了由人的本质力量所打开的心理学、人类学、文化学、民族学、民俗学的内容和价值。

丧俗彩扎中的箴言
太康县马头镇吴培忠绘　孟绘霞摄

剪纸　龙凤呈祥　淮阳县北关小学许芳创作　赵腊梅、孟绘霞摄

“龙凤呈祥”是周口地区民间大众最喜欢的形象，不同的场合都有表现。婚庆场合中的“龙凤呈祥”象征和美，一般喜庆或家居场合，“龙凤呈祥”则象征太平、富足、顺意。“龙凤呈祥”承载着丰富的历史、文化的内涵，体现出上古时代就已奠定的文化观念在该地民间大众中的传承与流转。民间建筑装饰中的四大瑞兽——青龙、白虎、朱雀、玄武及民间的色彩观念，是中国传统文化中阴阳五行说的体现，在周口地区民间百姓中被赋予护佑、祥瑞等多重内涵。周口地区的民间美术作为民间文化观念的物质形态，与该地区的民间传说、故事、神话、歌谣、谚语等非物质文化一起构成了民间文化的传承结构，为周口地区民间文化的传播、传承起着重要作用。

泥泥狗　淮阳县许楼村房国富捏制　孟绘霞摄

3. **社会价值**

周口地区的民间美术不仅深受周口地区民间社会背景、文化背景以及生产、生活方式等的制约和影响，而且还是该地区民间社会生活的反映。特别是民间美术的实用功能及与现实生活的紧密关系，使之更直观地反映着民间一定的认知方式、价值准则、思想观念、审美情趣和创造动机等。

众多的民间美术品类不仅是构成民间物质生活环境和民俗生活环境的造物品，同时也在丰富、改造着客观世界的面貌，使现实世界打上了民间文化的烙印，是具有客观实在性的文化形态。如周口地区的民间家具陈设及宅居建筑，不仅是民间生存环境的物质实体，而且反映和影响着民间家族观念的构成方式，与具有装饰意义的年画、神像画、门帘、剪纸及实用意义的各种生活器具一起，组成了一种物态化的文化生活环境。它不仅对人的衣食住行等生活发生影响，而且影响了人们的价值观念、认知方式、行为准则等。人类学家马林诺夫斯基曾把这种文化环境喻为实验室，他说："物质文化是模塑或控制下一代人的生活习惯的历程中所不可缺少的工具，人工的环境或文化的物质设备，是机体在幼年时代养成反射作用、冲动及情感倾向的实验室。"[1]

[1] 马林诺夫斯基：《文化论》，转引自邓福星主编：《中国民间美术学导论》，黑龙江美术出版社2000年版，第4页。

周口地区民间美术所塑造出的物质文化，影响和塑造了该地区人们的经验、情感和行为。在人们的生活中，民间美术不仅具体、实在地组成了物质文化世界，同时又构成了人文风习的文化基础，参与到社会文化环境的构建中去，有着重要的现实意义。

二、周口地区民间美术的造型特征

周口地区的民间美术单纯、粗放、质朴、绚丽，保留着较多原始艺术的风格特征。作为民间文化观念的物化形式，其造型特征受该地民间文化观念的制约，是按照周口地区民间特有的理解方式来表达民众心理愿望和审美理想的手段。概括起来有如下特征：

（一）原始美术的思维特征

我国民间美术创作的思维方法，因劳动群众在历史发展过程中保留和运用了原始思维的认识方法，故而，民间美术与原始社会的美术在发生、发展和艺术的范围、特点、规律等方面，都具有某种相似性。作为深藏乡间的大众艺术，周口地区的民间美术，极少受到上层文化和外来文化的干扰。加之它是耳濡目染、见而习之的接力棒式的直接传承，所以它保持了较多远古的、接近自然的原始气息。至今我们仍可在该地众多的民间美术作品中找到与原始艺术相近的造型和相同的哲学观念。

淮阳布老虎　孟绘霞摄

列维·布留尔指出，原始的思维方法只拥有许许多多世代相传的集体性质的“集体表象”，不受逻辑思维的任何规律的支配，只靠存在物与客体之间的“神秘的互渗”来彼此联系。[①] 被誉为“活化石”的淮阳泥泥狗从外部特

① 引自［法］列维·布留尔：《原始思维》，商务印书馆1986年版，第495页。

征的强烈、诡异、粗犷到内涵的神秘不可知性，无不体现出原始艺术特有的集体思维、集体意识倾向。荣格把这种“神秘性原型”命名为来自幻觉的“原始体验”。[①] 对原始人来说，每个存在物都有令人无法知晓的神秘力量。他们将愿望付诸这种有灵性的动物身上，便染上了它神圣的力量，或把它作为自己部族的保护神加以崇拜。原始先民总是利用这种“原始逻辑思维”，围绕生殖与生命的主题寻找那神秘的始因。正是这种神秘互渗的思维方法给了他们一个神灵崇拜的空间。如果透过整个文化现象来观察我国的民间美术，就不难发现，那些来自远古的原始经验、原始幻想越过漫长的历史岁月已悄然沉积在民间艺术家的深层心理结构中了。在周口地区的民间美术中，除了泥泥狗的各种造型外，驱邪消灾用的布老虎，为孩子制作的虎头鞋帽，端午节动物造型的香囊等，至今仍然鲜活地昭示出那“万物有灵”、“神人合一”、“物我互渗”的原始思维特征。

（二）认知性造型观念

为了表达自己的心理愿望与审美要求，周口地区民间美术的造型依据主要是主观意念和内心视像，它所描绘的不是看到的而是理解到的，不是现实的而是内心期盼的。因而，它从主体的认知方式出发，往往以抽象的、超时空的甚至是动态的手法来营造一个非现实的世界。在艺术造型方面，它不讲究比例与透视，虚实与相像。凭着经验与灵性，在既定的程式中自由挥洒，勇敢创造，从大量周口地区的民间雕塑、纸扎、剪纸艺术中随处可以见到自由浪漫、粗放朴拙、超乎现实的造型形象。这些基本造型特征是民众特有的观察方式、思维模式、审美意趣所致。也许正是因为现实生活的单调、困乏，才使得很多民间艺人、劳苦大众更愿意在自由想象和期盼中寻求抚慰，寄托对美与善的追求，力图用理想来营造新的现实。追求圆满、鲜明、吉祥、喜庆，忌讳凋零、枯黄、破碎、哀伤。基于这种思想观念，周口地区的民间艺术家及民众不仅能将一个物体的几个特征同时表现出来，还能将从各个角度观察到的几组物体的特征综合表现，又能把不同时间、空间的物体组

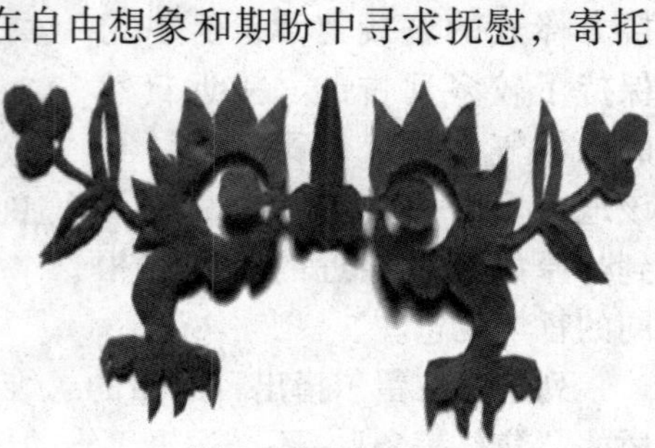

剪纸　虎头鞋样
太康码头镇吴培忠提供　孟绘霞摄

① 转引自左汉中：《民间美术造型》，湖南美术出版社1994年版，第105页。

合在同一个画面上，以表现事物的多层次、多角度与多含义。在周口地区，过去姑娘出嫁时的大红门帘，常用粉、黄、蓝、绿等丝线刺绣花样，在一个花瓶里将四季中的牡丹、荷花、菊花、腊梅汇集一堂，以四季花木的繁荣象征平安吉祥；孩子穿的虎头鞋的鞋样中，虎眉常以绿色的山形表现，在时空上表达猛虎归山的美好寓意；布老虎身上的纹饰，常绘以花、木、鸟、鹿，剪纸和刺绣中，常见到蝴蝶身上有各种花朵的纹样，鱼身上的纹饰常有浪花或莲的形象，以此表达出虎归山林、蝶飞花中、鱼游于水的美好空间意象，并以此寄托生活的理想与愿望。

凤穿牡丹　民间婚俗中的门帘刺绣（局部）　沈丘县　孟绘霞摄

实际上，艺术的创造是不同时代，不同民族的人们从自己的立场、观点及所处的文化背景、视觉惯性出发，对客观现实所作的解释。尽管从生理学上来看，人们的视觉工具——眼睛的构造基本相同，但观看世界的方式和结果却不像镜子那样完全相同。正如 H. G. 布洛克所指出的那样："我们眼睛看到的永远不是事物本身的样子，而是从我们的生物学立场和我们所在的文化背景出发看到的样子。"[①] 人们观看事物的方式往往与他们的视觉基础、视觉惯性及文化背

① 转引自邓福星主编：《中国民间美术学导论》，黑龙江美术出版社 2000 年版，第 181 页。

景相一致。这种视觉基础来源于一种由日常知觉变化而来的东西，阿恩海姆认为，艺术是建立在知觉的基础之上的。艺术的知觉活动作为创作主体的一种心理活动，既关系到被感知的客体对象，也联系到感知主体的各种精神活动。在知觉活动中，人们的想象、幻觉、情感体验以及领悟理解都交织在一起，是一种能动的知觉选择。周口地区的人民根据理想的形态及夸张变形的手法，表达自己的意念，并凭借本能的直觉将对象的一般特征从记忆中抹去，将视觉感受最强烈的特征抽取出来，使其成为具有永恒魅力的原型，虽以感性为出发点，却又超出了感性的界限，而依赖于认知的造型观念。

（三）象征性造型手法

中国各地的民间美术虽然在形式和风格上都各有特色，但在表达的主题含义上却有很大的趋同性。艺术表现的题材、图案纹样、色彩等往往都与人们的观念相联系。反映了人与自然与社会的某种联系，具有超出感性形象本意之外的内涵。周口的民间美术也不例外，集中地运用象征性艺术手段来寄托对生活的理想与愿望成为该地民间美术最突出的造型特征之一。所谓象征性艺术手段是指通过某一特定的具体形象表现与之相近或相似的概念、思想和感情。在我国传统的文学艺术中，象征性艺术手法是最为常见的一种形式。我国最早的一部诗歌总集《诗经》及众多的民间歌曲中常用到的比、兴，手法有“借景抒怀”、“托物言志”的意义。民间美术在象征性手法的运用上，与之有共同之处。造型艺术中的象征与文学中的象征一样，按照姚一苇先生的阐述，构成象征最基本的三个条件“是它的符号性、比喻性与暗示性”。左汉中先生将民间美术中的象征从三个方面加以分析，那就是谐音、寓意和符号。张道一先生则将寓意手法概括为表号、谐音和象征，并把寓意的内容概括为十个字即：福、禄、寿、喜、财；吉、和、安、养、全。实际上是民众“求生、趋利、避害”观念及向往、追求和歌颂美好生活的理想和愿望，寓意吉祥、幸福、美满的写照。

民间美术的寓意性象征造型与民间美术创作的思维方式有重要关系，其造型图式和创作技法深受这种意向性思维的制约和引导。这种基于如前所述的知性思维方式是凭借意象进行联想、比赋、推导的思维活动。这种思维活动依然与人类早期的生产生活实践有着密切的联系。特别是以农业文明为背景的中国民间美术，多是从长期农业生产积累的经验中获悉。人们所崇尚的动物和植物往往与生殖繁衍有着密切的关系。人们崇尚多子、生命力强的自然物并赋予它们以神性，使之发展成为象征生命繁衍、兴旺的吉祥物。周口地区民间美术中常见的石榴、莲蓬、蛙、鱼等形象即是这种主题的象征物。

周口关帝庙石雕“封侯”　杨峰摄

类似的寓意手法还见于象征长寿的松、龟、鹤、桃，寓意婚姻美满的鸳鸯、并蒂莲、双飞燕等。这种明显的原始思维的模式所采用的即是精神互渗、通感联想的造型规范。谐音也是周口地区民间美术中普遍的象征性手法。比如剪一条鱼就象征吃用有余，把莲和鱼组合一起就意寓连年有余，画鸡就象征大吉大利，画喜鹊站立梅花枝头就寓意喜上眉梢，画鹿、仙鹤和梅花就寓意六合同春等等。周口地区民间美术中常见的抽象装饰纹样，如万字、盘长、方胜、如意、古钱等，也是吉祥的象征物。

中国传统的“五色观”也与特定的观念相联系。人们从自然界的星移斗转、四时交替、日月晨昏中获得了五种基本的颜色，并体会到这五色与早期人们的生产生活有着密切的利害关系。随着阴阳五行说的产生与发展，五色被认为是构成世界秩序的成分，并与其他成分相对应，而成为一种观念的符号，被赋予特殊的含义。古代皇帝的祭祀典礼中曾将色彩的这种寓意与季节方位联系、统一在一起。古代都城四门也是色彩的象征，东方青龙门，属青；南方朱雀门，属红；西方白虎门，属白；北方玄武门，属黑。色彩的这种象征性也深深地影响着平民大众的价值观和建筑营造观念。在周口地区的平民大众中，色彩还起到一种吉凶祸福的比附作用。比如红色可以避邪，红色是当地百姓最喜欢的颜色，新婚寿诞、小儿满月、节日礼俗都离不开红色，红衣服、红被褥、红喜字、红包袱、红窗花、红皮蛋、红披风，红色的虎头鞋帽、红寿字、红春联、红灯笼、红鞭炮等，红色不仅突出了红火热闹，而且也有人丁兴旺，日子红火的寓意；白色在喜庆时要避讳，丧俗中的白、蓝、紫象征了一种悲哀、凄凉；而金、银、黄、黑则是宗教仪式或祭奠亡人常用的色彩。

（四）实用性及程式化的造型法则

民间美术是民众为了满足日常生活的需要而创造的，其内容、艺术形式、制作技术等都与物品的实际用途有机地联系在一起。实用性是民间美术造型最根本的特征之一，民间美术品类的诸多创造均以这种实用性为先决条件。另一方面，民间美术发展的历史背景及其独有的继承性、稳定性又使之具有明显的程式化特征。

1. **实用性造型法则**

民间美术的实用性特征充分表现在材料、艺术形式及造型风格中。民间艺术家总是充分利用身边唾手可得的自然材料，以实用、简便为宗旨。比如在周口地区农民的家里常见到的生活用具大多是用高粱秆、玉米皮及麦秆编织而成的。这些材料对他们而言是最廉价和最简便的。因而，无论是生活中必需的馍篓、果盘、粮囤、床席、床围、顶棚，还是孩子的玩具，节日的灯具，或祭祀用的纸扎等，都以此作为材料。端午节给孩子避邪用的香囊多是用平时剪裁衣服剩下的碎布为材料缝制的，各种花色搭配一起，以棉花填充，既柔软舒适，又经济、好看。过去豫东农村的孩子或许都得到过家人、邻里随手给自己制作的玩具，比如草编的蚱蜢、玉米秆做的自行车及或泥或面捏制的各种小动物等，这些就地取材、随手制作的玩具，充满着稚趣和智慧，不知滋养了多少农村孩童心底的情愫。

周口地区民间美术的形态也总是从实用性出发而创造的。土织布的花样，大多是各种颜色的线形或带状几何纹样，这样织起来简便又美观，而印染的门帘、床单则多是四方连续或方形适合纹样；布老虎突出头部和身体，缩小四肢和尾巴，泥制或木制的玩具突出团块结构，是从安全、耐碰撞的角度考虑，无论从造型形态、制作工艺还是用途上都凸显了实用价值。

周口地区民间美术在造型风格上，也受实用功能的影响。守门的石狮总是坚实、威猛，雕琢粗犷、奔放；面制、布制的生肖则精巧、温和；祭祀用的泥泥狗神秘怪诞；宗教里的神像肃穆威严；年画里的门神威武勇猛；祈祥祝福的总是慈眉善目，面带笑容；祝福爱情的热烈、祥和、意境优美；祈求子嗣繁衍、人丁兴旺的则生机勃勃、欣欣向荣。

2. **程式化造型法则**

以集体表象、集体无意识创造传承下来的民间艺术，有其自身的稳定性。加之受民间习俗不变之风的影响，口传心授、见而习之的传承方式的规约，地域闭塞的文化局限，及生产手段和生产材料的固定不变，使其不少品类至今仍保持着固有的面貌和表现特征，表现出程式化倾向。

周口地区的民间美术，在历史的、现实的各种集体意识活动的约束中，形成了自己的创作思维方法和选择判断的审美标准，其品类、工具、材料及造型规律、象征意义都具有严格的规定性。这种规定性约定俗成地被民众所公认，并且世代传承下来，在漫长的历史积淀中，构成了群体每个成员头脑中共同的集体表象，从而形成了共性的群体思维方式，在一个特定的民俗文化环境中被作为一种模式传承下来。在民间大众看来，现实世界的客观事物

周口关帝庙木雕　石榴、佛手　杨峰摄

以及某些图形都具有一定的含义和象征性，与某种特定的观念相关联。如前所述，关联的产生在于这些客观事物和图形与人们的生产、生活实践有着某种利害关系。在长期的发展演变过程中，这些客观事物逐渐演变成相对稳定的观念符号，成为民众共同使用的语汇。这些共同的语汇在民间约定俗成、家喻户晓，具有高度的集体性、传承性，并深深地影响了民间的审美活动，成为民间美术创作中时常使用的观念性造型符号。这也正是民间美术造型中题材、内容、纹样、色彩等程式化、规范化、趋同化的原因。民间美术中常用的题材，如鲤鱼、石榴、莲花、寿桃、佛手、梅花、喜鹊、公鸡、狮、虎及福、禄、寿、喜、摇钱树、聚宝盆、太极图、万字符、方胜、八宝、盘长等等，都是集体意识历史的构建起来的观念性符号。创作者个体在造型中选择这些符号以前，它已经含有或关联某些先验性的、历史的观念意义，从而使民间艺人在选用这些客观对象或造型符号时受到一定的限制和约束，并遵循其传统的象征意义，因而使得民间美术作品体现出强烈的传承性、程式化、集体性等一脉相承的特征。例如，在周口地区年画、刺绣、剪纸中屡屡出现的具有象征意味的形象，如连年有余、连生贵子、喜上眉梢、平安富贵等这些象征生命、吉祥的主题成为一种标志，在各地群众中传承不衰，而且形象上都大同小异；神话传说、历史演义中的人物形象，如八仙、观音菩萨、孙悟空、关羽、赵云等及表现忠、孝、节、义的历史典故也成为民间绘画、建筑装饰中的常见题材，并有其固定的模式，其造型形象与民间传说、故事相辅相成，千百年来盛传不衰。

民间美术的这种程式化特征，与民间美术的传承方式也有很大关系。民间美术的创造者多出于劳动人民阶层，或为乡村农民，或为市井工匠，随师学艺。以前人们口传心授，以世代积累的画诀、画样为范本，无论民间的绘画，还是建筑，飞禽、走兽、花卉、虫鱼、山水、人物等都有特定的口诀。在民间传统绘画中，不同人物的不同表情、不同服饰、动作都有固定的章法参照，“文官样”、“武将样”、“神仙样”、“寿星样”等等，虽然其形象或服饰会随着社会习俗的变迁而更新，但仍然有很大的程式性因素被世世代代传承下来，至今保持着固有的面貌和表现特征。

（五）自由表现的艺术追求

虽然民间美术是基于实用的艺术，并且有显著的程式化特征，但是，民间艺术家在创造某一主题时，却总是表现出异乎寻常的洒脱。观察民间艺人的创造过程，往往见他们不假思索，信手拈来，却能达到出神入化的境地，贯注着创造的生气，彰显出主宰万物般的自由。这就体现出民间美术在对历史传统的继承中，又总是实现着自由和个性化的要求。尽管民间美术造型表达了同一的主题和观念，但在现实情境下的创作主体的内心要求、审美理想，又使得民间美术造型富有变化并充满着生机和活力。

在周口地区，很多的民间艺术作品都反映出创造者非凡的想象力和造物的巧妙。造型怪异的泥泥狗的形象在现实中并不能见到，即使你去问一问民间艺人，他们也只说是从祖宗那里学来的。可是那呼之欲出的神态，似乎就是从远古的世界中复活的真实存在，如此强烈的视觉震撼力很难让人相信只是源自程式化的机械模仿。民间玩具如布老虎、花棒槌身上的装饰花样，一般都是手绘而成，虽然大多是相像的花纹、色彩，但极其洒脱的笔意，往往透出无限的生气和灵性，效果显得生动而又强烈。民间艺术家以长期积累的带有原始思维特征的意象为基础，以长期锤炼而逐渐形成的敏锐的视觉观察力和手的熟练技巧为手段，在继承传统形式的时候，并没有为形式而形式，所创作的作品，形与色都具有象征意义，都是心灵的外化，都是整体形象的有机部分，一切形式符号都是为了传达某种意义。正是民间美术这种独特的符号语言和造型方式，使得民间艺术家把原发性的知性观念、象征隐喻和审美情趣完好地糅合在一起，以惊人的又十分朴实的创造想象力进入艺术创造的自由王国。

（六）质朴绚丽的美学风格

周口地区民间美术品类众多，所以其风格很难用几个字概括全面。其面貌所呈现的是一种质朴而又绚丽的审美风格。这种风格，来源于从原始审美文化一脉相承的带有群体意识的审美趣味，融入了对以生命、生殖、自然崇拜为中心的质朴的精神内涵。所以说，这种质朴与绚丽正是源于周口地区民众的内在品格及生命意识之中，是民众心灵的自然流露。

1. 质朴的美学意味

质朴，往往被认为是民间美术造型的天然风格，它来自于民间又流行于民间，充满着浓郁的乡野泥土气息，流露出一种朴拙自然的艺术风格，被作为民间美术造型的精髓所在。但在各地，民间美术所呈现的“质朴”却是相对的。比如周口地区传统的木板年画与山东高密的扑灰年画、苏州的桃花坞年画、天津的杨柳青年画相比，淮阳泥玩与无锡惠山泥玩相比，周口地区的民间刺绣与江南一带的民间刺绣相比等，其造型中那粗犷深厚的朴拙之风便愈加强烈的凸显出来。周口地区民间美术所呈现的质朴风格既包含与其他地方相比所呈现的外在艺术形式的朴素、单纯，又包含作品内在的精神气质及创作者人格内涵的朴实无华。只有心灵的纯真、朴实才能物化为形式的淳朴。所以说周口地区民间美术所呈现的这种“质朴”更多反映的是其精神品格，周口地区民间美术的外在形式的质朴正是创造者精神率真质朴的体现。

周口地区民间美术材料的选择多是随处可见的自然物质，如土、木、棉、麻、茎、草、纸、面等，创作者在创造过程中遵照自然规律加工制作，使其保持了天然的、原生态的自然特征。这种因物自然、不事雕琢的创作方式，反映出民间美术家所具有的自然的哲学观念和思维模式。这种自然的哲学观念也表现在制作过程的随意性上。周口地区的民间艺术家大多是没有经过专门训练的普通劳动者，美术作品只是业余的创作，比如民间的泥塑、编织、剪纸、刺绣、印染等。他们的创作不是强制性劳动，虽然按照一定的程式，但却是表达自己内心理想、愿望，寄托情感的创造性活动，这种创作心态往往能使他们达至主客两忘、心物和谐的自由、自然的境地，一如童年的纯真、稚拙，显示出民间艺人自身的内在特征。其实这也正是非民间艺术家所追求的艺术创造的境界，一种“返璞归真”、“大巧若拙”的至高品格。只有形式的单纯与情感的真诚内外统一，才使其有永久的魅力。

2. 绚丽的造型风格

绚丽，是周口地区民间美术造型和色彩风格的重要表象，在热烈、绚丽的造型意蕴中，表达了原始生命意识的渴望，融入了周口地区劳动人民对生活的信念和对幸福的憧憬。因此，他们能从中获得精神的抚慰，获得光明、勇气和欢乐。当我们看到淮阳泥泥狗那人兽同体、造型奇特的形体和色彩鲜艳的点线符号时，感受到那怪诞、粗犷的原始旷野之气，给人的印象是绚丽的；当我们看到周口传统木板年画那粗犷有力的线条，夸张朴拙的造型，沉着单纯的色彩，古老淳厚的风格，给人的印象是绚丽的；当我们面对那橙、黄、红色的布老虎，那威武、稚拙的造型，给人的印象是绚丽的；当我们面对大红的虎头鞋帽和大红的刺绣门帘，给人的印象是绚丽的；还有那色彩斑斓，惟妙惟肖的各种纸扎，博色敷彩、艳丽多姿的民间绘画，以及那质朴热烈的剪刻纸花，给人的印象也都是绚丽的。

作为原始文化的嫡传，周口地区民间美术的主题几乎都是出于对生命繁荣的追求和对美好生活的向往。靠天吃饭的农民在同自然灾害抗争的过程中，造就了勤劳朴实、坚定乐观的精神品格。在任何情况下，他们都祝愿生命繁荣，以生命繁荣为最高、最美的追求，常常表现生的欢乐。早期的人们在生产、生活的实践中获得了对客观事物的原始意象，通过物我的渗化，在对生命原则的体验和追求中将人与天地万物等同起来。万物的繁荣所表现出的色彩和力量，往往是热烈的、强劲的、厚重的、沉着的、绚丽的。这种自然现象渐渐为人们认知，形成并沉积在人们的意识之中，决定着人们的审美取向。周口民间美术所呈现的这种绚丽风格既与中原美术的厚重之风相统一，又带有浪漫主义的奔放与热烈，与周口地区传统文化所呈现的特质相吻合。

三、周口地区民间美术的分类

周口地区的民间美术来源于周口地区平民大众的生活之中，该地区民众生活的方方面面都有它的影踪，因而，其类别也极为宽泛、驳杂，远远超过一般专业美术的范畴。对周口地区民间美术的类别加以梳理或界定是极有意义的，它不仅是周口地区民间美术研究体系的基础，而且也是周口地区民间美术基本特征的呈现方式之一。

学界对民间美术的分类多有不同，但大都主张民间美术应区别于一般意义上美术的类别，从其自身的特性出发进行分类。邓福星先生将民间美术的种类归纳为供奉、宅居、服饰、器用、贴饰、游艺六类。王树村先生则把其归为三种：一是具有独立欣赏价值，不依附于实用器物或建筑物上的；二是附属于生活用品或其他手工制品上的；三是既不能作为独立欣赏品，又不附属于任何物品上的。张道一先生从民间美术与生活的关系出发，将民间美术列举为八个大的类别：衣饰器用、环境装点、节令风物、人生礼仪、抒情纪念、儿童玩具、文体用品、劳动工具等。有的民间美术学家将民间美术列为日常活动中的、节日活动中的、祭祀活动中的三大类别。左汉中先生结合民间美术造型的特征，将民间美术造型分为平面类、立体类、综合类。也有根据工具、材料或造型手段进行分类的，等等。在以上分类中，有的强调民间美术的功能，有的突出民间美术品的艺术特征，有的侧重民间美术的人文因素。尽管依据不同，分类有别，但都从不同的角度揭示了民间美术的性质。

民间美术以审美功能为主，主要侧重于民间美术作品自身的审美规律、造型特征、精神内涵等研究。限于篇幅与个人的研究能力，本文对周口地区民间美术的种类尚不能做系统、全面、深入的介绍。根据周口地区民间美术的特征及多寡、主次，本文仅将周口地区的民间美术分列以下种类，取一鳞半爪，但见微知著，希望能为我们认识周口地区的历史文化、地域风俗、社会情态提供一些参照。

（一）木刻版画

1. 年画的称谓及形式

在中国民间，最浓重、最红火、最深广的节日莫过于“过年”了，豫东平原也不例外。从吃下那一口又黏又香的腊八粥，年意便一天天的簇密，一天一天的深浓，孩子心中的兴奋，老人心中的祈望，年轻人心中的热情便也随着置办年货的脚步一天一天地鼓胀起来。等到年三十的上午，清扫完房屋，那火红碧绿艳紫鲜黄的年画绽放出来，这年意才算点满了灯，便专等初一五更的鞭炮、蜡烛和饺子了。此时，那红绿掩映、五彩斑斓的色彩，那熟悉的威风凛凛的守门将军及松、梅、鹤、鹿、龙、凤、麒麟、仙芝、瑶草与那些吉祥、平安、喜庆、团圆的字眼一起，如神圣的烛照，馥郁的甘霖，滋养着孩子心中灿烂的梦想，浸润着老人绽满皱纹的笑颜，升华着年轻人腾腾的热情和襟怀。生活便在这如梦似幻的氛围中升到了云端，获得了无限的生机和美好。

这就是民间年画的魅力。在我国，它是一种古老的木刻印制艺术，也称木版年画，每当岁末新年之际，百姓用来装饰门窗、居室、庭院和祈福祭神、营造热闹喜庆气氛的一种彩色绘画，一般都会年年更新。“年画”在历史上不同时期，不同地域，有着不同的称谓。北宋时称作“纸画”，明代宫中叫“画贴”。清初，因北京销售的年画出自杨柳青，杨柳青距离天津卫十余公里，故北京一带也叫“卫画”、“卫抹子”。南方杭州一带谓之“欢乐图”或“花纸”，苏州称作“画张”，福建称之“神符”，四川绵竹以刷印门神为主，称年画为“斗方”。直到道光年间，李光庭著《乡言解颐》一书，其中有“新年十事”一节。在“年画”一事里说：“帚舍之后，便贴年画，稚子之戏耳。然如《孝顺图》、《庄稼忙》，令小儿看之，为之解说，未尝非养正之一端也。”[①] 从此人们便把新年时农民乐赏的木版印绘的画儿，统称作“年画”。

① 引自李光庭：《乡言解颐》，中华书局1982年版，第66页。

又因近年来胶版印制的年画猛增，为了把两者区别开来，把胶印年画称之为“新年画”，以区分新和旧、木版和胶版印刷之不同。

旧时，年画在本地也称“皂马”，贴年画亦叫“请门神”。每至岁末，家家户户大门、影壁、屋门、院内、厅堂、卧室、仓房、车架以至猪圈、马厩、羊圈、牛棚……都会贴满五颜六色、象征吉利或百姓喜闻乐见的民间故事、神话传说等各种形式的年画，不仅增强了新春节日的欢乐气氛，也寄托了人们希望阖家团聚、国泰民安、民族兴旺、谷粮丰收、老少平安、富裕吉庆的生活希望。

年画的形式一般根据建筑的结构而设计。周口地区的民间宅居多以“四合院”为主，以屋墙、院墙建成一方形院落，大多以坐北朝南的堂屋为主，东西两旁有厨房、杂房、厕所等。临街傍巷设大门，房屋内室设门户，富裕之家院内往往又分里院、外院，或三进、四进院落，院内设有影壁、垂花门等布局。一般院内、院外所贴年画皆有规矩，比如大门上要贴“武门神”（秦琼、尉迟恭或赵云、张郃等），二门则贴“文门神”（也叫“门官”，一般为戴乌纱帽、穿朝服的宰相），内室多贴“门童”（麒麟送子、进宝童子等）。堂屋厅堂正面墙壁挂“中堂”、“贡笺”（整张纸刻绘者），“一才”（一整张纸裁三段），侧墙则挂四条屏，或“八扇屏”（都是连环画形式的小说故事），贴在床周围墙上的有“床围子”，窗格上糊的叫“窗花眼”，水缸、粮囤、箱柜上贴的是“斗方”等等。而且，受传统审美观念中对称、对偶、阴阳观念及传统建筑结构的影响，门神皆一左一右，既有呼应统一，又有对比，如左右门神往往一黑脸，一白面，坐骑、兵器、陪侍皆有变化。若大门以武将驱魔，院内门扇则必有文官接福。总之，在周口地区，年画张贴的时间、地点，张贴的形式、内容，都有一定的规定性，受本地民间风俗的制约。

木版年画的功能和内涵也是多种多样的，既有祖先崇拜、自然崇拜、宗教信仰的成分，也有教化、传播、装饰美化的意义，同时也是民间百姓进行道德伦理规范、生活知识教育、文化艺术传播的重要工具，蕴涵着中国民间文化的精神，是一部反映地域文化的宝典。

2. 年画发展概况

周口市木版年画的兴盛在明清时期。周口过去有许多印刷木版年画和刷纸制柬的作坊。生产的年画，不但风行附近各县，并且东销阜阳、蚌埠，南销驻马店、商城，西销渭南、汉中。据一位老艺人讲它当时的规模甚至超过了朱仙镇年画，而饮誉省内外。这与本地商业发展的背景有关。明永乐年间，开辟淮河与沙河、颍河漕运，周家口为漕运要道，逐渐形成集市，明成化年间，贾鲁河始通周家口，与沙河汇流，舟楫可达朱仙镇，航运逐渐发展起来。

周口也渐成为中原东、西、南、北经济文化交流的要道。万历年间，周家口三岸连起，商务颇盛。清顺治年间，外省商贾竞来经营，市场逐渐扩大。沙河两岸房街相连。康熙乾隆年间，周口商务臻于鼎盛时期。周口当时成为与朱仙镇、道口镇、赊旗镇齐名的河南四大名镇之一。区内漕运盛时，既可通过贾鲁河、蔡河北经黄河入长安、咸阳、汴梁、洛阳等地，又可由颍河入淮，经大运河至北京，也可经沙河通往皖、沪、浙等地。商业文化在此时达至顶峰。周口木版年画的兴盛与发展正是在这样的背景下发展起来的。

如果究其源头，还要从我国年画的起源与发展说起。年画最早是以桃符和门神形式出现的，它历经数千年，时至今日，仍未衰落退色。如王树村先生所言："中国民间美术里的绘画类别，历史悠久者莫过于门神画了。"礼敬门神之风，在春秋以前就已形成，周有"画虎于门"的记载，汉以前则有"斩桃为人，立于门户"之说。至汉代文献之中，常见到手绘门神画的记载。蔡邕《独断》："十二月岁竟，常以先腊之夜逐除之也，乃画荼、垒并悬苇索于门户，以御凶也。""荼 "即"神荼"，"垒"即"郁垒"。传说神荼、郁垒为兄弟二人，王充《论衡·订鬼》引《山海经》云："沧海之中，有度朔之山，上有大桃木，屈蟠三千里，其枝间东北曰鬼门，万鬼所出入也。上有二神人，一曰神荼，一曰郁垒，主曰领万鬼，恶害之鬼，执以苇索而以食虎。于是，黄帝乃作礼，以时驱之，立大桃人，门户画神荼、郁垒与虎，悬苇索以御凶魅……"东汉末年，汝南南顿（今项城西南）应劭在《风俗通义》亦有记载："上古之时，神荼、郁垒性能执鬼，度朔山上，章桃树下检阅百鬼；无道理妄为人祸者，与缚以草索，以食虎。"在河南密县和南阳出土的汉代画像砖、石中，能见到早期神荼、郁垒的形象。

魏晋南北朝时期出土的墓室绘画、雕刻中，门神形象颇为出色。如河南邓县出土的墓门两旁的壁画，画有两人仗剑守门，神气十足，色彩鲜丽，人物上首，有凌空之飞天舞姿，是带有佛教影响的门神画。洛阳宁懋石室刻有左右两武士门神画，均手持兵刃，头戴护耳盔帽，身披叶纹重甲，腿裹行縢，足蹬皂靴，有流苏丝带迎风飘扬之势，与流传至今的武士门神形象十分接近。另据南朝宗懔（河南邓县人）所撰《荆楚岁时记》亦有"正月一日，贴画鸡户上，悬苇索于其上，插桃符其旁，百鬼畏之"的记载可知，当时亦有绘贴年画的风习。

魏晋以后，民间盛行岁末挂桃符。即在桃板上画神荼、郁垒的形象，或写上二神的名字，或画上咒符，写上吉言利语，于除夕下午挂于门两旁，也叫"桃板"。宋代陈元靓的《岁时广记》中引《皇朝岁时杂记》载："桃符之形制，以长二三尺，宽四五寸的薄木板制成，上画神像、狻猊、白泽之属，下书左神荼、右郁垒，或写春词，或书祝寿之语”。这种挂桃符的习俗文人笔下多有记载，白居易《白礼六帖》中：“正月一日，造桃符著户，名仙木，百鬼畏之。”王安石《春日》一诗：“爆竹声中一岁除，春风送暖入屠苏。千门万户曈曈日，总把新桃换旧符。”以后，书写两神名字的桃符演化成了春联，刻画二神形象则衍化成了门神画。

唐代为我国木版年画的肇端，此时期的门神画形式也逐渐增多。不仅出现了秦琼和尉迟敬德二位将军的形象，而且出现了“钟馗”的形象。据民间传说，唐开元年间，玄宗游骊山，卧病，梦一破帽蓝袍之士正捉小鬼吞食，问之，乃自称钟馗，为终南进士，因相貌丑陋，应考落第，气愤难忍，触阶而亡，誓除天下之妖孽，玄宗惊醒，病痊愈，遂命吴道子画梦中所见于图上，悬之于门，以治鬼。此后，钟馗便成为新的门神形象，广布民间。另据《三教源流搜神大全·门神二将军》记，“唐太宗不豫。寝门外抛砖弄瓦，鬼魅嚎哭……太宗以告群臣。秦叔宝出班奏曰：‘愿同敬德戎装立门外以伺。’太宗可其奏，夜果无惊，……因命画工图二人之像……悬于宫掖之左右门，邪祟以息。后世沿袭，遂永为门神。”宋以后，秦琼、敬德成为最常见的门神形象，仅朱仙镇现存有关二位将军的年画形象不下 20 种。虽然唐已有雕印木版年画的记载，但因雕版印刷尚未普及，张贴门神画仅限于皇宫贵族，寻常百姓之家尚少见，因而，也未涉及世俗题材。到了宋代，随着雕版印刷技术的提高和广泛应用，大量刷印的门神、钟馗才得以在普通人家的门户上出现，并逐渐拓展到世俗题材。

据孟元老《东京梦华录》记，北宋都城开封，每到十二月“近岁节，市井皆印卖门神、钟馗、桃板、桃符，及财门钝驴、回头鹿马、天行贴子”等。除近岁节市上有印制的门神年画外，同时还有手绘者。邓椿《画继》有载，当时著名的画师刘宗道“作照盆孩儿，以手指影，影亦相指，形影自分。每作一扇必数百本，然后出货，即日流市”。汴京木版年画的兴盛与北宋崇尚文艺的风气在社会上日益盛行有关，当时汴京的绘画事业十分的繁荣，汴京绘画最具特色的是市肆风俗画和人物画，前者以张择端的《清明上河图》、《金明池争标图》为冠，后者以苏汉臣、王靄、朱渐、刘宗道等的画像为代表，它们对当时及后世木版年画都产生了深远的影响。特别是 1126 年“靖康之变”后，河南汴京的优秀年画艺人、能工巧匠和木版年画创作、刻版、印制技艺流入天津、苏州、河北、山东等地，使中原的年画艺术在华夏大地广为传播。这也是周口地区木版年画的源头所在。

民国时期，周口刷纸业作坊遍布作坊街和西顺河街，由于刷纸必须陈设案板，晾纸占房较多，两道街刷纸作坊共有 30 多家。至新中国成立初期，袁朴斋的东永和刘赞宇的聚兴，刘瑞甫的万顺，刘绍楠的豫厚长等数十家，都是颇具规模的作坊，雇有技师和工人。其余大多是家庭作坊，即不雇外人，全家动手操作，鼎盛时期，从事这一行业的人手不下两千人。这些作坊，每年麦收以前，刷染彩纸，印制书帖，麦收后，便着手印刷年画。

3. **周口地区木版年画的分类**

旧时，当地年画概称“皂马”，实际分为门神、家神和一般年画、春贴。门神画一般有大毛、二毛、中台、二边（亦称连头）四种规格。分为文武两类，武门神是秦琼、尉迟敬德和赵公明，这类门神规格不同，衣着神态各异，表现手法或繁或简，套色的或多或少，神态皆威严庄重，有“步下鞭”、“马上鞭”、“披袍”等。文门神是福禄寿三星和五子登科等等。其中，大毛画心尺寸为63厘米长，45厘米高左右，刻工精细，印制考究，为年画中的上品，供经济条件好、房舍讲究的大户张贴在大门上。有“步下鞭”、“马上鞭”、“岐山角”、“五子”、“九莲灯”、“福禄寿”等。二毛销量最多，题材丰富，有很多以戏中的忠臣义士、英雄好汉为题材，颇具地方特色，画面大小约36厘米长，25厘米宽，供普通人家贴于堂屋、厢房等。中台的内容形式最多，长29厘米，宽22厘米，用以张贴在不同房门，如女辈房门多贴“三娘教子”、“天仙送子”、“连生贵子”等，老人家的房门多贴“披袍”、“福禄寿”、“三星在户”等，中年人房门贴“加官进禄”、“步步连升”，儿童居室则贴“五子夺魁”、“刘海戏蟾”、“和合二仙”等。二边又叫“扯手”、“连头”，是规格最小的单张门面。画面18厘米长，24厘米宽，张贴在单屋门和窗户上。这类门神多为生活贫困人家所用，画的内容丰富，主要有戏曲故事、民间传说等，艺术风格独特简洁，极富装饰趣味。

家神有天神爷、关帝、财神、皂君等。灶君是豫东地区每个农家必备的、实用生活挂图，贴在灶头上，一日三餐时时观看，并按历斗上的二十四节气日期进行农事活动。每到腊月二十三晚上，家家用麻糖（亦称祭灶糖）果品等供祭灶，将旧历画撕下焚烧，以示送灶爷上天言好事，大年三十晚上，贴上新灶画，供上果品，恭祝灶爷下界保平安。灶君规格分大灶、二灶、中灶三种，画面构图形式均为上部加“历斗”（二十四节气与阴历日期对照），下部是“灶爷”，构图对称，形式多样，有“双奶灶”、“单奶灶”、“五福灶”、“八仙灶”、“日月灶”、“内倒灶”、“外倒灶”、“红袍灶”、“兰袍灶”、“丹红灶”等十几种之多，画面十分复杂，画面上有“摇钱树”、“聚宝盆”、“南天门”、“三尊佛”，鸡马牛狗、粮仓农具、五谷果木、男女老少，造型优美，神态生动，是古代农家生活的真实写照。天神爷亦有大天、二天、中天三种，大小尺寸如同家堂画，有“天地全神”、“龙牌天”、“滚龙柱”等几个品种，有许多画面上道、儒、佛三教神仙同坐一堂，反映了中国农民“多神论”的实用功利思想。关帝不仅是忠义的楷模，也是驱邪佑护的神灵，其位在上；财神则贴在堂屋的左下方，尺寸如二毛大小，画面有“上关下财”、“文武财神”和“单座财神”三种。钟馗本为后门将军，但因其镇鬼奇效，所以也登堂入室，贴在影壁墙上方，有“大馗头”、“镇宅钟馗”、“小馗头”、“四馗头”等多种画样和规格。一般年画、春贴有“五子夺魁”、“娃娃撅莲”、“五谷丰登”、“刘海戏蟾”、“连年有余”、“和合二仙”及戏剧人物等。

4. 周口地区木版年画的造型特征与审美风格

周口地区的木版年画自北宋汴梁传入本地以来，经过世代民间艺人的传承与发展，既保留了开封木版年画的诸多特点，又有自己的地域特色。特别是明清时期，周口作为东、西、南、北漕运的要津，成为南北经济、文化的交汇地，这里除了出售本地制作的木版年画，也出售从外地批发的年画，比如朱仙镇、安徽、山东、江苏等地的年画。这使得周口地区制作的年画兼容并蓄，既保留有北方年画的雄厚风格，又吸收南方年画的细腻，反映了周口地区民间大众的审美趣味及精神内涵。

周口年画大都是就地制版，彩色套印，除线条底版用黑线印刷外，多用大红、大绿、青、紫、杏黄五色，构图饱满，色彩浓丽，线条劲健，给人粗犷豪迈、朴实厚重之感，同开封朱仙镇木版年画风格相近。朱仙镇木版年画鲁迅先生评其“刻线粗健有力，不施粉脂，人物没有媚态”，冯骥才先生则称之为“京城风韵，肃严大气”。周口的木版年画与朱仙镇木版年画属于同族兄弟，明清以后在继承发扬开封木版年画风格的基础上，又吸收南方木版年画的秀润，结合本地习俗及审美情趣，形成了厚重、朴实而又洗练、流畅的风格。现在周口市的单学敏、单学孔先生，他们的前辈都是知名的刻制年画木版的能手。其家传刀法雄厚朴实，线条洗练流畅，画面不设背景，突出形象，构图丰满，人物造型大眼方颐，神色祥和，身躯粗伟，色彩浓重，拙朴喜人，和我国明清以来的民间美术如木雕、泥塑、剪纸等人物风格相一致，具有鲜明的装饰性和夸张手法，带有浓厚的浪漫色彩。

（二）剪纸

旧时，在周口地区乡间，最常见、最流行的装饰手段恐怕就是那红红绿绿的剪纸艺术了，每逢春节或喜事，邻家奶奶、大娘手中的剪刀像神奇的魔杵，左剪右铰，顷刻间那繁密的团花，硕大的“福”字、“喜”字便如魔术般变幻出来。面对孩子惊奇、艳羡的眼睛，奶奶、大娘们通常会拾起裁剩的碎纸，剪一个蝴蝶、一串老鼠或一排手牵手的娃娃逗他们，孩子们便如获至宝，如鸟雀散去，相互炫耀一番后，就带着这魔幻一般的兴奋，回家照葫芦画瓢，果真也能剪出些小花样来，于是这童年便不知添了多少神奇的梦幻和造物的欢乐！元宵节，爷爷扎的灯笼是永远温暖、美丽的记忆，高粱秆及秆皮做成的骨架，糊上透明的白色油光纸，只要再剪些红、绿、紫、黄的花样和一排排“狗牙”贴上去，那一盏盏美丽无比的灯笼便和孩子们红润的笑脸一起绽放出来，成为节日最绚丽的风景了。

剪纸又称剪花、刻纸、窗花，在周口地区遍及村镇乡野，且种类繁多，包括窗花、门笺、墙花、顶棚花、灯花、花样、喜花、寿花、丧花等等。它以剪刀或刻刀为工具，把纸剪成各种形象，并以虚实相间的手法，刻画内部线条、花纹，通过虚与实的对比体现图像。这些图像多为各种花、鸟、动物、人物以及吉祥图案，它的产生和流传同农村的节令风俗有着密切的关系。例如窗花、门笺、灯花，多是在春节或元宵节时贴挂；喜花是结婚时作为对新房的布置，张贴在室内家具和器物上的；寿花和丧花在过生日和办丧事时张贴；墙花和顶棚花是布置房间时分别贴在墙上和屋顶上的；除此而外，花样的功用有所不同，它是用作承传临摹的范本、纸样，包括衣服、鞋、帽、兜肚、枕、床帐、门帘等上面绣制图样时所依据的范样。由于剪纸所使用的工具材料简便，技法易于掌握，一把剪刀一张纸，几经翻转，便成为一种有情有趣的艺术作品。而且加之它紧紧依附于民情风俗，不同节庆乃至婚、丧、嫁、娶都有不同的剪纸内容，故能代代承传，延续至今，成为农村应用最为广泛的装饰艺术。

1. 周口地区民间剪纸的源流及类型

民间剪纸有着漫长的发展历史，是一种广泛普及的古老艺术，在周口地区，自古以来，广大农民，尤其是农村妇女，就能根据日常生活需要创作出丰富多彩的剪纸作品。但流传至今的古代作品在该地却未曾发现。这主要是由于纸质材料难以耐久，节庆一过，便任风吹雨打，等到来年时令，再重新刷新，民间剪纸就在这种年年刷新的历史进程中生生灭灭，世代流传。我国发现的最早的剪纸实物是魏晋南北朝时期的5幅团花剪纸，1967年发现于新疆吐鲁番盆地高昌遗址附近的阿斯塔那古墓中，分别为“对马团花”、“对猴团花”、“忍冬团花”、“菊花团花”和“八角团花”。这些剪纸采用重复折叠的方式和形象互不遮挡的处理手法，与周口地区现今依然流行的团花剪纸极其相似。但剪纸艺术的出现见于记载和其他类似工艺的却要早得多。剪纸工艺的影像造型，可追溯到石器时代。从人类文明起源始，以影像为形象表现的艺术手法就被先民们发现和运用，那时虽没有出现纸，但已产生了雕镂技术，先民们用利器在贝壳、兽骨及石头上扎眼钻孔，雕刻图像，后被发展成在各种不同材料上加以镂刻、透空的艺术语言。民间许多古老的工艺美术，如原始彩陶、青铜器、汉画像砖、玉雕纹样等，都是以影像作为形象表现的，民间剪纸在造型方法和形式上，与其都有十分密切的相互孕育和承继关系。1984年，周口市烟草公司仓库遗址出土的折腹直口彩陶罐上装饰的几何纹样有强烈的剪影效果，和剪纸十分相似。

据记载，自商代开始，就有用金银箔、皮革或丝织品进行镂空刻花制作的工艺品了。殷商至春秋战国时代出土的玉器造型及浮雕纹样，如龙形玉佩、凤纹玉璜等，亦是一种剪影形式，类似剪影造型。商周时期的青铜器上，刻有纹样复杂、线条流畅的兽面纹、蟠龙纹、云卷纹等。这些类似剪影的浮雕，是先人们以镂空、刻画、剔除等手法，人工雕凿在陶土烧制的范模上，浇铸而成的。春秋战国时期的瓦当，汉代时期的画像砖、画像石，皆是继承商代玉雕、青铜器的创作手法而集中体现的一种艺术形式，它以阳刻或阴刻的方法突出形象，从而产生黑白剪影效果。

司马迁的《史记·晋世家》中有一“剪桐封弟”的故事，讲述西周初年，周成王用梧桐叶剪成玉圭，赐其弟姬虞到唐国去当诸侯的事情，剪叶成圭可谓剪纸的雏形了。春秋战国时期，出现了金银制作的薄化工艺。1950年至1952年，豫西辉县的战国遗址中，发掘出用银箔镂空刻花的弧形装饰物，已初具剪纸艺术的造型特点。汉代，民间流行“镂空剪彩”和“镂金作胜”之风。“胜”就是用金银箔或丝帛剪刻成的花样，妇女们以此贴于鬓角并成为当时的一种风尚。用金银箔镂刻成花卉图案的叫“华胜”，镂刻成菱形几何图案的称作“方胜”，刻剪成人形状图案的就叫做“人胜”。用金银箔或丝织品制作“华胜”、“方胜”，由于材料珍贵，仅为贵族宫廷所用，民间百姓的“华胜”起初选用自然花瓣，如桃花、梅花等，这些虽然简便美观，但却难以储存保留。汉代纸张的发明，为剪纸艺术的形成及发展奠定了重要的物质基础。《通鉴外记》中曾记载：“晋惠帝正月赏宴，百花未开，令宫人剪五色通草花。”由此可见，剪纸在西晋时已形成并和岁时节令有关。

南北朝时，佛教盛行，一些女性从涂金的佛像上得到启发，将自己的额头涂染成黄色，后又用金箔等黄色材料剪成薄片装饰物，蘸以胶水贴于额头。由于可剪成各种花样，故又称“花黄”。北朝民歌《木兰诗》中写花木兰替父从军，建功返家后，“当窗理云鬓，对镜贴花黄”，展现的即这一时尚。

民间剪纸是和各种民风民俗活动紧密联系在一起的。南朝梁人宗懔的《荆楚岁时记》中记载：“正月七日为人日，以七种菜为羹，剪彩为人，或镂金箔为人，以贴屏风，亦戴之头鬓，又造华胜以相遗。”《东方朔传·岁时节》中说：“天地初开，一曰鸡，二曰狗，三曰猪，四曰羊，五曰牛，六曰马，七曰人，八曰谷。其日晴所主之物盛，阴则灾。八月之中，尤以人日为重，又称‘人胜节’。”“人胜节”是民间人际交往、互相问候的节日，“人日”剪赠“华胜”，表示亲朋好友之间的祝福。唐宋时人赋诗记下了这一风俗。李商隐的《人日即事》中写道：“镂金作胜传荆俗，剪彩为人起晋风。”李远的《剪彩》诗：“剪彩赠相亲，银钗缀凤真，双双御绥鸟，两两渡桥人。叶逐金刀出，花随玉指新。愿君千万岁，无处不逢春。”描绘了唐代妇女剪纸的优美动作和剪出的美丽花鸟。剪纸的出现也与祀神、祭灵有关。汉唐代以来剪成人形图案的“人胜”，被民间百姓视为有灵性之物，常用以“招魂”求福，告慰神灵。杜甫于公元757年的诗作《彭衙行》有“暖水濯我足，剪纸招我魂”的诗句。唐玄宗天宝十四载（755年），“安史之乱”威胁长安，杜甫被迫携家眷离京，颠沛到彭衙（今陕西洛川一带）时，受到当地仰慕他的官吏款待。杜甫追忆当时情景，写下以上诗句。“剪纸”称谓亦从此出现。

剪纸发展到宋代，已广泛适用于装饰和民俗上。《东京梦华录》中记载当时东京（今开封）已经有了专卖剪纸的店铺，即“东角楼街巷”的瓦子。“瓦中多有货药、卖卦、喝故衣、探博、饮食、剃剪、纸画、令曲之类，终日居此，不觉抵暮”。南宋周密的《志雅堂杂钞》中描写了汴梁城中瓦市这种“剃剪纸”的情景：“向旧大街有剪诸色花样者，极精妙，随所欲而成。又中瓦有余敬之者，每剪诸家书字皆专门。其后，忽有一少年能袖中剪字及花朵之类，更精于二人，于是独擅一时之誉。今日不夫有些矣。”陈元靚《岁时广记》中记载每年七月七的“七夕节”时，东京人还用木竹结编搭棚，“剪五彩为层楼，又为仙楼，上面刻牛女像及仙人等，于上以乞巧，或只以一木剪纸为仙桥，于其中为牛女，仙人列两旁”。及至九月重阳节，东京人在“前一二日，各以粉面蒸馍馈送，上插剪彩小旗”。

宋代灯会和花灯的流行，亦促进着剪纸的发展。从某种意义上说，古代民间剪纸是通过走马灯的形式进入社会的。走马灯以剪纸为主要装饰，将剪纸人、马装于叶轮上，利用灯火升热气推动，称为“走马灯”。这种活动的灯影颇似皮影戏的灯影表演。明代有名的夹纱灯也是将剪纸夹在纱中，用烛光映出花纹的一种工艺。元宵中秋之夜，人们将彩纸剪刻成神话传说中的人物、瑞兽或花鸟图案，夹在纱中或贴于马灯上，制成有动感的彩灯。各种形象的剪纸，在灯光的衬托下，如同观看幻灯片。所谓“鳌山灯神仙聚会，走马灯武将交锋”，正是剪纸彩灯的生动写照。

明清以后，剪纸的实用范围更加广泛，诸如礼品点缀、门窗装饰等。还有在民间瓷器施釉的过程中，衬入凤凰、梅花、吉祥文字等剪纸，入窑烧制成花瓶、茶杯、酒杯等。民间刺绣、民间印染也多以剪纸作为装饰图案的底样，中国特有的汉字书法也融进了剪纸艺术中。总的概括起来有以下几种类型。

（1）岁时节令、居住环境的装饰

此类剪纸，春节、元宵节使用最多，多为传统的吉祥如意作品，飞鸟花草、劳动果实、牛羊猪狗、狮子老虎都可入剪，主要形式有窗花、门笺、灯花等，以寄托人畜兴旺、四季平安的心愿，营造喜气洋洋的新年氛围。

①窗花

窗花是环境装饰最常见的形式。旧时，周口地区的窗户多以木框纸糊，每年春节时换上新纸，窗花即为新年装饰，样式有转花、窗角花、窗云子、小窗花等。转花一般分开剪成四块，贴在窗户中央，拼为图形，起中心装饰作用。窗角花，又称角花，三角形纹样，贴在窗子的边角上。通常，配合其他窗花组合构成整个门窗的完整图案。窗云子是用于有多格窗棂上的较完整的大型图案，每格贴同样的花边，中央贴较大的转花，然后将小窗花对称贴在周围。喜庆窗花，可以围绕“双喜”主题纹样，根据窗棂灵活地安排花样。小窗花，多为单独纹样，内容丰富，窗花的气氛主要由它来烘托。窗花剪法都比较精致工细，多采用镂空图案，以不影响室内采光。

②门笺

门笺也叫挂笺、红笺、喜笺、门彩等，由唐时剪挂的“春幡”的习俗演化而来，一般用于门楣或堂屋二梁上，样式多为锦旗形，天头大，两边宽，下做流苏；图案多为几何纹，嵌以人物、花卉、龙凤等，常将吉语组合进去，如花好月圆、福寿吉庆等。张贴时或一张一字，或一张一个内容。每当春节之际，贴上门笺，门笺迎风微微飘动，意为迎春除旧、祈福驱邪。

③花灯

中原民风，逢年过节，总要张灯结彩，把各种鲜艳的剪纸贴在灯笼上。灯花一般因灯而异，纱灯装饰团花，走马灯以戎马骑士装点。

④顶棚花

周口乡村的老房屋，天花板多用高粱秆扎骨，以纸糊裱，叫做“顶棚”。顶棚花是贴在顶棚上的大型转花，其图案多为缠绕的花草和几何纹型，成对称形分布，颜色可用红、绿、黑，红色用来装饰新房。

⑤墙花

墙花是贴在床周围墙壁上的剪纸，也叫“床围子”，其尺寸比窗花大，有单色，也有彩色，一般以花鸟、动物或戏曲民间传说为内容，组成连环画似的长方形图案。

（2）婚丧寿辰时的礼花

礼花，是民间装饰在庆寿、婚嫁、过年等馈赠礼品上的剪纸，随着民间的婚丧礼俗而出现。

婚庆时用的剪纸称为“喜花”。豫东风俗结婚前几日就要以各种形式的喜花将洞房布置一新，如门帘、顶棚花、窗花、喜笺、大团花、双喜花、糕饼花等，喜花剪纸也多摆衬在茶具、箱柜、面盆等日用品上。喜花图案以石榴、牡丹、成双成对的鸳鸯、喜鹊等鸟禽为主，外形剪以圆形、方形、菱花形、桃形等，布局为“花中套花”，“形中有形”。民间视红色为吉利色，婚庆所用的喜字花、顶棚花、窗花等，一般都用整张的红纸剪裁，不用碎纸拼凑。百姓们认为，拼凑起来的礼花是不祥的预兆，新娘新郎难以白头到老。因此，纹饰也多用连绵不断的回纹图案。

寿礼上的剪纸常造型为“鹿鹤同春”、“八仙上寿”等，礼品上以金纸或红纸剪成“寿”字覆盖。

丧葬活动中装点供品的剪纸叫“供花”。过去，古人们对丧事非常重视，正常的老死，都称为“喜丧”，同婚嫁并称为“红白喜事”。丧家从办丧到殡葬，都要举行礼仪。这种化凶为吉、化哀为喜的意愿往往通过剪纸来反映，如灵牌花、灶台花、棺罩花等。出殡送葬还要剪纸人、纸马、香幡、纸币等。供花多采用金银箔纸或彩纸，内容寓意富贵，图案较为严谨。

婚丧寿辰等礼仪剪纸，反映了民间百姓对生命的庄严态度，他们以礼花的形式，乐观地肯定生命，积极地看待族类的繁衍生息过程。

（3）宗教信仰活动时的摆衬张挂

这类剪纸作品是民间百姓企图以自己的主观意愿抵御自然灾害，营造自己理想的精神家园。所剪物象，意境扑朔迷离，带有一定迷信的色彩。如供品上摆衬纸，以求娱神赐福。常见的有财神爷、灶儿爷，剪一些狮、虎、鸡等动物贴于门上，以求平安辟邪。还有求晴的“扫天婆”，求雨的“小龙戏水”等，目的都是期望消灾灭患，解脱已发生的灾难。旧时祭祀总要烧香，一般香做细条状，叫“线香”，也有粗条状并盘成各种花纹。其纹如篆字，旧称“香篆”。这种香篆均需覆斗形底座，并以竹签支撑。在底座和撑架上装点上彩色剪纸，称为“斗香花”。斗香花题材有人物和神仙，如八仙、寿星等，多用蜡光纸刻制。

（4）刺绣、印染底样

这类剪纸在周口地区民间被称为“花样子”，即用于刺绣装饰底样，实用性很强，有鞋花、枕头花、衣袖花、肚兜花、烟袋花等，是剪纸在服饰上的运用。

旧时，乡村女子做的布鞋，鞋面上都以绣花装饰。绣于鞋头的，称“鞋头花”，一般剪成小团花或小散花，或是适合着鞋面形状剪成月牙形。若是由鞋头花的两端延伸至鞋帮，便成为“鞋帮花”。还有一种“鞋底花”，多用于寿鞋，或绣于布衬底上。鞋花的布局都很清晰、疏朗，有的鞋花在局部剪开而不镂空，称为“暗刀”，以便于绣花时套针换色作为依据。

剪纸 寿鞋样花

太康码头镇吴培忠提供 孟绘霞摄

枕头花、衣袖花、肚兜花的剪纸题材多为花草、小鸟，构图简洁、单纯。

供印染印版的剪纸，是民间土法印染布料时，先将剪纸图案作为印染底样，贴于布料上，再涂上蜡、粉浆等，然后将布料在染水中浸染，最后刮去蜡、粉浆，布料上便显现出印花图案。传统的蓝印花布多用此法。

服饰刺绣的底样剪纸与前几类不同，还用作承传临摹的范本纸样，即刺绣图样时所依据的花样。刺绣图案取样时，有直接画图、照样描绘和照样熏图三种方法。前两种可根据图画线条布局，直接剪刻。熏图则可长久保存。当剪成一个图样后，把它粗针大线地缝在另一张纸上，拿到灯烛下用烟熏烤，烤黑后把剪纸图形取下，就留下一个以烟黑为地的空白图形，原来的剪纸图样就可以拿去作为服饰之用了。民间妇女就以此法，代代承传着上辈留存下的剪纸图样。

2. 周口地区民间剪纸的手法及基本纹样

(1) 周口地区民间剪纸的手法

周口地区传统民间剪纸的工具极为简单，一把剪刀，几张红纸，便可剪下生花。而且其技艺传承性强，不仅各种图案有相应的范式，而且表现手法也保持相对稳定的程式，形成独特的剪纸词汇。

剪纸通常用纸对折剪制，对折的痕称为“折线”（也称轴线）；剪刀剪出的线称“剪线”；要表现各种物象，将内部空白部位剪掉，称为“镂空”；如将某个部位剪一根线而不是镂空，称为“空刀”；其剪线称为“隐线”。运剪时，从纸上方剪入称为“下剪”，从纸下方伸入称为“上剪”。

民间剪纸的制作工艺主要表现在如何使用剪刀和用纸上。剪刀技艺主要是剪和刻。用剪时讲究行剪准确利索，起剪要顺，运剪要活，收剪要稳，剪出的线条流畅清爽，能体现出“剪刀味”，即一刀一剪都要光滑整洁、锋利，有刀锋、刀味和纸味。辅助方法有刻和刺。刻是用雕刀剜制，讲究下刀要快，行刀要正，收刀要直。刺是用针点刺，点点相连，形成虚线感，疏密随意，忌无规律。剪纸、刻纸一般都称为剪纸，使用工具不同，表现出的艺术效果也略有不同。剪刀剪出的比较简练、概括，有种稚拙感，民间妇女多用此法。刻刀刻制的比较规范，精细剔透，可批量生产，民间艺人多用此法。

昭君　剪纸

淮阳县北关小学徐芳作　赵腊梅、孟绘霞摄

周口地区民间剪纸以单色为主，或红或绿，以红纸为多。红纸颜色浓艳，充满喜气，富于传统。此外也用金、银箔纸，有色的绵纸、宣纸。用纸技艺是指下剪前对纸的基本处理，是采用平面纸法，还是对折纸法，或多次折叠法。折叠用纸有助于产生回环复现的和谐因素，充分展现剪纸的独到之处。纸的对折，可造成对称美的图案；四折，可剪成四方连续纹样；多折可剪出团心、放射图案。剪纸由此已超出其他工艺的镂空制作而为折剪抒情艺术了。周口地区主要的剪纸手法是折剪。对折是折剪的基础，将纸对角或对边折，把单层变双层剪出来就是对称连接的图案。多折就是将纸有规律地折叠成若干层，一剪刀下去剪出一根线条，折多少层，形成多少根线条，这样剪出的作品比较规则，装饰效果明显，而且使剪制过程事半功倍，大大简化。

(2) 周口地区民间剪纸的基本纹样

民间剪纸简洁、清晰的形象，流畅的线条，都离不开装饰纹样的运用。这些装饰纹样是程序化了的造型，也是美化了的图形，其典型代表是“锯齿纹”和“月牙纹”。这两种基本纹样是随着人们对大自然的认识及刀具的运用而自然产生的，十分生动形象。

①锯齿纹

锯齿纹，在周口地区俗称“狗牙子”，是一种排列整齐形似锯齿的纹样，它产生于人类对植物叶面边缘、齿状物的描摹。锯齿纹是剪刀在剪纸上左右、横向移动而产生的运剪效果，有长短、疏密、曲直、刚柔之分。坚硬长短的锯齿纹可表现树叶的边角和茎的针刺；柔和的锯齿纹可表现水灵灵的花与果；刚健的锯齿纹表现动物的鬃毛；用圆实半弧形粗细的锯齿纹表现禽、鸟、鱼、虫的羽毛和鳞甲；灵活疏密的锯齿纹表现人物的眉毛、胡须、头发和服饰上的皱褶等。锯齿纹是剪纸词汇中使用频率最多的一种。

②月牙纹

月牙纹是一种弯曲的宽窄、刚柔、长短不一的呈月牙形的纹样。先民们对月亮的观察和认识十分久远，我国的农历就来源于先民们对月相变化规律的把握和运用。月牙纹一般都是阴剪，线条短而灵便，用来表现整个事物的形象，如鱼鳞、花卉、衣纹和运动感等，概括力很强，有时用上几条交列的月牙纹，画面就显得十分生动。

③朵花纹

朵花纹是一种图案式的小花头，通常为梅花、桃花、菊花等。大一点的可按花瓣分层表现，小一点的可三瓣五瓣，有时几乎缩成一个点状，多用于服饰点缀和动植物装饰，是塑造形象不可缺少的纹样。

④水纹

水纹多在配景或以景为主的剪纸中出现。水纹的形式有平静波纹、浪花、水珠等，有的流波荡漾，如游丝般波光闪闪；有的起起伏伏，似浪头回卷。水漩则是以小漩为轴心连线成圈圈，层层放大。总之，表现静水要板滞，表现活水要活跃，简而不空，繁而不乱。

⑤云纹

云纹有行云、朵云、团云、云气等。行云是朵云、团云被风吹动后才产生，因此，有云头云尾，云头绵绻，云尾飘动。朵云是静云，团云是朵云行云的综合形状。

⑥火纹

火纹有火苗、火星、火花、火焰等。火苗似秧，随风飘动溅出的火点，小者像星，稍大像花。火苗随风飘动成火焰。

其他还有山峦纹、吉祥纹等。这些基本纹样概括力、装饰性都很强，反映人物、生活用品、风景、建筑物、生产工具、动植物等方面的剪纸，都离不开这些纹样。

3．周口地区民间剪纸的造型特点

周口地区传统的民间剪纸以剪为主，最为常见的形式有团花、对花、角花、狗牙（锯齿纹）、月牙纹等。以大红色为主，镂空部分少，色块明显，外部轮廓粗犷，内部装饰简练，但结构严谨，整体感强，体现出中原剪纸的质朴浑厚、明快刚健之风。与南方剪纸相比，给人以粗放、简练、浑厚、稚拙之感，带有浓郁、质朴的乡土之情，体现出周口地区传统文化的风格特征。其造型特点主要有以下几方面：

伏羲陵　剪纸
淮阳县北关小学徐芳作　赵腊梅　孟绘霞摄

(1) 均衡、对称的装饰趣味

民间剪纸是实用性与装饰性的有机结合，因而在构图上，较多地运用组合、对称、连续等装饰原则，追求一种均衡、对称的美，在剪纸的块状结构中，讲究疏密对比，完满充实，形成了程式化、图案化的特点。形式较为单纯，着眼于形象的内在联系，对自然形态进行加工整理，变为有秩序、有变化的外形。如剪喜花，在外轮廓上又剪以八角形、圆形、方形、荷花形等，花中套花，形中有形，极具装饰趣味。这种均称有序的变化，很有装饰趣味。

周口地区的剪纸构图中，具有代表性的便是圆形图案，民间称为“团花”。它是依据一个中心点，上下、左右纹样相同的“均齐形”图案，也是剪纸中最古老的样式。均齐，亦为对称，有上下均齐、左右均齐、多面均齐、相对均齐、交叉均齐等，统一性、规律性较强，很适宜剪纸，能够散发出一种整齐安详、稳静庄重的效果。同时，团花又表现出一种平衡特点，使图案优美、活泼、多变。它可以不完全均齐，而是利用重心使图案在空白、分量的分布上呈现出运动的势态，民间艺人因此也称其为动的纹样。

“均齐”、“平衡”两种形式可以同时运用，静中有动，动静结合，使剪纸构图愈加层次清晰，丰满匀称，迎合了民间百姓追求圆满的心理，并成为传统。民间常用团花作为室内装饰，诸如装饰洞房的顶棚花、喜庆欢乐的寿花、庄重肃穆的丧花等。

(2) 平面造型、虚实互生的创作手法

剪纸作为一种镂空的艺术，受材料的制约，只能以影像造型，即将形象安排在一个特定形制的平面内，不表现物象的体积、深度，在有限的纸张幅面上，剔除或方长或圆扁的空白，或直或曲的线，或大小或宽窄的弧，以及连续交错的点，使留下的部分形成连续不断的团块结构，从而体现出虚实对比的图像。这些剪纸图像，往往抽象变形，互不遮挡，阴阳相抱，虚实互生，成为剪纸艺术的根本特色。

其中，不同的剪刻手法，所形成的风格各有不同。阳剪的特征是剪去物象以外的空白部分，以“实”造型，即保留下整个物象的轮廓，并使线线相连，成为一体。剪纸线条，有的圆如秋月，有的方如青砖，尖如麦芒，缺如锯齿，细如胡须，表现力丰富，是周口地区最普遍的一种剪刻手法。阴剪则以“虚”造型，在黑白物象上，剪去物象结构的轮廓线，保留物象“形”以外的部分。其线条不一定都是互连的，但作品整体是块状的，是在大的块面中表现线条的方法。这种方法的效果，朴厚凝重，对比强烈。阴阳相结合的剪刻方法，一般先以阳剪剪出物象轮廓，再以阴刻刻出物象形体上的细节、花样，图像变化丰富，很有表现力。

（3）简练夸张、刚劲朴拙的造型风格

由于材料及实用目的所限，周口地区传统的民间剪纸艺术，一般都比较概括简洁、质朴古拙，透露原始的劲健和美感。在造型上抓住对象概括的典型特征，有意夸张变形，造成以少胜多的优势。

周口地区传统的民间剪纸艺术，其作者多为没有经过专门绘画造型训练的乡村妇女，剪艺是上辈口传手授，或是从耳濡目染的经验中习得，剪纸的图案、口诀也是乡间祖传。加上农村稳定的乡土生活结构，使剪纸更多地保留着民间艺术的原始风貌。一个好的剪纸纹样，只要它的寓意和形态被乡民们认可，体现出自己的精神需求，便可重复无数代，流传无数家。而且，大多数民间剪纸作品，都是美化生活、装饰环境、承传习俗，按照集体审美艺术约定俗成的常规，各司其职，发挥不同的作用。因此，在其造型观念里，更多地融进了百姓的意愿，对其所表现的意向不是照葫芦画瓢，而是根据心愿需要去造型，追求一种生动。这种生动，往往采用夸张变形手法，许多人物鸟兽，甚至摆脱其原本形态，在剪纸中被抽象成一朵“花中花”。剪一只小兔，可以替它添上一朵桃花；剪一只鹿，在鹿角上配朵梅花，喻为梅花鹿；他们不受解剖透视关系的束缚，打破时空观念，任凭想象自由发挥。民间剪纸的这种布局造型，看似违背自然规律，却又透视着意念上的合理，呈现出一种朴拙的乡野之美。

4. 周口地区民间剪纸的文化内涵

周口地区民间剪纸题材广泛，既有吉祥喜庆题材，也有民间故事及与现实生活相关的花鸟虫鱼等内容。作为一种乡土艺术，其题材内容反映出本地的历史、文化传统及民俗风情。体现出原始艺术的某些形态及民俗观念的继承和延续。这一方面在于农村生活的封闭及乡村妇女剪艺上的代代承传，一方面在于远古文化在该地民间社会中的深厚积淀。

①吉祥及喜庆题材

美满吉祥是民间剪纸的永恒主题。先民们在漫长的历史岁月里，深深地意识到氏族繁衍、民族昌盛、社会安宁、身体健康在生活中美满的要义，他们在各种风俗节庆中，虔诚地祈福纳祥，应节之兆，希望各种事物随心所愿，朝有利于自身的方向发展。这种心理，表现在民间艺术创作上，就是形成并确立了绵延不衰的吉祥文化意象和主题，并积淀成一些定型的程式化吉祥意象的范式。人们从向往吉祥的美好愿望出发，把一些自然事物当做吉祥物，加以信仰，相信利用自然事物就能防灾避邪获得吉祥美满，这也就为观念和造型合一奠定了基础。托物象征往往以形象表达比喻，把一种动物或花鸟植物比作一种希冀的愿望或从中谐音取以吉语。动物中如麒麟、狮子（瑞兽)、鹤、(长寿)、羊、鸡、喜鹊（喜)、蝙蝠（福）等。植物中如牡丹（喻富贵）松柏（喻长寿)、莲花（幸福)、石榴（多子)、百合（百年好合、白头到老)、双瓶（平安)、佛手（吉祥）等。有些图案还以动物花卉的谐音组成图案表达吉祥主题。如柿子和如意构成“事事如意”；元宝海棠比作“金玉满堂”；喜鹊梅花意味着“喜上眉梢”；两只喜鹊站在双喜上喻为“喜上加喜”。传统观念中，百姓们将东、西、南、北四个方向及天、地一起称为“六合”，泛指天下。剪纸“鹿鹤同春”，因了“鹿鹤”与“六合”谐音，民间剪纸便以鹿、鹤造型来象征表现国泰民安、祝颂长寿的含义。

民间剪纸，已成为平民百姓们精神生活的一种物化形态，主题造型往往托物寄意，与民俗观念相互渗透，互生互长，相互交融。古时，每年二月进士考试，时值杏花盛开，故杏花又称“第一名及第花”，民间剪纸便以杏花与飞燕组成图纹（杏林春燕)，寓意进士及第的吉祥主题。“侯”为中国古代爵位之一，人们希望加冠封侯，便以猴为“侯”的象征，猴骑马背意味着“马上封侯”的理想；母猴背小猴，又寄托着“辈辈封侯”的愿望。

赋予吉语是把中国特有的汉字融入剪纸图案中，直奔主题。如婚嫁中的“双喜”、粮仓门窗上的“丰”、喜花中的“寿”、门笺中的“双凤朝阳”、“新春鸿喜”等，自然景物与文字共同结合，字花相映，不仅造型美观，而且彰显吉祥。

民间剪纸这些传统的范式图案，简洁明了，意象丰淳，乃至于成为某种特定文化观念的通借，在民间剪纸中被固定地承袭下来，一代又一代，回放着百姓们心中希求的吉祥与美满。诸如：“莲生贵子”、“松树吃葡萄”等表达着对人丁兴旺、生命繁荣的期盼；“松鹤”、“猫蝶”等表达着对生命健康长寿的祝福；“连年有余”、“蛇盘兔辈辈福”、“五谷丰登”表达着物阜民丰的生活憧憬；“鱼儿钻莲”、“鸾凤和鸣”表达着对爱情婚姻的美好祝愿，等等。

②神话传说、民间故事

在过去的周口地区农村，流传着许多民间故事、神话传说，每到农闲，听书看戏便是村民最热衷的消遣。世世代代，在民间艺人的心中积累了许多忠孝贤良、才子贞女、奸党邪恶的形象，特别是广大妇女，她们往往能以朴素的感情凭借强烈的印象将这些神话、戏曲、故事中的人物、情节活灵活现地表现出来。在周口地区的窗花、墙花、灯花等剪纸中，常常能见到这些题材的人物剪纸。像西游记里的猪八戒、孙悟空，“三国演义”、“水浒传”、“白蛇传”以及本地流行的戏曲故事如“王小赶脚”、“借粮”、“墙头记”等中的人物形象。

③现实生活

周口地区现实生活题材的剪纸亦有很多优秀的作品。如太康县逊母口镇民间剪纸女艺人章玉梅的作品有反映儿童生活的《板凳摞摞》、《小白鸡》，有描写男女恋情的《恋》等。其中，《恋》生动刻画了一对乡村恋人从恋爱到结婚，及致富奔小康的幸福生活场景，一派浓郁的豫东乡土气息。她根据淮阳太昊陵庙会创作的《逛陵朝祖》，作品宽0.7米、长1.6米，其中既有抬花轿、担经挑、划旱船、赛龙舟等民俗表演，也有泥泥狗、布老虎等民间工艺品，作品正中是一条铺满鲜花的彩虹大道，上面行驶着一辆辆来赶庙会的小轿车，真实再现了淮阳太昊陵“朝祖会”的壮观场景。

淮阳城关镇剪纸老艺人宋玉荣，不画底稿，取纸就剪，各种花鸟随剪而成。

周口军分区幼儿园老师陈雪英用两周的时间加班制作出了一幅《华夏儿女喜迎奥运圣火》的剪纸作品。该作品长2.3米，宽0.75米，画面上刻有福娃、五环、火炬、和平鸽和各民族娃娃，整幅作品用国花牡丹连接而成，四周是一百多个火炬，象征着奥运圣火在全世界巡回传递，整幅作品表达了华夏各族儿女喜迎奥运圣火的欢乐情景。

（三）刺绣

刺绣作为民间传统工艺，在周口地区又被称作“扎花”、“拉花”、“描云子”、“绣花”等。它以绣针引丝、绒、棉等各种彩线，按设计的花样，在丝、棉、绸缎等布帛、织物上刺缀运针，以绣迹构成花纹图案或文字，是一种以彩线造型的艺术。在过去的周口地区农村，刺绣恐怕是情结最重的载体了。从来世到离世，人生的每一站，它都承载着浓浓的祝福和企盼，饱含着人间最美好的情感，是亲人之间传递爱的桥梁。从呱呱坠地，妈妈绣的抱被，奶奶绣的肚兜，及满月时外婆、姑、姨绣的虎头鞋、虎头帽，无不凝结着亲人对小生命的爱和期望。在孩子成长的过程中，每年的生日挂件及端午节的香囊、脖圈（项饰）、五毒绣鞋、五毒肚兜等都注满了亲人对孩子无尽的爱和佑护。在几千年封建社会形成的男耕女织的生活方式下，女孩子七八岁开始随母亲或祖母学剪花、刺绣，为自己的双亲、兄长、弟妹绣鞋底，做鞋垫，到了十三四岁就开始用自己的手艺准备嫁衣了。待到订亲之际，姑娘亲手绣的荷包、鞋垫、腰带等物件便成为定情之物，等到出嫁那天，新娘身上穿的凤冠霞帔，压箱底的绣花鞋，新房中的床帐牙子、门帘牙子、枕头面、桌围子等无不件件精妙，寄托了姑娘对未来生活的美好向往，也成为人们评价新娘品性的重要依据。即使在人生终结的丧仪上，那刺绣着仙人、仙兽、仙芝瑶草的寿帐、寿鞋、寿枕也都寄托着儿女深深的哀思和祝福。民间刺绣集实用与审美为一体，蕴涵着丰富的内涵。它不仅紧密联系着人民群众的生活、习俗、欣赏情趣和宗教信仰，而且映衬着不同时代的物质文明。

1．周口地区民间刺绣的源流

探及周口地区民间刺绣工艺的起源，尚未发现确切资料。据《尚书》记载，从舜起，华夏民族的部族联盟首领在举行庆典、祭祀等礼仪活动中，就开始穿着绘绣各种图案的礼服。礼服规定“衣画而裳绣”。即上衣绘以自然、动物界中的日、月、星辰、山、龙、华虫（雉鸡）图纹，下裳绣以日常生活中使用的宗彝、水藻、火、粉米、黼、黻图形。这些图案成为帝王“十二章服”的最初形制。春秋时期，刺绣工艺渐趋成熟，始有“衣必纹绣”风尚。墨子说：“女工作文采，田工作刻镂。”“文采”就是指绘画和刺绣。先民们绣衣、绣裤、绣袍，用辫针缀出龙、凤、虎等夸张变形的图案，有些还间以花草、枝蔓或几何图形，所绣线条流畅，用色丰富，对比和谐，画面极富韵律感。

秦汉时代，百业兴盛，经济繁荣，丝织业也尤为发达，促进了刺绣的进一步发展。不仅有“缛绣罗执，素绨冰锦”①，而且坐卧的席子也要“绣茵”，床上帐幔也是“黼绣帷幄”。其纹饰已有波状的云纹、翱翔的凤鸟、奔驰的猛兽、山水以及带状花纹和几何图案，风格粗犷，构图紧密，针法整齐，线条

① （汉）桓宽：《盐铁论》，卷六。

极其流畅，反映了刚刚摆脱野蛮以后的舒展和欢畅。魏晋南北朝，刺绣除了继续不断地发展和扩张日常生活中的衣饰、佩饰范围和层面外，也开始为宗教服务，有“绣佛”之风。英国、日本的博物馆中均有这一时期的中国绣像。

唐代以后，刺绣向精致化发展并有了重大转折，除继续作为衣着装饰实用品外，开始出现与书画相结合的纯审美观赏性的艺术绣品，刺绣艺术更加精湛。发展了平针绣、齐针绣、套针绣等绣法，针法多变，日趋精美。并辅以金银、缀珠及和色技术。五代时建都于开封的后梁，有个叫张率的，写了一篇《绣赋》，描绘了当时刺绣发展的精湛工艺：“若夫观其缔缀，与其依放，龟龙为文，神仙成像。总五色而极思，借罗执而发想”，并盛赞绣品艺术的高超：“具万物之有状，尽众化之为形，既锦华而稠彩，亦密照而疏明，若春隰之扬花，杂青松与芳权。”据《宋史·职官志》载，北宋京都汴梁（今开封）设“文绣院”，集南北艺人，制画绣。上行下效，民间刺绣亦大为风行。且当时社会，男耕女织，女孩子都要学会女红，掌握刺绣技艺，并由此有了“闺绣”之说。唐诗人胡令能一首七绝诗《观郑州崔郎中诸妓绣样》（一作《咏绣障》）曾描述了当时民间刺绣水平：“日暮堂前花蕊娇，争拈小笔上床描。绣成安向春园里，引得黄莺下柳条。”此时，刺绣与书画结合，形成观赏性的艺术绣。尤其是工笔花鸟对刺绣的影响最大。文人们的积极参与，以至于形成了画师供稿、艺人绣制，画绣结合的新趋势。以名人书画为样本的佛绣人物、山水楼阁、花卉禽鸟，皆努力追求书画的趣致和传神意境，以体现书画气韵。刺绣进而渐渐发展到日用与观赏分而治之，由实用发展为观赏性绣作。明代著名书法家董其昌在其《筠清轩秘录》中记载：“宋人之绣，针线细密，用绒止一二丝，用针如发细者，为之设色精妙光彩射目。山水分远近之趣，楼阁待深邃之体，人物具瞻眺生动之情，花鸟极绰约谗唼之态。佳者较画更胜，望之三趣悉备，十指春风，盖至此乎。”此段描述，可以使我们了解宋代观赏性绣作的主要特色。

元代的主要绣品是珠绣，其显著特色就是大量运用金银线，但刺绣不如宋绣精工细作，用线稍粗，落针不密。明代承继宋代刺绣的优良传统，刺绣继续蓬勃昌盛，其制作普及生活的众多方面，广泛流行于社会各阶层。其实用绣作，改进材料，品质普遍提高；艺术绣作上，也能够推陈出新，尤其是民间，开始出现具有地方特色的绣种。清代刺绣，承续明绣，兴盛不衰，地方名绣中有上海的顾绣、北京的京绣、开封的汴绣、山东的鲁绣、温州的瓯绣、福建的珠绣等，以及后人誉为“四大名绣”的苏绣、粤绣、湘绣、蜀绣争奇斗艳，民间服饰、日用品及绣字、绣画，皆发展到鼎盛。民间日用服饰品，除家庭妇女自绣自用外，各地还出现了绣铺、刺绣作坊、刺绣行会，制作商品绣件出售，逐渐形成了商品绣。品种主要有门帘、帐幔、桌衣床帏、枕套被面、巾帽鞋面、荷包香囊等。它充实于生活的各个方面，结婚、出嫁、生子、祝寿、葬礼和全年的喜庆节日，都要有各种各样的刺绣品来点缀，如少女的花鞋、帽勒，儿童的虎头帽、猫头鞋、花兜兜，皆配以刺绣，以示吉祥。周口关帝庙的民俗馆曾征集到清末及民国初期的云肩、绣衣、绣裤、绣鞋、绣帐、绣裙、霞披、香囊、童坎、荷包等民间刺绣精品39件。绣品内容以有吉祥寓意的花鸟虫鱼为主，如蝠（福）、桂花（贵华）、芙蓉（福荣）、“二龙戏珠”、“凤凰牡丹”等。设色鲜丽，劈线均匀，绣面细腻平齐，绣工洒脱中见严谨，给人以厚重、富丽之感。

2. 周口地区民间刺绣的种类

周口地区传统的民间刺绣以实用为主，其品种可分为服饰刺绣、日常用品刺绣、小饰件刺绣。

（1）服饰刺绣

①婚嫁衣物和满月活儿

“鸳鸯枕、龙凤帐，红绸子门帘绣凤凰”，“蓝缎鞋，绣红花，过了门好当家”，这是流传在豫东一带的顺口溜。刺绣是广大女性的必修针艺，女孩子十二三岁就要跟随母亲、邻家姐妹们一起学习刺绣手艺，为以后的婚嫁刺绣衣物做准备。女孩子在出嫁之前，大部分时间都在用绣针精工细作。

新娘的绣品常见的有凤冠、云肩、衣裙、被面、枕顶、帐沿儿、床饰、桌围、椅垫等等。出嫁的花鞋至少要做4对，一般作6对、8对，多的可有12对或20多对，大红、粉红、蓝、绿、紫、黄各色绸缎做鞋面，鞋帮上扎以各种花卉图案，常见的有蝶恋花、蟾宫折桂等。有的以12对绣花鞋压箱底，以“鞋”音“偕”，喻“百年偕老”之意。

枕头面，俗称扎顶面，也是姑娘们必备的嫁妆，尤其是相亲定下“好”以后的主要刺绣活儿。枕头面大都绣石榴、鱼戏莲花、牡丹凤凰等吉祥喜庆图案。

门帘儿亦是婚嫁礼俗之物。新房的门帘一般以红布绣花，图案以鸳鸯戏水、四季平安、凤穿牡丹等最为常见。

新娘子的嫁衣更是一件精美的刺绣艺术品。豫东姑娘出嫁时，传统习俗身上还要披一件精巧的莲花披肩。披肩往往用金线、银线或红线在绸缎布料上绣以龙凤、牡丹等图案。在裁剪上，披肩是用各种不同的布料串联而成，一瓣瓣散开来，下缀长长的穗儿，穗儿上端系上一个个小银铃，走起路来丁丁当当，更增添了一份喜庆气氛。

平时一般民间妇女的服饰刺绣，不同的部位常绣以不同的花样。“腕绣”

（上衣袖口）通常为含有平安如意的二方连续图案。“领口”大多刺以如意云、花卉图案。“上衣”的绣花多在胸口，常刺以牡丹等。

②满月活儿

满月活儿指孩子从出生、满月、周岁甚至加冠前的生日、年节时，长辈亲朋们为庆赠所刺做的衣物鞋帽。年轻的妈妈当胎儿还在腹中时就开始飞针走线刺绣衣帽。姥姥、七姑八姨们也要送上各种样式的绣花衣物。对男孩儿要相赠老虎帽、狮子帽、五毒肚兜、虎头鞋等，以祝福孩子生命力旺盛、勇猛无畏。对女孩儿则以“佛手莲花”、“多子多福”、“牡丹蝴蝶”等为祝福内容，或者赠以人生幸福的“蟾宫折桂”、“富贵荣华”等。

门帘刺绣（局部）

沈丘县唐庄村　范巧华提供　孟绘霞摄

豫东传统习俗上，新娘要将做嫁衣时剪剩的花花绿绿的布头，装进一个别致的“布角包”里，带到婆家。待到怀孕后，便到村里乡邻百户人家无偿寻索各种花色的零碎布头，再将这些布头凑合在一起，做成各式各样的婴儿用品，以应“百岁（碎）”之意。豫东一带的满月活儿，主要有斗篷、肚兜、帽子、围嘴（又叫嘴垫）、眉眼鞋等。斗篷，为上帽下袍，抱儿大衣，一般上端帽子部分扎三朵大花，也有的为老虎头帽，绣以鼻、耳、眼，脑后缀银铃。袍子部分，前胸两边刺以花卉，做工讲究，是少妇抱儿赶会、走亲戚让人鉴赏的主要衣物。围嘴，围戴在小儿的脖子周围，上面扎绣各种花色。男孩的“围嘴”常绣以双虎对头、双狮对头等；女孩围嘴则绣以五蝶捧花、五鱼戏莲等，有的还以花布配色。肚兜儿，为小儿贴身戴于腹前护遮肚脐，一般饰有莲生贵子等繁衍图案，若绣五毒虫，则取毒不近身之意。还有一种遮布，在小儿衣服外面挂戴，护住胸前，上面扎绣花卉。帽子有棉单之分，上面均缀铃扎花，花色齐全，样式以奇特新颖为好。

清代及民国时期，周口市的刺绣十分兴盛，有多家生产戏服的作坊，扎花描云，兼制童帽或女子结婚所戴凤冠上的装饰品。以壳子、丝线为原料，先把壳子剪成所做花的形状，花瓣外面缠以配色胚子线，原胚线上过劲，胚子线则不上劲，缠上不走样。边沿用另一色线刺成，花心用花线扎刺上一条条花蕊，再配以绒线扎制的花骨朵，以铜丝作茎，然后装配在帽子上。还有一种童帽叫格勒帽，分为“耳巴秋”和“卡子壳”两种，耳巴秋帽脸迎面有云子勾、帽穗等。卡子壳也叫“鞑子帽”，迎面缀有倒置的柿子形云子，中间绣有莲花瓣或牡丹花，云子两边有帽穗，中心缀有绒骨朵。童婴男女皆戴此帽。

（2）生活用品刺绣

生活用品原本是单纯的实用之物，一旦被乡村巧手的姑娘、媳妇刺绣以花卉图案，便融进了感情寄托，具有了精神上的审美价值。

门帘刺绣（局部）
沈丘县唐庄村　范巧华提供　孟绘霞摄

生活用品刺绣是很广泛的，如门帘、坐垫、桌布、褡裢、挂件等，刺绣图案多为祈福纳祥、富贵平安、预祝康宁之类。

在民间日常生活中，帘子作为门的附设物，具有许多实用价值，冬天挂棉帘，挡风寒；夏天挂竹帘，遮蚊蝇、透风凉；不关门挂布帘，则保持居室一定隐秘。因此，门帘成为刺绣中的主要品种，尤其新婚之居，由新娘的弟弟挂上红布绣花门帘也成为旧时的一种婚俗。门帘一般上端折下五六寸，俗称“门帘沿儿”或“门帘儿幺子”，上面扎花或绣字，字一般题四个，如“花好月圆”、“芝兰之室”等，门帘上扎绣绿竹红梅、鸳鸯戏水、四季平安、莲生贵子等吉祥图案。

周口地区民间过去普遍流行扎鞋垫。鞋垫、袜垫，多为媳妇们为丈夫或姑娘为情人所绣制。民间风俗中，新媳妇到婆家的第一年正月，都要为丈夫绣制几双袜垫或鞋垫，袜底刺以龙凤、“四瓣花”、“枣核花”、“灯笼扣”等花纹图案。鞋垫，有的是白底，用蓝线或黑线扎制，有的是蓝底或黑底，用白线或红线扎刺，脚腰部分则用色线绣出花草、虫鱼图案，做工一般都很精细微妙。“线贴”是旧时妇女的工具包，是用布糊成的折叠式的布夹子，各面刺绣花样，既可保持积累花样或刺绣工具，本身又是精美的绣品。

“针敝”是供妇女插针使用的日用品，分上下两部分，造型大多数是鱼、猪、虎等动物造型，绣工也很别致讲究。

其他还有龙凤吉祥的绣花帐沿儿、卷草图案的双面绣头巾等。

（3）小饰件刺绣

小饰件是指那些可随身配挂的刺绣小品，如荷包、香包、扇袋、帕袋、钱袋、腰包、手帕、飘带等，在地方风俗中，传递着质朴动人的情思。

荷包，是小饰件中最具有代表性的品种。“荷”即荷戴、荷带之意，也就是可随身携带的带囊。荷包的实用性、装饰性都比较强，实用上分为装钱荷包、装烟荷包、针线荷包、香荷包、杂物荷包等。造型上有圆荷包、方荷包、鸡心荷包、葫芦荷包、腰圆荷包等。荷包绣工都比较精细，常常作为男女定情信物。

香囊，又称香包、香缨，古称缡，俗称香布袋、料布袋。香囊和香荷包不同，香荷包是盛装香料的袋囊，可随时取出或放进香料，香囊却是将香料掺混于装填料中，成型后再不能取出。端午节系香囊的习俗和制作，民间由来已久。其形小巧玲珑，秀丽雅致，是流传于闺阁中的女红佳作。其内装苍术、白芷、香附、辛夷等中药配制成的香料，香气袭人，或佩戴在身，或悬挂于帐，清香驱虫，避瘟防疫。

3. 周口地区民间刺绣的针法与工艺

周口地区民间刺绣充分利用材料与工艺的特性，集各种针法之特长，既能深入细致地刻画真实的自然万物，又可表现具有装饰趣味或抽象的图形效果。在传统的刺绣工艺中，刺绣图形效果的决定性环节就是针法，针法是刺绣图形最基本的构架形式，针法的表现力也是图形审美效应的要素。周口地区的农村女性往往能汲取各种传统针法，综合应用，不断创新，除常用的齐针绣、锁绣、十字绣外，还有乱针彩绣、戳纱绣、“揉花”绣、补绣、形象绣等。

①齐针绣又叫平绣，该针法需按绣地画稿绣齐。一般先将布料绑缚在撑子（用竹子或木条制成的圆或方形架）上，使其平展，然后将花样图纸贴在布料背面，借光亮度使花样显示在布面上，再用墨笔将线条描绘出来，即可用丝线和绣针（俗称麦芒针）进行刺绣。针要绣在画稿之外盖住墨线，落针在画稿之内，拉紧后再绣第二针。用彩线刺绣，如图画中的晕染，根据花、叶、枝、干，选线配色。

②锁绣是最为传统的一种针法了，唐代以前民间就一直沿用，一针从另一针预留的锁套中穿出，连环不断如辫状，故也叫辫绣针。该针法纤缜整齐，纹理清晰，富有表现力，故历经千年，代代相传。

③十字绣是民间广泛流传的传统刺绣方法，也称十字桃花，是一种起源

于欧洲的手工技艺，最初在宫廷中风行，后传入民间。其绣法只需根据设计图稿在网络面料上，将线通过十字交叉方式穿过网格即可。简言之，会缝纽扣就会绣十字绣。

④乱针彩绣是以线代笔，通过多种彩色绣线以重叠、并置、交错产生华而不俗的色彩效果，具有绣面平服、针法丰富、线迹精细等特点，多用于服装饰品中。

⑤戳纱绣，又称纳棉，一种传统刺绣形式。它是在方格纱的底料上严格按数眼进行刺绣，所绣图案美丽，而且随着线条横、直、斜的不同排列，形成丰富的变化。但花纹间的空眼必须对齐。

⑥“操花”绣是用操针将花纹刺绣出来。操针杆呈管状，绣针从针杆穿进去后，再从针孔拉出。操作时，在距针孔适当距离留出几毫米长度，用其他线缠裹几匝，将所留长度固定起来，然后在布面进行刺绣。所绣花纹凸出布面，富有立体感。

⑦补绣多用于孩子的肚兜和虎头鞋帽上。特点是能使绣品产生一种浮雕的效果。其手法类似叠绣，是采用布、绸或其他材料剪成所需要的图案，以棉花填入底料中，再用针将图案花边周围锁边绣牢，从而使图案纹样呈浮雕状。此外本地常见还有一种留边叠绣，其技法是先将剪好的厚样一片一片地用布包贴起来，再拼贴到底料上（底料色彩仍以黑青为主），然后用各种彩线，由图案中心向外用平针绣实。绣制时，在纹样的边沿均匀地留出一条细线，白色的轮廓衬托在色彩缤纷的图案和深沉、典雅、纯净的底料上，显得十分鲜明、别致。

⑧立体绣，项城市的下岗职工赵香梅经过多年的苦苦摸索，在用料、图案、色泽上不断加以创新，不仅将豫东传统的“五毒”形象重新展示在人们面前，而且引入立体刺绣的针法，使再现出来的形象有很强的立体感，生动逼真，这种手法又称“形象绣”。周口地区传统的“五毒绣”起初缘于民间，为了达到祛病保身、避灾降福而在婴儿衣服上绣上蜈蚣、蝎子、蛇、蜘蛛、蜥蜴五种有毒生灵，因为做工考究，针法难以掌握，失传已久。赵香梅的母亲自幼跟随外祖母学习“五毒绣”，赵香梅自幼受母亲的熏陶，跟随母亲学刺绣数年。1997 年，赵香梅所在的企业，因经营不善，她下岗了，闲暇之余，她将闲置多年的刺绣手艺重新拾起，并多次到北京、上海、郑州等大中城市，多方查阅有关资料，不断改善工艺，专门研究“五毒绣”的制作工艺，经过多年的潜心研究与探索，形成了自己独特的立体“五毒绣”刺绣风格。

（四）染织

在漫长而单调的冬夜里，地上一盏昏暗的煤油灯映照着一架古旧、简陋的纺车和老奶奶布满皱纹的慈祥宁静的脸，纺车发出细微的嗡嗡声，随着坐在草墩上的奶奶有节奏地扬手转臂的身影，就像那抽出的绵延不断的纱线，在清冷的空气中，在空旷的心灵中缭绕、回响。在周口地区农村，70 年代人们的童年记忆中恐怕依然有这样的图景。这图景一如奶奶头上的白发和那昏暗但温暖的油灯，始终牵动着心头最柔弱的那根心弦……

我们习惯上把流行于民间的各类纤维织物的纺织、染色、印花工艺及印染品统称为民间染织。在中国几千年男耕女织、自给自足的小农经济的生活方式下，老百姓的衣食住行基本上都是依靠自己的双手来实现。即使是到了 20 世纪的 70 年代，虽然已经具有了全面的工业基础，并提出了向四个现代化进军的宏伟口号，但在豫东大部分农村，通过手工纺花织布来基本满足男女老少穿戴的要求依然是一种很普遍的情况。20 世纪七八十年代后，由于机器纺织业的发展，土布生产才渐渐被冷落，不少纺车和织机都闲置着，有的甚至还被毁烧。到了 90 年代以后，随着老年人的相继离世，周口地区土纺土织的老手艺已经几乎绝迹了。而今，在绿色观念的影响下，土织布又渐渐成为一种时髦的产业了。但是，不管这种土织工艺曾经如何落后，也不管土织布又如何被时人推崇，历史的印迹依然保存着。

1. 土织布

自公元 7 世纪棉花从印度传入中国后，中国的纺织业便由麻纺织转入了棉纺织。到了元代，在黄道婆纺织机具和技术改革影响下，土纺土织业得到了进一步发展，用土布做成的衣服、被褥已成为人们生活中的必需用品。周口土纺土织业历经明、清，到民国和解放初期达到鼎盛时期，全县农村几乎家家都有纺车、八成以上农家有织布机。过去织布主要都是为了自家老小的穿戴。女孩子从十几岁乃至七八岁便开始学纺织，成年妇女都会纺花织布。

土织布在周口地区又被叫做“粗布”、“土布”。从棉花到织成布匹有一个细致繁杂的过程，大致有搓花结、纺线、打线、染线、浆线、络线、经线、刷线、掏缯、闯杼、绑机、织布等 12 道工序。在周口地区土纺土织技艺的发展中，通过口传心授和几百年的实践，形成了独特的工艺程序、织布方法和纺织花样。

首先是把棉花采摘回来，晒干后经过轧压，把棉籽去掉，使之成为皮棉，然后还需要把棉花弹制一下，使棉花能够比较均匀蓬松，其后就可以用一根光滑的木棍把棉花撮成拇指粗细、尺把来长的棉条，再用纺车把棉条纺成纱线。在一般情况下，大多数人家都是冬天纺花，春天织布。纺花是一种手艺和技巧，一般多是家中老人来做，这种看似简单的活儿，操作起来却很不容易。摇车和抽线必须配合得十分恰当，纺出的线才纤细、均匀，绵延不断。而那一堆堆的棉条，要在手臂的挥洒之中一寸一寸地抽成纱线，又需要多大的耐心和毅力啊！这里面也一定饱含着许多美好的憧憬和对家人深沉的爱吧！过去，很多农村的“奶奶”、“妈妈”就是这样度过了无数个漫长而寒冷的冬夜。

纺好的纱线需要用“拐子”按一定长度一圈一圈地拐好，然后染成各种颜色，为了增强纱线的韧性，还要把纱线用去掉面筋的面糊浆一浆，浆好的线再经过络线、经线、刷线、掏缯、穿锯等一系列缺一不可的环节才能完成织前的全部准备工作，接下来才可以进入穿梭引线的织造程序。

织布的技巧不亚于纺花，坐在织布机上需要不断重复地进行着穿梭、扳框、踩板三个动作。手脚一定要协调，否则线就容易断，织出的布也不容易平整、均匀。而每完成这样一个循环，只能织出一线的长度，如此这般，大致一天可以织出七尺布来，当然也有那眼明手快的在几乎听不出间断的咣咣声中也能织上一丈出头。织布让人有成就感，尤其是在春暖花开的季节，听着院子里的鸟鸣，坐在织布机上施展着身手，无论是婶子还是大娘，谁的脸上都有一种喜气。用织布机织出来的布的幅面一般都在一尺左右，长度约为四五丈，但这些并不固定，通常是各家根据自己的需要和纱线的数量在刷线的时候确定，不过，布的宽度由于受到缯和剧尺寸的限制，调整的范围不很大。另外织出的布在厚度上也有不同，线细织的布就单薄一些，线粗织的布就厚实一点，这也是可以灵活掌握的。在一般情况下，一斤棉线可以织出丈把布来。

土织布的种类有白布、单色布和花布等，也有织出白布后染成各种颜色的。织就的花布多是条纹、花格纹样。用织布机直接织出花布来，比较费工夫，一般都是姑娘为了准备嫁妆或者谁家为了办喜事用才这样做。织花布的工序是先把上机的棉线染成红、黄、蓝、绿、黑等颜色，然后布线装机，并在织造过程中不断变换纬线的颜色，就可以织出色彩斑斓的条格花布，甚至有那心灵手巧的女人还能织出一些更复杂的图案来。决定土纺土织布条纹、花格的关键工序是经、纬色线的设计排列和缯的多少。缯有二页缯、三页缯、四页缯三种，二页缯用单梭能织白布、条纹布；经、纬色线的有序排列，能织出多样的方格布。在周口地区常见的条纹、花格布有上百种。方格布有“石榴籽儿”、“席子纹”、“筛子底儿”、“苏联大开花”、“苏联小开花”等；条纹布有“合股线”、“菜瓜道”、“黄瓜道”、“半个脸”；三页缯、四页缯布有“阴阳脸”、“油菜绿”、“鸭梨黄”、“七色八棱图”、“豆腐丁儿”等。

也有许多用织好的白布根据用途染成不同颜色的。染色可以自己买染料来染，也可以让染坊加工。旧时染料一般自制较多，也有用坑泥染成的坑布。20世纪六七十年代，集镇上的合作社有出售各种染料的，所以染布的颜色丰富起来。染布也是需要技术的，如果掌握不好时间和浓度，或者揉搓不均匀，染出来的布容易斑斑点点，色度不匀。旧时染坊也有派人到各村去收布来染的。染坊染布的质量通常都很好，布染好晒干后，还要将布卷在一个圆形的木头上，碾压平整，染好后再送归原主。收布的人通常是骑着自行车，把收来的和染好的布一起捆扎在后座上，手里攥着一只拨浪鼓，一进村就拨拨浪浪地摇起来，以此来招呼人们取布或送布。

如今，在周口地区，这种伴随了父老乡亲祖祖辈辈的原始布料加工方式已经退出了生活的舞台。但在几千年的沧桑历史中，那古老的织布机凝结了农村女性的勤劳和智慧，也是人类社会文明进程的根基所在。

2．印染花布

古人把与印染相关的事物统称为“缬”，“缬”是染花的意思，是一种印染留白的技法。染缬根据防染方法的不同，又可分为绞缬、蜡缬、夹缬和灰缬等。其共同点，都是以植物蓝靛为染料，手工操作，成品皆是蓝白相间的花布，因此统称为蓝印花布。过去豫东农村最为常见的是以黄豆粉和石灰粉为染浆，刻纸为版，滤浆漏印的灰染蓝印花布。与刺绣和织锦相比，蓝白印花是较为便捷的一种图案装饰方法，曾在我国广大地区流行了数百年。

蓝印花布工艺作为传统印染的一个分支是在古代织物印染的基础上发展起来的。新石器时代，先民们就发明了用赤铁矿粉末将麻布染成红色，也开始利用植物染料，给纺织品染色。古代用天然染料在纤维织物上施加花纹的方法是手绘，即所谓“画馈”，《尚书·皋陶谟》记载上古时，帝舜对禹说：“予豫观古人之象，日、月、星辰，山、龙、华虫，以五彩彰施于五色，作服……”要禹把“日、月、星辰、山、龙、雉”六种图形画在上衣上，制成礼服。西周时，染织工艺已经有了专门的分工，《周礼·冬官·考工记》中详细记载有织物配染及工艺操作方法。《诗经·七月》曾描写先民们在四季纺丝绩麻染色的时序：“七月鸣鵙，八月载绩（纺麻），载玄载黄，我朱孔阳，为公子裳。”《诗经·邶风·绿衣》中亦描述了汤阴一带的服饰：“绿兮衣兮，绿衣黄里……绿兮衣兮，绿衣黄裳。”可见当时印染工艺的发展。

春秋战国时期，先民们发明了靛蓝发酵法，至秦汉，染蓝工艺已相当成熟。蓝靛草又名蓼蓝，也就是我们感冒时通常吃的板蓝根。蓝靛草做染料，先是把叶子放到土坑中浸泡，经过一定时间复杂的搅拌、过滤等工序，最后变成深蓝的溶液。当时，植物染色还用茜草染红色，紫草染紫色，栀子染黄色。相传墨子看到民间染工染布的情景，一块白布帛投入青色染缸中变成为青布，放入朱红染缸中则变成红布，他不禁感叹："染于苍则苍，染于黄则黄，所入者变，其色亦变，五入必，而已则为五色矣，故染不可不慎也。"（《墨子·所染》）并将择友喻为染丝。秦汉时期，染织有了飞跃发展，汉代马王堆出土的印花织物，是汉代早期的印染实物。

唐宋时期，民间染缬工艺在染料使用、品种形式、主题纹样等方面都趋于成熟。据记载，唐代已经至少有三种染缬方法比较流行：即蜡缬、夹缬和扎缬。这可从唐代的帛画、唐三彩俑、壁画上男女唐人的染缬服装上略见一斑。

据文献记载，宋元时出现的"灰缬"技术，选用当时普遍种植的蓝靛作染料，以柿油桑皮纸或桐油竹纸代替以前的木版，已与今天的灰染十分接近。镂空版的雕制比木版更为方便简单，且易于操作，成本降低，因而很快在民间发展、流行，成为应用最广泛的染缬方法。

周口印染花布明清时已达兴盛。解放初期，在根据地大生产运动的推动下，解放区"家家纺纱，村村织布"，陕甘宁边区普遍推广种蓝和制靛工艺，蓝印花布的衣料、围裙、包袱成为解放区人民普遍使用的日用品，并且流传到全国。在豫东农村，直到20世纪70年代，随着洋布及进口染料在农村的普及，印染花布才渐渐被冷落。

周口地区的染缬图案，蓝底白花、阴阳相济、工整对称、素朴厚重、端庄祥和，充盈着中华民族中庸致和的哲学理念，洋溢着中华民族素朴、简约的审美传统。图案题材多以动植物、花卉居多，图案寓意多为纳福迎祥、祈嗣兴旺、富贵发财、驱邪避灾等，充满吉祥、喜庆色彩。常见的有"凤穿牡丹"、"龙凤花卉"、"连年有余"、"岁岁平安"、"富贵花开"等。其形式左右对称，花团锦簇，瑞兽成双，构图丰满、雍容典雅。

（五）泥塑

泥塑是我国一种古老的民间艺术。它以泥土为原料，以手工捏制成形，或素或彩，以人物、动物为主。自古以来，中华民族就与泥土有着深厚的情缘，"女娲抟黄土造人"的传说说明在远古时代，泥塑已深入人心。1973年，浙江余姚河姆渡遗址发掘出的陶人面、陶猪、陶狗、陶鱼、陶羊等，证明泥塑的艺术可以追溯到六七千年前的新石器时代。考古证明，至少在汉代，泥塑已经成为社会重要的艺术品种之一了。1981年，淮阳县城东南于庄出土的三进陶院落，长1.3米，宽1.14米，为西汉陶院落模型。分主院和田园两大部分，主院三进，分前院、中庭、后院，周有角楼。前院有马厩；中庭主体建筑为重檐庑殿式，建于高台之上，两阶梯通向庑殿，殿内一组陶伎乐俑，有弹琴、吹笙、捧匜、合掌等，乐俑之前，置陶匜、陶盘等酒器，庑殿一边有偏门通后院，偏门一侧有楼梯至厢房；后院有猪圈、厕所、厨房等。田园有旱田、水田、灌溉沟和畦田、水井等。院落周围墙上有多幅壁画。整个模型结构严谨，形象逼真，是西汉封建主庄园经济发展的真实写照。说明当时该地泥塑艺术已发展到相当高超的水平。

泥土，哺育了子孙万代，也给勤劳质朴的人民提供了一个展示智慧、抒发情怀、塑造梦想的舞台。周口地区地处黄淮平原的腹心，淮河最大的支流沙颍河穿境而过，与涡河、西肥河、汝河形成四大扇形水系，黏土、河沙资源极为丰富，给泥塑艺术的发展提供了很好的自然条件。最有影响的是淮阳泥泥狗和郸城“泥人张”。

1．淮阳泥泥狗

淮阳城北三里之遥有“太昊伏羲陵”，当地人称“人祖庙”，每年农历仲春二月二到三月三皆有盛会，俗称“二月会”，也称“人祖会”。在太昊陵“人祖会”上，一种家庭制作、被叫做泥泥狗的彩绘泥塑艺术受到大家的喜爱。泥泥狗，又叫“陵狗”，意为给人祖爷守陵的狗，是太昊陵泥玩具的总称，为淮阳太昊陵所独有。据捏制“泥泥狗”的民间老艺人讲，这些造型奇特、色彩热烈奔放的泥泥狗是从女娲“抟土造人”时流传下来的，是远古时期生灵群像高度概括的祭祀物。被专家、学者们称为“真图腾、活化石”。多少年来，它一直被人们视为从太昊陵请到家的吉祥物，可以用来祈福、消灾、祛病。至今，淮阳乡下还有这样的民谣：老斋公，老会首，给个泥泥狗，你能活到九十九。“老斋公”指的是来烧香祭祖的老婆婆；“老会首”指的是村民集体上陵烧香时所推举的有领队义务的男性香客。香客们拜祖归去，一般都要买上大把大把的小型泥泥狗，路上遇上小孩子唱歌谣，就要撒给他们。说是用来行善积德，替人祖广播恩泽。所以，庙会上的微型泥泥狗，像小燕、小青蛙、小香龟之类销量最大，这些小型“泥泥狗”既小巧好看，又都带有小小的孔眼，吹之可响，且声音嘹亮悠长，深得孩子们的喜爱。

淮阳泥泥狗用黄色黏土捏制，以高粱秆作笔，黑底上绘以五色抽象符号，造型虚幻神秘、古拙浑厚，传达出中华大地“破混沌”、“定乾坤”的原始信息，是史前“图腾文化”的民间记忆。在远古那万物有灵、神人合一、人兽共存、物我相融的年代，由于人类自身的脆弱与生存的欲望。使他们把保护自己的希望，寄托在一些在他们看来具有很大威慑力的禽兽身上，产生了对自然界各种动、植物的精灵、魔力的“图腾”崇拜。淮阳泥泥狗正是作为这

泥泥狗
淮阳县徐楼村房国富捏制　孟绘霞摄

种原始宗教文化特征的“图腾”，历经数千年，伴随着古老的宗教祭祀、民俗活动而遗存下来，成为本地人们期望避祸、祈福的象征物，呈现出原生态的文化品质和生命活力。

（1）淮阳泥泥狗的工艺制作

淮阳泥泥狗生产者多集中在淮阳县城东的十二个村庄内。这一带南距古宛丘遗址八里，而至太昊陵仅二里。从古城遗址由西往东，向太昊陵集中，这十二个村庄是：金庄、武庄、陈楼、前后下楼、史庄、许楼、段庄、金庄、刘庄、五谷台、白王庄。在淮阳当地，制作泥泥狗的艺人们大都是没有受过任何文化教育的手艺人，在技艺的传承过程中，对传统的继承就是手艺人审美意识产生的基础，代代相传的经验积累成为他们审美趣味的丰富积淀。金庄村老艺人李修身生于清末，家境贫寒，幼年就随父母捏泥泥狗挣钱糊口。他心灵手巧，技艺精湛，在继承传统艺术的基础上大胆创新，能捏制仿远古生像100多种，尤以“猴”最为出色，所捏人面猴、抱桃猴、搬脚猴、撅嘴猴等造型生动，拙朴逗人。

每一种艺术大都由于工具、材料等性能的不同，而形成了自己独具的风格。泥泥狗从泥土的腹腔中分娩出来，其工艺流程大致分为打泥、搓坯、成形、打底、点花五个步骤。

①打泥："一方水土养一方人"，就地取材是淮阳泥泥狗的一个特色。如果是干胶泥块，要用坚硬的工具把泥块砸碎，喷水等它漫漫渗进去，然后再和泥、捶泥；如果是从地下挖出的湿胶泥块，则放在石磨上，用大木棒一遍遍捶打，力求均匀细腻有弹性。泥土粉碎得是否细，喷水的多少，泥块的软硬，以及捶打得是否到位，是关键之处。泥土颗粒粗糙，无法加工；泥块太硬，不容易加工；泥块太软，好加工，但容易变型；捶打的遍数不到位，成品容易龟裂等。表面上看很简单的事情，都包含着一些奥妙的技巧在其中。当地人，为了把泥泥狗神秘化，说是太昊伏羲恩赐这一带的民众，只有这里的黄土才能抟人，才能制作灵狗（泥泥狗），而其他地方的土就不能制作泥泥狗。

淮阳泥泥狗艺人房国富老人在打泥
赵腊梅摄

未染色的泥泥狗　赵腊梅摄

泥泥狗的染黑与点白　赵腊梅摄

②搓坯：是按照泥泥狗成品后的大小规格，挖一块和好的胶泥，把胶泥块搓成形状大小都与成品相近似的坯子。淮阳的泥泥狗制作的搓坯，完全靠手的感觉，来决定坯子的大小。

③成型：小型单体泥泥狗，有用胶泥翻制的模子，现在也有了用石膏翻制的石膏模子，这种模子重量轻，比泥模子好用。把搓好的坯子放到模子里用力按压均匀，外面抹平或略成弧形，在泥泥狗的下半部分再分捏出一个“尾巴”，也是泥泥狗的支架，可以使泥泥狗站立。模子里面的就是泥泥狗的正面造型。

泥泥狗艺人在染色　赵腊梅摄

大型的、多头的泥泥狗如：猫拉猴、双头狗、多头兽、驮斑鸠等，都是艺人用手工捏制出来的。先捏出主体造型，再捏出各个小的、依附在主体身上的形体，成泥丘状，然后再用大小不一的小竹芊，摁压出面部五官或身上的立体纹样。

泥泥狗染色所用工具　赵腊梅摄

成型后的泥泥狗，要进行阴干，也就是在没有阳光直射的地方晾干。

④染色：淮阳泥泥狗的染色与其他地方的泥塑皆有不同，把染衣服用的黑色染料“煮黑”加上皮胶，放入大锅内加水煮，直至颜料充分溶解，然后放凉，再把成批的泥胎放在铁丝编的罩篱里，快速浸入染缸中并迅速捞起；或者把泥泥狗放在一个容器里，往上淋浇黑色染料。等泥胎染得通体发黑后，一个个拿出晾干。

⑤点花：染黑的泥泥狗彻底晾干后，老艺人开始“点”花。点花用的工具不是毛笔，而是削成斜面的高粱秆。根据泥泥狗的大小不同，也要选择粗细不同的高粱秆做笔，高粱秆的芯能够吸住广告色，便于艺人们控制颜色，“点”出粗细不同的笔触。“点花”时要注意控制用笔的方向、力度和笔上颜色的多少，太多则不好控制笔画的粗细，太少则画出的线条干涩、粗糙、乏力。艺人们根据自己的喜好习惯，画出的花纹类型不同，有的舒展圆润，有的严谨内敛。皆出于平和、饱满的心灵，无论怎么画都有真诚、质朴的感觉。

泥泥狗的生产捏制时间多在春季，待次年太昊陵古庙会期间绘彩出售。届时，整个会区大街小巷泥泥狗琳琅满目，成为庙会上最受欢迎的艺术品。

（2）淮阳泥泥狗的特征

①泥泥狗的造型

泥泥狗的造型直接秉承原始艺术的混合性特征，具有拙朴、凝重的艺术特色，多以奇禽怪兽为主，题材十分广泛，天上的飞禽，地上的走兽，无所不有。人面猴、人头狗、人面鱼、独角兽、多头怪、九头鸟、猴头燕、翼鱼、翼兽、四不像、猫拉猴、草帽虎、怪狮、驮子斑鸠、龟、蟒、蛇、狗、熊、蟾蜍、蜥蜴、豆虫、蝎子等等，还有各种抽象、变形的多种怪兽复合体共约200余种。而且，淮阳的泥泥狗，不管什么形状，绝大多数都是可以吹出响声的。艺人们在造型时充分考虑哨形和吹奏的方式，大多数哨口设在顶部，也有在尾部的。当地人按其造型大小和设色的不同，分为4种类型：

小泥鳖　用一长约2厘米的泥锭，于1/3处捏钝角，长段压扁作身，短段捏细作头颈，顶端修尖嘴，捅孔可吹，其声嘹亮。着黑底，彩点即成。以小巧为特征，高度简约，别具一格。

中小板　比小泥鳖稍大，造型多样，主要有飞燕、奔兔、蝉、蛙、马、香龟，再稍大一点的有草帽老虎、八大高、十大像等。其特征造型古朴，皆取材于动物，彩绘趋于纹样化。

娃娃头　又称梨喽、喔流，状似葫芦，细端捅发音孔，粗端有调音孔3至5个，和我国古代乐器陶埙极其相似。

大花货　是泥泥狗中品种最多的一个类型，由头至项捅吹孔，音色浑厚，黑底彩线，中加色块，群众俗称大花货。其造型有兜肚猴、光板猴、抱桃猴、搬脚猴、骑虎猴、猫拉猴、猴头燕、斑鸠、鸡、狗、鹅、双头狗、双头马、两头人、人头兽等100多种。大花货塑型高低不等，一般为7厘米至30厘米左右，较大型组合有猴山、猴树等。

淮阳泥泥狗工艺制作的原材料和伏羲、女娲抟土造人的传说相吻合。传说伏羲生活在上古时代，当时人们已从群婚过渡到对偶婚，伏羲又制定了族内不能通婚的嫁娶制度。谁知一日天塌地陷，只剩下

混沌

淮阳县徐楼村房国富捏制　孟绘霞摄

伏羲、女娲兄妹二人，为求繁衍人类，上天以两扇石磨下滚并拢做媒，兄妹二人结为夫妻，这个传说即是泥泥狗“滚磨成亲”的由来。后来，他们嫌自己生育繁衍人类太慢，就用泥土捏泥人，泥人能走会说。瞎子、瘸子等残疾人则是适逢雨天来不及往屋内收拾，用扫帚扫所致。泥土捏制的人，出汗身上就有泥灰。这些看似怪诞的传说、认识和思维方式造就出民间艺术重于表意的造型规律和自由灵活的表现手法，使得泥泥狗的艺术特色别具一格。

泥泥狗外形大致有两种特征：小型、单体的泥泥狗，如人祖猴、猴头燕、蝙蝠、香龟等，是单独成型的“人”或动物；大型泥泥狗则是在整块的胶泥坯子上，捏制出多个有怪兽结构特征的小泥丘，构成较为复杂的形体。即使这样复杂的形体，由于泥丘大小、多少、高低在两边分布不同，也达到了视觉均衡的效果，如猫拉猴、双头狗、多头兽、驮斑鸠等。这些“泥泥狗”的外形，已不能准确地说出它是由哪一种或哪两种动物组合而成的，从整体看有一种怪异、神秘的视觉感受，已超越自然中的现实形体。据捏制泥泥狗的老艺人们讲：“这些都是人祖爷和人祖娘娘造的人和狗，有老模子，谁也不能改，改了就不是人祖爷造的人和狗了。”艺人们就是这样经老一辈人口传心授，代代相传，学会捏制，依照祖先传下来的“老样子”，自己再凭直观感觉进行创造。倪宝诚先生说：“‘泥泥狗’是淮阳民间艺人观念、意识的展现与流露，是他们内在情感的直接物化。这种情感的价值，并不单独从属于形式的美，它之所以有着巨大的艺术冲击力，就是因为在民间艺人的心灵中，形式为观念所支配，其审美心态，依然沿袭了史前人类的‘幻觉与想象’。”因而，淮阳泥泥狗艺人所创造的形象或庄严肃穆、神秘怪诞，或诙谐幽默、憨态可掬，皆体现了人的本质力量，展现了民间艺术中审美意蕴的文化本质。

②泥泥狗的色彩

淮阳泥泥狗，以黑色为底，以大红、桃红、中黄、白、绿、天蓝等色勾画图纹，一般，在“泥泥狗”的五官、腹部等突出表情和生殖特征的地方，用明度最高的白色和中黄颜色勾勒；在泥泥狗的嘴、眼、鼻、耳等凹陷处及手、面、膝、足等不起眼的地方，用颜色较深的大红颜色勾染；在额、鼻、颧、乳头等结构最高的地方，用明度较高的桃红颜色画出圆点；绿色用来勾画眉毛或衬托红色；蓝色主要用在大型泥泥狗身上起衬色作用，如腿、脖子、围嘴等。（小型泥泥狗一般不用蓝色）

泥泥狗这种黑底彩绘的设色，古朴、厚重，对比强烈、鲜明而又和谐、大气，兼有远古彩陶和楚漆器文化的格调，给人绚丽、庄严的视觉感受。而这种古朴与浑厚，来自于其秉承了中国古代传统的色彩哲学观念。中华民族自古有“尚黑之说”，从该地龙山文化期的黑陶，到夏朝黑色的祭器和旌旗，再到楚国外玄内朱的漆器，尚黑，是中华民族原始图腾观念的产物，包含有神秘的宗教色彩。

春秋战国历代帝王、君主都把黑色视为本色、正色，服饰以黑为贵。在汉族的道德观念中，以黑色为刚正不阿的代表色（如黑脸包公），时至今日，周口农村的老年人仍保留着外穿黑袄、内穿红衣（下露红边）的上古遗风。学者们也总把尚黑与中国的阴阳哲学相联结。伏羲八卦太极图中的阴阳鱼，左白右黑，负阴而抱阳，含有阴阳相交万物生的深奥哲理。沈一贯在《老子道》中解释“玄”说：“玄者，大道之妙，非常象、形称可指，深矣，远矣，不可及矣，故色曰‘玄’。”淮阳文化专家杨复竣先生认为泥泥狗的设色揭示了宇宙大千世界万物生长消息的整体秩序规律：“泥泥狗的黑底，象征伏羲开天辟地之前，混沌未开，没有天地，宇宙是一片黑暗，天地开，才有大千世界，东方泛青，升起了火红的太阳，黄色的大地上万物皆生，人类才能生存。太阳由红变白，日升日落，周而复始。看到泥泥狗，首先让人感觉到的是黑色，这是本。看到青色，想到生；看到了黄色，想到了盛大……”实际上，看似简单的泥泥狗身上所具备的各种元素，如一部解读远古文化的大书，反映着远古的各种信息。

③泥泥狗的图纹

泥泥狗的纹饰以各种颜色的线（直线、曲线）、点为基础，组成马蹄纹、太阳纹、三角纹、锯齿纹等图形，这些图形与原始彩陶里的纹样，十分相似。艺人们凭本能的直觉感受，在虚幻、神秘的怪异形体上，勾勒和点染出各种色彩和线条，构成一些抽象的纹饰符号。每个艺人由于性格、年龄不同，用小木棍“点”画出来的线条感觉也不相同。所画线条皆稚拙而生动活泼、色彩绚丽而不失沉稳。不同形状、不同色彩的纹样相互衬托、相互对比，构成一种视觉的跃动感和形式美感。再加上黑底色的衬托，更使泥泥狗释放出一种原始图腾艺术的魅力，具有强烈的视觉冲击力和现代感。

泥泥狗“猫拉猴”
淮阳县徐楼村房国富捏制　孟绘霞摄

泥泥狗纹饰的主题始终贯穿着祖先崇祀和生命崇仰的主线，伏羲、女娲本来就是传说中人类的始祖，泥泥狗体现的文化含蕴往往与人类的繁衍与延续有关也就不难理解。比如淮阳泥泥狗中最有代表性的

“人祖猴”，肩、胸、腹部连成一体，上面用白色锯齿纹与黄、绿、红三色条纹以及白色的小点十分醒目地描摹着巨大的女阴图形。“抱桃猴”则是在向前微微挺起的身体正面描绘一个巨大、鲜艳的“桃”形，是原始人类母亲怀孕的象征。总之，以“猴”为主的“泥泥狗”造型肃穆、神圣，反映了原始人对母性的尊崇和对子孙繁衍的祈望。

④泥泥狗的文化内涵

泥泥狗起源于远古，绵延流传至今，其古老的艺术内蕴已经浸入民众的内心深处，至少在当地乃至经常赶会的人们心目中，那是一种人祖的记忆。艺人们随手得来，便活灵活现地展示出古老的风格、形象和内容。这也就可以解释它为什么被称为“活文物”、“活化石”。因为，它把伏羲时代的历史和文化以及淮阳地方在上古时代的历史文化现象都显示了出来。正如倪宝诚先生所说：“综观淮阳‘泥泥狗’，绝非单纯的一种艺术表现形式，也不是现实生活直观的反映。伏羲和女娲的故事，虽说都是传说，有些内容还近乎神话，但是如果联系‘二月会’上种种古老的习俗和传说，似乎尽在我们身边，使人感受到古图腾文化丰满、立体的再现效果。‘泥泥狗’艺术的深刻内涵，又向人们印证了史前人类发展的文明进程和原始艺术的伟大魅力。”

而淮阳泥泥狗艺人在一种极为简陋，甚至相当困苦的环境中，沿着祖祖辈辈传承下来的习俗和技艺，使用最原始的工具，全身心投入到对“人祖神”的崇敬中。他们凭借内心的直观体验和情感冲动，在一种非理性的、本能的、神秘不可捉摸的状态下，创造出一件件扣人心弦、具有强烈视觉冲击力的艺术作品，给人以永恒的生命印象。淮阳泥泥狗作为远古图腾崇拜的印记，与《山海经》中记载的众多神兽怪异如出一辙。淮阳艺人彭兴孝先生在《淮阳泥泥狗艺术考》中说：“我们不能再把伏羲、女娲以及他们在淮阳的事当成言必加‘传说’二字冠顶才能成立的莫须有人物事情了。泥泥狗与《山海经》的记载相一致，绝不是无意的巧合。因为它们不是大致的相合，而是字字句句完全相合，它们肯定是一回事儿。”因而我们说，淮阳泥泥狗不仅是中华民俗文化中的一种极为典型的、罕见的艺术瑰宝，而且也是研究中国本源文化的“活化石”。泥泥狗真实记录了史前人类生殖文化的种种轨迹，折射出民间美术与传统文化之间的血缘关系，同时，也向人们证实了民间艺术与原始艺术之间同构互渗的史实。

（3）泥泥狗的发展与传承

过去，泥泥狗大多是农人们在农闲时或阴雨天没法干活时，抽空赶制出来的小型泥泥狗，如猴、马、燕、小泥鳖等。大型的泥泥狗是改革开放以后，由石金领、武士举、李树申、房国富四人，在传统的基础上创新发展的。老艺人房国富说，泥泥狗工艺没有什么秘密，任何人只要认真学习、勤奋实践，都能学会。房国富善良纯朴，乐于助人，曾经无私地帮助生活困难的乡邻学会捏制泥泥狗。邻居家的女儿嫁到别村，也把泥泥狗的制作工艺带给了那个村的村民。经过民间艺人们的共同努力，泥泥狗事业得到了广泛发展。

房国富说："过去一簸箕泥泥狗，可以换回一簸箕粮食"，学会了这个手艺就可以养家糊口了。现在，泥泥狗成了艺术，泥泥狗艺人受到了党和国家的重视。老艺人在经历了风风雨雨84个春秋之后，对今天的平静日子十分满意。

随着改革开放以后"打工"热潮的兴起，泥泥狗的发展也面临着挑战，前景不容乐观。老艺人们年老体衰，有的身体有病。他们的孙子、孙女，都不喜欢干这种活，他们向往去大城市"打工"挣钱。房国富老人说，现在出去打工比在家做泥狗子挣钱多多了。就拿他们家来说，他和儿子媳妇三人一年四季不闲着，一年总共收入一万多元。而出去打工一天最少也挣三四十块钱，而做泥泥狗，从挖泥捶泥，到捏制晾干、染色点花，钱需要很久才能挣到手里。过去捏制泥泥狗是出于生活需要，现在人们吃穿不愁，这活又脏又累、又费时费工，一般人不喜欢干。

近年来，政府部门积极采取措施保护、发展淮阳泥泥狗。2006年3月，周口市文化局、宣传部、市文联等单位联合举办了周口市首届"风华水岸杯·泥泥狗艺术作品大赛"，房国富老艺人获得了"终身荣誉奖"。

在2008年的淮阳"太昊陵"庙会上，政府部门在午门西面的繁华地带，为泥泥狗艺人特批了泥泥狗销售市场，购买泥泥狗的人络绎不绝。现在，淮阳泥泥狗正在引起越来越多专家学者和政府的重视，已经走出河南，被送进了首都博物馆永久收藏和展览；在全国各地举办的大型民间艺术博览会上，也经常可以见到专营泥泥狗的摊位。

泥泥狗文化博大精深，具有很高的欣赏价值和研究价值。泥泥狗作为研究人类学、民俗学的活性史料，其历史渊源还有待于更深入的研究。同时，它所特具的人类本源精神、活跃的直觉创造性和生机勃勃的现代感，对中国现代艺术的发展也是一种有益的滋养。

2. 郸城"泥人张"

走进张振福的工作室，就像来到了三四十年前豫东农村的田间地头、房前屋后，100多个泥塑人物再现了农村的50多个生活场景。如几近失传的摆方、推磨、唱评书和卖油翁、小货郎，即将销声匿迹的剃头、编篮、纺花、织布。在他已创作的泥塑中，人们见到的最具现代气息的作品，是笑嘻嘻的新郎开着四轮车接新媳妇。长期在农村生活，让张振福对脚下的土地有着深刻的了解，对这方土地上的人，有着深切的热爱，也有着深深的敬意，这一切，都最初促使他走上了泥塑艺术的路，他要用泥土的方式去爱他们，用泥土去歌颂他们，如纪录片般如实记录豫东的民风民俗，把生活中最精彩的一瞬表现给大家看。因而，他总是撷取处在社会最底层的豫东农村人物生活中最具有动感的一瞬间，多半眯着小眼，咧开大嘴，一副笑眯眯的憨态，表现出的却是农民历尽沧桑后的满足、希望、苦中作乐，带有深深的纪念与些许的失落。

张振福1967年出生于河南郸城，自幼受家庭的熏陶痴迷泥塑艺术。张振福的祖父张明从12岁就开始学木雕和砖雕工艺，到19岁时已闻名于豫东。其父张连启已是八旬老人了，他11岁就开始学习砖雕艺术，20岁开始独立创作砖雕，刻一些吉祥图案，或神话传说。1970年，参与了淮阳人祖塑像的设计与制作。张振福回忆说，小时候，父亲给邻人房屋刻《木兰从军》、《八仙过海》的神话传说和花鸟鱼虫，童年的他常跟在大人后面依葫芦画瓢，或许正是这些在不知不觉中孕育了他的灵性。1984年，张振福考上了沈丘师范学校美术专业，1987年毕业后又到河南教育学院艺术系进修，毕业后分配到河南郸城城郊中学任美术教师，教书之余，矢志泥塑创作。这段时间，他主要以民间故事和神话传说为题材。1990年，他的泥塑作品《共读西厢》参加了河南省第二届艺术节民间工艺美术作品展，并获得一等奖。接下来的时间里，他又转向了名人塑像，他的手下出现了一大批名人泥塑：胸挎钢枪的雷锋，演讲台上的导师列宁，手握诗稿的诗圣杜甫，这些人物太可爱了，杜甫大衫上的褶带，小姑娘大辫子上的发卡，解放军战士的浓眉大眼，活灵活现，逼真细腻，很受亲戚邻里的夸赞。2001年秋天，张振福带着自己的作品，满怀信心地来到郑州，求名家指点。一家报社的一名老编辑看了他的作品，语重心长地说：“振福，你的作品虽然技法好，逼真，但没有自己的东西，没有自己独特的风格。”

犁地去！　泥塑

郸城县张振福创作　张振福提供

为了找到自己的风格，张振福又背着作品赴西安拜西安美院陈启楠教授为师，又到北京美术大师韩美林工作室学习，也曾到天津泥人张工作室

卖米酒！　泥塑

郸城县张振福创作　张振福提供

参观学习。名家的指教，加上自己的悟性，他又一次否定了自己，他想要到最熟悉的生活中寻找创作激情，这时候，张振福突然发现自己小时候最熟悉的豫东农村生活，充满了诗情画意：田间地头热火朝天的劳动情景，婚嫁时的唢呐声声，饭时边吃边说的场面……一闭眼就闪现在脑海里。会说评书的老父亲，推石磨的老母亲，爽快的二大娘，地头摆棋的大爷大伯，不都是自己的模特吗？他于是一发而不可收，忘我地投入创作中。他大胆地运用夸张手法，描画自己童年的记忆——豫东五六十年代农村的生活和劳动场景，刻画出了活生生的豫东农民的形象。张振福每创作一件作品，总会事先在心里画着模特的样子，凭着脑子里亲切的思绪，刀劈斧砍般一气呵成。这些作品人物饱满质朴，构图形式简练、粗放、视觉凝重而又充满了乐观积极、无拘无束的气息，甚至五官都带着股生动的笑意和韧劲，有了种精神上的“工笔”，形式上的“写意”，脱离了手工艺品的匠气，洋溢着劲健的民间气息。

他二十年间制作出了近万件泥塑作品，多次参展并获奖。2001 年，《小货郎》参加了河南省首届民间艺术博览会获金奖。2003 年，《快乐的日子》获河南省第四届民间工艺美术博览会最高奖金鼎奖。2004 年 9 月《扬场》、《剃头》分别获第二届中华（天津）民间艺术精品博览会及第三届中国国际民博会金奖。2005 年 9 月泥塑《家乡戏》参加了中原文化上海行——河南民间工艺美术珍品展金奖。2006 年 8 月《少憩》获第十三届中国艺术博览会铜奖。《河南日报》、《人民日报》海外版、日本《朝日新闻》、中央电视台、河南电视台、上海东方卫视、《大河报》等海内外一百多家媒体做了专题报道。泥塑作品大篇幅发表于《读者》、

大嫂　泥塑

郸城县张振福创作　张振福提供

《时代美术》、《美术》、《连环画报》、《名人世界》、《艺术中国》、《美术大观》、《中国美术家作品大观》等专业杂志。2004年加入中国民间文艺家协会会员，2005年加入中国雕塑协会会员，中国工艺美术学会雕塑专业委员会会员。像天津“泥人张”、北京“泥人王”和山东高密“泥家村”的称谓一样，张振福，被誉为“豫东泥人张”开始名扬海内外了。

张振福手中的泥巴是厚重的、粗粝的，但背后却隐藏着一个细腻、敏感、丰沛的精神世界，他把自己对土地的热爱，对豫东农村生活的纪念，对家乡亲人的思念，都浓缩进了他的作品中：那叼着尺把长旱烟袋的老汉，蹲在地头，手捏一枚棋子，笑嘻嘻地瞅着对面的小孙子；留着茶壶盖头的小孙子光着脚丫，两眼直勾勾地盯着爷爷拿棋子的粗手；腰间束根大带子的老汉赤脚盘腿坐在地上，老伴一手挎个竹篮子，一只手正给老汉挠痒，老汉咧开嘴想笑；石磨，旱烟，大鼓书；花狗，毛驴，小货郎……这是些黄土地上快要消失的民俗风情。于是，这些作品便也成为农村民间文化的活化石了。比如作品《家乡戏》表现的是20世纪50年代，公社文工团来到村里义演，两位小少年没见过二胡，小男孩弓着腰好奇地看着二胡，好像在说：“咦，咋拉这么好听呀？真稀罕。”再看那唱戏的，唱得十分投入，那兰花指表现得多么自然、到位，拉二胡的也十分带劲。《盛世欢歌》夸张、粗犷，锣鼓齐鸣、唢呐声声，反映出20世纪五六十年代豫东农民对祖国繁荣昌盛所表达出的一种喜悦心情以及对祖国美好生活的热烈庆祝。这幅作品也许能勾起中老年人对往事的美好回忆。《快乐的日子》表现的是老汉蹲在地头，笑嘻嘻地驮着小孙子，小孙子留着茶壶盖头，老伴一手挎着竹篮子，另一只手掀起上衣挠痒痒，小孙子给爷爷奶奶增添了无限快乐，反映的是豫东农民朴实勤劳的精神风貌。

（六）面塑

面塑是以面粉捏制的各种工艺礼品或动物玩具。大都出自家庭妇女之手，俗称“捏面人”、“捏粉”等。豫东平原自古盛产小麦，其饮食以面食为主，民间百姓把麦面叫做白面、好面。面塑实际是一种用白面做的可食用的馍。在生产力落后的封建社会里，这是劳动人民口粮中最奢侈的食品，只有逢年过节或喜庆的日子，才能吃上好面做的馍馍。于是，人们在制作上下工夫，变换花样，把面食作为最珍贵的礼品。尤其是年三十到正月十五，家家户户都要做些面食，有的做成枣山或各种水果、面花，摆到堂屋的方桌上作为供品或观赏品。有的做许多花馍、寿桃、花糕、大雁、大鱼，作为孝敬老人、走亲访友的礼品。而母亲们也要借此机会为孩子们做许多有趣的小动物作玩具供孩子们食用和玩耍。

民间每种风俗的形成，都有其特定的含义。面塑的形式最早起源于民间的祭祀活动，以面塑动物代替宰真牛、猪、羊等动物作祭礼。其中猪头形面塑，俗称“大供”。另外还有花馍、花果馍、礼馍等。唐人封演的《封氏闻见记》中记载：“玄宗朝，海内殷赡。送葬者当衢设祭，张施帷帐，有假花、假果、粉人、面塑之属。”宋代《东京梦华录》等书中，也详细记载了当时东京汴梁城制作、出售各种面花艺术和民间习俗的情况。明代的《宛署杂记》中，还记录了南阳一带农村，每年的农历正月，为了祈祷来年的粮食丰收，便用面粉做成各种面食，称为“果食”，花样奇巧百端，相互赠送，并将这些面食挂在田间、地头，以犒劳天地之神。在千百年的传承和经营中，民间面塑已和各种风俗时令结合在一起，成为广大群众寄托情感的一种朴实的艺术形式。周口的面塑艺术中最常见的要数面塑玩具与枣花年馍了。

1. 面塑玩具

周口的面塑玩具不同于其他地方捏面人用骨架的做法，而是用普通白面捏塑，先捏后蒸。乡间妇女在蒸面食时，往往顺便做些面鱼、小燕、鸡、狗之类，既可让孩子玩耍，又可食用。在此基础上，逐渐发展成可供欣赏的面塑艺术品。沈丘顾家馍便是周口地区最有名的面塑艺术品了，而且既能玩又能吃。另外还有淮阳的拇指面玩具，只是只能玩，不能吃。

（1）沈丘顾家馍

顾家馍传人在点色
周口市文化局提供

河南沈丘老城的下湾村，坐落在大沙河岸边，有着悠久的制作面塑玩具的历史，家家户户都会捏塑。当地流传着民谣：“喝了下湾的水，人人都会捏个蛤蟆腿”，蛤蟆腿就是用面做的各种小动物，最有名的当属“顾家馍”了。清朝嘉庆年间，下湾村出了个远近闻名的制花馍能手，名叫顾维臣，绰号“顾二别子”，最早以面捏制各种小动物，所做面馍香甜好吃，远近闻名，并代代相传，从不外授，故称“顾家馍”。他创造了特殊的制馍方法。他做的宝葫芦花馍，底部呈S形，像太极图，放一年不裂不霉，再蒸后味美如初。当时沈丘有一位名医王大夫，应召进京为皇帝治病，带了一些顾家的小花馍献给皇上。皇上痊愈后称赞这种小花馍为“宝贝”，由此顾家小花馍成为向宫廷进献的贡品，顾家馍也名声大振。在沈丘任职的官员，也以顾家馍馈赠远方的亲友。有钱人家祝寿、办喜事，也用顾家馍作礼品以示喜庆。老百姓更是把它作为娃娃们的吉祥物，既可以逗娃娃们开心，玩够了还可以吃掉。当年，袁世凯曾拿顾家馍孝敬慈禧太后，深得太后赞赏，故顾家馍又有“贡馍”美称。

沈丘顾家馍
周口市文化局提供

顾家馍工艺考究，做工精良。原为二两重的圆顶形，清末改制成亚腰葫芦状。还做有一种与众不同的桃形馍，小巧如大枣。但更惹人喜爱的，还是那些生动可爱的面塑小动物，它以面粉为主要原料，经防裂抗霉处理，再以手工揉、搓、捏、掀、挑等工序，塑成各种艺术形象，如胖墩墩的小猪娃、小老虎、生动稚气的小马、小象、小兔，小巧灵活的金鱼、鲤鱼、娃娃鱼以及孙悟空、猪八戒，人头鱼身、虎头人身的面人等。捏塑成形便上蒸笼，蒸熟放凉后再蒸一次，等到凉透变硬时，用酒调出桃红、胡黄、蓝黑等食用颜料施以彩绘。着色后的各种小动物，小如拇指，大若拳头，个个滚圆肥胖，轻灵传神、憨态可掬。底部呈阴阳纹理，久存不裂不霉，一经蒸馏，复原如初，味美如新。

顾家馍特点有三：一是题材广泛，造型独特。它取材于民间常见的动物、瓜果、鱼虫以及喜闻乐道的民间传说，并强调表现模拟对象最具代表性的特征，大体形似，注重传神。如极有代表性“母子面猴”，手法十分简练，小猴仰头瞪着两只小圆眼，紧紧依偎着母猴，形象亲切感人；小面虎则充分表现其肥胖、虎头虎脑的笨拙稚气；青蛙仰头高叫，两只大眼睛如同水分充足的玻璃球，后腿圆而有动感，似乎刹那间便要蹦跳起来。顾家馍的彩绘以勾线与着色相结合，很接近河南朱仙镇木版年画的色彩，用白酒融化食用色涂到馍坯上能渗透，使之色彩饱和，经久不退。捏制和勾勒的各类面塑千姿百态，形似神真，呼之欲出。

二是写实与夸张手法并举。顾家馍造型中头和身子比例皆不相称，头占全长三分之二，身体和尾部仅有三分之一，经过艺术处理，总给人以夸张而无不实之感，写实又无造作之态，令人百看不厌，兴趣无穷。正如艺人俗语所说："十斤狮子九斤头，一斤尾巴吊后头。"

三是题材选择上，与人们的日常风俗习惯相关，都带有吉祥和喜庆的色彩。小花馍的品种很多，除十二生肖外，主要有：母子青蛙、母子马等，寓意子孙满堂、延绵不断；猴骑虎、猴骑马等寓意"马上封侯"、升官发财的愿望；还有众多小狗、小兔、小刺猬、小鸡、小鸭、小鹅、小鸟、小鱼等，这都意味着劳动者需要把自己的生活装饰得丰富多彩，要求快乐的精神享受，希望美满生活的吉祥意愿。

沈丘的顾家馍质朴、自然，初看平淡无奇，但内蕴巨大的生命力和中华民族强烈向上的力量，是我国民间文化艺术宝库中一枝绚丽多姿的奇葩。1983 年，顾家馍曾入选"河南民间美术展览"，先后在北京、广州等地巡展。1989 年，在河南省首届艺术节上，顾家馍再次焕发新姿，令国内外民间艺术家赞赏不已。尔后，顾家馍的足迹遍布国内各大城市，也曾走出国门，销往海外。

（2）淮阳拇指面玩具

淮阳县的捏制面塑玩具，因其小如拇指，被称为拇指面玩具。多为动物之类，如小猪、小羊、小狗、小老虎、小鸟等，肥胖滚圆，形象生动，趣味横生。但这些玩具只能玩，不能吃，色彩比较单纯。是太昊陵古庙会上的一种面塑玩具。用发酵白面为原料，仿做成各种鸟、兽造型，蒸熟后彩绘红、黄、绿三色花纹，每个重 3 至 5 克，谒陵游人争相购买留作纪念。

2. 枣花年馍

在豫东民间，每年一进入农历腊月二十，便开始做过年的准备，特别是腊月二十三祭完灶神后，各家各户便忙忙碌碌置办年货。过去豫东曾有这样的过年谣：二十三，祭灶官。二十四，扫房子。二十五，磨豆腐。二十六，去割肉。二十七，杀只鸡。二十八，蒸枣花。二十九，去打酒。年三十儿，捏鼻子儿（饺子）。年初一儿，撅着屁股乱作揖儿。歌谣中的"二十八，蒸枣花"，指的是春节前的蒸枣花年馍的习俗。

枣花年馍是指过年时以面、红枣制作的枣花、枣山、元宝盆等花馍，是过去豫东最常见的面塑艺术品。至今，周口乡间每逢过年，都要蒸制花馍，又叫枣山。枣山作为节日的供品，一般选在腊月二十八、二十九两天蒸制。到了那天，家庭主妇总会事先准备好面头（酵母），和好面，放在一个沙盆里，等它发酵。一切准备妥当，再把面拿到案板上反复揉搓，力道要均匀，不徐不火，然后切下一段，放在掌心，弄成面团，开始做枣馍。

做出的枣馍种类各异，通常有枣花、枣山、枣卷、枣圆等，但最常见的还是枣山和枣花两种。枣花馍的一般做法是将发酵的面粉擀成圆片，切成两个半圆，用筷子把相对的两个半圆从中间一夹，就成为一朵四瓣面花，每个瓣上插上红枣，一个精致的枣花馍就出来了。如果把枣花馍挤成山形，就谓枣山。枣山的做法各地又不尽相同，一般的做法是先将面团擀成一椭圆带山尖（一端宽，一端窄）的面饼，在面饼两端堆叠面搓成的长条，长条常摆成左右对称的如意形，且一般都有用筷子夹出的花纹作装饰，上面摆放梅花、百合、莲等面花，每朵花中间都插上一颗红枣，面饼中间一般以一对或两对用条形面盘成的团花压底，上面对称摆放面做的石榴、寿桃、佛手，或喜鹊、鱼及寿星之类，再在其上遍插红枣。层层叠叠、红白相间，非常好看。枣山工艺可繁可简，体积有大、有小。小的直径半尺左右、二斤、五斤多重；大的重十余斤，直径一尺、二尺有余。

做好枣馍要稍放一会儿，就开水上锅。一般每家至少要蒸一大一小两座枣山（分别用来供天爷和灶爷）。蒸枣山的时候，气氛相当隆重而神秘，如果蒸笼漏了气，家中的任何一位成员都不能大惊小怪，主妇会不声不响地赶紧封严。像“烂了”、“完了”、“不熟”、“黑”、“不暄”等词语，都被视为不吉利，此时是绝对不能说的。

到了腊月三十这天，年“办齐了”，人们便请出神像和祖宗牌位，把枣山年馍和其他供品恭恭敬敬摆上供桌。供品的数量和品种没有严格规定，但枣山年馍却不能缺少。枣山年馍要一直供到农历正月十五。

在周口地区，枣山年馍除了祭祖之外，还可以当作节日礼品，它和枣花馍一样，都是外祖母给外孙准备的特殊礼物。民间有俗语说：“外孙要想暄，姥家去搬山。”农历正月初二，是民间传统的拜年节，凡出嫁的闺女都要带上儿女回娘家探望老人。返回的时候，外祖母要送给外孙一个枣山馍，送给外孙女一个枣花馍，这叫“抱枣花”。第一是表达外祖母的愿望，希望外孙家快快富裕起来。二是孩子母亲希望孩子抱了娘家的枣馍后，会像枣山枣花一样健壮、美丽。

（七）布制品

1. 布老虎

在太昊陵，每年农历二月初二至三月初三的古庙会上，除了泥泥狗外，随处可以看到的，就是琳琅满目的布老虎了。这些布老虎形态各异，大小不一，有单头虎、双头虎、直卧虎、侧卧虎、玩具虎、针头虎等种类。它们造型夸张浪漫，形象逼真，或天真活泼、稚气可爱，或肃穆威严、威猛劲健。大者长 30 厘米左右，小者 10 厘米上下。民间传说儿童抱玩布老虎，可“消灾驱邪”。太昊陵庙会上游客竞相购买。

淮阳布老虎　孟绘霞摄

布老虎的形制较为简单，一般将白色棉布染成土黄色，里面充填锯末、草糠，先缝制成其外形，墨绘虎斑及口、目，然后用艳丽的颜料勾绘花纹。一般在布老虎额上勾绘“王”字，在身体上勾绘“福”或“虎保平安字”等字眼及花卉、鸟、鹿等纹饰，并书写“太昊陵”三字。布老虎整个外形滚圆、四肢短小、突出虎头，虎头眼睛圆睁，龇牙咧嘴，面目或狰狞、或温驯，形象夸张，神态生动。如今，县城北大关居民每年春节过后便投入布老虎生产。这种雅俗并存的民间艺术品，是民间艺人勤劳智慧的结晶。淮阳民间艺人把现实中的虎和幻想中理想化的虎交融在一起，使之具有人的性格，满含人的感情，因此才显得格外生动迷人、富于魅力。

据当地艺人讲，淮阳之所以广泛流传布老虎且久而不衰，源于一个美妙的传说。相传，在上古时代，人间只有伏羲、女娲二人，为繁衍人类，就各自去寻找配偶，因遍寻无人，便以滚磨为媒。伏羲羞于见妹，便扮成老虎，以草帽遮面与其妹成亲，使华夏民族延续下来。所以，布老虎不是普通意义上的装饰品和玩具，它反映了华夏子孙对人祖伏羲、女娲的怀念与敬仰，是早期人类繁衍崇拜的物化和象征。

淮阳布老虎　孟绘霞摄

在民俗文化的意义上，淮阳布老虎反映的则是该地先民的虎图腾崇拜现象。有研究者认为，我国的“虎崇拜”历史比龙崇拜的历史更为悠久。老虎几乎同时和人类出现在地球上，人们在原始社会的狩猎生活中逐步认识到了老虎的威猛，并由此演变成为一种图腾崇拜。而龙则是在原始社会末期，各个部族之间的战争合并以后的结果。根据神话传说和历史文献记载，伏羲氏及楚的部族都有以老虎作为图腾崇拜物的说法。如今，淮阳县及淮阳县周边地区，以虎为题材的民俗比比皆是，比如民间为幼儿缝制的虎头鞋、虎头帽，或请画工绘制上山虎、下山虎悬挂于婴幼儿的床头，再如小儿吵闹，以“老虎来了”对之恐吓。通过以上民俗现象可知，在淮阳地方的民俗中，民间对老虎的认识是较为复杂的，一方面体现出认知心理上的敬畏情绪，另一方面是在寻求保护意义上的辟邪。淮阳布老虎表现的这种主体认知心理的矛盾性，反映了陈州先民生活的阶级局限性和历史局限性，也反映了陈州先民信仰多元的特点，它符合楚人原始宗教中这种泛神论倾向，也符合《汉书·地理志》中“楚人信巫鬼，重淫祀”的记载。每年阴历的二月二到三月三，布老虎仍然是陈州庙会上的一道风景，当地商家均以“辟邪”为由，劝说香客购买用以保存或送人。

2. 虎头鞋帽

在豫东农村，大概20世纪80年代以前出生的人都曾经穿过虎头鞋，戴过虎头帽。然而随着现代文明带来的冲击，它和其他民族民间文化遗产一样，也面临着日渐消亡的境地。如今已渐渐淡出人们的生活，越来越多地向一种工艺品发展，成为人们心中的永远的纪念。“虎头鞋”、“虎头帽”如淮阳布老虎一样，是古代崇虎风习的遗存。虎是中国文化传统的一个极其重要的组成部分，人们在原始社会的狩猎生活中逐步认识到了老虎的威猛，并由此演变成为一种图腾崇拜。因而，在早期的中国，老虎是主要的动物神灵，人们认为它能驱除旱灾，长期以来，它一直被当作是权力和力量的象征，为人们所敬畏。虎是森林之王，是一种极具阳刚之气的动物，它具备勇敢与威严，传说它能够驱除一切邪恶。据说中国的“王”字就是因了老虎而来的。在中国民间传说中，人们相信虎是极其有力的动物，它们能驱除家庭的三大灾难：火灾、失窃和邪恶。虎画经常被挂在墙上并正对着大门以使恶魔因害怕而不敢进入。因而，过去中国的儿童大都戴着虎头帽，穿着虎头鞋，睡着虎头枕以驱邪、避灾。

（1）虎头鞋

虎头鞋也叫猫头鞋，是一种中国民间传统手工艺制作的童鞋，因其外观造型似猫又似虎而得名。周口民间有说法，穿虎头鞋可以辟邪，幼童一

虎头鞋

太康码头镇　孟绘霞摄

岁到三岁时，长辈们会给孩子穿虎头鞋，人们认为虎是百兽之王，穿上虎头鞋可以辟邪恶、保平安，护佑孩子健康成长。不仅如此，虎头鞋鞋底宽大，不仅穿着舒适，还便于孩子练习走路，所以农村的孩子们都要穿着它迈出人生的第一步。它承载着童年美好的记忆，寄托着长辈对晚辈的期望和祝福。

周口地区的虎头鞋多以喜庆的红、黄为主，一般鞋身多为红色，鞋头则多用黄、白、粉、绿、蓝、黑等七彩的丝线刺绣。在虎嘴、眉毛、鼻、眼等处常采用粗线条勾勒，夸张地表现虎的威猛。民间制作此鞋时，还常用兔毛将鞋口、虎耳、虎眼等镶边，红、黄、白间杂，轮廓清晰。孩子穿在脚上，兔毛随风飘动，虎头也有了动感。虎头鞋鞋底肥大，插空纳上九个菱形破花，九个破花称为九颗圆子，意为“九子十成”。

一双地道标准的虎头鞋必须全部用手工缝制。从打袼褙、纳鞋底、做鞋帮、绣虎脸、掩鞋口，直到把鞋帮和鞋底缝到一起，一双虎头鞋算是基本竣工了，但还要经过一番装饰，等扎上虎须，缝上带子之后，才算大功告成。

① 打袼褙

第一道工序是打袼褙。这袼褙是做虎头鞋必备的一种原材料，鞋底和鞋帮都是用它做成的，而这袼褙却没有现成的可买，都是妇女们自己做的。首先在桌子或茶几上摆一块木板，木板要求平整、无裂缝，然后在木板上铺一层纸，再把一层层碎布用面粉做的糨糊粘在一起，碎布贴得要平整，否则做出来的鞋底或鞋帮会凹凸不平，孩子穿着也不舒服。将贴好的碎布放在通风处晾干，揭下来就成了袼褙。过去在没有纸和碎布的情况下，也有用麻丝与面糊做成的袼褙。

②纳鞋底

纳鞋底也是一项非常专业的细致活。是个力气活，也是个“巧活”。它包括很多道工序。

剪样　首先用鞋底样做模，剪下做鞋底要用的袼褙，一般一只鞋底用3－4层，那么做一双虎头鞋就要连续剪6－8片袼褙。然后分别把两只鞋底的袼褙叠在一起，用粗麻绳简单地缝一下，这就是鞋底的雏形了。

包边、铺底　包边、铺底都是对鞋底的美化处理，包边所用的布条宽度大约有2厘米，颜色较淡，多为浅色的小方格布料。剪布条时要格外注意，不要顺着布料的纹理剪，而是要与布纹成45度角，斜着剪，否则布条较窄，容易脱线。包边时要顺着鞋底的走向、均匀而平滑地将布条包在鞋底四周，两侧布条所留宽窄一致，才算是功夫到家了。

铺底就是在做底的一面先铺上两层碎布，再铺一层纯色的软布，这样纳出的鞋底饱满有力、美观大方。铺的最后一层软布，应略大于鞋底，缝制时要将布边向里折进去，使它又略小于鞋底，然后再用细小而匀实的针脚将其缝住。

纳鞋底　做好了上述准备工作之后，就开始纳鞋底了。别看鞋底被踩在脚下，只有走路抬脚的那一瞬间，才能露一下脸，可这鞋底的线花却大有讲究。线要选择与鞋底颜色反差明显、但还要搭配协调的彩线，彩线一般是由多股细线拧在一起的粗线。由于鞋底比较厚，纳鞋底时还时常会用到针锥，针锥扎孔，大针引线，拉线、紧绳一气呵成。线花还可以纳出各种形状，有斜排列、十字花、席纹以及方胜、回纹（富贵不断头）、寿字等以及能够想象出的各种图案。心思精巧的妇女，总会纳出与众不同、惹人羡慕的线花来。

③ 做鞋帮

第三道工序是做鞋帮，鞋帮同样是用袼褙做成的。用鞋帮样儿做模在袼褙上剪出鞋帮的大概形状，一只鞋帮是由这样大小、形状完全相同的两块袼褙缝制而成的，所以我们要剪四块做鞋帮的袼褙。剪下后简单地与样子缝到一起，再进行仔细的裁剪，去掉多余部分。注意鞋帮的后部和前部要多留一些，大约宽于样子0.5厘米，以便最后缝合。现在正在剪的这个豁口就是前边虎脸部分与后边鞋帮的分界线，缝制起来以后，这两小块就组成了虎脸。

然后再比着样子剪下做鞋帮的面儿和里子。鞋帮面儿多为绸缎，或红或绿，颜色鲜艳；鞋帮里子则选择棉布，柔软舒适，颜色淡雅。将剪好的面儿和里子用糨糊粘到袼褙上，位置要对准，粘得要平整，鞋帮面可以只裁剪后半部分，前半部分可以不贴，因为这部分将来要上虎脸。贴好晾干后将整个鞋帮裁剪整齐。

④ 绣虎脸

虎脸也有祖辈传下来的脸样，心灵手巧的妇女们早已将它们熟背于心，随便信手剪来就是一个生动的造型。将剪好的样子放在用来绣制虎脸的黑布上，用笔描出形状。脸部花形，可用手工刺绣，也可用缝纫机刺绣，现在人们大多采用缝纫机绣虎脸，但无论怎么做，都离不开妇女们精巧的设计和全心的投入。

绣虎脸先从虎鼻子开始绣起，而后是眉毛、眼睛、嘴巴、牙齿，还有那个大大的“王”字，不一会就在姑娘们的手下显现出来了。最后还要用金色的丝线勾一下边，这样整个虎脸就更漂亮了。虎脸是整个虎头鞋最能出彩的地方，几缕彩色的丝线转眼间就变成了一张生气勃勃的虎脸，雪白的寿桃鼻，黑洞洞的老虎眼，粉嘟嘟的莲花脸，真让人爱不释手。随着岁月的变迁和流传地域的变化，脸部造型变得丰富多彩，有母子虎、麒麟虎、王字虎、雀虎双喜等等，还在虎脸上加了许多其他的小动物，如蝴蝶、蜻蜓、喜鹊等等，花样繁多，全在个人眼光和喜好。

剪下绣好的虎脸，剪成与鞋帮前半部分相同的形状，尔后结合包边把虎脸上到鞋帮上。包虎脸所用的布条与包鞋底的要求基本相同，可再窄一些。将虎脸放于鞋帮前部即上虎脸处，而后把包边布条放于虎脸的上方，对齐边沿，将三者缝在一起。缝制时沿着虎脸的走向、顺序将其缝起，包括两只虎耳朵。然后将布条翻下去，再缝一次，这次针不要扎在布条上，而是细致地扎在绣虎脸的黑布上，这样从正面看上去是看不到针脚的，这虎头鞋也才算做得精致、地道。

上好虎脸后还有一道工序就是掩鞋口。掩鞋口其实就是把鞋帮上留作鞋口的地方，也用同样的方法进行包边处理，使鞋看起来整洁、美观、大方。这样整个鞋帮部分就算是准备好了。

⑤上鞋帮

待鞋底和鞋帮全都准备齐全之后，就要把它们缝到一起了，也就是上鞋帮。先把鞋帮前端虎脸处对折，缝合。再把留作虎脸的部分紧贴着缝到鞋帮的前端。

上鞋帮时，先从前端虎脸处开始，针脚扎得要匀，线绳拽得要紧。还可以将鞋帮的底边向里折一小溜，以方便扎孔。上鞋帮需要针锥、麻绳和大针相互配合，同纳鞋底一样，针锥扎孔，大针引线，拉线、紧绳一气呵成。在两侧都上到中间时，将鞋帮后部比量合适后缝起来，再继续上完鞋帮。

⑥ 扎虎须

虎须是用彩色毛线做成的。首先选择与虎头鞋颜色协调的毛线，取大约有六七根的一小绺，在手指上绕几圈，剪断后扎在虎嘴的两侧，并修整成绒球状。霎时间，这虎头鞋就又多了些灵气。待孩子穿上这虎头鞋，走起路来，这两个绒球做的虎须上下颤动，十分惹人喜爱。

虎头鞋做好后，别忘了送鞋还有许多讲究，送双不送单，六双、八双、十二双，多多益善，姥姥做好的鞋还不能缝带子，鞋带应该让奶奶缝上，据说，这样会使娃娃富贵双全。

（2）虎头帽

在过去豫东流传着这样一种习俗：婴儿过满月的时候，必须由姥姥、舅舅家或者姑姑家给小孩送上一顶虎头帽，表达长辈对孩子健康成长的祝福。虎头帽是一种民间插花、刺绣手工制作的工艺用品。与虎头鞋一样，是专门给小孩用的，也是古代虎崇拜的遗存。在20世纪80年代以前的周口地区，虎头帽只不过是寻常之物，但在现代人的眼中则是一件异常漂亮的艺术品了。可惜，这种艺术品却在渐渐地淡出人们的视野，几乎成为一种绝唱。

虎头帽　鹿邑枣集

鹿邑文化局李卫华提供　孟绘霞摄

周口地区的“虎头帽”一般用红绒布做底，上面用七彩丝线及黄、白、黑等各色碎布刺绣、拼贴虎眼、虎鼻及各种吉祥图案等等。帽子的造型种类很多，一般分为单面虎、双面虎、狮虎合身等等。虎头帽的制作工序非常繁琐复杂，目前，只有少数上年纪的老人会做。做一顶完整的虎头帽，最少也需要五六天时间，要经过剪、贴、插、刺、缝等几十道工序才能完成。一顶虎头帽两侧、后面均可以刺绣上各种艺术表现力和想象力非常丰富的图案。比如凌空飞翔的凤凰，争奇斗妍的梅花、荷花，生动真实的喜鹊、水鸟、燕子、蝴蝶、花瓶等，各种花鸟草虫看上去栩栩如生，形象生动，表现出农村女性美好的情趣和智慧。

据考古资料和一些专家的研究，虎头帽出现在我国北朝晚期，在这一时期开凿的新疆克孜尔石窟175窟及天水麦积山石窟中均有头戴虎头头盔的天王出现。隋唐时期世俗墓葬中也有戴虎头帽的武士俑。而在盛唐时期，在童子襁褓俑中也出现了虎头帽饰，西安韩森寨唐墓出土的虎头帽婴儿俑，是迄今所见婴孩头戴虎头帽中最早的实物例证，有学者认为，唐代的儿童虎头帽很可能就是摹仿了佛教天王的服饰。这种想法实际很容易理解，佛教在唐代社会各阶层被广泛笃信，唐人仿照天王帽饰缝制出儿童的虎头帽，期望用驱邪镇恶的天王佑护儿童健康成长。

我国早期虎头帽与佛教护法神联系在一起，而天王形象则是外来文化与华夏文化长期融合的产物。佛教造像艺术传播自犍陀罗艺术。再向上追寻，这些头顶狮皮的形象实际上与古希腊神话中大力神赫拉克勒斯有关，传说他是主神宙斯所生之子，天生神力，在摇篮中就扼死了被心怀嫉妒的天后放入谋害他的两条大蛇，在长大后，赫拉克勒斯力大无比，一共完成了十二件困难的任务。其中第一件任务就是用大木棒消灭尼密阿峡谷中的食人巨狮，他打死了巨狮，用狮皮制成了头盔，传说狮皮能抵抗任何铁器和石块的进攻，在古希腊的彩绘陶瓶上可见到他身缠狮皮，手持大木棒作战的场面。马其顿的亚历山大大帝就宣称自己是这位大力神的后代，他常身披狮皮装扮成赫拉克勒斯，在公元前4世纪就存在这样的雕像。罗马人继承了某些希腊文化和传统，将其带到了中亚，最终被佛教艺术吸收。

在东西文化的交融中，希腊大力神的形象逐渐有了变化，大木棒换成了南亚次大陆流行的兵器金刚杵，象征着无坚不摧，尼密阿狮皮和狮头帽与中国民间广泛的虎崇拜融合，逐渐演变成了虎头帽，大约是由于狮子在我国古代被视为瑞兽和佛的象征，佛经记载佛陀诞生后“先作狮子吼”，打死狮子并剥皮制帽有不尊重的嫌疑，因此换成近似模样的虎头才更符合中原的传统。

（八）纸扎

1. 周口地区纸扎工艺的源流

纸扎是将扎制、贴糊、剪纸、泥塑、彩绘等技艺融为一体的民间艺术。最初起源于古代民间宗教祀祭活动，以后逐渐成为庆祝节日的一种装饰艺术，明清时遍及城乡。纸扎，在民间有很多不同的称谓，如扎作、糊纸、扎纸活、扎罩子、彩糊等。广义的纸扎包括彩门、灵棚、戏台、店铺门面装潢、匾额及扎作人物、纸马、戏文、舞具、风筝、灯彩等。狭义的纸扎指的是丧俗纸扎，主要指用于祭祀及丧俗活动中所扎制的纸人、纸马、摇钱树、金山银山、牌坊、门楼、宅院、家禽等焚烧的纸品。

太康纸扎

太康码头吴培忠扎制　孟绘霞摄

供奉纸扎与民间的祭祀活动密切相关，其形成是原始社会以来墓葬殉葬俑的发展和演变的结果，用丧俗艺术形式来悼念死者，对世人来说能起到安慰和调节伤感的作用。奴隶社会，贵族死后盛行以活人殉葬。到春秋战国时期，人们意识到这种行为过于残酷而逐渐被废除。从历史文献记载来看，最早的俑，可能是用茅草扎成的草人，孔子称之为“束草为人形”的“刍灵”。后来又发展为用木偶人陪葬，古代统称为“明器”。秦汉以后，由于制陶业的发展及普及，陶制俑又逐渐代替了牛、羊殉葬品及木俑。唐宋之际，丧俗文化融入外来文化的因素，灵魂

太康纸扎
太康码头吴培忠扎制　孟绘霞摄

升天的“生命二元论”信仰更加普遍，与之相关的丧葬及祭祀用品也出现了新的形式。造纸术发明并成熟以后，纸被运用到人们生活的各个方面。到北宋时期，烧纸俑、纸马开始盛行，纸扎成为宋代以来丧葬习俗艺术的主要类型之一，遍及我国各民族。纸材料的诞生和普及是纸扎艺术发展的首要条件。随着宋代手工业和商业的繁荣发展，丧俗纸扎形成一个专门行业，京城有专门经营纸扎的“纸马店”。明清之际，纸扎成为丧俗和鬼节的主要用品。从一些地方志记载来看，明清纸扎工艺之精湛远远超过宋元，应用也更广泛，成为当时各个阶层丧俗和祭祀活动的主要用品。周口地区的纸扎艺术兴盛时期在明清至20世纪初，建国后，在大跃进、十年动乱中销声匿迹。其后，随着改革开放、弘扬民族文化、挖掘民间传统艺术的呼声，纸扎艺术有所复活。然而，由于种种原因，加上一代老艺人相继去世，最古老的大型高超的纸扎工艺品（民间称为全事活）如今已濒临绝迹了。

2. 周口地区纸扎的制作

在周口地区，丧俗纸扎的种类不外乎以下四类：一是神像，如入葬时焚于陵墓前的大件扎制品；二是人像，包括童男童女、戏曲人物、侍者等；三是建筑，如灵房、门楼、牌坊、车轿等；四是明器，包括饮食器皿、供品和吉祥用品以及瑞兽类。其制作工艺如下：

（1）制作工具

纸扎艺术以剪、捏、扎为主，其主要工具有剪子、钳子、锥子、尺子、锯板、画笔、颜料、木槌等。

剪子：用作裁纸裁布，裁剪线头，一般家用剪子即可。

钳子：用来捏铁丝圈、钩，以尖嘴小型较好。

刀片：用作裁纸片、削竹料、破竹批等，大多用旧镰刀改制而成。

锥子：作扎眼、钻孔用，有大小几种。

尺子：有丈量尺寸的量尺和规格式的介尺，量尺一般有一尺长和三尺长的，介尺是三尺半与五尺的两种。

木槌：是用来捣制料泥的锤子，重二三斤，柄与头是一体的。

画笔、颜料：用水彩画的材料即可。

另外，还有做花样用的锯板、刀具等，它们在布料彩扎中很少用上。有了这些制作工具，艺人便可准备纸料，进行制作了。

（2）制作材料

纸扎的制作材料主要有以下几种：

太康纸扎中的戏曲人物

吴培忠作　孟绘霞摄

构皮泥：找来上好的湿胶泥，洒少量水塘着，同时把构树皮沤在水中，等到构皮泡泛后，捞出捣碎，掺到胶泥中，到用时仔细用木槌捣匀。这种料泥在制作纸扎品中捏头和足，结实、不易裂，现在也有用桑皮纸或棉絮代替构皮的。

麦秆：用作捆绑身腿的材料。

竹片、铁丝：竹片用作背护旗的旗杆、上肢和胳膊等，后来胳膊都由细铁丝代替。

布：各色布类，用来作内衣、外衣、背护旗旗面等。

纸：五色纸、加花纸、行连纸、丈连纸、竹纸、白棉纸、草纸等，它们分别用作包内身，糊纸里，结纸，做外套等。

丝：做缨子、穗子用。

发：做胡子。

麻：扎架子、捆绑身子等。

（3）制作过程

备好制作工具和制作材料后，即可动手作纸扎形象了。

纸扎制作全靠纸、竹或秸秆糊扎在一起，制作出各样形状，这种以纸扎为主的活称为纸活，大都用在丧事或还愿上。也有一些有着保存价值的纸扎品。为了能存放长久，制作中以布代纸，这种纸扎制作称为布活，制作程序较纸活繁杂一些，这里就以布料彩扎人物为例，代以试述。

制作时一般先捏头。一件艺术品的成败，往往与其面部有着很大关系。

纸扎艺人吴培忠在给纸人装脸　孟绘霞摄

艺术人物的喜怒哀乐，都于面部得以体现，所以捏好头部是一个关键。制作时，艺人根据自己的艺术造诣及审美观点把握人物艺术形象及性格特征，塑造出脸部轮廓及五官，等候着色、刻画脸谱。

头部捏制好后，先放一旁晾晒，等干后才能着色。这时制作转到捆身子上，捆身子又叫扎身子，捆扎时，艺术人物的姿势、动态，或走或站，或打或闹，或蹲或跳，都要在这层工序中确定、完成。纸扎艺术人物的上肢是活动的，原来常用细竹批安装成手臂，现在多采用细铁丝代替。捆绑上肢时，先将细竹批或细铁丝的一端固定在体内，达到抽摆不动为宜，另一端用细竹批或细铁丝抽出五指，以便装扎完毕后，手拿刀枪武器或其他物件，而后根据艺术人物动作的需要，固定人物的架势。扎捆的下肢是固定的，艺术人物的一招一式，一举一动的表现，只靠上肢是难以完成的，下肢的架势起着重要的补充说明作用。在固定下肢时，是文是武，是坤是旦，是丑是俊，是胖是瘦，都要显示出不同姿态，与脸部及上肢手势结合起来，才能扎成一个栩栩动人的艺术人物来。

身子捆扎好后，紧接着是给下肢装脚，布料纸扎的脚也是构皮泥捏制而成的。根据不同人物的要求，纸扎艺人做的靴有武装战靴、文生公子鞋和“小金莲”等。

总的说来，不论是纸扎品的头、身体还是腿脚与上肢，都必须根据人物不同的身份、特征来塑造，虽没有一个统一的模式，也不能随便披几件衣甲。

捆扎好身子后，再往下就是开脸和着装了。

纸扎品开脸，先用麻刷将头部毛坯刷打光滑。然后上底粉、打底色、绘制脸谱。纸扎人的脸谱与流行在戏剧舞台上的脸谱一样。生脸是白色打底，一字眉，自眉下深红渐弱，自脸蛋儿以下消失，着色程度讲究以色相压，先白后红再黑。旦角粉底较浓，朱红重点，在脸蛋儿向外扩散，画柳叶眉，点樱桃口。丑角在鼻凹画豆腐干，造型有桃形、三角形、金线形等。花脸画法多以不同颜色代表人物性格，白色用于扮俊者为俏，大花为奸，黑用于莽撞刚直，金色多用于神仙、天将，红色是忠、勇的象征，如关公、赵匡胤等戏剧人物。

与开脸同时进行的是着装，给纸扎品毛件穿衣时，先用草纸将毛件裹紧，后穿内衣。内衣一般用次平布作，多用白色，也用蓝色、褐色等。穿好内衣，再穿外套服装，这里的外套与戏剧人物相同，该穿靠穿靠，该穿蟒穿蟒，不能与戏剧人物有异。要使艺术品形象生动，就必须掌握人物的衣着、脸谱、动作等，做到心中有数，才能制作出好的作品来。另外，纸扎品大多需顶冠戴帽，这冠帽是根据不同人物而定，叫作看人穿衣，随人戴帽。最后因人定型，安装小件物什，并将头与身子固定一起，就算完成了一件纸扎艺术品了。

纸扎艺术品集扎制、贴糊、剪纸、泥塑、彩绘、雕刻于一体，因而，民间的纸扎艺人往往是多才多艺、样样精通的多面手。而今，在周口地区最有名望的要数太康马头镇的吴培忠和西化逍遥镇的汪彦山两位老人了。二人的彩扎艺术皆质朴绚丽、栩栩如生。亭台楼阁、房屋院落、骡马车辆、戏剧人物、童子、家仆、禽鸟、家畜绚丽多彩、熠熠生辉，可谓民间艺术中的瑰丽之花。

在长期与自然的抗争中，人类创造了一种能安慰悲伤、调解消极感情的方式，即用祭祀来供奉先人，用丧俗形式来悼念死者。近代民间，“喜丧”的形式较流行，这是人们对丧事处理的又一新的样式，它不像以往的只是单纯信仰鬼魂，而更多注重人生观念和情感表达。人们认为在殡尸期间，对于刚离开人世的亲人应给予一种慰藉。一切哭丧、吊孝、祭祀、守灵、送纸钱、烧纸马等都不外乎是为取悦于鬼魂而安慰亲属的具体做法。古老的纸扎艺术饱含着人类最朴素、最纯真的感情色彩，祭祀更体现出深厚的人情味，它昭示出人类风俗人情的演变、发展，是生存在民间社会的“活化石”。

任何事物的发展都顺应时代而变化。如今，随着纸扎使用价值和应用范围演变、扩展，周口地区的纸扎艺术借鉴吸取了庆典布展、广告装饰、游艺玩具的制作方式，采用木料框架结构、塑料泡沫造型，以及声光电动等现代科技手段，在节日庆典、商业活动及民俗展演上逐渐突破了原有模式，获得新的发展。

（九）木雕

木雕是指以木为雕刻材料进行创作的民间美术品种。一般选用质地细密坚韧、不易变形的树种，如楠木、紫檀、樟木、柏木、银杏、沉香、红木、黄杨木等。有的还涂色施彩用以美化和保护作品。从功能上来看，木雕大体

周口关帝庙梁枋雕刻
木雕　杨峰摄

有建筑装饰、居室家具、生产生活用具、巫术或戏曲面具、木偶等。它们不仅有各种不同的实用价值，而且也具有不同的审美形式。

据考证，目前中国发现最早的木雕实物是浙江余姚河姆渡遗址中出土的一件木雕鱼，距今约7000多年。这件木雕鱼长11厘米，高3.5厘米，造型简洁质朴；除去有眼睛和腮的形象，周身还布满了清晰的大小阴刻圆涡纹，生动地表现出鱼鳞和水珠的特征。其后不断发展，至战国和汉代木雕工艺已日趋成熟，出现了大量木雕俑和动物雕刻，唐宋以人物、仙佛、鸟兽等木雕为主。明清时代小型木雕摆件、建筑木雕装饰和木雕日用器物大为发展。周口地区有代表性的木雕多集中在明清建筑遗存中，另外，太康的布袋木偶也是该地有代表性的木雕艺术品。

1. 关帝庙的建筑木雕

周口关帝庙不仅是一座集中国古代南北建筑风格于一体的雄伟建筑群，而且也是一件人文艺术造诣精湛、具有艺术整体美和强大震撼力的民间艺术瑰宝。其艺术表现范围广阔，风格独具，是清代商贾经营文化（或叫清商文化）精神风貌在民族民间遗产中的具体体现。它的建筑设计和装饰风格，处处蕴涵当时深入商人意识的儒、佛、道紧密结合的经营哲理、处世观念。以敬关公为主旨，把山陕商人通过敬神、拜佛、崇儒的求上、求财、求福、求禄的经商理念，融于建筑的方方面面，表达出他们崇尚信义、向往美好生活的愿望。周口关帝庙的建筑木雕是周口关帝庙最具艺术价值的传统语汇之一，它与周口关帝庙中的石雕、砖雕一起营建出辉煌的文化、艺术氛围。周口关帝庙的建筑木雕作为中国传统木雕发展到顶峰时期保留下来的遗存，体现出中国传统建筑技术与装饰艺术的完美融合，不仅具有严谨的理性品格，而且洋溢着美轮美奂、尽善尽美的艺术品性。

中国的建筑木雕源于何时，而今尚无定论。据目前考古史料表明，建筑木雕装饰在3000年前的殷商时代就已出现。在西周初年的原始建筑遗址中，发现过檐下椽木等多处采用蚌雕、玉雕、骨雕等装饰的遗迹。史料记载，战国时期的建筑就有“丹楹刻桷”的常规做法，可见其历史之久远。宋代《营造法式》中记载了关于建筑木雕的详细做法和图样，说明在五代两宋时期，建筑木雕的发展已相当成熟。至明清两代，木雕技艺相当高超，建筑木雕向立体化方向发展。周口地区现存最具代表性的就是关帝庙中的明清建筑木雕了，其梁柱、斗拱、门楣、飞檐、雀替、隔扇、花罩、挂络、窗格、栏杆等，木雕彩画，琳琅满目，皆精美、富丽，显示出当时木雕艺术发展的高超水平，有很高的艺术价值。

周口关帝庙雀替雕刻

木雕　杨峰摄

中国传统建筑木雕的内容一般分为三大部分，即梁架雕刻、檐下雕刻、门窗雕刻。梁架雕刻主要包括梁、瓜柱、柁墩、藻井、天花等；檐下雕刻主要有斗拱、额枋、花板、雀替、撑拱、挂落、垂花、柱花牙子、栏杆、匾额等；门窗雕刻则指门头、门罩、门、窗等的雕刻。

周口关帝庙瓜柱雕刻

木雕　杨峰摄

周口关帝庙梁部装饰彩绘为主，雕绘结合，上下三柁梁，梁柱两端雕绘卷云柱头，柱身彩绘蟠龙祥云，设色沥金，富丽堂皇。卷草型柁敦，垂柱柱身雕有花、草、果实之类，柱头多雕刻成桃形或怒放的牡丹，其色彩虽大多已剥蚀，但仍然可见出当年的华美、富丽。

周口关帝庙木雕最精彩的地方主要集中在檐下，其中，飨殿、大殿及其两端的河伯殿、炎帝殿，其后的戏楼，后院的拜殿和春秋阁都有精美的檐下雕刻。斗拱位于柱顶、额枋、屋顶之间，是传统建筑中以榫卯结构交错叠加而成的承托构件，它是体现中国传统建筑风格的主要形式因素。斗拱由斗、拱、昂等构件组成。其中斗是上部凿有槽口的斗形木块，拱是安置在斗面十字斗口内的曲形短木。在不同的斗拱中，每一种拱的尺寸、形状也不尽相同。昂是由商周大叉手屋架演变而来的斗拱构件，具有杠杆作用。明清时期，昂逐渐演变成一种纯装饰构件，由大变小，由长变短，由雄壮变得秀丽细长，由简单变得繁密；并且借助半圆雕、镂雕以及彩绘装饰，变化为龙头、凤首、象鼻等形象。一组斗拱称为攒，一攒斗拱，通常由几十个甚至上百个构件组成，纵横交错，层层叠叠，构成了中国传统建筑的奇观。周口关帝庙檐下皆有五踩斗拱，昂饰龙、凤、猴、象等，雕刻精细，彩绘艳丽，精致美观。

檐下与立柱相联系的构件还有很多，如栏杆、挂落、花罩、雀替、撑拱等，栏杆，宋代称勾栏或钩阑，起到维护拦挡的作

凤穿牡丹　周口关帝庙檐下雕刻（局部）
木雕　杨峰摄

二龙戏珠　周口关帝庙檐下雕刻（局部）
木雕　杨峰摄

福禄博古　周口关帝庙檐下雕刻（局部）
木雕　杨峰摄

用，是一种有实用功能的构件。周口关帝庙的栏杆多为棂条花格，主要有拐子龙纹、万字纹、亚子纹、井字纹、盘长等造型，通透、灵巧、美观。

挂落，又称楣子或倒挂楣子，是装置于檐枋下廊柱之间的木制花格。挂落由边框、棂条以及花牙子等构件组成，边框棂条尺寸根据具体环境而定。挂落棂心样式多种多样，主要有套方、万川等。花牙子安装在挂落底边两角，常采用镂空雕，纹饰有草龙草凤、花鸟等。周口关帝庙飨殿正面檐下的楣子透雕“八仙庆寿”、“龙凤呈祥”等神话传说故事，刀法细腻，层次分明。大殿、河伯殿、炎帝殿的“二龙戏珠”、“凤穿牡丹”线条圆润、流畅，形象细腻、生动，既有北方的朴厚，又有南方的灵秀。戏楼平板枋下银蓝底金字“声振灵霄”匾，匾下精雕龙凤牡丹及戏剧人物故事以及拜殿檐下透雕的“二龙戏珠”、“凤凰牡丹”、“福禄博古”等，皆构图巧妙，刀法娴熟。春秋阁正檐下透雕“二龙戏珠”、“凤凰牡丹”，刀法秀美，玲珑剔透。

周口关帝庙的木雕图案以动物、植物为主，也有人物、器物和几何纹样等。动物图案中有禽鸟、瑞兽、鱼虫等，以龙凤为多。大殿檐下的“二龙戏珠”，浪涛中翻腾出巨龙，气势磅礴，出神入化，是周口关帝庙木雕艺术中的精品。植物图案有花卉瓜果，其中以牡丹、莲、梅、兰、竹居多。比如拜殿“牛腿”、“富贵牡丹”融合了圆雕、镂雕、浮雕等多种技法，让人叹为观止，被称作周口关帝庙的镇馆之宝。在中国传统的民间艺术题材中，任何形象都富有吉祥寓意，“图必有意，意必吉祥”成为中国传统木雕的极富色彩的特征。周口关帝庙的木雕作为周口地区民间艺术的代表遗存，是极具吉祥寓意的象征艺术，个中蕴蓄着丰富的文化内涵，充分表现了明清时期人们的愿望、追求、寄托和向往。

2. **布袋木偶**

中国木偶艺术，古称“傀儡”，最初可能用于祭祀，后来发展到戏剧表演，称为木偶戏或傀儡戏。中国的木偶艺术源于汉，兴于唐。明清时，民间木偶戏遍地开花，与民风习俗、宗教信仰联系更加紧密。各个地方的木偶戏均因地制宜，借鉴本地戏曲内容与形式，形成风格迥异的地方流派。木偶艺术品类繁多，从历史记载和现存情况看主要有四种：提线木偶、杖头木偶、铁肢木偶和布袋木偶。周口地区现存最有代表性的木偶艺术当属太康布袋木偶了。

太康布袋木偶戏，又叫独台戏、走偶、扁担戏。这些称呼是根据布袋布偶戏的不同特征而来的。和其他木偶所不同的是，布袋木偶的头部是用木头雕刻成的，施以彩绘，躯干形似布袋，上口接木偶头，左右上角连接木偶双手，布袋前片下端连接双腿。衣服大多仿戏剧服装。传统布袋木偶高约1尺，

布袋木偶的戏楼舞台
太康吴培忠制　孟绘霞摄

制作精美，其人物形象既有传统戏剧中的知名角色及生、旦、净、末、丑多种行当，又有仙道佛释、天神魔怪等形象，个个面目不同，性格各异，生动传神。它不仅是布袋木偶戏的演出道具，更是一种极好的民间艺术品。

太康布袋木偶戏大约在明清时期流行于豫东民间，艺人多分布在太康马头镇吴振岗村、小李庄一带。而如今能制作、表演这门艺术的也只有太康马头镇吴振岗村的吴培忠一人了。据这位老艺人讲，布袋木偶戏主要是通过一代代艺人手把手、口传心授得以传承的。因此，在他和村民们的记忆里，这门手艺就是祖辈世代相传下来的信物和见证。太康布袋木偶戏过去有小戏和大戏之分，大戏表演的为一些豫剧、越调、道情等剧种的名戏，如《南阳关》、《李天保吊孝》等。大戏需要的舞台和木偶等道具很大，艺人表演的技艺难度也很大。小戏则是根据市井故事、民间传说、神话等改编而成，剧情简单，幽默风趣，夹杂方言俚语，在当地农村具有极强的感染力和教育意义。吴培忠老人说，20世纪六七十年代以前，大戏还保存着，艺人们用扁担挑着屋形的戏楼舞台和盛着木偶道具的箱子，走乡串户，到处卖艺，但是由于大戏的戏楼和木偶道具很笨重，往来搬运不方便，后来就将大戏渐渐地舍弃了，以小戏为主进行表演。

太康布袋木偶一般用桐木雕刻，过去讲究些的也有用樟木、杨木雕刻的。头内装有机关，控制眼、口、舌以及面部肌肉活动。手分拳型与掌型。掌型的手指可以活动，用细钢丝牵动。表演者手掌伸入布袋之中，以手掌作为偶人躯干，食指插在木偶颈的空腔里，中指、拇指伸到木偶左右袖管中直接操纵双手；也可两手表演，一手操纵头手，一手掌控双腿。为了丰富木偶手臂的动作，表演者有时会用一根拐杖形竹签辅助动作，其作用类似内部操纵杖头木偶的手杆，临时插入木偶衣袖内，捻动操纵。表演者的手就是布袋木偶结构的主体，布袋木偶艺人凭着精湛的技艺，仅仅靠手敏捷灵活、准确丰富的动作就能使木偶人物活灵活现，栩栩如生，体现出人唱、念、做、打的动作，以及喜、怒、哀、乐的感情，甚至还能表演一些开伞合扇、脱衣穿衣、挥刀舞剑、拼搏对打及腾空跳窗等高难度动作，令人拍案叫绝。

布袋木偶戏是一个人表演的艺术。艺人根据剧情、角色的不同，分别进行形体表演的同时，也要给予配音。配音中，除有正常的道白之外，还要模仿不同的腔调说唱，喜怒哀乐，丰富之极。过去，太康木偶戏主要是在寺庙或个人婚丧嫁娶、生日喜庆时演出。其剧目十分丰富，有传统名剧、民间故事、神话传说等，如《王小打柴》、《武松打虎》、《三打白骨精》。伴奏乐器也丰富多样：有鼓板、大锣、小锣、钹、二胡、板胡、三弦、笛子、唢呐等。

吴培忠老人用来表演木偶戏的戏楼舞台，被誉为“世界最小的舞台”。也是用木头做成的，不足1平方米，飞檐翘角，样式如古式戏楼。戏楼上方的横幅上写着“弘扬民族文化”，两侧则写着“笑笑亦畅心，乐乐能长寿”的对联。戏楼下由一根木棍支着，通常罩着一个红绒布或蓝花布袋。布袋是他演出时藏身表演的地方。他表演的《王小打柴》、《猪八戒捉妖》等，无论是剧情表演还是语言运用，都充满豫东风情，很符合群众欣赏口味。

（十）砖、石雕刻

中国的砖、石雕刻艺术历史悠久，砖、石雕刻主要用于建筑装饰，明清时期，在中国民间建筑中广泛应用。砖、石雕刻质朴的风格，最易与砖砌建筑浑然一体，从而获得统一和谐的观感。朴素生动的砖、石雕赋予建筑以丰富的表情，不仅有很高的艺术价值，而且饱含着深厚的历史、文化及民俗内涵，渗透着地域民众的心理特征和地方文化意蕴，与木刻门饰、窗花、屏风、檐雕、斗拱、雕梁、画墙、雀替等一起勾画出地域建筑文化与民俗文化的风貌。

邓城叶宅的脊兽、瓦当　孟绘霞摄

砖雕是建筑特有的一种雕塑工艺，以砖为基本材料，工艺由陶艺、石雕等发展而来，在中国民间建筑中应用广泛。中国的砖雕艺术历史悠久，我国传统建筑艺术自古就有“秦砖汉瓦”的说法。砖瓦烧作的工艺早在西周就有了。两汉时代，屋舍建筑中瓦作日益成为主流。宋代是我国砖雕装饰艺术发展的第一个高峰，砖仿木结构样式已经高度成熟。清代中期以来，无论在佛教建筑还是民居建筑中，砖雕均呈现繁缛化倾向，民居砖雕在清代中期以后逐渐走向衰落。周口砖雕艺术所存最丰富的在周口关帝庙、淮阳太昊陵、邓城叶宅、项城袁世凯故居、太康文庙等处。所见主要集中于屋脊、瓦当、墙面、影壁、门额、神龛等上。屋脊多用空心砖，雕有花鸟龙凤，两端饰有祥云、兽头；瓦当俗称猫头、滴檐，常雕有花卉、虎头。

周口关帝庙石牌坊　杨峰摄

石雕艺术是艺术家以各种艺术手法，在石头上雕刻、塑造出的艺术形象，借以反映艺术匠人们的审美感受和审美理想。石材坚实，耐风化，因而，在建筑中，除了石塔、石桥、石坊、石亭、石墓，更广泛地应用于建筑构件和装饰上。大体分为三类：一是作为建筑构件的门框、栏板、抱鼓石、台阶、柱础、梁枋、井圈等；二是作为建筑物附属体的石碑、石狮、石华表以及石像生等；三是作为建筑物中的陈设，如石香炉、石五供等等。其基本形式有浮雕、圆雕、镂雕、沉雕（线雕）、影雕等，复杂的雕件往往采用综合手法。周口现代民居中的石雕艺术除了门口放置的石狮之外，所见不多。唯有在现存的明清建筑遗存中可见其风华。所存最丰富的同样在周口关帝庙，其次为太康文庙、邓城叶宅、项城袁世凯故居等处。

老狮少狮

周口关帝庙石牌坊雕刻　杨峰摄

周口关帝庙的石雕极为丰富，其内容包括：①民间故事类，如“竹林七贤”、“高山流水”、“王祥卧冰”、“张良进履”、“刘海戏金蟾”、“白状元祭塔”、“姜太公钓鱼”、“渊明赏菊”等；②神话传说类，如“八仙过海”、“天马行空”、“鲤鱼跳龙门”等；③民情风俗类，如“渔樵耕读”、“琴棋书画”及博古图案等；④吉祥寓意类，如“二龙戏珠”、“丹凤朝阳”、“凤凰牡丹”、“五福捧寿”、“天官赐福”、“加官晋爵”、“金玉满堂”、“喜鹊闹梅”、“狸猫戏蝶”、“马上封猴（侯）”、“瓶升三级”以及山水花卉等。寓意题材的作品最为常见，常利用谐音、转借表达美好愿望，雕刻形象生动、活泼，极富情趣。例如，“马上封侯”刻画的是一群蜜蜂在追赶一只骑马奔驰的猴子；“封侯挂印”表现的则是一只猴子在捅树上的蜂窝，两只倒挂的蜂窝犹如两个象征官位的大印，两者都简洁生动、幽默风趣地表现出对加官晋爵的期望。

周口关帝庙石牌坊雕刻
杨峰摄

周口关帝庙的石雕艺术大部分分布在石牌坊、石柱础、石栏板和柱头上，其艺术形式多为圆雕、浮雕、透雕或半透雕。在艺术风格上，这些雕刻既有北派粗犷豪放的写意，又有南派纤微毕现的工笔，不同于汉画像石那样粗犷浑厚，也不同于魏晋石窟那样威严肃穆，而是纤巧细微，活泼流畅，给人以疏朗明晰之感。如石牌坊正面上方雕刻 的“二龙戏珠”神龛，及“竹林七贤”，刀工精细，玲珑剔透；四柱上悬挂的石雕四天王像，威武雄健，神态逼真。夹注上的大小石狮体态各异，或戏耍绣球，或挠痒嬉咬，或仰首张望，或仰天长啸，惟妙惟肖，逗人喜爱。抱鼓石上的山水、人物、花卉、鸟兽，均构图饱满，线条流畅，显示出石雕艺人的高超技艺，其中一组“天马行空”石雕图，采用浮雕和线刻相结合的方法，简练概括，“天马”体态健壮、修长，头微向前倾，双眼圆睁，张口露齿，矫捷峻拔。石栏板方形望柱上雕有狮、猴、石榴、仙桃等柱头，刀法娴熟，生动流畅，耐人寻味。飨殿的石雕麒麟、

周口关帝庙飨殿柱础
杨峰摄

狮子柱础造型生动，祥和健美；莲花卧鼓六角须弥式柱础上雕“二龙戏珠”、“丹凤朝阳”等花卉鸟兽吉祥图案，刀法精美细致、流畅生动。

周口关帝庙的石雕艺术形式鲜明、雅俗共赏，不仅具有很高的艺术价值，反映出明清时期建筑雕刻艺术的高超技艺，也是封建社会传统伦理道德的形象反映，蕴蓄着丰富的文化内涵，充分展现出明清时期周口地区民众的心理特征及文化风貌。

撰稿人　孟绘霞

参考文献

［1］王树村:《中国民间美术史》，岭南出版社2004年版。

［2］党春直:《中原民间工艺美术》，河南美术出版社2006年版。

［3］邓福星:《中国民间美术学导论》，黑龙江美术出版社2000年版。

［4］靳之林:《中国民间美术》，五洲传播出版社2004年版。

［5］王树村:《中国年画史》，北京工艺美术出版社2002年版。

［6］左汉中:《中国民间美术造型》，湖南美术出版社1994年版。

［7］吕品田:《中国民间美术观念》，湖南美术出版社2007年版。

［8］冯骥才:《年画手记》，宁夏人民出版社2007年版。

［9］［法］列维·布留尔:《原始思维》，商务印书馆1987年版。

［10］［英］J. G. 弗雷泽:《金枝》，大众文艺出版社1998年版。

［11］倪宝诚，倪珉子编著:《泥泥狗·泥咕咕》，上海远东出版社2009年版。

［12］吕胜中:《中国民间剪纸》（上、下），湖南美术出版社2004年版。

［13］冯骥才主编:《鉴别草根:中国民间美术分类研究》，中州古籍出版社2006年版。

［14］董季群主编:《中国传统民间工艺》，天津古籍出版社2004年版。

［15］刘思智、程晓民、李建军著:《黄河三角洲民间美术研究》，齐鲁书社2003年版。

［16］蓝先琳:《民间砖雕》，中国轻工业出版社2006年版。

［17］王抗生、段建华编著:《民间石雕》，中国轻工业出版社2005年版。

［18］祝勇:《蓝印花布》，作家出版社2003年版。

［19］吴元新、吴灵姝:《蓝印花布》，中国社会出版社2009年版。

［20］段改芳、王江著:《民间面花——中国民间工艺美术全集》，中国轻工业出版社2008年版。

［21］李友友著:《民间刺绣——中国民间工艺风采丛书》，中国轻工业

出版社 2005 年版。

[22] 秦永军、李全力:《周口文物考古研究》,中州古籍出版社 2005 年版。

[23] 周口市政协文史资料委员会编:《周口文史资料》第五辑、第八辑、第九辑、第十辑、第十一辑、第十二辑。

[24] 周口市政协学习和文史委员会主办:《周口文史资料选辑》总第三辑、总第四辑。

[25] 矫友田:《图说老绝活》,金城出版社 2008 年版。

[26] 刘魁立、张旭主编、苗红磊著:《中国民俗文化丛书——木雕》,中国社会出版社 2008 年版。

[27] 周口地区地方史志编纂办公室编:《周口地区志》,中州古籍出版社 1993 年版。

[28] 淮阳县地方志编纂委员会编:《淮阳县志》,河南人民出版社 1991 年版。

[29] 鹿邑县地方志编纂委员会编:《鹿邑县志》,中州古籍出版社 1992 年版。

第九章　周口文化景观

周口历史悠久，文化积淀厚重，素有“华夏先驱、九州圣迹”之誉。历史上不管朝代如何更替，区划如何变迁，也不管风骚谁领，周口所辖周边区域多以淮阳为中心，或建国定都，或设立州、府、郡、县，代代相济，从无断章。在漫长的历史长河里，勤劳智慧的周口儿女和灿若星河的先哲圣贤创造了灿烂的历史文化，造就了许多令人惊叹的文物古迹和历史名胜。从太昊伏羲陵、女娲城遗址，到有着4600多年历史的平粮台遗址，再到老子太清宫以及理学圣地大程书院，历史文化悠久的周口展现出一条清晰的和中华文明基本平行的发展线索。在这条线索上，星罗棋布的古迹、名胜像珍珠一样诉说着历史的厚重和风采。这些名胜饱经风霜、历尽沧桑，虽经人为袭扰和风雨剥蚀，仍有部分完好地保存至今。

经考古发掘和文物部门的鉴定，周口地区现有不可移动的文物点1000多处，其中全国重点文物保护单位7处（淮阳平粮台古城遗址、周口关帝庙、淮阳太昊伏羲陵、鹿邑太清宫遗址（含老君台）、太康文庙、商水寿圣寺塔、扶沟吕潭学校旧址），河南省文物保护单位34处（项城高寺遗址、项城骨头冢遗址、太康陶母岗遗址、郸城汲冢遗址、郸城段寨遗址、扶沟支亭寺遗址、西华陆城遗址、西华女娲故城遗址、西华胡寨遗址、项城南顿故城、项城袁氏旧居、商水寿圣寺塔、太康方城遗址、商水叶氏旧宅、淮阳陈楚故城、淮阳朱丘寺遗址、鹿邑栾台遗址、扶沟大程书院、扶沟凤凰岗遗址、项城袁世凯行宫、项城后高老家遗址、商水马村遗址、沈丘李鸣钟故居、沈丘清真古寺、川汇区水灌台遗址、西华国家计委五七干校旧址、鹿邑文庙大殿、淮阳弦歌台、商水白塔寺遗址、商水顿国故城、商水阳城故城、项城毛冢遗址、鹿邑武庄遗址、淮阳刘崇墓），市级文物保护单位40处（市烟草公司仓库古文化遗址、川汇区丛台古文化遗址、明代黄泛区民居、周家口明清码头遗址、川汇区李家大院、川汇区东杨庄古墓群、川汇区张燕墓、项城蛤蟆寨古墓群、鹿邑武平故城、鹿邑大韩庄古墓群、鹿邑大郭庄古柏、淮阳画卦台、淮阳思陵冢、淮阳双冢遗址、淮阳陈胡公祠、淮阳端敏袁公祠、淮阳东汉陈王墓、淮阳李之龙革命活动纪念地、淮阳马鞍冢楚墓及车马坑、淮阳南白楼古墓群、扶沟城隍庙大殿、扶沟慈胜寺大殿、扶沟白潭白马寺大殿、扶沟吕潭清真寺、扶沟桐丘故城遗址、太康谢安曾祖陵园、太康小吴塔、太康太康陵、太康玉皇阁遗址、太康刘庄遗址、太康槐寺遗址、太康通满寺冢遗址、商水李庄革命烈士陵园、西华张氏庄园、西华杜岗会师纪念地、西华城隍庙、西华明伦堂、沈丘天主教堂、沈丘华佗冢、沈丘明代白果树），县市级文物保护单位247处（略）。[①] 未公布的688处。文化遗址200余处、古城31座。这些古迹是陈楚文化重要的历史载体，对它们的整理有助于我们理解和把握中华文明的发展脉络。

一、淮阳

（一）太昊伏羲陵

淮阳城北三里，古老的蔡河半抱着万亩龙湖潺湲东流。淮阳龙湖，烟波浩渺，蒲荷蓊郁，鹭凫翔集，鱼跃鸥飞。明代兵备道曹申吉曾在湖边作诗说："十里波光鸥上下，数家茆屋树西东。待得春归湖上满，轻舟好泛藕花丛。"就在湖滨河畔，一个金碧辉煌的古代建筑群拔地而起，远远望去，古槐森森，松柏叠翠，殿宇巍峨，伟美壮观。这就是国家级重点文物保护单位——太昊伏羲陵。

传说伏羲氏死后葬于陈。《左传》、《史记》均记载："陈，太昊之虚。"为纪念祖先功德，很早以前，人们就在宛丘筑陵、建庙。据记载，伏羲陵墓始建于春秋，汉代在陵前建祠，以后历代帝王不断扩建太昊陵，成为帝王朝祖祭拜的重要场所。宋太祖于建隆元年（960年）亲颁《修陵奉祀诏》"给守陵五户，蠲免地役"。宋乾德元年（963年）诏三年一飨，以仲春之月，牲用太牢。后于开宝、咸平、景德、大中祥符等年代均有修葺，陵庙祭祀，日渐崇隆，并有御祭。靖康后，祀事不修，庙貌渐毁，加上历史上黄河多次泛滥，至元末，除苏氏巾书《太昊伏羲氏之墓》的墓碑外，其他建筑被洪水吞没殆尽。明洪武三年（1370年），朱元璋访求帝王陵寝，太昊陵首列第一，并于次年驾幸陈，御制祝文致祭。明英宗于正统十三年（1448年）在一片废墟上重建陵园，后又经历代多次修葺，形成了规模宏大的太昊陵园区。至清末，

---

① 李剑文：《也谈周口文物保护与利用之和谐统一》，周口文化网，http://www.zkwh.gov.cn/news/view.asp? id =436。

陵区占地面积875亩。

陵园内现存的建筑多为明代建筑，整个建筑的布局和命名均依帝王规制和太昊伏羲先天八卦之哲理，分列于750米长的从南到北的中轴线上：依次为渡善桥、九龙照壁、午朝门、东天门、西天门、玉带桥、道仪门、先天门、太极门、三才门、五行门、仰观门、俯察门、钟鼓二楼、东西廊房、两仪门、四象门、统天殿、显仁殿、太始门、寝殿、先天八封台、太昊伏羲陵、蓍草园等。如果把各门层层打开，可以从午朝门一直望到高耸的陵墓，号称“十门相照”，让人感到妙理玄奥，深不可测。

太昊陵建筑的命名，蕴涵着伏羲先天八卦的基本原理。如一字形照壁，象征混沌未开的无极门，意为由无极而生太极。太极门两侧三才门，根据“有天道焉，有人道焉，有地道焉，兼三才而两之”① 命名，五行门，含金、木、水、火、土五行之意。太极门东西的仰观门、俯察门意味着太昊伏羲氏仰观天文、俯察地理而画八卦。根据太极生两仪、两仪生四象，又有两仪门、四象门。统天殿的“统天”，显仁殿的“显诸仁”等词汇直接来源于《周易》，充满了玄妙深奥的哲理。其建筑结构与明代皇宫相仿。整个陵庙的布局分为外城（又叫皇城）、内城、紫禁城，有三道皇城守护。城垣高3米，上有城垛。陵园内殿宇琉金，楼阁掩翠，金碧辉煌，华彩璀璨。这里不仅是绿围翠绕、殿阁巍峨的人祖圣地，更是中国古代高超绝妙的建筑艺术的集中体现，还是玄妙入微、博大精深的中华民族文化的体现。清人雷方晓在《羲陵岳峙》诗里写道：“宛丘龙蟠面碧湖、岿然岳峙一陵孤。功开天地规模大，道冠皇王气象殊。”②

渡善桥　俗语云“万善孝当先”，烧香祭祖被称为最大的善事，向往善、追求善、践行善，都必须经过此桥，故称渡善桥。俗又称“面桥”，是指朝祖进香的善男信女及游客，一来到这里就已经和“人祖爷”见面了。原桥始建年代不详，现桥为1985年重新恢复，为敞肩式拱桥，1997年改建为平桥，桥宽11米，长25米，并在东西两侧与东天门、西天门对应增添两座便桥，均为汉白玉桥栏杆。

午朝门　是太昊陵第一道大门，门上悬有“太昊陵”、“午朝门”、“开天立极”等匾额。此门建于明代，单檐歇山顶，通高10.35米，面阔三间（11.96米），进深六架椽（4.7米），门前有台（12.62米×3.43米×0.8米），台前有

① 《易经·系辞下》。

② 齐玉珍：《太昊陵庙》，海天出版社2005年版，第198页。

三连体五级垂带式踏跺，砖砌象眼，青砖墁地，周有压条石，墙内立柱八根，柱径0.35米，柱高4.32米。随墙式砖券圆拱门，中门上有砖雕二龙戏珠，实榻大门，各饰门钉九排九路，属帝王规制。两侧门略小，各饰门钉七排九路。四周砖砌墙体，厚0.56米，地方民间手法彩画，绘有度八仙、金龙寿桃、太极图和麒麟等花纹图案。五架梁，三踩镏金斗拱二十六攒，柱头科斗0.14米，平身科、角科及明次间斗口为0.09米。角科昂咀0.05米，宽0.09米，飞檐椽，砖瓦垒砌大脊，两端有大吻，垂脊有兽，戗脊为仙人，灰筒瓦覆顶，盘龙瓦当，凤纹滴水。整体为明代官式建筑，具有中原地方特色。

月台两侧有八字墙，墙厚1.02米，灰筒瓦覆顶，青砖筒瓦叠脊，菊花滴水，墙心饰三彩琉璃陶塑，龙凤图案，下有凹棱。门前靠东有明代槐树一株，虽树干老态龙钟，却也枝繁叶茂，每年春季抽出嫩芽，不仅显示出强大的生命力，而且焕发出勃勃生机。午朝门东西两侧有东天门、西天门。傍门各有石牌坊。东天门距午朝门23.82米，为馒头式，通高5.2米，板门，卷棚顶，垂脊配兽，五檩圆椽，龙纹瓦当，凤纹滴水，檐枋下饰雀替，上悬楷书“东天门”木匾，石牌坊竖有匾额“继天立极”。西天门距午朝门21.99米，样式、体量与东天门相同，石牌坊匾额为“开物成务”。在古代只有皇帝和手捧圣旨的钦差大臣来朝祖时，才走中间的午朝门，而文武百官、平民百姓只能走东天门和西天门。午朝门前原有九龙照壁，紧邻蔡河。照壁上九条蟠龙光彩夺目，栩栩如生，仿佛要腾过蔡水，飞跃龙湖，翱翔于太空。遗憾的是，九龙照壁现已不存。

玉带桥　玉带河又称御沟，像束在太昊陵腰间的一条玉带，故名玉带河。玉带河穿过外城墙流入护城河，而后汇入蔡河。河上三座敞肩式石拱桥叫玉带桥，分别与午朝门、东天门和西天门相对应。这是帝王宫殿陵寝的一种规制，南京的明故宫、明孝陵均有此例。玉带桥面积800平方米，两岸建有青石栏杆，全长180米，由栏板和望柱构成，通高105厘米，柱身70厘米，云龙纹，柱头35厘米，栏板长78厘米，高63厘米，板上部饰圆雕花瓶，地伏16厘米。两端抱鼓石面饰龙凤云纹。

道仪门　在整个建筑中，此门结构最为简单，形似过厅，距午朝门126.55米。从字面上解释，道，古时指道德，仪是义理，就是道德和正义。《易·系辞上》说：“成性存存，道义之门”，意思是说成就美善德性，不断涵养蕴存，就是找到了通向“道”和“义”的门户。这是完成德业的根本，所以此门又称通德门。为单檐硬山式建筑，通高8米，面阔三间（12.82米）进深（5.30米），六架椽，有椽柱四根（直径0.25－0.31米），高4米，覆盘式柱础，砖券门三，故群众俗称“三门”。山墙厚0.95米，清水大脊，龙形正吻，垂脊有兽，兽后饰鱼、海马，兽前饰天马、龙，灰筒瓦覆顶，龙纹勾头，凤纹滴水。

先天门　南距道仪门121.42米的先天门，歇山式，通高11.35米，面阔五间（7.04米），进深三间（3.04米），整个建筑坐落在城门洞式梯形台基上，有檐柱16根，高2.82米，直径0.26米，金柱8根，高3.76米，直径0.26米，鼓腹式柱础，三交六碗槛窗，老檐柱间装有砖墙，厚0.45米，外面有回廊，地方民间手法彩绘。五架梁，均为自然材，清水大脊，龙形正吻，垂脊有兽，自上而下为鱼、海马；戗脊自上而下为獬豸、龙狮；仔角梁头置套兽。龙纹勾头，凤纹滴水，灰筒瓦覆顶。整个建筑以中原风格为主，又渗入南方园林建筑风韵。券上嵌石匾额一方，阴刻“先天门”三个字，为明代御史尧卿所书，是为歌颂太昊伏羲始画先天八卦而命名的。上面有一个匾额用古隶体书写“滥觞”两个字，意指伏羲文化源远流长，是中国文化之源，太昊伏羲是中华民族的人文初祖。

三才门与五行门　分别坐落在太极门东西两侧，与内城墙对应的玉带路上，东曰三才门，西曰五行门。三才门根据“有天道焉，有人道焉，有地道焉，兼三才而两之”命名，五行门，含金、木、水、火、土五行之意。两门形制相同，为面阔三间，硬山卷棚式，通高5.60米，建在高台上。东西两侧有青石垂带式踏跺两级，砖砌象眼，青石压条，方砖墁地，鼓腹柱础承托四根檐柱，两根中柱，柱头饰雀替，上承托立枋及卧枋，檐柱及中柱间双步梁、单步梁、瓜柱承托金檩和檐檩，椽与飞子均为方形。灰筒瓦覆顶，龙纹勾头，凤纹滴水。垂脊有兽，封山用排山滴水，勾头坐中并饰山花。此门向东可通东华门，向西可通西华门。

太极门　旧称太极坊或戟门，位于先天门北83.5米处，为三间三楼柱不出头式木牌楼，通高7.6米，直壁式台基（13.25米×8.75米×0.61米）前后各有六级垂带式踏跺，砖砌象眼，台面墁青砖，四周有压条石，有中柱四根，高5.6米，檐柱8根，高5米，直径0.4米，鼓腹柱础，框槛式大门，上悬“太极门”匾额。圆形通椽，方形飞子，清水大脊，龙形正吻，垂脊由上至下为鱼、海马，柱间有雀替三幅云垂莲柱，排山滴水，下有博缝板，筒瓦座中，次间与明间略同。灰筒瓦覆顶。

仰观门、俯察门　太极门东西各4.82米为腋门，东曰仰观门，西曰俯察门。象征着太昊伏羲仰观天文，俯察地理，中观万物，始画八卦的意思。两门制式一样。硬山式单间，棂子门，灰筒瓦叠脊，龙纹勾头，凤纹滴水，灰筒瓦覆顶，腋门与廊房之间均以13.7米砖墙相隔，墙高3.10米，厚0.50米，筒瓦叠脊，板瓦覆顶。

钟楼、鼓楼 位于太极门内，东侧为钟楼，西侧为鼓楼，昭穆对峙。两楼式样相同。钟楼距太极门东墙6.5米，重檐歇山式，面阔五间（7.21米），进深3间（4.36米），通高11.2米，整个建筑坐落在直壁式台基（11.61米×7.83米×0.92米）之上，前有六级垂带式踏跺，砖砌象眼（0.73米），青砖墁地，周有压条石，檐柱16根，高3.2米，直径0.26米，金柱通柱共8根，高7.2米，直径0.32米，鼓腹柱础，角柱之间有低矮坐槛（高0.71米），格扇门，次间有随墙式圆形棂子窗，外有回廊，花牙子与骑马雀替，一斗二升交马叶头斗拱，柱头科斗口0.15米，平方科斗口0.09米，上下檐拱坐斗四棱均有阴刻线，立梁上雕有“月梁”图案（0.72米），木质楼板，设木梯可登上层。上层面阔三间，五架梁，西南北山墙有随墙砖拱形窗，内装实板小木门，明间正面四扇格扇窗，老檐柱门有单步梁和穿插枋相接，清水大脊，龙形正吻，岔脊饰鱼、马、仙人、獬豸，灰筒瓦覆顶。上层悬明代铸铁钟一件，楼下有近年仿铜钟一件，撞击铜钟，其声悠扬。鼓楼式样与钟楼相同，楼下有大鼓一面，其声咚咚。晨钟暮鼓响彻陵区。

东西廊房 东西廊房式样相同，为硬山式建筑，呈曲尺形，面阔21间（76.73米），进深（5.58米），七架椽，通高7.40米，有檐柱19根，高3.2米；老檐柱21根，高3.9米，鼓腹柱础，三级垂带式踏跺，砖砌象眼，青砖墁地，下檐有压条石，檐柱与老檐柱之间有回廊，老檐柱间有棂子格扇门，槛墙棂子窗，青砖墙体（厚0.46米），方形飞椽，椽头绘图案，方形椽头八瓣花卉，彩绘龙凤、对狮、麒麟及太极图图案等。东西廊房两过厅均为框槛式实板门，东曰两仪门，西曰四象门，门宽3.8米，门高2.38米。

统天殿 取自《易经》：“大哉乾元，万物资始，乃统天。”表明太昊伏羲氏一统天下、至高无上之地位。建筑规格最高，是太昊陵建筑群中唯一使用黄琉璃瓦顶（帝王级）的建筑，称“大殿”，是陵庙中轴线上最主要的建筑。南距太极门57.5米，单檐歇山式，通高15.7米，面阔五间（18.7米），进深三间（12.23米），面积390平方米，坐落在直壁式台基（24.1米×17.23米×1.32米）之上，基面墁青砖，周有压条石，后有七级垂带式踏跺，砖砌象眼，殿内有椽柱16根，高5.27米，直径0.6米，有金柱8根，高8.22米，直径0.63－0.72米。前檐下悬“统天殿”匾额。脊上中间三节彩釉陶楼，楼下有一小龛，龛内方框雕楷书“太昊伏羲殿”五字，两边配以兽驮葫芦，二十八宿，骑马武士。殿正门上悬光绪十五年翰林院丁根善书写的匾额：“伏羲苍精，初造王业，画封结绳，以理海内”；原民国大总统黎元洪题“象天法地”，此外还有“斯文鼻祖”、“一画开天”、“人根之祖”、“中国一人”、“教以人伦”、“万派一系”、“佑我无疆”、“默佑黎民”等匾额。明间檐柱楹联为罗哲文先生撰文并书："华夏文明三始祖；淮阳伏羲第一人"。中间匾额书写"宝笈开源，名迹久传"八个大字，是清朝乾隆皇帝的御笔。

殿中有伏羲像高3.6米，左右配享朱襄、昊英像两尊，各高2.6米。伏羲像头生双角，顶饰兽牙、蚌壳，手托先天八卦太极盘，肩披树叶，腰缠兽皮，赤脚坦腹。朱襄号飞龙氏，左手持龟甲，右手拿骨针，作书契；昊英号潜龙氏，双手持蓍草，作甲历。背景屏风正面为龙纹图案，下部为龙湖，上饰云纹，两侧饰金乌、蟾蜍等，象征太昊伏羲与日月同辉。屏风背面图案，分别为土龙氏治田里，居龙氏造屋庐，降龙氏驱民害，水龙氏导泉流，上部书写魏曹植《伏羲赞》："木德风姓，八卦创焉，……"殿内东、北、西三面墙嵌有高1.2米、长36米的青石仿汉画浮雕《伏羲圣迹图》，分别为：履巨人迹、伏羲出世、都于宛丘、结网罟、养牺牲、兴庖厨、定姓氏、制嫁娶、画八卦、刻书契、作甲历、兴礼乐、造干戈、诸夷归服、以龙纪官、崩葬于陈。

殿前设月台，高七级，可容千人跪拜。月台两侧配东西廊房、钟鼓二楼，形成一座庄严的四合大院。面积达5000多平方米，是历代举行祭祖大典的中心场所。

显仁殿　俗称二殿，位于统天殿北36.62米（指台基之间），显仁殿源自《系辞传》"显诸仁，藏诸用"，意思是说天地的"道"显现于仁德，而潜藏于日用，使其恩德普施于天下万物。显仁殿为重檐歇山式，通高16.4米，面阔七间（18.76米），进深五间（11.67米），建在直壁式台基（26.9米×19.54米×1.92米）之上。龙凤大脊，殿周有回廊，用独特的地方手法彩绘。

殿内供女娲金像，女娲身着兽皮，腰缠树叶，头戴花环，以兽牙、蚌壳、彩石作项饰，一手托五色石，一手托婴儿。女娲面容美丽，表情矜持、慈爱，面带微笑，和蔼可亲，尊贵而不妖娆，美丽而不媚俗，是一副伟大的慈母的形象。两侧为侍女，东侧拿埙，西侧持骨笛。背景屏风正面为远古洪荒时代，两侧饰风纹，作高媒定嫁娶、以俪皮为礼等图案，背面为降蛟龙、阻洪水、炼石补天、抟土造人等功绩图案。

子孙窑　显仁殿台东北角方石上有一孔，传为"子孙窑"。在太昊陵极负盛名，它是经数百万人手触摸形成的。6000多年前，每逢仲春之际，伏羲便以"会"的形式把各部落的青年男女召集起来，中间放一块带孔的石头，有意者分别摸一下此石，即可成为夫妻。后来便演变为摸此石求子求孙、使子孙健康的习俗。因这里是人祖圣地，传说非常灵验。

太始门　太始门为重檐歇山式高台建筑，台正中为砖拱门洞，上镶披水砖，嵌青石匾一方，阴刻楷书"太始门"三字，上款署巡按河南监察御史金谿吴悌题，落款为皇明嘉靖二十四年夏六月吉日佥事上党李维藩立，殿内存明正德八年立朱元璋御碑一通，故又称“御碑亭”。

什么是太始呢？据北宋元丰年间发现的古《三坟》中《太古河图代姓纪》载：“清气未生，浊气未沉，游神未灵，五色未分，中有其物，冥冥而性存，谓之混沌。混沌为太始，太始者，元胎之萌也”。

先天八卦坛 距太始门后墙5.22米，就是先天八卦坛，为青石雕砌而成。须弥座式样等边八角形，边长1.8米，坛高0.6米，坛上正中为太极图，一周是八卦：乾、兑、离、震、巽、坎、艮、坤。立面束腰角部乳丁卷云纹，中部为卷草如意纹，上枋、下枋为花草二方连续纹，上枭、下枭为俯仰莲花纹，圭角局部饰卷云纹。

太昊伏羲氏陵 陵高20多米，边长182米，上呈圆形，下有方座，象征“天圆地方”，显得高大雄伟，气魄非凡。陵前有宋代青石碑一通，宽3尺，高15尺，上有“太昊伏羲氏之墓”7个大字，据传碑为苏小妹用丝巾作笔写成。陵左右各立明重修碑一通。陵上有白檀，周有古柏，苍翠峥嵘，浓荫匝地。

蓍草园 位于陵后，相传伏羲就是在此采蓍草画八卦的，称“揲蓍画卦”。蓍草属菊科，多年生草本植物，羽状互生叶，形似艾草，春天开白色或粉红色小花。《博物志》说：“蓍秽而三百茎，故知吉凶。”蓍草的茎有八棱，草梗很硬，是占卜之物，当地称其为神草。蓍草在全国其他地方少见，唯独此处生长最茂盛。宋以后，历代皇帝春秋遣官致祭，复命时必以此草为凭。山东曲阜孔庙里的蓍草，据说还是当年孔子从这里带回家乡的呢。

今存陵园内建筑为明代建筑，结构与明代皇宫相仿。它分内外二城，内城叫紫禁城，外城叫皇城。城内古柏夹道、碑刻林立、晨钟暮鼓，声闻数里。太昊陵除中轴线上的主体建筑外，在统天殿、显仁殿之间的外侧，东有三观：岳飞观、老君观、元都观，另有火神台；西有四观：女娲观、玉皇观、天仙观、三清观。这七观，现仅存岳飞观，西侧四观为2007年以来重修。

另外，三才门外有更衣亭五间，外城东有东华门，西有西华门。

陵区有古柏108株，古槐2株，古檀3株，新植松柏数千株。

太昊陵以其独树一帜的建筑风格、气势恢弘的建筑群体、博大精深的文化内涵，令人肃然起敬、叹为观止。清人雷继祖在《羲陵岳峙》诗里写道.“孤峻山如峙，巍巍近接云。河图钟瑞地，古圣有庖坟。碑剥留残字，松高挂晚曛；至今瞻望处，灵气尚氤氲。”①

① 齐玉珍：《太昊陵庙》，海天出版社2005年版，第198页。

伏羲陵统天殿

（二）画卦台

淮阳古称宛丘，是太昊伏羲氏建都之地，画卦台则是“伏羲于蔡水得白龟画八卦之坛”。它坐落在城北一里的龙湖中，台高 2 米，面积约 6600 平方米，环台皆水，唯西南边有一条小道可行人。台上庙宇建于何时已失考，唐宋时建筑已倾圮。据《淮阳县志》记载，明英宗正统三年（1438 年），陈州知府张志道增筑亭垣，周辟 13 门，石刻 1 座。嘉靖二十四年（1545 年），知府唐方感鼎建大殿 7 间，石刻 4 座，东西厢房各 3 间。万历元年（1573 年），知府洪蒸增建卷棚 5 间，八角亭 1 座，内奉宋代铸造的伏羲铜像。经过历史风雨的剥蚀，如今，作为古陈州七台八景之一的画卦台上的庙宇已不存在，只有那棵传为伏羲栽的柏树依然挺立如故，伏羲封其为八卦柏。

（三）白龟池

白龟池位于淮阳县太昊伏羲画卦台前。1984 年 8 月 16 日清晨，该县城关镇 16 岁的少年王大娃，在这里以一条小鱼作饵，用鱼钩钓出一只白龟。此龟体重 0.65 公斤，腹、背皆呈乳白色，龟甲较一般乌龟高隆，甲上有十三块较大的图案，甲周有二十六块小图案，两只绿豆大的眼睛，鼻孔明显，龟颈伸缩自由，四肢爬行灵便，尾巴较长。

白龟池中的白龟

据《周易》等书记载，传说中的伏羲氏，曾在蔡河（今从淮阳县城流过）捕得一只白龟，遂凿池喂养，并经常观看龟甲上的花纹，用心琢磨其中的奥妙。久之，采来蓍草，在小岛上画成了“决彼天上事”的八卦。于是，小岛便成了遐迩闻名的画卦台，养龟的水池也随之被称为白龟池，采蓍的地方起名叫蓍草园。明代弘治癸丑科进士王良臣在《白龟灵池》一诗中为此写道：

寒碧平开土一泓，庖羲以此注精英。
天生神物呈嘉瑞，地泄无机兆圣明。
剖破阴阳从背见，肇来奇偶自爻生。
谁知有象含无象，止水无波分外清。[①]

（四）五谷台

五谷台，位于淮阳县城东北5公里处，周（口）商（丘）公路东侧。土台高丈余，广10亩，传说这是炎帝神农教民稼穑、播种五谷的地方。附近有神农井，为神农教民汲水浇灌五谷而掘。

神农时代，人口渐多，炎帝就教人种植五谷，以充腹饥。据说那时有一只周身通红的鸟，衔一株九穗谷飞过天空，谷粒坠落在地，炎帝捡起种在五谷台边土地里，后来便长出高大肥硕的谷子。炎帝把谷粒分为五种，分别起名为稻、黍、稷、麦、菽。谷粒味美可口，天下人争相种之。炎帝在这里兴农事，教耕稼，种五谷，故为神农，成为我国传统农业的创始人。

传说炎帝神农在位140年，在巡察到长沙茶乡里无疾而逝，终年168岁。炎帝神农“都于陈”，完成了从游猎至农业的伟大转变，以淮阳为中心的黄淮大平原当是中国农业的发源地。后人尊炎帝为“五帝”之首，当之无愧。曹

① 齐玉珍：《太昊陵庙》，海天出版社2005年版，第196页。

植在陈做陈思王时曾到五谷台观瞻，缅怀神农功德，写下了《神农赞》：

少典之胤，火德承木。
造为耒耜，导民播谷。
正为雅琴，以畅风俗。

晋代文学家挚虞也有《神农赞》曰：

神农居世，通变该极。
民众兽解，乃教稼穑。
聚济交市，草木播植。
务济其本，不通其饰。

（五）平粮台

平粮台是一座龙山文化古城，位于淮阳县城东南 4 公里处。遗址高约 5 米，面积 100 亩。城址的平面呈正方形，边长 185 米，城墙残高 3 米，宽 10 米，用小板堆筑而成，夯层清晰，夯窝明显。南北各辟一门，北门由于发掘面积较小，仅见夯土城墙的缺口和路土，有待进一步发掘。南城门位于南城墙的正中，有两个用土坯垒砌的门卫房，面积均是 6 平方米，屋内有火池和红烧土地面，两门相对，门卫房之中是路土。南门埋设有陶质的排水管道，现残留 5 米多，管道上印有蓝纹、方格纹、绳纹。这是世界上考古发现的最早的陶质排水管道。城内有高台建筑，屋墙用土坯垒砌而成，四周还有灰坑、陶窑等遗迹。

这里，还出土了大量的珍贵文物，其中有原始人使用过的生产工具如石斧、石锛、石镰，有渔猎用具鱼钩、石网坠、石箭头，有生活用品陶鼎、陶罐、陶壶，还有装饰品陶环、镯子等。古城墟上，有许多原始人住过的土房痕迹，还残留着烧过的木炭和未能完全燃烧的树枝、烧烤过的动物骨骼、蛤蚌、贝壳、鱼牙、鱼骨等，并残留有原始人炼制陶器的窑址。

平粮台古城址即是宛丘之地，距今已有 4600 多年的历史，是我国目前发掘出土年代最早的一座古城址。高二丈四尺，四门，门皆三重。绕城有土筑外郭一道，即护城堤，高丈许以防水患。《路史 · 国名纪丁》云：“今陈治宛丘城，城记云：‘胡公所筑，楚初灭陈，顷襄后都之’。”《元丰九域志》也说是陈胡公所筑。以后为郑子产修筑，楚惠王又再修建，城临蔡水，周围三十里，汉后修。东汉章和二年为陈国，北魏为陈郡，隋为陈州。《诗经》所载的宛丘，即今平粮台，也叫贮粮台。《淮阳县志》说："俗呼粮冢，高二丈，大一顷，有四门，林木郁然。在城东八里。"《尔雅·释丘》有"宛中宛丘"。《毛诗传》云："四方高，中央下曰宛丘。"

《诗经·陈风》里的《宛丘》以及《东门之枌》、《尔雅注疏》、《晋书》中均有对宛丘的记载。根据史书记载和地理方位分析，平粮台即是太昊之墟、神农之都的古宛丘都城。这座古城时代最早、面积最大、保留最好，对研究我国古代城市的出现、国家的起源、早期奴隶制等重大学术问题，有着重要的价值和意义。1988 年，国务院公布平粮台古城遗址为全国重点文物保护单位。

（六）弦歌台

弦歌台，又称厄台、绝粮祠，位于淮阳县城西南隅的南坛湖中，台上现存建筑有二门，正殿七间。正殿是主体建筑，飞檐斗拱，上盖绿色琉璃瓦。周有青石方柱二十四根。前门上有清康熙五十年（1711 年）立的石匾，上书"弦歌台"三个大字。

民间传说，东周时期，孔子曾三次来陈国讲学，最后一次是公元前 489 年，楚昭王派人请孔子讲学，但孔子讲的大道理是让统治者如何治国的，让统治者如何管理百姓的，陈国的老百姓不愿意了，没等孔子到楚国见到楚昭王，老百姓就把孔子和他的弟子们围困在南坛湖的一个小岛上，不给他们吃，不给他们喝，孔子和弟子们饿得头晕眼花。没办法，孔子和弟子们分头到湖边找吃的。孔子看到湖里生长一种现在叫蒲的植物，就拔出来，上边的绿茎不能吃，而下边的蒲根细腻白嫩，脆甜可口，孔子就和弟子们吃蒲根，一连七日，孔子和弟子们就靠蒲根生活下来。现在，这种蒲根叫"圣人菜"，凉拌、红烧味道都很美，成了陈州一道特色菜，有客人从远方来，这道菜是必不可少的。陈国的老百姓看到孔子七日不曾饿死，还整日给弟子们诵史讲学，便尊称孔子为真"圣人"。后来，陈国人就在孔子被围困的岛上建了一座圣人庙，学名叫"弦歌台"，弦歌台正殿两边的石柱上，镌刻着对联一副，为"堂上弦歌七日不能容大道，庭前俎豆千年犹自仰高山"，以纪念孔子来陈讲学被困之事。

弦歌台，原名"弩台"，《元和志》说："后汉陈王宠善射，尝于此教弩"，所以得名。汉灵帝时，爆发了黄巾起义，革命军浩浩荡荡，所向披靡，各郡县守兵望风而逃。唯独陈王刘宠占据陈城四门环水的地利，四门吊桥高悬，自带强弩手数千固守此台，义军久攻不下，终于扼住了黄巾军，所以又称“扼台”。到了唐开元年间，孔子庙迁到这里。明宪宗成化六年（1470年），知州倪诰重建孔庙并塑孔子和十贤像。明世宗嘉靖七年（1528年），巡按御史谭缵增拓正殿七间，门二座，题曰“绝粮祠”。二十一年（1542年）巡按御史赵继本改名为“弦歌台”。明神宗万历二十九年（1601年），睢陈道徐即登增建大门，曰“美富之门”。清康熙二十一年（1682年），知州萧国弼重修殿内塑像，五十二年（1713年），都御史揆叙重修大殿七楹，改为方形石柱，上覆绿琉璃瓦，重修孔子及十贤像。乾隆、嘉庆、咸丰年间又多次修葺，现存的建筑是清乾隆四十八年重建的。后由于诸多的历史原因，这座被历代文人墨客称之为陈州“八景”之一的弦歌台，失去了昔日的辉煌，显得破旧。1955年底，在政府的重视下，弦歌台得以整修，修缮了一进院落围墙和正门，重塑了孔子像，使弦歌台正门呈现一派巍峨气势。殿内，一尊身高3米，面目慈祥，服饰飘逸的孔子像，端坐在1.5米高的石雕像基上。

淮阳是孔子教泽所及之地，他的72个得意弟子中，淮阳人就占4个，加之孔子在陈绝粮，数千年来，世人共知。所以历代陈人建祠纪念，教化后人不忘儒家老祖宗的困苦与艰辛。1994年，国家旅游局将这座名胜列入“孔子周游列国”国家旅游专线必至景点，弦歌台这座历史名胜，不久将成为人们寻古探幽的胜地之一。

（七）陈楚故城

陈楚故城位于淮阳县城关镇，距太昊陵景区1.5公里。陈楚故城是春秋战国时期陈国都城。公元278年，楚都“郢”被秦所破，楚顷襄王迁都于陈，故称陈楚故城。现在的淮阳县城即是陈楚故城。《元丰九域志》云：“陈胡公筑。”考古发掘证明，陈楚故城始建于春秋，距今有3000多年的历史，该城历经陈、楚、汉、魏、晋、宋、明、清等朝代多次修筑，逐渐趋于规范。陈楚故城墙周长4513米，高8米，修堞2211个，望台49个，城门4座，东门明化，西门平信，南门孝义，北门永安；门楼三楹二层，月城顶有平台。现城墙、城门仅存遗址、墙基。3000年来，陈楚故城一直是豫东政治、经济、文化中心，游览胜地。历史上许多重要事件都发生在这里。公元前509年，陈国爆发了世界最早的筑城奴隶大暴动。公元前496年至前489年，孔子周游列国三次来陈，居陈五年。公元前209年，陈胜、吴广农民起义军在陈城建立中国历史上第一个农民政权——张楚政权。公元883年，唐朝农民起义军领袖黄巢大战陈城三百天。公元1043年，清官包拯陈州放粮，除奸革弊，名扬天下。如今，省级重点文物保护单位、河南省历史文化名城陈楚故城被万亩龙湖环抱，风光秀丽，景色优美，被誉为“中原水城”。

从考古发掘看，陈楚故城曾经多次修筑。从南城墙的发掘资料看，最早的城墙，叠压在最下层，高达2米以上，有夯层，出土了板瓦、筒瓦，筒瓦外饰绳纹，间有凹弦纹。瓦的使用当在西周后期和东周初期，与陈胡公妫满时期基本吻合。

第一次城墙修复，外附加增宽增高，出土了板瓦、筒瓦，还有鬲口、豆盘、陶网坠、铜蚁鼻线、铁器等。从楚币的出土看，这当然是楚灭陈后在筑城中楚人丢在其中的，是楚复筑。

第二次城墙的修筑，外附加又增宽4米有余，高1米，夯层厚，夯层中有木闩横木，出土了板瓦，筒瓦、盘、盂、豆、蚁鼻钱等。从附加工程的规模和出土文物看，此次修筑当在战国晚期。

第三次城墙修筑时间在西汉前期，是内附加。第四次城墙修筑时间是宋代，也是内附加。第五次城墙修筑是在明代，有砖块。考古发掘的结果基本和文献吻合。

明代是陈楚故城修筑规模较大的一次，清道光六年（1826年）《淮宁县志》说："明洪武辛亥，指挥陈亨易砖垣，延袤七里有余，高三丈，址广五丈五尺，四门各增瓮城，四隅各为角楼，敌台四十九，堞计二千七百，池深一丈五尺，广二丈有余。"明朝后期，战乱频繁，城墙多次坍塌，几经修复。

（八）固陵故城

固陵故城，位于淮阳县西北25里的柳林。它是秦置固陵县、汉置固始县的故城址，也是楚汉相争的古战场。《汉书·高帝纪》曰："五年冬十月，汉王追项羽至阳夏南止军，与齐王信、魏相国越期会击楚。至固陵不会。"《元和郡县图志》载："项羽败，南走固陵，此也。"究竟固陵是哪里？据《括地志》讲："固陵在陈州宛丘县西北四十三里。"《太平寰宇记》云："固陵在今宛丘县西北三十里，今俗呼为谷陵。"《大清一统志》记："固陵在陈州西三十里。"就是历史上有名的楚汉相争"固陵之战"的古战场。"固陵之战"，是楚汉相争的关键性一仗，这是楚走向灭亡、汉决定胜利统一全国的一仗。陈胜、吴广领导的历史上第一次农民大起义失败后，刘邦、项羽展开了灭秦后争夺天下的斗争。开始时，项羽强大，刘邦弱小，几场战斗下来，刘邦几乎全军覆没。后来在关键的鸿门宴上，项羽不听谋士范增建议杀掉刘邦，给了刘邦东山再起的机会。刘邦虽然弱小，但善于用人，从谏如流。项羽虽然强大，但刚愎自用，对谋士的合理建议多不听从。公元前203年，形势已发生了变化，战局转向利于刘邦。这一年彭越率兵据梁（开封）骚扰楚军，切断楚军粮源；韩信亦从齐（山东）击楚；汉王兵精粮足，和项王正面相持；

项王兵力疲惫，军粮空虚。项王为形势所迫，以放出汉王之父、妻为条件与汉王议和，双方划鸿沟为界，楚汉平分天下。

汉高帝五年，汉王从陈平、张良谏击项，至阳夏（今太康）约韩、彭定期合兵击楚。汉王如期进兵，而韩、彭逾期未至，汉军大败。汉王退于固陵，深沟高垒，坚守不战。两军暂成对峙局面。

汉王求张良谋，良献策，用裂土封王为代价，换取韩信、彭越共击楚军。十一月，汉王在固陵布防反击，分四路对项王合围，一战败楚。项王从垓下突围南遁，汉王追项王至淮河与长江之间的乌江，项王自刎而死。

固陵之战运师千里，转战南北，其规模之大、组织系统和指挥部署之周严，为古代战例中少见，在兵法运用上，属于“十倍（于敌）则围之”的包围歼灭战，被列为我国古代著名战例之一。

据实地考证，现在淮阳的柳林仍较周围地形高约 2 米，其余部分被黄水淤没。今柳林西一里有小河，曰固陵河，由北向南，入新运河。新中国成立前夕，该故城有砖砌城门，城内有“三里长街”，现存城垣长 1200 米，宽 240 米，分南、北、中三寨，南寨有四门，曰：朝阳、乾元、通济、保安。中、北两寨亦各有二门。城垣残高 3 米左右。曾出土宋代文物，据推测，柳林在宋之前可能被黄水淹没，宋以后一度中兴。古固陵城是否深埋于地下，有待于今后进一步考古发掘。

（九）楚顷襄王墓

楚顷襄王墓在淮阳县城东南 5 公里瓦房庄西，淮阳至郸城公路南侧。顷襄王二十一年（前 278 年），秦将白起攻破楚都郢，顷襄王兵败迁都于陈（今淮阳县城），并把陈城作为楚都达 38 年之久，史书上称“郢陈”即此。顷襄王于公元前 263 年病卒于陈地，葬于此。墓在两座南北相连高 10 米的封土堆上，形似马鞍，故又称“马鞍冢”。经考古工作者发掘证实，此冢为两座战国晚期大型楚墓。其南墓平面呈“中”字形，东西长 14. 5 米，南北宽 13. 4 米，5 级台阶；北墓平面呈“甲”字形，东西长 16. 6 米，南北宽 15. 3 米，7 级台阶。墓中文物早已被盗。两墓西 50 米处各有一座陪葬的大型车马坑。北坑南北长 55 米，东西宽 4. 72 米，西侧有两个斜坡通道，南部葬有肩舆（轿）和沉质器物，中部葬马 24 匹，车 8 辆，猎狗 2 只。西北角埋葬有鼎、敦、盒、壶、钫、高柄壶、盆、箕等陶器皿。陶鼎高大而精致。8 辆车上的铜铁件基本齐全。车辆上有铜车軎、铁轴承（大小铁杠），车棚上的轺、盖弓帽，车辕上的衡、环等良好。马是杀死后移到坑内的。从排列及车辕看，可以知道车的种类有：安车、轺车、猎车。驾车马数有 1 匹、2 匹、4 匹不等。猎狗骨在猎车之马旁，狗颈上配有贝形玉饰。南坑长40米，宽3.7米，东侧有斜坡通道，葬泥马20余匹，车23辆，旌旗6面。车的种类大部分为战车，其中一辆，车厢周围安装铜板数十块，颇似现在的装甲车。有一面旌旗上镶嵌贝壳呈梅花形，极为壮观。

据车马坑出土的陶器特征印证，马鞍冢属战国较晚期的楚墓。楚顷襄王横，是怀王之子，在位36年。其在位时，秦强楚弱。顷襄元年，强秦要怀王不可得之地。楚王应付秦国，秦昭王大怒，发兵攻楚，大败楚军。斩首5万，取楚15城而去。六年，秦使白起出兵伐韩国于伊阙，大胜。秦遣楚王书曰："楚倍秦，秦且率诸侯伐楚，争一旦之命。顾王之饬士卒，得一乐战。"楚王害怕，谋求与秦和平相处。二十一年，秦将白起攻占楚国郢都，烧先王陵墓，楚襄王兵败，不复战，楚都城由郢迁至陈城（今淮阳城）。顷襄王二十六年，襄王病，是年秋卒，葬陈。太子熊元代立，是为考烈王。

这两座墓及车马坑是目前考古发现形制最大、埋葬马匹最多、陪葬品丰富的战国楚王室大墓。这批文物的出土，对研究战国晚期楚国的葬俗和车制都有重要的参考价值。

（十）卧治阁

位于淮阳县城内群众街北县政府招待所院内，为纪念淮阳太守汲黯所建，陈州八景之一。

汲黯，字长孺，西汉濮阳（今河南省濮阳市西南）人，秉性刚强，曾多次向汉武帝直谏，汉武帝称之为"社稷之臣"。汲黯信奉黄老哲学，不论是官府大事或是民间小事，都以"无为而治"的办法处理。汲黯身体不好，在出任东海太守期间，常常生病卧床在家。公元前119年，淮阳一带社会秩序混乱，汉武帝认为汲黯曾在这一带治过水，放过粮，人民拥戴他，于是任命汲黯为淮阳郡太守。汲黯到淮阳后，仍实行"无为而治"，不到一个月，就处理了前任遗留下来的20多起积案，并规定：百姓进衙告状，任何人不得阻拦，可直接到他病榻前当面陈述。他还经常微服出访，体察民情，使淮阳社会风气大变。七年后，汲黯病故于任上，葬于汲冢（今属郸城县）。后人为弘扬汲黯的美德，在淮阳太守府院内兴建了"卧治阁"。

（十一）刘崇墓

东汉陈王刘崇墓位于淮阳县北城区。

刘崇是东汉明帝四子陈敬王羡之子，初为安寿亭侯，永宁元年（120年）为陈王。

刘崇墓于1987年淮阳县纱厂扩建时发现，1988年11月由河南省考古研究所发掘。该墓距今1800多年，是目前河南省考古发掘的汉代墓葬中规模最大的一座，在全国也是罕见的。

刘崇墓用砖石砌筑，墓门朝东，由封土、墓道、墓门、甬道、前室、左右耳室、中室、后室和“门”形回廊及回廊上的7个小室等部分构成，东西长28.3米，南北宽18.2米，面积515平方米。从建筑材料看，该墓关键部位和墓门、停放棺木的后室，均用青石垒砌，尤其是后室的门、门楣等部位，都有减地浅浮雕画像。其余大部分建筑材料虽系青砖，但都是根据各个部位的需要，烧制成大小不等的楔形，戳印各式花纹图案，如帽钉纹、几何纹等青砖，砖的型号达16种之多。

左耳室内主要陪葬品是画像石仓楼。汉墓中多是陶仓楼，而石仓楼为首次发现。此楼通高1.2米，宽1.45米，进深0.31米，共三层，二层正面开三窗，并设促踏板（楼梯），四阿式顶。楼四壁分别有人、马、羊、牛等浅浮雕。楼内空，设有粮仓，重约2吨。此石仓楼为国家一级文物，现存淮阳县博物馆。墓内展示为复制品。另外还有玉猪、石猪、石虎座、石狮座、石扶几、石鸡、陶盆、陶罐等陪葬品。

右耳室陪葬品有铜车、陶俑等。

主墓室有石门、石棺。此墓早年多次被盗，珍贵文物多数被盗走，但劫后余存的文物仍具有一定的历史艺术价值，不少文物在中原地区尚属首次发现。墓主人的衣饰为银缕玉衣，共2000余片玉片编缀。玉衣又称“玉匣”，是汉代皇帝和上层贵族死时使用的殓服，分金缕玉衣、银缕玉衣、铜缕玉衣。皇帝、皇后用金缕玉衣，诸侯王等用银缕玉衣，大贵人等用铜缕玉衣。此墓银缕玉衣玉片多为水苍玉，有正方形、长方形、梯形、三角形及半圆形等10余种。玉片的边缘较薄，四边角各有小孔用银线编缀，故称银缕玉衣。

另外，墓室内还出土有歌俑、杂技俑等，其中有一件“长袖玉舞女”，高5厘米，头梳双髻，身穿长袖衣，腰系长裙，一手扬长袖过头，一手横于腰部，袖垂于身子另一侧，作翩翩起舞状，为汉代流行的翘袖折腰舞，具有强烈的时代风格。这件玉舞女为国家一级文物。

（十二）思陵冢

在淮阳县城南1.5公里张庄村北。台高六七丈。《大清一统志》说：“三国魏曹植墓，在淮宁县南三里。”民国五年《淮阳县志》记载：“曹植墓，在城南三里。”曹植死后谥“思”，所以群众俗呼思陵冢为“四里冢”。

曹植，字子建。曹操第三子，谯（今安徽亳州）人，三国时著名诗人。

他在中国文学史上有着崇高的地位。南北朝著名诗人谢灵运说："天下有才一石，曹子建独占八斗。"钟嵘在《诗品》一书中称赞他"骨气奇高，词彩华茂"。植聪慧过人，10 岁能诗，19 岁就写出流传千古的《铜雀赋》。其父曹操最初曾考虑立他为太子，后因他"任性而行，不自雕励"，"恃才傲物，目中无人"，最终动摇了对他的信任。曹操死后，其兄丕和其侄睿对他更加嫉恨，百般迫害，有名的"煮豆燃豆萁，豆在釜中泣。本是同根生，相煎何太急"，便是曹丕对他进行刁难打击的证明。

清代诗人陶微游览陈思王曹植墓后，感慨万分，赋诗曰："斜日罩高树，秋风生细尘。可磷衰草地，犹是建安人。白屋更新主，青山结故邻。童童双桧在，风雨各千秋。"

（十三）苏亭

苏亭也叫读书台，位于淮阳县城西北隅柳湖内。宋代著名文学家苏辙在陈州任教谕时，喜爱这里的柳色湖光，在此筑台读书，故名。当时称"苏亭"或"子由亭"。这里凫栖鸥飞，烟光开敛，沙禽水鸟，游泳浮沉，荷香拂面，柳丝垂岸，景色宜人。因苏辙在此，苏轼也几次在此逗留，甚至一住数月。苏轼、苏辙兄弟二人常常泛舟万亩湖中，写诗作画，留下了传颂千古的诗篇。

苏氏兄弟在陈期间，或到湖中读书，或去郊野畅游，或在读书台会友迎宾，谈论时政。他们还治水救民，考察古迹，严谨治学。城湖、读书台和陈州人民结下了不解之缘。后人敬仰苏氏兄弟的文才和功绩，便在读书台建亭纪念。据《淮阳县志》载：明成化六年（1470 年），陈州知州戴昕重修了八角亭。亭基修成船形，象征"宦海扁舟"；苏亭四周遍植莲藕，暗喻"出污泥而不染"。每值夏秋，柳拂曲栏，荷香数里。

历代文人名士，多来此观光吟咏，留有许多诗文佳句。乾隆初年，岁贡吴履坦被苏亭景色所迷，赋诗《苏亭莲舫》赞曰：

十里荷香满碧湖，中央虚敞一亭孤。
往稽世代人传宋，独著风流姓是苏。
翠盖阴中停画桨，红衣队里醉醍醐。
只今玩赏横桥畔，景物犹堪入画图。

（十四）包公祠

包公祠位于淮阳县城内西北隅。明成化年间，知州戴昕为纪念包拯而建。清嘉庆十二年（1807 年），知府包敏、知县张世濂重修。正殿两侧有对联：

理冤狱关节不通自是阎罗气象，赈灾黎慈悲无量依然菩萨心肠。此联道出了人民群众赞扬包拯的心声。

包拯，字希仁，庐州合肥县人。宋真宗咸平二年（999 年）生，天圣五年（1027 年）举进士，初知天长县，徙端州。后入监察御史，经三司户部判官，又改任三司户部副使、转运使。推天章阁待制，知谏院，又徙庐州江宁府，召权开封府尹。后为龙图阁直学士。包拯以刚正不阿、执法如山、铁面无私、重名节而风动天下。在知开封府尹时，相传包拯奉旨下陈州放粮赈灾，在陈怒铡了皇亲四国舅曹虎，为陈人除了害，申了冤。淮阳立有《四贤祠碑》：“包孝肃公有功吾陈也。持节发菌，痛抑豪右，所全活陈民数万。”陈人世代不忘包公恩德，在永赟食内建祠祭祀。明贾恪《重修包孝肃公庙碑》记：“治化三代而一人而已，迄今四百余年，所在世民闻其风，民受其惠，故其祠立于仓中礼所宜也。”

二、西华

（一）女娲城

女娲城位于西华县城北 10 公里的聂堆镇思都岗村，相传为“女娲氏之故墟”或“女娲之都”，相传城系女娲补天时所筑。《淮南子·览冥训》载：“往古之时，四极废、九州裂，天不兼覆，地不周载……于是，女娲炼五色石以补苍天，断鳌足以立四极，杀黑龙以济冀州，积芦灰以止淫水。”《太平寰宇记》卷十载：“县西二十里，旧传女娲之都，本名娲城。”《读史方舆纪要》卷四十七云：“娲城在西华县西，女娲之都也。”《河南通志》云：“女娲氏遗民思故都，因以为名。”《西华县志》谓：“在县东北十里，《江野纪闻云》：‘陈之长平即女娲炼石补天处。今有女娲城焉。’《旧志》以为女娲所筑之城。故老相传，其来久矣。春夏之交，城上朝烟，缤纷在目。诗曰：女娲炼石自河年？补足人间缺漏天。石屑化为城上土，常将五色幻朝烟。”村内有古刹，名龙泉寺。寺内存有一明代碑碣，碑文云：“西华县治北十五里有城遗址，半就湮没，传为女娲故墟也。”女娲死后，人们在城西修女娲陵，在城内建女娲阁，上供女娲，下供伏羲。后来城、阁被毁，百姓思娲皇故都，因名“思都岗”。民间传说，这一带就是当年女娲补天处。

1981 年，周口地区文物工作队对女娲城进行钻探试掘，发现一座春秋战国城址。据文物部门 20 世纪 80 年代普查和考证，女娲古城址呈正方形，为内城外郭式格局。外城边长 1000 米，内城为 360 米。西城墙残存最高为 3 米，宽8米。城墙分层夯筑而成。外城以外有壕沟，宽约9米。内城有夯土台基，灰土堆积。周围有城壕环绕。西城墙上筑有一座烽火台。遗址中挖掘出的陶器，多为春秋时代之物。器物有釜、罐、鼎、鬲、瓮、豆、筒瓦、水管道等。地层上是黄淤土覆盖，下为夯土层。土色先黄后灰、再黑后黄的次序，表明春秋战国之际这里已筑有城邑。据考，该城为东周城址，城墙下压着商周甚至更早的古文化遗址。依此，古时该地已是居民殷盛、城池壮伟。尤其是在春秋、战国时期，女娲氏在人民中间已享有崇高的威望，并留下了大量有趣的传说。1986年11月，河南省人民政府将女娲城遗址公布为省级重点文物保护单位。80年代后期，新建的女娲阁在城中拔地而起，坐北向南，高8米，占地200多平方米。整个建筑飞檐斗拱，琉璃瓦顶，一派古朴景象。四周古柏参天，绿水荡漾，景色宜人。城西女娲陵高13米，陵前建有女娲墓碑。陵阁并峙，相映生辉。

（二）昆山女娲宫

位于西华县城北郊贾鲁河畔的山子头村，这里古称“昆山”，史书记载有“女娲居昆山”之说。相传人祖女娲、伏羲就是在此“绕烟为媒，滚磨成婚”，先民为敬奉女娲而建女娲宫，后废。现今的昆山女娲宫系1996年民间捐资在汉代古城遗址上所建。女娲宫占地30亩，有女娲宫主殿、玉皇殿、老母殿和人祖伏羲殿等。其中主殿建成于1997年，为双檐挑脊仿古建筑，外观庄重高雅。殿内敬立人祖、女娲端坐塑像，装束为皇冠凤袍，双手托阴阳鱼，神态庄重逼真，栩栩如生。墙内四周有女娲炼石补天、抟土造人传说故事彩绘，画艺精湛，惟妙惟肖，令人赞叹。每逢农历初一、十五女娲宫与女娲城同成庙会，祭祖观光者客流如潮，络绎不绝。此外，女娲宫后有一古老榔榆树木，当地人称之“龙榆”，树龄近千年，平原地区实属少见。后有雷电劈断一主枝，枝形恰似龙头及身尾，这一天然艺术之作现仍保存在女娲宫址。于是，当地传言昆山女娲人祖和伏羲龙祖显灵，成为美妙离奇之典故，由此更增添了“龙榆”的神秘感，以致在庙会期间有众多信仰者进香祷告，别具一景。

（三）盘古寨遗址

盘古寨遗址位于西华县城东北20公里的东夏镇木岗寺村。据传，中国神话中开天辟地的始祖神盘古葬于此地。该村古称“盘古寨”，现有宋代“盘古寨”寨城匾额砖雕收藏。村东有盘古墓遗址，南北2500米，东西500米。因黄河历次泛滥，墓冢早淤为平地。墓旁有“盘古井”，历年洪水暴雨未曾灌满，现淤为凹坑。因该村古时有盘古墓岗，又有百亩寺院（已废），故后来名曰“墓岗寺”。又因村名带“墓”字被认为不吉祥，加之写起来繁琐，后改“木岗寺”延续至今。盘古寨遗址属目前全国为数很少的盘古文化遗址，对研究中国和世界远古文化具有重要意义。盘古寨西距女娲城10公里，东距伏羲太昊陵30公里，一旦论证开发，将对形成盘古、女娲、伏羲连线远古文化旅游区产生巨大作用。

（四）商高宗陵

陵位于河南省西华县县城东北15公里的田口乡陵西村，系商代中兴帝王武丁之陵寝，距今约3200年。

武丁又称商高宗，系商代第22任国王，商汤十世孙。据《尚书·无逸》载：“其在高宗，时旧劳于外，爰暨小人。”武丁早年生活在民间，知稼穑艰难，即位后志向远大，思兴复殷。他治国有方，特别是起用贤人傅说、甘盘为相，国始大治，使商朝政治、经济、军事和文化发展达到鼎盛，使中国成为当时煊赫一世的世界文明大国。他在位59年，是商代鼎盛时期很有作为的君主，堪称一代明君。《诗经》中有5篇商颂，其中《玄鸟》、《殷武》都是为颂扬武丁而作。据载，当时西华境内遭受蝗虫灾害，武丁从商都率群臣前来西华捕灭蝗灾并体察民情，先后到县西七里仓一带和道陵岗、思都岗等地。这些地方至今仍留有清凉寺、养马岗、高宗寨等遗址。武丁后因积劳成疾病逝西华，葬于现址。死后被谥为高宗。陵墓偏东南不远处，分置高宗最器重的得力辅助丞相傅说、甘盘陵墓，现已不存。古时的陵冢规模宏大，《中国古今地名大辞典》记载：“陵墓为椭圆形高大封土冢。”《陈州府志·卷二十五》记其全貌：“其广两千步，高百尺，岗阜丛生，林木遮蔽，望之如山……”历代帝王皆崇仰至祭。

陵墓前原有高宗庙，以其德于民，岁时皆遣官致祭。宋太祖开宝三年（970年）诏修陵庙。《宋太祖修陵奉祀诏》：“历代帝王，或功济生民，或道光史载，垂于祀典，厥惟旧章。兵兴以来，日不暇给，有司废职，因循旷坠，或庙貌攸设，牲牷罔荐；或陵寝虽存，樵苏靡禁。仄席兴念，兹用惕然。其太昊葬宛丘，在陈州；高宗武丁葬陈州西华县北，各给守陵五户，蠲免地役。”①

《陈州府志》载有王汾《修高宗陵庙碑记》云：“宋太祖开宝中，尝诏治王之庙而广，其栋宇八十楹，塑其像于殿中。又立傅说、甘盘夹持左右，列

① 齐玉珍：《太昊陵庙》，海天出版社2005年版，第39页。

绘群臣于四壁。复辟东西两序，前辟重达，后严燕寝，致祭有所，供庖有次，珍木森于其中，缭墙周于其外。壮丽密邃，威灵如在。岁时敕守，吏恭洁致。”元季兵毁。明代大中丞吴韫庵檄举而修之，陵前又竖二坊，一题“高宗陵”，一题“高宗神道”。陵园内翼庙夹道，松柏参天，浓郁蔽日。陵侧有株铁树，虬枝枯干，无叶无花，举目视之，则青色盎然，殊有生意，千百年屹立陵边，沧桑不易，素有“铁树留春”之誉。

宋代诗人李廌写有《商高宗陵庙诗》：

筑岩胥靡继甘盘，此道寥寥不复存。
古庙秋风尘黯黯，故陵烟树月昏昏。
君臣难遇真千载，岸谷谁知旧九原。
魏尚端能似颇牧，独无新梦到天阍。

清康熙六十一年（1722年）、同治八年（1869年）定帝王陵寝祀典。原陵庙院内存宋、明、清修建和祭祀碑数十通，到民国时陵园渐废，特别是1938年6月，黄河花园口大堤决口，滔滔黄水顺势而下，整个陵庙全被洪水冲毁。现存高宗主陵高约6米，长宽各百余米。另有散落的古御祭碑刻数通被收藏。

商王高宗陵属全国现存为数极少、且较完整的奴隶制度时期帝王陵寝。

（五）箕子读书台

箕子读书台位于西华县城西北隅百亩湖面之中。箕子是商末文相、纣王之叔父，因不满纣王暴政，被囚西华。原箕子读书台为明代所建纪念性建筑。箕子读书台对印证和研究我国商代历史具有重要意义，也是古西华象征。因为箕子曾居于此地，故西华又史称“箕城县”。

相传，箕子曾经在箕城衍洪范九畴，故西华有箕子读书台、祠及衍畴书院等遗址。箕子读书台，原在城东南隅，与衍畴书院、箕子祠在一起。《陈州府志》载：“华邑，箕子之旧封也，故城号称箕城。县城东南隅，其势甚高，有箕子祠在焉。”共有房屋9楹，礼堂3楹。供有箕子神主。东西两庑各陪祠。四周遍栽桃李，每当秋高气爽，夜阑人静，书声琅琅，韵致清幽，故有“箕台夜读”之称。后人有诗曰：“箕台矗处依城麓，桃李成荫绕书屋。夜半秋凉霜露寒，风清月白桃烂读。”

明神宗万历二十年（1592年），巡抚吴自新委邑令重建，始改在县城西北隅。清康熙二十九年（1690年），知县李培捐修。距西北城墙约30米，台高5米，总面积30平方米。砖木结构，下部呈圆柱形，台顶上尖下方。有四压脊，门南启，东西各有砖砌圆窗。四周环水，每逢落霞浸空，回光返照，波光荡漾，台影倒置，景色宜人，俗称“畴亭夕照”。曾有诗赞之：九数陈亭岂有穷，当年恒雨有恒风。沧桑不改商臣迹，犹在畴亭夕照中。

箕子读书台因受黄水浸泡，于1980年倒塌，现仅存遗址。2000年由县土地部门发起社会筹资在原址上重建。台身方形，青石铺就。台上有方形箕子亭（祠），青砖砌筑，灰瓦覆脊。建筑整体如旧，不失古代风貌，如昔日“畴亭夕照”景观再现。

（六）龙泉寺

龙泉寺位于西华县城北10公里的聂堆镇思都岗村，西距女娲城500米之遥。始建于汉代，明、清重修。因寺前原有古潭，泉水终年不涸，故名“龙

龙泉寺

泉寺”。寺院占地20亩，现有大殿，面阔五间，虽经后期局部修缮，仍不失古代建筑风貌。殿内供奉释迦牟尼佛与十八罗汉，殿廊木柱古雕、石墩具较高艺术价值。殿前竖立明代万历年间古碑两通，两侧廊房供奉菩萨神像。寺门匾额“龙泉寺”为明代石刻原物。龙泉寺属目前豫东遗留较完好的原貌古寺，为县级文物保护单位。

（七）楚汉鸿沟——贾鲁河

楚汉鸿沟即现在西华县境内的贾鲁河，上游源于荥阳县东南山区，流经现郑州、中牟、尉氏、扶沟、西华，在周口市川汇区汇入沙颍河。鸿沟初名于战国，是当时魏国为灌溉农田在黄河与莆田湖之间开挖的运河，因而也是中国历史上第一大运河。后汉时鸿沟称蒗荡渠，唐称蔡河。元至正十一年四月（1351 年），帝命工部尚书贾鲁为总治河防使，发动军民治理当时称为小黄河的鸿沟。历时 8 个月，河复故道，疏浚蔡河，南汇于沙河，后易名为贾鲁河。鸿沟是著名的秦末楚、汉（项羽和刘邦）分界河流，由此“鸿沟”流传后世。现在我们熟知的象棋棋盘中的“楚河、汉界”实际上指的就是“鸿沟”，也就是现在的贾鲁河。正因鸿沟过境西华，隋代曾改西华为鸿沟县，县治即今县城。现今的鸿沟（即贾鲁河）在西华境内水域宽 50 米左右，河畔滩地宽约 200－500 米不等。河两岸遍植林木果树，春夏秋日时节，花香宜人、绿荫蔽日、果实累累，美不胜收。

三、川汇区

（一）水灌台遗址

水灌台原名观水台，传说大禹开通九河治理颍水水患，曾在此筑台观水象。据《太平寰宇记》记载，三国时魏将邓艾筑灌溉城于观水台上，将观水台改为水灌台。

遗址位于周口市东南蔬菜乡境内。该遗址高 7.8 米，南北长 110 米，东西宽 70 米，面积 7700 平方米。全系文化层堆积，至今没有发掘。从断崖处可以发现有红烧土面 5 处，并有灰坑、墓葬。遗留下来的文物残片众多，仅捡到的就有龙山时期陶罐、扁锥状三角形鼎足、鸭嘴形鼎足、碗托，商代的陶碗、陶罐、陶盆等。根据有关志书记载，在水灌台还发现新石器时代的磨制石斧、石铲、石箭头、预制陶壶、陶纺轮、骨针等。由此可以断定水灌台是一座龙山文物遗址。

（二）周口关帝庙

周口关帝庙，位于河南周口市区颍河北岸，是“豫东平原保存较好，建筑艺术价值较高的古建筑群”，号称“周口八景之冠”。

关帝庙坐北面南，清康熙三十二年（1693 年）开始建造，经雍正、乾隆、嘉庆、道光年间扩建、重修，至咸丰二年（1852 年）全部落成，历时 159 年。它系山西、陕西两省商贾集资兴建，为同乡集会场所，故又称“山陕会馆”。现存楼廊殿阁 140 余间。东西宽 105 米，南北长 158 米，面积达 12590 平方米，占地约 21000 多平方米。整个建筑群沿南北中轴线分三进院落纵深布局，结构严谨，极富神韵。清代文人高麟超在《洗凡文抄·陈游纪胜》中欣然赞道：“关圣帝装塑威严，双石坊镂刻精妙，春秋阁飞檐建瓴，铁旗杆直插云霄，集公输之巧，荟冶炼之精……胜迹也!”周围是繁华的行政、文化、商业区，交通便利，热闹非凡。

整个建筑群为仿宫殿式建筑，布局严谨，装饰富丽，工艺精湛，巍峨壮观。沿中轴线由南向北依次排列的建筑有：照壁、山门、钟鼓楼、铁旗杆、石牌坊、香亭、碑亭、飨殿、大殿、河伯殿、炎帝殿、戏楼、拜殿、春秋阁等。前院东侧有药王殿、灶君殿及东廊房，前院西侧有财神殿、酒仙殿、西廊房等。中院又称春秋阁，东侧有东看楼、东庑殿，西侧为西看楼、西庑殿。马王殿、老君殿、温神殿建于后院东侧，客舍僧房位于后院西侧。院内古柏参天，环境清幽，碑碣林立，殿堂秀丽。它是河南省最大的关帝庙，属国家级重点文物保护单位。

山门　清雍正十三年（1735 年）建，面阔 5 间，进深 3 间，单檐歇山式，屋面覆绿色琉璃脊饰瓦件。五踩斗拱，青阶朱户。三门通道，朱漆大门上镶嵌着金色乳钉，檐下悬“关帝庙”金字匾额。一对石狮雄踞山门前，分列左右，怒目圆睁，威武壮观，造型生动，雕琢精细。

周口关帝庙　山门

铁旗杆 矗立于香亭前月台下东西两边的铁旗杆，系清嘉庆二年（1797年）铸造，是陕西同州府大荔、朝邑、澄城天平会众商敬献。铁旗杆高22米，直径0.28米，重3万余斤。东西两根，六角青石浮雕底座，青石座上为六角须弥式铸铁座。铸铁座上每面铸有铭文图案、山水花卉、龙凤鸟兽，造型别致，工艺精湛。铁旗杆杆身各有上下两条铁龙缠绕，杆身上饰有莲花、蟠龙、飞凤、日徽月徽、寿字如意方斗。顶端铸有“大义”、“参天”四个字，象征关羽一生忠义，与天地共存，与日月同辉。经风霜雨露剥蚀风化，铸铁细件多有损坏，但200多年来巍然耸立，直刺苍穹，雄姿不减。

铁旗杆北筑有月台，月台上建有石牌坊、碑亭，四周安装有石雕栏板围护。

周口关帝庙铁旗杆　大殿

石牌坊 建于清乾隆三十年（1765年）。为四柱三楼式，正楼高7.85米。石雕歇山顶，龙凤正脊，中置瑞兽。全坊精雕“二龙戏珠”、“凤凰牡丹”、“八仙过海”、“竹林七贤”、“天马行空”、“喜上眉梢”等神话故事及山水花卉、仙灵鸟兽等图案120余幅。正面透雕“二龙戏珠”神龛，刀工精细，玲珑剔透。夹柱上的石狮或戏耍绣球，或挠痒嘻咬，或昂首张望，或仰天长啸，体态各异，惟妙惟肖，逗人喜爱。四柱上悬挂的石雕四天王像，威武雄健，神态逼真。抱鼓石上的山水人物、花卉、鸟兽，构图饱满，线条流畅，显示出石雕艺人的高超技艺。石牌坊上有一副对联：

做好人行好事；
说好话读好书。

石栏板　安装于清道光二十五年（1845 年）的石板栏，每块高 0.78 米，长 1.37 米，厚 0.14 米。分别雕有松、鹤、竹、石、牡丹及人物故事。方形望柱高 1.5 米，柱头饰狮、猴、石榴、仙桃。刀法娴熟，生动流畅，耐人寻味。

碑亭　碑亭建于清道光十八年（1838 年）。碑亭通高 6.75 米，六角攒尖，单翅斗拱，覆灰色瓦件脊饰。翼角仙人飞耸，风铃叮咚。亭内立道光十七年“重修关帝庙碑”和“岁积厘金碑”。碑高 2.65 米，宽 0.79 米，厚 0.14 米。碑首透雕“二龙戏珠”，龟趺座。碑文详细记述了周口 320 余家商行店铺捐资乐输的动人景象，祈祷关羽“降祥赐福、垂佑一方”和修建歌舞楼时捐资的商号、姓名、金额及修葺彩绘的开支清单。

飨殿　位于月台后，清雍正九年（1731 年）复修大殿时建，面阔 5 间，进深 3 间，单檐歇山式，屋面覆绿色琉璃瓦件，高浮雕龙凤牡丹脊饰吻兽，中置三节琉璃牌楼，垂兽为一行龙，造型生动，工艺精湛。周围安装有青石栏杆。檐下置斗拱、架梁，斗拱均有彩绘。正面檐下透雕“八仙庆寿”、“龙凤呈祥”等神话传说故事，刀法细腻，层次分明。石雕麒麟、狮子柱础造型生动，祥和健美；莲花卧鼓六角须弥式柱础上，雕“二龙戏珠”、“丹凤朝阳”等花卉鸟兽吉祥图案。各幅雕刻，或行龙折首，或牡丹怒放，或大鹏展翅，或凤凰欲翔，无不各尽其妙，栩栩如生。飨殿旧时是摆放供品、焚香祭祀的地方。

大殿　建于清康熙三十二年（1693 年），是这座庙宇建造最早的殿堂。面阔 5 间，进深 3 间。五踩斗拱，六抹格扇，覆黄色琉璃瓦件。三彩高浮雕龙凤牡丹脊饰，造型生动，色泽艳丽，虽历 300 年岁月，依然光彩夺目。正脊上的 16 条行龙，曲折翻转，姿态各异，鳞甲细密，蜿蜒生动，奔腾于海涛云气之间。仙人武士，神态庄重，矫健孔武，衣带摇曳，飘然欲飞，显示出匠师非凡的艺术造诣。殿内梁枋斗拱彩绘艳丽，雕刻精美。前檐柱立在六边形 70 厘米高的青石柱础之上，柱础上透雕各种神兽，千姿百态、栩栩如生。整个大殿高大雄伟，瑰丽壮观，是关帝庙的主体建筑，旧时是谒拜关羽的主殿。

河伯殿、炎帝殿 清康熙五十二年（1713年）修建于大殿两侧。悬山式，面阔各3间，进深3间。覆灰色瓦件，高浮雕龙凤脊饰，两端置龙凤正吻，中间日月狮子麒麟宝瓶，四角立罗成、韩信、庞涓、子都四神将。五踩斗拱，六抹格扇。梁枋斗拱沥粉彩画，富丽堂皇。旧时是祭祀河伯、火神的殿堂。

药王殿、灶君殿、东廊房 清康熙五十六年建于前院东侧，是祭祀药王、灶君的地方和商业店铺。

财神殿、酒仙殿、西廊房 清康熙六十一年建于前院西侧，是祭祀财神、酒仙的地方和商业店铺。

戏楼 清道光十七年（1837年）建于中院大殿后。坐南面北，面阔3间，进深3间，重檐歇山式，屋面覆绿色琉璃瓦件，高浮雕龙凤牡丹脊饰。龙凤正吻，中置狮子绣球宝瓶。五踩斗拱，平板枋下镶蓝底金字“声振灵霄”匾，匾下精雕龙凤牡丹及戏剧人物故事。该楼玲珑精巧，装饰妍丽。因戏楼的整体装饰描红绘彩，故有“花戏楼”之称。旧时为演戏用的舞台。

周口关帝庙 戏楼

拜殿　建于清咸丰元年（1851 年）。面阔 5 间，进深 3 间，单檐卷棚式。屋面覆灰色琉璃瓦件，四周安装石雕栏杆，檐下施五踩斗拱，并透雕“二龙戏珠”、“凤凰牡丹”、“福禄博古”等，构图巧妙，刀法娴熟。殿内木雕彩绘，琳琅满目。柱础上雕有“王祥卧冰”、“张良进履”、“刘海戏金蟾”、“白状元祭塔”、“鲤鱼跳龙门”、“喜鹊闹梅”、“狸猫戏蝶”、“马上封猴（侯）”等传说故事，以及珍禽异兽、花卉人物。雕梁画栋，富丽堂皇。旧时是祭祀朝拜关羽的殿堂。

春秋阁　取关羽夜观《春秋》的故事。清嘉庆五年（1800 年）建在 1.5 米的高台上，为关帝庙的主体建筑。面阔 5 间，进深 3 间，四周回廊，重檐歇山，孔雀蓝色琉璃瓦顶，高浮雕龙凤牡丹脊饰，两端置高 1.7 米的龙凤正吻，中置五层琉璃牌楼，檐下施五踩斗拱，耍头饰龙、凤、猴、象等，雕刻精细，彩绘艳丽。正檐下透雕“二龙戏珠”、“凤凰牡丹”，刀法秀美，玲珑剔透。

阁分上下两层，阁内东西两稍间原有青石阶梯。阁上有暖阁，内塑关羽“夜读春秋”像。下层，四周有围廊，廊深 180 厘米。24 根青石方柱擎托阁檐，使该阁更显得雄伟高大。正面檐下悬蓝底金字高浮雕三块匾额：“气肃千秋”、“大义参天”、“精忠贯日”，明间青石柱上刻有楹联：

赤面表赤心千里常怀赤帝
青灯观青史一生不愧青天

秉烛持纲常顾影何惭心上日
封金完节义对人不愧性中天

霸业已空问吴魏强梁安在
英风如昨与天地悠久无疆

鲁夫子晋夫子两位夫子
著麟经看麟经一部麟经

柱础四周雕有“天官赐福”、“姜太公钓鱼”、“渊明赏菊”、“瓶（平）升三级”等历史传说故事及仙灵鸟兽等。每逢彩霞映照，愈发显得金碧辉煌，雄伟壮观，成为周口颍河八景之一的“翠阁映霞”。

周口关帝庙　春秋阁

看楼　看楼20间，庑殿14间，清嘉庆二十年（1815年）建于中院两侧。悬山式。灰筒瓦屋面，高浮雕龙凤牡丹脊饰，带前廊，五踩斗拱，六抹格扇。旧时是供人看戏的楼房和商业店铺。

仪门　又称掖门，建于春秋阁两侧。悬山式，面阔各三间，灰色瓦件脊饰，正檐下镶嵌有蓝底金字“威临海甸”、“日丽天中”匾额。两边筑有台阶、楼梯，可登临看楼和春秋阁。

这一凝聚着我国古代劳动人民才能和智慧的古建筑群，布局精巧，殿堂宏伟，雕刻瑰丽，素以其巧夺天工的艺术装饰著称于世。它集民间建筑艺术之大成，在建筑构件上巧妙地运用木雕、石雕、砖雕、琉璃、彩绘和铸铁等工艺，融合了圆雕、高浮雕、镂雕、阴刻等不同技法，使一件件作品造型完美，形象传神。木雕、石雕、砖雕数量之多，内容之丰富，工艺之精湛，居当时中原之冠，突出反映了清代中晚期那种追求精雕细琢、装饰华丽的社会风尚。建筑装饰的题材中大量采用了“二龙戏珠”、“凤凰牡丹”、“五福捧寿”、“加官晋爵”、“金玉满堂”等各种吉祥如意图案纹饰，是封建社会中传统伦理道德的形象反映。同时，也为研究清代中原商业贸易、文化交流、行业神崇拜及市场经济提供了丰富的资料和重要的实物见证。关帝庙犹如一段凝固的历史，记载着昔日周口商业的繁荣和经济的鼎盛；它像一颗璀璨的艺术明珠，吸引着无数的中外游人，来此观瞻和研究。

周口关帝庙　柱础石雕

周口关帝庙　木刻

（三）周口河南清真寺

周口河南清真寺，又名陈州街清真寺，是周口市历史较为悠久、古老建筑保护颇为完善的一所清真寺。该寺始建于清康熙八年（1669 年），占地面积约为 2.4 亩。大门楼和二门楼都飞檐斗拱，气势不凡。大门上一副楹联写道：

无中有，有中无，真有无像；
主非形，形非主，主形无疆。

二门上的楹联是：

朝着日出，石观天河，星转斗移，年年中秋，月月十五，明日悄悄渡，谁主沉浮？

真主独一，造化万物，古圣天经，世世传颂，代代拜读，圣贤辈辈出，功贯今世。

男大殿 6 间，外配宫殿式卷棚 3 间，女大殿 3 间配出厦。两殿前后交相辉映。南北讲堂各3间，南北二讲堂相望。北讲堂题有楹联：

学富东海，丰彩照人，问多事不愧师资；
经贯北斗，才华横溢，化雨露雅看教幕。

东厢有一两层楼耸立，下为水房、上为邦克楼，样式新颖，宽敞华丽、楼头尖塔、圆顶、星月标志闪烁发光。原来男女大殿中间还有一飞檐斗拱，傲视天穹的望月楼。可惜“文革”中被毁。寺内还有女寺讲堂、阿訇住屋、满拉宿舍等其他建筑10余间。该寺实为一座建筑紧凑、布局合理、古朴庄严的清真寺院。

（四）铁水牛

铁水牛位于周口市区沙河中。相传清朝时，上界天河里有一条千年成精的火头鱼，看中了沙颍河宝地。它降临到沙颍河，先是大量吞食鱼虾，绝了渔民的生路，等鱼虾吃完了，就给地保托梦，自称是河神，叫两岸百姓每月给它进贡全猪全羊，更可恶的是每年7月13日，要给它送一少女作新娘。当地有个周财主，他看给河神上供、娶妻有油水可捞，便凭着自己财大势大把这一差使揽了起来。他通过向各家各户派款给河神买猪羊，克扣了不少银子；给河神选着哪家姑娘，若不忍心让自己女儿送死，可以掏钱买替身，周财主从中又捞到不少黑心钱。年年给河神选妻，怎么个选法呢？大家议定听天由命，让所有年满16至20周岁的姑娘在一块抓阄，谁抓着该谁倒霉。说来也巧，这年抓阄偏被周财主的女儿抓着了。周财主既不让自己女儿送死，又不肯破财买替身，决计叫他家的卖身丫环荷花顶替他女儿，这一来，可急坏了周财主家的牛倌牛娃。周财主知道牛娃和荷花暗中相爱，生怕给河神娶妻时牛娃闹事，便想法先除掉牛娃。周财主先溜进牛栏偷去一头牛，牵到集上卖掉，随后到县衙告牛娃偷了他家的牛，县官把牛娃抓进牢房。衙役来抓牛娃，牛娃不服，周财主就当场数牛，谁料一数，49头牛一头也不少。衙役们瞪了周财主一眼，走了。周财主不死心，他又把牛数了一遍，果然少了一头，他又去县衙告状，衙役二次来抓牛娃，牛娃大叫冤枉。周财主又当场数牛，又是不多不少49头。衙役说周财主戏弄官府，把他臭骂了一顿，气呼呼地拂袖而去。

牛娃对这事感到很奇怪，到牛栏想看个究竟，有头牛来到他身边，用头拱拱他，突然口出人言：“牛娃你别怕，我是天上神牛，专门来帮你解除苦难的。”接着它便讲出了自己的来历，原来天河的牛郎指派手下神牛下凡为民除害，成全牛娃和荷花的婚事。

转眼到了7月13日，给河神娶妻开始了。周财主将新娘架到一个漏水木槽里，推向河心。不一会儿，木槽连人渐渐沉下水去，霎时河水翻滚，掀起滔天巨浪。约在一顿饭时，忽见水面浮出一头巨大的水牛，只见它张开大嘴，“咕咚咕咚”喝起水来。不多时，把满河水喝了个精光。这时见河底现出一条怪头怪脑的火头鱼，边噗咋嘴喘气，边不住地翻滚身子。大水牛用前蹄三踩两跺，火头鱼顿时皮开肉绽，一翻肚死去了。大水牛随即昂头塌腰，尾巴一拧腾空而起。临过周财主家上空时，后蹄一弹，将周财主的家蹬成一个大水坑。随之化作一股青烟，向天上飞去。与此同时，“咕咚”一声，水又涨满了河。从此两岸百姓又过上了安乐生活，不用说，牛娃和荷花也结为美满夫妻。现在周口市还有牛行街、荷花路呢。

人们为了纪念神牛的恩惠，镇妖辟怪，1878年大家兑生铁铸造了一头卧姿铁牛，在沙、颍、贾鲁三河交汇处河岸垒座台子，将铁牛头朝西安放在台子上。铁牛180厘米长、80厘米宽、50厘米高，重约3吨，安置于北岸火星阁“人”字形码头低于堤岸2米处。铁水牛全身平卧，头向西南，大有喝水之势。从此，它便作为记载周口水位涨落、汛期报警的标志。由于它高出上、下游堤岸，当河水涨至铁水牛嘴边时，上下游便可能决口。铁水牛周围水位下降，周口即转危为安。所以，当时群众曾有“水牛喝水，上游决堤”的传说，把铁水牛誉为“吞洪镇潮”的“神牛”。1934年，从周口北岸的火星阁至南岸向枢门，建了1座6孔3柱式全长118.6米、宽5.5米的钢筋水泥桥（1987年拆除重建现在的中州路桥），将火星阁码头置于大桥之下，但码头并未移动，装卸船只照常使用，铁水牛也依然屹立于原处，日夜守护在老桥北头西侧的石墩上。

一百多年来，铁水牛静静地与河堤经受着数百次洪水的考验。尤其是1957年汛期，水位一度高达50.17米，超过铁水牛近半米。当时河水已经漫上桥面，但经过全市人民的努力抗洪，最终还是平安渡过了险期。长期以来，周口群众都以铁水牛来判断河水涨落，它在船民和周口一带广大群众心目中早已形成深刻的印象。《天下景》一书中载有“周口有个铁水牛，亳州有个花戏楼”的诗句，可见周口铁水牛也算天下美景之一。不但如此，解放后，铁水牛还逐渐成为周口的标志，代表着周口的形象，成为周口人民心目中崇拜和敬仰的偶像。

“文革”时，铁水牛被视为“四旧”，被砸掉一只角。1979年，开宽河道老桥接孔时，竟将铁水牛撤掉，作为废铁卖给物资局，后又转给一砖厂，最后卖给项城南顿铁工厂，被彻底毁掉。后来，根据群众强烈要求，应将铁水牛作为历史文物及沙颍河防洪水位标志重新铸造，以恢复其原貌。1982 年 7 月重铸卧式铁水牛一尊，置于原处偏西的高台上。自此，铁水牛又日夜坚守在沙颍河滨。

周口铁水牛

随着改革开放，周口市在市政建设上更加注重铁水牛的形象。因此，新建成的周口滨河公园，在群雕中又新铸一尊大的铁水牛，更加引人注目。它身长 5 米、高 3 米，坐落在 1.5 米高的长方形底座上，头向西北，低头弓腰，显得力大无穷，象征着周口人民勤劳、勇敢、奋进、团结向上的精神。周口沙颍河南北两岸两座铁水牛，以它们独特的形象、诱人的魅力，吸引着无数游客前来观光。

四、鹿邑

（一）鹿邑太清宫

太清宫位于鹿邑县城东 10 里的太清宫集，为老子的诞生地。始建于东汉延熹八年（165 年），初名“老子庙”或“老子祠”。唐高祖武德三年（620 年），李渊为认老子为祖宗，在汉老子庙的基础上予以扩建。乾封元年（666 年），唐高宗李治追封老子为“太上玄元皇帝”，并增建“紫极宫”、“太清楼”，改庙名为“玄元庙”。武则天光宅元年（684 年），改先天太后庙为洞霄宫。唐天宝二年（743 年）改“紫极宫”为“太清宫”。大部分建筑毁于唐末黄巢起义军。

北宋真宗赵恒，亲临太清谒拜老子，御笔敕立石碑 1 通，修缮原有建筑。并增建“太清楼”，使太清宫达到鼎盛。是时，前后宫占地 720 亩，楼台殿阁 600 余间。前宫午门高耸，御道直坦。太极殿周围有七元殿、五岳殿、南斗殿、虚无殿、清静阁等建筑环抱。殿内老子金躯岸然伟坐。殿前铜铸八卦炼丹炉香烟袅袅。殿侧有铁柱 1 根，高 7 尺径 7 寸，突兀而立，传为老子赶山鞭，实为老子任柱下史之标志。院内 8 桧葳蕤，传为老子手植，实为汉柏。殿东一井，传为老子生时九龙取水浴体，故称“九龙井”。宫前《唐开元神武皇帝道德经注碑》高 7 尺 1 寸，宽 3 尺 1 寸，隶书苍古。院内碑刻如林。后宫有先天太后殿、三圣母殿、娃娃殿等建筑，稍逊前宫。两宫有清静河相隔，上建会仙桥通连。前宫住道士，后宫住道姑，有事以“云牌”传示。宋徽宗赵佶曾对太清宫诏令扩建。靖康之乱中这片建筑被付之一炬，所剩无几。金大定二十三年（1183 年）邑人集资兴建前宫，1186 年尚未竣工，后宫失火，“殿阁灵仪，顷刻而烬”。翌年两宫兼修，在太后殿法座下辟土得玉石一方，“复琢太后真容，未几而成，端丽殊妙，仿之旧仪，尊严厚重”。金明昌二年（1191 年）竣工。元至正十五年（1355 年）二月，刘福通拥韩林儿称帝于亳州，拆太清宫之材东运亳州，建宫阙殿宇，前宫遭损惨重。明万历七年（1579 年）曾修缮增建。清乾隆年间也进行修整。至清咸丰三年（1853 年）又为捻军焚烧。后屡经兵火，“虽修葺不废，而规模疏陋，不能复初矣”！

历代名人学士来太清宫观瞻、朝拜者代不乏人。如南朝诗人谢灵运、北宋文学家苏轼、苏辙、欧阳修等，在宫内留下大量诗文。

原来宫内胜迹甚多，如隐山、赖乡沟、丹井、灵溪池、柱下史标志（赶山鞭）、牧牛场、会仙桥、清静河、明道碑、石匣墓葬群、汉老子祠碑记、隋碑、唐道德经注碑及宋、元、明、清的碑记石碣数十。今仅存碑刻 7 通。前宫仅存太极殿 1 栋，古柏 8 株。后宫有三圣母殿、娃娃殿（均属明清建筑）。其他则荡然无存。

1980 至 1982 年，省里先后拨款 3 万元，修复太极殿，修复后的前宫，有太极殿五楹，顶盖黄色琉璃瓦，脊饰龙凤，角插吻兽，垂脊装点飞鱼、海马、麒麟、狮子、仙人，勾檐斗拱。殿内五梁八柱，四壁彩绘。围墙、山门、甬道皆修葺一新。是国家级重点文物保护单位。

1．唐道德经注碑

唐道德经注碑是太清宫现存最早的帝王御碑，碑文是唐朝玄宗皇帝李隆基对老子《道德经》释文，立于唐朝天宝元年。碑体高 3.7 米，碑身四体刻字，正反两面为正文，左右两侧为文人的题咏。该碑年代久远，风雨剥蚀严重，由于此碑是唐朝遗物，又是皇帝所立，为文物中的珍品。特别是正文的隶书字体，大有曹全碑之风韵，有极高的艺术价值。

2．大宋重修太清宫之碑

石碑立于北宋大中祥符七年（1014 年），碑文记载了宋真宗赵恒朝拜并重修太清宫的经过，重点记述了修复后太清宫宏大的规模和壮观的气势。宋真宗重修后的太清宫，规模达到历史上的鼎盛。史书记载："庙貌比唐时有加。"该石碑碑首的雕刻工艺十分精细，达到了非常高的艺术水平。用盘龙做碑首说明此碑刻是皇家御制。在对老子故里进行文化旅游开发前，此碑位于农家院落里面，因为当时群众没有认识到此碑刻的珍贵，在人手所及的地方造成一些破坏，所以碑体下半部保存不太完好。

3. 望月井

太清宫内有一口井，名叫望月井。看起来这口井和别的井没有太大的区别，但是它的奇特之处就是每逢甲子年的农历八月十五，风清月圆之时，天上的明月正好投影在水井中央，正应了"天上月是水中月"的古诗意境。这口井还有一个与众不同的地方就是，古人用古钱币投落井中，钱币在落水的瞬间，发出一种类似青蛙的鸣叫声，所以人们闲来无事，就投钱币听蛙鸣取乐。以至于后人在清淘此井时，挖出很多生锈了的古钱币。

望月井

4. 铁柱

在老子故里，流传着很多关于老子的神奇故事，在当地群众心目中，老子是一个无所不能的神仙。这根铁柱是民间传说中老子的赶山鞭。远古时期，这里不像现在一马平川，而是有一座遮天蔽日的大山，百姓称为隐阳山。因为隐阳山的存在，老百姓生活很不方便，缺少耕地不说，山上的豺狼虎豹还经常下山祸害百姓，老百姓吃尽了苦头。为了救百姓于苦难，老子上山采来五色石，支起八卦炉，炼了七七四十九天，铸成一根赶山的铁鞭。坐在老君台上的老子，手举铁鞭，运足神力，一鞭下去，把大山赶到东洋大海里去了。由于赶山时用力过猛，铁鞭从中震断，上半截飞到了太清宫，下半截留在了老君台，所以在老君台上也可以看到一样的另一个赶山鞭。

铁柱

5. **先天太后之赞碑**

先天太后之赞碑，是太清宫景区现存最大、保存最完好的一个古碑刻，它就是“御书御制并篆额”的“先天太后之赞”碑。和前宫的宋碑一样，它也是大中祥符七年宋真宗拜谒太清宫时留下来的，但是和前宫宋碑不同的是，这个石碑由真宗皇帝亲自撰文、亲自书丹、亲自题写碑名。该碑形体高大，气势恢弘，高 8 米，宽 2 米，重 50 多吨，碑冠刻成盘龙状，碑座为赑屃状，碑文的内容是歌颂老子母亲的功德。为什么它的规格、大小要高于、大于前宫的宋碑呢？因为前宫的石碑记载了真宗重修太清宫的经过，后宫“三御碑”同为真宗所立，碑文是对李母功德的颂扬。作为真宗皇帝，较李母的功德而言，他自愧不如。该碑石质极坚，虽历经千年，至今保存完好，仅蚀数字。2000 年，原中国考古学会会长徐苹芳在实地考察过这通石碑后，对其综合价值，留下八个字的评价“河南第一，全国罕见”。

（二）老君台

老君台原为明道宫的一部分，位于鹿邑县城东北角，传说为老子得道成仙飞升之处，故始名“升仙台”，又称拜仙台。约始建于魏晋时期。唐代进行修复，据清光绪《鹿邑县志》记述：“天宝二年（743 年）建太清坛。文昌宫于台前。”宋真宗大中祥符六年（1013 年）追封老子为“太上老君混元上德皇帝”，故又名老君台。

台高 13 米，面积 765 平方米。全台以古式青砖堆砌，由 24 个平面围成一柱形高台，底面积略大。台上沿边有 70 厘米高围墙，形如城垣。山门下青石台阶共 32 层，加上正殿前一层，恰为 33 层，正符合老子升 33 层青天之说，也是传说的天梯之数。

进入老君台山门，台中正殿 3 间，为古硬山式出厦建筑，上覆黄色琉璃瓦，五脊六兽，格子门窗，窗下各嵌一石方，分别镌刻“道德真源”、“犹龙遗迹”。台上 13 棵桧柏青翠葱郁，常年凉风习习，百鸟飞鸣。

殿内有老子铜像 1 尊，高 2 米许，镌雕精巧，栩栩如生。两侧青石刻制宋代隐士陈抟手书“开张天岸马，奇逸人中龙”楹联。字体苍古奇秀，干练洒脱。殿前两侧各有配殿 1 间。内分别塑赵公明、王灵官像，面目狰狞，形神逼真，毁于抗日战争时期。左配殿南山墙外立有铁柱一根，古色黝然，是老子任周柱下史的标志，此铁柱和老子铜像及石刻楹联都在 1967 年被毁掉。殿周松柏 13 棵，龙枝虬干，苍郁葱茏。大殿向南直对山门，门上悬匾，上书“无我无物”，毁于日军之手。现在上书“老君台”三字，是 1984 年新置。

台前有明道宫、太清坛，建于唐天宝二年，后毁于兵，元重建，清重修。

现已废。观复亭、澄清亭、文昌阁、迎禧殿等建筑鳞次栉比，先后毁于兵燹。内甬道向南靠东西大街有一砖牌坊，高10余米，四柱三门，古色古香。正门上方镌有“众妙之门”，门两侧砖柱上刻一对联：“地古永传曲仁里，天高近接太清宫。”牌坊两侧有高约5尺的石牌，一刻“老子故里”，一刻“孔子问礼处”。皆于解放前夕毁至罄尽。

老君台下波光烟霭，湖水萦回，景色宜人。映山门向南约里许的中轴线上，依次有望仙桥、明道宫、文昌宫、八角亭、游龙堤坊、万教之祖牌坊等。

据大清光绪版《鹿邑县志·古迹·明道宫》记载：“明道宫在东门内升仙台前，唐名紫极宫，天宝二年（743年）为太清坛。”由此可知，该台始建于唐代，至迟也应在天宝年之前。以后历经宋元明清各代，皆有增修增建。老君台自古以来就是著名游览胜地，古往今来慕名来访者络绎不绝，唐高祖李渊、唐高宗李治、玄宗李隆基、女皇武则天、宋真宗赵恒，以及文学家苏东坡、欧阳修等都曾来拜庙祭祀或观瞻游览，留下了千古不朽的诗篇华章。

1978年，鹿邑县政府公布其为县级重点文物保护单位。1983年在此建博物馆。1986年，老君台被定为河南省重点文物保护单位，逐年修复，仍未还其原貌。2001年随太清宫遗址一起被国务院列为国家级重点文物保护单位。2007年随老子故里旅游区一起被国家旅游局列为国家AAAA级景区。

（三）文庙大成殿

位于今鹿邑县委院东北角，现为县委会议室。大成殿坐落于平台之上。台高1.5米。面阔5间，进深3间，砖木结构，歇山式建筑，上覆绿色琉璃瓦，脊饰滚龙，中置宝瓶，两端百鸱吻，飞檐翘角。檐下五重斗拱，格扇门窗。30根立柱支擎殿顶。梁、栋、椽皆重彩描绘，颜色富丽，格调古朴。原属文庙主体建筑。

文庙始建于元代至正年间，由归德太守观志能创建，后毁于兵。明洪武三年（1370年）知县韩猷重建。明弘治十年（1497年）知县史学、万历三十二年（1604年）知县杨应魁重修。崇祯末年为军所焚。清顺治三年（1646年）知县闵三元复建。康熙四十年（1701年）知县谢乃果、乾隆二十五年（1760年）知县王世仕、嘉庆十一年（1806年）知县叶钧，相继修葺，咸丰年间颓圮殆尽。同治九年（1870年）县人集资沿旧制兴建。中为大成殿，九楹，楣极悬挂康熙二十三年（1684年）颁御书“万世师表”匾额。东有清圣祖御制“至圣先师”赞碑。西有四配：颜子、曾子、子思子、孟子赞碑。两庑各九楹，前为乾门，又前为泮池。池前有坊曰：“太和元气，万古日月”。坊东有二碑刻：乾隆二十二年（1757年）颁御制“平定准葛尔告成太学文”，乾隆二十四年（1759 年）颁御制“平定回部告成太学文”。又前为棂星门，门之前东西各有 1 门，门额东为“德配天地”，西为“道冠古今”。又前为屏墙，左坊“圣域”，右坊“圣关”。两庑之南各有屋 3 间，东为“省牲所”，西为“神库”。“太和元气”坊之东，有“更衣所”。其东南有“黉门”，达于儒学。

大成殿内供孔子塑像及孔子弟子“四配”、“十哲”。殿后有“尊经阁”，阁后有“崇圣祠”。内供孔氏家族牌位。殿前东西庑供孔子门徒 72 圣牌位。文庙经久失修，民国年间，又屡遭兵火，特别是 1938 年，日军陷城，盘踞文庙，设司令部，驻军饲马，糟蹋不堪，而今仅存大成殿 1 所，1958 年，县政府对其进行修复，是县内保存完好的古代建筑。

（四）白云庵

又名陈抟庵。在鹿邑城东南隅，与老君台南北相照，建于明嘉靖年间。据清代光绪版《鹿邑县志》记载：本为张氏宅院，明嘉靖年间捐舍为道院。后院有希夷卧像，“水环四面，一径幽通，芦堤柳岸点缀四时景象，游者飘然物外，如在青坪莲峰间，盖城隅最胜处也”。①

清末民国年间有翼室三楹，轩窗西敞，可延揽烟水之胜。民国三十五年（1946 年），因经久失修，颓圮罄尽。

五、商水

（一）章华台遗址

章华台，亦名乾溪台，又称汝阳台。在今商水县城关镇北章华台村下。《太平寰宇记》载：“章华台在县西北三里。《左传》昭公七年，楚子成章华之台，愿与诸侯落之。杜预注云：‘宫室始成祭之为落台。今在华容城内，是灵王所筑。’《春秋后语》：‘楚襄王二十年为秦将白起所逼，北保于陈，更筑此台。’”从这一段话我们知道，最初的章华台为楚灵王所筑，楚顷襄王饱尝战败的滋味，也想振作一番，希望恢复昔日的辉煌，于是重筑此台。《商水县志》记载：“在商水县城西北二里。初楚灵王筑章华台于容城，及襄王游览会诸侯处所，亦传是郑庄公演武厅旧址。”

① 清光绪版《鹿邑县志》。

通过挖掘，可以确认章华台为大汶口文化遗址。遗址东西长 141 米，南北宽 120 米。总面积 16920 平方米。章华台整个遗址扰乱层深浅不一，一般在 0.3 米左右，但历经人们挖窑取土，遗址部分受到破坏。该遗址的文化层厚达 3 米以上，遗址的西南部为生活区，北和东南原为墓葬区，后又改为生活区。最下层出土有大汶口时期的陶器 19 件，这些陶器胎薄质硬，宛如蛋壳，通体青灰色，光滑发亮。下层计有水壶、罐状鼎、觚、豆、浅盘、石铲等。上层出土有周鬲、绳纹红陶器等。

据出土文物鉴定，该章华台遗址人类连续居住达 3000 年之久，不仅文化层厚，而且含物丰富，器物典型，对研究大汶口文化有重要价值。器物造型大方、美观，不仅反映了我们祖先远在 5000 年前高超的制陶技术，而且这些陶器的整体结构与局部装饰，至今仍具有一定的借鉴价值。同时，对于研究父系社会的生产关系和生活情况，更是难得的实物资料，填补了本区大汶口文化的空白。

（二）凉台寺遗址

在商水县城东南 22 公里，阎庄西北 100 米处，占地面积 15450 平方米，台高 2 米，文化层厚约 3 米，土呈褐黄色。出土有半坡期鼎腿、陶钵口沿和龙山早期、晚期鼎腿、小型陶鬲等。传说汉光武帝刘秀被王莽追赶，曾在此乘凉。

（三）西陵寺（兴福寺）遗址

在商水县城西北 6 公里处，西陵寺下。台高 2 米，占地面积约 4 万平方米，文化层厚 3 米多，土灰色。2 米至 3 米内含龙山鼎腿、高柄豆、高领罐、鬲腿等。以上含“二里头”期纹陶片，并含有残墙与室内火烧过的地面。本遗址汉代辟为墓地，后建寺院，直到清朝末年，还相当繁华。

（四）阳城遗址

阳城遗址在商水县舒庄乡的扶苏村北，由内城和外城组成，为秦朝末中国第一次农民起义领袖陈胜的诞生地。关于陈胜出生地，历来颇有争议，据史载，三国时已有分歧，唐朝时分歧变为争论。解放后《光明日报》曾多次组织专家撰文论证，因看法不一致，仍无结果。著名历史学家郭沫若说陈胜是商水人，范文澜则说陈胜是登封人。权威工具书《辞海》对阳城的解释是：“阳城，在商水治所，西汉置县，一说秦已置县，陈胜即本县人。”这是对一千多年分歧的初步总结。该县文物部门据此于 1983 年对阳城进行了发掘，出土大量的战国和汉初的瓦当、筒瓦、板瓦和陶文“扶苏司工”，证明此城确系战国所修，当时已置县。陈胜起义时，因假借秦太子扶苏的名义，建立“张楚”政权后，把这里改称扶苏，仍设县，物证确凿。同年国家级期刊《考古》第9期发表《河南商水战国城址调查记》，得到很多专家的赞同。随后，阳城遗址被商水县人民政府公布为重点文物保护单位。

（五）寿圣寺塔

寿圣寺塔位于今商水县郝岗乡北常社村沙颍河畔。寿圣寺塔建于北宋明道二年（1033年），复建于明正统元年（1436年），塔身高41.5米，为周口市最早的地上高层建筑。因宋元明换代战乱和自然灾害的破坏，明嘉靖二十八年（1549年）人们对此塔进行了一次大的整修。1998年9月，省政府、县政府及乡政府共同对该塔保护区进行大的整治，搬迁了保护区内的北常社店村小学，清除了杂物，对墙体作了一次全面的维修。

寿圣寺塔

寿圣寺塔为六角九级楼阁式砖塔，塔室内砌有盘旋的塔道，可逐级登高至塔顶。塔体从底至顶渐收匀称，成六棱锥体形。塔顶用铸铁铸成形似宝葫芦样的宝顶，使塔体结顶得到最完美的点缀，给人以挺拔隽秀之感。塔的层檐收放尺寸自然得体，既保护塔墙免遭雪雨浸淋，又给塔体以美的装饰，看上去既规整肃穆又没有呆板感。此塔虽历经千年沧桑，屡遭兵燹及自然灾害的侵袭，但巍然屹立毫不倾斜，是研究宋代寺塔建筑的一件珍品。值得一提的是，塔的最上端为宝葫芦状铁塔刹，也是该塔最完美的收顶。塔刹的下部铸有6个圆环，分别用6条铁链和九层六个角的石龙头连接，以防大风、地震和人类造成的大震动把塔刹破坏歪掉。1998年10月，省古代建筑研究所对其修缮时，在铁质宝瓶塔刹内发现珍贵的明代铜佛尊、大弥陀经卷1册等文物，对研究佛教史有一定价值。

（六）叶氏庄园

叶氏庄园，位于商水县城西北16公里邓城镇，因而又称邓城叶宅。是一座器宇轩昂、闻名遐迩的仿故宫样式的古建筑群。叶氏先祖叶绍颐，明末移民时从山西洪洞县迁居此地。当时沙河航运发达，行旅商贾多在邓城码头留宿中转，叶绍颐便在码头开小饭店维持生计。某晚，一陕西珠宝商宿于此店，次日晨仓促开船西去，遗忘一包裹于店内。叶绍颐发现后遂把包裹放置起来，以待客商来取。第二年该珠宝商又宿于此店，叶绍颐将包裹取出归还珠宝商。珠宝商异常惊讶地说："此包裹遗失何处，我已忘怀，不想遗失在你店，真是天大的幸运。"珠宝商深为叶绍颐的忠厚诚实感动，遂与叶结为异姓兄弟。后屡赠巨款为叶氏置田，并资助其经营，加之叶绍颐勤劳持家，遂成当地巨富。

叶宅始建于明末，后规模扩大，至清乾隆年间达到鼎盛。主体建筑为一宅三院，一院三节，每院楼房69间，共207间。宅西100间群楼，又名转厢楼，系叶氏当铺院；宅南100间群楼，系叶氏粮库。总共有楼400多间，均系灰色砖瓦硬山式建筑，占地100亩。整个庄园建筑宏伟，规模壮观。

整体建筑为我国北方典型的四合院组群建筑，布局合理、陪衬得当，充分反映了清代民间建筑的风格与特点。三进院建筑手法及用料相似，每进院均由正房、东西厢房及东西配房组成，院落间通过正房两侧过道相互连接，建筑形式根据其功用不同而略有差异。单体建筑雄伟华丽，外檐装饰精美，选材广泛。砖雕工艺堪称一绝，是清代民间建筑艺术宝库中的珍品，具有非常重要的民间历史、建筑等方面的研究价值。

叶氏庄园

1930年，梁漱溟创导“中国乡村建设运动指导委员会”，邓城乡长张子石在邓城推动乡村建设运动，在叶宅创办了“商水县清平乡平民学校”，划叶氏祖茔地三十亩的地租为办学基金，聘这座宅的两位青年叶长仁、张淑贵为义务教员。1942年，这里成了“河南省七区联中”、“河南七区联师”的校址，为豫东十几个县市及黄泛区等地的青年提供了良好的学习场所，当年的校长李典新中国成立后担任周口市副市长。1943年，国民政府第一战区司令长官卫立煌（合肥人）视察途中经邓城，并召集全体师生讲话。1986年，河南省委第二书记何竹康在邓城为修缮叶宅批过款。商水历任县委书记都到这里来过，同时，有许多全县性的重大会议也在这里召开。

（七）千年白果树

商水县许村白果树，在商水县邓城镇许村，距今2000多年，具有活化石之称，虽历千年仍生长旺盛，郁郁葱葱，枝繁叶茂，极富青春气息，给人以朝气蓬勃的感觉。树高35米，树围达7.5米，需四五名成年人牵手方可合抱。树冠覆盖地面一亩许，树干有一勒痕，形成细腰，下有似鞋底样和圆形的凹痕，相传为刘秀拴马的缰绳勒痕和人足及马蹄的踏印。实则是因它长在三国时期灌溉渠上，当时渠堤较高，经历代雨水冲刷，地面降低，树根随地势下长造成。当时的地平面使树干留下细腰，被后人传说为刘秀拴马所勒。树主干南部腰中又长出一枝大树干，“很似怀中抱子”，让人难解其谜。

千年白果树

历经千年的苍劲虬枝，似乎在向人们讲述着一个动人的王莽撵刘秀的传奇故事，也使人们对它历经磨难仍傲然屹立的顽强生命力而肃然起敬。1983年，商水县人民政府公布其为县级重点文物。

六、太康

（一）陶母岗遗址

陶母岗遗址属于龙山文化遗址，位于太康县城东南4.5公里处的于庄村和韦庄村之间。面积约1.2万平方米，文化层厚1－6米。

北部断崖处暴露有灰坑。遗物有石刀、蚌镰。陶器有鼎、罐、鬲、豆斧、圈足壶、觚形器、瓮、大口尊。陶质以泥质灰陶居多，纹饰以方格纹为主，次为粗绳纹。另采集有商代卜骨一块，为牛肩胛骨，烧灼痕迹清楚。该遗址属龙山文化、商文化遗址。

（二）太康墓

太康墓位于太康县城东南1公里处的王陵村和马庄之间，又名太康陵。今太康县亦由此得名。

太康大约生活于公元前21世纪，传说是夏朝第三世帝王，姒姓，为禹之孙，启之子，夏朝本都于安邑即今山西安邑县，而太康为什么却到远离安邑的地方建都继位呢？原来，夏启继禹位建立夏朝之后，东夷部落首领伯益因有功于国且德高望重，被禹指定为启的继承人，太康为启的长子，启继位以后，想年高之后传位给儿子，废掉伯益。禹死后，启遂发兵攻杀伯益。伯益死后，启破坏传统的“禅让制”，强行传位给太康，我国历代的传子制度由此确立。太康继位后，引起其他兄弟四人不满，太康遂把他们分封外地。后来他们势力渐大，便联合东夷族首领有穷氏部落长后羿，共同夺取王位。

他们时刻窥视太康的举动，以伺机篡位。而此时的太康已不像刚继位时那样勤于朝政，整天沉湎于酒色歌舞之中。太康十年春，当他再次射狩到洛水时，其弟和后羿率军攻占夏都安邑，太康被活捉。其弟仲康念兄弟之情，商议不杀太康，送其一批银两和侍从，逐出安邑不得返国，这样太康就和侍从一同逃到远离洛水的地方即今太康县筑城居住，取名“阳夏”，意为夏朝南部。太康在位19年，享年39岁。死后，其弟仲康将他葬于故都东南2公里处，即今太康所在地。

太康墓呈圆锥形，高4米，周长50米，为砂礓堆成。墓地面积300平方米，周围松柏环绕，郁郁葱葱。

墓前原立有青石碑一通，清乾隆五十一年由著名书法家阮元撰文勒石，记述了太康被逐出安邑、安居阳夏、筑城继位以及驾崩葬此的经过。民国三十三年，太康县县长周振亚聘请民间匠人为墓碑增修碑楼一座，可惜后来被黄水冲毁，石碑今已不存。

（三）太康吴广塔

吴广是我国历史上第一次农民起义的领袖。公元前209年，陈胜、吴广在大泽乡揭竿而起，点燃了反抗暴秦的星星之火，并在陈城（今淮阳）建立了第一个农民政权——“张楚”。吴广塔位于太康县城西15公里逊母口镇小吴村东南，塔修建于清代乾隆年间。平面六角形六级密檐式砖塔，通高14.80米。塔身四、五层辟佛龛，内置佛像12尊。塔顶置宝瓶式塔刹。

吴广塔

（四）太康文庙

太康文庙俗称黉学，坐落在城内北大街路西，黉学街路北，坐北向南。始建于明宣德元年（1426年），崇祯十五年（1642年）毁于兵燹，清顺治五年（1648年）重建。康熙六年（1667年）、民国二十三年（1934年）两次重修；新中国成立后的1952年、1986年、1994年多次修缮。

文庙原有泮池、棂星门、戟门、拜殿、大成殿、崇圣祠等建筑，从南到北依次排列在中轴线上。棂星门内有“崇德”、“育才”牌坊两座。大成殿两侧各有廊庑15间，整个建筑布局紧凑，结构严谨，因年久失修，又屡遭兵火，建筑物多已废圮，现仅存拜殿和大成殿，均系清代重建。

拜殿：面阔五间，进深三间，单檐歇山顶，覆灰色筒瓦，脊饰较完整；檐下四周置五踩重昂斗拱，用材较小，制作十分精巧：普柏枋、栏额、斗拱均有彩绘，山面有木制山花板。

大成殿：筑于一米高月台之上，月台前为青石台阶，台阶正中嵌放一块祥龙卧云阶石。殿面宽七间（22.65米），进深五间（14米），高10.5米；单檐歇山顶，覆绿色琉璃瓦，脊饰完整：正脊为琉璃烧制的二龙戏珠、人物、宝瓶、彩珠、象轮和花卉，两端置大吻；垂脊、戗脊置琉璃狮、狗等小兽。大殿檐下四周施五踩重昂斗拱，普柏枋，栏额、雀替上有龙凤、花卉镂空雕饰。前屋坡为两断式，加大了深度和空间，为省内古建筑中所罕见。四翼角挑角高且大，具有南方风格，也为中原地区少有。殿内檐柱、金柱均为圆形木柱，纵横成行；柱下为素面青石柱础。

太康文庙在文化和建筑艺术上都具有一定价值，对研究我国古建筑史及南北建筑文化的交流具有重要价值。2006年已确认为国家级重点文物保护单位。

（五）太康寿圣寺塔

寿圣寺塔俗称高贤塔，位于太康县西北23公里高贤集寿圣寺旧址。始建年代无考，明正德十三年（1518年）重修。为七级楼阁式砖塔，通高28.3米，实心灰口，平面呈六角形，上有宝珠塔刹。第一级面宽3.8米。南面正墙除第七级外均有真门，每层檐下均施有砖雕斗拱。塔身共饰石雕佛像211尊，石碣14块。对研究明代绘画、雕刻艺术有一定价值。

1986年11月，公布为河南省级文物保护单位。

太康寿圣寺塔

七、项城

（一）南顿故城遗址

南顿故城位于项城市水寨西6公里，属今南顿镇。故城在新运河西30米，其范围要比现在的南顿集大得多，现在司老街、崔街村还保存有旧城城垣残迹。因久经洪水冲刷淤积、风雨侵蚀和人为破坏，南、西、东三面多与地面相平，或已成丘陵状。仅北垣一段较为完整，高7米，最宽处10米，长215米。故城建于古代遗址之上。经试掘，遗址上层出土大量粗绳纹板、筒瓦片和泥质红陶罐残片，系汉代遗物。从城墙断面看，可分上、中、下三层，下层内含有深裆鬲足，细绳纹残陶片，夹沙灰陶鼎（足部）、蚌、镰等遗物；中层有清晰的夯土层，厚7厘米-15厘米不等，内含有深浅裆鬲足、粗细绳纹残陶片、兽骨等遗物；上层（包括东起40米的城墙）内含大量的粗绳纹板瓦片。

南顿故城

（二）高寺遗址

位于项城市高寺镇内。高寺遗址为丘型高地，俗称高丘，东西长270米，南北宽260米，面积7万平方米。据《项城县志》载：相传黄帝之孙颛顼择居于此，高阳氏建颛顼之国，故又称高阳丘。晋唐时代，上建佛刹，名高丘寺，简称高寺。1963年被公布为河南省重点文物保护单位。在此采集的文物有石斧、刀、凿、玉铲、骨、锥等，属龙山文化、商周文化和汉晋文化，对研究龙山早、中期文化有重要价值。

高寺遗址

（三）黄冢遗址

高寺镇黄冢遗址位于项城市区南26公里黄冢村东北，原为丘形高地，现在黄冢村学校建其上，地表遗迹无可考证。依据钻探情况，遗址文化层深2.2米，东西100米，南北65米，面积6500平方米，遗址上层为汉魏文化层，下层为商周、龙山文化层，采有商周陶器、龙山陶器、汉代遗物即豆、鼎之类。

（四）毛冢遗址

毛冢遗址，位于项城市孙店镇毛冢村西北100米处，又称孝子冢。该遗址是一个由东向西北延伸的椭圆形土岗，高出地面2米多，呈不规则形，属于古墓群。出土文物有铜箭、戈和刻有文字的陶拍等，对考察商代历史文化有重要价值，属省级文物保护单位。

据传说，在很早以前，当时官府规定老年人60岁活埋，当地有一孝子，其父早年丧妻，为了儿子不受继母虐待，终生未娶，爷儿俩相依为命。孝子长大后，为了永久不失去父亲，他一边耕作，一边建了一个窑场烧砖（遗址附近现存一个200多亩地的窑坑）。背着官府，用烧制的砖，砌了一个地下宅院和长廊，上面再覆盖上厚厚的土层（即现在的土丘）让其父隐居在里面，每天送饭，陪父聊天，老人一直活到100多岁，同时，又收留了众多乡邻老人。当地人为了纪念这一孝子的恩德，把毛冢也称为孝子冢。

（五）骨头冢遗址

位于老城乡骨头冢村西200米。骨头冢因冢内出土大量古骨而得名，遗址呈不规则长方形土台，现存冢长60米，南北宽20米，文化层高10米，遗址土台四周已成断壁，从四周断壁层次查看，文化层次清晰可见，发现有灰坑、红烧土居住面，及陶窑等遗迹。从出土文物黑陶、罐、扁状三角形足、折腹盆、碗、鬲足等考证，属龙山文化。1963年被河南省人民政府公布为重点文物保护单位。相传，汉代王莽追杀刘秀时，刘秀曾在此停留，后人在冢旁建龙台寺庙1座、亭子3间、塑像2座，终年香火不断。

（六）骆驼岭

骆驼岭是项城市新桥镇境内的古文化遗址。位于新桥镇朱大庄村北，东靠老泥河故道，河水自北向南流经遗址东侧折而东注。此岭属丘型高地，北高南低。其北头及中部突起如冢，南北对峙，形若驼峰，俗称骆驼岭。遗址南北长113米，东西宽110米，文化层厚2米左右，面积1.2万平方米，属于龙山文化和商周文化遗址。1978 年，被项城市人民政府公布为县级文物保护单位，2008 年 6 月公布为省级文物保护单位。项城市文物管理部门多次进行考察挖掘，出土文物有石铲、石刀、箭头等，并在其南部东端距地面 1 米深处发现数具人头骨，疑为奴隶殉葬坑。从河沿断面考证，第一层系拢土层，厚 28 厘米，内含有粗绳纹瓦片、圆瓦当等周代文化遗物。第二层厚 20 厘米，出土有粗、细绳纹陶片，器物有鬲、甑、带把爵等商代文化遗物。第三层采有灰陶片和磨光黑陶，器物有高领罐、鼎、平底碗、盆等，整个遗址以龙山文化为主，所发现的奴隶殉葬坑在豫东商代遗址中极为少见，对研究商代奴隶社会性质，提供了宝贵的佐证。

（七）华佗寺

华佗寺位于项城市郑郭镇东南 8 公里处，是郑郭镇以东几十里的群众自发为纪念三国神医华佗所建的寺庙。寺庙占地 48 亩，前后三院，早已不存。现在旧址上建庙房三间，占地 200 平方米，周围植树，绿树成荫。平时前来烧香祭典祈祷平安者络绎不绝。农历九月九日有庙会，更是香火鼎盛。华佗墓遗址位于寺北 0.5 公里处。据传，东汉末年，项城县一带瘟疫流行，正巧华佗带领樊阿、吴普几个徒弟游乡行医经过这里，他们用土方治好了当地东小楼、西小楼村的病人，控制住了这一带的疫情。人们都称华佗为“神医”。后来华佗被曹操请去为其医治“头痛”，终为曹操所害。

华佗被害后，徒弟们将其遗体收殓，准备运回华佗故里谯郡（今安徽亳州）安葬。当灵车行到今华佗寺村时，正遇上霪雨天气，大雨滂沱，数日不住，车无法继续前行，只得暂停。消息传到东小楼、西小楼，过去曾被华佗救过命的人很快成群结队来到这里，要求将华佗葬在这里。樊阿、吴普等徒弟开始不从，后来想想，天气不知什么时候放晴，气温又高，路程尚远，又不能久停不葬，于是就答应了。大家动手把一代神医华佗埋葬在沙河南岸的一块高地上。下葬那天，十里八村的男男女女都给华佗送葬。堆土时有的用筐抬，有的用篮提，有的用衣包，三天三夜堆起一座大坟冢。人们称它为“华佗冢”。后人在坟墓南为华佗建寺庙，后演变为华佗寺，寺庙所在的村也以“华佗寺村”命名了。

（八）南顿清真寺

宏伟壮观的南顿镇清真寺位于项城市南顿镇河北沿清风路西，建于元末明初，迄今已有 600 多年历史。在数百年的漫长岁月中，虽然历经多次战争和地震洪水等劫难，但在当地回族群众的同心协力保护下，清真寺的各大建筑物得以较为完整地保存下来。

全寺共分前后两院：前院是穆斯林同胞集会地点，连接后院的是一道圆门凉亭。后院建筑宏伟，布局紧凑。坐西朝东的是宽敞明亮的大殿，连接大殿后墙的中部向外突出，高约20余米的建筑是“望月楼”。“望月楼”顶端放置一个天蓝色的瓷瓶，在阳光照耀下显得格外鲜艳夺目。

十一届三中全会以来，党的民族政策得到落实，穆斯林教胞争相捐赠款物，积极集资维修，清真寺的历史原貌才得以恢复，河南省政协于1988年将该清真寺列为重点修复的古寺之一。1999年被评为全国模范清真寺。

（九）莲溪书院

莲溪书院位于项城市秣陵镇城区内，是原项城县清乾隆年间所创立的县内最高学府。据清宣统三年《项城县志》载：“清乾隆二十五年（1760年）因原虹阳书院渐圮，地址低洼狭小，知县梁作文为兴学育才，在城西南隅兴建此院。占地五千平方米，有讲堂、习房、号房等七八十间。”“县之有书院也与乡学并重，凡乡之秀美而文者，自成人以及小子咸得攻诗书习礼乐，交相鼓励于其中。”“书院以莲溪命名者，缘虹河旧有瑞莲之兆。书院周围环绕虹水之分流，水中种以芙蕖（荷花的别名），其沿堤四面皆植柳槐，红香绿荫，交映相辉。”清末，戊戌变法之后，于光绪三十年改为高等小学堂。民国年间，项城县中、项城县师设此。现为老城高中校址，院内还保存原讲堂五间。

莲溪书院旧曾为项城八景之一，清柳堂赋诗赞之：“微雨初晴望眼空，莲溪门外立春风。半湾芳草萦深碧，夹岸小桃放浅红。水面浮沉双鸭子，船头漂泊一渔翁。天然诗趣天然画，欲学维摩愧未工。”

（十）袁世凯故居

袁世凯故居位于项城市区东南17公里的王明口镇袁寨村。

袁世凯故居是著名历史人物、中华民国第一任大总统袁世凯的诞生地。旧居占地270亩，建成具有明清特色和传统风格的各式建筑248间，周围是1800米长、10多米高的寨墙，6座炮楼及三道护城河。旧居整体按中、东、西三轴线布局，分东、中、西三组纵深院落，且院落幽曲相连，形成一片完整且别具风格的建筑群。建筑群由传统砖瓦、木材、白灰等建筑材料构成，反映了中国古代建筑特色。房屋顶脊之处，皆有狮、虎、豹、马、猴等砖雕，四角挑檐高耸，饰有龙纹兽尖，直指苍穹，气势恢弘。

中宅院，为袁重三修建，走马门楼，门楣栏板彩雕“紫气东来”。亦分前、中、后三个大院。前院正面是三间客厅。两边是东、西厢房。中院正面是五间腰楼，东西厢房各三间。总面积2800平方米。各屋摆设皆楠木家具，墙上挂满名人字画。现存堂楼和大厅，保存完好。

袁世凯故居

东宅院，为袁世凯的父亲袁保中就石家旧址修建，广梁大门，一对五尺高的石狮子把守；左边，一头母狮背驮幼狮，右边雄狮仰首侧视母狮，神情活现。门口两旁的大红明柱顶上，彩雕“青蛙戏荷”。门楣横栏板三块，东、西两块分别雕绘“五堂会审”和“打金枝”戏簇，中间一块雕绘一农夫荷锄下田。门口两旁立有“上马石”、“下马石”。整个住宅分前、中、后三个大院。前院中间是大厅，两边是厢房。中院有东厢楼、西厢楼、中间是三间腰楼。袁世凯出生于腰楼西间。后院东、西厢楼各三间、堂楼三间，总面积2800平方米。现存袁世凯出生的腰楼三间，保存完好。

西宅院，为袁世凯六弟袁世彤修建并居住，3040平方米。广梁大门，五尺高的石狮子把守，门口两边立有“上马石”、“下马石”，门两旁一对大红明柱：门楣栏板为彩雕盛开的荷花和青蛙戏水图，门道东山墙上彩绘“鲤鱼跳龙门”，西山墙上彩绘“八仙过海”。走过广梁大门，中间是戏楼。戏楼两侧有东厢房、西厢房和北大厅，皆有走廊贯通。戏楼四个挑角垂脊，各挑出三尺多远，角上雕绘鲜艳的荷花、雪白的梅花、各色各样的牡丹花。有的花顺明柱下垂到地。戏楼上盖琉璃瓦，前檐舞台和后台中门的屏风由四扇门组成，门四周彩雕凤凰不断头，中间彩雕众多喜笑颜开的罗汉盘腿静坐。走过戏楼是五间大厅，大厅前檐下有六个大红明柱，上雕滚龙、绣球。大厅内拱形顶上悬挂三个“宫灯”，三个“万盏灯”。宫灯六个龙头挑角，下垂彩穗。“万盏灯”直径约1米，灯上带盘，每盘插蜡烛120支。每支蜡烛罩白罩、带红花。每花下垂五色玻璃穗，点燃后五彩缤纷，光彩夺目，煞是好看。大厅屏风后立有楠木框架，上雕汉文和松鹤同春画面的“穿衣镜”。大厅东西两头对称摆放楠木方桌、条几，条几上摆满珍贵的花瓶。方桌两旁摆放两把“卷脑太师椅”。四周墙壁悬挂名人字画。厅堂门口里边，东置白色红龙缸，西置白色蓝龙缸，内养金鱼。穿过大厅进入腰楼院，腰楼五间，东西厢房各三间。彩雕的走廊把腰楼与东西厢房连在一起。最后是堂楼院，堂楼五间、东西厢房各二间，用玻璃装的走廊绕院一周。各间置放楠木家具，墙上悬挂名人字画。现存堂楼五间，大厅，东厢房三间，西厢房六间。

（十一）袁世凯行宫

位于项城市区中心十字路口南侧路西。袁世凯行宫建于1907年，1917年落成。该行宫建筑布局坐西向东，由左、中、右三轴三进院落组成，鸟瞰为一“富”字。1982年，左、右轴院及中轴前院拆除，现存中轴院落群的中、后两节天井院，保存楼房8座36间，属典型的清代宫廷式建筑群。1982年公布为县级文物保护单位，2000年公布为省级文物保护单位。

八、扶沟

（一）支亭寺

千年古刹支亭寺位于扶沟县西南柴岗乡寺前和寺后村中间，坐落在南北走向、高出地面5米左右呈龟形状的土岗上。古刹规模雄伟，建筑华丽，气势壮观。寺山门前的一棵千年古槐，给古刹蒙上了一层神秘、朦胧的外衣。

据明嘉靖十年（1531年）所立支亭寺碑记载：“邑之西南隅，距城十五里，有寺曰芝亭，盖世名刹也，肇自大齐年间，循历至今。”古刹内设有佛祖殿、大雄宝殿、千手观音殿、天王殿、西方三圣殿、帝始天尊殿、地藏殿及东西殿庑60多间，总建筑面积2300多平方米，是目前遗留寺院中建筑华丽、殿宇齐全、佛道合一的一个奇葩。

古刹支亭寺始建于北齐武平年间（570－576），是在张志伯祠全神庙的旧址上修建起来的。张志伯，西汉人，名释之，字志伯，高祖时任大夫之职，为官清正，刚直不阿，不畏权势，因弹劾吕戚吕产，被吕后罢官贬于鄢扶，定居在龟形的土丘上重建家园，院中种植奇花异草，花香四溢，并建小亭一座，名芝庭，龟的头部植槐树一棵，其意“植槐定宝地”。汉文帝时，鄢扶洪水横流，成为泽国，民不聊生。张志伯为治水患，发展农商，不顾年高体衰，带领黎庶挖沟排水，不幸舟翻遇难。其二子与百姓继续治水，终退洪水。汉文帝被张志伯贬后的事迹所感动，为其平反昭雪，并晋升三级，以相国礼葬于寺西岗上（1970年这一大型汉墓被毁），其住宅改为志伯祠，子加官晋爵。东汉中期，志伯祠被改为全神庙，供奉天地全神。北齐武平年间，佛教兴盛，文宣帝命国子监博士张思伯到此组织建寺工作，庙宇成为佛道合一的寺院，并定为芝亭寺。之后几度颓圮，数度修葺。至明正德年间，先后建竣天王殿、菩萨殿、大佛殿殿庑20多间，香火更加兴旺，僧侣多达五六十人，此寺成为佛教文化重要发展地。明正德五年，寺院住持在向上行礼佛公文时，无意中把“芝亭寺”写成了“支亭寺”，遂一直沿用至今。1986年，支亭寺遗址被省政府定为重点文物保护单位。

支亭寺曾有“豫东小少林”之称。每年农历四月古庙会，方圆数千里的善家斋公、游人商贾云集此地，寻奇探宝，烧香拜佛，经营贸易，日达数万人。寺内乐声入耳，经声不断，钟声远扬，香火极盛，驰名安徽、湖北、江苏等地，游人更是络绎不绝，一年多于一年。

（二）支亭寺古槐

古刹支亭寺山门前，龟形土丘的头部，有一棵高15米，树干围长近6米，冠幅180平方米，长势旺盛、枝繁叶茂的千年古槐。

据史料记载，此树是张志伯亲手所栽，其意“植槐定宝地”。至今已2000多年。在当地一直流传着植槐定宝地的美丽传说。

支亭寺山门前的古槐

（三）道教名胜烟雾山

烟雾山又名桐丘、天井陵、雾烟山，位于扶沟县城西10公里，双洎河（古名洧水）南岸。光绪版《扶沟县志》说：“分嵩室之秀”“长冈自嵩山之麓，由鄢陵蜿蜒而来，至县治转折南去，遂城于其上。”修筑于春秋初期的扶沟县城，因凭依桐丘而建，故名桐丘城，又名凭丘。故郦道元《水经注卷二十二·洧水》里说道：“洧水自鄢陵东径桐丘南，俗谓之天井陵，又曰冈……洧水又屈而南流，水上有梁，谓之桐门桥，藉桐丘以取称……洧水又东南，径桐丘城。《春秋左传》庄公二十八年，楚伐郑，郑人将奔桐丘，即此城也……其城邪长而不方……盖凭丘之称，即城之名矣。”

据说中华民族远祖炎黄二帝之间最著名的一次战役阪泉之战就发生在这里。司马迁《史记》开篇《五帝本纪》就说：黄帝与炎帝战于阪泉之野，三战，然后得其志。这次战役后组成炎黄部落联盟，使黄帝取代炎帝，成为当时中国诸部落的首领，其对中华民族的最终形成具有极为重要的意义。

炎黄阪泉之战遗址在何处，是一个长期悬而未决的史学问题。至今有河北涿鹿说、北京延庆说、河北怀来说、山西运城说，以及河南扶沟说等。台湾著名史学家柏杨先生等诸多名家就持河南扶沟说。柏杨先生在其《中国人史纲》一书中说，当时，“定都于陈”（今淮阳县）的炎帝榆罔部族与长江中游一个叫“九黎”的部族发生了多次战斗，九黎部族首领蚩尤性格残暴，炎帝部族力不能敌，由陈地败退到阪泉（今扶沟）一带，安营扎寨，准备休整迎战蚩尤。而蚩尤在大胜以后，更加踌躇满志，打算乘胜追击，一举歼灭炎帝，然后再消灭居住有熊（今新郑市）的黄帝轩辕部族。黄帝看穿了蚩尤的阴谋，就在具茨山（今名始祖山）召集谋士商计对策，准备与炎帝联合起来共同歼灭蚩尤。但炎帝不仅没有采纳黄帝的建议，而且还准备在阪泉与黄帝大战。于是，黄帝就亲自带着将领大鸿、大隗、太山等人率领数十万兵马，围困阪泉。黄帝三战三捷，继而围而不攻，困而不歼。又派大鸿出营，苦苦劝说炎帝与黄帝结盟。炎帝被黄帝的诚意感动，又认识到面对强敌蚩尤，归顺黄帝乃是光明之道，其他无路可走。于是黄帝部落与炎帝部落联合，组成炎黄部落联盟，声威大震，与蚩尤部落开战。仗打了三年，交锋了72次，最后把蚩尤消灭在涿鹿之野。从此，世界上第一个有共主的中央国家建立起来了。炎黄部落在黄河中下游地区繁衍开来，中华民族开始形成了，人们都尊称轩辕黄帝为中华民族的始祖。

据说烟雾山就是当年炎帝与黄帝与蚩尤打仗的地方。蚩尤张开大口喷出浓浓烟雾连续三日三夜不散，炎黄联军顿时迷失了方向。于是黄帝发明了指南车，使部队在浓雾之中能辨识方向。黄帝乘机反攻，九黎部落大败。烟雾山的多雾和由来即由此产生。据扶沟旧志记载：“其山多雾，山上残碑断碣，多为千年旧物。”“烟雾缭绕，竟日不断，殆接嵩山之佳气，以孕育扶人者欤。”清朝诗人赵如桓有《桐丘宿雾》一诗：“南山文豹堪归隐，涿鹿蚩尤莫漫传。待得神车出世后，好看雾景满林鲜。”吟咏的就是这个故事。诗人沈荃也写道：“邑外古桐丘，曈胧雾未收。行人才觅路，襟袖白云流。”如今距离烟雾山10多公里的大李庄村，古时称轩辕乡，就是黄帝安营扎寨的地方。明《成化总志》记载：黄帝庙，一名轩辕庙，在扶沟北。《嘉庆一统志》也说，轩辕庙在扶沟县西北十里轩辕庄。至今当地百姓依旧年年祭祀，香火兴旺。

这里还是道教始祖老子布道西行路上的第一个道教圣地。相传春秋时期，老子离开家乡鹿邑西行布道，到扶沟烟雾山时口渴难忍，就停下来找水喝，但方圆数十里却找不到一滴水。当地老百姓告诉他，此地挖井挖不出来水，人们只能靠雨天积水活命。于是老子便召集人们在岗上讲经说道，感化天人。七七四十九天之后，他的面前突然冒出一口取之不竭的井泉来，人们欢呼雀跃，口称神奇。后来老子到了函谷关，应关令尹喜之请，把他在烟雾山所传经道写了下来，这便是举世有名的《道德经》五千言。当地的人们为感激老子的功德，便把此井尊称为“天井”，此岗也被称为“天井陵”。人们在山上建起了九重大殿，遍植青松翠柏，供奉道教神灵，纪念老子，香火竟日不断。明弘治十八年（1505年），人们在山上创修真武庙，著名文学家、“前七子”首领李梦阳曾撰写《创修真武庙碑记》以纪其事。他记载烟雾山“形势峻拔……堆青环翠，而望之俨然若太华玉峰之状，云影徘徊，霞光绚烂，诚一邑之福地，栖神之佳所”。明代万历进士、刑部尚书刘泽深游此山后，也有诗赞道：“冈峦伏耸势绵连，征辔因之指绝巅。两岸晴铺千界晓，双河曲抱九亭玄。高丘浮井从残迹，虚阁凌空抹黛烟。老去红尘非久约，归来好结紫山缘。”

如今的烟雾山，殿宇都是仿古建筑，有廊柱、挑檐、斗拱、彩绘及明黄琉璃瓦。进入山门和戏楼，十四重大殿巍峨屹立，从南至北依次为：将军殿、老君殿、三官殿、关王殿、三仙殿、地藏王殿、奶奶殿、祖师殿、圣公圣母殿、龙王殿、玉皇殿、人祖殿和老母洞，一座座雕梁画栋，巍峨雄伟，金碧辉煌，各座殿宇内塑像或慈眉善目，或怒目金刚，栩栩如生。山北坡则是佛教名刹白云寺。在这里，山上山下香火旺盛，佛道两教和平共处。每逢农历初一、十五两天，进香朝拜的善男信女络绎不绝。尤其是农历三月三庙会期间，来自河南、山东、安徽数省赶庙会的人们，每日竟达数万人，山上山下终日烟雾缭绕，商贸云集，百戏杂耍，三教九流，络绎不绝，更是热闹非凡。

（四）大程书院

大程书院位于河南省扶沟县城内书院街，南北长73.65米，东西宽39.9米，总面积2938.6平方米，大门3间，古槐1棵，龙门3间，古松2株，立雪讲堂3间，东西廊房各2排，每排13间，共52间。是县城里时间较久、规模较大和较完整的古建筑群，居全国第三位。

大程书院始建于宋代，为程颢所建。程颢，北宋哲学家、教育家、理学奠基人。宋神宗熙宁八年（1075年）至元丰三年（1080年）在扶沟任知县，尚宽厚，重教化，关心民疾，兴建学校。他亲自“聚邑之优秀子弟而教之”，亲书“书院”二字匾额悬于大门之上。并倡导“乡必有校”，请来有名望的学者到扶沟传道授业，使扶沟县域文风一时丕振，优秀人才脱颖而出。

大程书院

书院规模雄伟，巍巍壮观，旧貌生辉。从建院始，经历了宋、元、明、清四个朝代，900 多年的沧桑，进行了多次的扩建、重建，其规模不断扩大，现在的“大程书院”是由清康熙二十八年（1689 年）知县缪应缙重建。

走进书院，迎面是青石台阶，朱漆大门，高柱重梁，砖山瓦顶，重檐叠脊，布瓦跑兽，木雕彩绘，引人入胜，大门两侧耳房 10 间，东西对称，和大门混为一体，雄伟壮观。走过大门是“龙门”，“龙门”与大门风格相似，面阔三间，两侧有耳房 8 间，由月亮门通向东西耳房，各成小院，清静幽然。

龙门也叫二门。据说龙门位于黄河上游，其流甚急，古代传说鲤鱼登此门即化为龙。科举时代称会试得中者为登龙门。在大程书院，把进入考场的大门叫龙门，也是对入学弟子、进取及第寄予的厚望。古代大诗人李白在诗中写道：“一登龙门，身价百倍。”在过去，只有“大比”之年方得开放，每当龙门开启，豫东百姓无不争先恐后赶往书院“跳龙门”，以期好运，久而久之，成为百姓避霉祈神、喜闻乐见的民俗。传说一跳“龙门”金榜题名，二跳“龙门”青云直上，三跳“龙门”财源广进，四跳“龙门”百年好合，五跳“龙门”得生贵子，六跳“龙门”富寿康宁。

在通往“立雪讲堂”的中轴线两侧，左右对称罗列着东西文场，呈南北方向，分为四排，每排各 13 间，整体建筑结构严谨，布局规整，雕梁画栋，古朴典雅。全为蓝砖布瓦，古代风格的柱廊式建筑，是目前国内保留最完好的古代科举考场的原貌。考场边的两棵古松，高大挺拔，蔚然成荫，是当年重建书院的县令缪应缙亲手所栽。

书院的“立雪讲堂”，10 米见方，前壁呈框架结构，棂子门窗，这是书院建筑的重要部分，“讲堂”高约10米，面阔三间，单檐斗拱，每间“六攒”，每攒三斗两昂，非常紧凑。显得高大雄伟，蔚为壮观，讲堂的门上悬挂“立雪讲堂”匾额，大门两侧有楹联：“立雪见精诚，树尊师以令范；设堂明理性，遗重教之高风。”金字匾额，恰似画龙点睛，给讲堂镶嵌了明珠。

“讲堂”的中间塑了程颢的坐像，再现了他接人待物“春风满面”的历史旧幕。史书记载，程颢平时独坐或闭目养神，或思考问题，总是一脸严肃，一动不动，像雕塑一样。而给学生解答问题或待人接物却满面春风，和蔼可亲。

讲堂东边的一组塑像，只见程颐、程颢端坐，杨时、游酢满脸恭敬地站立求教，生动再现了“程门立雪”的典故。

讲堂西边的群塑像是从“大程书院”步入仕途的历史名人，有明代户部、兵部、刑部尚书刘自强，吏部尚书刘泽深；一代才子江西提学副史李梦阳；广东道监察御史杜化中；还有柳堂、罗赞、曹嘉、卢传元、郝维乔、何出光、何出图等，都是从大程书院走出去的官员。

书院古色古香，风景如画，令人赏心悦目，心旷神怡。馆内常年举办文物、书画及其他各种展览，内容丰富，特色各异，游人如织。

（五）吉鸿昌学校

位于扶沟县吕潭镇的吕潭学校，又名吉鸿昌学校，是著名抗日民族英雄吉鸿昌将军创办的。1895年10月18日，吉鸿昌将军出生在扶沟县吕潭，儿时备受贫困和阶级压迫之苦，从军后，他感觉一个民族缺乏文化便愚昧无知，注定会被列强欺辱，发展教育实为振兴中华的当务之急。1921年（民国十年），吉鸿昌升任营长后，与父亲吉筠亭共同筹资，利用镇上的龙王庙兴办了“吕北初级小学”。此时收入不高的吉鸿昌将节约下的钱供给学校日常开支。

1929年，时任宁夏省主席的吉鸿昌，更加热衷于教育事业，他投资在吕潭西北隅贾鲁河畔购地50亩，聘请北平著名工程师冯欣农设计监工，兴建了包括新校舍、体育场、校园、校田在内的“私立中山学校”，该校于1931年夏竣工，免费收取附近学生。吉鸿昌将军每次返乡，学校是他必到之地，亲自检查学生的学习和生活条件。1931年，吉鸿昌将军在办完父亲的葬礼后，在学校师生大会上说过这样一段话：“有人说我们父子是大傻瓜，有钱不置庄田给子孙造福，却大把大把地将钱扔在学校里……我办学有两种想法，一是培养大量的人才，才能使国家昌盛，不受帝国主义侵略；二是古往今来，当武将的很少有好下场，一旦跌倒，难免家灭满门，财产充公，与其叫别人充公不如自己充公，给国家、老百姓办些有益的事业。”直到1934年11月24

日，将军就义当日在给冯欣农、马遐富等人的遗书中说："……所办学校校款欣农、遐富均悉，并先父在日已交地方正绅办理，所虑者吾死后恐吾弟等有不明之处还要强行分产，请诸君证明已有其父兄遗嘱，属吕潭地方学校教育地方贫穷子弟而设，皆由先父捐助，非先父兄私产也……"

在艰苦的年代，这所学校为国家培养了大批人才。曾任《光明日报》总编辑的我国著名老一辈新闻工作者穆欣、原天津市副市长李中恒、原广东军区副司令员李子木、原河南大学党委书记李林等都曾在这所学校就读。

解放后，这所学校先后易名为"吕潭完小"和"吕潭中学"。1987 年，为了纪念学校创始人吉鸿昌将军，校名直接改为"吉鸿昌学校"，并聘请将军的女儿、天津市政协常委吉瑞芝女士为名誉校长。随着时光的推移，这所学校虽经历了半个多世纪风雨，仍然以它的风姿见证着将军的"国魂"风范。如今，在当地政府的关心下，"吉鸿昌学校"旧址已经成为一处爱国主义教育基地，在它的附近相继建成了"吉鸿昌小学"、"吉鸿昌中学"和"吉鸿昌职高"三所现代化学校，而将军那以私化公的高尚品德和民族大义仍然时刻激励着这里的师生苦学奋进，报效祖国。

九、郸城

（一）段寨遗址

段寨遗址位于郸城县西南 7.5 公里，面积约 3 万平方米。郸城段寨遗址，是一个高出地面约 7 米的圆丘遗址，这种崮堆是豫皖地区新石器文化遗存一种独具特色的存在形式。

1976 年，在遗址东北部发现一批陶器，有豆、壶、罐、圈足尊、瓶、黑陶高柄杯等。豆为泥质灰褐陶或黑陶，宽平沿，口沿下有两个对称的鸟喙形泥突，圈足较高，有圆形和三角形镂孔纹饰。壶为泥质灰白陶和灰陶、黑陶，颈部较高，呈筒形，圆肩，有的在口沿下有对称的两个鸟喙形泥突。罐为泥质灰陶，直口，腹壁较直。圈足尊为泥质灰陶，宽沿斜折，腹微鼓，圈足较高，有圆形镂孔。瓶为泥质黑陶，直口，颈部较粗而略成束腰形，扁圆腹，高圈足。黑陶高柄杯的口部残缺，磨光后再用①。这些陶器大部分与大汶口文

① 郸城县文化馆：《河南郸城县段寨出土大汶口文化遗物》，《考古》，1982 年第 2 期。

化晚期阶段的陶器相类同。段寨一号墓女主人拔除了上侧门齿，表明其应属东夷族系。①

“段寨遗址”属新石器时代古聚落遗址，蕴涵丰富的仰韶文化和大汶口、龙山、商周文化遗存，特别是在此出土的大汶口文化遗物，受到各级文物专家关注。“段寨遗址”延续时间长，对研究豫东地区新石器时代的社会制度，进一步了解仰韶文化、河南龙山文化和山东龙山文化的互相渊源关系，有很高的历史考古价值。

1963 年 6 月 20 日，“段寨遗址”被河南省人民委员会公布为河南省重点文物保护单位。

（二）宁平公主墓

在郸城县双楼乡双楼集东 2 里，有座隆起的大土丘，人称大张庄古堆，它便是东汉开国皇帝光武帝刘秀之妹宁平长公主刘伯姬的墓陵。

刘伯姬，蔡阳（今湖北枣阳西南）人，是汉高祖刘邦的九世孙。其父刘钦，西汉南顿（今河南项城市南顿镇）县令；其母樊氏，为湖阳（今河南唐河县湖阳镇）大富豪樊重之女。伯姬兄弟姊妹六人，在兄妹排行中，刘秀居五，伯姬居六为小妹。伯姬 4 岁时，父死于南顿任上，由叔父刘良将他们小兄妹带回白水乡（今湖北枣阳南）抚养成人。

西汉末年，国势日衰，王莽篡政，横征暴敛，灾荒连年，农民起义风起云涌。在刘秀等人率部起兵建立东汉王朝期间，刘伯姬曾立下了赫赫战功，表现出了大智大勇的巾帼之才，也曾留下许多让人称颂的故事。例如“白河滩兄妹抛顽石”、“棘阳城雪夜吐情愫”、“春陵府作画论朝政”、“请圣命招安济众生”、“获恩准诰封宁平城”、“城西湖泛舟思夫婿”等。

伯姬约于公元 23 年与李通结为伉俪，是李通的继室夫人；公元 26 年被封为宁平长公主，封地故城即今郸城县宁平镇。李通被封为固始侯，其封地在今安徽临泉县。宁平长公主于公元 30 年病逝于封地，年仅 32 岁，卒后葬于此。

关于宁平长公主陵墓，《周口地区志》、清光绪《鹿邑县志》和《郸城县志》等史志均有记载。冢高约 10 米，周边长百余米。公主长眠于此已近两千年，在历史长河中，此墓虽经无数次地震、水患、塌陷和被盗等灾难，但保存完好程度在中原大地还是少见的。

---

① 曹桂岑：《郸城段寨遗址试掘》，《中原文物》，1981 年第 3 期。

据传，在1943年，前冢西南角塌陷一次，当时曾有人提灯下去一观，他们讲：此为小砖墓，由前后墓室和墓道等部分组成。前室为祭殿，设有石桌、石凳；后室为主殿（棺室），墓道两旁砌有若干耳室。所幸当时人们没敢取出墓内任何一物，即行封堵起来。该墓现为县级文物保护单位，是豫东大地极有价值的旅游开发资源之一。

（三）汲冢遗址

在郸城县城西10公里处，有汲冢遗址。汲冢高5米，南北长16米，东西宽20米，面积320平方米。经省、市、县考古专业人员考察，该遗址文化层清楚，属龙山文化。西汉廉吏汲黯墓冢就在这个文化层上。

汲黯（？－前112），西汉濮阳人。汲黯敢于直谏，号称“汲直”。汲黯当官善于放权，自己只掌管方针政策，具体工作乐于放手让基层官员去做。因此，他不论在荥阳、东海，工作都做得很出色，总能得到朝廷满意，并被百姓所称颂。

汲黯亲政爱民，敢于承担责任。一次河内（今河南沁阳）失火，连续烧了1000多户人家，皇上派汲黯去视察。回来时，汲黯路过洛阳，发现由于连年水旱灾害，那里的人很穷，有万户人家饿得父子相食。看到这种情况，他冒着杀头之罪，没奏请朝廷批准，便命地方官打开皇家粮仓救济灾民。到京后，他自请免职，听候皇上发落。还好，汉武帝不但赦免了他的罪，还表扬他做得对，称其为“社稷之臣”。

汲黯终因秉性高傲，不能容人之过，得罪了不少佞臣，汉武帝也不再像以往那样喜欢他。后来，汲黯因犯点小罪被罢官，回到家乡濮阳过上了田园生活。可是没有多久，汉武帝又重新起用汲黯出任淮阳太守，汲黯只好领命。

汲黯在淮阳期间，政治清明，百姓安居乐业。公元前112年，汲黯因病死于淮阳。汲黯死后，淮阳人民感其恩德，将其安葬，并将墓东1里的杨宪镇改名为汲冢镇。墓前原有“汉淮阳太守汲公神道碑”一通，今无存。1963年6月公布为省级文物保护单位。

十、沈丘

（一）至元寺

沈丘县槐店镇清真古寺，原名“至元寺”，因创造于元代至元年间而得名，近称“老寺”，亦称“清真古寺”。迄今已700多年。

元初，蒙古汗国平金，为镇戍中原，从中亚征军，波斯人穆罕默德·阿李率其部驻屯于古项城东郊，即今沈丘县城。阿李部皆穆斯林，于是于至元十年（1273年），在此创建了豫东第一座教坊——至元寺。

明宣宗朱瞻基宣德三年（1428年），因河陷城废，项城县治所南迁。据寺内明碑记载：寺内规模宏大，“火墙叠檐、三进庭院、曲栏环绕、宽敞明静”。后至元寺在明末战乱中遭兵燹。

清康熙四十二年（1703年），经马延缙之手重修。

槐店镇的清真古寺

该寺在“文革”中遭到严重毁坏。1980年，始逐渐修复。1993年，由当时的清真古寺座任大阿訇李道全及槐店镇镇长李传志等发起、筹捐，重修望月楼。于1993年6月6日奠基，至1994年3月10日落成，历时9个月。新建之“望月楼”，共5层，高32米，金碧辉煌，格局完美，既有追古之风，又具现代风韵，且不失天方建筑之风貌，成为豫东一景。是河南省重点文物保护单位。

（二）李鸣钟故居

“李鸣钟故居”当地人称之为李公馆，1950年10月沈丘县人民政府由老城镇（沈县集）移至槐店回族镇（旧为槐坊厅）后，中共沈丘县委就设在了李公馆。2000年9月被列为河南省重点文物保护单位。

李鸣钟（1887－1949），字晓东，河南沈丘人。幼家贫，早年投军，1911年辛亥革命爆发时，任新军第二十镇排长。随该镇管带冯玉祥、王金铭、施人云等举行著名的滦州起义。不幸功败垂成，王、施等人就义，冯、李均被革职。民国成立后，冯复被起用，任左路补备军营长，李复回冯部共练新军。由此追随冯玉祥南征北战，逐步成为冯军集团重要将领。与张之江、鹿钟麟、刘郁芬、宋哲元并称为西北军“五虎上将”。

其故居位于沈丘县城城内，系李鸣钟辞官归隐后，于1936年由刘乐亭

（原籍河北涿县人）设计并领工建造。

对于李鸣钟当年为何不把豪华府邸建在自己的出生地蔡庄（今属项城）或是县城、省城，而是建在与蔡庄相距40里且当时属沈项淮三县分管的槐店（槐坊镇），在民间流传有三种不同的说法。一种说法是李公馆原址购置前是黄家菜园，李鸣钟是蔡庄人，槐店又是蔡河入颍处，蔡水养菜地风水好。但蔡庄人有不盖楼的习俗，虽李公馆建的是三进庭院，甍垂凤翼，纹檐绳桷，交窗作合，粉墙黛瓦，却见不到一间楼房，缘由就是上楼相当于菜（蔡）起莛子，有衰老之义，这也就是过去蔡庄人不盖楼房的原因所在。第二种说法是沈丘在抗日战争时期，是周口境内唯一一处没有沦陷的国统区，当年这里是五战区第十五集团军何柱国和青海骑兵师马彪的防区，他们都由西北入驻中原，李从军时属西北军系，军中旧交甚笃，所以这里是他战时避乱的最佳处所。第三种说法是他与回民有关，槐店有一支“牛犊子”李姓回民与他同宗。

该宅属晚清式建筑群，南北长70米，东西宽37米，占地面积2590平方米，是典型的三进四合院。各院正堂七间，东西厢房各三间，左右各有角门四个。三院落南北相连，各院室走廊相通，穿室越院遮日挡雨。西有小花园，建有卷棚、观花厅，厅后书房三间，东边厨房、役人住室九间，西旁马厩、车房十一间，整个建筑严谨高雅，前后院落互通，具有穿室走院遮风挡雨特点。

该故居具有代表性的是其前院，主要由正堂和东西厢房组成。其正堂7间，进深7米余，南北各有走廊5间，厅内四重梁骑架结构，南北走廊内檐梁各有四根红漆明柱支撑，上有红漆横梁将明柱与山墙连在一体，下有盘石相托，走廊两端各留偏门通往东西房间。东西厢房相对各三间，位于正堂南两侧，室内为二重梁骑架结构，走廊内檐梁各有两根红漆明柱支撑，下有盘石相托，两端各有拱门。

撰稿人　高恒忠

第十章　周口农耕、工商业、手工业发展史

得天独厚的地理环境和气候条件，使周口地区成为中华民族原始农业经济开发较早的地域之一，对黄淮流域的经济发展影响深远。伏羲、神农曾在这块土地上“教民艺五谷”、“养家畜以充庖厨”。史书又载：太昊伏羲氏都宛丘，“制网罟，教民渔猎；养牺牲，以充庖厨”。炎帝神农氏都陈，“尝百草，艺五谷，教民稼穑”，[①] 为中华民族的原始农牧业之发端。近年发掘的平粮台古城遗迹及其出土文物，说明远在4500多年前，这里经济已领先发展。夏、商、周时期，陈地青铜器已经广泛使用，贝币亦用于商品流通。春秋战国时期，随着奴隶制的解体，新兴的封建制度解放了生产力。沟通黄河与淮河两大水系的鸿沟的开凿，陈地广受其益，既加强了与各地物资的交流，也促进了城镇建设及农业生产的发展，陈成为诸侯国中较富庶国之一。

史料记载，早在夏商时期，这里的农牧业、手工业经济已有长足发展。西周时期在140多个诸侯国中，陈国为十大诸侯国之一，陈国经济在原来领先的基础上得到进一步发展。当时稻、麦、稷等农作物品种增多，种植广泛，麻、桑、漆等经济作物，杨、榆、枣等树种都有大量种植，六畜饲养也初具规模，与此同时，织染业、漆器业和青铜铸造业成为陈国有代表性的手工业。此外还有制陶业、编织业等等。陈国漆器远销中原诸侯国。陈地出土的青铜器数量大，品种全，制作精美，产品销路广泛。文献记载，“陈在楚夏之交，通渔盐之货，其民多贾”。[②] 陈国的粮食、手工业品远销邻国，邻国的鱼、盐和其他器物运来陈国交换，陈国成为豫东地区商业贸易中心。经济的发展使陈国在600多年间，始终保持十大诸侯国之一的地位。

春秋末期，诸侯兼并日烈，陈国常被征伐，生产遭受破坏，经济日趋衰退。楚灭陈后，楚都迁陈，楚国南方城市来陈朝贡，盟国来陈贸易，商业复一度振兴，经济随之发展，郢、陈成为当时全国著名的都市。自秦以后的长期封建社会中，历代统治阶级为维护其统治，也都曾采取措施发展经济。在

① 《史记·三皇本纪》卷一。
② 《史记·货殖列传》卷一二九。

农业上，多致力于河道的兴利除弊和屯田开荒。西汉时期，元光五年（前130年），大司农郑当时疏陈北水道，加之铁制工具和牛耕技术的普遍采用，农业生产有长足发展。境内出土的汉代三进陶院落模型，是当时封建主庄园的缩影，标志着封建制经济已经完善并进入新的阶段。三国时，中原豪强肆虐，战事频仍，陈地诸多农田废弃，经济一时萧条。魏正始四年（243年），大将邓艾于陈、项屯田，修广"淮阳、百尺"二渠，农业得以恢复，经济相应发展。在陈地及其周围地区举数万人屯田种稻，广开漕运，在颍河南北穿渠300余里，灌田两万余顷。隋朝时期，中国封建社会再度统一，由于推行均田制和减轻徭赋制度，使位于平原地区的陈地经济发展迅速。唐中叶，陈地经济逐渐发展为鼎盛时期，社会安定，五谷丰登，森林茂密，百鸟聚栖。唐仪凤元年（676年），帝以陈州"凤凰集"，改年号"上元"为"仪凤"，市场兴旺，商品交换广泛。近年在周口市境内先后出土通宝多种，是当时商品流通、市场繁荣的见证。但由于封建农业经济基础薄弱，加之中唐之后水患增多及晚唐战火，陈地也曾几度出现"斗米千钱，死者相枕"和"民拆屋木以供炊，闪藁席而秣马"的荒年暴月。宋朝建立后，政局相对稳定，为发展生产，劝农使来陈劝农垦田。陈地农业经济复兴，陈人数次向皇帝"献瑞麦"，以表丰收之喜。此期文化、科学技术及城镇建筑均有较大发展。疏浚蔡河，设斗门节制河水。元代贾鲁开挖新河，将河南中、西部河流引入区内颍水河道，至明成化年间，沙颍河舟楫可直通朱仙镇。明代开辟淮河与沙颍河漕运，使周家口成为漕运要道，从而逐渐成为城市，沿河集镇陆续兴旺，成为商品集散口岸，这些都大大促进了经济的发展。宣统二年（1910年）开始创建小型棉织厂，玉米始有零星种植。民国时期，地方民族工业日渐兴起，后因政府腐败，军阀混战，周口经济屡遭破坏。民国二十四年（1935年），粮食亩产仅65.8公斤，棉花亩产12.2公斤。民国二十七年（1938年），国民政府下令炸开黄河花园口大堤，滔滔黄水吞没全市，万人无家可归。加之日军入侵，周口地区陷落，国民党抓丁拉夫、强征暴敛，全周口经济崩溃，民众挣扎在死亡线上，度日如年。

鸦片战争以后，中国开始由封建社会向半殖民地半封建社会转变，同时自给自足的自然经济开始解体，逐步向近代经济过渡。河南作为中国一个资源丰富的大省自然也受到了影响，但是，由于河南地处中原，远离通商口岸，直到甲午战争以后，河南的社会经济才发生了较为明显的变化。近代以来，周家口镇亦受到影响，其经济逐步向近代经济转型，尽管某些方面转型的程度不大，甚至有些不太成功，但这毕竟由传统经济向近代经济迈出了一步，亦是历史的进步。到1949年12月解放以后，周口经济发展才揭开新的篇章。

周口经济文化发展具有优越的自然地理环境。今河南周口一带，位于豫东南一隅，属黄淮平原。这里古称宛丘，其地理形势以淮阳为中心，西邻商水、西华、周口二县一市，南连项城、沈丘一市一县，东接郸城、鹿邑，北有太康、扶沟，现区划为周口市。市内河流密布，沟渠交错，沙颍河横贯东西，贾鲁河跨越南北，清水河、涡河蜿蜒曲折。全市一年到头，气候温和，雨量充足，土地肥沃，资源丰富，曾是太昊伏羲氏仰观俯察、开物成务、制嫁娶、造琴瑟、作网罟、举渔猎、养牺牲充庖厨、建屋庐始定居之地，接着又由神农继起尝百草、艺五谷、教民稼穑，开辟远古农业的地方，是中华民族古老文化的发祥地。这里埋藏着极其丰富的光辉历史文化积淀。但对于创造了灿烂的农业文化的古代中国来说，自然地理条件对中国文化的区域差异发生重大影响。自然地理条件中尤以地貌、土壤、水文和气候条件最为重要。这些条件直接决定着农业生产情况和经济发展水平，也决定着人口分布的密集程度。而文化的生命本源和基础是生产，人类经济活动是社会生活中最基本的要素之一。由于上层建筑取决于经济基础，经济活动的区域差异一方面导致物质生产的差异，另一方面也决定了精神产品特征的区域差异。因此，文化区域的形成和变化与地区经济活动有密切的联系，而在近代化以前，经济发展水平和区域文化特征，又取决于自然地理环境。周口的自然地理环境对周口这块古老土地经济的发生、发展起到了很大的作用。

周口属于豫东平原，是黄淮平原的一部分，按照河南省地貌区划和等级系统，大致以沙颍河为界，以北为黄河冲积平缓平原区，以南为淮河及其支流冲积湖积低缓平原区。黄河冲积平缓平原区，多以泛淤平原为主，主要是洪积和河积塑造，海拔多在50米以上，自然坡降稍大，地势平缓。淮河及其支流冲积湖积低缓平原区，主要是河积、湖积塑造，海拔多在50米以下，自然坡降较小，地势低缓。

地貌　周口地处黄淮平原，地势西北高，东南低，自然坡降为1/5000－1/7000。海拔高度为35.5－64.3米。大致以川汇区至太康一线为界，线西海拔高度50－64.3米，线东海拔高度为35.5－50米，自然坡降为1/6000－1/7000。线东的郸城东部，沈丘东部、东南部，项城中部、南部，海拔高度多在40米以下，地势低洼易涝。全市地貌特点是大平小不平。整体地貌平坦，但受外力作用，岭岗和洼地微地貌广泛发育，改变了平原地貌的单一形态。按照河南省地貌区划等级系统划分，市内以沙颍河为界，以北为黄河冲积平缓平原区，以南为淮河及支流冲积湖积平原，岭岗多分在沙颍河以北地区至太康一线以西。坡洼地分布较广，主要在沙颍河以北和以南的沈丘、项城，商水也有零星存在。

土壤　市区土壤主要有潮土、砂黑土、褐土和黄褐土等4种土类，黄褐土、湖构土、潮土、灰潮土、湿潮土、盐化潮土、砂因潮土、坡质潮土、别质潮土、黑底潮土、壤质灰潮土、฿质灰潮土、冲积湿潮土、氯化物盐化潮土、砂础黑土、青黑土、覆盖砂码黑土、石灰性砂碰黑土、石灰性青黑土、覆盖石灰性砂通黑土等20个土属。主要壤质是洪水冲积性黄褐土和砂质洪水冲积性潮褐土。由于受气候、大地构造、黄河和沙颍河冲积及人们社会生产活动的影响，市区土壤大致以沙颍河为界，以南多为砂礓黑土；以北是在黄河历代南泛的冲积物上经过人们辛勤耕耘形成的潮土，约占全市总面积的77%以上。这两种土壤土质疏松肥沃，都适于农作物种植，为全市农业生产提供了优越的自然条件。

气候　周口地处中纬度地带，属温带半湿润季风性气候，四季分明，温差较大，降水不均，总的气候特点是：冬季寒冷雨雪少，夏季炎热雨集中，春秋温暖季节短，春夏之交多干风。光、热、水资源比较丰富，有利于多种作物及林木生长，适合农林牧业的综合发展。

温度　周口年平均气温在14.5－5.8度之间。四季平均气温分别为14.5、26、15、1.6，极端最高气温达43.2（1964年7月19日周口镇）。极端最低气温为零下21摄氏度（1955年1月淮阳县），均为有气象记录以来的极值。年均气温变差为27度左右，年周期变化在0－28度之间。近年来，气温略有升高，在1.1－2度之间。全年平均霜期为146天，无霜期219天。

降水　全市历年降水量为689－816毫米，85%以上的降水多在农作物生长季节，基本能满足农作物生长的需要，夏季降水集中，平均降水量为371.9毫米，占全年降水量的50.2%，且时空分布不均，多暴雨、大雨，雨量从周口东南至西北呈递减趋势；冬季降雪较稀少，降雪深度平均为12厘米。

光照　全市年平均日照时数为2025－2269小时，全年太阳辐射总量为122.04千卡/平方厘米，其中，能被植物利用的光合有效辐射量为59千卡/平方厘米。4－9月份的作物生长旺盛季节，正是降雨量最多、日照时数接近20小时的良好时段，这些气象要素对周口农业生产十分有利。

水文　周口属于周口地区，有沙颍河、涡河、西肥河、汝河四大扇形水系。其中沙颍河是淮河的最大支流。沙河发源于河南省鲁山县西部石人山，颍河发源于嵩山山脉的阳乾、少室诸山，两条河流在川汇孙嘴村汇合，称沙颍河。沙颍河及其支流贾鲁河、汾泉河、黑河、新运河、新蔡河，流经全市，流域面积占全地区面积的76%。四大水系纵横交织，不仅形成了一个“自然灌溉”系统，而且形成了美好的自然风光。

周口兼有南北地理条件之长，具有发展农、林、牧、副、渔业多种经营的得天独厚的自然环境。同时，这种特殊的地理环境条件，又使之融汇南北，包容四方，熔铸成独具特色的地域文化风格。我国地质学家李四光先生曾经写道：中国境内绝大部分是海的情况下，就发现了大片的淮阳古陆。大约在距今一亿三千万年前的地质时期，强烈的燕山运动，使河北西部边境隆起而成东北—西南走向的太行山脉等。东侧则断层下陷，为海水所淹没，天长日久，形成一个茫茫的大海湾。到了新生代，喜马拉雅山运动时期，河北西部的山地再次升拔，东部则进一步降落。同时，这个长期下沉区域又是各条大河交叉汇流、泥土集聚堆积的理想场所。经过漫长的年代，由于黄河从黄土高原上携带大量泥沙首先在山前河口一带形成一系列大大小小不同、长宽形状不一的冲积扇，继而不断扩展延伸，逐渐向山东丘陵和淮阳丘陵推进乃至连接，斗转星移，终于形成了今日的豫东大平原。又据古地理学研究，古陈地属中纬暖温带季风性气候环境，自第四纪以来，尚没有受到大陆冰川的直接侵袭，中亚地区的干燥气候特点对本地区也没有过较大影响。因此，这里仍保留着第三纪植物区系的不少植物，形成本区植物类属繁多的特点。这天生的自然条件为古人类的生活提供了极为有利的优越环境。此外，这一带多为黄土地层，土壤质地均匀，结构松软多孔，既有利于简陋农具的耕耘，同时又利于农作物根系的伸长。尤其是这里土坡中含有大量的钙、磷、氮、钾等多种矿物质，其中碳酸钙含量达到8%到19%之多，含其他矿物质成分多达50种，这对原始农业的发展都是不可多得的有利条件。加之，这里气候温和宜人，沟河交叉纵横，雨水充足丰沛，物产茂盛富饶，成为原始人类生活、居住和休养生息的理想地方。多年以来，区内不仅发现了数十万年前的古恐龙、古大象、古鹿角等动物化石，而且发现了多处新石器时代的古文化遗存。生活在这里的远古先民们，长期居住在沙河、涡河、颍河和北汝河流域繁衍生息，并用勤劳和智慧，创造了中华民族的古老文化——东夷文化。以太昊伏羲为祖先的我国先民们很早很早以前，就居住、劳动、生息、繁衍在古陈这块古老的热土上，和两河流域一样，古陈地——今河南周口地区，也是中华民族文化的最早发祥地之一，也是孕育中华古代文化最为光辉的摇篮。

一、农耕文化

（一）农耕文化的起源

何谓农耕文化？农耕文化就是指由农民在长期农业生产中形成的一种适应农耕生产、生活需要的国家制度、礼俗制度、文化教育等的文化集合，其主体包括国家管理理念、人际交往理念以及语言、戏剧、民歌、风俗及各类祭祀活动等，是世界上存在最为广泛的文化集成。农耕文化包含的内容十分丰富，大体说来，主要包括三个方面：一是农业技术，主要有农业基础科学，农具，水利，农学，农业自然灾害、园艺、林业、畜牧兽医，以及蚕、蜂、水产等。二是农耕制度，主要是历代的土地所有制度、田亩赋税制度、垦殖政策、粮食政策、赈灾政策等。三是农耕思想，核心是重农思想，具体有耕战思想、兵农合一思想、农业管理思想、风水思想、减灾思想、荒政思想等。中国自古以农立国，农耕文化是中华古文化的一个十分重要的组成部分，中国的农业起源相当早，美国耶鲁大学人类学家、美籍华裔学者张光直教授1986年在其著作《中国远古考古学》一书中指出，距今1.2万年前后，中国原始农业已经发端。而近年来一些学者根据对民族学、考古学和天文学等学科的综合研究，认为中国农业的起源要早到距今2万年以上。以上结论虽然还有争议，但是至少从旧石器时代开始，中国已经进入了完全意义上的农业阶段，距今至少也有七八千年的历史了。漫长而悠久的农业发展历史形成了具有中国特色的农业。

中国传统的农耕文化，内容丰富，内涵深刻，是中国传统文化的根基所在，它和中华文化的其他方面构成了一个有机的整体。周口市是农业大市，农业起源也很早，大约在旧石器时代末期，农业即已初露端倪，旧石器时代，原始农业逐渐形成。周口市的农业发展可以看做是中国农业发展的一个缩影。周口农业发展过程所积累下来的农耕文化可谓内容丰富，洋洋大观，在千年乃至上万年的中国农业发展史中，谱写了一部周口农耕文化的壮丽诗篇。

1. 太昊伏羲时期的农耕文化

在周口市的广大地区，在农业文化的起源上可以追溯到伏羲与炎帝时期。他们对周口农业文化的起源作出了卓越的贡献。伏羲在农业方面作出的贡献主要表现在以下几个方面：

“豢育牺牲，伏牛乘马。”《礼记·月令》载：“执伏牺牲。”《补三皇本纪》：“养牺牲以庖牺，故曰庖牺。”伏牺之名即服化牲畜。“豢育”、“伏”、“乘”，很清楚是饲养繁息。人们在长期渔猎生活中，捕获猎物满足当时食用外，剩余的部分极易腐烂，但无猎获物时，无所庖食。伏羲氏族通过摸索牲性、喂养豢育，使其驯化为家禽、家畜，这是一大革命，这是伏羲氏对人类的一大贡献。从仰韶文化、马家窑文化、大汶口文化看，确实这一时期原始畜牧业已见雏形。仰韶文化家畜饲养业较发达，经鉴定，家畜有猪和狗。大地湾第九区仰韶文化晚期一灰坑中有大量猪骨，总数达10头之多。骨器原料多为猪骨。同时，羊和马骨也有少量发现。马家窑文化居民是戎羌的祖先，羌本义是牧羊，同时多饲养猪、狗和鸡。柳湾墓葬中多以整猪、狗、鸡、羊作为随葬。大汶口文化居民家畜饲养业也较发达，遗址出土有猪、狗、牛、鸡等禽畜骨骼，也有整猪、狗随葬现象。尤其中期以后，以猪随葬颇为盛行。整猪、半猪、猪头、猪下颌骨随葬很普遍。以大汶口遗址发掘的133座墓中看，以猪随葬者竟达三分之一以上。三里河一墓中仅猪下颌骨达32个。特别是大汶口文化出土猪形陶壶，圆面耸耳，拱鼻张口，短尾上翘，活像一头肥胖幼猪。还有许多陶造型，像是肥猪伸腿（足）、张嘴（流）卷尾（板金），在向主人乞食。三里河出土猪形陶，嘴两边还微露獠牙，形象很逼真。由上可见，"豢育牺牲、伏牛乘马"、"养牺牲以充庖牺"的原始畜牧饲养业是伏羲氏族文化内涵之一。

"伏羲禅于伯牛，钻木作火"。《河图挺佐辅》说："治金成器"、"本五材之用而定五行"。人类初期，森林因雷电自然起火，随风蔓延，给生物生命带来巨大威胁，故动物多怕火。由于石器工具发明，人从动物中脱离出来。开始时对火认识不足，山顶洞人已经对火有了认识，采集火种御寒、驱兽、烤猎物而食。传燧人氏通过打制石器起火，发明燧石打击取火。伏羲氏族时期，随着农业的发展，木农具的应用，制木钻孔术的发明，从钻木中取火，以至刀耕火种的原始锄耕农业形成。陶器的发明，庖熟食物，饮用沸水，对人们的生活与生命都有极大的改善。

此时，生产工具也得到了改善。随着制陶业的发展，矿物颜料的应用，便产生了低熔点矿物铜等之类的冶炼。用金属制作的匕、削之类工具自然比石、骨之类工具锋利，无论在切割肉块、兽皮鞣制皮革、刮削木器、雕刻玉、牙、骨、贝等，都较为优良。铜器的产生，铜石器并用，更有利于农业的发展。

综上所述，伏羲氏族文化的内涵是极其丰富的，它是中华民族传统文化的古老源头，是凝聚中华民族大团结的精髓，是我民族坚强不息、兴旺发达的中流砥柱和无穷的民族精神之魂。

2．炎帝时期的农耕文化

炎帝是中华民族的始祖之一，现在所称"炎黄"，即指炎帝神农氏和黄帝轩辕氏。炎帝也称神农氏，他对中华远古文化最大的贡献就是发明了农业，具体讲有以下几个方面：

首创种植业。《国语》载："昔烈山氏之有天下也，其子曰柱，能殖百谷百蔬。"《管子》说："神农教耕生谷，以致民利。"此外，《史记》、《庄子》、《春秋》、《帝王世纪》等也都说到炎帝神农氏"身亲耕"、"为天下先"。现在的周口市曾是神农氏早期活动的主要地带。上古之时，此地森林茂密，杂草丛生，以火焚烧山泽，既免除了披荆斩棘之苦，又为农作物生长提供了肥源。也正是由于所垦辟后的山泽谷地肥源充足，才得以“种植百谷百蔬”。有了谷子，原始先民获得了较稳定的食物来源。他们把收下的谷子储藏在窑穴里，吃的时候再拿出来，放在石制磨盘上，用石饼或石棒反复磨碾，脱去谷壳。最初是把粟米放到烧热的石板上烤熟吃，后来有了陶器，就用火煮熟食用。苦难的先民迈开艰难的步伐，跨过了通向文化的最初门槛。

发明耒耜等农业生产工具。最早的刀耕火种，只能是广种薄收，而且经过多次种植后，土地日益贫瘠，收获越来越少。这种生产的客观要求，必然促使人们在总结过去生产经验的基础上去发明创造新的生产工具，而炎帝神农氏就担当了这一重任。《通鉴前编》中记载：“炎帝因天时地宜，斫木为耜，揉木为耒。”耒与耜都是木制起土工具，是先民当时从事农业生产的最主要的用具。从狩猎生产转变为原始农业生产，是人类社会生产的质的变化。制造农业生产工具是人类通过劳动，积极地利用自然、改造自然，生产自己所需生活资料的开始。耒耜作为原始农业的基本工具和重要的生产要素，其产生标志着人们征服自然能力的提高，人类开始了由低级向高级、由野蛮时代向文明时代迈进。

削木为弓。《周易·系辞》记载：弯木为弓，削木做箭，以弓、箭的功用，来威震天下。神农始创弓箭，有效地防止了野兽的袭击，同时可以抵御外来部落的侵犯，保卫人们的生命安全和劳动成果。相传，一天，炎帝看到一只猴子想跳着去摘果子，但果子太高，猴子只勉强抓住果枝而没办法摘下果子，于是只好放弃。被放开的树枝弹上去，却将果子弹飞，掉到很远的地方才落下来。炎帝反复弹弄身边的树枝，发现树枝可以弹射。于是，他砍来韧性很好的树枝，把它弯曲成弧形，用滕条绑定，做成弓，将小树枝削尖，做成箭。弓箭的发明，大大提高了人类自我保护的能力和获取食物的能力，后来用做武器，“以威天下”。

发明牛耕。《陔余丛考》记载：“牛耕始于神农氏。”在神农之前，是用人耕田，耕具是耒，由一人持柄，系绳，一个或多人在前方拉动，劳动强度很大。牛被驯服后，炎帝改用牛在前面拉动。使用牛进行耕种，大大减轻了人的劳动强度，又极大地提高了劳动生产力。炎帝神农用牛耕田，是我国古代农业史上划时代的大事，它标志着我国原始农业社会的开始。

凿井取水。在采猎时期，人们必须依山傍水而居。为了防止洪水，不能离水太近，但也不能离水源太远，没有水的地方是不能居住的。原始农业出现后，更加依赖于水源了。为了扩大种植，在平原，炎帝神农氏发明就地凿井取水的方法。有了水井，在山岭或平原地区，不单解决了吃水问题，还保证了原始种植业方面的灌溉，从而保证了粮食、蔬菜等农作物的产量，提高了人类的生活水平。

神农氏在这里教民“艺百谷”，开创了原始的农业。从目前发掘的龙山文化遗址中出土的大量鹿角，猪、狗、羊、牛等动物的骨骼化石中可以得知，这里的原始畜牧业已经得到初步发展，人们已非常重视家畜的饲养。出土的石网坠表明，当时的人们还经常捕鱼。目前，考古工作者在陈地龙山文化遗址中还发现了大量用于砍伐的石斧、石刀、蚌刀，还有用于耕耘的石铲、石凿、骨凿、石锛，用于收割的石镰、蚌镰，用于谷物加工的石盘、石棒等。所有这些足以表明，当时的农业生产已经出现并有了较大的发展。在原陈国境内发现属龙山文化时期的村落遗址达 10 多处，且规模较大。如双冢遗址面积 5.28 万平方米，发现房基 10 余处。朱丘寺遗址面积达 4.5 平方米。并且遗址的分布也较为集中，居住的时间较长。这表明，当时的陈地已村落棋布，人口稠密。而这是由于此地农业已有了相当的发展，如果没有发达的农牧业，定居生活是根本办不到的。

（二）夏商周时期的农耕文化

1. 夏商时期的农耕文化

周口在夏代属豫州境。夏王朝的活动中心在河南的中西部，以嵩山为中心的伊、洛河流域和颍、汝河上游地区，以及古济水流域，这里适合于农业生产。周口虽在颍水中游地区，但也与夏王朝统治中心联系紧密，周口又是最适宜农业的地区，农业发展应该是比较先进的。从一些考古资料上看，这时酒已开始酿造，原料是粮食，说明农业有较大发展。商周（西周）时期，在盘庚迁殷之后，环境比较安定，农业和各种手工业生产达到了空前的发展，为周代陈国经济的发展和繁荣奠定了坚实的基础。西周时期社会安定，全国经济的发展以中原黄河、周口地区为主要代表，作为十大诸侯国之一的陈国，其经济在原有领先的基础上得到进一步发展。在经济作物方面，陈国已开始大面积种植麻、漆树、桑树、柞树等，在《诗经·陈风》中记载的“东门之池”，“可以沤麻”、“不渍其麻”等，表明当时陈地种麻之多。在农业方面，农作物品种的增多和广泛种植是农业发展的一个重要标志。当时陈地的主要农作物有黍、稻、菽、麦、稷五种。

2. 春秋时期的农耕文化

春秋时期，周口的农业发展已经非常发达，首先表现为铁器和牛耕技术的逐步推广和使用，从而使精耕细作成为趋势。农业技术方面已注意优选良种，粮食产量进一步提高，牛耕也被普遍应用，由于铁制农具和牛耕的推广，使大量的荒地得到开垦，私田的数量不断增加；在耕作制度方面，主要是改变了部分地区的一年一熟制，即把冬麦和一些春种或夏种的作物搭配起来，采取适当的措施，在一年或几年之内，增加种植和收获的次数。

从生产工具、耕作方式、耕作水平、水利事业到农业政策都步入了一个全新的时代，带动了农业经济的迅速发展。

3. 战国时期的农耕文化

战国时期，由于农业生产技术，尤其是铁农具的普遍使用及牛耕的发展，休耕地在逐渐减少。除了在一些土质恶劣的地区还存在着休耕制外，在土地肥沃的地区，都放弃了休耕制，采用连作制，不再进行轮种。如《吕氏春秋·任地》："今兹美禾，来兹美麦。"即今年种禾，明年还在这块土地上种麦。甚至有的地区可分春秋两季，一年有两次收获。《荀子·富国》云："今是土之生五谷也，人善治之，则亩益数盆，一岁而再获之。"在农业生产技术逐渐进步、精耕细作程度越来越高的情况下，以连作制代替休耕制是必然的。春秋战国以来，不仅农业生产条件大为改善，而且为获得高产，在铁器与牛耕的基础上，农民主观上也逐步注重提高耕作水平。具体表现如下：

因地制宜，精耕细作。农作物的生长离不开土壤，并且土壤在很大程度上也决定农作物的生产状况，不同土质适合于不同的农作物。《荀子·王制》云："相高下，视培肥，序五种，省农功，谨蓄藏，以时顺修，使农夫朴力而寡能，治田之事也。"《管子·地员》把九州之地分为十八种，指出各种土地适宜的农作物品种。此外，《尚书·禹贡》中对九州土地的质量也作了阐述，如雍州的土壤属于上上等，冀州属于中中等，而华山以西、长江以北的梁州和长江流域的荆州、扬州的土地都属于下等。目的也都是为了根据不同的环境、不同的土质，而安排不同的农作物生长。正所谓"土地所宜，五谷所殖"。此外，土质不同，耕作次序也不同。《吕氏春秋·辨土》："凡耕之道：必始于垆，为其寡泽而后枯，必厚其靹，为其唯厚而及；饱者纴之，坚者耕之，泽其靹而后之。"意即对土质坚硬的靹土，要在没有板结时进行耕作，而对土质松软的靹土，耕作可以放迟一些。再者，针对不同的土地，在耕作中也要作适当的调节。《吕氏春秋·任地》："凡耕之大方：力者欲柔，柔者欲力；息者欲劳，劳者欲息；棘者欲肥，肥者欲棘；急者欲缓，缓者欲急；湿者欲燥，燥者欲湿。"即耕地的总方针是：非常刚硬的土地，要通过耕作，使其变得较为柔软；而过于柔软的土地，又要想办法使其相对变硬一些；长期闲置的土地要再次加以耕种，而长期耕种的土地，又要相对以休作来恢复地力，贫瘠的土地要通过精耕细作加强肥力，而过于肥沃的土地也要一定程度上降低肥度；板结的土地要疏松之，而过于疏松的土地则又要使之相对板结起来；湿度大的土壤要使它一定程度地干燥，而过于干燥的土壤又要相对使其湿润。看来，战国时期的人们已注意到耕种也要达到“恰到好处”。即使土质一定，不同的耕作管理，产量也会有很大差异。春秋战国前，由于铁农具与牛耕还没有登上舞台，土地的垦作程度受到制约。直到战国时期，生产工具的发展，才使精耕细作成为可能，主要包括深耕、播种、锄草。战国时已注意到深耕。《孟子·梁惠王上》云“深耕易解”，《吕氏春秋·辨土》也说“耕者且深”。对于耕地的时间，《吕氏春秋·任地》云：“人耗必以泽，使苗坚而地隙。”也就是说要在下雨之后进行耕地，不仅能使禾苗成长旺盛，而且土地也能加强通风透气。只有均匀地播种，才能使土地得到通风透光。这一时期改变了过去无规则的散播漫种，而实行条播匀种，以防止由疏密不当、纵横不宜而影响光照与通风程度。于此，《吕氏春秋·辨土》中多有叙及，如“演其种，勿使数，亦无使疏。于其施土，无使不足，亦无使有余”“茎生有行，故边（速）长，弱不相害，故斑（速）大”，“正其行，通其风，夫心中心，帅为冷风”等。除深耕、匀种外，锄草也是作物生长的关键。因为田间野草的生长，不仅影响到禾苗的通风度、透光度，而且影响到禾苗接受土壤的肥度，因此《吕氏春秋·辨土》篇有“耪者熟耘”，而《任地》篇中亦强调种植过程中“五耕六露”。锄草也有一定的时间规定，“人露必以旱，使地肥而土缓”。也就是说锄草应在较旱的天气下进行，锄掉的草随时就能被晒死，从而使土地肥沃，土质松软；而若在多雨之时锄草，则易使草复活而再生。

注重施肥，强调农时。农田施肥从商周到战国，越来越得到农民的重视。当时的肥料主要有粪肥，施粪肥田，又叫“粪田”。《孟子·万章下》说：“耕者之所获，一夫百亩，百亩之粪，上农夫贪九人……”；“凶年粪其田而不足，则必取盈焉。”《荀子·富国》亦强调：“掩地表亩，刺草殖谷，多粪肥田，是农夫众庶之事也。”可见辨土施肥有利于农田产量的增加，越来越成为农业生产的必要。另一种肥料即草木灰和腐蚀物。是火耕水褥，放火烧草存留下的草木灰则可肥沃农田，而且这种肥料可大面积地使用。《吕氏春秋·季夏》载：饶荣行水，不仅能杀草，而且“如以热场，可以粪田畴，可以美土疆”。无论是粪田，还是草木灰肥田，都是为了改良土壤，营养禾苗，从而获得高产。而要获得高产，除精耕细作、肥田外，还要注意防治病害，以保护禾苗茁壮成长。防治病虫害是战国时期农业科学发展的标志之一。当时人们已掌握了一定的防治病虫的知识，如通过农作物种植的深浅度加以预防、控制，“其深殖之度，阴土必得，大草不生，又无螟蝴”。阴土，即指熟土层以下的土壤，种植作物于熟土层以下，可以使作物从深地吸水，又能防止熟土层中的害虫对作物根部的侵袭。再者，通过适时的耕种也可防病虫害，《吕氏春秋·审时》云："得时之麻……不蝗"，"得时之寂……不虫"；"得时之麦……不如组"。因农作物的得时，而能抓住时机，快速增长，增强抵抗病虫能力，从而亦能退免病虫害。

强调农时由此也为这时期的人们所认识和重视，"无失民时"、"不违农时"、"无夺农时"，不仅仅是农民的要求，也为统治者所注重。《吕氏春秋·审时》就是专以农时与农作物生产的关系作为研究对象的。它指出："得时之稼兴，失时之稼约，茎相若称之，得时者重，粟之多。量粟相若而害之，得时者多米。量米相若而食之，得时者忍饥。是故得时之稼，其臭香，其昧仕，其气章，百日食之，耳目聪明，心意容智，四卫变强，姻气不入，身无苛殃。"通过得时、失时庄稼的比较，说明不误农时的作物不仅有益于产量，亦有益于质量，更有益于饮食。

粮食作物的普遍种植。当时的粮食作物主要有粟、菽、粱、稻、黍、麻等。粟，即今北方的小米，乃战国时期北方人民的主要粮食，生长于华北平原和黄土高原地带。黍，即黄米，也属于北方的粮食品种。菽，俗称豆，有大菽、小菽之分。麦、粱也都为北方地区的粮食作物。麻，主要用于纺织，但其时也可作为粮食。

水利的兴修。大型灌溉工程的修建始于春秋之末，盛于战国。此时中原地区诸国的水利灌溉都很发达，其中魏国开凿的鸿沟对后世影响最大，尤其是对周口，因为鸿沟的三分之二是在今天的周口地区。战国中期，地处七雄中央的魏国，为了加强对江、淮地区的控制，要绕过偏在东方的菏水，由泗入淮，很是不便，就利用淮河北面的几条支流，如颍、沙、涡等水距离河、济较近的有利条件，于魏惠王十年（前360年）"入河水于甫田，又为大沟而行甫水者也"，即开渠引河水注入圃田泽，称为大沟。魏惠王三十一年（前339年），又"为大沟于北郛，以行圃田之水"。即将大沟运河延伸到大梁城（今开封市）北，并绕过城东，折而南下，注入沙水，至于陈（今河南淮阳县）北，再向南凿至项县（今河南沈丘县）东北，注入颍水。这就是历史上有名的鸿沟。

鸿沟开凿以后，不仅使济水、淮河和黄河互相贯通，构成了鸿沟运河系统，而且还灌溉了大片农田，形成了鸿沟流域农业丰产区。

（三）秦汉至五代时期的农耕文化

秦时属陈郡，汉时归淮阳国，隋唐时属淮阳郡，秦汉魏晋时期，社会经济基本上处于大一统的发展背景下，周口地区的经济在这期间也有新的发展。不过在秦朝时期，关中地区经济发展要比中原快得多，而中原在此时则略显慢。

但中原地区由于基础良好，只要有适宜的发展条件，其发展起来仍不可忽视。尤其是在西汉中期，中原地区的经济相当发达，陈是当时的天下名都，农业经济也很突出，人民好本稼穑，编户齐民，无不家给人足。农田水利的建设高潮与灌溉能力的增强，稻、麦种植面积的猛增与相关农业技术的进步，是这个时期农业发展的主要标志，已达到了精耕细作的程度。魏晋南北朝时期，中原地区是北方乃至全国的政治经济中心。曹操曾挟汉献帝盘踞许昌，魏、西晋、北魏三朝均建都于洛阳。这时期中原虽动荡不安，但经济也在间歇中得到了恢复发展，如曹魏统治北方时实行了屯田，先在许下（今许昌）试行，大获成功，“得谷百万斛”，之后很快向北方各地推行，“于是州郡例置田官，所在积谷。征伐四方，无运粮之劳，遂兼蔑群贼，克平天下”。[①]“数年之中，所在积粟，仓廪皆满”，经济实力得到增加。此间水利事业表现也较突出。利用河流的水利资源，制定用水办法，浇灌农田1万多顷，农业丰收得到了保障。

1. **两汉魏晋时期**

两汉魏晋期间，农业生产的进一步发展主要表现在：

生产工具的改进。秦至汉，随着冶铁技术的提高，铁农具得到了更广泛的使用，在西汉时期成为主要的生产工具。《盐铁论·水旱》说：“铁器，民之大用也。器用便利，则用力少而得作多，农夫乐事劝功。用不具，则田畴荒，谷不殖。”在此基础上，汉至魏晋南北朝，铁农具在种类与性能上，都一步步得到了发展与创新。秦时冶铁业已有所发展，在官营冶铁业中，秦还设有专门的铁官，如司马迁之先司马昌时，“为秦主铁官”。铁器的制造主要是铁农具。种类有犁、镬、锸、铲、锹、锄、镰、耙、销、铫等。铁农器在当时不仅种类增多，使用范围扩大，而且在性能上，比战国时有了更大的改进。铁犁中有大、中、小之分，主要是铁口犁铧、尖锋双翼犁铧、舌状梯形犁铧以及大型犁铧等，以适应耕垦不同的土地。如垦熟地一般用小型犁铧，垦荒地则用大型犁铧，而开沟做渠就要用到特大型铁犁铧了。犁的装置这时期已基本定型，一些主体构造均已具备。其一是犁下部有了横曲贴地的犁床，亦称犁底，从而能大面积连续翻土作业。其二是有了可上下移动、决定犁铧入土深浅的犁箭。其三是在犁的中下部加了犁辕，此乃为牲畜牵引犁的拉杠，西汉时主要用长辕的犁。其四是犁铧变化定型，并且出现犁镵。犁铧是犁的锋口，这一时期已有了突出的变化，“锋的前端呈锐角形或菱形、扁圆形，从而更便于翻土”。而且还有犁壁。犁壁始见于西汉时期，可以肯定东汉时已普

① 《三国志》《魏书》卷一《武帝纪》。

及到周口地区。犁壁的使用，使得耕犁起土后自行将土翻到先前犁过的犁沟内，既便于精耕，又利于碎土以平整土地，也是耕犁和犁耕技术的重大进步。

东汉时期，铁锚、铁锄、铁锤等农具的出土比西汉时又大大增多，并且有所发展与创新。如铁锄，锄草使用更为便利。

在东汉遗址中亦出土铁制镰、锄等农具4件。河南周口地区出土的铁器很多。据调查，大部分县文化系统都收集十至数十件汉代铁农具。上述材料足以证明，此时周口地区铁器已成为人们最为常用的工具。甚至连传统的木耒也早已套上了铁刃，就农业生产工具来说，铁制的犁、铲、镬、锚、镰、锄等成为人们日常用的农具。不仅出现了一些新式农具，而且原有的铁制农具也大为改进。其中铁镬已演变为多种形制，适合于多种农作物的需要。汉代周口地区的铁锄也有质的进步。

牛耕的普遍使用。耕牛受到法律保护。《淮南子·说山训》："杀牛，必亡之数。"高诱注云："牛者所以植谷者，民之命，是以王法禁杀牛，民犯禁杀牛者诛，故曰必亡之数。"汉初，耕牛缺乏，为促使耕畜繁殖，政府下令禁杀耕牛，规定杀牛、盗牛者受重刑，《淮南子》的记载当是在这一政策影响下周口地区的情形。政府在荒年还要资助，以保证贫穷之民的牛耕，可见当时牛耕在这一带的普及程度。更为重要的是，牛耕的进一步推广，加速了该地区的农业发展。东汉时周口地区的牛耕已较西汉时大为进步。当时周口地区也使用马耕。

铁犁牛耕技术的改进。铁犁、牛耕相结合的耕作方式代替了自古以来的人力耕田，即二人并耕之"精耕"，是农业生产力发展的飞跃。人们驱牛使犁的方式也是在不断改进的。原是一牛挽犁，到汉武帝时期，搜粟都尉赵过在此基础上，发明了二牛三人一组的"锅犁"法，史称："用锅犁，二牛三人，一岁之收，常过纪田亩一研以上，善者倍之。"① 具体说，就是二牛抬杠式，即以二牛挽犁，一人在前牵牛，一人在后扶犁，一人在后扶持犁把控制犁地的深度。此耕作方式，不仅省力，并能大大提高产量，因此使用范围不断扩展。到西汉末年，牛耕技术又有所改进，仍是二牛抬杠式，但由一人操作即可，扶犁者可同时用牛鼻穿环来控制牛的方向，用犁箭控制耕地的深度。

水利工程的蓬勃发展。农田水利事业在这一时期上了一个新台阶。

对周口地区在农田水利方面作出重大贡献的主要是三国时期的邓艾。

邓艾出身于寒门微族，生于建安二年（197年），至曹奂景元五年（264

① 《汉书》卷二四上《食货志》第四上。

年）遇害，计68岁。早年邓艾为屯田掌犊人后，以才学被举荐为“都尉学士”，却“以口吃，不得作于佐，为稻田守，竺草守”。但邓艾并不因受压抑而丧志，以后他仍然是发愤勤学。三国时期，由于战争频繁，需要各级官吏能文能武，能守能战。曹魏屯田本来就是一种兵农结合的体制，邓艾能适应时势的要求，他虽身为屯田的小吏，却“每见高山大泽，规度军营处所”。尽管受到周围人们的冷嘲热讽而不为所动，继续孜孜不倦地钻研兵法。身体力行的屯田经验和通晓兵书，使他能脱颖而出。经过相当长的一段时间，邓艾终于被提为颍川郡的典农纲纪。职责是主管本郡的人事并参与政务活动。后来被委派为上计吏，于年终到朝廷去汇报本郡的人事和财政工作，“为太尉司马懿”所赏识，辟为僚属，邓艾才得以从地方到中央施展他的才智，但已近不惑之年了。邓艾屯田可称是三国时期最具规模的一次，地域广阔，涉及许多地方。

邓艾屯田的成就受到时人的盛赞。陈寿说：“每东南有事，大军兴众（指伐吴），舟而下，达于江淮，资食有储而无水害，艾所建也。”又说：“艾所在，荒野开辟，军民并丰。”《晋书·食货志》描述邓艾屯田的盛况是：“自寿春到京师，农官兵田，鸡犬之声，阡陌相属。”也承认“每东南有事，大军出征，舟而下，达于江淮，资食有储，而无水害，艾所建也。”唯《晋书·宣纪》将邓艾的功劳挂在司马懿的账上。

司马炎灭吴，统一了三国，邓艾在灭吴过程中有不可磨灭的贡献，他的兴屯使魏国在周口及其他地区囤积了大量粮食。使以后历年的对吴作战以至大举灭吴都是“资食有”，解决了长期困扰魏国对吴作战的粮食问题。同时，水路的修通也给运送兵粮器械带来很大的方便，因此邓艾对统一三国有着独特的贡献。此外，邓艾引河水灌溉两淮地区，在两淮大规模兴修水利，广种水稻，引进北方比较先进的农业技术，对以后淮河地区农业经济的发展无疑也起了很大作用。

邓艾兴办的水利工程，主要有两类：一类是直接影响屯田发展的农田灌溉工程，另一类是同屯田、运兵有关的军事漕运工程。

农田灌溉工程：农田灌溉水利工程也可分为两种：一种是兴立陂塘，以遏水灌田；另一种则是开辟或疏浚水道，以扩大水源，畅通水流。而后者在某种意义上又与军事漕运工程紧密地连在了一起。随着屯田事业的发展，各州郡在兴修水利上，仍做出了很大的成绩。在曹魏政权的后期，对两淮水利贡献最大的要算是邓艾了。正始二年（241年），时欲广田畜谷，为灭贼资，使艾行陈、项以东至寿春。艾以为“田良水少，不足以尽地利，宜开河渠，可以引水浇溉，大积军粮，又通运漕之道”。[1] 乃著《济河论》以喻其指。又以为“昔破黄巾。因为屯田，积谷于许都以制四方。今三隅已定，事在淮南，每大军征举，运兵过半，功费巨亿，以为大役。陈、蔡之间，土丰田良，许昌左右诸稻田，并水东下。令淮北屯二万人，淮南三万人，十二分休，常有四万人，且田且守。水丰常收三倍于西，计除众费，岁完五百万斛以为军资。六七年间，可积三千万斛于淮上，此则十万之众五年食也。以此乘吴，无往而不克矣。’宣王善之，事皆施行。正始二年，乃开广漕渠，每东南有事，大军兴众，泛舟而下，达于江、淮，资食有储而无水害，艾所建也”。根据上述记载，可知邓艾沿颍水上游的陈、项一直到颍水下游的入淮口的寿县一带，作了实地的调查。他认为，这一带土地肥沃，唯缺水利。他分析了当时的政治、军事形势，认为应该把屯田的重点由许昌南移于颍水中下游和淮河两岸。此计划被批准后，他便开始在两淮屯田。正始三年（242年），“奏穿广漕渠，引河入汴，溉东南诸陂，始大佃于淮北”。此外，魏正始四年秋九月，司马懿又命邓艾修淮阳、白尺二渠：“帝以灭贼之要，在于积谷，乃大兴屯守，广开淮阳、百尺二渠，又修诸陂于颍之南北，万余顷。自是淮北仓庾相望，寿阳至于京师，农官屯兵连属焉。”由于渠道的开凿，水源有了保证，邓艾便在淮北大规模营田。营田的过程中所兴修的水利工程遍及淮河中下游。在上游修有汝南的二十四陂（河南西平境内）和西华的邓门陂，于颍水南北大兴陂塘，开艾城河，修高底河。据《元和郡县志》载：陈州殷水县（河南商水县）北二十五里有灌溉城，是邓艾在大兴陂塘时所筑。在陈州西华县西十里，又筑集粮城，以储藏屯田所得的粮食。在中游修建芍陂和汝陂，并截山溪水为小陂50余处。在下游，修白水塘，立二堰，开8水门，使白水塘和破釜塘相通，置屯田49所，灌溉良田4.2万顷。邓艾在两淮所兴修的水利工程不仅对发展农业有灌溉之利，而且对曹魏更有重要的军事意义。经过他的经营，上达河汴、下连淮颍，运道畅通，资食有储。每逢东南有事，大军南征，泛舟而下，直达江淮，为后来南取东吴的战争奠定了雄厚的物质基础。

军事漕运工程：淮南是曹魏对吴征战的前线，为了解决军事漕运问题，曹魏非常重视江淮地区的水运渠道的修治。这类渠道的上游利用河南阳武县荥口分流的蒗荡渠。蒗荡渠向东流至浚仪转而向南。就在这折流的过程中，先后分别同淮河支流睢水、涡水、颍水相接，纵横交错，形成了黄淮漕运大动脉。曹魏时期，最重要的军事漕运水利工程主要分布在京师许昌与两淮之

① 《三国志》《魏书》卷二八《邓艾传》。

间。它们分别为睢水漕运、涡水漕运和颍水漕运。由于涡水漕运和颍水漕运与周口联系紧密，在这里就仅介绍涡水漕运和颍水漕运。

涡水漕运：涡水，《水经注》谓之“水”，是连接黄淮漕运的一条重要水道，从大的方面讲当属鸿沟河系统。据《水经注》记载，涡水的上源就是阴沟水，上通黄河水流。因而阴沟水和蒗荡渠（《水经注》谓之沙水）又在今扶沟县境交汇，故也有人认为涡水首受蒗荡渠。《汉书·地理志》载：“涡水首受蒗荡渠，东至向入淮，过郡三，行千里。”也即是涡水又东南经阳夏故城（今太康）、鹿邑故城（今鹿邑太清宫镇）、谯县（今亳州）、城父故城（今城西北处）、龙亢故城（今怀远县龙亢集）等地向东入淮。这样，通过涡水漕运，把中原两淮地区连接起来，成为曹魏的又一条重要水道。谯县（曹氏故里）位于涡水的中游，曹丕在位时期，这里曾是曹魏东方的水师训练基地，军事地位十分重要，同时它又是当时的“五都”之一，因而成为曹魏时期军事漕运水利工程的重点建设对象。《三国志》记载了涡水漕运的盛况：“（建安）十四年春三月，军至谯，作轻舟，治水军。秋七月，自涡入淮，出肥水，军合肥。”黄初五年（224 年）“八月，为水军，亲御龙舟，循蔡、颍，浮淮，幸寿春”，次年（225 年）“帝为舟师东征。五月戊申，幸谯……八月，帝遂以舟师自谯循涡入淮……冬十月，行幸广陵故城，临江观兵，戎卒十余万，旌旗数百里”。[①] 涡水在曹魏时期之所以能够长年通航，显然与当时政府主持修治是分不开的。

颍水漕运：黄初年间（220－225），贾逵为豫州刺史，他“外修军旅，内治民事，遏鄢、汝，造新陂，又断山溜长溪水，造小弋阳陂，又通运渠二百余里，所谓贾侯渠者也”。[②] “新陂”在颍州郡鄢陵县，系引流经鄢陵的汝水支流作陂，故曰：“遏鄢、汝，造新陂。”“小弋阳陂”系遏淮河支流潢水做陂而成。因地处弋阳（今河南潢川）境内而得名。至于“通运渠二百余里”的贾侯渠，即是《晋书》上所说的广漕渠，因史料记载较为简略，已无法确指其方位。它可能就是对历史上蒗荡渠的局部改道和疏浚。该段运渠上承沙水，下通百尺渠而入颍水。正始三年（242 年）邓艾又“穿广漕渠，河入汴”。次年秋九月，司马懿又命邓艾“广开淮阳、百尺二渠”。此所谓“开”亦非新建，只是对百尺沟及沙水支流的疏浚贯通。颍水漕运是曹魏时期沟通黄淮的重要水道。而广漕渠、淮阳渠及百尺渠的整治疏通不仅为江淮地区的

① 《三国志·魏书》卷一《武帝纪》。

② 《三国志·魏书·贾逵传》卷一五。

农田灌溉提供了水源保证，而且使颍水漕运与中原地区畅通起来，成为江淮连接中原的重要通道。正是因为睢水漕运、涡水漕运及颍水漕运水利工程的建设，才把曹魏的核心地区——黄淮地区有效地连接在一起，形成了一个网状的黄淮漕运大动脉。而畅通发达的水运网的形成，具有其重大的经济、军事意义。正如《三国志·邓艾传》所说："正始二年，乃开广漕渠，每东南有事大军兴众，泛舟而下，达于江、淮，资食有储而无水害，艾所建也。"显然，此后曹魏数次伐吴，司马氏伐吴、平叛，均得益于颍水漕运。

曹魏在两淮的水利建设取得了很大成效，使两淮之间数百万亩农田连年丰收，从寿春到京师许昌，到处呈现一片繁荣景象。为此，史家赞曰："自寿春到京师，农官兵田，鸡犬之声，阡陌相属。每东南有事，大军出征，泛舟而下，达于江淮，资食有储，而无水害。"

可见，曹魏时期，为强兵足食而推行屯田措施，客观上刺激了曹魏时期水利工程的建设。卓有成效的农田灌溉水利工程为周口地区的经济开发创造了极为有利的条件，同时又为曹魏政权整个国家的经济恢复和发展奠定了坚实的物质基础，与此相关的是增强了曹魏的军事实力，使其在东南对抗孙吴的战略地位大为提高；而畅通的军事漕运水利工程的兴修为曹魏、西晋的伐吴提供了强有力的军事保证。所有这些，摧毁了三国鼎立以来的力量均衡机制，为曹魏取蜀、司马氏灭吴而最终统一全国奠定了坚实的基础，因而曹魏的两淮水利工程对三国后期政治格局的变动也产生了重要的影响。

2. 隋唐五代时期

隋唐时期，社会经济基本上处于大一统的发展背景下，周口地区的经济在这期间也有新的发展。表现在农业生产工具锄、铲、镰、犁都有大的改进。长期积累的从犁地、播种、施肥、灌溉等一整套的农业生产经验得到推广，良种普遍使用，经济作物得到发展，农田大批开垦，粮食单产超过汉代一倍，一粒种子可收获20至40粒，最多者达百粒。周口地区农业发达，一年两熟的粟、麦轮作发展很快。

在农田水利建设方面成就突出的主要是五代时期对蔡河的整治。五代时期对蔡河的整治记载不多。蔡河原本是唐人杜佑提出来要疏浚的一条运河，因为藩镇割据战争的影响，汴河时常被切断，为了解决漕运转输的困难，杜佑提出由汴州南下，入琵琶沟，绝蔡河至陈州（今河南淮阳）入颍水，由颍水入淮水，就可以避开藩镇军队控制汴河。这个计划由于平定李纳之乱，遂被搁置起来，后来经李芃、李勉等人的努力，终于把蔡河疏浚成功了。之所以称其为疏浚，是因为它大体上沿用了古代鸿沟系统中的蒗荡渠，只要对这些淤塞的古水道加以疏浚，就可以恢复通航。经过五代时期的疏浚整治，蔡河的通航能力大大改善了，不仅可以行驶商船、漕船，而且还可以行驶兵船。

（四）宋元时期的农耕文化

宋朝时期，周口归淮宁府，元明时期归陈州府所辖，宋元之际，周口地区经历长期的对峙与战争，社会经济受到巨大的破坏，土地荒芜，人口流移。忽必烈即位后，采取重农措施，兴办屯田，兴修水利，周口地区经济得到恢复和发展。但到元中后期以后，由于政治腐败，自然灾害频仍，社会经济发展停滞下来，特别是元朝末年的战乱，又使周口地区经济衰退下来。周口地区经济经历金元之际的战乱，到元朝前期得到恢复并有所发展。屯田的实行，使这里大片土地得到开垦，经济作物的推广也推动了地区经济的发展。

金元之际，蒙金之间长期战争，使北方经济遭到严重的破坏。河南是蒙金争战最激烈的地区，蒙古军在许州（今河南许昌）、蔡州（今河南汝南）等地，都进行了疯狂的大屠杀。在战争中，蒙古军将“惟利剿杀，子女玉帛悉归其家”。他们把大批居民“强抑为奴”，号称“驱口”，把河南淮北居民迁往河北，蒙金战争后，淮北地区一片残破，“遗民无几”，居民损耗大半。有的地方，“城无居民，野皆榛莽”，甚至“荒城残堡，蔓草颓垣，狐独啸聚其间”。金亡之后，周口地区又成为蒙宋争夺的主要战场之一，蒙古军“西起穰邓、宿重兵与襄阳制阃掎，东连陈、亳、清口、桃源，列障守之”。南宋“精兵良将，尽在两淮”，以阻止蒙古南进，两淮战事不断，蒙古军多次渡淮南下，宋军也时常攻打亳、颍、徐、邗（今江苏）、郑州等，双方大都得地不守，战争进展不大，但这里的残民难以进行生产。

元代前期，在中央和地方设立劝农官和劝农机构，建立官员考核制度，以监督和指导农业生产，并把“户口增，田野辟”作为地方官考核的主要标准。至元七年设立司农司，“专掌农桑水利”，负责考核各地管民长官。司农司还奉命搜求古今农书，删繁摘要，结合实际，编成《农桑辑要》，颁行全国，指导各地农业生产。

宋元时期，农业生产又发展到了一个新的水平，主要表现在：

农作物的种类增多。宋元时期，作物的种类有所增加，荞麦和蜀黍（即高粱），油料作物中的油菜等，就是这一时期新增的种类。荞麦是一种种植季节较长而生育期短，适应性广而耐旱性强的作物，荞麦的普遍种植对于增加复种面积、扩大土地利用和防旱救荒都有一定的作用。高粱虽然在魏晋时期即已可能进入中国，但可能仅局限于边疆地区种植，内地种植并不普遍，农书中记载高粱栽培始见于《务本新书》，后《农桑辑要》、《王祯农书》和《农桑衣食撮要》都有记载，称其供食用、作饲料，秸秆还可以作多种杂用，强调高粱的利用价值，这种不见于以前农书的新杂粮，显然已为人们所重视。除此之外，高粱还以其“茎高丈余”的优势，广泛种植用以保护其他农业作物。

粮食作物种类的增加并没有削弱某些作物在粮食供应中的地位，相反，一些作物在粮食供应中的地位还得以加强，小麦即是如此。

衣着原料生产开始发生重大的变化。此前衣着原料主要来自于桑柘和大麻。此后，棉花加入进来。由于棉花拥有特殊优秀的性质，非其他纤维品所能及，“且比之桑蚕，无采养之劳，有必收之效；埒之枲苎，免缉绩之工，得御寒之益，可谓不麻而布，不茧而絮”。元代农学家王祯说：“中国自桑土既蚕之后，惟以茧纩为务，殊不知木棉之为用。夫木棉产自海南，诸种艺制作之法骎骎北来，江淮川蜀既获其利；至南北混一之后，商贩于北，服被渐广，名曰‘吉布’，又曰‘棉布’。”特别随着栽培技术和棉纺织技术的发展，使得棉花在宋元以后得到了普及。在棉花进入中原的同时，另一种重要的纤维作物苎麻种植也在北方开始复兴。

这一时期的蔬菜花卉的种类很多，主要蔬菜种类有：菘（白菜）、萝卜、胡萝卜、莴苣、菠菜、竹笋、茭白、菌蕈（食用菌）等；花卉的种类则有：牡丹、芍药、菊花、梅花、兰花等。牡丹的品种更是繁多，仅周师厚的《洛阳花木记》中记载的牡丹就达109种。

宋元时期，旱地农具的发展主要是在原有农具上的改进完善。其中最有典型意义的有犁刀、耧锄、下粪耧种、砘车、推镰、麦笼、麦钐和麦绰等。以耧车为例，它原本是汉代出现的一种畜力条播农具，宋元时期，对这种旱地农具进行了改进，发展出了耧锄和下粪耧种两种新的畜力农具。

宋代的养马业已不复汉唐之盛，但养牛却得到高度重视，这主要是出于农业动力的考虑。然而农区养牛，不能完全放牧，因为其可能会糟蹋庄稼，且冬天大多地方也无草可牧，因此，牛畜大多时间需要在牛舍中度过，因此养牛的功夫大多花在牛舍上。宋元时期，人们注意到牛舍要保暖，要注意清洁和卫生。喂料要“洁净”、“细剉”，并要“和以麦麸、谷糠或豆，使之微湿”，盛放在槽内，让牛吃饱。喂法上讲究先粗后精。《农桑辑要》指出：“一顿可分三和，皆水拌，第一和草多料少，第二和比前草减少，少加料，第三和草比第二和又减半。”

养牛是为了使用，因此使役宜忌也十分注重。《陈旉农书》说，使役要掌握在“五更初，乘日未出，天气凉时用之”，这样“力倍于常，半日可胜一日之功”，至“日高热喘”时，“便令休息，勿竭其力，以致困乏”。使役还要根据季节的寒暑不同，分别对待。“盛寒之时，宜待日出宴温乃可用，至晚天阴气寒，即早息之”，在“大热之时”，则要“夙馁令饱健，至临用不可极饱，饱即役力伤损也”。《农桑辑要》提出：“食尽，即往使耕，噍了牛无力。”意思是说，喂后不久可以使役，不要等到噍（反刍）完了才用。到了反刍透了，就要给牛以休息和刷拭，喂过水之后，还要上槽。即《农桑辑要》所谓，“牛下饷，噍透，刷刨，饮毕。辰已时间上槽”。元代百姓将牛的喂养和使役，概括为“三和一缴，须管要饱，不要噍了，使去最好”。

养猪、养羊是农区肥料的主要来源。为了多养并养好猪羊，人们积极开辟饲料来源。猪饲料方面增加了水生植物和马齿苋，羊饲料中则有桑叶。

元朝前期周口地区的屯田。元初周口地区地旷人稀，这就为大规模的屯田创造了条件。最初仅仅推行军屯，金亡以后，汉军驻守淮北，便利用荒地进行屯垦，以解决部分兵粮问题。太宗窝阔台后期，顺天万户张柔主持两淮军事，“分遣部下将千人屯田襄城”。宪宗蒙哥年间，忽必烈主持中原军事，采纳幕僚姚枢的建议，“布屯田以实边戍”，在开封设立河南屯田经略司，以赵璧、史天泽、杨惟中等为经略使，“稗屯田唐、邓、申、裕、嵩、汝、蔡、息、亳、颍诸州”，并在邓州建置屯田万户府，专管各处屯田。忽必烈即位后，继续在河南淮北地区实行屯田。中统年间，万户张晋亨戍宿州，倡言“汴堤南北，沃壤闲旷，宜屯田以资军食”。他“分兵列营，以时种艺，选千夫长督导之，事成，期年皆获其利”。由于寿州、颍州一带荒地极多，中统四年，元廷“以别的因为寿、颍二州屯田府达鲁花赤”，主持该地区屯田。至元二年五月，“诏西川、山东、南京等路戍边军屯田”，并且“以河南北荒田分给蒙古军耕种”。从此，驻军在驻地屯田，成为一种制度被普遍推行。

北宋定都开封，其漕运路线便与前代发生了较大的变化。开封位于河南中部平原之上，这里地势平坦，河渠众多，水路联系四通八达，形成了以开封为中心的放射形运河网，连通了汴河、淮南运河、江南运河、黄河、蔡河、广济河以及御河等。为了确保大规模漕运的正常进行，北宋政府投入了巨大的人力和物力，因地制宜地对各漕运水道加以治理，取得了相当大的成效。为了保障漕运的畅通无阻，北宋政府投入了巨大的人力物力，对这些水道进行了治理。其中蔡河主要是在今天的周口，下面就对蔡河的治理情况作一介绍。

蔡河（惠民河）早有行船记载，后周时，又“导蔡河，以通陈、颍水运之路”。宋初，京西南是重要的纳漕之区，宋政府对蔡河极为重视。建隆元年(960年)，大发役夫，“导闵水自新郑与蔡水合，贯京师，南历陈、颍达寿春，以通淮右”。以后又多次动工，引演水、消水以及附近诸河进入蔡河，以增加其水量。据记载，这条漕运水道实际上是由蔡河、闵河两段组成，“以西南为闵河，东南为蔡河”，闵河自尉氏流经祥符县，在开封与蔡河相汇，于开宝时更名为惠民河。故宋人或称蔡河，或称惠民河。但蔡河水量较小，不利行船。针对蔡河存在的这一问题，北宋采取了各种办法，以保证漕运的畅通，北宋初年，便组织人力疏浚河道并设置斗门调节水量。建隆二年，又调发陈许等州丁夫数万人浚蔡河南入颍河，对蔡河的治理宋人不仅注意疏导也注意采取别的途径来提高蔡河的运输能力，引水助运。乾德二年，宋太祖令陈承昭率丁夫数千凿渠，自长社引水至京师合闵水过去。这段渠道的修成不仅解决了水泛滥的问题，而且增加了闵河的水量，更加有利于漕船往来，可谓一举两得。

元朝时期在水利的兴修方面，对周口地区影响较大的当属贾鲁河的修建，对周口经济的影响巨大。贾鲁（1297－1353），字友恒（或作有恒），元代河东高平（今山西高平市）人。据《元史》本传记载，他于元仁宗、英宗至治年间两次以明经科中乡贡，泰定初年（1324 年）恩授东平路儒学教授，历官行省掾、潞城县尹、丞相东曹掾、太医院都事等职。元顺帝至正初年参与撰修《辽史》、《金史》、《宋史》，后升任中书省检校官，又调任都水监、右司郎中、都漕运使，直至中书左丞（副宰相）。贾鲁为人谨慎，处事精细，富有才干和谋略。因此，自从脱脱任丞相以后，他一直受脱脱信任。他一生宦绩中最值得称道和肯定的，是他在治河方面的功绩。清光绪《祥符县志》记载：元末，贾鲁“南自郑州疏汴，历经中牟、祥符西南境之朱仙镇，经吕蒙潭至周家口，会沙、涡、汝、颍诸水，以达于淮，其河即汴、蔡之分派也。因贾鲁治之，遂以名河。”清宋继郊《东京志略·河陂》也说：“元至元年间，（黄）河决，夺汴故道，汴遂湮，……贾鲁者，元臣也。鲁浚汴自中牟经祥符而东，汇蚩河，历陈州境，入江南颍上以达于淮，汴得入淮赖此。人戴贾鲁功，遂以名河。”《明一统志》卷二十六中又说：“汴河旧自荥阳县，东经府城内，又东合蔡河，名莨荡渠，又名通济渠。”从上可知，贾鲁河是古汴河的一支，而古汴河在荥阳附近同蔡河合流，故贾鲁河又有汴河、蔡河之别称。不过，“贾鲁河”这个名称在明代尚未普遍使用，《明一统志》等明代史书中一般仍称“汴河”，只是“土人名为贾鲁河也”。到了清代，此河才被普遍称作“贾鲁河”，也谓之“小黄河”。

（五）明清时期的农耕文化

明代建国之初，农业上基本仍采取历代王朝初期的政策，如垦荒、屯田、奖励植棉、减轻田赋徭役等等，同时建立户口、土地和里甲制度，把农民牢固地束缚在土地上，以恢复和发展生产。清朝入关后致力于加强封建经济，农业政策、制度大多沿用明代旧制。自明至清，经济上面临的突出问题是人口的急剧增加。自明洪武十四年（1381 年）到道光十四年（1834 年）的 450 余年中，人口增加了 5 倍多。由于耕地面积的扩大赶不上人口增长的速度，人多地少日益成为全国性的矛盾。在这种情况下，明、清二代政府一方面垦荒，另一方面通过增加复种指数，提高单位产量。复种方式上的新发展，在北方是实行多种多样的间作、套种，以获得二年三熟以至“一年十三收”。此外，这一时期从海外引种的甘薯和玉米，由于适应性强和单位面积产量高，到清初已传遍周口地区，不久就取代了原来粟类杂粮的地位。

贾鲁河的治理。贾鲁河在元末由贾鲁疏浚后，经历明清两代，又进行了多次治理。明代对贾鲁河的疏治，与黄河的治理密切相关。据清傅泽洪《行水金鉴》记载：明正统十三年，“河徙开封西北荥阳孙家渡口入汴河，至寿州入淮”。这里的“河”即黄河，汴河也就是贾鲁河了。至明弘治年间，都御史刘大夏等人治理黄河时，“凿荥阳县孙家渡口河道七十余里，浚祥符四府营淤河二十余里以达淮，……河复南循故道，分为二派，一由中牟历汴（指贾鲁河）至颍”。经过刘大夏等人的治理，贾鲁河的上游便在荥阳孙家渡口与黄河相接，贾鲁河遂成为黄河水南入淮河的一条通道。但此后不久，孙家渡口便淤塞了，以后也曾有过疏浚，然“屡开屡淤”。自明嘉靖以后，为避免接纳了一部分黄河水的贾鲁河注入淮河后使淮河水势过大，殃及沿岸寿春的明代潘王园寝，孙家渡口便“仍其旧勿治”，未再经过治理。河南境内的黄河水从此也不再由此路入淮，而由开封、归德、虞城经徐、邳入淮。此后一直到清代，“贾鲁河的上游不接黄河，而是以京、索、须水为源”。经过元、明两代的治理，到明代后期，贾鲁河的流向大致固定下来。清朝《文献通考·田赋》中对此作了明确记载：贾鲁河“发源荥阳之大周山，会京、索等水，经郑州、中牟、祥符至朱仙镇，下达尉氏、扶沟、西华、淮宁之周家口、商水、项城、沈丘，至安徽省颍州正阳关入淮”。另外，清《古今图书集成·方舆汇编》、乾隆《续河南通志》等文献中也有类似记载。贾鲁河的支流众多，主要有郑水、惠济河、乐河、双洎河、清水等。其中惠济河是清乾隆年间为分泻贾鲁河水而开凿的。众多支流汇成的贾鲁河已成为“中州一巨川”，向南注入颍河。明天启年间，贾鲁河郑州段“河身特高，常有水患”。郑州知州刘光祚到任后，“浚之，令民穿渠蓄泻，溉田数千顷，商贾通流，民以为便”。当时的郑州百姓特作《贾鲁河水利记》来纪念此事，称“不惟开渠灌溉而收无穷之利，且也分析支派而杀滔天之势”。虽然清代贾鲁河已不再与黄河相通，但受地势影响，黄河泛滥也多次漫溢贾鲁河。因此，为保证这条主要水路交通的畅通，两岸人民也不断对贾鲁河进行治理。如乾隆二十六年（1761 年），黄河决于中牟杨桥，漫溢贾鲁河，使贾鲁河改道南流，而故道淤浅，后经朱仙镇人民集资修治，在镇西南构筑石坝，将河截断，引水东北流，才保证了贾鲁河航运的畅通。

贾鲁河在中原经济发展中的作用。明清时期的贾鲁河，是中原地区一条重要的水运通道，对货物的流通和两岸经济的发展发挥了不小的作用。明代嘉靖以后，贾鲁河不与黄河相通，而以京、索、须诸河为水源，这样便减少了黄河泥沙的淤积，也为贾鲁河的航运创造了有利条件。据明沈德符《万历野获编》记载：贾鲁河“自正阳至朱仙镇，舟楫通行，略无阻滞”。清傅泽洪《行水金鉴》中也说：郑州“东有郑水，出梅山，东北入贾鲁河。明天启中知州刘光祚疏之，起州北至州东，接中牟境，可通舟楫”。清乾隆、嘉庆以前，贾鲁河宽约 30 米，深约 6 米，舟楫如林，成为中原地区南北漕运的一条干线。除了统治者运输粮食外，商人也利用贾鲁河行驶商船，贩运私货。清乾隆《许州府志》中提到贾鲁河时说：“江南商货皆由此通汴，每岁荒，江淮之粟藉以转输百姓。”除了江淮物资由长江入淮，再溯贾鲁河，至黄河流域的华北各地外，西北地区的物产也经黄河运至中原地区，然后再经贾鲁河被转运至江淮流域。这样便在一定程度上促进了全国范围内的商品流通和南北经济交往。贾鲁河的航运还促进了沿岸市镇经济的发展，贾鲁河的通航对周家口的兴起起着非常重要的作用；周家口，又称周家口集或周家埠，位于河南东南部的商水县，是沙河、颍河与贾鲁河的交汇处，航运畅通的贾鲁河是周家口得以兴起的主要依托，使之成为河南的主要商埠之一，素有“小武汉”之称。周家口最盛是在清康熙、乾隆年间，属河南四大镇之一，被称为“水陆交会之乡，财货堆积之薮，南接楚越，北通燕赵，西连秦晋，东达淮扬，豫省一大会也”。由此可见贾鲁河对周家口这个商业名镇的兴起所起到的作用，这无疑也推动了中原地区经济的发展。但自光绪三十年（1904 年）京汉铁路通车、1912 年津浦铁路通车以后，中原南北交通便不再利用贾鲁河了，贾鲁河的水运作用逐渐丧失，其经济地位也日渐衰落。

对贾鲁治河的评价。贾鲁治河，正值农民起义风起云涌、元王朝接近灭亡之际，工程浩大而工役酷刻，亦为前代所少有，为此引得后人诸多议论，褒贬不一。以明代曹玉珂、清人胡渭为代表持全面否定态度；以清代水利专家靳辅为代表的持政治上否定、治河上肯定的态度；以明代杰出的水利专家潘季驯为代表的则充分肯定贾鲁治河的贡献。对于贾鲁治河，应当充分肯定他组织这样大的治河活动，而且取得堵口复河的成功，其技术和胆识都远远超出同时代的一般治河官员；他的疏、浚、塞结合的治河思想以及工程布置、施工部署、障水堵口技术等，都有许多合理的地方，对我国的治河事业发展也作出了一定的贡献。

明嘉靖三十九年（1560 年）《平凉府志》中就有关于“番麦”的记载，就其对番麦所作的植物学形态的描述，可知番麦即玉米，证明至迟到 16 世纪中期，玉米已传入到中国。大致到 19 世纪以后，随着人口的不断增加，玉米种植不仅继续向山区，而且也向平原地区扩展了。出现了“遍山漫谷皆包谷”的景象。

耕作栽培技术的发展与完善。明清时期，周口和其他地区一样，传统农业的耕作栽培技术又得到了进一步的发展和完善。北方旱地耕作形成了浅－深－浅耕作法，《知本提纲》指出：“初耕宜浅，破皮掩草；次耕渐深，见泥除根（翻出湿土，犁净根茬）；转耕勿动生土，濒耖毋留纤草”。这段话是对浅－深－浅耕作法的概括，郑世铎注释说：“转耕，返耕也。或地耕三次：初次浅，次耕深，三耕返而同于初耕。或地耕五次：初次浅，次耕渐深，三耕更深，四耕返而同于二耕，五耕返而同于初耕，故曰：‘转耕’。”

明清时期，周口人民对于肥料的作用有了更加深刻的认识，肥料的种类和积制方法也得到了发展，主要的肥料有厩肥（养猪、养羊积肥）、熏土、泥肥、饼肥、磷肥（骨灰和灰粉）、绿肥等，在肥料的加工方面，出现了煮粪和粪丹，煮粪是将粪在锅里煮熟，粪丹则是配制混合肥料。施肥的方法也有所改进，明末沈氏提出了著名的“看苗施肥”技术。《沈氏农书》上说：“盖田上生活，百凡容易，只有接力一壅，须相其时候，察其颜色，为农家最要紧机关。”如水稻追肥，“须在处暑后，苗作胎时，在苗色正黄之时，如苗色不黄，断不可下接力；到底不黄，到底不可下也”。清代杨双山、郑世铎则提出了“施肥三宜”，即根据时宜、土宜和物宜来施用不同的肥料。

明清时期，棉花的栽培管理技术得到了总结。棉花在宋末元初传入中原地区以后，到明代业已成为主要的衣着原料，与此同时，棉花的栽培管理技术也日臻完善，徐光启提出，要种好棉花，需要做到“精拣核，早下种，深根短干、稀科肥壅”。

二、商业文化

所谓商业文化，就是能够体现商业价值观念的文化指导思想和与之相对应的规范化制度的总称，包括商业制度、商业精神、商业建筑、商业设施、商品等诸多方面。周口作为中国商人、商业和商业文化的发源地之一，几千年来所孕育的“兼容并蓄、勤俭内敛、重德尚义、商道济世”的商业文化内涵，成为中华商业文化的精髓。

（一）商业文化的起源

颍水是淮河上游的一条重要支流，周口地区就位于颍水流域。其地理位置处于温带的南端，气候温暖湿润，日照充足，降水丰沛，其年降水量约600毫米至1000毫米，从南向北逐渐减少；地表河流横贯，径流丰富，湖沼分布其中，良好的自然环境为商业文化的发展提供了优越的条件。周口地区在远古时期商业就已经得到初步发展，并已达到一定规模。能够说明此问题的就是神农氏的“日中为市”。

《汉书·食货志》称：食货“兴自神农之世”。说神农“日中为市，致天下之民，聚天下之货，交易而退，各得其所，而货通”。司马贞补《史记·三皇本纪》也说神农“教人日中为市，交易而退，各得其所”。其实《汉书·食货志》和司马贞都本自《易·系辞》的“日中为市，致天下之民，聚天下之货，交易而退，各得其所”。需要指出的是，《汉书·食货志》对食货的定义是：“食，谓农殖嘉谷可食之物；货，谓布帛可衣及金刀龟贝，所以分财布利，通有无者也。”神农之世的“食货”内容，不宜等同于《汉书·食货志》描述的内容。原始农业社会的市，交换些什么内容，现在很难说清楚，手工业（制陶、制石、制玉、纺织等）和农业的分工，则是必要的前提。考古发掘中可以列举的事物是有力的证明。如在一些古墓中发现随葬的器物很丰富，计有石器、玉器、骨器、陶器、象牙器、绿松石以及猪头、鳄鱼鳞板等，彩陶、玉铲、象牙梳等都是工艺精品，同时出现于一座墓葬中，不可能全由死者家族当地所生产，而其中许多必然通过交换得来。另外，少数民族中一些交换内容，也给我们以启发。如台湾高山族的粟品种特别丰富，它们的籽粒颜色几乎包括了所有的颜色，原因就是高山族有个不成文的习惯，每逢赶墟，人们都把自己心爱的粟品种带到墟上，同其他人交换，即使对方没有，也可以送给对方，这样通过交换，他们的粟品种不断丰富起来。相信这种品德并非高山族所独具，而是早期农业社会中就带有的普遍性行为。当然，作为中华文化发源地之一的周口也应如此。

（二）夏商周时期的商业文化

公元前2100年前后，夏王朝建立，我国开始进入奴隶制社会。由于生产力的发展，科学技术的进步，夏代已开始使用青铜工具，农业、手工业有了进一步发展，“贝币”开始出现。到了商代，青铜器的冶炼达到相当水平，已存在较为固定的产品交易市场。继商之后的周代，铁器已经开始使用，农业、手工业得到较快发展，商品交换进一步扩大，文献上已有“前朝后市”的记载。西周时期，王朝加强了对今天周口广大地区的控制，该地区的国族与中原的联系加强，由于包括淮夷在内的周口地区人民的辛勤劳动以及先进的汉文化的影响，地区经济得到一定程度的发展，商业的发展是其重要的体现。从考古的资料上也可以表明周口地区的商业活动，夏商周时期，蚕桑、玉石、骨器制作等都有所发展。值得注意的是，河南淮阳王店乡白楼村等地出土了商代贝币，表明该地的商业也开始发展起来了。

（三）春秋战国时期的商业文化

春秋时期周口地区有顿子国（今项城南顿镇北）、陈国（今淮阳）等分布其间。战国时期，韩国占领汝、颍水上游地区，楚国控制汝、颍水下游地区。春秋战国时期，由于农业、手工业、商业的进一步发展，以及对外政治、军事、经济发展的需要，运河的开凿势在必行。沟通东西南北的中原运河网逐渐得以开发，促进了南北东西的商业贸易发展，加快了各地的人员交流。《水经注·济水》记载："偃王治国，仁义著闻，欲舟行上国，乃通沟陈、蔡之间。"这条河流可能是历史上最早人工开凿的运河。到战国中叶，魏国利用中原地区淮河的许多支流，如颍、涡、沙等水均距离河、济较近的有利条件，开凿了鸿沟，成为淮、济的又一重要水运航道。魏惠王在开凿大沟之后，又开沟引圃田泽水东流至大梁城北，折而南行，注入沙水至陈又东南开凿与颍水支流相连，通过颍水汇入淮水的鸿沟。沿途沟通济、汝、淮、泗等河流，成为以鸿沟为干渠的水运、灌溉网。所经过有黄淮之间的宋、郑、陈、蔡、曹、卫等国，便利的水路交通为东部平原上塑造几大都会提供了条件。"楚之宛、陈，郑之阳翟，三川之二周，富冠海内，皆为天下名都，……居五诸之冲，跨街衢之路也。"颍水下游的陈便是当时的大都会。在商业上，居民经商者比比皆是，"陈在楚夏之交，通鱼盐之货，其民多贾"，"河、宛、陈亦然，加以商贾"。经济作物也得到发展，"陈夏千亩漆"。在水路上，"荥阳下引河东南为鸿沟，以通宋、郑、陈、蔡、曹卫，与济、汝、淮、泗会"。在战略上，周口地区也处于重要地位，甚至到西汉时也派亲臣重臣驻守，"孝景崩，今上初即位，以为淮阳天下交，劲兵处，故徙（灌夫）为淮阳太守"。在陆路交通上，从南阳盆地东出伏牛山隘口有一条称为"夏路"的通向中原的大道；同时从伏牛山隘口方城东南又有一条车道，经象禾，繁阳，到达下蔡、居巢，水陆交通互为通达，方便区域内部交通联系和对外经济交往，促进区域间的经济交流和农业发展。

从周口出土的资料上看，有银币、金币、陈爰等。以银为币，是楚国独创。1974 年在河南扶沟出土了 18 块铲状银币（银布）就是楚国制造银币的物证。币呈铲形，是中原地区货币的特点，从此可见楚国与中原各国商业贸易的密切。

史称楚金币为郢爰和卢金，又称印子金，即有特定铭文的扁平金版，此外还有无钤印字的金版、金饼等。类似的货币在楚国流通的还有“陈爰”、“郑爰”等。出土的楚金币大都是零星碎块，大小轻重相差悬殊，而且明显可看出曾被切割过的痕迹。它虽非等量货币，属初级铸币，但已充当了一切商品的一般等价物，反映了楚国商品流通领域的活跃。“陈爰”是楚顷襄王所徙国都（今河南淮阳）所造。这些都反映了在周口地区商业的进一步发展。

（四）秦汉时期的商业文化

秦灭韩后在颍水上游设置颍川郡，中游设置陈郡。西汉时在这一地区设置了颍川郡、汝南郡、淮阳国，东汉时设颍川郡、汝南郡、陈国。今天的周口大致就在颍川郡、陈郡、淮阳国、陈国的统治范围。在传统社会里，人口数量的多寡与社会经济发展的程度成正比例关系，也就是人口的多少在一定程度上反映一个地区的经济发展水平的高低。从现在周口附近的几个郡人口的比较数字看，西汉时颍川、汝南、淮阳国人口密度分别是每平方公里206.4人、70人、89.2人。东汉时颍川、汝南、陈国人口密度分别是每平方公里105.6人、96.2人、92.3人。反映出周口地区当时已成为全国经济较为发达的地区之一。经济的发展繁荣，促进了城市经济的发展。据《史记·货殖列传》记载的几个大的经济都会中，其中陈处于周口地区。人口众多是周口地区社会经济发展的重要保证。《史记·货殖列传》云：“汉兴，海内为一，并关梁，弛山泽之禁，是以富商大贾周流天下，交易之物莫不通，得其所欲。”商业成为盈利最快的行业，所以很多人参与其中，一度形成商业高潮。周口地区当时农业生产蒸蒸日上，再加上该地区所具有的经济过渡带的地理条件，更有四通八达的交通优势，所以商业理所当然地发展起来。当时交易的大宗商品，如盐、铁、酒、谷物、布帛、皮革、木材、丹漆等，周口地区多占有优势，或者需经周口地区销往他方。该地区的一些豪强地主和诸侯贵族也往往参与商业活动。官僚、地主、商人三位一体的现象在周口地区也是存在的。特别是在官营盐铁中，周口地区更占有一定的地位。鸿沟水系的形成，使其他新老河渠，江、淮、河、济互相连通，自周口地区可东通齐、鲁，南过江岸，西达楚汉，北至中原，形成四通八达的水运网。船运在当时周口地区的商业交通中发挥了重要的作用。在秦汉时期，由于周口特殊的地理位置和交通条件，周口地区的商业是相当发达的。

（五）隋唐时期的商业文化

隋唐时期，周口地区的商业经济循其自身特点迅速发展，率先于全国出现繁荣兴盛的新局面。唐代商业史上的新现象，如“雇工”、“柜坊”、“飞钱”、“夜市”等皆在周口率先出现。在周口地区的商业活动中该区域的商业利税在唐代后期成为财政的重要来源。所有这些，不仅显示商业经济是该区域的重要经济成分，而且在全国范围内举足轻重。

隋唐时期在商业贸易方面，推行了许多新的措施，直接影响到整个中原地区商业贸易的兴衰，当然，周口作为豫东平原的一部分，也同样受此影响。

隋文帝初即位时，宣布了两项重要的政策——“罢东京之役，除入市之税”。这两项政策都直接影响到周口地区商业经济活动发展趋势。其中东京洛阳的土木兴建工程，需要大批人力、财力和物力，当时主要从中原地区征调。洛阳工程被宣布停止，等于为周口地区经济发展松绑。在商业政策上，宣布免除商品入市交易的税收，这对当时周口地区商业交易是一项有力的刺激。隋以前，北周的商品入市税曾几次兴废。北周闵帝元年，曾经“初除市门税”，北周宣帝即位时“复兴关市之税”。杨坚代周，建立隋王朝，为了稳定局势，笼络人心，又心存统一南北的雄心壮志，因而废除入市税。这是促进市场兴盛、商业繁荣的具体措施，也是顺应南北经济交流趋势的开明之举。开皇三年，隋文帝杨坚又针对“北周末之弊，官置酒坊收利。盐池盐井皆禁百姓采用”的盐酒政策，宣布“罢酒坊，通盐池盐井，与百姓共之”。[①] 取消官营酒坊，开放盐池盐井，任百姓酿酒煮盐。盐和酒是中原地区的商业贸易的大宗项目。取消禁令，废除垄断，民间采盐、制盐、酿酒以及盐酒流通交易很快活跃起来，因而“远近大悦”，对市场的培育起到重要作用。开皇八年，隋文帝统一货币，统一度量衡，客观上对于稳定市场交易秩序产生了积极的意义。

炀帝即位，也推行了两项直接关系到中原地区商业命运的措施。其一，注意吸引西域胡商到内地来交通贸易。西域特产很多，炀帝让裴矩和胡商联络，宣传介绍内地的情况，“啖之以利，劝令入朝”，互通有无。当时，西域胡商很活跃，不仅有西域各地商人，也有来自境外的胡商，如波斯（今伊朗），大食（今阿拉伯）等国。“自是西域诸蕃，往来相继”，扩大了商业贸易交流的范围。周口地区，也有了胡商的交易活动。其二，营建东京洛阳，并且“徙天下富商大贾数万家赞东京（即今洛阳）”，直接向洛阳注入商业活力。这客观上成为促进周口地区商业兴盛的一项重要举措。

唐代的商业政策有了很大变化，其中很多商业政策的形成与调整，直接与周口地区商业活动的发展相联系。隋唐时期，由于推行了一系列商业弛禁

① 《隋书》卷二四《食货志》。

政策和兴商措施，周口地区凭借良好的交通条件和居于四方之中的地理位置，商业贸易的条件空前优越。这里的商人顺江直下扬州，经扬州转淮上，往返贸易，逐市趋利，商业运输和贸易由此呈现繁荣景象。这一时期，出现了雇工、柜坊、夜市等新现象。夜市上，绢帛、茶叶、药材、酒、食等交易买卖，以及酒肆的喧哗，说明这些市场同周口地区人民的生活广泛联系在一起。这些新现象较早地出现在周口地区，不仅体现出周口地区商业发展的新变化，也是中国商业史发展的新阶段。唐中叶以后，全国范围内出现了许多农村商业交易市场。这类市场不规则，属于民间自发的一种集市贸易，文献记载为“草市”。唐景龙年间规定，“诸非州县之所，不得置市”。这里“置市”，是指设置市场管理机构，这条规定的主要精神是，除了州县治所所在地之外，不准设置市场管理机构，其实质是限制吏员数额膨胀。因此，随着社会生产的发展，社会经济的变化，广阔的周口地区这类农村交易市场普遍兴起。

（六）明清时期的商业文化

明清时期，周口商业获得了飞速发展，主要体现在周家口的崛起。周家口，即今周口市区，是明清时期河南的名镇，素有“小武汉”的美称，古为南北水运之咽喉，东西交通之枢纽。明末清初，晋、江、浙、闽、粤、湖、皖及川、蒙、津等地的豪商巨贾，咸集广至，侨寄者不下数十万。是时，桅杆如林，车马喧闹，万商云集。为商贾联谊，各地商会不惜巨资兴建了许多规模宏大、艺术精湛、工料考究、地方风格鲜明的会馆。现存的周口关帝庙即是秦晋蒲州、大荔、澄城、朝邑、华阴、新绛、长治等地天平会集资营建的一座豪华富丽、庙馆合一的古建筑群。它犹如一段凝固的历史，记载着昔日周口商业的繁荣和经济文化的鼎盛。

周家口位于河南的东部，颍河、沙河与贾鲁河在该镇交汇，东南流入淮河而达于江南地区。周家口优越的地理条件，成为河南东部与江南地区商品流通的重要枢纽。周家口在明朝初年是附近农民交换农副产品的集市。明朝永乐年间（1403－1424），由于淮河、颍河、沙河漕运的开通，集市由明初的沙河北岸扩展到沙河南岸，为了方便两岸的物资交流，在沙河南岸的子午街（今老街）辟一渡口，有一周姓船户往返摆渡，因而取名周家渡口，周家口即从此得名。明成化年间（1465－1487），贾鲁河在周家口与沙河汇流，舟楫达朱仙镇，航运事业大为发展，码头工人增多，周围百余里的商贩亦多迁入，沿河三岸鼎足之势形成。明万历年间（1573－1619），三岸相连，商务颇盛，一些商贾大户，开设粮食、茶麻、杂货、饮食、中药等店。由于货物转运频繁，又增辟了义渡口。明末清初由于战乱天灾，周家口曾一度处于萧条时期。清顺治年间（1644－1661），社会秩序稍安，市场相应繁荣，外省商贾纷纷来此经营，附近的粮、棉、麻和皮毛等农产品聚此成交。市场扩大，行业增多，货物吞吐量日益上升，原有埠口已不能满足物资转运及过往商旅之需要，先后又开辟了大渡口、小渡口、新渡口、上下齐埠口等多处渡口。沿河两岸，街房连接。康乾时期（1662－1795），陈州管粮州判（为州之佐史），由州制内移设周家口，统管全镇市面，周家口遂成繁荣市镇，商务臻于鼎盛。安徽茶麻、两湖竹木、两广纸糖、山西铜铁、豫西山货、淮阳金针（菜）、附近的皮毛、粮油、牲畜等均在周家口市场交易。其中，粮食是市场上集散的最大宗的商品，据资料显示，从乾隆二十四年闰六月至乾隆二十五年三月的九个月时间，从周家口运往江南的粮食约有223600余石。由此可见粮食贸易额之大。

商业的繁荣，促进了手工业的发展，从事手工业者有上千户，并且根据经营种类和生产品种分行就市，不少街道以行业命名。周家口成为河南省一大商埠，与朱仙镇、道口镇、赊旗镇合称为河南四大名镇。这四大名镇都分布在沿河两岸，以周家口为中心，互相连接在一起，延伸到河南省内外的广大地区。东南安徽、江浙一带的货物，由运河漕运到周家口，再经淮河、贾鲁河，过黄河经卫河到达直隶和京津地区。南方及西南诸省货物，大都由汉口搭船沿汉水、唐河经襄樊、南阳到赊旗镇，再转方城至舞阳的北舞渡，然后沿沙河东下经郾城之漯河到周家口，再沿贾鲁河到朱仙镇，最终转运到北方各地。周家口镇是河南小城镇发展的一个缩影，因为交通便利，带动了商业的繁荣。

周口的商业兴起约在清康熙年间，周口南、北两座山陕会馆都是康熙中叶创建的。据顺治《商水县志》记载："周家口，在沙河南岸，明代居民不过百家"；永宁集，位于沙河北岸"东西五里，南北二里，商贾辐辏，称巨镇云"。此时的周家口和永宁集还是两个各自独立的集市。康熙《陈州志》"乡村集镇"条将周家口列为"新兴"集市，而不载永宁集，估计此时周口的发展势头已超过永宁集。雍正十一年陈州知州董起盛奏请将陈州升府，其陈述的理由为："陈州幅员辽阔，绵亘数百里，界连八邑，犬牙相错，河通淮泗，路达楚。更有所属周家口一带地方，水陆交冲，五方杂处。一切刑名钱谷、稽查保甲，各处验勘难以悉举，事本繁多。"此项奏报很快获得批准，雍正十二年升陈州为府，并添设粮捕水利通判"驻扎周家口"，以加强管理。到乾隆年间，沙河南岸的周家口与北岸的永宁集已经完全连成一体。乾隆《商水县志》记载：周家口集"旧在沙河南岸，仅有子午街一道，居民数家。国朝治平百年以来，人烟聚杂，街道纵横延及淮宁境，连接永宁集，周围十余里，三面夹河，舟车辐辏，烟火万家，樯桅树密，水陆交会之乡，财货堆积之薮。北通燕赵，南接楚越，西连秦晋，东达淮扬，豫省一大都会也"。嘉道年间，周口镇内商船停靠的码头埠口计有上齐埠口、下齐埠口、大渡口、小渡口、新渡口、王家埠口等六个。从里社建制的变化中，我们也可看到周口的发展轨迹，康熙年间商水县所设“二十四地方”中有“永宁集地方”，而周家口尚无独立编制。乾隆初年增设七个“地方”，周家口是其中之一，所辖居民1919户；上“永宁集地方”所辖1132户，共计3051户；以户均5人计算，人口为115万。据民国年间的统计，周口沙河南岸有居民4219户，20385口；沙河北岸1874户，9301口；二者合计共6093户，29686口。不过此时的周口已是“连年生意冷落异常”，商业人口大多迁至周口以西京汉铁路线上的漯河，人口数量比繁荣时期大大减少了。据估计，周口最盛时全镇人口至少可达四五万，每年的流动人口也是一个相当大的数量。

乾隆—道光年间是周口商业最繁盛的时期，这从商人会馆频繁而大规模的重修和扩建可明显反映出来。其时，山西、陕西、安徽、江西、湖广、福建等省商人纷纷来镇贸易，在周口修建了十余座商人会馆，大多规模宏大。简要述之：山陕会馆，又称关帝庙，有两座，分别坐落于沙河南北两岸。南岸会馆，“在周家口西偏沙河南岸，山西商人张在天等建”，时间约在康熙二十年前后，占地20亩。其建筑有戏楼、东西廊房、大拜殿等。北岸会馆，位于沙河北岸兴隆街，坐北朝南，占地2.1万平方米。会馆始建于康熙三十二年（1693年），其后，康熙末年以及雍正、乾隆、嘉庆、道光、咸丰、光绪年间曾多次重修和扩建。安徽会馆，又称江南会馆，亦名草关帝庙。乾隆三十七年（1772年）建，占地约15亩。其建筑有戏楼、拜殿、大殿和东西廊房等，还建有一座长12米、高6米的大照壁，上雕二龙戏珠及各样花草图案。该会馆曾于道光年间重修，道光十七年《江南会馆重修庙序》碑记言：“江南会馆由来久矣，墙垣颓败，屋宇渗漏……于是会中公同酌议捐修，遂于道光十三年八月动工，先修正殿以及火神殿，大王殿重新翻盖，并庙后二十余间砖墙瓦房，于十四年秋后落成”。江西会馆，又称万寿宫，位于沙河北岸万寿街。其建筑有照壁、花戏楼、八卦亭、瓷牌坊、东西廊房、拜殿、大殿等，占地约30亩。湖广会馆，即禹王宫，位于沙河南岸，原占地约80亩，建有照壁、戏楼、石牌坊、大殿和东西配殿，大殿中祀禹王像。福建会馆，又名天后宫，位于贾鲁河西岸，原占地10余亩，建有大殿、配殿和僧房，祀天后圣母。覃怀会馆，即沙河北岸迎水寺，原占地30余亩，建有山门、东西配房、僧室、禅堂、大殿，塑有岳飞、张显、汤怀、王贵四人之像，故又名四圣会馆。

除上述各地商帮所建的地域性会馆之外，周口还有两座行业性会馆。其一，专营粮食业的陆陈会馆，又名平王庙，在沙河南岸山陕会馆西侧，占地约8亩。该会馆有左、中、右三门，内建戏楼、拜殿、大殿、禅堂、僧室、大仙阁等，祀唐将张巡、许远。其二，油业会馆，又名大王庙，在沙河南岸山陕会馆东侧，占地约 4 亩，建有戏楼、拜殿、山门、龙亭、大殿。该会馆建于乾隆中叶，祀宋末忠臣谢绪。会馆建筑今已无存，不过县令山西安邑人牛问仁所撰《周口南岸金龙四大王庙碑记》记述了会馆的创建过程，碑言："乾隆癸巳初夏，问仁宰商水。次年甲午春，同乡张辑五等议建大王庙于周口颍水之南。乙未秋告成，属余志之……王（指谢绪）卒于封邱之金龙口，行四，故曰金龙四大王。我朝定鼎百三十年，屡著灵绩，夹河两岸多立庙祀。周口地界淮、商，贾鲁诸河汇入颍流，商贾云集。康熙年间都油增价，众商舟楫顺利，诸藉王休，咸思报之。粮油商人公议每千百抽存什一，乾隆初年计得四百余金，经营生息三十余年，又各竭力捐输，始得赞成其事。"油业会馆的创建系经营粮油业的商人在康熙年间动议，经数十年抽厘集资，经营生息，至乾隆中叶才得以建成。从会馆首事张辑五与牛县令为同乡这一点来看，该会馆的商人可能也以山西人为多。

此外，周口还有不少由手工业工匠建立的行业性会馆或庙宇。如：府君庙为毡坊业同业会馆，系寓周怀庆毡坊业营建；鲁班庙为木泥业营建，每年农历六月二十日有庙会；老君庙为铜铁业营建，每年二月十五、十月十五为会期；酒仙庙为酿酒业营建，以杜康为酒业"祖师"。又如：机神庙为机坊业营建，缸神庙为印染业营建，葛仙庙为纸作业营建，嫘祖庙为丝业营建，孙膑庙为皮革业、制鞋业营建等等。

清代周口所建诸多会馆中至今完好保留下来的只有沙河北岸的山陕会馆一处，现为周口市博物馆。其中的乾隆四十八年《重修关圣庙诸神殿香亭钟鼓楼并照壁僧室戏房及油画诸殿铺砌庙院碑记》、道光二年《山陕会馆春秋阁院创修牌坊两廊看楼客庭工作等房铺砌甬路院落碑记》、道光十八年《重修关帝庙记》、光绪三年《山陕会馆碑记》等较详细地记载了会馆历次重修和扩建的经过。根据碑文记载，我们将该会馆创建、重修和扩建过程列为表。由表 1 可见，山陕会馆从康熙三十二年创建，至咸丰二年最后完工，时间持续达 150 余年之久。其间重修和扩建工程进行了十余次，每次都开支浩繁，如嘉庆五年至七年修建春秋阁和歌舞台，耗银 2 万余两；嘉庆末至道光初的增修也费银 2 万余两；道光十六至十八年的工程，又开支 2.6 万余两。如此频繁的扩建修缮工程，充分显示了山陕商人的经济实力。咸丰年间周口迭遭战乱，"三次焚毁，几至于尽"，所幸会馆得以保留。其后，山陕商人逐渐复业，又再次集资，于光绪初年对会馆"重加修整"，使之焕然一新。此后，再未见有大规模的修缮，这显然与周口地位的变化密切相关。光绪末年京汉铁路开通，在周口以西仅百里的漯河设立车站，漯河很快取代周口成为豫东南的商品集散地，周口"连年生意冷落异常"，各地商人大多迁往京汉铁路线上的漯河了。

表1 周口山陕会馆建筑年表

年代	建筑与修缮
康熙三十二年（1693年）	会馆创建
康熙五十二年（1713年）	添建河伯、炎帝二殿
康熙五十六年（1717年）	建药王殿、东廊房
康熙六十一年（1722年）	建财神殿、西廊房、禅房僧舍
雍正九年（1731年）	重修大殿，添建香亭
雍正十三年（1735年）	建舞楼、山门
乾隆八年（1743年）	建老君殿
乾隆十五年（1750年）	建钟、鼓二楼
乾隆三十年（1765年）	建马王殿、酒神殿、瘟神殿、石牌坊、马亭、戏房
乾隆四十六年－四十八年（1781－1783）	重修香亭、钟鼓楼、药王殿、瘟神殿及马亭、戏房，彩绘诸殿、两廊，铺砌内外庙院
嘉庆五年－七年（1800－1802）	建春秋阁、歌舞台
嘉庆二十年－道光二年（1815－1822）	立牌坊2座、建廊房14间、客庭10间、看楼10间、作坊20间，并修院墙、砌甬道、施彩绘
道光十六年－十八年（1836－1838）	重修殿宇、香亭、石舫，“崇其基址，高其栋宇”
道光三十年－咸丰元年（1850－1851）	建后院飨亭，修葺前后殿廊楼阁
咸丰二年（1852年）	全部落成
光绪三年（1877年）	重加修整，焕然一新

清代周口商业的繁荣，主要得益于其地理条件。颍河、沙河与贾鲁河在该镇交汇，东南流入淮河而达于江南。贾鲁河，俗名小黄河，发源于开封府新郑县，经朱仙镇过扶沟县东北，汇溱、洧二水，由西华县入淮宁境，经刘家埠口、李方口、彭家埠口，下至周家口入沙河。颍河发源于河南府登封县，由禹州、许州，经临颍入西华县，至周家口与沙河合流，东南流入安徽境。沙河发源于汝州之鲁山县，至郾城与汝水合，至周家口与颍水合，自此沙河即颍水。这三条水道在周口交汇后，东南流经沈丘县入安徽太和境，“经界首集、税子铺、旧县集……出阜阳界牌集，至颍上八里垛达于淮”，再经由运河

而达江浙，周口因此成为河南东部与江南地区商品流通的重要枢纽。

凤阳关是河南东部与江南商品流通必经的税关。据该关档案记载：“凤阳关设立正阳镇地方……商贩经由要路河道有四：一曰淮河……凡豫省粮食、杂货自光州、固始及周家口等处从正阳、新城、怀远、蚌埠、长淮、临淮、盱眙出口，渡洪泽湖走清河境入运河南下者，俱由于淮。”又：“凤阳大关，坐落寿县之正阳镇……凡豫省米豆自西而东来者，俱在大关报税后，即由洪泽湖而至下江高邮州之邵伯镇投行发贩。”正阳镇，位于安徽寿州西南，颍水与淮河在此交汇，由光州、固始和周口输往江南的粮食均在此报关纳税，然后由淮河经洪泽湖入运河南。光州和固始县在河南省最南部，其所产粮食由淮河上游支流东北行入淮河；周家口在光州以北数百里，这里集散的粮食系由颍河东南流入淮河，故周口的腹地范围不包括光州、固始，其涵盖的主要是河南东部陈州府和开封府的大部分地区，汝宁府的北部，以及河南中部的部分州县。计有：陈州府属淮宁、西华、商水、沈丘、项城、扶沟、太康，开封府属祥符、尉氏、通许、鄢陵、郑州、中牟、新郑、洧川、禹州，汝宁府北部的上蔡、西平，许州所属临颍、郾城、襄城，以及南阳府东北部的叶县、舞阳等，共计 20 余州县。

周口的商业主要是河南东部与江南商货的转运贸易，其输出商品以陈州、开封一带所产农副产品为主，输入则以江南所产绸布、杂货为主。乾隆年间的档案记载：“凤关税钞米豆居十之七八，杂货止十之二三，全赖上游豫省陈州、汝州、光（州）固（始）等处出产米豆以及凤（阳）、颍（州）、泗州各属所产粮食年岁丰稔，客商运往江苏货卖，而下江杂货亦藉回空船只顺便贩运，往来纳税，上下流通，钱粮始能丰旺。”光绪《凤阳县志》记言：“向来河南货物由颍河、涡河舟运至此上岸，陆路至浦口发往苏杭；亦有苏杭绸缎、杂货由浦口起旱，至长淮雇船运赴颍、亳、河南等处。”下面我们来做些具体考察。

粮食是周口集散的最大宗的商品，主要由颍河南下经淮河销往江南。周口的陆陈会馆应是经营此项业务的。据上引凤阳关档案：“凤关税钞米豆居十之七八”，其粮食主要来自“上游豫省陈州、汝州、光、固等处出产米豆”，以及安徽“凤、颍、泗州各属所产粮食”。据统计，从乾隆二十四年闰六月至二十五年三月的九个月中，陈州府属淮宁、西华、商水、沈丘、扶沟五县共输出粮食 223600 余石，这些粮食主要是在周口集中运往江南的。遇到河南灾歉年份，周口也从江淮输入粮食。如乾隆四年七月河南巡抚尹会一奏报：“祥符等属两次被淹……民间仰食维殷。而邻省舟楫可通者惟江南、山东二省。江南则由淮河之正阳关以达于陈州府之周家口，山东则由运河之临清关以达于漳、卫二府之楚王、道口等处。”因而奏请凡“彼地商贾装载米、麦、粮食等项贩至豫省粜卖者，其经由之正阳关、临清关免其收税”，以鼓励商人贩运粮食至河南歉收地方。此项奏报经户部议复，很快得到批准，朱批：“依议速行，钦此。”在河南粮食输出中，大豆占有很大比重。乾隆四十七年因陈州府属淮宁、商水等六县，汝宁府属汝阳、上蔡等七县“俱被水成灾，产豆无多，客商无从贩运”，以至凤阳关“过关米豆粮载南下者甚属无几”，税收缺额甚多。大豆运往江南，主要用于榨油、磨腐之用。豆饼也是江南大量输入的商品，周口油业会馆经营的油，以及榨油所出之豆饼、菜饼等，估计也会有一部分输往江南。此外，山陕会馆的商人也有一部分经营此业者，在道光十八年抽厘碑中油行列名商号16家，抽厘为76.12两，又有零厘头银284.15两，合计为360余两，占行商抽厘总额的315%（参见表2）。

表2　道光十八年《重修关帝庙岁积厘金记》碑所列行商抽厘统计

行　业	列名商号数	厘金（两）	零厘头（两）	合计（两）	占总额%
杂货行	180	7518.36	396.83	7915.19	76.91%
麻　行	21	200.89	187.54	388.43	3.77%
油　行	16	76.12	284.15	360.27	3.50%
丝　行	9	101.99	202.75	304.74	2.96%
布　行	13	85.59	139.34	224.93	2.19%
京货行	15	152.61	47.09	199.70	1.94%
西烟行	14	85.83	90.42	176.25	1.71%
骡　行	7	168.86	1.87	170.73	1.66%
果　行	12	68.00	89.50	157.50	1.53%
白米行	13	77.81	71.74	149.55	1.45%
山货行	11	67.7	66.21	133.91	1.30%
鱼米行	3	15.87	34.20	50.07	0.49%
竹木行	3	28.70	7.09	35.79	0.35%
皮　行	2	8.10	10.53	18.63	0.18%
药材行	1	3.85	2.23	6.08	0.06%
合　计	320	8660.28	1631.49	10291.77	100.0%

酒曲也是周口输出的重要商品之一。收麦踏曲，然后贩运外省销售，主要也是由山西商人经营的，虽屡禁而不止。河南巡抚尹会一对此有一系列的奏报。如："豫省本系产麦之区，每至收成，西商挟其厚赀在于码头集镇开坊踏曲，如祥符之朱仙镇、陈桥，陈州府之周家口……内黄之楚王，浚县之道口等处，皆渊薮也。"又言："河南素称产麦之区，遂有山西富商大贾挟其厚赀，乘麦收价贱之时，在于码头集镇广收麦石，开坊踏曲。每商自数十万以至百余万块不等，车载船装贩运他省，是豫省之曲实为各省之用。"① 周口山陕会馆道光十八年《重修关帝庙岁积厘金记》碑碑阴镌有此次捐资抽厘的行商字号共计320家，分属于杂货、麻、油、丝、布等15行。我们将其分行列为表2。表2所列320家行商中，抽厘最高者为562.52两，其次为540.06两，再次为470.43两；此外，超过100两者还有20家。抽厘最低者仅3两，另有三两零二分、零四分、零五分、零六分、零七分等数家。除这320家开列名号的行商之外，各行均另有"零厘头"银数两、数十两乃至数百两，总计为1631.49两。所谓"零厘头"，我们估计应为抽厘不足3两的行商累计而得，因为在列名商号中没有抽厘低于3两者。如果这一估计不错的话，那么这批小商人、小商号的总数至少超过500家。

表2可见，山陕商人经营的行业中，白米行列名商号13家，抽厘77.81两；此外零厘头银71.74两，合计为149.55两零，仅占行商抽厘总额的1.45%。这里所谓白米行估计是专营大米的行业，河南本地产稻不多，周口的大米可能是从南方输入的。麻行，列名商号21家，共抽收厘金200.89两，与零厘头银187.54两，合计为388.43两，占抽厘总额的3.77%。麻，周口附近数县均有所产，其输出方向既有南下，亦有北上。同光年间开封的"麻商巨擘"恒隆号麻店，就经常在周口进货。丝行，列名商号9家，共抽厘及与零厘头银合计为304两。此外，竹木、药材、皮毛制品等也都是周口输入或中转的商品。不过从抽厘金额来看，山陕商人中经营此业者可能为数不多。如周口的药材业估计主要由河南本省商人经营。沙河北岸的覃怀会馆，应是怀庆府商人所建。该帮商人向以经营怀药著称，康熙年间即在汉口建有专营怀药的怀庆会馆，乾隆时改称覃怀药王庙。颍河上游的禹州是河南重要的药材市场。禹州药材大会创设于乾隆二十六年，以"每年夏孟、秋仲、冬十一月"为会期。该药材会原设在密县洪山庙，因"山路崎岖，药物难运"，乾隆初年，禹州绅商之"首事"者"请众商迁禹作买作卖，往来脚运俱听客便"，

① 民国《通许县志》卷十四，艺文志，页53A－B。

将“密邑洪山庙药栈请至禹”。由于“禹州道路平坦，搬运较易”，药材大会很快发展起来，山西药材、洋广药材等“十三帮”药材商汇聚于此建立会馆。怀庆府药商也在禹州建有怀帮会馆，而且在禹州药材业十三帮商人中规模最大，当地民谣有言：“十三帮一大片，不如怀帮会馆一个殿。”

表2所列320家行商中，以杂货行所属商号为数最多，共计180家；其实力也是最强的，前述抽厘超过100两的23家，全部为杂货行的行商；180家行商共抽收厘头银7518两零，再加上零厘头银共计7915两，占抽厘总额的3/4以上，估计其年经营额可达80余万两（详见下节）。那么，所谓杂货究竟包括哪些商品？档案资料给我们提供了一些信息，如乾隆二十一年凤阳关开列的几类商品税收中有：粮食银比上届少收28585两，茶、麻、烟、纸、糖、果等银比上届少收11491两，绸、布、子花银比上届少收4140两，钉、铁、油、碱等银少收342两，豆饼、菜籽等银少收10497两，毡、皮等银少收172两，等等。乾隆二十二年征收税银中，粮食银比上届少收17323两，茶、麻、烟、纸、糖、鱼、果、菜等银少收19753两，钉、铁、油、碱、瓷器等银少收2780两；而绸、布、子花、红花、线货、故衣等项比上届多收银3565两，菜豆饼、芝麻、菜籽等项比上届多收银8256两，毡皮毛货等项多收银836两。以上档案中所开列的商品除粮食之外，还有茶、麻、烟、纸、糖、鱼、果、菜，钉、铁、油、碱、瓷器，绸、布、子花、红花、线货、故衣、毡皮毛货，菜豆饼、芝麻、菜籽等等。其中，毡皮毛货当属皮行经营，豆饼、菜籽、芝麻等货或当由前述陆陈会馆、油业会馆经营，麻、布、烟、果、鱼也各自有行，至于茶叶、纸、糖、瓷器、钉、铁、碱、绸缎、棉花、线货、故衣等，大概就是所谓杂货之类了。同治年间开封府鄢陵县有记载言：该县输入商品中“铁器自河内清化镇来，瓷器自南阳舍（赊）旗店来，杂货自淮宁周家口来”。直至民国年间，太康县纸张、糖类、绸缎、布匹等货仍有相当一部分系由周口转运而至。《西华县续志》记载了民国年间该县三条通航水道往来运输的商品：（1）沙河，是该县河运最为便利的河道，在县境内长达90余里，上通郾城、襄城，下接周家口，东南可达皖北，商船往来，帆樯相望。运输以粮米、杂货为大宗。（2）贾鲁河，上通新郑，下达周家口，在县境内长65里，上游新郑、长葛、禹、密等县所产大枣、条香、煤炭、石灰，下游由周家口南来之竹木、杂货及本境之五谷均由此运输。（3）颍河，自口湾以下至周家口一段70余里可通航，其输出品以柳制之簸箕、篮筐及五谷、果品等类为多。民国年间，漯河已取代周口成为豫东南的商品集散地，周口的商品流通量已不如清代，但其所记商品和流向仍可资参考。

以上我们对清代周口商业的发展脉络、商品流通概况分别进行了考察。

那么，像周口这样的商业城镇，其商业规模究竟能达到一个什么样的水平？这里，我们拟依据周口商人会馆碑刻资料，对清代中叶该镇的商人商号数量及其经营规模作些具体考察。周口山陕会馆的历次扩建重修，一般都采取集资方式，分别向行商、坐贾募集。道光二年碑对此有一个较具体的说明："斯举也，共计费银贰万两有奇。所从来者有二：一则出之于吾乡之铺户也，开设有地而子母常权，承帝之庥，当思酬帝之德。于嘉庆十四年挨行募化，量本金之大小为捐数之重轻，统计得银壹万陆千贰佰两。一则出之于吾乡之行商也，来往不时而懋迁有术，既为山陕之人，应预山陕之事。于嘉庆十四年仍循往例千钱抽一，至道光元年共得银壹万贰仟玖佰两。"据此，我们可对行商的经营规模做一大致估算。据该碑所言：此次集资从嘉庆十四年至道光元年，共计 12 年。行商系按千分之一的比例抽厘，12 年共抽收厘银 12900 两，平均每年 1075 两，以 1‰的抽厘率折算，平均每年的经营额为 107 万两。至于坐贾捐银，系"量本金之大小为捐数之重轻"，共计捐银 16200 两，但其认捐比例不详。如果从经营特点来考虑：行商每年往返于途，其在周口停留、储货均有赖于会馆；但另一方面，行商只有部分时间在镇逗留，而坐贾则是全年在镇经营，二者对会馆的依赖可谓各有侧重。我们姑且假定坐贾的捐资比例不应低于行商的抽厘率，即其捐资数额也大致相当于实际经营额的千分之一，坐贾捐银 16200 余两，以 12 年平均，折合年经营额 135 万两。这样，行商、坐贾合计年经营额约为 240 万两。

周口山陕会馆道光十六年至十八年的大修，共用银 26000 余两。此次集资从道光丙戌至乙未年，即道光六年至十五年，"阅九载"，集资方式仍旧是坐贾认捐，行商"计金抽厘"。九年时间行商抽厘共 10290 两，折合年经营额 114 万两；贾捐银 16270 两，按同样的方法折合年经营额 180 余万两。行商、坐贾合计，年经营额为 290 余万两，与嘉庆年间相比又有增长。我们还可做进一步的分析。从道光六年至十五年的九年间，杂货行 180 家行商抽厘以及零厘头银共计 7915 两零，平均每年为 879.46 两，以 1‰的抽厘率折算，平均每年的经营额高达 879000 余两。以同样的方法折算，麻行的年经营额为 43000 余两，油行为 40000 两，此外年经营额超过 10000 两的还有丝行、布行、京货行、西烟行、骡行、果行、白米行、山货行等，年经营额不足万两者则有鱼米行、竹木行、皮货行和药材行，其中药材一行的年经营额仅只 600 余两。各行合计共 10290 余两，九年平均为 1143.53 两，折合年经营额 114 万余两。道光十八年碑所载杂货等 15 行行商抽厘及其经营额折算，请参见表 3。道光十八年碑所载行商中，抽厘最多者为新盛诩 562.52 两，其次为龙兴歧 540.06 两，再次为瑞龙西470.43两。九年平均，新盛诩每年抽厘为62.5两，以1‰的抽厘率折算，平均年经营额为62500两；以同样的方法折算，龙兴歧、瑞龙西两家行商的年经营额分别为60000两和50000余两。这里，我们以年经营额超过万两为大商号，年经营额在1000－10000两之间为中等商号，年经营额不足1000两者为小商号，将这320家行商进行分类统计（见表4）。该表可见，年经营额在万两以上的大商号，除前述年经营额5万两以上的三家之外，还有20家，合计23家，占总数的7.2%；年经营额在1000－10000两之间的中等商号共计114家，占总数的35.6%；年经营额不足1000两的小商号共计183家，占总数的57.2%。还需指出的是，前文我们估计所谓"零厘头"应是抽厘不足3两的小商号的累计数字，如果确实如此的话，那么这批小商号的年经营额当在300两以下，其总数至少超过500家。这样一来，经营额不足1000两的小商号所占比例可能会高达80%－90%。

表3　道光年间周口山陕会馆各行抽厘及其经营额统计　　单位：两

行业	抽厘合计	年均抽厘	折合年经营额
杂货行	7915.19	879.46	879460
麻行	388.43	43.16	43160
油行	360.27	40.03	40030
丝行	304.74	37.86	37860
布行	224.93	24.99	24990
京货行	199.70	22.19	22190
西烟行	176.25	19.58	19580
骡行	170.73	18.97	18970
果行	157.50	17.51	7500
白米行	149.55	16.6	16600
山货行	133.91	14.88	14880
鱼米行	50.07	5.56	5560
竹木行	35.79	3.98	3980
皮行	18.63	2.07	2070
药材行	6.08	0.67	670
合计	10291.77	1143.53	1143530

表 4　道光年间周口山陕会馆 320 家行商抽厘及其经营规模的分类统计

分类	抽厘额	折合年经营额	商号数	占总额	合计
大商号（1）	450 两以上	50000 两以上	3 家	0.94%	23 家 7.2%
大商号（2）	90－230 两	10000－26000 两	20 家	6.25%	
中等商号（3）	45－89.9 两	5000－10000 两	20 家	6.25%	114 家 35.6%
中等商号（4）	9.0－44.9 两	1000－5000 两	94 家	29.38	
小商号（5）	4.5－8.99 两	500－1000 两	101 家	31.56%	183 家 57.2%
小商号（6）	3.0－4.49 两	300－500 两	82 家	25.62%	
合计	10291.77 两	1143530 两	320 家	100.0%	320 家 100%

道光十八年《重修关帝庙记》碑碑阴镌有 164 家坐贾捐银数目，其中八家首事董合盛、李源发、李玉成、王恒吉、路成盛、刘兴盛、牛公盛、李玉盛各捐银陆佰肆拾陆两肆钱肆分，八家共捐银 5170 两，占坐贾捐银总数 15312 两零的 1/3。这八家首事应是周口最具规模的商号，其年经营规模估计都应超过万两，如果按上述行商抽厘比例折算则超过 50000 两。其余商号共计 156 家，捐银 11107 两零，其中捐银在 100 两以上的 42 家，捐银 10－90 两者 75 家，捐银不足 10 两者 39 家。现将其分别列表如下（见表 5）。虽然我们不能确切地推算这些商号的资本数量和经营额，但从捐银数量仍能大致区分出其商业规模的大小。

表 5　道光年间周口山陕会馆坐贾捐银的分类统计

分　类		商号数	占总数%	捐银数（两）	占总数%
总　计		164	100.0%	15312.72	100.0%
八家首事	各捐银 646.44 两	8	4.9%	5170.52	33.8%
其他商号	捐银 300 两	10	6.1%	3000	19.6%
	捐银 200 两以上	11	6.7%	1620	10.6%
	捐银 100 两以上	21	12.8%	2900	18.9%
	捐银 50－90 两	21	12.8%	1330	8.7%
	捐银 10－45 两	54	32.9%	1133	7.4%
	捐银 1－8 两	39	23.8%	159.2	1.1%

表6　道光年间安徽会馆82家商人商号捐资分类统计

捐资额	商号数	占总数
8-10千文	7	8.5%
4-6千文	10	12.2%
2-3.8千文	11	13.4%
1-1.8千文	21	25.6%
900文以下	33	40.3%
合　计	82	100.00%

安徽会馆也保留有一块道光年间重修会馆的捐资碑，即道光十六年《江南会馆重修庙序》碑。该碑碑阴镌刻有捐资商人商号82家，共捐钱171千200文。其中捐钱最多者为李元发，捐钱10千文，不过仅此一家；另有捐钱8千文者6家；捐资最少者不足200文，曹义兴、公盛明等5家共捐钱900文，平均每家仅180文。这82家商人商号捐资额的分类统计，请参见表6。需要特别说明的是，这82家并不是捐资商人商号的全部。该碑所列捐资来源共有四项，即："收众山客乙千零二十七千文，收本镇门面厘头钱四佰六十六千四佰文，收捐布施钱乙佰七十乙千七佰文，收黄铜行捐钱五十八千乙佰文"，四项合计共捐钱"乙千七佰二十三千三佰文"。其中第一项所谓"众山客"，从字面看当系指来自山区或经营山货的客商，共捐钱1027千文；第二项"本镇捐门面厘头钱"，当系指在周口开设铺面者按一定比例所抽收的厘头银，共46614千文；第三项收捐布施钱17117千文，此项捐款与碑文所列的82家商人商号所捐之钱数大致相符，应就是；第四项黄铜行所属各商号捐资5811千文。四项捐资中只有第三项开列了捐资商号82家。以捐资数量推论，我们估计在周口开设铺面的商号和黄铜行所属商号应也会各有数十家；至于"众山客"，则应是徽商中数量最多或者经营规模最大的。这四者合计，在周口的安徽商人商号数量当不会低于200家。据山陕会馆道光十八年的两块碑，我们已知在周口的山陕商人中仅有名号可考者，就有坐贾164家，行商320家，合计为484家。如果加上抽厘不足3两的众多小商号（数量至少可达五六百家），数量当超过1000家。这还仅仅是北岸的山陕会馆，不包括沙河南岸的山陕会馆所属商号。安徽商人商号估计有200家，再加上江西、湖广、福建，以及河南本省商人，我们估计在清代中叶周口的鼎盛时期，全镇的商

人商号数量可达1500－2000家，至少会超过千家。[①]

明清时期，在河南各地十分活跃的最大商帮是山陕商帮。周家口的商人也以山西、陕西籍为主，其次有安徽、福建、江浙的商人。山陕商人资本雄厚，遍布全省，几乎垄断了整个河南的市场，在周家口亦是如此。会馆是各地商人在异地经商的地域性组织，山陕会馆是山西、陕西商人的机构。周家口的山陕会馆创建早，占地面积大，拥有商家多，商业资本实力比较雄厚。

由于周家口的商业主体是转运贸易，所以转运贸易是该镇商人资本形成的主要源泉。马克思认为，转运贸易中“主要利润的获取不是靠输出本国产品，而是靠对商业和一般经济都不发达的共同体的产品交换起中介作用，靠对两个生产国家进行剥削，因而这种资本不进入生产领域，不属于资本主义的商品流通”。马克思还指出，这种商人资本的“独立发展与资本主义生产的发展程度成反比例”。这就是说，尽管周家口商业繁荣，客商资本丰厚，但是商人资本所起的主要作用，是为整个地主经济运转服务，成为封建经济的重要组成部分，周家口的经济仍属于封建性质。处于第二位的是当铺、钱庄等高利贷商人资本。按照马克思的理论，它是造成经济衰落和政治腐败的土壤，而另一方面也有进步作用，可以破坏和瓦解封建所有制形式。这种破坏不是直接改变生产方式，而是“像寄生虫那样紧紧地吸在它身上，使它虚弱不堪”，“使它精疲力竭，并迫使再生产在每况愈下的条件下进行”。清末，随着全国经济的发展和部分引进资本主义先进生产力，周家口的商人资本投向发生转变，一些油商购买榨油机器，建立机器榨油公司，对全镇经济发展起到了促进作用。

还应该看到的是，周家口经济的繁荣与客商的经济活动是分不开的。清初，福建武夷山区的茶，经山西商人由江西转运河南，这些商人“每家资本约二三十万至百万”。安徽六安的茶也是客商“每隔岁经千里挟资而来”转贩。客商从各地运入商品，繁荣了周家口市场。某些小手工业也是由商人出资创办的，“豫省本系产麦之区，每至收成，西商挟其厚资，在码头集镇开坊，如陈州之周家口”。还有制皮、榨油、制醋、制酒等。商人的经商活动传播了新技术、新产品，促使镇周围的农业生产发生变化。周家口周围农田大量种植芝麻，与商人发展榨油业有直接关系。客商在周家口的经济活动，又进一步吸引周围地区农民进镇学经商。另一方面，每遇荒年，商人输入粮食也对镇中灾情起到缓解作用。如，宣统三年春，周家口一带受灾，宁波商家

① 许檀：《清代河南的商业重镇周口》，《中国史研究》，2003年第1期。

元丰号“平价出售白米数万石”。可见，“有商则活，无商则衰”，充分说明了商人对集镇的发展起着主要作用。

周家口是华北最大的水陆交通联运码头之一，以物资的转运为主，经济基础比较薄弱，所以兴起迅速衰落也就更快。周家口的兴起是由于交通条件，而其衰落也是由于交通情况的转变。清乾隆四年至道光二十二年，黄河多次泛滥，漫溢贾鲁河，淹没市街，壅塞河道，虽屡塞屡浚，但对本地区起着一定的不利影响。到光绪十三年黄河在郑州决口，流经商水、淮阳，沙河以北被淹，贾鲁河上游朱仙镇一带河流浅微，航行困难。光绪二十六年，黄河又多次泛滥，河被沙填，朱仙镇舟楫完全不通，周家口也进入衰落阶段。光绪三十年，京汉铁路也通车，后津浦铁路也通车，使南北交通路线大转移，货物流向改变，商业、手工业日趋萧条。其后，又经历北洋军阀、国民党反动派、日本帝国主义的摧残，再加国民党扒开黄河大堤，黄河包围周家口西、北两寨，到解放前夕，周家口就成了一个极端残破的集镇了，与四大名镇时期相比有天壤之别。

周家口的衰落首先表现在商业的衰落上。据统计，全镇大小商店只有300余家，较大的也不过60余家，其萧条可想而知。抗战时期，在日伪统治下，受土豪恶霸的压榨和土匪的抢掠，商业几乎全部破产。由于商业的衰退，许多商人、工匠大都移往开封、郑州、汉口、西安诸城市，使人口大量外流。清咸丰、同治年间，全镇人大约只有12万人左右。到光绪三十二年只有约六万至七万户，工厂仅有几家。同时，城市外貌也惨遭破坏，三寨寨墙全毁，多座寺庙除河北关帝庙外荡然无存，昔日的一百余条街仅余十几条，其他街道都成了荒院或耕地。周家口衰落的主要原因如前所述，由于交通情况的改变，即自19世纪末期以来，在帝国主义的侵略下，使我国的交通面貌有很大变化，南北运输路线，由公路、运河改为铁路、海运，交通工具由船车马而改为轮船火车。周家口的地理条件，即水陆联运的运输方式，不得不走向衰落的道路，贾鲁河的淤塞不是主要原因。自京汉、津浦铁路通行后，即使贾鲁河仍然能够通航，周家口也不能保持四大名镇的地位了。国民党反动派和日、伪军的严重破坏，也是周家口衰落的原因之一，是不可忽视的。正是由于周家口连年处于水患、战乱之中，便达到了衰落的顶点，失去了昔日的繁荣。

今非昔比，今日的周口市已初步形成食品、造纸、裘皮制革、纺织、化工五大支柱产业，机械电力、建材工业在不断扩大。其棉纺织品、化纤、丝织品、麻纺织品、皮革皮毛制品、罐头、曲酒等轻工业产品数量大幅度增加，质量不断提高，有些蜚声中外，供不应求。特别是党的十一届三中全会以来，周口市加快了改革开放的步伐，工农业生产蒸蒸日上，商业市场繁荣兴旺，市内几座大桥横跨沙河、颍河和贾鲁河之上，不仅连接着两岸交通，也是周口人民观光游览之胜地。周口现已成为豫东南地区的政治、经济、文化中心。

（七）近代周家口镇的商业和服务业的形成

周家口以商业而兴，商业贸易在其经济史上占有十分重要的地位。近代以来，随着西方经济势力的逐渐深入，中国传统自然经济的进一步解体，周家口传统的贸易体系开始发生转变，逐步向近代贸易转型。

清代中叶以前，周家口镇的贸易仍然是一种以粮食和食盐为主的传统商业贸易，在市场结构上仍是“一种以粮食为基础，以布（以及盐）为主要对象的小生产者之间交换的市场结构”①，近代以来，周家口镇的商业贸易逐渐具有了近代化的一些因素，这些因素主要体现在商品种类和商品流通的变化、商业经营范围的扩展和行业数量的增加、商业资本对生产活动的渗透和控制、商业组织的变化和近代服务业的发展等方面。

1．商品种类和商品流通的变化

从周家口镇内流通的货物可以看出，商品的种类和商品交易量均大大增加。在输入周家口的商品中，除了棉纱、棉布、糖茶、纸张、竹木、山货等传统的本国商品外，还有洋灯、香烟、洋靛、钟表、火柴、肥皂、煤油、石油等一些舶来品，而且所占比例不小，从周家口镇的商品输出来看，商品种类有所增加，交易额大增。据《支那省别全志·河南志》记载：

> 颍水流域出产送往外地的物资有麦、大豆、芝麻、高粱、米、金针菜、西瓜等，这些物资在周家口集中，其中一部分经沙河运到堰城再由火车运往各地；一部分顺颍河入淮河而达镇江。是年在周家口成交芝麻600万元，牛羊皮700万元，茉莉花茶800万元，麦300多万元，粟250万元，大豆100万元。

除粮食作为输出商品大宗外，金针菜、牛羊皮、牛油、蛋产品等商品的输出也在逐步增长，1922年，周家口金针菜“年销约六百余票（每票一万斤，约银一千三百两），合值洋一百十余万元”，“牛油除销本镇肥皂厂外，出

① 吴承明，《中国资本主义与国内市场》，中国社会科学出版社1985年版。

口牛油二十余万斤，亦销汉口，约值三万余元”①。

在1923年至1939年间，周家口蛋产品年平均产量约600吨，最盛时年产量达到1210吨。另外，周家口的牲畜交易也很发达：“清末民初，南、北两岸有牲畜牙行180家，从业人员近400人，旺季日成交6000多头”，“平靖时，贸易以牲畜为盛，牲口市沿街植椿如林，相距咫尺，用系牛马驴骡。南北两寨按奇偶日，隔日交迭为市，或买或卖，有不远千里而来者，其商区可达山东、直隶之南部，江苏、安徽之北部”。② 商品种类的丰富和商品输出种类及数额的增加使周家口镇的商业呈现出新的形势。

明清时期，周家口贸易的大宗主要是粮食、食盐和杂货，“粮食是周口集散的最大宗的商品，输入则以江南所产绸布、杂货为主，商品的流通没有突破传统的模式，依然是小生产者之间的产品交换。鸦片战争后，外国资本主义开始向中国倾销商品，掠夺原料，中国逐步沦为西方列强的商品倾销市场和原料市场，商品流通的范围不仅仅局限于国内，大量的商品和土产逐渐出口到国外市场，尤其是未经加工的农产品。清末至民国年间，在周家口镇集中的大量农副产品通过商行流向通商口岸，再从通商口岸经过洋行出口到海外市场，如：周家口年产羊毛4万斤，通过汉口之平和洋行、美隆洋行、捷成洋行、新利洋行输往国外。民国初期，周家口出口商品主要有皮革、皮毛、芝麻、淮阳金针菜等，由商人收购集中后再运至武汉等地转销国外，每年通过汉口输出国外的芝麻就达3万多吨。周家口万隆皮行直接与日本的黄泰洋行、三义洋行贸易往来，将皮革制品销往日本，周家口与日本年最高皮革交易额达五六十万两黄金，万隆皮行就占大半。③ 1923年始，周口鼎丰蛋厂所生产的盐黄、粉黄、干蛋白等三种蛋粉通过天津、上海、汉口等地商行，销往英、法、美等国，年平均销量600吨。与此同时，大量机制工业品由通商口岸运往周家口，再销往周边各地，如1912年至1924年商品输入津、沪、汉、高阳各处布匹年销量约150万元，纸张、火柴、钟表、各色染料、衣帽、日用杂货等均来自湘、赣、汉口、镇江各处，年贸易额二三百万元，以及外国的杂货、布匹、砂糖、石油等多经沙河、颍河运至周家口销往各地。④ 周家口镇初步形成了农产品从农村到口岸，机制品从口岸到农村的市场流通格局，在此市场格局中，工农业商品交换逐渐占据了主导地位。

---

① 吴承明：《中国资本主义与国内市场》，中国社会科学出版社1985年版。

② 周口市地方史志编纂委员会编：《周口市志》，中州古籍出版社1994年版。

③ 周口市地方史志编纂委员会编：《周口市志》，中州古籍出版社1994年版。

④ 周口市地方史志编纂委员会编：《周口市志》，中州古籍出版社1994年版。

2. 商业经营范围的扩展和行业数量的增加

随着中外贸易的发展和商品种类的增加，周家口镇的商业经营范围逐渐扩展，主要表现在两个方面。一方面，除经营传统商品的商铺之外，周家口陆续出现了一些专门经营西货的商店，如洋布庄北寨有三四家，南寨有八九家，资本尚厚，洋货铺南寨有聚兴和、庆昌和、公昌等三家，北寨有庆和、合庆隆等两家，均在汉口运货。1923 年，王连瀛在周家口南寨前张营开设自行车行，专销上海同昌车行的自行车；1927 年，周家口南寨老街开设福舆自行车行，经营天津自行车；1932 年，陈良才在周口北岸果子街设立怡庆钱庄，兼营亚细亚煤油。1915 年，周家口开设第一家西药房——华美药房，地址在颍河南岸老街南头，之后，相继开业的有新美、鸿计、福昌、世界、华中、大中、新生、济世、福音、鸿昌、保康、新义、富昌等 13 家西药房，药品大都从上海、天津、武汉、西安等大中城市购进。另外一方面，部分传统商业也走出了专门购销农副产品的狭隘天地，开始与国际市场发生联系，其商人开始从事与国际市场有联系的转口生意，经营范围有了很大的改变，如“民国初，驻马店、漯河、确山、西平、周口等地市场由买办经手，年均销给汉口美最时洋行的芝麻达 2000 万公斤左右。”① 除此之外，羊毛、皮革、蛋黄和蛋白等产品也大量输往国外。商业范围的扩展带动了周家口镇行业数量及其资金总额的增多。到 1936 年，周家口有坐商行业 15 个，302 户，1587 人，资金 4436 万元；行店行业 25 个，448 户，5011 人，资金 1716 万元。1946 年，周家口有坐商行业 25 个，270 户，762 人，资金 291.3 万元；行店行业 25 个，317 户，1994 人，资金 527.25 万元。1949 年，周家口有坐商行业 15 个，633 户，1143 人，资金 206.44 万元；行店行业 25 个，442 户，1792 人，资金 182.35 万元；摊贩 206 户，206 人，资金 13.54 万元。② 从以上统计资料可以看出，民国时期周家口镇的行业数量、从业人数及其资金总额不同时期有着不同的变化，或增或减，如 1936 年周家口有坐商行业 15 个，到 1946 年时发展到了 25 个。这与当时特殊的环境有关系，比如战争和水旱灾害等。总的来看，当战争和灾害过后，行业的数量及其资金的总额还有所增加。

3. 商业资本对生产活动的渗透和控制进一步加强

甲午战争之前，外国对中国的侵略主要是商品输出，其范围主要局限于通商口岸，河南作为中国的腹地受其影响较小。甲午战争之后，外国的侵略

---

① 《周家口商业金融调查记》，《江苏实业月志》，1922 年第 41 期。

② 周口市地方史志编纂委员会编：《周口市志》，中州古籍出版社 1994 年版。

势力逐步深入内地，其侵略方式为商品倾销和资本输出，河南的农村经济大受影响，逐步沦为外国的商品倾销市场和原料产地。其中，商业资本对河南生产活动的渗透和控制也进一步加强。其一，商业资本的输出，使农民的生产直接为外国资本主义服务，通过先支付一定的现金，让农户为其生产，实际上，农民从某种程度上来说已经成为了商业资本的雇佣者。其二，商业资本的减少也可导致农业生产的缩减。随着农产品商品化的不断提高。农民对商业资本的依赖也越来越高，一旦商业资本缩减，农民之农产亦随之降低，如芝麻一项，“本镇及附近各县出产最丰，往年运销汉口洋庄可值八百万元，自欧战以后洋庄停收，销场顿滞，农民减种，产额同时亦少”，牛羊皮业因欧战“销场稍滞”。[①] 部分农产品的生产往往受制于外国，这是一种不正常的现象，对于本地农业的正常发展及工业的促进极为不利。

4. 商业组织的近代化发展

明清以降，随着周家口的商业近代化，其商业组织也实现了近代的转型，逐渐从血缘、地缘关系向业缘关系转变，经历了会馆、商会、同业公会等多种商业组织形态，并形成了传统商业组织与近代商业组织并存的“二元制”格局。

商业和手工业的发展与繁荣，尤其是长距离贩运贸易的发展，使“外来商人在某一经商地为联络乡谊、相互支持而设置，有较浓厚的地域乡土色彩”[②] 的会馆大量兴起，周家口因其商业经济的发达，会馆亦较早较多地出现，至清末周家口共有十余座商业会馆，主要有山陕会馆、江西会馆、湖广会馆、覃怀会馆、安徽会馆、福建会馆、陆陈会馆、油业会馆等。大量商业会馆的形成与发展既是明清以来商品经济发展的结果，又促进了当地经济的发展：它协调了本籍商人与其他商人之间的关系，在一定程度上促进了贸易的发展。同时，这一社会组织形式的出现，也为政府对市镇的管理提供了借鉴，其积极作用是不可低估的。

自19世纪下半叶起，随着西方经济的冲击，清政府逐渐认识到商业的重要，“并于十一月二十九日经商部奏请通饬各省各埠设立商会，以期联络商情，而资保护”。[③] 周家口作为河南一大商埠于1905年成立商会分所，并且于宣统年间被批准改设商务总会，“宣统三年八月初五日，本部具奏河南陈州府周口镇改设商务总会请给关防一折，奉旨依议。钦此。钦遵。相应恭录谕旨，

① 丁进军：《清末各省设立商会史科》，《历史档案》，1996年第2期。

② 王兴亚：《清代河南的商业会馆》，《中州学刊》，1997年第6期。

③ 王天奖主编：《河南辛亥革命史事长编》（上卷），河南人民出版社1986年版。

并抄原奏，咨。呈贵阁钦遵查照可也。须至咨呈者”。[①] 就《商务局委员试办商会章程》和《劝办商务分会及商会分所便宜章程》而言，商会的设立尽管还存在着会馆的一些残余，但是它引进了近代资本主义工商团体新的组织形式和规章制度，把各行各业纳入统一的社团组织之内和有序管理的法制轨道，减少了自身的内耗，增强了对外抗衡的力量。在功能上，由封闭性向开放性、保守性向进取性转化，传统的会馆只准同乡同业者加入，商会则实行入会自愿，也允许不入会的同业者存在；其服务功能更加突出，如周家口镇商会的主要功能有“研究促进发展商业的方法，介绍国内、国际贸易动态；接受工商业者委托调查、证明事项，或证明鉴定产品的产地、规格、质量、价格等；报经该管官署核准，设立商品陈列所及举办各种物资交流会”。

同业公会的成立亦是经济发展的结果，与传统行会相比，同业公会具有更多的优势。同业公会摒弃了传统行会封闭性、排他性、封建性的缺点，同时鼓励正当竞争，且以维护整个行业的整体利益为主旨，是新型的行业组织，亦是与近代化相适应的新型工商业团体，这种经济组合体制可为实现更为广泛的目标提供一个组织基础。周家口镇也相继成立了许多同业公会：据 1936 年的《河南政治月刊》统计，这一年淮（阳）属周口镇成立的同业公会有广货业、山货业、姜蔗业、烟业、干果业、牲畜业、铁器业、药业、粮坊业、铜器业、染纸业、京货业、花包业、碱业、杂货行业、山货厂业等。商水属周口镇成立的同业公会有杂货庄、杂货铺、船行、烟铺、山货、民船业（交通部）、鞋帽、药铺、粮坊、油饼、陆陈、京货、转运、广货、竹木、牲畜、皮行业、汉帮皮庄业等。1948 年，周家口成立了商业联合会，下属 120 个行业公会，1951 年合并为 70 个，并改行业公会为同业公会。

5．近代服务业的发展

与商业的近代转型相适应的是近代服务业的兴起。随着中外贸易的不断发展，一些服务业逐渐流入内地，并逐渐为大多数人所接受，也因此产生了一些与此相关的行业。这一时期周家口镇内主要行业有以下几类：照相业，较有名气的照相馆有华英、裕记、小庐由、真光等；理发业，较为著名的理发店有新世界、白玫瑰、香港、紫罗兰、小小、金记、兄弟、远东、坤记等；修理业，清光绪初年，周家口始有钟表修理铺。1928 年，修表技术较好的有周存斋设在关帝庙东瘸房髀修表铺、陈水旺设在山货街的修表铺及赢祥甫设在三圣衡的修表铺，这些店铺主要从事进口手表和各类钟表的修理。1936 年，

① 丁进军：《清末各省设立商会史科》，《历史档案》，1996 年第 2 期。

有个体修表店铺7家，从业人员7人，资金1万元。1949年，修表店铺增至8家，从业人员8人，资金8万元。此时，饮食和旅店业随着本镇人口的不断增多及外来客商的频繁往来也逐渐发展起来。各地饮食业的名师巧匠也纷纷到周口开设菜馆，图谋生计，截至1949年，周家口镇内主要开设有江南春、景罗轩、文雅斋、又一部、同聚馆、四海春、小洞天、居乐天、第一楼、顾兴谵、合兴馆、老同禽、第一春、一支春、三兴馆、职盛馆、九成馆等餐馆。饮食摊点比比皆是，走街串巷的小贩不计其数，五更即有叫卖声，深夜仍见灯火明。此一时期，周家口有旅店40多家，其中，河南大旅社、五洲大旅社、大金泰旅社、交通旅社、久大旅社、裕安旅社、义大旅社等较为著名。这些行业或是随着时代的潮流新兴的，或是在原有基础上的扩大与更新，但都与周家口镇商业和手工业的近代转型有着较大的联系。

总之，周口历史悠久，地理位置适中，自然条件优越，是一个天然的良港。水陆交通四通八达，又有较大的广阔腹地，可联系苏、皖、沪、鄂诸省，在不久的将来，周口人民将会把它建成一个繁荣昌盛、文化优雅的社会主义新型城市。

三、手工业文化

以淮阳为中心的周口地区手工业历史悠久、行业多、分布广，在国民经济中占有重要地位。由于有优越的地理环境和气候条件，使周口的手工业得到较早的开发和发展。早在上古时期，这里就是我国原始手工业的发源地。相传伏羲氏在这里作网罟，教民渔猎，“养六畜以充庖厨”，手工业已有了初步的发展，在其后的整个中国古代社会里，由于周口地区特殊的交通地位优势和优越的自然环境，使周口的手工业发展一直走在前列，虽然有时由于战乱会导致短时期发展的落后，但从整个社会发展历程看，周口手工业的发展并不落后于其他地区。

（一）原始手工业文化的起源

何谓手工业？一般是指依靠手工劳动，使用简单手工工具从事小规模生产劳动的工业。最初与农业密切联系，属于农民副业性质的家庭手工业。经过第二次社会大分工，·手工业脱离农业，形成独立的个体手工业。其特点是一家一户为单位，用私有生产资料分散经营。主要类型有：自产自销的手工业，直接为消费者服务的流通手工业和为买主或工厂进行加工的手工业。

周口手工业历史悠久，由于有优越的地理环境和气候条件，使周口的手工业得到较早的开发和发展。很早以前，这里就是我国原始手工业的发源地。相传伏羲氏在这里作网罟，教民渔猎，“养六畜以充庖厨”，手工业已经有了初步的发展，其代表性手工业是制陶业。在炎帝神农氏时代形成的炎帝文化是中华民族文化的直接源泉和重要组成部分，富有强大的生命力和广泛的包容性。炎帝神农氏“始作耒耜，教民耕种；遍尝百草，发明医药；日中为市，首辟市场；治麻为布，制作衣裳；削桐为琴，练丝为弦；弦木为弧，削木为矢；耕而作陶，冶制斤斧；建屋造房，台榭而居”，他带领先民所开创的手工业文化是炎帝文化外延的具体内容，已成为中华民族的宝贵文化遗产。

耒耜等耕播工具的发明创造直接促成了我国手工业的萌芽。手工制陶业、手工缝织业、手工冶炼业、建筑业等手工业文化无不源自于炎帝部落。

1. **冶陶**

冶陶，是人类利用火改变天然材料的性质，创制全新材料的开始。最早的冶陶技术是由炎帝神农氏发明的。《周书》说，神农“耕而作陶”。《逸周书》说，神农“作陶冶斤斧，耒耜钼耨，以垦草莽”。炎帝部落在“刀耕火种”过程中，发现被烧过的土块很坚硬，于是将泥土做成刀斧形状，然后放在柴火中煅烧，待泥土烧得透红后停火冷却，制成陶质刀斧，用于锄草垦地。随着制陶技术的不断改进，先民们逐渐大量制作凿、锉、耜、纺轮等陶质生产工具和各种生活用具，陶业制作的规模越来越大，陶器的造型越来越多，并且有了红色或黑色彩陶和各种雕塑陶。炎帝时代，已经有了陶质鼎（鬲）、甑、釜、罐等炊具和钵、碗、盆、盘、杯等饮食器具，此外还有汲水用的小口尖底罐、盛储东西用的瓮、罐以及灶与釜连成一体的釜灶等。陶器的发明和使用，给原始先民的生产和生活带来巨大变革，也为原始的文化艺术提供了重要的载体。先民们在各种各样的器皿之上，用拙朴的工具、质朴的色彩、纯朴的手法，描绘自然、记录生活、传递信息，孕育了最初的原始艺术。

2. **手工缝织业**

手工缝织业是伴随制陶业产生的。《庄子·盗跖》云：“古者民不知衣服，夏多积薪，冬则炀之，故命之曰知生之民。”上古之民，最初是运用磨制的骨针、骨锥将树叶、树皮或兽皮缝成一块，遮身蔽体，既经不起长期风吹雨打、霜雪侵袭，又极不雅观。后来，炎帝从一群女子采集的长草中发现了柔软的麻，经过不断的摸索，他带领先民将麻织成布做成衣裳。先民们所用的最原始的缝织工具就是骨针、骨梭和陶制纺轮。《路史》说，神农“教之麻桑，以为布帛”；《礼记·礼运篇》说，炎帝神农“治其丝麻，以为布帛”；《庄子·盗跖》又云：“神农之世……耕而食，织而衣。”从平粮台古城遗址出土的陶纺轮、石纺轮和骨针可以得知，陈地的纺织业也已初具规模，这与古文献记载的神农氏“耕而作陶”“织而衣”、“神农之时兴耕织”的传说是相印证的。衣服的发明是人类由蒙昧社会向文化社会迈出的重大一步。

3．手工冶炼业和建筑业

手工冶炼业和建筑业也都产生于炎帝部落。据《拾遗记·炎帝神农》记载，神农之世，“米镂之铜以为器”。人类起源之初，为了躲避猛兽和风雨，或住在树上，或居于山洞。到了神农之世，随着农业的兴起，先民才由流动的树居、穴居而改为搭舍、筑室定居，原始建筑业也随之产生。《礼记·礼运篇》说，炎帝之时，断木“以为台榭、宫室、牖户”。《庄子》亦云：“神农之世，卧则居居，起则于于。”河姆渡出土的大型“干栏式房屋”遗址及长达十余米的屋柱、榫印房屋构件，即是炎帝时代手工建筑业的实物遗存。炎帝神农氏开创的原始手工业文化大大地提高了上古先民的生产生活水平，和农耕文化一道，为古代社会经济的发展奠定了最为坚实的基础。1979－1980年在河南淮阳县发掘的平粮台遗址，是一处龙山文化晚期具有代表性的城堡式聚落。遗址总面积约5万平方米，城内居住面积约3.4万平方米。遗址已发现的建筑，现存城墙长、宽各185米，平面呈正方形，高3米多，下部宽约13米，顶部宽8－10米，采用比较先进的小版筑技术。两座城门坐落在南、北城墙中央，位于城堡中轴线上，南门两侧有门卫房，南北城门有土路相连。城内还有十几座地面和高台建筑基址与多处陶制排水管、陶窑、墓葬等，反映了龙山文化时期陈地高超的建筑水平。另外，从平粮台古城遗址中发现的铜渣块中，可以看出这里的人们已经初步掌握了冶铜的技术。

（二）夏商周时期的手工业文化

在夏商周时期，陈国具有代表性的手工业是漆器业和青铜铸造业。

位于凤凰岗古城村东北300米处的龙山文化遗址，南北长700米，东西宽300米，高5米。南邻古城乡政府，东、西、北皆为开阔地，岗中有一条蜿蜒小道从中穿过。1978年12月，周口地区文化局普查队在岗的断壁中发展了大量的彩色陶瓷残片和各种石器、鹿角、兽骨以及汉代墓葬品。这些陶瓷残片分别为直领、蓝领红褐花手制陶瓷，素面红褐色陶缸，平底黑色陶碗，三角形和圆柱形的鼎腿，灰色陶豆、陶鬲、陶壶、陶俑和空心砖等物。经鉴定，这些器物，有属龙山时期的，亦有属于商周时期的。

1997年在鹿邑县太清宫发现的西周长子口大墓，是周初殷遗大墓。长子口墓是大型的土坑竖穴双墓道大墓，墓中殉祭人牲14，墓底中部有殉人与狗的腰坑，这是商代葬俗的完整保留。墓主作为商末周初诸侯身份应无疑。墓中出土有铭器50件，多数自铭为长子口，出土器物种类丰富。其中青铜器礼乐器的组合，特别是酒器的组合，与殷墟晚商墓葬的组合相同而更严谨。酒器中的方尊、方觚、方爵与安阳殷墟郭家庄160号墓出土的方形青铜礼器近似，从目前考古发掘的情况看，方形器多出于商代王室成员和高中级贵族墓中，是商代统治集团权力和身份的标志。在鹿邑墓中出现如此集中数量的方形器，说明墓主人作为殷遗贵胄的地位。这是一座内涵丰富的大墓，随葬品十分丰富，出土有青铜器、玉器、骨器、瓷器等600多件，加之较多的骨镞、贝币、蚌泡等小件器物，总数近2000件。其中青铜器200多件，玉器100多件，陶瓷器近200件。随葬器物多在椁室及棺内，并且有一定的分布规律。北椁室内放置器物最多，有160余件，一般都分为上下两层相叠压，上层为陶器，下层为青铜器，青铜器的空隙之间放置瓷器。8件仿铜陶簋放在青铜器之间，显然是精心设计与布局过的。该处随葬陶器数量繁多，达百件，有罐、罍和小口尊等。另有盆、簋、豆、觚、爵、瓮等，其中带盖器就有80余件。原始瓷器中有尊、罐、豆等，釉色之晶莹，胎色之纯正，造型之美观，皆为商周原始瓷器之最，器形之丰富亦为商周墓葬所罕见。

北椁室下层青铜器中以饮食器为主，有鼎、簋、甗等，还有部分酒器及少量的玉器。发掘时东部出土一件腹部呈方形下部为四足的铜器，另在较远处发现一件铜甑，把这两件器物合在一起，刚好为一件分体甗，其上部是因为位置变动而滚落在一边。长子口墓和商周时期的大墓一样，青铜器为主要随葬物，青铜器的规格充分代表了墓主人的地位。在北椁室中部出土一件玉簋，呈浅白色，微泛青色和黄色，半透明，内外抛光，十分华贵。此簋口微敛，斜折沿，方唇，腹外呈壁弧形，内壁润光。玉簋高10.2厘米，口径13.5厘米，腹上、下饰弦纹，中部等距离分布8个浮雕圆涡纹，造型端庄沉稳，显然为王室用品。目前商周玉簋考古发现较少，殷墟妇好墓出土有两件，此簋为第三件，具有鲜明的时代特征，其价值不言而喻。北椁室的一件铜斝内，还发现一件圆雕玉虎形踞坐人，虎首高昂，大口暴张，牙齿清晰，长圆形双目，虎视眈眈，虎头下为人身踞坐形状，双手扶膝，五指向下，腰部挺直，略向前倾。虎形踞坐人的背面雕刻成枭的形象，呈蹲状。虎之双耳为枭耳，耳后倾，大钩鼻，圆目突睛，怒视前方。虎形人的后背作枭的前胸，人的胳膊为枭的双翼，造型极为诡谲生动，可谓匠心独具。枭鼻下有一圆孔，显然是墓主人生前的佩戴之物。这件高5厘米、宽2.5厘米的玉饰件，将人与凶禽猛兽完美地集于一身，具有极高的艺术价值。

西椁室随葬品共有80余件，分陶器和铜器上下两层，基本和北椁室器物放置情况一样，但是大多集中于北半部。青铜器中以酒器为最多，计有觚、爵、角、卣、觥等，其中铜方形器为多。发掘时，发现在一件铜方尊的口部覆盖有厚厚一层植物叶子，经初步鉴定为桂树叶子。根据这种现象推测，埋葬时，器内应盛有酒类液体。西椁室南部放置有多组禽骨排箫，保存较完好的有两组，每组13根，最长的21.6厘米，以下长度递减，管身有两道用带子束管的痕迹。在其周围散乱的骨管尚有40余根，根据骨管的排列情况推测，至少有5组。排箫是中国古代最常用的乐器，《诗经》中“箫管备举”形容的就是排箫这类乐器。

在南椁室的东西两侧以铜饰件、铜车马器、铜工具、铜武器为主，有器物50多件。东椁室出土以乐器、青铜兵器为主，其中有铜铙6件，依形制和花纹的不同可分为两组，每组大小依次递减。另有石磬1件和铜铃数件。在东椁室的中部有一条南北向的灰痕，外涂朱砂，长约1.5米，6个铜铙散乱地分布在一处灰痕的附近。据此推测，灰痕可能是放铜铙的木架腐朽后的痕迹。长子口墓出土的乐器，骨排箫、铜铙、石磬、铜铃等配合在一起，可以组成一个8人的小型乐队。这些乐器可能是墓主人生前使用过或收藏的。棺内围绕在墓主人的骨架两侧及上部，放置有大量的玉器，有玉戈、玉柄器等，其中形体最大的玉戈、玉刀、玉柄器等都置于墓主东侧。另在棺北端放置玉璧1件，东侧有玉戈1件。在出土的玉器中有仪仗用的戈、刀、镞，有作为礼器用的琮、圭、璋、璧、玦、环、篦，另有装饰用的虎、龙、鸟、兽等。这批珍贵的玉器，质地细腻，造型生动，雕刻精美。

长子口墓出土青铜器种类之齐全，几乎包括了商末周初的全部器类。与其他保存完整、未被盗掘的殷末周初较大型的墓相比，该墓随葬的青铜礼器，为首屈一指。这是继安阳殷墟妇好墓之后发现的，所出商周玉器最为丰富的一座高级贵族墓葬。从长子口墓出土的大量的文物看，足以体现古代周口地区手工业的发达。

能够体现古代周口地区手工业发展水平的还有平粮台龙山文化城址，位于河南省淮阳县大连乡大朱行政村西南隅的台地上。此台据《淮阳县志》记载：“高两丈，大一顷，旧有四门，林木蔚然，不知何代建筑。”城址平面呈方形，总面积为1万余平方米。城内的文化层堆积厚达7米，共有5层，分五期。第五层分布不均，且较薄，其文化特征与偃师二里头下层文化堆积相似，被定为平粮台五期文化。第一层为平粮台四期文化，为平粮台较晚的龙山文化；第二层为平粮台三期文化，稍晚于占城墙的龙山文化；第三层为平粮台一期文化。平粮台发现龙山时期的重要遗迹有城墙、南北城门、南城门门卫房、地下陶排水管道、陶窑座、小孩瓮罐葬以及大量工艺精美的陶器、骨器、石器和蚌器等。2006年5月23日，淮阳县委、县政府为配合举办“太昊陵庙申报世界文化遗产启动仪式暨中华伏羲文化论坛”，前往平粮台考察，在古城遗址东北处的断崖下，采集到 1 件半圆形黑衣陶纺轮。此纺轮直径为 4.7 厘米，孔径为 0.5 厘米，厚为 1.1 厘米。其上一面有阴刻符号，经清华大学李学勤教授辨识，认为框线中的“不”形符号可以理解为八卦中的三离卦，并认为在平粮台发现与八卦有关的文字，确是一个重大发现，因为当地是传说中画卦的伏羲的都城“太昊之墟”。这件黑衣陶纺轮应属龙山文化器物。其理由为根据陶纺轮本身的造型、胎质、纹饰、烧制火候以及氧化的颜色看，应是典型的龙山时期器物。与陶纺轮同时采集的几件陶片，有绳纹和方格纹罐口沿、指窝纹鼎足、绳纹高足等，其时代皆为龙山时期，陶纺轮在龙山文化层断崖处采集，距地表高度为 11 米，其所在层位为平粮台第一层之间，应为平粮台三期文化。过去出土的平粮台三期文化陶纺轮其他各期尚未发现，其形制、陶质、纹饰、烧制火候，以及氧化后的颜色等均与这件带字陶纺轮相同。从两次对平粮台遗址试掘的情况看，古城遗址内多为龙山时期文化，虽有少量相当于堰师二里头一期文化，但距采集陶纺轮的地点较远。这件刻符陶纺轮在平粮台发现，有着重要的意义。从陶纺轮上的刻符可以看出，符号书写娴熟，自然流畅，应是先将符号阴刻在晾干的泥纺轮上，然后在刻迹上洒一层蚌粉防止将符号熏黑。经烧制和处理，制成带刻符的黑衣陶纺轮，说明在此居住的先民们已熟练地掌握了先进的烧窑技术。在制陶业快速发展同时，其他工艺制作同步前进，如制革、纺织、编织、制石、制骨、制玉、制铜等都有新工艺。仰韶文化出土大量石、陶刮削器和陶锉，说明刮削木器和鞣制皮革颇盛行。从纺轮骨针、骨锥工具和布纹、绳纹、篮纹、席纹遗物的发现，说明编制工艺和制骨业的发达。切割石料和管钻等孔技术的应用，说明制石生产技术的提高和石料的节省。大汶口文化制玉业特别发达，出现精致的玉铲和许多玉、石制装饰品，以不同形状单件组成串珠。制骨工艺也十分出色，出土有雕花骨珠猪头纹样牙雕，刻有纤细花纹的獐牙形器等。特别是晚期 16 齿透雕象牙梳和花瓣纹象牙筒、镶嵌绿松石骨雕筒，说明剔地透雕技术和镶嵌技术已趋成熟。以上说明古代早期周口地区手工业的发达。①

西周时期，周王朝加强了对中原的控制，该地区与中原的联系加强，由于该地区人民的辛勤劳动以及先进的周文化的影响，该地区经济得到一定程度的发展，手工业的发展是其重要的体现。西周时王朝将部分手工业者分封给诸侯。如《左传·定公四年》记载，被封到周口地区的诸侯宗族或族氏中，

---

① 王彦俊：《论伏羲氏族文化的内涵》，《西北史地》，1996 年第 3 期。

有些本来就擅长手工业生产。例如，有虞氏世代以制陶为业，其族长虞阏父为周之陶正，周初武王以长女太姬嫁胡公满，封于淮北的陈（今河南淮阳）为诸侯。这些，无疑促进了该地区手工业的发展。青铜冶铸业发展较快。该地区出土西周时期的青铜器器形，种类较全，如鼎、鬲、簋、彝、方彝、豆、盂、盆、鉴、盘、壶、方壶、尊、卣、觯、爵、觚、编钟、甬钟、铎，以及车马器、兵器及生产工具等。特别是礼器，铸造工艺考究，纹饰精美，铭文较普遍。风格上主要属周式铜器或周器的变体。

在这个时期，手工业的发展还体现在出现了一些独立的手工经营者和身份自由的能工巧匠。各地都形成了一些特色产品。“工商食官”制度渐被打破，出现了一些独立的手工经营者和身份自由的能工巧匠。诸如河南桐柏、罗山、固始、潢川、商水与安徽宿县、淮南、寿县、霍山、舒城以及苏北、山东中南部的许多地方，都出土了春秋时期珍贵的宵钥器。生活用具的制作增多，新的品种如击、带钩、短剑、铜镜等不断涌现，青铜工具也有所增多，诸如莲瓣方壶、青铜鼓座、莲鹤方壶等精品体现了高超的铸造工艺。大型器物的铸造综合采用了浑铸、分铸相结合的方法和焊接技术，镶嵌技艺更趋精湛，还有一些器物体现了各自国族的特色。桑、麻等生产已成为周口地区人民重要的副业。

战国初期，楚已占据周口地区的大部分地区，至战国中期楚灭陈，周口地区几乎全部成为楚国的领土。战国后期，楚顷襄王徙都于陈（河南淮阳），周口地区成为楚国的政治重心，从而大大加速了该地区的经济开发。铁器进一步普及，并且，凿井技术提高，创造了陶圈水井，还发明了用多节陶制抬水管道输水以浇灌园圃或农田。手工业发展很快。例如淮阳的手工业有相当的规模，铸币、制玉、纺织、冶炼等颇为发达。青铜器在周口地区各地都有出土，种类亦较前增多，铸铜作坊遗址也在多处发现。宋、陈等地民间多漆林、漆园，本地区此时的漆器业发展尤为突出。战国早期漆器的木脸还较厚重，往往在精雕的木器上探以彩漆。中期以后，木胎趋于精巧，往往用薄木卷曲成胎，或者外贴麻布。器形种类繁多，有杯、盘、奁、篷、弓、剑鞘、秘、棺、盾等，一般于器表裸黑漆、器内裸红漆为底色，再施以云鸟、几何纹、狩猎等美丽的彩绘，至今色彩鲜丽，有的边缘还镶以金边或铜边称金知或铜知。当时的豫西、豫南、皖西及江淮地区都产玉，玉器制作更加精美。长丰楚墓出土的几件玉器，其中琪、佩的整体造型和纹饰新硕多姿，构图巧妙，想象丰富，特别是龙凤饰形象生动逼真，服凿技艺熟练精巧。宫殿建筑宏伟富丽，体现了较高的建筑技术，砖和瓦得到了较普遍的使用。

战国时期手工业发展更为迅速。青铜器在周口地区各地发现很多，并且精品迭见，新的器形不断出现。各地出土铜器难以枚举，1977 年、1979 年，淮阳马鞍冢战国楚墓出土错金银轭帽和错金银辕头。错金银工艺始于春秋时期，战国时期的错金银制品在周口地区出土如此众多，且工艺水平更高，正是该地区这一时期青铜冶铸业取得突出成就的体现，其他的相关工艺也取得了较大的成就。由此可见当时周口地区手工业的一般情形。除此之外，纺织业也获得了进一步的发展。

早在春秋时期，《诗经》之《陈风》《郑风》《曹风》《鲁颂》等篇章便记载了陈（都城在今河南淮阳）等地都植有供养蚕用的桑树、柞树。《陈风》诸篇还记载了陈地出产纺织原料大麻、麻、菅草等。此时蚕桑已推广至江淮一带。楚平王时，楚边邑钟离（安徽凤阳境）与吴边邑卑梁氏（安徽天长西北）都养蚕，两女子为争桑相攻，最后竟引起“两国举兵相伐”，说明这时蚕桑生产已成为这一地区人民的重要副业。同样，麻的种植也颇受重视。战国时期，周口地区桑、麻等纺织原料的生产进一步发展。《史记·货殖列传》云：“邹鲁滨洙泗，犹有周公遗风，……颇有桑麻之业，无林泽之绕，地小人众。”“沂、泗水以北宜五谷桑麻六畜，地小人众。”“淮北常山已南河济之间千树荻，陈夏千亩漆，齐鲁千树桑麻。”说明诸如齐鲁之间等都成为著名的桑、麻生产地。成书于战国时期的《尚书禹贡》说：兖州、豫州，“厥贡漆，厥篚纤纩”（纤，细锦）。兖、豫二州都包括周口地区一部分，说明各地都从事蚕丝等纺织原料及丝织品生产。不仅生产更加普遍，而且技术水平亦高，品种更多。

（三）秦汉时期手工业文化

秦汉时期，由于铁器的进一步普及和农业生产的迅速进步及相关技术水平的提高，制漆、纺织、陶瓷业等为代表的手工业生产获得了快速的发展，铜器冶铸显示了末流的余韵。漆器制作相当发达，汉代的漆器无论是在制胎、深漆，还是在造型、纹饰等方面的水平都是很高的，并且多有创新。《盐铁论·散不足》篇说“一文纹杯得铜杯十”，说明漆器颇为贵重。然而，在周口地区发现这个时期的漆器不仅量多，而且精品层出不穷。漆地上使用朱红、赭红、金黄、土黄、银白、乳白、粉绿、暗绿、深绿、蓝紫等多种色调，线条细腻，颇具特色。其中仓、后、盒类漆器的盖顶，盛行银平脱柿蒂纹、变形纹和三叶纹，且常于叶间嵌以珠玉为装饰，还有的平脱器器身周围用金箔、银箔贴成山水、流云、人物、禽兽等复杂而华美的图案。釉陶制作水平的提高与瓷器制作技术臻于成熟，釉陶制作技术进一步提高。早期青瓷胎质坚细呈浅灰色，采用浸釉法施釉，施釉未到底。釉质晶润透明。胎表面有制作时留下的麻布纹，釉色呈较为纯正的青色，泪痕状流釉处釉层较厚呈翠绿色。直口平唇，丰肩，肩部安有四个等距条形横系，上腹微鼓，下腹斜收成平底。其制作技术进入成熟阶段。这是我国古代手工业史上的重大突破，代表了器皿制作重要的发展方向，对此后产生了深远的影响。铜器冶铸的余韵由于铁器、漆器的大发展及东汉时期瓷器业的兴起，秦汉时期，铜器制造业受到排挤，趋于衰退。这个时期铜最明显的用途有二：一是铸钱，二是较为普遍地制作铜镜。铜镜不仅是生活用品，而且更是精美的工艺品。其制作技术在一定程度上反映了青铜冶铸和加工技术的水平。据分析，铜镜的合金成分分别为铜70.4%、锡24.8%、铅5.9%或铜77.197%、锡21.681%、铅1.12%。这种合金成分有利于映像的显现，并且兼顾了铸造、加工等方面的要求。其开光技术更是制作铜镜的重要一环。《淮南子·格务训》记录说："明镜之始下型，朦然未见形容，及其粉以玄锡，摩以白旗，鬓有微毫可得而察。"就是说，给新铸的铜镜涂上锡汞剂，用白毡在上面摩擦，从而使镜面光亮，令其丝毫毕现。这种先进的抛光技术在我国一直沿用到近代。大量的精品铜器的发现说明，周口地区铜器冶铸技术已达较高的水平①。

（四）隋唐时期的手工业文化

隋唐时期，全国出现统一的新形势，为周口地区的手工业带来了发展的机遇。地处南北交汇之处，水陆交通发达，为周口地区的手工业产品提供了通向全国的广阔市场。周口地区手工业由此迅速兴起。传统的手工业如纺织、冶铸、酿造等率先繁荣，新兴的手工业如盐的开发、编织等也适应新的形势要求而相继兴盛与发展。

隋唐时期，周口地区的纺织业可分为丝绸和麻葛两大类。由于社会统一，生产技术能够迅速交流与传播，为周口地区纺织业的发展带来两大特点：一是，纺织业生产比较广泛。二是纺织业技术普遍进步。唐代周口地区的纺织手工业普遍兴盛。根据《新唐书·地理志》统计，几乎每个州都有自己精美的纺织品作为贡品输入朝廷。这些贡品既反映了当时两淮地区纺织手工业普遍发展的概貌，也反映了唐代纺织手工业的水平。在纺织手工业中，丝绸是主要品种。其次是麻葛。丝绸生产的代表性产品有绢、拖和绞等。当时汝、颍、寿、漆等州以生产拖著称。许、陈、汁、宋、徐、宿、曹、充等州以产

① 李修松、张宪平：《秦汉时期淮河地区经济发展简论》，《安徽史学》，2003年第2期。

绢著称。

唐代周口地区制瓷手工业进一步繁荣，质量也普遍提高。

（五）宋代时期手工业文化

宋代时期，周口的手工业，如纺织业、各种制造业、加工业等各部门，与前代相比，都获得了巨大的进步和发展。一些手工业不仅生产规模扩大了，技术提高了，其产量也比前代成倍或若干倍地增长起来。各个手工业生产部门中都出现了富有创造性的新技术、新工艺和新产品。

纺织手工业与前代相比，无论其原料、种类、产品数量和质量等方面，还是其生产的规模、方式等方面，都比前代有了明显的发展，出现了新的内容和因素。中国传统的纺织手工业是以丝、麻为主。在宋代时的周口，这两种纺织业依然占据着主导地位，尤其是丝织业，以其种类齐全、分工细密、工艺精湛、产量众多、产地广泛等，在整个宋代纺织业中占有核心的位置。马端临在《文献通考》中列举了宋政府对布帛等纺织品的征收共有十种："一曰罗，二曰绫，三曰绵，四曰纱，五曰丝，六曰䌷，七曰杂折，八曰丝线，九曰锦，十曰布葛。"① 其中至少有八种是丝、绵和丝织品，可见丝织业在宋代纺织业中的重要地位。

在宋代时，丝织品产量远远超过唐代。不仅产品种类繁多，各个地区都有自己的名牌产品，在技术风格上各领风骚，而且就总体而言，宋代丝织品又都普遍具有细、密、轻薄的特点。后人在对唐、宋、元三代的绢进行比较后指出："唐绢粗而厚，宋绢细而薄，元绢与宋绢相似而稍不匀净。"② 在宋代时的周口，丝织品正是以其细密、轻薄而著名。

最后还应该一提的是，在宋代，周口的纺织业获得了巨大的发展，同时，过去依附于纺织业的染色业与衣、帽、鞋等制作业也得到很大发展，成为独立的专门化的手工业部门。染色是一门古老的技术，到了唐代，这门技术又有了新的创造，发明了夹缬法即印花技术。宋代时继承了这一发明，并将它进一步推广，不仅印染的花色品种众多，工序复杂，技术也极为精湛。据陆游《老学庵笔记》记载："靖康初，京师织帛及妇人首饰衣服，皆备四时，如节物则春幡、灯毬、竞渡、艾虎、云月之类，花则桃、杏、荷花、菊花、梅花，皆并为一景，谓之一年景。"宋代染色业极为兴盛，从名城大邑到小的市

① 《文献通考·田赋考四》。

② 张应文：《清秘藏》（原书作董其昌著《筠轩清閟录》，误）。

镇，独立的染坊或染肆遍布各地。与此同时，各种各样的裁缝铺也在宋代的周口地区发展起来，出现了专门为人制作衣服的裁缝这一独立的行业，制帽业、制鞋业等也十分兴盛。总之，凡是男女冠带饰物等，都有专门的制作者，除了纺织业以外，宋代的各种制造业、加工业也很繁荣，如以农产品为原料的粮食加工、榨糖、榨油等手工业，获得巨大发展，形成独立的手工业部门。随着宋代农业生产技术的进步以及城市经济的繁荣，一方面是农业部门有了大批粮食可以作为商品粮提供给社会，另一方面脱离农业生产的人们越来越多，对商品粮的需求急剧增加，于是一种新的专门手工业——粮食加工业开始形成并迅速发展起来。

（六）明清时期手工业文化的发展

明清时期，由于河流的畅通，水运非常便利，周口成为商业非常繁荣的城市，以转运贸易为主体的商业发展使得周家口在清朝前期成为河南对外进行经济联系的基地和省内商品流通的中心市场。也正是转运贸易的繁荣，使得客商和商人资本在周家口城镇经济发展中起着重要作用。同时，由于商业的发展也带动了手工业的发展。

明代中叶以来，经济作物种植广泛发展，到清代更出现了产区集中和布局优化的趋势，以农产品为原料的手工业日益向农村扩散，向农民家庭手工业扩散。农民家庭手工业不但在重点地区，就是一般地区，都保持着手工业生产的主体地位。手工业具有高于农业收入的附加值。如果又具有原料作物产区的区位优势，就地取材，就可以节省经过市场环节的各种中间费用，降低成本。如果以自己农田生产的原料进行加工，更可以免除购买原料的费用，将种植经济作物的收益归自己所得，这些都会提高农民手工业生产的收入，为手工业收入超过农业收入提供基础。周口地区的农民就地取材，形成了门类众多、品种繁杂的家庭手工业。

棉纺织业：清代棉布都是由农民生产，周口地区为历史最久、产量较大的棉布产区。当地有些农民除种粮食之外，还种棉花，如说“下农种木棉三五亩”，[①] 或夫妇“人踏二亩”。[②] 从明代开始，有些农民就是“植花以始之，成布以终之，然后贸易钱米，以资食用”[③]。农民用自种棉花纺纱织布，其收

① 张春华，《沪城岁事衢歌》，钦善，《松问》。

② 张春华《沪城岁事衢歌》，钦善《松问》。

③ 乾隆《嘉定县志》卷三。

益会更多一些。

农民的生产目的是养家糊口，当时人还以养活人口多少来量化纺棉织布的收益。康熙、乾隆间人说，中原地区农家妇女“自幼习劳”、“女子七八岁以上，即能纺絮；十二三岁即能织布。一日之经营，足以供一日之用度而有余”①。这是说农家幼女从事纺织，其收入可养活自己，并有剩余。如家有健妇，“计其所得，一人一日之功，其能者可食三人，次亦可食二人”②。在一些劳动力较多的农户，简单协作亦足提高生产率，“一手所制，足活三口；三手并作，则八口无虞”；或说，“一手所制，若布、若带、若巾帨，易粟足活三口；三手事事，则八口无虞”；“贫民业在纺织者，竭一日之力，赡八口而无虞”③。中原地区人民生产水平较高，从养活人口数来看，棉纺织的收益也颇为可观。周口作为中原的一部分亦不例外。

（七）近代周家口镇的手工业文化

在明清时期，商品经济发展、市场扩大的条件下，民间手工业逐步形成了多种生产形式共同发展的组织结构，主要有农民家庭手工业、手艺人、手工作坊或手工工场，其生产的主要方式是家庭人员的劳动，必要时使用少量的短工和学徒。从康熙、乾隆年间至鸦片战争前，周家口的手工业种类已相当多，涉及打铜、打铁、制革、造纸、竹器、木作、酒坊等，其经营多为家庭式的手工作坊，近代以后，尤其是民国以来，周家口的手工业状况发生了较大的变化，详见表7：

表7　1936年、1946年、1947年周家口民国时期个体手工业情况变化表

行业店铺名称	1936年			1946年			1947年		
	户数	人数	资金（元）	户数	人数	资金（元）	户数	人数	资金（元）
缝纫	16	40	6000	15	16	4000	8	23	15000
卷烟	6	180	100000	2	90	150000	11	330	440000
弹花	17	35	110000	15	29	28000	13	27	420000
纺织业	49	101	870000	1	172	200000	83	156	83000

① 尹会一，《清经世文编》卷三十六。

② 庄有恭奏，《宫中档乾隆朝奏折》第5辑。

③ 乾隆《直隶通州志》卷一。

续表

行业店铺名称	1936年			1946年			1947年		
	户数	人数	资金（元）	户数	人数	资金（元）	户数	人数	资金（元）
炉房	4	30	240000	4	38	120000	4	22	70000
石印	25	80	320000	12	20	130000	10	15	40000
面条	6	6	27500	21	21	80000	35	35	70000
打蛋厂	1	400	112500						
时帽业				3	35	200000	3	13	90000
酱园业	20	130	1000000	13	50	230000	14	55	230000
醋坊	18	60	500000	12	40	130000	12	23	150000
酒坊	6	87	600000	8	102	320000	9	130	250000
油坊	6	50	600000	4	24	100000	1	2	250000
染坊	16	150	250000	13	56	100000	13	61	90000
麻纸	8	35	700000	8	33	400000	13	22	375000
黄丹业	6	36	120000	3	6	40000	3	6	28000
炮铺	20	30	100000	4	12	18000	6	1。	16000
泥屐铺	3	6	20000	5	1。	17500	3	12	60000
戏衣	8	28	3000000	3	12	70000	3	12	60000
竹木业	15	42	20000	17	36	18000	41	32	12000
纺毛绳				8	10	4000	16	20	7000
油漆业	8	20	50000	5	8	5000	4	5	3000
弦坊	18	70	200000	14	56	42500	8	30	18000
油篓铺	5	25	20000	5	21	17500	3	3	4000
皮绳业	20	28							
打铜业	50	400	400000	70	350	180000	105	306	120000
皮条工				14	34	12500	20	41	10000
篱笆业	9	16	20000	16	35	20000	14	22	12000
打铁业	4	400	700000	127	370	350000	143	380	220000

续表

行业店铺名称	1936 年			1946 年			1947 年		
	户数	人数	资金（元）	户数	人数	资金（元）	户数	人数	资金（元）
染纸业	2	80	20000	12	48	70000	8	16	30000
木工	36	130	235000	33	109	140000	19	21	35000
毡帽业	9	220	85000	14	260	250000	59	180	200000
制笼业	6	10	10000	3	6	4100	3	4	2500
石灰窑	1	2	5000	1	2	2500	1	2	2200
星称铺	6	15	30000	8	11	12000	8	11	90000
首饰店	25	180	26000	21	80	700000	17	20	180000
纺麻绳	25	120	48000	20	60	20000	15	40	12000
修理洋车	20	64	100000	15	20	40000	14	18	17000
水烟铺	12	130	300000	5	35	45000	7	50	30000
修眼镜	1	1	12500	1	1	8000	3	3	1000
肥皂厂	5	33	400000	3	14	160000	2	5	50000
贩卖皮绳	7	15	35000	10	17	17500	10	10	14000
鞋铺	16	70	80000	15	65	50000	12	31	14000
时帽铺	4	60	60000	7	50	80000	12	16	60000
皮行	30	74	500000	18	43	42500	16	40	30000
修表	7	7	10000	5	5	80000	7	7	3500
刻字业	25	40	2000	23	38	1000	14	14	600
总计	755	3736	5648500	776	2600	4363600	890	2376	3270800

从表7可以看出，在民国期间，周家口镇手工业的种类大大增加，分工越来越细，从业人员增加，资本额逐渐增大。截至1949年，周家口镇的手工业已经形成了缝纫、卷烟、弹花、纺织、炉坊、石印、打蛋、酒坊、油坊、造纸、泥屐、戏衣、刻字、毡帽、弦坊、皮革、打铜、打铁、油漆、割炮、竹木、刷纸、建筑等47个行业。其中1936年的周家口镇共有手工业755家，从业人员3736人，资金564.85万元，1946年共有776家，从业人员2600人，资金436.36万元，1947年共有890家，从业人员2376人，资金327.08

万元，1949年共有1192家，从业人员3115人，资金522.85万元。这些年份周家口手工业的平均资金分别为：7841.5元、5623.2元、3675元、4386.3元，其每户平均从业人员分别为：5人、3.4人、2.7人、2.6人。可以看出，民国时期周家口镇手工业作坊的数量和从业人员还是较多的，但是不管从资金的规模上，还是从业人员的数量方面来看，其平均数值均不甚高，周家口镇并未完全突破传统的经济结构。因其手工业作坊的规模和产量有限，这些手工业产品也仅仅是在本镇及周边各县乡销售，并没有进入全国性市场，从而对周家口镇社会经济的影响是有限的。尽管如此，周家口的手工业作坊还是出现了一些变化，逐渐向近代化转型，这主要表现在：其一，手工业部门分工更加细化，一些手工业部门逐渐从原有部门脱离出来，形成新的行业，如纺织分为棉织、针织等；还有一部分则是产生了一些生产进口替代品的手工业工厂和为外来商品服务的修理手工业，如肥皂厂、织布厂、袜厂、卷烟和修洋车、修表、修眼镜等行业。这些行业要么是周家口市场扩大的结果，要么是适应外来商品涌入的结果。其二，出现了近代机器生产及近代组织形式的公司，如周口启新机器榨油有限公司。其三，出现了一批具有近代生产关系的工厂和手工业作坊，如蛋厂、织布厂、烟厂等。颍河南产品主要是洋合布绒线绣制的戏衣，其绣花图荣老彦戏兴、荣岸老街案有上八仙、凤凰串牡丹、天官赐福等50多个车间衣铺，100多个花色，1906年周口颍河南采用当时先进的液压机器，向全国募集股本十万两，采用当时较为先进的组织生产形式——有限公司。

周家口镇手工业的规模逐渐壮大，其经营方式从简单的家庭式作坊逐渐转变为规模较大的手工作坊或工厂，部分生产工具也实现了机器化或半机器化，如牛公盛丝织机坊、永信织布工厂、协成织布厂等在生产过程中均使用了机器进行生产。在生产和经营的过程中，大部分作坊或工厂都开始使用雇工，其中雇工数量超过30人以上的就有5家，最多的工厂雇用工人人数达到了500余人，规模已经不算小了。另外，还出现了一些生产替代进口产品的作坊和工厂，如肥皂厂、卷烟厂和织布厂等。综观以上不难看出，尽管这些手工作坊和工厂大多数经营规模较小，资金有限，雇工人数超过百人者尚少，发展也不稳定，但毕竟在一定程度上打破了手工业一统天下的传统格局，新旧交织的二元经济格局已经初步形成。为了进一步说明问题，下面以周家口启新机器榨油有限公司为例进行探讨。周家口本地及周边各县均出产芝麻、大豆、花生等油料作物，且产量大、质量优，其地出产麻、豆、花生各种原料之中心点，又为商务荟萃之区，南北交通之处，进出货物极其便利，查该地每年出产麻油一项有百余万黄金之多，豆、花生等项尚不在内，该地出产芝麻、黄豆、花生等甚多，由周家口运销南方各省，因此镇内及周边乡村普遍设立油坊、油铺，从以油业命名的街道——大油坊街和小油坊街也可看出，镇内油业的规模较大，商铺数量众多。但这些油坊均是传统的前店后坊的家庭式手工业作坊，不仅资金少、人员少、设备落后，而且所产油的数量和质量均不甚高，其经营模式也较为落后，因此虽然榨油作坊数量较多，但是百余年来一直未发生较大的变化。启新机器榨油有限公司的创办改变了这一局面，周家口镇开始出现了近代机器工业，对此，《东方杂志》和《大公报》均有报道："兹经汴商丁君殿邦等，创立榨油公司，购备机器，以图厚利。业经禀明商务总局立案"，[①] "启新机器榨油有限公司，职商丁殿邦等禀办，拟集股本十万两，购机榨制麻、豆各油，十二月十五日批准立案，设在河南周家口。"[②] 启新机器榨油有限公司不仅采用较为先进的液压机器进行各种油料作物的榨制，而且其集资、分红和管理的方式均与以往传统的方式有很大的不同，具有了现代公司企业制度的雏形。为了较为明确地说明问题，现将《河南周家口启新机器榨油有限公司集股章程》部分内容摘录如下：

集资：本公司集股创办，谨遵商部颁行商律有限公司章程办理，如有盈余照章分派；如遇亏折，各股东以资本为限，并不准额外请益。现以集公司成本二七漕平银十万两，分为一千股，可随便附入。凡欲附股者须报明台衔、堂号、认股若干，分作两期缴银：第一期每股先缴银五十两，本公司暂付认股收据；后三月为第二期，再缴银五十两，以足一百两之数。即便换给股票，并给息折，于交齐之日起息。平时不得预支，俟开办之第二年三月，随同红利并息银一律发给。每年取利，但凭票折，不能凭人。倘有股东转售，宜先尽在股诸人，设无受者，再尽外人。照商律第三十八条所载，乘买之人应附本公司注册，方能作准。倘有将此股票作抵款，以及辗转纠葛，原人自理，与本公司无涉。或有股票、息折遗失者，准赴本公司报明，并将所失情形登报，布告股票作废，俟逾三个月后再行补给票、折收执。其入股者不准无故抽回股本。利益：本公司筹集资本壹千股，合银十万两，周岁除正、腊、闰不计外，按十个月核算，给予六厘行息，每年终将账目逐条清结，除付常息及机器折旧成数

① 《东方杂志》，1906 年，第 3 卷第 6 期。

② （天津）《大公报》，1906 年 2 月 7 日，第 6 版。

并一切开支外，所获盈余分作十成；以二成提归公积，以二成为在事出力人花红，视勤惰为等差，其余六成为各股东红利，连同官息一并按股均分，登报知照各股东。但一岁账目须待年终方能划清界限，所得余利、行息，定每年三月内验明股票、息折立即开发，并刊发一年银钱出入简明表，俾众股东查核，以杜欺隐而昭大信。权限：公司办事，若无权限，事必丛脞，应由创办中股份最多之股东公举其熟悉该地情形，商务窍要，一秉至公，不避嫌怨者为之，应举总理一人、协理二人，总董七人，其余书记、会计、庶务以及工师、各司事人等。其进退，统由总、协理商之总董公同核定，以清权限，和衷共济，择善而从，不得各执偏见。其有代本公司集股至万者，即公举为董事当酬以应得之利权。①

从以上内容可以看出，启新机器榨油有限公司在很多方面与传统的坊、店均有很大的不同。首先，该公司资金充足，股本共集十万两，这在当时诸多的油坊业中，能达到如此之规模者不多。其次，在企业资金的筹集方面，已不再是在一个较小的范围内由若干少数合伙人集资、订立传统的契约成立的形式，它把筹集股份的对象放在全国这样一个较大范围内进行集资认股，除了“惟洋人概不收纳，以免利权外溢”，这一规定限制外国人不得入股外，其集股的对象并不是特定的，从这也可看出这一章程带有明显的时代特点。另外，对“股票”的出售、转股、遗失等作了较为详细的说明，并且，在企业的管理方面已不再是妻子、合伙人及其亲属等家族式的经营管理了，改为了选举贤能的做法：“公司办事，若无权限，事必丛脞，应由创办中股份最多之股东公举其熟悉该地情形，商务窍要，一秉至公，不避嫌怨者为之。”最后，其名称以有限公司命名，有两个含义：其一，区别于传统的合伙制店、铺、坊，直接以公司冠名；其二，公司一旦破产，其以各股东所投资产为限对外负责，改变了店铺亏损殃及子孙的负债方式。这表明启新机器榨油有限公司的成立，不仅从名称上实现了近代的转型，而且在实质上其也是在朝着近代企业的形式迈进，有利于企业的发展，可以摆脱包袱，大胆创新。尽管启新机器榨油有限公司只经营了几个月就很快倒闭，但是，它的创办对于周家口镇经济在近代的转型中具有重大的意义。

① 《河南周家口启新机器榨油有限公司集股章程》，《河南官报》，光绪三十二年，第11期。

（八）社会经济转型的迟滞

1. 生态环境恶化

美国学者施坚雅（G. William Skinner）按市场的职能把其分为基层市场、中间市场和中心市场，同样，市镇按其职能也可分为中间市镇和中心市镇。同时，施坚雅认为："中心市镇在市场网络中处于战略性地位，有重要的批发职能。它的设施，一方面是为了接受输入商品并将其分散到它的下属区域去；另一方面，为了吸收地方产品并将其输往其他中心市场或更高一级的都市中心。"[①] 具体到一些市镇，也可以认为市镇"是农村外销商品贩运贸易的起点，农村输入商品贩运贸易的终点"[②]。市镇职能的发挥离不开"地方产品"的集聚，即农村的产品不断输往中心市镇，市镇的"基地仍然是在封建的农村……是农副产品的集散地，它的繁荣主要不是建立在自身商品生产发展的基础上，而是建立在附近乡民农副产品或家庭手工业产品的交换上"[③]，一旦"地方产品不能以很大的量在中心市镇集聚，其市镇的发展及其转型就失去了重要的动力源，市镇的流通和中介功能就会弱化"。

近代以来，河南农业经济发生了严重的大倒退，天灾人祸，民不聊生，水利失修，耕地荒芜，农业衰败，农民破产，农村经济已濒于崩溃的境地。土地是农民进行农业生产最重要的生产资料，是农业生产关系的基础，然而河南近代土地分配比较集中，绝大部分耕地为地主、富农所占，雇农、贫农、中农仅占少量耕地。这导致大部分农民每年所得之粮，每不敷其常年之用，他们如果要生存或者进行再生产，就不得不靠借贷来维持，"据统计，河南农村负债农民占农户总数的41%，农民借债的利率非常高，三分、四分、五分不等，利率每月均以三分为最普通，亦有每月贷利一二分行利者，亦有贷四分行利者，此为最少数，且有在春季利用贫农困苦，放青麦账者，其法即春季借给麦粮一斗，至麦收获后须缴还二斗"。[④] 这种借贷并不能给农民带来实惠，他们往往是竭全年辛勤所得，尚不足偿其利息，劳碌终岁不得一饱。农民进行再生产的能力下降。由于农民未能及时采用先进的生产工具及较为科学的

---

① 施坚雅著，《中国农村的市场和社会结构》，中国社会科学出版社1998年版。

② 方行：《封建社会的自然经济和商品经济》，《中国社会经济史研究》，1988年第1期。

③ 蒋兆成：《明清时期杭嘉湖地区乡镇经济试探》，《中国社会经济史研究》，1986年第1期。

④ 《河南各县社会调查——项城》，《河南统计月报》，1936年，第二卷第1期。

生产技术，农民的生产产量往往不高。虽西式先进的生产工具及其生产技术传入中国已久，但是地处豫东的各县大都没有采用，“无采用西式农具者，凡灌溉排水等，仍用旧法”，[①]“至采用西式农具及公共设备，因农村尚在手工业时代，农民墨守成规，不知征服自然，并未采用西式农具，公家因经费困难，亦未购置各种新式农具”[②]。在农业相关的生产技术方面，农民忽视科学的生产技术对农业生产的重要作用。“至于农民多狃故智，虽农工蚕桑各有新法，不肯一试……妇女喜养蚕，不知种桑，三眠后苦无叶食，故不敢多饲，又但知卖茧，不谙缫丝，得利薄矣”。“但农民故步自封，不知利用科学方法改良品种，辨别土宜，预防灾害，以致收获之数远不如人……鸡几无家无之，每年输出鸡卵于开封、郑州、许昌、周口等处，价值颇巨，惜人民不善饲育，亦不时发生历疫，损失不可数计。养羊多回教人为之，皮毛输出周口亦获厚利，但饲育人往往因管理不周，妨害农业，不时与农家发生纠纷”。这种保守的思想观念所产生的行为导致农副产品产量不高，农民获利较低，农村生活质量提高不快。从农民的生活费用来看，每人每月所食杂粮以五十斤计，每斤约合洋六分，余再加以油盐烧柴，平均每人每日不过费洋九分，每月每人不过费洋两元九角即可生活。全年费用，每人约需洋三十四元八角一。农民耕种土地每亩土地上等每年约收农产物价值洋十元，中等年约洋五元，下等年约洋一元，过去及现在无甚差别。若一个四口之家的农户按照中等土地每亩约收洋五元来说，那么要想维持其最基本的生活，其必须耕种土地约为27.8亩。然而，这在当时的农村农民几乎不可能占有这么多的土地，“建国前，周口地主人口1688人，占总人口的5.8%，占有耕地39000亩，是总耕地面积的49.4%，人均耕地23.1亩；富农人口516人，占总人口的1.8%，占有耕地6500亩，为总耕地面积的8.2%，人均耕地12.6亩。中农贫农人口26976人，占有耕地33500亩，是总耕地面积的42.4%，人均耕地1.25亩”[③]，这样，广大农民所产根本不能维持其最基本的生计，更谈不上购买其他的消费品，农民的实际购买能力不高。

农村既是外运商品生产的起点，又是输入商品消费的终点，农村中农民的再生产能力及其消费能力的下降，直接导致了农村经济的衰败，一旦遇到灾荒及疾病，这种衰败则更为严重。如民国时期报纸报道豫东遭受水灾之后的状况，“田禾漂没房屋倾倒，除高地秫粮尚可收十分一外，余则籽粒毫无。树叶草根，

---

① 《民国西华县续志》，卷七《建设志》，民国二十七年（1938年）铅印本。

② 《民国太康县志》，卷三《政务志·农业》，民国二十二年（1933年）铅印本。

③ 周口市地方史志编纂委员会编：《周口市志》，中州古籍出版社1994年版。

掘剥殆尽。灾民昼无所食，有杀子作餐饔者；夜无所宿，有全家溺水者，嗷嗷遍野，数达三十余万。扶老携幼，辗转流离，鹄面鸠形，几非人类”。“复值洪水浩劫之后，十室业已九空……淫雨连绵，县境尽成泽国，秋禾被淹过半，以致大堤决口，四关民房，倒塌十之三四，至二十五年五月间，大雨倾盆，数日不止，加之冰雹，秋禾全行淹没；大堤复决口，四关民房，漂溺十之六七。”又如《周口市志》记载：“民国三十三年（1944 年），商水、项城、沈丘等县尽成泽国，市内大小街道 30 条被淹，倒塌房屋数千间，淹死及失踪的 200 多人，无家可归者达 2 万人。”[①]另外，水灾过后带来的一些问题，使得农村的经济生活条件更加恶劣。首先是土地的变质，“况自光绪丁亥河决后，沃壤半被沙压，沙地仅可植豆，而连年干溢，几成石田，其不至流离失所，辗转为沟中之瘠，亦几希矣，休养生息，恶可缓乎”。[②] 其次便是疾病对农村人民的侵扰。“人民每年死于霍乱者为最多”，“春秋瘟疫症，深秋伤寒，及流行性感冒症最多，其传染之众，因人民染病后，少有隔离，故传染颇多”。这样一来，农村人口大量减少，农业生产的条件丧失殆尽。

2. 新兴产业的局限

周家口镇以商品的转运而兴，对周家口镇具有决定意义的是商业的转运贸易。近代以来，我国传统的经济性质、经济结构和经济格局，在外国资本主义经济势力的冲击下发生了根本性的变化，周家口镇的商业也开始向近代转型。然而，周家口镇内的商业资本追加不多，商业规模增长不大，在近现代工业生产的冲击下和地区经济发展不平衡的状况被打破以后，这种商业的转型是不足以使周家口镇呈现出往日的繁荣的。除商业之外，周家口镇内有为数众多的手工工业部分也开始向近代化转型，看似其经济的新的增长点，但是这些具有近代意义的手工工厂大多资金少、规模小、技术不纯熟，导致其不能担负起使周家口镇适应新时期的变化而进一步向前发展的重任。

近代以来，中国逐渐沦为英、美等西方国家的原料生产地，芝麻等一些经济作物被洋庄收购后进入国际市场，一旦国际形势发生变化，国内经济作物的产量就会受到影响。如民国时期“芝麻则完全断装，已无洋商收买”，导致芝麻“销场顿减，农民减种，产额同时亦少。于是价值反昂，销路益受影响”。当地的农业生产受外国市场的影响较大，不能进行独立的、适合本国市场需要的生产，这对本国国内同行业企业的生产极为不利。同时，国内其他地方榨制的植

① 周口市地方史志编纂委员会编：《周口市志》，中州古籍出版社 1994 年版。

② 《各县社会调查——淮阳》，《河南统计月报》，1935 年第 1 卷第 4 期。

物油冲击了周家口的芝麻油，使其市场大大地缩小了，“近因镇江一带均销大连之豆油，直隶一带均销花生油，各该地方且都设厂从事榨制，于是香油销路只有汉口一带”。[1] 一家一户的小作坊式的芝麻油的生产不管是从质量还是从产量上根本不能与具有近代意义上的机器榨油企业相比。因此，当其他地方榨油业发达之时，周家口的经济实际上落后了。蛋产品加工工厂则是周家口镇的另一新兴的产业。豫东地区位于平原地带，十分适宜鸡鸭等家禽的饲养，因而鸡蛋的产量也很高，“鸡蛋，全省各地都有，而豫东较盛”，这对于发展蛋品加工工业是十分有利的。祥盛魁蛋厂是周家口创办最早的蛋品加工厂，其生产系旧式，生产能力为日碎蛋10万枚。之后在周家口相继成立了多家蛋厂：鼎丰蛋厂、华昌蛋厂、裕丰蛋厂和松源蛋厂等。由于“若鲜蛋则沿途经舟车之颠顿，又需时甚久，输出后无有不败坏者”，因此，周家口的蛋制品主要是蛋粉，包括盐黄、粉黄、干蛋白三种，其年平均产量为600吨，年平均盈利为白银3万余两。但是，蛋产品的消费范围都在国外，“蛋白蛋黄，销售汉沪一带，转销洋庄出口约三四十万元”，其生产受国际市场的影响较大，蛋产品的出口逐渐减少，“九年(1920年)因洋庄销路停滞，每家仅收鸡蛋八百五十余万枚”，其原因，一是由于“国际间之不景气，而增加进口税率，及产蛋国如丹麦诸国之排挤，于乎销蛋国如英国之蓄意挑剔”。另外，国内出口税率提高，据《商业月报》统计，“干蛋白蛋黄及黄白不分者税率增加了100%，冰冻蛋白蛋黄及黄白不分者税率增加了340%，加之在当地所征之苛捐杂税，企业要想发展则困难重重。同时蛋品加工业还要受到季节的限制，生意亦以冬春最旺，唯与市面尚无重要关系也”。可以看出，蛋品加工业这一新兴行业其发展空间不大，也不可能带动周家口社会经济快速的发展。

3. 周家口镇社会经济转型制约性因素分析

转运市场地位的失去。周家口镇的繁荣是靠着便利的航运交通兴起和发展起来的。近代以来，随着交通格局的变化，周家口镇的转运功能逐渐减弱，其转运市场的地位逐渐失去。水运的衰落和铁路的兴起给周家口经济带来了较大的影响。首先，周家口失去了运输上的优势。明清以来，周家口是依靠水运的兴盛繁荣起来的，但到了近代，由于自然灾害的影响和政府疏于水利的修治，导致一部分河流流量减少，一部分河流淤塞甚至不能通行，原来便利的水运失去了作用，周家口镇与外界贸易经济联系的广度逐渐缩小。如周家口昔日溯贾鲁河北上经朱仙镇可与西北的广大地区进行贸易交流，自贾鲁河淤塞后，周家

---

[1] 《周家口商业金融调查记》，《江苏实业月志》，1922年第41期。

口与朱仙镇之间的河道“今仅有煤船经行，与周镇商务甚无关系也”，[①] 而朱仙镇“街市今已为一片瓦砾，满目荒凉”，江南经朱仙镇与北方之间的经济往来缩减，导致处在交通运输线上市镇商业“不如昔日之盛”。同时由于运输工具的落后与货物运输速度的缓慢等因素，导致了水路运输的衰退，“河南水道仅通民船，运量既微且淤塞失修，驶行稽迟，船户之无信用，沿途盗匪之多，皆足为累，故水运维艰”。另一方面，近代铁路兴起以来，河南境内有三条铁路主干线，即津浦路、京汉路和陇海路，这三条铁路分别位于周家口的东、西、北三面，但均不经过此地。铁路贯通之后，南北进出之货不再通过水路运输，而改为铁路运输，致使周家口“贾鲁河上帆航之盛不可复现。”这就大大降低了周家口在交通运输方面的优势地位。其次，周家口镇失去了转运市场的地位。在水运占优势的传统运输时代，周家口镇发展成为沟通南北经济交流的重要的中转市场，其腹地范围涵盖了“河南东部陈州府和开封府的大部分地区，汝宁府的北部，以及河南中部的部分州县。”铁路成为河南较为重要的运输工具后，周家口镇的市场覆盖区域和市场吸附能力大大地降低了，周家口镇商务颇受影响，如近人所言，铁路兴起后“长江各埠之纸茶，南阳之绸布，已多改由铁道运输，周家口之商务亦不无影响。”[②]原来与周家口有着商务往来的市场大都被一些离铁路较近的城市或市镇吸引去，如睢县，“其棉花则昔日陆路运至周家口，而复分销于淮水流域各地，今则商业多改趋商丘矣”；汝南，“昔日北赴周家口入省之路，自铁轨通行，人少矣”。[③] 京汉路、津浦路修建后，沿线兴起了许多城市，这些新兴城市对周家口镇在市场上的地位形成了严峻挑战，部分商业逐渐缩减，“六安茶……往年可销二三十万篓。自津浦通车，茶商都改集蚌埠。销路远逊畴昔。九年（1920 年）仅销十万篓……周镇昔有花局百余家，专售鲜花，以供窨茶之用。无不获利，现已闭歇过半”，茶业凋零可见一斑。这也正如近人之记载，“附近之处如蚌埠、郑州、归德、许州、郾城、驻马店等处，年来商务日见振兴，要皆分之于周口，而周口商务因以重受打击，萧条日甚”。尤其是周家口近邻漯河的兴起给周家口镇的商务带来了巨大的挑战，如“清光绪三十二年（1906 年），宛（南阳）、陈（淮阳）芝麻丰收，均在漯河售出，由火车运往南方各省”，“1912 年，该站（漯河）旅客发送量四五万人，货物发送量 10.2 万

① 民国白眉初纂修，《河南省志》，新华书店古籍部 1925 年版。

② 民国白眉初纂修，《河南省志》，新华书店古籍部 1925 年版。

③ 民国林传甲纂，《大中华河南省地理志》，武学书馆 1920 年版。

吨，主要是粮食和农副土特产品等”。[①] 铁路沿线城市的迅速成长代替了周家口镇在转运市场上的地位，周家口镇转运市场的功能逐渐弱化。周家口镇也正在由一个较大的集散地逐步演变为周边各县农副产品的集散地。可见，传统交通运输变革后，周家口镇的优势地位逐渐丧失，市场辐射范围逐步缩小，在新的经济形势下，旧有的交通运输难以带动周家口镇经济和社会的全面转型。

自我修复与发展所需资金的丧失。晚清以降，水旱等自然灾害，尤其是水灾对于沿河市镇的破坏作用是很明显的，轻者市镇的经济遭受部分损失；重者水灾过后市镇皆残垣断壁，商民皆背井离乡，市镇一片荒凉。显然，这在社会稳定的清前期及中期，仅仅是水旱等自然灾害不足以使周家口镇丧失自我修复与发展的能力。自然灾害过后，部分灾民由于饥饿往往聚集成伙，到处打家劫舍，形成所谓的“匪患”，接之而来的便是兵祸。自然灾害、匪患与兵祸交织给周家口的经济带来了巨大的危害。天灾与人祸的交织出现使周家口镇的“元气”大伤，自我修复和发展的能力大大减弱。据《周口市志·大事记》记载，周家口镇在1853年到1930年这77年的时间里，直接遭受战乱的年份有16个，平均每五年就要遭受一次，其中，有一年当中就要遭受数次战乱，如咸丰八年（1858年），捻军四次入周家口镇，均造成重大损失，如其中一次，“10月27日，捻军攻占周家口，火光照耀10余里……冬，周家口北岸大火，烧3日，光照百余里”。[②] 周家口镇商民房屋和财产损失严重。民国以来，匪患与兵祸交织，士兵和土匪尽显其搜刮钱财之能事，周家口镇社会经济的破坏更加严重，“兵士出营，大肆抢掠，商民损失甚巨”，“匪去之后，兵士又事搜劫，有人曾见军士满挂靴鞋布匹等物，间有使平人为之代扛者……商民被杀者不少……各店几于被劫一空，兵警封于挟带包件者，盘查甚严，并至人家搜取赃物，惟颇多假公济私，攘他人之物为己有”。[③] 对周家口社会经济破坏最为严重的匪患是1926年杆首牛绳五对周家口的劫掠，此伙匪众达万余人，在周家口镇共停留7日，在此期间“烧杀奸掳，无所不至”。损失财产不下数千余万，被焚市房四千余家，人民被杀被掳及妇女投河自尽者四千余人。此次被灾之剧，较之往年白狼老洋人诸匪所为惨酷十倍，虽二十年难望恢复原状。……前次被匪陷落，富商大贾财产损失，普通商民全未波及，事后尚易恢复。此次被匪攻破，蹂躏数日，全镇商民不分大小，无一

① 河南省地方史志编纂委员会编纂，《河南省志·铁路交通志》，河南人民出版社1991年版。

② 《周家口兵变纪闻》，（上海）《申报》，1913年3月2日，第6版。

③ 《河南周家口之匪劫》，（天津）《大公报》，1925年1月9日，第5版。

幸免，生命财产同归于尽。这样一来，周家口镇往往还没有从水旱等自然灾害当中恢复过来，又受到了来自士兵和土匪的抢掠，一方面使周家口镇的普通民众深受其害，或无家可归，或妻离子散，或丧失性命；另一方面使小商户多年来的积蓄化为乌有，大商户在周口镇的商号损失殆尽，“周口去年累经土匪焚烧，疮痍满目，商民异常穷困，奉军又来骚扰，闭门者更多”。[①] 从此后，“很多人家尤其是富商巨贾常携带金银财物到处躲藏”，[②] 周家口镇丧失了作为自我修复与发展的重要条件——资金。此外，作为周家口重要支撑的粮行、粮坊的数量由于受天灾和人祸的影响大大减少了，“民国三十年（1941年）前后，周口仅粮坊近百家，粮行（六陈行）有二十余家，主要分布在沙河南岸。到民国三十四年（1945 年），由于受战争和水灾影响，只剩粮坊五十余家，粮行十几家”。众多商号前所未有的损失、大批商人及资财的外流使周家口镇很难在短期内得到恢复，其自我修复和发展的能力大大减弱了。苛捐杂税历来是各朝代所具有的积弊，晚清以来，周家口镇商民所受其苦也颇多，加重了当地百姓及商人负担。如咸丰九年（1859 年），剿捻清军驻安徽胜保部为筹措军饷在周家口设卡抽厘，税率高达百分之十，经周家口商民与胜保协商谈判，税率降到了百分之一，但是周家口镇商民的损失巨大，群众多人伤亡，又被胜保部勒索抚恤金 5 万两。正如当时人所说，“甲午、庚子以后，凡民间所食、所衣、所用、所需，无物不加重税，到了如今，百物腾贵，大家吃苦”。更有甚者，一些以权谋私者借机敲诈勒索，商人所受其苦更加严重，“不肖丁役借端滋扰，在所难免。如本镇各粮行代收斗捐，竟有笔下偶错账目，一经调查，明罚暗索，始而十倍，继而百倍，终至于千倍者。种种苦楚，商人受之”。[③] 1927 年，国民革命军第十一军对周家口镇税局及税收情况的调查可以更加清楚地看出周家口镇税种的繁多和税收的详细情况，当然，由于种种原因“此次调查，仅其概况而已”。

可见，除此之外，周家口镇还存在一些尚未记载的其他杂税。苛捐杂税的滥征，一方面，使处在生活最底线的民众把用于消费的钱用来缴纳捐税，其实际购买力降低了，一部分民众甚至因此流落他乡或是饿死，导致其劳动力资源大大减少；另一方面，商人不得不把其部分本应用于扩大商业经营的资本用于支付苛捐杂税，还要把部分精力用于和当地的权势进行周旋，那么商人的商业经营就很难较为全面地运作，从而限制了其商业规模，周家口镇

---

① 《河南周家口之匪劫》，（天津）《大公报》，1925 年 1 月 9 日，第 5 版。

② 《河南周家口之匪劫》，（天津）《大公报》，1925 年 1 月 9 日，第 5 版。

③ 《周家口兵变纪闻》，（上海）《申报》，1913 年 3 月 2 日，第 6 版。

商业发展的能力受到了较大的限制。①

资金缺乏使周家口镇失去了自我修复的能力，从而降低了其进一步发展的可能性。城市的发展需要公共基础设施的建设和经济的发展，这两个条件都需要大量资金作为后盾，而近代周家口镇所缺乏的正是雄厚的资金，这主要表现在两个方面：其一，清代对经费实行统收统支，尽征尽解，直到清末地方才开征杂税作为经费，这些杂捐收入大多用于警察薪酬、保安费和行政人员的工资等方面，也有一部分用于教育经费，即使这样，周家口镇的这些经费收入也仅仅是足够满足这些收费单位的开支，投入到公共基础设施的费用就更谈不上了。其二，从周家口镇为数众多的会馆及其历次修建会馆的碑刻资料可以看出，周家口镇经济的发展完全依赖于外地商人的资本注入，外地商人的经济活动使周家口的经济充满活力。晚清以降，随着中国经济格局和周家口镇周边交通及生态环境的变化，商人逐利的心理使他们逐渐走向其他地区，周家口镇的资本逐渐外流，而占本镇大多数人口的本地民众大多从事开设旅馆、饭馆、茶馆和搬运等一些行业，很少从事或者根本不懂经商，即使经商也往往亏得血本无归，“民喜置产，不谙经商，间有为之者亦多亏折，获利者少，农家求利于市者不过粮行、牙行、油行、杂货等类，亲自经理犹是农家性质，他项商业须假手于人者不敢轻试。尝见偶一为之，卒致亏累倾家抵债者多矣”。② 这样一来，周家口镇就缺少了经济发展的基础，其发展的可能性也就大打折扣了。

传统因素的制约。河南由于受理家寡欲和耻言利价值观念的影响，民风纯朴，人民大都以务农为生计，经商者不多，“性质直、好义，士敦礼让，民无他业，惟稼穑是务……务本着多，逐末者少”。③ 当然，这也与中国传统的“重农抑商”政策有很大的关系。在这一价值观念的影响下，一些富有和颇具声望的士绅往往不能对周家口镇的经济发展起到较好的引导作用。士绅在地方社会经济的发展中起到很大的作用，尤其是在近代，一些士绅往往投资实业，引领地方走向近代经济，然而周家口镇的士绅在传统思想意识的影响下，在社会经济转型中所扮演的依然是传统的角色，没有转型到投资近代实业的轨道上来。一方面，他们所从事的活动主要是赈灾、捐资办学和助学，如“孔继文，家贫业商亿多中积资累万，膺周口镇商务会长，事无巨细，悉心擘画，如筑寨、修堤、兴学诸义举皆出巨资；丁朝栋，光绪十一年捐资四百缗，创办崇正义塾，二十六年助办周镇粥厂；丁殿邦，尝协商绅李延英、邑绅周

① 《河南周家口之匪劫》，(天津)《大公报》，1925 年 1 月 9 日，第 5 版。

② 《民国商水县志》，卷五《地理志·乡风述略》，民国七年（1918 年）刻本。

③ 《民国商水县志》，卷二十《人物志》，民国七年（1918 年）刻本。

之德等招团筑寨、增堤、建坝，创办两等小学校；李钟铣，八品衔，性慷慨，周镇设塾，捐银七百两，又设义塾张田寺，岁出束脩四十金，复延师供馔，教里中子弟，成全甚重”。“鄢世仁，字守之，河南候补知县，光绪年间奉委办理周口保甲，宽严交际，勤俭可风，创立乐善书院，考课士子，又设高等小学校十余处，民感戴，周口三岸均有德政碑。”① 另一方面，士绅为了能保持较为稳定和高额的利润，在拥有相当的财富以后，往往把钱用于购置田产或者开当铺、银号等，其资本未能向近代商业资本和产业资本转化，如“李国瑗，约有土地近万亩，在周口、开封、北京等地有房产数处，曾在商水开设当铺一座，在周家口磨盘街开德恒祥银号一座”。士绅李延英于1910年在磨盘街开设德恒祥钱庄一座。业务以汇兑为主，该号又于1932年在漯河开设一分号。士绅“具有人们所公认的政治、经济和社会特权以及各种权力，并有着特殊的生活方式。绅士们高踞于无数贫民以及所谓贱民之上，支配着中国民间的社会和经济生活”。② 当其他地方在当地士绅的引领下发展特色经济之时，周家口镇士绅仍然目光短浅，把资金投入到土地和钱庄，未用到发展适合本地经济的方面上来，这在某种程度上来讲不利于周家口镇社会经济的进一步转型。

撰稿人　刘运动

① 《民国商水县志》，卷五《地理志·乡风述略》，民国七年（1918年）刻本。

② 张仲礼著，李荣昌译：《中国绅士——关于其在19世纪中国社会中作用的研究》，上海社会科学院出版社1991年版。

第十一章　周口方言、谚语

周口区域内居民所使用的方言属北方方言中的中原官话，具有中原官话的一般特点：有阴平、阳平、上声、去声四个声调，无入声调。古平上去三声的演变情况和北京话（下称“普通话”）相同，古清音、次浊声母入声字今读阴平，古全浊声母入声字今读阳平。

除具有中原官话的共同特点外，区内方言的主要特点还有：其一，语音方面：以舌根浊擦音声母［ɣ］代替普通话的开口呼零声母；声母［n ȵ］有别；韵尾［－n －ŋ］不混。另外，跨省区的［f x］分混线由区中部南北穿过。其二，词汇方面：同义词相当丰富；比喻是发展词义的重要手段（如“人品”类）；有相当数量的合音词和分音词（如动作、位置、代词、数量等类）；保留了古汉语形容词词尾（词缀）“乎”（本书记作“壶”或“胡”，“乎、壶、胡”古本同音，今不同调，但作为词尾区内读［xu^2］hú）。其三，语法方面：保留了不少如“喜欢人”一类古汉语常见而今不常见的使动用法；“叫、给、哩、啊”等词在区内有特殊的用法；可能补语的说法有其方言特色。

方言分东西两区。川汇区、商水、西华、扶沟、太康、淮阳、项城七个县市为西区，沈丘、郸城、鹿邑三县为东区。中部三县（太康、淮阳、项城）虽带有过渡区的某些特征，但总体上与西部县市关系较为密切，因此划归西区。在中原官话里西区归蔡鲁片，东区归郑曹片。（分区与传统分法基本吻合，唯太康县有的认为在郑曹片）东西两区的主要差异表现在语音方面，其一是舌尖前后音的分混，其二是尖团音的分混，唇齿浊擦音［v］的有无、［fi］音节的有无也带有明显的区域性。

本章共制有5幅方言地图。图1反映舌尖前音与舌尖后音声母的分混、尖团音的分混以及唇齿浊擦音声母［v］的有无。（也代表“分区图”）图2反映［f］f与［x］h的分混。图3反映［ʂ］sh与［f］f的分混。图4反映“租”、“促”、“酸”等字的读音差别。图5反映“格”、“介”、“飞”、“容”、“勇”等字的读音差别。（图例记音使用国际音标。附方言地图5幅见本章末尾）

注：本章记写方言采用国际音标，并加方括号（个别表内未加方括号的均在表后加以说明）。从读者方面考虑，尽可能地写出与之相应的汉语拼音字

母（不加括号）。记写调值采用“五度标记法”，注音时以1、2、3、4分别代替阴平23调、阳平53调，上声44调、去声312调（一般不记变调），轻声不标调，但在注音前加“·”号。

一、语音

（一）声母分布

全区共有25个声母（不包括零声母）。

表1　声母总表

发音方法＼发音部位		双唇	唇齿	舌尖前	舌尖中	舌尖后	舌面	舌根
塞音	不送气	[p] b 班步			[t] d 刀灯			[k] g 该共
	送气	[p‘] p 普皮			[t‘] t 淘田			[k‘] k 开狂
塞擦音	不送气			[ts] z 资祖		[tʂ‘] zh 知周	[tɕ] j 解足	
	送气			[ts‘] c 此村		[tʂ‘] ch 齿锄	[tɕ‘] q 其牵	
擦音	清		[f] f 飞肺	[s] s 私三		[ʂ] sh 时色	[ɕ] x 鞋俗	[x] h 海化
	浊		[v] v 微唯	[z] 日人		[ʐ] r 日人		[ɣ] 爱恩
鼻音		[m] m 门木			[n] n 脑奴		[ȵ] 年女	
边音					[l] l 老连			

注　[z] [ȵ] [ɣ] 3个声母没有相应的汉语拼音字母。西区大部分县市有[v] [z]，全区都有[ȵ]和[ɣ]。读例字时，除去字音的后半部分（韵母），余下开头的那个音就是声母。西区分不清舌尖前、后音声母（下详）。

表2　声母分布表

	布步	普皮	门木	飞肺	饭发	夫父	刀到	淘田	脑奴	年女	老连	资祖	租走	知周	此村	促凑	齿锄	私三	酸蒜	时色	书水	日人	解足	积	其牵	齐	鞋俗	西	该共	开狂	海化	虎红	爱恩	微唯	有烟	容勇
川汇区（声母22个）	p	p'	m	f	f / x	f	t	t'	n	ȵ	l	ts			ts'			s				z	tɕ		tɕ'		ɕ		k	k'	x		ɣ	v	Ø	z
商水县（声母22个）	p	p'	m	f	f / x	f	t	t'	n	ȵ	l	ts			ts'			s	s / f	s	s / f	z	tɕ		tɕ'		ɕ		k	k'	x		ɣ	v	Ø	z
西华县（声母22个）	p	p'	m	f	f / x	f	t	t'	n	ȵ	l	ts			ts'			s				z	tɕ		tɕ'		ɕ		k	k'	x		ɣ	v	Ø	
扶沟县（声母22个）	p	p'	m	f			t	t'	n	ȵ	l	ts			ts'			s				z	tɕ		tɕ'		ɕ		k	k'	x		ɣ	v	Ø	
太康县（声母22个）	p	p'	m	f		f / x	t	t'	n	ȵ	l	ts			ts'			s			s / f	z	tɕ		tɕ'		ɕ		k	k'	x		ɣ	v	Ø	
淮阳县（声母21个）	p	p'	m	f	f / x		t	t'	n	ȵ	l	ts			ts'			s				z	tɕ		tɕ'		ɕ		k	k'	x	x / f	ɣ	Ø		z
项城市（声母21个）	p	p'	m	f			t	t'	n	ȵ	l	ts / ts		/ tʂ	ts' / ts'		/ tʂ'	s	s / f	/ ʂ	s / f / s / f	z / ʐ	tɕ		tɕ'		ɕ		k	k'	x		ɣ	Ø		z / ʐ
沈丘县（声母24个）	p	p'	m	f			t	t'	n	ȵ	l	ts		tʂ	ts'		tʂ'	s	s / ɕ	ʂ	ʂ / f	ʐ	tɕ	tɕ / ts	tɕ'	tɕ' / ts'	ɕ	ɕ / s	k	k'	x		ɣ	Ø		ʐ
郸城县（声母24个）	p	p'	m	f		f / ʂ	t	t'	n	ȵ	l	ts	ts / tɕ	tʂ	ts'	ts' / tɕ'	tʂ'	s		ʂ	ʂ / f	ʐ	tɕ	ts	tɕ'	ts'	ɕ	s	k	k'	x		ɣ	Ø		ʐ
鹿邑县（声母24个）	p	p'	m	f			t	t'	n	ȵ	l	ts		tʂ	ts'		tʂ'	s		ʂ	ʂ / f	ʐ	tɕ	ts	tɕ'	ts'	ɕ	s	k	k'	x		ɣ	Ø		ʐ

注:表内用的是国际音标。项城市少数乡有24个声母,下详。

声母的发音，就整体而言，发音区域较普通话窄小。辅音声母的发音部位，具有向中间部位靠拢的特点。与普通话相比，舌尖前音声母［ts ts‘s］发音部位稍靠后，舌尖后音声母［tʂtʂ‘ ʂ ʐ］发音部位稍靠前，舌尖中音声母［t t‘n l］发音部位稍靠后，舌根音声母［k k‘ x］发音部位稍靠前，声母在各县市分布情况不同，由此形成方言声母的地域差异。

各县市声母分布的异同，方言声母与普通话声母的异同及其与中古音系的继承、发展关系表现为：

1．方言声母［ȵ］［ɣ］［v］［z］

与普通话相比，这4个声母为区内方言中所特有。其中［ȵ］与［ɣ］全区都有，［v］与［z］西区大部分县市都有，东区没有。

（1）［ȵ］与［n］的区别　“脑奴”和“年女”两组字，区内分别读［n］声母和［ȵ］声母。两声母成互补关系：逢开口呼韵母、合口呼韵母，读舌尖中音声母［n］，逢齐齿呼韵母、撮口呼韵母，读舌面音声母［ȵ］。普通话里没有这种区别，一律读舌尖中音声母［n］。

（2）普通话开口呼零声母字的方言读法　普通话开口呼零声母字，区内一律带有舌根浊擦音声母［ɣ］开头，如“岸”［$ɣan^{4}$］，“恩”［$ɣən^{1}$］，其余类推。同普通话开口呼零声母的来源一样，方言声母［ɣ］来自古开口一二等疑母、影母，止摄开口三等日母。“硬”字是梗摄开口二等疑母字，故方言读［$ɣəŋ^{4}$］。

（3）唇齿浊擦音声母［v］　西区川汇区和商水、西华、扶沟、太康4县有唇齿浊擦音声母［v］。［v］来自中古止摄合口三等喻（以）母、微母。如“维惟唯微薇未味”等字，上述5县区均读［vi］，其余5县市同普通话读［uei］。

（4）舌尖前浊擦音声母［z］（见下条）

2．舌尖前音与舌尖后音声母的分混

普通话中的［ts］z组和［tʂ］zh组声母，东区3县及西区项城市东少数乡一般不混（仅少数字有出入）；西区倾向于不分，将中古知庄章3组声母与精组合流，简化为1组声母［ts ts‘s］z c s。同时，来自中古日母（除止摄开口三等如“儿二耳”等字外）的字如“日”“人”等，西区大多读［z］声母，东区同普通话读［ʐ］r声母。

3．尖团音的分混

东区鹿邑、郸城及沈丘县东数乡大体上分尖音和团音，即中古精组、见晓组声母细音（今齐、撮两呼韵母）前的读音是不同的，来自精组的读［ts ts‘s］z c s声母，来自见晓组的读［tɕ tɕ‘ɕ］j q x声母，如“齐”与“其”不同音，前读［$ts‘i^{2}$］，后读［$tɕ‘i^{2}$］qí。据统计，鹿邑县至今仍保留131个常用尖音字（尖字）。其余各地同普通话不分尖团音，声母一律是［tɕ　tɕ‘ɕ］j　q　x，不读［ts　ts‘s］z　c　s，如“齐”与“其”都读［tɕ‘i²］qí（以上三条参见图一，附图列于本章后）

4.［f］f与［x］h的分混

跨省区的［f　x］相混现象，其同言线从本区中部南北穿过，南起商水县东部，经川汇区郊区，西华县沿颍、沙河一带至淮阳县西部，中无断带。到太康县南部断开，再至太康县北端与开封市接壤处，其间3个乡的若干村又有这一现象。

(1)［f］变［x］　即中古非敷奉三母合口三等字普通话读［f］声母，上述各点读［x］h声母。具体说来，川汇区、商水、西华3个点遇普通话［f］的开口字，声母变［x］，韵母同中古读合口呼，如“发饭坟方风”等读如“花换混荒轰”。太康三乡若干村遇普通话［fu］音节字读［xu］hu，如“夫福斧父”等。淮阳县西各乡兼有上述两种情况，不论开口、合口都读［x］。

(2)［x］变［f］　淮阳县西各乡又将中古晓匣二母的合口一二等非入声韵的字大部分读［f］声母，如“虎换黄魂红”读如“府饭房坟冯”，除单韵母字（如“虎”的韵母是［u］）外，其余均由普通话的合口呼韵母变为开口呼韵母（即丢掉韵头［－u－］）。其余各地同普通话读［x］声母，合口韵。（参见图二）

5.［ʂ］sh与［f］f的分混

(1)［f］变［ʂ］　中古遇摄合口三等非奉二母部分字，如“夫扶父附”等，普通话读［fu］，东区郸城县邻安徽省几个乡读［ʂu］shu。（也参见图二）

(2)［ʂ］变［f］　中古庄章两组遇蟹止臻通五摄合口三等、山摄合口二三等、宕摄开口三等、江摄开口二等中普通话读［ʂ］声母合口韵的字，如“书树税水顺叔熟拴刷说霜双”等，商水县西、东部，项城市南部，沈丘县南、东部，郸城县中部、鹿邑县东部及太康县北端3乡苦干村读［f］声母，除单韵母字（如“书树叔熟”）外，其余字的韵母一律读开口呼（丢掉［－u－］韵头），如“书”读［fu¹］，“水”读［fei³］，其余类推。其余各地读［ʂ］或［s］声母。（参见图三）

6.“租”、“促”、“酸”等字的读法

全区主流是读［ts　ts‘s］z　c　s一组声母（与普通话无异）。部分区域、部分字有特殊情形。

(1)［ts　ts‘s］z　c　s变［tɕ　tɕ‘ɕ］j　q　x　东区郸城县东南角（宜秋）几个乡，与今合口呼韵母相拼的声母不是［ts　ts‘s］（普通话是），而是［t　tɕ‘ ɕ］，如“租作嘴钻尊宗促搓崔窜村从苏锁孙松”等（每个音节举一个例字）。另外，普通话［ou］ou 韵中的“走奏凑搜”等字当地也读［tɕ］组声母，韵母为齐齿呼［iou］iou，如“走”读［tɕiou^{3}］（与“九”同音）。

(2)［s］s 变［ɕ］x 或［f］f 山摄合口一等心母字“酸算蒜”，东区沈丘县东 15 乡读［ɕ］声母，变撮口韵，即与“宣渲”同音；西区商水县西北、东南数乡，项城市南部读［f］声母，变开口韵，即与“翻饭”同音。

至于中古通摄合口一三等精心邪母、臻摄口一三等心母字“足粽纵俗肃宿粟嵩松诵颂损笋榫”等读［tɕ］（前三字）、［ɕ］声母撮口韵，则是本区一种较为普遍的现象（除语言新派外）。普通话读［ts］、［s］声母合口韵。（参见图四）

7. “容”、“勇”声母的分混

中古梗通二摄合口三等日影喻（云以）母字，“荣戎绒茸冗融容蓉”等，普通话读［ʐ］r 声母合口韵［ʐuŋ］rong，“永泳咏雍拥庸勇涌用”等，普通话读零声母撮口韵［yŋ］yong。以上两组字，西华、扶沟、太康三县基本上统读［yŋ］yong，其余市县基本上统读［zuŋ］或［ʐuŋ］rong。（参见图五）

（二）韵母分布

全区共有 39 个基本韵母。

另有 24 个儿化韵母。

ar	找茬儿	iar	豆芽儿	uar	年画儿	yar	
	装憨儿		河沿儿		河湾儿		独院儿
ɔr	喜好儿	iɔr	到了儿				
ər	老师儿	iər	小妮儿	uər		yər	小鱼儿
	小车儿				没抹儿		老岳儿
	晚辈儿				活褙儿		
	当门儿		得劲儿		没捆儿		小晕儿
ɛr	锅盖儿	iɛr	夜儿个	uɛr	一块儿	yɛr	木橛儿
				ur	吸乎儿		
our	老抠儿	iour	撇油儿				
ɑ̃r	一条杠儿	i ɑ̃r	咋样儿	u ɑ̃r	馍筐儿		
ə̃r	地伻儿	i ə̃r	赶明儿	u ə̃r	赖种儿	y ə̃r	小熊儿

表3　基本韵母总表

按口形分 / 按结构分	开口呼	齐齿呼	合口呼	撮口呼
单韵母	[ɿ] 资四 [ʅ] -i 知直	[i] i 低敌飞	[u] u 普读	[y] ü 鱼俗
	[a] a 巴拔	[ia] ia 家甲	[ua] ua 瓜刮	
	[ɔ] 高桃	[iɔ] 条交		[yɔ] 却药
	[ə] e 歌割		[uə] 波戈果	
	[ɛ] ê 摆德格	[iɛ] ie 姐介	[uɛ] 怪国	[yɛ] üe 缺月
		[iɛi] 介鞋		
	[ər] er 儿二			
复韵母	[ei] ei 杯贼飞		[uei] uei 威雷	
	[ou] ou 斗肉	[iou] iou 流六		
鼻韵母	[an] an 盘三	[ian] ian 天肩	[uan] uan 管短	[yan] üan 权捐
	[ən] en 根本	[in] in 金林	[uən] uen 滚论	[yn] ün 群云
	[ɑŋ] ang 旁钢	[iɑŋ] iang 娘江	[uɑŋ] uang 光庄	
	[əŋ] eng 蒙耕	[iŋ] ing 京星	[uəŋ] ueng 翁瓮	
			[uŋ] ong 东农	[yŋ] iong 穷龙

注：[ɔ]、[iɔ]、[yɔ]、[uə]、[uɛ]、[iɛi] 6个韵母没有相应的汉语拼音字母。其中 [iɛi] 是西区部分县市特有的，其余5个全区都有。读例字时，除去字音的前半部分（声母），余下的就是该字的韵母。西区不分平、翘舌韵母 [ɿ] 和 [ʅ]（下详）。

表4 韵母分布表

	资此私	知齿时	儿二	低敌	普读	鱼俗	巴拔	家甲	瓜刮	高桃	条交	却药	歌割	戈波果	摆德	格克	姐借	介鞋	怪国	缺月	飞肺	杯贼	雷泪	辉威	微唯	斗肉	流六	盘三	天肩	管短	权捐	根本	金林	滚论	群云	旁钢	娘江	光庄	蒙耕	京星	翁瓮	东农	容勇	龙穷
川汇区（韵母37个）	ɿ		ər	i	u	y	a	ia	ua	ɔ	iɔ	yɔ	ə	uə	ε		iε		uε	yε	i	ei	uei		i	ou	iou	an	ian	uan	yan	ən	in	un	yn	aŋ	iaŋ	uaŋ	əŋ	iŋ	uəŋ	uŋ		yŋ
商水县（韵母37个）	ɿ		ər	i	u	y	a	ia	ua	ɔ	iɔ	yɔ	ə	uə	ε		iε		uε	yε	i	ei	uei		i	ou	iou	an	ian	uan	yan	ən	in	un	yn	ɑŋ	iɑŋ	uɑŋ	əŋ	iŋ	uəŋ	uŋ		yŋ
西华水县（韵母38个）	ɿ		ər	i	u	y	a	ia	ua	ɔ	iɔ	yɔ	ə	uə	ε		iε	iεi	uε	yε	i	ei	uei		i	ou	iou	an	ian	uan	yan	ən	in	un	yn	ɑŋ	iɑŋ	uɑŋ	əŋ	iŋ	uəŋ	uŋ	yŋ	
扶沟县（韵母38个）	ɿ		ər	i	u	y	a	ia	ua	ɔ	iɔ	yɔ	ə	uə	ε		iε	iεi	uε	yε	i	ei	uei		i	ou	iou	an	ian	uan	yan	ən	in	un	yn	ɑŋ	iɑŋ	uɑŋ	əŋ	iŋ	uəŋ	uŋ	yŋ	
太康县（韵母38个）	ɿ		ər	i	u	y	a	ia	ua	ɔ	iɔ	yɔ	ə	uə	ε ε	 iε	iε	iεi	uε	yε	i	ei	uei		i	ou	iou	an	ian	uan	yan	ən	in	un	yn	ɑŋ	iɑŋ	uɑŋ	əŋ	iŋ	uəŋ	uŋ	yŋ	
淮阳县（韵母37个）	ɿ		ər	i	u	y	a	ia	ua	ɔ	iɔ	yɔ	ə	uə	ε	iε			yε	yε	i	ei	uei			ou	iou	an	ian	uan	yan	ən	in	un	yn	ɑŋ	iɑŋ	uɑŋ	əŋ	iŋ	uəŋ	uŋ		yŋ
项城市（韵母37个）	ɿ ɿ	 ʅ	ər	i	u	y	a	ia	ua	ɔ	iɔ	yɔ	ə	uə	ε	iε			uε	yε	ei		uei			ou	iou	an	ian	uan	yan	ən	in	un	yn	ɑŋ	iɑŋ	uɑŋ	əŋ	iŋ	uəŋ	uŋ		yŋ
沈丘县（韵母38个）	ɿ	ʅ	ər	i	u	y	a	ia	ua	ɔ	iɔ	yɔ	ə	uə	ε	iε			uε	yε	ei			uei		ou	iou	an	ian	uan	yan	ən	in	un	yn	ɑŋ	iɑŋ	uɑŋ	əŋ	iŋ	uəŋ	uŋ		yŋ
郸城县（韵母38个）	ɿ	ʅ	ər	i	u	y	a	ia	ua	ɔ	iɔ	yɔ	ə	uə	ε	iε			uε	yε	ei		uei			ou	iou	an	ian	uan	yan	ən	in	un	yn	ɑŋ	iɑŋ	uɑŋ	əŋ	iŋ	uəŋ	uŋ		yŋ
鹿邑县（韵母38个）	ɿ	ʅ	ər	i	u	y	a	ia	ua	ɔ	iɔ	yɔ	ə	uə	ε	iε			uε	yε	ei		uei			ou	iou	an	ian	uan	yan	ən	in	un	yn	ɑŋ	iɑŋ	uɑŋ	əŋ	iŋ	uəŋ	uŋ		yŋ

注：表内用的是国际音标。项城市少数乡有38个韵母，下详。

基本韵母发音有三个特点：第一，元音发音区域较窄，具有向央元音靠拢的倾向，除央元音［ə］e之外，其余元音（单韵母）的发音跟普通话标准相比都不到位，差将近半个号位。但音象区别明显，不影响各自音位。

第二，复元音的单元音化倾向较为明显。由中古蟹止效流四摄变来的［ai、ei、au、ou］四个普通话复元音韵母，在区内［ai］读作［ɛ］ê，［au］ao读作［ɔ］，［ei］和［ou］的韵尾，在区内也有不同程度的弱化表现。

第三，鼻辅音韵尾［-n］-n和［-ŋ］-ng，在区内有不同程度的弱化情形。

韵母在各县市的分布情况略有不同，从而形成了方言韵母的地域差异。

韵母分布的异同，方言韵母与普通话韵母的异同及其与中古音系的继承、发展关系表现为：

1. 方言韵母［ɛ］ê和［uɛ］uê

［ɛ］作为单韵母，在区内方言里非常发达。首先，普通话读［ai］ai韵的字区内一概读［ɛ］韵。其次，普通话中［ɤ］e韵大部分字，［o］o、［iɛ］ie、［ʅ］3韵中个别字，区内也读［ɛ］韵，这一部分都是古入声字，来自中古深山臻曾梗五摄入声韵：［ɤ］e韵中有“得德特勒则泽择责侧测厕策册塞涩瑟色啬额厄扼”（“格刻赫”等字读法见第7条），［o］o韵中有“伯帛迫魄默脉陌”，［iɛ］ie韵中有“列烈裂”，［ʅ］-i韵中有“虱”。西区扶沟县将中古假摄开口三等章组字，山摄开口三等知章二组入声韵字也读［ɛ］韵，它们是“遮车蛇奢赊佘者扯蔗哲蜇彻撤辙折浙舌”，其余各县部分字也这样读，普通话均读［ɤ］e韵。概括起来说，［ai］ai变为［ɛ］是复元音的单元音化结果，［ɤ］e和［o］o变为［ɛ］是普通话文读，方言白读的差别。

［uɛ］是［ɛ］的合口。普通话里［uai］uai韵字，区内一律读［uɛ］韵。此外，普通话［uo］韵“国或惑获”等字，区内也读［uɛ］韵。这几个字都是古入声字，前三字来自曾摄合口一等德韵，后一个字（古为“穫”“獲”两字）来自宕摄合口一等铎韵、梗摄合口二等麦韵。中古山摄合口三等薛韵“说拙”两字，西区扶沟县也读［uɛ］韵。

2. 方言韵母［uə］

区内将普通话［o］o、［uo］uo两韵合流，不论声母是唇音或非唇音，韵母都是［uə］。普通话［o］o的白读［au］ao，区内多文读［uə］，如“剥薄烙落着勺芍凿”等，来自江摄开口二等、宕摄开口一三等入声韵字。

古见晓组果摄合口一等戈果过三韵的字，区内以老派为代表，仍读合口

［uə］韵，其中“戈科棵禾和颗课”等字，普通话已变为开口［ɤ］e 韵。中古宕摄开口一等铎韵来母字，区内全都读［uə］韵，因此“快乐”的“乐”读［luə¹］（普通话读 lè）。

古遇摄合三等庄组的部分字，如“初锄梳疏蔬助数”等字，内区多读［uə］韵（普通话读［u］u 韵）；“竖”是禅母字读［suə¹］（普通话读［ʂu⁴］shù）。

3. **方言韵母［yɔ］**

普通话［yɛ］üe（白话音［iau］iao）韵除“瘸靴”两字外，都是古入声字。这些字，区内分读［yɛ］üe、［yɔ］两韵，即古开口韵字读［yɔ］韵，古合口韵字读［yɛ］üe 韵，如中古宕摄开口三等药韵字“略掠爵雀鹊嚼削脚却虐疟约药钥”等，中古江摄开口二等觉韵字“觉角确搉（～蒜）岳乐（音～）学”等，韵母都是［yɔ］。其中“嚼脚角雀削约药钥疟”等字，普通话的白读音是［iau］iao 韵，区内无此读。东区许多地方，将中古月屑薛三韵合口三四等字也读［yɔ］韵，如“月越｜决缺｜绝雪悦阅”等字。中古山摄合口四等屑韵晓母的“血”字，普通话有文白两读，分别是［ɕyɛ⁴］xuè、［ɕiɛ³］xiě，本区只有白读［ɕiɛ¹］。

4. **方言韵母［ɔ］和［iɔ］**

与普通话的［au］ao 来源相同，［ɔ］也主要来自中古效摄。［ɔ］的齐齿呼是［iɔ］，与普通话［iau］iao 的来源相同，也主要来自中古效摄。［ɔ］是没有动程的单元音韵母，是复元音的单元化结果，方言韵母［ɔ］和［iɔ］代替了普通话韵母［au］ao 和［iau］iao。但普通话这两韵中的入声字（白读）区内大多读［uə］［yɔ］，很少读［ɔ］［iɔ］（见前 2、3 条）。

5. **方言韵母［iɛi］**

这个韵母是西区西华、扶沟、太康三县所特有的。它来自中古蟹摄开口二等怪佳蟹卦四韵见匣二母字，如“介界芥疥届戒诫街鞋解蟹懈”等字韵母都是［iɛi］，保留了中古［－i］尾痕迹。其余各县市同普通话读［iɛ］ie 韵。（参见图五）

6. **［ɿ］和［ʅ］的分混**

与舌尖前音、舌尖后音声母的分混相一致，西区不分，故只有［ɿ］，东区有舌尖前音和舌尖后音两套声母，故韵母分别为［ɿ］和［ʅ］。

7. **韵头的变化**

除前面（包括声母部分）涉及的以外，韵头的变化还有：

（1）开口变齐齿　在普通话里［f］f这个声母是不与齐齿呼韵母相拼的。但西区除项城市外都有［fi］fi这个音节，即中古止蟹二摄合口三等非敷奉母字，如“非飞妃肥匪痱（~子）费废肺吠”等读齐齿呼韵母［i］i。其余4县同普通话读开口呼韵母［ei］ei。

中古见晓组曾摄开口一等、梗摄开口二等的入声韵字“刻克黑格客赫革隔”等字，普通话除“黑”字读［ei］ei韵外，其余读［ɤ］e韵，都是开口韵。东区三县，西区项城、淮阳两县市及太康县东部读［iɛ］ie韵［tɕ］j组声母，其余各地读［ɛ］ê韵［k］g组声母（但“赫革”一般只读［xə¹］、［kə¹］，“克黑格客隔”也多有读［k］组声母［iɛ］韵的）。另外，“客黑”等字，以老派为代表读［iɛ］ie韵［tɕ］j组声母，在全区较为普遍。（参见图五）

（2）开口变合口　普通话有［lei］lei音节无［luei］lui音节。区内除沈丘一县与普通话相一致外，其余各县市则与普通话相反，有［luei］lui音节无［lei］lei音节，如中古蟹摄合口一等、止摄合口三等来母字“雷儡累垒类泪”等读作［luei］lui（普通话读［lei］lei）。特殊情形是，“垒”有读［y］ü韵的。

（3）合口变开口　中古蟹摄合口一等端组字“堆推腿对退队蜕兑”等，普通话读合口韵［uei］uei，东区沈丘、鹿邑两县变开口韵［ei］ei。其余各县也有两读情形。川汇区和商水县读“堆”为［tsuei¹］zuī（普通话读［tuei］duī）。

（4）合口变撮口　中古通摄合口三等钟肿两韵来母字“龙陇垄”等，普通话读合口韵［luŋ］long，区内读撮口韵［lyŋ］liong。

（三）声调分布

1. 单字调

（1）调类与调值　全区均有4个调类（不包括轻声），基本调值也是4个。

调类	调值	例　字
阴平	23	刚　开　婚　梯　诗　出　德　笔　不　日　月
阳平	53	穷　唐　陈　题　时　床　才　龙　白　局　俗
上声	44	古　口　展　体　使　手　草　老　女　暖　染
去声	312	弟　是　士　替　试　世　第　事　侍　唱　助

注：阴平调的调值，西区大部分县市先降后升，但降得不太明显，故记作23而不作213。阳平调的调值，西区为53，东区稍低，在53与42之间。上声调的调值不足55，本书记作44。去声调的调值，西区大部分县市单字调为312，语流中变为31（只降不升），少数地方（主要是东区）无论单读或连读都只降不升（或升得不明显）。

区内方言调类与普通话无异，但调值有较大差别。

调类		阴平	阳平	上声	去声
调　值	周口话	23	53	44	312
	普通话	55	35	214	51

区内方言也有轻声，轻声的调值不固定。

条件	调值	轻声词
在阴平字后	4	西瓜　鹌鹑　桌子　窗户
在阳平字后	3	桃木　石头　坛子　脾气
在上声字后	2	枣木　苦头　椅子　主意
在去声字后	1	富态　画眉　柿子　笑话

尤需指出的是，阴平字后的轻声字调值不仅比其他三类字后的轻声字高，而且音拉得也比较长，所以外地人很容易误认为是上声调（44调）的字，除表中的例字以外，常见的还有“斑鸠、抓钩、先生、包头、托板（托盘）、沟檐、缰绳、清明、机灵、窝囊、筮婆、花子、蚂蚱、松树、豌豆、风帽、毡帽、飘带、铺衬、霜降、生意、担待、干净、究竟”等。读轻声的规律与普通话基本相同。

（2）古入声字的分化　区内方言调类，阴平从中古清音平声来，阳平从中古浊音平声来，上声从中古清音上声和次浊上声来，去声从中古全浊上声和去声全部来。古平上去三声在区内方言中的演变情况与普通话相同。

中古入声调在区内方言中已经消失（普通话也是）。但是古入声字的分归情况与普通话不完全一致。经对806个古入声字的调查，其分归情况是：

古入声字＼今声调	区内方言				普通话			
	阴平	阳平	上声	去声	阴平	阳平	上声	去声
清音入声	328	51	28	29	142	89	54	151
次浊入声	125	24	7	11	8	3	3	153
全浊入声	36	153	8	6	6	165	3	29

古全浊入声基本归阳平，与普通话是一致的。古清音入声、次浊入声基本归阴平，与普通话差别很大，普通话是，次浊入声基本归去声，清音入声散归四声，以归去声为最多，阴平次之，上声最少。这等于说，普通话读去声的，区内方言读阴平的字往往是入声字。将上表的古入声字数相加，其结果是：

今声调		阴平	阳平	上声	去声
区内方言	古入声字数	489	228	43	46
	所占百分比	60.7%	28.3%	5.3%	5.7%
普通话	古入声字数	156	257	60	333
	所占百分比	19.4%	31.9%	7.4%	41.3%

按数量大小，区内方言依次是：阴平、阳平、去声、上声，普通话依次是：去声、阳平、阴平、上声。这就是区内方言比普通话阴平字偏多而去声字偏少的主要原因。

方言声调辨正要注意：遇到声母是［m］m、［n］n、［l］l、［ʐ］r（或［z］）、［∅］（零声母）的字时，如果方言读阴平，那么普通话很可能读去声。这5个声母，除零声母中的一部分属中古清音声母（影母）外，都是次浊声母。次浊声母的入声字普通话一般是读去声的，如《古入声字方言声调对照表》（见下）中所收125个方言读阴平的次浊入声字（带“◎”号的），普通话只有8个读阴平，1个读阳平，1个读上声，其余115个全部读去声。

表5 古入声字方言声调对照表（共806字）

区内方言	普通话	古入声字
阴平	阴平	○133 只（隻）织汁吃失湿虱劈霹滴踢击激积缉通~圾七柒缉~鞋口漆戚吸膝悉蟋息熄析淅蜥晰昔惜锡一壹揖仆~倒扑督秃骨~朵哭窟忽惚出叔表~屋掬鞠曲~酒屈戌八发~达答~应搭褡~裢耷踏~实塌溻扎~针插杀刹铩煞~住扎包~擦夹~子掐瞎压押鸭鸹刷挖拨剥钵泼托脱郭豁~口桌捉拙说作~坊缩搁~那儿胳~膊割鸽磕喝折~跟头蜇憋鳖撇~开瞥贴帖妥~接揭结~实切~开歇蝎楔噎缺薛削约掰拍摘拆塞瓶~儿黑剥~皮儿着高~儿削约粥 ◎8 抹~布拉邋~遢摸捋捏曰勒 ●5 屐夕突跌撅~嘴
	阳平	○59 执职识级汲吉棘即福幅辐蝠烛竹竺足菊桔橘答~复扎挣~札夹~衣荚郏颊戛伯博搏膊驳国帼卓镬德得阁骼骨~格革隔膈葛~布壳折~断谪则节结团~桔~梗羯决诀抉觉脚~色蹶鑁 ◎1 没~有 ●18 及疾嫉辑藉狼~籍瘠泊箔舶勃渤貉竭倔掘崛雹
	上声	○40 尺笔匹劈~柴癖脊戟骨谷曲歌~法塔獭靸~鞋甲胛钾椁葛姓~搁~不住合升~渴褶恶~心撇~捺铁帖~子血雪百佰柏窄色北得我~去给郝脚宿一~ ◎1 辱
	去声	○96 质炙赤叱释适饰僻鲫稷迹绩隙郤姓~不复（複）腹覆~盖酷笏祝筑畜束速肃宿粟夙畜~牧蓄恤旭发理~踏~步榻拓~碑挞煞凶~迫粕魄阔括扩廓霍豁~亮绰作沃斡握偓渥幄忑各铬克刻客赫吓恐~喝~采浙撤澈彻掣设摄慑仄侧厕测恻策册塞涩瑟色啬恶~劣帖字~怯切密~却确鹊雀推~蒜榷血~压 ◎115 日密蜜觅立粒笠力历沥雳栗砾木沐目苜穆睦牧鹿漉辘麓录绿~林逯姓~禄碌陆戮入蓐褥物律率效~绿氯浴欲狱呐纳钠辣刺腊蜡落~下袜末沫秣陌默墨脉搦洛络骆珞烙炮~落若弱讷乐快~勒~令热灭蔑聂镊蹑臬啮孽蘖列冽烈猎劣叶页业邺掖腋曳晔烨疟~疾虐略掠悦阅越钺粤月钥乐音~岳麦脉肋~骨烙~印酪药钥 ●13 秩掷辟开~瀑曝复（復）馥沓蹋特褐鹤涉

续表

区内方言	普通话	古 入 声 字
阳平	阴平	○3 逼戳瞌 ●1 淑
	阳平	○27 嫡急媳醭弗佛仿~拂囫卒妲笪察茁灼酌啄琢哲责别分~洁劫孑睫胁爵孓 ◎1 膜 ●140 直值埴植殖侄十什拾石食蚀实迪笛敌狄获涤籴极集蒺习席匐服伏茯读渎椟犊牍黩独毒核杏~儿斛鹄鹘逐赎孰熟塾秫族俗局拔跋魃乏伐垡筏阀罚达沓_~炸铡杂砸侠峡狭狎匣辖滑猾薄礴亳帛佛夺铎活浊镯着擢濯合郤盒劾核曷盍阖涸蛰辙舌折~耗泽择啧别离~迭瓞叠谍蝶喋牒杰桀颉捷截挟协（叶）撷勰绝橛嚼学穴噱白宅翟择~菜贼鲗薄纸很~着~急勺芍凿嚼妯轴熟
	上声	○3 嘱瞩蹶尥~子 ●2、属蜀
	去声	○18 陟室必毕邑益缢抑促猝蔟蚕~蹴拓开~蝮烁铄朔遏 ◎23 逆昵役疫溢翼逸译绎驿轶亦奕弈屹莫漠寞鄂鳄噩篾~子液 ●10 愎寂缚术述或惑获硕妁
上声	阴平	○6 叔匝咂撒~手刮~脸撮
	阳平	○3 的~确濮璞 ◎1 额 ●6 袭檄仆~从袱闸昨
	上声	○10 乙卜朴~素蹼鸭~眨撒~种索瘪唠角 ◎2 抹涂~邈 ●1 擗
	去声	○9 的目~触霎卅飒萨恰厄扼 ◎4 兀抹~灰茉~莉诺 ●1 洽

续表

区内方言	普通话	古　入　声　字
去声	阳平	●1 度$_{\text{揣～}}$
	上声	○1 伯$_{\text{大～子}}$
	去声	○28 室斥式辟$_{\text{复～}}$壁璧碧滗惕泣亿忆郁尉$_{\text{～迟}}$蔚$_{\text{～县}}$栅轧刷数$_{\text{～次}}$错$_{\text{～杂}}$嗑别$_{\text{～扭}}$窃妾泄率$_{\text{～领}}$蟀帅 ◎11 溺匿易$_{\text{交～}}$幕勿玉育域跃肉六 ●5 剧续划柞$_{\text{～蚕}}$倔$_{\text{～脾气}}$

注：○代表清音入声字，◎代表次浊入声字，●代表全浊入声字。下加·号的字，区内方言与普通话读音不同，多是韵母的差异。

2. 连读变调

（1）上声的变调　①两个上声相连，前一个上声变得像阳平，调值由44变42。但也可以不变。例如：党委、组长、领导、选举、举手、改选、美满、危险。②在原为上声改读轻声的字音前，前一个上声也变得像阳平。例如：小满、晌午、老虎、蚂蚁、榫眼、母狗、绑腿、掌点（盐）。但也有不变的，如“子”尾词“椅子、小子、鬼子、老子”等，其他如“耳朵、奶奶”等。

（2）去声的变调　①两个去声相连，前一个去声变得像阴平，调值由312变12。例如：祭灶、背后、半夜、放炮、训练、大干、送饭、灿烂。②在非去声（阴平、阳平、上声）以及原为去声改读轻声的字音前，一律变半去声，调值由312变31。例如：教师、算术、战友、伺候。③去声字作为语流中的后字，有时变半去（31），有时不变。

（3）“一、三、七、八、不”的变调　这几个字在区内方言里都是阴平字。在下列情况下有变调情形：①“一、三、七、八、不”在去声前，一律变阳平。例如：一对、一样、三个、三下、七岁、八路、七上八下、不赖、不去。②“一”在非去声（阴平、阳平、上声）前，变去声31调。但也可以不变。例如：一歇子、一尺布、一年、一齐、一晌午、一揄子。③“不”用在肯定否定式里，改读轻声。例如：去不去、中不中、管不管、能不能、敢不敢、该不该、沾不沾、行不行。

（4）重叠式的变调　①形容词的重叠式（后面一般带“儿哩”），后字一律读阴平23调。例如：方方、热热、红红、甜甜、满满、早早、慢慢、胖胖。②形容词带重叠后缀（后面一般带"儿哩"），叠前字读轻声，叠后字一律读阳平53调。例如：白生生、甜丝丝、热乎乎、绿油油、亮堂堂、直溜溜、黑洞洞、明晃晃。③两个上声动词重叠时，前一个变阳平53调，后一个读轻声。例如：想想、瞅瞅、比比、品品、挤挤、扫扫、啖啖、鬼鬼。

二、词汇

编排说明：

1. 本表依照《方言调查词汇表》的分类及条目顺序（共分28类），区内特有的词条依类排在后面。

2. 所收词条全是普通话里所有的。凡与普通话说法一致的一律不收，但说法一样意思不一样的收录。（以商务印书馆《现代汉语词典》为据）

3. 一个词条有多个义项，如果不跨类，就标明①②……；如果跨类，就分立词条，依类相从。

4. 一个意思有多种说法（包括一地有多种说法，各地有不同说法），排列时常用的排在前（顶格），其余排在后（退一格）；西区的排在前（顶格），东区的排在后（退一格）。

5. 尽可能在条目注音后用"（ ）"注出"西区"、"东区"或县市名称的第一个汉字（各县市名称见本章前言）。有些词语年轻人已很生疏，则注明"老派"。属于回民的说法（如亲属类）则注明"回民"。

6. 尽量用普通话规范词语注释方言词语。

7. 符号用法：

□　代表词条里一时写不出的字。

～～　下加在词条里的汉字下，表示同音代替。

·　下加在词条里的汉字下，说明是与意义有关但读音（声、韵、调）有变的字。

（ ）　表示词条里的一个或几个字可有可无，或此地有彼地无。

/　表示两边的读音两可，或各地有不同读法。（但一般只记川汇区的读音）

–　表示上条已经出现的音。例如：月奶奶〔$y\varepsilon^{1}n\varepsilon^{3}$ · nε〕月姥姥〔– $l\mathrm{ɔ}^{3}$ · lɔ〕

~　用在例句里代替条目。

词汇目录

（一）天文

日头〔zʅ^{1} · t ‘ou〕太阳。

　日头帝儿〔－ · －tiər^{4}〕（鹿）

日头晃儿〔－ · －xuɑ̃r^{3}〕云中露出的太阳。

凉凉儿〔liɑ̃ŋ^{2} · liɑ̃r〕阴凉儿。

　凉阴儿〔－ · iər〕

月奶奶〔yɛ^{1}nɛ^{3} · nɛ〕月亮。

　月亮头〔－ · liɑŋt ‘ou^{2}〕（川、项）

　月姥姥〔－lɔ^{3} · lɔ〕（项）

　月姥娘〔－－ · ȵɑŋ〕（项、郸）

　月明帝儿〔－miŋ^{2}tiər^{4}〕（鹿）

拉尾巴星〔la^{1}i^{3} · pa　ɕiŋ^{1}〕（东区）流星。

瓦儿云〔uar^{3}yn^{2}〕（西区）瓦块云。

　瓦瓦儿云〔ua^{3} · uar－〕（东区）

　瓦子云〔－ · tsɿ－〕

迎面风〔iŋ^{2}mian^{4}fəŋ^{1}〕（西区）　顶风。

刹风了〔sa^{1}fəŋ^{1} · la〕风停了。

炸雷〔tsa^{4}luei^{2}〕声音响亮的雷。

捞秧子雷〔lɔ^{4}iɑŋ^{1} · tsɿ　luei^{2}〕（太）接连不断的雷。

龙抓了〔lyŋ^{2}tsua^{1} · la〕雷击了。

扯闪〔tʂ ‘ə^{3} ʂan^{3}〕（鹿）打闪。

陡雨〔tou^{3}y^3〕（川）大而猛的雨（骤雨）。

陡猛子雨〔－·məŋ·tsɿ－〕（扶）

缩脖子雨〔suə^{1}puə^2·－－〕（扶、太）

紧白浪子雨〔tɕin^{3}pɛ^{2}lɑŋ^4·－－－〕（项）

白壮雨（儿）〔pɛ^{2}tsuɑŋ^{4}yər^3〕中雨。

箩面雨〔luə^{2}mian^{4}y^3〕毛毛雨。

雾笼雨儿〔u^4·luŋyər^3〕（扶）

雾迷雨〔－·mi－〕（川、太）

雾蒙雨〔－·məŋ－〕（淮）

雾里雨〔－·li－〕（项）

雾茫雨〔－·mɑŋ－〕（郸）

滴点（儿）了〔ti^{1}tiar^3·la〕/〔－－·lɛ〕掉点儿了。

滴星（儿）了〔－ɕiə̃r^1·－〕

冰凉〔piŋ^1·liɑŋ〕（郸、鹿）冰冻。

琉璃〔liou^2·li〕冰锥。

冷子〔ləŋ^3·tsɿ〕冰雹。

帐子〔tʂɑŋ^4·－〕（郸）雾（喻）。

罩子〔tʂɔ^4·－〕（鹿）

响晴天〔ɕiɑŋ^{3}tɕʻiŋ^{2}tʻian^1〕晴朗无云的天。

姚婆天〔iɔ^2·pʻuə－〕（扶）喻指秋季变化无常的天气。

（二）地理

漫野地〔man^{4}iɛ^{3}ti^4〕田野。

漫山地〔－san^1－〕（项）

两合土〔lian^2·xuatʻu^3〕含沙土。

土骨堆儿〔tʻu^{3}ku^{1}tuer^1〕/〔－－tsuer^1〕土堆。

河沿儿〔xə^{2}iar^2〕河岸。

泉源〔tɕʻyan^2·yan〕泉眼。

坷垃头〔kʻə^2·latʻou^2〕/〔tɕʻiɛ^2·－－〕土块。

恶水〔ə^{1}suei^3〕/〔－fei^3〕泔水。

磺〔xuɑŋ^4〕硫磺。

埠口〔pu^4·kʻou〕渡口。

（三）时令　时间

年时个〔ȵian^{2}·sɿ·kə〕去年。

前年个〔tɕ‘ian^{2}·ȵian·－〕前年。

　前年时个〔－　－·sɿ·－〕

见年〔tɕian^{4}·ȵian〕每年。

年头里〔ȵian^{2}t‘ou^{2}·li〕春节以前一段时间。

麦口跟儿〔mɛ^{1}kou^{3}·kər〕麦子将熟未熟的时候。

秋罢〔tɕ‘iou^{1}pa^{4}〕秋收以后。

麦罢〔mɛ^{1}pa^{4}〕麦收以后。

五月当午〔u^{3}·yɛtɑŋ^{1}·u〕端午。

　五月端午〔－·－tan^{1}·－〕

十来一儿〔sɿ^{2}·lɛiər^{1}〕（川、扶等）农历十月初一（秋祭日）。

历头〔li^{1}t‘ou^{2}〕历书。

夜儿（个）〔iɛr^{4}·kə〕昨天。

晌午头儿〔sɑŋ^{3}·ut‘our^{2}〕正中午。

　晌午顶子〔－·－tiŋ^{3}·tsɿ〕

后晌〔xə^{4}·sɑŋ〕下午。

　歇晌〔ɕiɛ^{1}·sɑŋ〕（项）

冷清明（儿）〔ləŋ^{3}tɕ‘iŋ^{1}mi ə̃r^{2}〕黎明。

　冷生明（儿）〔－səŋ^{1}－〕

　冷星明（儿）〔－ɕiŋ^{1}－〕

清倒〔tɕ‘iŋ^{1}tɔ^{3}〕清早；清晨。

白儿里〔pɛr^{2}·li〕白天。

挨黑儿〔ɣɛ^{1}xɛr^{1}〕/〔－ɕiɛr^{1}〕傍晚。

　擦黑儿〔ts‘a^{1}－〕

　麻扎眼儿〔ma^{2}tsa^{1}iar^{3}〕

黑老〔xɛ^{1}·lɔ〕/〔ɕiɛ^{1}·－〕晚上。

黑地〔xɛ^{1}·ti〕夜间。

一儿（个）〔iər^{1}kə〕每天。

一黑老〔i^{1}－·－〕通宵。

　一黑家〔－　－·tɕia〕

通梢子夜〔t‘uŋ^{1}sɔ^{1}·tsʅiɛ^{4}〕

成天天〔ts‘əŋ^{2}t‘ian^{1}·t‘ian〕整天。

成天价〔－ －·tɕia〕

一揄子〔i^{1}uəŋ^{1}·tsʅ〕好多日子。

多个〔tuə^{2}·kə〕多会儿，什么时候：恁~来哩？

多咱〔－·tsan〕即“多早晚”。

多儿〔tuər^{2}〕

多晚〔tuə^{1}uan^{3}〕

多大晚儿〔tuə^{2}ta^{4}uar^{3}〕又指好一会。

每儿到（儿）〔mer^{2}·tɔr〕过去，以前。

先末儿〔ɕian^{1}·muər〕

头先〔t‘ou^{2}－〕

上先〔sɑŋ^{4}－〕

尝末儿〔ts‘ɑŋ^{2}·muər〕

尝时个儿〔－·sʅ·kər〕

尝份儿〔－·fər〕

一目楞子〔i^{1}mu^{1}ləŋ^{2}·tsʅ〕一觉儿：睡~。

阵晚儿〔tsən^{4}·uar〕这时候，现在。

阵会儿〔－·xuer〕

尧晚儿〔iɔ^{2}－〕

阳晚儿〔iɑŋ^{2}·－〕

阳会儿〔－·xuer〕

热儿〔zɛr^{2}〕（扶）

（四）农事

（肮）挠子〔ɑŋ^{1}nɔ^{2}·tsʅ〕垃圾。

（碎）窝囊子〔suei^{4}ɣə·nɑŋ·－〕

太平车〔t‘ɛ^{4}P‘iŋ^{2}ts‘ə^{1}〕牲口拉的四轮大车。

红车子〔xuŋ^{2}ts‘ə^{1}·tsʅ〕旧时手推木制独轮车。

洋车子〔iɑŋ^{2}ts‘ə^{1}·－〕自行车。

洋驴〔－ly^{2}〕

牛梭子〔ɣou^{2}suə^{1}·－〕木制牛套具。

撇绳〔p‘iɛ^{1}·səŋ〕使牲口的长绳。

拖车〔t‘uə^{4}ts‘ə^{1}〕拉农具用的木制无轮车。

耖地〔ts‘ɔ^{4}ti^{4}〕犁第二、第三遍地。

碓碓〔tuei^{4}·tuei〕碓杵（石杵）。

碓窑子〔－iɔ^{2}·tsɿ〕碓窝（石臼）。

扫把〔sɔ^{4}pa^{3}〕笤帚。

老鸹膀子〔lɔ^{3}·kuəpaŋ^{3}·tsɿ〕扫帚。

　老膀〔lɔ^{3}Paŋ^{3}〕

活襀儿〔xuə^{2}k‘uər^{4}〕活结，活扣儿。

死襀儿〔sɿ^{3}－〕死结，死扣儿。

（五）植物

棒子〔Paŋ^{4}·tsɿ〕玉米。

　包谷〔pɔ^{1}·ku〕

（红）秫秫〔xuŋ^{2}su^{2}·su〕高粱。

蓝花豆〔lan^{2}xua^{1}tou^{4}〕蚕豆。

　莲花豆〔lian^{2}－　－〕

红芋〔xuŋ^{2}·y〕红薯。

山药蛋〔san^{1}·yɔtan^{4}〕马铃薯（土豆儿）。

莲菜〔lian^{2}·ts‘ɛ〕用做蔬菜的藕。

倭瓜〔uə^{1}·kuə〕南瓜。

银丁儿菜〔in^{2}ti ɡ̃ r^{1}ts‘ɛ^{4}〕（扶）苋菜。

　眯糊菜〔mi^{1}·xu－〕（郸）

洋柿子〔iaŋ^{2}sɿ^{4}tsɿ〕番茄。

秦椒〔tɕ‘in^{2}tɕiɔ^{1}〕辣椒。

　广椒〔kuaŋ^{3}－〕

　大椒〔ta^{4}－〕

葵果〔k‘uei^{2}·kuə〕向日葵。

花（子）〔xua^{1}·tsɿ〕棉花。

籽儿花〔tsər^{3}－〕籽棉。

（花）瓤子〔－zaŋ^{3}·tsɿ〕皮棉。

圪针〔kɛ^{2}·tsən〕/〔tɕ iɛ^{2}·－〕①木刺：枣～。②有刺灌木：刨～。

木实〔mu¹·sɿ〕木头。
出树〔ts‘u¹su⁴〕/〔-fu⁴〕放树（把树放倒）。
柳棉（子）〔liou³mian²·tsɿ〕柳絮。
杏子〔xəŋ⁴·-〕杏儿。
甜秫秸〔t‘ian²su²tɕ iɛ¹〕甘蔗。
　甜秫秆（儿）〔- -·kar〕
落生儿〔luə¹sər¹〕花生。
桃红（子）〔t‘ɔ²·xuŋ·tsɿ〕凤仙花儿。
　小桃红子〔ɕiɔ³tɔ¹xuŋ²·-〕
　桃红〔t‘ɔ²·xəŋ〕
黄黄苗〔xuɑŋ²·xuɑŋmiɔ²〕蒲公英。
　补补丁〔pu²·putiŋ¹〕
　蒲补丁〔p‘u²·- -〕
　地丁〔ti¹-〕
猪耳朵棵〔tsu¹ər³·tɔk‘uə¹〕车前。
　车轱辘棵〔ts‘ə¹ku³·lu-〕
毛菇〔mɔ²·ku〕蘑菇。

（六）动物

叫马（子）〔tɕ iɔ⁴ma³·tsɿ〕公马。
水马〔suei³ma³〕母马。
　母子马〔mu³·tsɿ-〕
牤牛〔mɑŋ¹ɣou²〕公牛。
犍子〔tɕian¹·tsɿ〕犍牛。
私牛〔sɿ⁴ɣou²〕母牛。
　溲牛〔sou⁴-〕
儿骡〔ər²luə²〕（西区）公骡。
　叫骡〔tɕ iɔ⁴-〕（东区）
　骚骡子〔sɔ¹-·tsɿ〕
骚胡（子）〔-xu²·-〕公羊。
　骚胡〔-·u〕
米猫〔mi³mɔ²〕母猫。

女猫〔ȵy^{3} –〕

郎猪〔lɑŋ^{2}tsu^{1}〕公猪，种猪。

牙猪〔ia^{2} –〕阉过的公猪。

牙子〔– · tsɿ〕

豚子〔t ‘uən^{2} · –〕母猪。

豚猪〔–tsu^{1}〕

劁子〔tɕ ‘iɔ^{1} · –〕产过小猪后再阉的母猪。

老改〔lɔ^{3}kɛ^{3}〕

改劁〔kɛ^{3}tɕ iɔ^{4}〕

改调〔–tiɔ^{4}〕

扁嘴子〔pian^{3}tsuei^{3} · tsɿ〕鸭子。

扁嘴（儿）〔–tsuər^{3}〕

地边长（子）〔ti^{4}pan^{1}tsɑŋ^{3} · –〕田鼠。

虫蚁儿〔ts ‘uŋ^{2} · iər〕鸟儿。

虫蚁子〔– · i · –〕

（花）麻嘎子〔xua^{1}ma^{2}ka^{2} · –〕喜鹊。

小小虫儿〔ɕiɔ^{3} ɕiɔ^{3} · ts ‘u ɤ̃ r〕麻雀。

鸽鸽木（子）〔tɕ ‘ian^{1} · tɕ ‘ianmu^{1} · –〕啄木鸟。

干老木子〔kan^{1}lɔ^{3} – · –〕

猫儿头〔mɔ^{2} · ərt ‘ou^{2}〕猫头鹰。

树猫子〔su^{4}mɔ^{2} · –〕

夜猫子〔iɛ^{4} – · –〕

吃杯儿茶〔tʂ ‘ʅ^{2} · pərtʂ ‘a^{2}〕/〔tʂ ‘ʅ^{4} · –tʂ ‘a^{3}〕古书中称“鹎鵊”（谷称“催明鸟”）。

黄鹭子〔xuɑŋ^{2}lu^{4} · tsɿ〕黄鹂。

麦秸垛垛〔mɛ^{1}tɕ iɛ^{1}tuə^{4}tuə^{4}〕布谷（杜鹃）。

盐变蝠子〔ian^{4}pian^{4}xu^{1} · –〕/〔–mian^{4} – · –〕蝙蝠。

（夜）蝙蝠子〔iɛ^{4}piɛ^{1} · xu · –〕

除串〔ts ‘u^{2}ts ‘uan^{4}〕蚯蚓。

曲蟮〔tɕ ‘y^{1} · tɕ ‘yan〕

曲延〔– · ian〕

乌老牛儿〔u^{1}lɔ^{3}ɣour^{2}〕蜗牛。

乌拉牛（子）〔u^{1}la^{1} ɣou^{2}·tsɿ〕

蛐蛐儿〔tɕ‘y^{1}·tɕ‘yər〕蟋蟀。

寒虫子〔xan^{2}ts‘uŋ^{2}·－〕

秃崽子〔t‘u^{1}tsɛ^{3}·－〕（以上西区）

秃爪子〔－tsua^{3}·－〕/〔－tsɔ^{3}·－〕（东区）

蚂蚱〔ma^{1}·tsa〕蝗虫。

老飞（头）〔lɔ^{3}fei^{1}t‘ou^{2}〕蝗虫的成虫。

刀螂〔tɔ^{1}·lɑŋ〕螳螂。

（老）砍刀〔lɔ^{3}k‘an^{3}tɔ^{1}〕

马知了（子）〔ma^{1}·tɕ iliɔ^{1}·tsɿ〕蝉（知了儿）。

马知鸟（子）〔ma^{3}·－ȵiɔ^{3}·－〕

知鸟子〔tɕ i^{1}－·－〕

（马）知妞子〔ma^{3}·－ȵiou^{1}·－〕

爬查〔p‘a^{2}·tsa〕/〔－·ts‘a〕蝉的幼虫。

爬查皮〔－·－p‘i^{2}〕蝉蜕（也喻指小儿棉裤）。

明明虫（儿）〔miŋ^{2}·miŋts‘u ɣ̃r^{2}〕萤火虫。

明火虫〔－xuə^{3}ts‘uŋ^{2}〕

蜓蜓〔t‘iŋ^{1}·t‘iŋ〕蜻蜓。

虰虰〔tiŋ^{1}·tiŋ〕

红鱼〔xuŋ^{2}y^{2}〕鲤鱼。

泥鲫狗子〔ȵi^{2}·tɕ ikou^{3}·tsɿ〕泥鳅。

泥巴狗子〔－·pa－·－〕

泥巴龙〔－·－lyŋ^{2}〕

泥巴鳅〔－·－tɕ‘iou^{2}〕

蛤蟆疙瘩〔xɛ^{2}·makə^{1}·tou〕/〔ɕ iɛ^{2}·－tɕ iɛ^{1}·ta〕蝌蚪。

癞元〔lɛ^{4}yan^{2}〕蟾蜍。

癞肚（儿）〔－tur^{3}〕

癞肚子〔－tu^{3}·tsɿ〕

（七）房屋　器具

四合头院（儿）〔sɿ^{4}xə^{2}t‘ou^{2}yar^{4}〕四合院儿。

四号头院儿〔－xɔ^{4}－　－〕

猫道眼儿〔mɔ^{2} · tɔyar^{3}〕沟眼。

　阳沟嘴子〔yɑŋ^{2}kou^{1}tsuei^{3} · tsɿ〕

当门（儿）〔tɑŋ^{1}mər^{2}〕外间。

主房〔tsu^{3}fɑŋ^{2}〕堂屋。

倒座子〔tɔ^{4}tsuə^{4} · tsɿ〕倒厅。

　背座子〔pei^{4} – · –〕

茅坑〔mɔ^{2}k ‘əŋ^{1}〕厕所。

　（屎）茅子〔sɿ^{3}mɔ^{2} · –〕

门坎儿〔mən^{2}tɕ ‘iar^{4}〕门槛。

　门坎子〔–tɕ ‘ian^{4} · –〕

门搭吊（儿）〔–ta^{1}tiɔr^{4}〕门吊儿（钌铞儿）。

（门）插板子〔–ts ‘a^{1}pan^{3} · –〕门插关儿（门闩）。

　（门）插板儿〔– –par^{3}〕

　门插串子〔– –ts ‘uan^{4} · –〕

扇台子〔ʂan^{4}t ‘ɛ^{2} · –〕（鹿）台阶。

盖地〔kɛ^{4} · ti〕被子。

铺底〔p ‘u^{1} · ti〕褥子。

（洋）碱〔iɑŋ^{2}tɕ ian^{3}〕肥皂。

　（洋）胰子〔–i^{2} · tsɿ〕兼指香皂。

风箱〔fəŋ^{1} · ɕian〕拉～做饭。

炊帚把子〔ts ‘uei · ts ‘upa^{3} · –〕/〔– · ʂu – · –〕炊帚。

（八）人品

外头人〔uɛ^{3} · t ‘ouzən^{2}〕男人。

　外厢人〔– · ɕian –〕

　爷儿们儿〔iɛr^{2} · mər〕

家里人〔tɕ ia^{1} · lizən^{2}〕女人。

　娘儿们儿〔ȵi ɑ̃ r^{2} · mər〕（轻视或玩笑）。

　娘儿们家〔– · mən · tɕ ia〕（同上）

中用哩〔tsuŋ^{1}zuŋ^{4} · li〕/〔–yŋ^{4} · –〕男孩儿。

　破小子〔p ‘uə^{4}ɕ iɔ^{3} · tsɿ〕

妮儿〔ȵiər^{1}〕女孩儿。

妮子〔ȵi^{1} · –〕

小妮家〔ɕ iɔ^{3} – · tɕ ia〕

馍篮子〔muə^{2}lan^{2} · –〕

锞盒子〔k ‘uə^{4}xə^{2} · –〕

酒坛子〔tɕ iou^{3}t ‘an^{2} · –〕

客〔tɕ ‘iɛ^{1}〕

半转子〔pan^{4}tsuan^{4} · –〕半吊子或莽撞人。

愣头青〔ləŋ^{4}t ‘ou^{2}tɕ ‘iŋ^{1}〕

二不斗〔ər^{4}pu^{1}tou^{4}〕

二红砖〔–xuŋ^{2}tsuan^{1}〕

（半）腾子〔pan^{4}t ‘əŋ^{4} · tsɿ〕

居长老师儿〔tɕy^{1}tsɑŋ^{3}lɔ^{3}sər^{1}〕厨师。

掌锅哩〔tsɑŋ^{3}kuə^{1} · li〕

厨子老师儿〔ts ‘u^{2} · tsɿ – –〕

先生〔ɕ ian^{1} · səŋ〕医生。

老师儿〔lɔ^{3}sər^{1}〕尊称擅长某种技能的人。

尖头杵〔tɕian^{1}t ‘ou^{2}ts ‘u^{3}〕悭吝人，吝啬鬼。

老抠儿〔lɔ^{3}k ‘our^{1}〕

老矬〔–ts ‘uə^{2}〕/〔–ts ‘uə^{1}〕

铁（毛老）公鸡〔t ‘iɛ^{1}mɔ^{2}lɔ^{3}kuŋ^{1} · tɕi〕

老鳖（一）〔lɔ^{3}piɛ^{1}i^{1}〕

甲鱼头〔tɕ ia^{1} · yt ‘ou^{2}〕/〔– · i –〕

家私头〔tɕ ia^{1} · sɿ –〕

仔细头〔tsɿ^{3} · ɕi –〕

拾小孩哩〔sɿ^{2}ɕiɔ^{3}xɛ^{2} · li〕收生婆。

寡汉条子〔kua^{3}xan^{4}t ‘iɔ^{2} · tsɿ〕单身汉。

光杆子〔kuɑŋ^{1}kan^{3} · –〕

光棍儿汉〔– · kuərxan^{4}〕

家姑老〔tɕia^{1}ku^{1}lɔ^{3}〕老姑娘（老处女）。

过房女（儿）〔kuə^{4}fɑŋ^{2}ȵyər^{3}〕再醮妇人。

过门女（儿）〔–mən^{2} –〕

班儿里〔par^{1} · li〕（老派）衙役。

老砸儿〔lɔ^{3}tsar^2〕（老派）土匪。

　砸家子〔tsa^{2}tɕ ia^1 · tsɿ〕

　刀客〔tɔ^{1}k ‘ɛ^1〕/〔－k ‘iɛ^1〕

　老汤〔lɔ^{3}t ‘ɑŋ^1〕

　抢马手〔tɕ ‘iɑŋ^{3}ma^{3}sou^3〕

底码〔ti^{3}ma^3〕（鹿）引线的。

冒料〔mɔ^{4}liɔ^4〕信口开河，说话没准的人。

　老转〔lɔ^{3}tsuan^4〕

老实玄（儿）〔lɔ^3 · sɿ ɕyar^3〕外表老实内心不老实的人。

老毛兔〔lɔ^{3}mɔ^{2}t ‘u^4〕喻老奸巨猾的人。

　老黄脚〔－xuɑŋ^{2}tɕ yɔ^1〕

半拉伞〔pan^{4}la^{1}san^3〕喻自私自利的人。

赖渣皮〔lɛ^{4}tsa^{1}p ‘i^2〕地痞流氓。

　赖八国〔－pa^{1}kuɛ^1〕

迷瞪瓜〔mi^2 · təŋkua^1〕反应迟钝的人。

　迷瞪秤〔－ · －ts ‘əŋ^4〕

　迷瞪蛋〔－ · －tan^4〕

骚胡蛋子〔sɔ^{1}xu^{2}tan^4 · tsɿ〕喻好色之徒。

　老骚胡〔lɔ^3－　－〕

哈菜〔xa^{3}ts ‘ɛ^4〕没能耐的人。

　老哈〔lɔ^{3}xa^3〕

豪豪〔xɔ^2 · xɔ〕英雄汉。

面筋（膀）〔mian^4 · tɕ inpɑŋ^3〕老蔫儿。

面户〔－xu^4〕常吃亏忍辱者：咱是～/人家老捏咱～。

（九）亲属

大（儿）〔ta^4〕/〔tar^4〕父亲（爹）。

　大〔ta^1〕（商、淮）

　伯〔pɛ^1〕（项）

　大〔ta^2〕（商、扶、项、郸、鹿）

　叔〔su^3〕

　大爷〔ts^4 · iɛ〕（太、郸）自“伯”以下多是借称或讳称。

伯〔pɛ^{3}〕（回民）

老伯〔lɔ·pɛ〕（回民）伯父（大爷）。

大大（儿）〔ta^{4}·ta〕/〔ta^{4}·tar〕伯母（大娘）。

大〔ta^{2}〕叔父（叔叔）。

小爹〔ɕiɔ^{3}tiɛ^{1}〕

小大儿〔－tar^{2}〕

花婶儿〔xua^{1}sər^{3}〕叔母，婶儿（多指新娶者）。

花娘〔－ȵiaŋ^{2}〕（扶、太）

老爷〔lɔ^{3}·iɛ〕外祖父。

老娘〔－·ȵiaŋ〕外祖母（姥姥）。

媳妇儿〔ɕi^{2}·fur〕儿媳妇儿。

老岳（儿）〔lɔ^{3}yɔ^{1}〕/〔－yɔr^{1}〕（背称）岳父（岳丈）。

外母娘〔uɛ^{4}mu^{3}ȵiaŋ^{2}〕（背称）岳母（丈母）。

老外母〔lɔ^{3}－ －〕

客〔k‘iɛ^{1}〕/〔tɕ‘iɛ^{1}〕（爱称）女婿。

娇客〔tɕ iɔ^{1}－〕

妗儿妗儿〔tɕ iər^{4}·tɕ iər〕（川）舅母（妗子）。

外甥〔uɛ^{4}·səŋ〕兼指外孙儿。

外甥女〔－·－ȵy^{3}〕兼指外孙女儿。

姑娘〔ku^{1}ȵiaŋ^{2}〕（背称）姑母（姑姑）。

嬷嬷〔ma^{2}·ma〕（回民）

姊妹〔tsɿ^{3}·mən〕兄弟姐妹：俺家～仨，一个哥，一个姐，数我最小。

外头人〔uɛ^{4}·t‘ouzən^{2}〕丈夫。

外道人〔－·tɔ－〕

外人〔uɛ^{4}－〕

汉子〔xan^{4}·tsɿ〕（以上背称）

当家哩〔taŋ^{1}tɕ ia^{1}·li〕（面称）

家里（人）〔tɕ ia^{1}·lizən^{2}〕妻子。

媳妇〔ɕi^{2}·fu〕

里当家哩〔li^{3}taŋ^{1}tɕ ia^{1}·li〕（以上背称）

小婆子〔ɕiɔ^{3}·p‘uə·tsɿ〕小老婆。

二婆〔ər^{4}p‘uə^{2}〕（以上背称）

大伯子哥〔ta⁴·pei·tsɿkə³〕（背称）丈夫的哥哥。

大姑子姐〔－ku¹·－tɕ iε³〕（背称）丈夫的姐姐。

一条杠儿〔i¹t‘iɔ²k ɑ̃r⁴〕连襟。

一条檩儿〔－ －li ə̃r³〕

晚辈（儿）〔mian³per⁴〕俺是恁老人家～。

亲家〔tɕ‘in⁴·tɕ ia〕/〔tɕ‘yɔ⁴·－〕～母/干～。

亲亲〔tɕ‘in¹·tɕ‘in〕亲戚。

姚婆〔iɔ²·p‘uə〕继母（后妈）。

后老娘〔xou⁴lɔ³ȵiɑŋ²〕（以上西区）

晚娘〔uan³－〕（东区）

后老大〔xou⁴lɔ³ta⁴〕/〔－ －ta²〕继父（后爹）。

带来哩〔tε⁴·lε·li〕带犊子（妇女改嫁带的儿女）。

先年哩〔ɕian¹ȵian²·－〕继母称前房子女。

暮生儿〔mu⁴·sər〕遗腹子。

老疙瘩〔lɔ³kε¹·ta〕/〔－tɕ iε¹·－〕最小的儿女。

团圆媳妇〔t‘uan²·yanɕ i²·fu〕童养媳。

（十）身体

光电儿〔kuɑŋ¹tiar⁴〕光头。

光葫芦〔－xu²·lu〕

稀顶〔ɕ i¹tiŋ³〕秃顶。

脑木勺子〔lɔ³·musuə²·tsɿ〕/〔nɔ³·－ －·－〕脑袋后面突出的部分。

脑木勺儿〔－·－suər²〕

脑末勺子〔－·muə－·－〕

脑眉勺〔－·mei－〕

头把子〔t‘ou²pa⁴·tsɿ〕

雪皮〔ɕyε¹p‘i²〕头皮（头皮表面脱落下来的碎屑）。

额勒盖儿〔ɣə¹·lakεr⁴〕额（额头，脑门子）。

额脑头儿〔ɣε¹lɔ³t‘our²〕

额脑头子〔iε¹lɔ³t‘ou²·tsɿ〕

眉户头儿〔mei^{2} · xut ‘our^{2}〕/〔－ · u －〕

额拉盖子〔ɣə^{1} · lakε^{4} · －〕

额楼盖子〔－ · lou － · －〕

额楼盖儿〔－ · －kεr^{4}〕

呼歇塔儿〔xu^{1}ɕiε^{1}t ‘ar^{1}〕囟门。

呼歇盖子〔－ －kε^{4} · tsɿ〕

顶门盖儿〔tiŋ^{3}mən^{2}kεr^{4}〕

脸骨跩〔lian^{3}ku^{1}tsuε^{3}〕颧骨。

眵麻糊〔ts ‘ɿ^{1} · maxu^{1}〕眼眵。

眵模糊〔－ · muə －〕

芝麻糊〔tsɿ · maxu^{1}〕

眼芝毛〔ian^{3} · tsɿmɔ^{2}〕/〔－ · tsε －〕睫毛（眼睫毛）。

鼻子〔pi^{2} · tsɿ〕鼻涕。

嘴水〔tsuei^{3} · suei〕/〔－ · fei〕口水。

嘴嘴〔－ · tsuei〕

牙花子〔ia^{2}xua^{1} · tsɿ〕牙床（牙龈）。

牙刺〔－ts ‘ɿ^{4}〕牙垢（牙屎）。

耳刺〔ər^{3} －〕耳垢（耳屎）。

耳巴子〔ər^{3}pa^{1} · tsɿ〕/〔zɿ^{3} － · －〕耳光（耳刮子）。

耳暴〔－pɔ^{4}〕

下马骨子〔ɕia^{4} · maku^{1} · －〕下巴。

下马颏子〔－ · －k ‘ə^{1} · －〕

胡咙〔xu^{2} · luŋ〕喉咙（嗓子）。

胡咙系（子）〔－ · －ɕi^{4} · －〕

将马头子〔tɕ iaŋ^{1}ma^{3}t ‘ou^{2} · －〕肩膀。

脊梁〔tɕ i^{1} · ȵiaŋ〕/〔－ · liaŋ〕脊背。

槌（头）〔ts ‘uei^{2}t ‘ou^{2}〕拳头。

包包（儿）〔pɔ^{1} · pɔr〕乳房。

包（儿）〔pɔr^{1}〕

妈妈（儿）〔ma^{1} · mar〕

妈〔ma^{1}〕

肚目脐儿〔tu^{4} · mutɕ ‘iər^{2}〕肚脐。

肚目脐子〔－・－tɕ ‘i^{2}・tsʅ〕

肚马脐子〔－・ma－・－〕

肚末脐〔－・muə－〕

不牢盖儿〔pu^{1}・lɔ$kɛr^{4}$〕/〔－・la－〕膝盖。

不牢盖子〔－・－kɛ ^{4}・tsʅ〕

拨拉盖儿〔$puə^{1}$・la$kɛr^{4}$〕

屁股垂子〔p ‘i^{4}・kuts ‘uei^{2}・－〕屁股（臀 tún）。

腚〔$tiŋ^{4}$〕

螺翅骨〔$luə^{2}$・ts ‘ʅku^{1}〕（西区）踝子骨 huái・zigǔ。

脚螺骨子〔tɕ $yɔ^{1}luə^{2}$・kuə・tsʅ〕（东区）

汗淋子〔$xan^{4}lin^{2}$・－〕刘海儿。

汗淋儿〔－$liər^{2}$〕

（十一）病痛　医疗

不得法〔$pu^{1}tɛ^{1}fa^{1}$〕不舒服；不得劲；生病。

不舒坦〔－ts ‘u^{1}・t ‘an〕（西、扶等）

不当得哩〔－$taŋ^{4}tɛ^{1}$・li〕（扶、太等）

生疾患儿〔$səŋ^{1}$tɕ i^{1}・xuar〕（太）指小儿生病。

紧病〔$tɕin^{3}piŋ^{4}$〕（项、沈、郸等）急病。

风化了〔$fəŋ^{1}$・xua・la〕（太）着凉了（感冒了）。

火气〔$xuə^{3}$・tɕ ‘i〕上火。

打老张〔$ta^{3}lɔ^{3}tsaŋ^{1}$〕发疟子（患疟疾）。

点花〔$tian^{3}xua^{1}$〕种牛痘。

羊羔儿风〔$iaŋ^{2}kɔr^{1}fəŋ^{1}$〕癫痫（羊角风）。

老鸹蛋雀子〔$lɔ^{3}$・$kuətan^{4}$tɕ ‘$yɔ^{1}$・tsʅ〕（沈）雀斑。

电光头〔$tian^{4}kuaŋ^{1}$t ‘ou^{2}〕（鹿）秃子，秃头。

单打一〔$tan^{1}ta^{3}i^{1}$〕独眼龙。

老婆嘴〔$lɔ^{3}$p ‘$uə^{2}tsuei^{3}$〕指成人不生须的。

白公子〔$pɛ^{2}$・kuŋ・tsʅ〕/〔－$kuŋ^{4}$・－〕天老儿。

白雾子〔－・u・－〕

泻火〔$ɕiɛ^{4}xuə^{3}$〕去火。

拔毒〔$pa^{2}tu^{2}$〕败毒。

材坏〔ts ‘ε^{2}·xuε〕残废：~了。

（十二）衣服　穿戴

布衫子〔pu^{4}san^{1}·tsɿ〕①衬衣，衬衫。②褂子。

（小）布衫（儿）〔ɕiɔ^{3}pu^{4}·sar〕

汗褂子〔xan^{4}kua^{4}·－〕

兜儿〔tour^{1}〕兜子：装~里。

布袋子〔pu^{4}tε^{4}·－〕

褡褡子〔ta^{1}·ta·－〕（项）

裤头儿〔k ‘u^{4}t ‘our^{2}〕裤衩儿（短裤）：三角~/西装~。

裤衩子〔－ts ‘a^{3}·－〕

汗褟子〔xan^{4}t ‘a^{1}·－〕①夏天贴身穿的中式小褂（多无袖或短袖）。②背心。

水裙〔suei^{3}·tɕ ‘yn〕围裙。

暖肚子〔nuan^{3}tu^{4}·－〕兜兜（兜肚）。

鞋呱嗒子〔ɕiε^{2}kua^{1}ta^{2}·－〕拖鞋。

呱嗒板子〔－ －pan^{3}·－〕

棉靴（子）〔mian^{2}ɕyε^{1}·－〕棉鞋。

洋袜子〔iɑŋ^{2}ua^{1}·－〕机织袜子。

羊肚手巾〔iɑŋ^{2}tu^{3}sou^{3}·tɕin〕毛巾。

耳暖子〔ər^{3}nuan^{3}·－〕耳帽儿。

手箍子〔sou^{3}ku^{1}·－〕戒指。

手箍儿〔－kur^{1}〕

（十三）饮食

清倒饭〔tɕ ‘iŋ^{1}·tɔfan^{4}〕早饭。

晌午饭〔sɑŋ^{3}·u－〕午饭。

后晌饭〔xə^{4}sɑŋ^{3}fan^{4}〕晚饭（吃晚饭叫“喝汤”）。

黑老饭〔xε^{1}·lɔ－〕/〔ɕiε^{1}·－ －〕

斯气了〔sɿ^{1}·tɕ ‘i·la〕馊了。

锅圪巴〔kuə^{1}kε^{2}－〕/〔－tɕiε^{2}·－〕锅巴。

好面〔xɔ^{3}mian^{4}〕白面。

扁食〔pian^3·sɿ〕饺子。

（白）卷子〔pɛ^{2}tɕyan^3·tsɿ〕馒头（不带馅）。

（蒸）馍〔tsəŋ^{1}muə^2〕

包脚子〔pɔ^{1}tɕyɔ^3·－〕包子（菜馅的）。

花卷子〔xua^{1}tɕyan^3·－〕卷子（分层掺入杂面的）。

烙馍〔luə^1·muə〕烙饼。

细粉〔ɕi^4·fən〕粉丝，粉条。（注：区内“细粉”指粗的，也叫“粉条儿”；“粉丝”指细的。）

馃子〔kuə^3·tsɿ〕点心。

油馃子〔iou^2·kuə·－〕/〔－kuə^3·－〕油条。

气道〔tɕ‘i^4·tɔ〕气味难闻。

祭灶糖〔tɕi^{4}tsɔ^{4}t‘ɑŋ^2〕麦芽糖。

红豆腐〔xuŋ^{2}tou^4·fu〕/〔－ －·xu〕用牛羊猪血制成的块状菜食品。

晃子〔xuɑŋ^4·tsɿ〕

辣酒〔la^{1}tɕiou^3〕白酒（白干儿）。

蒸酒〔tsəŋ^1－〕

老酒〔lɔ^3－〕（沈）

（江米）浮子酒〔tɕiɑŋ^{1}mi^{3}fu^2·tsɿ－〕江米酒（酒酿）。

酵子〔tɕiɔ^4·tsɿ〕引酵。

揸头子〔tsa^1·t‘ou·－〕

面头〔mian^{4}t‘ou^2〕

（十四）红白大事

提媒〔t‘i^{2}mei^2〕说媒、提亲。

撵鲤鱼〔ȵian^{3}li^{3}y^2〕（诙谐说法）

媒红〔mei^2·xuŋ〕媒人。

大月老〔ta^{4}yɛ^{1}lɔ^3〕

鸿媒〔xuŋ^{2}mei^2〕指女子未订过婚的。

大媒〔ta^4－〕

完亲〔uan^{2}tɕ‘in^1〕成亲（对男方）。

出门子〔ts‘u^{1}mən^2·tsɿ〕出嫁（对女方）。

出闺〔－kuei^1〕

过门〔kuə4mən2〕

打发（闺女）〔ta3·fakuei1·ȵy〕嫁闺女。

寻媳妇（儿）〔ɕin2ɕi2·fur〕男方找对象。

寻了〔－·la〕男子或女子找到了对象。

寻下〔－·ɕia〕（扶）订婚。

看好（儿）〔k‘an4xɔr3〕选择婚期。

（喜）好儿〔ɕi3－〕喜期。

好儿期〔－tɕ‘i1〕

送好儿〔suŋ4－〕男方通知喜期。

搬亲〔pan1tɕ‘in1〕迎亲。

小送〔ɕiɔ3suŋ4〕旧时送童养媳。

交心酒〔tɕiɔ1ɕin1tɕiou3〕交杯酒。

倒扎门〔tɔ4tsa1mən2〕倒插门，倒踏门。

再造一步〔tsɛ4ts‘ɔ4i1pu4〕改嫁。

双身了〔suɑŋ1sən1·la〕怀孕了。

放下了〔fɑŋ4·ɕia·－〕（扶）生孩子，坐月子。

搁下了〔kə1·－·－〕

月子了〔yɛ1·tsɿ·－〕

呆月子〔tɛ1－·－〕

过月子〔kuə4－·－〕

引孩子〔in3xɛ2·－〕也指领孩子。

怯生〔tɕ‘iɛ4səŋ1〕/〔tɕ‘iɛ1－〕认生，怕生。

生儿〔s ə̃r1〕生日：过～。

殇了〔sɑŋ1·la〕特指中青年死亡。

扳了〔pan3·－〕特指婴幼儿死亡。

丢了〔tiou1·－〕

扔了〔zəŋ1·－〕

回国〔xuei2kuɛ1〕死（讥笑或诙谐）。

翘蹄子〔tɕ‘iɔ4t‘i2·tsɿ〕/〔tɕ‘iɔ1－·－〕

冇得了〔miɔ4tɛ2·la〕

木头〔mu1·t‘ou〕特指棺材。

杺〔xuə2〕

喜脉〔ɕi^{3} –〕寿材，寿木（生前预制的）。

喜板〔 – pan^{3}〕为老人准备的棺材板。

纸罩子〔tsɿ^{3}tsɔ^{4} · tsɿ〕罩在棺材上的纸糊的房子（出殡时用）。

五七〔u^{3}tɕ ‘i^{1}〕人死后的第35天祭日。

百日〔pɛ^{1}zɿ^{1}〕百天祭日。

　百天〔 – · t ‘ian〕

过周年〔kuə^{4}tsou^{1}ȵian^{2}〕祭奠死者去世一周年（直至三周年大祭）。

孝帽子〔ɕiaŋ^{1}mɔ^{4} · tsɿ〕为哀悼死者戴的白布小帽。

白手巾〔pɛ^{2}sou^{3} · tɕin〕哀悼死者时勒在头上的白布巾。

　孝布〔ɕiɔ^{4}pu^{4}〕

　趗头布〔ɕyɛ^{2}t ‘ou^{2} –〕

孝衣子〔ɕiɔ^{4}i^{1} · tsɿ〕（太）孝服（白布大褂）。

护白鞋〔xu^{4}pɛ^{2}ɕiɛ^{2}〕晚辈在鞋上缀块白布以悼念死者。

三牲供〔san^{1}səŋ^{1}kuŋ^{4}〕多指猪鸡鱼三样供品。

社火〔sə^{4}xuə^{3}〕/〔sɛ^{4} –〕在死者坟前烧的纸糊殉葬品。

　祀火〔sɿ^{4} · xuə〕

寻无常〔ɕin^{2}u^{3} · tsaŋ〕寻短见（自杀）。

（十五）迷信

神胎〔sən^{2}t ‘ɛ^{1}〕神像。

抽签〔ts ‘ou^{1}tɕ ‘ian^{1}〕求签。

姑姑子〔ku^{1} · ku · tsɿ〕尼姑。

引魂幡子〔in^{3}xuən^{2}fan^{1} · –〕出殡时死者长子所举的幡儿。

　柳木幡子〔liou^{3}mu^{1} – · –〕

掐八字〔tɕ ‘ia^{1}pa^{2}tsɿ^{4}〕算命。

合八字〔xə^{2} – –〕特指给未婚夫妇算命。

爻课哩〔iɔ^{2}k ‘uə^{4} · li〕算卦的。

阴阳先儿〔in^{1}iaŋ^{2}ɕiar^{1}〕阴阳生。

信教哩〔ɕin^{4}tɕiɔ^{4} · –〕教徒。

筮婆子〔sɿ^{1}P ‘uə^{2} · tsɿ〕巫婆。

附体〔fu^{4}t ‘i^{3}〕下神。

坐坛〔tsuə^{4}t ‘an^{2}〕过阴。

舍身〔sə^{3}sən^{1}〕/〔sɛ^{3} -〕从四五米高的庙台上跳下为父母还愿。

（十六）讼事

问官司〔uən^{4}kuan^{1}·sɿ〕问案。
敲了〔tɕ‘iɔ^{1}·la〕枪毙。
闷里头了〔mən^{1}li^{3}·t‘ou·-〕坐牢了。
立字〔li^{1}tsɿ^{4}〕立约。
课子〔k‘uə^{4}·tsɿ〕（老派）租子（地租）。
完银子〔uan^{2}in^{2} -〕（老派）交田赋。
䞍受〔tɕ‘iŋ^{2}sou^{4}〕特指继承财产。

（十七）日常生活

漱嘴〔su^{4}tsuei^{3}〕漱口。
刮头〔kua^{1}t‘ou^{2}〕篦头。
喝糊涂〔xə^{1}xu^{2}·tu〕吃早饭。
吃面条儿〔ts‘ɿ^{1}mian^{4}t‘iɔr^{2}〕吃午饭。
喝汤〔xə^{1}t‘ɑŋ^{1}〕吃晚饭。
　喝茶〔-ts‘a^{2}〕
啖〔tan^{3}〕（川、商）吃。
尿泡〔ȵiɔ^{4}p‘ɔ^{1}〕撒尿，尿尿。
挺下〔t‘iŋ^{3}ɕia^{4}〕躺下。
　挺那〔-·na〕
　挺倒〔-tɔ^{3}〕又指病倒或撒手不干。
囫囵衣儿〔xu^{2}·luəniər^{1}〕和衣而卧。
发呓挣〔fa^{1}i^{4}·tsəŋ〕梦中有说有动的行为。
搭灯〔ta^{1}təŋ^{1}〕开夜车。
　连灯拐〔lian^{2}təŋ^{1}kuɛ^{3}〕

（十八）交际

官客〔kuan^{1}k‘ɛ^{1}〕/〔-tɕ‘iɛ^{1}〕（老派）男客。
堂客〔t‘ɑŋ^{2} -〕（老派）女客。
别外气〔pɛ^{2}uɛ^{4}tɕ‘i^{4}〕甭客气。

摆桌〔pɛ^{3}tsuə^{1}〕摆酒席（设宴）。

　待桌〔tɛ^{4}－〕

坐桌〔tsuə^{4}－〕赴宴。

写酒〔ɕiɛ^{3}tɕiou^{3}〕斟酒。

刀刀〔tɔ^{1}·tɔ〕让菜用语。

不顺当〔pu^{1}suən^{4}·tɑŋ〕不和。

改人〔kɛ^{3}zən^{2}〕（老派）笑话人。

拿捏〔na^{2}·ȵiɛ〕做作。

大样〔ta^{4}·iɑŋ〕摆架子。

拿劲（儿）〔na^{2}tɕiər^{4}〕拿乔。

　拿糖〔－t‘ɑŋ^{2}〕

装熊〔tsuɑŋ^{1}ɕyŋ^{2}〕装模作样：别～了。

　装佯〔－iɑŋ^{2}〕

　装妻孙〔－tɕ‘i^{1}suən^{1}〕

出相〔ts‘u^{1}ɕiɑŋ^{4}〕出洋相。

　现眼〔ɕian^{4}ian^{3}〕

丢片儿〔tiou^{1}p‘iar^{4}〕丢脸，丢人。

谝〔p‘ian^{3}〕夸耀；显示：～能。

露一鼻子〔lou^{4}i^{1}pi^{2}·tsɿ〕出风头。

敲打〔tɕ‘iɔ^{1}ta^{3}〕旁敲侧击。

　敲边子〔－pian^{1}·－〕

窝里造〔uə^{1}·lits‘ɔ^{4}〕窝儿里反（喻自相争斗）。

　窝里斗〔－·－tou^{4}〕

　踢套〔t‘i^{1}t‘ɔ^{4}〕

敲麻骨〔tɕ‘iɔ^{1}ma^{2}·ku〕揭短取笑。

黑不黑画一道〔xɛ^{1}pu^{1}xɛ^{1}xua^{4}i^{1}tɔ^{4}〕/〔ɕiɛ^{1}－ɕiɛ^{1}－－－〕表示一下。

纳憨儿〔na^{1}xar^{1}〕装傻。

挖软泥儿〔ua^{1}zuan^{3}ȵiər^{2}〕欺负弱者。

不认你那一壶酒钱〔pu^{1}zən^{4}ȵi^{3}na^{4}i^{1}xu^{2}tɕiou^{3}tɕ‘ian^{2}〕不买账。

管〔kuan^{3}〕能够；可以；行。

中〔tsuŋ^{1}〕成；行；好。不～/这孩子～/～了。

齐了〔tɕ‘i^{2}·la〕/〔ts‘i^{2}·－〕结束了；行了。

毕了〔pi^{2}·－〕完了；糟了。

　毁了〔xuei^{3}·－〕

　毕头了〔－t‘ou^{2}·－〕

（十九）商业

跑单庄儿〔p‘ɔ^{3}tan^{1}tsu ɑ̃ r^{1}〕（老派）跑单帮。

晾账〔liɑŋ^{4}tsɑŋ^{4}〕（老派）倒闭。

相公〔ɕiɑŋ^{4}·kuŋ〕（老派）学徒。

高〔kɔ^{1}〕（价钱）贵。

黄账〔xuɑŋ^{2}tsɑŋ^{4}〕（老派）烂账（收不回来的账）。

冒账〔mɔ^{4}－〕入不敷出。

秆花儿〔ts‘əŋ^{4}xuar^{1}〕秤星儿。

志志〔tsɿ^{4}·tsɿ〕称一称。

　吊吊〔tiɔ^{4}·tiɔ〕

劈红〔p‘i^{3}xuŋ^{2}〕分红。

争〔tsəŋ^{1}〕欠：~两毛钱。

　称〔ts‘əŋ^{1}〕

长钱〔ts‘ɑŋ^{2}tɕ‘ian^{2}〕赚钱。

猪肚绵〔tsu^{1}tu^{3}mian^{2}〕（老派）丝绵。

笔墨庄儿〔pei^{1}mei^{1}tsu ɑ̃ r^{1}〕/〔－mɛ^{1}－〕（老派）文具店。

干店〔kan^{1}tian^{4}〕不设床位的客栈。

挂牌儿肉〔kua^{4}p‘ɛr^{2}zou^{4}〕回民卖的挂有“清真”牌子的牛羊肉。

打倒〔ta^{3}tɔ^{4}〕退货。

（二十）文化　教育

洋学堂〔iɑŋ^{2}ɕyɔ^{2}t‘ɑŋ^{2}〕（老派）指新式学校（与私塾相对）。

学屋〔－u^{1}〕（老派）教室。

上洋学〔sɑŋ^{4}iɑŋ^{2}－〕（老派）指在大、中、小学读书。

坐红椅子〔tsuə^{4}xuŋ^{2}i^{3}·tsɿ〕背榜（考试名列最后）。

　坐红圈椅〔－　－tɕ‘yan^{1}i^{3}〕

私学〔sɿ^{1}ɕyɔ^{2}〕私塾。

摹帖〔muə²t ‘iɛ¹〕临帖。

墨盘〔mei¹p ‘an²〕砚台。

仿锭子〔fɑŋ³tiŋ⁴ · tsɿ〕镇纸。

粉板〔fən³pan³〕黑板。

粉（板）刷儿〔－ －suar¹〕板擦儿。

秃宝盖〔t ‘u¹pɔ³kɛ⁴〕平宝盖（冖）。

犬犹儿〔tɕ ‘yan³iour²〕反犬旁（犭）。

　犬犹旁〔－iou²p ‘ɑŋ²〕

病字旁〔piŋ⁴ · tsɿp ‘ɑŋ²〕病字头（疒）。

　病壳老〔－k ‘ə¹ · lɔ〕

　病壳郎〔－ － · lɑŋ〕

赖学〔lɛ⁴ɕyɔ²〕逃学。

坐级生〔tsuə⁴tɕi¹səŋ¹〕留级生。

重茬生〔ts ‘uŋ²ts ‘a² －〕复习生。

（二十一）游戏

藏老蒙儿〔ts ‘ɑŋ²lɔ³m ə̃r¹〕捉迷藏。

打毛蛋〔ta³mɔ²tan⁴〕（老派）打篮球。

拾子儿〔sɿ²tsər³〕有些地方叫“抓子儿”。

撇撇儿〔p ‘iɛ¹p ‘iɛr¹〕打水漂儿。

　打漂漂〔ta³p ‘iɔ¹ · p ‘iɔ〕

　打滑儿〔－xuar²〕

猜枚〔ts ‘ɛ¹mei²〕猜拳；划拳；豁拳。

　伸枚〔ts ‘ən¹ －〕

　来枚〔lɛ² －〕

　豁枚〔xuə¹ －〕

猜宝〔ts ‘ɛ¹pɔ³〕猜枚。

　出宝〔ts ‘u¹ －〕

快升官〔k ‘uɛ⁴səŋ¹kuan¹〕划拳时“九”的叫数。

吹响器〔ts ‘uei¹ɕiɑŋ³tɕ ‘i⁴〕指唢呐、笙合奏。

扁担戏〔pian³tan⁴ɕi⁴〕木偶戏；傀儡戏。

　扁担猴〔－ －xou¹〕

猴头人儿〔xou^{2}t‘ou^{2}zər^{2}〕

猴头人子〔－ －zən^{2}·tsɿ〕

四股弦〔sɿ^{4}ku^{3}ɕian^{2}〕越调。

曲子〔tɕ‘y^{1}·－〕曲剧。

（太康）道情〔t‘ε^{4}k‘ɑŋ^{1}tɔ^{4}tɕ‘iŋ^{2}〕太康县地方戏（不同于渔鼓道情）。

打车轱轮儿〔ta^{3}ts‘ə^{1}ku^{2}luər^{1}〕一种侧身翻游戏。

二忽眼儿〔ər^{4}xu^{1}iar^{3}〕魔术：打～哩（玩魔术的）。

待宝〔tε^{4}pɔ^{3}〕（老派）押宝。

（二十二）动作

勾着头〔kou^{1}·tsuət‘ou^{2}〕低着头。

迈眼〔mε^{4}ian^{3}〕/〔man^{4}－〕干活或走路时精力不集中，眼往旁处看。

□□〔pan^{1}ts‘ɿ^{2}〕仔细看：～一下/～～。

睄睄〔sɔ^{4}·sɔ〕暗中察看。

支棱〔tsɿ^{1}·ləŋ〕竖起；翘起：～着耳朵听。

丢手〔tiou^{1}sou^{3}〕撒手。

搊〔ts‘ou^{1}〕掤 zhōu：～死猫上树。

掤〔tsou^{3}〕举：～起来。

咕欻〔ku^{1}·ts‘ua〕/〔k‘u^{1}·－〕“刮”的分音，给甜秫秸～～。

擩〔zu^{3}〕插；塞：～进去。

挌〔k‘ε^{2}〕/〔k‘iε^{2}〕逮，捉：猫～老鼠。

扢〔k‘uε^{3}〕挎：～篮子。

擢〔xuə^{1}〕泼：～水。

跑伻子〔p‘ɔ^{3}pəŋ^{1}·tsɿ〕跑腿儿。

咯噔〔kə^{2}·təŋ〕/〔kiε^{2}·－〕用一只脚跳。

出律〔ts‘u^{1}·ly〕溜（象声词作动词用）：这人啥时候～了？

蹿〔ts‘uan^{1}〕跑；溜：～了/别到处～！

地伻儿〔ti^{4}p ə̃ r^{1}〕步行（与乘车相对）。

地伻子〔－Pəŋ^{1}·tsɿ〕

地下走〔－·ɕiatsou^{3}〕

骨堆〔ku^{1}·tuei〕蹲：～着/～下。

板倒〔pan^{3}tɔ^3〕跌跤。

　摔骨碌子〔suɛ^{1}ku^1·lu·tsɿ〕

倒卖叉〔iɑŋ^3·mɛts‘a^1〕仰八叉。

喷（大）空儿〔p‘ən^{1}ta^{4}k‘uə̃r^1〕聊天儿；闲谈，闲聊。

　砍空儿〔k‘an^3－〕

　拉呱（儿）〔la^2·kuar〕/〔－kua^3〕

答睬〔ta^{1}ts‘ɿ^2〕答理；理睬：不～。

不甩乎〔pu^{1}suɛ^3·xu〕不理会；不在乎。

　不耳乎〔－ər^3·－〕

咋呼〔tsa^1·xu〕嚷嚷；吆喝：瞎～/乱～啥？

　邪火〔ɕiɛ^2·xuə〕

胡连八扯〔xu^{2}lian^{2}pa^{1}ts‘ə^3〕/〔－lian^1－－〕胡扯，瞎扯。

　胡砍〔－k‘an^3〕

　胡拎〔－lin^1〕

　瞎冒〔ɕia^{1}mɔ^4〕

　信喷〔ɕin^{4}p‘ən^1〕

摧〔tɕ‘yɔ^1〕骗，诓：～人。

抬棍〔t‘ɛ^{2}kuən^4〕抬杠。

　别嘴岔子〔piɛ^{2}tsuei^{3}ts‘a^4·tsɿ〕

　别争〔－·tsəŋ〕

犄〔kə^2〕吵架；打架：那俩孩子～起来了。

　犄气〔－tɕ‘i^4〕

　犄架〔tɕia^4〕

抵〔ti^3〕打架。

噘〔tɕyɛ^2〕骂：～人。

　卷〔tɕyan^3〕

打渣子〔ta^{3}tsa^1·tsɿ〕用言语取闹：别～。

挨吵〔ɣɛ^{2}ts‘ɔ^3〕受批评。

　挨熊〔－ɕyŋ^2〕

　挨口〔－k‘ou^3〕

捣脊梁骨〔tɔ^{3}tɕi^{1}ȵiɑŋ^{2}ku^1〕比喻背后议论是非。

巴交〔pa^1·tɕiɔ〕巴结。

溜（沟子）〔liou^{1}kou^{1}·tsɿ〕讥讽、厌恶语气，下同。

舔〔t‘ian^{3}〕

花搅〔hua^{1}·tɕiɔ〕多指用言语讨好对方以达到自己的目的：~人/别~我了。

佮〔kə^{1}〕结交：~伙计。

佮磨〔-·muə〕相处：咱弟儿们~哩不赖。

缠〔ts‘an^{2}〕①较量：~到底。②干：管~。

摽〔piɔ^{4}〕

拱叽〔kuŋ^{3}·tɕi〕怂恿。

戳叽〔ts‘uə^{2}·-〕

掌〔tsɑŋ^{3}〕加上（油盐等）：~点醋。

对搭〔tuei^{4}·ta〕/〔tei^{4}·〕①拼凑；凑合：~一点儿。②将就：~过去算了。

拼对〔p‘in^{1}-〕

提溜〔ti^{2}·liou〕提（用手）：~一条鱼。

迷见〔mi^{2}tɕian^{4}〕丢失：东西~了。

卯〔mɔ^{3}〕剩：还~多少？

闪〔san^{3}〕

着〔tsuə^{2}〕“知道”的合音：不~。

酌议〔tsuə^{1}·i〕商议：~~。

品品〔p‘in^{3}·p‘in〕想想：仔细~。

觉摸〔tɕyɔ^{1}·muə〕忖；觉得：我~着可以。

掂对〔tian^{1}·tei〕斟酌。

格意〔kε^{2}·i〕/〔kiε^{2}·-〕/〔tɕiε^{2}·-〕①怕：~他。②担心：~哩慌。③讨厌：~人。

格影〔kε^{2}·iŋ〕/〔kiε^{2}·-〕/〔tɕiε^{1}·-〕

发怵〔fa^{1}ts‘u^{4}〕因胆怯而畏缩：心里直~。

挂见〔kua^{4}·tɕian〕挂牵（挂念，牵挂）。

巴望〔pa^{1}·uɑŋ〕盼望。

起眼儿〔tɕ‘i^{3}iar^{3}〕眼红；眼热。

眼气〔ian^{3}tɕ‘i^{4}〕眼馋；眼红。

克烦〔k‘ε^{1}·fan〕/〔k‘iε^{1}·-〕/〔tɕ‘iε^{1}·-〕讨厌：~人。

恶诉〔ɣə¹·ɕy〕
怄〔ɣou⁴〕特指小孩闹人：这孩子真～人/～气。
肆闹〔sɿ⁴·nɔ〕多指小孩闹人：这孩子好～人。
爱见〔ɣɛ⁴·tɕian〕喜欢；喜爱。
待见〔tɛ⁴·－〕不～。
耐烦〔nɛ⁴·fan〕/〔nan⁴·－〕
喜欢人〔ɕi³·xuanzən²〕令人喜爱，叫人高兴。
可怜人〔k‘ə²·lian－〕叫人可怜，让人同情。
向偏〔ɕiɑŋ⁴P‘ian¹〕偏向；偏袒；偏爱。
刺挠人〔ts‘ɿ⁴·nɔ－〕欺弄人。
糟挠人〔tsɔ¹·－－〕
戕烦人〔tɕ‘ɑŋ¹fan²－〕
沤〔ɣou⁴〕拖延：～到啥时候。
拿巴人〔na²·pa－〕难为人；刁难人。
窝憋〔uə¹·Piɛ〕烦闷；不舒畅（多指有不如意的事情）：～人/～哩慌。
熬糟〔ɣɔ¹·tsɔ〕①讽刺，挖苦：～人②糟蹋：好好的东西都叫给～了。
唬打〔xu³·ta〕①吓唬：～人。②蒙混：别～我。
（害）玄〔xɛ⁴ɕyan²〕害羞。
玄气〔－·tɕ‘i〕
不俗乎〔pu¹ɕy²·xu〕没印象；没发觉。
拉巴〔la¹·pa〕拉扯：把孩子～大了/～～。
掰活〔pɛ¹·xuə〕指教：～～/恁多～他几遍。
□□〔xɛ²·sa〕/〔ɕiɛ²·－〕/〔ɕiɛ²·tsa〕哆嗦；打寒战：直～。
□□〔xiɛ²·lɔ〕/〔ɕiɛ²·－〕/〔tɕiɛ²·－〕“搅”的分音。
骨轮〔ku¹luən²〕“滚”的分音。
仄棱〔tsɛ¹·ləŋ〕/〔tsɛ³·－〕倾斜。
仄歪〔－·uɛ〕
嬲〔ȵiɔ³〕缠绕：～着哩。
董〔tuŋ³〕①挥霍浪费：～干了。②弄脏：看你身上～哩！
扒豁子〔Pa¹xuə¹·tsɿ〕捅娄子。
兴〔ɕiŋ¹〕准许：～你看不～俺看？
戗不住〔tɕ‘iɑŋ¹pu¹tsu⁴〕拿不准；说不定。

戗不准〔－ －tsuən^{3}〕

拿不严〔na^{2}－ian^{2}〕

不胜〔－səŋ^{4}〕不如。

朝不住〔ts‘ɔ^{2}－tsu^{4}〕比不上：咱这村儿里谁都～他家。

（二十三）位置

顶儿上〔ti ɚ̃ r^{3}sɑŋ^{4}〕上面。

高头〔kɔ^{1}t‘ou^{2}〕（东区）

柳〔liou^{3}〕“里头”的合音。

外厢〔uɛ^{4}·çian〕外边。

脸前头〔lian^{3}tç‘ian^{2}·t‘ou〕面前。

边儿干〔piar^{1}·kan〕旁边；边儿。

近面处〔tçin^{4}mian^{4}ts‘u^{4}〕附近。

跟儿干〔kər^{1}·kan〕跟前。

□〔tia^{4}〕“地下”的合音：掉～了。

门上头〔mən^{2}sɑŋ^{4}·tou〕门上。

门高头〔－kɔ^{1}·－〕（东区）

漫地里〔man^{4}ti^{4}·li〕野外。

漫地儿〔－tiər^{4}〕

漫野地里〔－iɛ^{3}ti^{4}·li〕（沈）

（二十四）代词等

俺〔ɣan^{3}〕我；我们。

恁〔nən^{3}〕您。

自家〔tsʅ^{4}·tçia〕/〔tçi^{4}·－〕自己。

自个儿〔－kər^{1}〕

□〔tsuə^{4}〕“这个”的合音。

□〔nuə^{4}〕“那个”的合音。

□〔nuə^{3}〕“哪个”的合音。

啥〔sa^{4}〕什么；什么东西：～样儿/这是～？

任啥儿〔zən^{2}sar^{4}〕任何事物：不知～/不懂～/没～。

咋〔tsa^{3}〕怎么：～了。

咋着〔－tsuə^{2}〕怎么着：想～？

咋着〔－·tsuə〕怎么；怎么样：～了/没～。

咋样儿〔－i ã r^{4}〕怎么样：～/看～！

吡〔tsua^{2}〕“做啥”的合音，做什么，干什么：恁想～/～哩？

恁〔nən^{4}〕那么；那样：要不了～些。

弟儿们〔tiər^{4}·mən〕哥儿们（用于朋友间，带亲热的口气）：咱～不赖。

弟儿〔tiər^{4}〕弟兄：他们是亲～俩。

先儿〔·ɕiar〕（老派）称中医和私塾教师：张～/李～。

把子〔pa^{3}·tsɿ〕用于“块（元）、毛（角）”和“里”之后，等于说左右，上下：块～/毛～/里～。

个〔·kə〕等于说某日里：今儿～/明儿～/夜儿～。

这晚儿〔tsə^{4}·uar〕这早晚（这时候）：咋～才来？

恁咱儿〔nən^{4}·tsar〕①那早晚（那时候）：～恁干啥去了？②表示时间长，等于说这么长时间：咋～才来？

阵些〔tsən^{4}ɕiɛ^{3}〕这么些：就～。

恁些〔nən^{4}－〕那么些：咋～？

几儿〔tɕiər^{3}〕几儿个（什么时候；哪一天）：小张～结婚/明儿是～？

（二十五）形容词

板正〔pan^{3}tsəŋ^{4}〕好；漂亮。

呔〔t‘ɛ^{3}〕可～。

□外〔kɔ^{2}·uɛ〕

榜乍〔pɑŋ^{3}·tsa〕也形容身体壮实。

不赖〔pu^{1}lɛ^{4}〕不坏；好：这东西吃着～/他俩关系～。

不咋着〔－tsa^{2}tsuə^{2}〕不怎么样：我看～。

不咋壶〔－　－xu^{2}〕

不□壶〔－tsua^{2}－〕

撮壶〔tsuə^{3}－〕又指糟糕：～了。

不呔〔－t‘ɛ^{3}〕不好：事情办哩～。

不特壶〔－t‘iɛ^{2}xu^{2}〕

逊点〔ɕyn^{4}tian^{3}〕这事有点儿～。

不走绺儿〔－tsou^{3}liour^{3}〕差不离儿；差不多。

对搭局儿〔tei^{4}·tatɕyər^{2}〕差不多；勉强凑合。

对搭胡〔–·–xu^{2}〕

人彩〔zən^{2}·ts‘ɛ〕美；漂亮；好看；标致；俊俏。

齐正〔tɕ‘i^{2}·tsəŋ〕

棱正〔ləŋ^{2}·–〕

细发〔ɕi^{4}·fa〕又指细致，不粗糙。

芽〔ia^{2}〕又指穿着时髦。

棱瓜〔ləŋ^{4}·kua〕含讥讽意。

样道〔iɑŋ^{4}·tɔ〕衣着美观整齐。

展样〔tsan^{3}·iɑŋ〕美观而不俗气。

支棱棱儿哩〔tsɿ^{1}·ləŋl ʒ r^{2}·li〕①打扮的俏丽。②蔬菜等长势好：这菜长哩～。

牢棒〔lɔ^{2}·pɑŋ〕牢固；牢靠。

利亮〔li^{4}·liɑŋ〕利落：干净～/事情办～了。

腌儿八脏〔ɣa^{1}·ərpa^{1}tsɑŋ^{1}〕脏；肮脏。

默迟〔mɛ^{1}·ts‘ʅ〕

腌臜〔ɣa^{1}·tsa〕又指事情办糟了：事情办～了！

邋乎〔la^{3}·xu〕邋遢：这人太～了/咋恁～！

甜〔t‘ian^{2}〕淡：～了再掌点盐。

富态〔fu^{4}·t‘ɛ〕婉辞，身体胖，有福相。

得法〔tɛ^{1}fa^{1}〕①舒服；得劲；好受：真～。②合适：正～。

得〔tɛ^{1}〕可～/真～/看～。

入作〔zu^{1}·tsuə〕日子过得好，舒服：过哩很～。

入妥〔–·t‘uə〕

鲜蕃〔ɕyan^{1}·fan〕

喷火〔p‘ən^{4}·xuə〕又指瓜果丰盛：今年市场上哩瓜果可～啦！

麻缠〔ma^{2}ts‘an^{2}〕麻烦；不好处置：这事儿有点儿～。

玄（胡）〔ɕyan^{2}xu^{2}〕多指小孩顽皮；调皮（做事叫人意想不到）：谁家孩子真～！

皮脸〔pi^{2}lian^{3}〕皮。

真沾〔tsən^{1}tsan^{1}〕真行：这小伙子～。

真中〔–tsuŋ^{1}〕

真特〔－t'iε^{2}〕

真有抹（儿）〔－iou^{3}muər^{3}〕真行；真有本事。

真有抹子〔－　－muə^{3}·tsʅ〕

不沾〔pu^{1}tsan^{1}〕不行；不成：那家伙～/这样弄～。

不沾弦〔－　－çian^{2}〕

不中〔－tsuŋ^{1}〕

不挨气〔－ɣε^{1}tç'i^{4}〕

没抹（儿）〔mei^{1}muər^{3}〕没本事。

没拿气〔－na^{2}·tç'i〕多指没有实惠：他当那个官没啥拿气。

没成色〔－ts'əŋ^{2}·sε〕没出息。

不主贵〔pu^{1}tsu^{3}kuei^{4}〕

透钻〔t'ou^{4}·tsuan〕精；机灵：那人真～。

刁〔tiɔ^{1}〕

猴〔xou^{2}〕

囊包〔nɑŋ^{2}pɔ^{1}〕sóng包；脓包。

窝囊瓜〔uə^{1}nɑŋ^{2}kua^{1}〕

窝囊菜〔－　－ts'ε^{4}〕

菜（包子）〔ts'ε^{4}pɔ^{1}·tsʅ〕

麻批子〔ma^{2}p'i^{1}·－〕

鸭子屎〔ia^{1}·tsʅsʅ^{3}〕

稀屎鸭子〔çi^{1}sʅ^{3}ia^{1}·－〕

活络〔xuə^{2}·luə〕不稳定：这事儿还～着哩。

口〔k'ou^{3}〕不善；不贤惠：这丫头真～！

拐〔kuε^{3}〕脾气怪。

乌涂脸〔u^{1}·tulian^{3}〕脸色难看，没有笑色：成天乌涂着脸。

闷磬〔mən^{4}tç'iŋ^{4}〕呆头呆脑不言语：那货真～。

麦秸火〔mε^{1}tçiε^{1}xuə^{3}〕比喻性子急易发怒。

五肚子六气〔u^{3}tu^{4}·tsʅliou^{4}tç'i^{4}〕形容满腔怒火待发作。

贫〔p'in^{2}〕贪吃：～相。

泼〔p'uə^{1}〕小儿健壮，不生病：家里小孩儿也怪～？（问候语）

刚板〔kɑŋ^{1}pan^{3}〕耿直：～脾气。

笃磨〔tu^{1}muə^{2}〕办事拖拉，效率低。

甩手不沾泥〔suɛ^{3}sou^{3}pu^{1}tsan^{1}ȵi^{2}〕清闲；不做事：他老人家如今~了。

磕张〔k‘ə^{1}·tsɑŋ〕慌慌忙忙：白（别）~！

胡而哈之〔xu^{2}·ərxa^{3}·tsɿ〕马马虎虎。

抱不哭哩孩儿〔pu^{4}pu^{1}k‘u^{1}·lixɛr^{2}〕比喻不负责任，办现成事儿。

圆周周儿哩〔yan^{2}tsou^{1}tsour^{1}·li〕滚圆；滴溜圆。

直律〔tsɿ^{2}·ly〕直溜。

　直轮儿〔-·luər〕

　直轮轮儿哩〔-luən^{2}luər^{2}·li〕直溜溜儿的。

枯皱〔k‘ə^{1}·ts‘u〕/〔k‘u^{2}·-〕比喻事情办得不顺利，不理想：办~了。

稀松〔ɕi^{1}suŋ^{1}〕数量不多，不理想：这笔生意赚了不少吧？~。

鸡猫狗不是〔tɕi^{1}mɔ^{2}kou^{3}pu^{1}sɿ^{4}〕一切不如意：成天~。

材坏〔ts‘ɛ^{2}·xuɛ〕糟；坏：事情办~了。

叉皮〔ts‘a^{3}·pi〕多形容不好办，不成功的事情：~事儿/~了。

没捆〔mu^{1}k‘uər^{3}〕没准儿。

主贵〔tsu^{3}kuei^{4}〕贵重；稀罕：这东西~！

盖胡〔kɛ^{4}xu^{2}〕超出一般地好；非常好：~了！

呱呱叽〔kua^{1}·kuatɕi^{1}〕/〔kua^{2}·kua-〕一无所有：~一个人（单身汉）过哩也怪好。

烧包〔sɔ^{1}pɔ^{1}〕炫耀阔气，忘乎所以：这人真~！

屈连〔tɕ‘y^{1}lian^{2}〕“拳”的分音，拳曲；弯曲：看他头发~哩。

　拘连〔tɕy^{1}-〕

一色胡〔i^{1}sɛ^{1}xu^{2}〕一色；清一色。

（二十六）副词

将将儿〔tɕiɑŋ^{1}tɕiɑ̃r^{1}〕刚刚：~及格。

　将〔tɕiɑŋ^{1}〕

多会儿〔tuə^{1}·xuər〕刚才：老王~还在这儿。

看好儿〔k‘an^{4}xɔr^{3}〕正好；恰好。

　正得〔tsəŋ^{4}tɛ^{1}〕

　看得〔k‘an^{4}-〕

也兴〔iɛ^{3}ɕiŋ^{1}〕也许；或许：明天~要下雨。

兴〔çiŋ^{1}〕~是这个样儿。

吸忽儿〔çi^{1}xur^{1}〕差点儿。

就晚儿〔tçiou^{4}uar^{3}〕马上。

就窝儿〔-uər^{1}〕

即晚儿〔tçi^{4}uar^{2}〕

即窝儿〔-uər^{3}〕

即落儿〔-luər^{1}〕

窝里为儿〔uə^{1}·liuer^{2}〕

闻早（儿）〔uən^{2}tsɔr^{3}〕趁早。

一牙子〔i^{1}ia^{2}·tsɿ〕一路；一块儿：咱~去。

一坨儿〔-t‘uər^{2}〕一起：他俩一小就改（在）~。

单灭儿哩〔tan^{1}miɛr^{1}·li〕故意；特意；特地。

单意〔-i^{4}〕/〔tɛ^{2}-〕

巴巴儿哩〔pa^{1}par^{4}·li〕

到了儿〔tɔ^{4}liɔr^{3}〕/〔-lɔr^{3}〕到底；究竟：~走了没有？

白〔pɛ^{2}〕别；不要。

瞎胡〔çia^{1}xu^{2}〕瞎；胡；胡乱：~搞/~来/~说/~闹。

豆〔tou^{4}〕就：我一小会儿~来/~不去！

血〔çiɛ^{1}〕很；非常：~赖/~贵/~难听/~厉害。

冒不态儿哩〔mɔ^{4}pu^{1}t‘ar^{1}·li〕突然：~来了好几个/咋~说这话。

直门儿门儿哩〔tsɿ^{2}mər^{2}mər^{2}·li〕简直：~拿他没法儿。

情〔tç‘iŋ^{2}〕①尽管；只管：恁~去了/恁~干恁哩吧。②明明：~知道他不会来。

可①〔k‘ə^{1}〕表示赞叹：这闺女长哩~板正/这家伙~能。②〔k‘ə^{2}〕（鹿）表示探询，猜测：这~是恁哩/恁~是王老师么？（可是：是不是）

缕续〔ly^{3}çy^{4}〕陆续：麦子~黄了/缕缕续续都来了。

（二十七）介词

叫〔tçiɔ^{4}〕把：~窗户打开/~我吓死了。

给〔kei^{1}〕/〔tçi^{1}〕~他叫来。

顶〔tiŋ^{3}〕到（某个时候）：~月底完工/~哪天为止？

改〔kɛ^{3}〕/〔kei^{3}〕在：~哪儿住家/~家里玩/~床上躺着。

得〔tɛ^{2}〕

押〔ia^{1}〕从：~哪儿走？~这儿走/~哪天起？/~周口来/~商水到周口有多远？

回〔xuei^{2}〕向；往 wàŋ：~哪儿走？~东走。

（二十八）数量

勾儿〔kour^{1}〕停儿：十~有九~是好哩。

仩〔yɔ^{2}〕一个。

四阿〔sɿ^{4}·ə〕四个。

五窝〔u^{3}·uə〕五个。

六窝〔liou^{4}·uə〕六个。

七阿〔tɕ‘i^{1}·ə〕七个。

八阿〔pa^{1}·ə〕八个。

九窝〔tɕiou^{3}·uə〕九个。

十阿〔sɿ^{2}·ə〕十个。

二□〔ər^{4}suə^{1}〕二十个。

三□〔san^{1} -〕三十个。

四□〔sɿ^{4} -〕四十个。

百□〔pɛ^{1} -〕百十个。

一滴滴〔i^{1}ti^{1}ti^{1}〕一点儿：~都没有。

壮〔tsuɑŋ^{4}〕多：五十~岁。

半溜子〔pan^{4}liou^{1}·tsɿ〕一半：活儿干了~。

停半分〔t‘iŋ^{2}pan^{4}fən^{1}〕平分：赚了钱咱~。

平半分〔p‘iŋ^{2} - -〕

平半砍〔- -k‘an^{3}〕

三、语法

（一）词法举要

1.“喜欢”等词的特殊用法

拿“（某人）喜欢我”与“（某人）喜欢人”作比较，结构形式都是动宾关系，但意思却大不一样：前者意思就是“（某人）喜欢我”，后者意思却是“（某人）叫我喜欢”。“喜欢”这个谓语动词所表示的动作作为，一个是由主语（某人）发出的，一个是在主语（某人）的影响下由宾语发出的，即主语叫（让、使）宾语发出动作。语法上把“喜欢人”这种用法称作使动用法。普通话里使动用法已很少见，尤其是像“喜欢”这种动词的使动用法更属罕见。而区内方言里有相当数量的像“喜欢”这种用法的词，如“可怜、克烦、刺挠、糟挠、拿巴、窝憋”等。这是古代汉语在现代方言里留下来的痕迹（使动用法在古代汉语里是常见的）。

2. “叫”和“给”的特殊用法

普通话里介词“把”，可表示处置，如“把衣服洗洗”，也可表示致使，如“把他乐坏了”。区内方言里也有这种用法的“把”字，读去声（普通话读上声）。与“把”字这种用法相同的，区内有“叫”和“给”（读〔kei¹〕或〔tɕi¹〕）。而普通话只能用“把”，不能用“叫、给”。以“叫”字为例说明如下：

表示处置。例如：叫头一扭/叫车子挪挪/叫地犁犁/叫屋子收拾收拾/叫灯关了/叫家伙掂着/叫手举起来/叫牲口牵出去/叫书放到桌上/叫钱装兜里/叫牲口拴住/叫炉子生着/叫东西给我/叫地种上庄稼/叫恁的东西记个数/白（别）叫脏水到处擢/咋没叫牲口拴住/该叫孩子领来/我管（能）叫它搬起来。

表示致使。带结果补语的，例如：叫我气死了/叫我吓死了/叫我累死了/叫我急死了/叫我忙死了（例句中的“死”都可以换作“坏”、“毁”之类。）结果补语可以不要，例如：叫我气哩（得）/叫我吓哩/叫我累哩/叫我急哩/叫我忙哩。

区内方言中，“叫”又当“被”字讲（表被动），所以像“叫兔子咬死了”这类话如果离开说话的环境，就容易产生歧义，不清楚是兔子被什么咬死了，还是兔子把什么东西咬死了。

3. “哩〔·li〕、唻〔·lɛ〕、嘞〔·lei〕”的用法

区内方言里，没有普通话里读〔·tə〕·de 的“的、地、得”和读〔·nə〕·ne 的“呢”这4个字。（东区鹿邑县有“呢”字，读〔·ȵi〕）顶替它们的是“哩、唻、嘞”3个字。这3个字实际是一个词，只是因地方习惯、个人习惯、语音环境随便读，而语法作用是一样的。从习惯出发，就选“哩”顶替“的、地、得”，选“唻”顶替“呢”。分开来说。

相当于“的”的用法。

(1) 用在定语和中心语之间，表示其间是修饰、领属等关系。例如：过几年快快活活哩日子/这是他哩书/这个〔tsuə⁴〕乡谁哩乡长？老李哩乡长，小张哩副乡长/要说他哩好话，白（别）说他哩坏话。

(2) 用来造成没有中心语的“哩”字词组（相当于普通话“的”字词组），这个词组相当于一个名词用。例如：有哩看书，有哩看报，有哩写字/看书哩看书，看报哩看报，写字哩写字/菊花开了，有红哩，有黄哩/我爱吃辣哩，她爱吃甜哩/吃甜哩喝辣哩。

(3) 用在谓语动词后面，强调动作的发出者（施事者）或时间、地点、方式。例如：上次是谁请哩客？/恁（你）哪年来哩？我是前年个（前年）到哩北京/我是改（在）车站买哩票。

(4) 用在陈述句末尾，表示陈述语气。例如：夜儿个（或“夜儿”：昨天）窗户是关着哩/这件事儿我是知道哩。

(5) 用在两个数量词中间，表示相加：例如：三个哩五个，统共八个/一千哩两千，统共三千。

相当于“地”的用法。“哩”表示它前面的词或词组是状语。例如：吃了饭慢慢儿哩走，白（别）跑！/冒不态儿哩（突然）来了/实事求是哩反映问题。

相当于“得”的用法。用在动词或形容词后面，连接结果或程度补语。例如：她手巧，画哩可（表赞叹）好看；我手笨，画哩血（很）难看/他忙哩很，忙哩连饭都顾不哩（顾不上）吃。

相当于“呢”的用法。

(1) 用在疑问句（特指问、选择问、正反问）的末尾，表示疑问语气。例如：这个〔tsuə³〕大，那个〔nuə⁴〕小，哪个〔nuə³〕好点儿唻？/他改（在）家弄啥（或“干啥”）唻？/恁是吸烟唻，还是喝茶唻？/这一点儿够不够唻？/他们都有任务了，我唻？

(2) 用在陈述句的末尾，表示指明事实。例如：我没啥，恁才辛苦唻/远哩很（或“可远”），有两三千里地唻。

(3) 用在陈述句的末尾，表示动作或情况正在继续。例如：他正吃着唻/正做着唻/白（别）走了，外厢〔çian〕下着唻/他改（在）家等着唻。

(4) 用在句中表示停顿（多列举）。例如：如今唻，可比往年强多了/喜欢唻，就买；不喜欢唻，就白（别）买/相中了，恁就拿着；相不中唻，还是我哩。

4. “着哩〔·tsuə·li〕”的用法

“着哩”一词也可写作“着唻”或“着嘞”，等于普通话里的“着呢〔·

tʂə · nə〕 · zhe · ne”。作为助词，它主要附着在形容词后面，也附着在具有描写性的动词或动词性词组的后面（都在句尾），表示程度加深。例如：厉害着哩/阔着哩/这个〔tsuə⁴〕东西沉着哩/他待人好着哩/这会儿还早着哩/这地便宜着哩/麻烦大着哩/街上热闹着哩/有钱着哩/好看着哩/这年轻人有劲着哩/他画哩像着哩。

5.“着〔·tsuə〕”的用法

“着”字普通话读〔·tʂə〕·zhe。它用在重叠的动词或“动词+了”的这种词组后（都在句尾），加强嘱咐的语气。例如：等我想想着/我看看着/等你娘来了着！

6.“啊〔ɣa⁴〕a”的用法

以川汇区为代表，叹词“啊”有特殊的地方用法。

（1）用在疑问句句首，表示提醒，大致相当于普通话里的“哎〔ai¹〕āi”。例如：啊，想咋着（怎么着）吧/啊，伙计你猜咋着吧/啊，有啥事吧/啊，弄啥（或“干啥”）去咪（呢）/啊，想找事儿吗/啊，兴（准许）恁（你）看就不兴俺看？

（2）用在祈使句或陈述句句首，表示答应，但多带不满情绪（音较短），既有点像普通话里的“嗯〔ŋ⁴〕ǹg”，又有点像普通话里“哎〔ai¹〕āi”。例如：啊，走你哩吧（你走开吧）/啊，你说吧/啊，不相信等着吧（或者说：等着吧）/啊，答睬〔ts‘ʅ²〕他咪（呢）（意思是不理睬他）/啊，照这样我也管（能够）。

（二）句法举要

1. 可能补语

普通话的可能补语主要有三种格式。例如：“吃得，吃不得；来得了，来不了；拿得动，拿不动。”区内方言里只有两种格式，并且说法也有不同。如：

普通话说法	区内方言说法
这果子吃得吃不得？	这果子管吃不管？
这是熟的，吃得。	管！这是熟哩。
那是生的，吃不得。	不管！那是生哩。

相比之下，区内方言没有“动词+得（或不得）”这种格式，采用的是“管（或不管）+动词”格式（动词有时省略）。又如：

普通话说法	区内方言说法
你们来得了来不了?	你们来了来不了?
我没事，来得了。	我没事，来了了。
他太忙，来不了。	他太忙，来不了。

两相比较，否定的说法（即“来不了”）是一样的。肯定的说法不一样：普通话是“动词+得+补语”，区内则是“动词+补语+了〔·la〕或〔·lɔ〕”。诸如普通话“跑得了，做得了，吃得了，装得了”之类，区内都只说“跑了了，做了了，吃了了，装了了”。又如：

普通话说法	区内方言说法
这块石头很沉，	这块石头可沉，
搬得动搬不动?	搬动搬不动?
我搬得动。	我搬动了。
他搬不动	他搬不动。

区别还在肯定式上：普通话仍是“动词+得+补语”，区内仍是“动词+补语+了”。诸如普通话“上得去，啃得动，吃得完”之类，区内都只说“上去了，啃动了，吃完了”。

可能补语与结果补语的区分。如普通话里的“写得好”，可能是“写不好”（指能力）的反面，也可能是“写得不好”（指情况）的反面，离开一定的语言环境就有可能产生歧义。区内分别说“写好了”（指能力），“写哩好”（指情况），二者区别是清楚的。但是区内的“写好了”也可能是“没写好”的反面，在这一方面产生歧义。

可能补语与趋向补语的区分。区内方言里“跳过去了”，可能是“跳不过去”（指能力）的反面，也可以是“没跳过去”（指情况）的反面，要靠说话环境来区分。普通话区别是清楚的，分别说“跳得过去”与“跳过去了”。

如果可能补语与宾语同时出现，普通话这样说：

我写不好毛笔字。

他写得好毛笔字。

否定的说法，区内与普通话相同，肯定的说法，区内则说：

他写好毛笔字了。（或者说：他管写毛笔字）

2. **简练的正反问形式**

正反问（也叫反复问）采用肯定否定式提问。例如：“你去不去呢?”（区内说：“恁去不去咪?”）要是肯定部分不是一个词，普通话就有多种格式。如：

（1）你能来不能来？（“能”字区内说“管”）

（2）你能来不能？

（3）你能不能来？

区内方言只用（2）或（3），不用（1）。即像“来”这样的动词只出现一次。（2）、（3）两式又以用（2）为最常见。如：

他敢去不敢？

还有饭没有？

恁到过北京没有？

为了简练，句中的动词（包括助动词）多用单音词。如：

我该来不该？（不说“应该”）

他愿说不愿？（不说“愿意”）

你打不打算去？

3.“……着……着”格式

区内人常说：“咱爷们儿（爷儿们）喝着说着。”（“着”读〔·tsuə〕）用“……着……着”带进两个相关的动作（限于单音动词），表示两种动作同时、持续进行，这是区内很常见的用法。又如“走着吃着/走着说着/打着退着/说着笑着/”等等。“……着……着”格式与“边……边……”不同，一是后者只表示两种动作同时进行，不表示动作的持续进行；二是后者可以带进动词性词组，如可以说“边吃饭边看电视”。前者不能。另外，可以将多个“边”连着用，如可以说“边收购，边打包，边调运”，“着”只限于两个连用。

四、谚语

（一）农林畜牧

不按二十四节气，枉把种子种到地。

春雨贵似油，下多使人愁。

春雨多一场，秋收多打粮。

一年两个春，黄土变成金。

宁丢一碗金，不失一旬春。

春争日，夏争时，五黄六月争回楼。

春旱不算旱，夏旱不吃饭。

打春一百，拿镰割麦。

过了惊蛰节，春耕不停歇。

惊蛰不耕地，好似蒸馍跑了气。

清明早，小满迟，谷雨种棉正当时。

清明种秫秫，谷雨种棉花，立夏种谷子，霜降麦种罢。

谷雨前后，点瓜种豆。

谷雨断霜，抓紧栽秧（红薯秧）。

三月三，南瓜葫芦地里钻。

三月十八，豌豆开花。

四月八，种梅豆，一颗能结一箩头。

柳絮刮，种棉花。

黄鹭来，抽蒜薹；黄鹭走，摘梅豆（或出红薯）。

蛤蟆打哇哇，四十八天吃坷垃。

夏天多流一点汗，冬天多吃一碗饭。

夏天划破皮，顶住冬天犁一犁。

麦黄一晌，蚕老一时。

大麦登了场，小麦着了忙。

立夏麦穗齐，小满顶满仓。

小满不造场，麦打土里扬。

小满见三新。

芒种忙，两三场。

（小麦）过芒种十八天青干自死。

到了夏至节，锄头不能歇。

头伏萝卜末伏芥，中伏里头种白菜。

早秋宜晚，晚秋宜早。

七月立秋，早晚都收。

立秋三天遍地红（高粱成熟）。

立秋十八天，寸草结籽。

处暑种芝麻，劈头一朵花。

处暑不种田，种田搭一年。

秋分早，霜降迟，寒露种麦正当时。

七月十五定旱涝，八月十五定收成。

有花没花（棉花），七月十五拉拉。

八月种蒜，鸡子不看。

大雪（种小麦）不出土，小雪不发股。

麦盖三床被，头枕蒸馍睡。

紧打庄稼，消停买卖。

种地肯用心，黄土变成金。

人靠地活，地靠人养。

人不亏地皮，地不亏肚皮。

人误地一时，地误人一年。

人勤地生宝，人懒地生草。

庄稼一枝花，全靠粪当家。

种庄稼不用问，除了管理就是粪。

庄稼要好，肥水要饱。

种地不上粪，等于瞎胡混。

有收无收在于水，收多收少在于肥。

粪是苗的爹，水是苗的娘，无爹无娘苗儿不长。

屎是金，尿是银，茅厕是个聚宝盆。

上苗不如上底，年外不如年里。

淤土压上沙，好像小孩见了妈。

扫帚响，粪堆长。

家里土，地里虎。

沤青肥，没啥巧，一层土，一层草，常浇水，勤翻捣。

草没污水不烂，泥没烂草不肥。

光犁不耙，荒唐一夏。

犁地不平，难保墒情。

二、八月不晒垡，多犁少耙。

不怕坷垃不怕草，只要八月耕得早。

冬耕深一寸，顶上一遍粪。

犁地不打畦，抗旱干着急。

旱田变水田，一年顶二年。

好葫芦锯好瓢，好种出好苗。

庄稼选好种，一垄顶两垄。
全苗在于地，壮苗一张锄。
稀三棵，稠三棵，没有均匀打哩多。
麦种黑墒十分收，麦种黄墒三成丢。
麦种足墒，一季沾光。
种麦不深翻，根子没处钻。
能种隔月麦，不种隔夜豆。
深麦露豆。
谷喜稀，麦喜稠，棉花地里要跟头。
稀谷稠麦茄棵豆，稀麦稠豆坑死人。
早谷子晚麻，到头不呱。
芝麻旱小不旱老，早种吃油馍，晚种三分薄。
土里芝麻泥里豆。
秫秫棵里卧下狗，一亩能打好几斗。
枣芽发，种棉花。
辣椒栽花，茄子栽荚。
茬口倒哩顺，强上一遍粪。
锄有三样宝，有水有肥能除草。
麦收一盘耙，秋收一张锄。
锄头底下三分雨。
旱时锄下有水，涝时锄下有火。
豆子锄三遍，豆子挂成串。
湿锄豆子干锄花，不湿不干锄芝麻。
棉锄深，豆锄浅，头遍秫秫露着半拉脸。
棉锄七八遍，棉桃赛蒜瓣。
棉锄八遍白如霜。
要想棉花好，治虫上粪勤锄草。
花、麻不论遍，越锄越好看。
谷锄八遍没有糠（秕谷子）。
秫秫见了铁，好似蝇子见了血。
麦收八（月）十（月）三（月）场雨。
收麦如救火，虎口把粮夺。

收麦有五忙：割拉碾晒藏。
棉花定苗早，秆壮桃大结得好。
方格育苗好处多，七月十五蹚棉棵。
早打顶，晚打边，结的花桃万万千。
棉田一天走三遍，桃子结得像辫蒜。
棉花不治虫，有苗没有铃。
旱收芝麻涝收豆，不旱不涝收红薯。
旱豇豆，涝小豆，不淹不旱收绿豆。
玉米受了粉，收成才算稳。
秫秸捆根谷捆梢，芝麻捆在半截腰。
该冷不冷，五谷不等；该热不热，五谷不结。

要想富，多种树。
人要有文化，村要有绿化。
沙地不造林，有地不养人。
家有百棵树，不愁吃穿住。
家有百棵树，一辈子不受穷。
无灾人养树，有灾树养人。
实现林网化，大风来了也不怕。
一亩园，十亩田。
田间多栽树，等于修水库，雨多它能吞，雨少它能吐。
树坑上小下面大，刮风下雨都不怕。
植树没有巧，踏实浇水土封好。
农桐间作，粮多钱多。
洼地栽桐，谁栽谁穷。
荒地要栽白蜡条，粪筐箩头离不了。
五月石榴红似火，院中最好栽几棵。
桃三杏四梨五年，枣树栽上就见钱。
七月的核桃八月的梨，九月的柿子红到皮。
三月清明榆（钱）不老，二月清明老了榆。
旱枣涝梨，叶茂果密。
家有榆槐树，歉年饿不住。

椿栽骨朵楝栽芽。

玩把戏凭猴，种庄稼靠牛。

牛是传家宝，家家耕地离不了。

母牛生母牛，三年两犋牛。

老配早，小配晚，正口母牛配中间。

每天早和晚，牵着遛遛不难产。

喂牲口，没有巧，牛屋马铺常打扫。

草膘，料力，水精神。

有料没料，四个角搅到。

寸草三刀，没料也上膘。

十斤料加二两盐，既开胃又抗寒。

冬喂呼拉拉，夏喂扑喳喳。

饥一顿，饱一顿，牲口瘦成干柴棍。

老牛倒沫，有病不多。

大麦上了场，兽医着了忙。

一吭二吭，肺里不通。

一呛二呛，肺经受伤。

驴流鼻子牛咬牙，快请医生把药拿。

猪吃百样草，没料也上膘。

农民不养猪，等于教师不教书。

要想富，养母猪，栽桐树。

栽桐树，养母猪，三年过来穷变富。

养猪养羊，有肉有粮。

家养一群猪羊，不愁没钱没粮。

羊生羊，一年一房。

鸡鸭要喂全，下蛋换油盐。

栽花不如种菜，养鸟不如喂鸡。

家养十窝蜂，顶做半年工。

猫三狗四猪五羊六驴年马月（指怀孕期）。

家养犬，真危险，狂犬病，要人命。

男采桑，女养蚕，到了小满就见钱。

（二）气象时令

风是雨的头。

久旱东风雨，久雨东风晴。

东风下，西风晴，倒了南风下不成。

一日南风三日暖，三日南风天变脸。

腊月南风刮三天，牛犊出屋要撒欢。

大风不过午，过午刮倒树。

开门风，关不住，关门不住刮倒树。

风吹元宵灯，雨打清明坟。

要知今年哪风多，看看树上的老鸹窝（乌鸦背风筑巢）。

云走东，刮股风；云走西，水和泥。

云往西，披蓑衣；云往东，晒干坑。

云行南，水涟涟；云行东，一场风；云行北，晒干坯；云行西，观音老母披蓑衣。

乌云在东，有雨不凶。

云从东南长，下雨不过晌。

云搅云，雨淋淋；瓦块云，晒死人。

天上瓦块云，地上晒死人。

清晨瓦块云，上午晒死人。

天上钩钩云，地下水淋淋。

黑云刮怪风，白云下满坑。

黑云隔太阳，暴雨三后晌。

黑云黄梢，定下冰雹。

春雷百日旱，春寒多雨天。

正月雷，遍地贼；二月雷，麦鼓堆。

雷打惊蛰前，四十八天雨绵绵；雷打惊蛰后，潮田当大络。

雷轰天顶，有雨不猛；雷轰天边，大雨连天。

一场秋雨一场寒，十场秋雨要穿棉。

夜雨只一场，暴雨三后晌。

久雨夜晴无好天，明天还要雨连绵。

下到初二、三，月里晴八天。

先下毛雨没大雨，后下毛雨连阴天。

雨搅雪，下半月。

大雪年年有，不在三九在四九。

前雪等后雪，场场雪相接。

正月十五雪打灯，当年必定好收成。

冬雪兆丰年，春雪讨人烦。

下雪不冷化雪冷。

太阳伸腿，淹死老鬼。

东明西暗，到不吃饭。

月亮打圈要下雨，日头打圈要刮风。

八月十五云遮月，正月十五雪打灯。

八月十五云遮月，单等来年雪打灯，雪打灯，好收成。

早霞不出门，晚霞行千里。

清早烧霞不到黑，晚上烧霞晴半月。

早起烧霞，上午沤麻；晚上有霞，热哩哈嗒。

早上烧霞，晚上沤麻。

东虹日头西虹雨，南虹出来卖儿女。

天黄有雨，人黄有病。

春雾雨（或暖），夏雾热，秋雾凉风，冬雾雪。

天河东西，小孩跟娘挤挤；天河南北，小孩不跟娘睡；天河调角，苦瓜豆角。

早看东南，晚看西北。

早晴一上午，晚晴四十五。

烟搭棚，天气晴。

厨房不出烟，必定连阴天。

水缸潮湿，不下雨便刮风。

水缸发腥，雨下满坑。

缸底潮半截，累死老天爷。

身上疮疤痒，三天有雨降。

早晨鸟儿喳喳叫，雨停晴天到。

燕子高飞晴天报，燕子低飞雨来到。

燕子低飞蛇当道，迟不三天雨来到。

鸟低飞，雨点滴。
树上知了叫，云去晴天到。
蜻蜓飞得低，出门带蓑衣。
牛虻咬人，大雨来临。
羊儿乱跑，雨要来到。
鸡早上宿天要晴，鸡晚进窝雨不停。
鸡在高处鸣，雨止天要晴。
鸭子河中叫连声，不下雨，就刮风。
鱼游水面要下雨。
青蛙夜夜叫，雨水少不了。
长虫出洞门，下雨淹死人。
蚂蚁搬家，大雨哗哗 。
蚂蚁成群爬上墙，瓢泼大雨下一场。

立春雨蒙蒙，滴滴拉拉到清明。
返了春，冻断筋。
惊蛰动了风，吹到五月中。
不过春分不暖，不过夏至不热。
清明晒干柳，高粱谷子定丰收。
清明西北风，养蚕多白空。
冷到清明，热到秋分。
立夏不立夏，黄鹭来说话。
夏至东南风，芝麻收到坑。
夏至无云三伏热，冬至无雨一冬晴。
立了秋，把扇丢。
立了秋，挂锄钩。
吃了冬至饭，一天长一线。
小寒大寒，院中滴水成团。
小寒大寒，杀猪过年。
大年初一滴一滴，拉拉扯扯到十一。
正月初一 不见星，滴滴拉拉到清明。
二八月，乱穿衣。

三月还下桃花雪。

三月怕三、七，四月怕初一，三、七、初一都不怕，就怕四月十二下。

四月十二雨湿了老鸹毛，麦打水里捞。

五月二十五，老龙去探母；五月二十六，老龙去探舅；五月二十七，老龙去看妻；五月二十八，老龙要回家。

有钱难买五月旱，六月连阴吃饱饭。

六月六，晒龙衣，龙衣晒不干，一直连阴天。

六月不热，五谷不结。

到了七月七，牛郎织女把泪滴。

交了七月节，夜寒白里热；交了八月节，晌午一阵热；交了九月节，一热也不热。

八月半，雨常停，月到中秋分外明。

重阳不雨看十三，十三不下一冬干。

重阳无雨看立冬。

十月天，姚婆（继母）天。

冬冷不算冷，春寒冻死人。

冬走十里不明，夏走十里不黑。

冬暖年要荒，冬冷有福享。

一九、二九不出手，三九、四九冰上走，五九、六九抬头看柳，七九、八九小燕来大雁走，九九八十一，老狗卧阴地。

（三）生活哲理

勤是摇钱树，俭是聚宝盆。

细水长流，吃穿不愁。

家里有粮，心里不慌。

丰年莫铺张，以后日子长。

增产不节约，好似无底锅。

丰年防歉，夜夜防贼。

大河有水小河满，大河没水小河干。

一天省一口，一年省几斗。

三年不吸烟，省个大老犍。

囤尖好省，囤底难留。

囤底省不如囤尖省。
过日子比树叶还稠。
吃不穷，穿不穷，打算不到一世穷。
一根柴，一块炭，积少成多做顿饭。
一粒米，一星面，全是力气换。
人是铁，饭是钢，一顿不吃饿哩慌。

铁不炼不成钢，人不练不健康。
早睡早起身体好。
要想身体好，一年四季要起早。
饭前洗手，饭后漱口，病魔绕着走。
饭后百步走，活到九十九。
吃饭减三口，能活九十九。
饭前三杯酒，能活九十九。
不吸烟，少喝酒，能活九十九。
不沾烟酒，活到九十九。
一顿吃伤，十顿不香。
食多伤胃，气大伤身。
宁吃鲜桃一口，不吃烂果一篓。
桃饱人，杏伤人，李子园里抬死人。
五马六羊，七月里狗肉不能尝。
冬吃萝卜夏吃姜，不劳医生开药方。
大蒜是个宝，常吃身体好。
葱辣鼻子蒜辣心，芥末单辣鼻头筋。
入厨先净手，上案莫多言。
扫地如净心。
扫地扫旮旯，洗脸洗耳朵。
睡前洗洗脚，胜似催眠药。
春捂秋冻，不染杂病。
常开窗，透阳光，防疾病，保健康。
有病早治，无病早防。
久病成良医。

能走十里远，不走一里喘。

笑一笑，十年少；愁一愁，白了头。

刀不磨要生锈，人不学习要落后。

铁梁磨绣针，功到自然成。

刀怕无钢，人怕无志。

不吃苦中苦，难得甜上甜。

天不言自高，地不言自厚。

一瓶子不满，半瓶子晃荡。

大骡子大马值钱，人大不值钱。

好叫的猫逮不住老鼠。

脑子越用越灵，锥子越用越明。

跟着好人学好人，跟着筮婆下假神。

师傅进了门，修行在个人。

一回生，二回熟，三回过来当师傅。

头遍生，二遍熟，三遍过后成师傅。

慢工出巧匠，图快没好活。

家有千口，主事一人。

不当家不知柴米贵，不养儿不知报娘恩。

家家都有一本糊涂账，人人都有一本难念的经。

大梁不正下梁歪，二梁不正倒下来。

根子不正梢子歪，中梁不正塌下来。

孙子有理讲过爷。

一儿一女一枝花，多儿多女是冤家。

好儿不要多，一个顶几个。

儿多母瘦，绝户头长肉。

种不好庄稼一季子，管不好孩子一辈子。

收不好庄稼一季子，娶不好媳妇一辈子。

当面教子，背后教妻。教子婴孩，教妻初来。

生子不教父母过，养子不教更有错。

浪子回头金不换。

儿不嫌母丑，狗不嫌家贫。
山高不遮太阳，儿女不遮爹娘。
兄弟心齐金不换，妯娌心齐家不散。
好男不吃分家饭，好女不穿嫁妆衣。
亲是亲，财帛要认真。
姥娘舅舅亲，打断骨头连着筋。
三翻六坐九会爬，十个月就会叫大大。

村看村，户看户，社员看的是干部。
远亲不如近邻。
邻居是斗秤，乡亲最公平。
人眼是秤，能称轻重。
人敬我一尺，我敬人一丈。
伤人之心不可有，帮人之心不可无。
一人唱不了一台戏，一根柱子顶不了天。
灯亮靠人拔，事成靠人说。
一拃没有四指远。
一窝老鼠不嫌臊。
宁给穷人一口，不给富人一斗。
谁家的灶火不冒烟。
三个闺女不吭气，三个媳妇一台戏。
人怕输理，狗怕夹尾。
锅底里扒红薯，专挑软的捏。

秦桧还有仨相好哩。
鱼恋鱼，虾恋虾，乌龟找到鳖亲家。
大水冲了龙王庙，一家人不认一家人。
人好还要群众帮，花好还要绿叶衬。
两好合一好，一好好不了。
人多力量大，柴多火焰高。
单丝不成线，独木不成林。
人心宜实，火心宜虚。

树浇根，人交心。
花美在外边，人美在心里。
人心换人心，八两换半斤。
吃亏人常在。
打人不打脸，骂人不揭短。
害人如害己，害不着人家害自己。
朋友好坏交着看，牛马好坏使着瞧。
酒肉朋友不可交，知心朋友不可少。
宁伸扶人手，莫张伤人口。
疑人不用人，用人不疑人。
要想人不知，除非己莫为。
好话不背人，背人没好话。
舌头根底下压死人。
好话说三遍，鸡狗不耐烦。
雨不大湿衣裳，话不多恼心上。
实话驳不倒，瞎话怕追考。
人过留名，雁过留声。
心里没玄事，不怕鬼敲门。
路是弯哩，理是直哩。
有理走遍天下，无理寸步难行。
强扭的瓜不甜。
自己一身白毛羽，别说人家是妖怪。
染坊里倒不出白布，狗嘴里吐不出象牙。
树怕没皮，人怕没脸。
千里送鹅毛，礼轻人意重。
在家千日好，出外一时难。
有借有还，再借不难。
聪明人好讲，糊涂虫难缠。
光打雷，不下雨，光敲梆子不卖油。
跑了和尚跑不了寺（事）。
打败的鹌鹑，斗败的鸡。
死蛤蟆能说出尿来。

好鞋不踏臭屎。
大鱼吃小鱼，小鱼吃蚂虾，蚂虾吃渍泥。
一个和尚挑水吃，两个和尚抬水吃，三个和尚没水吃。

生意不成人义在。
百问不烦，百拿不厌。
和气客自来，冷话客不买。
人叫人，千声不语；货叫人，不叫自来。
一分利撑死人，十分利饿死人。
百货中百客。
一分钱，一分货。
不怕不识货，就怕货比货。
生意不怕小，就怕顾客少。
南京到北京，买家没有卖家清。
小生意怕吃，大生意怕赔。
紧提酒，慢倒油，不紧不慢打酱油。
生意好做，伙计难伙。
同行是冤家，隔行是亲家。
三年不发市，发市吃三年。
舍不得孩子打不了狼。
挂羊头，卖狗肉。

污坑出莲花，才子出贫家。
家有万贯金，不如艺一身。
有智不在人老少，无智枉活一百年。
人不可貌相，海水不可斗量。
坐轿哩不知抬轿苦，饱汉不知饿汉饥。
不受苦中苦，哪有甜中甜；不破万卷书，何谓知识足？
知足者长乐，能忍者自安。
前人栽树，后人乘凉。
人有失策，马有失蹄。
远水不解近渴。

人到事处迷。
不怕一万，只怕万一。
一正压百邪。
真金不怕火炼。
耳听是虚，眼见是实。
一物降一物，卤水点豆腐。
好事不出门，坏事传千里。
一步走错，百步难回。
前头有车，后头有辙。
河里鱼乱窜，没有网干看。
老将上马，一个顶俩。
是衣挡寒，是饭充饥。
会了不难，难了不会。
没有金刚钻，揽不了瓷器活。
秤砣虽小压千斤。
紧走赶不上慢不歇。
拉着簸箩斗动弹。
没有不透风的墙。
说话容易做着难。
不到黄河心不死。
哑巴吃黄连，有苦不能言。
吃人家的嘴软，拿人家的手短。
火越烤越寒，肉越吃越馋。
麦怕胎里旱，人怕老来穷。
烂眼子肯招灰。
人衬衣裳，马衬鞍装。
上有天堂，下有苏杭，比不上故乡。
三里不同俗，十里改规矩。
猫记千，狗记万，小鸡还记二里半。
阎王爷不嫌小鬼瘦。
经是好经，叫歪嘴和尚念坏了。
十个媒婆九个骗，一个不骗不吃饭。

附语言地图五幅

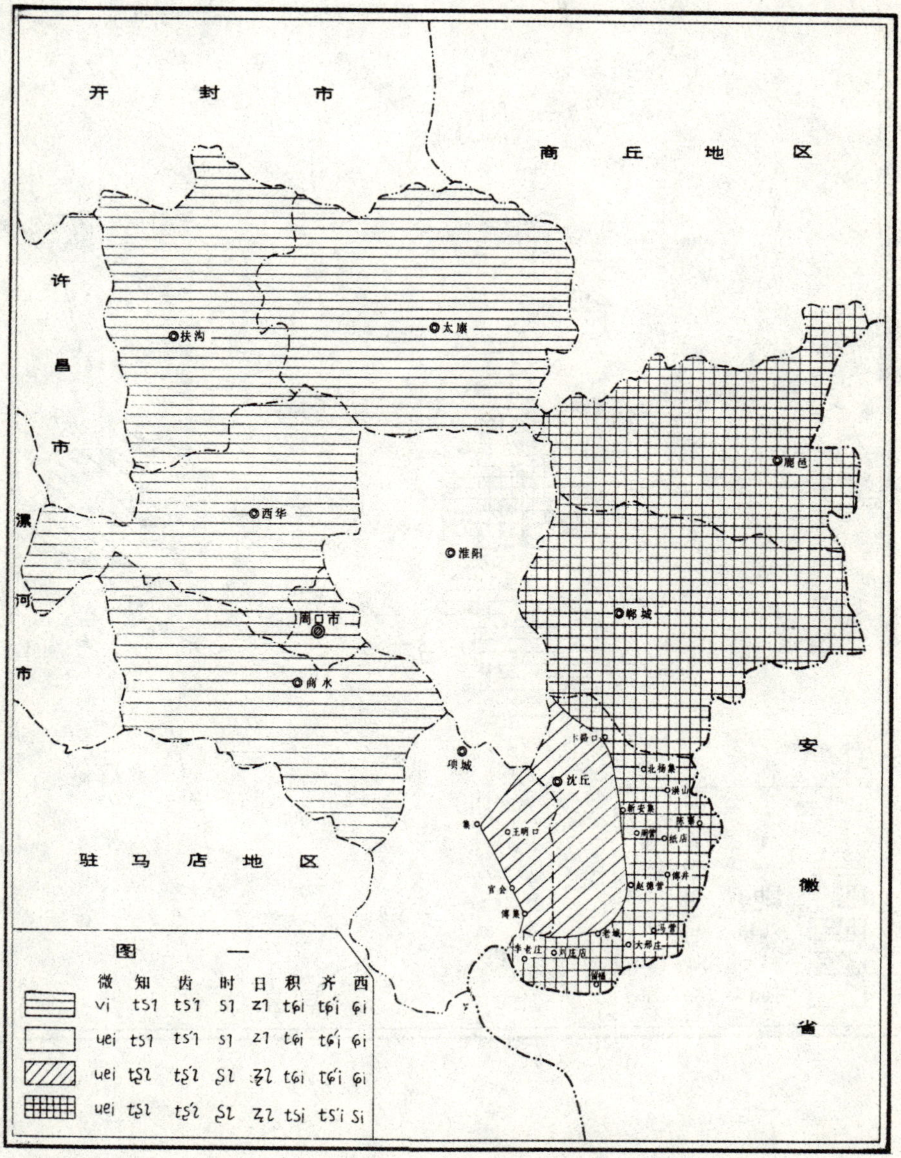
开　封　市
商　丘　地　区
许　昌　市
漯　河　市
驻　马　店　地　区
安　徽　省
扶沟
太康
西华
淮阳
周口市
商水
项城
鹿邑
郸城
沈丘
卞路口
北杨集
洪山
新安集
王明口
纸店
赵德营
大邢庄
老城
马营
刘庄店
李老庄
图　一
微　知　齿　时　日　积　齐　西
vi　tsɿ　tsʻɿ　sɿ　zɿ　tɕi　tɕʻi　ɕi
uei　tsɿ　tsʻɿ　sɿ　zɿ　tɕi　tɕʻi　ɕi
uei　tʂʅ　tʂʻʅ　ʂʅ　ʐʅ　tɕi　tɕʻi　ɕi
uei　tʂʅ　tʂʻʅ　ʂʅ　ʐʅ　tsi　tsʻi　si

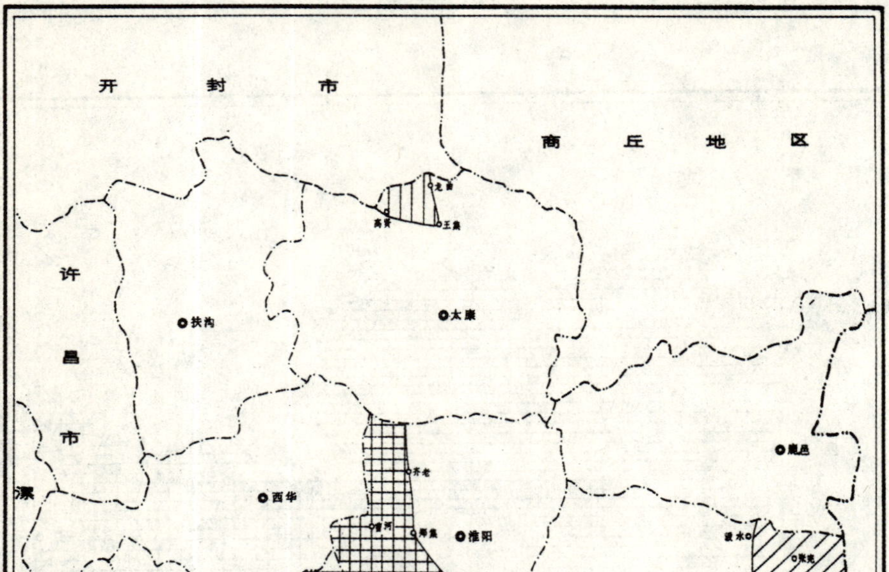
开封市
商丘地区
许昌市
漯河市
驻马店地区
安徽省
扶沟
太康
西华
淮阳
周口市
商水
项城
沈丘
郸城
鹿邑
王集
齐老
王店
许湾
平店
化河
丁村
白马
图二
饭 夫 虎
xuàn fu xu
fàn xu xu
xuàn xu fu
fàn ʂu xu
fàn fu xu

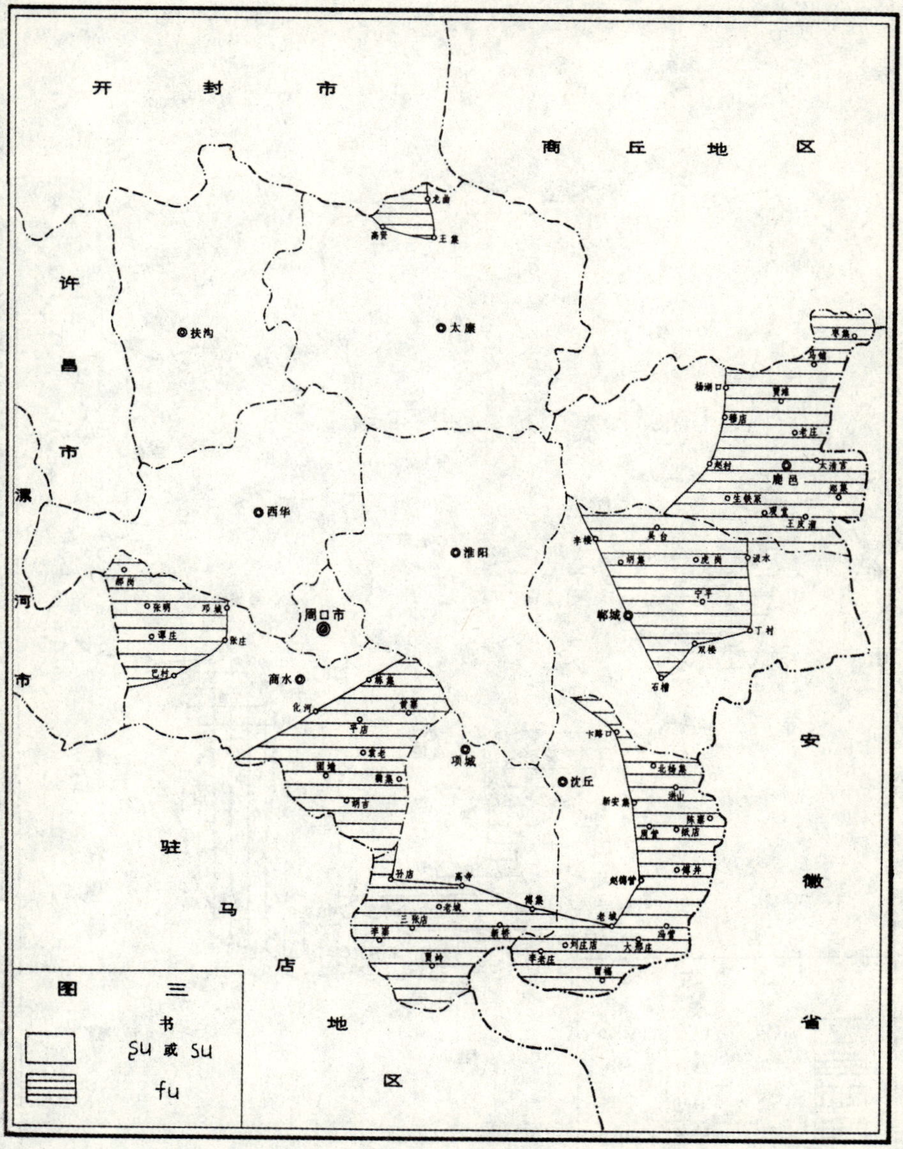
开封市
商丘地区
许昌市
漯河市
驻马店地区
安徽省
扶沟
太康
西华
淮阳
周口市
商水
项城
沈丘
郸城
鹿邑
图三
书
su 或 ʂu
fu

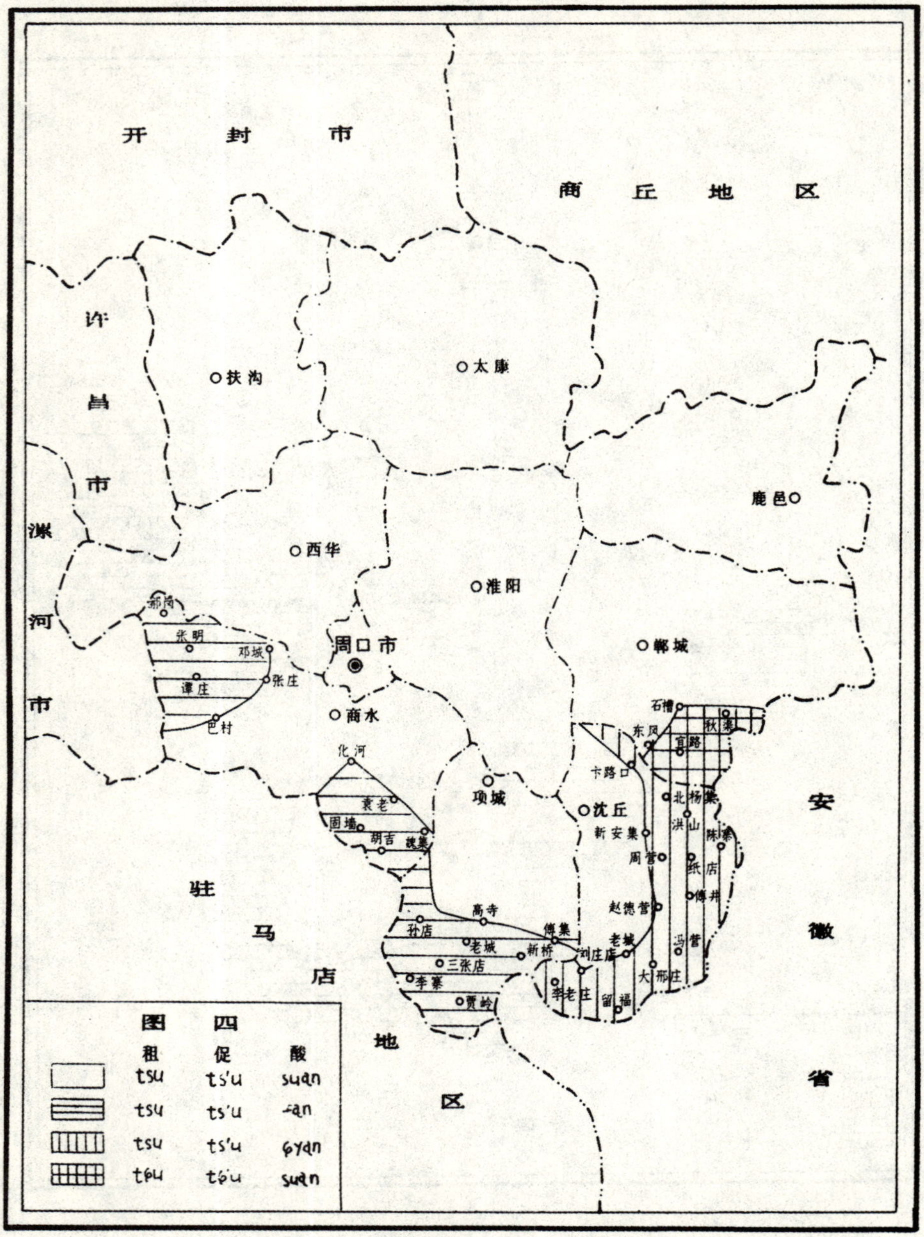
开 封 市
商 丘 地 区
许 昌 市
漯 河 市
扶沟
太康
鹿邑
西华
淮阳
周口市
郸城
商水
项城
沈丘
安 徽 省
驻 马 店 地 区
郝岗
张明
邓城
张庄
谭庄
巴村
化河
袁老
固墙
胡吉
魏集
高寺
孙店
老城
新桥
傅集
三张店
李寨
贾岭
石槽
秋渠
东风
官路
卞路口
北杨集
洪山
陈寨
新安集
周营
纸店
傅井
赵德营
冯营
刘庄店
李老庄
留福
大邢庄
图 四
祖 促 酸
tsu ts'u suan
tsu ts'u
tsu ts'u ɕyan
tɕu tɕ'u suan

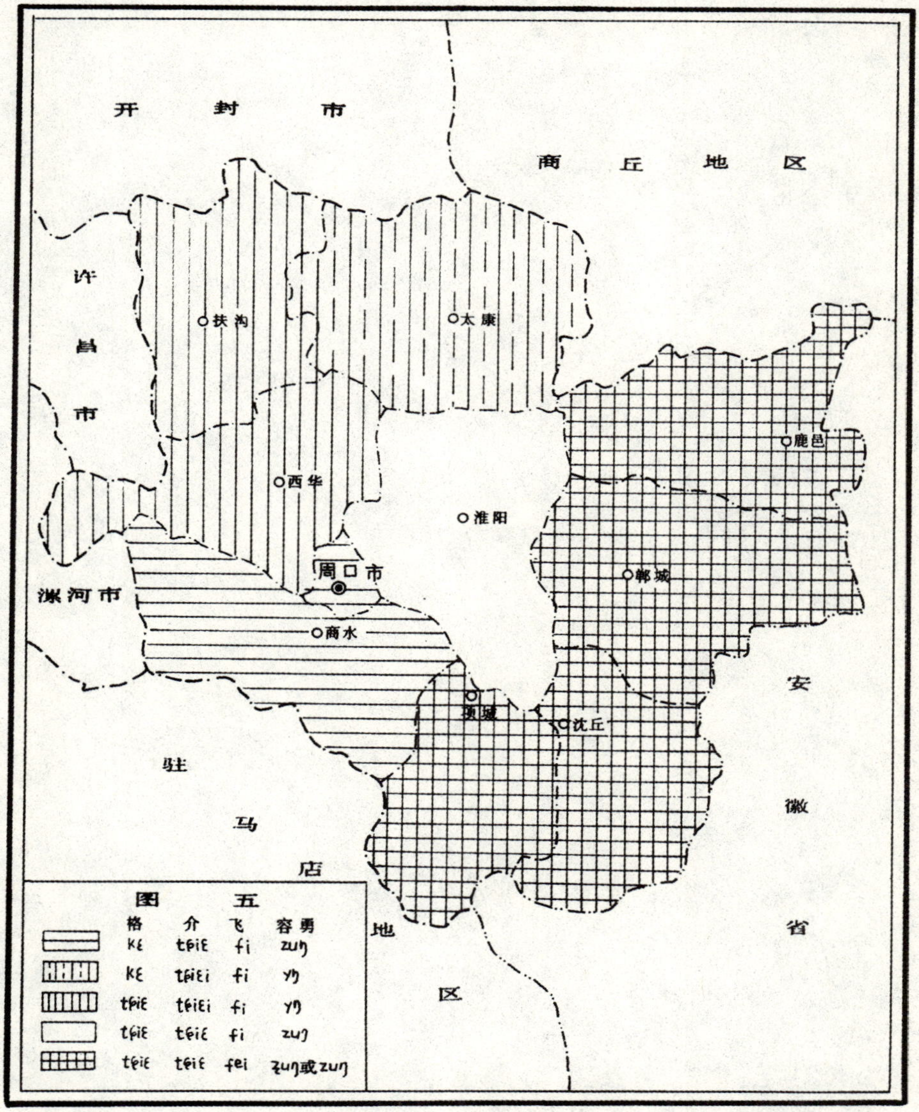
开封市
商丘地区
许昌市
扶沟
太康
鹿邑
西华
淮阳
周口市
郸城
漯河市
商水
安徽省
项城
沈丘
驻马店地区
图五
格 介 飞 容勇
kɛ tɕiɛ fi zuŋ
kɛ tɕiɛi fi yŋ
tɕiɛ tɕiɛi fi yŋ
tɕiɛ tɕiɛ fi zuŋ
tɕiɛ tɕiɛ fei ʐuŋ或zuŋ

撰稿人　游庆学

周口歷史文化通覽

历史卷

（上）

《周口历史文化通览》编委会　编

學苑出版社

图书在版编目(CIP)数据

周口历史文化通览/《周口历史文化通览》编委会编.—北京：学苑出版社，2009.12

ISBN 978-7-5077-3279-5

Ⅰ.①周… Ⅱ.①周… Ⅲ.①周口市-地方史②文化史-周口市Ⅳ.①K296.13

中国版本图书馆CIP数据核字(2009)第206140号

出 版 人：孟 白

责任编辑：刘 丰

出版发行：学苑出版社

社　　址：北京市丰台区南方庄2号院1号楼

邮政编码：100079

网　　址：www.book001.com

电子信箱：xueyuan@public.bta.net.cn

销售电话：010-67674055、67675512、67678944

印 刷 厂：高碑店市鑫宏源印刷包装有限责任公司

开本尺寸：787×1092　16开本

印　　张：246.25

字　　数：4200千字

版　　次：2010年6月第1版

印　　次：2010年6月第1次印刷

定　　价：980.00元(全套四卷八册)

《周口历史文化通览》编委会

《历史卷》编委会

主　编　周建山

编　委　（以姓氏笔画为序）

王　艳　石耀东　邢长顺　向　华

刘占国　刘晓丽　胡兆瀛

《周口历史文化通览》
前　言

地处黄淮平原的周口，历史文化积淀深厚，是一片蕴涵着丰饶文化资源的富矿区，这就让我们面临了三个任务：一是有力保护好，使文化资源不能自然湮没于时间，不能人为损毁于无知或利益；二是务实开发好，充分挖掘和展示其价值，让历史深处的燧火点燃我们今天案头的灯盏；三是全面传承好，当我们把这份遗产交给后人的时候，不能只是仰承历史原汁原味的东西，还要有我们的总结与创造、思想与智慧在里面，赋予其时代内涵，形成一个文明的新高度。最初动议编纂《周口历史文化通览》就是基于完成这三个任务的考虑，这是立意定位，也是一种文化责任感的体现。

2005年初编纂工作正式启动后，围绕写什么和怎么写，我们首先遇到的是通览周口历史文化的点、线、面关系处理问题。周口是个空间的点，历史是条纵向的线，但繁衍于周口这片土地的历史文化却不是相对封闭的地域文化，而是具有很强空间辐射力和时空穿透性的活力四射的文化形态。地理与气候是周口最早形成的优势，居平原腹地，握黄淮之枢，草木茂盛，渔猎相益，6000多年前伏羲氏部落的先民创造的原始文明，因为不断传播和广为接受而成为华夏文明的源头。这就决定了审视周口历史文化的着眼点就应该由焦点透视调整为散点透视，在中原文化、民族文化、中华文化的大背景下廓清周口历史文化的脉络，理其繁，纠其伪，释其疑，续其断，还原一些东西，深化一些东西。这是应有的学术视野，也是研究历

史文化的一种科学理念。

四年多来，360多位编纂人员根据《通览》四卷即历史卷、文化卷、民俗卷、人物卷的类别分工，全身心地投入工作中，克服资料缺乏、经费紧张等多重困难，凭着周口人的乡土情怀，凭着文化人的求知劲头，凭着工作者的职责意识，勉力实施这项没有先例可循、没有模式可套的大工程，以勇于开拓创新的精神，积极探索，锐意进取，志在出精品，填补周口历史文化发展史上的空白。其间所表现出来的工作作风和学术精神，也成为一种独特的时代文化现象。

书印出来了，无论我们的愿望多么美好，工作多么努力，但缺憾肯定是难免的，也就一并留给后人去弥补吧。这是历史和文化发展规律决定了的。

《周口历史文化通览》编委会

2009年12月30日

《周口历史文化通览·历史卷》

说　明

一、本书采用现在通行的史学观点和历史分期法编撰。考虑到历史事件的完整性，将夏商周作为一个完整的时期。

二、本书时间上限自原始社会，下限至中华人民共和国成立。

三、本书采用编章体。全书共分为八编：原始社会、夏商周时期、秦汉时期、魏晋南北朝时期、隋唐五代十国时期、宋金元时期、明清时期、近代。后附周口历史大事年表。编下为章，章下按顺序使用标题。

四、本书主要参考引用文献资料在书后列出。

五、本书涉及的地域主要是今周口市所辖的八县一市一区，一般以“周口地区”、“周口一带”称谓之，对历史上今周口市所辖地域也略有涉及。

六、本书的年代表述：中国历史上的各个朝代，均以帝号和年号纪年为主，同时括注公历纪年；中华民国成立后，则主要使用公历纪年。

七、中华人民共和国成立前、后分别表述为“建国前”、“建国后”。

八、本书中的人物主要有两类：一为周口市籍在外地为官政绩突出或对社会有重要影响者；一为外籍在周口地区为官政绩突出或在周口历史上有重要影响者。

目　录

第四编　魏晋南北朝时期

第五编　隋唐五代十国时期

第六编 宋金元时期

第七编　明清时期

第八编 近代

绪 论

周口市为河南省18个省辖市之一，地处黄淮平原腹心豫东南地区，在北纬33°03′~34°20′、东经114°05′~115°39′之间，辖淮阳、商水、西华、扶沟、太康、鹿邑、郸城、沈丘8县，项城市、川汇区以及黄泛区农场、五二农场，面积1.19万平方公里，总人口1100万人（2009年）。历史上，周口市的政治、经济、文化中心多建制于淮阳，1965年7月周口专员公署成立，2000年8月1日经国务院批准撤地设立周口市，政府驻川汇区，城区面积42平方公里，市区人口46.2万人。周口市四季分明，河流密布，自然条件优越，传统农业较为发达，是全国重要的商品粮基地。近年来，周口市文化事业和文化产业发展较快，发展前景广阔。

周口市是中华民族文化的重要发祥地之一，历史源远流长，文化底蕴厚重。早在距今8000年左右的原始社会时期，我们的祖先就在这块古老的土地上繁衍生息。“三皇”伏羲、女娲、炎帝都曾在此建都，肇始中华文明。伏羲在宛丘定姓氏，制嫁娶，率先民们由蒙昧迈向文明，周口由此成为中华姓氏文化的源头；伏羲仰观天文，俯察地理，画八卦，造书契，周口由此成为中华八卦文化的原点；炎帝神农初都陈，教民稼穑，化育五谷，尝草识药，周口由此成为中国农业文明和医药文化的发源地。2009年7月，著名作家、文学评论家、中国现代文学馆前馆长舒乙先生在到淮阳讲学时，以“人之祖、史之初、国之根、文之源”赞誉淮阳厚重的文化底蕴，这当然也可以说是对周口历史文化的解读，非常精当。

周口市是中国哲学文化的根柢，这里不仅是道家文化的起源地，也是儒家、理学文化的重要发源地。伏羲创立八卦，影响深远。伟大的思想家、哲学家、道家学派的创始人、道教鼻祖老子是周口鹿邑人，著有《道德经》，洋洋洒洒五千言，囊括古今，经天纬地，堪称道家圣典，其所蕴涵的道家思想与儒家思想一道构成中华传统文化的两大主干之一，在中国乃至世界文化史上占有重要地位；伟大的思想家、教育家、儒家学派的创始人孔子三次周游陈国，居陈三年之久，汲取了陈国文化的精髓，受陈国文化熏染至深，而且孔子以老子为师，多次问礼于老子，道、儒文化的碰撞、交融对中华文化的形成可谓影响至巨。北宋理学家程颢曾出知扶沟，扶沟一时成为天下理学的中心。道学、儒学和理学缘结于周口一区，中华唯此为奇，煌煌古迹犹存。

周口地灵人杰，代不乏人，为中华民族的发展作出了重要贡献。这里不仅是“三皇故都”，也是陈楚故地。西周时陈国建立，战国末年楚都于陈。神奇的沃土厚壤，孕育滋养了众多的历史名人，陈楚文化成为中华文化中的一枝奇葩。秦末农民起义领袖陈胜、吴广，举义旗，诛暴秦，推动了历史的进步。一代名相东晋谢安，运筹帷幄，决胜千里，淝水之战，以少胜多，力挽狂澜，维护了国家的统一。南朝谢灵运、明初李梦阳等文学巨擘，其作品各领时代风骚，成一时绝唱。抗日名将吉鸿昌，死也不能倒下，英勇壮举惊天地，泣鬼神，青史留名。《陈风》、《千字文》等诗文著述在中国文学史和教育史上占有一席之地。另外，中华民国首任大总统、“洪宪皇帝”袁世凯是今周口市项城人，其是非功过，自有历史置评。

近代，周口人民在新文化思潮的影响下逐渐觉醒，开展了反帝反封建的斗争。马克思主义传播到周口一带后，周口人民在中国共产党的领导下，为争取民主、自由进行了不屈不挠的斗争，为中华民族的解放作出了不懈努力。抗日战争时期，扶沟人吉星文在七七事变中指挥219团率先打响抗日第一枪，激发了全国人民的抗日斗志；国民党政府为拦阻日寇而以水代兵，酿成罕见的人间巨祸，周口沦为黄泛重灾区，为中华民族承担了巨大的牺牲。解放战争时期，周口人民投入解放的滚滚洪流，为中华民族的解放作出了自己应有的贡献。解放后，周口人民迎着共和国的礼炮迈向新征程，走向更加美好的未来。

古代编写地方志，多是为官吏治理提供借鉴，资政这一作用沿承至今。不仅如此，也为社会各行各业的发展提供参考。历史同时是一面镜子，以史为鉴可以知兴替，只有了解周口的过去，才能更好地了解周口的现在，才能更好地建设周口更加美好的未来。历史的足迹就是由人、事和各个历史时期的社会发展状况构成的，是人创造并张扬着历史，是事件织就并反映着历史，是思想文化贯穿并传承光大着历史，编撰历史实质上就是弘扬传统文化，为历史作注，为现实张目，观乎古而察今，观乎今而鉴古，达到古为今用的目的。编写地方史志，对于守护精神家园，发挥地方文化优势，促进文化产业发展，奋力实现周口崛起，意义自不待言。

编史难，编通史尤难。编《周口历史文化通览·历史卷》，无前车可鉴，谋篇布局为一难，收集资料为一难，业余编写为一难，有此三难，编史之不易可知。本卷是一部章节体通史，从原始社会写起，至1949年10月1日中华人民共和国成立止，共分8编，40章，约100万字，分政治、经济、军事、文化和自然灾害等方面，史料涉及范围较为广泛。编撰过程是一个学习、研究的过程。纵观周口通史，其主流实际上就是周口人民不断探索、艰难创业的历史，是周口人民不断奋斗希冀改变命运追求社会进步的历史，是周口人民奋发有为与自然灾害不断作斗争并敢于胜利的历史。

在编撰《周口历史文化通览·历史卷》的过程中，目前一些有关周口历史的学术观点，智者见智，仁者见仁，难以形成一致意见，遇此则以史征说明之；也发现一些史料相互矛盾，难以措手，然又不能回避，遇此则择而取之。由于才疏学浅，加之时间急促，不当之处一定不少，诚望有识之士和社会各界批评指正，以便再版时修订。

第一编　原始社会

第一章 淮阳古陆

周口地区是一片非常古老的土地。著名地质学家李四光在《中国古地理图》前言中说："在5.7亿年前至19亿年震旦纪期间，中国境内绝大部分是海的情况下，就出现了大片的淮阳古陆。"到了新生代（距今0.65亿年前至今），喜马拉雅山运动，河北西部的山地再次上升，东部继续下降，黄河从黄土高原上带来的大量泥沙，首先在山前河口一带形成一系列大小不等的冲积扇，且不断伸展，逐渐与淮阳丘陵连接，由此形成了今豫东平原。据民国二十二年（1933年）《淮阳县志》载："淮邑地脉低湿，然冈陵西来，实接嵩少之麓。"今周口地区境内至今还保留着一些岗丘，较为有名的有扶沟的桐丘、淮阳的宛丘、鹿邑的隐山等。

今周口地区在距今二三百万年前至数十万年前，气候比现在炎热，沼泽密布，水草丰盛，生活着鸵鸟、肿骨鹿、麋鹿等各种动物。1976年2月，扶沟县吕潭乡范岗村农民在取土时发现10枚鸵鸟蛋化石，其中5枚保存完好（右图为其中1枚），未被铲烂，现藏扶沟县博物馆。西华、商水、郸城等县发现有30万年前的猛犸象化石。此外，今周口地区境内还发现有麋鹿、犀牛等动物骨骼化石。这些动物在远古时代能在周口一带生存，说明当时的气候比今天要温暖湿润得多。

扶沟县吕潭乡范岗村发现的鸵鸟蛋

在距今约1万年前的新石器时代，那时没有压迫和奴役，没有强加于氏族成员身上的法律、刑法、监狱、军队和暴力统治，也没有凌驾于民众之上的暴力统治者，一切按照传统习惯行事。全体氏族成员在协调一致、和睦平等的环境中集体劳动和生活，"无有相害"之心。人类以打制石器为生产工具，过着采集和狩猎生活。周口地区旧石器时代考古目前尚是一个空白，迄今未发现该阶段人类活动的遗迹遗物，这可能与历史上黄河经常南泛造成黄土淤积深厚和考古工作做得不够有关。

周口一带是中国始祖神话流传的核心区域。在文字产生以前，人们只能以口耳相传的方式保存对历史的记忆，这就是远古神话传说。神话传说是历史的影子。周口一带流传最早的神话传说乃盘古氏开天辟地。西华县流传的盘古氏开天辟地的传说与《艺文类聚》卷一引《三五历纪》的记述基本一致："天地混沌如鸡子，盘古生其中。万八千岁，天地开辟，阳清为天，阴浊为地。盘古在其中，一日九变，神于天，圣于地。天日高一丈，地日厚一丈，盘古日长一丈。如此万八千岁，天数极高，地数极深，盘古极长。后乃有三皇。"伏羲、女娲、神农都曾在此活动并建都，故周口为"三皇故都"。盘古氏开天辟地的传说与周口作为"三皇故都"的地位衔接得如此紧密，足证周口历史文化的久远。

在今西华县城东北20公里处的东夏镇木岗寺村保留有盘古寨遗址，该遗址呈长方形，南北长2500米，东西宽500米，面积125万平方米。木岗寺村，原名墓岗寺村，古称"盘古寨"，尚保存原始社会时期的石斧和宋代"盘古寨"3块寨门砖雕匾额。盘古寨遗址原有盘古冢，附近有盘古井。盘古氏开天辟地的传说在这里得到印证。

盘古氏开天辟地的传说，反映了中华民族的祖先很早就相信人的力量是伟大的。盘古氏开天辟地，用的是他自己的巨斧，它朦胧地反映了劳动创造世界的思想因素。

第二章　新石器时代

“三皇五帝”之时，以石为兵，断树木为宫室，是人类开始发明陶器和使用磨光石器的新石器时代，这一时代一直延续到公元前2070年夏朝建立。该时代以农耕和畜牧的出现为划时代的标志，经济方式已由依赖自然的采集渔猎经济跃进到改造自然的生产经济，氏族公社制由全盛直到衰落。

新石器时代文化遗存在周口一带有比较广泛的分布。这得益于该地区具备三个有利条件：一是气候温暖湿润。当时年平均气温比今天高1℃至2℃，降水量也较今天丰沛。二是河流密布。沙河、颍河、涡河、汾泉河等河流纵横其间，水草丰美。古人类往往是“逐水草而居”，适宜的气候，充足的食物，为他们的生产生活提供了良好的生存环境。三是土地肥沃。周口一带为黄土地带，土壤质地均一，结构疏松多孔，既利于简陋农具的耕作，又利于作物根系的伸展。尤其是土壤中含有丰富的钙、钾等多种矿物质，其中碳酸钙含量达8%－19%，其他矿物成分不下50种，这对原始农业的发展十分有利。

中原地区发现较早的新石器文化遗存是裴李岗文化，因1921年首先发现于河南新郑裴李岗而得名。其时代为距今9000年－7000年前。该文化主要分布在豫西山地东部边缘的丘陵地带，以及豫中、豫南和豫东南的黄淮平原地区。周口地区是裴李岗文化分布的重要区域。当时，人们已走出大山，拥抱平原，告别纯粹的狩猎和原始的刀耕火种时代，在山尽平畴出的嵩山东麓进入到较为发达的原始锄耕农业阶段，创造出灿烂的裴李岗文化。其时以粟作农业为主，粟的种植已较为普遍，水稻也有零星种植。原始农业经济的色彩仍比较浓厚，采集渔猎仍占相当比例。农业生产工具有磨制石器如刀、铲、镰、斧等，谷物加工工具有石磨盘、磨棒等。生活用具有泥质红陶三足钵、壶、碗、罐等。人们过着定居生活，男女有了社会分工。研究表明，其社会性质处于母系氏族社会较晚期阶段。

周口地区迄今为止已发现12处裴李岗文化时期的遗存，其中扶沟5处、商水4处，太康、西华、项城、鹿邑各1处。该文化东部最远点在今鹿邑县武庄遗址，东南部最远点在今项城市后高老家遗址。周口一带发现的裴李岗文化以扶沟县西店遗址和项城后高老家遗址为代表。此类遗存的典型器物为

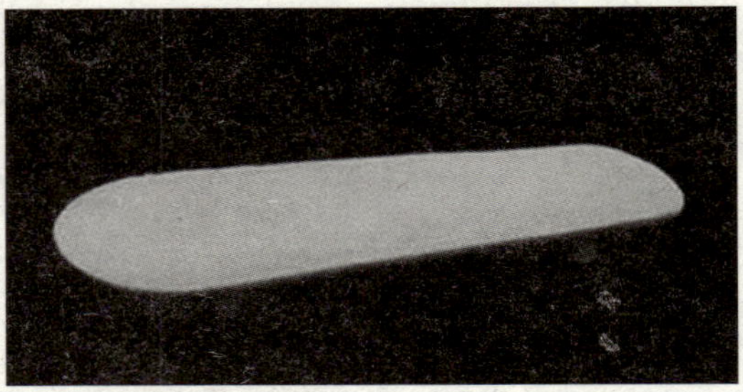

西店遗址出土的石磨盘

加工谷物的工具石磨盘、磨棒，陶器均为红陶，火候低，易破碎。西店遗址出土有石磨盘、石斧、石凿和红陶壶残片等，该遗址发现的石磨盘长100厘米、宽32.5厘米至44厘米、通高8.5厘米，呈椭圆形，用整块黄砂岩琢磨而成，非常规整，是目前裴李岗文化发现最大者，这表明当时周口一带的原始农业已达到较高水平。

距今7000年前，中原地区的裴李岗文化发展为仰韶文化。该文化因首先发现于河南渑池仰韶村而得名。其时代为前5000年－前3000年，经历了2000多年的发展历程。这时的原始农业经济较为发达，除粟、黍一类耐旱作物外，还种植蔬菜。家畜仍限于猪、狗两种，也发现有鸡。此时定居生活相当稳固。

水灌台遗址出土的彩陶罐

周口地区已发现仰韶文化遗址12处，大致可分为早、晚两期。早期遗址以太康方城、项城后高老家、西华小白庄、商水马村和扶沟支亭寺8处为代表；晚期遗址以商水范台庙、郸城段寨、西华小白庄和淮阳王禅冢4处为代表（中国社会科学院考古研究所河南二队、河南省周口地区文物管理委员会：《河南周口地区考古调查简报》，《考古学集刊（4）》，中国社会科学出版社，1984年10月）。周口水灌台遗址发现有仰韶文化时期的彩陶罐。学术界普遍认为，仰韶时期的社会性质仍然处于母系氏族社会晚期阶段。也有专家对此提出不同意见，认为其早期处于母系氏族向父系氏族社会过渡阶段，晚期已进入父系氏族社会阶段。

继仰韶文化之后，进入距今5000年－4000年前的龙山文化时期。龙山文化因首先发现于山东城子崖龙山镇而得名。与仰韶文化遗址相比，周口地区龙山文化遗存发现更多，达37处，几乎遍布全境。生产工具有了较大发展，陶器使用更加普遍。龙山文化时期，生产出现剩余，贫富分化加剧，阶级随之出现，特别是龙山文化中晚期今周口地区已经出现了便于居住和防护的原始城堡。1979年，考古工作者在淮阳县城东南发现了一座距今4500年前的龙山文化古城址——平粮台古城遗址。该城址位于高3－5米的丘地上，呈正方形，边长185米。城中发现有高台建筑、陶窑、灰坑、墓葬等遗迹。灰坑中还发现有铜渣。高台建筑用土坯垒砌而成，是后来宫殿建筑的雏形。古城发现有南北两个城门，南门两侧有门卫房。门卫房路土下埋有倒“品”字形陶排水管道，北高南低，便于排水，是中国迄今发现最早的城市地下陶质排水设施。城周围还发现有壕沟。2006年5月，考古工作者在古城遗址东北断崖处采集到一件带有“离”卦原始刻符的陶纺轮。该器已残，呈半圆形，直径4.7厘米，厚1.1厘米，孔径0.5厘米。古城的出现，不仅是人类社会发展到一定阶段的产物，而且还是进入一个新时代的标志之一。恩格斯在《家庭、私有制和国家的起源》中对城有一段精辟的论述：“在新的设防城市的周围，屹立着高峻的墙壁并非无故：它们的城壕深陷为氏族制度的墓穴，而它们的古城楼已经耸入文明时代了。”平粮台古城对于研究中国古代文明、城市和文字的起源、国家的形成以及青铜冶炼的历史等具有重要价值。

带“离”卦刻符的陶纺轮

在仰韶文化晚期和龙山文化早期阶段，来自鲁西南和皖北地区的大汶口文化（前4300－前2500）的人们向西发展，到达周口地区，沿沙颍河流域西进。区内代表性的大汶口文化遗址有郸城段寨、商水章华台、周口水灌台等。郸城段寨遗址发现有大汶口文化晚期的“山”字刻画符号陶片，对研究文字的起源提供了实物资料。大汶口文化在此与当地的仰韶晚期文化和龙山早期文化进行交流融合，使周口地区新石器时代晚期的文化呈现出相当的复杂性，区内不少新石器时代文化遗址包含有仰韶晚期、大汶口早期和龙山早期、大汶口晚期文化。同时，在周口地区的东部、南部遗址，如郸城方庄遗址、西华小白庄遗址，还发现包含有湖北屈家岭文化的因素，反映了华夏、东夷、苗蛮三种文化在周口地区的相互交流、激荡和融合。

郸城段寨出土的镂孔灰陶豆

第三章　伏羲建都宛丘及其功绩

伏羲，亦作伏牺、庖牺、包牺、太皞（昊）、太皓等，生于成纪（今甘肃天水），自称风姓，位居“三皇”之首，“为百王先”，是中国古史传说中第一位帝王，被后世尊为“人文始祖”、“斯文鼻祖”，与神农炎帝、轩辕黄帝作为上古时期最具代表性的伟大人物，被中华民族尊奉为中华文明三始祖之一。距今6000年前，甚至更早，他带领华夏部落先民自成纪沿黄河东下，选择在水草丰美的黄淮平原宛丘（今淮阳）定都，统一华夏诸部落，建立了丰功伟绩，开创了中华民族文化的新纪元。

淮阳，古称“宛丘”，后称“陈”，史载“陈，太昊之墟”。宛丘，是周口地区最早出现的地名。此处地势状若覆碗，“宛”通“碗”，故名。据《尔雅》记载：“丘上有丘，为宛丘，陈有宛丘。”《毛诗》云：“四方高中央下，为宛丘。”晋郭璞注云：“中央隆峻，状如一丘。”西汉的《尔雅·释丘》云：“天下有名丘五，其三在河南，其二在河北。”晋郭璞注曰：“说者多以州黎、宛、营为河南，潜、顿为河北。”“今在陈郡陈县。”《诗经·国风·陈风》中多次提到“宛丘”这个地名。

史籍列伏羲为“三皇”之一，确认其为炎黄之前的中华民族先祖。《白虎通·德顺论》说：“三皇者何谓也，伏羲、女娲、神农是也。”晋皇甫谧《帝王世纪》以伏羲、神农、黄帝为三皇。唐司马贞《史记·补三皇本纪》以伏羲、女娲、神农为三皇。班固《汉书·律历志》引刘歆《世经》言：“庖牺继天而王，为百王先。首德始于木，故帝为太昊。”把伏羲推到三皇之首、百王之先的地位。《汉书·古今人表》中首叙伏羲，次列炎、黄；《汉书·律历志序》认为“稽之于《易》，庖牺、神农、黄帝相继之世可知。”以太昊伏羲为历史源头。这就是说，在古帝王系统中，只有伏羲氏是“继天而王”的，因而他是百王之先，而炎、黄诸帝继伏羲而王。司马迁虽未敢为伏羲立传，但他在《太史公自序》中说：“余闻之先人曰‘伏羲至纯厚，作《易》八卦。’”肯定了伏羲的文化贡献。班固在《汉书》中将太昊伏羲定为民族始祖。其后，唐司马贞《史记索隐》引刘向言：“稽古羲黄，祖述尧舜。”唐高祖《修六代史诏》和唐太宗《修晋书诏》均以伏羲为中华文化的肇始者，所谓“伏羲以降，因秦斯及，两汉继绪，三国并命，迄于晋宋，载笔备焉”；“考龟文于羲载，辨鸟册于轩年”。可见，伏羲是中华民族的文化始祖。

伏羲氏在宛丘的功绩主要有六：

一是统一诸部落，创制“龙图腾”，“立九相六佐，制九州”，实现了各部落的首次大融合。《竹书纪年》载，太昊伏羲氏“始定四海之广，制九州”，被华夏后裔尊为第一代龙祖。《左传·昭公十七年》：“太皞氏以龙纪，故为龙师而龙名。”杜预注：“太皞伏羲氏，风姓之祖也，有龙瑞，故以龙命官”，华夏子孙由此自称是“龙的传人”。因伏羲氏建都今淮阳，“以龙纪官，号曰龙师”，淮阳故称“龙都”。

二是结网罟，养牺牲，教民渔猎畜牧，开创了华夏畜牧业的先河。《易传·系辞下》：“作结绳而为网罟，以佃以渔。”《汉书·律历志》引《世本·作篇》：“作网罟以畋渔。”

三是正姓氏，制嫁娶，倡导族外通婚和对偶婚，使先民逐渐摆脱族内通婚、群婚、乱婚的状态，从而使人类由蒙昧迈向文明。姓和氏在现代基本是一个相同的概念，而在远古之时则有着严格的区分。当时以女子为传承中心的宗族称姓，以男子为传承中心的宗族称氏。正如《通志·氏族略》所言：“三代以前……男子称氏，女子称姓。”《帝王世纪》云：“伏羲氏，风姓也。”《竹书纪年》曰：“太昊伏羲氏，以木德王，为风姓。”范文澜在《中国通史》中说：“中国最早的姓就产生在伏羲氏时期，伏羲之后为风姓，这是中国第一个姓。”当远古的先民们人人都有了姓和氏之后，太昊伏羲氏就开始规范“制嫁娶”。清马骕《路史·后纪》注引《古史考》曰：“上古男女无别，太昊始制嫁娶，以俪皮为礼；正姓氏，通媒妁，以重人伦之本，而民始不渎。”据《通志》记载，太昊时规定：“氏同姓不同者，婚姻互通，姓同氏不同，婚姻不可通。”姓氏成为别婚姻的文化符号。中华万姓一统，始自伏羲氏。伏羲氏在宛丘“制嫁娶，正姓氏”（《纲鉴易知录》），自认风姓，从而肇始中华姓氏文化，宛丘由此成为中华姓氏文化的发祥地，故淮阳有“万姓之根，根在宛丘”的说法。

四是作八卦，造书契，“一画开天”，创造了中华民族最早的文字符号，开启了中华民族文明的第一缕曙光。司马贞《史记·补三皇本纪》载：“伏羲造书契，以代结绳之政。”据《元和郡县志》载：“宛丘县八卦台在县北一里，古伏羲氏始画卦于此。”《路史》注：“今宛丘城北有伏羲庙、八卦坛。”《太平寰宇记》载：“宛丘县八卦坛在县北一里，伏羲于蔡水得白龟，因画八卦之坛。”2006 年，淮阳平粮台古城遗址发现了一枚龙山文化时期的陶纺轮，纺轮上有一“离”卦刻画符号，从而进一步证实了伏羲画八卦的真实性。

五是发明舟、桴，扩大了人们的活动范围，从此可以跨越水域，开拓新天地，促进生产进一步发展。远古人类从事狩猎、采集活动，以及频繁的迁徙活动，都是凭借人的体力。古代人们大都是濒水沿河而居的。随着火和石斧的应用，为适应捕鱼和渡河的需要，便创造出最早的水上交通工具——独木舟。从“伏羲始乘桴”（《物原》）和“伏羲氏刳木为舟”（《周易·系辞》）等伏羲传说来看，最早的船只筏和独木舟在原始社会末期已经出现。

六是作琴瑟，造曲乐，始创音乐文化。《礼记·曲礼》说伏羲“作琴瑟以为乐”。《史记》说“伏羲作三十五弦之瑟”。《楚辞·大招》王逸注：“伏羲作瑟，造《驾辩》之曲。”蔡邕《琴通》说“昔伏羲作琴，所以御邪僻，防心淫，以修身理性反其天真也。”《风俗通》说“伏羲作四十五弦之瑟”。三国时魏国的曹植在陈王任上，曾拜谒伏羲祠并作《伏羲赞》，对太昊伏羲的创世王业作了崇高的评价和礼赞。

今淮阳为太昊伏羲之都。《左传·昭公十七年》载：“陈，太皞居陈。”王符《潜夫论·五德志》云：“伏羲……世号太皞，都于陈。”皇甫谧《帝王世纪》云：“太昊帝庖牺氏，风姓也。蛇首人身，有圣德，都陈。”司马贞《史记·补三皇五纪》谓：“太皞庖牺氏，风姓，代燧人氏继天而王……都于陈。”郑樵《通志·都邑略》云：“伏牺都陈，神农都鲁，或云始都陈。”

伏羲故都的地望在平粮台古城遗址。据《竹书纪年·前编》：太昊庖牺氏，“以木德王，为风姓。元年即位。都宛丘”。《五帝纪》：“帝太昊伏羲氏，成纪人也。以木德继天而王，都宛丘。”《路史·太昊纪》：太昊伏羲氏“都宛丘”。考古发现与文献记载相互印证，宛丘即今淮阳县城东南3里许的平粮台古城遗址。《水经注》云：“宛丘在陈城南道东。”《元和郡县志》、《太平寰宇记》载：“宛丘在县南三里。”《元和郡县志》又载：“伏羲都陈，宛丘城是也。”《读史方舆纪要》进一步指出：宛丘“在州城南三里，高二丈”。王隐《晋书地道记》：“陈城南道东有宛丘，渐欲平。”《淮阳县志》：“宛丘在县东南。”淮阳境内分布着许多大汶口文化遗址，它们属于大汶口文化颍水类型（或云段寨类型）。该类型的大汶口文化是公认的太昊文化。由此说明淮阳确实是太昊伏羲氏的都邑。

相传伏羲氏在位115年，死后葬于陈。据《历代陵寝备考》载：“太昊伏羲氏，风姓……都陈，在位一百一十五年崩。陵在河南陈州府城北三里淮宁县界，国朝载入会典。恭遇国家大庆，遣官致祭。”太昊陵位于淮阳县城北1.5公里处的龙湖之滨。陵高20多米，周长182米，上呈圆形，下有方座，象征“天圆地方”。陵前有宋代“太昊伏羲氏之陵”石碑一通，高5米，宽3米。其墓通称“太昊陵”或“太昊伏羲陵”，系中国十八大名陵之一，因为是中华“人文始祖”墓，故称“天下第一陵”。

太昊伏羲陵庙的历史，可追溯到春秋时期。春秋时有陵，汉以前有祠。唐宋以来，太昊伏羲的陵庙不断扩建。唐太宗李世民于贞观四年（630年）颁诏“禁民刍牧”，置守陵户。宋太祖赵匡胤于建隆元年（960年）亲颁《修陵奉祀诏》，扩修陵庙，并规定每年仲春二月“以太牢祭祀”。元代，陵庙因年久失修渐毁，至元末，陵前仅存宋碑一通。太昊伏羲陵庙重建于明朝，按伏羲先天八卦之理数兴修，其结构与明代皇宫相仿，是中国帝王陵庙中大规模宫殿式古建筑群之孤例。明英宗正统十三年（1448年），在原废墟上进行重建。以后宪宗、神宗时又多次大规模重修、扩建。清乾隆十年（1745年），政府又拨内帑银8000两大为修葺。至此，形成规模宏大、殿宇巍峨的陵庙建筑群。整个建筑群占地875亩，分内城、外城、紫禁城，总体布局坐北朝南，主体建筑分布于南北750多米长的中轴线上。沿中轴线从南到北依次建有九龙照壁、午朝门、玉带桥、道仪门、先天门、太极门、钟鼓楼、统天殿、显仁殿、太始门、陵垣门、伏羲陵、蓍草园。现存三殿、两庑、两楼、两坊、一台、一园、七观、十六门，陵园正中为统天殿，殿内塑伏羲坐像，手托八卦；两侧配有神农、黄帝、少昊、颛顼塑像；殿后是太始门，太始门后为太昊伏羲陵墓。陵区即紫禁城。陵上有白檀、古柏，苍翠峥嵘，素有“羲陵岳峙”之称，是旧淮阳“七台八景”之一。陵后为蓍草园，园内蓍草茂盛，名为“蓍草春荣”，亦被列为“旧淮阳八景”之一。

官方对太昊伏羲氏的祭祀始于春秋，据淮阳旧志引《家语》载：“孔子自卫适陈，陈侯启陵阳之台（迎之）。”秦汉之际历有祀祭。隋唐五代均以“三皇之首”祀之，以三牲“太牢”大礼祭祀。赵宋以来更加丰隆，宋太祖赵匡胤在太昊伏羲陵《修陵奉祀诏》中说：“历代帝王，或功济生民，或道光史册，重于祀典，厥惟旧章……其太昊、女娲、炎帝、黄帝、颛顼、高辛、唐尧、虞舜、夏禹、成汤、周文王、周武王、后汉世祖、太宗十六帝，各给守陵五户，长史春秋奉祀。”明洪武四年（1371年），朱元璋曾“自制祝文”亲临祭祀，祭诏云：“惟太昊伏羲氏画八卦以明天道，造书契以开人文；惟炎帝神农氏制耒耜以教农耕，尝百草以为医药；逞黄帝轩辕氏作民居、宜衣服以法易象，创律历、官制以宣政治，皆继天开物成务，古有功于生民后世也。元璋以菲德荷天佑人助君，临天下继承中国帝王正统，伏念三圣去世悠远，神灵在天，万世长存……”此后，明代各帝都遵从祖训，遣官祭祀。据《陈州府志》记载，清代各帝如顺治、康熙、雍正、乾隆、嘉庆、道光、咸丰、同治、光绪直至宣统，都派钦差大臣到太昊伏羲陵祭祖，多达45次。清人雷方晓到此拜祭后赋诗一首，曰《羲陵岳峙》：“宛丘龙蟠面碧湖，岿然岳峙一陵孤。功开天地规模大，道冠皇王气象殊。宫阙云霞声栋牖，河喷烟雾隐龟图。千宵松柏凌高峤，园寝争看壮旧都。”太昊陵庙现为全国重点文物保护单位。

太昊陵每年农历二月二到三月三有盛会，俗称“二月会”，也称“人祖会”。庙会由来已久，始于春秋时期，明清时形成规模。《陈州府志·卷二·民俗》载：“二月二日，黎明，用灰圈作囷以兆丰会。儿童击瓦缶，是日居民诣太昊陵进香奠牲，至三月三始止。”太昊陵庙会期间，人们从四面八方云集淮阳拜谒人祖，日达十余万之众，可谓笙笛锣鼓不绝于耳，香烛纸炮烟雾蔽日。明代知县何登栋诗云：“云旗高卷拥黄埃，击鼓鸣锣拜玉台。桃李年年春二月，更无人想孔林来。”庙会上的泥泥狗被称为原始社会“真图腾”、“活化石”。担经挑舞、摸子孙窑习俗尚存远古遗风。该庙会以其历史之悠久、规模之宏大、会期之长、人数之多、影响之大，有“天下第一庙会”之称，至今长盛不衰。

第四章　女娲建都西华及其功绩

西华，为“女娲故都”。远古时期，相传女娲和伏羲活动于今周口一带，在今西华县城北思都岗建都，为华夏文明的产生作出了贡献。其与伏羲以兄妹婚而繁衍人类，被后世民间尊称为“人祖奶奶”。女娲的功绩主要有三：

一是创立男女婚配制度，繁衍人类。清马骕《路史·后纪》卷二注引《风俗通》：“女娲祷祠神祈而为女媒，因置婚姻。”女娲抟土造人的神话实际上正是这一功绩的反映。《太平御览》引《风俗通》载：“俗说天地开辟，未有人民，女娲抟土作人，剧务，力不暇供，乃引绳于泥中，举以为人。”今周口境域特别是西华、淮阳一带，民间至今仍流传着伏羲女娲兄妹“抟土造人”的传说。民间称正月初七这天为“人日”，即“人类的生日”，也叫“人胜节”或“七元日”，这与传说女娲在此日造出人类有关。传说女娲造人时，前六天分别造出了鸡、狗、羊、猪、牛和马，第七天造出了人。因此，汉民族认为，正月初七这一天是人类的生日。古人认为正月初七以晴为好，寓意人寿年丰，天下大同。汉时东方朔的《占书》中就有“初七人日，从旦至暮，月色晴朗，夜见星辰，人民安，君臣和会”的说法。可见“人日”的说法在汉代时就已流传，距今至少有2000多年的历史。“抟土造人”虽然是个传说，但女娲和伏羲繁衍人类的功绩是应该给予肯定的。后人为此尊女娲为“神媒”或“高媒”，奉为母性始祖和管理婚姻生殖之神。《礼记·月令》载：“仲春二月，以太牢祀以高媒。”

二是治平洪水。据《淮南子·览冥训》载，传说女娲时期，共工大战祝融，“怒而触不周之山”，“天维绝，四柱折”，“四极废，九州裂”。女娲在小河边炼五色石缀补苍天，又斩断鳌足支撑四极，宇宙化危为安。女娲炼石补天的传说背景，在于反映了当时洪水泛滥，她带领部落的人们与洪水进行斗争，治平了洪水，为早期人类的生存创造了条件。

三是发明笙簧乐器。《世本·作篇》：“女娲承庖牺制，始作笙簧。”《帝王世纪》载：“女娲氏，风姓，承伏羲制度始作笙簧。”《唐乐志》载：“女娲作笙，列管于瓠上，纳簧其中。”后唐马缟《中华古今注》载：“上古音乐未和，而独制笙簧，其义云何？答曰‘女娲，伏羲妹，人只生而制其乐，以为发生之象。'"《礼记·明堂位篇》也有“女娲治笙簧”的记载。

西华县城北9公里处的思都岗村为女娲故都，不仅有文献记载，而且得到考古证实。宋代乐史《太平寰宇记》卷十载：“县西二十里，旧传女娲之都，本名娲城。”《东野纪闻》云：“陈之长平即女娲炼石补天处。今有女娲城在焉。”《读史方舆纪要》卷四十七载：“娲城在西华县西，女娲之都也。”思都岗村古刹龙泉寺明代《思都岗龙泉寺记》碑载：“西华治北十五里有城遗址，半就湮没，相传为女娲故墟也。”清《西华县志》载：“娲城，以为女娲所筑之城。古老相传，其来已久。城上朝来缤纷，烟霞袅袅。尤以春夏之交，此景最为壮观。”《陈州府志》载：“西华县。女娲城在县西北十里。曹植赞曰：‘古之国君，造簧作笙；人物未就，轩辕纂成。’”今西华思都岗有女娲故城、女娲坟。考古发掘证实了女娲故城的存在。原始社会新石器时代中晚期，仰韶、龙山时代的人们就在此生活。到了春秋时期，这里已是一座古城。城址呈正方形，分内外两城，城墙多为分层夯筑而成，城墙残高约3米，宽8米，出土大量春秋时期釜、罐、鬲、瓮、瓦等遗物，城址下还有商代文化遗存。史载，女娲死后，人们在今思都岗村修女娲城，在城内建女娲阁。阁分上下两层，上供女娲，下供伏羲；女娲身披树叶，赤足散发，左手折鳌，右手持蛇，气宇轩昂，栩栩如生。后经历代增修，娲城具相当规模，城垣坚实，庙宇堂皇，达五庙十殿，颇为壮观。后来城、阁被毁，百姓思念娲皇故都，因名“思都岗”。《河南通志》云：“女娲氏遗民思故都，因以为名。”女娲坟位于女娲城西南280米处，原高6米，面积近400平方米，后为黄河水淹没。1984年，当地群众添封土冢，增高至13米。

西华县思都岗女娲娘娘庙会，源于春秋，明代始成规模，至今兴盛不衰。西华一带民间传说，农历腊月十一是女娲生日，正月十五日是女娲补天完工的日子。故每年农历正月十五至二月二，人们都来这里祭祀女娲，久而久之，形成庙会。

女娲死后，相传其后裔栗陆氏在今西华一带活动并建都。《辞源》：“栗陆传为古帝名，在女娲氏之后。”栗陆氏故都在今西华县城西南35里陆城村。清乾隆《西华县志》载：“陆城乃栗陆氏故都。”

第五章　炎帝建都陈及黄帝、颛顼的活动

炎帝，姜姓，号烈山氏，又作厉山氏，是传说中上古姜姓部落首领。由于他教民农耕，故又称为神农氏。他初居于姜水流域（今陕西岐山东），后沿渭水、黄河东徙，进入中原，“初都陈”，后迁曲阜。炎帝曾与蚩尤相战，不胜，退至涿鹿。又与黄帝大战于阪泉，为黄帝所败，遂与黄帝部落联合。陈即今淮阳。传说他在位140年，巡察到长沙茶乡（今湖南炎陵县）时无疾而终，享年168岁。

神农故都的地望，据《水经·渠水注》载：“沙水又东南径陈城北，故陈国也。伏羲、神农并都之。城东北三十里许，犹有羲城实中。”《历代宅京记》云：“伏羲氏都于陈。神农氏，初都陈，后居曲阜。”又据民国二十二年（1933年）《淮阳县志》载：“羲神实，未详其处。《水经注》云：‘陈城东北三十里有羲神实，当作羲城实。《路史》炎帝纪，上都于陈。注：今宛丘有陈城，故陈国。传为太昊之墟。或云神农不居此。郦道元云：今故城有所谓羲神实者，其处也。实者对虚之名，言神农所在，人民常实也。’”据考证，淮阳朱丘寺遗址，即“羲神实”处，此说值得关注。

炎帝的功绩主要有三：一是最早发明耒、耜，化育五谷。《易·系辞下》载：“包牺氏没，神农氏作，斫木为耜，揉木为耒，耒耨之利，以教天下，盖取诸益。”今淮阳县城东北5公里处白楼乡五谷台村有五谷台，相传炎帝在此化育五谷，教人稼穑，故名。五谷台高约2米，面积6000余平方米。据考古调查，这是一处原始社会时期龙山文化遗址，时代与炎帝神农生活时代相当。淮阳有神农井，民国二十二年（1933年）《淮阳县志》载：“今失其处。”《史记》注云：“淮阳多古迹，有神农井。”二是尝百草，明医药。他遍尝百草，识知药物之性，被后世尊为中国医药业鼻祖。三是兴墟市，通有无。神农时代，不仅发明了原始农业，而且生产出现剩余，产生了原始的物物交换。《易·系辞下》载，神农氏时代，“日中为市，致天下之民，聚天下之货，交易而退，各得其所……”

黄帝，姓公孙（一说姓姬），名轩辕，号有熊氏，少典之子，是中国古史传说中中华民族的先祖，列“五帝”之首。《史记·五帝本纪》、《世本》、

《大戴礼记帝系》都有关于他的记载。神农氏的势力衰微后，诸侯间相互侵伐，残害百姓，而神农氏无力征讨，于是轩辕便操练士卒，征讨那些不来朝贡的诸侯，使四方诸侯臣服。炎帝想要欺凌诸侯，诸侯便都归属轩辕，轩辕于是实行德政，整治军队，研究气候，种植五谷，安抚百姓，测量四方的土地，率领军队与炎帝在阪泉的野外交战，大败炎帝。蚩尤作乱，不听从黄帝的命令，黄帝便征集各地诸侯的军队，与蚩尤在涿鹿的野外交战，擒杀了蚩尤。各地诸侯便都尊轩辕为天子，取代了神农氏。

周口地区为上古炎黄二帝部落活动之域。黄帝都有熊，即今河南新郑。淮阳距新郑不远，黄帝在淮阳一带活动应是可信的。关于黄帝之都“涿鹿”的地望，目前学术界有六说，台湾学者柏杨主扶沟说。他在《中国人史纲》中说：“在形势上，有熊部落夹在神农部落和九黎部落之间，有两面作战的危险，所以姬轩辕决定先发制人，他首先突击神农部落，在阪泉（今河南扶沟）郊野的战役中，把神农部落击溃，俘虏了敌人全部人口和牛羊。”明《成化总志》记载：轩辕庙在扶沟县北鲁一保。清《嘉庆一统志》载，黄帝庙，一名轩辕庙，在扶沟县西北十里轩辕庄。轩辕庄即今扶沟县大李庄乡大李庄村，旧名轩辕村，原有轩辕庙，又名黄帝庙，早已倾废。20世纪60年代中期，太康县城北王集乡轩村发现明万历十八年（1590年）李民安夫妻合葬墓，墓室南端出土《明故处士李公墓志铭》。据李民安墓志铭记载：“谨按状君之高祖讳敏，原籍山西文水县，自洪武初移籍太康之北轩辕岗。”轩辕岗位于东、西轩村中间的土岗上，岗西称“西轩村”，岗东称“东轩村”。轩辕岗发现有龙山文化遗址，龙山时期与黄帝时代相近。30多年后，在轩村北不远的许村又发现了李民安伯父李世宠、伯母封氏的合葬墓，其夫妻二人都有墓志铭。封氏先死，李世宠于明万历八年（1580年）后卒。据李世宠墓志铭记载：“有祖讳敏者，避地太康，适邑北，有轩辕黄帝墓。”由此说明，至迟在明初，人们一直认为黄帝曾在今太康轩辕岗附近一带活动，而且还葬于此地，黄帝活动于周口地区境内当是可信的。

原始社会晚期，黄帝之孙、昌意之子、“五帝”之一的高阳氏颛顼曾在今周口一带活动。相传颛顼聪明过人，15岁佐政，20岁即帝位（即部落首领），在位78年，享年98岁。颛顼改革原始宗教，使社会趋于安定，并制订了中国最早的历法——《颛顼历》。

《史记·五帝本纪》载：“黄帝崩，葬桥山。其孙，昌意之子颛顼立，是为帝颛顼也。”黄帝为帝时，自渭水流域向东发展，与夏、夷众多部落结为联盟，击败共工，得以率部落在黄河流域定居。《山海经》载，颛顼国有“陈州之山”。陈州山所指即为宛丘。距今 4400 年左右，高阳氏颛顼曾在今项城市高寺集北汾河桥西高寺村东的高寺龙山文化遗址定居，此地故名高阳丘。相传因其上建有佛寺，故称高阳寺，简称高丘寺或高寺。《左传・昭公八年》载：“陈，颛顼之族也。”《魏书・地理志》载：“和城县（今项城市境内）属南顿郡，有高阳丘。”唐《元和郡县志》载：“高阳丘在南顿县南四十里。”《太平寰宇记》卷十河南道十陈州南顿县载：“东魏于此置和城县。……高阳丘，在县南四十里。”

第二编　夏商周时期

第一章　夏商周时期的政治

一、建置与分封

夏代，是中国历史上第一个奴隶制世袭王朝，根据夏商周断代工程年表，夏起始于公元前2070年，由禹建立，前1600年商汤灭夏桀，夏代灭之，商朝建立，历时470年。商代的时间为前1600年至前1046年，历时555年。这个时期是中国奴隶制的鼎盛时期。商代初都西亳（今河南洛阳），前1300年盘庚迁都殷（今河南安阳），故又称殷或殷商。西周（前1046－前771）是中国历史上继商朝之后的第三个奴隶制朝代，由周文王之子周武王姬发灭商后所建立，定都镐京（今陕西省西安市西部）。由于周朝后来将都城东迁洛邑称东周，故称这一时期的周朝为西周，历时275年。前770年，周平王迁都洛邑（今河南洛阳），建立东周王朝。自东周建立至秦灭六国，历史上又分为春秋（前770－前476）和战国（前475－前221）两个时期。前256年，东周为秦所灭，历时515年。春秋战国是一个战争此起彼伏的时代，是中国社会由奴隶制过渡到封建制的大变革时代。

夏原为黄河流域一个部落的名称，其中心地域在今豫西、晋南一带。部落氏族制度的基础是极端狭小的生产和低下的生产力，各氏族内部的经济发展，奴隶的逐渐增加，阶级分化的日趋明显，对异族部落的战争掠夺和奴役，导致了奴隶社会的形成，夏朝就是在这样的条件下建立起来的。其时“茫茫禹迹，画为九州”（《尚书·禹贡》）。“九州”之中有“豫州”，其地域相当于今河南省中部和东南部一带。宋乐史《太平寰宇记》卷十河南道十陈州载：“陈州。淮阳郡，今理宛丘县。昔庖牺氏所都，曰太昊之墟。《禹贡》为豫州之域。”周口地区位于今河南省东南部，夏时境域皆属《禹贡》豫州之域。

从考古发现看，二里头文化为夏文化，沈丘县老城镇的乳香台遗址包含有新寨期二里头文化，这是周口地区发现最早的夏文化遗存。夏初，周口地区大致以太康、淮阳、沈丘一线为界，以东为夷人创造的岳石文化，以西为夏人创造的二里头文化，两种文化在这条线附近相互进行交流和融合。周口地区迄今发现的二里头文化除乳香台遗址新寨期外，还有16处。早期的遗址分布在11个地点，有扶沟的林寨，商水的朱集、良台，太康的方城，项城的高寺、骨头冢，沈丘的东冢，淮阳的范丹寺、双冢，西华的陆城、后于王庄。中期的遗址分布在6个地点。晚期的遗址分布在10个地点。上述三期遗址有重叠分布现象。

太康县为夏代古戈地。4000多年前，大禹之孙、启之子、夏代第三代国王太康失国后曾奔戈筑城定居。后寒浞杀后羿自立，封子豷豖于戈地，后来夏王少康之子杼灭豷于戈。《左传·哀公元年》载："使季杼诱豷，遂灭过、戈，复禹之绩。"《左传·哀公十二年》载："宋郑之间有隙地焉，曰弥作、顷丘、玉畅、岩、戈、锡。子产与宋人为成，曰：'勿有是。'及宋平、元之族自萧奔郑，郑人为之城岩、戈、锡。"《左传》杜预注："戈在郑、宋之间"，即今太康一带。太康在位19年，享年39岁，死后葬于今太康县东南。后人为了纪念他，秦王政二十三年（前224年）改戈为"阳夏"，始置阳夏县，意谓"夏之南都"。太康地名即得名于夏王太康。据《太平寰宇记》卷一河南道一开封府一载：太康县，"夏后氏太康所筑城。汉为阳夏县，隶淮阳国。隋开皇七年，改阳夏县为太康，取古太康之名，隶淮阳郡。"

殷商时期，商汤封虞遂于陈。目前，周口地区境内已发现商代遗址19处，分别为商水朱集、王田寺、马村，项城毛冢、骆驼岭、南顿故城，鹿邑栾台，太康槐寺、陶母岗、刘庄、方城，郸城汲冢，淮阳双冢、平粮台、试剑冢、蒋台、范丹寺，西华后于王、商高宗冢等。

西华在商代尚无其名。前1192年夏，武丁率军伐夷返经今西华一带，崩葬于此。今西华商高宗陵，传为其墓。

扶沟县境域在前806年属郑国，前376年属魏国。

淮阳县在商代为虞遂封地。《世本》宋忠注："虞思之后，箕伯直柄中衰，殷汤封遂于陈，以为舜后是也。"前1045年，胡公妫满被周武王封于陈，始建陈国，前478年为楚所灭，降陈为县。战国末年，陈县因地处淮水之北，将陈改名为淮阳。据辛德勇《秦始皇三十六郡新考》（《文史》2006年第1期）研究所得，在秦王政二十六年（前221年）分天下为36郡之前，秦朝应设有42郡，淮阳郡即是其一。秦王政二十三年（前223年）秦灭楚时，在取得陈以南至平舆一带之后，当即设立了淮阳郡。

西周仍是奴隶制社会。“周因于殷礼”。其上层建筑在殷商的基础上得到相当大的发展。在政治制度上最重要的变化是确立以宗周为中心的分封制度。所谓分封，就是周武王克商后，把得来的广大土地和俘虏，分给他的兄弟、亲戚及有汗马之劳的扈从们，封邦建国，分土列爵，广建诸侯，让他们到各地去，辅翼王室。武王克商后，基本上控制了商朝原来的统治地区，又征服了四周许多小国。为加强对疆域的控制，他采用“分封亲戚、以藩屏周”的政策，把同姓宗亲和功臣谋士分封各地，建立诸侯国。这些诸侯国成为对一方土地进行统治的据点，他们对周王室也起到拱卫的作用。武王灭商的第一年，“遍封功臣同姓戚者”（《史记·鲁周公世家》）。周初分封的这些诸侯国，面积都不大。《礼记·王制》：“天子之田方千里，公侯田方百里，伯七十里，子男五十里。”《孔子家语·王言解第三》：“周制三百步为里，……五十里而都，封百里而有国。”

周口地区历来为上古民族杂居交错之地，周王朝在这里分封的诸侯国有妫姓陈以及姬姓顿、项、厉、沈、养等方国。在这些诸侯国的边地，周口地区境内还有郑、沈、蔡等国的部分疆域。春秋战国时期，特别是战国，诸侯之间相互攻伐兼并，境域归属变动频繁，绝多属陈，陈及顿等诸侯国后为强楚所并。

周朝建立后，因虞舜后裔遏父（或作阏父）助武王伐殷有功，武王封遏父之子胡公妫满于陈地，以奉舜帝之祀。《左传·襄公二十五年》载：“昔虞阏父为周陶正，以服事我先王。我先王赖其利器用，与其神明之后，庸以元女大姬配胡公，而封诸陈，以备三恪。”春秋末年，楚灭陈，陈为楚北方重镇。战国晚期，楚徙都于此，史称“郢陈”。后来楚迁都于寿春（今安徽寿县），为秦所灭。

陈国初封之地方圆百里，随着陈国势力的增强，其国土面积也不断扩张。据梁光庆、陆其成的《陈国疆域考》说，陈国所辖范围有：壶丘，又称为孤丘，在今河南新蔡县东南，春秋为陈邑。《春秋左传注》“文公九年夏，楚侵陈，克壶丘”，即此地。株野，位于河南省东部今柘城县境内，《柘城县地名考》认为：“柘城即陈之株野。古为朱襄之地。”相，后称为苦，治所在今鹿邑县。鸣鹿，在鹿邑县西部。防，陈地，《大清一统志》记载：“防亭，在淮宁县北。”即今淮阳县城北 17 公里的太康县老冢镇。柽，在今西华县南约 15 公里处。《陈州府志》载：“柽属陈国辖邑。”株林，春秋属于夏氏邑，属于陈国，治所在西华县西夏亭。辰陵，春秋陈地，其地在今扶沟县南，西华县北 15 公里处。焦，春秋时期陈国焦邑，位于今安徽省北部，即今安徽亳州市。夷，又称为城父，治所在今安徽亳州东南35公里处，春秋时期属陈。顿，国名，姬姓，子爵。《陈州府志》记载："顿属于陈国，治所在今河南省商水县，后被陈国所迫，南迁至今河南省项城县城西南，故又称为南顿。"沈，又名寝丘，周国名，可能依附陈国，《陈州府志》记载："沈属于陈国，后为寝丘邑。"项，周国名，子爵。据《陈州府志》记载"项属于陈国"，故城在今沈丘县槐店镇西南。留，又称陈留，春秋郑邑，《公羊传》说："留，郑邑也，后来为陈国所并。"治所在今河南省开封市东陈留镇。阳夏，《历史沿革表》载，古阳夏邑属于陈国，治所在今太康县境内。

陈城在何处?《诗经·陈风》朱熹注：陈，"都于宛丘之侧，与黄帝、帝尧之后共为三恪，是为胡公。大姬夫人尊贵，好乐觋歌舞之事，其民化之。今之陈州，即其地也。"王应麟《诗地理考》云："今陈州在古陈城内西北隅，陈都在宛丘之侧。"据《水经·渠水注》载："沙水又东南径陈城北，故陈国也。"今淮阳县城北有新蔡河，河水绕城东流向东南，入沙水。新蔡河是沙水（今统称沙颍河）支流之一，《水经注》的作者郦道元将沙水支流统称为"沙水"。因而新蔡河滨的淮阳县城关一带，即为陈国故城之所在。

陈胡公封陈以后，即开始修筑陈城。《路史·国名纪丁》云："今陈治宛丘城，城纪云：胡公所筑。楚初灭陈，顷襄王后都之。"《元丰九域志》也说城为陈胡公所筑。自胡公始筑陈城以来，其后不断扩大或增修。陈城既有城郭，又有沟洫，始筑年代甚早。《元丰九域志》、《路史》均说"胡公所筑"。胡公封于陈，筑城是情理中的事情。这应是夏商周时期陈城的第一次修筑。春秋晚期或较早一点，陈城进行了第二次修筑。前598年楚杀夏徵舒时已有陈城，并将夏徵舒之头悬于陈城东门（即栗门）；周灵王二十二年（前550年），陈侯和贵族庆氏发生矛盾，庆氏为了抵抗陈侯的征伐，陈国的庆虎、庆寅又征集属下庶民筑陈城，引起筑城役人暴动。据《左传·分国集注》载："楚伐陈，陈西门燔，因其降民修之。"《水经注》云："城南郭里又有一城，名曰淮阳城，子产所置。"前547年，子产曾率军攻取陈，可能对因战争遭毁坏的城墙进行了修补，故有"子产所置"的说法。前543年，郑子产曾批评陈侯"缮城郭"，故子产修筑的说法存疑。综合文献资料和考古研究，淮阳古城自西周初年兴建后，历春秋、战国、汉、宋至明清，其城墙多次修复，一直延续至中华人民共和国成立之初。

陈城的规模如何?据《淮阳县志》记载为"九里十三步"。《元和郡县志》则说："陈州州城枕蔡水，周回三十里。"前者指内城，后者指外郭。经实测，城址周长1.5万米，采用东周时期常见的大圈套小圈形式，亦即内城外郭的格局。内城平面略呈方形，外郭呈不规则形。1980 年间，河南省博物馆对淮阳县城进行考古发掘，认为此城即陈国故城，获知最早的城墙叠压在最下层，高度在 2 米以上，夯土筑成，夯层厚约 10 厘米，始建于春秋时期。楚灭陈后，曾对该城进行两次大规模修葺。第一次在前 478 年楚惠王灭陈并改陈为县进行的修筑，时间在前 478 年－前 467 年之间。据《太平寰宇记》载，陈城，“楚惠王筑”。这次是从城垣外侧对城墙进行修筑，增宽 1.5－2 米，加高 1.5 米，夯层厚 10－15 厘米，夯土中央有板瓦、筒瓦、鬲、豆等残片，还有铁器和蚁鼻钱等。因为它当时只是楚国东北边境上的一座县城，工程质量较差。

第二次修筑的时间在战国晚期楚都陈之时，约在前 278 年－前 241 年。这次仍是从外侧对城墙进行加固。城垣增宽 4.4 米，加高 1 米多，夯层厚 12－17厘米。由于夯筑时两旁需要夹板，两板之间要穿上木棍，以便从中间填土夯打，所以在夯土墙的侧面留下夯筑时所使用的木板痕迹和一排排的木棍洞，从木棍洞中保留木炭的痕迹看，在夯筑墙体以后，并未将木棍抽出。木棍直径 16－31 厘米，横木分 4 层，上下两层的间距为 5－10 厘米，左右相邻的两根间距为 4－6 厘米。这次附加的夯土中，发现有板瓦、筒瓦、盆、釜、盂、豆残片和蚁鼻钱。因为这次修的是楚国国都，质量明显好于上次。

这次发掘工作，仅在陈城南城墙挖了一条探沟。在各时期的城址全貌基本揭露之前，很难对局部遗存的性质作出判断。鉴于城垣上限止于春秋晚期或稍早，西周至春秋早期的陈国故城尚未被触及。这次发掘，因仅仅是局部试掘，难窥全貌，同时由于陈屡经战火，筑而复毁，毁而复修，最早的城墙痕迹亦很难保留了。故陈国故城的许多问题尚待进一步考古发掘方可加以解决。

陈郢与郢都（今湖北江陵纪南城）相比，虽比郢都小，但大于其他东周楚城，同洛阳王城、曲阜鲁故城、临淄齐故城、易县燕下都、新郑郑韩故城、邯郸赵故城等名城可相提并论。陈郢“周回三十里”，面积有 10 余平方公里。两度修筑后的楚都陈郢，内城四周有沟洫围绕，又有外郭围护，形成防御大堤，可以抵御敌人侵袭和洪水灾害，在历史上以“城郭高沟洫深”著称。就防御功能而言，不比郢都逊色。

楚国除了整修陈郢本身，还在其西南约 35 公里处的今商水县城关附近兴建了离宫别苑章华台，作为陪都。章华台，亦名乾溪台，又称汝阳台。据清乾隆十二年（1747 年）《商水县志》载：“章华台，城北二里许，春秋襄公十七年，楚灵王筑。”《商水县志》载：“在商水县城西北二里。初楚灵王筑章华台于华容城，及襄王为秦将白起所迫，北保于陈，更筑此台。”另外，还在陈郢南24公里处的今沈丘县城修建了别都。它们与陈郢成鼎足之势，共同构成陈郢外围比较坚固的防御体系。

今淮阳县城不是整个陈城，只是陈城内城。经考古调查与试掘，其最下层发现有春秋晚期夯土，内含板瓦、绳纹筒瓦等遗物。在此夯土层之上又发现有战国晚期、西汉前期修补附加层。淮阳县城所在原为汉淮阳城及唐陈州城，只是原陈城的一部分；而整座陈城的规模当如《元和郡县图志》所记“周回三十里”。陈城大于后世陈州府城。陈州城外，应有规模巨大的外城。淮阳县城，除城墙和城濠外，在城外又筑一周防洪堤，实际也是一道土城，堤外同样有沟渠环绕，在防御洪水时与城池有同样的功能。这样城市就有了两道防洪线，既增大了安全性，又扩大了防卫面积。历史上，黄河多次泛滥直冲淮阳城，护城堤捍卫着城池免受水害，被挡在堤外的黄河水挟带的大量泥沙沉积，久而久之，堤外泥沙淤积渐厚，堤内则形成环城湖。据测量，现在淮阳西关外的湖底比堤外平地要低5米，这是护城堤多次成功抵御洪水侵袭的结果。

陈城宫殿区在淮阳县城内东北部的老衙门一带，如今这里仍保留着高约5米的大型夯土台基。《左传·襄公二十五年》载，前547年，“郑子展、子产帅车七百乘伐陈，遂入之。……子展命师无入公宫，与子产亲御诸门。”此公宫，当即宫殿区。宫殿区四周设有围墙，或可称之为宫城。朝在宫城之内。市在宫城之北。

关于陈城的城门，史籍有记载。东城门叫栗门，《左传·宣公十一年》载，楚因陈大夫夏徵舒弑君而伐陈，“遂入陈，杀夏徵舒，轘诸栗门。”杜预注：“轘，车裂也。栗门，陈城门”；东门，《诗·国风·陈风》有“东门之枌”、“东门之池”、“东门之杨”诸篇。其中提到：“东门之枌，宛丘之栩”；“东门之池，可以沤麻”；“东门之杨，其叶牂牂”。是说东门内外广植枌、杨之树。东门之内有池，《水经·渠水注》载：陈“城之东门内有池，池水东西七十步，南北八十许步，水至清洁而不耗竭，不生鱼草。水中有故台处，《诗》所谓东门之池也”。《元和郡县图志》卷八亦云：“东门池，在州城东门内道南。《诗·陈风》‘东门之池，可以沤麻’，即此池也。”此东门当指外城东门。墓门，《诗·陈风·墓门》云：“墓门有棘，斧以斯之。……墓门有梅，有鸮萃止。”此墓门可能是指临近陈国墓地的城门，应为外城的东南门。衡门，《诗·陈风·衡门》云：“衡门之下，可以栖迟。泌之洋洋，可以乐饥。”衡门也是陈城之门，附近泉水荡漾，应为外城之门；南门，《韩非子·说林下》载，楚一丈人曰：“吾方庐陈南门之外。”此南门，当指陈城外城南门。西门，《说苑·立节》载：“楚伐陈，陈西门燔，因使降民修之。”《韩诗外传》卷一载：“荆伐陈，陈西门坏，因其降民使修之，孔子过而不式。”此西门，当指陈城外城西门。

陈国墓地在哪里？陈胡公墓位于淮阳县城南关。据《陈州府志》载：“旧志谓在城南，世传其墓生铁冶铸成，苔色苍古，在壕内。今人谓在城西北角厄台下。”宋苏轼《题铁墓厄台》说：“细游陈州，留七十余日，柳湖有丘，俗谓之铁墓，云陈胡公墓也，城壕水注啮其趾，见其有铁锢之。”清道光六年（1826 年）《淮宁县志》载：“陈胡公墓，旧州志谓在城东南。”墓原无封土，近年陈姓寻根，始筑土为坟，并在墓前立“陈胡公之墓”碑并建牌坊。

据《左传·襄公二十五年》载：“六月，郑子展、子产帅车七百乘伐陈，宵突陈城，遂入之。陈侯扶其大子偃师奔墓。”陈侯为避来自西北方的郑师，而向东南逃亡，表明其墓地应在城外东南。从考古发现来看，1961 年 12 月，淮阳县东泥河村西北角的一个池塘内发现西周铜爵 1 件。次年 4 月，在同一地点又发现爵、觚、提梁卣、簋、戈等 5 件铜器和罐、尊、鬲、簋等 4 件陶器。这批器物很可能出自西周时期的陈国贵族墓。1973 年，淮阳县城东南大连乡堌堆李出土西周铜盘、铜簠各 1 件。盘内有铭文 4 行 22 字：“曹公媵孟姬，悆母盘用祈眉寿无疆，子子孙孙永寿用之。”簠盖已佚，器内铭文字数、内容与盘铭大致相同。此盘与簠均为曹公嫁女的媵器，曹国国君之女所嫁应为陈国王族，因而这里可能是陈国贵族墓地。

殷商时期，今鹿邑县城东太清宫一带有“厉”，与商为盟。厉至迟在商末已经立国。据《逸周书·世俘解》载，周武王克商后，派兵征伐商王畿附近的商王朝同盟邦国，其中“百韦命伐厉，告以馘俘”，顾颉刚引沈延国《逸周书集释》定百韦所伐之“厉”即汉苦县东老子所生的“厉乡”。入周长子口封于厉。春秋今鹿邑县分治，东设相、苦，西设鸣鹿，北设訾母。

西华在商代为箕子封地。《陈州府志》载：“华邑，箕子旧封也，故城号称箕城。县城东南隅，其势甚高，有箕子祠在焉。”前 1046 年正月，周武王灭商后，到西华访问箕子，将他释放，谘以国事。据清乾隆《西华县志》载：“《史记》武王克殷，访问箕子以天道，箕子以洪范陈之。按箕子，纣之诸父，名胥余，封子爵，国于箕，因谏纣不听，囚于此。武王克殷，释箕子囚。箕子走朝鲜，武王以朝鲜封之。”箕子死后葬于朝鲜，今朝鲜平壤乙密台有“箕林”，即箕子墓。

唐武德元年（618 年），西华县改名箕城县。相传箕子曾在西华衍范九畴。西华古有箕子读书台、箕子祠，以及衍畴书院。箕子读书台，原址位于西华县城东南隅，明万历二十年（1592年）始改为今址西华县城西北隅，清康熙二十九年（1690年）知县李培捐修，距西北城墙约30米，四周皆水，与岸不通。读书台体为砖木结构，呈正方体，攒尖顶，南面辟门，东西两面砌圆窗，高5米，面积约30平方米。每逢落霞浸空，夕光返照，波光粼粼，台影倒置，景色宜人，俗称“畤亭夕照”，为“西华八景”之一。有诗赞曰：“九数陈亭岂有穷，当年恒雨有恒风。沧桑不改商臣迹，犹在畤亭夕照中。”20世纪70年代箕子读书台倒塌，80年代重建。

鬼阎在今西华县境。《读史方舆纪要》云：“阎仓城在县东北。《左传》昭二十年，宋华向之乱，公子城、公孙忌出奔郑，其徒与华氏战于鬼阎。杜预曰：长平西北有阎亭，曹魏筑城置仓于此，因改今名。”

春秋时期，楚、郑相距遥远，今西华县城西15公里艾岗乡都城岗村是楚军来往必经之道，为便于接济，相传楚灵王于此建立行都，故名都城。

周惠王二十一年（前656年），齐桓公亲率齐、鲁、宋、陈、许、曹等八国联军伐楚，进兵召陵（今河南省漯河市召陵）。召陵东邻西华，联军驻扎处延及西华西部。今西华西夏亭有齐盟寨（今瓦屋赵寨），相传为齐桓公与各国诸侯会盟之处。

商水县在西周属沈国地。春秋，前506年沈国为蔡所灭，今商水县境西部属蔡，东部属顿。前496年楚灭顿，后又灭蔡。战国时期一直属楚。

春秋时期，今商水县城有章华台，为楚灵王所筑。据清乾隆十二年（1747年）《商水县志》载：“章华台，城北二里许，春秋襄公十七年，楚灵王筑。”

今周口市川汇区西北隅战国时期有丛台，今定慧寺居其上。据《太平寰宇记》卷十河南道十陈州商水县载：“丛台，在县北二十五里。按《史记》云丛台在邯郸城，说者以为赵丛台。此台盖楚襄王所筑也，非赵之丛台，名同事异。按郎蔚之《陈州旧图》云：楚王游观弋钓地，或税驾于此，往往有嘉禾丛生，因以为名也。”

扶沟在西汉以前尚无其名，春秋属郑，桐丘、曲洧为郑国东部军事重镇。战国时北属魏，南属楚。秦灭魏，置三川郡（治今河南洛阳），扶沟地属之。据《左传·庄公二十八年》载：前666年秋，“楚伐郑，郑人将奔桐丘……乃止”。《左传·哀公二十七年》载：前468年夏，“晋荀瑶帅师伐郑，次于桐丘”。《水经注》载：“洧水东南桐丘城，俗名百堤，又名凭堤，郑筑。”《太平寰宇记》卷一河南道一开封府一载：“桐丘城，《左传·庄公二十八年》：楚子元伐郑，郑人将奔桐丘。”清《康熙通志》载：“桐丘在扶沟西二十里。”

《嘉庆一统志》载："桐丘城在扶沟西二十里。"桐丘故城位于今扶沟县城西10公里韭园镇后郑村北的土岗上。目前岗最高处约20米，南北长1300米，东西宽80米。岗西断面有10－15厘米厚的夯层遗迹。

曲洧，为春秋时期郑国东部的又一重镇，战国时成为楚国北部要邑。《左传·成公十七年》载，前574年，晋、齐、鲁、宋、卫等诸侯联军伐郑，"自戏童至于曲洧"。据《读史方舆纪要》卷四十七河南二载："新汲城在县南。春秋时曲洧也。成十七年，公会诸侯伐郑，自戏童至于曲洧。"曲洧故城位于今扶沟县城西南17.5公里处的固城村。城址略呈长方形，南北长800余米，东西宽480余米，面积40余万平方米。城垣残高8米，西南城角与东北城角保存较完整，城外有城壕遗迹，宽20－40米，城的四门轮廓清楚，遥遥相对，门道宽约5米。城内地面散布着不少春秋战国时期的陶豆、陶盆、筒瓦、板瓦残片。今双洎河在城北20米处流过。双洎河即古洧水，其故道在城北环绕经过，曲洧因而得名。曲洧城直到汉代仍沿用此名。诸侯伐郑攻占曲洧，表明这里是一处古代兵家必争之地。

白亭，据《魏书·地形志》载："扶沟有白亭城。"清《雍正通志》载："楚封太子建之子白公胜于此。"清《嘉庆一统志》载："白亭集在扶沟县北四十五里，楚白公胜之故城也。"《读史方舆纪要》卷四十七河南二扶沟县载："《陈留风俗传》：县有白亭，楚封太子建之子胜为白公，居此。"今扶沟江村镇白亭村，群众谓之白亭城。

沈丘县在西周时介于厉（治今鹿邑太清宫附近）、胡（治今安徽阜阳）、陈（治今淮阳）、呥（治今河南平舆县射桥西）等诸侯国之间。春秋战国时期均属楚。前350年，楚侯称雄时期，寝、项东近胡与新鄀，西、西南邻平舆，北接苦县和陈。周顷襄王二十九年（前623年），沈丘故地（今习称为旧沈丘，治所今安徽临泉县西），入楚为寝丘邑。

周定王十二年（前595年），楚相孙叔敖死。他死前曾告诫其子孙侨，勿受利地，请封浸之土寝丘。孙叔敖死后，楚庄王封孙侨为寝丘长。《吕氏春秋》载："楚孙叔敖戒其子：'我死，王必封汝，无受利地。荆楚之闲有寝丘，其为地不利，可长有也。'其子从之。楚功臣封二叶而灭，惟寝丘不夺。"

太康县在战国晚期楚都陈后属楚。秦王嬴政二十三年（前224年）始置阳夏县，属颍川郡（治今河南禹州）。

二、太康奔戈和武丁崩西华

夏太康即位后耽于游猎，不恤民事。一次其到洛水沿岸狩猎，十旬不归，为东夷后羿所逐，不得返国，史称“太康失国”。太康失国后，从斟寻（今河南偃师二里头遗址）逃难到戈筑城定居，至死未得返回国都。

太康死后，其弟仲康将其葬于太康县城东南。太康陵呈圆锥形，高 4 米，周长 50 米，面积 300 平方米，为砂礓堆成。陵墓周围松柏环绕，郁郁葱葱。墓前原立有石碑一通，清乾隆五十一年（1786 年）由著名书法家阮元撰文勒石，记述了太康失国、安居阳夏、驾崩葬此的经过。1944 年，太康县长周振亚聘请民间匠人为墓碑增修碑楼一座，后被黄河水冲毁。

前 1192 年夏，商高宗（前 1250 – 前 1192 年）武丁从殷商都城（今河南安阳）出兵征伐虎方、东夷。他带领军队深入荆蛮地区（今湖北长江中游）捕获大批俘虏，返途取道西华一带。时值天气伏旱，今西华一带蝗灾甚重，他不顾鞍马劳顿，率兵民群起灭蝗，不幸驾崩，传葬于今西华县城东北 15 公里陵西村。宋王明清《挥麈录》记载：“祖宗朝重先代陵寝，每下诏申樵采之禁，至于再三。置守冢户，委逐处长吏及本县令佐常切检校，罢任具有无废阙，书于历子。太昊葬宛丘，在陈州。……武丁葬西华县北。……以上十帝，置三户，岁一飨以太牢。……此乾德四年十月诏也，著于甲令。其后又诏：曾经开发者，重制礼衣常服棺椁，重葬焉。”明顾炎武《日知录》亦节引过这条材料。乾德四年，即 966 年 。这说明，一直到宋代，武丁墓的位置都是明确的，并且北宋政府还设有守冢户，并且每年以太牢之礼祭祀。《中国古今地名大辞典》载：“陵墓为椭圆形高大封土冢。”今西华县城 45 公里后段村，有纪念武丁的清代建筑清凉寺，相传武丁曾在此乘凉歇息。

商高宗陵，宋、明、清建庙祭祀。据《挥麈录》记载：“太祖皇帝朝，尝诏修历代帝王祠庙，每庙须及一百五十间以上，委逐州长吏躬亲点检，索图赴阙，遣使覆检。令太常礼院重定配享功臣，检讨仪相，画样给付。……太昊以金提、勾芒配，祠陈州。高宗帝武丁以甘盘、傅说配，祠在陈州。”《陈州府志·卷二十五》记其全貌：“其广两千步，高百尺，岗阜丛拥，林木遮蔽，望之如山。”现高 6 米，南北长 200 米，东西宽 110 米。陵前原有高宗庙，宋太祖开宝三年（970 年）诏修。《陈州府志》载有王汾《修高宗陵庙碑记》云："宋太祖开宝中，尝诏治王之庙而广，其栋宇至八十八楹，塑其像于殿中。又立傅说、甘盘二相夹持左右，列绘群臣于四壁。复敞东西两序，前辟重达，后严燕寝，致祭有所，供庖有次，珍木森于其中，缭墙周于其外。壮丽密邃，威灵如在。岁时敕守，吏恭洁致。"元代毁于兵燹。大中丞吴韫庵重修，陵前又竖二坊：一题"高宗陵"；一题"高宗神道"。陵园内翼廊夹道，松柏参天，浓郁蔽日。陵侧有株千年铁树，古意盎然，素有"铁树留春"之誉。清康熙六十一年（1722 年）、同治八年（1869 年），钦定祀典。陵庙内原有大殿、配殿等建筑，大殿内塑有高宗坐像，傅说、甘盘侍立左右，四壁彩绘有武丁时大臣的画像。1938 年 6 月，国民党军队炸开黄河花园口大堤，陵庙建筑被洪水冲毁，原有碑刻数十通。现仅存陵冢和数通石碑。陵冢附近东南有两小冢，传为傅说、甘盘墓，已无存。

三、陈　国

1．陈国的兴衰

"陈"这个地名，源于黄帝时代，陈丰氏后裔自渭水流域东迁至宛丘（今淮阳县城东南平粮台古城遗址）一带生息繁衍，为纪念其祖地，遂以"陈"命名。陈乃原始部落名称，最早见于《史记·五帝本纪》："帝喾娶陈锋氏女，生放郧。"放郧即帝尧陶唐氏，帝喾是黄帝曾孙。陈部落是黄帝时代较大的原始部落之一，与黄帝的姬姓部落互相联姻，构成黄帝部族两大支系之一。黄帝族起于姬水，即今陕甘之交的岐山一带，陈部落的起源也当在其附近。陈部落跟随黄帝部落四处征战，最后统一了黄河流域。陈部落随着黄帝族东迁于中原，最后落脚于宛丘。"陈"之得名还有另外一种说法，认为神农都伏羲旧都，旧即陈，故神农所都之地称"陈"。

陈国是西周初年分封的诸侯国，其开国之君为陈胡公。《史记·乐书》载，周武王攻灭殷朝，到达商都，尚未下车，就封虞舜后裔妫满于陈，建立陈国（今淮阳），并把长女太姬嫁给他。《史记·陈杞世家》载："陈胡公满者，虞帝舜之后也。昔舜为庶人时，尧妻之二女，居于妫汭，其后因为氏姓，姓妫氏。舜已崩，传禹天下，而舜子商均为封国。夏后之时，或失或续。至于周武王克殷纣，乃复求舜后，得妫满，封之于陈，以奉帝舜祀，是为胡公。"《索隐》引《左传》曰："武王以元女太姬配虞胡公而封之陈，以备三恪。"陈国成为周王室的东南屏障。

按照周代的封建官制，“王者之制禄者，公、侯、伯、子、男，凡五等”（《礼记·王制》）。妫满被封为“侯”，说明陈国是当时的二等封国，地位是相当高的。妫满，谥号胡公，史称陈胡公。周武王灭商之年为前1046年，次年即为陈国建立之年。陈自前1045年胡公满立国，迄前479年楚公子朝灭陈，共传20世，26位国君，历时568年。

前985年，陈胡公在位60年去世。胡公之后以国赐姓。陈胡公之世，建立宗庙，继奉舜祀。他推行舜时的九德，励精图治，选贤任能，教化民众，修筑陈城，以御外患。在他的精心治理下，陈国社会祥和，人民安居乐业，成为与中原大国并列的诸侯之一。

陈胡公死后，前984年，其长子犀继位，是为陈申公。他曾娶周成王之女为妻。前960年，陈申公在位25年去世。前959年，陈申公弟皋羊继位，是为陈相公。前915年，陈相公在位45年去世。前914年，相公之子突继位，是为陈孝公。前879年，陈孝公在位36年去世。前878年，陈孝公之子圉戎继位，是为陈慎公。前856年，陈慎公在位23年去世。前854年，陈慎公之子宁继位，是为陈幽公。前833年，陈幽公在位23年去世。前832年，陈幽公之子孝继位，是为陈釐公。前797年，陈釐公在位36年去世。周宣王继位。前796年，陈釐公之子灵继位，是为陈武公。前782年，陈武公在位15年去世。前781年，陈武公长子说继位，是为陈夷公。前779年，陈夷公在位3年去世。前778年，陈夷公之弟燮继位，是为陈平公。前756年，陈平公在位23年去世。陈平公经历了西周末、东周初两个时期。

陈平公九年（前770年），周平王将国都从镐京（今陕西西安）东迁到洛邑（今河南洛阳），历史由此进入东周时期。这一时期，周王室衰微，“礼坏乐崩”，诸侯间多不义之战，陈国被迫卷入战争，加之国内政治荒淫腐败、内乱迭起，国势随之逐渐走向衰落，终至覆亡。

陈国与蔡国邻近，两国关系密切，曾两度联姻。陈文公、陈厉公都曾娶蔡女为妻，由此招致蔡人干政，两次与陈人一道拥立陈国国君。

前755年，陈平公之子圉继位，是为陈文公。陈文公娶蔡女为妻，生子佗。前746年，陈文公在位10年去世。前745年，陈文公长子鲍继位，是为陈桓公。前719年，宋、陈、蔡、卫四国联军伐郑。前708年，陈桓公在位38年去世。前707年，联军虽然伐郑取得胜利，但陈国国内因陈桓公的去世而引发了争夺君位的内讧。陈桓公异母弟佗的母亲是蔡国人，蔡人为支持陈佗，杀死了公子五父和陈桓公太子免，拥立陈佗继位，是为陈厉公。

陈厉公也娶蔡女为妻，蔡女与蔡国人私通，多次回蔡国淫乱。陈厉公也多次到蔡国奔淫。前 701 年，陈桓公的太子免的 3 个弟弟跃、林、杵臼为给其兄免复仇，共谋指使蔡人用美女引诱陈厉公，联合蔡人伺机杀死了陈厉公。前 700 年，陈桓公次子跃继位，是为陈利公，在位 5 个月即去世。前 699 年，陈桓公三子林继位，是为陈庄公。前 693 年十月，陈庄公在位 7 年去世。

周朝陈国国君在位时间表

次序	谥号	姓名	在位时间	在位年数	世系	备注
1	陈胡公	陈满	前 1045 – 前 985	60 年	妫阏父之子	妻周武王之长女
2	陈申公	陈犀	前 984 – 前 960	25 年	胡公之长子	妻周成王之女
3	陈相公	陈皋羊	前 959 – 前 915	45 年	胡公之次子	申公之弟
4	陈孝公	陈突	前 914 – 前 879	36 年	申公之子	
5	陈慎公	陈圉戎	前 878 – 前 856	23 年	孝公之子	
6	陈幽公	陈宁	前 855 – 前 833	23 年	慎公之子	
7	陈釐公	陈孝	前 832 – 前 797	36 年	幽公之子	又作陈僖公
8	陈武公	陈灵	前 798 – 前 782	15 年	釐公之子	
9	陈夷公	陈说	前 781 – 前 779	3 年	武公之长子	
10	陈平公	陈燮	前 778 – 前 756	23 年	武公之次子	，夷公之弟
11	陈文公	陈圉	前 755 – 前 746	10 年	平公之子	
12	陈桓公	陈鲍	前 745 – 前 708	38 年	文公之长子	
13	陈厉公	陈佗	前 707 – 前 701	7 年	文公之次子	其子陈完奔齐
14	陈利公	陈跃	前 700	5 个月	桓公之次子	
15	陈庄公	陈林	前 699 – 前 693	7 年	桓公之三子	
16	陈宣公	陈杵臼	前 692 – 前 648	45 年	桓公之四子	周惠王娶其女为后
17	陈穆公	陈款	前 647 – 前 632	16 年	宣公之次子	
18	陈共公	陈朔	前 631 – 前 614	18 年	穆公之子	
19	陈灵公	陈平国	前 613 – 前 599	15 年	共公之子	
20	陈成公	陈午	前 598 – 前 569	30 年	灵公之子	
21	陈哀公	陈弱	前 568 – 前 535	34 年	成公之子	
22		陈留	前 534	9 个月	哀公之三子	楚灭陈，留奔今河南陈留
23	楚平王	熊弃疾	前 533 – 前 529	5 年	楚灵王之弟	后继楚王位，让陈复国
24	陈惠公	陈吴	前 529 – 前 507	23 年	哀公之孙	陈复国，追前 533 年为元年，共 28 年
25	陈怀公	陈柳	前 506 – 前 503	4 年	惠公之子	
26	陈湣公	陈越	前 502 – 前 479	24 年	柳公之子	前 478 年，楚灭陈

前 692 年，陈桓公四子杵臼继位，是为陈宣公。陈宣公三年（前 690

年），楚武王去世，楚国开始强大起来。陈宣公十六年（前676年），周惠王娶陈宣公的女儿为王后。陈宣公二十年（前672年），其宠妃生子款，陈宣公打算立他为国君，便杀死了太子御寇。这是陈国发生的第二次内乱。御寇平素与陈厉公之子完（字敬仲）关系颇好，陈完害怕祸及于己，就带着家人逃到了齐国。

前648年，陈宣公在位45年去世。前647年，陈宣公次子款继位，是为陈穆公。前632年六月，陈穆公在位16年去世。前631年，陈穆公之子朔继位，是为陈共公。前614年五月，陈共公在位18年去世。

前613年，陈共公之子平国继位，是为陈灵公。这一年，楚庄王亦继位。陈灵公六年（前608年）秋，楚国以陈、宋两国背叛自己而听命于晋国为由，联合郑国攻打陈、宋两国。陈灵公十年（前604年）陈国与楚国媾和。

这时，齐桓公称霸诸侯，陈国被迫跟随齐国攻打楚国。后来楚国势力强大，陈国又臣服于楚国。之后，晋国称霸，陈又加入到晋国的联盟中。晋楚相争，陈国处于两大强国夹缝之中，只得朝晋暮楚，惶惶奔波于楚、晋之间，以求生存。而就在这个时候，陈国又发生了第三次内乱。

陈国的寡妇夏姬，为陈大夫夏御叔之妻，风流美貌。陈灵公十四年（前600年），陈灵公和两位大夫孔宁、仪行父三人经常跑到城外株林中与夏姬淫乐，大夫泄冶因劝谏被杀。陈灵公十五年（前599年）五月的一天，三人在夏姬家饮酒寻欢，嬉戏间互笑夏姬之子夏徵舒像对方，夏徵舒不忍其辱，射杀了灵公，孔宁、仪行父二人逃往楚国，陈灵公的太子午则逃往晋国。于是夏徵舒自立为陈侯。陈灵公共在位15年。

前598年冬，楚庄王得知夏徵舒杀死陈灵公的消息，以夏徵舒杀死陈灵公为由，率领各诸侯国讨伐陈国。他在杀了夏徵舒后，却自食其言，没有恢复陈国旧制，将陈国并入楚国，设为楚国的一个县。申叔时以“牵牛经人田，田主夺其牛”的话劝阻，于是楚庄王派人到晋国把灵公的太子陈午接回陈国，立为国君，是为陈成公。孔子后来读史知此事后说：“楚庄王是个贤君！他不看重千乘之国，却看重申叔时一番有道理的话。”

陈成公八年（前591年），楚庄王去世。陈成公二十九年（前570年），陈国背叛与楚国的盟约。陈成公三十年（前569年），楚共王出兵伐陈。这一年陈成公去世，共在位30年。前568年，陈成公之子弱继位，是为陈哀公。楚国因陈国举办国丧而撤兵。陈哀公三年（前566年），楚国围攻陈国，继而又放弃攻打。

陈哀公三十四年（前535年），陈国第四次发生内乱，楚国再次灭陈。陈哀公初娶郑女为大妃，生子师立为太子，次妃生公子偃。另有二宠妾，大的生留，小的生胜。陈哀公喜留，嘱托弟司徒招照顾。这年三月，司徒招乘哀公生病之机，杀死太子师，立留为太子。陈哀公知情后，非常愤怒，欲诛杀司徒招，司徒招派兵把陈哀公围困监守起来，陈哀公自缢身亡，遂立留为国君。陈哀公共在位 34 年。

前 534 年，陈哀公三子留继位。四月，司徒招派使者到楚国报告君丧，楚灵王听说陈国发生了动乱，于是杀掉陈使者。九月，楚国军队包围了陈国。十一月，楚灵王派公子弃疾率兵伐陈，灭了陈国，陈留逃往郑国。陈留在位仅 8 个月。

前 533 年，楚灵王派其弟弃疾做了陈公。前 530 年，弃疾回国弑楚灵王自立，是为楚平王。前 529 年，楚平王为博取天下人的好感，把太子师之子陈吴从晋国接回，立为陈惠公，让陈国再次复国。陈惠公即位后，将自己的元年（前 529 年）接续到哀公去世的那一年，即前 535 年，其间 5 年在楚国的统治之下。

春秋末年，吴国崛起，与楚争雄，陈国在吴、楚之间首尾两端，惶惶不可终日。陈惠公十五年（前 519 年），吴王僚派公子光攻打陈国，掳走了胡、沈两国的国君。陈惠公二十三年（前 507 年）二月，吴王阖闾与伍子胥击败楚国，攻入郢都（今湖北江陵纪南城）。这一年陈惠公去世。

前 502 年，陈惠公之子柳继位，是为陈怀公。这一年，吴王阖闾率兵攻破楚郢都后召见陈怀公，陈怀公打算前往郢都，陈国大夫说："吴国最近刚得意，楚王虽然亡了，但是与陈国有旧交，不可背弃之。"陈怀公于是称病婉拒。陈怀公四年（前 503 年），吴王阖闾再次召见陈怀公，陈怀公胆怯去了吴国。吴王阖闾怨恨他前次不来，将其扣留。是年七月，陈怀公客死吴国。

前 502 年，陈怀公之子越继位，是为陈湣公。陈湣公七年（前 496 年），吴王夫差攻打陈国，掠取 3 个城邑后离去。陈湣公十三年（前 489 年），吴国再次攻打陈国，陈国向楚国告急，楚昭王亲驾相救，驻兵于城父（今安徽亳州），吴军退走。陈湣公十六年（前 486 年），吴王夫差伐齐，打败齐军后，派人召见陈湣公，陈湣公以其父客死吴国之鉴，马上应召前往，此举又得罪了楚国，楚国出兵伐陈。前 479 年，楚惠王复君位，率军北伐，杀掉陈湣公，将陈国划为楚国的一个县，陈国至此灭亡。

2. 陈完奔齐和田氏代齐

陈宣公二十一年（前 672 年），陈完因陈国内乱而奔齐，其后代逐渐在齐国立足，并以善政而发展壮大，后改为田姓代齐国之政。司马迁《史记·陈杞世家》云："及楚灭陈，而田常得政于齐，卒为建国，百世不绝，苗裔兹兹，有土者不伐焉。"

陈厉公是蔡侯的女儿所生，蔡国人杀了五父而立他为国君。陈厉公二年（前705年），生子陈完。时周朝太史路过陈国，陈厉公请他为陈完卜卦，卜得的卦象是由"观"卦（即"乾"卦）变成"否"卦。周太史解释说："这种卦象叫作'出使他国观光，利于做君王的贵宾'。这个孩子很可能会代替陈氏而拥有整个国家。但他的实现不是在这里，而是在其他国家；不会应验在这个孩子身上，而会应验在他的子孙身上。光，是从远处照射而来的。坤是土，巽是风，乾是天。风从天空产生，在地上运行，就形成了山。有了山上的物产，又有天光照射，就能在地上居住，所以说'出使他国观光，利于做君王的贵宾'。庭院中摆了很多礼物，还有进奉的玉璧束帛，天上地下美好的东西应有尽有，所以说'利于做君王的贵宾'。另外还要等着看将来怎么样，所以说他的昌盛不在他自身，而在于他的后代。如果是在他国，必定是姜姓之国。姜姓，是尧时太岳的后代，山岳高大能与天相比。但世间之物不可能两大势力同时并存，将来陈国衰亡后，这个孩子的后代就会昌盛！"

前672年，陈宣公的宠妃生子陈款。陈宣公打算立陈款为继承人，便杀死太子御寇。陈厉公之子陈完与御寇关系贴近，害怕受到牵累，逃奔到齐国。齐桓公接纳了他，并想让他做卿相，陈完推辞说："像我这样流亡在外的臣子，承蒙您的宽恕，在这宽厚的国家里，赦免我的过失，免去我的罪过，解除我的负担，这就是君王对我莫大的恩赐了。我已经得到很多，哪里还敢占据高位而使您招致百官的指责呢？因此冒死禀告。《诗经》云：'翘翘车乘，招我以弓，岂不欲往，畏我高朋。'"于是就让他做了齐国工正，负责器械生产。这是陈氏立足于齐的开始。在相当长的时间内，陈氏与公室关系非常密切。

一次，陈完设宴招待齐桓公，齐桓公很高兴。饮酒至天色已晚，齐桓公说："掌灯继续喝。"陈完非常仁义，辞谢说："为臣知道白天可以招待君王，但晚上不能再喝。请恕我不敢遵命。"

陈完生子稚孟夷，把陈姓改为田姓。陈完下传五代，至田釐子乞时，正值齐景公当政（前547－前490年），任齐大夫，田氏开始与齐国公室争夺民众。他向百姓收赋税时用小斗称量，借给百姓粮食时用大斗称量。他暗暗地给百姓以恩德，而齐景公未加禁止。田氏由此获得齐国民心，田氏宗族越来越强盛。百姓都思念田氏的恩德，晏子多次劝谏齐景公阻止，齐景公不听。前539年，齐景公派晏子出使晋国，晏子与叔向私下说："齐国的政权最终要归到田氏。田氏虽然没有盛德可言，但是借公权行私惠，对百姓有恩，百姓喜欢他。”

陈哀公三十四年（前535年）三月，陈哀公之弟司徒招杀死太子师后，陈师的儿子吴出奔到晋国。晋平公问太史赵说：“陈国从此就要灭亡了吧?”太史赵回答说：“陈国是颛顼的后代，陈氏在齐国获得政权后，陈国才会灭亡。陈国的先人从幕到瞽叟，没有哪一个违背天命。舜的功德更加显赫，一直到遂，世世代代维持不变。及到胡公时，周王朝赐给他姓氏，让他祭奉虞舜。况且，有盛德的人的后代，必能百世享祭其祖。有虞氏的后代还没有完结，恐怕将在齐国获得发展吧。”果然，鲁昭公八年（前534年）陈国第一次被楚国灭亡，恰是陈完之五世后陈桓子在齐国位比正卿之时开始在齐国兴盛起来。

前488年齐悼公即位时，田乞做了相，独掌齐国的政权。齐悼公四年（前485年），田乞去世，他的儿子田常承继相位。田常再次施行田釐子的施政方法，用大斗借贷粮食，用小斗收回债务，深得民心。前481年，田常杀了齐简公，拥立齐简公的弟弟骜，这就是齐平公。前480年，齐平公登位，田常辅佐他，专揽齐国的政权，划安平以东作为田氏封邑。齐宣公时，陈完后裔田和为相。齐宣公死后，齐康公继位，田和实际上已控制整个齐国。前404年，齐康公被立为国君后，沉湎酒色，不问政务，齐相田常的曾孙田和把他放逐海边，给他一个城作食邑，用来供奉祭祀他的祖先。齐康公十九年（前386年），周安王正式册命田和为齐侯。齐康公二十六年（前379年），康公去世，吕氏就断绝了祭祀，田氏取代吕氏掌握了齐国政权，这就是历史上有名的“田氏代齐”。

四、楚都陈

楚国是西周末年崛起于荆蛮地区的一个芈姓方国，自春秋初年起就力求北上图霸，问鼎中原，饮马黄河。前613年楚庄王继位后，国力强盛，与晋文公、宋襄公、秦穆公、齐桓公展开了争夺霸主的斗争，史称“春秋五霸”。

楚顷襄王在位时，秦强楚衰。前278年，秦将白起攻破楚都郢（今湖北江陵县北），楚国贵族除一小部分通过水路退居江南长沙等地外，大部分贵族随楚顷襄王仓皇逃往陈城（今淮阳），迁都于陈，故陈城又称郢陈。据《史记·楚世家》载：楚顷襄王“二十一年，秦将白起遂拔我郢，烧先王墓夷陵，楚顷襄王兵散，遂不复战，东北保于陈城。”这一次战争，楚国失去国都以及江汉流域的故地领土。楚国的上国之兵及保卫国都的王室主力被击溃，楚遭受致命打击。从此，楚国的盛世成为历史，楚国开始走上衰败灭亡的道路。

楚国迫于秦国的军事压力，之所以选择陈城作国都，主要原因有二：一是战略位置重要。从陈的历史来看，春秋楚惠王时灭了陈国设县，这里一直是楚的军事重镇。陈的东南面是楚的大后方，西北有韩、魏做屏障，西南有召陵（今河南漯河市召陵区）、上蔡这些楚的重要军事据点，加上汝水迂回其间，构成了一条较牢固的防线，既可阻韩、魏袭击，也能抗拒秦兵进攻。二是有较雄厚的物质基础。从陈城的经济来看，陈城以南属楚国版图，其西及北为古代夏王朝的地域，有区位交通优势，商业比较发达，物产比较丰富。至战国晚期，经济更加发展，这为楚选择陈城作新都提供了物质基础。

楚迁都陈城后，前276年，收罗集聚东部地区军兵10万人，又向西夺取秦军攻占的长江沿线15个城邑建立为郡，抗拒秦军。同年，顷襄王与秦昭王在襄陵（今河南睢县）会晤，与秦国讲和。秦国即转而蚕食三晋（韩、赵、魏三国），暂时解除了对楚国的威胁。

前272年，顷襄王派3万军队帮助韩、赵、魏三国攻打燕国。同时又急于向秦国求和，于是派遣辩才出众的黄歇出使秦国。当时秦昭王已命令白起同韩国、魏国一起进攻楚国，正准备出发。这时，黄歇恰巧来到秦国，听到秦国这个计划，于是上书劝秦昭王说，秦、楚是最强大的两个国家，如果秦国欲攻打楚国，必然导致两败俱伤，很容易使韩、赵、魏、齐等国得渔翁之利。这还不如让秦、楚结盟，然后联合对付其他国家。秦昭王被黄歇成功说服，于是阻止了白起出征，派使臣给楚国送去厚礼，与楚国缔结盟约，互为友好国家。楚国按盟约把太子熊完送到秦国做人质，并让黄歇作为太傅随从至秦侍奉太子。三十六年（前263年），顷襄王得病，太子熊完在黄歇的帮助下逃回陈城。

前262年，楚顷襄王去世。因当时郢都为秦所占，无法归葬宗地，加之战事频仍，只能就地埋葬于陈。顷襄王墓位于淮阳平粮台古城遗址东南1公里处。因两冢南北相连，状若马鞍而得名“马鞍冢”。1981年，经考古发掘，证实为楚顷襄王及其夫人的合葬墓。南冢1号墓为“中”字形大墓。北冢2号墓为“甲”字形大墓，随葬文物早已被盗。两墓的西侧50米处各有一座陪葬的大型车马坑。一号墓附属车马坑长40米，东西宽3.7米，东侧有斜坡通道，葬泥马20余匹，车23辆，旌旗6面，其中一面旌旗用贝壳镶嵌而成，非常壮观。车的种类大部分为战车，其中一辆车厢周围安装铜板数十块。特别是该车马坑随葬23辆车，出土6面旌旗以及错金银龙首辕头，表明墓主人高贵的身份。该墓应为顷襄王墓。2号墓附属车马坑南北长35米，东西宽4.72米，西侧有两个斜坡通道，南部葬有肩舆（轿）和泥质器物，中部葬马24匹，车8辆，猎狗2只。西北角埋葬有鼎、敦、盒、壶、钫、高柄壶、盆、箕等陶器。陶器以灰陶居多，少数为棕陶，烧造火候较低，松软易碎，均非实用器物。部分器表涂有朱绘或褐彩。陶鼎高大而精致。8辆车木质构件虽已腐朽，但其状仍清晰可见，每辆车上的构件基本齐全。车辆上有车軎、铁轴承（大小铁杠），车棚上的轺、盖弓帽、车辕上的衡、环等保存完好。马是杀死后埋到坑内的。从排列及车辕看，可知有安车、轺车、猎车。驾车马数有1匹、2匹、4匹不等。猎狗骨在猎车之旁，项上佩有贝形玉饰。该车马坑内随葬车8辆，身份显然低于1号墓主。该墓应为顷襄王夫人墓。国君墓中出土如此寒酸的陪葬品，显示出楚国晚期极为衰败的景象。

在距此不远的平粮台楚墓群，是战国晚期楚国贵族墓地。其中M16中，不仅出土组合齐全的陶明器，还有形态各异的玉器，包括各种壁、璜、玉龙形、方形、鼓形等佩饰。

楚顷襄王死后，太子熊完继位，史称楚考烈王。考烈王元年（前262年），黄歇被任为相，封为春申君，赐给淮北12县的封地。同年，楚将州邑献给秦国求和。

前260年，考烈王即位前后，诸侯各国除秦之外，以赵最强，秦赵矛盾成为列国间的主要矛盾。楚考烈王三年，赵孝成王在长平（今山西省高平市长平村）之战中中了秦国的反间计，用“纸上谈兵”的赵括取代老将廉颇，导致赵国大败，40多万大军被秦国坑杀。

前257年，秦国军队包围赵都邯郸，赵国形势非常危急。赵国丞相、平原君赵胜出使楚国请求救援。赵胜希望楚国黄歇能替赵国说话。黄歇考虑到联合抗秦时机已到，当即答应。次日，赵胜率门客入宫游说考烈王。考烈王同样惧秦，不想出兵，双方“日出而言之，日中不诀”（《史记·平原君列传》）。自荐而来的平原君门客毛遂见此僵局，按剑登阶而上，胁迫考烈王与赵国联合抗秦，场面顿时剑拔弩张。在此关键时刻，黄歇出面力主抗秦，并表示愿亲率大军出征。考烈王见事已至此，只好与赵胜歃血定盟，让黄歇发兵救赵。同时，魏国信陵君魏无忌也导演了“窃符救赵”，取代晋鄙进军邯郸。在楚、魏、赵的联合进攻下，一举击溃秦国，解了邯郸之围。

前256年，楚考烈王派黄歇北伐鲁国。次年，黄歇灭掉鲁。黄歇通过援赵灭鲁在诸侯中威望大增，也使楚国重新强盛。同年，秦国灭掉西周国，寄居在西周国的周赧王也死去，作为天子之国的周朝不复存在。

前242年，秦国通过连年兼并战争，土地已与齐国接境，列国面临被分割和消灭的危险，合纵攻秦势在必行。当时，东方诸国唯楚最强，诸国宰辅唯黄歇名望最高。为此魏国派使者至楚面见黄歇，邀约楚国参加合纵阵线。黄歇对亲自主持合纵抗秦久有此愿，于是答应了魏国的要求。

前241年，韩、赵、魏、燕四国公推考烈王为纵约长，由黄歇主其事。赵人魏加认为临武君庞煖曾被秦军打败，向黄歇力陈庞煖“不可为拒秦之将”（《战国策》卷十七卷四）。在魏国，也有人劝魏王不要“恃楚之强而信春申君之言”。但黄歇仍任用庞煖为联军主帅。同年，五国军队按约集中，在庞煖的统一指挥下攻秦。合纵联军一度突破函谷关（今河南灵宝县东北），深入秦国腹地。后秦国倾全国之兵迎战，庞煖心生惧意，五国罢兵而还。

五国一罢兵，秦国即发动报复性进攻，取韩、魏、卫地复建东郡，形成了三面逼近楚都郢陈的局面。考烈王责怪黄歇擅自出兵，引来战祸，黄歇一时受到冷落。此时，门客朱英乘机向黄歇建议迁都，黄歇即上言考烈王，寿考烈王迫于形势，于当年迁都于寿春（今安徽寿县西南）。前238年，考烈王卒。前223年，秦军俘虏楚王负刍，楚国灭亡。

五、顿、厉、项等诸侯国

1. 顿国

顿国，为前1046年武王灭商后在淮水中上游地区分封的姬姓国之一。顿国国君在史籍中被称作“顿子”，显示顿为第四等小国，其封地面积不过250平方里左右。顿国建立后，经历了较为稳定的西周时期至春秋早期，自春秋中期开始，在陈、楚、鲁、宋、晋等大国争霸中原的夹缝中艰难生存，或失或续，到前496年终为强楚所灭，存在了550年。

顿国北临妫姓陈国，东接姬姓项、沈，南与姬姓蔡国接壤。这些方国的疆域在后来的诸侯争霸中处于变动之中。西周时期，周王朝王室尚强，顿国与周边诸侯国都能相安无事，处于相对稳定的发展时期。陈为大国，顿为小国，顿依附于陈，陈也需要顿国作为屏障。春秋早期，陈、顿两国关系密切。1975年秋至1984年，商水县练集乡朱集村出土一批周代青铜器，有鼎、簋、簠、车马器等，鼎全部散佚，仅存4件西周晚期铜簋（图为其中一件铜簋）、3件春秋早期原仲簠，皆有铭文。其中原仲簠长28.3厘米，宽21.5厘米，通

西周晚期顿国铜簋

高 18 厘米，器身分别饰交叠式兽体卷曲纹和变体鸟兽纹，盖内铸有铭文“惟正月初吉丁亥，原仲作沧仲妫嫁媵簠，用祈眉寿万年无疆永寿用之”。周口关帝庙民俗博物馆也藏有 1 件“原仲”簠，与前者同大同铭。这 4 件“原仲”簠是陈国大夫原仲为次女所作的陪嫁器物。《春秋·庄公二十七年》载：“秋，公子友如陈，葬原仲。”原仲，春秋时期陈国大夫，死于前 667 年。“原仲”簠的时代应早于此年。陈国大夫原仲与顿国贵族的联姻，说明当时顿国与陈国一度保持着睦邻关系。

顿国初都于今商水县平店乡李岗村。清顾栋高《春秋大事年表》云：“顿国本在县（指商水县）北三十里，顿子逼于陈，南奔楚，自顿南徙，故曰南顿。”周口市、商水县文物部门找到了顿国故城城址，经勘探调查表明，顿国故城呈正方形，城墙用夯土筑成，边长 500 米，面积达 25 万平方米。城墙外有壕沟护绕。故城内出土有西周、春秋时期的建筑构件如筒瓦、板瓦、云纹瓦当和生活用具陶圜底罐，以及楚国货币蚁鼻钱等。故城外发现有西周、春秋、战国墓葬。该故城的发现，证实今商水县平店乡李岗村附近方圆地区为顿国疆域。

西周末年，王室衰微，一些大的诸侯国和新兴的诸侯国开始相互攻伐。到了春秋时期，诸侯之间以大兼小，以强并弱，争霸战争频繁。顿国作为国卑势弱的小国，夹在逐鹿中原的大国诸侯之间，对大国或依或违，时即时离，摇摆不定。顿国本依附于陈国，后来惧楚国之强，背陈而转向楚国。陈国于是大兵压境，遂使顿子失国，顿子逃奔到楚国求援并在楚国避难。具体何年陈国逐顿，史料语焉不详，估计应在前 637 年或稍前。前 637 年秋，陈国在归顺楚国的同时又暗通宋国，楚王遂接受顿子的求援，派大将成得臣率军攻打陈国。楚军占领焦、夷两地后，并在顿地修筑新城后回国。《左传·僖公二十三年》载：“秋，楚成得臣帅师伐陈，讨其贰于宋也。取焦、夷，城顿而还。”前 635 年，楚令尹子玉（即成得臣）把陈国包围，护送顿子返回新建的都邑，使顿子复国。《左传·僖公二十五年》载：“遂围陈，纳顿子于顿。”这个都邑就是今项城市南顿镇的南顿故城。《汉书·地理志》汝南郡南顿县班固原注云：“顿子国，姬姓。”颜师古注引应劭云：“顿，姬姓国，逼于陈，后南徙，故号南顿。”《春秋》杜预注：顿，国名，姬姓，即今项城稍西南之南顿故城。《水经·颍水注》：“〔颍水〕又东南过南顿县北，㶏水从西来流注之。㶏水于乐嘉县入颍，不至于顿。顿，故顿子国也，周之同姓。”《项城县志》载，清康熙二十年（1681年）《大石桥碑记》：“南顿之名久矣。环其地者为谷水，发于台陵岗，上通黄、沙诸河，下达淮、泗入江，为扬、豫往东巨津，而南顿适当冲要。”据考古调查，南顿故城面积约50万平方米，尚存一段夯土北城墙，东西长217米，残高7米，顶部宽约5米，夯层厚18至30厘米，圜底夯窝较浅。城内散存大量板瓦、筒瓦和饰粗细绳纹的陶片。故城内外发现有周代墓葬。

顿国复国后完全沦为楚国的附庸。前569年夏，楚国人进攻陈国，同时命顿国伺间隙攻打陈国，为此陈国人包围顿国。《左传·襄公四年》载：“楚人使顿间陈而侵伐之，故陈人围顿。”在春秋时期的争霸战争中，陈、顿等诸侯国都慑服于强楚，并多次随其征伐他国。前538年，这些诸侯国随楚攻伐吴国。《春秋·昭公四年》云：“夏、楚子、蔡侯、陈侯、郑伯、许男、徐子、滕子、顿子、胡子、沈子、小邾子、宋世子佐、淮夷会于申。”“秋七月，楚子、蔡侯、陈侯、许男、顿子、胡子、沈子、淮夷伐吴。”前537年再次攻伐吴国。《春秋·昭公五年》云：“冬，楚子、蔡侯、陈侯、许男、顿子、沈子、徐人、越人伐吴。”前519年七月，吴军深入楚地，在鸡父（今河南固始县东南）大败包括陈、顿在内的楚国联军。《春秋·昭公二十三年》云：“秋七月戊辰，吴败顿、胡、沈、蔡、陈、许之师于鸡父。”《左传·昭公二十三年》对这次交兵有较详细的记载：“吴公子光曰：‘诸侯从于楚者众，皆小国也。畏楚而不获已，是以来。……顿与许、蔡疾楚政……’吴子从之，戊辰晦，战于鸡父。……使奔许与蔡、顿，曰：‘吾君死矣！’师噪而从之，三国奔。楚师大奔。”陈、顿等国并不甘于做楚国的附庸，前506年跟随鲁国共同攻伐楚国。《春秋·定公四年》云：“三月，公会刘子、晋侯、宋公、蔡侯、卫侯、陈子、郑伯、许男、曹伯、莒子、邾子、顿子、胡子、滕子、薛伯、杞伯、小邾子、齐国、夏于召陵，侵楚。”顿国参加这次侵伐楚国的战争，并未改变附庸于楚国的地位。前496年二月，顿国国君准备事奉晋国，于是便背叛了楚国，并与陈国断绝了友好关系。楚便在陈国的帮助下发兵灭掉了顿国，使其纳入了楚国版图。《春秋·定公十四年》载：“二月辛巳，楚公子结，陈公孙佗帅师灭顿，以顿子牂归。”二月辛巳，即夏历二月二十三日。《左传·定公十四年》载：“顿子牂欲事晋，背楚而绝陈好。二月，楚灭顿”。《史记》载：昭王“二十年楚灭顿”。顿国自此并入楚地。

《战国策》卷六秦四记载有顿子弱激将赚秦王的事情：顿子弱说，世上的人有的是有其名而无其实，有的是无其实而有其名，有的是既无其名又无其实，大王您知道吗？秦王回答说不知道。顿子说："有其实而无其名的是那些商人，他们无耕种的名声却有囤积粮食之实；那些脸朝黄土背朝青天的农夫虽有耕种之名却无积存粮食之实。至于那既无其名又无其实的人就是大王您。您身为万乘之国的君主却无孝亲之名，您以千里之地作为您母亲的养地却没有孝亲的行动。"秦王听了勃然大怒。顿弱说："您不把权威加在东方六国之上，却加到您母亲头上，我认为您这种行为是多么的不妥。"秦王说："东方六国可以兼并吗？"顿子说："韩国犹如天下的咽喉，魏国好像天下的胸腹。您若给我万金之资，我可以把投奔到韩魏两国的贤臣招纳到秦国来，使韩魏顺从秦国。韩魏顺从，天下就可图了。"秦王说："我的国家穷，哪来这么多钱给您。"顿子说："当今天下并非平安无事，如今的形势不是合纵就是连横。连横成功，秦国就可以称帝。合纵成功，楚国就要称王。秦国称帝就可使天下恭敬地侍奉秦国，楚国称王则纵令有万金之资大王您也落不下一个子儿。"秦王说很好，于是给顿弱万金让他到韩魏去活动，不久这两国的将相陆续来到秦国，顿弱北入燕赵，用离间计杀了赵国良将李牧。此后，又使齐王前来朝拜秦王，其余四国便都顺从了秦国，六国的合纵就这样解体了。

2. 厉国

厉国，是商代所封的一个小诸侯国，都城在今鹿邑县东太清宫镇。周武王灭商后，继续保留了厉国。

《左传·僖公十五年》载："秋，伐厉，以救徐也。"鲁僖公十五年（前645年）春，由于徐国与中原诸国关系亲密，楚国攻打徐国。三月，鲁僖公、齐桓公、宋襄公、陈穆公、卫文公、郑文公、许僖公、曹共公在葵丘会盟，重申鲁僖公九年（前651年）的葵丘盟约，同时也是为了帮助徐国。秋季，联军攻打厉国，以帮助徐国。《左传·僖公十六年》载："夏，齐伐厉不克，救徐而还。"鲁僖公十六年（前644年）夏，齐国发兵攻打厉国，没有取得完全的胜利，但却解除了徐国之围。之后，齐军便回国了。

赖，文献中也作"厉"，古代同音。周代赖国有二，一在随枣走廊，今湖北随州东北部。此赖可能源于商末赖国，是商末周初鹿邑县之厉所迁。另一赖国位于今河南息县包信镇一带，是周灭商后，改封周武王弟叔颖的姬姓小国。包信之赖国可能也是由今鹿邑县迁去的。《春秋·僖公十五年》载，前645年中原诸侯联合救徐抗楚，齐曹的军队共同讨伐赖国。次年，齐国又一次出兵伐赖，均未攻克。可见赖国在春秋中期是依附楚国的，且有一定的军事实力。《左传·昭公四年》载：前538年，楚灵王灭赖，赖子面缚衔璧，到楚军请罪，楚灵王迁赖人于今河南鄢陵县。此后，赖国从历史上消失。

赖国鹿邑说。主张此说的人以明清之际的王夫之为代表。他在《春秋稗疏》中不赞成杜预对《春秋·僖公十五年》"齐师、曹师伐厉"一句对厉国地望的注释，认为厉国不可能像杜预所说的那样是"楚方国，义阳随县北有厉乡"，而应在鹿邑老子所生地苦县厉乡。《史记·老子传》也记载："老子，楚苦县厉乡曲仁里人。"注："正义曰：厉，音赖。"《晋太康地记》云："苦县东有赖乡村，老子所生地。"《魏书·地形志》："武平有赖乡城。"上述所指都是一处。此外，近人杨伯峻在《春秋左传注》中支持王夫之的说法，认为"以地理考之，齐移救徐之师以伐厉，《稗疏》之说较合"。事实上，当时齐、曹两国的军队讨伐厉国，是因为楚国军队入侵徐国，伐厉的原因是为了救徐。从地理方位上看，假设杜预所说的厉国在湖北随州符合事实，但徐国在今安徽泗县一带，与厉国相去甚远，中间又有其他国家阻隔，齐、曹显然不可能用兵于千里之外。况且从齐、曹两国的力量看，在齐国最为强盛的齐桓公时期，曾联合宋、陈、卫、郑、许、曹6国军队与楚国作战，但也仅进军到远离楚国腹地的楚国边境陉（今河南方城一带）。更何况这时的齐国已经衰落，又缺乏当年7国联军的声势，仅以齐、曹两国绵薄之力，断然不可能进军到楚国腹心之地的厉。所以，这里所说厉国显然不是远在湖北随州的厉国，而只能是距徐国最近的鹿邑一带的厉国。

1998年，考古工作者在鹿邑太清宫发现了周初的"长子口墓"，该墓为两墓道的"中"字形大墓，出土大量成组的青铜礼器，规模当属诸侯一级。关于墓主的身份和国属，主要有三种意见：一种意见发掘者认为墓主长子口为厉国国君或为长国国君；一种意见认为墓的地点虽属鹿邑，但北距商丘不远，很可能与宋国有关。不少学者认为墓主是宋国始封之君微子启，或继之为君的微仲衍。如，王恩田先生认为，"长子口"墓的"长子"乃"微子"之误识。该墓规格超过同期诸侯墓，且属西周早期殷人墓，墓主应为宋国君微子启或其弟微仲衍。太清宫北距商丘60公里，西周宋国都邑当在此附近。此说值得关注；一种意见认为墓主应为微子启未立的嫡长子"口"。李学勤先生认为"长"字无法改释作"微"，墓主又明明名"口"，讲成微子、微仲都不妥当，"长子"一词意思是"大儿子"，故墓主应为微子启未立的嫡长子"口"。微子启比纣年长，成王封他为宋君时年龄已经很大，长子口先死，故仲衍得以嗣位。长子口"死时必在周初，离封宋不久"（《长子、中子和别子》，《故宫博物院院刊》2001年第6期）。

3. **项国、沈国和养国**

项国，是周初分封的姬姓国之一，子爵。都城在今沈丘县槐店镇西南。到春秋时，仍为项子国。前643年，鲁国在淮与齐、宋、陈、卫等国会盟，鲁国的军队借机灭掉项国。《左传·僖公十七年》载：“师灭项。淮之会，公有诸侯之事，未归，而取项。”从此项国灭国，仅存“项”地名。项国远鲁国近楚国，鲁虽灭之却鞭长莫及。战国时期，楚灭鲁，项地并入楚国。楚公子燕曾受封于项。《史记·项羽本纪》载：“项氏世世为楚将，封于项，故姓项氏。”楚襄王时，将楚都由郢徙陈，以项为别都（即陪都）。

沈国，又名聃国，周公之后所封的姬姓国。据沈子也簋铭分析，可能是从姬姓凡国分封出去的。沈国位于今河南平舆、沈丘一带，都城在今安徽临泉县城西。《水经·汝水注》云：“汝水又东南，左会濦水。……又东径平舆县故城南，为濦水县，旧沈国也，有沈亭。”

周朝初期，武王死后，由年幼的成王即位，文王第四子周公旦摄政。三监不服，勾结商纣王之子武庚，联合东方夷族反叛，后被周公旦所灭。文王第十子季载因平叛有功，被周公举荐为周天子的司空，后周成王将叔父季载封于沈国。沈为小国，因地近强楚，故多依附之，因而屡遭中原诸国的讨伐。前624年，晋、鲁、宋、陈、卫、郑等联合伐沈，使之一蹶不振。《左传·文公三年》载：“三年春，庄叔会诸侯之师伐沈，以其服于楚也。沈溃。”前558年和前537年，沈国两次随楚伐吴。前519年沈子逞伐吴兵败，被吴国俘虏。《左传·定公四年》载，前506年，晋国召集诸侯会盟于召陵（今河南漯河市召陵区），亲楚的沈国拒不参加，晋国指使蔡国出兵灭了沈国，并将沈子嘉押回蔡国杀掉。

养国是一个文献失载的嬴姓小国，为东夷少昊族后裔。都城在今沈丘县东南。传世西周养史尊铭曰：“养史作旅彝。”养史即诸侯史官，证明养在西周前期已立国。湖北江陵一春秋中期楚墓曾出土一件养伯簋，是养伯为其元妹外嫁所作的媵器，说明此时周王室所封之养国尚存，养国爵位为伯。

前512年夏，吴国派出使臣，责令徐国（今安徽泗县）和钟吾国交出领兵在外的公子掩余和烛庸。二国依仗有强楚撑腰，拒不从命，并私自放走二公子，让他们去投奔楚国。楚昭王十分得意，立即派出大员隆重迎接二公子，并让二公子在养地（今河南沈丘县）暂居。接着，又命令莠尹然、左司马沈尹戌重修养城，把养城东北边的城父、东南边的胡田两块地方封给二公子，企图利用二公子危害吴国。

养国的地望，据《读史方舆纪要》载：“养城在县东北。春秋时楚邑。昭三十年，吴二公子掩余、烛庸奔楚，楚使居养，取城父胡田以与之。盖其地近今亳、颍二州界。”清顾栋高《春秋大事年表》卷七《都邑表》说：“今河南陈州府沈丘县东为养邑，春秋楚养也。”杨伯峻《春秋左传注》说：“养在今河南沈丘县城东，临安徽界首县界。”楚国势力达到这一地区时，养依附于楚。春秋末年或战国初为楚所灭。也有专家认为养国灭亡时间在春秋中期晚段（何浩：《楚灭国研究》，武汉出版社，1989年）。《左传》载，鲁昭公三十年（前512年），楚昭王已将养地封给吴公子，可见此前养已亡国。养灭国后沦为楚国附庸。养地人有在楚国任要职者，楚国贵族中有养氏，养由基以善射著称。

六、单襄公知陈必亡

春秋末期以后，各国诸侯纷争，陈国处在晋、楚、齐、吴等国之间，被迫卷入战争，社会生产遭到极大破坏，再加上国君腐败昏庸，使陈国国力衰竭。以陈灵公为首的贵族不问政事，又强迫民众筑宫室台榭，纵情淫乐，以致“田在草间”，庄稼不收，仓廪破陋，川泽失修，道路不治。周定王瑜六年（前601年），“定王使单襄公聘于宋。遂假道于陈，以聘于楚”。单子到陈国后却意外地没有相应的人接待。在古时候，天子的使者、各国的诸侯乃至名士来访，各国都有相应的接待礼数。这种传统代代相传，一直延续至今。单襄公在陈国遇到了冷漠无礼的待遇，先是没有相应的官员来接待，更为不可容忍的是单襄公位列一等“公”爵，是天子的卿士，陈灵公理应出面见上一面才合礼数，而这时的陈灵公却带着臣下出外淫乐去了！单襄公不动声色，按计划完成公事回到国都后，将在陈国见到的破败情形报告给周王，预言陈国必然灭亡。《国语·周语中》有《单子知陈必亡》一节，记述了这件事。

《单子知陈必亡》记载的情况，大意是这样的：周定王派单襄公到宋国访问，于是向陈国借路，再访问楚国。这时心星已在早晨出现，是夏历九月了。进入陈国，杂草塞路，不好行走，迎送宾客的人不在国境上，主管路政的司空不巡视道路；水塘没有修整堤岸，河流上没有架设桥梁；田野有露天堆积的谷米，禾场也没有修整完毕；道路旁没有成列作标记的树木，已耕种的田地如同被刈割的草地；膳夫（宣达君命及主管膳食等事的官吏）不送牲畜给宾客，司里（掌管驿馆的官员）不把宾客引入驿馆，国都没有宾馆，县里没有旅店，老百姓却要去替夏氏建造高台。单襄公到了陈国国都，陈灵公和孔宁、仪行父戴着楚式的帽子去夏氏家，丢下宾客不接见。

单襄公回来，报告周定王说："陈侯虽没有大的过失，国家也一定会灭亡。"周定王说："什么原因？"单襄公回答说："大凡辰角星早晨出现，雨水就要稀少；天根星早晨出现，河水就要枯涸；氐星早晨出现，草木就要枯落；驷星早晨出现，寒霜就要下降；心星早晨出现，清风告示人们准备御寒。所以先王的遗教说：'雨水稀少，就修整道路；河水干涸，就修建桥梁；草枯叶脱，就预备储备粮食；酷霜下降，就准备好冬衣；清风吹来，就修筑城郭宫室。'所以《夏令》说：'九月修整道路，十月架设桥梁。'到了那时候还要告诫百姓说：'收拾好你的农活，预备好你的盛土抬土的器具，营室星黄昏出现于天空正中的时候，开始营造宫室。心星初次出现的时候，到司理（主管宫室住宅的官员）那里会合集中。'这就是先王不浪费财物，却能大施恩德给天下的缘故。现在的陈国，心星在早晨出现了，道路还堵塞不通，野外的禾场还没有修整，池塘不修堤岸，河流不架桥梁，这都是废弃了先王的教诲啊。"

"周的法制规定说：'排列成行的树木来标明道路所在，边远地区有饮食供应来往的行人；国都郊外有放牧的地方，边境上有客舍和接待宾客的人员。无水的池塘里有茂盛的草，园囿里有林木和池塘，这都是用来防御灾害的。其余的地方无不是用来种粮食的土地，农家没有农具闲挂着，田野里没有深长的杂草，不妨害农事季节，不浪费人民劳力。这样才能使人民富裕而不困乏，安逸而不疲劳。城里的土建工程有条理地开展，地方的力役有秩序地进行。'现在的陈国，道路无法辨认，田在杂草之间，农作物成熟了也不收割，百姓被陈侯的荒淫逸乐弄得很疲劳，这是废弃先王的法制啊。"

"周的《秩官》有这样的规定：'等级相当的国家的使者到了，关尹（守关的官员）便去报告国君，国君派行理凭符节迎接他们，侯人做引导，卿出城去慰劳，门尹打扫门庭，宗伯、太祝陪同来宾到宗庙行礼，里宰安排馆舍，司徒分派仆役，司空巡察道路，司寇盘问有无盗奸，虞人供应木材，甸人准备柴薪，火师监管大庭火烛，水师料理洗濯事宜，膳宰送来熟食，廪人献上谷米，司马摆出马料，匠人检查车辆。各种官员都按照各自担任的职责来供应物品，宾客来了，就像回到自己的家中一样。所以不论大小来宾，没有不感激盛情的。如果大国的贵宾来到，那么管事的官吏，位次还要加高一级，更为恭敬。如果是天子的使节到了，那么都是官长到职管事，由一位上卿监督他们。如果是天子亲自巡视，那就要诸侯国国君亲自监督办理。'我虽然无德无能，也是周王的亲族，奉天子的命令作陈国的过路宾客，可是陈国的主管官吏竟不到场，这是蔑视先王的制度啊。”

“先王的训令中有这样的话：‘天道是奖赏善良而惩罚淫恶的，所以我们治理国家，不要做违背常规的事情，不要有轻慢淫乱的行为，各自遵守着自己的法度，来承受上天赐给的幸福。’现在陈侯不考虑传续后代的伦常，抛弃他的妻妾，带领他的臣下到夏氏家里淫乐，不是亵渎同姓乱伦了吗？陈国，本是我武王的女儿太姬的后代，陈侯不要周的礼服，戴着楚国人的帽子外出，不也太随便了吗？这又触犯了先王的法令啊。”

“从前先王的教导，以它作为样板勉励自己，唯恐自己堕落和超越规范。如果忘却他的教诲，废弃先王的制度，蔑视先王的官职及职责，冒犯先王的法令，又拿什么保住国家？陈国夹在大国之间，却没有这四条，还能长久得了吗？”

周定王六年（前601年），单子前往楚国访问。定王八年（前599年），陈灵公被夏徵舒所杀。定王九年（前598年），楚庄王攻入陈国。

七、荒淫腐朽的统治和政治斗争

夏、商、周三代是中国历史上的奴隶制时代。奴隶和奴隶主阶级的矛盾是当时社会的主要矛盾。奴隶主不仅占有奴隶生产的物品，而且还占有奴隶本身。“溥天之下，莫非王土；率土之滨，莫非王臣。”这就是说，全国的土地没有不是奴隶主的，在土地上耕作的人们没有不是奴隶主的奴隶的。奴隶主一味镇压奴隶，使得社会内部日益动荡不安。

夏、商、周三代的统治和政治斗争，在当时周口一带也有所表现。当时，残暴荒淫的统治和政治斗争不仅表现在朝堂之上，而且也反映在陈、楚、厉、沈等诸侯国。

商末纣王在位期间（前1075－前1046），为政残暴，骄奢淫逸，不听劝谏，擅杀或放逐忠臣，以致国亡。箕子因不满纣王所作所为，屡谏劝止，纣王不听，乃惧，佯装为奴，禁于西华。箕子，名胥余，纣王庶父，官至太师。孔子将箕子与微子、比干，并作殷商“三仁”。

在今商水西北17公里处的枯河上，有大石桥、弃儿沟、九扭弯。相传，周景王年间，苏妃遭谗言外逃，弃太子于大石桥，后石桥上留有大石窝。从大石桥往东，边楼村中有一沟，赐名弃儿沟。苏妃弃儿东去，难以割舍，九次回头望子，形成河道扭曲九个弯子。

自陈胡公建立陈国起，他的夫人大姬便过着荒淫的生活，历代国君竞相效尤，如陈有幽公、定公、厉公、灵公，愈演愈烈，大夫仲子、孔宁、仪行父也是一些淫徒。国君、大臣不理国事，以致生产荒废，两次发生大内乱，一次亡国，国势积弱不振，加之陈国旧势力占据统治优势，阻碍社会变革、历史前进，终于亡在强楚之手。

阶级分化自原始社会后期开始，到夏朝已形成奴隶与奴隶的严重对峙。殷商和西周初期，奴隶主不仅在日常生活中压榨奴隶，而且在祭祀祖先和神灵，建造宗庙和宫室，以及为奴隶主、贵族举行葬礼时，都要杀死大量奴隶，实行人牲和人殉。人殉是奴隶主贵族幻想死后能继续享乐而实行的一种丧葬制度。鹿邑太清宫西周初年长子口墓墓主死后，陪葬的奴隶有 13 具。在该墓西侧不远处一个春秋时期的马坑附近也发现人殉，一对男女相互搂抱，背后有一儿童。这些都充分暴露了奴隶社会的罪恶。

春秋时期，奴隶反对奴隶主的斗争表现为处于奴隶地位的庶民、工匠反对各国统治者的斗争，“民溃”就是庶民反抗的一种形式。前 644 年冬，鄫国为淮夷所困，齐桓公为保护鄫国，击退淮夷，以霸主身份会合诸侯于淮水旁，让齐、鲁、宋、陈、卫、郑等十国被征发服役的庶人修筑鄫城，冬天的苦役使很多人病倒。有人在夜间登上土丘高喊：“齐有乱”，服役的庶人骚动逃亡了。《左传·僖公十六年》载：“十二月，会于淮，谋鄫且东略也。城鄫役人病，有夜登丘而呼曰：‘齐有乱’。不果城而还。”看来，这次齐桓公“不果城而还”的主要原因，就是因为服役庶人逃亡了。这使齐桓公筑城计划被迫停止，东征淮夷的打算也落了空。

奴隶主的残酷剥削和压迫，进一步加深了阶级矛盾。陈哀公十九年（前 550 年），陈国国君与贵族庆氏发生矛盾。庆氏为抵抗国君讨伐，便征发属下庶民筑城。筑城时夯土打实要用夹板，因夹板脱落，庆氏以杀人惩罚。庶人无比愤怒，他们杀死了监工的大小头目，庆虎、庆寅也被杀死。事情的起因是，陈国大族庆氏想依靠楚国的力量除掉陈侯之弟公子黄，就造谣说公子黄要叛楚从晋。陈侯和公子黄入楚说明，为楚理解，庆氏阴谋破产，遂据陈抵抗，并强迫庶人筑城迎战，最后就发生庶人起义，杀死庆虎、庆寅事件。《左传·襄公二十三年》载：“陈侯如楚，公子黄诉二庆于楚，楚人召之。使庆乐往，杀之。庆氏以陈叛。夏，屈建从陈侯围陈。陈人城，板坠而杀人。役人相命，各杀其长，遂杀庆虎、庆寅。楚人纳公子黄。君子谓庆氏不义，不可肆也。故书曰：惟命不于常。”这就是中国第一次奴隶暴动——陈国筑城役人暴动。

春秋时期，陈国赋役苛重，民怨沸腾。《吕氏春秋·似顺论》载："荆庄王欲伐陈，使人视之。使者曰：'陈不可伐也。'庄王曰：'何故？'对曰：'城郭高，沟洫深，蓄积多也。'宁国曰：'陈可伐也。夫陈，小国也，而蓄积多，赋敛重也，则民怨之上矣；城郭高，沟洫深，则民力罢矣。兴兵攻之，陈可取也。'庄王听之，遂取陈也。"楚师伐陈，时在前588年。《左传·襄公三十年》又载：前543年"六月，郑子产如陈泣盟，归，复命。告大夫曰：'陈，亡国也，不可与也。聚禾粟，缮城郭，恃此二者，而不抚其民。其君弱植，公子侈，大子卑，大夫敖，政多门，以介于大国，能无亡乎？不过十年矣。'"陈国大夫逄滑也说："臣闻国之兴也，视农如伤，是其福也；其亡也，以民为土芥，是其祸也。"因此，到陈闵公时，政治更加腐败，前478年最终为楚所灭。

周顷王六年至周定王五十七年（前613－前590），楚庄王欲筑层台于寝丘，千里运石，劳民伤财，大臣进谏而被处死者多人。寝丘人诸御巳冒死进谏，庄王纳其言，层台工程方停止，民役解除。

鲁哀公十年（前485年）夏，陈国的辕颇逃亡到郑国。当初辕颇做司徒的时候，对封邑内的田土征收赋税，为陈哀公的女儿作出嫁之用；剩余的用来为自己铸造钟鼎，引起陈人的不满，所以被驱逐出国。在路上口渴，他的族人辕咺奉上稻米甜酒、小米干饭、腌肉干。辕颇高兴地说："为什么饭菜这么丰盛？"辕咺回答说："器物铸成就准备好了。"辕颇说："为什么不劝阻我？"辕咺回答说："怕被你先赶走。"（《左传·哀公十年》载："夏，陈辕颇出奔郑。初，辕颇为司徒，赋封田以嫁公女。有余，以为己大器。国人逐之，故出。道渴，其族辕咺进稻醴、粱糗、糗脯焉。喜曰：'何其给也？'对曰：'器成而具。'曰：'何不吾谏？'对曰：'惧先行。'"）

陈惠公十年（前524年），陈国失火。这是中国古代史上记载的为数不多的几次火灾之一，从一个侧面反映了当时陈国政治的腐败。

八、名臣良将

春秋战国时期，周口一带出现了一些名臣良将，如蹇叔、虞丘子、养由基、吴由于。

蹇叔（约前690－前620），鸣鹿（今鹿邑县辛集乡东北）人。他是春秋时期著名的战略家、政治家。周襄王郑二年（前650年），秦穆公为实现自己的政治抱负，创立霸业，广为招贤纳士。他派大夫百里奚四处访贤，百里奚推荐了隐士蹇叔。蹇叔到秦国后，做了秦国右庶长（右相，上卿），参与管理秦国的内政、外交和军国大事。为了促使秦穆公实现成为霸主的愿望，蹇叔向秦穆公提出了三项政治军事战略：一是从秦国地理状况的情况分析入手，提出了德威兼施、以德为本的战略思想，树德立威。二是从秦国的实际情况出发，提出了创立霸业的具体方针。他提出：治理内政的重点应放在国民的教化布德方面，要用中原的礼仪文明系统教育秦国人民，从改变民风民俗入手，提高他们的思想素质，以期达到国民服从节制，令行禁止、上下之间高度的灵活和统一。三是制定了政治活动应遵循的三原则“毋贪，毋忿，毋急”，为秦穆公称霸提出了行为准则。他反对在政治行为中追求极端，力求稳妥发展，体现了古人稳中求进、后发制人的思想。正是蹇叔的这些战略思想及系统的谋略方针，极大地开阔了秦穆公的政治视野。秦国正是在这种战略思想指导下，大胆地变革政治军事策略和方针，西平戎狄，东拓疆土，终于在百里奚和蹇叔的辅佐下，成为春秋时期的强国，秦穆公成为“春秋五霸”之一。蹇叔为秦穆公称霸中原和秦国的强大起到了重要作用。后激流勇退，以重病在身为由，告老还乡，过起了隐居生活。解放前，鹿邑县城东关尚立有“蹇叔隐居处”碑刻。蹇叔后来客死于秦，葬于岐山。

虞丘子，又称虞丘相，也即沈尹（一说公子贞，字子囊），春秋楚国贵族，封于沈。楚庄王时，虞丘子位至令尹（楚国相），史称“高行贤哲”。他善识人才，曾举荐孙叔敖代替自己为令尹。后来，孙叔敖成为春秋名相，帮助楚国成就霸业。因推荐孙叔敖有功，庄王赐他采邑 300 户，号称“国老”。后来，虞丘子多次参与楚晋之争。前 597 年楚晋争霸的邲（今河南郑州境内）之战，是中国古代史上著名的战例。在这次战争中，楚庄王亲征，虞丘子统率中军，他和孙叔敖同楚王一起共谋此战，打败晋军，撼动了晋国在中原的霸主地位。从此，中原各国背晋向楚，楚庄王成为中原霸主，实现了楚国北进中原的企图。

楚国大夫由基曾被封在养邑，以养为氏，称作养由基。养由基是著名的神箭手，成语“百发百中”就来源于他。《战国策·西周策》载：“楚有养由基者，善射，去柳时百步而射之，百发百中。”当时，楚共王还有一个非常擅长射箭的弓箭手叫潘党。有一天，养由基看到潘党连射三箭，箭箭都射中前面箭牌的红心，很不服气，就想与潘党一比高低，他们决定在柳叶上用黑色做记号，站在百步之外去射，如果谁能够射中，就算谁本领高强。结果两人都射中柳叶的中心。他们又选了高低不同的三片柳叶，不但在柳叶中心涂上黑色，而且注明一、二、三等符号。养由基瞄准柳叶上的墨道和符号，然后搭弓上箭，连射三箭，依着一、二、三的顺序，箭箭命中，观看者都拍手称赞他“百发百中”的本领。后来，人们用“百发百中”比喻射击技术精湛高超。现在也用“百发百中”比喻无论做什么事情都有把握，能够达到预期的最好效果和目的。

养由基不仅能在百步之外射穿作标记的柳叶，并曾一箭射穿七层铠甲。晋楚鄢陵之战中，楚共王左眼被晋将魏锜射中，共王叫来养由基，给他两支利箭，命他复仇，养由基一箭射死魏锜，拿着剩下的一支箭向共王复命，时人称他为“养一箭”。

吴由于，又名王孙由于，楚昭王时封于沈，为寝尹。前506年，吴国军队攻入楚都郢（今湖北江陵县北），楚昭王出逃。途中有一天，昭王正在睡觉，一强盗袭入，以戈击昭王，吴由于急忙抵御，掩护昭王而致肩部被击伤，当即昏迷，昭王乘机得以脱身，逃至郧（今湖北省安陆市境内）。吴由于苏醒后也逃到郧，因护驾有功受到封赏。

第二章　夏商周时期的经济

一、水陆交通的开发

人类早期就懂得驯养牛、马、骆驼和大象等动物，并用它们代替人力运送货物，还供人骑乘，这是最早的交通运输方式。原始社会炎帝、黄帝和尧、舜、禹担当部落首领的时候，各地的交通有了明显进步。到公元前2000多年前，中国就已经有了可以行驶牛车和马车的古老道路。据《古史考》记载："黄帝作车，任重致远。少昊时略加牛，禹时奚仲驾马。"

先秦时期，中国古代交通初具规模。早在3000多年前的商朝，今周口地区已置邮传书，古代交通有所发展。根据甲骨文、金文、出土实物及古籍记载，商朝就有了"车马"、"步辇"和"舟船"等交通工具，商周时期甲骨文、青铜器铭文中已有表示车的象形字，说明车早已出现，并反映出当时的车已有辕和可供乘坐的车厢，人们已掌握了"驾马服牛"的技术。车出现后，为了加快运送速度和提高荷载量，便有了修筑道路的要求。春秋战国时期，诸侯各国为争夺中原霸权，纷纷修筑能够通行战车的道路。

人类社会很早就出现了传递信息的活动。古代邮驿就是适应这种需要而产生的。商代已开始建立"驲传"制度，进行有组织的通信活动。在古代，人们主要利用人力或畜力传输政令或军令。周代，陈国大道设驲，传递文书。春秋时期，陈国经郑国至京都洛邑置驿路，并在今西华县境内设烽火台1处，该驿路为当时主要驿路之一。驿站配有专用车马，分别称作"日"和"遽"。周口地区邮务始于商周邮驿，专门用来传递官方文书。函件起源于商末周初传递官文的简书。战国时期，苦县（今鹿邑县）设邮驿。

陈（今淮阳）是历史上的重要交通枢纽，史称"其地左挹嵩山之秀，右控商丘之糜。南襟淮蔡，荆涂众山遥拱于前；北枕魏梁，河济诸流近绕其后"。西周的主要交通线仅限于宗周与成周之间，所谓"周道如砥，其直如矢”（《诗·小雅·谷风之什》）。到了春秋战国时期，战争频繁，又修筑了许多通行战车的道路。中原各国陆路交通纵横交错，还沿途设立了“驲置”，即驿站。如“从郑至梁，不过百里；从陈至梁，二百余里，马驰人趋，不待倦而至”（《战国策·魏一》）。列国对交通的开发，便利了商旅往来，适应了城市相互之间和城市与外界之间商业往来的需要，加速了城市向经济中心迈进的步伐。

商周时期，车分为“小车”、“大车”两大类。驾马、车厢小的叫“小车”，也叫轻车或戎车。驾牛、车厢大的叫“大车”。小车除贵族出行乘坐外，主要用于战争。战国时，由于车战的发达，战车的多少成为一个国家强弱的标志，有所谓“千乘之国”、“万乘之国”的说法。小车的制作很讲究，上面装饰有各类金属配件。那时大车被看作“平地任载之具”，只用来拉点笨重东西而已。商周时期的贵族把生前所用的车马连同驾车的奴隶一起殉葬，多的达几十辆车。如淮阳楚顷襄王墓附属车马坑发现车23辆、泥马20余匹，其夫人墓附属车马坑葬马24匹、车8辆。

周口一带畜力运输由来已久。孔子周游列国离陈时，其弟子公良孺以私车五乘相从，可见境内在战国时已经开始使用畜力车辆。淮阳马鞍冢楚墓陪葬车马坑出土有四轮铁车，进一步说明战国时期境内畜力车辆运输已经存在。

水利是农业的命脉。水利工程的兴建，促进了平原农业的发展。黄淮平原属暖温带半湿润季风气候，雨量分配不均，完全靠天然降水，极不稳定，需要有人工设施加以调节。但是在铁制工具出现以前，单靠木石制工具是不可能完成的。战国时期，周口地区步入铁器时代，铁器涌入生产生活领域。到了战国中期，黄淮平原上开始出现了规模较大的水利工程。

魏惠王时在黄淮平原上开凿鸿沟，即在今河南原阳县北引河水南流入圃田泽（今河南郑州、中牟间），又自圃田泽开凿名为大沟的渠道引水东流至大梁（今河南开封市），折而南流至今淮阳入颍水，沿线沟通济、汝、淮、泗等河流，形成了以鸿沟为干渠的水运灌溉网络，流经宋、郑、陈、蔡、曹、卫诸国。除了水运外，从大河引水至干渠，由干渠再支渠，由支渠引水至每一块农田间沟洫，即指“田畴之渠”，这一水利灌溉系统，为黄淮平原的农业生产提供了良好的条件。

周显王扁五年、魏惠王六年（前364年），魏惠王自三晋大地迁都大梁（今河南开封市），魏惠王自此成为梁惠王。地处七雄中央的魏国，为了加强对江淮地区的控制，要绕过偏在东方的菏水，由泗入淮，很是不便，就利用淮河北面的几条支流，如颍、沙、涡等水距离河、济较近的有利条件，于魏惠王十年（前360年）“入河水于甫田，又为大沟而行甫水者也”（《水经注》卷二十二《渠注》引《竹书纪年》），即开渠引河水注入圃田泽，称为大沟。魏惠王三十一年（前339年），又“为大沟于北郛，以行圃田之水”（《水经注》卷二十二《渠注》引《竹书纪年》），即将大沟运河延伸到大梁城（今开封市）北，并绕过城东，折而东南，至于陈（今淮阳县）北，再向南凿至项县（今沈丘县）东北，注入颍水入淮，这就是历史上有名的鸿沟（鸿沟有大沟、阴沟、洪沟、渠水等称谓，司马迁称“鸿沟”后，名字渐趋统一）。

梁惠王构筑的鸿沟是一个庞大的水系，除主干外，还有三个分支，一是自大梁城引水东行经丹水（即汳水，后讳“汳”之“反”而改作汴水），过徐州汇泗水入淮；一是自大梁城引水东南至陈留，分别经睢、涣二水入淮；一是自大梁城引水东南至扶沟，经涡水入淮。从而将河、济与淮、泗的丹、睢、涡、颍诸支流联系在一起，在河淮平原上，形成以鸿沟为主干，以自然河流为分支的完整的水道交通网——鸿沟系统。鸿沟引来黄河丰富的水量，又有圃田泽作为它调节流量的水柜，不仅它本身航运通畅，并为与其相连接的淮、泗的几条支流丹、睢、涡、颍等水提供了充分水源。

鸿沟系统是各国各个时期的统治者以各自不同的目的开凿的，事先没有通盘计划，组成鸿沟系统的各条运河不分主次，迭为轻重，整个运河系统比较紊乱而缺少中心。但是，利用平原地区河流、湖泊密布，施工便利，沟通了江、淮、河、济的航运交通，并有利于农田灌溉。司马迁在《史记·沟渠书》中评价鸿沟说：“自是以后，荥阳下引河水，东南为鸿沟，以通宋、郑、陈、蔡、曹、卫，与济、汝、淮、泗会。于楚，西方则通渠汉水、云梦之野，东方则通沟江淮之间。于吴则通渠三江五湖。于齐则通淄、济之间。于蜀，则蜀守李冰凿离堆，避沫水之害，穿二江成都中。此渠皆可行舟，有余则用溉浸，百姓飨其利。至于所过，往往引其水益用溉田畴之渠，以万亿计，然莫足数也。”鸿沟是中国历史上首次以人工方式沟通了中原与江淮、齐鲁的水运交通，在推动沿线社会生产的发展和促进南北经济文化交流上，起了重要的作用。清初历史地理学家顾祖禹在《读史方舆纪要》中说：陈地“控蔡、颍之郊，绾汴、宋之道。淮泗有事，顺流东指，此其经营之所也”，“又其地原湿沃衍，水流津通”。

战国时期，相传楚相孙叔敖开凿了连接汝水和颍水的运河。据《太平寰宇记》卷十河南道十陈州商水县载：“驿马沟在县西南十三里。古老传云：楚相孙叔敖，截汝坟之水以作塘。下有柘塘陂九百顷，遂乃凿此沟。其湍急如驿马，其水发孙塘，屈曲六十里入颍水。”《读史方舆纪要》云：“驿马沟，在县西南十里。相传孙叔敖所凿，以沟水湍急而名。屈曲六十里，入于颍水。”该运河的开通，大大方便了漕粮运输和水利灌溉。

《英山徐氏宗谱》载：第三十八世祖先徐畅，“畅仕梦为司楫，主航运之事。周昭王南征，使畅操舟事之，行之汉泽，舟失其底，昭王死之，逸于南昌，报父仇也”。“司楫”是管理航运和船舶的官员。《中文大辞典》“徐偃王”条下注：“穆王时徐子治国，仁义著闻，欲舟行上国，乃导沟陈蔡之间……”

梁桥是中国古代最普遍、最早出现的桥梁，古时称平桥。它的结构简单，外形平直，比较容易建造。把木头或石梁架设在沟谷河流的两岸，就成了梁桥。早在原始社会时，中国就有了独木桥和数根圆木排拼而成的木梁桥。战国时期，单跨和多跨的木、石桥梁已普遍在黄河流域及其他地区建造。

二、农业、林业和畜牧业

周口地区地处黄淮流域，地势平坦，土壤疏松肥沃，气候温暖湿润，且分布着众多的丘陵，沙河、颍河、鸿沟、涡河、汝河等河流纵横交错，贯穿全境，水草丰美，森林茂密。得天独厚的自然条件，为农业、林业和畜牧业的发展提供了极为便利的条件。

原始社会晚期，农田的开辟已从山麓洪水冲积地带向冲积平原中部推进。起初为避免洪水淹没，选择比较高亢的“丘”作为定居点。陈地宛丘的开发始于原始社会中晚期。之后洪水渐平，遂下丘而居平地。退居平地后则选择近河流、湖沼的阶地上进行垦殖，以便利用丰富的水源进行灌溉。太昊伏羲氏都宛丘，作网罟，教民渔猎，开创了原始的畜牧业。神农氏都陈，“艺五谷”，开创了原始的农业。考古发现，周口地区境内众多的古文化遗址出土了大量的鹿角、猪、狗、羊、牛等动物的大量骨骼，表明原始畜牧业已经得到初步发展，人们已非常重视家畜的饲养；出土的石网坠表明，当时的人们还时常捕鱼。

西周、春秋时期，黄淮平原的农业在商代基础上有了进一步发展。周人原是农业民族，相传其祖先名后稷，年轻时就“好种麻、菽，麻菽美。及为成人，遂好农耕，相地之宜，宜谷者稼穑焉，民皆法则之”（《史记·周本纪》）。周武王灭商后，其势力扩展至黄淮平原，同时也将先进的农业技术传播到这里，大力开辟荒地，促进了黄淮平原农业的发展。

周人原先就有许多重视农业的规定和措施。《国语·周语中》云：“单襄公曰：周制有之曰，列树以表道，立鄙食以守路。国有效牧，疆有寓望，薮有圃草，囿有林池，所以御灾也。其余无非谷土，民无悬耜，野无奥草，不夺民时，不蔑民功。有优无匮，有逸无罢。国有班事，县有序民。”所谓“无非谷土，民无悬耜”，未必一定是事实。但周朝政府十分重视农业并采取许多相应措施无可怀疑。西周末年，宣王即位，不籍千田，虢文公谏曰不可，以为“民之大事在农”，“王事唯农是务”（《国语·周语上》），反映了以农立国的思想，所以当其控制黄淮平原后，平原农业发展出现新局面。黄淮平原又以黄淮之间的兖豫大平原农业最为发达。《管子·治国篇》云：“嵩山之东，河汝之间，早生而晚杀，五谷之所有蕃熟也。四种而五获。”《史记·货殖列传》云：“沂，泗水以北，宜五谷桑麻六畜，地小人众，数被水旱之害，民好畜藏，故秦、夏、梁、鲁好农而重民，三河、宛、陈亦然。”由此看来，陈国也具有“好农而重民”的传统。

西周、春秋时期，黄淮平原农田开发仅限于部分地区。各诸侯国选择自然条件较好的地方开发为农耕地。这些耕田被视为国家的财富，往往用来馈赠、贿赂或交换，因此不一定连成一片，很多是插花地。平原上还有相当多的土地处于灌木密布、蓬蒿丛生、草莱未辟的状态。《孟子·滕文公上》所说“草木畅茂，禽兽繁殖，五谷不登，禽兽逼人”，“兽蹄鸟迹之道，交于中国”的情形，依然存在。春秋末年，宋郑之间有隙地，经当地人开垦，形成了弥作、顷丘、玉畅、嵒、戈、锡六个聚落。但宋、郑两国都不要，肯定是比较差的土地，不值得为其防守，以后在宋、郑之间战争中，“六邑为墟”（《左传》哀公十二年、十三年）。这说明“六邑”之中的戈地即今太康一带未得到较好的开发。

原始社会实行氏族公社土地公有制。夏商西周时期的经济，以农业为主，实行奴隶主国家土地所有制“井田制”，土地为国有，不准随意买卖。井田制从夏代开始，到商代得到发展，西周时最为完备。《周礼·地官司徒·遂人》记载，井田之间有田间小路和田间渠道划分。井田制的经营方式有公田和私田之分，二者之间有严格的界限。所谓公田，就是原始社会的公有土地在奴隶制确立之后的残存。劳动成员在公田上集体耕作以向国家承担缴纳赋税的义务。《孟子・藤文公上》载："方里而井，田井九百亩，其中为公田。八家皆私百亩，同养公田；公事毕，然后敢治私事。"所谓私田，就是劳动成员的份地。劳动成员对私田只有占有权、使用权，而没有所有权。关于井田制的性质，史学界有两种不同的观点。郭沫若等人认为，井田制是奴隶制土地国有制；而范文澜、翦伯赞等人认为，井田制是封建土地所有制。

陈国是西周的重要封国之一，西周的土地制度在陈国得到推行。周土地法以一田为单位。一田一百亩，一亩横一步、直一百步。一步长六尺。周一尺合营造尺六寸四分，一步合营造尺三尺八寸四分，横直各一百步得一百亩，约合营造亩二十四亩六分。战国以前不知施肥，普通田需要轮流休息，农夫有田二十五亩，每年有十亩田的收入，除去什一税，在一般情况下，一家人可得到饱暖。

周初，周武王为了发展生产，发布了解放奴婢的法令，大大地解放了生产力。同时，实行土地国有的井田制。颁行"轮休制"，以利于增加土地的肥力。井田制的实行，使农奴能分得一份私田，并拥有自己的劳动工具，生产积极性大大提高，这对于农业生产的发展是有利的。在西周末期以前，公田上的劳动一直得以较好的维持。由于私有观念和私有制的加剧，到西周末年，陈国出现"道路不可知，田在草间"（《国语・周语中》）的状况，井田制出现瓦解迹象。

春秋时期的陈国，由于铁农具的使用和牛耕的推广，极大地提高了农业生产力。许多荒地被开垦为良田，如濮西田，即在濮水（古沙水别称）之田，据《左传・昭公九年》载："然丹迁城父人于陈，以夷濮西田益之。"耕作技术由粗放转向精耕细作，农业产量大增。私田增加，井田制崩溃，土地关系向私有化发展，奴隶制的经济基础瓦解。陈国不得不实行改革，承认土地私有，允许土地买卖，而向土地所有者征收田税，自耕农的生产积极性高涨。到了春秋末年，陈国的"国人"大都成为拥有耕地的小农。前494年，吴国要陈国人随同攻楚，陈怀公为此召见"国人"，要求"国人"表态，凡是愿意从楚的站到右边，愿意从吴的站到左边，结果是"陈人从田，无田从党"（《左传・哀公元年》）。就是说，"国人"有田的按照田亩所在的方位去站，没有田亩的按照族党所在的方向去站。说明此时陈国"国人"首先重视的是他们所有的田地，同时也已有失去田地而成为"无田"的了。至春秋晚期，"国人"进一步分化，但多数已成为拥有耕地的小农。随着井田制的解体，"国人"耕作的"份地"首先私有化，于是住屋和耕地也开始买卖了。

战国时期，井田制被废除，封建土地所有制确立。这时的土地制度主要是封建地主土地所有制和个体农民小土地私有制。由于大量的奴隶获得解放，生产积极性有了提高。战国时期铁制工具的广泛使用，使耕作技术比春秋时代更进步，农业生产获得了前所未有的发展。

商周时期使用的工具为木制、石制、蚌器、青铜器和铁器等，主要有耒、耜。耒是木制、前端分叉、用于挖土的农具；耜呈铲状，安在木棒下。商代虽有青铜器物，但在当时应属珍贵物品，一般为高级贵族所拥有，是身份和地位的象征，不用作农业生产。广大生产者使用的工具虽仍以木制、石制为多，但比前代已有很大改进。到了周代，铁器开始出现和使用。生产工具的改进，大大提高了生产效率，进一步推动了农业发展。如，陈楚故城春秋时期的城墙中就发现有铁器。淮阳还发现有铜锸、铜鱼镖（见下图）。

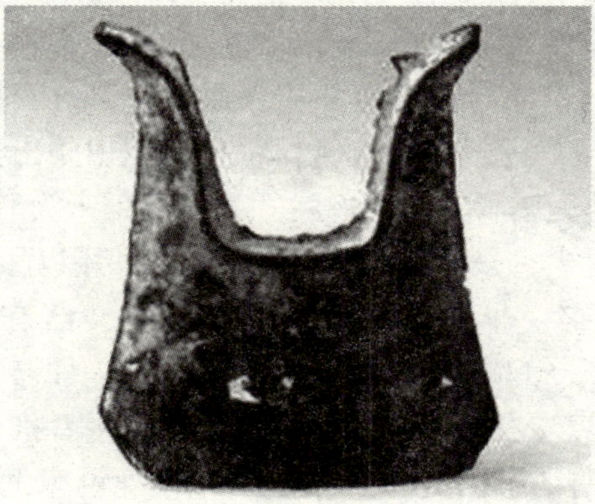

铜锸

铜鱼镖

农作物品种的增多和广泛种植也是农业发展的重要标志。《周礼·职方氏》说："豫州其谷宜五种……黍、稻、菽、麦、稷。"可见，包括陈国在内的中原地区，在3000年前各种农作物的品种就已较为齐全。同时也种植糯稻。

春秋战国时期，陈国的农作物仍以黍、稷等旱地作物为主。小麦有春小麦、冬小麦之分：春小麦在春季播种，到秋季收获；冬小麦在仲秋播种，到孟夏收获。西周晚期周的王畿种的还是春小麦，冬小麦在春秋时期逐步推广，春秋后期在陈国始种冬小麦。据《左传·哀公十七年》载：前479年六月（周历六月正是夏历四月），楚国军队"取陈麦"。战国时期，冬小麦在陈国一带普遍种植。

战国时期，陈国已种植黄花菜。黄花菜，又名金针菜、萱草、忘忧草。

陈国所产黄花菜菜条肥润，色泽金黄，久煮不泥，味道鲜美，营养丰富，既可食用，又可入药。村边地头、房前屋后、河滨沟旁皆已种植。古人有“莫道农家无宝玉，遍地黄花是金针”的句子。

铁农具的普遍使用，水利灌溉事业的发展和耕作方法的进步，单位面积产量有所提高。据李悝对战国初年魏国农产量估计：一亩地普遍可产粟一石半，上熟可产四倍，即六石；中熟三倍，即四石半；下熟一倍，即三石。小饥可收一石，中饥七斗，大饥只收三斗。战国时期一亩约当今三分之一市亩，一石约当今五分之一市石，即二市斗。如果折算起来，现在三分之一市亩的土地，那时候可生产合今三市斗的粟，最好年成可以生产四倍，合今一市石二市斗。据《史记·河渠书》载：凡受郑国渠水灌溉的土地，每亩可收一钟，一钟是六石四斗，合今三分之一亩的土地，生产粮食合今一市石二市斗八市升。陈国邻近郑、魏两国，在一般情况下地亩产量应与两国耕地产量接近。

夏商周时期，统治者极重视农业生产，围绕农业的还有畜牧、蚕桑、酿造等农产品加工。当时粮食已有不少剩余，并用来制酒，周口一带出土的商代青铜酒器就是佐证。《左传·哀公十一年》载：“夏，陈辕颇出奔郑……道渴，其族辕晅进稻醴、粱糗、腶脯焉。”杜预注：“醴，以稻米为醴酒。”但陈国的水稻种植面积不大，产量少，只供少数贵族阶级享用和用以酿酒。

今鹿邑县的酿酒自古有名。早在殷商时期，今鹿邑县已有制酒作坊。1998 年鹿邑太清宫西周初年长子口墓出土酒器 48 件，其中一件器物长子口铜提梁卣出土时，器内有 1000 克左右的液体，嗅之有味，发掘者推测是酒。春秋时期，孔子由鲁国到苦县向老子问礼，醉酒枣集（今鹿邑宋河镇），留下“惟酒无量不及乱”的格言。

夏商周时期，人们在农业生产中已广泛引水灌溉，以获取丰产。所取水源一为凿井，一为开渠引河水。《太平寰宇记》卷十河南道十陈州宛丘县载：“汤井，在州南门。古老传云：‘殷汤大旱，人民众穿此井。’”又载：“陈佗沟，在县北一十里，上从安仁沟出入县郭。古老传云：‘陈公子佗开，所以灌溉也。’”

陈国国君对植树很重视。选育的优良树种主要有杨、白榆、柞树、桑树、枣树等。据文献记载，包括陈国在内的中原地区林木覆盖率达 63%。陈国都城东门外生长着一排排茂密的杨树、榆树。这说明当时陈国有大片的林木种植，同时也说明陈国国君在原始林木的基础上，注重林业发展。《陈风》所载的陈国物产，植物中有枌、栩、杨、梅、椒、麻、菅、蒲、蕑、苕、兰、菡萏等。枌，即白榆，果实为翅果（俗称榆钱），为行道树或庭荫树。栩，即栎，叶或养柞蚕，嫩叶可代茶，种籽或渡荒或养猪。椒，芳香可辟气，杀虫，调味，发散霜露寒气。这些树种在淮阳至今仍有分布。

楸树在周口一带栽植源远流长，早在《史记·货殖列传》中就有“淮北……河济之间，千树楸”的记载。

春秋战国时期，今周口一带就有桃、梨、杏、李、樱桃等果树栽培，历代种植不衰。

原始社会末期，太昊就在宛丘“养六畜以充庖厨”，说明新石器时代人们所饲养的“六畜”马、牛、羊、豕、犬、鸡已经齐全。养狗历史悠久，早在4500多年前就有饲养。夏商周是一个“国之大事，惟祀与戎”的时期，国家重视饲养“六畜”是自然的事情。《周礼·职方》记载河南豫州“畜宜六扰”，反映当时中原各国拥有大量的牛、羊、马，畜牧业在国民经济中占有一定的地位。西周初年的鹿邑长子口墓就殉葬有狗。鹿邑隐山遗址春秋祭祀坑随葬有马匹。战国时期，马的饲养主要用于战争。淮阳马鞍冢战国晚期楚顷襄王墓陪葬有车马坑，也随葬有马匹。从《左传》、《史记》等记载看，陈国饲养六畜的规模很大，这是以农业发展为前提的。没有农业的发展作后盾，就不可能大规模地饲养家畜。

三、手工业、商业的发展和城市的兴起

夏商周时期，随着农业的发展，手工业与商业也发展起来，城市也大批兴起，出现了大都市和一些小城市。商人和个体手工业者在城市中占有相当数量。

原始社会晚期，手工业已开始从农业中分离出来成为独立的部门。平粮台古城龙山文化遗址和沈丘乳香台龙山文化遗址就发现有铸铜遗迹和遗物。到了夏商周时期，随着农、林、畜牧业的迅速发展，周口一带的手工业在原始社会的基础上有了较大发展，特别是商周时期的铸铜业、战国时期的冶铁业已相当发达。西周时期，社会经济比商代又有发展，青铜工艺进一步繁荣，除王室控制的青铜作坊外，诸侯国也有自己的青铜作坊。青铜产品的数量更多，用途几乎涉及社会生活的各个方面。青铜业的发展，推动了其他行业的兴盛。文字的使用也更广泛，除了在甲骨上契

太康出土的商代铜鸮尊

刻文字外，一些青铜器也铸有铭文。1998 年，西周初年的鹿邑太清宫长子口墓出土了“长子口”带盖圆鼎等一批青铜器。1973 年，淮阳城东南大朱庄出土有春秋时期陈国的铜盘、铜簋。1975 年秋，商水县朱集也出土一批春秋初期陈国的青铜器，其中有一铜簋，在盖内有铭文 28 字，器身长 28.3 厘米、宽 21.5 厘米、通高 18 厘米。器身分别饰交叠式兽体卷曲纹，变体鸟兽纹。周口一带出土的西周和春秋时期的青铜器，反映了当时陈国青铜铸造业已发展到较高水平。

到了战国时期，冶铁业开始发展，逐渐取代了青铜冶铸业。商水阳城故城发现有冶铁遗迹。金银冶铸也有发展。扶沟县曲洧故城发现的楚金银币，经光谱半定量分析，金币中含金、银、铜、铅、锡、钨、镍、铋、铂、钛、钙、锰、铁、铝、镁等 15 种金属；银币含银、金、铜、铅、锡、钨、铋、钛、钒、铁、铝、钙、镁等 13 种金属（齐东方：《中国早期金银器研究》，《华夏考古》1999 年第 4 期）。虽然纯度不高，杂质含量较多，金银冶炼技术有限，但毕竟金银冶铸已经开始起步。

织染业是陈国代表性手工业之一。陈国麻、桑、柞树的大面积种植带来了织染业的迅速发展。麻线是当时人们生活中主要的穿着原料，麻的种植和加工非常广泛，几乎成为人们副业中的主要职业。麻的加工需要收割、沤制、剥取、漂洗、梳纺等多道工序。《诗经·陈风》中“可以沤麻”、“不绩其麻”等，描绘的就是沤麻、麻纺、麻织的情景。《诗经·陈风·东门之枌》云：“不绩其麻，市也婆娑。”谓陈国男女聚会于市，女子不复织麻，婆娑而舞。说明麻织麻纺已成为当时陈国普遍的手工业。陈地桑树、柞树的种植，也说明当时养蚕和丝织业有了一定发展。

漆木器业是陈国较为发达的手工业之一。“陈、夏千亩漆”（《史记·货殖列传》)，号曰“漆乡”。漆树的大面积种植，既说明漆木器手工业的发达，同时也促进了漆木器加工。而陈国人民通过浪漫主义传说和自己的丰富想象，把木质雕刻成各种动物形象的器物，如龙、兽、鸟之类，然后再绘彩涂漆，主要色泽有黑、红、黄等，图案十分精美。陈国的漆木器闻名遐迩，远销中原各国。

制陶业在当时也有不同程度的发展。出土文物中就有爵、觚、尊、罐、壶、豆、釜等多种陶器。

农业和手工业的发展，促进了商业的发展。陈楚一带地处豫东要冲，疆域广袤，交通便利，南与楚国毗邻，东、北与鲁、宋、郑接壤，西与夏等地相连，四通八达，战国时期成为舟车骈会的财赋之区。《史记·货殖列传》

云："陈在楚、夏之交，通鱼盐之货，其民多贾。"又云："故秦、夏、梁、鲁为农而重民。三河、宛、陈亦然，加以商贾。"《左传·宣公十二年》载，随武子谈到楚师"昔岁入陈，……商农工贾不敢败其业"。可知陈城之内多经商者。饮食服务业也广为发展。《周礼·地官·遣人》载："凡国野之道，十里有庐，庐有饮食。三十里有宿，宿有路室，路室有委。五十里有市，市有候馆，候馆有积。"饮食服务业的繁荣景象可见一斑。

手工业、商业的发展相应地促进了城市的兴起。战国以前，中国城市的规模不大，即谓"城虽大，无过三百丈者，人虽众，无过三千家者"。而且那时的城市只是作为政治权力的象征而存在的，正如史书所说，"凡是有宗庙先君之主曰都，无曰邑"。除了统治者及为他们服务的家臣、百工、卫兵，一般平民只准居住在城郊和野外。到了战国时期，人口的自由流动使得大量的平民从农村流向城市。商业和手工业的发达又使得这些生活在城市的平民有了就业和谋生的机会。"千丈之城，万家之邑相望"，就是涌现了一批大城市和相近的城市群。《盐铁论·通有篇》说："燕之涿（今河北涿县）、蓟（今北京西南），赵之邯郸（今河北邯郸），魏之温（今河南温县西南）、轵（今河南济源东南轵城），韩之荥阳（今河南荥阳东北），齐之临淄，楚之宛（今河南南阳）、陈（今河南淮阳），郑之阳翟（今河南禹县），三川之二周（指洛阳、巩二城），富冠海内，皆为天下名都，非有助之耕其野而田其地者，居五诸侯之衢，跨街冲之路也。"包括陈在内的这些"名都"都是战国时代兴起的重要城市。它既是政治中心，又是商业和文化中心。

陈国不仅出产五谷、桑、麻，六畜兴旺，而且商业流通也很发达。做生意的小商小贩和各种手工业者特别多。当时陈国的粮食作物、纺织品、麻染织品、漆木器、草编织品等，都远销邻国。而邻国的鱼、盐和其他器物也都运来陈国交换，陈国的国都成为当时商业贸易的中心和商品集散地。由于陈国国君大力倡导开辟商品市场，所以"百工居肆以成其事"（《论语·子张》）。可见，陈国已有相当多的商人和手工业者在都城内定点叫卖，与诸侯国进行商业交流。农、工、商交易之路通，龟贝、金钱、刀币、布币不乏百种，其中流通量最大的就是贝币，尤其西周初期和中期最盛。正是农业、手工业、商业的繁荣和发达，才使得陈国从西周到春秋的数百年间始终保持了较大诸侯国地位。

不仅陈国都城，在远离内河通商大道的地方也出现了一些小城市。如曲洧城（今扶沟古城），平面呈不规则长方形，现存墙基宽20米，高2至8米不等。城内总面积40万平方米，建筑有序，街道规整。城墙外仍保留着城濠遗址，宽20至40米，低于地平面2至10米，濠内至今绿水清澈，环城而流。在城墙和城濠的后面，也有各种手工业生产和商品交换活动。城址内清理出一座东周时期的冶铁炉，冶铁、冶铜及其他自产自销的民间手工业在东周时期就较为兴盛。加之城址内出土大量的战国货币，可知此地亦有较为兴盛的商品交换活动（《商周考古》，文物出版社，1979年版，第242页；《扶沟古城初步勘察》，《中原文物》1983年第2期）。

夏商周时期，商品交换沿袭原始社会，初期一般使用兽皮、贝壳、牲畜、布帛等实物进行交换。夏代时已有大量贝币在市场流通，西周时出现金属货币，战国时各种铜、铁铸币开始流通，但形状和重量不一。

贝壳是夏商周时期的一种通行货币。1987年，鹿邑栾台遗址第五期文化遗存的长方形竖穴土坑墓中随葬有海贝，其时代为西周初年至成康时期（河南省文物研究所：《河南栾台遗址发掘简报》，《华夏考古》1989年第1期）。1998年，鹿邑太清宫西周初年长子口大墓出土贝币近千枚，均经过加工。除贝为当时通行的货币外，还有西周尖首布币和平首布币两种。

战国晚期，楚国突然大量开采黄金白银，应与纾解财政危机有关。淮阳发现有多块郢爰金版。地处今淮阳西北的扶沟曲洧故城，战国时是楚的北部要邑。陈地成为楚都后，此地也变得更为重要。1974年8月，在扶沟县曲洧城内中部偏西处，发现一处楚金银币窖藏，有两件锈结在一起的铜器，上有铜鼎，内盛银币18块，重3072.9克；下为铜壶，内藏金币392块，重8183.3克。银币分为短型空首银布币、短型实首银布币、中型与长型银布币等。金币的情况较为复杂，春秋时凡言财富多以粟、马匹、宝器计之，虽然也有用“金”事例，但仍是指铜而非黄金。到了战国，财富方以黄金计算，它遂成

淮阳出土的郢爰金版

扶沟出土的银布币

了财富的物质代表。金饼和零散金块始用于春秋晚期，郢爰则出现于战国中期，而陈爰则始铸于战国晚期。金币有金版和金饼两种，中间有多块标明“陈爰”的金版，证明是陈郢时期所发行。扶沟出土的鄗爰金版和银币是迄今所知最早的金银币实物，证实中国先秦时确实使用过白银、黄金货币。楚都迁陈后，货币发行量大幅度增加，表明楚国虽然处于风雨飘摇之中，商业却在中原地区以陈郢为经济中心，呈现出繁荣发达之势。

陈国从建立到灭国存续了568年。陈国前期，农业、林业和畜牧业均得到空前发展，成为中原地区最富庶的诸侯国之一；后期由于政治腐败，经济走向衰落，致使国力削弱，终于为强楚所灭。楚都陈后，商业经济一度呈现较为繁荣的局面，但很快衰落。

四、赋税与漕运

夏商周国家的财政收入，依赖征收和进贡等。征收的赋税多为实物，称为“正供”，其征收方式主要是直接征收及漕运。国库中储存有粮食、武器、钱币、衣物等，以供给统治阶级享用和国家所需。古代征收的赋与税有区别。西周时，周王室和诸侯国向臣属征用兵车、武器、衣甲等物称为“赋”；征收的土特产品称为“税”。后逐渐将所征用实物和货币统称为“赋税”。据民国二十二年（1933年）《淮阳县志》载：“在《周书》以万民惟正之供，匪惟三代税外加一物即以枉法论，至唐犹然也。”

漕运是历代王朝将征自田赋的部分粮食通过水运运往京师或其他指定地点的运输方式。水路不通处辅以陆运，多用车载。这种粮食称为漕粮。中国漕运历史悠久。漕运约从夏商周时期已经开始，一直延续至今。商代、西周和春秋时期的漕运情况不得而知，但今周口地区境内有沙颍河、涡河等水道，特别是战国时期鸿沟开通以后，通过水运运送粮食是完全可能的，也是必要的。

第三章　东周时期的军事

一、春秋时期的军事

春秋时期，周王朝对诸侯国的控制日益弱化，出现了“礼坏乐崩”的局面。诸侯国之间的军事斗争错综复杂，各国的国君或大臣经常亲自出马互结盟约，兼并战争频繁。当时周口一带经常发生战争。

周桓王林元年、陈桓公二十六年（前719年），夏，陈、蔡与卫国刚刚建立友好关系，“宋公、陈侯、蔡人、卫人伐郑，围其东门，五日而还”（《左传·隐公四年》）。《春秋·隐公四年》云：“秋，翚帅师会宋公、陈侯、蔡人、卫人伐郑。”诸侯打败了郑国的步兵，割取了那里的谷子才返回。

周桓王林三年、陈桓公二十八年（前717年），五月庚申日（十一日），郑庄公率兵入侵陈国，并大获全胜。以前，郑庄公曾向陈国要求讲和，但陈桓公不答应。陈桓公的弟弟五父劝谏说：“与仁慈的人亲近，与邻国和睦相处，是治国的法宝，您就答应郑国的要求吧。”陈桓公说：“宋国和卫国是我们真正担心的，郑国能把我们怎么样呢?”于是便拒绝了郑国的请求。（《左传·隐公六年》载：“五月庚申，郑伯侵陈，大获。往岁，郑伯请成于陈，陈侯不许。五父谏曰：‘亲仁善邻，国之宝也。君其许郑。’陈侯曰：‘宋、卫实难，郑何能为?’遂不许。”）

周桓王林四年、陈桓公二十九年（前716年），陈国与郑国讲和。十二月，陈国大夫五父到郑国结盟。壬申日，与郑庄公盟誓，歃血的时候心不在焉，泻伯就说：“五父必将难逃大祸，因为他不重视会盟。”郑国的良佐到陈国会盟，在辛巳日与陈侯盟誓，也看出了陈国将要发生内乱。郑国的公子忽在周王室，所以陈侯要求与之联姻。郑庄公同意了，随后就订了婚。（《左传·隐公七年》载：“陈及郑平。十二月，陈五父如郑莅盟。壬申，及郑伯盟，歃如忘泄伯曰：‘五父必不免，不赖盟矣。’郑良佐如陈莅盟，辛巳，及陈侯盟，亦知陈之将乱也。郑公子忽在王所，故陈侯请妻之。郑伯许之，乃成昏。”）

周桓王林十年、陈桓公三十五年（前710年），三月，鲁桓公与齐侯、陈侯、郑伯在稷地会盟，由于收受宋国的贿赂，遂成全了宋国之乱。（《春秋·桓公二年》载：“三月，公会齐侯、陈侯、郑伯于稷，以成宋乱。”《左传·桓公二年》载：“会于稷以成宋乱，为赂故，立华氏也。”）

周桓王林十三年、陈桓公三十八年（前707年），夏，周天子剥夺郑庄公参与周王室政务的权力，郑国不再朝觐。秋，周天子亲率蔡、卫、陈等诸侯讨伐郑国，郑庄公出兵抵御。周天子指挥中军。虢公林父率领右军。蔡军、卫军隶属于右军。周公黑肩率领左军。陈军隶属于左军。郑公子突（字子无）建议用左方阵攻击蔡军和卫军，用右方阵对付陈军：“陈国刚发生暴乱，百姓没有人有战斗意志，如果先攻击他们，他们一定会逃跑。天子的军队如果要顾及他们，必定发生混乱。蔡军和卫军支持不住，也一定争先奔逃。然后集中军力攻打天子的军队，就可以成功。”郑庄公采纳了这一建议。战斗在繻葛（今长葛市境内）展开。郑国军队发动进攻，陈、蔡、卫军一起奔逃，周天子的军队陷于混乱。郑军从两边合拢夹击，周军大败。郑臣祝聃射中周天子肩部，周天子仍能指挥军队组织撤退。祝聃请求前去追赶，郑庄公说：“君子不应当逼人太甚，何况敢于欺凌天子呢！如果能挽救自己，国家免于破亡，这就足够了。”夜间，郑庄公派遣臣将去安慰周天子及其随从。（《春秋·桓公五年》载：“秋，蔡人、卫人、陈人从王伐郑。”《左传·桓公五年》载：“王夺郑伯政，郑伯不朝。秋，王以诸侯伐郑，郑伯御之。王为中军；虢公林父将右军，蔡人、卫人属焉；周公黑肩将左军，陈人属焉。郑子元请为左拒以当蔡人、卫人，为右拒以当陈人，曰：‘陈乱，民莫有斗心，若先犯之，必奔。王卒顾之，必乱。蔡、卫不枝，固将先奔，既而萃于王卒，可以集事。’从之。曼伯为右拒，祭仲足为左拒，原繁、高渠弥以中军奉公，为鱼丽之陈，先偏后伍，伍承弥缝。战于繻葛，命二拒曰：‘旝动而鼓。’蔡、卫、陈皆奔，王卒乱，郑师合以攻之，王卒大败。祝聃射王中肩，王亦能军。祝聃请从之。公曰：‘君子不欲多上人，况敢陵天子乎！苟自救也，社稷无陨，多矣。’夜，郑伯使祭足劳王，且问左右。”）

周桓王林二十二年、陈庄公二年（前698年），宋与齐、蔡、卫、陈等诸侯国攻打郑国，入郑都，烧渠门（城门），取大宫椽为宋之卢门之椽。《春秋·桓公十四年》载：“冬……宋人以齐人、蔡人、卫人、陈人伐郑主。”《左传·桓公十四年》载：“冬，宋人以诸侯伐郑，报宋之战也。焚渠门，入，及大逵。伐东郊，取牛首。以大宫之椽归，为卢门之椽。”

周桓王林二十三年、陈庄公三年（前697年），冬十一月，鲁桓公和宋庄公、卫惠公、陈庄公在袲地会见，谋划攻打郑国，送郑厉公回国。诸侯军队没有取胜，被迫退兵回国。(《春秋·桓公十五年》云："冬十有一月，公会宋公、卫侯、陈侯于袲，伐郑。"《左传·桓公十五年》云："冬，会于袲，谋伐郑，将纳厉公也。弗克而还。")

周庄王佗十五年、陈宣公十一年（前682年），秋季，宋国发生南宫长万弑君之乱，南宫长万在蒙泽杀死宋闵公，拥立子游为国君。南宫长万遭讨伐而逃亡到陈国，宋国人到陈国施以贿赂，请求归还南宫长万。陈国人让女人劝南宫长万饮酒，灌醉他后用犀牛皮把他包裹起来。宋国人把他弄回国后剁成了肉酱。(《左传·庄公十二年》载："十二年秋，宋万弑闵公于蒙泽。……立子游。……南宫万奔陈，以乘车辇其母，一日而至。宋人请猛获于卫，……卫人归之。亦请南宫万于陈，以赂。陈人使妇人饮之酒，而以犀革裹之。")

周釐王元年、陈宣公十二年（前681年），春，为平定宋国的动乱，鲁庄公和齐侯、宋人、陈人、蔡人、邾人在北杏会见。(《春秋·庄公十三年》载："十有三年春，齐侯、宋人、陈人、蔡人、邾人会于北杏。")

周惠王十年、陈宣公二十六年（前667年），夏，由于陈国和郑国都顺服了，鲁庄公和齐桓公、宋桓公、陈宣公、郑文公在幽地一起结盟。(《春秋·庄公二十七年》云："夏六月，公会齐侯、宋公、陈侯、郑伯同盟于幽。"《左传·庄公二十七年》云："夏，同盟于幽，陈、郑服也。")

周惠王二十一年、陈宣公三十七年（前656年），春正月，齐桓公亲率齐、鲁、宋、陈、许、曹等八国大军进攻蔡国，蔡国溃败，进而攻打楚国，暂时驻扎在陉。楚成王派屈完前来与诸侯军队在楚地召陵（今河南省漯河市召陵区）会盟，与齐桓公订立了友好盟约。(《春秋·僖公四年》载："四年春王正月，公会齐侯、宋公、陈侯、卫侯、郑伯，许男、曹伯侵蔡。蔡溃，遂伐楚……楚屈完来盟于师，盟于召陵。")今西华西夏亭有齐盟寨（今瓦屋赵寨），相传为齐桓公与诸侯会盟之处。

召陵会盟后，齐桓公率军返回时打算取道陈国，陈大夫辕涛涂（即辕宣仲，又作袁涛涂）恐陈受害，于是诈骗齐军避开陈国走向东的道路返国。辕涛涂对郑国申侯说："军队取道陈国和郑国之间，两国供应必然发生困难。如果向东走，向东夷炫耀武力，沿着海道回国，这就很好了。"申侯说："好。"辕涛涂就把这个想法告诉齐桓公，齐桓公表示赞同。但申侯进见齐桓公时却说："军队已经很疲惫了，如果往东走而遇到敌人，恐怕是不能打硬仗了。如果取道陈国和郑国之间，由两国供给军队的粮食、军鞋，这就可以了。"齐桓公很高兴，将郑国的虎牢赏给他，而把辕涛涂抓了起来。

同年秋，齐国为讨伐辕涛涂的欺诈行为，联合江、黄二国攻打陈国，从陈国抓走了辕涛涂。冬季，鲁国的叔孙戴伯带兵会同齐、宋、卫、郑、许、曹等国的军队攻打陈国。陈国请求讲和，便把辕涛涂放回来了。（《春秋·僖公四年》载："齐人执陈辕涛涂。秋，及江人、黄人伐陈。……冬十有二月，公孙兹帅师会齐人、宋人、卫人、郑人、许人、曹人侵陈。"《左传·僖公四年》载："师进，次于陉。夏，楚子使屈完如师。师退，次于召陵。……屈完及诸侯盟。陈辕涛涂谓郑申侯曰：'师出于陈、郑之间，国必甚病。若出于东方，观兵于东夷，循海而归，其可也。'申侯曰：'善。'涛涂以告，齐侯许之。申侯见，曰：'师老矣，若出于东方而遇敌，惧不可用也。若出于陈、郑之间，共其资粮帱屦，其可也。'齐侯说，与之虎牢。执辕涛涂。秋，伐陈，讨不忠也。……冬，叔孙戴伯帅师，会诸侯之师侵陈。陈成，归辕涛涂。"）

周襄王七年、陈穆公三年（前645年），春，由于徐国亲近中原诸侯的缘故，楚国人进攻徐国。三月，鲁僖公和齐桓公、宋襄公、陈穆公、卫文公、郑文公、许僖公、曹共公在牡丘结盟，重温葵丘盟约，同时也为了救援徐国。秋季，齐和曹进攻厉国，以此来救援徐国。（《春秋·僖公十五年》云："三月，公会齐侯、宋公、陈侯、卫侯、郑伯、许男、曹伯盟于牡丘，遂次于匡。公孙敖帅师及诸侯之大夫救徐。……秋七月，齐师、曹师伐厉。"《左传·僖公十五年》云："十五年春，楚人伐徐，徐即诸夏故也。三月，盟于牡丘，寻葵丘之盟，且救徐也。……秋，伐厉，以救徐也。"）

周襄王八年、陈穆公四年（前644年），夏，齐国进攻厉国，没有得胜，救援徐国后回国。十二月，鲁僖公和齐桓公、宋襄公、陈穆公、卫文公、郑文公、许僖公、邢侯、曹共公在淮地会盟，商量救援鄫国和攻打东方之事。（《春秋·僖公十六年》云："冬十有二月，公会齐侯、宋公、陈侯、卫侯、郑伯、许男、邢侯、曹伯于淮。"《左传·僖公十六年》云："夏，齐伐厉不克，救徐而还。……十二月会于淮，谋鄫，且东略也。"）

周襄王九年、陈穆公五年（前643年），鲁国军队灭亡了项国。鲁僖公在淮地与诸侯会见时，因为正商量各国诸侯会盟的大事，尚未回国，鲁军攻陷了项国。齐国人认为这是由鲁僖公下令攻打的，因此把鲁僖公扣留，不让他回国。（《左传·僖公十七年》云："师灭项。淮之会，公有诸侯之事未归而取项。齐人以为讨，而止公。秋，声姜以公故，会齐侯于卞。九月，公至。"）

周襄王十一年、陈穆公七年（前641年），陈穆公请求在诸侯间重新建立友好关系，表示不忘齐桓公的德行。冬，在齐国会盟，重新修复齐桓公建立的友好关系。（《春秋·僖公十八年》云："冬，会陈人、蔡人、楚人、郑人盟于齐。"《左传·僖公十九年》云："陈穆公请修好于诸侯，以无忘齐桓之德。冬，盟于齐，修桓公之好也。"）

周襄王十三年、陈穆公九年（前639年），秋，楚成王、陈穆公、蔡庄公、郑文公、许僖公、曹共公在盂地会见宋襄公。在盟会上，楚国扣留宋襄公并攻打宋国。冬季，诸侯在薄地会盟，释放了宋襄公。（《春秋·僖公二十一年》云："秋，宋公、楚子、陈侯、蔡侯、郑伯、许男、曹伯会于盂。"《左传·僖公二十一年》云："秋，诸侯会宋公于盂。……楚执宋公以伐宋。冬，会于薄以释之。"）

周襄王十五年、陈穆公十一年（前637年），秋，楚国的成得臣率军进攻陈国，讨伐陈国倾向于宋国。楚军占领了焦、夷两地，在顿地筑城后回国。（《左传·僖公二十三年》云："秋，楚成得臣帅师伐陈，讨其贰于宋也。遂取焦、夷，城顿而还。"）

周襄王十七年、陈穆公十三年（前635年），楚军包围陈国，把顿子送回顿国。（《春秋·僖公二十五年》云："秋，楚人围陈，纳顿子于顿。"）

周襄王十九年、陈穆公十五年（前633年），冬，楚成王和陈、蔡、郑、许等国联合发兵，包围宋国，鲁僖公与诸侯在宋国会盟。宋国向晋国求援，晋文公派兵解了宋国之围。晋国凭借这一战，称霸于诸侯。（《春秋·僖公二十七年》云："冬，楚人、陈侯、蔡侯、郑伯、许男围宋。十有二月甲戌，公会诸侯，盟于宋。"《左传·僖公二十七年》云："冬，楚子及诸侯围宋，宋公孙固如晋告急。……（晋）出谷戍，释宋围，一战而霸。"）

周襄王二十年、陈穆公十六年（前632年），四月，晋、齐、宋、秦之师与楚、陈、蔡之师战于城濮，楚师大败。五月，晋文公与鲁、齐、宋、蔡、郑、卫、莒、陈诸国君及周襄王会于践土，继齐桓公之后，称霸诸侯。冬，鲁僖公和晋文公、齐昭公、宋成公、蔡庄公、郑文公、陈穆公、莒子、邾子、秦人在温地会见，商量出兵攻打不归顺的国家。（《春秋·僖公二十八年》云："五月癸丑，公会晋侯、齐侯、宋公、蔡侯、郑伯、卫子、莒子，盟于践土。陈侯如会。……陈侯款卒。……冬，公会晋侯、齐侯、宋公、蔡侯、郑伯、陈子、莒子、邾人、秦人于温。"《左传·僖公二十八年》云："胥臣以下军之佐当陈、蔡。……胥臣蒙马以虎皮，先犯陈、蔡。陈、蔡奔，楚右师溃。……冬，会于温，讨不服也。"）

周襄王二十一年、陈穆公十七年（前631年），夏，鲁僖公和王子虎、晋国狐偃、宋国公孙固、齐国国归父、陈国辕涛涂、秦国小子慭在翟泉结盟，目的是重温践土盟约，同时谋划进攻郑国。（《左传·僖公二十八年》云：

“夏，公会王子虎、晋狐偃、宋公孙固、齐国归父、陈辕涛涂、秦小子憖，盟于翟泉，寻践土之盟，且谋伐郑也。”）

周襄王二十五年、陈共公五年（前627年），晋、陈、郑等国攻打许国，对其亲近楚国予以惩戒。楚令尹子上侵犯陈国、蔡国，陈国、蔡国与楚国讲和。（《左传·僖公三十三年》云：“晋、陈、郑伐许，讨其贰于楚也。楚令尹子上侵陈、蔡。陈、蔡成。”）

周襄王二十六年、陈共公六年（前626年），四月，晋襄公派兵进攻卫国。六月初八日，俘虏卫成公孙昭子。卫国派人报告陈国。陈共公让卫国再次向晋国军队进攻，说：“转过去向他们发动进攻。我去替你们向他们讲和。”卫国的孔达就领兵攻打晋国。（《左传·文公元年》云：“卫人使告于陈。陈共公曰：‘更伐之，我辞之。’卫孔达帅师伐晋……”）

周襄王二十七年、陈共公七年（前625年），夏六月，由于晋国攻打卫国，公孙敖与宋成公、陈共公、郑穆公、晋士縠在垂陇会盟。陈共公替卫国向晋国求和，并抓了孔达向晋国解释。冬，晋、宋、陈、郑联合起来攻打秦国，夺回了二月彭衙（今陕西省白水县西北）之战中的失地，而后回国。（《春秋·文公二年》云：“夏六月，公孙敖会宋公、陈侯、郑伯、晋士縠盟于垂陇。……冬，晋人、宋人、陈人、郑人伐秦。”《左传·文公二年》云：“陈侯为卫请成于晋，执孔达以说。……冬，晋先且居、宋公子成、陈辕选、郑公子归生伐秦，取汪，及彭衙而还，以报彭衙之役。”）

周襄王二十八年、陈共公八年（前624年），春三月，庄叔会合诸侯晋、宋、陈、卫、郑的军队攻打沈国，因为沈国向楚国顺服。沈国百姓溃散。卫成公前往陈国，拜谢陈共公促成的卫、晋和议。（《春秋·文公三年》云：“三年春王正月，叔孙得臣会晋人、宋人、陈人、卫人、郑人伐沈。沈溃。”《左传·文公二年》云：“三年春，庄叔会诸侯之师伐沈，以其服于楚也。沈溃。凡民逃其上曰溃，在上曰逃。卫侯如陈，拜晋成也。”）

周顷王元年、陈共公十四年（前618年），夏，因为陈国归附晋国，楚国进攻陈国，攻下壶丘（河南省新蔡县东南）。秋，楚公子朱从东夷向陈国发动进攻，陈国军队大败楚军，俘虏了楚公子茷。陈害怕楚报复，与楚国媾和。（《左传·文公九年》云：“夏，楚侵陈，克壶丘，以其服于晋也。秋，楚公子朱自东夷伐陈，陈人败之，获公子茷。陈惧，乃及楚平。”）

周顷王二年、陈共公十五年（前617年），陈共公、郑穆公与楚穆王在息地会盟。冬，与蔡庄公一起率领军队驻扎于厥貉，准备攻打宋国。（《左传·文公十年》云：“陈侯、郑伯会楚子于息。冬，遂及蔡侯次于厥貉。将以伐宋。”)

周顷王六年、陈灵公元年（前613年），六月，鲁文公与宋昭公、陈灵公、卫成公、郑穆公、许男、曹伯、晋赵盾在新城会盟，因为以前追随楚国的陈、郑、宋三国又顺服了晋国，同时诸侯谋划攻打邾国。七月，郑穆公再次朝见晋灵公，以完成陈侯朝见晋灵公之事。陈共公去世后，楚国人没有行丧礼，陈灵公即位后便同意了与晋国的盟约。（《春秋·文公十四年》云：“六月，公会宋公、陈侯、卫侯、郑伯、许男、曹伯、晋赵盾。癸酉，同盟于新城。”《左传·文公十四年》云：“六月，同盟于新城，从于楚者服，且谋邾也。”）

周匡王三年、陈灵公四年（前610年），春，因此前宋国发生内乱，宋襄公夫人派人杀死宋昭公，陈国随晋、卫、郑对宋国进行讨伐。宋文公请求讲和，接受了晋国订立的盟约，各诸侯在得到宋国的财物后撤军回国。（《左传·文公十七年》云：“十七年春，晋荀林父、卫孔达、陈公孙宁、郑石楚伐宋。讨曰：‘何故弑君！’”）

周匡王五年、陈灵公六年（前608年），陈共公死的时候，楚国不行诸侯吊丧的礼仪。于是陈灵公在晋国接受盟约。秋，楚庄王发兵侵犯陈国，接着又进攻宋国。晋国的赵盾率军救援陈、宋两国，并和宋文公、陈灵公、卫成公、曹文公在棐林（今河南新郑县附近）会合，以此打算攻打郑国。楚国救援郑国，双方在北林（今郑州市境内）碰面。结果晋大夫解扬被楚军俘虏，而后晋军撤退回国。（《左传·宣公元年》云：“陈共公之卒，楚人不礼焉。陈灵公受盟于晋。秋，楚子侵陈，遂侵宋。晋赵盾帅师救陈、宋。会于棐林，以伐郑也。楚蒍贾救郑，遇于北林。囚晋解扬，晋人乃还。”）

陈与郑地处楚、晋中间地带，故楚、晋争霸，必首先争夺陈、郑。楚庄王九年（前605年），楚国全力北上攻陈伐郑，与晋展开正面交锋。陈国势弱，故时而亲楚，时而附晋，受到晋、楚两国交相攻伐。

周定王三年、陈灵公十年（前604年），春，楚庄王兴兵伐郑，陈国害怕，转而附楚。晋国毫不示弱，立即出兵救郑伐陈。（《左传·宣公五年》云：“楚子伐郑，陈及楚平。晋荀林父救郑，伐陈。”）

周定王四年、陈灵公十一年（前603年），春，由于陈与楚接近的缘故，晋、卫两国侵犯陈国。（《春秋·宣公六年》云：“六年春，晋赵盾、卫孙免侵陈。”《左传·宣公六年》云：“六年春，晋、卫侵陈，陈即楚故也。”）

周定王六年、陈灵公十三年（前601年），冬，陈国和晋国请求和好。楚立即出兵攻陈，陈国求和后回国。（《左传·宣公九年》云：“陈及晋平。楚师伐陈，取成而还。”）

周定王七年、陈灵公十四年（前600年），晋成公又与宋、卫、郑、曹等国国君在扈（郑邑，今河南原阳西）会盟，打算进攻不服从晋国的国家。陈灵公没有参加，表明陈不畏惧晋等国的压力，已坚定从楚。晋国荀林父统领诸侯军队进攻陈国。晋成公死于扈，荀林父率兵回国。（《春秋·宣公九年》云：“九月，晋侯、宋公、卫侯、郑伯、曹伯会于扈。晋荀林父帅师伐陈。”《左传·宣公九年》云：“会于扈，讨不睦也。陈侯不会。晋荀林父以诸侯之师伐陈。晋侯卒于扈，乃还。”）

周定王九年、陈成公元年（前598年），夏，楚庄王与郑、陈在辰陵（陈邑，今淮阳县西北）举行盟会，原因是陈、郑顺服于楚国。冬十月，楚人入陈杀夏徵舒。楚庄王亲临陈国，送公孙宁、仪行父回到陈国。（《春秋·宣公十一年》云：“夏，楚子、陈侯、郑伯盟于辰陵。……冬十月，楚人杀陈夏徵舒。丁亥，楚子入陈。纳公孙宁、仪行父于陈。”《左传·宣公十一年》：“夏，楚盟于辰陵，陈、郑服也。……冬，楚子为陈夏氏乱故，伐陈。谓陈人无动，将讨于少西氏。遂入陈，杀夏徵舒，轘诸栗门，因县陈。陈侯在晋。”）

周定王十年、陈成公二年（前597年），冬，晋国的原縠、宋国的华椒、卫国大夫孔达和曹人一起在清丘（今河南濮阳市东南）缔结盟约，说：“周济有困难的国家，攻打不专心一意的国家。”宋国为了盟约，进攻陈国，卫军救援陈国，孔达说：“先君曾有过约定，因此要救援陈国。如果大国进攻我们，我愿意为此而死。”（《春秋·宣公十二年》：“晋人、宋人、卫人、曹人同盟于清丘。宋师伐陈。卫人救陈。”《左传·宣公十二年》云：“晋原縠、宋华椒、卫孔达、曹人同盟于清丘。曰：‘恤病讨贰。’于是卿不书，不实其言也。宋为盟故，伐陈。卫人救之。孔达曰：‘先君有约言焉，若大国讨，我则死之。’”）

周定王十一年、陈成公三年（前596年），冬，晋国依据清丘之盟，就卫国救援陈国一事进行责难。晋国使者不肯离去，说：“如果你们不交出救援陈国的罪魁祸首，我们将出兵征伐你们。”孔达说：“如果对国家有利，那就把我推出来吧，罪过都在于我。由于是我执政，那么大国来怪罪，能把责任推给谁呢？我情愿为此而死。”次年春，孔达自缢而死。（《左传·宣公十三年》云：“清丘之盟，晋以卫之救陈也讨焉。使人弗去，曰：‘罪无所归，将加而师。’孔达曰：‘苟利社稷，请以我说。罪我之由。我则为政而亢大国之讨，将以谁任？我则死之。’”）

周定王十八年、陈成公十年（前589年），“十一月，公及楚公子婴齐、蔡侯、许男、秦右大夫说、宋华元、陈公孙宁、卫孙良夫、郑公子去疾及齐国之大夫盟于蜀”（《左传·成公二年》）。

周简王四年、陈成公十七年（前582年），秋，楚子重侵犯陈国，以救援郑国。冬十一月，子重自陈国攻打莒国（今山东莒县一带）。（《左传·成公九年》云：“楚子重侵陈以救郑。……冬十一月，楚子重自陈伐莒。”）

周简王十一年、陈成公二十四年（前575年），晋军在郑地鄢陵之战中重创楚师后，乘胜率诸侯之师侵犯陈国，到达鸣鹿。（《左传·成公十六年》云：“知武子佐下军，以诸侯之师侵陈，至于鸣鹿。”）

周简王十二年、陈成公二十五年（前574年），为制服叛服无常的郑国，晋厉公与周使尹武公、单襄公会同齐、宋、卫、鲁、曹、邾六国国君领兵攻入郑国，经郑西北部的戏童（今河南巩义东南）进至郑南部的曲洧（今扶沟西南）。楚令尹子重奉共王之命急率大军北上救郑，进抵曲洧东北的首止（又作首戴，今河南睢县东南），构成攻击诸侯军队后方，截断其退路之势。鉴于诸侯军队劳师远出日久，士卒疲惫，晋厉公遂仓促撤兵回国。（《左传·成公十七年》云：“夏五月，郑大子髡顽、侯孺为质于楚，楚公子成、公子寅戍郑。公会尹武公、单襄公及诸侯伐郑，自戏童至于曲洧。”）

周简王十四年、陈成公二十七年（前572年），夏五月，晋国韩厥、荀偃率领诸侯的军队攻打郑国，攻入郑国外城，在洧水边上击败了郑国步兵。这时东方各诸侯国的军队驻扎在鄫地，等待晋国军队。晋军从郑国带领驻在鄫地的军队入侵楚国的焦、夷和陈国。晋悼公、卫献公驻在戚地，以作为后援。（《左传·襄公元年》：“夏五月，晋韩厥、荀偃帅诸侯之师伐郑，入其郛，败其徒兵于洧上。于是东诸侯之师次于鄫，以待晋师。晋师自郑以鄫之师侵楚焦夷及陈，晋侯、卫侯次于戚，以为之援。”）

周灵王二年、陈成公二十九年（前570年），六月，鲁襄公联合单顷公、晋悼公、宋平公、卫献公、郑釐公、莒子、邾子和齐国的世子光于二十三日在鸡泽（今河北邯郸市东北）会盟。楚国的子辛出任令尹，他打算侵略弱小的国家以满足其扩张的野心。陈成公派袁侨参加鸡泽之盟请求议和。秋季，由于陈国恳求臣服诸侯，鲁国和其他各诸侯国的大夫与陈国的袁侨结盟。由于陈国背离楚国，楚司马公子何忌率军侵犯陈国。（《左传·襄公三年》云：“六月，公会单顷公及诸侯。己未，同盟于鸡泽。……楚子辛为令尹，侵欲于小国。陈成公使袁侨如会求成，晋侯使和组父告于诸侯。秋，叔孙豹及诸侯之大夫及陈袁侨盟，陈请服也。……楚司马公子何忌侵陈，陈叛故也。”）

周灵王三年、陈成公二十九年（前569年），三月，陈成公去世。楚国正打算攻打陈国，听到这个消息便停止出兵，但陈国仍不肯顺服楚国。臧武仲得知这件事后说："陈国不顺服楚国，一定灭亡。大国在陈国国丧期间不发动战争，这是讲究礼法的，即使这时陈还不顺服，就是大国尚且错以难免，更何况是小小的陈国呢？"因为陈国不懂礼法，夏，楚国出兵进攻陈国。楚国人让顿国乘陈国的空子攻打它，为此，陈国人在顷刻间包围了顿国。(《左传·襄公四年》云："三月，陈成公卒。楚人将伐陈，闻丧乃止。陈人不听命。臧武仲闻之，曰：'陈不服于楚，必亡。大国行礼焉而不服，在大犹有咎，而况小乎？'夏，楚彭名侵陈，陈无礼故也。……楚人使顿间陈而侵伐之，故陈人围顿。")

周灵王四年、陈哀公元年（前568年），鲁襄公和晋悼公、陈哀公、宋平公、卫献公、郑釐公、曹成公、莒子、邾子、滕子、薛伯、齐国的世子光、吴人、郐人在戚地结盟。在这次盟会上，晋悼公命令诸侯出兵防卫陈国。冬，诸侯派兵镇守陈国。子囊攻打陈国。十一月十二日，鲁襄公和晋悼公、宋平公、卫献公、郑釐公、曹伯、齐国的世子光在城棣会师以救援陈国。(《春秋·襄公五年》云："五年春……公会晋侯、宋公、陈侯、卫侯、郑伯、曹伯、莒子、邾子、滕子、薛伯、齐世子光、吴人、鄫人于戚。……冬，戍陈。楚公子贞帅师伐陈。公会晋侯、宋公、卫侯、郑伯、曹伯、齐世子光救陈。"《左传·襄公五年》云："九月丙午，盟于戚，会吴，且命戍陈也。……楚子囊为令尹。范宣子曰：'我丧陈矣！楚人讨贰而立子囊，必改行而疾讨陈。陈近于楚，民朝夕急，能无往乎？有陈，非吾事也，无之而后可。'冬，诸侯戍陈。子囊伐陈。十一月甲午，会于城棣以救之。")

周灵王六年、陈哀公三年（前566年），子囊包围陈国。鲁襄公和晋悼公、宋平公、陈哀公、卫献公、郑釐公、曹成公、莒子、邾子、滕子、薛伯、齐国的世子光、吴人、郐人在鄬地会合，打算出兵救援陈国。陈国人因为楚国的围攻而寝食不安。陈执政大夫庆虎、庆寅对楚国人说："我们派国君的弟弟公子黄前往贵国，你们把他逮起来。"楚国人便照他们的话做了。于是二庆告知正在参加诸侯大会的陈哀公："楚国已经把公子黄抓了起来。君王如果再不赶紧回来，我们忧虑群臣因为不忍心看到国家灭亡沦陷，会有顺从楚国的打算。"于是陈哀公急忙赶回。诸侯救援陈国一事自然告吹。(《春秋·襄公七年》云："楚公子贞帅师围陈。十有二月，公会晋侯、宋公、陈侯、卫侯、曹伯、莒子、邾子于鄬。……陈侯逃归。"《左传·襄公七年》云："楚子囊围陈，会于鄬以救之。……陈人患楚。庆虎、庆寅谓楚人曰：'吾使公子黄往而执之。'楚人从之。二庆使告陈侯于会，曰：'楚人执公子黄矣！君若不来，群臣不忍社稷宗庙，惧有二图。'陈侯逃归。")

周灵王九年、陈哀公六年（前563年），六月，楚子囊、郑子耳攻打宋国，军队驻扎在訾毋（宋邑，今鹿邑县南）。（《左传·襄公十年》云：“六月，楚子囊、郑子耳伐宋，师于訾毋。”）

周灵王十六年、陈哀公十三年（前556年），春，由于陈国没有重视宋国，宋国的庄朝进攻陈国，抓获了司徒卬。（《左传·襄公十七年》云：“十七年春，宋庄朝伐陈，获司徒卬，卑宋也。”）

周灵王十九年、陈哀公十六年（前553年），蔡国的公子燮想让蔡国顺服晋国，结果被国人杀死。陈大夫庆虎、庆寅兄弟害怕公子黄的迫害，他们于是向楚国告状说：“公子黄和蔡国的燮一同密谋策划要背叛楚国而顺服晋国。”楚国为此要讨伐公子黄，公子黄吓得连忙到楚国解释。公子黄逃亡之前，在都城大声呐喊：“庆氏兄弟无道，企图在陈国独断专权，侮辱蔑视君王，并赶走君王的亲属，假如他们五年之内不灭亡，就没有天理可讲了。”（《左传·襄公二十年》云：“二十年春，……陈庆虎、庆寅畏公子黄之逼，愬诸楚曰：‘与蔡司马同谋。’楚人以为讨。公子黄出奔楚。……公子黄将出奔，呼于国曰：‘庆氏无道，求专陈国，暴蔑其君，而去其亲，五年不灭，是无天也。’”）

周灵王二十二年、陈哀公十九年（前550年），春，陈哀公来到楚国。公子黄在楚国诉说庆氏兄弟在陈专权辱君的罪恶，楚人召见二庆。二庆派庆乐前往，楚人杀了庆乐，庆氏兄弟便带领陈国背叛楚国。夏季，屈建跟随陈哀公围攻陈国。楚人把公子黄送回陈国。（《左传·襄公二十三年》云：“二十三年春，……陈侯如楚。公子黄愬二庆于楚，楚人召之。使庆乐往，杀之。庆氏以陈叛。夏，屈建从陈侯围陈。……楚人纳公子黄。”）

周灵王二十三年、陈哀公二十年（前549年），二月，郑简公拜见晋国，由于陈国依仗楚国攻打郑国，郑简公请求晋国向陈国兴师问罪，没有得到允许。同年，陈国人再次征讨二庆的党羽，针宜咎逃奔到楚国。（《左传·襄公二十四年》云：“是行也，郑伯朝晋，为重币故，且请伐陈也。郑伯稽首，宣子辞。子西相，曰：‘以陈国之介恃大国而陵虐于敝邑，寡君是以请罪焉。敢不稽首。’”“陈人复讨庆氏之党，针宜咎出奔楚。”）

周灵王二十四年、陈哀公二十一年（前548年），郑国大将率领军队入侵陈国，结果将陈国军队一举歼灭。陈侯只好穿着丧服，怀抱社主，群众男女也分别系着绳子，作为俘虏，去欢迎郑国的军队，此时的陈几乎灭亡。

当初，陈哀公联合楚国攻打郑国时，陈军所到之处，水井都被填上，树木全被砍伐，郑国人为此怀恨在心。前548年六月，郑国的子展、子产统领700辆战车攻打陈国，夜里发动袭击，攻入陈城。陈哀公带着大儿子偃师逃到坟地中避难时，遇到司马桓子。陈哀公说："请让我坐上你的车。"司马桓子却说："我还要去巡视城防情况呢！"陈哀公路上遇到贾获，车上坐着他的母亲和妻子。贾获让她们都下来，让陈哀公坐上去。陈哀公说："让你母亲也坐上来吧！"贾获说："女人和你同坐一辆车，不是吉利的事。"说完贾获就带着母亲和妻子躲避到坟地中，也躲过了这场灾祸。

子展下令军队不要进入陈哀公的宫内，与子产亲自在门口守卫。陈哀公让司马桓子把宗庙中的祭器送给他们，然后身穿丧服怀抱神位，率领百官将佐，男女站成两排，在朝廷听候处理。子展拿着绳子进见陈哀公，两次叩头后向陈哀公敬酒。子产进来清点俘虏后就出去了。郑国人祭祀土地神以消灾辟邪，由司徒代表郑国把百姓重新还给陈国，由司马代表郑国把兵符还给陈国，由司空代表郑国把土地还给陈国，然后郑军便撤军回国了。冬十月，子西又领兵攻打陈国，陈国不得不与郑国讲和。

《左传·襄公二十五年》对这次战事如此记载："初，陈侯会楚子伐郑，当陈隧者，井堙木刊。郑人怨之，六月，郑子展、子产帅车七百乘伐陈，宵突陈城，遂入之。陈侯扶其大子偃师奔墓，遇司马桓子，曰：'载余！'曰：'将巡城。'遇贾获，载其母妻，下之，而授公车。公曰：'舍而母！'辞曰：'不祥。'与其妻扶其母以奔墓，亦免。子展命师无入公宫，与子产亲御诸门。陈侯使司马桓子赂以宗器。陈侯免，拥社。使其众，男女别而累，以待于朝。子展执絷而见，再拜稽首，承饮而进献。子产入，数俘而出。祝祓社，司徒致民，司马致节，司空致地，乃还。""冬十月，子展相郑伯如晋，拜陈之功。子西复伐陈，陈及郑平。"

春秋后期，晋、楚两国国内矛盾尖锐，皆有停止争霸、弭兵（休兵）之愿。宋国执政华元、向戌倡导诸侯弭兵，晋、楚皆同意。鲁成公十二年（前579），华元约合晋、楚在宋国西门外会盟，约定：晋、楚互不交兵，互通聘使，互救灾害，互相援助抗击侵略者。周灵王二十六年、陈哀公二十三年（前546年），向戌因与晋赵武、楚屈建皆友善，再次倡议弭兵之盟，得到晋、楚、齐等国响应。是年夏，晋、楚、齐、鲁、卫、陈、郑、蔡、许、曹、邾、滕和宋，又在宋之蒙门（东北门）外相会订盟。盟约规定晋、楚公为霸主，余国分别向晋、楚进纳贡赋。秦、齐和晋、楚为对等大国，不向晋、楚纳贡，也不受贡赋。第二次弭兵之会后，中原诸侯间的战争得以减少。

周灵王二十七年、陈哀公二十四年（前545年），由于在宋国结盟的缘故，陈哀公与其他诸侯一道先后到晋国、楚国朝见。(《左传·襄公二十八年》载："夏，齐侯、陈侯、蔡侯、北燕伯、杞伯、胡子、沈子、白狄朝于晋，宋之盟故也。”又载：“为宋之盟故，公及宋公、陈侯、郑伯、许男如楚。”）

周景王元年、陈哀公二十五年（前544年），夏四月，安葬楚康王，鲁襄公和陈哀公、郑简公、许悼公都参加送葬，到达西门外边，各诸侯的大夫都到了墓地。（《左传·襄公二十九年》：“夏四月，葬楚康王。公及陈侯、郑伯、许男送葬，至于西门之外。诸侯之大夫皆至于墓。”）

周景王二年、陈哀公二十六年（前543年），六月，郑国的子产到陈国参加结盟，回来复命，告诉大夫们说：“陈国，是要灭亡的国家，不能亲附。他们积聚粮食，修整城郭，凭恃这两条而不安抚百姓，他们的国君根基不巩固，公子奢侈，太子卑微，大夫骄傲，政事各行其是，谁也管不了谁，在这种情况下处于大国之间，能够不灭亡吗？存在不了十年了。”（《左传·襄公三十年》载：“六月，郑子产如陈莅盟。归，复命。告大夫曰：‘陈，亡国也，不可与也。聚禾粟，缮城郭，恃此二者，而不抚其民。其君弱植，公子侈，大子卑，大夫敖，政多门，以介于大国，能无亡乎？不过十年矣。’”）

周景王四年、陈哀公二十八年（前541年），为重温宋国盟会的友好，鲁叔孙豹与晋赵武、楚公子围、齐国弱、宋向戌、卫齐恶、陈公子招、蔡公孙归生、郑罕虎、许人、曹人在虢地盟会。三月二十五日，举行了结盟仪式。（《春秋·昭公元年》载：“叔孙豹会晋赵武、楚公子围、齐国弱、宋向戌、卫齐恶、陈公子招、蔡公孙归生、郑罕虎、许人、曹人于虢。”《春秋·昭公元年》载：“遂会于虢，寻宋之盟也。……三月甲辰，盟。”）

周景王十一年、陈哀公三十五年（前534年），陈国发生公子招之乱，“冬十月壬午，楚师灭陈”（《春秋·昭公八年》）。《左传·昭公八年》的记载则较为详细：“陈哀公元妃郑姬，生悼大子偃师，二妃生公子留，下妃生公子胜。二妃嬖，留有宠，属诸徒招与公子过。哀公有废疾。三月甲申，公子招、公子过杀悼大子偃师，而立公子留。……陈公子招归罪于公子过而杀之。九月，楚公子弃疾帅师奉孙吴围陈，宋戴恶会之。冬十一月壬午，灭陈。”

周景王十二年、陈惠公元年（前533年），春，鲁国的叔弓、宋国的华亥、郑国的游吉、卫国的赵黡在陈地会见楚灵王。（《左传·昭公九年》：“九年春，叔弓、宋华亥、郑游吉、卫赵黡会楚子于陈。”）

当时，晋、楚、齐、秦四个强国都因国势趋于衰弱，国内矛盾激化，被迫放慢了对外扩张争霸的步伐。与此同时，偏处于东南部的吴国和越国则先后兴盛起来，开始加入大国争霸的行列，战争的重心由此也从黄河流域转移到江淮流域，从中原诸侯国转移到楚、吴、越诸国。

吴国是一个新兴的国家，辖有今江苏、上海大部和浙江、安徽一部。自吴王寿梦（前586－前561）起，国力开始强盛。当时晋国出于与楚国争霸斗争的需要，采纳楚亡臣申公巫臣联吴制楚的建议，主动与吴国缔结战略同盟，让吴国从侧面打击楚国，以牵制楚国北上。而日渐强大的吴国为了进入中原，也将楚国作为第一个战略打击的目标，因此欣然接受晋国拉拢，坚决摆脱了对楚的臣属关系，并积极动用武力同楚国争夺淮河流域。自吴王寿梦至吴王僚的60余年间，吴、楚两国战争频繁，互有胜负，但总的趋势是楚国日渐削弱，吴国渐占上风。

吴楚鸡父之战，是中国古代著名的战例之一。陈、顿等国随楚参加了此役。周敬王元年、陈惠公十五年（前519年），吴王僚率公子光等兴兵进攻楚国战略要地州来（今安徽凤台县）。楚平王闻讯后，即令司马薳越统率楚、顿、胡（今安徽阜阳西北）、沈（今安徽临泉西）、蔡（今河南新蔡）、陈、许（今河南叶县）七国联军前往救援州来，并令令尹阳匄（即子瑕）带病督师。吴军统帅见楚联军力量强盛，来势凶猛，遂迅速撤去对州来的包围，将军队移驻钟离（今安徽凤阳东临淮关），暂避敌锋，伺机行动。然而就在这时，楚军在进军途中发生变故，带病出征的楚令尹阳匄因病死于军中。楚军失去主帅，士气涣散。司马薳越见状，被迫回师鸡父（今河南固始），拟稍事休整后再决定下一步的行动。吴公子光获悉楚军统帅阳匄身亡，楚联军不战而退，认定这正是吴军把握战局击破楚联军的良机，便向吴王僚建议率军尾随，捕捉战机。他的分析是这样的："随从楚国的诸侯虽多，但均是小国，而且都系为楚国所胁迫而来。况且这些小国也有各自的弱点。具体地说，胡、沈两国国君年幼骄狂，陈国帅师的大夫夏啮强硬但却固执，顿、许、蔡等国则一直憎恨楚国的压迫，他们同楚国貌合神离，这一点可以乘机加以利用。至于楚军内部，情况也很糟糕。主帅病死，司马薳越资历低浅，不能集中指挥，楚军士气低落，政令不一，貌似强大，实则虚弱。"最后他得出结论是"七国联军同役而不同心，兵力虽多，但也可击败"。公子光的分析入情合理，吴王僚欣然采纳，并针对敌情拟出具体周密的作战计划：迅速向楚联军逼近，定于在到达鸡父战场后的次日发起攻击，利用当天"晦日"的特殊天候条件，乘敌不备，以奇袭取胜。在兵力部署上，先以一部兵力攻击胡、沈、陈的军队，战而胜之；然后打乱其他诸侯国军，再集中兵力攻击楚军，并决定在作战中采取先示敌以"去备薄威"，后以"敦阵整族猛攻之"的灵活战法。一切就绪后，吴军遂于古代用兵所忌的晦日七月二十九突然出现在鸡父战场。此举完全出乎楚司马薳越的意料，仓促之中，他让胡、沈、陈、顿、蔡、许六国军队列为前阵，以掩护楚军。吴王以自己所率的中军、公子光所率的右军、掩余所率的左军等主力预作埋伏，而以不习战阵的三千刑徒为诱兵攻打胡、沈、陈诸军。双方接战不久，未经过战阵的吴刑徒即散乱退却。胡、沈、陈军见状遂贸然追击，捕捉战俘，纷纷进入了吴军主力的预设伏击圈中。这时，吴三军当机立断，从三面突然出击，很快战胜了胡、沈、陈三国军队，并俘杀胡、沈国君和陈国大夫夏啮。尔后又纵使所俘的三国士卒逃回本阵。这些士卒侥幸逃得性命，便纷纷狂奔，口中还叫嚷不已："我们的国君死了，我们的大夫死了。"许、蔡、顿三国军队见状，顿时军心动摇，阵势不稳。这时吴军乘胜擂鼓呐喊冲杀，直扑三国之师。三国之师的阵势本已动摇，又见吴军蜂拥而来，于是纷纷不战而溃，乱作一团。楚军未及列阵，即被许、蔡等诸侯军的退却所扰乱，迅速陷于溃败。至此，吴军终于大获全胜，并乘胜攻占州来。

《左传·昭公二十三年》载："吴人伐州来，楚薳越帅师及诸侯之师奔命救州来。吴人御诸钟离。子瑕卒，楚师熸薳。吴公子光曰：'诸侯从于楚者众，而皆小国也。畏楚而不获已，是以来。吾闻之曰：作事威克其爱，虽小必济。胡、沈之君幼而狂，陈大夫啮壮而顽，顿与许、蔡疾楚政。楚令尹死，其师熸。帅贱、多宠，政令不壹。而七国同役不同心，帅贱而不能整，无大威命，楚可败也，若分师先以犯胡、沈与陈，必先奔。三国败，诸侯之师乃摇心矣。诸侯乖乱，楚必大奔。请先者去备薄威，后者敦陈整旅。'吴子从之。戊辰晦，战于鸡父。吴子以罪人三千，先犯胡、沈与陈，三国争之。吴为三军以击于后，中军从王，光帅右，掩余帅左。吴之罪人或奔或止，三国乱。吴师击之，三国败，获胡、沈之君及陈大夫。舍胡、沈之囚，使奔许与蔡、顿，曰：'吾君死矣！'师噪而从之，三国奔，楚师大奔。书曰：'胡子髡、沈子逞灭，获陈夏啮。'"

鸡父之战是对楚国的一次沉重打击。从此，楚军很少主动出击吴军，基本采取消极防御的措施，在吴楚战争格局中逐渐趋于被动，吴军则由此夺取了吴楚战争的主动权。

周敬王四年（前512年），吴王阖闾为巩固其政权、清除余党，决定杀掉在自己发动政变时未回的两位王室公子掩余和烛庸。阖闾下令让徐与钟吾将他们拘捕送给自己发落，但这两个小国没有完全听从，而是将两位公子驱逐出境，两位公子在走投无路的情况下投奔楚国。楚王获此两人，如获至宝，把他们安顿在养（今沈丘县东南），同时还为他们筑城，并取夷（城父）与胡（均在养之东）的土地给二公子，作为他们的封邑，以牵制吴国。《左传·昭公三十年》载："吴子使徐人执掩余，使钟吾人执烛庸，二公子奔楚，楚子大封而定其徙，使监马尹大心逆吴公子，使居养，莠尹然、左司马沈尹成城之，取于城父与胡田以于之，将以害吴也。”

吴王阖闾十分清楚楚国此举的用意，周敬王五年，也就是吴王阖闾三年（前511年），阖闾以孙武为将，下决心要攻克养城。孙武在战前认真分析了双方的形势，他认为，养邑一战，阖闾的目的一方面是要擒杀掩余和烛庸二公子，剪除自己政治统治的隐患；另一方面还在于消灭淮水北岸的楚军势力，为日后破楚扫清障碍。因此，孙武向阖闾提出了“肆楚疲楚、攻克养城”的战略方针，在战术实施时，孙武将吴军分编成三支劲旅，先以第一军兵力佯攻伐夷，在佯攻不克后，吴军兵锋一转，南下渡过淮水，直驱五百余里，攻打潜、六两地；当楚军的增兵即将到达时，吴军撤退待命，不与楚军正面冲突。楚军见吴军撤走，便将部队驻扎在南冈（今安徽潜山县）。孙武这时调动他的第二军人马沿淮水而上，急行军数百里直扑楚之战略要地弦邑。当楚军即将赶到弦邑时，孙武便命部队撤退待命。由于吴军的两支部队成功地调动了敌军，使楚军疲惫不堪，士气低落。这时，孙武命令吴军的第三军实施了攻克养城的战斗。吴军一举攻下养城，擒杀了二公子。此战为吴后来大举攻楚打下了基础。

周敬王十四年、陈惠公二十八年（前506年），二月，陈惠公去世。三月，鲁定公与刘子、晋侯、宋公、蔡侯、卫侯、陈子、郑伯、许男、曹伯、莒子、邾子、顿子、胡子、滕子、薛伯、杞伯、小邾子、齐国，夏在召陵会盟，进攻楚国。夏四月，蔡公孙姓率军灭了沈国，将沈子嘉带回杀掉。五月，鲁定公与诸侯在皋鼬结盟。（《春秋·定公四年》载：“四年春王二月癸巳，陈侯吴卒。三月，公会刘子、晋侯、宋公、蔡侯、卫侯、陈子、郑伯、许男、曹伯、莒子、邾子、顿子、胡子、滕子、薛伯、杞伯、小邾子、齐国夏于召陵，侵楚。夏四月庚辰，蔡公孙姓帅师灭沈，以沈子嘉归，杀之。五月，公及诸侯盟于皋鼬。”《左传·定公四年》云：“四年春三月，刘文公合诸侯于召陵，谋伐楚也。”）

陈湣公元年（前501年），吴王夫差攻打陈国，掠取三个城邑而去。湣公十三年（前489年）春，吴国再次攻打陈国，陈国向楚国告急，楚昭王率兵救援，驻军于城父（今安徽亳州市谯城区东南），吴军退走。同年十月，楚昭王在城父军中因疾去世。

陈湣公十六年（前486年），吴王夫差攻打齐国，在艾陵（今山东莱芜县东）打败了齐军，派人召见湣公。湣公畏惧，只得前往吴国。楚国因此攻打陈国。

周敬王二十一年（前499年）冬，楚伐陈。吴请州来季子救陈。雨下了十天十夜，吴军行动60里无功而返。楚昭王率师追击，败吴师于寝丘。

周敬王二十六年、陈滑公八年（前494年），楚子、陈侯、随侯、许男围攻蔡国。同年，吴国进入楚国的时候，派人召见陈怀公。怀公向国内的人们征求意见，说："想要亲附楚国的站到右边。想要亲附吴国的站到左边。陈国人有土地的，根据土地的所在而分立左右，没有土地的和亲族站在一起。"逢滑正对着怀公走上前去，说："下臣听说，国家的兴起由于福德，它的灭亡是因为祸殃，现在吴国还没有福德，楚国还没有祸殃，楚国还不能抛弃，吴国还不能跟从。晋国是盟主，如果用晋国作为借口而辞谢吴国，你看怎么样？"怀公说："国家被别国战胜，国君逃亡，这不是祸殃是什么？"逢滑说："国家有这种情况太多了，为什么一定不能恢复？小国尚且能恢复，更何况大国呢？下臣听说，国家的兴起，看待百姓如同受伤者而不加惊动，这就是她的福德。国家的灭亡，把百姓作为粪土草芥，这就是她的祸殃。楚国虽无德行，也没有斩杀她的百姓。吴国因战争而凋敝，尸骨暴露多得像杂草，也没有见到什么德行。上天恐怕正是在给楚国一次教训，吴国遭致祸殃，也不会太久了。"陈怀公听从了。等到夫差攻下越国，吴国就重新清算先君时代结下的怨恨。秋八月，吴国侵袭陈国，就是为了重新清算过去的怨恨。（《春秋·哀公元年》载："楚子、陈侯、随侯、许男围蔡。"《左传·哀公元年》载："吴之入楚也，使召陈怀公。怀公朝国人而问焉，曰：'欲与楚者右，欲与吴者左。陈人从田，无田从党。'逢滑当公而进，曰：'臣闻国之兴也以福，其亡也以祸。今吴未有福，楚未有祸。楚未可弃，吴未可从。而晋，盟主也，若以晋辞吴，若何?'公曰：'国胜君亡，非祸而何?'对曰：'国之有是多矣，何必不复。小国犹复，况大国乎？臣闻国之兴也，视民如伤，是其福也。其亡也，以民为土芥，是其祸也。楚虽无德，亦不艾杀其民。吴日敝于兵，暴骨如莽，而未见德焉。天其或者正训楚也！祸之适吴，其何日之有?'陈侯从之。及夫差克越，乃修先君之怨。秋八月，吴侵陈，修旧怨也。"）

周敬王三十一年、陈滑公十三年（前489年），春，吴国攻打陈国，这是重修旧怨。楚昭王说："我们先君和陈国有过盟约，不能不去救援。"于是就救援陈国。驻军在城父。（《春秋·哀公元年》载："六年春，……吴伐陈。"《左传·哀公六年》载："吴伐陈，复修旧怨也。楚子曰：'吾先君与陈有盟，不可以不救。'乃救陈，师于城父。"）

周敬王三十四年、陈滑公十六年（前486年），夏，楚国人因为陈国靠拢吴国而进攻陈国。（《左传·哀公九年》载："夏，楚人伐陈，陈即吴故也。"）

周敬王三十五年、陈滑公十七年（前485年），冬，楚国的子期进攻陈国，吴国的延州来季子救援陈国。他对子期说："两国的国君不致力于德行，而用武力争夺诸侯，百姓有什么不对的地方呢？我请求撤退，以此使您得到好名声，请您致力于德行而安定百姓。”于是子期就撤兵回国。(《左传·哀公十年》载：“冬，楚子期伐陈。吴延州来季子救陈，谓子期曰：‘二君不务德，而力争诸侯，民何罪焉？我请退，以为子名，务德而安民。’乃还。”)

周敬王三十八年、陈湣公二十年（前 482 年），“楚公子申帅师伐陈”（《春秋·哀公十三年》）。

周敬王三十九年、陈湣公二十一年（前 481 年），“五月庚申朔，日有食之。陈宗竖出奔楚。……冬，陈宗竖自楚复入于陈，陈人杀之。陈辕买出奔楚”（《春秋·哀公十四年》）。

周敬王四十年、陈湣公二十二年（前 480 年），夏，楚国的子西、子期攻打吴国，到达桐汭，陈闵公派公孙贞子去吴国慰问，到达良地就死了，副使准备把灵柩运进城里。吴王派太宰嚭慰劳而且辞谢说：“由于雨水不合时令，恐怕大水泛滥而毁坏大夫的灵柩，增加寡君的忧虑，寡君谨此辞谢。”第一副使芋尹盖回答说：“寡君听说楚国无道，多次攻打吴国，杀害你们的百姓，寡君派盖备于使臣之列，向贵君的下级官吏慰问。不幸，使臣下逢上天不高兴，丢了性命，在良地去世。我们耗费时间积聚殡殓的财物，又怕耽误使命而加紧赶路。现在您命令迎接使臣说‘不要让灵柩到城门上来’，这就把寡君的命令丢弃在杂草丛中了。而且下臣听说：‘侍奉死人像侍奉他活着一样，这是礼’，因此而有了朝聘过程中使臣死去，奉着灵柩完成使命的礼仪，同时又有在朝聘过程中，遇到受聘国家发生丧事的礼仪。如果不奉灵柩完成使命，这就像是遇到受聘国家发生丧事而回国一样，恐怕这样不行吧！用礼仪来防止百姓，还恐怕有所逾越，现在您说‘死了就丢弃他’，这是丢掉礼仪，还怎么能当诸侯的盟主？从前的人有话说：‘不要把死者看成污秽。’我奉着灵柩完成使命，如果我们寡君的命令能上达于贵君那里，即使坠入深渊，那么也是上天的天意，不是贵君和划船人的过错。”吴国人接纳了他们和灵柩。(《左传·哀公十五年》载：夏，楚子西、子期伐吴，乃桐汭。陈侯使公孙贞子吊焉，及良而卒，将以尸人。吴子使大宰嚭劳，且辞曰：“以水潦之不时，无乃廪然陨大夫之尸，以重寡君之忧。寡君敢辞。”上介芋尹盖对曰：“寡君闻楚为不道，荐伐吴国，灭厥民人。寡君使盖备使，吊君之下吏。无禄，使人逢天之戚，大命陨队，绝世于良，废日共积，一日迁次。今君命逆使人曰：‘无以尸造于门。’是我寡君之命委于草莽也。且臣闻之曰：‘事死如事生，礼也。’于是乎有朝聘而终，以尸将事之礼。又有朝聘而遭丧之礼。若不以尸将命，是遭丧而还也，无乃不可乎！以礼防民，犹或逾之。今大夫曰：‘死而弃之’，是弃礼也。其何以为诸侯主？先民有言曰：‘无秽虐士。’备使奉尸将命，苟我寡君之命达于君所，虽陨于深渊，则天命也，非君与涉人之过也。”吴人内之。）

周敬王四十一年、陈滑公二十三年（前479年），楚国发生白公胜之乱，陈国人仗着自己有积聚而侵袭楚国。（《左传·哀公十七年》载：“楚白公之乱，陈人恃其聚而侵楚。”）

周敬王四十二年、陈滑公二十四年（前478年），楚国安定以后，准备夺取陈国的麦子。楚惠王派公孙朝领兵夺取陈国的麦子。陈国人抵抗，战败，陈国被公孙朝包围了。秋七月初八，公孙朝领兵灭亡陈国。（《左传·哀公十七年》载：“楚既宁，将取陈麦。……王卜之，武城尹吉。使帅师取陈麦。陈人御之，败，遂围陈。秋七月己卯，楚公孙朝帅师灭陈。”）楚灭陈后，设置陈县。

二、战国时期的军事

战国魏襄王四年（前315年），秦、楚两国争霸，战于南阳西，楚败，魏国乘机占领安陵并筑城，封成侯国。安陵城，在今商水县大武乡程刘村。

秦王政元年（前246年），秦国开始了统一全国的进程，诸侯国纷纷割地事秦。秦王政二十一年（前226年），已被秦国灭亡的韩国旧都新郑（今河南新郑）发生了反秦事件，秦王立即派兵平叛。新郑与楚国旧都郢陈相距不远，新郑反叛的余波激荡着陈。为了震慑郢陈，防止郢陈与毗邻的韩地再出事端，秦王政派为秦效力的楚公子昌平君驻镇郢陈。（《史记·秦始皇本纪》载：秦王政二十一年，“新郑反，昌平君徙于郢”。）

秦在灭韩、赵、魏及燕后，挥兵南向，进兵楚国。秦王政二十二年（前225年），秦欲伐楚。《史记·王翦列传》载，秦王政知年轻将领李信勇猛，问他攻楚需要多少兵马，骄傲的李信称只需20万。但王翦则称需要60万方能灭楚。秦王认为王翦年老胆怯，未接纳他的建议，派李信、蒙武带20万大军攻楚。秦军兵分两路，李信率主力攻取平舆（今河南平舆县北），蒙武率军攻取寝（今沈丘县老城），取得了初步胜利。但此时却出现了一件意外的事，即作为秦军李信后方的郢陈忽然落入了秦国敌人之手，李信不得不以全部南攻之师返师攻夺。《史记·王翦列传》载，李信攻破郢陈后，“引兵而西，与蒙恬（武）会城父（今河南襄城西），荆人因随之，三日三夜不顿舍，大破李信军，入两壁，杀七都尉，秦军走。”田余庆先生在《说张楚》（《历史研究》1989年第2期）一文中认为，郢陈不测，是由于昌平君由附秦变为了抗秦，郢陈遂由秦军的后方城市变为楚人抗秦的主要据点，迫使李信不得不回师北上，重新夺取。而尾随秦军西行的楚人，田先生认为只能是昌平君在郢陈所聚之师，他们紧追不舍，斗志旺盛，使20万秦军的伐楚行动彻底失败。

前224年，秦王政不得不再强派已告老还乡的王翦带领60万大军再次攻楚，楚亦发全国兵力抵抗。王翦攻取陈以南到平舆地带，大破楚军于蕲（今安徽宿县东南）南，迫使楚将项燕自杀。接着，王翦军攻入楚都寿春，俘虏楚王负刍。为庆祝胜利，秦王政巡游到郢陈，检阅军队，鼓舞士气，并将郢陈改为淮阳，设置淮阳郡。楚王负刍被秦军俘获后，楚将立昌平君为王，继续在江南与秦对抗。直到前222年，王翦平定了楚在江南的抵抗，昌平君自杀。至此，楚国才最后灭亡。《史记·白起王翦列传》载：王翦“大破荆军。至蕲南，杀其将军项燕，荆兵遂败走。秦因乘胜略定荆地城邑。岁余，虏荆王负刍，竟平荆地为郡县”。从李信、王翦两次攻楚中可以看出，秦国为了灭楚，投入了巨大的兵力，才打赢了这场比预想中要艰难得多的战争。

在秦灭楚的战争中，曾发生淮阳之战。湖北云梦睡虎地4号秦墓中出土的2方木牍家书，证实这场战斗的存在。木牍中有“黑夫等直佐淮阳，攻反城久，伤未可知也”和“以惊居反城中故”的记载，表明淮阳发生了叛乱，他们正在攻打淮阳，最终打进了淮阳。有专家认为，这次战斗是指秦王政二十三年（前224年）李信攻楚大败后，秦王复召王翦使将兵击荆，取陈以南至平舆虏荆王一役。也有专家认为云梦木牍“攻反城”之役，与王翦取陈以南至平舆并虏荆王一役无关，而是继此之后的另一次战役。《史记·秦始皇本纪》记载了这次战争的经过：“（秦王政）二十三年，秦王复召王翦，强起之，使将击荆。取陈以南至平舆，虏荆王。秦王游至郢陈。荆将项燕立昌平君为荆王，反秦于淮南。二十四年，王翦、蒙武攻荆，破荆军，昌平君死，项燕遂自杀。”

秦王政二十四年（前223年），秦军在攻占淮阳后乘胜进兵，俘虏楚王负刍，攻占楚都寿郢（今安徽寿春），设置郢郡，绵延800年的楚国就此灭亡。

秦楚之战激烈而持久，中间多有反复，这在楚国遗民中留下了十分深刻的印象。“亡秦必楚”之说反映了楚人强烈的复仇愿望。后来陈胜反秦，建都于楚国旧都陈并称“张楚”，得到了广泛而强烈的响应，正是因为此举激活了楚人强烈的仇秦意识。

夏商周时期的兵役制度为民军制，寓兵于农，兵民合一，平时耕牧为民，战时出征为兵。

第四章　夏商周时期的文化

一、教育和文化艺术

夏商周时期，教育和文化艺术有了初步发展，特别是春秋战国时期，虽然是一个充满着冲突和战争的大动荡、大变革、风云变幻的时期，尽管战事频繁，却也是社会经济和教育、文化走向大发展的时期，为后世的教育、科技和文化艺术的发展奠定了基础。周天子及其诸侯政治权威的动摇与衰落，“学”在官府的局面被打破，随之出现学术下移、典籍文化走向民间等社会方方面面的变化，引起了人们思想观念的改变，这些变化正是春秋时期思想文化转型得以实现的历史条件。

周口一带教化之始，源自伏羲。据民国二十二年《淮阳县志》记载：“陈学渊源，由来尚已。远溯疱羲，一画开天，文明斯启。”可以说，周口一带乃中华民族文化教育的圣地。

夏商西周奴隶社会时期已有教育机构，但其形式、规模、制度等因年代久远，少有史料可考。自汉朝以后，才有较翔实的记载。据《史记·儒林传》载：“三代之道，乡里有教，夏曰校，殷曰序，周曰庠。”也就是说，教育场所夏朝称“校”，商朝称“序”，周朝称“庠”。商周时期，大概当时只有王室成员、亲信大臣及其他社会地位高的人才能接受文化教育，奴隶和平民是没有这种权利的。

春秋之前，教育机构为官府所办，所以有“学在官府”之说。西周初年陈国建立后，设有国学。春秋晚期，前516年老子从周王室辞官归隐回到故里苦县（今鹿邑县），将官府教育带到民间，在城东北隅设坛讲学，弘扬道德之义，由此开始打破“学在官府”的传统，私学教育萌芽。伟大的教育家孔子曾多次向老子问礼，其中孔子曾到苦县问礼，足见老子是孔子的老师。孔子继承了老子民间办私学的做法，倡办私学，并力行之，扩大了施教范围。春秋末期，陈闵公六年至十一年（前496－前489），孔子3次来陈游历和活动。他在陈期间，大兴私学之风，授徒甚众。据《史记》记载其陈人三大弟子颛孙师、巫马施、公良孺名列孔门七十二贤。陈人陈亢在《家语》中也被列为孔门弟子。孔子积累了许多宝贵的教学经验和教学方法，如“温故而知新”、“学而时习之”等，都是他教育思想的结晶，对后世教育影响很大。

中国的古文字在商周时期就具有艺术风味。西周的金文（铜器铭文）在铸造之前，先要写好字迹。其中有些作品字体美观，盖出自当时无名的书法家之手。但是，有意识地把文字作为艺术品，使文字艺术化，是从春秋末期开始的。

春秋时期，在社会生产飞跃发展的基础上，文化、科学技术继承了以往前人的传统，取得了巨大成就，开辟了后来的发展道路。春秋末年，楚、越等国往往在作为仪仗用的兵器上，镌刻美术字体。它和当时的草率字体正好相反，力求工整美观，或者在笔画上加些圆点，或者故作波折，或者在应有的笔画之外附加鸟形的装饰，这就是“鸟篆”、“虫篆”或“缪篆”的起源。淮阳平粮台楚墓出土的一把错银越王剑上的铭文就有鸟篆字体。到了战国时期，文字在民间频繁而广泛的应用中，简化的、草率的字体大量流行。当时玺印、货币、陶器上的文字，铜兵器上的刻款，铜器上所刻工名，都是草率的字体，它和青铜礼器上工整的铭文显然不同。当时重要青铜器上的工整字体，还是沿用西周以来传统的写法，而在一般日用器物上的草率字体，是出于当时民间的自由创造。

老子《道德经》，大部分是用韵文写成的，语言精练而生动，含义深刻，影响深远。

周口地区乃伏羲、女娲故都，伏羲在此作琴瑟，女娲在此作笙簧，由此周口成为中国音乐文化的发源地。西周初年的鹿邑太清宫长子口墓出土了石磬1件、铜铙6件、骨排箫5组。铜铙根据形制和花形不同，分为两组，每组大小依次递减。骨排箫保存较好的有两组，每组13根，最长管32.7厘米，以下长度依次递减，管身有两道以带束管的痕迹（见图）。骨排箫是中国目前发现最早的排箫实物，印证了《诗经》中“箫管备举”的记载。它们与1件石磬、2组铜铙组成一个合奏乐队，奏出的音乐古典而优美。1984年，扶沟县柴岗乡发现一件战国时期“蔺间叶

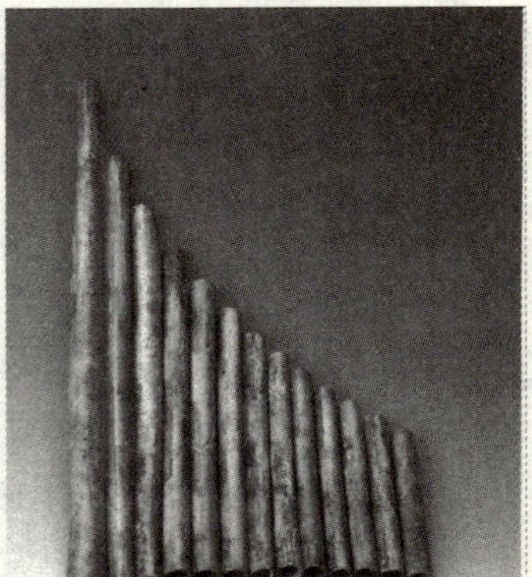

骨排箫

笙”铜印，印文为大篆。这是当时吹笙乐人的官印，全国罕见。由此说明周口一带在周代已有了笙乐演奏。

陈楚之地是当时的“巫舞之乡”。《汉书·地理志》：“周武王妻陈胡公以女大姬，妇人尊贵，好祭祀用巫，故其俗好巫鬼者也。”郑玄《诗谱》称：“大姬无子，好巫觋，祷祈鬼神歌舞之乐，民俗化而为之。”故有“陈风好巫”之说。淮阳楚顷襄王墓出土有成套的编钟、瑟、笛和埙，说明陈地的音乐舞蹈艺术已达到相当高的水平。

商周时期的雕塑作品，具有表现动态及开始刻画面部表情的能力。鹿邑太清宫长子口墓出土的虎首玉跽人，动态的表现是很微妙的。作为早期的雕塑艺术品，是不平凡的尝试。其他一些工艺装饰性质的雕塑，如淮阳出土的商代玉鹦鹉饰，表现动物的动作都很真实。淮阳楚顷襄王墓出土的车马饰错金银龙首铜辕头，采用了夸张的手法，并善于利用金属的不同色泽进行装饰，取得了生动的艺术效果。

二、《诗经·国风·陈风》

《诗经》是中国最早的一部诗歌总集，成书于春秋晚期，它收集了来自民间和宫廷的各种体裁的诗篇，据说这些诗篇都曾配上乐曲为天子演奏。民间歌谣在春秋、战国间非常流行。《诗经·国风》是土风歌谣。“兮”字的有无是区别当时宫廷和民间歌辞的标准之一。《诗经·国风》中收集有《陈风》10 篇 26 章，内容反映了当时陈国的风土人情，赞赏纯真的爱情，鞭挞污浊与丑恶，描绘青年男女歌舞相会的情景，具有很高的文学和艺术审美价值。尤其《陈风·月出》被后人推崇为《诗经》三百篇中情诗的杰作，对中国诗歌的发展产生了重要而深远的影响。

宛丘

《宛丘》刺幽公也。淫荒昏乱，游荡无度焉。

子之汤兮，宛丘之上兮。洵有情兮，而无望兮。

坎其击鼓，宛丘之下。无冬无夏，值其鹭羽。

坎其击缶，宛丘之道。无冬无夏，值其鹭翿。

译文大意是：这个人呢，他实在放荡太不羁，在宛丘的高处，遨游嬉戏。纵情享乐太过分，他的威仪全丧尽。鼓声咚咚，在宛丘之下，沉沉敲起。不管冬夏什么天，手执鹭羽舞翩跹。缶声镗镗，在宛丘道旁，阵阵打击。不管冬夏什么天，手执鹭羽翩跹舞。

东门之枌

《东门之枌》，疾乱也。幽公淫乱，风化之所行，男女弃其旧业，亟会于道路，歌舞于市井尔。

东门之枌，宛丘之栩。子仲之子，婆娑其下。

谷旦于差，南方之原。不绩其麻，市也婆娑。

谷旦于逝，越以鬷迈。视尔如荍，贻我握椒。

译文大意是：东门白榆摇摇，宛丘栩树潇潇。子仲家中好女儿，大树底下婆娑舞。良辰美景正当时，同往南方原野处。搁下手中纺的麻，姑娘热情婆娑舞。良辰佳会总前往，屡次前往已相熟。看你好像荆葵花，送我花椒一大束。

衡　门

《衡门》，诱僖公也。愿尔无立志，故作是诗以诱掖其君也。

衡门之下，可以栖迟。泌之洋洋，可以充饥。

岂其食鱼，必河之鲂？岂其娶妻，必齐之姜？

岂其食鱼，必河之鲤？岂其娶妻，必宋之子？

译文大意是：一支衡木支起门，住处简陋没什么，这里可玩可栖身。泉水滚滚往外流，聊以充饥可清心。如果你要将鱼吃，必吃黄河鲂鱼吗？如果你要娶媳妇，定娶齐国姜姓女吗？如果你要将鱼吃，必吃黄河鲤鱼吗？如果你要娶媳妇，定娶宋国子姓女吗？

东门之池

《东门之池》，刺时也。疾其君子淫昏，而思贤女以配君子也。

东门之池，可以沤麻。彼美淑姬，可以晤歌？

东门之池，可以沤纻。彼美淑姬，可以晤语？

东门之池，可以沤菅。彼美淑姬，可以晤言？

译文大意是：东门城下，有个水池，可以沤麻，在那里。那个淑姬，她真美丽，可以对歌，我与他？东门城下，有个水池，可以沤纻，在那里。那个淑姬，她真美丽，可以对话，我与他？东门城下，有个水池，可以沤菅，在那里。那个淑姬，她真美丽，可以对谈，我与他？

东门之杨

《东门之杨》，刺时也。婚姻失时，男女多违。亲迎，女犹有不至者也。

东门之杨，其叶牂牂。昏以为期，明星煌煌。

东门之杨，其叶肺肺。昏以为期，明星晢晢。

译文大意是：东门的大白杨呵，叶儿正“牂牂”低唱。约好在黄昏会面呵，直等到明星东上。东门的大白杨呵，叶儿正“肺肺”嗟叹。约好在黄昏会面呵，直等到明星灿烂。

墓　门

《墓门》，刺陈佗也。陈佗无良师傅，以至于不义，恶加于万民焉。

墓门有棘，斧以斯之。夫也不良，国人知之。知而不已，谁昔然矣。

墓门有梅，有鸮萃止。夫也不良，歌以讯之。讯予不顾，颠倒思予。

译文大意是：墓门前长着荆棘，就该操起斧头把它砍掉。这个人是不良之徒，国中的人无不知晓。知道他居心险恶却不加制止，很早以来就已这样糟糕。墓门前长着梅树，猫头鹰聚集在树上。这个人是不良之徒，唱支歌儿把警钟敲响。告诫的话充耳不闻，栽了跟斗才想起我的歌唱。

防有鹊巢

《防有鹊巢》，忧谗贼也。宣公多信谗，君子忧惧焉。

防有鹊巢？邛有旨苕？谁侜予美，心焉忉忉。

中唐有甓？邛有旨鹝？谁侜予美，心焉惕惕。

译文大意是：堤坝之上，怎会筑有喜鹊的窝巢？丘陵之上，怎会生长芳香的苕草？是谁在欺骗我的爱人，让我内心忐忑不宁息。中庭之上，怎能堆放破砖瓦砾？丘陵之上，怎会生长芳香的绶草？是谁在欺骗我的爱人，让我内心忐忑不安静。

月 出

《月出》，刺好色也。在位不好德，而悦美色焉。

月出皎兮，佼人僚兮。舒窈纠兮，劳心悄兮。

月出皓兮，佼人懰兮。舒忧受兮，劳心慅兮。

月出照兮，佼人燎兮。舒夭绍兮，劳心惨兮。

译文大意是：月出东方，银光皎皎，有个美人，身姿窈窕。步履轻盈，体态娇娆，苦苦思念，心中焦躁。月出东方，银光皓皓，有个美人，身姿俊俏。步履轻盈，不急不躁，苦苦思念，心中扰闹。月出东方，银光耀耀，有个美人，身姿美妙。步履轻盈，风姿真俏，苦苦思念，心中如焚。

株 林

《株林》刺灵公也。淫乎夏姬，驱驰而往，朝夕不休息焉。

胡为乎株林，从夏南兮？匪适株林，从夏南兮！

驾我乘马，说于株野。乘我乘驹，朝食于株。

译文大意是：为什么赶到株邑的郊野？为的是追逐淫乱的夏南。不是为了株邑的荒郊，只是为了淫乱的夏南。驾起驷马的马车，休息在株邑的郊野。乘着我驷马的马车，赶到株邑去早餐。

泽 陂

《泽陂》，刺时也。言灵公君臣淫于其国，忧思感伤焉。

彼泽之陂，有蒲与荷。有美一人，伤如之何？寤寐无为，涕泗滂沱。

彼泽之陂，有蒲与蕑。有美一人，硕大且卷。寤寐无为，中心悁悁！

彼泽之陂，有蒲菡萏。有美一人，硕大且俨。寤寐无为，辗转伏枕。

译文大意是：在那水乡泽国边，蒲草荷花长得欢，有个俊俏美郎君，我该怎样将他恋？长夜耿耿不能眠，泪流绝似雨滂沱。在那水乡泽国边，蒲草兰花长得欢，有个俊俏美郎君，高大轩昂力拔山。长夜耿耿不能眠，忧愁苦闷思绵绵。在那水乡泽国边，蒲草莲花长得欢，有个俊俏美郎君，魁梧雄壮态端严。长夜耿耿不能眠，翻来覆去抱枕念。

据《史记·吴太伯世家》载，《陈风》还被周王室配上乐曲为天子演奏。

吴王余祭四年（前544年），派季札出使鲁国，请求观赏周王室的乐舞，鲁国乐师演奏的就有《陈风》。

《陈风》的艺术风格独树一帜，兼具南北文学之长，不仅开现实主义文学风格之先河，而且意境优美，抒情气息浓厚，具有浓郁的浪漫主义情调，为后世楚辞的产生奠定了基础。

三、宋玉和他的辞赋

宋玉，又名子渊，战国晚期阳城（今商水）人。楚国著名辞赋家。中国文坛上历来以屈宋并称，历代文苑泰斗无不被宋玉的人品才干折服，且把他尊为师表，引为楷模。

宋玉的生平，《史记·屈原贾生列传》载："屈原既死之后，楚有宋玉、唐勒、景差之徒者，皆好辞而以赋见称。然皆祖屈原之从容辞令，终莫敢直谏。"记述极为简略。他曾侍奉楚顷襄王。刘向《新序》则作"宋玉因其友以见楚襄王"，"事楚襄王而不见察"。

宋玉流传于世的赋，据《汉书》（卷三十艺文志诗赋略）载，现存14篇：《九辩》、《招魂》（见王逸《楚辞章句》）、《风赋》、《高唐赋》、《神女赋》、《登徒子好色赋》、《对楚王问》（见肖统《昭明文选》）、《笛赋》、《大言赋》、《小言赋》、《讽赋》、《钓赋》、《舞赋》（见无名氏《古文苑》）、《高唐对》（见严可均《全上古三代文》）。

楚顷襄王迁都陈，宋玉随其北迁。在郢陈期间，宋玉写下了《登徒子好色赋》、《讽赋》等作品。

《登徒子好色赋并序》：大夫登徒子侍于楚王，短宋玉曰："玉为人体貌娴丽，口多微辞，又性好色，愿王勿与出入后宫。"王以登徒子之言问宋玉。玉曰："体貌娴丽，所受于天也；口多微辞，所学于师也。至于好色，臣无有也。"王曰："子不好色，亦有说乎？有说则止，无说则退。"玉曰："天下之佳人，莫若楚国；楚国之丽者，莫若臣里；臣里之美者，莫若臣东家之子。东家之子，增之一分则太长，减之一分则太短；着粉则太白，施朱则太赤。眉如翠羽，肌如白雪，腰如束素，齿如含贝。嫣然一笑，惑阳城，迷下蔡。然此女登墙窥臣三年，至今未许也。登徒子则不然。其妻蓬头挛耳，龊唇历齿，旁行踽偻，又疥且痔。登徒子悦之，使有五子。王孰察之，谁为好色者矣。"

楚大夫登徒子在楚王面前诬陷宋玉，他说："宋玉其人长得娴静英俊，说话很有口才而言辞微妙，又很贪爱女色，希望大王不要让他出入后宫之门。"

楚王拿登徒子的话去质问宋玉，宋玉自我辩白说："容貌俊美，这是上天所生；善于言词辩说，是从老师那里学来的；至于贪爱女色，下臣则绝无此事。"

楚王说："你不贪爱女色确有道理可讲吗？有道理讲就留下来，没有理由可说便离去。"宋玉于是辩解道："天下美女，楚女为最，楚国女子之美丽者，无法能超过我家乡的美女，而我家乡最美丽的姑娘还得数我东边的邻居家的那位小姐。论身材，若增加一分则太高，减掉一分则太矮；论其肤色，若涂上脂粉则嫌太白，施加朱红又嫌太赤。她那眉毛有如翠鸟之羽毛，肌肤像白雪一般莹洁，腰身纤细如裹上素帛，牙齿整齐有如一连串小贝，嫣然一笑，足可以使阳城和下蔡一带的人们为之倾倒。如此姿色绝伦的美女，趴在墙上窥视我三年，而我至今仍未答应和她交往。登徒子却不是这样，他的妻子蓬头垢面，耳朵挛缩，嘴唇外翻，齿列不齐，弯腰驼背，走路一瘸一拐，身上既有疥疾，还有痔疮。这样一位丑陋的妇女，登徒子却与之频繁行房，生有五子。请大王明察，究竟谁是好色之徒呢？"

宋玉的《登徒子好色赋》则以文学辞藻之美，写禁欲主义之兴起，为性压抑张本。宋玉在赋中用文学夸张手法，恰恰是为了强调自己如何禁得起美色的诱惑——天下最美的美女就住在他的东邻，这位多情的美人向宋玉秋波频送三年之久，他仍未动心。相形之下，登徒子之妻丑陋不堪，登徒子还和她生了五个孩子。这篇赋为后世提供了"登徒子"和"宋玉东邻"两个著名典故。随着时代的演进，礼教大张之日，"登徒子"便成了"好色者"的同义语，而且有了明显的贬义。

这篇辞赋写宋玉在楚王面前就登徒子攻击他好色而极力为自己辩护。全文用犀利之笔对攻击者以其人之道，还治其人之身，抓住一点，尽量夸大，不及其余。严密逻辑中不乏浪漫主义色彩。赋中对美女生动细致的描写尤为出色，成为绝唱。关于其生平，尽管众说纷纭，但宋玉在这篇赋中还是透露出自己的籍贯为"阳城"人，也就是商水人，与秦末农民起义领袖陈胜是同乡。

宋玉的成就虽然难与屈原相比，但他是屈原诗歌艺术的直接继承者。在他的作品中，物象的描绘趋于细腻工致，抒情与写景结合得自然贴切，在楚辞与汉赋之间，起着承前启后的作用。后人多以屈宋并称，他的作品在中国文学史上占有崇高的地位。汉代司马迁在《史记·屈原贾生列传》中说："屈原既死之后，独有宋玉、唐勒、景差之徒者，皆好辞而以赋见称……”司马相如写《子虚》、《上林》等赋时，尚需模仿宋玉《高唐赋》。刘绍说：“屈宋逸步，莫之能追。”李白说：“屈宋长逝，无堪与言。”杜甫有诗赞曰：“摇落深知宋玉悲，风流儒雅亦吾师”、“窍攀屈宋宜方驾，恐与齐梁作后尘”。晚唐李群玉自称：“宗师屈宋。”宋代欧阳修甚至说道：“宋玉比屈原有出兰之色。”明代陈第在《屈原古音义》中写道：“宋玉之作，纤丽而新，悲痛而婉，体制颇沿于其师，讽刺有补于其国，亦屈原之亚流也。”王夫之评价说：“故嗣三闾之音者，唯玉一人而已”等等。

四、老子及孔子问礼老子

1. 老子

老子（约前571－前471），姓李名耳，字聃，号伯阳，春秋时期楚苦县厉乡曲仁里（今鹿邑县太清宫镇）人，著有《道德经》，是中国古代著名的思想家、哲学家，道家学派的创始人，被后世尊奉为道教鼻祖。在道教中，老子是一个很主要的神仙，被称为太上老君。他的学说后被庄周发展。道家后人将老子视为宗师，与儒家的孔子相比拟。他所创立的道家文化，在中国乃至世界文化史上都占有重要地位，老子因此成为世界百位历史文化名人之一。老子死于秦扶风（今陕西扶风），葬于槐里（今陕西周至县）。《庄子·养身主篇》有“老子死，秦佚哭之，三号而出”的记载，这是老子死于秦国的文献证据。

《史记·老子传》：“老子者，楚苦县厉乡曲仁里人也。姓李氏，名耳，字聃，周守藏室之史也。”《庄子·天道》说：“周之征藏史有老聃者。”成玄英疏：“征藏史，犹今之秘书官，职典坟籍。”朱熹《答注尚书》：“盖老聃周之史官，掌国之典籍，三皇五帝书，故能述古事而信好之。”

老子在周住了很长时间，见周王朝衰落，遂离周退隐，行至函谷关，写下了千古名篇《道德经》。《史记·老子传》“于是老子乃著书上下篇，言道德之意五千余言而去，莫知其所终”。司马贞索引汉刘向《列仙传》：“老子西游，关令尹喜望见有紫气浮关，而老子果乘青牛而过也。”后遂以“紫气东来”表示祥瑞。《道德经》洋洋洒洒五千言，言简义丰，博大精深，透射出朴素辩证法的思想因素，揭示了客观世界的对立统一，融汇了中华民族的大智慧，涉及政治、经济、军事、天文、地理等社会生活的各个方面，包罗万象，囊括古今，是道家的经典著作，被誉为“中国古代的百科全书”。《道德经》认为“道”是宇宙万物的本源和发展变化的规律，主张道法自然。该书问世几千年来，被视为中国传统文化的瑰宝之一。老子研究热风靡世界，注释版本达千种之多，被翻译成外国文字几十种。据联合国教科文组织统计，《道德经》作为世界文化名著、中国传统文化的经典之作，在世界各国的发行量仅次于《圣经》，古今中外《道德经》译注本已有2000多种。

老子的思想集中反映在《道德经》中。他主张“小国寡民”的治国方式。老子说：“小国寡民，使民有什佰之器而不用，使民重死而不远徙；虽有舟舆，无所乘之；虽有甲兵，无有陈之；使民复结绳而用之。甘其食，美其服，安其居，乐其俗，邻国相望，鸡犬之声相闻，民至老死不相往来。”这是一幅原始公社复归的蓝图，老子不满意当时的社会现象，在反对大国侵略小国的基础上，产生了恢复原始公社的理想。老子主张“无为而治”。统治阶级应无为，不要折腾老百姓，老百姓才能自化自正，自富自朴。老子主张天下“均平”，反对社会上出现的贫富分化，他说：“高者抑之，下者举之，有余者损之，不足者补之。天之道，损有余而补不足。人之道则不然，损不足以奉有余。”老子反对上下尊卑贵贱的礼，主张人人平等。他说：“夫礼者，忠信之薄而乱之首。”老子反对战争。他说：“夫乐杀人者，则不以得志于天下矣。”“兵者不祥之器，非君子之器。”老子认为世界上有一个万物之源的本体“道”。老子说：“有物混成，先天地生，寂兮寥兮，独立不改，周行而不殆，可以为天下母。吾不知其名，字之曰道，强为之名曰大。”道，是老子哲学思想的核心。道，本来是道路的意思，引申为法则。老子认为“道”是世界万物之源。道，是精神的。老子思想中最光辉的部分是朴素的辩证法思想，是人们对世界认识深化的表现。他提出了“有无相生，难易相成，长短相较，高下相倾，声音相和，前后相随”等命题，并洞察到对立面的转化，如“祸兮福之所倚，福兮祸之所伏”、“正变为奇，善变为妖”等坏事和好事依一定条件相互转化的道理。

道家文化是根植于中国本土的文化，它和儒家思想一道构成中国传统文化的两大主干，若明若暗地影响着中国历史的发展进程和中国人的文化性格。老子“无为而治”、“道法自然”的思想包含着自然科学文化的内核，因而受到世界各国人民的推崇。马克思主义有三个来源，其中之一就是东方文化，而东方文化的根就是老子创立的道家文化。李约瑟博士在其名著《中国科技史》中指出：“中国如果没有道家，就像大树没有根一样。”道家文化是参天地、赞化育、贯中西、通古今的大学问，是东方智慧的结晶。1972年美国总统尼克松访华前，他的办公桌上摆着两本书，一本是《毛泽东选集》，另一本则是《道德经》。后来美国总统里根在国会咨文中引用老子的话说，“治大国若烹小鲜”。在影响中国文化的儒、释、道三家中，老子文化中的科学因素超过儒、释两家。道家文化的阴阳互变思想蕴涵着计算科学中的二进制理论，现代计算机的发明和广泛运用就是老子文化的演绎和延伸。

2. **孔子问礼老子**

孔子一生曾多次向老子问礼。《史记·孔子世家》记载了孔子曾问礼于老子一事。此外《史记·老子传》、《礼记·曾子问》、《庄子》中《知北游》、《天道》、《天运》等篇均记载有“孔子问礼于老聃”一事。《孔子世家》称孔子问礼于老子于17岁至20岁之间，《天运》则称孔子已年五十有一。

孔子第一次向老子问礼有年代可考，是在孔子17岁时，即鲁昭公七年(前535年)，地点在鲁国的巷党。据《水经注·渭水注》载：“孔子年十七问礼于老子。”《礼记·曾子问》曾四次记载孔子向老子求学问礼，其中载：“孔子曰：‘昔者吾从老聃，助葬于巷党，及堩（墓地的道路），日有食之。’”

第二次是在春秋鲁昭公二十四年（前518年），地点在周都洛邑（今洛阳）。《史记·仲尼弟子列传》载：“孔子之所严事，于周则老子。”《史记·孔子世家》载：“南宫叔言鲁君曰：‘请与孔子适周。’鲁君与之一乘车，两马，一竖子俱，适周问礼，盖见老子云。辞去，而老子送之曰：‘吾闻富贵者送人以财，仁人者送人以言。吾不能富贵，窃仁人之号，送子以言，曰：‘聪明深察而近于死者，好议人者也。博辩广大危其身者，发人之恶者也。为人子者毋以有己，为人臣者毋以有己。’孔子自周反于鲁，弟子稍益进焉。”（老子告诉孔子说：“我听说‘富贵者赠送人以财物，仁人者赠送人以格言’。我不能富贵，但窃冒了‘仁人’的称号，所以我只有赠送你以嘉言。就是‘一个聪明深察的人之所以近于死亡者，就是因为他喜好议论别人的是非；一个博辩广大的人，之所以危害其本身者，就是因为他喜好揭发别人的罪过。为人子者不要只知有己，为人臣者不要只知有己。”）《史记·老子传》亦载：“孔子适周，将问礼于老子。老子曰：‘子所言者，其人与骨皆已朽矣，独其言在耳。君子得其时则驾，不得其时则蓬累而行。吾闻之，良贾深藏若虚，君子盛德，容貌若愚。去子之骄气与多欲、态色与淫态，是皆无益于子之身。吾所以告子者，若是而已。’”孔子问礼于老子后，对老子有很高的评价。“孔子去，谓弟子曰：‘鸟，吾知其能飞；兽，吾知其能走；走者可以为罔，游者可以为纶，飞者可以为矰。至于龙，吾不能知其乘风云而上天。吾今日见老子，其犹龙邪！’”（“孔子到周，打算向老子请教周礼。老子说：‘您说的这些，他们的人和骨头都已经腐朽了，只剩下他们的言论罢了。况且君子处在能施展抱负的时代就担当重任，处在不能施展抱负的时代就隐藏而混迹于社会。我听说，精明的商人囤积货物好像什么都没有；君子道德高尚，表面上却显得愚笨。除去您的骄傲之气、过多的欲望、装模作样和不切实际的志向吧，这些都对您的身心不利。我所要告诉您的，就这些而已。’孔子离开以后，对他的弟子说：‘鸟，我知道它们善飞翔；鱼，我知道它们善游水；兽，我知道它们善奔跑；对付善跑的可以准备网；对付善游的可以准备钓线；对付善飞的可以准备箭。至于龙，我无法了解，它乘风驾云而升上九天。我今天见到老子，他就像龙一样啊！”）。洛阳东关通巷北口有老子故宅，清代建筑，现存配殿3间、厢房8间，均硬山灰瓦顶。门西侧有“瀍东寺老子故宅”等字、清代碑刻1通。今洛阳瀍河区东关大街有孔子入周问礼碑1通，碑高3.56米，宽0.92米，清雍正五年（1727年）洛阳县令郭朝鼎立，碑额篆“重修文庙碑记”，刻“孔子入周问礼乐至此”之字，记载了春秋鲁昭公二十四年（前518年）孔子自鲁至周观“先王之制”，考“礼乐之源”和“道德之归”这件事。

第三次是孔子53岁时，即周敬王二十二年（前498年），地点在一个叫沛的地方。《庄子·天运》：“孔子行年五十一而不闻道，乃南之沛见老聃。”沛之地望在何处，关系到孔子见老子的具体地点。《列子·黄帝》有杨朱到沛地寻拜老子的记载：“杨朱南之沛，老聃西游于秦，邀于郊，之梁而遇老子。”梁，即今天的开封一带。从以上两处史料来看，可见古代确实有一个叫沛的地方，并且老子对该地是非常钟情的。这个地方应该是老子隐居之地。这个“沛”不是秦汉之“沛”，而是春秋之“沛”。此“沛”郦道元《水经注》有载：“阴沟水出河南阳武蒗荡渠，东南之沛为涡水。阴沟始乱蒗荡，终别于沙，而涡水出焉。涡水受沙水于扶沟县，许慎又曰：‘首受淮阳扶沟县蒗荡渠，不得至沛方为涡水也。’”“涡水首受沙于扶沟县，流径大扶城西而下，东流径阳夏（今太康）西。由鹿邑东入亳县半坡冢至城西北合黄流，至怀远入淮。”《汉书·地理志》载：“扶沟县涡水首受蒗荡渠，东向入淮，过郡三，行千里。”《大清一统志》载：“百子岗在县东二十里，即大扶城，岗东有涡河遗迹。”光绪《扶沟县志》载：“今扶沟县百子岗，尚有涡河故道。”从上述文字来看，涡水是沙水的一条支流，在扶沟县大扶城（今百子岗）附近从沙水分出，东入太康西。“沛”就在沙水与涡水汇合处今扶沟县大扶城附近。此地应该就是孔子见老子的“沛”。此“沛”地处鹿邑通往洛邑、梁的必经之地，老子或奔洛邑或西游于秦，自苦县出发，途经沛、梁都是最便捷的路径。杨朱从沛出发在梁的城郊遇到老子，是符合常理的。

第四次在鹿邑，具体时间不详。1992 年安徽亳州市文物部门在鹿邑太清宫镇东北方向 5 公里的该市安溜镇发现了“问里宫”石刻，所指即孔子问老子故里处，这说明孔子曾到过老子的故里今鹿邑。在鹿邑县城西街原有明代“孔子问礼处”碑刻一通，圆首，高 1 米，宽 0.46 米。证明孔子曾由当时的鲁国出发途经今亳州安溜镇到鹿邑问礼于老子这件事形成了一个比较完整的链条，当是可信的。

从考古发现看，东汉时期，工匠们艺术地再现了这一历史事实。文物工作者在山东、陕西发现了多幅孔子问礼于老子的汉代画像石，画像繁简不一，刻画人物或多或少，组合形式大致为孔子携弟子若干躬身向老子求教。据统计，发现孔子问礼汉代画像的地方有：山东嘉祥齐山、宋山、纸坊镇敬老院汉墓发现各 1 幅；收藏在济宁市博物馆的原武氏祠画像 1 幅；长清孝堂山郭氏祠画像 1 幅。陕西绥德县发现 1 幅。山东嘉祥齐山出土的汉代“孔子问礼”的画像石，石刻上层右端孔子率弟子 20 人晋谒老子，左端老子拄曲足杖面向孔子，后有弟子 7 人，孔子与老子之间有一顽童即项橐，作顽皮状。孔子的袖子中露出一个禽头，这是孔子准备向老子献的礼物——野鸡。目前，“孔子问礼”画像石大多发现于山东地区，而山东又以济宁地区为多，这种现象绝非偶然。孔子的故里曲阜就位于这个地区，该地区为儒家文化的发源地。西汉初年，黄老思想占统治地位。汉武帝时期，董仲舒“罢黜百家，独尊儒术”的思想成为官方圣典，一直影响中国两千多年。汉代画像中出现孔子虚心好学的题材“孔子问礼”也就不足为奇了。发现孔子问礼的汉代画像石的另一个主要地方，在古秦地老子西游传道隐居的地方陕西也是情理中的事。

五、孔子及其弟子的活动

孔子（前 551 – 前 479），名丘，字仲尼，春秋时期鲁国陬邑（今山东曲阜东南）人。他是中国古代著名的思想家、哲学家、教育家、儒家学派的创始人。其祖先曾为宋国的贵族，因宋国发生内乱而逃到鲁国。孔子幼年丧父，生活贫困，但却十分好学，成为一个博学强记的人。为了推行自己的政治主张，他周游列国，然而终未被采用。他首创私学，把知识传播给社会各阶层的人，有弟子三千，贤人七十二。晚年整理《诗》、《书》、《礼》、《易》等古代文献，编著了我国第一部编年体史书鲁史《春秋》。他提倡“仁”的学说，主张以“礼”作为行为规范。政治上反对苛政而维护贵族统治秩序。现存《论语》一书，是研究其学说的主要资料。

孔子先后三次来陈（今淮阳），传播儒学。第一次来陈是在鲁定公十五年（前495年），当时他已57岁，住在司城贞子家。一年多后，吴王夫差侵犯陈国，掠夺三个城邑后而去。（《史记·孔子世家》记载：“孔子遂至陈，主于司城贞子家。岁余，吴王夫差伐陈，取三邑而去。”）司城贞子，陈国卿大夫。淮阳县城南关三官庙村尚存清代建筑司城贞子阁。

孔子到陈国，陈湣公曾派使者向他请教鉴定楛木箭：一天，有一只隼鸟落在陈国朝廷上然后死去，楛木箭穿过隼鸟身子，石质箭头，箭杆长一尺八寸。陈湣公派人询问孔子。孔子说：“隼鸟从很远的地方飞来，这是肃慎部族的箭。从前周武王战胜商纣后，打通了与九夷百蛮的道路，让他们用各自的特产来进贡，使他们不要忘记自己对周王朝的职责。于是肃慎部族贡献石质箭头和楛木箭，长一尺八寸。先王为了显示自己的美德，将肃慎部族的箭分给长女大姬，把她许配给虞胡公并分封在陈国。周武王将珍宝玉器赐给同姓诸侯，是要推广加深亲族关系。把远方献纳的贡品分赐给异姓诸侯，是要让他们不要忘记义务。因此将肃慎部族的箭分给陈国。”陈湣公派人试着在仓库中寻找，果然找到了肃慎圄的箭。（《史记·孔子世家》载：“有隼集于陈廷而死，楛矢贯之，石砮，矢长尺有咫。陈湣公使使问仲尼。仲尼曰：‘隼来远矣，此肃慎之矢也。昔武王克商，通道九夷百蛮，使各以其方贿来贡，使无忘职业。于是肃慎贡楛矢石砮，长尺有咫。先王欲昭其令德，以肃慎矢分大姬，配虞胡公而封诸陈。分同姓以珍玉，展亲；分异姓以远职，使无忘服。故分陈以肃慎矢。’试求之故府，果得之。”）

孔子在陈国住的第三年，也就是前493年，适逢晋楚两国争强，轮番讨伐陈国。吴国也侵犯陈国，陈国常常遭到劫掠。孔子说：“我们回去吧！回去吧！我们那里的学生志向远大，努力进取而没有忘记初衷，没有放弃他们原来那种只知进取的毛病。”于是孔子离开了陈国。这一年是前493年。（《史记·孔子世家》载：“孔子居陈三岁，会晋楚争强，更伐陈，及吴侵陈，陈常被寇。孔子曰：‘归与归与！吾党之小子狂简，进取不忘其初。’于是孔子去陈。”）

前492年夏，孔子第二次来陈国。孔子在陈国，听说鲁国火灾的消息，料定火灾必定发生在桓公、釐公的庙宇，事后果真如此。同年秋，鲁国季桓子病重，坐在辇车上望见鲁都的城墙，深深地叹息说：“昔日这个国家将要振兴了，因为我得罪了孔子，所以不兴旺了。”回头对他的继承人季康子说：

“我如果死了，你必定为鲁国之相；你担任鲁国之相的话，必须召请孔子。”几天后，季桓子去世，季康子继位，打算召请孔子，鲁大夫公之鱼拒绝召请孔子，而建议召请冉求。于是季康子派出使者到陈国召请冉求。冉求将要上路，孔子说：“鲁人来召冉求，不是小用你，将要大用你啊。”这一天，孔子说：“回去吧！回去吧！我家乡的小子志向远大，文才斐然而有章法，我不知道调教他们的办法了。”子赣知道孔子心想回去，他去送冉求起程，趁机告诫说：“倘若任用你，就一定要召请孔子。”冉求离开陈国后，前491年孔子从陈国迁居蔡国。

孔子迁居蔡国的第三年，也就是前489年，他第三次来到陈国，在陈、蔡交界处遭遇了“陈蔡之厄”。据《史记·孔子世家》载：吴国发兵攻打陈国。楚国出兵援救陈国，军队驻扎在城父。听说孔子在陈国和蔡国交界一带，楚昭王派人去聘孔子到楚国担任职务。孔子将要去楚国接受聘请。陈国和蔡国的一些大夫共同谋划对策，说：“孔子是有德有才的圣贤，他所反对和斥责的都切中各国弊政。最近，孔子长期留住陈国和蔡国一带，各位大夫的谋划和作为，都不合于孔子的主张。现在，楚是个大国，却来聘请孔子，如果孔子被楚国委以重任，那么陈蔡两国执政的大夫就要遭遇危机了。”于是就共同调发役徒将孔子及其弟子围困在荒郊野外。孔子不能如愿到楚国去，粮食也得不到供应。……随行的弟子都饿病了，没有精神，感到失望。孔子仍然传他的道，授他的业，弹起琴，唱起歌，如平常一样。于是……使子贡至楚。楚昭王兴师迎孔子，然后得免。《韩诗外传》、《孔子家语》、《孔子集注》、《搜神记》等书也有关于孔子在陈蔡绝粮的记载。

孔子陈蔡绝粮纪念地弦歌台

据考证，孔子陈蔡绝粮的起点在商水固墙镇，止点在今上蔡的蔡沟。《论语·述而》记载“互乡难于言，童子见，门人惑。子曰：‘与其进也，不与其退也，唯何甚？人洁己以进，与其洁也，不保其往也。’”大意是，互乡这地方的人很难同他们讲明道理。该乡的一个童子被孔子会见，弟子们很疑惑。孔子说：“我赞许他的进步，不赞许他的退步，又何必做得太过分呢？人家改正了错误以求进步，就应当赞许他改正错误，不要死死记住他过去的不是了。”互乡即今天的商水固墙。固墙这个地名此前几经变易，由“互乡”而“古乡”、“古乡”又由“互乡”演变而来。据调查，固墙人都不愿外乡人称其为“古乡人”，问其原因，只知其然，不知其所以然。实际情况是，孔子厄于“互乡”时，当地人受陈蔡大夫的驱使，在不明真相的情况下，参加了“役围”孔子，以致孔子及其随行弟子绝粮于此。此事过后，当地人得知他们所围的是圣人孔子，深以为耻，故羞做互乡人、古乡人。

孔子在陈期间，收了一些陈国人作弟子，较为有名的有4位，他们是颛孙师、巫马施、公良孺和陈亢。孔子的弟子高柴也曾在陈一带活动。

颛孙师（前503－?），字子张，春秋末期陈国阳城（今商水）人。子张是孔子晚年的弟子，从学后学业出众，与子夏、子游齐名。曾从孔子周游列国，在陈、蔡之间遭到过围困。他勤学好问，经常与孔子讨论各种问题，《论语》记其向孔子问学达20次之多。他主张“士见危致命，见得思义，祭思敬，丧思哀”（《论语·子张》），明确反对“执德不弘，信道不笃”，“言不忠信，行不笃敬”（《论语·子张》）的人和事。子张的秉性有点偏激，孔子曾批评他“师也过”，“师也辟”（《论语·先进》）。但他为人博爱容众，交友颇广，认为君子应该“尊贤而容众，嘉善而矜不能”（《论语·子张》）。子张终身未仕，孔子死后，居陈国，收徒讲学。子张后来的弟子就形成了“子张之儒”，被列为战国儒家八派之首。

巫马施（前521－?），又叫巫马期，字子期（旗），陈人，孔子的得意门生，比孔子年轻30岁。他主张见利思义，讲究原则。孔子居陈时，有一次他和子路到宛丘下拾柴，看见一名富人带着一百辆车在宛丘上游乐。子路指着那富人故意问子期：如果抛弃孔子而能得到那富人一样的财富，干不干？巫马期听了大不高兴，说他绝不是这种见利忘义的人。据载，他曾执掌单父（春秋时鲁国的一个邑），由于勤勤恳恳地工作，将该地治理得井井有条。他曾任鲁国丞相，有治绩。一次，陈司败问孔子说：“鲁昭公懂礼吗?”孔子说：“懂礼。”孔子出去后，陈司败向巫马施作了个揖说：“我听说君子是不偏私袒护的，莫非君子也会偏私袒护？鲁昭公娶来吴女作夫人，给她起名叫孟子。孟子本姓姬，避讳称呼同姓，所以叫她吴孟子。鲁君要是懂得礼仪，那还有谁不懂得礼节呢?”巫马施把这些话转告给孔子，孔子说：“我真幸运，如果有了过失，人家一定会知道。做臣子的是不能说国君的过错的，替他避讳的人就是懂礼啊。”

公良孺，陈人，字子正，春秋时期陈国人，不仅是孔子的得意门生，还曾在孔子周游列国时救过孔子的性命。他贤而有勇，孔子周游列国，他以私车五乘相从。孔子在离开陈国时路过蒲地，去会见一个姓公孙的人，因为孔子说出了自己的政见，得罪了许多权贵，被一些人围攻，后被蒲人扣留。在情况非常危急时，公良孺号召他的族人来帮助孔子。公良孺驾着五乘私车跟过来说："吾昔从夫子遇难于匡，今又遇难于此，命也已。吾与夫子又再罹难，宁我斗死！"（《史记·孔子世家》）于是拔剑而出，与众人一道，准备同蒲人大战，蒲人害怕，就放了孔子，一个个都被吓跑了。公良孺的此番表现，正是孔子主张的"勇者无惧"。

陈亢（前511－?），字子禽，陈人，比孔子年轻40岁。此人在《论语》中出现3次。《礼记·檀弓下》有陈子亢，郑玄以为即陈亢。从《论语》所载陈亢言论来看，他对孔子不大了解，故向子贡、孔鲤打听有关孔子的问题，还对孔子是否贤于子贡提出怀疑。他死后葬于今太康县杨庙乡子禽墓村，子禽墓犹存。

高柴，字子羔，卫国（今河南濮阳）人。他比孔子小30岁，身高不足五尺，拜孔子为师时，孔子认为他愚蠢可笑。后来他精通"六艺"（礼、乐、射、御、书、数），成为"七十二贤"之一。春秋晚期，卫国发生内乱，卫庄公被拥立为君，高柴逃离卫国，投奔鲁国。孔子去世后，他守丧3年，47岁那年到陈国，在戈地（今太康）西北隐姓埋名，以讲学为生。春秋末战国初，诸侯国相互兼并，大国小国急需人才，向高柴求学的学子纷纷而来，使得高柴所居之地热闹一时，人们把高柴所居之地叫做高村。高柴死后，葬在高村东北隅。高柴墓至今犹存，南北长约5丈，宽3丈，高1丈。到汉武帝时期，儒家思想上升为国家的统治思想，时人为追思先贤，为高柴修坟建庙，树碑立传，又把高村改名高贤，即今太康县高贤乡。

六、庄子的活动

庄子，名周，战国时宋国蒙（今河南民权县）人。他继承和发展了老子的道家思想，成为战国时期道家学派的代表人物，与老子并称为"老庄"。他曾任蒙漆园吏。《史记·老子列传》载："其学无所不窥，然其要本归于老子之言。"庄子周游列国时，曾在今周口一带活动。

庄子曾在陈地活动，并在濮水（今淮阳北）垂钓，楚王派两位大夫前去请他做官，被他婉拒。《庄子·秋水》说：庄子在濮水钓鱼，楚王派两位大夫前去请他做官，（他们对庄子）说："想将国内的事务劳累您啊！"庄子拿着渔竿没有回头看（他们），说："我听说楚国有一只神龟，死了已有三千年了，国王用锦缎包好放在竹匣中珍藏在宗庙的堂上。这只神龟，它是情愿死去留下骨头让人们珍藏呢，还是情愿活着在烂泥里摇尾巴呢?"两个大夫说："情愿活着在烂泥里摇尾巴。"庄子说："请回吧！我要在烂泥里摇尾巴。"

"濮"，古水名。《史记集解》引服虔云：濮，"陈地"。《春秋》杜预注云：濮为"陈地水名"。王国维在其《静庵文集》中指出："庄子楚人，虽生于宋，而钓于濮水。陆德明《经典释文》曰'陈地水也'，此时陈已为楚灭，则亦楚地也，故楚王欲以为相。"

庄子还曾游历于今扶沟一带，在雕陵睹见异鹊。"螳螂捕蝉，黄鹊在后"的典故即与庄子有关。

《庄子·山木篇》载：庄周在雕陵的篱笆附近游历，忽然看见一个异鹊从南面飞来。此鸟翅膀长七尺，眼睛直径一寸，掠飞触到了庄周的前额，栖止在栗林中。庄周说："这是什么鸟啊！翅膀如此之大却飞不远，眼睛如此之大却看不清。"于是提起衣裳蹑手蹑脚，准备执弹射杀它。这时忽然看到一只蝉正在享受浓郁的树荫，而忘了自身的安危。螳螂举臂捕捉它，得到后也忘了自身的安危。异鹊随之从中取利，得到后也忘了自己的本性。庄周惊觉说："噫，万物本来是相互牵累的，二类相互吸引啊。"庄子射出弹弓就返回了，管栗园的人追着斥责庄子。雕陵鹊，喻指贪图眼前利益而不顾后患。

雕陵，在今扶沟县城北二十五里的曹里乡雕陵岗。《太平寰宇记》载："雕陵亭，庄子谓：'游乎雕陵之樊，睹一异鹊'，是此地也。"据光绪《扶沟县志》记载："《魏书·地形志》：扶沟有雕陵岗。《寰宇记》：扶沟有雕陵亭，庄子游于雕陵之樊，见一异鹊，即此。明弘治间得志石云：前有雕梁溪，后背大川烟霞。睹此名胜，当愈爱读《秋水篇》矣。"《读史方舆纪要》卷四十七河南二扶沟县载："《陈留风俗传》：县……又有雕陵亭，即庄子所云游于雕陵之樊者。"

相传庄子云游列国，行至今西华西夏亭时，见地势平坦，景色宜人，便在亭西席地而卧，神游太虚。其后人曾在此繁衍生息。今庄铺村北有庄子冢。

七、秦卒木牍家书

1975 年，湖北省考古工作者在云梦睡虎地 4 号秦墓中发掘出土两枚秦卒木牍家书。其中一枚出土时保存完好，长 23.1 厘米，厚 0.3 厘米，另一枚下段残缺，木牍残长 17.3 厘米，宽 2.6 厘米，厚 0.3 厘米，两面均墨书文字。两枚简牍内容为秦国士卒黑夫与惊两兄弟在淮阳前线写给陆安（今湖北云梦）同胞兄长“衷”的家信。这两枚木牍正反面的墨书文字绝大部分尚清晰可辨，计秦隶书 527 字。这两封家书内容简短，其形制、格式反映了当时书信的一般情况。这是中国目前发现最早的家信实物。

家书在中国有着悠远的历史。刘勰在《文心雕龙·书记》中说：“三代政暇，文翰颇疏，春秋聘繁，书介弥盛。”他认为书信产生于春秋时期。所谓“书介”大致也就是作为书写材料的竹简、木牍乃至缣帛之类。纸笺问世之前，古人长期使用的书笺是简牍，也就是竹片或木片。木牍是专门用于画图和写信之用，信写完后，写信人在木牍上面加盖一块同样大小的木版，在版上写明收信和发信人的姓名，尔后用绳子捆好，在绳结处加封泥并盖印，以便对信中内容保密，其作用相当于今天寄信封口。这一切程序完毕，然后寄出。

出土木牍家书的睡虎地 4 号秦墓规模很小，是战国末年一座普通的秦人“衷”的墓葬。第一封家书作“衷”，第二封作“中”，专家考证“衷”与“中”为同一人。衷死后没有任何陪葬品，唯一陪葬的是他两个弟弟的木牍家书。家书在距离战争前线淮阳三四百公里外的湖北云梦“衷”的墓出土，考古专家推测，很可能寄信的弟弟黑夫和惊最终战死沙场，衷把家书带进墓里以纪念两个弟弟。这两封家书分别被称为《黑夫尺牍》（11 号木牍）和《惊尺牍》（6 号木牍）。

《黑夫尺牍》正面：“二月辛巳，黑夫、惊敢再拜问中，母毋恙也？黑夫、惊毋恙也，前日黑夫与惊别，今复会矣。黑夫寄益就书曰，遗黑夫钱，母操夏衣来。今书节（即）到，母视安陆丝布贱，可以为禅裙襦者，母必为之，令与钱偕来。其丝布贵，徒〔以〕钱来，黑夫自以布此。黑夫等直佐淮阳，攻反城久，伤未可智（知）也。愿母遗黑夫用勿少，书到皆为报，报必言相家爵来未来，告黑夫其未来状。闻王得苟得？”（11 号木牍正面共有墨书秦隶 5 行 249 字）

背面被墨染黑 1 处，文字已模糊不清，尚可辨识的有 6 行 110 字：毋恙也？辞相家爵不也？书衣之南军毋……不也？为黑夫、惊多问姑姊康乐，孝须（嬃）故尤，长姑外内……为黑夫、惊多问东室季须（嬃）苟得毋恙也？为黑夫、惊多问婴记季事可（何）如？定不定？为黑夫、惊多问夕阳吕婴、匾里阎诤丈人得毋恙……矣。惊多问新负（妇）、嫈得毋恙也？新负（妇）勉力视瞻丈人，毋与……勉力也。

译文大意如下："今天是二月辛巳（秦始皇二十四年二月十九日）啦，弟弟黑夫和惊问候哥哥衷，母亲好吗？黑夫和惊还都平安，不用担心。前几天我和惊暂别，今天又再次见面了。前一封信请家里寄钱来，不必张罗夏衣，但没想到战事持续，天气快要热起来，如果安陆那边的丝布便宜，能用来做夏天单层轻便的衣服，就请母亲买好布和钱一起寄过来。如果丝布太贵，寄钱过来就可以，我自己在淮阳买布缝衣。军队在淮阳攻战很久了，不知道将来死伤如何。希望母亲多寄点钱过来。收到信就要给我个回信啊，告诉我一下我们兄弟立功受赐的爵位大王分发到没有，还要告诉我是发什么样的啊。听说大王只要一得到（我们立功的捷报）就会分发爵位吧？"

"应该没有问题吧？辞谢没有？衣服和钱一定要送到南军……一定不要弄错啊？替我们两个好生问候姑妈健康平安，姐姐孝须还像过去那样吗？大姑妈夫妇安好吗？……再帮我们两个问候东面住室的季须啊，还有那个婴记季，我们跟他谈的事他办得怎么样了，定没有定下来？住'夕阳里'的吕婴和住'匾里'的阎诤丈人，也都帮我们问候到啊……'惊'的妻子和女儿'嫛'都还好吧？告诉妻子啊，让她尽力照顾老丈人啊，地方又不远，千万不要跟老人家怄气啊……要尽力啊。"

《惊尺牍》正面：惊敢大心问衷，母得毋恙也？家室外内同……以衷，母力毋恙也？与从军，与黑夫居，皆毋恙也。钱衣，母幸遣钱五六百，布谨善者毋下二丈五尺……用垣柏钱矣。室弗遗，即死矣。急！急！急！惊多问新负（妇）、嫛皆得毋恙也？新负（妇）勉力视瞻两老。（6号木牍下部已残，正面有墨书秦隶5行87字）

惊远家故，衷教诏嫛，令毋敢远就若取新（薪），衷令……闻新地城多空不实者，且令故民有为不如令者实……为惊祠祀，若大发（废）毁，以惊居反城中故。惊敢大心问姑姑姊，姑姊子产得毋恙？……新地入盗，衷唯母方行新地，急！急！急！（背面5行81字）

译文大意如下："惊斗胆问候哥哥衷，母亲好吗？家里家外要公平待人啊……兄长啊，母亲真的和以前一样硬朗吗？从我从军，和黑夫在一起战斗，我们都很好。……但我们很需要钱和衣服，希望母亲能寄五六百钱，以及两丈五尺以上的好布过来。天气热得要命，身上的钱也用光了。我还向垣柏借钱，如果家里再不寄钱过来让我还债，我就生死难料了。急！急！急！惊再问候妻子和女儿'嫛'，她们都好吧？妻子要尽力照顾好两位老人。"

"惊远离家乡，女儿'嫛'就拜托兄长关照了啊，不要让她到太远的地方打柴啊，兄长一定要把她管好……听说秦国新占领地方的城池很多成了没有多少人的空城，所以下令把一些‘不如令’（犯法）的故秦民迁往新城。……就为惊多向祠神祈祷平安吧。偖大的城池在战火中都已经毁掉，我们已经打进叛城淮阳了。惊大胆问姑妈，姑妈快临产了，身体还好吧……新地迁入了不少违法的盗贼，兄长要赶紧催促母亲离开新地啊，切记！切记！”

据专家考证，这两封木牍家书写于秦王政二十四年（前223年）。“直佐淮阳”，说明两封家书是由淮阳前线发出的。据《史记》中《秦始皇本纪》、《白起王翦列传》载，秦王政二十四年（前223年），秦国统一天下的进程遭到挫折，楚国名将项燕大败秦国年轻将军李信的20万大军，逼得秦王亲请老将王翦出马，动员60万军队南下攻楚，战事延续了两年。“黑夫”和“惊”就是这批秦军里的同胞兄弟，随军在淮阳作战，他们在战争间隙写的两封木牍家书，内容都是向母亲要衣物和钱的。第一封家书是黑夫和惊两人共同写给“中”的，第二封家书是惊写给衷的。衷就是中，应即4号墓墓主。两封家书的开头除了问候“中”外，就是问“母毋恙”。从两封信来看，黑夫、惊和“中”是同母兄弟。黑夫和惊都从军淮阳。第一封信说，“前日黑夫与惊别，今复会矣”，是由别而相会；第二封信说，“与从军，与黑夫居，皆毋恙也”，更是由会而同居于一处。但黑夫和惊写第一封信时，“直佐淮阳，攻反城久，〔死〕伤未可知也”。城尚未攻下，还在战斗之中。第二封信惊已经“居反城中”。写第一封信的日期是“二月辛巳”，向家庭索要“禅裙襦”即夏衣。第二封信没有书写日期，信中就说需要“布谨善者毋下二丈五尺”。依商鞅量秦一尺约23.1厘米，25×23.1=5.775米，仍只能做一套禅裙襦。信中还表明了急需的心情：“室（实）弗遗，即死矣，急！急！急！”兄弟俩被征调作战大概是在冬季，身上还穿着冬衣，眼看战事还没有结束的迹象，天气热了，夏衣和零用钱都没着落，便写信请家人支持。但不知什么缘故，家中迟迟没有回复，天气即将转热换季，惊还惹了麻烦，于是再写信催促。第一封信还说只要给黑夫带钱来，自己就地买布缝制好了，这时还在二月，不那么急；写第二封信就显得非常急促，大约是由于天气转热，衣着必须换季。从这种情况推断，写第二封信的时间，应在三月以后即将进入夏季之前。黑夫和惊急需家里寄钱和布，反映了秦统一六国的战争军需给养靠士兵自备。

家书是从淮阳发出，在湖北云梦出土，说明家书已到达家中。战国末期，官邮只传递官府文件，不许私带书信。黑夫和惊不可能把信交由官邮递送。这两封家书很可能是由军队中服役期满的老乡回家时捎带家中的。从这两封家书可以看出，战国末秦国家书的写作体例和格式，与今天中国民间通行的家书有较大区别。一是写信的时间，不写在信尾而写于信头。如黑夫和惊合写的第一封木牍家书，正面开头文字便是日期“二月辛巳”，而现在书信日期是写在信末的。二是书写时间后紧接的不是收信人的称呼，而是写信人向收信人的问安：“黑夫、惊敢拜问衷，母毋恙也!”今天的书信格式则把问安放在信末。三是可以了解当时书信的常用词汇，如“毋恙也”、“敢拜问”、“敢问”等，这些词沿用至今。这为研究古人的书信文体提供了弥足珍贵的实物材料。

八、陈国的婚姻形态

婚姻的发生基于最根本的人性，并符合人类繁衍后代的要求。它具有多种社会职能，如满足社会成员的情感需要、组织家庭等，在特殊条件下成为实现政治目的的手段。陈国与王室、其他诸侯联姻中，表现为多种形态，婚礼礼仪有纳吉、聘、逆女等步骤。

陈国贵族婚姻形态普遍为一夫多妻制，诸侯一般有很多配偶。《左传》论及贵族子嗣时，往往提到贵族配偶，如“陈哀公元妃生悼太子偃师，二妃生公子留，下妃生公子胜”。贵族的配偶，尤其是诸侯的配偶，往往因生下承继宗嗣的儿子而改变命运。

陈国贵族与他国联姻实行媵制，即陪嫁制度。妇家往往以妹、姪陪嫁。《左传·隐公三年》载：“卫庄公娶于齐东宫得臣之妹，曰庄姜，美而无子。卫人所为赋《硕人》也。又娶于陈，曰厉妫，生孝伯，早死。其娣戴妫，生桓公，庄姜以为己子。”戴妫就是以妹的身份陪嫁。

诸侯之间联姻形成较为亲密的关系。邻近诸侯国之间，更需要建立稳定正常的关系，故经常通婚，以至形成世代通婚的情况，陈国与蔡、息等国即如此。《史记·管蔡世家》载：“（蔡）哀侯十一年，初，哀侯娶陈，息侯亦娶陈。”《左传·庄公十年》亦载：“蔡哀侯娶于陈，息侯亦娶焉。”

周王室与陈国之间先后嫁女联姻。前1046年，周武王出于对虞舜的崇敬，将大女儿“大姬”嫁给其后裔妫满，并将封之于陈，建立陈国。周成王时，也曾嫁女于陈申公。由此可见，西周初年陈国的政治地位之高。周惠王时，娶陈妫为王后。王或诸侯婚礼中娶妻一方“逆女”，即把新妇迎接回国。诸侯不亲自出国境“逆女”，而是派卿前往成礼。迎娶王后的礼仪有特别规定。周天子地位至高无上，即使在春秋时期，其身份在名义上也远比诸侯高，因此周天子不亲自参与迎娶诸侯公室女子的礼仪，而是委托同姓诸侯代为主持。迎接王后的婚使应为周王室大臣，身份必须是卿。周惠王娶陈妫时，就请虢公、晋献公、郑厉公代为主持迎娶，婚使是世为王室卿士的原庄公。《左传·庄公十八年》载："虢公、晋侯、郑伯使原庄公逆王后于陈。"

诸侯公子娶妻，要亲自前往迎娶新妇，即"逆"。周桓王林五年、陈桓公三十年（前715年）四月初六，郑公子忽到陈国迎娶妻子妫氏。十三日，带着妫氏回来。十六日，进入郑国。陈针子送妫氏到郑国。《左传·隐公七年》载："四月甲辰，郑公子忽如陈逆妇妫。辛亥，以妫氏归。甲寅，入于郑。陈针子送女。"

卿大夫娶妻一定要亲自前往女方迎接新妇。《左传·文公六年》载："臧文仲以陈、卫之睦也，欲求好于陈。夏，季文子聘于陈，且娶焉。"《左传·成公二年》载："巫臣使道（夏姬）焉，曰：'归，吾聘女。'""聘"，即求婚，要派卿或大夫专使。

陈国与诸侯国联姻过程中有"纳吉"的礼仪。"纳吉"是周代婚礼不可或缺的步骤，即卜于庙而吉，使使者往告。齐大夫懿仲想把女儿嫁给陈公子完，曾占卜吉凶，懿仲的妻子占卜后说："大吉大利。这可以说是'凤凰相伴而飞，和鸣嘹亮清脆。我们妫氏的后裔，将要在姜姓之国繁育。五代后会昌盛，位比正卿。八代以后无人能与之争雄。'"最终把女儿嫁给陈完。《左传·庄公二十二年》载："初，懿氏卜妻敬仲。其妻占之，曰：'吉。……'"

陈国与诸侯国联姻过程中有着尊祖敬天的宗教礼仪。贵族迎婚新妇前要在祖庙告祭，娶回新妇后，还得先祭祖庙，报告迎娶归来之事，然后合卺。时人对婚姻中祭祖告庙的礼仪非常重视，鲁隐公八年（前715年）郑公子忽从陈国娶妻时先合卺才祭祖庙，时人批评说："是不为夫妇，诬其祖矣，非礼也，何以能育？"（《左传·隐公八年》）

陈国还有特殊的婚姻形态"奔"。奔，杨伯峻《春秋左传注》释云："娶女不依礼曰奔，犹近代之姘居。"陈厉公曾到蔡国"奔"淫。此外，私通这种不正常的婚姻在陈国也存在，如陈灵公带臣下人与夏姬淫乱即是。

陈人择偶的标准是喜欢美女的，申公巫臣娶夏姬就是因为她的美貌，为此巫臣不惜弃国（《左传·成公二年》）。

卫国，在今河南滑县、内黄一带，是春秋时期的一个小国，卫、陈两国虽然相距较远，但由于两国之间建立的姻亲关系，长期以来相互友好，相互支持。卫国和陈国通过姻亲关系计除逆子州吁，"大义灭亲"的典故被后世传为佳话。

前753年，卫庄公娶齐国太子得臣的妹妹庄姜为妻，庄姜相貌美丽却不能生子，卫庄公又娶陈国的厉妫为妻，陈夫人却不幸早逝。春秋时期，诸侯娶妻，女方常以其妹妹或侄女陪嫁，称为“媵”。厉妫之妹戴妫，是随陈夫人从嫁给卫庄公的妻子，也受庄公宠爱，生子姬完。由于庄姜不能生育的缘故，卫庄公就让庄姜抚养姬完，庄姜视姬完为己出，后来姬完被立为太子。

卫庄公还有一个爱妾，生子叫州吁。卫庄公十八年（前740年），州吁长大了。州吁喜欢军事，庄公就让他带领军队。大夫石碏劝庄公说：“庶子爱好军事，如果让他带领军队，祸乱从此就会兴起。”卫庄公二十三年（前735年），卫庄公去世，太子姬完被立为国君，即卫桓公。

卫桓公二年（前733年），州吁骄横奢侈，桓公罢免了他的职务。州吁逃到国外，准备谋杀桓公，夺取君位。他结交了石碏的儿子石厚，石厚专门给他出坏主意。卫桓公十六年（前719年），州吁收集卫国逃亡的人袭杀了桓公，自立为君，并封石厚为上大夫。可是卫国的老百姓都不服他们，诸侯也看不起他们，都说他们是谋杀国君、虐待百姓的乱党。石厚的父亲石碏一向受到百姓敬爱，州吁就派石厚去找父亲石碏，请教确立君位的办法。石碏就利用卫桓公母亲娘家在陈国，假装与州吁和好的样子，设计把州吁诱至陈国。石碏说：“朝觐周天子，就可以取得合法地位。”石厚说：“怎样才能去朝觐呢?”石碏说：“陈桓公正受到周天子的宠信。现在陈、卫两国更加和睦，如果拜会陈桓公，请他代为请求，就一定可以达到目的。”于是，州吁、石厚就一同去陈国。州吁、石厚到达郑国郊外后，石碏派人告诉陈桓公说：“卫国地域狭小，我年纪大了，不中用了。州吁、石厚这两个人，是杀害我国国君的罪人，无论如何要除掉他们。”姬完是陈国的外甥，作为卫国国君却被州吁、石厚合谋杀害，陈国当然是痛恨的。州吁、石厚一到陈国，陈国就把他们逮捕，而请卫国派人来处置他们。卫国就派右使宰丑向州吁进献食物，在陈国的濮地杀死了州吁。

当时卫国的大臣们认为，石厚是石碏的儿子，应该从宽处理，杀了首恶也就算了。石蜡坚决不同意，认为州吁干的许多坏事都是石厚主谋，便派家臣在陈国的濮地杀死了石厚。

第五章　夏商周时期的自然灾害

周口地区历史上的自然灾害主要有水、旱、虫、风、暴雨、冰雹、雷击、地震、疫病、雨凇、寒潮及霜冻等。以水灾为甚，旱、虫次之。据《周口地区志》记载，今周口地区从周庄王十五年（前682年）到1949年中华人民共和国建国前的2631年中，严重的自然灾害有674次，其中水灾273次，占40.5%；旱灾147次，占21.8%；虫灾131次，占19.4%；风灾42次，其他灾害81次。在以上多种自然灾害中，水、旱、虫灾就占81.8%。

夏商周时期，今周口地区发生的自然灾害主要有水、旱、蝗等灾，也有风灾、地震等。此时，黄泛也有记载。

水灾。周庄王十四年（前683年）秋，今淮阳、西华、太康、沈丘等地大水，毁禾稼。次年复大水。周景王二十二年（前523年）五月，今淮阳、沈丘大水。周敬王四十三年（前477年），今豫东大水。周显王元年（前368年），今周口地区大雨连三月，大水。

先秦时期，黄河水患记载甚少。据《中国水利史》载：自唐尧八十年（前2278年）到周定王五年（前602年），黄河大徙，凡历1677年，有史籍可查者，陈地计泛6次，徙1次。

旱灾。周灵王十七年（前555年）春，今淮阳、西华、扶沟、太康、沈丘大旱，大饥荒。周灵王二十七年（前545年）春，今淮阳、太康、项城、沈丘大旱，饥荒。周景王十二年（前533年）四月，陈、沈丘大旱。周敬王二十七年（前493年），沈丘连续2年大旱。

蝗灾。蝗灾是周口地区历史上出现危害最大的虫灾，从商代至建国前共发生蝗灾175次。最早的一次蝗灾发生在商高宗武丁五十五年（前1266年），武丁南狩返回途中经今西华一带，这里发生蝗灾，武丁率军奋起灭蝗，民众至今称颂。周襄王二十八年（前624年），豫东大旱，大蝗。

风灾。周景王二十一年（前524年）五月，大风。

地震。周贞定王三年（前466年），空桐（今河南虞城县）发生地震，震级6级，烈度8度。震7日，台舍皆坏，人多死，波及豫东地区包括今周口一带，这是周口地区有史记载发生的第一次地震。

第三编　秦汉时期

第一章　秦汉时期的政治

前221年，秦王嬴政兼并六国，建立了中国历史上第一个统一的专制主义中央集权的封建王朝。前207年，陈胜、吴广发动的农民起义推翻秦王朝。经楚汉战争，刘邦消灭项羽势力，于前202年建立汉王朝，史称西汉或前汉。公元8年，外戚王莽代汉称帝，国号新，西汉灭亡。从前202年刘邦称帝起至公元8年王莽代汉建立新朝止，共历时210年。公元23年，农民起义军推翻王莽“新政”，刘秀于公元25年重建汉王朝，史称东汉或后汉。220年，曹丕代汉称帝，东汉灭亡。从公元25年刘秀称帝起至公元220年曹丕代汉止，东汉共历时196年。

一、建置沿革和城池的修筑

秦始皇在行政管理方面推行郡县制，将全国分为许多郡，郡下设县。自秦至今，县仍是中国基本的行政管理单位。因此，秦朝的郡县制在中国历史上具有重大意义。

战国末年秦国灭楚后，设置淮阳郡。秦始皇二十六年（前221年）统一全国后，划定天下为36郡，采用整齐划一的行政方式，统治全国各地。《史记·秦始皇本纪》记载，秦初并天下，“海内为郡县，法令由一统”。是年，嬴政撤销了面积偏大的淮阳郡，与面积较小的颍川郡合并，保留颍川郡。秦末，淮阳郡从颍川郡中重新析置。目前，学术界对淮阳郡和陈郡的设置有不同意见，应以淮阳郡说为是。

据《史记·陈涉世家》载，陈胜等起事后，“攻陈，陈守令皆不在，独守丞与战谯门中。弗胜，守丞死，乃入据陈”。姚鼐云据此“则知有陈郡矣”（姚鼐《惜抱轩文集》卷六《复谈孝廉书》74页）。王国维、谭其骧沿承此说，并谓秦设有陈郡。关于陈郡的始设年代，王国维推断有两个自相矛盾的时间。王国维先是说，陈郡虽见称于始皇二十六年（前221年）之后，“然不得谓始皇二十六年未有此郡”（王国维《秦郡考》，《观堂集林》卷一二，中华书局，1959年），即它有可能设置于秦始皇二十六年之前。但是，王国维随即又说，秦之陈郡，乃是始皇三十三年（前214年）设立九原、南海、桂林、象郡后，与东海郡一同析置。谭其骧则推测说："按《始皇本纪》，二十三年，取陈以南至平舆，虏荆王；陈郡当置于是年。秦于六国故地多置郡，且自陈以至平舆，实得《汉志》淮阳、汝南二郡之地，果优足以置一大郡"（谭其骧《秦郡新考》，《浙江学报》第2卷第1期，1947年）。

汉高祖十一年（前196年），立有淮阳国，治陈县，即当年陈胜所攻之陈邑。淮阳国辖有此所谓"陈郡"及颍川两郡境域，《史记·秦始皇本纪》所说秦取"陈以南至平舆"地域，俱在此淮阳国之"陈郡"辖界。参合"淮阳弩丞"封泥来推测，此所谓"陈郡"，本应名为淮阳郡，是由秦淮阳郡沿承而来，淮阳国的国名也是得自这一郡名。盖淮阳郡治陈县，依前述汉初人以郡治县名替代郡名的叙事习惯，完全可以用郡治之邑"陈"，来代指淮阳郡名。不唯《史记·陈涉世家》云"陈守令皆不在"，是循此通例；《汉书·高帝纪》载张良献计笼络韩信，谓"从陈以东傅海与齐王信"，以及《史记·货殖列传》以陈与沛、汝南、南郡等郡并举，也应是如此。

马非百针对王国维和谭其骧对陈郡的考证，曾指出："陈有守有令，其为一郡，实无可疑。唯郡名似当为淮阳"（马非百《秦集史》郡县志下，中华书局，1982年）。《史记·留侯世家》载："良尝学礼淮阳。"考古发现中发现有秦"淮阳弩丞"封泥。秦朝郡、县均设丞，然而秦封泥所见县丞只是在县名后缀加丞、印等字，并无职事之分，说明其员额应仅有一名；而封泥中所见郡丞，却不只一名，且各有专门的职事，所以这方"淮阳弩丞"印应是属于淮阳郡的"弩丞"。这足以证明，过去史籍记载的秦置陈郡的说法有误。

秦统一全国后，"分天下为三十六郡，郡置守、尉、监"（《资治通鉴》卷七，秦纪二，始皇帝下，二十六年）。今河南省分属三川（治今河南洛阳）、颍川（治今河南禹州）、南阳（治今河南南阳）、河内（治今河南武陟西南）、淮阳郡（治在陈，今淮阳）、东郡（治今河南濮阳城西南15公里）、砀郡（治今安徽砀山南）7郡。

秦代曾两置淮阳郡，统12县：陈、固陵、阳夏（治今太康）、苦（治今鹿邑）、项县（治今沈丘槐店镇），另有汝阴（治今安徽阜阳）、寝（治今安徽临泉县城西）、新阳（治今安徽光武附近）、柘（治今河南柘城）、平舆、上蔡、新蔡。

西汉承秦制，仍设郡、县两级，并实行分封诸侯王国与中央直辖的郡交错分布。为了加强对郡、国的控制，又将全国分为司隶校尉部及13州刺史部，实际上是监察区。今河南省分属司隶校尉部及豫、兖、荆、冀4州管辖，设有弘农（治今河南灵宝北）、河内、河南（原三川郡易名）、颍川、汝南（治今河南汝南县东南）、陈留（治今河南开封县东南）、南阳、魏郡（治今河南安阳）8郡，淮阳国、梁国（都今河南商丘）2个诸侯王国。

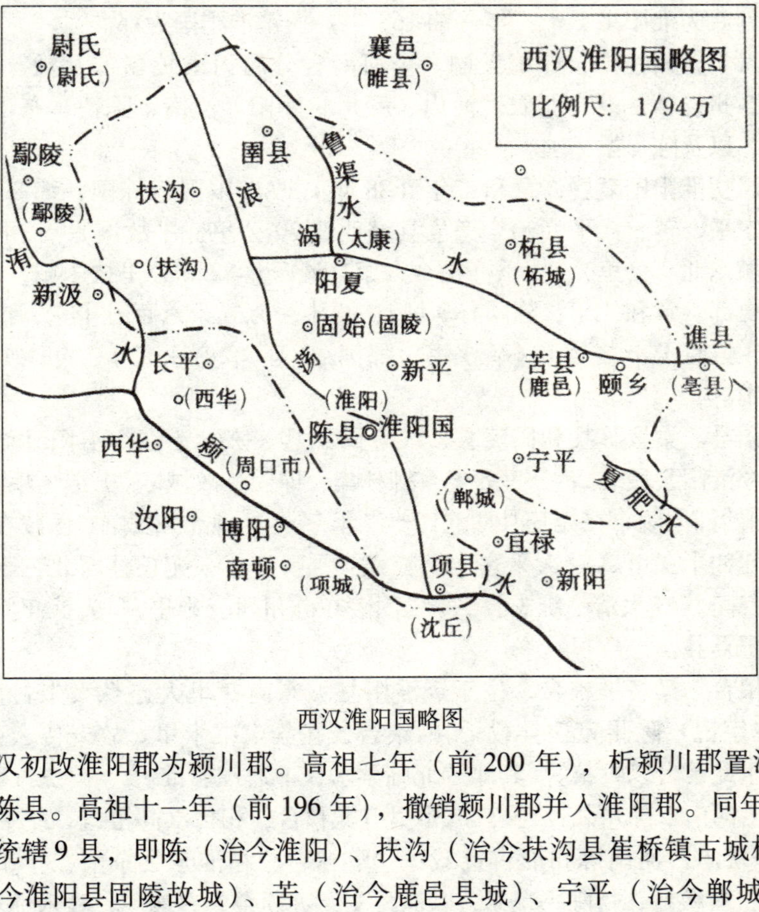

西汉淮阳国略图

西汉初改淮阳郡为颍川郡。高祖七年（前200年），析颍川郡置淮阳郡，治所在陈县。高祖十一年（前196年），撤销颍川郡并入淮阳郡。同年，置淮阳国，统辖9县，即陈（治今淮阳）、扶沟（治今扶沟县崔桥镇古城村）、固始（治今淮阳县固陵故城）、苦（治今鹿邑县城）、宁平（治今郸城县宁平镇）、新平（治今淮阳县城东北临蔡乡），另有柘（治今河南柘城）、圉（治今河南杞县城南25公里圉镇），属兖州刺史部。据《汉书·地理志》载："淮阳国，高帝十一年（前196年）置。莽曰新平。属兖州。户十三万五千五百四十四，口九十八万一千四百二十三。县九：陈……莽曰陈陵。苦曰赖陵。阳夏，宁平（治今郸城县宁平镇），扶沟，涡水首受狼汤渠，东至向陈入淮，过郡三，行千里。固始、圉、新平、柘。"淮阳城在西汉前期对城墙内侧进行了修复加固。

惠帝元年（前194年），徙封刘友为赵王，撤销淮阳国，置为淮阳、颍川2郡，直属中央。高后元年（前187年），高后复置淮阳国，并先后封惠帝子刘强、刘武为淮阳王。高后八年（前180年）九月，高后吕雉败，撤销淮阳国，复置淮阳郡。汉文帝四年（前176年）二月乙卯，改郡为淮阳国，徙封子代王刘武为淮阳王。十二年（前168年）撤销淮阳国为郡。

东汉实行州辖郡、郡统县制。今河南省分属司隶校尉部及豫、兖、荆、冀、扬5州管辖，设有弘农、河内、颍川、南阳、汝南、陈留、东郡、魏郡等8郡，以及陈、梁2国。

东汉初淮阳国复置，章和二年（88年）改淮阳国为陈国，统8县：陈、阳夏、宁平、苦、武平（治今鹿邑县城西北20公里武平故城）、长平（治今西华县城东北9公里）、扶乐（治今太康县城西北22.5公里扶乐城）、柘，属豫州刺史部。章和二年，陈国有9城，“户十一万二千六百五十三，口百五十四万七千五百七十二”（《后汉书·郡国二》）。和帝永元十二年（100年），陈国撤销。

淮阳县。秦置陈县和固陵县，汉置固始县。陈县治在今淮阳县城，固陵县治在今淮阳县城北25公里齐老乡柳林集，即固陵故城。《史记·项羽本纪》注：“固始即固陵，在宛丘县西北四十二里。”《括地志》载：“固陵在陈州宛丘县西北四十三里。”《太平寰宇记》载：“固陵在今宛丘县西北三十里，今俗呼为谷陵。”《大清一统志》载：“固陵在陈州西三十里。”光武年间，固始县并入阳夏县。

贮粮台，又名平粮台，位于今淮阳县城东南8里大连乡大朱村西南隅。《太平寰宇记》陈州宛丘县载：“贮粮台，在县南二十里。故老传云：[魏]伐陈，于此筑台以贮粮。”其地“北临蔡水，下通江、淮。”《读史方舆纪要》卷四十七河南二陈州载：“又南二十里有贮粮台，相传汉高祖筑，北临蔡水。”《大清一统志》河南陈州府古迹载：“贮粮台，在淮宁县东南二十里。……《州志》：贮粮台，俗呼平粮冢，其高二丈，大顷余，有四门，林木郁然。”

商水县。秦代置阳城县，治所在今商水县城16公里处舒庄乡扶苏寺村。陈胜在陈（今淮阳县）建立“张楚”政权后，改阳城为扶苏。西汉时今商水县域属豫州汝南郡，分属阳城、汝阳、博阳3县。阳城县，西汉初复置，治所由今扶苏寺村迁至今大武乡程刘村。清康熙三十四年（1695年）《河南通志》卷八城池载：“商水县城池，西汉始建。”汝阳县，治在今商水县城西北张庄乡城上村，属汝南郡，隋代废县入溵水县。城址呈正方形，边长500米，面积25万平方米，出土有西汉筒瓦、瓦当、矮足陶鼎、釉陶壶和铜镜等。博阳县，治所在今商水县平店乡李岗村。王莽新政时，改博阳为乐家。东汉时，汝阳县沿袭旧制，乐家复改为博阳，阳城县改为当乡县。建武十一年（35年），因来歙征伐羌、陇有功，刘秀封来歙于此，改为征羌侯国。据《后汉书·郡国志二》载："征羌侯国。有安陵亭。"安陵，位于今商水县城西29公里程刘村。城址东、北两面临汝水故道，城内出土有战国和汉代的筒瓦、板瓦、瓦当和陶井圈。

朱祐墓，位于商水县化河乡黄庄村西。朱祐，字仲先，汉南阳宛城人，建义大将军，封鬲侯，东汉中兴"云台二十八将"之一。墓冢已平，墓葬面积约400平方米，曾出土铜印、空心砖、陶壶等。附近村庄朱冢即以朱祐墓而得名。

耿弇墓，在今周口市川汇区李埠口办事处李庄村北。据清乾隆十二年（1747年）《商水县志》载："耿弇墓，县东十八里，土人耕地拾玉带玦一，铜图书二，一篆命臣字，一篆耿弇之印。始知为弇冢也。"墓地面积约600平方米。1958年"大跃进"时大部分被挖坏，封土夷平，曾遭盗掘，为多室砖券墓，出土有陶楼、铁剑等器物。耿弇，字伯昭，东汉茂陵（今陕西兴平县东北）人，东汉中兴"云台二十八将"之一。少而好学，尤喜兵事。更始元年（23年）投奔刘秀。建武元年（25年），拜建威大将军。建武二年（26年），封好畤侯。耿弇决策河北，定计南阳，收集燕卒，克拔齐疆，为东汉王朝建立了不朽功业。

西华县。秦代置长平，先属淮阳郡，后属颍川郡，再属淮阳郡。汉高祖二年（前205年）分置西华、长平两县，属汝南郡。王莽时，西华改称华望，长平改称长正。东汉复改为西华、长平。

西华县名，史无详释。"西华"与"东华"是相对而言的。东有东华城，西有西华城。东华城在今太康县南。西华县治在今西华县城西南17公里叶埠口乡柳城村东南。东华、西华得名，起于华氏。宋大夫正考父，食采于华，为华氏。因华邑地域很广，故有东华、西华之称。据《水经注·颍水》载："颍水……又东径西华县北，王莽更名之曰华望也，有东故言西矣。"据《西华县续志》载，长平县城西北有宋华氏，其族既大且居住宽广，乃分东西。

长平县，治在今西华县城东北9公里田口乡董城行政村，故又称董阳城、董城。据《中国古今地名大辞典》载："战国魏地，汉置县，属汝南郡。武帝封卫青为长平侯。"《河南续通志》卷二十古迹载："长平城在西华县东北十八里。"

扶沟县。秦代属三川郡，西汉高帝十一年（前196年）始置县，因境内有扶亭（汉时十里为一亭，是当时最基层的政权单位）和洧水沟，各取一字，故名“扶沟”，属兖州淮阳国。据《水经注》载，县境“有扶亭，又有洧水沟，故县有扶沟之名。”其治设在谷平乡之小扶城，即今崔桥镇南古城村。据清《嘉庆一统志》载：扶沟县故城在东北五十里，汉建置。东汉章帝章和二年（88 年），淮阳国改为陈国，扶沟属之。东汉和帝永元十二年（100 年），陈思王刘钧以罪削废陈国，扶沟属陈留郡。

秦汉时扶沟有洧阳城，故城犹存，在今扶沟县城南的柳林。据《水经注》庚沟水经载：“洧阳故城，东汉建安中，封郭奉孝为侯国。”清《雍正通志》载：“在扶南练寺保，魏时封郭嘉于此。”清《嘉庆一统志》载：“洧阳城在县南。”

太康县。秦置阳夏县和扶乐城。阳夏县，治在今太康县城。扶乐城，即今城西 18 里处扶乐故城。东汉光武帝时封刘隆为扶乐侯，后又废扶乐国为扶乐县。东汉初，阳夏属淮阳国。章和二年（88 年），改淮阳国为陈国，阳夏属之。建安二年（197 年），袁术遣刺客杀死陈王刘宠，陈国降为陈郡，阳夏属之。

鹿邑县。秦置苦县，西汉沿置，新莽时改为赖陵。光武中兴后，复名苦县，并于苦县西置武平县，治在今鹿邑县城西 20 公里邱集乡武平城村。据《读史方舆纪要》卷五十记载：“《志》云：（鹿邑）县西北四十里有武平故城，后汉置县治此。建安元年，封曹操为武平侯，此其食邑云。”据清光绪《鹿邑县志》载：“武平城，汉县。《水经注》涡水又东，径武平城故城北。建安元年，献帝以（曹）操为大将军，封武平城，以此城为封邑。考《魏书·地形志》，武平正始中，置有武平城。据此，知武平尝废。至魏宣武时，始复置县。县既复矣，而境内有故城，新旧建置不于一地，了无可疑。今之遗址，为汉为魏，则莫能定矣。”据考古调查，武平故城呈长方形，寻迹实测，东、西城墙残长分别为 330 米、350 米，南、北城墙均长 700 米。东北隅地面上尚存北城墙一段夯土遗迹，高 2.5 米，长 62 米，宽 8 米，夯层厚 10 至 15 厘米，圆形夯窝直径 15 厘米。残存的城墙内发现有泥质红陶片、泥质灰陶绳纹板瓦和铜镞等。城中靠北原有一座庙宇，建国前尚有明清建筑百余间，碑刻 30 余通。1958 年修建玄武大闸时大部拆毁，现旧房所存无几。

郸城县。今郸城县境内西汉置宁平县，治在今郸城县城东北 13 公里宁平故城。属兖州刺史部淮阳国。东汉时，宁平县属豫州刺史部陈国，西晋初废。其辖地在今郸城县洺河以北、鹿邑县城以南。东汉光武帝刘秀之妹刘伯姬曾封于此，是为宁平公主。西汉时，今郸城县境内还置宜禄县，治所在今郸城县城东南23公里宜路镇，隶于豫州刺史部汝南郡。新莽时，宜禄县改为赏都亭。东汉和帝永元七年（95年），宜禄县复置，永元十年（98年）撤销，辖地在今郸城县洺河以南、沈丘沙河以北。

沈丘县。秦时置寝县，有项地，同属淮阳郡。汉代，今沈丘县分属豫州汝南郡之寝、项、鲖阳、宜禄、新阳等县。西汉初，汉高祖始在项地置项县，属汝南郡。东汉时，沿西汉旧制仍为项县，属汝南郡。

项城县。汉置南顿县，治在今项城市南顿镇。新莽时，刘秀的父亲刘钦曾任南顿县令，刘秀少时曾随父亲在此生活。

自秦朝实行郡县制后，到西汉时县仍是基本的行政管理机构。按照汉制，万户以上的县最高长官称县令，万户以下的称县长。县令、县长的辅佐有丞和县尉。东汉继承西汉的这种制度，大县设县尉两人，小县设县尉一人。县一级，列侯所食县曰国，皇太后、皇后、公主所食曰邑。县以下，大约十里的土地为一亭，亭有亭长；十亭为一乡，乡有三老、有秩、啬夫、游徼。三老掌教化；啬夫掌管诉讼、赋税；游徼负责地方治安。县大的约地方百里，如果人口密集就减小其面积，人口稀少就增大其面积，乡、亭也都如此类推。魏晋基本沿袭不变。

西汉元始二年（2年），周口地区人口有217695户，1394823人。东汉永和五年（140年）增加到1767427人。其后，历代人口随政治形势、生产发展状况及自然灾害等因素的变化而变化。

二、郡国王侯的分封及主要郡守

秦代，秦始皇在全国推行中央集权制的郡县制。秦亡后，项羽据梁楚之地9郡，自立为西楚霸王，并以楚义帝的名义将其余郡县划为18个王国，分封给秦降将、旧六国贵族及灭秦有功将领，在形式上恢复了封建制。之后，在楚汉战争中，刘邦为了夺取胜利，建立了两等爵位制度，以赏赐功臣名将，功大者封王，功小者封侯。汉初诸侯王国，是汉朝初期分封的一种重要的行政区划制度，被分封在一定地域的诸侯王国，既受汉廷节制，又有相对的独立性，其特殊地位延续了50年之久。

汉高祖元年（前206年），淮阳郡属项羽西楚国，都城在彭城（今江苏徐州市）。汉高祖四年（前203年）二月，韩信被分封为齐王。高祖五年（前202年）正月，项羽亡，韩信徙为楚王。楚王国的疆域包括东海、薛郡、会稽、泗水、淮阳郡，都城在下邳（今江苏睢宁县古邳镇）。高祖六年（前201年）春，废楚王韩信，十一月赦韩信为淮阴侯，淮阳郡收归汉廷。

由于刘邦分封异姓诸侯王是为当时的形势所迫，因此，他登上帝位的第二年即前201年，就逐个清除异姓王。汉高祖刘邦又以秦祚短促的原因在于无同姓王国的屏藩，于是在清除异姓诸侯王以后又建同姓王国。到他在位的最后一年已建立9个同姓王国，异姓王国则仅留长沙1个。刘邦并与群臣立下“非刘氏不王”的誓约。这时汉朝版图的大部分都为10个诸侯王国所有，皇帝直接管辖的郡只有15个。为防止诸王形成尾大不掉之势，规定除诸封国内的经济由诸王支配外，王国的傅、相等官员均须由皇帝任命，法令由朝廷统一制定，军队由皇帝调遣，借以限制诸王的权力。但西汉所封的诸王国，国大民众，随着经济的恢复和发展，财富日增，势力日强，逐渐形成割据状态，朝廷与诸王国的矛盾便日趋尖锐起来。

汉高祖十一年（前196年）三月丙寅，汉高祖置淮阳国，立第六个儿子刘友为淮阳王，领秦淮阳、颍川2郡，并罢颍川郡扩充淮阳国，都城在陈县（今淮阳县）。刘友是汉代第一个受封的淮阳王。据《汉书·高帝纪》记载：十一年（前196年）“三月，梁王彭越反，夷三族。诏曰：‘择可以为梁王、淮阳王者。’燕王绾、相国何等，请立子恢为梁王，子友为淮阳王。罢东郡，颇益梁；罢颍川郡，颇益淮阳”。《汉书·高五王传》亦载：“赵幽王友，十一年（前196年）立为淮阳王。”赵隐王如意死后，惠帝元年（前194年），刘友改徙为赵王，凡立14年。后被吕太后幽禁饥饿而死。刘友徙赵王时，淮阳国改为淮阳郡。

淮阳等9个诸侯王国虽受中央节制，但又相对独立。王国百官设置如同中央朝廷，诸侯王拥有相当大的权力，其中最主要的有两项：一是“自置吏”，可以自行任命2000石以下官员；一是“得赋敛”，可以向本王国臣民收取赋税。这些王国一般都辖有数郡之地，封域辽阔，户口众多，实力雄厚，实际上成为能与中央政权分庭抗礼的独立王国。

虽然汉初实行的地方行政制度本质上还是郡县制，但是由于诸侯王国的存在，这种郡县制形成两个系统：一是皇帝直属的汉郡及其辖县，一是王国所属支郡及其辖县。诸侯王国地位远在汉郡之上，设置这种特殊的制度，种下了叛乱和分裂的祸根。汉高祖十二年（前195年）刘邦死后，年仅17岁的汉惠帝刘盈继位，大权由皇太后吕雉执掌，惠帝当了7年的傀儡皇帝。吕后执政以后，对刘氏诸王进行打击。

汉惠帝七年（前188年），复置淮阳国，辖域相当于今淮阳、西华、扶沟、太康、鹿邑、柘城等县地。张皇后没有生育，后宫嫔妃生有 7 个儿子，次子刘强、第六子刘武曾被封为淮阳王。高后元年（前 187 年）夏五月，“立孝惠后宫子强为淮阳王”。高后五年（前 183 年），“秋八月，淮阳王强薨”（《汉书·高后纪》）。刘强死后，谥为淮阳怀王，无嗣，壶关侯刘武改封为淮阳王。

前 180 年，吕太后死后，丞相陈平、太尉周勃和各王合力诛杀吕氏家族，以及惠帝各子。大臣们认为刘武非惠帝亲生子，将他诛于邸第，淮阳国被削除。(《汉书·高后纪》载：高后八年（前 180 年），“大臣相与阴谋，以为少帝及三弟为王者皆非孝惠子，复共诛之，尊立文帝。”又据《汉书·周勃传》载：前 180 年闰九月晦日，“是夜，有司分部诛济川、淮阳、常山王及少帝于邸”。）于是同姓王实力再度强大，除长沙外，又恢复清一色的同姓王国局面。

汉文帝即位后，感到诸侯王国潜在的威胁，在巩固自己的地位后，采纳了贾谊以亲制疏及众建诸侯少其力的建议，徙亲子淮阳王于梁，分齐国为七，分淮南为三，用分地的办法削弱诸侯王的实力。汉文帝的第二个儿子刘武，为文帝和窦太后所生。文帝二年（前 178 年），刘武被封为代王，两年后改封为淮阳王。

汉文帝十一年（前 169 年）夏六月，梁怀王刘揖入朝坠马夭折。贾谊感到自己身为太傅，没有尽到责任，深深自责，经常哭泣，心情十分忧郁。尽管如此，他还是以国事为重，为文帝出谋献计。因为梁怀王刘揖没有儿子，按例他的封国就要撤销。贾谊感到，如果这样做，将对整个局势不利，不如加强文帝的两个亲子淮阳王刘武和代王刘参的地位。为此，贾谊建议，为梁王刘揖立继承人，或者让代王刘参迁到梁国来；扩大梁国和淮阳国的封地，使前者的封地北到黄河，后者南到长江，从而连成一片。这样一来，如果一旦国家有事，梁王国足以抵御齐赵，淮阳王国足以控制吴楚，陛下就可以安然消除山（指华山）东地区的忧患了。文帝听了贾谊的建议，因代王封地北接匈奴，地位重要，没有加以变动。文帝十二年（前 168 年），汉文帝采纳贾谊之策，徙淮阳王刘武为梁王。梁国都城睢阳在今河南商丘市睢阳区城南。(《汉书·贾谊传》记载：梁怀王死后，“谊复上疏曰：‘陛下即不定制，如今之执不过一传再传，诸侯犹且人恣而不制，豪植而大强，汉法不得行矣。陛下所以为蕃扞，及皇太子之所恃者，唯淮阳、代二国耳。代北边匈奴，与强敌为邻，能自完则足矣。而淮阳之比大诸侯，廑如黑子之著面，适足以饵大国耳。……高皇帝瓜分天下，以王功臣，反者如蝟毛而起，以为不可，故薪去不义诸侯，而虚其国，择良日立诸子雒阳上东门之外，毕以为王而天下安。

故大人者不牵小行，以成大功。……臣之愚记，愿举淮南地以益淮阳，而为梁王立后，割淮阳北边二、三列城与东郡以益梁。不可者，可徙代王都睢阳。梁起于新郪（今安徽太和北70里）而北著以河；淮阳包陈而南揵之江。则大诸侯之有异心者，破胆而不敢谋，梁足以扞齐赵；淮阳足以禁吴楚。陛下高枕，终亡山东之忧矣。此二世之利也。'”“文帝于是从贾谊计，乃徙淮阳王武为梁王。”又据《汉书·文三王传》记载：“武为代王，四年徙为淮阳王，十二年（前168年）徙梁。”）从后来吴楚“七国之乱”中梁王刘武坚决抵御的作用来看，贾谊的这个建议确实是深谋远虑的。

前156年汉景帝即位后，继续推行以亲制疏的政策。景帝二年（前155年），封亲子6人为王，以与血缘较疏的其他王国相抗衡。景帝二年（前155年）三月，汉景帝封第四个儿子刘余为淮阳王。（《汉书·景帝纪》载，前元二年（前155年）春三月，刘余“为淮阳王”。）一年多后，前元三年（前154年）六月，刘余徙封为鲁王，建都鲁县（今山东省曲阜市）。（《汉书·景十三王传》记载：“鲁恭王余以孝景前元二年（前155年）立为淮阳王。吴、楚破后，以孝景前三年（前154年）徙王鲁。”）汉武帝建元三年（前138年）三月，刘余因谋反被诛。

汉文帝时，贾谊、晁错已提出削藩之策，但文帝碍于形势，未予实行。汉景帝二年（前155年），始行此策，直接削夺王国支郡。这一措施，直接触动了诸侯王的根本利益，于是以吴王刘濞、楚王刘戊、赵王刘遂、胶西王刘卬、胶东王刘雄渠、淄川王刘贤、济南王刘辟光等为首的7个王国，打着“清君侧”的旗号，发动了武装叛乱，史称“七国之乱”。消息传到长安，汉景帝派太尉周亚夫率领36将军迎击吴、楚等7国叛军，周亚夫领兵到达淮阳。叛乱很快被平定，景帝乘势收夺各王国支郡、边郡直属中央，并削去诸侯王各项特权，仅许其衣食税租。王国由内史治理，地位降格，与汉郡实质上已无差别。此后，西汉行政区划实行郡（国）县两级制，王国与郡同为一级行政区划。

汉初诸侯王国的特殊地位前后维持了50年，至吴楚七国之乱平定以后才结束。它证明了同姓王国对中央政权的拱卫作用是微弱的，而且随着世代更替和血缘疏远，这点微弱的拱卫作用终究会变成破坏性很大的分裂势力。因此，皇子封王虽然沿袭成为中国封建社会的常制，但历代帝王接受汉初的教训，大都限制诸侯王的特权和封域，以避免国家的分裂和政局的混乱。

汉宣帝刘询元康三年（前63年），其次子刘钦被封为淮阳王，都城在陈县（今淮阳县）。刘钦身材魁梧，且喜读经书、法律，聪慧旷达有才干，深得宣帝宠爱。刘钦的母亲张婕妤也深得宣帝宠幸，宣帝曾一度欲立刘钦为太子，然因太子早失母，不忍废立，未果。(《汉书·宣元六王传》记载：“淮阳宪王钦，元康三年立，母张婕妤有宠于宣帝。……而宪王壮大，好经书、法律，聪达有材，帝颇爱之。”又据《汉书·元帝纪》载：汉宣帝“由是疏太子而爱淮阳王，曰：‘淮阳王明察好法，宜为吾子。’而王母张婕妤尤幸。上有意欲用淮阳王代太子，然以少依许氏，俱从微起，故终不背焉。黄龙元年十二月，宣帝崩。癸巳，太子即位”。）前48年，汉元帝即位，遣刘钦就国。时张婕妤已卒。刘钦有外祖母舅张博兄弟三人，尝至淮阳受到刘钦的赏赐。刘钦受舅舅张博及其女婿京房的影响，非议朝政，谤讥天子，觊觎皇位，多次受到元帝谴责。汉成帝河平元年（前28年），淮阳王刘钦在位36年薨，谥为宪王。刘钦曾作赋两篇（《汉书·艺文志》），今已不存。《汉书·宣元六王传》评价他说：“淮阳宪王于时诸侯为聪察矣，张博诱之，几陷无道。”

河平二年（前27年），刘钦的儿子刘玄嗣位为淮阳王，在位26年薨，谥文王。元寿二年（前1年），刘玄的儿子刘缜嗣位，在位19年。王莽篡位后，刘缜被贬为淮阳公，次年废，淮阳国被削除。

刘玄（？－25），刘秀族兄，他在王莽被推翻后被推为更始帝，后投降赤眉军，刘秀封其为淮阳王，后被赤眉军勒杀，葬于霸陵。

东汉初，潘蹇曾任淮阳太守，建武二年（26年）被更始帝部将苏茂所杀。据《后汉书·光武帝纪》记载：建武二年（26年）夏四月，“更始将苏茂杀淮阳太守潘蹇而附刘永”，刘永以苏茂为大司马淮阳王。

建武二年（26年），光武帝欲封司空李通，李通仰慕孙叔敖讨封寝丘之先例，得光武帝嘉许，光武帝遂改寝县为固始侯国，封李通为固始侯。固始侯国属汝南郡。

刘延，系光武帝与郭皇后所生的第四个儿子。建武十五年（39年）四月，光武帝封刘延为淮阳公。建武十七年（41年）十月，刘延晋爵为淮阳王，“二十八年（52年）就国。三十年（54年），以汝南之长平、西华、新阳、扶乐四县益淮阳国”（《后汉书·阜陵质王延传》）。刘延为人骄奢暴虐，又经常结交奸邪势力、胡作非为，在光武帝的11个儿子中，其品行之差劣仅次于楚王刘英。汉明帝永平十六年（73年）夏五月，“淮阳王延谋反，发觉……秋七月，淮阳王延徙封阜陵王”（《后汉书·显宗孝明帝纪第二》）。建都阜陵（今安徽全椒县东），仅食两个县的税租，成为东汉初年最小的藩国。刘延降封为阜陵王后，不思悔悟，反而心怀怨恨。汉章帝建初元年（76年），他又因与嫡长子刘鲂一同阴谋不轨，被削除王爵，贬为阜陵侯，仅食阜陵一县。直到章帝末年巡视九江时，觉得这位叔祖父太可怜了，才恢复他的阜陵王爵，并诏许他从阜陵迁都寿春（今安徽寿春）。

淮阳国是个大的诸侯国，所以建初元年（76年）汉章帝“欲封爵诸舅”，马皇后不同意。第二年，太后诏曰：“诸子之封，裁令半楚、淮阳诸国，常谓‘我子不当与先帝子等’。”（《后汉书·马皇后纪》）

建初四年（79年），常山王昞“徙为淮阳王，以汝南之新安、西华益淮阳国”（《后汉书·淮阳顷王昞传》）。元和三年（86年）春正月丙申，淮阳王昞随从章帝“北巡狩”。章和元年（87年）秋七月壬子，“淮阳王昞薨”（《后汉书·章帝纪》），未及立嗣。

章和二年（88年），汉章帝死后，遗诏西平王刘羡改封为陈王，以淮阳郡为食邑，建都于陈（今淮阳县），同年就国。刘羡是汉明帝的次子，他博通经书，为人庄重有威严，为汉章帝所敬重。124年，刘羡在位37年薨，谥为陈敬王。

刘羡死后，其子刘钧嗣位陈王。刘钧传子刘竦，刘竦享国两年薨，谥为陈怀王。刘竦无子，绝嗣。刘竦传叔父刘崇，刘崇谥为陈顷王。刘崇传子刘承，刘承谥为陈孝王。刘承传子刘宠，刘宠谥为陈愍王。

陈王刘钧为人阴狠，在国中胡作非为。一是不守礼制，“行天子大射礼”。二是阴奸成性。“性隐贼，……国相二千石不与相得者，辄阴中之”。三是雇凶杀人。刘钧因憎恨其父的夫人李仪等，“永元十一年，遂使客隗久杀仪家属。吏捕得久，系长平狱”。刘钧为了杀人灭口，又除掉隗久。事情被发觉后，“钧坐削西华、项、新阳三县”。四是擅娶小妻。“钧取掖庭出女李娆为小妻”（《后汉书·孝明八王·陈敬王羡传附钧传》），又被削去圉、宜禄、扶沟三县。刘钧享国21年，永初七年（113年）薨，谥为陈思王。

永宁元年（120年），安寿亭侯刘崇被立为陈王。刘崇乃陈敬王刘羡的儿子、刘竦的叔父。刘崇享国5年薨，谥为陈顷王。1988年8月至11月，考古工作者在淮阳县城北关发现并发掘了刘崇墓。墓顶原有封土，以后逐渐被削平。该墓是一座带回廊的大型汉代砖砌多室墓。墓室平面略呈长方形，整个墓室东西长28.3米，南北宽18.2米，砖室占地面积515平方米，墓门向东，有斜坡墓道。墓室用特制的16种不同形制、不同花纹的砖、石垒砌而成。该墓共有12个墓室，即前室、后室、主室、左右耳室和四周回廊内的7个小室。除西回廊两角室为穹隆顶外，其余各室均为弧券顶。各室均作长方形，有甬道、券门相连通，犹如一座“地下迷宫”。此墓于东汉末年即遭盗掘，历唐宋至清又多次盗扰。尽管如此，仍出土一批文物，主要有银缕玉衣、玉舞女和重达2吨的石仓楼。据《后汉书·礼仪志》记载：皇帝死后，使用金缕玉衣，诸侯王、始封列侯、贵人、公主使用银缕玉衣，大贵人、长公主使用铜缕玉衣。这种制度在西汉尚未确立，到东汉才成为定制。由此可知，这座墓的墓主人的身份应为诸侯王或始封列侯。又据模印的“安君寿壁”砖铭，只有东汉陈顷王刘崇曾受封安寿亭侯，故墓主人为陈顷王刘崇。

刘崇墓出土的石仓楼

在5任陈王中，刘羡、刘竦、刘崇、刘承都无所作为，刘钧素有恶名，最后一任陈王刘宠较为有名。“熹平二年（173年），国相师迁追奏前相魏愔与宠共祭天神，希幸非冀，罪至不道。有司奏遣使者案验。是时，新诛勃海王悝，灵帝不忍复加法，诏槛车传送愔、迁诣北寺诏狱，使中常侍王酺与尚书令、侍御史杂考。愔辞与王共祭黄老君，求长生福而已，无他冀幸。酺等奏愔职在匡正，而所为不端，迁诬告其王，罔以下道，皆诛死。有诏赦宠不案”（《后汉书·孝明八王·陈敬王羡传附宠传》）。刘宠善骑马射箭，十发皆中。东汉末年黄巾起义爆发后，刘宠曾率国中弓箭手镇守藩国，抵抗黄巾起义军，附近民众前往投奔者达10余万人。汉献帝初，刘宠率藩国中的军民屯驻阳夏，自称辅汉大将军，欲勤王卫国。后袁术因向陈国求取粮食不得，便派刺客杀死刘宠。陈藩王族从此败落。

两汉时期，有不少大臣曾受封或任职于周口一带。

汉景帝的第五个儿子刘非生有6子，刘非的第六个儿子刘定国曾被封为淮阳侯。据《汉书·景十三王传》记载，汝南王子“建异母弟定国为淮阳侯……”。

汉武帝刘彻共生有6个儿子，广陵王刘胥是他的第四个儿子。刘胥也生有6子，他的第五个儿子刘昌曾被封为南利侯。

元始元年（1年），汉宣帝孙、楚王刘嚣子刘普被封为扶乡侯。乾隆《扶沟县志》记载刘普受封扶乡侯的时间为元始四年（4年），应以元始元年为是。

汉宣帝地节四年（前66年），宣帝亲族刘德被封为阳城侯。刘德，字路叔，汉高祖刘邦的弟弟楚元王刘交后裔。汉昭帝时，刘德在父亲刘辟强去世后接替宗正一职，后遭人陷害，被免职贬为庶民。后来刘德复出，任青州刺史，后又复任宗正。汉宣帝即位后，刘德因拥立有功，先被封为关内侯，后又改封为阳城侯。刘德于前63年去世，儿子刘安民承袭为第二代阳城侯。刘安民传子刘庆忌，刘庆忌传子刘岑，刘岑儿子的时候，爵位被王莽废绝。

汉宣帝曾孙、东平王刘云之子刘璜曾被封为武平侯。

孟子七世孙孟卿，汉代时曾任淮阳太守，后仕至太傅。

肖奋，西汉初年瑕丘（在今山东兖州境内）人。他是研究和传授《礼》经的著名学者。曾任淮阳太守。《汉书·儒林传》说“瑕丘肖奋以《礼》至淮阳太守。”

西汉初年，薛鉴因曾为汉高祖献计平定英布之反，被刘邦封为千户侯。薛鉴的第五代孙薛广德曾任御史大夫。其孙薛愿曾任淮阳太守，并以淮阳为家。

申屠嘉，力大无穷，早年随从刘邦击项羽、英布，累官都尉，惠帝时任淮阳郡守，文帝时先后为御史大夫、丞相，封固安侯，为人廉直，不受私人请托。据《汉书·郦陆朱刘叔孙传》记载，申屠嘉，“孝惠时，为淮阳守”。文帝元年（前179年）六月，汉文帝诏封“淮阳守申屠嘉等十人五百户”（《汉书·高帝纪》）。

司马安，汉武帝时曾任淮阳太守。当时汉朝廷征伐匈奴，招降周边的少数部族，国家支出的费用很多，国家财政愈来愈匮乏。郑当时所任用的宾客利用大司农的货物营利，欠了公家许多债务。他揭发了此事，郑当时因此被治罪。（《汉书·郑当时传》记载：“汉征匈奴，招四夷，天下费多，财用益屈。当时为大司农，任人宾客僦，入多逋负。司马安为淮阳太守，发其事，当时以此陷罪，赎为庶人。”）

彭宣，字子佩，淮阳阳夏（今太康）人。他师事张禹，研究《易经》，张禹向汉成帝推荐彭宣说：“宣通经明理，学识渊博，为人诚实，可参之政事。”（《汉书·彭宣传》）汉成帝时（前32－前7），任光禄勋、佑将军。汉哀帝时（前6－前1），晋升为大司空，封长平侯。哀帝崩，不满王莽擅权，辞官到封地。据《汉书·彭宣传》记载：“彭宣迁御史大夫转为大司空时，王莽权臣秉政恨宣。于是上书乞归故里，受封安汉王。”

刘隆（？－57），字元伯，东汉初南阳（治今河南南阳）人。乃光武中兴“云台二十八将”之一，因功封为长平侯。新莽末年，刘隆投奔更始帝，后归附刘秀。建武十一年（35年），任南郡太守。一年多后，上交将军印绶。建武十三年（37年），增加封邑，改封竟陵侯。建武十五年（39年），刘隆因隐瞒田亩户口，被废为庶人。建武十七年（41 年），刘隆又被封为扶乐乡侯。同年，以中郎将衔派做伏波将军马援的副将讨伐交趾。刘隆大破交趾蛮人于禁谿口，俘虏了交趾蛮酋徵侧的妹妹徵贰。斩 1000 多人，降 2 万多人，胜利班师。据《后汉书·刘隆传》记载："还，更封大国，为长平侯。"

建武元年（25 年），朱鲔因在洛阳降顺光武帝，被封为扶沟侯。朱鲔是王莽末年绿林军将领，曾劝说刘玄杀死了光武帝的哥哥刘伯升。光武帝攻洛阳，朱鲔拒守，光武帝遣朱鲔旧友岑彭前去劝降，转达光武帝之意，说建大功业的人不计小恩怨，今若降顺，不仅不会被杀，还能保住官爵。于是朱鲔降光武帝，"拜鲔为平狄将军，封扶沟侯。……后为少府，传封累代。"（《后汉书·朱鲔传》）

建武二年（26 年），刘秀的妹妹刘伯姬被封为宁平公主。（《后汉书·齐武王縯传》记载："建武二年，封……伯姬为宁平公主。"又据《后汉书·李通传》记载："通因娶光武女弟伯姬，是为宁平公主。"《后汉书·阴皇后纪》记载："光武即位，……宁平主诸宫人俱到洛阳，以后为贵人。"）刘伯姬死后葬于封地，今郸城县宁平故城南 12 里处有其墓冢，今存。

冯异（？ –34），字公孙，颍川郡父城人，东汉著名军事家，协助刘秀创建东汉政权，被光武帝封为阳夏侯。（《后汉书·冯异传》记载：建武二年（26 年）春，"定封异阳夏侯"。）他曾帮助光武帝平定天下，到了论功行赏的时候，其他人都拥到皇帝面前表功，只有冯异远远地站在一棵大树下。后来人们称他为"大树将军"。明帝时封为"云台二十八将"之一。

邓晨，南阳新野人，光武帝的姐夫。建武十九年（43 年），邓晨被封为西华侯。（《后汉书·邓晨传》载："明年，定封西华侯。"）他死后，其后子孙五代世袭侯爵，历时近百年不衰。

王霸（？ –59），字元伯，颍川颍阳（今河南许昌西）人，东汉名将，"云台二十八将"之一。新莽末，从刘秀起兵，长期戍守北部边疆。建武三十年（54 年），朝廷定封王霸为"淮陵［阳］侯"（《后汉书·王霸传》）。永平二年（59 年），因病免，数月后去世，其子王符嗣封。

张歆，赵国襄国人，汉明帝永平初年（60 年前后）"仕为淮阳相"（《后汉书·张禹传》）。其子张禹，延平元年（106 年）曾任太傅。

朱颉，东汉南阳宛人。安帝时曾任陈相。（《后汉书·朱晖传》载："子颉，修儒术，安帝时至陈相。"）

窦景，窦太后和大将军窦宪之弟。永元元年（89 年），和帝继位，窦太后临朝听政。永元二年（90 年），窦景被封为汝阳侯（《后汉书·窦融传》），食邑6000户。窦景官拜执金吾（掌管京城的治安与巡逻）后，在京城洛阳为非作歹。永元四年（92年），汉和帝为削弱窦家势力，遣窦景等兄弟皆就国。窦景到封国汝阳后，被“迫令自杀”（《后汉书·窦融传》）。

永初元年（107年），邓阊被汉安帝封为西华侯，食邑万户。四年（110年），“太后以阊最少，孝行尤著，特听之，赐驷马安车。……阊至孝骨立，有闻当时。”（《后汉书·邓禹传》）元初五年（118年），邓阊去世，遗言薄葬，不受爵赠。邓太后遵从了他的意愿，并封其子邓忠继嗣西华侯。建光元年（121年），邓太后死后，安帝对邓太后的势力进行清洗，有人向安帝告密，说邓太后的兄弟邓悝、邓弘、邓阊曾经想要废除安帝，改立平原王刘翼。西华侯邓忠因此被废为庶人，后不堪地方官员的逼迫，自杀身亡。

邓演，汉和帝邓皇后的兄长。永寿元年（155年），邓演被封为南顿侯。邓演去世后，其子邓康嗣封。（《后汉书·皇后纪第十下·邓皇后纪》载：“明年，封兄邓演为南顿侯，位特进。演卒，子康嗣。”）

唐衡（？－164），颍川郾（今河南漯河市郾城区）人，为东汉宦官“五侯”之一。延熹二年（159年），被封为汝阳侯。据《后汉书·单超传》载，唐衡在桓帝时为小黄门，因协助桓帝诛权臣梁冀有功，封汝阳侯，赐1.3万户，钱1300万。他恃功骄横不法，大建宅第，夺人妻女，姻亲故旧为官者遍于天下，苛虐百姓，怨声载道。卒后赠车骑将军。司隶校尉韩演告发“五侯”劣迹，唐衡的子弟分封者皆被夺还爵土。

郭嘉（170－207），字奉孝，颍川阳翟（今河南禹州）人，曹操著名的谋士，曾被曹操表封为洧阳亭侯，食邑千户。郭嘉死后，增邑800户，其子郭奕袭封洧阳亭侯。郭奕为太子文学，早死，其子郭深嗣封侯爵。郭深死后，其子郭猎嗣封洧阳亭侯。

郭嘉初从袁绍，见袁绍好谋无断，离开袁绍。后经荀彧推荐给曹操，曹操召见他，纵论天下大事，曹操说：“使孤成大业者，必此人也。”郭嘉为司空军祭酒，追随曹操左右，运筹帷幄，协助曹操南征北战，擒吕布，破袁绍，北征乌桓，功绩卓著。官渡之战前，分析军情，断定曹操必胜。曹操说：“惟奉孝为能知孤意。”郭嘉38岁时因疾而卒。郭嘉死，曹操亲往吊丧，并上表朝廷说：“军祭酒郭嘉，自从征伐，十有一年。每有大议，临敌制变。臣策未成，嘉辄成之。平定天下，谋功为高。不幸短命，事业未终。追思嘉勋，实不可忘。可增邑八百户，并前千户。”谥贞侯。明代罗贯中曾写诗一首《赞郭嘉》：“天生郭奉孝，豪杰冠群雄。腹内藏经史，胸中隐甲兵。运谋如范蠡，决策似陈平。可惜身先丧，中原栋梁倾。”表达了作者对郭嘉才华的赞美和对其早死的无限哀怜。

三、刘邦陈县捉韩信

前202年正月，刘邦兑现诺言，封韩信为楚王，彭越为越王。受封的韩信和彭越等共推刘邦称帝。前202年二月初三，刘邦在山东定陶汜水之阳举行登极大典，定国号为汉。同年五月，刘邦在洛阳南宫庆功宴会上总结自己取胜的原因时说："夫运筹帷幄之中，决胜于千里之外，吾不如子房。镇国家，抚百姓，给馈饷，不绝粮道，吾不如萧何。连百万之军，战必胜，攻必取，吾不如韩信。此三人者，皆人杰也，吾能用之，此吾所以取天下也。"（《史记·高祖本纪》）可见韩信在刘邦夺取政权中的作用。

刘邦当上皇帝后，在巩固皇权方面采取的措施之一就是剪除异姓王对他的威胁，韩信首当其冲成为他打击的对象。刘邦陈县捉韩信就是他剪除异姓诸侯的开始。韩信通晓兵法，善于用兵。垓下之战中，刘邦为调动韩信从今山东南下围歼楚军，封其为齐王，战后改封楚王。汉高祖六年（前201年）十月（汉初承秦制，十月为岁首），韩信巡行县邑，有人告韩信谋反，刘邦采纳谋士陈平之计，诈称巡游云梦（云梦泽，在今湖北江汉平原），遣使邀诸侯会于陈邑（今淮阳），乘机擒获韩信，将其黜为淮阴侯。《汉书》对这件事从不同的角度多有记载。

《汉书·高帝纪》对刘邦陈县捉拿韩信这件事记载得较为简略："六年冬十月，令天下县邑城。人告楚王信谋反，上问左右，左右争欲击之。用陈平计，乃伪游云梦。十二月，会诸侯于陈，楚王信迎谒，因执之。"

《汉书·张陈王周传》记载得较为详细：汉六年（前201年），有人上书告发楚王韩信谋反。高帝问询将领们，将领们说："赶紧发兵活埋这小子。"高帝默默不语。高帝问陈平，陈平一再推辞，反问道："各位将领说些什么？"皇上把各位将领的话都告诉了陈平。陈平问："有人上书说韩信谋反，有知道这件事的外人吗？"皇上说："没有。"陈平问："韩信本人知道这个情况吗？"皇上说："不知道。"陈平说："陛下的精锐部队跟楚国相比哪个强？"皇上说："不能超过它。"陈平问："陛下的将领中用兵有能超过韩信的吗？"皇上说："没有谁能赶得上他。"陈平说："如今陛下的军队不如楚国精锐，将领的才干又赶不上韩信，却要发兵攻打他，这是促使他同我们作战，我私下里为陛下的安危担忧。"皇上说："那该怎么办呢？"陈平说："古时天子要循例巡察各地，会见诸侯。南方有个云梦泽，陛下只是假装出游云梦，在陈县会见诸侯。陈县在楚国的西部边界，韩信听到天子怀着善意出游，看那情势定然无事，就会到郊外迎接拜见陛下。拜见时，陛下趁机将他拿下，这只不过是一个力士就能办到的事。”高帝觉得他的主意不错，于是派出使者告知各诸侯到陈县会面，说“我即将南游云梦”。皇上随即出发，尚未到达陈县，楚王韩信果然在郊外的路上迎接。高帝预先准备好武士，见韩信来了，立即将他拿下捆绑起来，装在副车中。韩信喊道：“天下已经平定了，我本来该当烹杀了！”高帝回过头对韩信说：“你别出声喊叫了！你谋反，已经很明显了！”武士把韩信两手反绑在后。高帝于是在陈县会见了诸侯。

韩信谋反这件事，《汉书·韩彭英卢吴传》是这样记载的：汉高祖五年（前202年）正月，刘邦改封韩信为楚王。项羽手下的一名逃亡将领钟离眛一向与韩信友好。项羽死后，他投奔了韩信。刘邦怨恨钟离眛，听说他在楚国，就让楚国逮捕他。韩信刚到楚国，巡视各县邑时，进出都有列兵保卫，引起了刘邦的疑虑。汉高祖六年（前201年）十月，韩信巡行县邑，有人上书告他谋反，刘邦采纳陈平之计，按照天子外出巡视会见诸侯的惯例，伪称将要游云梦泽，派使臣通告各诸侯到陈县（今河南淮阳）会面，欲乘机擒获韩信，而韩信却蒙在鼓里。

汉高祖将到楚地诱捕韩信，韩信想发兵反叛，但他想自己没有罪过，就要朝见皇上，却又怕被擒。有人劝韩信说：“你杀了钟离眛去见皇上，皇上一定高兴，没有后患。”韩信召来钟离眛商量这件事，钟离眛说：“刘邦之所以不来攻取楚国，是因为有我钟离眛在你这儿。如果你要逮捕我去向刘邦献媚，我今天死了，你也会紧跟着灭亡。”于是骂韩信道：“你不是一个厚道忠义的人。”而后就自杀了。

韩信带着钟离眛的人头，到陈县朝见刘邦。刘邦命令武士擒获韩信，放在后面的车上。韩信说道：“果真像人家说的‘狡兔死，走狗烹；飞鸟尽，良弓藏；敌国破，谋臣亡’。天下已经平定，我本来就该遭烹杀！”刘邦说：“有人告发你谋反。”于是给韩信戴上刑具。到了洛阳，又赦免了他，封他为淮阴侯。

陈县西郊是刘邦捉韩信的地方。后来为了纪念韩信这位著名的军事家无辜被擒囚，陈人把西门桥叫做“平信桥”，城西乡谓之“平信乡”。今淮阳县城西的一座桥仍以“平信桥”名之。

四、刘秀等在南顿、淮阳的活动

刘秀（前6－57），南阳蔡阳（今湖北省枣阳西南）人，汉高祖刘邦九世孙。刘秀的祖父刘回，曾官任巨鹿郡（今河北平乡）都尉。刘回生有两个儿子：刘钦、刘良。刘钦，就是光武帝刘秀的父亲，曾任南顿县（今项城市）县令。刘钦生养了3个优秀的儿子，即刘缜、刘仲、刘秀。其中，三子刘秀肇启东汉帝统。另有刘黄、刘元、刘伯姬等3个女儿。刘良在汉平帝时举孝廉，任萧县（今安徽省萧县）县令。刘钦去世后，刘良主动承担起抚养侄儿刘缜、刘仲、刘秀3个兄弟的重担。

刘钦曾任陈留郡济阳县（今河南兰考县东北）县令。建平元年（前6年）十二月，刘钦的第三子刘秀出生在济阳县舍。后刘钦调任南顿县（治今项城市西南顿镇）县令，刘秀和他的两个兄长刘缜、刘仲跟随父亲在南顿生活。太傅张禹的祖父张况曾“数往来南顿，见光武。”（《后汉书·张禹传》）元始三年（3年），刘钦死于南顿任上，刘秀时年9岁。刘秀和两个兄长遂离开南顿，寄养于叔父刘良。（《后汉书·光武帝纪》记载：“回生南顿令钦，钦生光武。光武年九岁而孤，养于叔父良。”）

公元25年，刘秀在河北高（今河北省柏乡县北）称帝，建立东汉政权。刘秀当上皇帝后念念不忘南顿父老的养育之恩，一度巡幸南顿，并多次惠及南顿人民。

建武十九年（43年）秋九月，光武帝在南巡南阳后驾临汝南郡南顿县舍，设置酒宴，赏赐吏民，表态免除南顿县田租一年。当地父老趋前叩头请求说：“皇帝您的父亲曾在南顿这里任县令很长时间，您曾跟随在此住过，因此熟悉这里的官府房舍，每次您来到这里都施予我们深厚的恩惠，希望能降恩免除十年的赋税。”光武帝说：“治理天下责任重大，我经常担心不能胜任，过一天是一天，哪敢过远约到十年呢？”南顿吏民说：“陛下实际上是舍不得减免，何以讲得这样谦逊呢？”光武帝大笑，又答应再增免一年的赋税。随后又驾临淮阳等地。《后汉书·光武帝纪》对刘秀此次南顿、淮阳之行如此记载：建武十九年，“秋九月，南巡狩。壬申，幸南阳，进幸汝南南顿县舍设酒会，赐吏人，复南顿田租岁。父老前叩头言：‘皇考居此日久，陛下识知寺舍，每来辄加厚恩，愿赐复十年。’帝曰：‘天下重器，常恐不任，日复一日，安敢远期十岁乎？’吏人又言：‘陛下实惜之，何言谦也？’帝大笑，复增一岁。进幸淮阳、梁、沛。”《读史方舆纪要》卷四十七河南二项城县记载：“光武台在县（治时在今项城秣陵）西北二十里。光武幸南顿时所筑。”

建武十九年（43年），光武帝刘秀诏曰：“南顿君以上至节侯，皆就园庙。南顿君称皇考庙，……在所郡县侍祠。”（《后汉书·祭祀下》）南顿君庙，在今项城南顿故城北。光武帝崩后，当地群众为纪念刘秀及其父亲的功德，对南顿君庙进行了扩建，并改称为光武庙。该庙自东汉初年建成后，历遭兵火，毁而复之。1958年“扒庙打神”时被拆除，近年恢复重建。

建武中元元年（56年），光武帝免除南顿一年的徭役。据《后汉书·光武帝纪》记载：“复……南顿是年徭役。”

光武帝第四子汉明帝刘庄曾巡幸南顿。据《后汉书·明帝纪》记载：永平十年（66年），“幸南顿，劳飨三老、官属。”

汉明帝第五子汉章帝刘炟曾巡幸淮阳。据《后汉书·章帝纪》记载：建初八年（83年），“冬十二月甲午，东巡狩，幸……淮阳。”

五、武平侯曹操让县

曹操（155－220）字孟德，汉魏间沛国谯（今安徽亳州市）人，著名政治家、军事家、诗人。位至大将军、丞相，封魏王。建安元年（196年），曹操为实现“挟天子以令诸侯”的目的，派遣曹洪将兵西迎献帝自长安东迁至安邑。九月，天子“车驾出轘辕而东，以太祖为大将军，封武平侯。”（《三国志·魏书·武帝纪》）

建安十五年（210年），武平侯曹操56岁时，实际掌握了东汉政权，并基本上统一了中国北建方。就在他为进一步统一全国而作出努力时，孙权、刘备两大军事势力除在军事上联盟抗曹外，在政治上则抨击曹操“欲废汉自立”，“托名汉相，实为汉贼”（《三国志·吴书·周瑜传》）。在这种政治形势下，曹操发布了《让县自明本志令》，又名《述志令》。这篇令（令，上告下的文书），以明心志，并奉还了受封的武平国大部分食邑（让县），反击了朝野谤议。

该令的大意是：我被举为孝廉时，年纪很轻，自以为不是那种隐居深山而有名望的人士，恐怕被天下人看作是平庸无能之辈，所以想当一个郡的太守，把政治和教化搞好，来建立自己的名誉，让世上的人都清楚地了解我。所以我在济南任国相时，开始革除弊政，公正地选拔、推荐官吏，这就触犯了那些朝廷的权贵。因而被豪强权贵所恨，我恐怕给家族招来灾祸，所以托病还乡了。

辞官之后，年纪还轻，回头看看与我同年被荐举的人当中，有的年纪已50多岁了，还没有被人称作年老。自己内心盘算，从现在起，往后再过20年，等到天下安定太平了，我才跟同岁中那些刚被举为孝廉的人相等罢了。所以返回家乡，整年不出，在谯县东面50里的地方建了一栋精致的书房，打算在秋夏读书，冬春打猎，只希望得到一点瘠薄的土地，想老于荒野、不被人知，断绝和宾客交往的念头。但是这个愿望没有能够实现。

后来我被征召做了都尉，又调任典军校尉，心里就又想为国家讨贼立功了。希望得到封侯，当个征西将军，死后在墓碑上题字说："汉故征西将军曹侯之墓。"这就是我当时的志向。然而遇上董卓犯上叛乱，各地纷纷起兵讨伐。这时我完全可以招集更多的兵马，然而我却常常裁减，不愿扩充；所以这样做，是因为兵多了意气骄盛，要与强敌抗争，就可能重新引起祸端。所以汴水之战时，我部下只有几千人，后到扬州再去招募，也仍不过3000人，这是因为我本来的志向就很有限。

后来我担任兖州刺史，击败了黄巾农民军，收编了30多万人。再有袁术在九江盗用皇帝称号，部下都向他称臣，改称城门为建号门。衣冠服饰都按照皇帝的制度，两个老婆预先抢着当皇后。计划已定，有人劝说袁术立即登基，向天下人公开宣布。袁术回答说："曹公尚在，还不能这样做。"此后我出兵讨伐，擒拿了他的四员大将，抓获了大量部属，致使袁术势穷力尽，瓦解崩溃，最后得病而死。待到袁绍占据黄河以北，兵势强盛，我估计自己的力量，实在不能和他匹敌；但想到我这是为国献身，为正义而牺牲，这样也足以留名后世。幸而打败了袁绍，还斩了他的两个儿子。还有刘表自以为是皇室的同族，包藏奸心，忽进忽退，观察形势，占据荆州，我又平息了他，才使天下太平。自己当上了宰相，作为一个臣子已经显贵到极点，已经超过我原来的愿望了。

今天我说这些，好像很自大，实是想消除人们的非议，所以才无所隐讳罢了。假使国家没有我，还不知道会有多少人称帝，多少人称霸呢！可能有的人看到我的势力强大，又生性不相信天命之事，恐怕会私下议论，说我有夺取帝位的野心，这种胡乱猜测，常使我心中不得安宁。齐桓公、晋文公所以名声被传颂至今的原因，是因为他们的兵势强大，仍能够尊重周朝天子啊。《论语》说："周文王虽已取得了三分之二的天下，但仍能尊奉殷王朝，他的道德可说是最崇高的了。"因为他能以强大的诸侯来侍奉弱小的天子啊。从前燕国的乐毅投奔赵国，赵王想与他图谋攻打燕国。乐毅跪伏在地上哭泣，回答说："我侍奉燕昭王，就像侍奉大王您，我如果获罪，被放逐到别国，直到死了为止，也不会忍心谋害赵国的普通百姓，何况是燕国的后代呢?"秦二世胡亥要杀蒙恬的时候，蒙恬说："从我的祖父、父亲到我，长期受到秦国的信用，已经三代了。现在我领兵30多万，按势力足够可以背叛朝廷，但是我自知就是死也要恪守君臣之义，不敢辱没先辈的教诲，而忘记先王的恩德。"我每次阅读这两个人的书，没有不感动得悲伤流泪的。从我的祖父、父亲直到我，都是担任皇帝的亲信和重臣，可以说是被信任的，到了曹丕兄弟，已经超过三代了。

我不仅是对诸位来诉说这些，还常常将这些告诉妻妾，让他们都深知我的心意。我告诉他们说："待到我死去之后，你们都应当改嫁，希望要传述我的心愿，使人们都知道。"我这些话都是出自肺腑的至要之言。我之所以这样勤勤恳恳地叙说这些心腹话，是看到周公有《金縢》之书可以表明自己的心迹，恐怕别人不相信的缘故。但要我就此放弃所统率的军队，把军权交还朝廷，回到武平侯的封地去，这实在是不行的啊。为什么呢？实在是怕放弃了兵权会遭到别人的谋害。这既是为子孙打算，也是考虑到自己垮台，国家将有颠覆的危险。因此不能贪图虚名而使自己遭受实际的祸害。这是不能干的啊。先前，朝廷恩封我的三个儿子为侯，我坚决推辞不接受，现在我改变主意打算接受它。这不是想再以此为荣，而是想以他们作为外援，从确保朝廷和自己的绝对安全着想。

每当我读到介子推逃避晋文公的封爵，申包胥逃避楚昭王的赏赐，没有不是放下书本而感叹，以此用来反省自己的。我仰仗着国家的威望，代表天子出征，以弱胜强，以小胜大。想要办到的事，做起来无不如意，心里有所考虑的事，实行时无不成功。就这样扫平了天下，没有辜负君主的使命。这可说是上天在辅助汉家皇室，不是人力所能企及的啊。然而我的封地占有4个县，享受3万户的赋税，我有什么功德配得上它呢！现在天下还未安定，我不能让位。至于封地，可以辞退一些。现在我把阳夏、柘、苦三县的2万户赋税交还给朝廷，只享受武平县的1万户。姑且以此来平息诽谤和议论，稍稍减少别人对我的指责吧！

这篇令文是反映曹操思想和经历的一篇带有自传性质的重要文章。文中概述了曹操统一中国北方的过程，表达了他以平定天下、恢复统一为己任的政治抱负。写得坦"挟天子以令诸侯"白直率，气势磅礴，充满豪气，表现出政治家的气度和见识。

从这篇令文可以看出，曹操受封的武平国辖四县，即武平（今鹿邑县西）、阳夏（今太康县）、柘（今柘城县北）、苦（今鹿邑县东），食邑3万户。建安十五年（210年），他为了表明心志，平息诽谤和议论，主动交还朝廷2万户，这正如他在《让县自明本志令》中说：“然封兼四县，食户三万，何德堪之！江湖未静，不可让位；至于邑土，可得而辞。今上还阳夏、柘、苦三县户二万，但食武平万户，且以分损谤议，少减孤之责也。”（《三国志·魏志·武帝纪》裴松之注）

六、治世能臣和官吏的政绩

自秦汉起，中央政府已经注重从各地选用人才从事国家的行政管理，地方官吏任免也往往由最高统治集团决策。为加强对地方的控制，防止地方官相互勾结庇护，汉代政治制度已有地方行政长官回避本籍的规定。官员的调任迁转，不仅相对较为频繁，而且常常辗转千里，历程辽远。史籍中所见官僚履历，大多历任数职，转仕于各地。《汉书·循吏传》中著名循吏黄霸则曾经转仕9处。

1. 治世能臣

两汉时期，周口地区出现了一些治世能臣，如黄霸、袁安、虞诩、汝郁、何熙、潘乾等，他们或在朝中为官，或任职外地，都取得了显著政绩，在历史上留下美名。

黄霸（？-前51），字次公，西汉时淮阳阳夏（今太康）人。迁太子太傅、御史大夫。五凤元年（前55年），代丙吉为丞相，封建成侯。任丞相5年病卒，谥定侯。宣帝赞其为“贤人君子”、“国家栋梁”。

黄霸还在年少时，就立下了做一名好官吏的志向。由于汉时并无科举制度，汉武帝为缓解财政困难，发布诏令，凡是向国家贡献财产的给官做。黄霸便用粮食换了一个卒史。从政后，奉公守法，以廉为本；体察民情，以劝课农桑为重。特别是黄霸断案，崇尚仁政，反对酷刑；对疑案坚持从轻处理；主张对犯罪实行外宽内明，教化为先，把重点放在防患于未然上。所以，黄霸为官，百姓拥护，朝廷满意，属下悦服。黄霸也因此从一年俸200石的小吏，一直升到了朝廷的丞相。其中以在当时的大郡——颍川郡任太守的政绩最为突出，“霸以外宽内明得民心，户口岁增，为全国第一”。此前，颍川郡是一个豪强地主称霸一方，百姓流离失所的地方，他到任后，大刀阔斧，布施恩德，安置流民，重视农桑，施行教化，经过几年的精心治理，颍川出现了社会安定，吏治清明，生产发展，“田者让畔，道不拾遗，养视鳏寡，赡助贫穷，狱中八年无重罪犯，吏民向于教化，兴于行宜”的太平景象，皇帝因此下诏称颂黄霸是良吏中的最优秀者。史学家班固在《汉书·循吏传》评论他说：“自汉兴，言治民吏，以霸为先。”

袁安（？－92），东汉汝南郡汝阳县（今河南商水县）人，官至司空、司徒。他的事迹主要有三：一是有贤德；二是公正严明；三是不畏强权。

袁安祖父袁良，汉平帝时举明经，为太子舍人，后至成武县令。袁安的父亲，史书无载，可能辞世甚早。据说袁安少时，父亲去世，母亲命他出门寻求风水宝地下葬，走到半路，遇到三位书生，问袁安去哪里，袁安一一具告。书生指着不远处一向阳坡道：“令先尊若葬此地，袁家当世代为三公。”言罢，须臾不见其踪影。袁安非常惊异，以为神仙指点，于是遂葬父于书生所占之地。据《后汉书·袁安传》记载：“初，安父没，母使安访求葬地，道逢三书生，问安何之，安为言其故，生乃指一处，云‘葬此地，当世为上公’。须臾不见，安异之。袁安少承家学，于是遂葬其所占之地，故累世隆盛焉。”此虽为迷信神奇之说，诚不足信，然据此可证其父之早逝。

袁安

袁安少时受其祖父的影响，精通《孟氏易》，故学得做人严谨、诚实，因而得到州民的尊重。据《汝南先贤传》记载，有一次大雪积地丈余，汝阳令亲自出门考察民情，见家家户户纷纷清除门前积雪，外出寻找食物。行至袁安门口，没有路行，有人对县令说：“袁安已经死了。”洛阳令立即派人清除积雪，进入袁安屋内，见袁安不支地卧在床上。洛阳令询问袁安说：“为什么不出去呢?”袁安答道：“天下大雪，人人皆饿，我何苦麻烦别人呢?”洛阳令觉得袁安深明事理，是贤明之人，于是举他为孝廉。后人因以“袁安高卧”、“袁安困雪”等指身处穷困仍坚守节操的行为。晋陶渊明《咏贫士七首》之五：“袁安困积雪，貌然不可干。”唐高适《苦雪四首》之二：“惠连发清兴，袁安念高卧。”宋陆游《稽山雪》：“冻吟孰窥袁安户，僵卧秃尽苏武节。”

袁安举孝廉后，任阴平长、任城令，对属下要求极为严格，所到之处吏民都敬畏和爱戴他。汉明帝永平十三年（70年），楚王英谋反败露，案件株连数千人。永平十四年（71年），朝廷因袁安执法严明，拜他为楚郡太守，审理此案。前任因上司催办甚急，屈打成招，冤狱遍地，无辜逼死者甚众。袁安一到任，不入府衙，便先往狱中调查取证，甄别平反400余家，予以无罪释放。一年后袁安任河南尹，政策号令严明，在职十年，京师纲纪肃然，名重朝廷。建初八年（83年）迁为太仆。汉章帝元和三年（86年）任司空。章和元年（87年）任司徒。

袁安力抗外戚擅权，维护汉室江山。和帝时，窦太后临朝，外戚窦宪兄弟专权操纵朝政，民怨沸腾。袁安不畏权贵，守正不移，多次直言上书，弹劾窦氏种种不法行为，为窦太后忌恨。但袁安节行素高，窦太后无法加害于他。在是否出击北匈奴的辩论中，袁安与司空任隗力主怀柔，反对劳师远涉、徼功万里，免冠上朝力争达10余次。袁安因天子年幼，外戚专权，因而每次朝会觐见，以及与公卿谈论国家大事，没有不流泪的。从天子到大臣都很信赖他。（《后汉书·袁安传》记载："安以天子幼弱，外戚专权，每朝会进见，及与公卿言国家事，未尝不噫呜流涕。自天子及大臣皆恃赖之。"）和帝永元四年（92年）春，袁安去世，朝廷感到十分痛惜。

虞诩（？－137），字升卿，东汉陈国武平（今鹿邑邱集乡）人。主要事迹有三：一是有权谋；二是善用兵；三是招抚流民发展生产。

虞诩12岁已能读《尚书》。父母早死，他孝养祖母，不肯应召。祖母死后，才出任太尉李修府郎中。永初四年（110年），羌、胡攻掠凉州。汉廷为专力北御鲜卑、匈奴，欲放弃凉州，被虞诩谏阻。因他反对外戚、大将军邓骘拟放弃凉州，并提出安抚凉州、抵抗西羌之策，得到太尉李修的采纳。

邓骘兄弟因虞诩反对了邓骘的意见，心中不平，想利用吏法诬陷虞诩。后来朝歌贼宁季等数千人攻杀长吏，屯聚连年，州郡控制不住，于是以虞诩为朝歌县长，一些老友都不无担心地对他说："当朝歌县长真倒霉！"虞诩笑着说："志不求易，事不避难，这是我的本分。不遇盘曲的根，错乱的节，哪能识别利器呢？"到任后，去拜见河内太守马棱，马棱勉励他说："你是有学问的人，应当在朝廷谋划国家大事，为什么来朝歌呢？"虞诩说："受命那天，不少士大夫都来慰问勉励我。我想，贼众是不能所作为的。朝歌在古时韩、魏两国交界之处，背靠太行山，面临黄河，离敖仓百里，青州、冀州流亡到这里的有几万人。贼不知开仓募众，抢劫库藏兵器，守城皋，断天下右臂，这就不足忧了。现在，贼众正盛，不好与之争锋。兵不厌诈，希望多给兵马，不要使我有为难而已。"一上任，就设三科募求壮士，令掾史以下各自举报所知道的，抢劫的为上，伤人偷盗的次之，有丧服而不事家业的为下，共募得百余人。虞诩设宴招待他们，都免罪过，让他们跑入贼中，引诱他们劫掠，并设伏兵，只等他们到来。于是杀贼众数百人。又派遣会缝纫的贫民，为贼众做衣服，用绛缕缝在衣襟上作标记，贼人出入市里的，官兵便加以捕捉。贼众因此惊骇走散。民众都称道虞诩神明。虞诩升任怀县县令。

西羌侵犯武都，当时执政的邓太后认为虞诩有将帅之略，让他担任武都郡长，负责抗击西羌。

元初二年（115 年），羌族复起兵大败汉军。虞诩前往武都赴任途中，被羌兵阻于陈仓（今陕西宝鸡境内）崤谷。虞诩诈称固守待援，停军不进，扬言已派人往朝廷请求增兵，等增兵到再出发。羌军得此消息，便分散到附近各县劫掠，虞诩因其兵散立即日夜兼程挺进，第一天就奔驰了百余里，令吏士每人各做两个炉灶，第二日各做四个炉灶，以后每日倍增，羌军尾追，见其每日增炉灶，疑已增兵，不敢攻击。有人问虞诩："以前孙膑减少炉灶而您却增加炉灶，兵法说每日行军不要超过 30 里，以防备出现意外，而您却令行 200 里，这是什么缘故?"虞诩答道："羌军多，我兵少，慢行则易被彼追及，速进则彼难于预测。羌军见我炉灶日增，必误为郡兵来迎。兵多行速，羌军必惊而不敢追。孙膑示弱以诱敌，我今示强以退敌，这是因彼此形势不同之故。"虞诩率众乘羌兵松懈，通过险隘，沿途虚张声势，逐日增灶，羌兵以为汉军增多，不敢紧追。至赤亭（今甘肃成县西北），遇羌兵万余围攻。他令先发小弩示弱，诱羌兵急攻，再以强弩射击，使 20 弩共射一人，所发必中。羌军大惊，急行撤退。虞诩因令兵出城奋击，杀伤羌军很多。次日，虞诩令其全军从东门出从北门入，入城后改换服装照样出入，如此转了几次。羌军以为守城军如此之多，更为恐惊。虞诩料羌军将退，便暗中派遣 500 余人到浅水处设伏，堵住羌军退路。羌军果然撤退，虞诩令前后夹击，大破之，杀伤俘虏甚多。羌军由是败散，窜逃到益州，无力再来侵扰。

为巩固防御阵地以保卫郡民的安全，虞诩根据不同地势，构筑碉堡城寨 180 座，并招还流亡在外的难民，对贫民则加以赈济；他还亲自率领将士勘察河川，发动群众开凿水道，仅是节省运费每年多达 4000 余万钱。虞诩初上任时，谷米每石 1000 钱，食盐每石 8000 钱，居民只有 1. 3 万户。经过他 3 年的治理，谷米每石减至 80 钱，食盐每石减至 80 钱，居民户数增至 4 万余户，人民安居乐业。

从虞诩退羌军的智谋看，可见运用兵法要根据实际情况随机应变。孙膑退军减少炉灶是向敌示弱，使其以为齐军怯战逃亡，以诱敌追击，在预先埋伏好的阵地以歼之。而虞诩兵少，羌军兵多，要越过敌人的拦阻，只能设法使其分散，而在急行军前进时，便反孙膑之法而行之，即增加炉灶使羌军疑其增军而不敢追击。显然，孙膑减灶是诱敌追击，而虞诩增灶是为慑敌，情况各异，目的不同，办法也就相反。如果虞诩死啃兵书，也学孙膑减灶，那就倒霉了。虞诩令守城军全部出出入入，是向敌示其军之众，使敌发生错觉而不敢久留。虞诩对敌的整体战术上，基本是用弱而示强之法。但在局部战术中，虞诩也用强而示弱之法，即先用小弓使敌误其箭力弱以诱敌攻城，而用强弩射之，使敌惊恐。虞诩用兵能随机应变，可以说是善于用兵者。

顺帝时，虞诩历官司隶校尉、尚书仆射，纠举违法，不避权贵。为人刚直，虽三遭刑罚，终生不改。永和初年卒。其墓在鹿邑县高集乡前楼村东北。墓冢面积4500平方米，封土高5米，墓室呈“中”字形，出土有小石磨、陶盆、罐、壶、五铢钱等。墓前原立有清光绪三十年（1904年）“汉尚书讳诩字升卿虞公墓”碑，现存鹿邑县博物馆。

汝郁，东汉陈国人，字叔异。他性情仁慈、孝顺，父母去世后隐居于山林江湖。贾逵向皇帝推荐汝郁，汉和帝立即征用他，并加以优待。后来不断提升，一直做到鲁国的相。他以德行教化人民，百姓们非常称赞他，流亡回乡的有八九千户。（《后汉书·贾逵传》记载：“逵荐……陈国汝郁，帝即征之，并蒙优礼。……郁字叔异，性仁孝，及亲殁，遂隐处山泽。后累迁为鲁相，以德教化，百姓称之，流人归者八九千户。”）

何熙，字孟孙，陈国人。“少有大志。永元中，为谒者。身长八尺五寸，善为威容，赞拜殿中，音动左右。和帝伟之，擢为御史中丞，历司隶校尉、大司农。”永初三年（109年）南匈奴单于在美稷包围了中郎将耿仲。冬季，十一月，东汉政府任命大司农何熙代理车骑将军职务，以中郎将庞雄为副手，统领五营兵及边境各郡郡兵，共2万余人，以解美稷之围。不料临阵身死，遗言薄葬。何熙有三子，分别为临、瑾、阜。“临、瑾并有政能。阜俊才早没。临子衡，为尚书，以正直称，坐讼李膺等下狱，免官，废于家。”（《后汉书·梁慬传》）

潘乾，字元卓，东汉长平（今西华）人，光和年间曾任溧阳县令。南京博物院现藏有东汉光和四年（181年）《固城校官碑》，此碑是为颂扬潘乾任溧阳县令创办“固城校官”（学校）而刻立的。碑文为汉隶，470字，记述了东汉溧阳县令潘乾的品行和德政。潘乾任职溧阳县令期间，“履菰竹之廉，蹈公仪之洁”，“百姓心欢，官不失实”，又“构修学宫，宗懿招德”，办学兴教，恩泽人民。

2. 地方官吏的政绩

两汉时期，中央政府重视对地方的治理，一些外籍官吏为政令周口一带，治绩有声，受到当地民众的称赞。

汲黯（？ –前 112），字长孺，西汉濮阳人。景帝时任太子洗马。武帝即位，初为谒者，迁中大夫，转东海太守，有治绩，升主爵都尉，位列九卿。他主张治务无为，遇事好直言切谏，曾隐居田园数年。后来因淮阳地方难治，汉武帝召拜汲黯为太守，汲黯称病婉辞不肯就任，皇帝说：“爱卿是不是觉得淮阳这个地方太小？你先上任，我很快就会把你调回来。淮阳官民关系紧张，我只是借重你的威望，你一边养病一边治理。”汲黯到了淮阳，整个淮阳郡在他的治理下，政通人和，一片兴旺。汲黯在淮阳为政 10 年，最后病死在淮阳太守任上。（《汉书·汲黯传》载：“君薄淮阳，即吾今召君矣，顾淮阳吏民不相得，吾徒得君之重，卧而治之。……黯居郡如其故治，淮阳政清。……令黯以诸侯相秩居淮阳。居淮阳十岁而卒。”）淮阳民众为了纪念他，曾建有卧治阁。今郸城县汲冢镇西张庄村东北有汲冢，传为汲黯墓。《开封志》、《淮阳县志》也皆云此地为汲黯墓。墓前原有“汉淮阳太守汲黯之墓”碑。今郸城县汲冢镇即以汲黯墓而得名。

郑弘，字稚卿，西汉泰山郡（治奉高，在今山东泰安市东）刚县（在今山东宁阳县东北）人。好学明经，通晓法律政事。汉宣帝时任南阳等数郡太守，治理有方，用刑宽平，后“迁淮阳相”（《汉书·郑弘传》），以高第入为右扶风。

东汉章帝时还有一个郑弘，曾任淮阳太守。郑弘（？ –86），字巨君，会稽山阴（今浙江绍兴）人。他品德高尚，为官清廉，在淮阳太守任上，政绩卓异，有两个典故都与他在淮阳的政绩有关。一是随车致雨；二是朱幡引鹿。据《后汉书·郑弘传》记载：郑弘“迁淮阳太守。”李贤注引三国吴谢承《后汉书》说：“弘消息繇赋，政不烦苛。行春天旱，随车致雨。”后以“灵雨随车”为颂扬地方官吏政绩之典。他还非常重视农业生产。据《后汉书·郑弘传》注：“太守常驻春行所主县，劝人农桑，振救乏绝。”一次，他出外鼓励农民从事生产，有白鹿跟着他车子上的朱幡走。有人告诉他，这是做宰相的预兆。后来郑弘做到御史大夫（副宰相）。

韩延寿，字长公，燕国（都蓟在今北京市西南）人。汉昭帝时，“迁淮阳太守，治甚有名”（《汉书·韩延寿传》）。后迁颍川。

韦义，字季节，东汉扶风平陵人。顺帝时任陈令，“政甚有绩，官曹无事，牢狱空虚。”他去世后，广都、甘陵、陈“三县吏民为义举哀，若丧考妣”（《后汉书·韦义传》）。

萧咸，字仲，东海兰陵（今山东苍山县西南）人。曾任淮阳内史，在任上做出出色成绩。据《汉书·萧咸传》载：萧咸“为丞相史，举茂才，好畤令，迁淮阳、泗水内史，张掖、弘农、河东太守。所居有迹，数增秩赐金”。

戴封（？－100），东汉济北郡刚（今山东宁阳县）人。东汉和帝时官至太常，居九卿之首。永元六年（95年），和帝下诏，要求各地推举品德高尚、敢于直言谏事的人。泰山郡守及大司农举荐戴封，用官车送他晋见汉和帝。和帝举行殿试，先试品德操守，再考学识才华，后验办事能力和年龄体貌等，戴封各项表现优秀，获殿试榜首，被赐封议郎，后外放西华县令。戴封任西华县令期间，做了两件事，感民至深。一是巧设障物治蝗灾。他一到任，西华县就发生了波及汝颍郡的特大蝗灾。蝗虫飞起，遮天蔽日，每落一处，庄稼树木一食而光，秸秆无存，蝗虫食遍了周边县境，唯独不敢入西华县境。原因是戴封上任的第二天就预知蝗虫来袭食，紧急动员民众在县界布障物，蝗虫遇障即逃。二是祈降甘霖。西华县大旱，草禾干枯。当时祈祷苍天降雨是常用之法，在一连几天祈祷无效的情况下，戴封令手下堆积干柴，他坐在柴垛上让人点燃，欲用自焚感动苍天。下人不忍点火，他自己燃着柴垛，火苗冉冉上升时，顿时大雨倾盆，浇灭了火苗。（《后汉书·独行列传·戴封传》：“迁西华令。时汝、颍有蝗灾，独不入西华界。时督邮行县，蝗忽大至，督邮其日即去，蝗亦顿除，一境奇之。其年大旱，封祷请无获，乃积薪坐其上以自焚。火起而大雨暴至，于是远近叹服。”）此事虽然有附会的成分，但戴封的爱民之心则值得敬仰。

雷义，字仲公，东汉江西鄱阳人。汉顺帝（127－131年在位）年间任南顿令。他在任上深受百姓拥戴，最后病逝在任上。据《后汉书·雷义传》载：“除南顿令，卒官。”清康熙二十九年（1690年）《项城县志》说他“清白持身，墨吏闻风遁去”。那些贪污腐化的官吏们见一县之长如此，认为在他的手下做事不会有什么油水可捞，便纷纷离他而去。可见他是一个克己奉公、严于律己、勤政爱民的好官。

骆俊（？－197），字孝远，会稽郡乌伤县（今浙江义乌市）人。骆俊年轻时在会稽郡当小吏，举为“孝廉”。骆俊奉召到京都洛阳，起初担任尚书郎，他待人接物颇得一些皇亲国戚喜爱。应陈王的要求，汉灵帝令骆俊到陈国去做国相。他在任上励精图治，奖励生产，济养百姓，深受民众爱戴，因拒绝借粮，而被袁术杀害。他的事迹主要有：一是相王同心国泰民安；二是接济灾民居安思危。

国相是行政长官，级别相当于郡太守。骆俊到陈国，与陈王同心协力，抓好农业生产和社会治安。陈王很器重他，称赞他是贤相。

陈王刘宠从小习武，尤善射箭，十发十中，均中靶心。中平元年（184年），黄巾军起义所向披靡，郡县官吏丢下城邑各自逃走。各地农民群起响应。刘宠家里藏有大批强弓利箭，于是招收一批勇士把守陈国首府陈县（今淮阳），对城外各路口都亭严加防范。由于陈国没有内应，乱不起来，所以社会秩序比其他郡县安宁，许多经受战争祸害的邻郡百姓，扶老携幼，到陈国躲避灾难的一时竟有10余万人。

汉灵帝去世，董卓独揽朝政。初平元年（190年）正月，山东（崤山、华山以东，亦即函谷关、潼关以东的关东）州郡起兵讨伐董卓，时称“义兵”。一时间中原逐鹿，战乱频仍。刘宠聚兵把守国邑陈县外围陈国属地阳夏（今太康），使各路兵马不敢乘机偷袭，陈国境内因而未受战祸。

骆俊的国相职务主要是治民，他始终把民众直接利益放在首位，从爱民为民的角度出发，在倡导发展粮食生产的同时，大力奖励生育。民间妇女分娩之后，不管生男生女，他都送上一份丰厚的食米与畜肉，给产妇调养身体，使之更好地养育婴儿，并说明这是陈王的恩德。这使陈国百姓由衷地感谢骆俊。民间生了婴儿，不论是男是女，一时都以“骆”字取名，充分体现了陈国民众对骆俊的爱戴。骆俊治郡有方，使陈王刘宠在保卫陈国安全的军事防御行动方面有了强有力的后盾。

当时陈国境内没有受到战争破坏，社会安定，百姓对骆俊的政令乐于顺从。官民相安，农民勤事生产，天公作美，粮食连年丰收。别的地方天灾人祸接连不断，只有陈国境内家家户户安居乐业，有吃有穿。邻近的郡县群雄割据，战争频繁，导致民不聊生。骆俊居安思危，协同刘宠做好防御，保障民众的安全。这时的邻郡，尤其是汝南黄巾军曾与鲍洪展开过大战的葛陂湖周围，因与陈国相近，灾民纷纷涌进陈国境内。骆俊对外来的饥民，像对待陈国的百姓一样慷慨解囊，满腔热情。他下令打开公仓，将粮食拿出来分发接济，致使数以万计濒于饿死的难民存活下来。骆俊还捐出薪俸，缝制大批衣服，施舍给受冻的灾民御寒。

建安二年（197年），袁术派人向骆俊借粮。骆俊嫌其不立德政，居心叵测，没有答应。袁术为此恼羞成怒，派了一个名叫阊阳的手下人，冒充受陈国救济的灾民代表，拿了酒肉来到骆俊的住所，谎称感谢。他极力称赞骆相救危扶困的恩德，当面敬上一杯酒，以示对骆相的谢意。骆俊心地善良，盛情难却，接过酒杯一饮而尽。孰知酒中有毒，毒性发作，骆俊被刺客刺死。陈国各地听到国相被害的消息，举国哀伤。袁术乘机连夜偷袭陈国，攻破陈县，杀害陈王刘宠，疯狂搜索粮食，抢掠财物。陈县百姓自此也沦为灾民。

据《后汉书·陈敬王羡传》记载："宠善弩射，十发十中，中皆同处。中平中，黄巾贼起，郡县皆弃城走，宠有强弩数千张，出军都亭。国人素闻王善射，不敢反叛，故陈独得完，百姓归之者众十余万人。及献帝初，义兵起，宠率众屯阳夏，自称辅汉大将军。国相会稽骆俊素有威恩，时天下饥荒，邻郡人多归就之，俊倾资赈赡，并得全活。后袁术求粮于陈而俊拒绝之，术忿恚，遣客诈杀俊及宠，陈由是破败。是时诸国无复租禄，而数见虏夺，并日而食，转死沟壑者甚众。"谢承《后汉书》曰："俊字孝远，乌伤人。察孝廉，补尚书侍郎，擢拜陈国相。人有产子，厚致米肉，达府主意，生男女者，以骆为名。袁术使部曲将张闿阳私行到陈，之俊所，俊往从饮酒，因诈杀俊，一郡吏人哀号如丧父母。"

周磐，字坚伯，东汉汝南安成县（治今河南汝南县东南）人。汉和帝时，"迁阳夏"，有惠政（《后汉书·周磐传》）。

西汉自中期起，阶级矛盾逐渐尖锐化，"盗贼滋起"，武帝多委任酷吏治理国家和地方，以"禁奸止邪"。所谓酷吏，就是残暴苛刻的官吏。酷吏的职能主要有三个方面：一是镇压"盗贼"和严治百姓；二是打击豪猾、压抑贵戚和商贾；三是按照皇帝旨意，强制推行官方政策。酷吏田广明曾出为淮阳太守，打贼惩奸，有功于淮阳。《汉书·酷吏传》载："郡国盗贼并起，迁广明为淮阳太守。岁余，故城父令公孙勇与客胡倩等谋反，倩诈称光禄大夫，从车骑数十，言使督盗贼，止陈留传舍，太守谒见，欲收取之。广明觉知，发兵皆捕斩焉。而公孙勇衣绣衣，乘驷马车至圉，圉使小吏侍之，亦知其非是，守尉魏不害与厩啬夫江德、尉史苏昌共收捕之。"

七、地方律政司法

春秋战国时期，地方的司法制度已比较完备，到了秦汉时期得到进一步发展。汉初立国，推行郡、国并行制，而郡的部分则沿袭秦代郡、县制，郡下统领数县，各有管辖范围。郡守以及县令、长既是该郡、县行政首长，同时又兼理军事、司法等事务，只是郡务繁杂多端，因此又设郡尉一官佐助郡守处理军务和司法，《汉书》卷十九《百官公卿表上》载："郡尉，秦官，掌佐守典武职甲卒，秩比二千石。……景帝中二年更名都尉。"汉代的司法制度，在朝廷设置国家监狱的同时，郡国和县也设有监狱。案件的审判根据案件的情况也有一定的规定和程序。

曹丘生（约前258－前200），历事战国秦汉三朝，楚国南顿（今商水县姚集乡曹河村）人。著名辩士。他出身贵族，自幼饱读诗书，能言善辩，为楚将季布食客。在楚汉相争之际，替季布游说，使季布扬名于诸侯。相传他修订律典，为萧何所用，对安邦定国起到了重要作用。前206年，秦朝灭亡，刘邦统一天下后，百废待兴，急需治国安邦的律典。曹丘生在苦修秦律的基础上，制订了较为缜密、完善的《给汉律典》，丞相萧何将其更名为《九章律》，由汉高祖颁行全国。《九章律》在中国法律史上占有重要地位，对历代封建法典影响很大。后曹丘生因修订律典操劳过度而死。曹丘生墓在今商水县白寺镇西青龙河之阳郭小寨村东，封冢现高3米，面积约80平方米。民国时尚存曹丘生庙。

战国以来，由于中央集权国家的逐步形成和社会矛盾的激化，政府所设监狱的数量和规模迅速发展。汉代的监狱分为中央级的诏狱和郡（国）县监狱两种。中央级的诏狱主要处理重大政治案件，而郡（国）县监狱则关押地方罪犯。熹平二年（173年），陈国国相师迁向灵帝诬陷前相魏愔与陈愍王刘宠，汉灵帝“诏槛车传送愔、迁诣北寺诏狱”，派人审理，结果证明是师迁等人的诬告（《后汉书·陈敬王羡传附宠传》）。北寺诏狱是宦官所辖的监狱，位于京都洛阳。陈国设有长平狱，即长平县的监狱。陈思王刘钧因憎恨其父的夫人李仪，“永元十一年，遂使客隗久杀仪家属。吏捕得久，系长平狱”。刘钧为了杀人灭口，又除掉隗久。事情被发觉后，汉和帝削除其3个封县（《后汉书·陈敬王羡传附钧传》）。淮阳也设有监狱。据《后汉书·杨终传》载：“建初元年，大旱谷贵，终以为广陵、楚、淮阳、济南之狱，徙者万数，又远屯绝域，吏民怨旷，”杨终乃上疏谏止。关于县监狱的囚禁人数，据《后汉书·应奉传》载，应奉“为（汝南）郡决曹史，行部四十二县，录囚徒数百千人”。即平均每县监狱囚禁数十人。

尉史，《汉旧仪·卷下》言：“更令吏为令史，丞吏为丞史，尉吏为尉史，捕盗贼得捕格。”尉史为县尉属吏，职亦在逐捕盗贼。汉武帝时，原城父县令公孙勇与其同伙胡倩冒充朝廷光禄大夫，外出督察捕贼，被淮阳太守田广明抓捕。《汉书·酷吏传·田广明传》载：“故城父令公孙勇与客胡倩等谋反，……（淮阳太守）广明觉知，发兵皆捕斩焉。而公孙勇衣绣衣，乘驷马车至圉，圉使小史待之，亦知其非是，守尉魏不害与厩啬夫江德、尉史苏昌共收捕之。”圉为淮阳国圉县。由此可知，追捕公孙勇等一干政治犯者，除了代理县尉职务的魏不害外，尉史苏昌以及厩啬夫江德也参与其事。

1983年末至1984年初，湖北江陵张家山247号墓出土了一批汉代竹简，其中包括重要的古代法律文献《奏谳书》（张家山汉墓竹简整理小组：《江陵张家山汉简概述》，《文物》，1985 年第 1 期）。《奏谳书》共有简 227 支，计 22 件案例。其中案例一六反映的是汉高祖六年（前 201 年），淮阳太守偃巡察新郪县据告举劾查处县令信策划杀人案件。该案淮阳守虽然视察了县狱，却没有直接插手审判，而是只提出劾奏，最后是新任命的县令等人重审此案。

据《奏谳书》云："淮阳守行县掾新郪狱。七月乙酉新郪信爰书：'求盗甲告曰：从狱史武备盗贼，武以六月壬午出行公粱亭，至今不来，不知在所，求弗得。'公粱亭校长丙坐以颂系，毋系牒，弗穷讯。七月甲辰，淮阳守偃劾曰：'武出备盗贼而不返，其踪迹类或杀之。狱告出入廿日弗究讯，吏莫追求，坐以系者毋系牒，疑有奸诈。其谦求捕其贼，复其奸诈及知纵不捕贼者，必尽得，以法论。'诘丙、赘、信：信，长吏，临一县，上所信恃，不谨奉法以治，至令苍贼杀武……武欲言丞相、太守……"

《奏谳书》记载案例一六的大意是：淮阳郡太守偃到属下的新郪县巡视狱事。七月，新郪县令信向淮阳郡太守偃呈交爰书（相当于今天所说的报案记录）："求盗（求盗是亭中专司逐捕盗贼的亭卒）甲就新郪县令信对杀人案的处置提出告诉：求盗甲本随狱史武防备盗贼，武于六月二十九日出行公粱亭管地，失踪不归。"公粱亭校长（校长是主管兵戎盗贼的小官）丙因此被拘留（因为人是在丙的管地失踪的），但县里却没有相应的囚系文书，也没有进行审讯，情事可疑。七月二十一日，淮阳太守对此案原来的处置向朝廷劾奏说："武出外防备盗贼未归，其踪迹显示可能遭杀害。（到了七月甲辰）已经从求盗甲报案之日起过了 20 天，县吏对这起案件还没有追查，因此拘系的地方没有相应的囚系文书，我怀疑其中有奸诈。我祈求能够得允逮捕贼犯，揭露他们的奸诈行为和知情纵容不捕贼犯的人等，一定能全部归案，给予依法惩处。"审判人员诘问信："你是县里的长官，负责管理一个县，为朝廷所信赖，不认真地依照法律办事，竟至指使苍故意杀害了武。……武准备将实情报告丞相、太守。……"

《奏谳书》案例一六涉及"同法"、"同罪"的运用："（鞫）之：苍贼杀人，信与谋，丙、赘捕苍（九〇）而纵之，审。……律：贼杀人，弃市。以此当苍。（九三）律：谋贼杀人，与贼同法。以此当信。律：纵囚，与同罪。以此当丙、赘。（九五）当之：信、苍、丙、赘皆当弃市。"虽然他们都被判处弃市，但根据不同的犯罪事实，援引的法律条文是不一样的。对信定罪量刑时，首先根据的是"谋贼杀人，与贼同法"这一条文，但由于有"同法"一词，故需引用"贼杀人，弃市"一条。对丙、赘的判处以一句"同罪"来进行，丙、赘所纵囚（信、苍）的刑罚是弃市，故丙、赘二人也判处一样的刑罚（弃市）。

专家们研究发现，淮阳郡太守偃看了县令信写的爰书后，可能向信询问此案是如何处理的，信说明已经将公粱亭校长丙“坐以颂系”，但是，淮阳太守接着发现丙被颂系这件事县里没有相应的囚系文书，此案也未彻底讯问追查，事情显得很不正常，因此怀疑其中有奸诈。而首先受到怀疑的必然是县令信。至于淮阳太守当时就将信看管起来，还是不动声色地回去向朝廷劾奏信，不得而知。但是到了七月甲辰，就凭“狱告出入廿日弗究讯”这一项，县令信也会受到审查，可能还被首先撤职，结果新郪县换了一个新县令（即案卷末尾署名的新甲），由这位新县令根据淮阳太守所劾情况负责此案的复审。此案最后终于查明，原来是原县令信指使手下人杀了狱史武。公粱亭校长丙也是知情人，是他抓住杀人犯后，得知杀人犯是奉信的指示而杀人，便将杀人犯放走。因此，作为主要策划犯罪杀人者的县令信，当然不可能对坐此事系狱的校长丙以及本案加以深究，所以才出现“毋系牒，弗穷讯”的反常情况。淮阳太守劾文是把追查案件的重点放在可疑的最初办案的人员身上，事实证明他对问题的判断非常准确。可惜简文此后有部分残缺，无法得知新县令审理案件如何寻找到突破口，大概是苍有可疑行迹，审讯中间无法抵赖，结果由这个杀手先交代出来的。

秦汉刑事诉讼的基本程序是告劾、讯、鞫、论、报，而讯、鞫、论是其中的审判程序。秦汉提起刑事诉讼叫做告劾。但劾和告又有区别。劾是由有关官员代表国家纠举犯罪并提起诉讼，同时被劾之人的身份往往也是官吏等公职人员。凡是用劾的没有一个案子不涉及公职人员。案例一六所劾的，是被怀疑办案有奸诈的县吏们。除了劾之外，其他的提起诉讼均可称为告。讯是相当于现代开庭审判的第一阶段，也就是相当于法庭调查阶段。鞫是审判人员对案件调查的结果，也就是对审理得出的犯罪过程与事实加以简明地归纳总结。鞫的内容一般包括案由、发生的犯罪事实等，最后一定要缀上“审”或“皆审”字样，大概是表示鞫的事实都已调查清楚属实或已被审判者所确认。“论”实际上相当于判决。“报”通常是指奏报上级机关。还有一种报是报谳制度，是专门针对疑难案件而实行的。县、道的官吏审理案件遇到难以定罪量刑的，包括县道官吏参加议案的议的不同主张，均可以上奏郡一级请求决疑。郡的长官给以答复，告诉下级此案应定何罪或应判何刑，这被称为“报”，如果郡级官吏仍不能决，则要奏谳到中央审判机关廷尉，廷尉也应给以“报”即答复，连廷尉都无法决疑的，则要奏报给皇帝。《奏谳书》案例一六基本反映了秦汉时期的司法程序。

汉代有个别酷吏滥杀无辜却没有受到任何惩罚。西汉酷吏田广明之兄田云中也是一位酷吏，在淮阳太守任上“敢诛杀”，民愤极大，吏民聚在城门上告他，被汉宣帝处以“弃市”之刑。据《汉书·酷吏传》记载：“上以广明连禽（擒）大奸，征入为大鸿胪，擢广明兄云中代为淮阳太守。……兄云中为淮阳守，亦敢诛杀，吏民守阙告之，竟坐弃市。”黄昌，字圣真，东汉会稽余姚人，为官严厉凶猛。陈国陈县人彭氏本为地方土豪，行为放纵，造了大宅，有高楼在大路边。黄昌每次出行巡视县境，彭家的妇女常登楼看他。黄昌很不高兴，就下令收捕入狱，治罪杀了她们。据《后汉书·黄昌传》记载：“再迁陈相。县人彭氏旧豪纵，造其大舍，高楼临道。昌每出行县，彭氏妇人辄升楼而观。昌不喜，遂敕收付狱，案杀之。”

八、隐士应曜、袁闳、周勰

秦汉时期虽然是中国封建社会初期，但政治却相当腐败。特别是秦代的专制和暴虐，以及东汉时期宦官专权，奸臣当道，一些知识分子看到救世无望，在老庄思想的影响下，不愿做官，隐居避世。著名的隐士有应曜、袁闳、周勰等，这是政治现实黑暗的反映。

应曜，南顿人，汉初在淮阳山里隐居，不愿出来做官。汉高祖派大臣请他和商山四皓一起到朝廷为官，应曜坚决不去。时人说：“商山四皓，不如淮阳一老！”

袁闳，字夏甫，袁安玄孙。袁闳是东汉晚期著名高士。虽经朝廷多次征聘，他都没有应召。桓帝时，预见天下将乱，筑土屋而居18年。黄巾起义，不扰其居。他隐居乡间追求的是精神上的净土。他宁愿老死在家，也不愿出来为官，居然筑了一个土室将他自己圈了起来。除了自己的母亲，谁也不见，表现出对东汉晚期社会现实的严重抗拒。

延熹二年（159年），尚书令陈蕃向汉桓帝推荐袁闳等人。“伏见处士……汝南袁闳、京兆韦著、颍川李昙，德行纯备，著于人听。若使擢登三事，协亮天工，必能翼宣盛美，增光日月矣。桓帝乃以安车玄纁，备礼征之，并不至。”（《后汉书·徐稺传》）陈蕃评价袁闳说：“闳生出公族，闻道渐训。”意思是说：“袁闳出身于权贵大家，通晓了安身立命之道后，洁身修行，品操越来越合乎圣人的遗训。”

袁闳少年时就有良好的品行。他的父亲袁贺当时为彭城相。有一次，袁闳前去省亲，到了府门几天，门吏不向其父通报，后奶娘出门看到他时才告知夫人。走的时候，父亲派车送他，袁闳称自己乘车头晕而宁可步行。回来后，郡界内没有人知道这件事。父亲死在任上后，他与兄弟们前往迎丧，不受赠礼。袁闳冒着寒露，披麻戴孝扶柩返乡，形容枯毁，手足流血，见到人没有不为之伤痛的。服丧期间，官府多次征举，都没有应召。他身居陋室，以耕作和读书为业。从父袁逢、袁隗多次馈赠于他，袁闳全不接受。袁闳眼见时局险恶昏乱，而袁姓家族富有贵盛，常对兄弟们叹息说："我们先祖的福禄，后世的子孙不能用德行保住，而竞相骄纵奢侈，与乱世争权夺利，这就会如同晋国的三郤大夫一样。"延熹末，党锢之祸即将爆发，袁闳本想逃到深山老林，但因母亲年迈，不适宜远逃，于是在庭院里建起一间土屋，只有窗而没有门，饮食都从窗口递进。母亲思念儿子时，就到窗口看看他。母亲走后，自己把窗口关闭，连兄弟和妻子儿女都不见面。一直隐身居住了 18 年，最后在土屋中去世。(《后汉书·袁闳传》记载：袁闳的父亲死后，"服阕，累征聘举召，皆不应。从父逢、隗并贵盛，数馈之，无所受。闳见时方险乱而家门富盛，尝对兄弟叹曰：'吾先公福祚，后世不能以德守之，而竞为骄奢，与乱世争权，此即晋之三却矣'。延熹末，党事将作，闳遂散发绝世，欲投迹深林，以母老不宜远遁，乃筑土室四周于庭，不为户，自牖纳饮食而已。旦于室中东向拜母，母思闳，时往就视，母去便自掩闭，兄弟妻子莫得见也。及母殁，不为制服设位，时莫能名，或以为狂生。潜身十八年，黄巾贼起，攻没郡县，百姓惊散，闳诵经不移，贼相约语不入其间，乡人就闳避难，皆得全免。卒于土室。"晋皇甫谧《高士传·袁闳》记载："袁闳字夏甫，汝南人也。筑室于庭中，闭门不见客。旦暮于室中向母礼拜，虽子往亦不得见也，子亦向户拜而去。首不著巾，身无单衣，足著木履。母死，不列服位。公车两徵，不诣。范滂美而称之曰：'隐不违亲，贞不绝俗，可谓至贤矣。'"又据《后汉书·郭太传》记载："及党事起，知名之士多被害，为林宗及汝南袁闳得免焉。")

袁闳的两个弟弟袁忠、袁弘也都有节操，但不及袁闳。袁忠，字正甫。初平年间任沛相，乘苇车到职，为政以清亮著称。后弃官避居上虞（今浙江上虞)。及孙策攻破会稽（治今浙江绍兴)，忠浮海至交趾（治所在龙编，今越南河内市东天德江北岸)，献帝征为卫尉，卒于途中。袁弘则是一位以文章绝美和高超气节见称的高士。他耻于其门族的贵势，"乃变姓名，徒步师门，不应征辟，终于家"(《后汉书·袁安传》)。

周勰（109－159），字巨胜，周举之子，东汉末年汝南汝阳（今商水）人。年轻时崇尚神秘玄妙的事情，“以父任为郎，自免归家。父故吏河南召夔为郡将，卑身降礼，致敬于勰。勰耻交报之，因杜门自绝。后太守举孝廉，复以疾去。时梁冀贵盛，被其征命者，莫敢不应，唯勰前后三辟，竟不能屈。后举贤良方正，不应。”周勰被梁冀召了三次，他都不去，梁冀不甘心，又举周勰为贤良方正，仍不去。又备厚礼用公车迎接他，还是托病坚持不去。后来，他干脆隐居起来，杜门谢客十余年，住处长满了荆棘。据《后汉书·周举传》记载：“常隐处窜身，慕老聃清静，杜绝人事，巷生荆棘，十有余岁。至延熹二年，乃开门延宾，游谈宴乐，及秋而梁冀诛，年终而勰卒，时年五十。蔡邕以为知命。”蔡邕作有《汝南周勰碑》，赞其“清风丕扬，德音孔昭”。

第二章 秦汉时期的经济

一、水陆交通和河道治理

秦汉时期，水陆交通已形成全国网络。秦始皇统一中国后，颁布“车同轨”的法令，把过去杂乱的交通路线，加以整修和联接，建成遍及全国的驰道，车辆可以畅行各地。同时又设置驿道，颁布有关邮驿的法令，建立起传递官府文书和军事情报的邮传系统，肇始了全国交通网络的形成。

秦始皇二十七年（前220年），也就是秦始皇统一天下的第二年，秦始皇认识到如果没有通畅的军事通道，一旦边防紧急或出现内乱，将直接影响援兵和军用物资的运输，也直接影响到王朝统治的稳固，当然也包含不便于他本人巡游天下，宣扬赫赫声威的因素在内。于是下令在全国大修驰道。《史记·秦始皇本纪》载：“始皇二十七年，治驰道。”《汉书·贾山传》载：“秦为驰道于天下，东穷燕、齐，南极吴、楚，江湖之上，濒海之观毕至。”周口地区时属西楚。秦统一中国前，秦始皇曾巡游至郢陈，这是他第二次巡游天下。由此说明，当时陈地有着比较便利的交通，不仅有利于军事统治，客观上也促进了经济发展。

秦统一全国后，修驰道，陈郡设驿站。汉承秦制，设传舍，供驿传者歇宿；每30里设驿1所，供停留；设邮亭，供传递文书。

秦汉时期，陈地的水运交通也很便利。战国以来，鸿沟为中原水道交通的干线，周口境域的蒗荡渠就是战国至秦汉之际鸿沟的一部分，它沟通黄河、淮水，不仅能够发展漕运，同时也为农业经济的发展提供了灌溉条件。《汉书·地理志》载：河南郡“有狼汤渠，首受沛，东南至陈入颍，过郡四，行七百八十里”。陈留，“鲁渠水首受狼汤渠，东至阳夏入涡渠”。颍川郡，“阳城山，洧水所出，东南至长平入颍，过郡三，行五百里”。《汉书·地理志》荥阳县：“有狼汤渠，首受济，东南至陈入颍。”狼汤渠，又称“莨荡渠”，《水经注·渠》又称为蒗荡渠，也省作“渠水”。说明其主要水源来自荥阳分河的济水，并改称为狼汤渠。到魏晋南北朝时期，《水经》曾有蒗荡渠径流方向的记载："出荥阳（今河南荥阳北）北河，东南过中牟县（今河南中牟东）之北，又东至浚仪县（今河南开封西北），又屈南至扶沟县（今扶沟县东北）北"，即绕过大梁城（今河南开封市），折而南行，在扶沟以下利用沙水（又名蔡水）河道至陈县（今淮阳县）北，再向南入颍（《水经注》卷二十二《渠》）。故道自今河南荥阳北引黄河水东流，经中牟、开封北，南流经通许东、太康西，至淮阳南入颍水。魏、晋后自开封以下改称蔡水（蔡河），开封以上改称汴水。

秦汉之际，中原的水道交通仍以鸿沟为主。汉武帝元光三年（前132年）及平帝元始元年（1年），黄河两次决口，河水均漫流于鸿沟水系之间，鸿沟及其支流为黄河泥沙所湮塞，连接黄、淮两大水系的水运作用逐渐为汴渠所取代。

二、农业、水利和商业

秦汉时期，秦、汉中央政府对农业生产均极为重视，都制订了鼓励发展农业生产的政策。周口地区除了秦汉之际的鏖兵以及西汉景帝时的七国之乱受到一定影响外，长期处于安定的社会环境中，农业经济有了较大发展。

秦代周口地区的经济状况少有记载，但秦王朝暴虐苛政和频繁战争，人民的生产生活会受到很大影响，其经济发展必然遭到严重破坏。汉初，统治阶级实行与民休息政策，提倡黄老思想，给百姓提供了安居乐业的社会环境。

西汉时，地处黄淮平原的郡国淮阳的农业有了突破性发展。其根本原因在于：一是生产力的发展；二是经济政策的变化；三是水利的兴建。战国中期开始，铁制工具广泛使用于农业生产。铁农具有犁铧、镢、铲、锸、镰多种，基本适应农业生产的需要。到了西汉，铁制农具更为普及。《盐铁论·水旱》云："农，天下之大业也。铁器，民之大用也。器用便利，则用力少而得作多，农夫乐事劝功。"西汉元始二年（2年），全国人口密度，除了长安附近三辅地区外，以黄淮平原最为密集。可见，到了西汉末年黄淮平原已得到全面开发，成为全国最大的农业区之一。据《汉书·地理志》载，淮阳国9个县，共有"户十三万五千五百四十四，口九十八万一千四百二十三"。淮阳国属县和户籍在当时的20个诸侯王国中居第一位，其经济地位在汉王朝具有十分重要的地位。

西汉时期，为消弭黄淮平原一些容易泛滥的河道水患，对战国以来的旧河道进行了疏浚。据《汉书·沟洫志》载，贾让说："盖堤防之作，近起战国，壅防百川，各以自利。""九州涤源，九泽既陂"。通过对战国以来黄淮平原水患的治理，水患得以消弭，为大力发展农耕业创造了条件。

汉武帝时,"同事者争言水利"。据民国二十二年（1933 年）《淮阳县志》（整理本）记载："汉武帝元光五年（前 130 年），河溢。命主爵都尉汲黯、大司农郑当时治之，疏陈北水道，修陂塘以溉田。"

司马迁说："自淮北沛、陈、汝南、南郡，此西楚也。"西楚大致相当于今豫西山前洪积倾斜平原、淮北冲积平原和大别山麓洪积波状平原区，西汉时为主要粮食产地，畜牧业已退居末位。《盐铁论·未通》云："内郡人众，水泉荐草，不能相赡，地势温湿，不宜牛马。"这里生产的粮食对秦汉统一政权具有十分重要的意义。洛阳居"齐秦楚赵之中"，"转谷以百数，贾郡国，无所不至"。其粮食主要来自东部平原。汉武帝时伐匈奴、筑边塞，岁漕山东粮食 600 万石。到了西汉中期，黄淮平原已是全国最大的粮食生产基地。

汉武帝以后，黄河决溢频仍，洪水常泛滥于兖、豫二州，农业数年不登，谷价腾踊，人或相食，灾民流徙。汉昭帝时，河患稍息，流民稍还，田野益辟，颇有畜积。宣帝时，岁漕关东谷 400 万斛以给京师。可见黄淮海平原的农业已有恢复。但到了元帝以后，成、哀间灾情加剧，特别是王莽始建国三年（11 年）黄河决而不塞，兖、豫二州之民遭受了 70 年的灾难，农业生产遭受严重破坏。

东汉初年，黄淮平原不论是自然环境还是人文环境，都处于极其混乱状态。王莽以来河失故道，泛滥于兖、豫之地数十年。战争使人民流徙、死亡，地方豪强又乘乱打家劫舍，杀害长吏。社会的不安宁，使农业生产难以恢复。刘秀即位后，采取了一系列对付豪强的政治手段，使社会渐趋安定。明帝永平十二年（69 年），王景主持堵塞了决溢 69 年的黄河，开辟了一条新的河道，河济之间、兖豫平原"渐就壤坟"（《后汉书·明帝纪》）。于是政府招抚流民，开垦荒地，经营水利，农业生产得到较快的恢复和发展。

东汉时期，黄淮平原经济得到进一步发展的一个重要因素，就是大规模地兴修水利和推广水稻种植。建武中，汝南太守邓晨兴修鸿郤陂，灌溉周围水田数千顷，"汝土以殷，鱼稻之饶，流衍它郡"（《后汉书·邓晨传》）。东汉黄淮平原的农田水利，多以发展水稻种植为目的，反映黄淮平原水资源丰富和劳动力充足。章帝元和年间，黄淮平原"肥田尚多，未有垦辟，其悉以赋贫民，给与粮种，务尽地力，勿令游手"（《后汉书·章帝纪》）。不久整个黄淮平原的农业发展水平已超过了西汉时期。王符《潜夫论·实边》载："中州内郡……田亩一金。"东汉末年，黄巾起义，军阀混战，袁绍、曹操、吕布争战于今河南地区，其破坏性之大可想而知。一旦战争平息，招徕流亡，农民重新回到土地上来，农业生产很快恢复。

两汉时期，地主庄园经济较为发达。庄园主不仅拥有大量的土地和牛、羊等生产资料，还组建自己的封建武装——部曲、家丁，修建起防御工事——坞壁。1981年11月，淮阳于庄汉墓出土的西汉三进陶院落，不仅建筑结构复杂，错落有致，代表了当时高超的建筑艺术成就，从一个侧面反映了当时的经济发展水平，而且也是汉代地主庄园井灌系统的真实写照。现藏河南博物院。

该器物为泥质灰陶。模型分两部分，左为庭院，右为田园，长1.3米，宽1.14米。庭院为三进院落，即前院、中庭和后院，四周有围墙，脊瓦覆顶。前院大门为硬山式建筑，前坡长于后坡，卷云纹瓦当。门楼安两扇门扉，门外左右墙上绘有壁画，右边绘一着红色褒衣的妇女，两边各立一个女侍，左边绘一男子，两边也各有一个男侍，为墓主夫妇的生活形象。推开大门进去，门内右侧置放一长方形马槽。门庭两旁可能是马厩，为悬山式建筑，山墙上绘有"立"字形梁架。

由二门进入中庭，二门上有门楼，门楼上又有一层建筑，为庑殿顶式建筑，卷云瓦当，每壁均有长方形窗和菱形、三角形格子窗。二门两边有相对的角楼，角楼为4层，其第二层与二门门楼和中庭院两边的二层厢房相通。角楼三层和四层均为庑殿顶，其四壁都有长方形窗，可能就是瞭望孔。厢房均为硬山式建筑，右侧厢房下有廊房，左侧厢房下为仓房。

西汉三进陶院落

中院主体建筑是一座重檐庑顶殿式高楼，建于高台上，也是整个院落的最高建筑。下层无前墙，有两个阶梯式踏道通向殿内，殿内有6个伎乐俑，5女1男，分别鼓瑟、吹竽和作抃（拍手）；俑前置陶匜、盘、耳杯和钫等饮食器，是墓主人生前的宴乐场面。殿右有厕所，殿左有偏门通向后院，偏门东侧置一楼梯可至厢房，向后再右拐，有门楼可进入大殿第二层，二层廊房前面有二门，门前有带孔状栏杆的阳台。廊房后墙有两个长方形窗户。

后院为悬山式建筑，右侧为猪圈，内有一头猪和食槽，猪圈与一厕所相连。中部为厨房，内有灶、釜、案；左侧又有一厕所。

侧院的田园分为两大部分：一为旱田，一为水田。围墙长 1.30 米，宽 0.24 米，墙高 0.18 米。旱田有两式。一式为块田，长 36 厘米，宽 18 厘米，分为六大块，每块长 18 厘米。每块上有小孔 54 个（18×3，估计表示农作物的棵数），块与块之间以垄沟分隔，规整且有条理。二式为条田，长 28 厘米，宽 1.9 厘米，共 12 块（垄），每块田里有苗 20 棵，中间以田埂隔开。水田：全长 44 厘米，由水井向北灌溉，干渠分为东西两部分，每边有畦田 7 块，共 14 块。每块田中有苗 32 棵（8×4）。每两块间有支沟高出畦田，便于放水流向畦内。水井和干渠：井为圆形，上、下口的直径均为 7.7 厘米，腹部微鼓，直径 9.5 厘米。井口外侈，卷沿。干渠宽 4 厘米，长 48 厘米。北端有一下水孔，孔径为 1.2 厘米，成圆形。南端成弧形与井底部紧密结合在一起。田园全长 130 厘米，宽 24 厘米，墙高 18 厘米，墙厚 1.8 厘米，以三角形的瓦垄盖顶，上有脊，宽 7 厘米。三进陶院落的出土，不仅是地主庄园井灌系统的真实写照，更说明汉代中原地区除了一些大型水利设施外，井灌的普遍运用，在农田水利灌溉中发挥着极其重要的作用。

陶院落左侧部分为一农田模型，实际上应是种植蔬菜的园圃。菜园中间为一水井，水井右边为水浇地，地中有一水沟可将井水引向沟两边的菜地中。水井左边为旱地，地中有长条形的垄沟和长方形的畦，作物种在沟中和畦上。浇灌时，从井中提水直接倒进水沟中，水流顺着水沟两边的缺口流进菜地中。至于如何从水井中汲水，取决于井水的深浅。井水较浅，可用桔槔汲水。井水太深，桔槔够不着，就用辘轳提取。

该三进陶院落既有庭院高楼，又有水沟农田，并且还绘以着色壁画，是河南出土的西汉前期形制最大、内容最丰富的建筑模型。整组模型结构严谨，形象逼真，是当时地主庄园经济的真实写照。

东汉建安元年（196 年），武平侯曹操食邑武平（治所今鹿邑邱集乡武平城），曾率军在今鹿邑一带垦屯田。

《汉书·食货志》说："种谷必杂五种，以备灾害。"唐颜师古注，五谷是黍、稷、麻、麦、豆。古代，大麻与菽均为主食。西汉《记胜之书》载："种麻、预调和田，……浇不欲数。养麻如此，美田则亩五十石及百石，薄田尚三十石。"麻子即为食粮。河南平原比麻、豆更主要的粮食作物是麦、黍、稷。建武五年（29 年），夏四月旱蝗，“五月丙子治，久旱伤麦，秋种未下”。安帝元初二年（115 年）五月诏称，蝗灾已连续 7 年，“而州郡隐匿，裁言顷放”。这表明汉代包括今周口一带的河南地区广泛种植麦、粟，蝗旱灾重，地方官却隐匿灾情，虚报收成，大增民困。

传世至今的《管子》，成书时间复杂，学界大多认定其中《治国篇》撰成于汉，书中说：“常山之南，河、汝之间，早生而晚杀，五谷之所蕃熟也，四种而五获，中年亩二石，一夫为粟二百石。”它清楚地指出包括淮阳国在内的河南地区存在粮食作物的复种，四种五获促进了粮食产量增加。鹿邑县出土的一件东汉青瓷仓和项城市出土的一件东汉绿釉卧羊尊（见下图），就是粮食生产发达的反映。

东汉瓷仓

绿釉卧羊尊

汉代淮阳国栽种的经济作物有萩和漆树。《汉书·货殖传》记载：“淮北荥南河济之间千树萩，陈、夏千亩漆。”

绿釉陶鸡

两汉时期，家禽畜牧业已经较为发达，不少东汉墓葬出土有鸡、猪、狗、牛、羊等家禽家畜模型。东汉时期，人工养鱼已经出现。太康县老涡河工地的一座东汉墓出土一件陶猪圈，显示当时人们利用猪的粪便用于养鱼，拉长了庭院经济的链条。

东汉末年，由于战乱频仍，灾荒不断，瘟疫肆虐，周口一带人口锐减，社会经济遭受严重破坏。曹操在《蒿里行》中说："白骨露于野，千里无鸡鸣。"这是对包括周口一带中原地区社会现实的真实写照。

此外，汉代淮阳郡人民为河西地区的开发作出了贡献。河西地区是月氏、乌孙、匈奴、西羌等游牧民族的活动区域，地广民稀，水草宜畜牧，因而畜牧业在相当长的时期内是这一地区主要的经济形式。汉武帝时期，政府开始重视对这一地区的开发，开发者除所谓"关东下贫"和"谪徙的内地罪人及其家属"之外，还有一个比较重要的组成部分——政府迁移农业经济发达的关东各郡国如淮阳郡、汝南郡等地的"屯田卒"。甘肃居延汉简中的田卒名籍，记载了各田卒的郡、县、里、爵位、姓名、年龄等详细资料，如"田卒淮阳新平常昌里上造柳道年廿三（11.2）"、"田卒淮阳郡扶沟反里公士张误年廿七（514.31）"、"田卒淮阳郡长平□里公士□□年廿五（504.8）"等（谢桂华等：《居延汉简释文合校》，文物出版社，1987年）。可以看出，来自淮阳郡扶沟、长平、新平等地的"屯田卒"将先进的农业经济方式带到了河西地区。始元二年（前85年），淮阳国（今河南淮阳、太康、柘城、鹿邑、扶沟一带）派往居延的田卒一次就达1500人，年龄约20多岁。《汉书·宣帝纪》载，神爵元年（前61年）三月，"西羌反，发三辅、中都官徒弛刑，及应募佽飞射士、羽林孤儿，胡、越骑，三河、颍川、沛郡、淮阳、汝南材官，金城、陇西、天水、安定、北地、上郡骑士、羌骑，诣金城。"这些人带去了内地先进的生产技术与生产工具，促进了河西地区农业生产的发展。

前221年秦始皇统一中国后，采取了一系列加强中央集权的措施。在经济方面，统一货币、度量衡，又修建通往全国各地的道路，这些都有利于商业的发展。西汉时期，虽然实行重农抑商政策，但致富的途径是农不如工，工不如商。司马迁在《史记·货殖列传》中说："天下熙熙，皆为利来；天下攘攘，皆为利往。"司马迁所处的时代，已经出现"连车骑，游诸侯，因通商贾之利"，"贳贷行贾遍郡国"，"转毂以百数，贾郡国，无所不至"的状况。"是以富商大贾周流天下，交易之物莫不通。"尽管汉代采取抑商政策，富商大贾们仍活跃在社会生活中。两汉时期，淮阳国交通便利，在中原属于商业发达地区。

秦代，全国使用圆形方孔半两铜钱，汉承秦制继续使用圆形方孔半两铜钱，仅重量有所不同。西汉元狩五年（前118年），废秦半两改为五铢钱。此后，五铢钱成为市面正式流通的货币。今周口地区考古发现了大量五铢钱，表明当时商业比较发达。扶沟县博物馆馆藏有五铢钱钱范。考古还表明，汉代还存在着私铸铜钱现象，特别是到了东汉晚期，钱币剪𫄨现象常见，反映了经济的衰落。

五铢钱

钱范

汉景帝前元四年（前153年），“春正月，淮阳王宫正殿灾”（《汉书·景帝纪》）。这次火灾见于正史，可见当时火灾之重，经济损失之大。

秦代，周口地区使用秦制度量衡。秦代以后，计量单位、量值和名称屡有变动。秦制：度制（五度）1引等于10丈等于100尺等于1000寸等于1万分；量制（五量）：1斛等于10斗等于100合等于2000仑；衡制（五衡）：1石等于4钧，1钧等于30斤，1斤等于16两，1两等于24铢。秦制度、量、衡的量值：1尺等于23.2厘米，1升等于200毫升，1斤等于256克。

汉代，度量衡制度沿秦制。周口地区已普遍使用市平斗等计量器具。淮阳南关东汉墓出土一件“市平斗”铜量，现藏淮阳博物馆，对于研究汉代量制具有重要价值。

淮阳出土的东汉“市平斗”铜量

第三章 秦汉时期的军事

一、陈胜吴广起义

秦始皇进行的大一统过程，是在残酷压榨民众的条件下，以短短的十余年之功来完成的。因此秦朝统治具有苛急、暴虐的特点。秦代统治者为加强中央集权统治，将无休止的兵役、徭役以及暴虐的刑罚强加于人民，给广大民众带来了无尽的灾难和痛苦。秦始皇完成了大一统 12 年后死去，秦二世当政，其统治更加黑暗、暴虐。于是，中国历史上第一次大规模的农民起义——陈胜吴广起义不可避免地爆发了，并最终将秦朝推向灭亡之路。

秦末农民起义领袖陈胜、吴广都是今周口地区人。陈胜，又名陈涉，阳城（今商水县西南扶苏村）人，雇农出身。吴广，阳夏（今太康县逊母口乡小吴村）人，也是农民。他们二人不畏强暴，共同发动领导了第一次农民大起义，给暴秦以毁灭性打击，推动了历史车轮的前进。《史记·陈涉世家》记载了这次起义的过程。

陈胜自幼家境贫寒，以替人佣耕为生。他年轻时就胸有大志，疾恶如仇，富有正义感，渴望摆脱贫困，改变现实，期望能有一天干一番轰轰烈烈的大事业。一次劳动时，他对佣耕的伙伴说："苟富贵，毋相忘。"同伴们对他的想法感到茫然不解，应声说："你为人雇佣耕田，哪里来的富贵呢？"陈胜叹息说："燕雀安知鸿鹄之志哉？"

前 210 年，秦始皇出巡东方到沙丘（今河北平乡、广宗一带）突然病死。赵高伪造秦始皇的遗诏，逼死太子扶苏，立秦始皇的小儿子胡亥为帝，这就是秦二世。秦二世是个昏庸而残暴的皇帝。他在埋葬秦始皇的时候，下令把全部工匠封死在陵墓里。老百姓的徭役赋税负担极为沉重，刑法愈加苛毒。当时社会上出现了"刑者相半于道，而死人日积于市"的现象，广大劳动人民挣扎在饥饿与死亡线上。

秦二世元年（前 209 年）七月，陈胜、吴广与 900 多名贫苦农民一起在两个县尉的监押下，被征发到渔阳（今北京市密云县西南）戍守。陈胜、吴广被指定为屯长（小队长）。七月，正是多雨季节。当他们行至蕲县大泽乡（今安徽宿县西南刘村集）时，遇到连日大雨，道路不通，不能如期赶到渔阳戍地。按照秦律“失期当斩”，900 多名戍卒面临死刑的威胁。生死关头，陈胜、吴广私下商议，决定择机设计杀掉两个县尉，发动起义。

押送陈胜、吴广一行的两个县尉对大家非常凶暴，正当他俩行凶打人时，陈胜、吴广借机把县尉杀掉，然后鼓动大家说：“大家遇到大雨，已误了期限，按律要被处斩。即使侥幸不被处斩，戍边而死的向来就有十分之六七。何况壮士不死则已，要死，就要干出一番轰轰烈烈的事业！王侯将相难道都是天生的贵种吗?!”走投无路的戍卒们群起响应，共同推举陈胜为将军、吴广为都尉。在陈胜、吴广的领导下，起义军提出了“伐无道，诛暴秦”的口号，“斩木为兵，揭竿为旗”，揭开了秦末农民大起义的序幕。

为了扩大影响，夜晚他们在驻地旁丛祠中燃起篝火，假装狐鸣，发出“大楚兴，陈胜王”的呼声，被民间传为神话，从而激发了起义军的斗志。陈胜、吴广率领农民起义军，首先占领大泽乡，接着又攻下大泽乡所在的蕲县（今安徽宿县南蕲县集），接着兵分两路，一路向蕲县以东发展，一路由陈胜率领，攻打蕲县以西的地方。起义军斗志昂扬，势如破竹，不到一月，连克铚（今安徽宿县南）、酂（今河南永城县西北）、苦（今鹿邑县）、柘（今河南柘城县北）、谯（今安徽亳州市）等 5 县。起义军所到之处，贫苦农民纷纷响应。当起义军逼近陈县（今淮阳）时，已拥有战车六七百乘，骑兵千余人，步兵数万人了。陈县是战略要地，楚国后期在这里做国都。陈胜、吴广领导的起义军攻占陈县后，建立了“张楚”政权，并拥戴陈胜为王。这是中国历史上第一个农民革命政权。

消息传到各地，各郡县“苦秦吏者，皆刑其长吏，杀之以应陈涉”。起义军以陈为中心，乘胜分 3 路攻秦。吴广为“假王”，西击荥阳；武臣北进赵地；魏人周市攻魏地。吴广围荥阳，久攻不下。陈胜又命令周文为将军，领军绕过荥阳，进攻关中，攻破函谷关。这时起义军已发展壮大到几十万人，有兵车千辆。

这时，混进起义军队伍的旧贵族势力的代表人物张耳、陈余阴谋分裂起义军。他们要求北略赵地，陈胜没有识破这个阴谋，就以武臣为将军，张耳、陈余为左右校尉，率兵 2000 人渡黄河北上。张耳、陈余用招降和重用秦朝官吏的办法，攻占 30 余城。周文部很快发展到车千乘，卒数十万人，进抵关中的戏（今陕西临潼境），逼近咸阳。

起义军打到都城附近，秦二世十分惊慌，急忙派遣少府章邯率领几十万在骊山修墓的刑徒，迎击起义军。同时，又从边塞调回王离的军队30万人，与起义军对抗。周文率领的农民军，虽然英勇作战，但因为孤军深入，缺乏训练，没有作战经验，在遭到秦军突然袭击时，打了败仗，被迫退出函谷关，驻扎曹阳（河南灵宝东），等待增援。

武臣占领了旧赵都城邯郸后，在张耳、陈余怂恿下自立为赵王。陈胜为了顾全大局，勉强予以承认，并命他率军西进，支援周文。张耳、陈余不但不救援周文农民军，反而割据自立，拥武臣为赵王，陈余为大将军，张耳为右丞相，不听陈胜指挥。接着，六国旧贵族相继割地称王，韩广称燕王，魏咎为魏王，田儋自立为齐王。这样，就造成陈胜、吴广领导的起义军处于腹背受敌的境地。周文率军在曹阳坚持斗争3个月，多次失利，退到渑池。这支起义队伍由于众寡悬殊，又无后援，损失过重，周文最后自杀。不久，围攻荥阳的吴广被部将田臧阴谋杀害。吴广死后，军心涣散。秦将章邯率军来攻，田臧兵败被杀。其他几支起义军，先后也被秦军各个击破。

前209年12月，章邯率军向陈县扑来，陈胜亲自领导义军奋力抵抗。因为兵力太少，不幸失利，败退至下城父（今安徽涡阳东南）。这时，他的车夫庄贾暗杀了陈胜，投降秦军。当此危难之际，陈胜故涓人（清洁工）吕臣组成“苍头军”，奋然在新阳（今安徽界首市西北17公里处）起兵，继续坚持斗争，两度收复陈县，处决了叛徒庄贾，扭转了局势，振奋了士气。前206年，项羽、刘邦等领导的起义军终于推翻了秦王朝的统治。

陈胜、吴广领导的秦末农民大起义虽然失败了，但是在中国历史留下了光辉灿烂的一页。起义沉重地打击了地主阶级的统治，推动了社会向前发展，开辟了中国古代农民反抗封建统治的革命道路。农民军在斗争中建立了革命政权，创造了前所未有的历史奇迹，为后世农民起义树立了光辉榜样。

二、固陵之战、陈下之战和垓下之战

西汉初年，刘邦与项羽楚汉相争中的三大战役——固陵之战、陈下之战和垓下之战接连发生在今太康、淮阳、鹿邑一带。

秦二世元年（前209年）陈胜、吴广揭竿而起后，群雄纷应，并起倒秦。项羽随叔父项梁在吴起事响应，时任泗水亭长的刘邦也在沛县杀死县令响应。陈胜起义失败后，刘邦、项羽领导的两支起义军发展壮大，灭亡秦朝。在当时群雄并立的局势下，项羽以为自己已得天下，遂于前206年四月实行裂土分封，尊楚怀王为义帝（后又遣人袭杀之），自立为西楚霸王，建都彭城。此外，又分封了18个王，封刘邦为汉王，并三分关中，以阻刘邦东出。项羽对诸侯的分封，引起了诸侯割据，混战不止。刘邦乘乱发展力量，北定关中，消灭“三秦”势力，旋于前205年正月挥师东进。之后，刘邦与项羽为争夺统治权，双方进行了长达4年的“楚汉战争”。

战争之初，项羽占优势，后刘邦转劣为优，双方形成拉锯局面。刘邦虽然弱小，但善于用人纳谏。项羽虽然强大，却刚愎自用，对谋士的合理建议多不听从，又缺乏战略筹谋，以致兵势由强转弱。

汉高帝四年（前203年）八月，楚、汉两军对峙于广武（在今河南郑州荥阳北），楚军粮尽，而刘邦也没能调来韩信、彭越等人的军队对楚军实施最后的合围。于是，双方签订了历史上著名的“鸿沟和议”。据《史记·项羽本纪》记载：“项王乃与汉约，中分天下，割鸿沟以西者为汉，鸿沟而东者为楚。……项王已约，乃引兵解而东归。”九月，项羽率10万楚军向陈县方向撤军。刘邦听从张良、陈平的建议，撕毁“鸿沟和议”，向楚军突然发起战略追击作战。

高祖五年（前202年）十月，刘邦亲率20多万大军追击10万楚军，至阳夏（今太康）南时，刘邦“期会”韩信、彭越共击楚军。刘邦到了固陵（今淮阳县西北柳林集），韩、彭二人没有如期前来会合。（《汉书·高祖纪》记载：“五年冬十月，汉王追项羽至阳夏南止军，与齐王信、魏相国越期会击楚。至固陵，不会。”）项羽回师反击，大败汉军。（《汉书·陈胜项籍列传》载：“五年，汉王进兵追羽，至固陵，复为羽所败。”）这次战役，史称固陵之战。

刘邦在固陵之战失利后向张良问计：“诸侯不从约，为之奈何?”张良献计说：“楚兵且破，信、越未有分地，其不至固宜。君王能与共分天下，今可立致也。即不能，事未可知也。君王能自陈（今淮阳）以东傅海尽与韩信；睢阳（今河南商丘南）以北至谷城（今山东平阳西南）以与彭越，使各自为战，则楚易破也。”（《史记·项羽本纪》）刘邦依计而行，终于换取了韩、彭二人南下攻楚。（《汉书·张陈王周传》记载：“五年冬，汉王追楚至阳夏南，战不利，壁固陵，诸侯期不至。良说汉王，汉王用其计，诸侯皆至。”）

今太康县西北5里处的霸王台村至今保留有当年项羽的点将台遗址——霸王台。此台北距涡河500米，呈高坡状，北高南低，南北长160米，东西宽140米，面积2.24万平方米。据清《陈州府志》载：“霸王台在太康县西五里。”该志中宋代蓟龄的《霸王台歌》云：“拔山盖世勇安在，荒太蔓草到今传。”“霸垒斜阳”为古太康八景之一，诗云：“楚汉相持地，曾经万灶屯，秋风嘶战马，落日怆征魂……”

楚汉五年（前202年）十月，发生了陈下之战。战前，楚汉双方相峙于固陵和陈县一带，楚将钟离眛和利几分别据守固陵和陈县。刘邦得灌婴和靳歙军来援，实力增强，并乘韩信、彭越、英布等率军迫近陈县之机，发起陈下之战。此战开始，汉军以靳强、丁义、灵常等率军先行突破楚军在固陵的防御，然后集中兵力攻击陈县，破楚军于陈城之下。《史记·高祖功臣侯者年表》载：灵常“击钟离眛及陈公利几，破之”。《史记·高祖本纪》载：“利几者，项氏之将。……利几为陈公。”又据《史记正义》，“陈公”即是“陈县令”。在此战中，刘邦的部下丁义、靳强、薛欧等参加了这次战役，并因功封侯。据《史记·高祖功臣侯者年表》记载：丁义，“破钟离眛军固陵，侯”。靳强，“以中尉破钟离眛，功侯”。“薛欧，“以将军击项羽、钟离眛，功侯”。“汉王追楚，为项籍所败固陵。”

在陈下之战中，项羽所部有灵常军、吕青军、钟离眛军、利几军等，都聚于陈下。但令尹灵常临战降汉，并反戈击楚，左令尹吕青、陈公利几也临战降汉，并反戈击败楚军钟离眛军、利几军。楚大将钟离眛奋力作战，又被汉军丁义、靳强等部击溃，也投汉王麾下。如此则使项羽军处于十分不利的境地，楚败不可避免。

关于陈下之战，史书有不少记载。据《汉书·樊郦滕灌傅靳周传》载：“项羽引东，（樊哙）从高祖击项籍，下阳夏，虏楚周将军卒四千人。围攻籍陈，大破之。屠胡陵。”“（夏侯婴）攻苦、谯，复得亚将。与汉王会颐乡。从击项羽于陈下，破之。”又据《史记·灌婴传》记载：“与汉王会颐乡，从击项籍军于陈下，破之。”汉方仅因陈下一战，参战立功或由楚归汉反戈一击而封侯者达7人之多，显示了此战的激烈和艰难程度。据《史记·高祖功臣侯者年表》记载：蛊达，“以都尉破项籍军陈下，功侯”。尹恢，“以右丞相备守淮阳，功比厌次侯”。灌婴，“以击项籍军于陈下，破之，所将卒斩楼烦将二人，虏骑将八人，赐食邑二千五百户”。樊哙，“从击项籍下阳夏，虏周将军卒四千人。围项籍于陈，大破之”。靳歙，“还击项籍陈下，破之”。灵常，“以荆（楚）令尹汉五年初（即十月）从，击钟离眛及陈公利几，破之”。吕青，“以汉五年用左令尹初（即十月）从，功比堂邑侯，千户”。利几，“项氏之将。项氏败，利几为陈公，不随项羽，亡降高祖，高祖侯之颍川”。

楚军经陈下之战，项羽的兵力受到较大削弱，项羽面临汉方诸路军的合击，形势危急，本欲沿鸿沟与颍水南下，再沿淮河往东，奔据淮南战略要地寿春（今安徽寿县），但此时原来镇守寿春的楚大司马周殷却被汉军刘贾成功策反，项羽南下的退路被切断，不得已被迫率军东撤，垓下之战随之拉开帷幕。

楚汉五年（前202年）十二月，项羽在撤退途中，刘邦和韩信、彭越、英布、刘贾、周殷等五路大军对楚军形成合围之势，项羽困于垓下，楚汉相争的最后决战——垓下之战随之开始。据《史记·高祖本纪》记载："五年，高祖与诸侯兵共击楚军，与项羽决胜垓下。淮阴侯将三十万自当之，孔将军居左，费将军居右，皇帝在后，绛侯、柴将军在皇帝后。项羽之卒可十万。淮阴先合，不利，却。孔将军、费将军纵，楚兵不利，淮阴侯复乘之，大败垓下。"由上记载可知，在垓下之战中，汉军采取大纵深布阵，中路与两翼密切配合，"先合"又"却"再"纵"，"复乘之"，是以楚军"大败"。项羽退入壁内，"汉军及诸侯兵围之数重"。夜晚，项羽听到四面的汉军唱的都是楚歌，大为震惊，说："汉军已经全部占领了楚国吗？为什么楚国人如此众多啊？"他认为大势已去，于是就起来在帐幕中饮酒，看到陪在身边宠爱的美人虞姬，以及随他征战而骑的骏马乌骓，慷慨悲歌道："力拔山兮气盖世，时不利兮骓不逝，骓不逝兮可奈何，虞兮虞兮奈若何！"唱了好几遍，虞姬以歌和之，表示以死明志。据《楚汉春秋》虞美人的歌曰："汉兵已略地，四面楚歌声。大王意气尽，贱妾何聊生。"项羽忍痛割爱，与虞姬洒泪相别，左右侍从也都悲泣，不能抬头仰视。这就是历史上有名的"霸王别姬"。虞姬自杀于垓下。项羽几经突围，逃到淮河岸边，最后在乌江（今安徽和县东北长江西岸）自杀，时年31岁。

垓下之战，是楚汉相争中决定性的战役，它既是楚汉相争的终结点，又是汉王朝繁荣强盛的起点，更是中国历史上具有里程碑意义的转折点，它结束了秦末混战的局面，统一了中国，奠定了汉王朝400年基业；因其规模空前，影响深远，被列为世界著名古代七大战役之一，有"东方的滑铁卢"之誉。

关于垓下的地望问题，自古以来主要有三说：一为河南鹿邑说；一为安徽灵璧说；一为近来出现的陈县说。

灵璧说出于《汉书·地理志》。其沛郡洨侯国下注云："垓下，高祖破项羽"处。其后，地理书皆从之。如《续汉书·郡国志》亦载：洨县"有垓下聚。"《水经注》淮水篇云："洨水又东南流，径洨县故城北。县有垓下聚，汉高祖破项羽所在也。"《元和郡县图志·河南道五》宿州虹县下载："垓下聚，在县西南五十四里。汉高祖围项羽于垓下，大破之，即此地也。”上述诸书所言之“垓下聚”，在今安徽灵璧县城东南15里。此说历史依据不足。楚汉决战的垓下不可能在今安徽灵璧县的理由：一、在垓下之围前，史书没有项羽从固陵和陈下附近败走灵璧的记载。二、如果说垓下在今灵璧县，则楚军距汉军驻地固陵太远，与其阻止汉军东进的军事形势不合。三、今灵璧县东南一带，自古就是平川，既没有山，也没有冈，河流交错，属于古蕲水、古洨水、涣水、沱水、唐水的五河河网地带，这样的地形根本不适于大兵团决战。四、今灵璧县距淮河很近，项羽从垓下夜间率骑南逃，平明始达淮河北岸，实际不需要这么长的时间。由此可见，垓下在灵璧县之说不能成立。

鹿邑说出自唐人张守节。他在《史记·项羽本纪·正义》云：“垓下高岗绝严，今犹高三四丈，其聚邑及堤在垓下之侧，因取名焉。今在亳州真源县东十里，与老君庙（在今鹿邑境）相接。”近代著名史学家范文澜也认为垓下古战场应在当时陈郡苦县（今鹿邑）一带。他在其著《中国通史简编》（修订本第二编）中认为“垓下在河南鹿邑县境，一说在安徽灵璧县。按当时军事形势应以在鹿邑县境为是”。唐真源县即秦汉之苦县，故城在今河南鹿邑县城；老君庙，唐又称“玄元皇帝祠”，即今鹿邑城东之太清宫。垓下的地望应在今隐山遗址一带。建国前，这里远望山丘突起，云蒸雾罩，近观树木茂盛，如山丘一般。今鹿邑县城东小洪洼西尚存虞姬墓，墓冢封土被群众取土平掉。

近来垓下地望又有陈县说（陈可畏：《楚汉战争的垓下究竟在今何处》，《中国史研究》，1998年第2期），陈可畏先生认为垓下的地望在陈县。陈县北部，与固陵县相接。垓下既在陈县，自然是陈县北部。这正与楚军阻止汉军东进或东南进的军事形势符合。从军事防御的观点看，理应如此。当时项羽为了阻止固陵的汉王军继续东进或向东南进军，无论是单纯的防守还是以攻为守，自然是驻军于距固陵不远的陈县北部，不会选择在其他地方。不仅如此，在陈县北部和苦县西部，古代有许多丘陵和山冈，利于防守和进攻。虽然经过了2000多年农业开垦和风雨等侵蚀，但是至今仍然可以看到许多山、冈。据《大清一统志》河南陈州府《山川》条记载：“西铭山，在淮宁县（即今淮阳县）西北五里。”“鞍子岭，在淮宁县北二十五里，濯河之南。”“杏冈，在淮宁县西北。”“清（邱）［丘］，在淮宁县东北。”又归德府《山川》条：“横岭，在鹿邑县西南二十五里。《县志》：‘自西北而东南，延亘二十余里。’”“虎头冈，在鹿邑县西四十里。”又柘城县“西三十里有霸王冈”。按“垓”，阶次也。陈县北部及苦县西部、柘县西部既有这么多的山、岭、冈，自然会形成阶梯地形，自然会有高冈绝岩。所谓“垓下”，即此阶梯形地之侧也。由当时楚军近十万人看来，驻地的面积必大，不可能集中在一个小小的聚落。换言之，“垓下”是一个地区名称而不是一个聚落名。《史记》、《汉书》的记载都是很明确的。后来之所以弄错，那是因为垓下聚是一个地区名称，而没有具体的标志，没有这样的山川城镇，于是后人便进行各种猜测，遂形成了关于垓下地点的上述两点说法。经过2000多年变化，陈县北部一带的山河、地名不断更改，但基本地貌依旧，而“霸王冈”大概是垓下决战流传至清的。

学术界也有人认为史籍上的所谓“垓下”乃“陈下”之讹，也就是说历史上有陈下之战而无垓下之战（辛德勇：《论所谓‘垓下之战’应正名为陈下之战》，《中国社会科学院历史研究所学刊》，2001年10月）。陈下之战和垓下之战不是同一次战役，而是接连发生的两次战役。因为一是从时间看。两者发生的时间不同。前者是在前202年十月，后者是在十二月。二是从两次作战文献记载看。《史记》关于垓下之战的记载如下。《项羽本纪》：“刘贾军……至垓下。大司马周殷……随刘贾、彭越皆会垓下，诣项王。项王军壁垓下。”《高祖本纪》：周殷、英布“随刘贾、齐梁诸侯皆大会垓下。高祖……与项羽决胜垓下。……大败垓下。”《汉兴以来将相名臣年表》：“破楚垓下。”《荆燕世家》：周殷、刘贾、英布“皆会垓下。”《彭越列传》：“彭越乃悉引兵会垓下。”《黥布列传》：周殷“遂举九江兵与汉击楚，破之垓下。”《淮阴侯列传》：韩信“将兵会垓下。”《灌婴列传》：“项籍败垓下去也。”《栾布列传》：“垓下之会。”《太史公自序》：“破子羽垓下。”《史记》中关于陈下之战的记载只见于《高祖功臣侯者年表》和樊哙、灌婴、靳歙本传等共计7处。由以上情况可知，垓下之战见载于《史记》多达10多处，而陈下之战见载于《史记》不过寥寥数处；垓下之战在《史记》本纪中有专门记载，而陈下之战在《史记》本纪中全无踪影；《史记》记载垓下之战详细具体，而记载陈下之战则简略笼统。由以上记载有无及详略明显之差异，大致上可以看出垓下之战与陈下之战并非同一次战役。三是从作战双方参战者来看。《史记》明确记载，韩信、彭越、英布、刘贾和周殷均参加了垓下之战，但史籍中均未见有此5人参加陈下之战的记载。《史记·曹相国世家》虽然有如此记载：“韩信为齐王，引兵诣陈，与汉王共破项羽，而参留平齐未服者。”但该记载主旨是要说明韩信出发“诣（前往）陈”时，曹参留于齐地，“与汉王共破项羽”，只在于说明韩信“诣陈”的目的，故不足以证明韩信参加了陈下之战。《淮阴侯列传》：韩信“将兵会垓下。”由此确信韩信与刘邦共破项羽是在垓下而非陈下。

三、周亚夫淮阳问计

秦汉时期，以陈县为中心的周口地区战略地位重要。周口地区不仅有鸿沟自北向南穿陈而过经项入沙颍通淮水，而且岗丘起伏，物产丰富，乃兵家必争之地。汉武帝即位之初，认为淮阳是天下交通枢纽，须驻扎强大的兵力防守，因此调任灌夫任淮阳太守。（《汉书·窦田灌韩传》载："武帝即位，以为淮阳天下郊，劲兵处，故徙夫为淮阳太守。"《汉书·魏豹田儋韩王信》亦载："……东有淮阳，皆天下劲兵处也。"《汉书·汲黯传》载："上以为淮阳，楚地之郊也……"）

汉景帝前元三年正月（前154年），以吴王刘濞为首的七个王国打着"诛晁错、清君侧"的旗号起兵叛乱，史称"七国之乱"。"七国之乱"初，景帝派遣太尉条侯周亚夫率领36将军前往吴、楚平定叛乱。周亚夫到达淮阳后，询问父亲绛侯从前的门客邓都尉说："怎样才能拿出好的计策呢?"门客说："吴兵锐气正盛，和他交战很难取胜。楚兵浮躁，锐气不能保持长久。今为将军提出一个计策，不如率军在东北的昌邑筑垒坚守，把梁国放弃给吴军，吴军一定会用全部精锐军队攻打梁。将军深挖沟高筑垒坚守，派轻装的军队断绝淮河、泗水交汇处，阻塞吴军的粮道。吴梁之间因相持疲弊而且粮草耗尽，然后用保持强盛锐气的军队制服那些疲弊已极的军队，打败吴国是必然的。"条侯说："好。"按照他的计策，坚守在昌邑南边，派轻装军队断绝吴军粮道。（《汉书·荆燕吴传》载："至淮阳，问故父绛侯客邓都尉曰：'策安出?'客曰：'吴兵锐甚?难与争锋。楚兵轻，不能久。方今为将军计，莫若引兵东北壁昌邑，以梁委吴，吴必尽锐攻之，将军深沟高垒，使轻兵绝淮泗口，塞吴粮道。使吴、梁相敝而粮食竭，乃以全制其极，破吴必矣。'条侯曰：'善。'"）

周亚夫采纳了邓都尉的建议，于是在昌邑南坚壁清野，派轻兵断绝吴军粮饷运输通道。周亚夫向邓都尉所问之计，为汉军最终平定吴、楚叛乱起到了重要作用。

秦统一六国后，实行"征兵制"。汉承秦制，当时规定不分贵贱，男子20岁要在官府登记。根据三年耕、一年储的原则，从23岁起正式服兵役，一直到56岁方可脱离军籍。

四、刘秀、曹操等在境内的征战

西汉末年，中央政权逐渐为外戚所把持。王莽，汉元帝皇后的内侄。元始五年（5年），他设计毒死了汉平帝，并立年仅两岁的刘婴为太子，朝中大事由其专断。初始元年（8年），王莽废除太子，篡位登基，改汉朝为新朝，这就是中国历史上有名的“王莽篡汉”。新莽末年，政治腐败，民不聊生，农民大起义相继爆发，刘縯、刘秀兄弟也起兵反莽。刘秀与王莽在今周口一带进行过角逐，至今尚有不少有关“王莽赶刘秀”的遗迹和传说。

新莽地皇二年（21年），刘秀追击王莽部将王寻，大败王寻于水丘（今沈丘留福附近）。后刘秀称帝后，诏令安葬战死部卒遗骨于此。

新莽地皇四年（23年），刘秀在昆阳之战中率兵杀王莽将领王匡、王寻，遭王莽军围追堵截，刘秀兵败至南顿，筑城防御，在战国南顿故城基础上加筑。南顿故城今遗留有“白果树”、“搬倒井”、“饮马池”等遗迹遗物。

今商水县东南22公里胡吉乡闫庄西北100米处有凉台寺旧址，相传刘秀征战时曾在此乘凉。商水县城西北15公里邓城镇许村有一株汉白果树，相传也与刘秀与王莽征战有关。一天，刘秀在与王莽的战斗中人困马乏，就拴马在白果树干上，然后在树下睡去。不料王莽追兵将至，刘秀的战马踢树嘶鸣，刘秀惊醒得以及时逃脱。许村白果树高约35米，胸围7.5米，苍劲奇伟，枝繁叶茂，荫盖约1亩有余。

淮阳、沈丘保留有刘秀与王莽战斗的遗迹。今淮阳县临蔡乡临蔡村曾为刘秀、王莽相拒处。据《河南通志》载：“汉光武与王莽相拒，筑城临蔡河，故名。”清顺治十五年（1658年）《沈丘县志》载：“沈丘县（治今老城）北二十里有迷艇湖，相传光武为王莽追急，夜奔此，迷道，故名。”

鹿邑名吃试量狗肉的来历相传与刘秀在今鹿邑试量一带征战有关。一天，刘秀被王莽追赶逃到今鹿邑试量一带，险被擒获。在百般危难时刻，刘秀幸得一位老农相救，并且煮了一锅热气腾腾的狗肉相待。刘秀后来当了皇帝，一日忽然回想起试量得救之恩和美味狗肉，便命人到试量取狗肉来享用。如此一来，鹿邑试量狗肉便成为地方名吃。虽然这仅是个神奇的传说，但刘秀、王莽在鹿邑征战当是可信的。

刘秀的哥哥刘縯被更始帝杀害后，岑彭随从大司马朱鲔进击王莽任命的扬州牧李圣，并杀之，平定了淮阳城，朱鲔推荐岑彭为淮阳都尉。（《后汉书·岑彭传》记载："更始遣立威王张卬与将军徭伟镇淮阳。伟反，击走张卬。彭引兵攻伟，破之。"

建武二年（26年），刘秀派遣贾复平定郾地后，向东攻打更始帝淮阳太守暴汜，暴汜投降，淮阳郡属下各县全部平定。（《后汉书·贾复传》记载：贾复"引东击更始淮阳太守暴汜，汜降，属县悉定。"）

建武四年（28年），陈俊"转徇汝阳及项，又拨南武阳"（《后汉书·陈俊传》）。

兴平二年（195年）十二月，曹操在平定兖州后，向西攻打陈地。（《三国志·魏书·武帝纪》载：十二月"兖州平，遂东略陈地。"）"建安元年（196年）春正月，太祖临武平，袁术所置陈相袁嗣降。"武平在今鹿邑县西北邱集乡武平城村。

建安二年（197年）春正月，袁术要在淮南称帝，派人告知吕布。吕布"收其使，上其书。术怒，攻布，为布所破。秋九月，术侵陈，公东征之"。袁术袭扰陈郡，曹操自许（今许昌）东征。袁术得知曹操亲来，丢下大军自己逃跑，留下将军桥蕤等统军对抗。曹操到来，桥蕤等兵败被杀。袁术逃过淮河，曹操返回许都。

曹操与袁术曾在今扶沟县一带征战。据《乾隆续通志》载："扶沟县城北里许，双洎河上有古城遗址，相传为曹操与袁术相拒筑城。"

五、绿林、黄巾起义的转战

西汉末年，土地兼并剧烈，农民处境日益恶化。王莽代汉后，又实行托古改制，激起社会经济的大混乱。加之法禁烦苛，滥用刑罚，致使民怨沸腾，社会危机进一步加深。新天凤四年（17年），新市（今湖北京山东北）人王匡、王凤聚集领导荆州一带饥民发动武装起义，以绿林山（今湖北当阳东北）为基地，被称为"绿林军"。绿林起义军曾转战于周口一带。

地皇四年（23年），绿林起义军打败王莽军，攻破汝阳城，汝南郡主簿周嘉和太守何敞率官军攻打起义军，在汝阳北关与义军展开白刃战，何敞被流矢击中受伤，官军死伤甚多，义军大胜。据《后汉书·周嘉传》记载："王莽末，郡贼入汝阳城，嘉从太守何敞讨贼，敞为流矢所中，郡兵奔北，贼围绕数十重，白刃交集，嘉乃拥敞，以身扞之。因呵贼曰：'卿曹皆人隶也。为贼既逆，岂有还害其君者邪？嘉请以死赎君命。'因仰天号泣。群贼于是两两相视，曰：'此义士也！'给其车马，遣送之。后太守寇恂举为孝廉，拜尚书侍郎。光武引见，问以遭难之事。嘉对曰：'太守被伤，命悬寇手。臣实驽怯，不能死难。'帝曰：'此长者也。'诏嘉尚公主，嘉称病笃，不肯当。"

东汉晚期，宦官与外戚两大集团交替专政，政治腐败，土地兼并加剧，赋税日趋沉重，社会动荡不安，民众流离失所，阶级矛盾高度激化，小规模的农民战争此起彼伏。汉桓帝年间，长平和南顿爆发了陈景、管伯领导的农民起义，但很快被镇压，陈景、管伯遇害。据《后汉书·孝桓帝纪》记载：建和二年（148 年）"冬十月，长平陈景自号'黄帝子'，署置官属，又南顿管伯亦称'真人'，并图举兵，悉伏诛"。

汉灵帝中平元年（184 年），冀州巨鹿（今河北平乡西南）人张角领导的黄巾农民起义爆发，起义军打着"苍天已死，黄天当立，岁在甲子，天下大吉"的战斗口号，包括陈国在内的全国各地纷纷响应。

黄巾起义爆发前，张角自称"大贤良师"，创立了太平道，以画符诵咒行医治病，在贫苦农民中宣传原始道教的平等思想，鼓动民众起来反抗暴政统治。在宣传发动群众的同时，张角还利用宗教从事起义的组织准备工作，派骨干信徒到各地聚集力量。经过 10 余年的秘密宣传和组织，张角已拥有徒众数十万，遍布于青、徐、幽、冀、荆、扬、兖、豫 8 州。在此基础上，张角又将信徒按地域分为 36 方，大方万余人，小方六七千人，各设"渠帅"，统一节制，为起义做好了必要的组织准备，计划于中平元年（184 年）三月五日在洛阳和各州同时起义。

正当起义即将爆发的关键时刻，太平道内部出现了叛徒，向朝廷上书告密，起义计划全部泄露。东汉王朝闻报后，即行严厉镇压，搜捕起义领袖人物。这一突然变故打乱了起义部署，张角为了扭转被动局面，当机立断，决定提前举行起义，星夜派人通告各方同时行动，并规定起义军以黄巾缠头为标志。

黄巾起义爆后，声势浩大，史称"旬日之间，天下响应，京师震动。"黄巾军主力分布在 3 个地区：义军首领张角自称天公将军，他的弟弟张宝号称地公将军，张梁自称人公将军，率领义军主力，活跃于冀州地区，在北方形成革命中心。张曼成自称"神上使"，带领黄巾军战斗在南阳地区，形成南方地区的起义中心。波才、彭脱等人率部转战于颍川（郡治在今河南禹县）、汝南（郡治在今河南汝南东北）、陈国（郡治所在今河南淮阳）一带，成为东方地区的起义主力。三路起义军以洛阳为主要进攻目标，自东、南、北三方包围威胁洛阳。八州并起的黄巾大起义极大地震撼着东汉朝廷，统治者在惶恐不安之余，急忙调兵遣将镇压起义。

东汉统治者对起义军实施“先防后剿、攻守皆备、重点进攻、逐个击破”的战略方针，当时，活动于颍川一带的波才起义军对洛阳构成直接威胁，所以汉廷委派车骑将军、中中郎将皇甫嵩、右中郎将朱儁统率主力投入这一战场。朱儁上表请求派孙坚为佐军司马，孙坚率精兵约千人，与朱儁合力进击起义军。

四月，黄巾起义军和东汉王朝军队的战略决战首先在颍川一带展开。颍川黄巾军波才部击败朱儁的进攻，并乘胜围攻皇甫嵩于长社（今河南长葛东北）。但遗憾的是，波才义军缺乏军事经验，依草结营，戒备不严，结果反被皇甫嵩深夜纵火烧营，实施突袭，造成义军损失惨重。皇甫嵩会合朱儁、曹操两部汉军，乘机进击，大败波才军，残杀起义将士数万人。颍川义军被镇压后，官军乘胜进攻汝南、陈国义军。陈国义军一度大败前来镇压的汝南郡官兵，据《后汉书·袁安传附袁秘传》记载：“黄巾起，秘从太守赵谦击之，军败，秘与功曹封观等七人以身扞刃，皆死于陈，谦以得免。诏秘等门闾，号曰七贤。”

不久，波才义军余部在阳翟（今河南禹州市），彭脱义军在西华（今西华南），又遭镇压归于失败。黄巾军在西华（今西华县南）的一次战斗中大败孙坚，孙坚受重伤落马，被其官兵救起逃脱。

颍川、汝南、陈国一带的黄巾军在东汉军队和地方封建势力的联合镇压下，最后归于失败。

第四章　秦汉时期的文化

一、教　育

秦朝统一初期，尚能兼容百家，但随着政治经济的统一，出于巩固天下一统的需要，在文化教育上实行“书同文”、“行同伦”，即统一文字（先小篆后隶书），同时要求人们行为要规范。在推行“书同文”、“行同伦”的过程中，主要依靠刑法，但也注意到了教化。各乡设置“三老”掌管教化。同时，令李斯作《仓颉篇》、赵高作《爰历篇》、太史令胡毋敬作《博学篇》，作为儿童课本，进行文字和伦理教育。“书同文”、“行同伦”，对统一汉民族的共同心理，对以后文化教育的发展起到了积极作用。淮阳自春秋以来就成为文化教育比较发达的地方，秦代亦然。汉初杰出的军事谋略家张良在秦末就曾在淮阳学习礼制。据《史记·留侯世家》载：“良尝学礼淮阳。”秦代为了禁止当时“以古非今”现象，在禁止私学的同时，规定官学教育只能学习法令，“以吏为师”，官学中的传授活动被迫中断。这种“禁私学，以吏为师”的文化专制制度，客观上阻碍了教育的发展。

在汉初的六七十年里，采取“以道为本，以法为符”的“杂霸政策”。到了文景时期，清静无为的黄老思想更被推崇成为统治思想的主流。汉朝在建国几十年后，实行“罢黜百家，独尊儒术”的文化教育政策，儒家思想成为中国2000多年封建王朝统治的思想支柱。汉朝的文化教育则以秦为鉴，在儒家思想指导下，国家创办官学，中央首创太学，郡国设立学校，推行教化，为中国封建教育制度的形成奠定了基础。汉王朝推行的郡国学，使地方教育得到空前发展。同时，私学和家学也成为地方教育的重要组成部分。

汉代地方官学始创于景帝末年。蜀郡太守文翁为移风易俗，推行教化，先从郡吏中选派聪慧者10余人到长安，就学于博士，可谓最早的委托培养措施。数年后，这些人学成归来。文翁在成都立学，招收属县子弟入学，学成者都给予重用，或推荐到朝廷做官，蜀郡从此学风大盛。到汉武帝时，推广文翁兴学的经验，“令天下郡国皆立学校官”（《汉书・循吏传》），但还不十分普遍。到宣帝时，地方学校开始增加。汉平帝时郡国普遍设立官学。平帝元始三年（3年），采纳王莽请求立官学的意见，制定中央和地方的学校系统。中央官学为太学，地方官学分为四级：郡国曰学，县道邑侯国曰校，乡曰庠，聚曰序。郡县两级学校设置经师1人，乡聚二级的序、庠设置《孝经》师1人。同时，在郡国还设立宗师，用来教育皇室子弟。另外，地方官学还设有郡文学、郡文学史、郡文学卒史、五经百石卒史及乡三老等官职。汉平帝时制定的地方官学制，初步奠定了后来学校制度的基础。

东汉光武中兴之时，兴办学校成为衡量官吏政绩的一个重要依据，因此学校十分发达。郡国学主要培养统治人民的封建官僚，在传播文化方面也起了重要作用。创办地方学校的目的，在于通过儒家经学来宣传孝悌仁义等封建道德，以改造民间风俗。两汉地方学校，对地方文化水平的提高和中华民族共同心理的形成，起了积极作用。自郡国学校建立以来，就一直没有停止，即使在东汉桓、灵二帝社会动荡时期，也没有销声匿迹。汉代地方官学的主要任务在于奖进礼乐，推广教化。它与太学相比，地方官学没有正规的课程设置，往往是因人而异。学生上学的时间也没有固定的规定，有的只是在某个时节招集一些人讲学。地方官学的师资力量远逊于太学，它与太学也没有从属关系。汉代的地方官学还处于草创阶段，并未形成真正的系统。但是，它却为后代学校制度的发展奠定了初步的基础。

东汉以“孝经”治天下，反映在学校就是尊师重道。钟兴取得成就后不贪功，不忘本，尊敬自己的老师，保持谦恭之心的举止，为时人所称道。钟兴，字次文，东汉汝南汝阳（今商水县西北）人。他从小拜丁恭为师学习《严氏春秋》。丁恭以“学行高明”向朝廷推荐钟兴。光武帝召见钟兴之后，问他有关经书的义理，钟兴回答得非常好，受到光武帝的称赞，官拜郎中，又升为左中郎将。朝廷下令让他审定《春秋》章句，删去重复繁杂之处，教授皇太子。又让皇室子弟和诸侯跟他学习，封他为关内侯。钟兴自以为无功，不敢接受爵位。光武帝对他说：“先生教授太子和各王侯，岂不是立下大功吗?”钟兴回答说：“我受业于丁恭，这都应归功于我的恩师。”于是便又封赏丁恭，而钟兴则坚辞不受爵位。这说明周口人民自古就有尊师重教的优良传统。在尊师重道的同时，地方学校的社会地位得到日益提高。汉明帝在学校祭祀周公、孔子，对后世影响极为深远。

私学教育在春秋战国时期就已存在。汉初，随着秦朝的崩溃，被压抑了10多年的私学教育开始恢复。汉武帝开始兴办和发展官学后，官学在国家教育中虽然占据主导地位，但私学在官学的影响下也得到了进一步发展，并与官学相辅相成，互为补充。两汉私学之所以兴盛，一方面是受国家“以经术取士”的影响；另一方面私人讲学思想束缚较少。两汉私学教育很重要的一个目的是培养符合入仕条件的人才，而在西汉的选举制度中，明古今、通儒经是对入仕者的一个基本要求。汉武帝曾下诏明确规定：以贤良科入选的人，必须“明于古今王事之体，受策察问，咸以书对，著之于篇”。以后成为两汉王朝推行的一贯政策，这种政策导向必然会对当时私学教育的内容发生重大影响。因而，在两汉的私学教育中，《尚书》、《春秋》、《左传》、《国语》等史籍在内的历史传授成为极重要的一部分。由于私学教育日趋普遍，生徒众多，求学者遍布四方，使私学在两汉时期的教育中占有重要地位。

私学始于春秋，一直长盛不衰，它使古代的文化典籍、科学知识通过私学教育得以很好地保存和广泛传播。秦时私学遭到禁止，到汉武帝创立博士弟子员的官学制度后，才又给私学带来生机。由于官学招收人数有限，时兴时废，入学条件也比较苛刻，加之缺少启蒙之学，因此，就读私学者人数远远超过官学人数。汉代的私学一般可分作三个阶段。第一是蒙学阶段，目的是识字习书，相当于现代的小学阶段；第二是读《论语》、《孝经》阶段，目的在于接受封建道德教育；第三是读经阶段，目的在于进入仕途，治理国家，相当于现代的大学阶段。在私学中，教学内容比官办学校中更为丰富，不限于今文经，也可讲授古文经，同时还可讲授黄老、图纬、天文、星历、法律等知识。

两汉时期，儿童教育也开始发展。学童在蒙学阶段学习的学校称作“学馆”、“书馆”、“书舍”或称为“小学”，教师称为“书师”。汉代儿童，约八九岁入书馆学习，年限不定。这一阶段主要是识字习书。小学所用的字书，主要有《仓颉》、《凡将》、《急就》、《元尚》等篇。习完字书后，即进而学习《孝经》、《论语》，以作学经前的准备。入书馆学习需交纳学费，并非贫家儿童皆可入学。

汉时，私学称“精舍”（亦称“精庐”），史书记载不少名儒自立精舍隐居教授。汉代私学中的学生，可分为“及门弟子”和“著录弟子”两类。“著录弟子”只需把自己的名字录在名儒、学者名下即可，不必亲来受业，这便开了后世的“拜门”之风。而“及门弟子”才是名儒、学者亲自教授，有的也通过高业弟子转相传授。到东汉时期，私学教育已非常兴盛，名师门下，常有生徒数百上千人，多者达数千甚至万余人。如东汉汝南南顿（今项城西）人蔡玄，“学通《五经》，门徒常千人，其著录者万六千人”（《后汉书·蔡玄传》)；颍容，东汉陈国长平（今西华）人，博学多识，尤善《春秋左传》。东汉末避乱荆州，门徒千余人。

秦汉学人大多经历过远道寻师求学的艰辛，求学者往往背井离乡，远行千里，负笈寻师。在当时交通比较落后的条件下，他们自己背着行李、书籍和文具，不远千里，跋山涉水，求师问学。史书中常常用“千里负笈”形容这样的社会文化活动。“笈”，是一种主要用以盛装书籍的竹编器具。《太平御览》卷七一一引《风俗记》说：“笈，学士所以负书箱，如冠籍箱也。”同卷所引谢承《后汉书》就具体说到袁闳“负笈”就学的事迹：“袁闳，字夏甫，汝南人也，博览群书，常负笈寻师，变易姓名。”耕读这种生活方式由来已久。据《后汉书·袁闳传》记载：袁闳“居处仄陋，以耕学为业。”

汉人十分注重人性和伦理。在汉代私学中，要求学生尊敬教师，严守师法和家法，师生关系十分融洽和亲密，学生对师长恭敬礼让，甚至当师长获罚下狱时，学生常上书诉免，甚至要求代死。东汉司隶校尉、武平人虞诩被宦官陷害下狱，其门生百余人举幅叩头，血流满地，为老师诉冤，虞诩即日被释获救。东汉陈国的张季礼得知他的老师去世的消息后，慷然“远赴师丧”，“寒冰车毁，顿滞道路。”（《后汉书·刘翊传》）师长死后，门徒常常服丧三年。在私学中，师生的感情十分深厚，这种融洽的关系对中国以后的师生关系有着很大的影响。

除官学、私学外，家学传授也比较盛行。两汉时期，为了适应选士制度对了解历史和熟悉儒经的要求，为了使家族子弟博通古今、明辨善恶，把他们培养成仁人贤士，入仕为官，为家族赢得声誉，使家族的社会地位得到巩固和提高，不少家族将《尚书》、《春秋》、《左传》等史籍作为家学传授的重要内容。如，薛汉，字公子，汉代淮阳人。少传父业，精通《韩诗》。他和父亲都以《韩诗章句》著名。“当世言《诗》者，推汉为长。”（《后汉书·儒林列传》）他善说灾异谶纬，弟子常数百人。光武帝建武初年，为博士，受诏校订图谶。明帝时为千乘太守，政有异绩。

二、佛教的传入和道教的兴起

佛教在东汉时期开始传入中国。周口一带地处中原，当会受到佛教的影响。据1987年版《沈丘县志》记载，东汉永平七年（67年），在今沈丘老城西南3里处徐营村东北隅建广教寺，该寺在明成化年间重修。因庙梁为乳香木质，每到伏天渗出的乳香可闻，俗称乳香寺。这是周口地区有史记载最早的佛教寺院。

西汉初，黄老之学大兴，《老子》（即《道德经》）成为主要经典。汉武帝以后黄老学逐渐向黄老道演化，老子逐步被神化，《老子》亦开始宗教化。东汉时，河上公《老子章句》首先从宗教角度理解和阐发《老子》，作为治国治身和修养成仙的理论依据。早期道教经典《太平经》即有与河上公《老子章句》十分相似的思想，并汲取《老子》中的许多思想作为理论根据。到东汉后期，《老子》成为道教所奉的经典。汉代道教老学的主要特征是黄老神仙长生思想，借用老子的“道”作为其神仙学说的理论依据。

道教源于中国古代的巫术和秦汉之际的方术。东汉时期，成都人王阜撰《老子圣母碑》，把老子和道合而为一，视老子为化生天地的神，成为道教创世说的雏形。汉桓帝亲自祭祀老子，把老子作为仙道之祖。道教认为，清净修炼，与世无争，便可归本还原，与道合一，达到长生不老，飞升成仙。道教以老子为教主，称其为“太上老君”，是道教三清道祖中的道德天尊。

东汉明帝时，佛教东来，开始在社会上流布。而佛教使者为传播佛法，又不得不附会道家言。社会上好道者又将黄帝、老子与浮屠联系在一起合并祭祀。皇室尊奉老子则始于东汉初年，到桓帝时极盛。《后汉书·楚王英传》云：“楚王诵黄、老之微言，尚浮屠之仁祠，絜斋三月，与神为誓。”（《后汉书·楚英王传》）此后，老子信徒受佛教东来的刺激，穿凿附会《史记》中老子出关，“莫知其所终”，遂幻化演变出老子西出流沙，化胡为浮屠的神话。之后，老子之神化，道教之萌发产生，至汉桓帝时，则陡然高涨。这与桓帝好道，尊祀老子、浮屠大有关系。《后汉书·西域传》载：“桓帝好神，数次祠浮屠、老子，百姓稍有奉者，后遂转盛。”《后汉书·桓帝纪》总结桓帝刘志执政20年的政绩时称：“桓帝好音乐，善琴笙，饰芳林而考濯龙宫，设华盖以祠浮屠、老子，斯将所谓听于神乎！”皇家祭祀老子兴于桓帝，桓帝是祭祀老子的第一位皇帝。桓帝好黄老道，延熹八年（165年）正式在宫中立黄、老、浮屠之祠，以求福祥。仅在这一年，就3次遣使到老子故里苦县祭祀老子。第一次在正月，特“遣中常侍左悺之苦县祠老子”（《后汉书·桓帝纪》）；第二次在八月甲子，桓帝梦见老子，命陈相边韶祀老子（《老子铭》）；第三次于十一月，“使中常侍管霸之苦县祠老子”（《后汉书·桓帝纪》）。次年，即延熹九年（166年）六月，桓帝又亲自到濯龙宫“祠黄老”（《后汉书·桓帝纪》）。可见汉桓帝对老子的崇拜信仰之虔诚。桓帝祭祀老子，和西汉重视老子的政治意义不同，东汉推崇的老子是兴国广嗣、存神养性、意在凌云的养生意义上的老子。当时社会上老子的信徒，即道教信徒，已相当普遍。

延熹八年（165年）八月，汉桓帝夜梦老子而顿生尊祀老子之愿。据边韶《老子铭》记载："延熹八年八月甲子，皇上尚德弘道，含闳光大，存神养性，意在凌云。是以潜心黄轩，同符高宗，梦见老子，尊而祀之。"桓帝派陈相边韶祭祀老子时，边韶正担任老子故里苦县之郡国陈相，他对老子生平事迹及时人对老子的尊崇等情况，了如指掌，故负"典国之礼"，奉皇帝之命祀老而作《老子铭》，立碑刻石于老子故里，以昭后世。该铭文言简意赅，内容丰富，弥足珍贵。铭辞前撰有序文588字，而铭词却只有216字。全文共计800多字，比之《史记·老子传》452字还多出352字。《老子铭》收载于南宋洪适编撰的《隶释》一书中，是迄今为止仍保存于世的有关老子史实的最古老的碑文之一，也是现存最早对老子的祭祀活动和神化历程详加记载的材料。铭文内容不仅反映了东汉末年朝廷和民间神化老子的事实和根源，而且也反映了作者边韶对待老子神化历程的理性态度。

《老子铭》是继《史记》后再次有力证明老子故里在鹿邑的珍贵史料。《老子铭序》则点明："相县虚荒，今属苦，故城犹在。在赖乡之东，涡水处其阳，其土地郁增高敞，宜生有德君子焉。"具体标明了曲仁里的确切地址，为准确标定老子故里提供了指南。又据《后汉书·郡国志》陈国境界内有苦县，曰："苦，春秋时曰相，有赖乡。"注曰："伏滔《北征记》曰：有老子庙，庙中有九井，水相通。《古史考》曰：有曲仁里，老子里也。"汉高帝十一年（前196年）置淮阳国，景帝三年（前154年）废，东汉章和二年（88年）改作陈国，其地辖陈县、苦县等9县。唐颜师古注《汉书》、李贤注《后汉书》、司马贞《史记正义》，皆称苦县城东赖乡有老子宅及庙，庙中有九井。《水经注·涡水篇》又称："涡水又北径（苦县赖乡）老子庙东，庙前有二碑，在南门外。汉桓帝遣宦臣管霸祠老子，命陈相边韶撰碑。"可知苦县老子庙乃边韶祀老子之处，其地亦即老子故里。又据张守节之说：当司马迁书《史记》时，苦县疑属楚国（汉代所封楚国，非先秦之楚），故称老子为"楚苦县厉乡曲仁里人"。据此，不难确定老子出生地址在今鹿邑，为平息老子故里之争提供了可靠史证。

边韶自认"材薄思浅，不能测度至人，辨是与非"，恐不能准确地评价老子之崇高人格和超绝思想，辜负皇帝祀老之苦心。但仍勉为其难，出诸虔敬忠诚，著文赞颂老子。边韶从一个史学家的理性角度，以朴实无华的言词，状物凝思，寥寥数语，就把老子之为人及其思想推出，而且皆能中老子思想之肯綮。认为老子与孔子以仁爱为本、积极入世干政迥异，主抱一守雌，危高安下，避世隐居，损益盛衰，祸福倚伏，清静无为，守真养寿。将《道德经》中相反相成辩证思维之真谛和盘托出，而不受时俗神化老子之影响。

边韶对老子之所以备受后世隆崇祭祀，更具有其独具慧眼的高明见地。在东汉末叶的社会里，上至皇帝，下至庶民，凡“好道者”无不将老子奉为神明，对其顶礼膜拜，祷祠祈福，希图解厄除困，求得长生。而边韶却能洞察其微，认为“盖老子劳不定国，功不加民，所以见隆崇于今，为时人所享祀，乃昔日逃禄处微，损之又损之余胙也”。也就是说，老子昔日将个人体验出来的人生智慧留给世人，却不求报偿，且逃避功名利禄，损之又损，以至于无，甘处卑微，反受到后人的崇祀。与此相反，那些夸大人为教化的作用，自认为有功于国、有劳于民而追名逐利、地位显赫一时的人，却理所当然地受到后人唾弃。这一十分机智的见解，至今仍闪烁着真理的光辉。

长达216字的韵文《老子铭》，即全章的正文，则是一篇对老子享祭时的颂歌，表示对老子的敬仰和纪念，并以之作为后人学习遵循的楷模。铭文明确指出：老子的为人处世虽以“清静无为”、“避世隐声”为式，但其撰《道德经》以遗言的动机，却含有积极警世的作用。故曰：“见迫遗言，道德之经。讥时微喻，寻显推冥。”联系序言“老子为周守臧室史，当幽王时，三川实震，以夏殷之季，阴阳之事，鉴喻时王”，对今天理解《道德经》仍颇有启示性。老子总结“夏殷之季，阴阳之事”，“颇违法言，先民之程，要以无为，大化用成”。显然是追索着更为久远的历史经验，这与孔子的“吾从周”，一遵周礼等级有差、秩序井然的儒家学说，是两个思想体系，确有很大不同。

铭文中也保留了神化老子的痕迹。如曰：“大人之度，非凡所订，九等之叙，何足累名，同光日月，合之五星。出入丹庐，上下黄庭，背弃流俗，含景匿形，苞元神化，呼吸至精，世不能原，卬其永生。”乃是自司马迁《老子传》就已流传下来的“惝恍迷离，令人发生幻想”终至使老子成为道教祖师的根蒂未消的痕迹。

边韶《老子铭》是继司马迁之后又一位史学家以史笔撰写的第二篇“老子评传”，是研究历史上老子和道教早期发展史的重要遗文。对今天考证真实的老子、老子出生地，探索老子之神化、道教之发生，乃至理解老子五千文，都具有不容低估的重要性。

三、书法印章和歌舞杂技

1. 书法印章

周口地区自古就是书法艺术之乡。唐人韦续《墨薮·五十六种书》云："自三皇以前，结绳以政；到太昊氏，始有文字……并作'龙书'。"这说明太昊伏羲氏不仅创造了文字，而且创造了"龙书"。道家老子也是一位书法家，宋代僧适之《金壶记》载："周濑乡石室中有老子篆书《道德经》，后蔡以隶书证之。"《中国书法大辞典》（梁披云编，广东人民出版社，1986年）把太昊和老子列入上古至秦的书法家之列。

汝阳刘毛笔，相传为秦代汝阳刘先人刘寅创制。刘寅为狱吏，与程邈友善。程邈获罪入狱，殚思10年创秦隶3000字。上蔡人李斯奏请秦始皇赦其罪并让其出为御史。李斯将蒙恬之笔传于程邈，程邈让刘寅仿制"恬笔"，后经改进传之于今。毛笔的发明，为周口地区书法的发展起到了重要作用。据说，东晋大书法家王羲之写《黄庭》换白鹅，便是用汝阳刘毛笔，写毕称之为"妙笔"，汝阳刘获"妙笔之乡"的美誉。元至正十四年（1345年），汝阳刘人在村东建蒙恬庙，纪念毛笔祖师蒙恬。1934年，重修扩建，把每年农历三月三蒙恬诞辰定为庙会，作为拜师授徒的吉日。汝阳刘一带，包括今上蔡东部杨集、商水南部，传统制笔业较为发达。明清至民国，汝阳刘人创业足迹遍及今河南、河北、山东、安徽、陕西、湖北、江苏等省，开设笔庄。较有名的笔庄有文林堂、文和堂、太和堂、文亚斋、步青斋等。

汉字书法艺术，从原始陶器符号，经历了甲骨文、金文等阶段，演变发展到战国时期的石鼓文已经基本成熟。到了汉代，隶书自成一体，汉末各体已经具备。东汉时期袁安、袁敞碑的发现，为今人了解当时的书法艺术提供了珍贵的实物资料。

袁安碑，原所在地不详，明万历二十六年（1598年）被人移置至河南偃师县西南约30华里辛村东牛王庙中作供案，因字在下面，无人知为碑刻。1930年夏，始发现案石下面有文字，1934年移置偃师县教育局，其后辗转迁徙，下落不明。1961年经多方寻访又重新发现。碑上下皆残，现存碑高1.39米，宽0.73米，中有穿。东汉永元四年（92年）刻。为小篆体，10行，存15字。下截残损，行各缺1字，仅存139字。欧阳辅《集古求真》谓为伪造，马衡、张彦生等认为确系汉碑无疑。碑侧有明万历二十六年（1598年）题字。碑文所记事迹与袁安传基本相符，有的地方可补本传之不足。碑字结构宽博，笔画较瘦，书体与《袁敞碑》如出一人之手。现藏河南博物院。

袁敞碑，全称《汉司徒袁敞碑》，东汉元初四年（117年）刻立。1923年出土于洛阳，1930年在偃师发现。高0.75米，宽0.68米。碑断缺，仅篆书10行，存70余字。书法流畅而厚重，与《袁安碑》极类，似出一人之手。现藏辽宁省博物馆。

中国的印章文化源远流长。《汉旧仪》曰："秦以前民皆以金玉银铜犀象为方寸玺，各服所好，汉以来天子独称玺，群臣莫敢用也。"秦代以前，印章统称为"玺"，并且尊卑共之。秦始皇统一六国后，规定"玺"之称谓为天子独享，臣民的印章则改名为"印"。玺印代表了天子权力的象征，自此"玺"与"印"有了等级差别。到了汉朝有了官印制度：天子之印仍称为"玺"；平民的印章称为"印"、"印信"；而太守将军等食俸2000石以上官吏的印信则称之为"章"，"印章"的名称由此得来。秦汉时期，篆刻艺术得到空前发展。目前传世的淮阳王玺，以及西华、淮阳出土或采集的金印、铜印不仅具有重要的历史价值，而且具有很高的艺术价值。

淮阳王玺

玺印是王侯权力的象征。传世有西汉"淮阳王玺"，玉质，覆斗纽，质地、纽式与文献记载不符。这是目前能够见到的唯一一方汉代诸侯王玉玺。学术界一种观点认为，此玉玺为淮阳王受封时领授，乃诸侯王用印的实例。另一种观点认为，玉玺为帝后专用，若淮阳王用此玉玺则为僭越失礼，推测此玉玺应为随葬品。

1984年7月，西华县黄桥乡后石羊墓群出土一枚王莽时期的金质龟钮富寿侯印。印体2.5×2.5×2.2厘米，重100克。该印上为龟钮，下为正方体座，龟昂首四足立于方座之上。龟背阴线刻，鳞纹清晰，脊背隆起，尾巴下垂。印文阴刻篆书"富寿侯印"4字。该印对于研究汉代分封制度和官职爵位等具有重要价值。现藏河南博物院。

淮阳县博物馆现藏两套汉代铜印，一为丁伦子母孙套印，1971年淮阳县临蔡乡曹庄出土，正方形三套印，大小为2.2×2.2×3.6厘米，母印为麒麟钮，中空铸朱文篆书"丁伦印信"4字；子印亦为麒麟钮，中空铸朱文篆书"丁伦"2字；三层小印已佚。一为1973年采集于淮阳县临蔡乡七里棚，正方形三套印，高3.87、底径2.8厘米，母印为麒麟钮，中空铸朱文篆书“周冯印信”4字；子印亦为麒麟钮，中空铸朱文篆书“周冯”2字；三层小印为瓦钮，铸朱文篆书“伯□”2字。这两套铜印铸制规整，印钮造型生动，印文书体古拙，是难得的艺术珍品。

丁伦子母孙套印

周冯子母孙套印

2. 歌舞杂技

舞台，古人又叫舞庭、舞亭、舞楼、戏楼、勾栏、戏场等，是伴随着歌舞、戏曲艺术的发展而派生出来的建筑艺术。秦汉之前尚无有关舞台的记载。到了汉代，随着经济的发展，表演艺术形成雅、俗两大体系，宫廷乐舞成为一个“阳春白雪”的独立部门，专供表演活动的场所（露台和不露台的）随着宫廷乐舞形成应运而生。中国的戏曲舞台最早见于文献记载的是西汉武帝建元二年（前139年）所建的腾光台。从汉代开始，舞台从宫廷走向民间。

周口地区的歌舞杂技艺术源于汉代。汉代已有长袖舞和胡舞。西汉淮阳王曾建有歌舞台。据《太平寰宇记》卷十河南道十陈州载：“偶台，在县西北二十五里。二台相对，各高二丈。古老传云：淮阳王城伎乐之处，一云偶仙台，一云舞伎台也。”

1977年8月，项城县老城汉墓出土4件三层陶戏楼，真实地反映了汉代舞台及歌舞、杂技艺术活动。其中一座通高78厘米的绿釉红陶戏楼，色彩鲜艳。下层有圆盘式底座，正面右半部为菱形格窗，左面半部为门，门角柱为熊形柱础，柱头为一斗三升斗拱；上檐前伸为单面，瓦垄清晰。中层正面敞口，有前栏，栏上横列三柱支撑屋檐；两侧壁为镂孔花墙半敞。次层为舞台，中间横隔一墙，分前后场，隔墙右半设门供出入。前场有两个伎乐俑：一人支撑，一人扎跪，一手伸手胸前，一人上举摇布郎鼓；一人跽坐，仰面张口，左手扶膝，右手扶耳为讴歌者。上层为一四阿式小屋。

另一座通高73厘米，下层为方形，边长22厘米，正面右面为菱形窗子，窗下有一熊支撑；左面设门，入内有楼梯可登上中层。中层为舞台，状如上件，唯角有柱无华，台上无伎乐俑，可能是出土时遗失，或被盗墓者窃去。上层为一四阿式小屋。

另一座通高58厘米，下层为方形，边长22厘米，四面敞开，有卧棂栏杆一周；四角柱为四只熊，支撑交叉梁，承托上部压力。这一层为舞台，无前后场之分，有三个伎乐俑正在演出，前一人右肢拱曲，左肢扎跪，右手伸出上置一丸，左手平托，仰面，额上顶一丸；后两人各执排箫伴奏。上两层递次渐小，顶部有天鸡和四只鸟。

3座三层陶戏楼，舞台设在第二层者两座，设在下层者一座。在第二层设舞台，台口设在正面，其他三面都有封墙，观众在从正面观看台上表演的同时，歌声从一面飞出，可以大大提高观众的欣赏效果。舞台设在底层者，表演杂技，四面敞开，便于观众围观。这三座陶戏楼，舞台表演内容有摇布郎鼓、讴歌者和排箫伴奏。摇布郎鼓在汉代起着导乐的作用，讴歌者为歌舞伎。张衡《南都赋》中有“齐僮唱兮列赵女，坐南歌兮起郑舞”，又《观舞赋》云：“抗修袖以翼面，展清声而长歌。”看来汉代有歌必有舞，有舞必有歌。排箫伴奏歌舞伎的表演，箫声悠扬，调动观众情绪，增强了舞台艺术的吸引力。

1985年西华县黄桥乡石羊村出土8块陶舞俑画像砖，每砖各雕舞俑一人，一手叉腰，单腿跪地，面部似有表情，作且歌且舞状。该村出土的仙人戏凤画像砖，与今天的“羽人戏蟾”非常相似。淮阳于庄汉墓出土有陶鼓瑟俑，双手弹弦，姿态生动。

四、孔鲋在陈的活动

秦王朝实行的专制残暴统治，表现在思想文化领域就是“焚书坑儒”，它使秦代的思想文化遭受严重摧残。其专制统治激起了广大士人的强烈不满。这些从社会各阶层游离出来的知识分子，自春秋以来在周王朝统治分崩离析、诸侯国各自为政、征伐迭起的形势下，充分运用他们的知识，活跃于当时的社会、政治舞台上，奔走呼号于各诸侯国之间，宣传自己的政治主张，大受诸侯们的青睐。他们在长期的游说生涯中，逐渐形成了自己独立的风格：在学术上，不囿于一家一派，倾向于多元发展；在政治上，热衷于参政议政，具有浓厚的参与意识，对当时的社会具有十分重要的作用和影响。

秦王朝对思想文化的严重摧残和对士人的迫害，进一步激化了士人与秦专制政权的矛盾，加剧了士人对秦王朝的反叛意识，把这支任何政权都不可小视的力量推向了自己的对立面，以至于当陈胜、吴广农民军举起反秦大旗时，许多士人都纷纷加入农民起义军的行列。孔鲋就是在这种形势下参加陈胜起义军的。

孔鲋（前265－前208），一名甲，字子鱼，系孔子第九世孙。其父曾相魏、赵，向魏、赵国君灌输过儒家的政治主张。孔鲋秉承祖业，饱读《诗》、《书》等，亦有兴国安邦之志。秦始皇崇尚刑名之术，孔鲋与其他“百家”士人一样受到压制和束缚。秦始皇统一全国后，孔鲋被召为鲁国文通君。秦始皇三十四年（前214年），秦朝采纳丞相李斯的建议，焚书坑儒，这不能不对孔鲋产生影响，使其产生恐惧心理。当孔鲋之徒无以设学传道，承其祖业，甚至连自己的人身安全都难以保障时，孔鲋之徒也就毅然决然地汇聚于陈胜“伐无道，诛暴秦”的斗争之中。正如班固《汉书·儒林传》所言：“陈涉起匹夫，驱适（谪）戍以立号，不满半岁而灭亡，其事至微浅，然而缙绅先生负礼器往委质为臣者何也？以秦焚其业，积怨而发愤于陈王也。”又据《史记·儒林列传》载：“及至秦之季世，焚《诗》、《书》，坑术士，六艺从此缺焉。陈涉之王也，而鲁诸儒持孔氏之礼器往归陈王。……然而缙绅先生之徒负孔子礼器委质为臣者，何也？以秦焚其业，积怨而发愤于陈王也。”陈胜起义建立张楚政权后，孔鲋归附陈胜，由于政见不合，任职仅6旬（一说6个月），便托疾而退。

秦王朝的文化专制政策把孔鲋之徒推向了农民军的怀抱，孔鲋终于有了承其祖业、一显身手的出仕良机，农民军领袖似乎也乐得有这样一位贤能之士帮助自己成就霸业。然而，时间不长，孔鲋就“托疾而退”，离开了农民军。陈胜和孔鲋虽然是在“诛暴秦，伐无道”的旗帜下汇聚到一起，但其政治目的并不相同。陈胜、吴广等出身农民，他们起义的目的正如他们所提出的口号一样，“伐无道，诛暴秦”，“苟富贵，毋相忘”，“王侯将相，宁有种乎？”为了反抗秦王朝严酷的刑律、繁重的徭役，希望能充分享有自由、平等地分配财富和管理国家的权利。而孔鲋参加农民军的目的，除了“积怨而发愤于陈王”之外，还希望陈胜“兴灭继绝，封六国后，师古行周礼，重同姓，拜妻之父母”，试图恢复秦统一前的列国时代，实现其先祖孔子“兴周道于东方”的理想。正是这种政治理想的不同，最终导致了陈胜与孔鲋在反秦斗争中政见上的不合。最初，陈胜尚能对孔鲋之教表示“先生之言，阙义博哉，寡人虽固，敢不尽心？”但旋即有异意，表示“六国之后君，吾不能封也，远世之王，于我何有？吾自举不及周，又安能纯法之乎？”及至陈王使军队西入关而诛秦时，陈胜对孔鲋之谏已有点不耐烦了。他对孔鲋说："寡人之军，先生无累也，请先生息虑也。""先生之言，计策深妙，予不识也，先生休矣。"陈胜还公然说："儒者可与守成，难与进取，信哉！"陈王眼中的孔鲋再也不是"其才足以干天下"的"真圣人之后"，而是变成了"可与守成，难与进取"的腐儒。孔鲋眼见得无法在陈胜身上实现自己的政治理想，就只好托词以目疾，离开农民军，退隐于陈民间而搜集其先人之言，进行著书立说，撰写他的著作《孔丛子》。据民国二十二年《淮阳县志》记载："当祖龙肆虐，惧遗典灭亡，隐居嵩山，教授生徒……后自嵩山迁陈，卒老于陈。"

关于孔鲋之为陈胜博士的过程，《孔丛子·独治》有较为详细的记载："子鱼居卫，与张耳、陈余相善。耳、余，魏之名士也，秦灭魏，求耳，鱼惧，走。会陈胜、吴广起兵于陈，欲以诛秦，余谓陈王曰：'今必欲定天下，取王侯者，其道莫若师贤而友智。孔子之孙今在魏，居乱世能正其行，修其祖业，不为时变。其父相魏，以圣道辅战国，见利不易，操名诸侯，世有家法。其人通材，足以干天下，博知足以虑未形，必宗此人，天下无敌矣。'陈王大悦耳又使谓子鱼曰：'天下之事可见矣。今陈王兴义兵讨不义，子宜速来，以集其事。王又闻子贤，欲咨良谋，虚意相望也。'子鱼遂往。陈王郊迎，而执其手议世务，子鱼以霸王之业劝之。王悦其言，遂尊以博士，为大师咨度焉。"

五、诗礼家族南顿应氏

东汉至魏晋时期的南顿应氏家族，涌现出应顺、应奉、应劭、应玚等名人。其家族九世显达，且诗书传家，为后人所仰视。南顿应氏成为中国历史上著名的诗礼家族之一。应氏故里在今项城市南顿镇上头村。

应顺是汝南南顿（今项城西）应氏家族的奠基人。应顺，字华仲，汉和帝时为河南尹、将作大匠。据《后汉书·应奉传》记载：应顺"公廉约己，明达政事。生有十子，皆有才学"。应顺中子名叠，官至江夏太守。应叠生应郴，应郴顺帝时任武陵郡守。应郴生应奉。《后汉书·应奉传》还说："中兴初，有应妪者，生四子而寡。见神光照社，试探之，乃得黄金。自是诸子宦学，并有才名，至玚七世通显。"

应奉，字世叔，应顺曾孙，约生活于东汉中期。他少小聪明，记忆力特强，"读书五行并下"。从小到大，凡他经历过的事，没有不暗记于心的。应奉在做汝南郡决曹史时，曾去过郡辖的 42 县，记录了上百数千个囚犯的情况。回来后，郡太守询问这些人的情况，他对答如流，甚至说出这些囚犯的姓名及定罪的轻重，毫无遗漏，时人都很惊奇。“半面之识”（也作“半面之旧”）的典故就与他有关。有一次，应奉去拜访彭城长官袁贺，袁贺不在家，应奉正要转身回去，袁贺家的车匠突然推开大门，从门缝露出半张面孔看了应奉一眼，而后又关上了大门。数十年过后，一天应奉出门在路上偶然见到这个车匠，立刻认出他来，并同他打招呼，这个车匠很吃惊，经过交谈才明白，原来以前和应奉见过半面。车匠不由惊叹地说：“应奉的记忆力真了不起啊！”据《后汉书·应奉传》李贤等注引谢承《后汉书》载：“奉年二十时，尝诣彭城相袁贺，贺时出行闭门，造车匠于内开扇，出半面视奉，奉即委去。后数十年于路见车匠，识而呼之。”

桓帝时应奉举为茂才，永兴元年（153 年）出任武陵（今湖南常德市武陵区）郡守。到任后，尽职理政，“兴学校，举仄陋，政称俗变”（《后汉书·应奉传》），为蛮夷所服。延熹七年（164 年），从军骑将军冯绲征武陵蛮，以功荐为司隶校尉。在任上纠奸罚罪，不避豪权，以严厉执法著名。当时后宫朋党之争很激烈，邓皇后死后，桓帝拟立田贵人为皇后，应奉认为田贵人出身低微，不宜超登后位，上书异议。桓帝采纳了他的建议，因立窦氏为后，引发了后来的“党锢事件”。应奉认为责在自己，慨然以有病为由辞职，回故乡隐居。他追愍屈原，因以自伤，著《感骚》30 篇，凡数万言。他还著有《汉书后序》。又尝删《史记》、《汉书》及《汉记》360 余年事，自汉兴至其时，凡 17 卷，名曰《汉事》。后诸公多次荐举他，朝廷欲重新起用他，他在家乡因病刚刚去世，葬于百家铺（今项城市永丰乡）。应奉生有子应劭、应珣。

应劭（约 153 – 196），字仲远（或仲援、仲瑗）。年少笃学，博览多闻。灵帝初举孝廉，中平元年（184 年）出任太山太守。献帝初平二年（191 年）大破黄巾 30 万众，郡内得安。他任太山太守时，奉曹操令送曹父曹嵩返乡，应劭未至，陶谦先到，劫杀了曹嵩，应劭惧罪而投奔袁绍。献帝迁都许的第二年即 196 年，诏应劭为袁绍军谋校尉。应劭曾有感于当时旧章湮没，书记罕存，乃缀集所闻，著《汉官礼仪故事》；参与修订典章制度，“凡朝廷制度，百官典式，多劭所立”（《后汉书·应奉传》）；又撰《风俗通义》（一作《风俗通》），以辨物类名称，释时俗嫌疑；还著有《汉官仪》、《中汉辑序》、《汉书集解音义》。卒于邺县。

应珣，字季瑜，应劭之弟，官至司空掾。应珣有子应玚。

应玚（？ –217），字德琏。他是中国文学史上著名的“建安文学”代表人物之一，与孔融、陈琳、王粲、徐幹、阮瑀、刘桢，合称“建安七子”。又因同居邺中（今河北省临漳县），亦称“邺中七子”。初被魏王曹操任为丞相掾属，后转为平原侯庶子。曹丕任五官中郎将时，应玚为将军府文学，掌校典籍、侍奉文章。曹丕称其“才学足以著书”，应玚著文赋数十篇，诗歌亦见长。

东汉建安年间（196－220），是中国文学发展史上的一个重要时期，人们把这一时期的文学称为“建安文学”。建安文学反映了当时的社会现实，使当时的文风为之一振，在中国文学史上产生了巨大影响。继汉乐府之后，建安文学打破了汉代文人诗歌消沉的一面，第一次掀起了诗歌高潮。《文心雕龙·时序》谈到建安文学的特点时说：“观其时文，雅好慷慨，良由世积乱离，风衰俗怨，并志深而笔长，故梗概而多气也。”他们的作品表现了新的时代精神，展示了“慷慨悲凉”的独特风格，并形成了“建安风骨”这一优良传统。他们还采用新兴的五言诗形式，奠定了五言诗在文坛的地位。这一时期出现了大量有作为的作家，其中著名的有“三曹”和“建安七子”。“三曹”是指曹操和他的两个儿子曹丕、曹植。

应玚生活在汉、魏战乱时期，对人民的灾难深感同情，在他的《灵河赋》、《愍骥赋》、《征赋》和《公宴赋》等作品中都有较深刻的反映。这些作品辞情慷慨，深刻反映了汉末社会动乱和人民流离失所的痛苦，体现了他企盼国家统一的愿望。其传世之作不多，明人辑有《应德琏集》。应玚墓在项城市南25公里王冢子北。

应璩（190－252），字休琏，应玚之弟。东汉末曹魏时期文学家。博学好作文，善于书记。文帝、明帝时，历官散骑常侍。曹芳即位，迁侍中、大将军长史。当时大将军曹爽擅权，举措失当，应璩曾作《百一诗》讽劝。应璩原有集10卷，已散佚。明代张溥辑其诗文10余篇，与应玚作品合为《应德琏应休琏集》。

六、孝道节义和女权婚姻

“孝”是中华民族的传统美德。“孝”字最早见于3000多年前的殷商甲骨卜辞，甲骨文“孝”字像孩子扶持老人之形，描绘的正是人类的自然亲情。《尔雅·释训》曰：“善父母为孝”。东汉许慎《说文解字》对“孝”字作了生动而准确的解释：“善事父母者。从老省，从子，子承老也。”善事父母，指物质奉养和精神奉养两个方面。孝的这些文化内涵，通过各种思想或物质的形式展示出来。秦汉时期，特别是汉代，周口地区民风淳厚，勤俭尚礼，推崇孝道节义。

季布，西汉初西楚南顿漕河（今商水曹河）人。成语“一诺千金”，原作“季布一诺”。季布为人正直，乐于助人，特别是非常讲信义。只要他答应过的事，无论有多么困难，他一定想方设法办到，因此享有盛名，官至河东太守。据《史记·季布传》记载：“楚人谚曰：得黄金百斤，不如得季布一诺。”经同乡曹丘生的宣扬，季布的名声更大。

曹丘生好以财物结交有权势的官员，借以抬高自己的身价。他听说季布做了大官，就请求窦长君介绍他去见季布。窦长君对曹丘生说季布不喜欢他，劝他不要去，曹丘生一再央求窦长君写信推荐，窦长君勉为其难地答应。曹丘生拿了荐书马上去拜访季布，见到季布后，深深作揖，说：“楚人有一句谚语说：‘得黄金百斤，不如得季布一诺。’你在梁、楚一带名声之所以这么大，都是我帮你传扬的，大家都是楚人，为什么你一直拒绝见我呢？”季布听了这句恭维的话，非常高兴，以上宾之礼招待。曹丘生住了几个月才离开，临走时，季布还送了他一份厚礼。曹丘生继续替季布宣扬，季布的名声也就愈来愈大。后来“一诺千金”这句成语，就是从这里的“得黄金百斤，不如得季布一诺”演变而来，用来形容信守承诺，说话算数。

郑当时，字庄，西汉淮阳陈人。郑当时一生重义气，轻钱财，清正廉洁，不置私产，尊重、关心下属，不以势压人，晚年虽为一郡之守，不贪不义之财，尤为世人称道。

郑当时“任侠自喜”（《汉书·郑当时传》），因为在张羽困难时予以救助，闻名于梁、楚之地。汉景帝时担任太子舍人职务。每 5 天休假的时候，常在长安城郊朋友之处存放马匹，邀请和酬谢宾客，直至次日凌晨，还常怕应酬不周。郑当时喜好黄帝、老子学说，敬慕年长厚道的人，唯恐不能相识，虽然年轻官微，交往相识的却都是父祖一辈在全国很有名气的人。汉武帝即位后，郑当时历任鲁国中尉、济南太守、江都国相，后升至九卿中右内史之职。因为外戚武安侯田蚡、魏其侯窦婴在朝争辩，不合武帝之意，被贬为詹事，不久升上农令。

郑当时任太史时告诫属下说：“客人到来，没有贵贱之分，不应将任何人拒之门外。”对客人都能以宾主的礼节对待，很注意尊重地位低下的人。郑当时很廉洁，不喜欢购置产业，只靠皇上的赏赐供给门客。赠给他人的物品，不过竹器和食物而已。每次朝见皇上，有机会便称道国中的忠厚长者。他推荐士人及其官属的丞、史，常常以贤于自己的事情作例证。他从来不以名字称呼属吏。与官属谈话，唯恐对方受到伤害；听到他人好的言论，便立即进献皇上，唯恐拖延。崤山以东的士人们因此一致称道郑当时。时有谚云：“郑庄行，千里不赍粮。”

郑当时后来因对自己的宾客管教不严而遭罪。赎罪后免官为平民百姓。不久，试用为丞相长史。武帝认为他年纪太大，任命他为汝南郡（治今河南汝南县）太守。“及居郡，卒后家无余财。”郑当时兄弟的子弟因为郑当时的缘故，官至2000石的有六七人。

虞经，武平人，东汉名将虞诩的祖父。他为郡县狱官，办案公正，存心宽厚，推己及人。每逢冬日案件上报，常因之流泪。他曾说：“东海于公高筑闾门，令容驷马高车，以为子孙必有做大官的。而其子定国终于做了丞相。我决狱60年了，虽比不上王公，也许差不多吧，子孙不一定不做九卿呢？”便给虞诩取字升卿。虞诩自幼丧祖父，年方20岁，就能通《尚书》。县里推举他为顺孙，国相十分赞赏他，想要他为吏。虞诩辞谢道：“祖母90岁了，没有我，再无人奉养了。”国相才没有让他去。后来祖母去世，服丧期满，才被征召入太尉李修府中任郎中。

封观，字孝起，东汉南顿人。据《后汉书·袁安传》记载：“封观者，有志节，当举孝廉，以兄名位未显，耻先受之，遂称风疾，喑不能言。火起观屋，徐出避之，忍而不告。后数年，兄得举，观乃称损而仕郡焉。”

陈孝妇，汉代人，16岁出嫁，没生孩子。她丈夫要去戍守边疆，临走时，嘱咐她说：“我这一走，生死未卜，家里还有老母亲，又没有其他弟兄能够赡养，如果我回不来，你愿意赡养我的母亲吗？”陈孝妇回答说：“愿意。”丈夫果然死在战场上。孝妇赡养婆婆，婆媳相依为命。孝妇靠纺纱织布来维持生活，始终没有改嫁的想法。她为丈夫居丧3年后，父母可怜她年轻守寡又没有孩子，想让她改嫁。她说：“丈夫走的时候把公婆托付给我，我既然许下诺言，就应该守信用，赡养他老母却不能坚持到最后，许诺于人却不能守信用，我还怎么活在世上呢？”她想用自杀来反抗父母，她的父母害怕她寻死就不再让她改嫁，让她继续赡养婆婆。28年后，婆婆80多岁，寿终正寝。孝妇卖掉房屋、田地等全部家产安葬了婆婆，并且为婆婆守丧、祭祀。淮阳太守将她的事迹禀报皇帝，孝文帝派遣使者赐给她黄金40斤，免除她终身赋役，尊称她为“孝妇”。据《皇家藏书》载：“汉陈孝妇，年十六而嫁，未有子。其夫当行戍，夫且行时，属孝妇曰：‘我生死未可知，幸有老母，无他兄弟备养，吾不还，汝肯养吾母乎？’妇应曰：‘诺。’夫果死不还。妇乃养姑不衰，慈爱愈固，纺绩织□以为家业，终无嫁意。居丧三年，父母哀其年少无子而早寡也，将取而嫁之。孝妇曰：‘夫行时属妾以其老母，妾既许诺之，夫养人老母而不能卒，许人以诺而不能信，将何以立于世?’欲自杀。其父母惧而不敢嫁也，遂使养其姑二十八年。姑八十余，以天年终，尽卖其田宅财物以葬之，终奉祭祀。淮阳太守以闻，孝文皇帝使使者赐黄金四十斤，复之终身无所与，号曰‘孝妇’。”

“丁兰刻木”，中国古代“二十四孝”之一。故事据传发生在今西华。汉代，河北一丁姓人家逃荒到今西华县城东北30里处西华营乡落户。丁兰幼年丧父，寡母溺爱有加，及长仍过分依靠母亲，衣来伸手，饭来张口。随着母亲年龄日增，身体不佳，逐渐无能为力，却屡遭儿子打骂。一日，丁兰在树荫下乘凉，见乌鸦有反哺之孝，忽然良心发现，自己竟不如禽兽，视母为奴，动辄打骂，后悔不已。适遇丁母送饭来到，丁兰一反常态，忙去接迎。母误以为送饭来晚，又要遭打，痛不欲生，遂转身撞树而死，丁兰悲痛欲绝。葬母之后，用木刻成母像，供奉庭堂，一日三餐敬献汤饼，弥补孝意。还时常跪在地上，让妻穿上母亲衣裳，代母责打自己，教训不孝。日久乡邻深受感动，孝敬老人成风，并在村上建庙宇孝义寺。

汉代重女权，妇女在社会中有较高地位，能够发挥较大的社会影响。汉代女性有许多有爵位，甚至同男人一样也可以封侯，并且拥有封邑。汉光武帝刘秀就封其妹妹刘伯姬为宁平侯。

秦汉时期存在着宽容大度、男女平等的社会风气，不以娶再嫁之妇和离婚再嫁为耻辱。河南尹、南顿人应顺的妻子就是再嫁之妇。其前夫是邓元义，且有子邓朗。这位夫人不忘前夫之子邓朗，给他写信，得不到回答，给他衣裳也被烧掉。她到亲戚家设法把儿子找来，邓朗见过母亲，只拜一拜就走了，夫人追出去说：“我几死。自为汝家所弃，我何罪过，乃如此耶?”但儿子还不谅解她（《后汉书·应奉传》）。应顺通情达理，对妻子与前夫儿子往来不干涉，他的妻子是幸运的；但她儿子很不懂事，采取了错误态度，很伤母亲的心。《后汉书·应奉传》李贤注引《汝南记》说，汝南邓元义本来夫妻关系尚好，但婆婆厌恶她，把她关闭在空房中，不按时给以饮食，她也不抱怨。公爹尚书仆射邓伯考发现了这个情况，同情儿媳的遭遇，就把她送回娘家。后来她跟应顺结了婚。邓元义也说她没有过失，只是他的母亲对她太不好了。邓元义也不以妻子再嫁为耻。有一天，应顺带妻子上街，邓元义在旁边看到了对同行人说：“此我故妇，非有他过，家夫人遇之实酷，本自相贵。”《汉书·地理志下》就记载在民间有“使男事女，夫诎于妇”的现象，在淮阳国“妇人尊贵”是普遍存在的地方风习。

东汉汝阳人袁隗的妻子是马融的女儿，名伦，有辩才。因家世显赫，所以平日非常注重衣着打扮。刚嫁入袁家时，袁隗曾问妻子：“妇人在家只是洒扫、整理家务而已，为什么要穿得如此华丽?”妻子说：“父母的爱心不敢违逆，如果夫君羡慕鲍宣（汉朝人，字子都）、梁鸿的气节，愿意效法他们，妾身当然也愿追随夫君。”袁隗又说：“兄弟二人，如果弟弟比哥哥先中举人，世人就会讥笑那个做哥哥的人；你姐姐还没嫁，你怎么就先嫁了呢?”妻子答：“我的姐姐品高貌美，一时间找不到可堪匹配的郎君，不像我眼光鄙俗，一切马马虎虎也就算了。”袁隗又问：“岳父学识渊博，更擅长辞赋，只是为什么他老人家任官之地，常有贿赂的传闻发生呢?”妻答：“像孔子这般的圣人，也曾遭武叔（春秋鲁大夫，即叔孙州仇）毁谤；像子路这般的贤者，也曾遭伯僚（孔子弟子，字子周）诬陷。我父亲遭到小人谗言毁谤，也就不足为怪了。”袁隗说不过妻子，只好闭口不语（《后汉书·列女传》）。

汉律规定，禁异国通婚，直至西汉末年，左将军彭宣还曾因与淮阳王通婚而被汉哀帝免官，理由是“非国之制”（《汉书·彭宣传》）。不过，禁止异国通婚的法令只是针对官吏与百姓，而不包括汉皇室在内。

七、周口籍文化名人

汉代，今周口一带除诗礼家族南顿应氏外，还产生了周举、蔡衍、周防、范滂等文化名人，在当时有一定影响。

周举（? -149），字宣光，东汉汝南汝阳（今商水县西北）人。博学多闻，受到诸儒推崇，当时京城洛阳有“《五经》从（纵）横周宣光”之说。

周举在弱冠之年做平丘（今河南封丘县东南）县令时，他书生意气，纵论国事，针砭时弊，鞭辟入里。朝中尚书郭虔、应贺看过他的上书，称赞不已，劝年幼的汉顺帝刘保将这篇奏章置放御座之侧，作为为政规诫。据《后汉书·周举传》记载：“上书言当世得失，辞甚切正。尚书郭虔、应贺等见之叹息，共上疏称举忠直，欲帝置章御坐，以为规诫。”

周举出任并州刺史后，革除旧俗，甚得民心。当时太原禁火寒食之风甚炽。禁火寒食，源自春秋。相传，晋文公重耳流亡19年返回晋国夺取君位，封赏追随他出逃的臣属，偏偏漏掉了介子推，介子推便背着老母在绵山隐居起来。后来，重耳想起了介子推，便赶紧派人前往访求，可介子推无论如何不肯下山。无奈之下，重耳竟想出一个愚笨的办法——放火焚山，意在逼出介子推，没料想介子推最终抱木而死。一代霸主空余惋惜、悲叹，只能下令：介子推忌日不得举火寒食一日，绵山更名介山，以纪念这位轻生死、重名节的耿介之臣。到了东汉，太原的禁火寒食之俗愈演愈烈，竟由原来的一天发展到一个月。严冬酷寒，冰天雪地，家家不动烟火，人人食用生冷饭菜，年轻力壮者尚勉强挺得过去，而许多老人、幼童却在此月丧命。周举目睹百姓之苦，矢志移风易俗，洋洋洒洒挥就一篇祭文，在介子推忌日当天率百姓入庙凭吊，祭拜时他高声朗诵祭文：隆冬时节，禁火寒食，百姓苦不堪言，性命多受损害，此举绝非贤士本意。本官顺上天之命，承贤良之意，教化民众，革除陋习，倡导百姓举烟火、吃热食。于是，百姓之惑渐渐解开，禁火寒食之风在太原开始转变。

不久，周举转任冀州刺史。汉阳嘉三年（134 年），他因政绩卓著得到司隶校尉左雄的推荐入朝任尚书之职。在尚书位上，他更是夙兴夜寐，勤勉不懈，与仆射黄琼等人同心辅政，一时名重朝廷，令奸佞之臣心存忌惮。后来，周举出任蜀郡太守，获罪免官后，受大将军梁商辟召做了从事中郎。梁商临终之际给汉顺帝说："人之将死，其言也善。微臣的从事中郎周举，清高忠正，襟怀坦荡，是堪托大任之人。"汉顺帝便拜周举为谏议大夫。

汉永和年间，朝政荒疏，灾异连连，地震、瘟疫、干旱、蝗灾接踵而至。惶恐不安的汉顺帝此时想到了梁商的临终之言，便急忙在显亲殿召见周举，问他缘何会有如此多的天灾人祸。周举借机进谏说："皇上近宠幸之臣而远贤能之士，朝纲不振，僭越无度，致使阴阳失调，灾异不断。"皇上听了，大为触动，便派周举、杜乔、郭遵、冯羡、栾巴、张纲、周栩、刘班 8 位大臣分行全国各地，巡察民情，整肃吏制，号称"八俊"。（《后汉书·周举传》记载："时，诏遣八使巡行风俗，皆选素有威名者，乃拜举为侍中，与侍中杜乔、守光禄大夫周栩、前青州刺史冯羡、尚书栾巴、侍御史张纲、兖州刺史郭遵、太尉长史刘班，并守光禄大夫，分行天下。"）对违法的刺史、太守，他们选快马、走驿道押送京城由朝廷发落；对县郡贪官污吏，则就地收捕。一时间，朝野震动，百姓称快。周举因功升任河内太守，随后又受朝廷之征出任大鸿胪（主管赞襄礼仪）。

周举的母亲去世以后，回乡"丁忧"。在此期间，朝廷准备让他担任宰相之职，可他却在建和三年（149 年）不幸病逝。

东汉后期，宦官弄权，外戚当政，朝纲紊乱，时局动荡。在东汉王朝国运日渐衰落的气象中，依然有周举这样的官场清流，笃守良知道义，力图挽狂澜于既倒，扶大厦于将倾。赤子之心，至今令世人景仰。

蔡衍（121－168），字孟喜，汝南项（治今沈丘县槐店镇）人。年轻时曾在家乡设立学馆，用礼让教化乡里，使社会风气转好。他善于处理民间纠纷争讼，对所有争端都能公平公正地进行调解。乡里人有了争端，都找他解决，即使被他判作无理的一方，也口服心服。(《后汉书·党锢列传·蔡衍传》记载："少明经讲授，以礼让化乡里。乡里有争讼者，辄诣衍决之，其所平处，皆曰无怨。")他是东汉末年名臣"八顾"之一。(《后汉书·党锢列传》记载："郭林宗、宗慈、巴肃、夏馥、范滂、尹勋、蔡衍、羊陟为'八顾'。顾者，言能以德行引人者也。")

桓帝时蔡衍被举为孝廉，不久，任冀州刺史。当时，正值宦官与朋党之间斗争激烈，蔡衍不畏惧二者，亦不介入二者之争。中常侍具瑗，曾请蔡衍举荐他的弟弟具恭为"茂才"，被蔡衍断然拒绝。蔡衍还上书弹劾河间相、中常侍曹腾的弟弟曹鼎。曹腾拜托外戚、大将军梁冀写信向蔡衍说情，蔡衍居然一字不回，结果获罪曹鼎，被降为"左校"。于是被征拜为议郎、符节令。梁冀听说蔡衍贤能，想和他见面交往，蔡衍婉辞托病不去见他，梁冀为此怀恨在心。恰好当时南阳太守成瑨因受宦官诬告，被送给廷尉议罪，蔡衍和议郎刘瑜上表救他，言辞激烈，被连坐免官回乡。从此居家闭门不出。灵帝即位，准备重新任命蔡衍为"议郎"，但蔡衍因病刚去世。

周防，字伟公，东汉汝南汝阳（今商水）人。周防"少孤微，常修逆旅，以供过客，而不受其报"(《后汉书·周防传》)。16 岁仕郡小吏。世祖巡狩汝南，召掾史试经，见周防"尤能诵读"，欲拜为守丞。周防因尚未行冠礼，不能从命。后举孝廉，历拜郎中、陈留太守。治学《古文尚书》，著《尚书杂记》32 篇、40 万言。

范滂，字孟博，汉汝南郡征羌县（今商水县西）人。东汉末年，宦官倚仗权势，鱼肉人民，残害忠良，诬陷敢于反抗他们的朝廷内外大臣。范滂胸怀"澄清天下之志"，在巡视地方时，检举弹劾贪官污吏和权门豪绅，深得人心；代理南郡功曹时，坚持任人唯贤的原则，毫不妥协。后为宦官所害，在狱中与宦官集团进行义正辞严，无所畏惧的斗争，最后慷慨赴义。

范滂年轻时就很注重品德修养，养成清廉的节操，受到州郡和乡里的钦佩，推荐他做孝廉，光禄勋举为四行（光禄四行：光禄勋举荐人才的四种科目：敦厚、质朴、逊让、节俭）。当时冀州（今河北省高邑县东南）发生灾荒，饥民纷纷起来造反。朝廷任命范滂为清诏使，到冀州巡视。范滂登车出发时，手握缰绳，慨叹政治混乱，立下了澄清天下的大志。等他一到冀州境界，那些太守和县令自知平时贪赃枉法，听到风声就扔掉官印逃跑了。他检举弹劾的官吏，没有一个是不符合公议的坏人。

后来，范滂又被太尉（主管全国军事的最高长官）黄琼征召去做官。赶上皇帝下诏要三公府属下主要官员采访民间疾苦和地方官吏的善恶得失，向朝廷报告。范滂一下子就弹劾了刺史、太守和权门豪绅20多人。尚书责备他弹劾的人太多，怀疑他挟有私心，动机不纯。范滂回答说："我所检举的如果不是贪污腐败，奸邪残暴，残害百姓极深的坏人，怎肯用来玷污我的纸笔呢？因现在就要向朝廷汇报，时间急促，所以先检举那些急需检举的人。还没调查清楚的，正在反复核实。我听说，农夫铲了杂草，庄稼必定会茂盛起来，忠臣把奸邪去掉，国家的政治就会清明。假如我检举的不符合事实，甘愿当众接受死刑。"官吏们才不再问什么。

范滂眼看朝廷正处在艰难时刻，知道自己的主张无从实现，就递上弹劾自己不称职的状子，辞官不干了。汝南郡太守宗资早就知道范滂的名声，请他做助手代理功曹职务，把郡中的政事委托给他。范滂在职期间，对吏治严加整顿，疾恶如仇。凡是行事违背"孝悌"，以及不遵守"仁义"规范的人，一律撤职驱逐，不同他们共事。把操行卓异的人推荐到显要岗位，把被埋没的人才选拔出来任职。范滂的外甥西平县人李颂，是西平王李通的后代，他在家乡名声不好，没有人肯推荐他。太监唐衡去请宗资帮忙，宗资同意任用李颂为吏，范滂认为他不是适当人选，搁置下来，一直不发委任状，这使宗资很生气。从此，郡中中级以下官吏，没有不怨恨范滂的，指责范滂任用的人为"范党"。后来牢脩向朝廷上书，诬告李膺、范滂等人连引为党，被关进监狱，受尽酷刑折磨。官司了结后，范滂回到家乡。

建宁二年（年），朝廷又一次大规模诛杀党人，下令立即逮捕范滂等人。汝南郡督邮吴导奉命去范滂的家乡征羌县抓人，可他到了征羌县城外，没有进城，只在传舍里捧着诏书大哭。这消息传到范滂耳朵里，范滂道："这肯定是督邮来抓我，又不忍心，所以哭泣。我怎么能让他为难呢？"于是亲自跑到县衙投案。县令郭揖也非常敬重范滂的为人，说宁愿和范滂一起逃跑，也不愿抓他。范滂以会连累母亲为借口，不肯答应。郭揖只好将范滂投入监狱。

范滂再次入狱。范母来到狱中与儿子诀别。范滂禀告母亲说："弟弟仲博很孝顺，能够供养您老人家，我到地下和父亲在一起。不论活着或死去的，都各得其所。请大人割断难舍难分的恩情，不要再增添悲伤。"范母道："你今天能够与李膺、杜密齐死，死也瞑目了。既有美名，又要长寿，这怎么能够同时得到呢？"范滂跪下来领受母亲的教导，向老人家叩了两个头就分别了。接着范滂又回头望着儿子叹道："我想叫你做坏事吧，坏事实在不能做；要叫你做好事吧，我可一生从不做坏事，却落得如此结局！"在场的人见此情景，没有一个不掉泪的。那时范滂只有33岁。

第五章　秦汉时期的自然灾害

先秦时期，农田和林地尚未得到大规模开垦，自然原生态保持较好，自然灾害相对较少。从秦汉开始，随着生产力的进步，垦荒活动大为增加。在封建社会个体小生产的条件下，垦荒不可能有科学计划，也不可能辅以必要的水土保持，必然毁坏森林、草原和河湖水系，引起气候变化，水土流失，破坏生态平衡，从而使土地肥力下降，自然灾害频仍。这一时期灾害以水、旱灾为主，蝗灾、瘟疫、震灾也时有发生，有些年份多种灾害并袭。

秦代较为短暂，自然灾害记载甚少。秦始皇十二年（前235年），今沈丘大旱，六至八月乃雨。两汉时期，自然灾害较前明显增多。

水灾。西汉高后二年（前186年）、高后三年（前185年），淮阳、西华、扶沟、太康连续两年大水，淹没民舍，西华县漂没民舍800余家。建元六年（前135年）秋，水伤陈贫民万余家，父子相食。始元元年（前86年）七月至十一月，陈、西华、沈丘、项城大雨水。本始元年（前73年）夏，西华霪雨，坏官民舍。永光五年（前39年）夏及秋，陈、太康、沈丘、项城大水，坏民居及水流杀人。据《汉书·五行志》记载："元帝永光五年夏及秋，大水。颍川、汝南、淮阳、庐江雨，坏乡聚民舍，及水流杀人。"建始元年（前32年）夏，陈、扶沟、太康、沈丘、项城霖雨，大水，坏民居。新莽地皇二年（21年）九月，淮阳大雨60日。东汉永平八年（65年）秋，淮阳、扶沟、沈丘、项城大水。永宁二年（121年）秋，扶沟霪雨成灾，害禾稼。永建四年（129年），淮阳、扶沟、太康、沈丘、项城霪雨伤稼。次年，陈霪雨伤稼。

西汉文帝三年（前177年）三月，黄河决口，陈、西华、扶沟、太康大水。秋，继之大旱。元光五年（前130年），黄河溢，淮阳大水成灾，郑当时与主爵都尉汲黯奉命治理，疏浚陈北水道，修陂以灌溉农田。元始元年（1年）"河汴决坏，黄河间有南侵之害"，到东汉永平十三年（70年），"河汴分流后，水乃不复为害"止，黄河泛滥达70年之久。

西汉高后三年（前185年），汝水溢入颍，陈大水。绥和二年（前7年）秋，沈丘大水，颍河溢，与雨并为民害。新莽地皇四年（23年），沙颍河大水。东汉永平元年（58年）七月，西华、太康、沈丘河溢，漂没民舍。永平八年（65年），洧水泛滥，患及陈境。永元元年（89年）七月，阳夏河溢，漂害人物。延平元年（106年）六月，洧水盛涨，患及陈境，泛滥伤稼。建安十七年（212年）七月，沙颍河大水，陈、西华、扶沟、沈丘被灾。

旱灾。西汉惠帝五年（前190年）夏，西华、扶沟、太康大旱。天汉元年（前100年），太康、鹿邑大旱。建武二十三年（47年）夏，扶沟旱、蝗，禾稼食尽，草木皆枯。永平十八年（75年）三月至十一月，自春至秋时雨不降，淮阳、商水、扶沟、沈丘、项城麦伤旱，秋未种。同时，牛大疫。据《后汉书·章帝纪》记载：永平十八年，"是岁，牛疫。京师及三州大旱，诏勿收兖、豫、徐田租、刍稿，其以见谷赈给贫人。"建初元年（76年），扶沟久旱不雨，牛多饿死，人逃外乡。永元十二年（100年），春旱。永初四年（110年），陈、扶沟、太康、沈丘、项城旱，蝗。熹平五年（176年），陈、扶沟、太康、沈丘大旱，次年仍大旱，夏蝗。

蝗灾。蝗灾一般与旱灾相伴而生或稍后发生。如西汉元光五年（前130年）沈丘春大旱，秋七月大风拔木，十一月蝗。元始二年（2年）秋，淮阳蝗，民捕蝗以斗受钱，舍空，民饥。东汉建初八年（83年）、九年（84年），郡国连续两年发生蝗灾，"京师及郡国螟"（《后汉书·章帝纪》）。永初四年（110年）四月，陈多蝗，六月春虫生。永初六年（112年）三月，蝻生。由于陈连年发生蝗灾，元初元年（114年）正月大饥。元初二年（115年）五月，陈蝗。元光四年（前131年）秋，阳夏螟虫为害。永兴元年（153年）七月，郡国三十二蝗，百姓饥穷，流亡道路者数十万户，岁大饥。延熹九年（166年）三月，因连年蝗灾，陈大饥。

雹灾。西汉前元十四年（前166年）六月，陈、西华、扶沟、太康、沈丘大雨雹。景帝二年（前155年）四月，淮阳雹。六月，沈丘大雨雹。次年六月，西华、扶沟、太康大雨雹。

雪灾。西汉元鼎二年（前115年）三月，今西华、扶沟、太康、沈丘、项城大雪，平地深5尺。

霜冻。霜冻具有明显的季节性，一般发生在秋末至次年春季，危害性相对较小。西汉元光四年（前131年）四月和始元二年（前85年），陈、西华、太康先后两次陨霜杀草木。始元四年（前83年），西华陨霜杀草木。

风灾。东汉永初二年（108年）三月，扶沟大风拔木。初平四年（193年）六月，太康寒气入侵，冷如冬。

汉惠帝五年（前190年）冬十月，阳夏桃李开花。

瘟疫。东汉延熹九年（166 年）春，阳夏大饥荒，人死十之四五，有死绝户者。建安四年（199 年）六月，西华、太康等县寒风如冬，人多冻死，大疫。

东汉末年从 204 至 219 年的 15 年间，中原地区瘟疫凶猛，建安二十二年（217 年）死人尤多。魏文帝曹丕说：“家家有伏尸之痛，室室有号泣之声，或合门而亡，或举族而丧者”。阳夏自东汉桓帝延熹四年（161 年）至献帝建安二十二年（217 年），发生 5 次大疫。延熹九年（166 年）春，大饥，人死十分之四五，有死灭绝户者。

两汉时期，周口一带地震频发。西汉文帝前元元年（前 179 年）四月，沈丘发生地震，齐、楚 29 山同日崩，大水溃出。汉文帝四年（前 176 年）四月，项城地震。宣帝本始四年（前 70 年）四月壬寅（6 月 1 日），山东诸城、昌乐一带发生 7 级地震，震中烈度 9 级，波及豫东广大地区，阳夏较为严重，坏城郭、民居。安帝永初元年（107 年），阳夏地震。冬十月，大水。翌年，阳夏再次地震。六月，大风拔木。元初元年（114 年），阳夏连续 5 年发生地震。安帝建光元年（121 年）秋九月，地震，坏民居，霪雨害稼。桓帝建和元年（147 年）秋七月，西华、太康地震，坏民居。

第四编　魏晋南北朝时期

第一章　魏晋南北朝时期的政治

自东汉建安元年（196 年）曹操迁献帝于许昌，到隋文帝开皇九年（589 年）历时 394 年，史称魏晋南北朝时期。其间历经魏（220－265）、晋（265－420）、南朝（宋、齐、梁、陈）和北朝（北魏、北齐、北周）。

一、建置与分封

魏晋南北朝时期，曹魏、西晋政权比较稳固，而十六国和北朝时，政权更迭频繁。西晋统一政权灭亡后，出现了南北分裂的局面。南方是汉族地主建立的东晋，北方则是政权迭立的“五胡十六国”。羯族建立的后赵、鲜卑族建立的前燕、氐族建立的前秦、羌族建立的后秦及鲜卑族建立的北魏、东魏、北齐先后统治过今周口一带。

曹魏时置陈郡，属豫州。黄初二年（221 年），陈王邕封淮南公，三年（222 年）改封陈王，后徙邯郸。魏明帝太和六年（232 年），曹植徙封为陈王，食邑 3500 户。曹植死后，曹植之子曹志徙封济北，陈国复改作陈郡，统 6 县，分别为陈、扶乐、阳夏、长平、武平及柘，属豫州。

西晋初陈郡沿置，晋武帝合陈郡于梁国，惠帝复置陈郡，领 6 县，分别为陈、阳夏、长平、项、苦、武平，属豫州。扶乐县并入阳夏县。东晋十六国时期仍为陈郡。西晋时周口地区境内除陈郡外，还置有南顿郡、汝阳郡（治今商水县城头村）。今沈丘南部地属固始（今安徽临泉），为汝阴郡所辖。晋代，陈王斌，晋武帝受禅，被封为陈王，食邑 1700 户，后改封西河。

南朝刘宋初，今周口地区属南豫州南梁郡，先后置陈郡、南顿郡，治均在项（今沈丘县槐店镇）。陈郡统 4 县，分别为项、西华、谷阳、长平；南顿郡统县不详，均属豫州。南齐仍置陈郡、南顿郡。南顿郡移治南顿。北魏置陈郡、南顿郡、汝阳郡。陈郡治项县，统 5 县：项、长平、西华，另 2 县不详。南顿郡，治南顿，统 3 县：南顿，另 2 县不详。汝阳郡，治汝阳（今商水县城头村），统 2 县：汝阳、武津，均属豫州（北魏属梁州）。太平真君七年（446 年），阳夏县并入扶沟县。太和十二年（488 年），阳夏县复置。武泰元年（528 年），置阳夏郡，治雍丘（今河南杞县），阳夏县属阳夏郡。东魏置陈郡和汝阳郡。陈郡治项县，统 4 县：项、长平、西华，另 1 县不详。汝阳郡，治汝阳，统 3 县：汝阳、武津、征羌，均属豫州。阳夏县属梁州阳夏郡。南北朝时，固始和项县易名更属和政区演变较为复杂。北齐武平三年（572 年），古项、寝地属丹阳郡。

北魏，代郡人尉元，献文帝时累封太昌侯，后进爵封淮阳王。渔阳人皮豹，太武时累封淮阳公。陇西人李叔仁，以战功累封陈郡公，后坐事被杀。

淮阳县。三国魏置陈郡，沿置陈县，治所在陈城。太和六年（232 年）二月，封曹植为陈王，置陈国，陈县属陈国。同年底，曹植死于任上。太和七年（233 年），曹植之子曹志徙封济北，复改为陈郡，治陈县。西晋，晋武帝合陈郡于梁国，惠帝复陈郡，陈郡及豫州治所均在陈县。东晋、后赵、前燕、前秦时，沿置陈郡，治仍在陈县。后秦时，改陈县为项县，陈郡治项县，项县治所亦在陈城。南北朝时，由于战事频仍，统属无定，辖区多变。刘宋移郡于项，以县（陈令）属梁。齐，易县为南陈县。南陈郡侨居项县。北魏，合陈县入项县，北扬州治在项县。北齐属信州，治在项县，项县移故陈城。北周，易信州为陈州，项县属之。

商水县。曹魏时废征羌、乐家 2 县，并归汝阳县，属豫州陈郡。晋代，汝阳县属豫州汝南郡。南北朝时，宋置汝阳郡，领汝阳、武津（治所在今上蔡县岗郭村）2 县。北魏，复置征羌。汝阳郡，领汝阳、武津、征羌 3 县。北齐，废汝阳郡，仍设汝阳县，属豫州。

西华县。曹魏时属汝南郡，长平属陈郡。晋永康元年（300 年），西华、长平均改属颍川郡（治移今许昌）。东晋改属陈郡。北魏太武帝时，并长平入西华县，属北扬州陈郡，后复置。北齐时，改北扬州为信州（治所今淮阳），省长平入西华，属信州。

扶沟县。魏时属兖州陈留国，西晋属兖州陈留郡。晋末废置，并入新汲县，治所在汲乡故城在今扶沟县西南 20 里离下村，属颍川郡。北魏时（420 年）复置扶沟县，属郑州部颍川郡。治所为小扶城，在今崔桥镇南古城村。537 年属许昌郡。北齐（550 年）、北周（557 年）均属扬州部颍川郡。

太康县。三国魏沿置阳夏县，属豫州陈郡。太和六年（232 年）属陈国。次年属陈国改为陈郡，阳夏属之。晋属豫州梁国，后惠帝分梁国分立陈国，阳夏属之。南北朝，刘宋属豫州陈郡。齐，属豫州北陈郡。北魏，属梁州。太平真君七年（446 年），阳夏县并入扶沟县。太和十二年（488 年），复置阳夏县。武泰元年（528 年），置阳夏郡，郡治雍丘（今杞县），阳夏属之。东魏，属梁州阳夏郡。

鹿邑县。曹魏时置苦、武平、宁平 3 县，属陈郡。西晋时废宁平，苦、宁平沿置，武平属豫州陈郡，苦属豫州梁国。东晋咸康三年（337 年）改苦县为父阳县，与武平县均属陈留郡。十六国时，父阳、武平先后属后赵、前秦、后秦、后燕诸国。南北朝时，改苦为父阳。南朝刘宋时，父阳属陈郡。北朝时，北魏宣武帝正始年间（504－508）复置武平县，孝明帝正光年间（520－525）改父阳为谷阳，均属陈留郡。

沈丘县。曹魏时沿置固始县，属陈郡豫州，项县。西晋固始县改属汝阴郡（今安徽阜阳），属豫州，州治所在今淮阳。东晋时，固始县改属豫州新蔡郡。南北朝时，固始县为南北交争之地，易名归属时变，政区演变较为复杂。沈丘在北魏时仍属固始县。东魏武定八年（550 年），在固始县置财州。北齐文宣帝废州改为褒信县。

《太平寰宇记》载，至天平二年（535 年），以淮南内附置北扬州，理项城。陈郡改属北扬州。武定元年（543 年），侨置丹阳郡和秣陵县。丹阳郡属北扬州。州、郡均治项县（今沈丘槐店）。北齐百姓不附侯景，改北扬州为信州，置陈郡属信州，州、郡均治项县（今淮阳城）。又置淮阳郡，治阳夏（今太康）。淮阳郡、丹阳郡亦属信州。北周改信州为陈州。

项城县。曹魏黄初元年（220 年）沿置项县。是年，豫州刺史治所亦设此。北魏置扬州，项县为豫州治所，属陈郡，隶扬州；置南顿郡，领南顿、平乡、和城等县。东魏置项县、南顿县，属陈郡。天平二年（535 年），扬州改为北扬州，陈郡隶北扬州。南朝刘宋时改项县为项城县，属豫州陈郡。北朝时，北魏、北齐、北周均称项县。北魏时项县属陈郡，北齐时项县改属信州。南朝齐、梁时仍称项县，梁时项县属殷州。北朝东魏天平二年（535 年），在项县置北扬州，辖 5 郡 19 县，改项县侨立为秣陵县，属北丹阳郡，项县仍属陈郡。梁太清元年（547 年），侯景以北扬州投归南朝梁，改项为殷州，不久仍为秣陵县。北齐天宝二年（551 年），北扬州百姓不服侯景，故以百姓守信而改名信州，治所仍在项。北齐改北扬州为信州，置项县，属信州，后移治陈城。南顿县改称和城县，江左分治。北周，改信州为陈州，置项县，属陈州。

二、谢安及其谢氏家族的兴衰

魏晋南北朝时期是中国历史上宗族势力发展的鼎盛时期，出现了“士族”这一特殊社会阶层。九品中正制，又称为“九品官人法”，根据各州郡士人的门第与德才定出“品”、“状”，品分9等，状是对德才的评论，成为当时选官的依据，魏晋时期的门阀士族得到发展，东晋达到极盛。门阀政治制度使士族子弟过着优游安逸的生活，这也为思想文化高度发展起了积极的社会作用。当时陈郡名家辈出，各领风骚。如豪门巨族阳夏谢安家族、何夔家族，长平殷羡家族等。

谢缵，东晋名相谢安曾祖。曾任三国魏典农中郎将。典农中郎将一职设于东汉末年，实行于屯田地区，掌管农业生产、民政和田租，职权与太守相当。由于谢缵官职卑微，《三国志》未为其立传。《晋书·谢鲲传》中仅有“祖缵，典农中郎将”一句话。太康县谢家堂村庋藏的大唐广明元年（880年）《谢氏族谱》载：“谢氏先民于春秋、先秦之际已在阳夏定居，因无名人显官，故无记载。直至三国时，谢缵任魏典农中郎将，阳夏谢氏才开始崭露头角。”谢缵为太康阳夏谢氏一世祖，世居阳夏，为官后，寓居洛阳。太康三年（282年），谢缵病卒。其子谢衡扶柩将其葬归故里。

谢缵墓位于今太康县老冢镇谢家堂村西北。谢家堂村藏唐代《谢氏族谱·孝集茔图》载：“谢缵茔坐在谢家堂西北五十步许，丑未向，始祖茔。”此记载与谢缵墓的位置完全一致。位于谢缵墓南面、立于明万历五年（1577年）的谢斌墓碑也指出了谢缵墓的方位：“是茔也，南北长三十二步，东西阔三十步许，柏树三十二株，去县西南三十五里老冢迤西。临山面水，竹苞松茂，凿宅置院，蔑亦加矣。肆今子子孙孙，不惟庶矣，而且富焉；不惟富矣，而且寿焉。达士屡见，伟人辈出，是亦阳夏之世家也。”谢缵墓碑高1.58米，宽0.6米，厚0.1米。碑文刻“魏典农中郎将谢公讳缵之墓”12字，碑额有“流芳百代”4字，左下角4行字为“升平四年丙月望，曾孙谢万立。后裔宋进士谢文瓘重刻，熙宁丁巳年清和月”。可知谢安之弟谢万于晋穆帝升平四年（360年）为其曾祖父谢缵刻立墓碑。由于年久风雨剥蚀，字迹漫漶不清。北宋熙宁十年（1077年），由谢缵的24世孙谢文瓘（进士，今淮阳人）按旧碑重新刻立。谢缵墓现为河南省文物保护单位。

阳夏谢氏，兴于西晋，盛于东晋，衰于南朝。在相当长的时间内，谢氏家族活跃在政坛和文坛。《晋书》、《宋书》、《齐书》、《梁书》等对谢氏家族的名人和事迹多有记载：东晋名相谢安、东晋宰相谢混（谢安孙）；南朝宋宰相谢晦、谢朏，南朝梁宰相谢举、谢瑕；在以少胜多的淝水之战中大败苻坚的名将谢石、谢玄，武将谢尚、谢万；在中国文学史上熠熠生辉的文学家谢道韫、被誉为“山水诗祖”的南朝诗人谢灵运、谢惠连、谢朓、谢瞻、谢晦、谢庄等。诚如宋代文豪苏轼为谢氏族谱作序时所说，谢氏“将相公侯、文人学士，奕世蝉联，难更仆数。然而在国则彪炳汗青，在家则照耀谱乘”。

谢氏家族现象是在特殊的社会生活土壤中产生的。秦以前的弱肉强食推动了家族势力的自然发展，而政治上的官吏世袭制和株连法，最易造成一个家族的兴盛或覆灭。谢氏家族在东晋的兴盛是一种机遇，十六国之乱，尤其前秦与东晋之间的战争，使谢安、谢玄等谢氏子弟的才华在历史舞台上得到施展。谢尚、谢安、谢玄时，是谢氏家族最为辉煌的时期，史称“建元之后，时政多虞，巨猾陆梁、权臣横恣。其有兼将相于中外，系存亡于社稷，负扆资之以端拱，凿井赖之以晏安者，其惟谢氏乎”（《晋书·谢安传》）。东晋立国后，当时巨奸权臣猖獗，赖谢尚、谢安兄弟及其子弟稳定天下，足见他们在当时的地位和对朝政的贡献。尤其是谢安，“从容而杜奸谋，宴衎而清群寇，宸居获太山之固，惟扬去累卵之危，斯为盛矣。”

谢安（320－385），字安石，陈郡阳夏（今太康）人，东晋著名政治家、军事家。谢安“少有重名”，应召不就，隐居始宁（今浙江上虞）东山，常与王羲之、支遁等人游赏山水以自娱，成为江东新一代名士领袖，朝野瞩望。谢安多次征召未赴职，简文帝当时为宰相，说：“安石既然能够与人同乐，就一定不会不与人同忧，召之必至。”当时谢安的弟弟谢万身为西中郎将，拥兵一方，职权很重。谢安虽居陋室，名声却在谢万之上，自然有三公那样的声望。妻子见他独独喜欢恬静隐退，说：“大丈夫不该这样吧?”谢安说：“恐怕不免如此。”直到升平三年（359 年）谢万北征失败被免官，

谢安像

才开始有在仕途发展的志向。次年，他 41 岁的时候，终于应召出离东山担任征西大将军桓温的司马，“东山再起”的典故即由此而来。

简文帝病重，桓温上书推荐谢安担任顾命大臣。咸安二年（372 年），即位不到一年的简文帝在忧惧中死去，太子司马曜即位，是为孝武帝。简文帝死后，权臣桓温想乘机篡位，朝野人心惶惶，恐惧不安。桓温以进京祭奠简文帝为由，于宁康元年（373 年）二月率军来到建康城外，准备擅杀大臣以立威。他在新亭预先埋伏了兵士，下令召见谢安和王坦之。王坦之非常害怕，问谢安怎么办。谢安神情坦然地说：“晋祚存亡，在此一行。”王坦之与谢安一起出城来到桓温营帐，紧张得汗流浃背，把衣衫都沾湿了，手中的朝板也拿倒了。谢安却从容不迫地就座，然后神色自若地对桓温说：“我听说有道的诸侯设守在四方，明公何必在幕后埋伏士卒呢？”桓温只得尴尬地下令撤去了埋伏。由于谢安的机智和镇定，桓温始终没敢对二人下手，不久就退回姑孰。迫在眉睫的危机，瞬间被谢安从容化解了。

同年三月，桓温得了重病。在返回姑孰之后，病情日益加重。但他还幻想能得到加九锡的殊荣，不断派人催促。谢安略施小计，故意拖延，对已经起草好的诏书一再加以修改，迟迟几个月不予颁发。桓温没有等到那一天便一命呜呼，东晋王朝又延续了 40 余年。

桓温死后，谢安被任命为尚书仆射兼吏部尚书，与尚书令王彪之一起执掌朝政。数月后，中书令王坦之出任徐州刺史，谢安又兼总中书省，实际上总揽了东晋朝政。为了缓和矛盾、稳定政局，谢安实行了着眼于长远、以和谐安定为重的执政方针。他没有趁桓温病死的机会翦除桓氏集团，仍然信任和重用桓温的弟弟桓冲，让他担任都督徐、豫、兖、青、扬五州诸军事和徐州刺史，负责镇守京口，后来又转为都督七州诸军事，兼任荆州刺史。桓冲也深明大义，认为自己的德望不及谢安，心甘情愿地以镇守四方为己任。将相关系的协调，促进了政局的稳定。时人赞扬谢安，将他比作王导，而文雅则更胜一筹。

东晋朝廷内部安定之后，谢安又把注意力转向对付来自北方的威胁。当时，前秦在苻坚的治理下日益强盛，晋军在与前秦的交战中屡遭败绩。谢安派自己的弟弟谢石、侄子谢玄率军征讨，接连取得胜利。又命谢玄训练出战斗力很强的北府兵，为抗击前秦做好了准备。

太元八年（383 年），苻坚统率号称百万的大军南下，志在吞灭东晋，统一天下。军情危急，建康一片震恐。谢安依然是那样镇定自若，以征讨大都督的身份负责军事，并派谢石、谢玄、谢琰等人率 8 万北府兵前去抵御。谢玄手下的北府兵虽然勇猛，但是前秦的兵力比东晋多10倍，谢玄心里到底有些紧张。出发之前，谢玄特地到谢安家去告别，请示此仗怎么个打法，谢安听了像没事一样，轻描淡写地说："我已经有安排了。"谢玄不敢多问，回到家里总觉得心里不大踏实。隔了一天，又托他的朋友张玄去向谢安问计，谢安见到张玄，也不跟他谈什么军事。谢安却召集大家到山间别墅聚会，要谢玄陪他一起下围棋，并且拿别墅做赌注，比一个输赢。谢安的棋艺平时不如谢玄，这天谢玄心思难以集中，自然输给了谢安。下完了棋，谢安又请大家一起赏玩山景，整整游玩了一天，到天黑才回家。这天晚上，他把谢石、谢玄等将领都召集到自己家里，把每个人的任务一件件、一桩桩交代得很清楚。大家看到谢安这样镇定自若，也增强了信心，高高兴兴地回军营去了。当晋军在淝水之战中大败前秦的捷报送到时，谢安正在与客人下棋。他看完捷报，随手放在座位旁，不动声色地继续下棋。客人忍不住问他，谢安淡淡地说："没什么，孩子们已经打败敌人了。"直到下完棋客人告辞后，谢安才抑制不住心头的喜悦，舞跃入室，把木屐底上的屐齿都碰断了却浑然不知。一场事关国家生死存亡的大战，在谢安的演绎下，不过是两局普通的围棋，这在历史上传为美谈。谢安临危不乱，坚定沉着，风度令人叹服。

淝水之战，谢安是总指挥，官至太保。之后，谢安准备收复北方失地，上书请求亲自北征，又被进加为都督扬、江、荆、司、豫、徐、兖、青、冀、幽、并、宁、益、雍、凉十五州军事，加黄钺，势力遍及东晋统治的江南各地。继而准备挺进中原，收复河南失地。后司马道子专权，为避奸人陷害，上疏求还，病卒于建康，死后谥文清，赠太傅，封庐陵郡公。今上虞东山有谢安墓。

谢安墓前立有一通"无字碑"。有人认为他主持淝水之战，击败了不可一世的苻坚及其80万大军，保住了岌岌可危的东晋半壁江山，功比天高，用文字已不足以表达对他的纪念。另有野史说，谢安病危之际，有人问他去世后请谁撰写碑文，谢不语。别人提及陶渊明和王献之，谢也摇头，以至于碑文空缺。清代学者梁绍壬说："谢太傅墓碑无字，丰功伟绩不胜记也。"今也有学者认为谢安的无字碑乃政治原因，因为当时司马家族掌国家大权，非皇族的谢安若被高度赞扬，必遭记恨；若碑文不能实事求是，则愧对谢安在天之灵，且无法向后人交代，口欲言而嗫嚅，无字碑遂成为回避矛盾的产物。

谢安是东晋王朝的中流砥柱，毛泽东在读《晋书·谢安传》时对谢安给予了很高评价，一处批了"有办法"，一处写了"谢安好"。谢安维护东晋的统一局面，立了两次大功。一次是他指挥了"淝水之战"，以少胜多，打了个漂亮仗；另一次是他拖住了搞分裂的野心家桓温，使其分裂的阴谋没有得逞。毛泽东说：“桓温是个搞分裂的野心家，他想当皇帝。他带兵北伐，不过是做样子，搞资本，到了长安，不肯进去。符秦的王猛很厉害，一眼就看透了他的意图。还是谢安有办法，把他拖住了，使他的野心没得实现。谢安文韬武略，又机智又沉着，淝水之战立了大功，拖住桓温也立了大功，两次大功是对维护统一的贡献。”

谢安曾祖父谢缵，祖父谢衡。谢缵之子谢衡仕于晋武帝，惠帝时历任守博士、国子博士、国子祭酒、太子少傅等职，“以儒素显”，被誉为“硕儒”。晋怀帝司马炽永嘉五年（311 年）六月，刘曜、石勒等率兵围攻洛阳，怀帝被掳，后被杀死。九月间，“石勒袭阳夏”，谢衡的家乡成了干戈扰攘的战场。中原板荡，民不聊生，大批士族南迁，为躲避战乱，晋朝国子祭酒谢衡带家人、族人加入南迁流民行列，跋山涉水，由陈郡阳夏到了始宁（今浙江上虞）东山，以作求田问舍之计。这支谢姓在江南瓜绵椒衍，成为望族。据太康谢家堂村珍藏的《谢氏族谱》载：“西晋祭酒公衡，又本于阳夏，永嘉不靖，来寓于始宁，至太傅安石、大元帅万、石，诚为江左望族。”

这支南迁的谢姓人东晋南朝时期有着一段荣辱兴衰的历史。谢衡笃守传统儒学，没有玄学习气，不为士林看重。他有两子，一名谢鲲，即谢安的伯父；一名谢裒（也作谢褒），即谢安之父。谢鲲年少时，玄学盛行，由儒入玄是进入名士行列的必要条件，不懂玄学，不善清谈，便与名士无缘。清谈和玄学是魏晋时期地主阶级的一种思潮，这种风气源于东汉，至两晋愈演愈烈，东晋丞相王导便是清谈的领袖。谢鲲不得不改弦易辙，弃儒入玄，专攻《老子》、《庄子》、《易经》，才算得到清谈家的认可，侧身于名士行列。他任过豫章（今江西南昌）太守，关心民瘼，清正廉明，深受百姓爱戴。可惜他享年不永，43 岁便猝死任上。

谢氏进入江南之初社会地位不高，尽管谢鲲、谢裒兄弟均已做官，谢鲲官至豫章太守、镇西将军，谢裒官至吏部尚书，但他们在朝廷的地位并不牢固，得不到王、庾等旧士族的尊重，不以谢氏为世家。曾任吏部尚书的谢裒向地位显赫的世家大族诸葛恢为儿子谢石求婚，被诸葛恢拒绝。诸葛恢死后，诸葛氏势力衰落，谢氏地位逐渐兴起，为朝廷所倚重，谢裒之子谢石才得娶诸葛恢小女为妻。

谢鲲为谢氏的兴盛打下了基础。他的儿子谢尚被人称为复圣颜回，又被比为竹林七贤之一的王戎，兼具儒玄气质。他由司徒掾起家，一直做到豫州（治所为姑孰，即今安徽当涂）刺史，跻身封疆大吏，成为屏藩东晋朝廷的重要力量。继谢尚之后任豫州刺史的是他的从弟谢奕、谢万。谢氏中有3人先后在豫州做刺史，长达14年之久。晋穆帝升平三年（359年），谢万奉命迎击前燕入侵，行至下蔡（今安徽凤台），见敌人势大，单骑逃回豫州，被朝廷废为庶人。从此，谢氏不得不离开惨淡经营了10余年的豫州。

谢万的胞兄谢安本来高卧东山，无意仕进，因为谢尚、谢奕、谢万先后在朝廷做官，可以代表谢氏家族利益，他自可放情丘壑，“出则渔弋山水，入则言咏属文”。谢安40岁时，谢尚、谢奕先后撒手而去，谢万因兵败被褫夺职务成为庶民，好不容易跻身于世家大族的谢氏便有门户中衰、社会地位下降、经济利益受影响的危险。为保持家门富贵，谢安只有出仕一途。谢安官至宰相，一生中做了两件惊天动地的大事：一是晋简文帝死后，权臣桓温想乘机篡位，朝野人心惶惶，恐惧不安。谢安略施小计，在桓温要求加九锡时故意拖延了几个月，桓温没有等到那一天便一命呜呼，东晋王朝又延续了40余年。二是淝水之战，以少胜多，大败前秦苻坚，使晋朝危而复安。谢安立了大功，却受到权臣的猜忌与排挤，不得不离开京城，出镇广陵（今江苏扬州）步丘，不久因病回到建康，66岁溘然长逝。孝武帝念谢安有大功于社稷，追封他为庐陵郡公，封谢石南康公、谢玄康乐公、谢琰望蔡公。谢氏一门四公，荣耀无比，家族声望在淝水之战后达到了辉煌的顶点。随着谢安的去世，谢氏失去了在中枢机构的权力。

谢安懂得要维系谢氏家族的社会地位，必须出仕与联姻并进，于是便把胞兄谢奕之女谢道韫嫁给了大书法家王羲之的次子王凝之，弟弟谢万之女嫁给王导之孙王珣，谢安的女儿嫁给了王珣之弟王珉。谢家3女嫁给王家3子。谢安娶沛国刘耽之女为妻，堂兄谢尚娶陈郡袁耽之妹，长兄谢奕娶陈留阮氏，另一弟谢万娶太原王述之女。谢尚长女僧要嫁给庾亮之子庾和，次女僧韶嫁给陈郡殷歆。殷歆之父殷融是殷浩的叔父，因此殷浩就成了谢尚之婿殷歆的从兄弟。殷浩之妻是陈郡袁耽之妹，袁耽的另一妹妹嫁给谢尚为妻。殷浩与谢尚有着双重婚姻关系，殷浩北伐失利被黜，失去的权力通过谢尚任职得到填补。谢万之妻王荃是王述的女儿，而王述的孙子、王坦之的儿子王国宝又娶谢安的另一女儿为妻，因此王谢两家有两代相继的婚姻关系，可算是奕世朱陈。谢氏家族在婚姻领域先后与琅琊王氏、琅琊诸葛氏、太原王氏、颍川庾氏、陈郡殷氏都建立了婚姻关系，在朝廷上自可左右逢源，立于不败之地。

然而好景不长，自谢安去世，谢氏便每况愈下。谢安有两子，长子谢瑶早卒，次子谢琰在率军攻打孙恩领导的农民起义军时吃了败仗，被部下张猛杀死，他的两个儿子谢肇、谢峻也同时遇难。谢琰的小儿子谢混娶晋孝武帝女儿晋陵公主为妻，官至尚书左仆射（宰相），因受权臣刘裕猜忌被杀，刘裕即后来南朝宋武帝。孙恩在攻入上虞、会稽时杀了吴兴太守谢邈（谢安侄）、永嘉太守谢逸、南康公谢明慧（谢石孙）、黄门侍郎谢冲（谢邈弟）、谢安侄女谢道韫的丈夫王凝之等。这是谢氏家族第一次受到打击。

谢玄是谢安之侄，人丁不旺。他的儿子谢埃比祖辈的谢安死得还早。谢玄在淝水之战后积极率兵北伐，因奸佞掣肘而功败垂成，心灰意冷，多次上疏请求解甲归田，回到了会稽始宁。孝武帝太元十三年（388 年）病逝，享年 46 岁。同年十月，谢玄的叔父、谢安的亲弟谢石也撒手人寰。谢安、谢尚、谢玄、谢石是辅弼晋室的关键人物，短短几年内相继去世。谢灵运是谢玄的孙子，他的山水诗在当时文坛上堪称独步，曾任永嘉（今浙江温州）太守，与族弟谢惠连等吟咏唱和，有不少佳作名句传世。宋文帝刘义隆即位后，有人诬告他蓄意谋反，元嘉十年（433 年）在广州被杀，时年 49 岁。27 岁的谢惠连也在这年辞世。建康乌衣巷谢府少了谢灵运、谢惠连、谢方明、谢景仁（谢据孙）等人，他们或因病辞世，或因得罪朝廷被杀，谢家再次遭受厄运。

谢据是谢安亲兄，这一支也是命运多舛。刘裕建宋，谢据之孙谢晦颇受信任。作为顾命大臣，他在刘裕死后参与废黜过两位皇帝，宋文帝刘义隆对此耿耿于怀，命人杀了谢晦的长子谢世休，逮捕了谢晦的胞兄谢嚼、谢嚼之子谢世平和谢晦哥哥的儿子谢世基，并命大将檀道济讨伐谢晦。谢晦被逼无奈，只得起兵造反，不久便兵败被俘，和他一起被俘的还有弟弟谢遯、侄子谢世猷。文帝又命人从狱中提出谢嚼、谢世平、谢世基，将 6 人市曹斩首。当年，谢晦的二哥谢瞻看到谢晦权高位重、宾客辐辏时，就警告他："我们家一向低调，以素退为业，而你权倾朝野，这不是门户福分。"临终还告诫谢晦说："吾得归骨山足，亦何所多恨。弟思自勉，为国为家。"谢晦不听，终至灭门。谢晦兵败以后，谢氏的军权全部丧失，从此再没真正掌过方镇。

谢据另一孙子谢述跟随兄长谢纯居住江陵（今属湖北），谢纯病死，谢述未受谢晦株连，官至吴兴（今属浙江）太守。他的长子谢综任太子侍读，三子谢纬娶宋文帝之长城公主为妻，次子谢约娶彭城王刘义康之女为妻，著《后汉书》的范晔则是谢综的舅父。谢约等想废宋文帝刘义隆而立彭城王刘义康为帝，因走漏消息，谢综、谢约、范晔被杀。此前谢述已病殁于吴兴太守任上。谢纬是天子爱婿，又未参与逆谋，免死，徙广州。后回到建康，和长城公主吟诗作赋，栽桑种麻，着意修葺乌衣巷谢氏旧宅，享尽田园之乐。谢纬之子、山水诗人谢朓在齐东昏侯萧宝卷时受诬陷，死于狱中，时年 36 岁。

谢灵运之孙谢超宗甚有才华，宋孝武帝刘骏称“谢超宗有凤毛，灵运复出”，“凤毛麟角”的成语即由此而出。但他运蹇时乖，因儿媳之父被杀说了几句鸣不平的话，被齐武帝萧赜免官禁锢，又贬谪外地，途中被赐自尽。至此，乌衣巷谢氏有18人死于非命。

谢安的玄孙谢庄在南朝宋任吏部尚书，46岁病逝。谢庄5子中次子谢朏在南朝齐时任过中书令（宰相），梁时任过侍中；第五子谢瀹在齐武帝时任过吏部尚书。他的儿子谢览、谢举均有文采，谢览也在南朝梁任吏部尚书，祖孙三代掌管吏部，朝野传为佳话。谢览37岁时一病不起。谢举在梁武帝萧衍时任秘书丞，侯景叛梁，攻陷台城，他与梁武帝一同殉难。谢举后裔谢贞在陈后主时掌宫中记室，50岁病死家中。他有一子刚6岁，隋兵来陈，谢氏子弟不知流落何处，乌衣巷谢氏随南北朝的结束而式微。

从东晋至南朝，是阳夏谢氏历史上最辉煌的时期。在两个多世纪里，谢氏见于史册者有100余人，进入统治阶级权力中心三品以上衮衮大员33人。王谢比肩，传誉千古；淝水一战，震古烁今；大谢小谢，文采风流；乌衣望树，宝树家声。隋朝统一全国，一切都不复存在了。唐代诗人刘禹锡《乌衣巷》诗说：“朱雀桥边野草花，乌衣巷口夕阳斜。旧时王谢堂前燕，飞入寻常百姓家。”

三、阳夏何夔家族和长平股羡家族

魏晋时期，陈郡阳夏何夔家族为名门望族。自汉代至魏晋时期，阳夏何氏家族见于文献记载者有4代11人。东汉末年的何夔是阳夏何氏家族的奠基者。魏晋时何夔之子何曾位极人臣。到何曾儿孙辈，家族走向衰落。

何夔，字敬龙，东汉末避乱淮南，为袁绍所请，让他劝降曹操，拒不从命。建安三年（198年）回到陈郡，曹操辟为司空掾属，后出任城父令、长广太守、乐安太守，有政绩。曹丕即位，入为丞相东曹掾，主张用人根据才能制定爵位，根据需要制定俸禄。为人严正节俭，拜太仆，再迁太傅，曹操特命他以太傅佐太子曹丕。封阳武亭侯。卒后谥靖侯。

何曾（？－278），字颖考，何夔之子。他承袭了父亲的爵位阳武亭侯，魏明帝时改封平原侯，做了散骑侍郎。后来作为主管农业的典农中郎将，主张为政之本在于得人。何曾与曹魏权臣司马懿私交甚厚，司马炎袭父爵为晋王，何曾为丞相，在废曹立晋中起了相当重要的作用。晋武帝代魏建立晋朝，官封为太尉，直至太保兼司徒，爵位也由侯晋升为公。朝会之时，何曾享受坐车佩剑的特权，可谓一人之下，万人之上。但他性奢豪，日食万钱，还说无下箸处。何曾有何劭、何遵二子。

何曾侍奉晋武帝宴饮，每天三餐要花上万钱之多。回去之后，他告诉儿子何遵、何劭说：“国家承顺天命，接受了魏朝的禅让，创立基业，延续正统。可是，我每次与皇上宴饮，不曾听皇上提治理国家的大政计划，只是谈一些家常琐事，这不是为后世子孙计谋着想的现象，这一番基业大概自身过去就结束了，后世子孙可能不堪设想。”又告诉何遵说：“你们大概可以平安地过一生。”随后指着诸位孙辈说：“这些孩子一定会遇到动乱危亡。”后来，何遵的儿子何绥被杀，何绥的弟弟何嵩悲伤地说：“我祖父真是圣明啊！”何绥因装“痴”而免祸。

何劭（？ -301），字敬祖，陈国阳夏人。何劭官显位著，少与晋武帝同年，有总角之好。魏末为晋王太子司马炎中庶子（太子侍从官）。及晋武帝即位，何劭为散骑常侍，累迁侍中尚书。惠帝即位，迁左仆射。赵王伦篡位，以何劭为太宰。何劭博学善属文，陈说当时近代事，若指诸掌。他骄奢简贵有父亲之风（《世说新语》称其“食之必尽四方珍异，一日之供，以钱二万”），然优游自足，不贪权势。诸王交争时，何劭游刃于他们之间，无怨之者，故不为所害。死后谥康，赠司徒。何劭所撰《荀粲传》、《王弼传》及诸奏议文章，并行于世。《隋书经籍志注》录有文集一卷。

何遵，字恩祖，何劭异母兄。泰始中为给事、黄门郎、散骑常侍、侍中。咸宁中累迁大鸿胪，后免官。太康初为魏郡太守，迁太仆卿。入晋，数次被罢官。何遵死后，阳夏何氏家族走向衰落。

何遵子何嵩，字泰基。性宽宏，博览典籍，尤精于《史记》、《汉书》。年轻时曾为著作郎。子何绥，字伯蔚。官至侍中、尚书。性奢侈高傲，轻薄人事。后为东海王司马越所杀。子何机，官至邹平令。性高傲，轻薄人事，世人劝诫不听。何羡，官至离狐令。性吝啬高傲，轻薄人事，乡里恨之如仇。

陈郡长平殷氏也是魏晋南朝时期的名门望族。西汉初汉北地太守殷续以功封于汝南，后移居陈郡长平（今西华），其后裔衣领相继，成为长平最大的门阀贵族。南朝宋、齐、梁、陈四朝，长平殷氏迅速崛起，涌现了豫章太守殷羡、建武将军殷浩、东阳太守殷仲文、荆州刺史殷仲堪、尚书仆射殷景仁、兖州刺史殷孝祖、豫州刺史殷琰、东宫大学士小说家殷芸、著作家东宫大学士殷钧、光禄大夫殷不害、尚书左丞殷不佞等一大批历史文化名人，被正史立传的陈郡长平殷姓人士多达10余人。

长平殷氏的出人头地，始于晋代官至光禄勋的殷羡。殷羡，字洪乔，曾任豫章太守。他曾造出一个有名的成语“付诸洪乔”，使其大名在中国民间流传不断。殷羡性格十分耿介正直，赴任豫章太守时，京城里有许多人托他捎带书函，数日多达百余封。当他走到石头城的时候，竟把所有的书函统统丢进河里，说：“沈者自沈，浮者自浮，殷洪乔不为致书邮。”（《晋书·殷浩传》）后世就把寄书遗失者，泛称“付诸洪乔”或“洪乔之误”。

殷浩（？－356），字深源，殷羡之子。他识度清远，弱冠有美名，好读《老子》、《周易》，尤善谈玄理，颇负盛名，为风流谈论者所宗，屡辞征召。曾为庾亮记室参军，累迁司徒左长史，后辞官隐居近十载。永和二年（346年）由褚裒推荐，始受命为建武将军、扬州刺史。次年，桓温灭成汉，威震朝廷。会稽王司马昱（简文帝）执政，以殷浩声名影响朝野，引为心腹，参与朝政，统率扬州之众抗衡荆州桓温。五年后赵石虎死，冉闵展开反羯斗争，北方混乱，晋朝乘机北伐。殷浩以恢复中原为己任，永和六年（350年）都督扬、豫、徐、兖、青五州军事，广开屯田，以为军储。他缺乏军事经验，又为桓温掣肘，永和八年（352年）进军至许昌（今河南许昌东），由于处置失当，败于前秦。次年又大举进军，派羌族酋长姚襄为前锋，十月至山桑（今安徽蒙城北），姚襄反叛，伏击殷浩军，辎重尽弃，死伤万余，溃退至谯城（今安徽亳州）。桓温上疏弹劾他，永和十年（354年）二月被废为庶人，口无怨言，惟终日书空作“咄咄怪事”4字。后桓温将以他为尚书令，遗书告之要他作答书，他虑有谬误，闭门数十次，竟以空函送达，大忤桓温之意，由是遂绝仕途。卒后追复本官。著有文集5卷，《唐书经籍志》、《隋书志》作4卷传于世。

殷仲堪（？－399），殷融之孙。能清言，与韩康伯齐名。淝水之战中，谢玄任他为长史。晋孝武帝司马曜召为太子中庶子，授都督荆、益、宁3州军事，有政声。晋安帝时，桓温的少子桓玄割据长江中游地区，趁荆州水灾攻打殷仲堪，殷仲堪兵败被俘，逼令自杀，死于柞溪。殷仲堪与从兄殷均都以擅长文学著名，各有著述。殷仲堪著有文集12卷，《唐书经籍志》作10卷（此从《隋书志》），纂有杂论95卷，并行于世。他还兼通医学，撰有《殷荆州要方》，已佚。

殷景仁，曾祖父殷融，东晋官至太常。祖父殷茂，历任散骑常侍、特进、左光禄大夫。其父殷道裕早亡。司徒王谧十分看重殷景仁，认为他有大成之量，将女儿嫁给他。殷景仁初为刘毅后军参军，官至尚书仆射。刘义康、刘湛专擅朝政，势倾朝野，欲废殷景仁，景仁以养病之名，终日在家闲居，常为刘湛等所谗毁。刘湛入仕，曾受殷景仁推荐，却恩将仇报于他。殷景仁叹息说："引虎入室，便即噬人。"刘义隆召殷景仁进宫密商，和殿中将军沈庆之合力处死刘湛。刘湛以及党羽刘斌、孔胤、刘敬文等伏诛后，殷景仁始获重用，为扬州刺史，忽然精神昏乱。是冬大雪，殷景仁乘舆出门观望，忽惊吓道："当阁何得有大树?"既而曰："我误邪?"病情加剧。文帝将他调往仆射下省，"为州凡月余卒"（《宋书·殷景仁》）。

殷不害（505－589），字长卿，以孝悌和擅长政事闻名。其祖父殷汪，曾仕齐豫章王行参军。父殷高明，曾仕梁尚书中兵郎，早卒。殷不害待父母特别孝顺，父丧期间过于尽礼，年少时就很知名。他家世代崇尚节俭，平时家里很穷困，既要伺奉老母亲，又要抚养小弟，勤劳至极。当时士大夫因他行为敦厚称道他。殷不害17岁时，任梁廷尉。他擅长政事，同时修治儒家学术，礼制和法制或轻或重有不适宜的，殷不害就上书指出，多被采纳，因此声望日隆。大同五年（539年）晋升东宫通事舍人，当时朝政多委东宫处理，殷不害经常与舍人庾肩吾值日奏事，梁武帝一次对庾肩吾说："你是文学之士，做官处理政事不是你的长处，为何不让殷不害来汇报呢。"可见对殷不害的了解和信任。侯景叛乱期间，殷不害侍卫简文帝左右。宫城陷落，简文帝为侯景所拘，殷不害守护更加恭谨。侯景之乱平定后，梁元帝即位，以殷不害为中书郎，兼廷尉卿。后与王褒、庾信共同出使长安被扣作人质，太建七年（575年），周扣其长子僧首为质将其放还。殷不害自周还陈后，任司农卿，迁晋陵太守、光禄大夫。陈后主即位，加给事中。祯明三年（589年）南朝陈灭亡，其子僧首迎殷不害去长安，殷不害在途中去世。

殷不佞（518－573），字季卿，殷不害弟，也以孝道和擅长政事出名。初仕梁，为武康令。时战乱天灾，百姓饥馑，流民甚多，殷不佞察其疾苦，尽力招抚之。陈朝建立，先为娄县令，以政绩突出拜尚书右丞，竭力辅政，颇有声望。陈文帝死，太子昏愚，陈顼（即宣帝）主持国政。殷不佞联结要臣，伪制太后诏，欲收其权。事泄，同谋皆被处死，宣帝独怜不佞有才、孝道，特赦免了他的罪过。殷不害后官尚书左丞、通直散骑常侍。

四、周口籍官吏及为政周口的官吏

魏晋南北朝时期，周口籍名人辈出。他们或为政朝廷或任职地方，名垂青史。

袁涣，字曜卿，陈郡扶乐（今太康）人。他的政绩主要有：一是建言献策；二是崇尚教化；三是为政清廉。

袁涣初为郡功曹，后迁侍御史。历事刘备、袁术、吕布。归附曹操后任沛郡南部都尉、谏议大夫、郎中令等职。建议曹操以德义治天下，募民屯田要自愿，均被曹操采纳。曹魏初屯田时，屯民虽时募集，但随后被强制于官田，接受军事化严格管理，不得擅离，结果“民不乐，多逃亡”。典农官对逃亡者予以追捕，再押回屯田，使得屯农生产的积极性大为挫伤。袁涣于是谏曹操，指出屯农“安土重迁”，惯于自耕农生活，对屯田还不能适应，“宜顺其意，乐之者乃取，不欲者勿强”。曹操“从之，百姓大悦”，屯田制得以顺利实施。后袁涣升任梁相，治理政事崇尚教育引导，本着宽恕的原则思考后实行，外表温和而内心果断。因为生病离开官任，百姓想念他。他得到的赐物很多，都分发给了别人，家中没有什么积蓄，始终不问自己的家产，缺什么就从别人那里取用，不愿意做出清白的姿态，但当时的人都钦服他的清廉。陈寿评价他说：“涣为政崇教训，恕思而后行，外温柔而内能断。以病去官，百姓思之。家无所储，终不问产业，乏则取之于人，不为皦察之行，然时人服其清。”（《三国志·魏志·袁涣传》）

邓遐，字应远，陈郡人，东晋猛将。自幼勇力过人，气盖当时，乡人以战国樊哙喻之。他曾经多次跟随桓温外出征伐，屡立奇功，号为名将。相传襄阳城北水中有蛟龙，屡害人性命。邓遐与蛟相斗，斩杀了蛟龙，水患乃止。乡人感其恩泽，尊其为二郎，立祠祀之。（《晋书·邓遐传》载：“襄阳城北沔水中有蛟，常为人害，遐遂拔剑入水，蛟绕其足，遐挥剑截蛟数段而出。”）邓遐后来成为“二郎神”的原型之一。《古今图书集成·神异典》记载忠清里有二郎神庙，所奉神明即为邓遐。

应詹（279－331），字思远，应璩之孙。晋南顿县（今项城市南顿镇）人。应詹从小父母皆亡，由祖母抚养。十几岁时，祖母又过世了，居丧期间，哀痛伤身，大家都说他是个孝顺人。他家中富裕，年纪又轻，就请族人一起居住，感情就像至亲一样，世人都惊讶于他的与众不同。他少年时就很出名，个性随和，被人误会了也不会太过计较，学艺文章为人称颂。18岁时，学业大进，以文章著称，并动静自节，气度非凡。司徒何劭见之夸赞他：“君子就应该像这个人一样！”

应詹的主要政绩有：一是协政有功；二是善于处理与少数民族的关系；三是清廉爱书。

应詹的舅爷、镇南大将军刘弘驻守荆南，就让应詹做自己的长史，参与军政。他告诉应詹说："你很有才识，以后可以接替我治理荆南。"刘弘在荆南政绩显赫，可以说应詹立了大功。（《晋书·应詹传》载："弘著绩汉南，詹之力也。"）因此，应詹被调任南平（今湖北公安县东北、湖南安乡县北）太守。他任益州刺史领巴东监军时，"詹之出郡也，士庶攀车号泣，若恋所生"。晋愍帝时（313－316），应詹督南平、天门、武陵3郡军事。当地少数民族反叛朝廷，应詹威德并施，率兵计降，与少数民族首领订盟立约，以德相感，少数民族终不思反。五胡乱华时，天下大乱，而应詹境内独宁，百姓颂歌："乱离既普，殆为灰朽。侥幸之运，赖兹应侯。岁寒不凋，孤境独守。拯我涂炭，惠隆丘阜，润同江海，恩犹父母。"

应詹曾与陶侃破杜弢于长沙，"贼中金宝溢目，一无所取，唯收图书，莫不叹之。"

陈頵，字延思，晋陈国苦县（今鹿邑）人。其政绩有：一是敢于谏议。陈頵给王导致信说，晋朝颠覆的原因，在于用人不当。重虚名不重实用，看门第不看真才，政事败坏，不可挽救。现在应该改变旧习，赏罚分明，选拔贤能，共谋中兴。王导不听他劝告。陈頵看到王府官属，贪图安逸，不管职事，上书晋元帝说，现在官员都继承洛都积弊，看来前车覆了，后车还不知警戒。晋元帝也不听他劝告。（《晋书·陈頵传》载："中华所以倾弊，四海所以土崩者，正以取才失所……"）陈頵屡发正论，被名士们逐出王府去做郡太守。陈頵的劝告和被逐，正好说明东晋政权的腐朽。二是为政恩威并举。咸和初，他被陶侃表荐为梁州刺史，"绥怀荒弊，甚有威惠"（《晋书·陈頵传》）。

袁聿修（511－582），字叔德，陈郡阳夏人。袁氏是北朝士族高门之一。袁聿修是北魏中书令袁翻的儿子，过继给叔父袁跃为子。他7岁时父亲去世，守丧时起居礼度与成人相仿。9岁被州里辟为主簿，18岁领本州中正。在北齐历任清要之职，官至吏部尚书。他做官严守清白，廉洁奉公，很有政绩。这在东魏、北齐贿赂成风的环境中难能可贵，时人称其"清郎"、"清卿"。

袁聿修性格深沉有见识，清净寡欲，与物无争，深受尚书崔休的赏识。天保初，任太子庶子，以本官代理博陵太守。任职数年，大有政绩，得到远近百姓称赞。皇建二年（561年），他因母亲去世离职，不久朝廷下诏恢复前职。时间不长，迁任司徒左长史，加骠骑大将军，领兼御史中丞。天统中，他出任信州刺史，为政清静，不言而治，从长吏以下到鳏寡孤幼，袁聿修都能得到他们的拥护。后主武平中，御史皆出巡诸州，梁、郑、兖、豫等州与信州疆域相接，在信州的周围，御史都检举揭发官员的不法行为，而御史竟然不到信州来，足见对袁聿修的信任。他任满解职还京时，包括僧人在内全州送别的百姓站满道路，有人带来美酒与肉脯，哭泣着留恋不舍，都想要远送。时值盛暑，袁聿修怕百姓过于劳累，往往为送行的人停下马，随手喝一杯酒，表示已领受他们的好意，感谢他们的情义，让他们回家。袁聿修回京后，信州百姓郑播宗等700余人请求为他立碑，以记述他的功德，有关部门为此上奏，后主下诏同意。不久，他被任为都官尚书，仍领本州中正。转任兼吏部尚书、仪同三司，不久，被正式任命为吏部尚书。

袁聿修在郎署的时候，赵彦深为水部郎中，同在一院，结为朋友。赵彦深后遭淘汰遣放回家，无人拜访，大门口都长了杂草，而袁聿修还以旧情到赵家探问往来。赵彦深得到重用后，感念甚深。袁聿修历任要职，一方面由于自己的才干声望，另一方面与赵彦深的援引有关。袁聿修“在官廉谨，当时少匹。魏、齐世，台郎多不免交通饷遗，聿修在尚书十年，未受升酒之馈”。(《北齐书·袁聿修传》）尚书邢邵与袁聿修有旧交，经常在尚书省开玩笑时，称袁聿修为清郎。武成帝大宁初，袁聿修以太常少卿出使巡察，并受命考核官员的得失。他经过兖州时，邢邵正担任兖州刺史，两人分别后，邢邵派人送去白细。袁聿修退还白细不受，给邢邵写信说：“今日经过您处，与平日出行不同，瓜田李下，必须避嫌，古人对此是十分慎重的。人言可畏，应像防御水患一样，愿您体会此心，不至于重责。”邢邵也欣然领会，回信说：“先前的赠送，过于轻率，未加考虑，老夫匆忙之间，没有想到这个问题。敬承来信之意，我并无不快。弟昔日为清郎，今日复作清卿了。”到袁聿修在吏部，正赶上国政衰败，道德沦丧，如果违背权要之臣，恐怕立刻就会引来杀身之祸，袁聿修虽自己严守清白，还是不能摆脱请谒的烦劳。北齐灭亡后，他入仕北周，任仪同大将军、吏部下大夫。周静帝大象末，为东京司宗中大夫。隋文帝开皇初，加上仪同，迁任东京都官尚书。东京废，又入朝任都官尚书。开皇二年（582年)，出任熊州刺史，不久去世，时年72岁。

贾逵（180－234)，字梁道，河东襄陵（今山西襄陵县）人。历仕曹操、曹丕二世，具有政治、军事才干。曹丕即位，拜他为豫州刺史。贾逵在豫州刺史任上，锄强抑暴，兴利除弊，政声卓著。魏文帝曹丕夸奖他说：“贾逵是个真正的刺史！”同时布告天下，当以豫州为法，并封贾逵为关内侯。贾逵曾率军驻项（治今沈丘槐店)，在陈郡境内疏通运渠200余里，人称“贾侯渠”。据《三国志·贾逵传》记载：贾逵为豫州刺史，“又通运渠二百余里，所谓贾侯渠者也”。贾侯渠在今淮阳境内。贾逵死后，豫州吏民为了追思他，在项（治今沈丘槐店）专门刻石立祠。青龙年间，魏明帝东征，乘辇入贾逵祠，颁发诏令说："昨过项，见贾逵碑像，念之怆然。古人有言，患名之不立，不患年之不长。逵存有忠勋，没而见思，可谓死而不朽者矣。其布告天下，以劝将来。"陈寿评价他说："太祖创基，迄终魏业，此皆其流称誉有名实者也。咸精达事机，威恩兼著，故能肃齐万里，见述于后也。"

李祥，字元善，赵郡人。任淮阳郡太守期间，安抚流民，百姓安居乐业。据《魏书·李孝伯传附李祥传》记载："时南土未宾，世祖亲驾，遣尚书韩元兴率众出青州，以祥为军司。略地至于陈、汝，淮北之民诣军降者七千余户，迁之于兖、豫之南，置淮阳郡以抚之，拜祥为太守，加绥远将军。流民归之者万余家，劝课农桑，百姓安业。"《北史·李孝伯传附李祥传》记载："时尚书韩元兴率众出青州，以祥为军司。略地至陈、汝，淮北之人诣军降者七千余户，迁之兖、豫之南，置淮阳郡以抚之。拜祥太守，流人归者万余家，百姓安业。"

第二章　魏晋南北朝时期的经济

一、曹魏对新运道的开辟

曹魏正始年间（238－250），邓艾在陈蔡屯田时，与洛阳、许昌等地文书频繁往来，靠邮驿完成。魏晋南北朝时期，周口一带水陆交通有所发展，尤以水运较为发达。

汉代的蒗荡渠，这条由颍入淮直接沟通黄河、淮河的水运通道在三国时继续畅行。《三国志·魏书》载："建安十四年（209 年）春三月，军至谯，作轻舟，治水军。秋七月，自涡入淮，出肥水，军合肥。"《三国志·魏书·文帝纪》载："文帝黄初五年（224 年）八月，为水军，亲御龙舟循蔡、颍，浮淮，幸寿春。"曹魏时期，曹丕出于军事目的和经济发展的需要，倾力打造经营河、淮间的运河，运道又有新的发展。

涡水，据《水经注》载："涡水首受淮阳扶沟县蒗荡渠……又东南径阳夏县（今太康县）西……又东径武平县故城（今河南鹿邑县西北）北……又东径苦县（今鹿邑县）西南……又东径谯县故城（今安徽亳州市）北……又东南径城父县故城（今安徽亳州市东南）北，又东径下城父（今安徽涡阳）北……又东南径龙亢县故城（今安徽蒙城县东南龙亢集）南……又屈而南流，出石梁"（《水经》卷二三《阴沟水注》），由今安徽怀远县入淮。这条被称为谯梁水道的运道，在曹魏时非常重要。谯是曹操的故乡，为"五都"之一，这里自然成了曹魏对付东吴的根据地。魏军通过这条由中原循涡入淮的谯梁运道，将其主力部署在巢肥运河一线，与东吴对峙。

黄初元年（220 年），魏文帝曹丕定都洛阳后，在蒗荡渠以南、以西，先后筑渠于沙、洧、颍、汝之间，使淮河以北各支流沟通舟楫，形成新的运河网络，既便于灌溉屯田，又便于运兵运粮。

贾侯渠：黄初元年（220 年），贾逵为豫州刺史时所开。据《三国志·贾逵传》载：贾逵"外修军旅，内治民事，遏鄢、汝，造新陂，又断山溜长溪水，造小戈阳陂，又通运渠二百余里，所谓贾侯渠者也。”《晋书·食货志》载：“贾逵之为豫州，南与吴接，修守战之具，堨汝水，造新陂，又通运渠二百余里，所谓贾侯渠者也。”其后北魏郦道元为《水经》作注时云：“昔贾逵为魏豫州刺史，通运渠二百里余，亦所谓贾侯渠也。而川渠径复，交错畛陌，无以辨之”（《水经注·渠注》），已不能确指其方位。但此段文字郦注植于沙水“东南过陈县北”及“又东径长平县故城北”之间，魏时陈县在今淮阳县，长平县在今西华县之北，从地望上看，贾侯渠故道当在沙水西南，纵贯南北，与洧、颍相通。

讨虏渠：黄初六年（225年）三月，魏文帝“行幸召陵，通讨虏渠”（《三国志·文帝纪》）。该渠以讨虏为名，显然是通漕淮南，为伐吴而开凿的。《读史方舆纪要》卷四七河南二开封府郾城县载：“讨虏渠，在县东五十里。曹魏黄初六年行幸召陵，通讨虏渠，谋伐吴也。”渠道当在今漯河市召陵区、商水之间，为沟通颍、汝的水道。

广漕渠：魏齐王芳即位之初，司马懿“欲广田畜谷，为灭贼资，使（邓）艾行陈、项已东至寿春。艾以为‘田良水少，不足以尽地利，宜开河渠，可以引水浇溉，大积军粮，又通运漕之道’，乃开广漕渠，每东南有事，大军兴众，泛舟而下，达于江淮，资食有储，而无水害，艾所建也。”广漕渠的地理位置，据《晋书·宣帝纪》载，魏正始三年（242年）“三月，奏穿广漕渠，引河入汴，溉东南诸陂，始大佃于淮北。”据《水经注·渠注》记载：“沙水又南与广漕渠合，上承庞官陂，云邓艾所开也。”此段文字植于沙水“东南过陈县北”之下，说明广漕渠当在蒗荡渠的中段。又据《读史方舆纪要》卷四七河南二陈州贾侯渠条下：“又州南有广漕渠，《水经注》以为邓艾所开。”清时陈州即魏陈县（今淮阳县），故广漕渠当在今淮阳县境内。

淮阳、百尺二渠：北魏正始四年（243年）秋九月，“帝以灭贼之要，在于积谷，乃大兴屯守，广开淮阳、百尺二渠。”（《晋书·宣帝纪》）二渠也是邓艾所修，渠成后“上引河流，下通淮、颍，大治诸陂于颍南、颍北，穿渠三百余里，溉田二万顷，淮北、淮南皆相连接”（《晋书·食货志》）。《读史方舆纪要》陈州载：“贾侯渠，在城西。《水经注》后汉贾逵为豫州刺史所开运渠也。或谓之淮阳渠。”可见淮阳渠为邓艾对贾逵所开运渠的进一步修广。百尺渠，又名百尺沟，据《水经注·渠注》载：“沙水又东而南屈，径陈城东，谓之百尺沟。又南分为二水，新沟水出焉。……又东南注于颍，谓之交口。水次有大堰，即古百尺堰也。魏书国志曰：‘司马宣王讨太尉王凌，大军掩至百尺堨，即此堨也。’”又据《读史方舆纪要》陈州载：“百尺沟在城东，本沙水也。”以上记载说明，百尺沟北在陈县东与广漕渠接，南由古百尺堰的交口入颍，系古蒗荡渠的下段，当在今淮阳东南与今沈丘槐店镇附近入沙水。

二、曹魏陈蔡屯田

东汉末年起，包括今周口一带的中原地区连年遭受战乱，人口骤减，十不存一。曹魏时改革租赋，实行屯田，兴修水利，招抚流亡，开垦荒地，经济恢复较快。西晋统一后，周口一带续修水利，发展农业，经济发展迅速，成为人口集中地区。

从黄巾起义到三国初年的30多年间，周口一带由于战争、天灾、疾疫和流移逃散，人口骤减，农业生产遭到严重破坏，土地荒芜，粮食匮乏，粮价高涨，人因饥馑死亡。淮河南北，“不居者各数百里”（《三国志·宗室传·孙韶传》）。“江淮间空尽，人相食”（《后汉书·献帝纪》、《三国志·袁术传》）。

曹操统一北方后，从建安元年（196年）到建安末年（220年），以民屯为主。曹操设置田官于各州郡，招募流民屯田，把屯田制加以推广，以改变东汉末年军阀混战所造成的“白骨露于野，千里无鸡鸣”的萧条景况。曹操屯田试点时，命枣祗负责，在今西华一带开展。关于屯田的方法，大多数人主张根据租用官牛的头数，确定征收谷物的固定份额。施行后，枣祗认为此法丰收时不能多收，灾害时又打击屯民的积极性，主张分田之术，就是不用固定的份额征收，而是采用浮动的比例征收制，根据是否租用官牛来确定比例：租用者，官六民四；不租者，官民对分。这种方法避免了丰收时官府少收军粮，又能减少灾害时屯民的负担，虽然剥削仍很重，但在战乱时期，其对农民还是有很大吸引力的。曹操肯定了枣祗的方法，“使为屯田都尉”。后来曹魏屯田，大都采用枣祗之策。今西华枣口，原名枣祗口，就是枣祗在此屯田留下的地名。民屯一般以50人为一屯，屯田民既不能自由迁徙，也不能向郡县管辖的编户转移，只能世代替官府屯垦田地，接受其军事编制的严密监督，过着农奴式的生活。民屯为战乱时期毫无安全保障的农民提供了相对太平的生产环境，也将因战乱闲置荒芜的土地重新开发起来，农业生产在一定程度上有所恢复。

从曹丕建国到魏末，军屯民屯并重。以淮河南北的屯田区规模最大。正始元年（240年），魏国准备在淮上屯田，积粮抗吴，派邓艾前往汝阳（今商水县）巡视。邓艾考察后提出：第一，开凿河渠，灌溉农田，疏通漕运。第二，在淮北、淮南实行军屯。他的建议被采纳并实施。《三国志·邓艾传》载：“今三隅已定，事在淮南，每大军征举，运兵过半，功费巨亿，以为大役。陈、蔡之间，土下田良，可省许昌左右诸稻田，并水东下。令淮北屯二万人，淮南三万人，十二分休，常有四万人，且田且守。水丰常收三倍于西，计除众费，岁完五百万斛以为军资。六七年间，可积三千万斛于淮上，此则十万之众五年食也。以此乘吴，无往而不克矣’。宣王善之，事皆施行。”

正始二年（241 年），邓艾“乃开广漕渠，每东南有事，大军兴众，泛舟而下，达于江、淮，资食有储而无水害，艾所建也”（《三国志·邓艾传》）。正始三年（242 年），司马懿“奏穿广漕渠，引河入汴，溉东南诸陂，始大佃于淮北”（《晋书·宣帝纪》）。正始四年（243 年），司马懿又在这一地区“大兴屯守，广开淮阳、百尺二渠，又修诸陂于颍之南北，万余顷。自是淮北仓庾相望，寿阳至于京师，农官屯兵连属焉”（《晋书·宣帝纪》）。《晋书·食货志》记载邓艾淮南、淮北屯田时说：“令淮北二万人、淮南三万人分休，且田且守。水丰常收三倍于西，岁完五百万斛以为军资。六七年间，可积三千万斛于淮上，此则十万之众五年食也。……兼修广淮阳、百尺二渠，上引河流，下通淮、颍，大治诸陂于颍南、颍北。穿渠三百余里，溉田二万顷，淮南、淮北皆相连接。自寿春到京师，农官兵田，鸡犬之声，阡陌相属。”

从正始二年（241 年）起，魏国在淮南、淮北广开河道，大举屯田。5 里设置一个军屯营，每营 60 人，一面屯田，一面戍卫。同时，拓宽了淮阳、百尺两条河渠，从黄河引水注入淮水和颍水，颍南、颍北修成了许多陂田。淮水流域挖掘了 300 多里长的水渠，灌溉农田 2 万顷，从而使淮南、淮北连成一体。几年之后，从京都到寿春，沿途兵屯相望，鸡犬之声相闻，出现了一派繁荣富庶景象。从此，淮水流域的水利和军屯建设飞速发展，魏国在东南的防御力量大大加强。每当东南有战事，大军便可乘船而下，直达江淮。军资粮食有储备，又没有水害。邓艾所进行的大规模屯垦，对促进北方经济的恢复和发展，特别是对增加曹魏的财力，支持与东吴的战争，起了重要作用。可以说，曹魏政权能在三国中始终保持实力最强，邓艾功不可没。

军屯与民屯的最大不同一是军屯成员全是军人，二是收成全部充为军粮，将领率领耕种。由于都是强壮劳力，灌溉条件优越，生产效率高于民屯，淮南、淮北军屯，按邓艾估计“岁完五百万斛以为军资”，六七年后“可积三千万斛于淮上，此则十万之众五年食也”。军屯解决了驻扎于边境的曹魏大军吃粮问题，增强了大军的动员能力，免除了“每大军征举，运兵过半，功费巨亿”的负担。

邓艾屯田使淮、颍之间的水田发展到了顶峰，淮北平原上水田空前发展。这些沟渠陂塘至6世纪《水经注》时代大多还势如连珠，仍然起着灌溉作用。曹魏时水稻开始在陈、蔡一带大规模种植。据考证，建安元年的淮水、颍水南北一带的屯田等都是水稻田（高敏：《秦汉魏晋南北朝土地制度研究》，1986年12月）。由于屯田种植水稻多，产量得以迅速提高。晋人傅玄说：“近魏初课田，不务多其顷亩，但务修其功力，故白田（旱地）收至十余斛，水田收数十斛。”（《晋书·傅玄传》）以当时粮食亩产平均3斛（1斛约相当2斗多）左右，10斛粮食的良田亩产量确有很大提高。北方大面积种植水稻，不仅标志着曹魏农业的发展，而且是农业技术上的一个进步。

邓艾在陈、蔡地区留下了不少屯田遗迹。据《读史方舆纪要》卷四十七河南二记载：“邓艾又为广漕渠，屯田积谷于陈、颍间。”

商水县境内地势低洼，湖陂星罗，坡洼棋布，有“五湖十八坡”之称，大雨大灾，小雨小灾，无雨旱灾，邓艾在此屯田，将湖陂水引入河道，县境西部洼地积水是开渠多道入颍水东流，县境东部洼地积水也开渠多道入溵（今汾河）汇入淮水。今邓城东的饮马台、灌溉渠，就是当年邓艾所建。

商水民间流传“南屯北营”之说。今商水县南部的固墙、胡吉、袁老一带多屯；在县境北部的练集、赵寨、十里铺一带多营。“营”和“屯”，分别是曹魏军屯和民屯的基本单位，通常多以这些屯田单位小头目的姓氏冠“营”或冠“屯”，其后裔久居此地而沿用至今。商水的邓城、东邓店钟会仓，以及以井台命名的“九井十八台”村名就是当时邓艾屯田时留下的，这些地名多数至今尚存。《元和郡县志》河南道四陈州载：“溉灌城，（商水）县东北二十五里。本魏邓艾所筑。艾为典农使，行陈、颍之闲，东至寿春。艾以田良水少，不足地利，遂开筑陂塘，大兴溉灌，军储丰足，因名此城。”《读史方舆纪要》卷四十七河南二汝阳城条记载：“《志》云：今县北有邓城，盖邓艾屯田时所筑。”溉灌城即今周口市区的水灌台遗址。

今西华县境内柳城、凉马台、护当城、广粮城、邓门等地，皆邓艾屯田留下的故迹。《读史方舆纪要》卷四十七河南二西华县记载：娲城“城侧有陂。魏邓艾营稻陂，时柳舒为陂长，后人因目为柳城。《志》云：‘今县东北十五里有北柳城，县东南三十里有南柳城，皆以柳舒而名。’”又载：“邓门陂，在县西。唐神龙中，县令张余庆因废陂复开，引颍水溉田。盖以邓艾故址而名。”北柳城，在今西华县城西北8公里处思都岗，因处于汉时西华故城之北，后人为与其相区别，称之为“北柳城”。《太平寰宇记》云：“隋开皇元年（581 年）于此置柳城县，隋末废。”据《西华续志·疆域志区乡编》载：“柳城村北有颍河，相传邓艾在此屯田，其部将柳舒在此筑城。”

护当城，原名集粮城，位于今西华县城西北 6 公里红花镇护当城村。《元和郡县志》载：“集粮城在县西北十二里，魏邓艾营田筑之，储粮，故名。”清乾隆《河南续通志》载：“魏正始二年（241 年），邓艾在陈、蔡屯田，筑城，时名集粮城。”相传城上原有凉亭，为邓艾夏季乘凉之所。村南还有凉马台，为邓艾操练兵马之处。《读史方舆纪要》卷四十七河南二西华县载：“凉马台，在县西北十里，相传邓艾所筑。”

广粮城，位于今西华县城西 50 公里奉母镇七里仓村。据清乾隆《西华县志》载：“三国魏邓艾屯田储粮之所。”《西华县续志》载：“广粮城在县九十里七里仓。今有‘广粮城’石刻三字。”

沈丘县付井北的砖城也是邓艾屯田积粮的旧地。据《读史方舆纪要》卷四十七河南二沈丘县记载：砖城，“在县东北四十五里，魏邓艾屯田置戍处也。”

三、社会丧乱和人口迁徙

西晋末年，由于统治阶级的腐朽和阶级、民族矛盾的尖锐，引起了一场历史上罕见的大动乱。动乱起于惠帝永康元年（300 年）爆发的“八王之乱”，继之以匈奴、鲜卑、羯、氐、羌“五胡乱华”，不仅使西晋王朝在动乱中走向灭亡，而且还使“公私罄乏，所在寇乱，州郡玲贰，上下崩离”（《晋书·东海王越传》），“千里无烟爨之气，华夏无冠带之人”（《晋书·虞预传》）。当此之时，包括今周口一带的中原地处战乱中心，所受破坏全国最严重。永嘉中，刘渊、王弥、石勒率兵大掠中原地区。永嘉四年（310 年）四月，石勒在苦县宁平城（今郸城宁平镇宁平故城）遇东海王越及晋王公百官，以胡骑围而射之，“三公以下死者十余万人”（《晋书·惠帝纪》）。

战争破坏引起空前粮荒，故《晋中兴书》描绘晋末丧乱情况时说，是时“百姓饥馑，野无生草，时或掘鼠捕燕而食之”。与战乱、饥馑相伴的还有接连不断的天灾，自惠帝至愍帝 10 余年间几乎每年都有发生。永宁二年（302 年）七月，豫州（辖区相当于今京广线以东、陇海线以南的河南省）发生水灾。十二月，中原地区又发生地震。永嘉四年（310 年）四月，中原发生大水，五月地震，六月大蝗，草木、牛马皆被食尽。入冬后又发生旱灾，一直持续到次年春天。天灾与人祸相交织，破坏了经济，威胁着中原居民的生命安全。中原腹地，所受灾害有过之而无不及。八王之乱时，中原是八王的主要战场，百姓因战乱死者难以计数。接着发生的永嘉之乱，中原又是“五胡”争夺的中心，“刘元海、石勒、王弥、李雄之徒贼害百姓，流血成泥”（《晋书·五行志》）。故《晋书·慕容皝载记》曰：“自永嘉丧乱，百姓流亡，中原萧条，千里无烟，饥寒流陨，相继沟壑。”当时人虞预说：“自天地开辟、书籍所载，大乱之极，未有若此者也。”（《晋书·虞预传》）

晋末丧乱对整个中华民族是一场空前大浩劫，每一个人都未能免于灾难，尤以中原官僚士族阶层所遭受的打击最为深重。陈郡何氏，晋太尉何曾之后，传历三世，一门二公，贵盛无比，但至“永嘉末，何氏灭亡无遗焉”（《晋书·何曾传》）。一些颇有名望的士大夫及其家族也都因战乱而遭受灭顶之灾。汝南应绍，魏侍中应璩孙，“永嘉中至黄门郎，为东海王越所害”（《晋书·应贞传》）。颍川庾阐，“母随兄肇为乐安长史，在项城。永嘉末，为石勒所陷，阐母亦没。”（《晋书·庾阐传》）庾珉，汉征士庾乘之后，“怀帝之没刘元海也……珉弟顗”，“石勒之乱，与（王）衍俱被害”（《晋书·庾峻传》）。河内荀晞，晋末为大将军，“石勒攻阳夏，……执晞，属为司马，月余乃杀之。晞无子，弟纯亦遇害”（《晋书·荀晞传》）。上述各士族都因战乱或被杀，或病卒，或一人受祸，或举族诛灭。为了少受战乱之苦，保护自己和家族利益幸存下来的士族成员便积极行动起来，变被动挨打为积极自救，出现了与客家先民有关的南迁运动。

西晋末年中原战乱发生后，以衣冠士族、官宦大户为主体的中原居民开始向较为安宁的江南地区迁徙，揭开了客家先民南迁的序幕。《资治通鉴》载：“时海内大乱，独江左差安，中国士民避乱者多南渡江。”《晋书·王导传》也说：“俄而洛京倾覆，中州士女避乱江左者十六七。”可知中原居民避乱江左者人数之多。颜之推《观我生赋》自注曰：“中原冠带随晋渡江者百家。”如陈郡陈（今淮阳）人王隐，博学多文，于“建兴中渡江”（《晋书·王隐传》）。这一时期避乱南下的中原移民较多，朝廷为了安置他们，还专门设立了侨州郡县。《隋书·食货志》载：“晋自中原散乱，元帝寓居江左，百姓之自拔南奔者，并谓之侨人，皆取旧壤之名，侨立郡县，往往散居，无有土著。”《晋书·地理志》也说：“永嘉之际，豫州沦于石氏。元帝渡江……时淮南入北，乃分丹阳，侨立淮南郡，居于湖口。”这次移民浪潮中南下的中原居民大约有 90 万人，占后来南朝人口的 1/6。

晋末永嘉年间，周口一带汉民因战乱南徙渡江至今江西、浙江、福建、广东东部等地，被称为“客家”，便是后来客家的先民之一。如陈郡项（今沈丘）人周兴嗣，“世居谷熟”（《南史·周兴嗣传》）。据《闽书》记载：“永嘉二年，中原板荡，衣冠始入闽者八族，所谓林、黄、陈、郑、詹、丘、胡、何是也。”《晋书·殷浩传》载，陈郡长平（今西华）人殷浩仕晋，后“坐废为庶人，徙于东阳之信安县（今浙江衢县）”。《宋书·谢灵运传》载，陈郡阳夏（今太康）人谢灵运，在祖父时已渡江南下，后因“父、祖并葬始宁县，并有故宅及墅，遂移籍会稽”。上述这些周口人，都迁居今浙江境内。《晋书·谢鲲传》载，阳夏人谢鲲是晋太傅谢安叔父，“避地豫章”，豫章即今江西南昌。中原士族南迁的大约有30余家，其中陈郡有袁、谢、王、陈、殷、邓6姓，汝南有周、应、李3姓，都与后来的客家人有渊源关系，章太炎《客方言·序》说“客人大抵来自河南”。

前秦皇始二年（352年）秋，前秦丞相雄迁陈、颍、洛之民5万户到关中。

社会动乱也反映在一些名士的隐居方面。湛茂之，字方生，晋之文人，后仕于刘宋，曾任长史，晚年隐居淮阳。他在隐居淮阳期间为酬南平王刘铄（字休玄）写有《酬休玄》，诗中写道：“闭户守玄漠，无复车马迹。衰废归邱樊，岁寒见松柏。身惭淮阳老，名忝梁园客。习隐非市朝，追赏在山泽。离离插天树，磊磊间云石。将此怡一生，伤哉驹过隙”（见明杨慎《升庵诗话》卷十和《毗陵志》）。

第三章　魏晋南北朝时期的军事

一、司马氏三次平叛

曹魏末年，司马氏掌握魏国的军政大权，渐有篡逆之意，引起了亲魏派的不满。接近东吴的淮南地区，士马强盛，边境多务，成了反叛的多发地带。短短几年内，便发生了王淩、毌丘俭、诸葛诞等人的反叛，今周口一带成为敌对双方争战的关键地区。司马氏3次挂帅出征，到此平定叛乱。

魏嘉平三年（251年），太尉王淩在寿春举兵反对司马氏。司马懿亲自统率中军从水道讨伐王淩，并下令赦免王淩罪过，令王淩之子王广写书告谕王淩，诱其投降。司马氏大军进抵百尺堰（今沈丘槐店东北35里处），王淩自知势穷力孤，不得不乘船迎司马懿。司马懿进至丘头（今沈丘新安集东），王淩面缚请罪，司马懿派人解其缚，慰劳之，继又派步骑600人送王淩到洛阳，王淩知难幸免，至项（今沈丘县槐店镇西）饮药自尽。

正元二年（255年）正月，毌丘俭、文钦在寿春起兵，声讨司马师。毌丘俭派使者联络镇南将军诸葛诞和兖州刺史邓艾共同谋反。邓艾一向为司马氏所器重，诸葛诞虽然对司马氏有所不满，但和文钦的关系更为恶劣，毌丘俭派去的使者被两人斩首。毌丘俭、文钦联络不到盟友，便将老弱病残留在寿春，自率五六万精锐人马渡淮河驻扎于项。毌丘俭在项县城内坚守，文钦则在城外游动。

司马师听说淮南再度反叛，召集众臣商议。这时，司马师刚割除眼瘤，病势甚重，卧息在床。朝臣都说大将军贵体欠安，还是让太尉司马孚挂帅出征为好。只有王肃、傅嘏、钟会等人认为毌丘俭、文钦兵力强劲，劝司马师奋力亲征，以免不测。病榻上的司马师认为事关重大，奋然而起，将洛阳朝政委托给弟弟司马昭，亲统中军10余万人东征讨伐毌丘俭、文钦。司马师以傅嘏、钟会为帐中智囊，“倍道兼行，召三方兵，大会于陈、许之郊”（《晋书·景帝纪》）。司马师路过许昌时，任命荆州刺史王基为监军，统领许昌人马作前锋。兖州刺史邓艾、征南大将军王昶分率兖、荆诸军向项县两翼迂回。

王基告诉司马师此行必胜无疑："淮南的兵将民众没有人愿意反叛，只不过是在毌丘俭刺刀下被劫持而已。大军长驱直入，他们势必土崩瓦解。"司马师同意让他进兵；又有人说叛军锋芒毕露，劝他效仿当年周亚夫平定吴楚坚壁清野，派人命令王基停止前进。王基力排众议："毌丘俭等人有五六万人马，完全可以举兵深入。之所以龟缩在项县，因为内部人心不稳。如果我们停止不前，给他们一个怯懦的印象，他们内部那些对他们不满的人反而不能揭竿而起。旷日持久之下，难道东吴就不会趁火打劫吗？淮南一旦不保，中原震动，是国家大患啊。我军宜速进占据南顿，南顿有大邸阁，估计足够保障我军兵40天的粮食。这样既有粮食作补充，又成就先声夺人之势，乃成败的关键"（《三国志·王基传》）。他三番五次的建议，终于打动了司马师。司马师于是率大军南进。

次月，司马师到达隐桥（今周口市西），毌丘俭部将史招、李续相继投降。王基看到司马师动作迟缓，再次建议："放着南顿这样的粮仓不争，却靠后方运粮，天下哪有这样的道理？"司马师看到自己的大军还没有到齐，下不了决心。王基不愿错过战机，当机立断："将在外，君令有所不受！彼得则利，我得亦利，是谓争城，南顿是也。"（《三国志·王基传》）王基当即进据南顿。毌丘俭等亦认为南顿重要，从项来争，行10余里，闻悉王基先到，只好返保项城。

魏国发生动乱，正如王基所预料的东吴趁火打劫。不久，东吴丞相孙峻率骠骑将军吕据、左将军留赞进袭寿春。司马师诸军挖堑筑垒，以待青、徐、兖诸军集结。众将要求攻项，司马师不同意，说："诸君得其一，未知其二。淮南将士本无反志。且俭、钦欲蹈纵横之迹，习仪秦之说，谓远近必应。而事起之日，淮北不从，史招、李绩前后瓦解。内乖外叛，自知必败，困兽思斗，速战更合其志。虽云必克，伤人亦多。且俭等欺诳将士，诡变万端，小与持久，诈情自露，此不战而克之也。"（《晋书·景帝纪》）司马师遂命令诸葛诞率豫州人马渡安风津（今安徽霍丘县北）进逼寿春，征东将军胡遵督青、徐诸军插至谯县（今安徽亳州市）、宋县（今安徽太和县北70里处），切断他们回寿春的归路，司马师则屯扎汝阳指挥。毌丘俭、文钦进无据点，退恐寿春被袭，无计可施。诸将家皆在北方，众心涣散，投降者不断，只有淮南新近附靠的农民为之所用。

邓艾斩杀毌丘俭的使者后，立刻带领1万多人兼程南下，占据了战略要地乐嘉城（今商水县东北平店乡李岗），建造浮桥，等候司马师大军的到来。

司马师令邓艾示弱诱敌，毋丘俭中计，派文钦前往争夺乐嘉。王基得知毋丘俭军力分散，乘机进攻项县。司马师带大军从汝阳前往驰援乐嘉。文钦到达乐嘉，见司马师到来，知道中计，惊慌失措。他年仅18岁的儿子文鸯初生牛犊不畏虎："趁他们立足未稳，请登城鼓噪，半夜突击可大破其军。"文钦父子分兵两路，夜里夹攻司马师大军。文鸯率壮士突然冲进了司马师大营，鼓噪而进，司马师无所防备，听到军营遭袭，心中大惊，刚割眼瘤的眼珠迸出眼眶。司马师恐军兵知晓，影响士气，就用被子蒙住，疼痛难耐，他就咬着被头而忍，被头皆咬烂，左右将士无人知晓。(《晋书·景帝纪》记载："初，帝目有瘤疾，使医割之。鸯之来攻也，惊而目出。惧六军之恐，蒙之以被，痛甚，啮被败而左右莫知焉。")

文鸯率部击鼓第三次进攻，文钦未能接应，准备退却率军东去。司马师对诸将说："文钦逃走了。"命令派精锐部队追击。诸将都说："文钦是个老将，文鸯年轻有锐气，率军攻入我军内部，没有失利，一定不会逃走。"司马师说："一鼓作气，再而衰，三而竭。鸯三鼓，钦不应，其势已屈，不走何待?"（《晋书·景帝纪》）文钦想逃走，文鸯说："不先挫败他们的锐势，不能退啊。"于是与10余骁骑冲锋陷阵，所向披靡，引军而去。邓艾率军追到丘头（今沈丘新安集东），文钦父子逃奔吴国，降于吴丞相孙峻。毋丘俭获悉文钦溃败，自知不保，弃众而逃，也兵败于丘头，在逃奔途中于安风津被杀。寿春守军四散，诸葛诞进而据之。司马师班师回到许昌，病卒，时年48岁。

甘露二年（257年）五月，魏将诸葛诞联合东吴在淮南起兵反司马昭。司马昭听到诸葛诞反叛的消息，当即明白这个诸葛诞是看着毋丘俭因轻率而覆灭的，肯定早有预谋，并一定会向东吴求援。为此，他不敢轻敌，倾全国之兵，挟持魏帝曹髦、郭太后御驾亲征。六月二十五日，曹髦、郭太后抵达项县。司马昭到项县后留下曹髦、郭太后，亲率各地人马26万进兵丘头。8个月后击败诸葛诞，平定叛乱。甘露三年（258年）五月，魏帝命改丘头曰武丘，以旌武功。(《晋书·文帝纪》记载：甘露二年"秋七月，奉天子及皇太后东征，征兵青、徐、荆、豫，分取关中游军，皆会淮北。师次于项，假廷尉何桢节，使淮南，宣慰将士，申明逆顺，示以诛赏。甲戌，帝进军丘头。……三年……夏四月，归于京师，魏帝命改丘头曰武丘，以旌武功。"又据《三国志·诸葛诞传》：诸葛诞举兵反，"大将军司马文王督中外诸军二十六万众，临淮讨之。大将军屯丘头。使基及安东将军陈骞等四面合围……又使监军石苞、兖州刺史州泰等，简锐卒为游军，备外寇。"《三国志·王基传》亦载："大将军司马文王进屯丘头，分部围守，各有所统。基督城东、城南二十六军。”）

《读史方舆纪要》卷四十七河南二沈丘县载：“武丘在县东六十里。本名丘头。《水经注》：丘头南枕颍水。魏嘉平三年，司马懿击王凌于寿春，至丘头，凌面缚请降，因称武丘。甘露二年，诸葛诞据寿春讨司马昭，昭督诸军进屯丘头。胡氏云：是役也，昭改丘头为武丘，以旌武功云。”

二、宁平之战

西晋末年，决定晋王朝命运的重要一役——宁平之战就发生在周口一带。

西晋末年，太傅、东海王司马越专权，匈奴等少数民族也开始建立独立政权。永兴元年（304年），匈奴人刘渊在山西平阳（今临汾）自称汉帝，晋朝内部的权力斗争也日渐严重。晋怀帝永嘉三年（309年），刘渊派儿子刘聪两次进攻洛阳。永嘉四年（310年），刘渊死，刘聪继位。这时，洛阳周围地区或遭破坏，或为刘聪、石勒占领，洛阳饥困日甚。十一月，执掌朝政的司马越见洛阳势孤日危，遂以出讨石勒为名，留下右卫将军何伦等保护晋怀帝留守洛阳，率军队和满朝文武公卿离开洛阳经许昌出屯到项（治今沈丘槐店镇），企图回到他的封国东海（今山东郯城县北）以自保。永嘉五年（311年）正月，晋怀帝司马炽痛恨司马越擅领军队离开京城，密诏荀晞征讨司马越，三月发布诏书讨伐。司马越内外交困，忧愤成疾，在项病死。司马越临终前将大任托付给王衍，众推王衍为元帅。王衍不敢担此重任，愿让给襄阳王司马范，司马范也不敢接受，晋军群龙无首。王衍等众将不敢向西北折回洛阳，决定折向东北，密送司马越灵柩还葬东海。

匈奴将石勒闻悉司马越死讯，四月间亲率轻骑倍道兼行，在苦县（今鹿邑县）宁平城（今属郸城县）包围了这支送丧的大军，汉军用箭猛射，10余万晋军无统一号令，只顾逃命，未被射死的也因自相践踏而亡，无一人幸免。（《资治通鉴》卷八七晋怀帝永嘉五年）。晋朝太尉王衍、襄阳王司马范、任城王司马济、西河王司马喜、梁王司马禧、齐王司马超、吏部尚书刘望、豫州刺史刘乔、太傅长史庾颛等悉数被俘。

石勒让他们在帐幕中坐下，询问晋朝乱亡的原因。王衍陈说晋朝祸患衰败的缘由，声称计策非己所定，并且自称从小就没有当官从政的愿望，不参与朝廷事务，并劝石勒称帝，希望能够解脱自己。石勒说：“您年轻力壮时就登上朝廷高位，名扬四海，身居重任，怎么能说没有当官从政的欲望呢？把天下搞坏搞糟，不是你那又是谁呢?”众人都怕死，也纷纷为自己开脱。只有襄阳王司马范表情严峻，环顾众人喝道：“今天的事情，为什么还要再说个不停?”石勒命左右卫士把王衍押出大帐。王衍自知难逃一死，哀叹道：“呜呼！吾曹虽不如古人，向若不祖尚浮虚，戮力以匡天下，犹可不至今日！”（《晋书·王衍传》）石勒对孔苌说：“我在天下行走的地方多了，从未见过这类人，应当让他们留在世上吗?”孔苌说：“他们都是晋朝的王公大臣，终究不能为我们所用。”石勒说：“虽然这样，但也不要用刀杀害他们。”当夜，派人推倒墙垣将他们压死。（《晋书·石勒载记》记载：石勒“重王衍清辨，奇范神气，不能加之兵刃，夜使人排墙填杀之。”）石勒又斥责司马越是扰乱天下的罪人，剖开司马越的灵柩，焚烧了司马越的尸体，说：“搞乱天下的就是这个人，我为天下报仇，所以焚烧他的遗骨通告天地。”王弥弟王璋焚杀余下军众。（《晋书·东海献王越传》载：“勒命焚越柩曰：‘此人乱天下，吾为天下报之，故烧其骨以告天地。’于是数十万众，勒以骑围而射之，相践如山。王公士庶死者十余万。”）

宁平之战，石勒及时抓住战机，轻骑奔袭，终将晋室仅剩的核心力量基本歼灭，从而为后来合力攻破洛阳最终灭亡西晋创造了条件。

三、驻军及其他战事

三国鼎立，曹魏前期对孙吴采取防御守备战略，项县成为豫州刺史贾逵修军治民的战略据点。“是时，州军在项、汝南、弋阳诸郡，守境而已”（《三国志·贾逵传》）。晋咸宁五年（279年），贾逵义子贾充嗣任豫州刺史，节度诸军，平定荆州后，自襄阳移屯项，也将豫州治所徙至项。

晋怀帝永嘉四年（310年），汉刘聪封其子刘粲为河内王，“遣粲及其征东王弥、龙骧刘曜等率众四万，长驱入洛川，遂出轘辕（艰险的道路），周旋梁、陈、汝、颍之间，陷垒壁百余”（《晋书·刘聪载记》）。

永嘉五年（311年）二月，石勒率军攻占新蔡（今河南新蔡），杀西晋新蔡庄王司马确于南顿（今项城市南顿镇）。

晋哀帝兴宁元年（363年）十月，前燕慕容𬀩将领慕容尘攻陈留太守袁披于长平（今西华），汝南太守朱斌乘虚袭占许昌。

兴宁二年（364年）二月，前燕太傅慕容评、龙骧将军李洪率军攻略黄河以南，四月攻占汝南，“又进围陈郡”（《晋书·哀帝纪》），陈郡太守朱辅环城池固守，后晋军败于悬瓠（今河南汝南），朱辅退保彭城。“五月迁陈人至陆以避之”（《晋书·哀帝纪》）。桓温派西中郎将袁真等抵御前燕军，桓温率水军进屯合肥，慕容评攻取许昌、汝南、陈郡，将万余民户迁至幽、冀两州。（《慕容暐·载记》记载：“兴宁初，暐复使慕容评寇许昌、悬瓠、陈城，并陷之，遂略汝南诸郡，徙万余户于幽、冀。”）

兴宁五年（367年）二月，“袁真死，陈郡太守朱辅立真子瑾嗣事，求救于慕容暐。夏四月辛未，桓温部将竺瑶破瑾于武丘”（《晋书·哀帝纪》）。咸安元年（371年）正月，桓温擒陈郡太守朱辅并宗族送建康斩之。

东晋太元八年（383年）八月，前秦王苻坚欲灭东晋，统一中国，从长安发兵87万，号称百万大军，自诩投鞭可以断流，南下攻晋。九月，“坚至项城”（《晋书·苻坚传》），驻跸秦丘（在今项城县秣陵镇西南47里），以项为前进军事据点，指挥水路各军向江南逼近，与晋军展开淝水之战。苻坚得到苻融攻陷寿春和晋军欲退的消息，即“舍大军于项，以轻骑八千兼道赴之”。时有谣曰：“坚不过项。”苻坚遭淝水之败，前秦自此一蹶不振。

晋孝武帝十二年（387年）正月，后燕翟辽遣子翟钊侵犯陈郡，晋将朱序率军抵御，将其击退。十四年（389年）翟辽再次遣子翟钊侵犯陈郡，朱序派秦膺讨伐，翟钊败走。

东晋义熙十二年（416年），刘裕北伐后秦，前锋檀道济进入后秦境，后秦徐州刺史姚掌即以项城降晋。南朝宋武帝刘裕永初三年（422年），北朝魏将叔孙建自平原渡过黄河，侵扰青、兖二州，南朝豫州刺史刘粹派高道瑾据守项城。南朝刘宋景平元年（423年），北朝魏又向南朝侵伐，刘粹复派姚耸助守项城。

南朝刘宋元嘉三年（426年），谢晦在荆州反叛，魏遣将王慧龙驰援，攻克思陵戍，进围项城，王慧龙闻悉谢晦兵败，乃引兵而退。《读史方舆纪要》卷四十七河南二陈州府记载：“思陵戍在州西北二十里。”

元嘉二十七年（450年），北魏魏太武帝拓跋焘调动60万大军侵伐刘宋王朝。他亲率步骑10万攻占悬瓠（今河南汝南），派拓跋仁率步骑万余驱所掠人众北屯汝阳（今商水），宋遣殿中将军程天祚等直趋汝阳击之，烧其辎重，魏兵大败。拓跋焘攻克项城（今沈丘槐店）后，渡过淮河直趋瓜步（今江苏六合东南），在宋朝军民抵抗下撤退。

南朝宋明帝刘彧泰始三年（467年），北魏拓跋石自悬瓠（今河南汝南）进攻汝阳（今商水），未攻克，退屯陈项（当时陈郡治所在项），与宋军相持。南朝梁中大同元年（546年），元庆和进攻东魏城父，高欢派高敖曹在项抵御。太清元年（547 年），侯景以北扬州归梁，改为殷州，命羊思达为刺史。次年，侯景为东魏所败，羊思达弃项城而逃。

北魏孝明帝孝昌三年（527 年）七月，陈郡民刘获、郑辩在西华率众起义，年号“天授”，不久被州军镇压。（《三国志·魏书·孝明帝纪》记载：“三年秋七月，陈郡民刘获、郑辩反于西华，年号天授。州军讨平之。”）

北魏武泰元年（528 年）四月，梁豫州刺史夏侯亶遣 4 将率众 3 万人围困南顿，北攻陈项，源子恭派军抵抗，亶军败退。（《三国志·魏书·源子恭传》载：“梁豫州刺史夏侯亶遣四将率众三万人围南顿，北攻陈项，子恭遣军御之，亶军败退。”）

三国时实行“世兵制”，即父子世代当兵，军民分离，各有户籍，一旦编为军户，父死子继，兄终弟及，世代为兵。曹魏实行军屯制，即士兵在各级农官的领导下，有战则战，无战耕田，士兵们成为半农半兵的特殊农民。

第四章 魏晋南北朝时期的文化

一、教育和宗教

魏晋南北朝时期，是封建军阀割据混战的一个时期。这个时期在玄学思想的支配下，产生了与儒家相对立的自然放任的教育思潮。九品中正制的推行、玄学清谈的风气和自然放任的教育思潮阻碍了教育事业的发展，长期动乱影响了学校的正常秩序，官学教育衰颓，呈现出时兴时废的状态，地方私学转而呈现繁荣局面，家庭教育得到进一步发展。

曹魏时期，战争频繁，教育事业奄奄一息。曹丕即帝位后，推行九品中正制，士族获得做官特权，不一定要经过学校培养；他们又崇尚玄学，反对儒家礼法和繁琐经学，士族不愿意多办学校，也没有兴趣去办儒家式的学校，客观上促进了私学的发展。

北魏时期，地方普遍建立郡国学校制度，陈郡就设乡学 1 所，博士 2 人、助教 2 人、学生 60 人，规定博士要博通经典，道德高尚，年龄须在 40 以上；学生则要“先进高门，次及中第”。西汉已有郡国学校，汉平帝曾命令郡国普遍设立学官，但郡国学制的建立则是始于北魏。这一时期童蒙读物有范岫的《字训》，王褒的《幼训》，以及梁武帝时周兴嗣所撰的《千字文》。

汉末魏晋南北朝以来，学术风气一反两汉的朴质，普遍趋向形而上的追求，佛教和道教广泛传播，日益发达。佛教在东汉时传入中国，南北朝时佛教盛行，寺院大量兴建。西华县在北魏甚至更早时建有佛教寺院。据《水经注·颍水条》云：习阳城“村后有土城，东南隅有古寺，今已废”。

扶沟县北魏时始建佛寺。1991 年秋，扶沟县韭园镇十里店村出土一块北魏永安二年（529 年）韩小文造像石碑。此碑高 175 厘米，上宽 43.5 厘米，下宽 46 厘米，上厚 7 厘米，下厚 8.5 厘米，正面为造像，背面为题记。造像分上、中、下三龛。上龛中间端坐释迦牟尼，左为文殊菩萨，右为普贤菩萨。中龛、下龛造像与上龛略同。题记分上下两部分，上部 87 厘米为造像碑正文，14 行，满行 30 字，字有界格；下部 88 厘米是造像碑题名 3 列，每列 7 至 10 行不等，记述像主韩小文、妻张女和他的儿子韩绍祖 3 人，邑子韩盆 8 人，其他 15 人及像饰苏羽生等 29 人姓名。造像碑的出土，从信徒之众，佛像开光时高僧亲临可知，早在 1400 多年前的北魏，佛教在扶沟已经兴盛。北齐年间，扶沟县建有芝亭寺，位于今柴岗乡寺前村和寺后村之间。据明嘉靖十年（1531 年）支亭寺碑记载："邑之西南隅，距城十五里，有寺曰芝亭，盖世名刹也，肇自大齐年间，循历至今。"据说该寺系北齐文宣帝命国子监博士张思伯主持兴建。至今香火兴旺。该寺院原有房屋数十间，民国时期在此办学，后陆续改建，现仅存偏房 3 间。山门外现有古槐 1 株，高 10 余米，树干周长 4 米，枝叶繁盛，郁郁成荫。寺内尚存石碑数通，已作房基用，由于碑刻破损，碑文漫漶不清。扶沟县博物馆馆藏有北齐鎏金观音铜像。

韩小文造像石碑

鎏金观音铜像

太康县高朗乡赵寨村东发现一通东魏武定七年（549 年）立的比丘普朗造像碑，高 0.34 米，宽 0.28 米，碑阳造像 3 尊，为一佛二菩萨，本尊释迦牟尼。碑阴题记"比丘普朗造像"。

鹿苑寺，创建于梁天监四年（505 年），在今项城南顿城东，不知毁于何时。

阳夏谢氏家族在进入南朝后，宗教信仰基本上由道教世家转变为佛教世家。谢灵运早年信奉佛道，曾注释过《金刚般若经》，润饰过《大般涅经》，有《辩宗论》为其阐释顿悟的哲学名篇。他的佛教思想和佛经翻译理论可谓独树一帜。

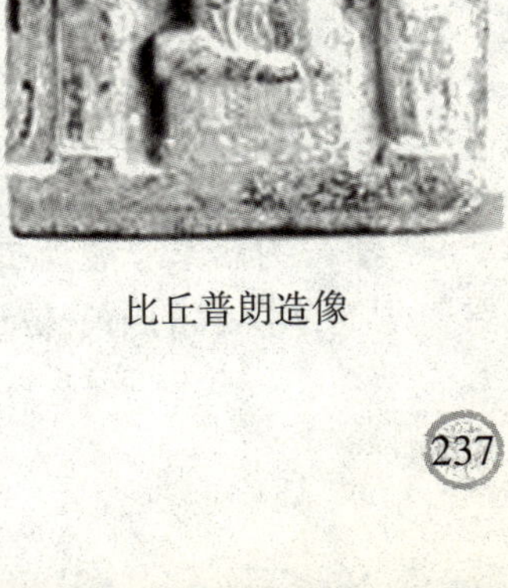

比丘普朗造像

谢灵运主张化解佛教与玄学、儒学之间的矛盾，在《与诸道人辩宗论》中提出了折中佛、儒的全新观点，认为"释氏之论，圣道虽远，积学能至，累尽鉴生，方应渐悟；孔氏之论，圣道既妙，虽颜殆庶，体无鉴周，理归一极"，应当"去释氏之渐悟，而取其能至；去孔氏之殆庶，而取其一极”。把儒家作圣之功和佛家顿悟思想相结合，用佛理充实和改造儒家思想的论点在当时是有重要意义的。当代学者汤用彤说，由于谢灵运这种新论点的提出，“玄远之学乃转一新方向。……其作用不啻在宣告圣人之可至，而为伊川谓‘学’乃以至圣人学说之先河”。

谢灵运有长于道观、精通梵文的自身优势，“笃好佛理，殊俗之音多所达解”。他曾与刘宋著名高僧慧睿探讨梵文佛经中词句的含义，后来慧睿据此编成了《八十四音训叙》一书。唐人慧均所编《大乘四论玄义记》载，谢灵运在精通梵语的基础上，总结出“反语成字”的翻译规律，涉及中外音韵方面的双重问题。书中又称：“谢灵运亡，诸经胡字，前后谁说，莫能是正，历代所滞，永不能解。”认为谢灵运的去世是佛经翻译界的一大损失，许多疑难问题从此永远不能解决。这从一个侧面看出谢灵运所具有的真实地位和影响。

魏晋南北朝时期，是道教逐渐走向成熟、定性的时期。曹魏时，太平道已随黄巾起义被镇压而衰微，五斗米道随系师张鲁归顺曹操与移民北迁，到达曹魏本土（即今河南、河北一带）。曹操、曹丕害怕农民起义者利用宗教组织起来造反，便对早期道教采取了两手政策：一方面进行限制或镇压；另一方面又进行利用和改造。曹操将在社会上有影响的一些神仙方士罗致到身边，既可以谋求养生方术以延年，又可以防止他们鼓动老百姓造反。有很多门阀士族加入道教，促使道教开始分化为上层神仙道教和下层民间道教。随着五斗米道在门阀士族中的逐渐传播，其地位日益提高，人们逐渐改称五斗米道为天师道。

魏文帝曹丕对道教鼻祖老子的尊崇虽不及其父曹操，但对老子还是给予一定尊重。黄初三年（222年）十月，曹丕自许都回故里谯（今安徽亳州市）时，见苦县厉乡老子庙“殊未整顿”，下诏予以整修。《魏下豫州刺史修老子庙诏》云：“告豫州刺史：老聃贤人，未宜先孔子，不知鲁郡为孔子立庙成未？汉桓帝不师圣法，正以嬖臣而事老子，欲以求福，良足笑也。此祠之兴由桓帝。武皇帝以老子贤人，不毁其屋。朕亦以此亭当路，行来者辄往瞻视，而楼屋倾颓，傥能压人，故令修整。”

二、孝道观念的深入人心

“孝”为儒家思想所提倡，至汉末三国以后，由于世族制度的发展，“忠君”思想从汉代的第一位退居第二位，孝于双亲和祖宗成了天下人的首要责任。在魏晋南北朝的乱世里，统治阶级极力推崇以孝治天下，孝道观念深入人心。

实践孝和以孝为本的治家思想一直贯穿于阳夏谢氏家族的14代人，舍身奉亲、悌于宗族的事例史不绝书。谢尚“幼有至性，七岁丧兄，哀恸过礼”，“十余岁遭父忧”，“号啕极哀”（《晋书·谢尚传》）；谢几卿在父亲谢超宗因罪流徙时“年八岁，别父于新亭，不胜其恸，遂投于江。超宗命估客数人入水救之，……十余日乃裁能言。居父忧哀毁过礼”（《南史·谢几卿传》）；谢蔺“五岁，每父母未饭，乳媪欲令蔺先饭，蔺曰：‘既不觉饥。’强食终不进”，“及丁父忧，昼夜号恸，毁瘠骨立，母阮氏常自守视譬抑之”。母后遇乱而卒，蔺“号恸呕血，气绝久之，水浆不入口。亲友虑其不全，相对悲恸，强劝以饮粥。蔺初勉强受之，终不能进，终月余日，因夜临而卒”（《梁书·谢蔺传》）。其子谢贞，祖母患风疾，“每发，便一二日不能饮食。贞时年七岁，祖母不食，贞亦不食，往往如是”。年十四，父卒，贞“号顿于地，绝而复苏者数矣。初，父蔺居母阮氏忧，不食泣血而卒，家人宾客惧贞复然，从父洽、族兄皓乃共往华严寺，请长爪禅师为贞说法，……自后少进食亶粥。”后遇乱，母不知所在，贞“独处必昼夜涕泣”（《陈书·谢贞传》）。他们或孝于父母，或友于兄弟，或慈于干侄，皆各禀家风，出于天性，充分体现了谢氏家族的孝道传统。

这一时期，不少今周口籍人以孝悌之行闻名天下，殷仲堪有孝名，父亲病重，其衣不解带，端茶奉药，竟哭瞎了一只眼睛。殷仲堪还尚节俭，《世说新语·德行第一》载：他就任荆州刺史后，遇上大水灾，生活俭朴，通常只用5碗盘，此外没有别的荤菜。饭粒掉在盘子里或桌席上，就捡起来吃。他这样虽是想给大家做个好榜样，但也是因为他本性质朴。他常常告诫子侄们：“不要以为我任一州之长，就说我抛弃了平素俭朴的生活习惯。现在我还是像从前那样简朴，没有改变。贫穷是读书人的常态，怎么能做了官就丢了做人的根本呢？你们要记住我的话。”

殷不害早年家贫，事老母，养小弟，里里外外都要亲自干，以孝名闻天下。北魏攻江陵，原在别处督战的殷不害娘亲失踪。当时天气严寒，冰雪交加，冻死的人填满壕沟，殷不害边哭边找娘亲尸体，走遍每个角落，见到沟中死人，一定跳下去捧头细看，全身又冷又湿，汤水也不入口，哭号之声，始终不停。7天之后才总算找到。凭尸而哭，以至气绝，路人都为之流泪，从此吃蔬食着布衣。殷不害弟殷不佞也以孝闻名。他亲自背土为娘亲添坟，手植松柏，每岁时伏腊，必3日不食。

谢皭，字宣镜，谢瞻弟。几岁时，生母郭氏长期患病久治不愈，他不分早晚、冷热，给母亲送药端饭，送药先尝，端饭后吃，一时不缺，勤谨的面容，愁忧的脸色，从未改变。又怕家中仆役们照顾得不好，事情都尽量自己做。他母亲的病怕惊动，因此他走路很轻，十分当心。家中所有的人都被他的孝心所感动，都把鞋子穿好走路，屏住呼吸，轻言轻语，像这样一直坚持10多年之久。

谢昌寓（439－504），南朝宋、齐时陈郡（治今淮阳）人。其“孝性甚至”（《南史·谢昌寓传》），为刘惔广州参军，他的孝行感化禽兽。他养一鹄，昌寓病二旬，鹄二旬不食。昌寓亡后鹄才飞去。

宋文帝刘义隆的皇后袁齐妫（405－440），袁湛的庶女，陈郡阳夏（今太康）人，有孝道，失宠成疾而死。袁齐妫的娘家贫穷，便常请求刘义隆拿钱资助，但刘义隆生性节俭，给的钱也只是三五万而已。后来潘淑妃很得刘义隆宠爱，常自称只要请求皇上，没有什么得不到的。袁齐妫听说此事，不知真假，便假借潘淑妃的名义向刘义隆要求30万回家，没想到才一晚上刘义隆就将钱拨下来了。为此袁齐妫感到相当怨恨，假托自己身体不适的名义，不再与刘义隆见面，以致怨恨成疾，不久病死。谥号为“元”，故称其为“文元皇后”。

三、曹植的文学成就及思陵冢

曹植（192－232），字子建，曹操第三子，魏国谯（今安徽亳州市）人，著名文学家、诗人。他富于才学，年轻时又有建功立业的雄心壮志，深得曹操宠爱，一度欲立他为太子。由于他恃才傲物，不善权谋，最终失去曹操的信任。及至其兄曹丕、侄曹睿相继为帝，备受猜忌，被疏离京都。11年中6次变更爵位，3次迁徙封地。魏太和三年（229年），他由雍丘（今杞县）徙东阿为王。魏太和六年（232年）二月，改徙陈王，食邑3500产。（《魏志·陈思王植传》载：“二月，以陈四县封植为陈王，邑三千五百户。”）

曹植徙陈，写了《改封陈王谢恩章》：“臣既弊陋，守国无效，自分削黜，以彰众诫。不意天恩滂霈，润泽横流，猥蒙加封，茅土既优，爵赏必重，非臣虚浅，所宜奉受；非臣灰身，所能报答。”表达了他徙陈由县王晋封为郡王，受到更多优待的感激之情，这大概是其真实心情。因为事过不久，他上《自试表》，结合“淮南尚有山鼠之贼，吴会犹有潜江之虏”的国家实情，又向曹睿提及为国出力的志向，称“使功存于竹帛，名光于后嗣”。据载，“太和六年，明帝遣平州刺史田豫乘海渡，幽州刺史王雄陆道，并攻辽东”（《魏志·蒋济传》裴注引司马彪《战略》），曹植时刻关注着国家的政治动向，针对这件事，他向曹睿上《谏伐辽东表》，提出自己的不同意见，称“得其地不足以偿中国之费，虏其民不足以补三军之失”，且“东有待衅之吴，西有伺隙之蜀”，力阻讨伐辽东太守公孙渊，该篇系《曹植集校注》收录曹植的最后一篇文章，应写于封陈期间。

曹植在陈时，写了不少五言诗。他在拜谒太昊陵后作《太昊宓牺氏赞》：“木德风姓，八卦创焉；龙瑞官名，法地象天。庖厨祭祀，罟网渔畋；瑟以象时，神德通玄。”观瞻五谷台后，缅怀神农功德，写下了《神农赞》：“少典之胤，火德承木。造为耒耜，导民播谷。正为雅琴，以畅风俗。”这些作品对后来周口地区文学的发展产生了深远影响。

曹植在陈王任上，还要求为国立功而名垂青史，然而最终未被曹睿重用。同年十一月，由于“常汲汲无欢，遂发疾薨”（《魏志·陈思王植传》），时年41岁，薄葬于陈，谥“思”，故称陈思王。次年，由其子曹志迁葬东阿鱼山（今山东东阿县）。清道光九年（1829年）《东阿县志·古迹志》载，曹植“每登鱼山，有终焉之志。后徙王陈，薨。其子志，遵治命，返葬于阿，即山为坟”。今山东东阿鱼山西麓有曹植墓，墓前门道高约3米处发现一块铭文砖，三面阴刻6行56字，简略记载了修建曹植陵墓的情况：“太和七年（233年）三月一日壬戌朔十五日丙午，兖州刺史侯昶遣士朱周等二百人，作毕陈王陵，各赐休二百日。别督郎中王纳，主者司徒从掾位张顺。”曹植死后4个多月其墓才作毕，况且还没有算上下葬时间，这期间曹植应葬于他地。鉴于当时的政治因素，曹植死后当就近葬于陈，而后迁葬鱼山西麓。今淮阳县城东南张庄村北原有5座墓冢，人们称之为思陵冢，今存3座。其中一座习称曹植墓。《大清一统志》载：“三国魏曹植墓，在淮宁县南三里。”民国五年《淮阳县志》记载：“曹植墓，在城南三里。”南朝梁文学家庾肩吾《经陈思王墓》诗曰：“公子独忧生，丘垅擅余名。采樵枯树尽，犁田荒遂平。”明代诗人戴昕《思陵暮霭》诗云：“望入思陵暮霭长，天涯谁复见曹郎。亭亭古树含春雨，闪闪飞鸦背夕阳。七步才名归寂寞，一迴尘梦合凄凉。无端两眼怀人泪，拭向东风漫举觞。”

四、阳夏谢氏对文化的贡献

魏晋南北朝时期的谢氏家族不仅是一个政治、社会大族，而且还是一个文化大族，在思想、文学、诗歌、宗教、绘画等领域创造的文化成就代表着当时的最高水平。

1. **玄学家风及文学世家**

东晋初年以后，以谢安等人为代表的各界名士经常游居于东山会稽一带，“出则渔弋山水，入则言咏属文”（《晋书·谢安传》），开创了一种世人瞩目的文化风气，亦即享誉后世的“东山风度”。东山风度的核心是崇尚虚无玄远，是包括谢氏家族在内的名宗大族最为推崇的一种精神时尚。早在西晋末年，谢鲲就已成为谈玄名士，被有天下士人领袖之称的王澄“惟收谢长史可与言”，谢安评价他“若遇七贤，必自把臂入林”，这虽有过誉成分，但也表明谢鲲在当时玄学家中的确是一位不同寻常的人物。整个谢氏家族在他的带动下成为玄学世家，出现了谢安、谢万、谢玄、谢道韫、谢灵运、谢惠连等一大批长于玄谈的风流俊士，最终形成以玄学传家的家风族风，成为世族文化的象征。

魏晋南北朝时期的谢氏家族是一个文学大族，逯钦立辑校的《先秦汉魏晋南北朝诗》收录谢氏家族中人就有谢尚、谢安、谢万、谢道韫、谢绎、谢混、谢瞻、谢晦、谢灵运、谢惠连、谢庄、谢朓等10余人。南朝宋刘义庆《世说新语》对谢氏家族诸如谢尚、谢安等人遗闻轶事的记叙，以他们的气度清誉构成这部名著中的一道亮丽风景。《隋书·经籍志》集部别集类中，著录谢氏家族成员的别集多达24部，在总集类中又著录有13部，可谓蔚为大观。

谢氏家族负有声名的诗人主要有谢混、谢瞻、谢灵运、谢惠连、谢庄和谢朓，文学史上通称“阳夏六谢”。谢混、谢瞻、谢灵运、谢惠连和谢庄主要生活在刘宋，而谢朓则生活在南朝齐代。谢朓出生时，谢混、谢瞻、谢灵运、谢惠连早已死去，谢庄也处在他人生的最后两年。谢混是谢瞻、谢灵运、谢惠连的族叔，是谢庄的族祖，谢朓则是谢瞻、谢灵运、谢惠连的族孙，是谢庄的族侄。也有人根据“乌衣之游”涉及到的谢氏人物谢混、谢灵运、谢瞻、谢曜、谢弘微、谢晦，兼及与谢灵运关系亲密的谢惠连和与他们同时而稍晚的谢庄，合称“阳夏八谢”。

谢灵运、谢朓是当时文学运动的主将，分别是“山水诗”和“永明体诗”的代表人物。

谢灵运（385－433），东晋和南朝宋诗人，与陆机齐名。因袭祖父谢玄的康乐公爵位，世称谢康乐。谢灵运“少好学，博览群书，文章之美，江左莫逮”（《宋书·谢灵运传》）。与擅写田园诗的陶渊明齐名，人称“陶谢”。他喜爱自然，加之具有超人的天赋和丰富的阅历，为诗观察入微，笔法细腻，用语富丽而精巧。如“池塘生春草，园柳变鸣禽”，“野旷沙岸净，天高秋月明”等等，无不“称性而出，达情务尽”，如出水芙蓉，自然可爱。钟嵘《诗品》评价他的诗“名章迥句，处处间起，丽典新声，络绎奔会”。所以，每当他有新诗写出，“贵贱莫不竞写，宿昔之间，士庶皆遍，远近钦慕，名动京师”（《宋书·谢灵运传》）。

谢灵运

谢灵运除诗歌外还有赋10余篇，其中《山居赋》、《岭表赋》、《江妃赋》等较有名，景物刻画颇具匠心，但成就远不及诗歌。谢灵运于元嘉间还奉诏撰《晋书》，《隋书·经籍志》著录36卷，已佚。《隋书·经籍志》还著录有《谢灵运集》19卷，亦佚。明代张溥辑有《谢康公集》2卷，收入《汉魏六朝百三家集》。另有明代李献吉（即李梦阳）等辑刻的《谢康乐集》。近人黄节也作有《谢康乐诗注》等。

谢朓（464－499），字玄晖，谢灵运堂侄，南朝齐诗人。齐武帝永明年间，他与当时著名文人王融、沈约、范云、萧琛、萧衍等并称为“竟陵八友”。他的诗与谢灵运齐名，并称为“大小谢”。他不仅长于山水诗的写作，而且在作诗时重视声律和辞藻的运用，善于熔铸和剪裁。他的诗词句秀丽，音律和美，风格清新。现存诗200多首，观察细微，描写逼真，风格清俊秀丽，一扫玄言余习。写景抒情清新自然，意境新颖，富有情致，且佳句颇多。如“余霞散成绮，澄江静如练”（《晚登三山还望京邑》），“天际识归舟，云中辨江树”（《之宣城郡出新林浦向板桥》），“鱼戏新荷动，鸟散余花落”（《游东田》）等，至今脍炙人口。

谢朓与沈约等人共同开创了诗歌音韵平仄的“永明体”，形式上注意音律和对仗，文体上一般比较短小，标志着诗歌从比较自由的“古体”走向格律严整的“近体”。沈约佩服地称赞他的诗曰：“二百年来无此诗也”（《南史·谢朓传》）。萧衍称帝后仍对他的诗追慕不已，说三日不读谢朓诗“便觉口臭”。他的五言诗从形式和内容已类似唐代五言绝句，甚至“已有全篇似唐人者”（《沧浪诗话》），实际上是开了唐人绝句的先河，唐代诗人王维、孟浩然等人受其影响至深。诗仙李白也“一生低首谢宣城”，称赞他的诗：“蓬莱文章建安骨，中间小谢又清发。”钟嵘在《诗品》中说谢朓诗“至为后进士所嗟慕”。他的诗流传下来的有140多首，后人辑为《谢宣城集》。

谢灵运、谢朓二人在文学领域成就巨大，为文学时代开辟了一个新天地。在他们笔下，山川有意，草木多情，一派生机盎然的图画。人们通过欣赏他们的诗，不仅可以从中感受到大自然的美，而且还可以陶冶情操，激发对生活的热爱。后人把谢灵运称为山水派祖师，把谢朓称为唐诗鼻祖，是当之无愧的。

谢混（？-412），字叔源，小字益寿，东晋文学家。少有美誉，善属文。历任中书令、中领军、尚书左仆射。因与刘毅关系密切，晋安帝义熙八年（412年）为刘裕所杀。钟嵘《诗品》评谢混诗说：“其源出于张华，才力苦弱，故务其清浅，殊得风流媚趣”。《南齐书·文学传论》也说“谢混情新”。他的《游西池》诗“景昃鸣禽集，水木湛清华”，胡应麟认为可与谢灵运“池塘生春草”、“清辉能娱人”等名句媲美。他的诗对东晋诗风有一定影响。至刘宋谢灵运继起，以清新的山水诗取代了枯燥的玄言诗，遂完成了诗风的变革。谢混原有集5卷，已佚。今存诗3首。

谢瞻（388-421），字宣远，一名檐，字通远，曾任高祖镇军、琅琊王大司马参军、豫章太守等职。6岁能文，所作《紫石英赞》、《果然诗》，为当时才士称道。谢瞻“善于文章，辞采之美，与族叔混、族弟灵运相抗”（《宋书·谢瞻传》）。

谢惠连（397-433），南朝宋文学家。谢灵运族弟。他10岁能文，深得谢灵运赏识。宋文帝时任彭城王刘义康法曹参军。工诗赋，才思富捷，所作《雪赋》较有名，有文集已佚，明人张溥辑有《谢法曹集》。

谢庄（421-466），谢弘微之子，字希逸，曾任侍中、左卫将军、吏部尚书、都官尚书等职。7岁能文，通《论语》。成年之后，一表人才，文采俊逸。宋太祖见到他时，曾对领军将军刘湛说：“蓝田出玉，岂虚也哉？”谢庄曾作《赤鹦鹉赋》，文冠当时的太子左卫率袁淑看了之后，感叹道：“江东无我，卿当独秀；我若无卿，亦一时之杰”（《宋书·谢庄传》）。

谢弘微（392-433），本名密，犯继父谢峻内讳，以字行。曾任黄门侍郎、尚书吏部郎等职。少得谢混激赏，成人后，谢混在《诫族子》诗中，对谢灵运等人多有训诫，独褒美弘微“勿轻一篑少，进往将千仞”（《宋书·谢弘微传》）。

谢曜（？－427），小字多，谢弘微兄，恃才而持操不笃，曾任御史中丞、彭城王刘义康骠骑长史。谢混曾说他“阿多标独解，弱冠篡华胤，质胜诫无文，其尚又能峻”（《诫族子》）。

此外，阳夏谢鲲、谢尚、谢万、谢朗、谢道韫、谢晦、谢世基等在文学上也很有才名。

谢鲲（280－323），字幼舆，祖父谢缵做过典中郎将，父亲谢衡以儒学知名，担任过国子祭酒。谢鲲“少知名，通简有高识，不修威仪，好《老》、《易》，能歌善鼓琴”；“不徇功名，无砥砺行，居身于可否之间，虽自处若秽，而动不累高”，处世淡泊，行为放达不拘，任过豫章太守等职。谢鲲为官不大，他的品性、好尚与行为举止与竹林七贤的阮籍、嵇康相类似，谢安曾调侃说，如果遇上竹林七贤，一定会把他拉入竹林，作竹林游。谢鲲曾与毕卓、阮放、王尼等人纵酒为乐，且好为清谈。晋明帝曾经问他，与庾亮相比怎样，谢鲲说端委庙堂，为百官准则，他不如庾亮；纵情丘壑，庾亮则不及他。与他同时的温峤认为他“识量淹远”，“神鉴沈深”（《晋书·谢鲲传》）。谢氏家族中人的好山水为他肇端。谢鲲之兄谢裒则担任过太常卿。在他们这一代，谢氏家族还不是特别的兴旺。从谢鲲到他儿子谢尚，从谢裒到他的儿子谢安、谢安的侄子谢玄，以他们的风神、才能为世所称。

谢尚（308－357），字仁祖，豫章太守谢鲲之子，谢安堂兄，东晋陈郡阳夏人。历任江州刺史、尚书仆射，后进号镇西将军，累官至散骑常侍，卫将军，并开府仪同三司。世称谢镇西。曾于北伐中得到传国玉玺，使东晋朝廷免于“白板天子”之讥。他少有令名，8岁即被名士视为“一座之颜回”。又为王导所重，比之竹林七贤之一的王戎，时人谓谢尚为“小安丰”（安丰为王戎字)。谢尚“善音乐，博综众艺”（《晋书·谢尚传》），在很多领域均有造诣及建树。他精通音律，善舞蹈，工书法，尚清谈。《隋书》载梁有卫将军《谢尚集》10卷录1卷，至唐时已佚至5卷，今已全佚。文学典故“桃红柳绿”出自谢尚所作乐府诗《大道曲》：“青阳二三月，柳青桃复红，车马不相识，音落黄埃中。”据《乐府广题》载，谢尚为镇西将军出镇寿阳时，曾于酒楼上据胡床衣紫罗襦弹琵琶作《大道曲》，往来路人都不知道他是位列三公、出镇一方的将军。

谢万，字万石，谢安弟。才气俊秀，“工言论，善属文”，就屈原、贾谊、孙登、嵇康等8人作《八贤论》（《晋书·谢万传》)。书法自得家学，清润遒劲，风度不凡，尤擅行草。

谢朗，字长度，谢安从子，官至东阳太守。“善言玄理，文义艳发，名亚于玄”（《晋书·谢朗传》）。

谢道韫（349－409），陈郡阳夏（今太康）人，东晋女诗人。著名政治家、军事家谢安侄女，嫁给左将军王凝之为妻。王凝之及诸子被孙恩杀害，谢道韫抽刃出门，率奴婢与孙军作战，亲手杀死乱兵数人。谢道韫被俘后慷慨陈词，得以获释，寡居会稽家中，家门严肃，人皆钦敬。所著诗赋，多传于世。

谢道韫文思敏锐，聪明有辩才，深得叔父谢安赏识。她少时与家人集聚，适逢下雪。叔父谢安问诸子侄：“何所似也？”侄谢朗答道：“撒盐空中差可拟。”谢道韫对曰：“未若柳絮因风起。”谢安大悦，从此道韫被称为“咏絮才”。谢安曾问她：“《毛诗》何句最佳？”她答道：“吉甫作颂，穆如清风；仲山甫咏怀，以慰其心。”谢安称赞她“雅人深致”。

谢道韫风度闲雅超脱，有竹林名士之风。“林下风气”即由其而来。《世说新语·贤媛》载：谢玄非常推崇姐姐谢道韫，张玄对自己的妹妹也非常赞赏，并想使自己的妹妹与谢玄的姐姐相敌并称。有个叫济的尼姑，与谢、张两家都有往来，有人问她这两个人谁高谁下？她评论说：“王夫人神情闲适清雅，生来就有竹林名士的风致。顾家媳妇心境清纯，美玉无瑕，自然是妇女中的佼佼者。”

谢道韫知识渊博，能言善辩。一次，王凝之的弟弟王献之与宾客辩论，将要词穷理屈。谢道韫遣婢女告诉王凝之道：“请允许我为小弟解围。”于是就用青绫步障遮蔽，替献之上前辩论，侃侃而谈，众宾客终不能把她驳倒，莫不诚服。

谢晦（389－426），字宣明，晋太常谢裒玄孙；谢世基（？－426），谢晦侄，二人均为南朝宋文学家。《晋书·谢晦传》说谢晦“美风姿，善言笑”，“涉猎文义，朗赡多通”，为群僚所不及，时人喻之“杨修”。谢晦曾任右卫将军、领军将军、散骑常侍等职。宋文帝刘义隆即位后杀功臣徐羡之、傅亮及其子谢世休等人时，谢晦在江陵起兵，兵败被杀。同时被杀的谢氏子弟有谢遁、谢世基、谢世猷等。谢晦临死前与谢世基有连句诗，谢世基先吟道：“伟哉横海鳞，壮矣垂天翼。一旦失风水，翻为蝼蚁食。”谢晦续道：“功遂侔昔人，保退无智力。既涉太行险，斯路信难陟。”他对自己功成而未身退有所反思，但无济于事。胡应麟称谢世基“虽一时口占，千载生气”（《诗薮·外编》卷二）。钟嵘《诗品》称其“文虽不多，气调警拔”。

2. 书法艺术世家与谢赫的绘画理论

阳夏谢氏一门书法家达 19 人之多。晋代谢尚、谢奕、谢敷、谢静、谢安、谢万等人在书法艺术上也有较大成就，以谢安和谢赫对后世影响最大。

谢尚，善草书。《宣和书谱》卷七称其草书“深得昔人行草之意”，并谓御府藏其草书《馀寒帖》。谢奕，善行草书。《宣和书谱》卷七称其“喜作字，尤长于行书。飘逸之气，入人眉睫”。并谓御府藏其行书《秋月帖》。谢安，善行、隶书。南齐王僧虔《论书》云：“谢安亦入能流……”庾肩吾《书品》评价其书“正草并驱”。谢安对自己的书法颇自负，孙过庭《书谱》云：“谢安素善尺牍，而轻子敬书（即王献之）。”唐人窦臮《述书赋》亦说谢安“书轻子敬”。张怀瓘在《书断》中称谢安的隶、行、草书为妙品。《宣和书谱》载御府藏其《近问帖》、《善护帖》、《中郎帖》。《淳化阁帖》中收录其行书一帖。现存《宝晋斋》法帖1卷。谢万，工书。《宣和书谱》卷七称其“作字自的家学，清润遒劲，风度不凡，然于行书最长”。又称御府藏其《贤妹帖》、《鲠恨帖》。《淳化阁帖》卷二收录其所书行草一帖。才女谢道韫也善书，张怀瓘在《书断》中称其书“雍容和雅，芬馥可玩”。谢敷、谢静二人都善写经，作品皆能入境。谢约，东晋阳夏人。《历代名画记》载有其画《太山图》和《声伎乐器图》。

南朝，谢灵运、谢方明、谢晦、谢惠连、谢庄、谢综等6人在书画方面也有所建树。其中以谢灵运对后世影响最为深远。

谢灵运，不仅善诗赋，而且工书画。他是王献之的外甥，书学王羲之，并受王献之的影响，《宣和书谱》卷十六称其“学王羲之之真草，俱造其妙”。宋文帝称其诗、书为“二宝”。张怀瓘《书断》卷中列其隶、草为“妙品”，并说“真草俱美”。当时传王献之所上的表章，谢灵运能模仿到乱真的程度，说明他的书艺不同凡响。南齐王僧虔《论书》云：“谢灵运书乃不伦，遇其合时，亦得入能流。”窦臮《述书赋》则评价其书“快利不拘，威仪式摈，犹若飞湍急矢，电注雷震。”传世书迹有《王子晋赞》、《古诗帖》、《翻经台记》。

谢朓，善草隶书。南朝梁庾肩吾《书品》列其书为中之下品。唐李真嗣《书后品》列其书为下之上品。《书断》卷中列其书为能品。《书断》卷下评云：“玄晖书甚有声，草书流美，薄暮川上，余霞照人；春晚林中，飞花满目。”南朝宋谢稚，曾任西阳太守。据唐裴孝源撰《贞观公私画史》载，谢稚有画11卷传世，内有人物及山水。谢贞、谢蝦、谢藻、谢朏、谢哲等在南朝书法界也有一定名气。

南朝萧齐时期，谢氏家族中产生了一位杰出的人物画家和绘画理论家谢赫，他的贡献代表着当时绘画界的最高水平。据说他“写貌人物，不俟对看，所须一览便归，操笔思想，毫发皆无遗失。丽服靓妆，随时变改；直眉曲鬓，与时竞新”，具有高超的写生技巧。传世作品有《安期先生图》和《晋明帝步辇图》等。

谢赫在多年绘画实践的基础上，编撰了《古画品录》一卷。他在书中除把此前的27位画家分作六品并加以评论外，还在书中系统阐述了他对绘画的基本看法，形成了一整套绘画理论。他十分重视绘画所反映主题的重要性，认为“图绘者，莫不明劝戒，着升沉，千载寂寥，披图可鉴”，意思是画家的作品必须具有正确向上的主题，使欣赏的人从中受到教益。从这一基本观点出发，他又提出了包括“气韵生动”、“骨法用笔”、“应物象形”、“随类赋彩”、“经营位置”、“传移模写”等6项准则，亦称“绘画六法”。这“六法”既是绘画创作的基本理论，又是绘画批评的6条标准，受到历代画家和评论鉴赏家的推崇和重视，对后代绘画的发展产生了重大影响。宋人郭若虚在《图画见闻志》中把“六法”推崇到无以复加的地步，认为“六法精论，万古不移”。这种评价说明了他绘画理论的真正价值。

五、袁宏、殷芸、王隐及其成就

袁宏（328－376），字彦伯，小字虎，陈郡阳夏人，东晋著名文学家、史学家。袁宏才思敏捷，文笔典雅。桓温北伐，袁宏奉命作露布，倚马疾书，顷刻间即成七纸，奇绝可观。他的《咏史诗》得到东晋安西将军、豫州刺史谢尚的赏识，聘请他做参军（亦有说：曾作谢安的参军）。一次，谢安欲迫试其文才，以一扇赠袁宏，宏即曰：“即当奉扬仁风，慰被庶黎”（即是：我一定要奉扬仁风，抚慰那里的百姓）。故有“扬风人政”的美誉。后袁宏任大司马桓温的记室（秘书），但他对桓温多有冒犯，因此“荣任不至”。桓温死后，他才由吏部郎出任东阳太守，不久病逝。

袁宏因不满当时出的几种《后汉书》，继荀悦《汉纪》之后编著了《后汉纪》，他还著有《竹林名士传》3卷，以及《东征赋》、《北征赋》、《三国名臣颂》等。当时名臣王珣对袁宏的文字很有感慨地说：“当今文章之美，故当共推此生。”时人尊袁宏为一代文宗。《竹林名士传》、《东征赋》等已佚，现仅存《后汉纪》、《三国名臣赞》，尤以《后汉纪》出名。

《后汉纪》是一部编年体的东汉史，记事溯自新莽天凤四年（17年）绿林起义，止于汉献帝延康元年（220年）曹魏代汉。全书30卷，21万多字。

《后汉纪》成书于范晔《后汉书》之前，为《后汉书》提供了丰富的历史材料。由于编年与纪传两种体裁有不同的撰写要求，因此《后汉纪》与《后汉书》在东汉史的记述上，此简彼繁、此详彼略的情况大量存在。《后汉纪》的史料价值并没有因《后汉书》的问世而有所降低。现在关于东汉史的著作，只有范晔所著《后汉书》和袁宏所著编年体《后汉纪》保存下来，说明这两部书确有过人之处。

袁宏在《后汉纪》里表现了综铨史事的才能。他发挥编年体的长处，以时间为经，理出了东汉一代历史的发展线索；以人物、事件为纬，展示了同时期各事件间的联系，及各人、各事在历史发展过程中的作用，容易使人们建立起对东汉史的整体印象。袁宏用他的实践，丰富了编年体史书的表现手段。他在书中使用“言行趣舍，各以类书”（《后汉纪序》）的编撰方法，这比荀悦的连类列举有些发展。袁宏吸收了纪传体的长处，往往把时代略近的同类人物放在一起加以记述，这种写法扩大了编年史可能容纳的范围。袁宏在书中还为自己提出了“观其名迹，想见其人”（《后汉纪序》）的要求，力图以某种类型的人物去感染读者。这为《后汉纪》带来了笔下传神的效果。袁宏表现了更多的文章家的才华，却缺少一点历史家的审慎态度。他更喜欢品藻人物，重视对人物才情风貌的描写，有更多的清谈趣味，这与体现在他身上的世族名士风尚是分不开的。

王隐，字处叔，陈郡陈（今淮阳）人，东晋著名史学家，著有《晋书》，对中国古代史学的发展作出了重要贡献。他还著有关于蜀汉的历史《蜀记》。

王隐博学多闻，元帝时为著作郎，继承父亲王铨的遗业，奉命撰写纪传体国史《晋书》。唐以前修晋史者，文献所载凡24家，传至唐者19家，其中以王隐《晋书》影响最大，后修晋史者多所取从，唐《晋书》所载西晋及东晋初年的人物故事，多史源于此。该书早佚。《晋书》原稿中途被虞预借去盗用，随意抄袭而成《晋书》，使王隐被免职，“黜归于家，贫无资用。书遂不就，乃依征西将军庾亮于武昌。亮供其纸笔，书乃得成，诣阙上之”（《晋书·王隐传》）。可见王隐是在极端困难的情况下，从庾亮处得纸笔的提供，历时20余年最终发愤写成《晋书》。

殷芸（471－529），字灌蔬，南朝陈郡长平（今西华县东北）人。殷芸生性倜傥，不拘小节，但也不随便结交朋友，门无杂宾。他励志勤学，博通群书。齐武帝永明中，为宜都王行参军。梁天监初年，任临川王记室。后又任尚书左丞、西中郎主簿、中书通事舍人、国子博士、昭明太子侍读、秘书监、司徒左长史等职。普通六年（525年），直东宫学士省，奉梁武帝之命，博采故书，撰成《小说》（又名《殷芸小说》）一书，所记内容为先前历代帝王士大夫的逸闻佚事。全书共30卷，隋时尚存10卷，后散佚。鲁迅《古小说钩沉》辑录130余条。

“小说”一词，最早见于《庄子》中的“饰小说以干县令”。这里的“小说”是庄子对春秋战国时期各家学说的看法，与作为文学形式的“小说”完全无关。殷芸的《小说》是中国第一部以“小说”命书名的作品，在文学史上占有一定地位。

六、周兴嗣和他的《千字文》

周兴嗣（？–521），字思纂，陈郡项县（治今沈丘县槐店镇）人。13岁时游学建康（今南京），积10余年之功，博通记传，善作文，州举为秀才，授桂阳郡丞。梁国建立，奏《休平赋》，文辞华美，为武帝所称，擢为员外散骑侍郎，待诏文德、寿光省。奉敕撰《铜表铭》、《北伐檄》、《栅塘碣》诸文，又佐撰国史，官至给事中。他撰有《皇帝实录》、《皇德记》、《起居注》、《职仪》等百余卷，文集10卷，尤其《千字文》对后世影响最大。

梁武帝为教子侄识字习书，命工匠殷铁石从王羲之的碑帖中选出1000个互不重复的字，让颇有才学的周兴嗣编出通俗实用的韵文。周兴嗣煞费心机，一夜即编缀完成，且全文对仗工整，婉转有致，令人叫绝。周兴嗣也因劳累过度而“鬓发皆白”。据《梁史》载：“上（梁武帝）以王羲之书千字，使兴嗣次韵为文，奏之，称善，加赐金帛。”唐代《尚书故实》对此事做了进一步的叙述：梁武帝萧衍为了教诸王书法，让殷铁石从王羲之的作品中拓出了1000个不同的字，每字一纸。然后把这些无次序的拓片交给周兴嗣，让他编成有内容的韵文。周兴嗣用了一夜时间将其编完，累得须发皆白。这件事在唐宋两代多有记载，如《刘公嘉话录》、《太平广记》等书都曾加以记录，其内容与《尚书故实》基本相同。《太平广记》云：“梁武帝教诸王书，令殷铁石于大王书中拓一千字不重者，每字片纸，杂碎无序。帝召兴嗣曰：‘卿有才思，为我韵之。’兴嗣一夕编缀进上，鬓发皆白。赏赐甚厚。”《千字文》编成后，梁武帝观后大悦，下令颁行全国使用。

《千字文》是中国蒙学读物中成书最早、流传最广的一种。该书自隋代开始，盛行于唐，历宋、元、明、清，一直流行到20世纪初，成为中国历史上流传最久的蒙学课本之一。在5世纪初，中国的蒙学课本已具有这样的水平，这在世界教育史上也是罕见的。宋代以后，它和《三字经》、《百家姓》同属综合性的童蒙教材，统称“三、百、千”。《千字文》全书千字，四言韵文，共250句，没有一句重复。内容包括天文、自然、历史、地理、建筑、社会、文化、伦理道德、人身修养以及语言等知识，还吸收了民间不少流行的成熟谚语，内容广博，简明扼要，通俗易懂，便于背诵，切于实用，流传久广。特别是书中对自然现象的描述，对农业知识的推广，成为该书鲜明特色，也是可贵之处。

七、周口籍文化名人

应贞（？－269），字吉甫，应璩之子，西晋汝南南顿（今项城市南顿镇）人，著名文学家。他善于谈论，以才学著称，颇为夏侯玄赏识。举高第，频历显位。晋武帝为抚军大将军时，任为参军。入晋，升任给事中。泰始四年（268年），武帝游华林园，命群臣赋诗，应贞诗最美。后任太子中庶子，官至散骑常侍。《隋书·经籍志》著录其文集5卷，已佚。今存《华林园集诗》，为晋武帝歌功颂德，文辞典雅，而绝少生韵，载《文选》及本传；又有《临丹赋》、《安石榴赋》等作品，亦辞华意浅，载《艺文类聚》。传在《晋书·文苑传》。

袁山松（？－401），又作袁崧，陈郡阳夏（今太康县）人。他曾任东晋吴郡（今江苏苏州）太守。少时博览群书，好作文章，有才名，著有《后汉书》百篇，且有心得。他擅长音乐，旧歌有《行路难》之曲，歌词极粗犷质朴，袁山松很喜欢这支曲子，就修饰歌词，使曲调节奏婉转，常借着酣醉时纵情唱这首歌，听者无不落泪。当初，羊昙善于唱乐歌，桓伊会挽歌，到袁山松的《行路难》承继而出，时人称为“三绝”。他还善书，南朝梁武帝《古今书人优劣评》称其书曰：“如深山道士，见人便欲退缩。”他的《宜都山川记》等山水作品，对山川风物作了生动的记述和描写。他的山水“知己观”第一次把人们的视野从借山水以比德证道的藩篱中解放出来，是一种自觉的、全新的山水审美意识。以他为代表的东晋地记作家，为中国山水散文的形成作出了开创性贡献。

殷仲文（？－407），陈郡（郡治今淮阳）人，东晋文学家，擅文辞。曾官尚书，迁东阳太守。后以谋反罪名为刘裕所杀。庾信《枯树赋》中称：“殷仲文风流儒雅，海内知名。”《宋书·谢灵运传论》谓其诗改变东晋玄言诗的风尚，至谢混而大变。《南齐书·文学传论》则谓“仲文玄气，犹不尽除”。原有文集，已佚。

东晋是玄言诗充斥的时代，钟嵘《诗品》说殷仲文的诗在当时“为华绮之冠”。殷仲文今存诗仅2首，即《南州桓公九井作诗》和《送东阳太守诗》。然与当时玄言诗人“嗤笑徇务之志，崇盛忘机之谈”（《文心雕龙·明诗》）大相异趣，显现了与玄言诗不同的精神面貌。刘勰说：“殷仲文之孤兴，谢叔源（谢混）之闲情，并解散辞体，缥缈浮音，虽滔滔风流而大浇文意”（《文心雕龙·才略》）。所谓“孤兴”，即《南州桓公九井作诗》。因诗中有“独有清秋日，能使高兴尽”之句，故称。刘勰认为殷仲文、谢混的作品对清谈玄理的文体起了瓦解作用，这是对殷仲文作品的积极作用作了充分肯定。沈约也指出：“仲文始革孙（绰）、许（询）之风，叔源大变太元之气”（《宋书·谢灵运传论》）。他从时间上强调了殷仲文改革玄言诗的开拓作用，从而更突出了他的田园诗的先驱地位。虽然陶渊明在元兴二年（389年）之前已写出了好几首迥异于玄言的佳作。但是殷仲文在当时地位高，作品易受注意，因而对时人的影响也当较陶渊明为大。

程秉，字德枢，汉末三国汝南南顿（今项城市南顿镇）人。著有《周易驳摘》、《尚书驳》、《论语弼》等。曾师从经学大师郑玄，汉末避乱于交州（治龙编，在今越南河内东），与经学家、训诂学家刘熙探讨经学大义，博通五经。任交趾（越南）太守士燮的长史。孙权听说程秉是当代名儒，以礼征拜他为太子太傅，官至太常。黄武四年（225年），孙权为太子孙登聘娶周瑜的女儿，程秉当时掌管礼乐，负责迎娶太子妃。途中，孙权亲自到程秉乘坐的船上看望他，给予他极为优厚的礼遇。迎妃归来后，程秉从容告诫孙登说：“婚姻是人伦的开始，王教的基础，所以古代的贤君都非常重视婚姻大事，带头守礼，让全天下人学习。因此，《诗》把《周南》中的《关雎》放在第一篇。我希望您婚后也能继续按礼仪办事，要像《周南》所吟咏的那样：‘窈窕淑女，琴瑟友之’，那么道德风化就能盛行于社会上层，下层老百姓也会赞不绝口。”孙登笑着回答说：“我一定顺应好的，避开恶行，完全按老师您的教诲去做。”《三国志·程秉传》说他为“一时儒林也”。

魏晋南北朝时期是周口地区书法史上的辉煌时期，产生的书法家多，作品多，成就大。史料记载的书法家有27人，阳夏22人，长平3人，淮阳、南顿各1人。

何曾善草书。唐代书画评论家张怀瓘《书断》卷中列其作为能品，《书断》卷下称其“工于蒿草，时人珍之也”。

应詹善章草书。唐人窦皋《述人赋》评曰："真率天然，忘情罕逮，犹群雀之飞广厦，小鱼之戏大海。"

袁倩父子，西晋阳夏人，著名画家。据《历代名画记》载，袁倩有画本传世，内集画13卷，皆人物。其子袁质，官东阳太守，《历代名画记》收其画作《庄周木图》、《卞和抱璞图》。

阳夏袁氏的袁昂和袁宪，也都是书画名家。袁昂，南朝书画家，善书，著有《古今书评》1卷，为"奉敕品评之作"，对秦相李斯至羊欣凡25家逐一品评。据传梁武帝所著《古今书人优劣评》就是在《古今书评》的基础上撰写成篇的。袁宪，唐人窦皋《述书赋》对其书法有论述，宋陈思《书小史》谓其"善草书"。

长平殷氏的殷仲堪、殷钧、殷铁石等也都是书法名家。殷仲堪，工书。《书断》云："殷仲堪亦敬（王修）之亚。"殷钧，善隶书，为当时楷法，南郡范云、乐安任昉并称赏之。袁昂《古今书评》云："殷钧书如高丽使人，抗浪甚有意气，滋润终乏精味。"庾肩吾《书品》列其书为中之上品。唐人窦皋《述书赋》评曰："季和慢书，风规所属，圆转颇通，骨气未足。"殷铁石，亦能书。据唐武平一《徐氏书法》记载："梁大同中，武帝敕周兴嗣撰《千字文》，使铁石模次羲之之迹，以赐八王。"

第五章　魏晋南北朝时期的自然灾害

魏晋南北朝时期，自然灾害频繁发生，主要是水、旱灾害，还有蝗灾和震灾，也有疫病流行。有些年份多种灾害发生，有时灾害连年。曹魏时期，邓艾在周口一带进行了大规模的屯田和河渠开发，自然灾害相对较少。晋代和南北朝时期，社会动荡，水利不兴，自然灾害明显增多。

水灾。曹魏太和元年（227 年）九月，太康大水，继发大疫。景初元年（237 年）九月，陈、太康、西华、沈丘霪雨，大水，淹没人、物甚多。西晋泰始四年（268 年）六月，陈、太康、沈丘、项城大水。九月复大水。次年六月，陈大水。咸宁三年（277 年）九月，沈丘大水伤稼。咸宁四年（278 年）七月，沈丘大水伤稼。秋，太康大水，害稼、舍。太康四年（283 年）秋，陈大水。次年七月，陈、沈丘暴雨害豆麦。第三年夏秋，暴雨害豆麦。永熙元年（290 年）九月，陈大水。元康元年（291 年）七月，陈、沈丘、项城大水。次年六月，大水害稼。元康五年（295 年）五月，陈、太康、沈丘、项城大水。太安元年（302 年）七月，陈、太康、沈丘、项城大水。南朝宋元嘉二十年（443 年），沈丘大水，伤稼，民大饥。齐永元二年（500 年），大雨，平地水深数尺，陈、沈丘甚之，死者众。梁太清元年（547 年）秋，陈、沈丘、项城大水，冬旱。淮阳有记载的水灾有 11 年次，其中连续 3 年大水的就有 3 次。北魏景明元年（500 年），豫州大雨，平地水深丈余，陈地甚之。

由于曹魏时期重视河道疏浚，整个魏晋南北朝时期河患少有发生。晋代发生河灾 1 次，即武帝泰始七年（271 年）六月，沈丘河溢，害稼。

旱灾。西晋太康九年（288 年）春至六月，陈、沈丘、项城大旱，无麦禾，大饥。东晋咸和五年（330 年）五月，大旱，无麦禾，大饥，疫病流行。太元十一年（386 年），陈、沈丘大旱，人相食。义熙元年（405 年）秋，大旱。北齐天统四年（568 年）正月至五月，陈不雨，大旱。梁普通五年（524 年）秋，陈、沈丘大旱，冬大饥。

蝗灾。西晋北朝时期，周口一带蝗螟灾害时有发生。北齐天保八年（557 年），淮阳、太康大蝗，自夏至九月，人皆祭之。

魏晋南北朝时期除水、旱、蝗等灾害外，还发生有霜灾、风灾等自然灾害。扶沟有记载的霜灾、风灾各1次。西晋惠帝元康八年（298年）三月，扶沟降霜，损伤禾稼。东魏武定三年（545年）三月，扶沟大风。

西晋时，周口地区发生地震3次：泰始九年（273年）八月、太康九年（288年）八月，淮阳、沈丘、项城星陨如雨，地震。元康四年（294年）十一月，淮阳、太康、沈丘地震。

第五编　隋唐五代十国时期

第一章　隋唐五代十国时期的政治

隋唐五代十国时期，历时380年，是中国历史上由分裂进入长期统一，而后又步入短期分裂的时期。这期间从总体上看，国力强盛，经济繁荣，文化昌盛，一度呈现盛世景象。581年，北周外戚杨坚夺取政权，建立隋朝。589年，隋灭陈，南北重新统一。618年，唐高祖李渊在其子李世民的支持下建立唐朝（618－907）。唐代的繁荣最终被唐末的藩镇割据打破，五代则是这种割据局面的延续，中国又进入动荡时期。五代有时也称为五代十国，一般认为从907年朱温灭唐到960年北宋建立，短短的54年间，中原相继出现了梁、唐、晋、汉、周5个朝代，史称后梁、后唐、后晋、后汉、后周。同时，在这5朝之外，还相继出现了前蜀、后蜀、吴、南唐、吴越、闽、楚、南汉、南平（即荆南）和北汉等十几个割据政权，这十几个政权统称“十国”。这就是中国历史上的“五代十国”时期。

一、建置沿革和城池修筑

隋初，隋文帝为改变南北朝时期州、郡、县三级体制过于分散的状况，根据“存要去闲，并小为大”的原则，开皇三年（583年）裁并州郡，取消郡一级建制，实行以州统县，使东汉末年以来实行的三级地方政制，重新恢复为州、县两级制。隋炀帝大业三年（607年），又改州为郡，以郡统县，郡分为上、中、下3等。另设司隶和刺史分部巡察，主掌监察。唐朝，初改郡为州，唐玄宗时又改州为郡，肃宗时再改郡为州，终唐之世，仍为州、县两级制，郡只是地理区域的名称。按照唐朝定制，州分辅、雄、望、紧、上、中、下7等，县分上、中、下3等，一直延续到清代。

隋置陈州、沈州，唐及五代因之。据《隋书·地理志中》记载：“淮阳郡开皇十六年置陈州。统县十，户十二万七千一百四。宛丘后魏曰项，置陈郡。开皇初县改名宛丘，寻废郡，后析置临蔡县。大业初置淮阳郡，并临蔡县入焉。又后魏置南阳郡，东魏废。西华旧曰长平，开皇十八年改曰鸿沟。大业初改焉。有旧长平县，后齐废。溵水开皇十六年置，又有后魏汝阳郡及县，后齐郡废，大业初县废。扶乐开皇十六年置。有涡水。太康旧曰阳夏，并置淮阳郡。开皇初郡废，七年更名太康。有洼水。鹿邑旧曰武平，开皇十八年改名焉。项城东魏置扬州及丹阳郡、秣陵县，梁改曰殷州，东魏又改曰北扬州，后齐改曰信州，后周改曰陈州。开皇初改秣陵为项县。十六年分置沈州，大业初州废，又有项城郡，开皇初分立陈郡，三年并废。南顿旧置南顿郡。后齐废郡及平乡县入，改曰和城。大业初又改为南顿。”据《新唐书·地理志二》记载：“陈州淮阳郡，上。土贡：绢。户六万六千四百四十二，口四十万二千四百八十六。县六：有忠武军，贞元元年置于许州。天复元年徙屯。宛丘，紧。武德元年析置新平县，八年省。太康，紧。贞观元年省扶乐县入焉。项城，上。武德四年置，以项城、鲖阳、南顿、溵水置沈州，并置颍东县。贞观元年州废，省颍东入项城，以溵水来属。溵水，上。建中二年隶溵州，兴元二年州废，来属。南顿，上。武德六年省入项城。证圣元年复置，曰光武，以县有光武祠名。景云元年复故名。西华。上。武德元年更名箕城，贞观元年省入宛丘。长寿元年复置，曰武城。神龙元年又曰箕城，景云元年复故名。”

淮阳县。隋废州为郡，复作淮阳郡。析项县置宛丘县，并置临蔡县。开皇十六年（596 年）置陈州。大业初，废陈州复置淮阳郡，并临蔡入宛丘县。淮阳郡领 10 县：宛丘、扶乐、太康、鹿邑、郸县、项县、南顿、溵水、西华、鲖阳。唐代，陈州淮阳郡统 6 县：宛丘、太康、西华、溵水、南顿、项城，治宛丘。贞观初，省西华入宛丘县。武德元年（618 年），析宛丘置新平县，武德八年（625 年）废，复入宛丘。五代，陈州辖区无变更，宛丘属之。

项城县。隋开皇元年（581 年），改秣陵县为项县。隋文帝时改项县为项城县，隶属陈州。隋炀帝大业元年（605 年），废陈州置淮阳郡，理项城县和南顿县。又设项城郡，不久即废。此后项城县名确定下来。唐初武德元年（618 年），改淮阳郡为陈州。武德四年（621 年），复置沈州于项城，领项城、颍东、鲖阳、南顿、溵水 5 县，属河南道。武德六年（623 年）省南顿县并入项城县。唐贞观元年（627 年）废沈州，省颍东县入项城县，项城属陈州。唐武则天证圣元年（695 年），析项城西部地区置光武县，以县有光武祠而名之。唐景云二年（711 年）改光武县为南顿县。五代，项城县建置、沿革、治所未变。

沈丘县。隋开皇三年（583 年），废褒信县始设沈丘县，置沈州，治今安徽临泉县西。沈丘县自建置至今，虽境域屡变、治所屡易，但县名一直保留至今。开皇十六年（596 年），沈州治所由沈丘移至项城（今沈丘县城槐店镇）。大业元年（605 年），沈州废。唐武德元年（618 年），沈丘属颍州。武德四年（621 年），沈州在项城复置后，于今沈丘东部置颍东县，属沈州。沈丘县仍属颍州。贞观元年（627 年），沈州废，省颍东县入项城县，改属陈州。同时废舒城入沈丘，省颍阳入汝阴。后沈丘县又省入汝阴。神龙二年（706 年），析汝阴县复置沈丘县，治所仍在古寝丘（今安徽临泉县西），属颍州。据《旧唐书·地理志》载："沈丘，古曰寝丘，至隋不改。神龙二年，改为沈丘。"五代时沿唐制。沈丘县境在五代时仍分置沈丘、项城二县，治所不变。项城县属陈州，沈丘属颍州，均隶河南道。

商水县。隋初沿置汝阳县，开皇十六年（596 年）分置溵水县，治所在今商水老城，一说在今商水邓城乡潘堂。大业元年（605 年），废汝阳县入溵水县。皇泰元年（618 年），置扶苏县，与溵水县同属陈州淮阳郡。武德五年（622 年），废扶苏县入溵水县，属河南道。贞观元年（627 年），属陈州。建中二年（781 年），属溵州。兴元元年（784 年），属陈州淮阳郡。五代县名仍称溵水，属镇安军节度，陈州。

西华县。隋文帝开皇元年（581 年）改为柳城县，属陈郡，治所由今叶埠口柳城村迁至今红花镇柳城村。不久柳城县废，复为西华县。《太平寰宇记》载："隋开皇元年（581 年）改西华为柳城县，治所由南柳城迁于此，不久废，复为西华。"开皇十八年（598 年），改西华县为鸿沟县。隋炀帝大业元年（605 年），复改鸿沟县为西华县，属淮阳郡。唐高祖武德元年（618 年），改西华县为箕城县。武德八年（625 年），又改箕城县为基城县。唐太宗贞观元年（627 年），省基城县入宛丘县。武则天长寿元年（692 年），复置县，名武城。唐中宗神龙元年（705 年），改武城县为箕城县。唐睿宗景云元年（710 年），复改箕城县为西华县，延续至今。

太康县。隋初废阳夏郡，隋文帝开皇七年（587 年）改阳夏县为太康县，属陈州。扶乐县在晋代并入太康县，隋开皇十六年（596 年）复置。开皇十八年（598 年）太康县改为匡城县。隋炀帝大业十三年（617 年）因李密曾在匡城县举兵，遂废匡城县，复置太康县，属淮阳郡。唐太宗贞观元年（627 年）扶乐县再次并入太康县，属河南道淮阳郡。五代后梁时，太康属东京开封府，后唐属陈州，后晋、后汉、后周均属东京开封府。

扶沟县。隋初属豫州部颍川郡。隋炀帝大业十四年（618 年），新汲县并入扶沟县，县治由小扶城迁至桐丘，治所在今扶沟县城北石桥附近。唐归河南道许州，唐高祖武德四年（621 年），在扶沟县置北陈州，同年北陈州废，扶沟改属洧州（治在今河南尉氏县）。贞观元年（627 年），洧州废，属许州。天宝元年（742 年），改许州为颍川郡，扶沟属之。乾元元年（758 年），许州复置，扶沟又属之。五代后梁时，扶沟属东京开封府，后唐时（923 年）属汴州宣武军，后晋、后汉、后周均属东京开封府。据《陈留风俗传》记载：扶沟县，“魏，隶许昌郡。唐武德四年，置北陈州，县属焉。是年，置洧州，县又属焉。洧州，今尉氏也。贞观元年，州废，县归许州。朱梁与晋，割入开封”。

鹿邑县。隋代境内置谷阳、郸、鹿邑、涡州。开皇六年（586 年）析西南境置郸。隋开皇十六年（596 年），因有春秋陈之鸣鹿，改武平县为鹿邑县，治所西迁 6.5 公里今鹿邑城村，属豫州淮阳郡。大业十三年（617 年），县民田黑社率众起义占据鹿邑，改鹿邑为涡州；唐代境内置鹿邑、郸、谷阳、真源、仙源。武德三年（620 年）田黑社起义失败，涡州复名鹿邑。乾封元年（666 年）废郸，改谷阳为真源。载初元年（689 年），改真源为仙源。神龙元年（705 年），改真源，复名真源。五代时，鹿邑、真源属之。

隋朝沿袭前代郡县制，每县置县令、县丞、县尉各 1 人。唐代将县分为三等，上等县设县令、县丞、主簿各 1 人，县尉 2 人，经学博士 1 人，助教 1 人。此种制度自唐至宋基本未变。

唐、五代时，一些帝王贵胄、功臣曾封于今周口一带。唐睿宗女和唐穆宗女曾被封为淮阳公主，唐敬宗少子李成美，开成时曾封为陈王。唐蔡州朗山人袁滋曾因功累封为淮阳郡公。后汉高祖幼子刘承勋在后周时曾封为陈王。

柴城，今西华县逍遥镇柴城村，其名来历一说因后周周世宗柴荣所建，故称柴城。《河南续通志》载：“柴城在西华县西南四十里，五代周世宗（955 年）建。世宗名柴荣，后人遂称柴城”；一说有人曾在小窑积柴薪烧造器物而得名。清顺治《西华县志》载：“昔人于小窑（今西华县逍遥镇）烧造，积薪于此，故名。”

二、官吏的政绩

隋唐五代十国时期，周口地区出现了一部分有作为的官吏，一些是今周口籍人，在京城或外地做官；一些是外地人，在今周口一带做官。他们有的为官清廉，政绩显著；有的敢于谏言，在历史上留下好名声。

殷峤（？ -622），字开山，祖籍陈郡长平（今西华县），祖父殷不害为南朝陈光禄大夫，父殷僧首为隋朝秘书丞，大唐开国24功臣之一。殷峤年轻时即以学问和才俊知名，尤善写作和书法，隋代任太谷长。李唐起兵后，秦王李世民召为长史，参与谋略，引为心腹，以军功拜光禄大夫。他招抚关中流民很有成效，并与刘弘基一起首先攻入京城，任丞相府掾，赐爵陈郡公。唐武德元年（618年），跟随李世民征讨薛仁杲。武德二年（619年），任陕东道大行台兵部尚书，迁吏部尚书。跟随李世民讨平王世充，以战功晋爵郧国公。在征讨刘黑闼途中病逝。李世民临丧痛哭，赠陕东道大行台右仆射，谥“节”。贞观四年（630年），诏以佐命之功配飨唐高祖庙庭。贞观十七年（643年）二月，唐太宗李世民为了纪念与他一道打天下治天下的功臣，修建凌烟阁陈列阎立本画的24位功臣像，殷峤与长孙无忌等17人的肖像供于凌烟阁，列第13位。永徽五年（654年），追赠司空。

袁楚客，唐代陈郡（治今淮阳）人，神龙年间任酸枣（今河南延津县北）县尉，后任下邽主簿，以直言极谏知名。“自古人臣不谏则国危，谏则身危”（《新唐书·吴兢传》）。袁楚客虽然位卑，却多次上疏争时政得失，为时人所称道。

神龙二年（706年）三月，中书令魏元忠从端州（今广东肇庆市）回京任宰相后，就不再强力直谏，遇事随波逐流，朝野人士对他十分失望。酸枣县尉袁楚客写信给魏元忠，历数朝廷10项过错，请求他予以纠正。信中说：“现在皇帝刚刚即位，只应使德政日新，您应当引荐君子，斥退小人，以振兴深远的教化，怎么能安于恩宠，对一切都缄默无言呢？现在还不早定太子之位，并选择师傅对他加以辅导教诲，是第一个过失；允许公主开建官署设置僚属，是第二个过失；尊崇僧人，使得他们奔走游说于权贵之家，借助权势广收钱物，是第三个过失；表演乐舞杂戏的卑贱小人窃取朝廷的官位俸禄，是第四个过失；每当有关部门选拔贤才的时候，应选的人都要靠行贿或者依附权贵之门才能受到任用，是第五个过失；皇帝宠爱提拔宦官近千人之多，从而埋下变乱的祸根，是第六个过失；对王公贵戚的赏赐毫无节制，以致使这些人奢侈成风，互相攀比，是第七个过失；大量增置正员以外的员外官，耗费钱财坑害百姓，是第八个过失；先朝的宫女可以在宫外居住，并且不受限制地出入宫门，与外人交往勾结，大行请托之风，是第九个过夫；旁门左道之徒蛊惑皇帝视听，得以窃取俸禄职位，是第十个过失。当今朝政有这十大过失，您不去尽力匡正，谁还能匡正它呢？”魏元忠读罢来信，感到羞惭，并向他致歉。（《资治通鉴·唐纪二十四》载：开元二年（714年）三月，“魏元忠自端州还，为相，不复强谏，惟与时俯仰，中外失望。酸枣尉袁楚客致书元忠，以为：‘主上新服厥命，惟新厥德，当进君子，退小人，以兴大化，岂可安其荣宠，循默而已！今不早建太子，择师傅而辅之，一失也。公主开府置僚属，二失也。崇长缁衣，使游走权门，借势纳赂，三失也。俳优小人，盗窃品秩，四失也。有司选进贤才，皆以货取势求，五失也。宠进宦者，殆满千人，为长乱之阶，六失也。王公贵戚，赏赐无度，竞为侈靡，七失也。广置员外官，伤财害民，八失也。先朝宫女，得自便居外，出入无禁，交通请谒，九失也。左道之人，荧惑主听，盗窃禄位，十失也。凡此十失，君侯不正，谁与正之哉！’元忠得书，愧谢而已。”）

开元年间，天下太平，唐玄宗公务之余，喜欢娱乐放松一下，特地在蓬莱宫侧修建了一座教坊，听听歌，看看戏。他还挑选了数百名乐工，亲自在梨园教他们演奏法曲，这些人被称为“皇帝梨园弟子”。唐玄宗还教宫中的人学习法曲。唐玄宗又挑选了一些歌伎和舞女安置在宜春院，由官府各赐给她们家中财物。礼部侍郎张廷珪、酸枣尉袁楚客二人都为此上疏：“陛下年纪轻轻，应当尊崇经学儒术，亲近方正之士，崇尚朴素。臣以为陛下应当以喜靡靡之音、好巡游狩猎为戒。”唐玄宗虽未能采纳他们的建议，但都对他们表示赞赏，笑纳了袁楚客的忠心，提拔他当了下邽主簿。（《资治通鉴·唐纪二十七》载：“旧制，雅俗之乐，皆隶太常。上精晓音律，以太常礼乐之司，不应典倡优杂伎；乃更置左右教坊以教俗乐，命右骁卫将军范及为之使。又选乐工数百人，自教法曲于梨园，谓之‘皇帝梨园弟子’。又教宫女使习之。又选伎女，置宜春院，给赐其家。礼部侍郎张廷珪、酸枣尉袁楚客皆上疏，以为：‘上春秋鼎盛，宜崇经术，迩端士，尚朴素，深以悦郑声、好游猎为戒。’上虽不能用，欲开言路，咸嘉赏之。”又据《大唐新语》载：“开元中，天下无事，玄宗听政之后，从禽自娱。又于蓬莱宫侧立教坊，以习倡优萼衍之戏。酸枣尉袁楚客以为天子方壮，宜节之以雅，从禽好郑卫，将荡上心。乃引由余，太康之义，上疏以讽。玄宗纳之，迁下邽主簿，而好乐如初。”）

殷侑（767－838），唐代陈州（今淮阳）人，为官政绩有四：一是不辱使命；二是敢于直谏；三是清正廉洁；四是发展生产。

殷侑少年时就有志于学问，精通典章制度和历代礼仪沿革。唐德宗贞元末，他以五经及第。宪宗元和年间，迁升太常博士。一次他出使回纥，回纥可汗盛兵陈甲不以礼相待，以图威慑殷侑等唐朝使节屈服。殷侑处事有理有节，保持了使节的尊严。回纥可汗认为殷侑倨傲，威胁要将殷侑扣为人质，殷侑据理抗争，回纥可汗理屈词穷，只得以礼遣还。藩镇王承宗割据一方，不听朝廷诏命，殷侑领命前往说服，使王承宗按朝廷要求交出德州、棣州，并送两个儿子入朝任职。

宪宗时，殷侑为谏议大夫，敢于大胆直言，前后上书84章，出任桂管观察使。宝历元年（825年）后，又任检校右散骑常侍、洪州刺史、江西观察使、卫尉卿等职，以清正廉洁著称。文宗皇帝刚继位，沧州李同捷反叛，邢州王廷凑与李同捷暗中勾结。文帝讨逆心切，宰辅以下都不敢有反对意见，独殷侑上奏先稳住王廷凑专门对付李同捷。文宗不听，虽平定叛乱，却付出了极大代价，河北三镇生灵涂炭。文宗才相信殷侑的建议谋算深远，任命殷侑为刚刚平定的沧州行军司马。大和四年（830年）又升为沧齐德观察使加检校工部尚书。大战之后，尸骸遍野，千里无人烟。殷侑与士卒共甘苦，招慰流民，组织生产，一年后部队给养一半达到自给，两年后全部自给，境内人口大增，仓储盈积，百姓上表请立殷侑德政碑。大和六年（832年）入朝任刑部尚书、检校右仆射，后兼天平军节度使。开成元年（836年）转检校左仆射、襄州刺史、山南东道节度使。开成二年（837年）出任忠武节度、陈许蔡观察使等职，开成三年（838年）七月死于任上，时年72岁，赠司空。

张巡（709－757），祖籍蒲州河东（今山西永济），生于河南南阳邓州。唐开元（713－741）末进士第三名，初仕为太子通事舍人。天宝年间（742－755），调授清河（今河北清河）县令，政绩考核为最高等，任职期满后回京。当时，唐玄宗宠妃杨玉环族兄杨国忠执掌朝政，权势显赫，留京待迁的官员纷纷走杨国忠的门路。有人劝张巡去拜见杨国忠，他严词拒绝。因不愿阿附权贵，尽管他政绩突出也未能迁升高官。不久，他调任真源（今鹿邑）县令。其政绩一是敢于治恶，二是忠烈抗敌。

真源地处中原，豪强地主很多，他们与官府相勾结而为非作歹，鱼肉百姓，其中以官僚豪强华南金最为横暴，当地人称“南金口，明府手”。张巡到真源之前对华南金即有所耳闻，及他一上任就将华南金关押起来，然后依法惩杀。之后，赦其党羽，威恩并施，从此人人向善，莫敢违法。张巡为政简约，人民安居乐业。

唐玄宗天宝十四年（755年）十一月，范阳、平卢、河东三镇节度使安禄山和平卢兵马使史思明，在范阳发动叛乱，起兵反唐，即“安史之乱”。短短一个月的时间，叛军席卷河北、河南，攻陷河南许多州县。次年正月，安史部将张通晤攻陷宋（今河南商丘）、曹（今山东曹县西北70里）等州，直取唐王朝赖以生存的江淮财源基地。谯郡（今安徽亳州）太守杨万石慑于叛军威势欲举郡迎降，逼迫张巡为其长史（副职），并以此身份迎接叛军。张巡接到委命后，率属部哭祭于玄元皇帝庙（今鹿邑太清宫），誓师讨伐叛军，得到数千吏民的支持。尔后北上转战于雍丘（今河南杞县），死守睢阳（今河南商丘南）。至德二年（757年）十月，当叛军再次攻城时，守城士兵已无战斗能力，睢阳城终于被叛军攻破，张巡、许远及以下将士都成了叛军的俘虏。张巡毫无惧色，非常镇定。叛军主帅尹子琦劝他投降，他大义凛然，宁死不屈。于是，尹子琦将张巡及其部将南霁云、姚訚、雷万春等36人同时杀害。张巡时年49岁。许远也在押送洛阳途中被杀。

张巡坚守睢阳，与占优势的叛军前后进行400余战，杀死敌将300人，士兵12万人。当时战斗进行得非常残酷，张巡督战时“大呼辄齿裂血面，嚼齿皆碎”，及“被围久，初杀马食，既尽，而及妇人老弱，凡食三万口”。睢阳血战是安史之乱时期最惨烈的战役。张巡、许远死守睢阳，有力地阻止了叛军的南下，使唐军赢得了时间，并保障了江南物资对唐廷的源源补给。就在睢阳城破时，唐军已收复长安、潼关，叛军再也无力南犯。不久，“安史之乱”被讨平。

陆景倩，唐代苏州吴（今江苏苏州市）人。武则天时宰相陆元方之子，睿宗时宰相陆象先之弟。有才行和美誉，曾任扶沟丞。在任清廉奉公，官至监察御史。

陆思鐕，澶州临黄人。五代后晋高祖时，曾任陈州刺史，在任有善政，深得陈州民众爱戴，生前嘱子死后葬于陈州，卒年54岁，如愿葬陈。（《新五代史·陆思鐕传》载：“思鐕在陈州，有善政，临终戒其子曰：‘陈人爱我，我死则葬焉。’遂葬于陈州。”）

夏侯祥，五代中曾任扶沟知县，以孝化民，多惠政。

三、王建和他建立的前蜀

王建（847－918），字光图，“陈州项城人”（《旧五代史·王建传》）。他是前蜀国的建立者，在位16年，病死，终年72岁，葬于永陵（今四川省成都市老西门外）。有史家认为他的治蜀之功超过刘备。前蜀历2世，前后19年。

王建少年时以屠牛、盗驴、贩私盐为生，乡里人叫他“贼王八”，后投忠武军（治许州，今河南许昌）。黄巢起义军进攻长安时，唐僖宗逃奔成都，监军杨复光分忠武军8000人为八都，镇压起义军，王建与鹿晏弘等各为一都头。中和四年（884 年），王建等五都头率兵入蜀，号为“随驾五都”，归宦官田令孜指挥。又跟从杜审权镇压黄巢起义军，被宦官田令孜收为养子。唐僖宗还长安，王建等分典神策军。光启二年（886 年），藩镇作乱，唐僖宗再奔兴元（今陕西汉中），王建为清道斩斫使。后宦官杨复光代田令孜掌禁军，疑忌王建，使之为壁州（一作利州）刺史。王建招集溪洞酋豪，组织了一支 8000 人的队伍，地盘逐步扩大。光启三年（887 年），他弃阆州（今四川阆中）西赴成都，与西川（今四川成都）节度使陈敬瑄相攻，逐步占领成都西、南诸州。大顺二年（891 年），攻占成都，囚西川节度使陈敬瑄及田令孜。乾宁四年（897 年），破梓州（东川节度使治所），占有东、西两川之地。天复二年（902 年）取山南西道，治所在兴元（今陕西汉中）。天复三年（903 年），王建被唐封为蜀王，北有汉中，东有三峡，割据蜀地的基础稳固。天祐四年（907 年），朱温代唐称帝，改名朱晃，建都汴梁（今河南开封），国号梁，史称后梁。朱温开国，蜀人不从，劝王建行刘备立蜀复汉之道，以便日后复唐。同年九月即朱温称帝不久，王建在成都称帝，国号蜀，史称前蜀。

武成二年（909 年），王建颁《永昌历》。永平五年（915 年）取秦、凤、成、阶 4 州，扩境至大散关。天汉元年（917 年），改国号为汉。光天元年（918 年），复国号为蜀。当时中原战乱，文士多奔于蜀，王建目不知书而喜与文士谈论。他又信任宦官，收养大批义士。晚年好色，将军政大权交给宦官唐文以处理。他对北方小朝廷后梁、后唐持对立态度，立下法令禁止蜀国将锦绮珍奇输往北方进行贸易，只许用粗劣产品与北方交换，时称为“入草物”。前蜀建立后没有进行大规模战争，民众得以休养生息。

王建原配妻周氏祖籍沈丘，据《周氏族谱》载：“西晋永嘉年间，中原士族随晋室南渡，陈郡项之周氏，有一支迁居姑熟（今安徽当涂），另一支五代前蜀帝王建之妻周氏，唐末与其弟周德权随王建入蜀。”

王建的太子王宗懿（后改名元膺），善于射箭，好逞性斗勇，经常在大庭广众之下侮辱枢密使唐道袭。唐道袭是王建最宠信的大臣，凡事必与他商量。唐道袭伺机一再于王建面前诬告太子企图谋反，并授意被太子侮辱的一些臣子作伪证，王建便命令唐道袭率兵进宫负责禁卫。太子怕唐道袭杀掉自己，就先发兵突袭，杀死唐道袭。王建遣将征讨，太子逃入泊于龙池的船中躲藏。第二天，太子上岸觅食，被卫兵发觉，将其攻杀。王建追废他为庶人，改立幼子（第 11 子）王宗衍为太子。

光天元年（918 年）六月，王建得病。养子王宗弼趁机杀死专权宦官唐文以。王建急忙安排后事，任宦官宋光嗣为枢密使，统领军队，执掌政务。

不久病死于成都。王建死后被谥为高祖。

王宗衍（？－926），字化源，曾封为郑王。擅长浮艳文字。光天元年（918年）年六月即位，次年改年号“乾德”。在位7年，国亡降后唐，被唐庄宗李存勖杀死，葬于今陕西省西安市郊长安县三赵村。

王宗衍荒淫无度，将国政交给宋光嗣等一群宦官，自已终日与韩昭等狎客饮酒赋词，无耻享乐，还作诗说：“有酒不醉是痴人。”有一次，他与佞臣滥饮，王建养子王宗寿哭着劝谏，狎客们起哄，反说王宗寿发酒疯。咸康元年（925年），正当王宗衍醉生梦死、人妖不分之时，后唐庄宗李存勖派大军进攻前蜀。十一月，王宗弼趁王宗衍和徐太后前往军营慰劳将士之机发动兵变，将其劫持关押于西宫，然后放后唐军进城。王宗衍无可奈何，只得同意投降，率群臣出城到七里亭后唐军营求降。唐庄宗废封他为顺正公，设计命他携带宗族、百官数千人去洛阳。926年四月，唐庄宗派宦官向延嗣赶到秦川驿，将王宗衍和他的全部宗族、百官一并杀死，前蜀灭亡。

四、马殷和他建立的楚国

马殷（852－930），字霸图，许州扶沟人。《资治通鉴》卷二五六载：“扶沟马殷隶军中，以材勇闻。”他建立楚国割据政权，在位4年，病死于长沙府（今湖南长沙市），终年79岁，史称武穆王。葬于今湖南省衡阳市附近。951年，马殷创立的楚国灭亡，历5王、56年。

马殷，年少时为木工，后应募从军，随唐将秦宗权部将孙儒入扬州，与杨行密相争，孙儒失败被杀。马殷随唐将刘建峰率残部入江西，攻取潭州（今湖南长沙市），占据湖南。乾宁三年（896年），刘建峰为部下所杀，他被推立为主将。先后受唐朝封为潭州刺史、武安军节度使，占有潭、衡（今湖南省衡阳市）等7州，又先后攻取桂、管六州和岭南五州（均在今广西壮族自治区东北部）。907年，被后梁朱温封为楚王。927年七月建国，国号“楚”，以潭州为都城，改名长沙府，用后唐年号。

马殷在位期间，实行远交近攻，“尊王仗顺”，保持楚境独立与地方安定。同时，采取了不少发展生产的措施：一是兴修水利，减轻百姓赋税。在长沙东南，修复龟塘水利设施，“灌田万顷”。湖南民间不事蚕桑，不利贸易，马殷奖励蚕桑，“民间机杼大盛”。令民纳税，以帛代钱，楚国丝织业始兴。又令民间种棉织布，新创富源。还免收商税，招徕四方商贾；二是重视通商，发展对外贸易。马殷大力发展种茶，让农民将茶叶运销北方，换取马匹、缯纩，获利甚多，官收茶税。三是铸铅铁钱，促进货物流通。楚国产铝、铁，铸为铅钱、铁钱，十文当铜钱一文，通行境内。商人出境，铝、铁钱不能使用，只好购买楚国物产带走。“以境内所余之物，易天下百货，国以富饶。”（《旧五代史》）由是，“四方商贾辐辏”于长沙。楚国因马殷闭境自保，少受兵战灾祸而富庶。马殷采取的各项措施，使楚国政权在五代十国中一时颇称强盛。故南汉刘晟曾说：“武穆王（马殷）奄有全楚，富强安靖者五十余年。”

马殷晚年生活荒淫，诸子又骄横奢侈，他很少过问国事，以至吏治日坏。五代唐明宗天成五年（930 年）十一月，马殷病死于长沙府。马殷死后，后唐明宗罢朝三天悼念马殷这个忠于后唐的臣子，还下诏说：“马殷的官爵已经很高了，没什么更高的官爵相赠，就赠他个武穆的谥号吧。”在封建社会，这个谥号极少有人能得到，评价是很高的，后来岳飞死后得的就是这个谥号。

马殷死时遗命诸子兄终弟及。诸子马希声、马希范相继嗣位。马希声遵从父亲的遗命，不再称楚国，而是降低规格，恢复了节度使的称号。马希范奢侈无度，赋税苛重，学士拓跋恒上书劝谏，说“足寒伤心，民怨伤国”，希望减轻赋税。马希范大怒，斥退拓跋恒。947 年，马希范死，“众驹争槽”，一部分楚臣拥立马希广为楚王，另一部分要立朗州（今常德市武陵）节度使马希萼。这正应验了早在明宗天成三年（928 年）丞相许德勋所说的话：“我楚国虽小，旧臣夙将还在，愿吴朝不要费心。等到众驹争槽，才是你们动手的时候。”马希萼争位不胜，950 年向南唐主李璟称臣求助。马希萼攻入长沙，杀死马希广，自立为楚王。951 年，马希崇推翻马希萼，派将官押送到衡山县囚禁，马希崇自立为楚王。押送将官拥立马希萼为衡山王，向南唐求救。这时郭威正在灭汉，不能出兵助楚，马希崇只好向南唐称臣。南唐主令边镐率兵入长沙，马希崇投降。边镐令马希崇率族人入朝，马族人重赂边镐，希望留居长沙，边镐笑道：“我国同你马家做了 60 年仇敌，但也不敢存灭你楚国的念头。现在你们兄弟相争，困穷自灭，如果还想有什么打算，怕你们受不了。”马希崇无言以对，率族人及将佐千余人号哭登船赴金陵。南唐使马希萼居洪州、马希崇居扬州，虽保住了性命，楚国自此灭亡。

第二章　隋唐五代十国时期的经济

一、农业生产的发展和药物种植

隋朝建立，全国南北复为统一，今周口一带经济在魏晋南北朝时期遭受的破坏，逐渐复苏。唐代政治长期稳定，今周口一带的经济出现了秦汉以来第二个发展高峰。

隋文帝杨坚统一全国后，继续实行北魏以来的均田制，又实行轻税政策，农民得到了土地，户口增加，垦地扩展。唐朝初期，经隋末战乱，人口流徙，土地荒芜，社会经济凋敝。唐朝为促进农业生产恢复，增加政府财政收入，下令招还流民，继续实行均田制。在均田制的基础上，实行租庸调制。唐太宗常以隋亡为鉴，励精图治，更加重视恢复和发展农业生产。经过唐初到玄宗开元年间120多年的努力，随着农田水利兴修，农业生产得到恢复和发展，经济稳步上升，表现为生产力进步、粮食产量和人口数量增加。

隋唐时期，唐朝中央政府重视淮河流域的农业开发，玄宗天宝以后，“天下以江淮为国命”，周口一带农业发展较快。农业生产工具锄、铲、镰、犁有大的改进。水利设施修复和新的开凿更为完善。长期积累的犁地、播种、施肥、灌溉等一整套农业生产经验得到推广，良种普遍使用，经济作物发展。粟、麦是唐代周口一带最重要的粮食作物，也是全国最重要的粟、麦产区之一，水稻也是周口一带重要的粮食作物。农田大批开垦，粮食单产超过汉代1倍。

人口发展与经济发展是呈正比的，人口发展快，则经济增长快；经济增长快，又会拉动人口的增长。隋唐五代是周口一带经济社会发展的重要时期，人口继东汉末至南北朝人口流动迁移高峰后，出现人口发育增长期。据《册府元龟》卷487《邦计部·赋税门》录开元二十五年九月诏中载“大河南北，人户殷繁，衣食之原，租赋尤广”。陈州（治今淮阳县）的户口在《旧唐书·地理志》、《新唐书·地理志》和《元和郡县志》中多有记载。贞观十三年（639年）陈州有6367人，开元二十八年（740年）增加到52692人，天宝十一年（752年）继续增长，达66442人，元和四年（809年）人口仅有4038人。唐代陈州人口表现出低、高、低的趋势，开元、天宝年间人口增长较快，到元和年间人口锐减。

南北朝时周口一带为战场，水利工程破坏，水稻种植衰落，至隋代逐渐恢复，灌溉势头未衰。陈州西华（今西华县）的邓门陂就是唐代引渠蓄水修筑的著名人工陂塘之一。据《新唐书·地理志二》记载："有邓门废陂，神龙中（706年），令张余庆复开，引颍水溉田。"开元年间（713－741），张九龄充河南开稻田使，在陈、许、豫、亳、寿等州开置稻田（《旧唐书·玄宗纪下》）。贞元年间（785－804），陈许节度使曲环使大将孟元阳董理西华屯田，"元阳盛夏芒屩立稻田中，须役者退而后就舍，故其田岁无不稔，军中足食"（《旧唐书·孟元阳传》）。唐末，忠武军节度使赵珝仍在陈州（治今淮阳县）按邓艾故迹，决翟王渠溉稻田以实仓廪（《旧五代史·赵珝传》）。

五代政权都曾统治过周口一带，所以五代之间的混战，周口一带未能幸免，人民离散，累年废耘。战争还导致许多水利设施失修，抗御自然灾害的能力下降，水旱灾害频繁，严重影响了周口一带人口的稳定和发展。直到后周时期，社会经济状况才开始好转。郭威执政时废除苛敛，鼓励耕植，修复农田水利。周世宗柴荣即位后，更注重农田水利兴修，并采取一系列鼓励农业生产措施，对当时周口一带农业经济的恢复至关重要。

唐代，赐民永业田，用于植树种桑，鼓励农桑发展。西华桑白皮种植历史悠久，据史料记载，唐朝西华县双龙集（即今西夏镇丛桑村）名士张公艺九世同堂，其九世孙取桑籽育苗百余亩，养蚕缫丝。10多年后，桑树成材，伐树时，发现桑树根皮与别处桑树根皮迥然不同，表皮白，皮质厚，木质心细，乃优质药物桑白皮。桑树有鲁桑、湖桑，入药的桑白皮采自鲁桑。鲁桑在西华广泛种植，精心炮制成药，供市场需要。

二、工商业的繁荣和交通的发展

魏晋南北朝时期的集市贸易在动荡中发展，隋朝统一全国，结束了长期分裂割据局面，为商品流通、经济发展提供了有利条件。到了唐代，中央政府推行了一系列商业弛禁政策和兴商措施，陈州一带凭借其交通条件和地理位置，成为商旅货物集散中心，商业贸易发展空前。

周口一带唐代商业繁荣的主要标志：一是新的城市格局形成。传统的城市陈州焕发新貌，它处在蔡河沿岸由陈、颍通往汴梁的交通要道上，商业运输和贸易呈现繁荣景象，商贾云集，公私商船，南北杂货都经陈州这个商运枢纽运销四方。各县治所所在地的城市普遍形成，显示出勃勃生机。草市、夜市开始在陈州出现，显示了商品经济向纵深发展的趋势和城市工商贸易活动延伸的轨迹。二是驿道沿途店肆、客栈兴盛。它不仅为商业贸易提供方便，也为商业贸易增添了几分繁荣。三是州县官府在公廨本钱制度支撑下，积极参与各种商业活动。唐代官营商业是城镇商业经济中的重要组成部分，州县治所都设置了相应的商业市场，为地方官府直接参与市场兴利活动提供了良好条件。四是柜坊、肆、行的出现是唐代商业繁荣的一个新现象。柜坊是专门从事财务储存和支付的经营实体，替客户保管财物，凭帖或信物为存款人支付款项，从中收取柜租。宪宗时，京师出现钱荒，政府决定户部、度支和盐铁三司开办“飞钱”，允许商人存钱，发给飞钱到异地支取，柜坊飞钱开始在陈州一带出现。五是唐代陈州手工业已经形成作坊。作坊兼有两种性质，既是手工业生产场地，也是商业铺肆，出售手工业制成品。州、县市场也出现了具有专门商业性质的行。

唐代大中年间（847－859），陈州的茶叶贸易销售较旺。据《膳夫经手录》记载，销售陈（今河南淮阳）、蔡（今河南汝南）、幽（今北京大兴）、并（今山西太原）间的蕲州茶和至德茶，又“倍于浮梁（今属江西景德镇市)”。

唐代淮阳的铜镜铸制达到很高的水平，享誉全国。安史之乱时，独狐中丞于淮阳特地铸镜二枚，“以金龙饰镜，以表圣德”，天长节时，遣僚属携二镜，一献玄宗，一献肃宗，作为祝寿礼物。

周口一带酿酒历史悠久。唐代，奉老子为祖，各代帝王均以枣集酒向李耳致祭，故有“皇封御酒”之美称。唐代淮阳新站集已有酿酒作坊，以高粱为原料，取优质河水精酿，酒味醇正，誉满乡里（1991 年《淮阳县志》）。唐代，陈州酒肆栉比。岑参《送颜少府投郑陈州》中有“爱客多酒债”的诗句。

考古发现确证了唐代周口一带商业的繁荣，地区间贸易的发展。今周口地区发掘的唐墓中，发现了不少唐代各类货币、铜镜、瓷器和唐三彩等。1963 年扶沟县唐代赵洪达墓出土一件唐狩猎纹菱花镜，直径 29 厘米，圆钮，八角菱花形，主题图案为四骑士，或蓄势待发，或箭如流星，或持矛挺刺，或策马直追，逐猎熊、兔、鹿和野猪，场面激烈紧张生动，钮周围饰以山峰间以大树，边沿饰花草、蝴蝶一周。现藏河南博物院。淮阳南坛湖唐代李堪墓出土了金钗、银碗，还发现一枚波斯萨珊王朝银币（见图），是唐代周口一带工商业繁荣和对外经济文化交流的物证。《新唐书·五行志一》载，太和四年（830年）三月，陈州火灾，“烧万余家”，显示了陈州作为地区中心城市屋宇相连的繁荣景象。

唐三彩枕

银碗、波斯银币和金钗

隋唐300年间，淮河流域交通的开发成为长期国策，主要表现在两个方面：一是陆路的开发；二是漕运的开发。

隋代，官道约30里设一驿站。唐朝在各水陆要道上，广设馆驿，每30里一驿，构成了以京都长安为中心、遍布于全国的驿路系统，条条大路通长安。西华、淮阳和鹿邑等县在唐代都设有陆驿和水驿。驿有驿田，设驿长，置备车马、船等驿具，并抽派农夫当驿夫。西华有清河驿、淮阳有宛丘驿，鹿邑有白马驿。后周显德年间，陈州城外附近修建有桥梁，据《陈州府志》载：“城北门外里许，古粮城门内有显德桥，为后周显德年间凿河修建。”

唐代漕运依赖汴渠，中央政府开通淮、颍运道，漕粮沿淮水经颍河运抵郾城，保证军需供应。航运受季节水量影响也较大。《册府元龟》卷510载：唐中央政府“讨蔡州……汝、颍泛滥，漕车多阻。”《唐会要》卷87载：“元和十一年十二月始置淮颍水运扬子等诸县米自淮阴斥流至寿州西四十里入颍口，又斥流至颍州沈丘县界五百里至于陈州项城，又斥流五百里入于溵河，又三百里输于郾城。”《大清一统志》载：“唐元和十一年（816年），置水运使，运扬子院米，自淮入颍……”

惠民河，最早为唐代李芃开辟的蔡河（《旧唐书·李芃传》）。汴州守将李灵耀反叛，汴渠上游被阻，李芃便循古浪汤渠故道开渠于陈、颍之间，至李勉时完成。后周世宗显德六年（959年），又“疏导蔡河，以通陈、颍水运之路”（《旧五代史·周书·世宗纪》）。蔡河作用类似于战国时的鸿沟运河，南通陈、颍。陈、颍地区的漕粮供应，年60万石。沿蔡河经颍水入淮可与军事、经济重镇寿州沟通。沈丘文物管理所藏的寿州窑生产的黄釉瓷豆可能就是靠水运运来的。后汉大臣《请陈许蔡三州制造舟船奏》：“蔡水尝有漕运，多是括借舟船……水路可至合流镇（今西华逍遥镇），及陈州蔡水未及，水匮十数里……臣伏请开决汴水……自水匮蔡水，路才五六里，水势便于开决，陈蔡漕运必倍常年，私下往来更丰财货，此之利便实益转输。”（《全唐文》卷855）

清宣统三年《项城县志》载，唐宪宗时，溵水就有船舶往来。

三、良好的自然生态环境

隋唐五代时期，气候温暖湿润，并且有着较好的自然生态环境。

历史上，中国气候的演变大致呈现冷暖交替状态，总趋势是由暖变寒，即温暖期时间趋短，程度趋弱，而寒冷期时间趋长，程度趋强。7世纪中期至10世纪后半叶，气温高于今天。11世纪至12世纪初气候渐趋寒冷，气温比今天低，13世纪初至13世纪的后半叶气温开始回暖，但仍然低于今天。隋唐五代时期处于温暖期。民国二十二年《淮阳县志》载：“中宗神龙二年（706年）十月，李有华，鲜茂如春。”

唐高宗上元三年（676年）十一月，宛丘县凤凰云集，鸟儿数万只，前后相随，行列整齐，色别为群。陈州官吏将此事上书朝廷，3日后皇帝改年号为“仪凤”。

唐文宗大和四年（830年）十月，陈州的桑树上野蚕自生。《文献通考》载：“是年十月，陈、许界内，野蚕自生桑上，三遍成茧，连绵九十里，百姓收拾抽缫，得丝绵，织绸绢。”《旧五代史·五行志》载：后梁开平元年（907年）六月，“许、汝、蔡、陈、颍五州蝝生，有野禽群飞蔽空，食之皆尽”。这是鸟类灭蝗和谐自然环境的写照。

第三章　隋唐五代十国时期的军事

一、隋末农民起义军的转战

隋炀帝时期，封建统治腐败，苛役杂税严重，民不聊生，反隋斗争和农民起义成燎原之势迅速燃遍全国。隋末农民起义军瓦岗军，卢明月、徐圆朗领导的起义军等都曾转战于今周口一带。

大业九年（613 年），隋吏杨玄感起兵反隋，以李密为谋主，很快失败。李密逃亡中被捕，解送途中设计逃脱，隐匿淮阳，改名刘智远，以教书为生。虽然李密在淮阳处境艰难，但没有忘记自己的雄心，在诗中写道："秦俗犹未平，汉道将何冀？"面对日益混乱的天下，以重开大汉盛运自况，不愿碌碌无为终此一生。李密因此诗被告发，再次逃亡。（《新唐书·李密传》载：李密"……去之淮阳。岁饥，削木皮以食。变姓名为刘智远，教授诸生自给，郁郁不得志，哀吟泣下。人有告太守赵佗者，佗捕之，遁免"。）

瓦岗军是隋末农民起义军的主力。大业十二年（616 年），李密投奔东郡瓦岗山（今河南滑县）起义军翟让。大业十三年（617 年）二月，李密被翟让推为瓦岗起义军首领。他们杀贪官、赈灾民，受到百姓拥护。同年四月，"淮阳太守赵佗等并以众叛归李密"（《隋书·炀帝纪》）。长平（今西华）的李士才、淮阳魏六儿也响应起义归顺李密。

大业十三年（617 年），鲁郡（今山东兖州）人徐圆朗聚众起义，队伍发展到两万多人。李密成为瓦岗寨主之后，徐圆朗归附李密。唐武德元年（618 年），李密被王世充打败降唐，徐圆朗投奔窦建德。徐圆朗后被唐朝廷封为鲁郡公、兖州总管。武德四年（621 年），刘黑闼在河北起义，徐圆朗暗中与之联合，不久扣留唐朝廷命官，举兵反唐，兖、郓、陈等 8 州拥兵响应，纷纷杀死唐朝地方官吏，势力大增。武德五年（622 年），秦王李世民破刘黑闼后，进兵攻打徐圆朗。同年四月二十五日，"行台民部尚书史万宝攻徐圆朗陈州，拔之"（《资治通鉴》第一百九十卷）。后各路起义军在唐王朝军队的镇压下归于失败。

大业十年（614 年），涿郡（治今北京市西南）人卢明月聚集 10 多万人屯据祝阿（今山东长清东北）起义，一度被隋军镇压。大业十一年（615 年），卢明月再次聚众 10 多万人起义，十月活动于陈州（今淮阳）、汝州（今河南临汝）等地，后转战于河南、淮北一带，队伍发展到 40 万人。大业十三年（617 年），起义军被王世充镇压，卢明月被杀，起义失败。

二、频繁的战乱

唐代晚期，出现藩镇割据的局面，一些地方军事势力叛乱朝廷，为害地方。李希烈、吴少诚先后作乱，唐军在今周口一带与叛军开战，最终平定叛乱。五代后梁末，陈州刺史朱友能举兵反叛，很快被平定。

吴少阳，沧州清池（今河北沧州东南）人。吴少阳为淮西节度使，治蔡州（今河南汝南）。唐代宗、德宗以来，淮西镇勾结河北诸镇，成为唐廷心腹大患。

建中三年（782 年），唐德宗命淮宁节度使李希烈兼任平卢、淄青节度使，奉命征讨割据淄青的李纳。李希烈反与李纳通谋，与叛乱的河北藩镇朱滔、田悦勾结，占据许州，自称天下都元帅、建兴王。次年正月攻陷汝州，包围郑州，威胁洛阳。唐德宗受卢杞挑唆，竟派年已 74 岁的四朝元老、德高望重的颜真卿赴李希烈部劝谕，被扣押。李希烈以宰相一职劝诱不成，又以活埋、火焚相威胁，颜真卿痛斥李希烈背叛朝廷的不忠不义、大逆不道，贞元元年（785 年）八月被缢杀。

建中四年（783 年）十二月，李希烈攻入汴州，翌年正月僭号称帝，国号“大楚”，年号“武成”，以汴州为大梁府。十月，李希烈部将淮宁都虞侯周曾、镇遏兵马使王玢、押牙姚詹、韦清等受颜真卿精神的感召，秘密与唐军联系，欲突袭李希烈，事成后奉颜真卿为节度使，归顺朝廷，因事泄被害。十一月，宋亳节度使刘洽、幽州行营节度使曲环联兵 3 万，于陈州城西大败李希烈部将翟崇晖，在扶沟俘获叛军甚多，乘胜进攻汴州，李希烈逃奔蔡州。据《新唐书·德宗纪》记载：兴元元年“十一月癸卯，刘洽、邠陇行营节度使曲环及李希烈战于陈州，败之。”《新唐书·曲环传》记载：“李希烈陷汴州，环守宁陵，战陈州，斩贼三万五千级，禽其将翟崇晖，进检校工部尚书，兼陈州刺史。希烈平，改陈许节度，赐封三百户。二州比为寇冲，民苦剽卤，客他县。环勤身节用，宽赋敛，简条教，不三岁，归者繦系。训农治兵，谷食丰衍。”《旧唐书·刘玄佐传》记载：“希烈攻陈州，洽遣刘昌与诸军救之，大败贼党，获其将翟崇辉。希烈弃汴州，洽率军收汴。”《旧唐书·刘昌传》载：“时昌以三千人守宁陵，希烈率五万众阵于城下；昌深堑以遏地道，凡四十五日，不解甲胄，躬励士卒，大破希烈。希烈解围攻陈州，刺史李公廉计穷，昌从刘玄佐以浙西兵合三万人救之。至陈州西五十里与贼遇，昌晨压其阵，及未成列，大破之，生擒其将翟曜。希烈退保蔡州，自此不复侵轶。”又据王昶《金石萃编》说：“扶沟间有俘获，大都曲环之绩为多。”贞元二年(786年)四月，李希烈在唐军的打击下，被部将陈仙奇鸩杀，淮西叛乱平定。

李希烈兵败身死后，部将吴少诚（750－809）等人公推兵马使陈仙奇为留后，朝廷也任命陈仙奇为淮西节度使，但很快为吴少诚所杀。在众人拥戴下，吴少诚自封为留后，开始掌管淮西，并得到朝廷的同意。

贞元十五年（799年），陈许节度使曲环病死，吴少诚趁机扩大疆土，出兵攻掠临颍县，包围许州，这时朝廷下诏削夺了他的官爵，分遣十六道兵马前来讨伐。然而，淮西军队一向精锐，吴少诚又控制严密，因此讨伐战争进行得并不顺利，十二月，官军败于小溵河。贞元十六年（800年），夏州节度使韩全义与陈许节度留后上官涚等人又与吴少诚的部将吴秀、吴少阳等人战于溵水南，官军再败。七月，韩全义在屡败之后，驻军于五楼（今商水西南）行营，但军心动摇，又没有防备，遭到淮西军偷袭，大败。此次战役后，朝廷对讨平吴少诚失去信心，干脆下诏赦免吴少诚的全部罪行，正式任命他为淮西节度使，还加封为检校仆射。

这次战役的详细情况是这样的：贞元十六年（800年）正月，恒冀、易定、陈许、河阳四镇军马与吴少诚交战，全部失利撤退。中尉窦文场推荐夏绥节度使韩全义统领各镇军马讨伐吴少诚。二月十七日，德宗任命韩全义为蔡州四面行营招讨使，十七道兵马都归其节制。韩全义无勇无谋，是专门靠着逢迎讨好和财物贿赂结纳宦官才得以担当各军主帅的。每当计议军政事务时，担任监军的宦官几十个人坐在帐幕中议论纷纭，争执难下，难以裁决，只好作罢。天气逐渐炎热，士兵长期屯驻溵水南面的广利城，此地低洼潮湿，许多人得了瘟疫，人心有些涣散。五月十三日，韩全义与吴少诚将领吴秀、吴少阳等人在广利城交战，刚一交锋，韩全义所率各军纷纷溃退，吴秀等人乘势追击，韩全义退保五楼（今商水西南）。讨伐吴少诚的唐军各路兵马既没有统帅，出兵时又各自图谋自身利益，军队进退不能统一。二十六日，各路军马在小溵水处自行溃散，弃置的各种器具和物资食粮全被吴少诚占有。朝廷开始计议设置招讨使。七月，吴少诚在五楼进击韩全义，各路军马再次大败，韩全义连夜逃走，防守溵水城。九月十八日，吴少诚军进逼到距溵水县只有几里的地方安置营垒，韩全义又率领各军退向陈州。昭义将领夏侯仲宣、义成将领时昂、河阳将领权文变、河中将领郭湘等部兵马私自返回本道，只有陈许将领孟元阳、神策军将领苏光荣率部留在溵水县。韩全义到达陈州，刺史刘昌裔登上城楼对他说："天子命令你讨伐蔡州，现在你却来这里，我不敢接纳你们，请在城外住宿吧。"不久，刘昌裔带着牛酒到韩全义的营地犒劳将士，韩全义喜出望外，心中折服。韩全义为威慑人众，以诈谋诱斩了不听调遣的夏侯仲宣等4人。二十四日，孟元阳等人与吴少诚交战，杀其两千多人。十月，吴少诚返回蔡州。(《新唐书·韩全义传》载："遇贼广利城，方暑，地沮洳，士皆病疠，全义未尝存之。既战，师皆溃，退保五楼，贼移屯逼之，乃与监军贾英秀等保溵水，不能固，又入屯陈州。是时，唯陈许将孟元阳、神策将苏光荣守溵水，全义诱潞、滑州数大将杀之，然卒不振。"《新唐书·吴少诚传》载："帝乃诏夏州节度使韩全义为淮蔡招讨处置使，上官说副之，诸将皆受节度。与贼吴少阳等战广利城，师复败，退营五楼，为贼所乘，遂大溃。全义及监军贾英秀等夜遁保溵水。汴宋、徐泗、淄青兵走陈州。少诚薄溵水而营，全义惧，退保陈，而潞、滑、河阳、河中兵逃归，唯陈许将孟元阳、神策将苏光荣壁溵水。全义乃斩潞将夏侯仲宣、滑将时昂、河阳将权文度、河中将郭湘，欲以振师，不能也。少诚引兵去。")

唐德宗贞元十五年（799年）八月，吴少诚侵犯西华县，陈许大将孟元阳率兵阻击，打退了吴军。(《资治通鉴》卷235载："少诚又寇西华，陈许大将孟元阳拒却之。")

唐宪宗元和十二年（817年），以邓节度使李愬为节度使，攻打淮西吴元济叛军。李愬率军经洄曲（今商水县城西南）雪夜袭蔡州，破城活捉吴元济。十一月，吴元济被斩于长安。

文德元年（888年）正月，"蔡将石璠将万余人寇陈、亳，朱全忠遣朱珍、葛从周将数千骑击擒之"（《资治通鉴》卷257）。

后梁龙德元年（921年），后梁内部发生内乱，陈州刺史、惠王朱友能乘梁军屡败，重兵皆在前线，后方空虚之机，举兵反叛，直趋大梁城，后梁帝急忙调集军队讨伐。朱友能到达陈留被打败，退还陈州。后梁各路军队遂包围陈州，很快平定叛乱。

后晋开运二年（945年）十月三十日，在陈州设置镇安军。

唐太宗贞观十八年（644 年），继续实行魏晋以来的“世兵制”，兼行“募兵制”，以雇佣形式募集兵员，作为临时兵员的补充办法。青壮年男子一旦应募，终身为兵，国家发给粮饷，具有职业雇佣兵性质。此种兵役制，延续至宋代。

三、杨烈妇助夫退叛军

唐德宗建中四年（783 年），李希烈的一支叛军兵临项城城下，项城县令李侃惊慌，以城小贼锐，想弃城而逃。在此紧要关头，李侃的妻子杨氏毫不畏怯，劝夫守城，发动胥吏百姓奋起反抗，终于击退了叛军，保全了城池和百姓。唐李翱《李文公集·杨烈妇传》详细记述了这件事，《新唐书·烈女传》据此也有记载。

建中四年（783 年），李希烈攻陷汴州，又将掠夺陈州，分几千人开拔到项城县，要掠取这里的财物，俘虏捆绑这里的男女，到陈州会合。项城县令李侃不知如何是好，他的妻子杨氏说：“您是县令，叛贼到来应当守卫；力量不足，即使死了，也是忠于职守。您如果逃跑，那么谁来守城？”李侃说：“军队与钱财都没有了，该怎么办？”杨氏说：“如果不守住，县城将被叛贼抢去，粮仓里的储藏都成了叛军的积蓄，政府的财库都成了他们的财产，百姓都成了他们的士兵，国家还有什么呢？夺取贼兵的财物，吃他们的粮食，重赏敢死的士兵，那一定能成功的。”

于是李侃将胥吏百姓召集到庭院。杨氏说：“县令，确实是一城之主，虽然如此，但任期满了就离职而去，不像吏人百姓那样要长久住在这里。吏人百姓，都是本地人，祖坟在这里，应该相互出力死守县城，怎能忍心丧失自身而成为叛贼的俘虏呢？”众人都感动地流泪答应了。杨氏又鼓励说：“凡是用砖瓦石块击中叛军的，奖赏一千钱；用刀箭兵器之类击中叛军的，奖赏一万钱。”当时得到勇士数百人，李侃带领他们登上城墙守卫。杨氏亲自为他们煮饭，不分老小，都照顾得周到均匀。杨氏让李侃对叛军喊话：“项城父老守义而绝不从贼，都愿意全力死守，即使得到我们的小城，也不能显示你们的军威，不如赶快离去，以免白白耗费军饷而得不到丝毫好处。”叛军都笑了。这时有流矢射中李侃的手，李侃要回衙疗伤。杨氏责备他说：“你不在，那么谁能固守阵地！即使死在城上，岂不比死在家里有意义吗？”于是李侃又忍着伤痛，登上城墙。

项城是一个小地方，没有长戟劲弩精良武器，没有高城深堑固守。叛贼气焰非常嚣张，守城百姓用普通的弓箭射杀贼人，射中了他们的一个统领，当即落马而死。这名统领正是李希烈的女婿。叛贼失势，接着像鸟兽一样四散逃走。项城的人没有伤亡。刺史把李侃的功劳上报，上级调李侃任绛州太平县（今山西临汾）县令。

李翱《李文公集·杨烈妇传》评价说：女人的德行在于，侍奉父母和公婆做到恭敬顺从，与妯娌能和睦相处，对辈分低和年纪小的能慈爱，而又不失掉自己的贞操，就算贤德的了。至于能懂得军事，明白攻守勇猛的道理的，这本来是公卿大臣们都难以做到的。从用兵以来，朝廷优待表彰守御的大臣，凭仗着高峻的城墙深深的城濠的险固，像山一样堆积的物资，和平时一样多的资财，戴着头盔，穿着铠甲，背着弓箭逃跑的，不知有多少人！他们的勇气不足以进攻，他们的智慧不足以防守，他们的忠诚不足以为国而死，放弃所守的城池逃跑的，大有人在啊！他们是些何等样人，像杨氏只是一个妇女啊！孔子说："讲仁义的人必定勇敢。"杨氏当得起这句话了。

李翱还评论说：人们的通常观点，都认为后来的人比不上古人。贤能的人从古代就很少，更何况后代了？真的出现了，和古人没什么差别。像高愍女、杨烈妇等人，就算是古代的烈女，又比她们强多少？我担心她们的事迹被湮灭而得不到流传，所以记述下来，并打算告诉给写史书的官员。

《新唐书·烈女传》载："杨烈妇者，李侃妻也。建中末，李希烈陷汴，谋袭陈州。侃为项城令，希烈分兵数千略定诸县，侃以城小贼锐，欲逃去，妇曰：'寇至当守，力不足，则死焉。君而逃，尚谁守？'侃曰：'兵少财乏，若何？'妇曰：'县不守，则地贼地也，仓廪府库皆其积也，百姓皆其战士也，于国家何有？请重赏募死士，尚可济。'侃乃召吏民入廷中曰：'令诚若主也，然满岁则去，非如吏民生此土也，坟墓存焉，宜相与死守，忍失身北面奉贼乎？'众泣，许诺。乃徇曰：'以瓦石击贼者，赏千钱；以刀矢杀贼者，万钱。'得数百人。侃率以乘城，妇身自爨以享众。报贼曰：'项城父老义不下贼，得吾城不足为威，宜亟去；徒失利，无益也。'贼大笑。侃中流矢，还家，妇责曰：'君不在，人谁肯固？死于外，犹愈于状也。'侃遽登城。会贼将中矢死，遂引去，县卒完。诏迁侃太平令。"

四、黄巢起义的转战和毋乙起义

唐广明元年（880 年），黄巢起义军攻打淮南，曲折行进渡淮，僖宗皇帝下令河南诸道发兵屯溵水抵御。

唐中和三年（883 年）五月，黄巢率大齐军队与唐陈州刺史赵犨部在陈州（今淮阳）展开了一场耗时费力的攻坚战。黄巢率起义军主力围攻陈州近300 日，大小数百战，不但未能攻拔其城，反而因胶着坚城，坐失战略反攻良机，给唐王朝调集各路精锐之师围追黄巢军造成了机会，导致大齐军的总体失败。

中和三年四月，黄巢率农民起义军大齐军 15 万人撤出长安，经蓝田入商山（今陕西商县东），以骁将孟楷为前锋攻取蔡州（今河南汝南），节度使秦宗权兵败投降义军。五月，孟楷移兵项城（治今沈丘槐店），准备攻取陈州。

赵犨，陈州宛丘人，陈州刺史。他估计黄巢如果不在长安败亡，必然东走，陈州首当其冲。他早就招兵买马，储备粮草，构筑工事，培城疏堑，把方圆 60 里之内的百姓强行迁到城里，让其弟赵昶、赵翊，儿子赵麓、赵林分别领兵，加强战备，守卫陈州。赵犨先示以弱，待孟楷轻敌无备，乘机袭击，1 万余人被杀获殆尽，孟楷被俘，英勇就义。孟楷是黄巢的爱将，义军的重要将领。黄巢闻讯十分震怒，亲率全军屯于溵水，誓为孟楷报仇。六月，他与秦宗权合兵，围攻陈州，掘堑五重，构筑多条通道，加紧攻城。陈州人十分害怕，赵犨给大家鼓劲，并几次引兵开城门出战，以鼓舞士气。黄巢攻城不克，愈加愤怒。遂在城北“起八仙营，如宫阙之状，又修百司廨署，储蓄山峙”，准备持久作战。十二月，赵犨遣人突围，求救于邻道，东北面都招讨使朱全忠，东面兵马都统时溥、许州节度使周岌，引兵驰援。朱全忠战胜大齐军于鹿邑，大齐军损兵 2000 余人，朱全忠进据亳州。

中和四年（884 年）正月，黄巢兵力尚强，周岌、时溥、朱全忠等招架不住，共同求救河东节度使李克用出兵。二月，李克用率蕃、汉兵 5 万出天井关，自蒲州、陕州渡过黄河前来救援陈州。三月，朱全忠攻占大齐军瓦子寨，起义军将领李唐宾、王虔裕投降。李克用会合许、汴、徐、兖诸道军向大齐军发动全面攻势。四月，攻占尚让屯军的太康，进攻西华，黄巢弟黄思邺败走。黄巢闻知，遂退军故阳里（今淮阳北）。五月，突然连续下起大雨，平地水深 3 尺，河水暴涨，四处流溢，黄巢所筑的营垒被洪水冲垮。黄巢见大势已去，只好舍弃围困300天的陈州，陈州之围解除。黄巢率领起义军向山东退却，边打边退，损失惨重。李克用的骑兵跟踪追击，起义军退却到莱芜时已所剩无几。六月十五日，黄巢在莱芜兵败自杀，轰轰烈烈的黄巢农民起义宣告结束。

陈州是后梁的财赋重地。当初朱温称霸中原，打败并消灭秦宗权，正是靠张全义经营陈州，全力供应才得以实现的。后梁末年，朱友能任陈州刺史，横行乡里，纵容下属骚扰百姓，基层官吏更是敲诈剥削，任意加重百姓负担，引起农民反抗。贞明六年（920年），陈州人毋乙、董乙利用摩尼教，组织发动群众数千人攻城掠县，反抗陈州刺史、惠王朱友能的横暴统治。七月，起义军建立农民政权，毋乙被推为天子。当年秋，他们一度控制了陈、颍（今安徽阜阳）、蔡三州，屡败州兵。十月，后梁朝廷调集京城禁军和诸州军队镇压起义军，毋乙、董乙等首领80余人被俘杀。起义虽被镇压，后梁却开始衰败。

《旧五代史·梁末帝纪下》载："冬十月，陈州妖贼毋乙、董乙伏诛。陈州里俗之人，喜习左道，依浮图氏之教，自立一宗，号曰上乘。不食荤茹，诱化庸民，揉杂淫秽，宵聚昼散。州县因循，遂致滋蔓。……毋乙之徒，渐及千人，攻掠乡社，长吏不能诘。是岁秋，其众益盛，南通淮夷，朝廷累发州兵讨捕，反为贼所败。……群贼乃立毋乙为天子。"

第四章　隋唐五代十国时期的文化

一、教育的发展和方志的创修

隋唐时期兴科举，今周口一带学塾渐多，官私均设。科举时代，统治阶级以孔子“在明明德，在亲民，在止于至善”和“格物、致知、诚意、正心、修身、治国、平天下”为教育宗旨，教学内容以尊孔读经为主，辅以封建礼仪。学制无定规。

隋朝废除魏晋以来的九品中正制，创立了科举制。开皇十八年（598年），隋文帝命五品以上的京官和地方总管、州刺史，“以志行修谨、清平干济二科举人”（《隋书·高祖纪下》）。“志行修谨”是就道德修养而言，“清平干济”是就行政才干而言，这便开了德、才二科，分科取士。隋炀帝时设进士科，考试策问，选拔官吏，标志着科举制正式出现，科举制从此成为国家级正规选拔官吏的制度。它的建立，促进了教育发展，读书人渐多。这一制度一直延续到清末。

唐朝科举考生来源有两条途径，“由学馆者曰生徒，由州县者曰乡贡，皆升于有司而进退之”（《新唐书·选举志上》）。生徒是由中央的学校培养输送的考生，乡贡除了自学者，多数由地方学校培养输送，各级学校的办学目的都是为了给国家输送科举考生，学校成了科举制的附庸和阶梯。从此，读书、应试、当官，三者融为一体，长期影响中国社会。据《隋书·地理志》记载：淮阳人民“好稼穑，重礼文”。

隋唐五代的学校教育，绝大多数属于官办教育，在中央和地方，设立了不同级别、不同专业的学校，设置教官，招收学生，以国家认可的统一书籍从事教学，遵照国家的管理制度办学。河南的地方学校，有府学、州（郡）学、县学、乡学。按照唐朝的规定，京都学的在校生 80 人；上等州的州学 60 人，中等州 50 人，下等州 40 人；京县（东都洛阳地面所设的县）的县学 50 人，上等县 40 人，中等和中下等县均为 30 人，下等县 20 人。各县设县学，亦称学宫。学宫的教材主要是儒家经典学说。这些学校都学习儒家经典，学生由州县长官挑选，每年十一月把优秀学生贡送到中央应试。

隋唐五代私人教育较为发达。隋炀帝时期，隋末瓦岗农民起义失败后，义军领袖李密一度匿名刘志远于淮阳聚徒授学。据《旧唐书·李密传》载，李密逃亡过程中，“诣淮阳，隐姓名，自称刘智远，聚徒教授”。私人教育相对集中的地方，时间长了，就演变为书院。

孙愐，籍贯、字号不详，唐代音韵学家。开元（或天宝）年间任陈州司马。他精通音韵之学，刊正了隋代陆法言的《切韵》，并增字加注，于天宝十年（751年）编成《唐韵》5卷。孙愐认为《切韵》遗漏很多该收的字，字义的解说也少，所以他改造《切韵》主要是加字和增训。除有关训解文字字数，他增加了3500字。《切韵》训解简单，有的字没有义训。《唐韵》字字有训解，而且旁征博引，比较详细。《唐韵》共195韵，比陆法言《切韵》多了2韵。《唐韵》是当时影响最大的一部《切韵》增订本，已散佚，仅存《唐韵·序》。宋代范镇《东斋记事》说：“自孙愐集《唐韵》，诸书遂废。”徐铉校订《说文解字》，注音采用它的反切，陈彭年编修《广韵》承袭了它的体例。

方志是一种系统、全面和历史久远的区域文化载体。隋唐形成大一统局面，经济繁荣，文化昌盛，为方志的发展创造了条件。隋唐五代时期，中央政府制定了周详的呈送地图、图经的规定，定期汇编图经总集和图志。图经地位的提高和图、志融汇，为方志体例的进一步完善和续修制度奠定了基础。五代，战乱频仍，全国区域图志难于纂就，州县呈进图经时续时停。

隋初即十分重视史志编修，“隋大业中，普诏天下诸郡，条其风俗、物产、地图，上于尚书”（《隋书·经籍志》），汇编《诸州图经集》等书，是中国有组织的大规模修志之始。今周口地区方志编纂始于隋代。陈州修志始于隋代，最早为朗蔚之所纂的《隋陈州旧图》。隋代陈州还编修《陈州图经》、《淮阳旧郡图》、《淮阳郡图》等3部志书。宋《太平寰宇记》曾引用过上述4书。可惜在宋代均佚不传，仅有零星文字略见史籍。《太平寰宇记》卷十陈州商水县引有隋《陈州图经》、郎蔚之《陈州旧图》。从隋唐五代时期国家重视方志编修的程度推测，陈州方志隋代有《陈州图经》、《陈州旧图》，唐五代时期也应编纂有图经、图志之类方志，可惜亦全部散佚。

二、佛教、道教的兴盛

佛教自东汉传入今周口一带后，经历了魏晋南北朝时期的酝酿和发展，隋唐达到鼎盛。佛教信奉佛祖释迦牟尼，以博爱普修为教旨，教规为“三皈五戒”。三皈，即皈依佛、法、僧；五戒，即戒杀生、戒偷盗、戒邪淫、戒妄语和戒烟酒。出家之人男称“僧人”（俗称和尚），女称“尼姑”，一旦入教，削发不婚。农历四月初八为成教节。此日焚香叩头，开祈传戒，教徒到民众中传播信仰，谓之“普度众生”，募捐粮款修建寺庙、佛像，谓之“化缘”。

唐代，陈州有龙兴寺，又名兴龙寺。唐人张说《唐陈州龙兴寺碑》载：“东门之下，接袂成帷，觞宛丘之上，炫服成市，信豫章之郊一都会也。”（《张燕公集》卷14）碑文还云：“戒珠如月，独洁麒麟之行；法宝如山，普闻狮子之吼。”是说该寺留存的法宝非常多。唐代陈州还有大吉寺，民国时“不知其处。有温庭筠诗，见艺文”。

今扶沟县城南18公里练寺乡金村慈胜寺，又名金大寺、金塔寺，始建于唐代。清康熙五十六年（1717年）一通碑刻记载：“邑之南有古刹……慈胜寺，座镇于集南，诚练寺……巨观也。”又据该寺清道光四年（1824年）碑刻记载：“我金村之有神院也……始于唐，翔集练寺，扩于宋，赐额慈胜，诏开丛林，汴南巨观也。历元……有废……大明国众僧咸议重修。”现仅存后殿，殿高约8米，面阔5间，进深3间，单檐硬山灰板瓦顶，檐部为灰陶勾檐滴水，殿内梁架为二重平梁结构，梁上竖立柱并彩绘金龙祥云图案，龙为三爪，应为元代龙。

唐贞观七年（633年），今扶沟县城西北35里后谢岗始建白马寺大殿，清康熙五年（1666年）、乾隆五十七年（1792年）、道光十八年（1838年）扩建增修。原为三进院，由山门、前殿、后殿、楼阁组成，有房40余间。南北长约100米，东西宽约60米，占地面积约6000平方米。山门面阔3间，内有四大天王像，东南隅有魁星楼。山门后为前殿，面阔3间，内有石佛1尊，殿前置石狮1对。左右有东西廊房各3间，内供神像。再后为后殿，内有泥塑佛像3尊，高丈余。后殿东西各有配殿3间，东为伙房，西为奶奶殿。最后为大殿和左右配殿，各有铜佛3尊，一大两小。殿宇前各有东西廊房3间。解放后该寺作粮库用，后改为学校，现仅存后大殿，殿高10米，面阔3间，进深2间，硬山，屋面覆灰小陶瓦。殿内东山偏南处有一方石碑嵌于壁上，碑高37厘米，阔47厘米。据碑文记载："此寺其基久矣！历唐宋元明清各代，其间兵火相仍，栋宇凋敝，里人赵前定、刘兴邦等修葺，逾年告成。"

扶沟县东北15公里的吕潭镇崔庄村北150米处有白云寺，始建于唐贞观年间。明正德年间（1506–1521）前殿修缮后，又于嘉靖二十年（1541年）、二十九年（1550年）、三十八年（1559年）、四十三年（1564年）4次重修。其间何进先、齐岩等人从嘉靖二十四年（1545年）至四十三年（1564年）先后5次修葺。该寺规模大，长宽各约100米，占地约1万平方米。有山门、二门、前殿、后殿和东西廊房、阴阳洞、僧楼等数十间。1938年，殿宇因黄水泛滥倒塌。1957年寺院旧址取土成塘，现仅存《重修白云寺佛殿碑》立于水塘中央。

扶沟县城西南20公里固城乡道清寺村原有清凉寺，1979年10月群众在其旧址挖薯窖时，发现两尊石刻造像，一尊为盛唐时期的汉白玉造像，另一尊为大明嘉靖十四年（1535年）十二月造像，显示该寺至迟始建于盛唐，到明代仍沿用。

唐代，太康县始建佛教寺院庙宇，发展僧人，以后代不乏人。

隋朝建立后，统治阶级采取佛、道并重政策，这不仅对道教发展关系重大，而且对唐统治者也产生了深远影响。道教大盛于唐代，俨然国教。在近300年的唐朝统治期间，道教始终得到唐王朝的扶植与崇奉，地位基本上处于三教之首，得到前所未有的尊崇。道教教主老子，事实上成为道教的至高神和大唐王朝的护国神。

唐高祖李渊广泛利用道教为其制造舆论，散布谶纬图符，为他"天命所归"、逐鹿天下服务。李渊即帝位后，于武德三年（620年）尊老子为"圣祖"，自称"圣裔"，以老子庙为太庙。唐太宗李世民登帝位后，在贞观前期以老子清静无为思想治天下，开创了"贞观盛世"的局面。他实行崇道抑佛政策，于贞观六年（632年）敕修太上老君庙。贞观十一年（637年）明确宣布道教在佛教之上，崇道就是发扬"尊祖之风"。乾封元年（666年）二月，唐高宗李治携皇后武则天及文武官员到泰山封禅后专门取道亳州拜谒谷阳厉乡老君庙，追封老子为"太上玄元皇帝"尊号，改建老子庙为李氏祠堂，改谷阳县（原苦县）为真源县。还规定王公百僚皆习《老子》。咸亨五年（674年），以《老子》为官吏考试科目之一，为道教理论阐扬奠定了基础。武则天光宅元年（684年）追封老子母亲为"先天太后"，并于太清宫北建洞宵宫。载初元年（690年）改真源县为仙源县。

唐中宗神龙元年（705年），贡举人兼习老子。唐玄宗李隆基继位后，采取崇道措施，不仅在当时，而且对后世特别是宋代皇帝的崇道之举都产生了深远影响。玄宗崇道主要表现为：第一，继承李世民以《老子》治天下的思想，取得“开元盛世”局面。他尊祀玄元皇帝老子，掀起对老子狂热崇拜的浪潮。《旧唐书》载：开元二十九年（741 年），唐玄宗下令在全国范围内祭祀老子。第二，玄宗登基得到道教人士支持，称帝后便提高道教的政治与社会地位。第三，开元二十九年（741 年）设崇虚学，学生习《老》、《庄》，以后唐玄宗又亲自注疏《道德经》，要求士庶家家习读，将崇道纳入科举教育体系，官吏考选，以至王公大臣、儒生道士都要研注《老》、《庄》。

鹿邑为老子故里、道教圣地，这里的道教文化在唐五代时期占有重要地位。唐初成书的《初学记》引崔玄山《濑乡记》载：“老子祠在濑乡曲仁里，谯城（今安徽亳州市）西去五十里，广北二里李夫人祠，是老子所生旧宅。”《新唐书·地理志》载：“真源，本谷阳，乾封元年更名，载初元年曰仙源，神龙元年曰真源，有老子祠，天宝二年曰太清宫，又有洞霄宫，先天太后祠也。”《古今图书集成·归德卷》载：“太清宫，在治（鹿邑县）东十里，为老子所生之地，汉桓帝已立庙，唐高祖武德三年，从吉善行之言，祖老子。特起宫阙如帝者居。”《新唐书·高宗纪》载：“乾封元年二月己未，如亳州，祠老子。”武则天光宅元年（684 年）追封老子母亲为先天太后，建洞霄宫。天宝元年（742 年）又命亳州真源县先天太后庙（后宫）、玄元庙（原老子祠）各置令 1 人。天宝二年（743 年），将老子祠改为太清宫。鹿邑太清宫在全国道观中规格是最高的。唐时占地 870 亩，有楼台、亭阁 600 余间，分为前宫、后宫两大部分。中间有河名清静河，河上有会仙桥相连。前宫有午门、御道，中央是太极殿，两侧是七元殿、五岳殿、南斗殿、虚无殿。主殿太极殿中的塑像十分罕见，中央为老子像，两侧不是一般的仙真、神将，而是唐高祖、太宗、中宗、睿宗、玄宗等唐代帝王像服侍左右。朝廷曾派 500 名兵士镇守（马书田《中国道教诸神》）。宫中古木参天、碑刻成林，庄严肃穆，盛极一时。今鹿邑太清宫尚存玄宗皇帝《唐开元神武道德经注碑》。

今鹿邑太清宫，据《后汉书》载，官方建祠始于东汉桓帝，崔玄山《濑乡记》亦云：“老子祠在濑乡曲仁里，谯城（今亳州市区）西出五十里。老子平生时，教化学仙故处也。汉桓帝修建屋宇，为老子庙，庙北二里，李夫人祠，是老子旧生宅也。”又云：“老子庙有皇天楼、九柱楼、静念楼，皆画仙人云气”（欧阳询《艺文类聚》卷 64、62）。对老子庙的规模、布局作了较完备记载。

从唐高祖到唐玄宗执政前期，除武则天时崇佛超过崇道外，基本上以崇道为主，也不排斥佛教，道教迅速发展。盛唐时道教同样充满“盛唐气象”，达到了顶峰。

安史之乱使强大统一的大唐盛世面临崩溃。在平定叛乱的战争中，道教经典遭受战火焚毁，道教宫观福地受到破坏。但唐统治者崇道尊祖的既定政策并未改变。随着战争的胜利，中唐以后道教又逐步恢复发展，唐武宗时又掀起一个崇道高潮，一是恢复玄宗时的旧制，用大祠之礼祀九宫贵神；二是崇奉玄元皇帝，以老子降生日二月十五日为降圣日，休假1天，全国推行。由于崇信道教，加之佛教寺院经济过度扩张，会昌四年（844年）武宗下令废除佛教，僧尼还俗。武宗崇道之举，使道教又获得一次新的发展机遇。

太昊伏羲陵在唐代受到皇帝崇重。贞观四年（630年），唐太宗李世民颁诏“禁民刍牧”。五代，周世宗显德元年（954年），颁诏“禁民樵采耕犁”。

五代时，各政治集团都沿袭唐代崇信道教的遗风，不遗余力地进行崇道活动，借以巩固自己的统治地位，并试图扩张本集团的势力范围。后唐庄宗李存勖，沿承李唐崇道尊祖国策，以玄元皇帝为圣祖，称圣祖旧殿生枯桧新枝显示了“中兴之运”。后周世宗召见华山道士陈抟，问以黄白飞升之术，赐号“白云先生”。这个时期，各朝廷崇道抑佛，或崇佛抑道几乎互相交替。梁太祖朱晃灭唐后压制道教，开平二年（908年）命天下太清宫、太微宫等皆降为“老君庙”，竭力降低老子地位。后唐庄宗即位后又尊崇道教及老子。后周世宗（954－958年在位）即位，又大规模地崇道废佛。

唐五代时期，今周口一带先后出了两位道教名士，一是唐代的刘道合；一是五代宋初的陈抟。

刘道合，唐代陈州宛丘人，著名道士。他通炼丹术和止雨术。唐高宗李治迷信长生不老，曾请当时的炼丹名家潘师正、刘道合等道士进宫为他炼丹。唐高宗泰山封禅之前，久雨不爽，曾令刘道合上泰山举行祈福仪式，居然雨过天晴。(《旧唐书·隐逸列传》云：“道士刘道合者，陈州宛丘人。初与潘师正同隐于嵩山。高宗闻其名，令于隐所置太一观以居之。召入宫中，深尊礼之。及将封太山，属久雨，帝令道合于仪鸾殿作止雨之术，俄而霁朗，帝大悦。又令道合驰传先上太山，以祈福佑。”）刘道合炼丹，丹成之后进献给高宗。不久，道合死，弟子将开棺改葬，其尸唯体空皮，而背上开拆，有似蝉蜕，尽失其齿骨，众谓尸解。高宗闻之，不悦，说：“刘师为我合丹，自服仙去。其所进者，亦无异焉。”开耀元年（681年），高宗终因服食丹药，药性发作，身体不适，令太子监国，二年后崩。高宗之崩，是否因饵药之故，史无明文。现代学者认为，高宗之死是由于服用了刘道合“合还丹”而致。

陈抟

陈抟（871－989），字图南，自号“扶摇子”，赐号“希夷先生”，著名道士、道教学者。五代宋初亳州真源谷阳（今鹿邑太清宫镇陈竹园村）人。《宋史·隐逸上·陈抟传》载：陈抟“始四五岁，戏涡水岸侧，有青衣媪乳之，自是聪悟日益。及长，读经史百家之言，一见成诵，悉无遗忘，颇以诗名”。宋人王称《东都事略·隐逸传》载，陈抟“始四五岁，戏涡水”。他继承了汉代以来的象数学传统，把黄老清静无为思想、道教修炼方术和儒家修养、佛教禅观汇归一流，对宋代理学有较大影响。后人称其为“陈抟老祖”、“睡仙”等。

后唐长兴中（932 年左右），陈抟应试没有中举，遂绝意仕途，以山水为乐，隐居于武当山九室岩。后移居华山云台观，又止于少华石室。显德三年（956 年），周世宗召抟，问以修道炼丹之术，他回答道：“陛下为四海之主，当以政治为念，怎么留意黄白之事呢?”授抟为谏议大夫，陈抟固辞不受，作诗以明志：“十年踪迹走红尘，回首青山入梦频。紫绶纵荣争与睡，朱门虽富不如贫。愁闻剑戟扶危主，闷听笙歌聒醉人。携取琴书归旧隐，野花啼鸟一般春。”宋太平兴国中，两次被召进朝廷，宋太宗非常器重他，赐号“希夷先生”。宰相宋琪向他请教养生之道。陈抟说：“抟山野之人，于时无用，亦不知神仙黄白之事、兴化政治之秋，勤行修炼无出于此。”

陈抟好读《易》，善书及诗文，并创“六合八拳”、“坐功”、“睡功”等套路功法。他还善弈，曾赢赵匡胤，获“华山三年不纳粮”封赐。著有《三峰寓言集》、《高阳集》、《钓潭集》、《指玄篇》，诗 600 余首，全唐诗著录很多。还著有安节度坐功法及河洛真数，有《四库总目》传世。端拱二年（989 年），自己预言到死期，七月二十二日卒于华山莲花峰下张超谷石室中，享年 118 岁。

陈抟的书法用笔苍古洒脱，自成法度。明代薛蕙《考功集》云：“希夷先生字体雄伟不凡，有古人法度。”其书迹留传下来的不多，洛阳龙门石窟石壁上刻有“开张天岸马，奇逸人中龙”对联，鹿邑明道宫存清代石刻，字体遒劲与薛蕙评价相符。他以隶书写真行，虽仅 10 字，但自成风格，堪称大家，为后世人敬仰和效法。陈抟还有“福”、“寿”石刻传世，存于鹿邑县城东南隅白衣庵内，二石均高 1.60 米，宽 0.87 米，厚 0.22 米。民国初年鹿邑县知事王光弟据拓片仿刻，“文化大革命”中遭破坏。“寿”字石缺右上角残断，字迹亦大部被凿。

三、甄权、甄立言及其医学成就

隋唐时期，许州扶沟（今扶沟）人甄权、甄立言兄弟二人都是当时著名的医学家，对后世影响很大。

甄权（540－643），列隋唐名医之首。甄权18岁时母亲有病，便与弟甄立言立志学医。他们精究医术，专习方书，遂为名医。甄权针灸术和脉理造诣尤深，兼通药治，一生行医，活人众多。他曾仕隋，后以病辞官。他针灸治病，往往只需一针，即使病者随手而愈。甄权还精通摄生颐养之术，提出吐故纳新可使肺气清肃，是健身延年的有效方法；并主张饮食不必甘美，素餐清淡，自能增长气，减少秽浊，使胃气调和，百病不生。

甄权

唐贞观中入为少府，与承务郎司马德逸、太医令谢季卿、太医丞甄立言等校定《图经》。甄权所绘制的彩色人体经络《明堂人形图》，当时影响甚大，是针灸史上杰出的成就。书成后甄权已是年逾百岁的老寿星，唐太宗李世民亲到甄权家探望，与甄权讨论《明堂人形图》，探索长寿经验。为表彰甄权对医学发展的贡献和祝贺他长寿，特授予甄权朝散大夫，并赐寿杖、衣物，这在中医学发展史上是绝无仅有的大事，太宗皇帝亲临医生之家，授官衔、予寿杖，与曹操视华佗为鼠辈，真是有天地之别。甄权寿终103岁，是中国古代寿龄最大的医学家。

甄权著述颇多，绘有《明堂人形图》一卷，撰有《针经钞》三卷、《针方》、《脉诀赋》各一卷，《药性论》四卷，整理《古今录验方》50卷。这些著作均佚，部分内容见于《备急千金要方》、《千金翼方》、《外台秘要》等著作。《明堂人形图》当时流行很广。唐代医学家孙思邈的人体经脉俞穴彩图就是根据甄权的《明堂人形图》重新校订的。

《旧唐书·方伎》载："甄权，许州扶沟人也。尝以母病，与弟立言专秘方，得其旨趣。隋开皇初，为秘书省正字，后称疾免。隋鲁州刺史库狄嶔苦风患，手不得引弓，诸医莫能疗。权谓曰：'但将弓箭向垛，一针可射矣！'针其肩髃一穴，应时即射。权之疗疾，多此类也。""贞观十七年（643 年），权一百三岁，太宗幸其家，视其饮食，访以药性，因授朝散大夫，赐几杖、衣服。其年卒。撰《脉经》、《针方》、《明堂人形图》各 1 卷。"清光绪十九年《扶沟县志》卷十二方伎中也有类似记载。

甄立言（545－?），自幼与兄甄权学习医学，对疾病诊断和药物研究有独到见解。他与甄权同以医术享誉当时，唐武德年间（618－626）官至太常丞。立言医术娴熟，精通本草，善治各种疑难杂症。据《旧唐书·方伎》记载：甄权"弟立言，武德中累迁太常丞。御史大夫杜淹患风毒发肿，太宗令立言视之，既而奏曰：'从今更十一日午时必死。'果如其言。时有尼明律，年六十余，唐心腹鼓胀，身体羸瘦，已经二年。立言诊脉曰：'其腹内有虫，当是误食发而为之耳。'因令服雄黄，须臾吐一蛇，如人手小指，唯无眼，烧之，犹有发气，其病乃愈"。《新唐书·方伎》、清光绪十九年《扶沟县志》有类似记载。

甄立言在长期医学实践中，于隋文帝开皇二十年（600 年）首次发现糖尿病尿甜现象，给消渴病即糖尿病下了一个准确定义。他的《古今录验方》如《外台秘要》所引述"消渴小便至甜"是中国有关糖尿病的最早记载。这是世界上最早对糖尿病的理论阐述，比英国医生托马斯·威廉 1674 年发现糖尿病患者的尿"甜如蜜"要早 1000 多年。

甄立言著有《本草音义》七卷、《本草药性》三卷、《本草集录》二卷、《古今录验方》五十卷，均散佚，部分佚文尚可在《千金要方》和《外台秘要》中见到。

甄氏兄弟二人均葬故里今扶沟包屯镇郝岗村附近。甄权墓在郝岗村北，甄立言墓在郝岗村东。二墓冢因长年淤积几平，唯显墓顶。

四、僧一行主持实测子午线

子午线，即地球的经线。测量子午线长度可以确知地球大小。子午线长度是地理学、测地学和天文学上一项重要的基本数据。唐天文学家僧一行在中国和世界上最早发起和组织了测量子午线长度的活动，对人们正确认识地球作出了重大贡献。他曾派南宫适到今周口一带进行测量，获得重要实测数据，为确定子午线的长度提供了宝贵资料。

僧一行

僧一行（683－727），本名张遂，魏州昌乐（今河南南乐）人，为唐代高僧、天文学家和大地测量学家。开元年间，唐玄宗即位后，请一行进京主持修订新历法，僧一行决心以实地测量纠正原来历法的错讹之处。开元十二年（724 年），他发起和组织了一次大规模的大地测量活动，测量点达 12 处，以今河南省为中心，北起铁勒（今属蒙古，北纬 51 度），南达林邑（位于今越南中部，约为北纬 18 度），测量范围之大前所未有。测量内容包括每个测量点的北极高度，以及冬至、夏至、春分、秋分那天正午八尺之竿（表）的日影长度。这次测量活动，以太史监南宫说等人在滑州白马（今河南滑县，地理纬度 35°3′）、汴州浚仪太岳台（今河南浚县，地理纬度 34°8′）、许州扶沟（今扶沟，34°3′）和蔡州上蔡武津馆（今河南汝南，33°8′）4 处的测量最为重要。这 4 地的地理经度比较接近，大致是在同一经度上。南宫说等人除测出上述 4 处的北极高度、日中日影长度、4 个地点之间的距离（白马到浚仪 198 里 179 步，浚仪到扶沟 167 里 281 步，扶沟到上蔡 160 里 110 步，自上蔡到白马 526 里 270 步；唐制：1 步＝5 尺）外，还测出了冬至、夏至、春分、秋分那天正午八尺之竿（表）的日影长度。僧一行从南宫说等人测量的数据中，得出了北极高度相差 1 度，南北距离就相差 351 里 80 步（合现代 129.22 公里）的结论，这个数据就是地球子午线 1 度的长。

僧一行的实地测量，为编造新历提供了必要数据。开元十五年（727 年），僧一行编成《大衍历》，纠正了前代历法中的许多错误，是这一时期历法的集大成者。实测结果再次推翻了《周髀算经》“王畿千里，影差一寸”的说法，完全否定了“盖天说”理论，进一步确立“浑天说”的稳固地位。僧一行等实测的子午线长度与近代测量结果（1 度长 111.2 公里）相比，虽有一定误差（比今值多了 18.02 公里多），但它毕竟是世界上第一次实测子午线，其意义自然不可低估。这次测量意义特别重大，被李约瑟认为是科学史上的创举，比阿尔·马蒙在幼发拉底河的大地测量早了 90 年。

五、诗文、书画和民间艺术

隋唐五代时期，特别是盛唐时期，今周口一带诗文、书画和民间艺术呈现出前所未有的繁荣。

唐代是诗歌发展的黄金时代，著名诗人白居易、李白、张九龄、张继、卢纶、李商隐、杜牧、温庭筠等都曾游历淮阳，留下了不少诗文佳作，如李白的《颍阳别元丹邱之淮阳》、张九龄的《旅宿淮阳亭口号》、张继的《晓发淮阳》、卢纶的《送宛丘任少府》、李商隐的《淮阳路》、杜牧的《初冬夜饮》等。

唐文学家杜牧（803－853），曾为淮南节度使牛僧孺的幕僚。其诗在晚唐成就颇高，写景抒情的小诗多清丽生动。他在淮阳写有《初冬夜饮》："淮阳多病偶求欢，客袖侵霜与烛盘。砌下梨花一堆雪，明年谁此凭栏干?"

刘方平，生卒年月不详，唐代洛阳人，诗人。他以隐居汝、颍之滨不仕为时所称。其诗多写山水、乡思、闺怨题材，情景交融，念思悠远，对后世诗歌有一定影响。现存诗作26首，《唐诗三百首》收录其七言绝句《月夜》、《春怨》两首。

《唐诗选》（1978年中国社会科学院编辑出版）收录有《月夜》，注释作者刘方平时说"隐居汝、颍水边"，另有多种版本的《唐诗三百首》也持此说。沙水古称汝水，又叫汝河，刘方平村就在沙水南岸的1余里处，其下游不远的地方就是沙、颍汇合处，此处与其隐居汝、颍之滨正好吻合。刘方平隐居地在今沙、颍之滨的周口市刘方平村附近，死后亦葬此，村因此得名。

中国书法艺术在唐代发展到鼎盛。唐代国家昌盛，经济繁荣，文化发达。书法直承魏晋，但又有突破、创新和发展，形成了"尚法"的辉煌灿烂的壮观局面。周口书法的发展继魏晋南北朝迎来第二个辉煌时期。仅长平殷氏有据可考的书法家就有9人，如殷令名、殷开山、殷闻礼、殷仲容等人，他们秉承殷氏善书的优良传统，从晋至唐绵延近400年，为周口书法的发展作出了贡献。其中以殷仲容最为著名。

殷令名，南朝陈殷不害之子，陈郡长平（今西华）人，武则天时书法家，累代工书画，笔法精妙，不减速欧、虞。传世书迹有贞观十一年（637年）《裴镜民碑》等。唐李嗣真《书后品》列其书为下之上品，云："殷氏擅声题榜，代有其人。"宋代赵明诚《金石录·裴镜氏碑》称："令名与其子仲容，皆以能书擅名一时。而令名遗迹存者惟此碑耳，笔法精妙，不减欧、虞，惜不多见。”清代康有为评曰：“笔兼方圆，体极匀整，兼《九成》、《皇甫》而一之，而又字画丰满。”

殷闻礼，字大端，殷开山从祖弟，官至太子中舍人。武德初为中书舍人、赵王友兼侍读、弘文馆学士。唐张彦远《历代名画记》卷九谓其“书画妙过其父”。

殷仲容，陈郡长平（今西华）人，唐代开元年间书法家，初唐著名画家殷令民之子，颜真卿之舅祖。历官秘书郎、戎马兵曹、礼部郎中，官至申州刺史。善篆、隶，尤精于榜书题额。唐人窦臮《述书赋》称：“殷公、王公（王知敬），兼正兼署。大乃有则，小非无据，麒麟将腾，鸾凤欲翥。题二榜而迹在，叹百川而身去。”又注称其：“奕世工书，尤善书额，官至礼部郎中。书汴州安业寺额，京师褒义、开业、资圣寺、东京太仆寺、灵州神马观，额皆精妙旷古。”颜真卿《颜元孙碑》也有“仲容以能书为天下所宗，人造请者笺盈几”之语。朱文长《续书断》评仲容榜书为“妙笔”，“行者莫不驻车观之”。传世书迹有《褚亮碑》、《武氏碑》、《马周碑》、《奉先寺大卢舍那象龛记》以及《诸王题名》等，皆隶书。

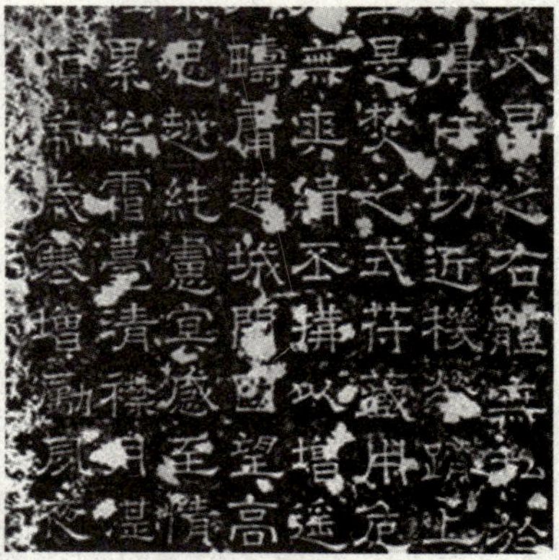
殷仲容《马周碑》局部

隋唐五代时期的绘画艺术亦彪炳史册。殷仲容擅长人物画，有时也画花鸟，“妙得其真”。又善于连用水墨，深浅浓淡，“如兼五彩”。仲容的族孙季友，开元间任秘书郎，画人物也有名于当时。

殷氏一族还有殷胄、殷玄祚、殷子阳、殷台、殷亮等，也都是有据可考的书法家。

五代淮阳人王仁寿擅长绘画，长于佛像，曾为京师净土院大殿画八菩萨图，名噪畿辅。

赵山品，生卒年不详，五代陈州人，梁太祖女婿。精于鉴赏，擅画人物鞍马，格调很高。传世作品有《调马图》、《八达春游图》。

唐、五代时期，今周口一带民间出现了旱船舞、打铁舞。

旱船舞，又叫跑旱船、踩旱船，唐代陈州一带盛行，一般在节假日期间上街演出。船用竹木等物扎成，外饰以布或彩纸。表演者有1、2、4人不等，主要表现劳动人民的劳动和爱情生活。

打铁舞源于五代。据传，宋灭南唐之际，李后主的一名侍卫董某逃难回到家乡今鹿邑县王皮溜董庄，聘请铁匠打造兵器，招募乡勇布阵练武，以防御郑恩追剿。该舞即从当时打铁练武的情形模拟演变而来。打铁舞多在麦收后夜晚表演，一对袒胸露背的演员两手夹 10 厘米左右的麻秸 8 根，下与掌齐，上面点燃，双手交替向身体各部位拍打，火蛇绕人翻飞，边舞边唱："一打铁，二打钢，三打磨镰四打枪；五生火，六筛炭，七打锤，八打剑；九打一个月牙斧，十打一个金刚钻。"舞唱一阵之后，二人作打铁磨刀状，继而以武打结束。该舞粗犷诙谐有趣，滑稽而不庸俗，至今仍时有演出。

第五章　隋唐五代十国时期的自然灾害

隋唐五代十国时期，自然灾害发生较多，主要是水灾、旱灾，蝗灾也十分严重，雹灾、风灾也偶有发生。这些自然灾害有时连续发生，有时多种灾害并袭，均不同程度地影响了民众的生产生活。

隋代的自然灾害主要是水灾，其中黄河泛滥1次。开皇六年（586年）七月，陈州、沈州皆大水。开皇十六年（596年）秋，杞、宋、陈、亳、颍等州县大雨。开皇十八年（598年）秋，黄河决口，陈州、扶沟、西华、太康、鹿邑、沈丘等州县大水，伤禾稼。仁寿二年（602年）七月，太康、宛丘、沈丘大水。大业三年（607年），陈州、沈州等河南诸州皆大水，漂没30余郡，扶沟、太康大水。大业七年（611年），陈州大雨，岁饥，民相卖为奴婢。大业十三年（617年），河南、山东诸郡九月大雨，岁大饥，饿殍遍野，开仓赈之，吏不时给，每天死者达数万人。

唐代水旱灾害。贞观七年（633年）八月，宛丘、太康、沈丘大水。贞观十四年（640年）九月，黄河决口南泛，扶沟、西华、太康、项城、沈丘皆大水。贞观十八年（644年）秋，太康、鹿邑大水。永徽元年（650年）秋，宛丘、项城、沈丘蝗。仪凤二年（677年），宛丘、太康、项城、沈丘旱、蝗。永隆元年（680年）秋，扶沟、太康、宛丘、沈丘皆大水，淹庐舍，人多溺死。次年八月，陈、扶沟、沈丘大水，人多溺死，其中扶沟没庐舍数万家。神功元年（697年）春，宛丘、扶沟、太康、沈丘大雨水，岁饥。长安二年（702年）春至六月，宛丘、项城、沈丘不雨，大饥。神龙二年（706年），太康、西华、宛丘、项城、沈丘大旱，冬十月至次年五月不雨，民大饥。开元元年（713年），扶沟、太康、西华、宛丘、项城、沈丘蝗食禾黍，声如风雨。是年始，连续4年蝗。开元十年（722年）五月，西华、太康、宛丘、项城、沈丘大水害稼，漂民居，人多溺死。开元十三年（725年）五月，西华、太康、宛丘、沈丘大水害稼，没庐舍。次年夏旱，秋七月大雨，百川皆溢，水毁民庐舍，或巢或舟以居。第三年秋，大雨害稼及庐舍。开元二十八年（740年），太康、宛丘、项城、沈丘大水害稼。翌年秋大水复害稼。大历二年（767年），宛丘、沈丘大水。大历八年至十二年（733－777

年），开陈、颍漕运，断绝蔡河东分水道，境内客水难容，漫溢成灾。大历十二年（777年）秋，扶沟、太康、宛丘、鹿邑、项城、沈丘春夏旱，八月雨，平地水深5尺。兴元元年（784年），项城、沈丘蝗，大饥。贞元元年（785年），太康、宛丘、项城、沈丘特大旱，井水竭，斗米千钱，死者众。贞元八年（792年）秋，太康、宛丘、鹿邑、项城、沈丘特大水灾，漂没城郭、官民庐舍殆尽，溺死者甚众，仅宛丘就溺死2万余人。贞元十一年（795年）六月，大雨毁稼，陈、许民饥。永贞元年（805年）秋，太康、西华、宛丘、项城、沈丘大旱、蝗，翌年夏旱。元和八年（813年）五月，扶沟、宛丘、项城、沈丘大水，溺死者众，扶沟溺死千余人。翌年六月，雨水伤稼。元和十二年（817年），西华、太康、宛丘、项城、沈丘大水，平地水深丈余。长庆二年（822年）秋，太康、宛丘、鹿邑、项城、沈丘大水，漂民居。长庆四年（824年）八月，太康、宛丘、项城、沈丘大水害稼。太和元年（827年）始，宛丘、项城、沈丘连续3年大水害稼。开成三年（838年）夏，扶沟、西华、太康、宛丘、项城、沈丘大水，蝗蝻害稼，草木叶皆尽。开成四年（839年），黄河决口南泛，陈、许等地大水。大中十二年（858年）八月，沈丘大水，害稼。咸通元年（860年），颍河溢，大水漂民舍，毁田禾。咸通二年（861年）夏，宛丘、鹿邑、项城、沈丘旱、蝗，大饥。中和二年（882年），汴水两次入淮水，宛丘、沈丘被害。

五代大顺二年（891年）七月癸丑夜，扶沟大暴雨，平地水深数尺。后梁开平四年（910年），太康、宛丘、鹿邑、项城、沈丘大水。后唐同光三年（925年）秋，沈丘大水，人多流亡。后晋天福四年（939年）七月，项城、沈丘蝗害稼。开运三年（946年），宛丘、鹿邑、沈丘霪雨，河决，死者众。后周广顺二年（952年）七月，扶沟暴风雨，水深2尺，毁墙不可胜计。

唐元和十二年（817年）八月，淮阳雨雹，人有死者。广德元年（763年）六月，太康大风折瓦毁屋，人多压死。后周广顺二年（952年）十月，河决，发生瘟疫。

宛丘地处周口区域中心，所发自然灾害的频率有一定的代表性。宛丘在唐代发生水灾34年次，其中较大的水灾有11年次，平均8.5年一次；发生旱灾11年次，其中大旱5年次，饥年4年次，平均26年一遇。水旱灾害相迭，竟6.4年一遇。五代时交相发生水、旱、蝗等自然灾害8年次。

第六编　宋金元时期

第一章　宋金元时期的政治

960 年，后周大将赵匡胤发动陈桥兵变，建立宋朝，定都开封，史称北宋。1125 年，金、北宋联合灭辽，金国随即进攻北宋。靖康元年（1126 年），金攻破北宋都城东京（今河南开封），俘虏皇帝宋钦宗和太上皇宋徽宗及 3000 多名皇族，史称“靖康之祸”。次年二月，金废宋徽、钦二帝，北宋灭亡。同年五月，宋钦宗之弟赵构在南京（今河南商丘）即位，定都临安（今浙江杭州），仍沿用大宋国号，史称南宋，形成南北分立。1234 年，蒙古灭金，占据黄河流域。之后，蒙古与南宋又经历了血腥战争，1271 年成吉思汗的孙子忽必烈取《易经》乾元之意，建国号为“元”。1279 年，元灭南宋，统一全国，定都大都（今北京），结束了 300 多年来国内几个政权并立局面。

一、建置沿革和城池修筑

宋代置陈州淮阳郡，宣和元年（1119 年）升陈州为淮宁府，治所在宛丘，即今淮阳县城。淮宁府辖宛丘、项城、商水、西华、南顿 5 县，隶属京西北路。南宋复改为陈州，直至清末。据《宋史·地理志一》记载：“淮宁府，辅。淮阳郡，镇安军节度，本陈州，政和三年，改辅为上。宣和元年，升为府。崇宁户三万二千九十四，口一十五万九千六百一十七。贡绌、绢。县五：宛丘，紧。项城，上。商水，中。西华，中。南顿，中。熙宁六年，省为镇，入商水、项城二县。元祐元年复。”又据《通考·舆地考》记载：“陈州晋为镇安军节度，宋因之，宣和

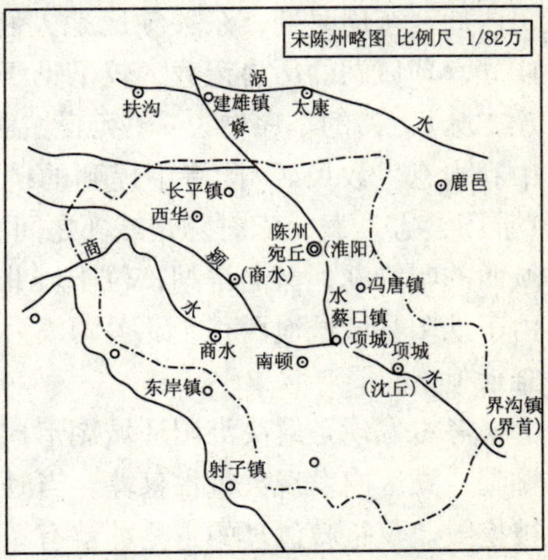

宋陈州略图

元年升为淮宁府，属京西北路，领县五，治宛丘。”

陈州在金代领5县2镇，即宛丘、项城、南顿、商水、西华及殄寇镇、长平镇。据《金史·地理志中》记载，陈州共有26145户。

至元九年（1272年），陈州属南京路。至元二十五年（1288年），改南京路为汴梁路，陈州属之。据《元史·地理志二》载：“陈州，下。唐初为陈州，后改淮阳郡，又仍为陈州。宋升怀德府。金复为陈州。元初因之。旧领宛丘、南顿、项城、商水、西华、清水六县。至元二年，南顿、项城、清水皆废，后复置南顿、项城。领五县：宛丘，西华，商水，至元二年，省南顿、项城入焉，后复置。南顿，项城。”

淮阳县。北宋置宛丘县，属陈州。宣和元年（1119年），属淮宁府。南宋和金代，宛丘县复属陈州，隶属南京路。元代，宛丘县仍属陈州，隶属汴梁路。

宋代陈州城在汉代城墙的基础上进行了修复加固，并修筑了外城郭。环城湖在宋代初具雏形，金元时期基本形成。环城湖，东西宽4.4公里，南北长2.5公里，由三个子湖西柳湖（又叫龙湖）、南坛湖（又叫弦歌湖）、东关湖组成，外围堤郭方圆14公里，湖域面积11平方公里，水面面积7平方公里，环抱古城淮阳。20世纪末，淮阳县南坛湖填湖造田，湖面缩小。

环城湖的形成时代，一种说法认为形成于春秋时期，另一种说法认为形成于宋金元时期，应以后者为是。《诗经·国风·陈风》之《东门之池》有“东门之池，有蒲与荷”的诗句，此“池”指春秋东门内之池，非东关湖。该湖区在1994年发现战国建筑基址及排水管道，出土大量的陶器和陶片。说明西周、东周时期，东关湖区是人们居住生活活动区，第一种说法显然不能成立。环城湖的历史记载，较早见于宋文学家苏辙在任陈州教谕时作的《宛丘二咏》，诗的小序中说：“宛丘城西柳湖，累年无水……去秋雨雪相仍，湖中春水忽生数尺。”此诗中提到的柳湖为淮阳环城湖的一个子湖。民国五年《淮阳县志》载，宋时陈州城郭之间有3个小湖：位于城南的叫南坛湖，位于城西的叫柳湖，又名旱湖；位于城北的叫北关湖。3湖彼此不交，旱时干涸。由于淮阳县城城池西移，北关湖成为“东关湖”。说明北宋时淮阳环城湖初具雏形。

考古发现是解决淮阳环城湖形成时代的重要依据。1996年淮阳县开发西柳湖，湖区内发现大量古墓葬。当时开挖清淤实行“人海战术”，大量古墓葬被挖毁。仅抢救清理的古墓葬就有20余座，时代为汉、唐、宋三代。还发现一块阴刻“陈州之过田大至元十二年八月日记”的元代铭文砖。至元十二年即1275年，是元代建立的第五个年头。1999年，淮阳县开发南坛湖，发现大量汉代遗址及一些砖砌圆形骨器窖藏。遗址上汉砖汉瓦及卷云瓦当随处可见。湖区内密集分布着唐、宋墓葬，清理200余座，其中包括一座出土石刻墓志的唐墓和两座出土陶质墓志的金墓。此前，东关湖区发现《唐故宛丘县令墓志铭》。淮阳环城湖的形成时代当与湖区最晚的古墓葬时代大致相当或之后。值得注意的是，整个环城湖迄今未发现明清墓葬。淮阳环城湖应形成于金元时期。

淮阳环城湖是人文因素和自然因素长期综合作用的结果。人文因素即东周以来出于保护古城御敌防洪的需要，深挖城堑沟濠并在内城外修筑外郭，在城垣城郭之间形成不规则“回”字地势低凹带，是淮阳环城湖形成的决定因素。自然因素，即黄河经常泛滥，是淮阳环城湖形成必不可少的外部条件。汉代尤其是唐代以后，一直到宋金元时期，淮阳曾遭受数十次黄河泛滥之灾。为防御洪水，人们在加高扩宽城垣的同时，又在城外围筑起一道城郭，形成御洪的外围防线。据淮阳旧志记载，宋天圣年间（1023－1031），陈州兵马监督张孜筑堤袁家曲捍水。李世衡知陈州时，筑大堤以防水患，形成护城郭堤。黄河经常决口泛滥，迫使内城和城外郭不得不一次次地扩宽加高，城外郭把黄河带来的泥沙拒之郭外，长期淤积越淤越高，几与郭平，淮阳环城湖更加显现出来。到了金元时期，环绕古城形成不规则的“回”字形地势低凹带，这就是今淮阳龙湖的湖形地貌。

商水县。五代时为溵水县，宋太祖建隆元年（960年）赵匡胤为避父赵弘殷之名讳“殷”字，遂改溵水县为商水县，商水县名由此始。熙宁六年（1073年），南顿县废，其地分入商水、项城二县，后二县复置。商水县属京西北路，为淮宁府辅县。金代时，商水县属南京路陈州。元世祖至元二年（1265年），省项城、南顿二县入商水县，后二县析出复置，属河南江北行中书省汴梁路陈州。

西华县。北宋时属陈州，宣和元年（1119年）属淮宁府。元初，置清水县，治所在合流，即今西华县逍遥镇。至元二年（1265年），清水县省入西华县，属陈州。

扶沟县。北宋建隆元年（960年）属京畿开封府，县北置通许镇。咸平五年（1002年），通许镇改为咸平县（今河南通许县）。北宋靖康二年（1127年），扶沟属南京路开封府，元时属汴梁路总管府。

太康县。北宋初属开封府。崇宁四年（1105年），析开封府建拱州，治襄邑县（今河南睢县西），太康县属拱州。大观四年（1110年）废拱州复置襄邑县，太康重属开封府。正和四年（1114 年）复为拱州，太康属之。宣和二年（1120 年），太康属京东西路。宣和六年（1124 年），太康重归开封府。金代时，太康属南京路开封府，元初属河南行省南京路。元世祖至元二十五年（1288 年）改南京路为汴梁路，太康属之。

太康城池修筑始于夏代，元代时完备。据清《太康县志》记载，元至正二年（1342 年）建土城，周 9 里 16 丈 5 尺，高 3 丈 8 尺，池深 2 丈，阔 4 丈，有城门楼四：东为朝阳门，西为乐城门，南为南薰（后改为"来薰"）门，北为迎恩门。

鹿邑县。宋时境内置真源、鹿邑二县，初属淮南路亳州。熙宁五年（1072 年），淮南路分东西路，属淮南东路亳州。大中祥符七年（1014 年），改真源县为卫真县，治所在今鹿邑县太清宫镇。据《宋史·地理志四》记载："卫真，望。唐真源县。大中祥符七年改。鹿邑，紧。"鹿邑县治所在今鹿邑城村。靖康之难，亳州沦于金，卫真、鹿邑二县仍属亳州。元世祖至元二年（1265 年），西部多水，剩户无几，卫真并入鹿邑县，治所在今鹿邑县城至今。属河南江北行中书省归德府亳州。

沈丘县。北宋时沿五代旧置，治所仍在今安徽临泉县西，属颍州。政和六年（1116 年），颍州改为顺昌府，沈丘属之。南宋建炎四年（1130 年），金兵攻占顺昌府，复改为颍州，沈丘仍属之。后金与宋对颍州属地反复争夺。元至元二年（1265 年），沈丘仍属颍州。至元三十年（1293 年）设汝宁府，沈丘属汝宁府颍州。

项城县。北宋时治所在今沈丘县槐店镇，属淮宁府。金代，项城县属河南府陈州。北宋南顿县，治所在今项城市南顿镇，熙宁六年（1073 年）划为镇，其地分别并入项城县、商水县。元祐元年（1086 年），南顿县复置。元世祖至元二年（1265 年），项城县、南顿县撤销并入商水县，属陈州。

自唐代以来，为便于管理，将各州县定了等级。县一级为 7 等，依次为赤、畿、望、紧、上、中、下。赤、畿两等，通常是京师、大都会及附近县，具有特殊的政治地位。其余 5 等，均按户数确定。宋太祖建隆元年（960 年）冬，为适应新形势和户口变化，即诏天下除赤、畿外，重新制定诸县等级：4000 户以上为望县，3000 户以上为紧县，2000 户以上为上县，1000 户以上为中县，1000 户以下为下县，每 3 年升降一次。县的大小及地位，不在于疆域，而在于户数。据《宋史·地理志》载，扶沟、太康 2 县为京畿县，卫真为望县，宛丘、鹿邑、沈丘 3 县为紧县，项城为上县，商水、西华、南顿 3 县为中县。

宋代地方官制，初期沿袭唐五代旧制，分州、县两级。宋太宗以后，又把全国分为若干路，变成路、州、县3级。路相当于唐代的道、元代的省。

县是地方政权机构最低一级，秦汉以后，历朝相沿不革。宋代的县，设县令、县尉，作为一县的长官。大县还设主簿一员。据《长编》卷11载，开宝三年（970年）规定县官定制："县千户以上，依旧置令、尉、主簿，凡3员；户不满千，止置令、尉各1员，县令兼主簿事；不满四百，止置主簿、县尉，以主簿兼知县事；不满二百，止置主簿，兼县尉事。"神宗熙宁以后，令2万户以上的县增置县丞1员，县丞次于县令而位在主簿、县尉之上。南宋时取消县丞。宋制，县的长官称县令，史志记载多称知县，是宋代地方官制的特点，知县就是知县事的简称。宋代为了加强对地方政权的控制，从乾德元年（963年）开始，由皇帝直接委派京官带本官去掌管一县之政，即所谓知县事，也就是一县的主要长官。知县有别于县的本官县令，因为是差遣。

州相当于秦汉时的郡，隋唐以后改称为州。州的长官，隋唐皆设刺史。赵匡胤立宋初年，鉴于唐末五代之患，削州镇之权，"令文臣知州事"。其后，派二品以上的官员充任一州的长官，便于皇帝直接控制。宋代知州全称为知某州军州事，习惯上又称为郡守、太守、刺史、牧、州将、州长吏等。根据官品不同，又有判某州、充某州、权知某州、权发遣某州等区别。为了更有效地加强控制，又设通判与知州相互牵制、监督。《宋会要辑稿·职官》卷47说："通判，州各1人，与长吏均理，州府之政，无不统治，藩府或置两员，广南小州有试秩充通判兼知州者。"又云："知州，掌郡国之政令，通判为之贰。"通判权位有些特殊：论官位，通判在知州之下，仁宗以前规定，朝官充通判者，历两任即可升为知州，天圣六年（1028年）改为三任方得充知州；论职权，可与知州同理一州之政（州府公事须经知州与通判签议连书方许发下，凡兵民、钱谷、户口、赋役、狱讼听断之事，与守臣通判签书施行），作为皇帝的耳目，所部官有功过及职事修废，可直接通达皇帝。实际上，通判不能简单地视为知州的副职，当时人视之为"监州"，则更符合其身份。一代名相范仲淹，一代名将狄青，宋皇祐五年（1053年）状元郑獬（1022－1075）等都曾任陈州通判。

宋代凡政治、经济、军事三者兼重的地方设府，府的地位比州略高一些，因此，稍大的州，则多升为府，升府的州，一部分是沿袭唐五代旧名，一部分是因为皇帝未即位时所封或曾是任官之地。派往知府者都是比较重要的官员。陈州就是以其地位重要在宣和元年（1119年）升为淮宁府。

元代将州县分为3等，上等县设县丞，中等县不设县丞，设主簿、县尉各1人，典史2人，教谕1人。至元元年（1264年）规定居民在1.5万户以上的为上等州，在6000户以上的为中等州，6000户以下的为下等州。至元二十年（1283年）又规定居民在5万户以上的为上等州，在3万户以上的为中等州，不足3万户的为下等州。元朝把县分为四种：路县（直隶于路）、府县（直隶于府）、州县（属于直隶州或属州）、路府州县。至元三年（1266年），有居民6000户以上的为上等县，2000户以上的为中等县，不足2000户的为下等县。至元二十年（1283年），再次规定3万户以上的为上等县，1万户以上的为中等县，1万户以下的为下等县。元代，陈州和扶沟、太康、沈丘皆为下等州县，说明元代今周口地区人口稀少。元皇庆元年（1312年），今周口地区有人口48706人。

秦汉至宋以前，每县设县令或县长，一般大县为令，小县为长。自宋代始，县的最高长官称知县。金代县的最高长官称县令，官级为从六品。元代县的最高长官称达鲁花赤和县尹。达鲁花赤意谓"头目"，一般由蒙古人担任。另置县尹1人，由汉人担任。

元代始，县设教谕、训导掌管教育。教谕、训导由乡里的有名望之士充任。从明代始，县里的教谕、训导由国家任命。这是元、明两代的区别。

二、宛丘符氏家族的鼎盛

五代时，宛丘符氏家族开始在政治舞台上崛起，至北宋时以符存审、符彦卿为代表的符氏以军功起家，并通过与皇权联姻而成为权贵家族，盛极一时。

符存审（862－924），原名存，字德祥，陈州宛丘（今淮阳）人。武皇李克用赐国姓李，史册又载为李存审，后晋时其子符彦饶请主归本姓。欧阳修《新五代史·义儿传》唯符存审存其本姓，别自为传。符存审身经百战，历任安国军节度使、平卢节度使、宣武节度使，被封为秦王，是五代时期杰出的军事将领。他是宛丘符氏家族的奠基者，从其开始一家三代三朝人出了两王三后众将军，符氏家族又多与宋代宗室联姻，成为著名的外戚家族，五代宋初符氏家族发展到鼎盛。

符存审先世人才蔚蔚，尤多能征善战之勇将，俱以忠义彰显。唐代符敦敏为节度使，符令奇封琅邺郡王，卒赠户部尚书，符璘击破寇边西蕃，战功卓著，入朝为辅国大将军，封义阳郡王。符存审父亲符楚是陈州牙将，符存审年幼时家世衰微。他秉承祖先武将家风，年少任侠，多智算，喜言兵事。唐乾符末年，河南盗匪蜂起，生逢乱世的符存审先追随李罕之，后追随武皇李克用，为光复唐室立下汗马功劳，被尊为忠烈扶天启运功臣。符存审一生经历大小100多次战役，从未有败绩，为五代之良将。符存审虽为武将，却教子有方。《旧五代史·符存审传》载："存审少在军中，识机知变，行军出师，法令严明，决策制胜，从无遗悔，功名与周德威相匹，皆近代之良将也。常戒诸子曰：'予本寒家，少小携一剑而违乡里，四十年间，位极将相。其间屯危患难，履锋冒刃，入万死而无一生，身方及此，前后中矢仅百余。'乃出镞以示诸子，因以奢侈为戒。"其9子铭记教诲，均成为名将，尤以四子符彦卿最知名。

符彦卿（879－975），字冠侯，五代宋初名将。历事后唐、后晋、后汉、后周，因战功多次受到赏赐，每次都数以万计，他从不个人收受，全都分给帐下将校士卒，故战场上大家都肯为其效死。他不饮酒，颇谦恭下士，对宾客终日谈笑，不论及世务，不夸战功。

《宋史·符彦卿传》载：符彦卿"勇略有谋，善用兵"。符彦卿13岁善骑射，25岁任吉州刺史，讨王都于定州，大破辽兵于嘉山，击退围攻阳城的辽兵，累官天雄节度使，周世宗拜符彦卿为太傅，晋封为魏王。后周恭帝柴宗训继位，加彦卿为太尉。960年，后周禁军统帅赵匡胤发动著名的陈桥兵变，除了有赵普、赵匡义等人的谋划外，符彦卿支持起了举足轻重的作用。故宋太祖建隆三年（962年）给符彦卿的敕命中说："朕实攸赖尔。"北宋刚立，即加符彦卿为太师，典禁兵。辽兵闻其名而丧胆，人称"卫符王"。开宝二年（969年），符彦卿病，赴西京就医休养。在洛阳的最后几年，他常游玩于各僧寺名园、田野山水，显出一副悠然自得的闲适心情。

符彦卿长兄符彦超曾任安远军节度使，仕后唐为汾州刺史。次兄符彦饶曾任忠正军节度使，入后晋拜义成军节度使。符彦卿弟符彦能，曾任楚州防御使。符彦卿小弟符彦琳（？－972）曾任大宋皇朝金吾上将军。符彦卿族兄符彦辉，曾任郑州长史。

符彦卿次子符昭愿，字致恭，从小谨厚谦约，颇好读书。及长，广交朋友，待人有礼。广顺中（951年）以荫补天雄牙职，俄领兴州（陕西略阳县）刺史。开宝中（968年），改恩州刺史。开宝四年（971年）领罗州刺史。开宝七年（974年）迁西京作坊副使、俄授尚食使。从太祖征太原，任御营四面巡检史。攻幽州（今河北和北京市等地）时，与定国军节度率兵万余置砦城（宋代设置在边区的军事行政单位）。还拜蔡州刺史，知并、澶二州，复为本州团练使，连知永兴军、梓滑二州。咸平初（998年），领天雄军，兼辖邢州。咸平三年（1000年），以疾求归京师。真宗帝赵恒“诏遣中使尚医驰传诊视”，并“赐以御方良药”，拜其为本州防御使。咸平四年（1001年）昭愿卒，时年59岁。真宗亲临吊唁，随后赠封为镇东军节度使。

符彦卿第三子符昭寿，字如期，初先补供奉官。开宝七年（974年），改西京作坊副使，历迁六宅副使，领兰州刺史。雍熙二年（985年）冬，帝命昭寿与刘知信护镇州（今河北正定）屯兵。适逢朝廷遣将北征，又与刘知信为押队都监，转尚食使，拜光州（今河南光山）刺史。端拱二年（989年）知洪州（今江西南昌市）。淳化四年（993年）改知定州（今河北定县）。咸平初（998年），迁凤州团练使、益州（今四川）兵马钤辖。为严肃军纪，符昭寿曾处罚益州神卫营赵延顺等8人。8人怀恨在心，一直企图报复，谋害昭寿，但许久未敢动手。咸平三年（1000年）正旦，中使自峨眉山还京，符昭寿戒驭吏具鞍马准备为其送行。赵延顺等乘此机会，把马厩中所有马匹全都解开缰绳，让马群四处乱奔，许多马窜到公堂的大厅之上。赵延顺等人装作到厅上驱马，待符昭寿不备，突然抽刀执而杀之，并杀其左右二仆。之后又占据武库，取出兵器，发动兵变。都监王泽闻讯，急召本部军都虞侯王均带兵前去镇压，擒捕乱贼。兵至时，只见赵延顺左手提着符昭寿首级，右手握剑，惶惶然一时不知所措。待见到王均，马上与众人推拥王均为帅，合骁猛威武军兵马，共同作乱。同年秋，官军很快平定叛乱，斩王均、赵延顺等人。事件平息后，朝廷礼葬了符昭寿，并赐其子符承谅娶齐王女嘉兴县主为妻，至内殿承制。

五代后周庄宗宣懿皇后符氏，史称大符皇后，为魏王符彦卿的长女。《新五代史·周家人传第八·宣懿皇后符氏传》赞其为：“后世王家（因她祖父符存审是后晋秦王，她父亲是后周魏王，故称世王家），出于将相之贵，为人明果有大志。”初，她曾嫁于河中节度使李守贞之子李崇训为妻。李守贞手握一定兵权，久怀异志，早就想取代后汉自立。有一江湖术士，说他能从一个人讲话的声音中，听出其日后的祸福吉凶。李守贞命人将术士召入府中，听其全家每一个人的声音，当术士听到符氏声音时，竟大惊曰：“此天下之母也!”李守贞闻后大喜，越发自负起来，认为儿媳既是天下之母，苍天和神明不明明告诉自己：他和儿子可以取得天下吗！于是他最终下定决心，起兵反汉。后汉朝廷闻李守贞反，便遣大将郭威带兵讨伐。激战逾年，官兵终于攻破河中。城破时，李崇训自知全家都不能免，最后时刻亲自提剑，杀死府中所有人等。

符氏对李家异志逆行原来就不苟同，她也不愿为他家殉葬。当李崇训来杀她时，她机警地自蔽于帷幔之中。李崇训一时找不到她，情况又十分危急，遂自杀而死。当汉兵涌入李府时，符氏平静地坐在厅堂之上。面对众多牙校士卒，她不急不慢地大声说：“你们的郭大将军，与我父王是生死要好的朋友，你们不能侵犯于我！”军士们见她从容不迫，大义凛然，都很惊奇，不敢造次。郭威听报，又惊又敬，立即前来加以慰勉，并派专人把她送归其父符彦卿。符氏感郭威厚恩，便拜他为义父。符氏母亲认为女儿夫家全亡，其独脱兵刃之死，此乃天幸！想叫她削发为尼，脱离红尘，报答上苍。符氏不愿，说：“死生有命，天也。又何必去妄毁形发?”

郭威养子柴荣，一表人才，聪明过人，素有大志。他对符氏的胆识和气度，早就仰慕不已。原配刘夫人病逝后，便纳符氏为继室。955 年，郭威死后，柴荣继位为后周世宗，即位便册封符氏为皇后。周世宗脾气暴躁，议事时常对大臣将军们动怒，过后又后悔不已。符后看在眼里，以后每当世宗发怒，待其气稍解后，她便平和地劝说，世宗大都会怒气全消，避免了许多决策上的失误，挽回了不少损失。世宗对符后越发尊重敬爱。

周世宗带军征淮，符后以“帝不宜亲行”而谏之，世宗未能听纳。世宗在淮师久无功，偏又遭连续大暑和暴雨，进退维谷，处境十分艰险。符后闻报，在宫中日夜忧惊，以致成疾，不治而崩。符后过早去世，朝野为之震动。朝中上下，均为之“释服”而祭，世宗亦亲自释服 7 日，按后礼葬于今河南新郑懿陵。有史赞宣懿皇后符氏曰：“思维宣德，识高见邃。德配刚明，柔承英锐。亲征淮南，切谏不遂。师久无功，忧思病逝。敕葬懿陵，恩光不坠。”

后周世宗妃符金环，恭帝太后符氏，史称小符皇后，系魏王符彦卿次女。她身体魁伟，心性警悟，颇有一副巾帼英雄气概。15 岁时嫁柴荣于藩邸，先居晋阳（今山西太原市东南晋源镇）。广顺三年（953 年）生子柴宗训。显德六年（959 年），世宗柴荣崩，7 岁宗训嗣位，是为后周恭帝，符氏为太后。恭帝年幼，符太后垂帘听政。960 年正月，镇、定二州（今河北正定和定县）齐奏：辽汉合师入寇。帝命赵匡胤率禁兵御之，赵匡胤在陈桥驿发动兵变，自立而还，统兵入汴。大势所趋，符太后决定让恭帝禅位给赵匡胤。赵遂即位，建国号“宋”，封恭帝为郑王，封符氏为周太后，迁居西宫，是为西宫太后。淳化四年（993 年）十月，符太后薨，宋廷以后礼葬于懿陵，陪于其姐西北。

宋懿德符皇后，魏王符彦卿第六女。后周显德年间（约 958 年前后），符氏和赵匡胤结为夫妻。建隆初（961 年），先封汝南郡夫人，后晋封楚国夫人。赵匡胤封晋王，改越国夫人。开宝八年（975 年）病逝，年 34 岁，礼葬于安陵。赵匡胤即位为宋太宗，追册符氏为皇后，谥号“懿德”，葬于安陵。元杂剧《符金定》就是以她的生平事迹创作的。

三、包拯与陈州

包拯（999－1062），字希仁，北宋庐州合肥人。天圣五年（1027 年）进士，历任建昌（今江西永修北）、天长（今江苏天长）县令，端州（今广东肇庆）知州，后又任河北都转运史、瀛州（今河北河间）、庐州（今安徽合肥）知州，江宁（江苏南京）知府、开封府尹，入为三司户部副使，除龙图阁直学士。嘉祐六年（1061 年），擢枢密院副使（相当于副宰相），64 岁时死于任上。他在陈州的事迹主要有：一是减轻陈州民众负担；二是刚正不阿，为民除害。

包拯是中国封建社会有名的清官。他为政清廉，所到之处，都能深入体察民情，兴利除弊。宋初，鉴于五代之弊，制定了相对较为合理的赋税标准。仁宗时，官府不便改变原定赋税标准，即采用“支移折变”、“科率”等名目额外增加赋税量，成为宋代赋税的主要弊政和社会一大问题。包拯多次上书指出：“持政之仁暴，惟在薄赋敛、宽力役、救灾患，慎行三者，则衣食滋殖，黎庶蕃息矣”（安徽省博物馆藏《包拯墓志铭》），提出免除“支移折变”。支移，就是要求纳税户将应缴纳的税粮税物无偿送到指定的别州别县仓库，实质上是一种附加劳役。折变，就是官府以各种借口，临时改变原定税物品种，按价折成现钱或其他物品缴纳，大大加重了纳税人的负担。庆历三年（1043 年），陈州（治今淮阳）大雪成灾，桑、枣树木多被冻死；第二年春蚕及大小二麦均大为减产。陈州知州任师中上书要求免除“支移折变”。转运使只免除支移，照样将夏税大小麦每斗折变为缴纳现钱 140 文。当时小麦市价每斗才 50 文，这样一折变，百姓的纳税负担增加近两倍。包拯奉命到陈州察访，了解实情后，立即上书，请求宋仁宗特降诏书，令陈州百姓按大小二麦的市价缴纳现钱，或直接缴纳大小二麦。这一请求得到批准，陈州百姓在大灾之年不再受“折变”之苦。民国二十二年《淮阳县志》载包拯《请免陈州添折见钱疏》：“臣访闻知陈州任师中昨奏，为本州管下五县，自去冬遇大雨雪，冻折桑枣等，并今年春蚕只及三五分，二麦不熟，全有损失。”

包拯任监察御史时，转运使王逵状告陈州地方官任师中苛剥农民，多收钱粮。当时，民众心目中的任师中廉洁，王逵贪卑。是否恶人先告状？要派人访查。人惧王逵权势，不愿前往。包拯为弄清真相，毅然来到陈州。经过访查，掌握了证据，包拯回到京城，向皇帝报告：肆意搜括农民，引起农民不满与无法生活的，正是王逵。包拯要求将王逵撤职，将多收钱粮还给农民。包拯监粮的具体地点在古粮城。据民国二十二年《淮阳县志·古迹·古粮城》载："古粮城，在城北一里蔡河滨，相传包公监粮处。"古粮城在今淮阳县城北关进步南街一带。元杂剧《陈州粜米》及后来的戏剧《包公下陈州》、民间故事《包公放粮》，就是依据包拯这一史实渲染、虚构而成的。

汴梁、陈州流传"忌四十五"的习俗，据《汴梁琐记》说："汴地民间流传老包（拯）奉命往陈州放粮，中途遇盗，乔装忘八（江湖中下九流妓女的鳖脚），逃出险地，幸免于难。其时正值四十五岁，民间认定四十五这一岁，必属厄运，因而忌言四十五岁，多改称四十四岁或四十六岁以避之。"

陈州民众对包拯的恩德铭记不忘，明成化年间，知州戴昕在位于城西北隅的永积仓内建包公祠。明代进士刘思温撰文的《四贤祠碑记》记载有包拯奉旨到陈州，秉公持正，打击盘踞在陈州掌管赈粮官吏恶霸的事情。

四、程颢在扶沟县的政绩

程颢（1032－1085），字伯淳，世称明道先生，洛阳人。北宋著名思想家、教育家。熙宁初，迁太子中允监察御史里行，因与王安石政见不合，元丰元年（1078 年）出知扶沟县，元丰四年（1081 年）离任。程颢任职扶沟期间，有相当的政绩，以致他离开扶沟县到别处任职时，百姓们都哭着追到县境去挽留他。

程颢

程颢有着强烈的济世安民之志，无论在哪里做官，都将"视民如伤"（把百姓当作有伤病的人一样照顾，旧时形容在位者极其顾恤民众疾苦）作为座右铭，勉励自己勤政为民。清代杨希闵在《程纯公年谱》序中说，程颢"上元、晋城、扶沟之治，不愧古之循吏"，评价非常中肯。程颢在扶沟的政绩有：

一是抓治安。当时扶沟多盗，丰收年景也常出现抢劫事件。程颢上任后，立即着手缉盗。《明道先生行状》载："广济、蔡河出县境，濒河不逞之民，不复治生业，专以胁取舟人物为事，岁必焚舟十数以立威。先生始至，捕得一人，使引其类，得数十人，不复根治旧恶，分地而处之，使以挽舟为业，且察为恶者。自是邑境无焚舟之患。"程颢采取的方法可谓标本兼治，首先通过抓住一个强盗，然后从其处查出一伙同党；对被捕的强盗，既往不咎，在生活上给予出路。在程颢的治理之下，"无强盗者几一年"。程颢为治，"专尚宽厚，以教化为先，虽若甚迂，而民实风动"。此事在《宋史·程颢传》中也有记载："广济、蔡河在县境，濒河恶子无生理，专胁取行舟财货，岁必焚舟十数以立威。颢捕得一人，使引其类，贳宿恶，分地处之，令以挽綷为业，且察为奸者，自是境无焚剽患。"《明道先生行状》载："有犯小盗者，先生谓曰：'汝能改行，吾薄汝罪。'盗叩首愿自新。后数月，复穿窬（穿壁逾墙，喻盗窃）。捕吏及门，盗告其妻曰：'我与大丞约，不复为盗，今何面目见之邪？'遂自经。"此人罪不当死，无颜见程颢，居然以自杀了结。这说明程颢"以教化为先"的办法是见效的。

二是赈灾民。程颢在扶沟任上遇水灾，出现饥荒，就向上借贷粮食赈济灾民。邻县知悉后也要借贷，司农很不高兴，派人巡查。邻县县令见上面来调查，改说不借贷了。程颢坚持要求借贷，得了6000石谷子，饥民得以济困。司农更加愤怒，亲自视察赈贷，抓住当时同等户赈贷粮数不同大做文章，要杖责具体管赈贷的"主吏"。程颢为之申辩说："济饥当以口之众寡，不当以户之高下。"并且这件事是"（县）令实为之，非吏罪"，不能责罚具体工作人员，要责罚也应该责罚他。司农没有办法，只得不了了之（《宋元学案·明道学案上》）。程颢为官不仅能据理力争，同时也勇于承担责任，这是一种很难得的品质。

三是兴水利。程颢到任扶沟后听说当地饮用水发咸，问幕僚："百姓一直都饮这种水吗？"幕僚说："您有所不知，附近只有僧舍的井水还稍微甜一点，可又不让妇女去汲水。"程颢反复与幕僚相商，令人在同一地脉的地段上凿了一口井，解决了百姓的吃水问题。百姓都说："这么多年的问题程县令一来就给我们解决了。"他上任不久，扶沟正逢大旱，他认为"一井不过数工，而所灌数亩"，让人们尽快凿井灌田，扶沟县在大旱之年"闻境赖焉"（《明道先生行状》）。扶沟县地势低洼，几乎年年发生水旱灾害。他亲自主持，用"经画沟洫"法开建水利工程。工程尚未展开，程颢就"去职"了。他在去职之前，抓紧时间使水利工程上马，他说："以扶沟之地尽为沟洫，必数年乃成。

吾为经画十里之间，以开其端。后之人知其利，必有继之者矣”（《永乐大典·程子外书》）。程颢的目的很明确，就是自己先开个头，做个榜样，让后继者续办这项利民工程，可谓用心良苦。

四是尚清廉。程颢为官廉正，不畏权贵。他在扶沟任上，太监（内侍都知）王中正“巡阅保甲”（派到地方查户籍）。王是内廷近臣，颇得皇帝信任，“权宠至盛”，到地方来威风凛凛、不可一世，所到之处动辄“凌慢县官”。许多地方官对他极尽阿谀奉承之能事，“诸邑供帐，竞务华鲜，以悦奉之”。（《宋元学案·明道学案上》）扶沟县衙的吏员们问程颢，我们是否也要像其他地方一样来接待王中正。程颢不同意，说：“我们县穷，怎么能效法别县花大把银子去孝敬王某人？再说，这些钱都取之于民，依法不该乱花。我们这里有顶旧青色帐篷，用它来接待就行了。”程颢不阿权贵，不溜须拍马，王中正也拿他没有办法。程颢在扶沟任上时，王中正几次经过扶沟，都没有停留。《宋史·程颢传》记载：“内侍王中正按阅保甲，权焰章震，诸邑竞侈供张悦之。主吏来请，颢曰：‘吾邑贫，安能效他邑。取于民，法所禁也，独有令故青帐可用尔。’”

五是减税赋。扶沟县属京畿开封府，赋税很重，百姓负担不起。虽然统治者每年相应减免一些赋税，以示对百姓的关心，但实行起来却多有弊端：安分守己的百姓，往往因害怕官府催促责骂，再困难也如数把赋税先交给朝廷，真正被减免赋税的却大多是些不遵纪守法的人。他们一直拖到官府减免了他们的赋税才算了事。程颢下令：原来没有交赋税而得到减免的，必须按期如数交齐。官府免征的赋税，依田地多少、户口大小，给予合理分配。这样官府给百姓的恩惠都能分享到一份，消除了不合理现象。

掌管租税钱谷的司农官为了增加朝廷财政收入，向宋神宗建议，全国征收钱谷的等级分为4等，而京畿开封府所属各县只按3等征收，相应减少了国库收入，希望京畿各县和其他县一样，按四个等级征收赋税，以充实国库。程颢知悉后，立即上奏宋神宗，极力说明这样做多有不妥之处，被宋神宗采纳。司农官得知因程颢之言把他的建议否决，非常生气，罗织罪名奏请宋神宗要对程颢严加处理。宋神宗认为程颢的话很有道理，既没有处理程颢，也没有增加京畿各县百姓的赋税。

元丰三年（1080年），朝廷把一些农业生产可耕地变为牧场，派遣官吏到各县检查验收。按新规定，扶沟应有1000顷左右的良田变成牧场。百姓拿着地契向官家说理，不愿改耕田为牧场。各县都顺从朝廷，不体恤民情，而唯独扶沟县没有执行。后朝廷又颁布新法令，改税作租，即把由原来按户、丁等为课征对象的税收改为以土地为课征对象的租，不再增加赋税，土地可以按私有田地自由买卖。以土地多少征租，百姓土地少了，缴纳的租税也就少了，当然愿意卖些田地，既能增加收入，又能少纳租税。程颢认为这种办法不妥，不能为了官家的牧地断了百姓的生路。朝廷知悉情况后，又派遣官吏到扶沟责问程颢：为什么不执行朝廷的新法令！百姓们都愿意把农田变为牧地，你为什么不愿意？程颢耐心解释："百姓只知道今日把耕地变为牧地不加赋税，不知日后因增租致使田地被夺走。百姓们没有田地耕种何以为生？所以不能把千顷良田变为牧地。"朝廷派遣的官吏认为他说的有理，不但不再责问，还向程颢致谢说："我宁愿回去受处罚，也绝不再违背您的意见。"扶沟县的千顷良田得以保住，没有变成官家牧场。

六是重教化。程颢在扶沟任上，主张乡必有校，建乡校、社学多处。他亲自创建书院，选择县内有培养前途的百姓子弟就读，亲自书写"书院"字匾悬于大门之上。据《永乐大典·程子外书》记载："夫为令之职，必使境内之民凶年饥岁，免于死亡；饱食逸居，有礼义之训，然后为尽。故吾于扶沟兴设学校，聚邑人子弟教之，亦几成而废，夫百里之施至狭也。而道之兴废系焉，是数事皆未及成，岂不有命？然知而不为而责命之兴废则非矣。此吾所以不敢不尽心也。"扶沟教育在程颢重视倡导下，较前有很大发展。他创建的"大程书院"，虽经多次重修，一直延续至近代，为扶沟培养了大批人才。

五、地方治理和官吏政绩

宋金元时期，一些外籍官吏曾为政今周口一带，造福百姓，声誉颇佳；一些本地官吏为政朝廷或外地，政声卓著。

范仲淹（989－1052），苏州吴县人，北宋著名政治家、文学家。他致力于改革社会，提高自身修养，无论当时和后世，都被奉为"天下第一流"的楷模。宋仁宗天圣七年（1029年），他建言忤刘太后，上书请她撤帘，还政仁宗皇帝，被贬离京任河中府通判。天圣九年（1031年）三月，范仲淹迁太常博士、徙任陈州通判。范仲淹在陈州一是关心国事，勇于进谏；二是重视教育，兴办州学。

范仲淹任陈州通判期间，关心国家大事，建言献策，践行"先天下之忧而忧，后天下之乐而乐"的精神风范。当时，朝廷从陕西征购木材，运往京师，建造太一宫和洪福院。他上奏说："不久以前，昭应宫、宁寿观接连毁于火灾。上天的惩戒过去才不久，如今又大兴土木，破费民产，这可不是顺人心、合天意的事情，应该停止修建寺观，减少平常年景征购木材数量，免除民间在这方面的上供积欠。”他还建议按程序用人，说：“受到宠幸的人，不经有关部门任命手续，纷纷由皇宫里直接降敕授官，不是太平之政。”这些奏议虽未被采纳，仁宗却认为范仲淹忠心耿耿。刘太后死后，他被召回京师，做了右司谏。

欧阳修（1007－1072），字永叔，号醉翁，六一居士，吉安永丰（今属江西）人。北宋著名政治家、文学家、史学家。曾任龙图阁学士知开封府，枢密副使，参知政事。神宗即位后，因受诬告多次上书告老还乡。治平四年（1067年），他61岁时外任亳州知州。时亳州辖卫真和鹿邑两县，卫真县为老子故里。他非常乐意做管辖老子故里的长官，将卫真誉作“仙乡”，自喻为仙翁，并希望能终老仙乡。

欧阳修

欧阳修任亳州太守一年多时间，一是注重生产。《太清宫出城马上口占》：“拥旆西城一据鞍，耕夫初识劝农官。鸦鸣日出林光动，野阔风摇麦浪寒。渐暖绿杨才弄色，得晴丹可不胜繁。牛羊鸡犬田家东，终日思归盖挂冠”；《戏书示黎教授》：“古郡谯云亳陋邦，我来仍值岁丰穰。鸟衔枣实园林熟，蜂采桧花村落香。世治人方安垅亩，与阑吾欲反耕桑。若无颍水肥鱼蟹，终老仙乡作醉乡。”写出了他深入农家，注重农桑，鸟飞蜂忙，禾稼丰穰的田园风光和他“终老仙乡作醉乡”的心境。二是诗文著述。他对太清宫别有感情，写了不少关于老子故里的优美诗篇。《欧阳修全集·古诗》收录《太清宫出城马上口占》、《太清宫烧香》、《戏书示黎教授》、《郡斋书事寄事履》、《答子履学士见寄》等5首。欧阳修好古，在《欧阳修全集·集古录》里记录了太清宫：“于熙宁元年（1068年）二月十八日，余率僚属谒太清宫诸殿，徘徊两阙之下，周视八桧之异，窥九井禹步之奇，酌水以熟茶而归，熙宁元年二月十八日。”“余自至亳，始得悉阅太清之碑，甚佳者，皆入余集古录矣。乃知余之集录，所得多矣。惟两阙题名未有，今续录于此。熙宁元年二月十九日。”“右汉老子铭，按汉桓帝本纪云，延熹八年正月，遣中常侍从左悺之苦县祠老子，至十一月，又遣中常侍管霸祠之。而此碑云八月梦见老子而祠之。世言碑铭蔡邕集，今检邕集，无此文，皆不可知也。右真迹。”这些记载成为研究太清宫的珍贵资料。

陈襄（1017－1080），字述古，号古灵先生，北宋侯官县（今福建闽侯）南通古灵人。他因与王安石政见不合，宋熙宁四年（1071 年）出知陈州，五年（1072 年）五月知杭州，七年（1074 年）复知陈州。他不以迁谪为意，“襄莅官所至，必务兴学校。平居存心以讲求民间利病为急”（《宋史·陈襄传》）。陈襄在陈州一是重视教育，二是兴修水利。第一次出知陈州时，修建范仲淹拟修的学舍，与诸生讲《中庸》。熙宁八年（1075 年），陈襄修建州学署（亦称儒学署、学宫），设教授教育陈州子弟。第二次出知陈州时，修八字沟，排除城中水潦，使陈州百姓免受其害。熙宁九年（1076 年），陈襄奉召入京为枢密院直学士，知通进银台司，提举进奏院。

韩亿，字宗魏，真定灵寿人，后徙开封府雍丘（今河南杞县）。举进士，为大理评事、知永城县，有治声。韩亿通判陈州时，赶上河决，他自筹资金修筑大堤。《宋史·韩亿传》载：“通判陈州，会河决，治堤费万计，亿不赋民而营筑之。”

沈括（1031－1095），北宋杭州钱塘县人，著名科学家、政治家。《宋史》称赞他“博学善文，于天文、方志、律历、音乐、医药、卜算无所不能”。他著的《梦溪笔谈》，被英国科技史专家李约瑟称为“中国科技史上的里程碑”。嘉祐七年（1062 年），在宁国（属今安徽）治水有功，调任陈州宛丘县令。在陈州任上一是兴修水利，重视科学实践。二是研究医药，用道士服气法治疗民众宿疾。据《苏沈良方》卷四著录的沈括《服茯苓赋并引》载：“予少而多病，……平居服药，殆不复能愈。年三十有二，官于宛丘，或怜而授之以道士服气法，行之期年，疾良愈。”嘉祐八年（1063 年）参加科举考试，中进士。次年，离开宛丘，被朝廷派至扬州做司理参军。他在宛丘任职时间虽短，但他重视科学、好学不倦的精神给宛丘人民留下了深刻印象。

王回（1048－1101），字景深，北宋仙游县折桂里汾庄（今福建莆田县榜头镇云庄村）人，官至监察御史。曾任鹿邑县令，在任存心以公，莅事以勤，宽恤甲里，滞狱积案为之一清，政绩卓然。一年后将调任他职时，鹿邑里民获悉后，万余人联名俱状，陈列他的治绩，向朝廷请求让王回留任。朝廷观王回的才能和实干精神，是位难得的人才，把他调入京都，担任宗正寺主簿、睦亲宅讲书（皇族、亲眷子弟官学的教官）。

连庶，字居锡，安州应山人。举进士，调任商水尉，在任“兴学，尊礼秀民，以劝其俗；开濒淮田千顷，县大治”（《宋史·连庶传》）。

杨仲元，字舜明，宋代管州管城（今河南郑州）人。第进士，曾任宛丘主簿，爱民有方。有一年，陈州大旱，知州深居衙门不恤民事，百姓到衙门诉旱，知州闭门不见，说："我们这里没有发生旱灾，是狡吏私下诱导民众的结果。"杨仲元说："野无青草，公日晏黄堂，宜不能知，但一出郊可见矣！""狡吏"不是他人，实际上是杨仲元。这一年宛丘得以免税（民国二十二年《淮阳县志》）。

粘葛奴申，女真族，策论进士，"以严干称"。金末天兴初年（1232 年）五月，"擢为陈州防御使。时兵戈抢攘，道路不通，奴申受命，毅然策孤骑由间道以往。陈自兵兴，军民皆避迁他郡，奴申为之择官吏，明号令，完城郭，立庐舍，实仓廪，备器械。未几，聚流亡数十万口，米一斛直白金四两，市肆喧哄，如汴之阛铁，京城危困之民望而归者不绝，遂指以为东南生路。明年，哀宗走归德，改陈州为金兴军，驰使褒谕，以奴申为节度使。俄拜参知政事，行尚书省于陈。于是，奴申立五都尉以将其兵，建威来猪粪、虎威蒲察合达、振武李顺儿、振威王义、果毅完颜某，凡招抚司至者皆使隶都尉司"（《金史·粘葛奴申传》）。是时，交战无虚日，州所屯军有 10 万多人。奴申与官属商量说："大兵日至，而吾州粮有尽，奈何？"于是减少军粮供应，以致引起李顺儿、崔都尉等人的怨恨，后死于李顺之变。

武都，字文伯，东胜州（今内蒙古托克托县西白塔古城）人，金大定二十二年（1182 年）进士，曾任商水县令，治政有方。《金史·武都传》载：他治商水时，"凡奸民尝纵火行劫、椎埋发冢者，都皆廉得姓名，榜之通衢，约毋再犯，悉奔他境"。

乔维岳（926－1001），字伯周，南顿县人，生于五代后周。显德三年（956 年）进士，历任平舆令、高邮通判、淮南转运使等职。宋真宗赵恒为太子时，称赞他精明能干，继位后，任命乔维岳和毕士安共同掌管开封府，拜给事中、知审官院。咸平四年（1001 年），乔维岳任寿州刺史，病死任上，享年 76 岁。朝廷追赠兵部侍郎，拨专款安葬之。其政绩：

一是怀柔安民，维护大局。太平兴国三年（978 年），泉州陈洪向宋主进表，愿献疆土归附，并乞让其子文显留住，该州百姓对此不满。朝廷为了安抚民情，特选乔维岳为泉州通判。时仙游莆田、百丈镇一带 10 万余众百姓蜂拥转攻州城，监军何承矩、王文宝主张杀城民、烧府库而后逃离。乔维岳慨然抗议说："朝廷寄以绥远靖边，今惠泽未布，民心不服，反以屠城对之，这岂是主上旨意？"承矩等听后，同意坚守。福州转运使杨克让随后率兵救援解围。

二是悉心治淮，卓有成效。时淮河山阳一带，水势湍急，行船多遭倾覆。

乔维岳细心规划，开挖自末口至淮阴北磨盘口沙河故道20公里，清除淤沙，建设船闸、桥梁，使淮河漕运畅通无阻。乔维岳建立的河闸有闸门，具有积水泄洪功能，在全世界属首创，比欧洲建成第一个船闸（1375年）早389年。

三是勇于担责，处事得体。一次，乔维岳去泗州观察断狱情况，发现执法者错断导致囚徒死亡。乔维岳责问执法属官，属官自知获罪，趴在地上哭泣说：我今获罪不要紧，可80岁的老母没人奉养，也没法活了啊。乔维岳同情他的孝道，就对他说："以后按朝制复查这起案子时，你就说是转运使让这样判的。"后来那个属官果然没有获罪，但乔维岳被罚赎金120斤，并被解除转运使职务，调任楚州知州。后转任户部员外郎，兼度支判官。不久又回原所属的部曹任郎中，继而出任两浙转运使。其间，主持过怀州、沧州政务。朝廷考核地方官员，有人说乔维岳在淮南有决狱不公允事，知道事实真相的人就出面为他辩解。太宗特加赏他为"太常少卿"，成了常驻京城的重要官员。京城里杂事多，乔维岳都能周详敏捷地评处，不论褒奖还是贬谪别人，都非常适宜。

沈伦，字顺仪，北宋太康县人。少读诗书，学识广博。年轻时曾在嵩山至洛阳一带讲学。后汉高祖乾祐年间（948－950）跟随白文珂镇守陕西，受好友宣徽使昝居润举荐，宋太祖封为同州幕府，继任滑、许、宋三镇从事，掌管财物。太祖知其清正忠贞，乃任为户部郎中。他奉命出使吴越，得知民间饥荒，官兵却屯粮颇丰，有的已日久霉变。回朝后建议将陈粮借贷给贫民百姓，至秋收还新粮，既救民饥，又利国家，皇帝采纳了他的意见。建隆三年（962年），沈伦升任给事中，一年后任陕西转运使，朝廷出兵伐蜀时改任随军水陆转运使。诸将攻入成都后竞取财帛，唯沈伦独居庙院，洁身粗食，有献珍宝者，严词拒绝，东归时只带图书数卷，别无他物。太祖深感其廉，擢户部侍郎、枢密副使。开宝六年（973年）任中书侍郎平章事、集贤殿大学士兼管荆南、剑南水陆发运使。太平兴国初年升右仆射兼门下侍郎，监修国史。太平兴国五年（980年）监修《太祖实录》，六年（981年）加封开封府仪同三司。七年（982年），因同僚卢多逊犯罪未察觉，降为工部尚书。后告病辞官，79岁寿终，赠"侍中"，谥号"恭惠"。

郭僎，字同升，开封祥符县人。曾任鹿邑县丞，在任不畏强权，抗暴安民。《宋史·郭僎传》载："郡守以僎丞鹿邑，中贵人杨逢周率军士二百人，以捕寇为名入邑境，所至骚动。僎檄逢周取所受文书，逢周不与，僎令尉讥察之。逢周归，诉于徽宗，诏逮僎赴开封府狱，狱以状闻，乃使还任。"

元代，徐世隆、韩元善皆为朝廷所倚重，对朝廷大政方针的制定和实施产生了重要影响。

徐世隆（1206－1285），字威卿，陈州西华人。金正大四年（1227 年）中进士，朝廷任命他做县令。父亲告诫他说："你还年少，所学不多，不要忙于做官，应再多读书，增长知识，三十岁为官不晚。"他遂承父意辞官，更加努力学习。徐世隆谙熟掌故，明晓律令，元室典章制度多出其手。朝廷大政，咨询而后行。朝廷欲征日本，世隆上书竭力谏止。官至吏部尚书。至元十七年（1280 年），召为翰林学士、集贤院学士，皆以病力辞。著有《瀛州集》百卷、文集若干卷。文天祥被执陷狱，世隆作诗哭之，有"当今不杀文丞相，君义臣忠两得之"之句。

徐世隆政绩主要有二：

一是协助制定国策。元世祖忽必烈为世子时，屡率兵征战，元以奴隶贵族入主中原，所到杀戮掳掠，人民不堪其苦。世祖即位前于宪宗二年（1252 年）召见徐世隆，询问即将征伐云南之事，他说："孟子说过'不杀人的君王能统一天下。'君王不杀人能统一天下人，何况小小的西南一隅之地！"元中统四年（1263 年），世祖询问他关于中国古代尧、舜、禹、汤如何成为圣人的道理，徐世隆将《书经》中有关帝王的事加以讲解，著书进呈皇帝，世祖大喜，命翰林承旨安藏译成蒙古文进呈预览。至元元年（1264 年），徐世隆为翰林侍讲学士，兼太常卿，"朝廷大政谘访而后行，诏命典册多出其手。世隆奏：'陛下帝中国，当行中国事。事之大者，首惟祭祀，祭必有庙。'"（《元史·徐世隆传》）他还协助朝廷兴建太庙，迎奉祖宗神位。不久又兼任户部侍郎，受皇帝之命参与设立国家最高机构，确定内外官制。至元七年（1270 年），任吏部尚书，鉴于当时选任官吏无一定制度，因而著有《选曹八议》一文。

二是精通法律，善于断决冤案。至元九年（1272 年），徐世隆任东昌路总管，注重提倡道德，以理服人，不专靠刑罚，仅仅一年，该郡政治清明，人民称颂。至元四十年（1303 年），他升任山东提刑按察使，时有妖言惑众，衙门逮捕了数百人，他亲自加以甄别，误捕者十之八九，皆予释放。

韩元善（？－1352），字大雅，元代汴梁太康人。初为国子监生，任新州判官，累擢江南行台监察御史，历中书左司郎中、吏部侍郎、吏部尚书、佥枢密院事。至正三年（1343 年），拜中书参知政事。五年（1345 年），迁大司农卿，不久出任江南行御史台中丞、燕南肃政廉访使。九年（1349 年），召拜中书左丞、同知经筵事。"十一年（1351 年），丞相脱脱奏事内廷，以事关兵机，而元善及参知政事韩镛皆汉人，使退避，勿与俱，由是遂与右丞玉枢虎儿吐华同分省彰德以给馈饷。”

韩元善的政绩：一是敢建言，二是重教育。据《元史·韩元善传》记载：“元善性纯正，明达政体，扬历台阁三十余年，遂跻丞辖，以文学洽才，羽翼庙谟，论议之际，秉义陈法，不偭乡上官，国是所在，倚之以为重。……至正交钞初行，赐近臣各三百锭，元善复以买田六百亩，为义塾，延名士，以教族人子弟云。”

第二章　宋金元时期的经济

一、交通、水利

宋金元时期，特别是金、元统治中原时期，今周口一带处于京畿辅郡的特殊位置，水陆交通地位大为提高，空前发达。

宋代，陈州属京畿道，为水陆交通要冲，每10里或30里设邮铺，陈州驿有船4只。宋代邮务仅限附递官宦士绅家书，一般商人、平民不能使用。民间传递信札、钱物，或遣人远道专送，或托过路商贾、车夫捎转。

元朝幅员之大，盛于前代。驿路分布之广，也为前代所不及。在全国水陆通道上，遍设站赤（驿站），构成了以大都（今北京）为中心，通向全国的驿路交通网。元代境内驿站、急递铺并设。每10里、15里、25里不等设急递铺。驿站属汴梁路，《永乐大典》卷19442载汴梁路所辖水站有12处：汴梁站、通许站、崔桥站、常平站、陈州站、项城站、太和站、颍川站、夷陵站、颍上站、正阳站、界沟站。其中崔桥站、常平站、陈州站、项城站都在今周口地区境，4处水站共配船17只，其中陈州站配邮船4只，专供传递之用。主要驿路有两条，一是自汴梁经杞县、崔桥、太康、陈州至项城；一是自汴梁经朱仙镇、崔桥、蔡州至定远。两条驿路均可经汴梁通往大都（今北京市）。

北宋东京开封府有汴、惠民、金水、广济（五丈）四河，流贯城内，以通各地漕运，合称“漕运四渠”。据《宋史·河渠志》记载，汴都“有惠民、金水、五丈、汴水等四渠，派引脉分，咸会天邑，舳舻相接，赡给公私，所以无匮乏”。

惠民河，因通达蔡州，故又称蔡水、蔡河，其前身是战国时的鸿沟、西汉时的狼汤渠，魏晋时通称蔡水，为南北水运要道，唐末堙废。五代后周显德年间导汴水入蔡，重加疏浚，又称闵河。宋金元时期，多次进行疏浚以通漕运。宋太祖建隆元年（960年）四月，疏浚蔡河，设斗门以节制水势。建隆二年（961年）“正月，浚蔡渠……导闵水自新郑与蔡水合，贯京师，南历陈、颍，达寿春，以通淮右之漕，舟楫毕至，都人利之”（《玉海》卷二十二）。建隆三年（962年），诏发畿甸丁夫数万人疏浚蔡河，南入颍水。即由新郑附近，导引发源于今登封、密县境内的洧（今双洎河）、溉二水，凿渠东北经宋楼（今河南尉氏洧川镇南）、朱曲（今河南尉氏朱曲乡）二镇和中牟东，流入汴京，贯穿京城，南出与蔡河相接，循古浪荡渠南流经通许、扶沟、太康、宛丘（今淮阳）等地，至项城（今沈丘县城槐店镇）西蔡口镇（今淮阳窦门集至项城水寨镇一带）注入颍水，又东南至寿州（今安徽寿县）入淮。开宝六年（973年）改称闵河为惠民河（《宋会要辑稿》方域十六），东南称蔡河。后因惠民河和蔡河实为一条河流的两个河段，故有时称惠民河也包括蔡河河段。太平兴国“三年（978年）春正月……庚子，罢陈州蔡河舟算。辛丑，浚广济、惠民及蔡三河”（《宋史·太宗纪一》）。

蔡河是仅次于汴河的另一条南北水运要道，主要输送陈（今淮阳）、颍（今安徽阜阳）、许（今河南许昌）、蔡（今河南汝南）、光（今河南潢川）、寿（今安徽凤台）等州所提供的粮食，可是它所沟通的地区却不仅限于此。自开封沿蔡河南下入颍，由颍入淮，可达长江下游地区。自开封向西南经颍、沙等水可与邓州（今河南邓县）、襄阳府（今湖北襄樊）等地相通。惠民河作为北宋维系京师与西南地区的重要运河，岁输陈、颍、许、蔡、光、寿诸州漕粮60万石，兼钱帛盐茶杂物，尤以京师薪炭多取此路。宋时，惠民河直通开封，“陈、蔡之粟，自此入汴”（清《府厅州县图志》）。张方平说：“国家漕运，以河渠为主。国初浚河渠三道，通京城漕运。自后定立上供年额，汴河斛斗六百万石，广济河六十二万石，惠民河六十万石。广济河所运，惟给太康、咸平（今河南通许）、尉氏（今属河南）等县军粮而已。”（《资治通鉴》卷294，显德六年二月甲申）

金灭北宋定鼎中原后，汴河淤塞不通，非常重视惠民河这条交通线。“贞祐三年（1215年），既迁于汴，以陈、颍二州濒水，欲借民船以漕，不便。遂依观州漕运司设提举官，募船户而籍之，命户部勾当官往来巡督。”（《金史》卷二十七）

北宋为开通西南襄、汉漕路，两次开凿方城运河，欲壅白河回入沙、颍，接合惠民河，终因地形高仰复杂而失败。转而三次开修沟通汝、颍水与蔡河中游的运河。宋太平兴国元年（976年）自合流镇（今西华县逍遥镇）引汝水支流商水（今名沙河）北入颍水，复东流经西华县长平镇（今西华县董城）注蔡河，使豫西南地区与开封间水运不再绕行蔡口，省迂路500里，此运河亦属惠民河系统。

元祐六年（1091 年），苏轼以龙图阁学士出知颍州。是年夏初，开封以南积水为患，有些官员不究本末，引陂塘积水入惠民河，酿成陈州大水。陈州知州试图凿开黄堆，将陈州水放入淮河。苏轼得知，亲自派吏员勘测，发现淮河水涨，高于新沟近一丈，如果凿开黄堆，将造成淮水倒灌侵陈。于是立即申报朝廷，制止了开凿黄堆的错误做法。

金代，蔡水漕运仍通。据《元史·宪宗纪》记载：元宪宗五年（1255 年）“又以路东六十里皆水，可致宋舟，乃立栅水中，惟密置侦逻于所达之路，由是鹿邑、宁陵、考、柘、楚丘、南顿无宋患，陈、蔡、颍、息皆通矣。”

元初，涡河西起太康，东注淮泗，每秋霖水涨，商船往来，民亦稍赖其利，但不能久通舟楫。

金元之际，黄河屡次南决，夺蔡、颍入淮。至元泰定年间（1324－1327），蔡河河底填淤，高出两岸地面，形成了地上河。此后长期为黄河南决改道之一，渐成堙废。黄河夺淮后，淮河水系紊乱，汴渠废弃，蔡河失去往日地位。元代顺帝至正十一年到十三年（1351－1353）之间，工部尚书贾鲁自郑州引京水、双桥之水，经朱仙镇（今开封西南四十五里）南下，由周家口入沙河以通颍、蔡、陈、许之漕，后人称之为“贾鲁河”。这条河的上、下游分别相当于宋代金水河及惠民河故道。元代时，北宋漕运四渠均堙废，贾鲁河的开凿，恢复了河、淮之间的运道。

二、农业、林业和畜牧业

960 年北宋建立后，采取了宽松的农业政策，兴修水利，引进优良农作物品种，推广新农具，提高农耕技术水平。加之周口地区成为北宋王畿之地，政治、经济地位提高，促使周口一带的农业和畜牧业经济迅速恢复和发展。

一是劝农开荒。建隆四年（963 年）八月，宋太祖对全国下垦荒令云：“民能树艺、开垦者不加征，令、佐能劝来者受赏。”（《宋史·太祖纪二》）乾德四年（966 年）闰八月，宋太宗提出免租开荒的政策，又诏：“所在长吏，告谕百姓，有能广植桑枣开垦荒田者，并只纳旧租，永不通检。令佐能招复逋逃，劝课栽植，岁减一选者加一阶。”（《宋会要·食货一·农田杂录》）宋太宗至道元年（995 年），陈尧叟、皇甫选进言：“邓、许、陈、颍、蔡、宿、亳七郡民力耕种不及之处，官司闲田共二十三万余顷。”“自汉、魏、晋、唐以来，于陈、许、邓、颍暨蔡、宿、亳至于寿春，用水利垦田，陈迹具在。望选稽古通方之士，分为诸州长吏，兼管农事，大开公田”（《续资治通鉴长编》卷37）。宋太宗从之，即派大理承皇甫选等前往诸州巡视。宋太宗下令招引流民复业，垦荒农具不足，北宋政府“每岁于属县差借人户、牛具”，有时还贷给籽种、口粮等，这在一定程度上促进了周口一带荒田的开垦，不少无地浮客、客户得到田地，转化为自耕农。北宋初期，由于政府赋役太重，陈州一带垦辟田地的速度较为缓慢。至道二年（996年），皇甫选通过巡察再奏：“邓、许、陈、颍、蔡、宿、亳等七郡民力耕种不及之处，官司闲田共二十二万顷，凡三百五十一处，并是汉魏以来……邓艾等制置垦辟之地”（《宋会要辑稿·食货七》之3）。同年，太常博士陈靖奏言：“今京畿周环二十三州，幅员数千里之地，地之垦者十才二、三，税之入者又十无五、六，复有匿里舍而称逃亡，弃耕农而事游惰，赋额岁减，国用不充”（《宋史·食货上一·农田》）。直到北宋中期，“汝、颍、陈、蔡、许、沼之间，平田万里，农夫逃散，不生五谷，荆棘布野，而地至肥壤，泉源陈泽之迹，迤逦犹在。……自五代以来，天下丧乱，驱民为兵，而唐、邓、蔡、汝之间故陂旧堤，遂以堙废而不治”（苏辙《栾城集》卷10《进策五道·民政下》）。张方平《乐全集》卷四《屯田》也说：“淮阳、许昌、汝南之域，人稀土旷，地力不足。”可见当时周口一带田地荒芜、水利废弃之情形。为此政府仍行鼓励垦田之策，“只计每岁所垦田亩桑枣输税，至五年复旧，旧所逋欠，悉从除免”（《宋会要辑稿·食货一》之16）。并派陈靖为劝农使“按行陈、许、蔡……州，劝民垦田”（《续资治通鉴长编》卷40）。宋仁宗时对垦辟田地仍相当重视，周口地区的荒田逐步得到有效开发。为了促使各级官吏真正重视农业生产，宋政府建立了奖惩制度，将劝农纳入考核政绩的重要内容。宋徽宗政和二年（1112年）四月，诏县令以“十二事”（敦本业、兴地力、戒游手、谨时候、戒苟简、厚蓄积、备水旱、戒牵牛、置农器、广栽植、恤苗户、无妄讼）劝农，于各县境内“躬行阡陌，程督勤惰”，促进了地方农田的开垦。

二是兴修水利。北宋初，蔡河多次疏浚，在利于漕运的同时，也用于发展农业灌溉。元祐四年（1089年），陈州知州奏请在蔡水入颍处的古八丈沟（即古百尺堰）开浚分决，功成后谓之新河。政和元年（1111年），知陈州霍端友言：“陈地污下，久雨则积潦害稼。比疏新河八百里，而去淮尚远，水不时泄。请益开二百里，起西华，循宛丘，入项城，以达于淮”（《宋史·河渠六》）。这一建议获得批准并付诸实施。

三是设农师传授农业技术。太平兴国七年（982年）闰十二月，宋朝廷令诸州县设立农师，传授技艺。“凡谷、麦、麻、豆，桑、枣果实，蔬菜之类，但堪济人，可以转教”（《宋会要·食货志二·农田杂录》），并配合里正、村耆，组织开垦旷土，兴修水利。

四是推广使用先进生产工具。北宋初，统治者无偿提供、推广新农具，以促进农业的恢复和发展。北方旱地农具随着旱地耕作技术体系在魏晋时期定型，宋金元时期旱地农具在原有农具的基础上得到改进。典型农具有犁刀、耧锄、下粪耧种、砘车、推镰、麦笼、麦钐和麦绰等。耧车，原本是汉代出现的一种畜力条播农具，宋金元时期进行改进，发展出了耧锄和下粪耧种两种新畜力农具。宋太宗淳化五年（994 年），陈州等地发生牛疫，死亡过半。三月，“宋、亳、陈、颍州民无牛畜者，自挽犁而耕”。政府一面借钱给缺牛户，让他们到江淮一带购买牲畜，同时害怕农民耕种失时，推广使用曲辕犁、踏犁等先进生产工具，大大提高了生产效率。

宋代农业走向了更高程度的精耕细作，农作物不但抗灾力提高，而且丰产，以致粮价下降。据淮阳旧志记载，宋代小麦种植已相当普遍。端拱元年（988 年），小麦丰收，陈人曾向皇帝进献“瑞麦”。大中祥符元年（1008 年），京东西等路皆大丰收，米斗钱七八。大中祥符二年（1009 年），京西、江淮等路又获丰收，“京师粟斗钱三十”。天禧二年（1018 年），陈州斗麦三十。元丰七年（1084 年），京西路麦丰收。元祐二年（1087 年），京东西、开封府县“夏麦丰熟，谷价甚贱”（《续资治通鉴长编》卷 70、72、91、348、402）。

北宋中后期，周口地区农业经济又进入一个繁荣时期。时京西地区（包括周口一带）已是“畿甸之右，都邑相望，赋入浩繁，雄视他路”（刘一止：《苕溪集》卷 39《宋辉复秘阁修撰除京西路转运副使》），陈州成为人口流动的辐辏地区。陈州（崇宁间淮宁府）户口变化在《太平寰宇记》、《元丰九域志》和《宋史·地理志》有所记载。陈州在太平兴国年间（976－983），有人口 22911 人，到元丰年间（1078－1085），人口增长到 44233 人。但是到了北宋晚期崇宁年间（1102－1106），人口明显减少，下降到 32094 人。

北宋鼓励发展林业生产，对种桑、毁桑采取奖惩办法。宋太祖“建隆以来……申明周显德三年（956 年）之令，课民种树，定民籍为五等，第一等种杂树百，每等减二十为差，桑、枣半之。……令佐春秋巡视，书其数，秩满，第其课为殿最。又诏：所在长吏谕民，有能广植桑、枣，垦辟荒田者，止输旧租；县令佐能招徕劝课，致户口增羡、野无旷土者，议赏。”乾德四年（966 年）闰八月诏：“民能广植桑枣垦辟荒田者，止输旧租，……民伐桑、枣为薪，罪之。剥桑三工（宋制 42 尺为 1 工）以上为首者死，从者流三千里，不满三工者减为配役，从者徙三年。”至道二年（996 年）对逃民复业及浮客请佃者“以给授田土，收附版藉，……除桑功五年后计其租，余悉蠲其课”。(《宋史·食货上》)

金代以后，黄河长期南泛夺淮入海，河流淤浅，陂塘填平，黄淮平原水利设施全遭破坏，农业受到严重影响。周口地区每经一次战乱，积累的社会财富便焚荡一空，人口或被杀戮，或流亡南方。金人南下侵宋初期，实行烧杀掠夺，“初入中夏，兵威所加，民多流亡，土多旷闲”（《金史·食货志一》)。“初，敌纵兵四掠，东及沂（今山东临沂)、密（今山东诸城)，西至曹（今山东定陶西南)、濮（今山东鄄城北)、兖（今山东兖州)、郓（今山东东平)，南至陈（今淮阳)、蔡（今河南汝南)、汝（今河南临汝)、颍（今安徽阜阳)，北至河朔，皆被其害，杀人如刈麻，臭闻数百里，淮泗之间，亦荡然矣”（宋李心传《建炎以来系年要录》卷 4，建炎元年四月庚申)。“自靖康丙午岁金狄乱华，六七年间，山东、京西、淮南等路，荆榛千里，……盗贼、官兵以至居民更互相食”（庄绰:《鸡肋编》卷中)。宋军在被金军击溃撤退南下途中也多以抢劫、敲诈为生，使得周口地区民众的灾难雪上加霜。南宋建立后，金人在黄、淮之间建立傀儡刘齐政权，以作缓冲之区。刘豫对“河南”人民行苛政，“上自耆老，下至龆龀，微至倡优，无日不纳官钱”（《三朝北盟会编》卷 81)。周口地区人民在兵灾之余，又饱受虐政之苦。战乱与虐政使周口地区社会经济遭到很大破坏，到处呈衰败残破之景象，“陈、蔡、汝、颍之间，土广人稀”，于是采取“徙百姓以实其处，复数年之赋以安辑之”（《金史·曹望之传》)。“陈、颍去京不及四百里，民居稀阔，农事半废。”(《金史·把胡鲁传》)

宋金绍兴议和后，南北划淮水而治，淮北属金，淮南属宋，此后双方战事渐少，进入相对和平时期。金统治者为巩固统治地位，采取减免赋税、劝课屯田等措施，周口地区农业经济有所恢复，据《金史·五行志》记载：金宣宗兴定元年（1217 年）四月，“陈州商水县进瑞麦，一茎四穗”。兴定五年（1221 年）省臣奏：“今河南郡县多古所开水田之地，收获多于陆地数倍”（《金史·食货志》)。但是，还未达到北宋的水平。陈州在北宋时人口有 32094 户（《宋史·地理志》)，金代时只有 26145 户（《金史·地理志》)。从 1102 年到 1210 年的 108 年间，陈州人口数还未达到原有数目，足见社会经济恢复较为缓慢。

元朝统治者进入中原之初，正处在奴隶制发展阶段，掠夺财富是他们进行战争的目的，人力、牲畜都成为他们掠夺的对象。蒙古军所到之处，社会生产遭到严重破坏，人口急遽下降，土地荒芜。元至正年间“两淮以北，大河以南，所在萧条”（《元史·张帧传》）。汉唐时期黄淮平原的繁荣景象，如同隔世，已成梦幻。蒙古统治者很快面临对中原农业地区如何统治的尖锐问题，尝到了无限制掠夺的恶果。面对经济残败的景象，不得不采取“重农”、“劝农”措施：

一是屯田垦荒。周口地区元代的屯田约始于成吉思汗称汗后的十六年，开始是随营立屯，解决军需。元世祖忽必烈时屯田逐步成为重农措施的一个组成部分，“天下无不可屯之兵，无不可耕之地矣”（《元史·兵志三》）。忽必烈多次颁布诸王贵族不得因田猎践踏田亩和不得改田亩为牧场的禁令。当时天下屯田以河南行省居首，周口地区当为重要的屯田地区之一。

二是兴修水利。元代兴修水利的高潮主要在世祖、成宗两代，此后亦续有修浚。

三是重视农业经济作物的栽培。桑是传统经济作物，元代与粮食作物并重。至元二十三年（1286 年），元政府向所属各州县颁行《农桑辑要》一书，“蚕桑之术，畜孳之方，天时地利之所宜，莫不毕具”。《农桑辑要》颁行后，号称“利布四方，灼有明效”（《元文类》卷三六蔡文渊《农桑辑要》序）。至元七年（1341 年）颁布的“农桑之制”14 条中的“种植之制”规定，每丁岁种桑枣二十株，土性不宜可改种榆、柳等，数量同；每丁至少种杂果 10 株（以成活为准）。所在官司必须如实上报，否则即属有罪。

元初，棉花已从西北推广到周口一带。据元世祖至元十年（1273 年）《农桑辑要》载：“苎麻本南方之物，木棉亦西域所产，近岁以来，苎麻艺于河南，木棉种于陕右，滋茂繁盛，与本土无异，两方之民，深荷其利。”元代，棉花已在周口地区广泛种植。扶沟、太康、西华等县都有此时种植棉花的记载。棉花作为絮衬和纺织原料，非其他纤维品所能及，“且比之桑蚕，无采养之劳，有必收之效；埒之枲苎，免缉绩之工，得御寒之益，可谓不麻而布，不茧而絮”，“又兼代毡毯之用，以补衣褐之费”（王祯《农书·农器图谱集之十九·木棉序》）。棉花的广泛种植，改变了周口地区衣着原料单纯依靠桑树和大麻的历史。

四是实行村社制度。元初，北方农民成立了“锄社”，“先锄一家之田，本家供其饮食，其余次之，旬日之间，各家田皆锄治”。“间有病患之家，共力助之”，往往“苗无荒秽，岁皆丰熟”（王祯《农书》卷三《农桑通诀·锄治篇第七》）。元世祖至元七年（1270 年），政府下令在汉地立社，规定 50 家为一社，以“年高通晓农事有兼丁者”为社长。社长组织本社居民垦荒耕作，修治河渠，经营副业；元政府也通过村社组织，监视农民，禁止农民集会结社，宣传要农民服从蒙古统治（《元典章》卷二三《户部》九）。后村社制度遍行南北各地，与里甲制度并行，成为元朝统治和剥削农民的农村基层组织，在鼓励农业生产方面也起了一些积极作用，但旧的生产关系和社会积弊没有得到根本性改变，还带来了一些新的落后因素，土地兼并、集中程度十分严重，农民遭受的压榨和剥削也相当严重，加之吏治败坏、自然灾害等因素，至正四年（1344 年）和五年（1345 年），大河南北先旱后疫，赤地千里，人民死亡过半，周口地区的农业生产出现明显的衰敝气象。有些农民再度沦为奴隶或农奴。元朝的“驱口”或“驱丁”是主人私产，主人可以任意买卖，实际上就是奴隶。元法律规定：主人杀死无罪驱口杖八十七，良人打杀他人驱口杖一百七，和私宰牛马的刑罚几乎相等。驱口除供家庭劳役外，有的从事农业，有的还自有土地。世祖、成宗时，池州路达鲁花赤别的因在陈州等地买田 2 万亩，又买有马、牛、农具，督课奴隶 200 余人为其耕作（黄溍《黄金华集》卷二八《答禄乃蛮氏先茔碑》）。蒙古统治者在中原高度发展的农业经济影响下，不得不放弃落后的游牧经济和剥削方式，开始重视农业，蒙古的封建领主逐渐转化为封建地主。

中唐以降，随着均田制的最终瓦解和门阀世族日趋式微，土地所有权转移速度大为加快，贫富升降日趋激烈，荣辱兴衰变幻莫测。往日之豪门权贵、富家大姓，转眼间家道中落者比比皆是。自宋代始，科举制成为入仕主要途径，门第作用大为削弱，宗族宗法关系紊乱必然导致血缘宗法伦理观念的淡薄，以敬宗收族为宗旨的族田义庄，便成为维系和加强宗族内聚力、弘扬封建宗法伦理观念的强有力的经济手段。族田，顾名思义是指家族共有之田产。在宋明理学家倡导下，自宋至清的 900 余年中，以官僚缙绅为核心的地主纷纷编修族谱，兴置族产，制定家法家规，创办族塾义学，举行宗族祭祀，大力渲染尊尊、亲亲、敬宗、睦族的社会风气。皇祐元年（1049 年），著名儒相范仲淹开始创设族田，捐田赡族一时被看作是恢复、乃至重建已趋瓦解的宗法家族关系的最佳办法，赢得了士大夫们的交口赞誉。此后，官僚地主争相仿效。或捐割己产，或出资买田，或族人共同筹田立庄。元朝统治集团虽以蒙古族为主体，但程朱理学正式取得官方哲学地位，族田义庄仍有所发展。太康县人韩元善“效范文正公遗规，置田百亩，为义庄以周贫族”（《元史·韩元善传》）。

宋金元时期，是周口地区继魏晋南北朝后又一个民族融合的重要时期。金、元统治中原地区后，不少金人、蒙人内迁，或为官任职，或屯垦，或从军，或经商等，定居在周口一带，加速了地方民族融合，同时促进了地方经济发展。金人、蒙人一方面向汉人学习先进的生产技术和文化知识，另一方面他们也把较先进的畜牧业技术和农作物品种带到周口一带，与汉人一道共同为周口地区的发展作出了贡献。

虎邃，女真纳邻猛安。“虽贵家，刻苦为诗如寒士。喜与士大夫游。初受学于辛敬之，习《左氏春秋》。后与侯季书交，筑室商水大野中。恶衣粝食，以吟咏为事，诗益工。……甚有唐人风致”（宋刘祁《归潜志》卷三）。

乌林荅爽，女真世袭谋克。刘祁称其“风神潇洒，美少年。性聪颖，作奇语。喜从名士游。居淮阳，日诣余家，夜归其室，抄写讽诵终夕。虽世族家，甚贫。为后母所制，踰冠未娶。恶衣粝食恬如。遇交游，杯酒豪纵可喜。余谓使其志不辍，年稍长，则当魁其辈流。壬辰陈陷，赴水死，年未三十……其才清丽俊拔似李贺”（宋刘祁《归潜志》卷三）。

回回人进入周口一带屯田定居是在元代，一次是平金，一次是伐宋。《元史·兵志二·镇戎》记载：“河洛、山东居天下腹心，则以蒙古、探马赤军列大府以屯之，回回军士和妇孺被编入屯田。”元周密在《癸辛杂识》中说：“今回回人以中原为家。”穆斯林人阿力带领一支波斯色目人（回回人）来陈屯田，主要分布在今淮阳、项城、沈丘，其姓以穆、马、白、丁为多，他们是迁入周口地区最早的回族居民。在屯田区，回回人有的是聚居，有的是同汉族或其他民族杂居，回回人聚居的地方逐渐发展成为回族村镇。回回人在周口一带屯田不仅开荒种田，兴修水利，还传播种植秫、桑、麻、蒜的技术，对周口农业、畜牧业的发展也作出了一份贡献。

1217年，成吉思汗令国太师木华黎率探马赤军攻金，赤军初为蒙古五投下组成，后扩大汉人、波斯、畏兀儿（维吾尔）等族群参加，是攻金的主力军。有畏吾尔将领阔阔台和康里国木速蛮人答失蛮（从军教长）海鼻耳较早进入周口地区境内。《元史·察罕帖木儿传》载：“察罕帖木儿，字廷瑞，系出北庭（新疆巴里坤以西），曾祖阔阔台，至祖乃蛮台，父阿鲁温，皆家河南，为颍州沈丘人。”蒙太宗窝阔台平金后，按当时“上马则备战斗，下马则屯聚牧养”的政策，察罕所部及海鼻耳部分别留住沈丘和古项（今沈丘槐店镇），有的还担任了当地的总辖官，《新元史·乌马儿传》载：“乌马儿，陈州达鲁花赤。”

1258年，忽必烈将大批波斯人、阿拉伯人、回纥人编入“探马赤军”进入中原。忽必烈伐宋时，原被蒙古大将曷思麦里征服的波斯倪沙步耳（今伊朗尼沙普尔地区）部落，被征调到宛丘、项城、沈丘一线驻防，这支队伍的首领为穆罕默德阿李。1273年忽必烈下诏：“令探马赤军随地入社，与编民等”，这批军士由兵转民，留居周口一带。据沈丘至元清真寺《重修清真寺碑记》载：“殆元世祖忽必烈至元十年，驱使被征服回疆及波斯人移中原，以波斯人穆罕默德阿李为首，驻屯古项之秣陵。”今沈丘县城东关大什字西侧有一口元代古井，名“四沿井”（1982年城区扩建时用板盖入地下），就是阿李所部为军中穆斯林饮用和沐浴之需在4个营队中间开凿的，提水时4个营队站在四边井沿上同时提水，封闭式使用，以保持教门之纯洁。至20世纪80年代初的700余年里，“四沿井”一直是当地回族穆斯林的专用井。沈丘的古寺、古井是元代回族先民留居周口的历史见证。

宋代，饲养家畜盛行。张耒的诗作《春日怀淮阳六绝》中有“莽莽郊原带古丘，渐渐陇麦散羊牛”的句子。金、元两代是游牧民族建立的政权，畜牧业是他们的优势所在，他们在统治周口地区期间曾大规模发展畜牧业，从而提高了畜牧业在整个经济中的比重，对传统农业区周口一带社会经济的发展产生了深远影响。

三、手工业、商业和城镇发展

宋金元时期，周口地区在农、林、畜牧业恢复发展的基础上，手工业、商业和园艺、花卉业得到一定程度发展，城镇发展达到新水平。

一是传统城市和商业进一步发展。陈州在京都东南125公里处，为京畿“辅郡”（京师之屏障），称淮宁府。这里水陆交通便利、经济富庶、文物繁盛，张耒称誉为“大都会”。宋代，蔡河舟楫如梭，陈州成为工商业和粮食贸易之要埠。今西华逍遥镇在汉代时地处颍水和溵水合流处，故名合流口，唐宋时改为合流镇，又称小陶、小窑。宋代时合流镇工商业已较为繁华，中央政府因而特别在此设立清水县，管辖今西华县全境和今上蔡、郾城、商水等县的部分乡镇。宋代清水王知县曾有感而发：“百业俱兴数小窑，官顺民安世称道。天时地利随人意，任职四载乐逍遥。”

淮阳南坛湖出土的北宋剔刻花瓷罐

金代，周口地区出现了较大城镇10多处。《金史·地理志中》记载，除扶沟旧有赤仓镇外，还有建雄、义店2镇，太康有崔桥镇（今属扶沟县），南顿有殄寇镇（今项城秣陵），西华有长平镇，鹿邑有战城镇，卫真有谷阳镇，沈丘有永安镇。临颍合流镇（今西华逍遥镇）也是当时名镇。

北宋时，城市金融业和税收有一定发展。各县城出现了典当业。太康县的商业税收较高，时有民谣云："金杞县，银太康，不及祥符一后晌。"从一个侧面反映了北宋时城市的繁华。元代的城市经济在金代经济遭受破坏的基础上缓慢发展。

二是手工业进一步发展。宋代时，宛丘县城湖就产芦苇、蒲草。其他各县沟渠水塘也都散植芦苇，为蒲编、苇编手工业生产提供了丰富的原材料。宋庆历元年（1041年），宛丘流传着"东关的蒲席、南关的蒲包，三官庙的蒲扇不用挑"的民谣，可见宛丘蒲编手工业的发达。

北宋，真源县的草编业也较为发达，草帽成为有名的手工业品，畅销于附近各县和汴京地区。北宋初，真源县就有掐辫缉帽者。宋灭南唐之际，后主李煜身边的董侍卫战败后逃回到家乡卫真（今鹿邑县）城南的董庄，其女董月英以麦莛掐辫缉帽，乡邻竞相仿之，遂流传开来。宋中叶产品销往京都汴梁。

元代，随着棉花、苎麻的广泛种植，棉麻纺织手工业得到发展。据王祯《农书》卷二一记载："夫木棉产自海南，诸种艺制作之法骎骎北来，江淮川蜀既获其利。至南北混一之后，商贩于北，服被渐广，名曰'吉贝'，又曰'棉布'。"元初，棉纺织技术从南方传到北方内地，棉布业开始起步。陈州在先秦时已产苎麻，《诗·陈风·东门之池》："东门之池，可以沤纻。"元代，"目今陈、蔡间，（苎麻）每斤价钱三百文，已过常麻数倍"（《农桑辑要》卷二《苎麻》）。元代苎麻传入中原后，遂又增添了新品种——苎麻布，以陈州、蔡州（今河南汝南）最为发达，二三斤织布一匹，技术高超的织工1斤织布1匹，次者1斤半1匹，再次者2斤、3斤1匹，其布"柔韧洁白，比之常布又价高一二倍"（《农桑辑要》卷二《苎麻》）。这不仅丰富了纺织品市场，又增加了农民收入。

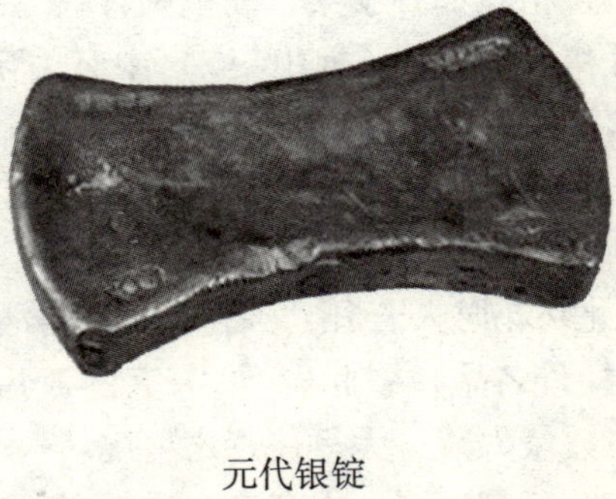

元代银锭

元代周口地区就使用木制纺车、织机纺线织布。农村妇女所织出的白土布多为自用，少量出售，直至建国初期，农民仍以此为副业。

1985 年，今商水县固墙镇固墙村农民何刚在自家宅院建房时挖出元代金银器数件，主动捐献给故宫博物院。其中元代银镀金錾花双凤穿花玉壶春瓶，高 30.4 厘米、口径 6.4 厘米、足径 7.2 厘米。瓶银胎制，造型仿同时期瓷器。圆唇敞口，细颈鼓腹，平底下接外展圈足。瓶外通体银镀金，腹部錾花双凤穿花纹。外底足内有压印“樊”字。錾刻精细，线条流畅，色彩金碧辉煌，反映了制作工匠的艺术修养，代表了元代银器工艺的高超技艺。

银镀金錾花双凤穿花玉壶春瓶

三是园艺种植业发展起来。据《东京梦华录》载：“大抵都城左近，皆是园圃，百里之内，并无闲地。”古人称“谷不熟曰饥，菜不熟曰馑。”蔬菜不仅可以助味，而且可以转卖赚钱，救饥度荒，人们日常生活须臾不可离。谷物一旦歉收，蔬菜就成为唯一的食物来源。北宋，周口地区的蔬菜在农业生产中的地位有所提高，特别是扶沟地处京畿，园圃蔬菜种植已较为有名。扶沟榆林、郁岗的白菜、大头青萝卜以品质优良畅销京城。

四是陈州花卉业繁盛。宋代，“洛阳牡丹甲天下”。洛阳之外，陈州牡丹最为知名。陈州牡丹之盛比之洛阳有过之而无不及。熙宁四年（1071 年），陈州教谕苏辙在《李简夫少卿诗集序》中记述：“陈人喜种花，比于洛阳。每岁春夏游者，相属弥月。”北宋末，战乱不断，洛阳牡丹衰退，陈州牡丹取而代之。据宋张邦基《墨庄漫录》卷九《陈州牡丹记》（成书于政和三年即 1113 年或之后不久）载：“洛阳牡丹之品见于花谱，然未若陈州之盛且多也，园户植花如种黍粟，动以顷计。”足见其规模之大。北宋著名诗人张耒在《宛丘集》（又称《柯山集》）中有关宛丘牡丹的诗篇，描写了北宋时宛丘牡丹的盛况。熙宁五年（1072 年），张耒第一次赏宛丘牡丹时，写了《同李十二醉饮王氏牡丹园》七律二首，第二首写道：“吹尽纷纷桃李尘，天香国艳一翻新。正过谷雨初晴日，分得西都（洛阳）大半春。”此后在《惠牡丹》中说：“此邦花时人若狂。”在《生日赠潘郎》中说：“恨君未到淮阳市，一见姚黄（牡丹名品）慰此生。”宋室南渡后，牡丹栽培中心南移，陈州虽仍有栽培，但数量大减，无复往昔之盛况。

五是出现地方名产。欧阳修《戏书示黎教授》中有“蜂采桧花村落香”

句，是指鹿邑太清宫的一大名产桧花蜜。陆游曾到过太清，他在《老学庵游记》中载："亳州太清宫多桧树，桧花开时蜜蜂飞集其间，不可胜数，作蜜极香，而味微带苦，谓之桧花蜜。"北宋苏颂亦对太清桧花蜜作过评价，他在《图经本草》中说："亳州太清宫有桧蜜，色小赤，可与宣州黄连蜜媲美。"沈丘兆丰酒创于元代，较为知名。

第三章 宋金元时期的军事

一、宋金时期的军事

宋金时期，周口一带的战争一是宋金交兵，二是民众起事。

南宋初，金兵南下攻城略地，周口地区沦陷为金国统治地域，这里成为宋金交兵的边境地带。南宋统治者为收复失地，多次北伐，宋、金屡次在周口一带交兵。农民起义也时有发生。

建炎二年（1128 年）二月，金兵进犯淮宁府，知府向子韶守城战死，不少淮宁民众被大肆劫掠至河北。据《宋史·忠义列传二·向子韶》记载："建炎二年，金人犯淮宁，子韶率诸弟城守，谕士民曰：'汝等坟墓之国，去此何之，吾与汝当死守。'时有东兵四千人，第三将岳景绶欲弃城率军民走行在，子韶不从，景绶引兵迎敌而死。金人昼夜攻城，子韶亲擐甲胄，冒矢石，遣其弟子率赴宗泽乞援兵，未至，城陷。子韶率军民巷战，力屈为所执。金人坐城上，欲降之，酌酒于前，左右抑令屈膝，子韶直立不动，戟手责骂，金人杀之。"同年，金人再犯河南，宋授韩世忠为鄜延路总管，加平寇将军，驻屯淮宁。

建炎三年（1129 年）正月丙午，"金兵执淮阳守臣李宽，杀转运副使李跋，以骑兵三千取彭城"（《宋史·高宗纪二》）。

建炎四年（1130 年）十月，宋淮宁镇抚使冯长宁以城附刘豫。不久，金阿鲁补干里攻占沈丘。同年，金建立伪齐傀儡政权，册封降臣刘豫为帝，统治陕西、河南地区，周口一带处于伪齐政权统治之下。

绍兴六年（1136 年）正月，金兀术进犯淮宁，韩世忠引兵退据楚州（今江苏淮安）。二月，岳飞、韩世忠等奉命北伐。韩世忠从楚州出发渡过泗、淮二水，挺进至陈州城下，派呼延通与金兵交战，力擒金将叶赫贝勒。金兵蜂拥而至，将韩世忠团团围住，韩世忠奋力死战，突出重围，与呼延通等合兵一处攻打金兵，金兵败至陈州城内。韩世忠遂对陈州城展开攻势，金兵凭借陈州城坚濠阔坚守不出，韩世忠连攻6日不克。金元帅宗弼（即金兀术）与伪齐政权刘猊闻知韩世忠围攻陈州，派大军救援。韩世忠在内外夹击的困境下，寡不敌众，退兵楚州，陈州仍在伪齐统治之下。南宋统治集团内部矛盾重重，秦桧等投降派得势，岳飞等人被召回鄂州（今湖北武昌），此次北伐半途而废。

绍兴七年（1137年），金废伪齐政权，表示愿将伪齐旧地划归南宋，但要求南宋向金称臣纳贡。十月，金兵戍守淮宁。绍兴八年（1138年），金兀术遣王伯龙攻取陈州。天眷三年（1140年），“宋岳飞、韩世忠分据河南州郡要害，复出兵涉河东，驻岚、石、保德之境，以相牵制。宗弼遣孔彦舟下汴、郑两州，王伯龙取陈州……”（《金史·宗弼传》）

岳飞，字鹏举，河南相州（今河南汤阴县）人，南宋著名抗金将领。他的军队军纪严明，作战英勇，号称“岳家军”，深受人民的爱戴。岳飞多次遣将收复陈州失地。至今在淮阳民间传扬。

绍兴九年（1139年）初，秦桧代宋高宗赵构拜受金国诏书，与金议和，金将陕西、河南地区划归南宋，周口地区又重新置于南宋统治之下。绍兴十年（1140年）五月，宋金议和不到一年，金兀术就毁约南侵。五月下旬，赵构获知金人向河南、陕西进军的消息，连续以《御札》督催岳飞做应急军事准备，命他派部队去应援在顺昌（今安徽阜阳）抗敌的刘锜。“但虏酋在近，事机可乘，已委卿发骑兵至陈、许、光、蔡，出奇制变，因以应援刘锜。”六月十九日，又钦命岳飞“驰骑兵兼程至光、蔡、陈、许间，须七月以前乘机决胜，冀有大功，为国家长利”（《金佗稡编》卷二《高宗皇帝宸翰》）。

绍兴十年（1140年）六月，淮宁府知府李正民以城降金，陈州再次陷入金人之手。岳飞再次从鄂州（今湖北武昌）出兵北伐，金兵在顺昌府（今安徽阜阳）告急，“兀术在汴闻之，即索靴上马，过淮宁留一宿，治战具，备糗粮，不七日至顺昌”。刘锜在岳飞的支援下奋力抗击金兵，金兀术兵将“什损七八，至陈州，数诸将之罪，韩常以下皆鞭之，乃自拥众还汴”（《宋史·刘锜传》）。顺昌之战阻遏了金军南侵，稳定了局势，金军从全面进攻转为部分防守。宗弼返回汴京后，以昭武大将军韩常守颍昌府（今河南许昌），翟将军守陈州，三路都统阿鲁补守商丘（宋称应天府，金称归德），建立起汴京的外围防线。

绍兴十年（1140年）六月二十三日，担任岳家军先锋的统制官孙显在蔡州和陈州之间，打败排蛮千户的金军。闰六月中旬，岳家军北伐进入中原后，在各地义军的配合下，一路势如破竹。闰六月二十日岳飞部将张宪克复颍昌府城，金人韩常的部队退回陈州。岳飞遣牛皋、徐庆率部与张宪会师。二十四日，张宪、牛皋等进军陈州，当日午时在行进到距陈州15宋里的地方与金骑3000多人遭遇，激战后金军退缩陈州城。岳家军击破金军，分兵数路追击。金方翟将军率领驻守陈州城兵马和开封府援军，于城外几宋里处“摆布大阵”。张宪等“鼓率将士，分头入队掩击”，金军大败，张宪收复陈州城。此战金兵伤亡惨重，王太保被捉获，岳家军夺得不少战马（《金佗稡编》卷一六，《陈州、颍昌捷奏》；《建炎以来系年要录》卷一三六，绍兴十年闰六月丙申记事）。

陈州收复后，岳飞命刘永寿“权知淮宁府”。张宪等部奉命向颍昌府界转移，准备集结力量攻取汴京。七月中旬的一天，金军一部突然攻打陈州，刘永寿未作认真抵抗，“将带人兵，弃城前来”郾城岳家军大营。岳飞大怒，将刘永寿撤职，另派胜捷军统制赵秉渊收复陈州。七月二十三日，赵秉渊到达陈州任。岳飞已于七月十七日奉诏被迫南撤，赵秉渊仍坚守淮宁府。

八月六日，金军又围攻陈州，岳飞遣统制官李山、史贵和韩直率军救援赵秉渊，与金兵战于城下，打败金兵，解了陈州之围。据《三朝北盟会编》卷二〇四记载：“（绍兴十年八月）六日丁丑，李山、史贵、韩直败金人于陈州。初，张宪得陈州也，岳飞令统制赵秉渊守之。金人围陈州，飞统制李山、史贵，刘锜防军统制韩直及金人战于城下，败之。”《建炎以来系年要录》卷一三七中记载：“统制官赵秉渊知淮宁府，飞还至蔡州，命统制官李山、史贵以兵援之，遂遣诸将还武昌。”赵秉渊进入陈州没几天，就不得不撤退了（《金佗稡编》卷一八《论刘永寿等弃淮宁申省状》、《差赵秉渊知淮宁府申省状》）。

岳飞绍兴十年（1140年）北伐的班师，历来有两说：一是军事情势不利说，二是奉诏班师说。前一种说法也有史料记载。绍兴十年七月，刘锜任淮北宣抚判官，时岳飞北伐驻颍昌（今河南许昌），而张俊已自亳州退兵，岳飞已陷入于孤军作战地位，告急于刘锜，刘锜派部将雷仲出兵牵制，进抵太康。《宋朝南渡十将传》卷一《刘锜传》记载：“自闰六月至七月，世忠取海州，俊取亳州、宿州，飞取蔡州、陈州，京东、西响应。岳飞军屯颍昌，别军屯郾城，兵断不得合。遣骁将杨再兴击贼，不利，再兴战殁。飞以急告锜，或言：‘当言于朝，而后发兵。’锜曰：‘皆王事也，待报则无及矣。’遂往助之，即遣别将雷仲、柳倪直趋太康县。诸将曰：‘贼在沙河，而诣太康，非路也。’锜曰：‘第如言，我军至太康，彼必退矣。’其夜，军至太康，虏果解去。”又据《宋史·刘锜传》记载：“七月，命为淮北宣抚判官，副杨沂中，破敌兵于太康县。未几，秦桧请令沂中还师镇江，锜还太平州，岳飞以兵赴行在，出师之谋寝矣。”同月，宋将刘锜、杨沂中破金兵于太康。又据《三朝北盟会编》卷205《淮西从军记》说：“闰六月至七月，世忠取海州（今江苏连云港）、俊取亳州，又取宿州，飞取蔡州，又取陈州。京东西皆响应。继而三帅相继班师。飞方至陈州，而俊已定宿、亳，遂还寿春，引兵南渡而归。金人探知，于是并力以御，飞兵不能支，几败，告急于锜。锜为出兵牵制，抵太康，金人乃退，飞军得还。”

天会九年（1131年），“梁王宗弼复河南，将攻陈州，遣胡里改以甲士三十捕侦候人。至蔡州西，遇兵八十余，战败之，获南顿县令。及攻陈州，夜将四更，忽闻敌开门溃走，胡里改亟领二谋克军追及之，而猛安突葛速亦领军继至，大败之”（《金史·乌延胡里改传》）。

绍兴三十二年（1162年），宋军收复蔡州，淮宁大户人家出身的陈亨祖起事，攻占淮宁，抓获金知州完颜耶鲁，以其城归宋。宋廷封他为忠州刺史、知淮宁府。金兵攻城，亨祖力战而死，举家50余人皆未幸免。《陈州府志》载：“绍兴三十二年三月，金人攻淮宁，淮宁守臣陈亨祖战死，宋将杜彦救淮宁，大败金兵。”淳熙五年（1178年），金兵再次攻入淮宁。

南宋建炎元年（1127年）七月，淮宁杜用率数万人起义，遭到都统制王渊的镇压。建炎三年（1129年）正月，起义军张用、王善攻淮宁府，守臣冯长宁坚守抵抗，义军围城2月后解去。（《宋史·高宗纪二》载：三年春正月“庚子，张用、王善寇淮宁府，守臣冯长宁却之”。）后张用等人附宋抗金。

宋朝实行“募兵制”。当时内地有3种军队：一是禁军，为皇帝亲兵，驻守京师，兼备征战，属北宋正规军；二是厢兵，为各州募集的地方军，不进行训练和作战，只在地方服杂役；三是乡兵，在地方上征募，经过训练，防守地方。

二、元代的军事

元代的战争一是元军平金；二是民众起事。

1. 金元交兵

贞祐五年（1217年）“八月……乙丑，宋人掠沈丘，杀县令”。同年闰十二月“壬寅……陈、亳等州，鹿邑、城父诸县，盗蜂起，趣枢府遣官讨之。捕盗军所过残民，遣御史一人按视。军所获牛，有司以官钱收赎”《金史·宣宗纪下》。

金正大九年（1231 年）正月，元骑兵自邓州（今河南邓州市）北上至亳州，包抄鹿邑（治今鹿邑县试量镇西北），驻扎在卫真（治今鹿邑县城）西北 50 里处。鹿邑县令高昂霄得悉太康已降，便夜间绕道亳州，到达卫真，与卫真县令楚珩一同逃奔亳州，卫真、鹿邑降元，两县遂被元军占据。（《金史·粘哥荆山传》记载：正大“九年正月己丑，游骑自邓至亳，钞鹿邑，营于卫真西北五十里。鹿邑令高昂霄知太康已降，即夜趋亳，道出卫真，呼县令楚珩约同行。珩知势不支，即明谕县人以避迁之意，遂同走亳。丁未，二邑皆降。”）

金开兴元年、元太宗四年（1232 年），蒙将薛塔剌海“取鄢陵、扶沟”（《元史·薛塔剌海传》）。

元太宗五年、金哀宗天兴二年（1233 年），蒙军攻占汴京后攻打睢阳，蒙将刘斌驻军于杏堆。杏堆距陈州 70 里，刘斌听说金军屯兵于陈州近郊，乘夜突袭，大败金军。蒙军乘胜攻克太康，金兵望风披靡，守将被擒。据《元史·刘斌传》记载：“岁壬辰，（刘斌）攻河南，以功授中翼都统。攻睢阳军，军杏堆，距陈州七十里。闻陈整军于近郊，斌率众夜破之。又击走太康守兵，擒其将，三日，太康陷。荣言于帅阿术鲁曰：‘太康之平，摧其锋者，斌也。’”又据《新元史·刘斌传》记载：刘斌“从攻归德，军杏堆，距陈州七十里，闻金兵屯州城外，斌率众夜破之。又袭败太康兵，拔其城。”

金哀宗天兴二年（1233 年），蒙古军攻破汴京，金哀宗逃至蔡州（今河南汝南）。蒙金战争以河南区最为激烈，而周口一带地处汴京、蔡州之间，所受破坏最为严重。蒙古军“所过无不残灭，两河山东数千里，人民杀戮几尽，金帛子女牛羊马畜皆席卷而去，屋庐焚毁，城郭丘墟”（《建炎以来朝野杂记》卷 19《鞑靼款塞》）。金亡后，蒙古军“西起穰、邓，宿重兵与襄阳制阃犄角，东连陈、亳、清口、桃源，列障守之”（苏天爵：《元朝名臣事略》卷 8《万户张忠武王》）。

蒙古军攻略周口一带时大肆杀戮，社会经济遭严重破坏。除屠杀外，蒙古军还掳掠包括周口地区在内的河南人口，苏天爵《元文类》卷 57《中书令耶律公神道碑》载：“河南初破，俘虏者不可胜计”。蒙古统治者曾行“徙遗民实北边”之策，把河南、淮北居民迁徙河北，淮北人口散亡，“饿殍盈道”（《元史·宋子贞传》）。

元朝取得政权前实行“落兵制”，即本部落 15 岁至 70 岁男子全部当兵，上马作战，下马畜牧。本族人编为蒙古军，其他少数民族合编为“探马赤军”。进入中原后，抽调20岁以上汉人，编为汉军，作为守卫当地的地方军。中统元年（1260年）五月，诏汉军万户屯驻各地，“扶沟马军奴一百二十九人”，太康驻扎弩军2800人。中统二年（1261年）三月“辛酉，诏太康弩军二千八百人戍蔡州”（《元史·世祖纪一》）。

2. 民众起事

金兴定五年（1221年），宋攻打沈丘，杀死沈丘县令。

金贞祐三年（1215年），太康人刘全等进入卫真境内活动，刘全自称“爱王”，酝酿起事，由于事泄，刘全等人被捕杀。兴定二年（1218年），亳州人孙学究等假说刘全未死，“爱王终当奋发”，卫真百姓王深等人皆信之，密议起事，被官府发觉，52人被杀。兴定五年（1221年），鹿邑、卫真、城父（今安徽涡阳）等县农民纷纷反抗官府，官兵以缉拿为借口，滥杀无辜，抢掠财物，残害百姓。据《金史·世宗诸子·永中传》记载：“贞祐三年，太康县人刘全尝为盗，亡入卫真界，诡称爱王。所谓爱王，指石古乃。石古乃实未尝有王封，小人妄以此目之。刘全欲为乱，因假托以惑众，诱王氏女为妻，且言其子方聚兵河北。东平人李宁居嵩山，有妖术。全同县人时温称宁可论大事，乃使范元书伪号召之。宁至，推为国师，议僭立。事觉，全、温、宁皆伏诛。贞祐四年，潼关破，徙永中子孙于南京。兴定二年，亳州谯县人孙学究私造妖言云：‘爱王终当奋发，今匿迹民间，自号刘二。’卫真百姓王深等皆信以为诚然。有刘二者出而当之，遣欧荣辈结构逆党，市兵仗，大署旌旗，谋僳立。事觉，诛死者五十二人，缘坐者六十余人。”

开兴元年（1232年）正月，扶沟民钱大亨、李钧起事，杀死县令王浩、主簿刘坦、县尉宋乙等人。《金史·哀宗上》载：开兴（1232年）“壬寅，扶沟民钱大亨、李钧叛，杀县令王浩及其簿尉。”《金史·王浩传》载：“开兴元年正月，民钱大亨等执县官送款于北，大亨以浩有恩于民，不忍加刃，日遣所知劝之降，浩终不听，于是杀之，无血。主簿刘坦、尉宋乙并见害。弃尸道路，自春徂夏，独浩尸俨然如生，目且不瞑，乌犬莫敢近，殆若有神护者。”

魏琰，字子浩，以父恩授秘书省正字，为吏强敏。“尝通判陈州，适岁饥，百姓相率强取人粟，坐死者甚众，琰曰：‘此迫于穷饿，岂得已者。’坐其首黥之”（《宋史·魏琰传》）。

元末，政治黑暗，统治阶级内部政局动荡。蒙元政府横征暴敛，土地高度集中，社会经济衰败，阶级矛盾和民族矛盾激化。元顺帝至元三年（1337年），棒胡在信阳、陈州、鹿邑等地发动领导农民起义。棒胡，名胡闰儿，陈州（今淮阳县）人，善于使棒，因称“棒胡”，是河南很有影响的一个白莲教主。陈州、鹿邑、信阳等地都有他的徒众。至元三年（1337年）春，他以烧香聚众，在信阳州（治今河南罗山）起义，称李老君天子，置弥勒佛小旗、紫金印、量天尺等，其他部众攻破归德府鹿邑县，焚烧陈州，震动河南。次年为元将庆童所败。

至正十一年（1351年）五月，白莲教领袖韩山童及其门徒刘福通发动和领导的农民起义爆发，起义者头裹红巾，故称红巾军。红巾军占领颍州（今安徽阜阳），据攻克上蔡（今河南上蔡），元朝派遣大军镇压，被起义军打败。红巾军继克亳州（今安徽亳州市）、项城（今沈丘槐店）等地，砸牢狱，释冤囚，开仓济贫，农民多响应，随之转战南北。九月，克汝宁府（今河南汝宁），进而克息州（今河南息县）、光州（今河南潢川）。江淮各地百姓纷纷响应，起义军队伍迅速发展到10余万人。

至正十六年（1356年）十二月，元政府派枢密院大臣托欢至亳州督师镇压红巾军。河南行省平章答失八都鲁与其子孛罗帖木儿率军与刘福通起义军交战。一天，元军主力由陈留进逼太康，夜袭高柴店（在扶沟、太康两县之间），击退义军500余骑，拂晓前追至太康，乘势攻城，经8个小时的激战，元军攻占太康，义军将军张敏、孙韩等被俘。

红巾军遭到了元军和沈丘人察罕帖木儿等地方武装的残酷镇压。察罕帖木儿（？－1362），字廷瑞。汉姓李，又称李察罕，祖籍北庭（今新疆吉木萨尔北，即元之别失八里）。他的曾祖阔阔台，元初随军攻取河南，以探马赤军户留居。他的祖父蛮台、父阿鲁温皆居河南，遂为颍州沈丘（今安徽临泉西北）人。察罕帖木儿自幼攻读儒书，曾应进士举，名闻乡里。至正十二年（1352年），察罕帖木儿率先组织地主武装，纠集当地数百人，号称义兵，并与罗山县典吏李思齐组织的地主武装联合，以计袭破罗山。时元廷官军破红巾军无方，忽有地主武装收复城池，因而大加赞赏，授察罕帖木儿为中顺大夫、汝宁府达鲁花赤，李思齐为汝宁府知府。元廷非常重视利用地主武装，在河南、淮南等地立义兵万户府、毛胡芦（乡人自相团结之意）义兵万户府等，“免其差役，令讨贼自效”（《元史·百官志》）。察罕帖木儿义兵在元廷支持下发展到万人，自成一军，屯驻沈丘，与刘福通部红巾军屡战告捷，迫使北方红巾军一度处于低潮。

至正二十六年（1366年），起义军夺取颍州，察罕帖木儿的外甥扩廓帖木儿竭沈丘城中军民北遁，沈丘城空遂废。

第四章　宋金元时期的文化

一、州学、县学的兴办与教育发展

府县儒学，又称黉学等，为官立学校，是供生员（俗称秀才）读书的地方。府学、州学、县学的主要任务是考课，其次才是教学。在此讲学的有教授、学正、教谕和训导等。县学执教者多由举人以上者担任。后来建立书院，文人士子皆在书院学习。当时做官必须是县学以上正规学府出身，所以往往在书院学习，在县学以上正规学府挂名。

宋代，州、县始设学官。地方长官除以道德礼义教化民众外，“兴学校”，发展地方教育事业，也是宋代知州教化民众的重要措施之一。北宋立国后，随着统一稳定局面的形成与宋政府从科举考场中取官人数的猛增，社会上向学之士迅速增加。仁宗初年，许多文臣如晏殊、范仲淹等，在知州或通判任上开始自发地兴办州学，庆历新政将这种兴学举措推而广之。北宋中期以后，知州“莅官所至，必务兴学校”（《宋史·陈襄传》）已成风尚。熙宁八年(1075年)，陈州知州陈襄在城内建学宫，亦称黉学。各县儒学多由知县创建。县儒学以商水儒学最早，建于大观二年（1108年）。

春秋时仅在孔子家乡建有孔庙，北魏时在京师建孔庙，唐朝始在各州、县兴建孔庙，宋金时国家提倡在各州县大建孔庙，儒家思想倍受尊崇。宋大中祥符四年（1011年）五月，“诏州城置孔子庙”。金泰和四年（1204年）二月，“诏刺史州郡无宣圣庙者，并增修之”（《宋史·真宗本纪》）。

元代始，中国儒学大兴。延祐三年（1316年），扶沟县尹赵琼在县学宫内建文庙，元末毁于兵燹。西华儒学也建于元代，文庙建筑毁于元末。元至正年间（1341－1368），归德府太守观志能创建鹿邑文庙。各地儒学的兴起，对后世教育影响很大，历明清两代没有大的变易。元代在州县设学官，州的学官叫学正，县的学官叫教谕。

科举制度，是中国封建社会的教育考试制度，也是封建王朝选拔官吏的基本制度。始于隋炀帝大业三年（607年），废于清光绪三十一年（1905年）。状元为进士科廷试第一名，是封建社会读书人梦寐以求的最高理想、最高荣誉。进士科极其难考，取中人少，列入入仕正途，易于升迁，受人推重。科举考试名目很多，唯进士科特重，只有进士科第一名方称“状元”，其他科第一均无此名。

宋代特重进士科，进士科以外统称“诸科”。大中祥符元年（1008年），陈州商水人姚晔考中戊申科状元。当年进士207人，诸科320人。《宋史》未列其传，元代马端临《文献通考》卷35《宋登科总目》有其名，明人朱希召《宋历科状元录》列有姚晔的姓名、籍贯和小传。姚晔是周口地区科举史上唯一的状元。姚晔（985－?），字号不详。他中状元后，宋真宗特赐袍笏，淡黄绢衫一领，淡黄绢带一条，加白襕。这在以前诸科考试中，是未曾有过的荣耀。姚晔步入仕途，惜不寿早死，官至著作郎。其子姚仲孙在《宋史》卷第五十九列传中有载：“姚仲孙，字茂宗，本曹南著姓，曾祖仁嗣，陈州商水令，因家焉。父晔，举进士第一，官至著作佐郎。仲孙早孤，事母孝。”

宋仁宗景祐元年（1034年）六月，赐陈州、扬州学田3顷，并定下以后各州立学多赐学田，赐以《九经》。

书院是中国封建社会后期重要的教育组织，真正讲学授徒的书院源于唐后期，最初为私人办学性质。由于官学极易因政局动荡而兴废无常，导致士人失学，而中国又有悠久的私人讲学传统，加之受佛教禅林制度的影响，书院在宋代兴盛。中国最早的书院是唐代李渤兄弟在庐山创建的。到宋代，白鹿洞书院、石鼓书院、岳麓书院和应天府书院为当时著名的四大书院。宋代书院兴盛与理学发展相互促进。元代提倡办书院，但通过委任教师、资助经费等措施加强控制，书院出现官学化倾向。

书院系地方官府或私人所立的学馆，是封建社会的学术机构，是收藏经典，辨难析疑，著书立说，施教讲学的场所，以研习儒家经籍为主，有时也议论时政。教学方法是教师集中讲授和学生自己研习相结合，讲学的多系地方名流。书院的主持人为院长，亦称山长，由政府委任。设院监，协助院长处理学务。斋长负责院生生活、学习事务。斋长从院生中推举，由院长聘任。院监、斋长根据书院规模大小和事务繁简，人数不等。规模小的书院，只设院长1人，院监1人，斋长2人。办学经费由官方拨给、学田课租和官绅捐资。书院主讲教师由院长聘请品学兼优、善于教诲的乡贤名儒担任。书院招收院生要求严格，必须是乡里异秀、学识出类拔萃者。院生有的来自私塾学馆，有的是儒学生员，还有的是社会上学识造诣较深的布衣以及少数未授官职的举人。院生享受书院发给的生活费，行为受学院规章制度约束。学术探讨空气较浓厚，故多出优秀人才。书院课考每月两次，一次是官课，由府、县长官轮流出题、考试、阅卷；一次是师课，由院长出题、考试、阅卷。成绩优秀者分别由官府和书院予以奖励，促使院生勤习经书、八股，以应科举考试。

周口地区最早的书院为程颢知扶沟时所创的“书院”（程颢亲题），后改称明道书院，也即大程书院，位于今扶沟县城书院街。宋神宗元丰元年（1078年）冬，程颢知扶沟县事，程颐也侍父程珦同至扶沟。程颢设学校，建书院收授门徒，并招来弟子游酢掌管学事。程颢、程颐《河南程氏遗书》卷四云：“明道知扶沟县事，伊川侍行……”乾隆二年《福建通志》记载：“后程颢令扶沟，设庠序，教人召酢职学事。”游酢在书院教授的同时，师事二程，据清钞本游酢《游廌山先生集》卷四载：“游酢（1053－1123），字定夫，一字子通，世称廌山先生，建州建阳（今属福建）人。程颢兴扶沟学，招使肄业，遂师事二程，弃其学而学焉。”《宋史·游酢传》亦载：“程颢兴扶沟学，招使肄业，尽弃故所习而学焉。”程颢、程颐在扶沟的时间为元丰元年至三年（1078－1080），主要以传习洛学为主，有较多的学术研究成分。当时学生主要是“邑人子弟”，也有远道而来求学的，见于记载的还有谢良佐、周纯明、吕大临等。《二程集》记载谢良佐“习举业，已知名，往扶沟见明道先

大程书院

生受学，志甚笃。”《程氏遗书》卷二上《元丰己未吕与叔东见二先生》记录了吕大临元丰二年（1079 年）到扶沟问学于二程的内容。

程颢创办的书院在他死后改为明道先生祠，清代改称今名大程书院。书院自北宋以来多有扩建，现存清代建筑共60余间，面积3000余平方米。整体建筑布局颇似中国传统的四合院，坐北面南，有大门3间，门上匾额为大程书院，院内有龙门、文场、讲堂、官厅、花厅等。讲堂，又称“立雪讲堂”，相传“程门立雪”的典故就发生在这里。大程书院建立后至近代，在近千年时间里，成为扶沟学校教育的主要场所。

宋代，宛丘县共出 5 名进士，分别是段少连、谢文瓘、黄寔、常同、王迷。

社学始于元代。时 50 户为社，每社设一学馆，故称社学。当时社学较少，尚不普遍，到明清时期有较大发展。

北宋时，宛丘的风俗，据《宋书·地理志一》载：“洛邑为天地之中，民性安舒，而多衣冠旧族。然土地褊薄，迫于营养。……宛丘……在二京之交，其俗颇同。”

二、佛教、道教和伊斯兰教

宋代，佛教进一步传播，出现滋盛局面，主要表现在信教者日众，寺庙明显增多。

宋代陈州建有洪福寺、开元寺和石佛寺等。

洪福寺，位于陈州城北门外画卦台西北侧。宋仁宗曾幸洪福寺，据《河南通志》载：“开封府城北亦有洪福寺。……仁宗所幸之洪福寺，确系陈州洪福寺，非开封洪福寺。”

开元寺，苏轼、苏辙兄弟曾游此寺，民国时废。据民国二十二年《淮阳县志》载：“按苏子由《宛丘二咏》原注，开元寺殿下，有山茶一株，枝叶甚茂，数年不开，辙向从子瞻游此，每以为恨。二月中，山茶复开千余朵，因作诗奉寄。今不知其处矣。”

石佛寺，在今周口市城北办事处大朱楼村。北宋时，家住大朱楼的朱英曾在朝为官，娶宋太宗侄女为妻，后朱英携妻返居故里。为解郡主思念京都亲人之苦，朱英为爱妻建造了望京楼。赵郡主信佛，朱英首倡依楼创建石佛寺。据清朱撰卿《重修石佛寺大殿碑记》载：“然正有求周镇直北十余里，版隶淮阳。有故家曰朱大楼，朱氏自北宋即家于斯，有尚宋郡主者，因建楼，高数仞，颜曰望京楼之得名实职。是故村首有寺，内奉石佛六尊，历元明以来，相沿修治，久称壮丽”（民国二十二年《淮阳县志·文征外集》）。又据民国二十二年《淮阳县志》卷二舆地（下）古迹载：“宋郡主望京楼，在城西五十里大朱楼。相传郡主下嫁朱英，构楼十三层，每值盼京情切，辄陟椒北眺，故名。郡主未详，某王女墓即在村前。”石佛寺毁于清军与捻军兵火，清末重建大殿三楹，1938 年毁于黄泛。

商水寿圣寺塔

商水寿圣寺，位于商水县郝岗乡常社店村，建于北宋。寺塔建于明道二年（1033 年），至今保存完好。该塔为六角七级仿楼阁式砖塔，高 40 米。塔身各层皆有门窗、倚柱及斗拱。第一层南面辟门，门楣上刻北宋“明道二年癸酉岁三月一日丙寅时戊寅日葬舍利院主僧□□建功德塔”。塔室为穹隆顶。东南、西南两壁有破子棂盲窗各 1 个，西壁另辟一拱券门，有踏道可登至第二层塔心室。第二层南面辟门，东南、西南两壁各砌一盲窗，东壁另辟一门可沿踏道进入第三层。以上诸层大同小异。刹柱下端插入塔心室，上端置铁质宝瓶，上铸“风调雨顺，国泰民安”8 字。1998 年 10 月，文物部门在修缮过程中，于塔刹铁质宝瓶内发现明代铜佛 3 尊，大弥陀卷 1 册，白釉黑花碗 2 个，盘 1 只。铜佛像高约 20 厘米，其中一尊有“嘉靖三十一年”字样。铁质塔刹铸有“嘉靖二十八年”铭文，表明明代嘉靖年间曾进行过大修。

太康寿圣寺，位于今太康县高贤集，始建于宋代，并建寿圣寺塔，后毁于兵燹。现仅存明正德十三年（1518 年）重建的寿圣寺塔。

兴国寺，为扶沟名刹，始建于北宋末年，创始人曹彬。时山西遭灾，曹彬逃难至扶沟袁家落户。袁家僧人袁善本，时任开封相国寺方丈，遂引渡曹彬到相国寺出家。袁善本后成为大方丈，并书“功成正果”4字赠之。曹彬回归袁家，四处化缘，募款建寺。寺院有山门、大殿和东西廊房组成。西南角有方丈塔3座。寺内塑数尊大佛和神童。山门两侧书楹联：“日望兴国三岗秀，月印朝溪一片明。”曹彬圆寂后，百姓念其建寺之功，遂改袁家寺为曹里寺，曹里寺村因寺得名。清道光皇帝曾躬临致祭，御题“兴国寺”。天宁寺，据明《成化总志》载，在扶沟县城东南隅，建于崇宁元年（1102年），元末毁于兵燹。洪武元年（1368年）僧德善重建，置僧惠司于寺内。永乐十三年（1415年）僧广住修。天安寺，据清《嘉庆一统志》记载，位于扶沟县儒学后，北宋崇宁元年（1102年）建，明嘉靖年间重修，刘自强有记。天庆寺，位于扶沟县三晋岗，金明昌七年（1196年）建。

兴国寺，位于扶沟县东北义声保，元大德二年（1298年）创建，毁于元末。明景泰三年（1452年）僧道缘重建。乾明寺，位于扶沟县治西，元大德五年（1301年）创建，明天顺元年（1457年）僧清顺重建。弥陀寺，据清《乾隆续通志》记载，位于（扶沟）县南，建于元代。

北宋时期，道教盛行，有的帝王甚至将道教奉为国教，对老子尊崇有加，鹿邑太清宫成为全国最重要的道教活动中心之一。宋代道教在鹿邑的活动不亚于唐，以真宗朝最盛。此时鹿邑太清宫地位极高，建筑规模也随之扩大。

大中祥符七年（1014年）正月，宋真宗赵恒亲自拜谒太清宫祭祀老子及其母亲。据《宋史·真宗纪》记载：“七年正月乙酉，朝谒太清宫，天书升辂，雨雪倏霁，法驾继进，佳气弥生。是夜，月重轮，幸先天观（即老母祠，亦称后宫），广灵洞霄宫。曲赦亳州及车驾所经流以下罪。升亳州为集庆军节度，减岁赋十之二。”又据《宋史·礼七》：“太清宫。大中祥符六年，亳州父老、道释、举人三千三百十六人诣阙，请车驾朝谒太清宫，宰臣帅百官表请。诏以明年春亲行朝谒礼。命参知政事丁谓为奉祀经度制置使、判亳州，翰林学士陈彭年副之，权三司使林特计度粮草。礼仪院言：‘按唐太清宫令，奠献用碧币，同人灵，故不用玉。今详太上老君，宜同天神用玉。胙荐献圣祖大帝用四圭有邸。’诏用苍璧，太清宫用竹册一副。丁谓言：‘太清宫封藏太上老君宝册，请用玉匮各一副，长广一尺，高如之，检厚一寸二分，长广如匮。刻金绳道五，封处深二分，方取容受命宝。石匮三层，各长五尺三寸。阔四尺二寸，下层高二尺，中容玉匮，凿深尺二寸，长二尺五寸，阔尺三寸。中层高一尺，南北刻金绳道三，相距各五寸，阔一寸，深五分。系金绳处各深四分，方取容天下同文宝，上层为盝顶盖。’以王旦为奉祀大礼使，向敏中为仪仗使，王钦若为礼仪使，陈尧叟为卤簿使，丁谓为桥道顿递使。又以王旦为天书仪卫使，王钦若同仪卫使，丁谓副之，兵部侍郎赵安仁为扶侍使，入内副都知张继能为扶侍都监。帝朝谒玉清昭应宫，赐亳州真源县行宫名曰奉元，殿曰迎禧。七年正月十五日，发京师。十九日，至奉元宫，斋于迎禧殿。二十一日，帝服通天冠、绛纱袍，奉上太上老君混元上德皇帝加号册宝。夜漏上五刻，天书扶侍使奉天书赴太清宫。二鼓，帝乘玉辂，驻大次。三鼓，奉天书升殿，改服衮冕，行朝谒之礼，相王元偓为亚献，荣王元俨为终献。帝还大次，太尉奉册宝于玉匮，缠以金绳，封以金泥，印以受命之宝，纳于醮坛石匮，将作监加石盖其上。群臣称贺于大次。分命辅臣荐献诸殿，改奉元宫曰明道宫，奉安玉皇大帝像，改真源曰卫真县。"这次朝谒隆重，瑞气呈祥。宋真宗下旨重修太清宫，"庙貌比唐时有加"。来朝前，就于大中祥符六年（1013 年）八月庚申下诏："来春亲谒亳州太清宫。加号太上老君混元上德皇帝"。这次宋真宗朝谒太清宫留下了一件极其珍贵的文物，御书、御制并篆额的"三御碑"——《先天太后之赞碑》，现仍屹立于后宫李母坟前。宋代对太清宫进行了大修，前宫尚存《大宋重修太清宫之碑》。宋王朝还下令太清宫"五里内禁止樵采"以保护其环境。

金代，洞霄宫尚有较大规模。据出土的 9 方金章宗泰和元年（1201 年）洞霄宫庙产碑刻的不完全统计，其范围东至谯，南至涡河，约合现在 5300 余亩。金代统治者占领中原后，对老子故里太清宫也非常尊崇，并采取了具体的保护措施。据《金史·章宗纪》记载，泰和二年（1202 年）十一月甲子，"遣使报谢于太清宫"。现镶在太极殿前墙上的两块中统二年（1261 年）的石刻可作证明。后宫住持道姑妙善，前宫住持道士张真人，常入大都出入宫廷，多次受封赏。宫观中立有"令旨碑"，受国家保护。宫观内拥有道徒近百人。元至元二十五年（1288 年），黄河决口泛涡，太清宫毁损严重。元末，农民起义军刘福通拥韩林儿在亳州北关登基，建国号宋，年号龙凤，自称明王，"拆太清材以建宫殿"，太清宫遭到严重破坏，面貌全非。明清两代虽有修建，其规模大大逊色于元代。清代规模较之于唐宋，"仅存什一也"。

太昊陵玉皇观，宋金元时期为道教活动场所。宋朝初年，太昊陵庙祭祀日渐崇隆，并开始进行御祭 1 次。据《金史》卷三十五记载："诸前代帝王三年一祭，于仲春祭伏牺于陈州。"元朝，统治者占据中原后对汉民族文化不够重视，祀事不继，庙宇渐毁。至元末，庙宇几乎荡然无存。

宋太祖赵匡胤建隆元年（960 年），在太昊陵庙置守陵户，专门看护陵庙，并颁诏每三年对太昊陵大祭一次。乾德元年（963 年）诏命以"太牢"之礼祭祀，即使用全羊、全牛、全猪三牲，祭器专制特用，要区别于其他祭祀活动。乾德四年（966年），宋太祖颁《修陵奉祀诏》，诏建陵庙，守陵户由1户增至5户，改三年一祭为每年春秋两次祭祀，一律采用太牢祭祀。开宝四年（971年），赵匡胤又颁诏增加守陵户2户，由原来的5户增加到7户，并在伏羲塑像两侧，以朱襄、昊英配享。开宝九年（976年），又颁诏修建陵庙。

宋真宗赵恒咸平元年（998年），颁诏修葺陵庙。景德元年（1004年），赵恒又颁诏修建陵墓。大中祥符元年（1008年），赵恒又颁诏对陵墓增高修饰。天禧元年（1017年），赵恒颁诏重申禁止百姓在陵区内打柴、采桑。政和三年（1113年），宋徽宗赵佶又定立新的祭祀仪式，以金提、勾芒配享。

龙泉观，据明《成化总志》记载，在扶沟县西北，始建年代不详，毁于元末，明景泰年间邑人张绘因故址重建。

伊斯兰教，又称清真教、天方教、回教，元代随回民开始传入周口一带。回族信仰伊斯兰教，经典为《古兰经》。该教笃信真主安拉创造宇宙万物，穆罕默德是“主”的钦差，教人向善，禁人作恶，敬天爱人，清心寡欲。伊斯兰教为严格的一神教，独尊真主安拉，反对多神崇拜，反对以物祭主，主张精诚团结，勇敢坚强，孝敬父母长辈，和睦亲邻，怜悯孤儿，救济贫人，宽以待人，婚姻自主，重沐浴，重清洁，允许悔过自新。教规甚严，禁止嫖赌，戒烟酒，禁吃不反刍动物猪、驴、骡、马肉和无鳞鱼，禁吃不经宰杀而死的畜禽肉。违反教规的要受到舆论的谴责或罚款、鞭笞。

元至元十年（1273年），一部分信仰伊斯兰教的波斯人在穆罕默德·阿李的带领下，被元朝征发到项城（今沈丘县槐店镇）定居，并在项城首创回回教坊（原址即今槐店镇小溜子）。这批定居的波斯人与当地土著居民发生姻亲，繁衍至今。今沈丘县槐店至元清真寺原立有至元十年（1273年）建寺碑。

伊斯兰教在各地施行寺坊制，各寺坊自行公推乡老管理教务，互不统属，是单一教坊制。清真寺的建立，是根据附近回民意愿，为方便正常的宗教生活而定，因此，寺坊的范围大小，差别很大。回回民族在项城和陈州定居后，先后创建清真寺，作为活动场所。

至元清真寺，位于沈丘县槐店镇清真寺街，因始建于元代至元年间而得名。其前身是至元十年（1273年）穆罕默德·阿李在西天寺（今幸福街）西侧创建的豫东第一座麦斯吉德教坊。明代至元清真寺占地6666平方米，由牌坊、山门和三进院落组成，有大小房舍63间。明末部分建筑毁于兵燹。清代为南北两个庭院对称布局，平面呈正方形，单体建筑有大殿、望月楼、寺门、厢房、讲经堂、耳房、卷棚、沐浴房、仓储、磨房等。

至元清真寺现由主院、南庭院、西宅院组成。主院自东向西依次为山门、过殿、拜殿、大殿，南北讲堂对称布局，为寺院主体建筑。主院连同南院东边长60米，西边长62.75米，南边长61米，北边长59米。西宅院东西长59.75米，南北宽10.2米，总计4304.33平方米，共有平房瓦房65间，楼房26间。过殿面阔3间，硬山灰瓦顶。两山墙墀头雕植物图案。大殿面阔5间，进深2间，硬山灰瓦顶，出前廊，抬梁式结构，自上而下为3架梁、5架梁、7架梁。均为砖木结构。寺院自创办至今已有700多年历史，多次修缮。清顺治十年（1653年）至康熙四十二年（1703年）大修，历时51年。道光十六年（1836年）、咸丰九年（1859年）、宣统三年（1911年）、民国四年（1915年）均有维修。至元清真寺是周口地区创建时代较早、规模较大、保存较好、正在利用的伊斯兰教寺院，其兴衰变迁从一个侧面反映了当时的社会现实，是研究伊斯兰教的传播、穆斯林的迁移流动和清真寺建筑特征的重要实例。

淮阳回民的历史可追溯到元代，据清乾隆十二年《淮宁县志》载：城内清真寺相传建于元代，规模甚小。明洪武年间在淮阳城内新街扩建清真寺，明末李自成农民起义军于崇祯十五年（1642年）三月陷陈州，清真寺焚于战火。明洪武四年（1371年）由常玉春、胡大海出资重建，清康熙八年（1669年）教长舍起灵、董事苏应元组织人力、物力，在城内西北隅（今民族南街）董工再建清真寺，占地14.4亩，建大殿、二殿、卷棚、大门、二门、南北讲堂、望月楼、女寺等。嘉庆十四年（1809年）、民国三十年（1941年），清真寺两次重修。“文革”期间及之后旧有建筑及碑刻被毁。原清真寺北院建有女寺。1981年在原址重建清真寺大殿、大门水房、北讲堂等。

三、晏殊、张咏、梅尧臣与陈州

晏殊（991－1055），字同叔，谥号元献，北宋抚州临川县文港乡（今江西南昌进贤）人。宋仁宗时官至宰相兼枢密使，北宋早期著名的“宰相词人”。他平生好贤重才，知人善任，如范仲淹、韩琦、欧阳修等皆出其门下。明道二年（1033年），章献太后崩，晏殊撰志文，因不言仁宗为李宸妃所生而获罪，罢参知政事，以礼部尚书知亳州，约庆历元年（1041年）徙知陈州。庆历四年（1044年），又为孙甫、蔡襄所论而罢相，以工部尚书知颍州。庆历八年（1048年）春，晏殊58岁时再度移知陈州。

晏殊两度“徙陈州”（《宋史·晏殊传》）期间，生活清俭，为官清正，待人诚恳，笃学不倦。《宋史·晏殊传》载：“殊性刚简，奉养清俭。累典州，吏民颇畏其悁急。”他在陈期间诗文著述很有成就，“文章赡丽，应用不穷，尤工诗，闲雅有情思，晚岁笃学不倦。文集二百四十卷，及删次梁、陈以后名臣述作，为《集选》一百卷”（《宋史·晏殊传》）。他的词在民间影响很大。相传，“昔年陈州有女妖自云孔大娘，每昏夜于鼓腔中与人语言，尤知未来事。时晏元献守陈，方制小词一阕，修改未定，而孔大娘已能歌之矣，亦可怪也”（清冯金伯辑《词苑萃编》卷二十四余编二孔大娘歌晏词）。此事类似神话，但足以说明晏殊诗词的艺术魅力。《珠玉词·浣溪沙》、《浣溪沙·小阁重帘有燕过》、《珠玉词·诉衷情》等都是他在知陈期间的代表作。

庆历八年（1048 年）春末夏初，晏殊在陈写《浣溪沙》：“一曲新词酒一杯，去年天气旧亭台，夕阳西下几时回？无可奈何花落去，似曾相识燕归来。小园香径独徘徊。”这是一首脍炙人口的小令，语言圆转流利，明白如话，意蕴虚涵深广，给人以哲理性启迪。特别是“无可奈何花落去，似曾相识燕归来”妙在物我交融，情景混一，亦兴亦比，显隐相映。细加品味，在写景抒情中，蕴涵着人生哲理。对春花凋落的无可奈何，使人感触人生中很难阻止一些美好事物的消逝；似曾相识的燕子归来，又教人体悟生活中仍然会有另外一些美好事物出现。花开花落也令人联想到人的生离死别，盛衰浮沉，亦同大自然新陈代谢一样，是规律，不以个人的情感、愿望或意志而转移，启迪人们以乐观、理性的态度看待自然与人生。

《诉衷情》：“芙蓉金菊斗馨香，天气欲重阳。远村秋色如画，红树间疏黄。流水淡，碧天长，路茫茫。凭高目断，鸿雁来时，无限思量。”这是一首以写景为主的出色小令。全篇写景，境界阔大，笔笔含情，字里行间流溢出难以言传的遐思。据夏承焘《二晏年谱》，此词当作于词人 58 岁外放知陈州任内，有宋庠、宋祁相与唱和之诗题可考。宋祁在《上陈州晏尚书书》中说：“比华从事至，具道执事因视政余景，必置酒极欢。图书在前，箫笳参左，剧谈虚疑误往，遒句暮传。”诗酒自娱、风物流连之中却掩盖不住宦海沉浮的失落与怅惘。结尾之句的思念，当是对朝廷的思念，盼望早些有把自己内调的消息传来。

《浣溪沙·小阁重帘有燕过》：“小阁重帘有燕过，晚花红片落庭莎，曲阑干影入凉波。一霎好风生翠幕，几回疏雨滴圆荷。酒醒人散得愁多。”宋仁宗庆历八年（1048 年）春，晏殊以故相之尊移知陈州，于西园隙地种植莎草，并作《庭莎记》一文，这首词也是同年春夏间所作，抒写酒醒人散后恬适自得中略带闲愁的心情。特别是“一霎好风生翠幕，几回疏雨滴圆荷。”以风生翠幕的动态和雨滴圆荷的声音，反衬出酒醒人散后的清静环境和词人闲适中略显落寞的心情，从中可见词人的敏慧诗心和雍容气度，是很有艺术个性的情景交融佳句。

清王士俊纂修的《河南通志·河南府·陈州》“西园”条记载：西园“在州城西，宋知州张咏创。中有七亭，曰：流芳、中燕、流杯、香阴、环翠、洗心、望京。有阁曰吟风，堂曰清思。又筑台曰望湖。宋晏殊以故相居此，于隙地有莎丛生，作《庭莎记》。”据晏殊《庭莎记》记述：“介清思堂、中燕亭之间隙地，其纵七八步，其横南八步，北十步，以人迹罕践，有莎生焉。”他命人移植莎草，建为莎场，于是“光风四泛，纤尘不惊”，环境甚为幽美。词人“级藉吟讽，无施不谐”，悠然自得。

晏殊身处真宗、仁宗两朝，是所谓的承平之世，一生富贵优游，仕途顺达。他满足于稳定安宁的环境，追求闲适的境界。在他看来，“万汇之多，万情之广，大含元气，细入无间，罔不禀和，罔不期适”（《庭莎记》），世间万物都是如此，他的词着意表现闲适境界中的细腻深婉的意绪。然而，朝廷内部的倾轧斗争，政治上的风雨阴晴，个人仕途的波折起伏，不能不给词人的思想带来深刻影响，也就自然在他抒写闲情的词中，常常浮漾着一种盛年难再的感伤气氛。

张咏（946－1015），字复之，号乖崖，濮州鄄城（今属山东）人。太平兴国五年（980年）举进士，通诗文，博才学，颇有名声。宋真宗时，由寇准引荐，官至工部尚书、礼部尚书。1008年因遭丁谓弹劾出任陈州知州7年。他在陈州创建了著名的园林——西园，死后葬于陈。据民国二十二年《淮阳县志》云：张咏墓，“在孝弟乡谢村，今为平信乡。按治城西，皆曰平信乡。今城西二十五里柳林集北有古墓，相传即其处。士人陈怀瑾筑垅泐石焉。”

梅尧臣（1002－1060），字圣俞，世称宛陵先生，宣城（今安徽省）人。北宋杰出诗人、文学家。庆历五年（1045年），他在任许州签判期满后，八月回到扬州，十月初到达陈州，陈州知州晏殊辟用他签署陈州镇安军节度判官。皇祐元年（1049年）正月，梅尧臣的父亲去世，遂携眷属离开陈州回老家宣城守制。

四、苏辙、苏轼、张耒与陈州

苏辙（1039－1112），字子由（一字同叔），晚年号颍滨遗老，眉州眉山（今属四川）人。苏轼之弟，北宋著名文学家。据《宋史·苏辙传》记载，嘉祐元年（1056年），苏辙与父亲苏洵、兄苏轼同至汴京，颇得文坛盟主欧阳修的赏识，次年与苏轼同榜考取进士，名动京师。后来他与父苏洵、兄苏轼同被列入“唐宋八大家”。熙宁三年（1070年），苏辙以议新法忤王安石而被贬为河南推官，但并未赴任，“会张方平知陈州，辟为教授”（《宋史·苏辙传》）。他在陈州3年，写下了不少诗篇，至今为人们所吟诵。

苏辙来陈州任州学教授是不得已而为之，因为他的政治主张不合时宜，在朝廷无法容身。他本想辞官归田，但又生活无着。他在《初到陈州二首》之一中写道：“谋拙身无向，归田久未成。来陈为懒计，传道愧虚名。俎豆终难合，诗书强欲明。斯文吾已矣，深恐误诸生。”这首诗抒发了自己在政治上失意后的无奈和对从事陈州教授一职的谦逊。

苏辙在陈州满足于悠闲清贫的学官生活，在《初到陈州二首》之二中问道：“久爱闲居乐，兹行恐遂不?”回答是肯定的：“上官容碌碌，饮食更悠悠。枕畔书成癖，湖边柳散愁。”或倚枕看书，或沿湖散步，官居有如“闲居”。陈州城西柳湖，是苏辙经常游览的地方，他在《次韵孙户曹朴柳湖》中写道：“疏慵非敢独违时，野性颠狂不受羁。犹有曲湖容笑傲，谁言与物苦参差。水干生草曾非恶，鹤舞因风忽自怡。最爱柳阴迟日暖，幅巾轻屦肯相随。”他并非有意违时，与物多忤，而是生性疏悚、癫狂，不愿受羁绊，而陈州正好有柳湖容其笑傲，供他游赏。柳湖虽然已无水，但堤边柳树成荫，景色宜人，游客甚多：“平湖水尽起黄埃，惟有长堤万万载。病鹤摧颓沙上舞，游人寂寞岸边回”（苏辙《柳湖久无水怅然成咏》）。他也常常幅巾轻履，追随游人，乐而忘返。他后来在城外西北柳湖中修建了读书台，所与游者“皆名辰，皆端士，世共目为君子，足相引重”。

苏轼曾3次来陈州。苏辙离京到陈一年多，苏轼非常想念弟弟，经常到离别苏辙的地方遥望陈州：“闭户时寻梦，无人可说愁。还来送别处，双泪寄南州”（《次韵子由初到陈州》）。熙宁四年（1071年）春，苏轼上书神宗论朝政得失，也忤王安石。四月奉命通判杭州。七月出京，顺便赴陈州看望苏辙，在陈州逗留70余日，中秋过后才离开。“始我来宛丘，牵衣舞儿童”，他愉快地享受着天伦之乐。这时，苏辙一家的生活相当困苦，吃住都不宽裕。“宛丘先生自不饱，更笑老崔穷百巧。”“败墙破屋秋雨多，夜视阴精过毕昴。虀盐冷落空杯盘，且依道士还修丹。丹田发火五脏暖，未补浸浸长夜寒。”“宛丘先生长如丘，宛丘学舍小如舟。常时低头颂经史，突然欠伸屋打头。斜风吹帏雨注面，先生不愧旁人羞。”苏辙政治上遭贬谪，生活上学舍低矮，又破又陋，不避风雨，却依然读经读史。更难得的是，旁人以之为羞，而他则毫不在乎，表现了他“自少旷达，天生近道”，故而苏轼以《戏子由》出之，足见他们兄弟处逆境而不惊的乐观态度。

“任从饱死笑方朔，肯为雨立效秦优？眼前勃蹊何足道，处置六凿须天游。读书万卷不读律，致君尧舜终无术。劝农冠盖闹如云，送老齑盐甘似蜜。门前万事不挂眼，头虽长低气不屈。”方朔是指东方朔，汉武帝侍从，以滑稽著称。他对那些低矮的伶人说，武帝因你们低矮无用，欲尽杀之。武帝路过，侏儒皆号泣顿首求勿杀。汉武帝知道这是东方朔搞恶作剧，召问他为何恐吓侏儒。东方朔回答说：侏儒三尺余，臣九尺余，而俸禄一样，“侏儒饱欲死，臣朔饥欲死”。秦优，秦国的矮伶人优旃。一天下雨，秦始皇举行宴会，高大的卫士淋于雨中，优旃对他们很同情，故意大声对卫士说：“汝虽长，幸雨立；我虽矮，幸休居。”秦始皇听了就让卫士轮番休息。苏轼用这两个典故，是说苏辙不怕那些饱欲死的侏儒讥笑自己贫穷，即使“斜风吹帷雨注面”，他也不会像秦国的卫士那样向优旃求助。《庄子·外物篇》有“心有天游，室无空虚，则妇姑勃蹊；心无天游，则六凿相攘”语。勃蹊即争斗，六凿指喜怒哀乐爱恶六情。意思是说苏辙对眼前屋室低小，子女吵闹，根本不当回事，因为他能游心天外，不为喜怒哀乐所囿。变法派崇尚法治，苏辙却“诵经史”而不读律书，没有“致君尧舜”之术，故被闲置。劝农使者冠盖如云，竞相奔驱，而苏辙却根本不放在眼里。“朝齑（腌菜）暮盐”，自甘淡泊，头虽长低而志气不为之稍屈。苏轼这篇以讽作颂的诗，生动刻画了苏辙在陈州的思想和生活。

苏辙年少多病，夏天脾不胜食，秋天肺不胜寒。治肺则病脾，治脾则病肺，以致参加制科考试，韩琦因其病而为之延期。平时虽不离药，但总不能愈。苏辙在陈州向道士学服气法，坚持一年，两种病都好了。苏辙还通过读书研究养生之术。葛洪《抱朴子》言，服气与草木之药都不能使人长生，因为草木埋之则腐，煮之则烂，烧之则焦，不能自生，何能生人？葛洪认为要长生须服金丹，但苏辙认为金丹不易得，于是服茯苓。古人认为松脂入地即为茯苓。而松树是“寒暑不能移，岁月不能败”的，通过服食茯苓可固形养气，延年益寿。为此他还专门写了一篇《服茯苓赋》，在当时流传甚广。苏辙后来出使契丹，契丹臣僚对他说："闻常服茯苓，欲乞其方"（《北使还论北边事札子》）。可见这篇赋当时已传到契丹。苏辙对苏轼说："无事静坐，便觉一日似两日。若能处置此生，常似今日，得至七十，便是百四十岁人。……既无反恶，又省药钱。此方人人收得。"

苏辙对陈州柳湖特别喜爱，他把自己对柳湖的深情与苏轼的兄弟之情联系起来，在《宛丘二咏》小序中说："宛丘西柳湖累岁无水，开元寺殿下山茶一株，枝叶甚茂，亦数年不开。辙向以子瞻游此，每以二物为恨。去秋（熙宁五年）雨雪相仍，湖中春水忽生数尺，至二月中山茶复开千余朵，因作二诗奉寄。旱湖堤上柳空多，倚岸轻舟奈汝何？秋雨连渠添积润，春风吹冻忽生波。虫鱼便尔来无数，凫雁犹疑未肯过。特诧钱塘应笑我，坳中浮芥两幺麽。故殿山花丛百围，故园曾见色依依。凌寒强比松筠秀，吐艳空惊岁月非。冰雪纷纭真性在，根株老大众园希。山中草木虽携种，潦倒尘埃不复归。"此诗写湖边山茶，告诉苏轼山茶开花千朵，和家乡山茶颜色相似，特别令人喜爱；而后感物而自况，以山茶的"松筠秀"、"真性在"自勉和慰勉苏轼；最后由山茶的启示，决心"潦倒尘埃不复归"，不管在社会上受到多少挫折，都要为实现终身抱负而坚持战斗。

苏辙将这两首诗寄给杭州西子湖畔的苏轼之后，苏轼写了一首七古《次韵子由柳湖感物》，亲切地安慰苏辙："唯有柳湖万株柳，清阴与子共朝昏"；"朝看浓翠傲炎赫，夜爱疏影摇清圆。"手足深情，在共同的遭遇中更加笃厚，而笃厚的兄弟之情又和柳湖密不可分。

九月苏轼兄弟又同至颍州，拜谒以太子少师致仕的欧阳修。苏轼兄弟陪欧阳修在颍州西湖宴饮，苏辙《陪欧阳少师永叔燕颍州西湖》说："酒行乐作游人多，争观窃语谁能呵。"但万万没有料到，这就是他们最后一次与欧阳修欢聚，翌年八月欧阳修就去世了。苏辙在《祭欧阳少师文》中回忆这次欢会，没有料到是最后一面："辙官在陈，于颍则邻。拜公门下，笑言欢欣。杯酒相属，图史纷纭。辩论不衰，志气益振。有如斯人，而止斯耶？书来告衰，情怀酸辛。报不及至，凶讣遄臻！"熙宁六年（1073 年）苏辙在《重到汝阴寄子瞻》中也曾忆及他们兄弟同谒欧阳修的情况："忆赴钱塘九月秋，同来颍尾一扁舟。退居尚有三师在，好事须为十日留。倾泻向人怀抱尽，忠诚为国始终忧。"可惜旧地重游，再也见不到开诚相见、始终忧国的欧阳修了："重来东阁皆尘土，泪滴春风自不收。"苏辙在《欧阳少师挽词》中也说："念昔先君子，尝蒙国士知。旧恩终未服，感叹不胜悲。"

两个多月的欢聚，苏辙兄弟不得不别于颍州。离别本是预料中事，但仍不能排除烦恼："始我来宛丘，牵衣舞儿童。便知有此恨，留我过秋风。秋风亦已过，别恨终无穷！"无穷别恨说明了他们兄弟情谊之深："人生无远别，谁知恩爱重！"苏辙也以不能与兄同行为恨："泛舟清淮上，荡颤洗心胸。所遇日转胜，恨我不得同"（《次韵子瞻颍州留别》）。

苏轼第一次来陈州期间，他的两个儿子与陈州黄寔的两个女儿结下姻缘。黄寔，字师是，陈州人。中进士，历任司农主簿，提举京西常平等官。"寔两女皆嫁苏轼子"，"苏辙在陈与寔游，因结昏，其后又与轼友善"（《宋史·黄寔传》）。又据民国二十二年《淮阳县志》记载："是时，弟辙教授陈州，轼过之。盘桓太昊祠、铁墓、柳湖、开元寺诸胜迹，题咏甚多。州人黄寔与辙游，因与轼善且缔婚焉。"

苏氏兄弟以文会友，与当时在陈州的著名文人相往还。张方平是苏家至友。当时，他是陈州知州，苏辙来陈就是由他推荐和促成。苏轼至陈后，他们常在一起饮酒论诗，评古说今。苏辙在《陈州为张安道论时事书》中提出了自己的一些政治见解："易则易知，简则易从；易知则有亲，易从则有功；有亲则可久，有功则可大。"表现出他在变法问题上的重要思想。他还提出了"而不可欺者，民也"的民本思想。

元丰三年（1080 年）年初，苏轼任黄州团练副使时第二次来到陈州。此时，苏辙正在南京（今河南商丘）任职，特地到陈州与苏轼相会。苏轼写了《子由自南都来陈三日而别》一诗，抒发了自己遭贬谪的复杂心情，也表达了兄弟间的崇高情谊。苏轼在忆熙宁四年（1071 年）七月第一次到陈州时说："旧游陈州，留七十余日，近城可游观者无不至。"对游踪所至还无限怀念。在《和子由二首》中说："太昊祠东铁墓西，一樽曾与子同携。回瞻郡阁遥飞槛，北望墙竿半隐堤。"

陈州有一位归老于家的官吏李简夫，他少而好学，详于吏道，所作诗旷然闲放，脱略绳墨，有物我相忘之意。他的为人深为苏氏兄弟所敬佩，其作品也深为苏氏兄弟赞赏。陈州与洛阳一样，人们喜欢种花赏花。每年春夏之交，游人不断，李简夫"携壶命侣，无一日不在其间"。苏辙"间而往从之"（《李简夫少卿诗集引》），成了李家的座上客，时常在一起饮酒唱酬。苏辙《赠李简夫秋园》诗："秋色岂相负，小园仍有花。绕栏吟落日，拾径得残葩。菊细初藏蝶，桐疏不庇鸦。游欢须作意，霜雪仅留槎。"《次韵李简夫因病不出》："十五年来一味闲，近来推病更安眠。鹤形自瘦非关老，僧定端居不计年。坐上要须长满客，杖头何用出携钱。未嫌语笑防清静，闲暇陪公几杖前。"写出了他们之间的交往及闲居生活。李简夫这样一位活神仙，在苏辙到陈州仅一年多就仙逝了，苏辙写了《挽李简夫二首》悼念他："老成浑欲尽，吊客一潸然。遗事人人记，清诗句句传。挂冠疏傅早，乐世白公贤。叹息风流在，埋文得细镌。归隐淮阳市，遨游十六年。养生能淡泊，爱客故留连。倾盖知心晚，论诗卧病前。葆光（指李简夫葆光亭）尘满榻，无复听谈禅。"苏轼对李简夫也推崇备至。他在《书李简夫诗集后》中赞赏他"平生有眩于声利，不戚于穷约，安于所遇而乐之终身者，庶几乎渊明之真也"。他还回忆道："熙宁三年轼始过陈，欲求见而公病矣"，内心十分遗憾；20年后读到李简夫的诗，叹息说："君子哉！若人今亡矣夫！"对李简夫的去世由衷惋惜。

苏轼第二次过陈遇到了苏辙的女婿文逸民。文逸民是文与可的第四子，由文逸民而想到在陈州去世的好友文与可，写出了"君以已思归梦巴峡，我能未到说黄州"的诗句，还写了《陈州与文郎逸民欲别携手河堤上作此诗》，描写"春风料峭"与"河水渺绵"的特有景物，深沉感慨地说："此生聚散何穷已，未忍悲歌事楚囚。"表达了自己虽遭遇好友去世和贬谪黄州的挫折，却始终保持乐观向上的积极态度。

苏轼在元祐六年（1091年）闰六月十三日第三次过陈时，见到曾经"治蜀"名臣张乖崖的曾孙张祖。张祖以苏轼为蜀人"德公宜深"，出示其曾祖墨迹请"书其后"。苏轼写了"题张乖崖后"的题跋，极赞张乖崖"用法之严似诸葛孔明"。

苏辙在陈任教授3年之久，苏轼3次过陈，兄弟二人都留下了关于陈地的诗文佳篇。特别是苏辙柳湖读书台，名曰"子由亭"、"苏湖亭"，为历代文人所向往。元人陈可久在修葺后题之为"水中天"。明成化六年（1470年），陈州知府戴昕重修八角琉璃亭，亭基修成船形，象征"宦海扁舟"；亭四周遍植莲花，暗喻"出淤泥而不染。"明人在重修《子由亭记》中深情地写道："先生遗迹之在陈者惟斯亭，陈人之思先生者尤因之至久不衰焉。"每值盛夏，柳拂曲栏，荷叶数里，文人墨客，骆驿不绝，清代诗人金允宜在《苏亭莲舫》一诗中这样写道："苏湖亭外藕花浮，千载芳踪说子由。几处清歌来画舫，一行白鹭下汀洲。碧桐逃暑宜中夏，绿柳摇风似早秋。茂叔风流堪步武，每逢佳日喜来游。"清人雷方晓在其《苏亭莲舫》诗中表现出无限怀念之情："惆怅颍滨归去后，空留明月照沧浪。"

张耒（1054－1114），字文潜，自号柯山，又号宛丘居士，人称"宛丘先生"，祖籍亳州谯县（今安徽亳州），后迁居楚州江阴（今江苏淮安）人，系陈州李宗易外孙。李宗易以诗文名世，长于写诗，深受大诗人晏殊的赏识。张耒少年聪颖，13岁能为文，17岁作《函关赋》，享誉文坛。他入仕前"游学于陈，学官苏辙爱之，因得从轼游，轼亦深知之，称其文汪洋冲澹，有一倡三叹之声”（《宋史·张耒传》）。后人因张耒学出苏门，故与秦观、黄庭坚、晁补之并称“苏门四学士”。

张耒20岁及进士第，历任临淮主簿、寿安尉、咸平县丞，后入京为大学录。范纯仁以馆阁荐试，升任秘书省正字，著作佐郎、秘书丞、著作郎、史馆检讨等职。张耒居官顾义自守，清静自如。宋哲宗绍兴初年（1084年），任润州知府，后因党籍谪官，徙宣州，谪临黄州酒馆，又徙复州。徽宗立，起用为黄州通判、兖州知府，又召为太常少卿，数月后，复出知颍、汝二州。崇宁初（1102年），又因为苏轼举荐再次被控为“结党”落职，贬为房州别驾，安置于黄沙。崇宁五年（1106年），张耒辞官隐居陈州。宋徽宗政和二年（1112年），卒于陈州，享年61岁。宋高宗建炎初年（1127年），赠谥集英殿修撰。

张耒为官清廉，晚年家贫，生计困苦，但他口不言贫，陈州郡守翟汝文欲为其买公田，张耒辞谢不取。因他晚年生活贫苦，无意于仕途经济，思想感情上日渐接近劳动人民，他的作品中充满了对陈州自然风光的热爱和对人民苦难生活的同情。

张耒很有雄才，笔力绝健，于骚词尤长。张耒晚年居陈时，二苏及黄庭坚、晁补之辈相继辞世，苏门学士独存张耒，士人纷纷求学于张耒门下，分日载酒肴饮食求教。张耒教人作文以理为主，其著作《作文论》，是他在陈州执教授徒生涯的结晶，为后世所推崇。他在《答李推官书》一文中说：“自六经以下，至于诸子百氏骚人辩士论述，大抵皆将以为寓理之具也。故学文之端，总于明理，如知文而不务理，求文之工，世未尝有也。夫决水于江、河、淮、海也，顺道而行，滔滔汩汩，日夜不止，冲砥柱，绝吕梁，放于江湖而纳之海，其舒为沦涟，鼓为波涛，激之为风飙，怒之为雷霆，蛟龙鱼鳖，喷薄出没，是水之奇变也。水之初，岂若是哉！顺道而决之，因其所遇而变生焉。沟渎东决而西竭，下满而上虚，日夜激之，欲见其奇，彼其所至者，蛙蛭之玩耳。江、河、淮、海之水，理达之文也，不求奇而奇至矣。激沟渎而求水之奇，此无见于理，而欲以言语句读为奇，反复咀嚼，卒亦无有，文之陋也。”张耒这种作文以理为主的观点，可谓抓住了作文治学的根本，学者以为至论。

张耒的诗歌效法白居易、张籍，追求平淡自然的风格。晁补之评价他的诗时说：“君诗容易不着意，忽似春风开百花”（《鸡肋集》卷十八《题文潜诗册后》）。南宋诗人杨万里说：“晚爱肥仙诗自然，何曾绣绘更雕镌”（《诚斋集》卷四十《读张文潜诗》）。当代著名学者钱钟书先生说：“他的作品最富于关怀人民的内容，风格也最不做作妆饰，很平易舒坦。”“读他的七言律诗常会起一种感觉，仿佛没有尝到陆游七律的味道，却已经老早闻着它的香气，有一小部分模仿杜甫的语气雄阔的七律，又好像替明代的前后七子先透了个消息”（钱钟书《宋诗选注》）。张耒的诗作充满了对人民，尤其是陈州人民的关怀。《粜官粟有感》一诗，抒发了诗人对灾荒连年的陈州人民的同情和对当权者的抨击；《寓陈杂诗四首》，揭露了一些贪官污吏借荒年暴日输租肥己的无耻行为。张耒在《劳歌》一诗中写道：“暑天三月元无雨，云头不合惟飞土。深堂无人午睡余，欲动身先汗如雨。忽怜长街负重民，筋骸长彀十石弩。半衲遮背是生涯，以力受金饱儿女。人家牛马系高木，惟恐牛驱犯炎酷。天工作民良久艰，难道不如牛马福。”诗人对长街负重的劳动人民过着牛马不如的生活，由衷地感慨和同情。

张耒不但关怀陈地民众，也热爱陈州的自然风光和人文景观。太昊遗墟，柳湖烟云，都成为他诗中吟咏的对象；祠边春草，杨柳杏花，亦经常出现在他的笔端。他在《春日怀淮阳六绝》中写道：“西门城外古濠清，大昊祠前春草生。早晚粗酬身计了，长为闲客此间行。最爱城南汲井园，春来蔬甲不胜繁。人家断处无鸡犬，迟日东风似古塬。莽莽郊原带古丘，渐渐陇麦散羊牛。杏花杨柳春浓处，一片青帘慰客愁。城中万枝木芍药，姚黄一萼得春多。日日踏春浑坐此，人间无醉奈渠何？”陈州的春草、菜蔬、杨柳、杏花、芍药、牡丹、春风等无不充满着生机，荡漾着无穷春意。张耒早年陈州游学，晚年陈州终老，他把对陈州人民和对陈地自然风光深沉的爱，都熔铸在他的诗文里，故而命其文集为《宛丘集》。

五、诗文著述、书画艺术和民间舞蹈

万适，字纵之，宋代陈州宛丘人，自号遣玄子。他六七岁时就能作诗。及年龄稍长，喜爱钻研学问，尤其精通《道德经》。万适与高锡族子冕及韩伾交游，酬唱多有警句。他“不求仕进”（《宋史·隐逸上》），专以著述为务，有《狂简集》100卷、《雅书》3卷、《志苑》3卷、《雍熙诗》200首，《经籍括科讨论》40卷。

陈与义（1090－1138），字去非，号简斋，洛阳人，宋代著名诗人，宋金时期“抗战文学”的主要代表人物之一。他在北宋末年曾任文林郎、太学博士等职。金兵南侵，他从陈留向南流亡，经数年颠沛，抵达南宋都城临安（今杭州），历仕至参知政事。著有《简斋集》。他在南下逃难途经商水时写了第一首诗《发商水道中》："商水西门语，东风动柳枝。年华入危涕，世事本前期。草草檀公策，茫茫杜老诗。山川马前阔，不敢计归时。"风格沉郁雄昂，苍凉悲壮，反映了他在国破家亡、辗转逃难的经历中，情感上与杜甫有了直接的契合，更亲切地理解了杜诗的精神内涵，也表达了诗人期盼国家早日统一的爱国情感。

李成（919－967），字咸熙，原籍长安（今陕西省西安市），先世为唐朝宗室，祖父李鼎唐末为国子祭酒、苏州刺史，五代避乱迁居营丘（今山东省昌乐县东南）。他是五代及北宋初画家。李成博涉经史，磊落有大志，后周世宗推行改革措施，选拔贤能，李成受枢密使王朴器重，未及举荐王朴逝世，抱负及才学不得施展，遂放意于诗酒绘画。北宋初，他应陈州太守卫融邀请，举家迁来陈州（今淮阳县），每天以酣饮为事，后来醉死客舍。

李成富于文艺修养，能诗，善弹琴弈棋，喜好游历，尤长于山水画。他的画继承了荆浩、关仝北方山水画派的成就，并发展成新的风格。《宣和画谱》说："于时凡称山水者，必以成为古今第一，至于不名而曰李营丘焉。然虽画家素喜讯评，为善褒贬者，无不敛衽以推云。"郭若虚《图画见闻志》将他与关仝、范宽并列为宋初最有影响的山水画家，并指出李成山水画的艺术特点是"气象萧疏，烟林清旷，毫锋颖脱，墨法精微"。李成发挥传统绘画的笔墨表现力，以爽利洒脱的笔致和富有微妙变化的墨色，表现烟霭霏雾和风雨明晦的气候变化中山川大地的灵秀。他用墨清淡而有层次，被后世称为惜墨如金。他描绘的郊野平远旷阔之景，使观者有烟岚轻动，如对面千里，秀色可掬之感，所画寒林老树形象劲拔而富有生命力。

李成的绘画在北宋极受重视，汴京的王公贵戚竞相请他作画，但李成志节高迈，不为权势所动，故其画甚不易得。李成死后画名益著，其孙李宥任开封尹时，以重金收购李成作品。北宋皇帝中神宗、徽宗尤酷爱李成画，刻意搜访，遂造成李成真迹稀少，赝品大量流传。北宋米芾自谓平生曾见李成画300本，只有2件是真迹，因而欲作"无李论"。传为李成的作品流传至今的有《读碑窠石图》（藏日本）、《寒林平野图》（台湾藏）、《晴峦萧寺图》、《茂林远岫图》等。《读碑窠石图》画荒野中寒林老树下有一古碑，一骑骡者正仰观碑文，旁有一童仆相随，使人联想起历史的兴衰变迁，颇耐人寻味。画中枯枝作蟹爪状，石如卷云状，萧索的气象和平远的景物，体现了李成山水画的特点。碑侧有小楷款书"王晓人物，李成树石"，可知人物为王晓所画。有人认为此图为宋人摹本。

王士元，宋代宛丘人，王仁寿之子，善画木、石、云、水，时人称绝，佳作《武王誓师独夫崇饮图》观之不觉千古之远，为传世珍品。

阎士安，宋代宛丘人，擅画墨竹、荆棘、山石、蟆蟹、燕子等，皆不用彩绘，为时人推崇。其所画墨竹千姿百态，观之如临其境。

舞狮在中国是广泛流传的民间舞蹈之一，由于各地民俗不同，有南北之分，道具有大狮（两人舞）、小狮（单人舞）之别，种类有手摇狮、板凳狮、桌狮、地狮、布袋狮等。表演中有跳跃、跌扑、腾转、踩球、登杆、攀顶等，突出威武热闹场面，衬托节日欢乐气氛。在豫东一带，人们把这种舞狮形式称作"武狮子"。在今沈丘县城回民中流传着一种风格迥异的民间舞狮形式，表演时突出的是狮子的温驯神态，如狮子出山、走步、搔痒、舔滚、饮水、舔毛、抖毛、观景、吞绣球、生狮仔等，情节极富生活化，当地人把这种舞蹈形式称作"文狮子"。沈丘回民"文狮子"舞始于元代，是被蒙军征迁到中原的波斯人海鼻耳编创的，流传至今。

南宋绍定四年、金正大八年（1231 年），蒙古大汗窝阔台组织大军攻打金国都城汴京，强征一批波斯人及中亚人加入蒙军，海鼻耳就是这次被蒙古人征迁到中原的，他跟随北庭（畏兀儿）将领察罕乃蛮台来到河南。次年四月，蒙军包围汴京。冬，金哀宗弃城，南逃蔡州（今河南汝南）固守。南宋端平元年、蒙古太宗六年（1234 年），蒙古国与南宋联合攻破蔡州，金朝灭亡。之后，察罕乃蛮台留居沈丘鲖阳城（今安徽临泉县鲖城镇），其孙察罕帖木儿元末曾任汝宁府达鲁花赤、河南行省平章政事等职。其重孙扩廓帖木儿在元至正年间曾任左丞相，总天下兵，为元末朝廷重臣。跟随乃蛮台的海鼻耳则留居项城（今沈丘县槐店回族镇）传教，当地人多皈依伊斯兰教成为回民。

南宋宝祐六年、蒙古宪宗八年（1258 年），忽必烈率军征伐南宋，兵至沙颍河项城渡口时，当地船夫拒绝摆渡，忽必烈欲杀之。海鼻耳出言谏道："英雄何必以杀人得天下，你好比一只舟船，百姓好比这河中之水，水能载舟，亦能覆舟。"忽必烈醒悟，自此不再滥杀无辜。海鼻耳为进一步感化元朝统治阶级减少暴政，多施仁政，结合当地居民春节、元宵节期间舞龙灯的习俗，创编了"文狮子"舞。狮喻元朝统治者，表达民众对当权者善良的希冀，同时也表达了中原民众对连年战乱的厌倦，以及对和平祥宁生活的渴望。据清光绪《槐坊厅志·艺文志》载："狮为兽中之王，如怒吼一声，百兽震恐，不敢出山。雌狮闻之劝曰：不需这样，应和睦相处，仍不失尊威；雄狮点头，一改故态，远近之间，群皆赞拥。自此狮王位益尊，威益重。今教门人习尚舞狮由来于此。"这段记载，道出了海鼻耳当初创编"文狮子"的寓意。

根植于中原回族民间舞狮艺术发展到明代，又融入了"独角虎"、"麒麟”舞，形成狮、虎、麒麟三兽舞。相传独角虎源于独角羊，独角羊即古代传说中能辨曲直的异兽，是法制与公正的象征。麒麟是中国传说中的一种瑞兽，其状如鹿，独角，身长鳞甲，尾像牛。沈丘回民舞的麒麟道具，形状为马首鹿角带须，全身披深蓝色鳞甲，狮子尾，属中西合璧之作。出演时演员擂动重音大鼓，锣钹镲敲击有节，铿锵有力。3 个别里子（波斯螺号）手从不同方向吹奏出麒鸣狮吼虎啸之音，此起彼伏，回肠荡气。表演时“独角虎”先出场，多演示独角虎的智慧、公正和威严。其次出场的是“麒麟”，麒麟送子象征福庆祥瑞；“狮子”作为主角压场，分巡山、观景、吞绣球、生狮仔等情节，重点表现母狮分娩狮仔时的母痛，告诉人们不要忘记生养之恩；幼狮出生后笨拙、不能自立的憨态，让人油然生出慈悯之心和抚育下一代的责任感。整套文狮表演，充满着人世间的母爱亲情。表演互相映衬，风格独具，体现了中原文化的包容性和多元化。

元代，盅碗舞开始出现。

元至正十年（1350 年），太康县鲁班庙建有戏楼。至正二十八年（1368 年），宛丘城隍庙也建有戏楼。这些戏楼时常演出歌舞、杂剧以娱神和供民众观看。

六、元杂剧《陈州粜米》和剧作家赵佑

元杂剧是中国戏剧艺术的成熟时期，《陈州粜米》是元代包公戏的代表作。该剧全名《包待制陈州粜米》，作者无名氏。全剧共 4 折 1 楔子，《远山堂曲品》曾载有此剧目，现存版本有《元曲选》甲集本。该剧取材于民间故事写成的优秀元人杂剧，在以包公放粮故事为题材的传统戏曲中，它是最早的优秀作品之一。

剧作写陈州大旱 3 年，朝廷派刘得中、杨金吾前往救灾。刘、杨二人借机大肆搜刮民财，并用敕赐紫金锤打死灾民张撇古。张子小撇古上告开封府，府尹包拯微服私访，查明真相，为受难者雪冤。此剧虽取材于宋代包拯的传说故事，但再现了元代贫苦百姓在天灾人祸交迫下的遭遇。《陈州粜米》着力刻画包拯刚直不阿、疾恶如仇的性格特征，细致地写出他在奸邪当道时复杂的内心矛盾。他历尽宦海沉浮，欲急流勇退，产生过辞官归隐的念头。当他看到现实生活中权豪势要还在横行不法，又坚决要与百姓分忧。包拯不是简单地作为铁面无私的申冤者出现，而是一个有鲜明个性的血肉丰满的艺术形

象。剧作还描绘了包拯的幽默风趣和平易近人。乔装私访一段洋溢着民间喜剧色彩。最后计斩杨金吾，让小撇古锤打小衙内，为张撇古报仇，表现了包拯的智慧，也寄托着人民的理想。剧作第一折以正末扮张撇古，在写他同刘、杨等权豪势要冲突时，歌颂了他的斗争勇气和宁死不屈的顽强精神。“他若是将咱刁蹬，休道我不敢掀腾。柔软莫过溪涧水，到了不平地上也高声。”喊出了被压迫人民的心声。

剧中包公运用智慧解决矛盾、战胜恶人、解救危难，传承了中国历代对智慧崇敬的心理情绪，深刻反映了元代社会现实。包公戏的“尚智”倾向是弱势群体反抗精神与斗争意识的自然流露。在阶级压迫深重的元代社会中，广大劳动人民深受蒙古贵族、汉族大地主、大官僚的重压，内心积聚了强烈的反抗情绪，他们不甘忍受压迫，常常通过发动起义与元政府直接对抗，但是在强大的元统治者镇压下，往往以失败告终。但是他们的反抗精神却是无法“镇压”的，表现在包公戏中便是以崇尚智慧、战胜邪恶的方式加以曲折表达。包公在一个几乎从上至下都已腐败污浊的官僚体系中，也相对处于弱势，智慧就成为他惩处恶人、伸张正义的重要手段。《陈州粜米》中张撇古与其儿小撇古只是穷苦老百姓，而刘得中、杨金吾则是“权豪势要之家、累代簪缨之子，打死人不要偿命”的刘衙内的儿子及女婿，地位有天壤之别。刘得中、杨金吾用紫金锤将张撇古打成重伤，并扬言说，“是我打你来，没事，没事，由你在那里告我去”。张撇古满怀痛恨，要小撇古告官去。小撇古虽心怀气愤，却知他们权大势大，对于能否告赢他们表示怀疑：“父亲，你看他这般权势，只怕告他不得么?”张撇古一心报仇，将希望寄托在包拯身上，临死前对儿子说：“若要与我陈州百姓除了这害呵，则除是包龙图那个铁面没人情。”包拯与刘衙内相比也不占优势，正如刘衙内所说，“论官职我也不怕你，论家财我也受用似你”。要战胜强大的对手，为百姓解难，不仅要有正义感、责任心，还要讲求斗争策略。要使杀人犯刘得中、杨金吾伏法，必须取得紫金锤这一重要物证。于是包公微服私访，智赚紫金锤，将刘得中、杨金吾正法，打击了权豪的嚣张气焰。包公的智慧是一种明察事物、判断是非、强调证据、机智应变的能力。然而任何事物都有其两面性。元代包公戏中对包拯运用智慧为民申冤、除害安良等故事的描写，无论在艺术上还是现实生活中都有利弊两端。元代包公戏的尚智，一方面表现平民百姓的是非爱憎、百折不挠和自发的乐观主义精神，给其在黑暗现实中生存下去以希望和寄托；另一方面也给不满现实的平民百姓一个发泄愤懑的渠道，客观上减少了社会不满力量的积蓄，起到保持社会稳定的作用；同时它还对人心世风起到了一定的教化作用，包公运用智慧除恶，对贪官污吏无形中是一种隐性震慑，对正派官吏保持正直人生价值取向是一种激励。

全剧人物刻画生动细腻，结构排场严谨精巧，剧情发展富于波澜，曲白相生，错落有致，对后世影响很大。清代戏剧《陈州放粮》即由此剧改编而来，近代改编为《下陈州》。包公陈州放粮故事，至今流传不衰。

赵佑，字天锡，元代宛丘人，居家汴梁，官浙江行省照磨（正八品，掌管磨勘和审计）至财赋总管。他虽然官职卑微却文才出众，工诗能文，有《东塘集》诗作佳品数千卷。他的杂剧剧本不多，但很著名，其风格有“秋水芙薇的净洁”（《太平正音谱》）。元代钟嗣成《录鬼簿》中有明人贾仲明挽词云：“曹公汤饼试何郎，天德名公家汴梁，金驭剪烛音清亮。为府判，任镇江，出台阁官样文章。显新句，贮锦囊，金玉铿锵。”他的两出杂剧《试汤饼何郎傅粉》、《贾要卿金钱剪烛》较为有名。

七、张从正及其医著《儒门事亲》

张从正（约 1156－1228），字子和，号戴人，金代睢州考城（今河南兰考县）人。他幼好读书，酷爱作诗，性格豪放，不拘细节，家世业医，居陈州宛丘。后住浑源（今山西浑源县），从刘从益门下习医，深受当时盛行的刘完素学说的影响。大定、明昌间（1161－1195），张从正逐渐形成自己独特的医学理论，以高超的医术闻名于世。兴定（1217－1223）中，被征召入太医院任职，后因与时医医风不合，不久辞职，回宛丘行医。张伯全等人曾从其学医。当时已具盛名的文人麻知几（九畴）与他有深交。他常与麻氏和常仲明（用晦）等讨论医学疑难问题，又由他们协助，于 1228 年撰成《儒门事亲》一书。该书前 3 卷为张氏亲撰，后 12 卷由麻氏、常氏润色整理而成，集中反映了他的学术思想特色。

张从正学术思想形成之时，正值刘完素“寒凉”理论兴起。张氏私淑刘完素的基本思想，力矫世医好用温补之时弊，宗《内经》、《难经》之旨，及张仲景汗、吐、下 3 法，创立了以“攻邪论”为中心的理论学说。

张从正创新理论诞生后，对金元医学的繁荣和发展作出了一定贡献。后又下传麻知几、常仲明、张伯全等人，继续流传和发展，形成金元医学一大学术流派“攻下派”。传张从正还撰有《张氏经验方》、《伤寒心镜》等书，惜均未存世。

第五章　宋金元时期的自然灾害

一、黄河南泛及贾鲁治水

黄河每次决口南泛对流经地区而言无异于一次灭顶之灾，洪水吞噬生命，漂溺房屋，淹没农田，并由此引发土地退化、政区变化、社会风气及社会动荡等。尽管各个历史时期多次发生黄河决口事件，因古人受时代限制，无法以符合现代科学的方式，记录或描述历次黄泛对其流经地区造成的方方面面的影响；同时灾后统治阶级不注意灾情调查，故多数文献只留下“漂没民舍”等大而化之的模糊字眼，使今人对年代久远的历次黄泛带来的负面影响难窥全貌。

北宋初期，中央政府加强了对黄河的治理，南泛浸县较少。乾德五年（967 年）诏：“以河堤屡决，分遣使行视，发畿甸丁夫善治，自是岁以为常。”太平兴国二年（977 年），黄河决口荥泽，南流夺汴，注沙颍河，浸项城。

金灭北宋后，战争连年，黄河下游堤防失修，致“数十年间，或决或塞，迁徙无定”。大定二年（1162 年）七月，黄河决卫州，弥漫鹿邑、柘城之间。大定十一年（1171 年）十一月，黄河决口王村，溜水东南行，其势甚大，危及宛丘。明昌五年（1194 年），黄河决阳武，一支水溜由太康经陈州入颍河。

南宋端平元年、金天兴三年（1234 年），蒙古军在开封城北寸金淀决黄河以灌宋军，导致河水开始夺涡河入淮。决河之水南流，经封丘西、开封东入陈留县（今河南开封县陈留镇）境，以下分而为三，中间一支为主流，由新、旧杞县城之间南流入涡，经鹿邑、亳州、蒙城至怀远入淮。旧城南一支，经太康、陈州入颍，经颍州、颍上入淮，同时也分流入涡。后因归德、太康两地要求，“相堙塞南北二汊，遂使三河之水合而为一”，全由涡河入淮。此河行水 60 余年，到元成宗大德元年（1297 年）河决杞县蒲口，沿旧河东流合泗入淮为止。

元代，由于黄河走杞县、兰考、宁陵、商丘一线，黄水南泛对周口地区境内为患尤甚。至元二十三年（1286 年）十月，“河决开封、祥符、陈留、杞、太康、通许、鄢陵、扶沟……十五处，调南京民夫二十万四千三百二十三人，分筑堤防”（《元史·世祖纪》）。至元二十五年（1288 年）五月，“河决汴梁，太康、通许、杞三县，陈、颍二州皆被害”（《元史·世祖纪》）。至元二十七年（1290 年）十一月，“河决祥符义唐湾，太康、通许、陈、颍二州大被其患”（《元史·世祖纪》）。大德元年（1297 年）三月，黄河水溢，漂没鹿邑、沈丘田庐。大德九年（1305 年），黄河决口开封小黄树，陈州漂溺。元仁宗时，黄河连续 4 年决堤，皇庆元年（1312 年）夏，河决，陈、亳、睢三州，开封、陈留等县没民田庐；次年六月，河决，陈、亳、开封等州县没民田庐；延祐元年（1314 年）六月乙未，河决郑州，陈州被水，民饥；次年六月，河决郑州，归德、陈州等处大水。延祐七年（1320 年）六月，河决汴梁、原武，浸灌诸县。是年按朝议堵复决口，方结束历时 34 年之久的黄水南泛。泰定帝后，黄河又发生 4 次决溢。泰定四年（1327 年）五月和致和元年（1328 年）五月，黄河水均溢，陈州灾荒，大饥，人相食。至顺三年（1332 年）夏五月，陈州河溢。至正十七年（1357 年）十月，河决，扶沟、陈等州县被灾。

元延祐元年（1314 年）八月，元政府委派太常丞郭奉政、前都水监丞边承务、都水监卿朵儿只、河南行省石右丞、本道廉访副使站木赤、汴梁判官张承直，上自河阴，“下至陈州，与拘该州县官一同沿河相视。开封县小黄村河口，测量比旧浅减六尺。陈留、通许、太康旧有蒲苇之地，后因闭塞西河、塔河诸水口，以便种莳，故他处连年溃决”。各官视察后公议：“盖黄河善迁徙，惟宜顺下疏泄。今相视上自河阴，下抵归德，经夏水涨，甚于常年，以小黄口分泄之故，并无冲决，此其明验也。详视陈州，最为低洼，濒河之地，今岁麦禾不收，民饥特甚，欲为拯救，奈下流无可疏之处。若将小黄村河口闭塞，必移患邻郡；决上流南岸，则汴梁被害；决下流北岸，则山东可忧。事难两全，当遗小就大。如免陈村差税，赈其饥民，陈留、通许、太康县被灾之家，依例取勘赈恤，其小黄村河口仍旧通流外，据修筑月堤，并障水堤，闭河口，别难拟议”（《元史·河渠二》）。于是汴梁所辖州县河堤得以修治，或进行疏通与补筑，但难以彻底根治。

黄河决口时常为患周口一带。至元延祐五年（1318 年）正月，“河北河南道廉访副使奥屯言：‘近年河决杞县小黄村口，滔滔南流，莫能御遏，陈、颍濒河膏腴之地浸没，百姓流散。今水迫汴城，远无数里，傥值霖雨水溢，仓卒何以防御！方今农隙，宜为讲究，使水归故道，达于江、淮，不惟陈、颍之民得遂其生，窃恐将来浸灌汴城，其害匪轻。’于是大司农司下都水监移文汴梁分监修治，自六年二月十一日兴工，至三月九日工毕”（《元史·河渠二》）。

元代黄河水患频仍，流路紊乱，形同金代。元代治理黄河方案是保北不保南，因为北决会影响会通河正常运行，故南岸多留水口，听任黄河水在涡、颍等河穿行。直到元至正十一年（1351 年），元政府始任命贾鲁治河。贾鲁治河是相当成功而快捷的，胡渭称之为“奏功神速，前古所未有”。

贾鲁，字友恒，元代山西高平人，曾任监察御史、工部郎中、行水督监等职，其间多次主持治理黄河水患。至正四年（1344 年），黄河在山东曹县白茅堤决河改道，淹没了河南、山东、安徽、江苏等 10 多个州县。此后几年间又多次决口，两岸百姓不得不背井离乡，生活苦不堪言。至正十一年（1351 年）四月，55 岁的贾鲁受命于危难，出任工部尚书、总治河防使，征发河南、山东 15 万民工和 2 万士兵，开始了浩大的治河工程。他采取疏浚和堵塞并举的方法，即在疏通黄河故道和支流河道并开凿新河道的同时，堵塞缺口和豁口，修筑堤坝，最终堵住决口，将水重新逼入故道，至十一月，所有土木工程完毕，大功告成，多年的水患被平息。

贾鲁在堵决口的同时，疏通了故道，开凿了新河道，这包括他从今新密县凿渠引水，经郑州、中牟，折向南而至开封，而后入古运河，直达周家口入淮河，正是今贾鲁河的流向。贾鲁此举不但平息了水患，也复兴了开封一带漕运。后人为纪念贾鲁治河的功德，便把这条重新疏通的运河改称“贾鲁河”。

周口一带宋以前尚存不少湖泽、陂塘，由于黄河不断决口、改道，大量泥沙沉积，所存湖泽、陂塘逐渐被淤没，特别是南宋绍熙五年（1194 年）黄河南徙夺淮后，原有湖泽和历代所修陂塘大多被堙没。

二、水、旱、蝗等自然灾害

宋金元时期，颍水、涡水、汴水等时常决口漫溢，给周口一带民众生命财产安全带来严重危害。宋开宝四年（971 年）七月，汴水决宋州，汛滥鹿柘间。太平兴国五年（980 年）五月，颍水涨，坏堤及民舍。夏沈丘大雨连旬，秋霪雨害稼。元贞二年（1296 年）八月，陈州所属各县河溢。至元二十五年（1288 年）六月，“以考城、陈留、通许、杞、太康五县大水及河溢没民田，蠲其租万五千二百石”（《元史 · 世祖纪》）。元至元二十七年（1290 年）六月，“河溢太康，没民田三十一万九千八百余亩，免其租八千九百二十八石”（《元史 · 世祖纪》）。延祐二年（1315 年），“河南、归德、南阳、徐、陈、蔡……等处水……皆免其民户税粮”（《元史 · 食货四 · 赈恤》）。

宋金元时期，周口地区自然灾害除黄河、颍水、涡水、汴水水患外，以旱灾为甚，水灾、蝗灾次之，有时发生单一自然灾害，有时多种灾害并袭，给民众的生产生活和生命财产带来很大灾难。

宋金元时期，太康发生旱灾 91 年次，涝灾 39 年次，蝗灾 27 年次，雹灾 4 年次，风雪雹灾 3 年次，地震 1 次；鹿邑县旱灾 6 年次，涝灾 20 年次，蝗灾 7 年次；沈丘县旱灾 19 年次，涝灾 16 年次，蝗灾 15 年次。

北宋建隆元年（960 年）夏秋，宛丘、沈丘旱，冬无雪。乾德二年（964 年）春夏，宛丘、太康、项城、沈丘旱、蝗，冬无雪。开宝二年（969 年）七月，宛丘、太康、鹿邑、沈丘大水害稼，冬无雪。次年秋，雨水害稼，民饥。开宝五年（972 年）夏，太康、沈丘大水，河决。太平兴国五年（980 年）夏，沈丘大雨兼旬，秋霪雨害稼。端拱二年（989 年），沈丘大旱，民多饿死。淳化元年（990 年）春夏，宛丘、太康、沈丘、项城旱，秋复旱，死者众。翌年，太康、沈丘旱、蝗。淳化四年（993 年）七月，宛丘、鹿邑、沈丘、项城霖雨伤稼。咸平二年（999 年）春，宛丘旱甚。咸平五年（1002 年）六月，太康大雨，坏庐舍，民有压死者。景德元年（1004 年），宛丘、太康、沈丘大旱，人多渴死。景祐元年（1034 年），连续两年夏旱、蝗。庆历六年（1046 年）夏，宛丘、太康、项城、沈丘大旱，民多渴死。皇祐元年（1049 年）五月，太康不雨，六月大水，淹庐舍、人、物。至和二年（1055 年），宛丘春、冬无雨，麦不出苗，春无播种。嘉祐元年（1056 年）六月，太康大水，淹没官房庐舍、人、物。次年五月，太康大雨不止，坏庐舍官房数万，系筏渡人，江河溢决，民多流亡。治平元年（1064 年）九月，宛丘、项城、沈丘大水。熙宁七年（1074 年）春夏，太康、沈丘大旱，蝗成灾。次年八月，宛丘、沈丘蝗蔽野。元丰四年（1081 年）秋，淮阳、扶沟、太康、沈丘蝗为害。翌年春夏，太康、沈丘旱，六月蝗。元祐八年（1093 年）八月，宛丘、太康、鹿邑、沈丘大雨水，冬无雪。崇宁元年（1102 年），太康夏蝗，七月七日雨水坏民庐舍。崇宁三年（1104 年），宛丘、太康、沈丘大蝗。宣和元年（1119 年）春，宛丘、沈丘旱。夏水，饥民流移。

金贞祐三年（1215 年）五月，大旱、蝗，百泉竭，杯水 10 钱，渴死者众。翌年夏六月，宛丘、太康、沈丘旱，蝗伤稼。金兴定元年（1217 年），宛丘、太康、沈丘旱，蝗。南宋淳祐八年（1248 年），宛丘大旱，河水干涸，野草自焚，牛马十死八九，民不聊生。

元至元十九年（1282 年）五月，宛丘、扶沟、鹿邑、沈丘大旱，蝗蔽天，人马不能行，所落沟堑皆平，害禾稼极重。大德元年（1297 年），宛丘、太康、鹿邑、沈丘大水，漂没田庐。大德八年（1304 年）六月，“陈州霖雨，蠲其田租”（《元史・成宗纪》）。至大元年（1308 年），太康、沈丘先旱后水，蝗，大饥，民采树皮草根为食。延祐七年（1320 年）六月，宛丘大雨水，岁饥。次年三月，赈陈州饥民。泰定三年（1326 年），太康、鹿邑河决被患。泰定五年（1328 年）春夏，宛丘、太康、沈丘大旱，蝗，大饥，人相食。天历二年（1329 年），宛丘、太康、沈丘连岁大旱，是年特大旱，大饥。天历三年（1330 年），太康旱、蝗，霜灾，大饥。元统元年（1332 年），水灾连年，宛丘大饥。至元三年（1337 年），扶沟、太康、沈丘夏旱、蝗。夏秋之交，大霖雨兼旬，岁大水，坏民居。至正三年（1343 年）四至七月，沈丘大霖雨不止，大坏民舍。七月，扶沟大水。次年五月，西华、扶沟、太康、鹿邑霪雨害蚕麦，禾皆不登。沈丘特大水，麦禾豆俱不登，人相食。至正五年（1345 年），太康久雨害稼，麦、秋不收，春秋饥荒。至正九年（1349 年）秋，宛丘、沈丘霪雨百日，大水，民饥。至正十五年（1355 年），太康大旱，人相食。至正十九年（1359 年）夏，太康秋蝗，食禾稼，草木尽，大饥，人相食。

宋代，周口一带民众对蝗虫为害经过长期观察，发现了蝗虫“抱草死”现象。景德四年（1007 年）九月，陈州宛丘、项县等县，蝗不害稼，抱草而死。据现代生物学研究，蝗虫“抱草而死”，一有可能是蝗虫寿终正寝的自然死亡形态；二有可能是蝗虫受到“抱草瘟”等真菌传染病影响；此外亦有可能是被“寄生虫”所感染，甚或可能是气候遽降冻死的。

宋金元时期，雹、霜、冻灾时有发生。北宋乾德三年（965 年）四月，宛丘、扶沟、沈丘风雹害稼，淮阳桑枣十损七八。至道三年（997 年）三月，扶沟大霜，损桑甚巨。天禧元年（1017 年）冬，扶沟大寒，人多冻死。南宋绍兴八年（1138 年）三月，西华、太康、沈丘大雨雹。五月，宛丘大雨雹，大小如龟形。金正大三年（1226 年），宛丘四月旱，五月大雨雹，蝗死。

元代，周口地区发生 2 次地震。延祐三年（1316 年）十月十九日，宛丘、太康、沈丘、项城、商水地震，烈度 3 度。至正元年（1341 年）二月（4 月 23 日），宛丘地震。

第七编　明清时期

第一章　明清时期的政治

明代是由汉族建立的一个封建王朝。元朝末年，政治腐败，元顺帝统治时期，爆发了红巾军起义。朱元璋参加了红巾军，南征北战，于1368年建立明朝，国号大明，年号洪武，定都应天府（今南京）。朱元璋就是明太祖。明崇祯十七年（1644年），李自成率农民起义军攻占北京，崇祯帝自缢，明朝在全国的统治宣告结束，历时276年。同年清军入关。

1644年清朝建立，至1912年清帝溥仪退位，清朝正式灭亡，历时267年。1644年至1940年鸦片战争前夕，是清朝的早中期，也是中国封建社会的晚期。

一、政区沿革和机构设置

1. 政区沿革

清代将地方行政区划为省、府（直隶州、直隶厅）、县（厅、州、县）3级。府、厅、州、县为省级以下行政区划。府为省以下的一级行政区划，管辖若干县（州、厅）。府的行政衙门所在地称府治，即附郭县。一些府亲辖地方，无附郭县。府的行政长官为知府，初为正四品，乾隆十八年（1753年）改为从四品。雍正中全国设167府，乾隆时增加为184府，至光绪二十五年（1899年）增为187府。到清末全国有府200余个。陈州府为河南省九府之一。清初，知府常派其佐——同知、通判分防府内各地，其驻各地办事机构称厅。以后厅演变为地方行政区域单位，其行政长官仍沿用同知、通判旧称，但已与各府的同知、通判不同。

州，清承明制，直属于布政使司的州称直隶州。直隶州有属县，是相当于府一级的地方行政区，唯其规模略小，政事稍简。隶属于府的州，称州（散州、属州），是相当于县一级的地方行政区。直隶州和州的行政长官皆称知州，直隶州知州为正五品，属州知州为从五品。

县为初级地方行政单位。清承明制，县一般隶属于府和直隶厅，或隶属于道和直隶厅。县的行政长官为知县，正七品。

陈州在明清时期沿置，但辖域有变化。洪武初年，设陈州，领商水、西华、项城3县，隶开封府，州治设在宛丘。弘治十一年（1498年）增沈丘县，陈州辖商水、西华、项城、沈丘4县。清雍正二年（1724年）改陈州为直隶州，属河南布政使司。雍正十二年（1734年），陈州升为府，置淮宁县，划开封之太康、扶沟2县归陈州府，领淮宁、太康、扶沟、商水、西华、项城、沈丘7县。据《清史稿·地理志九》记载：陈州府，“隶开归陈许郑道。清初沿明制，为开封属州，领县四。雍正二年（1724年），升直隶州。十二年（1734年），升府，并割太康、扶沟来隶，增附郭。西北距省治三百里。广一百九十里，袤二百十五里”。

淮阳县。洪武元年（1368年），宛丘县省入陈州。《明史·地理志三》载：“洪武初，以州治宛丘县省入”。洪武四年（1371年）七月，复置宛丘县，属陈州。清沿明制，属河南布政使司。顺治十六年（1659年）裁道、卫归陈州。雍正二年（1724年）改陈州为直隶州，宛丘县为附郭。雍正十二年（1734年），置陈州府淮宁县为附郭。

项城县。明洪武元年（1368年），废南顿县，其东部边域归入项城县。宣德三年（1428年），项城县治由今沈丘县槐店镇迁至殄寇镇（今秣陵镇）。崇祯十七年（1644年），李自成在北京建立大顺政权，遂改项城为州。清代复名项城县，属陈州。雍正十二年（1734年），陈州升为府，项城属陈州府。据《明史·地理志三》载：“东北有故城。今治本南顿县之也，宣德三年迁殄寇镇。”

商水县。明洪武元年（1368年）废商水县，洪武四年（1371年）七月复置，属河南行中书省河南承宣布政使司开封府陈州。清代属河南布政使司陈州府。

西华县。明代，西华县沿置，属开封府。清雍正二年（1724年），陈州改为直隶州，西华县属之。雍正十二年（1734年），陈州升府，西华县属陈州府。

扶沟县。明代，扶沟县属河南省开封府。清初，扶沟县循明制仍属开封府。清顺治十年（1653年），裁卫地归陈州。雍正二年（1724年），陈州改为直隶州，扶沟县属之。雍正十二年（1734年）陈州升为府，扶沟县改属之。《明史·地理志三》载：扶沟，“东有沙河，一名惠民河，又名小黄河，即宋蔡河故道也。成化中浚，下流达南直太和县界。又北有洧水，自西流入焉。又东北有黄河故道，弘治二年淤。”

太康县。明代，太康县属河南省开封府，清初，太康县循明制仍属开封府。雍正十二年（1734 年）陈州升为府，太康改属之。

鹿邑县。明代，鹿邑县属河南承宣布政使司归德府。洪武元年（1368 年），归德府降为州，鹿邑县归开封府归德州。嘉靖二十四年（1545 年）归德复为府，鹿邑县属之。清代，鹿邑县属河南省归德府。

沈丘县。明初，沈丘县省入颍州。弘治十年（1497 年），划拨陈州 13 里、颍州 5 里、项城 2 里，收流寓民 3 里，计 23 里，复置沈丘县，县治由沈丘集（今安徽省临泉县城西）移至乳香台（今沈丘老城）。时辖域范围较今略大。正德七年（1512 年），削去 5 里。嘉靖元年（1522 年），又削去 5 里。嘉靖九年（1530 年），仅存 13 里。康熙三四十年间，沈丘县与陈、颍、项交界地区归属混乱，出现“寄庄地、插花地、飞地”等名目。据《明史·地理志三》载：沈丘，“元属颍州。洪武初废。弘治十年改乳香台巡检司置，来属。东北有颍水，东入南直颍州界。又北有沙河，东入南直太和县界。又东有界首巡检司。又北有南顿县，洪武初废。景泰初，置南顿巡检司于此”。

2. 机构设置

明清时期陈州（府）城（今淮阳县旧城）内设置有州（府）府衙门，并配有相应机构。州设知州、州同、州判、吏目各 1 人。知州掌一州之政令，处理辖区内一切刑事、民事案件。州同、州判分掌粮务、水利，管理河道。吏目司奸盗，察狱囚。府设知府、通判各 1 人。府下设经历司经历 1 人，照磨所照磨 1 人，司狱司司狱 1 人。知府总领各属县，掌宣布国家政令，治理百姓，审决讼案，稽查奸宄，考核官吏，征收赋税等政务。通判掌粮盐督捕，督河工水利等事。经历司掌管文告起草与张榜公布。照磨所掌管人事档案和人员任用提拔等事。司狱司掌审理案件与管理狱囚。所属机构有：儒学，设教授、训导各 1 人；巡检司，巡检 1 人；驿站，驿丞 1 人；税课司，大使 1 人；河泊所，大使 1 人；医学，正科 1 人；阴阳学，正术 1 人；僧纲司，都纲、副都纲各 1 人；道纪司，都司，副都司各 1 人。明初至清末历任陈州知州 99 人，陈州府知府 55 人。

明初，州主要负责教化百姓，劝课农桑，考察属官，赈济灾伤，管理赋役、钱谷、狱囚等事宜。清初沿明制，雍正十二年（1734 年）升陈州为府，其职责与州同。

明清时期，县级政权称县衙。县级职官设知县、县丞、教谕、训导、典史、主簿。明成化之前县不设主簿，成化年间因重视农业生产，成化十一年（1475 年）下诏在县级机构增设主簿 1 人，以劝课农桑。知县主宰一县之事，所以称邑宰、邑令、县令，俗称县太爷。县丞是辅佐知县处理政务的属官；教谕掌管文庙祭祀，教育所属生员，为县学主管。训导协助教谕掌管教育工作；典史为知县下掌管缉捕、监狱的属官；主簿处理文书事务，与县丞同为佐官。巡检为武职，负责缉捕和警备。上述7职除知县外，其他职官往往有省、并、兼、代情况。

明清州县衙门还设三班六房。三班即皇、壮、快三班。壮班，值堂站班，催田赋，兼缉捕；快班，负责缉盗和治安；皇班，承担仪仗及护卫。六房指吏、户、礼、兵、刑、工6房，与中央六部对应设置，其首领由县令指派小官吏担任，称书吏或承发吏，直接对县令负责。吏房管吏治和人事；户房管理财政，又分户总房、户北房、户南房，掌管土地、户籍、赋税、财政收支；礼房管礼仪、祭祀、文化教育、僧道诸事；兵房管军事、驿站、校卫及车马轿夫；刑房管刑事及诉讼；工房管工程兴建、水陆交通等。各房设房长1人，办事人员不等。清户房分为户北房、户南房、库房、仓房。户北房管地总及地亩文书，征收田地房产及买卖典当的契约税；户南房管银总、征收田赋及各项税务；库房管贮存上解的款银，凡属国家正税及查获的非法违禁物品，均交库房保管；仓房管仓粮各项事宜。另外还有专门管押女犯的班捕。

明清时期，县下实行里甲制或保甲制。清代沿用宋朝的保甲制在县下设乡，乡下设里，里下设甲，实行严密统治。10户为甲，10甲为里（保）。甲长由10户户主轮流担任，每任1年，10年一转。里（保）长从10甲选出人丁税粮较多的10户轮流担任，10年一转。里甲长管调查掌握各户人丁和田产数量，据此编成赋役册，督促征收赋税，承担缉盗安民和诉讼等。官府发给里甲格式一样的纸牌，登记一家人的姓名、性别、年龄等情况。离家外出要注明去处，家中来客也须注明，面生可疑之人不准留住。月底由里甲长检查各户，开具证明，以备官府查验。

里甲制和保甲制随着时间推移，数量和称谓有一些变化。如淮阳县，明初有编户4乡、12里。正统四年（1439年）后增至66里。永安乡辖18里，平信乡辖15里，孝义乡辖15里，明化乡辖14里。后划拨11里属沈丘，又并去10里。清顺治三年（1646年）淮阳县并为孝、悌、忠、信4里。顺治十六年（1659年），裁卫归州，又增温、良、恭、俭、让5里。全县共编9里，里长由县府委任，每里分10甲，共90甲，选委甲长1人。甲下设保，共87保，保正115人，管辖3147个村庄。乾隆十七年（1752年），淮阳全县编联保甲。西华县，洪武十四年（1381年）编为1坊、4乡、13里，即永济坊附部1里，长平乡（在今西华县城东北）、清水乡（在县城西北）、长乐乡（在县城南）、张明乡（在县城西南）各3里。嘉靖三十四年（1555年），西华全县划为21里、1坊，即长平5里、长乐3里、清水4里、张明4里、新安1里、通安1里、清化1里、化城1里、和宁1里、永济1里。清乾隆十五年（1750年），编排保甲，以10户为1排，10排为1甲，10甲为1保。每设1保，方圆约10里，全县共设109保。太康县，明初编为27里。后因山西移民入籍，人口增加，天顺年间增编8里计35里。弘治十八年（1505年），又增编5里计40里。嘉靖三年（1524年），革除5里，仍为35里。明末多乱，人少地荒，至清代仅编8里、35社、94保。8里分别为大吉北里、留耶南里、留耶北里、明子西里、金堆里、高贤里、葛岗里、高陵里。商水县，明万历十年（1582年）下设12里。清顺治三年（1646年），知县原英煌将12里划为4里。除城四关厢外，又28村。康熙初年，改置24地方，后增7地方。鹿邑县，明代编户34里。清乾隆年间（1736－1795），全县划为30个镇。

明代定制，县是基本行政管理单位。每县设知县1人，县丞、主簿、典史各1人，教谕1人，训导2人。清沿袭明代的行政制度，每县设知县1人，县丞、典史、教谕、训导各1人，武职设巡检，后设把总，另设库大使管理公库，但清代县一般不设主簿，这是与明代的区别。

周口，原名周家口，由西寨、南寨和北寨组成，三寨由沙河、颍河、贾鲁河相隔，行人和货物运输依靠船只摆渡。明洪武元年（1368年），沙河北岸（今西老寨）形成墟集（双日集），东西5里，南北2里，名为永宁集，始置永宁集地方，设乡里，此前一直无建制。永乐年间（1403－1424），沙河南岸建子午街（今周口市川汇区老街），设贸易市场（单日集），与永宁集隔河相望。时有一周姓人家周国昌在子午街处辟一渡口，俗称周家埠口、周家渡口，周家口由此得名。永乐六年（1408年）开辟沙颍河漕运，周家口逐渐形成集市。此时置周家口地方，亦设乡里。两地方分属今淮宁、商水两县分辖。清康熙初年（1662年），商水县辖永宁集地方1132户，7个村庄，周家口地方1919户，4个村庄。周家口沙河北岸除太平街一带属商水县外，西北至彭埠口，东北至五里棚、黄庄，沙河南岸新渡口街以南至水灌台属淮宁县（今淮阳县）管辖。乾隆二十七年（1762年），周家口贾鲁河建木质虹济桥（即今二板桥），西寨与北寨相连。

明清时期，周家口田粮征赋属淮宁、商水两县主管。清初，周家口商务日渐繁盛，陈州（治今淮阳）管粮州判由陈州移设周家口，统管全镇市面。雍正十二年（1734年）直隶陈州升为陈州府，陈州府粮捕盐务水利厅设周家口，统管全镇兵、民、钱、谷、狱讼之事。

清代，沈丘、鹿邑县教谕、训导、典史、巡检等每月的薪俸银均为19两5钱2分，一般能维持5口之家，生活稍高于当时农村富户。

二、城池的修筑

明清时期，陈州府城与宛丘县城池的形状和大小大致局限于今淮阳县龙湖以里的旧城区。据清道光六年《淮宁县志》载："明洪武辛亥（四年，即1371年），指挥陈亨易砖垣，延袤七里有奇，高三丈，址广五丈五尺。四门各增瓮城，四隅各为角楼，敌台四十九，堞计二千七百，池深一丈五尺，广二丈有奇。"明朝后期战乱频繁，城墙坍塌，几经修复。清初重修的淮阳县城周长9里13步，约4513米。白眉初《鲁豫晋三省志》记载淮阳城云："城周九里十二丈，高二丈四尺，四门，门皆三重，绕城有土筑外郭一道，即护城堤，高丈许以防水患。"

淮宁县署建于明代，地址在今淮阳县政府招待所处。清顺治八年（1651年）重修为正堂5楹，东侧为府库，西侧为架阁库，前为露台、甬道，东西各置刑皂房，正前为仪门3楹。康熙九年（1670年），大门上建谯楼3楹。乾隆三年（1738年），门前建照壁。乾隆十一年（1746年），重建三堂、西大厅、书舫等。

商水县城，明代以前系土墙，周围仅4里许。明洪武四年（1371年），县丞孙元仁修筑，城垣高2丈余，置四门：东曰仁化，南曰义和，西曰道泰，北曰德政。各门之上建戍楼，四戍铺八，隍深2丈，宽5丈余。正德六年（1511年）、万历二十一年（1593年），被兵、雨毁颓，知县刘迁重修。万历三十五年（1607年），知县俎鼎始以砖甃东门以北20余丈而止。崇祯九年（1636年），知县王化行尽易以砖，四门置瓮，城四面设敌楼。崇祯十四年（1641年），李自成义军攻陷尽毁之。清顺治三年（1646年），知县原英煌重修。康熙三年（1664年），知县张铎帮筑内城，兼补女墙。康熙二十七年（1688年），内城薄削，知县邵瑗遍筑之。康熙二十九年（1690年）七月，大雨颓城数处，知县康其梅复修如故。康熙五十年（1711年），知县修映辰易曲门为直门。雍正八年（1730年），知县牟绳祖复改为曲门。乾隆元年（1736年），知县吴升补修。乾隆八年（1743年），知县李新猷继补之，崇墉巩固。至乾隆二十七年（1762年），知县郭卫，邑绅李郊、李淇、党五经等捐资督修城垣及门楼。

商水城池周长773.5丈，其中东城垣长178.5丈，南城垣长200丈，西城垣长175丈，北城垣长220丈。城内东西长246丈，南北宽214.5丈。城内有5街14巷，建筑有县署、城隍庙、常平仓、魁星楼、文庙、关岳庙、关帝庙、龙棚西楼、文昌宫、文昌阁、火神庙、察院、衙神庙、狱神庙、凤凰台、节孝祠等，四关建筑有先农坛、社稷坛、云雨风雷山川坛和厉坛。

西华县城，据《太平寰宇记》载为楚武王所筑。直至元末，西华县城的修筑情况不见史志记载。据清乾隆《西华县志》载：元末，城圮。明成化八年（1472年），知县卢睿重修县城，周围5里有奇，城高2丈5尺，广1丈5尺，池深2丈5尺，修四门：东曰长平，西曰清水，南曰长乐，北曰永济。弘治十一年（1498年），知县李景增修角楼、垛墙，疏通马道。正德七年（1512年），知县王尧臣重修城墙，高1丈5尺。隆庆二年（1568年），知县张光孝改以砖石甃筑城墙，高2丈5尺，上阔8尺，濠深7尺，阔2丈。万历二十三年（1595年），知县屈炜修瓮城，加重门：东曰宾阳，西曰阜城，南曰来熏，北曰拱辰。清初，知县李培重修四门。乾隆七年（1742年）夏，大雨，城墙淋倒甚多，知县介锡龄重修。

据西华旧志载，县署近西门，元末毁于兵燹。明洪武三年（1370年），建正堂、仪门、旌善厅、申明厅、幕厅、寅宾馆、土地祠各3间，东西廊房各9间（为吏、户、礼、兵、刑、工六房），架阁间、戒承发司、戒石各1间，西狱房15间。清乾隆十七年（1752年），知县宋恂重修县衙，规模扩大，有厅、堂、楼房100余间。

扶沟县城，自隋大业末（618年）从小扶城（今扶沟崔桥镇古城村）迁今址至今未变。洪武三年（1370年），扶沟县丞刘镃创建土城，城高1丈余，周长6里322步。明正统七年（1442年），知县韩琼率众增修，高2丈5尺，池深2丈，周围9里13步。景泰二年（1451年），知县陈纪建敌楼。成化十九年（1483年），知县胡宣修四门：东曰寅宾，南曰迎薰，西曰见嵩，北曰拱辰。明正德五年（1510年），义军攻打城池退去后，知县王廷华加高城墙，深挖城濠，三倍于前。正德六年（1511年）二月，刘六率义军攻城3日未克西去，王廷华又主持大修城垣，四周以砖砌城隍，两边修高门楼，四周增修角楼。嘉靖四年（1525年），县丞康越修北门，后屡为水患所圮。嘉靖三十一年（1552年），知县高经率众筑城。隆庆六年（1572年）夏，黄芬补缺扶沟知县，即召父老修砖城以为一劳永逸之计，修筑东、西、北三面砖墙。万历三十年（1602年），知县全良范率众续修。万历三十九年（1611年），知县丁可圣又开拓城墙1丈余。崇祯十五年（1642年），李自成义军毁城而入，义军去后，营头李奋文纠集四乡民众在旧址重修，未及原来高厚。清顺治十三年（1656年），扶沟知县王佐重修东、北二门和两座吊桥。康熙四年（1665年），知县高锡爵重修。康熙三十六年（1697年），知县赵如桓重修。嘉庆二十二年（1817年），知县胡秉钧重修西门、壕梁、官路等。

扶沟县署始建于隋唐，毁于元代。明洪武三年（1370年），县丞刘镒草创规模，门堂俱备，并修慕爱堂5间。永乐二年（1404年），知县马文炯修仪门、大门各3间。成化十九年（1484年），知县胡宣修清心省事堂3间。隆庆六年（1572年），知县周京改建知县宅，庭舍2层，中有小楼，东有花厅，堂有幕厅，西北有射亭，西有典史宅，吏舍堂前东西两侧建六房各科10间。

清康熙四年（1665年），扶沟知县高锡爵在县衙建大堂、二堂、主室、大门、仪门各3间，戒石坊1座，六曹坊左右各10间，库房1间，主室左右厢房各3间，群房、厨房21间，花厅3间，三堂东偏厢房7间，西偏寅宾馆3间，书室2间，衙神庙3间，马厩10间。康熙三十六年（1697年），知县赵如桓在三堂前建品级门。

扶沟县监狱，明万历十三年（1586年）建于扶沟县署仪门两侧，明末毁于兵燹。清康熙三十六年（1697年），知县赵如桓在原狱址修建监房、仓库、女牢房各3间，狱神庙、地藏庙各1间。外围墙高2丈，厚6尺。

扶沟县鼓楼，明成化二十年（1484年）由扶沟知县胡宣在县府街与鼓楼街衔接处兴建。楼基为正方形砖结构，边长20米，高6.6米，座下有一南北拱道，拱高5米。西侧有砖砌台阶可以登临。座上建有长、宽各10米的瓦房1幢。内悬大铁钟一口，四时击钟以报市民。1952年拆除。

扶沟城隍庙大殿，由县丞刘镒再建于明洪武二年（1369年），地址在县城西大街路北。景泰六年（1455年），知县陈纪重修城隍庙落成。嘉靖十九年（1540年），知县刘少府捐资相助，义官张绪先、周巍、高岭主事，第四次修整城隍庙，至嘉靖二十二年（1543年）落成，庙宇更加恢宏壮丽。

太康县城池，元末明初遭兵燹，毁坏严重，明清时期多次重修、增建。明成化八年（1472年）、正德六年（1511年），知县王珣、郭思敬先后重修。正德十四年（1519年），知县刘搏修砖垛3000个，高7尺。嘉靖元年（1522年），知县侯帮泰筑城3尺。崇祯九年（1636年），知县李皋以砖易土，厚5尺，高4丈3尺，四隅建角楼，四面建敌楼。崇祯十五年（1642年），李自成破城毁之。顺治三年（1646年），知县姬令甲重修砖城。顺治五年（1648年），知县田六善重修。康熙三十一年（1692年），大雨坏城，知县朴怀宝捐修430丈3尺。乾隆三年（1738年），知县姚孔铖领公项银修建东、南二门楼。乾隆二十二年（1757年），知县傅辉文修建西门楼。乾隆二十四年（1759年），知县武昌国修建东门楼。乾隆二十八年（1763年），知县武昌国同士绅捐资通修城池。清代，太康县城内有街巷17条，南北、东西大街直通四门。但街巷狭窄，道路不平，“无风满街土，有雨满街泥”。

鹿邑县城，据清光绪《鹿邑县志》记载：“明洪武二年（1369年），知县韩瓛重修，以土筑，周九里十三步，高二丈，广一丈三尺。为四门，东曰望仙，南曰迎恩，西曰通济，北曰迎仙。池深一丈，广八尺。”正德六年（1511年），知县杜恩于池外开小池，周长9里200步，深1丈，广1丈2尺。嘉靖元年（1522年），知县王朝鎣改城北门曰仰极，南门曰嘉会，东门曰迎仙，西门曰义和，新筑西北门曰归孚。嘉靖十五年（1536年），筑护城堤，周12里18步，广1丈5尺，高丈余。隆庆六年（1572年），知县王冠始以砖石修筑城墙，设重门，建吊桥。崇祯七年（1634年），知县韩友范增筑女墙，广濠堑至5丈，深3丈。崇祯十年（1637年），知县许士奇在东南城墙上创建魁星楼。

清顺治十六年（1659年）、康熙十三年（1675年）、二十六年（1687年）、乾隆十八年（1753年），鹿邑县城池相继修筑。此前康熙二十年（1681年），鹿邑知县王政溥主持重建魁星楼。康熙二十七年（1688年），在城内芙蓉街东头建立鸣鹿书院。

鹿邑县署，明洪武三年（1370年），知县韩瓛修建。崇祯末年，毁于兵燹。清顺治年间，知县闵三元整旧基重建，有大门、仪门、照壁、大堂、节爱堂、琴堂、寅宾馆、知县宅、吏房、监狱等。清代、民国时期不断修缮，继续沿用。

明洪武三年（1370年），知县韩瓛建文庙（黉学）。万历三十六年（1608年）建大成殿，殿前左右建东西庑各9间，乾门各1道。殿后建有转厢楼、崇圣祠。

沈丘县城，明代以前在今安徽省临泉县治西侧，明初城废。弘治十年（1497年），复置沈丘县，在旧沈丘县城西北25里的乳香台筑新城（即今沈丘老城）。弘治十一年（1498年）开始动工兴建，弘治十三年（1500年）八月建成，城墙为土筑，城内建有官署、祠庙、学宫等。每当夏秋河水上涨，东、南两面尽在水中。正德年间3次增修城池。正德二年（1507年）二月十五日，砖包城墙工程动工，令邑民各备砖赴工，城墙高约8尺。是年，城池、城楼落成。沈丘新县城筑就后屡经水患，多次重修。正德十二年（1517年），垒土包砖，增高至1丈。后添修城垛，垛口5尺。嘉靖间又2次整修。嘉靖二年（1523年），复加整理，展筑四面城濠、城堤，堤周植柳。嘉靖六年（1527年），再次重修，墙高1丈8尺，垛口4尺5寸，城墙水门铸铁窗1副，颇为完固。后屡经兵灾水患，多次重修。清顺治年间，城池已具规模：城为方形，周长3里半零40步；墙高1丈8尺，宽2丈3尺，顶收7尺1寸，垛口4尺5寸；四门起重楼，城门以铁叶包裹，四角、四面计有敌楼8座；墙外有濠，宽3丈，深1丈5尺。城内街道多呈“十”字形，计有南门大街、北门大街、东门大街、西门大街、中十字街、北十字街、东十字街、县前街、县后街、司前街、司后街、学前街、学前胡同、城隍庙街、南关街、北关街、东关街、西关街等。街道两旁店铺、民房多为茅舍。县署位于城内西北隅，内有正堂、后堂、知县宅堂、典吏狱房、府库房等60余间。县署东为察院，建有正厅、过厅、后厅、厨房、书吏房、皂隶房等10余间。西南隅有学宫，内有至圣殿、明伦堂、号房、教谕、宅房、训导宅房等60间。东南隅有城隍庙、文昌阁和魁星楼，东北隅有常平仓、宛丘寺。四关，散建人祖庙、养济院、先农坛等建筑共15座。

项城县城，原在槐坊店（今沈丘县槐店镇），明宣德三年（1428年）城垣被黄水冲圮，遂迁至殄寇镇（今项城市秣陵镇）。正统三年（1438年），项城知县胡琏始修城池，周围7里余，墙高25尺、宽12尺，池深12尺、宽13尺。四门东曰来和，南曰至善，西曰重兴，北曰忠顺，各门建有城楼，正统十一年（1446年）告竣。天顺元年（1457年），知县王辅重修。正德十六年（1521年），刘六率义军攻毁城墙大部，不克而去，知县张谕补修，城墙易土为砖。嘉靖三十六年（1557年），师尚诏义军攻城，县学训导宋世相督众尽力守住城池。后增建月城门4座，又经知县赵麟修葺。嘉靖四十二年（1563年），知县张师尹复对城垣修葺加固。隆庆元年（1567年），南门倾圮，知县魏勋重修。万历元年（1573年），知县贾明远复修。万历五年（1577年），城堞毁坏，知县陈万年补修。万历九年（1581年），城墙四周因大雨而致多处倾颓，知县颜若愚补修。万历十六年（1588年），知县徐东渐在南、北二门外建三孔吊桥各一（长30尺，宽12尺），东、西二门外建单孔砖桥各一（宽13尺）。万历二十三年（1595年）五月霪雨，倾城几半，知县王钦诰募工修筑，并增修四门外各一桥。崇祯十六年（1643年），农民起义军攻城不克遂去，知县张应弘旋将城墙四周修固，增高城堞2尺许。清顺治十三年（1656年），部分城墙因大雨倾圮，知县郑羽侯重修，并以土补里城，浚深外隍。顺治十八年（1661年），南、北城楼受水浸尽圮，知县顾宗芳重建恢复原貌。康熙二十六年（1687年），因失修，砖城、土城皆崩裂，知县顾宗芳捐俸修筑砖城111尺，堞口69个，土城5400尺。康熙五十二年（1713年），知县刘其时倡捐修筑砖城、土城，内外加固。雍正六年（1728年），知县王奎申自捐补修城垣。乾隆七年（1742年），雨水连月，城墙坍塌甚多，知县钱国宝详明估工，上呈补修。

项城县衙，原位于槐坊店西北隅，明洪武三十年（1398年）圮于水，知县彭仲恭徙建城东。宣德三年（1428年）草创，又圮于水。正统十四年（1449年），知县胡琏在殄寇镇（今项城市秣陵镇）创建完固，有中公堂（名敬简堂）5间，思补堂3间，东西廊房各9间，狱舍9间；知县宅中厅问心堂3间，清畏堂3间，东书房4间，西书房3间；后楼5间，后群房5间，偏房10间；大门、仪门各3间，东西角门各1间。

清代，项城县衙又有增建。据清乾隆十一年《项城县志》记载，衙署有大门房3间（门前有照壁），左右分别有申明亭、旌善亭。左有寅宾馆3间。进入大门后又有仪门3间，东西角门各1间。仪门东有土地祠，西有狱舍9间。仪门后有东西廊房各9间。之后为公堂5间，其左有幕厅3间，幕厅左有架阁库3间（时圮）。公堂后有思补堂3间，其左有库楼1座。思补堂后依次有后楼3间，偏房10间，后群房5间，官厅3间。另外有东书房4间、西书房3间、清畏堂3间、知县宅中厅3间、典史宅等建筑。上述楼堂厅房等建筑于民国十一年（1922年）毁于火。

项城分县衙署。清嘉靖初年项城始设分县。道光元年（1821年），在项城城西35里新兴集西街路北建分县衙署，有正厅3间、东西班房各3间、过厅3间、东耳房1间、后花厅3间、幕友房3间、厨房2间、官宅北屋3间、南屋3间、耳房1间、门房3间、大门1间、大仙庙1间、萧曹庙1间。

项城分讯衙署。清道光元年（1821年）建分县衙署，位于城西35里新兴集北门内路西。有大堂3间、东传宣厅3间、西旗牌厅3间、官宅上房3间、耳房4间、两厢房6间、书房1间、门房1间、大门1间、兵房48间、左关帝庙3间等。

三、朱元璋的活动及其治世方略

1. 朱元璋在陈州的活动

朱元璋（1328－1398），原名重八，后取名兴宗，字国瑞，濠州钟离（今安徽凤阳县东）人。出身贫寒，为人放过牛，打过工，当过和尚，后参加元末农民起义，逐渐成为著名领袖，最终建立了大明王朝。他曾活动于周口一带，并与陈州结下了不解之缘。

元至正四年（1344 年）春，濠州因大旱遭受饥荒，瘟疫流行，朱元璋的家庭陡遭变故，17 日之内，父亲、长兄、侄子、母亲接连死于瘟疫。二哥、三哥木讷老实，又外出做了赘婿，朱元璋草草安葬了父母兄侄。邻居汪大妈可怜这个孤苦无依的孩子，把他送到皇觉寺当了和尚（《洪武御制全书》）。因旱蝗肆虐，寺院的生计也成了问题。朱元璋入寺的第 50 天，高彬法师罢粥散僧，让全体僧人出外云游。他先后到合肥、河南固始、信阳、汝州、陈州、鹿邑、濠州、颍州，最后回到皇觉寺。此次云游历时四年（《明孝陵志》、《洪武御制全书》）。朱元璋在陈州云游时间最长，夜晚栖身太昊陵庙。他早出晚归，无论多晚，回到太昊陵庙都要到陵前拜拜人祖，祈祷：愿人祖保佑，让重八也当当皇帝。至正八年（1348 年）年底，朱元璋结束了 4 年的云游生活，回到皇觉寺。他当时走过的都是当时较为富庶的地方，熟悉了各地的地理和风土人情，更重要的是锻炼了体魄，磨炼了意志，形成了他坚忍不拔的性格。后来他参加义军，及他称帝后采取的一些政策都与他的出身和经历密切相关。

元至正十一年（1351 年）五月，江淮流域爆发了郭子兴领导的红巾军起义。元至正十二年（1352 年）闰三月初一，朱元璋参加了红巾军。他沉着机警，遇事有计谋，在起义军中很快崭露头角。郭子兴待之为心腹，并将自己的养女马氏嫁给他。不久，朱元璋带领一支起义军在陈州与元军展开激战，因寡不敌众，败下阵来，元兵穷追不舍。他走投无路时，逃进了早年曾栖身的太昊陵庙。传说，朱元璋躲入破庙后，祈祷说：“人祖爷若能保佑我平安无事，今后一旦得了天下，一定依照我的宫殿，为您重修庙宇，再塑金身！”话音刚落，一只蜘蛛飞快地在庙门口织起网来。元兵追到庙门前，见蜘蛛网封门，断定朱元璋没有避入太昊陵庙，便追向别处，朱元璋有幸得救。

元至正二十八年（1368 年）正月初四，朱元璋在应天（今南京）称帝，国号大明，年号洪武。朱元璋称帝后，不忘云游陈州和兵败陈州被人祖护佑之恩，洪武元年（1368 年）三月，派徐达攻取陈州。不久，借出巡汴梁，驻跸陈州，拜谒太昊陵，并诏增修陵庙，每岁祭奠。据民国二十二年《淮阳县志》载：“洪武平天下之明年（1369 年），车驾幸陈，亲洒宸翰（帝王所作的文章书法），为文以奠。仍命有司岁为常祭，列圣相承，遣使代祀。不绝其所以示天下尊崇之意，不但如历代帝王已也，而可如此荒废耶？乃顾谓参政金公清、佥事翟公镐暨维藩曰：‘斯实吾辈责也。’且御制碑亭规模卑隘，逼近陵冢，非所以崇敬也。

于是相地宜，定规制，鸠工授日，度于有司，命通判官范汝敬等董其役，凭基畚筑。冢圆而高，象天也。周砌以砖台，方而厚，象地也。冢前远数丈，筑以高台券门，建碑亭于上，圣祖崇重之意又加隆矣……”

据《明会要》载：“洪武三年（1370年），朱元璋遣使访帝王陵寝，命各行省具图以进，凡七十有九，礼官考其功德昭著者，凡三十有六。……在河南者十，陈祀伏羲……”同年，朱元璋颁诏修建以上功德卓著者陵庙，太昊陵庙列第一。

洪武四年（1371年）正月二十二日，朱元璋亲制祝文，并遣会同馆副使路景贤到太昊陵致祭。其祝文曰：“朕生后世，为民于草野之间，当前元失驭，天下纷纭，乃乘群雄大乱之秋，集众用武。荷皇天后土眷佑，遂平暴乱，以有天下，主宰庶民，今已三年矣。君生上古，继天立极，作烝民主，神功圣德，垂裕至今。朕典百神之祀，考君陵墓在此，然相去年岁极远。朕观经典所载，虽切慕于衷，奈秉性之愚，时有古今，民俗亦异，仰惟神君，万世所法，特遣官奠祀于陵。圣陵不昧，尚其纳焉！尚飨！”（民国二十二年《淮阳县志》及太昊陵朱元璋御祭碑）朱元璋认为其从一名乞丐到当上皇帝，是得到了伏羲女娲的保佑。洪武四年（1371年），诏令严禁全国通祭三皇，仅保留陈州伏羲陵园祭祀（《明太祖实录》、《明史·礼志》、《大明一统志》）。

太昊陵庙自朱元璋修定陵制，重建庙宇后，明代列圣相承，不断增修扩建，遣使代祀。有清一代，历代皇帝也代代相传。自朱元璋始，历代帝王共遣官致祭51次，其中明洪武2次，永乐1次，弘治2次，嘉靖1次，万历1次；清顺治1次，康熙10次，雍正3次，乾隆10次，嘉庆5次，道光5次，咸丰2次，同治1次，光绪6次，宣统1次。

明太祖朱元璋与陈州结缘，还在于他最宠爱的孙贵妃为陈州人。可惜孙贵妃不寿，给朱元璋留下无限遗憾。元末天下大乱，孙氏父母早亡，跟着二哥孙蕃躲避兵祸到扬州，青衣军攻克扬州城，元帅马世熊收孙氏为义女。孙氏18岁时，嫁给朱元璋。朱即位后，封其为贵妃，地位在众妃之上。洪武七年（1374年）九月，孙贵妃病逝，由于她没有儿子，太祖就命令周王朱橚为孙贵妃守孝3年，皇太子及各位皇子藩王也都要守孝，并且赐给孙贵妃兄孙瑛田租300石，每年给孙贵妃供奉祭祀。后来她与明太祖一起葬在孝陵。《明史·后妃传》载：“成穆贵妃孙氏，陈州人。元末兵乱，妃父母俱亡，从仲兄蕃避兵扬州。青军陷城，元帅马世熊得之，育为义女。年十八，太祖纳焉。及即位，册封贵妃，位众妃上。洪武七年九月薨，年三十有二。帝以妃无子，命周王橚行慈母服三年，东宫、诸王皆期。敕儒臣作《孝慈录》。庶子为生母服三年，众子为庶母期，自妃始。葬褚冈。赐兄瑛田租三百石，岁供礼。后附葬孝陵。”

2. 朱元璋的治世方略

朱元璋在中国历史上是一位较有作为的封建皇帝，扶沟县文庙现存一通明弘治十二年（1499年）刻立的《太祖高皇帝圣旨》碑，记载了朱元璋的治世方略。

该碑首身一石，圆首，通高1.30米，厚0.18米，首高0.33米，除二龙戏珠图案外，横写有“太祖高皇帝圣旨”7个寸半见方的楷书，圣旨内容为竖写6行24个径寸见方的楷书：“孝顺父母；尊敬长上；和睦乡里；教训子孙；各安生理；毋作非为。”下为97厘米高的碑身，周有4厘米宽的花卉图案，中有880字楷书正文。碑无书丹人姓名，除首行“钦差巡抚南直隶兵部尚书都察院左都御史王注”和末行“弘治己未春三月吉日开封府扶沟县丞古并武威重刊”字样外，其余19行是注解分述碑首24字圣旨内容的。

在“孝顺父母”中，有“父母生身养身，恩德至大，为人子者常孝顺以报本。平居则供养，衣食则亲尝，晨暮则问安，顺其颜色，务使父母身安神怡，不至烦恼。如父母偶行一事，不合道理，有违法度，须要柔声下气，再三奉劝。若仍不从，则请父母所交好之人，婉词直谏，务使父母不得罪于乡党，不陷身于不义而后已，此孝顺父母之道也。故教尔以此者，欲尔尽事亲之道，以为孝子顺孙也。”

在“尊敬长上”中，有“长上不一，本宗之长上……外亲之长上……乡党之长……上本宗与外亲之长上。服制虽各不同，皆同加意尊敬。……此尊敬长上之道也。故敦尔以礼仪而敬长上之义，以为贤人肖子也。”

在“和睦乡里”中，有“乡里之人，居住相近，田土相邻，朝夕相见，若能彼此和睦，交相敬让，则喜庆必相贺，急难必相帮，贫危必相扶持，婚丧必相资助，有急必相借贷。虽则异姓，有若一家，出入自无疑忌，作事未有不成。若不相和睦，则尔为尔，我为我，孤立无助，嫌疑滋生，作事难成，惟敬让则久相处。故教尔和睦乡里者，欲尔兴仁兴让，以成善俗也。”

在“教训子孙”中，有“人家子孙，自幼之时，须要教以孝弟忠信，使之知尊卑上下，性质聪俊者，择明师教之，务使德器成就，以为国用，光显门户。若性质庸下不能读书者，亦要使之谨守礼法，勤做生理，切不可令其娇惰放肆，自由自在。饮酒赌博，无所不为，家门必被其败坏，产业被其浪费。故教尔以教训子孙者，欲尔后皆贤达，家门鼎盛也。”

在“各安生理”中，有“耕种田地，农之生理也；造作之用，工之生理也；出入经营，商之生理也；坐家买卖，贾之生理也。至若无产无本不谙匠制作，挑担推脚亦是生理。若能各安生理，则衣食自足，可以供父母妻子之养，亦可以持门户，不为乡人之所非笑。故教尔各安生理，如此则有衣有食，不饥不寒也。”

在“毋作非为”中，有“若杀人放火，奸盗诈伪，抢夺掏摸，恐吓诓骗，赌博撒泼，教唆词讼，挟制官府，欺压良善，暴横乡里，凡一应不当为之事不为之。为之大则身亡家破，小则吃打坐牢，累及父母妻子。若能安分守己，不作非为，自然安稳无事，祸患不作。故教尔以毋作非为，安分守己，不犯刑宪，保全身家也。”

朱元璋的治世圣旨，对于治理社会，维护其封建统治，起到了重要作用，即使在今天也有一定的现实意义。

四、官吏的政绩

1. 为政周口一带官吏的政绩

刘亮采，生卒年不详，字公严，济南历城人，明万历二十年（1592 年）进士第六名，授河南鹿邑知县。明代军民分治，但县内却军籍、民籍混杂，给收税、派役带来很大麻烦。刘亮采抵任后，首先令军民分籍，然后清查户口，平均赋税。他还善决疑难案件，有“包公再世”之誉。后因父丧回籍守制。期满后补河南兰阳知县。

蒋鏊，明代零陵人，曾任扶沟县令，以清廉著称，人称“蒋扶沟”。晚年，蒋回到家乡，一贫如洗，经常断炊。除夕，家无过年物资，其妻笑曰：“一年到头，一无所有，这个年怎么过呢?”蒋鏊就像没听到一样，转身坐到窗前，吟诗自我解嘲道：“柴米油盐酱醋茶，七般都在别人家。惟有老夫无计策，开窗独坐看梅花”（《零陵地区志》）。

张德崇，明万历十一年（1583 年）前后任商水知县。在任推崇唐代张公艺的以“忍”治家之道，教化百姓以宽仁为怀，和睦相处。

张公艺，唐代郓州寿张县古贤村（今河南濮阳市台前县桥北张村）人，生于北齐承光二年（578 年），卒于唐仪凤元年（676 年），历北齐、北周、隋、唐 4 朝，寿 99 岁。张公艺一门九世同居，人口繁盛，家庭和睦相处。张公艺自幼有成德之望，正德修身，礼让齐家，立义和广堂。制典则，设条教以戒子侄，是以父慈子孝，兄友弟和，夫正妇顺，姑婉媳听，九代同居，合家九百人，每日鸣鼓会食。养犬百只，亦效家同，缺一不食。北齐、隋唐皆曾派使臣赠赐旌旗、匾额，以表彰其家。一次，唐高宗封泰山返京，驾临张宅，问张公艺何能九世同居。张公艺回禀道：民子世代承家训，宽厚仁慈传子孙，坦诚公正待事务，时刻常思一个“忍”，言毕取出笔纸，书百“忍”字献上。高宗甚为赞赏，赐锦帛奖励其治家有方。

明代唐张公艺百忍图赞碑拓

商水知县张德崇曾于万历十一年（1583 年）八月十五日刻制的《唐张公艺百忍图赞》碑原存于商水文庙，现藏商水县文物管理所。碑曰：“七情之发惟怒为遽，制怒之方惟忍为是。当怒火炎以忍水制，忍之又忍愈忍愈励。遇一百忍为张公艺，曰张公艺同居九世，睦乎宗族友于兄弟，为众妙门为堪喜事，以敌灾星以弭罪戾。凡我良民视此忍字。万历癸未八月望日。商水知县张德崇制。”

张朝瑞，字子祯，明代海州人。隆庆年间（1567－1572），倭寇常从海上侵扰海州，张朝瑞出资筑海州城，以御倭寇。中进士后，任鹿邑县令，敢于碰硬，清理被豪强侵占的土地7000余顷。因他不依附权贵，被贬为南京行人司副职，后升为金华府知府。朝廷考核全国官员，张朝瑞曾被列为天下清官第一人，官至杭嘉湖参政，因有政绩入朝为大鸿胪寺卿。后病死在代理府尹任上。朝廷追谥为“清格”。

郭天锦（1628－1685），字于簪，号舒霞，清晋江南乡钞岱（今福建晋江金井）人。康熙九年（1670 年）进士，康熙十八年（1679 年）授商水知县。友人劝阻说，商水地处荒僻，十年九灾，自古难治，不如另寻好去处。郭天锦立志造福商水一方，说“士子志在盘根错节中做事”。他在商水任上，问苦革弊，减轻百姓负担。商水县近颍水，常因河岸决口成灾，郭天锦率百姓筑堤防范。商水少有读书人，郭天锦创立义学，延请名师，鼓励商水子弟读书，并经常亲临讲习，详改文章。康熙二十三年（1684 年），商水遭遇严重旱灾和蝗灾，五谷失收，郭天锦及时呈报施赈，活民无数。几年治理，商水荒地开垦，户口人丁增多，士农工商安居乐业。郭天锦办案明察刚正，不惧旗人权势，惩恶扬善。康熙二十四年（1685 年），正当河南抚军以“吏治勤敏”向朝廷举荐，郭天锦却因劳死于商水任上。郭天锦任商水知县 7 年，两袖清风，妻子携骸棺回乡，无力安葬，停柩多年。

郭天锦在商水任上，对商水贫苦秀才张伯行十分赏识。张的岳家厌穷悔婚，郭天锦出资居间调停，使张得以成婚。后张伯行于康熙二十年（1681年）在郭主持乡试时中举，4年后又中进士，后不断升迁，历授江南、山东等处按察使、礼部尚书等。康熙四十六年（1707年），张伯行外任福建巡抚，郭天锦之子上访，张伯行才知恩师死了22年还没安葬，便择地于惠安县龙盘铺大石盘暗乌坑为其营葬，并亲自撰写墓志铭，表彰郭天锦的政绩，寄托了自己和商水百姓的哀思。康熙帝以其“清廉克彰”予以褒奖，入祀泉州乡贤祠。

岑鹤，字羽长，号忏庵，明末清初建平县梅渚人。清顺治十一年（1654年）恩贡，康熙三年（1664年）进士，初任西华县知县，到任后惩治贪官奸民，清理赋税，革除弊政。又大力兴修扶沟与张善口水利，群众受益甚大。三年后因母丧回乡守制，孝满后任河阴县知县。

钮琇（？－1704），字玉樵，一字书诚，江苏省吴江县南麻镇（今盛泽）人。康熙十一年（1672年）贡生，康熙十六年（1677年）任项城知县。项城地广人稀，百姓为免赋税大都逃逸，以致土地荒芜。钮琇捐俸添置牛、种、耕具等，劝百姓复业。他为官清廉，深得上司器重，上计连擢两级。后父母相继去世，于是护送亲柩回原籍安葬，3年服孝期满后，归吏部候调，改任陕西白水县知县，因勤于政事，政声较好，又兼摄沈丘、蒲城事。钮琇到沈丘县任职，狱中有男女6名犯人，已拖了17年还未结案，他查明原来是被江南一起案子牵连迟迟难决，他未请示上司，果断地将6人释放回家。前任知县钦佩地说：“我在沈丘13年，不敢断此案，你到任3天就结案，才识胜我多矣！”后又改调广东高明县知县。康熙四十三年（1704年），钮琇因病死于高明任上，项城、沈丘县的百姓都赶去送殡，百姓感其德，建名宦祠祀之。

徐步蟾，江南兴化（今江苏省兴化市）人，清乾隆十二年（1747年）解元，继于十六年（1751年）中进士，曾任扶沟知县。他为政尚宽简，平息狱讼，甚受爱戴。他初仕扶沟，接手一件大案，主犯3人已判死刑，经反复详审，觉得判死符合大清律但不合情理，若不判死则又合情不合法，左右为难。但身为民之父母官，理应公门积德，决心救3人一死。于是力陈于上，终得有赦，士民皆呼之“徐青天”。乾隆二十一年（1756年）乞归，百姓举辕解镫，不忍分别。

邵希曾，字鲁斋，浙江钱塘人。清乾隆五十四年（1789年）举人，嘉庆中，官河南知县。历权通许、卢氏、鄢陵、西华、沈丘、太康、扶沟、淮宁、新乡，皆有政声（《清史稿·邵希曾传》）。

2. 为政外地周口籍官吏的政绩

轩輗（？－1464），字惟行（或惟衡），鹿邑县轩庄人。明永乐二十二年（1424年）进士，授行人司副职。宣德六年（1431年）因被举荐改任御史，巡按福建，剔蠹锄奸，风采甚峻，多有政绩。

明正统五年（1440年），轩輗超擢浙江按察使，浙江历任官员奢侈浪费严重，轩輗决心力戒矫之。他无论寒暑穿一袭青布袍服，几乎打满补丁。平时常常只吃蔬菜，妻子亲自操持家务。他与属僚约定：每三天拿出俸钱买肉，不能超过一斤。僚属大多不能忍受。即便故友来访，饭食也只有一盘。倘或他备办了鸡肉和黄米饭，人们就会惊讶，认为这很奇怪。在轩輗的带动下，浙江官场风气大变。当时镇守内臣阮随、布政史孙原贞、杭州知府陈复、仁和知县许璞居官皆廉，一方大治。

轩輗为人孤傲独立，碰到他人，无论贤与不贤，都拒不与之交往。他在任按察使期间，到同僚家饮酒，回来后抚其腹曰："此中有脏物也。"在南京做官时，都御使张纯置酒请客，轩輗厌恶他的奢侈无度，不去赴宴。张纯将酒馔送上门来，轩輗也不接受。到了年底，皇帝下旨礼部拜表庆祝，轩輗独居一室，撤烛端坐。拜表庆贺尚未结束，他就回去了，也不与僚友告别。僚友闻讯赶来，他竟避而不见。轩輗不愿意与僚友们大吃大喝，与之同乐，认为吃喝乃官场大忌。从此，众官员不敢直视轩輗。其"清操闻天下，与耿九畴齐名，语廉吏必曰轩、耿！"（《明史·轩輗传》）

天顺元年（1457年）二月，轩輗奉旨回南京任刑部尚书。数月后，托病辞官，乞求还乡。英宗召之问道："昔浙江廉吏考满归，行李仅一簏，乃卿耶？"轩輗顿首谢恩。皇帝赐予白银嘉奖，准其所请。因轩輗居官清廉，不治家业，全部家当只有一竹筐，"一簏廉吏"留传至今。

天顺二年（1458年），南京督理粮储缺官，英宗朱祁镇问大臣李贤，朝中谁能胜任此职。李贤力荐轩輗，此人清廉，唯他最合适。皇帝将告病还乡的轩輗召回朝中，任命他为左都御史前往淮上督粮。轩輗途中坐船不慎落水，浑身湿透。当时正值霜降，而行李中竟无一件替换衣物。地方官员来见，他竟披被接见。当地府衙要做衣服给他，轩輗不许，待旧青布袍烤干后才穿上，可见其勤俭廉政。

天顺八年（1464年）夏，轩輗因年老请求告老还乡，自知大限已到，抵家后打个哈欠、伸伸腰就去世了。他的寿衣还是那件打满补丁的旧青布袍，内衫亦无一件是新的。他临终前告诫儿子轩维名："吾食吾禄，民脂民膏，下民易虐，上天难欺。尔等日后从仕，切记洁身自好，要清廉自律！"皇帝闻轩輗卒，痛心疾首，特封谥号"廉兢公"！

轩輗一生历经永乐、宣德、正统、景泰、天顺5朝为官，惩吏道贪墨，矫厉绝俗，物不能干。明英宗曾感叹："得百轩輗，而天下不足以为治，况三百年仅一轩輗乎！"

顾佐（1376－1446），字礼卿，明代太康县人，出身于官宦之家。建文二年（1400年）中进士，官至都察院右都御史。永乐十九年（1421年）任顺天府尹期间，为官清廉，吏民敬服，时人比为"包孝肃"。京都权贵则嫌他办事认真，不徇私情，多感不便，就以"贵州新入版图，必得公勤廉干之人，以司风纪"为借口，把他排斥出京，远任贵州按察使。

宣德三年（1428年），都御史刘观因贪被贬黜，大学士杨士奇、杨荣力荐顾佐继任。宣宗任顾佐为都察院右都御史，命他考核诸御史。顾佐上任后竭诚尽心，坚守节操，经严格考核，把为官不正的严皑、杨居正等20人贬谪为辽东各卫所小吏，降职8人，免职3人。举荐进士邓棨、国子生程富40余人任御史，并规定试任3个月，称职者方能正式任职。这一重大改革，虽遭到各种邪恶势力攻击，由于宣宗支持，终于取得胜利。

正统初年，顾佐再次考核诸御史。英宗听信吏部尚书郭琎、御史邵宗谗言，对顾佐大加斥责，顾佐含愤辞归故里。正统十一年（1446年）九月，病故于太康家中。万历三年（1575年），追赠少保，谥号"端肃"。

刘自强（1508－1582），字体乾，扶沟人。明嘉靖二十三年（1544年）进士，授广平府推官，吏部考功主事，迁太仆寺少卿，补陕西参议。累迁山西副使、陕西参政、按察使、湖广右布政使，都察院左副都御史巡抚四川，以功拜户部右侍郎总督仓场。隆庆二年（1568年）转南京都察院右都御史，南京户部尚书，再改兵部尚书。隆庆四年（1570年）入为刑部尚书。他以忠直、干练、清廉、荐贤而为明代名臣。

古朴，字文质，明代陈州人，官至户部尚书，宣德三年（1428年）卒于官。他的主要事迹有：一是在官孝顺母亲。他"自陈家贫，愿得禄养母。帝嘉之，除工部主事。母殁，官给舟归葬。服阕，改兵部，累迁郎中。建文三年擢兵部侍郎"。二是体恤民众。明成祖"营建北京，命采木江西，以恤民见褒"。三是为政清廉。《明史·古朴传》载："朴在朝三十余年，自郎署至尚书，确然有守，不通干请，与右都御史向宝，俱以清介称。"

阎升，明代陈州人，永乐十五年（1417年）中举，任山西介休县知县。

在任为官清正廉明，介休民众称誉他为甘醇清洌的美酒“阎公酒”。民国二十二年《淮阳县志》载：阎升，“居官不取一钱，士民安之，九载满归，行李萧然，邑民为立生祠祀之，且呼醴之清者，曰阎公酒云。”

苏名杰，清代陈州人，才略过人，初任山东阳谷县知县，“抚民礼士，教养并举。振荒饥，剖狱讼，邑号神明”（民国二十二年《淮阳县志》）。康熙南巡，赐给他诗、绫扇各一予以旌表。后擢升为员外郎。后以父丧回籍守制，不幸遇大水庐墓被溺而死，“郡人嗟悼”。

五、赈济蠲缓、社会救济和粮食仓储

1. 赈济蠲缓和社会救济

周口一带古来多天灾，历代统治阶级为了安抚民心，标榜“仁政”，体现“皇恩”浩荡，也采取了赈济之举，但杯水车薪，难解灾民之倒悬，加之地方劣绅污吏借机层层克扣，灾民受益甚微。

明代，宛丘发生水旱灾害 77 次，仅洪武二十五年（1392 年）与永乐八年（1410 年）有免去田赋与遣官赈济的记载。洪武二十五年（1392 年）五月“己丑，赈陈州、原武水灾”（《明史·太祖纪三》）。永乐八年（1410 年）春正月“癸巳，免去年……陈州水灾田租，赎军民所鬻子女”（《明史·成祖纪二》）。

蠲缓，即官府对受灾地区民众应纳赋税的免除和缓征。清代官府对灾民赋税的蠲缓在一定程度上减轻了民众的负担，缓和了阶级矛盾。据民国二十二年《淮阳县志》记载，清顺治十七年（1660 年）蠲免十六年（1659 年）以前逋（拖欠）赋。康熙年间蠲免逋赋 4 次，普免 1 次，减半征收 1 次。雍正年间蠲免逋赋 1 次，缓征 1 次。乾隆朝缓征 3 次，减半征收 1 次，免漕赋 2 次，钱粮普免 5 次。嘉庆朝蠲免逋赋 1 次，缓征 1 次。道光朝蠲免十八年至二十五年（1838－1845）加价银两 1 次，并累蠲历年逋赋。

明洪武二十三年（1390 年）秋，霪雨，黄河水暴涨，决口于开封，西华民舍漂没，庄稼被淹，灾情严重，民众饥甚，遣使赈济 1.75 万户。清雍正元年（1723 年）春，西华县发生蝗灾，七月黄河决口，禾稼被淹，奉文免赋施赈。雍正三年（1725）夏秋，西华大雨，害禾稼，奉文蠲赋施赈。雍正八年（1730 年）夏，霪雨，河溢淹稼，蠲赈有差。乾隆元年至七年（1736－1742），西华连年霪雨，庄稼不收，分别免征施赈。乾隆十一年至十二年

(1746－1747)，大雨，庄稼被淹，分别免征施赈。乾隆十四年（1749年），西华大雨兼旬，河溢淹禾，奉令豁免田赋，施赈。

清顺治十一年（1654年），扶沟大水，十二月免除扶沟等6州县灾赋。康熙四十八年（1709年）夏，扶沟诸河尽决，平地水深数尺，发帑赈济。乾隆二年（1737年）六、七月间，扶沟大水，贾鲁河、双洎河漫溢，秋禾被淹，官府开仓赈济。乾隆七年（1742年），扶沟大水，庄稼被淹无收，分别免征、施赈。乾隆二十二年（1757年）夏，扶沟大水，平地深丈余，麦禾俱坏，官府发帑赈济，复拨江西米面协助。是岁赈厂设在塔尔湾，监生施士魁花费数百金，每人给蒸饼2个。乾隆二十六年（1761年）秋七月，河决杨桥，扶沟大水，官府发帑赈济。乾隆五十年（1785年）秋，扶沟大旱，谷价每斗3000钱，民大饥，官府发帑赈济。

商水历史上是个多灾县，从明永乐十三年（1415年）至1949年的535年间，几乎无岁不灾，大灾荒就有113次。灾荒袭来，饿殍遍野，民不聊生。明万历二十一年（1593年）四月初旬开始阴雨，抵八月方止，夏麦漂没，秋种不得播，百姓始食鱼虾，继吃树皮草根，后乃同类相食，饿殍满沟壑，白骨枕藉原野。上发帑银赈济灾民。清康熙二十九年（1690年）十一月雪冻，冰坚至次年二月始解，人、畜、果木冻死无数。康熙三十年（1691年）上免当年田租。

明正德三年（1508年），鹿邑县春旱秋涝，灾害严重，官府放粮赈济。清乾隆五十二年（1787年）九月，官府下令缓征水灾地区新旧田粮，并发银两给灾民修房。

早在西周时期，中国就有了社会救济。社会救济，古称"赈穷"、"恤贫"或"济贫赈乏绝"，后来称为慈善事业。明清时期，除仓储救济外，还设置救济机构。各地均设有民政官员，管理此事。清雍正、乾隆年间周口地区有养济院、普济堂、育婴堂等15所，共有草房、瓦房227间，士绅捐助土地4200余亩，佃课收租收养孤寡老残婴者。

明清时期，宛丘建有养济院、跻寿院、广济堂、育婴堂、漏泽园等济贫院所，均为地方募捐创建。其生活来源或为捐地佃租，或为募银生息。

养济院，明末陈州知州杨勘建，地址在今淮阳北大关。清顺治十七年(1660年)，陈州知州王世麟重建草房9间，额养孤贫18名。

跻寿院，地址在齐家埠口迤北，雍正十二年（1734年）建瓦房11间，收养贫民。士绅捐地43亩3分，存当生息银247两。民国二十二年《淮阳县志·民政（上)》载："跻寿院生息本银四百三十两，按十个月三分生息；又续本银二十五两，按月二分生息。共得息银一百三十二两五钱，为孤贫口粮之需。”

广济堂，明代2处，一在今淮阳城东门内大街，有草房38间；一在县署街，有草房33间。共养贫民156名。清雍正十二年（1734年）建于东大街，有草房30间。邑绅捐银1100两交当生息；捐置地33亩，佃种于人。乾隆十七年（1752年），知县冯奕宿捐银1403两，余银在学宫后置地建房51间。乾隆二十六年（1761年），复交当铺生息作本银400两。乾隆二十七年（1762年），淮宁知县汪圻移建于旧县署北。

育婴堂，建于清雍正十二年（1734年），地址在今淮阳县城东大街。由邑绅置地17亩，“为乳妇工食”（民国二十二年《淮阳县志》）。乾隆元年（1736年）归广济堂。

清康熙年间，淮阳县城回民成立架子会。架子就是抬棺材的工具。设备由回民乐捐购置，存放于清真寺中。凡回民丧葬，通知安葬日期，架子会成员便准时抬着架子将灵柩送入坟地。汉民架子会较普遍，多出租。

明朝西华设有宜济堂，位于在城北门里路东，有房25间。有义捐地311亩，由县署经营，收入发放给住堂及附近盲哑残疾之人。

商水养济院，据民国七年《商水县志》记载：原在城隍庙西，有草房8间，堂1间。明代毁于兵燹，后又移至城隍庙街南李省旧宅，有瓦房6间。

商水广惠堂，清雍正十二年（1734年）建，位于旧县城南街路西。初由监生王泰峰捐地亩1处，知县张淑载建厅堂3间，为点验给谷之所。后又建瓦房26间，为贫民居住之所。并置地6顷39亩，每年征课以赡贫民。

沈丘广惠堂，清雍正十二年（1734年）在沈丘县城（今老城）西关半边街街东建立，堂基2亩4分，门面9间，内有房屋26间。

明代，陈州牧曾发动四乡募捐置地，收葬白骨，名漏泽园。清嘉庆二十一年（1816年），宜兴客商在淮宁西门外置地12亩，设江南义冢，安葬同乡遗骨。死无葬身之地的贫苦群众，多埋入乱坟岗。

明万历二十一年（1593年）冬，沈丘发生饥荒，死者甚众，尸骨遍野，无以葬埋，县建义冢1处，收葬遗骸。

嘉庆十八年（1813年），扶沟大旱，九月霜杀荞麦，民大饥，卖子女，知县江心筠除奉文赈济外，又劝捐助赈，乡民共捐钱万余串，分设2厂，为期百日，以救灾民。

洪武二年（1369年），鹿邑知县韩瓛在县城设惠民药局，择良医，储良药，以济贫民。翌年，鹿邑知县韩桓为鳏寡孤独和聋哑者在城东建立养济院，建房10间，捐地800亩，常设6人专管。正德十年（1515年），鹿邑知县王翰重修养济院。

清康熙二十年（1681 年），鹿邑知县吕士鷞再次重修养济院，常在院领赈者 300 余人。雍正十二年（1734 年），鹿邑县宋锋在县城西关设惠济堂，建房 10 间，捐地 800 亩，动员绅士张璞捐田 130 亩，王携捐田 200 亩，收养贫者 58 人，后无定额。张璞在惠济堂旁购宅基 1. 4 亩，建草房 10 间，设育婴堂，收养弃婴。

2. **粮食仓储**

周口地区粮仓历史悠久。汉宣帝时筑常平仓，沿至清末。后历代均在州、县设粮仓。明清时期，为了满足政治和军事需要，同时为了防备灾荒，州、县都建有官仓和民仓以应急需。

明代，陈州建有官仓。史籍记载中央政府规定陈州官仓有供应边关应急任务。洪武四年（1371 年）规定："输米……陈州、北通州诸仓，计道里近远，自五石至一石有差。先后增减，则例不一，率视时缓急，米直高下，中纳者利否。道远地险，则减而轻之。编置勘合及底簿，发各布政司及都司、卫所。商纳粮毕，书所纳粮及应支盐数，赍赴各转运提举司照数支盐。转运诸司亦有底簿比照，勘合相符，则如数给与。鬻盐有定所，刊诸铜版，犯私盐者罪至死，伪造引者如之，盐与引离，即以私盐论"（《明史·食货志四》）。实际上是将陈州等地官米运输到边关，然后换取盐引。清康熙三十二年（1693 年），陈州知州张喆添建 27 间，更名为常平仓。清乾隆七年（1742 年），陈州府有府仓 3 所 21 间。

常平仓，旧时为调节粮价和备荒而设的粮仓。谷贱时籴入，谷贵时减价粜出。宛丘常平仓，在县城西门内。据淮阳旧志记载，原有预备仓 3 处：一在古粮城内，一在永积仓东，一在城隍庙东，共有粮仓"廒房"32 间。

乾隆十年（1745 年）、十八年（1753 年），淮宁知县冯奕宿两次修缮常平仓，储谷 44718 石 9 斗 1 升。

商水仓廒有 2 处：一处在旧县城东北隅（今仓圪垯处）。明万历年间，商水知县张可观设常平仓，立仓房 4 所、仓堂 1 所。清顺治三年（1646 年），知县原英煌重修。康熙二十九年（1690 年），知县康起梅建草房 1 所。康熙三十二年（1693 年），知县李兴高建瓦房 1 所。雍正七年（1729 年），知县胡楼生建瓦房 3 间。乾隆三年（1738 年），知县吴升建瓦房 15 间。乾隆八年（1743 年），知县李新猷建瓦房 3 间，此时有余房 5 所 17 间，储谷 6069 石 1 斗；一处在县署后，知县张崇朴建于乾隆十年（1745 年），有瓦房 9 间，储谷 2. 75 万石，遇饥荒平粜于难民。

清康熙五十二年（1713年），鹿邑县设常平仓。道光十九年（1839年），鹿邑知县史秉直于县署后建镇龙仓，储存义粮，以备灾荒。

义仓，是富者义捐或公田课租时集中米谷设仓储之，由官府管理，灾时散粮救济难民。各县都设有义仓。民国七年《商水县志》载：在旧县衙之右，知县吴道观修廒房10间；图圄之北狱神庙有1处，共储谷4226石。

社仓，为多数人自由结合，按其经济地位凑出相当米谷，设仓储之，公推管理人员管理，目的是预防灾荒，救济灾民。清雍正十二年（1734年），淮宁奉令每9里均设社仓。乾隆十年（1745年），淮宁知县冯奕宿重修，后尽圮。商水社仓有3处：一处在邓城，两处在周家口（内有借当商雷显瑞房屋4间），储谷424石。

六、政治专制和官场腐败

明清时期，封建专制达到极盛，官场腐败，社会黑暗。

封建专制达到顶峰表现在明洪武年间出现的文字狱。朱元璋出身贫寒，当过和尚，参加过被他称为“贼”的反元武装。他对这段历史，一直有非常矛盾的心态。一方面，他并不讳言自己出身贫贱、当过和尚等事。另一方面，他又担心臣民们瞧不起他，最忌讳别人提起他的历史。他一直到死，都去不了这块心病，整日疑神疑鬼。臣子们的每一句话、每一个字，他都仔细推敲，琢磨臣子们是否在讥讽嘲笑自己。谁若稍有犯忌，便挥起屠刀，“以区区小过，纵无穷之诛”。按当时惯例，朝廷每逢大的节日、庆典，内外臣下都要进贺表致贺。这类表笺多是歌功颂德的陈词滥调，但却有许多人死在这表笺之上。死得最冤枉的莫过于陈州州学训导周冕，他为陈州作《贺万寿表》，因内有“寿域千秋”一语，则不知何故被杀（《二十二史札记》卷三十二《明初文字之祸》引《朝野异闻录》）。大概由于“寿”与“兽”字同音之故，明太祖把“寿”附会为“兽”，加上不认识“域”字，把“域”误读为“或”字，而“或”字与“祸”字同音，以致周冕遭疑忌而罹诛。

“扶沟知县抶宗人，神宗令予重比（从严议罪，从重拟刑）。汝稷曰：‘是微服至邑庭，官自抶扶沟民耳。’谳上，竟得释”（《明史・瞿景淳传》）。

明清时期，官场倾轧斗争屡见不鲜。明嘉庆时，举人徐汉“由教谕俸满，保举选授西华县知县。嘉庆七年（1802年）三月到任，至嘉庆十七年（1812年）三月丁忧卸事”，连任10年知县未升迁调动，可见其没有什么靠山门路，丁忧卸任，自然成为当权者的俎上肉。经过盘查，“徐汉所短交库项银一万九千八百余两，摊捐六千六十余两”，徐汉被“查抄寓所，衣物变抵银二百六十余两，又参后完过银二千两，计挪移银一万七千五百余两。照例以现在未完之数定拟，徐汉合依挪移库项一万两以上至二万两者发近边充军例监禁，勒限严追其摊捐银两，俟追完正项，再行勒缴该参员原籍家产，咨明直隶督臣，饬令确估备抵”（《大清会典事例》）。徐汉被充边军，家产充公。

《神宗实录》载：“万历二十年四月丙申，河南巡抚吴自新奏陈州卫军以新行条边，工食未给，纠众鼓噪索饷。兵科王德安因言：条鞭利贫不利富，利军不利官，故武弁百计阻挠之。创制在法，行法在人。闻陈州指挥青若水善抚士，能定变，宜委任以责成功；又别选才干县正履亩清查，使条鞭必行，则帝泽流而军心萃矣。”

姚元之（1776－1852），字伯昂，号荐青，又自称竹叶亭生。陈州治安混乱，盐运梗塞等情，他予以密奏，受到朝廷赏识。

明清两朝立朝之初，为了巩固在各地的统治，朝廷政策倾向于让地方官的任期长一点。当时也缺乏有统治经验的州县长官。清代中叶，统治业已巩固，为防止地方官妄自尊大，任期一般严格限定为3年。到了清末，地方政治腐败，暮气沉沉，为推动政务，朝廷派出一批批带着“总督”、“经略”等头衔、拥有军政全权的朝官到各省。这些官员带来了自己的亲信，大肆撤换被认为不称职的州县长官。另外长期积累下来的大批候补官员也需要官职加速流动，州县长官的任期越来越短。清顺治（1644－1661）时，鹿邑县有知县7任，平均任期2.6年。《中国绅士》一书根据《鹿邑县志》统计清朝时鹿邑县知县的任期，康熙朝任期最长，平均任期为4至5年；乾隆朝平均任期基本符合3年一任的制度；而到了嘉道以后，平均任期只有1年多一点。整个清代知县的任期都相当短暂，到19世纪任期更是大为缩短，鹿邑知县的任期长则1年7个月，短则只有9个月。“这使任何一个地方官都难以熟悉本县，也减少了他对任何计划的兴趣，因为他在任期内看不到结果”（张仲礼：《中国绅士》，上海社会科学出版社，1991年）。

第二章　明清时期的经济

一、移民垦荒和人口增长

1. 移民垦荒

元末，战争频仍，水、旱蝗、瘟疫灾害接连不断，黄河又多次决口夺颍、涡入淮，周口一带漂没田庐无算，百姓死亡无数，村庄城邑多成荒墟。明初，包括周口一带的中原地区处处是“人力不至，久致荒芜”（《明太祖实录》卷一百四十八），“积骸成丘，居民鲜少”（《明太祖实录》卷一百七十六），“多是无人之地”（顾炎武《日知录》卷十），“累年租税不入”（《明太祖实录》卷二十一）。明朝建立后，朱元璋深知“丧乱之后，中原草莽，人民稀少，所谓田野辟，户口增，此正中原之急务”（《明太祖实录》卷二十五），为维护明王朝封建统治，实行了移民屯田政策，鼓励民众开荒。

元末明初，周口一带土著居民因天灾人祸十不存一，山西却是另外一种景象：中原兵乱及各种灾疫少及山西，山西大部地区风调雨顺，连年丰收，社会安定，经济繁荣，人丁兴盛。当时，山西人口稠密，首推晋南，洪洞县人口稠密，且地处交通要道，明政府曾在洪洞城北二里的广胜寺设局驻员，集中移民，编排队伍，发放“凭照”。广胜寺前的汉植大槐树下，成为移民外迁的集中地。明洪武年间从山西洪洞大槐树大规模移民 10 次，永乐年间移民 8 次。周口一带也是明初移民的重要目的地之一。今周口地区各县市区都有明代移民的记载。“问我祖先来何处，山西洪洞大槐树”这句民谣，数百年来在周口一带世代相传，绵延至今。

据商水县《溵川南街王氏族谱》载：“明洪武分民时自山西洪洞徙居于兹，始迁溵川南街。”商水大武乡《明故始祖武公讳元辅字宰衡之墓》碑载：“我始祖啊，明之初自山西洪洞来迁于兹。”

据 1999 年《项城县志·移民》载，洪武三年（1370 年），张氏自洪洞之枣林庄迁项，本姓吴，养牛数十发家致富，人呼水牛张。杨氏始祖自洪武

(1368－1398）年间由山西占籍于项，相居城内学宫侧。王氏先世于宣德年间（1426－1435）由山西迁至河南槐坊店。同时，回族马氏自山西洪洞县先迁怀庆（今河南焦作），又迁南顿。

明洪武年间，今扶沟韭园赵、高二姓从山西洪洞移此垦荒，以开菜园为生，尤以种韭菜闻名，后来建村，称韭菜园，后简称韭园。

明隆庆六年（1572年），山西洪洞县枣林村一些回民迁入宛丘。据淮阳穆氏家谱记载："先祖兄弟二人，兄天才、弟永禄率全家由山西洪洞县枣林村移民而来，在城内回民区落户。"

周口一带明代先民除大部从山西迁来外，还来自山东、江苏、湖北、安徽、江西等地。

道光二十六年（1846年）苑虎林撰《苑氏族谱》载："先世原籍系山东省高唐州夏津县，明初洪武年间，始祖苑仲宽偕弟仲刚由夏津茶店屯徙居于豫东淮阳县境的颍水两岸，旋仲刚北上，惟仲宽仍留居于此。自后瓜绵椒衍，以臻于今。"形成以今周口市川汇区李埠口办事处苑寨村为中心的苑氏聚集地。

据1999年《项城县志·移民》载，洪武元年（1638年），王氏兄弟二人由山东枣庄迁居槐坊店（今沈丘槐店镇），一住南关，一住干河涯。后从南关徙居柳坑的有3支。吴氏兄弟吴荣、吴贵于洪武年间自山东枣林庄迁陈，吴贵后裔徙项。明万历戊戌科（1598年）进士王廷谏，"其先祖山东新城人也，于明弘治九年（1496年）迁于项"（《王廷谏传》）。阎氏始祖自金陵至凤阳，又迁项，迄今400余载。马氏原籍句容，始祖义方迁来项城，结庐建基于官会店。余姓始祖远选自江西迁项，爱城东壑丘之胜，遂安家落户。清顺治乙丑（1646年）进士束存敬，其祖先东海兰陵人也，居吴之丹阳，明初一支迁项（《束存敬传》）。

明洪武七年（1374年）岳飞四子岳震支系九世孙岳宽由湖北黄梅县虎狼关杨梅岭迁至太康县崇岗寨店，后繁衍发展，散居于周围17个乡镇90多个村庄。现在岳崇岗寨有十一世岳试传人1000余人，岳梨园村有岳笠传人500余人，岳古同村有岳贤传人1800余人，在岳油房和龙王庙村有岳嗣传人1600余人。太康县的岳崇岗寨、岳梨园、岳古同、岳油房、龙王庙、前岳楼、岳集、东岳楼、岳高庄等村寨，散居岳飞后裔7000余人。

明初，河北邯郸、江西吉安等地汉族人迁至商水定居。

明洪武五年（1372年），诏允回汉通婚，周口一带回族人口相应得到发展。明正统二年（1437年），李氏回民由开封迁居南顿。清康熙至嘉庆年间，山东曹州、安徽亳县等地回族人移居商水。隆庆六年（1572 年），山西洪洞县枣林村、河北荆圪垯村、开封北刁村、封丘县椿树胡同等处回民迁至宛丘。民国时期，又有少数回民从南京、商丘、许昌等地相继迁入，回族人口大增，形成境内人口较多的民族少数民族。明万历年间，安徽肥东县女真遗民的一支迁徙鹿邑县，一世祖为完颜必重，迄今已有 400 年历史。《完氏重修家谱》载："受吾公字必孝，生于明万历乙未年，年弱冠为国学生……盖公本兄弟三人，长公字必重，未冠时报名袭职，赴都考试。得中后从戎至河南，不知所终。"所谓完颜必重"不知所终"，当是指他在鹿邑致仕后，喜欢这里林壑优美，便卜居不归，又因交通不便，鳞绝雁杳，与家乡失去联系，故被误认为"不知所终"了。2009 年鹿邑县完颜姓居民约有 6000 人，分布在马铺、涡北、太清宫、贾滩、杨湖口等 5 个乡镇的 12 个自然村。女真族是后来满族的前身。鹿邑县满族至今仍保留本民族的风俗习惯，一是敬狗，二是敬黑乌鸦，三是行满族礼。这与汉族大异其趣，与辽宁满族完全一致。

明初以行政手段实行的移民垦荒，采取了诸如发放钱钞、借给农户耕牛和种子，使周口一带的荒地得到大量开垦，经济逐渐恢复。

洪武二十一年（1388 年）明政府迁山西泽、潞二州民之无田者，到河南归德、太康诸处闲旷之地，令自便置屯耕种，免其赋役 2 年，仍户给钞 20 锭以备农具。《明史·太祖纪》载："二十一年八月徙山西泽、潞二州民之无田者，往……归德、太康等闲旷之地。"

清康熙五年（1666 年），扶沟知县高锡爵招民开垦，增立高兴保。康熙八年（1669 年），扶沟改废藩王粒地为更名保。

明清时期，周口一带粮食作物以麦、稻为主，兼种豆、粟、高粱。清代后期，粮食生产发生根本性变化，由种植稻谷、小麦为主改为以麦、豆为主，兼种其他杂粮。

小麦是周口一带主要粮食作物，种植历史悠久。清顺治十五年（1658 年）《沈丘县志》载："沈收获望在二麦，二麦熟即三秋稍获刈，一年之俯仰足矣。"道光八年（1828 年）《太康县志》记载的小麦品种较多，有红芒白、白芒白、短杆、躁紫杆、躁薄地、强玉麦、白参麦、石榴子等。小麦在当时农业生产中占重要地位。由于封建土地制度的束缚，耕作粗放，长期以来小麦产量很低。

周口一带蔬菜种植历史悠久，项城在清顺治十六年（1659 年）有葱、蒜、韭、芹等 23 个种类。

周口一带棉花种植始于元代，距今已有 600 多年的历史。明代，棉花超过丝、麻、毛成为主要纺织原料，宋应星《天工开物》说：“棉布寸土皆有”，“织机十室必有”，可知当时植棉和棉纺织业已遍布全国。明清历次纂修的《太康县志》均记载有棉花。明嘉靖三年（1524年）《太康县志》把棉花列为重要土产之一。清道光八年（1828年）《太康县志》载：“康邑多种木棉（即草棉），甚利赖之。”

明朝中期，红薯开始引种到周口一带。

明清时期，芝麻在周口一带广泛种植。明万历二十八年（1600年），项城境内即有种植。道光六年（1826年）《淮宁县志》载，“芝麻有红、白、黑三种”。

明万历年间，烟叶引入宛丘县境。清初屡种屡禁，面积时多时少。

明代前期，周口一带荒地甚多，不少外地人口竞相迁入占籍开荒，在一定程度上造成了社会混乱。正统二年（1437年）二月河南右参政孙原贞奏：“陈州项城县南抵颍州，归德州鹿邑抵太和县，地方数百里，田土膏腴，亡命者多聚居焉。近令占籍，此县追之，则称占籍于彼，彼州追止，则称占籍于此。互相影射，有违国法。”帝“命（叶盛）出安集陈州流民。景泰元年（1450年）还朝，言‘流民杂五方，其情不一。虽幸成编户，而斗争仇杀时时有之，宜专官绥抚。’又言‘畿辅旱蝗相仍，请加宽恤。’帝多采纳”（《明史·叶盛传》）。明王世贞《皇明异典述》卷三载：“正统十四年（1449年），命……兵科都给事叶盛往陈州等处，敕其招抚流移，耕种生理。仍提督各卫所操练军马，固守城池。如有贼寇生发，相机剿捕，毋致滋蔓。”

明初鼓励垦荒政策，既调整了土地关系，又防止了农民流亡，对恢复生产起到了积极作用，客观上鼓励了土著居民在尽力开垦本州县荒地之余，越州逾县，开辟无粮白地。陈州、开封、归德等人烟稀少、荒地连绵的府州县之间，彼此涌动着不同籍贯的垦荒者，呈现出处处兴屯的景象。这些州县在出现了空前额外垦荒热潮的同时，也为以后插花地的滋生、蔓延提供了契机。

插花地又称飞地、嵌地，指此县境内某一特区之土地、人民，隶属彼县管辖者。插花地与所在县无隶属关系，往往远离直属辖区，与属地相去百里，甚至数百里，使属县不易掌握插花地内耕亩数据变更，有碍政策的推行，还易于导致插花地内民众作奸犯科，形同化外，政令扞格不行，最终演化为国家行政上的一种重大障碍。据《古今图书集成·方舆汇编·归德府》载，嘉靖四十三年（1564年），太康、鹿邑、武平人在商丘，陈州、沈丘、项城、武平人在鹿邑，太康人在柘城，鹿邑人在永城，太康、武平、陈州四卫在睢州，都有插花地。明万历二十八年（1600年）《项城县志》载：“以余观小民控诉隐者尚不无焉。然莫可稽也。盖项界陈、颍州卫，蔡、汝、沈等县，口无森界，地多越疆。项地往往错布别域，而州卫诸县地混列项城者种种也。即欲按图以索，履亩以稽，而靡封靡树，不畛不畔，此诘则匿为彼，彼诘则匿为此，稿壤无言，凭奚问究哉！于於乎？敝也久矣。”由于户籍和地籍分离，插花地清理工作步履维艰，且经历了漫长过程，直到民国时期才彻底解决。

清雍正年间，重视传播农业生产经验。朝廷允许举荐有德行有经验的老农充任农官，并给八品官服顶戴，教导各乡农民种植庄稼。雍正二年（1724年），沈丘县始设农官，劝农有功者授八品顶戴荣身。

明清时期，周口一带资本主义萌芽并有所发展，但经济的基本支柱仍是农业。作为传统的农业发达地区，除农业以外，并无他长，康熙《鹿邑县志》卷二《风俗》载：鹿邑“务农业，故耻商贾。”

明清时期，土地集中的趋势越来越明显。据乾隆《鹿邑县志》田赋之田亩记载：该县明福王赡田共1956顷。上厂县原管地116顷，亳州代征今退还地635项。下厂县征原额地1205顷余。此1000余顷田地处卑洼，十年九潦，往往有指不毛之地而纳未辟之粮者。另崇藩赡田为925顷余。近30万土地为一姓所占有，而贫者无立锥之地。

清代，民田占耕地面积的85%以上。民田中的租佃关系，即一般佃农和地主的关系，构成当时封建生产关系的主要内容。佃农一般自有或部分自有土地以外的生产资料和生活资料。享有永佃权的佃农，在取得土地耕作权之前，必须有自备生产资料和生活资料之外，还具有为取得租佃权而付出一定代价的能力。即使在永佃制条件下，一旦佃农交不足租额，地主就有权以欠额抵消佃农取得永佃的代价，以至收回土地。佃农有的缺少生产资料，有的生产资料和生活资料两付阙。在鹿邑，有的地主对佃农“居之以舍”，有的“出籽粒”，“并备牛车刍秣”，有的几乎全归地主供给，佃农仅只种植耘锄。丧失部分生产资料或生活资料的佃农，不但要付出更高的地租，而且在正租之外，还要为地主提供更多的附加地租或劳役。在鹿邑，佃农自备牛、车、籽粒者，所获主佃各得一半；主出籽粒者，佃就只得十之四；主并备牛、车、刍秣者，佃仅得十之三。若仅为种植耘锄，则所得不过什二而已。正租之外，地主还向佃农勒索各种各样的附加。

军屯按制，“内地二分守城，八分屯种。每军受田五十亩为一份，给耕牛农具”（《明史·食货一》）。初每亩交赋税粮食1斗，到明神宗万历三十五年（1607年），每50亩纳赋税粮食12石（约合每亩1斗4升）。军屯赋粮贮存于军用仓库，作军粮开支。永乐初年，100 名屯兵由百户官统领，300 名屯兵由千户官统领，500 名屯兵由指挥官统领。后来屯田军官侵占土地，屯粮越缴越少。

明代以前，实行轮荒制。当时地广人稀，无力耕种，地多荒芜，官府规定三年半税，五年全科，农民就用轮荒逃避赋税。明末清初，实行一年一熟制。此时战乱频仍，人口减少，地不能全种，只用半数以上土地种大、小麦及越冬作物，另一少半土地种植早、晚秋作物。

2. **人口增长**

明清时期，周口一带移民垦荒取得成效，社会经济发展，人口总体呈增长之势，国家对人口和土地进行了核查和清理。

淮阳县。淮阳县人口的记载始于清道光四年（1824 年），全县 4.3 万户，32.68 万人，人均耕地 4.9 亩。

商水县。明代有原额人丁 19650 人。清乾隆元年（1736 年）有 30450 丁。

西华县。明洪武二十四年（1391 年），有人口 5300 户，30766 人，人口密度为 20 人。成化十八年（1482 年），有人口 3320 户，52010 人，人口密度增至 44 人。嘉靖二十二年（1543 年），有人口 3645 户，66828 人。万历二十八年（1600 年），有人口 3810 户，68106 人。清乾隆十六年（1751 年），有人口 42543 人。

扶沟县。明洪武二十四年（1391 年），有人口 1688 户，6590 人。经百余年的休养生息，到明武宗正德十六年（1521 年），发展到 2974 户，47819 人。至清道光九年（1829 年），剧增到 37994 户，279345 人。

太康县。明洪武二十四年（1391 年），有人口 1760 户，22199 人。明政府为恢复发展生产，从山西洪洞迁民于太康，经百余年繁衍生息，到正德五年（1510 年）发展到 5200 户，63200 人。清道光七年（1827 年），剧增到 81858 户，437766 人。

沈丘县。明弘治十年（1497 年）沈丘复县时，有人口 2433 户，多纸上虚籍，名有而实无。正德七年（1512 年）上报户籍削去逃亡户 400 户，由原 23 里减至 18 里。嘉靖元年（1522 年），户籍又削去 500 余户，实有 997 户，减至 13 里。嘉靖九年（1530 年）实有军民等籍 1119 户，人逃粮存 222 户，合计 1341 户，共有人口 5473 人，其中男性 3530 人，女 1943 人，共有耕地 862 顷 14 亩，人均耕地 15.75 亩。清乾隆十年（1745 年），沈丘县在册实籍 14164 户，59602 人，其中大口 39738 人，小口 19864 人。明嘉靖九年《沈丘县志》载：“弘治十一年（1498 年）拨陈州军民等籍一千四百三十三户，拨项城县军民等籍二百户，颍州军民等籍五百户，收集流移单丁三百户，按合二十三里。皆纸上虚籍，名有而实无也。弘治十五年壬戌（1502 年）大造仍随原报跟以作二千三百户；正德壬申（1512 年）大造遂削去逃亡四百余户落为一十八里；嘉靖元年（1522 年）大造又削去逃亡百（户），余户落为一十三里，实在九百九十七户。承役之籍，虚籍二百九十三户，人已逃亡户有粮三石五石，三斗五斗，三升五升者；有全失其地而粮存者，有地少而粮重者，仍存其籍，故谓虚户。嘉靖六、七年，知县李宗元招抚复业并附籍共一百一十七户。"

项城县。明洪武二十四年（1391 年）有人口 1094 户，6852 人。万历二十三年（1595 年），增加到 2059 户，11474 人。清康熙二十七年（1688 年）发展到 13391 人。

明初，实行移民政策，周口地区人口逐渐增加，至明洪武二十六年（1393 年），激增到 159379 人，年平均递增率为 27.7‰。清代中期，社会相对安定，加之康熙五十年（1711 年）后实行"滋生人丁永不加赋"和雍正六年（1728 年）"摊丁入亩"政策，不再单独计算人口税，人口迅速增加。至嘉庆二十五年（1820 年），人口总数已发展到 527558 户，2620521 人。

明清时期，周口一带人口的增长，受到天灾、瘟疫等诸因素的制约，这在文献中有不少记载。崇祯十三年（1640 年），周口一带大旱，人口死亡很多。康熙《项城县志》卷八《祥异》载：崇祯"十三年大饥，道馑相望，人相食，死者大半。"崇祯十四年（1641 年），周口一带大疫，人口死亡率极高。清顺治《商水县志》卷八《纪事志》载："崇祯十四年春大疫，抵秋方止，死者无数。初犹棺敛，继买薄卷，后则阖门皆死，竟无一人能敛者。至六月间，街少人迹，但闻蝇声薨薨而已。"

二、林业、畜牧业、药业及渔业

明清时期，林木多在道路、河道、坑塘、庭院"四旁"零星栽植，其中蚕桑果为家庭副业。

明万历五年（1577 年），鹿邑县令张朝瑞劝民植树，绿荫葱郁，遍于通衢，鹿邑县境内官道植树 1 万余株。

万历二十三年（1595 年）十二月，项城委派巡路官赵崇礼等人督率乡民沿官道植柳 3.56 万株。清乾隆年间，项城十八里沟两岸植梨树 1000 余亩，其白梨著称于县内外。

周口地区境内经济林种植历史悠久。明万历二十八年（1600 年），项城县境内有桃、杏、李、梅、柿、枣、梨、石榴、贫婆（苹果）、核桃、樱桃、栗子等果木栽植。桃、李、杏、梅、梨多成园栽植，其他小杂果则零星植于庭院。

明清时期，项城县花木有数十种，花卉百余种，野生花极多。

明代鹿邑县植桑 29 万株，枣树广为种植，最多时达 19.5 万株。柿子以阜陵、赵湾、谢庄所产为佳。明清时期鹿邑各乡皆产核桃，尤以贾滩核桃为上品，有壳薄、仁足、油多、不夹仁等特点，颇负盛名，行销全国各地。古有俚语“贾滩的核桃——满仁儿”。乾隆《鹿邑县志》记载濑乡老子祠中有红缥李，一李二色，又有紫石榴、缥杏等特产。

清代前期，陈州气温适宜白蜡在蜡树上成茧作种，据《陈州府志》载，陈州府四月“放白蜡虫种”，七月“收白蜡”。

清康熙三十八年（1699 年），太昊陵植柏、槐数百株，今存者仍苍郁森然。

清代，太康种桑较多，不少外省人到此地养蚕，而当地人却不乐从。据道光八年《太康县志》云：“今豫省各邑间有育蚕者，所育不多，而山野放蚕者多外省之人，土人皆弗重也。雍正间豫臬张公有《蚕务成规》一书颁行各属邑，近则原任信阳州牧钟君琏亦著《桑蚕图说》一书，劝各邑之民种桑育蚕，无如豫省之民狃于习俗所安，而莫肯务此，郎山茧之利亦甘委之外省之人，良可惜也。”

乾隆四十三年（1778 年），扶沟谣传官准砍伐路柳，男女老幼各执斧斤，沿路砍伐，一日之间，砍伐殆尽。

明清时期，陈州驴以体型大、品质优、抗病能力强，闻名遐迩。陈州境内养驴较多。

清顺治五年（1648 年），扶沟民间谣传：“鸡翼生爪，将飞去。”鸡遂被杀之殆尽。

明末清初，周家口西寨茅草市（今大闸北头）设牲畜交易市场，逐渐扩展到沙颍河南北两岸。清康熙至嘉庆年间，周家口牲畜交易已具相当规模。

顺治十六年《项城县志》记载的中药材品种有白芍、菖蒲、郁李仁、牡丹皮、桑白皮、小桃红、斑蝥、百合、茵陈等 33 种。

明万历四十五年（1617 年）以后，西华桑白皮进入盛产期，年产万余斤，远销山西、陕西、青海、甘肃、蒙古等地。

明清时期，红花在周口一带广泛种植，尤以西华县所产红花最为有名。清康熙二年（1663 年），西华县即开始种红花，迄今已有 300 多年历史。西华红花颜色鲜红，毛长光亮，油性大，药效高，远近驰名。清乾隆时，西华县广植红花，采收季节上市量达千余斤，行销全国各地。红花集就是当时西华、扶沟两县的红花集散地，因此而得名。民国时期，群众还时断时续种植红花，亩产 10 斤左右。

明清时期，太康县野生药材有 100 余种，分布在荒坡、坟地、河沟旁，或与禾苗林木间生，品质优良的地道药材有 10 余种，以桑白皮、全虫、香附、红花、瓜蒌、牛子等最佳。全虫个大，腹内无土，被誉为“清水蝎子”。太康产桑白皮历史悠久，质地柔软坚韧，色白汁足，药效最佳，驰名全国。《本草纲目》、《河南通志》皆有“太康产桑白皮最佳”的记载。

陈州的渔业比较有名，“鱼以头论”的故事即源于陈州。据清钮琇《觚剩》卷三《事觚·鱼头》载：陈州环城皆水，盛产鲜美的鲫鱼。康熙初年，满人张自用任河南巡抚，陈州牧给他送去了活鲫鱼，在礼单上写着“鲜鲫百头”字样。张自用看后非常吃惊，急忙召来中军，把礼单拿给他看，并对他说：“人家送鱼皆称‘尾’，他独称‘头’，不知出于何典？陈州牧由进士得官，如此写法，当必有据。”中军亦不解其意，便将手下属吏白谦召至询问。白谦跪禀说：“小人幼时曾读过《诗经》，有《在藻》之篇，其首章云：‘鱼在在藻，有颁其首’（意思是：鱼在什么地方在水藻，这肥的是它的头）。次章云：‘鱼在在藻，有莘其尾’（意思是：鱼在什么地方在水藻，这么长的是它的尾）。故鱼有称尾者，亦有称首者。现在州牧称‘头’而不称‘尾’，正说明他有敬上之意。”张自用转惊为喜，下座扶起白谦，说：“你如此博学多识，岂可屈居下役。即日调人幕府，专掌书记。”自后每事必向白谦咨询，深相倚重。后几经提拔，一直做到同知之官，所以有人说：白谦真是“一字官”。陈州人招待客人喝鱼头酒的习俗随之传扬开来。

沈丘鲈鱼是明清时期著名特产，仅产于今老城至李坟之间的汾泉河段内。鱼身较小，扁圆，带黄褐色斑纹，白底，大口，大眼，细鳞，鳍刺坚硬，2 市斤以上者少见。独脊无乱刺，肉质紧密呈蒜瓣状。鲈鱼繁殖力弱，数量不多，其性怕冷热，喜静逸，常居于水下砂矿洞隙之间，不易捕获。春秋季节捕获稍易。鲈鱼鲜嫩适口，醇香诱人，为沈丘著名上品佳肴。明清时期，沈丘县衙每迎送县令时，常设鲈鱼筵席以示尊敬。

三、防洪排涝与水利纠纷

明清时期，周口一带地方官府曾大规模兴修水利，修治河堤，疏浚河道，对减少洪涝灾害，促进农业生产发展起了重要作用。同时，各地民众出于自身片面利益考虑各自为政，各行其是，水利纠纷时有发生，影响了社会安定，造成了不良影响。

清乾隆十二年《商水县志》载，沙河自县治西北龙胜沟入县境，至县治东北周家口交淮宁界，约长50里。沙河、颍河、贾鲁河近河地在9里13步以内者，按地出夫，编成10号，每号管堤5里许，共派夫96名，号立老人、小甲各1人，董率号夫时时培薄增卑，俾无冲决之患。如遇伏、秋两汛，三河决口，淮阳、西华、商水、项城、沈丘5县均须派夫协修。当时还设墩台3处，各负一段防护责任，一在邓城集，营房4间，防兵2名；一在周口西，营房10间，马棚2间，防兵5名，马兵2名，守兵3名。民国初期，仍沿用这种方法，后改为由沿河保甲出夫看护。

沙河行经商水河段，堤身低薄，临水面常因洪水冲刷而坍塌，洪水一到，险象环生，不得不仓促组织民夫施工抢险。据民国七年《商水县志》卷三载，清雍正元年（1723年）六月，黄河决口，周口沙河北岸村庄街市悉被冲没，沙河水涨，南岸市民奔走呼号，时商水县知事吴曜闻报挥泪单骑驰视。沙河南岸已多蚁穴汪洋，兼之阴风怒号，浊浪排空，几溃而南。吴曜命尽拘客船排列南岸，以防风浪冲击。旋纠工数千人，负土斩木，填穴帮堤，如是三昼夜，得保无事，邑人感德，勒石名曰吴公堤，并树柳志之。吴公堤即今周口市沙河南岸磨盘山至石祖庙堤段。清雍正三年（1725年），西华知县宋恂曾两次大集民夫疏浚颍、贾二河道。

汾河，“每遇霪潦，遍地行舟，蒲苇菱芡经年汪洋无涯，俨若江湖，两岸居民惟恃鱼苇为生计”（乾隆四十八年《商水县志》）。又据民国七年《商水县志》记载，汾河淤塞日久，不辨河形，清康熙五十一年（1712年）、雍正二年（1724年）先后两次疏浚。乾隆十七年（1752年），西华县曾疏浚汾河一段（今属商水县）。

清乾隆八年（1743年），太康知县宋士庄主持挑浚旧河沟。乾隆十五年（1750年），知县张足法主持挑浚萼台沟。乾隆十七年（1752年）、二十年（1755年），知县付辉文主持挑浚清水河、李贯河、七里河、铁底河、独塘沟和南家洼沟等28条沟河，在涡河上建涵洞25个。

清康熙年间，贾鲁河张单口决口，水淹西华，溺杀群众无数。张单口位于扶沟县东北15里贾鲁河（小黄河）南岸。西华人越境助扶修堵，扶人阻止，不许掘决口附近之土。西华曾于河侧购地60亩，备修堤取土之用，清初又被占没，张单口堤多被犁掘，剥蚀无遗。因此小水小溢、大水横溢，溢水停驻西华县境多年，为患甚巨，西华邑绅潘孚、李秀等哀恳县署，关会扶邑修堤，为扶人所阻。清康熙十二年（1673年），西华县令岑鹤详请大宪始得修堵。

张单口之争在雍正三年（1725年）重复构讼，久不能决。雍正九年（1731年），前河道刘公有建石坝之议，扶民仍持异议。雍正十二年（1734年），由开封府、陈州府会同勘查详报，经布政司及河道转报总督河东部院王批准，西华县令刘焜奉准在张单口建滚石水坝，河身高8尺，所建河道以建4尺为止，两县均服，讼案遂息。开封府知府刘如崇为文纪其颠末，勒石堤上。

泥河，历史上水患频仍，上下游水利纠纷不断发生。清雍正十三年（1735年）五月，为防客水祸及项城，项城县令刘淑率民众2500余人自上蔡塔桥堵筑堤坝，项城免灾而上蔡被淹。

鹿邑县有42%的土地旱涝频繁。清乾隆二十三年（1758年）至建国前190余年间，沟河未经系统治理，河道淤塞，每遇霪雨，即漫溢成灾。诸如涡河、黑河、晋沟河、清水河等河道弯曲，河床淤浅，堤防失修，且无子河，往往“大雨大灾，无雨旱灾”。惠济河流域虽无决堤之患，却有“十年九旱”之忧。

涡河，因多次黄泛，河床淤积变迁，清乾隆四年（1739年），鹿邑县令秦梅率民夫进行了疏浚。直到建国前，未进行系统治理，泄洪能力降低，多次决口成灾。

清水河，又名油河，清乾隆九年（1745年），鹿邑县令颜懋伦自葛家桥向东疏浚，河面宽8丈，底宽2丈不等，子河加深3尺，两岸筑堤高5尺，阔丈余。乾隆十七年（1753年），县令许荚督率民夫浚治，俱加深广。嗣后至建国前无系统治理，河床淤塞，涝灾频繁。

黑河，又名典水，与其支流晋沟河、李贯河均为颍河水系。清乾隆九年（1745年），鹿邑县令颜懋伦进行疏浚，面宽七八丈，底宽三四丈，深七八尺不等，两岸筑堤。乾隆十七年（1753年），县令许荚督率民夫于河心开子河一道，面宽2丈，底宽1丈，深2尺。嗣后至建国前失修，以致河床淤塞严重，堤防残缺，泄水能力不及3年1遇的十分之一，每遇大雨，一片汪洋，许多村庄被淹，大片土地减产或绝收。

晋沟河，是鹿邑县境西部黑河左岸的一条主要排涝河道。清乾隆十七年(1753年)，县令许荾奉檄加深2尺多，之后未进行过大的治理，以致上下游河道河床宽窄不一，水流不畅，堤防单薄，加之上游客水多且猛，特别是太康、柘城河道开挖过大，水至鹿邑县境不能顺泄，每到汛期，漫溢成灾。

明嘉靖六年（1527年），鄢陵、扶沟民诣阙陈情，部劄疏浚双洎河。双洎河道改由丁家桥入扶沟境，经扶沟县城东北1里许逶迤南下，至王颍店出扶沟境，再经红花集、黄土桥与褚河汇流入沙河。嘉靖十三年（1534年）复淤。嘉靖十九年（1540年），导太沟河水（今扶沟县白潭镇西北5里许处）入贾鲁河，使陈家集以南永昌、马家集诸村免除水患。嘉靖二十四年（1545年），黄水漫溢，扶沟县西北50里半截河决口3处，知县王德瑛会同尉氏知县王景焯会勘督修，很快堵复决口。万历七年（1579年），鄢陵县陈尹将小冈（今扶沟县西北40里的秦家冈）凿断，导引三十六坡水总汇于三坡，扶沟境内深受其害。士民空国上诉，经省查勘，准立碑为禁。万历三十二年(1604年)，扶沟知县全良范改疏双洎河，次年四月告成，决壅放水，沛然南下，势若建瓴，老幼欢声如雷。

清康熙二十八年（1689年）十二月，为解决鄢陵、扶沟之间的水患，扶沟县令缪应晋会同鄢陵县令许承澎查勘地形，另寻故道，于朱家庄等处疏浚出水。雍正十一年（1733年），扶沟县张武举因有地数顷在鄢陵境内，竟将小冈凿开，士民奔控上诉，张被罚谷100石，并立案永禁。乾隆元年（1736年），鄢陵民梁承宗私凿小冈，为此开封、陈州两府会勘定议：唯留郭、卢、张、陶四口，扶人不得增高，鄢人不得私扒。他处听扶民建筑高厚，鄢人不得抗争。乾隆七年（1742年）六月，鄢人胡殿元私凿小冈，水漫扶沟境内，扶境12地方备受其害。经开封、陈州两府议定：鄢、扶二县各派巡保正2名，查拿凿冈之人。乾隆十六年（1751年），扶沟县令马伯辂详请开挖冯陵沟。冯陵沟上承祥符、通许官路沟水，自冯陵庄起，下至季历岗，东入闸上，沟长10里。是年，经开、陈二府会勘，鄢、扶间小冈不准开，仍遵原议，争端遂息。七月十七、十八两日，鄢民又连扒两口，扶沟县令马伯辂禀报，上司委太康县令傅辉文将鄢民杨士俊枷责，并议水大发时各差壮丁10名巡视。乾隆十九年（1754年），扶沟县令徐步蟾会同通许县令吴昌国详勘开挖闸上沟，该沟上起通许标台地方，下至大冈地方洼刘村，入太康清水河，长18里。

乾隆二十二年（1757年），清廷谕令修筑贾鲁河堤岸。是年夏，扶沟大水，后以工代赈更浚贾鲁河。乾隆二十六年（1761年）秋七月，黄河决杨桥，扶沟大水，奏准动用民力修补贾鲁河堤岸。乾隆二十七年（1762年），扶沟县令董丰垣督浚县西北秦岗以北地方罗王坡。乾隆五十年（1785年），奏请挑疏贾鲁河。嘉庆十八年（1813年），奏准挑疏贾鲁河，自郑州徐庄至扶沟全部畅通，费帑银30余万两。

道光八年（1828年），扶沟县令王德瑛应廪生刘士荣之请，督众挑浚李田沟，该沟自陈楼地方起，下至宋寨地方刘庄村东，入太康清水河，长26里。原为前扶沟县令马伯辂开挖，乾隆十五年（1750年）曾勒石纪之。道光九年（1829年），县令王德瑛复浚罗王坡，后淤塞。道光十年（1830年），他又督众挑浚冯陵沟。

乾隆二十二年（1757年）夏，河南大水，开封、归德、陈州和汝宁府因积涝成灾，“计漫潦地界不下数百里”，“汪洋弥望，室庐倾塌，禾稼荡然”，乾隆帝慑于荒极民反，遂拨银运粟，兴修水利，拯救民困，并派侍郎裘日修、河南巡抚胡宝瑔前往灾地视察积潦受灾之由，提出疏浚方法。是年八月开工疏浚，以工代赈，至次年雨季前告成，河流顺畅，耕种以时，当年获得丰收。胡宝瑔为纪念这次治水，把疏浚河道及沟渠的深度、宽度合绘一图，镌之以石，树立永城隋堤上，名曰《开归陈汝四府水利图碑》，该碑现存商丘市博物馆。这次疏浚河道的方法是：“……先开干河，为受水之地；继开支河，以引入干河；继开沟洫，以引入支河。”胡宝瑔对干支河治理后，对如何开挖沟洫及岁修管理，扩大巩固治水成果，与钦差裘日修共同商度，认真总结实践经验，制定管理规章，奏陈《河渠经久事宜》8条，立论周详，奉御批“如所议，永远实力行之”。第一条“水利宜专责成也”，主旨是水利必须年年修，年年管，官民要分工负责，具体规定了府、道、州、县各级官吏对水利的职责；第二条“各河岁修宜筹也”，对筹划岁修经费，“干支各河自应每年酌用民力，照业食佃力之例修浚、培筑”，“工段绵长民力不继者，再请旨动帑”，规定岁修以民众自办为主，工程大的再由国家补助；第三条“民田沟洫宜开也”，说明开沟洫的重要性和必要性；第四条“小港废渠宜复也”；第五条“桥闸涵洞宜整也”；第六条“堤堰宜防盗挖也”；第七条“河道阻水宜禁也”；第八条“洼地宜加酌办也”，规定了岁修、管理的具体事项。这是一次豫东平原河道治理的成功实践，很有借古鉴今的意义。

大狼沟开挖于北齐，在鄢陵称汨罗江。清乾隆、嘉庆年间多次疏浚。嘉庆十八年（1813年），扶沟县令江心筠因岁寒捐银千余两，督民浚筑大狼沟（一作大浪沟），起自鄢陵县城北关，南经屈冈之东。相传程颢知扶沟时曾治理此沟。清嘉庆二十四年（1819 年）八月上旬，黄河自上南厅漫溢扶沟境内，堤埝冲决，陆桥以上尤甚，县令王德瑛劝力修补。九月十四日开工，历时半月堵闭。光绪年间，又数次疏浚。因屡经黄水泛滥淤积，在王曹庄入清水河以上 10 余里，河身上游坡降陡，下游陡降缓，排水不畅，每逢汛期河水暴涨，积水无法排泄，积涝成灾。

明代，周口地区不少城镇井水苦涩。清康熙六年（1667 年），顾景星由河南罗山北行，经上蔡渡颍水到陈州，其《渡颍水柬方陈州》诗云："平壤多硝卤，咸泉遍井洼"（清顾景星《白茅堂集》卷 13《丁未》）。他至宛丘时又作《柳湖》云："宛丘咸泉食不堪"（顾景星：《白茅堂集》卷 13《丁未》），由此可见陈州一带土壤盐分过高，井水多半苦咸。

明清时期，沈丘境内除颍、泉、泥、蔡诸水外，古河道遗迹湖洼较多。明嘉靖九年（1530 年）《沈丘县志》，略述有南河（今泉河）、北河（今颍河）、回龙沟（今新蔡河）、常食沟、舒阳河，还提到迷艇湖、蔡家洼等湖洼。清顺治十五年《沈丘县志》对河渠、湖洼的记载较明代为详，有颍河、北河、小汝河、流鞍河、舒阳河，以及古黄河、迷艇湖、界首湖、杨家湖等 5 河 16 洼。乾隆十一年《沈丘县志》对湖洼的记载，均同前代。清朝前期沈丘境内，尤其颍河、泉河之间分布着不少大小不一的湖洼地。清末、民国年间，这些湖洼仍是"潦则为湖，旱则成坡"，是有名的"小雨小灾，大雨大灾，无雨旱灾"的湖洼地。

周家口铁水牛，是观察测量沙颍河水位的标志。清顺治年间（1644－1661），设于沙河北岸火星阁码头处（小黄河嘴）。清咸丰年间（1851－1874），捻军在周家口北岸与清军隔河炮战，铁水牛被清军炮火摧毁。光绪四年（1878 年），李华、孙甲林倡导重建。1935 年，周口桥（老桥）建成，铁牛从小黄河嘴迁至今址。建国后经测量，铁水牛头顶高程为海拔 49.232 米，周口行洪水位不到 49 米，流量不足 2000 立方米/秒。每岁汛期，周口群众以铁水牛判断河水涨落，铁水牛成为周口的象征。《天下景》一书中有"周口有个铁水牛，亳州有个花戏楼"的诗句。20 世纪"文革"期间，铁水牛被当作"四旧"砸碎化铁。1982 年，经原周口行署报河南省人民政府批准，于次年重铸铁水牛，仍置于原址（老桥北头西侧）。

四、驿传、递运和水运

1. 驿传、递运

明清时期，周口地区交通得到较大发展，除国家驿道、驿站外，各地官署开办了递运机构，主要靠马匹和铺夫步行传递官府文书。驿传、递运机构促进了商品流通，逐渐演变为近代的公路交通和邮电业。交通管理古有专司，清代各县署设督道员、管河道听事吏，分管水陆交通。

明代设驿站，有水驿、马驿和递运所，又置急递铺递送公文。清废递运所，仍置驿站、铺递，改差役为雇役。清前期，驿站有所发展。《清史稿·地理志九》载：淮宁（今淮阳）、商水、西华、项城、沈丘、太康、扶沟各设“县驿一”。明清时期，驿站、急递铺等邮驿机构遍布周口地区境内，明朝85处，清朝78处。

明永乐年间（1403－1424），周口地区境内开设商办民信局，以信函为主要业务，开始办理递送民间书信、物品和银钱等。民间邮件传递，由邮差背扛、肩挑，日夜徒步投递。周口地区境内设有扶沟崔桥驿、太康义安驿、陈州宛丘驿、项城武丘驿和太康长岭递运所、淮宁递运所等，另设有急递铺79个，遍布各县。驿路相互通达，可通尉氏、上蔡、临颍等县及开封府、归德府，至北京。万历六年（1578年），设淮宁总铺，后改为马房。

清初，战争连绵，邮驿组织遭破坏。康熙十四年（1675年）后，邮驿组织重新建立。乾隆十一年（1746年），周口地区境内有驿站10处，即陈州府驿、扶沟县驿、鹿邑县驿、西华县驿、商水县驿、项城县驿、太康县驿、沈丘县驿、清河驿、阳夏驿；递文塘报（专递军事情报）4处，急递铺64处。驿路主要有：陈州至西华，陈州至太康，陈州至鹿邑，陈州至沈丘，陈州至项城，西华至扶沟，西华至商水，西华至上蔡，西华至临颍，扶沟至尉氏，扶沟至通许，鹿邑至归德府，鹿邑至柘城，鹿邑至亳州，鹿邑至沈丘，项城至上蔡，项城至新蔡，沈丘至项城，沈丘至太和，商水至上蔡等。

明嘉靖年间（1522－1566），西华递铺总铺设在西关。通淮阳县的有苇园铺、柳舍铺；通临颍县的有庄子铺、沙沟铺；通商水县的有丁家口铺；通扶沟县的有提城铺；通上蔡县的有张庄铺、周济铺、谷水铺、五里铺、王亭铺。

清康熙十四年（1675年），设陈州驿，有马4匹。乾隆十一年（1746年），在陈州南门设淮宁县驿，下置谷河集铺、冯塘集铺、鲁台集铺、瓦关铺、乾河铺、新站集铺、大堰铺、留村铺、青冢铺、枯河铺、轱辘铺、明化铺、戴家集铺等13处递铺。尉氏县递送京报马兵1名也驻宛丘，清末设邮局后裁。

清乾隆年间（1736－1768），西华县有递铺7处，额设铺司21名：县前总铺，设铺司6名；苇园铺距城10里，通往淮阳县，设铺司2名；清河驿距城25里，通往淮阳县，设铺司3名；红花集距城20里，通往扶沟县，设铺司3名；庄子铺距城40里，通往临颍县，设铺司3名；孙家寨铺距城15里，通往商水县，设铺司2名。

清乾隆十二年（1747年），商水设驿站，有递马11匹，马夫5名，递夫15名，专为官府传递公文。

明清时期，太康设驿站、递铺，以铺夫、铺兵步行或骑马传递公文。明洪武十四年（1381年），设义安驿。洪武十七年（1384年），增设长陵递运所和水驿递运所。嘉靖三年（1524年），以太康县城为中心，西至长陵，北至水驿（35公里处），西北至小郭，西至常营，南至老冢均有官办驿道。递铺由原来的14个减至9个：总铺、王隆集铺、许村铺、枣子（今老冢）铺、独塘铺、马台铺、朗城铺、常营铺、崔桥铺。清代，县驿站有马夫9名，养塘马3匹、驿马10匹。清乾隆二十年（1755年），奉文裁减，仍有马夫5名，驿马6匹，由号兵两房负责传递公文。设总铺、老冢集铺、独塘集铺、白羊岗铺、崔桥集铺，共有铺兵20人。乾隆三十二年（1767年）至清道光年间（1821－1850），尚存崔桥至老冢驿道。

清康熙八年（1669年），项城县设驿站。乾隆十一年（1746年），设驿站1处，有新桥、傅家集、火烧店、崇礼、南顿、娄堤等驿递铺6处。计有马夫7人，马15匹，递夫14人。

康熙十四年（1675年），鹿邑县北路设马丘铺（今马铺），县南路设白马驿铺。乾隆十八年（1753年），鹿邑县境内有铺舍15处：北赴归德府路设尚家、草桥、卫俊、马丘、朱村5铺；西北赴开封府路设牛村、杨湖口2铺；西赴陈州路设谭村路、赵村、丁家、试量、思陵、任兴6铺；东赴亳州路设魏家、东华2铺。

明清时期，沈丘县境内设有为官府传递公文的驿站和驿递铺，主要靠马匹传递。明嘉靖年间，沈丘县设铺长吏巡察各铺，每铺设铺司1人，铺兵5名，每昼夜限迎文檄行300里。清乾隆年间，改设驿站。沈丘驿有马夫5人，马4匹，接到公文逐驿传递，每年开支白银129两。设塘负责传递塘报拔襄塘设在县城内，有马步兵19名。槐店塘、纸店塘各有马兵1名，步兵1名，墩台1座，房屋7间，卷棚1间。明嘉靖年间，沈丘境内有县前铺、鞠家铺、毛家营铺、徐递铺、界首铺。清顺治年间，县前铺改县总铺，增设五花店铺。

明清时期，各县设铺长吏，巡察各铺、驿。铺兵日夜守候，等待官府公文、信函，接到信函逐铺、驿传递。清乾隆、光绪年间，各县铺舍只传送官府文件，不办理民间通信。

2. **水运**

周口一带水运自战国开凿鸿沟至今已有2000多年历史。沙河、颍河、涡河、汝河、贾鲁河等在历史上都通过水运。隋唐时期，京杭大运河贯通南北后，加之黄河南徙扰乱淮河水系，沙颍河水运一度失去往日地位，但在特定时期又有不可或缺的作用。明清时期，京杭大运河运道不通时，漕粮由淮达黄，陆运一段，再经卫河运抵北京，起到替补作用。明永乐年间，明成祖采纳户部尚书郁新奏言，开辟沙颍河航水运，周口一带水运走向兴盛。

燕王朱棣夺取皇位后，于永乐元年（1403年）正月改北平为北京，迁都事宜提上日程，北运任务剧增。当时仍以海运为主，陆运量也大增。永乐元年（1403年）七月，户部尚书郁新等言："淮河至黄河多浅滩跌坡，馈运艰阻。请至淮安，用船可载三百石以上者，运入淮河、沙河，至陈州颍岐口跌坡下，复以浅船可载二百石以上者，运至跌坡上，别以大船载入黄河，至八柳树等处，令河南军夫运赴卫河，转输北京"（《明太宗实录》卷21，永乐元年七月丙申）。又据《明史·郁新传》载："初，转漕北京，新言：'自淮抵河，多浅滩跌坡，运舟艰阻。请别用浅船载三百石者，自淮河、沙河运至陈州颍溪口跌坡下，复用浅船载二百石者运至跌坡上，别用大船运入黄河。至八柳树诸处，令河南车夫陆运入卫河，转输北京。'"《明史·食货三》亦载："永乐元年纳户部尚书郁新言，始用淮船受三百石以上者，道淮及沙河抵陈州颍岐口（在今周口市川汇区境内）跌坡，别以巨舟入黄河抵八柳树（在今河南阳武县），车运赴卫河输北平，与海运相参。"皇帝采纳了郁新的建议。至十一月，命右军都督府佥事陈俊等，督运淮安、仪真等处仓粮157万余石赴阳武，转输北京。永乐年间馈运北京粮额，每年多在两三百万石以上，永乐十三年更多达646万余石。

《大明会典》卷之二十七会计三漕运载："国朝自永乐定都于北。军国之需，皆仰给东南。……永乐元年，令于淮安，用船可载三百石以上者，运粮入淮河、沙河，至陈州颍岐口跌坡下，用浅船可载二百石以上者，运至跌坡上。别以大船载入黄河，至八柳树等处，令河南车夫运赴卫河，转输北京。"

颍岐口在今周口市区沙、颍河汇流处。据《明史·地理志三》记载："陈州洪武初，以州治宛丘县省人。南有颍水。又西有沙水，亦曰小黄河，至颍岐口，与颍水合，下流分为二。”

明正统（1436－1449）以后，随着黄河南泛，泥沙淤积，“颍、蔡、五丈诸流尽失故道，其可辨者无几矣”，只剩下依稀可辨的颍河故迹，“今由朱仙镇而东南，有水道经西华、南顿、沈丘以达于颍、寿，盖即蔡河故迹”（清顾祖禹《读史方舆纪要》卷四十六《颍水》，洪氏出版社，1981 年 1 月）。这条河道就是贾鲁河 。明成化元年（1465 年），贾鲁河始通周家口，逆水而上，经西华、扶沟可直达朱仙镇，区内通航里程 90 公里。小型木船可转行双洎河，通达鄢陵、洧川。周家口由此成为南北水运咽喉、东西交通枢纽。清代文学家李海观（1707－1790）在其脱稿于 1778 年的小说《歧路灯》中讲述了嘉靖年间（1522－1566）发生在祥符（今河南开封）一带的故事，书中第 64 回和 107 回 5 次提到“周家口”，其中 107 回写道：“正说话时，报镇江家眷船已到商水县周家口，沿河州县送下程，办纤夫，传牌已到朱仙镇。……大船到周家口换小船，好进汴水。”这里的“汴水”是指贾鲁河。当时周家口水运繁忙的景象不难想见。

明隆庆年间（1567－1572）刊行的商书《天下水陆路程》从淮安至开封的水路中记有“周家店”，这条水路由淮安经洪泽湖入淮河→经凤阳府、寿州至正阳关纳税后入颍河→沿颍河西北行，经颍上、阜阳、太和等县入河南界→再 130 公里至周家店→从周家店转贾鲁河北上 45 里抵西华县城→再北行 160 里至朱仙镇→从朱仙镇起车，陆路 40 里至开封。周家口正是依靠沙颍河水运发展起来的城镇。

明弘治年间，黄河再次决口，贾鲁河淤塞，明政府在治理黄河的同时，对贾鲁河也进行了疏浚，河道两岸进行了大规模修整，贾鲁河迎来了自北宋以来第二个水运黄金季节，其繁荣达到顶峰。贾鲁河的这种繁盛局面一直持续到清朝中叶。

清代中叶，随着黄河泥沙涌入淤积，沿颍河上溯船只仅能到达周家口，由此转为陆运，周家口成为南北水陆转运的枢纽。“自郑州所属之荥阳县起至陈州属之沈丘县止，共计十一州县，迂回不下千里，于康熙四十五年（1706 年）曾经开挖……竟不能畅行无阻，盖因豫省土性松散……旋浚旋淤”（《世宗宪皇帝朱批谕旨》卷 126 之 5）。

周家埠口，又叫河南大渡口，始于明永乐年间。万历年间，埠口逐步增多。清顺治年间，沙河又开辟了北寨大渡口、河北小渡口（又叫山货街渡口）、上齐埠口、下齐埠口、河南新渡口、河北新渡口。清康熙、乾隆年间，沙颍河两岸埠口、码头星罗棋布，发展到18个渡口码头，除以上6处埠口外，还有河北火星阁渡口、花土地庙渡口、西寨义渡口、磨盘山渡口、磨盘街渡口、盐路口、刘渡口、老衙门渡口、张埠口渡口、王埠口、陈滩渡口、时埠口渡口。

明代，周家口水陆两运发达，手工业、商业的繁荣，产生了靠出卖劳动力为生的脚夫。运输工具是以担、扛为主的布袋、扁担。清代，个体脚夫自发组成“脚行帮”，按不同的行业分为各种脚行班，如陆陈班、什货班、烟茶班等。周家口脚行帮共分18班。

明清时期，通过扶沟晋桥、北石桥、摆渡口、吕家潭、白潭等5处码头的船只每天不下百艘。明代扶沟籍诗人李梦阳在《竹枝曲》中写道：“黄河岸头卖酒家，处处春风吹柳花。白马寺前风浪恶，吕家潭上好停槎。”清光绪《扶沟县志》载：“惠民河（即贾鲁河）岸巨镇吕家潭，下达淮、泗，上接黄河，故艘舰云中，珍奇猬集，在远疆识镇而不识邑。”

谷河由运粮河和清水河汇流而成，经南顿、丁集、王明口进入直谷头河入三岔口。清顺治十六年《项城县志》载，谷河上通黄河，下达淮泗，商旅丛集，舟楫相望。康熙二十九年《项城县志》载，谷河因“颍岐口久淤，舟楫不行”。

乾隆十一年（1746年），沈丘县境内有渡口16处。泉河系9处，即徐家渡口、香台寺渡口、熊家渡口、王家渡口、响张渡口、黄家渡口、泥河渡口、西徐家渡口、里仁集渡口；沙河系7处，槐店渡口、新集渡口、刘楼渡口、李家渡口、郭家渡口、私摆渡口、纸店渡口。

清乾隆年间，槐店、沈丘、纸店、新安集有固定搬运工人，无任何劳动工具，全凭一身力气、两只手挣钱糊口，时称“扛脚的”。除装卸搬运外，官方规定还要接官（如纸店在河南三里桥接轿送至新安集）、应差（夸官、抬神求雨），生活极苦。民国时期“扛脚的”改称码头工人，分整班、散班，大宗物资的搬运归整班，零星物资归散班。

蔡河北通淮阳、开封，经槐店西，南入沙河，明万历年间淤塞废航。

清代，涡河、惠济河可以通航，上通河南柘城，下达安徽蒙城。每至夏秋水涨，均有木船通航。

明清时期，桥梁修建明显增多，方便了人们的出行。明万历二十二年（1594年），扶沟吕潭建大型石拱桥广济桥，历300多年洪水冲击和10多次地震安然无恙，1958年拆除。

周家口贾鲁河上有连接河西与河北的二板桥，南距贾鲁河与沙颍河汇合处70米，该桥始建于明崇祯十年至十一年间（1637－1638），原名大板桥，为砖墩木面桥。清乾隆年间改为二板桥，直至建国后屡毁屡建，20世纪90年代改为混凝土砖桥。康熙三十五年（1696年），周家口富户捐资在颍河上修建了孙家嘴浮桥。

清乾隆十九年（1754年），周口地区有桥梁近200座，分别为木、砖、石结构。

清乾隆年间，沈丘县有古桥24座（乾隆十一年《沈丘县志》）。太康有桥39座，即旧黄河桥5座，涡河桥14座，清水河桥5座，铁底河桥9座，七里河桥1座，李贯河桥1座，跨城濠桥1座，杨庙路桥1座（砖建3孔）。

黄庙桥，坐落在沈丘、项城交界处黄庙集泥河上，今存。始建年代不详，清嘉庆二十三年（1818年）五月以崔遐龄为首再修，举人程远撰写碑志。清光绪二年（1876年），黄庙村附近30多户群众自愿捐款，并亲自上山采石，历10年艰辛，于光绪十二年（1886年）再修为五孔石拱结构，跨径4.5米，高2.5米，宽4米，长30米，拱券、桥栏及两岸桥塊路面为青石，其余为红石，桥上雕有石龙，龙首向西，桥栏上雕有石猴、石狮、石鼓和石桃。1948年，桥两端边孔损坏。1958年将桥头4座石狮、24座修桥石碑毁之殆尽。1965年为增加泄洪能力，从桥南增修两孔，现桥全长52米。“文革”期间，桥上雕刻毁之大半。

明清时期，周口一带各县及较大的集镇已有轿、脚车、脚驴运送客商。沈丘县城和槐店、纸店等较大集镇就是如此。民国年间，脚驴更加盛行。驴、骡、马除作为各种车辆的动力外，脚驴用于客运，马为驿邮或富人骑乘，骡用于驮货。

轿，有官轿、蓝轿、花轿。官轿多为四人抬，为旧官府官员外出之用。蓝轿，亦称小轿，清朝较大集镇有少数蓝轿，用于运送客商和请贵宾、医生。花轿用于婚嫁。民国七年（1918年），官轿蓝轿废。民国初期轿业逐渐衰落，发展为马轿车，为铁木结构双轮车，上有棚，前有门，旁有窗，窗配布帘，为富人外出交通工具。1947年前后淘汰。

五、手工业的发展和名牌商品的出现

明清时期，周口一带手工业得到较大发展。清代，手工业作坊日趋发展，种类渐多，已有烘炉煅打、木器制作、编织、榨油、轧花、磨粉、酿造等私营手工业，工具简陋，规模较小，有的作坊多达20余人。这些家庭手工业作坊多为前店后厂，手工操作。一批名牌商品行销全国各地，甚至远销国外。

明清时期，鹿邑白草帽、白蜡跻身名产行列，与桑白皮并列为“鹿邑三白”，亦称“鹿邑三宝”。明代，鹿邑白草帽行销全国各地。清代，产品远销日本、南洋，每年“六七万金有赢”。白蜡，始于明末，产于鹿邑县城近郊西北各村，至清中叶享誉全国。桑白皮，又名桑根皮、白桑皮，鹿邑境内皆产，以涡、惠河之间“夹河套”所产为上品，色白，皮厚，粉足，数百年来盛产不衰。

明末清初，商水县酿造、丝织、竹器、铁、木等家庭手工业作坊逐渐发展。周家口、邓城濒临沙河，交通便利，手工业生产发展较快。邓城的酿酒，周家口的酿酒、丝织、竹器、铜铁器制造、印刷、卷烟、针织、皮革、木作等手工业作坊和蛋厂相继兴起。周家口竹器生产较为兴盛，产品有笆子、鞭杆、竹帘、筷子、制笼等。

商水姚集乡的芦席编织业较有名。民国七年《商水县志》载：南湖，县治西南十余里，夏水冬涸，有鱼苇之利，民多资之。明清时期，当地民众就以此为生，上自七旬老人下至十几岁儿童都能熟练操作，时有“编席窝篓，养活几口”的说法。

商水大武乡大王村糖业始于清乾隆年间，上蔡县蔡沟一齐姓来此授业，已有270多年历史。

明清时期，周口兴建有不少由手工业工匠建立的行业性会馆或庙宇，反映了当时周口手工业的发达。府君庙为毡坊业同业会馆，系寓周怀庆毡坊业营建；鲁班庙为木泥业营建，每年农历六月二十日有庙会；老君庙为铜铁业营建，每年农历二月十五、十月十五日为会期；酒仙庙为酿酒业营建，以杜康为祖师；机神庙为机坊业营建，缸神庙为印染业营建，葛仙庙为纸作业营建，嫘祖庙为丝业营建，孙膑庙为皮革业营建。

清初，周家口民间已有专门制作家具和建筑施工的木匠，以师带徒，或组成小作坊，自制各种小件农具和家具出售，或来料加工收取费用。

明清时期，各县已有手工造纸个体户，以废纸、烂麻绳、破布条、麦秸等为原料，发酵成纸浆，用珠帘捞出，贴在墙上晒干成麻纸，主要用于产品简易包装。制纸工序为沤制、粉碎、洗涤、缫制、晒贴、整纸等。明嘉靖年间，太康县已有造纸业，所产纸张多为土纸，也叫手捞纸。

桑皮纸是用桑皮或楮树（亦称构树）皮制作而成。明朝中期，桑皮纸制作工艺传至商水邓城乡范楼等村。直到民国时期，邓城桑皮纸业颇负盛名。

明代，太康县有木刻印刷业。嘉靖元年（1522 年），太康县有各类工匠 37 户。太康在明代就有生产绢、绫、手帕和丝织品的记载。

明清时期，城乡多用木制纺车，产品除自给外，少量投放市场。棉花加工，全靠木制手摇轧花车。

明代，沈丘县城和槐店有酿造、丝织，竹器等手工业作坊，纸店有造纸作坊。明清时期，沈丘有硝和火药的生产。清代，兆丰酒已名扬周口一带，乾隆二十八年（1763 年），乾隆南巡陈州（治今淮阳），饮后甚悦，御题并赠“兆丰恒”金匾，从此该酒被定为贡品。

周口地区早在 4500 年前就有了建筑土坯的生产。明末清初，小土窑遍及全区，烧制青砖、八砖和布瓦。砖瓦制坯煅烧过程，全为手工操作，有建窑、制坯、煅烧、炝窑、饮水 5 个工序，以薪柴作燃料，产量很小。

明清时期，周口一带有打铁炉、铸造炉，生产犁铧犁面、刀锤工具及其他配件等。

清康熙、乾隆年间，周家口、淮阳、沈丘已有加工皮革的作坊。

明清时期，鹿邑试量集狗肉有名。传说试量狗肉与汉光武帝刘秀有关。东汉初年，刘秀被王莽追赶至此，饥饿难耐，煮狗为食，余肉在试量集叫卖，食者无不称好。有人便用刘秀剩下的汤水熬制狗肉，浓香适口，与前无二，拿到集市出售，供不应求。刘秀称帝后，想起杀狗为食，食欲大发，命取狗肉品尝，了无滋味，遂命骑士弄来试量狗肉，味道不减当年，御赐为贡品，试量狗肉从此名声大振。试量狗肉制作工艺考究，肉鲜色亮，手捻为丝，入口浓香，肥而不腻，余香悠长。民国时期，试量狗肉以崔氏制作的为上品。鹿邑赵村熬馍，始于明末，以精白粉和面擀薄在鏊子上烙制而成，薄如蝉翼，微风可动。将其切成菱形，放入鸡汤加鸡丝、佐料熬烩，食之鸡汤浓香味美，熬馍筋软滑润，300 多年来为群众所喜食。民国时期，主要产于赵村、玄武、邱集等集，以赵村集所制为佳。唐桥店鸭蛋闻名遐迩。唐桥店位于黑河、晋沟河汇合处，汇流后名为茨河，是淮河支流。汇合口水草丛中，生长着一种奇特的虾，头部发红，夜间发光，当地称为“火虾”。鸭子吃了这种虾，下蛋个大皮薄。经腌制，蛋清洁白如玉，蛋黄紫红如细粒朱砂，挑起蛋瓤油珠欲滴，咸不浓、涔不甘，鲜美宜口，蛋黄还可入药，治疗痢疾、胃疼。清乾隆《鹿邑县志》载：“唐桥店鸭卵最佳，以皮腌之，较诸南方高邮所制更为肥美，土人为之唐蛋。其附近村庄，或有仿为者，皆不及。盖由于水土所宜，迁则弗能为良。”光绪《鹿邑县志》载：“唐桥店鸭卵黄大多脂，以盐渍之，美过南方高邮州所制，土人谓之唐蛋，他村效制不能及也。”唐桥店时属鹿邑县，今属郸城县。

清代，沈丘县城（今老城）南关顾家馍、槐店咸牛肉和熏羊肉等熟食品，驰名豫皖等地。顾家馍，由顾二别子创于清嘉庆年间，距今已有200多年历史。该馍造型奇特、美观玲秀。初为每个重2两的圆顶馍，清末改成亚腰葫芦状，底面有一个“S”形旋纹，高约6厘米，圆形底面直径约2.5厘米，1市斤面可蒸40多个。一些顾家馍塑成小狗、小猫、小鸡、小鸟等各种小动物造型，蒸熟后趁热涂抹鲜艳的色彩，个个栩栩如生，富有生气，可玩可吃，尤受儿童喜爱。顾家馍在和面、蒸制上有一整套独特工艺，蒸出的馍洁白似玉，日久不裂不霉，即使存放年余，一经蒸馏鲜嫩如初，味美清润，甜滋可口。顾家对其制馍技术秘不外传，有“只传儿不传女”之说。据传袁世凯曾以此馍进贡慈禧太后。如今顾家馍仍为顾姓人所制，尚能保持原有特征。清顺治年间，槐店回民经营的咸牛肉和熏羊肉享誉开封、蚌埠、汉口等地，已有300多年历史。

六、商业的发展和周家口的崛起

明清时期，周口地区商业随着手工业、农业的发展和水运的发达而有较大发展。特别是周家口的商业贸易在清康熙、乾隆年间空前发达起来，崛起为河南四大名镇之一，与朱仙镇、道口镇、赊店镇（今河南社旗）齐名。

周家口地处沙河、颍河、贾鲁河三川汇流处，水陆交通便利。明洪武初年，沙河、颍河成为豫西部分州县货物来周家口的重要交通线，附近农民也多来周家口销售粮、棉、油等农副产品，沙颍河北岸形成墟集（双日集），名为永宁集（今西老寨）。后沙颍河南岸子午街（今老街），亦设贸易市场（单日集）。永乐六年（1408年），明成祖准开淮、沙、颍河水运，淮河、沙颍河水运成为东南各省货物来周的一条重要渠道。成化年间，贾鲁河汇通入颍，周家口遂成为北部商品输入的重要渠道，周家口成为三河水运的枢纽，重要的商品集散地。万历年间（1573－1619），周家口三岸连起，呈鼎立之势，状若武汉，由此享有“小武汉”的美誉。明代翰林大学士、武昌人熊廷弼在《七律·过周家口》中如此写道：“万家灯火侔江浦，千帆云集似汉皋。”

清顺治年间（1644－1661），随着货物转运贸易市场扩大，行业增多，商贾纷至周家口。康熙《陈州志》“乡村集镇”条将周家口列为“新兴”集市。康熙九年（1670年），陈州管粮州判迁至周家口镇抚市面。此时，湖北六安的麻，两湖的竹、木、茶，两广的纸、糖，天津的食盐，山西的铁，豫西的煤、山货等运到周家口销售；周口一带所产粮、棉、油、皮革、蒲席、黄花菜等通过周家口外运各地，周家口桅杆林立，商号栉比，饭店客栈随处可见。街道多以行业命名，如山货街、油坊街、果子街、牲口市街等。鼎盛时期，商品年成交额 80 万两白银，粮食年购销量达 1 亿公斤以上。雍正十一年（1733 年），陈州知州董起盛奏请升陈州为府，特别提到周家口，陈述理由为："陈州幅员辽阔，绵亘数百里，界连八邑，犬牙相错，河通淮泗，路达江楚。更有所属周家口一带地方，水陆交冲，五方杂处。一切刑名钱谷、稽查保甲，各处验勘，难以悉举，事本繁多。"奏报很快获得批准。雍正十二年（1734 年）升陈州为府，并添设粮捕水利通判驻扎周家口。乾隆十二年（1747 年）《商水县志》载："周家口旧在沙河南岸，仅有子午街一道，居民数家。国朝治平百年以来，人烟丛杂，街道纵横，延及淮宁境，接连永宁集，周围十余里，三面夹河，舟车辐辏，烟火万家，樯桅树密，水陆交会之乡，财产聚积之薮，北通燕赵，南连楚越，西接秦晋，东达淮扬，为豫省一大都会也。"

康熙、嘉庆年间，周家口商号林立。乾隆，道光年间是周家口商业最繁盛的时期，这反映在商人会馆频繁而大规模的重修和扩建。其时，山西、陕西、安徽、江西、湖广、福建等省商人纷纷来周贸易，在周家口修建了 10 座商人会馆，大多规模宏大。清道光年间，周家口鼎盛时期，全镇的商人商号数量达 1500 至 2000 家，至少超过千家，年经营额估计达 500 万至 600 万两白银。周家口最盛时全镇人口至少达四五万，每年的流动人口也是一个相当大的数量。周口关帝庙现存道光二年（1822 年）《山陕会馆春秋阁院创修牌坊两廊看楼客庭工作等房铺砌甬路院落碑记》曰："周家口，盖中州之一巨镇也，水陆交通，商贾竞集，五方之民咸萃处焉……"道光十八年（1838 年）《重修关帝庙记》曰："周口为陈之巨镇。"

清代，外地在周家口的商人以山陕商人实力最强，在周家口先后建 2 座会馆。康熙二十年（1681 年），两岸山陕商人共同在沙颍河南岸选址（今文化街周口三中处）营建会馆，会馆坐北面南，占地 20 亩（含丘子园，即墓地），门前设照壁，山门由中间大门和两侧便门组成，进入大门，迎面为戏楼，戏楼前方两侧为东西廊房，再往前行，为卷棚顶拜殿及大殿，大殿为悬山顶，覆绿色琉璃瓦，内塑关羽像。大殿两侧各跨一个小院，院内建有配房和僧舍。两岸山陕商人因奉祀同乡关羽，故其建造的会馆又称关帝庙。1944 年 8 月，日军决堤沙颍河，该馆遭受水灾，1980 年大殿拆除。起初，两岸山陕商人每逢农历初一、十五聚集南岸山陕会馆议事，因沙颍河隔阻，北岸山陕商人到该馆议事时经常迟时误事，南岸的同乡往往不予等待，久而久之，两岸山陕商人产生隔阂。康熙二十九年（1690 年）五月，两岸山陕商人在该馆筹备祭典议事时双方矛盾激化，北岸山陕商人则怒而退出该馆，决定另辟新馆。康熙三十二年（1693 年），北岸山陕商人在兴隆街开始集资兴建山陕会馆，至咸丰二年（1852 年）落成，前后历时 160 年，这就是今周口关帝庙，至今保存较为完好。

周口关帝庙

周口关帝庙坐北向南，主体建筑呈南北纵深布局。现存楼廊殿阁 140 余间。牌坊、山门、钟鼓楼、铁旗杆、石坊、碑亭、飨殿、大殿、河伯殿、炎帝殿、戏楼、拜殿、春秋阁由南向北依次建于中轴线上；药王殿、灶君殿并东廊房，财神殿、酒仙殿并西廊房辉映于前院左右两侧；东西看楼、东西庑殿建于中院两侧；老君殿、马王殿、瘟神殿居于东偏；客房、僧舍、工作房位于西院；炊房和庙井位于春秋阁东侧。山陕商人曾对会馆进行过 11 次扩建、6 次重修，显示了他们雄厚的经济实力。如，乾隆四十九年（1784 年）开始筹划修建春秋阁，历 19 年的集资积累，嘉庆七年（1802 年）积银 2 万余两。嘉庆五年（1800 年）创建春秋阁、舞楼。嘉庆十四年（1809 年）挨行募化，得银 1.62 万两，从行商处仍循例千钱抽一，积至道光元年（1821 年），共得银 1.29 万两。

清代，周家口除两座山陕会馆外，另外还有 8 座商人会馆，分别是江南会馆（又名安徽会馆）、江西会馆（又名豫章会馆、万寿宫）、两湖会馆（又名湖广会馆、禹王宫）、覃怀会馆（又名四圣会馆、迎水寺）、福建会馆（又名天后宫）、寿阳公所（糖业会馆）、陆陈会馆（平王庙）、油业会馆（大王庙）。周口如此之多的商人会馆，显示了周口昔日的繁荣，可惜大多毁于 20 世纪 60 年代至 80 年代城市的拆迁改造中。

明清时期，周家口粮油交易颇具盛名。清康熙、嘉庆年间，周家口成为豫东粮油集散地，附近各县农民及粮贩将各种粮食和油料运至周家口销售，高峰期上市量达千石，正常情况下达五六百石，淡季上市200石左右。镇上较大粮行“聚兴店”，旺季一天能收购粮食200石。其他大的粮坊日上市量达三四十石，小粮坊日上市也有三五石。

清代中晚期，周家口已有前店后作的私人酒馆，酿酒工艺按传统的土法手工操作，分单烧、双烧和截半，产品只是单一用粮食酿成的曲酒，也叫蒸酒、酩流酒。

太康县城城舍明初至中期变化显著，是当时太康县城商业发展变化的缩影。明嘉靖三年《太康县志》载：“初城内六七家，草舍数十，景泰间渐多瓦舍，居民尤鲜，虎狼夜入城伤人、物；成化间瓦楼金宇渐多，俗以高楼相尚，弘治间尤盛。嘉靖初水旱相仍，无作。”

明嘉靖三年《太康县志》载：“都邑有市所以来，百工以足材用。”邑“冲要之路，故城外有关厢，乡社有集场，而来商贾者济济。盖以兹邑人尚淳朴，不好斗讼，故使通工易事者乐于趋市。”当时太康有集店33个。道光八年《太康县志》记载的集镇有75处，每处均有具体地点、距县城里数与市集日期。如“梅岗集，西北三十里，双日集”；“轮铺会，四月十八至二十”等等。

清代，周口一带有名的商业集镇除各县城和周家口、水寨外，《清史稿·地理志九》记载的还有淮阳新站集，商水谷阳镇，西华常社镇（今属商水），沈丘纸店镇、槐店，太康崔桥镇（今属扶沟）、马厂集，扶沟白亭、洧阳、固城、吕潭四镇等。此时，合流镇（今西华逍遥镇）得到迅速发展，一时成为周边的经济中心，更名为逍遥镇。

清代，以各县城和较大乡镇形成的集日和定期古庙会、香火会等，成为民众自由交换商品的场所、农副产品和手工业品的集散地。古庙会、香火会市场仅限于当地农民的购销活动。人们敬畏于神灵而祈求神灵保佑，每逢节日纷纷到古刹庙宇焚香朝拜，并雇请剧团演戏娱神，由此形成古庙会。古庙会成为物资交流的重要场所，商户积极赴会经营，农民也趁会出售农副产品及购买生产生活资料，农副产品主要有粮食、棉花、油料、家畜、家禽等。

明中叶，烟草自菲律宾传入中国，乾隆年间开始在周口一带农村普遍种植。乾隆《鹿邑县志》物产目载：“旧志不载烟草，此名淡巴菰，据云传自吕宋国。”旧志不载，可能清初周口一带农村种植烟草尚少。

清代，太康白南瓜成为商贩贩卖的对象，当地人从中不少获利。道光八年《太康县志》载：“此瓜惟王隆集广种。他处（虽播）种不生，瓜性与南瓜殊，可切条晒干煮食，味与瓠条相似，远近负贩，土人因以为利。”

明清时期，鹿邑县酿造业、药业、烟丝业等有较大发展。清代，鹿邑县形成54个集镇商品交换点，并初具规模。

明初，淮阳食用解盐（即解州今山西运城南之盐），后食淮盐（淮河南北盐场之盐），由于路途遥远，运艰价高，销售量少，官民交困。清康熙二十六年（1687年），淮盐断运，改食芦盐（长芦盐场之盐），斤价制钱16文。康熙二十七年（1688年），民皆称便。淮阳原额盐7853引，又分认京361引。道光五年（1825年）后奉文加价，斤价制钱20文。清代太康即有官办食盐店，乾隆十一年（1746年），太康县供应食盐3940引，计394吨。引为重量单位，明代定大引400斤，小引200斤。清初定每引200斤。后又有大引，多者每引达两千数百斤。清末每引240斤至800斤不等。

明清时期，扶沟县酿酒业兴隆，吕潭大曲较有名。民间许多作坊用谷物酿造酩流酒。

清代，太康县酿酒业初具规模，龙曲坡的白家酒、张集的“丘岗古井”、“老虎油”酒，质量优良，闻名县内外。

明清时期，通行货币仍为圆形方孔铜质制钱，中间方孔可用绳索穿起，每枚1文，每千文为1串，又称1吊。明初银钱兑换业应运而生。为使用方便，散碎银子，用戥子称量。银子的形状有马蹄形、船形（元宝）、不规则的块形等。周口一带流通货币有元宝、银锞等。元宝为48两，银锞有1两、14两2种。明初流通纸币，有“大明通行宝钞”；清代有“大清宝钞”，还有以银两为单位的“官票”。

清代中期，典当业发展到大集镇，出现专门承做顾客发帖取款、揽做放款、买卖金银的钱庄和银号，所发行银钱票在市面广泛使用。道光六年《淮宁县志》载：“淮宁征粮向系银庄。”

当铺，亦称“典当”或“押典”，专为私人开设抵押品贷款，是以实物作抵押的一种高利贷盘剥形式。人们生活中因经济拮据或遇到意外急需用钱时，不得已将一定价值的实物暂时送进当铺，抵当一笔现款，以解燃眉之急。进当铺带的实物称“当物”，双方成交称“典当”。开具的凭证称“当票”，当票按月编号。抵当品多为金银首饰、衣物、家具等日用品。典当物品时，双方当面估定价值，定当期，到期还本付息物归原主，称“赎当”。过期不赎当物，依约任由当铺处理，称“死当”。清代中期，周口地区当铺业已有相当规模。雍正七年（1729年），西华县有当铺14处。乾隆四十八年（1783年），商水县有当铺9处。

七、赋税征收

1. 赋税政策和征税办法

唐初，实行租庸调制。后来唐朝杨炎制两税法，即按土地、财产多少征收地税和户税，每年分夏、秋两次征收，这种办法明朝仍然采用。

明清时期，为适应封建政治、经济发展的需要，对赋税制度进行了改革。明万历年间，张居正推行“一条鞭法”，将地银和丁税两税合并，按亩计税，折合成银两，统一征收，在一定程度上减轻了农民负担，调动了农民的生产积极性。但各地推行并不一致，真正将赋役合并的并不多。随着明王朝的腐败，加征加派接连不断，“条外有条，鞭外有鞭”，民众负担有增无减。清初，取消了明末的各种加派，重新恢复了一条鞭法。限于当时客观条件，一条鞭法实行得并不彻底。康熙帝在康熙五十年（1711 年）先进行小幅度改革，固定人丁，以后“滋生人丁，永不加赋”。人丁和丁银的固定，为地丁银推行创造了条件。雍正帝继位后，实行地丁银制，把丁税平均摊入田赋中，统一征收地丁银。这在一定程度上废除了汉唐以来的人头税，农民对封建国家的人身依附关系进一步削弱，人身地位提高。按田亩纳税，无地农民在法律上不再纳税，赋役不均现象有所缓和，隐蔽人口减少，人口统计相对客观、真实，有利于生产发展和社会安定，这也是乾隆时人口骤增的因素之一。

明代税收主要是田赋和徭役银，嘉靖时始征盐课，万历时始征落地商税。明代田赋征收分本色和折色两种。本色，就是征收实物粮食；折色，就是征收布、帛、丝、棉及钱钞。明正统以前，田赋以实物缴纳。自正统年间始，田赋改实物为银两，清朝沿袭不变，田赋均将粟米折合成银两缴纳。

明朝的土地制度规定，凡靠近城镇村落的土地为上地，远处为中地，再远处为下地。明初仍实行里甲制，每 10 户为 1 甲，甲上为里。明初中原战乱，外地迁入民户颇多。当地人占田较广，迁来者占地较狭。宣德年间，鼓励垦荒，“垦荒田永不起科（即不征税）”（《明史·食货一》）。富者为少缴赋税，越来越少报土地数量。明洪武到弘治年间 140 年里，全国土地少了一大半，“而湖广、河南、广东失额尤多，非拨给于王府，则欺隐于猾民”（《明史·食货一》）。可见土地减少除拨给王府外，就是隐瞒土地。后虽经丈量土地，效果不明显。万历六年（1578 年），张居正用开方法丈量土地，土地数量大增。洪武十四年（1381 年），明太祖颁布文告，让各地编定赋役黄册，按册征赋税劳役。每110户为1里，选10户摊丁粮多者为里长，其余100户分为10甲。按里轮流服劳役。鳏寡孤独不能服役的，附在册子后，称为“畸零”。僧人道人由政府发给证件，免除赋役。过一定时间根据丁粮增减更定一次名册。册子共4部，一部上交户部，布政司、府、县各有1部。上交户部的册子封面是黄纸，称“黄册”，册上记载丁、田情况，丁服役，田缴租，租有夏税和秋粮之分。夏税迟缴纳时间不能超过每年农历八月，秋粮缴纳时间最迟不能超过次年农历二月。丁有“成丁”和“未成丁”之分。出生的人口登记姓名，叫“未成丁”，16岁以上叫“成丁”。成丁服劳役，60岁免劳役。劳役有“里甲”、“均徭”、“杂泛”3等（《明史·食货一》）。按户摊派的劳役，叫“甲役”；按丁摊派的劳役，叫“徭役”；政府随时征发的劳役，叫“杂泛”。起初比较合理，随着时间推移，弊端滋生。弘治以后，吏胥、豪强借机勒索，地方官对民户不加调查，乱催赋役，欠粮户越来越多，又限定日期责罚。“粮长令下乡追征，豪强者则大斛倍收，多方索取，所至鸡犬为空，孱弱者为势豪所凌……不免变产补纳。”有的旧赋未缴清，又缴新赋，一人拖欠，“株连亲属”，往往能株连几百人下狱。开始每区粮长只有正、副2人，后来增加到10人以上，应缴纳粮赋本来不多，经“科敛”、“打点”等费增加，百姓负担非常沉重。“州县一年之间，辄破中人百家之产，害莫大焉。”至万历四十六年（1618年），“骤增辽饷三百万”。本来国库有支付辽饷能力，但皇帝不愿使用，只好从民间征收。崇祯三年（1630年）战争开始，五年（1632年）加征“助饷”，后来又加征“练饷”，百姓更加穷困不堪（《明史·食货一》）。崇祯三年（1630年）河南巡抚范景文“言民所患苦，莫如差役”。缴纳赋税有收户（收纳赋税户）、解户（解送赋税户）、马户（供牛马户）等，本规定由富户充当，实际上一般是中等人家或劳苦人家充当，往往为此倾家荡产。

明朝实行一条鞭法，虽然征收比较方便，因仍征收丁赋，贫苦百姓受累极深。清代主要税收是地丁银，其他税收除盐课外，还征收田产税、牛驴猪税及各种商税。

清顺治三年（1646年），清廷户部核实钱粮，汇为《赋役全书》，并附丈量册（田亩册）和黄册（户口册）。后来又实行摊丁入亩，不再征收人头税，平民百姓负担减轻，人口大增。

各县财政机构各司其职，县衙仓房管征漕米，粮房管征银两，户南房管征籽粒即田赋，户北房管盐、当商并负责上解财款，户库房管上述四房所征钱财。

2. **田赋等赋税的征收**

明清时期，周口一带农民交纳田赋和粮食，由农、漕政官吏兼管。各县财政收入主要来自田赋（地丁银，旧称农业税）和各项税捐。明万历年间实行一条鞭法，即粮差合征。清代实行“丁地合一”、“摊丁入亩”和附加政策，征收地丁银、地漕银等，且屡有加征。

康熙五十二年（1713 年），淮阳县征赋人丁 27028 人，共征银 2526 两。雍正四年（1726 年）丁银摊于地粮之内，一例征收。乾隆年间（1736 - 1795），将漕运及各杂项改折并入地丁。乾隆四年（1739 年），淮阳县共有土地 400. 28 万亩，计纳民卫额征银 2521 两，地银 6. 89 万两，更名地额征银 335 两，寄庄地额征银 982 两，匠价银 16 两，漕项银 470 两，共计征田赋、漕折银 7. 32 万两。

乾隆年间（1736 - 1795），商水县田赋常年征银 17014 两 6 钱 5 分 7 厘，闰年征银 17249 两 4 钱 1 分 4 厘。其财政支出主要用于支付官吏薪俸，修理“龙棚”、文庙等，而用于社会救济和城镇建设的寥寥无几。

清康熙以前，项城县征收丁税、地税。雍正四年（1726 年），项城县应征地银 18975 两；每两加派人丁银 2. 95 分，计征 567 两。是年实行摊丁入亩，共征收地丁银 19542 两。税收有田赋、盐税、烟酒牌照税、契税、规税、营业牌照税、房地产税等 20 余种。

太康旧志载：“太康古阳夏地，于陈称剧邑，其幅员袤广，人民蕃庶，赋役殷烦，俱较他邑为最甚。”明洪武年间，太康民众负担有漕粮、地税、人丁税、桑税、枣税、皮张、商税钞、食盐钞等。洪武二十四年（1391 年），太康有官民地 141429. 73 亩，赋税项目有：赋麦正耗 4092. 208 石；税丝 2342. 861 两；米正耗 7050. 927 石；赋桑树 179002 株；科丝棉 2308. 816 两（折绢 13943. 254 尺）；赋枣树 1796 株；科枣子 254. 16 石；易米 127. 08 石。土贡：岁贡羊皮 180 张，带毛硝熟皮 30 张，退毛硝白皮 73 张；翎 4852 张，折钞 291 锭 600 文。

天顺六年（1462 年）至嘉靖年间，太康县两税和土贡为官田税丝 92 两，民田税丝 2250 两（嘉靖《太康县志》）。

清康熙九年（1670 年），太康征粮银 40360. 84 两，漕米 4805. 74 石。康熙十五年（1676 年），执行明万历年间赋役办法，每亩派捐银 0. 4859 两，遇闰月每亩再加 0. 00126 两，除荒实征银 14736. 539 两。杂税征收有活税银、当税银、老税银、房地契税银、牙行换贴银、新增税银、盈余税银等。康熙十六年（1677 年），实征银 42382. 61 两，上缴和留支是：折色、本色两项共上缴29440.43两，包括运费、盘剥（途中伤耗）、折席（漕运用席折价）、轻赍（给有关官员送礼）、遇闰（月）加征，以及黄丹、粳米等非县内所产折征银等项目。存留项目中，除“协济驿站充饷”和“河库河夫、水手”支银6058.13两外，其余全部用于“文庙修理并各祭祀”、“乡饮二会”、“布政司俸”、“按察司衙门”、“本府俸”、“本县知县典史儒学俸”，以及各类夫卒皂隶徭役供给。雍正、乾隆年间，实行摊丁入亩，同时将漕银（地方上通过水路给皇帝所在地京都运粮的费用）、芦课及各种官田租课，统以田赋征收。乾隆二十六年（1761年），太康县派征漕米4805石7斗4升，折色征银46570.53两。道光七年（1827年），征地丁银45445两，平均户负担0.555两。征收的田赋丁银，一部分上缴皇室，一部分留作地方官府支用，其中上缴朝廷藩库39082.47两，占86%；存留本省额饷银4585.23两，占10%；县留支1777.02两，占4%。

明洪武年间（1368－1398），扶沟缴纳的赋税有漕粮、地税、人丁税、枣税、桑税、杂革、徭役银、力差银等。仅田、桑、枣3项就折合纳谷米187石3斗8升，麦3179石5斗3升，丝1823两4钱，另有杂革4张，野鸡翎2426枚。

明洪武二十四年（1391年），扶沟县定漕米为4861石6斗9升4合。明正德末年（1521年），扶沟县定“均徭”差粮1320两，力差银680两，合计共2000两。清康熙年间，扶沟县丁银为1064两5钱6分。

明万历十二年（1584年），扶沟实行一条鞭法。万历三十九年（1611年），扶沟征丁银1680两，夏秋驿粮银14440两，漕粮5606两。清康熙十四年（1675），扶沟依顺治十八年（1661年）新刊赋役则例，每亩派银5分2厘5丝，遇闰每亩再加1厘9丝。遇闰除荒全县共征银19708两3钱4分9厘。

明嘉靖九年（1530年），沈丘官地民田共86214.23亩，其中夏税地13345.94亩，夏税小麦440.116石，丝58.232两；秋粮地72868.29亩，秋税粮2404.653石。并岁税丝锦（折京库银）6疋6尺6寸4分7厘。万历九年（1581年），沈丘县实行“一条鞭法”，把徭役等杂税并入田赋征收。实行不久，杂役、冗税又不断增加，明万历四十六年（1618年），每亩加征银3两多。崇祯年间，增加各种军饷，仅辽饷（辽东驻军之饷）、剿饷（直接镇压农民起义之军饷）、练饷（练兵之军饷）等3饷的征银，就比田赋正额高出数倍，农民负担更重。嘉靖年间（1522－1566），沈丘县主要物产有棉花、蚕丝、綮麻、绵布、绢，夏税丝58两，农桑丝绵折京库绢6匹（嘉靖《沈丘县志·土产·田赋》)。

清初，沈丘县停止明代“三饷”（辽饷、剿饷、练饷）征收，继续推行一条鞭法，银、钱、粮兼收，以征银为主。顺治十五年（1658年），沈丘田赋征银5332.16两。雍正四年（1726年），实行“摊丁入亩”，将丁银并入田赋征收，称为丁地银两。乾隆时期增收“火耗”（小额白银铸成大锭的损耗）、“平余”（每百两折解之银）等附加税。乾隆十一年（1746年），沈丘有成熟地515.513万亩，额征丁地银13073.02两，比清初增加1倍多。

顺治三年（1646年），指令户部核实钱粮原额，汇为《赋役全书》，附丈量册和黄册。丈量册以田为主，黄册以户为准，进一步澄清耕地面积和纳税人丁。鹿邑县设4乡、10厂、48里，赋税由县署户房经收，下有里管，每里设有总管赋税的里长，并有经管钱粮的里书，催赋的名为“催头”，所催之家为“花户”。康熙八年（1669年），将原明藩王府皇庄所属田地更转原种户名下，永远为业，使官田转为民田。当时，鹿邑县民田80.37万清亩，上地每亩额征正供银3分8厘4，下地每亩额征正供杂办银3分3厘，共征银2.87万两，遇闰加额银546.3两。康熙五十二年（1713年），以前年的人丁数造册登记，作为以后征收丁银的标准，50年不变，增人丁不增征银。鹿邑存额人丁32865人，每丁征银3分，共征1079两。雍正五年（1727年），全国实行地丁合一的赋役制度，鹿邑将丁银1079两并入田赋内。从此，田赋内含丁银，亦称“地丁银”。乾隆年间增征“火耗”、“平余”等附加税。乾隆十年（1745年），鹿邑有行粮地80.5万亩，额征地丁银2.99万两。

明清时期，各县财政收入主要来源是田赋，支出主要用于封建官僚机构。扶沟县开支项目有：祭银、饮席银、斋膳夫银、公试盘缠、坐班、皂隶以及役支、额支、待支、杂支等。清顺治十五年（1658年），沈丘县开支田赋银5416.16两又3902文，仅县衙的门管、皂隶、马快、民壮、看监卒、灯夫、轿夫、伞扇夫等项开支就达2309.2两，占全年总支出的42.6%。这项开支又逐渐有所增加。

明清时期，周口一带县级单位土地登记折亩纳税相当普遍。纷乱复杂的地方性亩制出现，源自明清普遍性的折亩纳税习俗。政府关心的是纳税亩，登录在册籍内的土地数据，经过复杂的折亩关系，得到承载地税的土地数据。由于纳税单位与实际土地丈量数据登记之间存在差异性，统计数据使用相同的计量单位——顷亩，所以清册中纳税单位与土地清丈数据相混记的现象相当普遍。此外，受土地肥瘠、生产力等因素影响，同样数量的土地在不同地点承担不同的税率。土地丈量中，按照生产力或土地类型分为上、中、下3

等，每等又分为上、中、下3则，即所谓的“三等九则”。征收赋税时，或依据不同土地等则，科以不同税率，实行等级纳税，或将三等九则依照不同的折亩率，转换为划一税率的简便易行的纳税单位。明万历年间，受“原额”观念影响，地方上呈的清丈数据，一般亦在不偏离“原额”的情况下，通过改变折亩率，使新编纳税单位与“原额”保持相对稳定。商水县在万历十年（1582年）前，以小地（标准地亩）一顷折纳税地亩66亩为标准登记；清丈后，由于实际耕地面积增加，为维持“原额”，田赋登记时，改小地一顷折64.219158税亩上册（乾隆《商水县志》卷九《宪章志·知县张德崇清丈地亩碑记》）。扶沟县，“定制二百四十步为一亩，买卖地亩准此上册，征收则为三亩七分六厘五毫为一亩”（光绪《扶沟县志》卷六《赋役志·田赋》，光绪十九年刻本，成文方志471册）。西华县，“差地与实地不同，因土地高下肥瘠之不同，有实地二亩折差地一亩者，有实地三亩折差地一亩者，又有实地一亩折差地六分或六分二厘者，相沿已久，于买卖地亩文契上注明实地若干亩，按几折合差地若干亩”（民国《西华县续志》卷六《财政·丁地》. 成文影印本，第101册，第320页）。康熙六年（1667年），太康知县胡三祝在“奉旨清核原额人丁”过程中，根据当地情况，正式实行“丁随地派”、“地尽丁无”的编征新法。大致“照旧额，每地三十三亩三分准人一丁”（道光《太康县志》卷二《田赋》，《人丁》）。各地混乱的土地登记体系，引起难以掌握确切土地数据的清政府重视，一度力图禁革。顺治十二年（1655年），清政府曾重申，丈量田地以240步为一亩，凡丈量州县用步弓，各旗庄用绳。面对长期难以根治的积习，清政府不得不于乾隆十五年（1750年），以“毋庸再议”作罢（《钦定大清会典事例（嘉庆朝）》卷一四〇《户部·田赋·丈量》，台北文海出版社）。

清代土地登记中，在折亩纳税区，卫所屯田与更名田通常执行标准地亩（240步弓一亩），按民地标准折合成纳税数据。陈州，“新收汝宁府代征外郡更名原额小地一百二十三顷九十九亩全熟，比照民田起科，查民田三百六十弓一亩，更名地二百四十弓一亩，折大弓地八十二顷六十六亩”（康熙《开封府志》卷14《田赋》，同治二年补刻本，成文影印本）。鹿邑县，“民田六百步为一亩，更名二百四十步为一亩”（光绪《鹿邑县志》卷六《民赋考·田赋（上）》，光绪二十二年刻本，成文影印本）。太康县“原额一则中，比照民地六百八十四步为一亩”（民国《太康县志》卷三《政务志·田赋增减》，民国二十二年铅印本，成文影印本，第466册，第144－145页）。

3．工商税的征收

明初为休养生息、恢复经济，工商税按三十税一（即三十分之一）的税率征收。但是征税人员任意附加，借机中饱，实际税率无法实计。明末政府腐败，税收加重，米、盐、鸡、猪乃至负荷行李皆令纳税，勒索无度，民不堪负。

太康县，洪武二十四年（1391 年）征收酒课钞 56 锭 800 文，商税钞 677 锭 1 贯 500 文，门摊钞 106 锭 3 贯，食盐钞 12184 锭 4 贯。

明弘治年间，扶沟县定商税课钞银 1868 锭 670 文；酒税课钞银 102 锭 1 贯 580 文；油课钞 6 锭 1 贯 600 文；屠课钞 25 锭 1 贯 100 文；船课钞 3 贯 600 文。

清代以手工业、商业和盐业为课税对象，开征了许多苛捐杂税。清代后期财政支出、苛捐杂税更多。如，太康县清代开征的工商税项目有：盐课牙贴税、契税、当税、烟酒税、机织税等。

第三章　明清时期的军事

一、军制和布防

明清时期，兵役制度实行军户制，凡是军户，世代为兵。明朝的军户占整个户数约十分之一。

明朝实行卫所制，军队组织有卫、所两级。一府设所，数府设卫，兵士乃征募而来，编入军籍，世袭为军，平时屯田驻防，战时出征打仗。据《明史·兵志二》记载，每卫一般为5600人，卫下有5个千户所，每所1128人；千户所下有10个百户所，每所112人；百户所下有2个总旗和10个小旗。

明制，设睢陈兵备道，辖宛丘、商水、项城、沈丘、太康等县。陈州卫驻军5600人。州卫设指挥使、指挥同知、佥事及卫镇抚司、千户所、百户所。下设管理、战备、训练、屯种等机构，负责辖区保卫、防御、指挥等任务。清初，设陈州营，部选守备1员，职掌卫务，征收钱粮。设5所，千总5人，经历1人。顺治十三年（1656年），裁撤千总4人，经历也进行了裁员。顺治十六年（1659年），裁卫并州，仅存守备1人，卫粮附州赋役。雍正元年（1723年）、三年（1725年），各增设把总1名。雍正十年（1732年），改设都司、佥书，移驻太康。同时将太康千总调驻淮宁为都司中军，专管区内汛防。太康、西华、商水各有1名把总。扶沟、项城、沈丘各有额外把总1名。道光三年（1823年），又于槐店集添设把总1名。道光五年（1825年），改槐店汛把总为沈丘专汛，仍驻沈丘县城，归槐店汛把总兼辖。至清宣统元年（1909年），陈州营有都司1名，千总1名，把总3名，云骑尉世职3名。宣统二年（1910年）裁撤。

清初，废除明朝世袭军户和军屯制度，实行自己的一套军户制。清代军户制与明代军户制略有不同，满族八旗世代为兵，不管老幼都拿国家的军饷，享受特权。同时实行“旗兵制”。起初以部落为单位组成“旗”，后又将满、汉、蒙人编为“八旗兵”，以后又以汉人为基础编为“绿旗兵”（又叫绿营兵)。“旗”是军政合一的组织，旗民平时为民，战时为兵。清代的屯卫兵丁和充配为军的也称军户，未经赦免，不得脱离军户。

明清时期，各县一般都设有校场，也叫演武场，用来训练军队。

清代时为防贼寇，各县在大道旁建有墩台，由兵士把守，有警即报。后来裁员，墩台甚至无人看守。

清康熙十一年（1672 年），陈州营驻绿营兵 1 个营，有守备、千总各 1 名，额外把总各 3 名，兵丁 396 名。其中陈州城驻马兵 22 人，守兵 133 人。周家口汛外委（额外委派的低级武官）1 人，守兵 10 人。梁家口汛马兵 1 人，守兵 2 人。宣统二年（1910 年）裁撤。

清代，淮宁建墩台 13 处，计有周家口河东、水灌台、李方口、戴家集、明化铺、大良店、冯塘集、鲁台集、新站集、夹河集、苑土集、苗家集、通陵冈。每墩有守兵 2 人，共 26 人。

清代，淮宁设塘拔 6 处：李家集、搬罾口、临颍（应为临蔡城）、茨沟、鞍子岭、柳林集。每拔守兵 2 人，共 12 人。咸丰二年（1852 年），全营官兵调走围剿太平军，各处墩台、塘拔已无守兵。

清代，淮宁兵丁的器械有大小枪炮 509 支，其中大铁炮 73 尊、喷筒炮 24 支、短炮 6 支、大炮 7 尊、九节梨 6 尊、劈山炮 46 尊、牛腿炮 4 支、鸟枪 58 支、来复枪 10 支、快炮（俗称洋炮）55 支、抬炮 74 支、台枪 146 支。

清代，淮宁有民壮原额 35 名，后拔设沈项县丞、淮沈项县丞各 5 名，实有 25 名。民国时改为警察队。

保卫治安，主要靠保甲。淮宁县自裁卫归州，民卫共编 9 里，地方分 87 保，保正 105 人，管辖各地方 3147 个村庄。乾隆十七年（1752 年），淮宁知县冯奕宿奉文编联保甲。

清雍正三年（1725 年），扶沟知县郭绍璞奉命创建墩台 6 座，计正南练寺、正北江村、正东柏子岗、正西李家集、西北白家潭、东北吕家潭各 1 处。每处设营房 8 间，派丁壮看守，以卫边鄙。乾隆二十六年（1761 年）年，白家潭、吕家潭、柏子岗、江村墩台圮于水，扶沟知县董丰垣予以重建。后柏子岗墩台因地势低洼随修即塌，移建于罗敷庙。道光元年（1821 年），扶沟城内设丁壮 20 名，马兵 4 名，弓箭兵 7 名，鸟枪兵 15 名，配备腰刀 26 口，鸟枪 15 杆，战箭 440 支。

乾隆年间（1735－1795），商水县有马兵 7 名，守兵 24 名，共 31 名。另在周家口、赵家集、邓城各设墩台 1 处，有防兵 11 名，马兵 3 名。周家口西所设墩台，有防兵 5 名，马兵 2 名，守兵 3 名，营房 10 间，马棚 2 间。

明宣德年间（1426－1435），西华县始设千总1名，马步兵36名，其中马兵6名，步兵30名，为西华防汛。清沿袭旧制，改武弁为把总。

清康熙五十二年（1713年），委陈州营武举陈宏经驻防太康，设千总1人，马、步兵83人。雍正十年（1732年），奉文千总调还陈州，太康改设把总。乾隆十年（1745年），裁守兵14人，尚有69人，隶属南阳镇。太康县城前街路南设有太康汛，即绿营兵巡逻驻防之地。太康县境内设9个汛守点和5路卡房。汛守点：县南王隆集、老冢集，各有墩台1处，营房7间，守兵2人；县东南明光集有墩台1处，营房7间，守兵2人；马厂集有墩台1处，营房13间，守兵3人；县西北崔桥集（今属扶沟）、常营集各有墩台1处，营房13间，守兵3人；独塘集有墩台1处，营房10间，马兵1人，守兵3人；县西逊母口集有墩台1处，营房13间，马兵1人，守兵3人；张家庄有墩台1处，营房11间，马兵2人，守兵3人。5路卡房：东路朱口，南路明光集，西路逊母口，北路杨庙；乾隆二十四年（1759年），太康知县武昌国增设北路卡房龙曲。宣统元年（1909年），太康汛裁撤，改设警察局。

道光六年（1826年），淮宁县在周家口辖地设营房38间，驻有拨防外委（低级官名）1人，守兵10名，后又在沙河南水灌台建墩台1处，营房5间，设守兵2名。在河东贾鲁河东岸王埠口街建墩台1处，营房8间，设马兵、守兵各1名。

清雍正年间（1723－1735），项城县署设额外把总1人。道光五年（1825年），改新兴集把总为项城专汛，仍驻新兴集，项城汛外委仍驻项城。

明清时期，鹿邑设有巡检官、左哨二司把总，有马兵8名、步兵32名。

明嘉靖年间，沈丘县城四门各设总甲1名，小甲2名，散民壮27名，共计120名。清雍正元年（1723年），沈丘县设京制把总1人，由陈州都司管辖，统兵操练。领有步、马兵33人，另有把总随从马步兵各1人。乾隆十一年（1746年），沈丘设马步兵33名。另有随丁守兵、养马兵各1名。乾隆年间，沈丘境内设有拔襄塘、槐店塘、纸店塘，负责传递塘报（即军事情报）。拔襄塘设在县城（今老城），有马步兵19名。槐店塘、纸店塘各有马兵、步兵各1名，墩台1处，房屋7间，卷棚1间。

顺治二年（1645年），豫王南征。四月二十四日，固山土率兵至周家口沙河南岸黄家滩扎营。

二、明清时期的战乱

明代，周口一带除明末李自成、张献忠领导的起义军转战于此外，还有一些义军活动于此，社会时常处于动荡之中。

明武宗正德五年（1510年）十月，顺天府（今北京）霸州爆发了刘六刘七兄弟领导的农民起义，起义军10余万人。刘六、刘七部赵燧、齐彦名等领导的义军曾活动于周口一带。

正德六年（1511年）二月，刘六率义军袭上蔡，破项城，陷西华，进军扶沟，围城激战3日不克西去。义军攻克汝南，其部赵燧、邢老虎攻破商水县城，知县刘汉自缢未遂。十月，赵鐩率众进军扶沟，扶沟知县王廷华顽强抵抗，义军受阻，旋克西华县城，知县李景顽抗被杀。十月下旬，义军进至鹿邑县竹恺店（今属郸城县），地方势力武学、刘海、谢富、朱纯等与之战，被义军首领马五尽斩。十一月，义军攻破沈丘，陈州指挥孙绍武及其侄、痒生孙琏皆战死，沈丘县丞杜斌、训导王良辅及其子王礼顽抗，被擒斩首。正德七年（1512年）春，义军刘惠、赵鐩等率部连克鹿邑、上蔡等6县。

明嘉靖三十二年（1553年）七月，河南柘城师尚诏与王邦用等率众起义，攻克归德府（今河南商丘），发展到数万人，攻打宁陵、睢县不下，继而南下攻克柘城、鹿邑，而后挥戈西向，攻打太康。时太康无知县，义军抵杨庙，恰值开封同知萧明帮奉命来任知县，夜半到达太康城，立即部署城防。黎明，义军攻城，遭顽强抵抗，连攻3昼夜不克。遂转战攻克西华，进军扶沟，扶沟知县钱仕惶惶无计，断惠民桥拒之。师尚诏义军造桥渡，兵临城下，征集土车填塞沟堑，斩伐大树，架设浮桥猛攻，城将破时被何岑击退。之后义军转战鄢陵、西华、许昌、临颍等地，官军闻风而逃，朝廷震动。皇帝下令调精兵2万，由曹邦辅统领，分3路合围义军，王邦用突围被俘，师尚诏败走皖北，又走五河（今山东省莘县），十月间被捕牺牲（《明史·曹邦辅传》）。师尚诏起义40余天，破1府8县，杀死官军10余万人。

明嘉靖元年（1522年）二月一日，睢陈道副使王延率部至鹿邑追剿山东王堂义军。嘉靖二年（1523年），王堂义军进入扶沟县境，被官军剿平。

明嘉靖十五年（1536年），扶沟有人讹传鄢陵北部的凤凰岗天仙庙被敕为行宫，男女争相前往捐输钱财，昼夜如市，高宠趁机起事，鄢陵知县前去镇压，没收所有捐输。高宠等人又准备在吕家潭聚众起事，被王益出卖告变，高宠杀死王益，率众骑突破尉氏，释放狱囚，夺取府库，后被官军所杀。

明嘉靖三十一年（1552年），山东李邦彦聚众袭击扶沟县城，城中戒严。

明万历二十二年（1594年）春，颍州瓦店（今沈丘县老城南40里，今属新蔡县）饥民王自俭、冯玉举等人不堪封建统治压榨，揭竿起义，杀新蔡兵勇以示反抗。义军北至沈丘留虎集（今留福集），沈丘知县刘世光请陈州兵及抚院游击兵镇压，冯玉举等99人被俘，起义失败。

明泰昌元年（1620年）十二月，农民围攻沈丘。

战争不仅发生于城市，乡村破坏亦很严重。官军在战争中到处焚杀劫掠，胡作非为，社会为之残破。郑廉在《豫变纪略》卷2中论及崇祯六年（1633年）事说："其渠帅有闯天王者，尤桀黠，所部最强，能合群贼而并将之。尝数支如雁行，或由许、洛趋南、汝，或由光、罗趋颍、亳、徐、泗、陈、蔡间，一岁尝再三过，过则焚杀无噍类，火光照数十里，昏夜如白昼，朝聚落而夕丘墟，一望皆是。而官军随其后，淫掠亦与流贼等，豫人苦之。故其时民间有贼梳兵篦之谣焉。盖梳、篦皆理发之器也，而篦则密于梳。梳犹有所遗，而篦则无所留也。意谓兵惨于贼也，疾之也。"

明崇祯十一年（1638年），开州（今河南濮阳）人袁时中率义军万人攻打陈州，睢陈兵备道关永杰战带官军围剿，义军退去。崇祯十五年（1642年）二月，袁时中率义军攻打鹿邑县城，历8日未克。

明崇祯十五年（1642年），安平寨（今属柘城）人王之屏、王之股、胡焙之等聚众起义。清顺治二年（1645年），王之屏被捕，其余义军仍据寨坚守。顺治四年（1647年）二月，睢陈道副使李芳蕴率军攻陷安平寨，起义失败。

清顺治十六年《项城县志》对明代晚期的政治、经济变迁和社会动乱情况作了生动描述和评论："盛衰岂不以时哉？虽曰天运，盖亦有人事焉。当明神宗时，政尚宽大，海宁恬熙，鸡犬桑麻，到处殷盛。不幸光宗龙驭，逮天启幼冲，逆珰用事，太阿倒置，国家元气尽漓。延至崇祯末祀，夏屋已倾，势难木支。流氛燎原，盘踞中州，遂为一大战场。焚杀掳掠十余载，谓民生尚有体乎？今地方村镇关梁等处，虽仍故名，然率瓦砾丘墟。青遴昼出，或破垣中偶有人声，反诧为怪事。项虽大泽荐加，然疮痍未起。倘休养生息，继此有加，则康阜殷蕃何难□〔立〕致。不然，使但按籍而籍，曰如项土者尚历历如许，则是诬项。并将诬项之物力，民艰莫达，民团益无苏日矣。"

白莲教是流传于民间的秘密宗教，由摩尼教、弥勒教、道教、佛教等混合演变而成，其历史可追溯到唐宋时或者更早一些，元末逐渐形成，以崇拜弥勒佛为主。它从创始到清代中叶的几百年中，为下层人民所欢迎，常被作为组织民众反抗封建压迫的工具。乾隆中期以后，白莲教组织发展得更加迅速。乾隆三十九年（1774 年），鹿邑县人樊明德在河南一带广为传经授徒，提出了“换乾坤，换世界”等口号。与他同时或稍晚一点的著名教首还有鹿邑县人刘松等。这时，白莲教在河淮江汉间异常活跃，积极准备起义。乾隆四十年（1775 年）刘松不幸被捕，流放甘肃省隆德县。刘松的两个徒弟刘之协、宋之清继承师父的事业，白莲教更加发展壮大。13 年后，刘之协来到甘肃隆德，同刘松秘密联系，准备发动反清起义。刘之协从甘肃回到河南后，与宋之清一起经常活动在湖北、四川、安徽等省。他们把鹿邑幼童王双喜说成是“明裔朱姓”，宣传刘松的儿子四儿是“弥勒佛转世，当辅牛八”，借此号召群众。分别派出徒弟到湖北、四川、陕西等省主掌教事，利用白莲教经卷中反对黑暗，追求光明，光明最终必将战胜黑暗的教义，宣传“大劫在遇，天地皆暗，日月无光”，“黄天将死，苍天将生”，“世界必一大变”，号召信徒以四海为家，把教友关系看成是同生父母的兄弟姊妹关系，号召同教互通财物、互相帮助、男女平等，这些口号直接反映了广大农民群众的利益和迫切要求，对贫苦农民具有极大的吸引力。白莲教发展迅速，湖北襄阳地区成为白莲教活动的中心。

清政府感到白莲教严重威胁自己的统治，决心彻底根除。从乾隆五十八年（1793 年）开始，对白莲教教徒进行大逮捕、大屠杀。刘之协、王双喜在河南同时被捕。王双喜因年幼免死，流放新疆。刘之协于乾隆五十九年（1794 年）从扶沟脱逃到襄阳，联合湖北齐林等人举行起义。十月，各地教首除刘之协等少数人逃脱外，大多被捕，起义受挫。

清仁宗嘉庆六年（1801 年），西华龙胜沟（今属商水）白莲教教徒王二恽组织群众抗清，沙河南岸诸村依附者甚众。西华知县鲁铨策动董湾贡生王颍奇从中分化瓦解，又密禀陈州知府剿捕，起义被镇压。

社会动乱时期，谣言惑众的事情时有发生。明万历二十四年（1596 年），扶沟县城谣言四起，讹传有旨将屠戮扶沟城，城内民众争相外逃，几乎成为空城；又有凤凰岗之谣，人争相趋赴；忽又谣传，要屠戮四城，男女日夜哭泣，争走他境，坏人乘机为盗。万历三十九年（1611 年），扶沟县瓦子店二郎祠前空地发现一古池，石砌甚工，道人造谣说所贮水可治病，远近信众争往求之，人集若市。扶沟知县怕聚众闹事，逐走道人，驱散信众乃罢。崇祯三年（1630 年），扶沟县天刮红风，白日昏暗，谣言天将下雨火，官府禁止烟火两天。

三、李自成农民起义军的转战

李自成起义是明末最大规模的农民战争，义军曾转战于周口一带，给地方封建势力以沉重打击。

明崇祯六年（1633年）冬，李自成起义军转战河南，官府震惊。扶沟乡民弃乡入城，数家杂居一处。沈丘县城设四门总理，由豪绅担任，准备对抗义军。

明崇祯七年（1634年）十一月，高迎祥、李自成率义军攻占陈州，声势大振。崇祯八年（1635年）正月十七日，李自成、高迎祥、张献忠等率义军数万人至鹿邑县城周围驻扎，旋即离去。崇祯九年（1636年）正月，兵部尚书军务总督三省卢象升领兵追剿李自成、高迎祥、张献忠义军，驻扎鹿邑城内。三月二十六日，闯王李自成义军至陈州境。嗣后，蔡家窝、夹沟寨、傅八口、张周等地民众聚义响应。崇祯十六年（1643年），李闯王派洪圣翼为陈州牧。洪氏被明军杀死后，惠在公继任。

崇祯八年（1635年），李自成义军一部转战至扶沟练寺，被扶沟知县苏显佑击退。崇祯九年（1636年），义军突袭江村。崇祯十年（1637年），活动于扶沟西北边境。崇祯十一年（1638年），进攻扶沟县城东、南二关，围城1天。崇祯十二年（1639年），突袭扶沟县城，攻破练寺等寨。

崇祯十三年（1640年），李自成义军攻陷商水县城，杀死知县王化行。

崇祯十三年（1640年）十月，义军郝马儿焚扶沟县城东、北二关，袁老三、张瞎子率众袭击吕家潭，李老三、一条龙率众响应。十一月，李自成义军一部至槐坊店扎营7日。

崇祯十四年（1641年）正月二日，李自成义军包围沈丘县城，进攻四关未克。二月，义军攻克扶沟县城，军纪严明，秋毫无犯，市井安然。五月，明朝廷起用原兵部尚书傅宗龙为陕西总督，镇压河南李自成义军。九月初，傅宗龙督领川、陕兵马进至河南新蔡，与保定总督杨文岳、总兵虎大威部会师，准备渡洪河进击义军。李自成侦悉明军动向，将精锐部队埋伏在新蔡通往项城要道孟家庄附近丛林中，另派一支义军在洪河上游架设浮桥，佯作向汝宁（今河南汝南）进军。明军以为农民军怯战，于九月六日全军出动追击，行至孟家庄卸甲休息，埋伏在丛林中的农民军四起冲杀，明军大败，贺人龙率部逃往沈丘，李国奇战败偕虎大威部溃逃。傅宗龙和杨文岳率亲兵驻火烧店，杨文岳乘夜率残部逃往陈州。九月十八日夜，傅宗龙被李自成包围于项城，粮尽援绝，为农民军捕斩。义军分兵攻取商水、扶沟。十月初四日夜，李自成义军自项城进攻商水，欲趁官兵未发觉之际攻克县城。义军发现官军有所防备，恐强攻伤亡过重，遂佯撤不远处以迷惑官军。十月初五日，迅即回师以云梯、火炮四面围攻商水县城，知县姚文衡督率众固守，以炮火猛击义军，战斗持续3昼夜。十月七日晨，义军用炮火破东门瓮城攻入商水城内，知县姚文衡投井自杀，教谕王应登悬梁自尽，乡官张质、国学生傅嘉言、高思忠等被俘毙命。十二月二十三日深夜，义军数千骑直抵沈丘县城东门，架云梯攻城，被外巡发觉喊叫，城上守军反击，义军举火焚关而去。十二月，李自成义军连陷西华、陈州、归德、睢州、宁陵、太康，大军驻扎鄢陵，派兵攻取扶沟，破城3日后离去。

崇祯十四年（1641年）十二月，清军左良玉统军10万众到西华索粮，沿途搜掠，向民众宣布“吾为救汝来”，城破之日，众皆曰“良玉安在?”(乾隆十九年《西华县志》)

崇祯十五年（1642年），李自成义军由汴梁再次攻克西华城，杀死知县刘伯骖，典史叶重华。据《明史·流贼》记载：崇祯“十五年（1642年）正月，自成南陷西华，寻屠陈州，副使关永杰、知州侯君擢皆骂贼死。归德、睢州、宁陵、太康数十郡县，悉残毁”。

崇祯十五年（1642年）二月，义军再次攻克扶沟城，知县朱谊泊顽抗被杀，李自成任命陈召南为扶沟知县，义军连年在扶沟活动。

崇祯十五年（1642年）二月，李自成率义军数十万人攻打陈州，睢陈兵备佥事关永杰与陈州知州侯君擢等顽强抵抗，城破皆死之。(《明史·忠义五》记载：“关永杰，字人孟，巩昌卫人。……迁兵部主事，督师杨嗣昌荐其才，请用之军前，乃擢睢陈兵备佥事，驻陈州。陈故贼冲，岁被蹂躏，永杰日夜为儆备。十五年二月，李自成数十万众来攻，永杰与知州侯君擢、乡官崔泌之、举人王受爵等率士民分堞守。贼遣使说降，斩其头，悬之城上。贼怒，攻破之，永杰格杀数贼，身中乱刃而死。君擢，字际明，成安人，起家举人。城围时，身先士卒，运木石击贼，城濠皆满。后被缚，骂不绝口死。泌之，鹿邑人，进士。知雄县，调清苑，多所建竖。……至是，遭变，用铁杖毙贼数人，自刭死。守备张鹰扬力战被擒，不屈。受爵亦击杀数贼，大骂。并死之。”)

三月，李自成破陈州后，率部自张会村（今淮阳境内）经槐丘、明光（今太康县符草楼乡）攻太康城东。另派部将罗汝才、袁时中率军自刘家集

（今淮阳境内）经四权（今太康老家）直逼太康城南。三月十七日，两路大军分抵东关、南关，一齐攻城。城中居民皆欲开门迎闯王，官吏则多欲弃城逃走。时曾任右都佥御史被削职赋闲在家的乡绅张维世力劝知县魏令望防守，并在古砚上刻“小儿拍手笑呵呵，李闯死在太康坡”的咒语，暗投井中，令人淘井，将砚台捞出，借以鼓动人心，遂组织兵丁强迫百姓登城据守。十八日，李自成用箭将敦促明军投降书射入城中，张海澄、魏令望等拒不投降，并用土炮轰击义军。李自成一面指挥义军竖云梯放火炮强攻登城，一面组织义军在城墙下挖壕穿穴达数十丈，将火药装入瓮中，置于城下。十九日凌晨，义军在城东南隅燃瓮放炮，谯楼中炮起火，城墙倒塌，义军蜂拥而入，明守军乱作一团。东门守将郭震挥剑自刎，西门守将郭举兴自缢而死，北门守将王朝唐坠城毙命。张海澄被活捉处死，其妻子儿女等20余人皆自杀。太康知县魏令望与其亲眷11人闭门自焚。城中所有明军官吏、地主豪绅除死者外，皆被义军生擒。

李自成太康此战，《明史·忠义五》载：“张维世，太康人。万历四十四年进士。历平阳知府，捕治绛州奸猾数十人，迁副使。累官右佥都御史，代陈新甲巡抚宣府，视事甫旬日，坐失防，削籍遣戍，已而释还。崇祯十五年二月，李自成陷睢州，犯太康。维世佐知县魏令望竭力拒守。城陷，抗节死。”魏令望，字于野，武乡人，举进士，“调太康。寇至，固守不下。贼怒，攻破之，屠其城，令望阖门自焚”。

李自成在太康停留数日，义军稍作休整后，与罗汝才义军以20万众围开封，激战20余日未克，回师攻破河南襄城，俘斩明总督汪乔年和降明的农民军首领李万庆。继克陈州，与当地农民军会师。

崇祯十五年（1642年）四月，李自成义军攻克鹿邑城，知县纪懋勋顽抗战死。五月，李自成义军集结，准备攻打汴梁。归顺义军的袁时中夜间叛逃，李自成率兵追之，道经扶沟，攻下城垣，旋而北攻开封。九月，大雨，义军决马家河口灌开封城，明军亦决朱家寨河淹义军，二河并决入涡水，开封遂成汪洋。李自成率义军南下，驻扎扶沟陆家桥。十月初三，李自成义军一部由固始、新蔡攻沈丘城，沈丘知县武杰率四门总理坐卧城头用炮弩、矢石竭力抵抗，双方相持20昼夜，义军转移。

崇祯十六年（1643年），李自成派洪圣翼任陈州牧。洪被明军杀死后，惠在公继任。

第四章　明清时期的文化

一、教　育

1. 府县儒学和书院

明清时期，地方教育机构有儒学（又称庙学）、书院、社学、义学、私塾。清代教育的目的为“养成贤才，以供朝廷之用。”清末设学堂，民国年间改为学校。

府县儒学为官立学校，是供生员（俗称秀才）读书的地方，在此讲学的有教授、学正、教谕和训导等。明清县级地方教育行政机构为教谕署、训导署。教谕、训导主管县教育，下设礼房、廪局、斋夫、门斗等公务人员。

中国古代在府州县治所之地设置儒学，又在治所之地兴办书院。儒学和书院虽都是讲学之地，但它们有一定区别。儒学为国家官置，有常年经费，国家派教官管理；书院则为地方公立，没有常年经费，往往靠士绅捐助。儒学除启蒙教育外，还要进行科考，为封建国家培养官吏；而书院从宋朝开始，最初主要是讲经术，谈性理，后来转入培养科考人才。儒学教官名为教谕和训导，书院的主持人名为山长。

明代对教育极为重视，兴办了大量学校。明太祖朱元璋认为兴办教育是兴国安邦的事情，在给中书省的谕旨中说：“朕惟治国以教化为先，教化以学校为本，京师虽有学，而天下学校未兴，宜令郡县皆立学校”（《明史·选举志》）。学校极大地传播了儒家思想，为明王朝培养了大量治国人才，对维护封建统治是非常有利的。

明清时期，各县儒学又称县学、黉学、学宫。凡应考府、县儒学学子，经考试入学，称儒学生员，俗称秀才。儒学生员分有3种：一是成绩优秀者，由官府供给膳食，称廪膳生员，简称廪生，有定额；二是廪生定额之外增加的生员，称增广生员，简称增生。增生可增补廪生缺额；三是附学听讲，不在正式名额，称附学生员，简称附生。附生可增补增生缺额。据《明史·选举志》记载："食廪者谓之廪膳生员，增广者谓之增广生员，及其既久，人才愈多，又于额外增取，附于诸生之末，谓之附学生员。"

各县儒学多由知县创办，按额进学生多少分为大、中、小学3等。额进20名以上为大学，15至20名为中学，15名以下为小学。清乾隆年间规定：陈州府儒学每年额进20名，廪生、增生各40名，为大学；太康县儒学，廪生、增生各25名，沈丘、项城、鹿邑3县儒学，廪生、增生各20名，此4县每年额进各15名，为中学；扶沟、西华、商水3县儒学，廪生、增生各20名，每年额进各12名，为小学。该规定直至清末未变。

清廷统一规定儒学课程，有"五经"、"四书"、《理性大全》、《资治通鉴纲目》、《御纂经解》、《文章正宗》、《律学渊源》、《圣谕广训》、《二十四史》等。清初生员均在儒学读书，雍正年间始允许远乡生员按规定日期到校听讲。学官主持儒学课考，从朱熹注释的经书中摘取题目，让生员作"八股文"，内容不超出朱熹注释范围。生员每月初一、十五两次集中于儒学举行课考，由政府派任的学官出题，并评定等次，汇册上报省学院。

明代规定县儒学设教谕1人，训导2人；清朝县儒学设教谕1人，训导1人。县儒学的教谕和训导薪俸由官府发给，每年每人俸银40两。此外还可以适当收取学生学费。一般在发给学生入学通知时收取，学生家庭贫富不等，收取的学费也不一样。清乾隆、嘉庆以来，政弛官旷，所谓教官者，丁祭祀孔，值生员考取入学或补廪出贡时，索取贽敬费及规费。

儒学设有奉祀孔子、朱子、二程殿堂，以备生员拜祭；雇有斋夫、膳夫为师生生活服务；配有学田、学粮作为办学经费。儒学内均竖有清廷颁布的《晓示生员卧碑文》，内容主要是：禁止生员干预地方和国家政事；禁止生员言论、结社、集会、刊物、文字自由；强令生员做遵守封建秩序、伦理纲常的表率；要求生员苦读儒家经典，准备做忠君爱民的官吏等。这些规定由学官监督生员在朔望日集中背诵。如有违犯，轻者训诫，跪读碑文，重者交地方官治罪。清光绪三十一年（1905年），清廷下令"立停科举，以广学校"。陈州府儒学和各县停办或改为学堂。

明清时期形成一整套自下而上完整的科举考试制度。参加科考者须通过：童试（县、府、院三场，中试者称生员）；乡试（省级考试，中者称举人）、会试（礼部考试，中者称贡士）及殿试（皇帝亲自考试，中者称进士，前三名称状元、榜眼、探花），始取得做官的资格。科举制度作为封建国家选拔官吏的主要途径，为普通知识分子入仕做官提供了机会，也确实选拔出一批统治者需要的人才，因而受到历代统治者的高度重视。科举制度本身存在着严重的弊端。首先，历代科举考试皆存在着严重的作弊行为，诸如行贿、代考、换卷、夹带等屡禁不绝。其次，考试内容空泛，形式死板，难以反映考生的真才实学。特别是宋朝以后，科举一律考经义。明清时期更进一步规定必须以“四书”、“五经”的文句为题，考生答题必须严格遵循朱熹《四书集注》等书的主旨，不能随意发挥。文章格式必须为“八股文”，不得有丝毫差错。这一切使许多人为“博得一第”、光宗耀祖而死啃书本，严重束缚了人们的思想。光绪三十一年（1905 年），清统治者推行新的学校制度，科举制度废除。

清代的生员资格须经童试考试及格才能取得。童试由知县主持，每年在县儒学署举行。考棚内有一卧碑，上刻童生考试规则：一是出身低贱的家庭不能应考，如理发匠、成衣匠、道士、巫医、奴仆、乞丐及 3 代中有妇女淫乱者；二是考生入场应接受承差搜身查，除韵本外，其他书籍一律不准携带入场；三是所写文章须为八股文，作试帖诗必为五言六韵，墨卷呈文；四是文字不准触犯帝及先圣、先贤名讳，如违，轻者除名，重者治罪。

生员每 3 年到省参加乡试，中者为举人。因在秋季举行，故又称“秋试”。各省举人每 3 年到京城参加会试，考中者为进士。因会试在春季举行，故又称“春试”。

清雍正十二年（1734 年），升陈州为府，原陈州儒学改为陈州府儒学，另设淮宁县儒学，内设教授，掌管文庙祭祀和教育诸生。岁科两试，取文童额 15 人为附生，取武童额 15 人为武生。同年，淮宁县设教谕、训导，掌管地方教育。

隋唐兴科举以来至清代，淮阳经乡试、会试科考及第的进士 35 人，举人 180 人，武进士 21 人，武举人 302 人；选举各类贡生 689 人。清道光六年（1826 年），崔联奎殿试榜眼及第。

明弘治十一年（1498 年），沈丘知县李琳始建县儒学，后经嘉靖六年（1527 年）知县李宗元及后世诸知县不断增修扩建逐步完善。

项城县儒学始建于明正统十四年（1449 年），为知县胡琏所创，位于项城县城（今秣陵镇）东南隅。天顺三年（1459 年），知县王辅增修。弘治十一年（1498 年），知县任廷桀重修。崇祯十年（1637 年），项城进士张弘志捐银修大成殿。清康熙二十三年（1684 年），知县顾芳宗捐俸重修，规模宏伟，建筑壮观。有学田 1272 亩。

明洪武三年（1370 年），扶沟知县张遵道在文庙旧址重建儒学。成化八年（1472 年），扶沟县主簿王伯通重加修整。明洪武年间，西华重建儒学，现存清代建筑明伦堂。明洪武三年（1370 年），鹿邑重建儒学，崇祯末再遭兵燹，清顺治三年（1646年），知县闵三元复建。康熙、乾隆、嘉庆、咸丰时期均有修葺，同治九年（1870年），鹿邑县人集资重修，文庙大殿尚存。

明代，书院一度强盛，而与理学、心学发展相表里，但政府4次禁毁书院，表明书院影响扩大和政府干预加强。清代，政府从开办、教师任命、招生等方面加强对书院的控制，书院官学化，几乎沦为科举附庸，丧失自由讲学研究学术的传统。

明嘉靖七年（1528年），巡按谭缵于弦歌台建知德书院，收录生员，延师讲课。万历二十九年（1601年），更名为崇正书院。清康熙二十九年（1690年），易名为思鲁书院。乾隆五年（1740年），改称弦歌书院。书院屡经捐修，规模日益扩大，讲堂、书楼、斋房、厨舍俱全。

明嘉靖二十四年（1545年），陈辂在扶沟县明道祠旧址续办书院，称为明道书院。清乾隆十二年（1747年），改名为大程书院。由县聘请山长1人，推选斋长4人，管理书院事务。集全县生员、童生在此读书，按月考试，学习成绩分甲、乙两榜张贴于大门口，成绩好的给予津贴。清光绪以后，该书院仅作科举考场使用。

西华衍畴书院，设于黉学后箕子台旧址，“衍畴”之名系由箕子演“洪范九畴”而得名。书院始创年代无考。清乾隆十三年（1748年），西华县令吴溶祥率同僚士绅捐备师生膏火，筹建斋舍之资，以为教课之所。县之俊秀及士绅子弟多入院肄业，名曰坐斋，设斋长2人，管理书籍及银钱收支等事务。每月开课2次，全县有识之士均可前去受课，由山长批改课艺，量予奖金。其位置、声价，俨若一县之文化中心，黉门秀士多出于此。历代县令对书院多有捐输。

明清时期，太康县建书院3处。明代，在城西关外建连成书院，后毁于兵燹。康熙十二年（1673年），在崇圣祠建崇圣书院。清康熙三十年（1691年），在文庙东建兴贤书院，直到光绪年间改为初等小学堂。

沈丘书院建立较晚，清康熙二十四年（1685年）在县城（今老城）建求诚书院，先后有11人考取进士，24人中举。道光五年（1825年）建清渠书院，位于沈丘县城东门内路北，经费为城西南李楼村的60亩学田。不久即废。道光七年（1827年），建平舆书院，乃官府和百姓筹钱7000贯兴办，用1600贯在城关南门里路西买一处宅子（今老城一小），原房60多间，前立讲堂，后设文场，重加修缮而成。初期由商丘进士韩怡园、项城举人谢宝树、靳立廷先后做主讲人，参加学习的生员、童生数百人。道光、咸丰年间（1821－1861），书院学生乡试、会试得中的达数十人。

清代，鹿邑先后建有真源学舍、鸣鹿书院。清康熙二十八年（1689 年），知县吕士鵕在鹿邑老君台前建真源学舍，这是鹿邑最早的书院。雍正十年（1732 年），安徽祁门县举人、鹿邑知县马荣祖创办鸣鹿学舍。嘉庆二十二年（1817 年）重修，改名鸣鹿书院。道光九年（1829 年），迁芙蓉街路北。光绪二年（1876 年），扩建“号舍”，为岁科儒童考试之所，名为“试院”。书院移至崇广堂后，是时试院宏大，书院狭隘。有清一代，鹿邑县有 23 人考取进士。

儒学为明清时期的教育机构，是孔庙所在地，主管和教诲生员（兼有少数武童），春秋进行祭典，也是讲学地点。主管人员是教谕 1 人、训导 2 人。勤杂人员有斋夫 3 人、膳员 2 人、门斗 2 人。项城县生员额数：廪膳生 20 人，增广生 20 人，岁考文童 14 名，科考入学文童 14 名，岁科考入武童 14 名。儒学内经常有就读生员 100 余人。

明代项城县有书院 1 处。乾隆十一年（1746 年）《项城县志》载：“学基旧在项羽城（槐坊店）东，明洪武三十一年（1398 年）圮于水，知县彭仲恭徙建县治东南。”明隆庆元年至万历二十五年（1567 - 1597），县城、娄堤店建明德书院各 1 处，建大学 7 处，置学田 934 亩。

清乾隆五十年（1785 年），项城县举人勾永誉在朱滩店兴国寺设书院授徒，陕西咸宁举人、知县张丕绪亲往考察，以其字“芳远”命名为芳远书院。

清乾隆二十五年（1760 年），项城知县梁作文在原明德书院旧址建造讲堂 2 所，旁房 10 余间。因虹河旧有瑞莲之兆，故名莲溪书院。该书院常年有学生 260 余人。学院书则：“居处必恭，步立必正。视听必端，言语必懂。容貌必庄，衣冠必整。饮食必节，出入必省。读书必专一，写字必楷敬。几案必整齐，堂室必洁净。相呼必以齿，接见必有定。修业有余功，游艺有适性。使人庄以恕，而必专所听。”清初至光绪年间，项城 24 进士多出于此。此外，项城还有明道书院、史河书院。

明清时期，太康县设黉学。明代太康县通过科举考试，产生进士 24 名，举人 100 名；清代产生进士 22 名，举人 108 名。

清代，官学经费由学田租支付。淮阳县有学田 1037 亩，年收租银 300 余两，除完纳粮银外，余为月课季考诸生卷馔、山长脩脯和学署、书院修缮之费。

明清明期，沈丘县学包括儒学和黉学。儒学在文庙（孔子庙）之西，黉学在孔子庙。儒学和文庙共称学宫。

明清时期，科举制度最为完备，开考取士数量最多。明清两朝 543 年间，先后开科考试203科。其中明代89科，清代114科，录取进士51624人。其中河南考中进士者3505人。据北京文庙进士碑载，周口八县考中进士者205名，其中明代105名，清代100名。项城进士44名，其中明代19名，清代25名；太康进士39名，其中明代22名，清代17名；鹿邑进士32名，其中明代9名，清代23名；扶沟进士28名，其中明代21名，清代7名；淮阳进士25名，其中明代18名，清代7名；西华进士17名，其中明代11名，清代6名；沈丘进士12名，其中明代1名，清代11名；商水进士8名，其中明代4名，清代4名。

2. **社学、义学和私塾**

明清时期，社学数量增加。明代地方普遍设立社学，民间15岁以下儿童可入学就读，学习冠、婚、丧、祭之礼及经史历算，并兼读“御制大诰”、“本朝律令”。清代，州、府、县都设立社学，每乡1所，年龄在12至20岁者都可入学读书，社师择“文义通晓，行谊谨厚”者充补。至清末，周口地区社学发展到123所。

社学劝教社民勤农桑、习礼仪、学文化。通常在农闲时入学，农忙时从事生产。一般初学者读《三字经》、《百家姓》、《千字文》，稍长读《大学》、《论语》、《孟子》、《孝经》等。社学是对青年民众进行教化的场所，也是对少年儿童进行基础教育的初级学校。社学由乡镇基层政权管理。教谕代表府、县定期检查视导。校舍多利用庙宇祠堂，或捐资兴建。经费主要靠学田课租维持。清光绪年间，河南学政曾规定，各地社学年支经费银20两，实际上多数社学所得未达此数。社学名义上免费，实则一年三节（春节、端午节、中秋节）学生都要到老师家送礼，称为“节礼”。清末废科举，社学废除或改为学堂。

明代陈州知州万宣，字邦达，当涂人。在任刚果有为，立四乡社学，以教民间子弟，州民德之。

明万历二十三年（1595年），宛丘人王纲捐义田120亩在县北大关道东办社学1处，收民家子弟就读。万历四十三年（1615年），县城东、西、南关各立社学1处。义学是由地方官署或由个人捐资或族人以祠堂、庙田田租兴办的学校，免费教授贫家子弟，故称义学。清顺治十年（1653年），宛丘设马神庙义学。康熙二十年（1681年），在文庙乡贤祠设立社学。道光五年（1825年），戴家集、搬罾口、新站集、鞍子岭各立社学1处，延师教徒，每生岁给束脩30千文，皆由府县捐俸。

明嘉靖年间（1522－1566），沈丘县于县城及纸店集各设社学1所。清朝陆续在县城关、槐坊店、纸店集、鞠家集、宜禄店、毛营、莲池、新安集开设社学8所。清雍正元年（1723年），清政府曾命各地改生祠、书院为义学。之后，沈丘由士绅和民众集资在莲池、雒庄、槐坊店、东杨集、纸店、刘庄店、留福、县城文昌宫、城隍庙兴办义学10余处。

清道光年间（1821－1850），开明士绅庞执谦鉴于槐店回民贫困，于小胡同（即今生产街）路东南头自购宅基，自建学馆，免费招生，义务施教3载，群众感德，无不赞颂，沈丘知县叶官曾赠其匾曰“一乡善士”。

明隆庆、万历年间，项城县城、娄堤店各建社学1处。

清顺治十一年（1654年），项城南顿铺、丁村集办社学2所，占地15亩。

康熙二十八年（1689年），扶沟知县缪应缙捐资在城乡设社学4处，后废。

康熙九年（1670年），鹿邑乡里均设社学。雍正元年（1723年），诏令地方办义学，收孤寡无依的子弟入学。鹿邑县先后办义学5处，均因经费拮据而停办。

康熙二十七年（1688年），项城知县顾芳宗创办义学1所，给学田300.18亩。雍正十三年（1735年），义学改称虹阳书院，历久倾毁。

刘养念，字心泉，世居淮阳刘振屯，后占籍太康。明万历甲午科举人，曾任陕西环县知事。他在为官前后，一度“设教数载，多所成就”。任满归里后，“家居设义塾”（民国二十二年《淮阳县志》）。

私塾的教师即塾师，俗称私塾先生或先生。唐宋以后，担任私塾先生的主要是科举落第的秀才，其次是未中秀才的童生（儒童）。其待遇主要由脩金或束脩（等值的实物）构成。此外，还有膳食（即学东提供吃住）及节假日的红包或礼物等。施教模式、私塾先生的学养及声望、学东家境及态度等不同，私塾先生所获得的收入存在较大差异。

对于私塾先生在儿童启蒙教育及以后的人生履历中所起的作用，古人是非常看重的。但就总体而言，塾师的社会地位相当低，明清时期更是如此。正如俗语所谓“家有三斗粮，不当孩子王”，塾师几乎成了仕途无望的落魄文人的象征。当然，由于学识、人格修养等的不同，私塾先生个体的社会声望也存在很大差异。一些知识渊博、教学有方的私塾先生往往会获得较高的社会声望。如清代陈州康熙丁酉举人宋廷瓒，“闭户寡交，笔耕养亲。设帐里门，先德行后文艺，每讲习必究圣贤心地，反复指示，竟日彻夜不辞劳。甲子举人于镜武、解元白九如皆其及门。其他入庠食饩，不可枚举”。也有相当一部分滥竽充数的私塾先生，误人子弟，在招致世人轻视的同时，也降低了整个塾师职业的社会地位和声誉。

自办私塾的先生，每至腊尾岁首，四处托人招揽学童，费用全靠学生上缴。学童入馆前，家长须填写一张“关书”（即入学志愿书），里面要特别写明“脩金”（学费）多少，分几次交付，并注明“节庚包”（即逢节另送的红包）除外。私塾先生与学童家长常有来往，替他们写信、写春联、写契据、帮办婚丧喜事等，在建立友好邻里关系的同时，也得到些额外收入。

被延请做塾师的，其脩金由东家（学东）和塾师商定，食宿一般都由东家供给，在东家供应伙食的情况下，脩金要相应减少。私塾没有寒暑假，全年只有清明、端午各放假1天。每年农历十二月初十前后放年假，至次年正月十五开馆，素有“先生不吃十二月的饭”的谚语。如东家富裕，出手大方，私塾先生日子则好过一些。

对于相当一部分私塾先生来说，要教好学生，获得好的教学声望，实在不是一件容易的事。明代作家朱载堉写的《醒世词》中有一首《教学难》：“教学难，教学难，好将道义惹仇嫌。出入由人管，饥寒谁可怜。打他就说不读罢，不打又说师不严。”诗中的“打”字体现了古代私塾先生极其普遍的训教方式及态度，现在看当然不科学。不过在古代私塾教育中，“打”是私塾学规及塾师施教严厉的重要体现，一是传统儒家伦理观念所褒扬的师道尊严的教学秩序所要求；二是恨铁不成钢的家长们大多信奉“严师出高徒”、“棍棒底下出孝子”的育人理念。教鞭与戒尺，成为私塾中维持教学秩序震慑顽皮孩童最有效的工具，也是维持师道尊严的有力手段。只要不是私塾先生“打”得太过分，“说师不严”的家长并不多。相反，更多家长希望私塾先生严一些，与当今众多望子成龙的家长们心态是一致的（崔建利、袁明霞：《古代的私塾先生》，《中国教育报》2008年10月10日第4版）。

学塾按程度选用教材单独面授，同馆求学，所学各异。一般读完“四书”，即行“开讲”。开讲后，5天1次“作文”，称“会文期”，分别命题，全批全改。诗词写作，从对仗入手，入门后按平仄韵填写。习字在私塾中颇为重视。先描影，后临帖；先写中楷练腕力，后写大楷运臂力；先写楷隶以求法，后练行草以求变。塾师每天以红笔圈“○”记好，以“×”记错，并按优劣排出名次。

学塾设“出则恭，入则敬”的恭签和“不责殷勤弟子，难容怠惰书生”的戒尺，用于限制学生出入和体罚学生。塾中有孔子牌位，师生入室要对其作揖行礼。每年七月二十六日，学东设祭庆贺孔子诞辰，设宴待师。每逢中秋，学生向塾师送礼，称“追节”。

鹿邑县的武学教育在历史上较有名气。春秋时期，老子首创的道教经典是武学、功法的理论基石。北宋初年，陈抟著有《六合八法拳》，深受武术界推崇。六合八法拳法的首继者李东风出生于太清宫，幼年习武，壮年出行，萍踪江湖，传人甚广。明嘉靖年间，丙辰科武进士丁吕试、壬戌科武进士许杵、乙丑科武进士邹百奇、崇祯年间庚午科武进士胡勘、癸酉科武进士魏罗相和清代武进士朱奏凯、杨奶、侯起龙等均以武技名标皇榜。明崇祯年间的王丕献和清乾隆年间的樊明德皆以武功名著乡里。

明正统十四年（1449 年），鹿邑在县城西北里许设演武厅，建正厅、东西厢房，筑旗纛台，后废。万历十四年（1586 年），鹿邑知县刘一澜在县城东堤外（今苗圃园处）重建演武厅，明清三年一度的武科考在此举行。

周口地区的回民，素有爱好武术、重视体育锻炼的历史传统。《淮宁县志》载：崇祯十五年（1642 年），李自成围陈州（淮阳），清真寺掌教率领的清真营就是由 300 名会武术回民组成。明清时，周家口、沈丘、淮阳等地都设有武场。淮阳城内清真寺、尚庄、刘庄、高河铺、方庄等武场都收徒传技。清代武举有方万勇、方金瀛、袁长山等人。流行于周口回族的武术有七势举、查拳、西泽拳等。查拳，相传为清嘉庆年间河北沧州大辛店查拳名师石太春高徒丁纪林所传。嘉庆十八年（1813 年），丁纪林来到沈丘县，在槐店清真寺传授查拳，后有徒弟郭登轩承师传授，教徒百余人，查拳在回民中广为流传，有“喝口四眼井水，都会踢趟腿”之说。

二、佛教、道教、伊斯兰教和基督教

明清时期，西华佛教场所有县城的扬善寺、清河驿的崇兴寺、思都岗的龙泉寺、长社店的寿圣寺、诸葛村的显庆寺、奉母城的显敬寺、前段庄的清凉寺、铁佛寺村的铁佛寺等。

龙泉寺，位于西华县城北 18 里思都岗村岗阜之端。寺前有一潭，泉水清澈，长年不涸，故名“龙泉”。清乾隆《西华县志》载：“明宣德十年（1435 年）由僧昌果劝化居民张果等重修制，至万历四年（1576 年）规模始成。”据《龙泉寺碑记》载：“大殿供佛，小殿寅宾斋房，禅堂东西相对，大殿前则水陆会殿，小殿前则地藏王殿，伽兰殿西向而居东；六祖殿东向而居西。又前者山门南启，四大天王在焉。墙垣高峭，而僧房之棋布百余间。林木茂盛，景色清幽。”文物建筑现仅存清代大殿，面阔 5 间，进深 3 间，平面呈长方形，单檐硬山式，屋面覆布瓦，檐下施重昂斗拱，殿内巨柱排列整齐，基本保持了明代大殿的建筑风格。

西华清凉寺，位于西华县城西45公里后段庄村南，相传商高宗武丁曾在此歇息，后人建寺纪之。现仅存清代大殿1座，面阔5间，进深3间，单檐硬山式建筑，布瓦覆顶，前檐施重昂斗拱。

据明《成化总志》载，观音寺，在扶沟县北侯谢保，系洪武三年（1370年）僧人义谅创建，永乐二十一年（1423年）僧善通重修；天清寺，在扶沟县东寺召保，永乐五年（1407年）僧存钦建，天顺六年（1462年）僧本如修。清《乾隆续通志》记载的明代创建或重修的寺庙还有湖庄寺、周坞寺、江村寺、慈云寺。

太康寿圣寺塔，位于太康县西北22公里高贤集寿。寿圣寺，始建于宋代，明正德十三年（1518年）重建，为六角七级仿楼阁式砖塔，高28.5米，周长2.8米。塔身1至6层在南面辟真门，檐下均置砖雕斗拱。该塔最大的特点是，塔身南壁各层均嵌砌石雕佛像，其中第1层有佛像101尊，石刻题记13方；第2层有佛像35尊；第3层有佛像19尊，石刻题记1方；第4层有佛像26尊；第5层有佛像19尊；第6层有佛像6尊；第7层有佛像5尊。整塔共嵌砌石雕佛像211尊，石刻题记14方。该塔对研究明代建筑史、佛教传播和石雕艺术均有重要价值。

太康寿圣寺塔

明清时期，鹿邑县城南街的万寿寺（又名大寺庙）有庙宇百余间，规模宏大。清代在寺内设僧惠司，主阐佛教事务，为鹿邑县佛教活动中心。

明代，淮阳太昊陵大事修筑，重建玉皇观、岳飞观、女娲观、天仙观、三清观、祖师观等，分驻道士主持观内事务。清代，道长统领西华、商水、项城、沈丘、太康、扶沟、鹿邑等县道观。每年太昊陵派出道士3至5人分赴诸县道观巡视，发现不轨就地处理，可体罚、驱除、关押等。太昊陵管辖道士属道教全真派（出家道士），其中又分白依派和龙门派，以白依派为多，系由北京白云观传来。

明代，鹿邑县道教活动逊于前。清代，道教活跃，全县有道观70余座，信徒遍及城乡。清朝虽然抑道扬佛，然鹿邑县道徒甚众。鹿邑县于真武庙建立“道会司”，在城隍庙主阐道务，以监督道徒。

明清时期，西华县道教场所有县城的天爷庙、吕祖庙，逍遥镇的玄帝庙，沟刘村的玉皇庙，青年村的全神庙等。

明清时期，扶沟县道教场所有县城东门内的东岳庙、八腊庙，南门外的纛旗庙，北门外的龙神庙，县城南的汉寿亭侯庙，县北的黄帝庙、郑庄公庙，县南裴颍村纯孝伯庙，其他还有马太守庙、光武庙等。

明嘉靖年间，朝廷限制寺观发展，以便更多人力从事生产。嘉靖十年（1531 年），皇帝下诏毁天下私作寺观，各地官府让寺观中的僧、道、尼还俗，周口一带的佛、道教一度处于停滞状态。

伊斯兰教在公元 7 世纪传入中国。明初，该教教徒按照伊斯兰教教规在淮阳新街建清真寺，寺内由教长阿訇主持教务。该寺于明末毁于兵燹。清康熙八年（1669 年），又于今淮阳民族南街重建清真寺。随着伊斯兰教民的不断增加，清真寺在城乡逐渐增多。

明隆庆元年（1567 年），回民盖、王两姓从万花集（今西华县李方口）移居周家口西老寨，并于万历四年（1576 年）建清真寺。

基督教是以信仰耶稣基督为救世主的宗教，包括天主教、东正教、新教 3 大派别。天主教，又称“罗马公教”，为基督教的西派，信仰上帝和耶稣基督，尊称耶稣的母亲玛利亚为圣母。清康熙年间，天主教传入鹿邑县北军吴庄、庄楼、何染坊、大刘庄，这是周口地区基督教传入之始。雍正年间传入冯桥村。道光年间，在冯桥村建教堂草房 4 间。

三、诗文著述、书画和民间艺术

1. 诗文著述

明代，文学上出现了李梦阳、何景明、徐祯卿、边贡、康海、王九思、王廷相等“前七子”和李攀龙、王世贞、谢榛、宗臣、梁有誉、徐中行、吴国伦等“后七子”。嘉靖年间，文学界推李梦阳与何景明、王世贞、李攀龙为四大家。这些人抛弃了唐宋以来文学发展的既成传统，以冲破程朱理学教条、八股文和台阁文风的统治地位为己任，掀起了中国文学史上著名的文学复古运动。他们的文学主张和创作倾向在中国文学史上占有一定地位。

李梦阳（1473 - 1530），字天锡、献吉，号空同子，一作崆峒子。祖籍扶沟大岗（今崔桥曹岗村），明代著名文学家、书法家。其先扶沟人，明初从军戍边，徙居庆阳卫（今甘肃庆阳）。他的父亲曾任封丘王教授，遂家祥符（今河南开封），后归里扶沟。

李梦阳幼聪敏好学，弘治六年（1493年）中进士（《明史》误为弘治七年），由户部主事迁员外郎，因揭发寿宁侯张鹤龄招纳无赖、欺压百姓而遭报复，下锦衣卫狱，后获释。武宗即位，为尚书韩文等起草逐除刘瑾等八虎疏文，事败，再次入狱，并拟处以死刑，经康海等人营救得释。正德五年（1510年），刘瑾败，李梦阳复官，改任江西提学副使，迁刑部。晚年因受宁王朱宸濠案件牵连，被削籍归里，卒于家。

李梦阳是明弘正年间文学复古运动的领袖，居“前七子”之首。他主张“文必秦汉，诗必盛唐”，倡导抒写真情，真诗在民间。著有《空同集》，辑有《古文选增定》等。他在创作实践上敢于面对现实，寄寓感慨，笔力苍劲沉重。这种忧时伤世的情怀，为他的诗学汉魏盛唐奠定了坚实基础。他才思雄鸷，诗作笔力苍劲、气象高古，意象开阔。《四库总目提要》认为：“考明自洪武以来，运当开国，多昌明博大之音；成化以后，安享太平，多台阁雍容之作，愈久愈弊，陈陈相因，遂至口单缓冗沓，千篇一律。梦阳振起痿，使天下复知有古书，不可谓之无功。”

李梦阳任江西提学副使期间，大力振兴教育，培养人才。一次，他担任主考官主持考试，发现应试秀才的花名册上有一考生与他同名，感到可笑。于是唱名时，就朝那同名秀才幽了一默：“小老弟与本官同名，真乃巧事，本官理当照顾。这样吧，我出一联让你来对，倘能当堂应对，你就算中举了。倘若对答不上，就请回去再苦读三年，下届乡试再来。”那秀才也算是一位满腹文才的孔门儒生，听后微笑答曰：“大人倘出言不悔，请出句。”李梦阳出了精心构思的诙谐上联：“蔺相如，司马相如，名相如，实不相如。”上联以其名同人不同，切合自己与那同名考生，暗合揶揄之意。同名考生听后稍作沉吟，拱手便对：“魏无忌，长孙无忌，尔无忌，吾亦无忌。”下联以其名“无忌”，双关两方不要忌讳。爱才若渴的李梦阳十分欣赏考生的才智，当即点其为本科举人，后来予以重用。

李梦阳对故里扶沟充满感情，写下不少对家乡无比眷恋的诗篇。七律《还扶沟》即其中之一：“霜露扶沟雨暮秋，远人翻作故人游。天低旷野沙扶树，日晃高城水近流。千里关山今一到，百年桑梓竟何求。画堂银烛亲朋酒，车马何妨数日留。”

明万历年间，扶沟人何出图的《云黎稿》、何出光的《中寰集》，有不少诗文传世。影响较大的诗歌有李梦阳的《还扶沟》、周斯盛的《扶沟赠屠尹和明府》、何出图的《渔村谣》、屠又良的《小扶春雨志喜》、周容的《扶沟道中赠明府》、杜绍的《登桐丘》、张婴的《小扶亭有述》、卢宽的《扶乡怀古》等。

明清时期，淮阳文学和艺术创作进一步发展。民国五年（1916 年）《淮阳县志》收录这个时期的散文 171 篇、诗歌 453 首，其中明代散文 27 篇、诗歌 71 首，清代散文 144 篇、诗歌 382 首；著名书画家 17 人，墨宝各领风骚。明代，淮阳人季道统著有《岩栖集》、《秣陵草》，名噪一时；宋一韩著有《掖垣封事》8 册；崔泌之著有《广陵散》等，均有一定影响。清代，淮阳县文学创作较著名者 48 人，著有诗集 43 册，编写《五经四书释正》36 篇，其他序集 17 篇，其中以钱廷文著《柳圃集》6 卷、《别集》4 卷造诣较深。清康熙年间，淮宁县女诗人刘氏著《拾烬集》1 卷，囊诗 30 首。

张佳胤（1527－1588），因避雍正帝讳，又作佳印、佳允。字肖甫，号崌崃山人（一作居来山人），重庆铜梁县人。明正德二十九年（1550 年）进士，文学家，明代文坛“嘉靖七子”之一，并以平乱、保边、修长城、击倭寇闻名朝野，官至兵部尚书，领太子太保衔。嘉靖三十九年（1560 年），他因谪同知陈州。嘉靖四十年（1561 年），在陈州作《余谪宛丘过上谷与严太守夜话》（《居来先生集》）。嘉靖四十一年（1562 年）秋，在陈州作七律《壬戌既望泛舟苏湖》。除夕，又作七律《壬戌除夕》一首。

清雍正年间，王辙著有《浮生老人诗集》。嘉庆年间，龙廷霖著有散文《京都游稿》和报告文学《学古斋文集》。

2. 书画和民间艺术

李梦阳不仅是明代前期著名文学家，也善书，王世贞《国朝名贤遗墨跋》曰：“尝见李先生写七尺碑，大有颜平原笔。”他的墨迹不多，《中国美术全集·明代卷》刊其自书诗长卷一幅。他的作品“师法颜真卿，于形体中兼楷意，体格方正，笔法深沉，不规矩于法度”，写得自由舒展，饶有文人风采。

明万历年间，扶沟人平安水，擅长行书，风格清脱典雅，潇洒流畅。清乾隆年间，扶沟人郝庭松，书法功底深厚，尤擅长行书，运笔自如，字体遒劲，格调清新，别具一格。

明代，淮阳人巩庸画人物、山水、彩鸾随笔有致。永乐年间，他应诏至京师与名家角艺，台阁宫卿争向邀绘。赵时献善书画，人物、山水、花卉、翎毛无不精考，尤长于画鸡，时人争购藏作家珍。

蒋山人，明代陈州人，擅长琵琶演奏。明末邳州人、琵琶演奏家汤应是他的高徒。汤应曾家贫，跟从他学琵琶，能奏《胡笳十八拍》、《洞庭秋思》等古曲百余首，尤善弹《楚汉》，人称“汤琵琶”。

清康熙年间贡生麻坦，字平子，今项城市贾岭乡麻腰庄人，为知名书法家。家徒四壁，嗜酒，善书。尤工草书，醉则泼墨淋漓，其书法苍劲有力，气势磅礴。宣统三年（1911 年）《项城县志》说：“至今获其只字者悉宝之。”

《王苍坪墓志铭》，明代董其昌撰文、张瑞图篆额并书丹。该碑张瑞图以行楷书写，用笔爽利，点画劲拔。张瑞图以行草书名世，传世作品也以行草书为多，楷书作品较为少见，大楷、篆书更是罕见，但均别具一格，卓然不凡。从墓主人王苍坪的卒年和刊石年份推断，书丹时张瑞图应在 56 岁至 58 岁之间，正处于艺术创作的黄金时期，加之志文出于当朝大员、书画大家董其昌之手，张瑞图书丹时当尤为持重，《王苍坪墓志》中的小楷率真自然，大楷爽朗清健，篆书字画圆转，当为其各书体的代表作。一块墓志，两位大家，文、书辉映，珠联璧合，为历代墓志中所罕见，加上该墓志集张瑞图传世较少的小楷、大楷、篆书于一体，更显得弥足珍贵。志文共 1500 余字，行文讲究，对仗工整，词句高雅，除详细记述王苍坪的籍贯、世系、生平，歌颂其功绩外，还涉及山东白莲教起义等事件，具有一定的历史价值。现藏郸城县博物馆。

周口地区戏剧艺术始于汉代。元代，戏剧走向成熟。明清时期，民间歌舞、曲艺逐渐演化为地方戏剧艺术。明末，眷戏、豫剧相继传入周口一带，戏剧艺术开始呈现繁荣局面。太康县文管所藏一组明代戏剧人物砖雕 16 块（右图为其中一块戏剧砖雕），表演姿态各异，栩栩如生，给人以艺术美的享受。清初，二夹弦、罗戏传入区内。唱戏常用于古会、还愿、庆典、祭祀、贺仪等，由顾主或管总负责临时搭设戏台，民众借此机会偶尔观看。

明代戏剧砖雕

太康道情始于明末清初，源于道教歌“道情词”，因道士唱乐歌时以渔鼓伴奏，故又称“渔鼓道情”。最早在安徽北部流传，与阜阳一带民间小调“莺歌柳”融合后，形成曲艺说唱艺术。清咸丰十年（1860 年）左右，从沈丘、鹿邑一带传入西华、太康。20 世纪初，太康县老冢乡张村的张志广作为班主兼业师在家收徒传艺，组建“道情班”，太康道情逐渐发展。太康道情唱艺新鲜，唱词通俗易懂，欢快流畅，富有浓郁的乡土气息，叠句较多，名为“跟头摞”，花腔多用弹舌，名叫“唠叨红托腔”，行板多用“两扯平”，对唱吵嘴多用“数罗艺”，恼怒时多用“三拱桥”。太康民间流传着“宁叫面发酸，也要叫叫太康道情班”的说法。《王金豆借粮》为太康道情早期代表作。

清代中期，西华七里仓村何氏族人发起成立罗戏班，何东方为会首、领班。1900年后又由何臭掌班，并负责教戏。演出时用四辆太平车合并为台。演员头有帽，腰有带，随身衣服即可登场。伴奏无弦乐，主要靠尖音竖笛（小喇叭）1支，大喇叭2个，笙2把，膜笛（贴有竹膜之横笛）1支。打击乐有大钹、大铙、鞭鼓、战鼓、手板、小锣、大锣。演唱时尖音大喇叭先作前奏，叫罗唱头，以笙托音。中隔和过场均以铙、钹击奏。老旦以尖音小喇叭伴奏为主，黑、红净则以大喇叭、铙、钹和之。唱腔开句似白，最后用尖嗓拉腔，词句清楚。常演剧目有《盗火龙驹》、《张飞卖肉》、《火烧纪信》等。七里仓罗戏在建国前尚断断续续演出，后衰落。

明清时期，陈州府及各县城及一些大集镇的古庙宇、会馆多附建戏楼，为祭祀娱神专用，后渐演变为戏剧演出场地。明洪武年间，陈州府城隍庙大门上设戏楼，火神庙大门南建戏楼，三皇庙正门上置戏楼。清代，淮宁关帝庙建戏楼。民国初期仍沿用旧戏楼演出。

明清时期，西华县城的城隍庙、张爷庙、栗大王庙、扬善寺门前建有戏楼。另有逍遥镇十字街口的花戏楼。

鹿邑城隍庙戏楼，坐落于史隅首东侧，与城隍庙大殿相对，建于清乾隆三十二年（1767年），砖木结构，楼高13米，戏台高2.5米，宽7米，进深6.6米，台前露天，两边有廊房相峙。场地可容纳观众千余人。1938年拆除。

鹿邑关帝庙戏楼，位于山陕会馆内，建于清乾隆三十八年（1773年），毁于1930年。戏楼两边建有看棚，前为空地，可容纳观众千余人。

清代，戏剧演出除戏楼外全在广场，从无售票卖戏之例，都是东道主出钱，大众看戏。大的寺庙都建有花戏楼，一般坐北朝南，面对寺庙，高2米，宽6至8米，深10米左右，分前后台和上下场，观众站立台前看戏。

清乾隆二十七年（1762年），鹿邑县儒学设乐舞生64名，供祭祀演出。

唢呐，俗称“响器”，本流传于波斯、阿拉伯一带，金、元时期传入中国。扶沟唢呐，始于清康熙年间，由监察御史杜子昂从外地引进。此后唢呐艺术在扶沟县流传、发展，扶沟至今仍是有名的“唢呐之乡”。当初，唢呐的演奏形式和现在不同，一支唢呐演奏，或有横笛和笙合奏，吹奏的全是牌子曲，内容较为单纯。

清嘉庆二十年（1815年），淮阳营子王村（今属冯塘乡）的唢呐班较为有名。

明末清初，沈丘县已有爆竹生产，距今已有400多年的历史，尤其岳阁的焰火较有名。槐店四乡爆竹生产分布于岳阁、崔楼、兀术营、大辛营、焦柳营等村庄，每逢年节，家家户户生产爆竹赖以糊口。

西华的焰火，相传已有200多年的历史。一般都是借农闲或冬季制作，多在元宵节或二月二前后燃放。西华东长乐、张柿园、前邵、后邵、潘岗等村均有燃放焰火的习惯，尤以东长乐村的焰火生产工艺最精。

埙，俗称梨喽或娃娃头，流传于淮阳一带，距今已有4000余年历史。《拾遗记·春皇庖羲》载："庖羲……絙桑为瑟，灼土为埙。"埙用黏土捏制而成，状若葫芦，大者如鸡卵，小者似核桃，有5孔、3孔之分，形制大小不同，吹之音调各异，其声呜呜，音色浑厚苍远。淮阳丁楼村（今大连乡）艺人有捏制埙的传统技艺，传承至今。

四、医药学

明清时期，中医多出于书香门第，技不外传，父教子学，世代为医，常以祖传秘方享誉乡里，且多自立诊室、药铺。

刘汉儒（1529－1603），字文卿，号宪吾，更号思鲁，明代沈丘人。嘉靖三十八年（1559年）进士，曾任福建左布政使，于云南左布政使任上因病致仕。通医术，生平著述多散佚，仅存中医书《全幼对症录》，隆庆六年（1572年）正月，经漳州知府罗青霄集成为《广嗣全书》出版，孤本现存日本内阁文库。

刘璐（1643－1728），字石渠，号雪水，世称刘御大夫，刘汉儒曾侄孙，沈丘人，清代名医。其父刘祖曾任福建光泽县令，刘璐随父居光泽。当地民众受边境商人高利贷盘剥，生活十分困苦。刘璐帮助父亲施行封仓储粟，控制商人囤积居奇，为平民所称道。巨商大贾为此忌恨，上告诬陷，致其父革职赔款，家产罄尽。刘璐回到家乡后，设馆教学，衔冤发愤，于教书之余，博览群书，医术造诣尤深。

康熙四十一年（1702年），刘璐59岁中举，再由举人考取中书，留居京都。适康熙患病不起，太医投药无效。刘璐受荐以周口黑驴胶治病奏效，康熙病愈，特为刘璐设宴于乾清门。康熙对大臣称赞刘璐"学术醇正，识力过人，尔等可师事之"。各大臣晋贺并愿减级给刘璐加官晋爵，刘璐以年老谢辞，大臣们都称他“高人先生”，由是声闻海内。刘璐多次向朝廷申白父冤，雍正元年（1723年），帝恩准其父复职光泽县令，赠文林郎；赐刘璐中书诰封。雍正六年（1728年），刘璐卒于乡里，享年85岁，墓在沈丘县老城镇刘坟村。

明代，商水李立本、王广运为当地名医。据清乾隆十二年（1734年）《商水县志·方技》载，李立本，字起生，“隐居不仕，托业于医，窥岐黄之奥”，医术十分高明，被誉为“神医”。王广运，字芥庵，精岐黄术，著有《十二经络针灸秘法》，“对贫者施之以药，金石不求”，享誉乡里。

周家口瑞竹堂，全称周家口萨谦斋瑞竹堂药铺，位于周家口西寨东顺河街。瑞竹堂刘氏原籍江西庐陵，明洪武三年（1370年）迁至河南虞城，明万历初年四世刘华绅调任陈州府教谕时，携眷迁居周家口河西集。刘氏为中医世家，从始祖到四世虽都曾为官，但都热衷于习医济民。刘华绅迁至周家口后，创办了瑞竹堂药铺。至新中国建立后，共历13世，几乎代代从医，且出现了五世刘瑞麟、七世刘颚、十世刘福等名医。直到1956年公私合营才取消堂号，历时400多年。

瑞竹堂五世刘瑞麟曾任直隶州判。幼年随父习医，熟读多家经典医著，弃政从医后，继承家学，钻研医道，逐步积累和研制出许多新的方剂和丸、散、膏、丹，丰富和发展了瑞竹堂医药宝库。他行医终生，成为周家口名医，深受民众爱戴。

瑞竹堂发展至清代七世刘颚，开始了其鼎盛时期。刘颚，生于清乾隆四十八年（1783年），淮宁县监生，曾任宛平县正堂，六品衔太医院院判。他饱学儒医，秉承祖业，后在瑞竹堂坐诊行医，为民除瘼。他在应用祖传验方的基础上，又潜修精制了太乙混元丹、寸金丹、朱砂万亿丸等方剂，救治病人无数。特别是朱砂万亿丸，能通治小儿多种疾病，疗效甚高，拯救了无数婴幼儿童。后瑞竹堂又衍生出世德堂和延生堂，每天3堂同开，接待病人。刘颚声誉很高，远近数百里闻名。他还著书多卷，可惜“文革”中被付之一炬。清朝著名学者、礼部尚书、协办大学士纪晓岚曾赠匾“医界南针”。

八世刘文焕，生于嘉庆十五年（1810年），官居五品衔，授修职郎，赏戴花翎。此时瑞竹堂刘氏的官声医望达到顶峰，名噪一时。刘文焕60岁寿辰，湘军洋务派首领左宗棠赠匾“鹤龄延禧”；湘军将领、兵部尚书彭玉麟赠匾“望隆乡校”。

明代著名药物学家李时珍（1518－1593），曾结缘瑞竹堂。明万历四年（1577年），已入花甲之年的李时珍为避家乡湖北蕲州（今蕲春）发生的严重水灾，一行4人逃难到周家口。当时，瑞竹堂是周家口唯一的药铺，李时珍便登门造访，受到刘华绅、刘瑞麟父子的热情接待。李时珍在瑞竹堂访问48天，与刘氏五世祖、瑞竹堂继承人刘瑞麟切磋医道，座谈有效良方。李时珍对瑞竹堂积累的丰富经验、有效良方以及研制的丸、散、膏、丹，逐一查看，详加询问。后将瑞竹堂有效良方作深入研究、验证，认为确有价值的，连同瑞竹堂名号一同载入《本草纲目》。《本草纲目》（人民卫生出版社，1975年9月出版，精装本，上、下两册）序列第1卷第17页中“引据古今医学书目”，记载有周家口医家“萨谦斋瑞竹堂”名号全称。在其余51卷中，有44个良方选自周家口瑞竹堂。上册25卷，选载瑞竹堂良方26个，下册27卷选载18个。

清乾隆四十六年（1781年），周家口已有制作丸、散、膏、丹之类的药铺，产品有柏子养心丸、牛黄清心丸、止痛散、化毒散、牛黄麝香膏、补心丹、万灵丹等百余种中成药。

明清时期，各县城和较大集镇都有中药店堂。药材由中药行、栈或行商药贩收购。药材店、堂、铺和户医坐堂看病卖药，也有悬壶摆摊及沿街叫卖者，经营中药多达400种。

西华县西夏亭乡陆城回族杨氏中医内、外科，始自明英宗天顺年间，方圆百里闻名；西华奉母城乡营岗村中医妇科，始于清乾隆五十年（1785年），创始人庞安江对胎前、产后诸病有“药效如神”之说，四世庞德墨将历代祖传秘验法集锦上升为理论，著有《安江妇科医镜》，六世庞清志在前人医学基础上又博览古医妇科名著，营岗妇科进一步发展；西华叶埠口乡滹沱正骨，始于清嘉庆十五年（1810年）。一世高林森与河北省籍张医生结好，张擅长骨伤科，医术传授给高林森，高林森施舍医药，治疗关节脱位、骨折等症，从此滹沱正骨方圆百里闻名。至今已传6世，尤以六世高洪喜较有名，将滹沱正骨由原来单方演变为中西医结合治疗。

西华皮营乡冯营中医内科，始于清嘉庆十五年（1810年），至今沿传五代，方圆百里闻名。至四世冯纯性，五世冯渭中都晋为中医主治医师。

明清时期，医药卫生无专门组织机构，多为中医自开药铺，药诊合一，医术很少外传，医药卫生事业发展缓慢。民众生活贫困，无钱看病，得病就用土单验方治疗，或请巫婆、神汉施“法”求治，常是“小病抗，大病躺，得了急病见阎王”。

明清时期，疫疠时有发生，死者无数。据《陈州府志》载，明嘉靖三年（1524年），瘟疫流行，死者十之三四。隆庆五年（1571年）春，瘟疫盛行，死者强半，麦熟无人收。崇祯十四年（1641 年），大疫抵秋方止，死者无算。清乾隆七年至九年（1742－1744），皆大疫，死者相枕。

据清光绪十九年（1893 年）《扶沟县志》载：明成化二十二年（1486 年）大疫，死者相望。明嘉靖三年（1524 年）一月一日，地震有声如雷，继而大疫，死者十之四。嘉靖十八年（1539 年），大疫，人死过半。嘉靖二十年（1541 年）夏秋，民多痁疾，死者甚众。

明成化二十三年（1487 年）、崇祯十三年（1640 年），鹿邑县两次发生瘟疫。

五、志书的编修

元代创编一统志，明代继之，朝廷为此极力征求各省志书，各州、府、县对方志编纂格外重视，方志的基本形态逐渐形成。明代，各地编纂方志较多，清代极盛，后来民国继续编纂。

1. 陈州（府）、淮宁县

明清时期，陈州（府）共修志 5 种，其中明志 2 种俱佚，清志 3 种俱存。

《陈州志》，4 卷，初修于明正德八年（1513 年），陈州知州冯相主修。书久佚。冯相，直隶栾城（今河北栾城）人，弘治十二年（1499 年）进士，莅任日期无考。

明嘉靖《陈州志》，12 卷，陈州知州戴时雍修。书久佚。戴时雍，江西浮梁县（1960 年并入景德镇市）人，嘉靖三十二年（1553 年）进士，莅任日期无考。

清代陈州志初修于顺治年间，康熙年间再修。陈州府志修于乾隆年间，3 书俱存。

清顺治十七年（1660 年）刻本《陈州志》，12 卷，始修于清顺治十五年（1658 年），“略就遗编，旁采新迹。大凡芟其污秽，衡其损益，核其真赝，列其臧否，别其是非”，成此志书。陈州知州王士麟修，举人何润纂。时陈州有商水、西华、项城、沈丘 4 个属县。《陈州志》纂修时以“邑志业有专纪，不必再收，以滋烦芜，今一概不录”，只载陈州治一地。该志书是现存最早的一部《陈州志》。孤本现存国家图书馆。

康熙三十四年（1695 年）《续修陈州志》，4 卷，16 册，是清代陈州第二部志书。清康熙二十九年（1690 年），陈州知州王清彦修，莫尔榷偕邑人纂，当年稿成，未付梓。康熙三十二年（1693年），张喆来任陈州知州，重加考订，康熙三十四年（1695年）始付梓行。孤本现藏中国科学院南京地理与湖泊研究所。莫尔榷，字文定，广东恩平县人，曾任浙江台州府宁海县知县，与前陈州知州方于光为同年友，去官后迁居陈。张喆，字愚谷，山西运城人，贡生。

清乾隆十二年（1747年）刻本《陈州府志》，30卷，首1卷，崔应阶修，姚之琅纂。崔应阶（？-1780），字吉升，号拙园，湖北江夏人。荫生，康熙五十九年（1720年）授顺天府通判，迁西路同知。乾隆九年（1744年）前后任陈州知府。

清代，淮宁县于清乾隆、道光年间两修县志，均有存书。

清乾隆十九年（1754年）刻本《淮宁县志》，13卷，首1卷，吴溶、冯奕宿修，于大猷纂。清雍正十二年（1734年）陈州升为府，置附郭淮宁县。乾隆十五年（1750年），吴溶来任淮宁县知县，遂据《陈州志》创建已乘《淮宁县志》，历时1年，稿垂成而吴氏以事去任。前任知县冯奕宿再莅淮宁县，适奉修志檄，遂续修编纂成书，刊刻以行。吴溶，字雨，江苏阳湖（今武进县）人，监生，律例馆议教，乾隆十五年（1750年）来任淮宁县知县。冯奕宿，字紫拱，山西代州（今代县）人，廪贡，乾隆十年（1745年）来任淮宁县知县，后迁去，十七年（1752年）复任。于大猷，字晓峰，江苏金坛县人，曾任山东登州府同知署本府事。

道光六年（1826年）刊本《淮宁县志》，27卷，永铭修，赵任之、吴纯夫纂。道光五年（1825年）秋开纂，越十月告成。陈州府知府瞿昂为本志作序云："不善创者征考多漏，不善因者删削有乖"，"是编斟酌尽善，是善于因者也。"永铭，字云樵，镶黄旗人，举人，曾授泌阳县知县，道光四年（1824年）调任淮宁知县。赵任之、吴纯夫均为南兰陵郡（在今江苏武进县西北）人。

2. 商水县

明清时期，商水县修志6种，明志2种皆佚，清志1佚，尚存清志3种。

《商水县志》，1卷，戴听撰，年代应在明嘉靖年间或更早，《万卷里书目》著录，这是见于记载最早的《商水县志》。戴听其人已不可考。书久佚。

明万历年间，商水县知县刘迁二修《商水县志》，崇祯年间知县王化行复为润色。刘迁，直隶栾城（今河北栾城县）人，岁贡。王化行，云南河西县（今通海县）举人，崇祯九年（1636年）来任商水县知县。

清代顺治、康熙、乾隆3朝凡4修《商水县志》，唯康熙本佚，但王兑序尚存。

康熙二十九年（1690 年）河南抚院饬府州修志，商水县知县康起梅延王兑等人纂修，成书 10 卷。志稿甫成而康以忧去，后知县季兴高乃续成书。康起梅，直隶满城人，康熙二十一年（1682 年）进士。季兴高，山西解州（今解县）人，由监生来任。

顺治十六年（1659 年）刊本《商水县志》，11 卷。高悝修，郭天锡纂。高悝，山东莱阳县人，岁贡，顺治十六年（1659 年）来任知县。郭天锡，商水县人，恩贡。此志为现存最早的商水县志，国家图书馆、中国科学院图书馆与台湾 3 家有存。

乾隆十二年（1747 年）刻本《商水县志》，10 卷，首 1 卷，知县张崇朴修，郭熙纂。张崇朴，字淳斋，山西介休人，监生。郭熙，商水县人，贡生。后有乾隆四十八年（1783 年）增刻本。

乾隆志凡 2 修，后人谓乾隆十二年（1747 年）本颇多芜词，且间有违碍字句，故乾隆四十三年（1778 年）知县牛问仁设局委员，稍事补葺，续新资料于原版后，另行刊发，此即《商水县志》增补本。

3．**西华县**

明清时期共修志 8 种，尚存 3 种，佚者 5 种。明志 3 种俱佚，清志佚 2 种。

《西华县志》初创于明弘治年间，西华县举人王介撰，4 卷，久佚。

《西华县新志》，董第修，未注时间。董第，直隶高阳县举人，嘉靖二十九年（1550 年）来任西华县知县。嘉靖三十三年（1554 年）修此志书。书久佚。

万历二十八年（1600 年）《西华县志》，7 卷，西华县知县胡琏与乡宦王敬民共主其事，阅三月而稿成。胡琏，陕西泾阳举人，万历二十八年（1600 年）来任。王敬民，字周司，隆庆五年（1571 年）进士，仕至金都御史，书成为之序。书佚，王敬民序尚存于顺治《西华县志》内。

清顺治初年《西华县志》，据乾隆《西华县志》宋恂之序云：“定鼎之初，邑令武公超凡修邑志……阅数十年，介公锡龄续修前志。”书久佚。武超凡，字圣阶，满洲人，贡生，顺治四年（1647 年）来任西华县知县。

清顺治十六年（1659 年）刊本《西华县志》，8 卷，左国桢修，王鼎镇、吴中奇纂。国家图书馆、南阳市图书馆藏有此书，但南阳藏书艺文后半部分已破损不堪。其凡例云：“志取记事，不僭有褒贬，疑则阙之”；“揭题于前，分注于后，昭法《通鉴纲目》”；“官师有功德与民者，别为传记，其伪授与未履仕者不书”；“恩命不载，嫌近家乘，推事关朝政，情系军民者，存之备考”；“艺文非有关于邑及非邑人所作者，或即系邑人所作而文不大雅者不书”；“志为本县，其通天下者如节令、乡饮之类不书”。由此可见纂修者史识之高。左国桢，江南桐城（今安徽桐城县）人，贡士，顺治十六年（1659年）来任知县。王鼎镇，字禹烈，西华县人，明崇祯四年（1631年）进士，授陕西西安府推官，行取授广西道监察御史，巡抚凤、淮、扬等处，升尚宝司卿，又升应天府府丞，入清朝改江南按察司副使，养病回籍。吴中奇，字偶子，明崇祯十六年（1643年）进士，授江西丰城县知县。

清康熙三十五年（1696年）刊本《西华县志补志》，2卷，徐树庸纂修。徐树庸，字去衿，江苏昆山县人，康熙三十年（1691年）进士，三十五年（1696年）来任西华县知县。孤本现藏国家图书馆，与顺治志合刊，署曰《顺治西华县志》，10卷，3册。前8卷实为原顺治志，后2卷署曰《西华县志》，实即此《补志》。书存。

康熙、雍正之际，杨安辩编辑《西华续志》，4卷。书存。杨安辩，字巽行，祥符县诸生，寄籍西华（乾隆志卷八人物·杨安辩小传）。

乾隆十九年（1754年）刊本《西华县志》，14卷，首1卷，介锡龄、宋恂修，于大猷纂。介锡龄，山西解州（今解县）举人，乾隆四年（1739年）来任西华县知县。介锡龄来任后，曾修志未成，稿存于衙署中，宋恂来任五年接抚院修志檄，乃取此稿续修，开局于乾隆十八年（1753年），为期半年书成。书存。宋恂，字若愚，四川夹江人，乾隆四年（1739年）进士，乾隆十二年（1747年）来任西华县知县。于大猷，江苏金坛人，曾任山东登州府同知。

4. **扶沟县**

明清时期，扶沟县共修志12次，明清志尚存5种，佚者7种。佚志明代3种，清代4种。

《扶沟县志》初修于明成化十六年（1480年），出于扶沟人杜璇、严宪之手，成书5卷。明宪宗成化二十一年（1485年）至孝宗弘治三年（1490年），李增纂。这是扶沟有史记载的第一部县志，书久佚。李增，字廷重，河北省新城（今河北高碑店市）东马社人，明成化十四年（1478年）进士，曾任扶沟县知县。杜璇，字雪崖；严宪，字廷章，景泰二年（1451年）进士。

明嘉靖《扶沟县志》，8卷，有嘉靖三十一年（1552年）方瑜序，《天一阁藏书总目》著录。早佚。明万历《扶沟县志》何出图序仅言踵严、杜旧志增补之，并未言嘉靖间修志事，亦不悉方瑜为何许人。此为二修之《扶沟县志》。

《扶沟县志》三修于明万历四十年（1612年），扶沟人何出图自序谓取杜、严旧志而增补之，成书8纲64目。何出图，字启文，扶沟人，万历十四年（1586年）进士。书佚，而其序尚存。

清代，扶沟县曾修志9次：首为顺治年间知县杨在陛、王佐、蒋其昌所修《扶沟县志》。顺治九年（1652年）杨在陛修志未竟而去，王佐、蒋其昌继之，并付梓，时为顺治十五年（1658年）。前后修纂事，县人杜俊章始终参与，书之成其功为首。惜佚，但杨、蒋二知县之序均存。杜俊章，字芝圃，明天启元年（1621年）举人，入清曾任知县。杨在陛，字台卿，陕西三原人，顺治三年（1646年）进士，当年来任。王佐，字无欲，陕西泾阳人，顺治五年（1648年）举人，十一年（1654年）来任。蒋其昌，字松崖，江南临淮（今安徽凤阳县东）人，顺治十一年（1654年）拔贡，顺治十五年（1658年）来任，十八年（1661年）离任。顺治十五年（1658年），蒋其昌主持完成三修《扶沟县志》，并作序。

康熙年间不足三十年修志四种，存佚各半。十三年（1674年），知县高锡爵修《扶沟县志》成书，志佚而序存。高锡爵，字康侯，奉天府辽阳（今辽宁省辽阳县）人，镶白旗荫生，康熙三年（1664年）八月至六年（1667年）及六年（1667年）六月至十四年（1675年）两任扶沟知县。十九年（1680年）屠又良修《扶沟县志》成书，志亦佚而序今存。屠又良，字若留，浙江仁和（今余杭县）人，康熙九年（1670年）进士，康熙十四年（1675年）闰五月至二十年（1681年）戴罪含冤任扶沟知县。康熙三十二年（1693年）与三十八年（1699年）志均存。凡乾隆年间二修，一佚一存：乾隆十年（1745年），扶沟知县周钰修《扶沟县志》成书，志佚。周钰，直隶大兴人，监生，雍正九年（1731年）来任知县。乾隆二十七年（1762年）志存。道光、光绪两朝各修一次。二书俱存。

清康熙三十二年（1693年）刊本《扶沟县志》，缪应晋修，何际美纂。国家图书馆、河南省图书馆现存此书。缪应晋，浙江绍兴府山阴县（今浙江绍兴市）人，康熙二十八年（1689年）由例监来任知县。何际美，号损庵，扶沟人，康熙三年（1664年）进士，除福建泉州府德化县知县。

康熙三十八年（1699年）刊本《扶沟县志》，4卷，赵如桓修，李镐纂。国家图书馆、中国科学院图书馆与河南省图书馆藏有该志。为七修扶沟县志。赵如桓，字廷一，直隶顺天宛平（今属北京市丰台区）人，岁贡，康熙三十五年（1696年）来署任知县。李镐，字开祥，商丘县人，岁贡，扶沟县儒学教谕。

乾隆二十七年（1762 年）刊本《扶沟县志》，12 卷，首 1 卷，末 1 卷。七十一、董丰垣修，郝廷松纂。故宫博物院图书馆等 4 家有藏。为八修扶沟县志。书中收录自明成化、万历起，历清顺治、康熙、乾隆 8 次志书的纂修姓氏并顺治旧序 3 篇，为探讨扶沟县方志源流提供了宝贵资料。七十一，字椿园，满洲正蓝旗人，进士。乾隆二十年（1755 年）来任扶沟县知县。董丰垣，字菊町，浙江归安（今浙江湖州市）人，进士，乾隆二十六年（1761 年）来任知县。郝延松，字茂如，扶沟县举人，注选知县厂。

道光十三年（1833 年）刊本《扶沟县志》，13 卷，王德瑛纂修。王德瑛，字莲墅，山东福山县人，进士，嘉庆二十四年（1819 年）初次来任扶沟县知县，后去任，道光八年（1828 年）复任扶沟知县。

5. **太康县**

明清时期，太康县共修志 6 种，4 存 2 佚。明、清佚志各 1 种。

太康县志初修于明代弘治年间，20 余年后，正德中叶有续辑者。至嘉靖年间方出现一部完整志书，为第一部《太康县志》。孤本现存天一阁。

二修《太康县志》，成于明万历年间，4 册，8 卷。张尔基、沈再思纂修。书久佚。张尔基，山西省大同人，明万历二十年（1592 年）进士。沈再思，陕西永昌（今属甘肃省）人，举人，二人皆为太康县知县。

清代，太康县于顺治、康熙、乾隆、道光 4 朝 4 修县志，唯顺治志佚。清顺治十六年（1659 年）《太康县志》，张怀壁修。书已佚，张怀壁序尚存。张怀壁，山西繁峙拔贡，顺治十四年（1657 年）来任太康县知县。康熙志仅存善本，乾隆志、道光志存书尚多。

明嘉靖三年（1524 年）刻本《太康县志》，10 卷（附文集 10 卷），安都纂修。安都，太康县儒学生。此书出于私人之手，未经官府干预，故纂修较从容，无所局限，所收资料较为丰富。任鼎序云：“人物草创于弘治八年（1495 年），举人王庑；风俗编辑于正德十一年（1516 年），举人贾敞。历数百年之事迹，经数十任之大尹，未经师匠，不可以广传垂后。至嘉靖三年（1524 年），开封府通判李廷桢来署县事，谋诸本邑博雅君子安都、陈尚忠增损当否，订校刊行。”孤本现存天一阁。

康熙三十六年（1697 年）刊本《太康县志》，10 卷，章履成、朴怀宝修，李涛纂。章履成，会稽（今浙江绍兴市）人，监生，康熙二十八年（1689 年）任太康县知县。朴怀宝，大兴县人，监生，康熙三十年（1691 年）任太康县知县。李涛，太康县人，康熙二十九年（1690 年）举人。国家图书馆、中国科学院南京地理与湖泊研究所各存此志一帙。

乾隆《太康县志》，8 卷，乾隆二十六年（1761 年）刊本，武昌国修，胡彦升、宋铨纂。武昌国，字鼎臣，奉天（今辽宁省）镶蓝旗人，拔贡，乾隆二十二年（1757 年）由通许县调任太康县知县。胡彦升，字竹轩，浙江湖州府德清县人，雍正八年（1730）进士，任刑部额外主事，考授山东定陶县知县。宋铨，浙江乌程（今吴兴县）人，优贡生，候补教习。

道光八年（1828 年）刊本《太康县志》，8 卷，戴凤翔修，高嵩、江练纂。戴凤翔，字仪瑞，号阿阁，江西都昌县人，清嘉庆十四年（1809 年）进士，道光元年（1821 年）任太康知县。后升怀庆府通判候选知府。高嵩，字晴谷，江西安义县人，嘉庆十三年（1808 年）进士，前署太康县知县、延津县知县。江练，字澄园，江西都昌县人，恩贡生，候选教谕。

6. 鹿邑县

1940 年以前的明清时期，鹿邑县共修志 6 种，尚存 3 种，佚者 4 种。

鹿邑县志初修于明景泰、天顺年间，乐韶撰。乐韶，湖南宁远举人，景泰六年（1455 年）来任鹿邑县训导，其去职时间，最晚不迟于成化元年（1465 年），故编撰时间应定于景泰、天顺间。书久佚。

嘉靖二十七年（1548 年）《鹿邑县志》，12 卷，王尧日修。书佚，王尧日序尚存。王尧日，字明时，号复轩，鹿邑县人，嘉靖十七年（1538 年）进士。

清顺治、康熙、乾隆年间凡 4 修。唯顺治《鹿邑县志》佚，2 书俱存。

顺治《鹿邑县志》，陈玉猷修，书佚，而陈玉猷序尚存。陈玉猷，字宪嘉，陕西鹿州（今富县）人，顺治十五年（1658 年）由拔贡来任知县。

康熙三十一年（1692 年）刊本《鹿邑县志》，10 卷，首 1 卷。吕士鵕修，梁建等纂。国家图书馆、中国科学院图书馆、北京大学图书馆今存该志书。吕士鵕，字邻失，号任庵，安徽歙县人，康熙二十四年（1685 年）由贡监来任知县。梁建，字南吕，鹿邑县举人，曾任广西柳城县知县。

清乾隆十八年（1753 年）刊本《鹿邑县志》，12 卷，首 1 卷。许菼修，查岐昌等人分纂。许菼，字西峰，浙江海宁人，乾隆十年（1745 年）进士，乾隆十六年（1751 年）来任鹿邑县知县。查岐昌，字岩门，海宁人，生员。

另外，还有乾隆颜懋伦修订的《鹿邑县志》稿，未及刊，亦佚。颜懋伦，山东曲阜人。

7. 沈丘县

明清时期，沈丘县共修志 4 种，尚存 3 种，其中明志 1 佚 1 残。

明嘉靖九年（1530年）刻本《沈丘县志》，5卷，李宗元纂修，是沈丘县首部方志。李宗元，字舜臣，湖广蕲水县（今湖北蕲水县）人，举人，嘉靖五年（1526年）任沈丘县知县。沈丘县，为明代置县。据本志沿革载："弘治戊午（十一年，即1498年），抚、按重臣以陈、颍相距三百余里而侨寓者若无统纪，奏可割陈、颍、项城边隅建置，以均道理，且集侨寓齐民云。"李宗元来任后乃采陈、颍二州志有关内容，兼搜辑舆论，创为此志。天一阁藏有此志残本1至4卷。

万历二十二年（1594年）《沈丘县志》，沈丘县知县刘世光主修并刊行，久佚。刘世光，直隶山阳（今江苏淮安）举人。

清顺治、乾隆年间，沈丘县两修《沈丘县志》，书均存。

清顺治十五年（1658年）刊本《沈丘县志》，14卷，李芳春修，李鼎玉纂。孤本现存国家图书馆。李芳春，字焕章，辽东铁岭人，举人，于顺治十二年（1655年）十一月任沈丘县知县。李鼎玉，字水樵，沈丘人，顺治九年（1652年）进士，曾官广东道御史。

乾隆十一年（1746年）刊本《沈丘县志》，12卷，何源洙等修，鲁之璠等纂。是书原刊本现存较多，为沈丘县第三部县志。何源洙，字樊友，奉天正黄旗襄平（故址在今辽宁辽阳市）人，拔贡，乾隆十年（1745年）来任沈丘县知县。鲁之璠，字奂著，临颍县人，拔贡，时任沈丘县教谕。

乾隆九年（1744年）秋，陈州府接布政使司修志檄文，九月下达于所属各县。时县令何奕宿方举贤开局，着手纂辑，而调任淮宁之令至。何奕宿，山西代州人，乾隆七年（1742年）来任。十年（1745年）二月何源洙来任，踵其事，仅两月稿已就，未及付印，后任冯澎已莅任，为之刊行。冯澎，字震崖，直隶隆平（今河北省隆尧县）人，乾隆元年（1736年）进士。

8. 项城县

明清时期，项城县共修志6种，尚存4种，佚者2种。佚者皆为明志。清代顺治、康熙、乾隆3朝凡3修，书均存。

明万历年间，项城县连续纂修县志。明万历十年（1582年），郭升阶来任项城县教谕后不久，辑有项城县《志稿》10篇，历叙春秋战国以迄明代凡二千年事。志稿可能未付梓。郭升阶，四川富顺人，万历十年（1582年）来任项城县教谕。万历十六年（1588年），徐东渐来任项城县知县，以旧志稿疏陋好伪，实不成书，遂延王都重订，万历十八年（1590年）《项城县志》书成，王都自序云："是志也，纪撰精，祖《禹贡》矣。褒贬严，效《春秋》矣。"马一乾则云此志"了伪漏略，浮诡委顿，不足取信将来，为考古者之一镜”（万历二十八年马一乾序）。上述志稿及书佚，唯王都序尚存。王都，汝宁府人，举人，项城县教谕。

明万历二十八年（1600 年）《项城县志》，10 卷，首 1 卷，王钦诰主修，本县教谕蔡道元、马一乾参订，训导杨维学、郄尚贤校阅，是项城现存最早的一部志书。孤本现存于台湾。马一乾评价该志云：“校刊、纂辑采出其手，详而有体，质而不俚。”王钦诰，江西泰和县人，举人，万历二十二年（1594 年）任项城县知县。

清顺治十六年（1659 年）刊本《项城县志》，8 卷，首 1 卷，李芳春修，束存敬、赵頍纂。该志系项城县知县李芳春奉檄而修，延束、赵二人及邑中士绅等“采辑遗文，互为考订，删繁就简，编次成帙，越两月而告竣”。李芳春，字焕章，辽东籍山东齐河人，顺治十一年（1654 年）举人。署知县事，后调任沈丘县知县。束存敬，字心一，号调野，顺治九年（1652 年）进士，曾任北直隶广平府（治今河北永年县）推官行取吏部主事候补。赵頍，字二韩，明崇祯十六年（1643 年）进士，选为翰林院庶吉士，入清曾任山东盐运司经历司经历。此书仅存国家图书馆孤本一帙。

清康熙三十年（1691 年）刊本《项城县志》，8 卷，首 1 卷，顾芳宗修，王耿言等纂。孤本现藏国家图书馆。顾芳宗，字可亭，浙江上虞县人，贡监，康熙二十一年（1682 年）来任项城县知县。王耿言，字纯如，号东斋，项城县人，康熙三十年（1691 年）进士。

乾隆十一年（1746 年）刊本《项城县志》，十卷，首 1 卷。韩仪、张为旦修，张延福纂。乾隆九年（1744 年），河南布政使赵诚檄各地续修邑乘。韩仪奉命，即延邑绅共谋修辑之人，公推张延福主纂，匝月稿成呈宪，而韩去，张为旦接任，重校志稿，并捐俸以倡，邑缙响应，乃授梓成书。孤本现存国家图书馆。韩仪，字子威，镶红旗例监，乾隆十年（1745 年）由杞县县丞署项城县知县事。张为旦，字兼三，号紫峰，广西桂林府全州（今全州县）人，举人，乾隆十年任项城县知县。张延福，项城县人，字尔介，号芝庭，雍正五年（1727 年）进士，曾任江西贵溪县知县、补四川冕宁县知县。

六、社会风气

明清时期，周口一带民风淳朴，主要表现在好善乐施、孝敬长辈、解人危困、谦虚礼让等。一些优秀的传统美德，至今为周口人民所颂扬。

明代陈州人胡骧对父母极尽孝道。他母亲石氏病了，忽然想吃鹿的胸脯肉，却不能得到，胡骧就割掉自己的胸脯肉代替，即刻昏迷，忽然雷雨冲门而来，方才苏醒，“烹肉有异香，母食之愈。后父敏病，医欲知粪甘苦，骧尝之，语医，一剂而愈”（民国二十二年《淮阳县志》）。知州戴昕闻听胡骧孝道事，亲自备礼到家慰问。

奉母城，一名孝城，又名夺母城，位于今西华县城西南40公里奉母镇奉母城村。《河南续通志》、《西华县续志》均载：“相传昔有孝子，兄弟争夺其母，故名夺母城。”这里是明崇祯辛未科进士王景镇及其子清顺治壬辰科进士王遵训故里。王氏父子认为兄弟争夺其母孝养，事迹可嘉，但村名不雅，遂改为“奉母城”，沿传至今。

太康人耿燿一家明末以孝义出名。他家世代务农，父亲耿应科好善乐施，七世同居，把自己的居处称作“效艺”堂。兄光，为明代诸生，“孝后母而教诸弟严”。耿燿跟他学习，一定谘问后才去做事。明末，李自成农民起义军攻打太康，耿燿与弟耿炳抬着母亲到河北避难，靠贩布养活母亲。母亲病了，朝出暮归，累月侍候不解衣带。母亲去世后，挽着车子回乡安葬母亲。耿炳也很纯朴厚道，河北定兴县人耿权和弟耿极都以孝道友善闻名，耿炳羡慕他们的为人，分给他们田舍和他们一起生活。孙奇逢为此作《三耿传》宣扬他们的事迹。“县饥，知县馈以粟，散赡贫乏。督僮蔬，任饥者刈以食”（《清史稿·耿燿传》）。

雷显宗，清代陈州人，诸生。父亲得了瘫病，他摩掌热拊父亲四肢，27个昼夜不知疲倦，父亲的病很快痊愈。过了数年，父亲的病复发加剧，他亲侍汤药两个多月，父亲还是不幸去世了，他哀痛至切，枯立如柴。居母丧也是如此。康熙中，有一年发生饥荒，雷显宗捐出米粟救济贫乏，代偿他们欠下的赋税。有鬻卖子女者，赎回后归还其家。帮助婚葬者300余家。“显宗年九十，朔望集家人讲孝经、曲礼、内则诸篇，里闬称其家范。”（《清史稿·孝义一·雷显宗》）

清代陈州人高骅、高驌兄弟一家以孝悌、乐于助人为人称道。民国二十二年（1933年）《淮阳县志》载：“助山西焦姓、江南张姓，棺济王三祝等，粟助阎进思、孟林婚，焚秦子廉、张星灿券。凡邑内义塾、义仓、学宫、书院并荒歉，振捐无不联袂捐输。邑人称善门焉。”高骅、高驌的儿子也都“克守世德”。

吴居敬，清代陈州人，孝友好义，因此得官。康熙四十八年（1709年），他免除饥民、佃民积欠数十金；收养贫民社文学20多年，代其存蓄资财，让他治家产，又为他买地 14 亩；黄元少孤，将他抚育成人为其完婚，并给予衣食；一位姓元的夫妇死后，施地安葬他们。乾隆二年（1737 年），推选“耆老”，乡人举荐他的善行，诏赐“清白良民”4 字，绢 1 匹，绵数斤，银 3 两，授予八品顶戴，程县令表彰他“耆老硕德”。享年 97 岁。

清代鹿邑李氏女次三是一位敢恨敢爱、倔强不挠的孝女，她历经磨难为父报仇雪恨，而且孝母不嫁，为母亲养老送终，葬毕其母，最后自杀而死。《清史稿·列女传》载：她的父亲麒生与族人礎、挺九有隔阂，挺九对礎说，如果你和麒生有杀姊之仇，不先下手杀他，最终会为他所害。礎带着儿子兆龙假装去求麒生宽容，一起殴打他，在麒生奄奄一息时弃之而去。次三时年 19 岁，麒生临死前，叹息道：“仇人杀我，我却没有儿子能为我报仇，我还能说什么呢！”而后呐喊道：“天啊，天啊！”遂气绝而亡。三征得母亲同意，到县里和府里告状，都没有结果。到巡抚那里告状，案件交给开封府同知审理。挺九好语劝三，愿赡养她的母亲，希望能够止息诉讼，三扼住他的喉咙，啮面尽坏，卒脱去。狱上，当礎死，礎自杀。兆龙杖，创甚，亦死。三以祸始挺九，顾无罪，走京师，击登闻院鼓自列。下巡抚覆按，会挺九亦死。三泣告父墓曰：‘仇虽尽，然不弃于市，恨未雪也！’乃不嫁养母。居十五年，康熙三十七年（1698 年）八月，母卒，三治丧葬竟，自刭死。乾隆中，知县海宁许菼表其墓，环墓为之田，曰‘李孝女墓田’。”李氏女的事迹表现了封建社会周口一带女子不畏强暴、疾恶如仇、极尽善良的一面，可泣可叹。

民国《项城县志·杂事志·异闻》载，据传清代郑郭村郑、郭两姓结亲，郑夫早亡，郭姓媳妇侍奉牙齿脱落的公婆，以乳汁养之数年，感动上天。清顺治三年（1646 年），此处刮起特大旋风，飞沙走石，大木皆拔，村中房舍千余间尽被损毁，唯独郭寡妇四间草房安然无恙。事后，“郭家贤孝女、郑家好媳妇”在乡里广为流传。

包容礼让，和谐邻里，是中华民族的传统美德，鹿邑“仁让街”的故事流传至今。

明嘉靖年间，鹿邑人王尧日以吏治清明荣升京官，妻小仍住在故里——鹿邑县城，由大儿子王自修主持家政。一年初冬，王家修筑院墙，王自修自作主张，把墙脚向外挪了一尺。邻居张祥上门评理：“你这样一挪，胡同变得更窄了，不只碍咱两家进出，街坊邻里众乡亲也不方便。”王自修强词夺理：“墙又没有砌到你家宅基上，关你甚事？”张祥实在气不过，一张状子送到县衙门。县令知道王家势大，不敢升堂公断，便将王自修请来开导劝解，希望他不要与平民百姓一般见识，把墙脚挪回原处。王自修不听，让泥匠只管往上砌。张祥忍无可忍，出口骂道："你这是依仗老子的权势欺人，就是不买你的账。"说着吆喝几个儿子一起上阵，将墙头推倒。

王自修好不气恼，连夜赶往京都面见父亲，说邻居张祥欺侮他，随即将事情经过叙说了一遍。王尧日听了，摇头长叹："竟有这样的事，可恨呀可恨，真正气死人也！"这让王自修暗暗高兴，忙不迭地接口道："确是可恨之至，就请父亲修书一封，令县令捕办张祥，出出这口恶气。""可恨的是你！"王尧日瞪了儿子一眼，"向外挪墙本就是你的不对，不听县令规劝是错上加错，还要我出面干预，这还不是仗势欺人？"王自修满怀希望而来，不料遭父亲严厉斥责，好不扫兴，呆若木鸡。王尧日紧接着说："我王家祖上向来宽厚待人，乐做善事，由此赢得了左邻右舍的尊敬。你也曾读过几年圣贤书，想不到竟做这种丑事，败坏王家名声。"经父亲一番教训，王自修终于知错，痛切自责，表示回去后就把墙脚挪回原处。"挪回原处还不够。"王尧日提笔写了一首七绝，递给儿子，诗云："千里入京为一墙，让地三尺又何妨。万里长城依然在，不见当年秦始皇。"王自修点头道："孩儿明白父亲的意思，一定照办。"

王自修回家后的第一件事，就登门向张祥赔礼道歉，继而把围墙向里挪了三尺。王自修的举动，张祥始料不及，感动之余，深自不安，招呼儿子一起动手，跟着将自家的围墙也往里移了三尺。原本狭小的胡同，一下子宽至丈余，连车马都可通行无阻了。后来人们称这条胡同为"仁让街"，以颂扬王尧日让地三尺、和谐邻里的高尚美德。鹿邑县"仁让街"的地名保留至今。

明代中期与清代前期，社会风气发生了显著变化。康熙《鹿邑县志》风俗目云："鹿邑在前代颇称淳良易治，至明嘉隆间王谏议以为，士尚气节，民崇礼教，犹有三代遗风。不谓距今百余年如江河日下，殆不可问矣！虽土瘠民贫，习染如故，士大夫各立门户，比相倾轧，至今相沿，竟成牢不可破之局。若夫里巷小民，健讼乐斗，连结多伙，武断乡曲，横恣通衢，浸淫滋漫，无所底止。"乾隆《鹿邑县志》风俗目新增谓："乾隆四年至十六年，屡被水灾，老弱死亡，其壮者则好斗轻生，结为顺刀会，遇事生风。"乾隆十一年(1746年)《沈丘县志》风俗目谓，康熙五十年后，"事事侈靡，不学问而美衣服，不耕桑而喜游晏，人以为地近江南，虚浮之所染，亦风气迁移无所依柱使然。"

清代，周口一带人民重视婚丧应酬、送往迎来。由于习俗使然，农家在这些项目上的消费往往是尽其所有，不少人家甚至于超过自己所能够承受的极限，从而使本来很有限的家庭收入超负荷支出，严重影响了农家正常的生产生活。清雍正《河南通志》云，淮宁县民众“崇祭祀，多尚史巫。重丧葬，谨婚姻。”数千年来，淮阳境内民众从婚丧嫁娶到衣食住行均以传统的道德规范为准则，直至民国时期，地方风俗尚多沿袭古俗。沈丘县，“林野细民间有秦雍之末俗，其交际多靡侈。入冬则婚丧之馈遗甚广，其仓庾多不之积，而盖藏寡鲜，随收随用，不为终岁之计”（乾隆《沈丘县志》卷二，《地理志》）。

明代豫东一带有追节习俗。嘉靖《沈丘县志》载：“如婚姻者，多以币帛美果相赠，女未嫁婿家赠之，以重其妇女，已嫁者家赠之，以重其女，谓之追节。”又说：“有婚姻者亦以币帛羹果相赠如端午礼，亦谓追节。”“如端午礼”反映出端午节追节与重阳节追节一样是年俗中姻亲往来的主要节日。

明清时期，黄河中下游地区旱涝灾害频繁，平年尚难温饱，灾年更无法生存。百姓大多只顾眼前，不事积藏。明人王士性在《广志绎》中说：“宛、洛、淮、汝、睢、陈、汴、卫自古为戎马之场，胜国以来，杀戮殆尽。郡邑无二百年耆旧之家，除缙绅巨室外，民间俱不立祠堂，不置宗谱……间阎不蓄积，乐岁则尽数粜卖以饰裘马，凶年则持筐携妻子逃徙趁食。”

明清时期，周口一带也有一些恶俗，暴露了当时恶人与封建迷信的残忍性。顺治十六年（1659 年）《西华县志》风俗目记载，其于恶俗深恶痛绝，如“岁旱祈祷多戾礼”条曰：“最恶者，如水沃产妇，而奸顽之徒，且乘此以报怨，甚至伤生到官，不坐罪者，……今委罪于妇人，而致其死命，不亦冤哉!”

七、风景名胜

1. 淮阳七台八景

淮阳历史悠久，风光秀丽，“七台八景”闻名遐迩。从《陈州府志》、《淮阳县志》的记载看，不同时代淮阳有不同的“七台八景”，通常指清代的“七台八景”。七台为：画卦台、弦歌台、读书台、梳洗台、五谷台、望鲁台、紫荆台；八景为：羲陵岳峙、蓍草春荣、蔡池秋月、弦歌夜读、卧阁清风、望台烟雨、苏亭莲舫、柳湖渔唱。

画卦台，位于淮阳东关湖中。相传是人文始祖太昊伏羲氏始画八卦的圣地。早在6500年前，伏羲氏建都宛丘（今淮阳），在蔡水得白龟一只，在画卦台前凿池蓄养，常临池观看白龟，从白龟龟甲纹理中受到启发画出八卦。

弦歌台，位于淮阳弦歌湖，是纪念孔子“陈蔡绝粮”的地方。孔子在陈蔡绝粮七日，仍弦歌讲诵不止，这一精神激励后人严谨治学、志存高远。后人便于弦歌台建殿祀孔子。

读书台，在淮阳县城西北柳湖中。为北宋陈州教谕苏辙（苏子由）所筑，是他读经诵诗的处所。苏辙于柳湖高地上筑船形书屋，象征“宦海扁舟”，周植莲花，象征“出污泥而不染”。其兄苏轼也多次来陈，兄弟二人常于此吟诗唱赋，留下了不少诗文佳句。

梳洗台，为北宋名将狄青的梳洗台。狄青官至枢密使，由于宋仁宗重文抑武而蒙冤出判陈州。狄青郁郁忿忿，忧国忧民，常披挂戎装登柳湖岸畔的一个高台望湖兴叹，第二年便愤然死在陈州，葬于陈州东北20公里处。陈州人民怀念忠良，在台上建庙祀之，名曰“狄青梳洗台”，又曰“梳妆台”、“尚台庙”。

五谷台，位于淮阳县城东北4.5公里处。相传为人文初祖炎帝神农氏“教民艺五谷”的地方。五谷台高丈余，占地10亩，上筑庙宇，正殿奉炎帝神农氏像。20世纪50年代，五谷台被毁，后复建。

望鲁台，又称“秋胡台”、“鲁台”、“望夫台”，位于淮阳东南39公里处。台高丈许，占地1亩。《乐府解题》说，“鲁有秋胡，纳妻五日而宦于陈，五年后乃归。未至家，路见一采桑女，美，下车戏之曰：‘力桑不如见国卿，今吾有金，愿以与夫人。’”妇曰：‘采桑力作，以奉高堂，不愿人之金。’秋胡至家，妇人见调戏她的竟是自己为官在外、五年未见的丈夫，怒而投沂水而死。后人哀之而赋《秋胡行》。淮阳旧志说，秋胡，鲁台集人，宦于鲁，其妻罗氏每思念夫，常登台以望鲁，故曰“望鲁台”，或“望夫台”。《陈州府志》说，秋胡鲁台人，纳妻扶沟罗氏之女。扶沟县有罗夫人庙祀之。

紫荆台，位于淮阳南12.5公里处，因台上生长一棵高大的紫荆树而得名。紫荆树，人称“兄弟树”、“同本树”，是亲亲的象征树。据《续齐谐记》载：紫荆台下有田氏三兄弟分家，家产分妥后，又想把这株紫荆树一分为三，不想紫荆树夜间突然枯死。田氏兄弟三人见此情景，知天意难违，便不再分家，次日紫荆树又郁郁青青，复活了。紫荆树由此传为佳话，成为同根共本的“兄弟树”，紫荆花被称为“兄弟花”，激励后人兄弟亲亲团结，共向美好。

古代八景的来历，据说来源于宋代宋迪的“潇湘八景图”。据《寄园寄所录》和《梦溪笔谈》记载：宋朝司封郎宋迪善画山水，运笔高妙，曾以潇湘为背景，绘制平沙落雁、远浦帆归、山市晴岚、洞庭秋月、江天暮云、潇湘夜雨、烟寺晓钟、渔江夕照等八幅平远山水画，称绝一时，名人大家争相题咏，谓之“潇湘八景”。之后，北宋京城开封又出现了“汴梁八景”。元、明两代，燕京（即北京）成为全国政治、经济、文化中心，于是，“燕京八景”又名扬天下。受“潇湘八景”、“汴梁八景”、“燕京八景”的影响，全国各府州县的文人墨客纷纷模仿，于本地境内搜集山川名胜，挖空心思拼凑八景，追赶时髦，蔚成风气。有些地方还出现了“十景”、“十二景”、“二十四景”，甚至还有大八景、小八景、虚八景、实八景、前八景、后八景，令人目不暇接。

羲陵岳峙，指太昊伏羲陵墓。太昊伏羲氏位于三皇五帝之首，其陵墓高大，巍然屹立，耸若峰岳，登陵远眺，万亩龙湖的天光水色、陈州古城的秀美风光尽收眼底，令人心旷神怡，骤起思古幽情。

蓍草春荣，指太昊伏羲陵蓍草园。相传太昊伏羲氏以蓍草画出先天八卦，因此蓍草被认为是卜筮灵物，专用于揲卦。蓍草是多年生菊科草本植物，正六棱柱形，春生夏长秋衰冬藏，只有在伏羲陵后才能生长。每至春季，蓍草复苏，生机勃发，葳蕤满园，充满生命张力。古时历代帝王钦差谒陵祭祖后，都要带回一株呈禀，因此蓍草又成为一种信物。

蔡池秋月，指画卦台前的白龟池，是当年太昊伏羲氏蓄养白龟的圣池，位于龙湖之中。白龟池是伏羲仰观俯察、始画八卦的圣地。每至中秋，皓月当空，临池而睹，湖草之间，镜影沉璧，悟八卦之奥，通天道之秘，探人生之道，别有情致。

弦歌夜读，指弦歌台三进院之弦歌书院，是为纪念孔子陈蔡绝粮而设的讲学之所，有“书声朗朗月溶溶，似谱弦歌解素衷”之美称。

卧阁清风，指汲黯卧治阁。汉时，淮阳盗坊甚嚣，帝令卧病在床的汲黯出任淮阳太守。汲黯卧治淮阳，政清人和，卒于任上。淮阳人民建阁纪之，表达了对“无为而治”不扰民官吏的仰慕。

望台烟雨，指望雨台，始建于宋代，位于柳湖中。《陈州府志》说是宋代知州张咏筑就。张咏原是礼部尚书，掌管朝廷的礼仪、祭祀、科举、学校等事。张咏刚直不阿，因弹劾王亲贵族遭排挤，被贬为陈州知府。张咏知陈州七年，励精图治，忧国忧民，郁郁难乐，在柳湖中筑台，每逢雨季常登台孤思，观水天相连，烟雨凄迷，云雾霏朦。

苏亭莲舫，指苏子由读书台，前已述及，此不赘述。

柳湖渔唱，是指陈州渔民在柳湖中打鱼的景致。柳湖朝夕日映湖面，月下镜影沉璧，鱼翔浅底。金色阳光下，岸柳迎风，袅袅娜娜，湖帆点点，渔歌四起，情景交融，人在画中，画在湖里。

2. **扶沟八景**

扶沟八景最早出现于何时无考，清乾隆时已有了八景之说，谓之旧八景，即扶台晚照（程台霁雪）、艮岳晴云、翠屏春晓、洧水夜月、桐丘宿雾、宝刹飞岚、渔村烟雨、汉井溢泉。

扶台晚照，位于扶沟县城书院街北大程书院处。程台，又名扶台，是北宋思想家、教育家程颢任扶沟县令时读书的地方。程台高数仞，古松环绕，上筑庭堂，因程颢待人接物满面春风，故称春风庭。每当瑞雪纷扬之际，程台巍峨于银色苍穹之中，玉装素裹，巍峨壮观。县人将其列为八景之首。光绪《扶沟县志》记载："台高数仞，古松环绕，雨雪初霁，有琼楼玉宇之观。座上风暖，门外雪深，伊人何在，盖不胜其神往云。"清末，扶台晚照易名为"程台霁雪"，仍居扶沟八景之首。民国年间，程台毁于黄水及战乱。清人王光第《程台霁雪》诗云："艳说程门雪，今朝踏雪来。人如行玉宇，地本胜金台。瑞日祥云度，披天拨雾才。苍茫怀古意，夕阳满青苔。"清人吕阳桐《程台霁雪》诗云："此处当年栖凤鸾，凤鸾栖处少严寒。至今雪霁荒台上，犹带春风气一团。"

嵩麓晴云，又名"艮岳晴云"，旧扶沟县城东门北侧原有一道岗阜，俗称"艮岳"，上有东岳庙和碧霞元君庙，周围古松虬柏掩映，前有翠屏山拱卫，后有双洧河回绕，佳气葱郁，是人们登高远眺的绝佳之处。因岗阜为中岳嵩山之余脉，故易名"嵩麓晴云"。每当晨昏，岗阜上下云绕雾漫，古庙古松缥缈依稀，宛若仙山琼阁；晴日登临其上，前瞻长岗逶迤，古色斑斓；左顾阡陌纵横，桑麻无边；右望三街六市，红尘熙攘；后观洧水东去，帆樯点点。清人温玉如诗云："迢遥嵩麓傍城东，天着名山第一峰。云影晓岚堆翡翠，晴点叠嶂出芙蓉。洧堤水带垂杨柳，颍谷朝霞夕照红。"

翠屏春晓，在扶沟县城东南隅学宫前南北走向的岗阜北端，由此逶迤南去40余里，左带贾鲁河，右襟扶沟城，绿树掩映，云树浮空，远望似屏，因名"翠屏山"。春和景明之际，人们登山纵目，只见长岗沟壑纵横，冈峦起伏；高处杨柳吐碧，桃杏绽蕾，莺燕穿飞，为人们踏青游春之佳处。宋人程颢在此游春后有《郊行即事》诗赞曰："芳原绿野恣行时，春入遥山碧四围。兴逐乱红穿柳巷，困临流水坐苔矶。莫辞盏酒十分醉，只恐风花一片飞。况是清明好天气，不妨游衍莫忘归。"

洧水夜月，扶沟旧志称："洧水急流而浊，东将汇于惠民河，其流渐清。每值云敛天末，皎月流光，有凌波倒影之胜，殊可观也。"流经扶沟县境的双洎河，为上古溱水、洧水之合流，《诗经·溱洧篇》就生动地描写了古代三月上巳节，青年男女在洧水岸边踏青游春，互赠兰花表达爱情的场面。洧水在扶沟县城东二里处与惠民河（今名贾鲁河）交汇，一河清辙见底，清波粼粼，游鱼可见；一河波涛如练，浮光耀金；更有杨柳夹岸，蓼花簇矶，孤帆远影，渔歌网集。沿河而行，可见鱼跃树梢，鸟飞水底之胜。尤当月白风清之夜，人立瓜洲，可见两处沉璧，一河繁星，形成“洎水夜月”的美景。清人赵如桓诗云：“天开双洎绕扶门，夜月溶溶似有魂。人在琼瑶浮画舸，客吹箫管过茅村。霜飞鸿雁初无影，珠落蛟龙敢浪吞。我自清风生两腋，仙槎此际与谁论。”

桐丘宿雾，位于扶沟县城西10公里双洎河南岸。桐丘又名天井陵，俗称雾烟山。传说上古时期黄帝曾在此与蚩尤作战，战斗中蚩尤喷出浓浓烟雾三天三夜不散，黄帝使用指南车，在浓雾之中辨识方向，乘机反攻，大胜蚩尤，雾烟山之名即由此来。扶沟旧志说它“分嵩室之秀”，“其山烟雾缭绕，竟日不断，殆接嵩山之佳气，以孕育扶人者欤。”山上殿宇巍峨屹立，形势峻拔，堆青环翠，霞光绚烂，望之俨若太华玉峰。明代刘泽深诗云：“冈峦伏耸势绵连，征辔因之指绝巅。两岸晴铺千界晓，双河曲抱九亭玄。高丘浮井从残迹，虚阁凌空抹黛烟。老去红尘非久约，归来好结紫山缘。”清朝诗人赵如桓《桐丘宿雾》诗云：“南山文豹堪归隐，涿鹿蚩尤莫漫传。待得神车出世后，好看雾景满林鲜。”

汉井溢泉，在扶沟城西北10余里处。有岗阜曰庙头岗，岗上有古井，俗称“扳倒井”。相传西汉末年，光武帝刘秀率军至此，正值酷暑，人马渴甚，岗上仅此一井，难供千军万马汲水饮用。刘秀顺手一扳，井口倾斜，井水喷涌而出，“汉井溢泉”遂流传千古。岗上建有光武庙及云台二十八宿庙，殿堂林列，古树森森。清人赵如桓诗云：“圣主中兴护百神，井龙闻命亦逡巡。斜扳深砌随双手，倒挽清泉饮万人。庙貌至今巢鹳鹊，人言自古应星辰。不知汉室多灵异，图谶传来恐未真。”

渔村烟雨，在今扶沟县大新镇伯当岗村。据乾隆《扶沟县志》载：“在蔡河之滨，古称大扶城，今柏子岗是。当夫烟雨空濛，水光云影掩映于渔村蟹舍间，俨如桃花春水，不辨仙源也。”清人董丰垣《渔村烟雨》诗云：“傍岸渔庄小，�笼挂短查。微茫烟水合，遥认志和家。”志和即唐朝诗人张志和，他的《渔歌子·渔父》中的“青箬笠，绿蓑衣，斜风细雨不须归”的词句十分有名。清末，扶沟县人将其在“八景”中除去，光绪《扶沟县志》卷七说：“邑东大扶城即今柏子岗，每逢霪潦积水浩淼，不应以景言也。今废。”

宝刹飞岚，位于扶沟县西南古刹支亭寺。据明嘉靖十年寺碑载：“邑之西南隅，距城十五里，有寺曰芝亭，盖世名刹也，肇自大齐年间，循历至今。”支亭寺由隐居在此处的北齐名宦张思伯捐地捐资兴建，距今已有1400多年的历史。初名“芝亭寺”，明朝正德五年，寺院住持在上行礼佛公文时，无意中把“芝亭寺”写成了“支亭寺”，遂一直沿袭至今。鼎盛时期僧徒达数百人，庙产土地1万余亩。寺院占地100余亩，建筑面积2300多平方米，内有佛祖殿、大雄宝殿、千手观音殿、天王殿、西方三圣殿、帝始天尊殿、地藏殿及东西殿廊庑60多间。每年农历四月初八的“佛祖圣诞日”庙会期间，寺内香客如云，梵烟缭绕，佛光普照，瑞气抟摇，“宝刹飞岚”由此产生。清宛平人赵如桓有诗赞曰：“传闻精舍驻烟霞，今日来游见野花。何处慈云浮殿角，却看烟火出人家。毫光时想空中现，梵影还疑天际赊。定有莲台开五色，只愁无分驭仙槎。”到了光绪年间，“宝刹飞岚”从扶沟八景中淡出，但景点保留至今，比旧日更加兴旺。

光绪时期，扶沟八景最终形成，是在旧八景中去掉“渔村烟雨”和“宝刹飞岚”，新增加了“颍谷朝霞”和“雕亭秋水”。

颍谷朝霞，春秋初期，郑国国君郑庄公的母亲姜氏偏爱其弟叔段，想推翻庄公，让叔段做国君。不料阴谋败露庄公十分恼怒，把母亲放逐到城颍，发誓说：“不到黄泉，决不相见！”颍谷封人（镇守边疆的官员）颍考叔就用敬献不孝鸟枭和宴席上“舍肉遗母”感化庄公，并献“掘地及泉，母子相会”计使庄公母子和好如初。后颍考叔战死疆场，庄公赠他谥号纯孝伯，并在其家乡扶沟城南郊立颍大夫庙岁岁祭祀，世称“纯孝庙”。庙在扶沟城南一状如卧龟的岗阜上，松柏呈碧，庙貌巍峨，马兰遍地。每当朝霞升起，丘上紫气蒸腾，云霞环绕。光绪《扶沟县志》说：“南郭前纯孝庙，旧志古颍谷也，又名纯孝乡。地形如龟。俯瞰诸冈峦，古色斑斓，云霞与陵谷俱韵。”清人吕阳桐诗云：“青山遥带赤城霞，传说封人此是家。闲向南陔访孝子，岭头开遍马兰花。”

雕亭秋水，在扶沟县北25里雕陵岗。相传为春秋时期颍考叔掘井及泉，使郑庄公母子相会的地方。这里冈峦逶迤起伏，前有雕梁溪屿，后背大川烟霞，岗上遍是栗林，岗下川原无际，烟波浩淼，渔舟悠悠，雁鸣长空。战国时期思想家庄子游历此地时，见到一只奇异的大鹊，记在《庄子·山木篇》里。清人王光第诗云：“南华仙迹访雕亭，秋水长天一色青。片石端应凿鬼斧，纤尘不许染渔汀。坐听异鹊浑鸣树，行看嘉鱼乐戏萍。欲返归舟迷渡口，烟波漠漠似洞庭。”

3. **商水八景**

乾隆十二年《商水县志·艺文志》中，记载有商水八景和时人吟咏“八景”的诗篇74首，反映了当时商水人对乡土的赞美。

梧桐栖凤。据商水旧志《古迹》载，“老城中心西侧有一高台名叫凤凰台，相传台畔有梧桐树。汉宣帝时黄霸为颍川守，凤栖于此。”清乾隆十二年，本县庠生陈大琳诗云：“灵鸟出丹麓，胡为鸣颍川。高梧堪托足，太守若为贤。哕声今已邈，芳踪此相传。旷怀千古事，重见在何年。”黄霸，字次公，阳夏（今太康）人，西汉宣帝时曾任颍川太守。他为官以宽和出名，政绩卓著，后迁尚书直至丞相。商水汉时属颍川郡。人们将黄霸喻为凤鸟，表达了对他治绩的追念。

溵渡秋游。旧志载：“县治东门外石桥处即古溵水，常于秋日鼓棹东流。荷花袭裾，沙鸥翔集，爽气迎人，极清旷之雅致。”清乾隆时本县贡生郭熙诗云：“盈盈秋水绕高城，缓棹中流浪不惊。添得游人无限趣，澄波倒照晚霞明。”东关古溵水，秋天气候宜人，水中有荷有菱，有鸟有鱼，岸边芦葦高瓜，岸上树木葱绿。从南寨海乘船穿桥而过，可通北关上岸，再登章华台游乐。故古诗有“泛泛清凉日，登登旧楚台”；“沙洲惊宿鹭，水面起浮鸥”；“兰桨歌来杨柳月，锦帆棹向楚山云”；“超然尘世外，宛如五湖秋”等诗句。

荒城夕照。据商水旧志载：“城西有楚怀王墓，高冢如山，雉堞遥映返照，东窥草树离离，殊足豁人心目。”清乾隆十二年商水县训导吕一敬诗云：“荒城临大道，返照射余辉；雉堞明初灿，楼台影渐微；牧童驱犊返，倦鸟戴霞归；不觉烟光暮，山风冷浸衣。”今地面楚怀王墓冢无存，地下墓室尚在，疑为汉墓。“古碑绕薄雾，落日拥荒城，绰约瞑连曙，依稀雨带晴，余光敛未澈，复见月华生。”“溪桥不尽出人兴，一缕久露报晚晴。”这些描述古墓冢秀色的诗句，给人以无尽的遐想。

银杏蟠龙。商水旧志载：“城南东岳庙有银杏一株，枯干不朽，不知何时植也。明太祖北征止此树下跸树（一足蹬树），足迹深寸许，至今不泯。”清乾隆时知县张崇朴观后诗云：“鸭脚无枝老干遒，不知经历几多秋。争传玉辇当时过，还看足痕今尚留。蟠曲不随风雨萎，虬龙空与栋梁侔。金銮去后无消息，存得枯枝说未休。”“鸭脚”，银杏树别称，因叶似鸭掌，故名。

章华遗址。商水旧志载：“城北二里许，春秋襄公十七年楚灵王筑章华台，享诸侯以落之即此。”又说：“此盖小章华云。”清乾隆时商水县监生王梦桃诗云：“高台映北郭，其道楚风奢。遥想绮罗队，空留翠柳遮。”旧志说春秋襄公十七年（前556年）楚灵王筑商水章华台显然有误，应为楚顷襄王迁都陈后所筑。

乌沟夜月。商水旧志载："乌沟河在县治东北八里许，村屋稠密，云树参差，月夜游此，清幽如画。"又载："光武尝黑夜寻马至此，迷不识路，俄而天大明朗，如月光然。"土人立庙祀之，谓之曰"失马庙"。清乾隆间本县庠生陈大琳诗云："闻来赤符裔，曾从此处过，路迷天乍晦，云静月偏多；岸柳摇清影，林风皱绿波，水轮如有意，万里照山河。"

白帝清风，商水旧志载："白帝台，县治西北三十里，相传即汉高帝斩白蛇处，至今四季风常清凉。"清乾隆时本县人王挺诗云："清风袭古道，曾记驻君銮，古碣荒村断，平沙汉迹残；勒总凭壮魄，斩虺负峨冠，凛凛千秋后，犹余剑气寒。"白帝台在今邓城西白地村，相传为汉高祖刘邦起义后斩白蛇处，不确。

焦寨晴烟，商水旧志载："焦寨寺，县治西南五十里，宋将焦赞屯兵处。林木蓊郁，虽天气晴明，常如烟云缭绕。"清乾隆年间，商水县贡生郭熙诗云："云树参差淡晚烟，不知驻军在何年。而今为访屯兵处，细柳盈盈漾缘天。"

4. 颍川八景

清乾隆、嘉庆年间，周口盛极一时，商家云集，市场繁荣，三岸鼎立，鳞次栉比。周口古称颍川，"颍川八景"广为流传。

普济钟声。是指在普济寺的钟声。清初，周口南岸新街北侧河堤上建普济寺，时举人杜耀德（字兰谷）在正殿楹柱上题联曰：灵毓颍川潮，历五十三参奥义，众生普渡；唤醒尘世梦，听一百八杵钟声，大地同闻。寺内僧人每日敲钟3次，每次凡108响，钟声激越，三镇可闻。

虹桥灯火。是指清代贾鲁河上的"二板桥"（木排桥）附近夜景。旧时"二板桥"比现在的"二板桥"（水泥石板桥）要高得多，桥两头店铺林立，桥面下舟船簇集，十分热闹，暮色降临，长桥卧波，灯火辉煌，宛如彩虹，直至深夜。

闹市轮蹄。旧周口全盛时期，各地商旅云集于此，商品交易十分广泛，以陆陈（粮食）为大宗，牲畜交易驰名于长城内外。河南、河北两条坊子街，每天买卖各种粮食的马车、牛车、独轮车不下数千辆，装卸各种粮食的大小船只达数百艘。河南、河北都有牲口市，整日万头攒动，轮蹄喧闹，据云每天的牲畜成交量达万头。

桅杆晚照。周口有句歇后语："老街的旗杆——独立独站"。周口河南老街中间路西原竖立一根高大的旗杆，耸入云端，至于其为何人所竖，作何用途，至今已不得而知。每当夕阳西下，桅杆披辉，遥遥望去，令人目眩。该旗杆毁于抗日战争时期。

埠口喧渡。周口老桥未建之前，颍河两岸交通不便，过往行人全靠木船摆渡，渡口从东往西有齐埠口、新渡口、火星阁、小渡口、大渡口（沙河上）、王埠口（贾鲁河上）。由于渡河人多而船小，因此昼夜人声鼎沸，喧闹异常。1935 年周口桥落成，埠口喧闹之声不复存在。

翠阁映霞。翠阁是指河北关帝庙春秋阁。因阁中供有关云长“夜观《春秋》”的泥塑，故名“春秋阁”。此阁高耸，飞檐翘角，琉璃翠瓦，金碧辉煌，在朝阳或晚霞的映照下，五光十色，蔚为壮观。

滨河渔唱。贾鲁河与沙河的汇合处，也正是鱼群的汇合处。每天东方熹微，渔人驾着扁舟，在风波烟雾里穿梭，撒网得鱼，收获喜悦。渔人辛劳一天，卖鱼买米，沽些老酒，几杯下肚，叩弦而歌，其声凄凉婉转，听之使人涕下。夜暮繁星灿灿，港湾渔火点点，俨然一幅江南渔米水乡的风景。

柳巷笙歌。旧周口万贯街（今中州路桥头东南侧）为昔日的所谓“花街柳巷”，每当华灯初上，车水马龙，院内笙管齐奏，灯红酒绿、纸醉金迷，常常通宵达旦，有人将这里描述为“花柳多情地，笙歌不夜天”。抗日战争时期，国民党把万贯街改为易俗街，解放后共产党将易俗街改为新生街。

5. 鹿邑八景

鹿邑县古有八景，诗曰：“隐隐青山叆叇烟，太清仙境尚依然。虎头雪迹迷惟叟，涡口风帆失钓船。春暖长林莺乱枝，秋高龙井月孤圆。行人漫问洺河渡，明道残碑不记年。”

隐隐青山，即鹿邑太清宫遗址西侧的隐山遗址，实为一处新石器文化遗址，距今有五六千年历史。清代，遗址尚高十余丈，广十余亩，上面广植树木。旭日高照，树林茂密葱茏中烟雾缭绕，颇为壮观。同时，上面建有孔子庙，不时有香客朝拜。宋代，为陈抟炼丹处，很有灵气。

太清仙境，即老子诞生地太清宫。太清宫，原名老子庙，始建于东汉，唐宋时规模极盛，金碧辉煌，极负盛名。又因老子为道家之祖，众仙之首，故太清宫被誉为人间仙境，历代帝王将相、墨客骚人观瞻游览圣地。

虎头雪迹，指虎头岗雪景。虎头岗今属郸城，清时隶鹿邑，建国后划归郸城县。虎头岗原为一片高地，形同卧虎。每逢大雪遍地，野兽出没，是猎人樵夫的向往之所，大有平原深山之感，别具一番情趣，反映了旧日农民一年丰收之后踏雪游玩的闲适心情和安泰知足的悠闲生活。

涡口风帆，在今鹿邑城北傅桥附近。旧时无桥，行人凭舟渡河。涡河河宽水深，风急浪高，扁舟点点，白帆片片。阴霾四布，则燕鸟翻飞；晴空万里，则柳暗花明。任你心情如何，都是抒发胸臆的极好去处。得志者，可以凭船远眺，弹铗作歌，把酒酹江，抒怀壮志；失意者，可以立于岸边，抚今追昔，昂头问天，然后跃入江中，画上人生句号。

莺舞长林，在今鹿邑县傅桥北约3里许。长林，原为一处方圆数里的大片树林，是飞禽百鸟绝佳的栖息之所。每逢春暖花开，长林披绿，莺歌燕舞，飞鸟嬉戏，撞落飞红纷纷，宛然人间仙境，世外桃源。林中有樵话台，乃采樵者休憩之处。

龙井秋月，在鹿邑太清宫太极殿南神道上。龙井即九龙井，因唐代井口置九龙石雕的井圈而得名。相传老子初生即行禹步，步成一井，九龙吐水以浴圣体。每逢农历八月十五日，云淡风清，明月高照，望月井中则有一轮玉盘在水中沉浮，正应了“天上月是水中月”的诗句。

洺河渡口，在今郸城县洺河畔。洺河古时无桥，行人过河假舟以渡，大有“野渡无人舟自横”的意境，于一片荒凉中透出一派俊逸之气，道出古人返璞归真、崇尚自然的恬淡心态。茫茫宇宙，天高地迥，舟横野渡，鱼跃中流，置身其中，宠辱皆忘，人生快意，悠哉游哉。

明道残碑：即明道宫残碑，立于元代。其碑文为道教全真源七祖之一的邱处机《清天歌》。因该碑篆书险怪，不记年月，加之风雨剥蚀，其状甚为苍古。到了清代，遂成为鹿邑的一件碑刻珍品，为时人所重。

6. 沈丘八景

古沈丘风光旖旎，景色宜人以汾泉河畔八景为佳，曾有诗作载于沈丘旧志。古沈丘八景，一曰香台夕照，二曰孤柳寒鸦，三曰东郊牧唱，四曰南浦渔歌，五曰醒城烟柳，六曰鞠道垂杨，七曰半潭新月，八曰七里洄澜。有诗为证：“云霞夕照映香台，孤柳藏鸦傍路栽。牧唱东郊堪入耳，渔歌南浦更舒怀。城连烟树迷青草，道接垂杨荫绿苔。砥柱狂澜洄既到，寒潭香月共徘徊。”

项城、太康等县在明清时也列有各自的景致，甚至各县的一些地方也有自己推崇的景致。有些景致虽然有牵强附会的成分，这在当时也成为人们寄托情感的地方，后来随着岁月变迁，不少景致湮没不传。

第五章　明清时期的自然灾害

一、明代的自然灾害

1. 黄河南泛

明代，黄河决口泛滥明显增多，给周口一带人民带来了严重灾难。这些水患小的冲堤决堰，漂没庄稼；大的坏屋破庐，人畜淹溺；更大者冲城毁池，一片汪洋，人尽为鱼鳖，其惨状不忍卒睹。黄水过处，土壤碱化，水旱灾害连年，农业产量低下，人民生活异常贫困，经济发展受到严重影响。

明洪武三年（1370 年），黄河决口，沙颍河堤溃决，项城县境一片汪洋，死者甚众。洪武八年（1375 年），黄河决口开封大黄寺，溢水流入贾鲁河，因下游淤塞，大部河水由涡河、颍河分流入淮，以涡河泄量最大，但持续时间不详。洪武二十三年（1390 年）七月，黄河决口中牟，扶沟、西华等县民舍漂没。洪武二丨四年（1391 年）四月，“河水暴溢，决原武黑羊山，东经开封城北五里，又东南由陈州、项城、太和、颍州、颍上、东至寿州正阳镇全入于淮”（《明史·河渠志》）。洪武三十一年（1398 年），黄河南徙，项城县治所槐坊店毁于水，民房冲没殆尽。

永乐六年（1408 年），黄河泛滥，沙河溢，槐店受灾。翌年黄河决，冲坏陈州城。

宣德三年（1428 年）八月，黄河溢，由陈入项，淹没城郭，民庐冲没殆尽，项城县城自今沈丘槐店迁至殄寇镇，即今项城秣陵镇。

正统九年（1444 年），黄河决口荥阳，经陈州境入项城达于淮，是年大水。正统十三年（1448 年），黄河“决荥泽，漫流于原武，抵开封、祥符、扶沟、通许、洧川、尉氏、临颍、郾城、陈州、商水、西华、项城、太康，没田数十万顷”（《明史·河渠一》卷 83）。

景泰四年（1453 年）后，黄河以南河水水势渐盛，西华为避水而迁县治。

天顺五年（1461年），黄河决口大梁，扶沟、淮阳、太康被水。

嘉靖二十一年（1542年），黄河南徙，鹿邑平地水深丈余，民多溺死。嘉靖二十三年（1544年），黄河决口原武，南至陈，经颍水入淮。嘉靖二十四年（1545年），黄河决口原武黑洋山，南流至项城县境。嘉靖三十三年（1554年），黄河溃溢，扶沟禾稼尽淹。

成化十四年（1478年），黄河决口大梁，扶沟、西华、太康、淮阳、项城、沈丘皆大水。成化二十二年（1486年），黄河决口，水至扶沟城下。

弘治二年（1489年），黄河决口开封，十分之三的溃水南注颍河和涡河。

崇祯五年（1632年）六月壬申，大雨如注，黄河漫溢决口孟津口，扶沟、西华、淮阳、商水、项城、沈丘、鹿邑皆受灾，沙河两岸水深丈余，死人、毁房无数。大水漫及扶沟城外东墙，县令乘船进东门。

关于明代黄河夺颍河、涡河分流豫东平原的情况，史载明代黄河入注颍河的明确记载首次发生于洪武三年（1370年）。此后，洪武二十四年（1391年）至永乐九年（1411年）黄河主流夺颍达20年。从永乐九年（1411年）至景泰六年（1455年），黄河仍有支流入注颍河，达45年。弘治二年（1489年），黄河决开封，十分之三的溃水再次南注颍河和涡河。为了保护运河，弘治三年（1490年）白昂及继任的河官刘大夏治河时都曾疏浚颍、涡河道以分杀水势，这次入颍维持了六七年。尽管颍河是淮河以北最大的支流，仍不足以吞纳黄河洪峰时的巨大流量。这三次入颍的势头越来越弱。明代后期还发生过两次黄河入注颍河的事件，都是人工诱导的结果，一次是嘉靖十二年（1533年），都御史朱裳曾开孙家渡口入颍，但收效甚微；另一次是明末发生的人工决河，崇祯十五年（1642年），河南巡抚高名冲下令扒开开封西北17里的朱家寨，李自成义军决河于开封的马家口互相淹灌，二口相距30里，导致黄河再次入颍。

黄河夺颍的时间集中在嘉靖以前，而黄河占用涡河河道的时间主要分布在明代嘉靖以后，这说明黄河分流在明代前期偏西南，后逐步东移。《明史·河渠志》记载的黄河入涡事件仅4次，根据涡河沿线鹿邑、亳州、蒙城及怀远的县志中有关黄河河情的记载，可知《明史·河渠志》的记载有疏漏，黄河出现在涡河的记载共26次。

从元末到明初，河政不修，河患频仍，形同元代，黄河下游河道在鲁西南至淮北平原颍河一线以东的地区之间来回摆动。明人治河方案经历了初期“分流”、中期白昂、刘大夏的“北堤南分”及明末潘季驯的“束堤治河”的探索阶段，经潘氏固定的河道“废黄河”，与贾鲁河河道流向大体一致。总之，明人治河仍沿袭前代做法，以“顺河势”为主。

明代治河主要采取分流而治的方法，而黄河分流主要借道淮北支流，淮北支流一般河道狭窄，往往难以承受突如其来的黄河泛水，产生漫溢现象。黄河南泛的西界是颍河，颍河以东的淮北沿河城镇，都有遭遇黄河泛水侵袭的潜在威胁，一俟天公作性，黄河泛滥，沿线城镇总是迭被其患。甚至一些县治受灾之后，迁城以避河患，如宣德三年（1428 年），项城县治由今沈丘槐店镇迁往殄寇镇（今项城秣陵镇）。

2. 旱、虫、风、雹、疫、冻、震等自然灾害

明代，周口一带除遭黄水多次南泛为害之外，其他自然灾害也频繁发生。旱灾仅次于水灾。虫灾，主要是蝗灾，往往伴随旱灾发生。疫灾明显增多，是这一时期的一个主要特点。此外，冻灾、风灾、雹灾、震灾等也时有发生。不少年份往往多种灾害并袭。

明洪武五年（1372 年），特大旱，蝗。是年始，连续 3 年大旱、蝗，大饥。洪武二十年（1387 年）冬，蔡水南徙陈州。明永乐八年（1410 年）夏秋之交，霪雨多日，淮阳、项城、沈丘大水，民饥。永乐十三年（1415 年）夏末，商水、项城、沈丘霪雨，河溢，民饥。永乐二十年（1422 年）夏秋，西华、太康、鹿邑、项城、沈丘霪雨，黄河泛滥，并伤禾稼。正统五年（1440 年）夏，淮阳、沈丘旱、蝗，民饥。天顺四年（1460 年）夏，商水、项城、沈丘大雨水，秋继雨，岁大水。成化元年（1465 年）八月，淮阳、项城、沈丘大雨水，大饥。翌年七月，大雨水。成化十七年（1481 年）始，连续 5 年大旱，死者遍野，人相食。明成化二十年（1484 年），商水特大旱，年景饥馑。成化二十二年（1486 年）春，扶沟、太康、淮阳、沈丘旱。冬大雪，人畜冻死。是岁大疫，死者众。弘治六年（1493 年），项城、沈丘大水，扶沟、太康大旱。冬大雪，深丈余。正德三年（1508 年）春，淮阳、项城、沈丘旱，秋蝗。正德六年（1511 年），扶沟、淮阳、商水、项城、沈丘先旱，后大水。正德七年（1512 年），双洎河决口洧川栗家口，故道淹没，横溃旁徙，扶沟北部受害特甚，曹台、晋冈、龙窝坡一望无际，禾黍之物尽淹。正德十四年（1519 年），西华、淮阳、沈丘大水，漂没人、物。

嘉靖二年（1523 年）秋冬，扶沟、太康、淮阳、鹿邑霪雨伤稼。是年沈丘夏水秋蝗。嘉靖六年（1527 年）始，太康、淮阳、项城、沈丘连续 3 年旱、蝗，大饥，人相食。嘉靖十六年（1537 年）始，扶沟、西华、太康、淮阳、商水、鹿邑、项城、沈丘连续 3 年大水，大饥，人相食，大疫。嘉靖二十一年（1542 年）五月始，扶沟、鹿邑霪雨 50 余日。嘉靖二十三年（1544

年）正月，西华、商水、项城、沈丘雨冰，野禽冻，民竞取之。嘉靖三十一年（1552年）夏秋，淮阳、沈丘大雨水，民饥。嘉靖三十二年（1553年）五月十八日起，淮阳大风雨弥月，拔木无算，民舍尽坏。秋，淮阳、沈丘禾稼淹没，民饥。嘉靖三十九年（1560年），淮阳、沈丘雨雹，大风折木损禾。嘉靖四十五年（1566）六月，太康、淮阳、沈丘大水，平地行舟，禾稼尽没，庐舍倾毁，民饥。冬十二月，大雪7日，深数尺。

隆庆元年（1567年）春，淮阳、沈丘饥。八月大水，九月雪。翌年四月，霖雨弥月，大水。隆庆三年（1569年）秋，淮阳、鹿邑、沈丘大水，民屋多坏。

万历八年（1580年），淮阳、鹿邑、沈丘大水，饥，人相食。翌年，淮阳、扶沟、太康、鹿邑、沈丘、项城大水，民饥，疫。万历十一年（1583年）夏，扶沟、淮阳霪雨3月，沙河、双洎河泛涨，庐舍倾，麦禾多淹。是年秋，鹿邑大旱，无禾。万历十五年（1587年），扶沟、鹿邑大水，饥。淮宁四月大雨雹伤禾，五至八月不雨。万历二十一年（1593年）夏，淮阳、扶沟、西华、太康、鹿邑、沈丘、项城霪雨弥月，无麦。秋，复大水，无禾。沙颍河、贾鲁河等堤决横流，四野成河，百姓食树皮草根，饿殍满沟壑。《陈州府志》载：此年陈州“霪雨连月，平地水深数尺，破堤浸城，四门道路不通，出入以舟，沙、颍等河堤决横流，桑田成河，漂没民舍，死者无算。”翌年春，淮阳、鹿邑、沈丘大饥，斗米银2钱。五月，沙河溢，二麦殆尽，人食草木。第三年春，民大饥，食草根树皮几尽，饿殍遍地，人相食。万历三十五年（1607年）七月，淮阳、沈丘、项城大水，蔡河决，庐舍禾稼淹没殆尽。次年，淮阳、太康、沈丘、项城连遭水患，民多徙他乡。万历三十九年（1611年）秋，扶沟大水。万历四十一年（1613年），沙颍河决堤周家口，冲毁庐墓，死者甚众，淮阳、商水尤甚。万历四十五年（1617年），淮阳、扶沟、太康、沈丘、项城大旱，蝗食禾，民食草木。万历四十八年（1620年），太康旱，飞蝗蔽日。十二月淮阳雨冰折木。是年见彗星。

崇祯六年（1633年），淮阳、鹿邑蝗蝻遍野。崇祯九年（1636年），淮阳、项城大疫，二麦枯于地，无人收获。翌年夏，淮阳、商水、扶沟、太康、鹿邑、沈丘、项城大旱，蝗，沙河见底。是年始，连续4年大旱，蝗，人相食，死者十之七，亘古未有。崇祯十四年（1641年）春，淮阳、商水、西华、扶沟、太康、沈丘、项城旱，大疫，死者众。夏，复大旱，大荒。九月，项城有大星陨落。十月，扶沟、西华过鼠，猫见而避之，穷民以鼠为粮。崇祯十六年（1643年）二月二十八日，淮阳、项城黑风自东北起，狂风怒吼，白昼晦暝。

淮阳在明代277年间，发生大涝灾害53年次，平均5.2年一遇；发生旱灾18年次，平均15.4年一遇。扶沟在明代发生大水灾不下14次，其中河患就有8次，发生旱灾不下11年次，疫灾不下5年次，蝗灾不下4年次。沈丘在明代发生水灾40年次，其中河患11年次；发生旱灾28年次，蝗灾23年次，雪灾2次，雹灾1次。

明清时期，项城自弘治八年（1495年）起，至道光十六年（1836年），发生旱灾、蝗灾、病虫灾不下26次，有时旱、蝗灾并发。

商水自明永乐十三年（1415年）至1949年建国前的535年中，几乎年年有灾，其中大的灾荒年就有106个，平均约5年一遇。

周口地区在明代多次发生地震。洪武十七年（1384年）二月，沈丘发生地震。弘治十四年（1501年）九月癸巳（10月29日），西华、太康及陈州两次地震，有声，城郭屋宇树木摇动。嘉靖元年（1522年）正月初一日，太康雷电大雨，地震。震中鄢陵、洧川，震级5.75级，震中烈度7度。嘉靖三年（1524年）正月八日，临颍发生地震，声如雷，震中5.75级，烈度8度，波及扶沟、沈丘等县。是年灾疫。嘉靖四年（1525年）八月十六日，商水、扶沟地震如雷，震中不详。嘉靖三十一年（1552）冬，扶沟地震，垣屋倾裂，人多压死，震中在晋中。嘉靖三十四年（1555年）十二月壬寅（1556年1月23日），有声如雷，鸡鸣狗吠，淮宁、沈丘地震，震中在陕西华县。隆庆三年（1569年），淮宁地震，震中在陕西潼关。万历十五年（1587年）三月壬辰，河南修武地震，震级6级，烈度7度，波及周口一带。天启二年（1622年）二月，山东剡县南发生6级地震，震中烈度7至8度，波及沈丘。崇祯十二年（1639年）三月十九日，淮宁、沈丘地震。

二、清代的自然灾害

1. 黄河南泛

清康乾盛世时期，政治上虽然比较清明，社会相对安定，由于天灾等原因，百姓生活仍然比较清苦。

康熙元年（1662年）“六月，决开封黄练集，灌祥符、中牟、阳武、杞县、通许、尉氏、扶沟七县”，“田禾尽被淹没”，“七月再决归仁堤”（《清史稿·河渠志》）。康熙四十二年（1703年）夏，黄河决口中牟，泛经扶沟县境，大水淹麦。

雍正元年（1723年），黄河决口杨桥，沙水以北淹没十之六七，扶沟、西华、商水、淮阳、太康被害。

乾隆十六年（1751年）六月，黄河决阳武，扶沟被淹。乾隆二十六年（1761年）七月，三门峡至花园口间发生一场特大暴雨，黄河决口中牟杨桥，溜分二股，一股从中牟境内贾鲁河下经朱仙镇，漫及尉氏县东北，由扶沟、西华等县至周口入于沙河；另一股从中牟境内惠济河下经祥符、陈留、杞县、睢州、柘城、鹿邑各境，直达亳州。次年黄河再决，扶沟、西华、太康、淮阳、商水、项城、沈丘田禾淹没，庐舍倒塌。乾隆四十七年（1782年），黄河决口杨桥，经朱仙镇、西华至周口，颍河漫溢直泛谷河，西华、商水、淮阳、太康、项城、沈丘平地水深数尺。

嘉庆二十四年（1819年），黄河溢，扶沟、太康、淮阳、鹿邑田禾淹没。十二月雨冰，树木尽折。道光三年（1823年），黄河决口，沙河溢，淹塌南顿桥1孔。

清代立国之初，河势极其紊乱，自康熙年间（1662－1722）靳辅确立堤防治河方针后，清代黄河主要是独流，随着黄河固定河道的形成，原来经多支分流而均匀散布豫东平原的泥沙堆积在河道中，沿河城镇由此患上长期的“涝病”。

清乾隆二十年（1755年），陈州、归德等地发生雨涝灾害，“数年以来……而今年为最”。乾隆亲莅河工和灾区视察，认为酿成水灾的主要原因是地方官对灾民灾情漠不关心，庸官的因循和无能。为此，他惩治了一批隐匿灾情及阻碍水利工程开发的庸吏。另外，他派裘日修为钦差侍郎，前往河南、安徽积水的各州县“往来周视，熟察情形”，并急调有治水经验的胡宝瑔为河南巡抚，与裘日修“会勘豫省水道，筹办疏浚事宜”。胡宝瑔、裘日修遵谕旨速驰往被灾地区，及时察明了开封、陈州、归德、汝宁一带长期受水患的原因。原来豫省自荥泽以下，北面有黄河大堤所阻，南面是连山横亘，诸水仅有以正东和东南两面为去路。但这两条去路不畅。正东安徽境内的睢河因砂礓滩、徐溪口等处淤塞，致使“水无出路”，造成水灾；东南面则因为颍州府属各县与安徽交界处河道：“浅阻太多，豫省之水不能畅泄”，使开封、陈州、柘城、鹿邑、汝宁等地区频年受水灾苦。原因找到后，接着胡、裘设计了治理办法。他们对河南境内河道治理的计划是：“先开干河，为受水之地；继开支河，以引入干河；继开沟洫，以引入支河。”至于旧有沟洫，“概行疏治”，并要求“开横直小沟作为水道”。要疏浚的干河有“贾鲁、惠济、巴沟（在商丘为丰乐河，在夏邑为响河，在永城为巴河）、涡河”4道。重点疏浚的支河地区有商丘、夏邑、虞城、永城、鹿邑、汝宁等境内。他们对于出路，同安徽巡抚协商奏请兴挑下游安徽境内的水道。

这是一次大规模的治河工程。在奏报乾隆后，乾隆要求“如议速行”，并谕令整个工程在次年“雨行之前毕工”。胡宝瑔、裘日修经过周密筹划，对诸项事宜采取了得力措施，在饱受水害之苦的民工的大力配合下，工程进展十分顺利。

豫东地区的疏浚工程于乾隆二十二年（1757年）八月正式开工，次年原办、续办工程一律告竣。共开干河4道，支河53道，直沟10道，共计67道，总长2500里。工程完工后，对减少水患，发展农业生产收到显著效果。乾隆二十三年（1758年）九月，胡宝瑔在奏文中说：“豫省今年秋汛，虽间遇大雨，而贾鲁、惠济、巴沟、涡河各干支疏通后，容受有余，消泄甚速。”这说明原来淤塞的河道加宽加深后，原来受阻的去路打通了，洪水威胁得以减轻。

2．旱灾、水灾、疫灾、震灾等自然灾害

清顺治五年（1648年）夏秋，淮阳、西华、扶沟、鹿邑、沈丘、项城霪雨连绵百日，兼之暴雨如注，田禾淹没，平地可行船。顺治十年（1653年），淮阳、扶沟、太康、沈丘、项城大水，秋禾淹没。顺治十二年（1655年）六月，鹿邑暴雨如注，平地水深3尺，涡河堤决口，淹没良田。顺治十四年（1657年），沙河决，商水、项城、沈丘秋禾尽淹。翌年五月，淮阳、商水、太康、鹿邑、沈丘、项城大雨如注，数旬不止，沙河决，二麦漂没，民结桴水中，掇穗而食。至秋，霪雨连绵，旧口复决，平地水深丈许，坏屋杀稼，人多溺死。顺治十六年（1659年），淮阳、商水、扶沟、鹿邑、沈丘、项城大霖雨，自夏至秋百余日，沙河决，平地水深数尺，麦秋俱毁，庐舍漂没。康熙元年（1662年）夏秋，霪雨弥月，沙河决西华葫芦湾、商水杨家湾，二水横流，漂没庐舍，不可胜数，淮阳、商水、西华、扶沟、太康、沈丘、项城平地水深丈余，无麦无禾。康熙六年（1667年）秋，淮阳、商水、项城、沈丘大旱，飞蝗蔽天，食稼伤禾。康熙八年（1669年），沙河邓城决口，秋大雨，淮阳、商水、扶沟大水。康熙十一年（1672年）六月，蝗。秋，淮阳、商水、项城、沈丘大水。康熙十三年（1674年）春，淮阳、商水、项城、沈丘大饥，百姓食草根树皮，卖子女者甚多。康熙十四年（1675年）四月，霜，大水，城圮。康熙十五年（1676年），淮阳、商水、西华、项城、沈丘大水。康熙十七年（1678年）三月，淮阳、商水、西华、项城、沈丘大霜，五月大水，七月寒，冬饥，斗粟钱200。康熙十八年（1679年）三月二十七日，淮阳、商水大雨雹，大者如拳，小者如卵，东南、西北百余里屋瓦击碎，二麦尽毁如泥。九月十一日，沙河决。是岁复大饥。项城夏秋间瘟疫盛行。康熙二十年（1681年）五月，淮阳、商水、项城、沈丘水。十二月十八日夜，雷电大作，雨雪连绵百余日，岁大饥。康熙二十二年（1683年）七月，淮阳、商水、项城、沈丘霪雨连绵，遍地水深数尺。沙河复决，漂没数千家。康熙二十八年（1689年），淮阳、商水、沈丘旱，蝗虫遍地，禾稼吃光，民食树皮草根。十一月，牲畜瘟疫流行，自北而南，牛驴死者百不存一，直至次年十月疫情方息。是年六月，鹿邑大水，秋禾不登。冬十一月，雷雨雹交加达10日，继以大雪，人多冻馁。康熙二十九年（1690年）春夏，淮阳、商水、鹿邑、沈丘、项城大旱，蝗，秋禾尽枯。十一月，冰冻，60余日始解，人畜果木冻死无数。牛大疫，死者十之八九。康熙三十年（1691年），淮阳、商水、西华、项城、沈丘旱，秋飞蝗遍野，自南而北，日飞夜止，积地盈尺。康熙三十二年（1693年）二月二十九日夜半起，淮阳、商水、项城、沈丘黄雾蔽日，至次日巳时方开，继以暴风，屋瓦皆飞。是年春旱。康熙三十六年（1697年）七月，项城、沈丘大雨雹，大如杵，小如鸡卵。康熙四十二年（1703年）夏，淮阳、商水、西华、扶沟、项城、沈丘大雨10昼夜，淹塌民居不可胜计，平地水深1丈，遍地行舟，田禾无存。康熙四十八年（1709年）四月，大雨连绵，麦尽伤，沙河溢。六月复大雨，秋禾尽没。七月颍水溢，冬大饥，至次年春，民食树皮草根，多饿死。

雍正八年（1730年）夏，淮阳、商水、西华、扶沟、沈丘霪雨伤稼，沙河决。是年麦生螟蛭。

乾隆元年（1736年）夏，淮阳、商水、西华、鹿邑、沈丘、项城大水，秋旱，冬饥。乾隆四年（1739年），豫东大水，沙河、贾鲁河皆决，淹没田禾，冬十二月大雷雨。乾隆七年（1742年），豫东大水，颍水溢，冬大饥。乾隆十一年（1746年）七月，商水、扶沟、太康、鹿邑、沈丘、项城大雨水，浸塌民舍，淹没禾稼。乾隆十四年（1749年）夏，淮阳、商水、西华、沈丘连降大雨，淹禾。乾隆二十二年（1757年）六月，豫东大雨8昼夜，洼地积水，秋禾被淹，人多饿死。乾隆五十年（1785年），豫东大旱，麦禾无收，秋冬大饥，人多饿死。乾隆五十一年（1786年），淮阳、商水、西华、扶沟、鹿邑、项城、沈丘大旱，蝗，大饥，疫，人相食。

嘉庆十八年（1813年），淮阳、商水、西华、扶沟、太康、鹿邑、项城大旱，多种荞麦，秋严霜，杀荞。

道光十一年（1831年）四月初八日，淮阳、项城、沈丘大雨雹，大如鸡卵，深至尺许。秋，霪雨，蔡河堤决，淮阳环城如海。道光十二年（1832年）六月至八月，陈州府境大雨，沙河决，秋禾被淹。道光十九年（1839年），淮阳、扶沟旱。四月扶沟大雨雹，大雹如鸡卵，平地深尺许。商水、沈丘水灾。

周口一带在清代发生地震较多，大小地震达20多次，有时还伴随其他自然灾害。顺治八年（1651年）春，扶沟、淮宁、商水、项城、沈丘地震。秋大雨，禾尽没。顺治九年（1652年）二月十五日，淮宁、商水、项城、沈丘地震，震中安徽霍山东北，6级，烈度7至8度。七月，淮阳、扶沟、鹿邑大水，平地水深丈余，田禾淹没。顺治十一年（1654年）八月初五日，淮宁地震，震中山东朝城。康熙元年（1662年）八月三十日午时，项城地震，声如雷鸣，震塌城垣666.67米、民房200余间。震中项城（北纬33°2′、东经114°8′），震级5.5级，烈度7度。康熙七年（1668年）六月十七日戌时，山东郯城、莒县地震，震级8.5级，烈度12度，波及淮宁、扶沟等地，大雨数日不止，平地水深丈余。6年屡震不息。康熙八年（1669年）六月初三申时，沙河决，陈州、扶沟、项城地震，寅时始定。康熙十四年（1675年），地震，震中太康，5.5级，震中烈度7度。康熙三十四年（1695年）四月初六日，淮宁、西华、扶沟地震，震中山西临汾、襄陵，震级8级，烈度10度。康熙五十一年（1712年）十二月，淮宁地震。康熙五十三年（1714年）五月初五日，淮宁、扶沟地震。乾隆五十一年（1786年）十二月，淮宁、西华、扶沟地震。乾隆五十二年（1787年）十二月，扶沟地震。乾隆五十三年（1788年）五月初五日，淮宁、西华、扶沟地震。嘉庆二十年（1815年）九月二十一日，扶沟、西华、淮宁地震，震中山西平陆，震级6.7级，烈度9度。嘉庆二十五年（1820年）六月二十五日，扶沟、西华、淮宁地震，震中许昌，震级6级，烈度8度。是年秋，太康大疫，扶沟田禾淹没。道光十年（1830年）闰四月二十二日，淮宁、西华、项城、扶沟地震，震中河北磁县，震中7.5级，烈度10度。道光十一年（1831年）九月初六日，淮宁、项城地震。

周口歷史文化通覽

历史卷

（下）

《周口历史文化通览》编委会　编

學苑出版社

第八编　近　代

第一章　近代周口的政治

中国近代史的时间是从1840年鸦片战争到1949年10月1日中华人民共和国成立前，这也是中国半殖民地半封建社会的历史。它分为前后两个阶段，从1840年鸦片战争到1919年“五四”运动前夕，是旧民主主义革命阶段；从1919年“五四”运动到1949年10月1日中华人民共和国成立前夕，是新民主主义革命阶段。

一、机构设置和政区沿革

1. 晚清时期

晚清时期，省下行政机构有道、府、县，陈州府属开封道。

清代，县级政府机构称县衙，最高长官为知县。县衙设六房，即吏、户、礼、兵、刑、工，协助知县掌管各项事务。知县理民事，管狱讼、水利、赈灾等。设县尉管理社会治安，典史管理文献资料，教谕、训导管理教化、兴学等事宜。县级以下行政单位为牌，秉承知县意旨管理民事。

淮宁县晚清沿置乾隆制。同治十二年（1873年），淮宁县潘钟翰编为88保，335寨，3557个村庄。城内编为5保。城外编为4乡83保，其中东乡20保1115村，南乡29保1568村，西乡18保642村，北乡16保863村。保设保长，寨设寨首。嗣后又改保为牌，全县共编为87牌，其中城内8牌，乡村79牌。宣统三年（1911年），淮宁县划为9个区，置区公所。城关为中区，外4正4隅为8个区。

光绪四年（1878年），淮宁县署设工房，管理课税、碾磨、杂工。光绪三十二年（1906年），淮宁知县左辅在试院设劝学所。光绪三十四年（1908年），淮宁县正堂设刑钱师爷、账房师爷、钱粮爷门、秸案爷门、秸签爷门、车马杂役爷门。署内差役除膳夫、钟鼓夫外，服务于知县的共有86人，其中民壮38人、马快8人、皂隶13人、门子2人、仵作2人、禁卒8人、轿夫扇夫7人、库子斗级各4人；服务于县丞、典史各6人，其中皂隶各4人，门子、马夫各1人。

晚清商水县署机构沿清初制。清光绪二十三年（1897年）增设警佐，用库书、仓书各1名。道光、咸丰年间，商水县设把总1名，下置马快8名，皂隶16名，民壮50名，铺兵15名，轿、伞、扇夫7名，库子4名，禁卒8名，门子2名，斗级4名，马夫3名，捕役若干名。以后沿袭旧制，唯人员时有增减。此制至民国初年渐废。

宣统年间，革命斗争风起云涌，清廷防范更加严密，各县划区管理，区下又设分区。宣统二年（1910年），清政府实行新政，各县设自治筹备事务所，分设经济、调查、文牍、庶务4科，办理地方自治。同时，将县以下乡镇改并为区，区下为段，段下为村。区、村之间的机构时有变化。

清光绪三十四年（1908年），各县选送士绅2名，入省自治研究所学习。西华先后选送4人学习，毕业后回县。宣统二年（1910年），西华县成立自治筹办事务所，全县划为7个自治区，即城厢区、东夏亭镇、朱湾镇、泥土店乡、逍遥乡、十哲店乡、冷饭店乡。宣统三年（1911年），全县划为1城、3镇、3乡，即城厢（城内）、右文镇（东夏亭）、修武镇（朱湾）、明礼镇（泥土店）、崇义乡（逍遥集）、尚忠乡（老窝集）、存信乡（固水寺）。各区成立自治会，内设议事会、参事会。十一月，西华县自治会成立，并设立咨议局。

清末，扶沟县属河南开封道。据光绪十九年《扶沟县志》载，扶沟全县划为52地方，下辖942个村。宣统二年（1910年），扶沟实行民主自治，全县设5个区，治所分别在县城关帝庙、吕潭、晋岗寺、练寺和白亭城。同年，商水划分为6区。

宣统二年（1910年），项城县划为5区，即中区、东区、南区、西区、北区，领88牌。

清宣统元年（1909年），陈州府辖淮宁、商水、西华、扶沟、太康、项城、沈丘，府治淮宁。鹿邑属归德府。二府均属河南省监察区开归陈许郑道。

2. 民国成立到抗战前夕

1912年1月1日，中华民国正式成立。民国政府颁布政令：纪年改用阳历，改县衙门为县知事公署（简称县公署或县署），改知县为县知事，县知事以下添置县佐，协助县知事，掌理县知事委办的各项事务。原清朝行政体制发生较大变化。县级取消了吏户礼兵刑工六房，保留东西库、钱粮库、仓房、承发房。县署内衙役分为八班，即头快、二快、头壮、二壮、头皂、二皂、头部、二部，分别担任县知事护行、仪仗和缉捕、用刑、巡夜、打更等事宜。

改县丞为承审，帮助县知事掌管民刑诉讼；裁教谕设劝学所，配所长和劝学员；改训导为孔庙奉祀官（1929 年裁撤）；改典史为警察所，设警务长、警佐和巡官。下剪发令剪辫子，豁免以前民欠钱粮各项，设立县议事会、参事会，撤销驿站，建立邮政，改县劝学总董为县劝学员长。

县下设刑签、收发、三班、六房，改巡警为警务所。1927 年，改县公署为县政府，改县知事为县长，裁六房建科室，设秘书室、民政、财政、建设 3 科，以及教育局、警察局、农业推广所、民众教育馆、自治税捐处和保安团、简易师范等。县级以下行政单位设区、联保处，区、联保处下设保、甲。1938 年后，教育局改科，并增设军事科、粮政科、社会科、银行、卫生院、救济院等。

1913 年，裁陈州府，改淮宁县为淮阳县，区内各县属河南省豫东道。1914 年改属河南省开封道。1927 年属豫东行政区。其间无地市级行政机构。1932 年 8 月，河南省第三行政督察专员公署在淮阳设立，10 月改为第七行政督察专员公署，辖淮阳、商水、西华、扶沟、太康、鹿邑、项城、沈丘 8 县。署内设专员 1 人，秘书 1 人，科长 2 人（1 名主办民政、教育、社会、卫生、救济等，1 名主办财政、建设、粮政、合作等事项），视察 5 人，技士 5 人，科员 2 人，办事员 1 人（办理救济、卫生、人民团体等事务），雇员 6 人。1948 年解体。

民国时期，行政督察专员公署为省政府辅助机关，承省政府之命，推行法令，监督指导各县行政，审核各县预算、决算和单行法规等。专员可随时派员考察各县地方行政，每半年巡视一周。对各县长下达的任命或处分，认为失当，可以命令撤销、纠正，补报省政府查核。对各县长及所属工作人员每年考核一次，拟定奖惩意见，呈报省政府。发现县长有违法失职行为者，随时密呈省政府核办。行政督察专员也可随时召开县长、局长、科长、公署秘书会议，讨论各项兴革事宜，确定行政计划方案。必要时，邀请各县办理地方公益事业者、保安人员、地方团体代表和负有声望的名人列席参加。

1913 年，淮阳县改 8 个区为 13 个区，仍以城关为中区，外划 12 个区。1927 年，全县城乡划为 10 个区，辖 47 个乡镇、212 个乡。百户以上千户以下之街市为镇，百户以上千户以下之村庄地方为乡。区设区公所，区长 1 人，下设助理、文牍、会计各 1 人，区丁 4 人。乡、镇设正、副乡镇长各 1 人，配干事、乡丁数人。乡下设闾、邻，各率 5 户之家。1935 年，淮阳划为 11 个区，辖 235 个乡、41 个镇，各设公所。

1913 年，改淮宁县为淮阳县，严义豫为首任县知事。县署设 2 科，分管民政与总务，并设临时地方财务委员会、劝工局，沿清制设劝学所、警察事务所。1914 年，改劝学所为视学办公处。1915 年，改临时地方财务委员会为财政局。1916 年，撤视学办公处恢复劝学所。1917 年，改劝工局为实业局，改警察事务所为警察所。1918 年，设水利分会。1924 年，撤劝学所建教育局。1929 年，根据《中华民国组织法》，县政府设县长 1 人，下设秘书科、警察局、民政科、财政科、建设科、教育科。1930 年 5 月 15 日，县长于荫家因难于应付南北两军粮款离职出逃，苗德垕主政。

1932 年 10 月，淮阳县长由七专署甄纪印兼任。淮阳县政府内设 4 科，第一科管总务，第二科管军法，第三科管财政，第四科管建教。县政府设秘书主任 1 人，书记室设书记长 1 人。县政府下设商会、救济院、教育局、建设局、水利局、财务委员会、公安局、教育馆、看守所等机构。淮阳县建设局经历了一个比较复杂的过程。1913 年，淮阳县知事公署成立劝工局，管理工业交通事宜。1917 年，改劝工局为实业局。1930 年，改实业局为建设局。1935 年，建设局改为第三科。1947 年，县建设科主管手工业生产。

民国时期，商水县名沿袭清代。1913 年，商水县属豫东行政区，1914 年属河南省豫东道。1918 年，商水县设6 个区，下辖31 地方。1928 年，改划为6 个区，下辖 462 保。1932 年属河南省第七区行政督察专员公署。1935 年 3 月，商水县改划为 3 个区，40 个联保，235 个保。

1912 至 1918 年，商水县知事公署设县知事。1919 年秋，商水县政府设县长、承审（协助县长审理案件）。县政府下设军事、民政、社会、财政、粮政、建设、教育 7 科。又设警察局、国民兵团及卫生、税务、邮电等机构。

1912 年中华民国成立，西华设县公署，改知县为县知事。1914 年，废豫东行政区设道，西华属豫东道。1927 年，改县知事为县长。1929 年，西华县划为 7 个区，207 个乡镇。1933 年，西华属河南省第七行政督察专员公署。1936 年，西华县政府设民政、财政二科，增设司法科、财务委员会、税务局、教育局、警察局、建设科、军法承审等。

1912 年，扶沟县属河南省开封道。1918 年，扶沟设 5 个区，下辖 52 地方。1920 年实行方村自治，按市区街村制规定将区辖地方改组为 148 个村（行政村），村下 5 户为邻，邻设邻长；5 邻为闾，闾设闾长。1927 年 12 月，改开封道为豫东行政区，扶沟属之。1931 年，扶沟县属河南省第七行政督察专员公署。

1912 年，太康县衙改为县公署，改知县为县知事。下设刑签（秘书）、收发，三班六房依旧。改巡警局为警务所（1918 年改为警察所，1927 年改为公安局)，改收支所为公款局，裁撤典史，设管狱员。1914年，北京政府颁布县佐制令，规定“凡县境辽阔，地位冲要，而为县署权力所难及者，得置县佐”。太康县佐驻崔桥集（今属扶沟县)，辖县西北部，1930年撤销。1926年，设承审员专职审理案件。1927年改县公署为县政府，改县知事为县长，裁房归科，设民政、财政、军事3科和清乡局。1929年，省民政厅公布《县组织法》，全省县分3等，太康为一等县，县长下设秘书、公安局、财政局、建设局、教育局和民政科、司法科。1936年，增设财务委员会、税务局、军法承审局。

1912年，太康县设9个区，下辖1市42乡，属河南省开封道。区设区长，市设市长，乡设乡长，乡以下划分闾、邻。1927年，裁道分区，属河南省第三行政督察专员公署。1929年始设区公所，各区区长先由各区后备民团团总充任，1930年改由省民政厅委任，下设助理员2人，书记（文书）1人，区丁8人。1931年，政区重划，编为324个乡镇，改属第七行政督察区（治今淮阳)。始设乡（镇）公所，乡（镇）长以下设书记（文书）1人，乡（镇）丁1人。1932年12月，废除闾邻制，推行保甲制，太康全县共划分为208个联保办事处，下辖948保、9587甲。各乡（镇）下设联保办事处和保、甲。联保办事处设联保主任、书记（文书)、保丁各1人，保设保长、保丁各1人。甲设甲长1人。同年，废联保办事处，太康县仍为9个区，共辖22个镇和164个乡。1934年，太康县改9区为5区，分别为一区（城关)、二区（马头)、三区（老冢)、四区（大陆岗)、五区（高贤)。1938年抗战前恢复为9个区。

1912年，鹿邑县属河南省开归陈许道归德府。1913年元月，北京政府颁布废除府一级建制令，2月改开归陈许道为豫东道，裁归德府，鹿邑县属豫东道。1914年6月，豫东道改称开封道，鹿邑属之。8月，鹿邑县设县佐，佐治所在郸城镇，1930年撤销。1927年4月，国民政府废除道一级行政建制，实行省、县两级制，鹿邑归省直辖。1933年2月，鹿邑属第七行政督察专员公署。1941年底，鹿邑改属第二行政督察专员公署，直到1949年。

民国初年，鹿邑县行政区划沿清制。1929年，鹿邑实行自治。1931年4月，全县划为8个区，195个乡，48个镇，4884个闾，22420个邻。1932年底，废闾、邻，实行保甲制，鹿邑县划为5个区，1187个保，12198个甲，辖123365户。1934年，鹿邑全县设5个区，区以下原则上并为1个联保，共划分为128个联保，774个保。

民国初年，沈丘县行政区划沿清制，后县下置区、乡，实行保甲制。

1912年3月，沈丘县设公署，改知县为县知事。1927年，改县知事为县长。1929年，国民政府《县组织法》规定："按区域大小，事务繁简，户口及财赋多寡分县为三等，设县政府。"1936年县政府由原县长以下4科（第一科民政，第二科财政，第三科教育，第四科建设），增设为民政科、财政科、建设科、司法科、财务委员会、税务局、教育局、警察局、军法承审局等。

1912年，项城县区划沿清制仍为5个区，1928年划为10个区。1935年改设3个区，即一区（县城，今秣陵镇）、二区（槐店，即今沈丘县城）、三区，领36联保，保甲如故。清宣统三年（1911年），项城县设劝农所，鼓励农桑，推广生产技术。1917年，设实业局，理农业、水利、畜牧等。1927年，实业局改称建设局。1928年，建设局下设农业推广所。1949年，人民政府设实业科。

地方自治始于清末，议事会是在各乡、镇中投票选举产生议员，再从全体议员中投票互选组成，以知县或县知事为当然会长。议事会为建议机关，讨论地方兴革、捐税完纳事宜，提出建议。参事会，是在县议员中投票互选，为审议机关，审查议事会的议案，作出兴革与否的决议。1914年被袁世凯通令解散。1917年，又令两会恢复。1927年正式裁撤。

1912年，河南省临时议会成立，各县推举议员。淮宁县选举胡震为省议会议员。1913年，改选刘飞、蒋麟祥为省一届议会议员。1918年选举唐允成、魏殿卿为省二届议会议员。1921年，选举许葆光、孔广铎、赵锡凯为省三届议会议员。

1912至1914年，西华县先后组成两届县议会。县议会首届议长郭泰岗、副议长胡若勤；第二届议长吕应南、副议长张融。1914年，县议会奉令停办。1920年6月，又复设地方自治筹办处。

1912年，沈丘县成立临时议事会，选举张鹏翎、魏祖旭为议长，吴同薰、李润堂等人为议员，程贵和为临时省议会议员。1913年正式成立沈丘县议事会、参事会，公举议事会程道南为议长，李德华为副议长，崔文斗等16人为县议员；公举王国英等为沈丘县参事会参事员。1921年11月，议事会、参事会换届，选举程道南、王瑞麟等14人为议事会议员，程凤阁等3人为参事会参事员。1924年后渐废。1941年沈丘县议事会、参事会合并成立临时参议会。

3. 抗日战争时期

1938年6月6日，日军侵占太康县城。9日，蒋介石下令第一战区司令长官程潜利用黄河伏汛期炸堤放水，阻止日军西进。炸堤放水由国民党新八师工兵营实施，黄水淹没太康县境大部，国民党太康县政府迁往水西大新集（今扶沟县大新乡），基层政权大部解体。太康县政府迁大新集后，仅设秘书和民政、财政、军事3科，另有承审员。四、五、六、七区首遭黄泛，继而水淹面积扩大，一、三、八区及二区南部均沦为黄泛区，水东仅有九区和二区大部未被水淹，黄泛区内行政设置名存实亡，直到太康全县解放，旧区划彻底废除。

1938年8月20日，淮阳县政府迫于日军进攻偏安水寨。1940年12月，设水寨、鲁台、焦炉埠口、指挥营、黄华镇5区，领1082保，11441甲。

1939年，鹿邑县国统区实行区、乡、保甲制。

县参议会为民意机构，参与县政大事。1945年1月27日，淮阳县参议会正式成立，推选议员16人，鲁瑞五被选为参议长，袁湘舟为副参议长。参议会下设秘书室，配秘书1人，事务员3人，书记4人，张作舟被选为省一届参议员。1946年3月，淮阳县参议会召开一届一次会议，增选参议员和代表10人。

1941年春，商水县撤销3个区，改划为5乡2镇。

1938年，西华县辖4区，分别为一区（城关）、二区（聂堆）、三区（西夏亭）、四区（砖桥，今属郾城）。

1941年，西华县政府按照国民党行政院《县各级组织纲要》规定，设秘书室、会计室、军法室、合作室、司法处、田粮处和民政、财政、建设、教育、军事、粮政6科，以及税务局、邮政局、县银行、卫生院、救济院等。

1938年，扶沟县由5区并为3区，分别为中区（城关）、南区（练寺）、北区（白亭）。区下设联保44处，每联保大者辖10保，小者辖数保。1941年，推行新县制，裁区并联保，设4镇4乡。4镇为城关、练寺、吕潭、白潭。4乡为秦陵、桐丘、轩辕、孙岳。镇、乡下设保数如前。

沈丘县是抗日战争时期今周口地区唯一未沦陷的县。1941年，按照国民党行政院《县各级组织纲要》之规定，将县分为5等，沈丘属四等县。此后，机构日趋庞杂，县长以下设秘书室、会报室、会计室、书记室、军法室、司法处、合作室、民政科、财政科、建设科、教育科、军事科、社会科、田粮处、警察局、税务局、邮局、县银行、粮食监察委员会、财务管理委员会、统一税捐委员会、马秣堆积场、农捐征收处、行政干部训练所、农业推广所、卫生院、儿童教养院、民教馆、修志馆、电话处等。

1941年，沈丘县划为14个乡镇，225保，3175甲。次年改为13个乡镇，直至解放。

1942年，项城县奉令实施《各级行政法纲要》，撤销区、联保，改为乡镇建制，设新桥、贾岭、官会、丁集、柳杭、郑郭、南顿、娄堤、孙店、谢寨、访营11个乡和秣陵镇（西大街，原一区署址），领119保、2495甲。

1944年春，项城县参议会筹备会成立。次年12月，由各乡镇民代大会选举县参议员，分配名额为每乡镇1人，县直机关3人。推选王凤鸣、吕虎臣、苏效曾等15名参议员组成县参议会，郭景衡被选为参议长，副议长为李子俊。

在国民党政权存在的同时，1941年8月，中共在睢（县）杞（县）太（康）抗日根据地建立水东联防办事处。1944年8月，改为水东专署，辖庆华（太康县北开淮公路路东）、淮（阳）太（康）西（华）、扶（沟）太（康）西（华）、西华等县。1945年3月，改为冀鲁豫区十二专署。同年7月，在西华逍遥建立冀鲁豫区十三专署，辖郾（城）上（蔡）西（华）、西（华）临（颍）郾（城）、鄢（陵）扶（沟）县，3个月后停止活动。同时，冀鲁豫区十二专署改名冀鲁豫区六专署，辖扶太西、淮太西、太康、睢（县）太（康）、鹿（邑）淮（阳）太（康）等县和黄泛特区。

1943年2月，中共建立睢（县）太（康）办事处，设主任1人，内设民政、财粮、武装3科，为太康县人民政权之始。下领黄岗、转楼、龙曲等3个区级抗日分会。各分会设主任、看家队长、财粮。

1944年8月，撤销睢太办事处，建立庆华、芝圃（太康县北开淮公路西）2个抗日民主县政府，设县长，下领财政、民政、武装、粮食4科和交通局、公安组。庆华县，以太康龙曲、王集、转楼、高朗为中心建立4个区政权。

1944年至1945年，先后建立中共淮太西、扶太西工作委员会，受冀鲁豫水东地区（十二专署）领导。

1944年7月，中共建立西华县抗日民主政府，于秀民（即于济川）任县长。

1944年7月，中共豫皖苏边区政府在东夏亭建立淮（阳）太（康）西（华）县，8月成立淮太西县抗日民主政府，设县长、秘书，县长段琴堂（兼）。初设东夏亭、新集、安岭3个区，抗战胜利后扩大到东夏亭、老家、高堂、五里口、道陵岗、清河驿、柳林、栗集、洪山庙、张集等10个区。下设财粮、民政、税务、教育4科和公安局。9月设联络站。翌年1月，增设民政科。

1945年3月，中共建立扶（沟）太（康）西（华）抗日民主县政府，设县长、秘书，张少耕、孙卫和先后任县长。县政府下领财粮、民政、教育、武装4科，后增设税务局。以清集（包括桂岗、崔桥）、逊母口（包括西华县的道陵岗、西华营）、吕潭、白潭为中心建立4个区政权，辖崔桥、白潭、江村、吕潭、大新、清集、逊母口（包括西华县西华营一带）等地。

1945年5月，中共建立郾（城）上（蔡）西（华）县抗日民主政府，侯杰任县长。辖砖桥、张明、唐桥、华陂、2个五沟营计6个区。

1945年6月，中共建立西（华）临（颍）郾（城）县抗日民主政府，设砖桥、老窝、张明、归村、五沟营等5个区。

1945年7月，中共建立鄢（陵）扶（沟）县委、县政府，辖扶沟县贾鲁河以西和鄢陵县东部。

以上各边区抗日民主县政府下设区政府，配区长、抗联主任、财粮和区员若干人。这些边区县政权均为游击区，没有固定治所。1948年，各边区县相继撤销。

4. **解放战争时期**

抗战胜利后，1945年9月，国民党淮阳县政府由水寨迁回县城。1946年1月，淮阳县政府设一科管总务，二科管自治税，三科管契税，下设银行、救济院、实验简报社、警察局、军事代办所、商会等职能机构。恢复原县治区划，进行了个别调整，淮阳全县设10个区、229个乡公所、49个镇公所。1947年，淮阳县政府设田粮处、干训所、秘书室、会报室、会计室、军法室、民政科、财政科、建设科、教育科、军事科、警察局、财委会、军运代办所、自治税捐处等。

1945年抗战胜利后，国民党太康县政府从大新集迁回太康县城，设民政、军事、财政、建设、教育、粮政等科和秘书室、会报室、会计室、书记室、军法室、司法处、合作室、警察局、城防委员会、财务委员会、查封汉奸财产保管委员会、行政干部训练所等。废除区建制，全县划为19个乡镇，各乡镇设正、副乡镇长各1人，下设民政、经济、文化、警卫4股，各股设主任1人，另有户籍员、监证人、事务员、乡队副各1人，乡丁10人，乡队士兵20余人。各乡镇下辖保、甲不等。

1946年后，太康县境大部建立中共地方政权，国民党乡镇人员多数遣散或随国民党太康县政府到处流窜。1948年下半年，太康县境全部解放，国民党在太康的地方政权被彻底消灭。

1945年8月抗战胜利后，民怨沸腾，强烈要求“还政于民”。国民党政权为标榜民主，施行宪政，通令各县成立参议会。议员从各界人士中选举产生。1946 年，太康县成立县参议会，议员由选举产生，共有议员 24 人，多为贿选，且为军政界人物和士绅所把持。议长柳心一（柳名传），副议长程衡浦，秘书张金铸，书记张恩普，会计何新国，录事周朴安。

1945 年 10 月，商水县成立临时参议会。全县 7 个区及商界、教育界各选出议员 1 名，共 9 名，陈干岑任临时参议会议长，李性元任副议长。1946 年，商水县临时参议会改组为商水县参议会，设正副议长、议员和秘书。第一届参议长李性元，副参议长董希朗，议员有马道本（秘书）、张天祯、支省吾、朱芳林、周松亭、路永祯、王芸乡等 10 人。每 3 个月召开一次会议。1946 年召开一次会议，主要通过处理议员提案，听取县政府工作报告，审议财政预决算，建议兴建各项事业。此后兴建溵川中学 1 处，建立财粮、柴草站各 1 处。

1946 年，国民党西华县政府增设社会科。1947 年，县政府改设 2 室 5 科，分别为秘书室、会计室和第一科（民政、军事）、第二科（财政）、第三科（建设、合作）、第四科（教育、社会）、第五科（粮政）。1948 年，国民党西华县政府逃亡到四区砖桥南边缘地带，西华县属豫皖苏边区五专区（驻地鄢陵）。

1947 年底，西华县民主政府成立，设城关、红花集、西夏亭、李大庄、聂堆 5 个区。1949 年，逍遥、东夏亭 2 个区划归西华，西华县共有 7 个区。

1946 年 2 月，西华县参议会成立，由 15 名议员组成，议长王耀宇。其中各乡镇和教育、商务各推选出议员 1 名。此届参议会共举行 3 次会议，在一次会议上提出了“官为民服务，民管官”的冠冕堂皇的言辞，实际上标榜民主是假，愚弄人民是真。个别议员提出了“出税应按土地多少，纠正按村摊派不合理”的提案，却不议不决，而对“加强民团武装力量增加田赋”等提案却表决通过。后参议会随着西华县的解放而解散。

1945 年 9 月，鹿邑县政府从石槽迁回县城后，将全县划为 33 个乡、镇。1946 年，鹿邑县划为鸣鹿、急公、犹龙、护厢、安平、汲水、郸城 7 个镇和宁平、吴台、观堂、高口、秋渠、虎岗、钱店、英武、石槽、普提、穆店、太昊、试量、贾滩、王寨 15 个乡。

1948 年，鹿邑县设试量、生铁、宁平、胡冈店、丁村、吴台、汲水、虎头岗、郸城、城关 10 个区，辖 174 个乡。

1945 年 12 月 16 日，沈丘县成立县参议会，选出参议员和候补参议员各 16 人，全县 13 个乡、镇和工会、农会、商会各 1 人，原临时参议长李德斌当选为参议长，鲁子弼为副议长。1946 年 3 月 10 日至 15 日，参议会第一届第一次大会召开，出席参议员、候补参议员各16人，县政府各委、科、室的主管人员列席会议。会议听取、审议了县长钱祖图的施政报告，并对有关学田、课粮、农场、苗田等问题进行咨询，作出了相应决议。大会收到各种提案32条，临时动议案26条。

解放战争时期，原各边区抗日民主县政府改称县民主政府。1946年6月，二次组成扶太西县委、县民主政府，辖一区（吕潭）、二区（白潭）、三区（崔桥）、四区（汴岗）。

1946年11月，中共淮阳县民主政府在戴集成立。12月，更名为淮阳县人民政府，县长郑瑞良。设财粮科、教育科、公安科、交通局。初辖4个区，后扩辖为13个区，分别为一区（马厂）、二区（大辛集）、三区（砖寺）、四区（黄集）、五区（汲冢）、六区（文兴集）、七区（临蔡城）、八区（槐寺）、九区（葛店）、十区（冯塘、赵寨）、十一区（买臣集）、十二区（明光集）、十三区（马寺）。区公所设区长、副区长，配财粮区员和区队长。次年，淮阳县人民政府设财经委员会。7月设学习委员会、工商局。10月，设情报委员会、保健委员会。12月，设除奸委员会。

1947年11月，中共在沙河北岸建立周口县人民政府，治所在倒栽槐（今淮阳县窦门），县长黄居易（兼）。政府下设财粮科、交通局、工商局、公安局。同月，中共建立淮阳市人民政府，隶属夏亭县人民政府，市长周海如（兼）。市政府下辖东、西、南、北4镇。1948年8月，重建淮阳市，辖1区3镇，改属豫皖苏区二专署。市政府设公安局、工商局、交通局。

1949年3月，中共撤销夏亭县、周口县、淮阳市、界首县边区政府，归建淮阳县，人民政府由戴集迁至城关。先后设秘书室、民政科、财粮科、教育科、实业科、司法科、公安局、工商局、税务局、邮政局、支前指挥部等。调整了辖区建制，将原属夏亭县的齐老家、柳林、郑集、指挥营、鞍子岭、沙窝等6个区，原属周口县的窦门、朱集、新站、石集、买臣集、万寨、白马寺等7个区，原属淮阳市的城关和原属界首县的鲁台共15个区划归淮阳县管辖，设赵寨、汲冢、戴集、葛店、黄集、临蔡等7个区，区下设乡、村。4月，淮阳县人民政府将全县22个区合并为12个区。12个区分别为：一区（城关），辖12个乡；二区（柳林），辖22个乡；三区（临蔡），辖16个乡；四区（黄集），辖15个乡；五区（汲冢），辖14个乡；六区（文兴集），辖19个乡；七区（石集），辖9个乡；八区（鲁台），辖27个乡；九区（新站），辖10个乡；十区（搬口），辖9个乡；十一区（买臣集），辖18个乡；十二区（郑集），辖15个乡。各区设区长、副区长，配民政、财粮、文教、公安、生产等区员及文书、财粮会计、经费会计、区队队长。区下辖 179 个乡。各乡设乡长、副乡长和财粮。

1947 年 8 月 18 日，商水县城解放。11 月，中共成立商水县民主政府，辖汤庄、白寺以东各乡。12 月，成立了郾商西县民主政府，辖雷坡以西，郾城、漯河以东，西华县沙河以南，上蔡县华陂以北地带。1949 年 2 月 26 日，郾商西县大部并入商水县。1952 年 8 月 27 日，周口市改为镇，归商水县辖，商水县人民政府由老城迁至周口。

1946 年 5 月，中共成立扶太西县民主政府。1947 年 1 月，西华县民主政府成立。1947 年冬，成立中共鄢商西县委和民主政府，受豫皖苏二专署领导。

1947 年，扶沟县解放，属中共在鄢陵建立的豫皖苏第五行政专员公署。建国后，属河南省淮阳专区，1953 年淮阳专区并入商丘专区，扶沟改属许昌专区。1965 年，周口专区设立，扶沟归属周口至今。

1945 年 8 月，撤销庆华县，建立太康县人民政府，设县长、秘书，下领财粮、民教 2 科和交通局、武委会、公安组、情报站。11 月，睢县、太康县合并为睢太县，县人民政府设县长、秘书，由于国民党反动派“围剿”，且存在时间较短，未设下属机构。1946 年 4 月，撤销睢太县、芝圃县，恢复太康县。太康县人民政府设县长、副县长、秘书，下设财粮、民教、武装、司法 4 科和公安局、交通站。1948 年 8 月，太康划分为太康、太北 2 县，同时撤销太西县，太康县人民政府设县长、副县长、秘书，下设财粮、民教、工商 3 科和公安局、税务局、交通局。太北县人民政府设县长、秘书，下领财粮、民教、工商 3 科和公安局、税务局、交通局。解放战争时期，各区政府设区长、副区长、武委会主任、民政、财粮和区员若干。区下建行政村，设村长、民兵队长、财粮会计。1949 年 2 月，太康、太北两县合并，成立太康县人民政府，设县长、副县长，下领秘书室、财粮科、民教科、司法科、实业科、工商管理局、公安局、邮政局、电信局。区政府设区长、副区长、武装部长、民政、公安、文教、财粮等区员，以及区队长、生产干事、财粮会计、经费会计等。5 月，工商管理局改为工商科，增设税务局、人民银行。

1948 年 8 月，中共建立的太北、太康 2 县分属豫皖苏区第一、二专署，1949 年 2 月合并为太康县，属淮阳专区。同时，将原崔桥、大新 2 乡的崔桥、东古村等 90 多个村庄划归扶沟县，其余划为 9 个区、106 个乡，其中一区城关 12 个乡，二区马头 12 个乡，三区王集 16 个乡、四区高贤 13 个乡，五区常营 7 个乡，六区逊母口 12 个乡，七区老冢 12 个乡，八区马厂 12 个乡，九区朱口 10 个乡。

1947年11至12月间，商水县境内建立商水县民主政府和郾商西县民主政府两个县级人民政权。前者辖平店、练集、固墙3区；后者辖邓城、哲店、老窝、砖桥、巴村、归村6个区。1948年2月，新建雾台、姜庄2个区，3至4月又建立杨集、白寺2个区。1949年2月，郾商西县并入商水县，商水县共有13个区，4月重新调整为10个区，136个乡。

1946年，扶太西县民主政府成立，孙治光、张申、施裕民、李正风先后任县长。1947年，西华县民主政府成立，张仁甫任县长。1948年2月，改称西华县人民政府，至1949年10月1日新中国成立，时尧任县长。

1948年1月17日，周口市人民政府成立，归淮阳行政专员公署管辖。下设秘书室、工商局、公安局。同年上半年成立司法文教科、财粮科。不久，撤销司法文教科，分设司法科和文教科。1949年初，建立民政科、税务局、人民银行、交通局。

1948年2月，周口市人民政府设南寨、北寨2个区，4月区下设12个镇公所。南寨区辖悦来镇、皮坊镇、凤凰镇、西大镇、新街镇、山货镇、永兴镇；北寨区辖太平镇、三义镇、作坊镇、磨盘镇、西寨镇。5月合并为10个镇，即三义镇、西寨镇、太平镇、作坊镇、山货镇、永兴镇、西大镇、凤凰镇、德化镇、悦来镇。1949年8月，缩编为6个镇，即太平镇、德化镇、悦来镇、西大镇、凤凰镇、西寨镇。年底撤销南寨、北寨2个区政府。12月，撤销南寨和北寨2个区。

1949年7月，建立周口市各界人民代表大会制度。7月25日，在新街人民会场召开周口市各界人民代表大会一次会议，历时3天，出席大会代表60人，文冶平市长作工作报告，主要内容为召开代表大会的意义、1949年周口市上半年来的工作总结，以及今后恢复发展工商业、市政建设等，经代表们充分酝酿、讨论，对该市的政治、经济等重大问题形成决议，交市人民政府执行。1949年7月至1950年10月共召开会议7次。

1946年至1947年初，扶太西县民主政府设吕潭、白潭、崔桥、汴岗4个区。1947年6月，水西支队配合主力部队攻克扶沟县城，扶太西县撤销，建立扶沟县人民政府。

1947年初，郾商西县民主政府设邓城、张明、老窝、砖桥、巴村、归村6个区。

1947年3月，中共在沈丘县沙北建立沈鹿淮县民主政府，初辖郸城、秋渠、巴集3个区。6月，辖槐店、杨集、鲁台、秋渠、巴集、杏店、纸店等7个区。区下设行政村，村设村长、财粮和农会主任。11月，鲁台复归淮阳，沈鹿淮县改为沈鹿太县。12月，又改名界首县，下设杨集、槐店、纸店、杏店、秋渠、巴集、光武7个区。1948年，界首县增设黄桥区。

1947年4月15日，中共建立沈（丘）项（城）临（泉）县民主政府，下设公安局、财粮科、民教科，隶属豫皖苏二专署。先后建立直河、莲池、闸子3个区。胡凌云（韩景隆）为首任县长，7月在张保园惨案中遭国民党反动派杀害，副县长彭亚英继任县长。

9月，沈项临县民主政府撤销，改为沈（丘）项（城）淮（阳）县民主政府，原内设机构不变，仍隶属豫皖苏二专署。同时，沈丘县民主政府成立，1948年发展到3个区。韩湾战斗后，相继建立刘庄店区、留福区、东杨集区、城关区。

1947年，沈丘县民主政府成立时，设县长和民政科长，后增设副县长。1948年增设财粮科、公安局、司法科。1949年3月，沙河南北并县恢复沈丘旧制，县政府设县长、副县长，下设秘书、民政科、财粮科、教育科、实业科、工商科，另有税务局、邮政局、银行。下设9个区，分别是一区城关、二区刘庄店、三区范营、四区莲池、五区槐店、六区宜路店、七区纸店、八区陈观、九区杨海营。区下设乡，全县共有132个乡。区政府设区长、副区长和民政、文教、公安、武装、财粮区员，以及生产干事、文书、财粮会计、经费会计、民兵大队长。乡设乡长、农会主任和财粮。

1950年，沈丘县增设槐店为县辖镇，置城关、纸店、莲池3个区辖镇。10月，沈丘县人民政府迁槐店。

1947年10月，项城县民主政府成立，文冶平任县长，隶属豫皖苏四专署。12月，划归豫皖苏西北工委。1948年4月，西北工委改属豫皖苏七专署，项城县民主政府又归七专署。县政府增设秘书室、司法科、工商科、税务局、邮政局、人民银行等部门。1949年3月，淮阳专员公署建立。1949年1月，项城县民主政府由老城阎楼村迁至秣陵镇黉学街。1949年10月，项城县民主政府改称项城县人民政府，隶属淮阳专署。1953年12月，项城县人民政府迁至水寨镇。1953年淮阳专区撤销，项城属商丘专区。1958至1960年，项城县先后属商丘、开封专区。1961年12月至1965年6月属商丘专区。1965年6月划归周口专区。

1946年至1949年，中共先后在鹿邑创建了5个边区县。1946年8月，安平县民主政府成立，县民主政府驻玄武集。1949年4月撤销；1946年10月，商（丘）亳（州）鹿（邑）柘（城）县民主政府在贾滩成立，县政府驻枣集（今宋河镇），隶属豫皖苏第二专署。1949年4月撤销；1946年10月，鹿

（邑）淮（阳）太（康）县民主政府在辛集成立，驻地辛集，隶属水东专署。1947年元月撤销；1946年12月，鹿（邑）亳（州）太（和）县民主政府成立，驻地白马驿（今郸城县白马镇）。1947年6月撤销；1947年2月，沈（丘）鹿（邑）淮（阳）县民主政府在郸城集成立。11月撤销。

1946年12月，冀鲁豫区六专署撤销，改为豫皖苏二专署，驻吴台庙、王寨（今属郸城县）一带。辖鹿邑、淮阳、淮太西、西华、鹿（邑）亳（县）太（康）、沈（丘）鹿（邑）淮（阳）、周口、安平、太康、沈（丘）项（城）临（泉）县与淮阳、亳州市。

1947年元月，鹿邑县民主政府成立，驻吴台庙，隶属豫皖苏边区专署。1948年11月，迁入鹿邑县城，归属河南省淮阳专区。1953年撤销淮阳专区，鹿邑隶属商丘专区。1958年，开封、商丘二专区合并为开封专区，鹿邑属之。1961年复置商丘专区，鹿邑属之。1965年周口专区成立，鹿邑改属周口专区。

1947年10月20日，豫皖苏边区四专署在沈丘县莲池建立，辖沈丘、临泉、项城、新蔡、泉阳、阜南等县。

1948年4月，豫皖苏边区七专署在周口、商水一带建立，辖项城、商水、上蔡、洪河、郾（城）商（水）西（华）5县和周口市。

1949年3月，撤销二专署、四专署、七专署，成立淮阳专员公署，驻淮阳县城，隶属中原临时人民政府。1949年5月，改属河南省人民政府。辖淮阳、太康、鹿邑、沈丘、项城、商水、西华、扶沟8县和周口市，1952年8月增设郸城县。1953年1月29日，淮阳专员公署撤销，属县分别划归商丘专区和许昌专区。1965年6月16日，国务院批准成立周口专员公署，6月29日河南省人民委员会发文增设周口专员公署，驻周口镇，7月1日正式办公。辖淮阳、太康、鹿邑、沈丘、商水、西华、郸城、项城、扶沟9县和周口镇（县级），相当于今地级周口市。

二、城镇建设、布局及人口

1. 城镇建设及布局

清末，淮宁县内城城垣周长9里13步，高2.4丈，城堞2211个。城堞每隔27丈以青砖垒砌建1.5丈见方的敌台，共49座。城墙内各隅分别建一座2.5丈见方的角楼，均为砖木结构，绿瓦覆顶，结构奇特，飞角凌空。东南有魁星楼。四方城门各有三重。第一道城门高约2丈，宽1.5丈，砖砌拱形券门。门厚7至8寸，铁皮包面，门钉用铁皮镶嵌；第二道门与第一道门相距两丈余，连接两门的城墙呈弧形瓮券（瓮城），瓮城上设炮眼，两边有护卫房；第三道门与第二道门相隔约三丈余，两侧各有弧形短墙连接，形成较大瓮城。两边各设门卫房，并置有护城设施。第三道城门及瓮城上方各建三楹两层砖木结构的门楼。城池深1.5丈，宽2丈余。城池四门均置双吊桥。淮宁历来为豫东军事重地，素有四门、五关（东关、南关、西关、北小关、北大关）、八吊桥之称。加之环城有万亩城湖作屏障，易守难攻。城内街道有44条：东门保12条街，分别为顺城街、坊子街、季家街、龙亭街、钟楼街、县门街、县后街、钟楼南街、文昌宫街、县照壁后街、曹关帝庙街、鼓楼北大街；南门保10条街，分别为顺城街、南大街、树行街、新街、布店街、儒学街、高牌坊街、老齐洼街、党姑寺街、关帝庙后街；西门保11条街，分别为顺城街、石佛街、学道街、羊圈街、马巷街、朱家街、盐店街、大慈庵街、前武营街、后武营街、火神阁北大街；北门保11条街，分别为顺城街、北大街、土塔街、府后街、小仓街、道门街、北当铺街、清真寺街、大营房街、小营房街、五福街。城中部有鼓楼，西部有察院、火神庙、三皇庙、包公祠、山西会馆、城隍庙、关帝庙、袁甲三祠等，东部有钟楼、府署、县署、典史署、万寿宫、文昌宫、黉学宫、月波寺、广济堂等建筑群，呈对称布局。

民国初，淮阳仍为清末之规模。因连年战争，城墙设施如瓮城、角楼、城池、敌台等均不断增修、加固。城池加深至6.3米，宽8.7米。城关南北大街长10余里，故习称“十里不出关”。1933年，城内有街道40余条。北门内有中山北大街、宪法街、西互助街、合众街、西经武街、东经武街、民族街、爱众街、安老街、物埠街、修己街、怀少街、醒狮街、共和南北街、共和东西街；东门内有民生街、训政街、东互助街、醒众街、太平街、吉庆街、民权街、克己街、教育街、崇俭街、维新街、革新街、清廉街、东清廉街；南门内有中山南大街、前尚武街、后尚武街、集市街、前整齐街、后整齐街、南互助街、南教育街、党化街；西门内有大同街、博爱街、爱人街、公安街、自由街、平等街、三民街、西互助街。时淮阳城内有居民3573户，16331人。

淮阳县城主要建筑有县署、钟鼓楼、祠庙、教堂、会馆、学校等。1928年，淮阳县署拆毁照壁，改建大门，又于东偏院旧花厅改建大楼5间。后七区督察专员公署设此，县府迁中山南大街。钟楼位于钟楼街中间，鼓楼位于中山大街（今新华街）中部，二者均为砖券门洞高台基座，上筑重檐歇山式楼阁3间，内悬钟、鼓。

水寨，位于沙颍河、枯河夹肢窝处，故名“夹河集”。明崇祯年间，为防范李自成起义军而修建土寨，清乾隆年间出现“水寨”地名，后易名为“水寨集”。历史上一直属于淮阳管辖。抗战时期，国民党淮阳县政府偏安于此。1947年，水寨集划归项城县管辖。建国前，水寨城区面积0.37平方公里，主要街道有8条，小街巷10条。东西南北分别为东山货街、西山货街、鼓楼街、太平街。鼓楼南街有高公馆，南门里有袁公馆（今袁世凯行宫）。西门里靠北边有老虎坑，油坊街北有火神庙，东有红门关爷庙。以鼓楼为中心，登楼顶可俯瞰全集。集镇内有居民500户，计2243人。

咸丰九年（1859年），商水知县汪斌才、邑绅傅成五、王祥五等掘池筑城，倍加宽广，又增建炮楼4座、四门吊桥及牛马墙。同治、光绪年间，知县会同邑绅又多次补修。宣统三年（1911年），武昌起事，知县斌术及邑绅赵崇光、王炳扬、王德芳等增修城上戍铺20余处，邑人张丙壬捐资重建东西门楼各3间。民国初年扒庙打神时古建筑物大部改造或拆毁。建国前，商水县城城区东西长820米，南北宽715米，面积0.59平方公里，县城中心在东西、南北大街交汇处老十字街，二街道均宽9米。近代，县城城墙与城内建筑物屡遭兵燹，1947年拆毁城墙。

清咸丰年间（1851－1861），岁贡李映离与其族叔李尚选等捐资重修周家口西寨。咸丰八年（1858年），廪贡何甲荣、武生李庆云等创修南寨。同年，监生孙甲林等倡修北寨。三寨均为砖墙，三岸连起，城区面积3.2平方公里，有寨门45座。其中南寨面积1.58平方公里，寨门16座；北寨面积1.29平方公里，寨门17座；西寨面积0.33平方公里，寨门12座。据民国七年《商水县志·地理志》载：“周家口为水陆通衢，独据中州之要。”1939年寨墙拆除。

1935年，建周家口沙河大桥（今老桥），南、北两寨贯通，加之北寨与西寨有二板桥相连，自此三寨有桥相通。

民国时期，西华县城在清末的基础上又几经整修，城区（含四关）南北长约3里，东西宽2里余，总面积约2.5平方公里。黄泛时城毁，砖石遗失殆尽。街道狭窄，高低不平。四条大街开设有私营店铺、摊坊，繁华地点在大、小十字街及衙门口附近。除几家大地主有楼房外，余皆瓦房或草房。西华县城仅有1家织毛巾的民生工厂、1处初级中学、1处完全小学、4处初级小学。抗战胜利后，西华县政府因黄水围困县城，迁逍遥镇西街。1948年西华解放后，西华县民主政府迁回县城。

清末至1938年，扶沟县城有完整的城墙、城隍、四道城门。城垣上建有炮楼，四门各有两道门（头道门和二道门）。两道门与瓮圈形成瓮城，二道门上建有城门楼。全城有26条街，东西大街（中山大街、中山东街、中山西街）宽广，南北大街（中山南街和北街）曲弯相通，其他均为小街，街道狭窄。大十字街商业较繁华。城内机关、学校、寺庙、祠堂、会馆和官绅富户住宅多系瓦房，有旧式楼房40余幢，沿街商户门面房较高，木板门较多，楼房很少。偏僻街巷贫民居住，住宅多系矮小草房。

清咸丰年间，扶沟县创修附城四角炮楼和四周营房。光绪二十二年（1896年），扶沟知县熊灿重浚城濠，深1丈5尺，底宽2丈。光绪二十六年（1900年），扶沟知县杨敬在县衙修建西厢房8间。光绪三十年（1904年），在扶沟常平仓南院，修罪犯习艺所4间、看守所6间。宣统二年（1910年），扶沟县知县甘士达在狱外南东处建瓦房4间，作为刑事羁押所。宣统三年（1911年），扶沟县知县武培元在城垣上增修营房15间。

1914年，扶沟县知事张自新又浚城濠，深、宽同光绪二十二年（1896年）。1922年，农民武装破扶沟县城，烧毁三堂后正房9间。1923年，知事赵佩鹤在城垣上增修岗楼12座，维修雉堞；重浚城濠，深2丈，宽3丈。1924年，习艺所改为管狱署。1927年，农民武装再次破城，烧毁官宅院。随后大堂前房屋相继倒塌。1938年，黄河泛水逼近扶沟县城东、北城墙，城墙成为堵水堤防。

1948年，扶沟县人民政府为便利交通，逐渐拆除城墙，修筑公路。

清末至民国年间，太康城池继续修筑增建。清咸丰四年（1854年），太康知县祝垲修城浚池，添建炮楼。咸丰九年（1859年），祝垲拆毁城东南的灵光塔修筑城墙，添筑炮楼，县内豪绅亦纷纷修寨自保，使捻军无法立足。

1921年，太康县知事张锡典修浚保留濠。1926年，县知事王清霖于城西南隅增筑守卫室3间。1929年，太康县长马荫曾于城四面建更房、炮楼，多半棚板，并复浚城濠。1931年，县长徐炎筑东门守卫室2间。1932年，县长周镇西因水灾以工代赈，修城隍240丈，增宽1.8丈。同年，省财政厅拨粮秣余款1.76万元，由城工委员郭芝塘董工整修炮楼、守卫室、更房，翻修城墙，挑挖城濠等。此后再未修整。民国时期，城内街巷由原晚清时期的18条增至29条，并3次整修，加高路面，砖砌侧沟，东、西、南、北大街、县前街路宽均在8米以上。

清咸丰四年（1854年）后，鹿邑县为防御捻军，加强了对城池的修葺。咸丰九年（1859年），鹿邑知县孙嘉臻新建雉堞3769个，新筑碉楼6座，修2座，广濠堑3丈，深1丈5尺。四门重建吊桥，在郭外开外堑长2600丈，宽1丈5尺，深1丈，以土培堤，并建郭门及吊桥6座。每门筑营房3间。至此，旧城布局得以完备。光绪三十四年（1908年）外堤郭倒塌过半。清末，鹿邑县城内街巷有牌坊71座，民国年间相继拆除。

清同治六年（1867年），鹿邑县官府集资1.5万余串，重建黉学，现仅存大成殿和崇圣祠。光绪二十三年（1897年）秋，鹿邑大雨，城墙倒塌数十丈。光绪二十五年（1899年）春，鹿邑知县李凤标主持培修城墙，补建城垛。

民国初年，鹿邑城墙完整。1921年秋，大水冲塌60余段，1922年整修。1930年和1931年遇水，倒塌更甚，后又修葺。解放战争中，四门被毁。解放后，城墙被逐渐削平，现仅存城东南隅土墙300米。

1948年，鹿邑县城四隅城隍皆水。城内街巷有尚贤街、循礼街、芙蓉街、孚惠街、署前街、新塔巷、仓门巷、仓南巷、杨家巷、邓家巷等10余条。主街道呈十字形，东门至西门为尚贤街，南门至北门为循礼街。各个街道窄狭，曲不成线，全为土路，每逢阴雨，污水横流，泥泞满街，步行艰难。唯有西关较为繁华，布、粮、柴等行、坊分布于狭街两旁。清晨开市，行人摩肩接踵，拥挤塞道。辛亥革命时，尚贤街更名为中山东街、中山西街，循礼街更名为中山南街、中山北街。两街交叉点为大隅首，向西依次为史隅首、王隅首、何隅首；西城门外为小隅首；向北有阎隅首、丁隅首。1935年，拓宽整修中山西街，拆除了牌坊和厦廊门，砖砌了行人边道。解放后，东西大街改名为新华街，南北大街改名为人民街。

1922年10月，原河南督军赵倜旧部张庆（外号老洋人）率部众数千人攻破沈丘县城（今老城），焚烧房屋3000余间，县署亦付之一炬。次年，重修县署仅及原有房舍的三分之二。1926年修缮文庙，开掘城濠，在城垣四角各建炮楼1座。抗战时期，国民党骑2军驻沈丘，建小型体育场和剧院各1座。1940年至1944年，沈丘县城两次遭日机轰炸，建筑物破坏严重。解放前夕，沈丘县城市容呈现衰败景象。

解放前，槐店属沈、项、淮三县分管，四周筑有寨墙，各辟一门。沿河码头开有小门，东西不足1公里，南北不到0.5公里，有15条狭窄的小街和7条弯曲的小巷。商业以粮行、油盐店、手工制革较盛。河道四季通航，船舶云集。

晚清时期，项城县城（今秣陵镇）内有南、北、东、西街及后街等。设衙署、察院、黉学、祀典、仓储、养济院、普济院、寺观和楼、坊、亭、台、阁等建筑。咸丰十年（1860年），捻军临城遭守兵炮击游走。于是，绅士董公议建炮楼数座，苦无砖石，与绅士高沅之等相商，借石料700余车，复与绅士张静斋劝捐助修，共建炮楼9座。宣统三年（1911年），城墙坍塌600余尺，兼有待修补者数百尺。同时，西、南两门倾圮，不能行车，绅士董公集议补修，适砖缺价贵，碍难解决。后经城乡诸绅会商，将已圮白衣阁3间、轩辕庙3间之旧砖料借之督修，九月动工，十一月告竣。

1939年10月，日军侵占淮阳县城，项城县当局为防其南侵以城垣建筑作据点，奉令拆除城墙、门楼和炮楼等。1944年，项城县长何国暹在四面建4个简易城门，横楣上各书“项城县”3字。城内有钟楼、鼓楼（青云楼）、史署、教谕宅、城守营衙署、常平仓、养济院、普济堂、虹阳书院（后为莲溪书院）、文庙（黉学）、崇圣祠、明伦堂、文昌宫、魁星楼、准提阁、大吉寺、清真寺、城隍庙、关帝庙、火神庙、土地庙、蚂蚱庙（刘猛将军祠）、马神庙、西岳庙、轩辕庙、老君庙、华佗庙、萧曹庙、三官庙、真武庙、傅忠壮公祠、四贤尹祠、梁公祠、昭忠祠、碧霞宫、阎官宅、邓氏祠、宣化坊、善政坊、澄清坊、豸绣坊、迎思坊、灵应坊、文林坊、兴贤坊、进士坊、攀龙坊、云梯坊、折桂坊、节孝坊；上虹桥、下虹桥、古槐等；幕厅、架阁库、寅宾馆、察院、旌善亭、戚继公生祠、魏公生祠、魏杨徐三公生祠等。

民国时期，项城县城内有县署（县政府）、参议会、阎官宅（县党部）、城隍庙（国民兵团团部）、邓氏祠（三民主义青年团项城区队部）、莲溪书院（县立简师）、火神庙（县教育局）、大吉寺（县师附小、县体育场）、祖师庙（县干训所）、东街高宅（田赋管理处）、文庙（县立一小）、文昌宫（抗建中学）、警察局、清真寺、上虹桥、下虹桥、古槐等。闹市区十字街左右有马双泰、祥泰堂、同仁堂、五福楼、春田号等字号。东街有酒作坊、咸菜店、竹业铺等；南北街几无店铺。该镇素有“三多”之称，即坑多、庙多、菜园多。所谓坑多，指县府背依大苇坑，黉学南濒苇坑，城隍庙西临大坑，莲溪书院环水，火神庙背靠大坑等；所谓庙多，指城内有文庙、城隍庙、祖师庙、火神庙等不少寺庙；所谓菜园多，指李家园、马家园、黉学后大菜园、南小街西菜园。城东关外有先农坛、菩萨堂；南关外有风云雷雨坛、演泽园；西关外有社稷坛、龙王庙；北关外有厉坛、玉皇庙、人祖阁。城内水井多苦咸，欲饮甜水，须到李家园取水，或到东、西关外肩挑车推。建国后，吃甜水问题方解决。

清末，项城县署建筑布局大致同清乾隆年间。1922年焚毁。1933年，县长何慎斋建办公厅1幢，并题“政通人和”4字。1946年，县长赵喜柱建后院大礼堂1幢，基石上镌刻“奠基”2字。

1948 年春，中共项城县委、项城县民主政府进驻城内。县委机关先驻东大街高宅，后迁至文昌宫。县政府机关驻黉学，县立中学在莲溪书院，公安局在西大街，城关区在南大街刘公馆等。城区面积 1. 39 平方公里。

民国时期，各地县政府设建设科，主要管理农业生产，兼管城镇建设。

2. **人口**

1935 年，周口地区共出生 31827 人，出生率为 8. 97‰。鹿邑县为出生率最高的县，出生 10256 人，出生率为 14. 57‰，占全区 32. 22%；项城县为出生率最低的县，出生 1139 人，出生率 3. 83‰，占全区 3. 58%。1935 年，区内共死亡 20520 人，死亡率 5. 78‰，死亡率最高的鹿邑县达 8. 38‰，最低的项城县为 2. 09‰。1935 年，区内净增长 11307 人，净增长率 3. 19‰。1946 年，周口地区人口达 2748801 人，占河南全省人口的 9. 65%。

性别、年龄构成。1935 年，周口地区男 1861619 人，女 1687945 人，性别比为 110. 29，性别比最高的项城县为 120. 67，最低县商水为 102. 42。在年龄构成中，6 至 10 岁人口最多，占总人口的 9. 83%，其次是 11 至 15 岁、0 至 5 岁、16 至 20 岁，分别占总人口的 9. 45%、9. 27% 和 8. 6%。4 个年龄组相加，共 1318362 人，占总人口的 7. 15%。

婚姻构成。1935 年，周口地区内 15 及 15 岁以上 2939887 人，占总人口的 82. 82%。其中未婚人数 538069 人，占 15 及 15 岁以上人口的 18. 30%，未婚人数中男 299616 人，女 238453 人，男多于女 25. 65%。已婚人数 2401818 人，占 15 及 15 岁以上人口的 81. 70%。已婚人数中有配偶的有 2216004 人，占已婚人数的 92. 26%；丧失配偶的有 185396 人，占已婚人数的 7. 72%；离婚后未再婚的 418 人，占已婚人数的 0. 02%。

家庭构成。1935 年，周口地区集体户（居住在某一单位集体宿舍，以单位立户者或以其中一个人为户主立户者）、家庭户共 605975 户，其中外人寄居户、船户和寺庙户共 360 户。

职业构成。1935 年，周口地区在业人口 2868300 人，占总人口 80. 81%。其中，农业人口占绝大多数，2391961 人，占在业人口 83. 39%。其次是服务业，229066 人，占 7. 99%；矿业人数最少，仅 119 人。此外，从事工业者 66858 人，商业 93997 人，公务 27328 人，交通运输 21852 人，自由职业 37119 人。在各类职业中，女性比重较多的是服务业，173528 人，占服务业人数 75. 75%；其次是农业，女性 1070347 人，占农业人数 44. 75%。女性比重较少的是矿业、公务和交通运输业，分别占本职业人数的 10. 08%、10. 26% 和 21. 49%。

文化构成。1935 年，周口地区除商水县外，共调查 3282037 人，其中识字人数 268844 人，不识字人数 3013193 人。平均每百人识字人数仅 8.19 人。每百人识字人数最多的是太康县 11.57 人，最少的是鹿邑县仅 5.1 人。识字人数中绝大多数为男性，每百名男性中识字人数 14.49 人，每百名女性中识字人数仅 1.2 人。识字人口男女比为 1337:100。

民国时期，淮阳、太康、鹿邑 3 县人口较多，均在 50 万人以上，项城、沈丘、商水 3 县人口较少，均在 30 万人以下。扶沟县受黄泛等灾害影响，人口剧减，1946 年仅 4 万多人，成为周口地区人口最少的县。

民国时期，周口地区人口密度最高时每平方公里 290 人，最低时 126 人。人口密度最高的县是商水，1932 年每平方公里 356 人；最低县是扶沟，1946 年每平方公里仅 44 人。

淮阳县。淮宁县自清道光四年（1824 年）之后的 49 年中，尽管时有战乱，由于人少地多，人口仍以年均增长率 16.1‰增长，到同治十二年（1873 年），淮宁县达 58.46 万人。在此后的 30 年中，由于自然灾害频发、军阀混战，人口发展受到制约，增长缓慢，清光绪二十九年（1903 年），淮宁县人口仅增加 1.76 万人，年均增长率为 16.1‰。1932 年，淮阳县奉令将十区（周家口）6 乡 9 村划归商水县后，全县有 11.65 万户，73.41 万人，比上次人口统计增加 13.19 万人，年均增长率为 6.85‰。

1935 年，淮阳县进行人口普查，全县共有 116496 户，734149 人（男性 386016 人，女性 348133 人），其中从事农、工、商、公务、交通运输、自由职业、人事服务的在业人口 435938 人（男性 253004，女性 182934），占总人口的 59.38%；无业人口 298211（包括职业未详者），占总人口的 40.62%。人口密度每平方公里 252 人。

1938 年，国民党扒开花园口，淮阳县半数人口被灾，淹死 4.63 万人，外逃 17.89 万人。加之日军陷城，机关学校外迁，人口减少。1940 年，淮阳全县仅有 72.59 万人，比 1935 年减少 0.82 万人。1940 年后，由于日军侵占和黄水泛滥，人口增长缓慢。1946 年，大批难民返乡，淮阳县有人口 79.4 万人，6 年净增 6.81 万人，年均增长率为 15‰，人口密度每平方公里 312 人。国民党政府溃败前夕，苛捐杂税繁重，抓丁拉夫频繁，民众颠沛流离，人口大减。1948 年后，社会渐趋稳定，大批外流人员回归，人口略有回升。1949 年 3 月，河南省人民政府重新划定县域，将淮阳县 700 多平方公里的土地划给外县，淮阳县时有人口 57 万人，年均增长率为 11.7‰，人口密度每平方公里 323 人。

项城县。宣统三年（1911 年），项城县有人口 35128 户，192088 人，是清康熙二十七年（1688 年）人口总数的 14.3 倍。1931 年有人口 322791 人。1934 年，总人口为 321474 人，其中男性 175071，女性 146403。1935 年，项城县人口普查，有 36875 户，281988 人，其中男性 146056 人，女性 135932，比上年度略有减少。其男女性别比为 120.69∶100，是周口地区最高的县。1936 年，项城县总人口比上年度略有增加，为 297622 人。1939、1940 年连续两年保持在 30 万人。1941、1942 年人口出现下降，分别为 261140、247736 人。1946 年，项城县人口又回升为 398344 人。1947 年，人口又下降为 334600 人（1999 年《项城县志》）。

西华县。光绪三十四年（1908 年），西华有人口 52849 人。宣统元年（1909 年），有人口 30 万人，人口密度为 194 人。1932 年，有人口 79421 户，427221 人，其中男 216671，女 210550 人。1936 年，有人口 72763 户，421734 人，男 221095 人，女 200639 人。男性比女性多 10.2%。人口密度为 272 人。

由于天灾人祸频繁，民间逃避赋役、人口流动等多方面原因，周口地区人口数字变化极大，很难查实。如，西华县，光绪三十四年（1908 年）与宣统元年（1909 年）相比，一年之间骤增 24.7 万人，即是上述原因所致。1938 年后，西华处于黄泛区腹地，受灾严重，加之 1942 年荒年，民众溺、饿死者数万，人口大减。

太康县。1840 年后，黄河数次泛滥，太康涝灾、旱灾、蝗灾频仍，瘟疫流行，加之帝国主义的掠夺和军阀混战，人口增长缓慢。1931 年，人口由道光七年（1827 年）的 81858 户，437766 人，缓慢增长到 89082 户，523717 人。1935 年，太康县人口发展到 100364 户，545637 人，其中男性 284037 人，女性 261600 人，人口密度为每平方公里 260 人，平均每户 5.4 人。1938 年，黄河决口南泛，太康水淹 8 年之久。1943 年大灾荒，全县民众淹死、饿死及逃荒在外流离失所者达 60% 以上，县境仅剩 212373 人，占黄泛前人口的 38%。1947 年，花园口堵复，灾民纷纷返乡。1949 年，太康县有人口 487047 人，其中县城有 1.2 万人。

民国时期，太康县回族人口主要居住在县城，也分散居住于城郊、杨庙、逊母口、大许寨、老冢、张集、常营、马厂、朱口、马头、王集等乡。他们绝大多数为劳动人民，经济状况较差，生活贫困。县城回民每人仅占耕地 0.33 亩，靠做小生意糊口，文化比较落后，上过中学的寥寥无几，人口发展缓慢。1935 年，太康县有回民 2295 人，其中男 1278 人，女 1017 人。

扶沟县。1840 年后，黄河数次水淹扶沟，4 次雨灾，5 次蝗灾，6 次旱灾，兼以瘟疫流行，人多死亡。清光绪十七年（1891 年），扶沟县有人口 43114 户，230179 人。光绪十七年（1891 年）至 1938 年的 48 年中，扶沟人口增长缓慢，是年有 315500 人。1938 年 6 月，黄水南泛，扶沟成水乡泽国，人畜伤亡惨重，再经 1943 年的大灾荒，全县淹死、饿死 80600 人，逃荒在外流离失所 169800 人，全县人口仅剩 67100 人，为明清以来扶沟县人口最少的时期。1947 年，花园口堵复，人们纷纷返乡重建家园。1949 年，扶沟县人口为 307619 人，其中县城约为 9800 人。

商水县。1918 年，商水县有人口 209739 人。1936 年，有 265812 人，其中男 133890 人，女 131922 人。同时对职业分类情况进行了统计：农业 149669 人，矿业 119 人，工业 2313 人，商业 9839 人，公务员 559 人，交通运输 1720 人，自由职业 2432 人，人事服务 2789 人，无业 96372 人。

周家口。1918 年，周家口河南集地方 4219 户，20385 人；永宁集地方 1174 户，9301 人，计 5394 户，29686 人。1933 年，周家口属淮阳县管辖的 3874 户，38499 人。由于灾祸连年，战争频繁，匪患四起，周家口商业日渐萧条。1947 年周家口解放前夕，城市人口有 4 万余人。1949 年，周家口城乡人口达 67500 人，其中城区 3.89 万人，房屋 2.2 万间，其中私房占 90%。

清康乾年间，万商云集，省内各地回民来周家口定居的有怀庆府（今河南沁阳市）的丁、买、白、杨、张、拜、刘等姓，荥阳、禹县的艾、巴、刘、铁等姓，槐店的庞、李等姓，淮阳的沙、方、苏等姓，项城南顿的马姓，以及开封、朱仙镇、太康、封丘等地其他姓氏回民也来此定居经商。1949 年，周口城区三寨有回民 5821 人，占总人口的 11.8%，形成回民聚居区。

三、项城袁氏家族和袁世凯

1. 项城袁氏家族的发迹

项城以袁甲三、袁世凯为代表的袁氏家族是中国近代史上显赫一时的大家族。袁氏当初家境艰窘，走的是一般贫儒致力于举业的道路，孜孜追求的是一举成名，以耕读为业，世代为儒。

袁世凯的曾祖父袁耀东是庠生，但不到 40 岁就因读书用功太过而累死。曾祖母郭氏，出身于同郡的大户人家，非常懂得诗文礼仪的重要性。她远比丈夫长寿，一直活到 101 岁。在郭氏的悉心教育下，4 个儿子袁澍三、袁甲

三、袁凤三、袁重三都很有出息，没有一个白丁。长子袁澍三，也即袁世凯的祖父，是廪贡生，曾署陈留县训导兼教谕；次子袁甲三是进士，官至钦差大臣、漕运总督；三子袁凤三是庠生，曾捐禹县训导；四子袁重三是生员。清道光年间袁家开始兴盛，到咸丰年间袁家由清贫之家一跃成为项城县的首富巨室。

道光年间，袁氏家族自袁世凯的叔祖父袁甲三起，“以老死牖下为耻”，力争以军功博高位。袁甲三官至钦差大臣、漕运总督，声名显赫。袁甲三长子袁保恒、次子袁保龄都博取了功名。袁保恒官至户部侍郎，次子袁保龄官至内阁学士、旅顺港坞工程总办。袁世凯的祖父袁澍三有两个儿子：长子袁保中，次子袁保庆。袁世凯的父亲袁保中系地方豪绅，而其嗣父袁保庆官至江南盐法道，“累世勋阀，三代煊赫”，袁氏家族的荣耀由此而来。

清末，袁世凯弃文从武，走上了一条与先人不同的道路，并由此发迹。袁世凯官至直隶总督、军机大臣、内阁总理大臣；民国时当上总统，又妄自称帝，显赫远远超过其两代先人。

一个显赫人物的出现绝非偶然，与他生长的土地和环境有着千丝万缕的关系，其中家族影响非常之大。在中国传统社会里，家族背景对一个官僚的政治行为有着决定性影响。一个人在成长过程中，家族环境的影响不可低估。袁世凯幼年时家庭的熏陶、他所接受的教育、父亲以及几位叔父对他的深刻影响，形成了袁世凯的人生观，对他的人生道路起着重要作用。

袁甲三（1806－1863），字午桥，项城人。袁世凯的叔祖父，道光进士。他是项城袁氏家族中第一位以科举功名入仕的人，也是袁氏家族第一位官居一品的朝廷大员。最高官职是漕运总督兼江南河道总督，提督八省军门。因为他的功劳，曾祖父袁志恭、祖父袁九芝、父亲袁耀东，都被朝廷追封为一品。母亲郭氏、原配妻陈氏、续妻陈氏也都被追封为一品诰命夫人。

袁甲三历任江南道监察御史、兵科给事中等职，以刚直闻名。1853 年奉命赴安徽协助侍郎吕贤基督办淮北军务，同太平军、捻军作战。吕贤基毙命，代领其军，驻节临淮（今安徽凤阳东）。1855 年被参奏，离职赴京。1856 年被起用，率团练随河南巡抚英桂进攻捻军，攻占捻军根据地安徽雉河集（今安徽涡阳），因功以三品京堂候补，授太仆寺卿。1859 年，因与钦差大臣胜保矛盾极深，再次被参奏，调离京职。不久胜保离军，又受命署钦差大臣，督办安徽军务，授漕运总督，继续同捻军作战。1862 年，协同多隆阿攻陷庐州（今安徽合肥）。1863 年因积劳成疾，卒于陈州（治今淮阳）袁府，谥号“端敏”。今淮阳县公安局院内尚存袁甲三祠。

袁保恒（1826－1878），字小午，号筱坞，袁甲三长子，袁世凯叔父，清道光六年（1826年）出生于项城袁张营（今项城市千佛阁区）。他是袁氏家族中功名仅次于袁甲三的二号人物，袁世凯受其影响很大。道光三十年（1850年）中进士，改庶吉士，授翰林院编修。他少随父亲袁甲三治军，熟谙军事，曾先后佐李鸿章、左宗棠军幕20余年。后历任詹事、内阁学士、武会正考官、殿试读卷官，官至刑部左侍郎和户部侍郎。上疏陈时政，请防俄罗斯入侵，奏设台湾巡抚。著有《袁文诚公集》。

清咸丰三年（1853年），袁保恒随父亲袁甲三赴安徽镇压太平军、捻军。咸丰七年（1857年），因战功授侍讲学士衔，官拜从四品，获赐顶戴花翎，次年获“伊勒图巴图鲁”（勇士）封号；同治八年（1868年）到李鸿章军中委用，后随左宗棠赴陕，同治十一年（1871年）肃州战役后获一品顶戴，两年后擢升为户部左侍郎、内阁学士。同治十三年（1873年）十月慈禧太后四旬寿典时，特别恩赐袁保恒的祖母郭氏匾额、如意、文绮，以示对袁保恒的恩宠。光绪元年（1875年）入京任吏部侍郎、刑部侍郎等职，成为朝廷大员。同年三月，袁保恒奉诏从左宗棠军中回京，八月兼署吏部右侍郎。光绪二年（1876年）四月，袁保恒调任刑部左侍郎。

光绪三年（1877年），袁保恒祖母郭氏寿终，袁保恒回籍奔丧，正赶上河南一带发生特大旱灾，饥民相食，饿殍遍野。河南巡抚李庆翔因赈灾迟延，被朝廷革职查办。袁保恒服丧假满后，受命到河南府（开封）帮办救灾事宜。此间，袁保恒摒绝供帐，服食粗粝，协同暂署河南的河东河道总督李鹤年，通饬所属府、州、县署，详查灾民户口造册上报。他日夜为救灾操劳，连上数折陈述灾情，还亲书求助信件发给全国各省大吏，并写家书要求家人倾尽家财恤救本地灾民。由于赈灾事务繁重，袁保恒经常食宿无定，身心日渐憔悴。光绪四年（1878年）四月，豫东一带春霖普降，袁保恒正计划到灾区巡视春种情况，尚未成行，却不幸染上霍乱，患病3日就溘然长逝。灾民闻袁侍郎病故，无不痛哭流涕。朝廷追念他的功德，谥“文诚”，并将他的事迹列在临淮、陈州袁甲三祠内配享。其长子袁世勋赐封员外郎。

袁保龄（1841－1889），字子久，又名陆龛，袁甲三次子，袁世凯的叔父。1862年中举，曾随父镇压捻军。1866年，25岁的袁保龄任清朝廷内阁中书侍读。1877年，袁保龄因编纂《穆宗毅皇帝实录》有功，赏戴花翎，官衔升为四品。1878年因赈灾有功，升为道员，加三品衔。1879年《穆宗毅皇帝实录》全书告成，赏二品顶戴。北洋大臣李鸿章认为袁保龄是“诸习戎械，博通经济，才具勤敏”的官员，于1881年以“北洋佐理需才”为由，奏请朝廷将其调到天津，委办北洋海防营务。

1882 年，袁保龄出任旅顺港坞工程总办，身兼军政二职。上任后，他锐意改组原工程局，裁撤贪鄙无能的官员，启用熟谙技术的人才，妥善处理上下级和军民、华洋等关系。在督办海防工程时，他大胆采用西方先进技术建港修坞，很快使旅顺海防工程展现新局面。在修筑拦海大坝时，他冒着严寒亲临现场，监督民工洋匠日夜赶修，历时 40 个昼夜筑成拦海大坝。在他的主持下，港坞配套工程，如挖掘坞基、修建码头、开渠引水、拓宽海口、疏通航道、购办机器，以及成立修船厂、机械局、建筑弹药库、海岸炮台、水陆医院、旅顺电报局、建造机器超重船等 10 多项重大工程，均得以按时完工。为保证施工决策的正确性，他坚持施工原则和质量标准，对于不能保证施工质量的错误主张，毫不退让。其时，受聘的德籍工程师善威主张用砖建坞，他认为砖不耐久，必须用石料。双方争执 4 个多月，终于按他的指令用石料修坞，从而保证船坞历百年而坚固如初。

袁保龄忠于职守，秉公办事，不但督办船坞时立下功劳，受到朝廷表彰，而且为旅顺人民做了不少好事。他主持正义，公平合理地处理前工程局与当地土地业主在用地方面的争议，如数退还前任拖欠百姓的货款。此外，他还倡导旅顺一带广种桑树，教民养蚕和纺织，兴办学堂，促进了旅顺的经济发展和民众开化。

1884 年，李鸿章巡阅旅顺口，看到海防营务建设成果，对袁保龄赞赏道："旅顺炮台营垒坚固可守，全赖保龄督饬之力。"1886 年 4 月，醇亲王奕譞（溥仪的祖父）亲阅旅顺口，认为旅顺口"海防布置合宜，保龄尤为得力，奏闻下部优叙"。1889 年，袁保龄因操劳过度，病卒于旅顺防地。清政府比照军营积病故例优恤，授次政大夫，晋封光禄大夫，赠内阁学士。袁保龄著有《阁学公集》。

袁保庆（1825－1873），字笃臣，号延之，谥号"中议"。他是袁世凯的嗣父，袁世凯的一生，受其影响甚大。他幼承家学，学业突出，于咸丰八年（1858 年）中举。后随叔父袁甲三在鄂豫皖苏一带参加对捻军作战，战功卓著，官至江宁盐法道（二品）。

袁保庆少年时代，袁家尚三世同堂，全家 8 口人，仅有土地 30 多亩，家计窘迫。父辈兄弟 4 人都在读书，全靠祖母郭氏苦心经营，才勉强维持全家生计。后来父辈中 4 人有 3 人入仕，特别是叔父袁甲三官职不断升迁，家境才开始好转。他 7 岁时与堂弟袁保恒，同受读于袁甲三。袁甲三管教严格，细心教他们读儒家著作。袁甲三入仕后，他们又到邻村继续读书。袁保庆性格内向，不好玩耍，经常一个人思考问题，对老师所教内容都能融会贯通。遇到宋儒以来的著作，总是探赜索隐，务求甚解。

袁保庆青年时期，正是袁甲三统军剿捻时期。袁甲三恐他们学业无进，就把他们召入军中，一方面让他们参与军事行动，一方面特聘睢州著名塾师吕新吾、汤潜庵为他们授课。先生们对袁保庆的评语是："学切于实用"。咸丰八年（1858年），袁甲三让他回乡参加乡试，考中举人。因为他在叔父军中作战勇敢，亲自带领清军攻克了安徽六安，被副督统胜保上奏朝廷，封光禄寺署正。

咸丰十年（1860年），顺天府丞毛昶熙督办河南团练，奏请袁保庆帮办，专司训练。当年十月，山东捻军集结亳州拟西进，袁保庆督率团丁声援官军，在开封、归德（今河南商丘）一带布阵阻击捻军。他在战斗中身先士卒，冲锋陷阵，率军在数天内杀死捻军数千人，捻军节节败退，随后退回亳州。袁保庆又率军攻破夏邑、睢州等地，斩杀捻军首领数人，被朝廷嘉奖四品衔并赏戴花翎。

咸丰十一年（1861年）正月，捻军占领陈州宋集、雷集一带，袁保庆约请道员周旭徵带领团练前后夹击，再次大败捻军。同治二年（1863年），豫皖交界捻军四起，侵扰正阳、息县、项城、沈丘等地，还占领了新蔡县城。毛昶熙及钦差大臣胜保先后把陈州、汝宁防地交给袁保庆，袁保庆率军奋战，先后击溃多处捻军，俘虏并杀死捻军大小首领上百人，攻克或收复了被捻军占领的路阁庄、三官庙等50多个村寨。捻军将领王九现、李如松率兵攻占了项城尚店寨，袁保庆督军和他们交战50多个昼夜，最后杀死了李如松等19名捻军将领，斩、俘捻军3000多人。这次战役清军大获全胜，袁保庆又被加封盐运使衔。

同治四年（1865年），河南巡抚张之万保举袁保庆为道员，留河南补用，浙江巡抚马新贻也力保留浙江补用，但都未被吏部批准，却被旨封为知府，发山东补用为济南府。同治七年（1868年），升任两江总督的马新贻再次力保袁保庆赴江苏办江防，被军机处议准，钦封江宁盐法道，掌管一省食盐的生产、运销。在盐法道任上，袁保庆查看河工，督办盐务，并指挥江防水陆各军，清正廉洁，恪尽职守，克勤克俭，昼夜操劳。同治十二年（1873年）六月，袁保庆病故于南京任所，谥"中义"，生平事迹被宣付国史馆，附祀于陈州、临淮袁甲三祠内。

袁保庆死后，袁保龄将他的文稿编撰为语录体《自义琐言》一书，详述为官之道。如他认为官民本是一体，当官的只要能对老百姓关心五分，老百姓就会对你颂扬十分。“官不负民，民断不负官。”所以他特别强调：“为官者，不责己而责民，却动曰百姓不好，是醉语耳!”据说，袁保庆去世时留给嗣子袁世凯的就有这部书。

袁世凯的生父袁保中，字重臣，附贡生，他一生虽然捐了一个同知，但没有正式出仕为官，一直在家经营田产。他是袁耀东的嫡长孙，因此在袁家，他以长子身份主持家政，对程朱理学也很热衷。豪门显宦的门第使他在项城县独恃一方，官府也让他三分，是个地道的“土皇帝”。袁保中生有 6 子 2 女，袁世凯为其第四子。

袁世凯出身于这样的官宦之家，深受家族环境的影响，受到官场的历练，谙熟政治上的伎俩，有着广泛的人脉基础，加之中国处于社会大变革时期，他本人精明强干，善于投机，于是时势造就了袁世凯。

3. **袁世凯的一生**

袁世凯（1859. 9. 16 – 1916. 6. 6），字慰亭（又作慰庭），号容庵，项城人。他是中国近代史后期最重要的历史人物之一。他的一生是这一历史时期的缩影。清末政治腐败，经济崩溃，社会动荡，军事上屡遭败绩，被列强瓜分殆尽，内外交困、穷途末路的封建王朝即将寿终正寝。袁世凯如鱼得水，左右逢源，开始发迹并迅速崛起。袁世凯于清季投身行伍，襄赞洋务运动及新政，自道员、督抚累升，至入值军机，甚至内阁总理大臣，成为清末头号权臣。中华民国成立后，袁世凯当选首任正式大总统（见图），1916 年逆历史潮流而动复辟称帝，终归失败。

袁世凯

咸丰九年（1859 年）九月十六日，袁世凯出生于项城县袁寨一个世代官宦大家族。时正好传来袁甲三在剿捻前线出兵大捷、凯旋班师的消息，加上袁氏家族“保世克家，企文绍武”的辈序，新生男婴遂取名世凯。袁世凯 4 岁时过继给年老无子的叔父袁保庆，由嗣母牛氏抚养在家。

外出读书，历练官场。同治五年（1866 年），袁保庆从家乡赴山东济南候补知府时，年方 7 岁的袁世凯随袁保庆到济南读书。同治七年（1868 年）

冬，袁保庆以道员发往江苏差遣，袁世凯随往侨寓扬州，复移南京。袁保庆在江苏受委办理督标营务处，后又任江南盐巡道，与驻守浦口的淮军将领吴长庆过往甚密。咸丰年间，太平军围困吴长庆之父吴廷香于庐江，吴廷香派吴长庆向袁甲三求救，袁保庆主张救援，袁保恒则认为兵分则弱，力主不救。为此拖延日久，庐江被太平军攻陷，吴廷香被杀，从此吴长庆与袁保恒绝交，而与袁保庆订“兄弟之好”。同治十二年（1873年）七月，袁保庆因霍乱死于南京任所，吴长庆渡江视殓，与刘铭传一起帮助料理后事。二人见到袁世凯后，都对他很器重。

袁世凯与嗣母牛氏扶柩回项城老家后，对他的教育责任转到两个在京做官的叔父袁保恒、袁保龄身上。这两位叔父对他的影响较之生父和嗣父更大。同治十三年（1874年）春，袁保恒已官至户部左侍郎，回籍探亲，见袁世凯聪慧过人，却无人管教，便把他带到北京，聘请名师教导。在内阁中书任上的袁保龄认为袁世凯天资不高，浮动异常，对其督导严厉。

光绪元年（1875年），袁保恒奉旨到西北帮办左宗棠军需，携袁世凯同往。光绪二年（1876年）秋，袁世凯听从堂叔袁保恒的安排，回河南陈州应乡试，未第。十月，与陈州大于集的于氏结婚，时年17岁。于氏目不识丁，不懂礼数，不善圆通，性格孤傲，与袁世凯关系紧张。翌年初春，袁世凯又回到北京。袁保恒刚调任刑部侍郎，工作繁忙，袁世凯一边读书，一边帮他办事，学得不少官场本领。两位堂叔夸奖他“办事机敏”，是“中上美材”。时华北大旱成灾，袁保恒奉命到开封帮办赈务，带袁世凯同行，遇有密要事案，均派他查办、参佐一切。光绪四年（1878年）五月，袁保恒感染时疫去世，袁世凯料理丧事后回到项城。袁世凯自7岁随嗣父离乡，先后辗转济南、扬州、南京、西安、兰州、北京、开封等地，足迹遍及大半个中国，在都市断断续续生活了11年。

科场失意，投入军门。袁世凯回乡后，正赶上袁氏家族按“保”字辈分家，在嗣父袁保庆的名下，独得一份丰厚的资财，其中包括叔祖父袁甲三生前在陈州购置的一座小宅院。袁世凯便携新婚的妻子从项城乡下迁居陈州，过起了诗酒文人的生活。陈州是一座历史悠久的古城，也是文人雅士萃聚之地。分家之后，袁世凯成了一“家”之主，又有了可供自己支配的财产，加上其慷慨行侠，身边聚集了一批墨客雅士，于是创办了“丽泽山房”和“勿欺山房”两个文社，提供文社所需的一切费用，他自己被推为两个文社的“主事”。这一时期，陈州的文人骚客经常聚会“山房”，吟诗作赋，谈古论今，高谈阔论，浅吟低唱，热闹非常，极尽一时之风流，被传为文坛佳话。

他通过创办文社，声望鹊起，同时也使他结识了一批陈州名士。时任陈州的吴重禧“雅爱其风采”，亲自约袁世凯为待酒之友，成为文社的座上客。远近的一些文人纷纷慕名而来，无不以一睹“山房”为快。

袁世凯筹办文社期间，在“山房”结识了对他日后仕途起作用最大的一个人物——徐世昌。徐世昌后来曾作为袁世凯的心腹和左右臂，为袁世凯登上大总统宝座出谋划策，并在袁世凯死后一度任中华民国大总统。

徐世昌（1855－1939），字卜五，号菊人。其时，徐世昌正在落魄之时，因家道败落，穷困潦倒，北上应试无有盘缠，故屈身在陈州府授馆课童。徐世昌登门拜见袁世凯后，两人一见如故，相见恨晚，遂换帖结拜为兄弟，从此成为袁世凯毕生重要的谋士。袁世凯得知这位盟兄的窘境，立刻解囊相助，赠予银两盘缠，劝其进京赶考。徐世昌参加应试，果然中举。1886 年春中进士，授翰林院编修。他对袁世凯的知遇济难之恩铭记在心，终生不忘。

光绪五年（1879 年），袁世凯的姑丈张向宸办理河南赈务，委托袁世凯分办陈州捐务，因他集款独巨，张就以袁保恒生前捐款，移奖袁世凯一个“中书科中书”的虚衔。同年秋，21 岁的袁世凯再次参加乡试不第，于是愤而焚毁所有文稿，发誓投笔从戎，走武功鸣世之路。

光绪二年（1876 年）、五年（1879 年），袁世凯两次乡试未中，感觉很没有颜面，决计弃文就武。光绪六年（1880 年），袁世凯在家不愿看到族人与亲朋的鄙视眼光，于是在生母刘氏、嗣母牛氏、妻子于氏的帮助下，怀揣 500 多两银子外出闯荡。光绪七年（1881 年）五月，袁世凯至山东登州，投靠袁保庆生前结拜兄弟吴长庆，任“庆军”营务处会办，从此踏上仕途。吴长庆为淮军统领，统率庆军六营驻防登州，督办山东防务。

总督朝鲜，崭露头角。1882 年，朝鲜发生壬午军乱，当时朝鲜与中国有宗藩关系，朝鲜高宗李熙之父兴宣大院君李昰应利用军队哗变，成功夺权；朝鲜“事大党”与大院君有隙，请求清廷出兵平乱，袁世凯乃随吴长庆的军队东渡朝鲜。清军将大院君掳至直隶保定问罪，23 岁的袁世凯则以“通商大臣暨朝鲜总督”身份驻藩属国朝鲜，协助朝鲜训练新军并控制税务。

1884 年，中法战争爆发，吴长庆回国，袁世凯由直隶总督兼北洋大臣李鸿章奏举，任驻汉城清军“总理营务处，会办朝鲜防务”。十二月，朝鲜金玉均等开化党人在日本驻汉城公使馆支持下，发动“甲申政变”，捕杀“事大党”多人，试图推翻为“事大党”及闵妃所把持的政权，驻朝日军亦乘机行动欲挟制王室；朝鲜国王李熙奔赴清营求助，袁世凯指挥清军击退日军，维系清廷在朝鲜的宗主权及其他特权。日本政府借此要挟，袁世凯奉调回国。

次年，复任清政府“驻扎朝鲜总理交涉通商事宜”全权代表，并以道员升用，加三品衔。1893 年，升为浙江温处道，仍留在朝鲜。

1894 年，中日甲午战争爆发，清军海陆皆败，袁世凯随军撤退天津。因袁世凯在朝鲜期间表现突出，有“知兵”之名，大学士李鸿章于1895 年举荐袁世凯负责督练新军。

创立新军，平步青云。1895 年十二月，袁世凯由军务处大臣荣禄、李鸿藻等奏派，扩练驻天津小站定武军，更名为新建陆军，聘德国军官 10 余人担任教习，又从天津武备学堂挑选百余名学生任各级军官，引用和培植一批私人亲信，以加强对全军的控制。这支军队渐为清廷所倚重，后来发展成为北洋六镇（北洋新军），为清末陆军主力。徐世昌、段祺瑞、冯国璋、王士珍、曹锟、张勋等亲信后来大都成为清末民初的军政要人。小站练兵是清末新式军队发展的转折点，也奠定了袁世凯事业的基础。1897 年，袁世凯擢直隶按察使，仍主持练兵。1998 年六月，任工部右侍郎。

1898 年戊戌政变前，帝党人物曾寄望于袁的新军，谭嗣同即曾面劝袁世凯出兵围攻慈禧太后所居之颐和园。随着帝后之争加剧，慈禧太后发动政变，囚禁光绪帝，大肆搜捕维新派，戊戌变法失败，后党发动政变初，袁世凯当时在天津，他掌握的新军战力，不足以对抗听命于荣禄驻扎在北京附近的众多部队。袁世凯听说康有为已被革职待参，惧怕谭嗣同劝其出兵围攻慈禧太后一事暴露，牵连自己，为求自保，遂向荣禄告密，西太后闻之大怒，下令逮捕康、梁诸人下狱，并诛杀六君子。戊戌政变虽然不是因袁世凯告密而发生，但正是袁世凯的告发，才使维新运动导致毁灭性后果。

1899 年冬，因义和拳在山东的排外行为引起各国不满，清廷被迫撤换纵容拳民的山东巡抚毓贤，代之以袁世凯署理山东巡抚。袁世凯率全部新军（时称“武卫右军”）前往济南，这是袁世凯首次出任地方大员。袁到任后，一改毓贤的处理方针，对拳民大力镇压，令其在山东无法立足，逃往天津、北京一带，慈禧太后以民气可用纵容义和拳。翌年爆发了八国联军战祸，山东在袁世凯治下则维持稳定，并且加入东南互保。1901 年十一月，袁世凯继李鸿章署理直隶总督兼北洋大臣，次年实授，权势更加显赫。

山东巡抚袁世凯

《辛丑条约》签订后，清政府迫于内外形势，施行新政。袁世凯极力拥护，并借机扩大自己的权力。1902 年，兼任政务处参与政务大臣和练兵大臣，在保定编练北洋常备军（简称北洋军）。次年，清政府在北京设立练兵处，庆亲王奕劻为总理大臣，袁世凯任会办大巨，掌握实权。他创办各种武备学堂，并聘请大批日本军官担任教习。至 1905 年北洋六镇编练成军，每镇 12500 余人，除第一镇系满族贵族铁良统率的旗兵外，其余五镇都在他的控制之下，重要将领几乎都是小站练兵时期的亲信军官。同时，袁世凯还兼任督办电政大臣、督办铁路大臣及会议商约大臣。他在发展北洋工矿企业、修筑铁路、创办巡警、整顿地方政权及开办新式学堂等方面，都颇有成效。通过办理新政，他得以“内结亲贵，外树党援”，处心积虑扩张权势，很快形成了一个以他为首的庞大的北洋军事政治集团。

养精蓄锐，东山再起。1901 年李鸿章去世后，袁世凯接任直隶总督、北洋大臣，成为疆臣首领。北洋集团势力的扩张，对掌握中央政柄的满族亲贵集团的世袭地位构成严重威胁，双方权力之争日趋激化。皇室亲贵煽动一些御史上疏屡弹劾袁世凯权高势重，任用私人，甚至预言将步曹操、刘裕后尘。1906 年，袁被迫辞去各项兼差，并将北洋军一、三、五、六各镇交陆军部直接管辖。次年，又被调离北洋，到北京任军机大臣兼外务部尚书。成为中枢重臣。袁世凯大力襄赞新政，包括废科举、督办新军、建学校、办工业等，第一支中国警察队伍亦于天津成立。

1911 年 10 月 10 日武昌首义，11 月 1 日清廷宣布解散皇族内阁，任命袁世凯为内阁总理大臣。11 月 13 日袁世凯抵达北京，16 日组织新内阁。

1908 年十一月，光绪帝和慈禧太后相继死去，年幼的溥仪继位，改元“宣统”，其父载沣为摄政王。1909 年初，袁世凯被载沣罢去一切职务，令回籍“养疴”。袁世凯称疾回到河南后，最初隐居于辉县，后转至彰德（今安阳市），在此韬光养晦，暗地里仍关心国家政事，等待时机复出。由于他的许多部属依然位居要津，实权在握，袁世凯时刻准备东山再起。

软硬兼施，就任总统。1911 年十月十日武昌起义，辛亥革命爆发，南方各省纷纷宣布独立。北洋新军成为清室唯一可以抵抗革命的力量，于是不得已再次起用袁世凯，先任其为湖广总督，旋任其为内阁总理大臣。

袁世凯一方面以武力镇压南方革命，另一方面暗中与革命党人谈判。而革命党人亦认为袁世凯是能领导中国的政治领袖。十二月二十九日，南方 17 省推举孙中山任中华民国临时大总统，1912 年 1 月 1 日在南京宣布中华民国成立，孙中山就职。1 月 16 日，袁世凯回家路上，在东华门丁字街遭到同盟会京津分会组织的炸弹暗杀，炸死袁卫队长等 10 人，袁世凯幸免于难。1 月

25日，袁世凯及各北洋将领通电支持共和。2月12日，隆裕太后接受优待条件，清帝逊位，清朝对中国的统治宣告结束。

2月15日，南京参议院正式选举袁世凯为临时大总统。依据中华民国《临时约法》，改总统制为内阁制，大大削弱了袁世凯的权力，袁于3月10日在北京就职。袁就职之后，坚持强有力的中央政府，同时积极与列强交涉，维持了中国对蒙古和西藏的主权。

1913年2月，依据《临时约法》，举行了中国历史上第一次国会选举。国民党所得议席最多，按约法精神应由该党理事长宋教仁出任内阁总理。3月20日，宋教仁在上海遇刺身亡，全国大哗。革命元勋孙中山、黄兴等人均指袁氏授意暗杀，袁世凯则予否认；当时之证据指向时任国务总理赵秉钧涉嫌教唆杀人，并无袁世凯本人授意之直接证据。7月，孙中山组织中华革命党，发动二次革命，武力讨伐袁世凯，但遭到失败。

10月6日，国会在军警压力下，选举袁世凯为第一任中华民国正式大总统，袁世凯随即于北京故宫太和殿就职。11月4日，袁世凯下令解散中国国民党。1914年1月，袁世凯下令解散国会。之后袁认为“人民滥用民主自由、人民政治认识尚在幼稚时代”，废止《临时约法》，于5月推出新的《中华民国约法》，改内阁制为总统制。之后再次修改总统选举法，使总统可无限期连任，新任总统亦由在任总统指派。

洪宪称帝，梦断紫禁。1915年12月，袁世凯宣布恢复中国的君主制，建立中华帝国，并改元“洪宪”。总统府改为新华宫。但是，袁世凯的称帝举措并没有得到广泛支持。不仅孙中山、梁启超等人坚决反对帝制，北洋将领段祺瑞、冯国璋等也深为不满。帝国主义列强亦不断对他提出警告。12月25日，蔡锷、唐继尧等在云南宣布起义，发动护国战争，讨伐袁世凯。贵州、广西相继响应。北洋派内部危机四伏。袁世凯被迫于1916年3月22日宣布取消帝制，恢复“中华民国”年号，起用段祺瑞为国务卿兼陆军总长，企图依靠段团结北洋势力，支持他继续担任大总统。但起义各省不承认他有再做总统的资格。段祺瑞也逼他交出军政实权。广东、浙江、陕西、湖南、四川纷纷通电宣告独立或与袁世凯个人断绝关系。5月下旬，袁世凯忧愤成疾。1916年6月6日，袁世凯因尿毒症不治，在举国声讨声中死去，时年57岁。同年8月24日葬于河南安阳。

袁氏的登基称帝之举，受到当时大部分国人的反对，包括袁氏心腹将领冯国璋、段祺瑞等，段祺瑞致电袁世凯：“恢复国会，退位自全”，实已无以为继。袁世凯最后称帝，与其长子袁克定迷恋太子权位是分不开的，其中最严重的是袁克定伪造《顺天时报》，营造日本支持袁世凯称帝的氛围。此事被袁世凯次子袁克文和三女儿袁淑祯（后改名静雪）无意中发现，袁世凯怒责袁克定“欺父误国”。毕竟袁克定无法逼迫袁世凯称帝，袁世凯自身的帝王思想是其称帝的决定因素。

袁世凯复辟帝制的倒行逆施，不仅激起全国人民的强烈反对，就是在袁氏家族内部也有不同意见。袁克文和袁淑祯对父亲袁世凯欲称帝一事心存忧虑。袁克文以诗明志，托人送予袁世凯委婉劝止。袁克文诗云：“乍看微棉强自胜，阴晴向晚未分明。南回寒雁掩孤月，东去骄风黯九城。驹隙留躯争一瞬，蛩声催梦欲三更。绝岭高处多风雨，莫到琼楼最上层。”此诗含有反对袁世凯称帝之意，袁世凯就把他软禁于北海公园。

袁世凯的侄子袁乃宽之子袁英反袁思想坚决，但做事欠周。1916 年 1 月 18 日，袁英在新华宫藏匿炸弹，准备刺杀袁世凯，结果炸弹被发现。后来，他写信给张作霖，劝其起义，张作霖将信件转给段芝贵，段芝贵又将信转给天津警察厅长杨以德，杨即将袁英逮捕，派人送到北京交给袁乃宽。袁乃宽为解除本人嫌疑，将袁英绑送给军政执法处处长雷震春，并向袁世凯请罪。袁世凯认为小孩子胡闹，不值得小题大做，便下令放了袁英，交给袁乃宽管束。

袁世彤得知袁世凯有称帝野心，两次具书致函袁世凯痛加指责。后来袁世彤从项城赶至北京，向袁世凯力陈帝制之大弊。袁世凯不听规劝，袁世彤于是星夜赶回老家，招募兵丁，揭起反袁大旗，号称“勤王”。河南地方长官得悉此事，犯起愁来。事关袁世凯兄弟之间的事，也不好自作主张，据实速电报知袁世凯。袁世凯获悉袁世彤在家乡此举，长叹道：“老六和我闹起家庭革命了。”责令当时督理河南军务的赵倜将袁世彤所募兵丁驱散。袁世彤讨袁不成，决定赴天津与四姐、袁世凯的堂妹袁书贞共商对策。二人都认为，袁世凯称帝不得人心，恐受他株连，决定与袁世凯脱离兄弟、兄妹关系。他们在北京、天津的各大报纸上发表声明：“袁世凯与予二人，完全脱离兄弟姊妹关系，将来帝制告成，功名富贵，概不与我二人相干；帝制失败，一切罪案，我弟妹二人也毫不负疚。特此声明。”他们二人态度鲜明，反对袁世凯称帝十分坚决。袁世凯称帝以失败告终，死后其财产被没收充公，而袁世彤、袁书贞虽是直系亲属，却没有受到任何株连。

袁世凯一生争议很多，他先后背叛了维新党人、满清朝廷与中华民国政府。他站在历史的机会点上，手握重权，原本可以做一个开国立勋的英雄，可惜为己谋甚，而未为国谋。尽管史家对袁世凯评价不高，但不能否认在清末民初这一特定的历史场景中，他都是站在政治舞台的中心。其实袁世凯在山东与直隶的清廷大臣任内，是开明的官僚，屡有建树。晚清立宪运动中，他亦扮演推手的角色。中国近代史学家张玉法院士认为，他最大的可议之处，是对新时代缺乏远见，未能对新建的中华民国立下开国宏规。

李大钊于1920年8月17日《晨报》发表《要自由集合的国民大会》，在论及“民意”时指出：“一世怪杰的袁世凯，以符合民意而再起者，卒以伪造民意而亡。”应当说，这句话集中反映了接受马克思主义唯物史观的李大钊，对袁世凯一生的大体看法和最终评价。显然，李大钊并未因袁世凯最后“卒以伪造民意而亡”，而全盘否定其曾“以符合民意而再起”的历史功绩，依然认为当时已经死去4年的袁世凯是“杰”，只是为“一世怪杰”。

史学家们大都认为，袁世凯在大清帝国是个颇为前卫的人物。从1895年开始的维新变法运动中，他是强学会的支持者，严复的朋友；除了小站练兵成绩突出外，所上奏章，谈论国事也颇有见地。进入20世纪，身为北洋大臣和直隶总督，推行新政成绩最为显著。大清王朝最后10年推行新政的主要成就之一是废除科举，实行新的教育制度。促使朝廷当机立断，在1905年开始永远废除科举的就是袁世凯和张之洞。而兴办学堂最多的也是他所管辖的直隶（今河北省）。他的精明之处还表现在汲取过往改革受制于原有官吏而失败的教训，非常重视“开官智”，把现有官吏的重新培训摆在突出地位。

在政治体制改革和建立新的社会管理体系方面，直隶走在全国前列。全国首次地方选举是1907年的天津市政选举。这是他努力推行地方自治运动的成果之一。义和团事件后，规定中国不准在天津地区驻军，精明的袁世凯训练3000名警察进驻该地区，维护了主权和地方治安。用警察取代衙役管理社会治安，应该说是一个进步。

在经济领域，发展工商企业也用力很勤，成绩显著；有的项目至今仍在继续发挥作用。詹天佑修建的京张铁路的决策、资金筹措，包括决定用中国人和中国资金修建等，主要是袁世凯的作用。一位美籍华人史家说：“它（京张铁路）是由袁发起、提出和取得的惊人成就。”

袁世凯与日本签订了《二十一条》，最后落得“卖国贼”的下场，此事值得推敲。随着日本等国有关档案的解密和观看袁世凯签订《二十一条》的手迹及签订《二十一条》前后的言行，袁世凯在此事件中没有大错。在当时历史条件下，他唯一能做的，就是用艰苦的谈判来换取一些对自己国家有利的条件。当时，即使换了别的势力，别的人当政，也只能如此。所以，最后《二十一条》在有条件的情况下被迫接受了。后来在签字之前的五月八日，袁世凯向全国通报，说不得已，只有签了，这实际上是奇耻大辱。在国人说这是奇耻大辱之前，他也承认是奇耻大辱。条约签订后，袁世凯又下了一道手令："不经政府批准，有租让给外国一寸土地者，以国贼论处。"当时中国留学海外的精英胡适说：这个谈判应该说在之前中国的历史当中，是没有过的，该柔的时候柔，该刚的时候刚，争取到了对自己最大的退让。王芸生在20世纪30年代初编辑《六十年来中国与日本》时说，回顾整个谈判，袁世凯的指挥和领导，应该说是没有大错的。当年的一些历史学家也都肯定当时《二十一条》的交涉。所以，说他拱手卖国，没有历史依据。

袁世凯老家在项城，死后却葬在了彰德（今河南安阳）。这是有原因的。早在袁世凯归隐的宣统二年（1910年）冬天，他就为自己选择好墓地，但究竟在何处他没有明说。宣统三年（1911年）六月，他在致端方的信中写道："兄衰病日增，行将就木，牛眠之区，去冬已卜得一段。"据其子袁克文记述，袁世凯自选的墓地在太行山中。他写道："昔先公（指袁绍）居洹时，曾自选窀穸地，在太行山中，邃而高旷，永安之所也。"袁氏后人最后讨论葬于何地时，袁克文提出按其父生前遗愿办，但长子袁克定坚决反对，决定将其葬在彰德府洹上村旁。

袁世凯不愿归葬项城的原因，一致的说法认为与他的身世、家事有关。

袁世敦（？－1902），字厚甫，袁保中的嫡出二子，因是"嫡出"，在项城袁氏家族中虽非长子却是"长门"。他未走通科举入仕之路，而是捐纳了"盐大使"的虚衔，正八品。当时袁世凯已经是朝廷大员，就为这位"长门不长子"的兄长"投供"（为补实缺到吏部报到），被吏部分发到淮北候补。因为袁氏家族为清廷世宦的关系，袁世敦多次得到重要差使。张勤果出任山东巡抚后，马上把他调到山东，秘密保奏他为候补知府，同时管代营务处兼巡河工。

当时义和拳在山东方兴未艾，光绪二十五年（1899年）仅平原县就设有拳场700余处。八月，一位名叫李长水的义和拳首领与教民发生冲突，导致部分拳民被捕。李长水向邻县义和拳首领朱红灯求援，十月朱红灯率拳民300人与平原县清兵大战，大败清兵。袁世敦受命弹压，于十月十八日会同数县兵马在平原城西南与朱红灯大战，清军死伤惨重。十一月二十一日，朱红灯中计被袁世敦诱捕。尽管如此，继张勤果任山东巡抚的毓贤仍因"清剿"不力引起列强不满，清廷被迫将他撤换。袁世敦也因"纵勇扰民"，"被议除职"，并驱逐回籍。

袁世敦实在是"代弟受过"，袁世凯的政敌拿袁世凯没办法，就从袁世敦下手以达到“杀鸡儆猴”的目的。由于袁世凯维护不力，自然令袁世敦对其含恨在心。这为后来所谓“嫡庶之争”——袁世凯回乡葬母，袁世敦坚决不让袁世凯的生母入祖坟与父亲合葬找到一个借口。袁世凯无奈，只好另辟新茔葬母于红家凹。

袁世凯父亲袁保中有8个子女，长子世昌、次子世敦和两个女儿为元配夫人所生，其余4子皆是庶出，袁世凯行四，7岁时又过继给叔父袁保庆。袁世凯任山东巡抚时，他的母亲刘氏病死于天津，灵柩运回项城后，袁世凯的同父异母兄袁世敦以嫡子主持家政，他认为刘氏不是正房，坚决不准正门出殡，灵柩也不能埋入祖坟正穴与袁保中合葬。尽管袁世凯颇有权势，但囿于伦理纲常，只能和兄长争执，甚至跪下哀求，也没有得到袁世敦的许可。袁世凯最后只得另购坟地，总算让母亲安然入土，但也因此和袁世敦闹翻了脸，盛怒之下与之绝交，从此再也不愿回项城老家，以至死后也不愿叶落归根。

3. 袁世凯的妻妾子孙

袁世凯出生在封建官僚家庭，深受封建伦理思想的熏染，追求多子多福、妻妾成群的生活方式，有1妻9妾32个子女。

元配于氏，是淮宁县（今淮阳）于集一个财主的女儿，不识字，不大懂得旧礼节，袁世凯不喜欢她。长子袁克定后，就不再与她同居，只把她作为主妇看待。袁世凯当上中华民国大总统后，场面大了，这位元配夫人更加不能胜任“第一夫人”的角色。有一次新年袁世凯接见各国公使，于氏自然要陪同接见。忽有某国公使走到于夫人面前要和她行握手礼，她不明所以，大为惊慌，扭捏着把双手藏到背后，弄得那位公使十分尴尬。从此，袁世凯嫌她上不得台盘，只把她作为一个牌位看待。

大姨太太沈氏，是苏州名妓。袁世凯第二次落第后出外闯荡落魄时，沈氏资助袁世凯去猎取功名，并备酒送行，袁矢志绝不相负。袁发迹后，果然娶沈氏为姨太太。因为“第一夫人”于氏懦弱无能，上不得台盘，袁便把沈氏作为“太太”看待，在一些外交场合，沈氏常以太太身份出现。袁还让她管家，并让儿女们称沈氏为“亲妈”（沈未生子女），可见袁对她的宠爱程度。

二姨太太李氏，朝鲜人。清末袁世凯任驻朝商务代表时，娶朝鲜王妃的妹妹金氏为妾。金氏嫁袁时，带了两个陪姑娘，即李氏和吴氏。袁世凯回国后，就把这3个姑娘（即金氏、李氏、吴氏）一并收纳为姨太太，并且按3人年龄大小，排定李氏为二姨太太，金氏为三姨太太，吴氏为四姨太太。李氏由陪嫁“丫头”升为姨太太后，给袁世凯生了6个儿女，即长女伯祯（成年后嫁给清两江总督张人骏的儿子)、五子克权（娶清两江总督端方的女儿为妻)、七子克齐（娶民国总理孙宝琦的女儿为妻)、十子克坚（娶民国陕西督军陆建章的女儿为妻)、十二子克度（娶富商罗云章之女为妻)、六女籙祯(嫁民国总理孙宝琦的儿子)。

三姨太太金氏。她本是朝鲜王族，原以为嫁给袁世凯作“正室”，未曾想过门以后，却和自己陪嫁的两个丫头都做了袁的姨太太，所以整天郁郁寡欢。她为袁世凯生了5个儿女：次子克文、三子克良、三女叔祯、八女（早亡)、十女思祯。

四姨太太吴氏。她是朝鲜王族金氏陪嫁的两个丫头之一，本只是跟着姑娘当丫头，没想到被袁世凯提拔为姨太太，与姑娘并列，后来袁世凯称帝时她还差一点未被封为妃嫔，实在有点受宠若惊。她为袁世凯生了4个儿女，即四子克端、次女仲祯（嫁给了两江总督端方的侄子)、四女（早亡)、七女复祯。吴氏因病死得较早。

五姨太太杨氏。袁世凯在他的1妻9妾中最宠爱的是大姨太太和五姨太太。大姨太太沈氏是袁世凯落魄时的红颜知己，沈氏“慧眼识英雄”，所以袁世凯矢志不忘。五姨太太之所以被袁世凯格外垂青，是因为她很有管家的才能。她心灵口巧，遇事有决断，是袁府的“王熙凤”。全家上上下下都对她既敬且畏。袁世凯不仅让她管理生活上的一切，还让她管理袁府的整个家务，各房的佣人和丫头，袁世凯的众多儿女，以及六、八、九3个姨太太，都得服从她的管束。她为袁世凯生了6个儿女：六子克桓、八子克轸、九子克久、十一子克安、五女季祯、十五女（早亡)、九子克久（娶民国总统黎元洪的女儿为妻)，解放后在天津工作。

六姨太太叶氏。她本是南京钓鱼巷的妓女，嫁给袁世凯纯粹是“误会”。袁世凯做直隶总督时，派次子袁克文到南京办事，袁克文在钓鱼巷认识了妓女叶氏，两人一见倾心，互订嫁娶盟约，叶氏并将其玉照赠袁。袁克文回去向父亲磕头复命时，一不小心叶小姐的照片从口袋中滑落在地，袁世凯指地连声问是什么，袁克文不敢向父亲谈自己的儿女私情，情急智生，说是在南京给父亲物色了一个好看的姑娘，所以带回来这张照片，看父亲是否喜欢。袁世凯接过照片一看，果然很美，于是马上派人去南京将叶氏接来。洞房花烛之时，她才发现风度翩翩的意中人竟变成了一个五短身材、鬓发斑白的半老头子。袁克文后来也只能对叶小姐“望洋兴叹”。六姨太太生了5个子女：十四子克捷、十七子克友、九女福祯、十一女奇祯、十二女瑞祯。

七姨太太张氏。河南人，没有生过子女，按照袁家的规矩，她不能被称为姨太太，也不能享受姨太太的待遇，只能被称为“姑娘”；因为袁世凯喜欢她，故也享受姨太太的待遇，并被称为姨太太。清末她随袁世凯到河南彰德小住，因她与花匠谈情被袁撞见，袁逼令其服毒自杀。袁家也有人说，她是因病不治而死的。

八姨太太郭氏。她原是苏州妓女，是袁世凯做军机大臣时别人从苏州买来敬献的。她生有3个子女：十三子克相、十五子克和、十四女怙祯。怙祯嫁给了民国总统曹锟的儿子，后离婚去美国。

九姨太太刘氏。她是袁世凯最后一位、也是最小的一位姨太太，娶她时袁世凯已50多岁，而她却正当妙龄。她原是五姨太太杨氏的小丫头，成年后为袁“临幸”，因而被收为袁世凯的第九名姨太太。她生了1子1女，儿子克藩排行十六，早死；女儿仪祯排行十三，续五姨太的女儿季祯嫁苏州陆状元家。

袁世凯1妻9妾共生了17个儿子、15个女儿；17个儿子又为袁世凯生了22个孙子、25个孙女，儿孙总和达79人。17子中以长子袁克定为官，次子袁克文能文，六子袁克恒办实业，为人所熟知。

袁克定是袁世凯发妻于氏所生，是袁的长子。他曾到德国留学，通晓英、法、德、日等多种外语。捐候选道，历任农工商部右参议、右丞、邮传部承参、开滦矿务督办、董事长，1955年死于北京，终年77岁。袁世凯在朝鲜、济南、天津、北京做官，他都随任在侧，对旧官场的事情非常熟悉。他不抽烟、不喝酒，循规蹈矩，道貌岸然，一副正人君子的派头。因为他是长子，而长子一般要继父位的，所以他极力撺掇袁世凯做皇帝。他不但替袁拉拢各路军阀封建遗老，甚至印假版的《顺天时报》从舆论上欺骗袁世凯，伪称全国人民都拥护袁世凯改元称帝。因为他骑马摔坏了腿，成了跛子，所以袁世凯曾流露出要在次子克文、五子克权2人中择一而立为“太子”的意思。袁克定听到消息后愤愤地说：“如果父亲要立二弟，我就把二弟杀了!”由于袁世凯83天的皇帝梦很快破灭，袁克定的皇帝梦也就痴心难圆了。

袁克定早年娶湖南巡抚吴大徵的女儿吴本娴为妻，袁克定属虎，吴本娴属龙，按旧时说法是相克的，但袁世凯为了攀附，也就不斤斤计较这些。可是袁世凯却并不是真的不计较，按迷信说法，只有找一个属鸡的姑娘来“牵一牵”，才能破解，化凶为吉。于是吴小姐过门还不到1个月，袁克定便又找了一个叫马彩云的唱戏的做姨太太，随后又娶了第二个姨太太。他既有女宠，也有男宠，过着花天酒地、荒淫无度的生活，所以袁世凯分给他的一些遗产(仅现金就有40万大洋）不多年便让他挥霍净尽。到了晚年，袁克定已是家徒四壁，两袖清风，不得不靠政府的救济来打发贫困的岁月。1958 年他 80 岁时潦倒而死。

袁克定有 1 子 2 女，子家融，女家锦、家弟。袁家融是袁克定的独生子，袁世凯的嫡长孙，生于 1904 年，袁世凯死去那年，家融已经 12 岁。1920 年，袁家融赴美留学，学习地质勘探。1930 年回国后在开滦煤矿任工程师，后在北大、北师大等校教书。1964 年退休后定居北京。

袁克文（1889－1931），字豹岑，又字抱存、抱公，号寒云，又署龟庵，袁世凯的次子，由袁世凯的三姨太朝鲜人金氏生于汉城。袁世凯大姨太未生子女，袁克文从小便被过继给大姨太收养。大姨太对他十分疼爱，他提出任何要求都会得到满足。以荫生授法部员外郎，任清史馆纂修、中国文艺协会主席，编《心声》半月刊袁克文。

平生参与政治活动不多，而长于诗文，工书法，能演唱昆曲，爱好藏书和古玩，精于鉴赏，曾与傅增湘、徐森玉、周叔弢等交往，研究古籍版本、文物。民国年间，袁克文、张学良、张伯驹、溥侗人称“四大公子”，袁克文性豪放，见到宋元刻本，必设法购得。藏书多为清廷内府藏本，价值最高的有 29 种、116 册。他对收藏的宋巾箱本《周易》、《尚书》、《论语》、《孟子》等 8 种，尤为喜爱，辟“八经室”贮之。元人绘佛像巨帧 13 幅为罕见之珍品。他收购文物挥金如土，但兴尽后就转让。袁世凯死后，他长期客居上海，以变卖字画为生。撰有《寒云手写所藏宋本提要廿九种》、《古钱随笔》、《寒云词集》、《寒云诗集》、《圭塘唱和诗》。所写掌故、笔记，如《辛丙秘苑》、《洹土私乘》等颇多独特之资料。袁克文收藏文物种类很多，晚年因生计窘迫，大部变卖。

袁克文自幼聪明过人，作诗、填词、写文章件件皆精，写的字也风流潇洒，因此袁世凯对他有些偏爱，甚至一度想立他为“太子”。大姨太的骄纵，袁世凯的偏爱，造就了袁克文的挥霍、任性、骄奢的花花公子性格，吃、喝、嫖、赌、抽（鸦片）样样都干。他还花钱加入“青帮”，当上了“大字辈”的“老头子”。除元配妻子刘梅真外，他还娶了 5 个姨太太，没有名分或“一度春风”的情妇更多了，据知情人讲有七八十个。

袁克文花钱如流水，从他父亲袁世凯那里分得的十几万银元的遗产，很快就用光了，但他又放不下架子，不得不靠卖字、卖文来维持生活。1931 年袁克文死在天津，终年 42 岁。家里为他办不起丧事，还是他“帮”里的徒子徒孙凑钱帮他办的。出殡时，“帮”里的人，以及天津的和尚、道士、尼姑、喇嘛，都来送葬，甚至有些妓女也扎了白头绳前来哭奠。

袁克文有4子3女，子家嘏、家彰、家骝、家骥，女家华、家宜、家藏，皆为知识分子。其中家彰、家骝留学美国，皆学有所成，且均加入美籍并定居。特别是第3子袁家骝与夫人吴健雄均为世界著名物理学家，为世界物理学事业的发展作出了重大贡献。

袁家骝

袁家骝，1912年4月5日生于河南安阳，袁世凯二公子袁克文之第三子。他降生时，正值袁家鼎盛时期，其祖父袁世凯刚刚就任中华民国临时大总统。1916年袁世凯复辟帝制失败后，民国政府为表示对其倒行逆施的惩罚，除给其后代留下正常生活所需之外，没收了袁家的大部分田产、府宅，从此袁家骝平静而安逸的生活被打破，父亲袁克文去了上海，他和一个妹妹随母亲留在安阳。他13岁时迁居天津，就读于教会学校马家口新学书院。他天资聪颖，加上勤奋好学，成绩优异，居然跳读升级，1930年入燕京大学（今北京大学前身之一）学习，1932年获科学学士学位，1934年获硕士学位。

1936年，经司徒雷登引荐，袁家骝只身赴美国留学。他怀揣仅有的40美元，乘坐简陋的三等舱，靠腥臭的咸鱼果腹，历近20天的航程，到达目的地时，体重下降了十几斤，身上只剩下25美元。他先就读于加州大学柏克莱分校，靠助学金读完第一学期课程。1937年，日本侵华战争爆发，美国加深了对亚洲人特别是中国人的歧视，他的助学金被取消。为了继续学业，他试探性地致信加州理工学院申请到该校学习，院长、诺贝尔物理奖获得者密立根教授亲自复函，欢迎他到该校享受奖学金学习，这位大科学家的惜才之举成就了未来的物理学大师袁家骝。此后5年，他靠奖学金和兼做研究生助教继续学业，凭着一股“虎瘦雄心在，人贫志气存”的豪气，于1940年获得哲学博士学位。其间，这位品学兼优的“穷小子”赢得了来自江苏太仓的美貌才女吴健雄的芳心，两人于1942年5月30日喜结伉俪。他们同年出生，同年赴美，同年获得博士学位。吴健雄后来也成为世界著名物理学家，被中外学术界誉为“物理学皇后”、“中国居里夫人”。1990年，中国科学院紫金山天文台将2752号小行星命名为“吴健雄星”。

当年他们在离开祖国远渡重洋留学的时候，都抱定有学成归国报效中华的伟大志向，二人获得博士时，无奈第二次世界大战的战火正在全世界燃烧，中国正处在抗战时期，北平、南京、上海等大城市已沦陷敌手，回国从事科研已不可能，不得已继续留美深造，在美国 RCA 实验室从事国防军事设施研究。1947 年至 1949 年，袁家骝先后在美国布鲁克海文国家实验室和普林斯顿大学长期从事基础物理研究，在“中子的来源”、“高能质子加速器”、“共振物理学”等领域都取得了新发现和新成就。1959 年和 1961 年，他先后获全美华人协会杰出成就奖、驻美工程师协会科学成就奖。1972 年中美关系解冻，次年袁家骝夫妇在阔别故土家园 37 年后回国省亲，停留 53 天。周恩来总理接见了他们，并对袁家骝说：“你的祖父是政治家，你的父亲是文学家，你是科学家。你们袁家的人一代比一代进步了！”此后，他与夫人吴健雄多次回国访问讲学，对北京正负电子对撞机、合肥和台湾同步辐射加速器等大型物理实验设备也关怀备至，提出不少建议，乃至于参与筹建工作。袁家骝十分关注祖国科学教育事业的发展，1983 年后先后受聘为中国科技大学、南开大学、南京大学、河南大学、东南大学等多所大学的名誉教授或名誉科学博士。1984 年，袁家骝夫妇受到邓小平的接见。袁家骝还与夫人吴健雄在中国科学院、南京大学等高等学府设立了“袁家骝·吴健雄奖学金”。

袁家骝曾多次回河南探望故里。1973 年他第一次回到安阳，寻找他童年生活的足迹，并祭奠袁林。此后他又两到安阳、一到项城寻根。1986 年 9 月，他回周口探望祖居地，观看了袁世凯故居、袁世凯行宫、南顿故城和淮阳太昊陵，并为项城市博物馆题写了馆名，为淮阳题写了“中华文化发源地”。

2003 年 2 月 11 日，袁家骝在北京逝世，享年 91 岁。他在弥留之际，多次念叨老家项城。按照其生前的愿望，他的骨灰一部分归安于项城，一部分与夫人吴健雄（1997 年 2 月 16 日在美国病逝，享年 85 岁）安葬于江苏太仓市吴健雄故里。他生前曾说过一句话：“我所做的一切，都因为我热爱中国，我对中国的爱永不褪色。”此言表达了他拳拳的爱国赤诚之心。

四、中国共产党在周口的发展壮大

1. 党的创建到抗战前夕

周口地区是中国共产党开展革命活动和建立党组织较早的地区之一。在第一次国内革命战争时期，扶沟、西华、太康、鹿邑、淮阳等县都有了党的活动，拥有党员 30 多人。早期共产党员有李之龙、理琪、马锡山、李子纯、苏文焕、吕调阳等，他们为周口地区中共党组织的创立作出了重要贡献。

李之龙是最早来周口一带活动的中共党员。李之龙（1898－1928），字在田，号赤显，湖北沔阳人。1921 年 12 月在上海加入中国共产党。长期从事兵运工作。曾任中共汉口地委委员，广东国民政府海军局政治部主任，代理海军局局长兼中山舰舰长。1928 年 2 月 6 日，被国民党反动派杀害于广州红花岗。1922 年夏，李之龙由开封转移到淮阳县城，以河南省立第四中学英文教员的身份作掩护，在师生中积极宣传马列主义，经常向师生介绍党的理论刊物和马克思、恩格斯、列宁的著作，在课堂上对学生进行革命形势教育，把课堂当作传播马列主义的阵地。通过宣传，发现有志之士，就进一步接近他们，建立感情，同他们一起研究马列主义，为培养发展党员奠定了思想基础。在他的帮助下，该校英语教员吴世珍（字丹坤）接受了马克思主义。1922 年 10 月 15 日他向团中央写报告，要求建立团的地方组织。由于他发动并领导进步师生同贪污腐化的反动校长张寿卿作斗争，以至身份暴露，被迫于年内离开淮阳。

李之龙在淮阳虽未能建立中共党组织，但他在淮阳从事的革命活动，为当地党、团组织的建立打下了一定的思想基础，对后来周口地区中共党组织的发展产生了积极影响。如他物色培养的吴世珍在他离开淮阳的第二年即加入中国共产党，成为河南省早期党员之一。今淮阳一中尚存李之龙革命活动旧址。

1924 年秋，中国社会主义青年团团员苏文焕到淮阳河南省立第二师范读书，在学生中积极宣传马列主义，组织进步青年阅读进步书刊，发展 10 多名团员，建立了团小组。1925 年，他在杞县加入中国共产党，返校后积极开展党的活动。1925 年冬，建立了中共河南省立第二师范小组，1926 年秋，中共河南省立淮阳第二师范支部成立，隶属中共杞县地委，这是周口地区成立的第一个中共党支部。苏文焕（河南杞县人）任支部书记，马子贞（淮阳县人）任组织委员，韩照远（淮阳县人）任宣传委员。该支部组织青年学生阅读进步书籍，发展党员 10 余人。

1925 年 5 月，在开封上学的共产党员理琪（太康县大许寨乡游庄村人）受开封党组织派遣，回到家乡太康开展党的活动。当时正处于第一次国共合作时期，他以国民党员的合法身份从事革命活动，组建了实际上由共产党领导的国民党太康县党部，并举办农民运动讲习所，培养农民运动骨干 30 多人。他以讲习所学员为骨干，组织 800 多名农民在韩店、顾窑两村进行扒庙打神斗争。同年秋，党又派他到开封从事兵运工作。

1926 年底，在开封读书的 3 名扶沟籍学生党员吕调阳、施裕民、高光第奉中共豫区执行委员会的指示，回到家乡扶沟以创办“读书会”的名义，组织进步青年学习马列书籍，积极宣传中国共产党的主张，开展党的活动。1927 年 2 月，建立中共扶沟县特别支部（代号“符扣芝”），吕调阳任支部书记，施裕民、高光第为委员。先后发展党员 3 人，组建国民党扶沟县党部。7 月，大革命失败后，支部在白色恐怖下被迫转移乡下，开展农民运动。鉴于当时形势恶化，中共河南省委将吕调阳、施裕民、高光第调离扶沟，支部活动中止。1928 年 8 月，中共河南省委派遣吕调阳、施裕民、高光第回扶沟恢复党的活动，建立 3 个党支部和扶沟县委，发动领导了“西乡暴动”。暴动失败后，吕调阳被捕，施裕民、高光第遭通缉，扶沟党组织解体。

1927 年初，武汉国民政府派工作组到淮阳，驻县城西南 25 里的李集村，与当地“红枪会”取得联系，召开群众大会，组织农民协会，迎接北伐革命军。工作组与淮阳县中共党组织的负责人苏文焕接上关系，通过中共地下党员张魁文（国民党高桂滋部军事教导团教官）做工作，收编了高桂滋部，消灭了阎曰仁部。1927 年夏，国民革命军张发奎、蔡廷锴部到达周家口、逍遥一带。该军政治部派 2 名政治指导员到淮阳苏文焕处联络，成立淮阳县国民党党部（大部分共产党员加入国民党），推选苏文焕为主任委员，马子贞为青年委员。

1927 年 5 月，中共党员苗洪轩（河南汝南县人，后叛变）、马锡山（西华县人）、李子纯（西华县西夏镇杨树李村人）等，在武汉农民运动讲习所学习结业后受武汉国民革命军总政治部派遣，随北伐革命军来到西华，建立了中共西华县委，负责人为苗洪轩、马锡山。这是周口地区最早的中共县委机关。随后，在西华县城建立了党支部，成立农民协会、光蛋会等。在此前后，中共党员胡电生（西华县人）、张仁甫也到西华县开展革命运动。7 月，大革命失败后，冯玉祥在河南公开反共清党，上级中共党组织命令苗洪轩、马锡山转移外地，李子纯、胡电生留下负责中共西华县委工作。不久，李子纯转移外地，中共西华县委活动终止。

在党的创建和大革命时期，通过上述党员的积极活动，先后在当地发展了一批党员，随着党员队伍的发展，党的组织在淮阳、扶沟、西华相继建立。周口地区中共党员发展到 30 余人。这些党组织建立后，在传播马列主义，宣传党的主张，发动农民运动、组织广大人民群众支援北伐战争等方面，都发挥了重要作用。

其间，青年团组织也逐渐发展。1924 年，苏文焕在淮阳省立第二师范学校先后发展团员 10 多名，建立了团小组。1926 年 4 月，根据共青团豫陕区委指示，在淮阳县城建立共青团淮阳特别支部。党领导的农民运动也逐渐展开，

1927年6月，建立了西华县农民协会。

1927年7月大革命失败后，国民党河南省政府主席冯玉祥在河南“清党反共”，周口地区处于白色恐怖之下，党组织遭受严重破坏。中共河南省立第二师范支部、扶沟县特别支部和中共西华县委活动相继停止。大革命时期的党员大部分转移外地或被捕，也有一些党员经不起残酷斗争的考验而叛变、自首或消沉。保存下来的中共党组织和党员在异常险恶的环境中被迫转入地下坚持斗争。1927年8月7日党的“八七”会议后，党组织相继恢复和建立，党员队伍不断壮大，周口地区各县在土地革命战争时期都建立了中共党组织。转移到外地的共产党员相继返回继续进行党的活动。中共河南省委指派江梦霞、徐庶、高石关、李梅村等到周口一带开展工作，党组织恢复并有较大发展，活动范围逐步扩大。

1927年秋，中共河南省委派共产党员高石关、吴丹坤、刘仁平到淮阳开展工作，发展党员4人。同年底，国民党河南省小报上出现了共产党主要分子潜伏在淮阳，进行破坏活动的报道，高石关等3人调离淮阳，转移外地。

1927年冬，中共西华县委在西华县西部边区建立了岗张村支部。1928年4月中共西华县委遭到破坏后，在该县西南部农村建立了中共西华县特别支部。1930年2月，重建中共西华县委。

1928年初，共产党员吕调阳等人奉命返回扶沟开展活动，4月建立中共扶沟临时县委，5月正式组成中共扶沟县委。10月，白色恐怖严重，县委负责人被迫转移外地，县委停止活动。

中共豫东（鹿邑）特委。1928年7月，安徽霍丘人李梅村（又名李云鹤）受中共河南省委派遣到豫东开展党的活动，在鹿邑县相继建立了党小组、党支部和中共鹿邑县委。随着豫东地区革命斗争的发展，1930年2月1日，中共河南省委指示李梅村在鹿邑县城建立了中共豫东（鹿邑）特委，又称中共鹿邑特委，领导鹿邑、淮阳、太康、沈丘、周家口及商丘、柘城、夏邑、永城、虞城等县（镇）党的工作。李梅村任书记，徐庶任副书记，下设宣传委员和青年委员。这是周口地区第一个中共地级组织。中共豫东（鹿邑）特委下辖特支以上党组织有中共鹿邑县委和槐店、太康特别支部，共发展党员100多人（包括驻扎在鹿邑的冯钦哉部队的共产党员近百人）。1930年7月，部分特委负责人身份暴露，中共豫东特委机关转移到沈丘县槐店集。1931年春，特委成员转移外地，特委活动停止。

中共豫东中心县委。1931年春，中共豫东特委停止活动后，中共河南省委指示在淮阳县城建立中共豫东中心县委，又称中共淮阳中心县委。6月，转移到周家口，又称中共周家口中心县委。10月，辖中共西华县委及太康、沈丘槐店等特别支部5个，支部17个，共有65名党员。活动于淮阳、周家口、西华、沈丘、太康、鹿邑、杞县、宁陵、夏邑、归德（今商丘）等地。1932年2月初，中共豫东中心县委撤销。

中共豫东特委和中共豫东中心县委积极领导各阶层人民群众，开展农民运动、青年运动、工人运动以及武装斗争，组建了约200人的红27军。中共豫东特委书记李梅村亲自做豫东红枪会首领张朝聘的工作，与拥有千余支枪的鹿邑红枪会建立了密切的统战关系，粉碎了国民党企图驱使红枪会攻打红军的阴谋。中共豫东特委及中心县委还先后在淮阳、槐店、周家口等地领导了河南省立第二师范师生与反动当局的斗争、水车夫要求加工钱的斗争和农民抗粮抗捐等一系列斗争，进一步扩大了党的影响，打击了反动势力。党的组织也在斗争中迅速发展，到1931年10月各县均建立了党组织。

中共豫东工作委员会。1932年2月初，中共豫东中心县委撤销后，河南省委指示在周家口建立中共豫东工作委员会，有4名委员。2月底，工委即遭破坏，大多数负责人被捕，工委实际处于无人负责状态。3月底，中共河南省委巡视员到豫东巡视工作，帮助整顿各县党组织，5月建立中了共太康县委，6月重建中共西华县委。此时豫东工作委员会辖西华、太康2个县委和沈丘槐店区委，共11个支部、30多个党小组、200多名党员。9月，中共豫东工委及大部分下属党组织遭到破坏，豫东工作委员会活动终止，只有中共太康县委和西华、淮阳、沈丘、周家口等地一些基层党组织和党员继续坚持活动。

1928年，中共地下党员马建农到沈丘县槐店小学任教，不久庞立端加入中共，而后又发展2名教师、4名回民学生入党，建立了沈丘县第一个中共党小组。1931年，中共槐店镇党组织通过庞立端的关系，利用国民党槐店镇镇长庞子刚，在回族居民区开办了一所女子小学，即黎明女校。党派孟广真任校长，以交朋友、拜姐妹等形式，组织妇女会、姐妹团，领导妇女反对封建礼教。

1932年4月10日，中共槐店特支书记马滕霞（西华县人）、五小教师刘修英（地下共产党员）等同志发动五小、黎明等师生1000多人，掀起声势浩大的驱洋人运动，砸毁洋人在槐店主办的福音堂、天主堂，洋人闻风而逃。马滕霞被国民党反动政府逮捕，刘修英被迫转移，五小校长庞正斋（地下共产党员）被迫辞职，至此槐店地下党组织遭到严重破坏。马滕霞经党组织营救获释，也被迫转移。

1933年，中共中央北方局派沈东平（河南舞阳人）到河南从事兵运工作。1934年，沈东平到西华三岗（庙陵岗、陵头岗、都城岗）一带开展革命活动。他与当地进步的实力派人物胡晓初、屈申亭、侯香山等人建立了良好的关系，并相继发展胡晓初等人为中共党员。在胡晓初等人的掩护和支持下，沈东平广泛发动群众，发展党组织，改造胡晓初等人掌握的武装。1936年7月，根据中共中央北方局的指示，沈东平等人在许昌组建中共河南省临时工作委员会，决定将西华县作为重要活动区域之一。

中共豫东（西华）特委。1936年10月，河南省临时工作委员会经请示中共中央北方局批准，沈东平在西华县陵头岗村主持建立中共豫东特委和中共西华县委。此中共豫东特委，又称西华特委，设组织、宣传、统战、军事、青年5名委员，辖西华、扶沟、淮阳、鹿邑、沈丘、太康县（工）委及周家口市委、鄢陵中心县委。活动范围扩及项城、商水、杞县、睢县等地。中共豫东特委曾多次领导群众向地主和奸商开展夺粮斗争，并加紧改造当地农民武装，举办抗日干部训练班，为发动各阶层人民参加抗日战争准备了一批骨干力量。中共豫东特委的活动范围也从西华逐渐扩展到相邻各县，西华逐渐成为豫东地区中共党组织的活动中心。到1937年，周口地区有党员241人。

在中共河南省委和中共豫东（鹿邑）特委、豫东中心县委、豫东工作委员会、中共豫东（淮阳）特委的领导下，经过近10年的工作，周口地区相继建立了西华、淮阳、扶沟、太康、鹿邑等5个县委，沈丘槐店、西华砖桥（今属郾城）2个特委，30多个支部，发展党员近300人。在白色恐怖非常严重的时期，党领导周口地区人民与国民党反动派及其他一切反动势力进行了不屈不挠、艰苦卓绝的斗争。由于党尚处在幼年时期，在政治上还不成熟，左倾盲动主义、冒险主义一度统治着中央，周口地区党的组织和事业遭受了一定挫折。

2. 抗日战争时期

抗日战争时期，周口地区中共党组织及其领导下的政权、地方军事、群众团体迅猛发展。这个时期内，周口地区先后产生8个中共地级党组织和21个中共县（市）委（工委），党员最多时约2000人。在中国共产党的领导下，改造革新了西华、扶沟、鹿邑3个国民党县政权和大批基层政权，相继建立了中共领导下的4个地级政权组织和8个县抗日民主政府（办事处），还建立了2个军分区和近20支地方抗日武装。大部分党、政、军组织，分别归属豫东、豫皖苏边区、冀鲁豫边区3个抗日民主根据地领导。

1938年12月，中共豫东（西华）特委更名为中共豫东地委。1939年1月，归属中共豫南省委领导。同年10月，又改属河南省委领导。1940年9

月，因局势恶化，活动困难，中共豫东地委书记受命赴延安，地委活动终止。至1945年6月，周口地区境内无中共地市级机构，党组织大部分隶属中共水东地委。

中共冀鲁豫区第十三地委。1945年7月，中共冀鲁豫区第十三地委在西华县逍遥建立，属中共冀鲁豫分局领导。设组织、宣传、民运3部，辖郾（城）上（蔡）西（华）、西（华）临（颍）郾（城）、鄢（陵）扶（沟）3个县委。同年10月活动终止。

抗日战争时期国共第二次合作期间，中共党组织发展迅速，相继建立扶沟、沈丘、鹿邑、太康、淮阳等县委和周家口市委。根据中共中央关于发展党员要“大胆向着积极的工人、雇农、城市中与乡村中革命的青年学生、知识分子、坚决勇敢的下级军官开门，把发展党员的注意力放在吸收抗战中新的积极分子与扩大党的无产阶级基础之上”的指示精神，发展了大批党员。到1945年8月，有中共县委6个，党支部110个，党员1593人。

建立抗日民族统一战线。抗日战争爆发后，中共豫东（西华）特委贯彻执行中共中央和中共河南省委指示，把广泛动员各阶级、各阶层人民抵抗日本侵略者作为首要任务，积极开展统战工作。1937年秋，主张抗日的进步人士楚博就任国民党西华县政府县长，中共豫东（西华）特委书记沈东平任县政府秘书，直接负责对楚博的统战工作，与西华县政府及各基层政权建立了抗日民族统一战线。之后，中共豫东（西华）特委又通过西华县长楚博的疏通，与国民党河南省第七行政区督察专员公署专员刘莪青建立了统战关系，并派统战委员刘作孚任专署秘书，促使刘、楚2人赞同共产党提出的共同抗日主张，周口地区境内抗日救亡运动蓬勃发展。1937年至1938年，中共豫东（西华）特委在西华县先后举办两期抗日骨干培训班，培训青年300多名，并邀请楚博县长到抗日训练班指导工作。随后，楚博以西华县政府名义在县城举办抗日训练班，中共豫东特委派王子英、刘作孚、李钧等给予帮助，又以训练班学员为骨干，陆续在西华砖桥、何庄、城关、西湖、枣口、逍遥、西夏亭、龙池头、红花等地举办训练班31期，培养抗日骨干1500多人。1938年2月，中共豫东特委与刘莪青商定在淮阳太昊陵举办第七区行政督察专员公署抗日工作人员训练班，刘莪青兼任训练班主任，中共豫东特委派郝九亭、刘立业具体负责训练工作；又以专署名义在周家口举办多期抗日建国训练班，中共党员毛子英、张先舟担任主任教官。同时，中共豫东特委与各县国民党政府建立了统战关系，先后在淮阳、沈丘、扶沟等县举办培训班10余期，培训抗日骨干2000余人。每期训练班必修统一战线课程，学习中共抗日救国主张。

魏凤楼，西华人，原为西北军冯玉祥部军长。1930 年蒋、阎、冯中原大战，冯部兵败，闲居北京。其间多与中共党员接触，对共产党有了初步了解。1932 年，魏凤楼回到河南组织抗日武装，遭到国民党通缉而避居泰山冯玉祥处。七七事变后，魏凤楼回到西华组织抗日武装，再遭国民党通缉。1938 年，中共河南省委派张爱萍、王少庸、杨春芙等一批干部到魏凤楼部做统战工作。中共豫东特委书记沈东平、委员王其梅动员魏凤楼参加抗日救亡斗争，1938 年 6 月，经彭雪枫、沈东平介绍，中共豫东（西华）特委批准魏凤楼为中共特别党员。同年中共党组织通过统战关系使魏凤楼先后任西华一区区长、扶沟县长、鹿邑县长。1938 年 9 月，魏凤楼部 1200 人的武装被编为国民党归德保安第 4 总队。中共党组织派张爱萍、林士笑到魏部协助建立中共党组织，举办干部训练班。1939 年 7 月，魏部改编为国民党第一战区游击第 1 纵队。1939 年冬至 1940 年春，国民党掀起反共高潮，中共党组织被迫转入地下，派驻魏部的党员撤出，统战工作对象转到中下层人士，同时争取团结中间势力。1944 年，魏凤楼在对日作战中兵败，返回家乡西华。伪军张岚峰拟利用魏凤楼的声望为其招兵买马，扩充实力，承诺供应武器装备。魏凤楼便在淮阳柳林一带组织地方武装，任淮太西绥靖区司令。1945 年春，冀鲁豫军区派杨春芙找魏联系，促其率部起义。后又派杨春芙与冀鲁豫军区敌工部戴德、12 军分区敌工部叶本瑞等 5 人到魏部，带给魏《中国革命和中国共产党》、《新民主主义论》等书籍。魏虑及兵力不足，无颜面见张爱萍及党组织，迟迟难下决心。1945 年 5、6 月份，党组织决定加紧对魏的争取工作，又派杨春芙、戴德、叶本瑞 3 人到魏部联系，魏原则上同意起义，提出恢复共产党员称号，别无所求。8 月 18 日，日本投降后的第三天，魏凤楼在西华东夏亭率部 4000 人起义。此举震惊全国，影响很大，新华社为此发表消息。魏凤楼起义后，受到刘伯承、邓小平的亲切接见和热情赞扬。

抗战初期，中共豫东特委通过有效的统战工作，活动范围由西华县迅速扩大到整个周口地区及部分邻县。1938 年 5 月徐州失守后，日军相继侵占了鹿邑、太康、淮阳等县。6 月 9 日，蒋介石下令扒开花园口黄河大堤，滔滔黄水沿贾鲁河泛滥周口地区，将周口地区分割成两部分，即扶沟、西华、周家口一带的水西地区和淮阳、太康、鹿邑、沈丘一带的水东地区，直到 1944 年日军打通大陆交通线之前，日军一直未能侵入水西地区。1938 年 6 月花园口事件黄水南泛穿境后，周口地区处在日军占领区与国统区的结合部，成为抗战的前线，战略地位十分重要。中共河南省委决定以西华为基地建立豫东抗日根据地，指示中共豫东（西华）特委扩大统战工作范围，大力发展党组织，组建抗日武装，开展游击战争。1938年5月，中共豫东（西华）特委开始大规模组建抗日武装，在两三个月内，先后组建由国民党西华县长楚博（后经彭雪枫介绍成为中共特别党员）任司令、中共豫东（西华）特委书记沈东平任参谋长的西华人民抗日自卫军，有4个支队，6000多人；由扶沟县长魏凤楼（中共特别党员）领导的抗日部队扶沟县政府常备队，约700余人；由淮阳五区区长、中共党员薛朴若领导的淮阳抗日游击大队，有400人；由豫东（西华）特委委员王其梅领导的教导队，有2个连的兵力。另外还有太康抗日自卫团、抗日独立中队、抗日独立团等。中共河南省委委员吴芝圃在睢（县）杞（县）太（康）边区组建了豫东人民抗日第3游击支队，有1000余人。这些部队中大都建立了党的组织，特别是在西华人民抗日自卫军中，从支队到分队都建立了中共党组织，仅第1支队就有中共党员340余人。

1938年9月，西华、扶沟、鹿邑3县都建立了有中共党员参加的抗日民主政府。西华县撤换4个区长、38个大联保主任，改由共产党员和进步人士担任。同时，各县建立了各种抗日救亡团体，仅西华县就建有工、农、商、学、青、妇等群众组织12种，团体115个，会员8000余人。中共河南省委领导的光明话剧团在周口地区内7县演出，宣传抗日救亡。在光明话剧团的带动、帮助和影响下，抗日救亡宣传团体迅速发展，先后组建了前锋话剧团、海燕话剧团、洪波话剧团、拂晓话剧团、抗日宣传队，出版发行《动员报》、《挺进报》等，形成了全面抗战的局面。

1938年，在中共豫东（西华）特委领导下，除中共西华县委外，相继建立了中共扶沟、沈丘、淮阳、鹿邑县（工）委和中共周家口市委、鄢陵中心县委。商水、项城也建立了一些基层中共党组织。10月，中共太康县工委划归中共豫东特委领导，11月改属中共豫皖边工委。到1940年，中共豫东地委（由特委改名）下辖支部101个，有党员983人。在大力发展党组织和抗日武装的同时，中共豫东特委还广泛发动群众，积极发展男女老少参加群众组织。并对国民党地方政权进行革新改造，把西华、扶沟、鹿邑3个县的国民党县政府改造成在实际特委领导下的抗日民主政权。而后与国民党各级政权合作，举办大批抗日干部训练班，先后培养抗日干部近5000名。中共豫东特委领导下的几支抗日武装，先后深入到淮阳、太康、鹿邑、睢县、杞县、柘城一带敌占区开展游击战争，给日、伪军及其统治的政权以沉重打击，开辟了以西华为中心的豫东抗日根据地。

豫东抗日根据地的发展，引起了国民党顽固派的恐慌。抗日战争进入相持阶段后，国民党顽固派在豫东地区制造反共“摩擦”，1938年底和1939年春相继撤换了积极抗日的国民党西华县长楚博，国民党河南省第七行政区督察专员公署专员刘莪青，并将西华人民抗日自卫军改编为第1战区自卫军第7路。1939年12月，又以调第7路到舞阳一带“整训”为名，企图强行吞并或消灭。中共豫东地委识破了国民党顽固派的阴谋，将部队带往豫皖苏边区抗日民主根据地，编入新四军游击支队。此时正是国民党顽固派发动的第一次反共高潮时期，他们在制造“竹沟事变”之后，把枪口转向豫东。1940年春，国民党正规军和地方部队近9000人“围剿”豫东抗日根据地中心区西华县，大肆杀戮抗日军民，史称“西华事变”。中共豫东地委及其所属党组织被迫转入地下活动，大批干部转移外地。1940年9月，中共豫东地委停止活动，其所辖县、市委或停止活动，或转移外地。

1938年10月，彭雪枫、吴芝圃、肖望东率领的3支武装在西华县杜岗会师，组成新四军游击支队，挺进豫皖苏敌后，开展游击战争，创建了豫皖苏边区抗日民主根据地。同年11月，张爱萍奉中共中央之命到达鹿邑，11月20日在鹿邑建立了中共豫皖边工委，1939年3月改建为中共豫皖苏省委，8月改为中共豫皖苏边区委员会。在其领导下，建立了中共睢（县）杞（县）太（康）中心县委（后相继改名为特委、地委、水东地委）。原属中共豫东地委领导的鹿邑、太康县工委，淮阳、沈丘县委以及后来建立的中共鹿邑、太康县委，中共淮阳工委、鹿邑工委相继归属中共豫皖边工委（豫皖苏省委、豫皖苏边区委员会）及其所属的中共睢杞太中心县委等党组织领导。

1943年1月，中共水东地委划归冀鲁豫边区，1945年3月改称中共冀鲁豫第12地委。在中共水东地委和12地委领导下，周口地区相继建立了中共太康、淮（阳）太（康）西（华）、扶（沟）太（康）西（华）、郾（城）上（蔡）西（华）、西（华）临（颍）郾（城）6个县委和淮太西县工委。

1945年5月，冀鲁豫军区8分区8团奉命挺进新黄河以西地区，在西华、临颍、郾城、商水、上蔡、西平等县的边界地区建立了水西抗日民主根据地，并在西华县逍遥镇建立了中共冀鲁豫第13地委，中共郾上西和西临郾县委划归其领导，8月又建立了中共鄢（陵）扶（沟）县委。

1938年10月，中共河南工委为扩大抗日武装力量，在商水县青年村、砖桥一带选拔革命青年22人，分3批介绍到中共豫东（西华）特委，由其转送水东地区（指新黄河以东睢杞太一带）参加八路军，投入抗日战争。

1937年，灾荒严重，民众饥寒交迫，中共豫东特委王其梅、中共西华县委王子英领导胡晓初等人发动三岗、红花一带1000多名贫苦农民开展夺粮斗争。1938年1月27日夜，他们打开大地主胡逊安、马乐园的粮仓，将100多石（每石约400斤）粮食分给农民，度过年关。

1938年，在中共豫东（西华）特委和中共西华县委领导下，农民协会遍及西华全县。农会领导人民群众向地主阶级要粮、夺粮，赈济贫苦农民。不少农会骨干在宣传抗日、提高觉悟的基础上，参加抗日自卫军，踊跃投入抗日战争。1943年发生饥荒，西华县城西不少贫民因饥馑所迫卖掉自己的土地。1944年至1945年，新四军老八团（二八部队）在逍遥、奉母城、址坊等乡村组织回地会（农民协会），领导农民开展减租减息和赎回土地的斗争，在一定程度上打击了地主阶级的嚣张气焰。

抗日战争时期，在中共的领导下，太康县抗日民主根据地组织了贫农团，支持抗日。

1938年初，沈阳薛孟庄抗日根据地组建了青年抗日先锋队。是年，中共豫东（西华）特委成立青年抗日救亡宣传队、青年自卫队等，在农村开展唱抗战歌曲、张贴标语等抗日救亡宣传活动及反封建斗争。1938年8月，中共地下特别党员魏凤楼任鹿邑县长后，在鹿邑县政工大队成立了抗日青年先锋队。1939年春，日寇侵占鹿邑县城，活动中断。

抗日战争期间，在中国共产党领导的抗日根据地建立了妇女救国会、妇女协进会等组织。1938年，中共豫东（西华）特委组织了青年姊妹队，淮阳薛孟庄抗日根据地成立了妇女抗日救国联合会。

抗日战争时期，在西华县中共地方党组织的领导下，西华一些妇女走上社会，先后组织妇女会、姊妹会、老婆会，宣传抗日救国。如朱敬先、常国华等在西华抗日根据地参加抗日训练班后，分散到三岗、西夏亭、逍遥、砖桥等抗敌委员会驻地，进行抗日救亡运动，有的直接参加西华抗日自卫军，参与对日伪和敌顽的斗争。

1937年抗日战争爆发后，各地女学生纷纷要求到抗日前线，她们在各地中共党组织的帮助下，或到抗大学习，或直接参加了红军。1938年8月，在中共豫东（西华）特委指示下，扶沟县抗日第五宣传队在施德生的领导下成立，其中有扶沟女师学生10人。

1938年6月，项城简师师生成立海燕话剧团和宣传队，以女同学为主组成项城县妇女工作团和民众歌咏队，以演讲、唱抗日救亡歌曲等形式开展抗日救亡宣传活动，唤醒民众投入抗日斗争。盛凌云等女青年先后到延安抗大学习。

1938年秋，魏凤楼任鹿邑县长后，组织招收男女青年学生开办抗日训练班，女生中队有队长马凌嵩，队员张佩兰、张志、李辛、朱凤仙、朱兰仙等。

不久，共产党员杨春芙到魏部工作，并任城西关联保主任。同年12月，陈焰、沈平从延安抗大四期毕业后，分配到驻扎在鹿邑县白马驿的新四军六支队工作。她们到鹿邑县城与杨春芙一道组织抗日妇女工作团，杨春芙任团长，陈焰、沈平任副团长。妇女工作团的任务是：开办夜校，教妇女学文化，唱革命歌曲，动员妇女参加抗日救亡运动。他们编写有《抗日三字经》和《民歌》："小擀杖，两头尖，打倒日本杀汉奸。杀汉奸，得平安，东洋鬼子赶跑完。""日本小，人又少，想灭亡，自己找。中国大，人又多，杀得鬼子熬一锅。"杨春芙利用联保主任的合法身份，为新四军募捐筹款。1939年4月，鹿邑县城再次沦陷，抗日妇女工作团随部队转移。

1940年，中共南顿地下支部在水牛刘村创办妇女识字班，组织妇女学员37人，结合识字教学，向她们宣讲革命道理，宣传抗日救国。

抗日战争时期，西华抗日革命根据地、太康县北革命根据地部分乡村及鹿邑县城附近曾建立少年先锋队、儿童团，他们帮助共产党地方政权和军队站岗放哨、送信带路、散发传单、拥军优属、打击敌人等。如屈登瀛、屈东明带领少年先锋队处决了国民党骨干分子胡雨生兄弟。

3. 解放战争时期

豫皖苏边区第二地委。1946年，豫皖苏边区开辟涡河以南、沙颍河以北地区。12月，在鹿邑王寨、吴台庙（今属郸城）一带建立豫皖苏边区第二地委，隶属豫皖苏边区委员会领导，1948年6月改属豫皖苏边区分局。设组织、宣传、民运、武装4部及党报、财经、保健、除奸4个委员会。辖沈（丘）鹿（邑）淮（阳）（次年先改为沈太鹿县，后改为界首县）、淮（阳）太（康）西（华）（1947年11月改为夏亭县）、鹿（邑）亳（县）太（康）（1947年5月改为亳县、太和、阜阳3县）、阜阳（1947年10月改为阜北县，年底归豫皖苏边区第六地委）、汝（南）正（阳）确（山）、沈（丘）项（城）临（泉）、安平、太康、鹿邑、西华等县委和淮阳工委、亳州市委。1949年3月撤销。

豫皖苏边区第四地委。1947年10月，豫皖苏军区独立旅开辟沙颍河以南地区，解放沈丘、项城、临泉3县，开辟北至沙颍河，南抵淮河，东至阜阳、颍上，西至平汉铁路地区。在沈丘莲池建立豫皖苏边区第四地委，隶属豫皖苏边区委员会领导，1948年6月改属豫皖苏边区分局领导。设组织、宣传、民运3部，先后辖沈丘、项城、临泉、商水、泉阳、阜南、新蔡、泉南等县委及周家口、汝南、阜阳等市委。1947年12月，豫皖苏边区第四地委设西北、西南2个工委。1949年3月撤销。

中共豫皖苏边区第七地委。1948 年 4 月，以原豫皖苏边区第四地委西北工委辖区为基础，在周口市、商水县一带建立豫皖苏边区第七地委，属中共豫皖苏边区分局领导。设组织、宣传 2 部，辖商水、项城、上蔡、洪河、郾商西等 5 个县委和周口市委。活动在平汉线以东，漯河、周口市以南，临泉、沈丘县以西，正阳县以北地区。1949 年 3 月撤销。

中共淮阳地委。1949 年 3 月 20 日，中共河南省委决定建立中共淮阳地委，设办公室、政策研究室、组织部、宣传部。同年 10 月增设纪律检查委员会、地直党委和大众报社。辖淮阳、太康、鹿邑、沈丘、项城、商水、扶沟、西华 8 个县委和周口市委。1952 年 8 月增设郸城县委。1953 年 1 月 29 日，中共淮阳地委撤销，所辖各县委分别归属许昌、商丘 2 个地委。

解放战争时期，周口地区中共党组织又有较大发展，党的活动区域、组织机构、隶属关系变化频繁，在国民党武装力量较为薄弱的各县边界先后建立县委，到 1949 年 2 月，各边界县委撤销，建立太康、淮阳、鹿邑、沈丘、项城、商水、西华、扶沟县委和周口市委，县市委下设区委，其中太康县委下辖 9 个区委，有党支部 126 个，党员 1648 人。这一时期党员发展工作，按照中央指示精神，在减租减息运动及武装斗争中，吸收经过斗争考验成分好的农民、乡村贫苦知识分子入党，建立乡村支部。1949 年 9 月，全区有党支部 421 个，党员 5837 人；县（处）级干部 104 人，区（科）级干部 705 人，其中县、区两级党委领导干部 232 人，政府领导干部 222 人。他们大都是战争年代参加革命工作的工农出身的干部。

解放战争时期，周口地区是国共双方逐鹿中原的重要战场，长期处于“拉锯”状态，政治、军事形势复杂多变。中共上级党组织对该区的斗争十分重视，多次派武装和干部来该区，从而使这里的党组织及其领导下的政权、军事、群团组织有了空前发展。在这个时期，周口地区先后存在 9 个中共地委和 30 多个县（市）委，建立了 9 个专署和 30 多个县（市）民主政府（人民政府），9 个军分区和 30 多个县（市）大队（支队、独立团）。解放战争后期，淮阳行政区及其所属 8 县 1 市，大都建立了工、农、青、妇等群团组织。

解放战争时期，周口地区中共党组织的发展，大致可分为 3 个阶段。第一阶段：1945 年 8 月至 1946 年 12 月，隶属于冀鲁豫边区解放区和豫皖苏边区（华中）解放区阶段。

从 1945 年 8 月抗日战争胜利到 1946 年 12 月以前，周口一带中共党组织的活动主要集中在北部和西部地区，先后存在中共冀鲁豫第十二地委（1945 年 10 月改为第六地委）、第十三地委、华中第八地委等 4 个地委。在上述 4

个地委领导下，除抗战时期延续下来的扶太西、淮太西、郾上西、西临郾、鄢扶等县委外，又相继建立了太康（睢太）、扶太西（1945 年 9 月撤销，1946 年 7 月重建）、鹿淮太、商（丘）亳（县）鹿（邑）柘（城）、鹿（邑）亳（县）太（和）等县委、工委和黄泛区特委。

第二阶段：1946 年 12 月至 1949 年 2 月，隶属于豫皖苏边区解放区阶段。

1946 年冬，中共中央决定开辟豫皖苏边区。同年 12 月 12 日，豫皖苏边区委员会、豫皖苏边区行政工作委员会、豫皖苏军区在睢县平岗成立，下辖 3 个地委、专署和军分区。原冀鲁豫第六地委、专署和军分区改为豫皖苏第一地委、专署和军分区。原华中第八地委、专署和军分区改为豫皖苏第三地委、专署和军分区。开辟涡河以南、沙河以北、贾鲁河以东地区，建立豫皖苏第二地委、专署和军分区。

1947 年 8 月，刘（伯承）邓（小平）大军分 3 路挺进大别山，其中两路经过周口一带，横扫沿途国民党军队，解放了淮阳、沈丘、项城、商水、周家口等城镇。9 月底，陈（毅）粟（裕）大军挺进豫皖边区，转战于周口一带，给当地国民党军队以沉重打击，又相继解放了淮阳、扶沟、商水、周家口等城镇。豫皖苏军区及第一、第二分区部队为配合刘邓、陈粟大军的行动，主动出击作战，到 1947 年 10 月，开辟了周口地区沙河以南和贾鲁河以西的广大地区。根据豫皖苏边区委员会的指示，1947 年 10 月 20 日在沈丘县莲池建立了豫皖苏第四地委、专署和军分区。同月下旬，在扶沟县崔桥一带建立了豫皖苏第五地委、专署和军分区。

1947 年 12 月，中共中央中原局决定开辟淮西地区。为此在商水县建立了豫皖苏第四地委西北工作委员会。到 1948 年 4 月，在豫皖苏边区委员会的领导下，相继建立了 8 个地委、专署和军分区，其中第一、二、四、五、七 5 个地委、专署和军分区驻周口地区境内。此时豫皖苏第四地委西北工作委员会改建为豫皖苏第七地委、专署和军分区。1948 年 6 月，豫皖苏边区委员会改建为豫皖苏分局，其所属各地委改属分局领导。

第二阶段，在豫皖苏边区第一、二、三、四、五、七 6 个地委和 1948 年 5 月建立的豫皖苏沙河市工作委员会的领导下，除此前延续下来的扶太西、淮太西、太康、商亳鹿柘、鹿亳太等县委外，相继建立了扶沟、鄢扶（1947 年 4 月重建）、西华、太（康）北、夏亭、淮阳、鹿邑、沈（丘）鹿（邑）淮（阳）、沈（丘）太（和）鹿（邑）、沈（丘）项（城）临（泉）、沈（丘）项（城）淮（阳）、周口、安平、沈丘、项城、商水、郾（城）商（水）西（华）等县委和淮阳、周口、槐店市委。各县（市）普遍建立了县（市）民主政府、县（市）大队（支队、独立团）和区级党、政、军组织。

1949年1月，淮海战役胜利结束，长江中下游以北地区全部解放。1949年3月，中共中央豫皖苏分局、行政分会、军区及所属各地委、专署、军分区撤销，其所属各县（市）分别划归豫、皖、苏3省管辖。

第三阶段：1949年3月至1949年9月，隶属于河南省委阶段。

1949年3月，豫皖苏边区及其所属各行政区党、政、军组织撤销后，今周口地区各县（市）划归河南省管辖，各边区县及淮阳、槐店2市党、政、军组织随之撤销。3月1日，中共河南省委在开封建立，3月20日，中共淮阳地委、专署和军分区在淮阳县城建立，分别隶属中共河南省委、中原临时人民政府（1949年5月改属河南省人民政府）、河南军区，下辖淮阳、太康、鹿邑、沈丘、项城、商水、西华、扶沟县和周口市9个县（市）委、县（市）人民政府和县（市）大队。

在中共淮阳地委领导下，淮阳专区各级党组织带领全区人民积极支援解放大军南下作战，肃清国民党地方残部，实行土地改革，建立和巩固各级人民政权，同全国人民一道，迎来了新民主主义革命的最后胜利。

新民主主义革命时期周口地区中共地级委员会负责人情况一览表

姓　名	籍　贯	机构及职务	任职时间	备注
李梅村	安徽霍丘	中共豫东特委书记	1930.2—1931	
徐　庶	湖南省	中共豫东中心县委书记	1931—1932.2	
沈东平	河南省舞阳县	中共豫东特委书记	1936.10—1938.7	
周季方	四川省	中共豫东特委书记	1938.8—1938.10	
吴芝圃	河南省杞县	中共豫东特委书记	1938.10—1938.10	
王其梅	湖南省桃源县	中共豫东特委书记	1938.10—1938.12	代　理
王其梅	湖南省桃源县	中共豫东地委书记	1938.12—1939.8	
刘道安	河南省偃师县	中共豫东地委书记	1939.8—1940.5	
胡锡光	安徽省肥东县	中共豫东地委书记	1940.5—1940.9	
马庆华	河北省邯郸市	中共睢杞太中心县委书记	1939.3—1939.5	
马庆华	河北省邯郸市	中共睢杞太特委书记	1939.5—1939.8	
张先舟	河南省焦作市	中共睢杞太特委负责人	1939.9—1939.11	
韩达生	河南省杞县	中共淮杞太特委书记	1939.11—1940.4	
韩达生	河南省杞县	中共睢杞太地委书记	1940.1—1940.1	
马一鸣	河北省平乡县	中共睢杞太地委负责人	1940.4—1941.4	
马一鸣	河北省平乡县	中共水东地委书记	1941.4—1941.12	
王其梅	湖南省桃源县	中共水东党政军委员会书记	1941.5—1941.12	
唐克威	湖北省枣阳县	中共水东地委书记	1943.1—1943.1	

续表

李中一	四川省达县	中共水东地委书记	1943. 2—1945. 3	
袁　振		中共冀鲁豫十二地委书记	1945. 3—1945. 10	
王其梅	湖南省桃源县	中共冀鲁豫十三地委书记		未到职
李士才	江西省兴国县	中共冀鲁豫十三地委书记	1945. 7—1945. 10	代　理
袁　振		中共冀鲁豫六地委书记	1945. 10—1946. 12	
王其梅	湖南省桃源县	中共豫皖苏一地委书记	1946. 12—1947. 9	
郑　华		中共豫皖苏一地委书记	1947. 9—1949. 2	
李中一	四川省达县	中共豫皖苏二地委书记	1946. 12—1949. 2	
黄　霖	湖南省浏阳县	中共豫皖苏四地委书记	1947. 10—1948. 3	
杜润生		中共豫皖苏四地委书记	1948. 3—1948. 6	
李　广		中共豫皖苏四地委书记	1948. 9—1949. 2	
王其梅	湖南省桃源县	中共豫皖苏五地委书记	1947. 10—1949. 2	
姓　名	籍　贯	机构及职务	任职时间	备注
张太生	江西省吉安县	中共豫皖苏七地委书记	1948. 4—1949. 2	
苏沙河		中共豫皖工委张柏园书记	1948. 5—1948. 11	
盛北光		中共豫皖苏沙河工委书记	1948. 11—1949. 2	
何启光	河南省罗山县	中共淮阳地委书记	1949. 3—1949. 9	

1949 年 1 月周口地区解放之初，百废待举，各地干部普遍异常缺乏，中共各级党组织和政府动员有一定工作能力的人参加革命工作。当时吸收干部主要有 3 个渠道：一是选拔基层单位的积极分子；二是动员在校在乡的知识分子，包括一些曾任过旧政府军政职务的人员；三是留下支援地方的军队干部。

1947 年，鹿邑县民主政府建立初期，地方干部尚缺，只有水东地委、淮北八地委、豫皖苏二地委派去和解放战争时期鹿邑参加革命的一些干部。为巩固鹿邑县人民政权，1947 年从南下的刘邓大军中留下一批干部支援地方。

1947 年 10 月，项城县民主政府成立时，有党政领导干部 7 人，区主要干部 10 人，土地改革试点工作队 30 余人。次年，赖力行等 18 人到项城工作。3 月，项城县民主政府在张庙举办首届干部训练班，从中吸收 51 人参加工作。4 月，陆续到项城工作的干部有王光中、张赤霞等 90 多人。1947 年底，干部队伍发展到 210 人。1949 年，经过清匪反霸斗争，项城达到 378 人，其中科级干部 74 人，股级干部 98 人。

1948 年，周口市行政部门有干部 65 人，其中党务干部 4 人，政府干部 26 人，财经干部 34 人，群工干部 1 人。

1949 年 3 月，淮阳专员公署在淮阳师范创办淮阳专区干部学校，招行政班、师训班学员200多人。

1949年，沈丘县干部队伍发展到1100人，其中行政干部609人、中小学教师491人。

解放战争时期，周口地区各地不少村庄建立儿童团，配合民兵站岗、放哨、盘查坏人、监视坏人活动，对于巩固人民民主政权，发挥了一定作用。

五、中国国民党在周口的兴衰

1905年8月，孙中山在日本东京成立中国同盟会。1906年，商水县留日学生李锦公（今属西华县人）、西华县人王杰、太康县人刘亘，以及在上海求学的西华县人王拱璧等分别在东京和上海加入同盟会，成为周口地区第一批同盟会会员。后来他们陆续返回河南，李锦公、王杰参与筹组同盟会河南分部，成为河南分部主要成员。同盟会在周口地区境内秘密发展会员，淮阳的严维恺，项城的朱丹陛，太康的圭龙骧、郭相德、陈登峰等人均为早期同盟会会员，各县大都有同盟会的革命活动，但均未建立正式组织，均直属同盟会河南分部领导。1912年5月，西华县成立同盟会支部。6月1日，鹿邑县同盟会成立，会长张文杰、副会长薛腾宵。8月2日，同盟会会员刘亘、圭龙骧、郭相德、陈登峰等人发起成立同盟会太康分部。10月26日，鹿邑县同盟会改组为国民党河南鹿邑县分部，负责人张文杰、薛腾宵。1913年5月20日，国民党河南支部机关报《开封民立报》创刊，国民党鹿邑分部献词祝贺："共和告成，民心咸宁。国事日非，民无适从。大报披露，民气顿兴。既张民权，复重民生。不偏不倚，卑尔亚东。震聩河南，砥柱流中。洛阳纸贵，声价日腾。民之斯立，为当世风。"9月，同盟会河南分部改组为国民党河南支部，各县同盟会支部改为国民党分部，同盟会员转为国民党员。主要任务是结合革命形势宣传孙中山的革命思想和"三民主义"，倡导兴办民生学校、贫儿学校，设立"公民自治团"、"通俗讲演社"，提倡男子剪辫、妇女放足。1913年8月，河南都督张镇芳秉承袁世凯意旨，宣布取缔国民党，区内国民党组织转入地下。

1925年4、5月间，国民党太康县党部筹建，这是周口地区筹建最早的国民党县级党部，因未得到地方势力支持，不久停办。1927年国共合作破裂，国民党公开实行清党反共，令各地国民党党部停止活动，国民党省党部派党务指导委员赴各地对国民党员进行考察和重新登记，复成立县市党部。1928

年，周口地区境内除鹿邑、项城2县外，各县市都相继成立了国民党县党部（沈丘县党部成立半年后解体）。次年，淮阳、西华、商水、太康、扶沟、周家口等6县市共重新登记国民党党员452人，其中以西华县最多，143人。县市党部设执行、监察两个委员会，执委会配常务委员1人，组织、宣传、训练3部部长各1人，民众训练委员3至5人。监委会配1至3人。当时，淮阳等6县市共配职员56人：周家口、扶沟各12人，其余4县各8人。各县市党部下设区党部和区分部，以区分部为基本组织。区党部、区分部均设执行委员会。1931年，淮阳等6县市共有16个区党部，59个区分部，实有国民党党员412人。鹿邑、沈丘、项城3县直到1933年方建立直属区分部，分别有党员7人、8人、5人。是年，各县大力发展国民党组织，周口地区除淮阳外，8个县市共发展国民党预备党员843人，其中以鹿邑县最多，有166人；以商水县最少，有55人。1934年，沈丘、项城联合建立县党部，地址设项城（今秣陵镇）东大街，沈丘仅派1名区员兼管党务，直至1936年两县才分设县党部。1937年，始建立鹿邑县党部，此前其党务工作由淮阳县党部兼管。

国民党组织法规定，党之组织只有中央党部、省党部、县党部、区党部、区分部5级，各县市党部直属省党部领导。1939年，河南省党部奉令“于各行政督察区设置指导专员一人，于各区督察专员驻地设置办公处，指导该区党务之活动”，办公处设督导员1至3人，总干事1人，干事助理2至3人。今周口地区为河南省第七行政督察区，在督察专员公署驻地淮阳设国民党办公处，段剑岷任指导专员，不久由张善兴继任。时值抗日战争期间，继1938年鹿邑、太康2县城沦陷，1939年9月淮阳再次被日军占领，七专署辗转外迁，党务活动停顿，党员人数下降。以沈丘、项城、商水、扶沟、周家口5县市为例，1939年共有国民党党员和预备党员473人，比1933年的628人减少155人，下降24.78%。8年抗日战争，区内各县城除沈丘外均先后沦陷，国民党组织大为削弱，人数锐减。1945年春，国民党河南省党部连续下文，要求加速扩张党务。1945年初责令各县临时参议会、农会、工会、商会、妇委会、教育学会等机关团体，在4月底前要建立国民党组织。5月，又下文要求从速扩充经济、教育、文化各界人士及合作社负责人入党，并限令1个月内办竣报核，各县国民党组织发展随之形成高潮，不少县让所有机关职员、联保主任、保长、教师、师范学生等集体入党，党员人数急剧上升。是年，鹿邑县建立4个区党部，28个区分部，有党员1100人。沈丘县党务活动一向较为落后，直到1942年才有正式下属机构，1946年沈丘县党员迅速发展到801人。党员人数一向较多的西华县，1946年有党员3000多人，鹿邑、沈丘、西华3县国民党党员人数均比1945年之前超出10倍以上。自1947年春起，各县陆续解放，国民党组织随之解体。

1927年春，国民党河南省党部派孟蔚春等3人到淮阳建立国民党淮阳县党部筹备委员会，内设常务委员、宣传委员、组织部长各1人，同年夏苏文焕被推举为主任委员。1928年2月，国民党淮阳县第一届执行委员会成立，内设总务、组织、宣传、工商、农工、青年、妇女7部，各配部长1人。4月，国民党淮阳县第一届代表会召开，正式成立国民党淮阳县党部，有党员72人，孟蔚春任执行常委，同时成立国民党淮阳县监察委员会，选出监察委员3人，执行委员6人。国民党淮阳县党部下设基层组织3个区党部，9个区分部。7月，国民党淮阳县党部改称县指导委员会，设指导委员5人。1929年3月，国民党淮阳县第二届执行委员会成立，设常务委员、组织部长、宣传部长、训练部长、民众委员会主任等职，6月复称国民党淮阳县党部，孟蔚春任执行常委。1930年10月，国民党党部改称整理委员会，进行党员登记，设组织部长、训练部长、宣传部长、干事、秘书各1人，办事员4人，孟蔚春任常务委员，后复称县党部，沈化南任常务委员。1931年底，季安衡任常务委员；次年，黄其起任常务委员。9月，季安衡复任常务委员。1935年4月，张发奎任县党部特派员，次年国民党淮阳、鹿邑县党部合并，于伯龙任干事。

1938年8月20日，国民党淮阳县党部迁安水寨，于伯龙任特派员，于沛恩任书记，1939年发展党员32名。1941年，国民党淮阳区党部成立，统辖淮阳、太康、鹿邑、睢县4个县党部，于伯龙任特派员兼淮阳区督导员，1942年县党部改为书记长制，于伯龙任书记长。

1945年8月日军投降后，国民党淮阳县党部迁回淮阳城内关岳庙。1947年，淮阳解放，书记长于伯龙被活捉，余党逃往漯河。次年与三青团合并，称党团统一委员会，刘知凯任书记长，沈化南任副书记长，年底瓦解。

国民党在淮阳县伴随着时局的发展，为维护其统治，还建立了中华民族复兴社淮阳分社等其他一些组织。

中华民族复兴社淮阳分社。复兴社，又称蓝衣社，是国民党军事委员会调查统计局外围组织，主要任务是监视进步人士的革命活动，扩大势力范围，为“CC派”竞选国大代表等。1934年9月，开封复兴社派员在淮阳秘密建立复兴小组，有社员10余人，次年春正式建立复兴社，对外称“中央军校毕业同学通讯处淮阳分社”，对内称“忠义会”或“中兴会”，下设商政组、文教组，以七专署的名义在淮阳北关举办联保主任、联队副训练班3期，每期3

个月，90%的学员加入该社。1936年，刘痴僧、周继臣先后任社长，设立商政学校分会，社址由钟楼街移至自由街西头路北，1937年更名为“中央驻豫教育团淮阳同学会”，内设组织部、宣传部，有社长、主任、文书等，辖5个分会，淮阳县共发展会员188人，1938年日寇侵占淮阳城，该组织解散。

军统局豫东特别组。1946年夏，军统局豫东特别组在淮阳县钟楼街成立，组员15人，组长由淮阳县警察局局长兼任。特别组以刑警队为公开名义，常以查户口为名秘密搜集情报，清查共产党人，破坏革命组织，制造白色恐怖。8月逮捕贫民（疑为中共党员）19人，次年2月带领武装300余人袭击大崔庄革命根据地，枪杀解放军掉队战士多人。1947年淮阳解放，该组织瓦解。

国民党河南省豫东调查室。1944年4月，国民党河南省豫东调查室在淮阳县城袁家院建立，系国民党中央党部调查统计局基层组织，简称“豫东区室”，直接受国民党河南省党部统计室领导，配有秘书（助理）、电务、调查员（特派员）、干事等，县设情报站，下设情报通讯员。1947年春，该组织移至商丘，次年9月改为豫东潜伏区，在淮阳县城另建立情报组，有组员6人，活动于淮阳、鹿邑、扶沟、柘城、商丘一带。

淮阳县府会报室。1947年，淮阳县府会报室成立，成员有县党部书记长、县长、秘书、军事科长、情报主任、警察局长、参议长、三青团书记、干事长等，主要对付共产党。设有特别监狱，在柳林集、黄集等地枪杀共产党基层干部11人，淮阳县解放前夕在灶君庙监狱枪杀所谓中共嫌疑犯12人。

1927年夏，国民党商水县党部筹备委员会在商水县城东街成立，张布化、马宪前、张秉信为筹备委员。1928年，筹备委员会改为执行委员会，负责人张秉信，下设城内（各机关）、邓城、王沟桥3个区党部。1929年4月，国民党商水县执行委员会改为整理委员会，负责人有刘秀民、殷同线。当月又改为指导委员会，负责人有马轮训、胡殿生、张秉信、张居仁、杨子庸、徐润芝、陈国斌等7人。8月，指导委员会又改为执行委员会，下辖第一（县直）、第二（吴楼）、第三（邓城）、第四（南陵）、第五（扶苏寺）、第六（雾台）等6个区党部，22个区分部。1930年，国民党商水县执行委员会又改为整理委员会，直至1932年，负责人有陈德青、傅子栋、梅荫华、尚观栋、李岳生、张子安、孙子参、丰季林、李彬甫等9人，下属有县直（包括县师、县中、县民教馆）、吴楼、南陵、邓城、扶苏、雾台、下堤、林繁、砖桥、张明等10个区党部，37个区分部。1933年，由整理委员会改为干事制，干事长李彬甫，干事龚现龙、录事张亮斋，区分部仍为37个。1940年，国民党商水县党部改干事制为书记长制，书记长尚观栋，干事李彬甫、张衡石。

1941年初，李志华任书记长，6月辞职，7月张连珠任书记长。1943年11月，张连珠辞职，12月宁从汉任书记长。1945年春，宁从汉调离，张连珠再任书记长，此一时期商水县未设区党部，下设34个区分部。1947年3月，国民党商水县党部改书记长制为执行委员会，执行委员有张连珠、李性元、张子石、张秉信、李彬甫、王惕庵，执行委员会设监察委员会，张连珠兼任书记，李彬甫为秘书长，贾鸿钧为干事，王芸乡、董炳卿、支省吾为委员，县党部下设城内和邓城2个区党部，35个区分部；同年7月23日，中国人民解放军某部在邓城乡黄九台村活捉张连珠，并将其就地处决。1947年9月，国民党商水县党部又改执行委员会为书记长制，书记长贾永祥，秘书杨方正，干事贾鸿钧，12月22日商水解放，贾永祥逃跑，国民党商水县党部解体。

1927年夏，国民党河南省周家口临时党部成立，常务委员蒋锡福，委员刘知恺，下设南寨、北寨、西寨3个区党部，每个区党部下设3个区分部，以扩充势力，进行反共宣传，破坏共产党的活动。1928年春，国民党周家口市党部筹备委员会成立，委员胡丙生、张体太、刘知恺。是年秋，国民党周家口市党部执行委员会成立，常委胡丙生，组织委员刘知恺，工运委员李干生，宣传委员李蕴实，青运委员马道本，农运委员李兰实，下设南寨、北寨、西寨3个区党部，每个区党部下设3个区分部。是年，中共党组织派遣中共党员李子纯在周家口秘密传播革命理论，领导工人运动，后引起国民党的注意，不久被迫转移外地。是年冬，国民党周家口市党部执行委员会改为指导委员会，同时成立监察委员会，常委樊书楷，委员张体太、王克运。1929年，国民党周家口市指导委员会改为执行委员会，常委张文化，组训委员刘知恺，工运委员李干生，商运委员李廉岑，宣传委员马道本，妇运委员李蕴实，下属3个区党部，9个区分部。是年，中共党组织在周家口建立的2个联络站遭到国民党破坏，周家口的中共党组织活动中断。1930年夏，执行委员会改为整理委员会，第一届执行委员会常委卫祥岑，宣传委员杜荣福，组织委员陈维祯，监察委员樊书楷；第二届执行委员会常委杜希岭，组织委员陈干岑，宣传委员樊书楷，监察委员卫祥岑，此期将原3个区党部改为3个区分部。1934年，直属周家口区执行委员会又改为直属周家口区党部干事书记制，干事崔治山，书记陈维祯。1936年，由干事书记制改为书记长制，书记长陈维祯。下设区分部，南寨8个，西寨1个，北寨不详。1947年，改直属周家口区党部书记长制为直属周家口区执行委员会，书记长陈维祯，秘书刘仿石，文教委员樊书楷，财务委员马道本。同年周家口解放，国民党周家口区执行委员会解体。

1937年七七事变后，国共合作抗日，商水县第三小学（设在周家口）地下中共党员和进步教师开展抗日救亡宣传活动，国民党当局敌视抗日宣传活动，指示爪牙撕毁贴在街头的宣传墙报，监视进步教师，并查封停办了学校。1938年，中共豫东特委开展统战工作，建立抗日人民武装，7月中共豫东特委派党员王子英与国民党河南省第七区行政督察专员公署专员刘莪菁共同商议在周家口田园开办第1期“抗战建国人才训练班”（简称“抗建班”），由于日军入侵，加之国民党反动派破坏，抗建班提前结业。8月，国共两党合作又在七专署驻地黄杏樵别墅举办第2期抗建班，此时已成立的中共周家口市委与国民党七专署专员刘莪菁、国民党驻周家口骑兵14旅统战关系较为融洽，其间侵占淮阳的日军在飞机大炮的配合下多次从水上进攻周家口，国民党骑兵14旅和地方武装配合作战，打退了日军进攻。抗建班学员在中共党组织的带领下，深入农村街道，发动群众募捐，冒着炮火组织担架，支援前沿阵地抗日将士。11月，正当第2期抗建班举办期间，国民党周家口区党部派干事马道本任抗建班生活委员，马利用工作之便监视中共党员的活动，并向其上级密报说“抗建班是豫东赤化了的学校”，同时国民党河南省七专署专员刘莪菁因支持中共党组织和坚持抗日活动被免职。刘基严接任专员后，下令解散豫东所有抗日团体，抗建班停办。1939年，国民党反动派掀起反共高潮，刚从确山竹沟中共党校奉命归来的中共党员韩若雪、王文芳等受到监视。11月22日和12月30日晚，国民党周家口区党部派武装军警搜捕韩、王两家。1940年1月11日深夜，又以查户口为名，逮捕进步青年和积极分子李萍、冯珍、陈增祥、刘玉输、杨清源等人，不久将他们关押于洛阳劳动营。在国民党白色恐怖下，中共周家口市委被迫转移到苑寨，国民党又派便衣和军警跟踪追捕，迫使中共党组织在周家口的活动中断。1946年9月，国民党整编11师进驻周家口后，与周家口区党部以及地方团队等反动势力相勾结，派粮派款，并以“穷人头”的名义杀害了居民贾汝梅夫妇等26人，气焰十分嚣张。1947年2月27日至12月25日，豫皖苏独立旅和中原军区独立旅先后4次解放周家口，国民党周家口区党部不宣而散。

国民党西华县党部始建于1927年，常务委员胡雨生，后由刘芳亭、曹升亭、李祖尧等先后继任。1933年至1938年，王济平任国民党西华县党部干事。1927年至1938年，西华县有国民党员93人。1939年至1946年，谢廷献任国民党西华县党部书记长，党员发展到2700余人。1946年10月，张道明任书记长，11月高照临任书记长，是年西华国民党员发展到3000人，1947年达到4000人。1948年10月，国民党西华县党部常务委员为武静斋，其基层组织是在各区或乡镇设区党部，各区党部下设若干区分部，均配有常务、组训、宣传3个委员。1948年，西华县共有国民党区党部15个（内含直属区分部3个），区分部77个。

1927年，蒋介石发动“四一二”反革命政变后，国民党西华县党部的主要任务是清共、限共、防共、反共，发展党员，排斥异己，迫害进步人士。一是破坏中共党组织。1928年10月，由于中共叛徒董有坤告密，在西华县城西岗张村的中共特别支部遭到破坏，特支负责人被迫转移。11月，国民党西华县清乡局于址坊抓走中共党员董雪平、王负五，中共地下党组织派11人保释，结果全部被扣押逮捕，以致西华县西部中共党组织和上级失去联系。1935年5月，国民党西华县党部逮捕中共西华县委负责人之一的常国华（女），后因查无实据而释放。二是镇压农民革命暴动。1932年1月23日，西华县砖桥区区长刘启亭在国民党西华县政府的指使下，武力镇压竹园寺的农民革命暴动。1933年1月，国民党西华县党部、县政府围剿诸葛寺一带的农民武装暴动。1934年4月，西华“三岗”一带的革命活动引起国民党西华县当局的注意，中共党组织觉察后及时安排进步人士胡晓初、屈申亭转移外地，国民党西华县当局对他们进行通缉，并放火焚烧了胡、屈两家的房屋财产。三是制造“七里仓惨案”。1938年秋，中共党组织为开展西华县西部的抗日斗争，派中共党员宋伯祥带10多人到三区七里仓任联保处主任，宋伯祥到任后一方面积极宣传抗日，秘密发展党组织，另一方面为抗日前线捐粮、捐款、捐枪。当时，募捐、摊派的主要对象是百亩以上的地主豪绅，以国民党区党部书记、大豪绅何相臣为首的一伙反动势力，表面上拥护中共的抗日主张，暗中却勾结西华县党部干事王济平，密谋策划摧毁中共控制的联保处。是年10月10日，保长李绍堂带领20多人从七里仓北门潜入寨内埋伏在大地主何应全家中，同时何相臣指挥一部分人秘密把守寨门，派另一部分人会同李绍堂带领的人暗中包围了联保处，天黑后，何相臣派人登上联保处住房，用大锤砸穿房顶向屋内射击，房屋内8人突围不成当场被捕，宋伯祥突围后隐身到一株小柏树上，因树小晃动被捕，当夜在何、李等人的密谋下，除宋伯祥、宋保信、胡占富（联保处文书）3人外，其余6人全部被杀害投入井中。次日，何相臣又带人挨户搜查出1人，当场将其杀害投入井中，晚饭后又杀害宋伯祥等3人投入另一井中。当时有1名群众因说情也被杀害。

1927年5月，国民党扶沟县党部在中共扶沟县支部的主持下建立。汪精卫发动“七一五”反革命政变后，国共合作破裂。9月，扶沟县国民党右派得势，解散了共产党帮助下组建的国民党扶沟县党部，李子正、王恺等建立了反动的国民党扶沟县党部，对共产党进行疯狂镇压，对群众进行残酷统治，扶沟县陷入白色恐怖之中。1932 年，胡瑞甫任国民党扶沟县党部干事，后又改为书记长制，1936 年胡瑞甫任国民党扶沟县党部书记长。

国民党扶沟县党部在扶沟历 20 余年，主要任务是逮捕共产党和进步人士，摧毁共产党地下组织。从 1928 年起，国民党扶沟县党部多次勒令禁止共产党的活动，摧毁共产党地下组织，下令通缉中共地下党员施裕民。1941 年，国民党扶沟县党部勾结河南省调查统计室组织行动队，大肆搜集共产党军政情报，并逮捕地下党员程震等 10 余人，对他们进行残酷刑讯后，全部送西安劳动集中营，部分人员至今下落不明。

1927 年春，国民革命军北伐至豫南，北伐军第一路军 11 军 10 师政治部派政治员、太康人张宗衡和邢汉三回太康从事党务活动，筹备国民党太康县党部，因国民党员之间派系斗争尖锐，工作难以开展，半月后被迫离去；随之由柳福增（延龄）、尹树模（楷之）、程俊苞、沈化南、雷丕应（化普）、圭锡祯（祥甫）等出面组成国民党太康县临时县党部，同年 7 月临时县党部奉命停止活动；1927 年 10 月，国民党河南省党部筹备委员会先后委派马纶、杨振坤、韩应坤等为国民党太康县党部筹备委员，翌年 1 月 9 日筹备就绪，召开了国民党太康县第一次代表大会，通过了介绍党员、整理地方教育行政、惩办土豪恶绅等决议案，会议选举尹树模、雷丕应、圭锡祯、沈化南、王在贵、刘倬甫、郭芝塘（馨坡）7 人为执行委员，王锡让、程俊苞、李锡昌为监察委员，1 月 12 日国民党太康县党部宣告成立。不久，国民党中央通令全国各级党部一律停止活动，迨至 5 月中央第 5 次执监会议后，即通令各级国民党党部恢复活动，国民党河南省党务指导委员会委派圭锡祯、尹树模、雷丕应、李慎思、王在贵为国民党太康县党务指导委员，6 月 14 日宣誓就职，办理党员总登记，组织 3 个区党部，9 个区分部，举办党务培训班。7 月，经河南省党务指导委员会视察员马乘风视察，监选员赵鸿钧监选，召开了国民党太康县第二次代表大会，选举李锡昌、张廷庸、圭锡祯、程俊溥、雷丕应为执行委员，张刚德、刘倬甫、李国煊为监察委员，10 月 4 日宣誓就职，成立了国民党太康县第二届党部。1930 年春，中原大战爆发，太康境内沦为战区，国民党太康县第二届党部被军队占据，活动停止。10 月，河南省党务指导委员会派尹树模、柳福增、程俊溥、圭锡祯、郭芝塘为太康县党务整理委员，组织 3 个区党部，9 个区分部，县农会、各业工会、妇女协进会、教育会、学生自治会等先后成立，商会也进行了改组。1931 年 10 月，经河南省党务指导委员会认可，派肖国祯到太康县监选，召开了国民党太康县第三次代表大会，通过呈请裁撤财政、建设两局，取缔滥派区教育经费，改良雇科、组织水利工程委员会等议案，选举尹树模、圭锡祯、柳福增为执行委员，郭芝塘、李国煊为候补执行委员，程俊苞为监察委员，王锡让为候补监察委员，第三届太康县党部成立；后各次国民党太康县代表会及历届县党部情况均因档案散佚无从查考。

国民党太康县党部负责人始称特派员，继而称主任，后来称书记长，书记长以下设文书（兼组训干事）、干事、助理干事、录事等，还设有 1 个 10 人左右的行动队，负责刺探情报，兼管杂役。此外，国民党太康县党部还附设有“民报社”、工会、农会、妇女协进会等组织。国民党太康县党部下辖 3 个区党部。第一区党部设在太康县参议会，包括县政府。第二区党部设在太康县立中学。第三区党部设在县党部。区党部有执行委员会，由书记、组训委员、宣传委员、监察委员组成，每个区党部下设 5 个区分部，区分部不设书记，只设组训委员、宣传委员，1946 年底又设监察委员 1 人。此外，各乡还设有直属县党部的若干直属区分部。

1930 年前，国民党太康县党部的书记长情况不详。1930 年 10 月至 1939 年 2 月，太康县大许乡盖庄人尹楷之任书记长。1939 年至 1944 年，太康县城县前街人圭祥甫任书记长。1944 年至 1946 年，太康县城南大街人柳福增任书记长。1946 年至 1948 年，扶沟县大新集乡陈楼村人陈荫桂任最后一任书记长。

第一次国共合作期间，随着革命形势的发展、北伐军的节节胜利，太康县国民党的活动趋于活跃。1925 年春至 1927 年春，多次组织演讲活动，宣传国民革命和孙中山的“联俄、联共、扶助农工”三大政策，公开集会纪念“五一”、“五四”运动，声援“五卅”运动，提出“打倒军阀”、“取消不平等条约”等口号，并组织民众疏通河渠、修筑公路、营造中山林，改进工农业生产，提倡实业救国等，在太康县民众中形成了一定影响。

1927 年“四一二”反革命政变后，太康县的国民党员开始反共宣传。1928 年国民党太康县党部成立后，发展一批新党员，通过党员登记，举办党务训练班，培训骨干党员，建立了区党部，相继成立了县农会、工会、妇女协进会、学生自治会等，公开通缉、逮捕共产党人。1935 年 2 月，郭效孟、刘振东等 7 名共产党员遭逮捕，其余共产党员大多被通缉，太康中共党组织遭受严重破坏。抗日战争期间，日军侵占太康县城，太康县境大部被黄水淹没，国民党太康县党部随县政府迁往大新集一带，国民党太康县政权消极抗日，积极反共，与驻老冢的汉奸姜廷延部相互勾结，图谋进攻中共抗日武装。抗战胜利后，国民党太康县党部迁回太康县城后，即着手党员登记，重建区党部、区分部，并与县政府、保安队进行反共活动，刺探共产党的情报，向上级党部密报。1945年至1948年间，国民党太康县党部多次召开党政军联席会议，扩充军事力量，对解放区进行围剿，秘密或公开杀害共产党被俘人员和农村干部70余人，在中共武装的多次打击下，国民党太康县党部在太康县境内无法立足，于1948年下半年随国民党太康县政府逃离太康县境，国民党在太康县的活动终结。

1930年，国民党河南省党部派淮阳县党部书记长王擎海到鹿邑县筹办成立区党部，鹿邑县国民党的党务工作由国民党淮阳县党部兼办，1932年陈进贤主持常务工作。1937年，国民党鹿邑县党部成立，省党部委派马伦川为干事，李明毅为助理。1938年，日军侵占鹿邑县城，国民党鹿邑县政府南迁石槽集，省党部又委派牛干卿、路乐天负责鹿邑县党部工作。1939年，汲镌荪接办国民党鹿邑县党部工作，1942年县党部改为书记长制，汲镌荪为首任书记长。1940年至1947年，国民党鹿邑县党部设书记长1人，秘书、干事、助理干事、录事各1人。1945年，鹿邑县建立4个区党部，28个区分部，58个小组，约有国民党党员1100人，第一、二、三、四区党部书记分别为卢友兰、阎子英、刘修五、邵子俊。1947年，鹿邑县共建有7个国民党区党部，38个区分部，88个小组。

中华民族复兴社鹿邑分社，简称“鹿邑县复兴社”，1934年成立，是国民党在鹿邑县的核心组织，国民党鹿邑县长濮耀东兼任支会书记，负责人还有陆淑嘉、刘和斋。1935年夏、秋，濮耀东为扩充势力，把持地方，进行防共、反共，大力发展复兴社外围组织忠义会，两次集体吸收保长、联保主任902人为忠义会会员。

1927年蒋介石发动“四一二”反革命政变后，大肆屠杀共产党人。国民党内部分化为革命、反动两派，掌控鹿邑县的国民党反动派大肆搜捕共产党人。1931年5月，国民党鹿邑县区党部接省党部通知，逮捕中共地下党员江梦霞，江闻讯后及时转移。1932年7月，国民党鹿邑县区党部秘密关押中共地下党员、女子小学教师吴自修，当月16日吴在解往开封途中病逝。8月，逮捕中共地下党员邵良才（邵子奇），邵在解往开封途中脱险。1938年6月，鹿邑县城沦陷，国民党鹿邑县党部消极抗日，积极反共。1940年7月，国民党第七区党务指导专员张善兴到鹿邑县政府所在地石槽指导工作，指示鹿邑县党部书记长刘和斋大量吸收党员，扩展组织，刘和斋利用县政府举办训练班的机会，要求各机关大小职员，各乡镇保、甲长集体加入国民党，并增建区党部、区分部和党小组。1941年，汤恩伯的势力伸展到苏鲁豫皖边区，翌年派辛少亭到秋渠接任新编25师师长，以组织地方武装“抗日”为名，收编了以王昌顺为支队长的七支队，以赵捷三为支队长的八支队，以张绍庭为支队长的九支队和以张庚寅为大队长的专署特务大队，共3000余人，该师在秋渠一带敲诈勒索，搜刮民财。1942年9月，国民党河南省党部统计室豫东办事处主任李明毅调任鹿邑县党部助理。同年秋，李明毅向省党部报告中共地下党员李铁林在鹿邑秘密发展中共党组织的情况，省党部密电鹿邑县党部和县政府“着将李铁林镣解鲁山”，李铁林获悉后及时转移；李明毅又与国民党支队长赵捷三、豪绅傅廷章勾结，随意抓人，拘禁拷打，逼粮逼款，为害百姓。1942年10月，刘和斋赴西安参加国民党中央组织部举办的党训班，接受反共教育。1944年，新四军在永城、商丘、亳县一带开展抗日斗争，为防新四军渗入鹿邑，国民党苏鲁豫皖边区党政分会指令鹿邑县加强党政工作，鹿邑县党部和县政府组织成立了党政工作团，翁文庆任团长。刘和斋和三青团商丘分团主任梁淑平兼任副团长，工作团下辖2个区队，一区队驻丁村，区队长刘鹤年；二区队驻郸城，区队长董振亚，每区队设3至4名督导员，负责各路口对新四军的盘查，同时指令各村保、甲长发现新四军及时报告。1945年8月抗日战争胜利后，鹿邑县党政机关迁回县城，国民党鹿邑县长翁文庆带领杨子超、马济镕的部队离任赴徐州，汲钱荪的部队接受商丘行政督察区的改编。孙敬轩接任鹿邑县长后，成立鹿邑县自卫总队，孙兼任总队长，王应亭任副总队长，下辖3个大队。1946年，中国人民解放军进入鹿邑县西南边境开展游击活动，国民党鹿邑县党部、县政府多次派人到徐州、商丘请兵对付解放军，专署调保安第二团汲钱荪部和张岚峰的1个营进驻鹿邑，加上孙敬轩的鹿邑县自卫总队，计有2000人，以防共产党、解放军的活动。同年秋，省党部命令“各县书记长守土有责，应与县城共存亡。”鹿邑县党部书记长刘和斋调集数千农民加固城防工事，企图阻止解放鹿邑。1947年2月1日，鹿邑县城第一次解放，孙敬轩、汲钱荪被解放军生俘，刘和斋乔扮成商人混出城去，经淮阳、漯河、郑州逃往开封向省党部代主任刘锡五和书记长张藏报告守城经过。刘和斋隐藏开封一段时间后返回鹿邑，县自卫总队副总队长谢澄江收罗残编为3个大队，王应亭接任县长后将其整编为3个团：谢澄江部编为第一团，王润丰部加上各乡零杂武装编为第二团，王曾肃、王壁岑部编为第三团，在鹿邑与共产党地方武装形成“拉锯”态势。同年7月8日，鹿邑县城第二次解放。不久，国民党新五军配合地方土顽10余万人，以数十倍于共产党地方武装的兵力向鹿邑一带进行45天的“梳篦式”大扫荡，企图歼灭共产党地方武装，结果以失败告终。同年秋，王溥被选为国大代表，朱纪章当选为省立法委员。年底新五军“扫荡”失败后，鹿邑、太康、永城、涡阳、蒙城、亳县、淮阳、商丘等县土顽2万余人集中于商丘县毛堌堆整训，1948年2月被人民武装歼灭。1948年春，王应亭见势不利辞职，由陈涛接任县长。不久，由董中华接任县长，董经常抢粮运到商丘贩赃。8月，国民党鹿邑县联防司令谢澄江部配合11师窜扰郸城一带，将革命积极分子张备五和地方人民武装部队排长张心然等6人挖眼、削手、铡腰残害。11月15日，陈涛残部在鹿邑县老衙门口用铡刀残杀县独立团战士5名。1948年6月22日，刘和斋随商丘师范南逃浙江兰溪，1949年6月潜回开封，在走投无路的情况下于9月10日向河南省公安厅投案自首。

1927年秋，沈丘人王仰祉在河南党政训练班毕业后，受国民党省党部派遣，返回沈丘县筹建国民党沈丘县党部。他主持召开沈丘县政府各机关、学校公职人员大会，宣布国民党沈丘县党部成立，并任筹备委员会主任，因未得到地方势力支持，半年后垮台。次年秋，省党部又派员重新筹备沈丘县党务工作，进展不大，直到1931年才第一次发展党员。1934年，国民党沈项县党部在项城东大街合署办公，沈丘县派1名区员兼职管理党务。1936年，沈、项两县党部分设，沈丘县党部迁到县城（今老城）南街，韩子和任干事，负责办理党务，工作仍无进展。1937年春，朱厚勋、任惠泉主持党务工作，其二人生活腐化，吸食毒品，贪污盗窃，因分赃不均，互相倾轧，单凝（又名单希和）乘机夺取党务权。1938年6月国民党沈丘县执行委员会成立，单凝任主任委员，次年在联保主任训练班、保甲长训练班中发展党员，继而在国民学校校长、教员和绅士、职员及青年学生中大量发展。其时党员直属沈丘县党部，直到1942年沈丘县政府直属各单位成立6个区分部。乡镇设13个区党部，下辖76个区分部。1945年春，国民党省党部连续下文指令加速扩张党务，年初下达本年度扩充党员进度表，要求沈丘分3个季度发展党员700名，沈丘县临时参议会、农会、工会、商会、妇委会、教育学会等机关4月底以前建立国民党组织。5月又下文要求从速扩充经济、教育、文化各界及合作社负责人入党，并限1个月内办竣报核；1946年10月，沈丘县国民党党员总数达801人。同年11月8日，国民党沈丘县第一次代表大会召开，出席代表60人，选出执行委员7人，候补执行委员3人，监察委员3人，候补监察委员1人，单凝被选为国民党沈丘县党部书记长，马俊为监察委员会书记。1947年解放前夕，国民党沈丘县党部解体。

1934年，国民党在项城县秣陵镇东街建立沈项联合党部，负责人称干事，在省地方自治训练班毕业的项城人赵宪邦任主任干事。1935年秋，国民党河南省党部鉴于沈项联合党部组织无力，批准赵宪邦辞职，委任杜预接替，9月12日杜预任主任干事。杜预任职不久，即开展“清党”（肃清共产党）活动，无果。1936年沈项党部分立为沈丘县党部和项城县党部，负责人改称书记长，县党部内设秘书（兼组训干事）、宣传干事、录士、助理干事等，北京私立民国大学毕业的淮阳人陈克定任国民党项城县党部书记长。1938年至1942年12月，开封师范毕业的项城人王凤鸣任书记长。1943年1月至1945年9月，武汉大学毕业的项城人于轩任书记长。1945年10月至1948年1月，王凤鸣再任书记长。国民党项城县党部下设52个区分部，包括12个乡镇公所、26个中心学校（简师、公私立初中、中心小学）、县直12个机关及秣陵镇内2个保，有党员1100多人。区分部设书记、组织委员、宣传委员。1946年至1947年，项城县12个乡镇中有11个由乡镇长兼任分部书记，只有涂营书记由民政干事兼任，副乡镇长多兼任组织、宣传委员，中心学校由校长兼任分部书记，教导主任兼任组织委员或宣传委员，但有些在党部任职的校长和教导主任并未加入国民党，而是由县党部指令任职。区分部活动很少，主要以向上级编造报表为主。国民党项城县党部下设约30人行动队，专门对付共产党，1945年解散。1948年1月，中共领导的项城、沈丘县大队联合与国民党项城地方武装在蒋桥激战，后者遭重创被逐出境，国民党项城县政府随之终结。

六、吉鸿昌从旧军人到抗日民族英雄

吉鸿昌

吉鸿昌（1895－1934），幼名恒立，别号世五，扶沟县吕潭镇人。他在进步思想影响和共产党的教育下，从一名旧军人转变成为坚定的共产主义战士，著名的抗日民族英雄，其英勇事迹至今令人动容和感佩。

吉鸿昌6岁丧母，随父亲开小茶馆度日，读过两年私塾。后到周家口的首饰店、杂货铺当学徒。1913年8月，他到郾城投冯玉祥部当兵。1914年，冯玉祥驻军西安。每天早晨练兵前，冯都要高坐在司令台上大声喝问：“弟兄们！我们是谁的军队？”全体官兵则按规定齐声高呼：“我们是老百姓的军队！”有一天，冯玉祥的话音刚落，只听吉鸿昌一声大喊：“我们是洋人的军队！”声如洪钟，全场震惊。冯玉祥也大吃一惊，立即下令把他押到台前问话：“你为什么说我们是洋人的军队?”吉鸿昌答道：“听洋人的话，信洋人的教，替洋人打仗，受洋人的气，为啥不是洋人的军队?”原来，冯玉祥为寻找一个维系军心的工具，早在辛亥革命后不久就接受基督教洗礼，并要求官兵领洗入教，把牧师引进军队，规定做礼拜为军中的“精神训练”，每逢礼拜日，就将全体官兵集合起来，让牧师宣讲教义。这样一来，他的部队就为洋人“精神鸦片”所腐蚀，引起军内外非议。这次吉鸿昌直言戳破了他的心病，他虽感到气恼，却很欣赏吉鸿昌的胆识和性格，遂又故意问道：“你这小子！难道你不怕洋人吗?”吉鸿昌愤然答道：“我们都是中国人，干吗要怕洋人！我不怕，我用嘴啃也要把他们啃倒。”冯玉祥暗喜得到一个人才，问明姓名，即令他归队。次日，冯玉祥下令取消神父制。吉鸿昌因此受到重用，1917年7月，调入冯玉祥的手枪队任连长，1921年冯部扩编为第11师，吉鸿昌升任营长。

1925年夏，吉鸿昌在张家口结识共产党员宣侠父等人，开始接触革命道理，他吸收许多共产党员到他的部队工作，使其部无往而不胜。10月，吉鸿昌任绥远都统署骑兵团团长。不久，任18师36旅旅长。1926年9月，冯玉祥在共产党员刘伯坚等人的帮助下，在绥远五原誓师响应北伐，吉鸿昌随冯解了西安之围。1927年，18师36旅扩编为第19师，吉任师长，率部进驻潼关。5月，冯玉祥的国民军联军改称为国民革命军第三集团军，东出潼关，配合北伐军进攻河南，吉鸿昌奉命率部入豫，相继攻占洛阳、巩县，与奉系军阀沿黄河南北形成对峙局面。7月3日夜，吉鸿昌亲自带领敢死队偷袭黄河天险，一举歼灭奉系河防守敌。之后，乔装敌军，乘火车先敌占领豫北重镇新乡，又协同友军攻占安阳、沁阳等地，稳定了河南局势，19师赢得“铁军”称号，吉鸿昌成为西北军名将。

1927年7月，蒋、冯徐州会议后，第三集团军内部进行清党“送客”，大批共产党员被“礼送”离队，吉鸿昌在所部不仅没有搞“送客”，还暗中保护了一批共产党员。他的政治表现和威名招致一些西北军将领的嫉恨，被免去师长职务，派往北平陆军大学特训班学习。同年秋，冯玉祥任命吉鸿昌为30师师长，赴甘肃剿匪。匪患剿平后，吉率部进军宁夏，赶走腐败害民的宁夏省主席、西北军第7军军长门致中，将11师、7师合编为第10军，自任宁夏省主席兼第10军军长。就职后，整军经武，励精图治，大力推行回汉合作，提出“开发大西北”的主张，任“开发大西北总指挥”，尊重当地风俗习惯，发展生产，深受民众欢迎，宁夏民众亲切地称他“吉回回”。

1929年底至1930年初，蒋、冯、阎中原大战爆发，吉鸿昌被冯委任为第11师师长参战。9月，冯玉祥失败后，吉鸿昌部被迫接受蒋介石改编，吉鸿昌任22路军总指挥，率部移驻豫东南潢川、光山一带。1930年11月，蒋介石发动对鄂豫皖苏区的第一次“围剿”，命令吉鸿昌进攻苏区红军，吉鸿昌通过邓宝珊与中共党组织取得联系，表示决不与红军打仗。1931年3月下旬，蒋介石发动对鄂豫皖苏区的第二次“围剿”，严令5月底完全肃清鄂豫皖苏区红军，吉鸿昌从光山出发佯攻苏区，暗令各部遇到红军只朝天放枪，还故意沿途给红军丢下不少枪支弹药和粮食。8月，吉鸿昌因反对进攻红军，密谋起义参加红军的计划失败，被蒋介石解除兵权，并强令“出国考察”。

吉鸿昌在1931年9月21日出国“考察”前夕，“九一八事变”爆发，他请求留在国内抗战，被蒋介石拒绝，经由上海登船出洋。10月6日，吉鸿昌在美国西雅图接见美联社记者，愤怒揭露日寇的罪恶侵略行径，表达了自己和祖国人民“宁为玉碎，不为瓦全”、“为生存而战，为真理而战”的决心与最终战胜侵略者的信心。在美国，吉鸿昌看到其先进的科技、发达的经济，越发痛感中华民族必须发愤图强。吉鸿昌面对殖民主义者的轻蔑、歧视，一身傲骨，毫不自卑，表现出了凛然的民族正气。在参观福特汽车制造厂时，听到大老板说中国“没有技术，也没有工厂”，他当即回答说：“你们美国过去也没有汽车，你们的汽车也不是天上掉下来的。”一次，他要往国内邮寄衣物，美国邮局的职员竟说不知道中国，吉鸿昌非常气愤，跟着监视他的国民党特务却“劝”他说：“你若是日本人，便可受到礼遇。”吉鸿昌怒目斥道：“你觉得当中国人丢脸，我却认为当中国人无尚光荣！”回到旅馆，他即找来一块小木牌，用毛笔写上“我是中国人”5个大字，下面还用英文作了翻译，以后每逢赴宴或出入大庭广众之中，他都把这块木牌佩戴胸前。

1932年2月28日，吉鸿昌从国外回到上海。8月，他到湖北黄陂、宋埠一带策动旧部起义，蒋介石得到密报，派人逮捕他，他仓促带10余人突出重围进入苏区，受到沈泽民、徐海东、郑位三的热情接待。吉鸿昌表示要参加红军，徐海东说：“你不如独树一帜，自己另干起来，我们可以南北呼应打击敌人，这样比起义的作用大。”他接受了徐海东的意见。同年秋，他在北平加入中国共产党。

1933年3月，吉鸿昌遵照中共指示，赴张家口协助冯玉祥揭旗抗战。5月26日，察哈尔民众抗日同盟军成立，任第2军军长。6月20日，冯玉祥命他兼任北路前敌总指挥。吉鸿昌率同盟军主力分3路北进，在1个月内连克察北6城，攻占多伦等地。7月底，在日、蒋军队的联合进攻下，同盟军陷入困境，冯玉祥于8月通电“下野”，吉鸿昌随后与坚持抗日的方振武一道将所部改称为“抗日讨贼军”，继续战斗于长城内外，因众寡悬殊，损失惨重。

吉鸿昌

1934 年 4 月，吉鸿昌根据中共中央指示，一面秘密派人到江西苏区旧部进行策反，一面在中共党组织的领导和支持下，积极准备在家乡河南策划暴动，组建抗日义勇军，挺进西北。5 月，吉鸿昌在天津组建了由冯玉祥、李济深、方振武、任应岐等各地反蒋抗日力量参加的“中国人民反法西斯大同盟”，任主任委员，并担任中共党组成员。吉鸿昌在天津法租界霞飞路 40 号的家成了中共党组织的地下联络站。他在家中设立印刷所，印刷反法西斯大同盟机关刊物《民族战旗》和党的秘密文件。11 月 9 日晚，吉鸿昌在天津国民饭店 45 号房间同李宗仁的代表刘少南秘密会谈时，被国民党军统特务行刺受伤，又被早与国民党特务勾结的法租界工部局以“杀人嫌疑”罪名逮捕。14 日，又以“通缉在案”为由被引渡给国民党天津市公安局，22 日被秘密押解到北平。

11 月 24 日，何应钦按照蒋介石的命令，决定将吉鸿昌“立时处决”。他在狱中给妻子胡红霞写下遗书，“夫今死矣，是为时代而牺牲”。在遗书中他再三叮嘱妻子要好好教育子女，“以成有用之材”。在刑场上，吉鸿昌以树枝作笔，以大地为纸，愤然写下了正气浩然的就义诗：“恨不抗日死，留作今日羞。国破尚如此，我何惜此头！”他喝令刽子手：“给我搬张椅子来！我为抗日而死，死也不能倒下。”他端坐在椅子上，行刑的特务想绕到他的背后开枪，他厉声道：“我为抗日而死，决不能背后挨枪，我要亲眼看看你们是怎样打死我的。”当刽子手在他面前颤抖着举起枪时，他奋力高呼：“抗日万岁！中国共产党万岁！”吉鸿昌在北平英勇就义，时年 39 岁。

七、官吏的政绩

1．晚清时期

萧晋荣，字子坚，江苏吴县举人。同治九年（1870 年）任淮宁知县，“吏治循良，不尚明察丁役无敢作奸。勤求民隐，善判决，民无冤狱”（民国二十二年《淮阳县志》）。就是说，他处理疑难复杂案件，话虽简短，却能明断争讼双方的关键，原告、被告都很服气，民众称赞他为“萧青天”。

潘钟瀚，字子青，号稚莼，江苏溧阳人。同治十年（1871 年）任淮宁知县，“政有体要，疏摆麻沟水，讼巨案因之渐稀。编保甲十二条，实事求是”（民国二十二年《淮阳县志》）。淮宁试院低湿狭窄，随郡守蒋珣捐募整修拓宽，创设柳湖书院，每月 3 次为诸生讲课，捐俸奖掖先进，口碑很好。

陈履忠，字卓如，福建闽县人。光绪三年（1877 年）代理淮宁县事，“坦白容物，平易近人，为治不尚烦苛，政平讼理，时称青白良吏”（民国二十二年《淮阳县志》）。他撰联悬堂的座右铭为“吾于百姓何求，谁谓宰官易做”，道出了他治政的心声。

李铁林，字子铮，直隶临榆人，以翰林院庶吉士授夏邑令，不久调任淮宁知事，任上“厘剔衙蠹气象，阎罗胥徒不敢仰视。听讼平允，严正仁明。郡幕索出地方车马，力拒弗诺。减轻差徭，十止用一，尝曰：‘省一钱，民即沾一钱之利’。四乡诣验，不烦不扰。严禁游妓入境，以正风化”（民国二十二年《淮阳县志》）。

左辅，字素储，湖南长沙人。任淮宁县事时“严明果决，有猷有为。”疏柳涉、清水两河，筑淮宁县城西大道 50 余里。“断狱明决，口碑争颂”（民国二十二年《淮阳县志》）。治理淮宁 3 载，卒于任上。

李擢英（1844－1941），字子襄，世居周家口新街。光绪三年（1877 年）进士，历任监察御史、内阁侍读学士、太常寺少卿及大理寺少卿等职。他一生光明磊落，刚正不阿，政绩斐然。

一是秉公执法，铁面冰心。他承审案件唯法是恃，对众多疑案、奇案均能冲破阻力，审问清楚。如光绪十四年（1888 年）北京西城北沟沿之勾奸夫害本夫一案件，他阅及案卷，颇有疑窦。诸同僚以为业已定案，劝其“不必自扰”。他甘冒风险，坚持追究，开棺验尸，真相大白，不但为死者伸了冤，而且严肃了法纪。又如北京天德木厂殴毙工人一案，由于木厂主人贿通官府，当局肆意庇护。他不为威胁所屈，不为利诱所动，终于查明真相，严惩凶犯，人心大快，被京师一带誉为“李青天”。

二是心系桑梓，为民请命。他在任江南道御史时，得悉河南全省赋税过重，便以《河南地丁征收无定疏》上奏朝廷：“……所收动以万计，而解部不过一千内外，是假公以济私者。既数于额，损民利己者，又数倍于例也。数倍于额而不解，则国用无以充，数倍于例而不惩，则民生日益困，此杂税过重之情形也……”请旨减免以纾民困。次年河南遭受水灾，麦秋歉收，哀鸿遍野，他上《豫省灾歉疏》云：“窃臣等籍隶河南，稔知该省连年歉收……嗣后连阴数十日，倾盆直注，四面汪洋……以致民不聊生，道馑相望……请将灾情较重地方仓谷尽数散放……并将明年上忙（明年上半年应征收的）钱粮分别缓征……”其身居要职，而洞察下情，关心民瘼，诚属可贵。

三是不畏权势，疾恶如仇。光绪二十一年（1895 年），陕西巡抚魏光焘拥兵欺众，引起回民反抗。他毅然提出弹劾，请清廷严予申斥。又弹劾河北省崔枝延、崔鸿鼎父子同省为官，结党营私，盗卖武备等情，朝廷命河南巡抚认真查实，予以免职处分。1900 年，八国联军攻陷北京，慈禧、光绪逃往西安，李擢英奉命留守西城，虽大势已去，无力回天，但是为京师数十万民众的生命财产安全考虑，他挺身而出，向美国统带官戴丽生提出抗议，要求订立地方自治章程。在强大凶顽面前，不畏惧，不退缩，据理力争，迫使洋人同意自治，北京居民生命财产得到保障，西城绅民感激万分，拟立生祠表彰其功德，他婉言谢绝。

四是廉洁奉公，一尘不染。宣统元年（1909 年），李擢英被钦命为甘肃、新疆考试法官正考官。当时人人皆知出任主考和钦差都是发财的好机会，但李擢英视钱财如粪土，严拒腐蚀。在出任主考过程中，认真公正地选拔真才。在出任钦差期间，对累年未决要案，或予以审结，或为之平反，所到之处有口皆碑。

五是致仕归里，两袖清风。宣统三年（1911 年）七月，李擢英年迈退休，旋归故里，仍住周家口新街老宅。他在京居官 40 年，一贫如故，析居时，其弟李延英分给他一些薄产，赖以为生。他老有所乐，于民国二年（1913 年）三月三日，应淮阳名人周景濂之邀，与太康王新桢、项城杨凌阁、西华凌甲烺集淮阳结为宛丘耆英社。因其年岁最长，推为社长，当日诸君即席赋诗，欢快淋漓。当时他曾赋七律《无题》：“久思结社会耆英，上巳同来细柳营。野润雨酥鸿雁苦，尘消风送马蹄轻。看花共赏新诗草，携酒欣班帮友荆。借问桃源何处觅，天涯戎马几纵横。”

李璋，字峩亭（亦作莪亭），祖籍今西华县聂堆乡大李庄。他的父亲李绍曾精通岐黄之术，医德高尚，入赘于扶沟严氏，遂家居扶沟。李璋聪慧，童年就学即能落笔成文。咸丰元年（1851 年）举人，咸丰六年（1856 年）进士，历任直隶香河、衡水、固安等县知县，旋补平谷，所至皆有政声。礼部尚书祁寯藻、直隶总督曾国藩对他的才能非常赏识，以其治行第一保荐他调任东安县知县，署理大城县，题补宛平县。京师多大族，李璋刚峻廉正，无人敢以私干政，升任定州知州。据民国二十一年《定县志》记载，李璋“在官以廉敬称，不可干以私，斋庄峻厉，之官不携眷属。”他处理狱讼之事案无留牍，政简刑清。光绪三年（1877 年）大旱，李璋上书免征定州赋税，得蒙赈恤。又捐廉俸并劝富户多设粥场，救济饥民，民多存活。在定州 10 年，死于任上，定州士民罢市数日悼念，“又送车载路至其家焉”（民国二十一年《定县志》）。今扶沟县城尚存李璋故居正房 3 间，东西配房各 5 间。

2. **民国时期**

刘瑞藜，清末民初周口人。聪颖有胆略，任侠好义。19 岁入庠，秋闱考荐，旋食饩，林学使器重他，将其提入省城开封学习。刘瑞藜肄业后加入同盟会，从事革命活动。1912 年中华民国成立，被选为省议会议员。后参加二次革命，被捕入狱，病死狱中，“知者惜之”（民国二十二年《淮阳县志》）。

楚博（1908－1939），原名楚兢烈，字叔和，今河南荥阳市城关土桥沟人。1937 年 11 月，楚博出任国民党西华县长。当时的西华县是中共豫东特委所在地，西华人民的抗日救亡工作非常出色。楚博到任后，与中共人士志同道合，建立广泛的民族统一战线，为西华抗日救亡运动奔忙。

为了给西华乃至豫东培养大批抗日军政干部，楚博于 1938 年 2 月至 8 月，在西华县文庙连续办了 3 期军政干部训练班。楚博对训练班工作十分关心，经常到训练班视察，听取师生意见，及时解决各种困难和问题。3 期共计培养抗日骨干近千人，其中二三百人选送到延安等地学习深造，其余的分配到西华武装部队和农村工作。大多数学员后来都成了豫东抗日的骨干力量，一些人后来成为各级党政军机关的领导干部。

1938 年 4 月 19 日，日军攻陷徐州，豫东形势危急。西华县一些区长、保长、甲长对抗日的态度发生变化。为解决政权问题，他首先撤掉了县政府及各区、联保的反动工作人员，当时西华全县 4 个区的区长全部由中共党员担任，全县 58 个大联保的主任大多数换成了共产党员。经过一段紧张、艰苦、复杂的工作和斗争，西华全县的政权基本上掌握在中共手中。

6 月 9 日，蒋介石为阻止日军西进，派军队炸开花园口黄河大堤，西华县许多村庄一片汪洋。楚博通过各级政权力量，组织广大群众抗洪救灾，赈济灾民，千方百计保护群众利益，努力安定社会秩序。

7 月 9 日，中共河南省委指示：西华迅速派一些武装支队，到敌人后方打游击去。7 月中旬，在东征司令楚博和沈东平带领下，第一批渡河东进，部队冒着三伏酷暑，沿途打击日伪顽匪，宣传抗日救亡。西华部队为打开游击战争新局面，与吴芝圃领导的豫东抗日第 3 支队配合，在豫东平原上并肩战斗。楚博、沈东平等率部队进入睢县，消灭了潮庄顽匪武装 300 余人。

西华人民抗日自卫军队影响的扩大，楚博的爱国行动，激怒了国民党反动当局。1939 年 10 月，国民党西安行营要求楚博到洛阳“述职”，将他扣押。11 月 17 日凌晨，楚博被秘密杀害于西安。

民国初年，项城县首任知事朱名吝在任 6 年，民称“廉吏”。

1943 年冬，项城新任县长何国暹深入考察基层政情，于次年 1 月公开考选乡镇长，在项城政界引起震动。在这次考试中，中共地下党员熊仰之名列榜首，任官会乡乡长。试卷命题中，有“试述王安石变法的社会背景及其内容”，在考生中造成了政治必须改革的舆论。然而，公开考选乡镇长在民国时期的项城仅是昙花一现，并未形成制度。

八、社会治安和司法行政

清代，各地未设专门的审判机构，刑事案件由县令亲理，设刑监 1 人，亦叫红笔师爷，协助县令审理案件，典史掌管缉捕、狱囚。清末民国时期，各县除县署、各区乡机构外，各县城还设有警务、保卫团、法院等机构，具体负责维持地方社会治安和司法工作。民国期间，刑案审判事务仍由县知事或县长兼管，刑房具体办理。独立的检察机构尚未建立，仅在地方法院司法处设检察官，负责检察工作。

光绪二十九年（1903 年），清政府颁布创办警务明文，设巡警。光绪三十一年（1905 年），淮宁县设巡警局，有局长 1 人，警佐 1 人，巡官、巡警 20 人。光绪三十二年（1906 年），四乡设巡警分局驻巡兵。宣统三年（1911 年）改巡警局为警务公所。

1913 年，淮阳县沿清制设警察事务所。1917 年改为警察所，所长由淮阳县知事兼任，警额 40 人。1918 年，所长、警佐由省警察处委任。1928 年，淮阳县警察所改为公安局，设局长 1 人、巡官 2 人、事务员 2 人、警士 70 人、清道夫 10 人。县公安局长由省民政厅委任。1935 年，淮阳县公安局改称警察局，有警官 16 人、警长 15 人、警士 170 人、行政人员 3 人、雇员 3 人，计 207 人。1938 年 8 月日寇侵占淮阳，淮阳县警察局随县府迁往水寨，县地方法院解体。1945 年抗日战争胜利后，淮阳县警察局随县政府从水寨迁回县城火神庙，警察局内设督察室（配督察长 1 人、督察员 4 人）、巡官室（巡官 7 人、巡官书记 1 人、收发巡官 1 人）、民事科（科长 1 人、科员 2 人、书记员 3 人）、刑事科（科长 1 人、科员 2 人、书记员 2 人），另设外事、户籍、卫生、交通、传达等警长各 1 人，北关、水寨设警察所。1946 年夏，淮阳县警察局增设刑警队。1947 年 9 月 7 日，淮阳县彻底解放，国民党淮阳县政府警察局解体。

1925 年至 1937 年，国民党为巩固其统治，完善法制规章，制定公布了商法、刑法、民法、宪法、民事诉讼法、刑事诉讼法“六法全书”，予以施行。1935 年 6 月，淮阳县成立地方法院，设刑事庭、民事庭、会计室、执达室、法警室、庶务室，配有缮推事、主任书记官、书记官、录事等。抗日战争期间，淮阳县地方法院中断，1946 年 2 月恢复，直到 1947 年 9 月淮阳县城解放。

民国初年，淮阳县地方法院司法处设首席检察官和检察官。1935 年 6 月，设首席检察官 2 人，检察官 1 人。1946 年 2 月至 1947 年 8 月，淮阳县设首席检察官 3 人、检察官 2 人。

1949 年 2 月，淮阳县民主政府设司法科，行使审判职责。

1948 年 8 月，商水县民主政府在平店成立公安局，10 月迁至商水县城。1949 年 1 月，商水县设司法科。

晚清，周家口镇永宁集设盐捕水利通判镇抚市面，后因沙颍河、贾鲁河两岸商贾云集，移署于河东淮宁境，咸丰、同治年间，捻军活动于周口一带，“此镇设卡委员抽厘助饷，光绪十六年复设保甲委员稽查匪类，宣统变法，裁设警务长，通判缺亦裁去，现今镇抚市面者巡警外，又有商团数百人而已”（民国七年《商水县志》）。

西华县明代以前设有城关防务；清代设有城管长官。光绪三十二年（1906 年），奉令撤城管长官，创办保甲局。光绪三十四年（1908 年）改设巡警官，由县令兼警务长。

民国初年，西华县政府设承审员，专理民事、刑事诉讼。1914 年，西华县警察事务所成立，县长兼任所长，另设警佐 1 人。1928 年，河南省政府通令警察事务所改为公安局，局长由省民政厅委任。1932 年裁局并科，所有警佐、巡官均归县政府统管，仍由省民政厅委任。1933 年，各区复设警察分驻所，巡官、事务员由县政府委任，呈省民政厅备案；由于县政府监督不力，警察分驻所动辄用权，滥罚科民，以致控案累累，西华县政府于是为民请命，1934 年警察分驻所暂停。1936 年，改承审员为审判官，下设检验吏、书记官、录士、执达、法警。重大案件由县长审理，其他案件由审判官审理。

1941 年，西华县公安科改为警察局。1944 年，日军侵占西华县城，日伪在逍遥镇设公安局。1945 年日军投降后，国民党西华县政府设警察局。1947 年 3 月，国民党西华县政府设司法科，负责审理民事、刑事案件。直至 1948

年10月西华解放，国民党西华县司法机构解体。

1948年10月西华县解放后，西华县民主政府建立公安局，设局长1人，组建有保卫班。1948年4月，公安局改称公安科，设特派员，保卫班扩充为保安队。7月复改为公安局，增设1个便衣组。1949年，公安局设治安、侦查、审讯3股和1个看守所。

1922年，扶沟县巡缉队改编为武装警察，隶属省警务处。1935年，扶沟县司法处配有审判官、书记员等，县长兼任检察官，刑事案件归军法承审员审理。1947年，国民党扶沟县政府设司法科，处理犯罪案件，判决均以扶沟县政府名义作出。

1949年3月，扶沟县民主政府公安机关在城关镇几个街道开展了户籍登记工作。9月，扶沟县民主政府设司法科。

光绪三十四年（1908年），太康县裁撤把总，创办巡警总局，知县兼警务长，设警佐、巡官各1人，有巡长、巡警共30名。宣统元年（1909年），裁撤太康汛，改设警察局。

1922年6月，鹿邑县废除乡团练，成立县武装警察队，设队长1人，巡官3人，队勇60人，驻守县城。

光绪三十四年（1908年），沈丘县成立巡警事务所。1919年，沈丘县巡警事务所改为警察所。1927年改警察所为公安局，设局长、巡官、文牍各1人，清道夫4人。1938年，改公安局为警察局。1941年，将县政警队和警察局合并，仍称警察局，设局长、局员、督察长各1人，书记、巡官各2人，额外巡官若干人。置有8个警班，其中4班在县政府值班听差，另设1个户籍班专门管理、清查户口。1947年，国民党沈丘县政府警察局随沈丘县的解放而解体。

1912年，沈丘县设军法室，负责刑事案件审判。1934年，沈丘县设司法处和军法处。司法处设主任、审判官各1人，书记官2至3人，司法警2班。看守所设正、副所长各1人，看守若干，专司牢狱管理。1936年，沈丘县在司法处设检察官一职，由县长兼任。

民国初期，项城县政府设公安局。1921年改为项城县警察局，设局长、督察员、巡官、司书等，主要任务是清查户口，查禁烟毒，制止赌博，处理交通、消防等，还协助政府抓丁并限制异党活动等。1946年，项城县有警察、警士105人。

民国初期，项城县司法制度沿袭晚清，设地方审判厅，由县知事兼理。1923年，项城县设承审员，凡初级管辖案件由承审员审理，区、牌设息讼委员会，负责处理民事、刑事纠纷。1936 年，项城县政府设司法处，改承审员为审判员，由县长兼任，负责审理民事、刑事案件，司法处下设监狱。

1947 年 4 月，沈项临县民主政府成立，设公安局，驻莲池集，9 月沈项临县改为沈项淮县，下设公安局。

1947 年 10 月，项城县民主政府成立，设公安局，流动于王沟、田老家、郭平楼、李老家、高大庄、张庙等地。1948 年 4 月，项城县在水寨、柳坑、南顿、范集、戴桥、官会、新桥 7 个区配备了公安区员。10 月，以委派形式配设乡治安主任 134 人。1948 年 8 月，公安局配 1 人，专门负责审讯。1949 年 7 月，项城县民主政府设司法科。1949 年 8 月，项城县民主政府公安局设治安股，管理社会治安事宜。8 月，成立水寨派出所。同年，县公安局进驻县城（今项城秣陵镇），1953 年底迁至水寨。

槐店在民国时期划为东、中、西 3 牌，归沈、项、淮 3 县分管。民国初年，地方组织 30 余人维持治安。1926 年张国修到槐店执政，成立民团大队，下辖东、中、西 3 牌各 1 个分队，自任民团大队长兼督练官。1928 年，张国修向河南省政府呈文批复，将槐店民团大队改为河南省槐店公安局，直属河南省保安处领导，张国修任局长，3 个分队均改为公安分局，槐店周围 10 里内的地方归槐店公安局管辖。1936 年槐店公安局计有官、警、夫 86 人。1939 年，槐店公安局改为槐店警察局，直到 1947 年沈丘解放而解体。

1945 年 8 月，鄢扶县民主政府成立公安局，配局长 1 人，战士 21 人，11 月撤销。1946 年 9 月 10 日，扶太西县公安局成立，配局长 1 人、股长兼派出所长 1 人、保卫队长 1 人，战士 12 人。1949 年 6 月，扶沟县公安局成立，7 月设审讯股、侦查股和保卫队。

1947 年 1 月，豫皖苏边区第二专署公安局在鹿邑王寨（今属郸城县）成立，这是中共领导下周口地区第一个地市级公安机关。1948 年夏，在周口市郊建立豫皖苏边区第七专署公安局。1949 年 3 月，淮阳专署公安局成立，1950 年 5 月改称淮阳专署公安处，1953 年撤销，这是今地级周口市公安局的前身。

1947 年 1 月，豫皖苏边区第二专署公安局建立公安保卫队。1949 年 2 月，淮阳专署公安局设公安保卫中队。

1948 年 11 月，豫皖苏边区第二专署公安局成立禁毒所、感化队等机构，打击吸毒、制毒和贩毒。1949 年 3 月，淮阳专署布告号召全区铲除罂粟苗，严禁吸毒、贩毒和制造毒品。1949 年 4 月，沈项淮县民主政府公安局在县城（今项城秣陵镇）、水寨设戒烟禁毒所各 1 处。4 月至 7 月份，两所先后收容海洛因制造者8人，贩毒者95人，吸毒者181人，共计284人，凡被收容者自带行李，伙食自理，随到随由医务人员戒理，戒掉可走。对制造、贩卖毒品者交代问题，具结悔过，找出保人，今后不再重犯的，即允去之。由于影响所及，自动来戒烟瘾者15人，社会效果较好。

1949年8月，淮阳专署公安处对全区实行枪支管理，对佩枪人员发放《公枪登记证》、《持枪证》，填写《枪支登记表》，收缴社会上各种枪支931支，子弹4000余发。同年，淮阳专署公安处通知全区公安部门取缔娼妓，9月周口市公安局封闭全市所有妓院。各县公安局也对娼妓予以调查登记，坚决取缔，娼妓绝迹。建国前夕，周口地区的反动会道门多达64种，有会首3318人，道众142294人，从1947年起。各级民主政府对反动会道门进行了清查、登记。

周口解放初期，周口市公安机关依靠、发动群众，组织警民联防，成立工人纠察队和群众性的打更队，日夜巡逻，护厂护家，查街查店，严厉打击各类刑事犯罪分子的破坏活动，初步建立了良好的社会秩序；1948年1月，周口市公安局成立，同年设司法科，负责民事、刑事案件的审判工作。1949年，司法科下设刑事审判、民事审判、教育所、劳改大队，刑事审判的任务主要是对土匪、特务、恶霸、清查出的敌伪骨干及反动会道门头子等反革命分子进行审判。1948年至1951年受理刑事案件结案率为90%，其中少数罪大恶极的判处死刑，一批罪犯判处有期徒刑或其他刑罚，教育释放131人，宣告无罪的1人。

1949年3月，中共周口市委、市政府从市直机关组织64名干部及部分社会青年，以市公安局治安股和各派出所为主，组成户口登记工作队，设13个组，分赴各街镇开展户口登记工作。同时，制订了《户口管理暂行规定》。

1949年3月，淮阳专署人民法院建立，各县市司法科设人民法庭，积极开展刑事、民事审判，重点审理反革命案件。是年，人民法院审理反革命案件1425件，重点打击了土匪、恶霸、特务、反动党团骨干和反动会道门头子等。

1949年6月，淮阳专署设司法科，7至10月各县市也相继设司法科，主要承担司法审判，兼管法律宣传、人民调解、劳改劳教等司法行政工作。

刘宏源，山东省日照县人，1943年2月参加革命工作。1946年加入中国共产党，曾任淮阳专署公安处副科长、科长。1954年后，先后任武汉市公安局三处处长，武汉市公安局副局长、局长，曾被公安部授予一级金盾荣誉奖章。1982年，任中共武汉市委委员，1988年离休。据他口述，1949年初，他在淮阳专署公安处工作期间，“重证据，不轻信口供”，在枪口下救出“死刑犯”，避免了一起冤假错案的发生。

1949年初淮阳专署刚成立时，经常发生通讯电线被破坏之事，这在战争时期不是小事，上级要求当作大案来破。一天，淮阳专署公安处接周口市公安局报告称，该辖区一段政府专用电话线被人割断，现场丢下一副扁担箩筐、一把剪刀和一截被盗割的电线。办案干警很快找到了打制大剪刀的铁匠，铁匠说这种特制大剪刀只打制3把，并清楚地说出顾客姓名，一周姓篾匠嫌疑最大。在审讯中，周篾匠对破坏电话线之事矢口否认，但他无法说清遗留在现场的剪刀、箩筐和扁担等情况，最终承认了盗割电话线之事。周口市公安局要求对案犯判处死刑，淮阳专署专员也批准执行枪决，并决定次日执行。第二天，在淮阳专署公安处负责预审的刘宏源突然接到周口市公安局杨局长的电话，称上百名群众到公安局申诉，认为周篾匠是一个老实人，不可能故意搞破坏。情况紧急，刘宏源立即将此情况上报，公安处领导听完汇报后，要刘宏源立即打电话让周口市公安局枪下留人。按照专署要求，刘宏源迅速带领几名干警前往周口对案件进行复查，通过再次审讯，刘宏源发现周篾匠交代的作案过程存在一些自相矛盾的地方，决定立即提审周篾匠的一个小徒弟，小徒弟交待说电线是他盗割的。原来小徒弟是山西人，他听说家乡解放了，家里分了田地，就想回老家去。为了筹路费，他起了偷电线换钱的歪心思。这天夜里，他偷偷挑着师傅家的箩筐，拿了剪刀，去盗割电线，作案时被群众发现，丢下剪刀箩筐就逃走了。案件真相大白，周篾匠最终洗脱冤情。其小徒弟盗割电线的行为仅是为了筹路费，并非反革命行为，最后公安机关将二人释放。

九、群团组织

1. 中共领导下的群团组织

农民组织。1927年6月，中共西华县委建立后，张仁甫、白书章、赵玉芬等在该县西部成立农民协会——光蛋会。到1931年，西华县有中共基层组织的地方都成立了农民协会（简称农会）。1932年竹园寺农民暴动和1933年诸葛寺、丁庄、叶桥村的农民暴动，都因敌强我弱、组织不严密、内部不纯洁而未获成功。1948年初，西华泛区在中共西华县委领导下，组织农民协会与封建地主作斗争，分配了他们的浮财。

1945 年后，太康县解放区和游击区各乡村相继建立农民协会，支援解放战争。在 1947 年的土地改革和 1948 年的剿匪反霸斗争中，农会起了很大作用。1949 年，太康县各区、乡村都建立了农民协会。

1947 年 1 月，鹿邑县成立农民协会，刘瑞兼任主任。各区、乡、村以雇农为主，相继建立农民协会 2000 余个。1949 年 3 月，黄凤伦任农民协会主任。在土地改革中，一切权力归农会，鹿邑县 3504 个农会组织十分活跃。

1947 年 8 月，淮阳县农民协会成立，沈一帆任主席，各区、乡、村以贫雇农为主相继建立农民协会。土地改革时期，各地农会领导农民闹翻身求解放，开展轰轰烈烈的减租减息、剿匪反霸、斗地主分田地等，成为农村革命斗争的主力军。

1947 年沈丘解放后，中共领导农民建立了贫民团和农民协会，是年 8 月会员发展到 3 万余人，其中民兵 300 余人，枪 200 余支，他们与匪霸和封建地主阶级进行了斗争。纸店区杨庄贫民团主席杨西恩带领农民斗争了恶霸杨刚年，公审枪毙了匪霸胡天顺。北杨集区钟寨、莲池区毛营等地农会，领导群众没收了地主的财产。农民的斗争引起了地主势力的疯狂反扑，纸店区匪霸唐立斋组织反动武装制造了大王庄、毛营、张保园等反革命事件，杀害不少农会干部。1948 年春，中共领导的人民武装彻底歼灭了当地的反革命武装，贫农协会迅速发展，组织得以健全，县区配备有专职农会干部，乡设农协主任，村设农会会长。纸店镇农会会员杨玉山自费行程 500 多公里，在安徽税镇河下捉住恶霸地主杨刚年。九区前楼乡农协主任李延荣、李广楼乡农协主任李崇秀带领农民斗倒了恶霸李灼光、李延四。1949 年底，沈丘县农会会员发展到 13 万人。

1947 年冬，项城县在贫雇农组织翻身队的基础上，组建了基层农民协会。

1949 年 2 月，商水县筹备成立了农协委员会（简称农协会），7 月正式成立商水县农协委员会，选举秦春阳为农协会主席，农民代表李金铎为副主席，委员由工会主席、团委书记、妇联主任、公安局长、司法科长等 23 人组成。在土地改革、复查和镇压反革命运动中，商水县各区、乡以贫雇农为主体建立农协会，由 5 至 7 人组成，各村以贫雇农为核心，建立农会小组，主持土改和复查工作。

工人组织。1948 年扶沟解放后，中共扶沟县委派城关区委员吕兰亭在城内组织工人运动，开始有组织地保障工人的合法权益。

1949 年 1 月，商水县成立工会筹备委员会，1950 年 4 月正式成立商水县总工会。

1948年，太康县民主政府动员私营工商业者建立代表本行业合法利益和管理有关事宜的文具、布匹、百货、中药、杂货、土布、饮食、屠宰、酱菜、铁货、烘炉、小百货摊等同业公会12个。1949年3月，太康县民主政府成立总工会筹备委员会，是年建立搬运、建筑等基层工会。

1949年4月，中共西华县委在农村组织农民协会的同时，由县委组织部长孟子科兼搞工人运动，西华县工人阶级开始走上自由平等的大道。

1949年4月17日，周口市成立工会筹备委员会，1950年4月正式成立。

1948年春，在沈丘县民主政府领导下，槐店码头工会成立，有会员135名。1949年9月，码头工会改为槐店搬运工会。

1949年8月，河南省总工会淮阳专区办事处成立，内设组织科、宣传科和办公室，有工作人员7人。

青年组织。土地革命战争时期，鹿邑、淮阳、沈丘、西华、周家口等县、镇都建立了中共领导下的青年团组织。1924年秋，中国社会主义青年团省立淮阳第二师范小组成立，苏文焕（杞县人，1925年加入中共）任组长，隶属团杞县特别支部，是年在校内发展第一批团员14名，这是周口地区第一个社会主义青年团小组。1925年1月改名为中国共产主义青年团（简称共青团）省立淮阳第二师范小组。1926年4月，根据共青团豫陕区委指示，共青团淮阳特别支部建立，苏文焕任书记，是周口地区第一个共青团支部。1927年，中共党员张仁甫在西华奉母乡岗张村建立西华县农村第一个党支部、团支部，有团员10余人，张书铭任团支部书记。1929年春，淮阳县鲁台乡大姚营村建立农村共青团支部，有团员10余人。1929年7月，共青团鹿邑县委成立，曹铨任书记，在中共鹿邑县委领导下，动员男女青年参加革命活动，1931年由于鹿邑县中共党组织遭破坏，共青团随之停止活动。1930年春，在鹿邑县城建立了共青团豫东（鹿邑）特委，次年春停止活动。1930年，共产党员李子纯在青年村教书时，先后在砖桥（解放后划归郾城）一带的归村、纺车刘、庞墩、碱场、青年村、三李家建立秘密党、团基层组织；同年在马腾霞的倡导下，组织青年成立学术团体“太阳社”，并编写刊物《绿叶》，借以宣传马列主义。1931年2月，共青团豫东中心县委在淮阳建立，隶属共青团河南省委，下辖周家口、太康、鹿邑、夏邑、宁陵、杞县支部和槐店特别支部，同年5月迁至周家口，改称共青团豫东工作委员会。1932年2月，共青团豫东工作委员会书记被捕叛变，共青团组织遭破坏而停止活动。1935年，王子英、胡晓初等人在普里学校创建中华民族解放先锋队（简称民先队），发展队员近300人。1935年10月，中共中央决定共青团改为青年抗日救国群众组织，到

1949年4月，区内青年组织有民先队和青年救国会。1938年初，淮阳县薛孟庄乡抗日根据地组织青年抗日先锋队。9月，鹿邑县王静波等人在鹿邑建立民先队，发展队员60多人，1939年春随部队开赴前线。1939年8月，刘金戈等人在沈丘建立民先队，10月队员发展到1700多人。1938年5月，在西华县砖桥抗日训练班基础上吸收80多名青年学生成立青年救国会，开展抗日宣传工作。

1949年4月，各县市普遍建立中国新民主主义青年团县市工作委员会，年底有团员1815人。

1949年7月，中国新民主主义青年团西华县委员会成立。

1948年初，周口市青年工作小组成立，由朱炎、祝新民、李文静、李贵凡4人组成，1949年2月发展第一批团员，并建立中国新民主主义青年团周口市支部。同年春，成立青年工作委员会，不久改为新民主主义青年团周口市工作委员会，派专职团干部深入到各机关、企事业单位、工厂、学校、农村广泛开展团的工作，密切同青年的联系，发展优秀青年入团，建立健全团的组织。

1949年5月，中国新民主主义青年团扶沟县工作委员会建立，当时王际云参加了淮阳地区关于筹备建立青年团的会议。在中共扶沟县委领导下，新民主主义青年团扶沟县工委书记由中共扶沟县委宣传部长阎兴礼兼任，王际云任组织部长，张荣枝任宣传部长，李正祥任学生部长；团扶沟县工委建立后，积极组织全县青年投入剿匪、镇反和土改斗争，锻炼培养了大批青年积极分子，团组织得到迅速发展。从1949年春到1950年底，扶沟县建立团支部73个，其中农村支部42个，全县共发展团员946名，其中男795名，女151名。同时，建立健全了各级领导机构，团县工委配备专职干部9人，各区团委配备2至3人，为建国后召开团代会，建立中国新民主主义青年团扶沟县委员会做了充分准备。

1949年6月22日，中国新民主主义青年团商水县委员会在城隍庙正式成立，中共商水县委组织部部长吕复权兼任团委书记，陈晓光任副书记。7月，商水老城东街成立了第一个团支部，赵文生任团支部书记。1949年，商水全县共建团支部11个，有团员826人。

1949年7月，太康县青年工作委员会建立，设主任1人，委员5人。8月，在太康县立中学发展第一批团员10余人，后陆续在太康县直机关、群众团体发展团员，建立组织，继而在区乡机关和农村学校教师中发展少量团员。1949年底，太康县青年工作委员会改为新民主主义青年团工作委员会。

1949年7月7日，项城县初级中学首次举行中国新民主主义青年团建团大会，成立了中国新民主主义青年团项城县中学支部，发展团员13名，设正、副书记各1人。

1949年8月，沈丘县青年工作委员会正式建立，设主任1人，工作人员2人。12月，改名为中国新民主主义青年团沈丘县工作委员会。

1924年秋，省立二师学生苏文焕组织进步学生成立读书会，推动马克思主义的传播。次年6月，"五卅"惨案发生后，省立二师、省立四中青年学生在团小组带动下罢课，举行游行示威，淮阳县城各校师生积极响应，没收日货，砸毁贩卖日货的"祥记"、"恒记"、"文兴永"商店。是月，沈丘县明远小学进步教师马滕襄等带领千余名学生和市民举行游行示威，迫使帝国主义在槐店开设的两个煤油分公司关闭数日。

1926年，省立二师等校112名学生组成多个共产主义宣传组，在城乡开展革命宣传，声援北伐。1932年春，沈丘县槐店青年在中共领导下，举行反帝示威活动，捣毁天主教堂与福音堂，并将教会财产分给附近贫民。

1934年，共青团西华区委在逍遥组建地下武装，发展到500多人（枪），准备举行秋收暴动，因叛徒告密，组织遭破坏，大批革命青年或被捕或牺牲。同年秋，中共领导下的青年救亡团体在西华、扶沟、淮阳、沈丘、项城等县成立，开展抗日宣传活动。1935年12月，"一二·九"学生爱国运动波及淮阳，淮阳城内各校纷纷成立抗日救国会，推举学生张辅承为主席，在淮师广场召开抗日救国动员大会，1000多人冒雪举行游行示威，迫使专署释放被捕学生。

1937年3月，太康创建抗日救亡文艺团体——长白话剧团，演出《放下你的鞭子》、《五月的鲜花》、《东北一角》等节目，吸引230多名青年参加，成为周口地区宣传抗日救国的一支骨干力量。6月，太康200多名爱国青年开展声势浩大的爱国募捐宣传活动。1939年，沈丘部分民先队员打入敌人内部，国民党河南省第七区行政督察专员、公署专员刘基炎和沈丘县长密谋逮捕槐店第五小学共产党员，被民先队员、专员刘基炎之侄刘毅得悉，及时报告中共党组织，避免了一次损失。1942年，10200名优秀青年分别加入西华人民抗日自卫军和淮阳游击队。解放战争中，广大青年踊跃参军、支前。1949年1月，西华县有600多名青年参军。淮海战役时，各县市数万名青年民工，组织担架1万多副，支援前线。

妇女组织。封建社会，周口一带的劳动妇女长期受着"帝、官、封"3座大山的压迫和神权、族权、夫权3条绳索的束缚，有些妇女在标榜烈女、节妇的封建思想束缚下，成为封建礼教的牺牲品。1919 年“五四”运动后，随着“妇女解放”口号的提出，周口地区妇女开始觉醒，逐渐冲破封建枷锁，参与社会活动。

1919 年五四运动时期，西华县开始有几个富豪大户的子女走向学堂，接受新文化的洗礼。解放战争时期，西华不少妇女在中共地下党的组织下，为解放军通风报信，救护伤员，捐献物资。有的妇女直接参加民兵、游击队，参加对国民党反动派的武装斗争。

1919 年，扶沟的何博儒在保定上学后回到家乡创办了扶沟女子师范，培养出一批具有爱国思想的进步女学生，她们在“五四”运动的影响下上街游行，号召民众抵制日货。1926 年北伐军进入河南，这批学生积极宣传北伐的意义。北伐胜利后，她们踊跃参加拉神胎、女子放足运动。1931 年“九一八”事变后，扶沟女师学生在城乡宣传抗日救亡思想。1936 年，扶沟县恢复中共党组织后，广大妇女勇敢地投入翻身求解放的斗争。

1928 年，在新文化运动的影响下，项城县设立妇女放足委员会，部分女青年支持并参加放足运动，妇女在长期的封建压迫下开始觉醒。

1929 年 4 月，鹿邑中共地下党组织以鹿邑一小为中心，组织学生联合会、读书会，传播马列主义，开展反帝反封建斗争。同时，联系各界人士成立“妇女放足委员会”（简称妇女放足会），推选开明绅士王俊领任主任委员，女子小学教员、地下共产党员吴自修任副主任委员。妇女放足会以女子小学为阵地，以共产党员吴静茹、孟广贞、刘德贞、王肖兰为核心，组织青年女学生和社会妇女宣传妇女自由解放，传播革命真理，教育妇女放足，宣传男女平等，同封建礼教作斗争。1931 年夏，鹿邑县中共地下党组织遭破坏，妇女放足会停止活动。1946 年秋，上级党组织派一批妇女干部到鹿邑县开辟新解放区，成立了妇女委员会（简称妇委会）。妇委会深入群众，宣传党的方针政策，发动广大妇女参加减租减息、剿匪反霸，组织妇女做军鞋、军衣、磨面，支援前线。1947 年初，国民党鹿邑县联防队谢澄江部 300 多人夜袭中共郸城区委驻地，区委书记兼妇委会主任丁岐在掩护同志时受重伤，后转至贾岭村休养，被当地保长告密，不幸被俘牺牲。1948 年 11 月，淮海战役开始，鹿邑县妇委会积极组织妇女投入支前工作，白天搞生产，夜间加班织布、磨面、做军鞋，鹿邑全县做军鞋 11.8 万双，军袜 502 万双，织布 14.12 万尺，磨面 122.13 万公斤。1949 年 3 月，解放大军南下时，鹿邑县妇委会组织妇女成立慰问队、做饭组、洗衣组、茶水站。城里妇女组织秧歌队，向大军送上光荣花、军鞋和干粮袋。

1937 年 10 月，中共领导的淮阳县抗敌后援会派会员陈杰人、陈淑贞、张敏英在淮阳县薛孟庄成立妇女救国委员会，陈杰人任主任，有成员 13 人。1937 年底，周口地区各县普遍建立妇女救国委员会。1949 年 4 月，淮阳县建立民主妇女联合会（简称妇联会），设主任 1 人，副主任 2 人，干事 4 人。妇联会成立后，积极组织广大妇女反对封建势力，争取自身解放和婚姻自主。

1945 年，扶沟县练寺乡的蒲荣参加革命，担任鄢扶情报站联络员，为解放军搜集、传送情报，直至牺牲。汴岗的姜秀芝，早期参加抗日，1948 年又随解放大军南下，后转入地方工作，深入扶沟烟厂发动群众，揭露资本家的罪恶，并领导群众建立了农会和妇救会，开展土地改革和剿匪反霸斗争。城关的薛桂芳，秘密发动妇女，为解放军做军鞋，并为中共党组织传递情报。1947 年，中共党组织从延安派来妇女干部叶枫到扶沟工作，10 月间，她在孙岳集召开妇女积极分子会，建立了妇女救国联合会，动员一大批家庭妇女参加革命。1948 年底，叶枫随解放大军南下，党又派丁琳到扶沟开展工作，为扶沟培养了一批妇女干部。

1947 年 8 月，晋冀鲁豫野战军南下经过项城，水寨镇胡秀芝等人率部分妇女参加搭浮桥、挖防空洞。淮海战役开始后，项城县广大妇女起早摸黑赶做军鞋支援前线。1949 年 4 月，第四野战军南下经过项城，水寨镇魏淑荣组织街道妇女做军鞋 400 多双，秣陵镇谢玉清组织妇女给伤员洗衣服 500 多套。1949 年 9 月，项城县民主政府建立民主妇女联合会，配正、副主任各 1 人，干事 2 人。同时建立了 6 个区的妇联组织，配备专职干部，后来 11 个区 1 个镇也相继建立了妇联会。

1947 年，郾商西县民主政府成立后，建立了妇女救国联合会，赵雪杰（原名赵海静）任主任。1949 年，郾商西县并入商水县，妇女救国联合会改名为商水县民主妇女联合会，这是商水县妇女联合会的前身。

1949 年 5 月，周口市民主妇女联合会成立，6 月，市妇联在太平街建立第一个妇女生产消费合作社，分生产、消费两个组，生产组主要从事打麻线、纺织等手工业生产。消费组主要经营油、盐、酱、醋等生活用品。

1949 年 7 月，沈丘县建立了民主妇女救国联合会。

1949 年，太康县成立了妇女联合会筹备委员会，设主任 1 人。

儿童组织。1935 年冬，西华县普理小学组织青年学生同盟会、少年先锋队等进步组织，开展抗日宣传活动。1936 年 2 月，中共豫东特委书记沈东平在西华县陵头岗建立普理学校，同时成立少年先锋队，有队员 300 多人。1937 年秋，薛朴若在淮阳高堂组建游击队时建立高堂儿童团，发展团员 20 多人。1938 年，扶沟县组建了少年先锋队。之后，商水、沈丘、太康、鹿邑等县也先后成立儿童团和少年先锋队。儿童团员和少年先锋队员，为根据地站岗放哨，侦察敌情，传递情报。解放战争后期，太康县解放区普遍建立儿童团组织，儿童团员站岗放哨，参加斗争地主恶霸等活动。

1948 年 11 月，鄜商西县成立了儿童团组织，儿童团员们积极配合民兵和其他组织参与站岗放哨，查路条、传递情报、监视敌人行动等。儿童团还以走亲戚、割草、拾柴等方式作掩护，完成中共党组织交给的秘密任务。

2. 国民党领导下的群团组织

1930 年 10 月，国民党太康县党部建太康县公会，公会组织初实行委员制，1931 年 1 月改选为干事会，9 月又改为各业职业公会，内设建筑业、缝纫业、染业 3 个职业公会。1938 年，河南省颁布《同业公会法》，淮阳县成立了牲畜、杂货、粮食、干果、钱业、布匹业 6 个同业公会，分别选出监理事若干人，报政府备案。1939 年，淮阳、西华、鹿邑、沈丘、商水、项城等县相继成立八作公会。抗日战争胜利后，各县设立县公会，直至解放前夕。

1928 年春，国民党太康县党部奉令成立农协筹备委员会，地址在二贤祠旧址，筹备委员会组织区、乡农会 30 多个，召开会员大会，选举执行委员。1929 年春，改组为农协指导委员会，翌年夏重新登记会员，成立太康县农会，其组织为干事会，设干事长、副干事长、干事等职，多为地方豪绅所把持，农民参加者甚少。

1933 年，国民党沈丘县政府组织建立农民协会，次年发展到各乡镇，农民参加者很少。

1927 年，国民党太康县党部建立后，成立了妇女协进筹备会，翌年改组为妇女协会指导委员会。1929 年改为妇女协会，下设 3 个支部，会员 79 人。1930 年，又改为妇女协进会，抗日战争爆发后解体。该会标榜以解除妇女痛苦、提高女权为宗旨，实际上只有上层妇女参加。

1938 年 4 月，国民党临时全国代表大会决定成立中国三民主义青年团，简称三青团。7 月，建立中央团部，蒋介石自任团长。自 1938 年初，周口地区相继成立三青团组织，成为国民党维护反动统治、开展反共活动的工具。三青团发展的对象多系青年，亦有壮年，发展重点多在学校和国民党党政机关。发展方式，有个别发展及集体发展两种，以集体发展为主。1947 年前后，周口地区各地的三青团组织随国民党政权的崩溃而解体。

1938 年，三青团沈丘区队成立，有团员 50 人，无固定办公地点，活动很少。1941 年，三青团沈丘区队改为三青团沈丘筹备员办事处，属安徽省临泉党政分会管辖。1944 年改由三青团河南省支团管辖，活动较前频繁，曾在莲池颍滨分校发展一批团员。1946 年 6 月，三青团沈丘筹备员办事处改为三青团沈丘分部（时称“分团”）筹备处，机构扩大，设书记 1 人，组训、宣传、总务 3 股，每股设股长、股员各 1 人，基层组织有沈丘县师、县中、平舆小学和槐店、纸店、广德、庞营、留福 8 个区队和 1 个直属分队，并设分团皂庙办事处（是年省直属皂庙区队撤销，划归沈丘分团筹备处，因界首情况特殊，设立分团皂庙办事处），沈丘县有三青团员约 700 人。1947 年解放前夕，该组织随国民党政权的崩溃而解体。

1938 年，三青团在西华县成立一个小组，由杜文耀、王好勤、李朗斋负责。1939 年，设在逍遥的西华联中教导主任张钟琪一次集体发展三青团员 40 余名。1940 年，三青团周家口分团主任邹凤之建立西华区队，蔡兴邦为区队长。是年，三青团周家口分团吴凤祥在西华县党部主持举行集体入团仪式，西华县党部书记长谢廷献及中小学校长、教员、联保主任，县团队队长 80 余人参加。1941 年 3 月，冯俊民任西华区队长。8 月，孙葆初任区队长，杨画亭任书记，时西华县区队下设 2 个区分队，李朗斋、张祥甫分任分队长。1942 年，设学校区队，蔡本初任区队长，是年冬西华县中集体发展三青团员 100 余人。1946 年 6 月，三青团西华县分团筹备处成立，主任赵明初，书记白玉如，组织股长石亦农，总务股长杜如芳（后为张子杰），录士宋广贤。逍遥区队区队长杜耀纲，区队副张钦铭。县中附小区队区队长杜金房、区队副马呈庭，分队长吴德温、王海军、赵洪钧；张明区队区队长徐爱莲，奉母区队区队长张子杰。诸葛区队区队长王洪君、区队副凌直理。七里仓区队区队长何西阁，县城区队区队长李朗斋、区队副王好信，分队长王好勤。白寺区队区队长赵民治。

三青团西华分团主任赵明初原为中共党员，1945 年 6 月任西临郾民民主政府财政科长，10 月被国民党逮捕，囚于洛阳集中营，因叛变自首而获释，出狱后效忠国民党，任郑（州）洛（阳）警备司令部督察员。1946 年回西华县筹备三青团西华分团，并与国民党西华县党部书记长高照临成立党政军团会报室，从事反共活动。1948 年西华解放，赵明初不甘心失败，组织还乡团，活动于逍遥、奉母城一带，曾两次与共产党地方武装对抗，被击溃后向商水县公安局自首，被押送移交给西华县公安局，1951 年在镇压反革命运动中被人民政府镇压。

三青团周家口分团始建于 1939 年 9 月，初为三青团豫东分团筹备处，地址在周家口镇冲寺，邵旭直任筹备处主任，主要任务是发展团员，建立各县区队，周家口建立南寨、北寨 2 个区队，下设若干分队，南寨区队队长李霞珍，北寨区队队长苏德茂。不久，三青团豫东分团改为鲁苏豫皖边区支团，各县改区队为分团，周家口也相应成立分团，由吴凤翔任分团主任，曹彬任分团书记，下设总务、组训、宣传 3 股，每股 2 人，处理日常事务，此时周家口共有三青团员 4000 余人。1940 年，三青团周家口分团因日寇占领周家口迁到水寨，直到 1945 年 8 月日寇投降后迁回周家口。

1941 年春，三青团周家口分团委任刘禹钧为商水县第六区队筹备主任，赵文俊、马清云、王西铭、陈性元、王宝钧、王宝亭、王育领 7 人为委员，经过月余筹备，在商水县城北火星庙正式成立三青团商水第六区队，雷茂亭任区队长。同年秋，支省吾任区队长。1945 年，三青团商水分团筹备处成立，周家口分团并入商水分团筹备处，支省吾任主任，下设组织、宣传、总务 3 股，组织股长陈学蕴，宣传股长王西铭，总务股长王育领。在清平乡、清廉乡、长庆乡、黄冲乡、太望乡、颍水镇、周家口镇设 7 个区队。同年，周家口建立南寨、北寨 2 个区分队，南寨区分队长李敬三、北寨区分队长李洞尘。1947 年春，因国民党政权趋于崩溃，三青团周家口区队人员离散，9 月该组织被取消。

1939 年秋，扶沟县三青团在周口分团主任吴凤翔主持下成立，发展团员 50 余名。1940 年初成立三青团扶沟区队，关廷瑛任区队长。是年春，吴仲实任区队长，发展三青团员 100 余名。1942 年春，三青团扶沟分团筹备处成立，团员增加到 200 余名，主要任务是协助国民党扶沟县党部摧毁共产党地下组织，迫害进步青年。1942 年冬，扶沟县三青团奉县党部之命逮捕革命进步人士数十人，经刑讯后交县党部处理。1945 年 12 月，协助扶沟县党部 20 余名特工在吕潭一带逮捕共产党区长贾正群。同时，监视地方区队活动，在吕潭发觉共产党区队 200 余人，及时报告扶沟县党部进行搜捕，并在白亭一带袭击共产党区队 20 余人。1946 年 8 月，探知施裕民率领的共产党地方部队百余人在谭岗一带活动，立即配合扶沟县党部进行追捕，残杀共产党干部、战士 30 多名。

1942 年初，项城县吕怀瑛（虎岑）、马绍周、王宝三、王济濂（衡溪）等人，与三青团河南支团周家口分团接洽，筹建三青团组织，次年 2 月在秣陵镇邓氏祠堂正式建立三青团河南支团周家口分团项城区队部，吕怀瑛任区队长，队部设组织、宣传、总务 3 股，股员 3 人。同年夏，三青团项城区队组织秣陵一小高年级学生 100 余人集体入团。1944 年春，团区队更名为项城分团筹备处，宣传股增设 1 个曲剧团，主要演员蒋丰财（凤彩）。5 月，项城建立县直属区队和秣陵、新桥、官会等12个乡镇区队，区队长由各乡镇长或中心学校校长兼任，6月县直属区队发展三青团员30余人。1944年至1945年，项城县立中学、私立抗建中学发展团员200人，秣陵二小发展团员100余人，县立女中发展团员17人。1947年，项城县共有15个三青团区队，团员800余人。同年，项城三青团随着国民党地方政权的垮台而解体。

1944年秋，三青团开始在太康建立组织，1945年9月建立2个区队。第9区队队长柳侠卿，副队长霍祥瑞、朱永钦。第11区队队长郭大同，副队长高茂松，隶属三青团周家口分团。太康县城第一次解放后，柳侠卿离县，第9区队解体。1946年7月，三青团太康分团筹备处成立，主任高茂松，书记刘永安，先后建立扶沟县立中学、县立师范、晏青镇、县政府（含县团队）、西关回民等5个区队，各区队下设若干分队，并向槐寺、老冢、五里口、逊母口、台寨、马头等地各派区队筹备员1人，发展团员，建立区队，除县立中学、县立师范各发展团员100多名外，其他区队发展团员较少，骨干分子多系在外地入团后回县的三青团员，后因战事频繁，三青团组织名存实亡。1948年4月，太康县城彻底解放，三青团组织随太康县国民党政权崩溃而解体。

1940年，淮阳县鲁台集成立三青团区队，隶属三青团周家口分团（团址设在水寨），有正、副区队长各1人。1941年，区队下设3个分队，发展团员24人。1945年8月抗日战争胜利后，三青团周口分团由水寨迁往周家口。1946年1月，三青团周家口分团，由周口迁至淮阳县城朱家街，改称三青团淮阳分团，配主任、书记各1人，下设总务、组织、宣传3股，每股设股长、股员各1人，录事3人。6月，三青团淮阳分团由乙级升为甲级，更名为三青团河南支团淮阳分团干事会，配书记、录事各1人，设宣传、组织、总务3股，每股设股长、股员各1人，工友2人。干事会下设淮中、淮师、成达中学、联师、社会、县师、县中7个中队，32个分队和3个小分队，共有团员297人。1946年，以三青团淮阳分团为核心，联络各机关当权者、地方绅士、复兴社成员、中小学校长、知识分子和地方非“CC派”分子，成立三青团干部会，主要监视中共活动与打击“CC派”。1947年1月，三青团淮阳分团干事会组建新社会建设协会，以监视对付共产党为主要任务，3月撤销。同年春，三青团淮阳分团干事会进行团员总整核，清除异己，并在淮师附小和各区队发展新团员200多人。3月29日，在淮师操场举行新团员入团宣誓大会，发展新团员100人。至此，淮阳县共有三青团员440余人。分团曾编印《求实半月谈》杂志10期，每期发至各区队和分队，后因民国政府濒临崩溃而停刊。

1943 年，三青团商丘分团筹备处在鹿邑县简师学生中采取集体登记的方式，发展一批团员，建立 1 个区队，在乡村发展的团员建立 2 个区队。1945 年 8 月抗日战争胜利后，国民党鹿邑县政府从石槽迁回县城，11 月建立三青团鹿邑县区队，区队长安锡芳，区队副李明春，发展社会青年和城乡教员 32 人入团。1946 年 1 月，三青团鹿邑区队改为三青团鹿邑分团筹备处，主任董中华。到 1947 年，鹿邑县建立 7 个区队。鹿邑解放后，三青团鹿邑分团筹备处解体。

十、帮会及其他社团组织的兴衰

清末、民国年间，周口一带社会动荡，出现了不少帮会和其他社团组织，有的还建立武装，甚至以迷信诱骗民众，他们有时为革命所用，但更多的时候则对革命造成危害。

晚清时期，沈丘纸店集民众自发成立了铁锹会，咸丰二年（1852 年）铁锹会被当地豪绅赵炳蔚利用办团练，后纠集数千人对抗捻军数年。鹿邑县各地在秋收时节为保护庄稼，成立拦青会，据光绪《鹿邑县志》卷九《风俗物产》载：“秋成时各伍私相戒约，拾穗有禁，其有私放牛马及盗取麦禾者则皆严其罚，名曰拦青会。”

民国时期，常有大杆土匪窜扰乡里危害百姓。周口一带群众为了保护生命财产安全，自发组织起各种自卫团体，如抗击匪患的“红枪会”、“联庄会”，巡夜看家、维护治安的“打更会”、“看家会”，合伙护禾的“看坡会”、“护青会”等，其中以联庄会声势较大，联合数十村民众，组织武装力量，遇有匪警，鸣炮为令，邻庄会员出动相助，该会为安定社会秩序起到了一定作用。抗战时期，少数联庄会曾被日军利用，多数联庄会在共产党领导下参与抗日斗争。

1921 年，扶沟县西北樊家、北鲁家及城西李集等地一些人采取秘密串联、个别发展的办法，将青壮年男子组织起来成立红枪会，并购置大刀、红缨枪，聘请老师教练武艺，他们晚上秘密烧香长跪练功，学习刀枪武艺，防御土匪，保卫身家财产。这种组织迅速发展到全县许多村镇，但其组织和活动为半公开。随后，红枪会演变为“红学”，队伍逐渐扩大，人数日趋增多，组织和活动走向公开，并购置“快枪”、洋炮等新式武器。如李集地方 13 个村庄，每户要参加1名壮丁，并按田产地亩多少摊钱购买枪支，每村设有红学屋，简称“学屋”，为壮丁集合住宿场所。地方（相当于小乡的行政区划）设有办公处，负责领导调动全地方红学壮丁。学屋与办公处均备有“地雷子”（土炮），遇警鸣炮为号，集合御敌。1937年前后，扶沟红学被民团所替代，并遍及全县，武器以“快枪”为主，初步形成了有一定编制的地方武装。与红枪会同时，扶沟一些农村村镇为了自卫，聘请武师组织青壮年练硬肚功，名为硬肚会，他们起初练气功打拳，继而排砖（用手掌劈砖，用膝盖磕砖），最后排刀（用刀砍肚子），宣称气功练成，刀枪不入，不久该组织自行解散。

这些组织，开始完全是群众性防御盗匪的自卫组织，在当时形势下较为有效地防御了零星的小股盗匪，并协助鄢、扶县保安团，追剿来自鲁山、宝丰的大股窜匪，后被调集守护扶沟县城维护社会治安，被地主、官僚所利用，领导权也为他们所夺，如扶沟李集、黄甫2地方的民团团长就被张荫吾窃取。

1927年元月的一天，鹿邑县长冯秉奎扬言邀请红枪会首领张朝聘（外号张疯子）进城议事，意欲诱捕之，张识其阴谋，即带领1000余会众进城，冯慑于势众不敢露面，张气愤遂率众出城。是夜，张朝聘带领会众从南门攻入鹿邑县城，缴获长枪10余支。是年，亳县地方武装8大队，经常到鹿邑县东部一带勒索民众。2月14日，张朝聘率会众600余人，夜袭驻亳县南十字河的8大队王兴仁部。王不支败逃，打死8大队20余人，缴获步枪百余支，迫击炮1门，得胜而还。16日，亳县8大队会同鹿邑保卫团进攻张朝聘所部会众，双方战于鹿邑城东南15公里处的双桥，激战1日，鹿邑保卫团和亳县8大队死伤100余人，余者溃逃县城。18日，张朝聘调集会众2万余人围攻鹿邑县城，要求县长冯秉奎减免赋税，交出汲、马、解、张4大劣绅。鹿邑县长、劣绅龟缩在城里不敢露面，并急电报告国民党河南省政府。21日，省派驻商丘豫东民团第3军军长韩多锋带领2个步兵团、1个骑兵营前来解围，一进鹿邑县境，即大肆焚掠，从马铺至县城数十个会众的家园化为焦土。当韩乘坐汽车过傅桥时，会众伏击之，将其汽车轮胎刺破，扎死其卫士1人，韩弃车在卫士掩护下，狼狈逃往鹿邑城内。22日，驻亳县国民党军方振武部骑兵旅前来支援，与韩部汇合夹击会众。会众撤退，围城遂失败。24日，会众与韩部及鹿邑县保卫团激战于城南李牌口，会众死伤100余人，败退至阎楼南牛鼻锅河一带。韩部纵火焚烧了张朝聘的老家——翟庄和张寨、李牌口、小姬庄、王潭、尚桥等数十个村庄。25日晚，张朝聘率众从刘寨转移至安徽亳县、太和县境内活动。26日，韩部会同县鹿邑保卫团进剿刘寨，刘寨红枪会首刘殿阁（清末秀才）率众与战，失败被俘遇难。继而丁亮会首郑天机、王寨会首王明阳亦先后被捕入狱，后交纳数千元银币后获释。

1930 年，西华县胡晓初、屈申亭、侯香山等人联合成立 30 人的看家队，带领民众打匪护乡，队伍很快发展到二三百人。1934 年，中共中央北方局派沈东平等到西华开展革命活动，经过深入细致的思想教育工作，胡晓初等人接受中共领导。

民国时期，太康县北王集、县西独塘集、县南十里铺等地成立了红枪会，迅速发展到全县不少村镇。抗战时期，红枪会演变为“红学”，遍及太康全县，每地方选有会长，3 个地方联合选出大会长。

晚清、民国时期，周口一带的反动会道门主要有青帮、红帮、一贯道、一空道、山奶奶道、西华道、三华道、三王爷道、九姑娘道、九宫道、庙道等，以青帮、红帮、一贯道人数最多。青帮、红帮原为封建社会群众组织，1946 年至 1947 年被国民党特务机关收买，成为国民党搜集情报的工具，新中国建立初被取缔。

九宫圣贤道，简称“九宫道”，俗称“暗传道”，起源于河北省桑园县，为一反动组织。据传明末李廷玉创立八卦教，其弟子 8 人，每人分掌八卦中之一卦，统称八卦真人，共保教主李廷玉，八卦与一主被称为“九宫”，故称九宫道。该教宣扬入道可以修身养性，在世能躲避水、火、刀、兵、疾病等灾，死后男成神仙，女成菩萨，永住天堂享清福。道首采取串联、看风水、驱鬼治病等办法诱人入道，内部多单线联系，垂直领导，其目的是建朝称帝。他们把每年的农历正月十五日、七月十五日、十月十五日定为“三元”，把立春、立夏、立秋、立冬定为“四季”，在三元、四季之日，道徒必须按时交纳道费，以便招兵买马。该道在清末传入周口一带，1924 年化名“垫路会”，1924 年至 1927 年为其发展高潮期。

清光绪二十六年（1901 年），九宫道信徒王玉真到沈丘，传道给白集乡中河滩的王体修。1912 年，沈丘县九宫道道首王道璧、王体修在项城郑郭、丁集、官会等乡镇发展道徒，先后培植孙立科、师洪祥等 13 人为道首，并设立堂子。1919 年，项城县新桥乡吴庄村人蒋义兰加入九宫道。1922 年，九宫道传入太康，1927 年扩大到清集、杨庙、王湾、马厂、朱口、四柳树、城关、符草楼等集镇，发展道徒近千人。1934 年，以王体修为道首成立九宫道九省联合会。是年，太康县东南六六湾村张贯一自称“朝廷”，还封有 2 个娘娘，购置油印机 1 部，油印徽章、公文，将该道搞成所谓军事组织，分 4 个军，下辖 12 个师。1935 年，国民党淮阳县政府对该道进行打击，枪决了王体修、张贯一等 3 人，九宫道一时处于停滞状态。1936 年，九宫道死灰复燃，化名

“白莲教”，又称“哑巴教”，积极发展教徒。1945 年，教徒遍及河南省的太康、沈丘、项城、鹿邑、息县和安徽省的临泉、界首等地，其中太康以许西进为首发展教徒 100 余人。到 1947 年，项城道徒达到 1 万余名。1947 年沈丘县解放后，九宫道在沈丘卞路口召开沈丘、项城、淮阳、鹿邑、临泉、界首、息县等县道首会议，历时 7 天，密谋发展道徒，与共产党、民主政府为敌，秘密组织大胜九路军小炮队，被民主政府侦破，并依法取缔，首恶被镇压。新中国建立后，九宫道被取缔。

一贯道，又名“中华道德慈善会”，光绪年间起源于山东，初名“东震堂”，传至第 17 代路中一时，取《论语》中的“吾道以一贯之”，改名为“一贯道”，其主旨是万道归一。该道祖师（老师）下设道长、点传师、坛主、三才、乩手。该教信徒崇拜老母娘、南极仙翁、观音菩萨、济公活佛等，宣称入教能上天成神。1930 年后，一贯道由山东省传入商水县，开始在巴村、魏集、汤庄、黄寨、张明等地活动。抗日战争时期，商水的一贯道道首充当日军间谍，并发展组织，进行反动宣传和暗杀活动。1945 年日本投降后，一贯道由武汉经漯河传入周家口，最早在南寨东堤子街（今悦来街北口一带）设立周家口第一个佛堂。当时周家口处于“拉锯”状态，民不聊生，人心惶惶，“一贯道”在周家口迅速发展，他们以职业作掩护利用各种关系串联，大肆进行迷信宣传活动。其信徒每逢初一、十五带着供品和敬献的财物到佛堂聚会，烧香叩头，以求得老母娘的保佑，免除灾难，捐输越多，“功劳”越大，越可免灾。他们开办每一个佛堂都极为慎重，必须做到安全保密，要求一家独院，或者两三家一个院，全院必须都是道徒。开办佛堂的人称为“坛主”，每个佛堂都可吸收道徒，但必须经点传师同意，然后再履行手续，结束后把道徒献上的供品和财物献给点传师。点传师掌握经济大权，任意挥霍肥己。两三年内，周家口一贯道佛堂发展到 10 多个，信徒近 2000 名。1945 年 11 月，一贯道点传师李金铭到淮阳水寨（今属项城）传道，次年 4 月设立佛堂，到 1950 年发展佛堂 16 处，信徒 184 人，骨干 16 人。1947 年 7 月，漯河吴沟营人王爱民、袁夭济在项城县城（今秣陵镇）高果善家设立佛堂。到 1949 年，项城县先后设立佛堂 27 处，信徒发展到 485 人，骨干 13 人。此时，项城新桥、傅集乡也有一贯道组织，设立佛堂 15 处，信徒 146 人。民国年间，鹿邑县一贯道由山东曹县王心海和王兴荣夫妇传入，初在鹿邑县城西关刘庆森家设香堂，随后来自保定的齐道长在芙蓉街陈昌永家设香堂，时机关职员入道者较多，勾结官府，活动猖獗。该道通过鹿邑县城内、田园、罗楼等活动点，道徒发展到王皮溜、大辛集、厉楼、四大王庙、大王庄、孙鲁英庄、郭奶奶庙、邱集、谭集等地，宣扬以亲近祖师、多交纳道费为“诚心”、“功大”，能免灾避难，死后升天，道长以此来骗取钱财、奸污妇女。鹿邑解放前夕，有道长5人、点传师1人、坛主48人，三才5人。鹿邑县一贯道到处煽阴风、点鬼火，散布反动言论。新中国建立后，转入隐蔽活动。1953年前后被人民政府取缔。

庙道会，原为天仙庙，又名天仙房、祖师道，起源于四川峨眉山，乾隆年间传入河南，由巩县的刘廷芳再创于豫西，刘廷芳自称姜尚亡魂附体而得道，故尊姜尚为鼻祖，自称为祖师，在道义上宣扬以太极为正，实际上以欺骗道众，诈取钱财，制造混乱，建朝称帝为目的。按庙道会的规矩，凡是收徒、治病和问事，都要设道场，摆香堂，悬咒语，供祭品，焚香燃烛，行跪拜礼，而后师父坐在供桌旁，由另一人代神发话，道徒们称此人为“口”。这位代理神的“口”，需先饮凉水净口，即佯装神仙附体，手舞足蹈，装神弄鬼，口念咒语，尔后发话。道徒们把这些荒唐无稽的话看作神的旨意，无不心悦诚服，奉命唯谨。刘廷芳最初在豫西收弟子17人，当中日甲午战争失败、光绪帝力求变法之时，刘廷芳趁天下大乱之际，立即号令众道徒秘密打造枪甲，准备谋反。由于组织不严，被人告发，刘廷芳被清政府逮捕，以谋反罪凌迟处死。刘死后，其弟子吉朝阳继传庙道会，收张振等为十八弟子。后由张振之子张明远在洛阳高崖设总庙，道名天仙房。周口一带的天仙庙道源起于洛阳白蛇镇，总道首为朱金刚。1922年1月，登封县人、道首梁宝栋奉朱金刚之命到沈丘以治病、种痘为名发展第一批“崇”字三派道徒5人，5月梁宝栋带5名道徒到洛阳白蛇镇朝拜朱金刚，上缴庙银，返回沈丘后传道更加积极。1923年，在项城县柳行、刘埠口一带发展道徒2支。次年在沈丘槐店镇一带发展1支，该道在沈丘蔓延。该反动组织有7个支派，其中3派传入项城，在王明口、官会、丁集等地发展。1927年后，该道发展到20派，论辈相称，其辈列由20个字组成，即“世宗崇端正，道学志英明；青心向元化，德玉占仁荣。”他们在项城设立佛堂10处，信徒300余人，分布在项城4个乡28个村。1936年，总道首朱金刚被南京国民党政府通缉自杀。同年春，梁宝栋在沈丘县发展第二批道徒4人，均为“端”字四派。1942年至1943年间，4名道徒两次前往洛阳朝祖，上缴庙银。1948年，该道在反动道首的操纵下，阴谋暴乱，1950年道首组织反共自卫军，被人民政府镇压，其反动组织被取缔。

中天道，1921年山东人孔继亚传至商水邓城一带并发展道徒。1934年，孔继亚称王，改中华民国为“灵天尚国”。1943年孔继亚死后，荥老虎等人继续进行活动，建国后被取缔。

圣贤道，又名“好字道”，俗称“好好道”，创始于明末清初，起源于山东巨野。该道曾在商水县魏集、平店、袁老等地活动，1953 年被人民政府取缔。

近代，商水县除一贯道、中天道、圣贤道外，还有九宫道、东门震道、庙道、三华堂、西华堂、仙姑娘道、黄旗会、长矛会、路会、三番道、师爷会、同三社、吕祖道，均在 1953 年被人民政府取缔。

清末、民国年间，西华县的会道门多而猖獗，有一贯道、九宫道、中天道、西华堂、静悟堂等，这些会道门思想反动，宣传封建迷信，建国后均被取缔。

联天宫道，建国前以太康县杨庙乡王秀鹏、王自修、王振成为首，发展到 2 个县、3 个乡、13 个村，道徒 113 人，建国后被人民政府取缔。

太康县除一贯道、联天宫道等反动会道门外，还有灵先道、老母道、龙华道、同善社、青红帮等，这些会道门信徒少，活动范围小，建国后被取缔。

清末、民国时期，扶沟县反动会道门有一贯道、圣贤道、九宫道、庙道、无极道等，他们一般聚居在封建思想比较浓厚，人员比较复杂的村镇，如韭园区的刘口、白亭区的郭庄、白潭区的翟岗、柴岗区的翟楼、大新区的赵场、练寺区的魏圪垱等村庄，建国后被取缔。

无极圣门，亦称“振中道会”，由白莲教脱化而来，宣称入教者，可修身养性，能避兵刃、水火之灾，死后男成神仙女成佛，永往天堂享清福，清末由河南永城人李文源传入鹿邑县，后秘密发展会众数十人。到民国年间，道徒发展甚众，曾聚集在何李庄李玉赞家中密谋，拥“李文源明道称圣坐帝”，赶制旗罗伞盖，筹建金銮殿阁，伺机而动，被国民党政府发觉后取缔。1928 年冬，何德润、罗明馨继承李文源衣钵，为稳定教众之心，将“圣教”并入米湾米全忠创立的“无极圣门”内，秘密活动于鹿邑县境。1948 年，何德润到永城、柘城、亳县秘密串联，于 3 月在何李庄聚徒开会，制定暴动计划，编制组织，自封为朝廷，下设书记正、会正、队正、伍正、殿正等大小官职 200 余人，预谋于 1951 年夺取人民政权，后被鹿邑县公安局侦破，所制旗伞、执事等物全部缴获，何德润、罗明馨畏罪潜逃，1952 年春被缉拿归案，绳之以法。

三番子，又称青、红、白三番道友，即青红帮，源于明崇祯年间的罗教，清代成为民间秘密结社之一。民国时期，国民党 44 师萧之楚部营长王子正将青红帮带到鹿邑，在大隅首东本宅设香堂，招收党政界徒弟约千人。后又由蚌埠田家庵子李门公所“当家”，李品臣来鹿邑招收徒弟，在何堂街王筱峰家设香堂，招收徒弟约百人，多系国民党党、团、政界人员。与此同时，大隅首北的高天贵树旗设堂，招收工商界徒弟数百人。1933 年，一股武装攻入鹿邑城内，市民多被绑架，在“帮”的受到军中“帮友”优待，自此该帮盛行一时，鹿邑县城设大小香堂数十个，鹿邑解放后被人民政府取缔。

民国时期，鹿邑县还有大善门、慈善门、忠圣堂等。沈丘县除九宫道、庙道外，还有师爷道、普济道、修身道、无极道、花胎道、老母道等。这些会道门信徒少，社会影响小，解放后自行消亡，另有同善社、青红帮也同时停止活动。

十一、民众运动和社会救助

1. 民众运动

近代，周口地区人民为反对压迫剥削，争取民主自由，以及反抗外国侵略，多次发起民众运动，这些运动具有反帝反封建的性质。

吕阳桐、朱丹陛是近代今周口地区有名的民主革命斗士，都为革命而英勇献身。

吕阳桐（？－1899），号奉岗，扶沟县练寺镇吕庙村人，清光绪十四年（1888 年）戊子科举人，曾编修《扶沟县志》。光绪二十四年（1898 年），吕阳桐在康有为、梁启超戊戌变法思想的影响下，接受了西方资产阶级民主革命思想，反对科举制度，积极倡导筹建新式学堂。光绪二十五年（1899 年），扶沟举行县考，吕阳桐和秀才周文组织抵制考试，两人以匿名传单张贴大街小巷，并在扶沟县城天宁寺集合参加县考的童生揭露县令孙敬修在官场和考场徇私舞弊的劣迹，宣扬科举制度的腐败，鼓动童生们罢考，孙敬修惊恐恼怒，当夜将吕、周 2 人逮捕，随即解往淮宁（今淮阳）。吕阳桐在淮宁狱中遭受严重折磨，终不屈服。戊戌变法失败后，全国大规模搜捕杀害与改良派有牵连者，吕阳桐被毒杀于淮宁监狱。

朱丹陛（1878－1913），名紫贵，曾用名炳薰，今项城市三张店乡西盛营村人。出身于农耕家庭，幼读私塾，老师夸他“少有大志，与众不同”。16 岁成秀才，后入保定学校学习，开始接受维新思想，结交革命志士，常与人曰：“清政府腐败无能，丧权辱国，中华民族已到危急万分之际，‘国家兴亡，匹夫有责’，吾辈岂能袖手旁观！”毕业后，曾在新蔡、巩县、卫辉、北洋优级师范以教书为名宣传革命思想。1911 年辛亥革命爆发，朱丹陛受同盟会派遣，到豫东南一带组织淮军，伺机与清军作战。1912 年中华民国成立后，他被选为河南省参议员，1913 年任国民党中央总部议员及河南分部评议员。时张镇芳为河南都督，极力镇压革命，与朱丹陛矛盾激化，张认为朱丹陛是秀才出身，按例不能任议员。朱丹陛针锋相对：张镇芳对民主革命身无寸功，不应任豫督。后来国民党中央派朱丹陛北走张家口、内蒙古和外蒙古，宣传组织革命，目的未达后又回到河南，受黄兴指派，计划炸毁河南开封火药局，以配合江南的反袁斗争。朱丹陛受命后，即秘密联络民立报社进步人士，组织人员，联络 2 名车夫，乘夜逾墙而入，纵火焚毁开封火药局（库），完成任务后回项城老家避风，张镇芳派人将其逮捕，当夜杀害于项城西关。临刑前慷慨陈词："我朱丹陛没干什么坏事，为了革命，为了爱国，为了反对腐败政策……我死而无憾！我相信革命党人是杀不尽的，希望儿子继承我志，将来革命会彻底成功。"朱丹陛殉难后葬于项城老家。1926 年冯玉祥主政河南，责成项城县长赵彦卿为朱丹陛修建忠烈祠，未果。1943 年，国民党河南省党部派张放在项城创办丹陛中学，以纪念朱丹陛的革命精神。

1919 年北京爆发"五四"爱国学生运动，5 月 10 日省立第二师范（简称淮师）、省立第四中学（简称淮中）300 多名师生高举"外争国权，内惩国贼"横幅，高喊"打倒帝国主义"、"抗议北洋军阀政府签订卖国条约"等口号，声援北京学生的爱国行为，他们走上街头，抵制日货，将查禁日货在城隍庙前集中焚烧。5 月下旬，淮阳县公立广化两等小学等校师生也相继举行了游行示威。

1920 年冬，河南督军赵倜企图将郑州抵押给日本，其丑行暴露后激起全省民众的强烈愤慨，淮师、淮中师生为此罢课 1 天，他们起草宣言，痛斥赵倜的卖国行径，呼吁全省三千万同胞一致奋起，声讨卖国贼。

1925 年，上海"五卅惨案"发生后，淮师、淮中师生在共青团小组的组织下，罢课 3 天，举行集会和游行示威，声援上海工人阶级的正义斗争，淮阳县城其他学校师生纷纷响应，抵制英、日货，揭露英、日帝国主义杀害上海工人的罪行。同时，沈丘县槐店明远小学教师庞立端与进步教师一起，组织槐店工商界千余人集会，迫使英国人在槐店开设的 2 个煤油分公司关闭数日。7 月，槐店明远小学在槐店建立学生联合会，后成立沈丘县学联，共同领导学生运动，以演剧、漫画、标语等形式积极开展宣传活动。庞立端团结不少进步知识分子，借助地方回民势力，保护学校师生。

1928 年济南"五卅"惨案的消息传至淮阳后，县城各校学生纷纷罢课，组织宣传队，揭露日本帝国主义屠杀中国军民的罪行。

1931年，“九一八事变”爆发后，淮阳县立师范学生罢课3天，组织宣传队，在淮阳县城、水寨、新站进行讲演，揭露日本帝国主义的侵略暴行和蒋介石政府的不抵抗政策，激发了城乡民众抗日反蒋的爱国热情。

1935年，北京“一二·九运动”的消息传至淮阳，淮师爱国师生首先行动起来，推选代表成立“淮师抗日救国会”。经组织串联，淮中、简师、女师、成达、豫东、农林等中等学校联合成立“淮阳县学生抗日救国会”，决定举行全城学生抗日救国大游行，并起草《告全城人民书》，第七区行政督察专员公署专员黄勉获悉后，立即派警察抓走学生代表，抢走旗帜和宣传单，激起广大爱国师生的强烈义愤。12月27日，淮阳县城内中等学校和部分小学师生千余人冒雪在淮师操场举行抗日救国誓师大会，高喊“打倒日本帝国主义”、“反对何梅协定”、“停止内战，一致对外”、“强烈要求释放学生代表”等口号，举行了声势浩大的示威游行，当游行队伍经过成达中学门口时，看到校门紧闭，非常气愤，一拥而上，撞、撬大门，并高呼“欢迎成达中学师生参加爱国游行”，校长于伯龙惊慌失措，从后门溜走，学生立即打开校门，参加游行队伍。游行队伍经过七区专署门口时，黄勉派出大批荷枪实弹的武装警察准备镇压，爱国学生毫不畏惧，高呼“抗日无罪”，要求释放被抓学生代表，静坐绝食8个多小时，得到数千群众声援。在广大师生抗议和群众舆论压力下，黄勉被迫释放学生代表，交还图章，归还旗帜和传单，游行队伍群情激昂，凯旋而归。

1937年3月，淮中训导主任周某在校门口张贴“抗战只能一个主义，一个政党，一个领袖”的标语，意在分裂国共合作，激起师生义愤，反动标语被扯碎，周某串通校长以不读书为名开除积极宣传抗日的学生庞国文，学生们据理抗争，迫使校长取消开除决定。5月，淮中成立读书会，广大师生积极参加，购买进步书籍，传播马列主义，开展抗日宣传活动。随着抗日救亡运动的深入，读书会活动日益扩大，会员走街串村、利用庙会等公开进行演讲，或演出抗日剧目，控诉日本侵略者的罪行，大大激发了广大民众的抗日热情。6月，在中共豫东特委和淮阳中共党组织的指导下，城内7所中等学校学生成立“淮阳县学生抗日联合会”，促使抗日运动向纵深发展。

1937年“七七事变”发生后，淮阳县学生抗日联合会在中共党组织的领导下，近千名学生走上街头游行示威，掀起抗日救国运动高潮。7月中旬，学生周坤明、刘耘中（李克弱）等发起成立“淮阳抗敌后援会”，会员有50多人。1938年2月，成达中学学生高东岭（高峰）、理黎影等发起成立“抗日救亡工作团”，参加学生20多名。3月，淮师、淮中、简师、成达、县师、女师、豫东中学和农林中学等校在中共党组织的领导下，推选代表到专署请愿，要求：成立学生抗日联合会，扩大抗日宣传；民众有抗日集会、结社自由；拨给抗日经费；惩办不抗日的校长等，当局面对学生的正当要求，表示基本同意。请愿的胜利，大长了抗日青年学生的志气，抗日热情进一步高涨。

2. 社会救助

清光绪三十一年（1906年），淮宁县知县直接管理民政事宜。宣统元年（1909年），淮宁县衙设10房，户北房掌管民政。其他各县也都成立类似机构管理民政。

民国期间，周口地区自然灾害频发，加之战争频仍，赋税沉重，民不聊生，民国政府多不虑及，救灾事宜虽然采取一些措施，但相当有限。1934年，周口地区各县常平仓积谷4.57万石（685.5万公斤），区仓存粮2万石（300万公斤）。1942年，周口一带严重干旱，又遭蝗、雹之灾，次年灾情更重，全区共发放仓谷1.76万石（264万公斤），救济13万人，发放赈济款333万元，救济28.3万人。扶沟、西华、淮阳、沈丘、商水、项城6县设粥厂21处，食粥者4.8万人。1946年，全区有救济院8所，收养860人，其中儿童354人。1949年有救济院4所，收养350人。

1927年，中国红十字会淮阳分会成立，办理临时慈善事宜。1929年，淮阳县奉令建救济院，地址在县城党化街（今改化街），县财政每年支付经费360元。救济院分设男养老、女养老、残废、孤儿4所，计120人。1930年，淮阳县政政府一科分理民政。1936年，河南省政府拨急赈款1万元，人均1分5厘。1938年，淮阳县城沦陷，在水寨北门里复建救济院，收养孤贫百余人。1940年，淮阳县政府一科改称民政科，主管乡、保地方人员任免、行政区划、优待抚恤等事宜。

1949年3月，淮阳专署设立民政科，主要工作有拥军优属，资遣流入城镇的难民，组织城镇贫民、失业人员参加生产自救，安置救济社会孤老残幼人员，收容改造乞丐、游民、娼妓，开展禁烟禁毒，接收处理慈善救济团体，建立城乡基层民主政权等。同年，淮阳县人民政府设民政科，配科长1人、科员5人。

晚清、民国时期，商水县先后设乐善局、积善局、救济院等救济慈善机构。光绪二十三年（1897年），商水士绅王凌霄、王振甲等在县城文昌宫捐设乐善局。1917年，项城举人杨凌阁及商水士绅等捐设积善局，地址在商水县城文昌宫东院吕祖阁。1933年，商水县在广惠堂旧址设救济院，有草房10

余间，坡地490亩，每年课租400元，院内住盲残者20余人，商水县政府每月向院内难民发放口粮款1次，每人可领钱300文，计领口粮款者128人。春秋两季向每人发放麦谷各1斗，发麦谷之月停发口粮款。1943年春，河南省政府拨给商水县少量赈灾款物。商水全县办起舍粥场6处，其中县城东北隅仓圪垯1处、乡村间5处，灾民纷至舍粥场求食，因人多粥少，舍粥场附近饿死者甚多。1946年，救济院内共收容200人，其中贫民75人、儿童125人。1946年1月至1947年2月，河南省救济分署共向该院发放救济物资10种，计有棉被218条，毛毯210条，白布3400市尺，绒布2500市尺，棉花600市斤，旧衣6包，面粉450袋，面袋800条，线160锭，纽扣2800枚。

民国时期，西华县设有救济院、赈务分会等，收育孤儿及盲哑等残废者，灾年赈济口粮或银钱，以庙产公田等课租为经费，其余由地方财政补助，年支出无几。1934年，救济院经费4344元，除去职员工薪、夫役工食费及办公费，用于救济的口粮款仅2544元。

晚清时期，太康县设有民政机构，民国初年改为财政机关经营，于每月16日发放孤贫口粮。1928年将宜济堂改为救济院，设残废所1处。1933年，地方摊派款项增加救济经费，并设孤儿院、养老院。1935年，实行紧缩预算，禁止地方摊派款，救济院经费大减，养老院停办，残废所仍领口粮。

1937年至1945年，扶沟县设立民政科，负责掌管人事、地政、户籍，选举、卫生、行政、救济、优抚、优待、保育、社会福利、婚姻登记、礼俗宗教、劳资、佃业争议、战争动员、社团登记、取缔娼妓、禁止赌博、禁止缠足、禁烟等。

1944年，淮太西县抗日民主政府设有民政机构。1948年10月西华县解放，西华县民主政府设民教科，1949年分设民政科。

1935年，河南省第七区专署仓库积谷66054石。1946年，区内8县有粮仓47座，545间，其中公有31间，租赁372间，借用142间，容量134321石。

民国时期，扶沟县城有粮仓2处，分别在县府街路北的萧曹祠和火神庙街的当铺院，共有仓房百余间，储谷200多万斤。1949年1月，扶沟县在大程书院建立城关粮库。同年秋，又在乡镇增设吕潭等粮库。

道光二十二年（1842年），鹿邑县知县史秉直又建镇龙仓，容谷2.5万石。光绪十九年（1893年），鹿邑县知县于沧澜重修镇龙仓，分四廒，储义粮1万石：储字廒3240石，备字廒2350石，丰字廒2580石，盈字廒1900石。光绪二十二年至三十年（1896－1904）因灾义粮济空。光绪二十四年

（1898 年）连降暴雨成灾，次年春大饥荒，鹿邑县知县李凤标开仓放粮，每位灾民领糠谷 3 斤。

光绪十七年（1891 年），鹿邑县知县于沧澜重修惠济堂，收养贫、残者 120 人，地租不足捐廉赡之。

1937 年，在鹿邑县大隅首东设养济院，建房 10 间，捐地 400 亩，驻 6 人专司，收济盲人，在院领钱者 360 人左右，每人大月领钱 3 串，小月领钱 2 串 900 文。1942 年，在西关小隅首北设同善会，有房 9 间，会首刘玉林、赵万成邀集四乡斋公善人，每年秋、麦两季下乡收粮 1500 余公斤，春季开放舍饭，每人每天 1 碗粥，常领饭者 200 至 500 人。1942 年春，鹿邑西关外设同善堂，来自西华、太康、杞县的灾民每天到同善堂领食舍饭者有三四百人；饿死者甚多，同善堂派人挖坑堆埋。1944 年，因旱成灾，上海李思洁捐助华北灾民救恤金 14.40 万元，河南省国民政府“民生天字 114 号令”分发鹿邑县 10 万元放赈于民。

1946 年，鹿邑县设粮仓 5 处，有房 66 间，其中公房 9 间，借用民房 57 间，仓容 5800 石。

1927 年，鹿邑县政府设民政科，置科长 1 人，科员 2 人。1938 年至 1945 年 8 月，置科长 1 人，科员 2 人，办事员、书记员各 1 人。1945 年 9 月至 1947 年 6 月，置科长 1 人，科员、办事员、书记员各 2 人。1948 年 5 月，国民党鹿邑县政府民政科在商丘县火神台随鹿邑县政府一起解体。

1948 年 12 月，鹿邑县民主政府设民教科，配科长、科员、会计各 1 人。1949 年 9 月，鹿邑县人民政府将民教科分为民政科与文教科，配科长、科员、会计各 1 人。

周家口解放初期，随着地方政权的建立，粮食部门也相应组建。为保证军队和城市居民用粮，曾利用部分旧寺庙、会馆和租用的民房作为临时仓库，当时粮食仓库有关帝庙、仁义街、德化街、西大街、南永兴街、小南街仓库。

民国时期，各地成立有具有民众互助性质的社会团体，如淮阳的救火会、互助会、板布会与救济会。民国初年，由淮阳县商务会发起，城内居民自愿成立救火会，聘请清真寺武术队员和部分回族青年为会员，购置灭火器具，会址设在商务会，后发展会员达 62 人，一遇火警，鸣锣为号，救火会员立即集合，迅速赶到火灾现场义务灭火。1949 年，淮阳县人民政府将救火会改称为人民消防队。民国年间，淮阳回民为救急和济贫成立有板布会与救济会，资金由回民乐捐。板布会帮助埋葬亡人购买木板、白布；救济会以扶助贫困户维持生活和发展生产为目的，该会一直延续到建国后。

建国前，淮阳县民众为解决操办某些事项时遇到的困难，自发组织各种经济互助会，一般有会首1人，会员若干人，农村多在麦后由会员兑集粮食或现金，统筹备用。为年关购置年货的叫灶爷会，为父母料理丧事的叫行孝会，为子女办理婚事的叫喜助会等。

十二、吏治的腐败与社会的动乱

1. 晚清时期

清代官场贪污成风，时有“一年清知府，十万雪花银”的俚语。陈州府知府黄庆安在任曾犯赃，受到严厉惩处，推荐者也受到处分。据《清史稿·潘铎传》载：“咸丰元年，（潘铎）坐所荐陈州知府黄庆安犯赃，降二级调用，授山西按察使。”

赵无玷（1877－1909），字仲磨，临县城内人，中举后曾任京官，授度支部（户部）主事，兼管河南田赋司。他在河南陈州等地目睹了“政繁赋重，徭多税杂，民生凋敝”的情景，明察暗访，查明地方官横加于农民的苛捐杂税21宗，折银63543两，遂直言上奏：“微臣主度支之事，司河南之赋，到豫视察有年，洞悉其中利弊。”“查河南年年有灾，岁岁闹荒，去年陈州荒地千里，……乡民啼饥号寒，奄奄一息者常见不鲜，路旁扶老携幼，奔走呼号者，比比皆是。”在呈述现状后，进一步呈述原因：“究根寻源，天灾固有，而人为之祸十占八九。”“当今县制，倍多于古，民少官多，十羊九牧；蒙君作弊，专横跋扈，上瞒下漏，患无所救。”“主政则受贿，治民则搜刮，位高则弄权，宠上则拉夫。”“官税虽重犹有底，附税浩繁无可计。黄纸蠲租（诏书免除租税）白纸催（地方官文告催租），敲诈勒索万民哀。”“土地拍卖犹纳税，田园荒后尚征苗，任是深山更深处，亦要抓捕抽丁徭。”“如此状况，贪官污吏勾结土豪所也！”“据抽查，仅彰德、怀庆、陈州、南阳四府，横征赋税二十一宗，年折银六万三千五百四十三两。事实确凿，有据可查。”最后建议：“忧民之忧者，民亦忧其忧，乐民之乐者，民亦乐其乐。乞我皇调人员，清财赋，廓清积弊，严整法度，赈灾恤民……”后附横征暴敛官员花名册。在封建社会，谁要揭露朝廷弊端，就会加上“莫须有”的罪名。这份奏章发出后，知心至友都为他捏了一把汗。当时清朝摇摇欲坠，摄政王为了拉拢民心，稳定局势，按奏章列举官员，择重者惩办了几个，并诏令免除每年横加在河南农民身上的6万多两赋税。河南农民的负担减轻了，赵无玷却因此得罪了不少官吏。宣统元年（1909 年），他正在书写财赋丁徭方面的变革论文，忽觉胸闷胃逆，延医诊断，医言“似中毒”，医治无效死亡，年仅 33 岁。

汪笑侬（1858－1918），生于北京满族官宦之家，原名德克俊（一说德克津、德克金），又名德僻、玉德，字润田，又字冷笑，号仰天，17 岁时应试，入八旗官学。光绪五年（1879 年）中举，不热功名，任太康县令，匡扶正义，救济贫民，疾恶如仇，惩治劣绅，深得太康百姓敬重。他在公务之余，同亲随人等以演唱为乐，习以为常，这为他日后丢官留下隐患。一次，当他因事触犯当地一名巨绅后，这伙劣迹昭著的豪绅串通一气，行贿于河南巡抚，汪笑侬被以玩忽职守、有失官体、不理公务等罪名而罢官归里，后投身京剧艺术改革，成为清末著名的戏剧改革家，被誉为“伶圣”。

道光二十年至宣统三年（1840－1911）的 72 年间，项城共有知县 57 人，平均任职不到 1.3 年，有政绩的官吏不多，一些官吏因腐化被调离或革职。姚礼咸，广东番禺人，监生，光绪二十二年（1896 年）任项城县知县，在任 5 年，是项城县晚清任职时间最长的知县。光绪二十六年（1900 年）因加征省令免征的项粮，在项城县丞乔岳（贡生）等人的抗议下调离。项城县知县李士恭（江苏阳湖人，举人）、李慰乔（顺天武清人，举人）、金福懋（监生），皆因累民被革职。

晚清时期，中央缺乏对地方财政的监控，实际上对地方财政实行“完成定额，多征归己”的包干政策，促使地方加大征派力度，地方的税收队伍也不断扩大。淮阳县，“旧每里柜书、司账、催征各一人，今（指宣统年间）每里每项各十人”，“此书吏皆借浮收以资养赡，且有加无已，屡控屡禁，勒索益甚”（民国《淮阳县志》卷四，民政上）。

晚清扶沟举人杜之昂上书某中堂揭露扶沟田赋中的一件积弊，据光绪十九年《扶沟县志》云：“扶沟正粮之外，每亩有三分杂派，相沿五十余年，绅衿无之，衙役无之，所苦者二三老实百姓耳！”

清末，用人主要以科举取士或捐纳举荐。捐纳，又叫赀选、开纳，又称捐输、捐例，通常是根据国库的财政状况和官场潜规则，将官位品爵定出价格公售，形成制度，这种制度始于秦汉，每逢国家有战争等重大事件，财政出现重大危机，就会采用捐纳方式，将官帽拿出兜售。此后，历朝历代，国家到了紧要关头无不开捐例。千百年来，官场上形成一个不成文的规矩，捐纳和科举、荫袭、保起成为登仕升官的四大途径之一。从经济上看，捐纳是一桩效益奇佳的买卖，一次捐输，一生受益，而且所花成本和收益相较并不算大；从仕途上看，捐纳比科举正途得到官帽要容易得多，正因如此，清代从康乾到光绪年间报捐者众多，一些官宦门第、殷实人家和有钱的财主都乐意为自己的子弟捐官，美其名曰“讨饭碗”。这种捐纳制度，加重了吏治腐败。

2. 民国时期

民国时期，国民政府行政院规定各县知事（县长）应从参加文官考试人员中遴选，报请省民政厅审查合格后任用，其他人员则由县长举荐，报省有关部门审查委用或由县自由选定，多为党羽和亲友，有的以贿赂而获选，任人唯亲现象严重。

1912年，西华县议会成立后，对剔除县衙蠹积弊提案甚多，引起知县周恕不满。1912年4月，周恕召集市井流氓及衙蠹谋泄私愤。一天，突有流氓数百人向县署请愿，周对众涕泣，将责任推给县议会，众流氓蜂拥闯入议会，捣毁门窗、文卷，幸议员逃脱，得免于难。1915年10月，湖北江夏人刘泽清在西华县长任上因贪污被平政院褫职，解京法办。1932年9月，河南兰封人张澜栋在西华县长任上因贪污被撤职通缉。

1912年，太康县成立议事会、参事会。两会成员中，革命党人居多，且所议诸事多触及官府利益，因而遭到封建保守势力的反对。8月，200多名暴徒闯入议事会、参事会，捣毁门窗，殴打议员和参事员，议事会、参事会遂废。

1938年6月，黄水泛滥时驻防西华的国民党泛东挺进军第一纵队耿明轩部、十一纵队高蓝田部、许昌五区保安队、西华河防队，不以团结抗日为重，反而钩心斗角到处设置哨卡及繁多税目，敲诈客商，盘剥灾民；他们以查私、禁私、禁毒为名进行庇私、贩私、运毒等罪恶活动，常来往于黄泛区派粮索款，抓丁拉夫，明抢暗夺，弄得民不聊生，西华城关区丁营村群众忍无可忍，奋起反抗，不幸遭其围攻毒打。

扶沟县是1938年至1947年黄水泛滥期间受灾最严重的县份之一，灾民挣扎在死亡线上，一些身居要职的官吏却巧立名目，敲诈勒索。1942年冬，国民党扶沟县党部书记长胡瑞甫父亲去世，胡瑞甫以殡父为名乘机搜刮民脂民膏，讣告送遍机关、乡镇、保公所、商号，甚至学校，各机关团体按人头送礼，各保分户摊钱。胡父丧期开门3天，用鼓乐8班，收礼待客500多桌。胡父殡葬当天，大事铺排，演唱艺人化装送殡，车马社火成群结队，纸扎楼院、金山银山极尽生前阔绰。胡瑞甫办完父丧，赚得10万余元。扶沟民众对胡瑞甫不择手段敲骨吸髓的行为恨之入骨，在胡父殡出当夜，有人在胡家门口贴出告示："牛肉有价，猪肉有价，胡瑞甫爹的肉无价……"此事在城乡传开，扶沟民众形容物价上涨快时常说："胡瑞甫爹的肉——没价。"在饿死人的大荒年，胡瑞甫用葬父所得置瓦房2处，购土地500余亩。1943年春，扶沟县商务会长黄铭鼎，在大灾之年借机发国难财，手段之恶劣，令人发指。河南省政府拨给扶沟县赈灾专款，扶沟县政府派黄铭鼎购买粮食、豆饼用于救灾，他到淮阳水寨（今项城市府所在地）购买大批粮食、豆饼后，却贩运到他处牟取暴利，待其返购物品回到扶沟时，小麦已收打结束，荒年已过，不少盼望放赈的饥民被饿死，黄铭鼎当年即置良田200亩。建国后，黄铭鼎被人民政府缉拿归案，1951年人民法院判处其死刑，民众称快。

1939年至1945年8月，太康县城关回民柳亚春（又名柳希贤）先后充当太康县日伪政府教育科书记、马厂区区长、伪杞县傅集区干事、杨庙区区长、伪淮阳司令部便衣队队长等职。1943年他在充当日伪马厂区区长时，将小李楼村王环夫妻及其子王协和一家3口诬以"通共"罪名，呈报日伪太康县政府批准，枪杀于赵楼西南地。1943年2月，大施庄村民施廷秀为生活所迫，偷邻居几块红薯充饥，被柳诬为"匪"，将施杀害于本村。1945年3月，柳当便衣队队长时，在淮阳县北郊邓庄逮捕了共产党部队战士邓玉珩、邓柱、邓根3人，交日军司令部杀害。1945年，柳亚春将在淮阳县城北关开票号的亳县商人高荣木、袁振清诬为"共匪"，交日军司令部杀害。1948年，他混入扶沟县民主政府，先后任财粮科会计、粮食局办事员，曾3次与豫东匪首郭馨坡的书记刘培基计议，策动民主政府人员投郭，因形势变化未得逞。在财政科和粮食局期间，贪污公款300余万元（旧币）。建国后，柳亚春被处死。

1945年冬，国民党陆军暂编第9军向项城县暂借棉衣款500万元。次年春，该军部派高参王季钦等到项城县政府归还借款，项城县长赵喜柱表示：此款来自全县群众，政府无权接收，应交县参议会研究处理，并言明"军部决定，此款从民众中暂借应归还群众，不得有违"。项城县参议会接收该款后经东参西议，借款不翼而飞，群众分文未得。

项城县自1912年至1947年解放前的36年中，历任县知事有12任、县长24任，平均任职1年，多无所作为。县长赵彦卿（1930年2月至4月在任）、赵本荫（1931年12月至1932年2月在任）二人年老腐化，无甚政绩，均在3个月后被罢免。县长易云峰、陈南枌在任贪污被撤职，镣押解省。县长田云樵、王凤鸣在任累民，建国后被镇压。

1946年，国民党鹿邑县党部书记长刘和斋勾结商务会会长梁荻江、财委会主任傅廷章、银行行长吕钢、三青团分团主任董振亚、粮食监察委员会主任王芸圃等，竭力控制政权，乡镇长非他们推荐不能用，参议员非他们指定不能选，吴台庙镇长朱明礼半年就掠夺土地14顷，又借娶弟媳之机，“受礼”折合粮食3万余斤。大辛集镇长张某，以85万元贿买得官，上任45天即捞回本利，人送诨名“张八五”。

1946年春，驻鹿邑县城国民党军75师一部，与鹿邑县保安团、县政府、保甲长勾结，抓丁拉夫，抢粮逼款，奸污妇女，地方劣绅土顽混水摸鱼，大发横财，吴台庙镇一班长，乘抓丁之便，奸污妇女8名。2月，驻鹿邑县城的国民党新五军，为筑工事、架鹿砦，每天四出抢掠，方圆十数里内的家畜家禽被抢光，树木被砍光。3月，鹿邑县一伙联防队员以找“土八路”为借口，闯入县城大隅首经营皮条铺的李振海家，以诬陷手段勒索数百万元。1948年春，鹿邑县试量区副区长兼中队长杜长苓（安徽肖县人）父兄5人参加革命，其母吴信英、其妻王惠苓因不堪忍受当地国民党的追捕，带两个幼儿到鹿邑县找寻投靠杜长苓，婆媳俩寄居试量西南小李庄村，被国民党新五军和当地土顽查捕，杜母当即被活埋。其妻王惠苓遭侮辱后在大郭寨村亦被活埋。1948年4月14日下午，国民党鹿邑县长陈涛将县城群众集结在老衙门口照壁后开会，铡死3名“共产党人”。

民国时期，差徭摊派浮收十分严重，民众常年应征的杂差主要是县衙门的陋规。西华县，从油煤柴炭到鸡鸭鱼肉，凡衙署内外员役日用无一不取征于民，“而又实用一分，出票多至四五分”，“官署取之城内，各业则转取之于各乡”。以公用为名征取的有衙署养马所需谷草料豆以及狱墙枣刺、囚布狱草、考试凉棚、祭祀用品等，都是按地方分摊支应，“按亩收款，赴城完纳”。这种陋规表现为少用多取，假借名目，如草豆折价，“即不养马，亦得照缴”（《西华县续志》卷2，财政）。商水县，“警捐及车马杂差各项摊派科敛久为民间巨害，每年词讼约占十分之四”（民国七年《商水县志》卷十二《丽藻志》）。

民国三十四年《河南政治视察报告》载：“淮阳田赋旧有包缴习惯，在官厅只责其征缴报解，不问其如何征收，以致经征书吏弊窦重重。现虽改为征收处，而实际仍为若辈所盘踞，其积弊之最深者，地多大户，往往不纳赋银，弱小民人则绕算浮收，负担不均，且间有隐欺粮额……查该县事业费连年加收六万余元，支出项下浮滥不免。”这是对民国淮阳县政府财政收支情况的真实写照。1946年，国民党淮阳县政府向民众勒索苛捐杂税多达数十种，民众如牛负重。

匪患，是残害社会的祸端，民国时期尤烈，恶匪到处抢劫作乱，残害百姓，民众到了万劫不复的境地。

1922年10月30日，河南省自卫军首领张国信（外号老洋人）率兵1万余人，兵分4路从项城西门攻入，烧杀抢掠，县府、文庙等被毁殆尽。

1913年，杆匪攻陷西华县七里仓寨。1923年8月13日，山东杆首范明新夜袭西华县城。1924年，路老九攻陷逍遥集、老窝集，掳掠无算。1925年，杜老五攻陷下堤于、下堤刘、张明寨等地。1926年2月，张老四、刘老三等股匪围攻东夏亭寨，未克。3月，杆首史万成攻破南柳城，杀戮甚惨。7月，杆首牛绳五攻陷红花集，掳去男女甚多。9月，牛匪连陷逍遥、老窝、河状、南陀、南渡口等寨。1927年2月，王泰率万余众攻陷道陵岗寨。6月，史万成受抚后又叛变，在护挡城聚集旧部到大倚岗烧杀奸淫。1930年12月，桐柏一带杆首马锡有、肖六少等率众万余扰西华、扶沟边界，围攻宁边寨，寨主宁揆安以其子士健作人质，杆众始他去，宁士健一去无返。7月，许昌驻军霍老虎哗变，窜扰西华东北境，攻陷田口集、清河驿寨，旋他窜。10月，受抚杆首王群率众叛变，攻陷七里仓寨，掳去男女千余名。

1922年9月，山东杆首范明新由沈丘攻破水寨，沿途掳掠。1926年9月，项城县被山匪两次破城劫寨，盘踞月余，房屋被烧2万余间，财物损失约1000万元。1927年11月，又遭山匪蹂躏70多天，死亡3000余人，房屋被烧4万余间，财物损失2000万元左右。

1926年10月27日，姬维戌（绰号老吉子）纠合牛绳武、王泰等千余人袭击商水县化河寨。该寨三面临河，地势险要，易守难攻，寨内有土炮30门，遇到匪患，四方豪绅富户携带财物避居寨内。上午9时，吉、牛、王部开始攻寨，守寨民众与之激战至夜11时，寨未破。次日凌晨，杆众乘竹筏从东南角漕河接近寨墙，登墙枪杀寨上看守，匪众涌入寨内，百姓四处逃散，70余名乡丁被打死，400余人溺毙。1928年1月27日，杆首史万成率众200余人攻破商水县城，烧房、拉票、抢掠百姓，盘踞近两月。3月下旬，韩复榘部将其剿灭，史万成被押至郾城处决。1929年7月，刘胡子、王泰、牛绳武众股匪合股约1500人，并有50余骑盘踞在商水曹楼、东邓店一带，国民党商水县长乔凤鸣带县署武装配合驻商水国民党展书堂部300余人前往剿匪，在王楼村遭杆众包围，乔、展组织突围未果，天黑后展书堂带20余名残兵向吴楼方向突围而出，乔凤鸣带卫兵、马匹避入一土窑内，被杆众放火烧死。

1922年6月17日凌晨2时，张占元、王疤瘌脸率3000余众，携枪2000余支，攻打鹿邑县城，鹿邑县守防团队上城垣抵抗，双方激战数时，鹿邑县团队领官及士兵7人、市民1人被打死，5时城陷。获得鹿邑县巡缉队步枪48支，放出在押监犯74人，鹿邑县库存银币悉数被拿走。拉走富户男票70余人、女票10余人。当日下午，弃城经冯桥口渡河北去。1924年4月16日，靳云鹗部张国信率其第二支队700余人由豫西到鹿邑县驻防，5月31日抵达鹿邑。10月19日哗变，缴鹿邑县武警队长短枪76支，释放在押监犯77人，并将县库银行兑换所、烟酒专卖支栈、屠宰税征收局和邮局等处款物全部拿走。夜宿宁平城，河南"剿匪"总司令靳云鹗派马队会同鹿邑县武警队往剿，武警队队长和4名士兵、1名骑兵被打死，张部败走。

1928年初，毅军张继武部袁家让团伙同其招抚的王曾宪、王临端等，从涡河北抢掠鹿邑县保安团枪支10余条，后旋回涡河北老巢，在途经侯河涯、茅庵寺等村时向当地群众索银未遂，怒将数村焚毁殆尽，并打死老幼30余人，至赵村西前后潘庄又打死群众13人。1929年9月中旬，鲁山县人老王泰哨聚郏县孙世贵、白寡妇等股匪约3万人，潜入鹿邑县南部白马驿、阎寨、南丰一带，盘踞百余村庄，四周地富纷纷逃到谢楼寨暂避。老王泰认为寨内富户财多物足，向寨主谢广宣索取好马200匹和鸦片等物，谢自恃寨坚易守，拒不缴纳。22日，老王泰下令攻打寨垣，3日未克，伤亡惨重。25日，老王泰以1个旅的兵力，外拨“老虎队”500人，再次攻寨，死伤殆尽仍未克。26日，老王泰倾全部兵力从四面猛攻，守寨乡勇急于投掷炸药，不慎就地爆炸，寨墙轰塌，老王泰率众乘势陷寨，双方肉搏至深夜，人丁被杀一光，房屋尽被焚毁，全寨化为焦土，月余空无人烟，寨四周村庄亦遭祸及，寨西申营村被杀绝者37户。谢楼寨一战，双方死者达万余人。1931年夏，张保国、杨协月、大牙实等带800余人进驻鹿邑枣集、马铺、起台寺等处掠财拉票，鹿邑县城西北冯桥口和涡河南岸小刘庄一夜被绑票10多人，出数百元或一两千元方可赎回，限期不缴者即“撕票”，冯桥刘协有被折磨致死，邓朝相被割掉1只耳朵。1931年冬，李老末率千余众潜入安平、玄武一带劫掠，先后绑票1000余人，拉走牲畜无计。1933年8月中旬，乔铁针、孙得胜等率200余众进入朱楼寨、刘寨等村，绑男女票34人，焚毁房屋10余家。8月下旬，李克明、赵二天爷、李得胜等聚众千余人，在安平、唐集、刘贯斗、白果树等村拉男女票100余人，李家寨10余户房屋被焚毁。1933年7月，原新编20师部子举部霍国栋（又名霍子禄，绰号“霍老虎”）率千余众，携枪900多支，自许昌哗变西来，沿途收罗魏凤楼、吉鸿昌、陈老大、李克明、古大申、肖六少等部众数千人，13日凌晨抵达鹿邑城外，从城西南隅架云梯攻城，守卫队长魏麻子率众抵抗不支，城被攻破，匪众烧毁县府后楼，尽掠银库存款，放走全部监押犯人，拉走男女票2000余人，枪杀市民20余人，奸污妇女甚多，南关外杨四姐与李体姐被迫携手投井自杀，前后交接的两任县长钟石庚、许希之被俘。15日凌晨4时，离鹿邑县城北去枣集（今宋河镇），行至中途将所俘鹿邑县教育局长郭松斋枪杀于高口南头。17日，省保安二团配合骑兵第14旅和52师夏楚中部，将霍围困于枣集，霍率众突围西去，所绑“票”千余人得以逃脱。

第二章　近代周口的经济

一、农　业

周口地区在长期的封建社会中，土地大多被地主阶级所占有，广大农民无地或少地。1840年后，周口地区社会经济制度仍以生产资料私有制为主，生产资料绝大部分为地主阶级所占有，土地高度集中在地主阶级手中，农村各阶层所占有土地数量极不平衡，贫富差距极为悬殊。少地、无地的农民受地租、高利贷的盘剥，劳苦终年，收入无几，长期陷于贫困，过着饥寒交迫的生活。一旦遇到灾荒，贫苦农民往往背井离乡，出外乞讨谋生。直到1947年前后全区解放后，这种不合理的土地制度才得以改变。

1912年之后，土地兼并更为严重，据1949年调查，土地改革前占全区人口7.6%的地主占总耕地的29.6%，而占人口55.9%的贫雇农仅占总耕地的18.5%，加之各种自然灾害及兵燹匪患频发，农业生产遭到严重破坏。1938年6月，国民党政府下令扒开黄河花园口大堤，扶沟、西华、商水、太康、淮阳、项城、沈丘、鹿邑8县6000平方公里土地被滔滔黄水吞噬，时淹时涸长达9年之久，形成举世闻名的黄泛区，泛区良田变为盐碱荒沙，荒草没人。无黄泛灾害的地方，苦于日军践踏和国民党军队蹂躏，农业生产凋敝。1945年至1949年，周口地区粮食年均亩产不足100公斤。

解放前，扶沟县地主占总人口的7%，却占有土地91.7万亩，占总耕地面积的70%，人均39亩；而占总人口93%的农民仅占有土地39.3万亩，人均1.2亩。

1947年，沈丘县槐店镇张湾地主王顺甫一家6口人，占有土地2000亩。老城区范营村地主范子龙占有良田1100亩。赵德营区盆尧地主李春雨占有土地1500亩。老城区路营村200口人，共有土地1570亩，其中4户地主29口人，占有土地1500亩，是全村总耕地的95.5%，而农民171口人，只有土地70亩，占总耕地面积的4.5%。据1949年底对沈丘县土改前夕6个区的调查，占人口总数59.2%的贫雇农的土地只占总耕地的30.3%，而仅占总人口5.3%的地主，却拥有23.9%的耕地。

1949年，商水县农业总户数106370户，耕地面积1717487亩，户均16.1亩，人均3.59亩，其中地主7135户，为总户数的6.71%，却占有耕地745052亩，是总耕地面积的43.4%，户均100余亩，人均22.9亩；贫雇农70723户，占总户数的66.5%，仅有耕地311018亩，仅占总耕地面积的18.1%，户均4.4亩，人均0.9亩。

无地农民为维持生计，被迫给地主当长工或租种土地，以至出现了多种租佃形式。地主通过出租土地攫取租粮剥削农民的租佃形式主要有3种：一是课地，即地主将土地租给佃户耕种，佃户按每亩年租3斗（每斗40市斤）向地主交纳租粮，不论收成好坏，均须按期交纳。二是分种地，即佃户租种地主的土地，生产投资由佃户负担，收获后粮食分成各半。三是拉鞭地，即地主拥有土地、耕畜和大件农具，雇佣佃户自带一鞭一锄一镰为其耕种，收获的粮食按“三七”比例（佃户三成，地主七成）或“二八”（佃户二成，地主八成）比例分成。其他还有捎种地、种子利、押金、棉花课等20多种剥削形式。佃户除向地主交纳地租外，还要负担劳务杂役、干家务活等沉重的超经济剥削。每当地主家逢年过节或婚丧嫁娶，要向地主送交鸡、鸭、鹅、蛋、香油、白面、糖类、纸钱等礼物；平时还要无偿给地主家担水、磨面、砍柴、看孩子、做家务、支官差、服苦役；另外，每季收获之后，须将新收获的谷物在未交纳地租前先选一部分送给地主“尝新”，佃户的劳动果实白白地被地主享用，一遇灾荒，受高利贷的盘剥更甚。

商水邓城大地主叶强五一家5口人，有靠沙河的良田1100余亩，租给20多家佃户耕种，每年坐收租粮13万余斤，另有宅基地17亩，建有楼房87间、瓦房23间，家中雇佣长工、保镖、书童、丫鬟等男女仆役87人，生活荒淫无度；而广大贫苦农民终日劳动，不得温饱，遇到灾荒年景，时常妻离子散，家破人亡。1942年，商水旱灾，城关区9509户有5000多户被迫卖掉土地房屋，2889户逃荒要饭，179户卖儿卖女，6809人饥寒而死，其中死绝800户。

沈丘县槐店镇张湾村农民阎秀成课地主王顺甫耕地32亩，每亩租额6斗，全年应交租19.2石，1942年旱灾严重，32亩地仅收12.8石粮食，全部交租后还欠地主租额6.4石。王顺甫过着花天酒地的生活，仅仆役就有30余人。槐店东关农民郑文学租种地主李继祥24亩地，全家6口人劳动一年共分红薯16筐，红薯秧15捆，为生活所迫将2个男孩换2斗豌豆送人当义子，女儿当了童养媳。

民国时期，今周口市川汇区（不包括搬口、李埠口2个办事处）农业总人口2.9万人，总耕地7.9万亩，其中地主人口1688人，占总人口的5.8%，实际占有耕地3.9万亩，占总耕地面积的49.4%，人均耕地23.1亩。富农人口516人，占总人口的1.8%，实际占有耕地6500亩，占总耕地面积的8.2%，人均耕地12.6亩。地主、富农占农业人口的7.6%，拥有耕地面积占57.6%，人均20.6亩，是农民人均耕地的16.48倍。中农、贫农人口26976人，占总人口的92.4%，拥有耕地3.35万亩，为总耕地面积的42.4%，人均耕地1.25亩。

1936年，西华县有人口421734人，土地190.9万余亩。西华县地主、富农占总人口的10.1%，却拥有土地143万多亩，占土地总面积的75%以上；贫农、中农及其他阶层占全县总人口的89.9%，仅占有不足48万亩土地，不足土地总面积的25%，65.5%的贫农中仍有大部分占有土地过少或无地耕种。他们为了糊口，被迫租种、分种、佃种地主的土地或出卖劳动力为生。灾荒年景及黄泛期间还饱尝高利贷的盘剥。1938年至1947年，西华县广大农民在中共地下党的领导下，开展了夺粮度荒、向地富赎地、急性土改和减租减息斗争，由于受历史条件的限制，土地所有制问题未能很好解决。

1946年11月，中共太康县委根据豫皖苏边区党委指示，首先在县北孙桥进行急性土改试点，边区民运部副部长亲临指导。翌年1月，太康县委书记刘振邦、县长张少耕、联合会主任王法洲配合地委土改工作组在河坡、大营子等村再次进行试点。3月，发展到王集、龙曲、台寨、高贤、马头等区。七、八月份，太康县12个区（不包括县南部和淮太西县）普遍展开，通过宣传政策，发动群众，建立农民协会和民兵组织，没收地主土地和生产资料，由土改工作队和农会根据填坑补缺的原则平分土地，分配果实。4月，豫皖苏边区党委书记吴芝圃在龙曲李寨听取土改工作汇报，表示满意，后在党刊《雪枫通讯》上登载了马头区土改工作的经验。此次土改由于政策掌握不稳，要求过急，很不彻底，部分地区出现大轰大嗡现象，侵犯了中农利益。1948年春，进行复查纠偏，麦后基本结束。

1947年，周口地区各县相继解放，在打土豪、分浮财的同时，先后有6436个村进行急性土改。是年，国民党11师南窜，形势恶化，土改被迫停止。1948年夏至1949年底，在全区三分之二的地方开展减租减息斗争，征收地主近30%的土地。

1947年9月，中国共产党颁布《中国土地法大纲》，规定："废除封建半封建的土地制度，实行耕者有其田的土地制度。"豫皖苏军区二分区派出20

名干部配合沈丘县委工作队在纸店区大王庄进行试验土改，至 1948 年 5 月，沈丘全县近百个村庄进行了急性土改，不久即停。

1948 年秋，商水县境内 5 个解放区的 20 多个乡、116 个村，组织农民协会进行了急性土改。

1947 年 10 月至 12 月，项城县民主政府组织 30 多人的土地改革试点队，以金营、祁营为中心进行土改。1948 年 1 月 12 日，项城县委、县政府改称项城县工作委员会，同时取消区建制，组成 5 个土改工作队，分赴各地发动群众进行土改，3 月停止急性土改。豫皖苏边区西北工委派 34 团副团长顾廷献率 150 人配合项城县工委突击进行土改工作，在范集、尚店、邓庄等 52 个村组织发动群众，505 人参加贫农团，发展农会会员 1885 人，丈量土地，插标分田，历时 1 个月，总计拿出土地者 545 户，其中地主、富农 314 户，占 57.4%，中农占 42.4%。

近代的耕作制度与过去相比有较大变化。以西华县为例，耕作制度有 3 种：一是一年一熟制，即一年只种植一季小麦，不再种秋，百亩以上的地主常采用此种制度；二是一年两熟制，即麦、豆，麦、绿豆，麦、谷轮作；三是两年三熟制，即晒旱地，收麦后不再种秋，将地深犁一遍，不耙，让日光暴晒，秋分前再犁起细耙，秋分适时耩麦，产量较一年两熟的小麦高 3 至 5 成；早秋地，即晚红薯茬不种麦，初冬犁起，次年春深犁细耙，谷雨种早秋（高粱、谷子、棉花、春红薯等），收秋后于秋分前种麦，这种地的早秋较晚秋作物产量高，因腾茬早，又为次年的小麦丰产打下了良好基础。富农、中农多采用两年三熟制种一部分早麦及早秋。

周口地区肥料资源开发利用历史悠久，农民在长期的生产生活实践中积累了丰富的积肥、制肥、保肥和施肥经验。建国前，主要施用的农家肥有厩肥、饼肥、人尿肥、土杂肥等。1946 年，联合国救济总署在黄泛区万寨发放化学肥料，为周口地区施用化学肥料之始。

汉代至民国，周口地区在耕作、运输、排灌、收割、脱粒、加工等各个环节，长期沿用人推、畜拉的旧式农具，如耕地用的木柄三角铧式犁、木框铁齿耙、木制三腿耧，中耕用的锄、铲子，收割用的镰、铲、钐，脱粒用的石磙、木锨、扬叉，运输用的四轮太平车、二轮辕车（铁边马车）、红车（木制独轮土车）、扁担等；提水用的辘轳、桔槔（挑杆）、水桶、木制水车；农产品加工用的石磨、石碾、石碓臼、轧花车、弹花弓、手摇纺车、木织布机、木榨油机、铡刀等。除石磨、石碾部分用畜拉和水车用畜拉浇菜外，其余均用人力。这些旧式农业生产工具，耗力费时效益低，历时 2000 余年，改进不大，严重制约了农业生产的发展。

近代，周口地区各县村镇均有土井或砖井供人畜吃水和浇菜。大田井泉数量少且质量差，砖井寥寥无几，基本无灌溉，每遇旱情即成灾害。井水仅用于小片菜园的零星灌溉。如太康县有砖土井1270眼，井灌面积仅2540亩。1949年，区内有土砖井7773眼，深不足10米，多为饮水或浇菜之用。灌溉面积只有2.3万亩，提水工具多以挑杆、辘轳为主。

1940年以来，周口地区农作物种植由于受封建半封建土地所有制的束缚和生产技术落后的局限，耕作技术粗放，肥水不足，加之长期以来农作物种植多沿用本地品种，退化严重，且大都容易感染病虫害，抗灾能力差，农作物产量长期普遍低产。粮食生产，农作物以小麦、大麦、大豆、高粱为主，油料以芝麻为主。冬播作物有小麦、大麦、豌豆、扁豆，尤喜小麦豌豆混作，俗称“豌豆绞”；春播作物量小，有高粱、谷子；夏播以红薯、高粱、谷子、青豆、黄豆、黑豆、绿豆、芝麻为主，还有豇豆、黍子、稷子、荞麦等；经济作物有棉花、花生、红花、白麻、烟叶、西瓜、甜瓜等。据《河南省通志》载，清末至1938年，扶沟县小麦每亩单产150斤，青豆120斤，谷子200斤，高粱160斤，甘薯1000斤，油菜70斤，花生150斤，荞麦100斤，豌豆180斤。

周口地区从1912年到抗日战争前，由于军阀混战、灾害频仍、赋税繁重和地主阶级的残酷剥削，农业经济发展相当缓慢。但随着农业生产技术的改进，农业较清末有一定发展。

1913年，淮阳县创办乙种农业学校，培养农业技术人才。1934年，河南省第七区行政督察专员公署在太昊陵西院创办农林实验学校和农技推广所，学校设农作、果树、蔬菜、花卉等专业。1935年至1936年，淮阳县相继成立实业局和国民建设委员会支会，设农事实验所和棉业会，开展农事实验、技术推广及引进美国优良棉种，农业生产得到一定发展。1935年，淮阳县播种小麦317.61万斤，总产15000万公斤，亩产47.22公斤；大豆亩产73公斤，高粱亩产100公斤，棉花亩产8.6公斤。

1932年是商水县农业的丰稔年，粮食平均亩产183斤，灾年粮食产量更低。1949年，商水县工农业总产值4587万元，其中农业产值4527万元，占98.7%；粮食总产22635万市斤，单产86市斤；棉花总产127万市斤，单产14市斤；烟叶总产10万市斤，单产128市斤；麻类总产57万市斤，单产48市斤；油料总产487万市斤，单产49市斤；社会商品零售总额870万元。商水全县财政收入47万元。沈丘县农业在解放前夕仍停滞在每年亩产粮食200

斤以下。1946 年，沈丘县小麦播种 344007 亩，单产仅 68 斤，总产只有 2355.39 万斤。1949 年西华县粮食种植面积 122.8 万亩，亩产 56 斤，总产 6844 万斤。

小麦，是近代周口地区的主要粮食作物，主要品种为农家品种糙麦、二糙麦、红芒红、红芒白等，全区每年播种小麦约 600 万亩，平均亩产不足 100 斤。1931 年，商水县小麦亩产 78 斤，1942 年亩产 25 斤。1933 年，太康县小麦种植面积 90 万亩，平均亩产 50 斤，丰稔年份平均亩产 100 斤左右。1946 年，项城县种植小麦 30.7 万亩，亩产 65.14 斤。1936 年，西华县种植小麦 132.4 万亩，亩产 74 斤，总产 9744 万斤。该县小麦常年播种面积在 70 万亩以上，占全县总耕地面积的 65%。小麦吸浆虫，俗名小红虫，在周口一带为害有 100 多年的历史，清光绪十一年（1885 年）项城县发生红虫病害，亩收仅数升。光绪十四年（1888 年），项城县霪雨，麦生红虫。

大麦，为早熟粮食作物，农民种植多为春荒接季。1936 年，项城县种植大麦 25.6 万亩，亩产 112 斤，总产 2867.2 斤。1946 年，沈丘县大麦亩产不过 120 斤。

大豆，周口地区历史上多种小黄豆、小青豆、黑豆等农家品种，籽粒小，产量低。民国时期，周口地区种植大豆 300 万亩左右，单产 40 公斤左右，是仅次于小麦的第二大农作物。1936 年，项城县大豆种植面积 59.1 万亩，占耕地面积的 60.1%，亩产 52.5 公斤。

高粱，种植面积较大，秸秆可织薄、编席和作柴薪。1935 年，太康县种植高粱 44.5 万亩，单产 75 公斤。1936 年，项城县种植高粱 42.7 万亩，单产 54.16 公斤，总产 23.13 万公斤。1949 年，商水县种植高粱 172337 亩。

红薯，又名红芋，周口地区种植已有 300 多年历史，为民众生活主粮之一，长期种植有“紫花头”、“椿根白”、“紫皮红”、“南瓜瓤”等品种，退化严重，薯秧长，产量低。建国前，全区红薯常年种植面积在 100 多万亩。1933 年，项城县种植红薯 47 万亩，亩产鲜薯 430 公斤，折薯干 86 公斤。

谷子，周口地区种植由来已久，建国前为境内主要粮食作物，种植面积较大。1935 年，太康县种植谷子 31.7 万亩，单产 85.5 公斤。1936 年，项城县种植谷子 2552 亩，单产 79.04 公斤。1936 年，西华县谷子总产 522.5 万斤。

绿豆，秋季粮食作物，种植面积不大。1933 年，太康县种植绿豆 91 万亩，单产 55 公斤。1936 年，项城县种植绿豆 720 亩，亩产 92.92 公斤。

花生，清末淮宁县已有大块种植，民国初年广泛种植。1937 年，淮阳县种植花生3000亩，后因黄泛为害，沙地增加，种植面积扩大。1946年，淮阳县花生种植扩大到6000亩，总产45万公斤；清宣统三年（1911年），花生在项城县也有种植。1936年，项城种植花生500亩。

芝麻，为周口地区历史上主要油料作物之一。1936年，淮阳县种植芝麻9万亩。1938年开始因黄水泛滥，面积下降。1946年，淮阳县种植芝麻1.7万亩，总产101万公斤。

棉花，周口地区植棉始于元代，距今已有600多年历史，明清时期面积逐渐扩大。民国时期，棉花种植较为普遍，品种有中棉和洋棉之分，民众多种植中棉。中棉即民众世代种植的柴花，又叫"小花"，分"小白花"、"小紫花"两个品种，花桃小，衣分少，棉绒短，种植稀，加之管理粗放，灾害频繁，产量甚低，一般亩产皮棉15公斤左右，衣分为29%至33%；种植密度为每亩1000至3000株。这种低产柴花，一直种植到20世纪50年代方被更新替代。洋棉从国外引进，系漂洋渡海而来，故称洋花。清末引进"隆字棉"，又叫小洋花。1930年，项城县引进"大斯棉"，中棉种植逐渐减少。宣统二年（1910年）前后，商水、项城、西华等县都有大面积种植。"汴省产棉区域，以……商水……为最，收数多至七百余万斤，少亦二三百万斤。……项城……等县次之，……西华……等县又次之"（农工商部：《棉业图说》卷3，《中国棉业现状考略》，宣统二年）。1916年，北京国民政府在彰德设立中央直辖的模范种植场，向各地棉农推广棉花种植技术，改良棉种，周口地区棉花种植的专业化程度有明显提高。1927年至1936年，周口地区棉花的收成，其中太康县77267担，淮阳县18749担，扶沟县11210担（胡竞良著、大冢令三译：《河南的棉花》，中支建设资料整备事务所编译部，昭和十五年）。1932年，项城县种植中棉4000亩，引种美国棉1000亩。1937年6月，河南省划为19个棉区，项城（含沈丘、商水、上蔡）为第16宜棉区之一。1933年，太康县植棉98万亩，总产籽棉44150吨，单产42.5公斤（约合皮棉15公斤）。1936年，扶沟县植棉43600亩，其中中棉22200亩，洋棉21400亩，皮棉总产112.15万斤，中棉亩产21.6斤，洋棉亩产30斤，平均亩产25.8斤。建国前，商水县棉花常年种植面积10万亩左右，平均亩产皮棉36斤。

黄花菜，又名金针菜，为淮阳特产。1936年，淮阳县种植黄花菜23.98万亩，总产350万公斤，以王店、刘振屯、冯塘、临蔡、白楼种植较多。1938年后因黄水泛滥和战事频繁，黄花菜种植面积锐减。1949年，种植面积下降到1600余亩，总产只有6.5万公斤。

宣统三年（1911年），项城县蔬菜有韭、葱、蒜、芫荽、荆芥、芥、台菜、生菜、芹菜、金针菜、菠菜、白菜、萝卜、蔓菁等；瓜类有西瓜、菜瓜、甜瓜、南瓜、冬瓜、葫芦、瓠瓜、搅瓜等。1936 年，项城县蔬菜种植面积 5351 亩，亩产 645.63 公斤，总产 345.48 万公斤。

建国前，今周口市川汇区（不包括搬口、李埠口 2 个办事处）有 600 多户 2000 余人从事蔬菜生产，菜园面积 1200 余亩，土地归私人所有，由园主或雇佣菜农耕种，自种自销。蔬菜品种有白黄瓜、线黄瓜、茄子、白萝卜、池藕、菠菜、白菜、芫荽（香菜）、葱、韭菜、瓠子、葫芦、倭瓜、冬瓜、苗瓜、蒜、红萝卜、黑白菜、莴苣、荆芥、山药、丝瓜、芹菜、莓豆、豆角、辣椒等，主要分布在南门外、圈神庙等 20 多个自然村。

番茄，20 世纪 20 年代由外国传教士传入周口地区。

建国前，蔬菜时常发生病虫害，治虫常用苦树皮粉、草木灰、闷桃信、烟叶水等，或用点火烟熏防治。

1913 年，英美烟草公司在项城县试种烤烟数亩，1946 年栽种 350 亩，亩产 150 斤。

1936 年，项城栽种甘蔗 50 亩，亩产 460 公斤。

1931 年，商水县在城关外蚂蚱庙设立农业推广所，解放时停办。

1925 年，太康县设立实业局，管理农业。1927 年改为建设局，后改为建设科。

1938 年 6 月开始历时 9 年的黄水泛滥，给周口一带黄泛区民众带来巨大灾难，自然环境发生很大变化，给农业生产带来灾难性影响。黄水过后，土质地貌发生了很大变化。清光绪十三年（1887 年），黄水淹扶沟、西华等县后，留下许多泓沟。1938 年郑州黄河花园口事件发生后，黄水顺着这些泓沟形成大小主流，并向四处泛滥。每到汛期，黄水暴涨，携带大量泥沙沉积下来，淤高河床，迫使水流向洼处改道，周而复始，水势变化无常，故有“朝为汹涌急流，夕有黄沙平野”的现象。凡主流经过之处，淤高 3 至 4 米，沉积物多半是沙土和细沙。缓水溜，沉积物多为壤土和黏土，淤层较厚。慢水溜，沉积物多为沙壤土。9 年黄泛，各处水流快慢变化很大，沉积物的层次厚度极不规则，平均淤高 3 米。扶沟县西北部高岗岭地在周围淤积后成为矮岗土丘，遍布扶沟全县的小岗土岭、岗沟、坑池多被淤成平地，贾鲁河、双洎河、涡河被淤塞改道，盛产小麦的黑土被淤没，不少地方成为新沙地，盐碱地面积有所增加，未经黄水淤积的土地，变成易涝低洼区。

1938 年黄泛之前，周口地区野生畜禽结构基本处于自然平衡状态。9 年黄泛后，栖息境内的野生畜禽结构发生很大变化。扶沟县在黄泛前后最大的鸟类种群是乌鸦、麻雀，成千上万的鸦群飞起，有时遮天蔽日，或夜宿村内，落满树木。黄水前，大雁从北向南飞翔，在扶沟县越冬，但数量不大。黄水横流时，每到枯水季节，涸出的土地杂草丛生，人烟稀少，给野生飞禽提供了生存条件。大雁每年在扶沟越冬万只以上，水后逐渐减少。黄河水初退时，扶沟蒿菜满野，兔子大量繁衍，野兔成为黄泛区最大的生物家族。民众在开荒种地时，野兔成群，见人不避，绕人追逐嬉戏。1948 年以后，随着人口增加，荒地面积缩小，野兔逐渐减少。

抗日战争胜利后，国民党政府在社会各界呼吁和联合国善后救济总署的支援下，对黄泛区灾民做了一些救灾工作，对灾民恢复生产起到了一定作用。1946 年 3 月 15 日，行政院善后救济总署河南分署开始两次发给太康县黄泛区灾民面粉 5000 袋，每袋 25 公斤，计 7. 5 万公斤。6 月，河南分署所属医疗队在扶沟、太康两县为灾区群众进行医疗和防疫。1947 年 1 月 18 日至 4 月 30 日，在太康西关成立太康粥厂，受赈灾民 4000 人。是年，黄泛区第二工作队在太康县配发麦种 14. 57 吨，豆种 0. 739 吨，发放 913 户。由于受灾面积大，灾民人数多，受惠者仅占少数，大部分群众仍然过着吃糠咽菜的困苦生活。

1946 年，河南善后救济分署接受联合国善后救济总署部分轮式拖拉机，配给黄泛区垦荒。同年，联合国善后救济总署河南分署机耕复垦队在尉氏、方城、西华开办 5 期曳引机培训班，培训学员约 300 人，毕业后分散到黄泛区西华、扶沟从事垦荒。是年，开始在扶沟练寺、西华等地使用链轨拖拉机耕地，用播种机、收割机、圆盘耙等进行耕耘、播种、收获，这是周口地区使用农业机械的开端，但未能推广。

1947 年 1 月，国民党政府在开封召开复兴泛区会议，扬言用 400 台胶轮拖拉机和 600 亿元现款，从事泛区土地改造，建设难民新村，组织合作农场，栽植防风林，但计划并没有兑现。2 月，国民党政府河南救济分署，将在尉氏县樊家和扶沟县练寺举办的拖拉机训练班合并到练寺，4 月训练班结束，更名为黄泛区复垦队。人员和车辆分为两个复垦队，第一复垦队奉命到周口镇北的王牌坊设点垦荒，队长原玉印，下设 3 个支队；第二复垦队队员和拖拉机仍在练寺垦荒，队部在金塔寺，队长董谟东，下设秦岭、晋桥、直沟河、大蒲村 4 个支队，计有链轨拖拉机 4 台，自动收割机 1 台，胶轮拖拉机 120 台，播种机 20 台。第二复垦队曾无偿给练寺、固城等乡群众犁地播种，发放铁锨、劈斧、面粉、罐头、衣服等物资。

1947 年 4 月，新黄河以西是国统区，河东为解放区，解放区的民主政府要求复垦队到水东帮助返乡难民垦荒，由扶太西县长张申、崔玉华同联合国救济分署机械负责人、美国人塔克于扶沟县葛岗谈判并达成协议，在保证机耕人员安全的承诺下，4 月底组织了 20 台拖拉机，在葛岗成立了复垦队河东支队，支队长金英宏，在贾鲁河东郑桥村和宾王岗设点开荒。7 月，分别从一队、二队抽调人力和机械在西华县护挡城成立第三复垦队，队长崔玉华，下设两个支队，救济分署按时给复垦队员发工作服，每天发给 5 斤面粉。第三复垦队为满足返乡难民的孩子上学，在下坡桥村开办了小学，聘请 3 名教师，每天发给 8 斤面粉。

1947 年 11 月，联合国善后救济总署停止援救工作，复垦队的美国人员撤走回国，援助黄泛区负责难民吃穿的工作队、防疫治病的卫生队人员也全部撤走，剩余物资留给了继续作业的复垦队。1948 年初，第一复垦队迁到了救济分署工作队驻地——西华黉学。为了扶持返乡农民生产，复垦队开垦出的荒地由返乡农民自行播种，小麦、大豆种子由机耕队供给，杂粮种由农民自筹解决。1946 年 6 月到 1948 年 5 月，复垦队累计垦荒 40 多万亩。

1948 年 2 月，河南省善后救济分署对复垦队出台了遣散文件，4 月正式实施，最后招收的 90 名学员全部遣散，1946 年招收的第三期人员大部分回家，一二期人员继续留守。河南省善后救济分署撤销后，复垦队归新成立的国民党黄泛区复兴局管理。复兴局向复垦队留守人员发放两个月工资后，再无音信。由此国民党政府鼓噪的复兴泛区，建设机械化乐园的计划破产。为转移视线，欺骗民众，他们诬蔑共产党骚扰无法继续工作，不得不暂时撤退，复垦队留守人员认清了国民党的真面目，主动保护耕作机械，支援解放开封，运输战利品。

1948 年 6 月 11 日（端午节）上午，国民党飞机轰炸驻西华黉学的复垦一队，支队长郑绍文及 1 名炊事员被炸死，黉学前大殿与数十台机械被炸毁。随着解放战争的进行，复垦队不时受到国民党飞机的扫射，西华直沟河一个复垦支队的床褥被飞机打烂，所幸没有人员伤亡。当时，土匪抢劫事件也时有发生，驻在扶沟县护岭村的复垦队员的衣服、被褥夜间被土匪抢走，他们只好赤身开车跑回练寺，后来不少人离队另谋生路，黄泛区复垦队不复存在。

中国共产党和人民政府十分关心和重视黄泛区的建设。1945 年，八路军 120 部队解放扶沟县城，打垮日伪“和平救国军”吴东亚师，迫降何太芳汉奸队，宣布“谁开荒谁种，谁种谁收，取消苛捐杂税，减租减息”的政策。1945 年 3 月 15 日，扶太西县抗日民主政府成立，在宣布施政纲领中提出，发展地方武装，安定社会秩序，号召外逃灾民回乡生产，重建家园，开展生产自救；对返乡灾民无偿贷给种子，组织民众开荒；修整锦被岗防洪大堤，截支归干，抢救土地5万亩。7月，扶太西县抗日民主政府组织全县4个区2万名民工，在尉氏县马立厢至锦被岗之间修筑基宽5至6米、高3至4米、长15公里的长堤，截支归干，救出清集、桂岗一带耕地五六万亩，当年绿豆、小麦皆获丰收；同时组织泛区群众开荒种地，编筐握篓，发展农副业生产。

1947年3月，黄河决口堵复后，水归故道，土地涸出。5、6月份大批灾民陆续返里，灾民们在野草丛中先找着村庄旧址，根据某些特征再找到自己的宅基，各自搭起简易的茅草庵棚栖身，设法从事生产。涸地为久淤闲地，肥力大，产量高，但因人力有限，播种面积不大，收入仍不敷用，群众就割水萍、蒲子、蒿子到非泛区换取生活用品，以维持生计。在生产、卖柴之暇，挖出旧宅基根脚的砖，将小木棍支撑的庵棚逐渐改为砖基土垛墙或坯墙草房。

1947年8月，刘邓大军南下路过太康时，将200匹军马无偿送给县北贫困农民，支援农业生产。

1947年，中共西华县委、西华县民主政府，开始组建乡村政权，领导民众生产度荒。他们与联合国善后救济总署河南分署取得联系，以捕蝗换取大米白面，发给灾民铁锨、步犁、斧头及食品、衣物从事垦荒。年底，西华县回归灾民约10万人，开荒11万亩。

1948年10月，西华县解放，县民主政府为解决回归灾民的吃住问题，组织灾民捕蝗，换取面粉维持生计。同时发放救济粮100.3万斤，面粉13.4万斤，食盐5500斤。为使黄泛灾区群众增加收入，西华县民主政府利用当地特点、优势，积极开展农副业生产。首先组织8万余名妇女，利用纺车9300多辆、织布机3600多张纺纱织布，成品以高价收购；大力扶持条编业，组织西夏亭区的三所楼、东湖、西湖、朱湾等7个村476户从事编织业，日产簸箩、簸箕、扤斗等条编千余件；建立条编合作社，帮助灾民销售，产品销往武汉、上海等地，并扶持席编、铁、木等手工业恢复生产，灾民生产生活得到改善。据西华城关等5个重灾区统计，拆除庵棚建设新房7970间，李大庄乡王新庄一个村就建房100间。为帮助灾民重建家园，恢复生产，民主政府又赈济粮食10万公斤，贷粮20万公斤。经过扶持，西华县5个区的牲畜增加到9520头，为灾区重建奠定了基础。

1948年10月，以原黄泛区复垦队为基础，在扶沟练寺建立豫皖苏黄泛区农垦学校，崔玉华任校长，陈文彬等被聘为辅导员，为黄泛区的开垦培养了一批人才。1949年4月，该校迁至开封市禹王台，更名为河南省农业学校。

1949年9月，各县市民主政府按照中共淮阳地委指示，为迅速恢复泛区经济，宣布废除旧地权，鼓励开垦荒地，提出“谁开谁种、谁种谁收、三年不征粮”的政策，并为灾民解决大批种子和口粮，对泛区民众休养生息、恢复生产给予很大扶持。西华县民主政府领导群众组织临时互助组3660个，当年开垦荒地50万亩，群众生活初步有了保障。

二、水利和气象

清末、民国时期，周口一带战祸频仍，自然灾害严重，加之吏治腐败严重，当局者缺乏对水利工作的长远打算和统一规划，没有根治措施，河道治理标准较低，水利建设规模小次数少，水旱灾害经常发生。

民国初年，各条河道设有堤防委员会，有河长、段长、河夫专管堤防，汛期组织沿河群众护堤，以防溃决。之后，各县政府设立建设科管理水利；建国前，多数官府对河道洪水历来是涨时派人看护沿河堤防，于险工处小补小修，决口后派款派夫临时填堵。

1912年至1949年，周口地区发生洪涝灾害30多次，沙颍河平均2.5年决口一次，其他河道决口也屡有发生。

商水境内的汾河继清康熙五十一年（1712年）、雍正二年（1724年）疏浚后，同治五年（1866年）、光绪三十三年（1907年）复浚。同治五年（1866年），商水知县叶尔安鉴于“枯、汾河每遇霪潦冲决为患，乃历勘形势，筹款督工，浚沟入河，复浚河补堤，治理自三里桥至马家桥（今马河）百一十里，境内四十年无水患”（民国七年《商水县志》）。1926年，沙河在商水西老门潭决口后，官府借口“地方不靖，无暇修复”，一直拖了3年方由西华、商水、项城3县协修，历时2个多月才堵复决口，1937年5、6月间，沙河连续3次决口葫芦湾，因督工者营私舞弊，偷工减料，造成堵决反复的局面，劳民伤财，怨声载道。民国时期，商水县水利事宜由县政府水利支局负责，后水利支局撤销，水利工作由建设科管理，并在沙河南岸设墩台3处，配守兵5人、防兵11人、马兵3人，负责守护沙河堤防。

1917年，西华县设水利分会，1925年建实业局，抗战时期改为建设科，管理水利事业。1935年，西华县治理汾河16公里（其中6公里在今商水县境，余属今漯河郾城区）。1948年西华县解放后，县民主政府民教科兼管水利工作。

1918年，太康县设水利分会，1922年设水利支局，1927年6月由建设局兼管水利建设事业，1931年冬成立县水利工程委员会，设委员长1人，副委员长2人，河工专员10人，襄办员9人，文牍、会计各1人。1920年，太康县水利分会会长王灿然主持疏浚旧黄河（今涡河）、清水河等20余条河道。1931年冬，太康县水利工程委员会组织民工将全县主要河道延长加深加宽，并查勘洼地开挖新渠10条，排水除涝。后战乱不息，水利失修，特别是1938年黄水泛滥，不少河道淤平，涡河上游淤塞改道，堤防残缺不全，涝灾频仍。

淮阳县自1926年开始，先后治理了柳涉河、白马沟、蔡河、枯河、清水河等，河患有所减少。

建国前，沈丘县河道缺乏治理，汛期排洪不畅，或堤防决溃造成水患，或平地（尤其是洼地）汪洋积涝成灾。明清时期（1368－1911），沈丘遭受较大水灾108次。民国时期，沈丘县水灾更多，1912年至1947年达26次，民众深受其苦，虽曾挖沟排水，堵塞决口，与水灾作斗争，但多是临时局部的小挖小补，暂顾燃眉之急。建国前，沈丘县曾在沙河、直河、汾河、泥河、老蔡河、孔沟等主要河沟沿岸修筑了堤防，由于受历史条件的限制，所修堤防多单薄低矮，且年久失修，不能确保汛期安全。沈丘县解放后，民主政府领导群众挖沟开渠、疏通河道，以消除水患。1947年夏，在国民党残余势力未彻底消灭，中共地方政权尚不稳固的情况下，沈丘县纸店区组织民工1.2万人，用7天时间疏浚了由石关至洼李庄的八丈沟段，为积水打开了出路；1949年春，一区（老城）组织民众对泉河老城南段进行了改道。

1915年1月，沈丘县设水利分会，1923年2月改为县水利支局，1927年水利支局撤销，成立沈项联县水利分局，办公地址设在沈丘老城。

1933年春，项城县政府征发民工于沈丘县修筑汾河、泥河两岸堤防；1941年，项城县在上级统一指挥下，修筑新黄河、沙河堤防，项城民工带队人、道生龙本立督工认真，保质保量完成任务，河南省政府主席卫立煌赠其匾额以资表彰，上款为“防汛纪绩”、正文是“为人民服务”。

周口地区解放后，各地把巩固河岸堤防列入治水工作的重要内容，对一般堤防年年检查，岁岁培修，较大工程组织群众大修，汛期险工集中力量突击抢修。

建国前，周口一带渔业历史悠久，发展缓慢，建国前夕，人工养鱼数量少，质量低，主要靠捕捞天然鱼供应市场。鱼产量仅有几十吨。如沈丘县年均捕捞五六万尾。

建国前，由于周口一带河道失修，政令不一，上挖下堵，造成坡水旅行，各县交界处，甚至一个县境内村与村之间，由于河道或坡洼地交错，每年汛期积水成灾，群众为减轻本地损失，擅自挖沟排水，利己病邻，经常酿成水利纠纷，或聚众械斗，或缠讼不休，以致倾家荡产，家破人亡。据统计，1935 年至 1947 年，周口地区与邻省、邻区、邻县以及县与县之间发生水利纠纷 62 起，械斗 21 次，死 1 人，伤 14 人。

据商水旧志记载，商水与上蔡、郾城、项城等县交界处附近村民，常因排水问题出现以强凌弱、以众暴寡的事情，以致村与村之间结成世仇，互不相让。雷坡与龙塘河、大连湖村与林村的水利官司多年未能结案；民国年间，西华址坊乡陈村大堰与上游郾城县黑龙潭乡坡杨、神张等村素有水利纠纷，陈村西、北大堰乃明代所修，因该堰阻塞上游泄水，致使上游群众不满，一遇大水，上游群众即暗中扒堰，而以陈村为主联合下游直至逍遥群众保护大堰，而上游黑龙潭、坡杨、神张等村派人告到国民党中央政府。国民党中央政府水利部常务次长马乃骧系西华县址坊乡南陀人，虽多次派人检查，大堰不仅未动，又令西平、郾城、临颍、许昌等县派民工加宽加高，上游群众敢怒不敢言。直到建国后，兴利除弊，将西大堰挖成一条南北沟，引水浇地，长期的水利纠纷始得解决。

清光绪十九年《扶沟县志》载，西北罗王冢的红淤沟，排鄢陵滚坡水流入扶沟，泛滥成灾，两县争端时伏时起，虽经调解，排堵问题长期得不到解决。1938 年黄水泛滥，贾鲁河改道，双洎河在摆渡口入贾鲁河，红淤沟被淤平，康沟河在胡庄西改入贾鲁河，这一带水利纠纷方息；皇甫岗在芦义沟上游挡住鄢陵坡水，上游常欲开岗排水，扶沟不让，常引起争端；大狼沟两岸都是积水洼地，上游鄢陵境周营乡与扶沟李集乡的水利纠纷由来已久，建国初协作治理了淮河，开挖清水沟下游，上排下泄，始畅通无阻。

周口地区的气象观测起源于原始社会，太昊伏羲就已开始仰观天象，直到清末才有气象资料的记载。清光绪三十一年（1905 年），上海徐家汇观象台利用太康、扶沟等县教堂搜集气温与降水资料，载之于《中国之气温》和《中国之降水》两书。民国年间，周家口设立雨量站，测量降水状况。1934 年至 1937 年，项城县已对当地的气温、霜期、降雨作出详细测报。

三、林果花卉业和家禽畜牧业

1．林果花卉业

近代，周口地区适宜种植多种树木，树种资源丰富，用材林主要分布于村宅路旁，官道旁植柳；果树多分布在村旁和庭院，部分村庄有小片果园；

观赏林木常植于官邸、县府、学校、机关，城乡有零星种植。

民国时期，林业由各县建设科管理。1915 年国民政府规定每年清明节为植树节，由官绅举行造林活动。1917 年，周口地区植树 246724 株。1928 年，国民政府将孙中山先生逝世纪念日 3 月 12 日定为全国植树节，并先后颁布《森林法规施行规则》及《森林法》，鼓励民众植树造林，林业生产有一定发展，但由于栽植后管理不善，成活率很低，除村庄和公路两旁外，周口地区境内树木稀疏。每年植树节当天，各县多在县城及主要公路干线义务植树。1928 年 5 月，河南省国民政府公布《承领荒地造林条例》，各县每年号召机关团体、学校在城乡进行绿化植树，1929 年，周口地区共植树 494046 株。1938 年后，由于受战乱、黄泛和水、旱、虫等自然灾害影响，林木破坏严重，1949 年仅有 2100 万株，材积量 51.6 万立方米，覆盖率仅为 1.5%。

据清宣统三年（1911 年）《项城县志》载：木之属其材最良者曰柏，其他有楸、桑、槐、榆、桐（白桐最佳）、柘（种者甚少）、杨、柳、楝、棠棣、香椿、樗、木褚、松、桧、黄杨、檀、冬青、天竹等。民国时期，项城县用材树种有柳、榆、樗、苦楝、泡桐等 20 多种。果树有沙果、苹果、葡萄、梨、杏、李、枣、柿、石榴等 16 种。观赏树有松、柏、合欢、桂花、木槿、黄杨、竹子等 10 余种。

民国时期，商水县用材树种有柳、榆、槐、苦楝、椿（臭椿、香椿）、杨、泡桐、梧桐、桑、枸、楸、皂角、侧柏、棠棣、银杏、黄杨、檀木、冬青；果树有桃、杏、梨、李、梅、枣、柿、苹果、樱桃、栗、核桃、石榴；经济林种有竹子、桑杈、花椒、白蜡条；观赏花木有桂花、木槿、腊梅、合欢、海棠、牡丹、玫瑰、月季、迎春、迎夏、天竹、凤尾竹、栀子、瑞香、夹竹桃、芙蓉、绛桃、玉兰、凤仙、紫薇、金线、蜀葵、满地娇、海石榴。

清末，周口地区始建育苗机构和基地；民国时期各县建苗圃，1924 年扶沟、商水等 7 县育苗面积 425.7 亩。抗日战争时期，大部分苗圃荒废，日军投降后苗圃恢复缓慢。1947 年，周口地区仅存淮阳、鹿邑两处苗圃，面积 73.5 亩，育苗树种有刺槐、臭椿、苦楝、桑、柏、合欢、国槐、软枣、梧桐、女贞、毛白杨、胡桃等 10 余种。

1923 年，淮阳县在太昊陵内建苗圃 1 处，面积 53 亩。1926 年，淮阳县建苗圃 3 处，面积 160 亩，全县造林面积 835 亩，植树 92476 株，林木价值 23.01 万元；1929 年，植树 30.33 万株。1931 年，植树 1.66 万株。1932 年，营造中山纪念林 400 亩。1934 年，淮阳县建林场 2 处，即太昊陵中山纪念林场与护城堤林场，其中前者面积 6 亩，植榆树 600 余株。是年春，河南省第七区督察专员公署在太昊陵西院开办农林实验学校（兼推广所），所属苗圃面积53亩，育树苗10.5万株，三区（鲁台）、四区（新站）、六区（杨寨）各建苗圃1处，共60亩。1935年，淮阳县建苗圃3个，育树苗15.5万株，植树92476株，造林面积825亩。1938年黄水泛滥，冲毁林木200多万株，加之毁于战火的200多万株，到1949年，淮阳县仅存林木40多万株，人均不到1株，林木覆盖率不到1%。淮阳县村镇宅院以柳、槐、椿、榆、楝、桑、桐、桃、杏、枣、梨等树为主，尤以柳树数量居多，约占80%以上。

民国时期，商水县北关有蚂蚱庙苗圃1处，面积48亩，后增至60亩，由于管理不善，出圃树苗甚少。商水县果树以桃、梨、杏、枣、柿、沙果、石榴等为多，还有苹果、樱桃、李子等，桃、梨、沙果多成园栽植，其他果树大都零星栽种。邓城杨河村李甲烜从山东引入苹果树在本村栽种。商水梨树栽植已有2500多年历史，民国年间以化河乡谢楼村梨树最多，主要品种有花子梨、甜子梨、黄梨、砀山梨、鸭梨、香蕉梨、酥梨、孔德梨等。1949年，商水县有梨树约10万株，成片梨园500亩，产梨约300万斤；全县桃树年产量800万斤，多数栽植者以此为生；全县有杏树15万株，年产杏50多万斤。商水玫瑰种植历史悠久，是著名特产，清末民初尤盛。民国七年《商水县志》载："园塍篱落，种者极多。此花入食品，白梅水浸去濇汁，蜜煎最佳。江南人和糖制为霜，艳若绛雪。"汤庄、城关、李埠口、化河等地遍布玫瑰园。城关乡柴坑村刘凤明、汤庄乡王许村王应斗等户种植面积都在10亩以上。此花5月上旬初开，5月中旬至6月中旬为盛花期，6月下旬逐渐凋谢，零星残瓣开至下霜。花开盛期，商水老城方圆30余里的村庄周围红花锦簇，清香四溢。花盛期采摘后，通过周家口远销到上海、天津等地。商水玫瑰与陈州黄花菜齐名，故有"陈州金针黄，商水玫瑰香"的美誉。1921年后，由于战乱、自然灾害频仍，商水玫瑰毁而改种粮食。

1924年，西华县政府设实业局，1928年改为建设局，附设实验场；1932年11月，建设局改为建设科，并入县政府。1933年设农业推广所，专司农林事业，后又归建设科。建国前，西华县有南关、清河驿等7处苗圃从事苗木生产。果木多为零星栽植，主要有苹果、桃、葡萄、梨、枣、柿子等。相传汉代秣陵人哀仲所种之梨果大而味美，时人称之"哀家梨"，早在晋朝西华哀家梨就闻名遐迩，历代种植不衰，主要分布在淮阳、鹿邑等县，其他县也有种植。枣的种植历史悠久，农家庭院内种植较为广泛。1948年，西华县全境解放，泛区人民为改变黄泛区面貌，以治理沙荒为重点，营造防风固沙防护林工程，开展四旁植树，沿贾鲁河营造防护林2.5万亩。

清末，扶沟县已建公有育苗基地，戊戌变法后南关农坛改为苗圃，规模甚小。光绪三十二年（1906年），在苗圃附近购地40亩，栽示范桑林千余株，劝民养蚕。1917年，扩大苗圃30亩，设专人培育苗木，供造林使用。1923年3月，扶沟县成立林业工会，公推正、副会长各1人，下设办事员，指导林业生产，后改为建设局。1934年，扶沟县发展国有林120亩，9142株；区有林98亩，2827株；中山纪念林5亩，植榆树、梧桐、梨树、槐、柳864株；群众四旁栽树350万株。1938年至1946年黄泛期间，林木所剩无几。建国前，扶沟县经济林有所发展。果树以桃、杏、李、枣、核桃、樱桃、沙果、葡萄较多，皆农户零星栽种。

1916年，太康县在城西北3公里大刘庄建苗圃，面积170亩，分育苗、造林两区。1918年，太康县成立农林会，管理林业生产。1925年设林业局，1927年并入建设局。1928年，太康县在城西关旧十方院后植中山纪念林3亩，700株。1929年，在城北古城造林4亩，900余株。是年，太康县共造林2.85万株。1930年，太康县造林3.14万株，其中在仲康墓地造林4亩，900余株。1931年，太康县造林25.1万株：官方国有林为20.1万株，社会团体公有林1.7万株，个人私有林3.3万株。其中在城西北郭庄植中山纪念林22亩，2000株；1932年，太康县植树1319.5亩，7.76万株，其中在太康墓地造林1500余株。1935年，太康县造林23985亩，476.36万株，公有苗圃1处160亩，植树13.8万株，木材蓄积量4.2万立方米。建国前，太康县沿涡河种有桃、李、杏、梨、核桃等果树，高朗一带植有枣林，其余多零星植于庭院、菜园。

清末，鹿邑县核桃较为有名。宣统二年（1910年），鹿邑县有核桃园4.5万亩，年产核桃190万公斤，年产值银圆18万元；柿子久负盛名，各乡普遍种植，县西北各乡尤多，特别是杨湖口乡所产柿子最佳，加工而成的柿饼远销省内外。民国时期，鹿邑县年产鲜柿300万公斤以上，制柿饼70万公斤，年产值350万元。

1912年，沈丘县设农林科，配科长、科员各1人。1917年，沈丘县始建苗圃1处，配圃长1人，次年开办农事试验场，开始育苗；1924年，沈丘县苗圃改为林业局，圃长任局长。1927年10月，林业局改为林务局，11月河南省将112县划分为5区，每区设营林局1处，沈丘县属第五区（商丘）营林局管辖。1931年，改农林科为实业科，增设劝农员1人，下设农业推广所，配指导主任、指导员、助理指导员、事务员各1人。1937年，沈丘县设建设科，内辖农业推广所，兼管林业，办苗圃2处，共有地65亩，育苗45亩，

2.3万余株，树种有刺槐、椿、榆、楝、柏、合欢、杞柳7种，后时断时续，规模一直很小。沈丘民众素有植树传统，民国时期就有“多栽树十年富”的俚语，境内多树园和大树。沈丘纸店乡的杂姓营、唐庄各有300余亩的大楸园。民国年间的《东方》杂志有用沈丘楸树造大船的记载。城关李坟有凤阳柏树275棵，每棵均在2立方以上。城关北徐庄有梨园16亩。周营至界首沿沙河南岸有数村相连长达30里的古柿林，半坡店有10余亩的李子园，王湖有万亩荆条园。桑、桃、梨、杏等经济林在沈丘县广泛分布，约60%的农家庭院栽枣、杏、柿、石榴等果树。

1917年，项城县建苗圃，管理林业。1924年，苗圃改称林业局。1927年，实业局改称建设局，兼管林业。次年，建设局、林业局分设。民国时期，项城县建苗圃2处：一处在老城北阎楼，面积80余亩，培育桑、榆、槐等苗木；另一处在城关大吉寺，面积10余亩，培育松、柏幼苗，后迁北关外武场，树苗仅供机关、学校植树用。1930年，项城有官林3.45万株，公有林6220株，私有林18280株，合计5.9万株。1934年，项城官有、公有、私有林计541.5亩，27192株。

宣统三年（1911年），《项城县志》载：项城县所产中药材有车前子、薄荷、紫苏、款冬花、金银花、二丑、枸杞、皂角、益母草、荆芥、茵陈、麦冬、何首乌、薏苡、菊花等19种。

1932年，河南省建设厅委派专人在颍河堤上植树，历时3年，植树9万余株。1938年至1947年黄泛期间，周口一带泛区林业资源毁坏殆尽，扶沟、西华、太康、淮阳等县形成大面积沙荒。建国前虽开展植树防沙，但收效甚微。

2. 家禽畜牧业

周口地区民众历来有饲养家禽、家畜的传统，近代由于家禽畜牧业生产方式仍然落后，政府没有畜牧管理机构，畜禽品种杂乱，繁殖率低，加之疫病不断发生，缺医少药，畜禽死亡率较高，家禽畜牧业发展缓慢。农民散养有牛、驴、骡、马等牲畜，以及狗、猪、羊、兔、鸡、鸭、鹅等10多种家畜家禽，种畜饲养较少；广大农民自古就以黄牛作为农业生产的主要役力。马、驴、骡也是主要耕畜，但马、骡价格高，建国前只有少数富家饲养。

建国前，猪多为粉坊、豆腐坊、油坊、酱菜坊“四坊”户饲养，品种多为项城猪。1935年，周口地区有养猪户106120户，占农户的20.2%，养猪264195头，其中淮阳县生猪存栏3.56万头。秦汉时期，周口一带民间养羊较多，宋代以后更为普遍，清代已将养羊视为“农家宝”。清宣统三年（1911

年)，各县农村每户养羊平均3到5只，品种皆为山羊。槐山羊是周口地区名优家畜之一，因产于以槐店为中心的沈丘、淮阳、项城、西华、鹿邑一带并以槐店为集散地而得名，槐山羊皮质优良，肉质颇佳，具有瘦肉多，脂肪少，不肥不腻，膻味小，煮汤、烹调适口性强等特点，在国内外享有盛名；沈丘、项城两县饲养槐山羊较多，1935年年存栏达20004只，项城多数年份羊存栏2万只左右。

建国前，家禽饲养以鸡为主，鸭、鹅饲养量较少，每户养鸡1到2只，多者10余只，个别户饲养鸭、鹅。鸡品种多为地方土鸡，体形小，产蛋少；家兔饲养较少，沈丘县在20世纪40年代始有人引进长毛兔。1941年，淮阳、太康、鹿邑3县养狗15525只，平均20户1只。

建国前，蜂在周口一带各县都有零星饲养，多为土蜂；1926年，始有意大利金黄蜂从北京引入境内，商水、太康、项城等县先后改养意大利蜂；1935年，太康县设5个私立养蜂场，养蜂24箱，年产蜂蜜1335公斤。

周口地区养蚕已有五六千年的历史。鹿邑县是清代4大名绣之一汴绣的重要原材料产地，素有“村村有机响，户户养蚕忙”的美誉。1937年，鹿邑县产茧50万公斤左右，丝产量10万公斤以上。1929年，项城县蚕茧生产有所发展，蚕农户1.26万户，产土茧50133公斤。1935年，淮阳县有养蚕者7870户，产春茧2.47万斤，价值9900元，户均产茧3.14公斤，收入1.26元。商水、西华、扶沟等县也有不少零星养蚕户，后因黄泛和战乱，养蚕户大为减少，产量逐年下降，到1949年已所剩无几。饲养品种多为白色蚕、黄色蚕。

建国前，周口地区境内已有鹿的饲养；养猫始于何时，未见记载。

民国年间，由于战争频繁，兵匪掠夺宰杀，牲畜家禽损失量很大。抗日战争时期，太康县损失大牲畜11648头，猪羊家禽损失不计其数。1938年黄水泛滥，周口地区损失耕畜291191头，此后时淹时涸，黄泛灾害达9年之久，扶沟县损失90%以上，西华县损失60%以上，沈丘县损失45%以上。黄水泛滥后，西华县群众开荒生产，牲畜严重缺乏，1948年西华县民主政府发放耕牛贷款58万元，从外地买回耕畜544头，及时供应灾区人民，初步缓解了开荒中畜力不足的困难。

民国二十七年《河南通志》载，1938年，扶沟县有大牲畜4.5万头。至1949年解放前夕有牲畜2.5万头，生猪2.8万头，羊0.1万只。1949年，项城县饲养大牲畜5.98万头，生猪2.33万头，羊9715只。1947年，太康县有大牲畜70200头，生猪12871头，山绵羊2042只。1949年，商水县（包括当时辖的砖桥、老窝2个区）仅有大牲畜92005头，生猪41521头，山羊9753只，绵羊285只，土鸡59.5万只。1949年，沈丘县有大牲畜78969头。

历史上牲畜繁殖多靠自由交配，因而造成品种退化。建国前，周口地区境内没有牲畜配种机构，牲畜配种靠“民桩”户。私人种畜户社会地位地下，被视为“下九流”。建国前，沈丘县有种畜近百头，种畜饲养户约70家，分布在农村各地。

建国前，区内没有兽医机构，牲畜发病主要靠“哑科”，即民间兽医，如太康县仅有几十名兽医。1949年，沈丘县有民间兽医952人；淮阳县的袁邦政是民国时期豫东知名兽医，擅长治疗牲畜瘘蹄、掉胯、例草、瘦虫等病。

民国时期，禽畜治疗一无西药，二无医疗器械，单凭眼观耳闻，一剂中药一把草，药效慢，治愈率低。一旦传染病流行，往往束手无策，畜禽大量死亡。20世纪30年代末，西华发生炭疽病，不少牛马突然高烧寒颤，呼吸困难，粪尿带血，倒地抽风，七窍出血，发生急性肿胀，病程2日至数日死亡。1941年，牲畜炭疽病在贾鲁河以东地区流行，黄泛加速了该病传播。1946年，扶沟县发生炭疽病。马鼻疽，又称吊鼻，时称“北马毒”，是鼻疽杆菌引起马属动物的传染病，1922年鹿邑县首先发现此病，20世纪三四十年代淮阳、西华、扶沟也有发生。1933年，扶沟县张营村购回一匹鼻疽病马，导致7头骡马死亡。建国前，猪囊虫病时有发生，鸡新城疫（俗称鸡瘟）广为流行。

四、手工业和近代工业

1. 手工业的发展

近代，由于长期受封建小农经济生产方式的束缚，加之天灾人祸，周口一带手工业生产发展缓慢，出现了手工业贫民工厂和民生工厂。建国前夕，仍以私营手工业为主，官办工厂甚少，手工业有铁业、木业、竹业、编织、丝纺、棉纺织、砖瓦烧制等传统手工业，多分布在县城或集镇，规模较小，一般2至5人，资金不多，生产设备简陋，工艺落后，产品多销于本地。

解放战争时期，豫皖苏边区在沈丘莲池区和纸店区设兵工分厂及修械所，制造修理军械。同时，沈丘、太康、周家口、商水、淮阳出现小铸造厂、翻砂厂，生产犁、耧、耙、铲、锄、四轮大车、轧花弹花机配件等；1946年，商水县建立益民铁工厂，有8尺车床、6尺车床各1部，手摇台钻1台，主要生产弹、轧花机配件，是周口地区最早的国营机械厂，也是商水县机械工业之始。1948年5月，扶沟县建立益民铁工厂，1949年春迁至淮阳，改名淮阳益民铁工厂。同年6月，迁至周口北寨磨盘街，改名周口市益民铁工厂，是后来国营周口风机厂的前身。该厂有六尺皮带车床及手摇钻各1台，烘炉1个，职工11人，生产卷烟机、手摇弹花机，以及铁锁、水嘴、锛、凿等，年产值1.24万元。建国前夕，周口地区有小机械厂5个，炼铁炉139座，从业人员973人，资金70万元，年产各种小件铁农具5．7万件。

清末、民国年间，各县城、较大集镇及个别农村有铁匠铺，每铺2至5人不等，以熟铁苏钢为原料，用烘炉锻打，制造铡、锄、铲、镰、刀、斧等小件农具和生活用品。乡间较大村庄有铁匠炉，或在家营业，或赶集上会，或游乡串街。

民国时期，淮阳县机械修配技工较少，修配师金云山颇有名，能造枪修枪、热处理制造锉刀及修配各种零件等。

民国年间，鹿邑辛集和县西关外徐花园办两个铸造厂，生产犁铧、犁面、耧铧、车钏、车轴、秤砣等。1931年，沈丘县城（今老城）蒋某、阎某合办一座16人的铸造厂，生产犁铧、犁面。

清末，王某从湖南迁至太康县城西街设“李元顺”铜匠铺，经营铜器制品，收徒传艺。到民国年间，铜匠铺发展到5户，随着市场变化，相继改产锡、铝、白铁等金属制品。20世纪30年代，扶沟吕潭刘某在太康西关开办庆丰铁工厂，有炼铁炉2座，房屋8间，雇工10多人，生产犁铧、犁面、车轴、车钏和锅、盆、火炉等，为太康县铸造业之始，后因战乱和灾荒而停业。1935年，太康县城开办“天华楼”银匠铺，从业14人，有资本1900元，月造金银首饰3300件，价值1265元，建国后停业。1945年，太康县刘某办小翻砂厂，有炼铁炉1座，生产犁铧、犁面和大车轴；1949年6月，太康县城开设一家私人修配部，有员工11人，烘炉1座，小圆车和手摇钻各1部，从事弹花弓、自行车修理业务。

民国时期，周家口的私营炉坊业、打铜业、打铁业较为有名。1936年，有炉坊、打铜、打铁个体手工业户194家，从业者855人，资金134万元，产品有铁锅、鏊子、犁铧、犁面、抓钩、镰刀、锄、锛、斧、刨、凿和铜锅、勺、盆、锁等生产生活用具。到1949年，以上3种个体手工业户发展到323家，从业人员926人，资金70万元。

宣统元年（1909年），水寨镇北街赵方田、施传法的铁匠炉较有名气。商水巴村乡上城村小鱼刀久负盛誉，距今已有120多年历史。因上城临近三里桥集，故有“三里桥小刀”之说，清末代缴过“皇银”，民国年间代缴过赋税；民国年间，扶沟崔桥镇屈家的锄头、曹里乡宁江的铡刀为名牌产品，行销方圆各县。鹿邑县城西关罗家的钐、铲刀，玄武集张家的镰，沈丘县阎家的镰、董家的锄、韩家的铲子在当地都较为有名。

建国前，西华县城关、逍遥有翻砂厂3个，职工25人，生产锅、鏊子、车钏、车轴、犁子、耧铧等农业生产工具。1947年，中国人民解放军接管联合国善后救济总署黄泛区拖拉机100台，在此基础上成立了黄泛区复兴局修配厂。

周口一带棉织布历史悠久，明清时期城乡多用木制纺车，产品除自给外，少量投放市场。清末多用木制脚踏手摇轧花机轧花和用弹花弓弹花，民国年间开始引进铁制脚踏皮辊轧花机，工效较前提高20倍，建国前棉花全部由农民个人或私营作坊加工。清末、民国年间，农村妇女普遍使用木制手摇纺纱车纺纱，用木制织布机织棉纱土布，除自给外，也有以纺线织布换棉的商品加工或在集市上进行商品交易，如西华县城、逍遥、西夏亭、红花集、大迟营等都有手摇织袜机织制棉线长筒袜。1942年前后，城乡织毛巾业有了发展。到建国前夕，周口地区有私营纺织户400余家，从业者800多人，仅周家口、淮阳从事棉纺织业者就有300多户，720余人。

清咸丰二年（1852年），宋恒茂在周家口开设纺织手工作坊。宣统二年（1910年），淮宁县人庞丕化等筹银币500元，在县城建棉织厂，生产白平布、毛巾、被单等，产品畅销。1921年，华太工厂在周家口沙颍河北万寿宫东邻开业，职员20余人，陕西人曹太开、安徽人王济臣任经理，专业生产毛巾，有脚蹬手换梭木织机8台，1926年停业。1940年，顾彦文在周家口西寨恢复毛巾生产，1943年停业。同年，河南沁阳人张钦在沙颍河北山货街路北开办永信织布工厂。有织机2台，用工随季节而变，职工多时达80余人。1949年，协成织布厂成立，有织机10台。

1934年，商水县民生工厂在县东街开办，有厂长兼技师1人，职工18人。该厂有固定资产500元，流动资金2000元，有铁轮织机、毛巾机各4台，系手工操作，每月织平面布、被面布70匹（每匹20码），大小毛巾130打，当年盈余300元。

清光绪三十四年（1908年），鹿邑县设工艺局，建小型工厂，购置人力机械，织毛巾、线带、花布等，产品低劣，销路不畅。1942年，脚蹬轧花机、畜拉弹花机由私人购进在鹿邑县城乡开业。建国前，鹿邑县有少数私人在集镇设摊，用手摇织帽机生产棉线套头帽，用手摇织袜机生产棉线袜出售。

清光绪八年（1882 年），外地客商在沈丘县城（今老城）东门外开办丝织罗底作坊。光绪十七年（1891 年），沈丘县城有织土绸作坊 2 个，产品精细，深受民众欢迎。1924 年，沈丘县城有一私人小棉织厂在织布机上安装梭盒，工效大为提高。1934 年，沈丘县城出现丝织厂，有男工 2 名，月织丝绸 25 匹，价值 150 银元。1935 年，沈丘县城办起第一家私人毛巾厂，日产毛巾 20 打，效率比手工提高 10 多倍。1941 年，沈丘县城织绸工厂发展到 3 家，均为手织机，因产品不良，价格昂贵，销路不畅。与此同时，槐店、纸店、莲池、毛营等较大集镇和王楼、顾营、王庄等村庄开办有丝织作坊，生产绸、缎、绫、罗、纱、绢、头巾、丝带、花线等产品。1947 年，沈丘县有丝织业厂（坊）19 家，从业人员 54 人，织机 24 台。

1928 年，项城县政府开办县立平民工厂，有工徒 10 人，生产棉布，后因经营不善而破产。1933 年，项城人杨泰兴在秣陵镇创办民生工厂，有头等铁机 5 架，二等铁机 2 架，还有毛巾机、织袜机，产品有棉布、毛巾、袜子等，职工 10 人，年产棉布 5000 多匹，毛巾、袜子各 1400 打，后因资金短缺而倒闭。

民国初年，太康县政府开办贫民工厂，年拨制钱 894 串，以铁、木织机生产白棉布、花布、毛巾和各种带子。1922 年，太康县贫民工厂改为集股商办，县财政仍每年拨款扶持，1926 年停办。1931 年，两次拨款 2564 元，建 2 个小针织厂，名为“平民工厂”，第一平民工厂附设在建设局，有铁织机 5 台，木织机 2 台，资金 1300 元，职工 10 人；第二平民工厂设在救济院，有铁织机 5 台，资金 2100 元，职工 20 人，1932 年更名为民生工厂。1935 年，太康县有两家纺织企业，资本 800 元，从业人员 16 人，月生产布 8668.5 米，毛巾 315 打，产值 1485 元，后解体。

清同治、光绪年间（1862－1908），今周口地区出现一批丝织个体户，尤以周家口丝织工业生产历史最悠久，花色品种最多。清同治三年（1864 年），在沙颍河北岸打铜街东段开设“牛公盛”丝织机房（后改为永盛昶机房），有丝织机 12 台，工人 120 名，主要产品有“十样锦被面”、“木机汴绉”（又名木机线春）、“纱包头”等。同治九年（1870 年），周家口出现丝绸手工业，生产绣花线和戏衣线。清末，周家口丝织手工业户和机房相继增多，并出现丝绸染坊。清宣统三年（1911 年），丝织和丝线作坊达 30 家，从业人员 245 人。1929 年，在沙颍河南岸关帝庙出现私营“勤慎”工厂，有木制手动丝织机 7 台，工人多时达 90 余人，主要产品有“纱包头”、“汴绉”等，同时在老街、胡家集、后小桥街有数家小型丝织机房，有丝织机 5 台，从业人员 30 余人。1934 年，周家口有丝织作坊 30 多家，从业人员 245 人。抗日战争时期，周家口丝织工业衰退，丝织机坊相继关闭。建国前夕，仅有 10 余家生产丝线的手工业户，有人员 30 余人。

近代，鹿邑县城和城北高口集为该县缫丝中心，年产生丝 25 万斤左右（每公斤合银币 10 元），产品远销天津、上海，出口日本、东南亚。高口集附近的军吴庄、张寨、宋沟等村有丝织三四十家，形成丝绸生产村，手工生产手帕、小绸、大绫、彩绫、提花缎、罗底、灯纱、绒线等，产品精细别致，畅销河南、山东、江苏、安徽等地。

清末，周家口出现纺麻绳、纺麻线手工业户，作坊大多分布在沙颍河南西顺河街、王花园及沙颍河北磨盘街、麻线街和小桥街。1937 年开始生产麻袋，时有麻纺手工业户 25 家，120 人，资金 4.8 万元。木制麻纺织机 3 台，每台每天可生产麻袋 9 条。抗日战争时期，从事麻纺行业人员减少，1949 年麻纺手工业户仅剩 17 户，70 余人，资金仅 3 万元。

1920 年，周家口福华袜厂在沙颍河南岸老街开办，为周家口针织工业的开端。1927 年，又相继开设 3 家织袜工厂，均因经营不善而倒闭。抗日战争胜利后，周家口针织业有所发展，分别建立忠信久袜厂和永昌袜厂，同时出现一些个体针织小手工业。建国前夕，周家口从事针织业者有 60 余户，80 余人，生产设备为手摇铁制织袜机，产品主要是长筒线袜。

光绪十三年（1887 年），周家口始有印染行业，第一家染坊是由许昌迁至周家口的朱恒茂染坊，经营方式为来料加工，手工操作，设备简单，主要染料为农民种植的土靛。

1936 年，周家口从事手捞纸生产的个体户有 28 家，从业者 115 人，资金 27 万元。

清末，周口一带已有从事服装生产的个体手工业户，民国时期有所发展。清宣统三年（1911 年），沈丘县槐店一徐姓裁缝铺有缝纫机 1 台，主要为当地士绅加工长袍大衫和马褂，是周口一带较早的一家机制服装店铺，生意兴隆。民国年间，沈丘县城（今老城）、莲池、纸店、北杨集等地相继开设服装铺；1946 年，沈丘县有缝纫铺 27 户，从业人员 36 人。1912 年，淮阳县城有 3 家手工缝制成衣店，为袁世凯家族和官府加工成衣。1915 年，汉口人周玉胜携缝纫机 2 台在淮阳县招收学徒，传授缝纫技术。是年淮阳城内有缝纫机 7 台。20 世纪 20 年代缝纫机传入鹿邑，城镇有几家私人缝纫铺。1936 年，周家口有大小服装店铺 124 家，872 人，资金 184 万元，抗日战争期间大多歇业，至 1949 年仅有 19 家，33 人，资金 5.4 万元。1935 年，太康县服装业有民生工厂等4家，16人，资金550元，月生产成衣1960套，8600件。此后，太康县城有缝纫铺多家。1949年，西华县城关和逍遥镇有缝纫铺9家，缝纫机9台，从业人员17人。

清末、民国年间，个体制鞋、制帽铺均为手工操作，制鞋以制男鞋为主，制帽男女帽皆有。建国前夕，周口地区有个体制鞋铺116家，从业人员364人。

清道光元年（1821年），周家口已有制毡帽作坊。民国初年，周家口鞋帽业兴盛，沿河三岸均有前店后坊的鞋帽铺。三友鞋铺，由天津迁至周家口，所产布鞋款式新颖，舒适柔软，经久耐用，在本地享有盛誉。1933年，怀庆府商人在周家口建小型毡厂，系手工操作，生产礼帽、毡袜和毡帽，后因销路不适停产。1936年，周家口从事鞋帽生产的手工业户有29家，从业者350人，资金136.5万元。1944年日军侵占期间，大部分鞋帽铺关闭。1946年后有所恢复和发展，建国前夕周家口有大小鞋帽铺107家，从业人员358人，资金92万元。1949年，周家口有制帽作坊96家，从业人员338人。

清末民初，淮阳县城有私营鞋铺3家，均以手工生产布鞋为主，自产自销。1947年，沈丘县有鞋铺3家。

周家口工艺戏具业始于清光绪年间，最早为湖北黄陂人徐恒兴、荣老彦在沙河南岸老街和剪股街开设的“徐恒兴戏衣铺”。1919年，周家口已有徐恒兴、荣老彦、协力予、成兴正、前顺兴等5家戏衣铺，产品有洋合布（白平布）、绒线绣制的开场、蟒袍、对披龙套及戏台装饰绣花大帐子、对子、门帘等，绣花图案有上八仙、天官赐福、双龙抱玉柱、凤穿牡丹等50多个品种，100多个花色。1936年，周家口有戏衣铺8家，人员28人，资金30万元，抗日战争时期走向衰落。建国前夕，周家口戏衣铺仅剩3家，人员13人，资金4.6万元，年销售额9000元。

建国前，周口地区已有加工皮毛的个体户，以周家口最多，有40余家，主要分布在沙河南岸陈州街、新渡口、前张营、界牌街、宁庄和沙河北岸的中和街、前后太平街。这些手工业户资金不足，每次只能买少量皮张，在夏秋季熟好，做成皮袄、皮褥子、皮领子、皮背心、皮帽子、风帽条、皮袜子等小件产品，到冬季摆摊设点沿街叫卖。1936年，周家口有生产皮革制品的个体户75家，187人，资金83.5万元，到1949年发展到154家，从业人员250人，有资金26.3万元，其生产作坊大多集中在南寨皮坊街、宁庄街、界牌街、弦坊街和北寨的坊子街，产品有车马挽具、皮条、弹花弦、纹皮、皮胶等。

清末、民国年间，各县城和较大城镇有皮匠铺，手工生产弓弦、皮套、皮绳、皮鞭、鞭梢、扎弦、弓弦、鞋皮子和车马挽具等。清同治十二年（1873年），槐店有2家制革作坊。到1921年，沈丘发展到29家，从业人员92人，主要分布在县城、槐店和较大集镇，产品有车马挽具、皮衣等，槐店顺河街有“皮货街”之称。

建国前，周家口、项城、鹿邑、淮阳、沈丘、太康、扶沟有皮革制作经营户223家，从业682人。西华县逍遥镇、南仓、常村、方庄、姚庄和道陵岗等地，共有皮革户84户，从业人员211人。

近代，砖瓦生产多为土窑，人工制坯，以柴草为燃料，生产周期20天左右。土窑又称瓮窑、蒙顶窑，大窑可容砖1.5万块，供5间房屋所用砖瓦及勾檐滴水，小窑容砖8000块，可供3间房屋砖瓦全料。清末、民国年间，周家口进行了较大规模的建设，附近建有五里窑、西王窑、康窑、贾窑等土窑数处。各县砖瓦生产使用量仍然较少，鹿邑县有土窑三四十座，邱集乡盆刘庄烧制陶器较为有名。1946年，沈丘纸店东刘湾村有土窑18座，石槽于营村5座，前、后张营17座，新安集10余座，其他乡村也有零星分布。

清末、民国年间，各县城乡大都开设有个体木工作坊，从事农具、家具、太平车、门窗等木器制作，既有成品出售，也有来料加工。清咸丰十年（1860年），项城从事木业生产者500余人。宣统元年（1909年），吴诗才的木匠铺较为有名。清末至1936年，淮阳县城有技术较高的木匠铺10家，以生产红车、轿车、马车为主。1946年，淮阳县有木工作坊296家，从业者552人。1936年，周家口有木工作坊36家，从业人员130人，资金23.5万元。1944年日军侵占周家口后，大部分木作坊歇业，1945年后有所恢复。1949年，周家口有木工作坊24家，从业人员33人，资金4万元。建国前，项城县郑郭乡王昶集白木匠所做的“王集风箱”，扶沟县韭园乡大王庄的风箱，均造型美观，经久耐用。西华县南仓村回民王姓的泥屐子颇有名，销往省内各地和安徽、江苏等省。鹿邑县城芙蓉街宋家的木业工具，沈丘白集霍姓的木雕家具、宋阁的木楼，也都很有名气。

民国时期，周家口建筑业没有固定组织，仅有30多个工头和200余名泥工、木工，平时干活分散，一旦工头招揽到活计，临时组织泥工、木工搭班从事建筑业务。

周口地区竹器制作业已有千余年历史，清康熙年间沙颍河沿岸竹器生产已经兴盛，产品有笆子、鞭杆、帘子、筛子、笼屉、床、椅、篦子、篮、筐等。清光绪九年（1883年），槐店鲁姓开设竹匠铺，制作竹门帘、竹筢子、留青竹刻、标枪及日用家具等。1936年，竹器作坊主要集中在周家口、淮阳、水寨、项城、沈丘、槐店，从业人员264人，资金3万多元。1936年，周家口有竹器作坊15家，多集中在笆子街、新街，从业人员42人，资金2万元，到1949年增至65家，124人，资金1.4万元。1942年，沈丘竹器业进一步发展，主要分布在沈丘县城（今老城）、槐店和沙北的单庄、小王楼等地，尤以单庄的笆子较有名气，槐店竹货街（今立新街）成为附近竹货集散地。

草帽辫是鹿邑县的传统产品，60%以上的村妇会掐草辫、制草帽。清末、民国年间，鹿邑县城西关有乾元正、恒顺、大兴等数家私营辫子庄对外经营，产品行销武汉、合肥、潢川、蚌埠、青岛、天津，并转销东南亚各国。1936年，有私人在鹿邑县城西门里设“同聚祥”帽厂，生产机制草帽，产品有“一道沟”、“硬壳平顶”（破草或元草2种），畅销省内外。

清末、民国年间，各县均有烟丝作坊，产品有皮丝、雪丝、头红、二红、香片、蚂蚱腿等数种，由人工选叶、抽梗、发酵、配料、捆压，然后用刨刀刮成细如牛毛的烟丝，俗称毛烟或小烟。光绪三十年（1904年），项城县有旱烟作坊，年产旱烟2.85万公斤。1915年，淮阳有烟丝铺85家，年产烟丝85935公斤。1931年，鹿邑县城有烟铺4家，各大集镇有1至3家烟铺。1935年，太康县有制烟业7户，资本4810元，从业者64人，月产卷烟3.78万盒，价值3905元，水烟11.8吨，价值4920元。同年，杞县陈某在太康北大街开办卷烟厂，有手摇卷烟机2部，从业者20余人，资金2000余元，日产低档卷烟100条左右，1938年黄泛时迁走。民国初期，西华县城和逍遥镇有烟丝作坊6家。同时，民间也有手工卷烟生产。

1937年后，卷烟业兴起，开始用手工烟机卷制，刮制烟丝业日渐衰微，沈丘县城（今老城）、前楼、槐店、张湾、纸店等地办起机制卷烟厂，年产约2000箱。项城县崔马庄、杨楼、冯寨、三官庙、邓庄、梨西均有三五十人的手工卷烟厂。20世纪30年代后期，西华县屈申亭办烟厂，生产“哈德门”香烟，抗战爆发后停产。1943年，逍遥东街建卷烟厂，1944年因日军侵犯而停产。1942年，中和、义封、兴华3家半机械化卷烟厂先后在鹿邑县城建立，用手摇卷烟机生产卷烟，以“太平洋”牌较有名。20世纪40年代中叶，扶沟县人罗某在太康城西关开办卷烟厂，有厂房30余间，手摇卷烟机6部，切叶机1部，技术员3名，雇工80余人，生产“中州牌”香烟，后因战事而关闭。1943年，周口地区有私人卷烟厂17家。1948年有私人卷烟厂19家，从业人员500余人，手摇卷烟机250台，年卷烟1800多箱。1949年春，沈丘槐店镇私营恒大烟厂经营亏损，中共豫皖苏军区第二分区以中州币2000元赎买，次年交由沈丘县管理，转为地方国营。

1935 年后，周口一带地方民族工业日渐兴起。淮阳县城开设永顺木匠铺、豫泰竹匠铺、冯记制鞋铺、梁兴源织带铺、赵立和制伞店，继而由手工操作向机械生产发展，建新新、无敌、大无敌机械卷烟作坊，以及曾记、达文、泰和永、群益等半机械石印馆。

扶沟县在解放前工业甚少，有半工半农的手工业者 1200 余人，靠工资收入为主要生活来源的有 500 余人。当时只有少数地主和地方官吏合股经营的商业、服务业和独立劳动者合办的小烟厂、铁工厂、手工业作坊及一些无固定顾主的搬运、木、泥建筑业。

民国时期，鹿邑县设民政科，下设工会理事会管理全县工业生产。1949 年初，鹿邑县工商管理局成立，负责领导手工业生产，4 月改为工商科。清末、民国年间，鹿邑有酿造、榨油、刮烟、棉纺织、丝织、编织、制草帽辫、造纸等作坊，均为私营或私人联营，工具简陋，手工操作，除草辫外，产品尚不能满足鹿邑县内需要。

宣统元年（1909 年），项城县汝阳刘毛笔、四董烟花爆竹等产品畅销省内外。1931 年，项城县有从事手工业者 10 人，1935 年为 15 人（1999 年《项城县志·人口》）。1936 年，项城县有窑业、竹编、饮食、糕点加工户 1838 户，从业人员 2306 人，拥有资金 2 亿多元（旧币），分布在城关等 27 个集镇。同时，编织、果品加工、砖瓦窑业也较为兴旺。

1949 年，商水县有个体手工业 85 户，从业人员 1331 人，其中包括农闲时做工的部分农民。

1936 年，周家口有家庭手工业作坊 755 家，分为缝纫、卷烟、弹花、纺织、炉坊、石印、打蛋、酒坊、油坊、造纸、泥屐、戏衣、刻字、毡帽、弦坊、皮革、打铜、打铁、油漆、制炮、竹木、刷纸、建筑等 41 个行业，从业人员 3736 人，拥有资金 564.85 元。1938 年，黄水南泛，周家口沙颍河以北被水阻隔，加之 1944 年日军侵占盘踞周家口，市场萧条，手工业者大多外出逃生，80% 的作坊关闭。1945 年日军投降后，手工业生产有所恢复。1949 年，周家口有私营工厂和手工业作坊 1192 家，从业人员 3115 人，有资金 522.85 万元，工业总产值 961.4 万元。

1938 年，西华县有手工业者 210 户，从业人员 418 人，分散在城乡各地，从事铁业、木业、竹器、皮革、油漆、印染、缝纫、卷烟、榨油、酿造等生产，黄泛时手工业衰落。

1925 年，太康县设实业局，1927 年改名建设局，兼理工业行政事宜。

清末民初，项城县城乡只有手工匠人从事铁业、木业、皮革、卷烟、编织、棉纺、榨油、酿酒、印染、建筑生产。1948 年，项城县有郑大、双喜、兴业、利丰、中兴和孤儿院 6 家烟厂，以及针棉织厂、翻砂厂、印刷厂，共有职工 700 余人。

民国时期，沈丘始制肥皂、雪花膏、脂粉等，但规模很小，发展缓慢。1935 年，沈丘县从事手工业者有 2453 人。抗日战争时期，沈丘县幸免沦陷于敌手，由于日伪封锁，外地商品不易入境，农村涌进了不少弹花机、轧花机，手工业有所发展。1939 年 4 月，沈丘县政府以教养院儿童为童工，置几台木织毛巾机，办起“民生工厂”。此后沈丘县内相继办起卷烟、纺纱、棉织等私人工厂。至 1945 年，沈丘县共有军工厂 2 处、毛巾厂 2 家、卷烟厂 2 家、棉织厂 1 家、小纱厂 1 家、丝织厂 3 家、印刷厂 1 家、铸造厂 1 家，约有工人 200 余名。

民国年间，工匠们为维护自身利益，自发组织了民间行会。如，木、泥、石、画、油漆、纸扎工人，组织了鲁班会；金、银、铁、锡、窑工人，组织了老君会；理发业工人组织了罗祖会；搬运工人有小车行。

1935 年，淮阳县木、泥、石、画、油、漆、竹、扎等 8 个行业的小手工业者自发组织“八作公会”，理发、搬运行业公会也相继成立。1938 年，河南省颁布《同业公会法》，淮阳县各行业都成立了同业公会或同业公会小组。

1939 年 12 月 12 日，沈丘县城成立有建筑业公会。次年，槐店木、泥、石、画、竹、扎、油、绳等 8 个行业联合成立八作公会。

1948 年 7 月，周口市成立工商业联合会筹备委员会，12 月正式成立周口市工商业联合会，下属 120 个行业公会。

1948 年周口市人民政府成立后，工业、手工业由工商局管理。

2. 近代工业的发展

周口地区近代工业的起步始于清末，民国时期有所发展。

1921 年，周家口富户李国瑗从北京购置一部小型内燃发电机，在自家院内安装发电，用于照明和安全防御，这是周口地区最早的机械发电照明。1924 年 9 月，杆首路老九攻陷周家口，发电设备遭破坏而停止发电。1922 年，安徽亳州士绅姜呈五等人出资 5 万多银元，日本商人出资 20 万日元（合 14 万银元），在涡河下关（今安徽亳州市涡河大桥西南岸）创建了荣记电灯公司，利用火力发电，并一度向鹿邑送电。1932 年，扶沟吕潭人吉加昌的阿托工厂自备重油小发电机发电，用于厂内照明，3 年后倒闭，机组废置。1949 年春，淮阳专署、军分区投资 3 万元，筹建发电厂，由军分区修械所所长樊汉新赴无锡华盛电器厂购旧蒸汽机发电机组 1 套，系英国产 75 千瓦发电机和日本产锅炉，由于交通不便，运输工具落后，直到 1950 年 5 月方运至淮阳，厂址选在北门里路东，经安装调试，是年 10 月 1 日正式建成发电，并架设第一条照明线路，该线路由北门口至南十字街口，装路灯 10 余盏，专署和县政府机关开始使用电灯，照明时间为晚 5 点至夜 12 点。

光绪三十一年（1905 年），丁殿邦、顾若愚等人集资 1.4 万银元，从上海购买 4 台液压榨油机及附属设备，在周家口宁庄创办启新榨油厂，为河南省最早的机械榨油企业，所用原料以芝麻为主，大豆次之，由于不懂技术，用专榨大豆的设备榨芝麻，出油率低，不久倒闭。

1918 年，西华县派朱润藻以罚款千元及牙税盈余为基金，创办平民工厂，内设织、染 2 科，后因杆匪陷城停办。1932 年，西华县长王兆珍筹资创办平民工厂，次年奉令改为民生工厂，因资金短缺，技术落后，产品质量差，不易销售而停产关闭。

1933 年，李世英在淮阳县城灶君庙创立民生工厂，设机织、漂染、针织、缝纫、化妆品 5 科，有工人 31 名，主要生产毛巾、布匹等。

1935 年 4 月，太康县合作社建轧花厂，占地 2 亩，有 12 千瓦动力机 1 台，为该县纺织业变革之标志，该厂有工人 180 名，全年工作日 100 个，加工棉花 3000 担，价值 3.5 万元，不久关闭。

1935 年，国民党沈丘县政府设造枪局，开始使用车床生产枪支。1938 年，国民党 15 集团军军械处在沈丘城南秦湾设两处军械处，有皮带车床 3 部，钻床 2 部，台钳 2 把，人员 80 多人，月产长短枪 20 多支，迫击炮弹 10 余发。

1949 年 7 月，淮阳专员公署在周家口兴建国营沙河麻袋厂，从城市市民和农村有织布技术的女工中招收工人 240 人，其中女工占 80%，该厂有房 100 余间，主要设备有铁木合制纺织机 19 台，木制纺织机 70 余台，分纬子、纺经、织机 3 个车间，日产麻袋 110 条。

1949 年，淮阳专员公署在淮阳翻身街兴建麻袋厂，有木质织机 60 台，生产麻袋、白平布及毛巾，1953 年停办。

1840 年以来，在西方工业生产方式的带动下，周口一带以外贸为导向的新型工业和手工业也很快发展，较为突出的当数蛋产品加工、草帽辫加工和缫丝业。鸡、鸭等蛋禽的饲养，一向是周口地区境内农村重要的家庭副业，因此以适应出口需要的蛋产品加工业发展起来，成为境内经济近代化与外向化的重要组成部分。1923 年，新乡人冀宜亭与上海、天津的几位股东在周家口中和街路北创办鼎丰蛋厂，有厂房30余间。打蛋系手工操作，先分出蛋清、蛋黄，再将蛋液分类放入钢精盘内用炕房烘干过筛，而后将成品装箱外运，通过天津、上海、汉口等地的英、法、美等外国洋行销往国外。鼎丰蛋厂自建成投产至1939年，发展处于鼎盛时期，产品有盐黄、粉黄、干蛋白3种，产量年均600吨左右。1923年至1934年10余年间，该厂盈利30多万两白银，最盛时的1936年至1937年工人达500余人，年产量1210吨，1942年后由于日军入侵和国民党军队敲诈，一度停业。1946年，冀宜亭又与天津、江西的资本家重新投资复业，改名为福康蛋厂，购置锅炉、黄泵等设备，由半机械化生产取代手工操作，生产效益显著提高，工人由原来的500余人缩减到200余人。1948年周口市人民政府成立后，按照发展民族工业的政策，扶植蛋厂继续生产。1948年至1949年共生产全蛋粉300余吨，由于产品质量低劣，销路不畅而停业。

解放前的工厂有官营、私营、合股经营3种形式，属于资本主义性质。其管理体制也分为3种形式，以沈丘为例：其一，厂长集权制，如民生工厂，厂长由政府委派，工会有名无实；其二，厂长集权制，如老城棉织厂，工厂为私人开办，一切经营决策由开办者决定；其三，经理负责制，如几家卷烟厂，工厂为合股开办，股东推选董事会，董事会推选或聘、雇经理，经理对董事会负全责，工厂日常经营活动由经理负责。工业劳动计酬在解放前多数为雇佣制，厂主任意延长劳动时间，视工人为牛马，劳资矛盾常有激化，如沈丘张湾烟厂曾发生摇大轮工人破坏机器事件。有的工种（如封烟）也有计件工资，但定额高，工资低，严重束缚生产力的发展。

清朝，各县署设工房，管理手工业。民国时期，工业、手工业由各县府建设科兼管。

五、商业和饮食服务业

1. 商业贸易的发展

近代，周口一带的商业贸易虽有所发展，但由于受频繁战争、黄泛和自然灾害的影响，商业发展受到严重阻碍，商业主要分布在各县城和较大集镇。抗日战争时期，绝大部分县农业连年歉收，加之日军残酷掠夺，交通中断，工厂倒闭，商业凋零，经济趋于崩溃。解放战争时期，国民经济全面崩溃。解放后，商业有所恢复，商业由政府兼管，商人自发成立商会，管理经营相关事务和协商解决商务纠纷。

清末，各县除盐商为私人投资、官府发照、专业经营外，其他均为私营商业。民国时期，各县商业除官办盐店及合作社外，其余大小商号及摊贩均系私营，大商号中有集体商业，即由若干人合股集资，聘请领事掌柜经营，也有独资聘人经营的，业主称“甩手掌柜”，绝大多数商号及摊贩为自本自东经营。

粮油交易。粮食市场实行自由交易，每遇天灾人祸，粮价暴涨，米珠薪桂，民不聊生。清代城镇人口吃粮一般在市场自行采购，遇严重天灾或战乱采取配给、配售等；清末、民国时期，粮食市场多集中在县城和较大集镇，由私营陆陈行（即粮行，俗称“坊子”）经营，食油大宗入行销售，小量多为自由成交，也经营少量食盐和棉花。粮油除卖给当地少数有购买力的居民外，大部分由粮贩运到外地销售。陆陈行经管理部门批准，领取执照后营业，经营方式主要是农民和粮贩把待售的粮食集放于陆陈行，粮商周旋于买卖者之间。一旦撮合成交，则称斤过斗，收买方“行佣费”，对卖方则收取“落地粮”。粮行还经营买卖业务，一般是贱买贵卖，从中牟利，这对促进城乡交流、调剂余缺有一定积极作用。粮行除少数为养家糊口的集镇贫民所开外，大多数以赢利为目的。各集镇较大粮行多由地主豪绅经营，他们利用多种方式操纵粮食市场，以压价收购、提价出售，大斗进、小斗出，向外地贩运等手段进行盘剥。粮食市价变化无常，特别是歉年春荒，粮行争相提价，一条街里市价迥异，一个集镇早晚行情不同，严重影响民众的生活。民国时期，各县政府曾在城镇设平粜机构，低价销售粮食，但为数不多。1947 年对公务、教育、军警人员实行工资折实供应粮食，由县田赋征实留成和公粮附加、公学田租 3 项拨发。是年，周口地区部分地方获得解放，军政人员实行以粮食为标准的供给制。

清末，周家口仍为豫东南交通、商贸重镇，由于天灾人祸频发，进出货物多分流改道，商业远不如明清，唯牲畜、粮食交易有较大发展。时周家口三岸有粮行 28 家，粮坊 80 余家，年成交粮食 1 亿公斤以上。1921 年至 1941 年，周家口有粮坊近百家，粮行 20 余家，沙河南岸多集中在南门里胡家集到丁字街一段，有粮坊 50 余家，西大街与西新集一段有 20 余家，贾鲁河西岸有 2 家，沙河北岸多集中在坊子街、马路口、笆子街等处，有粮坊 13 家。1944 年 5 月，日军侵占周家口，6 月 28 日决沙河堤淹南寨，周家口鼎盛一时的商业元气大伤，粮油市场日渐衰落，到 1946 年周家口有粮坊 50 余家，粮行 19 家。1948 年，周口市解放时，有粮坊 20 余家，粮行 8 家。

周家口的食用油料，多为农村或市区私人手工作坊加工而成，自产自销，外运的油料主要通过粮行、油行买卖；民众用油多靠走街串巷、沿街叫卖的油贩（挑）供应，价格随行就市或面议。

建国前，商水县私人粮油行300多家，分布在52个大小集镇。据对商水县38个乡300个村的调查，1946年囤积粮食的计有3209户，囤粮150万市斤。邓城一家粮坊常存小麦100余石（每石360市斤）。当时粮价极不稳定，一日三涨，如邓城集的小麦元月份每斗250元，2月份涨至350元，4月份飞涨到800元，民众中流传着“神仙赶不上谷米价，好马赶不上行情”的民谣。

1938年以前，扶沟县有大小集镇40多个，私人粮坊150多家，较大的集镇有城关、吕潭、白潭、练寺等，小集镇分布在全县各地，有白亭、雕陵、摆渡口、李集、韭园、马村等30余个。粮坊的收入有两个方面：一是买卖交易中的佣钱（即手续费），由买方付给坊主3%的佣钱，大的粮坊每天可交易数十石，甚至上百石，可收入佣钱30多串，可买小麦三四石（指1935年），加上落地粮，每天可收入四五石粮食。二是低买高卖，囤积居奇，大斗进小斗出，猎取利润。1922年至1926年，扶沟县小麦每斗制钱300文至500文。1927年至1930年涨至每斗800文。1931年至1935年，小麦每斗涨到1到7串铜钱。1937年，扶沟县遭水灾，作物歉收，粮价更高。翌年，扶沟县黄水泛滥，粮价不断上涨。1948年扶沟县解放后，社会逐渐安定，粮价趋于平稳。

民国时期，太康县粮食多销往郑州、开封、亳县等地，1935年输出小麦68622石、高粱322948石、大豆16145石。1943年春发生粮荒，1亩地换不了2升粮，1件衣服不值1个馍钱。

民国时期，鹿邑县粮食交易主要在城关、玄武、辛集、试量、马铺、太清、杨湖口等集镇。较大集镇有粮坊10余家，小集镇有五六家或三四家不等。各集还有七八家粮食行商或粮贩在当地购粮，到商丘、开封等地出售。

解放前，沈丘县粮食市场主要在县城、槐店、新安集、纸店、莲池、刘庄店等集镇。

民国时期，项城县各粮行每年经营粮食约4000多万公斤。

食盐交易。清末，食盐由官商专营，称为官盐店，民众贩运者为私盐，官私斗争激烈。民国时期，食盐改为商办，由盐商和商户经营，由于盐税苛重，盐价昂贵，通常四五斤麦仅能换1斤盐，有时“斗麦斤盐”，农民吃盐十分困难，部分民众靠扫盐土自制“硝盐”（俗称“小盐”）度日，贫苦农家往往数日饭无咸味。1912年至1924年间，周家口年销售食盐130万元（银圆），多为天津芦盐。民国时期，太康县年销售芦盐470吨，1926年后市场由商贩把持，多销售卫盐、淮盐，味苦价高，每斤制钱600文。1921年，鹿邑县在县城南关设立盐务局，经营天津卫盐或淮盐，盐用牛车由商丘运至鹿邑，各集都设有盐子店。时有盐巡200人，骡马20匹，步枪10余支，盐巡查访私盐，交县府查办；清末，槐店设有食盐专卖店，经销卫盐，并在县城（今老城）、槐店、纸店、高山店等地设有7个零售点。民国初年，天津一带成为军阀混战的战场，盐运困难，专卖店逐渐衰落、倒闭。1921年，沈丘盐商乘船东下，到西坝买盐者日多。1926年前后，槐店盐港多有盐船停泊。抗日战争时期，蚌埠等地沦陷，到西坝的运河中断，槐店盐商改从阜阳、界首等地购货，农民则到商丘等沦陷区贩运菏泽的硝盐或徐州东南的淮盐，槐店的盐行逐渐增多，1945年发展到10家。抗日战争胜利后，盐商又恢复水路贩运。解放前，沈丘县10多斤粮食只能换1斤盐。

牲畜交易。清咸丰、同治年间，周家口牲畜交易业有较大发展。同治五年（1866年）正月，曾国藩率骑步兵各营驻扎周家口“剿捻”，为补充战马，派人到内蒙古购马5000匹，曾国藩部从中选用3000匹，其余2000匹在周家口牲畜市场出售。当时方圆各县、鲁南和苏北等地商人纷纷到周家口买马。随后，蒙古人和当地牲畜商也从蒙古贩马赶到周家口出售。随着牲畜市场的扩大，豫西南的黄牛、皖北一带的骡马也被商人成群结队地赶到周家口交易。时周家口南、北两岸有牙行180家，从业人员近400人，旺季日成交牲畜6000多头。故周家口有“南牛北马”之称，驰名全国。

民国初年，由于军阀混战，杆匪屡陷周家口，牲畜业大不如前。1934、1935年，周家口牲畜行仅剩80多家，全年成交量由过去鼎盛时的200多万头降至40多万头。1944年6月日军侵占周家口后，扒开沙河堤，沙南牲口市等30多条街巷被淹，牲畜行业多移至水寨、界首、太和等地，周家口仅有6家牲畜行营业。1945年8月日军投降后，外迁牲畜行陆续迁回周家口。到1947年周家口解放前夕，牲畜业恢复到70多家，从业人员1600名。1948年1月，周口市人民政府成立，组织群众开展生产自救，恢复百业，牲畜交易又复苏兴起。

1912年至1924年，周家口输入的商品，糖以汉口红白糖最多，上海车糖次之；津、沪、汉、高阳各处布匹年销量约150万元，经营品种主要有棉绒、棉纱、斜纱（纹）布、厚棉布、丝绸等；纸张、杂货来自湘、赣、汉口、镇江等地，年贸易额二三百万元；安徽六安和豫南的竹木、竹器、米、茶、麻，豫西的铁货、烟草、药材、山货及外国的杂货、布匹、砂糖、石油等多经沙颍河运至周家口，销往各地。

清末，茉莉薰茶成为周家口名产，每年转销于京、津、山东、直隶等地的薰茶达几十万斤。1912 年至 1924 年，周家口成为豫东南商品和农产品的集散地，芝麻、香油、淮阳金针菜行销汉口，仅芝麻一项每年外销 3 万吨；小麦、杂粮销至京、津，年贸易额约 250 万银元；蛋白、蛋黄销往沪、汉，转销国外，年利润三四十万银元。1923 年始，周家口鼎丰蛋厂生产的盐黄、粉黄、干蛋白等 3 种蛋粉通过天津、上海、汉口等地商行，销往英、法、美等国，年均销量 600 吨。1937 年前后，周家口的华昌、松源两个蛋厂的经营贸易额分别达到 4 万和 4.5 万元（杨大金：《现代中国实业志》，（长沙）商务印书馆，1938 年，第 846 页）。1916 年日本人编《支那省别全志》载：颍水流域出产输往外地的物资有麦、大豆、芝麻、高粱、米、金针菜、西瓜等，这些物资在周家口集中，其中一部分经沙河运至郾城再由火车运往各地，一部分顺颍河入淮而达镇江。1916 年，在周家口成交输出芝麻 600 万元，牛羊皮 700 万元，茉莉花茶 800 万元，麦 300 多万元，粟 250 万元，大豆 100 万元。

民国初期，周家口的皮革、皮毛比较有名，有“南皮都”之称。周家口万隆皮行直接与日本的黄泰洋行、三义洋行贸易往来，将皮革制品销往日本。周家口与日本年最高皮革交易额达五六十万两黄金，万隆皮行就占大半。

民国初年，周家口成立商务总会，加强对商业的监督指导，解决商贾间的纠纷，周家口商务一度再兴。到 1936 年，周家口有坐商行业 15 个，302 户，1587 人，资金 4436 万元；行店行业 25 个，448 户，5011 人，资金 1716 万元。日军侵占周家口期间，百业凋敝。日军投降后，周家口商务有所恢复。1946 年，周家口有坐商行业 25 个，270 户，762 人，资金 291.3 万元；行店行业 25 个，317 户，1994 人，资金 527.25 万元。1947 年，周家口处于解放军与国民党军队的“拉锯”状态，由于国民党在溃败前夕横征暴敛，滥发钞票，造成通货膨胀，工商业户纷纷歇业倒闭。

1948 年，周口地区有集贸市场 82 个，其中每日集 42 个，单日集 18 个，双日集 22 个；有古庙会 29 个。

1948 年 1 月 17 日周口市人民政府成立后，设立工商局管理工商业。中共周口市委、周口市人民政府贯彻中共中央“发展生产，繁荣经济，公私兼顾，劳资两利”的工商业政策，对工商业户予以保护和扶持，对困难户和有利于生产生活的工商户发放贷款，减轻税收，私营和合作商业得到恢复和发展，国营商业逐渐占领批发市场，起到主导作用，保证了物价的基本稳定，安定了人民生产生活；随着剿匪反霸斗争的开展，人民政府保护私营企业政策的深入贯彻，人心安定，外逃歇业的工商业户纷纷归来，开张营业。

1948 年 10 月，周口市成立第一个国营商业企业——华丰贸易公司，主要经营粮食、花纱布、百货、食盐、杂货等。1949 年 6 月，刘运兰在周口北寨办起第一个街道生产消费合作社。1949 年，周口市有私营商户 1281 户，平均每户服务人口约 52.7 人，其中有坐商行业 15 个，633 户，1143 人，资金 206.44 万元；行店行业 25 个，442 户，1792 人，资金 182.35 万元；摊贩 206 户，206 人，资金 13.54 万元。

私营商业。民国初期，私营商业有所发展，外国轻工业品（洋货）流入，经营范围扩大，从业人员增加。英美的美孚、德士古、亚细亚 3 大石油公司和英美颐和烟草公司（兼营白糖）的代理机构分别在周家口和淮阳、项城、鹿邑等地设立私营代销处，煤油开始在市场销售，但数量甚少。1936 年，淮阳县城有私营商号、门店摊贩 790 户，从业者 1100 余人，商品有粮、油、盐、酒、纺织品、银器、铁器、铜器、竹木器、山货、皮货、中西药等数千个品种，日用工业品多由私商从上海、天津、北京、汉口购进，散销各地；当地土特产粮食、棉花、大豆、黄花菜、皮革、土纱、土棉布等运销外省。1936 年，淮阳县大宗商品年购进棉布 1.8 万匹，食盐 8.5 万公斤，煤油 27 万公斤，煤 900 吨，烟 720 箱，总购进额达 200 余万元；主要外销商品黄花菜 135 万公斤，皮革 270 万公斤，销售总额 150 余万元。各县均有较大粮行，周口地区有近百家，日成交量在 100 万公斤以上，本地的小麦、大豆由私营商贩运往南方；同时，将湖广一带大米运回销售，从事贩粮的商贩达 3 万人以上。抗日战争期间，区内大部沦陷，大批商户外逃，少数坐贾变行商经营，商品货源短缺，市场萧条。日伪政权在各地相继设立各类洋行、公司，控制商品货源，排挤私营商户，收购金、银、钢、铁等工业原料和粮食、棉花、烟叶、油料、皮革等农副产品运销海外，把大批日货倾销各县，洋货取代国货，私营商户多被挤垮。1944 年，鹿邑县私营商户倒闭 1280 户。抗战胜利后，外逃商户陆续迁回，店铺重新开业，小商小贩大量增加，私营商业活跃。1946 年，内战再起，杂牌部队和土匪横行乡里，国民党军政要员和地主豪绅垄断市场，商税繁多，通货膨胀，私营商户被迫倒闭。国民党淮阳县党部书记长于伯龙开设有京货、杂货、西药、粮坊、书店、钱庄等铺店，囤积食盐 5 万公斤、桐油 10.3 万公斤，拥有资金占淮阳县私营商业的 1/3。1947 年，周口地区私营商业 5000 户，从业约 1.5 万人，较大商号 1500 余户。

集体商业。1928 年，吉鸿昌在家乡扶沟县吕潭镇创办区内第一个消费合作社，主要经营玩具、西药、百货类商品。1934 年，淮阳县被确定为全省首批合作社示范县，建立河南省农村合作社驻淮阳特派员办事处，负责周围各县合作社的宣传和组建工作，形式有信用合作社、利用合作社、供给合作社、运销合作社等。1936年，各县均组建乡镇合作社和专营合作社，设立供销处，负责对基层社批发业务，是单纯的业务经营机构，价格低于市场批发价。当时民国地方当局把兴办合作社同实行地方自治结合起来，合作社多被地方豪绅把持，有合作之名，无合作之实，农民获利无几。1938年，日军入侵，合作社多停办。1940年，日军在鹿邑县设立合作社联合会，并在太清、观堂、黄台、桑元、马铺、高口、城关、孙庄、安溜等9个集镇设立乡村合作社，用以控制当地经济命脉，推行经济掠夺政策，推销工业品，派购农产品，每年掠夺粮食500余万公斤，棉花5万多公斤，油料1万担以上。日军投降后，国民党地方政权接管和恢复一批合作社，1948年随着全区解放而自行解体。1949年7月，淮阳城关首建合作社，入股社员1200人，股金2400元，社员持证购买商品价格优惠5%。

烟草经营。光绪元年（1875年），一襄县人逃荒到项城县种植晾晒烟，在集市出售后种植面积扩大，并逐渐传至淮宁县，市场销售量增加，项城、淮宁、鹿邑、太康等县私人烟丝作坊应运而生。光绪三十年（1904年），项城县各烟坊年销烟叶20043公斤，淮宁县销售130800公斤。1913年，淮阳县在商业凋敝的情况下仍销售烟叶14200公斤，种植、收购、销量均居区内领先地位。1915年，淮阳县有烟叶行6家，销烟叶75500公斤；烟丝铺85家，销烟丝85900公斤。

1913年，英美烟草公司在项城县首种烤烟，烟叶销往许昌英美烟草公司及漯河收购点；后种烟推广到各县，20年代烤烟种植面积较小。1935年，淮阳县种烟8842亩，收烟叶35.5万公斤。1937年，西华县逍遥乡种植800亩，收烟叶3600公斤。1942年12月6日，河南省烟类专卖局在周家口设业务处，下置周家口、项城、扶沟、沈丘业务所，并兼管淮阳、西华、太康3县业务，负责监督私人卷烟厂和烟叶行，发放牌照，按时收取牌照费、专卖费。烟叶由私人收购，烟商和烟行随市场行情操纵价格。

卷烟经营。1924年，英美烟草公司在周家口丁字街设卷烟仓库1处，同时张贴广告，在丁字街、山货街、顺河街等处向行人散发洋烟，劝人品吸，并通过商号、店铺、摊贩推销三炮台、哈德门、老刀、大前门牌卷烟。1925年，学生、工商各界团体举行反帝游行示威，抵制洋货，焚烧哈德门等烟，捣毁其广告牌，洋烟销售被迫停业。南洋兄弟烟草公司美伞、双刀、情人牌卷烟趁机进入市场。许昌王记烟厂白包烟价格低廉，在扶沟、西华等县畅销。

1935年后，手工卷烟业兴起，沈丘、项城两县年产量分别为6.7万箱、1.3万箱。1945年，项城县有机器卷烟20多家，手工卷烟190家，各厂工人30至50人不等，设备有手摇卷烟机26部，年产卷烟2424万盒（48480箱）。产品有蝴蝶、金鸡、永丰、民丰、如意、中州、金蝶、双星人等29个品种。厂家采取赊销、让利、大倾销等形式自销，后因捐税甚多，各厂相继关闭。

金属材料销售。建国前，金属材料由个体商贩经营，品种仅有沙铁、废钢、废铁、杂铜等，数量很少。1945年，淮阳县年销售钢材8吨、生铁80吨。1948年，沈丘县12个小铁匠炉，年销售钢铁10吨；太康县30个小铁匠炉，年销售钢铁14吨；商水县个体手工业者85户，年产铁制小件农具1万件，年销售钢铁55吨。是年，周口地区境内销售钢铁182吨。1949年，销售钢铁194吨，多为生铁。

煤炭购销。清末民初，扶沟始有私人经营煤炭，运输多为车拉畜驮，仅有一些工匠和饮食业使用。煤炭一般来自禹县、密县两地，1930年扶沟县购进煤炭约30吨。1946年，西华县城有两家私人商户经销煤炭，年销售30吨左右。建国前，工业用煤量很小，靠个体商贩运入，经营者为数不多，淮阳县的煤炭由私人从漯河、周家口购进，1945年淮阳县销售煤炭180吨。1945年至1948年，淮阳县年均销售煤炭80吨。1948年，太康县年销售煤炭约30吨。

木材销售。建国前，周口地区各县城镇均有木料行（店）经销木材、家具、棺材等，或通过集市、庙会自由交易。材种多为榆、杨、柳、楸、柏、桑、槐等本地材。1945年，周家口一家山货行兼营木材，年销量约1000立方米；商水县城一家店铺专营木材，年销量186立方米。周口地区共销售木材4208立方米。1946年，扶沟县从许昌运进红松200立方米。1949年，全区销售木材6802立方米。

棉花交易。清末、民国时期，周口一带所产棉花除自给外，输往天津、汉口、青岛、上海等重要销售市场和出口口岸销售。民国二十二年《太康县志》谓："土产之货，曰棉花、曰布，俗多种棉花，秋后为一宗行市。""男女纺织为业，成布行于四方，二者为太货之大宗。"1935年，太康县运往上海、郑州的籽棉约120万斤。

草编交易。鹿邑、太康两县是民国时期草帽辫生产和出口的主要地区之一，这些草帽辫大多是以家庭作坊的形式加工出来的。鹿邑县集散市场集散草帽辫4000包。

建筑材料交易。建国前，建筑材料多为自产自用，主要是石灰、木材、砖、瓦、土坯、麦草，少数在市场交易。1947 年，始有水泥经营，化工产品销售主要为烧碱、纯碱、氯酸钾等，用量少，用户多从外地购进。

房地产交易。房地产交易程序先是由买卖双方商定，再由卖主到田粮管理处填写申请书，并领取税契纸，然后由田赋推收所或场行的专门勘丈员进行丈量评定价格，填入契纸，双方办理交割手续，交易税税率为契价的 6%，契约订立 6 个月内，买主必须到田粮管理处纳税。建国前，房地产分官府房地产、私人房地产、外商房地产及教会、善堂房地产等，私人房地产以官僚要员、地主、豪绅及商家居多。

日杂用品。建国前，日杂用品由私人经营，各县城及较大集镇设有杂货行或综合性土产山货行，经营批发和代客买卖业务。城市主要街道和农村集镇遍设杂货铺（店、摊等），经营零售业务，主要商品有土纸、陶瓷、席帽、雨伞、制香、土烛、杂货以及铁、木、竹器和条编等，多为传统手工业品。周口一带销售的铁锅来源于湖南益阳、山西晋城、阳泉以及河南上蔡、鹿邑等产区；日用工业品经营种类较少，主要有布匹、棉纱、油类、文具、火柴、香烟、小针织等。多数县城、集镇及沿沙颍河码头均设有土产行栈，代客买卖，这些行栈资金少，吞吐量小，买卖灵活。

废旧物资收购。民国时期，工业少，日用物资资源有限，加工利用范围小，经营方式主要是小商小贩流动收购，收换结合。

对外商业贸易。周口地区对外贸易始于明末清初，出口商品主要有山羊板皮、黄花菜、草帽辫等，多为私人行店收购后由周家口运至汉口、上海等地转运出口。清光绪十三年（1887 年），英国和记公司在区内设庄收购鲜蛋，运至汉口加工后转运出口。清末，有私人商行收购辣椒干转运出口。近代，槐山羊板皮在国际上久负盛名，槐山羊毛色以纯白居多，纯黑和花色较少，板质干净细密，厚度适中，拉力强，韧性大，行销英、法、德、日、美、俄、荷兰等国，为汉口路板皮之中坚，称汉口槐皮，是各国皮商争相购买的热门货。清咸丰十一年（1861 年），槐店镇的皮货商把收购的山羊板皮打捆，上书“槐”字，被称为“槐皮”，运往汉口销售，并远销国外，受到皮业行家的好评，槐山羊由此得名。1930 年至 1936 年，槐山羊皮年收购量 0.8 至 1.8 万张。1936 年，周家口有大小皮行 28 家，较大的有五丰永、天兴久等，经营以“槐皮”为主的山羊板皮，年上市量约 120 万张，转运汉口，由外国洋行搭配出口。1840 年，淮阳黄花菜已远销国外。1915 年，淮阳县黄花菜、印花粗布、双皮盖大皮箱和鹿邑县草帽辫等 10 余种商品在美国旧金山巴拿马万国博览会上展出。1921 年，广州、上海、北京、天津、汉口、西安等地客商云集淮阳，坐庄收购黄花菜。1923年，周家口建鼎丰蛋厂，生产蛋黄粉、蛋白干等产品，年产约600吨，通过天津、上海、汉口等外国洋行转销美、英、法等国。1934年，淮阳县由汉口转运香港出口黄花菜300吨。1936年，客商坐庄收购淮阳黄花菜200万公斤，远销港、澳、日本及东南亚各国。1946年，淮阳黄花菜主要销往东南亚、朝鲜和香港等国家和地区。

民国时期，鹿邑县对外出口商品有草帽辫、山羊皮、肠衣、蚕茧等。1914年，鹿邑草帽辫在美、英、法、日等国信誉较高。建国前，北京、上海、汉口、青岛等地商人在鹿邑开设皮行，仅西关就有4家，常年收购山羊皮，转销日、德、英、法等国。

民国时期，扶沟县对外贸易仅限于少量猪鬃、皮革、红花等零星物资，由商人收购，运至周口、槐店、禹县等地行栈，转销国外。

民国时期，太康县对外贸易商品有棉花、蚕丝、皮张等，均由“三泰公”、“义记”等私人商行经营，运经商丘、周口等地，转至青岛、汉口销售。

商品进口。清末，就有进口商品进入今周口地区市场，主要由私人行店经营，从汉口、上海等地运至周家口销售，商品多为生活资料，如煤油、火柴、机织布等。民国时期，进口商品有所增加。

建国前，石油由私营杂货店经营，以煤油为主，主要有“亚细亚”、“美孚”等品牌，价格较高，仅机关、商号和富户购买使用，民间使用极少。1912年，周家口购进煤油50万元。1936年，法、英、日工业品相继输入淮阳县境内，购进棉布1.8万匹，食盐8.5万公斤，煤油27万公斤，卷烟720箱，煤900公斤。1939年，日军在淮阳先后开办大昌、三井、三菱、朝日、福顺、东明、兴信等洋行，以及大亚、隆华等公司20多处，以销售纸烟、火柴为名，大肆进行贩毒活动。1940年，淮阳县煤油销量不足1000公斤。民国时期，扶沟县仅有私人经营煤油。

1917年，天津商人在槐店新街路西开设“德大火油公司”，经销德国“德士古”牌火油和快靛颜料。1921年，“福记火油公司”在槐店镇大街路南开业，经销“僧帽”牌火油，后该公司改为“怡庆火油公司”、“亚细亚火油公司”等名称，经销英产“亚细亚”牌火油。同年，槐店富商杨敬堂与上海美商接洽，在五福街路东开设“新陆美孚油经理处”，经销“美孚”牌火油。

1938年鹿邑沦陷后，日军先后修通鹿商、鹿柘公路大量倾销日货。建国前，鹿邑县煤油销售，由杂货店或小贩走街串乡零售，县城有元记、韩记、太顺3家煤油商店。

2. **饮食服务业**

民国时期，周口一带的饮食服务业主要有菜馆、饭铺、熟食、茶馆、酿酒、客店、车马店、浴池、理发、修配等20多个行业，皆系私人经营，主要在城镇和集市交通要道设点、出摊，也有肩担、手推沿街叫卖和游乡者。

饮食业。民国前期，淮阳县城有较大的餐馆、饭庄、酒家14处，二仙楼、西玉斋、一分利等饭庄较有名气，朱麻子胡辣汤、苏传昌五香油茶、盖长荣牛角锅盔、陈别子卤肉、杨氏油酥火烧等名吃名闻豫东。民国后期，城乡饮食业日趋凋敝，1938年日军占领淮阳后，仅有少数开业者惨淡经营。抗日战争胜利后内战继起，饮食业仍不景气。1949年初，淮阳县城饮食业有14家。民国时期，商水县饮食业均为个体经营，除周家口外县城有饭铺10余家，只有4家挂招牌，其余不但未挂招牌，而且时开时停，经营饭菜品种较单调，多数是面条、馍等家常便饭。

建国前，四方商贾云集周家口，各地饮食业的名师巧匠也纷至开设菜馆图谋生计，江南春、景罗轩、文雅斋、又一邨、同聚馆、四海春、小洞天、居乐天、第一楼、顺兴馆、合兴馆、老同舍、第一春、一支春、三兴馆，四盛馆、九成馆等餐馆名扬豫东。饮食摊点比比皆是，走街串巷的小贩不计其数，五更即有叫卖声，深夜仍见灯火明。

1938年6月黄水泛滥前，西华县饮食业较出名的有县城青年食堂、朱纯仁菜馆、王家的卤肉、高家的牛肉、景家的风干兔肉、熊谭两家的锅盔、安盖的小蒸馍、段毛的油饼、霍家的姜面条，逍遥镇王国玉、丁法两家的胡辣汤，东夏亭展俊生的空心挂面等，各具特色，誉满城乡。

民国时期，扶沟县饮食业有饭庄、饭铺、熟肉、烧鸡等，鼓楼前的第一楼饭庄较有名，王忠的烧饼、何才的胡辣汤、李妞的丸子、陈成的包子、张保宪的烧鸡等各具特色，誉满城乡。1938年至1947年扶沟县蒙受黄泛之祸，不少从业者逃难他乡，饮食业从此一蹶不振。

20世纪30年代，太康县饮食业初具规模，县城有“同泰”、“开一天”等18家饭馆、17户饭铺和百余个饮食摊点。乡村集镇和交通要道大村也设有饭铺和小吃部，均为一家一户经营，自采原料，自制成品，自行销售。

建国前，鹿邑县饮食业分为3种类型，一是堂口大，设备全，四季均雇佣店员；二是堂口小，资金薄，自食其力经营；三是门前摆摊或走村串街叫卖。饭店经营的多为传统饭菜，县城烹调讲究色、香、味，用小锅烹调，现配现炒；农村烹调，菜肴酱色浓，经济实惠，大锅小锅兼而有之；饮食花色多种多样，如烧饼、麻花、油条、包子、磨糊、烧鸡、牛羊肉等应有尽有。

抗日战争前，鹿邑县城饮食店约占全县店铺总数的2/5，鹿邑县名吃有孔集烧鸡、贾滩焦鱼、观堂麻片、鹿邑磨糊等。

孔集烧鸡，清末由太康麦糠屯何豆传至鹿邑孔集，孔昭灼继之，传孔宪体、孔宪来，孔宪来传孔庆连、孔庆贵。孔庆连，绰号“麻大娘”，卤艺尤精，故孔集烧鸡又成为“麻大娘烧鸡”。该名吃配料讲究，工艺精细，活鸡宰杀，去杂晾晒，入油烹制，再放入加10余种佐料的“老汤”，用明火焖煮而成，此鸡滑酥肉烂，肥而不腻，色鲜味美，远近闻名。

贾滩焦鱼，清末已负盛名，系选用惠济河银鱼为原料，用传统工艺入油烹炸2次，橘红透亮，食之脆酥浓香，以口感无骨无刺者为上品。

观堂麻片，始于清末，采用芝麻仁、白糖、饴糖以传统工艺精制而成，片薄如纸，晶莹透亮，入口酥脆，不嚼自化，香甜可口，老少咸宜。

鹿邑磨糊，始于民国时期，为鹿邑特有，系用本地产黄豆、小米浸泡后，磨碎为沫，取汁煮成，色白如乳，细腻无渣，滑润如脂，香甜爽口，颇似乳汁，故又名妈糊。饮时佐以咸面黄豆，饮后碗净如洗者为上品，建国前以陈家磨糊为上品。

沈丘县饮食业历史悠久，形式有馍筐、肉桌（车）、汤锅、饭摊、饭店、酒菜馆等数种。近代的酒菜馆多设在官府附近。1946年，沈丘县城（今老城）饮食业有40家，其中酒馆有21家，聚仙楼、醉白楼、豫东饭庄、宾兴楼、豫东饭店等较有名；槐店饮食业有28家，其中酒菜馆7家，主要设在大街和新街，以“蜜香居”较有名。

周口地区回民有善于经营饮食业的传统，民国年间，饮食品种有八宝稀饭、油茶、绿豆稀饭、胡辣汤、豆沫、羊肉烩面、肉盒、黄焖鱼、鱼汤、豆腐皮、焦虾米、豆腐脑、菜角、糖糕、羊肉包子、烧卖、卤鸡、咸锅盔、牛角锅盔、水煎包等，淮阳县白玉宽的羊肉包子、朱麻子的炖肉胡辣汤、方叶明的油炸卤鸡等闻名城乡。

食用油业。近代，周家口油料加工主要为私人开办的小型榨油作坊，工具以小石磨为主，原料为芝麻、花生、大豆，产品有大槽油、小磨油、花生油、豆油等，产品经营灵活，或走街串巷，或送货上门，价格随行就市。清末，周家口始有榨油机械化生产。宣统元年（1909年），水寨镇北街冯老柄、韩培昌的油坊较为有名。西华县历来都是用油榨榨油，1938年县城有丰裕德、油坊凸及信义成等油坊，黄泛期间停产。建国前，太康县食用油加工全靠土榨、石磨，手工操作，效率很低，1935年有大型油坊1座，资金550元，从业22人，月产食用油771斤。解放前，沈丘县榨油全靠手工，榨油作坊分布在农村和集镇，使用石磨、螺丝榨、木榨子等工具，工效很低，产品主要有芝麻油、棉籽油、豆油，解放后沈丘县芝麻、油菜子、棉籽等油料年产量达1375万斤，为榨油业提供了丰富原料。

酿酒业。近代，酿酒作坊（俗称“糟坊”）遍布各县城及周家口等大集镇。烧酒作坊多为前店后厂，土法酿制，以高粱、大麦、红谷等为原料，生产白酒、酪溜酒、小药酒等，自酿自销，手工操作，产量很低。酪溜酒以粘谷米为主要原料，性温，入药，农村富裕户每年在秋季酿制以备春节饮用。小药酒以大麦、高粱为原料，是夏季生产的饮料，淮阳县临蔡、新站、鲁台、鞍子岭、齐老家、朱集等地酿酒较多。光绪二十九年（1903年），淮宁县销酒1.71万公斤。20世纪30年代，淮阳县临蔡乡就有烧酒作坊4处，酒商接踵而至，销往邻县，素有“酒乡”之称。民国初年，西华县城有丰裕德、油坊凸及王家等酿酒作坊，统称酒馆，黄泛期间停产。1936年，周家口有酿酒作坊6家，从业人员87人，资金60万元。抗日战争期间，周家口酿酒业发展缓慢，建国前有酿酒作坊10家，从业人员80人，资金30万元，这些酿酒作坊多为山西人开办。建国前，鹿邑县城有蒸酒糟坊4家，枣子集（今宋河镇）“十八家”糟坊较有名，县城和城北大阎庄为酪溜酒酿制中心；沈丘县城（今老城）的兆丰酒，清乾隆时被定为贡品，到近代声誉国内。1947年，沈丘县共有糟坊34户，产品有白酒和酪溜酒，年产约20吨，主要以高粱、谷子等为原料，每百斤粮食出酒30斤，其他还有以大米、小米、麦为原料的低度甜酒，产量很少。建国前，周口地区共有酿酒作坊44家，年产各类白酒20吨，产值90万元，利润26万元。

糕点业。糕点果品生产历史悠久，为权贵富户人家之食品，平民百姓仅逢年过节时买一些馈赠亲友，销量不大。明清时期各县城乡均有糕点制作。民国年间，糕点业发展较快，多由私人杂货铺经营，前店后坊，自产自销，每逢年节旺季，少数个体农户也有经营，赶集摆摊销售，品种有月饼、糕点、什锦（酥糖、鸡骨糖、牛皮糖、寸金糖、麻片）、各种蜜饯等。1935年，太康县有糕点业2户，资金600元，从业10人，月生产点心4500斤，价值1866元。1936年，周家口有私人糕点厂1家，职工500余人，年产糕点121吨，1937至1949年受战乱和自然灾害的影响，糕点业发展缓慢。民国时期，西华县城有松茂成、永兴久、义兴长、升茂永等杂货铺生产糕点。1947年，各地黄泛时外逃回乡的民众，对糕点的需求量很小；解放后，实行粮食统购统销政策，果品类统由国营公司和合作社经营，除各县办糕点厂外，基层供销社每逢节日都生产糕点果品供应市场。

酱菜业。酱菜业起源较早，城乡均有酱菜作坊，具有特色的酱笋、酱瓜为馈赠礼品。一般咸菜是广大贫苦群众的家常菜。周家口酱菜制作始于清代，民国年间有所发展。1936 年，周家口有酱园和醋坊 38 家，从业者 190 人，资金 150 万元，至 1949 年仅有 29 家，从业者 76 人，资金 38 万元。民国时期，太康县城关有天宝斋、时美斋、黄天门等作坊，制作、销售酱油、食醋和各种酱菜。建国前，鹿邑县城有数家酱菜坊，徐家酱园的菜干、八宝菜、甜酱瓜较有名；西华县酱菜店在 1938 年以前遍布城乡，县城有致美斋、五美斋、聚美斋、石家、程家、胡家等酱菜店，特别是醋，农户有制作自食或出售者，黄泛期间仍有经营。

屠宰业。建国前，屠宰均为个体屠户零星宰杀，鹿邑县有私营猪肉架子和牛肉车 106 家；商水县城有肉架子七八个，日销量六七百斤。

制糖业。建国前，乡间即有以红薯干、谷子等做原料，土法熬制糖稀的制糖业，太康县以马头乡为多。

面粉加工业。近代，周口一带面粉及饲料加工，主要靠人推畜拉石碾、石磨来完成，功效和出粉率都很低，而且易污染，每百斤小麦仅出面粉 70 余斤。有从事磨坊作业者，进行卖面、换面，主要供应机关、部队、大商号、学校及个别居民。

旅店业。民国时期，周口地区境内旅店仅有一些干店、车马店和小旅店，多是大房间、大地铺，每个床位 0.05 至 0.1 元。民国前期，淮阳县有旅店 9 家，1935 年至 1948 年，淮阳县主要旅社有金台、豫东等 8 家，均由私人经营；商水县城南街有 1 个客店，东街有 1 个车马店。建国前，周家口有旅店 40 多家，其中河南大旅社、五洲大旅社、大金台旅社、交通旅社、久大旅社、裕安旅社、义大旅社等较有名；鹿邑县城有旅社 4 家，农村集镇多为干店，仅有草房、大铺；太康县城仅有以供车马歇脚为主、留人住宿为次的车马店数家。抗日战争时期，水寨为沙河四镇（周家口、水寨、槐店、界首）之一，客商来往频繁，有私营旅社、客店（铺）数 10 家。1946 年，沈丘县城（今老城）及槐店各有旅店 4 家。

洗浴业。洗浴业多为私人浴池，每人每次几分钱。民国时期，洗浴业规模小，数量少，卫生条件差。1935 年至 1949 年，商水县城先后有 3 处浴池，分别在东街、北街和城隍庙。建国前，周家口较有名的浴池有天一泉、庆华园、德润池、清郎阁等，均设有搓背、修脚、送茶水等服务项目。民国时期，西华县砚方池的澡堂较有名；鹿邑县城有浴池 1 家，有房 30 间，小池 1 个，每次可洗 60 人，从业人员 18 人，没有女池；槐店最早的浴池是清末设在顺河街的“水缸浴池”，1921年“庆华”浴池在五福街开业，设有水池、床铺，并有搓背、捶背、修脚等服务项目，从而取代了“水缸浴池”。民国时期，沈丘县城（今老城）和槐店有3户回民经营浴池，其中县城2家。1929年，太康县署集资670元建立“平民澡堂”，有浴室、凉室、座位房21间，附设理发室，数年后停业。20世纪40年代，太康县西大街有私营澡堂1座，设有水池、床铺，并有搓背、捶背、修脚等服务项目。建国前，项城县城（今秣陵镇）有龙氏、田氏2家浴池，楼上设雅间，楼下为普通床位，服务项目有搓背、修脚、理发等。水寨镇有袁氏浴池1个，承包给魏姓经营。

染坊业。建国前，染坊较多，主要是农民兼营的染坊，分布在农村集镇及广大农村，用当地出产的靛蓝作染料，按洗染的遍数分为月白、明蓝、黑蓝、真青、普蓝等多种染色，也可印成蓝底白花的“印花布”。当时农民的衣着、被褥全是自己纺织的土布，需经洗染加工，因而染坊的生意兴隆，利润较高，故有“开过染坊打过铁，其他生意不再说”的民谚。西华县“洋老鼠”的洗染帽铺较有名。建国前，项城县新桥、官会、柳杭等较大集市均有私人经营的染坊，顾客把白土布交给坊主，量明尺寸后，即发给布牌，待布染成后，对牌取布交钱，染布用料为靛蓝，以染缁色布为主。

钟表修理业。光绪初年，周家口始有钟表修理铺。1928年，周家口修表技术较好的有周存斋设在关帝庙东廊房的修表铺、陈水旺设在山货街的修表铺及高祥甫设在三圣街的修表铺，这些店铺主要从事进口手表和各类钟表的修理。1936年，周家口有个体修表店铺7家，从业人员7人，资金1万元。建国前夕，修表店铺增至8家，从业人员8人，资金0.8万元。1924年，张全鼎在淮阳县街头摆摊修表。20世纪30年代，淮阳城内修表摊点发展到4个。

理发业。建国前，理发业以个体为主，价格较便宜，每人次0.05元左右，农民理发一般是1年承包1次，按每户成年男子（16周岁以上）人数交纳理发费和供理发员膳食，非成年男女理发均不交费，理发员服务到门，收入微薄。民国时期，淮阳县城有私人理发馆多家，农村较大集镇设有理发铺，广大农民理发多包给游乡的剃头匠，按季节或年度交粮。商水县城西街有剃头铺1个，另外有几副剃头挑子时进时出于街头。建国前，周家口较有名的理发店有新世界、白玫瑰、香港、紫罗兰、小小、金记、兄弟、远东、坤记等；太康县内有个体理发户17个。民国时期，西华县城张守德及赵家的理发店较有名。建国前，项城有理发同业公会，会员均为个体理发者，当时水寨有理发店7个，其中最大的店有理发员8人，加上串街走巷的理发担挑共有

40 多人。个体理发员使用的工具有剃刀、剪子、梳子、手推子等，价格随意。理发业自古被视为“下九流”行业，理发员受人歧视，在集镇设店经营的少，绝大部分理发员是挑着锅、盆等工具赶集上市或游乡营业。

自行车修理。民国时期，西华县城的同丰、利民两家自行车修理铺较有名。1946 年，沈丘县城（今老城）和槐店共有修理自行车铺 5 家。

民国时期，私人开设的粉坊、豆腐坊遍及城镇和农村。建国前，豆制品的制作均由个体手工作坊生产，豆腐和其他豆制品设店铺或摆摊出售。

六、交通的发展及失之交臂的铁路

周口一带地处豫皖要冲，一马平川，沙河、颍河、贾鲁河、涡河、汾河等贯穿全境。近代交通清末主要靠驿道、驿站和水运，民国时期主要靠水运和公路。随着公路的修建，邮局的设立，电报、电话业的兴起，人们的生活、出行更为方便，各种产业随之兴办起来。1918 年，各县国民政府成立了建设局，管理建设、交通事宜。

1. 公路、桥梁和运输

近代，陆路交通以官道为主。1920 年，古代官道、官路改称汽车路，1927 年始称公路至今。直至建国前，周口地区境内道路均为路面狭窄的土路，大多缺乏养护，旱天尘土飞扬，雨天泥泞难行，加之交通工具简陋，运输十分困难。乡间小道，更是崎岖不平。

开（封）光（州）官路。原为春秋战国以来的古道，清末由开封经陈州、周口、息县至光州（今河南潢川），后改为开（封）淮（阳）官路。1922 年冯玉祥督豫时，将该路列为开封经淮阳至周口的军用汽车路，派员进行勘测。1924 年整修开淮官路，始通汽车。1931 年，修筑淮阳北关蔡河桥。1932 年划入汴粤线，途经太康、淮阳、周口、商水、项城，长 217 公里，路基宽 9 米，同年通公共汽车。1938 年毁于黄泛。1940 年，日军强征民夫修复淮阳至开封公路，为河南省警备道之一。1947 年中断，直到 1950 年始修复通车。

亳（州）鄢（陵）段官路。中途经鹿邑、太康、扶沟。1924 年修成土公路，路基宽 7 至 8 米。1930 年属省道商（丘）潼（关）线，1932 年属临（汝）太（和）线，1938 年大多毁于黄泛，1941 年日军强迫民夫修复亳（州）太（康）段。

扶（沟）周（口）段官路。1923年为扶沟至商水线，1932年改为省道开封至项城线，1938年毁于黄泛。直到建国后1952年方整修。

淮（阳）周（口）段。清末属淮（阳）商（丘）路，1922年河南省军用汽车专局筹划整修，次年修成郾城经周口、淮阳、商丘至亳县官路。1924年，经河南省豫东长途营运公司批准，拓宽淮阳至商丘官路。1938年，淮周段被黄水冲毁。1941年，日军强征民夫修复淮阳至商丘段，路基宽9米，列为河南省双条警备道之一。直到建国后1951年方整修。

周（口）商（水）段。清末，属省道淮阳至汝南路。1929年为国道周口至湖北襄樊龚家棚线，路基宽10米。直到建国后1952年方整修。

周（口）沈（丘）段。1923年为周口至漯河线，宽9米。1923至1930年，中国华洋义赈会赈工修筑项城至沈丘段。1929年，周沈段属国道南京至内蒙线，1937年属省道叶县至界首线，1938年毁于黄泛。1940年5月，修通洛（阳）界（首）线区内段。1947年遭国民党军队破坏。次年10月，豫皖苏边区政府组织民众修复周口至槐店段。

鹿（邑）槐（店）段。1932年为鹿邑至山东单县汽车路，路基宽9米。1937年，修筑鹿槐段，1938年毁于黄泛。1941年5月，日军强征民夫修通鹿邑至商丘段。1947年交通阻断。次年11月，为支援解放战争，抢修恢复通车。

西（华）郸（城）段。1931至1932年整修淮阳段。1932年至1935年修竣西华段。1938年毁于黄泛。

开（封）扶（沟）路扶沟段。1927年为开封经扶沟至罗山线。1933年为省道开封至项城线。1938年毁于黄泛。

民（权）太（康）路太康段。1935年修竣，路基宽9米，后毁于战乱。直到建国后1952年方整修。

开（封）鹿（邑）官路。中途经太康、安平、玄武、穆店至鹿邑。1928年7月整修，路基宽7米。1938年，日军强征民工修筑鹿（邑）亳（州）官路，由鹿邑县城经太清、蒋营通往亳州。1924年7月，修筑亳州至陈州路时通汽车。1932年11月，二次整修。

归（德）沈（丘）官路。清光绪二十二年（1896年）修通，由归德（今商丘）经仁集三铺、急公、高口、鹿邑、虎头岗、潘桥至沈丘（今老城）。1932年，河南省划定鹿（邑）单（县）线，途经商丘，为豫东9条支线之一。1937年，鹿邑至槐店段扩修成公路。1941年5月，日军强征民夫修筑鹿（邑）商（丘）公路，宽9米，通汽车。1948年春，国民党军队溃逃时破坏。1948 年底，为支援淮海战役重修。

周口地区县乡公路始建于 1928 年。1935 年，有县乡公路 21 条，总长 483 公里，均系土路。1938 年大多毁于黄泛。

民国时期，开（封）周（家口）路境内段，设专业护路队，其他线路以民间养护为主。1939 年，民国政府公布《公路两旁限制建造建筑物办法》，对护路起到一定作用。淮阳县城沦陷后，日军将开（封）淮（阳）、商（丘）淮（阳）公路列为警备道，沿途设公路养护所和公路爱护村，划段要求村民护路。民国后期，公路失修失管。

清末、民国时期，周口一带人们外出，一般民众多步行，富者骑马、坐轿或乘人力推车，豪门之家则自备车、马、轿。各商号中长途大宗货物运输，多由木轮铁脚或胶轮马车承担。其他短途运输除少量马车外，主要靠太平车、手推木独轮车、架子车、黄包车、人力三轮车、自行车、轿子、牲畜驮运和人肩挑背扛。汽车运输开始发展。

人力运输工具主要有：

轿子。亦称肩舆，轿身为木架结构，轿框围布，装饰多样，分八抬、四抬、两人抬 3 种。多用于官吏出巡和民间婚嫁。

独轮车。古称辘车，始于春秋，分平头车、红车两种。平头车，又叫土牛、脚车，木质结构，以运货为主，载重量二三百斤，可乘坐 1 人；红车，轮子较大，有护轮框架，可乘坐两人，前拉后推载重可达 400 斤左右，是民国时期主要人力货运工具。红车起运一般结帮而行，每帮 10 辆左右。

架子车。又叫力车，早期多为木质车厢，后出现铁质车厢，为人力双胶轮车，载重 1000 公斤，主要用于客运。1938 年沈丘有 7 辆架子车运输，1949 年发展到 46 辆。1939 年，鹿邑县始有马拉架子车运送客商。解放后用于货运，长途运输配有牲口。

黄包车。为木、铁轮结构，以拉客为主。20 世纪 30 年代，黄包车传入淮阳、周家口等城镇，从事客运。40 年代有所发展。1941 年后，鹿邑县城有二三十辆黄包车从事客运。

人力三轮车。20 世纪 40 年代始在周家口、淮阳等城镇出现，逐渐成为城镇主要载客工具。

自行车。亦称脚踏车，时速可达 15 至 20 公里。1912 年，淮阳县知事苗德垕购近一辆日产自行车，为淮阳县有自行车之始。1912 年，沈丘县始有自行车。后自行车逐渐增加，主要用于行商货运。1917 年，商水县始有自行车。1949 年，沈丘县有自行车 400 辆左右。

畜力运输工具主要有：

太平车。又称牛车、四轮大车，木质结构，车身由车厢和护框组成。主要用于农业生产，亦从事货运。每车可载10余人，载重1吨多，时速不足5公里。

高轮马车。亦称高脚马车，木质结构，车身由底板、轮框、车辕组成，车轮高约1米，有单套、双套或多套之分。可载10余人，载重1至2吨。清代盛行，20世纪40年代后逐渐淘汰。

胶轮马车。20世纪30年代出现。车身与高轮马车相似，胶轮充气，多使役快畜，可载重2至3吨。1934年，沈丘县始有胶轮马车运输。

汽车。20世纪20年代周口始有汽车。1920年，开通开封、太康、淮阳至周家口客运，有22个座位，每天对发1班。周口一带运营的汽车均系进口道奇、福特、丰田等车辆，因进口汽油紧缺，时以木炭作燃料。

搬运：

清末、民国年间，周口地区境内较大集镇和码头都有搬运脚行，承担货物装卸与短途搬运。从事人力装卸搬运的组织称脚行班（也称脚行帮）。搬运业为封建帮会和把头所控制，他们依仗权势，划分地盘，霸占运输工具，垄断市场，对从业人员进行盘剥。每个行店都有1个脚行班，为店主所掌控，其收入除日常伙食费外，通常所剩无几。1947年底，周家口有脚行帮8个，脚夫1139人，红车588辆，布袋2488条，杠子393根，抬筐170个，负责7个码头和粮行、油盐行、茶店、竹器店等171家货物搬运。建国前夕，周口有搬运工1116人，其中码头装卸工356人，陆上装卸、理货和短距离搬运工760人，有手推木轮红车588辆、布袋2906条、杠子351根、套绳444条、抬筐170个。其他各县尤其临近河运的沈丘、项城、鹿邑等县皆有脚行。1948年，各县解放后取缔脚行帮，成立搬运工会。

码头搬运，主要是上下船装卸搬运和短途运输。以码头装卸为生的苦力称脚夫，主要靠手推、人抬、肩挑、肩扛搬运货物。民国时期，周家口有大小码头50多个，脚夫2000余人；淮阳县脚行以新站镇较多，有裕顺、万顺、雷曰德3大脚行。搬运工人无固定工资，多按件计酬，当天装卸，当天分红。1949年，淮阳县新站成立东、西2个装卸大队，有工人300多名。1940年，淮阳城关有脚行5个，128人，计有平头车、斗子车86辆。1949年初，淮阳成立搬运工会，建搬运队，有工人100多名。同年4月，淮阳县城建第一搬运分会，置力车60辆。民国时期，水寨有永康、双兴、行太、庆康、恒记、源丰和杂货等8个行班，大的行班有百余人，小的有三四十人。水寨港从事这一行业的有400余人，分布在老角门、新角门和盐行3大码头。1949年7月，项城县民主政府废除行店脚行班，打倒了装卸行业的霸头，在水寨万和店建立了搬运工会和搬运大队。同年，项城（今秣陵镇）自发组织3个搬运小组，有装卸工63人。1948年，沈丘县码头有整班4个10人，散班6个80人，年装卸搬运量2万吨左右。槐店、纸店等较大码头备有两块跷板和几根木杠。码头工人全是码头干活码头散。散班工人生活更苦，经常食不饱腹。1949年4月，太康县成立城关搬运装卸队。当时，工人做活靠肩扛、杠子抬，谁干活谁分红，只分粮食，不分现金，无公共积累。

1949年，鹿邑县魏景才组织搬运组60人，每人1辆红车、几条布袋，为城内居民运粮送面。

客运：

人畜力客运。清末、民国初年，有轿子和毛驴开始参与客运。20世纪30年代，周口、淮阳出现黄包车客运。30年代后期出现人力高轮架车客运，每辆可乘四五人。40年代出现三轮车客运。民国初年，各县境内客商往返多乘土牛或骑脚驴。当时，较大集镇路口均有待雇土牛，每车只能乘1人，日行30公里左右。沙河沿岸各县，赶毛驴运送行客者较多，俗称“赶脚”。其速度比土牛稍快，乘价双方面议，途中饮食由乘客负责。从事以上客运的多为贫民。1949年，力车运客始在淮阳出现，逐渐流行。1943年，淮阳县始用胶轮马车载运客商，发往开封、商丘、周口、漯河等地，淮阳南关、北关均有车行和马车停车点。民国时期，淮阳县虽已通行汽车，但车次少，不能满足社会需要，胶轮马车仍承载客运任务。1937年，沈丘县始有马车、人力车运客。1943年，沈丘县脚驴发展到500余头，以纸店为多。

汽车客运。1922年秋，周口商人袁兼之等人集资购置汽车3辆，在南寨西门里创办兴周汽车公司，经营开封经淮阳、周口至漯河客运，因路况差，次年停业。1929年，开封共济汽车公司经营开封经淮阳至周口客运。同年，河南省公路局车务科经营开封经淮阳至周口官办长途客运，1930年因中原大战爆发，客运中断。1931年10月，河南省公路局长途汽车营运部恢复开封至周口客运，中途设太康、淮阳、周口3个车站，后设老冢、龙曲站点。淮阳客车站设在北关午门西黄家店内，有雇员7人。同年，开辟开封至项城、周口至许昌、南阳至鹿邑、淮阳至鹿邑、永城至鹿邑等客运，每天对发1班。1932年，河南省长途汽车营业部将西华段划入开周路，于西华县城西关设汽车站，日行1班次。1933年，开辟周口至驻马店、西华至周口客运。同年，永城至叶县的汽车途经鹿邑县境，时通时停，乘客无几。1934年，增开周口至颍州（今安徽阜阳）客运。同年，开封至项城汽车班车途经槐店。1935年，淮阳客车站迁至大同街路南。1938年，漯河经沈丘县境内至界首通汽车。同年，日军侵占鹿邑、太康、淮阳等县，加之黄泛成灾，除南阳经沈丘至界首客运外，其他客运班车全部中断。1945年，开封、商丘两地私人班车（烧木炭）途经淮阳，在中山大街临时停车售票。1945年后，开辟开封至周口、淮阳，周口至商丘、界首、漯河、淮阳等6条客运班线。1948年，豫皖苏军区公路局在周口设汽车站。1949年1月，开封至淮阳通班车，途经太康，每天往返1班。1949年春，太康汽车站在县城菜市街设立，负责全县客货运输。民国时期，汽车客运量极小。据《河南省政府年刊》载，1931年9月至12月，太康县汽车站上车637人，月平均159人；下车619人，月平均154人。载运行李，出380件，进474件。

货运：

人力车货运。清末民初，货运多用手推木轮车。20世纪40年代高胶轮架车参与货运。民国时期，鹿邑县货运全靠畜力车运输。城乡普遍采用一根扁担两头筐，肩担百斤步行运货。1936年至1946年间，鹿邑县境内10个镇的红车每一二十辆结为一帮，来往商丘、亳州贩运粮食、土布。1947年，鹿邑县有红车3.7万辆从事农业生产和商业运输。1948年，鹿邑县城有从事专运人员68人，红车29辆、木斗车12辆，高木脚架车8辆，经营货运。1948年，项城县有专业红车80辆，大轮架子车17辆，承担货运。

畜力车货运。民国年间，各县城和较大城镇有少量马车参与货运。1930年，淮阳县始有胶轮马车运输。1936年，淮阳县城关有3家胶轮马车运输车行，承载各商行、店铺的货运。农村较大集镇也有马车参与货运。1942年，鹿邑县商会有胶轮马车12辆，经营货运。1945年，淮阳县城关有胶轮马车20余辆。1947年，鹿邑县有太平车1.2万辆从事农业生产和商业货运。1948年，项城县有铁木轮马车13辆承担货运。

汽车货运。1920年，商人郑开先在周口试办了周口至漯河汽车运输业。1921年，商人袁世斌和胡汝麟开办汽运公司，每月有5至8辆汽车在周口、淮阳等地从事货运。1924年，鄢陵商人苏鑫开办大禹汽车公司，经营太康、扶沟、鄢陵、许昌至禹县货运，承运棉花、粮油、烟叶、药材等。同年7月，淮阳至亳州通行汽车，始有汽车过境鹿邑。1926年，有军用汽车过境沈丘。1927年，皖北汽车公司经营周口至界首、太和货运。1929年11月，省公路局创办长途汽车运输公司，经营开封至周口、开封至许昌、开封至山东曹县3条线路。1938年，日军入侵，黄水泛境，汽车货运停止。1940年，开封至项城（今秣陵镇）、洛阳至界首公路上有少量过境货运汽车。项城县有5辆3.5吨道奇汽车往返洛界之间，从事零星货运业务。1945年日本投降后，汽车货运仍由私商经营。1940年至1944年间，国民党军队张岚峰部军用汽车二三辆过境鹿邑，往返柘城、亳州运送军用物资。

民国时期，商水公路均为土路，晴通雨阻。1923年，漯河至周口始建土公路，方有汽车行驶。1928年，漯河至周口公路修成后延修到淮阳，长达90公里。1936年，商水有县道5条，总长69公里。商平道，由县城至扶苏寺，长15公里；商蔡道，由县城到上蔡界，长18公里；商项道，由县城到东邓店，长9公里；商周道，由县城到周口，长9公里；商南道，由县城到南陵，长18公里。省道有2条经过：永叶公路周口至谭庄，长33公里；周黄公路，由周口至东邓店段，长18公里，合计51公里。1939年，国民党商水县政府为防御日军进攻，将县城周围15公里内的交通大道挖成交通沟，运输靠人力担挑。由于兵匪勾结，明卡暗劫，危害商贾，交通几乎中断。

近代，周口的公路交通分属商水、淮阳两县管理。漯（河）界（首）路系清代漯河至界首、阜阳的官道，漯（河）周（口）段、周（口）界（首）段分别于1927年和1935年征工整修土路通车。周（口）龚（家棚）路，清代称开（封）汝（南）路、淮（宁）汝（南）路或开（封）潢（川）路，系循旧驿道整修成的官道，1925年成为河南省20条国道线之一。1929年修补后通车。商（丘）周（口）路淮周段，1924年有汽车通行，1927、1932年两次整修。1940年，周口有土路4条，分别为漯（河）界（首）路、商（丘）周（口）路、开（封）周（口）路、周（口）龚（家棚）路，总长21.5公里。其中开周路、周龚路为国道线路。1944年，日军侵占周口，国民党地方政府将周口周围路面挖断，交通基本中断。1928年，商水县政府设交通局，1936年改为建设科。1947年，商水县民主政府成立，次年设交通局。

1948年，周口市人民政府成立，设工商税务管理科，负责管理工商、交通。

清末，项城以县城（今秣陵镇）为中心有5条官道，即项（城）淮（宁）、项（城）沈（丘）、项（城）新（蔡）、项（城）上（蔡）、项（城）槐（店），均为土路，总长116.1公里。1931年，项沈、项槐、项上、项淮4条官道整修，路面拓宽到5米。是年，建项（城）汝（南）官道，路基宽5米，高0.2米，项城境内长11.5公里。1923年，修通郾城经周口至淮阳汽车路。1927年，始修永城至潼关土路，途经鹿邑、淮阳、周口、郾城、舞阳、叶县、郏县、洛阳，1929年竣工。1929年，周家口至龚家棚的旧驿道，改建成公路，途经商水、上蔡、汝南。1933年，洛（阳）界（首）道建成，途经扶沟、西华、淮阳、项城、沈丘等县，路基宽8米，高0.3米。1934年，周（口）潢（川）道建成，途经商水、项城等县，路基宽8米，高0.3米。1930年，西华始有通往扶沟、太康、淮阳、临颍、郾城、周口的公路。民国时期，周口一带公路桥涵有300余座，其中只有周口桥为钢筋混凝土大桥，其余均为木、砖、石结构，大多毁于1938年黄泛。宣统三年（1911年）《项城县志》记载，项城境内有大中型砖石拱桥108座，砖石小桥90座，还有少量木排桥。

周口孙家嘴浮桥建于康熙三十五年（1696年），光绪十七年（1891年），冯泰观、李嘉淦、李嘉湘等捐资整修。1939年春，国民党骑兵14旅张占魁部为阻击日军进犯，炸毁该桥，山陕大道中断。

1912年中华民国成立后，周口南北两岸民众过沙颍河仍靠木船摆渡，为此周口商务会多次向河南省建设厅反映，迫切要求建桥。同时，汴（开封）粤（广州）、宛（南阳）亳（州）两条公路规划也途经周口。1932年元月19日，河南省建设厅派员来周勘测，拟定建桥计划，决定在贾鲁河口东300米处建桥。1934年，河南省建设厅将周口桥定为省重点工程，派工程师赵国华（河南省人，曾留学日本）来周负责桥梁设计。5月22日，由上海同济大学校友组成的同成建筑公司中标承建，开封建筑公司协建，标的为81284元（银币），预定工期220天。

同成建筑公司经理郭义清，西华县人，曾留学美国专攻桥梁建设。领工为杞县人王祷山。同成建筑公司指派聂汉民为公司驻周代表，伦天祥（河南省汤阴县人）为建桥施工负责人。建桥期间，由周口商务会和南北两寨分属商水、淮阳两县的财务委员会与承包单位同成公司负责协调。时周口商务会会长为李子务，南寨财务委员会负责人为李连臣，北寨财务委员会负责人为乔汝璋。河南省建设厅派郑书年（贵州人）来周负责监工。参加建桥的工人有200余人，多来自潢川、罗山等地，少数临时工系在周口雇用。

周口桥建设承包金原为81284元（银币），全额由河南省建设厅拨付。后因靠近北岸5号桥墩打桩遇到坚硬砂礓层，打桩极不顺利，多次修改打桩方案，旷日费工，同成公司要求加价。为争取工程早日完工，周口商务会从地方筹款5000元，交付同成公司，建桥工程得以顺利进行。由于施工期间多次遇到洪水，加之5号桥墩打桩艰难，工期迟延1年。1935年12月竣工，历时1年零7个月。河南省政府主席刘峙为“周口桥”落成题名，周口商务会将其镌刻在桥头水泥柱上。

周口桥下部结构为钢筋混凝土三柱式框架，上部为钢筋混凝土二组三孔一连的连续梁板式，全长118.6米，桥面净宽5.5米，两侧护轮带各宽0.3米，高50.3米，荷载量15吨。周口桥质量相当坚固，所用钢材为美国进口竹节钢，水泥是在唐山启新水泥厂定制，质量均属上等。1938年4月，日军飞机轰炸周口，桥面南部炸了一个坑痕；1947年7月，人民解放军与国民党军队激战于桥头，整个桥梁安若磐石。

民国时期，商水县境汾河上有巴村桥、雷坡桥、黄冲桥、双桥、马河桥等。抗战时期，大部分交通道桥被拆毁，民众为了生产临时搭浮桥、架木桥。1924年9月，杞县经太康至淮阳公路通车。至1928年2月，修筑开（封）周（口）汽车路，太康境内长45公里。次年，修成太康通往西华、扶沟、通许、杞县、睢县、柘城、鹿邑7条简易土路，太康境内长185公里。1938年日军侵占太康、黄水泛境后，道路年久失修，至建国前夕已毁坏不堪，车辆通行困难。民国时期，修桥补路事宜，由各县署提倡，民众修筑。1925年，太康县设实业局兼管道路修建。1927年改由建设局道路股负责交通工作。1932年，开封至项城公路通行。1936年，鄢陵至周口公路通行。1937年，开封至周口公路修筑通行，该路自开封途经尉氏、鄢陵、扶沟、西华至周口。同年，扶沟至太康公路通行。贾鲁河、双洎河上历代修建了不少土木、砖石桥。如双洎河上的孟亭桥、北石桥等；贾鲁河上的白潭土桥以及岳家桥（土桥）、董家桥（三拱石桥）、虹济桥，吕潭镇内的通济桥（上土桥）、万善桥（二板桥）、广济桥（三拱石桥）、永济桥（下土桥）和陆家桥（平政桥）、宋家桥（土桥）、焦家桥（2座土桥）、王家桥（土桥）、晋家桥（土桥）等。

1933年、1935年、1941年、1946年，沈丘4次修筑县城（今老城）至淮阳、颍州、新蔡、项城、界首、鹿邑6条公路。1935年省道有沈（丘）太（康）、沈（丘）临（泉）道，县道有沈（丘）淮（阳）、沈（丘）项（城）、沈（丘）新（蔡）、沈（丘）鹿（邑）道，国道有漯（河）界（首）道。沈丘县境内总长114公里。沈太、漯界道曾植树绿化。

宣统三年（1911年），张正芳、李景中等百余人集资，在沈丘（今老城）南门外汾泉河上修建了沈丘九孔桥。是年该县有桥梁不过百座。1935年，沈丘县有过河桥5座，即汾泉河上的九孔桥、直河头过河桥、直河南过河桥、槐店西关蔡河桥、黄庙桥。1946年，沈丘县有大小桥涵200多座。

清代和民国年间，鹿邑县境内有鹿邑至开封、陈州、归德、亳州、沈丘5条官路，全长143公里。1940年，鹿邑县有县城至淮阳、商丘、柘城、亳县、太康5条公路。1946年至1949年，鹿邑县有县城至商丘、柘城、亳县、淮阳、太康、槐店、太和、界首、秋渠、石槽10条公路。

民国年间，鹿邑县境内有砖桥45座、木桥10座。较大的有涡河上的傅桥、梁口桥、玄武桥、古桥和惠济河上的高口桥。傅桥，始建年代无考，清嘉庆二年（1797年）重修，道光二十三年（1843年）再修；宣统元年(1909年)，鹿邑县西关同善会募捐建成长90米的5孔拱桥，1940年被黄水冲毁，日伪强征民夫改修成长120米的木桥，1949年在解放战争中毁于兵燹；高口桥，位于鹿邑县北高口集南惠济河上，原为木桥，民国年间由慈善会募捐修建改为9孔砖拱桥。商（丘）沈（丘）公路途经该桥。1940年，高口桥被洪水冲垮，1950年春建成6孔砖桥。

民国时期，公路管理由军警临时护路或委派沿路村民季节性养护或不定期养护。20世纪20年代，路政由军警管理。1940年，日军将开封至淮阳、淮阳至商丘公路列为警备道，沿线设公路养护所。车运干线如鹿（邑）商(丘)、鹿（邑）淮（阳)、鹿（邑）亳（县）等路，除由民众养护外，由营运者雇工临时养护。

民国初年，鹿邑县署兼管交通。1929年，鹿邑县政府设建设局管理交通。1931年，鹿邑县政府设立第三科，主管水利交通。1938年，鹿邑县政府设建设科交通股。1940年，鹿邑县政府设第三科管理水利交通。1945年，县政府设建设科，兼管水利交通。1949年7月，鹿邑县民主政府建设科有2人兼管交通。

周口市城区街道纵横交错，弯曲狭窄，人车流量大，经常交通堵塞。1949年4月，周口市人民政府为保证交通安全和支援解放军南下，颁布实施了《周口市交通管理暂行规定》：市内南北走向的大街（南北永兴街、山货街、磨盘街、马路口）禁止大车、马车及牲畜通行。南北过往的一切车辆必须通过老桥的，可分别绕行果子街和沙河两岸东、西顺河街通行。上述街道，一律不准小贩在街心摆摊设点，沿街叫卖。为疏通街道，全市设置柴草交易市场8处，其中南寨设东门里、西大街、胡家集、猪市4处；北寨设笆子街、关帝庙后、三圣街、王埠口4处。除上述8处外，其他街道一律不准买卖柴草。市内设交通岗7处，沙河老桥两端增设指挥哨，负责维持来往行人、车辆的交通秩序。

2．水运

明清时期，周口地区水运发达。清末、民国时期，随着平汉、津浦、陇海铁路相继建成通车，加之受战乱、黄泛等影响，周口地区水运逐渐衰落。1949年除涡河基本断航外，其他各河水运尚往来通行运送货物。近代，周口地区水运以周口为中心，主要靠沙颍河、贾鲁河中的木船来往运输。沙颍河水运上行一是由沙河经逍遥镇可达漯河、舞阳，下达界首、阜阳等地；二是由颍河西北上可抵逍遥镇；三是由贾鲁河北上经西华、扶沟可抵新郑，下行由沙颍河经安徽正阳关入淮水可通江达海。

沙颍河航道，依靠自然流量通航，季节水位变化较大，夏季流量高达3000立方米/秒，而冬春枯水季节水位常在0.4米左右。正常水位可通航20至50吨位的木帆船。周口常年有舟船上下来往于漯河、界首、蚌埠、无锡、南京、上海等地。当时通行的船只多为木帆船，船型大小不一，性能各异。有半截头、卜梢、山艑子（见图，采自日本人《支那省别全志》周口部分）、长葛船、西河船等，大都是长3至8丈，宽0.8至1.2丈，深0.15至0.3丈，载重量20至55吨的木帆船。

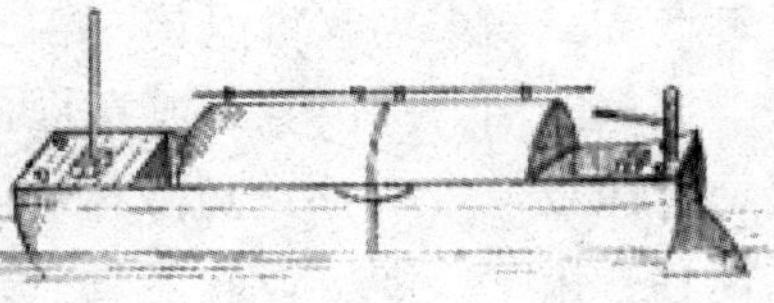

华连对

子蒸轮

子艑

民国年间，周口来往船只频繁，常有船只160多艘，2000多个吨位，年货运量在7万吨以上。每年夏秋季节水涨时，来自上下游的汽船往返行驶，民船总数在200至500艘之间。据日本人编的《支那省别全志·河南省》载："1916年7月中旬，实地调查了在此地停泊的民船数，有170艘，从事货物运输的大型民船桅杆林立，这真是显示着周家口的繁华。"

民国时期，航运价格视货物的异同和逆顺航情况而定。据《周口市志·交通邮电》载，建国前夕，运费的情况大致是：由周口到正阳关装2.5万公斤货，需25至50元；装1.5万公斤货，需20至30元；由正阳关到周口装2.5万公斤货，需40至60元；装1.5万公斤货，需25至40元。

沙颍河航运，以周口为主要货物集散地，向下游运输的物资多是煤炭、日用百货；往上游漯河运输的物资多为豫东及皖北的粮食和农副产品。周口本地外运物资主要有皮毛、鞭炮、皮套、纸张、竹器等，年运量在10万吨左右。1927年周口以下始通行小型机帆船运输。1938年，因黄河泛滥，沙颍河水涨，正阳关长淮轮公票处有嘉鄂、江安、飞鲸、恒茂4艘轮船往返于周口至正阳关之间，顺流时速8公里/小时，逆行时速5公里/小时，每3日往返1次。界首船舶管理处也有平乐河轮船（时称汽油船）1艘往返于周口至界首之间，客座120个，运营至1945年。建国前，周口西至漯河、东至正阳关运送客商和货物多为客货混装。

民国时期，国民党政府在周口设有船行、帮会、官卡和船业公会等航运机构。1942年，为适应抗战运输需要，鲁、苏、豫、皖联合设立船舶管理处，沿河各县市、镇港口设立船舶管理所。国民党军汤恩伯部在周口、水寨、槐店等地设立船舶管理所，凡途经沙颍河各港口的大小运输船舶，统一由管理所登记，并发放证照，统筹调度，从事军事、商业运输。各港口设立岗哨，检查过往船舶。每逢船舶进港都要按规定交验证明，并进行登记，然后依先后次序派运货物。船舶管理所从运费中抽取1%至3%的管理费。日军入侵后，沙颍河航运被日军控制。抗战胜利后，国民党军队接管船舶管理业务。清末、民国年间，客商依靠沙颍河航运之利，在周口、水寨开办山货、粮行、盐店等商号，生意兴隆，货运频繁。境外的竹木、陶瓷、煤炭、山货等货物集运漯河，输入境内。当地的大豆、芝麻、小麦、皮毛、土布等土特产，通过水路输出到皖、苏、沪、杭等地。输入境内的货物95%以上依靠水运。至1947年，项城县木帆船123只，年货运量10万吨。1948年，项城县为支援解放战争，集结木船70只，参加从漯河至皖北的军运。1949年，项城县有船民246人，造船工30人。

民国二十七年（1938年）《西华县续志》载，民国前期，西华县有3条通航水道往来运输的商品。沙河，是该县河运最为便利的河道，在县境内长达90余里，上通郾城、襄城，下接周家口，东南可达皖北，商船往来，帆樯相望。运输以粮米、杂货为大宗。贾鲁河，上通新郑，下达周家口，在西华县境内长65里。上游新郑、长葛、禹县、密县等县所产大枣、条香、煤炭、石灰，下游由周家口南来之竹木、杂货及本境之五谷均由此运输。颍河，自漯河至周家口70余里可通航，输出品以簸箕、柳编之篮筐及五谷、果品等类为多。民国年间，漯河取代周家口成为豫东南商品集散地，周家口的商品流通量已远不如清代。

1947年秋，刘伯承、邓小平率人民解放军途经沙颍河向大别山挺进，沿途船民和民众踊跃支援大军渡河南下，动用300多艘木帆船和大批木材、门板等，在西起商水县李埠口（今属周口市川汇区），东至沈丘县新安集60多公里的河道上，架设浮桥7座。其中沈丘县下溜、槐店、新安集、纸店动用民船100余艘，架浮桥4座。

淮海战役期间，沙颍河水系船民在各地支前司令部的组织下，由襄县水运军粮0.8万吨至蚌埠，由漯河装运军粮等物资2.5万吨至安徽六安。

清末、民国年间，由于黄河多次决口夺贾鲁河南下，贾鲁河淤塞，航运大受影响。1938年前，扶沟县境内客货运输主要依靠贾鲁河、蔡河、双洎河的木船运载。清光绪《扶沟县志》载：扶沟县的主要航道有贾鲁河和双洎河，上接鄢陵，下通周家口（今周口市），沿河码头有5处。贾鲁河从扶沟县西北白潭镇流入县境，在县城东北4里处与双洎河汇合，东南延流40里至晋桥流入西华、商水汇入沙河。沿河的吕潭、白潭两镇商业较为繁华。1938年后，河道由扶沟县吕潭镇西改道至扶沟县城东关，木帆船驶至扶沟县城。据1938年《河南统计月报》载，贾鲁河丰水期水深达15尺，从阜阳、界首、周口来的木帆船，满载客货上溯直抵吕潭、白潭等沿河埠镇，5吨以下的小木船可以沿双洎河到鄢陵、洧川等地。1949年，扶沟县城北关石桥码头，仍是帆船云集。因近代黄河屡次决口，贾鲁河、双洎河河床淤塞抬高，河水变浅，木船仅通到县城，无法上溯。吕潭、白潭等依靠航运而繁华的商业日趋萧条。

近代，惠济河可通木船从鹿邑贾滩集下行运核桃、柿子到安徽怀远、蚌埠换回大米、竹竿和茶叶等。民国年间，汾泉河仍然通航，枯水季节可行驶5吨级船舶。沈丘县解放前夕，豪绅杨子超迷信风水，在汾泉河引河口筑堤，使河水改道，航运受阻。1949年2月，沈丘县民主政府将堤拆除，航运复通。民国时期，沈丘沙颍河段在清朝7处渡口的基础上，新开槐店新渡口、马楼渡口、惠庄渡口、王口渡口、刘湾渡口等5个渡口。建国前，沈丘县有装卸码头6个，其中槐店、纸店各2个，县城（今老城）、新安集各1个，多系人工劈坡下桩修筑而成。纸店小盐门外码头，清光绪年间砌有砖阶，民国年间失修损坏。1948年，沈丘解放后，建立了搬运工会。

淮阳环城湖（今龙湖），古来多游艇画舫，游人络绎不绝。

3. 与周口失之交臂的铁路

近代铁路建设与今周口地区失之交臂：一是平汉铁路本规划途经开封、周口，由于袁世凯家乡观念重，恐铁路经家乡附近破坏风水，所以改道西移郑县（今郑州）、漯河；二是孙中山《建国方略》提出设想拟建的中央铁路系统有3条铁路途经今周口地区，可惜未能实施；三是周襄铁路因形势变化，消失在历史深处。

铁路和火车是西方工业革命的产物。1878年，薛福成在《创开中国铁路议》中提出，应以北京为中心修筑3条干线：向西到太原，向南通开封，向东南达清江浦（今江苏淮安）。当时，国人普遍不能接受这个冒着黑烟“呜呜”作响的庞然怪物，大多数国人认为铁路和火车几乎是“魔鬼”。上至清政府及官员，下至普通百姓，都反对修建铁路。之后，要不要兴建铁路，在中国争论了二三十年。反对者的理由主要有：一是毁坏地脉。火车隆隆作响，怪模怪样，穿坟过墓，会搅扰先祖几千年的安宁；二是民生失计，造成高失业率；三是“引敌”资敌，担心铁路修成会被列强利用。1895 年，清政府在甲午战争失败后，国人救亡图存意识骤然强烈，火车逐渐从“洪水猛兽”演变为拯救危机的良方。在这样的大背景下，清政府宣布“力行实政”，第一条就是修建铁路。时任两广总督的张之洞上书主张修建芦汉铁路，在 1889 年即被批准并开始筹办。1895 年底，清政府决议兴建芦汉线。芦汉线全长 1500 多公里，预算需要耗费 4000 万两白银。但因国库空虚，清政府允许实行“商办”，张之洞将修建铁路之事交给盛宣怀。1898 年 6 月，张之洞、盛宣怀与比利时达成借款修建芦汉铁路合同，此前仅修建 100 多公里的芦汉线开始大举修筑。芦汉线从起点到终点取道开封经周口是一条最便捷的路径，也是一条官道。开封是河南省会，周口是河南四大名镇之一，二者都是经济、军事重地，水陆交通都相当便利，地理和战略地位非常重要。1899 年，袁世凯升为工部右侍郎，有权直接过问芦汉线线路的选定。一说，此前芦汉铁路原计划取道开封、周口南下汉口，由于袁世凯家乡观念重，害怕铁路距其老家项城太近，所经之处破坏家乡的“风水”，易给家乡带来兵灾匪患，便干预了原本途经开封、周口的计划，向结盟兄弟盛宣怀建议，将芦汉线西移经过郑县、漯河南下；一说由于开封一带的黄河是著名的悬河，被称为黄河的“豆腐腰”，如果选择在开封建桥，则不但建桥的投资大，而且风险也大，于是选择了“滩窄岸坚经流不改之处”的郑县西邙山头修筑黄河桥。1900 年，芦汉线选定经过郑县，1904 年 3 月修筑到郑县。正是由于袁世凯的家乡观念，芦汉铁路改变原计划西移，从而使开封、周口错过了千载难逢的历史机遇，经济发展滞后。

20 世纪初，孙中山提出实业救国计划，他认为铁路是国家富裕和社会进步的根本。他在《建国方略》中提出了铁路建设构想，其中“中央铁路系统”设想有 3 条铁路在周口境内穿过并在太康、周家口形成两个交通枢纽：一是玄·东方大港乌里雅苏台线，该线自东方大港，途经亳州、鹿邑、太康、通许等地，一直通往乌里雅苏台；二是黄·南京洛阳线，该线起自南京，途经怀远、太和、周家口、临颍至洛阳；三是列·北方大港汉口线，此线自北方大港起，循海岸而行，途经盐山、曹州，在太康与东方大港乌里雅苏台线相交，至陈州，在周家口与南京洛阳线相交，再经项城、新蔡、光山至汉口。可惜他的这一实业救国计划未能实现。

1917年5月，北洋政府交通总长代表中国政府与美国的一家公司签订了承造中国铁路合同，允许该公司在中国境内承造总长1769.9公里的铁路。根据合同，美国公司商请交通部，核准建造河南周口至湖北襄樊铁路，约362公里，定名为周襄铁路。1918年1月，周襄铁路工程局设立，投入测量勘探周襄路线。该线经过郾城、方城、博望、新店、南阳等地，并完成了勘探报告。1918年6月，周襄铁路测量完成后，美国公司又商准交通部将周襄铁路延伸为信阳至成都，为将来承建入川铁路做准备。然而，此时的中国铁路正经历着"收路"、"保路"诸多周折，国内政局动荡，周襄铁路最终未能投入建设，两份勘测报告后被北洋政府束之高阁，周襄铁路遂成为"一条消失在历史中的铁路"（据《88年前美国人勘测铁路现在才筹建》，2007年9月5日《中国青年报》）。

七、邮政、电信业的兴办

1. 邮政业

晚清时期，各地的铺递继续发挥作用。时商水县境内有杨家湾铺、十里铺、崇台铺、北蔡寺中火铺、周家口火铺，在王沟桥还有更衣亭。商水县设递马11匹，马夫5名，递夫15名，1913年改归邮政，驿马、递夫裁撤。光绪二十二年（1896年），鹿邑县境内有11铺。赴归德路有高口铺、急公铺、任兴铺；赴柘城路有魏桥铺、杨湖口铺；赴陈州路有赵村铺、试量铺、任兴铺；赴亳州路有太清宫铺；归德至陈州路在鹿邑境内有李原铺、安平铺。

清末，创办近代邮政。清光绪二十八年（1902年）前，开封至芜湖邮路途经陈州，是周口地区最早的近代邮政邮路。光绪二十九年（1903年），周口开设邮政代办铺户。该邮路通开封，长145公里。同年，项城（今秣陵镇）设邮政代办所，由私人商号九合功杂货铺承办。这是周口地区设立最早的两个近代邮政机构。至宣统二年（1910年），周口地区境内邮路达15条。

光绪三十年（1904年），河南省邮政局在鹿邑设邮政寄代所，办理民间普通和挂号两种信件，另雇投递工1名。鹿邑邮寄代办所负责鹿邑至郸城段邮路，长40公里，隔日步行班。同时在生铁冢集范家药铺设接收点，接收亳州－郾城邮路鹿邑县境内信件。投递工二三天往返鹿邑、郸城一次，每次收发信件一二十封。此年，淮宁县设邮政代办所，分步班和马班邮路。

光绪三十年（1904年），扶沟县城设立邮务代办所。

光绪三十四年（1908年），太康驿站、递铺裁撤，设邮政代办支局，仅在县城设营业窗口，由信成德商号承办。后在12个集镇增加商贩兼营的收寄窗口，经办业务，只收寄普通和挂号函件两种。官文民函仍为驿运。

光绪三十一年（1905年），淮宁（今淮阳）、项城、扶沟、西华、太康、鹿邑等县都已开办近代邮政，周口地区邮路增至6条：周口－太康－杞县－开封，周口－郾城，周口－项城－射桥－遂平，周口－西华－扶沟－许州，陈州府－太和，陈州府－鹿邑－亳州。光绪三十二年（1906年），裁驿设邮。周口设北岸德化街邮信局和磨盘街邮信局，前者系头等邮信局，后者为三等邮信局。商水县城设立邮政代办所，开通周口至商水邮路。光绪三十四年（1908年），周口有邮路5条：周口－陈州府－太康－杞县－开封，周口－项城－遂平，郾城－周口－槐店－沈丘－沈丘集（今安徽临泉），周口－鹿邑－亳州，周口－西华－扶沟－许州，均为步班快差邮路，总长1411华里。

清末邮政，办理的函件有信函、明信片、新闻纸、印刷品、书籍、货样、贸易契等，并办理挂号、快递挂号及国际函件等。包件业务和民间汇款业务始于明代商办民信局。清末开办近代邮政后，汇兑成为邮政部门主要业务之一。光绪三十二年（1906年），周口邮局正式开办汇兑业务，是当时全国50个通汇局和河南省两个通汇局（另一个为开封邮局）之一。

民国时期，邮政业发展缓慢。1912年改“大清邮政”为“中华邮政”。清光绪二十九年（1903年）至建国前，邮具非常简单，投递条件差，邮递员通常是一根扁担两条绳，一块油布，一盏马灯，或步行肩挑，或土车推运邮件。1939年后始有自行车邮送。1946年，12条邮路中11条为步班邮路，仅有1条为委办汽车邮路。

1919年，周口地区邮路有12条，总长2502华里，均为步班。其中，逐日昼夜兼程邮路6条：周口－淮阳－鹿邑－亳州，周口－水寨－槐店－界首集，太康－扶沟－许州，淮阳－周口－谭庄－郾城，纸店集－沈丘－汝南－驻马店，周口－商水－上蔡－遂平，总长1326华里。逐日班邮路4条：周口－西华－扶沟－开封，鹿邑－柘城，商水－新蔡，淮阳－太康－陈留，总长843华里。间日班邮路2条：鹿邑－观武－安平－朱口－马头－睢县，周口－逍遥镇－郾城，总长333华里。

1932年，开办委办汽车邮路，但步班邮路仍占主要地位。次年，通达周口地区内邮路24条，总长4336华里，其中步班邮路18条，长2520华里；委办汽车邮路6条，长1816华里，分别为：周口－淮阳－太康－开封，周口－西华－扶沟－开封，太康－扶沟－许昌，周口－淮阳－鹿邑－亳县，周口－商水－汝南－驻马店，郾城－周口－水寨－项城。

1938年，日军侵入周口地区境内新黄河以东地区，邮路减少，委办汽车邮路停办。到1943年，仅剩8条步班邮路，其中国民政府统治区邮路4条：周口－西华－扶沟－许昌，叶县－郾城－周口－水寨－槐店－界首集，水寨－项城－新蔡－息县，汝南－沈丘－临泉；日军占领区邮路2条：淮阳－太康，淮阳－鹿邑。国统区和日占区通过周口－淮阳、槐店－秋渠2条邮路交换邮件。1944年日军大举入侵，邮路几乎全部中断。

抗战胜利后，部分邮路恢复。1946年底，邮路有12条，其中委办汽车邮路1条：郾城－周口－水寨－槐店－界首集；步班邮路11条：周口－淮阳－太康－杞县，周口－淮阳－鹿邑－商丘－商丘车站，西华－郾城，扶沟－许昌，周口－商水－上蔡，项城－上蔡，水寨－项城－沈丘，槐店－秋渠，沈丘－新蔡，沈丘－汝南，鹿邑－亳县。

民国时期，在清末邮政业务的基础上先后增办商务传单、保险信函、盲人读物、航空函件、平快函件等业务，并先后开办普通包裹、特种包裹、图书小包等包件业务。函件多为三等邮局及代办所办理，业务量较小。

1936年，今周口地区境内开办汇兑业务的局所增至51个，其中周口邮局可兑付2500元以下汇款，淮阳邮局可兑付800元以下汇款，商水、西华、项城、沈丘、太康、扶沟、鹿邑、水寨、槐店等邮局可兑付200元以下汇款，其余40个代办所仅能办理10元以下小款汇兑，且只办理普通汇款，不办理电报汇款业务。解放战争时期，汇兑业务停办。

1920年7月1日，周家口二等邮局成立周家口邮政储金支局，办理邮政储蓄业务。1936年，增加淮阳、太康2个支局，各储金支局与同级邮政局合署办公，分别核算。抗战期间停办。

1924年，周家口邮路通漯河、淮阳、项城、商水，重班邮路至太和，邮路总长约200公里。1937年，邮局和电报局同时迁至山货街路东，虽同在一院，但分署办公。1937年增设开封邮路。1941年，周家口步班邮路通上蔡、项城、沈丘、淮阳、西华、扶沟等地，汽车班通开封、漯河、阜阳，邮路总长约635公里。1947年刘邓大军挺进大别山途经周家口，遂接管邮局和电报局。

抗日战争和解放战争时期，豫皖苏边区设置交通机构，配备交通员，建立交通线，为周口地区中共机要通信之始。解放战争时期，随着解放区的扩大，国民政府邮政机构逐步减少并相继解体，人民政府交通机构（负责传递党政军文件政令）陆续建立。1947 年 4 月，中共淮阳市二分区在周口设立交通站，有交通员 7 名，负责市政府和部队之间的公文传递，无固定线路。1948 年有交通员 12 名。邮路南至扶台（今河南上蔡境内），东南至平店，西北到大王庄（今西华境内），西到宋庙（今商水境内），东到项城，东北至淮阳。1949 年初，邮路通漯河、项城、沈丘、淮阳、扶沟、商水，周口市内有河南、河北 2 个投递线，均系步行班。同年 5 月，周口交通站改为交通局。

1912 年，淮宁县建三等邮务支局，下设新站、戴家集、搬罾口 3 个邮政代办所和柳林集、鲁台集、李集、临蔡城 4 个信柜，均由商人代办。次年，改为淮阳县三等邮务支局。1918 年，淮阳县邮务支局改为三等邮局，地址在淮阳县城大同街路南。1924 年，水寨设三等乙级邮局，直属周口邮政分局，设局长、邮差各 1 人，信差 2 人。1933 年，淮阳三等邮局升为二等邮局。1936 年 7 月，河南省邮政局在淮阳县城设汇兑局。1938 年日军侵占淮阳县城，邮政机构由日伪另设。

民国时期，淮阳县城及郊区仅有信差 1 至 2 人，日投送 1 次。乡村投递有信差或雇工 1 至 2 人，每周 1 班，分东、西 2 路，各 180 公里，按固定路线和地点投递。只办理信件和小件包裹，汇款不超过 10 元。邮差平均日行 30 公里，负重 30 公斤，经过各乡邮政所和邮站时，由所、站在排单上签署到达日期。邮差经过集镇和村庄时手摇铜铃，以便群众送取信件。淮阳县平均每天出口平信不足 100 封，出口挂号信不足 20 封，普通包裹、小包邮件业务量很少。

民国初年，淮阳邮路以淮阳县城为中心，有 3 条干线：淮阳－鹿邑邮路先由周口局发班，经淮阳、戴家集、生铁冢、吴台庙至鹿邑，4 天往返 1 次。后改为由鹿邑局发班，每 3 天往返 1 次。淮阳－太康邮路发逐日班，邮差 2 人，途经老冢。淮阳－周口邮路由淮阳发逐日班，邮差 2 人，途经搬罾口。1938 年淮阳沦陷后，淮阳－周口邮路虽为黄泛所阻，仍然通邮，邮政局仍归开封邮政局统辖。淮阳－周口邮路由淮阳邮局发间日班，邮差 1 人。淮阳－鹿邑邮路发 3 日班，邮差 1 人。淮阳－太康邮路发逐日班，邮差 2 人。

1947 年，淮阳县民主政府设交通局，负责传递公文和作战信息。1949 年初，淮阳县民主政府交通局与淮阳市民主政府交通局合并，3 月撤销。同时成立邮政局。区设邮政代办所，开通县以下线路 8 条。

1913 年，商水县废驿站，在城关设立三等邮政局，职工 3 人。仅有商水县城－周口邮路，人力担挑，步班投递。1948 年 5 月，商水县始办邮政业务，免费寄信。1949 年，建立县与县之间的联系，除恢复商水－周口邮路外，开辟了商水－上蔡、商水－谭庄两条邮路，均为逐日步班。光绪三十年（1904 年），西华县城设邮政代办所。1920 年，改设三等乙级邮政局，并在东桥镇、东夏亭镇、聂堆、红花集、龙胜沟、逍遥镇、老窝镇、张明镇、宿镇、南流渡口、砖桥集各设邮柜 1 处。后逍遥镇设邮政代办处，办理函件、包裹和汇兑业务。1944 年西华县城沦陷，邮政局遂废。1948 年初，中共西华县武装交通局成立。1949 年 5 月，西华县邮政局成立，有局长和邮差各 1 人。县以下设代办所 13 个。1949 年包裹仅有 48 件，汇兑票仅有 60 张，汇款 1700 元。1919 年，扶沟县邮务代办所改为二等邮局，并在吕潭镇、瓦子（今属太康）设立邮务代办所。1920 年，在固城、焦桥、摆渡口设立邮务代办所。1921 年，在练寺设立邮务代办所。是年在全县乡村有 20 条邮差投递线路。1938 年黄泛后，扶沟－许昌邮路尚通，乡村邮政业务甚少。1949 年，扶沟县建立邮政局。民国初年，太康邮政代办支局改为三等邮局，共有 5 人，隶属中华邮政总局。1932 年，设常营、马头、大新集（今属扶沟）、龙曲、朱口、逊母口、老冢7 个代办所和王集、高贤、杨庙、道陵岗（今属西华）、崔桥（今属扶沟）5 个信柜。时太康有 3 条邮路，分别为北至付集（今杞县）转兰封（兰考）线，西至扶沟转许昌线，南至老冢转淮阳线，均为步班送至付集、扶沟、老冢交差。邮件每天 8 时入境，16 时出境。抗日战争期间，太康县中华邮局随县政府迁至大新集。1946 年迁回县城，地址在扁担街，有邮务人员 6 名。1948 年，太康县民主政府接管太康中华邮局。1949 年 3 月，更名为太康邮政局，迁址于县前街，有职工 18 人。下设代办所 18 处，信箱 22 个。民国期间，太康县邮局营业窗口开办有汇兑业务，实行剪格汇票。当时人们经济来往较少，汇兑业务量不大。1949 年经办普通汇票，代办货款业务，年出口汇票 185 张。

1912 年，鹿邑邮政寄代所改为鹿邑邮政代办所，共有 2 人，负责人匡俊才。只办理信函业务，每日收发信函百余件。1920 年，改邮政代办所为三等邮政局，下设郸城、生铁冢、辛集、马铺 4 处邮政代办所，开辟鹿邑－柘城邮路、睢县－鹿邑邮路（途经睢县曹庄、太康马头、鹿邑安平），间日步行班，全长 120 公里。1926 年增设玄武、试量、吴台、太清宫 4 处邮政代办所，均设在私人药铺内。同年，周口－鹿邑邮路使用独轮土车推运信件。1931 年，开辟周口－鹿邑邮路，长 110 公里，7 日步行推土车班。1939 年，鹿邑邮局有邮递员自备自行车 2 辆，始用自行车运送信件。1946 年，内战爆发，邮政局撤销，人员走散，邮路中断。1920 年至 1946 年，鹿邑县邮局开办信函、汇兑、包裹业务。1946 年业务收入 1 万余元。

解放战争时期，鹿邑县民间通信中断。1946年，鹿淮太县民主政府设交通科，分骑兵班和步兵班，配有8匹马和枪支弹药，负责县委和地委、县与各区之间的文件、情报传递。1947年春，交通员方春玉、罗永明向宁平区传送县委文件，行至新桥村头被敌人活埋。1948年3月，交通员刘宏文向淮海战役前线的解放军某部传递县委信件，在亳县新建村落入敌手，惨遭毒打致死，被投尸井中。同年，鹿邑县民主政府将交通科改为交通局，在各区设交通站（或联络站），共有交通员22人。1949年6月，改交通局为邮政局，职员24人。设郸城、丁村、石槽、吴台、宁平、汲水、白马驿、太清宫、王皮溜、生铁冢、赵村、试量、辛集、安平、玄武、杨湖口、贾滩、马铺等27处民办邮政代办所。1918年，沈丘干线邮路有商丘－沈丘、周口－槐店－界首2条邮路。抗战时期增设沈丘－新蔡、沈丘－汝南、沈丘－界首3条邮路。周口－槐店－界首邮运班期2天往返一次。沈丘县内邮路有县城分别通往槐店、皂庙、纸店、宜路等邮路。1946年，沈丘县城与13个乡镇通邮，邮路总长300多公里。1918年，沈丘县始办邮政，沈丘县城（今老城）和槐店各设1个邮政代办所，有职员5人。1920年，两个代办所升为三等邮局，同属省邮局领导。增设纸店、赵德营、刘庄店、鲖城、彭马庄、直河头6处邮政代办所，东杨集、留福集、黄牛岭、瓦店集、姜寨集、半坡店、北杨集、宜路店、秋渠集9处信柜。1937年，电信事业得到发展，职工增至17人。1938年各乡镇设邮政所13处。业务有信函、包裹、汇兑和发行，省局不拨汇兑备用金，邮局需待汇款到后方予兑付。开办初期，沈丘邮局每月收入仅100多元。1944年，沈丘邮局年收入1万元左右（法币）。1945年抗战胜利后，为建国前沈丘邮电事业兴旺时期，有职员30多人，始用自行车邮送邮件。1947年，沈丘县民主政府设交通局，槐店设交通站，共有交通员13人，多为豫皖苏军区第二、四军分区委派。邮路总长200公里，邮运靠肩挑步行，马匹很少。县委机关设有武装通讯班，负责机要通信。1947年春，沈丘县邮政局下设邮政代办所14处，信箱20个。1948年，邮政局改为交通局，局址在县城西大街。槐店改设交通站，站址在窦家祠堂。1949年，县交通局改为县邮政局，槐店交通站改为邮政局，有职工17人，其中旧职员7人。

1913年，项城县始设邮政局，编制3人，局长、邮差、信差各1人。1933年，项城县政府及区、乡镇设邮政代办所，多由私人兼营，负责信函传递业务。1935年，项城县通往境内外邮路有2条：一为项城－新蔡邮路，由项城局发班，人力步行，系对班，行程60公里，4天往返1次。二为项城－水寨邮路，系对班，行程30公里，2天往返1次。1937年，又增设邮路2条：

一是周口－项城邮路，由周口发班，经水寨分局转项城邮局。邮运工具为红车，当日对班，单程30公里。1938年，周口至水寨邮路由红车改为马车；二是水寨－槐店邮路，单程16公里，当日往返，再由槐店转界首。1943年，水寨邮局为二等五级局（转口局），担负经转水寨至项城（今秣陵镇）、槐店、淮阳等邮运任务。1948年，项城县民主政府设交通局，有武装通信交通班2个，共28人。

建国前，邮政人、财、物及通信指挥等权集中于上级主管局，邮运管理实行每条邮路两端邮局分段负责制。邮件始发局填写“排单”，注明发班时间，邮差姓名，运送邮件袋数、套数及重量等，邮差按规定时限传送，如有延误丢损，予以惩罚；终端局按“排单”接收邮件。市内邮件投递由信差直接投交收信人，农村则由代办所委托捎转。

2. **电信业**

清末至建国前，邮政、电信机构分设，电信分别由部、省、县经营管理。周口地区电报业始于清光绪二十八年（1902年），种类有官军电报、局务电报、私务电报、公益电报、特种电报等。

民国十八年手稿本《河南新志》载：光绪二十八年（1902年），周口电报局设立，为三等甲级局，是河南省电报创设时期16个电报局之一。时线路仅有周口－郾城1条，长60公里，始用电话机传电报。光绪三十年（1904年），开办国际邮政业务，升为二等局，该局电报线路长510公里，与郾城直接联络，南通信阳。初为晋豫电报管理局管辖，光绪三十三年（1907年）改由上海电报局管辖。1916年，周口电报局改由开封电政局监督业务，通信工具为莫尔斯电报机。

清末，电报业务量较小。光绪三十三年（1907年）九月，周口电报局月内发电报240份、3647字，其中三等明码1份、14字，四等明码169份、2910字，四等密码39份、448字，四等外文31份、275字。宣统元年（1909）七月上旬，周口电报局收报37次，计758字，收费101.6元；发报34次，计683字，收费81.28元。

1932年，增开周口－淮阳话传电报电路1条。1935年，淮阳尚无电报机构，电报业务由邮政局邮转周口电报局拍发。次年，周口电报局开辟周口－漯河、周口－界首电报电路。1938年后陆续开通周口－项城、项城－沈丘、沈丘－临泉、沈丘－界首电报电路4条。1941年，沈丘电报局成立，有30门交换机1部，韦斯登快机1部。电报仍为话传，主要供机关、学校、部队使用。1944年初，周口、沈丘两个电报局共有莫尔斯人工电报机3部，韦斯登快机1部。1944年下半年，日军南侵，电报通信全部中断。抗战胜利后，周口－郾城、周口－项城、项城－沈丘3条电报电路恢复，1948年全部中断。

1931年5月，淮阳县始设电报代办所，开展电报业务。1948年，周口电报局驻淮阳县邮政局话务员1人，负责驻军和专署话传电报业务。

1931年前，鹿邑县无电报机构，来往电报均通过商丘拍发。1931年，鹿邑县始设电话所，经营电话话传电报，1938年停办。1933年，周口电报局在水寨设电报支局，1937年撤销。该局有10门交换机办理话传电报业务。业务量很小，主要为商人和军政人员服务。以30字为1次，超过30字加1次收费，加急电报加倍收费。1937年以前，沈丘县无电报机构，来往电报均经周口，再邮至沈丘，称邮传电报。或由周口派人专送，称专送电报。邮传电报由发报人预付2角邮费，专送电报由收报人向送报人付专送费。1937年，沈丘县政府电话处和槐店长途电话营业处同时开办话传电报业务。1941年，沈丘县设电报局，归西安局管辖。该局置30门交换机1部，铁质明线1对，有职员10人，包括报务员、送报差、线务员、业务长各1人。业务分别通往界首电报局、临泉兼转阜阳、项城电报营业处（属沈丘局管辖），并与国民党驻军15集团军司令部有直达线1对，局长室有中天式话机1部。1946年，沈丘电报局撤销，电报业务由电话处兼营。

宣统元年（1909年），周口长途线路经商水－郾城－湖北应山与郑州干线联通。1927年后，周口一带长途电话相继开办，但管理分散，设备陈旧，屡遭战乱，未形成通信网络。电话无论长途或短途，业务量都不大，主要是一些机关、学校和较大集镇使用。长话有省营（河南省政府开办经营）和部办（交通部开办）之分，各自独立。省营长话开办于1927年。是年，周口电话局成立，开通周口－郾城、周口－西华、周口－商水、周口－淮阳长话电路4条。1928年，商丘电话局在鹿邑设代办处，开通商丘－鹿邑长话电路。1929年，周口至开封架线通话，途经淮阳、太康、杞县等地，后遭战火中断。1933年，周口－开封线路复通；同年，周口－尉氏架线通话。1937年，省营长话机构设周口电话局和周口北寨、西华、项城、水寨、淮阳、槐店、沈丘、扶沟、鹿邑、太康等营业处或代办处10处。长途电话线路有周口－郾城、周口－项城、周口－西华、周口－淮阳、周口－商水、周口－开封、周口－尉氏、周口－界首、鹿邑－柘城、项城－沈丘等10条。1938年，日军入侵，周口地区长话线路仅余国民政府统治区内周口－郾城、周口－界首2条，1944年全部中断。1946年，恢复周口－郾城、周口－水寨、周口－界首3条长话线路。

部办长话开办于1932年，周口电报局利用周口－郾城电报线路开通长途电话。1937年，部办长话线路增至3条：周口－郾城、周口－淮阳、周口－开封。1938年日军入侵，周口－淮阳－开封线路中断，郾城－周口线路延伸至项城、沈丘、临泉。1944年日军南侵后，仅余项城－沈丘线路。1946年，先后恢复郾城－周口、周口－项城、周口－淮阳、项城－沈丘、沈丘－界首5条通话线路，解放战争时期一度中断。1948年，周口地区各县相继解放，豫皖苏军区电话总局和各县民主政府经过抢修和新建，开通周口－郾城、周口－上蔡、开封－扶沟、项城－汝南、项城－新蔡等5条电话线路。

交换设备。1927年，长途电话开办，但交换设备落后，设电话局的县镇仅有1部小型交换机，未设电话（信）局的县，或与环境电话合用1部交换机，或只装有电话单机。1944年，周口电信局（部办）有10门交换机1台，电话机2部；沈丘电信局（部办）有10门交换机1台，电话机7部。1947年，周口电话局（省营）有20门中电式磁石交换机1部，电话单机2部；水寨营业处有10门交换机1部，电话机2部。长话业务种类先后有普通电话、加急电话、代传电话、传呼电话、预约定时电话、预告电话等数种。业务量很小，且受战火影响较大。1947年后相继停办。

环境电话，也叫地方电话、农村电话。建国前，各县无单独市内电话设施，各县城机关之间电话通信由环境电话设施沟通，后遭战火破坏。1927年，西华县政府首办环境电话，是周口地区第一处电话交换点。扶沟、太康、淮阳、商水、鹿邑、沈丘、项城等县陆续创办环境电话，设置交换点。1936年，交换点增至10余处，通话地点除县城机关外，还有87个区（乡）镇。环境电话机线设备较少。1934年，周口地区共有小型交换机6部，容量80门。1936年，线路杆路长1209.5公里，均为单根铁线。1938年后，环境电话受战争、黄泛影响逐步解体，日伪政府恢复鹿邑、太康两县环境电话线路211.8条公里，电话机36部。

1928年，淮阳县政府设电话处，电话通周口。1929年，架设淮阳至太康、杞县、陈留、开封电话线路。1933年，河南省第七区行政督察专员公署专员兼淮阳县县长甄纪印办环境电话，经费由淮阳县各区分摊，主要安装在军、政、警机关。总机设在淮阳县政府，有德国产20门交换机2部，实装30门，共装电话31部，外通淮阳专署所属商水、西华、太康、扶沟、鹿邑、项城、沈丘及柘城8县，内通10个区，通话里程224公里。1938年，日军侵占淮阳县城，环境电话全部中断。沦陷区电信由日伪政权另设。抗战胜利后，淮阳县政府设10门交换机1部，县内只通少数区镇和主要机关。

抗日战争和解放战争时期，中共豫皖苏区先后在淮阳、太康、鹿邑等县设置交通、电信机构，传递政令和军情，路线不固定。1944 年，淮太西县抗日民主政府设交通局（今西华县东夏亭），主管通信业务。1947 年后随着解放区的扩大，各县相继建立交通、电信机构，路线逐渐稳定。1922 年 11 月，河南省长途电话局商丘分局在鹿邑县政府设电话代办处，安装电话单机 2 部，架设商丘－鹿邑电话线，长 70 公里，始与商丘通话，仅供机关使用，是鹿邑使用电话之始。1930 年，开辟柘城－鹿邑电话线，计 30 公里，电线杆 390 根。1931 年 4 月，鹿邑县政府建设科下设电话所，编制 10 人，其中所长 1 人，话务员 3 人，机械员 5 人，机械师 1 人。是年架设鹿邑－淮阳电话线，长 70 公里，与柘城、淮阳通话。在一私人商号内安装电话单机 1 部，供民间使用长途电话。当时向商丘通话 1 分钟，收银币 1 元。1930 年至 1933 年，共架设电话线 115 公里，安装电话 11 部。

1931 年，鹿邑县县长濮耀东办环境电话，县电话所安装 50 门磁石交换机 1 部。各机关、商号和各区、乡间安装电话，所需经费由鹿邑县政府统一筹集，县解决 40%，各单位集兑 60%。经过 1 年多的安装，架通鹿邑县城与汲水、吴台、郸城、白马驿、石槽、太清宫、生铁冢、辛集、玄武、李原、安平、杨湖口、贾滩、马铺等区、乡的电话，杆路长 300 余公里。郸城、玄武、辛集、李原、马铺各安装 10 门小型交换机 1 部。区、乡共安装磁石式电话机 28 部，城内机关、商号和学校安装电话机 8 部，鹿邑县成为全省环境电话较多的县份之一。

1938 年，日军侵占鹿邑县城，鹿邑县电话所随县政府迁到石槽。长途电话和环境电话破坏殆尽。1941 年，日伪鹿邑县政府设电话所，配所长 1 人，话务员 3 人，机械员 3 人，安装 20 门交换机 1 部，城内机关安装电话 10 部，乡间架通鹿邑与郸城、汲水、生铁冢、太清宫、马铺、杨湖口、玄武、试量、辛集等集镇的电话线，安装电话 9 部。1942 年，日军恢复鹿邑－商丘、鹿邑－柘城两条电话线，线路长 170 余公里，置单机 19 部，供日伪机关使用。1945 年 8 月，鹿邑县电话所撤销。1946 年秋，鹿邑县电话全部中断。

1948 年 2 月，鹿邑县民主政府建设科下设电话班，配班长 1 人，话务和机械员 3 人。架通鹿邑至淮阳电话线，安装 10 门电话机 1 部，机关安装电话单机 15 部，供鹿邑县政府与专署、军分区使用。1949 年，电话班交换机更换为 30 门，架设鹿邑县与各区电话线杆路长 132.6 公里，线长 178.2 公里，安装电话 26 部。

1927 年，商水县政府安装第一部电话。1932 年，设立环境电话处，商水至周口、雾台、扶苏、南陵、赵集、吴楼寨等区公所架设6条单线电路，全长60公里。1935年，商水至各区电话线路改为3条，分别为商水至邓城、扶苏、周口，总长90公里。1941年，商水至各乡线路改为6条，分别为商水至周口、扶苏、雾台、吴楼寨、邓城、南陵，单机9部，职工增加到5人。1927年，周口设立电话局，开办长途电话业务。1932年，周口电话局为二等分局，下设北寨营业处、南寨营业处和西华代办处。1932年，周口有长途电话4条，即周口至开封，途经淮阳、杞县、陈留与尉氏、郑州相连；周口至郾城，入湖北应山至郑州干线，途经临颍、许昌等地达郑州；周口至尉氏，途经西华、扶沟、鄢陵；周口至商水。1946年，周口长途电话通漯河、界首。1947年前后，国民党溃逃时将长途电话设备和线路全部拆去。1948年9月，人民解放军进驻周口后，安装10门美式交换机1部，实装电话6门，属解放军第7分区司令部管辖。同年10月，周口市人民政府架通周口至淮阳长途电话，供内部使用。1949年1月，总机改为30门，交换机实装27门。1928年，沈丘县政府设电话处。1937年，周口长途电话分局在槐店设长途电话营业处，同时沈丘县电话处设长途电话代办处。1949年，沈丘县人民政府设电话总机室，县内有自办局2个，代办所18个。1930年春，开始架设开封至周口长途电话线路，太康境内长41.5公里，1933年通话，不久因战争损坏。20世纪40年代，修复太康至淮阳长途电话线路，直至建国前夕。1932年春，太康县始办环境电话，1937年建成，有20门磁石交换机1部，设于国民党太康县党部。太康县城各机关和9个区所在地配有单机、单线直通电话，同时与邻近县市通长途电话，后遭日军空袭破坏。1938年至1945年，日军侵占太康期间，伪太康县公署重新架设电话线，日伪首脑部门都装有电话。1949年3月，太康县民主政府设电话班，话务员3人。1928年，项城县设电话处，职员3人，主任、机员、机工匠各1人，周口电话分局与淮阳专署及各县国民政府通话。1930年，周口地区都架线通话，话线为铁质16号线，杆距80米，单线回路。是年项城县政府电话处有西门子式20门交换机1部。1933年，水寨设电话支局，归周口分局领导，职员2人。之后，各县府机关团体相继安装电话，并开办话传电报业务。1933年至1945年，周口电话分局经水寨电话支局转槐店、淮阳线路2条。1947年，项城县政府环境电话处有西门子式20门电话交换机1部。政府及区乡机关接入单机16部（桌机5部、墙机11部）。水寨电话支局设在北大街路西，占房3间，1942年有磁石式10门交换机1部，1947年增至20门，置墙挂单机1部。1927年10月，西华县政府设电话处，安装德国产西门子式12门交换机1部。1944年西华沦陷，器材丢失。

1949 年，淮阳专署设长途电话班，有西门子交换机 1 部，单线通淮阳。1928 年，扶沟县设环境电话处，安装德国产西门子 10 门交换机 1 部，并在主要乡镇安装电话。1933 年改为 20 门交换机，河南省电话管理局在扶沟设立电信营业处。1933 年至 1940 年，扶沟长途电话与县外联通。1939 年至 1940 年交换机发展到百门，城乡共装磁石式电话单机 100 部（包括 1 部同线电话）。1946 年，许昌电话管理分局在扶沟设立长途电话代办处。

1928 年元月，国民党暂编第 1 师第 3 团驻沈丘，沈丘电话开通县城－纸店－界首线路。同时，沈丘县政府设电话处。1929 年，沈丘与项城架线通话。1934 年，电话处有管理员 1 人，电话兵 1 人，月经费 40 元。设备有 20 门总机 1 部，5 门总机 1 部；话机有西门子挂机 1 部，座机 1 部，瑞典挂机 9 部，座机 6 部，线路全长 28 公里，沈丘县城至阜阳、界首、太和、临泉、项城均可通话。1937 年，沈丘和槐店两个电话处有职员 7 人，20 门总机 1 部，15 门总机 2 部。县城通话 13 处，乡镇通话 13 处，与阜阳、太和、界首、临泉、项城、水寨、周口等邻近县城和大城镇均可通话。是年，河南省电话管理局架设周口－槐店－界首电话线路，在槐店设长途电话营业处，有职员 3 人，5 门总机 1 部，西门子挂机 1 部，属周口长途电话分局领导。1945 年，河南省电话管理局抢修通话线路，周口－界首、周口－水寨、水寨－槐店线通话，均为单线，铁质杂号线。1946 年初，架设沈丘－淮阳线路 72. 5 公里，沈丘县政府与专署始直接通话。1947 年，沈丘县长途电话因战争一度中断。1928 年，沈丘县办环境电话，是年与纸店通话。1934 年，沈丘县城与 6 个区通话，县城机关通话 11 处。1946 年，沈丘县城与 13 个乡镇通话。1947 年环境电话中断。

八、金融业

1. 银行业的发展及货币流通

周口地区近代银行业始于清末，民国时期进入较快发展时期。

豫泉官银钱局周家口分局和河南省银行周家口分行。光绪三十一年（1905 年），在周家口新街路东成立豫泉官银钱局周家口分局，为一等分局。有资本银 2 万两，钱 2 万串，以办理兑换票币、汇兑银钱、存放款项、汇解税款、推行钞票。1923 年，河南省银行改组，1924 年 5 月豫泉官银钱局周家口分局随之改组为河南省银行周家口分行，经理许效桢。同年在淮阳、太康等县设兑换所。1927 年，吴佩孚在北伐战争中溃败，河南省银行及所属机构停业。

大清银行周家口分号和中国银行周家口支行。宣统元年（1909 年）二月，大清银行周家口分号在周家口新街路东成立，隶属开封分行，是周口地区开设最早的国家银行。1913 年改为中国银行周家口分号（简称周号），行长尤某。1916 年改称中国银行周家口支行。1924 年，杆匪路老九攻陷周家口，绑走行长之子。1926 年，中国银行周家口支行撤销。1930 年，中国银行又在原周家口支行址设周家口通汇处。主要业务有：存款，分为往来存款、暂记存款、定期存款；放款，分为押款、借款、往来欠款、暂记欠款、现银存入钱庄等；汇兑划拨，公私款项及货物押汇；买卖生金生银及保管紧要贵重物件；各种期票贴现或卖出。

交通银行周家口汇兑所。宣统二年（1910 年），在周家口南寨新街成立，隶属交通银行开封分行。1922 年撤销。办理国内外汇兑及跟单押汇，各种存放款及储蓄，国库证券及商业妥实期票贴现，兑换外国货币，买卖生金生银，经收各种票据及保管贵重物件，以及其他汇业银行及实业银行应有之业务。

河南省盐业银行周家口支行。1923 年，在周家口新街成立，办理储蓄、商业存贷等业务。1925 年改为汇兑所，1935 年停业。

鹿邑县官钱铺。1932 年，鹿邑县政府在城内设官钱铺，专为政府收兑黄金、白银，调节货币流通。

淮阳县汇兑局。1936 年，淮阳县政府在城内设汇兑局。

中国农业银行沈丘支行。1939 年，中国农业银行沈丘支行在沈丘县城（今老城）成立。1941 年，实行新县制，农业银行撤销，成立中国银行沈丘支行。

西北银行周家口兑换所。1927 年，西北军在原河南省银行周家口分行址设立西北银行周家口兑换所，隶属郑州分行。1929 年，西北银行随西北军撤走，周家口兑换所停业。

河南省农工银行办事处。1936 年，河南省农工银行先后在太康、淮阳、鹿邑和周家口设立办事处。1938 年，国民党军队与日军展开徐州会战，豫东告急，各办事处随军后撤。1939 年，设沈丘收税处。1940 年，周家口办事处在黄杏樵别墅复业，主任李少寿。1943 年，周家口办事处曾代理国库支库。1945 年 5 月，豫中沦陷，河南省农工银行及周家口等 28 个分行、办事处均撤至河南内乡西峡口。同年底，周家口办事处在老街路东恢复。1946 年 7 月，河南省农工银行改组为河南省银行，沈丘县收税处并入沈丘县银行，仅保留周家口办事处，改称河南省银行周家口办事处。1947 年 7 月，周家口解放，河南省银行周家口办事处停业。

县银行。1941 年 6 月后，各县国民党政府相继成立县级银行，均以股份制官商合办。资本有限，主要办理各项存款，同时发放少量贷款。贷款的主要对象为官僚士绅，他们以低息贷出，又高息转贷给平民群众。1941 年 6 月，沈丘县银行设立。1943 年初，扶沟县银行成立，从城乡摊派股金 6 万元作为银行基金，用于抢购粮食、土布，囤积牟利，很少开展贷款业务，5 月即倒闭。1943 年 6 月，商水县银行成立。1943 年，西华县银行成立。1944 年，项城县银行成立。1946 年，鹿邑县银行成立，设会计课、出纳课和总务课，并代理县金库，有职员 10 人。主要业务是存取地方公款，办理商业贷款。1947 年，随着鹿邑县城解放而停办。1947 年 7 月 1 日，淮阳县银行设立，10 月即倒闭。

农村信用合作金库。民国时期，河南省农村合作委员会、省合作事业管理处先后成立。1934 年 6 月，淮阳县试点组织信用合作办事处，设信用合作社 15 个，拥有社员 896 人，728 股，股金 2770 元，实收股金 1385 元。其中 6 个信用合作社向河北、山东、安徽、山西省农民银行借款转贷民间，月息 8 厘。1942 年，信用合作社改为信用合作指导站，淮阳县共设 19 所，社员 1201 人，股金（法币）26721 元。由于战事频繁，各信用合作指导站当年即撤销。1935 年，太康县成立合作金库，年底有合作社 26 个，社员 1202 人，股金 2642 元，上缴 1312 元。1936 年，有经营社 1 个，储蓄额 49050 元，无存款、放款和代理收付业务，后停办。1941 年至 1943 年，扶沟、项城、商水、西华、淮阳、沈丘县成立合作金库。1943 年，成立合作社指导办事处。西华有合作社 186 个，社员 10836 人。当时，西华正遭受黄泛、战乱，民众流离失所，未从中受益，最后股金也被经管者中饱私囊。1944 年后，各县金库歇业。1946 年，沈丘、商水、项城等金库复业。后随着各县解放而停业。

公债发行。1914 年，北洋政府发行公债，省将份额摊派各县，强行认购。太康县购公债 1.4 万元，6 厘生息，还本 9 次。1915 年、1916 年又连续两次发行公债，改为还本 6 次，数额、利率均同前。1918 年，河南省当局为接济豫泉官银钱局，发行地方公债，太康县认购 1.4 万元，6 厘生息，还本 6 次。1921 年，太康县购临时公债 1 万元。1924 年，太康县购临时军用公债 2.2 万元。1927 年，太康县发行地方公债 11 万元，认购 70272 元。1931 年，太康县又发行善后公债 1.1 万元。

中州农民银行支行与中国人民银行分支机构。1947 年 6 月，沈丘、鹿邑、西华、扶沟、商水县苏维埃银行支行和豫皖苏边区苏维埃银行同时成立，周家口设办事处。1948 年，中州农民银行总行成立，各县苏维埃支行改称中州农民银行支行。3 月，中州农民银行淮阳专区支行成立，下设沈丘、鹿邑、西华、扶沟、商水、太康、项城县支行；周家口办事处升格为中州农民银行周口市支行。各支行与工商行政管理局（金融股）合署办公。1948 年底始，各支行相继独立，周口市支行被总行定为乙种通汇行。1949 年 3 月，中州农民银行鹿邑支行单列，内设会计股、业务股，有职员 12 人，归淮阳专员公署督导办事处领导。1949 年 3 月 20 日，中州农民银行淮阳支行单列。5 月，改称中国人民银行淮阳县支行（简称县人行），12 月 1 日与界首、太康、项城、鹿邑、周口、西华通汇。5 月，中州农民银行淮阳专区支行改称中国人民银行淮阳市支行。1948 年 6 月，中州农民银行沈丘支行单列。1949 年 3 月，改称中国人民银行沈丘县支行，并设中国人民银行槐店镇办事处。1949 年 2 月，太康县中州农民银行单列，行址在原县政府南门东院（今太康县水利局址）。9 月，改为中国人民银行太康县支行，有行长 1 人、副行长 1 人，设业务、会计、出纳 3 股，职员 8 名。1949 年 3 月，中国人民银行扶沟县支行成立。1949 年 4 月，中国人民银行商水县支行成立，设业务、会计、出纳 3 股。9 月，其他各县中州农民银行支行改称中国人民银行支行。1949 年，中国人民银行鹿邑县支行有企业、财政和机关团体存款 8.8 万元。

中州农民银行周口市支行和中国人民银行周口市支行。1948 年 3 月，中州农民银行周口市支行业务由工商管理局业务股代理，在老桥南头设营业所，主要兑换票券。1948 年底，周口市工商管理局业务股改组为周口市中州农民银行，内设会计、业务、出纳 3 股，行址改在山货街。1949 年 9 月，周口市中州农民银行撤销，成立中国人民银行周口市支行。

1948 年，项城县民主政府工商局设金融股，先后在县城（今秣陵镇）、水寨、南顿、丁集、新桥、孙店、石庙等地发放中原解放区中州农民银行发行的中州币。1949 年 5 月，项城县民主政府成立中国民主银行项城县支行。开办各种存款业务，项目包括企业存款、财政存款、机关团体存款、部队存款、基建存款、农村存款、其他存款等。当时经济状况非常困难，财政存款余额仅有 2.1 万元。

1948 年，周口地区禁止银圆、金银计价流通，非饰品金银由各县市人民银行按公布牌价收兑。由于银行机构少、交通不便，群众兑换困难，不法商贩趁机压价收购，黑市交易猖獗。各地人民银行配合地方公安、贸易机构开展拒用银元宣传教育活动，并采取平稳物价巩固币值紧急措施，严格管制金银黑市活动，取缔交易市场，金银交易转入地下。1949年春，为加强金银管理，遵照1949年1月1日中原人民临时政府颁布的《中原解放区内地管理金银暂行办法的规定》，采取3项措施：一、严禁金银在市场流通，以区为单位指定专人收兑，按照当地银元价格，以低于黑市价格的5%或等于黑市价格，挂牌收兑；二、禁止金银黑市交易，对违法经营金银者依法制裁；三、凡干部职工所存金银，带头到县人行兑换或折实储蓄，不得隐瞒，否则给予纪律处分。于是，饰品业市场公开买卖金银，扰乱了金银市场。是年7月，周口地区61家金银饰品业列入管理范围，规定饰品业不得私下买卖金银或收兑金银饰品，禁止黑市交易。8月，各县市人民政府为保护工商业、稳定物价，成立金银管制委员会，查禁非法黄金交易和黑市交易，适当提高金银价格，挂牌收兑。8月8日至15日，周口市人民政府查获非法交易黄金0.278两，银元76元。9、10月间，周口地区共收兑银元121114枚。这些措施对保证金融物价稳定，恢复发展国民经济起到了积极作用。

民国时期，金融市场长期为高利贷者占据，地方政府仅在个别年份对农村有少量资金投入。1942年旱灾严重，河南省粮食增产团从中国农民银行借款，向扶沟县519户农民放贷13万元，向西华、商水两县1499户农民放贷24万元。1947年，水、旱、虫灾纷至沓来，农村经济遭受破坏，河南省合作金库对黄泛区各县发放救济贷款各1亿元，但农民所得寥寥无几。1948年，中州农民银行配合地方政府，及时发放中州币贷款900万元及小麦折实贷款140万元，帮助农民购买种子、农具、牲畜，组织生产救灾。1949年春，发放5000元无息贷款帮助农民购买牲畜、种子，用于生产度荒。银行信贷以实物（小麦、棉花、油料）贷款、折实贷款为主，信用放款较少。当年春耕放无息贷粮255万公斤。同年，对组织起来的互助组发放贷款3000元。1949年4月，项城县民主政府为帮助农民解决生活困难并种好自己的土地，实行发放折实与实物贷款。首批贷放粮食1.4万公斤、款240万元（中州币）；第二批发放麦种4.1万公斤，解决了1689户的麦种困难。同时还发放了一部分耕牛贷款。

1948年，太康县财政金融部门为解放区357个村、1875户农民放贷麦种38951公斤，发放给135户少本或无本工商业者中州钞32万元。

2. 当铺、钱庄、票号和银号

近代，随着社会经济的发展，民间金融机构随之兴起，私人开设的当铺、银号、钱庄、钱铺、金银店等日渐增多。钱庄、银号资金较多，经营规模较大；钱铺资金较少，规模较小。广大平民受当铺、放账铺、钱庄剥削很重。

当铺对当物估价，金银较高，珠宝次之，其他物品又次之。当期有长短，利率亦不同，到期无钱赎回，又交不上利而延期，当铺依约有权处理当物。清末当期利息为2.5分，民国为3分。当期通常为1年，最短为3个月，一般按当物实值，当30%至50%付款。当物珍贵价高者，12个月期满未赎，可保留赎当权3个月，来赎时另外加息。

清道光年间，淮宁县城有当铺11家，太康县10家，扶沟县4家。清末民初，典当业大多倒闭，淮宁县仅存当铺2家，扶沟县1家。1949年10月，当铺全部歇业。

1912年至1947年间，周家口有春源、德兴永、丰泰永、德兴长等当铺，多为合股经营，以动产质押进行放款，属高利贷性质。丰泰永当铺，系清光绪年间监察御史李擢英之子李国祺所开。宣统年间，李擢英卸任回到故里，数年后为其子李国祺迎赣女来周完婚。女方陪嫁极丰，除大量金银细软外，还陪送1个当铺。当铺经营10余年，后屡遭匪患，损失惨重，加之女主人英年早逝，最终破产。

清光绪二十八年（1902年），淮宁县城有当铺2家。后较大集镇也有开设。1930年，淮阳县城内较大当铺有严家当铺、白家当铺，均资折黄金千两，雇员数十人。鲁台、新站、鞍子岭、齐老家、十二里王店、戴家集、临蔡城等均开设有当铺。

光绪年间，王太来在水寨当铺街开设“协盛隆”当铺，宣统三年（1911年）倒闭。张镇芳在项城县城（今秣陵镇）西街路南开设甡蟲当铺，宣统三年（1911年）倒闭。

清宣统年间，商水县城有陕西人开设的当铺1家，1912年停业。1915年，周家口人李国瑗在商水县城东街开设当铺，月息2至3分，1928年停业。

清光绪十八年（1892年），山西人何氏在太康县城东大街（今太康县三中院）开设当铺。

清末至抗战前夕，鹿邑县有当铺3家。光绪年间，山西人亢某在鹿邑县城西尚贤街路北开设“隆盛昌”当铺，建楼房百余间，有雇员数十人，1916年遭兵匪抢劫倒闭。“保泰长”当铺，在今鹿邑县人民三街路北，由宋钦典开设，有雇员10余人，1923年因鹿邑县城失守而停业。1923年，商人王某在鹿邑县西大街路南开设转当铺，在本地典当实物，而后转给亳县当铺，从中渔利，1927年亳县当铺关闭，鹿邑转当铺停业。鹿邑县典当业务项目为金、银、首饰、衣服、棉被、铜、锡器皿等。典当价格一般为三七折、四六折或对折，月息3分。

票号，又称票庄、会票庄，专营银两汇兑、存放款业务，是中国现代银行的前身。道光年间，山西平遥商人首创票号，从而结束了现银镖运的历史。后来票号在一些大中城市兴起。

日升昌票号河南总分号。道光年间，山西平遥商帮在周家口沙河南岸新街开设，独资经营，以对官府和客商进行汇兑为主，1915 年前后停办。目前，山西平遥古城日升昌票号博物馆还保存有不少日升昌总号与周家口分号往来的书信资料。

义盛承票号。清末，山西太原人张某在周家口沙河南岸北永兴街路东开设，是河南省 14 家大票号之一。独资经营，业务以汇兑为主，后发行钱票。由于钱票发行过多，引起兑换风潮，造成银根奇紧，1915 年被挤兑倒闭。

大德通票号。清末，山西祁县商帮在周家口沙河南岸新街路西开设。主要业务对象是官府。1919 年收庄。

银号。亦称银店、金银店、银匠炉，以兑换金银为主，多与官府有联系。同时加工金银首饰，有时也以物换物。清末、民国年间，周家口和各县城都有规模不等的银号。

信昌银号周家口分号。总号在开封，是当时河南地方金融三大支柱之一。1922 年在周家口北岸磨盘街设立分号，职员 4 人。主要为地方税局解款，开展活期、定期、零存整取、整存支息等储蓄业务。1926 年遭杆匪牛绳五劫掠收庄。

同和裕银号。总号设在周家口南岸新街，有职员 15 人，陈子润任经理。1919 年至 1920 年又在南岸老街路东设立分号，资本 12 万元，开展储蓄存贷、汇兑、收银铸宝等业务。1926 年遭杆匪牛绳五劫掠收庄。

蔡老常金银店。清末，淮宁县城“蔡老常”金银店较有名，有营业楼 1 幢，铸炉 3 座，炉匠 6 人，店员 18 人。

钱庄，又称钱铺、钱店。票号虽然实力较大，但不能满足各地经济贸易中的通兑要求，于是比票号较小的钱庄兴起。钱庄可根据自己的实力构建汇兑网络，形成联号往来，也可与各地票号联为一体，开展联号间的汇兑结算，大大弥补了票号分布较少的贸易需求，发展很快。清中晚期钱庄较为兴旺，民国时期减少。钱庄专门经营货币，办理的业务有：一是代客汇兑，收取汇费；二是开展存贷，赚取利息；三是利用库存余额直接从事商业贸易活动赚取利润；四是利用其时各地间货币的币值差异，开展兑换业务赚取差价；五是直接办理大小钱币的兑换业务以谋利。

光绪六年（1880 年），淮宁县城有钱庄 9 家，每年向县府交纳规费 3000

两白银。民国时期，周家口有钱庄13家，鹿邑县9家，淮阳县5家，沈丘、项城县各3家，太康县2家。国民党淮阳县党部书记长于伯龙开设的“大成厚”钱庄规模最大，有雇员23人，资本黄金数千两。1932年后，农村经济崩溃，一般工商业大多倒闭，钱庄受各方挤压，普遍收庄或改业。1947年，钱庄全部歇业。

协盛隆钱庄。清光绪年间，王太来在淮宁县水寨当铺街开办，与协盛隆当铺为同一主人。主要从事收兑、保管和放贷银两。同时，发行流通券。宣统三年（1911年）停业。

1934年，淮阳县较大的钱庄有大成厚、老福章、意成祥、天成祥、大成功5家。

清末到1947年，周家口有钱庄、钱铺13家。最早的是清末开办的广泰昌钱庄，最晚的是恒新源钱庄，1947年收庄。广泰昌钱庄。清末，广东谢某在周家口沙河南岸大十字街南段开设，不久即收庄。

德恒祥钱庄。宣统二年（1910年），周家口人李延英于沙河北岸磨盘街路西开设，总号有50人。独资经营，业务以汇兑为主，兼营皮货、棉纱、粮食、棉花。1932年，该号又在漯河开设分号。1937年抗战爆发后，总号关闭。

天德恒钱庄周家口分号。总号在漯河，1916年漯河人陈跃堂在周家口沙河北岸磨盘街开设分号，独资经营，业务以汇兑为主。有职员13人，马某与张明轩先后任经理。因往来解款多遭匪劫，外商汇票不能兑现，1940年倒闭。

永祥钱庄。其前身为清末的永和成钱铺，由商水邓城人徐重五在周家口南岸山货街开设。独资经营，业务以汇兑为主，专供牙行（牲畜行）交易。1926年迁至沙河北岸磨盘街，改称永祥钱庄，集股经营，资金1万元，职员10余人，朱兆府任经理。1933年倒闭。

怡庆钱庄周家口分号。总号在许昌，1932年在周家口沙河北岸果子街设立分号，独资经营，业务以汇兑为主，并独家经营亚细亚煤油。陈良才任经理。1937年抗战爆发后收庄。

永聚公钱庄。1929年在周家口沙河北岸磨盘街路东开设，主要办理汇兑业务，职员10余人。收庄时间不详。

巨源钱庄。民国年间，河南新乡人冀宜亭在周家口沙河南岸老街开设，独资经营，业务以汇兑为主，兼营企业。金秉衡任经理。1935年因冀宜亭所办蛋厂亏损严重而倒闭。

老福章钱庄。1937年，由一淮阳人在周家口沙河北岸东顺河街开设，主要办理汇兑，邓某任经理，1939 年停办。

泉泰钱庄。民国年间，商水邓城人叶某在周家口沙河南岸新街路西开设，独资经营，业务以汇兑为主。往来对象主要是客商。歇业时间不详。

顺兴钱庄。民国年间，在周家口沙河南岸山货街开设。专供牙行（牲畜行）换钱放账，职员 5 人，经理范道，1937 年抗战爆发后改业。

郭义德钱铺。民国年间，由粟某在周家口南岸北永兴街开设。独资经营，专对牙行（牲畜行）交易，代行收付。停业时间不详。恒新源钱庄。其前身为春荣钱铺，1933 年在周家口沙河南岸北永兴街路东开业，由原“天德恒”钱庄经理张明轩独资经营。业务以对牙行放账为主，兼营铜钱兑换。1938 年迁至沙河南岸剪股街，更名为“恒新源钱庄”。钱庄名为办理汇兑，实为代客短途送款，或利用客款囤迟卖快。职员初有 7 人，1940 年发展到 40 余人。1945 年 8 月，物价暴跌，钱庄生意缩小。1947 年收庄。

清末，项城县有较大钱庄 2 家，均系张镇芳在项城县城（今秣陵镇）开办。一为洪福昌钱庄，以兑换银两为主；一为甡犇钱庄，主要经营收兑银两，即整锭银与散碎银互换，从中折扣取利。宣统三年（1911 年）均停业。

清末、民国年间，鹿邑县有钱庄 9 家。韩黄钱庄，光绪二十四年（1898 年）开设，地址在西大街路北，皇某为经理，有雇员 11 人；万顺昌钱庄，地址在何隅首路南，由鹿邑县财主王子久出资，委托山西商人经营，有职员 10 人；宾泰长钱庄，为亳县万泰长钱庄分号，地址在西门里路北，后改为元记钱庄，兼营石油，有雇员 10 人；顺泰钱庄，为亳县万成钱庄分号，地址在西门里路北；予立钱庄，兼营煤油、棉纱和火柴等，有雇员 12 人。鹿邑县内钱庄经营者有山西、安徽和本地人，经营方式为独资经营或兼营商业。1945 年 8 月均倒闭。

清末民初，沈丘县城（今老城）和槐店开设有宝泰恒、钰来恒钱庄，民国初年先后倒闭。

民间借贷，亦称自由借贷，主要形式以利息多少分为高利和互利两种；以兑现类别分为现金和实物两种。

高利贷对民众的剥削很重。以项城县为例，建国前项城县高利贷形式主要有 4 种：驴打滚，就是利滚利，每月的利息加入本金，又长利息，听涨不听缩。如借麦 1 石，当时麦价 10 元，到期时麦价涨到每石 20 元，必须按 20 元计算。麦价低于原借价时，仍按原借价计算，利息照数归还；宰头利，即借钱时先扣除利息。如借 10 元，先扣除利息 2 元，实际只借 8 元，一个月到期后还款 10 元，利率为 25%；羊羔利，即借款 1 元，月期还 2 元，如过期不还，第二个月还4元，第三个月还8元；青麦钱，即春荒时节，贫苦农民为糊口，只得借贷，地主、富农和商人乘机抬高利息，一般是春借麦1斗，麦后还2斗。也有春借1斗，还3斗者。更有甚者，冬借1斗，次年麦后还5斗。如遇大灾之年，春借1斗，麦后还1石。

放账铺，清末民初遍及周口一带县城和农村。放账是以贫苦农民为主要对象，从事放钱的一种高利贷剥削形式。借债人须有财产抵押或找中人保账，逾期以利作本计息，俗称“驴打滚”。一般放账利息2.5分，保账吃利5厘，共计月息3分，4个月偿还本息，逾期不还者加息。每遇荒年还有天期（以天计息，每元利息4厘）、本利对（借1元到期还2元）、吃一还二（春借1斗，麦收后还2斗）。当时鹿邑县城内的放账铺有张列如、锦泰昌、协成生、乾泰昌等数家，以山西商人张列如的资金较多，放账数额较大，并设有专人催款逼债。玄武、试量、马铺、辛集、汲水等较大集镇也有放账铺。贫苦农民因高利贷盘剥破产者甚多。

互利借贷，在建国前主要是摇会。凡入会者以兑钱的方式将现金聚集起来，可借给急需用钱的人。一般借期较短，用后归还，不计利息。

3. 货币及其流通

近代，周口地区流通的金属货币有制钱、铜圆、银两、银圆，另外还有金币。纸币有庄票、银票、河南豫泉官银钱局钞票、河南银行兑换券、河南农工银行汇兑券及铜圆券、中国银行钞票、交通银行钞票、中央银行钞票、冀钞、鲁西钞、北海币、日伪币、中州农民银行币、人民币等。

市面流通的货币以银圆为主，铜圆为辅。在铜钱流通的同时，尚有金、银货币，其重量大小不等，流通时以“两”为单位。金币形状有金锭、金砖、金条、金叶子、金豆等。银子，古代称银两，5两或10两为1锭，后也有50两为1锭的。还流通有纸币“大清宝钞”等。私人开设的钱庄或银号也发行自己的钱票和银票，仅在当地使用。

制钱。清代铸有顺治、康熙、雍正、乾隆、嘉庆、道光、咸丰、同治、光绪、宣统10种年号制钱，晚清时期在周口地区流通。有1文、2文、10文、20文、50文、100文等数种。实行银、钱（制钱）本位制。每1000文制钱为1贯（串）。咸丰五年（1855年），1贯合1400文。宣统三年（1911年），1贯合2500至3000文。

铜圆。俗称铜板。清末、民国年间，周口地区流通的铜圆有光绪二十六年（1900年）广东铸版、光绪三十年（1904年）改铸版铜圆，宣统年间大清铜圆，北洋政府铜圆。1921年，为抵制铜圆贬值，周家口商会会同北京、天津、上海、济南等18个省市的总商会，联合上书国务院币制局，请禁私造铜圆，并划定统一价格。1935年，扶沟、西华、项城等县200文、100文、50文铜圆仍可流通，项城200文铜圆42枚换银圆1枚。是年，国民政府发行铜辅币，周口地区流通有0.5分、1分两种。1948年，因中州辅币不足，铜圆仍可流通。

银两。清代流通有元宝、中锭、锞子和散碎银等。当时无公估机构，银锭成色由银炉估算。清末，银两流通有实银、虚银两种。实银是流通中的银两，虚银是记账单位，起换算标准作用。周家口的“口南平”，比北京“公码平”高13.44两，比上海的“九八规元”低44.61两，比天津的“行化平”高7.42两，比开封的“二六汴平”高24.41两，与其他城市也有固定比率。实银退出流通后，“口南平”仍发挥价值尺度作用。1933年，废两改元，虚银失去作用。

银圆。俗称洋钱、银钱、大洋。清光绪十五年（1889年），流通两广总督张之洞在广东试制的“光绪元宝”银圆（即龙洋）。民国元年（1912年），流通国民政府铸造的孙中山开国纪念币。1914年，流通北洋政府铸造的袁世凯侧面头像1元银币（俗称“袁大头”）。1933年，国民政府废两改圆，颁布《银本位币铸造条例》，规定每枚银圆重量为26.6971克，含纯银23.493448克，再铸正面为孙中山先生像，背面为帆船图案之“船洋”。市面流通有清政府“龙洋”、国民政府孙中山币、袁世凯币、褚玉朴纪念币、墨西哥鹰洋、英国站人币、日本龙洋等，其中以“船洋”和袁世凯头像币流通最多。鄂豫皖苏维埃银币、中华苏维埃银币少量流通。1935年国民政府实行法币改革，禁止银圆流通。抗日战争胜利后，国民党统治区通货膨胀加剧，银圆再度行用于市。1948年春，为支持中州币发行，各县允许银圆流通。是年9月停止流通。建国后，银圆退出流通领域。

庄票和银票。清代中后期，周口地区钱庄和银号处于鼎盛时期，各庄号自己发行纸币。周家口义盛承银号发行的银票流通淮宁、商水、西华、项城、许昌、禹县、襄城、舞阳等地。清末，淮宁县水寨镇（今属项城市）协盛通钱铺发行1串、2串、5串流通券，通行周家口、淮宁、沈丘、漯河、界首等地。民间流传有“要现钱壹串清，要票子协盛隆”的歌谣。周家口的日升昌票号、德恒祥、天德恒钱庄，沈丘的宝泰恒、钰来恒钱庄，鹿邑的韩黄、万顺昌钱庄，均发行纸币，流通范围不一。

河南豫泉官银钱局钞票。清末，河南豫泉官银钱局周家口分局发行制钱票、银两票、银圆票和铜圆票。后因基金不稳，信用不良，流通受到限制。

1927年豫泉票废弃。

河南省银行兑换券。民国初年，河南省银行发行银圆票和铜圆票等兑换券。1924年，河南省银行周家口分行领回票券10万元，当年发行3.6万元。因政局动荡，该票发行之初即贬值。1926年8月，各县拒绝使用。

河南农工银行汇兑券、铜圆券。1928年后流通较广。1935年国民政府推行法币，农工银行券逐渐减少。抗战时期，日伪钞票流入，周家口、太康、鹿邑等地农工银行分支机构纷纷发行农工银行券以支持法币，抵制日伪钞。同时，流通的有农工银行与西北银行联合发行的铜圆券，面值为1元、5元、10元3种，各县普遍使用，信誉较好。

中国银行和交通银行钞票。1913年中国银行周家口分行成立前，周家口、太康有中国银行钞票流通，有李鸿章像、黄帝像、石印纪念币等3种，面值为1元、5元、10元。同时，流通交通银行发行的银两券、银圆券、国币券、辅币券、小银圆券、铜圆券及河南地方券。1915年，交通银行开封分行从汉口调回20万元新币在周家口一带发行。1916年5月，国民政府禁止中国银行、交通银行纸币兑现、付现，周家口中国银行和交通银行两支行经省批准，继续兑换7两以下银两票和10元以下银圆票。

中央银行钞票。20世纪30年代以后渐有流通。1935年11月24日，国民政府进行“币制改革”，宣布放弃银圆本位制，废止铜圆，禁止银圆上市，规定中央银行、中国银行和交通银行发行的钞票为“币制”，即法定货币（简称“法币”，俗称“中央票”），以元、角、分为使用单位，票面有1分、2分、3分、5分、1角（以上5种法币同时有中央银行的镍币）、2角、5角、1元、5元、10元等。次年，又认定农民银行发行的钞票亦为法币。1942年，同时规定，法币1元换银圆1元。辅币有纸币、银币和锡币3种。铜钱、银圆名曰禁止，实则私下流通。当时，周口地区流通有200文大铜圆，银元可兑换24个大铜圆，购买物品时找零颇感困难。纸币在城市流通，农村仍然使用银元和硬币。至1937年，法币贬值，1银圆可兑换法币1.2元、1.3元。抗战时期，沦陷区停止使用。非沦陷区由于辅币不足，流通的法币长时间大票换小票“贴水”。1941年1月，沈丘每百元“贴水”7－8元，9月“贴水”15－16元，年底“贴水”更高。1942年，中央银行以关金券1元折合法币20元，与法币并行流通。1946年后物价飞涨，纸币贬值。1948年8月，国民政府为挽救法币贬值危局，开始以“关金券”在市面流通，面额有500元、5万元、25万元等，以1元折合法币300万元比率收兑。时周口地区已全部解放，抵制金圆券入境。

冀钞、鲁西钞。1939 年后，冀南银行钞票（简称“冀钞”）流通，1941 年 9 月鲁西银行钞票成为冀钞的组成部分。太康一带冀钞、鲁西钞流通较广。1947 年刘邓大军过境周口地区，留下大量冀钞，冀钞成为当时主要流通货币。冀钞 1 元兑换西北农民银行币 20 元，与鲁西币、北海币等值。中州币发行后，3 元冀钞折合中州币 1 元。1948 年底冀钞停止发行，按冀钞 100 元折合中州币 3 元的比价收兑。

北海币。1938 年后，抗日根据地发行的北海币在太康、鹿邑、淮阳、扶沟、周家口等地与冀钞等值并行流通。1948 年 12 月，按 100 元北海币折合 3 元中州币的比价收兑。

日伪货币。1939 年，伪中国联合准备银行发行的联银券出现。1944 年，日伪中央储备银行的中储券流入市场，部分县还流通伪朝鲜银行和满洲中央银行钞票。中储券面值有 1 元、5 元、10 元、100 元、200 元、500 元等 6 种。抗战胜利后，国民政府以法币对中储券 1∶200，对联银券 1∶5 的比价压价收兑。

新法币。抗战胜利后，1945 年 9 月 28 日，国民政府发行新法币，以 1∶200的比值收兑中储券。票面有 20 元、50 元、100 元等，随后又有 500 元、5000 元、1 万元等。

金圆券。1946 年 8 月，法币恶性膨胀，国民经济出现严重危机，国民政府再次进行“币制改革”，大量发行纸币金圆券，代替已经崩溃的法币，面额有 1 角、5 角、5 元、20 元、50 元，接着出现 100 元、1 万元、100 万元等。以金圆券 1 元折兑新法币 300 万元收兑新法币。金圆券发行时间不长，极度贬值，银币 1 元可兑换金圆券 10 余亿元，民众以之糊窗，以粮、物代币，银圆又重新流入市场。

中州农民银行币。1948 年 1 月 25 日，中共中央中原局作出《关于发行中州钞的决定》，规定中州钞为中原属区的本位币，法定 200 元合银圆 1 元，4 月正式发行。面额有 1 元、2 元、3 元、5 元、10 元、20 元、50 元、100 元、200 元等 9 种。6 月 1 日，淮阳专员公署训令各县民主政府开始使用中州币，收兑冀南、北海、华中等解放区的货币，规定比价为 50 元兑换 1 元。中州币发行初期，为巩固币值，根据中共中央中原局“坚决打击法币，利用银币，依托冀钞，推行本币”的指示，采取封包出口的方式打击法币。周家口 7 天出口法币 60 亿元，西华县一次出口法币 150 亿元，换回牲口 200 头、香油 423 公斤、盐 2616.5 公斤、粮食 822 公斤、烟叶 318.5 公斤。1948 年 9 月，基本肃清法币。同时停止银圆流通。1949 年 1 月，停止冀南钞、北海钞、华中钞流通，中州币成为唯一本位币。11 月，人民币开始兑换中州币，中州币 3 元兑人民币 1 元。1949 年底，中州币基本收兑完毕。

人民币。1949 年 3 月 10 日，中国人民银行中原区行在郑州成立，并同时发行人民币。面额有 1 元、5 元、10 元、20 元、50 元、100 元、200 元、500 元、1000 元、5000 元、1 万元、5 万元等 12 种。5 月，开始在周口地区流通。年底人民币成为唯一合法货币。

九、财 税

1. 晚清时期的财税

税收历来是国家资金的主要来源。清初财税管理机构沿明制，各县设户房，管理财政税收。清代实行丁赋制，工商税尚少。晚清时期，县署管理征收地丁银两。津贴捐输等税（即附税）由地方士绅和县户房办理，田房契税由知事包办。晚清至民国，仍实行丁赋制。鸦片战争后，由于清政府对外赔款，不仅打破田赋原征“银七钱三”的定例，全征白银，而且征额岁增不减。清代财政收入除丁银、差役外，另征耗羡、折色和杂办。清代财政支出，正供所征田赋实行尽征尽解，所有附加均留地方支用，绝大多数用于官俸。税目和田赋附加比例增加，地方开支扩大。清末，工商税主要有老税、当税、酒税、盐税、烟叶税、烟丝税、典银税、房地契税、牙行帖税等。

清咸丰五年（1855 年），淮宁县每丁地银 1 两，外加 4 钱，实征正额及各项加征银计 10.25 万两，上解正项银 7.05 万两，其他项目上解银 2.15 万两，地方留支 1.05 万两。清末，淮宁县工商税有酒税、盐税、烟叶税、烟丝税、典银税、契税、牙贴税等税种，各种税额多有附加。清光绪二十九年（1903 年），淮宁县征收酒税，每公斤抽税钱 16 文，各行店认定常年销酒 17.16 万公斤，共收税款 2746 串文。光绪三十年（1904 年），淮宁县开征烟叶税，各行店认定常年销售烟叶 13.08 万公斤，每公斤纳税 6 文，共纳税款 785 串文；开征烟丝税，各烟丝作坊认定常年销售量 12.5 万公斤，每公斤纳税 16 文，共纳税款 200 串文。光绪年间，淮宁县开征牙帖税。该税是牲畜交易中按规定贴额交纳的一个税种，分 3 等征收，上等纳银 4 两，中等纳银 3 两，下等纳银 2 两。时淮宁县有营业牙行 768 家，每年照章纳税 1803 两。房地产税，清代、民国时期称契税，历年无定额，尽收尽解。正税与附加使用税率为 11.2%。

晚清时期，商水县除正赋地丁银外，清道光、咸丰年间工商税初有牙当、油糖、百货厘金、碾榨、屠宰等税。清末，工商税有活税、当税、老税、高增税、契税、牙帖税、盈余税等。

光绪十五年（1889年），扶沟县地丁银增加到21023两，漕米为1372石，又新增加耗银2732两。遇闰则加额银428两、耗银55两。光绪年间，扶沟县征收老税银16两8钱，活税银52两6钱6厘，帖银5两5钱，盈余银876两6钱2分，府帖银3两3钱6分，当税银20两。另外，还有无定额的房地税银，尽收尽解，新增银150两。

光绪元年（1875年），太康县设硝矿局，办理交易和税收。先后开征硝磺税、烟酒税和盐税。盐税扰民害商最甚，每斤收附捐4文。宣统元年（1909年），太康县按规定办理年度财政预算，将全部财政收入分作130份，其中100份上解国家，30份作为地方税由地方支配。清末，太康县废县库，设收支所。

咸丰三年（1853年），鹿邑县开征厘金税，年征额银2279两。

咸丰五年（1855年），鹿邑县规定每两地丁银外加4钱，全县应加征2.93万两，共计额银10.25万两。上解正项银7.05万两、解藩司耗羡银1.05万两、解平余银1.1万两，共解9.2万两，留支1.05万两。

光绪二十二年（1896年），鹿邑县有行粮地138.36万亩，额征正赋银4.36万两，遇闰加额银787两，征粮0.25万石。存额人丁3.6万人，比康熙五十年（1711年）新增人丁3107人，征银0.12万两，共征银4.55万两，比康熙八年（1669年）增加征银1.68万两，增加63%。是年，鹿邑县共征银47811两，其中田赋银45532两，占财政收入的95.23%；杂征2279两，占财政收入的4.77%。清光绪二十二年（1896年）《鹿邑县志》载：鹿邑县征银4.78万两，起解上缴4.62万两，占征银总数的96.7%，县留存支解0.16万两，占征银总数的3.3%。县留存部分支出知县与其属俸工银864两，县丞与其属俸工银74两，学官与其属俸工银233两，杂支406两，遇闰加银60两。地丁耗羡银7082两，其中解司银6702两，解赡运耗羡银60两，知县公费银160两，县丞养银、典史廉银各80两。光绪二十五年（1899年），鹿邑县始建烟酒税收机构。

清光绪二十年（1894年），项城县开征酒税。酒坊常年认销3780公斤，遇闰认销4095公斤，每公斤计征16文，按月交纳。光绪三十年（1904年）开征烟税。烟坊常年认销18501公斤，遇闰认销20042.7公斤，每公斤计征16文，按月交纳。光绪三十二年（1906年），每公斤盐暗加税2文，到光绪三十四年（1908 年），每公斤盐暗加税 18 文，盐的批发价每公斤 102 文，实际销售价 106 文。宣统二年（1910 年），项城县实有土地 961708 亩，实征田赋银 25822 两，遇闰加额银 358 两（光绪年间，每两银按 1870 文折合；宣统年间改为 2600 文折合 1 两）。除缴纳正税外，地方税每两银附加车马费 100 文，出差办公饭食钱 60 文，另收槐草、麦糠、芦席、桌椅等钱。每户另收布袋银 4 文，串票钱 7 文。

2. 民国成立至抗战前夕的财税

民国时期，地方财政收入来源于田赋及各项税捐、附加、教育课租等。苛捐杂税名目繁多，而且征额越来越大。民国初年的田赋略同清制，将“火耗”、“平余”等附加税并入正税，实行正、附合一，又加征补助捐、串票捐等杂税。财政支出主要用于政府、军警等项开支，支出常大于收入。

1913 年，各县设临时地方财务委员会，下设田赋征收处和契税局。1915 年，改财务委员会为财务局，下设地方税科和田赋征收处。1928 年，废财务局为财政局，下设完粮房，后改为公款局。1933 年，撤销公款局，建立县政府二科，下设完粮处，管理财政收支事宜。1936 年，撤销完粮处，恢复田赋征收处，专司岁入征收分解，县府二科专司岁支审核划拨和领取。1939 年将田赋业务划出，恢复田赋征收处，次年又废，建立田粮处。1942 年，撤销政府二科，建立财政局，下仍设田粮处。1945 年，撤销田粮处，建立田赋粮仓管理处。

民国初期，田赋来源主要为地丁、漕粮。1933 年，周口地区地丁额征银 26041 两。1935 年，实行分期征收，当年征收田赋 165 万元（法币）。是年，周口地区财政收入总数不足 82 万元，支出 85 万元，超支 3 万元。

1931 年前，经济建设费称实业费，1932 年改为建设费。支出项目包括建设行政费、建设临时费、农业推广所经费、民生工厂经费、度量衡检定所经费、环境电话经费、农业倡导委员会和工业倡导委员会经费等，支出比例比重很小。1934 年，鹿邑县年支建设费 10300 元，西华县 10786 元。

民国初年，淮阳县税种、税目仍沿袭清制，有些仅改变名目。地丁银征收沿清制。淮阳县每纳地丁银 1 两 4 钱折钱 2 元 2 角，尽收尽解。此外，补助捐银 1 两附加 3 角，为地方附加税。1921 年后，淮阳县增设屠宰税、卷烟税、烟土税、花生税、黄花菜税、印花税、百货捐及棉纱、水泥、火柴等商品税。1926 年，淮阳县 1 两地丁银正税由 2 元 2 角增至 4 元 9 角 5 分，提高 1.25 倍。1927 年后，由于军阀混战，入不敷出，统治者对民众横征暴敛。1928 年，淮阳县亩纳正赋 2 元 2 角，附加费 9 项，其中每两地丁银加补助捐 3 角，建设费

2.05角，教育费6角，公安经费2.3角，保安经费3角，自治经费2.5角，政务警察费1.2角，地方临时费2.9角，剿匪费5角，共计2.795元，相当于正税的127%。1933年，淮阳县每亩田赋正税2.26元，每两附收事业费（银洋）0.7元，保安经费增至2.4元，教育费增收0.55元，合计3.65元，附加高达6.44元，实际征收8.64元，超过正税近3倍。

1932年，淮阳县征收地丁款15.41万元，补助捐2.1万元，串票捐0.5万元，共计18.01万元。1933年，淮阳县财政收入32.54万元，实际支出34.5万元，超支1.96万元。1935年，淮阳县财政收入20.83万元（法币），实际支出21.75万元，超支0.962元。

咸丰五年（1855年），淮宁县实行起解留支，留支部分作地方支出。宣统三年（1911年），实行公费所有额征银数尽收尽解。1912年因之。后在执行中，勒索浮收，屡控屡禁不止。1928年，淮阳县除正税外，加附加税10项。1933年，又增附加税3项，杂税5项。

1913年，淮阳县农业歉收，商多歇业，烟叶销售量减少1.66万公斤，烟叶税相应减少；酿酒作坊增加到20家，认销15.65万公斤，每公斤纳税16文，计纳税款2504串文。1915年，淮阳县有烟叶行6家，认销量7.55万公斤，每公斤纳税6文，共纳税款453串文；淮阳县有烟丝铺85家，认销量8.59万公斤，每公斤纳烟丝税16文，共纳税款137.44串文。1921年，增设卷烟特税，并开征卷烟税；酒税加倍征收。是年，淮阳县开征屠宰税，按屠宰类别纳税。宰猪1头3角、1只羊2角、1头牛2元，当时所纳税寥寥无几。后实行投标包交，每年交纳税额4800元。1926年，交纳6000元。1928年增至8400元。1931年增至1.02万元。1928年，牙帖税改纳银圆，淮阳县是年税额4200元。1930年，牙帖税易名为牙行税，改为投标制度。1932年，淮阳开征盐税，建国后取消。

民国初年，商水县田赋改为常年征收，后又改为统征、统解、以银折钱，每两折征制钱2800文，除每月预算坐支、县府内务、司法各项经费外，全部报解。1915年5月，奉文每亩征附加税60文，按地丁银折算，每两加征附加税1900文。据商水县邑绅公禀批复，每两减征200文。农民除被征收常年丁银税外，还另出杂项粮款，负担甚重。1912年，商水县财政管理机构为钱粮房，后改为财务委员会。1940年，财务委员会改为财粮科。

民国年间，商水县苛捐杂税种类繁多，主要有硝磺税、印花税、卷烟税、烟酒税、盐税、契税、牙帖税、营业税、屠宰税、交易税、遗产税、落地税等；尤其地方捐更为严重，有所得捐、教育附捐、建设附捐、自治附捐、公安附捐、政警附捐、保安附捐、地方款附捐、加派地方附捐、地租收入契税附捐、基金利息附捐、教育地亩附捐、乡镇自治亩附捐、保卫团附捐、新旧亩附捐、丁粟亩附捐、米车附捐、壮丁附捐、演戏附捐、利息附捐、当铺捐、房捐、月捐、乐捐等20余种。

清末，扶沟县每68亩耕地交丁银1两。中华民国建立后，赋税征收较明清无明显提高。1918年，每两银改征银圆2元2角，计征银洋45514元6角9分6厘；每石漕粮改征5元，计征5834元2角5分1厘。除征正税外，加征津税（副税），还有省附加、县附加、教育附加、地方补助等。1928年，又增加保安费（剿匪费）。名目繁多的杂税，大大超过田赋。据民国二十四年《河南统计月报》统计，1935年扶沟县地丁税原额为21023两1钱5分5厘，漕粮1193石5斗2升1合。除死亡逃绝各户无从追着地丁银、漕粮外，实征银20688两4钱9分8厘，漕粮1166石8斗6升4合。1913年，扶沟县设公款局，后又改为财务科、财务局、财务会、田赋管理处等，具体负责财政工作。

民国初年，太康县改收支所为公款局。1924年，太康县财政收入制钱73349串（每串合制钱1000文），支出76828串，其中用于工厂、农事实验场、习艺所、长养车喂养、修筑费、建苗圃等2698串，占3.5%；教育经费35452串，占46.1%；用于武警、警察、保卫团薪饷和其他行政费用占50.4%。1933年，太康县收入田赋附加207077.59元（银圆），各项税捐28460元，教育课租11755元，计247292.59元；支出176113.98元，结余71178.61元。1935年，收入141677.05元（法币），支出130972.71元，结余10704.34元。民国年间，太康县田赋征收沿清末办法，使用清末册籍，按地亩计银征税，每年两季征收，夏为地丁，秋为漕粮。随着货币制度的改变，1917年取消遇闰加征。1918年开始，田赋计量单位由清制每丁银1两收制钱2668文，每漕米1石收制钱6700文。1919年减免漕耗，每石米折征银圆4.621元，丁银每两征收2.2元。1923年，太康县设屠宰分局，后改为征收所。1924年，设卷烟特税分办所，后改为支局。1926年春，太康县成立契税经理局。1928年改为财务局，1931年定名财政局。1931年夏，设营业税征收所，太康县纳税土地1101866亩，省征正税地丁99978元，漕粮22207元，地丁串票捐2229元，漕粮串票捐2240元，地丁补助捐13633元，牙帖税8675元，屠宰营业税51273元，营业税1万元，契税4.32万元。是年征收剿匪经费22722元。

据民国二十四年《河南统计月报》载，1935年太康纳税土地1101355亩，年丁地银总额45444.719两，漕粮4805.742石。征收田赋147444.74元。每亩纳0.24元，计交省税238916元。

太康县除田赋外，还有名目繁多的苛捐杂税。以该县地方税为例，清末试行亩捐，1915年始征附税，每丁银1两捐制钱1456文，每亩捐制钱60文。1924年，太康县公款局收入项目中，有新旧亩捐、清乡经费、丁票捐、火车捐、米行捐、料豆捐、状纸附捐、演戏捐、利息捐、猪屠捐等10种。1932年，太康县地方经费收入的20个项目中，有丁地教育附捐、建设附捐、自治附捐、公安附捐、政警附捐、保安附捐、地方公款附捐、加派地亩附捐、契税附捐、教育亩捐、乡镇自治亩捐、保安团亩捐和行政、司法违警罚款等15项，占总收入的95%。1935年，太康县附加税随丁地每两征收教育附加0.6元、自治附加0.25元、建设附加0.25元、政警附加0.25元、公安附加0.25元、地方附加0.3元、保安附加0.68元，共征收109838元。上缴省附加税每两补助捐0.3元、补助费0.5元、飞机场捐0.3元，共49089.19元。

1931年，鹿邑县财政收入121227元（银圆），其中田赋105184元，占财政总收入的86.7%，补助捐14343元，串票捐1700元。1932年，鹿邑县财政收入13万元（银圆），支出公安费0.79万余元，建设费1.03万余元，政警费5.57万余元，自治费0.99万余元，教育费3.9万余元，地方公款3万余元，保安费500余元，合计共支出15.33万余元。收支相抵，年不敷3万余元。上述支出用于政警、自治、保安费用占总支出67.8%，用于教育、建设的占32.2%。1933年，财政收入21.333万元，其中田赋和附加为20.50万元，占财政总收入的96%，教育亩捐7300元，占财政收入的0.034%，支出17.31万元。1935年，鹿邑县纳税面积130.45万亩，每亩省税0.27元，县附加0.12元，全县年财政收入29.04万元（法币），其中省税18.47万元，附加税10.57万元。是年，鹿邑县实际收入11.95万元（法币），支出11.82万元。抗战前鹿邑县田赋征银正、附加税留县15%，漕米正、附加税留县20%，漕米加成留县25%，亩捐留县。

民国初年，鹿邑县设经征局，实行国税和地方税统管。国税包括正税、副税、契税、烟酒油糖税等；地方税包括肉税、房捐、正税附加、契税附加等。户册房所辖48个钱粮经收处负责征收田赋。1918年，改田赋征银为征收银圆，以每两银折银圆2.2元计征。1928年撤销经征局，成立征收处，专管税收。民国政府又巧立“预征”名目，索取民财，是年鹿邑县预征到1931年的田赋。正赋之外又有附加，甚至超过正赋10倍以上。加之鹿邑连年支付兵差，民间临时摊派一二百元不等，花户所受之苦更甚。1930年停止预征，省财政厅颁发丁地附加标准，每两银附加数不得超过正额数目的1倍，即最多只能附加2元2角，其中包括教育、民团各3角，建设、公安、政警、自治各2角5分，临时保安费6角。当时，鹿邑县政府开支主要靠附加和杂捐，诸如教育附加、建设附加、自治附加、公安附加、政警附加、保安附加、地方款附加、教育亩捐、挪借亩捐等，相当地丁银的3倍，远远超过省定标准。1933年9月26日，鹿邑增加公款亩捐，每亩1分3厘，计征1.75万元。1934年，鹿邑县又增加保安亩捐，每亩5分9厘，计征8.04万元。

鹿邑县契税、牙税，抗战前正税归省，附加归县。营业税抗战前归省，附加归县。

民国初年，沈丘县设公款局。1918年，沈丘县改田赋征银为征收银圆，以每两银折银圆2.2元计征。以后又以“预征”之名勒索民粮，1920年预征1921年的田赋，1928年预征1931年的田赋，沈丘县一些农民为此倾家荡产，弃地出走。1928年，沈丘县公款局改为财务局，1931年改为财政局。1933年沈丘县耕地518359亩，计征地丁银28760.64元、串票捐130.73元、补助捐3921.9元，总计32813.24元。各种附加税，诸如教育附加、建设附加、自治附加、公安附加、政警附加、保安附加、地方款附加、教育亩捐、机关亩捐、挪借亩捐等杂税多达96902元，相当于地丁银的3倍。1933年，沈丘县财政预算支出24项，164653元，其中用于所谓“加强地方自治”、“强化社会治安”的支出达10项，122610.72元，占总支出的74.47%。1935年，沈丘县裁局设科，财政局改为第二科。1940年第二科改为财政科，同时设立税务局(县城和槐店各1个)。

民国初年，漕粮废除，田赋改折银圆，由项城县国民政府财政科兼管。1916年，项城县设户房，管理财政和各种税收。1917年，项城县设第二科，下设户北房、户南房。前者掌管农业税收，后者主管工商税收。1929年，撤销户北房，改为项城县征收处。民国初年，田赋征收略同清制，实行正、附合一，加征补助捐、串票捐等杂捐。1918年，改田赋银两为征收银圆，以每两银折合银圆2.2元计征。1933年，项城县实征田赋48197.5元，附加28760元。田赋附加、各项税捐、教育课租收入147561.8元，支出161814.81元。民国年间，项城县开征的工商税种类逐年增多，先后开征有普通营业税、牙帖营业税、屠宰营业税、烟酒营业税、房捐税、营业牌照税、使用牌照税、宴席娱乐税、剿匪补助捐等税目。

民国时期，工商业不够发达，工商税所占比重较轻，但税捐大大超过明清时期。1934年至1935年，国民党政府在所谓“税制改革”中取消税捐就达

3609种，不久又开征营业税、盐税、屠宰税、交易税、遗产税、印花税、卷烟税、牙帖税、乐捐、宴席捐、房捐、月捐、花捐等数十种。税率特别集中于日常生活必需品，如煤油、火柴、布匹等，为50%－70%，盐税更重。税捐项目多，征额大，增长快，超征多。

民国时期，设有文教和卫生费，支出数额较小。教育经费主要包括教育行政费、学校经费、社会教育费、其他事业费等项。1915年，教育经费主要来源于4个方面：契税项下附征教育费4%；田赋项下附征教育费，每丁银1两附征0.2元；原有府、县学田课租；特种税捐，如淮阳县金针菜捐等。1922年，契税收入划作教育专款。1929年，扶沟县年支教育行政费2064元，学校经费19787元，社会教育费1418元，其他事业费1000余元。1931年后，教育经费主要来自地丁附加、学田课租、契税附收、庙产课租、基金利息、各项杂捐等，是年西华县教育经费支出20830元，其中教育行政费2496元，学校经费11580元，社会教育费2550元，其他教育费4204元。1934年，淮阳、鹿邑、太康、西华、扶沟、商水、项城、沈丘8县中等学校经费，年支出134636元，其中师范学校（8所）68011元，职业学校（1所）4000元，初级中学（8所）62625元；初等教育经费年支382797元，其中高级小学（14所）20552元，完全小学（73所）159127元，初级小学（1285所）193995元，简易小学（2所）799元，民众学校（97所）7334元，幼稚园（4所）990元。

1914年，原有地方学产、学款、租息、学费、教款结余和历年指定作教育经费的各种附加成数及新增教育捐款收入等，作为特种基金，交县教育特种基金保管委员会掌握。

民国时期，文化事业费开支较少，列入教育事业费内。1934年，8县8座图书馆年支经费3504元。

民国初期，卫生经费在行政费内开支。1933年，卫生费单列，1934年有县立医院6所，经费支出较少。西华县立医院年支经费2580元。

民国初年，各县税务机构沿清制，设立户中房。1919年设立汇总处，户中房改为契税局，区设契纸支发所。1926年，因教育款产独立，契税局改为契税经理专局。1930年，建百货厘金局。

3. 抗日战争时期的财税

抗日战争时期，战祸和黄泛等灾害频发，特别是1942年春夏连旱，蝗虫遍地，田园荒芜，饿死者不计其数。当局不仅不予救济，反而加重赋税。1942年，扶沟、西华、商水、淮阳、鹿邑、项城、沈丘7县实征小麦785.67

万公斤。1943 年提高到 1138 万公斤。此外，还开征名目繁多的杂税 20 多种。

1939 年后，淮阳增加壮丁税、落地税及公安费、自治费、地亩捐、保甲费等苛捐杂税 30 余种。1940 年，契税额为 1118.3 万元，附加为 224.7 万元。1941 年，淮阳县政府管区应征谷物 310 万公斤，实征 335 万公斤，超征 25 万公斤。

1941 年，日军在淮阳县暴敛税额 23.5 万元。

1942 年，商水县大旱，五谷歉收，城西 50 里的碱厂村 44 户人家，因缴不起税断炊逃荒的有 17 户，全家饿死的有 5 户 13 人。抗战时期，国民党商水县政府实施食盐禁运，到处设关卡，盐税超过正税 3 至 4 倍。

日伪统治太康县期间，各种苛捐杂税名目繁多，赋税沉重。1939 年，太康日伪政权成立税务所，统管各税。是年太康县收维持费每亩 2 角。继之征收田赋，每丁银 1 两，征省县附加各 5 元。1941 年，改订税率为每两丁银征省附加捐 4.5 元，警备附加捐 2.5 元，事业费 5 元，省警备队经费 3 元。

1939 年，鹿邑县改田赋征收处为田粮处。抗战爆发后，鹿邑县自治费支出大幅增长，抗战后期更是与日俱增。1941 年，实行田赋征实，建立田赋管理处。1941 年 7 月，鹿邑县遭受水灾和蝗灾，粮价暴涨，改田赋征银为征实（即征粮），即将原征额折成粮食，折率从低，征额基础增加。按照民国二十四年（1935 年）册载田赋总额为基数，折征小麦 1.02 万石。1941 年鹿邑县应征粮 10166 石，实征 2786 石。由于鹿邑连年受灾，很多农民外出逃荒，但征粮额有增无减。1942 年，撤销县府二科建立财政局，下设田粮处。当年春荒严重，反而又加大征敛，夏季强征征实小麦 10415 万石。1944 年，因鹿邑县境内成为游击区，又将实物折成金额 224.1 万元（法币）征收，比上年原征额又增加 8.8 倍。1945 年，撤销田粮处，建立田赋粮仓管理处，全县自治费实征 303 万元（法币）。

1943 年，鹿邑县自治税捐征额 11.1 万元（法币），实征 24.7 万元。1944 年，额征 40 万元，实征 77 万元。

1941 年，沈丘县实行新县制和田赋征实，增设田赋管理处，以民国二十四年（1935 年）册载田赋总额 39286.44 元为基数，每元折征小麦 2.8 市斗（每市斗 15 市斤）。是年，沈丘县应征小麦 11000.2 石，实征达 22171 石（其中借征 11171 石）。按当年 7 月份小麦每斗市价 5.5 元计算，共折金额 121940.5 元，比 1935 年增加 30 倍（包含物价上涨因素）。1942 年，沈丘县夏旱 40 余天，麦收无几，秋粮绝收，饿死 1.28 万余人，卖儿卖女者 3200 余人，逃往外乡者 20 余万人。但该年农民负担不减犹增，竟强征 14317 石，强购25494石，合计39811石（199.06万公斤），相当于1941年的1.75倍。1943年春荒严重，田赋粮食合并，成立田赋粮食管理处。幸存的农民很多家破人亡或背井离乡，但征购粮额仍有增无减，征购41100石，比1942年增加1289石。

抗战期间，国民党军队麋集沈丘，军需粮草全由地方供给。除田赋外，驻军经常摊派军用粮、草、烧柴。据1942年3月至8月份不完全统计：强行派购麦麸361490斤、料豆428712斤、谷草1885942斤、烧柴4255290斤，总值18057657元，实际付款1047178元，仅占总值的6%。军衙验收粮草时折斤压重，秤大惊人，数牛拉运的满车木柴过秤仅有几百斤者常有所闻，农民交物量名有数而实无数，任务远远超过摊派量。军差催逼粮草，急如星火，凶若虎狼，打骂兼施，农民怨声载道。

1937年，项城县实征田赋1927.9万元。省补助完纳每两银加3角，县地方附加完纳每两银加5.25角。1940年，项城县征收处改为田赋管理处，是年8月项城县设粮食总局，乡镇设经济干事兼管粮务。1941年1月，设粮政科，并设田赋管理处。1943年，田赋粮食机构合并，设田赋粮食管理处，下设6个征收处、12个粮食仓库。

民国时期，地方临时性、一次性和短期支出项目繁多，有债务费、协助费、预备费、杂项支出、其他费等。

4. 解放战争时期的财税

解放战争时期，淮阳县税捐除应征正税田赋外，其他苛捐杂税多达数十种。加之地方保甲长巧立名目，索取民财，形成一日之内几班人马登门索粮要款的局面，轻者鞭笞，重者逼死人命，民众叫苦不迭。1946年，国民党淮阳县政府全年自治捐实征4521万元，征粮4825万公斤。其中，中央借征385万公斤，实征270万公斤；省征315万公斤，县征585万公斤。

民国后期，扶沟县苛捐杂税日益增多（征税总额失记）。税收项目多达30余种，计有农业税、契税、牙税、盐税、烟酒税、特种营业税、屠宰税、市场使用税、货物税、营业税、所得税、利得税、印花税、遗产税、牌照税、筵席娱乐税，还有军饷、区乡捐、漕口捐、房捐、国防捐、寒衣捐、戏捐、店捐、自治税捐、教育捐、建设费、政警费等。1946年，太康县正税赋额121726石，由于减产8成，当年征粮赋额24345石，配征实物计11738石，其中中央借征2921石，实征2045石；省征2385石，县征4432石。是年，太康县开征的工商税有直接税（包括过分所得税、遗产税、印花税、契税、营业税、惩罚及其他收入）、货物税（包括矿产税、烟酒税）和盐税等，全年实征屠宰税 2434750 元，营业牌照税 9394700 元，宴席娱乐税 124650 元。

抗战胜利后，鹿邑县田赋征实中央 30%，省 20%，县 50%。征借全部归中央；代征公粮省、县各 50%，附加归县。契税改正税归县，附加归省。营业税省、县各半，后改省 40%、县 60%，自治捐归县。1945 年，鹿邑县自治税捐征额 100 万元，实征 303. 4 万元，与上年相比征额增长 8 倍，实征增长 11 倍。1946 年征额 1785. 1 万元（法币），比上年增加 4. 88 倍，其中营业牌照税 1352. 3 万元，占税捐总数的 77%，屠宰税 321. 6 万元，房捐 45. 8 万元，使用牌照税 52. 8 万元，宴席税 12. 5 万元。税率集中于日常生活用品，如煤油、火柴、布匹等约为 50% －70%，盐税更重。是年，鹿邑县水灾严重，正赋税额 10. 44 万元，田赋额按两成减灾后，应征 8. 9 万元（新法币 1 元折合旧法币 400 元），配征粮食 4. 07 万石，中央借征 10080 石，实征 7056 石。鹿邑全县自治费增至 1785 万元（法币），比上年开支增加 4. 8 倍，相当于 1944 年田赋实征额的 6. 9 倍。

解放战争时期，沈丘县自治费继续增加，1946 年财政支出比 1943 年增长 48. 8 倍，比 1933 年增长 1127 倍（包括物价上涨因素）。

1945 年，项城县公职人员 79 人，薪金及办公费计 25. 43 万元，实征工商各税税额 187. 12 万元（法币）。1946 年，项城县正税额以粮计征，共征粮 2126. 5 万公斤。同年，项城县仅房捐税、营业牌照税、屠宰营业税、使用牌照税、宴席娱乐税等 5 项共征收税额 1323. 36 万元。

1946 年，周口地区营业牌照税、筵席税、娱乐税、屠宰税、使用牌照税和房捐收入 14432 万元（法币）。

5. 解放区的财政税收

抗日战争和解放战争时期，解放区的财政税收由财粮、工商部门办理。

1947 年，淮阳县民主政权建立后，为适应解放战争和游击战争的需要，财政收支实行“就地筹集，就地使用，就地管理。”是年，淮阳县民主政府设财粮科，下设粮库和地方金库。各区设会计 1 人，县对区采取领报、审计制度。1947 年 7 月，淮阳县民主政府建立税务局，设税政、会票、计划、人事 4 股和秘书室，按经济区分设北关、新站、鲁台、汲冢（今属郸城县）、柳林等 5 个税务所。建国前夕，淮阳县解放区税收制度根据中央“暂时沿用旧税法，部分废除，在征收中逐步整理”的原则，取消了旧的苛捐杂税 60 多种，并根据当时复杂的经济状况，实行“多种税多次征收”的复税制。

1948 年 4 月，商水县民主政府设财粮科。

1948 年 2 月，周口市人民政府设工商行政管理局，内设税政股，下设北寨税务所、南寨税务所、西门税务所和东堤子街税务所。1948 年 4 月，周口市人民政府设财粮科。农业税征收按《中原解放区农业税暂行条例》规定的“累进税制”执行，凡从事农业生产，不论出租、自耕或雇工耕种的收入，均依条例计算，起征点为每人全年产量 120 斤，税级分为 13 级，税率为 5% 至 40%。1949 年 3 月，建立周口市税务局，下设北寨税务所、南寨税务所和税务缉私队。

1948 年，西华县民主政府建立，设立财粮科、工商管理局，后者内设税务股。当时解放战争正在进行，全国的财政还没有统一，老解放区沿用革命根据地制定的税收制度，新解放区则遵照中央关于“暂时沿用旧税法，部分废除，在征收中逐步整理”的原则，废除旧的苛捐杂税，沿用税目 21 种。西华县采取自收自支的政策，不足部分由上级解决。主要任务是保证解放战争供给，恢复发展黄泛区生产，帮助灾民解决生活生产困难。1949 年 4 月，始建西华县税务局，内设计划、货物税、直接税、会票 4 股，并设城关、逍遥、东夏亭 3 个税务所和李方口、聂堆、道陵岗、红花集、西夏亭、奉母城 6 个税务点。

1945 年，扶太西县民主政府成立，设财政局，配局长 1 人，干部 3 人，财政收入主要有农业税、手工业作坊税、商贩营业税，扶太西县政府征收夏粮 50 万公斤，用以偿还借粮和储存备用；征收的工商税主要是盐税。1947 年 8 月，设会计、实物保管和粮秣 3 组，管理财政工作。1948 年，扶沟县工商管理局设税务股，征收轧花、商店、粮行、花行等业的工商税和交易税。1949 年 2 月，工商管理局划分为工商科、银行和税务局。税务局下设会计、税政 2 股。是年，扶沟县民主政府贯彻减征工商税的精神，对各集镇工商税的征收实行包征到户的办法，计征税额 2.4 万元；并根据各农户土地好坏、面积大小、收成和实力大小，采取提名征收办法，全年收公粮 17 万公斤。

抗日战争和解放战争时期，太康县境内革命根据地民主政权的财政，主要是通过收支活动，筹集供应资金或物资，保证革命战争和红色政权的需要。由于当时处于被分割状态，财政收入来源不稳定，财政收支采取货币和实物两种形式，实行中共领导下的分散管理，支出实行供给制。1944 年，中共领导的抗日民主政权睢太办事处设财粮科，配 2 人，是年夏在中心区征收粮食 40 余万公斤，在敌占区和边远区按每公斤小麦 2 角征收税金，除保证军需政用（基本上改变了军政人员吃派饭的问题）外，还上缴款 100 余万元。1948 年，太康县民主政府实行合理负担政策，规定征收公粮每亩不超过 5 公斤，负担过重的及灾荒地区，给予减免照顾。1949 年 2 月，太康县建立财政机构，财政由省统一管理支配，县境内解放区实行累进税制。3月，太康县民主政府设财粮科。建国前，太康县解放区税务由财粮、工商部门办理。1948年至1950年，沈丘县根据“扶助农民生产、限制富农、打击地主封建剥削”的方针，在土地改革前实行有起征点的“急进累进税制”，最高税率42%，最低税率3%，全家每人年均产量100斤以下者免征，高额征收地主、富农的余粮。对租佃地实行“加二减二”的征收政策，即地主的出租地收入加2成后，与本家产量合计依率计征；佃农的佃耕地收入减2成后，按固定税率9%计征。在军区以下服役的革命军人，每人扣除常年产量100斤，在军区以上者扣除200斤，饲养牲畜每头扣除常年产量50斤。1948年至1949年，沈丘县遵照中央“暂时沿用旧税法，部分废除，在征收中逐步整理”的指示，废除旧的苛捐杂税，仅征收屠宰税、烟酒税等14种，减轻了民众负担。1948年沈丘县解放后，沈丘县民主政府设财粮科管理财粮，设工商行政管理局兼管税收。1949年工商管理与税务分设，成立税务局。

1945年8月抗日战争胜利后，鹿邑县境内分南北2个解放区：南区有汲水、石槽、吴台庙、郸城、丁村、宁平、白马驿、生铁冢、赵村；北区有张集、枣集、高辛、大梁、坞墙、安溜、江恩、魏岗、马厂、宋集、马铺。当时解放区财政机构的主要任务是筹措粮食、经费和军需，支援解放战争。1947年，鹿邑县边区民主政权建立，均配备财务管理人员。1948年初，鹿邑县民主政府设财粮科，内分审计、粮食、实物、保管、现金等会计，下设县粮库和地方金库，区有财粮干事和会计。财粮科配正、副科长各1人，废除民国政府的田赋制，实行按地亩好坏（地分“平、砂、淤、碱、凹”5个等级）征收，以小麦或小米为标准，分夏秋两季开征公粮、公草。是年，鹿邑县工商行政管理局兼管税收工作。1949年6月，工商与税务分设，成立税务局，设税收、会票、计划、人事4股和秘书室，下辖城关、郸城、汲水、玄武、大辛集5个税务所，有税务干部30人。

1947年，项城县民主政府向农民每亩征收9至10公斤公粮，让农民休养生息，发展生产。1948年3月，项城县民主政府设第二科，主管财政金融工作；10月，项城县成立秋征委员会，主要征收公粮，实行按产征收，多产多负担，少产少负担，无产不负担。1949年1月，项城县建立税务局，内设人秘、税务、会计3股，分设新桥、城关、水寨和孙店区等4个税务所，实行定产累计加评议计征的办法，把耕地划分为一、二、三等，分等定产，按产量定比例计征公粮，若公粮任务未完成的，其余部分经过评议落实到户。

十、经济管理

周口一带的经济管理思想起源较早，伏羲的先天八卦和老子著的《道德经》中都包含有朴素的经济管理思想，但真正的经济管理始于近代，但尚处于水平较低阶段。

财政预算。民国初年，周口地区各县财务经费由省财政厅专管，各县无统一预算。1926 年，国民政府整顿财政，实行“收支划分，分级管理”。印花税、烟酒税、契税划归中央，货捐（营业税）、房捐（房产税）划归地方。各种税收附加（包括田赋）作为县级财政收入的主要来源，当入不敷出时就大幅度增收附加。之后，附加税有增无减，加之其他名目繁多的苛捐杂税，民众怨声载道。1927 年至 1928 年间，《国家税与地方税暂行标准》、《划分国家收支与地方收支标准案》公布实施，出现预算雏形。1933 年，各县实行财政预算收支制度，分省、县两款。省款归省财政厅处理，县款由县级财政部门掌握使用。财政收支除教育专款由省教育经费管理处统一办理外，其他支出均按预算执行。如遇特殊情况报省追加。1935 年，县级预算初步形成，但制度不健全。

统计。民国时期，河南省第七督察专员公署及各县配有专职统计员，负责工业、农业、商业、物价、人口、土地、赋税等统计业务。统计分为季报、年报等。统计方法一般采取抽样调查、典型调查、税率推算等。1934 年至 1936 年，各县开展了较为全面的经济社会调查。各县统计工作由建设局兼管。

1917 年至 1927 年，项城县政府第一科配有专人负责统计工作。1948 年，项城县民主政府第二科设专人负责统计业务。

1935 年，太康县在一、二、三、四区各聘统计调查通讯员 2 人。

质量监督。1937 年，河南省商品检验局在太康县设棉花水杂取缔所，是周口地区设立最早的质量监督检验机构。主要对打包棉花进行品级、长度、水分和杂质 4 个项目的检验。1947 年解散。

土地管理。民国初年，各县政府田赋管理处、区土地勘测员掌管土地买卖及丈量业务。

物价。近代，市场物价主要靠市场调节。民国初年，周口地区农村经济薄弱，购买力低下，物价基本稳定。有时因受供求关系的影响也有波动。1913 年 8 月，项城县小麦每石（200 公斤）价格 0.96 两（银），到 1916 年上涨5倍多，为每石5.94两（银）。1927年后，由于军阀混战，加之自然灾害严重，周口地区物价波动很大。物价大致以1935年为界有降有升。

1935年，周口地区小麦比1933年下降35%。1936年，小麦每公斤0.14元。从1936年起小麦价格逐渐上升，到1937年底，价格比1934年上升132%。1933年，太康县白糖每市斤0.17元，红糖0.12元，纸张0.10至0.30元，棉布每市尺0.15元左右，缎布每市尺0.50元至2元。

1935年至1937年，淮阳县粮食价格平均每年上涨30.7%。据1991年《淮阳县志》载，粮食价格指数以1935年为100基数，1936年为156.1，1937年为192.3。

1936年，鹿邑县中等小麦价格每百公斤6.72元，1942年涨至140元，上涨20.83倍；1943年涨至480元，上涨71.43倍。

抗日战争进入1938年后，由于兵连祸接，自然灾害频繁，生产遭到极大破坏，加之日军实行经济掠夺，日货大量倾销，民国政府和日伪政权又滥发纸币，多种因素导致周口地区抗日战争初期物价缓涨，抗日战争后期大幅上涨。以粮食为主的各种商品价格不断上扬，主要工业品物资由少数商人垄断，价格暴涨暴跌。

1940年，项城县猪、牛、羊肉每斤0.5至0.55元（法币），到1941年4月每斤涨至400至640元，两价相比，牛肉上涨800倍，羊肉上涨900倍，猪肉上涨1163倍。同年，小麦、高粱、小米、黄豆、绿豆等主要粮食作物价格与上年相比，平均上涨24.4%。

1941年1月，周口地区上等小麦每50公斤16.5元，6月份涨至26元，比1月份提高58%；12月又涨至63.5元，比1月份提高285%。上等高粱每50公斤11.15元，6月涨至21元，比1月份提高88%；12月再涨至31元，比1月提高178%。1943年12月，上等小麦每50公斤433元，高粱每公斤330元，分别是1941年同期的6.8倍和10.6倍。

1941年1月，项城县每只鸡蛋0.07元，2月份跌至0.03元。1942年1月，火柴每箱365元，6月涨至1150元，涨幅215%。棉纱每公斤7.3元，6月涨至20元，涨幅242%。

抗日战争期间，棉花、烤烟等农产品价格随行就市，暴涨暴跌。1941年1月，商水县每50公斤上等棉230元；7月涨至290元，涨幅26%；10月涨至390元，涨幅34%；12月跌至375元，跌幅4%；1942年12月又涨至1850元，是上年同期的493%。1941年商水县上等烟叶每50公斤59元。

周口地区工业品多由商人从外地购进，价格昂贵。1942年1月，白糖每公斤23元，6月涨至38元，涨幅65%；12月再涨至60元，比1月份涨161%。白布1月份每匹305元，6月涨至520元，涨70%，12月份再涨至1050元，比1月份涨244%。

1940年，淮阳县粮食平均价格比1935年上涨4.2倍。1942年1月，城内白面价格每公斤法币1.60元，2月底涨至6.4元，上升3倍。2月25日早晨，白面价格每公斤4元，中午涨至4.80元，四五个小时上涨20%。

抗日战争胜利后，内战继之爆发，社会经济进一步遭受严重破坏，加之国民党政府继续滥发纸币，通货恶性膨胀，周口地区物价急剧上涨。国民党政权垮台前夕，货币贬值，物价飞涨，出现一天数价、一集数价，国民党政府发行的钞票成为废纸。

1937年，项城县100元法币可买2头大牛，1940年可买1头小牛，1945年可买2个鸡蛋，1948年只能买4粒大米。项城民众说："大街过三道，物价跳三跳。"

1945年9月，淮阳县棉布每公尺8400元，次年涨到2.7万元，上涨229.4%。1948年，淮阳县通货膨胀，物价上涨，货币贬值惊人，"一万元的钞票地上抛，谁也不愿弯弯腰"。

1935年，沈丘县小麦每斤0.366元，猪肉每斤0.8元。1942年，小麦每斤0.8元，猪肉每斤1.4元。1943年1月28日，国民党沈丘县政府成立"物价平抑委员会"，组织3个经济检查分队分赴各乡（镇）检查物价，但无济于事，物价仍上涨不已。尤其食盐价格上涨更甚，1942年每市斤3.5元，1946年涨到380元，4年上涨百余倍。1947年，鹿邑县中等小麦每百公斤价格由1943年的480元，上涨至1303.8元，上涨27.1%。1936年，棉花、食盐、食糖每公斤价格分别为0.51元、0.36元、0.77元，到1947年分别上涨为80元、86.4元、770元，分别比1936年上涨157倍、240倍、1000倍。

建国前，服务业及泥、木工等劳务收费，一般由同行公议，城乡略有差别。

计量制造与管理。清康熙年间开始实行以营造尺和库平两为基础的"营造尺库平制"，主要用于营造和国库收支。即度以营造尺为标准，合32厘米，工程所用；量以漕斛为标准，每斗316立方寸，合103.5升，漕运所用；衡以库平两为标准，每斤16两，每两合37.301克，仓储所用。光绪三十四年（1908年），清政府规定，以尺、升、两为度量衡主要单位。但实际没有统一，集市上常因斗不中律、秤不按度发生冲突。淮宁县及附近各县使用陈州斗，每斗50斤。商店用苏砝码，每斤小于库平制秤1两半，合540.85克。行店用漕砝码，每斤大于库平制秤1两半，合652.77克。商品不同，用秤也不同。柴草每100斤加25斤，花生每100斤加15斤，小盐每100斤加10斤，大盐每100斤加5斤。行商用加九秤与库平制的比率计算。市场用裁布尺、量地尺、鲁班尺等，其长度与营造尺都有差别。土布尺，1尺等于营造尺的1尺8寸，民间称为1尺8的“码”。清末，出现西医计量器具和西洋教学仪器，如听诊器、温度计、天平、量杯等。

1915年1月，北洋政府公布《权度法》，规定营造尺库平制为甲制，米制为乙制，米制在中国度量衡名称前冠以“公”字，如公尺、公升、公斤等。长度以1公尺为标准尺，容量以1公升为标准升，重量以1公斤为标准斤。同时规定市制与公制的关系：长度以标准尺的三分之一为1市尺（合33.3厘米），容量以1标准升为1升（合1000毫升），重量以1标准斤的二分之一为1市斤（500克），1斤为16两（每两31.25克）。1927年南京国民政府继续推行米制，并实行“一、二、三制”，即1升等于1市升，1公斤等于2市斤，1米等于3市尺的市用制。1928年7月，国民政府公布《中华民国权度标准方案》，将“公尺”、“公升”、“公斤”定为标准制，市尺、升、市斤为市用制。1929年2月颁布《度量衡法》，于1930年1月1日施行。以万国权度制定的原器为标准实用公制，即以米制（即公尺制）为标准，并辅以市用制。长度以米为单位，容器以公升为单位。市用制长度1市尺等于1/3米，土地6000平方尺为1亩，重量1市斤等于0.5公斤（千克），容量以1公升为1升。1市斤等于16两，1500尺等于1里。官方发给标准件1套：50公分铜尺，1市尺铜尺，1公斤铜升各1个，1公斤至公系砝码21个，50市两至5毫升砝码21个；民间常用制1公尺3折木尺、1市尺木尺、1斗方木斗、1升方木升，300市斤、200市斤、100市斤、50市斤双刀缝木杆秤，20市斤双麻毫秤，1市两、4市两双毫戥秤各1个。市制与库平营造制计量接近，市制与公制换算简单。俗称“斤有所短、尺有所长”，即市斤比库平制重量小，市尺比营造制长。1933年奉令取消营造尺库平制，推行新制。1936年6月，根据全国拟定的市制方案，在周口地区推行杆秤改革，将16两制改为10两制，由于推行不力，改秤终止。度量衡器具的生产、使用和管理更为混乱，尺、斗、秤的量值也不尽相同。各县城关和乡村较大集镇推行市制，广大农村仍通行旧杂制，公制仅在邮电、交通个别部门使用。民间所使用的秤量不但因地因物而异，就是同一个地方，同一种物品，也会因商人习惯不同而有着种种差异，以至于大进小出、希图谋利的事情时有发生。

淮阳县计量器具生产多为手工制作，主要产品有斗、杆秤、竹木直尺，生产量小，且不够标准。1933年，取消营造尺库平制，推行新制，淮阳县城严希初等18家集资建立了度量衡器具制造厂，有雇秤工24人，斗工20人。1934年，淮阳县有杆秤生产者5家，秤砣由外地购进配套。市场用尺多由秤工或木工代制。

清光绪二十年（1894年），山西人李发兴在周家口沙河北岸山货街设星秤铺，为周家口最早的衡器制造者，主要产品有木杆秤、盘子秤、尺子等。1936年，周家口从事衡器制造的个体店铺有6家，15人，资金3万元。

民国时期，扶沟县粮食交易使用的斗大小不一，以小麦计量，县城是33斤，李集34斤，韭园32斤，吕潭36斤，白潭42斤。到1938年，城关、吕潭、白潭又改用14斤官斗。扶沟全县的粮坊，特别是较大的粮坊，一般都备有三四个大小不同的斗，视对象和粮食的干湿、毛净酌情使用。

太康县，尺有10寸、15寸、16寸之分；斗有秋斗、麦斗、芝麻斗之别；秤有16两至32两为1斤之不同。1934年，太康县设1名检定员，开展计量工作宣传，无标准标本检定器具，无官商制造店。长度：裁衣尺、丈地尺长10寸，白布尺长16寸，颜色布尺长15寸，泥木工尺10寸弱，石工尺10寸更弱。量器：麦斗，城内每斗46斤，乡村34斤、32斤、40斤不等。芝麻斗，城内每斗42斤，乡村15斤不等。衡器：通行天秤每斤16两，棉线秤17.5两，草秤21两，乡村草秤20两、30两不等，杂货秤100斤加5斤。

鹿邑县，尺有白布尺、青布尺、裁衣尺，白布尺、青布尺各集长短不一；斗的容量大小不同，秤商用、行用也不相同，商用16两为1斤，行用蔬菜以20两为1斤，柴草有100斤加3斤、5斤、20斤、40斤、50斤、100斤不等。

民国时期，沈丘县升的量值各地不同，每斗有22斤（周营）、24斤（北杨集）、26斤（石槽）、28斤（新安集），乃至30斤、38斤、48斤等差别；杆秤的量值也是大小不一，虽都是16两为1斤，有铁秤砣、石秤砣，以及铁纽、绳纽、短杆、断尖等各种杆秤，各行业使用的标准差异较大。蔬菜类以1.25斤、1.125斤、1.0625斤为1斤，烟叶类以1.5斤或2斤为1斤，猪鸡鱼鸭类以16两为1斤，柴草类有加25%、10%、3%等数种；有的掌秤人员暗施伎俩，弄虚作假，量值大小更无标准。项城县，裁衣尺，比市尺长5分，裁剪铺、印染铺接收布匹时使用；白布尺，比市尺长1倍，多用于销售布匹时使用；步弓尺，汾河以南使用项弓，汾河以北多使用淮弓。项城使用的弓，每弓5尺2寸。淮弓，即淮阳弓，每弓7尺2寸。市制长度为毫、厘、分、寸、尺、丈，均为逢10进位。150丈为1里。量有条斗、方斗。斗的容量又有所不同。水寨每斗24公斤，项城每斗20公斤。斗上有石，斗下有升，升下有合。从合到升，从升到斗，从斗到石，均为逢10进位。衡有木杆秤、戥秤。杆秤分为20两、18两、16两等于0.5公斤。柴草行多使用20两秤，粮、面行多使用18两秤，烟土、杂货交易行多使用16两秤，医药行、银匠铺多使用戥秤。清末，项城县度量衡多为沈丘、河南长葛、安徽等地艺人制作。民国时期，项城县度量衡器的制作和使用由县商联会代管，有1名科员负责，办公地址在县城十字街。1942年，扶沟艺人杨廷选逃荒到项城县城做星秤生意，后落户项城。当时制作的秤多为三面三毫绳系秤，较为准确。

清末，陈州府设有专门的计量机构，根据清廷颁发的标准器复制。县署设有官斗、官秤和官尺，依此处理民事计量纠纷。

民国时期，为推行公制，淮阳、鹿邑、沈丘3县设度量衡检定所，抗日战争开始后解散。

1931年6月，河南省度量衡检定所在鹿邑县设度量衡检定分所，派三等检定员孙积德到鹿邑县，按照全国度量衡监制标准器从事管理事务，检定合格者加盖特定印记。检定分所属鹿邑县政府第三科管理。1938年，鹿邑沦陷，该县度量衡检定分所解体。

1933年，河南省度量衡检定所在淮阳县设度量衡检定分所，附设于淮阳县政府第三科，有二等检定员1人。

1939年，河南省度量衡检定所在沈丘县设度量衡检定分所，派计量检定员到沈丘县督导计量状况，淮阳专署令沈、项两县建度量衡厂，制造以国际公制为基础的市制计量器具，但建厂不到1年即关闭停产。

企业登记。1937年，周家口和商水、淮阳、沈丘3县开展企业登记，有私营工业、手工业者685户（资金26547元），商行、粮行476个。1942年，根据冀鲁豫抗日根据地颁布的《工商企业登记试行办法》，对工商企业普查登记，西华、淮阳、鹿邑、太康4县有工商业7579户，从业者9781人；周家口、沈丘县4721户，其中工业、手工业者3066户，粮坊162户，粮行38户，牲口行207户，其他1248户。

个体工商管理。民国时期，周口地区个体工商业大部分集中在各县城。1946年，沈丘、西华、项城、太康、淮阳5县有个体商贩2146户，3042人，资金多者500元左右，少者不足50元。周家口有个体商户1066户，85%以上为个人独立经营。1948年，周口地区个体工商业户增加到3964户，其中手工业1433户，商业744户，饮食业615户，服务业99户，工业1户，各种流动商及摊贩1072户。

民国时期，各县政府秘书处设建设科，各项法规的实施由各地商务会进行。

十一、民众生活

1. 婚姻家庭

婚姻是家庭的纽带，是民政的重要内容。封建社会直至民国，婚姻制度等级森严，强调门当户对。豪强之间的联姻，是权贵势力的结合；中等人家之间的联姻，以经济为基础；贫苦人家之间的联姻，重人不重家，只要男方能养活几口之家，女方会操持家务即可。极少数贫家之女嫁入富家，多为填房和妾室。

在结婚年龄上，历代都有早婚习俗。《孔子家语》曰："男子二十而冠，有为人父之端，女子十五许嫁，有适人之道，于此过往。"唐贞观年间，规定婚龄男为二十，女为十五；开元又降为男十五、女十三以上听嫁娶。宋代以后，历代封建王朝均规定男16岁、女14岁以上可完婚。1942年，国民党政府《民法·亲属篇》规定，法定婚龄为男子18岁、女子16岁。一般男丁20岁，女子18岁结婚。当时十四五岁结婚的现象较为普遍。

封建社会直至民国时期，男尊女卑的观念根深蒂固。男女青年在"男女授受不亲"封建礼教的束缚下，"父母之命，媒妁之言"成为婚姻自由的枷锁，一些不合理的订婚、结婚方式和婚姻生活长期存在，包办婚姻、买卖婚姻、招童养媳、指腹为婚、娃娃媒、近亲结婚、重婚纳妾、干涉寡妇改嫁等现象屡见不鲜。特别是包办婚姻给广大青年造成很大痛苦，抗婚、逃婚、自杀、私奔现象时有发生。尤其是女青年更无婚姻自由，婚姻悲剧时常发生，妇女因婚姻自杀、被杀者甚多。1942年至1949年，商水县妇女因婚姻被残杀的有827人，自杀者1252人，早婚者14756人，买卖婚姻者2401人，弃婴溺婴者3740人，受虐待者25135人，未穿过细布者154224人，当童养媳者14096人。

妇女受"三从四德"约束和"一女不嫁二夫"封建礼教的影响，被视为奴仆和传宗接代的工具，只能从一而终，"在家从父，出嫁从夫，夫死从子"，多为包办和买卖婚姻。女子失身或遭人侮辱，虽是受害者，也成为话柄，是一生的奇耻大辱，低人一等。丈夫打骂妻子，理所当然。妻子打骂丈夫，即为不贤。生男孩叫大喜，生女孩叫小喜，赔钱货。有因子女多难以养活而溺婴者，也多系女性。男子再婚，无人非议。寡妇改嫁，则受限制和耻笑。寡妇守节，则受褒扬。旧志一般都设有专篇褒颂节妇，官府为节妇树碑立坊，寡妇再婚困难重重。太康清集乡一妇女结婚不到1月，丈夫被抓壮丁杳无音信，一直守节至死。独塘乡一妇女20岁时死了丈夫，一直守寡到73岁。虽有个别寡妇上有公婆，下有子女，家境十分困难，经公婆同意招夫纳赘，仍受人歧视。男方到女方落户，称为“倒插门”，多受社会歧视和族人排挤。

民国时期，男方仍可娶妻纳妾，一夫多妻。西华县城北有一潘姓地主娶有8房妻妾。太康清集有6人娶2个妻妾。

建国前，一般县城和较大集镇，小手工业者、小商小贩、失业居民较多，他们食不饱腹，结婚困难，因此有不少“光棍”。受“男女授受不亲”的影响，同一个小集镇男女相互结婚的很少。

民国时期，各县城青年学生有自由恋爱现象，但多为家庭所阻，成功者不多。建国后，1950年《中华人民共和国婚姻法》颁布实施，实行婚姻自主，一夫一妻，旧的婚姻状况得到根本改变。

家庭是社会的细胞，也是生产单位。建国前，民众家庭结构有联合家庭、直系家庭和核心家庭3类。联合家庭，沿袭旧习以四世同堂、五世同堂为荣，全家数十口，有治内治外等分工。但多为大地主和官僚之家，一般民众家庭很少见；直系家庭，即祖孙三代，多为五六口之家。此类家庭一般是父母操持家务，青壮年夫妇从事生产劳动，管理教育子女；核心家庭，由夫妇和未婚子女组成，一般为两代人，三四口之家，多为男主外，女治内。此类家庭在农村较多见。在各个家庭中，家长为一家之主，多是家庭财产的主要创造者与支配者，其言行举止影响全家。家长多由男性家长充当，一人做主。夫妻关系男尊女卑，很不平等。男为主，女为奴，丈夫打骂妻子是常事，民间有“娶的妻，买的马，任我骑，任我打”的说法。妇女挨了打骂之后，除了绝食、回娘家，甚至自杀外，多忍气吞声。大多数婆媳关系紧张，媳妇进门即承担全部家务，起在人前，睡在人后，孝敬公婆，侍候丈夫。封建地主家庭，媳妇每天还要给公婆问安，铺床叠被，端尿盆，稍不如意，非打即骂，唆使儿子打媳妇者也屡见不鲜。

建国前，家庭生产多是小农生产，一般男耕女织，满足于自给自足，生产发展缓慢。家庭教育，则因各家庭政治、经济情况与文化素养不同，导致其教育的目的、内容与方法各异。家庭教育受到社会教育的影响和制约，旧时家教以忠孝节义为内容，以教子成才为目的。富家教子侧重于升官发财，光宗耀祖；贫家教子侧重于听天由命，安贫守业。

建国前，民众家庭一般为三代同堂，个别人家甚至有四五代同堂的。如商水县化河乡瓦房庄王宪章家，1936年全家有76口人，其家以多世同堂、人口众多炫耀乡里。此种家庭主事者1人，由辈分最长者掌握家庭管理权，所属辈次年轻者必须绝对服从。这种家庭关系基本上是尊卑、主从关系，妇女地位低下，尤其富豪之家表现得更为明显，贫苦之家较为淡薄。

2. 农民生活

清末、民国时期，周口一带民众受尽地租高利贷的残酷剥削和官府的横征暴敛，加之自然灾害频仍，战争连绵不断，社会生产遭到严重破坏，时常还要受到货币贬值、物价上涨的威胁，70%以上的农民过着衣不蔽体，糠菜半年粮的生活，每遇灾年，流离失所，家破人亡。周口一带农民膳食结构简单，正常年景，主食为杂粮，多以高粱、红薯、谷子、大豆为主。占农业人口30%左右的自耕农，能自给自足，一般一日三餐。早餐和晚餐，多吃馒头，喝稀饭，中午多为面条。贫寒之家冬季为一日两餐，仅在年节、来客和收麦时吃麦面；乡村富户，农忙季节吃麦面；少数官商富豪之家全年吃麦面，佐以鸡鱼肉蛋。蔬菜农民自种，夏季多为葱、黄瓜、韭菜、茄子、豆角等，冬季以辣椒、大蒜、萝卜、白菜为主。食盐多为自制小苦盐。占农业人口65%左右少地或无地的贫苦农民，租地耕种，所得无几，饮食水平更低。长工、短工收入甚微。1935年，太康县长工年工钱最高35元，一般20元，最低15元；月工钱最高4.5元，一般4元，最低3元；天工最高0.2元，一般0.15元，最低0.1元，过着糠菜半年粮的生活。每逢灾年，贫苦农民生活更惨。1938年至1945年，黄水泛境，蝗灾不断，加之日军烧杀抢掠，兵匪劫夺骚扰，农民苦不堪言。扶沟县80%的土地被黄水淹没，大批农民外逃异乡，出现多处“无人村”。太康县常营乡洼李村原有150户784人，9年黄泛中，淹死、饿死348人，妇女改嫁19人，卖儿卖女58人，遭杀害11人，死绝7户；清集乡赵庄原有32户130人，黄水后仅剩9男1女；独塘乡张花庄原有16户61人，黄水后仅剩3户11人。1943年春荒，草根树皮吃尽，饿死者不计其数，甚至发生人相食惨状。少数地主富豪之家占有大量土地，常年吃细米白面，肉、蛋、菜蔬丰盛，生活奢侈。商水县邓城乡大地主叶强五一家5口人，有良田1100多亩，佃户20多家，年收租粮6万多公斤。有宅基17亩，楼房87间，瓦房23间，雇用长工、保镖、书童、丫鬟、仆女等87人。

民国时期，周口地区农民生活艰辛，家庭陈设简陋，日用品短缺。殷实人家置有桌椅、板凳、石磨、石臼等常用家具。贫困之家，除锅、碗、瓢、勺外，无甚家具。少数富豪之家，置有方桌、条几、顶子床、立柜、古董装饰品等，陈设讲究。

民国时期，周口一带有“官住衙门富住楼，穷人住房门碰头”之说。黄水泛滥前，农民住房简陋，贫困之家住土垛草房，有的寝厨兼用，几世同堂者甚多；赤贫之家住庵棚或庙宇；中等之家，住房多为砖基土墙、木梁檩、麦草苫顶；富裕之户，住四合院，房屋多为砖包墙、瓦接檐，并建有东、西配房和门楼；富豪之家，住房阔绰宽余，多建砖木结构瓦房，有两进、三进甚至五进院落，置设大门、过厅、客房等。

建国前，农民烧柴困难，中等以上人家做饭主要以农作物秸秆为燃料，少量以树枝为补充；贫苦之家烧柴奇缺，主要要靠扫树叶、拾碎柴维持生计。

民国时期，农民缺吃少穿，家无闲钱，手存现金寥寥无几。中等之家，虽有少量现金，多为应付急需，多不愿储蓄。20 世纪 40 年代，物价飞涨，大件商品以粮代币交易，存款者更少。

建国前，淮阳农民大部分少地或无地，正常年景，靠租种地主土地维持生活，勤劳耕作，无敢失时，只能落得“糠菜半年粮”；若遇天灾人祸，或沦为乞丐流离失所，或为活命卖儿鬻女。据民国二十二年《河南省 56 县社会调查》载：“淮阳一般农民，衣用自织粗质大布做成，食均自种蔬糗粗粝之食……但由于赋税繁重，灾荒相乘，乡村经济破产。人民谋生维艰，类皆入不抵出，救济农村，实刻不容缓矣。”民国二十三年《河南省统计资料》记载淮阳县农民生活状况时说：“……衣用自织粗质大布做成，食均自种蔬糗粗粝之食，除夏秋之交六、七、八月得有麦食外，余者均恃菽薯为必要之食料，……兵燹匪祸，纷至沓来，复值洪水浩劫之后十室业已九空，……赋税繁重，灾荒相乘，乡村经济破产，人民谋生维艰，……年所收之粮，每不敷常年之用。”此一时期，淮阳县经济虽有所发展，但由于战事频仍，苛捐杂税繁重，人民生活困难重重。1938 年，淮阳县境大部沦为黄泛区，农业绝收，生活无着。据不完全统计，淮阳全县饿死 7633 人，有 3050 户、1.24 万人外出逃荒要饭，卖儿卖女者甚多。秋遇大旱，飞蝗蔽日，禾不足食。1939 年春，饥荒倾至，广大民众糠菜无着，树皮树叶吃尽，饿殍遍野，尸填沟壑，目不忍睹。淮阳县饿死 5.23 万人，卖儿卖女 726 人，出外逃荒 3.56 万户。据民国二十四年《河南统计月报》载，1935 年，太康县有农民 80292 户，占总户数的 80%，占有耕地 2503067 亩，户均 31.28 亩，人均 4.58 亩，其中自耕农 32117 户，195674 人；半自耕农 24087 户，114583 人；佃农 18412 户，86028 人；雇农 5676 户，28557 人。由于生产工具和生产技术落后，粮食产量很低，加上战乱灾荒，农民艰难苦熬度日，且极不稳定。尤其农村雇工生活，长工年工资最高 25 元，一般 20 元，低者仅 15 元；月工，工资最高 4.5 元，一般 4 元，低者仅 3 元；天工，工资最高 0.2 元，一般 0.15 元，低者仅 0.1 元，难以糊口。一般农民生活仅可维持半年，倘遇灾害仍不免挨饥受饿。中农人家，自己有土地、牲畜和农具，自耕自种。正常年景，衣食自足，可俭朴度日，平时穿自织自做的粗布衣服，吃饭以杂粮、红薯为主，细粮很少。只有逢年过节、走亲戚，才换件新衣服，吃顿好饭菜；贫雇（佃）农生活低下，没有土地或仅有少量土地，缺牲畜，少农具，靠租种地主土地或当长工过活，一般年景，吃的是红薯、杂粮掺青菜，常年不见细粮，极少吃油，春节吃顿素饺子就是好生活，穿戴破烂，终年无替换衣裳，若收成不好，交不起地租，往往被地主逼债，家中断炊，只有逃荒要饭或借高利贷度日。1938 年至 1947 年黄泛期间，民众生活更为凄惨。太康县 2/3 的土地被淹，37.8% 的民众外逃他乡或被淹死饿死。1943 年，太康县水旱蝗灾相继，农业歉收，地主豪商囤积居奇，粮价一日三涨，农民卖尽田产、衣物仍不能充饥，全县人口损失过半。

1931 年至 1936 年间，商水农民负担的封建地租、田赋等约占农民总收入的 36%，再加上高利贷的盘剥和物价上涨，广大农民过着衣不蔽体、食不饱腹的生活，特别 1942 年，农民生活更是苦不堪言，许多人直至饥饿而死。

20 世纪 20 年代初，男子仍依清制留发辫，30 岁留胡须。春秋季节穿粗布夹衣、夹裤；夏天戴篓角或草帽，身穿粗布裤褂。天气炎热时，多数男子只穿一条裤衩和一双粗布鞋；冬天头戴毡帽或棉帽，上身穿正开门马褂或小袄，下身穿粗布棉裤，少数人还穿衩裤，严冬时外罩大衫，腰系大带子（用整幅土布染成，约 5 尺长），在干活时将大衫前襟撩起，掖在腰间系的大带子上。20 世纪三四十年代，男子发辫已绝迹，绝大部分男人剃光头。抗日战争和解放战争时期，烽火连年，民生日艰，商水农民尤其是男性农民仍然用土布着装，而且多数是土色（用紫花线织成），服装款式依旧。1945 年至 1946 年，商水县 392 个自然村有 25899 户，计 122850 人，共穿布 951821 市尺，平均每人 7.7 市尺。在上述户数中，有 15% 之家缺衣少被，冬天一家数口合盖一条被褥，夫妻俩轮换穿一条棉裤，严冬时把小孩放在麦秸窝或者红薯窖里。少数富家男子头戴礼帽，身着细布大衫，夏天穿绫罗绸服装。

3. 城镇居民和职工生活

清末，周口地区境内工商企业少，职工人数有限，收入多以实物计算，一般 1 名职工收入可维持两口人生活。民国时期，始有工业企业，职工收入多以工资计发。

抗日战争前，1 个职工工资可维持 3 口人一般生活水平。据 1930 年调查：工厂工人及手工业伙友，每人月工资 6 元；店员月工资最高 5 元，最低 1 元。

店员、厨夫工资最低，正常年景尚能维持1至2人的最低生活。学徒工生活尤苦，一般3年学艺期满，再为师傅效劳1年，4年不给工资，其间除在店铺劳作外，还要承担师傅的家务劳动。

抗日战争期间，日军侵扰、黄水泛滥，社会动荡不安，自然灾害频繁，市场萧条，职工职业极不稳定，收入无保证，生活艰难维持。

抗日战争胜利后，物价飞涨，货币贬值，职工实际收入更低，有固定收入的工人生活勉强维持；职业不稳定者，收入低微，饥饱难料，度日如年。部分企业改为发实物工资。扶沟县石印馆工人月薪发小麦40公斤，仅能维持两口人生计；烟厂天工工资两包烟。固定工月薪40至90公斤。实物工资往往不能兑现，时有失业危险。周家口同功烟厂老工人福汉，为资本家打工一辈子，年老被解雇，靠乞讨度日，惨死街头。

建国前，职工工资80%以上用于购买食品，多以高粱、大豆、谷子为主食。有固定收入的家庭，每日3餐，早晚多为馒头、稀饭，佐以自制咸菜，中午多为面条。发薪、喜庆、传统节日和招待客人时改善生活。收入不固定的家庭，失业时一日两餐，仅在节日和招待客人时改善生活。遇到天灾人祸，往往朝不保夕。

民国时期，职工穿着布料多为手工浆染棉布。收入不固定的职工家庭添衣置被，由新而旧，由旧而破，补了又补，沿用多年。

建国前，一般职工家庭住房多为砖脚或土座草房，厨宿兼用，甚至几世同堂。富裕职工家庭住房较为宽敞。少数赤贫职工家庭寄宿在庙堂或桥下。农村进城的学徒工、跑堂、店员只能住窝棚。一般职工家庭生活用品用具简陋，除生活必需品锅、碗、瓢、盆、床、桌、椅、凳外，其他用品家具甚少。

建国前，职工地位低下，收入微薄，无劳保可言。药费昂贵，多数职工无钱到医院就医，只能在私人诊所看病。职工的绝大部分收入用于衣食消费，文化消费几乎为零，手头节余现金极少，一般职工更无储蓄。

近代，工人的劳动强度大，工作时间长，待遇低。据民国时期淮阳一私人烟厂老工人陈述：早晨5点上工，常干到深夜12点，日工资只能购买1公斤杂面。商业店员收入多按等级分配，一般是资本家先扣除所得利润的60%，下余40%按3个等级分配，掌柜和账房先生为一等，把事（采购、推销）为二等，相公（营业员）为三等，等级之间悬殊较大，三等所获无几。据民国河南省统计资料载：1934年，“淮阳店员月工资最高为50元，最低为2元”。

据民国二十四年《河南统计月报·社会调查》载，太康县“工人待遇：工厂及手工业伙友，每人每月工资6元，工作时间晨6点至8点，上午9点至

12点，下午1点至6点，非有疾病喜丧情事者，不准请假。手工业学徒，除伙食外，月给洋1元，亦有管其衣食等而不给钱者”。“店员最高工资每月5元，最低每月1至2元不等。”中学教职员月工资最高60元，最低20元左右（占总人数的31.6%）；小学教职员月工资5至25元不等。20世纪40年代，通货膨胀，物价昂贵，职工工资低，又无保障，并时常有失业威胁，生活更为窘迫。

1934年，商水县民生工厂工资情况是：厂长20元，事务员15元，工头8元，工徒只有3元伙食费钱。商水县属周口邮局信差月工资20元，邮差16元，杂差14元，加上物价飞涨、货币贬值等原因，工人工资几乎连低生活水平也不能维持，且随时有失业和因年老被提前解雇的危险。

民国年间，公教人员月薪最高36元（法币），最低11.2元。一般公职人员月薪20元左右。解放前，学校教职员工有时数月领不到薪金，加之当时滥发纸币，物价飞涨，教师生活十分贫苦，即便领到法币，1个月的薪金买粮不够一月食用。教师中流传着“四怕”歌：“怕放假校长解聘，怕调动两头扣薪，怕拨款分文难要，怕害病一命归阴。”

淮阳县在解放后至1949年前，干部职工全部实行供给制，不分职务高低，除固定伙食外，每年每人发单衣、棉衣各1套，月发津贴费1.5万元（中州币），女同志另发卫生费6000元（中州币）。

民国时期，周口一带城镇居民生活主要分3个阶层：一是少数官商立字号，挂招牌，经营大宗商品，经济富裕，生活奢侈；二是多数市民从事经商，有的经营小宗商品，如杂货、文具、土布、小百货之类，靠车推人担，沿街叫卖，或经营修理业，或经营饮食服务业，如开设油坊、饭馆、理发店等，正常年景尚可养家糊口；三是少数城镇贫民，有的当店员、学徒，收入甚微；有的无固定职业，靠出卖苦力谋生，生活艰难。城镇店铺商号、临街营业房，多是出厦、明柱、活门板，昼开夜闭。

建国前，商水县城关镇居民主要靠经商维持生计，生活十分困苦。1941年，全镇有居民400余人，经商方式多数靠肩担车拉、街头叫卖，有招牌、立门头经商者仅30余家。焦成义开办的杂货铺最大，经营各类杂货，且出售煤炭。还有数家洋布行和两家卖土布的布案子。

清末、民国年间，鹿邑城镇居民35%经营商业，29%从事饮食服务业，20%从事手工业，16%为人帮工、当店员。虽然职业与农民有别，同样受农业生产制约，丰收年景则买卖兴隆，生活较为富裕；歉收则市场萧条，生活骤然下降。民国年间数次灾荒，都为城镇居民带来饥馑。尤其是苛捐杂税、匪患兵燹，使城镇居民几近绝粮断炊。1938 年，日军侵占鹿邑城，烧杀奸淫，不少居民南迁他乡。清末民初，鹿邑县仅辫子庄及丝、蜡、粮行内有帮工，每月薪水高低收入不等，“挣钱者不出力，出力者不挣钱”，干粗重活的佣工每月所得仅能糊口。木工、铁匠、铸锅者等均为私人经营，一般招徒不招工，徒弟 3 年没工资，3 年后出师还要为师傅效劳 1 年，效劳期间有微薄赏赐。1940 年，鹿邑县城南门里设打蛋厂，雇佣女工 200 余人，女工们每天工作 10 小时，月工资 6 至 7 元（法币），当时物价飞涨，往往不能维持生活，并时刻有被解雇的危险。

建国前，少数民族在经济上长期处于贫困状态，过着衣不蔽体、食不果腹的生活。城镇居民 90% 以上为小商贩，以卖汤、卖馍、卖烧鸡及其他小吃或屠宰牛羊为业，少部分以挖土打坯、抬轿、卖水度日，多处于半饥饿状态。农村回民多为贫雇农、佃农，间有小商小贩屠宰牛羊，勉强维持生计。

第三章　近代周口的军事

一、地方武装、驻军和兵役制度

1. 晚清时期

清同治元年（1862年），设周家口水师，有官兵100余名，炮船12艘。

清咸丰年间（1851－1861），西华防汛属归德镇总兵管辖，西华县演武场设在城南里许。

光绪年间（1875－1908），扶沟县城设守城营，由把总外委1人统带，有丁壮35名，马兵6名，步兵34名，配备大炮98尊，百子炮4尊，拂郎机1尊，三眼铳40杆。清末，集民壮夜间巡逻，每个城门拨10名值宿，司更鼓鸣锣，递相传筹，更尽投筹县衙，失误者受惩。街巷置更铺夫5名，击柝叫夜，另有马兵壮8名，分四街查点，钲柝相闻，锣鼓互应，以维持治安。

咸丰三年（1853年）五月，鹿邑县为抵御捻军履境，以县城为中心设有17个防御区域，办乡团练52个，鹿邑、柘城、亳县、太和、淮宁（今淮阳）5县结成“联庄会”，分别把守薛庙、狼桥口和两河口等处。咸丰六年（1856年）四月，陈州府知府郑延锦率兵到鹿邑县指挥“防剿”捻军，后移驻亳县十字河。咸丰七年（1857年），河南巡抚英桂、督师盛保先后率清军到鹿邑防捻。咸丰九年（1859年）正月，河南巡抚恒福到鹿邑防捻，并令南阳镇邱联恩、总兵朱连太到鹿邑共商“防剿”捻军计划。是年五月，黑龙江副督统关保奉命统师驻鹿邑防捻。咸丰十年（1860年），河南团练大臣毛昶熙征调各县“乡勇”驻鹿邑防剿捻军。同治二年（1863年），僧格林沁部翼长苏克金、都统舒通额率部驻鹿邑防剿捻军。同治四年（1865年）五月，河南巡抚吴昌寿命知府汤聘珍、提督谭仁方率师驻防鹿邑。

同治四年（1865年），清政府任命两江总督曾国藩为钦差大臣，负责办理剿捻事宜。曾国藩上书清政府，建议在临淮、济宁、周家口、徐州4地各驻重兵，并以周家口为要，多筹粮草弹药，欲以有定之术制捻军无定之师。

曾国藩命提督刘铭传率部进驻周家口，后刘部改为游击之师跟踪追剿捻军，又令张树珊移驻周家口。同治五年（1866年）五月，张树珊部亦改为游击之师，九月赴山东剿捻，十一月又回军周家口。是月，张树珊在湖北德安被捻军击毙，随后清政府准许在周家口建专祠（今河南越调剧团家属院处）祀之，并擢其弟张树屏为提督统其军3营驻周家口。

同治五年（1866年）七月十六日，曾国藩由徐州乘船来周家口，八月六日在亳州改为陆地行走，八月九日抵周家口。据《曾国藩家书》载，八月初六日“卯正自亳州起行，周家口张镇（张树珊总兵官）派来迎接之大车、轿车共六十辆，又在亳州雇牛车数辆、夫五十余名。行十二里，至十八里铺打茶尖。又行四十里，午正至鹿邑县住宿。名为六十里，实不足也”。初七日“早饭后，行二十五里，至赵村集打尖，又行二十五里，至石郎（试量）集。午初即到，在此住宿。是日，陈州府、县来接。”初八日，“起行三十六里，至戴家集打尖，又行三十六里，至午正三刻抵陈州府。名为七十二里，实有八十余里。……申正出门，至袁端敏公祠（即今淮阳县城袁甲三祠）行礼。与小坞久谈，酉正归”。初九日，“早饭后，起行十八里至李集打尖，又行三十六里至周家口住宿。名为五十四里，实有六十五里。陈州路极蛮，俗称‘走过陈州路，两步当一步’，盖路之远相传久矣。”

同治六年（1867年）一月，曾国藩离开周家口，二月钦差大臣李鸿章接任，总兵刘士奇率马步兵8营由归德（今河南商丘）驻防周家口。

2. 中华民国建立到抗日战争前夕

中华民国建立之初，周口一带属开封道管辖。军事组织仍沿清制。1914年，设巡按使兼周口一带军事。1932年，设河南省第七区保安司令部，下辖保安团、队。1937年，各县政府设军事科。县辖保安队，1916年改称保安总团，1928年后称人民自卫团，1937年称保安团，县长兼团长，团以下分2至3个大队，约300至500人。

1912年，各县设城防局、巡警局，招募乡勇50至60人，由地方筹款购置枪炮。1914年，改为警备队，添置快枪。后设警备中队，有人、枪百余。

1912年，周家口商公所将商团改为保安团，负责抽收商税、筹饷，有马兵10名，步兵240名，快枪240支。设管带1名，帮带1名，哨官2名，马队哨长1名。马兵驻南寨，步兵驻北寨关帝庙。1933年，周家口保安团又改编为警察局保安队。

1912年，各县成立保卫团，县设总团，辖2个中队，县长兼任团总。区设分团，分团长或队长多由当地豪绅担任，团丁数量无定额。

1912年，扶沟撤销原清末守城营建立保卫团，1917年改为巡缉队，有步兵160人，马队20人，队官2名，队长2名，并于县城、练寺、吕潭、摆渡口等处分汛驻防。

1912年，太康县建立保卫团，每区招募团勇20人，设正、副团总及队长各1名。1918年，保卫团改为巡缉队，不久又改为警备队，设正、副领官，驻城内。1922年，改警备队为武装警察队，改领官为队长。太康县9个区编为9队，每队25人。1926年，太康县武装警察队改为保卫团，扩充为10队。

1927年5月，国民革命军北伐，为便于指挥，河南省政府颁布《民团军组织办法》，命令各地方武装一律改编为民团军，每县编为1团，设团长1人，太康县民团编为3个大队，10个分队，每分队兵士25名，骑兵1队20名，归河南省民团军第3军第2师节制。1928年，太康县民团军改称人民自卫团，设大队长和分队长。1930年，改为保安队，由河南省保安处委任大队长1人统领。另按《保卫团法》和《保卫团法施行细则》组织各县保卫团，县长兼任总团长，另举副总团长1人，设总团部于县城，区长兼任区团长，另选区副团长1人，设区团部于各区，下有甲长、排长。凡成年男子，一律编为团丁，每区召集常备团丁30名，办理团内一切事务。

1928年10月，省政府颁布《民团军改编办法条例》，改民团军为人民自卫团。按大、中、小县编制，大县300人，中县200人，小县100人。淮阳、鹿邑、太康为大县，设大队部，分编为3个中队，9个分队；商水、项城、西华、扶沟为中县，设大队部，编为2个中队，6个分队；沈丘为小县，编为1个中队。1930年改人民自卫团为保安队。

1916年，淮阳县设保安总团，下辖2个中队，同时建立巡缉营。1928年10月后，淮阳县保安总团先后改称自卫团大队、保安大队、保安团。

1912年，西华县裁把总废马步兵制，嗣后改为巡缉队。1922年，巡缉队改为武装警察队。1927年，奉令组建民团军。同时，豫东保卫团总局长奉令到西华县编制保卫团。1930年，又奉令改组县保卫团，县长兼总团长，设团部于县政府，区长兼任区团长，设区团部于各区公所。是年，改武装警察队为保安大队，县长兼大队长。1931年，设保卫团干部训练班，期满分配到各区成立教导队。1932年冬，裁撤保卫团各团部及各教导队，扩充为保安大队，设3个中队，隶属于河南省第七行政督察区保安司令部。1933年，河南省奉令颁发民团整理条例，以各县保卫团既已改为保安队，其武装不健全之民团及无武装之壮丁，一律改编为壮丁队，规定18岁以上、45岁以下之男子编成之。保为小队，联保为联队，区为区队，西华全县设总队于县政府，县长兼总队长，隶属于河南省保安处。1937 年，设军事科。

民国初年，商水县署设武班，有三四十人，负责县知事和县署、监狱、看守所的安全警卫任务。同时，成立保安营，有 50 人左右。1927 年，商水县政府将红枪会约 200 人组编为民团军，设大队长、大队副、副官、军需和文书各 1 人。后改为国民兵团和保安团。1937 年，商水县政府设军事科，设科长 1 人，科员 4 人，报导员 1 人。军事科下设新兵征集所。

民国初年，鹿邑县沿用清末 17 个防御区域建制，县设领官 1 人，分队长 3 人，队勇 130 人。1912 年 9 月，招募乡勇 60 名，驻守城防。1918 年，将 17 个区域的建制缩编为 4 个区，在县城和郸城集等地办乡团练 58 个。1927 年，鹿邑县建立民团，团长王祖光，有人、枪各 300 余，其中包括 1 骑兵连。1928 年，改为保卫团，团长王子正，有 800 人。1932 年，鹿邑县成立保安队，有 111 人，枪 84 支。1934 年，保安队改为保安大队，辖 3 个中队，1000 余人，县长濮耀东兼大队长。1936 年，鹿邑县保安大队编为甲种保安总队，辖 5 个中队，1000 余人。

1927 年 7 月，沈丘县政府将红枪会、黄枪会改编为民团军。其编制为：10 人为 1 牌，设牌长 1 人，10 牌为 1 甲，设甲长 1 人，5 甲为 1 保，设保长 1 人，县署附设民团总办事处，县长为总监督。1928 年，民团军改为人民自卫团；县编人民自卫总队，辖 3 个大队，9 个中队，27 个班，共 355 人。总队部设总队长 1 人，副总队长 1 人，总队副 4 人，副官 2 人，军需、书记、军医、司号各 1 人。大队辖 3 个中队，设大队长、大队副、副官、军需、文书各 1 人（第 1 大队设大队副 2 人）。1930 年，沈丘县建立保卫团，各区区长为区团长，县为总团，县长为总团长。

联防队是国民党地方武装的联合组织。1932 年，沈丘县倡办沈丘、项城、汝南、新蔡、阜阳 5 县联防，设联防办事处，以阜阳第 15 区区长潘润琴为联防主任，遇事约期行动。自卫总队加入联防，名为联防支队，由县长兼任指挥官，设支队长、支队副各 1 人，辖 3 个大队，300 余人。

1918 年初，项城县有侦缉队员 50 人，后改为巡缉队。1928 年，项城县成立自卫团，有官兵 200 人。

1912 年，河南省拨防营兵 2 个连驻太康数月。10 月 22 日，陆军 57 标马步炮 3 营驻鹿邑县枣子集（今宋河镇），鹿邑县知县王光第以数百斤猪肉慰军，不数日东去。

1913 年至 1914 年，豫东镇周振东营驻鹿邑。

1914 年冬，驻开封的陆军第 8 师 5000 余人在镇压白朗起义军时，遇大雪受阻于沈丘岳庄、小湾一带，搭军帐百余顶，10余日后开拔。

1915年秋，袁世凯以“保卫桑梓”为名，派北洋陆军第5混成旅驻沈丘、项城一带，其中1个营约2000人驻平舆书院（今沈丘老城书院小学址），学校移至城隍庙上课。1918年2月，该营被黎元洪调往湖南整编。

1917年至1918年，鸿威军第3连100余人驻鹿邑。1919年，鸿威军骑兵第2营驻鹿邑，1923年春离去。

1922年，河南游击第2支队队长宁兴元（山东曹县人）奉令率部驻西华，联合该县民团军剿匪。

1924年4月，河南游击第2支队队长张国信（外号老洋人）率部由豫西郏县移防豫东，途经太康，分驻鹿邑、柘城。5月31日，700人驻鹿邑。9月，以张国信不赴调为由，24师苏旅长率部往剿，10月19日张国信部闻讯哗变，兵分2支，北支经太康县北西去。当月，东夏镇王镇守使由西华带兵回防过境太康。11月，24师94团6连驻防鹿邑。12月11日，陆军第24师47旅94团孙团长带2个连由柘城到太康，14日返途留宿朱口，17日于古桥击溃土匪，回朱口，不久离去。23日，河南暂编陆军第2混成旅某团团长李灼率2个营驻太康，次年2月16日北去。

1924年，军阀赵倜朱振标部梁文团1500余人驻扶沟，1年多的军需全由地方供给。

1925年，西北军孙殿英部教导师第3旅约1000余人驻鹿邑。3月，河南省保安团蓝青山营驻鹿邑，1926年春调防淮阳。1925年3月下旬，第2集团军第2方面军张继武部第1、2师和袁家让特务团，在兰封县与奉系军战败后，残部驻太康，后驻鹿邑。第1师张锦标部驻汲水集、朱恺店等村，第2师孙承业部驻宁平城、虎头岗和张良集一带，袁家让特务团驻双路集一带，其骑兵驻虎头岗。6月4日，第1师张锦标部移驻鹿邑县城及县东北部各集。袁团移驻城东周园、赵园等村。6月中旬，张继武部驻鹿邑，其第4师兰团、王团分驻秋渠、白马驿、郸城、钱店等集镇。

1925年，军阀李鸿翥营500余人驻扶沟，近1年的给养全由地方支应。1925年4月，国民革命军第2军5师9旅孙跃齐部驻周家口。

1926年2、3月间，河南暂编陆军第3混成旅某团团长王钰棻率全团驻太康，5月奉调西去，归德（今河南商丘）又派骑兵1个连驻太康西关。3月，吴佩孚陆军第13师师长苏运昌率部驻周家口。

1927年2月，河南省第2师第1旅阎曰仁部（原毅军旧部）驻周家口、淮阳，其弟阎曰智驻西华县，高桂滋部（原国民2军旧部）驻淮阳。奉军入豫后，其46旅陈琛部78团占领西华县城，阎曰智部退向周家口。5月21日，陈琛部活动于周家口、商水一带，被国民革命军北伐军击溃，全军覆没。5月21日，国民革命军第4集团军在结束上蔡之役后，张发奎第4军、第10军第10师（师长蔡廷锴）及11师（师长杨其昌）驻周家口，26日开赴西华、临颍作战。5月底，武汉国民政府第8方面军1、2纵队沿平汉路及其两翼向北推进，奉军某部约30个营驻淮阳县境四乡。5月，国民革命军第8军刘部分驻太康县城乡，以该县西北境为多，5个多月后离去，太康出给养甚巨。7月，国民革命军第2集团军（总司令冯玉祥）张占魁师驻周家口。

1927年夏，国民革命军第2集团军第10军（杨虎城部）第11师（冯钦哉部）驻鹿邑。10月，西北军骑兵师师长张文庆以剿匪为名，率800余骑驻沈丘，翌年3月开赴西北。同年，整编第1师（师长肖之楚）第2团驻沈丘。肖之楚对新安集一带各杆匪佯为收抚，编为1个独立团，调至界首后密令所部歼之；又派所部各营分3路围剿城西南各杆匪，杆首马火头、崔洪吉、张宝银被剿杀。

1927年，国民党军徐源泉部道经扶沟追击张清秀部。是年，军阀张奎宾部9000余人驻扶沟，给养由地方负担。此后，马吉弟某师、刘镇华部徐云朋师先后驻扶沟，时间虽短，却严重骚扰地方。

1928年，孙殿英部1个旅驻扶沟，向地方索要巨额粮款，官绅为难，贿以重礼，结果交款4.5万元，粮10万斤。另外，军需处长又强索银洋3000元，经交涉用洋千元，送礼在千元以上，总计用洋万元，折粮165万斤。孙部开拔后未1月，韩复榘部谷良民旅驻扶沟，委托地方为其代购给养，然折价极低，加之劣绅中饱私囊，柴草麸料费用仍落到民众身上。谷部开拔后，刘桂堂军驻扶沟，万余人费用全由地方负担，4次勒款28万元，粮食200余万斤，其他麸料柴草不计其数。

1929春，西北军师长秦庆林率部驻鹿邑，年底离去。是年冬，孙殿英部驻太康东部一带。

1930年春，西北军陆军14军孙殿英部教导师师长申凤岗率部驻鹿邑。同年，东北军张学良部1个团驻鹿邑，半年后北去商丘。1930年2月，有陆军驻太康县朱口，月余后东去。3月，孙殿英部赵旅进驻太康县城，太康县为筹给养成立兵差支应处。7月，孙殿英军自亳州退至太康县东各村庄，40多天后始向西北撤去。11月，国民党第5军部子举部调驻太康。后王学聚旅调防西去，留特务营驻太康，至次年6月开去，焦文典旅王团又驻太康县月余。

1930年5月初，国民革命军第1方面军（蒋介石部，以下简称蒋军）第

2军（军长蒋鼎文）6师（师长赵观涛）、9师（蒋鼎文兼师长）集结于周（家口）淮（阳）地区，同时将13师37旅（旅长万耀煌）及52师调归第2军指挥。5月10日，52师在副师长韩德勤带领下进抵淮阳县境；13师37旅驻淮阳县龙路口。18日，蒋鼎文率第2军由淮阳县北上。6月上旬，蒋军陕西招抚使岳维峻部第9军（军长王金钰）47师（师长上官云相）驻周家口，国民革命军第2方面军（冯玉祥部，以下简称冯军）与国民革命军第3方面军（阎锡山部，以下简称阎军）经西华南下进攻周家口、商水、上蔡的蒋军47师，激战后败退北撤。阎军赵承绶部骑兵孙长胜旅与杂牌军刘桂堂部退至淮阳、西华交界地区。22日，蒋军第9军47师上官云相部由周家口经淮阳县境北上西华、太康，加入陇海地区作战。7月10日，蒋军第9军54师郝梦龄部由西华逍遥镇东进淮阳县境北上柘城参战。24日，蒋军岳维竣部1师开赴淮阳县境，堵击由亳州、鹿邑西撤的冯军孙殿英部。8月1日，宁陵会战开始，蒋军第10军徐源泉部48师（徐源泉兼师长）、44师（师长肖子楚）调至周家口、淮阳一带参战，由于连日大雨，行进缓慢，10日左右48师推进到淮阳县城北沙窝村、观音堂一线；44师推进至临蔡城一带。22日，48师占据淮阳县鞍子岭、齐老家、祁集等地，44师占领黄路口、华佗庙等地。9月4日，蒋军第10军被编为总反攻第1纵队，由淮阳县境向西挺进。5日，蒋军第3军团总指挥部（总指挥何成浚）由漯河移驻周家口，10月2日西迁许昌。

冯玉祥部在中原大战失败后，被蒋介石收编。10月初，冯部11师（师长吉鸿昌）、2师（师长张湘印）集结于淮阳县整训，改编为国民革命军第22路军30师和31师，吉鸿昌任总指挥兼30师师长。当月，在淮阳南关外建临时机场，蒋介石亲派点验委员到淮阳点验。11月，国民革命军第22路军开往河南潢川。

1931年“九一八”事变后，西北军张占魁率百余骑驻沈丘西大寺，至1932年5月整编扩充到600余人，随后开赴西北。

1934年8月，东北军一部池克团由亳县调驻沈丘县城（今老城），10个月后又调回亳县。是年，东北军缪徵流部驻西华。

1935年6月，东北军第1师约1000余人驻沈丘县城一带，师部设城内，部队驻四关，1937年3月开赴山东。

1936年，任应岐部李团500余人驻扶沟，近1年给养全由地方供给。

1937年3月，国民党112师霍守义部驻太康，对太康县抗日宣传活动非常支持，并公开抵制国民党太康县政府、公安局对学生运动的干涉，次年春调走。

民国时期，国民政府先后在周家口、太康建立两处军用机场。周家口机场，位于今周口市西南臧岗坡（今商水县园艺场），始建于1934年4月，1936年建成，占地1200亩。当时，河南省第七区行政督察专员公署组织淮阳、商水、西华等县民工修建。飞机场坐南面北，四周有壕沟环绕。机场内东侧建房屋40余间，北侧建房屋30余间，以及军用仓库多处。周家口机场驻有高炮连守卫，戒备森严，经常有20余架飞机起降。1936年12月至1937年12月，国民党空军第4大队（大队长高志航）驻防周家口；太康机场，位于太康县城东北1.5公里处。1937年建，占地1300亩。2处机场均在建国前废。

1928年2月，中共河南省委派吕调阳、高光第、施裕民到扶沟开展革命活动，组织农民武装，准备暴动起义。4月，在鄢陵刁河召开会议研究暴动计划。当时所属武装以固城为中心有100余人，以塔湾为中心有30余人，以里村、曹台为中心有50余人，计有枪20余支。4月下旬，以中共执行委员会的名义，发表起义宣言，号召人民举行暴动，攻克扶沟县城，夺取地方政权，国民党扶沟县县长十分恐慌，一面加派重兵把守城防，一面下令逮捕共产党人。

1930年6月，中共党员李梅村以鹿邑红枪会为基础，建立红27军，李李梅任军长，冯玉祥旧部刘团长任参谋长，组织100余人，有枪10余支，活动于商（丘）鹿（邑）公路两侧，在马铺、高辛之间袭击国民党韩道源20师，转战数日，缴获一批枪支弹药，因寡不敌众，被迫转入隐蔽活动。

1932年，春荒严重，西华县都城岗人胡晓初、陵头岗人侯香山、屈庄人屈申亭等在陵头岗一带组织武装打富济贫。1933年，中共北方局派沈东平和路岩岭到陵头岗，与胡晓初、侯香山、屈申亭联系，后经中共北方局批准，开辟西华工作，从此三岗农民武装置于党的领导之下，明确了斗争方向。1934年，胡晓初、屈申亭在中共领导协助下，组织农民武装，开展抗日救亡运动。

3. 抗日战争时期

1938年5月，孙桐萱率国民党12军由太康经扶沟西去许昌。

1938年6月，国民党太康县党部书记长尹楷之在大新集（今属扶沟）组建太康抗日自卫团，辖4个中队，约200人。当时太康一些土匪、地主豪绅纷纷借“抗日”之名拉起队伍，自称“司令”。

1938年，淮阳县保安团随国民党淮阳县政府迁水寨。1945年改称国民兵团，迁回县城。

1938年，国民党骑兵14旅张占魁部驻周家口，在民众支持下顽强抗击淮阳日军的进攻。

1938年春，国民党鹿邑县保安队约1000人驻守城防，县长张作舟兼大队长。6月，日军侵占鹿邑县城，张率国民党鹿邑县政府迁石槽（今属郸城县），鹿邑县政府设军事科，县保安队随往。1942年10月，国民党鹿邑县县长翁文庆在石槽成立第7纵队，辖3个支队，1000余人，驻防南丰、石槽一带。

1938年8月，原东北军骑兵第2军军长何柱国率800余骑驻沈丘县城（今老城）一带，军部设城内，部队驻四关庙宇及岳庄、秦湾、梁庄、赵老家、谷营、下湾等村。1941年5月，该部编为第15集团军，何柱国任司令。何柱国部驻沈丘7年，直到1945年抗战胜利后撤离。沈丘成为抗战时期周口一带唯一未被日军陷城的县。

1938年，国民政府军第40军庞炳勋李振清旅部先后驻淮阳城南、城西。1939年，国民政府军暂编骑兵第1师马彪部驻淮阳城南。两军皆奋力抗日。

1938年日军侵占淮阳后，国民党淮项师管区（原名豫东师管区）由淮阳迁至商水，驻商水城关东街当铺院。该部有1个中队120人左右，主要任务是抓丁补充国民党兵员。同时，阎锡山部国民党18补训处驻商水北街赵家院，亦担负为国民党军队补充兵员的任务。1944年，日军侵占周家口前夕均撤走。

1939年2月，国民党40军庞炳勋部驻太康常营，大败日军后移防，20师、22师和81师接防，5月与日军开战后向西退去。

1939年5月，驻鹿邑魏凤楼部被国民党第1战区司令卫立煌改编为该战区第1纵队，魏为司令，尹景湖为副司令，离开鹿邑，活动于柘城、太康、淮阳等县。该部中共党员离队分赴中共辖区。1940年，国民党河南省第二区行政督察专员公署在鹿邑县南境成立抗日第8游击支队，赵捷三任支队长，有1000人左右，驻宁平城以北地区。1942年，王应亭、张绍庭相继成立第7、9游击支队。7、8、9支队编为鲁苏豫皖边区挺进第3纵队。3月，挺进第3纵队编入国民党97军新编29师（师长辛少亭），7、8、9支队分别编为85团（团长张绍庭）、86团（团长康清如）、87团（团长张庚寅），驻石槽、黑河一带。1945年8月抗战胜利后，北去徐州。

1940年，国民党军暂编56师3团驻淮阳朱集，颇尊民俗，抗击日军。

1940年，商水县成立国民兵团，约400人，县长兼团长，团部驻商水老城北街。该兵团下辖2个自卫队、2个后备队和1个公安队。

1940 年 4 月，西华县建立国民兵团，县长兼团长，副团长、团副由河南省军管区委派，原县各中队归其统辖。

1941 年，扶沟县建立国民兵团，有 300 余人，县长兼团长，另委 1 名副团长统领，下辖中队（后改为常备队）。各区有区团，各辖 1 个中队。

1941，沈丘县建立国民兵团，后改编为保安团，计 350 人，辖 3 个大队，9 个中队。团部设团长、副团长、参谋长各 1 人；军需室设军需主任 1 人，军需 2 人；书记室设书记主任 1 人，书记 2 人；副官室设副官主任、副官各 2 人。各大队辖 3 个中队，设大队长、副大队长各 1 人，副官 2 人，书记、医官，军需、传达长各 1 人。

1941 年，国民政府第 1 战区泛区抗日游击挺进第 17 纵队方守卿部驻淮阳冯塘一带，曾有抗日行动，间有抓人抢物扰害民众之举。1945 年调走。

1942 年，国民党泛东挺进军总指挥部在扶沟成立游击纵队，辖 3 个支队，3000 余人。

1942 年，项城县有警备大队 4 个，警备中队 16 个，枪 1200 支。

抗日战争后期，国民党太康县长郭馨坡建立太康县自卫总队，辖 7 个大队和 1 个机动总队，约 1000 余人。另建有国民兵团，设常备大队，下辖 3 个中队，每中队辖 3 个分队，每分队辖 3 班，每班 11 人。这些地方武装在解放战争后期被人民军队消灭。

1944 年 4 月，原西北军某师师长李汉章（沈丘县刘庄店北 10 里王庄人）率国民党第 1 战区 100 余名官兵，在南范营一带为胡宗南部队招募壮丁，至 1945 年 10 月，在 18 个月中，先后分 3 批将 2000 多名青壮年男子送往陕西，补入胡宗南部队。李汉章被任命为国民党暂编第 5 军军长。

1944 年春，日军侵占周家口，继陷商水县城，国民党商水县政府迁至县南仝邓楼（今姚集乡）。商水县国民兵团改称抗日保安团，辖 4 个中队，1000 余人，主要武器除步枪外，还有轻重机枪、掷弹筒、迫击炮等。该团曾夜袭邓城汉奸区署，伪区长陈万春只身逃跑。1944 年 10 月，暗杀了汉奸团长任赞亭。1945 年解散。

1944 年 5 月，日军发起河南战役，国民党汤恩伯部不战而逃，郑州、许昌、漯河等地相继失陷，西华逍遥、冷饭店等集镇被日军侵占。6 月，数百名日军由扶沟经红花集进攻西华，西华县团队不战而退出县城。日军入城后，无恶不作。日军驻 1 夜后，开往周家口。

1944 年秋，国民党泛东挺进军总指挥陈又新取道西华经田口开往泛东“剿共”。11 月，伪“和平救国军”32 军郭受天所属 62 师赵源海部窜入西华，盘踞西夏亭镇。12月，东渡新黄河围攻西华县城，全俘国民党西华县政府各机关及团队。

1938年5月，中共豫东（西华）特委和西华县委遵照中共中央和河南省委关于“发展壮大抗日队伍”的指示，以西华县4个区的武装为基础，以党员干部、培训的学员为骨干，抽调各联保一部分人枪，仅1个月内队伍迅速发展到6000多人，组建了西华人民抗敌自卫团，下辖4个区团，国民党西华县县长楚博（后为中共特别党员）兼司令，共产党员魏凤楼、胡晓初、侯香山、屈申亭任副司令，并分别兼第1、2、3、4区的区团长，沈东平任参谋长，王其梅任政治部主任。2、3、4区的政治处主任分别为王其梅（兼）、王学斌（后为刘立业）、王子英（后为王世杰）。西华县38个联保主任，多由共产党员和进步人士担任，西华县中共党组织基本上控制了基层政权和地方武装。7月，改西华人民抗敌自卫团为西华县人民抗日自卫军，辖3个支队，县长楚博兼司令，胡晓初、侯香山、屈申亭为副司令，中共豫东特委书记沈东平任参谋长，李耀任副参谋长，周时源任参谋处处长，王其梅任政治部主任，周季方任组织科长（实际做特委工作）。1、2、3支队的司令分别由胡晓初、侯香山、屈申亭兼任，政治部主任分别为王其梅（兼）、王学斌、孔石泉。西华县人民抗日自卫军共有3000余人，拥有迫击炮、轻重机枪、步枪、手枪等武器，中共河南省委拨电台1部。1938年7月中旬，中共豫东（西华）特委书记沈东平和胡晓初、侯香山等率西华东进支队1500余人渡过新黄河，经太康王集、杨庙开赴水东抗日前线，在转楼与吴芝圃领导的豫东人民抗日游击第3支队会合，驻防睢太边区，开展抗日斗争。8月，肖望东率抗日先遣支队约1个连的兵力从西华经太康逊母口、独塘、王集等地挺进睢杞太边区，配合3支队抗日。同年底，国共合作抗日，西华县人民抗日自卫军奉中共中央和中共河南省委指示，分2批渡过新黄河，深入敌占区开展游击战争，歼灭日伪1000余人。1939年春，国民党反动派以第1战区名义下令将西华人民抗日自卫军改编为国民革命第1战区自卫军第7路军，并派蒋介石嫡系庞国钧任司令。中共豫东特委向河南省委请示，中共河南省委指示：为维持豫东抗日局面，可暂时接受这一番号。改编后，下辖2个支队，5月庞国钧辞职调走，司令由河南省第七区行政区督察专员公署专员刘基炎兼任，副司令胡晓初、侯香山兼任1、2支队支队长，王其梅任参谋长。第1战区长官司令部借口周家口河防吃紧，调该部移防周家口，使其脱离根据地。11月初，国民党第1战区长官司令部电令刘基炎率第7路军前往舞阳“整训”，妄图消灭这支部队。中共河南省委识破其阴谋，指示该部向东挺进。中共豫东特委秘密召开会议，部署东进计划。11月中下旬之交，部队从周家口西进。2天后，第7路军声言接受整训开赴舞阳，行至周家口西30公里处的冷饭店（今属河南郾城）宿营，迫使刘基炎向第1战区长官部报告东进抗日，遂折返东进，日夜兼程，行程700余公里，沿途粉碎国民党反动派的围追堵截，历时10天，于12月初在安徽涡阳马村桥、梅庙子与新四军第6游击支队胜利会师，编为新四军第6支队2总队。

1938年6月初，中共豫东特委通过做河南省第七区行政督察专员公署专员刘莪菁的统战工作，使魏凤楼（中共特别党员）任国民党扶沟县县长。7月，魏到任，将西华人民自卫军1个大队带到扶沟，以此为基础，组建扶沟县政府常备队，有700余人（枪）。该县政权基本掌握在抗日爱国人士手中。扶沟县中共党组织在全县调集枪支，组织抗日武装。在很短时间内，各联保都组织30至50人的自卫队，练寺区组织300多人，县城组织3个大队、1200多人。10月，魏凤楼调任国民党鹿邑县县长，扶沟县抗日武装和学生队1200多人随之东渡新黄河，开赴鹿邑抗日前线。扶沟县中共党组织为应对政治形势的新变化，将留守的力量集中到练寺，继续发展抗日武装。扶沟县每个联保筹集50至70支枪，区里有100多支，全县组织3000多人，编成3个大队、1个特务中队。

1938年10月，随魏凤楼从扶沟到鹿邑的中共党员王少庸、李均、李波人、杨春芙（女）、施裕民、张金荣等人在鹿邑成立政工大队，李均任大队长。11月，中共派张爱萍到魏部做统战工作，对魏部进行整编，增设参谋部和教导队。1939年2月，先后举办2期抗日培训班，培训抗日骨干260人。10月，彭雪枫率新四军一部300余人，从确山竹沟出发到西华与肖望东、吴芝圃所部800余人在杜岗会师，成立新四军游击支队。29日到达鹿邑，司令部设王皮溜东刘大庄，部队散驻于王皮溜、刘大庄、薛牌坊、母阁、杨庄等村。11月底，彭雪枫率部在杞县生俘日伪汉奸团长黄本善。12月底，彭雪枫率部返回鹿邑，在白马驿（今属郸城县）整训，扩编为2个团，3400余人。留守处设刘大庄，后迁至鹿邑城南云楼。当月，教导队同时到达，新四军游击支队在汲水集设立后方医院，院长林士笑，看护长张紫筠。

1937年7月抗日战争爆发后，中共豫东特委派薛朴若回淮阳老家薛孟庄组建抗日武装。薛朴若以教书作掩护，组织力量，购买枪支。1938年9月，日军侵占淮阳，10月薛朴若在薛孟庄成立淮阳抗日游击队，队员26人，后来发展到400余人（枪），司令薛朴若，参谋长韩继文，大队长赵效文，政委马一鸣。12月，新四军第6游击支队司令彭雪枫在由西华率部东进淮阳途中接见了这支部队。1941 年 1 月皖南事变后，游击队奉命开赴睢杞太根据地。

1939 年 1 月，睢杞太抗敌自卫总团在杞县成立。2 月，太康县相继建立半坡楼、河坡等 7 个抗敌自卫分团，每分团有 50 至 100 人。6 月，半坡楼、河坡抗敌自卫分团编入总团。7 月，总团主力编入睢杞太独立大队。9 月，成立新四军太康独立中队，中队长宋秀启，指导员韩振业。1940 年 1 月，睢杞太独立团成立，新四军太康独立中队编入该团 1 营 3 连。9 月，睢杞太独立团 1000 余人在韩达生、兰桥、孔石泉的带领下，进驻太康县西清集、马屯、朗城铺、衣冠营等河套地区整训 3 个月，开办训练班、学校、卫生院、缝纫厂、修械所等，并与国民党第 2 路军驻防朗城铺一带的阮勋部联系协商共同抗日，联合作战，开辟了豫东第 1 个水上抗日根据地。因国民党 81 师的进攻，睢杞太独立团主力转移永城。

1940 年 1 月，中共太康县委建立太康县大队，有 200 多人（枪），大队长王舒然，政委马一鸣。12 月，转战睢县。太康县又组建抗日联防大队，王发洲任大队长兼指导员。1941 年 2 月，太康县大队在睢县遭日军袭击，仅剩 10 余人，编入淮阳县大队。6 月，重建太康县大队，大队长王发洲，政委任秀铎，辖 3 个中队，200 多人枪。10 月，太康县大队编入水东独立团。1943 年 4 月，中共太康县委再次建立县大队，200 多人枪，大队长宋秀启，政委孟东明。

1943 年 2 月，中共建立睢太办事处，苗泽生任办事处主任兼县大队长，书记贺霖良兼政委。1944 年 8 月，睢太办事处改建为庆华、芝圃两县，太康县改为庆华县，太康县大队遂改名庆华县大队，县长杨震兼大队长，县委书记贺霖良兼政委。1945 年 8 月，恢复太康县，原庆华县大队复名为太康县大队，下辖 2 个连，200 多人枪，县长杨震兼任大队长，县委书记刘振邦兼政委。

1941 年 4 月，中共豫东党组织集合睢杞太抗日武装在太康县西北聚台岗建立水东独立团，团长马玉堂，政治部主任马一鸣，下辖 2 个营 4 个连，600 余人。该团隶属新四军第 4 师领导。聚台岗一带成为豫东第 2 个水上抗日根据地。

1944 年 6 月，冀鲁豫军区根据中共中央“关于向河南敌后进军，开辟河南工作，扩大陇海路以南地区和水西根据地向南迅速发展，加强水东武装力量”的指示，组织南下大队，在余克勤、袁振带领下挺进水东，建立水东军区和水东地委，将泛东挺进支队和分区 3 个主力连合编为独立团第 2 大队，辖 6 个连，王文广任大队长，罗枫奇任政委，受命开辟淮太西根据地，恢复中共地方组织，发展地方武装，建立县区政权，消灭地方伪顽，牵制日军，配合正面作战。7月，王文广、罗枫奇率部先后打垮东夏亭、齐老、袁楼、刘屯一带地主武装，歼敌1000余人，经水东地委批准，建立中共淮太西县委和淮太西县抗日民主政府，同时建立淮太西县大队，下辖2个连队，3个区队，有350余人（枪）。县长薛培渡兼大队长，县委书记段钦堂兼政委。1945年10月，原扶太西县部分地区划归淮太西县，在淮太西县成立太南支队，编入水东军分区独立团，孟繁馨任大队长。1947年1月升为2分区独立团。

1945年3月，冀鲁豫军区第12军分区部队开辟扶沟、太康边界地区，3月15日在太康逊母口建立中共扶太西县委和县政府，同时建立扶太西县大队，县长孙卫和兼大队长，县委书记张超海兼政委。1945年10月随县撤销。1946年5月重建扶太西县，同时建立扶太西县大队。1947年6月随县撤销。

1945年3月6日，新四军第4师、水东独立团和1月到达水东地区的冀鲁豫军区第8军分区8团等部，组建冀鲁豫军区第12军分区，辖扶太西、淮太西、太康、睢太等县大队。10月改为第6军分区，12月改建为豫皖苏军区第1军分区。

1945年5月，建立中共郾上西县委和县政府，成立郾上西县大队，侯杰任大队长。6月，建立中共西临郾县委和县政府，成立西临郾县大队。下半年，建立鄢扶县，同时建立鄢扶县大队，公安局长张金荣兼大队长。

1945年7月初，冀鲁豫军区第13军分区在西华县逍遥镇组建成立，辖郾上西、西临郾、鄢扶3个县大队。10月，13军分区主力奉命撤离，分区活动停止。

4．解放战争时期

1945年8月抗战胜利后，国民党鹿邑县政府由石槽迁回县城，仍设军事科，县长翁文庆将第7纵队改编为鹿邑县保安团，有1600余人，王应庭任团长。

1945年9月30日，国民党军第68军29师越过新黄河驻太康县城，不久离去。10月，国民党军刘峙部过境淮阳北上，55军驻防淮阳县境。

1946年5月，国民党破坏停战协定，全面发动内战，国民党新编第5军、整编第75师、15师及交通警察17总队先后进驻淮阳、周家口，与人民解放军对抗。交通警察17总队辖4个大队、1个直属中队，共3000余人，总部设淮阳，其中1个大队约600余人驻周家口北寨。

1946年6月，国民党68军3个师和张岚峰部约4万余人进犯水东地区，经常驻扎和经过太康县境，危害民众甚烈。

1946年，西华县国民兵团奉令撤销，改设军事科。1947年，军事科并入第一科，设西华县自卫总队，县长兼总队长，副总队长及总队副由河南省保安司令部委派。1948年10月，西华全县解放，自卫总队告终。同时，西华县民主政府成立县大队。

1946年，鹿邑县有2个保安团：一是王应庭团800余人，一是汲镂荪团1000余人；还有县预备兵团700多人，团长吴金瑞；民众保卫团1000余人，团长苗致荣；县政府特务大队300多人；县政警队100余人；党政军联合行动队若干人。鹿邑全县划为22个乡镇，除每乡设乡丁10至30人外，成立联防队，谢澄江为联防司令，辖杨茂林、王润丰2个团，共2000余人。

1946年，在鹿邑县活动的国民党地方武装有皖北“反共”总司令段静斋1000余人，还乡团长谷周1000余人，李金亭1500余人，女司令周祥芝200人，冯国昌500人，张照明200人，赵朗300余人，郭馨坡1000余人，汤奇100余人（手枪70余支），韩景奇800余人，鹿驼100余人，钟心晓1000余人，黄白80余人，顾金银500余人，另有反动会道门联庄会头子庄思勤数百之众。同时，鹿邑县还有张思明等10多支联防队。1948年7月，在商丘西毛堌堆战斗中被人民武装全面彻底击溃。

1947年5月，国民党交通警察第17总队3000余人进驻周家口，其中1个大队驻北寨关帝庙，1个大队驻四圣会馆。同年春，交通警察第17总队和183旅2个团进驻太康，另派国民党新编第5军在太康县境出没。7月，交通警察第17总队被豫皖苏独立旅和中原独立旅歼灭。

1947年春，国民党军75师1个营400余人，驻鹿邑抓丁。

1946年后，各县国民党政府建立自卫队、还乡总队（还乡团），人数不一，多者达千人，少者三四百人，皆为地主控制。1947年，国民党淮阳县政府建立自卫总队、还乡总队，对中共地方政权和翻身农民进行疯狂反扑。

1946年春，沈丘县保安团缩编为保安大队，辖3个中队，设大队长、大队副、副官、军需、书记。12月，保安大队又改编为自卫总队。1947年，国民党沈丘县政府根据河南省保安司令部的指示，按照“三三制”将自卫总队扩编为3个大队，每大队辖3个中队，每中队辖3个分队，每分队辖3个班，另有1个骑兵中队，共10个中队，1000余人。总队部设总队长（县长兼）、副总队长、总队副、副官、军需、文书、传达长。

1947年秋，国民党军48师、10师、7师、骑兵1旅及青年军206师经淮阳县境南去，沿途抓丁劫财，民众多逃散。

1947年至1948年，商水县雷坡人、西北军旧部旅长雷中田在商水县中共地方政权尚未完全建立之际，网罗地方土顽、惯匪、流亡地主等1000余人，建立反动武装“漯周指挥部”，名为维持治安，实则亦兵亦匪，称之为“吃光队”、“还乡团”。1948年，商水县民主政府在巴村、三里桥、湾子村等地的战斗中将其歼灭，雷中田被逮捕处决。

1947年初，驻周口的国民党地方团队数百人改组成立了淮阳、商水、西华、沈丘、太康、扶沟7县联防大队。

1947年7月下旬，亳县国民党地方武装陈纯一部第3营长李新民、副营长杜学德带领67人，携轻机枪1挺，步枪65支，短枪2支，战马24匹起义，投诚商亳鹿柘县大队，起义人员被改编为商亳鹿柘县游击第2大队，李、杜分别任正、副大队长。在他们的影响下，孔庆荣等12人在陈纯一岳父席永钦家夺枪12支、子弹1200余发，亦来投诚，被编入游击第2大队4连，孔任连长。1个多月，商亳鹿柘县大队发展到100余人，战马50多匹。

1948年3月，胡琏率国民党军11师由许昌、鄢陵经扶沟东去。

1948年，扶沟县基本在中共领导的民主政权控制之下，而上层地主阶级不甘心失败，组织还乡团性质的反动武装“老虎队”，不断侵扰破坏地方。老虎队头目周子美在扶沟江村、邸阁一带，李长城、马太在扶沟白潭、孙岳集至尉氏一带骚扰民众，他们夜间贴黑条子，要枪要款，吊打群众，杀害农会积极分子，有时袭击区民主政府。

1946年，中共中央、中央军委决定以冀鲁豫六地委、华中八地委为基础，建立豫皖苏区委。12月12日，豫皖苏军区在睢县平岗成立，辖第1、2、3军分区。1947年春至1948年3月，先后增建第4、5、6、7、8军分区。周口地区境内分属第1、2、3、4、7军分区。

豫皖苏军区第2军分区驻鹿邑县吴台（今属郸城）一带，领导鹿邑、淮阳、淮太西、西华、鹿亳太、沈鹿淮、沈项临、周口、安平、太康等县大队和淮阳、亳州市大队。辖区主要在涡河以南，沙河以北，周口、西华以东，亳（县）太（和）公路以西地区。1949年2月，第2军分区撤销。

1947年4月，豫皖苏军区独立旅解放沈丘、项城、临泉3县，开辟沙河以南，新蔡以北，阜阳以西，商水以东地区。10月20日，在沈丘莲池成立豫皖苏军区第4军分区，辖沈丘、项城、淮阳、商水、上蔡县和周口市大队。1949年2月，豫皖苏军区第4军分区撤销。

1948年4月，豫皖苏边区撤销西北工委办事处，建立第七地委和专员公署，同时建立第7军分区，驻周口市、商水县一带，领导商水、项城、上蔡、郾商西、洪河县（今属驻马店市）大队和周口市大队。辖区在京汉铁路以东，漯河、周口市以南，临泉、沈丘以西，正阳以北地区。1949 年 2 月，豫皖苏军区第 7 军分区撤销。

1949 年 3 月，中共建立淮阳军分区，驻淮阳县城，辖淮阳、商水、西华、扶沟、太康、鹿邑、沈丘、项城 8 个县大队，以及 6 个武装连和 1 个独立团。淮阳军分区设司令部、政治部、供给处、卫生处。司令部设 1 至 6 科，辖警卫连、侦察连、教导队、3 个中队和 1 个武装连；政治部设组织科、宣教科、保卫科、总务股；供给处设财粮股、军需股、供应股；卫生处设 1 个休养所。

抗战胜利后，淮阳、扶沟、西华、鹿邑、沈丘、商水、项城、周口等县市政府相继组建中共领导的县市武装大队。1947 年，各县、区建立武装委员会，乡、村成立翻身队、民兵自卫队、穷人队等群众武装组织。1949 年初，各级群众武装组织逐渐改称民兵。

1947 年上半年，中共水西工委成立，施德生任书记。同时组建水西支队，王发祥任支队长，施德生兼政委。水西工委建立不久，西华县大队、水西支队和水西干部大队共 200 余人在水西工委的直接指挥下，活动于平汉铁路以东地区，打击国民党地方团队，解放区不断扩大。

1946 年 1 月，睢太支队编入 30 团。1946 年 4 月，睢太县撤销，恢复太康县建制，同时恢复太康县大队，大队长李正风，政委刘振邦。1947 年底，太康县大队有 1000 人（枪），各区队武装有 1000 余人，民兵有近 6000 人。

1947 年 4 月，太康县和淮太西县组建联合剿匪指挥部。7 月，成立太康县支队，隶属联合剿匪指挥部，有干部战士近 1000 人，宋秀启任支队长，王可顺任政委。1948 年 4 月解散。

1948 年 8 月，太康地域分为太康、太北 2 县，保留太康县大队建制，隶属中共涡河工委指挥。太北县建立太北县大队，县长刘健民兼大队长，县委书记汤绍禹兼政委。1949 年 2 月，太康、太北 2 县合并为太康县，太北县大队并入太康县大队，隶属豫皖苏军区第 2 分区，3 月改属淮阳军分区。

1946 年 5 月，重建中共扶太西县委和县政府，成立扶沟县大队，郎太山任大队长。1947 年 1 月，在西华营建立中共西华县委、县政府，成立西华县大队，南豪军任大队长。1948 年 10 月，西华全县解放，重建中共西华县委、县政府，成立西华县大队，县长时尧兼任大队长，下辖 9 个区的武装。

1945 年底，中共豫东特委将原扶太西县政府改建为黄泛特区。1946 年下半年，重建扶太西县政府和县大队。1947 年春，中共豫皖苏区委决定，由扶太西县大队和何介夫、刘国玺领导的水西大队及军分区配属人员 200 余人，负责开辟鄢陵、扶沟、西华等地解放区。1947 年 11 月，扶沟县政府成立，原扶太西县大队改为扶沟县大队。

1945年10月，为粉碎国民党军对水东地区的“围剿”，太康县中共党政干部赴鲁西休整。同时，睢县、太康两县合并组建睢太支队，杜恩训任支队长，张申任政委。扶太西、淮太西县大队合并组建淮太西支队（又称太南支队），张少耕任支队长，徐济生任政委。11月，太康武装工作队建立，共有干部战士70余人，赵北新任队长，宋行伍任指导员。

1947年8月，晋冀鲁豫野战军1纵经扶沟、西华、淮阳等县境从商水县李埠口（今属周口市川汇区）渡沙颍河挺进大别山，在中共地下党员、国民党商水县政府民政科长朱晦生等人的暗中策划下，集中20艘船只，支援部队顺利过河。

1947年11月，商水县民主政府成立，继而建立商水县大队，设大队长、政委和指导员，下辖固墙、平店、黄寨、城关、练集、白寺6个区中队。12月，郾商西县民主政府在商水县境西部建立，同时建立郾商西县大队，设大队长、政委，有80人。1948年上半年，又相继建立邓城、归村、砖桥、哲店、巴村、老窝6个区中队，发展到300人左右。其成员一是农村积极分子；二是南下部队留下的干部和战士；三是经教育留下的俘虏。12月，郾商西县大队改编为第7军分区独立团。各区中队、乡分队人员集中编为郾商西县大队。1949年2月，郾商西县并入商水县，改称商水县人民政府，郾商西大队并入商水县大队，计2个连500余人。

1948年1月17日，周口市人民政府成立，建立1个便衣班，侦察附近各县敌情。后又建立1个骑兵班和1个步兵班担任警备任务，随之郊区武装部和市工人纠察大队建立。郊区武装部下辖五里、黄庄、市北、孙嘴、王营、王庄、市南、水灌台8个乡队，每乡队设分队长和副分队长，每分队按照自然村分为若干小队。市工人纠察大队主要由地方国营工厂和手工业、社组工人组成，较大工厂或行业设立纠察分队和中队，每分队下设若干小队。周口市街道6个镇各组建1个民兵纠察分队，每分队设分队长、分队副和文书各1名。1948年4月下旬，从商水县调至周口1个连80余人，逐步发展壮大。9月，建立周口市武装大队，有200余人，对剿匪反霸、粉碎国民党特务的破坏活动，稳定社会秩序、巩固人民政权，发挥了重要作用。

1946年5月，晋冀鲁豫军区政治部主任王幼平派张笑南、李子木、刘学礼到鹿邑领导武装斗争。6月，建立鹿（邑）淮（阳）太（康）县大队。1947年1月，鹿淮太县分家各归原建制。3月中旬，从鹿邑县公安局、各区队抽150名战士组成2个连，建立鹿邑县大队。8月1日，2分区从各区队、公安局、保安队抽调部分人枪，组成8个连队，1300余人，晋升为独立团（亦称第4团），有长枪800余支，短枪100余支，机枪9挺，属2分区管辖，张笑南任团长，杨元彰任政委，活动于鹿邑县境内。1949年2月，该团编入人民解放军第16军48师，南下贵州。3月，重建鹿邑县大队。10月，淮北军区派孙清淮、胥照伍率武工队120人到鹿邑，开辟商（丘）亳（县）鹿（邑）柘（城）新区。1947年3月，商亳鹿柘县建立警卫连。4月，发展到3个连，组建商亳鹿柘县大队。9月，商亳鹿柘县大队发展到6个连，编为2个营，800余人，有长枪600余支，短枪50余支，机枪6挺，后又调入3个连，统编为3个营，改为商亳鹿柘县独立团（亦称第6团），属3分区所辖，刘正本任团长，孙清淮任政委。1949年2月，该团编入人民解放军第18军54师，南下后入西藏。

1947年1月上旬，2分区派张有奇、徐子佩等率1个连赴鹿亳太县开辟新区。2月，鹿亳太县建立，同时成立鹿亳太县大队，徐子佩任大队长，张有奇任政委。5月，鹿亳太县撤销时，该县大队发展到500余人，有长枪400余支，短枪40余支，机枪4挺。

1947年2月3日，2分区派刘波涛、吴忠培开辟沈鹿淮边区县，建立沈鹿淮县大队，吴培忠任大队长，刘波涛任政委，有长枪6支，短枪3支。11月，沈鹿淮县大队并入界首县大队。

1947年1月，豫皖苏军区18军医院，在院长张竹筠的率领下，驻吴台庙西南大李庄村。1949年3月11日，豫皖苏军区18军医院随大部队南下。

1947年2月，豫皖苏军区独立旅在司令张国华、政委吴芝圃的率领下，进驻枣子集（今宋河镇）一带，魏凤楼部驻鹿邑县城。7月，人民解放军第2野战军挺进大别山，途经鹿邑玄武、吴台庙（今属郸城县），驻大顾寨一带，鹿邑县县长张笑南向部队首长汇报了地方敌情和政情，并表示慰问。8月13日夜，刘邓大军越过陇海路，分数路进入鹿邑县境，当夜驻枣子集（今宋河镇）、高口一带村庄，总部驻北十字河。14日，商亳鹿柘县县长孙清淮赴包公庙会同该军第3纵队副政委阎红颜对部队表示欢迎和慰问，在十字河会见了刘伯承司令员、邓小平政委和参谋长李达，汇报了该县的工作和周围敌情。刘邓首长对商亳鹿柘县坚持对敌斗争和土改工作表示满意，当即表示支援商亳鹿柘县大队轻机枪数挺、步枪200余支和一些弹药。商亳鹿柘县支援大军数千双军鞋、大批白面和粮草，同时又将李寨村3000公斤炸药支援给大军。14日上午12时，刘邓大军由农会民兵作向导冒雨南进，送至沙颍河畔而返。9月29日，陈（赓）粟（裕）大军南下，途经商亳鹿柘县境，驻城南张大庄寨一带，该县大队政委杨元彰召集万人大会表示欢迎。

1947年8月，刘邓大军千里跃进大别山，在沈丘境内渡沙河。时值汛期，河水暴涨，水深流急。沈鹿淮县民主政府动员群众，准备粮草，组织木船百余只，绳索2.5万斤，分别在槐店、下溜、新安集、纸店4处码头架设浮桥。8月13日，豫皖苏军区命李一非率1个团及工兵通讯部队进驻槐店，配合大军渡河。17日上午，刘邓大军主力部队2、6纵队顺利渡过沙颍河。18日，刘伯承司令员、邓小平政委在下溜渡口由李一非陪同随2纵渡河。是日，敌机在下溜渡口轮番轰炸，军民抢修浮桥，抢运物资，救护伤员，保证大军南渡，夜12时渡河完毕。

1947年2月，淮太西县大队在东夏亭再次成立，辖3个连，200余人(枪)。同时，建立淮阳县支队。8月，淮阳市队、周口县大队、界首县沙北支队相继建立，前者活动于搬口、许湾一带，后者活动于鲁台、窦门一带。1949年3月，建立淮阳县大队。

1947年5月，沈丘县按照“先建县大队，后建区中队”的方针，先由各区个别串联，动员成熟，然后集中建立沈丘县大队。6月5日，在戚凹村将各区选送的60名战士组建了沈丘县大队第1连。8月，沈丘县大队发展到150余人。同时，沈丘县各区在县大队领导下均建立了15至50人的区队。是年8月又建立80余人的沙南支队。10月，沙南支队与豫皖苏军区1个排并入沈丘县大队。1948年1月，沈丘县大队发展到500余人。

1947年10月，项城县大队建立，队员发展到600人。1948年初，中共豫皖苏军区独立旅警卫营的1个连130余人编入项城县大队，成为项城县大队骨干。项城县大队共编为6个连，1000余人。各区建中队，每队约30人。到1949年，项城县大队发展到近2000人。

1947年8月，中国人民解放军晋冀鲁豫野战军第1纵队司令员杨勇率部过境淮阳南下挺进大别山，在新站、贾营架桥，20日全部渡过沙颍河。9月，豫皖苏军区2分区部队驻淮阳县城东南。11月，华东野战军过境淮阳、沈丘，李先念率11纵队驻沈丘。

1948年2月，中原野战军离开大别山进驻临泉和沈丘。是年冬，陈毅率第3野战军经扶沟开往淮海前线。

1948年9月，为便利清剿安平一带土顽，遂建立安平县，同时建立安平县大队，陈振川任大队长，杨元彰任政委，有300余人，长枪200支，短枪40余支，机枪4挺，活动于安平、玄武一带。

1949年，鹿邑县建立公安中队，有干部4人，战士16人，配备手枪4

支，半自动步枪7支，冲锋枪6支，机枪2挺。

1949年春，7分区独立团以及鹿邑县大队部分人员编入人民解放军，南下参加解放华南和海南岛的战役。

1949年1月，人民解放军第2野战军1纵驻沈丘县城，在平舆小学举办淮海战役战利品展览。同时，第2野战军9纵参加淮海战役胜利后，在秦基伟司令员率领下经商水县境南下，准备渡江作战。豫皖苏七地委和中共商水县委、县政府在商水城关北街赵家院设宴慰劳秦基伟司令员和2野9纵官兵。豫皖苏七地委书记张太生、副书记安明，商水县委副书记张甫、县长窦伯祥等陪同出席。秦基伟勉励七地委和商水县委、县政府要努力做好支前工作。

1949年夏，人民解放军第4野战军经淮阳境南下，群众夹道欢迎，争送食品、军鞋。

5. 兵役制度

清末，袁世凯编练新军，颁布募兵章程，其招募办法为：先由练兵处设立选验所，酌定开招日期，并规定应募方式，到期晓谕各村合格公民，然后造册送请选验，一旦选定，即开赴练兵地，严加训练。

民国时期，主要实行募兵制。1914年10月，河南巡按使颁布《征募新兵办法》，明确征兵制度和征兵机构。由于军阀割据，轮番当政，制度混乱，征募新兵办法无法实施。1929年7月，兵役法颁布实施。1930年10月，国民党军事委员会在郑州设立招募总处，河南省第七区行政督察专员公署设招募处。

1933年修订的兵役法规定：中华民国之男子，均有服兵役、常备兵役的义务；凡现任教员、公务人员、在校学生缓役；家无次丁，身体残废者免役。随着兵役法的颁布实施，又开始实行征兵制。各县有兵役协会，设兵役征集委员会，区设新兵征集所，为县、区常设兵员征集机构，负责承办兵役审查、征集等事宜，监督指导完成征兵任务。1935年2月底，招募处撤销，逐渐改由各部队在规定募区自行招募。

抗日战争爆发后，改为军、师、团管区采取统征和各军自征办法，实施兵员征集。每次征集前，以乡镇为单位进行身家调查，4月30日前，将免役、缓征、缓招人员花名册呈报各县政府，由各县兵役协会审核，呈报团管区复核审批。

1946年，国民党发动全面内战，兵员损失惨重。为补充兵员，国民党各级兵役机构和各部队到处强行拉兵、抓兵，以招、募、抽、派、抓等办法代替正常的征兵。

招兵。军队每年在各县分点设立招募处，招募自愿服兵役的青壮年男子，除有明显残疾者外，凡身高5尺者均可入伍。应招入伍者多为走投无路的饥民，也有因危害乡里无法容身，或愤懑不满、胸怀异志者，以及声名狼藉的流氓、无赖、赌徒、土匪等。从民国初年到1936年，仅驻沈丘县国民党军张占魁、何柱国、李汉章部就招募兵员1.21万人。冯玉祥曾在商水、周家口一带招兵。

抽丁。也叫抽签服役。由于连年内战，兵员不济，加之国民党政权不得人心，自愿服兵役者极少。自1936年起，根据分配征兵数额，实施抽签服役，每年10月在18至25岁男青年中抽签确定。其办法是：以竹片为签，上写应服役男子姓名，依次抽签，确定服役壮丁。当时大多富户与官府勾结，并贿赂各保、甲长从中舞弊，逃避兵役；而中签服役者多为贫民。每次负责抽丁的官吏、劣绅都借机发财。

派丁。1937年，壮丁名额分派到保、甲，按人口、地亩摊派壮丁。服役壮丁多系贫民，一般富户可以花钱买壮丁顶替；有钱有势的大户既不出钱也不出人，城乡贫民中多有卖壮丁者。当时雇1个壮丁，需2至4石麦（折合800－1600市斤）不等。

抓丁。就是乡队、保丁到乡下抓青年男子顶替壮丁。抗日战争和解放战争时期，国民党军队在对日作战和与共产党打内战的过程中，伤亡惨重，于是拉丁拉夫补充兵员。被抓者用绳索捆绑送去当兵。尤以1940年上半年更为严重。区丁、保丁四处抓人，几无宁日。1946年，国民党发动全面内战，急于补充兵员，各级兵役机构、地方行政机构和各部队到处抓丁。1948年2月8、9日，国民党11师在项城县西庙湾集、岗里店一带30里内抓壮丁1万余人。同时，另一支国民党部队突袭项城县庙湾、魏店等集镇，将买年货的青壮年男子全部抓走，仅在魏店就抓走500余人。在项城县解音庙、小李庄等村，诈称召集群众集会，将全村青壮年全部抓走。1938年至1947年，项城县被抓兵60395人。1946年，国民党军75师在鹿邑抓丁3000余人，在淮阳抓走4634人。为躲避抓丁，不少适龄男子逃匿他乡，或昼藏夜出，或栖身于权贵之门甘做牛马，或自断指臂，自毁一目，致残以求避役。行旅、商贾也常被抓丁。壮丁不幸被抓送往部队后，往往音讯皆无，吉凶难卜，不少人因此妻离子散，家破人亡。

民国时期，各县除地方武装外，尚有民团军、保卫团等，这种武装虽有编制，但不发薪饷，所带枪弹和生活费用等均由保、甲向民众摊派，其参加成员亦多由保、甲雇用。

中国共产党自1927年8月1日始建人民武装，到工农红军、八路军、新四军、解放军均实行志愿兵役制。不论身份、地位、民族、性别，志愿兵完全出于志愿，没有募金，没有服役期限，服役者以工农为主体。广大民众为翻身求解放，纷纷报名参军入伍。周口地区在土地革命时期有81人参加工农红军；抗日战争时期有1189人参加八路军和新四军；解放战争时期，有11603人参加人民解放军。1949年2月，豫皖苏第2军分区扩军，广大青年踊跃报名，出现父母送儿郎、妻子送丈夫、姑娘送未婚夫的动人场面。当时分配征收任务3300名，实际完成5289人，超额1989人。

二、寨堡修筑与防御

清末、民国年间，特别是19世纪中叶，义军纷起，匪患成灾，社会剧烈动荡。清政府为对付太平军和捻军，实行“坚壁清野”政策，周口一带各县奉令组织团练，修筑寨堡，抵御太平军和捻军活动，同时有效抵御匪患的扰掠。

清咸丰二年（1852年）、咸丰三年（1853年），咸丰帝先后两次谕令各地修筑寨堡，办理团练自御。咸丰三年（1853年）四月咸丰帝发布上谕之日，太平天国已定都天京正准备北伐。河南省是太平军北伐的必经之地，但河南巡抚陆应谷等地方大员此时尚未弄清太平天国北伐军的战略意图和走向，没有认真对待咸丰帝的上谕。项城县绅士王铣桂早就意识到“民久散居，势涣情离”，要实现全民动员和抵抗，“非处一寨，难一其心”，但大多数地方官吏起初担心“民聚而相抗”，“恶坚壁清野”（王铣桂：《上李文园宗伯书》，《项城县志》卷14《丽藻志三》），将希望寄托于八旗、绿营，因此消极对待修筑寨堡。

咸丰十年（1860年）十一月至同治四年（1865年）十二月，汝宁陈大喜、张凤林捻军起义，“流毒三府一州之地，袤延几及千里。沈、项、新蔡、汝阳之贼奉大喜白旗为号令……”（尹耕云：《豫军纪略》，《捻军》（二））清代兵勇由于承平日久，军队缺额很多，且军备废弛，战斗力低下，面对群雄蜂起的义军，丢城失地之事频繁发生，淮宁知县等不少官员为此丧生。严峻的军事形势，迫使河南地方大员调整战略部署，发动民众自保身家，按照上谕要求组织团练和修筑寨堡。

河南巡抚陆应谷、英桂等均因军事失利受到革职处分。河南巡抚几经易人后，咸丰八年（1858 年）九月恒福就任。次年二月，安徽捻军逼近豫东，恒福亲赴鹿邑督促、筹划防剿事宜，在巡视军营、体察民情地势后，开始正式实施坚壁清野政策，高度重视修筑圩寨，“谕归、陈、南、汝、光各属筑堡御贼，分遣候补知府傅寿彤、蒯贺荪、张曜、何怀珍、候补直隶州骆光裕劝谕兴修，以候补道周煦征董其成”（尹耕云：《豫军纪略》，《捻军》（二））。河南地方大员开始对修筑寨堡态度消极，普通百姓对此也反应冷淡。周口一带物产丰富，交通便利，地势平坦，东与安徽接壤，是太平天国北伐军、安徽捻军进入河南的必经之地，无险可守又首当其冲，战火波及时间较早，影响也较持久。遭受兵燹的地方，修筑圩寨比较积极，反之，则较为消极。咸丰元年（1851 年）安徽捻军开始起义时，太康县新任知县柴立本就“料其必西窜，劝绅董速办团练并令大村巨镇修寨为御乱计”。太康文人李浚应柴立本的要求，在全县大规模挖沟筑寨之前，“询访耆老，细察舆情”，调查民众反应，作出了“两便五不便”的判断。“两便”，一指“因地之宜”。明末战乱，居民多以寨自保，所存旧址至少有十几处，可委大家富户将之重新修筑，则事半功倍；一指“从民之便”。太康境内必有一些巨族宗室，既深谋远虑又轻财好义，为了身家之私和实际名利而踊跃响应，因此修筑圩寨是可能的。“五不便”，一指人心不齐，可能做不到全县境内统一修寨；二指巨镇如杨桥、崔桥、冯陵等，直径 3 里多，周围 9 里多，与县城相差无几，在此合筑寨堡，其费用按人户地亩摊派恐不易行；三指将人烟稠密的大村落附近价格昂贵的村田及宅基地用于修筑圩寨壕沟，并允许小村落移居寨中，恐不易行；四指村镇周围，坟冢累累，挖土筑寨修濠影响风水龙脉，或将坟茔圈出圈入，易引起争讼；五指寨中设仓设勇，寨主（也称首事、寨长）之权扩大，易倚踞圩寨，相互间弱肉强食，善后难图（李浚：《与柴稚村邑侯书》，江地《捻军史研究与调查》附录，齐鲁书社 1985 年版）。然而，“五不便”并没有改变柴立本修寨的决定，令他始料不及的是民众对修寨决定多不乐从，有书差趁机“假绅民之名，大粘匿名帖，谓办团修寨，无故扰民”。柴立本孤掌难鸣，蒙冤请求去官，临行时对绅民说：“今吾以办团修寨不行去官，尔等将有悔不用吾言时也”（民国二十二年《太康县志》卷 7《职官表》之《柴立本》）。咸丰六年（1856 年），捻军首次进入太康县境活动。咸丰八年（1858 年）冬，张乐行、龚得树捻军又进入太康县境，“是年民始念前令柴立本之言，修寨自保。两月成六十余寨”（民国二十二年《太康县志》卷 3《政务志 · 兵灾匪祸》）。正是在亲历了战乱意识到寨堡的重要后，民众才将修寨倡议付诸实施，修寨的行动逐渐由原先的自发转为自觉，有些地方在起义军到来之前就预修圩寨，加上官府大力提倡，周口一带在咸丰朝后期和同治朝前期出现了大规模的修寨行动。宣统三年《项城县志》卷5《地理志·寨堡》共记载179个寨堡，其中有104个修于咸丰七年（1857年）到同治二年（1863年）间。咸丰八年（1858年），西华县境内“各乡多筑寨自保”（民国二十七年《西华县志》卷1《大事记》）。咸丰八年（1858年）冬，淮宁县“乡间始修寨堡”（民国二十三年《淮阳县志》卷8《大事记》）。咸丰十年（1860年），鹿邑县“境内筑寨皆成”（光绪二十二年《鹿邑县志》卷8《兵事》）。曾国藩负责剿捻后，立即进一步强化了圩寨清乡政策。同治五年（1866年），他采取“以有定制无定”的策略，命令捻军活动地区普修圩寨，并将人丁、牲畜、粮食集中寨内，由民团固守，以对付捻军飘忽不定的战术，进一步推动了圩寨的修建。这一时期圩寨的修建分为重修和创修两种。在咸丰朝之前，特别是在明末李自成起义和清嘉庆年间白莲教起义时，周口一带民间曾筑寨自保。咸丰、同治年间的少数圩寨是在明末和清嘉庆年间寨堡旧址上重修而成，大部分寨堡都是在咸丰、同治年间创修的。项城县境内179个寨堡中，在旧址上重修而成的有6个，咸丰、同治年间创修的有123个（宣统三年《项城县志》卷5《地理志·寨堡》）。

周口一带皆平原，寨堡的修建分为三种情况：一是寨堡依托于自然村庄。即寨以某一村庄或村庄中的某些住宅为中心，在其周围环以寨垣，挑以壕沟（或隍），以吊桥与寨外相通。项城县绅士张静斋以所居之村，“环以木城，置火器为固圉计”（朱宝璇:《赠荣禄大夫静斋张公传》，宣统三年《项城县志》卷18《丽藻志七》）。有时一村所修寨堡不止一个，项城县孙店就修有东西两寨（（宣统三年）《项城县志》卷25《人物志四·义行》之《尹东文》）；二是联村修筑寨堡。即临近几个、十几个甚至几十上百个村庄合修一个寨堡。这种寨堡较单村修筑的寨堡规模大，防守也比较严密。它或者以某一村庄为主，而将其他村庄的居民和财物移居其中，或者修在村庄附近或别的地方，村人避乱时离开自己的房舍，集中到寨中，乱后或重回原来的房舍，或继续留在寨中。太康县永安寨，就是由尹际龙联合百余村倡修而成（民国二十二年《太康县志》卷10《人物传》（下））。光绪《鹿邑县志》记载较大的村庄共3216个，有寨的有204个；三是聚族而居，修筑寨堡。这种寨堡修筑强调宗族关系，寨主由家族中的大户充任。项城县张瑞祯组织修筑的张家寨即是如此。在以村庄为中心围村筑寨的情况下，村民主要住在家里，日常生活所受的影响相对较小。而“并小村入大村、移平处就险处”、聚族而居、联村筑堡等方式，使原来分散居住的村民因共同防守的需要而集中于一所寨堡，原来相对独立的生活空间因此被打破，“匪退耕作，匪来守御，实现坚壁清野之策”（民国二十二年《太康县志》卷3《政务志》），这时寨堡既是村民日常生活的场所，更是军事斗争的据点。寨堡的外形像城，亦有门有楼，一般较城稍小。个别大的寨堡如周家口镇圩寨，其规模比城大得多，周家口3寨的规模是城的3倍多，寨门的数量更远远超过城门（民国七年《商水县志》卷1《舆图·县境总图》）。寨墙有土做的，有砖砌的，墙上视防守需要开有垛口。寨墙上窄下宽，按照防御需要，通常墙外峭立，墙内有缓坡，以便寨内人登上墙顶防守瞭望。寨外一般围有深濠，以吊桥与外界相通，濠是上阔下窄。墙的长度、高度、宽度，以及濠的深度、宽度，皆视修寨者的经济情况而定，寨门多寡不等。西华县宁庄乡土寨有东西两门（民国二十七年《西华县续志》卷2《疆域志·区乡》）。寨堡的规模大小不一，也与修寨者的经济情况和防守需要有关，如周家口镇寨堡周长10余里（民国七年《商水县志》卷5《地理志·集镇》）。

寨堡的首倡者以绅士为主。在官府号召、绅士倡导带动下，一些没有功名在地方上有一定影响的大姓巨族加入到修寨行列。寨主多由在籍绅士充任，寨堡的种种事务也大多由他们负责，有时专门设局办理。修寨所需钱物的多少因寨的规模和防守力量而异。这些钱物，有时由绅士富户独立承担，有时由寨民共同筹集。

寨堡防御功能的发挥，取决于寨堡本身的坚固程度，还与寨中人员的组织训练程度和枪炮火药、刀矛弓矢等武器装备的配置有紧密关系。寨中人员积极性的调动和发挥则与寨主的组织领导能力有关。如果寨主领导有力，管理得法，圩寨就能有效地起到防御作用。反之，如果领导松懈，圩寨则形同虚设易被攻陷。项城县路阎庄寨，寨主阎淑师曾率领寨民成功地顶住义军数次进攻。后来阎淑师因病对管理稍有松懈，“有奸人串匪冒雨来攻，寨遂失守”（宣统三年《项城县志》卷25《人物志四·义行》之《阎淑师》）。项城县张家寨寨主张瑞祯为防守义军，倡议聚族而居，合族共修一寨。他在《练寨会小引》中详细地勾画了以兵法约束族人的情况：首先根据防守需要，妥善配置人员装备，使人尽其才，物尽其用；族人“或出财或出力或出车或出马，无事时务经百炼；或使智或使愚或使诈或使贪，行伍间不拘一格。其有围牌精熟死生不惧足以蔽贼之锐击者，列于阵之第一重；其有枪炮素优毒火素具足以捍贼之远交者，列于阵之第二重；其有劲弓利镞神龙火箭足以遏贼之径进者，列于阵之第三重；其有长枪阔斧百战不殆足以破贼之坚持者，列于阵之第四重；其有短兵利刃手快足捷足以防贼之猝至者，列于阵之第五重。

掌饮食者，列为一队；司刍茭者，为一队；运军装者，为一队；守营巡者，为一队。正兵五十层，奇兵三十层，游兵二十有四层。行则马居先而步居后，战则步为正而马为奇”；人员各司其职后，对统率又有具体要求：“阵对必须乎熟器械，切忌其钝。多置谋士，广布腹心。勿以偶得偶失定成败，勿以半信半疑待英豪。集思广益，不可以刚愎之见废群策；谋定后动，不可于狐疑之时决胜负。临大敌而气定神闲，常若据我不可犯之势；救重围而星赴电至，要深体彼不及待之心”；还制定军纪：“至若所到之处，务获安集；乡社之约，亦须有禁。奸人妻女者杀；焚人庐舍者杀；鼓之不进、金之不退、不遵主将之约束者杀；探报不实、妖言惑众、阻挠士卒之斗志者杀；机谋未发，三两窃议，使敌人预知我之所向者杀；坑戮降卒、欺罔乡愚，致胁从尽绝投诚之路者杀”（张瑞祯：《练寨会小引》，宣统三年《项城县志》卷20《丽藻志九》）。遇有紧急情况，则男女老幼一齐上前。正因为寨中冷热兵器俱备，寨民组织严密，纪律严明，因而防守效果较好。咸丰十年（1860年），安徽捻军突至，张家寨内“壮者登陴，老幼运砖石击贼，妇女缘梯登屋湿被褥，铺房上以避火箭。敢乱动嚣哗者斩之”（宣统三年《项城县志》卷25《人物志四》之《范秉元》）。以此击退了捻军进攻，远近村庄闻此便利，争相取经效法。从张家寨的防御布置可以看出，几百上千人共居一个寨堡，寨堡实际上变成一个准军事单位；寨民根据性别、各自的技能被重新编制，实行相对军事化的管理，个人不能自由支配自己的行动，寨民的生杀予夺大权也操诸寨主手中。有时一县之境所修寨堡以百计，如项城、鹿邑。大量修筑寨堡难免会因为寨多人少、势分力弱而不易防守，为此各个圩寨之间通常加强联络，互相支援。项城县境内的179个寨堡以此构成重重屏障（宣统三年《项城县志》卷5《地理志·形势》）。各寨之间的联合，增强了寨堡的抵抗力，降低了因为势分力单被各个击破的危险。增强寨堡的防守力量，修筑寨堡和举办团练往往交叉进行，团练以寨堡为根据地，寨堡以团练为生力军。“豫省通境皆民团自守，贼至则传枪三发，各团以次挨传，顷刻数百里知之。乡民闻枪声咸入堡，闭门登陴设守”（赵烈文：《能静居日记》（三），（台）学生书局1965年印行）。因此有时不仅各寨互相支援，各寨之间的团练也联合作战。咸丰十一年（1861年），豫皖两省三府十三州县团练“为保身家起见”实行联团，并制定章程，规定了各寨所要承担的责任和应尽的义务：“凡出队需用口粮、子药、枪炮等件，各寨务须预为备办，以免临时掣肘。每于麦秋二季收获时，按地百亩出麦二百斤，蜀秫一百斤，各存本寨收储，以备取用”；“所有各项赏项，均由寨共摊”。所借民户马匹，“出征时跑乏倒毙，由本寨提用公项买补赔偿”（聂崇岐编：《皖豫两省颍归陈三府各属联团章程》，《捻军资料别集》）。

当时，修建寨堡的主要目的是保全寨民和寨中的村庄集镇，使其不受义军攻袭、土匪滋扰，有些地方出现了以寨为家的现象。同时，寨堡也保障了交通要冲、大村巨镇不为捻军所占据。据宣统三年《项城县志》载：“陈（州）东南毗连颍亳，捻匪西窜要冲也。郡西周口水陆巨镇，贼虽残毁，尚犹辐辏。”陈州府知府认为“此地左郡城而右西商，于郡县为辅车之势，于百姓为衣食之源，倘为贼有，祸中腹心”，于是“勒筑三寨，屹然保障”（王铣桂：《前陈州府知府伯瑗刘公传》，《项城县志》卷18《丽藻志七》）。这3个修于1858年的寨堡至民国时还依然固若金汤。寨堡有效地发挥了防御功能，极大地牵制了义军的活动，使太平军特别是捻军在应对清军和地方团练的围追堵截时不能及时得到所需的战斗人员、粮食马匹和武器装备的补给。

同治元年（1862年）二月，河南团练大臣毛昶熙为了扩充马队，对抗捻军，建议“每寨责令寨主，保选壮丁一名、马一匹，投效来营，按马勇发给口粮，事竣各回原寨”，如此，则“归、陈两属，约可得马队三四百名”。清廷采纳了他的建议，命令各地推广，“务期多多益善，俾成大队……会同官军堵剿获胜”（《清史列传》卷52《毛昶熙》）。毛昶熙在陈州等地取得的剿捻成绩，在很大程度上应归功于圩寨的协助。寨堡的防御功能反过来又启发了捻军。1878年，捻军改变了一贯的流动战术，也以堡寨为根据地，与官府对抗。正如袁甲三所言：“数年以前之贼，不知沟垒可恃，专心以野战为强。自咸丰七年以后，皆知深沟高垒，以守为战，而攻剿愈觉费手。近更圩寨林立，不可数计。往往官军以全力围攻一寨，累月不能破。且此破彼筑，徒烦兵力，终无扫荡之期”（袁甲三：《袁端敏公集·函牍》卷1《捻军》（五））。圩寨使清军达到了坚壁清野的目的，后来也为起义军提供了防御根据地，广大寨堡的支援是清军在周口地区境内能够长期作战并最终获胜的一个重要原因。

寨堡是战时特殊环境的产物，并未随战争结束而完全消失。捻军失败后，有能力的寨民重返故里，重修家园，而贫穷的人则以寨为家，村庄之外的一些寨堡遂从战时的临时居所逐渐演变成为正式的聚落，宣统《项城县志》记载，寨堡已被编入里牌，与村庄、集市并列。

三、晚清时期的军事行动和战争

1. 近代周口人民的革命斗争

周口人民的抗厘杀卡斗争。咸丰九年（1859 年），清军将领胜保率军驻安徽太和镇压捻军，给养为捻军所阻，供应发生恐慌。周口工商业比较繁荣，财源丰富，何熙宸建议在周口设卡抽厘，被胜保采纳，遂委任何熙宸为周口厘金总办。周口工商界闻此消息，群情激奋，痛斥何熙宸引狼入室，贻害地方。在工商界的组织下，周口运粮工人、码头工人纷纷行动起来，抵制设卡抽厘行为。他们焚烧何家宅院，何熙宸星夜逃往太和，求救于胜保。胜保大怒，即派 100 余名官兵乘坐炮船于八月四日到达周口，泊船贾鲁河口，拦截过往商船，强行征收厘金。船民与之说理，双方发生冲突，清军开炮轰击，造成 80 余名商民伤亡。正在码头装卸的 300 余名工人义愤填膺，挥舞抬货木杠，奋勇冲击，杀死全部清兵，捣沉 4 艘炮船。胜保闻讯，准备血洗周口。在一触即发的情况下，陈州知府刘拱辰出面调解，周口派出李庆云等 6 名代表赴太和与胜保谈判。双方互有让步，厘金由原定的 10% 降至 5%，杨和尚等 6 人遭杀害。最后，胜保向周口工商业者勒索抚恤金 5 万两白银。

同治元年（1862 年）七月，胜保在周口抽征厘金，肆意讹诈商民，周口杂货行行头扬远聚集商民 200 余人砸毁局卡，击杀清军兵勇。周口民众的抗厘斗争有力地配合了捻军起义。

查天化领导的黄道会起义。清宣统元年（1909 年），鄢陵县查家村农民查天化和栗园村农民麻天祥组织“无极老母会”。查天化以卖帽子为名进行传道，入会者以黄巾扎头，故“无极老母会”又称为“黄道会”。他们先后在鄢陵、扶沟、太康、杞县、尉氏、通许等地发展会众 1.2 万余人。太康县西扶乐城、黄岗、独塘、方城、李洪镇、小楼、晏城河等地均设“堂子”，有会众数千人。他们提出“打富济贫”、“够不够，九顷六”的口号，要求平分土地，推翻清政府。

宣统三年（1911 年）夏，同盟会会员姚黄奉黄兴之命回到家乡鄢陵县大鸿沟宣传革命，被“黄道会”聘为“主谋先生”，成为该会实际组织领导者。姚黄提出了“打倒满清”、“平分土地”、“废除苛捐杂税”等口号，着手建立武装，打造刀枪兵器，向大地主夺取粮食、马匹，准备进行武装暴动，策应武昌起义。宣统三年（1911 年）十月二十日（12 月 10 日），查天化、姚黄等人借栗园唱戏之机聚众起事。会员们头扎黄巾，号称“黄道军”。义军集结尚不足200人时，遭清军及地方武装围剿，查天化见寡不敌众，率义军东撤。二十一日，到达太康县西扶乐城，与当地农民李自崇（李洪镇人）、秦玉殿（扶乐城人）、纪兴正（纪庄人）、吴太山等组织的义军会合，队伍扩大到5000余人。起义军以扶乐城为根据地进行整编，全军分为黄、红、蓝、黑、绿5色旗队，以黄旗队为首，查天化自任全军大帅，姚黄为军师，麻天祥、曹金川为副帅。他们提出了“大户财产分光分净，平民财产丝毫不动，驱逐满清鞑子，平分土地免征，黎民有吃有穿，天下永远太平”新的战斗口号，随后兵分3部：一部以千余人留守；一路由曹金川、陈振高（晏城河）、马玉珩（杞县人）等率领约2000人北攻开封；一路由查天化、李自崇、纪兴正、吴太山等率领约千人东进太康县城。二十六日，东路军进至太康县城西蜜蜂刘时，遭南阳镇统带谢瑞云驻周口防营1个骑兵连和太康地方武装的联合截击。由于黄道军缺乏训练，指挥不灵，加之武器落后，遂被击溃，部众或战死，或被俘砍头，只有姚黄、麻天祥率数人突围逃脱，查天化被俘惨遭杀害。黄道会起义失败后，清军和地方豪绅在太康城西一带疯狂屠杀黄道会众，大部会众及家属罹难，仅有极少数人避难逃亡他乡，财产被洗劫一空，多年不敢回家。黄道会起义虽然失败了，但其震慑了清朝统治，支援了辛亥革命。

西华李相成起义。清光绪二十年（1894年），西华逍遥西拳李村人李相成，不满当地豪绅暴横，组织数百贫民起义，计划夺取诸葛寺枪械弹药，由于事泄，该村豪绅早有防备，李相成被土枪射中牺牲。

周口一带人民的反清灭洋斗争。光绪二十六年（1900年），周家口人民在义和团反帝斗争影响下，开展反洋教斗争。三月的一天，周口民众涌向南寨新渡口街教堂起事，消息被中国传教士李金荣获悉，他带领4个外国传教士翻墙逃走，愤怒的群众焚烧了教堂，扒了洋人住的楼房。此举在周家口引起强烈反响。时周口流传“你兑面、我兑柴、又兑水、大家一起烧洋鬼”的民谣。是年，西华义和拳兴起，捣毁天主教堂，传教士逃走。

周口“仁义会”反洋教斗争。“仁义会”，又称“大刀会”，是义和团的支脉，创始人为河南西平县人吴太山。义和团失败后，吴太山为逃避清廷迫害，于清光绪三十年（1904年）寄居周口。他在周口秘密创建“仁义会”，提出“反清灭洋，剪恶除霸”的口号，发展康振山、张振山、郎富山（号称“三山”）等为骨干，继续开展反帝反封建斗争。该会采取夜聚明散的方式，以练拳术和硬功作掩护，会员很快发展到西平、遂平、确山、泌阳、舞阳等地，仅在周口、淮阳、商水一带就发展会员数千人。光绪三十二年（1906

年）正月十五日晚，吴在周口杨脑村召集会众千余人聚会起事，议定捣毁洋教堂，惩罚效忠洋人且有罪恶的本地教首。当晚，吴太山、康振山等率会众聚集苑寨，杀掉天主教徒苑心顺一家6口，捣毁商水黄寨、李埠口（今属周口市川汇区）和周口天主教堂，赶走外国传教士。次日，陈州知府左辅飞报省城，请兵镇压。清兵到周口后，逮捕“仁义会”骨干康振山、郎国增等9人，押赴淮宁，康振山等4人遭杀害，郎国增等5人被判刑，吴太山逃离周口。当时周家口流传歌谣：“不用焦，不用愁，八月十五扒洋楼；不用掐，不用算，正月十五杀洋叛。”周口“仁义会”反洋教斗争虽遭失败，但其反帝反封建斗争的精神值得敬仰。

宣统三年（1911年），沈丘、鹿邑等地先后发生饥民抢粮或砸抢当铺暴动，城乡地主纷纷组织武装自保。

四、民国建立至抗战前夕的战争

1. 逍遥镇大捷和宋庄之战

1927年，蒋介石发动“四一二”反革命政变，汪精卫通电全国，宣布宁汉分裂并成立武汉国民政府。4月13日，为解除北方奉系军阀张作霖的威胁，武汉国民政府国民革命军总司令部决定进行二次北伐。北伐军组建3个纵队，以1纵沿平汉铁路为主攻，2纵为右翼，3纵为左翼，以期荡平盘踞在河南的直系、奉系军阀势力。4月19日，武汉国民政府在武昌举行二次北伐誓师大会，正式出师河南讨伐直奉军阀。

沿平汉线北进的北伐军为国民革命军第一集团军第四方面军，唐生智任总指挥，辖3个纵队。第1纵队第36军和第35军第2师沿平汉线攻占郑州；第二纵队司令张发奎率第4、第11军和贺龙独立第15师沿平汉线右翼攻取开封；第3纵队为新收编的武装，在第1纵队左方向荥阳方向推进。4月22日，贺龙独立第15师除第4团留守汉口外，其他4个团和师直属队在第4军之后乘火车开赴驻马店。

5月13日，北伐军下达总攻击令。北伐军第二纵队张发奎部，下辖第四军第10师、25师，黄琪翔第11军12师、26师，以及贺龙的独立15师，共5万余人，从罗山、潢川方面向北推进。奉军援鄂副总司令韩麟春命令驻周家口、商水一线46旅3个团在项城集结开往上蔡。同时，奉军11军赵恩臻部由逍遥镇南下至华陂、商水一线。5月14日，奉军46旅向商水县城、龙塘河、北蔡寺窜扰，张发奎部开始向上蔡、西平一带的奉军进攻。5月15日，贺龙独立15师到达驻马店，按指定任务，过上蔡，渡漯河，攻小商桥、逍遥镇之敌。5月17日，北伐军第4军10师、11师骑兵进抵商水，次日晨占领县城。经过上蔡之役后，至19日张发奎部击溃奉军7个团，奉军败退至沙河以北，固守郾城到周家口长达百余里的防线，企图凭河固守，待机反扑。奉军第17军和3个旅、1个骑兵团配置在郾城、漯河、黑龙潭地区；第三十四旅等部配置在逍遥镇及其两翼地区。北伐军乘胜继续进攻，第2纵队调独立15师及第26师参加战斗，命令第11军率第10、第26师向商水、西华方向进攻；第四军率第12师、独立第15师向砖桥、逍遥镇方向进攻。第1纵队向漯河、郾城方向进攻。

5月20日，第2纵队司令员张发奎、政治部主任邓演达及所属一部到达商水县城，召开了军民联欢大会，政治部政工人员李纯美在会上讲话，宣传北伐意义和北伐军的纪律。会后，北伐军在商水县城做了4项工作：一是取消苛捐杂税；二是保安队派去政治工作人员；三是组建商水县党部筹备处，派李纯美、董学敏为筹备委员；四是组建农民协会筹备处，李、董兼筹备委员。

当日，张发奎率第四军和第11军10师（师长蔡廷锴）、26师（师长杨其昌）到达周家口，驻3日，先后向西华、临颍进发。部队在周家口期间纪律严明，联系各界群众，受到热烈欢迎和支持。国民革命军第十一军政治部的人员沿街张贴标语，散发传单，印发《冲锋报》3期，组织农运，召集民众进行讲演和军民联欢，开展社会调查，稳定物价，筹备给养，组织成立了周家口各界联合会，制订公布了《周家口各界联合会暂行章程》。

5月20日，北伐军与南下奉军一部在上蔡县东洪桥、西洪桥一带遭遇，双方经两天两夜激战，奉军力渐不支，除富双英旅突围退至上蔡县城固守外，其余各部已溃不成军，北逃至沙河南岸，其中奉军第9军34旅、第10军一部共5个团退据沙河北岸逍遥镇。北伐军2纵除第4军25师留守监视被围困在上蔡县城内奉军富双英旅外，5月22日，北伐军其余各部4军12师、11军10师、26师、独立15师全部推进到沙河以南的老窝、龙胜沟、邓城、周家口一线，随后决定发起逍遥战役。此时，盘踞在周家口、逍遥的直系部队已先期将周家口至逍遥近百里河段各埠船只调至周家口、逍遥两处集中控制起来，并在沙河北岸构筑工事，奉军退路被切断，腹背受敌。

逍遥镇为豫东名镇，地处周家口、西华、临颍、漯河的中央地带，距漯河、临颍皆为30公里左右，夹在沙、颍河之间，是平汉线右翼屏障，又是漯河、临颍、郾陵、许昌的东大门，易守难攻，战略位置十分重要。沙河经逍遥镇南侧流向周家口，宽三五十米，利于防守。奉军败退到逍遥镇后，会同盘踞在此多日装备精良的11军赵恩臻部凭沙河之险固守顽抗，企图建起逍遥、周家口防线，拒北伐军于沙河以南。奉军在逍遥镇及其两侧部署防守的兵力有步、骑、炮兵约5个团，计5000余人。

北伐军第2纵队在百里长的战线上向北追逐溃敌。22日傍晚前，贺龙独立15师，黄琪翔第4军12师按既定路线进驻商水邓城、郾城和商水交界处的老窝和商水县大路李村，第24师进驻商水县龙胜沟村，第10师击败盘踞周家口的直系军挺进周家口。至此，国民革命军全部占领了周家口至逍遥镇沙河以南防线。盘踞逍遥的奉军赵恩臻部处于沙河南岸黄琪翔12师的严密监视之下。随后，2纵总指挥张发奎、政治部主任邓演达抵沙河南岸，在邓城（一说在龙胜）召开师、团长紧急会议，令贺龙独立15师主攻逍遥，东绕邓城渡河，迂回包围逍遥镇；黄琪翔12师集结在老窝、大路李一带渡河，从西南方向助攻，牵制逍遥镇的奉军，余部伺机待援。

5月23日，独立15师集结于沙河南岸南陵及张明寨一带。贺龙对敌情、地形进行了周密侦察，发现奉军仅沿沙河向南设防，缺乏纵深配备，逍遥镇东南张家店以东，只有奉军1个骑兵营，兵力薄弱。贺龙决定先打敌之弱点，击破骑兵营，尔后从侧后进攻逍遥镇。23日晚，贺龙将独立15师主力集中到右翼邓城地区，沿沙河堤南岸西进，行军至西华葫芦湾村时天已近黎明。

5月24日拂晓，贺龙令第1团少量兵力在南岸佯攻，主力自邓城强渡沙河，自葫芦湾向逍遥镇前进，全歼奉军骑兵营。同时令第4团迂回敌后，直逼奉军指挥部。上午8时，独立15师进至张家店附近与奉军相遇，挫败奉军。同时，黄琪翔率12师从西南方向包抄逍遥镇。下午17时迫近逍遥镇，奉军向临颍溃退。随后战斗打响，贺龙身先士卒，率部攻打寨北、寨东，黄琪翔师攻寨南，并堵截寨西临颍河奉军的逃路。在12师配合下，经1小时激战，奉军弃城西逃，贺、黄两师乘胜追击至7里外的沙沟、焦岗、南坡一带，18时攻占逍遥镇。奉军残部向临颍、郾陵方向逃窜。此战，独立15师阵亡军官3人，伤5人，准尉士卒阵亡12人，伤42人。6月24日汉口《民国日报》以“奇兵制胜”为题，称赞独立第15师“战略颇妙，故敌军损失奇大，而该军伤亡甚少。”

5月24日晚，总指挥唐生智就逍遥镇大捷电告武汉政府说：“贺师本日酉时克逍遥镇，缴枪2000余支、大炮20门、机枪40余挺，俘虏3000余人。”

逍遥镇大捷，为北伐军的胜利进军打开了通道。武汉国民政府及中央军委当即召开扩大会议，通过决议“对于北伐将士之努力，表示极诚恳的嘉慰”。在前线的第11军副军长黄琪翔、苏联军事顾问加伦将军和第4军政治部主任廖乾吾等先后到独立第15师进行慰问。在逍遥镇召开的庆祝胜利的大会上，黄琪翔代表张发奎褒奖独立第15师为突破沙河、攻克逍遥镇立了大功。加伦将军激动地用华语高呼：“中国革命万岁！”贺龙也讲了话，他对参战人员说：“这一仗，我们歼敌5个团。祝贺你们的重大胜利！我们要抓紧时间休息，还有大仗要打的。”苏联顾问评价此次战斗说：“贺龙独立第15师的胜利，极大地便利了张发奎第4军和第11军强渡沙河，向北挺进。”会后，贺龙看到缴获的战马，感到豫东平原辽阔，骑兵在战斗中作用很大，便和周逸群商议建立了骑兵营。

5月25日，贺龙命部队西攻小商桥，截断漯河、临颍之间的联系，以配合友军聚歼漯河、郾城之敌，并准备向临颍发起总攻。下午，张发奎、邓演达至逍遥镇，张发奎令独立15师调至古城一带，独立15师仅调至焦岗、南坡。

5月26日凌晨3时，奉军发出向北伐军全线总攻的命令，第10军的5个团由临颍向逍遥镇增援。贺龙率独立15师经西南宋庄、杜母城追击敌军，从左翼迫近小商桥，与正面进攻的第4军12师和右翼进攻的第11军16师对临颍形成强大压力。

宋庄之战。逍遥大捷后，北伐军为防奉军从西北方向反扑，1纵重新布防：贺龙独立15师驻逍遥西3里武砦一带，黄琪翔12师驻奉母镇北宋庄、沟刘一带，两师相距15里，便于策应。第10师驻逍遥东12里的西夏亭、张庄，第22师驻西华县城西10里的石羊村，主要任务是肃清小股流窜之敌。5月26日，1纵布防甫毕，被击溃的奉军经过整合，号众万余，从西北临颍方向卷土重来，直扑黄琪翔12师防地，扬言夺回逍遥。黄琪翔在宋庄、刘沟一线布防迎敌，由35团正面迎战，36、34团分左右两翼包抄并切断其退路，经过40分钟血战，奉军死伤惨重，勉强突出重围逃窜，黄师乘胜追击至临颍县十里头村，全胜收兵。此役共消灭奉军两个团，缴获枪械800余支。

2. 中原大战在周口

1930年4月，冯玉祥、阎锡山联合发动反对蒋介石的战争，中原大战爆发。4月至10月，蒋介石与冯玉祥、阎锡山联军在中原大战中双方投入兵力百万余人，战场东起山东，西至襄樊，北起天津、南至长沙，纵横数千里，主战场在河南，重点在郑州、漯河、商丘之间的三角地区，周口一带除沈丘、项城外，各县均沦为战区，殃及甚烈。太康、西华、鹿邑为主战区。

1930年5月2日，大战前夕，蒋介石在南京举行誓师大会，决心与反对派冯玉祥、阎锡山拼杀到底。5月4日，冯玉祥、阎锡山组成联军在郑州碧沙岗召开军事会议，进行作战部署，以徐州、武汉为第一期作战目标，分由津浦、陇海、平汉三路进攻；第二期目标联军分路直捣南京。在平汉路以东、陇海路以南的三角地带，设防于兰封、杞县、扶沟、许昌之线。战区在河南分陇海、平汉两大战区。太康、鹿邑属陇海战区，商水、西华、扶沟属平汉战区，周家口、淮阳为两个战场的通道，沈丘、项城为蒋军后方。

陇海战区周口一带的战事主要在鹿邑、太康县境内进行。

中原大战之始，冯阎联军以第6路军总指挥万选才为河南省主席，万选才率军由开封东进，沿陇海线向蒋军发起进攻。战前，鹿邑县境有冯阎联军孙殿英第5军6师、24师、教导师、独3旅驻守，实际仅六七千人，枪半数。3月，冯军孙殿英部申凤岗教导师驻鹿邑县城，14日蒋军19路军蔡廷锴率部围攻，历40余日未克。4月29日，冯玉祥派孙连仲率部解围，蒋军退却，申凤岗教导师随孙连仲部弃城西去。5月9日，蒋介石在徐州下令反击，10日蒋军第8军叶开鑫部进攻鹿邑、太康、淮阳。5月11日，蒋军新编21师完成对鹿邑县城的包围，开始攻城。14日，冯阎联军派晋军郑大章骑兵师3000余人由太康增援鹿邑，与蒋军在王寨、赵村间激战，双方形成对峙。16日，蒋军开鑫部在围攻太康县城7日不克后，向南撤退。21日，蒋介石以重金收买阎冯联军第11路军总指挥刘茂恩，在宁陵扣捕万选才倒戈，蒋军陈诚部乘胜西进占领宁陵、睢县。冯玉祥部经睢县退至太康柳河、沙沃张、马头、台寨、孙桥、转楼、郭寨、赵寨、高朗、官庄、安庙等村，驻高朗西头“泉和号”油坊长达40余天，军纪严明，秋毫无犯。5月25日，蒋军第8军第52师（军长叶开鑫兼任师长）孙常钧旅接替新编21师围城鹿邑的任务。26日，吉鸿昌协同孙良诚在杞太公路两侧之谢寨、夏寨、邢口、太康的黄岗、葛岗一线与陈诚11师短兵相接，激战数日，陈诚部南北两线失利。6月1日，蒋军第6师进攻顺河及太康马庄、马头等地。由于蒋军孙常钧旅包围鹿邑县城兵力不足，又腹背受敌，6月5日撤围，南退至王皮溜、郑集一线。5月25日至6月6日，蒋介石、冯玉祥军在太康县高贤乡南村岗一带激战11天，蒋军死千余人。6日，蒋军叶开鑫与阎军赵承绶在杞县开战，冯军又赴杞太睢边境进攻蒋军刘茂恩部。7日，蒋军为加强防守又增调暂编第4师（师长秦庚林）驻戴集（今属淮阳）、吴台庙（今属郸城），调骑兵第4旅在鹿邑试量集附近活动。双方相持月余，均无进退。7月中旬，冯玉祥调第8方面军任应岐、王振两军及孙连仲的第12、13师近万人，东进支援孙殿英，鹿邑大部地区为任、王、孙所控制，蒋军孙常钧旅东退亳县。16日，蒋军急调郝梦龄54师东进，20日占据王庄、郑集一线。22日，孙殿英西撤柘城，所部及援军亦相继撤退，孙常钧第4师随之进占鹿邑，相持70余天的鹿邑战事结束。

在鹿邑围城战的同时，驻商水、周家口的蒋军第2军（军长蒋鼎文）及驻淮阳的52师北进加入陇海战场，编入刘峙第2军团，计划夺取开封。在进抵兰（封）杞（县）线时遇到联军顽强抵抗，6月10日东退民（权）睢（县）线。11日，冯骑兵师进驻太康县城东北各大村庄，蒋军5师、56师相继进驻太康。蒋军为组织反攻，6月中旬实施左翼迂回进攻方案。14日，蒋军以刘峙、9师蒋鼎文、11师陈诚各部及冯轶裴教导1师、张治中教导2师等共3万余人，并配备大部炮兵，由杞县、太康之间攻入，企图经通许、陈留奇袭开封。冯玉祥侦知这一情况，便将计就计地命孙良诚、庞炳勋、吉鸿昌等部迅速后撤，闪开杞县、太康之线，诱敌深入。蒋军屡派飞机侦察，以为冯军多已参加平汉线的进攻，正是乘虚捣隙的大好时机，便令各军长驱直入，向开封方向挺进。冯按预定计划令孙良诚、庞炳勋和吉鸿昌部从正面堵击，孙连仲、张自忠部向高贤集蒋军左侧背兜抄，左翼依靠陇海正面晋军的防堵，孙殿英部则在鹿邑、柘城方面扰乱蒋军后方，形成了一个口袋形的包围形势。蒋介石侦知冯玉祥“口袋阵”后，速令各师南撤太康境内。9师撤至板桥、高贤一带，教导2师撤至高贤、刘庄、李楼一带，教导1师撤至陈寨、玉皇阁、戴岗、梅岗一带，新增调的毛炳文8师集结龙曲集附近，上官云相的47师由平汉线前来应援，向逊母口地带集结，并令平汉线积极反攻，借分冯军兵力，蒋并亲赴柳河车站督战，以振作士气。22日，蒋军进入杞太交界的汪小集、师楼、轩庄、陈庄、玻璃庙等地，西北军正面阻击和左右兜抄，孙良诚、庞炳勋、吉鸿昌等部在太康转楼、龙曲集、张山寨、高贤集等处将蒋军截成数段，接着就发生了白刃战。蒋军损失惨重，仓皇中一部经太康向周口溃退，一部经睢县向商丘溃退，张治中师掩护退却，损失尤巨。太康高贤、周岗、玉皇阁、南村岗枪炮声数日未停，仅南村岗一地就战死千余人。

蒋介石为解太康高贤、龙曲之危，急调上官云相部至太康清香集救援。24日，陈诚61团陈庄驻地遭冯军夜袭失守。25日，陈诚即请准蒋介石处决了团长刘天锋，令旅长李默庵率61、63团进攻。李部先以炮火猛轰并以飞机助阵，继以步兵冲锋，白刃肉博，双方争夺陈庄、梁堂、轩庄等阵地7昼夜，死伤累累。29日蒋军撤退完毕，睢杞太县境全由冯军控制。30日，阎、冯联军在太康高贤、龙曲一线向蒋军发起攻击，蒋军损失惨重，在陇海线以南龙塘、涧岗、柘太尚寨、马头一线与冯阎联军形成对峙局面。向周家口方向撤退的蒋军驻太康马厂、符草楼、槐寺、岳集、小吴楼、老家及淮阳安岭一带，撤退途中扔下大量辎重、药品，百余辆汽车多被冯军缴获。

7月7日，冯阎联军在陇海线南白楼、顺河、马庄、蔡洼、大孙店、马头、台寨等方圆200余里分为6个守备区。14日，冯军孙殿英部进驻柘城县及城西北伯岗、七里岗和太康东北朱口、马头、李伯敬一带大村庄，并加固了马头、朱口两寨。16日，冯军鹿钟麟所辖1路军张维玺部刘汝明、田金凯两师进驻太康，令孙连仲及孙殿英一部直捣蚌埠，切断蒋军徐州后路。17日，蒋军由宁陵、睢县、杞县向太康撤退。22日，蒋、冯双方在太康北部全面投入战斗，双方损失惨重，群众十不存一，肖堂、殷庄两村化为废墟。26日，平汉线冯军集中于许昌。28日，冯玉祥令任应岐、王振两军及孙连仲部12、13两师由太康火速增援鹿邑、亳州。

8月1日，蒋军第10军44师主力东调淮阳、柘城，参加宁陵会战。6日，冯军孙连仲部在太康东北马头至王和等村及睢县河堤岭一线击溃蒋军上官云相部。13日，孙连仲部2万余人在连日阴雨中由太康东北高朗、马头、马庄一带进攻商丘，孙殿英由太、柘率师进攻马牧集车站，西北军王学聚部进入太康县城。24日，蒋军在陇海线展开全面反攻，冯军孙良诚、庞炳勋、吉鸿昌、孙殿英逐渐在太、睢、杞等地筑起3道防线，同蒋军对峙20余日。9月10日，蒋军上官云相第9军及刘茂恩部相继进驻太康高朗、马头一带策应平汉线。同时，蒋军围攻太康县城10日不克，蒋军第5军部子举收编王学聚部为国军第5军17师，始停战。

平汉战区周口一带的战事主要在商水、周家口、西华一带进行。冯军石振清（万选才被诱捕后，石部调平汉线）、任应岐和刘桂堂等部，扼守许昌以南的小商桥及其以东的逍遥镇至西华一线。6月4日，蒋军一度攻至许昌城下，冯玉祥一方面调兵增援，一方面派兵向蒋军后方进击。阎锡山派骑兵司令赵承绶进攻周口，西北军刘桂堂部在西华、周口之间与蒋军新编1师岳维峻部激战。10日，联军在平汉线发动全面进攻，蒋军各部溃退至漯河以南。刘桂堂、贾济川两部由商水邓城、赵集间南渡沙河，围周口，占商水，前锋抵上蔡。晋军赵承绶骑1旅，由淮阳李集南进，经商水进占上蔡东洪桥。13日，蒋介石急令许昌前线的第9军54师撤退至沙河一线的西华逍遥镇，冯军任应岐、王振部追至西夏亭西逍遥镇附近。54师守逍遥、黑龙潭，47师追击刘桂堂、贾济川部，配合周口守军新编1师，解周口之围。16日，47师将刘桂堂和贾济川包围于赵集、邓城，前锋克上蔡，21日克商水。当天，47师将围刘、贾之任务移交于13师万耀煌37旅，匆忙向太康开进。22日，蒋军第9

军47师由周（家口）淮（阳）地区北调，冯军任应岐、王振部乘机进攻逍遥，被蒋军54师击退。蒋军54师又乘胜东进，击溃邓城、赵集之刘桂堂部，刘部北退东夏亭。23日，刘、贾渡沙河北返西华，冯军任应岐、王振两军为策应刘、贾北撤，向逍遥、龙胜沟发动进攻，被54师击退。7月10日，蒋军54师由邓城、逍遥、黑龙潭撤防北开陇海战场参战。逍遥一带防务由蒋军第10军44师肖之楚接防。7月中旬，冯军在平汉路两翼发动进攻，石振清、任应岐向逍遥、黑龙潭蒋军第10军44师进击，被击退。联军任应岐、王振两军及蒋军54师先后调往鹿亳战场，商水、周口一带由蒋军岳维峻驻防。8月上旬，冯玉祥乘蒋军集中兵力于山东津浦线之机，发动“八月攻势”，区内作战主要在淮太西交界。攻势开始，大雨连降5天，双方在泥水中交战，冯军严重受挫。22日，蒋军结束津浦线作战，主力纷纷向河南调进，战局陡变。冯玉祥的“八月攻势”无为告终。8月31日，蒋介石下总攻击令，在平汉线两翼组织5路纵队，向陇海线大反攻。其右翼军总指挥何成浚（总指挥部设周口）辖2个纵队：第1纵队由第10军组编，总指挥徐源泉，由淮阳出发，经西华、扶沟、尉氏北占中牟；第2纵队由夏斗寅的13师和陈诚的11师组编，总指挥夏斗寅，两师先由山东集结周口一带，后沿西华、鄢陵、许昌、新郑一线，进占郑州。9月5日反攻开始，6日晚1纵占西华，刘桂堂部逃扶沟。10日太康王泰部投蒋，任应岐部西撤。15日1纵48师克扶沟，并速向尉氏推进。由于东北军张学良入关助蒋，蒋军很快占领新郑。29日，冯军葛云龙、张自忠部西撤。10月6日，陈诚11师占领郑州，冯阎联军相继退至黄河以北，中原大战基本结束。

五、中国国民党领导的抗日战争

1．日伪对周口一带的统治

抗日战争时期，周口一带除沈丘县城未沦陷外，各县都曾被日军占领。日军侵占后，建立伪政权，对境内人民实行残暴统治和掠夺。一些中国人投靠日本人，充当汉奸，为日寇效力卖命，沦为日寇的帮凶和奴役人民的代理工具，成为民族的罪人。

1938年6月6日，日军侵占太康县城，驻1个营约400人，后减少到100余人，最少时只有13人。太康沦陷不久建立维持会，郭成章任会长，翟如碧、王模庭任副会长。7月14日，日军撤离太康，郭成章逃往西安，维持会解体。8月6日，日军再次侵占太康。9月，又成立维持会，翟如碧任会长，王模庭任副会长。10月，郭成章返回太康，争夺维持会领导权。同年底，太康维持会在日本“宣抚班”的主持下改组，郭成章任总务局长（实际维持会长），翟如碧任建设局长，王模庭任警察局长，王国法任财政局长。

1939年7月，翟如碧、王模庭下台，郭成章任维持会长，王国法任副会长。维持会期间，太康县日伪政权下设总务、建设、财政、警察4局。同年夏，改总务局为科。同年冬，日伪太康县“行政筹备处”成立，日伪河南省行政公署指派郭成章任太康县行政筹备处主任。筹备处下设总务、建教、财政、警察4组和秘书室。

1939年，日伪太康县警备中队组建，刘小舟任中队长，后由华绍堂继任。1940年扩编为警备大队，华绍堂任大队长，辖2个中队，1中队长马德成，2中队长高国步。是年冬，华绍堂、高国步在张庄寨战斗中，被伪军士兵打死，马德成继任大队长，1中队长谢树芳，2中队长夏连元。1941年3月，日伪太康县公署成立，郭成章任县知事。日伪太康县公署下设秘书室、财政科、建教科、警察所。县警备大队扩建为3个中队，3中队长林在山。1942年，建教、财政合并为行政科。警备大队扩编为警备联队，联队长马德成，1大队长谢树芳（张帝臣战斗中被毙，汤振久继任），2大队长夏连元，3大队长林在山，4大队长樊天昌。大队下设3个中队，中队下设3个小队，共1000余人。日军投降后，警备联队由太康县长郭馨坡收编。

1943年7月，日伪太康县公署改为县政府，改县知事为县长。日伪太康县政府下设民政、宣传、财政3科和警察所、秘书室。民政科下设建设股、教育股、民政股。警察所下设督察室、警务股、治安股和一、二、三等警官、警长、警士。日伪太康县政权统治的范围是：一区城郊、二区朱口、三区马厂、八区龙曲、九区杨庙。1944年姜廷彦率部在老冢投降汉奸张岚峰，老冢设特别区，后改为四区。1945年取消龙曲区，在漳岗设八区。

1938年日军侵占淮阳后，在县城内设司令部（宏部），先后驻在旧专署、旧政府址和淮阳师范。驻军多达1000余人，少者几十人，大贺、石井、鬼伍、兼田、中岛小野、桑田津一、山田次郎先后任司令。同年10月，淮阳县城内设日本驻商丘宪兵队淮阳派遣所。1940年初，更名为日本宪兵队淮阳分遣所。1942年4月，改称日本宪兵队淮阳分队，驻山西会馆（今淮阳县委址）。1941年至1943年，日军在淮阳县城东北张京庄设立据点，驻军三四十人，守卫淮（阳）商（丘）公路张京庄大木桥。

1940年，伪淮阳县政权成立警备队，辖3个中队，9个分队，400余人，先驻黉学院，后迁包公祠。同年，成立河防司令部，窦长青任司令，辖4个支队，1个卫士队，2个后备队，人、枪各2000余。1942年河防司令部撤销。1944年，伪政权建立县新民自卫会，下设柳林、郑集、鞍子岭、黄集、戴集、秦阁、大张楼7个分会，有武装数千人，活动于日伪占领区，派粮派款，危害乡里。同时，成立剿共司令部，王敏之任司令，辖3个大队，1个特务队，人、枪各千余，驻淮阳县西北一带。该部多为地痞流氓组成，无恶不作，民愤极大。1945年5月改编为“和平救国军”第4方面军独立纵队。同年，“和平救国军”第4方面独立师（魏凤楼部）2000余人和17师1个营驻柳林一带。

1938年8月7日，日军占领淮阳县西北、东北部后，成立治安维持会，雷秉哲任会长。下设警察局、总务科、宣传科。“大日本第八宣抚班”进驻淮阳教育街，1939年初改名为“新民会”，实行奴化宣传教育，由伪县知事兼任会长，日本人任顾问。1939年5月，治安维持会改为县公署，内设总务、宣传、财政、建设4科，苗德垕任县知事，建立城关、赵寨、葛店、临蔡、黄集、柳林6个日伪区政权，辖1200个村庄。1941年6月，伪淮阳县公署改称县政府，内设建设科、财政科、警察局、行政科，王实坪任伪县长，日本人中妻三省任顾问。1943年2月，赵华亭任伪县长，9月张直任伪县长。淮阳县新民会迁至淮阳关帝庙，改称“新民会事务部”，设2科，一科置政治、经济、民生3股；二科置宣传、指导、训练3股，辖区队、先锋队各1个，武装中队2个。在临蔡、徐楼、戴集、黄集、傅楼等地设“村建设委员会”，配有主任、副主任、委员各1人，职员多人。1944年，在淮阳城内组织所谓妇女会、青年团、少年团、青年讲习班和训练班，开办新民小学与私立成德中学，授日文课，宣扬“大东亚共荣圈”、“建设东亚新秩序”、“中日同种”、“中日亲善”，侦探八路军、新四军和国民党情报，破坏中共组织。1944年10月，衣文深任伪淮阳县长，辖城关、赵寨、葛店、临蔡、黄集、柳林、三义寨、安平寨等8个区。1945年日军投降，日伪淮阳县政权垮台。

1944年5月，日军自漯河进犯侵占周口后，在南寨西顺河街建立军事指挥部“宏部”，下辖天野、盐建、片岗3个部队，约500人，分驻河南老街福音堂及山陕会馆（今周口文化小学址）等处。7月，日军又建立“大日本宪兵队周家口宪兵派遣队”。8月，在南寨山货街路东博爱医院址建立军政部，同时为达到其“以华治华”目的，日伪建立政权机构，网罗一些所谓“士绅”组织成立周家口治安维持会，蒋厚之任会长，刘明远、李廉岑为参议。不久，派山东老牌汉奸于振营任会长。治安维持会下设警察局、税务局等，并内设“周家口自卫总团”，于振营兼任总团长。总团下设黄滩、河西、赵集、邓城、逍遥、郭埠口6个分团，每个分团有二三百人。同时，还建立2个特别区和乡镇，分别为南特别区（设在禹王宫）、东特别区（设在黄滩），以及西吴楼乡、赵集乡、邓城镇等3个乡镇。1945年8月15日军投降，日伪周口政权解体。当时，周口维持会会长李芙孙，宪兵队长川原，军政部长贺幸福、伪总团团长任赞亭，共300余人；日伪邓城区政府区长陈万春、李正昶，邓城分团有200余人，团长叶茂亭，副团长叶体仁；乌沟庙分团有150人，团长黄志忠；李埠口分团有150人，团长孙方焕；张庄维持会有30人，队长魏仁兴；肖谭维持会有30人，队长韩太金。

1944年，西华县沦陷，高蓝田任日伪西华县县长。1个月后被淮太西抗日民主政权摧毁。

1938年6月1日，日军第4骑兵旅团一部侵占鹿邑县城，8月离去。1939年1月4日，日军骑兵旅百余人在3辆坦克的掩护下，配合伪军再次侵占鹿邑县城，5日魏凤楼、张爱萍率部收复鹿邑县城，日军北逃。4月25日，日军第4骑兵旅团旅团长原一郎部第1大队2中队在汉奸郭振如部配合下，第三次侵占鹿邑县城，日伪成立警备大队，辖4个中队，共400余人，有长短枪381支，鹿邑县人刘广荣任大队长，队部设鹿邑县署东院。是年，鹿邑县日占区实行区、联保、保甲制。1942年春，伪第2路师长冯克运部驻鹿邑，师部设在何隅首，所属3个团驻城西至生铁冢一带。1943年，孔瑞亭接任伪鹿邑县警备大队大队长。

1943年，日伪张岚峰所属17师师长杨树森率部驻鹿邑，师部驻信义会，特务团驻城内，1个营驻西关，1个团驻枣集，余部驻张斌营、王皮溜、观堂一带。1944年，杨树森任日伪第1军军长，刘玉歧任伪17师师长。1945年2月，17师开赴淮阳，伪第2军军长王新民率部驻鹿邑，军部在何隅首，所部驻辛集、试量、吴台庙等集镇。3月，原驻鹿邑日伪军张岚峰部第16师师长刘扶青部调防芦苗子集（今亳州境）一带驻防，日伪挺进军韩循先师到鹿邑驻防。6月，日伪挺进军军长黄祥甫率部驻鹿邑，军部和1个团驻城内，汲水集驻1个团，梁老家、吴台庙各驻1个营，安平、辛集各驻1个步兵团，共5700人。1945年8月日寇投降，驻鹿邑日伪军和伪县警备大队撤离鹿邑。

1944年，扶沟县城沦陷，驻韭园的暂编独立旅第4团贺凯还、张荫吾投靠日军充当汉奸，汉奸吴东亚63师盘踞扶沟县城。

2. **日军的暴行**

日寇在侵占周口地区期间，犯下了滔天罪行，给周口人民带来了深重灾难。

1938 年 6 月至 1945 年 8 月，太康县沦陷达 7 年之久。日军在太康县建立伪政权，组织伪军，构建密集的据点，频繁进行扫荡，对敌后抗日根据地实行烧光、杀光、抢光的“三光”政策，推行“强化治安”，到处杀人放火，奸淫掳掠，无恶不作。据不完全统计，日伪军在太康县杀害共产党员和无辜群众 3985 人，强奸妇女 3584 人，烧房 15356 间，抢粮 266.9 万公斤，抢走牲畜 12780 头，掠夺其他财产不计其数。

1938 年 7 月，日军到太康县北牌坊杨、李寨、王庄、可杨一带“扫荡”，烧毁房屋 30 余间，强奸妇女数十人，在可杨村西铁底河桥上杀害群众 20 余人。日军问牌坊杨村的杨伦老汉此处有没有“胡子”，老汉不懂“胡子”是指新四军，随口答道他就是“胡子”。结果被日军刺死。10 月 20 日，日军窜至太康县桂李寨，将无辜群众聚集在一起，泼上汽油，残杀 56 人，焚毁房屋 720 余间。

1939 年 2 月 17 日，日军包围太康县五子李村，国民党太康县团队 200 余人大部伤亡；日军进村后杀害群众 427 人，36 户被杀绝。其中在李国喜家门口就集中残杀村民 49 人。5 月初，日军二犯太康县常营，百姓和散兵纷纷南逃，上有 3 架飞机轰炸，下有机枪、大炮轰击扫射，兵民饮弹身亡者不计其数，从常营到高寨 2 华里左右的开阔地带，血肉狼藉，死尸成堆。日军进入常营后，疯狂烧杀淫掠 3 昼夜，制造了骇人听闻的“常营惨案”。据不完全统计，日军在常营屠杀百姓 1120 人，其中 74 户被杀绝；强奸妇女 300 余人，烧毁房屋 3600 余间，古老繁华的常营镇顿成人间地狱。6 月 17 日，驻太康日军出动 5 辆汽车、300 余名骑兵，进犯国民党自卫团原驻地冯堂村（今属太康县符草楼乡），惨杀群众 33 人，烧毁房屋 29 间，抢走骡马 6 匹。8 月上旬，日军在太康县逊母口东街和北门杀害群众 35 人，烧毁房屋 30 余间，并抢掠大量群众财产。

1940 年 4 月，驻太康县龙曲的日伪军在杞县任庄抓走共产党干部任照俊的两个子女，关进龙曲据点，以残酷手段肆意玩弄、吊打。29 日，许富堂、许步升、许良贵等群众乘日伪不备，救出兄妹 2 人。当日下午 3 时，日伪发现小孩失踪，抓捕了许富堂、许沿兄弟，将其捆绑树上，敷以谷草浇煤油焚烧，一直折磨到天黑，唯恐 2 人不死，又各射一枪，许富堂兄弟英勇牺牲。7 月，日军在太康县龙曲抓捕 18 名群众，押赴北门外，按倒在地，逐个砍头，头滚路沟，鲜血喷涌，以此取乐。日伪军为控制抗日武装活动，逼迫群众毁掉高秆作物。开淮公路两侧 1.5 公里内的高粱全部砍掉，仅太康县境内就毁坏高粱3万多亩。

1941年春，日伪军在太康龙曲据点先后杀害共产党干部、战士15人。他们残忍砍下轩庄民兵队长轩脑孩的头颅，悬挂在龙曲北门示众多日。

1938年7月12日，日军从鹿邑县东逃时，烧毁数千家房屋，打死打伤群众1000余人。9月16日，日军追击撤至鹿邑常营村（今属郸城县虎头岗乡）的国民党军一部，国军闻风而逃。日军包围常营村，挨户搜查，见人就抓，将抓到的无辜群众用铁丝串住手心带至村西，先后分两批拉出各10人，绑在4棵大树上堆起柴草浇上汽油活活烧死。4个小时内，日军烧死村民74人，整个村庄化为废墟。

1941年1月2日，日军窜扰扶沟县江村，杀害群众200余人，烧毁房屋400余间。

1938年底，日军将中共淮阳县委书记张文彬的父亲张润生和他的两个姐姐抓捕入狱，严刑拷打后，将张润生在城北夏庄砍头示众，大姐被点天灯折磨致死，二姐悲痛气绝死于狱中。12月2日，日军在淮阳县城南染坊庄、苇园集残杀农民11人，并将全村桌、椅、箱等家具集中烧光。

1939年3月下旬，日军在淮阳县活埋群众22人，打伤致残31人。同年春，日军将淮阳县黄集南大魏庄农民魏磨剥皮折磨残害。5月12日，日军“扫荡”薛孟庄（今淮阳县齐老乡），将群众财物抢光，烧房480间，抓走14人，其中10人被投入井内淹死。

1940年1月28日，日军攻陷淮阳朱集，杀死无辜群众数十名，烧毁民房百余间。1940年至1941年，日军4次血洗淮阳冯塘，杀死无辜群众200多人，焚烧房舍700余间。1941年3月，淮阳县城东门贫民张传保、王宁义等8人被日军抓去服劳役，因不堪其苦，乘机逃跑，抓回后遭活埋。1941年9月，日寇决沙河，引水灌新站镇寨海，酿成堤决，淹没秋禾，漂溺民舍。

1942年，日军将淮阳县城北关理发店妇女拉至北门，赤身火燎，冷水激身，蹂躏得死去活来。同年冬，淮阳张京庄据点日军将大何庄一青年妇女裸绑在树上，吊起右腿，以此取乐，该妇女被活活冻死。

1943年，日军袭击淮阳薛孟庄，逮捕群众40多名，用狼狗咬、辣椒水灌，绑在树上当活靶子射杀。同年秋，驻淮阳县城的日军抓到无辜农民7人，在城西关故意放跑，当活靶子射杀。7月20日，日军到淮阳城西大李庄“扫荡”，抓获10多名妇女，用刺刀威逼跳裸舞。孕妇李某被奸污后绑在树上，割断发髻，削去乳房，剖腹取婴喂狗。

1938年9月5日到1945年8月15日日军投降，日寇盘踞淮阳6年11个月20天。期间，据不完全统计，日军在淮阳枪杀抗日军民6000余人，烧毁房屋3000多间，在淮阳县城周围投掷的各种未爆炸弹、毒气弹、化学弹造成淮阳城地下水及龙湖水质严重污染，对人民生命安全构成极大威胁。1996年3月上旬，在淮阳龙湖施工现场，郑集乡民工在城西平信桥北50米处施工地域，挖出202枚常规炮弹和72枚桶状物，经国际公约组织和有关专家确认，这些炮弹是日军侵占淮阳期间遗弃的，其中桶状物为日军遗弃的5个品种的化学毒气弹。

1940年冬，日军飞机7架3次侵犯项城城垣上空，在城北1.5公里的大道上对军麦车进行轰炸、扫射，炸死民众数人，牲畜多头。

1941年1月3日，日军飞机轰炸项城县政府（在今项城市秣陵镇）院东北隅的岗楼，炸塌院外的3间民房。6日上午，100多名日军侵入项城县城，强奸妇女数名，轮奸女医生1名，打死无辜群众1名。

1942年4月6日，日军飞机轰炸沈丘县城（今老城），炸死群众15人，炸伤3人，造成建筑物、器具等损失达358.3万元（法币）。

1944年6月7日，日军进犯商水县谭庄寨，刺死无辜群众68人，还用绳一串绑走48人，在康庄、十字井等村刺死其中43人。在康庄梨园，他们将1名农民吊在树上，让狼狗生吞活剥吃光。日军又将男女百姓集合一处，强迫他们脱光衣服，并对妇女肆意奸淫。

1944年6月26日，盘踞在周口的千余名日军连夜“扫荡”商水焦炉埠口集，残杀国民党豫鲁苏皖第4纵队官兵120余人，寨内无辜群众37人，其中5户被杀绝。一次，日军“扫荡”到商水县焦炉埠口村，在北门附近红薯窖内搜出躲难群众40多人，用布条蒙住他们的眼睛，推进深坑残酷杀害。

1944年7月，日寇在周口南寨半拉子街居民区修建操场，持枪威逼强行拆除民房，限居民1小时内迁出，稍有迟缓，就将衣被、家具等物扔进水坑，把婴儿扔到街上，百余间民房被拆，不少居民无家可归，露宿街头。

1944年8月16日，日军在周口南寨小西门外扒开沙河砖堤3米多宽灌寨海子，时值夏汛，次日沙河水势暴涨，冲决河堤30余丈，河水穿过市区向东南泛滥，淹没街道30余条，坍塌房屋6100余间，淹死、失踪200余人，无家可归者2万余人，周口、商水、项城、沈丘等方圆数百平方公里土地尽成泽国。清光绪初年天津盐商黄杏樵花费30万两白银修建的别墅沦为废墟。

1944年10月10日，日军从周口向南“扫荡”，途经商水李楼村，杀死村民20余人，烧毁房屋40余间，奸污妇女多人。12月24日，日军追击国民党上蔡县中队至商水蔡庄（今胡吉乡），推倒群众的柴草垛，让马匹卧在上面，并掂着大刀追逮猪羊，割下生猪臀部的肉烧吃，还在群众的锅盆缸内恣意大小便。该村青年男女全部外逃，日军竟奸淫五六十岁的老太婆。当夜，日军又追击至李楼，国民党上蔡县中队不战而逃。日军进村后，到处杀人放火，在村西刺死村民8人。农民李书德上房救火，被日军开枪击中。此次日军共烧房28间，打死无辜群众23人，伤8人。

此外，日寇在侵占周口期间，设有“慰安所”、“慰安营”、“花乃家”等慰安妇机构，从当地强行征召妇女，供他们发泄兽欲。

1939年1月，商水县袁老乡承屯村的许望奇在周口投军，编入张占魁部243团3营机枪连。一个多月后，部队开往淮阳，宿营在淮阳西北大申寨，夜里遭日军偷袭，双方从夜里激战到次日中午，伤亡都很大，团长刘福生牺牲，许望奇等80多人被俘。日军将他们押往济南战俘营，而后转运到青岛，再船运到日本福岗的一个煤矿做苦役。这些战俘都被编了号，许望奇化名许天佑，编为299号。1945年10月经塘沽码头回到祖国。

1944年7月，日军抓住沈丘的杨炳友、淮阳的刘待先、西华的李翠亭、商水的陈连城、太康的李盛贤、沈丘的李连福等人，将他们运到日本东京三桥当华工，强迫从事了2年凄惨非人的劳工生活。这些人至今下落不明。

3. 今井武夫到周口与何柱国洽商日军投降

1945年6月中旬，侵华日军总司令冈村宁次通过汪伪南京政府杨揆一的介绍，在南京会晤了中国第10战区副司令长官兼15集团军司令何柱国的特使吴树滋，商定7月中旬派侵华日军副总参谋长今井武夫到周口与何柱国将军商谈投降事宜。

今井武夫在他的《洽降记》里写道：“我这一年的七月初，乘着美机空袭稀少的时候，计划由南京乘飞机到河南许昌。不巧飞机起飞后因故障折回两次，经过三天继续的飞行都遇到故障，迫不得已放弃搭乘飞机改走陆路。有时乘卡车，有时需徒步，经过许多艰辛，方达周家口第十战区副司令长官何柱国上将的司令部。脱去军装，换上中国衣服，经过了中日两军几里长的真空地带。走进中国军队警戒线的时候，看见一个村镇上满贴着对日抗战的标语。到达周家口的前一天，刚好是‘七七’卢沟桥事变的纪念日，在这里晤见了何应钦（应作‘何柱国’）将军。何将军是一个富于人情味的军人，尽管我是他的敌人，他却隆重地接待了我。”“在一间简陋阴暗的屋子里，点着蜡烛，我们就一般问题，畅谈了一昼夜。”

据《国民党高级将领列传·何柱国传》称：“1944年12月，国民政府划平汉线以东、黄河以南、长江以北地区为第十战区。1945年1月，成立长官部于安徽，何柱国兼任副长官和第十战区长官部临泉指挥所主任，指挥第十五集团军、第十九集团军，7月7日，在河南周家口与日军将领今井武夫秘密会晤，洽谈日本投降事宜。”

今井武夫回忆道：“何将军说，蒋委员长的意思是：希望大战结束之后，中日两国携手合作，成为东亚的安全力量。中国本来不想把日本彻底打垮，使日本完全崩溃。如果日本在尚有余力的时候，能够赶紧停战，请求中国做对英美和平交涉的中间人，中国不辞其劳，并且尽力使日本能保持固有的天皇制。”今井武夫得到蒋介石的对日妥协态度后，匆匆返抵南京，向冈村宁次复命。冈村宁次得悉国民政府的态度后，立即电告日本大本营，同时用航寄书面报告详细汇报有关洽降情况。7月8日，何柱国将与日洽降情况电告国民政府。

何今洽降，揭开了侵华日军投降的序幕。8月15日，日本宣布无条件投降。

4．周口籍抗日名将

吉星文（1908－1958），字绍武，乳名黑星，扶沟县吕潭镇人。中国国民革命军中将。1937年7月7日，他率部在卢沟桥打响了抗日第一枪，成为抗日名将。

吉星文

吉星文少年时立志效仿族叔吉鸿昌之为人，当兵报效祖国。1922年随吉鸿昌参加西北军。1926年，他只身前往灵宝县文地镇，经19师师长吉鸿昌介绍，投宋哲元旅当骑兵。他刻苦钻研军事，作战勇敢，被提升为连长。1932年3月，他参加长城要塞喜峰口对日作战，该处地势险要，日军经常来骚扰。3月11日，时任37师109旅219团营长的吉星文接到命令后，带全营官兵巧妙绕过日军右翼袭击敌后，经过几个小时的战斗，于次日凌晨攻占王家、瓦房等村，将村中敌人全部歼灭。此次胜利，吉星文因功被提升为219团团长。

1937年6月，219团奉命调往卢沟桥驻防。卢沟桥是北平通往内地的门户，战略位置十分重要。7月7日，日军诡称在军事演习时一名士兵失踪，无理向中方要人，声称要到宛平县城搜查。吉星文在华北抗日救亡运动的影响下，面对日军威胁，当即拒绝。7月7日夜，日军向219团阵地炮击。吉星文向冯治安副军长请示，冯当即表示："为维护国家主权，寸土不能让，可采取武力自卫。"吉星文立即命令守桥部队还击。日军遭创后，派兵杀害驻防执勤官兵并占领桥头堡，卢沟桥一旦失守，平津局势将动荡不安。在中华民族危急的关头，吉星文提出与日军决一死战，卢沟桥坚决不能丢。7 月 8 日晚，吉星文作了精心安排：一、将日军要进宛平县城搜查之事，交给王冷斋专员应付；二、宛平县城防务由姜团副负责；三、自己带人悄悄出城，直奔三营营长金振中营部，召集连长以上军官商议。他分析形势，鼓舞士气，组织敢死队誓死夺回桥头堡。在他的号召下，官兵抗日情绪十分高涨，当时报名参加敢死队的有 300 多人。吉星文亲自挑选出 150 名精干人员，编成 5 个组，敢死队队员每人带步枪 1 支，手榴弹 2 枚，大刀 1 把，利用熟悉地形的优势，在 20 分钟内将几十名日军全部消灭，一举夺回了桥头堡。吉星文立即把卢沟桥事件的真相向上级作了报告。随后日军疯狂向中方阵地炮击，企图再次夺回桥头堡。在 219 团的坚决抵抗下，日军的阴谋未能得逞。7 月 8 日，中国共产党通电全国，呼吁全面抗战，抗日救亡运动在全国兴起，全民族抗战的旗帜正式打起。

由于南京政府的妥协，7 月 26 日下午，吉星文奉命将卢沟桥防务移交给地方保安部队。在 219 团撤离数小时后，卢沟桥失守。

吉星文团保卫卢沟桥的壮举，是全民抗战、国共两党携手团结御侮的先声，拉开了抗日战争的序幕。吉星文打响了抗日第一枪，从此声名远播，他作为抗日英雄受到了人们的赞颂。戏剧大师田汉的话剧《保卫卢沟桥》曾在全国各地演出，剧中的吉星文团长就是以真名实姓出现在舞台上的。

1938 年，吉星文因功晋升为 109 旅旅长。同年 5 月初，吉星文奉命开往安徽宿县，急进涡河，占领赵家集、芦沟集，迎战蒙城以北进犯的日军第 9 机械化师团。7 月 9 日，参加徐州会战。吉星文旅到达宿县后，虽然连夜急行军，但仍赶不上敌机械化部队的进度，日军占领了 2 个集镇。为完成阻击日军的任务，吉星文将全旅及配属的一个团分成两路投入战斗，并亲自指挥一路进攻赵家集，利用地形迅速接近敌人，将敌人死死拖住。这次战斗使敌人未能前进，为徐州国民党数十万大军安全转移提供了便利。由于在宿州战役中荣立战功，晋升为 37 师师长。1939 年离职，参加重庆高教班学习。结业后，任 33 军军长。1948 年，吉星文随蒋介石到台湾，在国民党国防部任职。

1957 年春，吉星文随胡琏到金门任防卫司令部副司令。1958 年 8 月 23 日，国民党国防部长俞大维到金门视察，美国顾问团准备于当晚在太武山水上餐厅举行鸡尾宴会，吉星文等 4 人提前到餐厅察看。下午 4 时，中国人民解放军炮击金门，吉星文中炮身亡。

田镇南（1888－1974），字柱峰，号位午，今项城市王明口镇田老家村人。陆军速成学堂毕业。1938年任国民党陆军第2集团军第30军军长，奉命开赴台儿庄前线，正面迎击板垣和矶谷两师团一部。2月23日，战斗打响。30日，田镇南随同集团军总司令孙连仲冒着枪林弹雨视察阵地，并严令31师师长池峰城誓师死守。池随宣誓："台儿庄是吾人之光荣，亦是吾人之坟墓。"田镇南令部下抬一棺木，誓与台儿庄共存亡。4月2日，在日军的猛烈进攻下，阵地失去2/3。孙连仲多次向第5战区司令长官、前线总指挥李宗仁请求撤退，均未获准。田镇南深知军令如山，军情火急，遂采用"围魏救赵"之计，令第30师师长张金兆率部转北，对南洛、北洛一线之敌发起猛攻，钳制日军不能合围。田镇南赤臂督战，弹片左右横飞，依然神情自若。随从人员担心他的安全，他却挥手笑道："若被子弹击中，是中头奖也。"他的行动极大地鼓舞了士气，经过浴血奋战，终于取得台儿庄战役的胜利。田镇南受到国民党中央军委的嘉奖，荣获"青天白日勋章"。1941年7月11日，30军开赴河北保定，进驻涿州、琉璃河一带，后奉命扼守娘子关。12月中旬，待日军进入关隘三四里后，田镇南率部凭借四面山峦高耸的有利地形，居高临下，猛烈打击日军，激战3昼夜，全歼日军小岛旅团，所获战利品，用火车运至洛阳，展览4个月。1948年冬，田镇南任徐州"剿总"第8集团军副司令长官。淮海战役后，随蒋介石去了台湾。

黄维纲（1897－1943），字振三，号雨辰，今项城市郑郭镇范营村人，抗日爱国将领。他为人正直，富有爱国思想和民族气节，平时治军严谨，与官兵同甘共苦，作战时身先士卒，指挥有方。曾任冯玉祥部参谋处处长。中原大战冯玉祥失败后，冯部被改编，黄维纲任国民党29军38师112旅旅长。1933年3月，他在喜峰口战役中奉命驰援喜峰口，抗击进犯日军。3月11日，在与日军交战中，他赤膊上阵，指挥战士反复冲杀，迫使日军溃退。14日，112旅再次击败日军多次反攻。此次战役，黄维纲战功卓著，被南京国民党中央军事委员会授予"青天白日勋章"。"七七"事变后，日军围攻临沂，战况吃紧，在攻城和沂河战役中，黄维纲率38师每战冲锋在前，首当其冲，牺牲较重。战前全师1.5万人，战斗结束时仅剩不足3000人，终于击退敌人。1938年至1941年，黄维纲率部转战豫鄂等地，战功卓著。1939年4月，日军发动随枣战役，38师在宜城田家集与日军激战3昼夜，毙伤日军500余人，缴获战马80余匹。1940年5月，黄维纲升任59军军长。次年2月4日，日军占领南阳。6日，黄奉命攻打南阳，在友军配合下，收复南阳，再次荣获

“青天白日勋章”。他数年转战疆场，抗日救国，积劳成疾，1943 年 3 月 3 日病逝于湖北南漳抗日前线，终年 46 岁，归葬故里。国民党政府曾明令褒奖，晋升陆军中将。此后，以抗日殊功入祀忠烈祠。

张凌云（1895 – 1946），字步衢，今项城市新桥乡刘营村人。19 岁时，投冯玉祥部当兵，因作战勇敢，累升至第 8 混成旅旅长。1936 年，任国民党陆军 29 军（宋哲元部）骑兵司令兼独立 25 旅旅长，驻守北京南苑、西苑。抗战初期，其部在靖海与日军接火，他以一个旅浴血奋战，阻击 20 余天。1938 年，任 77 军副军长兼 37 师师长，参加兖州战役。之后，移防湖北老河口，在随枣战役中击溃日军一部。1942 年，任 59 军副军长兼安徽省怀太师管区司令。抗战胜利后，张凌云在奉调南京途中，被地方匪徒杀害。

5. 周口空战和周口保卫战

周口空战。1937 年“八一三”抗战爆发后，8 月 14 日，驻防周口的国民党空军第 4 大队奉调参加淞沪抗战。飞机刚飞抵杭州笕桥机场，与 18 架日军轰炸机遭遇，大队长高志航命令起飞迎敌，击落敌机 6 架，志航大队无一损失，首开中国空军击落日机之先例，一举打破了日本空军不可战胜的神话，鼓舞了全国人民的抗日斗志。“8 月 14 日”这一天被国民党定为“空军节”。

1937 年 12 月，国民党空军上校驱逐司令兼第 4 航空大队大队长高志航率队赴兰州接收苏联援助的 13 架 E – 16 型驱逐机，15 日飞抵周口机场，时遇连绵阴雨，留周口待命。21 日晨，安徽广德机场的飞机也转移到周口机场。22 日上午，天刚放晴，12 时高志航陪同苏联飞行员吃饭，并介绍南京机场的情况时，9 架日机突然偷袭周口机场，当时周口机场外围的地面监视哨通讯失灵，在接到空袭报警时，日机已出现在东北上空。在这危急时刻，高志航一面命令飞行员迅速起飞迎敌，一面不顾日机的扫射与轰炸，强行登机奔进机舱，命令军械长冯干卿调整机枪。苏制 E – 16 型飞机启动较慢，这时敌机抛下了炸弹，高志航及时跳出机舱，尚未下到地面，爆炸烈焰吞没机场，一代“天神”高志航和他的战友冯干卿壮烈殉国。高志航牺牲时年仅 30 岁。

23 日上午，11 架日机从东北方向再次空袭周口机场，机场队长毛瀛初立即驾机迎战，先后击中两架敌机，一架坠毁在商水县老城东北 5 里的王沟桥村南桃园边，另一架尾部受创，与其他 9 架日机向东北方向逃窜。据后来打扫坠毁日机现场得知，该机为“株式会社制 96 式攻击机”，死难的日本航空兵兵曹为凤间五重。

周口保卫战。1938 年 6 月国民党决开黄河花园口大堤后，周口沙河以北地区一片汪洋。当时，周口、淮阳间有 20 多里宽黄水泛滥而成的新黄河，周口泛区以北各县相继被日寇占领。周口为豫东军事重镇，是国共军队控制的边缘地带，不仅扼守豫皖水陆交通中枢，而且也是通往平汉线的重要门户，战略位置非常重要。周口北部及东部均被数米深的洪水所围困。

日军侵占淮阳不久，就企图西渡新黄河，占领周口，以此为跳板登陆西进，切断豫皖交通，与平汉线上的日军会合，打通大陆交通线，全面占领中国。8 月 13 日拂晓，日本关东军骑兵集团第 1 旅团从淮阳向周口进攻，第 4 旅团在太康进行牵制，日军铃木旅团从贾鲁河上游进攻周口。第 1 旅团共有 5000 人，其中千人留守淮阳。当日，4000 名日军在飞机、大炮的掩护下，乘 100 多艘汽艇和木船向周口发起进攻。驻防周口的西北军旧部国民党骑兵 14 旅张占魁（河南上蔡人）部，国民党河南省第七区行政督察专员刘基炎的保安队，贾鲁河以西张位明的游击队，以及共产党领导的抗战建国训练班学员，在周口群众的支持下，奋勇阻击日军的进攻，战斗持续 3 天 3 夜，旅长张占魁亲临前沿阵地指挥。

战斗开始后，国民党第 1 战区司令长官卫立煌电令 14 旅要坚守周口，等待漯河庞炳勋 40 军的增援。保卫战进入第 4 天，14 旅在 40 军 39 师两个团的支援配合下，进行反攻。日军汽艇即将冲进沙河时，集中在沙河两岸的数百门土炮一齐开火，击沉击伤日军汽艇数十艘，击毙日军千余名，日军败退，指挥官铃木少将因战败在周口李多楼的黄水窝破窑中剖腹自杀。张占魁因这次抗战有功，由旅长晋升为陆军少将。

周口保卫战的胜利，挫败了日军的嚣张气焰，粉碎了日军企图占领周口西进沿平汉线南下的阴谋，使日军历时六载不敢进犯周口。

6. 青海“马家军”的抗日斗争

1937 年 8 月，青海省政府主席马步芳请缨抗战，国民党中央军事委员会颁令组建一个骑兵师，给予其“暂编骑兵第一师”（简称“骑一师”）的番号，马步芳堂叔马彪任师长。骑兵师有回、汉、撒拉、东乡、保安、藏等民族士兵构成，其中以回民较多。9 月 19 日，马彪率部从青海西宁出发，东进开赴抗日前线。1939 年初，驻防黄泛区鄢陵、扶沟、西华、商水一线，受第 1 战区指挥，担负这一线的河防任务。同年春，骑 1 师调驻周口至界首一带的黄泛区，主力驻项城，防御驻淮阳的日军。

淮阳为苏鲁豫皖边区日军主要据点之一，骑 1 师所驻河防地处平汉线中段，为华东、华中战略要地。日军不惜调集各种兵力，加强防守并做好随时出击骑 1 师的态势。骑 1 师为牵制敌人，各旅先后轮流渡过新黄河，以轻骑游击形式不时袭击淮阳一带日军，并不断侦察敌人的动向。八九月间，骑 1

师乘淮阳日军空虚之机，2 旅旅长马秉忠率部渡河进驻宝塔、孔庄一带，进而围攻淮阳城，攻占淮阳城西关。8 月 10 日，盘踞淮阳的日军向南进犯，骑 1 师将师部从淮阳水寨（今项城市政府所在地）西关移驻到淮阳新站集一带，在郭平楼消灭日军 1 个中队，遂渡河与日军主力拼杀，日军缩回淮阳城。马彪命令 2 旅攻城，1 旅、3 旅侧应。淮阳城内日军固守待援，加强防守。对峙激战中，日军从开封调来 100 辆卡车的援兵，与淮阳城日军协同，配合步、炮、坦克各兵种，向骑 1 师阵地发动疯狂进攻，双方展开冲锋，形成了白刃战。至次日凌晨马家军才攻进南关，西门也被打开缺口。2 旅官兵奋勇迎敌，与日军展开肉搏，在淮阳城厮杀 3 进 3 出，城外日军用 10 门重炮连续向骑兵阵地轰击，双方伤亡惨重。2 旅旅长马秉忠在战斗中中弹身亡，4 团团长马成翰（回）接替指挥继续浴血奋战。马彪下令要血战到底，并速派 1 旅旅长马元祥（回）率部渡河赴前线支援。骑兵师 3 个旅从四面向增援的 2000 多名日军突袭，日军措手不及，慌忙退到 10 里以外进行调整。调整好的日军继续反击，向骑兵发射毒气弹，数百名骑兵顷刻间倒在黄烟之中。马彪急令部队后撤，增援日军乘机进入淮阳城。

淮阳一役，马家军共歼灭日寇 800 余人、伪军 1000 余人，俘虏日军 20 多人，缴获机枪 130 挺、迫击炮 3 门。骑 1 师阵亡将士 2000 余人，损失战马千匹，被俘战士 30 多人。战斗结束后，在项城水寨为阵亡将士举行了追悼大会，并建立了纪念碑。骑 1 师在水寨城南（今项城市火车站一带）挖了 1500 多个墓坑，安葬阵亡官兵，其他 500 多名阵亡官兵葬于新站集郊外。

由于骑 1 师损失的兵马、武器得不到补充，师长马彪进退维谷，一筹莫展。新任 2 旅旅长韩有才的一名部下（中共地下党员）建议马彪与共产党领导的新四军联手抗日。马彪权衡再三，虽心有余悸，最后还是派人去见彭雪枫。彭雪枫为团结这支抗日力量，答应在抗日方面与马彪合作。

1939 年 10 月，集结于淮阳的日军组成 2 个旅团，在飞机的掩护下向项城扑来，准备一举消灭骑 1 师，占领豫皖边区。马彪急电彭雪枫给予支援。这次战斗，最初由于日军装备精良，骑兵失利。后来彭雪枫的主力部队从袁楼出击到敌人背后，对日军形成南北夹击之势，迫使日军死守淮阳城，日军占领豫皖边区的梦想破灭。

不久，骑 1 师又在一次突袭围歼日军的战斗中，全歼敌骑兵 500 余人，缴获战马数十匹。骑 1 师英勇顽强善战，使日军恼羞成怒。时间不长，日军抽调重兵，配备重炮、坦克，向骑 1 师宝塔一线强攻。骑 1 师立即组织反攻，官兵战马驰骋，迂回冲杀，以血肉之躯与敌拼搏。终因敌我力量悬殊，骑 1

师主力迅速撤退，留下百余名官兵阻击。在主力安全撤退后，留下阻击的官兵背水作战，直至弹尽粮绝，集体投水自溺，壮烈殉国。

经过多次与日军作战，骑1师损失较大。1940年5月，骑1师奉调赴豫西叶县、舞阳一带，7月又调至豫皖边界的临泉、沈丘两县。为了便于指挥，部队经整训后取消了旧的旅营建制，改为师、团、大连编制，番号改为骑兵第8师，马彪仍任师长，属第1战区战斗序列。同年8月，骑8师奉命驻守在涡河以南、淮河以北的三角地带，以牵制津浦铁路蚌埠沿线的日军。1942年夏，马彪离职，马步康（回）接任，不久骑8师归第5战区指挥。

在8年抗战中，青海“马家军”骑1师和骑8师在周口一带与日军浴血奋战，打击了日军的嚣张气焰，在周口地区广大人民心中留下深刻印象。

7. 商水、周口军民的抗日斗争

商水、周家口的沦陷。1944年6月，日军为维护平汉铁路东侧的安全，接连向鄢陵、西华、商水、周口、上蔡、汝南发起新的进攻。何柱国第10集团军、陈大庆第19集团军奉令抵抗，先后失利。为防敌东进，重庆国民政府在商水县境布防步、骑联军：暂9军111师（师长孙焕彩）辖661团、665团驻雾台一带；骑2军骑3师（师长徐长熙）辖骑8团、骑9团驻雷坡一带；倪耀祖的挺进军1纵队驻谭庄、尚集，4纵队驻邓城、龙胜沟，6纵队13支队2大队驻周口守备；另有陈又新的泛东挺进军驻商水城北。以上各军由15集团军副司令徐梁统一指挥，指挥所设在周口水灌台。6月7日晨，日军27师团步、骑兵500余人，由鄢陵南犯逍遥，9时南渡沙河，盘踞东、西洄窝附近。6月8日晨增兵1200余人，分向冷饭店、谭庄进犯。康乐三的挺进1纵队，自张明至谭庄节节阻击。日军集中炮火轰击，并施放毒气弹、燃烧弹，康乐三部与群众中毒者甚多，谭庄房屋大部被烧毁。6月9日2时，康部撤出阵地，谭庄失陷。当晚，挺进军4纵队受命增援。泛东挺进军暂2旅、暂3旅派队支援，谭庄、逍遥先后收复。6月11日，日军犯上蔡、汝南，111师、骑3师开赴上蔡作战。6月17日，日军1200余名步、骑兵，由漯河再犯谭庄。111师、骑3师奉命回防商水，挺进军4纵队和周口保安队防守赵兰埠、雷坡一线及周口。6月18日16时，日军一部攻陷商水城，主力迫近周口。当晚，111师乘夜反攻，于19日凌晨收复商水县城。

6月18日夜，日军主力突入周口南寨，守军撤至北寨。6月19日8时，北寨失守，保安大队和6纵2大队沿沙河东撤。周口失陷后，指挥所令111师、骑3师组织反攻。骑3师推进至赵兰埠口、雷坡一线，截击漯河东援之敌，111师留一部守商水县城，主力攻周口。6月20日，骑9团在杨尤庄附近与700余名东进日军遭遇，战1时许，日军大部向商水县城进窜。此时111师已推进至商水城北八里湾，闻敌欲夺县城，遂改变部署，留少量兵力同骑9团进击周口，牵制日军南援，主力661团、665团分别向商水城北、城南转进。6月20日中午，日军将商水城东、南、北3门包围。午后，661团在城北周庄，665团在城南，骑8团在城西雷坡、董庄，骑9团在杨塆、王沟桥，先后同日军激战。傍晚，日军增兵600余名，并将主力移向商水东门，22时前后两次攻东门，展开巷战。6月21日，战斗持续。是日，驻淮阳日军陷新站集，并向水寨窜犯。为避其西进夹击，111师、骑3师撤出战场。6月22日13时，商水守城部队亦突围出城，商水重被日军占领。

谭庄之战。1944年6月6日上午，国民党某部1000余人从西华逍遥移防，驻商水谭庄南三里桥，构筑工事，准备伏击漯河东犯日军。下午1时许，日军乘6辆卡车沿周漯公路至谭庄西门，国民党军队出其不意袭击敌人，消灭日军10余人，其余狼狈逃窜。次日，日军集结五六百人自西、西北3个方向袭来，隐蔽的哨兵迎头痛击来自西北方向的日军，击毙日军数名。国民党军队见日军来势凶猛，据寨固守，日军包围谭庄，从上午10时开始用炮火猛攻，寨内百姓为国民党士兵送水送饭，同心抗敌，双方激战至深夜。由于弹药将尽，国民党军队在南门鸣枪佯作突围声势，牵制日军向南门集结，迅即从寨东北角突围东去。此战国民党军队伤亡百余人，毙敌40余人。

商水城关之战。1944年6月11日，国民党110师一部100余人从项城进驻商水县城。当天，日军在汉奸队的带领下包围了商水县城，110师官兵迅速在城墙上构筑工事准备战斗。日军和汉奸队从城北郑庄和北菜园向城内发起进攻，由于有城墙和寨海子阻隔，日伪军多次冲锋均被击退。110师据守城东北角仓圪垯，日伪军强攻不下，死伤数十人。日军从天爷庙西墙掏挖了机枪眼，用机枪向城上射击，110师虽有伤亡，仍奋勇抵抗，并瞄准机枪眼射击，摧毁了日军的火力。经过1天的战斗，日军始终未能靠近城墙，不得已北撤而去。

韩湾伏击战。1944年6月18日，日军从漯河沿周漯公路东犯。上午8时左右进至韩湾，国民党陆军暂编27师1个团依据韩湾河堤上构筑的工事给日军以迎头痛击，毙敌数十人。日军遂散开包抄，国民党士兵不支，牺牲50余人，其余突围。

焦炉埠口遭遇战。1944年6月26日，国民党陆军暂编27师某团一个营在商水焦炉埠口驻扎。日伪军1000余人从周口向南顿侵扰，傍晚时分进犯至焦炉埠口。该营哨兵发现动静后鸣枪，日军闻听枪声，当即包围焦炉埠口寨，午夜1时多开始攻寨。国民党士兵误认为是小股土匪，有些轻敌，当得知是日军时已无法摆脱。拂晓时分，日军用迫击炮轰破寨门而入，不少士兵和百姓惨遭杀戮。日军将俘虏用白布蒙眼押向寨墙边刺死，并扔下寨海子。此战27师某营损失惨重。

四座桥战斗。1944年12月21日，在巴村的日伪商水县长朱新斋派1个班到城南四座桥索粮催款。时国民党商水县政府在黄冲，获悉情报后派便衣队20余人到四座桥西坡进行截击，完俘朱部。朱新斋遂到周口邀日军3个班和汉奸队1000余人于27日进攻四座桥。国民党商水县团队在李桥和护城河2处地方预先设伏，待日军进入伏击圈内进行痛击，毙伤日伪军50余人，其余溃逃。

8．扶沟军民的抗日斗争

江村战斗。古镇江村是扶沟县北大门。1940年，江村四周为黄水所围，地主豪绅、土匪结伙走私贩毒，巨商小贩结队运盐，杞县千余名游击队员也撤到这里，江村镇畸形繁荣一时，于是引起日军注意。国民党军队和杞县游击队事先窥知消息，除留下1个机枪排戍守外，其余撤到江村以南的张庄村。

1941年2月，日军1个连对驻守在江村的国民党机枪排发起进攻，由于江村四面水流湍急，易守难攻，在国民党驻军的抵抗下，日寇连攻10余次，均未得逞。后又调来2个营继续疯狂进攻，国民党81师周排长带领士兵奋勇抵抗，日军伤亡400多人，仍未攻克。2月5日晚，日军调来1个重机枪连、1个炮连和2000多名步兵，以数十门炮及重机枪一齐轰击江村。时天寒薄冰封河，日军将高粱秆箔铺在冰面上，就箔打滚逼近，形势危急。在此紧要关头，国民党调离了疲惫的周排长，换来了严排长。严排长在30多名爱国士兵的感召下，继续指挥战斗，由于情况不熟，终因寡不敌众，6日凌晨6时江村被日军攻破。此战，日军进攻江村前后用了1个月时间，死700余人。日军占领江村后，疯狂进行报复，屠杀无辜群众200多人，村民刘金坡一家8口人全部被杀，刘凤中的两个叔叔被日军用棍棒活活打死。除部分青年游水外逃外，大部分被日军射杀于水中。之后，日军在江村盘踞8个多月，杀人700多口，杀绝10户，强奸妇女200多人，烧房400多间。鸡鸭牛羊被吃光，财物被抢掠一空，宰杀牲口、猪羊300多头（只），鸡800余只。

1939年3月16日夜，国民党扶沟县长禹升联以“剿匪”为名，带领政警队60多人将塔湾10余名中共地下党员和农民积极分子绑走，经严刑拷打，最后将施钦典等8人投入监狱，其中有2人遭枪杀，其余6人用500元（折粮2万斤）赎出。

1944年，扶沟沦陷后，汉奸张荫吾、李老七对塔湾群众敲诈勒索更甚。因差款太重，塔湾群众无力负担，6月纷纷逃到鄢陵县潘庄、和寨一带居住。汉奸队派款找不到人，在别村要人要车，将塔湾村的农具、门板、木料、衣物等所有东西劫掠一空。

9. 太康军民的抗日斗争

1938年6月6日，日军进犯太康，以张廷柱为县长的国民党太康县政府迁往大新集，太康县城沦陷。7月14日，日军撤离太康，国民党太康县党部书记长尹楷之率县团队300人入城，谎报“克复”县城，尹楷之兼任县长。不久，河南七区专署委派张一农为太康县长。8月6日，日军再次进犯太康城，尹楷之、张一农率县团队配合中央军葛子厚旅守城，与日军激战1天，傍晚日军以坦克撞开西门，尹、葛撤走，县城再度沦陷。

1938年10月20日上午8时许，盘踞太康县老冢、洪山庙的日军骑兵10余人窜扰桂李寨北门，尹楷之闻讯率县团队迎击，击毙日军2人。下午2时许，日军调集太康、淮阳两县的步兵数百人、汽车数辆到桂李寨报复，连续4次进攻，均未得逞。傍晚9时许，寨墙被多处轰塌，寨破失陷，尹楷之率县团队从寨东北转移。此次战斗太康县团队死、伤各2人，缴获战马6匹、手枪2支、指挥刀1把。

1939年2月，国民党40军李振清旅继在于集重创日军后，移防太康县常营集。日军从徐州调21师团82、83联队和8师团5联队步、骑、炮联军约3000人、大炮30余门前来报复。2月17日，日军分3路进犯常营，南路日军进至常营东南五子李村时，尹楷之、张一农率太康县团队200余人阻击，日军当即包围了五子李村。下午2时许，寨破，太康县团队与日军展开巷战，逐屋争夺，大部牺牲，直至夜晚仅余63人，方撤出战斗。日军伤亡也很惨重。东路和东北路日军先后在扶乐城西和王庄东被国民党40军小股兵力伏击，消耗大量弹药，行动缓慢。常营被围后，国民党40军将士和当地群众进行英勇抗击，日军寸步难行。2月18日拂晓，日军又增派坦克、装甲车百余辆、飞机3架前来助战，并施放催泪弹，适逢雨雪交加，毒力失效。午后，日军以4架飞机掩护作战，向常营投弹数10枚，发炮千余发，并在树上架设机枪扫射，常营东北隅寨墙被轰塌，日军蜂拥而入，国民党40军某团7、8两连官兵奋力截杀，全歼冲入之敌军。2月19日大风，雨雪未息，飞机无法助战，日军虽多次冲锋，终被击退，士气低落。当夜40军选拔奋勇队乘夜冒雨出击，日军大乱，20日拂晓全线溃退东逃，40军乘胜追击至太康县城。此战共打死日军70余人，伤1000余人；击毙日军旅团长铃木、少佐黑川太三郎、中尉高三藤信、高瘤四郎、高津兵卫、寺西隆史、三边雍逅等官佐，生俘上等兵掘出田熊吉和松山松力；缴获轻机枪7挺，步枪、手枪千余支，子弹万余发，汽船3艘，马10余匹，帐篷51具，无线电机1部，以及罐头、小麦、面粉等一批军用物资。

2月23日晚，国民党40军李振清旅一部袭击太康县城，攻至西关，缴获日军汽车1辆、轻机枪1挺、步枪50余支、子弹2000发。

10. 淮阳军民的抗日斗争

1938年冬，国民党军40军副军长马法五、旅长李振清带领全旅官兵，由中共豫东特委委员刘作孚作向导，到淮阳县于集一带袭击日军。数百名日军驻张大庄，寻找40军决战。李振清旅第1营驻齐老村，与日军相距1公里，日军开炮向1营射击，1营奋勇还击，击溃日军。

1939年初的一天，日军出动数十辆汽车、5辆坦克反扑，1营官兵奋勇还击，坚守阵地。经3小时激战，日军惨败，向淮阳方向逃窜。次日，日军以110辆汽车、4辆坦克、3架飞机向40军疯狂报复，战斗从下午3时开始持续到晚上，日军继续增援，40军趁天黑撤出战斗。此次战斗，歼灭日军近千人，击毁坦克3辆、汽车10余辆，击毙日军中队长香月敏清、小队长柳山享作。战后日军联合队长石井在被撤职后自杀。

六、中国共产党领导的抗日战争

1. 共产党抗日政权的发展壮大

中国共产党领导周口人民的抗日斗争在河南省和新四军军史上都占有重要地位。抗日战争时期，周口一带是敌占区和国统区的接合部，战略位置非常重要。周口人民在中国共产党的领导下，与邻近地区人民并肩作战，先后创建了豫东、睢杞太、水东、水西4个抗日根据地，建立了8个地级党组织、21个县（市）委（工委），中共党员由10多人发展到2000多人，并相继成立了4个地级政权组织和8个县级抗日民主政府（办事处）。武装力量由原来的几十人壮大到1.5万人，并建立了2个军分区。周口一带各抗日根据地军民为八路军、新四军输送子弟兵5000多名。周口军民与日伪军作战上百次，毙伤、俘虏日伪军2万多人，收复国土1万多平方公里，解放人口250万，为抗日战争的胜利作出了积极贡献。

1936年，中共中央多次指示河南省委，要求派遣得力干部到豫东发动群众，组织抗日武装，开展游击战争，开辟豫东抗日根据地。1936 年至 1940 年，先后有沈东平、彭雪枫、张震、肖望东等到西华建立并开展豫东特委的工作，领导周口一带的抗日斗争。他们首先与当地的国民党军政要员、当地驻军和开明士绅建立了广泛的抗日民族统一战线。在共产党的抗日民族政策感召下，社会各界有人出人，有钱出钱，有枪出枪，在较短的时间内，组成了 6000 人的西华人民抗日自卫军。这支部队于 1938 年 5 月至 7 月两次渡过新黄河，东征睢杞太，沿途消灭日伪军 1300 多人，并攻占太康县城。同时，淮阳抗日游击队在薛朴若的领导下，配合西华人民抗日自卫军的东征，在淮阳县城以北给日军以沉重打击。在豫东抗日大好形势下，1938 年 10 月 11 日，中共河南省委军事部长彭雪枫、肖望东、吴芝圃领导的 3 支抗日武装在西华杜岗村会师，东进到淮阳县北窦楼与日军遭遇，并初战告捷，由此增强了周口人民的抗战胜利信心。之后，部队继续东进，在鹿邑县东南刘大庄作了物质补给，再转向白马驿（今属郸城县）进行思想军事整训。1939 年初进入皖东北，开辟了豫皖苏抗日根据地。

由于抗日武装的存在，1940 年前，周口一带开辟了西华、太北 2 个抗日根据地，建立了鹿邑、西华、扶沟 3 个中共领导下的抗日民主政府。在此期间，周口、扶沟、沈丘、鹿邑都成立了抗日民众团体和抗日组织，开办了以爱国青年为主体的抗日军政训练班，训练班成员结业后大部分成为抗日骨干力量。同时驻防周口、淮阳的西北军骑兵 14 旅在当地民众抗日爱国热情鼓舞和抗日统一战线政策感召下，与日军正面作战，成功地进行了周口保卫战和淮阳于集歼灭战，形成了以新四军、游击队和国民党爱国部队为主的全民抗战局面。

1940 年，蒋介石掀起第二次反共高潮，西华中共抗日部队东进，魏凤楼常备队西去洛阳，淮阳县中共抗日游击队北归睢杞太，豫东特委终止活动，抗日形势处于低潮。但保留下来的共产党组织和抗日武装在极其艰难的情况下，坚持与国民党顽固派和日寇进行斗争。1944 年 7 月初，冀鲁豫军区组成南下大队加强黄河以东地区（简称水东）的斗争力量，与当地独立团会合整编后，转战于睢县、杞县、太康及淮阳、西华地区。8 月，成立了专署和 6 个县政权。为开辟水西地区，打通华北与华中的联系，该部又于 5 月推进到商水、上蔡一带开展抗日斗争，歼灭敌伪一部，建立了 5 个县级抗日政权，打开了水西地区的抗战局面。1945 年春，随着全国抗日形势的发展，冀鲁豫军区 8 分区第 8 团奉命进入西华、商水、扶沟，消灭了伪 62 师和在城镇驻防的日军，并于 1945 年底建立了鹿亳太、淮太西、沈项临、郾商西、鄢扶西等边区抗日民主政府。

2. 彭雪枫考察豫东和西华杜岗会师

1938年7月2日，中共河南省委军事部长彭雪枫组派70多人的先遣大队，在肖望东（亦称“肖大队”）率领下开赴豫东，到西华县后，西华县人民抗日自卫军为其补充了1个武装加强连，使其迅速发展到250余人。先遣大队在西华休整1周后，会同西华县人民抗日自卫军前往睢（县）杞（县）太（康）地区，协同吴芝圃领导的豫东人民抗日3支队，开展游击战争。7月29日，中共中央长江局周恩来、叶剑英根据形势发展，电示彭雪枫：“情况危急，你宜速去豫东发展游击。”此时，日军已逼近武汉，根据《关于徐州失守后华中工作的指示》精神，在河南动员大批农民、工人、革命知识分子赴豫东敌后开展游击战争，组织游击队、建立游击区已是刻不容缓的事情。

1938年8月初，为了切实掌握豫东敌后情况，为创建豫皖苏抗日根据地做准备，彭雪枫带秘书黄林等一行4人亲赴西华、扶沟等地进行实地考察并开展统战工作。他首先来到西华县，与积极抗日的国民党西华县长楚博多次交谈，了解了西华县人民抗日自卫军东渡新黄河在敌后抗日的情况。他在与中共西华县委领导谈话中了解到：西华县是共产党在豫东活动较早的地区。1927年6月北伐军进军西华后，这里就建立了中共西华县委。1933年以后，中共北方局先后派沈东平、王子英、樊亚峰、王其梅、栗在山、刘子久、刘作孚、郑平等一大批干部来这里发展中共党组织，开展抗日救亡运动。1936年10月建立中共豫东（西华）特委后，进一步发动群众掀起救亡高潮，举办各种形式的抗日训练班，开展统一战线工作，建立地方武装，逐步掌握了县、区各级政权。彭雪枫考察后认为，西华县比豫东各县政治条件好，群众基础坚实，人民的政治觉悟和抗日情绪高，是进军敌后的前沿阵地，也是可靠的后方。此行第2站他到了扶沟县，这是中共豫东特委开辟的第2个县级政权。扶沟县长魏凤楼是中共特别党员，拥有武装1500多人，与西华连成一片，更增强了彭雪枫在西华县一带建立抗日根据地的信心。彭雪枫还到周口与国民党河南第七区行政专署专员刘莪菁建立了统战关系。彭雪枫此次豫东之行半个月，基本摸清了豫东一带的社会面貌、地理环境以及人民群众的思想政治状况，为以后东进做了思想准备。

彭雪枫回到竹沟后，加紧东进准备工作。1938年8月19日，他把在豫东了解到的情况电告中央，并请求“派有作战经验之军事连、营级干部及政工人员”到豫东，认为“这是开展豫东工作万分必要的先决条件”。同时，在竹沟加紧训练教导队以充实今后适应武装发展所需的骨干。9月5日，彭雪枫又亲赴洛阳，会见第1战区司令长官程潜，阐明共产党团结抗日的政策，提出到豫东开展抗日斗争的意向。程潜表示不干涉彭雪枫出兵豫东的军事行动，并赠送20份十万分之一的军事地图。此次洛阳之行，为东进豫东敌后做了舆论上的准备。

杜岗会师纪念碑

杜岗会师。1938年9月3日和17日，彭雪枫将东进的准备两次电告中央，请示东进部队用“八路军游击队或相当于上述名义”前往豫东。1938年9月中旬，根据抗战形势，毛泽东电示彭雪枫“尽快组织部队，先行开展豫东敌后游击战争”。彭雪枫接电后，即于1938年9月30日率领两个新兵连和一些干部，共373人，拥有轻机枪4挺、长短枪190支，从竹沟出发，踏上进军豫东敌后的征途。经过9天的长途跋涉，经蚁峰店、遂平、界牌集、黄馆镇、砖桥等地，10月8日到达西华县城。与此同时，河南省委命令肖大队和豫东抗日游击第3支队赴西华与彭部会合。9月底，第3支队一部同肖望东领导的抗日先遣大队（时已发展到300人，230支枪）从杞县黑亩村出发，在通许邸阁至扶沟吕潭一线西渡新黄河向南进发，10月8日到达西华城北杜岗村。10月11日上午，彭雪枫率部队到达杜岗与游击三支队及先遣大队胜利会师。12日，在3支部队胜利会师庆祝大会上，彭雪枫宣布3支部队合编，正式成立新四军游击支队，下辖3个大队和1个警卫中队，共1020人。彭雪枫任司令员兼政委，吴芝圃任副司令员，张震任参谋长，肖望东任政治部主任。

西华县人民为了缅怀革命前辈的光辉业绩，1990年9月，经中共中央宣传部批准，在杜岗村建立了杜岗会师纪念碑。该碑由碑座、碑身、碑顶3部分组成，通高19.38米，基部四周三面台级均匀分布。碑身坐落于铺有黑色大理石的水泥台之上，造型为三棱形，象征着3支部队胜利会师。棱与棱之间镶嵌着黑色大理石碑面，一面为原中央军委副主席张震亲笔题写的“杜岗会师”4个大字，一面为原国务委员、国防部长、新四军第4师师长张爱萍亲笔题词“抗日先锋，万古流芳”8个大字。另一面为杜岗会师纪念碑碑文，介绍了杜岗会师的基本情况，约500字。碑顶是象征着抗日英雄用鲜血浇灌出的含苞欲放的红色花蕾，其下的三只白色大理石圆环平行连接一起，它意味着3支部队会师改编后同心合力、协同作战。

3. 窦楼战斗

新四军游击支队在西华杜岗经过短暂整训后，士气十分高涨。1938年10月24日，在西华县人民的支援下从聂堆集渡过新黄河，向敌后挺进，迅速点燃了豫东地区的抗日烽火，并以燎原之势发展壮大。

10月26日夜，新四军游击支队由西华县东夏亭出发，越过淮太公路，到达淮阳东北20公里的窦楼宿营，准备次日继续向鹿邑方向挺进。淮阳县双庙刘的汉奸张老勉向附近的日军告密，同时从开封起飞的日军低空侦察机也发现了这支东进部队。10月27日上午9时许，游击支队正集合待发，忽然从南边传来哨兵警戒的枪声。从戴集出犯的一辆日军汽车、一个骑兵小队和一些伪军，在日寇14师团林津少佐带领下向窦楼袭来。面对突发情况，彭雪枫沉着应战，迅即向部队作简短的战斗动员，令各大队向敌正面与侧面攻击。他身先士卒，带领部队在窦楼西南角坟地依托有利地形，散开正面打击敌人，由1、3营左右迂回牵制日军，2营正面反击敌军。彭雪枫在第一线指挥，参谋长张震亲自端起机枪向日军扫射，3营特等射手吴守训瞄准一个挥舞着指挥刀的指挥官，一枪将他击毙。2营突击队迅速发起冲锋，杀声震天，敌军丧胆，又见指挥官阵亡，立即收拾残兵败将狼狈逃窜。窦楼之战，历时2小时，毙敌林津少尉以下10余名，缴获子弹2000余发，战刀1把，游击支队首战告捷。由于对淮阳情况不明，未作追击。这场战斗，游击支队牺牲了一排长，一参谋负了伤，张震也负了重伤。窦楼战斗的胜利，打击了敌人的气焰，鼓舞了豫东人民的抗日热情，扩大了中国共产党和人民军队的影响。

窦楼战斗后，新四军游击支队继续东进，到鹿邑县刘大庄一带休息整训。

4. 西华县人民抗日自卫军的转战

马路口战斗。1938年6月，鹿邑、太康、淮阳3县相继沦于日寇铁蹄之下，非沦陷区局势也相当混乱，周口一带民众处于水深火热之中。8月初，中共豫东特委书记、西华县人民抗日自卫军参谋长沈东平和胡晓初奉中共河南省委之命，率领新建不久的西华人民抗日自卫军东渡新黄河，挺进睢杞太地区，与吴芝圃带领的游击3支队一道，共同打击日伪，肃清敌顽，收复失地，扩大根据地。

1938年8月28日，沈东平带领西华人民抗日自卫军王华山手枪队，到睢县河堤岭北5公里的马路口，准备袭击从睢县城向河堤岭运送给养的日军。沈部埋伏在马路口公路东西两侧的楼院里，并在村北1里许的地方布岗，等待日军出现。上午9时许，日军进入伏击圈，沈部乘敌不备，猛烈射击，日军不知所措，顿时大乱，慌忙抵抗，死伤大半，丢下车辆物资，溃散逃命。沈部缴获战利品后，未速转移，驻守河堤岭据点的日军听到枪声，立即派兵增援，包围了马路口沈东平部占据的楼院。日军把楼房前腰堂屋后墙扒开3个洞，架上机枪，向楼门口猛烈射击。王华山占据西楼院的部队看到沈东平被围，多次组织增援，因装备兵力与日军悬殊而无法靠近，被迫撤离。西华人民抗日自卫军驻守平岗的部队闻讯后前往增援，也遭到日军阻击。沈东平在日军包围下指挥战士们英勇还击，奋力抵抗，组织突围，因前腰堂屋距楼房仅10余米，敌人火力集中，又用麦草泼上汽油燃烧，封锁住楼门口，楼上楼下全部起火，沈东平和17名战士终因敌强我弱，弹尽援绝，全部壮烈牺牲。

马路口战役数日后，屈申亭、王学武率西华人民抗日自卫军第2支队2个大队，东渡新黄河支援吴芝圃部，到达杞县境后，协同吴芝圃的3支队及肖望东的先遣大队，向盘踞杞县南的傅集顽军张玉如部发起攻击，经激战，除少数逃窜外，歼敌大部，毙、伤、俘敌近千人。

5. 共产党领导下太康军民的抗日斗争

门楼张战斗。1940年5月28日，睢杞太独立团在睢太边荆楼村重创日军后，连夜转移到太康县北部的门楼张。当夜，日军集中豫东各县兵力，出动汽车90余辆、坦克7辆，于次日上午8时许向门楼张合击，其中一路日军40余辆汽车行进至烧饼李时，独立团团长兰桥命1营3连连长宋秀启、指导员林弋率部前去阻击，掩护全团突围转移。3连刚到村头，即遭日军火力密集扫射，双方展开激战。3连伤亡50余人，林弋负伤，3名排长相继牺牲，日军也付出很大代价。此时，日军40余辆汽车陆续开来，情况对独立团极为不利，恰在此时天降大雨，日军汽车无法开动，宋秀启带领余下的22名战士乘机突出重围，胜利完成掩护全团安全转移的任务。

苑寨战斗。1940年7月1日，盘踞太康县城的日军出动12辆汽车，满载日军士兵，袭击驻在芝麻洼附近苑寨的睢杞太独立团。当时独立团准备举行军事比赛，队伍刚集合完毕，日军突至，1营营长王广文率1连在苑寨东门阻击日军。在1连的掩护下，独立团得以安全撤退。1连损失较重，1营副营长孙其昌在撤退途中负伤。

太康县民兵的抗日斗争。抗日战争期间，广大民兵经常侦察敌情，传递情报，维护治安，破坏敌人交通，有时直接参加战斗，有时也单独作战。

1940 年 10 月，睢杞太独立团和中共领导的太康县大队转移出太康县境，王法洲组织 30 多个民兵成立联防大队，坚持在斧头岗、漳岗、黄岗、转楼、王集一带活动，除掉许庄寨匪首许廷备。11 月的一天，王法洲得知汉奸队长于洪元在娄庄召开联保主任会议，当即派 3 名队员冲进会场，杀掉于洪元，同时争取了其他敌人。此后他们采取化整为零、夜聚明散的方式，经常灵活机动地袭击日伪军。

1942 年 11 月，国民党军张国荣部 300 余人，冒充八路军到洪庄抢粮，王广恩、王洪蟠带领 7 名民兵前往联系，察觉不是自己部队，王荫林、郭显光立即向敌群投掷 2 枚手榴弹，炸死炸伤敌人 9 名，民兵伤亡 2 人，撤出战斗。

1943 年 3 月，为打击日伪抢粮，太康县大队和区队组织民兵开展护粮斗争，在太康县北一带各村成立了看家队，邻村成立了联防队，在村庄周围挖沟打墙。每当夜晚，看家队集中起来，以大刀长矛、土枪土炮进行自卫。在太康县大队和区队的支持下，抵挡了小股汉奸土匪的骚扰。麦收时节，广大民兵组织起来保卫麦收。麦收后，民兵带头埋藏粮食，对敌实行“空室清野”，防止敌人抢粮。

6. 共产党领导下扶沟军民的抗日斗争

收复扶沟城。1944 年 5 月，豫东一带国民党游击队贺凯还、张荫吾当了汉奸，随日军进入扶沟。自此，扶沟城被伪第 63 师吴东亚部和张荫吾部盘踞。1945 年元月，中共豫西第四地委派施德生到扶沟、西华、鄢陵、尉氏一带联系地下党员，组织成立地下工作委员会，做收复扶沟的准备。施德生在扶沟通过地下党员施钦典、张金荣，摸清了鄢陵、扶沟日军以及汉奸队的驻防情况，并向 4 分区作了汇报，4 分区准备派 1 个团来开辟这一地区。后因 4 分区另有任务，开辟这一地区的任务交给了豫东 12 分区。施德生随即到水东与 12 分区书记袁震、12 分区司令员余克勤研究，决定以金少山旅协同 120 团开辟这一地区。为进一步做好收复扶沟的工作，由地下党员张金荣进城，联系在伪 63 师吴东亚部当营长的爱国人士刘国玺，共同商定攻城时间，并绘制了扶沟城内的军事地形图。张金荣返回后，即在塔湾动员群众准备担架。

1945 年 8 月 8 日，金少山旅和 120 团在金少山司令员的指挥下，由尉氏荣村渡过新黄河，直抵扶沟城下，向城内发起进攻。在刘国玺部的策应下，10 多分钟即攻克县城。汉奸第 8 团全部缴械，何太芳投降，汉奸师长吴东亚逃跑，其余被击溃。

十里店战斗。1945 年 8 月 8 日，120 团收复扶沟县城后，继续向西挺进。

时驻在韭园的汉奸游击司令张荫吾向驻鄢陵的日军乞援，八路军决定在岗陵起伏、树木繁茂的十里店伺机进行伏击。9日，100多名日军从鄢陵经二十里店沿许扶公路东犯，中午行至十里店西头，准备在岗沟隐蔽处生火造饭。为诱敌深入，这时一名八路军侦察员向日军放了两枪，日寇闻听枪声，慌忙集合向东扑来，进入八路军伏击圈。八路军发起冲锋，利用有利地形翻墙越垣，与敌人展开肉搏战，打死打伤日军80余人，缴获长枪百余支，轻重机枪数挺，钢炮1门。从此，日军和汉奸队龟缩在鄢陵城内不敢到扶沟境肆虐。

扶沟县塔湾村是较早接受革命洗礼的村庄。该村在抗日战争和之后的解放战争中积极支持革命事业，被誉为扶沟的“小延安”。1937年，施德生、施济恩等组织塔湾人民打土豪、分粮食，建立秘密抗日武装，发展中共党的组织。1938年夏，魏凤楼任扶沟县长，塔湾村农民积极分子纷纷参加共产党领导的练寺区农民抗日武装。同年冬，国民党派马彪的骑兵协助吴化孚、罗华亭等地主武装企图消灭抗日武装，以塔湾百余名青年农民为中心的抗日武装多次击退他们的进攻。后随魏凤楼渡过新黄河东进抗日，为革命输送了一批优秀儿女。

1945年8月120团收复扶沟县城后，塔湾村群众上至50岁的老人下至十几岁的孩童，有100余人踊跃参加了革命队伍。扶沟全县建立的6个区政权，有3个区的区长都是塔湾人，区政府人员也大都是塔湾人。在120团解放平汉线以东大片土地，消灭汉奸队，攻打鄢陵时，塔湾村动员全村群众男的抬担架、运粮食，运送伤员到塔湾村救治，妇女烧水做饭，服侍伤员，塔湾一时成为八路军的后方。

7. 共产党领导下鹿邑县军民的抗日斗争

1938年11月11日，日寇骑兵百余人纠集伪军一部，在3辆坦克的掩护下，第二次进犯鹿邑县城。其时新四军游击支队已东进敌后，魏凤楼部不知敌人虚实，暂时撤出城去，鹿邑县城第二次沦陷。日军在城内抢掠1天，留下1个伪军中队守城。第二天，下了一场大雪，天地白茫茫一片，魏凤楼和张爱萍让战士反穿白里大衣，率部收复了鹿邑县城，全歼城内伪军1个中队200余人。

1939年1月4日，日军骑兵100余人纠集伪军，在3辆坦克掩护下攻入鹿邑县城。次日夜，豫皖边区工委张爱萍率教导队配合5支队魏凤楼部，由鹿邑城东南角翻越城墙，俘获了汉奸岗哨，全歼汉奸1个中队。翌日晨，日军逃奔商丘，鹿邑县城收复。

1939年4月25日，日军1个大队在汉奸郭振如两个团的配合下，第3次侵占鹿邑县城。当天，适逢鹿邑东关三皇庙古会，会上人山人海，有万人之众。魏凤楼县长为扩大抗日宣传，特请来戏班，并由魏部抗日宣传工作队和洪波剧团演出抗战剧目。下午1时许，情报人员获悉驻柘城日军准备进犯鹿邑，魏凤楼县长立即命令部下守城，亲率主力赶往傅桥警戒。因群众并不知晓日军来犯的消息，戏仍继续演出，赶会的群众仍在逛会。日军察觉到魏部主力的行动，绕魏桥西的时口渡涡河南来，从西关攻城。魏得到消息后，率部紧急进城，在关帝庙、玄帝庙与日军遭遇，双方展开巷战。战斗从下午3时持续到晚上7时，因力量悬殊太大，魏下令撤出鹿邑县城。此次战斗共歼敌20余名。与此同时，驻鹿邑城南云楼村的豫皖边区工委张爱萍率新四军留守处百余人到西南城角一带阻击日军，一些伤病员也参加了战斗。后得知魏部已撤出城去，遂赶到城南云楼组织留守处南撤。是日晚，张爱萍带领教导队协同新四军驻云楼村的留守处人员向南转移，至王皮溜附近朱庙村时，遭到地主操纵下的红枪会的阻击，张爱萍额部被刺伤。

洪波剧团团长杨春芙、副团长沈萍、陈焰3位地下女共产党员，得知日军进城消息，立即组织演员们撤离。待安排完毕后，全城已经戒严，她们3人随群众暂避到天主堂。天黑后被市民廖松山送往孙万祥家中，孙万祥知道3人是魏部妇女工作团人员和洪波剧团团长，把她们掩藏在墙角的柴草堆内，躲过了日军搜捕。杨春芙3人在孙万祥家柴草堆里躲藏了两天没能出城，杨春芙无奈让孙万祥找西关保长王心悦商量。事有凑巧，西关保公所通讯员王善臣的母亲病故，王心悦把妻子的破衣服交给孙万祥，让3人换上，外面穿上孝服，扮成孝眷，随出棺送殡的人群于第3天逃出城去。

1941年，中共地下党员邵子奇组织爱国青年成立的"抗日锄奸团"。是年秋，邵带领周学言（今扶沟县大李庄乡周庄村人）、夏晴初等人，配合地方游击队袭击驻太清的汉奸警察所，击毙其所长，缴获步枪8支、电话机1部。1943年6月27日，中共睢杞太分区指令朱跃振（鹿邑人），"抓一日军活舌，借以了解敌情"。朱跃振带领"敌工组"一行7人到达鹿邑，朱令其他5人隐蔽城外预作接应。他和王洪礼扮作行商至鹿邑城北门，乘一名日军岗哨盘查不备将其捉获，奋力强拉迫其同走，日军挣扎喊叫着拒不移步，遂就地将其击毙，摘取步枪1支、手榴弹2枚，迅速脱离险境。12天后，朱一行7人复至鹿邑县城，在西关大街遇见1名日军，乘其不备将其捉获，上交分区。

8. 共产党与国民党、日伪之间的军事斗争

1943年，驻太康杨庙、王湾的伪军经常为非作歹，袭扰群众，中共领导的太康县大队决定伏击伪军，打击其嚣张气焰。12月13日拂晓前，太康县大队联合4区队进入陈留张设伏。4区队佯攻杨庙，诱伪军出动未果，后又割断杨庙至王湾的电话线，诱使王湾的伪军出动1个排27人沿公路线向杨庙巡逻，当伪军进入陈留张伏击圈后，立即进行袭击。伪军遭受出其不意的打击晕头转向，慌忙向东南方向逃窜，又遭太康县大队的截击，残敌继而向刘庄逃去，在村北被全歼。此次战斗，毙敌2人，生俘25人，缴获重机枪1挺，小炮1门，步骑枪24支，子弹千余发。

张帝臣伏击战。1944年8月中旬，水东独立团获悉驻太康伪军将于17日到王集一带抢粮，余克勤团长、袁震政委决定伏击敌人。17日上午9时许，伪太康警备联队倾巢而出，沿杞太公路向王集一带进犯，12时许日伪军进入伏击圈。在王集以北宋庄、王庄、兀术岗设伏的庆华县大队首先向正面之敌开火，伪军遂留一个大队应急，其余全部调头向王集以东和东南方向突围。独立团1大队伏兵以炮火阻击逃奔之敌，而后伪军又转至西南方向逃窜，在接近刘庄、董庄时又遭独立团拦截，被迫压缩后退。下午1时许，北边应急的伪军也溃退南逃，庆华县大队紧追咬住不放。在东、西、北三面炮火夹击之下，伪军乱作一团，沿杞太公路南逃。在距张帝臣村东小桥30米处时，埋伏在桥下的庆华县大队1个排突然集中火力扫射，伪军四面被围，纷纷举手投降。下午2时许，战斗结束，生俘伪县长李一岱、伪警备联队长马德成，歼敌600余人，伪警备联队第1大队大队长谢树芳被击毙，缴获轻机枪8挺、重机枪3挺、迫击炮1门、步枪600余支、子弹1.5万发。

高朗战斗。1944年6月底，新四军4师驻太康办事处主任王洽惠和工作人员张同修奉命到高朗侦察伪军据点，他们通过地方实力派尚振久的关系，弄清了伪军据点的布防情况，并得知汉奸徐天丕当日未归。王洽惠回到庆华县大队驻地冯楼后，大队长王荆跃、政委孟东明了解敌情后，决定当天拔掉高朗伪军据点。下午4时，庆华县大队兵分两路向高朗进发，5时许包围伪军据点，激战不到1小时，全歼高朗据点伪军。徐天丕听到枪声，不知战情，骑马由北边绕道驰回据点，行至张仪亭村南时，王霖征带2名战士将其生擒。打扫战场后，把不杀不足以平民愤的徐天丕就地处决，其余被俘伪军自愿留下的参加了新四军，不愿留下的经过教育均发给5元路费释放回家。

仝庄战斗。1944年，伪太康3区区部驻马厂北仝庄，时有伪军60余人，经常四出残害群众。庆华县抗日民主政府决定拔掉仝庄伪军据点，开创革命根据地。11月19日晚8时半，水东独立团1大队及庆华县大队轻装突袭仝庄伪军据点，全歼守敌，缴获全部枪支弹药。

王庄寨战斗。1940年12月底，国民党81师向正在马屯整训的睢杞太独立团发起进攻，独立团迅速向东转移至鹿邑辛集，3 连驻马厂南王庄寨负责警戒。12 月 31 日，国民党 81 师两个团和尹楷之的国民党鹿邑县团队尾随而至，从西、北、南三面攻打王庄寨，3 连指导员林弋率 2 个排进行还击，激战约两小时。此时，外出执行任务的 3 连连长杨振峰闻听枪声，急速赶回救援，国民党 81 师惊慌失措，匆忙撤至田店。下午 81 师再次发起攻击，3 连奋力抵抗。入夜，81 师改用炮击，一夜未停，3 连在黎明前撤出战斗，无一伤亡。

叶寨歼灭战。1945 年 2 月初，伪“泛东挺进军豫东剿共总指挥部”及其第 5 纵队，在中将总指挥张公达策划下，勾结日军、伪军张岚峰部，纠集地方土顽，盘踞太康城西 20 公里的叶寨、姜庄、白庄、叶岗、彭庙、逊母口一带，伺机围剿豫东抗日根据地。冀鲁豫军区根据中共中央军委指示，决定聚歼这一带的日伪军。冀鲁豫军区 30 团受命后，侦悉“泛东挺进军豫东剿共总指挥部”驻地叶寨防守较严，装备较好，其余各地日伪军则孤立分散。30 团针对这一情况作出部署：1 营由太康西北的高贤出发，在 8 团配合下，歼灭姜庄、白庄、彭庙、逊母口一带伪军，直逼叶寨；3 营由太康西常营出发，绕道太康西南，歼灭叶岗及其附近伪军，然后与 2 营和 8 团合围叶寨，力求全歼守敌。2 月 19 日 22 时，1 营在 8 团的配合下，按既定部署采取“压缩拉网、分割包围”的战术，全歼逊母、姜庄、白庄一带顽军。3 营采取同样战术，歼灭了叶岗及附近伪军。2 月 20 日上午 8 时，1 营、3 营及 8 团准时完成对叶寨的合围。1 营首先攻北门，因伪军火力猛烈，冲锋受阻，随后重新组织兵力，改变部署，再次冲锋，一举将伪军压迫于北门楼碉堡内。在 3 营和 8 团的有力配合下，1 营连续出击，迅速占领北门楼碉堡及北门外有利地形，将伪军全部逼进院内。与此同时，3 营和 8 团乘机攻入，攻克第 1 幢楼，歼敌一部。伪第 5 纵队司令耿明轩与伪太康县长郭馨坡龟缩第 2 幢楼上，负隅顽抗。1 营以迫击炮轰击，首发命中。同时，展开政治攻势，伪军走投无路，全部缴械投降。此次战斗，激战 27 小时，歼灭叶寨一带全部顽敌 2500 余人，活捉中将总指挥张公达、少将司令耿明轩、伪专员兼太康县长郭馨坡，缴获敌电台 5 部及全部武器装备，为开辟水西，打通华北、华中抗日根据地交通扫清了障碍。

奇袭贾寨。1945 年 6 月，王定烈率领冀鲁豫 128 团（老八团）和水西工委在商水砖桥一带进行抗日活动。国民党军长霍守义，破坏“国共抗日协定”，率部 5 个团并纠集上蔡保安团共 5000 余人，自上蔡向商水砖桥袭击 128 团驻地。128 团不得已以少量兵力阻击霍部前进，以主力迅速奔袭霍部兵站基地贾寨，霍部急忙回援。128 团在贾寨利用敌人原修筑的工事多次挫败敌人的冲锋，一直坚持到深夜，挖开寨墙向东突围而出，经白寺、雷坡转回砖桥。

9. 统一战线工作和国共合作抗日

抗日战争时期，中共豫东特委团结一切可以团结的力量，积极开展抗日民族统一战线工作，对当地国民党军政要员进行了艰苦细致的争取工作，最终把他们团结到抗日阵营中来，形成了全民抗战的局面。

国民党西华县长楚博积极主张抗日，被民众誉为“抗日县长”。西华县抗日动员委员会成立后，中共先后派王子英、沈东平、张曼萍担任楚博秘书，利用工作和其他关系，宣传共产党的抗日主张和统战政策，并和他一起参观中共举办的抗日训练班。楚博在共产党的帮助和民众抗日热情的感召下，1938年10月经彭雪枫介绍成为中共特别党员。之后，楚博以合法身份为共产党工作。他首先派共产党员任西华县各区区长，彻底改造了国民党基层政权，又吸收王子英、刘作孚、李钧等共产党员帮助举办联保主任训练班，宣传抗日救国，组建基层自卫队，这对发展壮大豫东抗日力量起了关键作用。

1938年初，豫东特委按照中共中央长江局指示，派特委委员刘作孚做河南省第七区督察专员公署专员刘莪菁的统战工作。经共产党宣传教育，他同意在淮阳、周口等地举办抗日干部训练班，并促成任命魏凤楼为扶沟县长。

为避免国民党军队引起的摩擦，中共豫东特委积极向国民党军队开展兵运工作。驻防周口的国民党骑兵14旅张占魁部是冯玉祥旧部，倾向抗日。为此，中共豫东特委派汪志、方飞、张侠等到张部开展工作。汪志到张部后控制了政训处，向官兵宣传抗日救国和统一战线政策，并发展部分进步官兵加入共产党，尔后建立了共产党组织。这样就避免了日蒋合流给抗日带来的困难局面。

1937年到1938年春，东北军115师驻防西华县，监视共产党的抗日活动。豫东特委深知该军倾向抗日，主动邀请师长到普理学校讲话，与官兵赛球，联络感情，使其不与抗日军民为敌。豫东特委委员路岩岭与驻红花集的东北军连长胡兰亭拉上关系，不仅搞到了弹药，还使其摆脱了对特委领导抢粮斗争的干预。

魏凤楼（1896－1978），字建亭，西华县迟营乡魏营村人。少时家贫，1913年投军冯玉祥部，1924年任西北边防督办公署手枪团团长。1926年3月随冯玉祥赴苏联考察，9月回国后任手枪旅旅长。1927年任国民革命军第2集团军第2方面军第14军4师师长，参加北伐。1929年3月任第2集团军第23师师长。1930年5月任反蒋联军第2方面军第4路军第3军军长，参加中原大战，失败后闲居北平。1935年随冯玉祥在泰山隐居，任警卫营营长。

1937 年抗日战争爆发后，魏凤楼受冯玉祥派遣，只身回到家乡组织抗日武装，与中共豫东特委建立了密切联系。同年底由彭雪枫、沈东平介绍成为中共特别党员。在中共党组织的帮助下，他先后任西华县抗日军政训练班校长、西华县第一区区长。1938 年 5 月任西华人民抗敌自卫团副司令。6 月，中共豫东特委通过统战关系使其任国民党扶沟县县长，建立了实际上在共产党领导下的抗日民主县政权。魏凤楼就任扶沟县长时，从西华县带去了约 700 人的武装，两个月内便发展到 1200 多人。8 月底，中共豫东特委为新四军游击支队东进抗日做准备，开辟鹿邑县抗日民主根据地，通过统战关系由国民党河南省第二区行政督察专员公署专员宋克宾任命魏凤楼为鹿邑县县长兼河南省第二区保安第 4 纵队司令。根据中共河南省委军事部长彭雪枫的指示，9 月他带领 1200 人的武装上任，国民党当局中途变卦，欲取消任命，但木已成舟，只好承认现实。魏凤楼到鹿邑后，一面改造旧政权，用共产党员和抗日进步分子代替贪官污吏；一面大力发展武装，肃清境内盗、匪，打击日伪军，稳定民心，安定社会秩序。

1938 年 11 月，张爱萍根据中共中央关于要把工作重点转向豫东，开创豫皖苏边区新局面的指示精神，来到豫东指导统战工作，开辟敌后抗日根据地。他到鹿邑县后任魏凤楼部参谋长（后任中共豫皖边区工委书记），帮助魏部建立党组织，整顿部队，改造政权，使魏部的面貌焕然一新，战斗力大为增强。在张爱萍的帮助下，魏凤楼在鹿邑县举办了抗日干部训练班，并由张爱萍任教育长，讲授《游击战术》等教程，培养抗日骨干 400 多名，为共产党在鹿邑开展抗日斗争奠定了坚实基础。魏凤楼、张爱萍还不辞辛苦为新四军筹粮募捐，曾一次为新四军筹集棉衣 2500 套，军饷 3000 块银元，在物资装备上给新四军游击支队以很大接济。1938 年 12 月，鹿邑县城第二次沦陷，张爱萍巧施雪夜奇袭计，顶风冒雪，黑夜乘日伪军不备，带领部队协同魏部翻越城墙，一举收复了鹿邑县城。1939 年 4 月，日伪军第三次侵占鹿邑县城，他组织新四军游击支队驻鹿邑留守处安全转移，并率部队 100 余人到鹿邑城西南沙江山一带阻击日军，支援魏部，沉重打击了日寇的嚣张气焰。

1939 年 10 月，彭雪枫率新四军游击队到达鹿邑县后，魏凤楼在人、财、物各方面都给予极大支持，对游击支队的迅速发展壮大作出了重要贡献。

魏凤楼在鹿邑县任县长将近一年，所部发展到 5000 人。他向彭雪枫坚决要求将其所部编入新四军，或配合新四军到豫皖苏边区打游击。彭雪枫考虑到豫东地区统战工作的需要，没有同意他的请求，并根据刘少奇的指示，让他到国民党第 1 战区司令长官部争取合法名义。于是，魏凤楼派部队中的共产党员尹景潮到第1战区司令长官部多次联系，取得了第1战区游击第1纵队的番号。1939年7月，魏凤楼任第1战区游击第1纵队司令。因蒋介石实行排斥异己的方针，魏部被调离豫东，相继到豫西、陕南把守黄河。在无援军的情况下，魏凤楼部多次与日军血战，屡受重创。1944年春，在豫西陕州被日军俘虏，后经人保释，由汪精卫交与伪第4方面军总司令张岚峰处理。因魏与张在西北军中是老同事，张了解魏的军事才干，为扩大自己的势力，便委任魏为皇协军56师（后改称独立15师）师长，驻淮阳县西北的柳林镇，在淮阳、太康、西华一带招兵买马。1945年1月接受张岚峰改编，任伪淮太西绥靖司令，经中共党组织同意，魏接受任命，并逐步组织了一支数千人的武装。

日本投降前夕，共产党为瓦解伪军，利用魏的特殊身份，决定争取这支部队率先起义。抗战胜利后，魏部被国民党收编，任新编第3路军56师师长。中共冀鲁豫区党委、第十二地委和淮太西县委遵照中共中央部署，多次派人与魏凤楼取得联系，传递情报，及时传达中共中央指示，终于做好了起义前的一切准备，并和魏取得一致意见，决定起义。

1945年8月20日，魏凤楼在淮阳县柳林村率部起义，参加人民解放军。当日清晨，魏凤楼在柳林北门外对部队实行紧急集合，整顿军纪后，宣布了8条纪律，处决了张岚峰派来监视部队的军法处处长张贯五。而后率部由柳林向东夏亭进发，一路受到抗日军民的热烈欢迎，顺利到达东夏亭。后部队整编，魏凤楼先后任豫皖苏军区副司令员、晋冀鲁豫军区豫东纵队司令员。

抗日战争时期，中共太康县委配备有统战干部，杨昆、王洽惠等先后负责统战工作。统战对象为日军中的反战士兵、伪军中具有爱国心的人员、国民党军政部门中的上层分子和愿意与共产党合作的进步人士、地方上层分子等。通过教育争取，曾有2名日军士兵和日本翻译朝鲜人隆山夫妇携带武器投奔解放区。朱彦斌、轩传仁、魏胜远、吕来等一些伪军头目接受中共的条件，并秘密为共产党传送情报，购置武器弹药、医药用品等军用物资。安振华等一些伪太康县政府人员为共产党散贴传单、投递重要情报等。

英雄的周口人民在抗战中，纷纷参加八路军、新四军，不少回族青年投笔从戎，冒着生命危险，奔赴革命圣地延安。同时，也有不少人留在回民聚居区积极组织抗日武装。1938年，水东特委书记、睢杞太地区游击队政委马庆华，积极发动群众，建立革命根据地，坚持武装斗争。

七、“以水代兵”与黄泛区

1. 花园口决堤与黄泛区的形成

1938 年 6 月 6 日，河南省会开封失守，日寇西逼郑州，南慑武汉，为阻止日军沿陇海线西进，然后顺平汉线南下会攻武汉，蒋介石下令实施“以水代兵”战略。6 月 9 日上午 8 时，国民党新 8 师在郑州花园口决开黄河大堤放水，奔腾的黄河水汹涌而出，向东南倾泻，分两股夺淮河入海，形成了面积巨大的黄泛区，给西进日军造成较大困难，在一定程度上实现了阻敌西进的目的，但同时也给抗战中的人民造成了巨大灾难。

花园口决堤后，黄河水顺着贾鲁河迅速下泄。第二天，黄河中上游普降暴雨，黄河水量猛增，花园口决口处被冲大，同时中牟赵口黄河大堤也被大水冲开。奔涌而出的黄河水出槽后在河南境内分作两股汹涌同奔。西股黄水是主流，源自花园口，至中牟入贾鲁河，南泛尉氏、扶沟、西华等县，于周口东折入颍河，波及淮阳，然后分别注入沙河和茨河，再经安徽太和、阜阳、颍上及正阳关，最后汇归淮河。此股黄水势大而猛，所经小河均难容纳，故常泛及耕地。东股黄水与中牟赵口泛水汇合，东折至开封以南，经杞县、太康入惠济河，而后至安徽亳县、涡阳注入涡河，于安徽怀远汇入淮河，自淮河经洪泽湖、白马湖、高邮湖注入长江，形成合流局面，进而波及江苏北部诸县市。此股黄水后因日伪在豫东修筑堤坝及自然淤塞等关系，不久即告阻绝，后期黄水即全由颍河水道而下，泛区形势为之一变。由决堤而来的黄河历史上的第 26 次改道所造成的危害，殃及河南、安徽、江苏 3 省 44 个县市，淹没面积 5.4 万平方公里，受灾 1250 万人，死亡 89 万人，391 万灾民外逃，泛滥达 9 年之久，形成了举世闻名的“黄泛区”。

6 月 15 日，黄泛主流经中牟、尉氏，沿贾鲁河入扶沟，为小岗杨、白庄岗岭所阻折向东流，至韩寺营分为 3 股：一股沿韩寺营、跨李庄、西营至七里河入双洎河，直逼扶沟县城；一股经白潭夺贾鲁河经三所楼、董岗、吕潭折向东南，入官地、单庄、苏庄、坡贾、丁岗，涌向西华道陵岗；一股由白潭向东入涡河，经毛岗、郝岗、季历岗、洼刘、古村、太康县芮村泛滥。除 3 股主流外，在扶沟县境北部连接通许邸阁、尉氏杜柏等村又有 4 条小支流：一是麻里、梁庄、李庄、孙庄之水；二是麻里、王营、张坞岗、崔桥之水；三是常庄、东冯、前闸之水；四是王村、河沿、南冯陵之水。这些黄水支流至崔桥，为江村至崔桥大堤所阻，南流到古城入涡河。后因堤身单薄又破堤东流。这些大小支流，每到汛期黄水横溢，平原上起伏的岗岭成为遍布水中的孤岛。

6 月 17 日，黄水分别向西华、太康一带淹来，水头高一二米不等。一日之间，太康县西部、西南部大片村庄、田园一片汪洋。6 月 19 日，西华大部地区，西起艾岗、红花集，东至聂堆、田口、西华营、东夏亭、清河驿、皮营、东王营，中部黄土桥、城关、迟营、大王庄和李大庄北部沦为泽国。西华县境内水面宽 50 里，平地水深 2 米左右，被淹村庄 500 个，耕地 80 万亩，淹死 1.5 万人，倒塌房屋 14 万间，14.1 万人流离失所，淹死牲畜 3.2 万头，损失粮食 8200 万斤，其他财产损失不计其数。

6 月 20 日，黄水经淮阳流入沈丘。6 月 23 日，水猛涨，平地水深 1 丈 4 尺余，沈丘县淹没 678 个村庄，25744 户农民流离失所。

6 月，郑州花园口决堤，鹿邑县境内 954 平方公里受淹，庐舍坍塌，人畜漂没，冲毁粮田，财产损失达 29.6 亿元（法币）。

黄水沿贾鲁河两岸南下入周口地区境时，正值小麦收获季节，早麦刚收打结束，晚麦方收进场。激流汹涌，浊浪滔天，未收割的小麦被泥沙掩盖或连根拔起，场中麦垛，顺水漂流。黄水冲进村庄，房倒屋塌，人、畜走避不及，淹死和压死的尸体随波逐流，灾民惊恐万状。从中牟到周口，但见黄水茫茫，大地改色。在一些形如孤岛的高地上，不少难民来不及逃走，眼看着自己的房屋田园被冲没，呼天喊地，悲愤至极。生者哀号待救，流离逃荒者不绝于路，凄惨荒凉之景不忍目睹。

花园口决堤后，突入豫东地区的日军，有的来不及逃脱而被洪水淹没，有的为伤病所累而被丢弃，还有一部分为中国军队歼灭，死毙者 7452 人。其他日军只好停止追击，集结于黄泛区以东。

黄泛区形成之初，豫东地区一度成为战争真空地带。战局基本稳定后，日军不得不改变原计划，将主力南调，沿长江西进，进攻武汉，留在该地区的兵力很少。开封、商丘、淮阳日军只有数百人，其他各县仅四五十人。包括日军的宣抚班、宪兵队等合并统计，整个豫东不过 3000 人。但是，日、伪军很快进入这一地区，国民党军队紧跟而进，加上共产党新四军的武装，抗日斗争逐渐活跃起来，形成多种势力交错杂陈的局面。

黄泛区形成后，黄水东南泛滥，形成穿越豫东平原长 400 公里，宽达 30 至 80 公里的“新黄河”，成为分居西、东两岸中日两国军队夹河对峙的军事分界线。这条军事分界线把日军阻隔在泛区以东，国民党军队沿“新黄河”

在西岸据守，修筑起“防泛西堤”（时谓西大堤），利用黄水给日军以威胁，并相机越过“新黄河”打击敌人。国民党军队也利用大堤的护拦作用，多次决堤放水，驱使黄水向东泛滥，淹没日、伪军，逼迫日伪政权后退。东面是沦陷区，西面为国民党控制区，双方相持一直延续到1944年日本发动打通大陆交通线的战役。

2. **筑堤阻敌制敌**

花园口决堤后，国民党第1战区与黄河水利委员会共同制定了河防、国防兼顾的以黄治敌策略，修筑大型堤坝束水导水，同时根据军情变化的态势，不断地修理、疏导豫东地区的各种河沟水道，充分发挥黄水的地障作用，威慑和牵制日军。在1938年以后的抗日战争中，“新黄河”成了中国军队牵制和打击日军的重要工具。

1938年7月，黄河水利委员会会同河南省政府及相关部门成立了“防泛新堤工赈委员会”，组织沿河各县民工修筑防泛西堤。该堤沿泛区西岸，自郑州西广武县李西河黄河南岸大堤起，至郑县境唐庄（今郑州东郊圃田镇东）陇海路基止，全长34公里。1939年5月至7月，河南省续修黄河防泛新堤工赈委员会成立，延伸唐庄以南的西堤直至豫皖交界地段。新堤沿泛区西涯经中牟、开封、尉氏、扶沟、西华、商水、淮阳、项城、沈丘到安徽界首为止，全长266公里，完成土方340万立方米。新堤顶高4米至5米，高出地面1.5米至3米。这次修堤，扶沟县派出民工3万人，动土194.4万立方米。整个防泛西堤筑成后，把河南境内“新黄河”从西边约束了起来。

防泛西堤修成后，初由黄河水利委员会河南黄河修防处接管，为此专门成立了3个修防段，常年驻工防卫。其中，防泛西堤第一段：自广武县李西河起，至尉氏小岗杨（今属扶沟县）止。该段堤长117公里，历经郑县、中牟、开封、尉氏4县。防泛西堤第二段：自小岗杨入扶沟县境，经韩寺营、寺院庄、白潭，沿贾鲁河右岸至吕潭南越贾鲁河经坡谢至道陵岗入西华县境，经刘干城、徐楼、胡楼复沿贾鲁河左岸至毕口入淮阳县境，再经李方口、下炉、八里棚与周口护寨堤相连。该段堤长98公里，历经扶沟、西华、淮阳3县，指挥部设在扶沟吕潭。防泛西堤第三段：自周口南寨沿沙河右岸经康湾、牛滩入商水县境，经李埠口、苑楼又入淮阳县境，经苑寨、郭埠口、水寨至苏庄入项城县境，经槐店南关、陈口至孙营入沈丘县境，经戴寨、卜楼至豫皖交界的界首止。该段堤长约100公里，途经商水、淮阳、项城、沈丘4县，指挥部设在淮阳水寨（今属项城市）。后来军事形势紧张，堤防防守事宜由第1战区长官司令部及苏鲁豫皖边区总司令部部署，具体由第15集团军总司令何柱国负责。

1940年7月，泛区主流东移，东岸太康县境内王盘一带民埝冲决，河水漫向东南入涡河。1941年凌汛期间，又决太康县王子集，6月再决逊母口、姜庄寨，加大了过水流量，涡河一带走水约占全泛区水量的80%多，老泛区仅占20%左右，黄河泛水主流由尉氏经太康、淮阳、鹿邑沿西肥河漫流入淮。淮阳县城处于涡河以南沙河以北地势较高地带，一直未被泛水波及，是日军在泛区以南唯一据点。第一战区和当地政府生怕泛水全部入涡，导致淮阳以南沙河以北泛区断流，难以阻碍淮阳日军长驱南犯，为保持淮阳以南的泛水不断流，又不使泛流太多造成黄河夺沙，于1941年初在泛区东岸成立阻塞王盘工程处，堵塞王盘一带口门两处，并复堤6公里，修筑柳坝10余道，使大溜移至王盘以上江村口门附近上下，减轻了入涡流势。同时在周口成立了整理沙河工程委员会，将沙河以北黄河入沙河的11道串沟，堵塞8道，保留3道，并于周口至淮阳济桥段修筑沙河北堤长40公里，既不使泛水大量进入沙河，又不使淮阳以南泛水断流，起到了阻敌作用。

防泛西堤修筑时，正值抗战艰难时期，人民疾苦，运输困难，又缺乏石料，防洪工程多就地取材、因陋就简；加之仓促施工，土质沙松，又未行硪，御水能力较差。同时河面宽阔，风浪严重，岔流众多，流势多变，一遇大溜冲刷或较大风浪拍击，如抢护不及，即决堤为患。因此，防泛西堤修成后，决堤事件频繁。在周口地区境内决口最严重的是西华道陵岗。1942年8月，道陵岗堤段上下决口7处，到年底堵了6处口门，唯第一口门到1943年4月才堵合。此外，扶沟白潭、吕潭、王盘堤段，泛水均曾越堤决口，到处泛滥。扶沟县人力、物力有限，1940年后国民党政府不断派各县民到扶沟修堤，耗费物资，不计其数。终因大堤不牢，屡修屡决。

1943年1月，汤恩伯在漯河召开第1次整修黄泛工程会议，决定当年麦收前完成，并组织工程总处，以苏鲁豫皖边区副总司令何柱国为总处长，负责指挥，以军工为主，进行复堤工程。5月中旬，大部工程即将完成时，忽然发生飓风暴雨，西华县道陵岗口门西坝工程冲陷，扩大口门，到年底堵复。

1943年6月，汤恩伯在周口召开第2次整修堤防会议。议决4项：继续堵筑未堵塞的口门，修筑贾鲁河及鄢陵双洎河堤防工程，加修周口以西至逍遥镇的沙河北堤，重点加固周口以东沙河南堤，以防泛水越过沙河。7月又在临泉开会，决定由河南省政府、黄委会及边区驻军合组河南整修黄泛临时工程委员会。11月初，该会在周口成立，由汤恩伯、何柱国、张含英领衔电报军事委员会及行政院，要求拨发工款3000万元，以便进行堵口复堤和防汛。

按照以上决议，于当月在许昌成立整修豫境黄泛临时工程委员会，赶速进行尉氏荣村、西华道陵岗、淮阳沙河北堤宋双阁各口门堵门和各堤段的复堤工程。12月开工，1944年麦收前基本完成。

在防泛西堤修筑前，黄水进入枯水季节时，沿岸民众曾自发因势就利修建许多大小不等的民埝，多少起到了一些束水作用。防泛西堤修筑时还部分利用了这些民埝。防泛西堤修成后，又时常被洪水冲决或被日伪军队破坏，沿岸的民众又在其外面继续修筑了新的更多的民埝。西堤在里，民埝在外，形成至少两层束水地带。二者相互结合，共同起到了防洪、阻敌和驱水东去淹敌的作用。

黄河东岸是日军占领区，日伪政权为防止其辖境缩小，灾民作乱，影响其推行殖民统治，在中国军民于“新黄河”西岸修筑“防泛西堤”之时，也针锋相对地修筑“防泛东堤”（时谓东大堤），以确保已有的统治地域。

1941年，日军修筑自开封以下经通许、太康县境至涡河分流口之间的防泛东堤。由于形势复杂，日军修筑防泛东堤的过程并不顺利，筑堤施工断断续续，到1943年才基本修成，约束了泛水水道，相对控制了黄河及涡河的洪水东泛。

东、西防泛大堤的修筑，使隔河相对的中日两国军队获得了一条相对稳定的军事分界线。但是，由于形势紧急，施工仓促，双方所修筑的大堤都不牢固，决堤现象颇为频繁。其中既有自然原因的决堤，还有两国军队主动决堤行为。自然决堤后，中国军民进行堵口，以免黄水西泛漫延，威胁抗日形势。主动决堤一方面是要防止对岸日军过河进击，另一方面是要逼水东去，压缩日伪统治区域。在1944年日军开始打通大陆交通线战役时，中国军队主动决堤较为频繁，集中在扶沟、西华、淮阳3县，计有10余次。1940年5月，国民党第1战区“泛东游击队”阮勋在西华郭屯决开“新黄河”大堤。1943年8月，国民党睢县县长尹楷之、第1战区“泛东挺进军”第38支队同福喜部在太康、通许等地两次决堤18处，逼使水流东去，压迫日伪占领区域。1943年10月2日，国民党河南十二行政督察区专员薛广汉决河东岸中牟至大康11处7500米，一方面扩大日伪筑堤的开支，从经济上消耗日军，另一方面迫使日伪政权后退。日军因兵力不足，也经常利用黄河水阻挡抗日军民。1944年8月16日，日军同时在西华、商水两县掘开新黄河大堤，宽度分别达到50米和80米，直到两个月后方堵合。1944年9月，大陆交通线战役期间，第1战区“泛东挺进军”耿明显、张公达部在太康决堤2处，后又4次决堤，以阻止泛区以东日军过河策应平汉线上的日军主力。

3. **黄泛区灾况**

周口地区是“黄泛区”受灾最为严重的地域，扶沟、西华、淮阳、沈丘、项城、太康、鹿邑、商水等8个县全部受灾。其中又以扶沟、西华两县受灾最甚。连续9年的黄水，不仅毁灭了周口地区人民世代艰辛创造积累的物质、精神财富，也改变了这一带的环境地貌。这次黄水泛滥，周口一带受害之久、面积之广、灾情之重、损失之大，亘古未有。

1938年冬，新黄河进入枯水季节，在扶沟形成3股主流，最西一股沿韩寺营东至永昌，流向马集一带，流量占黄水的40%，泛滥面积占60%。若堵住韩寺营口，逼黄水东流，可救出被淹土地50万亩，又可防止扶沟县城被水冲没。在绅民要求下，国民党扶沟县长禹升联派员勘察、制定堵口计划，呈报河南省政府批准，于1939年春筹工备料堵口。韩寺营口宽5华里，西起韩寺营，东至寺院庄，从两端进土堵口，当上游水位增高有冲刷力时，西堤坝头上侧迅即打桩铺柳梢挡水，东西两坝开始加宽，坝顶加宽6米以上。口门缩至10余米时，两坝裹头，推柳枕合龙。柳枕是以粗麻绳捆绑柳枝、秫秆、麦秸、砖石做成，长约5米，直径1米。一端固定上游，推枕下沉，拦阻水头，缝隙漏水，用软料加土堵塞，费时2个月，于6月堵口告成。堵口合龙时，发生崩梢，民工落水150余人。上下水头相差2米，下水口门，被水冲成潭，潭迹至今犹存。

1942年2月12日，扶沟季历岗民埝冲决，不久堵复。5月，扶沟韩寺营民埝大部崩溃，黄水向南倾泻越贾鲁河，再次抵颍河北岸。此次黄泛，西华艾岗、黄土桥、城关、迟营、大王庄和李大庄北部，再次被黄水淹没，水围西华县城，水面宽90里，淹没村庄300个，被淹耕地扩大40多万亩，7500人葬身鱼腹，5.3万人流离失所，6.5万间房屋倒塌，损失农具700多万件，粮食3200万斤，牲畜数以万计。

1943年5月，黄河防泛西堤在尉氏县荣村决口，淹鄢陵县彭店、张桥等乡，经鄢陵流入扶沟，沿高集、胡庄庙、双洎河以北，进入秦岗、邹家、摆渡口、马家、曹台，流至扶沟县城东南而下。1944年，河水溢决张店口，黄水倒灌，扶沟县西南的固城、常岭岗、魏寨、秦岭皆遭水淹。头次来水，地处防泛西堤与双洎河东岸的吕潭、李绍岗等村尚为夹在黄水缝中的陆地，这次荣村决口也使之成为水乡泽国。扶沟全县977个村庄，除县城以西的李堂、谢岗、三家店、朱岗、十里店、李集、大王庄、鲁家、韭园和城南马村、罗沟、郑关等村没有上水外，所有村庄皆淹没在黄水之中。扶沟县城亦三面被水包围，仅剩西至韭园一狭长岗岭地带成为西去鄢陵、许昌的唯一通道。

1945 年 9 月 27 日，黄水暴涨，越颍河逼近沙河，纵横百里。西华县境除逍遥镇以西沙河以南地区未遭黄灾外，其余尽成泽国。第 3 次黄泛，淹没了西夏亭、叶埠口、李大庄南部，以及逍遥东部，水面宽扩大到东西 100 多里、南北 80 多里，又淹没村庄 270 个，耕地 36 万亩，死亡 5500 人，流离失所 5.6 万人，淹死牲畜 1.2 万头，倒塌房屋 5.3 万间，损失农具 650 万件，损失粮食 2709 万斤。

花园口决口后，为了彻底贯彻以黄制敌策略，也为了尽量减少泛滥带来的损失，尤其是为了鼓舞抗敌的民心与士气，国民政府制定了一系列善后政策，采取了许多实际救济措施和手段，取得了一定成效。善后救济活动前后持续 9 年，几乎伴随整个黄泛过程。

1938 年 6 月 23 日，国民政府派赈委员会副委员长屈映光携带特拨款 200 万元赴豫主持办理急赈。7 月上旬，屈氏会同河南省政府和第 1 战区司令部、黄委会拟定全盘抚赈计划，包括安抚、急赈、收容、编配、生产 5 项。之后，组织民众以工代赈修筑防泛大堤和民埝，防止黄水无限漫延。还募集分发衣物、食品；发放农具、种子和耕牛；提供小额贷款；实施医疗救济，治病治伤防疫；输送灾民于后方，遣送灾民回乡；收容教养老弱病残和孤儿等等。但由于救灾措施不力，灾民或大量外逃谋生，或靠自救度日。

扶沟黄泛初期，逃出黄水窝的灾民，日达千余口，麇集县城，触目皆是。旬日之内，有万余众等待救济。国民党河南省赈济灾民委员会按人头发放粮款，后来灾民越来越多，救济物资迟迟不发，嗷嗷待哺的灾黎涌入县府，痛哭求救。扶沟县长魏凤楼为民请命，派员赴省面陈灾情，“恳希特别抚恤，早施巨赈，拯所孑遗”，省里方拨付遣送灾民到外地垦荒的粮款。由于救灾款物有限，很多灾民未领到钱粮。

《豫省灾况纪实》如此勾勒黄泛区灾难：“泛区居民因事前毫无闻知，猝不及防，堤防骤溃，洪流踵至；财物田庐，悉付流水。当时澎湃动地，呼号震天，其悲骇惨痛之状，实有未忍溯想。间有攀树登屋，浮木乘舟，以侥幸不死，因而仅保余生，大都缺衣乏食，魂荡魄惊。其辗转外徙者，又以饥馁煎迫，疾病侵夺，往往横尸道路，填委沟壑，为数不知几几。幸而免能逃出，得达彼岸，亦皆九死一生，艰苦备历，不为溺鬼，尽成流民……因之卖儿鬻女，率缠号哭，难舍难分，更是司空见惯，而人市之价日跌，求售之数愈伙，于是寂寥泛区，荒凉惨苦，几疑非复人寰矣!”

扶沟县辗转外逃的灾民流浪到新疆、陕西、青海和河南南阳、驻马店、唐河、西平等地。西华县灾民逃难到山西、陕西、湖北、安徽和河南南阳、邓县、正阳、光山、信阳、驻马店、漯河、周口等地的达25万人。太康县灾民，有的由国民党政府设立的难民登记收容所分配到陕西黄龙山开荒，大部分逃到豫西南各县或散居附近各地。他们为了谋生，壮者扛长工、打短工，老弱病残妇幼沿街乞讨者十之八九，灾民终日过着“独轮小车走天涯，风雪破庙就是家”的悲惨生活。贫苦农民沦落异乡，举目无亲，任人欺凌，卖儿鬻女，骨肉分离，家破人亡，横尸街头。

黄泛区未外逃的灾民暂居在附近的岗地上，靠临时搭起的草庵栖身，被黄水围困的高地便成为人烟密集的居民点。每到枯水季节，水落地出，种点庄稼，维持生计。收割的秸秆连着草庵，草庵挨着从水中打捞的梁檩家具，极易发生火灾，一家不慎，数十百户遭殃。扶沟白潭失火，风助火势，蔓延全岗，90多户人家的财产全部付之一炬，死伤10余人。斗仓东岳庙地势较高，住灾民32户，傍晚发生大火，木材、粮食、箱柜化为灰烬。王家、范岗、汴岗、葛岗等地也相继发生火灾，损失惨重。除火灾外，疾疫时常流行。吕潭镇曾发生霍乱，一条街死亡11人。霍家流行伤寒，死亡38人。这些劫后余生的灾民，因有病得不到救治而被夺去生命。群众说：“黄水窝，黄水窝，失火、生病、蚊蝇多，少盐、无柴、啃干馍。蚊虫咬，蝇子叮，伤寒痢疾常发生。”

黄泛期间，未远逃的灾民又返里种上庄稼。1942年，春旱严重，小麦歉收，秋季缺雨，蝗虫成灾。入冬后，灾情更重，西华灾民继续外逃者又增加2.5万人。未逃出的灾民以树叶、树皮、麦苗、雁粪果腹。1943年春，粮价暴涨，饿殍载道，卖儿鬻女，随处可见。十三四岁的少女仅换二三斤馍，年轻妇女只要有人给饭吃，就随人走了。三四月间，饿死者无人埋葬，甚至出现人相食现象。因病饿死者近3万人，有的全家死绝。

郑州花园口决口直到1947年3月15日方堵复，历时8年9个月。黄水泛滥过后，黄河浊流挟带沉积的泥沙厚达1至4米不等，完全埋没田园、村舍、道路，淤塞水井、河道。大地上，沙岗起伏，野草丛生；天空，黄沙飞扬，蝗虫蔽日。间或看到三三两两的灾民，栖息在沙荒盐碱窝里，一派肃杀惨景。国民政府行政院善后救济总署河南分署在关于黄泛区的报告中披露：“漫流走沙，愈演愈大，一片荒烟，到处凄凉……古人云，‘鸟飞不下，兽挺亡群’，‘田原荒芜，庐舍为墟’，用之泛区不惟不甚，且只能道其十之二三……昔日中原乐土，今时人间地狱。”“百里不见炊烟起，唯有飞沙扑空城。无径荒草狐兔跑，泽国芦苇蛤蟆鸣”，这是当时黄泛区的真实写照。

1947年3月，黄水重归故道，泛区土地涸出，但见遍地蒿草柳林，人烟稀少，路径、村庄难觅，1米多高的野草连绵数里至数十里不等，成群的野兔出没其间。原有房屋几全毁于黄水，百不余一，极少幸存的楼房瓦屋，被泥沙淤积至屋脊、窗棂，枯树仅露上梢，名胜古迹、碑碣石雕，湮没难寻。扶沟城址原建在岗上，黄水横流时，堵塞北城门，以柳枝护城墙，城内方免水灌。但城外淤积增高，水面高出城内地面2米，河水渗透，凹处积水1.5米，北大街水深2尺，70%的房屋倒塌；曾繁闹一时的崔桥、白潭等集镇鳞次栉比的店铺，荡然无存。

1947年3月黄河回归故道时，扶沟、西华、商水3县的人口总数只有受灾前的38%。据统计，周口地区受淹土地面积2800平方公里，分别为：扶沟340平方公里，太康880平方公里，西华180平方公里，淮阳800平方公里，鹿邑500平方公里，项城60平方公里，商水40平方公里。尤其扶沟、西华等县数百里无人烟，其中扶沟淹没土地占原耕地面积95%，被淹村庄886个，占总村数的90%。除个别楼瓦房之外，所有房屋均被冲毁，溺死7.8万人，受灾之惨重，为全省之首。淮阳县71.5%的良田被淹，其中56万亩被冲毁；淹死4.63万人，牲畜损失1.85万头，倒塌房屋12.77万间，17.68万人无家可归，全县财产损失约30亿元（法币）。太康县黄泛期间的损失，据国民党行政院善后救济总署和河南省政府1946年调查统计，全县受淹耕地1554000亩，占耕地总数的67%；淹没村庄1177个，占总数的63%；外逃人口175388人，占总人数的32%；死亡人口31737人，占总人数的5.8%。加之黄泛期间兵燹匪患，旱蝗侵袭，瘟疫流行，灾灾相连，太康县人口损失大半。1943年太康县实有人口21万人，仅是黄泛前的39%。约有4万人卖往他乡，1万余人失踪，其他财产损失无数。

八、解放战争

解放战争时期，是中国共产党领导全国人民经过20多年的浴血奋战，最后夺取新民主主义革命胜利的时期，是革命力量与反革命势力进行殊死决战的时期。周口地区是国共双方逐鹿中原的重要战场之一。早在进攻鄂豫皖边区前，国民党军队就在豫东一带制造摩擦，进攻解放军，挑起内战。全面内战爆发后，国共双方在周口一带进行了激烈争夺，长期处于“拉锯”状态，经反复争夺，周口一带最终获得解放。

抗日战争时期，八路军、新四军及地方抗日武装相继在周口地区西华、扶沟、淮阳、太康、鹿邑、商水等6县建立了抗日根据地。1945年7月，扶沟县城首先光复。日军投降后，又先后光复了日伪军控制的太康、西华等县城。抗战胜利不久，国民党军队便开始进攻抗日根据地，抢占人民军队从日伪铁蹄下解放的城镇和乡村。1945年10月下旬，国民党军队侵占了扶沟、太康、西华等县城及商水、扶沟、太康、淮阳、西华等县的部分乡镇。在国共谈判中，国民党拒绝承认豫东地区八路军及其根据地存在的事实，诬称他们围剿的只是“土匪”，不存在进攻八路军之事。“双十协定”墨迹未干，国民党即出动大批正规军配合地方团队大举进攻解放区。

1946年6月，内战全面爆发后，周口地区便遭到国民党军队的进攻，人民武装被迫针锋相对进行自卫，夺回了被国民党军队侵占的大片解放区和部分县城。1946年8月起，刘（伯承）邓（小平）大军3次越过陇海路，进入周口地区境内作战，先后解放鹿邑、淮阳、太康等县城。特别是解放军转入外围作战后，刘邓大军千里挺进大别山，陈（毅）粟（裕）大军出击豫皖边，两支主力部队多次转战于周口地区境内，改变了国共在该地区的军事力量对比，给周口一带解放区军民以有力支援。之后，各县城开始变为基本在解放军控制下的“拉锯”态势。1948年8月前后，大部分县城获得解放。但在一部分农村，“拉锯”状态仍然存在。不仅国民党正规军时常过境骚扰，而且多次遭受解放军打击的国民党地方武装，或潜散于乡村，夜聚明散，与解放军对抗；或以外地为依托，结伙成股窜回境内，袭击中共地方武装和地方政权，残害人民群众。这种状况直到淮海战役之后才基本结束。

1. **太康县的解放**

水东地区第一次反“围剿”斗争。1945年9月，为抢夺抗战胜利果实，国民党调集刘汝珍68军119师、81师、181师等正规军，配以河南省保安团、原日伪“和平救国军”第4方面军张岚峰部及各县土顽、杂牌军，扬言要“向中共收复失地”，向水东革命根据地发动第一次“围剿”。按照中共中央“针锋相对，寸土必争”的方针，30团会合从水西调回的29团，在六分区司令员金绍山、政委袁震的指挥下，开展了第一次反“围剿”斗争。淮太西县和扶太西县合并，建立太南支队。10月，太南支队队长孟繁馨、政委薛培渡率部在板桥消灭国民党军1个尖刀排，缴获轻、重机枪2挺，以及其他枪支弹药。12月10日，30团夜袭杞县马庄寨，消灭国民党“剿共”部队119师336团2营，毙敌百余人，俘虏敌营长以下200余人，缴获迫击炮4门、重机枪4挺、轻机枪17挺、手枪及步枪400余支，打击了国民党的嚣张气焰，坚定了广大军民反“围剿”的信心。12月底，第一次反“围剿”胜利结束。

水东地区第二次反“围剿”斗争。1946年5月，国民党调集68军刘汝珍部81师、181师、张岚峰部第2纵队、河南省保安部队6个团和邻近23个县的保安团，对水东革命根据地发动第二次“围剿”。当时，水东只有30团、军分区独立团和各县、区队，人数不足4000人。5月11日，中共水东党政军民在龙曲召开第二次反“围剿”动员大会，部署反“围剿”工作。

5月12日，30团在龙曲附近徐庄、谢庄伏击张岚峰部，战斗持续约1小时，歼灭张部200余人，缴获轻机枪1挺。当夜，30团成功袭击王集张岚峰部丁葆仁团，之后张岚峰部孔团、宋团自龙曲往援，30团遂撤出战斗，集结到王集北张山寨。

5月20日上午11时，张岚峰部尚团炮击张山寨，30团卫生队2人牺牲，2人负伤。12时许，张岚峰部尚团向寨墙猛扑，相距仅50米，30团轻重武器一齐开火，尚部猝不及防，伤亡甚重。30团1营乘机冲出，尚部狼狈逃窜。此战击毙尚部80余人，生俘70余人（包括连长1人），重创2个营，缴获轻机枪3挺、步枪百余支。

5月23日，30团、太南支队奔袭驻清集的国民党禹县保安团，拂晓战斗打响，激战1个多小时，击毙保安团参谋长以下百余人，俘虏400余人，缴获迫击炮2门、轻重机枪4挺，其他武器甚多。禹县保安团团长高振兴被俘，在当地民众强烈要求下被枪决。24日，在清集召开了祝捷大会，晚上撤出，张岚峰部宋团遂占领清集。

5月25日，30团派一、二两营回攻张岚峰部宋团团部附近，孔团、徐团往援，遂撤出战斗。孔团、徐团进至香营附近，被30团、太南支队伏兵两边包抄，狼狈东逃。30团、太南支队追击10余里，而后向太康西南转移。27

日，宋团、徐团沿淮太公路尾追30团。30团拟于拂晓在李彩集设伏歼之，因行动迟缓，至李彩集时天已大亮，被宋团、徐团发现，立即投入战斗。30团凭借村庄和坟地防御，激战竟日，毙宋、徐部百余人，30团及太南支队亦有伤亡。

清集战斗。1947年3月中旬，豫皖苏军区独立旅一部在旅长金绍山、政委张太生的率领下，从西华逍遥镇东进永城，取道清集时，接报获悉驻太康的国民党183旅欲西出途经清集“围剿”。金绍山、张太生立即决定在清集以东伏击该旅。指挥部设在黄口，命30团2营埋伏于香营、苇园附近公路两侧，1营驻崔寨；骑兵营驻大许寨，以阻击淮阳的交警和张岚峰部来援；30团驻黄口西北，警戒驻尉氏的国民党64旅。上午8时，国民党183旅两路行军进入30团2营伏击圈，200余人被消灭。2营伏击获胜后撤至崔寨。183旅逃至独塘西之聂庄，组织反扑，向崔寨、香营等地炮击，又派步兵向崔寨出袭，30团采取运动战术，分割包剿183旅，战斗一直持续到天黑，消灭183旅一个营。国民党64旅从尉氏来援，兵至清集以西，30团一个营和旅警卫营一连当即赶往截击，互有伤亡。入夜，独立旅奉军区命令，分两路撤退。国民党数路大军会合时，独立旅已安全撤离。

张寨、大廖庄战斗。1947年9月9日，太康县大队和第七区队驻扎张寨，遭国民党郭馨坡部大队长郭远文400余人的袭击，40余人壮烈牺牲。9月21日晨，中共太康四区委率区队在马厂大廖庄搞土改，被郭馨坡部大队长和本云、中队长刘景灵率百人包围。四区区长张祥瑞突围而出，另一部分区队战士被围于廖来赞家中英勇反击。和本云命部下烧房，区委副书记王保官、区联合会主任丁相周和数名区队战士壮烈牺牲，两名群众被打死。和本云又追击区队至孙桥、大任庄，农会积极分子王桂芝、区委书记兼区队指导员赵新民、战士王恩、小陶先后被捕。赵新民、王桂芝、小陶被带到柘城邵园村南惨遭杀害。

常楼战斗。1948年3月19日，豫皖苏军区淮阳军分区独立团270余人在团长孟繁馨带领下，于太康马厂西南常楼休整。原国民党马厂区区长常金武派其部下常永业到商丘毛堌堆向郭馨坡告密，郭馨坡即同姬麦云带五六百人连夜偷袭常楼。4月3日下午3时许，淮阳军分区独立团正准备转移，突遭郭馨坡部三面包围，仓促应战，牺牲40余人。孟繁馨命一营长率57名战士从东南角突围，遭姬麦云部伏击，全部壮烈牺牲。孟繁馨率部从西南角突围，郭部在后穷追不舍，孟即掏出钞票抛撒，乘郭部士兵哄抢钞票之机，突出重围。豫皖苏独立旅骑兵营闻讯连夜从扶太边境赶来救援，4月4日凌晨在撞钟寨追击郭馨坡部，郭部败逃途中又枪杀被俘的独立团战士6人。

香王庄战斗。1948年9月11日，魏文超、王洪蟠带中共太康城关区区队20人夜袭城南的香王庄，活捉国民党城关镇镇长杨修身、中队长段麻子以下30余人，击毙1人，缴获枪械30余支。至此，太康县境无战事。

1945年10月5日，国民党11战区47军暂1师侵占太康县城。1946年8月10日，刘邓大军发动第一次陇海战役。26日，刘邓大军7纵配合地方武装攻克太康县城，全歼守城的国民党地方保安队。太康县城第一次解放。

9月9日，国民党75师侵占太康县城。19日，冀鲁豫军区六分区主力部队攻克太康县城。太康县城第二次解放。11月11日，河南交通警察17总队复陷太康县城。

1947年1月24日，刘邓大军二出陇海路，发动豫皖边战役，以6纵、7纵和豫皖苏地方兵团组成路南作战集团，由政委邓小平率领。1月31日，路南作战集团解放太康县城。太康县城第三次解放。此战连同解放鹿邑等4县的战斗，共歼灭国民党75师、58师、国防部第3纵队、河南的县保安团1万余人，毙伤2000余人，俘虏8000余人。

2月8日，国民党太康县保安团攻入太康县城。9日，太康县城第四次解放。17日，太康县保安团再度攻占太康县城。

2月25日（一说24日），豫皖苏军区独立旅以急袭攻克太康县城，歼敌30余人。太康县城第五次解放。3月1日，刘茂恩64旅、新15旅等部侵占太康县城。

3月27日，刘邓大军攻克太康县城，太康县城第六次解放。

7月10日，豫皖苏军区1分区部队第七次解放太康县城。

1948年4月17日，豫皖苏区地方武装奔袭攻克太康县城，毙俘敌大队长以下35人，国民党太康县长郭馨坡率部东逃。此后，国民党正规军已无力盘踞太康县城，郭馨坡在豫皖苏区地方武装的多次打击下，失去守城信心，带领4个大队主力千余人，勾结商丘、柘城、鹿邑的土匪共2000余人，依托商丘，派股匪在太康境内不断进行破坏活动。

2. 扶沟县的解放

吕潭战斗。1946年6月21日，国民党以81师为主力，配备坦克10辆、汽车40辆，会同国民党张岚峰部1个团，以及15个县的保安团，从杞县向解放区进犯，扶沟保安团与鄢陵县保安大队200余人趁机侵占扶沟吕潭镇。黄泛后的吕潭，地势低洼，多积水、泥潭，只有几条狭窄小路通往镇内。人民解放军包围吕潭镇后，封锁其狭窄路口，形成瓮中捉鳖之势，经激战，击溃国民党全部守军，毙敌200余人，生俘70余人，缴获机枪3挺、步枪90余支。22日，收复吕潭。

张桥、道清寺战斗。1947年，中共鄢陵县委在“外线出击”战略方针指引下，在鄢扶县境内开展游击战，灵活机动地打击敌人。11月29日，鄢扶县张桥、望田区队和许昌独立团共80余人，在鄢扶县政委陶均安、副县长程延乐、许昌县长彭国贞的带领下，在张桥南与曹振邦为首的国民党乡公所40余人遭遇，双方展开激战。此时，国民党马鸿逵骑兵师500余人从两翼突袭而来。在此危急情况下，鄢扶大队副大队长刘兴运闻讯带兵前往增援，阻击敌骑。由于敌众我寡，仍三面受敌，只好分路撤退。下午3时，程延乐、彭国贞带领50余名战士退入道清寺内，立足未稳，敌人尾追而至，情势更加危急。道清寺是一个四面不靠村的孤庙，院墙早已倾塌，庙周围全是茅庵草垛，住数家逃荒归来的群众。敌人以其优势兵力，用迫击炮向寺内轰击，解放军用手榴弹和步枪英勇抵抗。经过两小时战斗，庙内建筑和茅庵中弹着火，寺院顿成火海。解放军弹尽无援，突围未成，敌人蜂拥涌入寺院，许昌县长彭国贞和20余名战士壮烈牺牲，鄢扶县副县长程延乐和刘副大队长等30名战士被俘。

苑庄战斗。1948年，国民党75师和新五军在泛区扫荡。中共扶沟县委领导的县大队在敌强我弱的形势下，开展游击战，伺机消灭敌人。为便于领导，扶沟县大队组建了3个连。为适应形势需要，将2个连并入鄢陵县大队，1个连100余人留守扶沟坚持斗争。当时，国民党太康县长郭馨坡有3个中队，加上新五军1个营，共1000余人，成为黄泛区一大顽敌。为彻底消灭郭馨坡部，陈毅率解放军第8纵队南下路经扶沟时，留下1个团，用于帮助扶沟县大队发展壮大，打击敌人。

6月6日，扶沟县大队驻苑庄休整。次日上午，由于国民党军投诚人员王麻堂、郝富章等叛变告密，郭馨坡以10倍于扶沟县大队的兵力突袭苑庄。扶沟县大队司务长到崔桥镇街上买菜，与敌遭遇，牺牲在大街上。扶沟县大队听到枪声，从西南、西北、村中间3个方位还击，战斗持续两小时，终因众寡悬殊太大，扶沟县大队伤亡惨重，穆大队长、曹参谋、杨排长和9名战士壮烈牺牲，17名战士被俘。战斗结束后，敌人又把村民集合起来，搜查群众掩护起来的扶沟县大队伤病员。为避免群众伤亡，杨排长挺身而出，后英勇就义。

小何庄战斗。1948年，解放军大部队南下后，艰巨的战斗任务落到中共领导的地方武装肩上。当时，扶沟城关区被国民党81师围攻，中共领导的区队暂时南撤西华一带。6月，国民党81师向西撤退，扶沟城关区公所从练寺迁至扶沟县城西南角下岗村。在获悉国民党镇长张清泉将于6月6日在城南小杨庄召集保、甲长派款会议的情报后，40余名区队员在城关区政委姜洪启、区长朱平球、区队长王永昌的带领下，分3个班袭击小杨庄，活捉6个保长，镇长张清泉漏网。战斗结束后区队驻柴岗休息。当得知城里有土匪夜间出来骚扰，决定分3个班在夜间从东、南、北3门进城剿匪。为不使敌发觉，区队先驻在城西南只有10余户人家的小何庄，当天夜里进城并未发现土匪，黎明时区队又回到小何庄休息。12日拂晓，国民党太康县大队郭馨坡部300余人在杜秃子、李作山的带领下，经扶沟城关到雁周抢劫解放军存放的棉花和军衣，中途得知情报，乘机突袭包围小何庄。区队察觉后，由于全体指战员连日不得休息，加之敌众我寡、武器弹药不足，突围失败，除司务长和1个炊事员外出买菜，区长朱平球及税务所长老周脱险外，区政委姜洪启、副区长李厚谆和10余名战士壮烈牺牲，25名战士被俘。

1945年7月初（一说8月），冀鲁豫军区12分区部队攻克扶沟县城。10月6日，国民党55军81师侵占扶沟县城。

1947年4月9日下午，豫皖苏军区独立旅等部奔袭扶沟县城，10日拂晓发动攻击，俘虏国民党军400余人，扶沟县城解放。

7月10日，为配合刘邓大军挺进大别山，豫皖苏军区独立旅和中原军区独立旅发动攻势，10日之内，连克7城。7月17日（一说18日），解放扶沟县城。

9月底，陈粟大军进入豫皖边区，7日解放13座县城。10月2日，1纵配合水西支队、30团等部解放扶沟县城。

10月12日，陈粟大军1纵2师6团解放扶沟县城。

10月18日，华东野战军8纵收复扶沟县城。

12月13日，扶沟县大队协同陈粟大军解放扶沟县城。自此，国民党扶沟县政府不敢在县城立足，处于流动状态。但其常与过境的国民党正规军及地方反动武装配合，残害革命力量。部分乡村仍处于“拉锯”状态，直到淮海战役开始才结束“拉锯”局面。

3．周家口的解放

周家口的第一次解放。1947年4月23日，豫皖苏军区独立旅攻克太康后突袭周家口之敌，一举攻克周家口，歼灭了八区保安团，捣毁敌指挥部和团管区。当周围之敌向周家口移动时，独立旅迅速撤离北上攻打睢县。

周家口的第二次解放。国民党交通警察17总队是蒋介石为打内战新扩充的部队。1947年春，国民党交通警察17总队从信阳经上蔡进攻淮太西县民主政府辖区内的淮阳汲冢、太康逊母口一带。淮太西县民主政府部队为避其嚣张气焰，化整为零，实行坚壁清野。5月，交通警察17总队骚扰后一部龟缩到周家口。时刘伯承、邓小平率领的晋冀鲁豫军区部队已席卷鲁西南，向大别山进发，中共豫皖苏军区提出"加强夺取敌人据点，破坏敌人交通，积极作战，牵制敌人"的作战方针。中原独立旅在豫皖苏军区统一指挥下，同豫皖苏军区部队一道，冒着盛夏酷暑，不怕疲劳，连续作战，接连攻克亳县、太和、鹿邑、扶沟、西华、鄢陵、柘城等7县城。

7月21日，国民党交警17总队队长李慎言率队从淮阳到周口布防。周家口桥北两侧各筑1个碉堡，并布有铁丝网。沙河北镇沿河挖有战壕、掩体，设发射台。北镇守敌有交警17总队2个大队、6个中队及4个直属中队1000多人。每个中队配备轻机枪9挺，大队配备有小炮、火箭筒，士兵多为美式装备，有卡宾枪、汤姆式冲锋枪等，少数为三八式步枪。另有1个团管区200人，2个镇公所各有数十人。交警17总队兵力部署情况是：北镇4个寨门各驻1个中队，南门、桥头及两侧驻防1个中队，固守2个碉堡及两侧坚固建筑物，控制制高点，封锁大桥及沙颍河河面。还有5个中队集结于三和街、大油坊街、关帝庙等处，预备机动。各个进出街口都有1个炮楼，每个炮楼驻1个班，配置两挺轻机枪。团管区200人驻守北镇大桥两边河岸的战壕，封锁沙河水面，以防解放军渡河进攻。南镇有地方保安队200余人，100余条枪，战斗力较为薄弱。豫皖苏军区决定先击溃敌保安队占领南寨，再对北寨交警总队实行包围聚歼。豫皖苏军区独立旅负责主攻交警17总队，中原独立旅负责打援。

7月23日晚9时，豫皖苏军区独立旅和中原独立旅开始攻打周家口，国民党地方保安队稍加抵抗，退据北寨，独立旅迅速占领南寨，进攻北寨。交警17总队企图凭借沙河天然屏障和北岸坚固的防御工事负隅顽抗，以密集火力封锁沙河大桥和沿河各渡口，与豫皖苏军区独立旅隔河对峙。军区独立旅多次从大桥南端组织突击，战斗持续1夜，未能奏效。豫皖苏军区司令员张国华决定中原独立旅第4团接替军区独立旅30团继续向北寨进攻。军区独立旅从西杨庄、张埠口抢渡沙河、贾鲁河，从西、北两面合击。24日晚，大雨倾盆，中原独立旅4团从康湾一带出发，涉水过河，经康庄、罗庄、面房庄急进到周口外围。24时，对北寨之敌发起进攻。中原独立旅4团在军区独立旅密切配合下，在南镇桥头沿岸发起猛攻，同时利用火力掩护组织五六只船抢渡。此时迂回至北寨的部队与国民党守军交火，敌守桥部队南有进攻部队紧逼，后有枪声告急，腹背挨打。交警17总队总队长李慎言此时正在南线巡视督战，听到枪声大作，随即传令固守北寨东北的中队长沈斗高撤至关帝庙内。北寨南线守敌见李惊恐不定，纷纷撤退。中原独立旅4团与军区独立旅30团见东北线迂回部队围敌成功，敌防线已破，便组织部队跃过大桥向北岸守敌进攻，交警2中队全线崩溃，大部被击毙，残余仓皇退至关帝庙，迅即被攻城部队包围。交警17总队3大队受命由淮阳增援周家口，在周家口北约3公里处与军区独立旅一部遭遇，交警3大队恃人多械良，反复冲锋，均被击退，伤亡惨重，逃回淮阳。由漯河前来增援的国民党64旅驻扎距周家口9公里的赵集一带，袖手旁观，不敢前进。部队强攻关帝庙顽敌多有伤亡，25日上午组织敢死队爆破围墙攻入庙内，与交通警察展开肉搏战，经4个小时激战，至下午全歼交通警察，周家口第二次解放。此役共毙伤敌180人，俘虏850人。缴获九〇火箭筒4枚，轻重机枪32挺，各种步枪744支，子弹6万余发。同时，缴获美国救济总署粮食、布匹、罐头等物资。解放军战士牺牲27人，伤199人。

周家口的第三次解放。10月23日，陈粟大军8纵队23师69团和24师71团攻克周家口，全歼周家口守敌河南省保安团第3、第4团和第七专署还乡团，计毙伤俘敌1500余人，缴获大量武器弹药及军用物资，周家口第三次解放。

周家口的第四次解放。12月25日，豫皖苏军区独立旅攻克周家口，俘敌100余人，缴获迫击炮1门，掷弹10枚，转盘机枪1挺，汽车、马车12辆及其他军用物资，周家口第四次解放。从此之后，周家口转变为基本在解放军控制下的“拉锯”战。自1948年1月周口市人民政府建立至8月，共“拉锯”11次，国民党军队实到周家口6次。8月以后，“拉锯”基本停止，周家口获得彻底解放。

4. 商水县的解放

商水县地处睢杞太革命根据地，北邻黄泛区游击区。1947年开始，中共已在沿沙河的邓城、龙胜、哲店等地初步建立起地方政权和县、区、乡武装。国民党军队11师、交通警察17总队配合还乡团，从信阳、漯河等地向解放区进行清剿。商水县人民政府县大队配合冀鲁豫军区部队、中原独立旅，给来犯的国民党军队以沉重打击。

商水县城的三次解放。1947年8月17日晚，刘邓大军1纵第1旅在新站渡过沙河，奔袭商水县城。18日，商水县城解放。10月23日，陈粟大军8纵攻克周家口，并在八里湾、贾庄一带击溃由商水县增援周家口的国民党军骑兵第1旅，当日黄昏乘胜解放商水县城。12月22日，陈粟大军再次解放商水县城，俘敌250余人。此后，国民党商水县政府已无力盘踞县城，但其县乡镇武装仍有1000余人。国民党商水县长单秉悦带一部分武装先后盘踞商水县西南的扶苏寺、巴村一带，1948年8月被肃清。

龙胜沟战斗。1948年4月10日，孙保初带领西华县还乡团1000余人进犯驻龙胜沟的郾商西县民主政府，郾商西县大队副政委柴凯指挥战士和机关人员沉着应战，他亲自发射六〇炮，3发炮弹在敌群中爆炸，敌畏阵溃逃。郾商西县大队在龙胜沟召开了庆祝大会，将战利品分给群众。

河状寨战斗。河状寨，背依沙河，地势险要。解放战争时期，国民党西华县下堤乡乡长张彧如纠集地方顽匪占据该寨为害一方，时常抢劫群众，还曾杀害农协会积极分子张来旺。1948年5月21日，郾商西县大队全队200余人围攻河状寨，张彧如胁迫群众上寨顽抗，历时一昼夜，寨未破。22日，在华东野战军8纵队的支援下，用迫击炮轰塌北寨门破寨，毙、俘敌17人，缴获一批枪支弹药，首恶张彧如、丁保殿被公审枪决。

固现打援。1948年4月初，睢杞战役开始，中原野战军1、2、3、4四个纵队奉命在汾河沿岸和青龙沟一带构筑纵深15公里的防线，阻击从驻马店北上增援的国民党部队吴绍周兵团。7月28日战斗打响，中原野战军指战员在固现、北董庄、岗叉楼、姚集等地激战7昼夜，胜利完成阻击任务。同时，商水县大队和区中队也主动出击，配合中原野战军在周家口南郊堵截从漯河东进的国民党增援部队。

雷坡战斗。1948年7月初，太康县还乡团郭馨坡部300余人在豫皖苏军区独立旅的追击下，从沙河北窜至雷坡，驻雷坡的商水县大队猝不及防，仓促应战。白寺区区长贺凤山和邓城区区长蔡林彬闻讯率各区中队前来增援，郭部受两面夹击，向西逃窜。商水县大队副大队长刘兰芝在战斗中牺牲。

三里桥战斗。朱占标是商水县西部有名的土匪。1948年商水县人民政权建立后，朱占标带领还乡团300余人在上蔡、商水、西平3县交界处骚扰抢掠百姓。12月初，朱占标部窜至巴村区三里桥村企图破坏乡村政权，杀害中共干部。中共派出的地下干部、朱部文书李修身将朱部部署情况密报给副区长李子干，李即与商水县大队队长南豪军、政委柴凯拟定进剿计划，并与驻扎周家口的中原独立旅35团取得联系。两天后，商水县大队300余人从邓城出发，35团从周家口出发，包围了三里桥村，经过半天的战斗，彻底歼灭还乡团。此战俘匪100余人，缴获机枪2挺、长短枪200余支，基本肃清了商水境内沙河以南残匪。

1947年12月，邓城、哲店民兵与郾商西县大队配合南下的人民解放军，摧毁了当地的国民党乡、保政权机关，缴获长短枪600余支。1948年底，砖桥区中队在民兵配合下，于郾城、上蔡、商水交界处消灭残匪、土顽，缴获长短枪2000余支和大批弹药。

5. **西华县的解放**

1945年8月中下旬，国民党“和平救国军”62师1个团驻西华县城，中共淮太西县委、县政府决定将其赶走。当时，中共淮太西县区武装初建不久，决定让中共特别党员、伪4方面军师长魏凤楼予以帮助。魏凤楼当时正准备率部起义，带500余人进驻西华县城。淮太西县派东夏亭、逊母口、黄泛区3个区队100余人进驻城北山子头村，隔贾鲁河向城内射击。62师对魏凤楼部已有怀疑，未还击即退出西华县城，西华县城第一次解放。10月6日（一说8日），国民党55军侵占西华县城。

1947年5月，西华县城第二次解放，国民党西华县政府迁至逍遥镇。7月20日，豫皖苏军区独立旅和中原军区独立旅攻克逍遥镇。

国民党西华县政府逃离县城后，将县城改名为长平镇。镇长胡兆源带武装20余人驻守该镇。7月，西华县大队和水西支队200多人一举解放长平镇，胡兆源率部逃往逍遥。10月4日，华东野战军1纵攻克西华县城。

1948年西华县城解放的具体日期和参战部队不详。

6. **淮阳县的解放**

1946年8月10日，刘邓大军发动第一次陇海战役，7纵主力配合地方武装于8月29日攻克太康城后，9月2日乘胜进攻淮阳县城，次日（一说2日）攻克，全歼盘踞在淮阳县城的国民党河南省保安团1团、淮阳保安团、太康保安团共3个团，除毙伤外，俘虏2000余人。9月5日，国民党75师复陷淮阳县城。

1947年8月，刘邓大军南下进入周口地区境内，淮阳城守军国民党整15师64旅一个团于8月15日向周家口方向逃窜，仅余少数地方武装据守。16日晨，刘邓大军1纵骑兵团解放淮阳县城。

1947年春以来，人民解放军先后攻克了鹿邑、柘城、太康、西华等县城，特别是周家口攻坚战之后，河南省第七专署训练总队、淮太鹿柘四县联防自卫队、淮阳保安团、太康保安团约2000人，集结于淮阳，凭险固守，成为豫东国民党残部的重要据点。9月，整个豫皖苏地区形势发生根本性变化，刘邓大军南下牵制了大股敌军尾随，附近只有敌骑1旅在漯河一带担任护路任务，淮阳成为孤城。为不失时机进行土改和建立人民政权，豫皖苏军区决定解放淮阳城。根据豫皖苏军区独立旅的力量状况和特点，作出战斗部署：命35团担任南门主攻，30团打西门，34团围北门和负责截击西来援敌，二分区独立团和地方县大队围攻东门。豫皖苏军区司令员张国华、政委吴芝圃、参谋长陈明义、政治部主任王幼平、独立旅旅长金绍山等亲临淮阳前线指挥。

9月7日拂晓，豫皖苏军区部队向淮阳城发起攻击，国民党守军七专署集训总队、淮阳保安团和淮太鹿柘四县联防自卫队在城湖外堤未作抵抗即退守城关。30、35团向西关、南关发动攻击。国民党军队在南关、南城门均有重兵把守，一时正面受阻。豫皖苏军区指挥部调整部署，采取侧翼迂回战术，避开敌火力重点，很快插入南关北端，控制吊桥，截断了南关守敌入城退路。解放军两面夹击，很快占领南关，并在南门附近设立前沿指挥部。同时，30团对攻打西门也做好了战斗准备，把主攻方向和攻击点选在城西北方向。1营以部分兵力置于西关大王庙西侧，正南牵制迷惑敌人；3营为突击队，从西北方向涉水直插西关。深夜12时，3营指战员由向导引路开始徒涉。由于水深路窄，徒涉非常困难，拂晓前到达滩地时，被敌军发现，前进受阻。3营一面组织火力压制敌人，一面组织部队迅速扑过内壕。突击分队的干部战士英勇顽强，搭起人梯跃过西关。8连立即向东扩展，9连向西歼灭大王庙守敌。7日凌晨，攻克西关。由于城墙高，城门外又有地堡和掩体，敌军居高临下，西关距城门又相隔一段水路，无法接近，攻城遇到困难。敌军虽然丢失两道防线，但仍固守顽抗。为尽快攻克淮阳城，解放军采取了尖兵突破的方法强行攻击，结果受到损失。35团前沿指挥部被敌军炸毁，团长王枫、副团长冉宪义负伤。前指首长认真分析形势，研究新的攻城方案，立即决定命令阵地官兵构筑工事、掩体，利用交通沟运动，尽量减少伤亡。同时，35团集中山炮3门、迫击炮6门、重机枪15挺，对敌炮兵阵地实行毁灭性反击，从南门打开了突破口。35团参谋长兼2营营长袁广智亲自带领突击队架梯爬上城墙，身负重伤，战士们奋勇打退了敌军的反扑。待敌人组织力量进行第二次反扑时，后续官兵已登上城墙，很快攻入淮阳城内。这时，攻打西门的30团亦采取涉水迂回，迫近敌人进行爆破，3营7连班长陈继昌（战后被授予爆破英雄）奋不顾身，4次涉水炸开鹿砦和城墙，为攻城部队开辟了道路。2营在全团火力的掩护下，仅两分钟就登上城墙，打开了西门。主力随即进城，会同35团实施大块穿插分割。当夜12时，战斗全部结束。

此次战斗，除郭馨坡残部乘夜逃窜外，毙敌200余人，溺死100余人，俘虏1400余人。生俘河南省七专署专员兼保安司令、少将张振江，保安副司令、少将王成章，淮太鹿柘四县联防司令于子器，国民党淮阳县党部书记长于伯龙，淮阳县长张绍九，淮阳县参议院参议长鲁瑞五。缴获迫击炮4门、轻重机枪26挺、长短枪1200余支、电台4部，弹药及其他物资甚多。晋冀鲁豫军区给予了通令嘉奖。

此次淮阳城的解放，给豫东土顽以毁灭性打击，拔掉了1、2分区之间的一个“钉子”，使整个豫皖苏区成为南与大别山、北与冀鲁豫联结的纽带，为豫皖苏区的土地改革创造了极有利的条件。对2分区地方工作的开展，政令的推行提供了重要保证。

10月1日前后，陈粟大军解放淮阳城，这是淮阳县城第四次获得解放。

10月23日，陈粟大军再次解放淮阳城，淮阳县城第五次获得解放，共产党逐渐控制了县城，但仍然不断受到国民党军队的侵扰。

自1947年7月至1948年7月，淮阳城相继“拉锯”15次，国民党新五军11师、75师、84师以及土匪张豁子等部相继侵扰，300多名干群被杀。1948年7月31日，淮阳还乡团张豁子部包围淮阳城，中共淮阳市委、市政府工作人员大部分惨遭杀害。1948年8月，淮阳第六次解放。10月，成立了新的中共淮阳市委、淮阳市人民政府。

7. 鹿邑县的解放

1946年9月，冀鲁豫六地委（水东地委）任命张笑南为淮太西游击支队政委，王荆耀为支队长，率3个连180余人进入鹿邑县境，先后袭击了安平、辛集、任集、戴集、吴台庙、汲冢等国民党乡（镇）公所，俘获100余人。11月下旬，国民党军在穆店设兵站。中共鹿淮太县县长张笑南率县大队乘其不备，将其全部俘获，兵站存粮全部分给了贫苦农民。后从穆店南撤，行至鹿淮公路，截击国民党军用汽车1辆，缴获其所运军装。队员们换着国民党军装，乔装成国民党军，驾驶汽车直奔汲冢镇，袭击国民党汲冢镇公所，就地处决其镇长，缴获步枪12支、手枪2支。

枣集战斗。1946年11月，国民党河南省保安二团汲钱荪部千余人，鹿邑县民团苗志荣部200余人，在鹿邑县枣集（今宋河镇）设立据点，企图破坏和摧毁中共商亳鹿柘县民主政权。豫皖苏军区8分区主力部队11旅34团和魏凤楼部第5支队共4000余人，在鹿邑县武工队的密切配合下，于25日夜11时一举攻克枣集。除苗部百余人逃窜外，共歼敌1200多人，活捉大队长、中队长8人，缴获小炮1门、重机枪1挺、轻机枪1挺、长短枪900多支和一批军用物资。

1947年1月30日，刘邓大军二出陇海路，发动豫皖边战役，以6纵、7纵和豫皖苏地方武装组成路南作战集团。7纵20旅58团于2月1日攻克鹿邑，全歼鹿邑县保安团等2000余人，生俘河南省保安二团团长汲镜荪、国民党鹿邑县党部书记长刘和斋和国民党鹿邑县长兼保安团长孙敬轩。鹿邑县城第一次解放。

1947年2月上旬，刘邓大军北返。2月16日，国民党48师3个旅配合地方保安团重占鹿邑。6月，刘邓大军在鲁西南抢渡黄河，向大别山挺进。豫皖苏军区独立旅和中原军区独立旅为配合刘邓大军南下，对豫皖边之敌发动攻势，连克7座县城，7月8日（一说5日），鹿邑县城第二次解放。

10月，华东野战军3纵7师攻占鹿邑，鹿邑县城第三次解放。

1948年2月初，国民党整5师被迫北窜，鹿邑等县国民党地方武装也纷纷向商丘方向逃窜。豫皖苏解放区人民武装于15日至21日在鹿邑、柘城等地清剿国民党地方武装。16日，鹿邑县城第四次解放。

4月14日，新任国民党鹿邑县长陈涛率部700余人从商丘袭击鹿邑，占领县城。之后，人民武装复克鹿邑县城，鹿邑县最终获得解放。

8. 沈丘县的解放

1947年5月19日，豫皖苏军区独立旅攻克安徽界首、临泉，乘胜向西进攻沈丘县城（今老城）。为防敌军逃遁，豫皖苏军区独立旅以骑兵营为前卫，迂回到沈丘城西，沈丘县城守敌已弃城而逃。骑兵营勇猛追杀，歼敌大部。20日，沈丘县城第一次解放。

9月下旬中秋节前夕，陈粟大军挺进豫皖苏区，国民党沈丘县政府恐惧异常，白天四门紧闭，全城戒严，断绝人行，清查户口，逮捕平民。是夜官吏仓皇出城，仅留张洪亮的1个分队守城。豫皖苏军区独立旅为配合陈粟大军作战，挺进沙河以南。9月29日（农历八月十五日）拂晓，豫皖苏军区独立旅兵临城下，激战片刻，攻克沈丘县城，俘敌数百名，沈丘县城第二次解放。

10月2日，华野6纵16师某团攻克沈丘县城，沈丘县城第三次解放。

10月9日，华野6纵13师再次攻克沈丘县城，沈丘第四次解放。

1948年，沈丘县城最终获得解放，具体时间不详。

李楼坡战斗。李楼坡位于沈丘老城西南3公里处。1947年5月，国民党沈丘县自卫总队李长林部第2大队在豫皖苏军区老3团、沈丘县大队、区队的打击下，分散驻扎。20日，李长林部为躲避袭击和便于撤逃，将百余人分驻在徐营村东西两侧麦场内。21日黎明前，大雾弥漫，豫皖苏军区独立旅30团趁雾驰赴李楼村西南，一部伏于蒋湾，一部伏于三岔口，对李部形成合围之势。拂晓时分，30团骑兵向徐营疾驰进击，至村外正巧与李长林及其两名随从相遇交火，其他酣睡之敌突闻枪声，乱作一团。1中队南逃，2、3中队西窜，李见众皆逃，仓皇尾随2、3中队西奔。解放军骑兵分2路追击，一路从东北向东南迂回至瓦房庄，另一路尾追西逃之敌2、3中队。1中队逃至瓦房庄后受阻折向东北，2、3中队被迫南逃。30团骑兵东西夹击，将李部3个中队围困于李楼坡不足1平方公里的开阔地。30团骑兵指导员喊话劝李长林投降，李不听劝告，开枪打死劝降的解放军指导员。解放军骑兵怒冲敌阵，短兵相接，经半小时冲杀，李部惨败，9个班长有8个被击毙，1个被活捉。3个中队长除1个逃窜外，2个被打死。李长林隐藏在敌尸体下诈死，企图蒙混过关，亦被识破生擒。余众大部被歼，一部投降，仅20名南逃安徽临泉马店，辎重全部被缴获。

李集袭击战。1947年10月29日，沙南支队队长崔子勒带3名通讯员由贾寨赴蒋营布置军鞋、公粮任务，行至蒋营村西突遭李耀水地主联防队伏击，崔子勒被李盘根拦腰抱住，通讯员贾国雨同时被俘，另一名通讯员策马返回。夜，李耀水将崔子勒、贾国雨2人带到李集残酷吊打。次日，国民党沈丘县自卫总队第2大队张茂轩率百余人驻扎花园村，与小李营互成犄角之势。30日晚，沈丘县大队全体队员皆着便衣，化装成国民党沈丘区队张洪亮部，前往营救崔、贾2人。他们从贾寨出发，绕道莲池，经直河头迂回到老李营，地、富、匪霸见之，以礼相迎。适有李盘根之母为儿“表功请赏”，供出崔、贾被关押地点，并主动为县大队引路。当时，县大队1连埋伏在老李营，断敌退路，打击逃跑之敌。其余逼向李集，行至李集村口时，敌哨问口令，李盘根之母厉声说是张大队长来了。敌哨兵毕恭毕敬，准予放行。队伍顺利通过后，缢死哨兵，分兵两处，一处把守村口，一部进入敌穴前院解除了40余名敌兵枪械，救出崔、贾2人。此时，后院之敌惊起，越墙而逃，沈丘县大队乘胜追击，俘敌10余名，缴获步枪42支。县大队在李集获胜后，又乘张茂轩不备，集中兵力，回师迫近花园村，在村边与敌哨接火，梦中之敌骤闻枪声，不知所措，四散奔逃，出村后又架起机枪回头疯狂扫射。在县大队的包围打击下，张茂轩力不能支，率众溃逃。

大王庄战斗。1947年，打土豪、斗地主的土改运动轰轰烈烈地展开。匪霸唐二串通纸店数十村的恶霸出人献枪组织反动武装，同时离间共产党与群众的关系，威逼群众参加地主联防，组织“沙北剿共支队”2000余人，自任司令。11月15日，唐匪以毒辣手段从抓获的纸店区队队员周连城口中得悉区政府情报后，当晚聚集匪众扑向区政府驻地大王庄，行到杨桥，匪即鸣枪。区队闻枪戒备，童区长带20余人先去界首求援，唐匪扑来，区委书记李宪岑率30余人且战且退至村外，而专署工作队尚未突围，复入村拼杀营救，专署工作队乘机突围。200多名匪众蜂拥而上，李宪岑率队力排重围，冲杀两小时，毙敌10名，两名区队员牺牲。因力不敌众，李宪岑相机撤退，东去界首。童区长于求援途中闻知李宪岑与匪鏖战，折回厮杀，击退匪众。区队至迟子李村，又被唐匪包围，童区长率队顽强抵抗。激战中，恰遇界首市市长乔道三、队长陈好朋前来增援，匪众受两面夹击，伤亡惨重，各自逃窜。天亮后，唐匪误以为区队撤离大王庄，复乘机抢劫，李宪岑闻讯入村，复杀3次，匪众不敢恋战而逃。4名被俘的匪徒在群众的强烈要求下当场处决。

大刘庄捉保长。1947年11月，沈丘大刘庄一带刘继武等12名保长相互勾结，杀害共产党干部，对抗人民政权。12月8日，30余名解放军战士身着国民党军服，乘卡车直抵大刘庄。刘继武打开寨门，以宾客待之。当晚，解放军以商榷“消灭赤党”对策为名，将刘继武等一伙全部集中在刘继武家听取情况汇报。待夜半商讨完毕，各保长步出庭院时，全部被活捉。

纸店战斗。1947年12月13日，匪霸唐二、王德华在纸店纠集残部顽抗。沈丘县大队得知情报后，疾驰纸店包围唐匪，激战1小时，毙伤匪10余人，俘匪30余人，缴获长枪数10支，唐二脱逃。当日下午，唐二的爪牙程国忠等5名顽匪在纸店西门外被处决。

韩湾战斗。1948年1月，国民党沈丘县自卫总队张洪亮、张茂轩、韩国珍3个大队2000余人，在信阳、潢川得到国民党军队补充枪支弹药后，卷土重来。张洪亮率第1大队驻北韩湾，张茂轩、韩国珍率第2、3大队驻南韩湾，并在周围要道口、树林、坟地构筑工事，企图顽抗。1月4日，豫皖苏军区老3团与独立旅35团和沈丘县大队配合，对其进行围剿。老3团由陈埠口渡河迂回到南韩湾东西两侧，35团绕开沈丘县城（今老城）经徐营渡河，进至毛坤桥、韩小庄、曾庙楼（曾福庙）一线与老3团会合，将国民党沈丘县自卫总队包围在南韩湾西南的开阔地带。35团第5营在泉河北岸展开进逼北韩湾，沈丘县大队在城北前楼、后楼一线阻击逃敌，各区队迂回打击溃敌。35团5营首先发起攻击，张洪亮大队伤亡惨重，退至南韩湾。随之敌3个大队陷入包围，向南突围受阻，转向河北溃退，后又分两路向沈丘县城（今老城）和县城东北方向逃窜。张茂轩、韩国珍逃至县城（今老城）十字街口，区长王慕平率领的区队与之激战，王慕平牺牲，区队队员王聚才等7人从城北赶来增援，张茂轩等从北门逃跑。张洪亮大队由东关北逃，窜往商丘。此战共毙、俘敌1000余人，缴获轻重机枪10挺，长短枪700多支。

1948年2月，国民党新五军骚扰沈丘，钟寨民兵队长钟国正带领全村民兵460人，配合区队巧妙地利用麻雀战、围困战、联防战、破袭战等游击战术杀伤敌人，或抄敌人后路，或消灭其零星运输给养人员，使敌军处处被动挨打。为牵制敌人，配合主力部队作战，钟国正带领100余人渡过沙河转战于项城高寺一带，没收地主骡马数十匹，改步兵为骑兵，向南挺进，经瓦店打临泉，回头北上攻界首，战光武，行程200余公里，击溃沿途地主武装。此时，钟寨一带的地主武装复又猖獗，疯狂报复残害革命干部及其家属。钟国正率队飞驰回乡，一举歼灭了100多人的地主武装，俘获其首领胡志勋、钟国修等7人，当场处决，缴获长短枪30余支。同年，国民党新五军1个师自部店南下，以两个团的兵力扑向钟寨，钟国正带领民兵退至肖门，敌追击至肖门隔河对岸的宋庄，杀猪宰羊，埋锅造饭。民兵乘其不备，集中火力反击，敌措手不及，惊慌溃逃。钟国正率民兵乘势追击到郸城，毙伤敌多名，缴获电话线300多米、白马1匹和部分枪支弹药，创造了民兵单独对敌正规军作战制胜的先例。

9．项城县的解放

1947年8月21日，刘邓大军分3路南下，向大别山挺进，顺道解放项城县城。这是项城第一次解放。

10月21日，豫皖苏军区独立旅为配合陈粟大军作战，挺进沙河以南，攻克项城县城，项城第二次解放。

10月25日，陈粟大军6纵16师攻占项城县城，项城第三次解放。

1948年，项城获得彻底解放，具体时间不详。

10．毛堌堆歼灭战

1948年9月，鹿邑、柘城、淮阳、商丘、永城、涡阳、蒙城、亳县等8县国民党地方土顽联防队3万余人，纠集在商丘西南毛堌堆一带，集中兵力作垂死挣扎。豫皖苏军区2分区司令员魏凤楼率领第1、3、4、30团和独立旅15团1万余人对敌作战。鹿邑县独立团在副团长何德才、副政委南道乾、参谋长罗文魁的带领下，从吴台庙出发配合战斗。经4天激战，共击毙土杂武装6000余人，俘获2万余人，缴获大批军械物资。经此一战，8县国民党地方土杂武装基本消灭殆尽。

11．刘邓大军过境南下

1947年解放战争由战略防御转入战略进攻，根据中央制定的“三军配合、两翼牵制、逐鹿中原”的战略部署，人民解放军刘（伯承）邓（小平）大军首先实施中央突破，挺进大别山，揭开战略反攻的序幕。刘邓大军10万人马分3路在中共地方党组织和广大群众的大力支援下，分别穿过太康、淮阳、周家口、商水、鹿邑、沈丘、项城，向大别山挺进。

1947年7月底鲁西南战役后，刘邓大军12万人集结在巨野、郓城一带休整。华东野战军外线兵团的5个纵队也进到郓城以东地区。蒋介石错误地认为，刘邓大军经1月的连续作战，疲惫不堪，短时间难以再战。他亲自飞往开封，部署被刘邓大军吸引到鲁西南地区的30个旅，准备分路向刘邓大军合击。8月7日夜，刘邓大军按计划从鲁西南的巨野、郓城地区出发，向大别山挺进。当时，蒋介石对这一战略意图还毫无察觉。刘邓主力悄悄离开鲁西南地区后，为了继续给蒋介石造成错觉，隐蔽部队进军大别山的方向，刘伯承、邓小平对部队的进军路线作了精心部署，确定野战军主力4个纵队分左、中、右3路，沿不同路线共同前进：第3纵队在左，为东路，沿成武、虞城、鹿邑、界首之线，直插固始、金寨、六安、霍山地区；第1纵队和中原独立旅在右，为西路，沿曹县、宁陵、柘城、太康、淮阳、项城、上蔡之线以西，进入罗山、宣化店、黄陂地区；中原局、野战军指挥部和第2、6纵队为中路，沿沈丘、项城、息县之线，直奔大别山腹地，1000多名地方干部分随各纵队行进，以便迅速到达指定地区，及时开展地方工作。

8月8日夜，刘邓大军通过菏（泽）巨（野）公路后，便分兵3路，分别向南疾进。刘邓首长在南进大别山途中，每到一处都接见中共地方党政领导人，询问地方党组织工作情况，并拨给地方大量武器弹药，以巩固、扩大根据地。8月13日黎明，商（丘）亳（县）鹿（邑）柘（城）县县长孙清淮接到警卫员报告：刘邓大军已经到达丘口以南、马铺以北地区。孙清淮县长代表县委立即前往大军驻地慰问。刘邓首长亲切接见了孙清淮，并听取了工作情况汇报，刘伯承司令员指示："要做好思想工作，今后的工作将是残酷的，有可能要爬上山头。不要怕艰苦，要敢于坚持，敢于战斗，我们一定胜利。"邓小平政委对土改工作指示："工作要踏实，要注意团结中农。"当日，又接见了鹿邑县长兼鹿邑独立团团长张笑南。

14日，刘邓部队进入豫皖苏解放区的大牛岭、吴台庙、杨蔡园一带，在此休息了两天，补充了一些粮食、弹药、药品，安置了部分伤病员。

8月16日，2、6纵队及野战军司令部抵达郸城一带，刘邓首长接见了豫皖苏军区司令员张国华、参谋长陈明义，指示要壮大部队，巩固根据地，做好对南进大军的物资供应工作。当日，部队离开豫皖苏，渡过涡河，向黄泛区开进。这时，蒋介石仍然认为刘邓野战军是北渡不成，又不敢再战，而被迫南撤，所以只以少数兵力在沙河布防，调动20个旅分路追击，另调4个旅在平汉路策应，企图将刘邓主力消灭在黄泛区与沙河之间。

黄泛区，是10年前蒋介石下令决开黄河花园口大堤使黄河改道而造成的。黄河回归故道后，一片汪洋的“泽国”变成了黄泥滩，宽达20多公里，遍地淤泥，浅处没膝，深处及脐，四周荒无人烟，路途难辨，尚有一些屋脊和树梢露出水面。在此之前，豫皖苏军区为保障刘邓大军顺利通过黄泛区，曾计划派人整修黄泛区道路，用秫秸、木石铺出一条路，由于这里是黄泛重灾区，工作没有基础，收成差，所以这项计划没有完成。负责这项工作的豫皖苏二地委书记李一非向邓小平汇报此事时，邓小平宽慰他说：“用秫秸铺好几十里泥巴路，那是根本不可能的，这在我们老区也不容易办到。”他详细了解了黄泛区、沙河、汝河的情况，随即命令部队通过黄泛区。战士们手拉着手，臂挽着臂，排成8路纵队，踏进了没膝深的污泥浊水。邓小平搀着刘伯承也随着下了烂泥坑。黄泛区，除低洼地方还有大大小小的水坑外，大多是一片滩地，看似便于行走，可一脚下去，却是稀烂的淤泥。有的战士不晓得这淤泥的厉害，急于走出滩地，可前脚起，后脚陷，使劲越大，陷得越深。在平原上纵横驰骋惯了的战马陷在这片“沼泽地”里，急得直吼，可越挣扎，越往下陷。一些参加长征过草地的老红军见此情景，深有感触地说：“这是第二个草地呀！”刘邓大军主力部队在黄泥滩里奋战了近2天，终于越过黄泛区。

沙颍河，是刘邓大军通过周口地区的第二道险关，蒋介石妄图凭借沙颍河之险，将晋冀鲁豫野战军歼灭于黄泛区内，急调整编48师、10师、7师、骑兵师1旅及青年军202师等部星夜跟踪尾追；电令驻淮阳整编15师64旅及国民党淮阳县保安团，将沙颍河沿岸大小船只全部扣押。8月17日，刘邓大军在西起苑寨、东至纸店120华里的河道上，开始日夜抢渡。

17日上午，刘邓部队抵达沈丘县沙颍河北岸，时逢汛期，河水暴涨，水深流急。沿河沈项临、沈鹿淮县民主政府组织民兵和广大群众准备粮草，组织木船300多只，绳索4万多公斤，冒着敌机轮番轰炸的危险，在槐店、窦门、水寨、下溜、新安集、纸店、祝湾等处协助部队搭起浮桥多座，保证了部队顺利渡河。18日，刘伯承司令员、邓小平政委在下溜渡河。是日敌机轰炸渡口，军民奋力抢修浮桥，保证大军南渡，至夜12时渡河胜利结束。渡河期间，船民冒着生命危险为大军搭浮桥、撑渡船，不少群众献出宝贵生命，仅沈丘县新安集就有18人被敌机炸死。

18日，刘邓首长在槐店接见了豫皖苏二地委书记李一非，对本区支援大军南进的准备工作和准备开辟沙河以南、淮河以北地区的计划表示满意。邓小平政委说，开辟沙南淮北是“很好的一着，务必抓紧开展工作”。之后，刘邓首长又在贾寨两次接见沈项临县委书记刘运生和县长彭亚英。

晋冀鲁豫野战军1纵队克宁陵，取睢县，从太康入境，解放淮阳，迅速抵达沙颍河北岸，准备抢渡沙颍河，继续南进。8月16日晨，1纵骑兵团占领淮阳县城，纵队参谋处长李觉率骑兵团和工兵侦察队随前卫第1旅抵达沙颍河北岸查看水情，筹集架桥物资，制订渡河方案。17日晨，1纵主力到达沙颍河北岸。时沙颍河水面宽120米，水深3米以上，河水滔滔，河上无桥。1纵先头部队在新站一带动员群众将隐藏的50余艘船只，驶向新站集结，支援大军渡河。5点40分，抢渡先锋连队趁黎明之前悄悄登船，向南岸疾驶。直到离岸约30米时，龟缩在南岸碉堡内的淮阳县保安团和新站镇公所地方武装，才突然发现，仓皇射击，渡河战士在机枪掩护下，飞抵浅滩，跳入水中，一阵冲杀，疾速登岸，守军逃窜。1纵先头部队乘机渡河，向纵深发展。8时，10多架敌机沿河疯狂轰炸，投弹120多枚。1纵一边抢渡一边在新站南门外及夏埠口架起浮桥，加快渡河进度。18日，空袭骤增，渡河受阻。1纵部队又于新站东祝湾附近架设浮桥，组织抢渡。夜10时架桥成功，19旅与1旅辎重部队及纵队直属部队一部连夜过河。19日晨，敌机10余架对浮桥轮番轰炸，桥被炸毁，1纵暂停过河。中午，国民党整编10师、骑1旅经淮阳县城南进，在赵洼、姚路口、万寨一线遭1纵25旅58团迎头阻击，双方展开激战。58团采取正面阻击与侧翼反击相结合，阻止了敌人的进攻，团参谋长郑忠牺牲。当夜，1纵一部与2旅主力在牛口乘船抢渡。第20旅、第2旅8团在李小庄、时集、张集一线阻击，掩护20旅及纵队直属部队在贾营船渡。骑兵团在倒栽槐涉水抢渡。8团某连在李小庄顽强阻击，打退敌人多次猛攻，为掩护大军顺利渡河，有35人壮烈牺牲。当晚，敌军进逼贾营。1纵后卫完成掩护主力渡河任务后，向东南方向前进，21日夜在窦门西渡河。22日，1纵部队抢渡沙颍河结束。

8月23日，刘邓大军凭着坚定的信念和无所畏惧的精神，在周口一带中共地方党组织和人民群众的支援下，胜利渡过大沙河，向大别山区昂首挺进。

12. 陈毅五过黄泛区

1947年8月，华东野战军打破国民党反动派对山东的重点进攻后，以8个纵队20万之众，组成外线兵团。9月下旬，陈毅、粟裕率领华东野战军越过陇海路南下，先后解放了淮阳、鹿邑、扶沟、商水、沈丘、项城等豫皖苏边区县城24座。

在陈粟大军驰骋豫东期间，陈毅曾亲临西华、淮阳、鹿邑等黄泛区视察。在鹿邑吴台庙（今属郸城县），华野总部在花赵庄南松树林内召开了总部和18师连以上300多人的干部大会。会上，陈毅同志非常关心地方工作。在距吴台庙不远的鹿邑县任集，他向当地的县区干部作了重要讲话。当时，该地土改运动有“左”的倾向，准备召开斗争地主的万人大会。陈毅了解情况后，在干部大会上明确不赞成这种做法，立即将斗争大会改为献宝会，使不少地主富农献出了金银财宝牲畜等。为此，当地干部群众深受教育。

1948 年 5 月，陈毅调任中原局第二书记、中原军区第一副司令员后，仍兼任华东野战军司令员、政委。6 月，华东野战军为了在中原战场上大量歼灭敌人，决定发起豫东战役，22 日解放开封，歼敌近 4 万人。随后又于 6 月底和 7 月初发起睢杞战役，歼敌 5.4 万人。

陈毅在率领陈粟大军征战豫皖苏期间，先后 5 次途经黄泛区。1948 年夏，他写下著名诗篇《过黄泛区书所见》：

一过黄泛区，水茫茫，陷泥过膝及腰腹，人马欲渡川无梁。

二过黄泛区，草黄黄，芦花飞白大好牧场，蒋匪兵来人民隐藏。

三过黄泛区，走踉跄，川原水洗，城社荒落，满目凄凉，内战罪魁，抗敌无能，不顾人民之死亡。

四过黄泛区，走西华，过淮阳，从前灾星水旱汤蝗；而今苛政，抽丁征粮。

五过黄泛区，人民解放，土地改革，除暴安良；民主翻身，武装自强，气象一新，喜乐洋洋。

13. 两支人民解放军部队的组建

解放军 17 军的组建。1949 年 1 月下旬，第 11 纵队奉命开赴项城地区整训，准备渡江作战。2 月，根据中共中央军委关于统一全军编制和部队番号的命令，第 11 纵队及冀鲁豫部队一部在项城地区合编组成中国人民解放军第 17 军，王秉璋任军长，赵健民任政治委员，萧元礼任副政治委员，刘星任参谋长，裴志耕任政治部主任，王耀华任后勤部部长。原辖第 31 旅改称第 49 师，汪家道任师长，况玉纯任师政治委员；第 32 旅改称第 50 师，胡华居任师长，卿正兴任师政治委员；由原冀鲁豫军区独立第 1、3 旅和独立支队合编组成第 51 师，闵学胜任师长，崔子明任师政治委员。全军共 2.4 万余人，归第二野战军第 5 兵团建制。4 月下旬，第 17 军在安徽安庆以西江嘴地区渡过长江南下。

解放军 18 军的组建。1949 年 2 月，根据中共中央军委关于统一全军编制及部队番号的命令，中原野战军改编为第 2 野战军，同时豫皖苏军区机关及其独立旅和各军分区基干团、第 1 纵队第 20 旅组建成第 18 军，隶属第二野战军第 5 兵团建制。2 月 18 日，第 18 军在鹿邑县吴台庙正式成立，张国华任军长，谭冠三任政治委员，昌炳桂任副军长，王幼平任副政治委员，陈明义任参谋长，郭影秋任政治部主任，夏仲远任后勤部长。第1纵队第20旅改称第52师，吴忠任师长、刘振国任师政治委员；原豫皖苏军区独立旅改编为第53师，金绍山任师长，王其梅任师政治委员；原豫皖苏军区第1军分区第1团，第2军分区第11团，第3军分区第36团合编组成第54师，魏洪亮任师长，罗野岗任师政治委员，全军共2.7万余人。第18军成立后，立即投入渡江南进的准备工作。

14. **清匪反霸**

解放初期，周口地区境内国民党部队及地方势力残余不甘心失败，对新生的人民政权和人民群众乘机进行破坏活动，基层人民政权和干部时常遭受袭击和杀害，为确保人民政权的巩固和人民群众生命财产安全，各地公安机关在人民群众的配合下，开展了清匪反霸、搜捕特务和取缔反动会道门的工作。

1949年3月22日，中共淮阳地委召开县市联席会议，研究部署剿匪反霸工作。会后，中共淮阳地委组织300多人的工作队，各县市组织20到30人的便衣武工队，分赴各重点区、乡，开展剿匪反霸斗争。4月20日，中共淮阳地委发出指示，迅速集中可能集中的力量，坚决消灭土匪特务和会道门武装，逮捕其首领，解散其组织，缴获其武器，瓦解其下属。至5月份，共捕捉土匪450名，争取自首136名，缴获枪支759支。7月初，淮阳地委发出《关于发动群众反匪反霸提纲（草案）》，要求捉尽匪首，收尽匪枪，瓦解匪众，摧毁特务、会道门组织。8月5日，淮阳地委提出“普遍清匪、重点反霸”的指导方针，决定8至9月以军事清剿为主，突击剿匪反特，消灭股匪，清剿散匪。以鹿邑石槽、项城水寨为中心，分别建立工作委员会和清剿指挥部。军分区派出8个连和1个武工队，确定清匪重点28个区、170个点。据不完全统计，9月底捕捉土匪1008名，瓦解1282名。同时，开展反霸斗争，淮阳地委决定建立反霸重点区，抽调283人组成工作队，分赴淮阳、项城。各县市均成立工作队，各区成立工作组，全区参加反霸斗争干部3189人，发动群众诉苦揭发、清算恶霸罪行，处决一批恶霸分子。11月剿匪反霸斗争基本结束，全区击毙、捕捉和瓦解匪特近万人，缴获各种枪支4750支、子弹48080发。

1948年1月17日周口市人民政府成立。当时国民党残部和顽匪在周口市活动猖獗。他们袭击人民政权，杀害革命干部，放火投毒，抢劫财物，疯狂地向群众进行反攻倒算。4月10日，张庆禄（绰号张豁子）等顽匪趁夜窜入周口市，抓走贫民积极分子11人，其中活埋7人。7月19日，国民党11师便衣营及土顽张庆禄、党修文等从商水进入周口市，打死妇女1人，扔进河里7人。为打击国民党残部和土顽的破坏活动，巩固新生的人民政权，周口市委、市政府开展了清匪反霸运动。5月，周口市公安部门在10日内逮捕土匪26人，收缴枪支11支，在人民会场召开公审大会，处决顽匪头子2名。7月，国民党豫东“剿匪”总指挥部派员在周口市设立指挥所，下设行动组，8月26日在南、北两寨抢劫群众财物，破坏社会治安，市公安机关经过侦察，与当日晚逮捕指挥所副主任及行动组成员7名，收缴枪支5支以及图章、文件等物品。1949年，先后逮捕国民党中统、军统特务，以及国民党地下军和恶霸顽匪数十人，收缴一批枪支弹药。

1948年1月，一股土匪在周口市郊康湾抢劫，被人民政府便衣侦察队一举捕获，击毙8人，缴获手枪8支。同年5月，生擒3名匪首，在田园公审处决。8月，破获“国民党军统局豫东指挥部周口指挥所”特务案，并将其一网打尽，该所主任、书记及第一、二、三行动组组长等悉被抓获。1947年至1949年，周口市共剿灭地方顽匪6股，击毙、捕捉顽匪99人，缴获各种枪械64支，子弹502发。

1948年2月，太康、淮太西县联合剿匪指挥部组织县区武装配合豫皖苏军区清剿兵团，经过8天围剿，歼灭国民党郭馨坡部600余人，其他土、杂、顽匪800余人。4月，太康县城最后一次解放，郭馨坡率残部逃往商丘。不久，郭馨坡先后派30余股土匪武装共200余人，散潜于太康县各地，纠合当地匪霸兵痞、流氓及其他反革命分子，组成“还乡团”、“暗杀团”、“老虎队”等，进行烧、杀、抢、掠、淫，偷袭中共区、乡政权和地方武装，暗杀、绑架区村干部，严重威胁中共地方政权和广大人民群众生命财产安全。为此，中共淮阳地委对太康县委提出批评，处置了9名通匪干部，并进一步明确指示：应该依靠党的正确政策，坚持“以政治为主，军事为骨干的对敌斗争方针，争取与瓦解其下层、分化其上层，孤立郭馨坡，达到打击歼灭以至完全摧毁敌之军事力量与社会基础”。1948年9月起，太康、太北两县在涡河工委统一指挥下，进一步开展剿匪反霸斗争。在县委的统一部署、指挥下，重点选择7股民愤极大、危害最烈的土匪武装作为首批打击对象，采取突袭、追剿、尾追堵截，咬住一个、吃掉一个的战术予以剿灭。集中兵力控制重点地区，清查村庄，搜索田野或加强侦察，跟踪追捕擒拿。马头区在清野中一次捕捉了10多名化装隐蔽的武装土匪。魏文超、王洪蟠带领城关区队夜袭城南香王庄，消灭国民党残匪30余人。仅9月10日至11月5日就歼灭、瓦解大队长以下495人。

1949年，太康县股匪剿灭后，县委及时组织开展反霸斗争。9月，在城关区八里窑村召开万人大会，让群众诉苦申冤，斗争处决了郭馨坡的“老虎队”队长、惯匪柳文良。此后，各区乡普遍发展农会组织，扩大反霸队伍。通过发动贫雇农、串联组织苦主，召开申冤会，清算匪霸罪行，打击其嚣张气焰，并根据其罪行大小分别给予了不同惩处。

1950年10月，太康县剿匪反霸结束。几年内，共剿灭土匪武装30余股，歼捕3160余人，镇压匪首恶霸129人，争取自首匪霸1339人，立功者587人，缴获长短枪5771支、轻机枪8挺、炮2门、子弹23907发，彻底肃清了国民党残余，摧垮了匪霸势力，稳定了社会秩序，巩固了新生的人民政权。

1948年，中共西华县委组织开展剿匪，迫使西华县境内的国民党县团队及游杂土顽军溃散。10月，西华县境全部解放。反动匪霸潜逃或隐藏起来，暗中相互勾结，妄想卷土重来。建国初，西华县匪霸被基本肃清。

1949年7月至9月，沈丘县民兵配合县、区队剿匪反霸，站岗放哨。

15. 民众参战与拥军支前

解放战争时期，周口地区民兵和群众不仅积极协助主力部队直接参战，还大力支援前线，为全区乃至其他地区的解放作出了贡献。

1945年8月，国民党趁日寇投降之际，向红色革命政权发动进攻，国民党81师由许昌、鄢陵扑向扶沟，新生的革命政权受到严重威胁。在紧急关头，扶沟县大队长刘国玺带领全体指战员在谢岗村对国民党军进行堵击，谢岗群众主动参战，给县大队以有力支援，使县政府得以安全转移。

抗战胜利后，国民党81师曹福林部立即到豫东抢夺共产党领导人民用鲜血和生命换来的胜利果实，企图消灭共产党领导的主力部队和县区人民政权。在敌我力量悬殊的情况下，120团、128团和扶沟县区政权暂时转移。在撤退途中，张桥区队与国民党军队遭遇，前往接应的120团1个连被国民党军队包围，战斗1天后，大部壮烈牺牲。突围而出的10余名战士在塔湾群众的帮助下，安全返回部队。数日后，国民党扶沟县警备队长信封太带领60多人突然到塔湾抢劫，并要绑走100多人，扬言拿3000元（折80斤小麦）钱放1个人，最后30多人被带走。后塔湾群众为赎出他们，托人请客、买毒品花费20多万元（折粮1.2万斤）。直到1948年解放，塔湾群众为革命事业作出了贡献。

1948年，太康、扶沟、沈丘、项城4县组织担架4700副，大车200辆，支援开封战役、睢（县）杞（县）战役解放军作战。

在1948年的淮海战役中，各县市都成立了支前司令部，组织民兵全力支援前线，提出“要人去人，要粮送粮，要物给物”的口号，男子奔赴前线抬担架、送粮食，妇女在后方做军鞋、磨面。据统计，太康、淮阳、沈丘、鹿邑、项城、扶沟6县共出动民兵76455人，担架14729副。其中，鹿邑县出动民兵33289人，太平车3056辆，担架5635副，往返跋涉5000余公里，送面粉122.2万公斤，蔬菜71万公斤，香油8435斤，食盐2.4万公斤，猪1.5万头，布14.1万尺。周口地区各县市共出动民工9.7万人，担架1万多副，大车4600辆，小土车1000多辆，牲口3400多头，筹集粮食1082万公斤，柴草713万公斤，猪肉7万斤，食盐54万公斤，食油1.65万公斤，面粉122万公斤，棉花5282公斤，土布1.28万米，军鞋12.5万双，袜子5万双，刺刀1万把。各县市支前大军，运货物、送弹药、抬担架、捉散敌。大雪路滑车受阻，就背驮肩挑。半年内，转战于豫、皖、苏、鲁，支援解放军作战，不少民兵为此献出了年轻的生命。

1948年5月，商水县邓城杨河乡建立该县第一个民兵队。之后，各乡都相继建立了民兵组织。他们在中共商水县委领导下积极参加剿匪反霸、维护治安、土地改革、参军参战等各项工作。11月9日，中共商水县党政领导连夜召开区、乡干部会议，发动广大民兵支援淮海战役。3天时间即组织民工3000余名、担架300余副。11月11日，在支前队长王仲范的带领下，日夜兼程开赴安徽宿县双堆集前线，支援淮海战役。1949年春，商水县人民政府建立支前司令部，下设周家口、雾台、赵集、白寺等支前兵站，支援第4野战军南下，5个月时间仅赵集兵站就征集面粉5万斤、柴草25万斤，保证了过境部队的粮秣供应。

1947年，沈丘在进行急性土改和实验性土改时，各区、村纷纷成立翻身队。1949年3月，翻身队改称民兵。以乡为单位建立中队，配中队长、中队副、指导员、文书各1人。中队辖3至4个分队，每分队编为3至5个小队，每小队由8至15人组成。

1948年6月，沈丘县每区出动民兵1个排和100至150副担架，支援睢杞战役。8月，鲁台区组织百余副担架，在区民兵大队长钟同正的率领下，支援济南战役。济南解放后，鲁台区民兵未及返县又转入支援淮海战役。11月淮海战役开始后，沈丘成立支前司令部，12960名民兵组成担架总队，编为6个大队，54个中队，162个分队，出动担架3240副；6554名民兵组成运输总队，出动太平车1545辆，红车1148辆，牲畜3444头，日夜兼程，开往前线，共运粮面200万斤，柴草163万斤。

1948年11月，沈丘县钟寨民兵大队长钟国正带领担架队在支前途中，遭遇一群国民党溃军，担架队员手持扁担，四面将其包围，迫使80余名溃军投降，缴获步枪80余支，子弹2000余发。

1948年11月，商亳鹿柘县所辖张集区（今属鹿邑）民兵王开进等8人在巡逻时俘获国民党41军中将军长胡临聪和1个工兵营营长。豫皖苏军区三分区为他们记大功1次，奖枪8支、牛10头，并授予“英雄民兵”称号。12月8日，商亳鹿柘边区民兵万余人，枪百支，组成担架队支前。他们在奔赴淮海战场途经卢庙集时，遭遇国民党溃军300余人，迅速将其包围并俘虏全部溃军，其中包括国民党47军少将副军长李嘉英及营级以上军官13人，缴获美式轻机枪20多挺，重机枪12挺，八二迫击炮和六〇迫击炮8门，手枪、步枪130余支，战马10匹。

1948年11月，淮海战役期间，郸城担架队队长刁庆太1人抢救伤员22名，用一条扁担俘获国民党官兵36人，其中少校团副1人，缴获步枪22支，被评为“支前模范”。

1948年11月，项城县成立战勤指挥部，马伦任指挥长。各区设民政干事，乡设战勤主任，积极配合解放军扩军支前。淮海战役开始后，战勤指挥部向每户群众筹面粉15公斤，全县赶做布鞋1.5万双。11月6日，项城县组织干部、民工4000余人，出动担架600余副，由县委组织部长许文波带队，赶赴安徽宿县西南的南坪集一带，负责转运3野4纵伤员，运距10至13公里，历时51天，转运伤员3000名，获“支前模范”称号。11月25日，第二批组织民工6000人，担架922副，开赴徐州前线，转运距离18至45公里，历时35天，转运伤员1059名。两次支前，涌现出担架英雄626名。

1949年1月，中原野战军1纵、11纵和豫皖苏军区独立旅34团在项城休整。1月28日，项城县各区组织慰问团慰问驻军。4月，第4野战军过境项城，该县组织民工4000人抢修槐项公路27.5公里、桥梁10座，并沿途设站补给军需。各村镇、机关、学校、社团也都采取不同形式进行了慰问。

1948年6月17日，人民解放军华东野战军8个纵队和中原野战军2个纵队、冀鲁豫军区、豫皖苏军区部分兵力20万人发起豫东战役（开封战役），太康县动员民兵2000余人、组织担架1200余副，组成担架大队，支援开封前线。在太康县副县长、大队长刘健民和县政府秘书、副大队长赵北新的带领下，按照部队的要求，担架队进驻开封东郊，主要负责华东野战军3纵队伤员的护送任务。担架队员冒着生命危险，先后抢救、转运伤员3000余人。此次战役，太康县共出动支前民兵6500多名、太平车150辆，做军鞋2.6万余双，被誉为“火线担架队”。战役结束后，又将部分伤员分别送往黄河北岸和鲁山后方医院。

6月27日，睢杞战役打响，太康出动民兵3000余名、担架600余副、太平车210余辆，出色完成支前任务，荣获陈毅司令员亲笔题词颁发的锦旗一面。龙曲乡120名民兵有112人立功，特别是料城村获“支前模范村”光荣称号，村长李钦义荣立一等功。

1948年11月上旬，淮海战役期间，太康、太北2县都成立了支前指挥部，由县长、书记分任指挥长和政委。在战役准备阶段组织大批民兵，在省交通厅工程师朱召的指导下，修路架桥，保证了参战部队顺利通过。同时，还为部队筹措大量白面、小米和军鞋等物资。12月初，刘伯承司令员东下太康，接见太康党政军领导，对太康的支前工作非常满意，并给予表扬。淮海战役打响后，太康迅速组建了物资运输队和担架队。物资运输队由3000余名民兵、150辆太平车、500辆手推车、200个拖车及1120头牲畜组成，先后向前线运送白面15万公斤、小米5万公斤、猪肉5万公斤、军鞋10万双。担架队由9500名民兵、2000副担架组成，分两批奔赴前线。2区126副担架、1008名民兵始终随军战斗在宿县战场前线，运送伤员，出色完成任务，受到部队首长的表扬。战役期间，陈（赓）谢（富治）兵团司令部给太康全体支前民兵写了慰问信，高度赞扬他们在支前工作中的突出表现。整个战役期间，太康民兵有1000余人立功受奖。1949年1月20日，太康县委召开了支前庆功表彰大会，表彰了他们的英勇先进事迹。

1949年2月，太北、太康合并为太康县，太康县委及时重建了支前指挥部，县长刘健民任指挥长，县委书记党峰任政委。3月，东北野战军一部南下过境太康，刚从淮海前线返乡的支前民兵又投入迎送南下大军工作。各区发动女民兵做了大批军鞋，送给解放军指战员，祝愿大军尽早、尽快打过长江去，解放全中国。太康县支前指挥部除安排好部队的食宿和满足军需物资外，还动员1000名青年民兵参加了解放军。

1949年6月，扶沟县大队建立由3人组成的情报站，其任务一是搜集敌特情况，二是发展民兵组织。每区设1个区队，其成员为现役军人，属县大队领导，主要任务是维护社会治安，发展民兵组织，从表现好的民兵中挑选新兵，先编入区队，而后根据需要向部队输送。各乡有民兵乡队长，有民兵组织的部分村有民兵村队长。1951年撤销情报站，建立扶沟县人民武装委员会，这是今扶沟县人民武装部的前身。

1948年11月，扶沟县人民为支援淮海战役，动员千余名群众修建东关大桥，保证支前物资源源不断地运往前线。同时，全县共出动担架2000多副，其中吕潭区就出动担架300多副，在副县长王敖夫、贾安兰等带领下支援淮海前线。

1949年1月，周口市设兵站，负责支前粮秣的筹备和供应。

1949年2月，项城县成立扩军委员会，动员青年参军参战。广大青年踊跃报名，出现父送子、妻送夫、兄弟争相参军的热潮，报名 1610 人，经体检合格者 1266 人，超额 560 人。

1949 年 4 月，人民解放军发起渡江战役，过境周口地区南下，得到了周口人民的大力支持。商水县在县城、八里湾、许寨、官坡、张庄、邓城、谭庄、姚集、雾台、白寺建立 10 处兵站，迎送过往部队，支援粮食 150 万公斤，柴草 105 万公斤。沈丘县支前司令部组织 130 多处支前站，支援粮面 150 万公斤，柴草 350 万公斤，饲料 250 万公斤。同时，沈丘县组织 4752 名民兵，组成 396 个支前担架班，出动担架 1188 副随军支前，并出动全县船只运粮 100 万公斤，运鞋 140 万双，支援渡江战役。渡江胜利后，部分民兵过江，继续随军南征。

第四章　近代周口的文化

一、教　育

1. 晚清时期

晚清时期，是传统封建教育大变革时期，单一的封建教育制度初步产生变革。19 世纪 60 年代，洋务运动兴起前，传统的封建教育体系由科举制度、私塾、书院及府、州、县等官学构成，以培养封建官吏为根本目标，以经义诗赋、八股文为教育内容，儒学理论是至高无上的思想权威和判别是非的标准。洋务运动促进了西学的传播，对传统教育体系产生冲击，新式教育开始萌芽，教学内容更新为实用科目，科学技术学校出现。戊戌变法后，废科举，兴学堂，推行新式教育，周口地区近代教育逐步兴起，并向多层次发展。

清末，周口一带各地继续办书院。同治十二年（1873 年），淮宁知县潘钟瀚在文昌宫（今淮阳一中址）创建柳湖书院，光绪二十九年（1903 年）改设学堂。

光绪三年（1877 年），监生刘振甲与胡朝彦等劝捐，在周口南寨文昌宫（今周口市七一路一小址）创办静远书院，后移址新街（今周口市川汇区豫剧团家属院）。光绪十一年（1885 年），周口绅董丁朝栋等在北寨捐资创办崇正义塾，后改为崇正书院。光绪二十四年（1898 年），周口保甲局委鄢世仁协同绅董丁朝栋等在周口北寨前太平街创办乐善义塾，后改为乐善书院。

清同治二十年（1881 年），西华知县孙永治在各里倡设义学各 1 处，共 21 处。光绪十四年（1888 年），西华知县鲍振镛以各里义学有名无实，量为裁撤，所有学田 1.3 万亩划归衍畴书院。

项城莲溪书院，创办于清乾隆二十五年（1760 年）。咸丰十年（1860 年），莲溪书院入学士子 300 余人。光绪二十年（1894 年），吴禾笙任山长，解元曹学礼、举人马秀芝先后任书院主讲。

山房为私立义塾。晚清时期，各县相继开办了一些山房，实行免费教育，入学者多为贫寒子弟。清同治元年（1862 年），贡生赵金吾（号梅轩）在项城范亭集创办梅轩山房。光绪四年（1878 年），项城县城东北高阳冢寺（今高寺）开设勿欺山房，有学田 120 亩，1913 年停办。光绪二十三年（1897 年），项城县拔贡刘斌、士绅黄国贤在黄庙集以济渎庙香火地资创办丽泽山房。光绪二十五年（1899 年），莲池集士绅在当地文昌宫创办爱莲山房。光绪三十一年（1905 年），监生张维屏在项城西 30 里戚寨（今属上蔡）炎帝庙创办文明山房，招收项城、淮阳、商水、上蔡、汝南等地学生来此学习。此外，项城还有会文山房、萃文山房等。

光绪十年（1884 年），淮宁县在文庙西侧办崇经义塾，宣统元年（1909 年）改为初等小学。

清末，科举制废除后，民间私塾激增。私塾按性质分为 3 类：专馆，一家或数家延师设塾，以教其子弟，岁脩有定数，学生有定额；散馆，教师以家庭或庙宇、祠堂设塾招生，岁脩、学额不固定；义学，又称义馆，私人或公私团体以慈善名义出资延师设塾，免费招收当地子弟入学。私塾以散馆最多，义学次之，专馆较少。清末，私塾遍及周口一带城乡，较大村镇皆有一二处，各县均有百余所，多为蒙经同馆，每馆有学生 10 至 40 人不等。学习内容从《三字经》、《百家姓》、《弟子规》、《千字文》到四书五经，既教识字，也习书法。学制无定规。学生经过县考，中者为附生员（俗称秀才），入县学食饩者为廪膳生。建国前，私塾渐废。

清末，项城县有私塾 700 余处。较大集镇或村庄有 1 至 2 处，也有两三个小村联办 1 处的。每馆有学生 10 至 30 余人不等。私塾学馆教师采用聘请制，多为一馆一师。

周口一带农民大多知道教育的重要性，但其子弟学期长短则主要取决于家庭经济承受能力。在生活有最低保障的情况下，农家会节衣缩食，送子弟接受蒙学教育。但如果连最起码的生存条件都不具备，接受教育就不可能了。光绪《鹿邑县志·风俗志》载：鹿邑县“力田者仅菜粥自给，虽有聪颖子弟，亦多不免失学。村塾之师聚童稚数十人于老屋中，仪节不立，咿唔莫辨，每至登麦、刈禾时辄罢业散去。九月复集则十仅三四矣。往往修补［脯］不给，复布露而罢，如是者数岁，父兄病其无成，俾改习耕作，或操工贾之业。”该志作者认为，农家子弟不能连续接受教育的根源是贫穷，兴学必须在农村实行免费教育，即谓“广设义塾”，让农家子弟不因交不起学费而辍学。

晚清时期，社会动荡，乡村经济凋敝，塾师经济状况不断恶化，有条件接受教育的人日趋减少，农村塾学学制和管理也日益松弛破败。光绪《鹿邑县志·风俗志》载："士无恒产，率以囊经教授为业。囊岁馈缗钱数十千便为极丰，饥寒之躬，难云壹教，模范不立，其失故不尽在师矣。"在此情况下，农民的识字率非常低，女性尤其如此。

清末教育改革包括"除旧"、"布新"两个方面。清光绪二十七年（1901年）八月，清政府颁布《兴学诏书》，称"兴学育才，实为当务之急"，明令书院改为学堂，在府的改为中学堂，在州、县的改为小学堂，掀起兴办新式学堂的高潮，初步建立起现代教育体制。光绪三十二年（1906年）三月，颁布"忠君、尊礼、尚公、尚武、尚实"的教育方针。次年一月十四日，清政府谕令学堂以"中学为主，西学为用，培养人才，着重德育，并以忠君、尊孔、尚公、尚武、尚实诸端定其趋向"为宗旨设置课程。分"文"、"实"两科。"文"即国文、修身、历史。国文学古文、经书，修身学《四书》及处世格言，历史学《纲鉴》，称为"中学为体"；"实"即格致、地理、算术、体操，称为"西学为用"。

幼儿教育。清末，周口地区国有幼儿教育极为薄弱，只有鹿邑县城设蒙养学堂1所，不足20人。

小学教育。清光绪二十九年（1903年），陈州府中学堂附设小学1班，学生20名，修业5年，设修身、读经讲经、读古诗、中国文字、算术、历史、地理、格致（自然）、体操、图画、手工等课程。光绪三十年（1904年），淮宁县在柳湖书院创办官立小学，招生1班，学生40名，修业4年，课程增设商业、农业。光绪三十二年（1906年），淮宁县在弦歌书院创办两等（初等、高等）小学堂，招生2班，学生60名。光绪三十四年至宣统三年（1908－1911），淮宁县署在县城4门先后办官立小学堂各1所，在南关关帝庙建公立聚英初级小学。时淮宁县有高等小学堂2所，初等小学堂5所。

光绪二十九年（1903年），西华县改衍畴书院为高等小学堂。光绪三十二年（1906年），有高等小学1班，学生41人。宣统元年（1909年），西华县有高等小学堂1所，学生41人；两等小学堂1所，学生49人；初等小学堂1所，学生26人。

光绪二十九年（1903年），太康废书院，知县王恩绂捐钱1000串，在书院旧址创办县立高等小学堂，招生1班，学生30人。后续招乙丙丁各班。

光绪三十年（1904年），商水县废科举，始办新学，先后办有初等、高等小学堂。

光绪三十一年（1905年），周口改书院为小学堂。先后办求实、致远、文会、宁远、定远、惠远等6所小学堂。

光绪三十二年（1906年），扶沟在大程书院旧址开办县立高等小学堂。教师不过4人。翌年，县城4街各办初等小学堂1所，吕潭镇创办国民小学堂1所，每校只有教师1名。宣统二年（1910年），扶沟县城教会办有2所教会小学堂。

光绪二十四年（1898年），鹿邑废科举，建学堂。光绪三十年（1904年），改鸣鹿书院为高等小学堂，招生4班，150人。其中，预备科1班，学生30人，教师6人。鹿邑城内和四乡各办初等小学堂1所，均只有1名教师。鹿邑县9所官办小学堂共有学生235人，入学率为0.2%。

光绪三十一年（1905年），沈丘废科举，改平舆书院为县高等小学堂，李荫橦任监督，教师多是开封优级师范和淮阳省立第二师范毕业的学生。先后招甲班12人，乙班17人，丙班80人。宣统年间开办前楼小学堂及槐店初等小学堂，各有教师1名。宣统元年（1909年），一期学生毕业。

清末，项城废科举，改莲溪书院为高等小学堂。荆棘冢有初等小学堂1所。

宣统三年（1911年），省令各县提取庙产十分之二三作为学堂经费，将办理学务作为考核政绩的条件，各县初、高等小学堂逐渐增多。据不完全统计，宣统三年（1911年），周口地区有小学堂132所，学生2199人。

科举时代，修业年限因人而异，学无定制。清末，兴办学堂，始有学制。光绪二十九年（1903年），各地小学学制执行“癸卯学制”：初等教育为8年，初小入学年龄7至11岁，学制5年；高小入学年龄12至15岁，学制3年。清末，初等、高等小学学制均改为4年，由府、县统管。

中学教育。光绪二十九至三十四年（1903－1908），周口地区先后创办中学堂3所。

光绪二十九年（1903年），陈州知府刘更寿在柳湖书院创办陈州府中学堂，招生1班，学生50名。光绪三十二年（1906年），西华县立高等小学堂附设初中1班，学生22名。光绪三十四年（1908年）秋，项城县改柏庄铺师范学堂为中学堂，招生400余人（含养蚕、染织专业班），学制2年，除按教学计划开设课程外，还开设日语课。宣统二年（1910年）夏，首届学生毕业。后学堂奉令停办。这是当时周口地区境内规模最大的综合性中学堂。

初等师范教育。师范教育的创办是清末周口地区教育事业发展的一个重要标志，对于提高教师素质，促进教育发展至关重要。

清光绪三十三年（1907年）二月，淮宁县劝学所在试院旧址（今淮阳师范学校址）创办师范传习所，招童生31人，修业1年。宣统元年（1909

年），陈州府知府陶福同在试院旧址创办陈州府初级师范学堂，招完全科和简易科各1班。完全科修业5年，简易科修业2年。课程设修身、读经讲经、中国文学、教育学、历史、地理、算术、博物、理学、习字、体操、图画等，是豫东较早培养师资的学府之一。

光绪三十二年（1906年），改西华衍畴书院为学堂，开办简师1班，共毕业3班。宣统元年（1909年），开办师范简易科1班，6个月毕业。宣统三年（1911年），改师范简易科为西华县立初级师范，是年停办。

光绪三十二年（1906年），扶沟县立高等小学堂设师范讲习所1班，学制1年，毕业后停办。宣统元年（1909年），创办县立师范简易科1班，6个月毕业后停办。宣统三年（1911年），创办扶沟县立初级师范1班，学制3年，毕业后停办。

宣统元年（1909年），太康县高等小学堂附设师范讲习所1班，毕业后停办。

光绪三十三年（1907年），项城人张镇芳捐银6万两在柏庄铺（今项城永丰集南）创办师范学堂，初开简易科两班，招生120余人，附设高等小学堂1班30余人。师范学堂有教职员工50多名。学堂占地50余亩，有校舍200余间，图书6000余册，体育器材、乐器一应俱全。该学堂为河南省首创，时人谓之“洋学堂”。入学学生文化程度不一，有清末附生、儒生等300余人。课程有“文”、“实”两科。“文”即国文、修身、英语、中国史、西洋史等，国文内容有《四书》、《五经》和古典文学、诗词之类；修身内容为“忠孝节烈”、“礼义廉耻”等。“实”是格致课，有物理、化学、生物、中外地理、数学及体操、音乐等。专业科有教育学、教育概论、教育心理、教育演习。通过“文”、“实”教育，以培养忠君、孝亲为本的师资，实施挽救清王朝的所谓“济世之才”为主旨。至光绪三十四年（1908年），在校学生被选送优级高等北洋师范学堂10名，后又为开封优级师范输送一批学生。其余和附小学生全部结业。光绪三十四年（1908年）秋，抚署谕令改为中学堂。次年改为柏庄铺中学堂。

职业教育。清光绪三十三年（1907年）九月，各府、州、县遵照清廷规定开始筹办各类实业学堂。次年，项城县柏庄铺办中等农业学堂两班。光绪二十九年（1903年），太康县立高等小学堂附设乙种蚕科1班。宣统三年（1911年），扶沟县开办乙种蚕桑学堂（属高等职业小学性质）1所。

清末的实业学堂招收初小毕业生，命题、考试等均由学堂单独进行。

社会教育。清末，废科举，兴学堂，倡导社会教育。清宣统年间，各县设立简易识字学塾多在20处以上，动员平民入塾识字，学会1600个常用汉字毕业。宣统元年（1909年）一月，鹿邑县民众教育馆设“成人简易识字学塾”，教师由民众教育馆长聘任，受稽查员的劝导考核。宣统二年（1910年）四月，鹿邑县有简易识字学塾20处，其中县城9处，四乡11处，共有学员293人。是年，沈丘县设简易识字学塾20所，在塾学生296人。宣统二年（1910年），周口地区共有简易识字学塾140多处。宣统三年（1911年），淮宁县有简易识字学塾20所，学生420人。

民族教育。清光绪七年（1881年），淮宁县城清真寺有经学1处，学生不足10人。光绪九年（1883年），清真寺教长陈万善、董事白金忠创办义学，聘请袁秉文为老师，教授汉文，有学生30人。

清末，学堂多设在书院、庙宇。私塾则利用祠堂或民房设馆。陈州府县各级学堂的教师和管理人员很少，总数不足百人。小学堂多举秀才、贡生执教。中学堂教员从省以上师范学堂或简易科毕业生中择优充任。光绪三十年（1904年），淮宁县有小学教员3人，中学教员9人。宣统三年（1911年），有小学教员12人，中学教员11人。沈丘县共招生5班，学生132人。全县教师不足10名。

教师教学采用级任制，设正、副教习。每天授课不超过6小时。每年正月二十开学，至小暑散学，为第一学期。立秋后六日开学，至十二月十五日散学，为第二学期。

清代以前，沿袭“填鸭”、“注入”式教学法，即单独面授，对面宣科，死记硬背，千百年来墨守成规，直到清末才有所改变。清末以后，输入西方教育方法，始采取设班分科，教、练结合的教学方法，校长定期听老师讲课，借以指导教学。学年之前，各县开教师会，指定教师介绍经验；期终前，检查教师的作业批改，并记分定级，列榜公布，按名次发奖；期终对外展览学生作业，以期督促教师开展教学研究，提高教学质量。

教育经费。清末，教育经费来源于学田产租、官款拨付、地方提成、学生交纳等项。光绪三十四年（1908年），西华学田产租403元，官款拨付1652元，公款提成1369元，合计3424元。支出职工薪金240元，教员薪金1086元，工役工食120元，租息粮税60元，服食用品990元，图书仪器390元，修建费40元，杂用392元，合计3328元。当年节余96元。扶沟县国库款仅对县学官和杂役人员的薪俸、廪膳生的伙食予以补助，其他教育经费均由绅民捐献和义学田租及田粮摊派项下开支。项城教育经费来源除国库款外，即赖书院膏火费、基金生息、学田岁租、公私捐款等项收入。光绪三十四年

（1908年），项城县劝学所全年经费230元。次年，经费增加到797元。项城县高等小学堂全年经费1414元（其中产业租入604元，官款拨给810元），当年经费支出1614元，其中职员薪津180元，教员薪津616元，仆役工食62元，租息粮7元，服食用品518元，图书仪器100元，修建费100元，杂用31元。宣统三年（1911年），项城县高等小学堂年经费增加至7665元，支出职员薪津1267元，教员薪津2912元，仆役工食968元，服食用品564元，图书标本948元，管建修缮58元，杂用948元。

清代县学教谕官员的俸禄由地丁银额支，其余学馆教师的束脩均由学生负担。

教育机构。戊戌变法以前各县教育机构称儒学署，县设教谕、训导各1人，掌管县学，负责一县童生的进学考试，管理生员的品行和学业。光绪三十一年（1905年）十二月，教育行政机构改为劝学所，主事人称劝学总董，办事员称视学。劝学所总揽学务，劝导地方士绅捐资兴学。宣统元年（1909年），改劝学总董为劝学所长。宣统三年（1911年），地方学务由地方自治机构办理，改劝学所长为劝学员长兼县视学。光绪三十一年（1905年），淮宁县知县左辅于试院旧址（今淮阳师范址）建劝学所，配劝学总董1人，下设劝学员4人。掌管儒学，讲授经史，祭祀文庙圣贤。宣统三年（1911年），改劝学总董为劝学员长。商水县设有教谕、训导（又称前学、后学），后取消教谕，保留训导。光绪三十二年（1906年）十月，改训导为劝学所总董。光绪三十四年（1908年），劝学所下设5个宣讲所，10名宣讲员，负责宣传新学。宣统三年（1911年），改劝学所总董为劝学员长，下配劝学员4人。戊戌变法后，西华裁撤教谕、训导。光绪三十三年（1907年），西华县成立劝学所，设劝学总董，下辖劝学员13人，奉劝地方士绅捐资兴学。宣统三年（1911年），劝学总董改为劝学员长。光绪三十三年（1907年），项城县设劝学所，设总董1人，劝学员（或视学）1人。光绪三十四年（1908年），鹿邑、沈丘县成立劝学所，设总董1人，主管地方教育。“总董”之下设劝学员若干人，负各学区劝学之责。劝学所内置教育款产经理处，掌管全县教育经费。宣统三年（1911年）改总董为劝学员长。

2. 民国时期

中华民国建立后，改革封建教育，废除“忠君、尊孔”的封建教育宗旨，1914年国民政府以“注重道德教育，以实利教育、军国民教育辅之，更以美感教育完成其道德”为教育宗旨。1927年，蒋介石提出实行“党化教育”议案，次年国民党政府以“三民主义”为教育宗旨，即“中华民国之教育，根据三民主义，以充实人民生活，扶持社会生存，发展国计民生，延续民族生命为目的，务期民族独立，民权普遍，民生发展，以促进世界大同。”1939年3月，又提出“礼义廉耻”、“忠孝仁爱、仁义和平”，即“四维八德”的教育方针。

1912年，废书院，改学堂为学校，建立初、高等小学，中学极少。广大农民受教育的机会很少，只有富豪及生活富裕的农家子弟才能入学读书。1935年，是周口地区教育发展较好的时期，全区有中等学校22所，高、完小102所，初小1472所，入学儿童10.8万人，入学率为21.64%。区内8县识字人数有278844人，占总人口的7.86%。识字率最高的县是太康县，为11.57%；最低的县是鹿邑县，为5.1%。职工受教育机会极少，1935年区内仅有7.68%的职工识字，且多为富裕家庭人员。妇女就读机会更少，识字者不足1%，淮阳县仅0.54%。抗战时期，特别是1938年黄泛以后，学校纷纷停办或外迁，城乡私塾数量增加。同时，日伪在沦陷区办起少量学校，推行奴化教育。1945年抗战胜利后，学校纷纷恢复或迁回原址复校。不久，内战爆发，学校发展缓慢。周口地区各地相继解放后，教育才又有所发展。

幼儿教育。民国时期，周口地区幼儿教育略有发展。1946年，周口地区幼稚园发展到8所，在园幼儿240多名。入园幼儿多是官绅、富商子女。幼稚园上课以讲故事、唱歌、做游戏为主。

1926年，扶沟县创办幼稚园1所。1929年，扶沟县立女校附设幼稚园1班，次年停办。1932年幼稚园恢复，附设于扶沟县立小学，后发展为大、小两班，解放战争时停办。1930年，淮阳师范附属小学招幼稚园1班，1938年停办。1931年8月，河南省政府颁布《关于各县筹设幼儿园》的训令。不久，项城县在简师附小增设幼稚园1班，幼儿10余人，无专职幼师。1946年春，高育英（女）在项城官会乡第二中心小学附设1个幼稚班，实行免费入园，有幼儿50名，人数之多，居周口地区之冠。设施有滑梯、压板、铁环、积木、秋千等。1931年，太康县立女子小学附设幼稚园1班，教员2人，职员1人，招幼儿25名，次年停办。1937年恢复，附设于太康县立第一小学，收幼儿30人。1938年6月日军进犯太康时停办。1932年，西华县立师范附小设幼稚园1班，幼儿28名，1938年停办。1934年，西华乡师附小（校址逍遥）设幼稚园1班。1936年，鹿邑师范附属小学设幼稚园1班，招幼儿30人，教师1人，保姆1人，设有小桌、小椅、沙盘、保育室、游戏园等。1937年因时局不稳而停办。1939年8月，商水县立一小设幼稚园1班，教师1人，招收4至6岁儿童30余名。1941年续招1班。1943年，因灾荒严重，入园儿童少而停办。

民国时期，教会及联合国救济总署淮阳分署在周口先后设幼稚园 4 所，时办时停。

小学教育。1912 年，国民政府教育部颁布“壬子癸丑学制”，府、县小学堂一律改称小学校，分初、高等两级。1919 年，在“五四”运动影响下，小学教育发展较快。一批女子小学开始出现，一些学校招收女生，女子和男子一样获得受教育的机会。1928 年后，小学教育进一步发展，尤以太康县为最，1931 年被省教育厅定为教育自治县。1935 年，全区有初、高等小学及完全小学 1574 所，学生 10.8 万人，是民国时期小学教育发展的鼎盛时期，每校平均学生 67 人。1940 年，各县每个乡镇设中心国民学校 1 所，小学布局基本形成。之后直到 1948 年，由于战争频繁，小学教育无大的发展。

1912 年，陈州府初级师范学校附设公立聚英初级小学。1914 年，淮阳新站集、葛店集各建 1 所初等小学。1919 年，淮阳在西大街首创县立女子国民学校，招生 2 班，学生 60 名。1921 年，淮阳在柴市街路东当铺院（今公安局看守所）创办贫民学校，后附设于淮阳县立初级师范学校。同年，在洪福寺创办育英国民小学。1927 年，淮阳在县政府路北创办县立中山初级小学。1928 年，淮阳在县城南胡堂庙创办公立初级小学，并改东门、育英、西门、北门初小为县立第一、第二、第三、第四初级小学，在城隍庙建立第五初级小学，改中山初级小学为第六初级小学，改第二官立高等小学为中山小学（后改称县立第一小学）。同年，在李集创办县立大同小学，后改称第三小学。1929 年始，淮阳县又相继创办县立第二（周口镇）、第四（戴集）、第五（冯塘）、第六（临蔡）、第七（买臣集）、第八（二府集）、第九（柳林集）小学。1933 年，淮阳县立女师附属小学 2 班，第四初小增设高级班，并更名为县立第十小学。此后，乡村初级小学陆续建立。1937 年，淮阳县有完小 14 处，初小 82 处，在校学生 1.3 万人，教职员工 457 人。

1938 年 9 月，日军占领淮阳县城，学校停办。国民党淮阳县政府在水寨镇当铺街重建县立第一小学，后易名县立水寨中心一校。1939 年，伪淮阳县公署在城内文昌宫设立第一小学，在福音堂设立第二小学，在黉学院设立新民小学。

1945 年抗战胜利后，淮阳县立水寨中心一校迁回县城黉学院，复称县立第一小学。淮阳县农林所在北关太昊陵东观创办农林小学，招生 4 班，学生 120 名。1946 年，在北门里白家院创办淮阳县立第二小学。各乡完、初小逐渐恢复。

1947年9月，淮阳县城解放，旧学校停办。1948年春，民众在树行街创办私立德化小学，后改称惜阴小学。7月，淮阳专员公署在淮阳师范址创办联中附属小学。

商水县小学教育分3种情况：一是私塾改良。民国初年，清末秀才张建杰首倡，在邑绅王执臣、王文超等支持下，在商水县城东远通寺创办私塾改良型初级小学2班。邓城、周口等地都有这种改良型小学校；二是初级小学。民国初年，改清末时商水城内办2所初、高等小学堂为小学校。1913年，初等小学并入高等小学。1918年，在商水文庙后院创办淑慎女子小学，初为2班，后发展到4班，1928年与县立一小合并。1929年，商水县师范开设附属小学，有学生100人左右。同时，商水县利用各祠堂、庙宇相继建立义务小学。商水县建立模范小学1所，教室散设在天爷庙、东岳庙、天齐庙、火神庙4处，各1班，学生200人。1940年，商水县初级小学发展到124所，均改名为国民学校，少数学校附设高级班。直至商水解放前夕，商水县初级小学情况无大变化；三是完全小学。清末，商水仅有高小1处（后改称第一小学），民国续办，因兵燹匪患时断时续。1924年，商水在县城东街关岳庙（原凤台书院）开办县立第二小学，收编吕祖阁义学学生为初级部，招收五年级1班，次年与县立一小合并，为六年制完全小学，学生300人，教职员工12人，1928年淑慎女子小学并入该校。1929年，商水县先后在邓城、周口南寨成立县立第二、第三完全小学，均为6班，各有学生200余人。1940年，商水县除各完全小学改为中心国民小学外，在雾台、三里长、乌沟庙、扶苏寺、赵寨等地增设中心国民学校5所。此后3年中，又陆续开设中心国民学校18所，商水县计有中心国民学校26处。1944年，因日军侵扰，部分学校停办。抗战胜利后恢复，直至商水县解放无大的发展。

1919年，施道明、穆永续在周口北寨作坊街福音堂创办修德女子学校，是周口第一所女子小学。

淮阳县周口镇私立育英小学校，创办于1925年秋，校址在周口北寨祖师庙。有学生1班（一、二年级复式），由孔广林负责。1938年并入淮阳县立第二小学。

淮阳县立第二小学，1929年秋在周口北寨文昌宫创办，规模较小。首任校长方瑞征，第二任校长方士斌。1939年秋，文昌宫因受黄河过堤水浸泡，该校迁至周口北寨镇冲寺，学生4班。1940年春，学校迁至万寿宫（又名江西会馆），学生6班，校长雷邦理。1944年春发展到18班，教师30余人。因校舍不足，容量有限，以文昌宫作为分校。同年夏，日军侵占周口，该校停办。1945 年秋，淮阳县立第二小学暂借宁远校舍复课，易名为淮阳县周口镇第一中心小学校。1946 年春，学校迁回万寿宫。1947 年春，马毅堂任校长，时有学生 11 班，教师 20 余人。不久，周口首次解放，至 1948 年春，因周口处于战争“拉锯”状态，学校经费困难而停办。

淮阳县私立新华小学校，1929 年在周口南寨东门里大王庙旧文会初级小学校址（后改为周口市回民小学址）创办。学生 4 班，校长李贯一（河南巩县人）。1941 年，改为私立励志中学，后迁至老君庙（今七一路西段煤场），两年后停办。

淮阳县周口镇第二中心小学，1945 年秋在新华小学校址设立，1948 年春停办。

淮阳县私立中山小学校，1929 年秋在周口南寨田园（今周口市房管局）创办，系完全小学，校长李杰汉，学生 6 班。有校产市房 20 余间，以房租收入作办学经费。后由淮阳县教育局拨款补助。1935 年因经费困难而停办。

淮阳县周口镇私立城隍庙小学校，1930 年秋在周口西寨创办，学生 3 班，校长马道本。1935 年因经费拮据而停办。

十方院国民学校，创办于 1946 年春，校址在周口北寨十方院（大、小油坊街之间路北，即原周口市针织厂家属院）。为初级小学，学生 4 班（其中 1 班为复式），1948 年春停办。

淮阳县周口镇第十八保国民学校，创办于 1945 年秋，校址在周口西寨三元宫。1946 年春迁至西寨天后宫，易名为淮阳县周口镇示范国民学校，有学生 6 班，为完全小学。1948 年春停办。

淮阳县前张营国民学校，创办于 1946 年秋，其前身为弘道小学，校址在周口南寨前张营。为初级小学，学生 4 班，校长陈金垒。1948 年春停办。

淮阳县周口私立乐善小学校，其前身为乐善书院，校址在周口北寨东顺河街。光绪二十四年（1898 年）改为乐善两等小学堂。1930 年改为周口私立乐善小学校。1945 年秋改为公立周口私立乐善小学校，经费由淮阳县教育局拨付，学校规模扩大，成为完全小学。

1930 年，山陕会馆商人在周口北寨关帝庙创办关帝庙小学；在周口南寨小南街创办私立培德小学校。

商水县立第三小学校，1929 年秋创办，校址初在周口镇南寨新街路西静远书院，后迁至周口南寨平王庙（即今周口市文化小学校址），为完全小学。首任校长李法文，学生 12 班。该校是商水县在周口设立时间较长的一所小学。抗战期间，李典则任校长，聘请李玉亭、张侠、李俊亭等进步人士（后均加入共产党）任教，领导学生开展抗日救亡活动。1944 年夏周口沦陷，学校停办。抗战胜利后恢复，改名为商水县周口镇第三中心小学校，校址迁到西大王庙（今周口一高东院）。李学渊、师书香先后任校长。1948 年春停办。

商水县周口镇第一中心小学校，1945 年秋在周口南寨胡庙（即今周口市七一路第一小学校址）设立，学生 8 班，为完全小学，校长王纯智，教务主任李佑民。1948 年春停办。

商水县周口镇第二中心小学校，1945 年秋在周口西寨城隍庙设立，学生 6 班，为完全小学，张侠生任校长。1947 年停办。

周口镇新街国民学校，1941 年秋创办，校址在周口南寨新街路西（原静远书院旧址）。学生 4 班，为初级小学，校长王宝钗是当时周口唯一的女校长。1948 年春停办。

周口镇西大街国民学校，创办于 1940 年，其前身为民众识字班，校址在周口南寨西大街路南。学生 4 班，为初级小学，校长李元镇。1943 年因经费困难而停办。

私立振华小学校，1940 年秋创办，校址在周口南寨胡庙，分校设在孙膑庙（即前周口红星小学东院）。原名振华女子中学，1944 年改为振华小学校，首任校长李学源。不久因周口沦陷而停办。

私立宏毅小学校，创办于 1945 年秋，校址在周口南寨山陕会馆（今周口市三中校址），校长乔炎山。初为完全小学，每级 1 班，共 6 班。1946 年秋，添招初中 1 班，校名改为周口私立长城中学，次年又招收初中学生 1 班，1948 年秋与豫东中学合并为周口市私立联合中学。

私立两湖小学校，1945 年秋在周口南寨禹王宫创办，学生 6 班，为完全小学，校长鲁若愚。该校拥有校产，经费不敷时由两湖商户捐助。1947 年春改为两湖中学，学生 2 班，小学停办。1949 年春，由周口市人民政府接办该校，校名仍为两湖小学。

抗日战争期间，开封、淮阳先后沦陷，河南省立第七小学及省立淮阳师范相继由外地迁到周口复课。河南省立第七小学校，1940 年秋由镇平迁至周口复课，借周口南寨山陕会馆作校址。学生 6 班，为完全小学，萧干（河南新蔡县人）任校长，李铁军（女）任教务主任，在周口共毕业 3 届学生。该校教学认真，成绩斐然。1944 年夏周口沦陷前，迁往项城；河南省立淮阳师范学校，1942 年秋由西华迁至周口，借周口南寨陆陈会馆（今周口市文化街小学）作校址复课，学生 6 班，校长张继之，教务主任张敬五，总务主任李霞珍。学校经费及学生津贴均由河南省教育厅拨发，1944 年周口沦陷前迁往项城。

1944 年夏，周口沦陷，日伪在周口设立 3 所小学：伪周口市第一小学，沿用周口南寨胡庙原振华小学校舍，校长程庆祥；伪周口市第二小学，沿用周口北寨东顺河街原乐善小学校舍，校长贾泽普；伪周口市第三小学，沿用周口南寨大王庙原商水县立第三小学校舍，校长李元铭。

此外，民国时期特别是抗日战争胜利后，淮阳、商水所属周口镇郊，如杨脑、王许村、孟营、黄滩等村设有国民学校。

民国初年，西华高等小学校设在衍畴书院，学生 3 班，118 人。初等小学校设于察院，学生 2 班，74 人。1920 年，西华县在永备仓旧址创办女子小学 1 班。同年，王拱璧将家乡孝武营（今属漯河郾城区）改为青年村，创办青年公学，自任校长。1921 年，在逍遥文庙创办西华县立第二高级小学，学生 2 班。1925 年，西华县立第一高小改为完全小学，有高、初级共 6 班，第二高级小学停办。1928 年，西华县立完全小学与女子小学合并。1930 年，恢复西华县立第二高级小学，学生 3 班，78 人。同时在田口创办西华县立第三高级小学，学生 3 班，108 人。同年，西华县各区筹设区立完全小学及村立初级小学。西华县共有初级小学 266 所，学生 10033 人，教职员工 394 人；完全小学 10 所，学生 1146 人，教职员工 67 人。1931 年，西华县第一完全小学改为县师附小，第二高级小学改为乡师附小，第三高级小学改为第二区完全小学。1932 年，西华县共有县立完全小学 2 所，即二师校附小，13 班，学生 516 人；区立完全小学 13 所，学生 2703 人。西华县立初级小学设在县城火神庙，学生 80 人；村立初级小学 218 所，学生 7100 人；短期小学 11 所，学生 1180 人。

1938 年，黄河郑州花园口大堤被炸开，黄水泛滥，西华县西北部没入黄水，完全小学 4 所、初级小学 42 所被冲毁。1941 年，国民政府教育部通令各乡镇应设 1 至 2 所完全小学，称乡、镇中心小学。各保设初级小学 1 所，称保国民学校。时西华县有县立完全小学 2 所，学生 568 人；中心学校 13 所，学生 2268 人；保国民学校 243 所，学生 7928 人。此年西华县有学龄儿童 42739 人，入学 10746 人，入学率 25%，这是民国时期西华县小学教育发展最快的一年。

1943 年，黄水冲破道陵岗新黄河大堤，西华县城东、北、南面一片汪洋，乡镇中心学校 7 所、保国民学校 135 所被冲毁，师生流落他乡。1944 年，日寇侵占西华县城，盘踞逍遥，西华全县沦陷，各级学校被迫停办。

1945 年抗战胜利后，西华县治设逍遥，逍遥以西、沙河以南非泛区 21 所小学相继恢复，学生4121人，教职员工231人。

1947年，黄河回归故道，外逃灾民纷纷返里，学校相继恢复。西华县有中心学校22所，192班，学生4511人，教职员工212人；保国民学校151所，334班，学生14299人，教职员工274人。后因解放战争西华处于“拉锯”状态，各小学时办时停，一直延续到西华县解放。

1948年西华解放，县人民政府设民教科，筹办、接管和逐步恢复各级学校，计有完全小学7所（每区1所），乡村小学61所。

1912年，扶沟县城创办杜氏初等小学校，为扶沟私立小学之始。1917年，创办姜师堂小学，次年改为私立姜师堂高等小学校。1919年，在城内创办何氏私立小学、女子国民学校（后改称县立女子小学校）。1923年，推行新学制，改高等小学校为小学校，国民学校为初级小学校。1925年，扶沟县学校扩充到156所。1926年、1927年，由于兵连祸接，土匪为患，扶沟学校时兴时辍。1928年，社会秩序稍趋稳定，学校教育有所恢复和发展。同年，吉鸿昌在吕潭创办私立中山小学校。是年，乡村学校增至70余所。1929年秋，扶沟县完全小学发展到8所，初级小学发展到163所，有学生5637人。1930年春，军阀混战，扶沟境内大军云集，校舍多被占用，学校遭到严重破坏。1934年，扶沟县有完全小学12所，其中男女合校5所；区立初级小学217所，私立初级小学8所，共计225所，其中男女合校34所，教职员工678人。1945年抗战胜利后，扶沟县首先在城内恢复双洎镇中心小学、何氏私立小学、西镇和南镇国民小学。后又逐渐恢复乡村小学。1947年因黄水初过，农村萧条，不久进入解放战争“拉锯”状态，学校恢复缓慢。

1912年，太康县立高等小学堂改为县立初等小学，是年增设到2所。1915年，改为太康县立高等小学校。1923年改为太康县立小学校，并增招初级班。1927年，太康县立小学校迁至天宁寺，改为县立第一高等小学校。到1931年，太康县陆续建立完全小学校10所，44班，学生1515人，其中县立6所，29班，学生945人；私立4所，15班，学生570人。城乡高、初级小学共424所，学生12746人，教职员工695人。学校设校长、训育主任、事务主任各1人。

1925年，太康县在县城坊字街创办私立先声女子小学，招收高级预科生1班，初级生2班。是年秋，振太高级小学扩招女生1班。1931年，在城内东大街设立女子小学校，招生5班，150余人。是年，太康县女子学校达到12所，1232人。同时，提倡学校男女兼收，不少女生就近入学。

太康县北抗日根据地民主政权建立后，共创办小学校12所27班，学生

1072人，教师30人。抗日民主小学学制为“四二制”，即初小4年，高小2年。儿童7岁入学，6年毕业。为照顾劳动人民子女入学，超龄者可以插班或越级。教材为华北革命根据地出版的课本。在教学中坚持为抗日民主运动服务。除课堂教学外，政治课结合“抗日救亡宣传会”、“读报会”进行。语文课结合革命故事会、阶级诉苦会、拥军优属等活动进行。常识课结合生产劳动进行。算术课（包括珠算）结合麦征、秋征、减租减息等活动进行，使学生结合实践，学习文化知识和革命理论。抗战时期，学校条件很差，校舍简陋，有时冬天在太阳下，夏季在树荫下上课。学校经费和教师待遇均由抗日民主政府负责供给。教师工资每人每月由政府发给40至50斤小麦或绿豆，后增加到60至65斤。在政治上，教师享受与抗日干部同等待遇。

抗战时期，日伪太康县政权为灌输奴化教育，创办了4所小学。1939年，在原新民小学校址成立伪太康县立第一小学，学生5班，186人，教师7人。1940年，在博爱学校旧址成立伪太康县立第二小学，学生3班，90人，教师3人。是年8月并入一小。11月，成立伪太康龙曲集小学，学生3班，90人，教师3人。1941年，在马头镇原小学址成立伪太康县立马头小学校。1945年随日军投降而停办。

1945年抗战胜利后，内战继起，太康县校舍教具俱毁于兵燹。1948年底，太康县全境解放。人民政府除对原解放区学校进行调整外，还积极创办新学校。1949年3月，创办太康县立城关完全小学。至10月，太康县小学校发展到90所，学生493班，20227人。

1912年，鹿邑有私塾百余所，遍布城乡。教学方法、内容沿袭明清。为输入新学，鹿邑县政府通令馆内设黑板，采用小学课本，按时上课。县设私塾辅导，定期培训塾师，巡视改良情况。对改良较好的私塾，及时转为初等小学。1913年后，有80余处改良私塾转为初等小学。1936年，鹿邑县改良私塾20处，学生315人。1939年日军侵扰，康邑县大部分小学停办，改良私塾有所增加，直到建国后完全取消。

1912年，鹿邑县第一所高等小学在县城芙蓉街建立，招生4班，150人。同年，鹿邑县5个区均办起初级小学，离区较远的集镇由两三个保联合办初级小学。1915年，鹿邑县有小学8所。1922年，鹿邑县有区立小学20所，私立小学4所。1925年，吴得宝、王子久家创办“家庭女子小学堂”。1926年，鹿邑县立高等小学堂更名为鹿邑第一完小。宁平城初级小学改为鹿邑第二完小（1950年划归郸城县）。1927年元月，“家庭女子小学堂”迁到大隅首，更名为鹿邑县女子小学校，有初小学生4班，高小1班，学生120余人，教职员工8人。1928年，共产党人李梅村到达鹿邑，在女小发展党员，建立支部，开展妇女解放运动。1930年，竹凯店（今属郸城县）设立第三完小，并相继改贾滩小学为第四完小，玄武镇小学为第五完小，鹿邑县高、初级小学发展到123所，入学儿童4313人，占学龄儿童的6%。1935年，由官方筹集经费开办初级小学和一、二年级制的短期小学。1936年，鹿邑小学入学儿童2448人，私塾入学儿童3150人，入学率18.5%。1938年，日军进犯鹿邑，国民党鹿邑县政府南迁石槽，日占区学校无几，且推行日语和奴化教育，学生不学，教师厌教，学校大多停办，私塾与改良私塾复立。1940年，鹿邑县属13个乡各设中心国民学校1所，每保设保国民学校1所。至1945年春，鹿邑县建立中心国民学校16所，保国民学校和义务小学120所，学生8200人，教职员工200余人。

1945年秋，国民党鹿邑县政府迁回县城，鹿邑全县23个乡办中心国民学校31所，保国民学校250所，学生3万余人，教师500余人。不久内战爆发，多数学校毁于兵燹，私塾再次复兴。

1948年9月，鹿邑县人民政府各区镇小学陆续恢复。次年，鹿邑县政府派专干到各区招聘教师，以地主宅院、祠堂庙宇作校舍，办起13个区立中心完小。

1912年，沈丘县高等小学堂招收甲班学生40名，以后逐年招生，至戊班时收两班约100人。次年，沈丘县17个区各设初级小学1所。1919年在“五四”运动影响下，槐店创办了沈项淮小学，不久停办。是年10个区各办初级小学1所。1922年，沈丘县发展完小9所，每所招生1班，每班约20人。第一完小在县城平舆书院，第二完小在东李楼，第三完小在范营，第四完小在宜路店，第五完小在槐店，第六完小在韩庄，第七完小在张堂，第八完小在西李楼，女子完小在城隍庙。1925年，槐店创办乐成初级小学校，招收女生，有学生10余名。1928年，沈丘县有初级小学26所，高级小学6所，学生1967人，教职员工87人，其中女教师3人。至1937年抗日战争前夕，10年间沈丘县教育发展缓慢。据小学发展最多的1936年统计，沈丘县仅有完全小学校7所，35班，学生1051人；初级小学64所，128班，学生2560人，占全县总人口的0.71%。

1938年，鹿邑、淮阳相继沦陷，沈丘受到惊扰，一些学校停课，农村私塾学馆应时而生。1940年秋，沈丘县13个乡镇各设中心学校1所，每校5至6班，另外还附设1班民众学校。沈丘县169保均设保国民学校1所。1943年，是民国时期沈丘县小学教育发展的高峰期，除皂庙镇1所中心学校外，其他各乡镇都有2所中心学校，全县共有中心学校25所，每校平均6班，总计学生3600人。保国民学校发展到169所，学生8450人。

1945年8月，日本投降，内战复起。沈丘县学校外迁或停办，直到1947年沈丘全县解放后，教育才得以恢复和发展。

1947年至1948年秋，沈丘县人民政府先后在县城、槐店、纸店、苏楼、南范营、韩庄、南杨集、张奶奶庙、清朗寺、范蔡庄等地创办小学。1949年在9个区各创办完小1所。

1912年，项城县建县立高等小学、私立三官庙两等小学各1所，荆棘冢、田老家初等小学2所。私塾教育仍大量存在。1923年，项城县教育局建立后，发动全县各区、牌，改庙宇、打神像、建学校，农村教育活跃一时。后因军阀混战，土匪蜂起，城乡教育发展受到一定影响。1930年，项城北街小学、人民自卫团小学、女小、新桥育英小学、县简师附属小学相继建立。1931年8月，《河南教育会议报告》称：项城县人口35.05万人，适龄儿童3.5万人，入学儿童3890人，占适龄儿童的11%，私塾280处，入学学生4280人。1935年至1936年，槐店、南顿、欧营、新桥、孙店、和店等县立小学及张庙、官会、柳杭、刘新庄等区立小学相继建立。1937年抗日战争爆发后，项城未沦陷，小学教育有所发展。1941年新建制的12个乡镇，均设中心完小2到3所，保国民小学16到18所。

1945年，项城县有中心完小28所，156班，学生6025人，教师302人；有保国民学校274所，509班，学生2.03万人，教师710人。当时小学常处于“春满堂，夏一半，秋季农忙不见面”的状况。

民国时期，项城县小学校舍多属土墙草顶，一门两窗，无教学设备。秣陵镇在抗战胜利后，对全镇14所学校进行统一规划，筹款筹料，组织校董委员会专门负责，才有所改观。

初级小学设公民训练、国语、算术（含珠算）、常识、劳作、美术、体育；高级小学增设社会（含历史、地理、卫生）、自然等课程。

中学教育。民国时期，私立中学盛行，学校和学生数量均多于公立中学。1913年7月，河南省划全省为6个省立中学区，第六区以淮阳为中心，设省立淮阳中学，1922年改称淮阳四中，1928年与省立二师合并，改称淮阳中山中学，为省立7所中学之一。1931年吉鸿昌改私立扶沟吕潭工农小学为私立中学，而后姜师堂、贾鲁和淮阳成达、豫东等私立中学相继开办。1934年，区内公立中学有省立淮阳中学、周家口联立中学、扶沟县立中学、太康县立中学等8所，学生1377人。1936年商淮联立中学改为八县联立中学，招收

一、二、三年级各1班，学生124人。

1938年黄水泛滥，周口地区成为重灾区，泛区内中学或迁或散，大部分停办，中学教育陷入低谷。1939年豫东成为抗日游击区，省派教育专员朱纪璋在吕潭、周家口、槐店各办1所游击区联合中学，收容战区学生。其中周家口联中11班（含高中、师范），是当时豫东规模较大的综合性中学。同时，淮阳、项城各办县立初级中学1所，全区中学达13所。西华县王拱璧创办的青年公学（后改为青年中学），学生近千人（含高中和小学），是民国时期倾向进步的一所中学。

抗战胜利后，外迁的中学相继返迁，停办的逐渐恢复，私立中学又明显增多。1946年，周口地区有省立中学1所，县立中学8所，联合中学1所，私立中学15所，共25所，学生3000余人。其中，淮阳私立成达中学规模较大，有初中学生562人。

1912年，陈州府中学堂改为陈州府官立中学校，后又改称省立淮阳中学。1932年，淮阳、商水两县在周口镇合办商淮联中，招生3班，学生140人。1933年，周新华在淮阳包公祠（今淮阳县水利局址）创办私立豫东中学，招生2班，学生101人。1934年，于伯龙在淮阳旧县衙创办私立成达中学（今实验小学址），招生2班，学生77人。

1938年，国民党淮阳县政府于水寨镇创办县立联中，招生3班。1938年淮阳沦陷后，省立淮阳初级中学迁至河南内乡，1940年迁至商水。1942年秋，伪河防司令窦长青在淮阳城内办私立成德中学（今实验小学址），招生2班，学生100人。

1945年抗战胜利后，淮阳县立联中迁城内黉学院，改称淮阳县立初级中学。1946年，淮阳县有完中3所，其中高中10班，学生510人；初中1所，34班，学生1836人。

1948年7月，淮阳专员公署创办淮阳联中（淮阳师范旧址），招生3班。1949年，淮阳联中、豫皖苏区第二中学与从信阳迁回的淮阳中学合并，称省立淮阳中学，有高中3班，初中7班，学生442人。

1931年秋，商水县立师范附设初中1班，是商水县有中学之始。

1932年7月，商水、淮阳两县在周口南寨西门里原河南督军张镇芳宅（黄杏樵别墅旧宅）创办商水淮阳联合初中，简称商淮联中，招初中学生6班，是周口最早的一所公立中学。学校经费由商、淮两县分担，并向学生收取部分学费。首任校长方瑞征，后李元镜、李典则、孔冠林相继任校长。李典则任校长时，曾聘请教育界知名人士彭正浩（后在武汉大学任教授）任教务主任，李法白（后为郑州大学副教授）、毛蔚秋、张君膺等任教师。嗣后该校易名为周口八县联立中学。1938 年秋淮阳沦陷，河南省第七行政区督察专员公署由淮阳迁至该校办公，该校改为河南省七区联中。抗战后期迁至郑城，1944 年周口沦陷后停办。

1940 年，商水师范初中班并入由河南内乡迁到商水的省立淮阳初级中学。1941 年在郑城开办初中 1 所 3 班。1944 年春，日军侵占周口，商水县师范初中班解散，淮阳初级中学迁往商水城南的智王寨。淮阳初级中学迁至商水时有学生 6 班，300 余人，教职员 20 余人，后在智王寨增招高中 1 班，是该校有高中之始。该校师资水平较高，办学严格，教育质量超过一般县立学校，在商水 5 年间，毕业学生 10 班，500 余人。

1942 年秋，商水县张庄魏余三利用庙产田租创办张庄公学，招生 1 班，后发展到 3 班。1944 年春停办。

1945 年抗战胜利后，商水县各校从智王寨迁回县城，商水师范和初级中学分开。商水县初级中学以东街当铺院为校址，招男生 2 班，女生 1 班，学生 170 人。国民党商水县党部书记长张连珠和县参议长李性元在城东街创办私立溵川中学，招初中 2 班，高中 1 班，并在巴村设立分校，招初中 2 班。1948 年秋，商水处于“拉锯”状态，商水县师范、初级中学、溵川中学等学校或解散或停办。

1941 年春，河南省豫东游击区周口联合中学创办，简称周口联中，校址在周口北寨关帝庙后院，张钦任校长，有初中、高中、初师、中师共 11 班，学生来自附近各县，是当时周口规模最大的综合性中学，由省教育厅按月发给学生津贴粮。1944 年夏周口沦陷前迁往漯河。1943 年秋，私立豫东中学创办，以周口西寨李法白宅作校舍，河南省第八行政区督察专员张振江兼任校董会董事长，李法白任校长，学生 7 班，其中高中 1 班。学生每期交学麦 80 斤。1944 年夏周口沦陷时停办。1945 年，商水县人李典则在邑绅支持下，在商水县属周口镇南寨陆陈会馆（今周口市文化街小学校址）创办私立豫东中学周口分校，并在省教育厅备案。1946 年，该校有 1 至 3 年级春秋两季始业班 7 班，学生近 300 人，教职员 20 余人。1948 年 1 月周口解放后，周口市人民政府接管该校，改名为周口私立第一中学。

抗日战争胜利后，山西、陕西和湖南、湖北等省在周口的商人捐资创办有私立长城、两湖中学，均于 1949 年停办。

1926 年，共青团员、西华西夏亭人李子纯在西华县城创办新新公学，从事地下革命活动。

1932年8月，西华县立师范添设初中1班。1933年暑假又招收初中1班。1934年，改名西华县立初级中学。1936年有初中5班，学生205名，教职员19人。1938年，黄水围西华城，西华县立初中停办。1942年春复办，学生4班，107人，教职员14人。

1941年，西华县第二区区长高照临以二区庙产作经费，在聂堆西门里路北创办私立言行中学，自兼校长，招收初中2班，学生80名，教职员9人。1942年，新黄河道陵岗段决堤，洪水泛滥，言行中学停办。1942年8月，私立箕台中学在西华县城西关天爷庙创办，高照临任董事长，孙资捷任校长。该校系拆一区光武庙，并以一区庙产作经费修建而成。招收新生2班，学生96名。1943年，又招收2班，学生96名，教职员12人（其中兼职4人）。年底，学校为黄水围困，加之经费无着而停办。部分学生转入西华县立初中就读。1944年冬，日伪军62师占据西华县城，西华县立初中停办。

1946年8月，三青团西华分团主任赵明初在逍遥西南诸葛寺村创办私立滠阳中学，任董事长，国民党西华县书记长高照临兼校长。招生4班，学生123名，教职员12人。1947年12月停办。

1948年春，逍遥以西地区解放，西临郾县黑龙潭区区长王负五在南流渡口创办私立柳屿中学，校长王兰亭，招生1班，1949年停办。

1926年，扶沟中学在扶沟县城西北隅文昌阁（今棉麻公司址）创办，招生1班，次年因战乱被迫停办。1931年，吕潭镇中山小校添招初中1班，改名为私立中山中学。1932年，扶沟县立师范添招初中1班，并恢复扶沟县立中学名称。1933年设在文庙的姜师堂小学招收初中班，改名姜师堂中学。至1934年，扶沟县有初级中学3所6班，其中县立中学1班，姜师堂中学1班，吕潭中学4班，学生345人，教员18人，职员9人。1935年，何氏中学在扶沟县城创办，1937年停办。吕潭中学，1936年发展到中学6班，小学8班。1938年因黄泛而停办。

1938年，扶沟惨遭黄泛，除县立中学尚能维持外，乡村学校所剩无几。扶沟县立中学在黄泛初迁至大程书院，1942年有学生5班，232人，教职员11人。1939年冬，河南省立扶沟联中在县城创办，招收黄泛区及豫东沦陷区10余县学生，有高中3班，初中12班，高师3班，女子简师1班，共计19班，学生近800人。1942年，姜氏堂中学恢复。1944年扶沟沦陷前夕，省立扶沟联中迁至项城。1944年日寇侵占扶沟，中学全部停办。

1946年，扶沟县立中学在南关罗家祠堂恢复，有学生5班，250人，解放战争“拉锯”时期停办。

1949 年初，扶沟县在育英小学附设初中 2 班，这是解放后该县首届中学班。4 月，中学班迁至城隍庙，定名为扶沟县初级中学，校长由扶沟县长李正风兼任。该校是今扶沟县高中的前身。

1924 年，太康县县立初级中学创办，在甲种蚕业学校旧址与农业学校合办，招生 1 班，30 人，1926 年停办。1931 年，太康县立初级中学恢复，校址在城隍庙，招生 1 班，40 人。是年，职业中学、师范各招生 1 班并入。1934 年，职业、师范班分出，时有学生 3 班，110 人。1933 年，私立振太中学创办，校址在黉学，学生 2 班，80 人。

1937 年，太康县有中学 2 所，6 班，230 人。1938 年日军进犯太康，学校均停办。1944 年 8 月，国民党太康县政府在城西老古庙村恢复县立初级中学 2 班，86 人。1945 年日军投降后，太康县立初级中学迁回县城，将日伪时期太康中学的二、三年级并入，又招新生 2 班，共有学生 6 班，278 人，教职员 20 人。是年 9 月，太康县城第一次解放后停办。

1944 年 7 月，中共水东地委在聚台岗村（今太康县高贤乡）创办豫东中学，又名抗日中学，招生 98 人，后发展到 3 个大队 9 个中队，学生 300 余人。1945 年 10 月，国民党军队大规模进犯太康县北革命根据地，豫东中学随党政军机关转移华北，改名为冀鲁豫边区中学。1947 年迁回太康解放区，更名为豫皖苏边区中学。1948 年并入睢县高中。1949 年 2 月，太康县人民政府在县城南大街创办县立中学，学生 4 班，290 人，教职员 19 人。

1934 年，鹿邑县立乡村简易师范学校附设初中 2 班，学生 80 人，是鹿邑县开办中学之始。

1944 年，日伪师长韩景春（河南柘城人）在鹿邑枣集创办育英中学。同年，日伪师长刘扶青在鹿邑黉学创办私立扶青中学，招生 2 班 100 人。

1945 年 9 月，国民党鹿邑县政府接管扶青中学，并与县立乡村简易师范初中班合并，更名为鹿邑县立初级中学，有 8 班，学生 350 人，教职员 15 人，占用房屋 55 间。1947 年与师范合并，各开 4 班。是年 7 月，学校停办。

1948 年，鹿邑县解放，教育始得稳步发展。1949 年初，鹿邑县筹建鹿邑县老君台初级中学，是年秋建成，招生 6 班，学生 300 人，教职员 19 人。1949 年，鹿邑县 13 个区均建立完全小学。

民国年间，特别是抗战时期，沈丘幸免沦陷，教育畸形发展，共有国办、省立、县办中学 4 所，私立中学有颍滨中学、同德中学、自强中学（在皂庙，1946 年改为黄淮中学）、颍川中学（在老城医院）、豫皖中学（在县城平小）、树人中学（在县城广教寺）、里仁中学（在付井陈庄寨）、谷河中学（在李湾)、淮滨中学（在县城县党部）等9所。

1934年3月，槐店公安局长张国修约集士绅筹款租赁山陕会馆作校址（今沈丘县法院址），创办“河南省沈丘私立颍滨初级中学”，简称颍滨中学，聘请鲁雅堂任校长，是年8月开学，招生2班，为沈丘县首次招收初中生。1935年3月李鸣钟自北平返里扫墓，董事会公推李鸣钟任董事长，张国修任副董事长，向省教育厅报请备案，李鸣钟捐助基金、书籍，建筑大礼堂，装备设施，其他董事分别捐款，购置图书、校具。8月，大礼堂及两端教室落成，学校初具规模。1937年首届学生毕业，是沈丘县第一批初中毕业生。

1938年徐州沦陷，豫东情况危急。是年春，新四军竹沟教导大队大队长方中铎受校长李贯一邀请为颍滨中学师生作报告，宣传中共抗日主张。3月，开封光明话剧团到槐店宣传抗日，帮助颍滨中学建立中共党支部。5月，该校师生组织前锋话剧组和宣传队，深入农村宣传抗日卫国。该校在抗日战争中为革命输送了不少进步力量。

1940年春，河南省教育厅确定在豫东游击区筹设中学3所，收容战区学生。省府委员李鸣钟请设1所于槐店。4月，省府派员到槐店筹备，颍滨中学大力协助，将校舍校具全部献出，又筹建校舍20余间，添置桌凳、铺板500套，7月开学，颍滨中学与其合并，定名为豫东游击区槐店联合中学。招收高中生两班及初中、初师、中师共12班，学生553人。是年沈丘开始有了高中班。1942年7月复学，招生82名。1943年1月开始招收女生26名。是年8月，省立槐店联中停办，并入国立二十一中界首分校，颍滨中学收回省立槐店联中全部校舍校具，逐年壮大。1944年6月，颍滨中学设立莲池分校。1945年8月，首招高中生70名。1946年，李鸣钟捐地300亩，捐资400万元，作颍滨中学经费。1947年停办。

1936年，沈丘县初级中学创办，其前身为沈丘县立简易乡村师范附设的初中班，学生40人。因未经上级批准，学费自理，学生每学期交小麦200斤，保证金10元。1939年，沈丘县立初级中学招收春季始业班1班。1945年，沈丘县立初级中学与县立简师分校，招男生4班，在县城（今老城）东北隅新建校舍。后移址西关外西大寺，招女生3班，改为沈丘县女子中学，校址在皂庙。1947年沈丘解放时停课。

1941年秋，盆尧村李贯一在本村筹办建立私立同德中学，招初中2班，100人。1943年暑假停办。国民党骑兵第2军军长何柱国在盆尧私立同德中学基础上，创办国立二十一中第二分校，自兼校长，招初中6班，高中2班。1945年抗战胜利后停办。同德中学继而恢复招生，1947年停办。

1935 年，项城县立简师附设初中 1 班。20 世纪 40 年代初，项城县创办私立抗建、两淮、丹陛、育武、谷河等中学。1944 年秋，项城县立简师附属初中班分出，独立建制。同时，项城县立女子初中建立。1945 年，项城县有公、私立初中 19 班，学生 906 人，其中女生 90 人。当时公、私立中学强调党化教育，训教合一，实行童训和军训。教员实行聘任制，但公、私立中学教员编制不一。县立初中校长人选、经费拨发乃至学籍管理、毕业证书验印，统由省教育厅管理。

1949 年 3 月，项城在文昌宫创办项城第一初级中学，招收一、二年级 2 班，秋季招收 2 班，计 123 人。

职业教育。民国时期，周口地区的专业技术教育主要为农林、工业学校教育。1912 年，西华县开办乙种（初等）蚕桑学校 1 班，1913 年底并入高等小学堂。1920 年，西华县再办蚕桑学校，并将织染工厂划归该校作实习场所，1924 年停办。

1913 年，扶沟、商水、淮阳 3 县均设立乙种蚕桑学校，不久改为县立初级职业学校，时兴时废，很不稳定。是年，淮阳县知事公署在西关大王庙（今税务局址）创办淮阳县乙种农业学校，招生 1 班，学生 40 人，习农蚕科，次年停办。1934 年，河南省第七区行政督察专员公署在太昊陵西观创办农林实验学校，招 3 年制农林专科和 1 年制农林班各 1 班，学生 82 人。1937 年停办。1935 年，淮阳县第一乡村师范改为淮阳县立初级职业补习学校，招收初级、简易织染专业各 1 班，学生 78 人。1937 年，该校有学生 160 人，教职员 8 人，年经费 3575 元，不久停办。1915 年，太康县立高等小学堂增设甲种蚕科 1 班，修业 4 年。1919 年与太康县立高等小学校分开，设太康县立甲种蚕业学校，并扩充为 2 个班。1923 年，改为农业学校，学制 3 年。是年，招收蚕科 1 班，1926 年停办，先后毕业学生 3 班，100 余人。

民国时期，少数私立职业学校出现。1922 年，太康县刘运之等人创办私立蚕桑学校讲习所，招生 40 名，学期 1 年，理论与实习并举，1 年后停办。

近代，蚕桑、农业学堂除设修身、经学、国文、算学等文化课外，蚕桑学堂设农蚕、桑田、蚕丝、丝织等科，农业学堂设农作、畜牧、园艺、农产品制造等科。蚕桑、农业学校以校为单位招收高小毕业生及同等学力者，毕业生自谋职业或升学自便。

成人教育。民国时期，国民政府推行国民教育，提出中心小学设民众班，普及教育，扫除文盲，但有名无实。各县创办民众学校，城镇和部分乡村设有民众学校。教学内容以简易文化知识为主，一般都在农闲业余举办，利用夜晚或节假日、星期日上课。淮阳、沈丘、项城等县成立了识字运动委员会，但坚持不久，作用有限。1930年，除项城外，区内创办民众学校8所，在校学员2430人。

1927年，商水县政府在县城、乌沟、南陵、雾台、巴村、远通寺设立民众学校6所，每晚上两节课，学习《民众课本》，教员多系义务兼职。

1928年，扶沟县将教育经费的10%－20%作为社会教育专项经费。1930年，扶沟县创办民众学校8所，入学265人。次年，增至375人。1934年，民众学校降为1所，41人。1938年至1945年9年黄泛期间，扶沟县民众学校全部停办。

1934年，淮阳县根据教育部《民众学校规程》，办民众学校20所，每班补助经费40元，教师由县立各小学教员兼任。1937年，淮阳县有民众学校13所，学生1083人，教职员42人，年经费2764元。

1935年，太康县识字人数为63245人，占总人口的11.6%，占10岁以上人口总数468238人的13.5%，文盲率为86.5%。1949年，为配合经济恢复和民主改革运动，各区、乡政府所在地和较大集镇办有夜校和识字班。

民国初年，鹿邑县府成立“失学民众补习教育委员会”，教育局增设失学民众补习讲演员，协同民众教育馆负责民众教育的实施。1920年，各区小学筹办民众夜校。是年，鹿邑县有民众夜校20所，学员644人，县拨经费960元。1930年，鹿邑县设民众夜校1班，各乡镇仿效开办19班。1936年，鹿邑县成人识字者5005人，占总人数的0.71%。

1940年，沈丘县13个中心学校各设1个民众班，但有名无实，直到1943年，沈丘县民众教育馆始设1个民众班。1949年，沈丘县较大集镇为配合经济恢复和民主改革运动，办有夜校和识字班，在农村配合剿匪反霸办有冬学。

1936年，项城县有民众学校7所，附设于县立各小学内，学生230人。同年12月，根据民国二十五年《河南统计月报》2卷7期统计：项城县总人口297582人（男性162728人，女134854人），识字人数为28851人（男性27674人，女性1177人），每百人中识字者9.7人，其中男子每百人中识字者17人，而女子每千人中识字者仅8.7人。1940年，在中共党员刘振海、赵华（女）的组织下，南顿区第六保国民学校（校址在水牛刘村）开办妇女识字班和民众夜校，学员37名。除向学员进行识字教育外，还教唱抗战歌曲，讲解革命道理。1946年10月，中共地下党员高育英在官会乡张大庄中心小学创办妇女夜校1班，学员30人。

民族教育。1912年，范汉亭在淮阳民族南街清真寺创办公立广化两等小学校，后改为公立广化小学校，有高级三年制1班，初级国民班1班，共78人，初等小学修业4年，高等小学修业3年，全年经费640元，由屠宰税附加项下支出。1938年淮阳沦陷，学校停办。1939年春，淮阳伊斯兰教会董事许友义、沙应先、方绍周、李庆庭、白彬甫和教长杜洗尘创办伊斯兰学校，有学生高、初级2班。1945年8月，学校迁回原广化学校址，改名为第六保国民学校，不久改为代用中心学校，有学生6班202人，1947年停办。1912年，周口镇回民穆长清、穆静修等在周口北寨天坊街清真寺创办淮阳县惠远初级小学校，班次不多，抗战爆发后停办。惠远小学连同清末创办的致远、宁远、定远等3所回族小学，号称周口“四远”。回汉儿童兼收。

1912年，槐店回民教育促进协会会长海香廷以槐店东镇牛羊屠宰所得税捐作经费，在沈丘槐店镇清真寺花园和武术馆旧址（今沈丘县府东街路南38号）创办公立明远小学校，简称明远小学，首任校长李遇春，聘教师2人。是年招收学生甲、乙、丙班100人，1913年正式开学。课程有回文、论语、修身、地理、算术等。1918年第一届甲班学生高小毕业，考入淮阳省立第二师范1人，考取淮阳中学2人。1920年乙班学生毕业，升入淮师2人，淮中2人。1924年发展到4班，学生120人，教师6人。课程增设历史、自然，每周两节经语（回语）。1926年学校改名为沈丘县立第五小学校，有学生6班，200人，教师8人，是今沈丘槐店回族镇小学的前身。该校曾是中共沈丘县地下党组织的活动中心，苏堃、马捷等都曾在此受到革命思想的熏陶。1932年春，抗日反蒋救亡浪潮席卷全国，沈丘“五小”教师、中共地下党员马梦霞和黎明女校教师、共产党员刘修英，发动沈丘“五小”师生，联合黎明女校、乐成、崇实小学师生数百人，走上街头，举行游行示威，高呼“打倒帝国主义”等口号，砸毁福音堂和天主教堂，声震沈丘，掀起了沈丘反帝爱国运动高潮。事后，马、刘二人被迫转移，“五小”校长庞正斋被迫辞职。当时社会上流行歌谣云：“第五小学校，捣毁基督教。押住马梦霞，花钱八百吊。家长受连累，学生赶出校。苦了庞正斋，田地卖光了。”是年秋，又有一批共产党员到“五小”任教，沈丘县教育局以灾年为借口，克扣教师薪金，“五小”学生在中共地下党员鼓动下，组织三四十人徒步到县教育局请愿，发起索薪斗争，取得胜利。1938年，沈丘“五小”有教师9人，学生5班，200多人。是年春，开封进步师生组织的光明话剧团，在中共地下党支部的领导下，来槐店宣传抗日救国，在“五小”发展党员，帮助成立“五小”地下党支部。是年7月，中共地下党员到沈丘县城帮助刘金戈举办抗敌训练班，9月成立中共沈丘县第一个地下县委。次年12月，中共沈丘县委离开“五小”，转移到东杨集二小活动，“五小”革命斗争趋于低潮，学校发展缓慢。1946年，“五小”仅有学生6班，250余人。1947年4月，槐店解放，当地处于“拉锯”状态，“五小”停办。1948年冬，“五小”复学，改名槐店小学，后逐步建立少先队、发展共青团，成立中共槐店镇联校党支部。

淮阳县周口镇伊斯兰小学校，前身为周口宁远小学校，校址在周口北寨小桥街。1940年改为周口伊斯兰小学校，1945年抗战胜利后，经费由淮阳县教育局拨发。1948年春停办。

教会学校。民国时期，帝国主义借传教之名，在周口一带各地设立教会学校，进行文化渗透。1913年，基督教内地会在西华县东大街福音堂创办博爱小学，学生21人。1925年，基督教安息日会在西华逍遥西街福音堂创办三育小学，学生60人。1926年，鹿邑城北冯桥天主教神甫废私塾，建学校，聘请教师3人，招生2班100人，后发展到4班。1927年，美国天主教传教士在沈丘县城办三育小学，学生46名，其中男生36名，女生10名。1932年，基督教安息日会在西华县红花集创办三育小学，学生40人。1946年，淮阳县城内天主教堂开办私立明德小学（今新华小学址）。1948年春，淮阳普济会在普济堂（今人民武装部址）创办私立普济小学。

名校介绍

私立青年中学。1918年，西华县留学生王拱璧从日本学成返乡，立志从事新农村建设，普及农村教育。1913年，其父王际太曾在本村孝武营（今属漯河郾城区）创办崇实小学堂。1918年，他将父办的崇实小学堂改办私立青年公学，自任校长，学生3班，140人。1924年新建校舍22间，始招初中1班，学生50人。1925年，增招5年制师范1班，学生42人。10月，青年村为土匪袁英所破，校舍、校具被焚毁，学校停课。1926年学校复课，王拱璧之子王膺民代理校长。1931年，增招简师1班。1942年，王拱璧返校继续任校长，改校名为私立青年中学。1947年8月，增招高中1班。该校自1920年至1947年，共毕业中小学生800余名。1948年，各地不少学校受战事影响停办，青年中学仍蒸蒸日上，小学发展为6级6班，初中3级3班，高中1级1班，每班学生80余人。1949年春，商水县人民政府接管该校。1952年划归郾城县，改名为郾城三中。

普里学校。1933年，中共北方局派沈东平、路岩岭到西华开展革命工作，王子英、刘子久、王其梅等也先后到“三岗”（陵头岗、都城岗、苗里岗）着手建立抗日根据地。他们团结依靠进步人士胡晓初、屈申亭、侯香山等人，于1935年将西华县第三区完小改为“普里学校”（意即普及马列主义真理的学校），以教师身份作掩护，从事地下革命斗争。胡晓初任董事长，王子英任校长。初办完全小学设中学班，为唤起民众，发展组织，号召“向工农开门”、“贫苦子弟免费入学”，又在麦庄、肖横、南陵、枣口、朱湾、西湖等村开办8所分校，吸收贫民子弟800余人就学。学校除教授中小学课程外，在学生中成立青年学生同盟会、少年先锋队等进步组织，开展革命思想教育。1930年，国民党当局派81师围剿“三岗”革命根据地，普里学校被迫停办。该校为周口一带的抗日战争培养了一批革命人才。

吉鸿昌学校。1921年，时任冯玉祥部营长的吉鸿昌自筹资金，在家乡扶沟县吕潭镇以龙王庙作校舍创办吕北初级小学，其父吉筠亭任董事长。1926年吉鸿昌任师长后，学校规模随之发展扩大。1928年，学校新招高级2班，成为完全小学，校名改为私立中山小学校。由于校舍有限，高级班暂在吉氏宗祠上课。是年10月，学校在河南省教育厅正式备案，吉鸿昌委派秘书郝子固任校长，增聘李万泰（淮阳省立第二师范毕业）、杨雪堂等为高级班教师。1929年，吉鸿昌任宁夏省主席后，更加热衷教育事业，在吕潭镇西北贾鲁河畔置地40亩，聘其老友、北平著名工程师冯欣设计并监工兴建新校舍，1931年夏竣工。从学校大门进入院内，有传达室、接待室、消费合作社、校董会议室、大礼堂等。大礼堂后正中间一排房，为校务处、训导处和教务处及管理人员的住室，在此后面，是一排排的教室。教室区左为女生宿舍区、学生伙房及餐厅，也有部分教师住室。其他如图书室、理化仪器室、游乐室等应有尽有。校园左右两侧为篮、排球场，布局十分科学。校区北边河畔有花园。校办工厂有房舍20余间，系半机械化小纺织厂。学校聘请著名教师李寿山（商务图书馆出版有其主编的《教育学》）、外语教师杨文生（复旦大学毕业，福建人）、袁若水（北京大学毕业）、杨象均（武汉大学毕业）等任教。

1931年，学校校董会为吉鸿昌将军修建了宅院。宅院为传统四合院式，原有房屋22间，抗日战争时期被黄水淹没。门面房5间已不存，仅存正房5间，东西厢房各6间，面积430平方米。吉鸿昌将军每次返回故里，都食宿在校，以校为家，对学生进行爱国主义教育。他视贫苦学生为自己的儿女，先后收养10多名无家可归的孩子为义子、义女，免费让他们在校读书。

1938年至1945年间，学校经两次黄水冲淹，校舍毁坏殆尽。1942年，吉氏私立学校在吕潭镇开办。1948年，扶沟县第三区政府在旧址重建学校，改名为鸿昌小学校。鸿昌小学校旧址现存门楼1座，校舍9间，中山堂1座。1949年新四军128团进驻吕潭，改吉氏私立学校为“鸿昌学校”。

学制和课程设置。1912年教育部《普通教育暂行办法》规定，各级学堂均改称学校，监督、堂长一律通称校长，初等小学男女可同校。

1912年元月，中华民国实行“壬子癸丑学制”：初等小学堂入学年龄7至10岁，学制4年；高等小学堂入学年龄11至13岁，学制3年。1915年元月1日，民国政府《教育纲要》规定：高等小学堂修业7年。1922年，北洋政府实行“壬戌学制”，取消国民小学和高等小学名称，改称初级小学、高级小学和完全小学；改革修业年限，初级小学4年，高级小学2年，完全小学6年。该学制一直沿用到建国后。

民国初期小学学制为“四四制”，1923年至1926年为“三三制”，1927年改为“四二制分段制”，即初小4年毕业进入五年级时，须经过考试合格方能入学。小学一学年分两个学期，每学期授课20或21周，寒暑假两个月。初小课程为：一、二年级设国语、算术、写字、体育、唱歌，三、四年级增设常识、三民主义（后改称“公民”），五、六年级为国语、算术、历史、地理、自然、公民、卫生、体育、美工等科。教学计划每周除安排各科教学外，星期一首节照例排纪念周，星期六下午有周会。

小学课程。民国时期，教育宗旨迭经变更，小学课程设置屡有变动。1928年2月，教育部颁布《小学暂行条例》，规定初级小学课程为：三民主义、公民、国语、算术、历史、地理、卫生、自然、乐歌、体育、童子军训练（简称童训）、图画、手工等。1932年，将“职业”改为“劳作”，并将教材分为家事、校事、农事、工艺4项。1938年，规定小学四年级起，算术科加授珠算。但是，各级各类学校课程设置变化较大。1915年，鹿邑县初等小学堂开设有国文、读经、历史、修身、地理、算术、体操、图画；高小学堂取消读经，增设格致、博物。1925年，改博物为自然课。1928年，初小增设常识，高小增设卫生课。1946年，初小课程有国语、算术、音乐、图画、劳作、童训、习字等，大字为早饭后的课外作业，每天1仿（页）。三年级增加作文（占国语时间）、日记（课外），四年级每周增加1节珠算；高年级增加历史、地理、自然、体育、公民等科，每节30分钟。

中学学制。民国初期，中学学制4年。1925年，教育部《中学教育规程》规定：中学实行“三三制”，初中、高中两段均为3年。该学制一直沿用到建国后。

中学课程。1934年，初中课程开设公民、国文、英文、数学、植物、手工等15科。1936年，改手工为劳作，增加童子军，调整为16科。根据1936年教育部《修订中学课程标准》规定，初中设公民、国文、英文、数学、生理卫生、动物、植物、化学、物理、历史、地理、体育及童训、劳作、图画、音乐等课程，每周教学总时数，各年级均为31小时。高中设公民、国文、数学、伦理、英文、生物、物理、化学、中国历史、外国历史、中国地理、外国地理、体育、军训、图画、音乐等课程，每周教学总时数，各年级均为30小时。1938年后，将数学分为算术、代数、几何、三角，共设19科。

师范教育。民国初年到1927年，各县师范都停留在师范传习所或师资培训班阶段，时断时续，虽不够统一、规范，但也为社会培训了一批急需师资。1928年后，师范教育趋向正规，各县普遍建立县立师范或简易乡村师范。1937年，周口地区初等师范有10所，以淮阳县发展最快，有简易乡村师范4所，在校生664人，教职员43人。

1938年，日军侵占太康、淮阳等县，加上黄水泛滥，民众流离失所，教育受到极大破坏。项城、沈丘、商水3所县立师范分别与县立中学合并。同年9月，以原七区联立周家口中学为基础，设河南省第七行政区联立师范学校，招简师4班，学生173名。1944年随着抗战形势的好转，项城、沈丘、商水3县简师与中学分设，其他县师范相继恢复。

民国时期，周口地区中等师范只有淮阳省立第二师范1所。1913年，陈州府初级师范学堂改为省立淮阳师范学校（曾名省立第二淮阳师范学校），直属河南省教育司，学生来自全省70余县。1917年在原本科第一部（招收高小毕业生）的基础上，招收第二部新生1班，对象为旧制初中毕业生，学制1年。1923年招收新生1班，1年毕业，称为前期中等师范，毕业生还可直接升入高等师范。1929年，省立淮阳师范全部招收初中毕业生，学制3年。1938年日军入侵，省立淮阳师范先后迁往鲁山、内乡，1941年暑假后，河南省立淮阳师范学校由鲁山迁至西华黉学西院，西华一小一部分并入淮师附小，另一部分并入长平镇中心学校。1942年秋，省立淮阳师范学校由西华迁至周口复课，借周口南寨陆陈会馆（今周口市文化街小学）作校址，校长张继之，教务主任张敬五，总务主任李霞珍，学生6班，1944年周口沦陷前夕迁往项城。1946年2月迁回淮阳原址。1947年春淮阳解放，省立淮阳师范迁至西平祝王寨，次年又迁至鸡公山，租赁军阀萧耀南、张厚生的别墅上课，有学生12班，500人，后减至350人。1949年春，淮阳师范由信阳市人民政府接收。次年8月迁回淮阳复校。

1925年，淮阳县在儒学署创办师范讲习所，1930年春改为淮阳县立师范学校，迁柴市街路东当铺院，招生3班，学生160人，后改称淮阳县立简易师范学校。1931年8月，淮阳县在鲁台镇油坊街西庙院创办第一乡村师范学校，招生4班，学生192人。1932年，淮阳县在水寨镇创办第二乡村师范学校，招生1班，学生40人；在指挥营创办第三乡村师范学校，招生2班，学生80人；在山西会馆（今中共淮阳县委址）创办女子师范学校，招生2班，学生80人，后并入淮阳县立简易师范学校。1937年，淮阳县有师范4所，在校生664人，教职员43人。1939年，伪淮阳县公署在龙亭办师资训练班，后改称简易师范，学生5班。1943年，淮阳县政府在水寨镇北关盐场（今项城市北街小学址）建淮阳县立简易师范，招收2班。次年，该校迁至鲁台乡村师范校址，两年后迁回淮阳县城。

1945年冬，第七区联立师范（简称七区联师）从水寨迁太昊陵西观，招生6班，两年后停办。

1949年7月，淮阳专员公署在淮阳师范址举办教师轮训班，培训教师126人。

1928年春，商水县教育局长徐体润在县城文庙开办商水县立师范学校，招收短期师资训练班1班，秋季毕业后分配到全县各地，开办乡村义务小学。同时，商水县立师范学校招收一、二年制师范各1班，用于增设和充实义务小学。1930年秋，招收三年制师范1班，学校渐趋正规。1935年秋，招收四年制师范男女生各1班，改名为商水县简易乡村师范学校。1940年，省立淮阳初级中学迁至商水，商水县简易乡村师范初中班并入该校。1944年春，商水县简易乡村师范迁至城南智王寨，又招收初中班。1946年春迁回县城文庙，商水解放前停办。该校历时18年，五易校名，四迁校址，校长更迭10次，先后毕业学生20余班，约1000人。

1949年秋，商水县人民政府在县城东街李家当铺院开办商水初级师范学校，招收三年制初级师范1班。

1918年，西华开设，一年制师范讲习所，培养初级小学师资，1921年改为两年制，1924年停办。1927年秋恢复，与西华县立高小并校，1930年改为西华县立师范，三年制，1934年改为西华县立初级中学；1931年秋，西华在逍遥文庙设乡村师范，四年制，招收一、二年级各1班，有学生72人，专职教师4人。1939年，西华乡村师范更名为西华联中，实行中、师合校，招收初中2班、师范3班（其中短师1班）。1944年日军盘踞逍遥，西华联中停办。1945年抗战胜利后恢复，有初中、师范各3班，学生300人。1947年，逍遥解放，西华联中再次停办。

1918年，扶沟创办县立师范讲习所，1届毕业后停办。1924年开办二年制师范1班，毕业后停办。1928年，开办二年制师范1班，招生48人，后因时局动荡而停办。1931年复办，招生1班40人，其中女生4人。1934年，开办四年制简易乡村师范1班。1938年扶沟遭受黄泛，学校被迫停办。

1922年，扶沟县立女子学校添招师范讲习所1班，1926年招一年制师范1班，毕业后招二年制师范1班，1932年续招三年制女子师范1班，改名为扶沟县立女子师范学校，1935年续招四年制简师1班，1939年毕业。1930年，私立吕潭中山小学添招三年制师范1班，校名改为吕潭中山师范学校，由于规定私人不准办师范学校，学生毕业后即停办。1935年，白云寺师范学校招三年制师范1班，1937年因发清水停办。

1919年，太康县立第一小学校设师范讲习所，招收一年科学生1班，毕业后改为二年科，1921年校址迁至黉学，次年停办，1923年又招生1班，1927年招收女子1班，1931年改为乡村师范。是年秋与职业中学同时并入太康县立初级中学，1934年又招收一年制师范1班，与职业班同时分出迁至东大街，毕业1届后停办。1937年，太康县立女子小学校增招女子简易师范1班，1938年日军进犯太康县城停办。1945年10月，太康在县城东街招一年制简易师范1班，学生43人。1946年，招乡村师范1班，学生50人。是年秋，太康简易师范校址迁至东关，招生2班，学生80人，1947年停办。

1921年，鹿邑县在黉学开办师资训练班，学生30人，学制一年。1928年，鹿邑在县城西关大王庙开办师范讲习所1班，学生40人，学制二年。1932年，在大寺庙（今仁让街西段）开办鹿邑县师范学校，招生2班，80人，学制三年。次年，迁入文庙，易名为鹿邑县简易乡村师范，学制改为四年，招生40人，新任校长汪彤先治学严格，凡考试2门不及格者留级，3门不及格者勒令退学，当年退学17人，1939年学校停办。1942年，鹿邑县简易乡村师范在宁平城（今属郸城）复办，招生2班，100人。次年迁往石槽。1944年招生2班，80人。1945年9月，鹿邑县接收日伪师范2班，100人，并入迁往石槽的鹿邑县简易乡村师范。1946年元月，鹿邑简易乡村师范迁至县城老君台，共开8班，同年夏毕业1班，48人。是年秋，招生2班，80人，经过调整充实班级人数，仍开8班，学生370人。1947年鹿邑县城解放，学校停办。

1912年，沈丘县劝学所筹办师资讲习所。1923年，沈丘县教育局开办二年制师资讲习所，1925年改称师范讲习所，培养小学教师50多人，1927年初结业，结业前学生曾到上海、杭州等地参观学习。1927年，沈丘县开办师范讲习所，培养小学师资。1929年，沈丘县简易乡村师范学校在黉学建立，当年仅办师资短训，1935年附设女师1班，次年又附设初中1班。1940年，简师扩充为5班，其中附设初中2班。1945年初中班分出，1947年秋简师停办。

1924 年，项城县在文昌宫创办师资讲习所，招收乡村在塾教师 1 班，35 人，每期 3 个月，住宿公费，第三期结业后停办。4 年后该所复办。1929 年，改为师资训练班，培训学员为改良私塾教师，每期 3 个月。1930 年，改为一年制师范学校。1932 年，项城县师范学校迁至莲溪书院（今项城秣陵高中），学制改为三年。1934 年，改为项城县立简易乡村师范，学制四年，教员 15 人，学生 124 人。1947 年秋，项城县立简易乡村师范迁往信阳鸡公山，学生多未随往，不久停办。学生待遇，每月政府津贴粮食 4.5 市斗（重 31.13 公斤）。该校先后毕业学生 660 人，毕业后由小学聘请任教员。该校教学每周开公民、国文、数学、历史、地理、物理、化学、生物 8 科 31 节，分年级设置教育概论、教育心理、教材教法、教育统计及实习等专业课，并设有农村经济、合作、应用文等。

1935 年，根据教育部《修正师范学校规程》的有关规定，中级师范招收初中毕业生，修业 3 年；初级师范招收小学毕业生，修业 3 年。课程设公民、国文、伦理、算术、历史、地理、物理、化学、生物、体育、卫生、军训、劳作、美术、音乐、教育概论、教育心理学等。

教育机构。民国初年，淮阳县教育机构沿清制。1912 年，淮宁县知事公署设劝学所，配所长 1 人，所员 4 人，1914 年，淮阳县裁劝学所设视学办公处，配县视学 1 人，教育行政由县公署第四科兼办。1916 年恢复劝学所，成立教育款产经理处，教育款产独立。1923 年废劝学所，设教育局，配局长、视学、事务员、文牍书记各 1 人，成立教育董事会。1930 年，教育董事会改称教育行政委员会。1931 年，根据教育部《修正教育局组织规程》，局长以下设总务课、学校教育课、社会教育课，每课设主任 1 人。同年，改视学为督学，成立教育经济监察委员会。1934 年，教育经济监察委员会改称经费稽核委员会。

1938 年 9 月，日军占领淮阳城，淮阳县教育局迁至水寨。次年，伪淮阳县公署设教育科。1942 年，根据国民政府《县组织纲要》裁局设科。1945 年 9 月，国民党淮阳县政府教育科迁回县城。

1946 年，淮阳县人民政府在戴集成立，设教育科。1947 年夏，裁教育科，教育由民政科分管。1947 年 9 月，淮阳县城解放，国民党淮阳县政府教育科遂废。1949 年 3 月，淮阳县人民政府在县城南大街路东复设教育科，配科长 1 人，督学 2 人，会计 1 人，每区设文教区员 1 人。

1914 年，商水县政府行政科兼办教育事宜，1917 年恢复劝学所，设所长、办事员、书记、会计各1人，并附设教育款产经理处。1923年改劝学所为教育局，设局长、视学、事务员、文牍书记各1人，附设董事会、董事数人，负责筹办教育经费，管理教育款产及决定教育兴革大计。商水县6个学区均设教育委员1人，宣传委员4人，其他人员5人，另设讲演员1人，专司社会通俗讲演。同时成立注音符号协进会，负责推行标准语音。1931年，教育局改组，下设总务、学校教育、社会教育3科，设局长1人，督学2人，科员5人，并附设经费监察委员会，负责监察经费收支。1934年3月，改经费监督委员会为经费稽核委员会。1941年秋，商水县教育局改为教育科，设科长1人，督学2人，科员、事务员各1人，并在全县5乡2镇各设教育委员1人。

1949年初商水县人民政府成立，民政、司法、教育3科为一体，科长以下设专管教育的科员1人。7月，教育科独立，科长以下设科员3人，会计1人，各区委派助理员1人。

1912年，西华县教育机构沿置劝学所，劝学员长负责全县教育事宜，22个学区并为7个学区，每学区设劝学员1人。1914年，改劝学所为县视学办公处，设县视学1人。1917年恢复劝学所，1923年改为教育局。1941年，西华县裁局设教育科。1945年西华、逍遥相继沦陷，国民党西华县流亡政府设民教科，10月改设教育科。

1912年，扶沟县教育机构沿置劝学所，1914年改为县视学办公处。1917年恢复劝学所，内设教育款产经理处。1923年，改劝学所为教育局，设局长1人，视学1至2人，事务员2至4人，后添设专职讲演员1人。1928年，每区设教育委员1人。1931年，扶沟县教育局除设局长外，添设总务、学校教育及社会教育3课。每课设主任1人，课员1人。1940年，扶沟实行新县制，裁教育局设教育科，直至1948年扶沟解放。

1948年10月，扶沟县人民政府设教育科，有科长、科员、会计等。

1912年，太康县沿置劝学所，1913年裁劝学所，设视学办公处。1917年又改为劝学所，1923年改为教育局。1931年冬，奉河南省教育厅令，太康县成为教育试办教育区，改组教育局，设局长1人，辖总务、学校教育、社会教育3科和教育款产经理处。1938年6月6日，日军进犯太康，太康县教育局随县政府迁至大新集（今属扶沟）。1945年抗战胜利后，教育局随国民党太康县政府迁回县城，1948年解体。

抗战时期，太康县境内的边区民主政府设民教科。抗日根据地的教育经费由抗日民主政府负责供给。

1912年2月，鹿邑县改劝学员长为劝学所长，1914年裁劝学所，设视学公所。1916年，复设劝学所，设所长、视学各1人，学务委员若干人。1923年，改劝学所为教育局，设局长、视学各1人，社会教育讲演员2人，事务员4人，并设教育经费管理处。1930年，修正教育局组织规程，添设学校教育、社会教育、总务3课，并改视学为督学，1937年改教育局为第三科。1939年，日军侵占鹿邑县城，第三科随国民党鹿邑县政府南迁石槽。是年，建设科并入第三科，1940年教育科与建设科分设，恢复教育局，设局长1人，督学、科员各2人，每乡设教育督导员1人。1939年至1945年，有乡教育督导员13人。抗战胜利后，鹿邑县23个乡均设教育督导员1人。1945年11月，改教育局为教育科，设科长1人，督学2人，科员与录事各1人。

1948年，鹿邑县人民政府设民教科。

1912年2月，沈丘县沿置劝学所，改劝学员长为劝学所长，1914年春裁劝学所，设县视学办公处。1917年恢复劝学所，设所长、视学各1人，学务委员若干人，1923年改劝学所为教育局。1930年修正教育局组织规程，添设学校教育、社会教育、总务3课，改视学为督学。1937年裁教育局设第三科，1939年建设科并入第三科。1940年，教育科与建设科分设，复设教育科，直至1946年仍为教育科，设科长1人，督学、科员各2人。

1947年，沈丘县人民政府设民政科兼管教育。1949年3月设教育科，后改为文教科。

1912年2月，项城县知事公署废劝学所，设学务课。1915年复设劝学所，置劝学长、视学、劝学员各1人。1923年，改设教育局，设局长1人，督学、办事员各2人，文书、会计各1人。1939年9月至1947年秋，项城县实施“管教养卫”和“政教合一”政令，裁教育局为教育科，设科长1人，督学2人，科员、办事员各1人。

1947年1月，项城县人民政府设民教科，1948年3月改为教育科。

1912年，省教育司颁发《学校管理规程》，中小学设学监。1925年，改学监为训育主任，各班设级任主任，负责对全校和班级学生进行管理。民国时期，高、初等小学校，初级中学、初级师范均由县教育局（或科）和当地行政机关双重领导。学校设校长、教务主任、训育主任、总务主任。中学校长实行委任制，教员则实行聘任制。各中心小学校长聘请教员要签发聘书。当时政府强调中心学校校长的资格必须是国民党员、中师毕业，中心小学教员要加入国民党。

抗日战争时期，国民党政府对初等教育全面实行“政教合一”。从抗日战争开始直至解放前夕，国民党政府推行“党化教育”，强调中学设军事教官，小学加强童子军训练，并饬令学校训育主任、军事教官密切配合，专管学生政治动态和生活纪律。

教师。民国时期，周口地区教师队伍较前有较大发展，1934年是教育发展的高峰，有初、中等学校教职员2892人，其中师范教师75人，初中教师118人，小学教师2688人，中等职业学校教师11人。

民国时期，太康县立中学、职业、师范3个学校共有5班，教师9人，职员6人。乡村小学每校多为1人。1931年，太康县有中小学教师761人。

抗战时期，太康县北根据地学校教师由政府分配，也有的由乡村聘请。

1933年，扶沟县有中小学225所，教师323人，主要来自扶沟县立师范毕业生和中师毕业生。

1937年，淮阳县有中学4所，学生560人；师范4所，学生664人；完小14所，学生5634人；初小82所，学生7360人，成为豫东文化教育中心。是年，淮阳有教职员557人，其中中等学校教职员100人（包括出国留学生2人，本科生44人，专科生6人，高中、中师以下48人），完全小学教职员124人，初级小学教职员333人（民国二十六年《河南统计月报》）。

1922年，鹿邑有教师23人，1936年增加到300余人。抗战时期，鹿邑县大部沦陷，教师多流亡。1944年底，鹿邑县有教师200余人。1945年8月抗战胜利后，教师增至500余人。

1947年至1948年，鹿邑县境内战事频仍，教师无法教学，改行者甚众。1949年初，鹿邑县教师不足200人。1949年6月，鹿邑县人民政府民教科吸收教师和其他知识分子近200人进行政治学习，历时3个月，分赴各区乡建立学校，为建国后鹿邑教育的发展准备了一批教育骨干。

1946年，商水县小学教师不足300人，中学教师30人左右。

1949年5月，商水县人民政府先后吸收部分旧学校教师和在乡知识分子到淮阳专署举办的师训班和师资讲习会学习。7月，又在商水城关举办师训班，先后培训教师300余人，分配到各中小学任教。

1912年至1930年，项城乡村小学教员多出身儒学，经县师资讲习所短期培训后任教。1931年至1947年，项城县立师范毕业生增多，淮阳专区暑期短训班每年开办，小学教员学历结构有所变化。1947年6月，项城县在河南省小学教员总登记中，有小学教员1765人，参加登记的819人中不合格者301人。

抗战时期，沈丘幸免日寇侵占，一些知识分子纷纷由沦陷区流亡到沈丘县，投校教书，教师队伍猛增。1945 年，沈丘县有教师约 800 人，仅盆尧国立二十一中就有教职员 50 余人。解放战争初期，抗日战争时期迁至沈丘的国立、省立学校全部外迁，私立学校停办，沈丘教育处于低潮。1947 年沈丘解放前夕，全县中小学有 55 所，教师 200 余人。

1948 年沈丘解放后，接收和任用了部分旧校教师。1949 年 4 月，中共沈丘县委在文化馆组织读书会，先后培训 100 多名学员充实教师队伍。7 月，西华县文教科举办师资培训班 2 期，学员 200 人。

1949 年，周口地区中小学迅速恢复发展，师资力量严重短缺。7 月，淮阳专署举办教师轮训班，培训教师 126 人。西华、项城及其他各县也都以同样方式培训小学师资和文教行政干部。

教师待遇。清末、民国初期，教师职业被视为文人末路，地位低下，受人歧视，且常有失业之虑，曾有“家有隔夜粮，不当孩子王”的俚语。中小学教师为聘请制，后实行聘任制，除个别有特殊关系者外，一般教师经常失业。教师平时对学校领导逢迎巴结，唯命是从，每近假期，便为下期出路奔忙，甚至贿赂校长，以免解聘。其他小职员地位远不如教师，生活更为低下。

中华民国建立至抗战前夕，教师数量较少，经济待遇尚可。抗战时期，战事频繁，经济拮据，教师工资一度实行粮薪制，薪金多以粮食计算，加之物价上涨，教师待遇大打折扣，生活清苦。抗日战争胜利后，国民党发动内战，通货膨胀加剧，教育经费增长赶不上物价涨速，教师生活苦不堪言。以 1933 年为例，省立中学和师范学校校长月薪以班级多少为标准，一般每月 100 多元，教师薪金实行钟点制，每小时 5 元；县立中学校长月薪多为 50 元，至多 60 元，少者 30 元，教师薪金以钟点计算。每小时以 1.5－3 元不等，事务员、书记月薪 10－20 元；私立中学校长月薪 60－70 元，教师以钟点计算，每小时 2－4 元；公立小学校长月薪 15－30 元，教师 10－25 元；乡村小学校长和教师薪金多以每年 10 个月计算，每年仅发小麦 5－6 石（每月 125－150 斤）。但教育部门常以种种借口克扣、拖延，不能按时如数发放。解放后，各县市教师待遇逐步得到改善。

中华民国建立至抗日战争前夕，淮阳县立学校教员薪俸从地丁银附加中拨付，区以下学校教师薪俸由各地自筹，小学教师月薪为 18 至 20 元（银元），每人每月生活费需 4 元，可余 10 多元。1934 年，县立中学校长月薪 45 元，教员 12 元。

抗日战争时期，淮阳县学校大多停办，教师大部分失业，在职教师收入无保证，一度实行粮薪制，改发小麦，教师月薪仅能得到 4 至 6 成，甚至数月不发。日军投降后，淮阳县教师工资完全改为粮薪制，小学教师月小麦 100 至 150 斤，政府派到乡、保粮征附加中，由学校直接催要，月薪多数不能按时到手，有时拖欠数月甚至落空，教师为要粮要柴疲于奔走。

中华民国建立至抗日战争前，商水县中学教师月薪 20 至 40 元，可维持三四口之家生计。小学教师工资偏低，月薪只有 12 至 18 元，不足以维持生活，且积欠过多。抗日战争时期，商水县物价飞涨，教师正常生活无法维持，改发粮食后，中学教师每月小麦 140 斤，小学教师每月 100 至 120 斤，时常遭层层克扣。

1943 年，西华实行“田赋折实”，教师薪俸执行“黄谷支付令”、“现金支付令”：中学教师月薪 70 元，公粮 8 市斗（每斗合 14 市斤）；小学教师月薪 50 元，公粮 6 市斗。

民国前期，扶沟县立中学校长月薪 50 元，教导主任 40 元，高级小学教师 16 元，初级小学教师 14 元，工友 6 元。民国后期，物价飞涨，教师薪金多以粮食计算，小学教师月薪小麦 150 斤左右，中学教师不足 200 斤。

民国前期，太康县立中学校长月薪银洋 50 元，教导主任 40 元，教师 30 元，高级小学教师 16 元，初级小学教师 14 元，工友 6 元，1 元可购小麦 1 斗 36 斤。1940 年后，小学教师每月小麦 140 斤，中学教师 180 斤，因战乱灾荒，工资拖欠往往长达半年，教师生活异常困难。

民国初期至抗日战争前夕，项城县教师工资微薄。抗日战争至解放前夕，小学教师月收入一般合小麦 140 斤左右，工资拖欠往往长达半年，生活无着。1940 年 2 月，县政府对小学教员采取食物津贴，情况有所缓解。教师月薪在抗日战争前后相差悬殊。初中教员抗战前 120 元，抗战后 72 元；小学校长抗战前 60 元，抗战后 42 元；教师抗战前 42 元，抗战后 29.4 元。1947 年，项城县小学教师月薪朝发夕贬，生活十分拮据。当时《新项城季刊》第 1 期载《苦辣的教员生涯》云：“当教员，不粘弦，干来干去不见钱。蒸红芋，打稀饭，十天八天不吃盐。饷下来，是张条，拨到保里自己要，这里催，那里缠，跑破双足要不全。办公费，招待款，哪有教员薪水钱，辛辛苦苦干半年，物价一涨算个完。”

教育经费。民国时期，省立学校经费由省拨发；各县教育经费实行中央补助，地方自筹；私人办学，经费自筹，地方适当补助。县立师范、中学、乡镇中心国民学校各项经费由县教育科（局）统支。乡村国民学校教育经费，由当地自筹，交学董或地方士绅管理。学堂产业、庙宇产业作经费者，则由校董会或校长掌管。教育经费主要用于学校教育（教职员薪金、仪器购置、房屋修缮、办公等)、社会教育(民众学校、民众教育馆、民众阅报处)、教育行政(业务开支,工作人员薪金)等开支。抗日战争时期,教育经费常被军队提用。1942 年,契税附加、学田课租均由各县财政统一征收。

地方教育经费主要来源于丁地附加、契税附加和学田、学捐收入。丁地附加:1927 年,省政府通令各县所收丁银每征 1 两,附加 4 角作教育经费,翌年改为 2 至 8 角,1930 年改为 6 角。1931 年,周口地区丁银共附加 12.56 万元。契税附加:1931 年,省规定契税附加教育经费,以“不得超过正税的一半”为原则。是年,周口地区契税附加 2.95 万元。学田:辛亥革命后,各县儒学相继裁撤,所有儒学田产移充学校经费,称学田,各自征收。1931 年,周口地区学田课租收入 4.98 万元。学捐:民国初年,各县校舍多借庙宇、祠堂或由地方捐资兴建,1928 年各县捐资兴学者甚多。是年,吉鸿昌捐资购地 40 亩,建校舍 241 间,在扶沟吕潭办中山小学校。1930 年捐资增招三年制师范班,改中山小学校为中山师范学校,翌年增招初中班,改中山师范学校为吕潭中学。1934 年,吉鸿昌捐款基金 3 万元,生息 2500 元,添置设备,扩大规模,吕潭中学成为豫东驰名的私立中学。是年,周口地区学校教育经费共支出 53.61 万元。

民国初年,省立淮阳中学、省立淮阳师范及其附属小学经费,由省拨给;县立学校经费,靠地丁银附加、学田庙产课租及税捐支付,由公款局代管。1916 年,劝学所接管学田、义田及金针捐 3 项,年收入制钱 6000 串文。1928 年,淮阳县教育款增长到近 3 万元。1934 年,淮阳县教育款为 8.69 万元,其中地丁银附加 3.97 万元,契税附加 2000 元,手数科附加 8000 元,亩捐 3.65 万元,学田课租 700 元,基金生息 45 元,用于教育行政 10%,学校教育 60%,社会教育 10%,其他教育临时费用 20%;区立学校教育款由地方自筹,1934 年为 1.06 万元。1937 年,淮阳县各级学校岁支经费初级小学 5.42 万元,完全小学 3.43 万元,师范学校 5.18 万元,初级中学 2.98 万元。由于教育款征收困难,且时有挪用,往往不能落实到位。

民国初期,西华县教育经费除旧书院膏火费及田租外,大多出于地方正杂各捐,不足时由县署筹补。1920 年西华县教育款产独立,找出遗失学田 200 余亩,每年增收 200 余元。1928 年,省政府颁发庙产兴学通令,教育经费大增,但仍不敷用。1930 年,省统一地丁银附加、契税附加、学田产租、市房赁价、各项杂捐,西华县教育经费为 2.2 万元。1936 年,西华县教育经费为 3.1 万元,区教育经费 3 万元,乡教育经费 2.4 万元,合计 8.5 万元。

1929 年,扶沟县教育经费有房租、地租、戏捐、油坊捐、契税附加、丁地附加及财务局补助学款等项，收入 14940 余元；区款为庙产及就地摊派，收入 9400 元。扶沟县全年支出教育行政费 2064 元，学校经费 19787 元，社会教育费 1418 元，其他事业费 1000 余元。1933 年，扶沟县教育经费为 27548 元，支出学校经费 12684 元。黄水泛滥期间，教育经费无着，学校寥寥无几，教师工薪经常拖欠。1948 年扶沟解放后，县教育经费在地方粮款内开支。

民国时期，一般学校（学堂、私塾）仅有教室、课桌、黑板和少量体育器材，当时学校设备简陋，图书、仪器很少，无医疗设施。扶沟县 200 多所中小学全部利用庙宇、祠堂、书院等作校址，新建校舍较少，仅对旧式房舍加以维修或改修。兴建校舍较多的是吉鸿昌捐资的吕潭中学。其次是设在文庙的私立姜师堂中学（附设小学），建新式教学楼 14 间，寝楼 30 间，草房 24 间。1930 年前后，扶沟县包括吕潭中学、姜师堂中学、县立中学和各个小学，共有图书 5810 册（张），各种理化仪器 800 余件，《万有文库》2 部，风琴 5 架，各种运动器材 500 余件。

民国前期，太康县教育经费主要有 6 项：一是学款生息。基本金为 12880 串（1000 文为 1 串，8 串为 1 元），2 分生息，每年得息 480 元。二是学田课租。时有学田 42 顷 91 亩 3 厘，每年麦秋两季征收课租，每季每亩课租 1.5 升至 8 升 8 合不等，年收入合洋 4946 元。三是书院课租。时有地 13 顷 44 亩，每亩每年收课租 70 文，共收银洋 25 元。四是丁地附加。每亩粮银附加 6 角，年收入 27200 元。五是契税附加。年收入 11400 元。六是庙产课租。时有庙地 36 顷 28 亩 5 厘，每年每亩按地征收银洋 1.2 元、1.6 元不等，年收入银洋 6733 元。全年教育经费收入 50784 元。1931 年，太康学区划分，县教育款专用于县立学校，各学区教育经费改为自筹。是年，太康县有各类学校 454 所，学生 13685 人，教职员 761 人，开支教育经费 10 余万元。

民国初期，项城县高等小学校常年经费除以旧书院膏火费充发外，其余部分有赖地方公产及正杂各捐筹用。1926 年，项城县契税经理局成立，专司管理教育经费收入，其来源有丁银附加、契税附加、学田课租、市房租价、地皮捐、船捐、房捐、私塾罚款捐等。1929 年 5 月，省教育厅呈准省政府设立教育经费清理委员会，项城县契税经理局管理教育经费业务移交给教育局教育物产经理处管理。其间，项城县教育经费岁出有 7 项：教育行政经费、学教费、社教费、完丁粮、临时费、县师资训练费、县国教研究会及小学教员福利事业费。教育经费来源及所占比例分别为：中央补助 35%，省政府筹拨 15%，县政府筹拨 15%，民众自筹 35%。

1930 年，项城县教育预算为 25870 元，预算支出 25329 元，实际收入

21322元，实际支出24600元，略有亏欠。1935年，项城县教育预算为28593元，实际收入23746元，实际收支基本平衡。1940年，项城县教育普通预算52922元，核定特别预算2526元，实际支出55484元，收支基本平衡，年度教育经费核定的特别预算金额，全省最少，不及洛阳的1.5%和禹县的3.2%。

3. 近代留学生状况

从清光绪末年开始至建国前，周口地区近代留学生教育除鹿邑县资料阙如外，共有48名留学生到日、美等西方新兴发达国家学习实业、军事等，15名学成归国，占留学生总数的31.2%。其中留学日本20名，美国15名，英国、法国、德国各3名，苏联2名，瑞士、加拿大各1名。以项城县留学生最多，有17名，商水县最少，仅2名。

项城县留学生有17名，留日7名，留美7名，德国2名，瑞士1名，3名归国；太康留学生8名，其中留日5名，美、德、法各1名，3名留日学生归国；沈丘留学生8名，美、英、苏各2名，日本、加拿大各1名，3名归国；西华留学生6名，其中留美4名，日、英各1名，1名学成归国；淮阳4名，其中留日3名，法国1名，1名学成归国；扶沟留学生3名，其中日、美、法各1名，2名学成归国；商水2名，皆留日，均学成归国。

二、民众文化

清末，周口地区淮宁、太康等县建有藏书楼和民众教育馆。清光绪七年（1881年），淮宁县在崇圣义塾建藏书楼1座，面积约60平方米。光绪十年（1884年），太康县在文庙东侧文昌阁建藏书楼。藏书楼一般由县教谕掌管，供县学生员、童生及秀才借阅。宣统元年（1909年）一月，鹿邑县民众教育馆设“成人简易识字学塾”，教师由民众教育馆长聘任，受稽查员的劝导考核。

辛亥革命后，孙中山提出“发展吾固有文化，吸收世界文化而光大”的文化方针，开始在国民党各级政府中设置民众文化机构。

1928年8月，河南省第七区专署改藏书楼为中山图书馆，年拨经费120串文。1932年，改为河南省第七区专署民众教育馆，设馆长1人，馆员若干人，馆内设有图书、出版、讲演、科学、艺术、展览等项目，同时征集、募捐、购置、采集、制造文化活动方面的陈列品，以开展民众文化教育活动，经费由专署教育局支付。该馆还担负着组织各种会社的任务。由于没有充分发动民众，加之设施简陋，活动项目贫乏，未能起到活跃民众文化生活的作用，更未办成“实施民众教育之中心”。1929 年，国民党淮阳县党部内设平民教育馆，有藏书 6548 册，年拨经费法币 2160 元。1932 年，淮阳县成立民众教育馆，负责民众文化工作，同时在城内开办阅览室，出墙报，印周刊，组织业余文化艺术活动。1936 年，淮阳县建儿童图书馆，藏书约 5000 册。1938 年日寇侵占淮阳县城，该县民众教育馆停办，图书馆藏书损毁殆尽。1942 年，淮阳县民众教育馆在水寨东门里路南复办，内设图书室。1945 年日军投降后，淮阳县民众教育馆迁回县城小猪市街（今民主街）东口路北，1946 年停办。

1949 年 4 月，淮阳专署在淮阳县城鼓楼前西街建立人民教育馆，领导组织群众文化工作。全馆定员 8 人，其中馆长 1 人，主要业务有图书阅览、展览、橱窗宣传、广播、黑板报、剧改、曲艺等项，月经费 420 万元（法币）。1949 年 8 月，淮阳县人民政府建立人民教育馆，与淮阳专署人民教育馆合署办公，年拨小麦 350 公斤作为活动经费，馆址在自由街东首路北。1953 年，商丘、淮阳二专署合并，该馆撤销。

1927 年，商水县民众教育馆在县城南街关帝庙（一说鲁班庙）建立，1928 年改为民众图书馆，购买《万有文库》1 套 2000 册、其他书籍 300 余册、生物标本 10 余件，订阅报纸 3 份和部分杂志。该民众图书馆先后在周口、邓城、巴村、雾台、南陵等地设立 5 处民众阅览室，订有少量报纸杂志，民众、教员、学生借阅者颇多。1944 年日军侵占周口，民众图书馆关闭，图书散佚。

1928 年，国民党西华县政府教育局附设文化建制，配通俗教育讲演员 1 人。1931 年，西华县始设民众教育馆，有展室、图书阅报室各 3 间，备有收音机 1 部，购藏图书 5000 余册。8 月，西华县成立讲演所，每周六晚由社会通俗教育讲演员及民众教育馆职员轮流讲演。同时，又成立民众学校 12 处，每处补助社会教育经费 5 元。1933 年，西华县民众学校改为 7 所，每处补助 40 元。1938 年黄水泛滥后，西华县民众教育馆随县教育局由县城迁至逍遥，1940 年迁回县城扬善寺西，1941 年，迁至火神庙，馆内有图书阅报室 3 间，民众学校教室 3 间、办公室 2 间。1944 年日军侵占西华，民众教育馆活动暂停，图书室藏书全部散佚。1945 年 10 月，西华县民众教育馆在逍遥镇复办，馆址南大街南头奶奶庙，仅有阅报室 3 间，几份报纸。1947 年底，逍遥第一次解放，西华县民众教育馆停办。

1948年10月西华县人民政府建立后，文化工作由民教科负责。1949年民、教分科，文化教育事宜由文教科统管。1949年2月，逍遥区民众教育馆在逍遥镇东大街路北建立，有房舍37间，办农民夜校6班，学员180余人。图书室藏书500余册。

民国时期，扶沟县民众教育馆在县城西大街路北火神庙，内设图书室、阅览室，馆藏图书近1万册，借阅对象为城内学校师生。

1949年5月，扶沟县人民文化馆在原扶沟县民众教育馆的基础上建立，有房屋27间，占地400平方米，配管理人员2名。

1916年，太康县通俗演讲所在东大街常平仓设立，无专职人员，由劝学所职员或县学的循环教员轮流讲演，主要以宣讲男人剪辮子、妇女放足及禁鸦片、戒赌为主。1919年，改为通俗教育讲演所，在城乡设置揭报栏（即阅报栏）、格言栏（宣传牌）16处，每处按时张贴报纸两三种或其他宣传品，1923年停办。1927年8月，太康县在文昌阁藏书楼的基础上建立中山图书馆，藏书1000余册，报刊30余种，是周口地区建立最早的图书馆。1928年春，太康县在城隍庙处建中山公园，公园内有假山、鱼池、亭台阁榭、花圃林苑、纪念碑、烈士祠、游艺室、图书馆、阅报室、陈列室、礼堂及体育场，原大殿的出厦台阶改建成花戏楼式小舞台，1930年3月毁于兵燹。1931年1月，太康县在文昌阁（今城关医院处）建民众教育馆，有房舍22间，配馆长1人、职员5人、勤务1人，业务分总务、图书、出版、艺术、展览、扩广6部，编辑出版有《民众教育旬报》，图书室、阅报室、游艺室、陈列室和美术室经常开放，另有巡回文库车，带各种通俗读物和挂图每月下乡1次，开展讲演和流动展览。每年元旦、儿童节（4月4日）、国庆节（10月10日），以及孙中山先生诞辰（11月12日）等节日和纪念日，组织运动会和讲演、歌咏、美术竞赛，参加者多为在校学生，1938年停办。1945年9月恢复，馆址在县前街西段路北，配馆长1人、职员3人。1946年9月，太康县城第二次解放时解体。

1949年4月，太康县人民教育馆建立，配人员2人，是该县文化馆的前身。

1912年，鹿邑县设民众教育馆，由县教育科分管。1920年，民众教育馆办夜校1班，学员45人。1922年，鹿邑县设讲演所，有所长1人，职员2人。1927年，裁讲演所，教育科添设讲演员，负责县城宣传事宜。1929年，鹿邑县建民众教育馆，内设图书、教学、游艺3部，有馆长1人，部主任3人，书记兼会计庶务1人，有房屋20间，供民众识字、阅览图书、开展游艺活动，常年经费2208元。馆内有图书室2间，藏书百余册，订报纸二三份，由1人管理，每日读者无几。馆前设阅报处，内有《民国日报》、《申报》、《新闻报》，阅览者甚众，另有5处报栏在城内固定地点张挂。图书部藏书980余种，1890余册。巡回文库有书300余册，分4处巡环各区。游艺部有简单器材，辟有小运动场，内设秋千、篮球、翻杆，但田径场狭小，不宜开展运动。1939年，日寇侵占鹿邑县城，鹿邑县民众教育馆迁石槽（今属郸城县），文化活动日趋低落。1945年8月抗战胜利后，民众教育馆迁回县城，馆内设读报室、图书室，藏书500余册，由1人管理。鹿邑县城4门各设1个阅报处，雇工管理。由于政局不稳，民众文化活动很少开展。

1949年5月，鹿邑县人民教育馆于新华街建立，有展室1幢120平方米，游艺室3间36平方米，图书室2间，藏书500余册；阅览室3间，有杂志7种，报纸6份。1951年更名为鹿邑县人民文化馆，是今鹿邑县文化馆的前身。

1934年8月，槐店40余名进步青年，组织青年业余读书会，搜集、捐献进步书刊2000余册，在元一阁办起了大众图书馆，设阅览室。1942年，沈丘县民众教育馆在县城（今老城）东南隅建立，设馆长1人，职员1人，设备简陋。沈丘县民众教育馆和中等学校设有简易图书室和阅览室，盆尧国立二十一中藏书较多，有数千册。

1949年4月，沈丘县人民政府在县城（今老城）建立县人民教育馆，内设图书室。1950年随县治北迁移至槐店文昌阁，后改为县人民文化馆。

1931年2月，项城县建立阅报处、讲演图书馆，藏书196册，经费450元。1933年2月，项城县教育局奉省令建立民众图书馆，藏书387册，其中参考类73册，小说类46册，儿童读物类268册，馆址设在秣陵镇十字街口路北。1935年夏，项城县师范学校建图书室3间，购置图书800册。1936年，项城县民众教育馆建立，内附设图书阅览室、简报社，开办民众夜校1班，有教员2人，学员41人。馆内有弦乐6把，笛、箫10支，军棋、象棋、斗兽棋各2盘，乒乓球台1张，收音机、留声机各1部，供民众游艺玩乐。1946年，项城县民众教育馆藏书2400册，订有《大公报》、《中央日报》、《中国时报》、《救国时报》等。同年秋，民众教育馆随国民党政权垮台而解体。

1948年3月，项城县人民政府设教育科，兼管文化工作。1949年2月，项城县人民教育馆和水寨镇人民教育馆建立，均设图书室，藏书共2300册。次年8月，项城县人民教育馆改为县人民文化馆。

三、戏剧、曲艺及其他民间文艺

1840年以前，周口地区的文化艺术事业官府很少过问，多为民间自办，太平年景则盛，兵荒年景则衰。到了近代，较前有较大发展，艺术门类增多，社会影响扩大，但民众的文化生活仍相当贫乏。每年逢较大庙会，才有民间剧团和其他艺术团体表演，城乡民众通常只能在闲暇时听民间艺人演唱大鼓书、坠子、评书、曲子等，或在街头观看民间艺人表演的曲艺、杂技，根本无力进戏院观看舞台演出。

近代，周口一带的戏班主要有职业性和半职业性两种：职业性戏班一般由豪绅、衙皂出面组办，雇用艺人，常年演出；半职业性戏班一般是合伙经营，农闲演出。另外还有民间自发组织的坐摊玩会。坐摊玩会，又称地摊玩会，是一种戏曲简化演出形式，由戏曲爱好者自行结合而成，一般3至5人或5至7人，自娱自乐，演员皆为多面手，既是演员，又负责伴奏，其弦乐铜器俱全。每当农闲或节日，围桌而唱，不化妆，不表演，以唱取胜。所唱剧种有越调、豫剧、曲子等，剧目与当地剧团相同。这种文娱形式在新中国成立后一度停止。

戏剧、曲艺种类较多，主要流行剧种有豫剧、越调、二夹弦、曲剧、道情等，其他民间文艺活动也有一定发展。抗日战争和解放战争时期，不少戏班解散或流亡外地，戏剧、曲艺等艺术发展陷入窘境。直到解放后，周口地区文化艺术事业才获得新生。

汉代至清代，各地都建有戏楼。清末、民国年间，周口一带戏剧演出场地形式多样，既有街头地摊，也有临时搭台。清末民初，尚存项城老城、周口关帝庙戏楼等59座。民国时期，各县城、较大集镇、码头出现土戏园、草席窝棚及砖木结构的简陋戏院，如周家口人民会场、太康县康乐戏院、鹿邑县同乐大舞台等，一般都筑有围墙，设简陋座位，戏曲班社售票演出。戏台，旧时由“台子主儿”经营，均为木制，随用随搭，用后即扒。一般宽约5米，长10米，高2米，在6个木制“马脚”上各立木柱1根，横棚大梁3根，竖排木板，以中间马脚的立柱分隔为前后台，前台用于演出，后台围起供演员化妆。台前预留开阔空地，便于观众观看演出。

清末，越调、花鼓灯戏、曲剧相继出现，逐渐由地摊玩会过渡到行当齐全的戏班。声望较高的有商水赵龙章组建的赵家戏班、大赵家戏班，郸城顾家戏班、张完集戏班，太康双盛戏班，扶沟四喜戏班、人和戏班、福成戏班，周口一把鞭戏班，项城雷家戏班。民国时期，戏班在艺术表演上逐渐形成自己的风格，涌现出一大批优秀演员。

周口一带的豫剧，属河南梆子沙河调派系。清代中叶，开封祥符调传入这里后，经本地艺人在演出实践中不断改进，于清道光至光绪年间形成沙河调，先后出现胡春、游喜、李双印、金豆子、华天成等知名演员。宣统至民国初年，沙河调基本定型，先后出现易象山、傅喜（艺名长苗子）、王仲华等优秀演员。抗战时期，豫剧各流派演员因战乱汇聚周口、界首演出，沙河调走上变革之路，原有面目逐渐消失。建国前夕，豫西调和豫东调相继传入。易象山（1889－1946），绰号“易少”，祖籍河南鄢陵，后定居项城，是沙河调派著名代表人物之一。他17岁从艺，曾在项城县高家、袁家、赵家等处搭班，演技不断提高，善演闺门旦，以《秦雪梅》、《罗焕跪楼》、《大祭桩》等知名，其表演作派入微，形象逼真，唱腔甜润，自然婉转，如百灵巧鸣，有“洋戏匣子”（留声机）之称。他把祥符调、豫西调融为一体，创造出独具特色的唱腔，后经不断创新和发展，形成了“沙河调”流派。

河南越调，俗称“四股弦”，起源于春秋战国时期，是中国最古老的剧种之一，据传明末就有越调班子。该剧种以唱、念、做、打、舞为戏曲表演程式。越调本为曲牌体剧种，拥有曲牌、小曲200余种。清代中期以后，越调逐渐由曲牌体向板腔体过渡，并大量吸收了昆曲、清戏、罗戏、汉剧等其他剧种的音乐，形成了一整套的板式、曲牌、杂调和伴奏方法，演出剧目中曲牌与板腔音乐共存。清末以后，因庙会“对棚戏”开座、女演员出现等原因，演出剧目发生急剧变革，以现实生活、民间传说和传统故事为主要内容的“小三门”戏、公案连台戏等“外装戏”，代替了以“外八角”为主的“正装戏”。越调在发展中形成了独特的艺术风格，其唱腔有“九腔十八调”，常演剧目有“老十八本”和“小十八本”，传统戏有300多出，这些传统剧目描述皇家宫廷、神话仙道、公案连本、善恶因果、民间传说、乡土故事等，经过历代文人墨客的着意润染，成为一部民间通俗史。越调唱腔高亢、明快、淳厚、质朴；吐字清晰、以字带音、以声传情、唱中有笑、笑中有唱，既善于表现激昂慷慨、悲壮高歌的场面，又能抒发深沉、轻柔、哀怨的感情，具有河南民间艺术特色和乡土气息。清同治年间，南阳越调戏班到项城演出，主演姜高有“活关公”之誉，影响很大，越调由此开始传入周口一带。之后，外地越调戏班纷纷入境，越调传遍各县。1917年，西华人刘得昌组建第一个越调戏班，商水、西华、扶沟、周口等地相继组建10多个越调戏班。河南越调以女演员扮演须生而出名。在越调发展过程中，直到20世纪30年代才有女演员登台，最早成名的是张秀卿和杨桂芝，艺名“大宝贝”和“小宝贝”，其拿手好戏有《收姜维》和《抱琵琶》等。继而崛起的有申凤梅和申秀梅，人称“大梅”、“二梅”。申凤梅后来成为越调大师，为越调艺术的发展和弘扬作出了杰出贡献。

申凤梅（1927－1995），祖籍河南临颍县涂庄村。建国后历任中国戏剧家协会理事，中国戏剧家协会河南省分会主席，河南省越调剧团团长、名誉团长等职。还曾当选为中共十四大代表。她曾筹资30万元拍摄了7部13集越调电视系列艺术片《诸葛亮》，为后人留下了弥足珍贵的资料。申凤梅的代表作有：《孔明出山》、《舌战群儒》、《华容放曹》、《卧龙奔丧》（《诸葛亮吊孝》）、《七擒孟获》、《收姜维》、《失空斩》、《明镜记》、《哭四门》、《苦菜花》等。她领衔主演的《诸葛亮吊孝》、《收姜维》被拍摄成电影戏曲艺术片。

申凤梅扮的诸葛亮

申凤梅11岁开始入越调科班学艺，14岁搭班，1947年她所在的戏班编入中国人民解放军刘邓大军二纵胜利剧团。1951年转入项城县越调剧团，后改为周口地区越调剧团、河南省越调剧团。她的主要艺术成就是在周口期间取得的。申凤梅是一位成绩卓著的越调表演艺术家，戏路宽广，功夫全面，表演真实，动作稳健，唱腔吐字清楚，以声带情，行腔婉转，声音宽厚有力，质朴豪放，形成了独特的“申派”艺术，尤以“活诸葛”蜚声剧坛，在近200个传统戏、现代戏、新编历史剧中扮演过生、旦、净、丑等各种行当的角色，塑造了各色各类性格迥异的众多艺术形象，可谓“生旦不挡，悲喜咸宜”。她在《诸葛亮出山》、《舌战群儒》、《斩关羽》、《诸葛亮吊孝》、《七擒孟获》、《收姜维》等6部三国戏中，倾心塑造了6个不同时期的诸葛亮形象，儒雅端庄，大度从容，飘逸潇洒，出神入化，各不相同，赢得了“活诸葛”的美誉。《诸葛亮吊孝》中的诸葛亮精力充沛，思维敏捷，血气方刚；《收姜维》中的诸葛亮稳健沉着。1963年，《收姜维》晋京演出，她首次扮演的诸葛亮形象受到首都观众和著名京剧表演艺术家马连良、袁世海的高度评价。周总理看过《收姜维》后称她为河南的“活诸葛”，并夸赞她说：“你们河南的诸葛亮会做思想政治工作。”周恩来总理还请她到家中做客。著名京剧表演艺术家马连良破例收她为徒。申凤梅先后7次晋京演出，受到毛泽东、周恩来、刘少奇、朱德、董必武、李先念、杨尚昆、江泽民等党和国家领导人的亲切接见。

申凤梅继承、创新、发展了越调艺术，并将其发扬光大，使一个原本程式简单、表演粗糙的民间地方小戏发展成为深受广大民众喜爱的剧种，把这一地方剧种推向了全国，将越调艺术推向了一个前所未有的高峰。

二夹弦，原属于地方曲牌体小戏，每个演出团体不过一二十人，演员多为可演可伴奏的多面手。其主要伴奏乐器为四弦胡琴，因弦弓马尾分夹在弦上而得名。《中国戏曲史发展纲要》载：“二夹弦……陈州一带称为大五音……嗣于清代末年……在声调上吸收了高调梆子戏中的一些东西，并移植五音戏中一部分剧目，由是形成另一种风格。”民国二十五年《戏剧旬刊》第十期载：“豫东南乡间有一种小戏名二夹弦，又因用弦子与粤剧同，也称二广弦。或因淮阳最多，故又名淮阳调……二夹弦不胫而走，北入河北，东入鲁、皖……”由此可见，二夹弦是地道的淮阳地方戏，清末二夹弦已在淮宁境内流行，民国年间在淮阳县北部广泛流行。

河南曲剧，又称曲子戏，清末由鼓子曲发展而来。据1983年版《中国大百科全书》戏曲曲艺“河南曲剧”条目载：该戏曲是“由坐班清唱的河南鼓子曲中杂牌小调与民间歌舞踩高跷相结合，于1926年经临汝县农民‘同乐社’搬上舞台，发展为戏曲剧种的”。最初流行于洛阳、南阳一带，各有特点，故有洛阳曲子、南阳曲子之分。20世纪30年代传入周口一带，以南阳曲子为主，兼受洛阳曲子影响。最早出现的曲剧表演团体是40年代沈丘县城（今老城）和赵德营的曲剧戏班、西华县王惯楼村的张中岳曲剧团、项城县新桥杨德福（绰号洋白菜）为主演的曲剧团，出现了杨德福、李金泼、程万顺、刘曾荣、郭新德、郭立荣等一批较有名的演员。1931年，淮阳民间艺人邱惠民组建业余曲剧班，首次将曲剧引进淮阳，1942年邱惠民在淮阳新舞台化妆演出《花庭会》，为该县曲剧正式演出之始，之后在搬口、临蔡、许湾、齐老等乡镇发展业余曲剧团10多个。最初，曲剧伴奏乐器简单，仅一把坠胡（曲子大弦）和一副手板，无锣鼓配合，20世纪50年代逐渐增加四股弦、三股弦、琵琶等乐器，并有锣鼓配合。常用曲牌有汉江、扬调、满洲、鼓头、打枣杆等30多个，表演行当与豫剧相当，所演剧目多为文册戏，武戏极少。代表剧目有《柜中缘》、《卷席筒》、《花庭会》、《风雪配》等。

清末、民国年间，淮阳较有名的职业演出团体有五福班、新剧团、三皇班、翻身剧团等。五福班，又名五班，由清末淮宁县衙门班房主办，民国初年已声誉较著，活动于淮阳、太康、沈丘、项城、周家口等地，演出的主要剧目有《二龙山》、《五凤岭》、《铡西宫》、《老征东》、《仙家会》、《过巴州》、《严海斗》等，1949年改名为民友二团，归属淮阳专署，次年易属沈丘县，更名为沈丘县豫剧团。新剧团，成立于1940年，有艺人30多名，活动于淮阳县境内，1947年解散。三皇班，以“三皇”伏羲、女娲、神农为班名，1944年由淮阳城关戏剧爱好者组建，主要活动于淮阳城关，演出剧目有《反阳河》、《黄鹤楼》等。众声剧团，1938年6月在水寨进步青年读书会的基础上吸收淮阳、沈丘部分青年组成，有演职员27人。该剧团在1个月的时间内，抢排了《张家店》、《放下你的鞭子》等10个小话剧和一些抗战歌曲，8月初首次在水寨搭台演出，受到河南七区专署民运督导委员会的赞誉和群众好评。刘莪菁专员以个人名义赠给布幕1套，并派孙息贤（中共党员）亲临团内指导工作，1939年初该剧团解散。翻身剧团，1944年秋豫皖苏军区2分区政治部以原国民政府军19军18师剧团及民间剧团忠义班为基础成立的，有军籍演职员42人，属河南梆子豫东调系，1949年归淮阳专署领导，更名为民友一团，1952年复名翻身剧团，属淮阳军分区，1953年调入商丘专区，1955年又调至洛阳。该团实力雄厚，技艺精湛，主要演员陈素花、张福兰、赵桂元等在豫东颇有名声，演出的主要剧目有《白毛女》、《血泪仇》、《贫女泪》、《闯王进京》、《三打祝家庄》、《英雄会》、《凌云志》、《克敌荣归》、《美人计》等。1949年，淮阳专署民友一团创作了现代剧《出鹰殡》，演遍豫东、皖北，对唤醒民众、开展阶级教育起到了积极作用。

20世纪30年代，淮阳县城京剧爱好者雷腾龙、严希初等人组建国剧（京剧）社，义务演出，剧目有《武家坡》、《捉放曹》、《打渔杀家》等。抗战初期，该剧社曾在淮阳城隍庙义演，为“航空募捐”。此后，时聚时散，一直延续到建国后。

1937年，中共党员周坤明、张文彬等人组织进步青年学生成立抗敌后援会，首次排演话剧，主要演出《放下你的鞭子》、《林中口哨》、《张家店》等宣传抗日救国的剧目，鼓舞了民众的抗日热情；1938年，韩绍诗等人在水寨组织进步青年成立业余众声剧团，排演话剧《打鬼子》、《傻二嫂》、《反正前后》、《八百壮士》、《参军》、《村庄》、《戒烟》等剧目，在水寨、西华、槐店等地巡回演出。

1931年，淮阳县有私人集资在北关城隍庙建席棚简易戏院。淮阳沦陷时期，有私人在县城灶爷庙建封闭式席棚戏院，中间设简易桌凳，周围摆高脚大板凳，可卖票百余张，1945年停业。同期，在淮阳北关牲口市、八步桥、洪福寺、上台庙先后建露天戏院，均为土围墙，临时搭台营业演出。1946年，有私人在淮阳西清廉街路南老油坊大院建瓦顶舞台，观众席露天，周围设高脚板凳，时称新舞台，沿用至建国初。

1948年，淮阳县城解放后，淮阳专署文工团、淮阳军分区文工团及翻身剧团等演出团体经常以专署、军分区及城隍庙为场地进行临时公演。1949年，淮阳专署在何家楼建小型封闭式草顶剧院，无坐席，可容纳观众600余人，淮阳专署剧改实验队经常在此演出，1959年该剧院拆除。

清末，淮宁县城及部分集镇群众为丰富业余文化生活，自发组织玩会班，演唱者应邀相聚一处，围桌而唱，不化妆，不用道具，演后各司其业。此时丝弦道、评书、坠子、大鼓、道情等曲艺品种已遍及淮阳城乡。民国初年，评书艺人邱大成、马龙章，梨花大鼓艺人郭先，道情、坠子艺人张力昆较有名气。淮阳县城火神庙、城隍庙、北大关蔡河桥头等为常年曲艺演出场地。太昊陵庙会期间，曲艺名家云集淮阳，竞相献艺。

丝弦道，是河南平舆县晚清贡生万道同（人称万拨贡）吸取大调曲子和民间小调精华创造出的新曲种，20世纪20年代传入淮阳。时淮阳人严希初等发起成立文雅社，演唱丝弦道，参加者多为文人雅士。文雅社应主人之邀，围桌而唱，或消遣娱乐，或祝福道喜。伴奏乐器有古筝、古琴、三弦、八角鼓、二胡、碟子、手板、碰铃等。定调有仲吕宫、夹钟宫、或高宫。唱词多为七言上下韵，每个唱段均有曲牌名称，如平调、高含韵、低含韵、小磨川、凄凉调、软二簧、单煞板、双煞板等。唱时依弦行腔，音调古朴优雅，曲速缓慢，颇具宫廷音乐之风。主要曲目有《翻塔》、《煮酒论英雄》、《王婆骂鸡》、《葬花》等。

1948年，淮阳专署建立曲艺协会筹备委员会，1952年正式成立曲艺协会。

建国前，西华县的豫剧为豫东调，受著名演员陈素真的影响，祥符调开始在舞台上出现，多属挖腔，偶尔模仿，聊作标新，未形成风格。民国时期，主要剧目有《反阳河》、《樊梨花征西》、《打金枝》、《雷音寺》、《对花枪》、《斩婴盖》、《南阳关》、《反西凉》、《火焚纪信》、《平安王》等。

清末，西华县衙门的三班皂隶组建河南梆子戏班“皂家班”，民众谓之“班子里戏”。1931年，改名为四街戏班，黄泛期间散班。清末，西华红花集马氏经营河南梆子戏班，服装道具崭新齐全，有一定影响，民间有“要听还是皂家戏，要看还是马家箱”的说法，1926年散班。

1925年，西华县署捕快班头任启义组建河南梆子戏班“快家班”，有演员50余名，影响较大。1929年，马快见捕快戏班日盛，遂招艺伶40余人，组建马快戏班，与捕快戏班抗衡。时皂家戏班正盛，两快戏班实力皆不能与之相匹。是时，西华县长潘龙光为促成两快精诚团结，以便联合对抗皂家戏，将马快、捕快戏班合并，更名为“两快戏班”，艺员达90余人，县府每年拨出经费予以扶持，1937年西华受清水灾害，两快戏班解散。

1943年，逍遥富绅刘芳亭联合各商户集资组建逍遥四街戏班，受战事和自然灾害影响，戏班经常“卧箱”，1948年又将分散的演员组织起来重整戏班，1949年被逍遥区人民政府接收，名曰逍遥豫剧团。1950年3月被西华县人民政府接收，由文教科领导，西华县委书记刘华飞将其命名为“重建豫剧团”。后该团调平顶山，成为今平顶山市豫剧团的前身。

民国初至黄泛前，西华尚有蔡家戏班、西夏亭戏班及孝武营窝班，皆为当时较有名的河南梆子戏班。

1917年，西华县城西刘庄村的刘德昌在好友、商水人何大荣的帮助下组建越调戏班，角色齐全，由于设备简陋，戏装极少，人称“一台篓”。1940年，为时局和天灾所迫散班。1948年后，刘德昌再次组班，有演员20余人，演出剧目有《进铁弓》、《七星庙》等，建国后解散。

1933年，西华县成立长乐戏班，1938年著名演员申凤梅搭班，1942年饥荒，申凤梅离去，戏班搁浅。

1940年，西华县一些学校和社会团体开始用曲剧排演节目，后有日伪救国军62师某团驻扎西华，其随军曲剧团在西华县城长期演出。时王贯楼村张中岳联合县城曲剧爱好者，成立西华第一个曲剧团——曲剧研究社，舞台伴奏仅一把大弦和手板，其走场、过门，全赖大弦以曲牌、旋律处理，后配以胡琴，高低相伴，音甚协调，演出剧目主要有《花庭会》、《胡二姐开店》、《狐狸仙闹书馆》、《白蛇传》、《李豁子离婚》、《柜中缘》、《黄翠莲采桑》、《风雪配》、《李天保吊孝》、《阎家滩》、《宋江杀阎婆惜》、《武松杀潘金莲》等，1938年黄泛时散班。

二夹弦在西华县的起源有两处：一处是西华营乡吴庄，一处是聂堆乡古楼营村，二村相距甚近，互有影响。吴庄吴玉伦、吴国保兄弟为该县最早的二夹弦演员，均外出搭班，或出聘为师，未自成班社。聂堆乡滩上村清末秀才王老成于1916年聘开封童家寨名角童喜（男旦）掌班，招募驻马店二夹弦艺人40余人，成立王老成戏班，演出剧目有《雷公子投亲》、《张廷秀私访》、《秦始皇打边墙》等，轰动一时。1926年，王老成戏班在潘岗村对棚，大获全胜。5年后，王老成病逝，戏班解散。时隔数月，滩上村的王乱联络吴庄吴玉伦、吴国保兄弟等人，招募本地闲散艺人，发起成立了滩上二夹弦戏班。1933年，由谢怀珠领班，成立古楼营二夹弦戏班，有人员30余人，活跃于宝丰、鲁山、正阳、汝南、平舆、新蔡、项城、扶沟等地，主要剧目有《孟姜女哭长城》、《大铁山》、《金刀记》、《全家福》等，1938年黄泛时散班。

话剧在西华出现于1930年，多是教育界和学生在文艺宣传活动时演出，民众称之为“演新剧”。1937年抗日战争爆发后，为宣传抗日，话剧在西华发展较快，后河南省光明话剧团到西华县公演，均以抗战为主题，话剧《放下你的鞭子》较有名。

1933年，西华县城张仿石组织商民集资，利用察院廊房改建为简易座位戏院，容纳观众数百人，创西华县室内看戏之先例，4年后戏院随国民党县党部迁至察院，戏院拆除。后又在察院西邻设露天剧场，黄泛期间废弃。1933年至1949年，逍遥镇设有露天剧场。

20世纪30年代，西华县出现高跷戏、旱船戏。建国前，西华有渔鼓道情、莲花落、河南坠子、大鼓书、三弦书等曲艺品种。

河南坠子源于晚清河南地区，已有100多年历史，由流行在河南和皖北的曲艺道情、莺歌柳、三弦书等融合而成，因主要伴奏乐器为“坠子弦”（今称坠胡），且用河南语音演唱，故名河南坠子。演唱者一人，左手打檀木或枣木简板，边打边唱；也有两人对唱的，一人打简板，一人打单钹或书鼓；还有少数是自拉自唱的。唱词基本为七字句，伴奏者拉坠琴，有的并踩打脚梆，初期多演唱短篇，也有部分演员演唱长篇，主要曲目有《龙头案》、《东汉演义》、《李三娘打水》、《王华买爹》、《济公传》、《三贤传》等，黄泛时西华县河南坠子艺人流离失所，在该县境内活动很少。

大鼓书，即鼓儿词，流传甚久，1949年西华县有大鼓书艺人4个。

评书，又名评词，源于“说话”，即讲故事。民国初年，西华逍遥镇的姜化堂擅渲染故事，以《史记》为内容摆场说书，较为有名；西华县城的李彦岭也颇有声望，主要书目有《杨香武盗杯》、《三侠五义》、《西汉八义三侠剑》等。新中国成立后，演员碍于技巧难攻，大多改行。

三弦书，1930年前后，西华县奉母城、艾岗、红花集等地常有三弦书艺人出现。

莲花落，西华县见于清末民初，操此者多为乞丐和流浪艺人，借城乡庙会、集市贸易或走街串巷，遇店铺、摊点则驻足而立，手执竹板，即景数白，群众称为“数白嘴子”。主要书目有《黑妮传》、《快嘴李翠莲》、《王金豆借粮》等。

山东琴书，清末民初，西华聂堆、西华营、奉母城、艾岗一带乡村，常有山东琴书艺人演出，唱腔、音韵别致，听者踊跃，多以为奇。

清代中叶，扶沟县城东街、西街、南街和北街四条街上的商号和部分居民捐款置办戏箱组建四街戏班，又名四喜戏班。清末，扶沟县衙的三班衙皂六班班房又办起六班戏班，两班各有艺人近20名。20世纪30年代初，两戏班合并为扶沟县四街豫剧班，有艺人近50名，1937年又改名为四街易俗社，班主王明哨，著名豫剧演员彭海豹（须生）、易象山（文武花旦）、陈连升（正旦）、李佳钰（正旦）、阎立品（青衣），以及陈狐狸、赵顺公、冯振声等名角等先后在扶沟搭班，该戏班行当齐全，声腔动人，唱做俱佳，因而誉满中州，民众常说：“要看戏，四街戏，行当全、箱衣齐。”1949年人民政府派去指导员，1952年该团被命名为扶沟县新声豫剧一团，1953年奉令与商水县一个铁工厂对调，全团人员迁往商水。

抗日战争初期，阎立品为躲避日军迫害，于1938年全家渡过新黄河，逃离沦陷区来到扶沟县搭班四街戏班。时开封前辈艺人耿新田也来到扶沟，并教阎立品《抱琵琶》，这出戏成为阎立品在扶沟演出的“头炮戏”，并且一炮打响，使她成为名满扶沟城乡的青衣演员、四街戏班的“馍筐子”。此戏成为她常演常新的剧目。她的拿手戏《游龟山》更是使扶沟观众百看不厌。阎立品在扶沟时，她的品行和艺术都给观众留下良好印象，临走时扶沟绅士赠其一块缎子匾额“品清艺精”，阎立品认为这是现众对她最真切的希望，遂将自己的名字“桂荣”改为“立品”，以勉励自己立业先立身，立身先立品，此后她便以阎立品之名遍行河南各地。

大新豫剧团，1947年成立，有演员40余人。1949年，崔桥豫剧团成立，有演员30余人。1952年，二剧团分别更名为新声豫剧二团、新声豫剧三团，1956年合并为扶沟县豫剧团，有演员60名。

民国时期，扶沟县城有7处古建筑小戏楼，最大的面积105平方米，最小的仅15平方米。

清末民初，扶沟坠子、评书广为流行，演唱内容广泛，有《三国》、《说唐》、《说岳》、《三侠五义》、《七侠五义》、《水浒》等，情节生动，绘声绘色，引人入胜。

太康县最早的越调戏班是1947年成立的高贤乡漳岗集的九女班，有40

余人，远近知名，后逐渐发展到龙曲的潮坡、板桥的丁集、逊母口的井付一带。1946年6月，九女班由淮阳专署接管，成立淮阳专署三分团——民友越调剧团，即今河南省越调剧团的前身。

太康县的曲剧是20世纪30年代由西华县东夏亭曲剧艺人经老冢、大许寨传至太康常营、芝麻洼一带的，乡村从艺者渐多。抗战时期，太康县曲剧盛行。太康的二夹弦是清末从山东西南部传入的，1938年前后闲散演唱者渐多。20世纪40年代末，太康县杨庙的伏李庄及老冢的娄庄始有小戏班和“座摊班”。清末、民国年间，太康县流行的剧种还有河北梆子（太康称“范调”）、罗戏、大平调等。

太康道情是起源并流行于周口地区的全国稀有剧种之一，是在曲艺道情基础上演化、发展而来，属梆子声腔系统。清末，曲艺道情产生戏曲萌芽，光绪二十八年（1902年），西华县龚楼村的龚长法谙熟道情曲调，开始以道情腔调唱地摊玩会，配以弦乐锣鼓，设台演唱，形成道情班社。初为小段对唱，不做动作，不动身段台步，且化妆简单，后逐渐排演大型剧目。光绪三十一年（1905年），道情艺人张广志大胆突破单口唱、双口唱的曲艺形式，在太康县组建10余人的道情戏班，在老冢首次登台化妆演出，吸收河南坠子伴奏方式，增添坠子弦和成套打击乐器，采用河南梆子声腔板式、表演形式，逐渐形成新剧种——道情。20世纪二三十年代，太康民间先后组织干张道情戏班及郭楼、常合营道情科班，干张道情戏班有演员10余人，以太康县为中心形成20多个道情班社，活跃于西起漯河、东至蚌埠之间的淮河流域。1957年，组建太康县道情剧团，至今活跃于以太康为中心的周边地区，有“天下第一团”的美称。道情以唱为主，剧本多唱词而少插白，一段唱腔往往百句以上，板腔、曲牌兼而有之，主要板式有慢板、二八、流水、栽板、大过、单过、双过、哭死板、哭活板、垛子、滚白等；曲牌有锁落枝、老桃红等，演唱时男女都用真嗓，吐字清晰，通俗易懂。道情注重唱功，善演喜剧，其演员不习武功，科班也无武科，这是与其他剧种的主要区别。

清光绪年间，太康成立以县衙壮班为管主的粮壮戏。宣统年间，皂班组织皂班戏，均为河南梆子。民国时期，二戏班分别由马车行和太康县商务会接管资助，改名为一把鞭戏和四街戏。1929年，四街戏更名为醒民剧社，在太康县戏剧改良委员会的扶持下添置行头、设备，演员达70余人，演出水平较高，名声大振。1938年后，两戏班相继出县演出，后解散。另有衣冠营、逊母口、方城、葛岗、窦陵梆子戏班等。

民国期间，太康城内有城隍庙戏楼、天宁寺戏楼、龙王庙戏楼、古城戏楼；农村有马头、大吉岗、常营、逊母口戏楼等，1926年至1938年先后拆除或毁坏。1930年，太康县城始出现土戏院，利用露天空院子，搭木戏台，如北街的何家院、皇门院，南街的于家院等。门口置一个大簸箩，观众进门时往里丢铜板方可入院看戏，价钱可多可少。

1935年，太康县城东街路北由私人合资建成康乐戏院，顶盖用席搭棚，内有舞台，中间设有池座，两侧为站票区，1938年太康沦陷后拆除。

1931年，太康县教育局社会教育科负责管理文化艺术工作。

道光二十二年（1842年），鹿邑县张完集（今属郸城县）成立“大会班”。光绪二十三年（1897年），张完集成立“张家戏班”。清末、民国时期，鹿邑县有六戏班、四镇戏班、犹龙镇戏班、鹿邑戏班、道情戏班等，顾家班的顾秀荣和张家班的大脚芳是河南登台较早的豫剧女演员。

清光绪十九年（1893年），顾锡轩在大顾家寨（今郸城吴台庙西）组建顾家戏班，全家登台演出，长女顾秀荣为著名豫剧女演员，又收6名义女为徒，1930年发展到50人，活动于豫、鲁一带。1932年，在开封演出《寇准背靴》、《苏三爬堂》、《乾隆私访》，轰动省城开封，1944年散班。

光绪二十三年（1897年），白马驿集（今郸城县白马镇）民团团长张履结组建张家戏班，有演员40余人，以葛家斌、大脚芳较有名，演出《刘庸下南京》、《铡郭槐》、《铡西宫》等120多个剧目。1917年，张履结将戏班交鹿邑县署“六班”主管，改名六班戏班，有演员40人。1927年冬，戏班交马尚德主管，改名马家戏班。1930年7月，又交鹿邑县政府主管，改称大八区戏班，花旦朱明声誉较高，时有俚语“扒了房子卖了砖，也要听朱明的《反长安》”。1938年，日军侵占鹿邑县城时散班。

1935年，鹿邑县城划为东、西、南、北4镇，北镇镇长高伯良组建四镇戏班，有40余人，段聚掌班，活动于鹿邑县内外，三要演出《大祭桩》、《提寇准》等剧目，1938年5月散班。

1939年7月，太康县一班艺人为避家乡黄水，逃难到鹿邑太清宫，被牛怀宝收留，组成犹龙镇戏班，有30余人，杜合掌班，巡演于鹿邑、柘城、商丘、亳州等地，剧目有《对金钲》、《南阳关》、《拴娃娃》等50多个。1945年，太康艺人还乡，戏班解散。

1938年，鹿邑县政府在石槽集组建鹿邑戏班，1945年带回县城，接收了犹龙镇戏班的戏箱，由付廷章掌班，演员有刘玉梅、赵佩秋、胡群、杜合等40余人，演出《秦雪梅吊孝》、《天河配》、《周公桥》等剧目，1947年散班。

1920年，鹿邑艺人张广志等在白果树村组建道情戏班，1936年发展到30

余人，沿用梆子戏的服装道具和舞台设置，演出《吕蒙正飘彩》、《李天保吊孝》、《张廷秀私访》等数十个剧目，在鹿邑附近各县影响较大，1947年散班。

1938年11月，中共党员张爱萍在鹿邑组织了以丁永祥为队长的抗日救国宣传队，1939年2月改名为洪波剧团，在县城“三月三”庙会演出时被日军击散。5月，魏凤楼收集洪波剧团成员在白马驿成立以杨春芙为团长的战地服务团，不久离开鹿邑，演出剧目有《流亡三部曲》、《放下你的鞭子》、《送郎参军》等，还编唱《抗日三字经》：“人之初，性忠坚。爱国家，处自然。国不保，家不安。为国家，务当先。昔岳母，训武穆。背刺字，精忠谱。”1946年秋，张岚峰18师剧团在永城起义后编入中国人民解放军，1947年7月归中共鹿邑县委管理，8月15日命名为“鹿邑县翻身剧团”，谢克昌任团长。为配合土地改革运动，该剧团排演了《血泪仇》、《白毛女》等剧目。1947年秋，陈粟大军转战到吴台庙，召开军民联欢大会，陈毅在会上讲话，翻身剧团为部队演出了《反徐州》，受到将士们好评。1947年冬，该团上交地区管理。

张仙阁戏楼，建于清光绪年间，位于鹿邑县唐集北2.5公里处，高8米，两层结构，上铺木板，明柱挑檐，上层用木板分隔为前后场，每逢春节有戏班在此演出，楼生共鸣，犹如仙乐，声扬数里，乡人假“张良吹箫相助”之说，以张仙阁名之，毁于民国初年。

光绪二十一年（1895年），鹿邑县城牛家茶园组织梆子爱好者围桌而坐，手执乐器，各扮行当，边唱边奏，人称牛家玩会班，主要演唱《战洛阳》、《参相》等折子戏。民国年间，鹿邑玄武的王从云组织本集戏剧爱好者成立玩会班，演唱剧目有《反西唐》、《二进宫》、《敬德打虎》等，方圆十余里流传着：“祝寿得儿娶媳妇，要请玩会上玄武”。该玩会班演员后来成为玄武业余剧团的骨干力量。

鹿邑县流行的曲艺主要有道情、莲花落、大鼓书等，清末民初刘同的道情声音宽宏，吐字清晰，赞人状物无不逼肖。民国年间，鹿邑县韩平的莲花落，建国前后顾瞎子的大鼓书较有影响。

同乐舞台，1934年建于鹿邑县城张宪文茶园后院，院中搭席棚，棚下设长条木凳400余座，1938年停业；鹿邑县城隍庙戏园，1946年由马先洲出资在城隍庙大殿前搭建草棚而成，内设舞台和木凳。

1912年至1928年，鹿邑县文化工作由教育科兼管。1929年，鹿邑县设民众教育馆主管文化事宜。

清末、民国期间，沈丘县较有影响的戏班有高家戏、六班戏、八大作剧团等。

高家戏，源自清初莲池一家私人梆子剧团，主要在迎神赛会和庙会上演出，1940年后走向衰落，不久散班。六班戏为清末县衙“三班六房”成立的梆子剧团。八大作剧团为清末民初木、泥、石、画、油、漆、竹、扎八行手工业者出资创办，主要服务庙会，扩大商情，平时流动演出。另外还有沙岭的刘家戏，南范营的“窝班”，雒庄集的剧团，县城西关的玩会班，赵德营的曲剧班，以及莲池的“眷戏”等。

1938年春，颍滨中学进步师生在开封光明话剧团的帮助下成立前锋话剧团，是年中共地下党员白麟阁率团到乡下巡演《放下你的鞭子》等抗日剧目，国民党沈丘县政府百般阻挠，话剧团转到临泉演出，8月在白色恐怖下被迫散团。

清代，沈丘县城（今老城）和槐店、纸店等城镇建有戏楼。1938年，国民党第15集团军驻防沈丘县，司令何柱国在沈丘县城建起一座人民会场，为周口地区第一个近代戏院。此后，槐店知名人士窦演先（民国时曾任项城县县长）在北门里，窦俊初在西门外，王国贤在南门外，马学礼、陶济川在东门里各建一座戏院。这些民办戏院均为草棚，座不足千，兼售站票，因上座率低，1947年前相继关闭。

建国前，项城县仅有官僚豪绅或私人联合组办的戏班，据不完全统计共有13个戏班，其中豫剧戏班10个，曲剧戏班2个，越调戏班1个。名气较大的有袁寨袁家班、秣陵镇高家班、范集赵家班、新桥曲剧班，著名戏剧演员有易象山（即少）、马武、黄训、柳德林（黑子）、宋良辰、郭金章、杨福德（艺名洋白菜）、傅子文（小金牙）、周凤云（女）、长窈（女）、钢炮（女）、李妮（女）、牛克一、赵天才等。豫剧名旦易象山曾与豫西调名角徐苑琴（女）合演《拷红》、《樊梨花征西》、《白蛇传》等剧目，融豫西调与豫东调为一体，创造出独特的唱法沙河调，主要剧目有豫剧《黄鹤楼》、《反五关》、《罗松找父》、《地堂板》、《白玉杯》、《下燕京》、《罗焕跪楼》，曲剧《祭塔》、《杜丁郎找父》、《李豁子离婚》、《白玉簪》，越调《火焚绣楼》、《李双喜借粮》、《对绣鞋》、《赶花船》等。

1938年4月，项城简师师生在中华民族解放先锋队的基础上成立海燕话剧团，演员36人，10天内排演出《三江好》、《打鬼子》等节目，先后在项城县城（今秣陵镇）、李大庄、贾岭、新桥、娄堤等地演出，宣传抗日。6月中旬，在娄堤受到项城县保安队的无理干涉，被迫解散。

建国前，项城县有戏楼2处：秣陵镇戏楼，位于北大街，坐南向北与城隍庙相对，建于明初，楼前广场可容纳数千人，1948年因年久失修倒塌；水寨镇戏楼，位于该镇关帝庙前，坐南向北，1953年建人民剧院时拆除。

清末以来，周口地区境内流传的曲艺形式有评书、道情、大鼓书、坠子等。道情有2种：一种使用道情筒子，一种使用弦子。坠子也有2种：一种用坠子弦，一种使用小镰子。战鼓书普遍使用牛皮战鼓，演唱者多数从师学练窝嗓（沙哑腔），配器有单用牛皮战鼓的，有分别配用莲花落、吊板、简板、脚梆、钢镰子的。咸丙南的评词、戚明堂的道情和高治帮、刘成海、程立方的战鼓等，颇有影响。

曲艺说唱在境内流传已久，建国前从事曲艺者多为盲人，走村串户唱曲乞讨，非盲人也是零星分散演出，借以糊口。书目有雷同、杂芜之弊，不入大雅之堂，更无专业团体出现。

近代，周口地区民间文艺活动除戏剧、曲艺外，各县城和较大集镇、乡村民间还流行民间舞蹈、唢呐、杂技、民歌等民间艺术形式。

民间舞蹈，民间称玩意儿，种类有龙灯、狮子、竹马、旱船、高跷、肘歌、驮歌、小车子、独杆轿、大头偶、小鬼摔跤、秧歌、盘杈、猫戏蝶等数十种。龙灯、狮子、竹马以舞蹈为主，吸收武术架势表演集体画面；独杆轿、大头偶、小鬼摔跤纯属滑稽表演；高跷、旱船、小车子除舞蹈外又融入戏曲艺术形式，有唱白情节。各地都有一些有名气的民间文艺组织和娱乐项目，为广大群众所喜闻乐见。

近代，民间文艺团体均属民办，从艺者有职业艺人和业余艺人，负责民间舞蹈活动的组织称“会”或“社”，会、社的负责人称会首或社长，由群众推荐或自荐，负责组织活动、筹集资金、保管道具等。这种民间舞蹈组织，遍布城镇街道或较大的集镇、乡村，每逢春节集中排练节目，制作道具，春节当天开始演出，元宵节达到高潮，有的二月二方散。乡村会、社不但在本村演出，还到外村演出，每到一地，群众都要燃放鞭炮、送果品等表示欢迎和慰问。若两班相遇，各不示弱，互相赛艺，一争高低，煞是热闹。黄水泛滥期间，周口一带群众文艺活动基本停止，西华县只有逍遥镇每年农历正月十五照玩不误。

近代，周家口在端午节举办的龙舟活动较有特色，闻名遐迩。据民国七年《商水县志·地理志》记载：“五月五日为端阳节……是日周滨渡头以五色纸作龙形置小船上，谓之龙舟，荡漾中流，往来游歌，岸上百戏杂陈，游人如蚁，士女彩船首尾衔接，纨绔子弟以鸭投水，名曰赏标。龙舟奋力抢夺，作为欢笑，颇近太平景象。”

清咸丰、同治年间，山西徐沟县商人张联辉在周家口经商，曾任陈州府周家口商务会会长，他把徐沟的元宵社火表演引进到周家口。

民国时期，太康县民间舞蹈有50多处，建有队会，选有会首和领队，负责捐款和购置、保管服装道具等事项，多系世代相传，村里青年几乎全部参加，每会约有百人表演队伍，轮流演出。往往是日没而出，启明而归，走街串村，通宵表演，不取任何报酬。抗日战争和解放战争时期，活动基本停止。

淮阳县秦营（今属窦门乡）、陈洼村（今属大连乡）2个狮子舞会（队）先后组建于清光绪九年（1883年）和光绪二十年（1894年），闻名于淮阳一带。民国时期，淮阳县东关的竹马表演较有名气。新站肘歌队，创办于1943年，也较为有名。

唢呐，又称民乐，晚清开始在周口地区流行，城乡民众有红白喜事常请唢呐班吹奏。演奏时，唢呐领奏，笙伴奏，梆子击节，后逐渐发展有打击乐（如大锣、手镲、二锣、板鼓等）及弦乐等，流传曲目主要有《云里溜》、《抬花轿》、《百鸟朝凤》等。当时民乐艺人被视为“下九流”，从艺者多系“门里出师”，吹唢呐者多以理发为业，有唢呐村和唢响世家出现。

唢呐自清康熙年间传入扶沟后，到近代进一步发展。解放前夕，扶沟县发展到8个唢呐世家（班），即城内赵家，董桥沈家，鸭岗店庞家、严家，门朝东村齐家，刁陵胡横王家，江村张家，汴岗曹家等，其中以城内赵家赵金荣和董桥沈家沈金学较有名，庞榔头、赵青山、赵安营、齐德山等人的演奏也很有特色。

宣统二年（1910年），淮宁县王楼村（今属淮阳大连乡）成立唢呐班。民国时期，淮阳有唢呐班11个。

民国时期，西华县庞集、大赵、王楼、小李、上湾、英窝、冯桥、张湾、东高庄等均有唢呐世家，沿传至今。

民国时期，太康县有唢呐班15个，80余人，分布在12个自然村，转楼乡魏庄15户51人有22人从事唢呐吹奏，可同时出动4个班子，距今已有300年历史。老冢镇的王麦子、五里口乡的刘店、高朗乡的王坟、板桥乡的丁庄、逊母口乡的张士白等村都有10余户乃至数十户从事唢呐演奏。

1947年沈丘县解放前后，郭岗和刘营村的唢呐班较有名。

唢呐演奏比赛，称对班或对棚。对班演奏是在一张桌子上，甲乙双方交替演奏曲牌，甲方演奏后，乙方演奏，以一方演奏曲牌首先净尽者为输；另一种对班比赛办法是演奏套曲，一套一套地演奏，甲乙双方以一方接不上者为输。同时，还讲究演奏的音韵、音质和风度，这也是决定输赢的重要因素。后来聘请户为追求演奏气氛热烈，要求拉开桌子分开对演，吸引观众的多少成为决定输赢的重要因素。

周口地区的杂技艺术始于汉代，流传已久。杂技，俗称“玩把戏”，多为私人经营，少数成立班子，称为“刀山班”，杂技艺人多外出谋生。1938 年春，太康县“一撮缨”刀山班成立，足迹遍及华北各省及天津、上海、南京等地，名噪一时。民国时期，淮阳县新站的杂技世家刘二的双刀较有名。

木偶，俗称扁担吼，民国时期太康县的木偶分布于马头、高朗两乡交界处湾子桥、吴振岗、阎庄一带，有 70 余户近百名艺人，多为小型“肘吼”，农闲时担挑游乡、走村串巷演出。

民国时期，沈丘县兀术营、岳阁的烟火有四门斗子、孙猴戳马蜂窝、天鹅下蛋、火龙、火鞭等多种形式，解放后内容愈加丰富多彩，丰年农历二月二、二月初七夜晚竞放烟火。

鹿邑县的烟花历史上较有名，清代烟花作坊散布四乡，品种繁多，诸如文花、武花、天鹅下蛋、孙猴戳马蜂窝、箭穿杨七等。民国时期多为巨商豪贾燃放，特别是大型烟花燃放，耗资较大，多为官府或几个村联合举办。1936 年，鹿邑县政府耗资 800 银元在东校场燃放烟花，有大闹蟠桃会、火烧葡萄架等数十种，观众达数万人。1936 年至 1937 年，邱集尚庄、玄武大陈、老庄冯桥、高集刘佛山庄、任集白果树、武店和王皮溜等地也举办过大型烟花燃放活动。

周口地区民歌起源很早，淮阳、扶沟等地早在春秋时期就广为流行民歌，内容和形式因时而变。近代，民歌有号子、灯歌、叫卖歌、儿歌和小调等，号子有船工号子、拉纤号子、打夯号子等，多为一人领唱，众人和，即兴创作，内容广泛；灯歌是元宵节时的龙灯、旱船、推小车等娱乐形式中的民歌，有的近似秧歌，边舞边唱，或齐唱，或对唱；叫卖歌多与所卖之物有关，也有为招徕顾客而编唱一些历史故事、民间传说；儿歌是为教化少儿而编唱的歌谣；小调又称“小曲”、“俚曲”、“时调”等，是人们在劳动之余、日常生活中以及婚丧节庆时用以抒发情怀、娱乐消遣的民歌。这些民歌口语化、地方化，通俗、诙谐、幽默。

箛，用竹筒精制而成，长 23 厘米，直径 2 厘米，有 1 个吹孔，7 个音孔，平持竖吹，音色浑厚悠扬。《说文解字正义》释云：“箛，戟吏所吹者。”此种古乐器国内已少见。据 1991 年《淮阳县志》载，其时能演奏该器者仅发现原太昊陵道士张连杰 1 人。

近代，戏曲艺人地位低下，被称为“戏子”，属“下九流”之列，受各种封建戒律束缚，如生前不能入正堂，死后不准入祖茔，更不允许参加科考，生活没有保障。正常情况下，他们年均演出600到800场，但生活并不宽裕，班头先要扣除总收入的30%－40%，名角再抽15%－20%，然后再按份分配收入；遇到特殊情况不能演出时，就会倒饭碗，饿肚皮。著名豫剧演员易象山，晚景生活凄凉，冻饿死在水寨北街澡堂内，后来市民捐款购买白茬棺材一口方草草入殓埋葬。一些女艺人，常受官僚恶霸地主的欺凌，沈丘豫剧红生演员夏安兰及前妻在汝南演出时，被当地恶少温敬吾以听堂戏为名骗入家中恣意玩弄，又霸占其妻为妾，夏安兰状告无门，有冤难伸。

民国时期，文化多由教育兼管，戏班演出剧目多系老艺人口传面授，从事戏曲的人都是拜师求艺，学徒主要来源于贫家子弟和社会孤儿；曲艺人员师徒相传，辈分分明，厚己薄彼，颇具门户之见，一般分散在农村演出，演唱水平较高的在县城和较大集镇固定场所或其他集镇上说唱。解放后，对曲艺人员进行整顿，改造旧曲目，介绍新曲目，演员在政治上翻了身，受到社会尊重，生活有了保障。国家按月拨发文艺经费，帮助演员解决生活困难，演员待遇与国家干部、职工等同。

四、诗文著述、书法绘画、摄影和雕刻

1. 诗文著述

清末，淮宁县进士傅松岭的散文《赴都日记》、扶沟县进士柳堂的《笔谏堂全集》较有名。

1919年的新文化运动和“五四”运动，为周口地区文艺创作带来了新鲜空气，特别是抗日战争爆发后，进一步唤醒了生活在这块土地上的民众，于是文化人在这块土地上或走出去，纷纷投入到新文化运动和抗日宣传活动中，他们拿起文艺这个武器，掀起了文化艺术创作的热潮，文化艺术向多门类发展，文学创作渐向新诗、白话文过渡。

近代著名诗人、曾在淮阳中学执教的徐玉诺致力于新诗创作，出版有《徐玉诺诗集》；淮阳人段广义撰写有《淮阳名胜》、《淮阳杂俎》等书。

1934年，淮阳人、河南省教育厅编辑处副主任蔡衡溪编撰的《淮阳乡村风土记》出版发行，铅印本，现存吉林大学图书馆、河南省图书馆。1926年，蔡衡溪暑假期间回到故乡淮阳东北地区，亲自到各村调查访问，用了约3个

月的时间，后编纂成《农村风土记》稿本，1931 年春将其一部分略加整理，送由《河南民报》发表。3 年后，他把旧余稿件择其要者与已发表者汇编成册，是为该书。凡四编：第一编语言，第二编风俗，第三编集会，第四编附录、淮阳县概况。第一编语言，共分六章：谚语、童谣、谜语、隐语、神话、传说。其中的谚语“章篇幅最大，收集丰富”。第二编风俗，分婚姻、丧葬、迷信，均记述详细，细节不漏，此虽属封建习俗，但作为历史资料，却是不可多得，很有参考价值。第三编集会，包括经济之集会、自卫之集会、娱乐之集会、迷信之集会、慈善之集会，内容繁杂，其中的经济之集会、自卫之集会最有价值，积金会、灶爷会、行孝会、小满会等介绍了农村中的经济互助和地主盘剥的真实状况，联社会、红枪会、打更班、看坡会等则反映了地方武装的状况。第四编附录，介绍了淮阳县概况，分史地概说、自治概况、经济状况、文化略述、教育概况、古迹名胜、物产大要等部分，文字不多，较为简略。该书为私人调查访问而成，有其真实价值。民国时期，淮阳县两次修志，风土民情均显薄弱，这部风土记可补其不足，成为研究民国时期淮阳县现状不可或缺的宝贵史料。蔡衡溪还著有《中国农村之改进》，中华民国二十三年（1934 年）七月出版，开封新时代印刷局印刷，该书汇集了他在《河南教育月刊》、《乡村改造》、河南《民国日报》上发表的 7 篇论文，内容包括以中国农村经济总破产之危急险象敬告国人、外货倾销压迫下中国各业之现状及其前途之危机，对于中国农村之救济的总检讨、复兴中国农村的先决问题，到农村去、中国农村应如何改进、研究农村改进问题之途径。此书漯河市档案馆有存。

清咸丰年间，项城县女诗人高梅阁（名芳云，号荆布老人）著有诗集《形短集》；王铣桂著有报告文学《丹君文集》。1946 年，张庚廷著有《噗噗咕》，倾诉了农民的疾苦。

晚清民初、太康人王新祯著有《序封神演义》、《文集》10 卷、《诗集》6 卷。

李道祥（1902－1980），字瑞安，沈丘槐店人，回族。他在求学期间积极参加“五四”爱国运动，参与反帝抵制日货斗争。1925 年“五卅惨案”发生后，在河北参加游行。1931 年“九一八”事变后，他极为愤怒，在其主编的《河南教育月刊》第 1 卷第 12 期上，办“抗日救国”专号，以东三省彩色地图为封面并署名撰写《民主以来日本在华暴行统计》和《为暴日横行报告教育界》两文，以唤起读者的抗日热情。时国民党对强敌压境，不思抵抗，河南省主席刘峙一意反共，李道祥激于义愤，毅然辞去编辑职务，以示抗议。

曾克（1917－），原名曾佩兰，太康县城人，中共党员，近现代著名女作家。1935年曾在开封私立北仓女子中学读书时，因参加学生运动被勒令退学，经老师柯仲平、楚图南等人介绍，到上海一私立托儿所当保教员。1936年参加中共上海文委领导的外围组织“上海辞夜妇女俱乐部”，从事群众工作。1937年先后入上海大夏大学、河南大学学习。“八一三”事变后弃学、弃职，参加抗日活动。1938年春，她的处女作散文《战斗的心曲》发表在武汉《大公报》副刊“战线”上，接着出版中篇报告文学《在汤阴火线》，表现了战士和老百姓情同手足、同仇敌忾的爱国精神，受到文艺界好评，茅盾在《文艺阵地》上以笔名“玄”发表评论并热情推荐。1939年，到重庆参加中华全国文艺界抗敌协会，创作了中篇报告文学《在战斗中》（1940年连载于重庆的《妇女生活》，个别篇章刊于茅盾主编的香港《文艺阵地》），老作家高长虹在《新蜀报》上著文介绍。1940年冬，经周恩来、邓颖超介绍，她与于黑丁一同奔赴延安，在延安文艺界抗敌协会从事专业创作。1942年参加“延安文艺座谈会”；同年6月加入中国共产党。1943年在延安中央党校学习，任该校第七支部书记。曾在《解放日报》副刊发表作品多篇。1945年冬到晋冀鲁豫根据地，在晋冀鲁豫边区任区文联理事、《北方》杂志编委，从事专业创作。她深入太行山老根据地熟悉群众生活，写出报告文学《女射击手冯凤英》，发表后，延安《解放日报》和重庆《新华日报》相继转载，在《人民日报》创刊号发表了另一散文《劳动的妇女们》；同时在《太行文艺》发表报告文学《解放5000发电厂》。1947年参加刘邓大军，任新华社野战记者团记者，挺进大别山到安徽岳西县，任县恢复工作队二区队长。继而参加淮海、渡江、解放大西南等战役，经历了解放战争全过程，成为军内外闻名遐迩的战士作家。中篇报告文学《挺进大别山》是其代表作，反映刘邓大军实行伟大战略转移的史实，茅盾为之作序。1949年9月，在中华人民共和国成立前夕，曾克代表中国人民解放军第二野战军参加全国第一届政协会、文代会，被选为全国文联委员和全国文协（即中国作家协会）理事。

2. 书法绘画

近代，周口地区书画创作较为活跃，出现了一批书法家、画家。

晚清时期，淮宁县书画创作当推“三杜”：杜汝枬，号柳湖渔者，工山水，善画梅，所画山水气势磅礴，风格迥异；其子钟鲁，号柳湖小渔，善花卉，写意走笔如飞，名重一时；侄钟郯，号荷渔，亦工山水，多有建树。

淮宁县与“三杜”同时的画家还有：俞昌和，善花卉人物；李渥，善墨兰，笔如画沙；王鹤，善书画，后专攻梅枝、鹦鹉，人争求之；张桐，善画蝴蝶，款款欲飞；杨勖，写鱼尤胜；王立魁，工写锦鸡、牡丹、花石，点睛传神，人皆称妙；周世勋，工写人物，笔意高超，画后恒不具名，故世罕有知者；齐耀宗，善丹青，亦摹钟鼎；杨春元，善画竹、菊、梅、兰，求画者络绎不绝；王制，善写山水、人物、花卉，俱中时好，尤长芦雁，点睛绘神，有破纸欲飞之势。书法颇有名声者有严立基，工行草，得者珍之；朱振山，摹仿名家，不拘一格，笔力挺拔，大有屹然岳峙之势，求书者接踵而至。清末，淮宁县傅松岭的行书山条较有名气。

朱炎昭（1835－1921），字鸿升，号飞仙，安徽阜阳县朱寨（今属阜南县）人，曾寓居淮阳、鹿邑，近代著名画家。他出身农家，7岁入私塾，9岁丧父，备尝艰苦，勤奋好学。清咸丰年间，朱炎昭流寓鹿邑当塾师。同治三年（1864年），30岁的朱炎昭赴淮阳应童子试，因受当地势力排挤而落榜，后被鹿邑名儒王祖桐之父收为弟子，下届复考，中秀才。同治六年（1867年），朱炎昭中举人。光绪二十年（1894年），朱炎昭出任郑州学政，在职10余年，极其厌恶“堕落宦海苦奔波”，“大吏谒来折腰多”的幕僚生活，潜心于吟诗绘画书法，其诗豪放，反映出作者对社会黑暗的不满；其画多以石、梅为题材，表达作者不屈不挠的志向；其书法绵里藏针，独具风格。朱炎昭的诗、画、书法一时名扬郑州，颇受时人钟爱。朱炎昭辞去学政南游杭州，后到京津以画为生，每一画出，显贵豪门乃至日本客商争相求购。朱炎昭的诗、书、画，世称“三奇”。

民国时期，淮阳县战事较多，书画创作深受影响。当时主要代表人物刘文蔚，先后3次在开封举办个人书法展览，受到好评。段广义，善隶书、金石，著有《历代名人书法要诀》、《近代名人书法续论》。雷腾龙，长工笔，所绘《百蝶图》，千姿百态，栩栩如生，笔法细腻，配色鲜艳，20世纪30年代曾在上海等地展出，名噪一时。于岐山，著名拳师，善绘太湖石，用笔婉转畅达，遒劲雄健，刷剔飞白，交相应用，重笔点苔，浓淡相宜，七穿八孔，玲珑剔透，甚为美观。淮阳县张铁林、傅承芬、阎鹤年、刘承芝、刘连儒的书画均为佳作。

李克弱（1916－2001），又名刘耘中、刘圻等，淮阳人，擅长年画、动画，1936年毕业于国立杭州艺术专科学校，1938年在延安抗日军政大学、延安鲁迅艺术学院学习，在解放军部队从事美术工作，历任《战士画报》社、上海美术电影制片厂编辑、导演、编剧等职，电影作品有《司马光破缸救幼童》和动画片《人参果》、《大闹天宫》等。

李润科，清末周口书法家，工笔“寿”字为慈禧收藏。

清末秀才、扶沟张大化，工柳体，在扶沟较有影响。清末民初扶沟王劭、王劼、王劬兄弟在文化艺术方面均有建树，王劭长于文学，王劬长于书法，王劼长于绘画。王劼的儿子王弘，参加革命后易名胡蛮，他不仅继承了其父的绘画艺术，而且学贯中西，闻名全国。

包青云（1810－1881），清代太康朱口集人，贡生。擅画竹兰，自号“老兰”，其行草亦遒劲挺拔，闻名遐迩。王新祯（1849－1931），晚清民初太康人，擅书法，行草遒劲有骨力，手迹传世颇多。张道一（1857－1955），太康逊母口乡陶母营人，秀才，擅书，大字仿欧柳，小楷纤秀，称名于时。周鼎（1883－1943），太康独塘人，贡生，其书以颜氏为骨，欧氏为体，行草甚隽秀，现存条屏数幅和札记手稿1册。王国璋，字席珍，太康独塘人，民国时期河南知名书法家，曾任河南武陟县、巩县县长，省政府秘书，擅书大字，工于魏碑，极见神韵，南阳卧龙岗有其碑刻，遗墨传世颇多。吴珍铭（1888－1967），号老柳，太康逊母口乡小吴村人，通真、草、隶、篆四体，遗墨尚存。赵成修，字梦梅，太康城关镇人，以口笔著称。李德一，字维精，五里口人，曾任太康县教育局局长，擅大字正草。石复如，清末太康人，官至六品，擅画水墨人物，现存画作1幅。朱汉山，字介甫，逊母口乡黄堂人，清末著名画家，自幼勤习书画，尤以工笔人物传颂一时，手迹遍于开封，其作尚存《自画肖像》，以及淮阳清真寺匾额《竹石图》。万纯修（1875－1943），字峰斋，太康独塘乡许大楼村人，近代著名山水画家，其青年时代苦练成才，水墨画造诣尤深，笔墨娴熟，立意高远，晚年因家贫曾在开封、济南、天津等地卖画谋生，1937年天津沦陷后归家。黄桂生，字芳斋，太康城关镇人，擅画花卉，尤以画兰著称，人称“黄老兰”。张理本（1887－1979），笔名全性，太康张集乡张楼人，出身农家，自幼酷爱绘画，28岁拜师学画，擅画水墨山水、花卉，尤长于竹石，称名于太康、淮阳、鹿邑一带；陈登庸，字飞仙，太康县城关镇人，曾任教多年，精于文学、音乐、戏剧，尤长于美术，中西画兼备，有“太康才子”之称，惜无手迹传世。

道光时期，项城人阎士冠（监生）善画，援笔挥洒，气韵超绝，其画作《鹰》雄鸷如生，凡患狐蛊症者，一见辄疗。咸丰年间，张树藩（痒生）画有《舞雩从游》、《渔樵问答》、《二十四孝》、《醉翁亭》等，皆称妙绝；王应华所画的兰，疏落峻拔，令人雅爱；高梅阁的丹青画牡丹、张昂的写意画马，皆驰名遐迩。晚清时期，项城黄甲、袁保恒、高钊中等人的墨宝流传于世，北京故宫博物院藏有高钊中的书法真迹。民国时期，余师铭佳于楷书，袁克文、张伯驹、崔子襄、田子美、阎盛森等在书法上均有较高造诣；张子骥的水墨画《张果老骑驴过仙桥》，观之入神；张殿臣所绘壁画《麒麟送子》、《吕洞宾醉酒》和《十八罗汉》，形象各异，栩栩如生；孟庆恩的剪纸《门钱子》（福、禄、祯、祥），每逢春节，在新桥、和店（今属河南平舆县）、鲖城（今属安徽临泉）一带行于民间。

3．摄影、雕刻

摄影，也叫照相，清末传入周口一带，民国时期各县城和较大城镇都有私人照相馆营业，当时仅限于拍摄人像。

清末，摄影开始传入扶沟。20世纪20年代传入淮阳，民国前期淮阳已有照相馆多家，民国后期淮阳有二我、荣记、凤鸣、民生、美芳5家照相馆，后因战事相继关闭。民国时期，商水县城有照相馆1家；周家口较有名气的照相馆有华英、裕记、小庐山、真光等；沈丘县有照相馆3家，其中县城2家、槐店1家；项城县城有照相馆2家；西华县城谢家、胡家、李明文的照相馆较有名；20世纪40年代，太康县城有照相馆3家。

清宣统三年（1910年），木刻匠人王天佐在周家口贾鲁河西城隍庙旁开设雕刻铺，主要雕刻糕点模和月饼模，花样有八仙、嫦娥奔月、龙凤呈祥等，工艺精湛；1945年雕刻业发展到10余家，从业人员20余人，资金3000元，产品有印章戳记、糕点模、月饼模、木粽毛印子等。这些小雕刻铺生产工具简单，仅有1张桌子和几把刀子等。建国前，太康县城武修章的木雕家具较有名。民国时期，周口地区各县城及周家口都有刻字铺1到2家，20世纪40年代太康县城有刻字铺2家。

王琛（1840－1902），字燕生，号雪庐、雪翁、补园居士、半舫主人、腼颜太守、学为自了汉、作忍辱仙人，晚清鹿邑人，篆刻家。其斋堂为希范堂、止止之庐、雪苑、半舫、寿石轩、寄寄庐、小平安馆、菜根香舍、松左梅右草堂。他嗜印，尝自云："不能摹碑而雅尚篆书，不能奏刀而喜存石印。"存世有《半舫印存》、《雪庐百印》、《雪庐百印续册》，胡荫森序其《雪庐百印》云："雪庐之为治，非寻常龌龊俗吏所能；雪庐之为印，亦非寻常游戏笔墨之作。"

五、新闻出版、档案管理和电影的出现

1．新闻出版业的兴起

新闻出版业包括报刊业、图书发行业和印刷业。早在汉唐时期，周口地

区境内就有官报（邸报）发行，由邮驿递送；晚清时期，《京报》、《省报》及《河南宪政报》等开始在周口一带发行；民国时期，周口地区新闻出版业发展较快，报刊种类逐渐增多，大部分报刊由主编部门自办发行；中共出版的报刊则通过地下交通员和进步人士传递或邮寄。这一时期先后创办报刊15种，其中国民党报刊4种、中共报刊2种、民间办报9种。

1922年，振太中学创办《新太康日报》，石印，油光纸4开2版，内容多为太康新闻，发行400份，翌年2月停办，这是周口地区创办最早的报刊。1928年，《太康自治旬刊》创刊，石印，油光纸4开2版，内容以宣传民主自治为主，1930年冬停办。1931年8月，国民党太康县党部创办《太康民报》，石印，油光纸4开2版，内容多宣传国民党党义和政策法令，每期1000份，负责人李国烜，1938年5月停办。1931年10月，太康县民众教育馆创办《民众教育旬报》，石印，油光纸4开2版，内容以宣传社会文化、教育为主，经常发表文艺作品，每期240份，负责人杨效让，1937年冬停办。1945年，《新太康周报》创刊，为同仁刊物，石印，油光纸4开2版，内容多讽喻时政，发表文学作品，出版2期即遭国民党太康县党部查禁。

1926年，淮阳县民众教育馆创办《民众周报》，1938年6月淮阳沦陷后停刊，淮阳民众教育馆迁水寨后复刊，负责人秦福初，1947年停办；1943年春，淮阳县教育科创办《实验简报》，石印，4开2版，间日刊，设有时事、消息、政论、广告及漫画等专栏，教育科长兼任社长，有编辑、校对、勤杂人员7人，1946年8月停办。1943年7月，国民党淮阳县党部创办《淮阳实验简报》，隔日刊，负责人陈克定，1946年8月停办。

1940年3月，尹明澹在周口创办《中兴日报》（1944年全国日刊报纸一览表载有该报）。1941年9月，中共豫东特委在周口创办《沙河日报》，负责人刘少楼。

1931年2月，西华县民众教育馆创办《牖民周报》，10月改为《教育周刊》，1934年改称《民众周刊》，以推动社会教育，启迪民智为宗旨，内容多系教育新闻，或采摘学生文艺作品，停办日期不详。1934年，国民党西华县党部创办《党政周刊》，多载党务、政治消息及西华县概况等，由于负编辑之责者甚少，经费困难而停刊。1946年，国民党西华县党部在逍遥镇创办《西华试验简报》，油印，登载党政新闻，负责人高照临，逍遥第一次解放时停办（1947年国民党中宣部统计表中有该报）。

1938年7月，徐朋武在扶沟创办三日刊《大众报》（豫东版），民办性质，接受中共领导，后成为中共报刊，报址迁西华，1939年秋停办；1942年

3月，扶沟创办《河南快华报》，1943年8月创办《豫东日报》。

1938年10月，张爱萍在鹿邑县抗日干训班创办3日刊《动员小报》，负责人李耀宗，后改名《老实话报》，4开，油印，主要刊载国内外新闻和宣传抗日的文章，共出30期。1945年10月，国民党鹿邑县政府创办《真源日报》，主要宣传三民主义和党化教育，为反共服务，社长廖云峰，主编廖汉升。该报4开2版，石印，右上角为报头，名之曰“日报”，实际上为5日刊，3个月后改为3日刊。每期印刷300至500份，1947年停办，共出版375期，其中1945年出版60期，1946年出版165期，1947年出版150期。

《拂晓报》系中共河南省委机关报，1938年9月29日在中共河南省委驻地确山县竹沟创刊，是抗日战争时期在中原地区影响最大的抗日宣传报刊，成为指导新四军游击支队全体指战员进行抗战和革命的指南针。彭雪枫在发刊词中写道：“为什么要取名为《拂晓报》呢？因为拂晓代表朝气、希望、革命、勇进、有为。军人们要在拂晓出发，志士们拂晓奋起，要闻鸡起舞了。”该报是在彭雪枫的关怀下发展成长的，受到毛泽东、刘少奇、陈毅等领导的关注与好评，毛泽东亲自为该报题词：“坚持游击战争”。

《拂晓报》创刊次日，即随彭雪枫进入周口一带，随军流动，从创刊到1939年新年特刊，大部分是在西华、鹿邑、太康一带秘密出版发行的，办报条件极其有限，编写人员很少，并且在行军中工作，出版发行报纸的困难很大，在报纸几乎要办不下去的时候，彭雪枫鼓励办报人员：“精神食粮比吃菜还要紧。”1938年6月淮阳沦陷不久，局势相当紧张，购买纸张非常困难，《拂晓报》的编辑们为买纸经常游走于周口，《拂晓报》在艰难的环境中不断成长。1943年12月2日，彭雪枫在《拂晓报》发表《贺〈拂晓报〉五百号——五年来〈拂晓报〉的检讨》一文，对该报的工作进行了回顾：“第一阶段是草创摸索时期。它的创刊号是草纸三版，直到第八号（时在西华），都是油渍斑斑，模糊不清。到第九号（已进入鹿邑）改用毛边纸两版，印刷上有点进步了。到了第十八号（时已由睢杞太回师鹿邑）改用油光纸。自1939年新年特大号的八张十六版，直到二十八号（时在永城书案店）改用新闻纸，开始了它的第二阶段。”《拂晓报》开辟有“功劳簿”、“行军生活”、“小谜语”等栏目，它以张贴和散发为发行渠道，后来逐渐有了对外性质，如《鸣谢启事》、《西华楚县长会见记》等，随着报纸的发展，读者对象从开始仅有100多人的游击支队队员，范围越来越广，战士、学生、一般绅士、友军将士和友区政府工作人员等成为她的热心读者。《拂晓报》从1938年9月创刊到1945年抗日战争胜利，在第一阶段以周口一带为中心，秘密发行，后来散发全国，成为全国人民抗日宣传的重要舆论阵地，毛泽东一次在给新四军军部的复信中说："《拂晓报》看了几期，报纸办得好。祝同志们继续努力，作出更好的成绩。"

1946年12月，国民党沈丘县党部创办《颍滨日报》，次年停办。

周口地区的图书发行始于清末。近代，周口一带随着新思想的传播，书坊、书社、书店应运而生，各县城和周口镇相继开办了私营书店，为民众读书提供了方便；中共地方党组织为从事地下活动，传播革命思想，也以开办书店作为联络点。近代，周口地区有据可考的书店有25家。

光绪二十四年（1898年），刘大升在鹿邑县城尚贤街路北利用3间门面房开设刘大升书店，主要经营经史子集和西方书籍，兼营文房四宝，1929年停业，历时32年，是周口地区开业最早、经营时间最长的一家私营书店。1928年夏，潢川县人、中共党员江梦霞（化名江松樵）到鹿邑从事地下革命工作，在鹿邑县教育局长王云圃的资助下，与王鹤亭、王子久合资开办民智书社，江梦霞任经理，地址初设于中山西街路北，后迁至中山中街路南（今中共鹿邑县委对门稍东），从上海印书馆进货，在各种文艺书籍中杂以《共产党宣言》、《彷徨》、《呐喊》、《新青年》、《宇宙论》等进步书刊出售，春秋两季供应鹿邑全县学校教科书，1930年江梦霞离开书社，由周利斋代为经营，1938年因战乱停办。1935年，鹿邑县第一小学六年级学生刘汝海发动同班同学投资合办崇文书店，兼营文具，有门面房3间，地址在中山中街（今新华街）路北，由张钟麟、张金鼎经营，多从上海进货，其中不乏进步书籍，1938年停办。1938年至1945年8月，鹿邑县城处于日伪统治之下，县城只有3个小书摊，出售一些经日军检查过的书籍；抗日战争胜利后，青年书店从石槽集迁回鹿邑县城，设于中山中街（今新华二街）路南（地址在今鹿邑县城关派出所），与其对门处设有文化书店，兼营文具和印刷品，均为私人合股，二书店分别于1945年、1955年停业。1949年7月1日，鹿邑县人民政府拨款280万元、粮食7000斤，指派毛广民在大隅首西路南建立新华书店，有房屋13间，门面房2间，职工4人，月营业额350万元。

清光绪三十四年（1908年），段正则在淮宁县自由街开办正谊堂书坊，经营草版书籍及文房四宝。1919年，朱超群在淮阳县新华大街路西（今新华二街）开办群益书社；王某在淮阳县新华大街路东开办文化书店；刘正理、王聚文、刘天聚等笔店均兼营书籍。1934年3月，淮阳县进步青年韩纪文、薛朴若发起成立豫东书报杂志社，又名生活书店，社址在淮阳城内北门里，经营书报杂志及进步书刊，以进步书报杂志激励青年爱国热忱，1938年因淮阳县城沦陷而停办。1949 年 8 月，淮阳专署在原群益书店址成立新华书店。

民国年间，李冠一在周口镇剪股街开办书店，兼营文具。同时，商水县各地平时有挑担串馆（学校）的流动商贩销售毛笔、墨锭，附带经销《四书五经》、《百家姓》、《千字文》、《唐诗宋词》、《古文观止》，以及仿影、碑帖、唱本、年历等杂书。每逢古刹大会则摆摊出售，春节将近则做年画生意，从朱仙镇或杨柳青购进大批年画，挨家送去若干对，节后方讨钱，俗称“散门神”。

1927 年，西华县城北小郑庄人郑性之在县城创办建国书店，经营图书、学生课本、文具，兼营石印业务，图书多由中华书局、世界书局和商务印书馆供应。1930 年，西华县城关人刘仲珍在县城开办俊华书店，经营范围与建国书店相同。1932 年，西华县城关人孙资捷在城内北小十字街南路西开办“小小商店”，后改为“文化服务社”，经营图书、学生课本、作业本及文具等业务。这 3 家书店规模不大，都只有门面房 3 间，图书不到千册，日营业额甚微，不久均自行停业。

1937 年 7 月，中共西华县委为便于开展秘密活动，指令第三区委宣传委员李钦贤在逍遥镇东街路北建立书店，有门面房 3 间，以经营图书、笔墨纸张作掩护，开展地下革命活动，是中共党员地下活动的秘密联络点，后因形势变化于 1940 年 7 月撤销。1943 年，西华县张明乡（今属商水）人王彩云在逍遥镇东街开办书店，1947 年逍遥镇第一次解放时停办。

1937 年，中共扶沟县委副书记路继祥在县城以尊生寿药店为名，创办地下书店，从陕北革命根据地进书。1948 年，扶沟有谦益祥和萃文 2 家书店，以经营课本为主。1948 年扶沟解放后，人民政府委托杜庭芳开办鲁苏豫皖边区新华书店扶沟县店，1949 年 6 月 13 日扶沟县人民政府接收该店，并更名为新华书店河南省扶沟县支店，配备工作人员 2 人，投资 200 万元（旧币），利用两间半旧房，因陋就简进行营业，以发行毛泽东肖像和经营课本为主，经营少量图书。

1911 年，华轩书店在沈丘县城（今老城）北大街路西（今税务所处）建立，有房屋 2 间，经营四书五经及文艺书籍，代销文具。1928 年，刘庄店人严慎斋在沈丘县城（今老城）南大街路西平舆书院北侧开办齐新书店，有门面房 3 间，由开封供应书籍和文具，后迁至路东对门，1932 年与王耀武合办，改名为慎武书局，1933 年秋严慎斋脱离书局，王耀武在南大街路西继续经营，改名为右文书社，主要从周口、项城进货，1937 年停办，余书全部盖上王耀武印章捐献给沈丘县教育科。1943 年，李化南在沈丘县城（今老城）南大街路东建立新书报社，有门面房2间，经营课本、文艺书籍，从上海东方书局、世界书局等单位按7折批发，通过邮局寄发供书，沈丘解放时停办。1949年5月，沈丘县人民政府财粮科预支4000斤小麦，在沈丘县城（今老城）西大街路南开办新华书店，兼营文具，营业员1人，不久迁北大街路西，后又迁西大街路北。

1949年7月，新华书店中南总分店淮阳支店太康分销处在太康县城南大街北段路西成立，这是国营书店太康新华书店的前身。

民国时期，图书报刊发行量很小，多为私人代理经营。1926年，鹿邑县西关姚家杂货铺设“上海申报馆派鹿代销处”，代理发行上海《申报》、《上海新闻报》和《河南报》等报纸，订户为机关、学校和私人商号，月订量30余份，因发行量小，不久停业。1930年，鹿邑县城内陈家设“上海申报社鹿邑发行处”，办理报纸发行业务，发行上海《申报》、天津《益世报》、《大公报》、《河南报》，月发行量170余份，1937年停止发行，后报刊由报贩零星出售。

1938年后，《中央日报》、《大公报》、《中国时报》、《颍川日报》、《界首日报》、《中学生》、《新儿童》等报刊在沈丘县机关、学校中订阅，并逐步扩大到一些商号和地主家庭。

1935年，周口一带各县国民党县党部均设1名专职收音员，每天晚上录抄广播新闻，张贴在党部大门口，供民众阅览。

报刊的兴办和图书发行，促进了印刷业的发展。1928年，石印技术传入周口一带，沈丘、太康、鹿邑、淮阳、扶沟、项城、周家口相继开办石印馆，共68户，340多人。1936年，有私人石印馆25家，从业人员80人，资金32万元。1949年，有石印馆20家，40余人，共有资金12万元。建国前夕，周口一带的印刷业为手工石印，各县均有私营印刷业，承印学生作业本、账簿、信笺、发票等。

民国年间，商水县教育局局长徐体润在县城东街路南开办石印馆，兼营少量书籍。

建国前，周口造纸业主要是手工制造麻纸和刷纸，1936年从事麻纸生产和刷纸的个体户有28家，115人，资金27万元。麻纸生产工艺比较原始，以麦秸为原料发酵成纸浆，然后用竹帘子捞出成为湿纸料，以人工贴在墙上晒干即成，主要是包装用纸；刷纸业是从外地购进白纸，刷成红、黄、绿等有色纸。1949年，周口从事麻纸生产和刷纸的个体户有56家，从业者142人，资金24万元，主要分布在周口北寨作坊街、顺河街一带。时周口有多家生产学生作业本、毛笔和墨锭的个体手工户，主要分布在作坊街、山货街一带。

建国前，西华县印刷业有木刻印刷、石印，产品多为学生作业本、信封、信笺、糕点盒、食品封签、广告及机关文件，多为私人作坊手工操作。

民国时期，扶沟县印刷业仅有石印，间有用木板印刷学生作业本、信笺等。1936 年，扶沟县杜尚文开办文衡印刷所，有职工 10 余人，16 开圆盘机 1 部，4 开平台印刷机 1 部，聘请上海技师，印刷进步书籍。1948 年，扶沟有私营石印馆 1 个，拥有草房 5 间，石印机 3 台，折款 800 元，有职工 7 人。1949 年，新民石印馆建立。

民国时期，太康县城先后办起“和丰”、“德兴”“民生”等 3 家石印馆，各有石印机 1 台，从业人员共 8 人。1945 年，太康民众教育馆购置油印机 1 台，印刷宣传资料。

1924 年，鹿邑县城始有石印馆。后私营石印馆发展到 3 家，各有石印机 1 部，计师徒 10 人。建国前，鹿邑县农村集镇或农村有私人经营的造纸作坊，以麦秸为原料生产粗纸、“火纸”。

1928 年，沈丘县城（今老城）办起石印馆，印刷已由机器代替，人工操作，为沈丘近代工业之始。后发展到七八家，从业者百余人，有石印机 20 部，分布在县城及槐店等集镇。1945 年 12 月，国民党沈丘县党部在皂庙镇办《颍滨日报》社，购置铅印机，为沈丘铅字印刷之始；解放后，沈丘县城（今老城）及槐店等集镇组建了石印社或工艺厂。

建国前，项城县有私营石印馆 5 家，全部手工操作，承揽零星单色小件印刷业务，设备简陋，工艺简单，印刷质量不佳。

2. 档案管理

档案工作，由文书工作发展而来，历朝历代皆有，从事这项工作的人春秋时叫守藏史，汉代称主簿，明代始称吏目，民国始称秘书，至今仍称秘书或文书。

明初，档案工作由县衙主簿管理，宣德始（1426 年）改由典史掌管，一直沿袭至清末。明隆庆年间（1567 年），项城知县魏勋在原 3 间架阁库基础上增建库楼 1 座，所存档案多为丁口、田赋、契约、教育等，还有不少珍贵舆图，总计县书册 10305 卷，清康熙二十九年（1609 年）增存县书册 94 卷。

民国时期，档案工作无专门机构，各县政府秘书室设专人主管文书方面的案卷；国民党县党部及警察局管理有关机密档案，由于战乱、黄水泛滥等原因，档案资料绝多散佚不见。民国末期，国民党项城县党部有档案室 1 间，卷宗架 1 个，保管的档案多是该县各乡镇部分季度工作报告、上级来文、全县国民党组织发展统计表册等。

1947 年 8 月 21 日，刘伯承、邓小平率第二野战军前部进入项城，国民党项城县政府将党部机密卷宗和普通卷宗转移埋藏到商水县王营子村。1948 年春，项城县民主政府找到原国民党项城县党部录士袁家亮，由其作向导，县公安局派 2 人一同前往案卷藏地起出了转移的全部档案。同年底，项城县、区民主政府着手接收和核对国民党乡、保组织的“丁口”档案，收缴社会上散存的文件材料、表册账簿；同时，利用统战关系，了解各种知情线索，并根据旧有档案材料和互证的口碑材料，按组织、分系统整理，建立政府档案 154 份和卡片 10 份。

1949 年 1 月开始，各县市、区、乡机关办公制度日趋正规，各项工作事前有请示，事后有报告，并专设机构和人员具体负责公文的拟写、分发、登记，虽然当时尚未建立较为系统的整理方法，但已经形成档案，并注意收集保管。

3. 电影的出现

电影是一种比较年轻的综合艺术形式，1895 年首先出现于法国巴黎，1896 年传入中国上海。民国时期，周口一带无专门的电影放映、管理机构，电影在周口一带只是零星放映，民众对电影多有所闻，观看者居少。

1927 年，河南省第七区督察专员公署在淮阳县城隍庙广场（今淮阳师范操场）放映黑白无声电影《冯玉祥在百泉》，是周口地区首次放映电影。1934 年，周家口沙河猪市街路西简易戏院放映无声电影《关东大侠》、《雌雄剑》和《火烧红莲寺》等，但其放映者和影片来源已无考；同年，国民党河南省教育厅社会教育推广部组织巡回电影队到西华、商水、项城等县放映《苦学生》、《孤儿救祖记》和纪录片《上海市民抗日运动大会》、《同胞苏醒》等影片及部分科教片。1935 年，有一外地人到西华县放映电影，观众竞相购票以先睹为快。1936 年，开封电影队到扶沟放映过 1 次无声黑白武侠电影，为扶沟县放映电影之始。1937 年春，有开封一私人放映者到太康康乐戏院，利用日光放映 1 次无声电影，每片放映 20 分钟，仅供数十人观看。1938 年，睢县人王宪光在康乐戏院放映过 1 次无声电影，影片中有黎元洪吃香蕉和洋人大笑的镜头，放映时间有一两个小时，放映时由振太中学校长王子振进行影片解说，放映设备为手摇式放映机，汽灯光源，光线暗淡，效果不佳，由于电影为罕见之物，观众络绎不绝，视为奇观；1938 年，日军在鹿邑、淮阳放映《近卫首相接见□□和尚》和《小放牛》等影片，进行奴化宣传，观者无几。1939 年，外地片商到西华县放映外国无声电影片。1940 年，鹿邑县冯桥天主教堂赵神甫从意大利带来电影机和电影片，使用手摇电机，为天主教徒和当地群众放映过无声电影，宣传上帝和《圣经》，还在冯桥村附近拍摄民众编织草帽辫和喂牛等农业生产镜头进行放映，群众观之称奇。1943 年，日军在太康放映过 1 次纪录片。抗日战争期间，国民党陆军总部放映 4 队在项城县城放映过无声电影《台儿庄大会战》；国民党驻军在沈丘县城（今老城）和槐店放映过无声电影。

六、医药卫生

1. 中医

从伏羲氏“制九针”开始到清末，数千年间官民医病皆靠中医。中医多为子继父业，世代从医，开门授徒者寥寥无几。近代，中医医疗事业发展较快，中药堂铺遍布城乡，医治范围逐步扩大，医疗水平有较大提高，杏林名人辈出。

清末，周口地区中药店堂从业人员有 750 余人，仅周家口就有中药堂 62 家，从业人员 200 余人；淮宁县城有中药店堂 43 家。周口地区中药材除自产外，主要从河南禹州、安徽亳州等药材集散地购进，在当地市场销售，经营方式以私营为主，多为零售。光绪三十年（1904 年），淮宁县中药材经销 12.5 万公斤。民国二十二年《淮阳县志》载地产中药材 88 种，其中 48 种入《神农本草经》。较大药行，资金较雄厚，雇用店员，以批发为主，兼营零售；次等药店请名医坐堂，专司零售；小本药商，推药车，串药铺，专售紧俏药材。

民国时期，西医传入，中医仍占主导地位，由各县民政科兼管，中医行医方式有开铺、坐堂、走乡、赶会、半农半医，中医药铺多分布于各县城和集镇，均为私人开设，广大农村缺医少药。1935 年，周口地区有中医 533 人，中药店 461 个。建国前，周口地区行医者仍多为自行开业，经正规培训者甚少，主要为跟师学徒或家传，药铺亦仍为私人开设。当时公、私立医院规模较小，配医务人员一般在 20 名以下。各县均有中医药堂（店）炮制出售中成药，经营较为兴隆，品种有丸、散、膏、丹 4 大类 20 余种，均由私商手工操作，制成销售，生产水平低，外观粗糙，质量较差。

民国五年《淮阳县志》收录的淮阳名医有 70 余人。丁朝栋施医 50 载，名扬乡里，众人赠匾额百方；刘德成 6 世业医，广集方书，著《妇科指南》

及《眼科辨解》，活人无数，其子刘书珍时称神技，每医险症多奇效；王来同著《医门简要》；傅苍振著《七十二病论》；孙鹤鸣著《脉经精益》；郑嘉祥著《郑氏妇科》；张乃来著《瘟疫条辨》；黄清堪著《四言秘诀》等；民国时期，邵应武、李守义、宋仰之、樊启元时称淮阳“四大名医”；罗品山著《罗氏秘集》、《妇科摘要》；孙宪曾著《四珍备要》，皆被珍传；淮阳袁占春的祖传喉科，尤其擅长治疗“血喉”；方增华擅长小儿科，闻名城乡；新站祝家骨科亦颇具声名。

1940年，淮阳县有中医200余人。1942年，为抗议民国政府颁布扼杀中医中药的法令，淮阳县中医界成立了“淮阳县中医师公会”，有会员20人。1947年，淮阳县开铺中医241家、坐堂开方23家、摆摊看病18家，在家行医98家，走村串户开方27人，仅淮阳城关就有中医铺（堂）25家。1948年，淮阳县有中医药铺219家，行医者402家，并设有公、私立医院数家。

毕同中，字协和，商水县黄寨镇毕营村人，晚清秀才，医儒兼修，德行乡里，仁术济世，名著项城、商水、淮阳3县。他擅长中医内科，善治热病急症，对医治妇、儿科杂症也有独到之处，在治疗脾虚泄泻、红白痢疾、胃病、虚热自汗等症，常以药到病除而为乡邻患者称誉。他以冰糖灌蜜藕，黄芪、甘草汤治疗小儿咳嗽；山药、玉米粥、山西陈醋煮鸡蛋治疗脾虚久泄；灶心土、陈皮加生姜汤治疗胃寒呕吐。他治疗久病的单方验方至今流传民间。

晚清时期商水县的王广运医德高尚，当地柴氏夫妇家境困苦，对独生女非常钟爱，柴氏女患了急症，请王广运诊治，王广运诊视后说：“此症九死一生，度尔家贫，无力服药，即服药，亦恐罔济耳。”柴氏夫妇痛哭流涕，跪地恳求施治，王广运就自费买来良药为柴氏女治病。由于柴氏女患病危重，王广运每天两次到柴家，根据病情变化随时调整处方，为柴氏女医治两月，花去药费50金之多，终于治愈柴氏女。柴氏夫妇万分欣喜，无力回报，十分感念王广运的恩德，就让女儿拜其为父，此事称誉商水城乡。

1943年，商水县考取中医师由民国政府发证的有牛辛壬、苗尔波等21人，他们都有较高的医术，能治疗一些疑难杂症；商水县还有其他医生300余人在各乡镇出诊兼售药；邬沟张村杨氏骨科、王寨冉氏喉科较有名；城东关徐万春的药酒、练集乡李家的药梅子、王沟桥的“药鱼”，都是祖传秘方配制，疗效显著，驰名县内外。

瑞竹堂11世刘鸿川，字浚宸，生于1916年，7岁时读私塾及家传药书，1933年到开封学医，4年后随父行医，1939年主理周口瑞竹堂。他具儒医风度，深得祖传奥诀，擅长儿科，又通西医，对家传朱砂万亿丸的配制精益求精，且有新突破，使该药毒性大为降低。此药从 7 世祖研制成功沿用至建国后，疗效显著。他还在瑞竹堂增设妇科及针灸，更广泛地救治病人。

1920 年，李明清在周口开设生产驴皮药胶的作坊，手工操作，规模较小。

清末，西华县有中药铺 4 家，17 人。光绪三年（1877 年），戴成铎在城关东桥开设阳生堂，人员 4 名。光绪十一年（1885 年），史寿山在逍遥西街开设“雷义和”，人员 7 名。光绪三十一年（1905 年），卫润田在逍遥西街开设“龙义和”，人员 4 名；光绪三十三年（1907 年），王学志在李方口集开设复盛堂，人员 2 名。民国时期，西华县新开设中医药铺 9 家，其中 8 家在县城，只有 1 家在东夏亭镇，计有人员 27 名。1938 年至 1947 年，西华县由于战乱和黄水泛滥，原清末、民国年间开设的 13 家中医药铺倒闭 7 家。在 9 年黄水泛滥期间，除逍遥的西华县立卫生院、县城的私营三民医院外，其余多系私人药店，医生少，医疗条件差，药价昂贵。1947 年，黄河花园口决口堵复，部分民间医生陆续归来集中于城镇设立诊所，药价偏高，不少人因看不起病而死亡。1948 年 6 月，西华县人民政府设医务室。

建国前，扶沟县有中药店铺 126 家。

近代，太康县城乡只有少量个体中医，多系世代相传，各具专长，高贤乡小郭村刘家的四代痘疹科，马头乡刘城村的刘家喉科，王集乡黄岗村李家的三代妇科，皆享盛名。1948 年，太康县城有中药铺 20 余家。

清道光年间，鹿邑县西南郸城集北（今属郸城县）寺僧木端通岐黄，授徒觉园，觉园授徒昌悟，昌悟于佛门内外广收弟子，3 年出师，行医于县西南各地。当时鹿邑县有中医 70 余人。光绪年间，鹿邑县知名中医有赵鉴堂、刘晓等。清末、民国时期，鹿邑知名中医有郑天吉、杨怀瑾、何化龙、牛平阳、阎怀良、宋汝尧、董琛等 10 余人，这些中医多为专开处方，每年秋后药店按处方付给其报酬。1948 年，鹿邑县有中医 102 人，各有专长，任集的精神病科、杨湖口及木店的骨科、城郊及赵村的喉科、辛集及玄武的妇科较为知名。

清末，项城县有中医 73 名，中药铺 40 家。道光年间，项城有名医龙子章、夏五云、马国祯等，龙子章著有《蠢子医》。民国时期，项城县有中医 234 名，药店 141 家。胡泸川擅长内科，辨证准确，著有《家藏珍珠囊》；胡凤阁三世喉科，名噪乡里；赵筠备苦习医理，善于针灸，行医淮阳、商水、沈丘、上蔡、汝南一带，就医者络绎不绝；张开国专于痘疹，业医三世，独有擅长；高寺乡的张万福精通医学之道，著有《奇症临床诊断录》、《验方集锦》等书；丁金荣擅治小儿、妇科疾病，在灵活运用“虎珀散”、“五虎追风散”方面有独到之处。

中药炮制考究，从采摘、去杂、筛选、分档、炮制、储存皆有严整的操作规程，且因药而异。旧时，原为医生亲手操作，后为郎中（药工兼营业）代替，药铺学徒先学炮制，每个药铺均有简易炮制工具，如切刀、药碾、炮药锅、药缸等。

2. **西医**

清末，西医传入周口一带，到民国年间有所发展，只能治疗常见病，以及做简单外科处理。西药多从外地邮购，平民少有问津。

清光绪三十四年（1908 年），文凤岗在淮宁县当铺街开办歆生医院，为该县西医之始。1925 年，淮阳县政府（在今盐业仓库地址）创办平民医院，有房屋 4 间，医务人员 6 名，其中西医、护理各 2 名。1927 年迁前尚武街，改称淮阳县立医院，有医护人员 13 名，设病房 5 间，简易病床 20 张。同年，何继山、何云山在淮阳县城创办广仁医院，置门诊房 3 间，治疗一般内科病症和外伤。1933 年，淮阳县第一个西医师尹腾霄开办半济医院，院址在城内中山大街，设备齐全，置门诊室、治疗室、药房、简易病床等，有医务人员 10 余名。1941 年，日伪淮阳县政府以火神庙作院址建立“淮阳县立医院”，设备简陋，配西医 2 人，司药、护士各 1 人。1945 年日军投降后，伪淮阳县立医院由国民党淮阳县政府接管，并迁西清廉街路南。1946 年，河南省政府派中校军医主任邵长庚接任淮阳县立医院院长，医院服务对象多为公务人员，设有病房，只允许军队伤员住院治疗。1947 年，河南省第七区专署医院（原界首红德医院）迁至淮阳，与淮阳县立医院合并为淮阳县卫生院，院址迁西关大王庙（今税务局址），有医务人员 14 名。1949 年 9 月，淮阳专署将专区所属卫生科、卫生所、卫校合并为专区公立医院，有医务人员 30 余名。

1920 年，国民党军 24 师过境鹿邑，军医范允博留在鹿邑县城于博爱街（县府东街）路西开设“河北医院”，为鹿邑县西医之始。1928 年，鹿邑县孙丕焕在县城大隅首北路西开设“济生医院”，1932 年停办。1928 年，国民党鹿邑县政府创办平民医院，有房屋 11 间，医务人员 7 名，后增至 11 名，为鹿邑县第一所公办西医院。1938 年底，鹿邑县城沦陷，平民医院停业。1938 年，新四军六支队与国民党鹿邑县政府联合在汲水集（今属郸城县）设后方医院（又称鹿邑县医院），经费由县长魏凤楼提供，院长林士笑，有房屋 21 间，医务人员 32 名，每天接收新四军伤员、鹿邑县保安大队伤员二三十人。1939 年，国民党鹿邑县政府在石槽集建“鹿邑卫生医院”，1945 年抗日战争胜利后迁回鹿邑县城，1948 年停业。1948 年，鹿邑县民主政府设医疗室，有医务人员 4 名，专门负责干部保健工作，经费由县财政拨付。

光绪三十四年（1908 年），鹿邑县设戒烟局，禁止种植罂粟和吸食贩卖鸦片，这是鹿邑县麻醉药品管理之始。民国年间，鹿邑虽屡次查禁，罂粟种植和吸食贩卖者有增无减。1920 年，鹿邑县始有西医诊所使用西药治疗疾患，品种有片剂、酊剂 10 余种。1937 年，鹿邑县较大集镇出售唐拾义、阿司匹林等西药。

建国前夕，鹿邑县有医药卫生人员 139 人，私人药店 26 个，公办医院 1 处。

光绪三十年（1904 年），田福郎在水寨开设西医医院——启明医院，开始使用西药，药品多为粉剂，品种有 10 余种，主要从上海中美大药店邮寄。1922 年，陈仁辅在项城县城（今秣陵镇）行医。1929 年，项城县政府设民政科兼管卫生工作。1936 年，项城县建立卫生院，陈仁辅任院长，有人员 4 名，草房 6 间，设备简陋，以戒除鸦片烟为主，很少给群众治病。1937 年，卫生院设医生、看护士、司药、助产士、司书、卫生员，人员增加到 13 人，病房 5 间，病床 8 张，内科治疗一般常见疾病；外科可取肌体内子弹头，切开脓肿引流排脓，简单外伤缝合及做痔瘘等小手术。1939 年，项城县政府成立卫生筹备处。民国时期，项城县有西医 16 人。

1912 年，杞县人何寄山在周口南寨后张营创办博爱医院，这是西医传入商水之始。1929 年，邓城人林叶如在周口沙北磨盘街开设博济医院。1930 年，国民党商水县政府在城关魁星楼东侧文昌宫建立商水县立医院，设院长 1 人，学徒 2 人。同时，商水县城、邓城、巴村等地先后有王林清、王瑞五等人开设私立小医院，当时一些私立小医院西药药价昂贵，1 管治疟疾的“唐拾义”索价合 12 斤小麦；包治 1 例黑热病人索价合 1 石小麦（400 市斤）。1940 年，每支 40 万单位青霉素 8 元（银元）。商水县西药的使用是随着 1912 年周口博爱医院的建立开始的，到 1921 年，商水县有西药店 3 家，经营有五六十个品种，主要有盘尼西林（青霉素）、磺胺类片剂、“六〇六”针剂、奎宁丸、氯化钙、阿司匹林、唐拾义、何济公、疳积丸、止痛散和一些外用药膏、眼药水等。1937 年，商水县城西邓城、汤庄、巴村等地疟疾大流行，邓城私立“三民医院”卖印度产“金鸡纳霜丸”，1 银元仅买 6 丸。

1948 年，商水县民主政府成立后，卫生工作由民政科兼管。

1925 年，西华县红花集乡郑庄人郑性之在周口博爱医院向何寄山学习西医，回县后在城内中大街张宅开办民生医院，后迁至南街胡宅，有人员 3 名，这是西华县首家西医院。1928 年，西华县公安局设卫生专员。1931 年，李粹如在西华城隍庙东街开办三民医院，人员 4 名。同年，西华县公安局附设平民医院。之后在西华城内和南关又相继开办中益堂西药店、大同诊所、恩慈医院、仁爱诊所、谦文诊所等5家医院或诊所，行医兼售西药，经营药品300多种。1933年，西华县创立官办医院，仍名为平民医院，1934年改名为西华县医院，1935年停办。1940年，西华县设卫生院，1944年日军侵占西华时停办。1945年，西华县治迁逍遥，10月在逍遥重建县卫生院，1948年逍遥解放时停办。建国前，西华县各医院仅有西医10人左右，西医内科不仅人才少，医疗水平低，还缺乏药物器械，诊断器材仅有体温表、听诊器；西医外科仅能处理一般小伤小病。

1949年，西华县卫生工作由民政科兼管。

1918年，王右文在扶沟县城创办爱华医院，能医治结核、哮喘、肠道感染、吞金服毒、妇科难产等疾病和进行阑尾切除小手术。爱华医院的开设，使西医、西药开始传入扶沟。1935年，西医还有两家医院。1948年扶沟解放前夕，全县城乡只有官办医院1处（病床3张）和联合国救济总署河南分署在练寺金大寺开设的医院1处，私人开业行医者有27家（分散各地的中医术未统计在内）。

1922年，刘荣庭在太康县城首开西医诊所，后改为荣春医院，当时器械药品奇缺，仅能治疗内、外科一般疾病；继之，西医郑敏堂开办眼科诊所。1932年，国民党太康县政府在城内西大街郭公祠开设平民医院，有医护人员6名，勤杂人员10名。1938年日军进犯太康，平民医院迁至大新集（今属扶沟），1945年迁回县城，1947年停办。1948年，太康县城开办有西医诊所9处，城乡共有中西医405人。

1938年至1939年，中共领导下的水东医疗队对水东地区群众实行免费医疗。1939年，中共睢杞太中心县委（后改为豫东特委）派地下工作者王延庆在河坡村设立诊所，后发展为后方医院（随军医院），王可军任院长。1945年改为军分区卫生处。在抗日战争和解放战争期间，主要为军队伤病员服务，并帮助当地群众接种牛痘，服药防治天花、疟疾、蛔虫等。

民国时期，西医传入鹿邑县，医疗队伍有所发展，1947年鹿邑县有医生139人。

民国年间，各县无妇幼保健机构，广大妇女儿童疾病得不到及时治疗，孕妇没有保健项目和措施，产妇分娩均为接生婆接生，技术低劣，卫生条件极差，常造成感染和大出血，产妇和婴儿不能得到有效护理和治疗，产妇与新生婴儿死亡率较高。1935年，周口地区有接生婆663人。1946年，淮阳县有接生婆156人，接生婴儿15638人，患脐带破伤风死亡2073人，死亡率13%。

1935年，周口地区有私人医院33个，西药房9个；有西医59人，看护士39人，助产士6人，药剂师41人。

光绪三十四年（1908年），淮宁县人文凤岗始用西药。至1935年，西药传入各县，初期经营品种少，药价昂贵，经营额不大，1937年前仅经营10余种；1937年，进口量增加，少量国产西药进入市场，1949年经营品种增加到120余种；经营者多为退伍军医、传教士和官办医院，间有小药商办的西药房。西药传入初期，药源大部依靠进口，价格昂贵，一般百姓无力购买西药，1支治疗性病和黑热病的“六〇六”（即新胂凡纳明）及新斯锑波霜，价格高达10元（银元）；1支20万单位的盘尼西林价格4元（银元）。由于西药疗效快，逐步推广应用。抗日战争前夕，西药发展已初具规模，西华县就有西医诊所、药房200余家，经营品种300多个。

20世纪20年代，少数私营药房将化学试剂从属于药用原料经营，均为进口品。30年代后期开始经营国产盐酸、硝酸、硫酸、无水乙醇等常用试剂；西医主要医疗器械有听诊器、体温表、血压计、注射器等，私营药房经营的医疗器械仅有常用的刀、剪、钳、镊等简单手术器械，以及量杯、量筒、烧杯、烧瓶等简单玻璃仪器，经营额小。

3. **疾病**

解放前，历代统治阶级漠视百姓疾苦，加之贫困、灾荒、战乱及医疗卫生条件低下，周口一带流行病时常发生，尤以霍乱、伤寒、天花、麻疹等疾病为甚，官方一无防疫机构，二无防治措施，坐视疫疠蔓延，又由于缺医少药，死亡率居高不下。

1919年11月，河南省50余县霍乱大流行，淮阳、西华、扶沟、太康、沈丘、商水、鹿邑等县即在其中。淮阳县发病4100人，死亡460人；西华县发病272人，死亡90人；扶沟县从11月12日霍乱暴发，流行51天，发病9568人，死亡3164人，死亡率32.9%；太康县发病395人，死亡198人；商水、沈丘两县发病都在千人以上，发病持续时间四五天，有的县每天死亡100多人。

1918年至1947年，淮阳县传染病大流行11次，其中霍乱5次、天花3次，死者无计。1918年冬，淮阳城西南许湾一带暴发流行性感冒；1932年秋，疟疾流行，死亡甚多。1934年，淮阳城西郑集一带霍乱流行，仅郑集村800余人就患病74人，死亡46人，死亡率62.2%；1935年，淮阳县白喉流行，发病76例，死亡5例。1941年夏，淮阳县霍乱流行，以城北为甚，临蔡北杨村300余人患病近百人，死亡30余人；临蔡西邵集死亡50多人。同年，淮阳县城东北黄路口村100多人，病死30人。1943年，天花波及淮阳全县。同年，淮阳县城东葛店一带霍乱流行，死亡400余人，其中葛店集死亡17人。1944年，天花在齐老、刘振屯一带流行。1946年，淮阳霍乱流行，遍及全县，鞍子岭周围近百个自然村皆有发病，其中圪针园村400多人，病死80多人，死绝3户；杜寨村900多人，死亡100余人，该村一个大家族50余口，病死40余口。1947年，刘振屯附近天花流行。

民国时期，太康县发生5次霍乱大流行。1930年，太康县常营集霍乱暴发，1500余名居民发病1000多人，死亡300余人。1942年，太康疟疾大流行，黄肿病普遍发生。翌年，又流行多种疾病，太康县40多万人发病24万人，死亡甚多。

清光绪三年（1877年）、光绪十六年（1890年），鹿邑县发生瘟疫2次，死亡甚众。民国时期，鹿邑县于1919年、1927年、1939年、1941年、1946年5次疫疠流行，民众多求医于巫婆神汉，死者甚众。特别是1941年，鹿邑县有些村庄霍乱大作，棺材售罄，木匠夜不能寐，死者七八人不得一棺。

1942年，扶沟县伤寒大流行。

七、体　育

体育活动古已有之，传统体育项目有气功、射箭、武术、象棋等。清末之前，体育事业处于自发状态，只有一些民间传统体育活动。直到清末，近代体育渐兴。民国时期，根据“德智体善技”的五育方针，学校始设体育课程，名曰“副科”，不作为学生升留级考核科目，没有统一教材，不受师生重视。群众性的体育活动尚未开展，民间体育仍仅限于武术。

体育课始于清末。当时小学堂在酷暑夏季常举行游泳活动。光绪二年（1876年），陈州府中学堂始设体操课。

民国时期，中小学校均设体育课，每周两节，中学（师范）多以体操、球类为主，小学部有柔软操、队形变换、叠罗汉等。1928年，增设军操和国术。军操以步兵操典训练，国术有小洪拳、小八式等套路。抗日战争爆发后，中学实行军事训练，小学照搬西方军国主义教育内容改为童子军训。抗日战争胜利后，学校恢复体育课，内容有所变化，中学有体操、篮球、排球、足球、网球、单杠、双杠、吊环、拔杆等；小学多是跳绳、跳高、跳远、跳圈、滚铁环、拔河等。每年“四四”儿童节和“双十”国庆节，各县城常举行童子军检阅和团体操表演，内容有叠罗汉及童子军棒、绳实地演习等。其他各校举行小型运动会，比赛项目有穿衣、脱衣接力赛跑、跳高、跳绳、赛跑、推铁环等。1946 年至 1947 年，小学体育多做游戏，部分乡村小学停设。

民国时期，淮阳县中小学体育课以足球运动最为活跃。省立淮阳中学、省立淮阳师范、七区联师、淮师附小、淮阳县立一小均辟有足球场。校建校队，班建班队，校际之间时常举行比赛。其他学校因师资、设备缺乏，体育运动时断时续。小学体育课以游戏为主，或习体操。由于师资不足，设备简陋，各项活动开展得不够普遍。1931 年春，省立淮阳中学组队参加河南省各界联合运动会，获省立中学足球比赛冠军。1932 年，淮阳县足球运动员李海龙参加了第 16 届华北运动会。1933 年，淮阳城隍庙旧址被改建为公共体育场，河南省第七区督察专员公署在此举行了全区运动会；省立淮阳中学、省立淮阳师范设足球场、篮球场、排球场、网球场、田径运动场等，场地设施简陋；农村学校均无专用操场，体育课多借用群众场地。省立淮阳中学、淮阳师范及附属小学配有篮球架、排球架、单双杠、标枪、铁饼、木马、滑梯等，其他学校体育器材数量较少。1934 年，查树元、徐乃勤参加河南省运动会，查树元获 400 米第一名。1935 年，七区专署和淮阳县在太昊陵联合举行武术比赛，淮阳县成立国术研究会，中等学校配国术教师，武场遍及城乡。该县武术套路甚多，有大洪拳、小洪拳、八卦拳、梅花拳、太极拳、少林拳、六合拳、形意拳、大成拳、昆仑拳、通臂拳、鹰爪拳、盘手炮拳、六盘杂式花拳、仙人拳、罗汉拳、西洋拳、圣母拳、翻子拳、老劲拳、查拳、南拳、醉拳、蛇拳、猴拳、戳脚等。1936 年，淮阳县武术界邵克敏、王月素、贾天录、段振山等 36 人参加了在开封国术馆举行的全省国术比赛，获纪念奖。1943 年，淮阳县在水寨镇举行了首届中小学田径运动会。是年，伪淮阳县政府在城内公共体育场也举行了田径运动会。

1931 年前后，国民党商水县党部设国术馆，延请武师传授武术，商水县城关及附近村庄经常有数十名青年在该县党部院内学习武术，周口拳师王春和在商水传艺多年。嗣后，河北沧州拳师郭景山和大名府何伯象、刘石庵等人都曾在商水城关设场传艺多年。1935 年，商水县人阎廷璧代表第七专区参加在省城开封举办的华北运动会，获得标枪第一名。1936 年，在汝南六中上学的商水县人赵中元参加河南第八行政公署及驻潢川、信阳军队在汝南联合举办的运动会，获 1 万米、5000 米两项长跑第一名。

民国时期，商水县中小学校体育设施较差，只有 3 所县立小学、县立中学和简易师范有篮球场，并配有专职体育教师，其他学校和机关既无运动场地和器械，也无体育教师。

清光绪年间，西华县城西南的李庄以拳术闻名，该村曾改名“拳李”。1923年，拳师罗金盘、杨老帮在西华县城北肖六、杜岗村教场传艺。1924年，在西华教育局长王拱璧的倡导下，篮球、排球、足球和田径等体育项目传入西华，在学校开展得较好。1938年6月，西华因黄水泛滥成灾，群众体育活动中断。

民国年间，扶沟县多次举办主要由学生参加的运动会，以1927年、1936年、1940年举办的3次运动会规模较大，每次比赛都有200多名运动员参加，比赛项目有篮球、排球、足球、网球、田径等。当时各项比赛最好成绩：跳高为1.5米，跳远4.6米，50米6.5秒，100米12.5秒，200米24.2秒。1932年，冯瑞云参加第16届华北运动会，获男子跳远第二名，成绩为6.55米。1934年春，冯瑞云又参加在武昌举行的华中第5届全运会，荣获三级跳远第一名，成绩13.35米。

民国时期，扶沟县仅有运动场地3万平方米左右。

宋代以来，不少武术流派传入太康，主要拳种有仙人掌、大洪拳、八卦拳、查拳、六合拳、三山拳、太极拳、蛇拳、梅花拳、小洪拳、三十六闭手等。清同治十二年（1873年），太康县城郊乡刘豆芽村人、中州著名拳师刘文歧将仙人掌传入太康。光绪十二年（1886年），逊母口乡堤口村人、曾在少林寺习武的拳师张维修将八卦掌传入太康。

民国时期，太康县仅县立中学、乡村师范、振太中学和县立一小配有简易木制篮球、排球架和少量田径器材。1929年，太康县在城内东北隅药王庙坑建成面积15亩的公共体育场，场内无体育设施，场内练习者甚少，仅有时在此举办运动会。太康县城等中学配有国术教师。私人武场遍布太康城乡，民间武术活动较为活跃。太康县西梁堤口、黄岗寺、台集、刘化王村，县南刘豆芽、洪山庙、石佛堂村，拳场一直延续至今。1931年，高朗乡后葡萄岗人李俊兴、李兴聘到省城开封参加河南省政府举办的全省第4届国术省考及选拔全国运动会选手大会，李俊兴获六合枪对刺第二名，被命名为“民族壮士”，授予宝剑1口，证章1枚，证书1张。

清末，鹿邑县在城西北4公里处的黄盆窑设立跑马场，成为该县习武跑马的场所。

民国时期，鹿邑县立各小学、民众教育馆、师范、国术馆等置有简易体育器材和运动场。1930年，鹿邑县在东校场举行全县小学生运动会，比赛项目有篮球、足球、跳高、跳远、拔河、赛跑、叠罗汉等。比赛时，各校校旗高擎，鼓号激昂，观者达万人以上，运动会接近尾声时，演出了杂技和文明戏。1933年，鹿邑县民众教育馆主管体育工作，是年在黉学前院设国术馆，有馆长、文书、教练等8人。鹿邑县武术表演、比赛经费由国术馆组织商号募捐筹措；体育运动会经费由县教育局列支。同年，扩建老君台西侧的东校场，是鹿邑城内较大的运动场所，可举办多种体育项目，容纳观众万人，鹿邑县长濮耀东亲为校场门楼题写匾额“东校场”，不久即遭兵燹，至1947年，东校场设施毁坏殆尽。建国前，鹿邑县体育教师甚少，除师范和第一完小有专职体育教师外，其余均由其他教师兼任。

1935年，鹿邑县政府在黉学举行武术大表演，由国术馆长高魁彪主持，历时3天，参加表演者250多人。1937年9月3日至7日，鹿邑县政府、鹿邑县国术馆打破省、县地域界限，在黉学前院举行擂台大比武，由县长濮耀东和国术馆长共同主持，157名参赛者经过5天的器械及徒手技击，有12名高手脱颖而出，鹿邑县人王新悦、阎循简、刘文章包揽前3名。

民国时期，周口一带各县兵连祸接，匪患成灾，为自卫强身、抗日救国，不少乡村延请拳师设场习武，各路拳术迅速传播，鹿邑红枪会首领张朝聘的武当拳和昆仑剑术名著当时。

民国时期，沈丘回民中武术高手迭出，其中王效荣、李相荣、李尊思、李尊三、李尊劲、王天聚等人在全省乃至全国都颇有影响。

尤其是沈丘槐店回族人王效荣1943年12月在上海擂台打败俄国大力士，被誉为“中原大侠”，名噪全国。

王效荣（1908－1990）出身于7世武术世家，深受家庭武风熏陶。他5岁时就跟随父亲学习回族七十二劲关东拳基本功，以及三十六刀和十八刀。8岁时师从当地查拳名师马崇兴，马的查拳在河南乃至全国都颇有影响。他在马崇兴门下专攻查拳门、弹腿、心意六合拳等武艺，受到较为系统的查拳训练。不久，王效荣又在马崇兴家幸遇著名拳师尚学礼。1928年，王效荣20岁时，他的父亲染病去世，此时他的武艺已闻名沈丘一带。

王效荣的三叔王俊亭武艺精湛，曾为北京“得胜镖局”镖头，后镖局南迁上海。1937年，久病缠身的王俊亭多次写信要他到上海协助主持镖局，王效荣到达上海的第19天，叔父去世。随后他将“得胜镖局”改名为“得胜武术社”，广招贫民为徒，传授回族武术套路。为了生存，他边办武术社，边做卖大饼生意，卖大饼开张次日，一绰号“独眼龙”的地痞来敲竹杠，王效荣不想惹弄是非，举掌将面前的一条长凳劈为两截，“独眼龙”等人见此不妙，悻悻地溜了，从此附近地痞都晓知卖大饼的河南人功夫厉害。

1943 年，西洋拳击界提出要与中国武术界决一雌雄。著名武术家王子平出面组织中国武术家与洋人在上海回力球场（今上海卢湾体育馆）进行对决，8 名中国武师上场打擂，中国武术界以 6 比 2 击败西洋拳击界，轰动上海滩，振奋全中国。西洋武术界不肯就此罢休，提出要在舞台上与中国武术界再次对决，王子平动员王效荣上台打擂，王效荣应允出战。12 月，王效荣在上海九江路大舞台参加中国国术与西洋拳师比武打擂，他的对手是号称打遍中国无敌手的俄国大力士鲍捷洛夫。鲍捷洛夫趾高气扬，上得阵来就想快速压倒对手，一连 4 拳向王效荣疾速袭来，王效荣沉着应战，把对方的攻击一一化解，以守为攻，瞅准时机，运用查拳门中的“进步轰”，双掌并用，击中鲍捷洛夫的胸口，鲍倒翻在拳台栏绳上，从此王效荣名扬上海滩。上海解放后，王效荣参加上海武术联谊会，被公推为组长，为上海武术事业的发展作出了杰出贡献。新中国成立后曾任全国武术协会委员，上海市武术协会副主席。1958 年，他被上海市体委聘为武术队首任教练员，培养了李君伟（八一举重队总教练）、陆国柱（硬气功名家）等武坛精英。

1932 年，项城县简易师范、县立一小开始组建现代运动项目代表队，1935 年、1936 年，项城县简易师范代表队两次参加河南省第七专区秋季运动会篮、排球和田径项目比赛。抗日战争期间，项城县成立群众体育组织体育协会，仅有兼职人员 1 名。1943 年至 1946 年，项城县多次举办运动会，各中学代表队和部分有体育基础的代表队参加比赛，比赛项目有足球、篮球和团体操、田径等。

项城秣陵镇瓦房庄人郭毓彬（1892－1981），1915 年代表中国参加在上海举办的第 2 届远东运动会，一人独得 800 码和 1 英里赛跑冠军，成为最早为中国夺得两枚金牌的运动员。建国后，周恩来总理曾说过：“不要忘记历史，郭毓彬先生在体育上是有贡献的。”郭毓彬在天津南开学校读书期间曾与周恩来为同学，1922 年至 1928 年在美国葛林乃尔学院和依林诺斯大学攻读生物学，回国后先后任苏州东吴大学、西北联大、西北师范学院、北京师范大学教授兼系主任等职。

民国时期，各县教育局兼管体育工作。

八、宗　教

1. **道教**

清末，淮宁太昊陵有道士 60 余人，主持香火，看管庙宇。出家入道观者，称为“道士”，允许结婚。道徒们念经修道，募化修观，劝善止恶，为绅商财主人家办丧事设“道场”，禳灾祈福。

建国前，扶沟县有较大庙宇 100 余处，并有一定庙产，不少大庙宇住有“道人”，全县共有道徒 100 多人，后因庙产被用于公益事业，道士云散。县城天爷阁有少量道徒，1926 年，在此开办扶沟县立中学，道徒散去。

建国前，太康县有较大道观 20 余处，道徒 400 余人。至民国时期衰落，到 19 世纪 30 年代渐至绝迹。

民国年间，鹿邑县有道徒 66 人，其中道士 51 人，道姑 15 人；解放前夕，鹿邑县有道士 20 余人，均为正一派，允许结婚，他们主要居住在太清宫、老君台、陈抟庵、城隍庙等处。许志刚、罗梦松先后任道长。

1935 年，沈丘县有大小庙、观 113 处，庙地 6200 多亩，道士 11 名。

2. **佛教**

近代，周口地区境内有佛寺、庵堂达数百处。民国时期，由于黄河泛滥过境，战乱连年，寺庙年久失修，僧、尼生活无着，或云游他乡，或还俗谋生。

清末，淮宁县有佛寺 80 多处，分别由僧、尼住持。

光绪二十六年（1900 年），慈禧诏令全国划为 10 个佛教区，要求各区成立佛教会，袁世凯将项城人邓道涵推荐给清廷，批准邓道涵任河南、湖北两省总佛教会会长。慈禧以“老佛爷”的身份为表示对佛教会的重视，特意将她的相片赐给邓道涵，并指令拨款建立佛堂，后在周口河北齐埠口街南头路东南距沙颍河 100 米处建立商水佛教会堂，成立了商水县佛教会。慈禧约 1 尺见方的全身宫装像悬挂在商水佛教会堂如来佛铜像一侧。商水佛教会堂内设有育婴堂、养老院，收养鳏寡孤独者。教堂内女子一律守节不嫁，保证生活有依靠，死后埋葬有棺材。1944 年日军侵占周口后，骚扰商水佛教会堂，慈禧挂像和如来佛铜像被日军和汉奸抢走。1945 年日寇投降后，国民党军队进驻周口，组织青红帮特务横行霸道，商水佛教会堂住持谢道元恐遭祸害，劝教友自行疏散，并将所有房屋器具移交周口镇公所，商水县佛教活动停止。

民国初年，西华县佛寺毁坏殆尽。建国前夕，尚有龙泉寺等佛教场所，信徒无几。

民国年间，扶沟县有佛寺、尼庵200余座，庙产地60余顷。城内有佛堂4处，教徒100多人。刘季贤住持的刘堂佛堂有教徒50人；王老启住持的小南海佛堂有教徒20多人；何三省住持的杜街佛堂人数最少。扶沟佛堂均归周口佛堂管束，总堂设在汉口，凡入教者食宿在佛堂内，并把自己的部分或全部家私（包括土地等）捐献佛堂。

民国年间，太康县有佛寺、尼庵200余处，庙产地300余亩，其中城内有佛堂4处，教徒100多人。

清末，鹿邑县“佞佛之风，村民最盛。每岁二三月之间，荒弃所业，奔走寺观，燃香诵佛，杂沓成群”（光绪《鹿邑县志》卷九《风俗志》）。民国初年，鹿邑万寿寺方丈镇义上人（俗名刘显一）统领寺僧10余人。1922年，冯玉祥督豫时，拉去寺内泥塑佛像。1923年，该寺改作救济院和残废所。1936年，鹿邑士绅张铁林与北京佛教总会联络，申请在鹿邑设立佛教分会。是年5月，鹿邑佛教分会在老君台前院三清殿成立，张铁林任会长，镇义上人任副会长，入会者甚众。时鹿邑县有家庭佛堂百余处，信徒700余人，其中僧人47名，尼姑25名。建国前夕，鹿邑县何堂街设教会1所，教徒多为官绅商贾，大约百人。

1949年，沈丘县有僧人10名，佛教徒180名。当时，各地农村有很多佛教徒，但大多为多神论者，没有固定的教堂和组织，只在自己家中烧香、念经、祈祷，有时也到寺院拜佛。

3. 伊斯兰教

近代，伊斯兰教在周口一带有所发展，清真寺是教徒的活动场所。境内回民聚居地一般都建有清真寺，阿訇负责处理日常宗教活动和信徒的婚丧仪式，传授教义，执掌教规，主持礼拜，其薪水由当地回民捐献。虔诚的教徒每天礼拜5次，沐浴5次；每星期五为“主麻日”，即大礼拜日，教徒都参加沐浴、诵经、祈祷；每年过一次“大尔代节”（又称开斋节），每次1个月，第1天“封斋”，最后1天“开斋”。斋月夜间进斋饭，白天不吃饭，不喝水。

民国初年，淮阳县有清真寺17坊。建国前，扶沟县城和吕潭镇各有清真寺1坊；太康县有清真寺21坊，房屋307间，阿訇23人。1933年，鹿邑县有蒋营、鲍庄、关所3坊清真寺，伊斯兰教徒200余人。沈丘解放前，有清真寺7坊，伊斯兰教徒8000余人，主要分布在槐店镇东部及附近乡村，李安庄清真寺建于清光绪二十八年（1902年），其他尚有海楼寺、马楼寺、老城寺和槐店的东寺、西寺。清光绪末年，槐店在清真古寺南邻创建女寺，有大殿3间，北（堂）屋3间，水房1间，女寺建成后，男女穆斯林分别举行宗教活动。1940年左右，女阿訇丁某主持女寺寺务。建国前，项城70%的回民从事农业生产，25%依靠商、贩过活，5%从事屠宰、饮食业。

4. **基督教**

晚清、民国时期，周口一带城乡民众都有信仰基督教者，传教的外国人称传教士，女的称教士，中国人称神父，专业传教的教徒男的叫修士，女的叫修女；其教派分内地会、自立会、耶稣家庭、安息日会等。各教会都受“西差会”控制，教义相同，其经典为《新旧约全书》（即《圣经》），每周日教徒集中到教堂或个别教徒家中聚会礼拜，称“祝日”；每逢圣诞节（农历十二月二十五日）、复活节（春分月圆后第一个星期日）、圣神降临节（复活节后第50天）、圣母升天节（农历八月二十五日），以及安息、感恩等节日，举行隆重的礼拜祷告活动。

鹿邑县天主教属南阳教区，开封设总教堂。19世纪40年代鸦片战争后，西方传教士依靠不平等条约的保护开始在中国迅速传教，天主教在鹿邑县由冯桥发展到小刘庄、段庄、朱楼、卫士庄、丁村、卢寨、崔堂、四所楼、马铺、小赵庄、王安庄、苏阁等村，并以冯桥、丁村为活动中心，驻有中外传教士进行传教、选修女。民国初年，南阳教区主教每次到鹿邑传教，县官出府迎送。1935年，鹿邑县有基督教徒5772人，其中男2874人，女2898人。解放后，外籍传教士杨霖、高慕若、雍时希被驱逐，由北京人刘文良神甫主持教务。1959年，刘文良被遣送回老家。

清光绪二十四年（1898年），意大利天主教传教士开始在周家口设天主堂传教，并以周家口为中心在李埠口村设天主堂。建国后，意大利传教士回国，天主教随之停止活动。

近代，西方基督教会差遣传教士到中国开展传教活动并负责提供经费，时称“差会”。清光绪五年（1879年），基督教差会中华内地会（总部设在上海，又称基督教上海差会）创办人英国传教士戴德生从汉口来到周家口传教，他要求传教士的衣着起居尽量中国化，以无偿献身的精神传教，这是基督教在周家口传教之始。戴德生同儿子戴立信在周家口既传教，又行医，时间不长，是周家口基督教的奠基人。

光绪六年（1880年），戴德生在周家口南寨新渡口街路西置地6亩，由他的助手英国牧师劳易安负责，开始筹建基督教堂。光绪九年（1883年），新渡口教堂落成，有房屋24间，大礼拜堂可容纳500人，该教堂时称周家口

“内地会”东点，是河南省最早的基督教堂。后教堂扩大到9亩，房屋62间，设传达室、洗礼室、大礼拜堂、教牧区、客房、厨房等，各种设施和圣礼用具一应俱全。光绪二十年（1894年），英国传教士博春臣到周家口协助劳易安牧师工作。光绪二十二年（1896年），劳易安在周家口传教17年后，回上海差会复命，他是周家口基督教第二位传教人。

光绪二十四年（1898年），博春臣牧师为满足教会发展需要，在周家口老街北头路西置地7亩另建新教堂，光绪二十八年（1902年）老街教堂建成，有房屋64间，其中包括楼房数座，该堂时称周家口“内地会”西点；同年，新渡口教堂交给1名中国教牧人员管理，外籍传教士迁至老街教堂。

1913年，中国牧师何寄山（河南杞县人）从开封来到周家口主持新渡口教堂事务。他后来在南岸山货街南头路东创办博爱医院（亦称何家医院），其西医医术高明，对穷苦百姓看病收费低廉，在豫东皖西传为佳话。

1926年，时任河南省基督教联合会豫东分会会长的何寄山将基督教传入商水，城关乡人赵国印、汤庄乡人周德印等入教，在商水县南街设立教堂，因房少又迁到东街路南，该教堂有礼拜厅1所，房屋10间，后又迁至商水县北街，时信教者不足百人，教堂内附设小学3班，教员有周钱堂等人。1935年，商水县有教堂5所，分设于城关、周家口、邓城、刘村、谭庄，有传教士4人，教徒529人。

1948年周家口解放，新渡口教堂被商水县医院占用，后因街道改建拆除。1944年，周家口沦陷，老街教堂被日军占用作为军事指挥部（时称“宏部”），传教人员散去；1945年8月日寇投降，周家口信徒在此创办求实小学。1948年初，中共周口市委成立，在此办公。

1910年，博春臣牧师在北岸作坊街西头路北置地10亩，后又扩至16亩，于1914年建成作坊街教堂，有房屋120间，可容纳700多人，其中礼拜堂为圆形砖木结构的楼房，此堂时称周家口“内地会”北点，英国教士施某（女）主理该堂事务。1925年，英国夏教士等一批女教士也来到周家口传教，被博牧师安排到作坊街教堂工作。1930年，博春臣牧师等10多位外国传教士筹备办学，1932年春在作坊街基督教堂旁创办神职学校——豫东女子学校，招生1班20余人，1938年更名为豫东道学院，共招生4届，培养传道员约150名，1946年停办。1948年，改成作坊小学至今。

博春臣牧师是周家口基督教第三位传教人，也是传教时间最久的牧长。他于光绪二十年（1894年）20岁时来周家口传教，到1944年周家口沦陷时携妻儿侨居新西兰，在周家口传教50年。他古稀之年离别周家口时，周家口教会赠其匾曰："享高寿，献忠心，来华五十载传福音。"

周口自立会的传教活动。1912 年中华民国建立和 1915 年的新文化运动，使一些受过西方启蒙熏陶的中国基督教知识分子积极参与中国的思想启蒙运动，并力图使基督教中国化，于是自立会得到发展。1922 年，全国成立自立会 100 多个，周家口自立会即其中之一，是年周家口陈清元带头，黄庆恩、黄庆林等数十位基督教同工参加，又从内地会分离出部分信徒，从鲁山聘请来陈品杰，成立了周家口基督教自立会。该自立会在前张营街置地 2 亩，于 1925 年建立前张营教堂。1930 年，周家口基督教自立会在前张营教堂创办豫东宏道小学，1942 年改为豫东宏道学院，共办 3 期，培训传道员 120 名，1948 年停办。1946 年，随着信徒增加，在韩文启、陈清元、黄献文等牧长领导下，拆掉原教堂，重建了新教堂，可容纳 500 人，1950 年停办。

清光绪十六年（1890 年），英国基督教传教士戴存义到淮宁县设堂传教，是该县基督教传入之始。光绪二十四年（1898 年），包牧师在淮宁县府后街设教堂 1 座。光绪二十六年（1900 年），加拿大牧师毕裴然先后在棠棣、新站、鲁台、柳林、徐寨、苑老、王寨等地分设教堂。1931 年，基督教开展"三自"（自立、自养、自传）改革，淮阳县境内出现信义会、真耶稣教会、圣公会、安息日会、长理会、卫理会、自立会等名目繁多的基督教分会。1938 年初，英国传教士破坏"三自"原则，解除华籍神职人员，9 月日寇侵占淮阳县城，基督教堂停止活动。1945 年日军投降后，教会恢复。

近代，基督教在鹿邑县可分为 3 个会派：浸信会，又名浸礼会，隶属中华全国联浸会安徽亳州区会，清光绪二十七年（1901 年），由亳州区会美国牧师太理和中国牧师鹿明惠传入鹿邑，在鹿邑县城北大街路东设福音堂，由鹿明惠主持教务，后又在孙渡口、王皮溜、贾滩、袁庄设 4 所分教堂，发展教徒 295 人；信义会，隶属中华全国基督信义会豫东总会，1920 年由美国牧师戴蔓生和中国牧师程志远传入鹿邑，在城内芙蓉街设教堂，下设圣水庙、胡下寨、毛王庄、套犁王、王圪针园 5 个分教堂，1933 年有信徒 172 人，后发展到 300 人；真耶稣教，隶属中华全国耶稣教会太康支会，1943 年由太康县人刘汉民传入鹿邑，在大辛集、许瓦房、赵桥、张仙阁设 4 个小教堂。

清末，意大利传教士到淮宁县（今淮阳县）传教，在东关设教堂，有信徒 80 余人；美国传教士在城内东坊子街（今民生街）设耶稣福音堂，信徒 100 余人。清光绪中期，又分别在县城南门里及今许湾乡苑老建教堂。民国初年，法籍传教士弗礼宾在南门里教堂主持教务，1945 年中国神父刘西满主持教务，附办明德小学。1948年，意大利传教士兰天光任神父，时有信徒102人。

清光绪十年（1884年），基督教英国马牧师在西华县朱湾集开始设堂传教，光绪十三年（1887年）信徒增多。光绪十六年（1890年），由信徒捐募，上海差会资助，教会移至西华县城，在东门内建福音堂。1938年，西华县境黄水泛滥，教会活动停止。1945年基督教分区，西华属东区，选举产生了中国牧师张庭支和长老吴正、王庆安，之后信徒发展遍及全县，相继设分支教堂20余处，受洗教徒500余人。光绪十六年（1890年），德国牧师将天主教传入西华，并在逍遥镇小东门南建天主教堂，广大民众望而生畏，入教者甚少。民国时期，意大利牧师兰天光在逍遥镇天主教堂传教，1949年回国，从此天主教堂内人员分散。

光绪三十四年（1908年），西华县湾村（今名新桥）武照明到河南上蔡县卖柳货，结识了基督复临安息日会英国传教士米勒尔夫妇并入教，回乡后同张庄王义甫协力布道，发展信徒10人。后米勒尔来到西华，在张庄置地建立教堂，基督复临安息日会信徒增加，由于王义甫娶亲唱戏庆贺，米勒尔认为不合教义，将教会迁往西夏亭，并相继在逍遥、姚桥、红花集、庙里岗置教产开展传教活动，后米勒尔迁漯河。

光绪二十年（1894年），基督教从周家口传入扶沟，在扶沟西大街路南（今城关二小）建立福音堂，初由英国传教士白永森主持教务，再由美、澳等国传教士继之，再由中国牧师高东明、杜性初主持教务。1930年前后共有基督徒200余人，其教派分内地会、自立会、耶稣家庭、安息日等；另在吕潭、郑湾、塔湾、蒋楼等地设教堂30余处。1936年，两名美国传教士季牧师、吴教士（女）到扶沟县传教。1941年上半年，季、吴二人离开扶沟县后，英国牧师梅证光到扶沟县传教，此时除每周日在县城教堂有500多人参加礼拜外，还定期举行城乡大聚会，每次有1000多人参加，美国牧师赫力时不断从开封到扶沟县讲经传教，姜岗、岐岗、塔湾、东营、黑蟒寨、黄甫李、蒋楼、崔桥、白潭、吕潭等地农村设有分堂。1944年春，“西差会”通知牧师撤离扶沟，教会事务由扶沟人刘作梅主持，由于时局动乱，教会活动日趋减少，建国后停止活动。扶沟县福音堂曾办小学“保守学校”，后改称“奉三小学”，学生数十人。教会经费来源有：“西差会”不定期拨给；教徒“茶水捐”，以及南园10亩地产收入。

清光绪六年（1880年），基督教始传入太康，在太康南大街路西建福音堂。民国时期，太康县划为城关、牌坊杨、清香集、侯庄、李盘石5个牧区，下设32处支堂和辅导站，共有教徒882人，其中男414人，女468人。

1922 年，淮阳县人李殿荣将天主教传入太康，在太康东大街路北设教堂，之后在城关、城郊、五里口、台集等地设分教堂，教徒多时达 400 余人，归开封天主教区管辖。当时天主教堂有神甫、修道（帮助工作的）、管门、炊工。先后到太康主持教务的有意大利人鲍乃宣、姜春帆、雍时锡、万有齐，以及中国人司全华、鄢起明、刘文良。其经费来源主要靠教会资助及教徒捐献。1949 年初，太康教堂被人民政府接管，改办学校，外国人回国，教会停止活动。

19 世纪末，美国比牧师在沈丘县城（今老城）传教，并于清光绪三十二年（1906 年）建教堂，相继有美国童牧师、谢牧师到沈丘传教，1929 年开始向乡镇发展，先后建立纸店、莲池、槐店等 23 个堂口，共有教徒 1800 余人。沈丘县基督教直属漯河教区，有自立会、内地会、真耶稣教、福音堂等派别，以自立会最为活跃，内地会次之。自立会在槐店、莲池、纸店一带活动；内地会在县城一带活动；真耶稣教在范营一带活动。沈丘县城（今老城）一带由长老傅中禄（项城傅屯人）负责；范营由长老范金重（沈丘县莲池区林庄人）负责；纸店由教士苏桂贞（纸店西北秦庄人）负责；槐店由长老林俊生负责；莲池由长老范自然（莲池人）和长老韩临光（莲池韩营人）负责。沈丘解放后，谢牧师离沈，授权孔凡荣牧师（莲池乡庄人）负责，教会暂时停止活动。

19 世纪 70 年代，天主教传入沈丘，最早在槐店镇小王庄设立教堂，该庄 25 户 108 人全部入教，属开封教区。清光绪二十九年（1903 年），杨神父（外地人）与信徒刘本礼在沈丘县城（今老城）建立天主教堂，后相继有李神父（中国人）、张神父（波兰人）、布神父到沈丘传教；1929 年，基督教向乡镇发展，先后建槐店等地基督教堂 22 处，有教徒 2000 多人；1947 年沈丘解放前夕，布神父离开沈丘，除小王庄外，其他天主堂均停止活动。

建国前，项城县有基督教堂 23 处，教徒约 1500 人，分散在各乡镇，以秣陵、水寨、傅墩、项营教徒人数最多，常有外国牧师到教堂传教，傅墩、项营教堂还办有基督教学校；项城县有天主教堂 1 个，教徒 100 余人。

九、志书的编修

近代，周口一带各县除沈丘外继续编修志书，共 10 种，其中淮阳 2 种，商水 1 种，西华 1 种，扶沟 1 种，太康 2 种，鹿邑 2 种，项城 1 种，现存书尚多。

1．**淮阳县**

民国五年（1916年）《淮阳县志》，20卷，首1卷，刊本，淮阳县知县严绪钧等修，朱撰卿纂。严绪钧，浙江归安（今吴兴县）人，1913年任淮阳县知县，倡修县志，中经蒋中觉、郭名世二知县踵事增华，1916年成书。朱撰卿，字静山，太康县人，举人。该志除原刊本外，尚有民国二十二年（1933年）铅印本；再修于民国二十三年（1934年）。后者除原铅印本外，尚有台湾成文出版社影印本和2003年淮阳县整理本。

民国二十二年铅印本《淮阳县志》，8卷，郑康侯修，朱撰卿纂。郑康侯，湖北石门人，1932年任淮阳县长。郑康侯到任即倡修县志，中经吴荫堂县长继之，至甄纪印县长时修成，历3任县长，费时两载。该县志仍由朱撰卿纂修，高景祺（沈丘县人，清拔贡，曾任山东省省长）等人任编辑。在民国五年《淮阳县志》的基础上，"体例之变更者十之八，其文字之因仍者十之六"，另又增添1916年后的新内容，成书8卷。另附《淮阳文征》2册，分内集、外集各2卷。

2．**商水县**

民国时期，商水县修县志1种。民国七年（1918年）《商水县志》，25卷，刊本，徐家磷、宋景平修，杨凌阁纂。徐家磷，字沛棠，浙江吴兴（今湖州市）人，监生；宋景平，字兰荪，汉阳（今湖北武汉市）人，附贡。二人先后任商水县知事。杨凌阁，字仲唐，清末项城人，举人，曾任固始县教谕。该志修于民国二年（1913年）商水县知事徐家磷任内，至民国七年（1918年）始由宋景平开雕问世。

3．**西华县**

民国二十七年（1938年）铅印本《西华县志》，14卷，首1卷，凌甲烺、吕应南纂修。民国二十五年（1936年）脱稿，交张嘉谋、万宝桢二人校订毕，遂于翌年排印出版。张嘉谋等校订。凌甲烺，字保生；吕应南，字秉丽。二人皆为西华县人，先后任县志馆馆长，并亲自参与编纂工作。张嘉谋，河南南阳人，河南省著名学者；万宝桢，河南孟津人，曾任汤阴县县长。

4．**扶沟县**

光绪十九年（1893年）大程书院刻本《扶沟县志》，16卷，首1卷，扶沟县知县熊灿修，扶沟人张文楷纂。光绪十五年（1889年），扶沟县知县熊灿奉檄纂修县志。该志书凡例云："十修（即道光志）迄今六十年，其中增益颇多，非一人所能独理。此次续修，择邑绅老成名宿三十余人，分司参订采访之任，斟酌去取。庶几不漏不遗。"熊灿，字扆云，湖北黄安县（今红安县）廪贡，光绪十五年（1889 年）莅任。张文楷，字瑞庵，光绪三年（1877 年）进士，曾任扶沟县知县。本书除原刊本外，尚有 1976 年台湾成文出版社影印本。

5. 太康县

民国时期，《太康县志》凡 2 修：一出版于民国二十二年（1933 年）；一出版于民国三十一年（1942 年），为太康县日伪政权所纂修。

民国二十二年（1933 年）铅印本《太康县志》，12 卷，首 1 卷，周镇西修，刘盼遂纂。周镇西，字松圃，江西永新人，1931 年任太康县长；刘盼遂，河南息县人，清华大学研究院毕业，历任国内多所大学教授。1928 年，太康县即开始修县志，初稿基本完成，未及刊印。1931 年，周镇西任太康县长后，重设志馆，自兼修志馆馆长，据旧稿延县人分别再为纂辑，最后由本县前清举人朱撰卿总其成，阅八月而酿成，委太康县人张森祯转请刘盼遂精加笔削，期无遗憾。凡此皆由副馆长郭馨坡总领其事。时值 1931 年九一八事变之后，历经十月最后定稿。刘盼遂谓此稿“竟脱于炸弹唐克之危”，反映当时北平形势极为紧张。书成，张森祯任总校，刘盼遂为之序。张森祯，字邃青，时任河南大学教授。

民国三十一年（1942 年）铅印本《太康县志》，12 卷，首一卷，郭成章修，谢延祉纂。郭成章，太康县人，基督教徒，数任太康县商会会长，1938 年日军侵占太康县后，初任维持会长，次年任行政主任，1941 年始任知县事。谢延祉，太康县人。

6. 鹿邑县

清光绪二十二年（1896 年）刊本《鹿邑县志》，16 卷，首 1 卷，鹿邑知县于沧澜、马家彦修，蒋师辙纂。河南巡抚刘树棠序谓此志为“信今传后之善本”。此书除原刊本外，尚有台北成文出版社 1976 年影印本。于沧澜，字海风，山东平度州（今平度县）人，光绪三年（1877 年）进士，光绪十六年（1890 年）任鹿邑县知县，光绪十九年（1893 年）回任。马家彦，字芝圃，浙江会稽（今绍兴市）人，附生，光绪二十一年（1895 年）任鹿邑县知县。蒋师辙，字绍由，江苏上元县（今江宁县）人，附贡。

光绪《鹿邑县全图》，10 卷，傅松龄署检，王寿仁绘。傅松龄，鹿邑县人，光绪八年（1882 年）举人，任本志书分修与总校。是图与同期县志有密切关系。光绪十六年（1890 年）知县于沧澜修县志，聘荣城孙佩南执笔，孙佩南又聘王寿仁测绘，王寿仁携笔砚跋涉全县乡里 3 个月，草绘成图，又就正于其师，乃成图例 1 卷，图 10 册，另又撰成中星表 1 卷。嗣后孙佩南以事不就，知县又改请蒋师辙纂辑，光绪二十二年（1896 年）志成。蒋师辙于此志中，遴之图附半采入，嫌图册过繁，故从割爱，仅刻其疆域总图。共事诸人爱其图绘之工，不忍弃置，固以修志余款付梓别行，一并重刻河渠纪略，牍为2册，此1册为图，不含河渠纪略。光绪《鹿邑县全图》现藏中国社会科学院历史所图书馆，河南省社科院图书馆有复印本。

7. 项城县

民国三年（1914 年）石印本《项城县志》，32 卷，张镇芳修，施景舜纂。是编大纲出于项城举人杨凌阁之手，另有数人从事资料征集，最后由施景舜"考历代之沿革，正旧志之伪谬，别类分门，逐加润色"而成。张镇芳，字馨庵，项城县人，光绪十八年（1892 年）进士，历任清末民初高官。施景舜，字虞琴，河南睢州（今睢县）人，举人。

十、周口籍文化名人

近代，以张伯驹、胡蛮、叶桐轩、赵沨、苏堃、穆青等为代表的一批周口籍文化名人，为中华民族文化事业的发展作出了贡献，令人景仰。

张伯驹（1898－1982），字家骐，号丛碧，别号好好先生、冻云楼主，项城县秣陵镇阎楼村人。他集大收藏家、鉴赏家、书画家、诗词学家、京剧艺术研究家于一身，是中国近现代最响亮、最具传奇色彩、最令人敬佩的具有现代民主思想的著名爱国人士之一，国画大师刘海粟曾说："他是当代文化高原上的一座峻峰。从他那广袤的心胸涌出四条河流，那便是书画鉴藏、诗词、戏曲和书法。四种姊妹艺术互相沟通，又各具性格，堪称京华老名士，艺苑真学人。"张伯驹和末代皇帝溥仪的族兄溥侗、袁世凯的次子袁克文、奉系军阀张作霖之子张学良，并称"民国四公子"。

张伯驹

张伯驹是张锦芳之子，过继给伯父张镇芳为嗣子。张镇芳，字馨庵，清末进士，袁世凯表弟。曾任翰林院编修、户部主事、北洋银圆局会办、永七盐务局总办、陆军粮饷总办、天津长芦盐运使兼直隶布政使、直隶银行督办等职。民国后，张镇芳任河南都督兼民政长，后于北京创办盐业银行，任总理、董事长。1918 年，张伯驹毕业于中央混成模范团骑兵科。1923 年任陕西督军公署参议兼驻京代表。1927 年后因厌恶军阀混战，毅然离开军队，退出仕途，到其父亲创办的盐业银行挂职常务董事兼总管理处总稽核，又历任南京盐业银行经理、常务董事，秦陇实业银行经理等职。1945 年抗战胜利后，曾任国民党河北省政府顾问、华北文法学院国文系教授、故宫博物院专门委员、北平美术分会理事长等职。1947 年 6 月在北平参加中国民主同盟，任民盟北平临时委员会委员，参加北大学生会助学运动、反迫害反饥饿运动、抗议枪杀东北学生等爱国民主运动。

张伯驹博览群书，国学功底深厚。他天资聪颖，从小就接受中国传统文化的熏陶，7 岁入私塾，9 岁能诗，人称“神童”。一部《古文观止》，可以倒背如流；3000 多卷的《二十四史》，20 多岁时便已读完两遍；354 卷的《资治通鉴》，从头到尾如数家珍。唐诗宋词，脱口而出的有一二千首。扎实的文学功底，造就了他多才多艺的文化底蕴。张伯驹天资超逸，而又翕然尘外，写下大量古体诗词和音韵、戏曲论著。他的词多写人生感受、自然之景，感情细腻，自然超逸。长调则哀感顽艳，婉丽凄清。小令则格高韵远，极尽缠绵秀隽之致。用自然之眼观物，用自然之舌言情，真真切切，为现代词家之楷模。主要著作有《丛碧词》、《春游词》、《秦游词》、《雾中词》、《无名词》、《续断词》和《氍毹纪梦诗》、《氍毹纪梦诗注》、《洪宪纪事诗注》及《乱弹音韵辑要》、《丛碧书画录》、《素月楼联语》等。

张伯驹热爱中华民族源远流长的传统文化，自 30 岁起置身于对琴、棋、书、画的追求和探索，初时出于爱好，后出于爱国至诚和对民族文化遗产的深刻认识与由衷的酷爱，以保存重要文物不外流为己任，不惜一掷千金，虽变卖家产或借贷亦不改其志，几乎为收藏保护民族文化遗产倾注全部心血。1937 年，恭王府因溥儒母亲病故，举丧缺钱，欲出卖府藏国宝西晋陆机《平复帖》，他通过朋友以 4 万银元购得。时该宝正为日本人、美国人及国内投机者苦心争夺。1942 年，南京汪伪政权汪精卫的师长丁雪山以“双龙会”的名义绑架他，索要现金 300 万，实则索要《平复帖》。当匪徒以“撕票”威胁时，他关照夫人：“宁死魔窟，决不许变卖家藏。”其间，张伯驹夫人潘素变卖金银首饰，加之各界朋友的筹款，历经 8 个月的努力，才将他救赎。同年秋，他携家眷西迁入秦避难途中，将《平复帖》缝入衣被，途经蚌埠、槐店、周口、漯河、南阳至洛阳转西安，虽“经离乱跋涉，未尝片刻去身”，保住了《平复帖》的安全。1949 年，他变卖故乡千亩田园并京城豪宅，以 220 万两黄金买下隋展子虔《游春图》，后因号“游春主人”。其视祖国遗产重于生命的凛然之气，赤诚之心至今为世人所称道。他慧眼识宝，所藏书画件件堪称艺术史上的璀璨明珠，经其手蓄藏的书画名迹见诸其著作《丛碧书画录》者有118件之多，被称为“天下第一藏”。在他的藏品中，晋陆机《平复帖》是中国传世书法作品中年代最早的一件名人手迹，隋展子虔《游春图卷》则是传世最早的卷轴画，也是最早的独立山水画，合为双璧。此外，还有唐代杜牧《张好好诗卷》，宋黄庭坚《诸上座帖》、赵佶《雪江归棹图卷》，元钱选《山居图卷》等等，都是在艺术史上占有独特地位的重要文物。他自云：“予生逢离乱，恨少读书，三十以后嗜书画成癖，见名迹巨制虽节用举债犹事收蓄，人或有訾笑焉，不悔。”张伯驹对于斥巨资购藏并用心血保护的书法名画，视作全民族的文化遗产，自20世纪50年代起，他和夫人潘素（金碧青绿山水画家）出于对社会主义祖国的热爱，陆续将收藏30年之久的书画名迹捐献给国家，使这些文物成为博物馆的重宝，表现了崇高的爱国情操和无私的奉献精神，其爱国情怀和举止，令后人难以望其项背。1956年他们将自己珍藏的《平复帖》等8件国宝级书画藏品捐献给故宫博物院，被当时的文化部长沈雁冰称赞为“化私为公，足资楷式”。1965年，张伯驹将《百花图》以及所剩的其他古书画30多件藏品捐献给吉林省博物馆（今吉林省博物院）。

张伯驹在京剧艺术方面的造诣和名望也很高。他31岁时从著名京剧演员余叔岩学戏，10年不辍。1936年10月，他于北京前门广和剧场演《空城计》，自饰诸葛亮，由余叔岩、杨小楼、王凤卿、程继仙四大名角跑龙套，轰动京城。1937年他40岁生日，也为了赈灾义演，《失空斩》是他在京剧上最出名也是最难得的一次演出。演出在北京隆福寺街福金馆举行，他饰孔明，余叔岩饰王平、杨小楼饰马谡、王凤卿饰赵云、程继仙饰马岱、陈香雪饰司马懿、钱宝森饰张郃及慈瑞泉、王福山饰二老军带报子，可谓盛况空前，艺坛绝响，人誉之以杜甫诗句“此曲只应天上有，人间能得几回闻”。

1949年北平解放后，张伯驹曾任燕京大学国文系中国艺术史名誉导师、北京中国书法研究社副社长、北京京剧基本艺术研究社副主任理事、北京棋艺研究社理事兼总干事、北京中国画研究会理事、北京古琴研究会理事、文化部文物局文物鉴定委员会委员、公私合营银行联合会董事、第一届北京市政协委员、中国民主同盟总部财务委员会委员、文教委员会委员、联络委员会委员。1956年加入中国国民党革命委员会。1962年起任吉林省博物馆副研究员、副馆长。“文化大革命”中遭到迫害和诬陷。1972年周恩来得悉后，指示聘任他为中央文史研究馆馆员。晚年还担任过北京中山书画社社长、北京中国画研究会名誉会长、中国书法家协会名誉理事、京华艺术学会名誉会长、北京戏曲研究所研究员、北京昆曲研习社顾问、民盟中央文教委员等职。1958 年被错划为右派，1980 年昭雪平反。1982 年 2 月 26 日在北京逝世，终年 85 岁。

胡蛮（1904－1986），别名祜曼、王均初，扶沟人，擅长美术理论、油画，是近现代马克思主义美术史学研究第一人，1929 年毕业于北平国立艺专西画系，后留校任教，任北平《世界日报》美术编辑，翌年在上海参加中国左翼作家联盟，1932 年任中国左翼美术家联盟常务书记，1934 年组织中国革命美术展览赴法国巴黎展出。是年 8 月，鲁迅介绍他赴苏联列宁城艺术学院油画系学习，曾任国际革命美术家同盟执行委员会委员、莫斯科东方文化博物馆中国部顾问，1936 年加入中国共产党，1939 年回国后曾任延安鲁迅艺术学院美术理论研究室主任兼美术教研组组长。建国后，胡蛮曾任北京市文化局副局长、北京市人民美术工作室主任、中国美协第一届常务理事、中国美术研究所研究员、中国艺术研究院顾问等职。著有《中国美术史》、《辩证法美学十讲》、《中国美术的演变》、《论神似及其他》等。

叶桐轩（1913－1971），原名叶荫槐，淮阳人，近现代著名美术教育家、国画家。15 岁考入河南省立艺术学校，17 岁以优异成绩被上海新华艺术专科学校中国画专业录取，深得著名国画大师潘天寿器重，成为潘天寿的得意门生，1931 年叶桐轩学成毕业，先后在淮阳县立一小、项城县师范学校、槐店镇颍滨中学等校执教，1941 年受聘于开封师范，在长期的教学生涯中，他一方面为祖国培养出大批绘画人才，一方面从事美术创作和国画理论研究，擅长国画，尤精花鸟，兼习山水、人物。他不存门户之见，取精用宏，博采众长，学古而不拘于古，师造化而不为自然所役，充分发挥自己的个性和天赋，创作了大量风格独特的作品，思想深邃，诗情浓郁，意境清新，章法多变，色墨瑰丽，在他的笔下，鸟兽虫鱼、山川草木都富有蓬勃生机。他早年创作的《西湖之秋》、《西湖山水》、《庐山苍松》、《鸡公山》等山水画，描绘了祖国的壮丽河山。1946 年编著《国画教范》6 册，重版发行多次，是河南省较早的美术教材和论著。

建国后，叶桐轩的创作取得更大成就，他的画作《鸭河水库全景》、《沙河新貌》、《南湾水库》、《喜讯频传图》、《三门峡水库工地》、《旭日东升喜讯频传》等，展现了人民改天换地的业绩和建设社会主义的豪情，更可贵的是，他先后为北京人民大会堂河南厅作画 6 幅，全部入选。他在“文革”中倍受摧残，于 1971 年含恨去世。河南人民出版社编辑出版有《叶桐轩画选》，精选其作 24 幅。他的画作《金鱼》、《牡丹鸡子》等被中国美术馆珍藏。

赵沨（1916－2001），项城人，出生于开封，中国近现代著名音乐理论家、音乐教育家、社会活动家，新中国专业音乐教育事业的开拓者。1931年，他考入河南建华艺术学校音乐系。1939年底，与李凌等一批进步音乐工作者在重庆组成“新音乐社”，与李凌主编《新音乐月刊》，开展宣传抗日救亡活动。这个时期，赵沨在《新音乐》等报刊上发表了一些著作和译文，特别是译配了很多苏联歌曲，如《喀秋莎》、《人不犯我，我不犯人》、《夜莺曲》、《假如明天战争》等，在当时广为流传。1940年秋，重庆首演《黄河大合唱》，赵沨独唱《黄河颂》，受到周恩来的鼓励。1941年1月皖南事变后，转移到缅甸开展华侨青年工作。同年，加入中国共产党，组织文化界人士和青年学生开展救亡歌咏运动。1942年太平洋战争爆发后，参与组建“缅甸华侨战地工作队”，仰光失守后，回到昆明，在云南大学附属中学任国文、音乐教员，后参加中国民主同盟，与闻一多、楚图南、费孝通等人深入路南圭山彝族地区开展文化工作。抗日战争时期，他翻译了美国麦克康思的《和声初步》、《对立初步》、《赋格初步》和麦克拍森的《曲调》、《对位和声的进行》等通俗音乐书籍，并著有《中国音乐简史》、《诗经的音乐研究》等。1946年，李公朴、闻一多被国民党反动派暗杀后，因受牵连转赴香港，1947年与马思聪、李凌在香港创办中华音乐院并任副院长。1948年初，在新加坡创办中华艺术专科学校，任校长、教授。

1949年新中国成立后，赵沨曾任中华全国音乐工作者协会秘书长，中央政务院文化教育委员会计划委员，中央文化部办公厅主任，艺术局局长，中央音乐学院党委书记、院长、名誉院长，中央歌舞剧院院长，教育部艺术教育委员会主任，国务院学位委员会艺术学科组组长，中国音乐家协会副主席，国际音理会世界音乐史亚洲地区协调员，亚太民族音乐学会首任会长、荣誉会长，中国传统音乐学会会长，中国音乐史学会会长，中国音乐家协会考级委员会主任等。先后当选为第三届全国人大代表，第五、六、七届全国政协委员。

苏堃（1916－1986），原名李俊，又名李若虚，回族，沈丘槐店人，著名戏剧教育家、剧作家。著有京剧《里应外合》、曲剧《秋林救母》，改编话剧《战斗的青春》（与人合作）等。1937年，他毕业于淮阳中学，不久加入中国共产党。1940年入抗日军政大学四分校任文书及《抗大生活报》编辑。1942年调淮北行政公署社教科任科长。1944年调淮北大众文工团任团长。解放战争期间，任华东野战军（后改为第三野战军）文工三团团长。

建国后，1951年苏堃任华东戏曲研究院副秘书长。1952年任上海戏剧学院秘书长、副院长、党委书记、院长等职。被推选为全国文代会第一、二、三、四届代表，兼任中国戏剧家协会理事、上海戏剧家协会理事。

穆青（1921－2003），回族，周口（今周口市川汇区德化街）人，著名新闻记者。1920年，穆青的父亲穆蕴珊、母亲杨文芳（今西华县西夏乡陆城人）随其祖父穆延桢、祖母刘氏（今河南杞县人）迁居安徽蚌埠。穆青9岁时，祖父病故，他随祖母迁居杞县，青少年时期受到进步思想影响。1937年，16岁的穆青投奔革命圣地延安参加八路军，随八路军120师转战晋西北、冀中等地，其后到延安鲁迅艺术学院学习。1938年，穆青的父母返居故里周口，直到1952年随穆青移居北京。1939年，穆青加入中国共产党。1942年8月，他在延安鲁艺毕业后到中共中央机关报《解放日报》从事新闻工作，作为战地记者从事抗日战争的报道，采写了《人们在谈说着赵占魁》、《雁翎队》等一批产生过巨大影响的通讯，用英雄模范人物的感人事迹和精神力量鼓舞人民、推动革命事业的发展。1945年10月，他随《解放日报》社、新华社先遣队离开延安，前往东北解放区参与创办《东北日报》。解放战争时期，穆青写出了《一部震天撼地的史诗——中国共产党与东北抗日联军14年斗争史略》、《工人的旗帜赵占魁》、《周保忠将军答记者问》、《月夜寒箫》、《一枪未放的胜利》等名篇，忠实记录了东北解放战争史上精彩的一幕。1949年北京解放后被调回北京，之后作为新华社特派记者随军南下。

建国后，穆青曾任新华社社长、中华全国新闻工作者协会名誉主席。他与人合作写出了《县委书记的榜样——焦裕禄》、《铁人王进喜》、《为了周总理的嘱托——记农民科学家吴吉昌》、《一篇没有写完的报道》、《历史的审判》、《赶着黄牛奔小康》等笔力千钧的新闻名篇，文风朴实、情思奔涌、笔墨淋漓、扣人心弦，充分展示了普通共产党人的高尚境界，鲜明地体现了具有时代特征的主题。他还出版有《穆青散文选》、《新闻工作散论》、《十个共产党员》、《彩色的世界》等文字、摄影作品集。

第五章　近代周口的自然灾害

一、晚清时期的自然灾害

1. 黄泛

晚清时期，黄河泛滥祸害周口地区境内7次，民众深受其害。

道光二十一年（1841年）六月十六日，黄河决口祥符入淮，太康、淮宁、鹿邑、沈丘、项城等县受灾，淮宁、太康、鹿邑等县人多逃亡，岁大饥。

道光二十三年（1843年）五月二十日，黄河决口中牟，溜分两股，正溜由贾鲁河经中牟、尉氏、扶沟、西华等县入沙颍河，东汇淮河；旁溜由惠济河经祥符、通许、太康、鹿邑、亳州入涡，南汇淮河。据《再续行水金鉴》卷八十六记载，淮宁、扶沟、西华、太康等县受水最严重，鹿邑次之，沈丘较轻，商水、项城为“波及旋涸勘不成灾者”，造成西自中牟、扶沟，东至鹿邑、亳州，南至洪泽湖一片汪洋，受灾面积4万平方公里。黄水入颍水后，冲决苑寨，南至谷河，阔15里，深五六尺。是年，周口一带被灾地区漂没民庐无算。冬，薪米昂贵，民不聊生。

道光二十四年（1844年），黄河决口开封，鹿邑县大水。

同治七年（1868年）七月，黄河决口荥泽，扶沟、西华、淮宁被灾，漂没民庐无算。

同治十三年（1874年），黄河决口郑州，淮宁大水，次年十二月决口堵复。

光绪十三年（1887年）八月十六日，黄河漫决郑州十里堡石桥口，夺贾鲁河入淮，清廷迟久不塞，扶沟、太康、西华、淮宁、商水、沈丘、鹿邑等县多被淹没，水深一二米至丈余不等，房倒屋塌，受灾民众甚多，淹死者无算。是年，牛疫瘟者甚多。光绪十五年（1889年）一月十九日，决口方堵复。

2. 其他自然灾害

晚清时期，周口一带自然灾害仍以水灾为主，旱灾次之，然后是虫灾，疫病流行次数增多，震灾、风灾、冻灾也时有发生。

咸丰元年（1851年）七月二十六日午时，项城雷雨大作，平地水深数尺。咸丰六年（1856年）夏，淮宁、鹿邑、沈丘、项城大旱，蝗。咸丰七年（1857年）夏秋，扶沟、鹿邑、沈丘飞蝗蔽日，食禾殆尽，惟绿豆成熟。

同治二年（1863年），淮宁、沈丘、项城蝗食麦，大疫，死者无算。同治五年（1866年）夏秋，淮宁、商水、太康、鹿邑、沈丘、项城霪雨大作，积潦淹稼，庐舍倒塌。同治十二年（1873年），淮宁、项城、沈丘大旱，凶荒。

光绪元年（1875年）五月初五，大雨雹，大者如碗，碎木杀禾，人畜有被击死者，淮宁、商水、项城、沈丘被灾。光绪二年（1876年），淮宁、扶沟、太康、沈丘旱、蝗。光绪三年（1877年），陈州辖境大旱、蝗，秋禾无收，鹿邑县发生瘟疫。次年春，陈州大旱，饥民外逃死亡者众。据《清德宗实录》卷122记载：光绪四年（1878年）御史邬纯嘏奏称："本年……河南归德、陈州……等府，夏间雨泽稀少，收成减色，入秋后尤形亢旱，二麦多未播种。"光绪九年（1883年）四月下旬，淮宁、沈丘、项城3次雨雹，大如碗，屋瓦震动。光绪十一年（1885年）春，商水、项城、沈丘大雨，麦生红虫如线，亩收仅数升，大饥。光绪十二年（1886年）夏，项城霪雨两月，泥河两岸平地水深者丈余。光绪十四年（1888年），商水、沈丘霪雨，麦生红虫；秋大雨，泥河两岸平地水深数尺。光绪十五年（1889年）七月，沙河南岸决口杨湾，经周家口，淹百余里。光绪十六年（1890年），鹿邑县发生瘟疫。光绪十九年（1893年）夏秋，沈丘、项城大雨，泥河决，平地行舟；沈丘过豆虫，红芋叶尽食，减收。光绪二十年（1894年），项城大雨，麦被淹没者无数。夏，汾河水涨，泥河再决，洪流泛滥。光绪二十一年（1895年）正月，扶沟大雪有雷声，二月霪雨，树结冰。五至七月，项城雨不止，泥河两岸，秋禾全没。秋，商水大疫，十人九疟。光绪二十五年（1899年）春，商水、西华大饥，大疫。秋，淮宁蝗蝻伤禾。光绪二十六年（1900年），商水、项城、沈丘菽皆枯死，蝗食田禾殆尽，鹿邑大旱。光绪二十七年（1901年）六月十九日，淮宁、商水、扶沟、项城大风霾，次日大风雨，禾木尽拔。光绪三十三年（1907年）春，淮宁、商水、项城、沈丘大饥，大疫，人死者众。夏秋旱，豆枯死，麦种迟。次年春，大饥，疫病流行。

宣统元年（1909年），自五月十三日始，淮宁、商水、项城、沈丘县暴雨如注10余日，平地水深数尺。秋，阴雨连绵，洼地麦至腊月始播种。宣统二年（1910年）夏秋，扶沟、西华、商水、项城连续降雨，沟河泛滥，晚禾尽淹。是年八月，沙河孟湾、白帝决口，村房多冲毁。宣统三年（1911 年）春，淮宁、商水、西华、鹿邑、沈丘、项城等县霪雨 90 余日，大水围城，青麦多淹死，斗麦 3000 文，大饥。

清末，周口地区发生 3 次有感地震，对民众生活影响不大。光绪六年（1880 年）五月十二日，项城、沈丘地震，水涌数尺，屋瓦震动，震级 4 级，烈度 4 度。秋冬旱，麦种者 3/10。光绪二十三年（1897 年）五月十三日，淮宁、商水、项城、沈丘 4 县地震，震级 3－4 级，震中烈度 3－4 度。震后大旱 40 余日，秋大雨连降，洼地尽成泽国。次年大饥，沈丘死者 1/3。光绪二十八年（1902 年）六月二十一日，淮宁、商水、项城、沈丘 4 县地震，震级 3 级，烈度 3 度。是年十月十六日午后，项城县有声如雷，红光下坠，陨石落入平乡店寨濠内，淡青色。

二、民国时期的自然灾害

民国时期，周口一带多灾多难，且常多灾并生，水灾亢旱飞蝗风雹，兼以兵灾匪患，更迭往复，而各种疫病则四处传播，情势甚重。1938 年 6 月，国民党军队扒开郑州花园口黄河大堤，黄水泛滥境内达 9 年之久。尤其 1943 年后水、旱、蝗等灾交错发生，且以蝗害为主。这些天灾加上黄泛区形成带来的灾难，周口人民处在水深火热之中。

民国时期，淮阳县发生涝灾 13 年次，平均 2.8 年一遇，发生旱灾 9 年次，平均 4.2 年一遇；沈丘县发生水灾 11 年次，旱灾 8 年次，蝗灾 3 年次，其他还有疫灾、雪灾、震灾等；项城县发生水灾 18 次，占各种自然灾害的 48.6%。

1912 年春，淮宁县霪雨 80 余日，是年夏秋沙河在牛滩决口，商水、沈丘大旱。1914 年，沈丘、商水县麦生红丹后多雨，麦秫减收。7 月，狂风自西北起，飞沙走砾，天昏地暗，周家口镇南郊黄庄两搂半粗的大柳树及戏台俱倒，房屋倒塌甚多。1919 年 5 月，大雨灾，沙河北岸决西华南仓；夏秋淮阳大旱，城湖干涸；秋，扶沟、西华霍乱流行，死亡甚众。1920 年，淮阳、西华、扶沟、太康、鹿邑、沈丘大旱，蝗。次年秋，霪雨成灾，各河多处决口，秋禾淹没殆尽，水灾甚重。1926 年夏秋，商水、西华、扶沟、太康、鹿邑、沈丘、项城霪雨弥月，沙河北岸决口阜陵，南岸决口老门潭，由西北向东南漫溢，民房、秋禾尽淹。1928 年 5 月至 8 月，淮阳、太康、鹿邑、沈丘大旱；

秋，蝗灾，食苗殆尽，绝收，民大饥。1929 年 5 月，沈丘县城（今老城）四周蛤蟆遍地，以大负小，结队东行；秋，大疫，死者众，仅沈丘西关农民街一天就死 40 余人。1930 年秋，淮阳连降暴雨，淹地 22.3 万亩，17.9 万人受灾，死 4456 人，倒塌房屋近 2 万间。是年，扶沟霍乱流行，死亡甚众。1931 年入夏，周口地区霪雨连绵，大雨如注，沙颍河、汾河决口多处，平地水深数尺，淮阳、太康、鹿邑等县路皆不通，以舟相渡，人畜死者不可计数。是年，沙河在葫芦湾决口，商水县境内平地水深 1 米，91% 的耕地受灾，全县淹死 88 人、牲口 78 头，万余灾民断薪缺米。1932 年 5 月 20 日，"国闻通讯社"郑州电讯："鹿邑、柘城春粮告竭，流离归德者七千余人，僵卧于途者日众，死亡枕藉，惨不忍睹。鹿邑本境经股匪扰五月之久，庐舍为墟，粮米尽罄，鬻妻子以延生。二区朱恺店，三区老鸦店，五区宁平镇，六区泽民镇，八区桑园集，均立人市，年幼妇女每人不值 10 文，十一二岁幼童仅易千文，孩提婴儿抛弃遍地……某妇买一馒头，留小姑为质，卖馒头者索钱不得，小姑谓我宁不值一馒头，一卖烧饼者代偿馒头账而换得此幼女"（余世存：《非常道：1840－1999 的中国话语》，社会科学文献出版社，2005 年 5 月）。夏，淮阳、太康、沈丘降雨 40 余日，陆地行船。疟疾、霍乱蔓延，死者众。1937 年夏，大雨连降，二麦几乎绝收；沙河决口，商水、项城、沈丘受灾。

1938 年 6 月 9 日，国民党政府扒开黄河花园口大堤，黄水南泛，扶沟、太康、西华、淮阳、鹿邑、商水、项城、沈丘皆受巨灾。1939 年入夏，霪雨连绵，积潦遍地，加之山洪暴发，各河溃溢，扶沟、淮阳、太康、项城、沈丘、商水、鹿邑田禾淹没，庐舍倾毁。是年，西华大旱，秋，冰雹，特大者如斗，一般如鸡卵，小者如杏。1941 年 7 月至 9 月，周口、淮阳、商水、鹿邑大旱 40 余天，秋粮基本绝收。继以蝗虫遮天盖地，每平方米 600 至 1000 只，浮水过岸，所到之处，秋禾除红薯、绿豆外，全被吃光。1942 年，周口地区荒旱，二麦减收大半，秋禾枯萎，且蝗蝻为患，树皮树叶吃净，路旁沟壑尸骨枕藉，人多逃亡。1943 年夏季以后，天气亢旱，经久未雨，旱情严重，有的秋苗无法播种，种上也早已旱死或萎黄，秋收绝望。几与旱灾同时发生的是骇人听闻的蝗害。蝗虫所过之处，禾苗变色，噬食殆尽，为害尤巨。扶沟、西华、太康、淮阳、鹿邑、商水、项城、沈丘等县秋收绝望，民命堪虞，灾黎鹄待赈济。加之水、旱、风、雹诸灾相随，周口一带灾区几占 100%。灾民挣扎在死亡线上，饥饿丧生者以万计。外出逃荒者不绝于途，卖儿鬻女者随处可见，愁云惨雾，灾象空前。据 11 月 4 日（十月初七）《新华日报》报道：项城旱灾蝗灾后，又遭水灾，贫农忧愤自杀的颇多。水淹区的灾民，都架木为巢，或站在坟头，饥饿终日，已经有了20多天。是年，淮阳县饿死85221人，其中死绝6006户，18471人；举家饿死半数的23816户，38012人；饿急自杀377人；破产度荒12675户，54756人；外出逃荒60697户，242788人；卖儿卖女8719户，卖掉儿女10491户，仅齐老乡就饿死1.62万人，死绝749户，卖儿女56人，卖妻子11人，2户自食儿女；卖妻子的7358户，卖出妻子7853人；父子离散的16757户，60008人。是年，沈丘麦遭风旱，夏旱40多天，695920亩小麦仅收三成，秋收仅一成强。全县逃荒要饭者239403人，卖儿女者3214人，饿死10766人。1943年春，西华、扶沟、太康、项城、鹿邑、商水、沈丘大饥，饿殍载道；夏秋，旱、蝗、黄水为患，民大饥，人相食。1945年夏秋，鹿邑县百日无雨，次年春大饥，田园荒芜，草根树皮吃尽，灾民近50万人，饿死5.22万人，外出逃荒10万余人。1946年春，沈丘大雨，淹坏麦田50余万亩。夏，黄河水暴涨，泛滥成灾，项城、沈丘、太康、鹿邑田禾尽淹。是年7月16日，沙河南决白帝。1948年8月，沈丘秋雨连绵，豆类减产五成。

1919年2月2日午时，项城地震，坑水溅起，震级4级。1931年，西华轻微地震。1936年，西华地震，房屋摇动，悬物摇摆，门搭吊响。1937年8月1日，周口一带朝（晨4时35分）、暮两次发生地震，震中山东菏泽，震级分别为7级、6.7级，烈度分别为9度、8度。1938年，西华地震有声，房屋摇动，悬物摇摆。1940年7月，项城地震。

大事记

原始社会

距今七八千年前　新石器时代裴李岗文化的人们已从豫西山地扩展到扶沟、西华、太康、商水、项城、鹿邑等地繁衍生息。

距今约6000年前　相传人文始祖伏羲率部落自成纪（今甘肃天水）沿黄河东徙，逐水草而居，定都宛丘（今淮阳平粮台遗址），统一诸部落，以龙纪官，制嫁娶，定姓氏，画八卦，创文字，结网罟，教民渔猎畜牧，开创华夏文明新纪元。伏羲死后葬于今淮阳。

距今5000年至6000年前　相传炎帝神农初都陈（今淮阳），尝百草，艺五谷，教民稼穑，开创华夏农业和医药业。

距今4500年前　东夷部落首领太昊建都宛丘（今淮阳平粮台古城遗址），周口地区建城史由此始。

夏商周

公元前21世纪　夏朝建立。太康为夏王时，不恤民事，狩猎于洛水之滨，为东夷族后羿所逐，流徙戈地（今太康一带），筑城定居。死后葬于今太康县城东南1公里处，太康陵至今犹存。

公元前1600年　商汤封虞遂于陈地，即今淮阳一带。

公元前1192年　商王武丁南狩长江中游一带，北返途中取道今西华地，率众捕蝗，相传崩于西华。

周武王元年（前1046年）　周武王灭商，封虞舜后裔妫满于陈，陈国建立。妫满即陈胡公。妫满筑陈城。今淮阳、鹿邑、郸城、太康、西华属陈国。商水县属沈国，扶沟属郑国，项城、沈丘属项国。

周平王元年（前770年）　周平王东迁，诸侯国辖地有所变动，商水县东部改属顿国，西部属蔡国，扶沟先属郑国，后属魏国。

周桓王三年（前717年）　郑庄公侵陈。

周惠王五年（前672年）　陈人杀太子御寇，陈完惧罹祸奔齐。

周惠王二十一年（前656年）　春，齐桓公率军侵蔡伐楚，与楚盟于召陵（今河南漯河市郾城区召陵故城）。东返时欲取道陈国，陈大夫辕涛涂恐陈受害，诈桓公改道而行，路遥难行，桓公怒而遣将掳辕涛涂而去。

周襄王十五年（前637年）　秋，楚大夫子玉率军攻陈，取谯（今安徽亳州市）、夷（今安徽蒙城）二城，掳顿子而归。

周匡王五年（前608年）　秋，楚庄王侵陈，晋赵盾救陈。

周定王七年（前600年）　陈灵公、孔宁与仪行父三人皆与夏徵舒之母夏姬私通。大夫泄冶谏言遭戮。次年，夏徵舒怒杀陈灵公，孔宁、仪行父奔楚。

周定王九年（前598年）　十月，楚庄王率军攻陈，杀夏徵舒，灭陈。不久，复立陈。

周灵王元年（前571年）　二月十五日，老子（李耳）诞生于苦地厉乡曲仁里，即今鹿邑县太清宫镇。

周灵王二十二年（前550年）　夏，陈大夫庆寅、庆虎兄弟迫陈人筑城防楚，筑板坠落，死数人，筑城奴隶愤杀庆寅、庆虎，史称陈国筑城奴隶暴动。

周景王十一年（前534年）　九月，楚灵王遣公子弃疾率师伐陈。十月十七日灭陈，不久复立陈国。

周敬王二十五年（前495年）　孔子至陈，讲学三载。离陈时陈人公良孺以私车五辆随从。

周敬王三十一年（前489年）　孔子离陈赴楚南去，为陈蔡大夫所阻，厄于陈、蔡之间的互乡，绝粮七日，弦歌不衰，楚昭王迎之，遂脱困。

周敬王四十一年（前479年）　楚惠王杀陈湣公，灭陈。

周赧王三十七年（前278年）　楚顷襄王为秦所迫，将都城由郢（今湖北江陵县）迁陈，以项（今沈丘县槐店西）为别都。

楚考烈王二十二年（前241年）　楚与韩、赵、魏并击秦，出师不利，楚都由陈迁至寿春（今安徽寿县）。

楚王负刍五年（前223年）　秦将王翦攻楚，取陈以南至平舆地，掳负刍，楚亡。

秦汉时期

秦王嬴政二十六年（前221年）　秦统一六国，实行郡县制。于今淮阳置淮阳郡，辖12县，属今周口市域的有：陈县、固陵（治今淮阳县柳林）、阳夏（治今太康）、苦（治今鹿邑）、项县（治今沈丘槐店），另有汝阴、寝、新阳（均治今安徽境）、柘、平舆、上蔡、新蔡。

秦二世元年（前209年）　七月，陈胜、吴广起义在大泽乡爆发，破陈，陈胜称王，建立“张楚”政权。十一月，秦将章邯破陈城。不久，陈胜部将吕臣破章邯军，收复陈城。同年，孔子九世孙孔鲋自嵩山至陈任“张楚”政权博士，后隐居并卒葬于陈。

秦二世二年（前208年）　秦左右校攻陈，城破，吕臣败走。不久，吕臣与英布合兵击败秦左右校。

西汉高祖元年（前206年）　立淮阳郡，属项羽西楚国，楚都城在彭城（今江苏徐州市）。

西汉高祖六年（前201年）　十二月，高祖伪游云梦，会诸侯于陈，楚王韩信迎于陈城西被执。

西汉高祖十一年（前196年）　三月，置淮阳国，属兖州。领9县：陈、扶沟、阳夏、固始（固陵）、苦、宁平（治今郸城宁平镇）、新平（治今淮阳县临蔡乡），另有柘、圉（治今河南杞县圉镇）。

西汉元光五年（前130年）　大司农、陈人郑当时疏陈北水道，灌田数千亩。

西汉五凤三年（前55年）　太康人黄霸为丞相，封建成侯，食邑600户。

新莽地皇二年（21年）　三月，陈人朱鲔在南阳起兵反莽，号称新市兵。越二年，朱鲔、岑彭平定陈，岑彭任陈都尉。

更始元年（23年）　绿林起义军击败王莽军，破汝阳城（今商水县城上村）。刘秀大败王莽部将王寻于水丘（今沈丘县留福镇附近）。

东汉建武十九年（43年）　九月，刘秀巡幸南顿、陈。

东汉章和二年（88年）　淮阳国更名陈国，辖8县，属今周口市域内的有陈、阳夏、宁平、武平、苦、扶乐、长平7县。时市域内汝阳、征羌（治今商水县程刘村）、南顿、项、寝、西华等县属汝南郡。

东汉兴平二年（195年）　十二月，兖州牧曹操占领陈县。是年，黄巾军将领彭脱率部与东汉佐军司马孙坚在西华激战，孙败。

东汉建安二年（197年）　袁术率兵攻陈国，诱杀陈王刘崇及国相骆俊。曹操引军击袁术，袁术惧，弃军渡淮。

魏晋南北朝时期

魏太和元年（227年）　今周口市域属魏国。魏实行郡（国）县制，扶沟归陈留郡，余皆沿东汉制。

魏太和二年（228年）　豫州刺史贾逵卒，其子贾充接任，驻军项县，以项为豫州治所。

魏太和六年（232年）　魏明帝封曹植为陈王，食邑3500户。是年，曹植卒，葬于陈，谥陈思王。

魏正始元年（240年）　兖州刺史邓艾在陈、蔡之间和陈、项以东至寿春一带屯田，广开漕渠，引水灌田，历时4年。

魏正元二年（255年）　魏都督毋丘俭讨伐司马师，率五六万众渡淮至项。司马师屯兵汝阳，令监军王基进据南顿以待，另遣刺史邓艾率万余众至乐嘉（今商水县李岗村）示弱诱俭，俭中计败亡。

魏甘露二年（257年）　魏征东大将军诸葛诞联吴反魏，魏帝偕太后亲率大将军司马昭督师26万东征讨之，车驾驻项，击败诸葛诞。

西晋　晋武帝司马炎，合陈国于梁国。晋惠帝司马衷置陈郡。领5县：陈、项、阳夏、武平、苦，属豫州。扶沟属兖州陈留郡。汝阳、南顿属汝南郡。固始（今沈丘）属汝阴郡（治今安徽阜阳市）。

西晋咸宁五年（279年）　武帝起兵伐吴，贾充节度诸军，自襄阳移兵南顿、项。

东晋永和八年（352年）　陈郡徙万户至幽冀。

东晋太元八年（383年）　前秦王苻坚举兵伐晋，太康人谢安运筹帷幄，沉着指挥淝水之战。八月，前锋苻融攻占项县、寿春。九月，苻坚闻东晋军欲退走，屯军于项，以8000轻骑间道往击，惨败于淝水。

东晋义熙十二年（416年）　晋刘裕伐后秦，秦豫州刺史姚掌畏惧降晋。

南北朝　今周口市域属南朝，宋初属南豫州南梁郡，后置陈郡和南顿郡。陈郡（治所项）辖项、谷阳、西华、长平等4县；南顿郡辖南顿、和城（治所在今项城县境）等4县。另置汝阳郡属豫州，辖汝阳等3县。阳夏属梁州阳夏郡；扶沟属郑州许昌郡；谷阳、武平属兖州陈留郡。今周口市域为南北朝争夺要地。

南朝宋永初三年（422年）　北魏将叔建自平原渡河南攻，宋刺史刘粹遣高道瑾据项城抵御魏军。次年，北魏又南攻，刘粹复遣将姚耸夫助守项城。

南朝宋元嘉二十七年（450年）　北魏再次南攻，拔项城。

南朝宋泰始三年（467 年）　北魏拓跋氏攻汝阳，不克，退至陈、项，与之相持。

南朝梁大通元年（527 年）　七月，陈郡民刘获、郑辨率众起义，年号“天授”，后为北魏扬州军所败。

南朝梁大通二年（528 年）　南朝豫州刺史夏侯亶率众 3 万包围北魏军占据的南顿、陈、项，北魏行台源子恭拥兵抵抗，亶兵败退。

隋唐五代时期

隋　初为淮阳郡，统宛丘、扶乐、太康、鹿邑、西华、溵水、南顿、项城、郸县、汝阳 10 县，属豫州。其中开皇六年（586 年）置郸县（今郸城）。次年，改阳夏县为太康县。

隋开皇十六年（596 年）　置陈州。大业初废州改淮阳郡，辖宛丘、西华、溵水、太康、武平、项城、郸县、沈丘、南顿等县。扶沟属颍川郡。

隋开皇十八年（598 年）　改武平县为鹿邑县。

隋大业十一年（615 年）　十月，农民起义军统帅卢明月率众 10 余万攻淮阳。

隋大业十三年（617 年）　四月，淮阳太守赵佗举郡降李密。农民起义领袖田黑社攻占鹿邑县城，改鹿邑为涡州。

唐武德元年（618 年）　复置陈州，辖宛丘、项城、溵水、南顿、太康、西华 6 县。鹿邑、真源属亳州谯郡，沈丘属颍州汝阴郡，扶沟属许州颍川郡。

唐武德三年（620 年）　高祖李渊遣官至鹿邑修老子祠，追认老子为始祖。

唐乾封元年（666 年）　高宗李治亲临鹿邑县老子祠祭祖，加封老子为“太上玄元皇帝”。

唐天宝二年（743 年）　玄宗李隆基亲临紫极宫祭祖，尊老子为“大圣祖”，并诏改紫极宫为太清宫。

唐建中四年（783 年）　淮西节度使李希烈叛唐，兵临项城，县令李侃畏敌欲逃，其妻杨氏晓以义理，助夫守城，城围得解。

唐咸通十二年（871 年）　陈抟出生于真源县（今鹿邑）陈竹园村。

唐中和三年（883 年）　黄巢骁将孟楷率众万余进据项城，欲围陈州。陈州刺使赵犨与其弟赵昶出兵抗阻，迎战孟楷于项城，孟楷死难。

唐中和四年（884 年）　黄巢率军攻陈州，其部尚让屯太康，黄思邺屯西华；唐将李克用破太康，李至忠围西华，黄思邺率军转移。

五代　改陈州淮阳郡为陈州镇安军节度，辖宛丘、溵水、项城、南顿、西华5县。沈丘属颍州。太康、扶沟属开封府。鹿邑、真源属谯郡。

后梁贞明六年（920年）　七月，陈人毋乙、董乙率千人起义。遍及陈、颍、蔡3州，不久为梁禁军及数州兵镇压。

后周显德元年（954年）　四月，宰臣、李谷疏导蔡河，以通陈颍水运。

宋金元时期

宋代　宛丘、项城、南顿、溵水、西华属京西北路陈州（宣和元年改为淮宁府）。太康、扶沟属京畿开封府。沈丘属顺昌府。鹿邑、卫真（治所在今鹿邑县境）属淮南东路亳州。

北宋建隆元年（960年）　四月，扶沟疏浚蔡河，设斗门以节制河水。是年改溵水县为商水县。

北宋乾德四年（966年）　陈州太昊陵建庙，当地民众开始祭祀太昊陵，庙会由此始。

北宋大中祥符七年（1014年）　正月十五日，宋真宗亲临太清宫，并御立“先天太后赞碑”。

北宋天僖三年（1019年）　正月末，沈丘民骆新田间落陨石3块，入地7尺许，声如雷。

北宋天圣七年（1029年）　范仲淹知陈州。

北宋庆历四年（1044年）　陈州二麦歉收，包拯上《请免陈州添折见钱疏》。

北宋熙宁二年（1069年）　神宗派遣大理丞陈世修测度陈州的八丈沟故道，并浚治之，灌田数百里。

北宋熙宁三年（1070年）　观文殿学士张方平知陈州，聘苏辙为州学教授，苏居陈3年。

北宋元祐三年（1088年）　尚书右仆射兼中书侍郎范纯仁知陈州。

北宋元祐四年（1089年）　陈州知府奏请疏浚蔡水入颍河处之古八丈沟（即古百尺堰），功成，谓之新河。

南宋建炎元年（1127年）　七月，淮宁人杜用率众数万起义，都统制王渊镇压之。

南宋建炎二年（1128年）　二月，金兵入淮宁。

南宋绍兴十年（1140年）　六月，金兀术入东京，淮宁知府李正民以城降金。岳飞遣部将张宪收复淮宁府。金兵复围淮宁，知州赵秉渊弃城走，岳飞部将孙显大破金兵于陈、蔡界，李山、史贵、韩直在淮宁战败金兵。

南宋绍兴三十二年（1162 年）　三月，金人攻淮宁，守臣陈亨祖战死。宋将杜彦救淮宁，大败金兵。

元代　初沿宋制，后设行中书省，今周口市域均属河南江北行省汴梁路，宛丘、西华、商水、南顿、项城属陈州。沈丘、鹿邑分属颍州和亳州。

元大德九年（1305 年）　黄河决口于开封小黄村，水灌开封、太康、陈州，水淹千里，泛滥 15 年。

元至元三年（1337 年）　二月，陈州人胡闰儿（棒胡）在汝宁、信州率众起义，攻陈州。

元至正十一年（1351 年）　红巾起义军领袖刘福通率部攻破沈丘城。是年，工部尚书贾鲁，调动数万民工开挖由密县经郑州、中牟、尉氏、扶沟、西华至今周口市川汇区入颍水河道，后名贾鲁河。

元至正十六年（1356 年）　红巾起义军攻占颍州，元将扩廓·贴木儿尽掳沈丘城中军民北遁，城空遂废。

明清时期

明代　初沿元制，后废行中书省，置河南承宣布政使司。开封府陈州辖宛丘、商水、项城、西华、沈丘 5 县。扶沟、太康属开封府。鹿邑属归德府。

明洪武元年（1368 年）　三月，大将军徐达取陈州，元守将左君弼以城归附。

明洪武四年（1371 年）　朱元璋自撰祝文，遣会同馆副使路景贤至太昊陵致祭。是年，移山西、山东、河北等地民于陈州。

明洪武二十一年（1388 年）　山西泽、潞 2 州移民于太康。

明洪武二十三年（1390 年）　秋，黄河决口于开封，扶沟、西华等县漂没民舍，遣使赈济 15700 余户。

明永乐年间（1403－1424）　在今周口市老街处（时称子午街）辟一沙河渡口，由船民周国昌摆渡，名为周家埠口，后称为周家口。

明永乐六年（1408 年）　明成祖采纳尚书郁新奏言，开辟淮、颍、沙 3 河漕运，周家口为漕运要道，逐渐形成集市。

明宣德三年（1428 年）　八月，黄水泛滥，由陈至项淹没城郭，项治所迁殄寇镇（今项城市秣陵镇）。

明正统三年（1438 年）　陈州知州张志道筑淮阳城内画卦台，亭垣 13 门，石刻 1 座。

明正统十三年（1448年） 黄河决口于荥泽，漫流商水、西华、太康等县，淹没田地数十万顷，民多逃往他地。

明成化年间（1465－1487） 贾鲁河通周家口，舟楫直通朱仙镇。

明嘉靖七年（1528年） 陈州在弦歌台设立知德书院。

明隆庆二年（1568年） 修筑沙、颍河堤。

明崇祯七年（1634年） 十一月，李白成义军攻克陈州。

明崇祯九年（1636年） 李自成军突袭扶沟县江村，旋克商水县城、周家口等地。次年，义军10万众进入鹿邑县境，连营25公里。

明崇祯十四年（1641年） 西华、扶沟遍地过鼠，猫见而走避。

明崇祯十五年（1642年） 李自成义军再次攻克陈州，又克西华、鹿邑、太康、扶沟。围沈丘城20昼夜，未果而去。

清代 初沿明制。

清康熙元年（1662年） 八月，黄河水溢南泛，沙河先后决口于商水境葫芦湾、杨家湾。商水、项城、沈丘、扶沟、西华平地水深丈余，民间庐舍漂没几尽，秋不得收，麦播推迟。

清康熙年间（1662－1722） 沈丘人刘璐为康熙医病得愈，康熙赞其“学术醇正，识力过人”。

清雍正十一年至十三年（1733－1735） 陈州垦荒94顷75亩5分。

雍正十二年（1734年）陈州升为陈州府，辖淮宁、太康、扶沟、西华、商水、项城、沈丘7县。鹿邑属归德府。

清乾隆五十九年（1794年） 陈州府创义塾多处，置义田数亩。

清嘉庆十八年（1813年） 治理贾鲁河，西起郑州东徐庄，东至扶沟，费银30余万两。

近 代

清咸丰三年（1853年） 太平军与清军战于商水县李埠口高山顶和鹿邑县南丰集等地，清军败。

清咸丰四年（1854年） 二月二十八日，沈丘、项城捻军千余四处活动，复有捻军七八千人自东南入境，击败署臬司牛鉴所统清军。三月，捻军进抵周家口，越3日，夜去。

清咸丰八年（1858年） 十月，捻军占领周家口，通判王可思毙命。同年，捻军分别进抵淮宁、沈丘、扶沟、太康、商水、鹿邑、西华县境。

清咸丰九年（1859 年）　清将胜保派何熙臣为周家口税务督办，设卡抽税。

清同治二年（1863 年）　六月二十四日，项城人、漕运总督袁甲三病死于陈州。

清同治四年（1865 年）　六月，清廷钦差大臣曾国藩驻周家口，指挥围剿捻军。

清同治五年（1866 年）　十一月二十六日，曾国藩剿捻无成，改以李鸿章为钦差大臣。次年三月二十五日李鸿章至周家口。

清光绪十年（1884 年）　一月，基督教内地会入周家口传教，为今周口市域设教堂之始。

清光绪十六年（1890 年）　天主教、耶稣教传入西华、扶沟、淮宁等地，外籍牧师相继设堂传教，霸占民房和土地。

清光绪二十六年（1900 年）　三月，周家口群众在“义和团”反帝斗争影响下，火烧南寨新渡口基督教堂，毁洋教士楼房 5 间。

清光绪二十七年（1901 年）　六月十五日，陈州等地人民驱赶外国传教士，清廷明令停止文、武科举考试 5 年。

清光绪二十八年（1902 年）　春，因八国联军侵入北京而逃亡西安的西太后挟光绪帝“回銮”，道经河南，征发扶沟、西华车辆各百余赴开封服役。

清光绪三十年（1904 年）　鹿邑、淮宁、扶沟设邮政代办所。

清光绪三十一年（1905 年）　法国天主教会上海徐家汇观象台，利用教堂在太康、扶沟县搜集气温与降水资料，载于《中国之气温》、《中国之降水》两书。

清光绪三十二年（1906 年）　二月九日，周家口仁义会众在吴太山领导下发动反帝斗争，并发布揭帖，声讨教堂罪行。

清光绪三十三年（1907 年）　春，商水粮价昂贵，斗米钱二缗，周家口贫民聚众向富户大商借粮借款，元丰富商顾某平粜米数千石，始告无事。

清宣统元年（1909 年）　扶沟、西华、太康等县分别设立教育会、劝学所，负责宣传、劝导民众识字。陈州知府陶福同创办陈州府初级师范学堂。

清宣统二年（1910 年）　淮宁、周家口、西华成立警察所，置巡警若干人。是年，扶沟、太康县城创办公立乙种蚕业学堂，兼学手工工艺。征收戏捐为办学专款。商水人丁殿帮、李国瑗等集银元 14 万元，在周家口兴建河南省第一家机械榨油厂。淮宁县兴办棉纺织厂，职工 50 人，生产毛巾、被单、平布等，为周口地区第一个棉纺厂。

清宣统三年（1911 年） 夏粮歉收，粮价飞涨，饥民集结向富户索粮。同盟会员、淮宁人严惟恺、西华人王拱璧响应武昌起义，发动师生剪辫子，开展反清活动。黄道会公推查天化（鄢陵人，时籍扶沟）为大帅，带领步兵 700 余、骑兵 300 余，由扶沟誓师东进，会合太康县扶乐城义军攻打太康县城，遭清军阻击，查天化战死，起义失败。

民国元年（1912 年） 1 月 1 日，孙中山在南京就任临时大总统，中华民国宣告成立。各县进步人士奔走相告，喜庆民主共和。23 日，孙中山发表声明：如清帝退位，袁世凯赞成共和，他当即辞职，推袁世凯为总统。3 月 10 日，袁世凯在北京宣誓就任临时大总统。5 至 8 月，西华、鹿邑、太康等县成立同盟会支部。扶沟、西华、太康等县成立县议会。改县衙为公署，改知县为知事。周家口商务总会首次购进煤油，在市场销售。

民国二年（1913 年） 3 月 1 日，裁陈州府，改淮宁县为淮阳县。

民国三年（1914 年） 白朗起义军从豫西向安徽挺进，派侦探百余人到项城、沈丘一带，计划攻取项城，捣毁袁世凯老家。袁指令段祺瑞、张镇芳调两营兵力，驻守项城城关和袁寨，以防袭击。

民国四年（1915 年） 2 月，在美国旧金山巴拿马万国商品博览会上，周口地区草帽辫、黄花菜、双皮盖大皮箱、草等商品参展，太昊陵文物照片同时展出。是年，项城籍人郭毓彬在日本举行的第二届远东运动会上，获田径 880 码和 1 英里比赛冠军，为中国夺得两枚金牌。

民国五年（1916 年） 3 月，鹿邑、太康、西华等县建苗圃。

民国六年（1917 年） 遵河南省教育厅令，改高等小学堂为高等小学校，初等小学堂为国民学校。周家口建立英美烟草公司，外国卷烟始入今周口市域市场。同年，在沈丘槐店设分支机构。

民国七年（1918 年） 扶沟、西华民团改为巡缉队，足营者编营，足队者编队。

民国八年（1919 年） 5 月 10 日，受“五四”运动影响，省立淮阳第二师范、淮阳中学 300 多名师生，上街游行，高呼“打倒列强”、“抗议北洋军阀政府签订卖国条约”，搜查日货，并将日货集中城隍庙前焚烧。继之，项城、商水、扶沟、西华各级学校师生亦上街游行。11 月 6 日，西华县留日学生王拱璧所著《东游挥汗录》在开封发行，揭露日本帝国主义侵华阴谋。销售极快，短期内再版七八次。秋，扶沟、西华、太康、项城等县霍乱流行，死者甚众，扶沟县死亡 3164 人。

民国九年（1920 年） 冬，省立淮阳第二师范与省立淮阳中学师生抗议赵倜企图把郑州抵押给日本，罢课1天。周家口建立福华袜厂。

民国十年（1921年）　吉鸿昌在扶沟县吕潭镇创办吕北小学（后改为鸿昌学校）。周家口巨富李国瑗（绰号李八少）从北京购买1台小内燃发电机，安装发电，供室内及院墙上电网用电，为周口地区用电之始。

民国十一年（1922年）　10月29日，河南自卫军“老洋人”（张国信）率部由上蔡入项城，击毙县警及乡团200余人，县署卫队80余名携械入自卫军。31日破沈丘城，焚烧县署，次日东进安徽。3月15至18日，春荒严重，周家口、沈丘、项城等地灾民掀起抢米风潮。19日，西华县灾民2000余人包围县署，要求平粜。同期，鹿邑饥民纷起向富户借粮。5月，中共党员李之龙（湖北沔阳县人）由开封到省立淮阳第四中学任教，在师生中传播马列主义，并向团中央建议在河南建立地方组织，为中共在今周口市域活动之始。

民国十二年（1923年）　2月16日，西华县青年村自治会、青年公学、村事务所、农会等团体，举行近千人参加的讲演会，强烈要求收回旅顺、大连。3月11日，青年村学务委员会召集17处农村小学师生讲演会。22日，青年村周围140余村2万余农民集会，并致电北洋政府外交部，强烈要求收回旅顺、大连。3月15日，哗变队伍刘桂棠（山东人）部3000余人，途经鹿邑县王皮溜、戴集一带掳掠抢劫，被骑兵师、第10师和14旅击败，毙俘200余人。3月25至26日，省立淮阳第二师范及省立淮阳四中等校师生集会、游行、发表宣言、散发传单，要求取消“二十一条”，收回旅顺、大连。9月，杆首范明新（山东人）率众千人在淮阳、西华、鹿邑等地活动。23日，攻破西华县城，掳票300余人，内有英籍牧师1人。后入皖境，9月底至10月初再次袭扰西华、淮阳等地。10月18日，被吴佩孚收编的原“河南自卫军”张国信的河南游击第二支队在鹿邑“兵暴”。之后，张率部经淮阳、西华、临颍返豫西。同时驻夏邑的张德胜第一支队亦发动“兵暴”，所部途经太康、扶沟西进。是为老洋人“鹿夏兵暴”。10月，遵河南省教育厅令，各县劝学所改为教育局。是年，周家口至郾城、淮阳土公路竣工，通行汽车。周家口创办鼎丰蛋厂，手工操作，年产蛋黄粉、蛋白干约600吨，经汉口、上海、天津转销美、英、法等国。西华县乙种工业学校、县师范、高级小学师生联合在城内演出话剧《斯文扫地》、《瞎子观灯》等节目，力斥孔孟封建礼教。

民国十三年（1924年）　7月，淮阳至亳州、周家口至开封土公路建成通车。秋，省立淮阳第二师范学生苏文焕，组织进步青年阅读《马克思主义浅说》、《列宁传略》、《向导》、《中国青年》等进步书刊。发展共青团员10多人，建立团小组。9至12月，杆首路老九率众数百，先后入商水、周家口、沈丘、西华县境，绑票甚多。周家口富户李国瑗被绑后以30万银元赎回，其他“肉票”随之放出。

民国十四年（1925年）　3月，孙中山逝世，各县城学校师生及各界人士集会追悼。4月，中共党员理琪（太康县人）受党组织派遣回太康县举办讲习所，传播马列主义，并以讲习所学员为骨干组织800多农民，扒除庙宇，捣毁泥胎神像，开展破除迷信活动。6月，上海“五卅”惨案发生后，省立淮阳第二师范、第四中学，西华县城学校师生，沈丘木、泥业工人，农民，商人，学生举行罢课、罢工，游行示威，声讨帝国主义屠杀工人罪行，没收英、日货，捣毁贩卖英、日货店铺。8月，淮阳成立进步青年组织“河南青年社淮阳分社”。是年，路老九率众千余，攻破淮阳城，焚烧城隍庙、县署等处。牛绳五攻破太康县城，掳民甚多，盘踞10余日西去。中共党员苏文焕在省立淮阳第二师范发展韩照远、马子贞等11人入党，建立今周口市域最早的中共组织。

民国十五年（1926年）　春，共青团淮阳特别支部建立，苏文焕任书记。同期，中共派遣共青团员李子纯回西华县城创办新新公学，并任校长，向学生传播进步思想。7月，驻淮阳的国民二军高桂滋旅响应广东革命军北伐，突袭驻沈丘槐店山陕会馆的豫军阎曰仁部某营，获胜。8月19日，杆首牛绳五率众万余进袭扶沟、太康、西华、周家口等地。河南省代省长熊炳琦、督军寇英杰分别电令豫东驻军贾万兴、郭振才及各县民团围剿。12月，中共豫区区委派吕调阳、高光第、施裕民3人到扶沟县发展革命力量，吸收进步青年参加读书会，传播进步思想，迎接北伐军。中共省立淮阳第二师范党支部成立，是今周口市域第一个中共支部。苏文焕任支部书记，韩照远为宣传委员，马子贞为组织委员。

民国十六年（1927年）　2月，豫军阎曰仁部驻防周家口，其弟阎曰智部驻西华县城。同月，奉军入豫，旋即占西华县城，阎曰智部移驻周家口，阎氏兄弟所部军需均由当地人民供给。3月中旬，武汉政府北伐军进至上蔡县，奉军援鄂副总司令韩麟春命驻周家口、商水的16旅56、78、83团开往上蔡，阻止北伐军。与此同时，奉军11军赵恩臻部由西华逍遥镇南下至华陂、商水一线。14日，46旅向商水县城、龙塘河、北蔡寺进犯，欲与北伐军决战，在上蔡县东、西洪桥被北伐军击败后，向北逃窜，途经商水、西华城乡，抢粮抢物，奸淫妇女。5月18至24日，北伐军第4军军长张发奎率第10师、第26师进抵商水县城、周家口、西华。驻防期间，召开军民联欢会，开办党务训练班，开展社会调查等活动，深受民众欢迎和支持。5月23日，北伐军独立15师在师长贺龙率领下，由商水县邓城渡过沙河，12师在副军长黄琪翔率领下由老窝渡过沙河，24日攻占西华逍遥镇，击毙奉军数百人，俘虏四五百人，打破奉军郾城至周家口沙河百里防线。6月，“郑州会议”后，国民党反动统治在河南省确立，冯玉祥为首任省主席。夏，商水、西华、太康、扶沟等县成立国民党县党部。9月，中共河南省委派李梅村到鹿邑县发展组织；派高石关、吴丹坤、刘任平到省立淮阳第二师范重建党支部，马翰青任支部书记。10月，中共党员李梅村在鹿邑县以峨眉山道主身份加入张朝聘组织的红枪会，宣传革命思想，壮大革命队伍。同期，扶沟县地下党员吕调阳、高光第组织贫雇农积极分子80多人，将固城一带的年作会改为雇农会，发展会员70多人。冬，西华县共产党员张仁甫在岗张发展党员10余人，建立党支部，为周口地区第一个农村党支部。是年，周家口经项城、沈丘至安徽省太和县土公路通行汽车。

民国十七年（1928年）　1月，西华县岗张、吕家、黄连城、夏城等村的中共党组织遭破坏，农会委员张启云被捕，张仁甫等转移外地。2月，中共河南省委派吕调阳、施裕民、高光第先后回扶沟，以固城、塔湾、曹台为重点，发展党员，组织贫雇农，准备武装起义，事泄，起义失败。2月18日，鹿邑县红枪会在共产党领导下，会首张朝聘集结会众两万余人，包围县城，要求减少税收，惩办贪官劣绅。21日，河南省政府派豫东民团第3军军长韩多峰率部镇压，红枪会围城失败。4月上旬，杆首、商水人史万成率众盘踞商水县城，烧杀抢掠，被韩复榘部剿灭，史被解至郾城县处决。春，李子纯受中共委派，潜入周家口国民党党部任组织部长，秘密发动和领导工人运动。同期，马建农被派往沈丘槐店，以教书作掩护发展中共组织。7月，西华岗张一带建立中共特区支部，张仁甫、王负五等人负责。10月，因叛徒出卖，党组织遭到破坏。夏，中共党员江梦霞在鹿邑县城组织以商贩为主的扁担队，并创办民智书社，出售进步书刊，传递党的文件和宣传品。次年夏，江梦霞利用百货厘金局和小商贩的矛盾，发动扁担队和市民、工人开展抗捐税斗争，赶跑税警。是年，各县奉省主席冯玉祥令开展拆除神胎、破除迷信、妇女放脚等活动。周家口经淮阳至鹿邑土公路通行汽车。

民国十八年（1929年）　元月初，中共党员郭效孟回太康建立党支部，并任支部书记。中旬，李梅村代表中共河南省委到太康巡视工作，要求做好发展党员等工作。春至夏，中共党组织力量壮大，李子纯在西华青年村建立党支部；李静如等在鹿邑建立党支部；中共河南省委宣传大队在周家口建立联络站，活动于太康、淮阳、沈丘、西华等县。是年，河南省政府主席韩复架到周家口、淮阳、商水视察。

民国十九年（1930年）　2月1日，中共豫东特委在鹿邑建立，李梅村任书记，徐庶任副书记。负责鹿邑、沈丘、淮阳、周家口等地工作。1931年春，特委工作停止。春，国民政府在周家口南郊臧岗坡筹建飞机场，1935年建成。春，吉鸿昌捐资5万元，在扶沟吕潭开办阿托合作工厂，有厂房20余间，半机械化织布机和针织机20部，工徒30余人，聘用上海技师，生产袜子、毛巾、布匹等。

5至10月，蒋介石与冯玉祥、阎锡山展开中原大战。其间，周口一带除沈丘、项城外，均为战区，其中太康、西华、鹿邑为主战区。太康、鹿邑属陇海战区；商水、西华、扶沟属平汉战区；周家口、淮阳为蒋军联系两大战区的通道；沈丘、项城为蒋军后方。大战中，5月11日蒋军新21师包围鹿邑县城，对守城的冯阎联军孙殿英部正式开始围城战。14日，联军孙长胜骑兵师3000余人由太康增援鹿邑，双方在王寨、赵村间展开激战，形成对峙。6月5日蒋军一度撤围退防，7日又增调暂4师开驻淮阳的戴集和今属郸城的吴台庙，调骑4旅至试量，双方相持月余，均无进展。7月中旬，冯玉祥调任应岐、王振两军及孙连仲十一、十三两个师近万人，由西华、太康驰援鹿邑、亳县。16日，蒋军全力攻亳。22日，孙殿英突围西逃柘城。23日，蒋军进占鹿邑。6月中旬，冯玉祥针对蒋介石的“左翼迂回进攻方案”，部署了“口袋阵”，在杞（县）太（康）边闪开一条通道，诱敌北进，同时调集重兵严守扶（沟）太（康）边。17日，战斗在杞县南部打响。激战三日，蒋军毫无进展。后，蒋介石侦知冯的“口袋阵”，速令各师向太康撤退。冯军跟踪追击，22日在太康北发起全面进攻，战斗白热化，双方伤亡惨重。8月下旬，冯玉祥乘蒋军集中兵力于山东津浦线之机，在豫东发动强大的“八月攻势”，淮、太、西、柘是南端主战场。时连降5天大雨，双方在泥水中作战，冯军攻势严重受挫。22日，蒋军结束津浦线作战任务，主力调进河南，“八月攻势”慌忙收兵。9月5日，蒋军开始执行蒋介石总攻击令，双方展开激战。6日晚蒋军攻占西华，10日，太康守军王泰部投蒋，任应岐部西撤。15日，蒋军48师攻克扶沟。是月，吉鸿昌部11师兵败后，在淮阳被蒋收编为第二十二路军，吉任总指挥。5月8日，中原大战前夕，蒋军调第九军五十四师郝梦龄部开至逍遥镇、黑龙潭（属漯河市郾城区）一线驻防。12日，由逍遥西进，15日经裴城攻至临颍东关。

民国二十年（1931年）　4月20日，中共西华县委配合苏区反围剿斗争，利用县城北关古刹大会，散发传单，张贴标语，宣传红军反围剿胜利。

后宣传活动发展到漯河、周家口等地。5月，河南省政府通电逮捕中共豫东特委领导人江梦霞，江转移到鄂豫皖苏边区。夏末，中共周家口中心县委成立，徐庶任书记，张海波负责组织工作，马华负责宣传工作兼秘书。次年2月，主要领导人被捕，中心县委遭破坏。“九一八”事变发生后，淮阳县掀起抗日怒潮，各学校罢课3天。扶沟、西华、项城师生游行，高呼“还我沈阳”、“打倒日本帝国主义”等口号，并查禁日货。扶沟女师学生胸佩“抗日救国”徽章深入农村宣传。

民国二十一年（1932年） 1月19日，河南省政府建设厅派员到周家口勘测并拟订修建沙河大桥计划。2月14日，省政府主席刘峙赴周视察建桥地址。次年5月22日动工兴建，由上海同济大学校友组成“同成公司”投标承建，杞县人王祷山（留美学生，攻土木工程）领工。1935年7月建成，时称“洋桥”。桥北左侧置一铁牛，为防汛警戒水位标志。春，抗日反帝怒潮遍及区内。沈丘县中共党组织发动近千名学生和市民举行反帝示威，捣毁天主教堂、福音堂；太康县中共党组织在村镇散发传单，进行反帝宣传，揭露蒋介石不抵抗主义；项城县各界人士组织对日经济绝交总会，开展抵制日货活动。8月，河南省第三区行政督察专员公署在淮阳建立，10月改为第七行政督察区，辖淮阳、沈丘、商水、项城、西华、扶沟、太康、鹿邑8县。8月，中共西华县组织遭破坏，刘少楼、杨体波被捕，安国全、杨体清、张学勤、张学俭被通缉。秋，在周家口创办商水、淮阳联立中学，后改为七区八县联立中学。是年，河南省政府令各县取消乡、镇自治，设立区署，实行保甲制，10户为甲，10甲为保。

民国二十二年（1933年） 1月，中共西华县党组织在西（华）郾（城）边界丁庄、南陀、南流等村组织农民暴动，因叛徒告密，暴动失败，党组织遭严重破坏。4月30日，汴粤国道公路周家口到潢川段路基动工，6月30日竣工。

民国二十三年（1934年） 3月，中共省立淮阳第二师范支部遭到破坏，负责人邢海平被捕，其他党员相继转移。春，由中共地下党员韩纪文发起，薛朴若、崔华甫、祝锦文、薄馨运、方绍周等人响应，在淮阳城北大街创办豫东书报杂志社，出售《革命文豪高尔基》、《阿Q正传》等进步书刊。11月24日，吉鸿昌在北平就义，遗体运回故里扶沟县吕潭镇安葬。1964年墓葬迁往郑州烈士陵园。

民国二十四年（1935年） 2月，中共太康县党组织因叛徒出卖遭破坏，党员郭效孟、刘振东、杨灿瑜、陈立申被捕，家属受到残酷迫害。12月20

日，受“一二·九”运动影响，淮阳城内师生在省立第二师范广场召开动员大会，成立抗日救国会，并举行声势浩大的游行示威。冬，西华三岗小学改为普理学校，王子英任校长，胡晓初任董事长。学校向工农开门，贫苦子弟免费入学。成立青年学生同盟会、少年先锋队进步组织。在其影响下，三岗一带先后设立8个学校，学生达800多人。

民国二十五年（1936年）　10月，经中共中央北方局批准，中共豫东特委在西华县陵头岗成立。沈东平任书记，路岩岭、王子英为委员，王子英兼任西华县委书记。是年，开封电影队到扶沟放映无声电影武侠片，开区内放映电影之先河。区内出口槐山羊板皮120万张，约占全省当年出口量的1/3。

民国二十六年（1937年）　2月8日，中共豫东特委在西华县三岗、红花一带组织群众开展夺粮斗争，打开大地主胡逊安、马乐园粮仓，分粮给贫苦农民。3月底，太康县在中共负责人张俊峰、邢普林领导下，创建抗日救亡文艺团体，后发展到230多人，名为长白话剧团。6月，中共扶沟党组织在塔湾一带组织贫雇农抢收地主小麦。同期，中共太康县党组织组织爱国青年学生200多人开展抗日救亡募捐活动。7月7日，卢沟桥事变爆发，国民党29军37师110旅219团团长、扶沟人吉星文率部在卢沟桥打响了8年抗战第一枪，全面抗日战争开始。事变消息传到区内，多数县城师生罢课、游行，开展抗日宣传活动。7月中旬，淮阳县中共地下党员周明坤（女），在县民众教育馆组织50多人参加淮阳抗敌后援会，演话剧、出墙报、教歌曲、印刊物，开展抗日宣传活动。11月21日上午，日军飞机6架袭击周家口飞机场，空军第4大队大队长高志航牺牲。次日，日机11架复袭周家口机场，小队长毛营初驾机迎战，击落日机1架，坠毁于商水县王沟桥村南，其余日机逃窜。12月，中共豫东特委在西华县陵头岗普理学校举办第二期抗日训练班，学员300余人，发展党员21名。学员结业后，赴各县发动群众，开展抗日活动。是年，中共党组织遍及全区，先后建立中共鹿邑、太康、西华、扶沟县委，周家口、鹿邑中心县委，槐店区委及城乡基层党支部34个，特别支部1个，共有党员258名。

民国二十七年（1938年）　1至6月，中共河南省委领导的光明话剧团先后在太康、扶沟、西华、项城、沈丘等县开展抗日宣传活动。2月，淮阳县薛孟庄人薛朴若在本村发展党员，建立党支部，并发动群众，筹备枪支，组织抗日游击队，年底发展至400多人。春，西华县灾荒严重，中共豫东特委组织群众在贾鲁河龙池头至上郭桥段截获河南省政府运往陕西待高价出售的17船粮食，大部分给农民。5月下旬，中共豫东特委按照统一战线政策，组建西华人民抗日自卫团，3000多人，由国民党西华县长楚博任司令，原西北军将领魏凤楼，共产党员胡晓初、屈申亭、侯香山任副司令，豫东特委书记沈东平任参谋长，王其梅任政治部主任。后发展到4个支队，6000多人，改名抗日自卫军，年底歼灭日伪军千余人，成为区内人民抗日的主力军。6月1日，日军占领鹿邑县城。6月6日和9月5日，太康、淮阳县城先后沦陷。6月9日，国民党政府妄图“以水代兵”，扒开郑州花园口黄河大堤，15日前后黄水入境，区内203.1万人受灾，死亡27.56万人，逃荒63.93万人，冲毁村庄3829个，倒塌房屋134.9万间，牲畜损失29.1万头，农具和其他损失折款635.3亿元（法币）。7月28日，豫东特委书记沈东平在太康东北马路村与日军激战中牺牲，年仅32岁。8月上旬，彭雪枫和秘书黄林为组建新四军游击支队，先后到西华、扶沟、周家口视察工作，在扶沟抗日训练班作重要讲话。8月，何柱国的骑2军受命驻守沈丘，1941年5月该部升编为第15集团军。9月下旬，中共周口市委成立，张先舟任书记，贾达夫任组织部长，汪治任宣传部长。10月上旬，彭雪枫率新四军游击支队300余人挺进豫东，与抗日先遣支队和抗日第3支队会师于西华县杜岗。10月27日，彭雪枫率领新四军游击支队在淮阳县窦楼与日军骑兵激战半小时，击毙敌酋林津少尉以下数十人，缴获子弹2000余发。11月上、中旬，中共中央派张爱萍到鹿邑县建立中共鹿邑县工作委员会，并做县长魏凤楼的统战工作。15日夜，张爱萍率教导队学员30余人配合魏部歼日伪军1个中队，收复鹿邑县城。11至12月，河南省政府撤换同情抗日的第七区行政督察专员公署专员刘莪青，继之以“通匪”罪名，将西华县长兼自卫军司令楚博杀害于西安。12月，新四军游击支队进驻鹿邑白马驿，整编为第一、二2个团及西华东进支队和直属独立营、特务连、侦察连等，共3412人。

民国二十八年（1939年）　1月1日，中共淮阳抗日游击队同国民党军40军李振清旅配合，在张大庄、于集歼日伪军近千人，击毙日中队长香月敏清、小队长柳山享作等数名官兵，击毁坦克3辆，汽车10余辆。4日，《新华日报》发表短评，称为“淮阳大捷”。2月18日至20日，李振清旅在豫东特委配合下，在太康县常营与日伪军激战，毙伤日伪军千余，俘20多人。3月13日，日伪军500余人突然包围淮阳县薛孟庄，烧毁房屋400余间，绑架2名游击队员和12名青壮年至县城，除4人脱险外，其余遇难。7月，中共河南省委副书记兼组织部长向明到西华，兼任豫东特委书记。11月，国民党第一战区长官部电促刘基炎调西华人民抗日自卫军去舞阳“整训”，旨在分化瓦解。途中，中共豫东特委迫使刘基炎同意，部队回师东进，经7天急行军，终与彭雪枫的主力部队会师。12月，豫东特委多数领导随部队东进，刘道安接任特委书记，特委和西华县委活动于三岗、枣口一带。

民国二十九年（1940年）　1月28日，在淮阳县朱集驻防的国民党军56师3团，突遭日军三面合击，激战1天，3团将士大多殉难。2月25日夜，国民党军81师纠集地方团队何相臣、范莱臣、张坦然等地主武装300余人，围攻西华县三岗，杀害共产党员2人，捕3人，杀害无辜群众百余人。西华共产党活动转入地下。4月，魏凤楼接受国民党第一战区司令长官命令，率部队去洛阳“整编”。5月14日，国民党军某部在淮阳县小焦庄截击日军汽车2部，击毙日军20多人。次日，日军到小焦庄报复，烧毁房屋160多间。秋，周家口理发工人李文干等进行抗税斗争，遭到商水县政府关押，商水、淮阳、开封等县理发工人联合抗议。当局恐事态发展，将李文干等10人释放，并减少理发税。7月1日，水东独立团在太康县苑寨召开比武大会，突遭日军袭击，独立团战士奋起还击，因敌我力量悬殊，独立团伤亡10多人。9月，中共豫东特委书记胡锡光去延安，特委工作停止。是年，日军飞机轰炸项城、沈丘县城。次年春轰炸商水县城，炸死百姓多人，炸毁建筑物、桥梁多处。

民国三十年（1941年）　2月6日，日军占领扶沟县江村，烧房400余间，杀死无辜百姓700多人，杀绝10户，奸淫妇女无计。8月，中共水东（西华、太康、淮阳、睢县、杞县）联防办事处成立，薛朴若任主任。8月，国民党军汤恩伯部在周家口设立船舶管理所，对沙颍河水运实行军事管制。12月，日军包围驻守淮阳冯塘的国民党军泛区抗日游击挺进17纵队方守卿部，激战1天，方部伤亡百余人。

民国三十一年（1942年）　1月8日，日军百余扫荡淮阳黄路口，与国民党军15集团军何柱国部遭遇，激战两天，毙伤日军70余人，何部伤亡近500人。是年，大旱，又遭蝗虫，形成特大自然灾害。至次年春，粮价飞涨，人以树皮、野菜充饥，区内饿死近30万人，逃亡者不计其数。

民国三十二年（1943年）　1月30日，驻淮阳汲冢集国民党军鲍汝礼部500多人在葛庄、许寨一带与抢粮日军遭遇，激战一昼夜，鲍部将士全部阵亡。6月3日，中共水东办事处颁布赎地法令，对因灾荒贱卖的土地、器物允许赎回。夏，为阻挡日军进攻，国民党军某部工兵营炸毁周（口）潢（川）公路黄冲桥。在此前后，大挖交通沟，区内主要公路多被挖断。

民国三十三年（1944年）　6月7日，日军第27师团步骑兵500余人由鄢陵南犯逍遥。8日晨增兵至1200余人，分别向冷饭店、谭庄进犯，国民党守军康乐三的挺进1纵队第2支队阻击。日军以猛烈炮火攻击，并大肆施放燃烧弹、毒气弹，守军与群众大多中毒，谭庄房屋尽毁，9日谭庄失陷。当晚，挺进4纵队和暂2旅、暂3旅增援，先后收复谭庄、逍遥。6月17日，日军1200余步骑兵，由漯河再犯谭庄，企图攻占商水、周家口，国民党部队暂9军111师师长孙焕彩和骑3师等部奉命抵抗。18日16时，日军攻陷商水，111师乘夜反攻，19日晨击溃日军，收复商水。同日8时，日军攻占周家口北寨，111师和骑3师9团受命组织反攻。20日，骑9团在杨尢庄附近与东进之700余名日军遭遇，激战1时许，敌向东南逃窜。6月20日，日军包围商水县城东、南、北三门，守军111师661团与骑8团、骑9团与敌展开激战。傍晚，日军由漯河增兵600余名，汽车24辆，并将主力调向东门，夜10时两次攻入东门，敌我双方在城内展开激烈巷战。22日13时，守军突围出城，商水重陷敌手。是役毙敌400余人，伤敌300余人。7月，建立中共淮（阳）太（康）西（华）县委和抗日民主县政府，段琴堂任县委书记兼县长。同日组建县大队，有200人枪。8月16日，日军扒开周家口南寨沙河堤，淹没30多条街道，塌房6100余间，淹死及失踪200多人，洪水至商水、项城、沈丘，淹没村庄、秋稼无算。8月17日，太康县伪县长李一岱带领伪军千余人，到县北根据地抢粮，中共冀鲁豫军区独立团和太康县大队在张帝臣、石山一带伏击，歼伪军600余人，缴获大批物资，并活捉李一岱。12月24日夜，日军侵入商水县李楼村，残杀群众23人，刺伤8人，烧房28间，奸淫妇女多人。是年，第七区行政督察专员公署由淮阳迁往项城县水寨镇。

民国三十四年（1945年）　1月，中共冀鲁豫军区令128团（亦称老8团）越过陇海路，进入水东地区，与水东独立团会合，区内抗日力量增强，形势大为好转。2月19日，128团联合冀鲁豫军区30团，会同淮太西地方武装共3000余人，在太康叶寨一带与伪军泛东挺进军总队及所属第5纵队激战27小时，歼伪军1600余人。3月15日，中共扶（沟）太（康）西（华）县委和抗日民主县政府成立，同时建立县大队，张超海任县委书记兼县大队政委，孙卫和任县长兼县大队长。3月19日，128团、30团在扶沟县吕潭镇召开纪念吉鸿昌大会，并慰问烈士家属，将烈士生前所办“中山中学”改为“鸿昌学校”。3月下旬，扶太西抗日民主政府组织泛区返乡群众开荒种地。6至7月，修筑黄河大堤15余公里，近6万亩土地免遭其害。5月26日，128团在商水县砖桥（今属郾城县）遭西华、郾城、上蔡3县联防团张坦然部阻击，经激战，张部死伤数百人，128团缴获枪械600余支。6月，128团全歼驻守西华县西夏、逍遥、张明、郭襄寨、望田伪军62师。6月，中共太康县委通过对敌统战工作，使4名日军先后投诚，由王集送往豫鲁办事处。7月，中共冀鲁豫军区120、15、30团围歼驻扶沟县城国民党军68团，收复扶沟县城。7月，中共领导的淮太西县五里口、东夏亭两个区队，击溃驻守西华县城的日伪军，收复西华县城。8月15日，日本无条件投降，抗日战争胜利结束。8月20日，伪第四方面军独立师魏凤楼率5000余人在淮阳县柳林集起义，开赴西华县东夏亭，整编为豫东纵队，魏凤楼任司令员。9月，国民党军为抢夺胜利果实，向水东地区集结重兵，以3个正规师兵力，加上伪军第4方面军张岚峰部，先后占领区内各个县城。9月25日，冀鲁豫军区30团、18团和太康县地方部队约3000人联合作战，全歼驻太康县城郭馨坡部2500人，缴获长短枪2400多支，轻重机枪10挺，解放太康县城。10月，128团奉命离开区内，与新四军5师会合。

民国三十五年（1946年）　5月23日，冀鲁豫军区30团，在太康清集一带消灭禹县保安团500多人。6月，国民党反动派破坏“停战协定”，发动全面内战，1个月内国共两党军队在区内交战达28次之多。9月2日，冀鲁豫军区独立旅攻克淮阳县城，活捉国民党县长刘知凯、保安司令冯开运，俘官兵千余人。11月18日，中共华中军8分区34团、35团和宿东支队，在鹿邑县枣集（今宋河镇）歼灭国民党地方武装1000余人。11月23日，中共淮阳县委和县人民政府建立。是年，联合国救济总署调264台拖拉机到黄泛区腹地扶沟、西华垦荒，为周口地区使用拖拉机耕地之始。

民国三十六年（1947年）　1月，中共豫皖苏边区第二地委、专署和军分区在鹿邑县王寨（今属郸城县）成立，李中一任书记兼分区政委，薛朴若任专员，魏凤楼任司令员。1至8月，国民党调动10万兵力对豫皖苏区发动进攻，区内地方部队配合主力部队反击，毙伤国民党军2000人，俘800余人，缴获大批武器弹药。先后解放太康、鹿邑、沈丘、周家口、商水、项城等地。3月15日，黄河花园口堵复合龙，黄河归故道。扶沟、太康、西华等黄泛区逃往外地灾民陆续返乡，重建家园。7月13日，国民党沈丘县大队大队长张洪亮率部300余人，突袭中共沈项临县政府临时驻地张保园村，县长胡凌云牺牲，团长赖鹏、指导员张桂兰、排长罗法祥等8人被俘，23日在沈丘老城英勇就义。7月23至25日，豫皖苏军区独立旅和中原军区独立旅联合向驻守周家口的国民党军发起攻击，经过3昼夜激战，全歼交通警察17总队，周家口再次解放。8月16至18日，刘邓大军千里挺进大别山，途经周家口一带，16日晨右路军1纵骑兵团占领淮阳，掩护纵队主力沿太康东西两侧南下，进入黄泛区。同时中路军2、6纵队抵达鹿邑境内。时值汛期，黄泛区泥沼地带遍地积水泥泞，行军艰难，尤其炮车、军械车难以前进。泛区人民冒着敌机轰炸在泥潭中铺路，以高粱秆填泥窝，车辆用人推牛拉，军需物资肩扛人抬。从17日下午至次日凌晨，胜利通过15公里沼泽地带，继续南征。18日至22日，刘邓大军各路纵队17日陆续进抵沙河沿岸。区内西起商水李埠口东（今属周口市川汇区）至沈丘纸店60多公里长的沙颍河上架浮桥多座。17日，2、6纵在沈丘的4处渡口渡河，18日，刘伯承、邓小平在沈丘下溜渡口渡河。一纵先头部队进抵淮阳新站渡口后，群众集结隐藏的50余条船只，于17日黎明前送大军南渡，离岸约30米，南岸守敌发觉，仓皇射击。渡河勇士还击，经激战，守军溃逃，抢渡成功。8时，敌机10多架临空疯狂轰炸，投弹120多枚。18日，空袭骤增，渡河受阻。1纵一面继续在祝湾、牛口、水寨等处组织强渡，一面阻击敌军追袭，直到22日全部渡过沙河。9月9日，豫皖苏军区主力再攻淮阳县城，俘国民党第七区督察专员公署专员张振江、保安副司令王成璋等以下官兵1050人，毙伤170余人。12月22日，两架国民党重型轰炸机扫射扶沟县罗大庙学校，投弹7枚，炸死学生18名，伤2名。是年，区内先后建立中共县级党政机构。继西华县委、县政府建立之后，邻县边区建立沈鹿淮县、沈项临县、郾商西县。后相继恢复沈丘、项城、商水等县，建立县委和县民主政府。

民国三十七年（1948年）　1月，中共中央中原局民运部长刘子久、组织部长陈少敏参加沈丘县委扩大会议。会议总结开辟沈丘的经验和教训，部署土地改革、巩固乡村政权、支援全国解放等项工作。1月18日，周口市政府成立，窦伯祥任市长。1至2月，豫皖苏军区独立旅在各县地方武装配合下，先后消灭国民党地方武装沈丘县大队张洪亮部1000余人，太康县大队郭馨坡部600余人，鹿邑、淮阳、太康3县联防团数千人。4月，区内发行中州币，禁用法币及银圆、铜圆。7月8日，睢杞战役开始，中原野战军第一、二、三、四纵队在商水县汾河沿岸至青龙沟一带，阻击从驻马店北上增援的吴绍周兵团，胜利完成阻击任务。同期，部分县地方武装转为主力部队，补充中原野战军。8月20日，郾商西、西华2县大队配合淮阳军分区围剿商水县境内国民党西华、商水地方武装。21日攻占焦寨、万金、乔庄等村，俘中队长王安民以下60多人。9月，国民党地方武装鹿、淮、亳等8县联防队2万余人集中于商丘阎集一带，魏凤楼率领一、三、四、三十团和独立旅十五团，在各县地方武装配合下，经激战，全歼联防队。11月6日，淮海战役开始。各县组织担架队、运输队，出动大批车辆、船只运送粮草、弹药，支援人民解放军。12月9日，商亳鹿柘县大队于卢庙歼灭从淮海战场溃逃的国民党军300余人，生擒孙元良兵团47军副军长李家英及军以下官佐30余人。是年，各乡村先后成立农民协会、妇救会、儿童团、姊妹团，开展对敌斗争。

民国三十八年（1949 年）　1 月，开展扩军，淮阳、周口、西华、鹿邑等 5 县市 4234 人参军。3 月，为支援解放军渡江作战，各县成立支前指挥部，建立兵站，征集粮草。3 月 20 日，中共淮阳地委、专员公署、军分区成立，何启光任书记、分区政委，薛朴若任专员，方正任司令员。淮阳专署辖鹿邑、太康、淮阳、沈丘、项城、西华、扶沟、商水和周口市。4 月，各县开展禁毒。淮阳县铲除罂粟苗 9139 亩，收缴鸦片烟土 7216 两，海洛因 104 两，逮捕贩毒、吸毒犯 781 人，处决严重贩毒、吸毒犯杨玉振。

主要参考文献

《二十五史》
《资治通鉴》
《水经注》
《春秋》
《左传》
《元和郡县志》
《太平寰宇记》
《纲鉴易知录》
《读史方舆纪要》
《汉书新注》
《陈州府志》
《西华县续志》
宣统三年《项城县志》
民国七年《商水县志》
周口地区地方史志编纂办公室编：《周口地区志》，南开大学出版社，1999年。
扶沟县志编纂委员会：《扶沟县志》，河南人民出版社，1986年。
沈丘县志编纂委员会：《沈丘县志》，河南人民出版社，1987年。
商水县地方志编纂委员会：《商水县志》，河南人民出版社，1990年。
淮阳县地方史志编纂委员会编：《淮阳县志》，河南人民出版社，1991年。
太康县志编纂委员会编：《太康县志》，中州古籍出版社，1991年。
鹿邑县地方志编委会主编：《鹿邑县志》，中州古籍出版社，1992年。
郸城县地方志编纂委员会：《郸城县志》，中州古籍出版社，1992年。
西华县地方史志编纂委员会：《西华县志》，中州古籍出版社，1993年。
周口地方史志编纂委员会：《周口市志》，中州古籍出版社，1994年。
项城县地方志办公室编：《项城县志》，南开大学出版社，1999年。
戚励和等编：《中国古今地名大辞典》，商务印书馆，1982年。

黄惠贤主编:《二十五史人名大辞典》,中州古籍出版社,1994 年。
杨伯峻:《春秋左传注》,中华书局,1990 年。
谭其骧:《长水集》(上册),人民出版社,1987 年。
张志峰主编:《中国通史》,作家出版社,2006 年。
王育民:《中国历史地理概论》,人民教育出版社,1988 年。
中国社会科学院考古研究所河南二队等:《河南周口地区考古调查简报》,《考古学集刊》第 4 集,中国社会科学出版社,1984 年。
霍进善等主编:《三皇之首太昊伏羲》,河南美术出版社,1998 年。
邱鹤亭注译:《列仙传注译》,中国社会科学出版社,2004 年 9 月。
王迎喜著:《安阳通史》(原始社会 - 1949 年),中州古籍出版社,2003 年。
辛德勇:《秦始皇三十六郡新考》,《文史》2006 年第 1、2 期。
曹桂岑:《楚都陈城考》,《中原文物》特刊 1981 年。
云梦睡虎地秦墓编写组:《云梦睡虎地秦墓》,文物出版社,1981 年。
黄盛璋:《云梦秦墓两封家信中有关历史地理问题》,《文物》1980 年第 8 期。
韩秉方:《〈老子铭〉考释》,《江西社会科学》2002 年第 1 期。
王大良:《从晋末丧乱看客家先民的第一次南迁》,《客家大观园》1996 年第 1 期。
郝万章编著:《程颢与大程书院》,中州古籍出版社,1993 年。
徐洪兴:《旷世大儒——二程》,河北人民出版社,2000 年。
傅辉:《河南插花地个案研究(1368 - 1935)》,《历史地理》第 19 辑,上海人民出版社,2003 年。
张玉吉等:《洪洞古大槐树志》,山西人民出版社,1988 年。
邹逸麟:《历史时期华北大平原湖沼变迁述略》,《椿庐史地论稿》,《历史地理》第 5 辑,上海人民出版社,1987 年。
中国水利学会水利史研究会等:《中原地区历史水旱灾害暨减灾对策学术讨论会论文集》,1991 年。
陈可畏:《楚汉战争的垓下究竟在今何处》,《中国史研究》1998 年第 2 期。
许东方:《周口古代书法述略》,《周口师范学院学报》第 24 卷第 1 期(总第 108 期),2007 年 1 月。
许檀:《清代河南的商业重镇周口——明清时期河南商业城镇的个案考察》,《中国史研究》2003 年第 1 期。
顾建娣:《十九世纪中叶河南的圩寨》,中国社会科学院近代史研究所青年学术论坛(2003 年卷),中国社会科学院近代史研究所编,社会科学文献出版社，2005 年。

吴俊范：《近代中原外向型经济的发展及其影响》，《中国历史地理论丛》2006 年第 1 期。

苏为建：《袁世凯的妻妾子孙》，《济南文史》2006 年 5 月。

渠长根：《筑堤阻敌，以黄制敌——论 1938 - 1945 年国民党在黄泛区的抗战策略》，《军事历史研究》2004 年第 3 期。

杨文森：《陈楚文化体系中的方志资源及其利用》，《周口师范学院学报》第 24 卷第 1 期（总第 108 期），2007 年 1 月。

倪胜章：《沈丘“文狮子”舞溯源》，《寻根》2008 年第 1 期。

石国文：《解放战争时期周口市各县城历次解放简况》，《周口党史》2006 年第 1 期。

中共周口市委党史研究室：《简述中国共产党 1921 年 - 1987 年在我市的发展历程》，《周口党史》2006 年第 1 期。

周口歷史文化通覽

民俗卷

（上）

《周口历史文化通览》编委会　编

學苑出版社

图书在版编目(CIP)数据

周口历史文化通览/《周口历史文化通览》编委会编. —北京:学苑出版社, 2009.12

ISBN 978-7-5077-3279-5

Ⅰ. ①周… Ⅱ. ①周… Ⅲ. ①周口市-地方史②文化史-周口市Ⅳ. ①K296.13

中国版本图书馆 CIP 数据核字(2009)第 206140 号

出 版 人: 孟 白
责任编辑: 刘 丰
出版发行: 学苑出版社
社 址: 北京市丰台区南方庄2号院1号楼
邮政编码: 100079
网 址: www.book001.com
电子信箱: xueyuan@public.bta.net.cn
销售电话: 010-67674055、67675512、67678944
印 刷 厂: 高碑店市鑫宏源印刷包装有限责任公司
开本尺寸: 787×1092 16开本
印 张: 246.25
字 数: 4200千字
版 次: 2010年6月第1版
印 次: 2010年6月第1次印刷
定 价: 980.00元(全套四卷八册)

《周口历史文化通览》编委会

《民俗卷》编委会

《周口历史文化通览》

前 言

地处黄淮平原的周口，历史文化积淀深厚，是一片蕴涵着丰饶文化资源的富矿区，这就让我们面临了三个任务：一是有力保护好，使文化资源不能自然湮没于时间，不能人为损毁于无知或利益；二是务实开发好，充分挖掘和展示其价值，让历史深处的燧火点燃我们今天案头的灯盏；三是全面传承好，当我们把这份遗产交给后人的时候，不能只是仰承历史原汁原味的东西，还要有我们的总结与创造、思想与智慧在里面，赋予其时代内涵，形成一个文明的新高度。最初动议编纂《周口历史文化通览》就是基于完成这三个任务的考虑，这是立意定位，也是一种文化责任感的体现。

2005 年初编纂工作正式启动后，围绕写什么和怎么写，我们首先遇到的是通览周口历史文化的点、线、面关系处理问题。周口是个空间的点，历史是条纵向的线，但繁衍于周口这片土地的历史文化却不是相对封闭的地域文化，而是具有很强空间辐射力和时空穿透性的活力四射的文化形态。地理与气候是周口最早形成的优势，居平原腹地，握黄淮之枢，草木茂盛，渔猎相益，6000 多年前伏羲氏部落的先民创造的原始文明，因为不断传播和广为接受而成为华夏文明的源头。这就决定了审视周口历史文化的着眼点就应该由焦点透视调整为散点透视，在中原文化、民族文化、中华文化的大背景下廓清周口历史文化的脉络，理其繁，纠其伪，释其疑，续其断，还原一些东西，深化一些东西。这是应有的学术视野，也是研究历史文化的一种科学理念。

四年多来，360 多位编纂人员根据《通览》四卷即历史卷、文化卷、民俗卷、人物卷的类别分工，全身心地投入工作中，克服资料缺乏、经费紧张等多重困难，凭着周口人的乡土情怀，凭着文化人的求知劲头，凭着工作者的职责意识，勉力实施这项没有先例可循、没有模式可套的大工程，以勇于开拓创新的精神，积极探索，锐意进取，志在出精品，填补周口历史文化发展史上的空白。其间所表现出来的工作作风和学术精神，也成为一种独特的时代文化现象。

书印出来了，无论我们的愿望多么美好，工作多么努力，但缺憾肯定是难免的，也就一并留给后人去弥补吧。这是历史和文化发展规律决定了的。

《周口历史文化通览》编委会

2009 年 12 月 30 日

目　录

绪 论

周口历史悠久，文化积淀深厚。勤劳智慧的周口儿女在长期的历史发展进程中，不仅创造了丰富的有形文化遗产，也创造了多彩的民俗文化，包括神话、音乐、舞蹈、戏曲、曲艺、剪纸、绘画、雕刻、泥塑、刺绣、草编、印染等艺术和技艺，还有着浓郁地方特色的礼仪、节日、传统习俗等，像涓涓溪流汇聚成为灿烂的周口民俗文化之河，是中原民俗文化的重要组成部分。

民俗文化是中华民族世代相传的文化财富，是我们发展先进文化的民族根基和重要的精神资源，是国家和民族生存与发展的内在动力，是维系民族团结、振奋民族精神的基石。当前，随着社会的发展，在经济全球化和现代化的背景下，由于受多种因素的影响和冲击，特别是生产、生活方式的变化，周口民俗现象生存环境急剧变化，民俗文化的发展面临挑战，特别是一些依靠口头和行为传承的民间文艺、技艺、礼仪、节庆、游艺等民俗事项正不断消失，传承后继无人，许多珍贵实物和资料大量流失。针对面临的严峻形势，采取有效措施，开展民俗文化保护和研究已迫在眉捷、刻不容缓。因而，对珍贵、濒危并具有历史、文化和科研价值的民俗事项进行系统的整理具有十分重要的意义。

数千年来，勤劳智慧的周口儿女在这片古老的土地上，不仅创造了生活，创造了历史，同时也创造了许多记述他们生活、表达他们美好意愿的民俗文化，并世代口耳传承，经久不息。这些民俗文化具有高度的科学价值和文学价值，是周口人民的宝贵文化遗产，也是民族传统文化的一部分。在周口漫长的发展史中，封建社会统治者视民俗为“俚俗”，很少有人对民俗进行系统收集整理和推广。民国初年，在“五四”新文化运动的影响下，有少数文人和学生进行民俗采风，但规模很小。“五四”以后教育改革，教育界一些进步人士为了改变民众教育，进行风土调查，汇集了一些有价值的民俗资料，如蔡衡溪的《淮阳风土调查记》等。新中国成立后，有少数人自发地进行民俗资料的收集整理工作。1958 年，周口各县文化部门有组织地开展了一场较大规模的民俗采录活动，搜集了不少民俗资料，后因极左思潮影响，贬民俗为“封建糟粕”，加上各县没有民俗专业干部和档案，天长日久，这些资料几乎全部遗失。至1980年，周口地区文化局下达了《关于开展民俗搜集整理工作的通知》，各县文化馆又配备了专职的民俗专业干部，开展了民俗搜集整理工作，采录了不少包括民间文学在内的民俗资料，全市涌现出一批业余民俗工作者。1986年，全市开始进行民间文学专项普查，并初步形成了《民间音乐》、《民间舞蹈》、《民间戏曲》三套集成，这在周口文化发展史上是一场史无前例的民俗文化工作壮举。通过广泛深入地调查，发现全市民俗文化资源的蕴藏量非常丰厚，特别是一些民俗现象具有一定的独特性和研究价值。

周口民俗文化内容丰富多彩，形式多样，颇具当地特色。周口地处豫东南，平原沃野，气候变化四季分明，是人类非常适宜居住生活的地方，农耕文化非常发达，因此，周口民俗文化与农耕文化和节气有关。比如，农历二月二庙会等民俗表现对传统节气和农耕生活的记录与崇拜；冬至时节吃饺子等民俗或传说与节气变化紧密相联等。在周口工匠的礼仪风俗上，工匠适应当地的农耕生活，靠手艺和一技之长离乡不离土地谋生，沿习着拜师学徒等从业习俗等。在人生礼仪习俗方面，围绕人生老病死、婚丧嫁娶等人生大事，或成年、寿庆等人生节点，形成了一系列趋吉避凶、忌言讳行的人生礼仪习俗。在人际交往礼仪习俗方面，很注重迎来送去，有一套很有特色的人际交往的规范和准则。特别是周口民间文艺，具有品类繁多、民间组织（或叫班会）多、技艺高超等特点。像狮子会，能在十八张方桌堆成的高塔上，展示蹿跃翻滚或走钢丝、母狮生仔等绝技表演，还有旱船表演、担经挑舞、打铁舞、说唱表演等等，地方文化特色非常浓郁。就是民间游戏也充满了原创性、多元性、自由性、竞技性等，如跳皮筋、翻花绳、斗鸡、打陀螺、滚铁环等，就像农村特有的就地取材用棍捧或砖瓦块玩走大方游戏等，可以随地随处随意取材就可开展游戏，而且随时可能进行创新性游戏，充分显示了民间游戏的特点。总之，周口的民俗文化，是周口民众围绕衣食住行最基本的生存生活要素，在民族传统文化熏陶下，私习久远，传承不息，彰显着古老的民风和浓厚的文化气息。

民俗文化源于千百年来人民群众长期的生产生活实践，是中华民族保持对祖先的记忆和历史延续性的独特表现，其民族性与大众性特质，使它与先进文化血脉相通，其贴近实际、贴近生活、贴近民众的生存状态，则给先进文化带来强劲的生命基因，富有吸引力和感召力，并在文化建设工作中发挥独特的重要作用，是建设有中国特色社会主义先进文化的基础和源流。今天，我们花点力气对它进行搜集整理并编纂成书，不仅是对周口文化发展的负责，而是想对更广区域的文化发展尽点绵薄之力，为先进文化发展做点力所能及的事。

通过四年来全市部分文化工作者和民俗爱好者的努力，虽然采录了大量的民俗事项，但由于地域广阔，人力物力和时间有限，蕴藏于周口民间的民俗现象仍未能发掘净尽，我们仅从中筛选出一部分作品，经过适当整理，编纂成这部《周口历史文化通览·民俗卷》。在筛选中，我们首先着眼于作品的原创性，即所选的作品必须忠实原貌，着眼于全面性、代表性，即选择全市各地、各个时期的代表性民俗事项。在整理中，我们坚持如实记录民俗事项的风格，力争返璞归真。尽管如此，因我们才疏学浅，不妥之处在所难免，诚望诸位方家予以指正。

第一章 节日民俗

周口传统节日习俗是中原传统节日习俗的一部分。它形式多样，内容丰富，是周口悠久历史文化的一个组成部分，也是中华民族传统文化的一部分。

传统节日的形成过程，是一个民族的历史文化长期积淀凝聚的过程，它们大多是从远古发展过来的，从一些流传至今的节日风俗里，我们还可以清晰地看到古代人民社会生活的图景。一般来说，节日习俗的起源和发展是一个逐渐形成的，并潜移默化地完善，慢慢渗入到社会生活中的过程，它和社会的发展一样，是人类社会发展到一定阶段的产物。传统的节日习俗，大多和天文、历法、数学，以及后来划分出的节气有关。

节气的产生为传统节日习俗的形成提供了前提条件。大部分节日在先秦时期，就已初露端倪，但是其中的节日风俗内容的丰富与流行，还需要有一个漫长的发展过程。人类最早的风俗活动是和原始崇拜、迷信禁忌有关的。神话传奇故事则成为节日习俗传承和发展的工具，宗教对节日习俗的冲击与影响也很大。有一些历史人物被赋予永恒的纪念也渗入到节日习俗中来，这使中国的节日有了更深沉的历史感。

到了汉代，我国主要的传统节日都已经定型。汉代是中国统一后第一个大发展时期，政治经济稳定，科学文化有了很大发展，这为节日习俗的最后形成提供了良好的社会条件。节日习俗发展到唐代，已经从原始祭拜、禁忌等神秘的气氛中解脱了出来，转为娱乐礼仪型，成为真正的佳节良辰。唐朝以后，节日习俗变得欢快喜庆，丰富多彩起来，其中许多体育、享乐类活动内容的出现，使节日习俗成为一种时尚很快流行开来，并一直延续发展，经久不衰。

节日习俗有很强的内聚力和广泛的包容性，一到过节，普天同庆，这与中华民族源远流长的悠久历史是一脉相承的，是一份宝贵的精神文化遗产。周口的传统节日习俗传承了中国传统节日习俗的文化内涵，但又具有本地浓厚的地域特色。周口地处中原，气候适宜，民众大多以农耕为主，因而许多传统习俗都与中原农耕节气有关。比如，祭财神、绊门棍、枣山馍、打春、清明、冬至等都是周口农耕文化的具体展现。周口是三皇故都，有着丰厚的文化内涵，民众大多受到封建正统思想的影响，这在有些节日习俗中体现为对神鬼的崇拜和畏惧、对先祖的敬仰和依赖。但周口一带很多节日习俗又多表现为避祸求吉、纪念先祖、忠孝礼仪等。如祭灶习俗表现出对灶王的崇拜和畏惧，除夕祭祖体现出对先祖的敬仰和依赖；春节拜年习俗则体现出民众的忠孝礼仪；二月二习俗既是对传统节气和农耕生活的记录和崇拜，又有对当地名人女娲的纪念，周口二月二煎馅子习俗就是为了纪念女娲补天的。

总之，周口的传统节日习俗是周口先民生活的一个记录。它既有对中国传统风俗的传承，又具有周口当地浓厚的文化特色。

一、春　节

（一）春节民俗活动

1．祭灶

我国传统春节是以农历正月初一为标志的，农村称过春节又叫过年。在周口民间，人们从腊月二十三就开始忙年了。每年一度的腊月二十三民间祭灶，是春节前小年活动中全民性大的祭祀日。

周口一带，无论贫富，只要立门成家过日子的，灶台墙上大多都贴张灶王神像，像旁贴“上天言好事，下界保平安”的对联，人们把灶王奉为主宰家庭安平兴衰的“一家之主”。祭灶，就是对“一家之主”灶神的祭拜。

祭灶习俗早在先秦时期就已有记载，它和其他习俗一样，有一个传承变异的过程。随着社会生活和时代风俗的变化，人们对灶神的理解和寄托的希望是不同的。传统的祭灶习俗是腊月二十三祭灶，但周口一带在祭灶日期上有一句俗语，“官祭三，民祭四，王八祭五，鳖祭六，吹响器的祭到鳖后头”。它在民间所表达的意思是说，有官位的人家腊月二十三祭灶，一般老百姓腊月二十四祭灶，王八和鳖是骂人的东西（又指娼妓业），吹响器的在20世纪50年代前属下九流之业，不受人重视，人们认为他们根本不用祭灶。这带有传统的行业歧视观念，在当今社会是不足取的。

老百姓祭灶的目的是想让灶王爷回天庭汇报时多言好事，少说闲话，以禳灾避祸，求吉纳福。正因为灶王爷是一家之主，明察一家之事，民众对灶王爷既有尊敬，又有敬畏，所以祭灶仪式举行得非常庄重。在周口各地，传统的祭灶一般由一家之主男人进行祭奠，有“男不拜月，女不拜灶”的风俗，它体现出在封建社会男尊女卑的思想和对祭灶的重视。就祭灶的民俗用物来看，古时候宫中最高祭灶规格就是黄羊祭灶，这个规格在民间不大适用。周口各地一般用灶糖祭灶，所谓灶糖就是现在的祭灶糖，是一种又粘嘴又粘牙的麦芽糖。人们之所以用灶糖祭灶，是想用糖的黏度粘在灶王爷的嘴上，让他嘴甜些，并少说话，以达到上天多说好话，少说坏话的目的。有人祭灶时，不仅摆有灶糖供品，还把祭灶糖用火融化一点，涂在灶王爷嘴上，想通过用糖封住灶王爷的嘴的方法来提醒灶王爷要“言好事，降吉祥”。所以，周口当地民众在祭灶时嘴里总是念念有词说：“老灶爷，你多包涵，小民今年有啥事你好话多说，闲话少讲，早去早回，明年还请你好酒好菜，吃祭灶糖。”传说灶爷是玉帝派往人间监督善恶之神，它有上通下达，联络天上人间感情，传递仙境与凡间信息的职责。在它上天之时，人们供它灶糖，希望它吃过甜食，在玉帝面前多进好言。

祭灶这天除吃灶糖之外，火烧（烧饼）也是很有特色的节令食品。每到腊月二十三祭灶这天，周口城镇中的烧饼摊点生意非常兴隆。人们争买祭灶火烧。农村大多是自己动手发面、烤制，一家人热热闹闹，很有过小年的味道。在周口，也有人们把祭灶节看作仅次于中秋团圆节的说法。凡在外地工作、经商、上学的人，都争取在腊月二十三之前赶回家里团圆。民众认为能吃到家里做的祭灶火烧，便会得到灶神的保护，来年家人就能平安无事。

周口一带祭灶时，除摆有灶糖，还摆黑豆、干草和一碗水等一系列物品，但这不是祭灶王爷的，而是祭灶王爷骑的马。这其中有一定的说法，人们相传腊月二十三，灶王上天向玉皇大帝言人间善恶，路途坐骑是马。而人们祭灶时摆的豆、草和水，是喂灶王爷的马的，为的是让马增加体力，兼程而回，别在路上惹恼了灶王爷。在商水、西华一带村庄，有些人祭灶时，还专门用秫秸扎出一匹灶王的乘马车，当晚同灶王像一起焚烧，以送灶王爷登程上天言好事。

周口一带的祭灶仪式大多是在腊月二十三晚上举行的。人们将灶王像供在供桌上，桌上放着各种祭品，点上香或蜡烛后，由家里最年长的男子带领家中所有男子，依次叩头跪拜灶神。礼毕后将松柏枝、芝麻秸移至院中交叉而立，与灶神像放在一起焚烧，烧时将草料、凉水撒在地上，边烧边说“好话多说，孬话少讲”、“上天言好事，下界保平安”。烧毕，全家再分吃祭灶糖，处理供品等物。近几年祭灶时有些人家还燃放爆竹以增加情趣，也有燃放烟花协助灶王爷升天的。其实，从民众思维和民间习俗上说，燃放烟花是不可取的，因为爆竹、烟花可能要惊马、惊驾，这样恐怕只会惹恼灶王爷的。

当然，在不同的地方，祭灶习俗是不同的，民俗民艺是具有地方特色的。

周口一带祭灶习俗，反映了周口当地民众特有的文化思维和礼仪特色。

在周口太康一带为恭送灶君，人们大多事先准备一只大红公鸡，作为灶君升天的坐骑。祭酒后，还有一个很有意思的细节，就是人们用手拍打公鸡的背部，使之发出一阵“咕咕”的叫声，意思就是告诉灶君，主家已经整理好了马鞍。另外一个议程还要把一些杂粮，从神像前一直撒到门外大路上，算是为灶君坐骑准备的马料，仿佛只有这样才算是心诚。到除夕夜一过子时，人们还要把灶君再迎回来。人们把灶君迎接回来后，把油炸鸡、鱼肉，第一锅都要取一块塞入灶门，让灶君先尝，然后重新点香，礼拜一番，以求合家吉祥。

那么，人们祭祀的灶君，究竟是谁？有传说灶君是颛顼之子黎，也就是祝融。相传“灶王爷本姓张，无事担不起三炷香”。所以20世纪50年代前家家过年祭天地，祭祖先，香炉里插的都是三支香，唯灶君供桌上只燃一支香。由此看来，灶君不过是个管理一家一户老百姓的小芝麻官。又有一种说法，这祭灶的风俗，夏朝已有之，先秦时已列入“五祀”之一，离我们遥远而渺茫。

周口二板桥张家印制的木版灶画上，老灶爷身穿红绿袍，头戴官纱，慈眉善目，是个留有三绺长胡子的圆胖老头儿，完全没有让人望而生畏的官气。周口和山东一带，说灶王爷原本姓张，这一点和信阳市编撰的中国汉族民间生活史诗《郭丁香》一书说法大体一致。而近年又有人进一步考证，说他本名张万良，灶王奶奶名叫郭丁香，并有十分曲折的爱情纠葛故事流传于民间。

至于这灶君是哪个级别的官职，据说他可以上通天界，下统五行，管人住宅，记人诸善恶及其功德。有的称他“九天东厨司命九天元皇灶君感应天尊”，还有的称他“南天护福星君利济真卿东厨司命万化天尊”。20世纪50年代前，家家灶间都设有“灶王爷”神位。也有人称这尊神为“司命菩萨”或“灶君司命”，还有传说他是玉皇大帝封的“九天东厨司命灶王府君”，负责管理各家的灶火，被作为一家的保护神而受到崇拜。周口西华、太康一带灶王龛大都设在灶房的北面或东面，中间供上灶王爷的神像。没有灶王龛的人家，也有将神像直接贴在墙上的。有的神像只画灶王爷一人，有的则有男女两人，女神被称为“灶王奶奶”。这大概是模仿人间夫妇的形象。灶王爷像上大都还印有这一年的日历，上书“东厨司命主”、“人间监察神”、“一家之主”等文字，以表明灶神的地位。神像两旁贴上“上天言好事，下界保平安”的对联，以保佑全家老小的平安。

灶王爷自上一年的除夕以来就一直留在家中，以保护和监察一家人。到了腊月二十三日灶王爷便要上天，去向天上的玉皇大帝汇报这一家人的善行或恶行，送灶神的仪式称为“送灶”或“辞灶”。玉皇大帝根据灶王爷的汇报，再将这一家在新的一年中应该得到的吉凶祸福的命运交于灶王爷之手。因此，对一家人来说，灶王爷的汇报具有重大的利害关系。项城、沈丘一带送灶的仪式，多在黄昏入夜之时举行。一家人先到灶房，摆上桌子，向设在灶壁神龛中的灶王爷敬香，并供上灶糖。然后将扎制成的纸马和喂牲口的草料供上。用灶糖供奉灶王爷，是让他老人家甜甜嘴。有的乡村，还将糖涂在灶王爷嘴的四周，这是用糖塞住灶王爷的嘴，让他别说坏话。太康、郸城一带有的乡村祭灶时则是晚上在院子里堆上芝麻秸和松树枝，再将供了一年的灶君像请出神龛，连同纸马和草料，点火焚烧的习俗。院子被火照得通明，此时一家人围着火叩头，边烧边祷告：“今年又到二十三，敬送灶君上西天。有壮马，有草料，一路顺风平安到。供的灶糖甜又甜，请对玉皇进好言。”送灶君时，有的地方尚有乞丐数名，乔装打扮，挨家唱送灶君歌，跳送灶君舞，名为“送灶神”，以此换取食物。

宋代诗人范成大的《祭灶词》对当时民间祭灶作了极其生动的描写：

古传腊月二十四，灶君朝天欲言事。
云车风马小留连，家有杯盘丰典祀。
猪头烂熟双鱼鲜，豆沙甘松米饵圆。
男儿酌献女儿避，酹酒烧钱灶君喜。
婢子斗争君莫闻，猫犬触秽君莫嗔。
送君醉饱登天门，勺长勺短勿复云，乞取利市归来分。

腊月二十三日的祭灶与过年有着密切的关系。因为，在一周后的大年三十晚上，灶王爷便带着一家人应该得到的吉凶祸福，与其他诸神一同来到人间。灶王爷被认为是为天上诸神引路的。其他诸神在过完年后再度上天，只有灶王爷会长久地留在人家的厨房内。迎接诸神的仪式称为“接神”，对灶王爷来说叫做“接灶”。接灶一般在除夕，仪式要简单得多，到时只要换上新灶灯，在灶龛前燃香就算完事了。

关于祭灶的风俗，周口民间则流传着一些颇为有趣的故事。据说，古代有一户姓张的人家，兄弟俩，哥是泥水匠，弟弟是画师。哥哥拿手的活是盘锅台，东街请，西坊邀，都夸奖他垒灶手艺高。年长月久出了名，方圆千里都尊称他为“张灶王”。说来张灶王也怪，不管到谁家垒灶，如遇别人家有纠纷，他爱管闲事。遇上吵闹的媳妇他要劝，遇上凶婆婆他也要说，好像是个老长辈。以后，左邻右舍有了事都要找他，大家都很尊敬他。张灶王整整活了70岁，寿终正寝时正好是腊月二十三日深夜。张灶王一去世，张家可乱了套，原来张灶王是一家之主，家里事都听他吩咐，现在大哥离开人间，弟弟只会诗书绘画，虽已花甲，但从未管过家务。几房儿媳妇都吵着要分家，画师被搅得无可奈何，整日愁眉苦脸。有天，他终于想出个好点子。就在腊月二十三日张灶王亡故一周年的祭日，深夜，画师忽然呼叫着把全家人喊醒，说是大哥显灵了。他将儿子媳妇全家老小引到厨房，只见黑漆漆的灶壁上，随着飘动着的烛光，若隐若现地显出张灶王和他已故的妻子的容貌，家人都惊呆了。画师说："我寝时梦见大哥和大嫂已成了仙，玉帝封他为'九天东厨司命灶王府君'。你们平素好吃懒做，妯娌不和，不敬不孝，闹得家神不安。大哥知道你们在闹分家，很气恼，准备上天禀告玉帝，年三十晚下界来惩罚你们。"儿女侄媳们听了这番话，惊恐不已，立即跪地连连磕头，忙取来张灶王平日爱吃的甜食供在灶上，恳求饶恕。从此后，经常吵闹的叔伯兄弟和媳妇们再也不敢吵闹了，全家平安相处，老少安宁度日。这事给街坊邻友知道后，一传十，十传百，都赶来张家打探虚实。

其实，腊月二十三日夜灶壁上的灶王，是画师预先绘制的。他是假借大哥显灵来镇吓儿女侄媳，不料此法果真灵验。所以当乡邻来找画师探听情况时，他只得假戏真做，把画好的灶王像分送给邻舍。如此一来，沿乡流传，家家户户的灶房都贴上了灶王像。

河南周口腊月二十三祭灶的习俗，还有另一种民间传说。古代的时候，一对老夫妇仅有一子，两人视儿子如掌上明珠，十分疼爱。但因家中贫困，无以糊口，只得忍痛让儿子到煤矿去挖煤。

儿子久去不归，老人格外想念。这天，老太婆嘱老汉到煤矿看看。路上，老汉遇到一个光脚片的同路人，两人越走越熟，相处十分融洽。闲谈之中，老汉得知光脚片是受阎王指使，来矿上收回一百名矿工。老汉心急如焚，乞求光脚片留下自己的儿子。光脚片慷慨应允，叮嘱他不要告诉别人。

见了儿子，老汉佯装害病，儿子侍奉左右，一直无法下井。不久，煤矿出了事故，老汉赶忙把儿子领回家里。转眼三年过去了，这年腊月二十二夜里，老汉想起当年的风险，忍不住对老伴说了。谁知此话被灶君听走了，二十三晚上，灶君上天后，对玉帝讲了这件事。玉帝恼羞成怒，立即惩罚了光脚片，并收走了老汉的儿子。

为此，每到腊月二十三这天，人们敬灶君吃灶糖，希望他到天宫后，不要再搬弄人间是非。

周口民间祭灶另一种传说是：相传，在很久很久以前，有位叫张义君的公子，三岁丧父，十二岁丧母，孤苦伶仃，靠耕种二亩薄地为生。

人们说穷人命大，一点不假，小义君歪歪扭扭长到二十岁。一天，他锄完地回家，累得不想做饭了，就拿出剩下的两块锅巴吃起来。才咬了一口，见茅屋外走来一位女子，穿的虽破旧倒干净。虽有些消瘦却挺漂亮，看上去也不过十七八岁。她无力地依在破门上说："求求大哥给点吃的吧！"义君一看非常可怜，就把她让到屋里，急忙动火烧饭。义君问她哪里人，为啥出来讨饭？她怯生生地回答说："俺姓郭，叫秋月，离这儿很远，去年父母都死了，无亲无友才出来讨饭。"义君一听，她和自己是一条藤上的苦瓜，更加同情她。就试探着说："俺也是光棍一个，你既是无家可归，就住俺这别走了。"秋月见义君心慈面善，脸一红点了点头，这样他们就成了夫妻啦。

从此二人男耕女织，恩恩爱爱。生活虽然清贫，倒也十分快活。说话间快要过年了。富豪人家都张灯结彩，杀猪宰羊。他们家虽弄不上什么好东西，也想过个干净年。义君去担水，秋月打扫房间，当她用铁铲扫除垃圾的时候，听到"嚓"的一声，用铲一扒，扒出个元宝。她又扒，见地皮下有一大坛子白花花的银子。她急忙喊过丈夫把东西挖出来，结果又挖出一大坛子黄澄澄的金子。夫妻俩又是蹦又是跳，又是亲又是笑，可乐坏了！他们一下子就成了大富翁咋能不乐呢？这些金银，就是买上万亩良田，盖上成片的庄园，使上仆人用上丫环，吃喝一辈子也用不完呢。

可是，吃饭的时候，义君却认真地对妻子说："这些金银不知是几辈祖先们的汗水结成的，咱们可不能随便花掉。"

妻子说："相公说得是，我听人说'不贪不义之财'，咱们没有辛劳，咋好用呢。"夫妻俩商量确定：再买几亩地糊口，盖几间房存身，余下的要用到该用的地方。

从那以后，他们还像往常一样，早出晚归，勤恳耕织，日子还是克勤克俭，粗茶淡饭，夫妻俩教儿女们耕种纺织，要儿女们自食其力，从不准随便动用那两坛金银。可是穷人们谁家缺了油盐，上他家尽管拿；谁家没了米面，上他家尽管背；他们从不要人归还。要是谁家的小伙子穷得娶不上媳妇，他就送上银钱，帮助完婚；听说哪家穷哥儿们出了天灾人祸，他们总是钱物齐送，救难于人。

就这样，多年过去了，他家的金银不知搭救了多少穷苦人。

后来，这事传到一个无恶不作的县官那里。这天，县官带领衙役们来到张义君家，声称官府金银被盗，今日来抓贼人。不容分说抢走了金银，抓走了张义君，又把屋里、院内翻起几尺深，也没得到更多的金银，狗官看再也捞不到油水，就弄瞎了张义君的双眼，打了秋月一顿，扬长而去。张义君咬牙切齿，让妻子牵着他去喊冤告状，不幸途中得病，只得回家养息。

张义君含冤的事很快传遍了乡里，穷人们成群结队来看望他。他们都愤愤地要除掉狗官。

这年腊月二十三，张义君正在灶房吃早饭，忽然小女儿急匆匆跑回来，喊着："爹爹，打死了，打死了。"秋月忙问："傻丫头，打死啥了?""打死狗官了。"张义君一听，哈哈大笑不止。一会儿倒在柴堆上不吭声了。妻子急忙上前一瞧，竟是笑死了。

因为张义君勤恳善良，穷人们都说他升了天，成了神仙，专管人间的柴米油盐，所以人们都称他为张灶君，为了纪念他，人们画了他的像挂起来，每年腊月二十三烧香摆礼敬他。

2. **扫尘**

周口一带春节还有一个扫尘的习俗。人们常说"有钱没钱，洗洗过年"。送灶前后各家各户都要进行一次彻底打扫卫生：箱、笼、橱柜一概翻身，墙角床底乃至房柱房梁，全都要把尘垢一举荡清扫净，这就叫"扫尘"或"掸尘"。所谓扫，就是以扫帚扫除地面；所谓掸，就是将扫帚绑在竹竿顶，掸掉高处灰尘。扫尘过年的习俗可以说是由来已久了，早在尧舜时代，我国就有"扫年"的习俗，它是一种古人驱除病疫的宗教仪式。《吕览经》记载"岁除日，击鼓驱除病疫鬼，谓之逐除，亦曰木难。"后来才逐渐演变成扫尘了。

扫尘的习俗，从每年农历腊月二十三日起到除夕止，周口民间把这段时间叫做"迎春日"，也叫"扫尘日"。周口的扫尘习俗实际上就是年终大扫除，在春节前扫尘，是周口民众素有的传统习惯，扫尘从祭灶开始直到腊月三十都可以。每逢春节来临，家家户户都要打扫环境，清洗各种器具，拆洗被褥窗帘，洒扫庭院，掸拂尘垢蛛网，疏浚明渠暗沟。广大城乡，到处洋溢着欢欢喜喜搞卫生、干干净净迎新春的气氛。

有关扫尘的由来，周口民间有一种传说，人的身上都附有一个三尸神，他像影子一样，跟随着人的行踪，形影不离。三尸神是个喜欢阿谀奉承、爱搬弄是非的家伙，他经常在玉帝面前造谣生事，把人间描述得丑陋不堪。久而久之，在玉皇大帝的印象中，人间简直是个充满罪恶的肮脏世界。一次，三尸神密报，人间在诅咒天帝，想谋反天庭。玉皇大帝大怒，降旨迅速查明人间犯乱之事，凡怨忿诸神、亵渎神灵的人家，将其罪行书于屋檐下。再让蜘蛛张网遮掩以做记号。玉皇大帝又命王灵官于除夕之夜下界，凡遇作有记号的人家，满门斩杀，一个不留。三尸神见此计即将得逞，乘隙飞下凡界，不管青红皂白，恶狠狠地在每户人家的屋檐墙角都做上记号，好让王灵官来个斩尽杀绝。正当三尸神在作恶时，灶君发觉了他的行踪，大惊失色，急忙找来各家灶王爷商量对策。于是，大家想出了一个好办法，于腊月二十三日送灶之日起，到除夕接灶前，每户人家必须把房屋打扫得干干净净，哪户不清洁，灶王爷就拒不进宅。大家遵照灶王爷升天前的嘱咐，清扫尘土，掸去蛛网，擦净门窗，把自家的宅院打扫得焕然一新。等到王灵官除夕奉旨下界察看时，他发现家家户户窗明几净，灯火辉煌，人们团聚欢乐，人间美好无比。王灵官找不到表明劣迹的记号，心中十分奇怪，便赶回天上，将人间祥和安乐、祈求新年如意的情况禀告玉皇大帝。玉皇大帝听后大为震动，降旨拘押三尸神，下令掌嘴三百，永拘天牢。这次人间劫难多亏灶神搭救，才得幸免。为了感激灶王爷为人们除难消灾、赐福降祥，所以民间扫尘总在送灶后开始，一直忙到大年夜。

“腊月掸尘扫房子”的风俗，由来已久。据《吕氏春秋》记载，我国在尧舜时代就有春节扫尘的风俗。按民间的说法：因“尘”与“陈”谐音，新春扫尘有“除陈布新”的含义，其用意是要把一切“穷运”、“晦气”统统扫出门。这一习俗寄托着人们破旧立新的愿望和辞旧迎新的祈求。

3.“乱市”与“乱岁”

在传统社会里，民众的生活秩序依赖民俗习惯而进行调节，是根据现实生活的需要和迷信思想的导向，安排了特殊的民俗习性。因而便有“乱市”和“乱岁”的产生。

明清至民国时期，鸡有鸡行，牛有牛市，做买卖都有一定规矩与范围，任何人不得打乱这个格局任意摆放。但是，从腊月二十开始到最后一个“年集”，行商坐贾小商小贩都有了很大的自由空间，在店内经营的商品可以放到店外去经营，摆摊设点可以随意选择地点，卖杂货的旁边允许卖青菜等，一些主管部门也不再过问，别人更不会干涉，可以完全放松做生意了。但是，占了人家的属地或使用了别人支好的摊位是要付钱的，至于价钱双方协商没有统一规定，没钱可用实物代替。谁起早可以占用黄金地段，也没有人争执。这就是周口一带的“乱市”和“乱岁”现象。

从腊月二十三老灶爷打马上天开始，到“初一五更回”诸神灵各就各位止，在这一段日子里是百无禁忌的，因为按照民间的说法，各路神仙都到玉皇大帝那里汇报工作和述职去了，没有了神灵的监视，人们认为冒犯了神灵也无所谓，婚丧嫁娶等习俗也没有那么多的禁忌和清规戒律了，于是便出现

"乱岁"之现象。在"乱岁"之时，思想一直被束缚的人们一下子松绑了，取消以往的谨小慎微，延伸出了"抢乱岁"的风俗。旧社会结婚时必须先合"八字"（即生日的年、月、日、时各占天干地支中的一个字，共八个，俗称"八字"），查命相，看时辰等都有严格的禁忌，遇到"滑年"（没有立春这个节气的年）是不能结婚的，否则不吉利。而祭灶后就不计较任何禁忌了，俗称"赶乱岁"。如今这个风俗在人们的记忆中已经消失了。

4. **除夕**

除夕之夜，是一年中最为忙碌的一晚。它是旧年的结束，新一年的开始。周口一带，不论是过去还是现在，过除夕都体现出民众辞旧迎新、敬天祭祖的思想观念。

周口民众现在一般是在除夕当天中午十二时之前就把春联张贴完毕。按传统风俗来看，过了祭灶扫尘之后就可以张贴春联了。就目前来看，除夕中午许多人家就开始剁馅包饺子和做接祖迎神的准备了。除夕下午，许多人家都要备好纸篮到坟地请祖先或已故长辈回家过年。请回祖先后，再到本村土地庙烧纸祭拜，然后把纸篮请回到客厅，摆出已故长辈的牌位，或悬挂上"拜神纸"进行祭拜。这种风俗在20世纪50年代前是非常庄重严肃的，现在民间习俗中虽有迎接祖先过年的程序，但环节已经减少了很多，人们心目中的陈腐观念已逐渐消失了。

人们在除夕晚，接回祖先祭拜后，就开始准备接神仪式。20世纪50年代前，腊月三十晚上接神时，许多人家都在院子正中设一个几案，几案上供奉神位，神位上面写着："正月初一天地之界十万方灵真宰之神位"。神位前摆放着枣花子、大馍和其他刀斗。有的人家，在供桌腿上还捆绑几根芝麻秸，取意芝麻开花节节高，步步高，以求吉祥。还有的在供桌腿上绑几株青竹，青竹上挂一些元宝或铜钱等饰品。青竹象征摇钱树，取其招财进宝，四季常青之意。在周口民众的传统思维中，除夕晚上诸神要下界，而在诸神里面最受欢迎的首先是"财神爷"，因而在除夕之夜，大街小巷"送财神爷"的声音不断传来。20世纪50年代前送"财神爷"是一般贫寒子弟的临时生意，他们抱来财神爷的像分道分巷沿门唤："送财神爷来喽!"这时主人家千万不要说"不要"。有的说"劳你驾，快接进来"，有的实在买过后，也会说"俺的已经请来了"。敬财神过程中，有的人家把铜钱用红头绳穿住，以寓把富人家的钱搬过来之意，人们还认为穿的钱越多，引来的钱也就越多，所以各家各户都很重视穿钱敬财神这种方式。周口当地有着神先鬼后的原则，祭罢财神之后，再进行祭拜祖先。人们在接神之后才贴灶王爷的像，希望灶王爷这一家之主在新的一年中保佑一家平安。

周口民众还有除夕晚上洗脚的习俗。接神拜祖之后，人们就开始设置把门棍，然后放关门炮，关住大门围炉守岁。民间俗语“三十晚上洗洗脚，打的粮食没头（处）搁”。而且按照习俗在洗脚时，要在门后洗，洗脚水还不能倒掉，百姓们称这为“财”，是为了积陈年之财，这个和当地民众的初一五更的洗脸水不泼掉的规矩是一个意思，为积财求吉之意。

在周口民间，只要除夕放罢关门炮，关住门之后一般情况下就不会再开门的。人们普遍认为，三声关门炮驱邪避祸，把陈年的秽气都崩走了，祖宗已请回到家里了，灶神和财神也都请进了家门，在民众的心理，“过年”已经万事俱备了，就得赶紧放关门炮关门大吉，把那些冤魂游鬼都关在门外，有的人家甚至还在门内贴上封条上书“关门大吉”。民间还有串门送礼的习俗，以沟通关系，加强感情。但是串门送礼必须在人家放关门炮之前去送，否则人家放了关门炮不予接待，那也是人之常理。

除夕之夜，周口民间有守岁的习惯。除夕之夜，当放罢关门炮后，人们并不上床睡觉，而是一家人齐聚一室围炉守岁。在吃了晚饭（又叫团圆饭）后，大家终夜不睡以待天明，称之“守岁”。除夕守岁的习俗可以说各地都有，古往今来年年如此。许多人认为，只有守岁熬年，来年才身强体壮，干活更有劲。守岁之夜要点明亮的红蜡烛，家有丧事三年未满者可点白烛，以示对死者的祭拜和哀悼。除夕夜点的蜡烛叫“守岁烛”。各家蜡烛根据经济而定，有钱人家买大烛，豪华烛，无钱人家买小烛。一般情况下“守岁烛”通宵明亮，一直燃到清晨。除夕之夜后，守岁活动一直守到新一年的开始，若在守岁时睡意袭来，则可和衣躺于灶下柴堆上打盹，是不可脱衣上床睡觉的。

除夕年夜饭对周口人来说是极为重要的。一年一度的年夜饭能充分表现出家庭在民众心目中的重要地位，除夕年夜饭的形式使一家人之间的关系更为紧密。除夕这一天，人们准备除旧迎新，吃年夜饭。在古代的中国，就有放囚犯回家与家人团圆过年吃年夜饭之说，由此可见“年夜饭”是何等的重要。

除夕年夜饭菜谱，桌上有大菜、冷盘、热炒、点心，一般还少不了两样东西，一是火锅，一是鱼。火锅沸煮，热气腾腾，温馨撩人，说明红红火火；“鱼”和“余”谐音，是象征“吉庆有余”，也喻示“年年有余”。还有萝卜俗称菜头，祝愿有好彩头。麻花、果子等煎炸食物，预祝家运兴旺如“烈火烹油”。最后多为一道甜食，祝福往后的日子甜甜蜜蜜。

除夕年夜饭的名堂很多，各地不同，有饺子、馄饨、长面、元宵等，而且各有讲究。周口人过年习惯吃饺子，是取新旧交替“更岁交子”的意思。又因为白面饺子形状像银元宝，一盆盆端上桌象征着“新年大发财，元宝滚进来”之意。有的家庭在包饺子时，还把几枚沸水消毒后的硬币包进去，有谁先吃着了就能多挣钱的说法。

年夜饭吃饺子的习俗，据载是从汉朝传下来的。相传，医圣张仲景在寒冬腊月，看到穷人的耳朵被冻烂了，便制作了一种“祛寒娇耳汤”给穷人治冻伤。他用羊肉、辣椒和一些祛寒温热的药材，用面皮包成耳朵样子的“娇耳”，下锅煮熟，分给穷人吃，人们吃后，觉得浑身变暖，两耳发热。以后，人们仿效着做，一直流传到今天。新年吃馄饨，是取其开初之意。传说世界生成以前是混沌状态，盘古开天辟地，才有了宇宙四方。长面，也叫长寿面。新年吃面，是预祝寿长百年。

饺子，是我国人民发明创造的一种具有民族特色的传统食品。古时称“牢丸”、“馄饨”、“饺耳”、“粉角”、“扁食”等。现在，周口人叫“饺子”或“扁食”。至于饺子的来历，民间流传着这样一个故事：在很早以前，有个皇帝一心想长生不老，有一天，被人称为“潘毒水”的奸臣潘奇叩见皇上道：“皇上如能吃上百样饭，就能长生不老成神仙，如能广招名厨师，顿顿不重样，月余不就吃到百样饭了吗?”皇上点头称是，于是贴出了告示招选名厨，结果一个叫苏巧生的名厨被选中。

苏巧生昼思夜想，为皇上做了99样饭菜，皇上特别中意。次日晨，眼看该做饭了，苏巧生却想不出最后一顿饭该做啥，这时他突然看到菜案上的剩羊肉和菜，就拿起刀把羊肉和菜剁碎加入作料，和好面后擀成皮，包成元宝形的小角角倒进开水锅里，煮熟后给皇上端上。皇上吃后说：“这是什么饭，这么香?”苏巧生信口答道：“这是扁食。”

后来，人们为纪念这位名厨师，就学着包起扁食，在逢年过节时吃。人们在年节时吃饺子，不仅仅是因为饺子好吃，主要是图个“吉利”。

5. 守岁

周口民间在除夕之夜有守岁的习惯。守岁从吃年夜饭开始，这顿年夜饭要慢慢地吃，从掌灯时分入席，有的人家一直要吃到深夜。根据宗懔《荆楚岁时记》的记载，我国至少在南北朝时已有吃年夜饭、守岁的习俗。

年三十守岁，在周口称“熬年”。在这“一夜连双岁，五更分二年”的晚上，家人团圆，欢聚一堂。全家人围坐在一起，茶点瓜果放满一桌。大年摆供，苹果一大盘是少不了的，这叫作“平平安安”。有些人家还要供一盆饭，年前烧好，要供过年用，叫作“隔年饭”，是年年有剩饭，一年到头吃不完，今年还吃昔年粮的意思。这盆隔年饭一般用大米和小米混合起来煮，是为了有黄有白，叫作“有金有银，金银满盆”的“金银饭”。很多地方在守岁时所备的糕点瓜果，都是想讨个吉利的口彩：吃枣（春来早），吃柿饼（事事如意），吃杏仁（幸福人），吃长生果（长生不老），吃年糕（一年比一年高）。除夕之夜，一家老小，边吃边乐，谈笑畅叙。

最早，春节除夕之夜是不“守岁”的，只有起早迎财神的习俗。后来为什么要“守岁”呢？这里面有一个美丽的传说。很久以前，在一个山脚下有一户姓李的人家。一家五口人，上有白发老母，下有黄口小儿，只有薄田半亩，全靠夫妻俩砍柴、打猎过活。

有一年，大雪老早就封了山。柴砍不成，猎不能打，只得靠讨饭打发日子，全家人忍饥挨饿，有时两天喝不上一口热汤。老母卧床不起，小孩整日哭闹，夫妻俩饿得也没有走路的气力了。

新年到了，有钱人家花天酒地，爆竹连声，阵阵清香弥漫了整个天空。而李家已经几天揭不开锅了。北风拼命地拍打着门窗，雪花无孔不入地飘在他们的床上身上。全家人围着燃烧的杂草乱柴取暖。无奈，李妻摘下墙上挂着的仅有的一把谷穗说：“只有这样了，把这一点谷种揉揉烧汤吧！”娘用颤抖的声音说：“不行呵！饿死爹娘，留下种粮。吃了明年到哪儿弄去啊！”一家人在一明一暗的火苗前，对着一把谷穗犯愁。

午夜过后，南天门开了，夜游神路过李家门前，见屋内根本没有过年的样子，只有小孩的哭闹、老人的叹息。众位仙长动了恻隐之心，口中念念有词，拂尘一甩，李家米面油盐有了，再一甩，金银财宝也有了。一家人见了大喜，一齐跪在地上，磕头谢恩。初一那天，拜年的人见他家满囤米面，还有不少金银，又惊奇又羡慕，问其缘由，李家如实说了。人们恍然大悟：“噢！原来守穗得福啊！”不知从什么时候起，“守穗”竟变成了“守岁”。

有关守岁的另一个传说：从前，在山后一个小村庄里住着父子俩，老头七十挂零，从小给人家扛活累伤了腰，一遇到冬天，就着床不起，儿子铁柱二十出头，身子结实，手脚勤快，整天帮西家忙东家，村里人都夸他是个好孩子。

有一年冬天，天冷的特别早，刚过腊月二十，大雪就遮天盖地的下起来。山封了，路没了，铁柱无法出门打短工，也无法上山砍柴，缸里缺米，锅里少面，老人唉声叹气，儿子愁眉不展，谁也想不出个好办法。父子俩只有躺在床上受冻挨饿。

大雪下了三天，爷俩就饿了三天。雪一停，铁柱就提着篮子出门讨饭去了。回来时，天已很晚，走着走着脚下一绊，差点摔倒。铁柱仔细一看，雪窝里埋了一个干瘦老头，用手摸摸胸口，还有点热气，心还有一点跳。铁柱没有多想，背起老头，提着篮子一口气跑到家。

到家后，铁柱向爹说明情况，把瘦老头放在爹爹床上，又赶紧点火去热要来的饭菜，一盛正好两碗。铁柱给爹端去一碗，这一碗端给老头时，他已经醒了，哆哆嗦嗦捧起了碗，转眼工夫一碗饭全吃完了。瘦老头吃罢又呼呼地睡着了。

第二天早晨，铁柱爷俩还没睡醒，老头就起来了，他仔细看了铁柱家的情况，对铁柱说："孩子，你救了我，我非常感激你。年快到了，你家穷到这样，你爹还卧床不起，我不能阎王爷不嫌鬼瘦呀！我要走了。"

铁柱说："大伯，说哪里话，只要风雪不打搅，我一定能挣上咱三个吃的。穷人家管他年不年，节不节哩。"

老头很伤心地说："我身无分文，衣服又破，拿什么东西来报答你的救命之恩呢?"

铁柱笑了："大伯，太见外了，你能醒过来我就高兴，都是穷人，还报答个啥。"

老人又接着说："孩子你施恩不让报答，我很佩服，就凭这一点我也得报。"说着他把铁柱拉到身边很严肃地说："孩子，腊月三十半夜子时南天门开，玉皇大帝撒金降银。你千万记住，时机不可错过。天机也不可泄露。"说罢一转眼老头不见了，爷儿俩又惊又喜，认为是上神的点化，便跪在地上磕头祷告。到腊月三十半夜子时，南天门真的开了，金银珠宝，米面油盐，鸡肉鱼蛋……一个劲地往下倒，铁柱高兴坏了。忙着拾米扛面，捡肉接鱼，又捡了些金银。时辰一过，什么也没有了。第二天，人们见了铁柱家突然有了这么多东西非常奇怪，就追问他这些东西从哪儿弄来的。铁柱觉得都是穷亲近邻，就一点不漏地告诉给他们。消息传开，人们都在这天夜里熬夜等着南天门开。因为子时连双岁，所以也叫"守岁"。现在为什么南天门不开了呢?据说有一富家在南天门大开时，尽捡金银财宝，盖房、置田成了富翁。穷苦人吃完捡来的米面，仍然挨饿，太不公平了。玉皇大帝非常生气，便传旨南天门不准再开了。

6. 过年

周口一带守岁人过了三更后，有的就重新盥洗，穿上节日礼服，摆上和除夕一样的祭品，齐燃香烛，开始了过大年的习俗。

周口民众中有抢年的习俗，特别是生意人家，都起得特别早，以求抢吉利或抢到好生意。有的守岁人在三更前就做好了抢年的准备，专等三更一到，立即燃放鞭炮，祭拜诸神和祖先，然后吃饺子过大年。谁家若争得村中头一家放过年鞭炮，就显得这家人勤劳，抢到了吉利的好苗头，同时也预示抢到了吉利。

就一般人家的过年程序来看，可分为以下几个步骤。男子守岁人等守到了新的一年后，立即重新更衣洗脸，然后用香烛拜过门神，再放开门炮以驱逐恶鬼和秽气。在放开门炮时，老百姓大都遵循取四放三的规矩，就是拿四个开门炮，放三个，余一个，以求得年年有余。许多民众都注重新年的前三个开门炮，这三支炮都要放响，特别是头一支炮要放响，越响越好，证明新年万事如意。若开门炮哑了或笑了（只冒烟，不炸响），则表明新的一年不顺利，不吉祥。所以许多人家在放开门炮时都几经选择，生怕有炮哑了。

放罢开门炮之后，家中的男人则下到厨房烧火做饭。并且在烧火时还有讲究，新年第一顿饭一般烧芝麻秸或红秫秫头。烧芝麻秸取意步步高，红秫秫头象征过年红红火火的。男子烧好锅，下了饺子后，然后全家人盛好饺子，摆好供品，开始新年祭拜。人们本着先拜神后拜鬼的原则，先拜各路诸神，再拜列祖列宗。磕头时按照“神三鬼四”的原则，向神磕三个头，向鬼（祖上等）磕四个头。然后焚纸燃香，祈祷吉祥。祭拜完毕后再燃放鞭炮庆贺新年。待鞭炮响完后，晚辈再给长辈拜年，再吃团圆饺子。

过年吃饺子的习俗全国大体相同，周口则有另外特点，就是有些人家在饺子锅里下几根面条，取意为金丝串元宝，招财进宝。春节吃饺子时，一般一家还要端上几样菜，有四样的取四季平安，有六样的取六六大顺。一般新年吃饭不会上三个或五个菜的，人们认为那是刀头敬鬼的，不吉利。并且春节吃菜时必须有一样鱼，人们取意年年有余，希望能有吃有喝求吉纳福。

过年吃过饺子后，一般人家趁天不明进到长辈家串门拜年。拜年时大多都说一些吉祥话或客套话。如“新年好哇”、“我给您拜年吧”。新年拜年习俗体现一种淳朴的民风。拜年者到哪一家，这家长辈及家人都应笑脸相迎的。农村拜年习俗一般持续到天亮，中午十二点之前同村晚辈见长辈都要说拜年话，拜年只拜一次，只说一次，否则就显啰嗦了。

在周口民间，有的人家吃罢过年饺子后去祭拜本村的土地爷。但大多数人家是在拜了年之后再去祭拜本村的土地爷，然后再挎着纸篮送祖先归坟茔。到坟地给祖先长辈烧纸钱拜年。给祖先在坟地烧纸拜年之后，过年的仪式就算结束了。

在周口民间春节清早是最热闹的，到了中午年味已经渐渐地淡化了。一般情况下，中午是热清早吃剩的饺子，或吃罢清早的剩饭后再做新饭。有些人家，特别是同村人，认干亲家或干儿到干爹家拜年吃饭一般在中午进行。有些地方还有新年中午请新过门的媳妇吃饭的习俗。请新过门媳妇到家吃饭是对新人的关心。

关于年的来历，在周口民间有很多传说，但流传最广的是，天地之间都由玉皇大帝主管。一年365天，人们总是不辞辛苦地干活，可还是过着吃不饱的生活。一次，玉皇大帝的夫人“天奶奶”看到人们在酷热的夏天，为了生计在田里干活，一个个汗流不止；冬日，北风紧吹，雪花纷落，人们为了生计得东奔西走。她动了可怜之心，对玉皇大帝不满地说：“让你为凡间掌家，没想到人间竟这么苦。”玉皇大帝说：“你别抱怨我不会管家，若是这个家给你当，你能怎么样?”天奶奶毫不让步地说：“我当家，准不会让人受这么大的苦。”于是，玉皇大帝说：“那就让你当一天家试试吧!”

轮到天奶奶当家的这一天，就是正月初一，她让人们都吃好的、穿新的又不干活。于是，人们就大吃大喝，谁也不再劳动。玉皇大帝看到这种情况，马上收回了天奶奶当家的权利。他说：“照你这样当家，要不了多长时间，人间就会自己灭亡。”天奶奶觉得有理，就交了当家权。

后来，人们为了纪念这一天，每年的正月初一，就放下一切活，变着法儿讲究吃穿，没事闲着就走亲串友，好不开心。人们常说的“办年”又叫“半年”，意思过个年要花费半年的东西。

在周口民间过年也曾经出现过一些奇怪的风俗。商水黄寨有一个瓦房庄，这个庄有一个奇怪的风俗，就是过年当天不吃荤。要想知道这个规矩是咋来的，这里边还有一个故事。瓦房庄勾氏二兄弟中，勾老大为人忠厚老实、干活卖力，不几年家业越来越好。勾老二却心胸狭窄，胡吃狗游，弄得一天不如一天。勾老二常跟哥哥要钱，勾老大烦勾老二，于是两家分开来住，勾老大住在了坑北，勾老二住在坑南。不几年勾老大娶妻生子日子越过越红火，还养了99头牛。而勾老二哩，他看到哥哥的日子红火，就眼红、嫉妒。

后来，勾老二发现勾老大的儿子上学常从坑边过。一天，勾老二就磨好了杀猪刀，要杀勾老大的儿子。正当勾老二抓住勾老大的儿子要杀时，突然从土坑里跑上来一只小牛犊。小牛犊一头把勾老二撞一个屁股蹲，勾老二的刀也摔掉在地上。当勾老二急忙起来要去拾刀再杀勾老大的儿子时，小牛犊一下子卧到了刀上边，不论勾老二咋打咋踢就是不起来。

这时勾老大的儿子一见小叔要杀他，吓得大哭大叫。勾老大两口子听见儿子哭叫，赶紧跑出来。勾老二见他们都来了，吓得掉头跑了，从此再也没敢回过瓦房庄。小牛犊见勾老大两口子来了，急忙站起来又跑坑内一眨眼不见了，地上只留下勾老二的杀猪刀。

这时勾老大才明白，原来是坑里的神牛救了他儿的命。他这时才明白过来，怪不得他放牛时，牛一下坑就100头，而一上来就变成99头了，原来坑里还有一只神牛。勾老大为了感谢神牛，要求家人从此吃斋念佛以感谢神牛的大恩。再往后，勾老大告诉后辈，过年不吃荤是以纪念神牛救命之恩的。直到现在瓦房庄过年还有不吃荤的习俗。

在郸城北约十里处，有个杨小寨村。大年初一五更喝“糊涂”（即稀饭），是其独有的过年传统习惯。与周围居民春节期间忌喝糊涂的习俗截然不同。

据老人讲这种习俗已有百年历史。当时杨小寨村又小又穷，周围三里五村都瞧不起它，大人小孩时常受外村人欺负。对此，几位长辈一起共谋村事，决心思变，立规治村，要求全村老幼勤俭持家，提倡以勤、俭为本。规定各家只准吃素菜、喝糊涂，不得有半点浪费。即使在大年伊始也不容例外。经过若干年勤劳治理，家家由穷变富，全村拥有土地百顷，房屋全新，成为有“小肥猪”之称的村庄。

后来，生活虽然好了，勤俭之风却传了下来。为了不忘节俭村风，杨小寨村每年正月初一五更喝糊涂便成了该村村民的习惯。建国60年来，村里人们仍然保持和发扬着祖先的优良传统，以勤增收，以俭富家。富余之年思荒岁，歉收之时有余粮，过着不愁吃穿、安居乐业的生活。直至如今还是照样在春节五更喝糊涂。他们说：“初一五更喝糊涂，一年四季有饭吃。”这有继承祖先遗志、教育后人勤俭之意。

郸城县城郊乡杨寨村姓杨的族人们，从光绪二十五年起，有每年阴历正月初一都不兴吃肉的习俗。传说在光绪二十五年，一年滴雨未下，粮食颗粒没收，百姓们饿得没法子了，才靠吃草籽、树皮等过日子。那时候，杨氏族长杨之道娶妻傅氏，很贤惠。就在这年，傅氏的婆母张氏，身患重病卧床不起，口淡舌苦，很想吃肉。傅氏知道后很着急，因为家贫如洗，哪有钱割肉呢，左思右想，她终于决定背着丈夫和婆母拿起刀把左胳膊的肉割下来一块，做熟后端去喂了婆母。事隔数日，张氏的病渐渐好了。婆母发现儿媳的左胳膊用带子吊着，就问起原因。傅氏看瞒不过去，就说了实话。张氏听后伤感不已，顿时昏了过去。当她醒过来之后，发誓不再吃肉，就连大年初一也不叫任何人给她做肉吃。

郸城杨寨村姓杨的这门人在杨氏家谱上还记载和赞扬了这件事，因此，杨寨村姓杨的这门人每年正月初一不吃肉的习俗便一代接一代地传下来，至今也没有人改这个规矩。

7. **拜年**

拜年是春节习俗中重要的一个环节，并且周口一带拜年习俗与外地有所区别。一般来说春节当天，人们在本村亲族长辈间拜年，不外出串亲拜年。到了初二才允许出村拜年，否则的话则会认为不吉利。拜年一般从家族内部里开始。初一早晨，晚辈起床后，要先向长辈拜年，祝福长辈健康长寿，万事如意。长辈受拜以后，要将事先准备好的“压岁钱”分给晚辈。在给家中长辈拜完年以后，人们外出相遇时也要笑容满面地恭贺新年，互道“恭喜发财”、“四季如意”、“新年快乐”等吉祥的话语，左右邻居或亲朋好友亦相互登门拜年或相邀饮酒娱乐。

在商水县、项城市一带，初一拜年是有尊卑顺序的。一般情况下，吃过饭先向自己的直亲长辈拜年，然后村民就开始出户拜年。他们先去本村辈分最长的那一家去拜年，然后再按辈分的高低逐户拜年。辈分最长的老人，不论穷富贵贱，春节那天都要受到村人的拜贺，这体现出周口淳朴的民风，人们心中看重的是辈分等级而非贫富贵贱。假如在拜年时，本村的最长辈还未起床，不能接受拜年，那么村人才往下一户辈分稍次一点的老人家去拜年。拜年时一般说的客套话是“××爷爷，××奶奶，过年好呀，我给您拜年吧”或“××，我给您拜年吧”。对方的回答是“哎哟，来了就算啦，请坐吧。”原来拜年得跪拜磕头，并且按程序要磕四个头，一个揖，四个头又叫一回头，现在仅有一句话而已，一般都不让磕头了。

当然，在周口市的有些乡村拜年时还讲究所拜的第一家是兴旺之家才好，父母俱在，兄弟无故，求财得财求利得利的人家，民众想通过拜年来沾别人家之光，这种拜年已染上一些功利思想，历来是受人轻视的，但此风俗仍存在。

初一那天拜年时，假如两队拜年的人们相遇，晚辈得首先向长辈拜年，说客套话：“××叔，过年好呀，走吧，请到屋里，我给您拜年。”年轻的长辈一般也谈一些客套话“俺还年轻，受不起”。周口民间春节拜年一般是先拜神后拜鬼，然后再拜长辈人。所谓的“鬼”是指自己家逝去的长辈人。到别人家拜年时只拜长辈人，万不可唠叨旧事，特别是拜人家逝去的人，那是大忌。初一拜年，从凌晨起，一直可拜到正午十二时，到下午一般就不说拜年话了。

初一在本村拜年后，到了初二，拜年习俗有严格的程序。周口流传一句拜年俗话："初二舅，初三姑，初四去拜老姨父"，有的还说"破五（初五）那天不拜年，过了破五随意呼"。也就是说初二清早，一般是外甥去到舅家拜年。古时不论天气和路程，初二清早外甥必须要到舅家拜年，这体现出周口一带舅父的权威。外甥到舅家拜年出发时还要鸣炮，一是图个吉祥，二是表示庄重。到舅家后，要按辈分去拜年，先向辈分高的人拜，然后再向其他长辈拜。拜年时间，一般定在吃午饭前，也可以一到舅家就拜年，拜了年不吃饭就可以回家。总之，外甥到舅家拜年是一个不可缺少的程序，否则，则被认为是大不敬的，古时外甥去舅家拜年是不许饮酒的，外甥听舅的话，备什么吃什么。现在外甥到舅家拜年饮酒者有之，电话拜年者亦有之。

初二清晨外甥到舅家拜年后，到了初三是去姑家拜年，初四去姨家拜年，初五那天又叫破五，也就是说破除了一切春节的禁忌，开始正常生活了。过了破五，拜年就可随意去了。一般情况下不出正月去拜年都可，出了正月就不兴再拜年了。但是人们心目中正月十五以前拜年就不晚，过了十五再拜年就有些说法了。

应该说周口一带的拜年习俗，反映了周口民众特有的民风和思维。拜年是晚辈对长辈的一种尊重祝福，体现了长幼尊卑的划分。同时拜年也是对长者的尊重，对长辈权威的一种认可。拜年也是中国民间的传统习俗，是人们辞旧迎新、相互表达美好祝愿的一种方式。古时"拜年"一词原有的含义是为长者拜贺新年，包括向长者叩头施礼、祝贺新年如意、问候生活安好等内容。遇有同辈亲友，也要施礼道贺。

古时拜年，如果亲戚太多，难以登门遍访，就使遣家人带名片去，称为"飞帖"，各家门前贴一红纸袋，上写"接福"两字，即为盛放飞帖之用。此俗始于宋朝上层社会。清人《燕台月令》形容北京年节："是月也，片子飞，空车走。"成为时尚。大户人家特设"门簿"，以记客人的往来和飞片，门簿的首页多虚拟"亲到者"四人：一曰寿百龄老太爷，住百岁坊巷；一曰富有余老爷，住元宝街；一曰贵无极大人，住大学士牌楼；一曰福照临老爷，住五福楼，以图吉利讨口彩。现在的春节赠送贺年片、贺年卡，便是这种古代互送飞帖的遗风。

8．**正月初二**

周口市沈丘县、鹿邑县、淮阳县有正月初二送大馍的习俗。

过了春节，到正月初二这天，出嫁后的闺女要走娘家。一般情况下，早晨外甥专门去舅家拜年，可以带礼品，也可以空手去。中午是出嫁的闺女回娘家的时间。下午一般不兴走亲戚。出嫁的闺女走娘家时，总要给自己的亲生父母送一个大馍。他们送大馍的目的既是礼品，又是向父母报喜，说明自家的日子越过越好，希望父母放心，同时又是表达自己对父母的孝心，希望父母吃了闺女送的大馍后能够健康长寿。

周口民间有在正月初二祭财神的习俗。这天无论是商贸店铺，还是普通家庭，都要举行祭财神活动。各家把除夕夜接来的财神祭祀一番，实际上是把请来的财神像焚化了事。这天中午要吃馄饨，俗称“元宝汤”。祭祀的供品用鱼和羊肉。一些大商号，这天均大举祭祀活动，祭品要用“五大供”，即整猪、整羊、整鸡、整鸭、红色活鲤鱼等，以祈望新的一年要发大财。

9．正月初三

20世纪50年代前，民间在初三夜把年节时的松柏枝及节期所挂门神门笺等一并焚化，以示年已过完，又要开始营生。俗谚有“烧了门神纸，个人寻生理”。

民间以为正月初三是谷子的生日，一般人家在这一天祝祭祈年，且禁食米饭。

10．正月初五

“破五”是周口家喻户晓的旧时民俗，有些习俗至今仍很盛行。它的由来有一个荒诞的传说。初一五更各路神灵下界就位，就是没有“脏神”的位置，他享受不到任何礼遇，心中恼火，便找玉皇大帝评理。玉皇大帝无奈，只好答应给他补上，让民间在正月初五再放一次炮再吃一顿饺子。因为人们又破费了一次，所以叫“破五”。亦有凡是所有禁忌到了这一天，可以完全破除的含义。从初一到初四一般都不干活，大店小铺也不营业，到了初五凡是生意人都要争先起早，烧香燃放鞭炮求财神开张营业。这一天，农村在走亲访友迎来送往之余，就开始干点农活了。

周口民间从正月初一到初四有很多禁忌，如忌折断、忌打破东西、忌扫地、忌做针线活、忌蒸馍、忌赶集上店等。这些禁忌到初五就可破除了。初五这天上午，家家户户都要擀面片吃，意为补窟窿。这是因为以前穷人欠债多，吃了面片可把塌的窟窿（外债）补住了。

周口淮阳县一带在破五当天清早，家家户户都把灶膛里的灰清出来，倒在粪堆上，然后在灰上边放一挂鞭炮，这叫送穷灰。据说当初的怪兽年被吓跑后，年的小儿子“蛩”留在了人间，不过它被吓得钻进了灶膛。“蛩”会给人们带来贫穷和灾难。人们通过送穷灰的方式把蛩撵跑，希望自家一年中平平安安，能够招财进宝。

周口民间有些人家要在正月初五祭财神。民间传说，财神即五路神。所谓五路，指东西南北中，意为出门五路，皆可得财。清代顾禄《清嘉录》云：“正月初五日，为路头神诞辰。金锣爆竹，牲醴毕陈，以争先为利市，必早起迎之，谓之接路头。”又说：“今之路头，是五祀中之行神。所谓五路，当是东西南北中耳。”

民间所谓五祀即祭户神、灶神、土神、门神、行神，所谓“路头”，即五祀中之行神。凡接财神须供羊头与鲤鱼，供羊头有“吉祥”之意，供鲤鱼是图“鱼”与“余”谐音，讨个吉利。人们深信只要能够得到财神显灵，便可发财致富。

周口旧历年还有抢路头的习俗。正月初四子夜，家家备好祭牲、糕果、香烛等物，并鸣锣击鼓焚香礼拜，虔诚恭敬敬财神。初五日俗传是财神诞辰，为争利市，故先于初四接之，名曰“抢路头”，又称“接财神”。因此，每到过年，人们都在正月初五零时零分，打开大门和窗户，燃香放爆竹，点烟花，向财神表示欢迎。接过财神，大家还要吃路头酒，往往吃到天亮。都希望财神爷能把金银财宝带到家里，在新的一年里大发大富。

正月初五“送穷”，是民间一种很有特色的岁时风俗。这一天各家用纸剪成妇人的样子，称为“扫晴娘”、“五穷妇”、“五穷娘”。让她身背纸袋，将屋内秽土扫到袋内，送门外燃炮炸之。这一习俗又称为“送穷土”、“送穷媳妇出门”。西华县大王庄一带，破五这一天忌出门，而且要将鲜肉放在锅中炙烤，还要爆炒黄豆，令其崩裂发声，认为这样可以崩除穷气，求得财运。此外，除夕或正月初五要吃得特别饱，俗称“填穷坑”。民间广泛流行的送穷习俗，反映了民众普遍希望辞旧迎新，送走旧日贫穷困苦，迎接新一年的美好生活的传统心理。

11. 正月初八

民间认为正月初八这一天凡磨、碾等石制工具都不能动，许多人认为这一天是石头的生日。人们忌讳搬动石头，也称“石不动”、“十不动”。

在周口，这一日家家向石头焚香致敬。人们午餐必食馍饼，认为吃饼一年之内便会财运亨通。有的地方有抬石头神之举。初九夜，人们将一瓦罐冻结在一块平滑的大石头上，初十日早晨，以绳系罐鼻，由十个小伙子轮流抬着瓦罐走。石头不落地则预示当年丰收。

12. 正月初十

周口的民众一般认为老鼠嫁女是正月初十。人们在这一天举行的祀鼠活动，亦称“老鼠嫁女”、“老鼠娶亲”。其实，老鼠嫁女的具体日期因地而异，有的在正月初七，有的在正月二十五，不少地区是正月初十。届时他们将面饼置墙根，来祝贺老鼠嫁女。这一日忌开启箱柜，怕惊动老鼠。在老鼠嫁女的前一天晚上，儿童将糖果、花生等放置阴暗处，并将锅盖簸箕等大物大敲大打，为老鼠催妆。第二天早晨，人们再将鼠穴闭塞，他们认为从此以后老鼠可以永远绝迹。还有的地区老鼠嫁女日很早就上床睡觉，为的是不惊扰老鼠，俗谓你扰它一天，它扰你一年。

“老鼠嫁女”的民间传说，在周口很流行。但是，各地“老鼠嫁女”的时日有所不同。在北方，老鼠嫁女是在正月二十五日的晚上。在这天夜里，家家户户不点灯，全家人坐在炕头上，一声不响，只是摸黑吃着用面粉做成的“老鼠爪爪”、“蝎子尾巴”和炒大豆。不点灯、不出声的意思是为老鼠嫁女提供方便，生怕惊扰了娶亲喜事。吃“老鼠爪爪”表示人们期望老鼠的爪子发痒，好早些起来行动；吃“蝎子尾巴”即是为了老鼠嫁女出洞时不会受到蝎子伤害。吃炒大豆发出嘎嘣的脆响，似乎是给老鼠娶亲放鞭炮。在老鼠嫁女夜晚，淮阳刘振屯一带则在屋角、过道等处遍插蜡烛，意思是将老鼠娶亲途经之路照得通亮。

“老鼠嫁女”、“老鼠娶亲”的年画和剪纸在民间被视为“吉祥物”，过年过节时有的人家把画贴在墙上或窗户上。周口民间还有自画的《老鼠嫁女》年画，画中表现一伙老鼠掮旗打伞，敲锣吹喇叭，抬着花轿迎亲。骑在癞蛤蟆背上的是“新郎”，头戴清朝的官帽，手摇折扇，双目注视着一只大金箱，显出一副贪婪的样子。正当这伙丑类大摇大摆招摇过市之时，等待它们的却是一只大黄猫。前面鸣锣开道的一对鼠兄鼠弟，其中之一已被猫的利爪抓住，另一只则咬在猫的嘴上。此时，坐在花轿里的“新娘”，自知末日来临、泪流满面。这幅年画反映了民众鲜明的爱憎立场。

（二）春节民俗内涵

1. 春节禁忌

周口一带春节禁忌很多，民众把春节的禁忌叫忌讳。一般来说忌讳是建立在神灵崇拜和巫术信仰基础上的一种民间习俗，大多带有迷信成分，一般遵守较严，犯忌常有破解方法。周口民间忌讳，反映了周口民众祈福避难的朴素思想。

在周口民间，一般来说，过了祭灶一直到正月十五，这期间都属于春节忌讳的范围。有些人家会把忌讳拉扯到正月十五，甚至出正月。民众认为除夕晚要把药渣之类的东西扔掉，不能把药渣放到家中过年，害怕药渣给自家带来病灾。过了祭灶一直到农历二月二，忌把脚蹬在锅台或灶脸上，更忌小儿在锅台附近玩耍。人们害怕过年时得罪了灶王爷，所以尽量对灶王爷保持恭敬，给他设置一个好的环境。不论是除夕还是初一，下饺子时，烧火忌拉风箱，人们害怕拉风箱“呛年”，怕把财宝等物吹跑了。在煮饺子时，尽量使饺子不破，认为饺子破了就是不囫囵不吉利，饺子假若贴到锅边上也不能揭下来，就怕把饺子弄烂。

从除夕到初一全天，忌扫地。人们认为用扫帚扫地，将会扫走运气。

初一当天忌泼洗手、洗脸水，人们认为那些都是家里的财，一旦泼出去就难收回来了，就会失财。

春节期间，从除夕一直到初五，人们不动刀剪。有人还在除夕晚上把刀口、剪刀口或秤钩上等利器之处嵌一个红萝卜（胡萝卜），以示切喜吉祥。

春节期间也禁止打碎碗盆等物，人们认为正月里打碎了某物，月月都会打碎东西。所以一般情况在不出正月的春节期间，各家各户拿碗筷时都十分谨慎小心，生怕出了差错而带来不祥。

春节忌讳是民众的一种迷信思想，是他们对招财进宝，驱灾避祸，永享平安的渴盼。为了不违忌讳，周口民众还有一些忌讳的破法，或犯忌后弥补方法。如：为防止小孩在过年时说不吉利的话，一般在祭灶后或除夕时长辈就事先用草纸给小孩揩口，称之为“揩屁股”，意思是说小孩讲话如放屁，不算数。假如除夕或春节那天有人逝去，对外不报丧，不哭灵，家属只把死者掩盖，仍需继续过年，待过了初一才四处报丧。报丧时，假如是讣告报丧，应把讣告撕破一角以除晦气。假如是孝子去舅家报丧，则需蹲在大门之外。假如正月节要打碎了碗、盆、罐等物应及时买新的补上，并且不得责怪打碎者，而要说，碎得好，岁岁平安。

除夕之夜，凡父母健在者都必须守岁，表示对长辈的尊敬。“守岁”忌讳早睡，要不然就得不到上天赐予的财福了。这天晚上，锅绝对不能空着，必须添上水放上馍，五更起来便可烧火下“扁食”了，否则一年无食贫穷；这一天剩饭也不能倒掉，以示饭多吃不完，寓意“吉庆有余”；夜里忌大便，因“屎”与“死”音似，不吉利；还不准将垃圾或脏水倒出去，否则就是倒掉了金银珠宝。

初一当天人们有起早习俗。许多人认为初一是一年之始，可以预兆全年的吉凶祸福。初一乐全年乐，初一愁一年愁，这一天特别是早晨非常引起人们的重视。周口在初一的五更时禁忌更多。

忌晚起，初一早晨起来晚了，财神被别人接去，一年要贫困穷苦。

开了大门忌再关，否则，一年不吉利。

忌大声喧哗，怕惊动神灵，一年不得安宁。

忌扫地，怕扫走财神福禄。

忌泼洗脸水或倒尿盆，防财气外流。否则污染环境亵渎神灵，得罪茅厕神。

忌打水，若五更打水，会惊动得罪井王爷。

忌出殡，出殡不吉利，一年内定有灾难临门。

忌从事体力劳动，这一天是休闲日不能干活。

总之，初一的禁忌，虽带有浓厚的迷信色彩，其目的都是为了消灾祛病、祈福求财、平安吉祥的，表达了人们对美好生活的追求和对邪恶的厌弃。

从古到今，初一五更豫东民间是忌讳吃荤的。人们将“荤”与“昏”联系起来，认为吃了荤就会一年昏头转向神志不清。因此，初一五更吃扁食不吃荤饺。吃扁食盛碗时，第一碗谁也不准吃，要端到敬神的桌案上敬神灵与祖先，不这样就是大不敬。盛全家人的碗时必须多盛，不回家过年的人的碗也要盛，多盛的象征来年人丁兴旺。

有关正月初一忌打水的习俗，还流传一个故事。传说很久以前，腊月二十三这天，人们托老灶爷到天上，请老天爷派各神往人间降福。

这一年，老天爷派天兵天将与老灶爷一道来人间察看，又带了些金银救济穷人。老灶爷嘴馋，一到过年嘴就更馋了，所以每次从天上回来，走得特别快，本来到初一五更才能走完的路，老灶爷三十晚上就来到人间。这一年也是这样。

人间有个穷汉，家穷得叮当响。这年三十晌午刚跟别人借了五升米，等磨好面，天已经黑了。穷汉急着蒸馍，一看缸里没水，就担着水桶去村头挑水。当他从井里往上提水时，扁担正好捅着了天兵背的金银包，金银包一下子捅了个窟窿，掉下很多银子，正巧银子都掉到桶里了。穷汉又惊又喜，回到家里把金银全放到供桌上来感谢上天。

第二天，拜年的人看见穷汉有许多金银，就问他来由，穷汉就把昨晚发生的事如实说了一遍。后来，人们总想着自己也能遇上这样的美事，所以每年三十晚上总是打满一缸水，正月初一也就没人再打水了，这后来成了习俗。

2. 把门棍

周口各县市民众，在过春节时，一般在除夕贴了春联、放关门炮之前，总会在各个门口横一根棍子滚在地上，此棍民众都叫它“把门棍”。认为把门棍是为了把财，防止自家的财宝经过门口流失。把门棍要在三十晚上放，到破五时拿掉。有些地方，把门棍一直放到正月十五才拿掉的。

春节放“把门棍”的习俗很少，就周口一带的文字资料来看也很难寻觅把门棍的渊源。但据老年人介绍，把门棍的作用也很大，它的主要作用是避邪，防止鬼怪入门以棍把之。把门棍还有一个作用，过春节住户只要贴上春联，门口放上把门棍，要账者一律不准登门要账，春联、门神和把门棍已经向要账者声明，户主已经过年，即便欠账，也不能再上门催还，这样就可以过上一个安稳年了。假若要账者不识时务硬要入门要账，那么户主用把门棍责打要账者情有可原，旁人官府等可以不追究。在古时候，把门棍成了户主过年的保护伞了。

从周口民众过年把门棍的现存形式和它的一些使用习惯及价值来看，它与传统的幡胜有着一定的渊源关系。用幡胜来表达人们意愿的风俗最初见于汉晋的文献。《后汉书·礼仪志》载：“立春之日，夜漏未尽五刻……立春幡。”似为意在劝农。其他如晋宗懔的《荆楚岁时记》，孟元老的《东京梦华录》等也都记载有春节（元旦）门立幡胜以求吉祥的风俗。幡开始是立于门口悬于竿头的，到了后来有些人把春幡直接悬挂在门口或贴在门楣上了。其他地方所谓的门签又叫“挂签”、“过门前子”、“罗门钱”，就是古代的幡胜的演化，因为它状如小幡，而周口一带幡胜的幡多为纸质上写字或剪刻图画，不易在门口存放，人们逐渐省略了幡，而只留一竿了。再后来人们把幡胜的竿横放于门口就形成了今日的“把门棍”了。

应该说各地的民风民俗的形成和演变与当地人的生活习惯、社会环境、自然环境等有特殊的关系，幡胜的演变就是如此，有些地方只保留了幡胜的幡把它贴于门楣就形成了门签。而周口一带仅保留了它的竿，就形成了“把门棍”。

人们在春节期间放“把门棍”的习俗，还流传着一些美丽的传说故事。从前有王大、王二穷哥儿俩，爹娘早死了，兄弟相依为命，苦度时光。王大为人老实，干起活来不要命，人们都愿请他帮忙。所以，他除能填饱肚皮外，多少还有点剩余。而王二却不同了，早睡晚起，出门怕风刮，走路泊雨淋，夏天怕热，冬天怕冷，干活怕掏劲，要饭嫌丢脸，整天待在家里吃点哥哥带回来的残羹剩饭充饥。王大为此苦口婆心地劝说弟弟，好话说了几大车也无济于事。王二还说：“不就是吃点你剩下的馍头汤根吗！”王大一气之下，把仅有的一间茅草屋一隔两开，各过各的。

尽管哥儿俩分开了，王二仍是吃哥哥带回来的东西，不过由明转暗罢了。王大明知自己的东西是弟弟偷吃的，手足情嘛也不去计较。

一年冬天，天寒雪大，请短工的人少了，王大的日子也不好过，王二就没有饭吃了，要饭嘛，雪大风狂也不好要。王大虽然有点小积蓄，可不能自己吃看着弟弟挨饿呀！就这样，三下五除二，不多久他们把积蓄吃个净光。咋办呢？王大犯愁了。

腊月三十那天，天刚亮，王大就踏雪出门去了，凭着原来的关系，跑东家，奔西家，求爷爷告奶奶，好不容易弄来一点儿东西。打算到大年初一哥儿俩能吃顿饱饭。王大忙活一天，正要上床睡觉时，他想到弟弟一天没吃饭了，他能委屈一夜吗，如果夜间他偷偷把东西吃掉，明天咋办，同时夜长天冷，谁能坐一夜呢，想来想去，他决定偷偷在门外放了一根棍。

其实王二的肚子里早就咕咕直叫了。他心想该过年了，哥哥弄到好吃的，不让我知道，哼，你也吃不安稳。等到王大屋里没有动静了，王二轻手轻脚从床上爬起来，偷偷往哥哥屋里摸，谁知迈门槛时，猛地被棍子绊了一下，摔了个嘴啃泥。这时，王大惊醒了，一翻身爬起来，打个火明一看是弟弟，他心里全明白了。他揭开锅盖说："老二，这是留到明天过年吃的，我也没有打牙呀！"王二一看锅里有白馍有饺子，心里一热，哥儿俩搂在一块痛哭起来。……从此，王二变好了。哥儿俩和睦团结，勤劳发了家。故事一代代相传。除夕夜锅里放吃食，门外搁绊门棍也就逐渐成为习俗。

3. **门方子**

周口民众在春节期间有贴门对子（对联）、门画（门神）和门方子的习惯。在大多数人的心目中，对联、门画、门方子是配套的，但究其缘由是有其他说法的。据史书记载，在古时候，对联和门神可以配套，但那时门楣上并没有出现门方子，那时的门方子是剪纸门笺，或称"过门前子"，现在的门方子是从古时的门笺或幡胜发展而来的。

周口的门方子源于传统的幡胜。古时的门笺状如小幡，纹饰类如方胜，故称之为幡胜。幡胜最早见于汉晋的文献记载。《后汉书·礼仪志》有春节立春幡的记载。苏东坡《元日》诗"萧索车风雨鬓华，年年幡胜剪宫花"进一步解说了春节的幡胜。有些文献中有时"春幡""春胜"分称，有时连称"幡胜"。古人春节挂幡胜是为辟邪求吉。随着时代的发展，人们觉得幡胜太麻烦，并且在春节期间易破损不吉利，于是他们就把幡胜进行简化，仅留幡并把幡缩小贴于门楣，以象征家中立了幡胜。那些贴在门楣上的小幡就是人们常说的"过门前子"或门笺。古代的门笺还保留着幡的特点，门笺从造型上来看，一般都是长方形，有边框、穗子，其形状似幡。

周口一带的门笺重视文字的表达，大多门笺上剪刻"招财进宝"、"吉祥如意"等吉祥话语，有的人家还在门笺上剪刻一个倒着的"福"字。不同地区的门笺有不同的样式和花纹，有的地方重视图案的剪刻，有些地方重视文字的表达。后来又随着时代的发展，有些人嫌剪刻门笺太麻烦，于是他们就直接用一块长方形的彩纸或红纸，上边写上“吉祥如意”等吉祥语贴于门楣之上。这样，门楣上贴着的长方形的有字的纸，就被人称作门方子了。其实门方子是门笺的一种变形，它象征着古代的门笺。

民间风俗是发展变化着的，它既继承了传统，又在流传中随着人的思维及活动而变化着。古老的幡胜，是人们过春节时立于门口的幡，以求吉辟邪，但它经过几代人的发展，在周口一带几乎面目全非了。它的竿被人放到门口成为把门棍；它的幡经过一代代的变化逐渐被门方子所替代。总之，周口民间春节贴的门方子，具有本地浓重的乡土气息。它传承了过去，又有所创新，但它代表的内涵几乎没有多大变化，还是普通民众那一种“求吉避灾”的心理。

4. **春联**

春联作为一种独特的文学形式，在我国有着悠久的历史。大多民众春节有贴春联习俗，一般来说到祭灶日就可以贴春联了，现在一般是腊月三十上午贴春联。早在秦汉以前，我国民间每逢过年，有在大门的左右悬挂桃符的习俗。桃符就是用桃木做的两块大板，上面分别书写上传说中的降鬼大神“神荼”和“郁垒”的名字，用以驱鬼压邪。这种习俗延续了一千多年。到了五代，人们才开始把联语题在桃木板上代替了降鬼大神的名字。据历史记载，后蜀之主孟昶在公元964年除夕题于卧室门上的对联“新年纳余庆，嘉节号长春”是我国最早的一副春联。

宋代以后，民间新年悬挂春联现象已经相当普遍了，所以王安石的《元日》诗中写的“千门万户曈曈日，总把新桃换旧符”就是当时春联盛况的真实写照。由于春联的出现和桃符有着密切的关系，所以古人又称春联为“桃符”。到了明代，明太祖朱元璋大力提倡对联。他在金陵（现在的南京）定都以后，命令大臣、官员和一般老百姓家除夕前都必须书写一副对联贴在门上，他亲自穿便装出巡，挨门挨户观赏取乐。当时的文人也把题联作对当成文雅的乐事，写春联便成为一时的社会风尚。

在周口民间流传“贴对子不要账”的传说。相传元朝在农民起义中灭亡了，农民起义军领袖朱元璋对王冕的才学非常佩服，就改装打扮去山村野舍访问他。二人一见如故，谈得十分投机。二人共睡一张破床上，二人同桌吃粗茶淡饭，有一天，王冕对他说：“连年的兵荒马乱，老百姓够苦的了。他们背了一身阎王账，欠了一屁股皇粮国税。衣不蔽体，食不盈腹，啼饥号寒，流离失所，连一顿饱饭都没吃过，一天安生日子也不能过，每逢年节，如同过关。此乃天下之大患。你今后如若掌权，此事应三思啊。”朱元璋连连点头。王冕又说：“假如有人下一道命令，定一个规矩不准要账该多好啊！”

朱元璋是个十分喜欢春联的人，当上皇帝后更是喜欢。他经常给大臣写，还微服出宫去观赏春联。有一年正在写春联时，耳边响起了王冕的话：“谁能下道命令，定个规矩不准要账该多好啊！”他手往书案一拍大声说：“有了，有了。”内侍臣莫名其妙，个个呆若木鸡，朱元璋忙说：“传我的口谕，叫布政司下道命令，凡贴上春联后，无论任何人不得上门逼债，违令者一律处死，寻衅闹事者满门抄斩。”这样这道圣旨便成为习俗流传下来。

就春节贴对子的习俗在周口也有不同的说法。商水县袁老乡西二府有一奇怪风俗：不论节日庆典还是婚丧嫁娶等都不张贴对联。这与全国各地逢年过节张贴对联之俗相比，确实是一大奇闻。

西二府为什么不贴对联，这一奇怪的风俗从何而来？据当地老人们讲，西二府不贴对联的习俗起源于唐朝，距今已有1000多年了，虽然历经千年沧桑，但风俗不变。传说唐朝时候，皇宫中二王被贬，他们为避难而逃居乡下四处奔波，途经现在的商水县附近，在县城东南几十里处的一个小村庄避难数日。由于二王恼恨天子及秦琼、敬德、魏徵等宿臣良将，二王临走时送给村民一把天子剑帮村民避邪灭鬼，他们一再警告村民，哪一家也不许张贴秦琼、敬德等人之像，否则就要大祸临头家破人亡。该村人牢记二王嘱咐，代代相传永不张贴秦琼、敬德之像。最后演化为不贴对子门神等。这个小村子因为住过二王，所以改名为二王府，后简称为二府。与该村相邻的洪山寨为代二王之威，也改名为二府，因为洪山寨原来在老二府之东，所以洪山寨改为二府之后，老二府又改称西二府以示区别。现在二府贴对子，而西二府不贴对子。又据悉，西二府的天子剑一直传到民国时期，后来龙眼上的宝珠被人抠走，村民认为天子剑没了龙眼避邪就不灵了，遂把此剑抛弃。

现在西二府人对此俗的看法表现在以下几个方面，一是年老人说：“这是上辈传下来的习惯，谁家贴对子谁家就遭殃，咱还是听上辈子的话，可不敢闹着玩。”二是中年人认为贴对子就那一回事，传了1000多年了，老年人还不让贴，何必呢，不贴就不贴咱也不出那个风头。三是青少年一代认为，贴春联就家破人亡那是迷信，但是传了1000多年的老风俗也没有人敢出面破除。所以整个西二府都遵守此俗，才使得西二府的奇俗流传至今。但是，近几年在婚丧嫁娶上，已有个别人家开始在室内或室外张贴对联了，至于西二府的奇俗还能流传多久，无人可知。

那么西二府的传说到底有没有根据，唐朝时期到底有没有所谓二王避难的故事，为此有关文化部门查阅了一些史料典籍得知，唐朝确实存在着二王避难的事件。据史料介绍，唐太宗李世民一生共有子 14 人，其中长孙皇后所生的有三子，有长子承乾、四子泰、九子治。武德九年（626 年）十月，李世民诏立嫡长子承乾太子。然而，承乾“及长，好声色，慢游无度”，“颇以游畋废学”。在政治上也“不循法度”。当时东宫内部情况是，“龙楼之下，惟聚工匠；望苑之内，不睹贤良”。就在承乾失德日见败露的过程中，李世民对魏王泰的宠爱与日俱增。魏王“腰腹洪大，趋拜稍难”，世民特许乘小舆至朝所，“其宠异如此”。后来皇帝每月给魏王的料物竟然超过东宫，李泰一时“宠冠诸王，盛修第宅”，实际上，李世民“微有废立之意”。魏王泰也看到有机可乘，因而“潜怀夺嫡之计”。在承乾失宠、魏王得幸的情况下，二人“各树朋党”形成了敌对的营垒，双方的斗争逐渐进入了紧锣密鼓的阶段。

贞观十六年（642 年），李世民提出皇位继承问题。太子承乾眼看着魏王泰恩宠日隆，声望过已，而且已网罗了一批力量，估计其父已有废立的念头，遂谋效法他父亲发动玄武门之变的做法，加紧策划宫廷政变。这时恰好发生了齐州都督齐王的未遂叛乱，太子借机对他的心腹纥干承基等人说：“我西畔宫墙去大内可二十步来耳，此间太亲近，岂可并齐王乎？”事情很凑巧，纥干承基与齐王有勾结，此时暴露，系狱当死。他们于贞观十七年四月告发太子对他们说这段话的情况。李世民听说此事，只得废承乾为庶人，赐汉王元昌自尽。李世民废承乾之初确有立魏王之意。但是，玄武门事变之事他记忆犹新，他深知这次处理不慎，又会重演宫门喋血的悲剧，不利于皇族子孙。他明白立嗣一事牵涉到今后承乾与泰能否两存的问题，也就在这时李世民萌动立晋王李治的念头。再加上朝中老臣宿将长孙无忌、房玄龄、魏徵、秦琼等人都反对李泰为嗣，这样就选定了晋王李治为太子。这样，李世民在立太子上避免了可能发生的纷争和混乱。李世民自己也向朝臣表示：“我若立泰，便是储君之位可经求而得耳。泰立，承乾、晋王皆不存；晋王位，泰共承乾可无恙无能为也。”贞观二十三年（649 年）李世民驾崩，六月，太子李治即位，是为唐高宗。此时承乾为庶民流落宫外，魏王李泰也借机逃出皇宫避难于乡野。

就二府的地理位置来分析，它处在潢川至项城至陈州的交通要道之上。古时候是有名的驿站和商旅歇脚投宿之地。现在仍有俗语“项城周口一百一，当中夹个二府集”（注：此项城为老项城）。就历史事件及二府集的地理位置来说，二王避难西二府此说可以成立。二王也正是忌恨李世民，忌恨秦琼、敬德、魏徵等人才传言不让村民张贴秦琼、敬德或魏徵等人的图像以求泄愤。他们又畏于当时形势，而不敢大张旗鼓地反对与宣传，所以不贴秦琼、敬德、魏徵图像等风俗也只能在个别村庄悄悄地兴起，西二府也许是其中之一，也许是独此一个。

总之，西二府之奇俗在中原甚至全国都很少有。其间有深厚的历史背景及民俗习惯、风土人情等，有一定的研究和探求价值。

5. **门神**

门神信仰由来已久，据史料记载，在沧茫的大海之中有一座度朔之山，山上有一棵大桃树，枝干蜿蜒盘伸三千里，桃枝的东北有一个万鬼出入的鬼门，门上有两个神人，一个叫神荼，一个叫郁垒，他们把守鬼门，专门监视那些害人的鬼，一旦发现便用芦苇做的绳索把鬼捆起来，扔到山下喂老虎。于是黄帝向他们敬之以礼，岁时祀奉，在门上画神荼、郁垒和老虎的像，并挂上芦苇绳，若有凶鬼出现二神即抓之喂虎。后来这种以神荼、郁垒、芦苇绳、桃木为辟鬼之神的信仰被人们传承了下来，就形成了早期门神的雏形。

周口一带民众将门神分为三类，即文门神、武门神、祈福门神。文门神即画一些身着朝服的文官，如天官、仙童、刘海蟾、送子娘娘等，武门神即武官形象，如秦琼、尉迟恭等，祈福门神即为福、禄、寿三星。这些门神虽出现的时间区域背景不尽相同，但至今都被人们普遍信仰，其中影响最深的要数钟馗、秦琼、尉迟恭了。

传说钟馗不但捉鬼，而且吃鬼，所以人们常在除夕之夜或端午节将钟馗图像贴在门上，用来驱邪辟鬼。钟馗的形象是豹头虬髯，目如环，鼻如钩，耳如钟，头戴乌纱帽，脚着黑朝鞋，身穿大红袍，右手执剑，左手捉鬼，怒目而视，一副威风凛凛、正气凛然的模样。据说他捉鬼的本领及威望要比神荼、郁垒高得多。至于其来历，钟馗原来是陕西终南山人，少时即才华出众，唐武德（618—627）中赴长安参加武举考试，仅因为相貌丑陋没有中举，于是恼羞成怒撞死在殿阶上，唐高祖听说后特别赐给红官袍予以安葬。后来唐玄宗偶患脾病，请了许多医生救治，效果不佳，宫廷上上下下都很着急。一天晚上唐玄宗睡着后，忽然梦见一小鬼偷窃宫中财物沿着殿墙边逃跑，唐玄宗急忙喊叫捉拿，只见一位相貌魁伟的大丈夫跑上殿来，捉住小鬼，刳目而吃之。玄宗问他是什么人时，他回答说是“武举不中进士钟馗”。唐玄宗醒来后，第二天病就好了，于是请来画匠吴道子将钟馗的像画了下来，所画之像与玄宗梦中所见一模一样，玄宗大悦，将之挂于宫门之上，作为门神。后来道教吸收了这种信仰，常将钟馗视作袪恶逐鬼的判官，于是钟馗便成了道教驱鬼捉鬼的神将。此外，钟馗在民间亦广为流传，民间流传有钟馗嫁妹、钟馗捉鬼、钟馗夜猎的故事。

至于把秦琼（秦叔宝）、敬德（尉迟恭）二将军当作门神，这里也有一些典故。相传唐太宗身体不太好，寝宫门外有恶鬼号叫，六院三宫，夜无宁日。于是太宗将全部情况告诉众大臣，秦叔宝上奏说："臣平生杀人如摧枯，积尸如聚蚁，何惧小鬼乎！愿同敬德戎装以伺。"太宗准奏，夜晚让二人立于宫门两侧，一夜果然平安无事。太宗嘉奖二人后，觉得整夜让二人守于宫门实在辛苦，于是命画工画二人像，全装怒发，手执玉斧，腰带鞭练弓箭，一如平时，悬挂在两扇宫门上，从此邪祟得以平息。直到元代人们才沿袭这种做法，奉二人为门神。

现在过春节，在民户大门，还有不少张贴秦琼与尉迟恭门神像和历代武将画像的，但与古时相比，其意义截然不同了，古贴门神，为敬神、拜佛、求福祈祷平安。今贴门神，表达的是对平安、幸福的向往与追求。

有关贴门神的风俗，在民间还专门有一个传说故事。传说，天上专管布云下雨的是泾河老龙。这一日，他没事找事，变作一个老头，到长安街上寻算命的张半仙开心，问他有没有雨。泾河老龙说："你给我算来！灵验，十倍奉赠卦银；如若不灵，打碎你的招牌，要你滚出京城，从此不准算命！"张半仙子丑寅卯一趟算，说："明日辰时起风，巳时布云，午时下雨，未时雨歇。"老龙一听，不由得冷笑道："真的？那雨有多大呢？"张半仙说："城里三分够了，城外嘛得七分！"老龙听罢不禁哈哈大笑，他心里想，别的事由你去断，这布云下雨是我的本行，由你算可不由你断了。于是泾河老龙就说："你要算错了，明日我可要找你算账。"

第二日，果然落雨了。不过比张半仙算的偏偏迟了一个时辰，却是巳时起风，午时布云，未时落雨，申时雨歇。雨量也刚刚调转来：城里七分，城外却只有三分。雨一歇，老龙就找张半仙算账来了。张半仙面不改色地说："你既然不惜以性命来开玩笑，我的卦哪还谈得上灵不灵呀？"老龙一听，大惊失色，忙问："此话怎讲？"张半仙说："你违抗玉帝圣命，已犯天条，明日午时三刻就要问斩。你死到临头还执迷不悟！"

原来，这张半仙不是别人，他就是江西龙虎山的张天师。他早就识破老龙真面目了，可笑老龙还当他是个凡夫俗子，开了个天大的玩笑，弄得自作自受。老龙听罢张天师的话吓得双脚一软，跪了下去："先生救命！只怪老朽有眼不识泰山，本想与先生开个玩笑，岂料弄假成真，违犯天条。求先生大发慈悲，救我一命！"张天师说："救命，我倒无术。不过，可以给你指条活路。明日的监斩官，就是当今皇上御前丞相魏徵。你若要性命，只有去向皇上求情。求皇上为你在魏丞相面前讨个情，别的怕救不了你啦。”老龙千恩万谢拜辞了张天师，去找皇上李世民求情去了。

再说唐太宗李世民夜里梦见一个龙头人身的人，自称是泾河老龙，只因降雨违犯了天条，该当朝丞相魏徵监斩，请皇上代为求情，救他一命。唐太宗本是仁慈君主，见他说得可怜，又想既然是魏徵监斩，料想这个情是讲得下的，他就爽快地答应了。第二日，一早上朝，唐太宗就宣召魏徵上殿议事。唐太宗心想：你午时三刻监斩，我把你拖住不放你走，你还斩得成！这样不就救下老龙了吗？因此，等魏徵一来，唐太宗就与他议论起来。从安邦定国到富国强兵，从励精图治到救农扶商。看看拖到快午时了，唐太宗又命人摆开棋盘，与魏徵对弈起来。

走着，走着，忽然唐太宗碰着一步难棋，竟举棋不定。唐太宗不敢贸然放下手中棋子，心里急急地思索着。那边，魏徵等着等着，竟趴在棋盘上睡着了。这边，等唐太宗苦苦想好路数，勉强按住阵脚，忽听到一阵“呼呼”的打鼾声。唐太宗抬头一瞅，魏徵早已睡熟了。唐太宗想，丞相操劳国事，日理万机，夜里睡得少，就让他多睡一会儿吧！于是，他就坐在一边耐心地等待着。等了一会儿，唐太宗见魏徵额头上出一层汗星。唐太宗想，丞相真是心力交瘁呀，他不由得拿起扇子，帮他打起扇来。唐太宗刚扇了三扇，就见魏徵深深地吸了一口气，慢慢地醒了过来。魏徵一见皇上为自己打扇，连忙请罪，并对唐太宗说：“臣刚才睡觉，梦见自己化作一条青龙，奉玉帝圣命召臣作监斩官，午时三刻要斩泾河老龙。时辰将到，老龙不愿伏法，与臣争斗。正在争斗，忽然间来了一条金龙，助我清风三阵，才制伏老龙，斩了龙头。”

唐太宗听了，心里叫苦连天。听魏徵的意思，那金龙的三阵清风莫不就是我刚才扇的三扇风？唐太宗心里后悔死了，觉得失信于老龙了。夜里，老龙提着个血淋淋的龙头向唐太宗索命来了：“你当初答应救我性命，说了话不但不算数，还要助青龙三阵风，致使我被魏徵斩首。我死了，也不放过你，叫你也不得好死！”老龙说着就来抓唐太宗。唐太宗突然从噩梦中惊醒过来，连声喊道：“有鬼！有鬼！”待手下人赶来，又没什么影迹了。等手下人离去，唐太宗躺下刚一合上眼，就又见老龙提着龙头来寻他索命了。

一连三天，李世民被缠得神魂颠倒。文武百官急坏了，都来问安。唐太宗说：“朕自19岁开始领兵，南征北战，从来不曾见有何邪祟，今日为何反倒见起鬼来了！”尉迟恭说：“陛下放心，万岁是真命天子，量小鬼邪祟奈何陛下不了。”李世民说：“朕创立江山，杀人如麻，还怕鬼吗？只是一到夜里就梦见鬼来侵扰，弄得睡不好觉，人没精神。”秦叔宝奏道：“陛下宽心，今夜臣与敬德同来把守宫门，看有什么鬼祟敢来惊扰万岁！”

果然，天刚黑，秦叔宝就与尉迟恭全副披挂，一人拿锏，一人提鞭，一左一右守在宫门口。这样一来，倒真灵，一夜没有动静，唐太宗睡了个安稳觉。从那以后，日日夜里都由秦叔宝、尉迟恭守大门。也真奇怪，只要他俩一守门，夜里就平安无事。可是，这样一来，却苦了这两个将军，一日两日倒不觉得什么，要想天天这样，就吃不消了。唐太宗看他两人很辛苦，就找魏徵想个办法。魏徵说，找皇宫画像的人，按照他两人的面貌，画下来贴在大门上试试看。一试果然灵，唐太宗再也不要两位将军夜夜辛苦了。

从此，人们就把这两张画有秦叔宝和尉迟恭的图像称为“门神”，意为镇门驱邪之神。

6. 年画

过年，人们除了贴春联，还喜爱在客厅里、卧室中挂贴年画。一张张新年画给家家户户平添了欢乐的节日气氛。

年画是周口的一种古老的民间艺术，它反映了人民大众的风俗和信仰，寄托着人们对未来的希望。年画，也和春联一样，起源于“门神”。春联由神荼、郁垒的名字而向文字发展，而年画依然沿着绘画方向发展。随着木版印刷术的兴起，年画的内容已不仅限于门神之类，而渐渐把财神请到家里，进而在一些年画作坊中产生了《五谷丰登》、《迎春接福》、《福禄寿三星图》、《天官赐福》、《六畜兴旺》等彩色年画，以满足人们喜庆祈年的美好愿望。

周口最早的年画是王昭君、赵飞燕、班姬和绿珠四位古代美人。不过在周口民间流传最广的是《老鼠娶亲》的年画。这画描绘了老鼠依照人间的风俗迎娶新娘的有趣场面。其画构图生动活泼，热闹非凡。周口民间流传正月初十是老鼠娶亲的吉日良辰的说法，人们要放一些食物在床下、灶间，算是送给鼠新郎的礼物，以祈求来年五谷丰登。有些老奶奶在临睡前常逗孩子说：“快把鞋藏好，别让老鼠偷走当花轿了。”

在周口民间有时年画和门神是模糊在一起的。其实门神是贴在门上用于辟邪的图画。门神最早源于唐朝秦琼、敬德为唐王李世民守夜护卫的故事，后来逐渐发展成了门神（或者称为门画）。有关年画的传说也很多。从前有一幅年画，叫做“铜锤换玉带”。相传，五代十国的时候，晋国与周国不和，为了地盘，连年征战。周国大将赵匡胤，保的是柴王，晋国大将叫杨衮，保的是刘王。有一年，杨衮与赵匡胤打仗，两人交锋，打了三十个回合，赵匡胤的武术不比杨衮，眼看要败。正当杨衮举起铜锤要打赵匡胤时，只见赵匡胤头上闪出一道金光，一条真龙上天了。杨衮愣啦，不打了，他想对方应该是一位真龙天子，将来必将登基做皇帝。于是杨衮立即滚下鞍来，走上前去深施一礼，说道："咱不打了，各自卷旗收兵吧！""为啥？"杨衮就把看到的事儿给他说了一遍。赵匡胤说："我真的要登基当了皇帝，一定封你为护国大将军。"说着从腰里解下一条玉带，"这是证物，到时候你可拿着玉带去找我"。杨衮也把手中的两个铜锤随手赠给赵匡胤一个。这叫铜锤换玉带。

后来，赵匡胤真的当了皇帝，建立了大宋朝。杨衮就带着玉带，一家人都投了大宋。赵匡胤封杨衮为"护国大将军"，祖祖辈辈保着宋王，这就是家喻户晓的"杨家将保大宋"的故事。后来，画家就把这段故事画出来，作为年画流传张贴。

7. **枣山馍**

周口民间都称祭灶是小年，也就是说过了祭灶就有年味了。有些人家甚至一进入腊月，就开始准备年货，蒸馍过年了。周口一带民众在蒸馍过年时有蒸枣山馍的风俗。周口枣山馍有着自己本地的特色和本地深刻的民俗内涵。

周口一带所蒸的枣山馍，其品种是配套的，和其他地区单个的枣山馍存在着差别。民众所蒸的枣山馍是一个大略成三角形，由许多层镶有红枣的云纹图案组成的大饼状的馍，人们通常叫它为枣花子。枣花子两边放着两个状如石榴形的大馍。枣花子因各家的情况不同，而大小不同。有钱有势的人家所蒸的枣山馍特别大，有二尺那么高，无钱的人们蒸一个小的枣花馍，有半尺高，代表而已。周口民众所蒸的枣花馍，不只是食用，其寓意已经超出了馍的内涵，它既有特殊的审美艺术，又有很深的纳福之意。有些人家的枣花馍，不仅有卷着枣的云纹图案，还有上山老虎、下山羊，还有石榴、元宝和招财进宝的铜钱图案。枣山馍表达了周口民众求吉祥盼温饱的愿望。其中卷着枣的云纹图案预示馍大，馍多如山。枣通"早"音，人们希望自家早日馍馍堆如山。有些枣山馍上的"上山老虎，下山羊"，意思是老虎下山会吃人，老虎上山保平安；羊在山上吃饱草平安地回来了。"羊"与"祥"音近，意思是"吉祥到家了"。枣山馍上的石榴，借石榴的多子而希望自家多子多福。枣山馍上的元宝、金钱则寄寓了人们希望招财进宝的心理。

民众将枣山馍蒸好后，祭灶时作为供品来摆放，枣山馍居中，两边一左一右两个大馍。春节期间枣山馍作为一种供品，不仅供奉神灵，同时它也是一家贫富的象征。有些老人还解说，用枣山馍供神表示对神的虔诚，意思用枣山、馍山来供神表示供品的丰厚。一般情况下不出正月是不吃枣山馍的，有的甚至把枣山馍放到四月初一。民间吃枣山馍大多在农历二月二，吃时还有一定的讲究，晚辈吃最下面的馍，老年人吃最上面的馍，女人一般只吃枣不吃馍。

周口人过“年”，无论贫贱富贵，或多或少都要蒸馍。蒸馍是一件隆重而神秘的事，也是过“年”的一大个性特征。大馍是走亲戚的重要礼品，是闺女走娘家必不可少的东西。蒸馍的日子一般都在二十七、二十八、二十九这几天，人口多，客多，家庭富裕的人家就多蒸，人口少，客少，经济比较拮据的人家就少蒸。“年”前打春，天气较暖时也要少蒸。过年的馍馍大都是吃到正月十五，最少也得到“破五”（正月初五）才能换饭。馍的用途也不一样，枣山馍是上供专用，而大馍是用来走亲戚用的，有的是平常吃的。平常吃的馍一般是面没发好，馍样不周正，馍有裂缝等等。20世纪50年代前，一般人家在蒸馍那一天吃一顿或尝尝馍的味道后，不到过“年”是不准吃的。

在蒸枣山馍时必须谨言慎行，废话少说，小心细心，不能损坏器物，不准说不吉利的话，大面块不准用刀切只能用手拽。在蒸馍的时间内很少有人串门，就算有，也是说上一两句吉利奉承话后马上离开，不过现在很少有人计较了。

周口人过“年”的枣山馍，一定得体现出“大”来，较小的馍也有一斤多重，大的在三斤以上。大的是用作敬神祭祖，小的是走娘家、姥姥家等亲戚用的。一般同辈亲戚是不拿大馍的。大馍有实心的（寓实心实意），大多是包上大枣，“枣，取其早起也”。为了把馍蒸大，有的采用小馍外边包生面再蒸的办法，称馍包馍。无论是大馍还是小馍不能太小，小了是对神灵的不尊重。闺女走娘家一般都在正月初二或初四，初三是没有走娘家的，因为这个日子不吉利。走娘家，特别是新婚第一年，大馍越大越好，小了就认为是吝啬、不孝顺。

枣花是把发好的面取一个小馍大小的面团，搓成细条后对折起来（有的擀扁对折），盘成不同的花坯子，用筷子一夹用刀修整，或摁或切或捏，便成了式样不同的莲花、菊花、桃花、佛手之类的枣花。再把这些小枣花组合在一起，中间放个大的，周围一圈放上大小相等式样相同或不同的小枣花，用擀好的一张类似饼而比饼稍厚的面片托起，上面摁上枣，便成了枣山。

枣山的样式不少，最常见的是“二龙戏珠”，就是在枣山两旁放上两条面龙，上方中间放一个圆蛋，象征珠子；也有童子献桃，只不过是将龙换成童子，团珠换成桃子罢了。一般枣山的直径在二尺左右，用于祭祀神灵和祖先的最大，走亲戚回的枣山小点。枣山的大小没有什么框框，根据家庭经济情况决定。民间有"外甥搬山"的习俗，就是拿大馍回枣山，现在很少人讲究这些了。

民间给孩子们蒸的枣花也有各式各样，大多是和十二生肖有关的动物和小刺猬、佛手之类。有些手巧的妇女做的面龙面虎面鱼等，活灵活现，象征孩子体壮如牛、生龙活虎。

在豫皖交界的郸城一带，春节时有一个奇特的风俗，送大馍回"枣山"。

大馍，每个重2至4公斤。其做法是，取一小蒸馍做心，将发好的上等白面、酵子接、扎、搓、揉后，面里加些香油，包在心子上，顶上做一枣花条子，上按大枣一枚，用锅蒸熟。蒸时应注意火候，先小到大，最后文火，蒸到闻见馍气香甜时止，出锅后手按压，馍不生，不死，不焦，不笑（裂口）。"枣山"的做法是，用蒸大馍的发面，搓成若干条，盘成花，叠垒如山，上小下大，按上枣。稍停，待面发硬时上锅蒸熟即可。

正月初一、初二，亲戚拿两个大馍和一些普通蒸馍、礼条等去给岳父母拜年，有女儿的姥娘把大馍留下要回"枣山"。郸城民俗中有称女儿为"大馍"的。"这是谁家的大馍（指女儿）?""这是俺家的大馍!"一听这样说的，他的家乡基本上就是郸城的。送大馍回"枣山"，是尊老爱幼的传统美德。

在周口一带要饭的一般是不要枣花子的。并且在民间还有一句歇后语"要饭的不要枣花馍——穷怪"。有关这个歇后语的来历，还有一个故事。在河南郸城、太康一带，传说有一年正月，一天清晨，天下着大雪。突然，从一家财主的庭院里传来孩子的哭声。原来财主的孩子在里间床上吃枣花馍，一不小心，枣花馍正掉在床下的尿罐里，孩子看到枣花馍脏得不能吃了，就哇啦哇啦地哭起来。财主婆忙过去安慰孩子说："别哭了，掉在尿罐里的枣花馍不要了，我再给你换新的来。"财主婆说罢，随手给孩子拿了块新的枣花馍，孩子立即不哭了！

正在这时，门外来了个小要饭的。小要饭的冻得浑身发抖，看到财主婆从里间走出来，就用哀求的口吻说："大婶婶，给找点吃的吧。"财主婆满脸堆笑地说："好，你等着!"说着，从里间屋里拿出那块掉在尿罐里的枣花馍。

小要饭的接馍在手，正要转身离去，突然，财主孩子在里间屋里喊道："妈妈，你怎么把我掉在尿罐里的枣花馍给小要饭的吃呀?"小要饭的听财主孩子这么一说，同时也闻到了尿臊味，连忙把那块枣花馍扔给了狗，随又向财主婆哀求道："好心的婶婶，你就给俺找点吃的东西吧!"谁知财主婆恼羞成怒，不但不给小要饭的再找吃的，反而又纵狗咬伤了小叫花子的腿。

小要饭的虽穷但有志气，就找来穷要饭的伙伴们在一起商议，从此决定不再要枣花馍了。

后来，人们只知道要饭的不要枣花馍，却不知道事情的原委，所以人们说“要饭的不要枣花馍——穷怪”。

8. **青竹**

周口民间过春节时有在院中或堂屋供桌条几两边立青竹的习惯。进入21世纪，过春节立青竹的习俗已被人逐渐淡忘，但仍有个别人家过春节时在堂屋供桌边还要立两竿青竹，青竹上挂些元宝、彩纸糖果等物来点缀吉祥气氛。

据老年人回忆，解放前过年大部分人家都要立青竹的。有些人家，在院中立一竿大竹竿不除竹枝。竹枝上系些金钱、铜铃、枣、胡桃、元宝等物。有些人家，除院中立青竹外，还要在客厅里条几或方桌两旁支两杆青枝翠叶的青竹。青竹上也系着一些金钱元宝、铜铃、枣、胡桃、元宝等物。到了初一那天清早，不论男女老幼都要摇一摇青竹，能把青竹上的元宝金钱等物摇下来则被认为最有福气。一些民众相信，在除夕子夜和春节开始，有财神从空中飞过，倘若财神正过时，摇动青竹，财神的金钱便可随时落下。人们把青竹当成了招财树或引财树。

从周口青竹的形式来看，它就是民间摇钱树的变形，甚至可称得上是摇钱树的代表。据《燕京岁时记》载，“摇钱树”是采用“松柏枝之大者，插于瓶中，缀以古钱、元宝、石榴等谓之摇钱树”。《清嘉录》也记载有春节期间民间用柏叶点以铜绿、剪彩绒布为虎形，扎成小朵，名叫“老虎花”。旁也缀些小老虎，叫做“子孙老虎”。有些人家还剪些寿星、谷子、招财进宝、麒麟送子之类，称之为“稻子花”。周口的青竹与记载中的“摇钱树”、“柏子花”等虽然名称形式不太一样，但意思都差不多。

民间风俗在流传的过程中受当地自然环境和社会环境的制约而发生一些形式上的变化。周口一带青竹易找松柏难寻，并且竹叶青翠与松柏叶相似，所以在周口一带人们用青竹来装饰成摇钱树，来求吉祈财。周口民间青竹祈财与西方“圣诞树”意义相同，所以近年来周口民间立青竹的习俗亦逐渐被人们所淡忘了。

9. **爆竹**

爆竹的声响是辞旧迎新的标志、喜庆心情的流露。所以，每到春节或喜庆的时候爆竹是必不可少的。

清代潘荣陛在《帝京岁时纪胜》一书中，对除夕爆竹作了如下记载：“除夕之次，子夜相交，门外宝炬争辉，玉珂竞响，而爆竹如击浪轰雷，遍乎朝野，彻夜不停。”《红楼梦》中也有描绘放爆竹的情景：“院子内安下屏架，将烟火设吊齐备，这烟火俱系各处进贡之物，虽不甚大，却极精致，各色故事俱全，夹着各色的花炮。说话之间，外面一色色的放了又放。又有许多‘满天星’、‘九龙入云’、‘平地一声雷’、‘飞天十响’之类的零星小炮仗。”

其实爆竹就是用纸把火药卷起来，两头堵死，点燃引火线后能爆裂发声的东西，亦称“爆仗”、“炮仗”、“鞭炮”等，为中国特产，其起源很早，多用于喜庆事。《荆楚岁时记》载：正月一日，鸡鸣而起，先于庭前爆竹，以避山臊恶鬼。这段记载说明爆竹在古代是一种驱瘟逐邪的音响工具，这就使得燃放爆竹的习俗从一开始就带有一定的迷信色彩。

据《神异经》说，古时候，人们途经深山露宿，晚上要点篝火，一为煮食取暖，二为防止野兽侵袭。然山中有一种动物既不怕人又不怕火，经常趁人不备偷食东西。人们为了对付这种动物，就想起在火中燃爆竹，用竹子的爆裂声使其远遁的办法。这里所说的动物，名叫“山臊”。古人说其可令人寒热，是使人得寒热病的鬼魅，吓跑山臊，即驱逐瘟邪，才可得吉利平安。

火药出现后，人们将硝石、硫黄和木炭等填充在竹筒内燃烧，产生了“爆仗”。到了宋代，民间开始普遍用纸筒和麻茎裹火药编成串做成“编炮”(即鞭炮)。关于爆竹的演变过程，《通俗编排优》记载道：“古时爆竹，皆以真竹着火爆之，故唐人诗亦称爆竿。后人卷纸为之。称曰‘爆竹’。”随着时间的推移，爆竹的应用越来越广泛，品种花色也日渐繁多。河南商水的八里湾，淮阳鲁台等地是我国著名的“花炮之乡”，其生产的爆竹不仅畅销全国，而且还远销世界其他国家和地区。

燃放爆竹是周口民众特色娱乐活动之一。人们除了辞旧迎新在春节燃放爆竹外，每逢重大节日及喜事庆典，诸如元宵节、端午节、中秋节及婚嫁、建房、开业等，亦要燃放爆竹以示庆贺。

有关爆竹的起源，在周口还有一个美丽的传说。传说很久很久以前，世上突然出现了一种怪物叫“年”，每当新年来临，它就要下山来吃人，所以人们新年临近时，都要搬到山脚去躲避灾难。与此同时，发生了一件奇怪的事。

有一次，“年”下山来了，一个乞丐正在下山乞讨，他看见一户人家灯火通明，正在整理东西准备向山脚奔去，乞丐赶忙上前恳求道：“你们行行好，给我一点吃的东西吧。”“我们都自身难保了，我劝你还是赶紧逃命去吧！”“求求你们了，我实在太饿了。”乞丐的声音此时变得更加凄惨了。“好吧。”女主人有点心软了，她急忙从屋里拿来了一些点心，对乞丐说：“赶快逃命去吧，‘年’兽马上就要来了。”

正在这时，“年”兽来了，女主人赶紧溜进屋子躲了起来。可是，凶猛的

“年”把屋子掀了个底朝天，一步一步向女主人逼近。突然，不知从何处传出“噼里啪啦”的声音，只见乞丐正在拼命地燃放烟花、爆竹，“年”兽不知道这是何物，吓得赶紧逃跑。“年”兽怕烟花爆竹这一消息马上传开了，村民们纷纷回到自己家。于是，每当新年来临，人们都要燃放烟花爆竹，以求得新年的平安。于是新年燃放爆竹这一习俗便流传下来，成为不可缺少的一项重要活动。

10. 春节的由来

春节又叫阴历（农历）年，俗称“过年”。起源于殷商时期年头岁尾的祭神祭祖活动，是我国民间最隆重、最热闹的一个古老传统节日。节日喜庆气氛要持续一个月。春节为一年之始，古代把一年的第一天叫做元旦，又称元辰、元日、元朔等。元者始也，旦者晨也。

传说夏朝的春节，是在相当于现在的二月。秦始皇统一中国后，以孟冬之月为正月。“正”本来当念成正大光明的“正”，为什么现在人们习惯将“正”念成“征”呢？这是从秦始皇称帝时开始的。因为秦始皇姓嬴名政，“政”和“正”两音相同，为了避讳，就下令全国将正月的“正”读作“征”音，以后念熟了，一直沿传后世。到汉武帝时，司马迁以夏历为基础编写《太阳历》，固定以孟春之月即一年第一个月为正月。自汉朝到清末，一直采用夏朝的历法。所以，人们至今还把阴历称作夏历，也称它为农历或旧历。1911 年，辛亥革命推翻了清王朝的统治，废除夏历，中国开始采用公历，每年以公历 1 月 1 日为新年元旦。这样，为了区别农历和阳历，人们就只称农历正月初一为春节，而不再别称元旦了。

在周口民间，流传着许多过年的传说。

版本一：相传远古时候，有一种凶恶的怪兽，身子庞大，头上长着像牛角一般的触角；眼睛圆滚滚的，活似两盏灯笼。一张血盆大嘴，一口可以吞食一个人。这种怪兽的名字叫做“年”。

“年”住在山洞里，它是山中霸王。老虎、狮子、黑熊一看到它，便吓得逃命，山羊、猴子、野兔听到它的吼叫，便瘫倒在地。“年”在山上捕食动物，吃饱便呼噜噜地躺在洞里睡大觉。每当严寒将尽、新春快来的时候，“年”便跑下山来，进村吃人。因此，人类也非常害怕它，小孩子哭了，只要妈妈说一声“年”来了，孩子就吓得不敢哭出声了。

却说那时候，有两个放牛的孩子，一个叫阿山，一个叫阿水，他俩是好伙伴，胆子都很大，他们常常赶着牛群上山吃草。家里的人对他俩说：“孩子，山上有年，去不得呀！”“不怕！”阿山和阿水有心计，说：“我们背上弓和箭，‘年’要是来了，就爬到树上射死它！”话虽这么说，他俩上山几次，幸喜都没有碰到“年”。转眼到了腊月三十日，天色黄昏。阿山和阿水赶着牛群回家。真怪，牛儿惊慌得哞哞叫，挤成一团。这是咋回事呢？“呔，快走！”阿山和阿水挥起牛鞭，啪啪地抽打了几下。忽然听到“嘎哇”一声怪叫，一只怪物吓得朝村前路上跑去。阿山道：“阿水，你看，是一只年跑了！”

“真怪，‘年’是凶兽，怎么看到我们反而害怕得逃走了。”阿水觉得挺奇怪。“嗯，”阿山果断地说，“我们追过去看看。”两个小牧童真够大胆，他俩不断地挥动牛鞭催牛快走。牛鞭声噼里啪啦地响，“年”逃窜得更快了。“哦，是哩！”阿山猛悟过来，“原来年害怕牛鞭声！”阿山和阿水赶着牛群进村，远远看到“年”窜到吴公公家门。吴公公家门前晒了一件大红衣裳，“年”吓得扭转头，朝村后头跑去。那边也有一个村子。此时，夜幕降临了，“年”一见家家户户的窗口明亮亮地闪着灯光，刺得它头昏眼花，又扭转头跑了。这时，阿山和阿水已经把牛群赶进棚里，又追过去。他俩故意把鞭子甩得啪啪响，“年”惊恐地怪叫着，跑上山了。阿山和阿水把这一切看得清清楚楚，回到村里，他们对乡亲们说：“原来年怕响、怕红、怕火。咱们知道它的弱点，往后可以抵御它了。”乡亲们听了，很快就想出一个好办法。大家在村前燃起篝火，阿山和阿水投入一根根竹子，火堆里发出“噼噼啪啪”的爆裂声。几只“年”跑下山，看到篝火，听到响声，果然又往回跑了。就这样，一夜过去了，乡亲们平安无事。第二天正月初一，乡亲们拿出红柑、花生米等好吃的东西一道吃，互相祝贺恭喜。从此，人们便把正月初一叫做“过年”。每当到了这一天，家家户户贴红春联，燃放鞭炮，点红蜡烛，穿红衣服，以“红”为吉利的象征。据说这些风俗都是当年抵御“年”的办法逐渐演化过来的。

版本二：相传，中国古时候有一种叫“年”的怪兽，头长触角，凶猛异常。“年”长年深居海底，每到除夕才爬上岸，吞食牲畜伤害人命。因此，每到除夕这天，村村寨寨的人们扶老携幼逃往深山，以躲避“年”兽的伤害。

这年除夕，桃花村的人们正扶老携幼上山避难，从村外来了个乞讨的老人，只见他手拄拐杖，臂搭袋囊，银须飘逸，目若朗星。乡亲们有的封窗锁门，有的收拾行装，有的牵牛赶羊，到处人喊马嘶，一片匆忙恐慌景象。这时，谁还有心关照这位乞讨的老人。只有村东头一位老婆婆给了老人些食物，并劝他快上山躲避“年”兽，那老人捋髯笑道：婆婆若让我在家呆一夜，我一定把“年”兽撵走。老婆婆举目细看，只见他鹤发童颜、精神矍铄，气宇不凡。可她仍然继续劝说，乞讨老人笑而不语。婆婆无奈，只好撇下家，上山避难去了。半夜时分，“年”兽闯进村。它发现村里气氛与往年不同：村东头老婆婆家，门贴大红纸，屋内灯火通明。“年”兽浑身一抖，怪叫了一声。“年”朝婆婆家怒视片刻，随即狂叫着扑过去。将近门口时，院内突然传来“砰砰啪啪”的炸响声，“年”浑身战栗，再不敢往前凑了。原来，“年”最怕红色、火光和炸响。这时，婆婆的家门大开，只见院内一位身披红袍的老人在哈哈大笑。“年”大惊失色，狼狈逃窜了。

第二天是正月初一，避难回来的人们见村里安然无恙十分惊奇。这时，老婆婆才恍然大悟，赶忙向乡亲们述说了乞讨老人的许诺。乡亲们一齐拥向老婆婆家，只见婆婆家门上贴着红纸，院里一堆未燃尽的竹子仍在“啪啪”炸响，屋内几根红蜡烛还发着余光。

欣喜若狂的乡亲们为庆贺吉祥的来临，纷纷换新衣戴新帽，到亲友家道喜问好。这件事很快在周围村里传开了，人们都知道了驱赶“年”兽的办法。从此每年除夕，家家贴红对联、燃放爆竹；户户烛火通明、守更待岁。初一一大早，还要走亲串友道喜问好。这风俗越传越广，成了中国民间最隆重的传统节日。

版本三：相传很早以前，有个打柴的青年名叫万年，他看到当时的节令很乱，决心把节令定准。一天，他上山砍柴，两眼望着树影，忽然，他从那移动的树影中受到启发。回到家中，他设计了一个专门测日影计天长短的“日晷仪”。可是，当天气出现云阴雾雨时，怎么办呢？后来他又看到崖上的泉水很有节奏地往下滴，便动手做了个五层漏壶，用漏水的方法来计时，慢慢地发现，每隔三百六十多天，天时的长短就会重复一次，最短的一天在冬至。万年带着自制的日晷仪和漏水器去见天子，向天子讲了自己多年测定的结果，说明了冬至点、日月运行的周期。天子听后，感到万年说的有道理，便把万年留下，并在天坛前筑起日晷台、漏水亭。过了一些时候，天子派节令官阿衡去了解万年的制历情况。万年拿出自己的草历说：“日出日落三百六，周而复始从头来，草木荣枯分四时，一岁月有十二圆。”阿衡听后很嫉妒：万年把节令定准，就会得到天子的重用，于是，他收买了一个刺客去暗杀万年。

一天中午，当万年到日晷台观日影时，刺客拉弓向万年射去。只听“啊”的一声，万年应声倒下。卫士闻讯赶来，拿住刺客，扭送去见天子。天子得知暗杀万年是阿衡策划的，便将阿衡处以死刑，并亲自去看望万年。万年指着申星说：“现在申星追上了蚕白星，星家复原，子时夜交，旧岁已完，时又逢春。希望天子定个节吧！”“春为岁首，就叫春节吧。”天子说。从此春节的习俗流传至今。

版本四：太古时期，有一种凶猛的怪兽，散居在深山密林中，人们管它们叫“年”。“年”的形貌狰狞，生性凶残，专食飞禽走兽、鳞介虫豸，一天换一种口味，从磕头虫一直吃到大活人，让人谈“年”色变。慢慢地，人们掌握了“年”的活动规律，原来它每隔365天窜到人群聚居的地方尝一次口鲜，而且出没的时间都是在天黑以后，等到鸡鸣破晓，它们便返回山林中去了。算准了“年”的肆虐日期，男男女女便把这可怕的一夜视为关煞，称作“年关”，并且想出了一整套“过年关”的办法。每到这一天晚上，家家户户提前做好晚饭，熄火净灶，再把鸡圈牛栏全部拴牢，然后把宅院的大门封住，躲在屋里吃“年夜饭”，由于这顿晚餐具有凶吉未卜的意味，所以置办得很丰盛，除了要全家老小围在一起用餐表示和睦团圆外，还须在吃饭前先供祭祖先，祈求祖先的神灵保佑他们平平安安地度过这一夜。吃过晚饭后，谁都不敢睡觉，挤坐在一起闲聊壮胆。

天色渐渐黑了下来，“年”从深山老林里窜了出来，摸进人群聚居的村落。只见家家户户宅门紧闭，门前还堆着芝麻秆，街上却瞧不见一个人影儿。转了大半个晚上的“年”毫无所获，只好啃些芝麻秆充饥。再过些时，公鸡啼晓，这些凶残而又愚蠢的怪物只得怏怏返回。熬过“年关”的人们欣喜不已，要感谢天地祖宗的护佑，要互相祝贺没有被“年”吃掉，还要打开大门燃放鞭炮，去同邻里亲友见面道喜，人们见面互相拱手作揖，祝贺道喜，庆幸没被“年”兽吃掉。这样过了好多年，没出什么事情，人们对“年”兽放松了警惕。就在有一年三十晚上，“年”兽突然窜到一个村子里。一村子人几乎被“年”兽吃光了，只有一家挂红布帘、穿红衣的新婚小两口平安无事。还有几个小孩，在院里点了一堆竹子在玩耍，火光通红，竹子燃烧后“啪啪”地爆响，“年”兽转到此处，看见火光吓得掉头逃窜。此后，人们知道年兽怕红、怕光、怕响声，每至年末岁首，家家户户就贴红纸、穿红袍、挂红灯、敲锣打鼓、燃放爆竹，这样“年”兽就不敢再来了。

（三）春节民俗的延续——元宵节

1. 元宵节民俗活动

农历正月十五为元宵节，元宵节又称为上元节、灯节。因为正月十五有灯会，所以正月十五亦名“灯节”。周口当地庆祝元宵节活动一般持续三天（正月十四、十五、十六），以元宵节夜晚最为热闹。

每逢正月十四、十五、十六，特别是城镇，多有元宵节庆祝文艺表演和灯会，民众扶老携幼前往闹区观灯（俗称逛灯）。商店门口多悬挂走马灯、羊抵头灯，并燃放花筒、烟火，吸引观众，预示生意兴隆，顾客盈门。孩子们亦手提名目繁多的彩灯笼出来玩耍逗趣，如鱼灯、船灯、狮子灯、蛤蟆灯，近代又有汽车灯、飞机灯、轮船灯等，五花八门，聚集嬉戏。周口市川汇区每年还要举办打铁花会，并有各种民间文艺活动表演，吸引方圆数十里民众围观，往往狂欢至深夜。

“文革”前，正月十五，周口农村还有放洋灯、散路灯之举，由晚辈把备制的灯盏（用豆面制作）放入油捻，燃着送到宗祖坟前，以示孝意。此外，这一天，出嫁的姑娘给娘家父母送饺子、大雁（用精粉蒸成雁状），祝愿父母健康长寿。外婆家则给外孙送猫（用精白粉蒸制成猫状），希望外孙健康成长，没灾没难。这类民间馈赠礼品活动，有的延续到正月二十以后。

在商水一带，元宵节还有蒸灯和偷灯的习俗。民间歌谣：

正月十五不蒸灯，今年扬场没有风。
正月十五不蒸灯，让你走路黑不澄。

所谓蒸灯，就是十五清早用面（一般是豆面，或其他杂面。一般用死面，不用发面）捏成古代碗子的灯状，放在锅内蒸熟，然后在灯内添一些植物油，引一条捻子，就做成了一个灯了。到天将黑时，各家各户就把自家蒸的灯摆放在大门口的门枕上。有的人家还要把蒸的灯捐献到当地庙宇门口或十字路口。民间正月十五蒸灯习俗，有祈福避祸的思想因素。有的人家为了多得吉祥或多得富贵，他们还要悄悄地把别人家门口的灯偷走。他们以为偷得灯，就偷得了富贵。丢灯的人家是不允许生气或骂街的。人们习俗认为自家的灯丢了说明自己家有富贵，谁偷自家的灯是看得起自家。有的人家灯点的快熄灭了还没有人去偷，他们还得专门请人来偷灯呢。人们还认为，正月十五丢了灯，今年不再遭贼偷，因为已经破了财了。

周口过元宵节还有一风俗叫“送扁食回猫”。就是在过了春节，紧接着在正月十五元宵节之后，闺女给娘家送扁食（即饺子），民间有“十五包十六送，老哩吃了不得病”、“老哩吃了十六的扁（扁食），一不呼歇二不喘”的谚语。一般情况下，出嫁的闺女给娘家送扁食后，娘家要给闺女回用白面蒸好的面猫。

女儿元宵节期间给娘家送的扁食，有素馅和肉馅两种，中等人家以下多送素馅，富裕人家多送肉馅的，素馅内必须有葱和粉条，表示祝愿老人耳聪目明，长寿健康。个别地方送包好的肉馅扁食时，还必须另外带些盐、葱花、蒸馍和一小方块熟肉，还有一些地方不论送哪种馅的，包与不包，都必须带把粉条和葱。在闺女送扁食时还要送点大蒜，不然，老百姓认为吃了也不算数。

娘家人吃了送的扁食之后，紧接着要给年幼的外甥送“猫”，当地叫“回猫”。这种“猫”是用面蒸的。家庭主妇手巧又有白面的，多为自己动手做。家里没有白面的或嫌麻烦的，多是在集市上购买。每年在这个时期，市场上有专门卖面猫的。现在农民生活好了，大都是自己动手制作。这种面猫做得很讲究，身上用红绿颜色画上花纹，形象十分逼真，据说小孩吃了舅舅送的面猫能够避瘟气。所以，凡外甥或外甥女都已较大的，就不再送了，但个别娇生儿女也有例外送到十多岁的。这一风俗体现了尊老爱幼的美德，所以，一直流传了下来。

正月十五吃元宵的习俗，在我国也由来已久。宋代，民间即流行一种元宵节吃的新奇食品。这种食品，最早叫“浮元子”，后称“元宵”，生意人还美其名曰“元宝”。元宵即“汤圆”，以白糖、玫瑰、芝麻、豆沙、黄桂、核桃仁、果仁、枣泥等为馅，用糯米粉包成圆形，可荤可素，风味各异。可汤煮、油炸、蒸食，有团圆美满之意。一般的汤圆不是包的，而是在糯米粉中“滚”成的，或水煮或油炸，吃起来取意热热火火，团团圆圆。

吃元宵的习俗源于何时何地，民间说法不一。有说春秋末期楚昭王复国归途中经过长江，见有物浮在江面，色白而微黄，内中有红如胭脂的瓤，味道甜美。众人不知此为何物，昭王便派人去问孔子。孔子说：“此浮萍果也，得之者主复兴之兆。”因为这一天正是正月十五日，以后每逢此日，昭王就命手下人用面仿制此果，并用山楂做成红色的馅煮而食之。还有一种说法，元宵原来叫汤圆，到了汉武帝时，宫中有个宫女叫元宵，做汤圆十分拿手，从此以后，世人就以这个宫女的名字来命名。

关于元宵节吃元宵的最早记载见于宋代。当时称元宵为“浮圆子”、“圆子”、“乳糖元子”和“糖元”。据载，元宵作为欢度元宵节的应时食品是从宋朝开始的。元宵在宋朝是很珍贵的，姜白石有诗曰：“贵客钩帘看御街，市中珍品一时来，帘前花架无行路，不得金钱不肯回。”诗中的“珍品”即指元宵。

到了现代亦有与元宵节有关的故事。袁世凯在做了大总统之后心犹未甘，还想当皇帝，因美梦不能成真，终日烦恼。一日他的姨太太说要吃元宵，话刚一出口，就被袁世凯打了一个耳光，因“元宵”与“袁消”谐音，从此袁世凯就给手下的人下了个命令，以后不许再说“元宵”，而只能说“汤圆”。后来有人就此事写了一首打油诗：“诗吟圆子溯前朝，蒸化煮时水上漂。洪宪当年传禁令，沿街不许喊元宵。”

周口一带元宵节还有吃面灯的习俗。面灯也叫面盏，是用面粉做的灯盏，多流行于鹿邑地区。面灯的形式多种多样，有的做灯盏十二斗（闰年十三斗），盏内放食油点燃，或将面灯放锅中蒸，视灯盏灭后盏内余油的多寡或蒸熟后盏中留水的多少以卜来年十二个月份的水、旱情况，这在科学不发达的年代，其做法是可以理解的。这表达了人们祈求风调雨顺的愿望。面灯在正月十六落灯之日煮或蒸而食之，目前农村仍有此俗。面条为元宵灯节落灯这天晚餐的食品。古有“上灯元宵，落灯面，吃了以后望明年”民谚。落灯时吃面条寓意喜庆绵绵不断之意。此外，周口项城一带有吃馒头、麦饼的习俗。馒头为发面，麦饼为圆形，取“发子发孙大团圆”之意。

周口民间有元宵节观灯的习俗。有关元宵节观灯的习俗源于汉明帝永平年间（58－75）。因明帝提倡佛法，适逢蔡愔从印度求得佛法归来，称印度摩揭陀国每逢正月十五，僧众云集瞻仰佛舍利，是参佛的吉日良辰。汉明帝为了弘扬佛法，下令正月十五夜在宫中和寺院“燃灯表佛”。此后，元宵放灯的习俗就由原来只在宫廷中举行而流传到民间。即每到正月十五，无论士族还是庶民都要挂灯，城乡通宵灯火辉煌。

元宵观灯的习俗，在唐代发展成为盛况空前的灯市，当时的京城长安已是拥有百万人口的世界最大都市，社会富庶。在皇帝的亲自倡导下，元宵灯节办得越来越豪华。宋代，元宵灯会无论在规模和灯饰的奇幻精美都胜过唐代，而且活动更为民间化，民族特色更强。以后历代的元宵灯会不断发展，灯节的时间也越来越长。唐代的灯会是“上元前后各一日”，宋代又在十六之后加了两日，明代则延长到由初八到十八整整十天。到了清代，民间的灯会仍然壮观。日期缩短为五天，一直延续到今天。灯在周口民间具有光明与添丁的含义，点燃灯火有照亮前程之意，且口语灯与丁谐音代表生男孩，因此往昔元宵节周口妇女都会刻意钻到灯下游走，好生男孩。

元宵节的夜晚是通宵灯明，故称“灯节”，是“年”的延续。

民间谚语，“十五不蒸灯，穷的叮当叮（表明穷得碗碰碗叮当响）”。正月十五周口民间家家蒸灯，蒸灯是民间敬神祈福的一项活动，“灯”是用纯豆面或豆面秫秫面混合的所谓的杂面做成，直径约二市寸，高约一市寸多，中间是一个洼坑放用棉花做成的灯芯，添上棉油或芝麻油，形状像“灯”故称“灯馍”。放在神龛牌位、囤旁仓边，牛槽猪圈、门的两旁和缸跟井沿等处。一般每处只放一盏灯，十五点燃后当夜不准吹至油燃尽，次日再加油点燃称“续灯”。大都只点一夜，续灯者较为稀少。

正月十五挑灯笼是儿童一大乐事。20世纪80年代以前，儿童挑灯笼大部是用秫秸、竹篾扎制，造型多种多样，用白纸糊成，纸上画花鸟图案或贴剪纸，有船形、五角形、西瓜形，用大小两个正方形构成宫灯形和用竹篾编成的红色小灯笼，叫“火火篓”，是较小的孩子挑的。还有用蜡纸（俗称油纸）糊的一般没有贴花，也是少数。灯笼多用蜡烛做灯源，家庭不富裕的用萝卜或白菜根挖空，用棉花做芯加入棉油或猪油做燃料。较大的孩子玩的“忽闪灯”，用萝卜或白菜根挖空，中间放上灯芯和固态油扎上一根细树条，点燃后上下摆动忽明忽暗非常好看。按照旧俗正月十四挑一会儿，叫“试灯”。十五才是“正灯”，当夜各户各家的儿童全部出动，聚在村中街巷宽敞场地，一起比灯型、比亮度、比漂亮，用碰灯比结实等。一边玩一边唱着“灯歌”：“灯笼灯笼灰，仨钱一大堆。”“灯笼会灯笼会，挑着灯笼来相会，灯笼烧了回家睡。”……十六是最后一天，叫“摔灯”。这时，各店铺商行门前的灯也都摘了下来。

从“试灯”到“收灯”这一期间，城乡都是白天黑夜人流如潮、夜夜灯火辉煌，间或有猜谜活动，在灯笼的外面写上或用纸条贴上谜语的谜面供游人猜测，俗称“谜灯”或“灯谜”。

周口的拎灯又叫拎花，是用铁条编制西瓜形状的铁灯笼，用铁链连结，固定在木棍或木杈上，灯笼内装上木炭和铁锅碎片，点燃后几个成年人轮番用力使铁灯笼做圆周运动，火烧旺后铁片熔化，从灯笼的空隙中甩出，落地便成了五彩缤纷的花朵，蔚为壮观。

20世纪六七十年代，还有人用手工制作的草纸包着没有燃尽的豆秸灰，裹成像半截布袋模样，放在远离村庄最高的树上，点燃后风吹火旺烧着包装纸，豆秸灰倾泻而下，随风飘落火光一片，远远望去异常好看，俗叫“老猫大窜脊”。

元宵节街头巷尾搭建柏枝彩门，有耍狮子、舞龙灯、骑竹马、跑旱船、踩高跷、吹唢呐、玩大头等应有尽有。这些活动多在春节后筹划训练，正月十三或十四开始亮相，连续三天。特别是高跷，化了装的演员足踩三四市尺的木桩，手执扇子舞来舞去，作扑蝴蝶状。有的反穿皮袄打扮成丑角，有的扮成猪八戒背媳妇等。有集体舞也有两三人对舞，引得观众翘首仰望，喝彩之声不绝于耳。

正月十五到来时，有制“打鬼棒”和“插麦穗儿”的习俗。农村儿童用高粱秆数节和一节一头破好篾子的高粱秆插住，便是“打鬼棒”，十五日夜插在大门两旁，风一吹哗哗作响，以防恶鬼进宅。“插麦穗儿”的麦穗儿，也是用高粱秆制成。将节节高粱秆剥去外皮的篾儿，剩下白白的瓤儿，分成大小的节儿，将剥下的秫篾儿截段插在瓤上，样子像麦芒，故称“麦穗儿”。用棉花柴做树干，上面拴上五颜六色的纸花，称为“花子树”。将这两样东西都插在粪堆上，祈求来年粮棉大丰收。

“闺女看了娘家的灯，穷的喝西北风”是正月十五的禁忌。意思就是说嫁出去的闺女，十五前必须回到婆家，如果真正回不去的，十五那天晚上得用笸箩扣住，不能看见灯光。这一天也不准借东西给别人，否则要倾家荡产。

“猜灯谜”又叫“打灯谜”，是周口元宵节后增的一项活动。据说，南宋时，首都临安每逢元宵节时制谜，猜谜的人众多。开始时是好事者把谜语写在纸条上，贴在五光十色的彩灯上供人猜。因为谜语能启迪智慧又饶有兴趣，所以流传过程中深受社会各阶层的欢迎。唐宋时灯市上开始出现各式杂耍技艺。明清两代的灯市上除有灯谜与百戏歌舞之外，又增设了戏曲表演的内容。

周口的元宵节猜灯谜活动流传到现在，它和元宵节的其他活动一起构成了元宵节丰富的民俗活动的内涵。

元宵节除了庆祝活动外，还有信仰性的活动，那就是“走百病”。“走百病”又称“烤百病”、“散百病”，参与者多为妇女，她们结伴而行，或走墙边，或过桥，或走郊外，目的是祛病除灾。

在周口一带，有的人家把杨树枝插在门户上方，在盛有豆粥的碗里插上一双筷子，或者直接将酒肉放在门前。这是人们的祭门、祭户活动。人们祭门、祭户的目的是为求吉祥，趋吉避灾。

元宵节逐鼠这项活动主要是对养蚕人家说的。因为老鼠常在夜里把蚕大片大片地吃掉，人们听说正月十五用米粥喂老鼠，它们就可以不吃蚕了，于是，这些养蚕的人家在正月十五熬上一大锅黏糊糊的粥，有的还在上面盖上一层肉，将粥用碗盛好，放到老鼠出没的顶棚、墙角让老鼠吃。他们边放嘴里还边念念有词，诅咒老鼠再吃蚕宝宝就不得好死。

周口民间有元宵节迎紫姑的习俗。紫姑也叫戚（七）姑，北方多称厕姑、坑三姑。传说紫姑本为人家小妾，为大妇所妒，正月十五被害死厕间，成为厕神，所以民间多于夜间在厕所间、猪栏边迎而祀之。

紫姑是民间传说中一个善良、贫穷的姑娘。百姓们同情她、怀念她，有些地方便出现了“正月十五迎紫姑”的风俗。每到这一天夜晚，人们用稻草、布头等扎成真人大小的紫姑肖像。妇女们纷纷站到紫姑常做活的厕所、猪圈和厨房旁边迎接她，像对待亲姐妹一样，拉着她的手，跟她说着贴心话，流着眼泪安慰她。

周口民间还有正月十五送灯的习俗。“送孩儿灯”简称“送灯”，也称“送花灯”等，即在元宵节前，娘家送花灯给新嫁的女儿家，或一般亲友送给新婚不育之家，以求添丁吉兆。因为“灯”与“丁”谐音，所以民众希望通过送灯来乞求添人添丁。送灯这一习俗在许多地方都有，周口一带是正月初八到十五期间送灯。一般来说，刚结婚头年，新人的娘家要为新人送大宫灯一对、有彩画的玻璃灯一对，希望女儿婚后吉星高照、早生麟子；如女儿怀孕，则除大宫灯外，还要送一两对小灯笼，祝愿女儿孕期平安。

2. 元宵节习俗的来历

元宵节是中国的传统节日，早在2000多年前的西汉就有了，元宵赏灯始于东汉明帝时期，明帝提倡佛教，听说佛教有正月十五日僧人观佛舍利，点灯敬佛的做法，就命令这一天夜晚在皇宫和寺庙里点灯敬佛，令士族庶民都挂灯。以后这种佛教礼仪节日逐渐形成民间盛大的节日。该节经历了由宫廷到民间，由中原到全国的发展过程。

其实，在汉文帝时，已下令将正月十五定为元宵节。汉武帝时，“太一神”（太一：主宰宇宙一切之神）的祭祀活动定在正月十五。司马迁创建“太初历”时，就已将元宵节确定为重大节日。另有一说是元宵燃灯的习俗起源于道教的“三元说”。人们认为，正月十五日为上元节，七月十五日为中元节，十月十五日为下元节。主管上、中、下三元的分别为天、地、人三官，天官喜乐，故上元节要燃灯。

元宵节的节期与节俗活动，是随着历史的发展而延长、扩展的。就节期长短而言，汉代才一天，到唐代已为三天，宋代则长达五天，明代更是自初八点灯，一直到正月十七的夜里才落灯，整整十天。元宵节俗的形成有一个较长的过程，据一般的资料与民俗传说，正月十五在西汉已经受到重视，汉武帝正月上辛夜在甘泉宫祭祀“太一”的活动，被后人视作正月十五祭祀天神的先声。不过，正月十五真正作为民俗节日是在汉魏之后。东汉佛教文化的传入，对于形成元宵节俗有着重要的推动意义。

以后历代的元宵灯会不断发展，灯节的时间也越来越长。唐代的灯会是“上元前后各一日”，宋代又在十六之后加了两日，明代则延长到由初八到十八整整十天。到了清代，满族入主中原，宫廷不再办灯会，民间的灯会却仍然壮观。日期缩短为五天，一直延续到今天。

3. 有关元宵节的传说

关于元宵节的来历，民间有几种有趣的传说。传说在很久以前，有一只神鸟因为迷路而降落人间，却意外地被不知情的猎人给射死了。天帝知道后十分震怒，就下令让天兵于正月十五日到人间放火，把人类通通烧死。天帝的女儿心地善良，不忍心看百姓无辜受难，就冒着生命的危险，把这个消息告诉了人们。众人听说了这个消息，有如头上响了一个焦雷。吓得不知如何是好。过了好久好久，才有个老人家想出个法子，他说："在正月十四、十五、十六日这三天，每户人家都在家里挂起红灯笼、点爆竹、放烟火。这样一来，天帝就会以为人们都被烧死了。"大家听了都点头称是，便分头准备去了。到了正月十五这天晚上，天兵往下一看，发觉人间一片红光，以为是大火燃烧的火焰，就禀告天帝不用下凡放火了。人们就这样保住了生命及财产。为了纪念这次的成功，从此每到正月十五，家家户户都悬挂灯笼、放烟火来纪念这个日子。

其实，最早的元宵节，据有关史料记载，起源于汉朝。有"正月十五燃灯祭祀道教太乙神"之说。可见元宵节是从"敬神送年"这一民族风俗演变而来的。

相传汉高祖刘邦死后，吕后之子刘盈登基为汉惠帝。惠帝生性懦弱，优柔寡断，大权渐渐落在吕后手中。汉惠帝病死后，吕后独揽朝政，把刘氏天下变成了吕氏天下。朝中老臣、刘氏宗室皆深感愤慨，但都惧怕吕后残暴而敢怒不敢言。吕后病死后，吕家惶惶不安害怕遭到伤害和排挤，于是在上将军吕禄家中秘密集合，共谋作乱之事，以便彻底夺取刘氏江山。此事传至刘氏宗室齐王刘襄耳中，刘襄为保刘氏江山，决定起兵讨伐诸吕，随后与开国老臣周勃、陈平取得联系，设计铲除了吕禄，"诸吕之乱"终于被彻底平定。平乱之后，众臣拥立刘邦的第二个儿子刘恒登基，称汉文帝。文帝深感太平盛世来之不易，便把平息"诸吕之乱"的正月十五，定为与民同乐日，京城里家家张灯结彩，以示庆祝。一时间，各式各样、千奇百怪的彩灯布满了大街小巷。

另一则传说则和吃元宵的习俗有关。相传汉武帝有个宠臣名叫东方朔，他的个性既善良又风趣。如果宫里有谁得罪了汉武帝，总要靠东方朔来讲情。有一天冬天，下了几天大雪，汉武帝觉得有点无聊，东方朔就到御花园去给武帝折梅花。刚进园门，就发现有个宫女泪流满面地准备投井。东方朔慌忙上前搭救，并问明她要自杀的原因。原来，这个宫女名叫元宵，家里还有双亲及一个妹妹。自从她进宫以后，就再没和家人见面。每年到了腊尽春来的时节，就比平常更加地思念家人。她想，既然不能在双亲跟前尽孝，还不如一死了之，于是才来投井。东方朔听了她的遭遇，非常同情她，就向她保证，一定设法让她和家人团聚。这一天，东方朔出宫后，便在长安街上摆了一个占卜摊，不少人都争着向他占卜求卦。不料，每个人所占所求，都是“正月十六火焚身”的签语。一时之间，长安里起了个大恐慌。人们纷纷求问解灾的办法。东方朔就说：正月十三日傍晚，火神君会派一位“赤衣神女”下凡查访。她就是奉旨烧长安的使者，你们若看到一个骑粉色银驴的红衣姑娘，马上跪地哀求。正月十三日傍晚果然有一红衣姑娘出现，众人慌忙哀求，那姑娘便说：“我是领旨来烧长安的。玉帝还要站在南天门上观看。既承父老求情，我把抄录的偈语给你们，可让当今天子想想办法。”说完，便扔下一张红帖，扬长而去。老百姓拿起红帖，赶紧送到皇宫去禀报皇上。汉武帝接过来一看，只见上面写着：长安在劫，火焚帝阙，十六天火，焰红宵夜。汉武帝一看大惊，连忙请来了足智多谋的东方朔。

东方朔假意地想了一想，就说：“听说火神君最爱吃汤圆，宫中的元宵不是经常给你做汤圆吗？十五晚上可让元宵做汤圆。万岁焚香上供，传令京都家家都做汤圆，一齐敬奉火神君。再传谕臣民一起在十六晚上挂灯，满城点鞭炮、放烟火，好像满城大火，这样就可以瞒过玉帝了。此外，通知城外百姓，十六晚上进城观灯，杂在人群中消灾解难。”武帝听后，十分高兴，就传旨照东方朔的办法去做。到了正月十六日长安城里张灯结彩，游人熙来攘往，热闹非常。元宵的父母也带着妹妹进城观灯。当他们看到写有“元宵”字样的大宫灯时，惊喜地高喊：“元宵！元宵！”元宵听到喊声，终于和双亲、妹妹团聚了。如此热闹了一夜，长安城果然平安无事。汉武帝大喜，便下令以后每到正月十五都做汤圆供火神君，正月十六照样全城挂灯放烟火。因为元宵做的汤圆最好，人们就把汤圆叫元宵，这天叫做元宵节。

正月十五挑灯笼还有另一种流传甚久的传说。相传很早以前，淮阳城里穷人都骂玉皇大帝把福都降到富贵人家。玉皇大帝得知后便命火雷将在正月十五把淮阳城全部烧掉，火雷将想，难道全城连一个好人也没有吗？于是他便扮成一妙龄女郎到淮阳私访。天傍黑时，在街头拦一书生说：“为奴前来探亲，忘了街道门牌，天色已晚，奴想到你家借宿如何？”书生看她怪可怜的，便答应说：“正好我母亲去姥姥家啦，有间闲屋，你随我去吧。”

到家后，书生打开母亲的房门，让女郎安歇，可女郎却说一人住此屋害怕，要和书生一起住在书房。书生说男女同住一室成何体统，奈何女郎又哭又闹，只好在书房又铺一床，可那女郎仍说害怕要和书生同床而眠，书生这才看出她不怀好意，便正色怒斥，撵他出去。女郎见此，便随身一变，现出火雷将原样，书生顿时吓昏过去。醒后，火雷将把事情缘由说一遍，并安排书生：“我看你是好人，正月十五这天傍晚，你在大门前挂上灯笼，我就不烧你家了。”

火雷将走后，书生就把此事传遍全城，结果到正月十五晚上，整个淮阳城家家户户门前都挂起了灯笼，好像一片火海。玉皇大帝朝下一看，以为淮阳城真的被烧了，便作罢而去。从此正月十五挑灯笼的习俗便传开了。

二、打 春

周口当地称立春为打春。立春的前一天，按照风俗母亲要给幼小的子女缝制个布公鸡，缝在左衣袖上。取鸡谐音“吉”，寓意吉祥如意。民间有鸡叨灾之说。立春这天，周口有迎春、鞭春、咬春的习俗，民间俗称“打春儿”。

据记载，早在周朝时，在豫东一带就有春日鞭春牛的活动。每年立春节前，各州府事先制好泥塑芒神和土牛。到了立春这一天，官府带着迎春队伍，浩浩荡荡地来到事先准备好的芒神亭和土牛台。迎春队伍中的人一律穿青色衣服，用青色车子、擎青色旗帜，人们吹着牛角号，舞动羽毛仪仗，跳着云翘舞，隆重举行迎春仪式。这仪式发展到了明清，更是隆重，据清人的《燕京岁时记》载：“……立春先一日，顺天府官员至东直门外一里春场迎春，立春日礼部呈进春山宝座，顺天府呈进春牛图，礼毕回署，引春牛而击之，曰打春……”现在，在周口一带散落在民间的牛王庙或牛王寺都是民间打春时祭奠春牛的地方。

打春牛意在策励农耕。周口一带土壤肥沃，农业甚发达，因而与劝农有关的这一习俗得以在周口各地保留下来。但具体事象已有所改变，不一定要打春牛了。现在周口民间有祭春牛的习俗，就是用泥土捏成一个象征农事的耕牛，在立春前一天，由一个身材高大的后生扮成“芒神”，手执杨柳枝赶着土牛，大家载歌载舞，表示迎春。

立春日迎春，是民众于立春日进行的一项重要活动，在古代从天子到庶民都要参加这项活动。据记载，周代立春时天子亲率三公九卿诸侯大夫去东郊迎春，祈求丰收。这种活动必然影响到庶民，使之成为后来世世代代的全民的迎春活动。古时的迎春活动，开始时在东郊，因为迎春活动中祭拜的句芒神是东方之神。后来，迎春活动的地点就不止是在东郊了，宫廷内、府衙门前等地都有迎春的活动，活动的内容也越来越丰富。

三、二月二

周口民间俗定农历二月初二为“祭龙日”，有“二月二龙抬头”的说法。传说龙是吉祥动物，是雨神。祭龙祈求雨量适中，五谷丰登，又因该日前后为“惊蛰”，毒虫冬眠复苏，故也有警惕病疫之意。二月二这天，民间多食春节时专意储备的枣山、大馍，妇女忌做针线活（意为防止刺瞎龙眼）。这一天黎明，家家用草木灰撒在墙角，以示毒虫不敢逾越；有的人家并在院内撒成一个个圆圈，称为粮食茓子，以兆丰收。幼童以瓦片相击，唱儿歌：“二月二，拍瓦子。蝎子蚰蜒没爪子”；“二月二，拍大床，蝎子不敢蜇俺娘。”民众多食用绿豆芽掺入面糊内摊煎饼，寓意油炸蝎子、蜈蚣等毒虫的爪子，使它们不能害人。

周口各地二月二还有吃煎馍、煎萝卜片的习俗。在民间，每到二月二这一天，人们就爆玉米花，也有炒豆子的。大人小孩还念着：“二月二，龙抬头，大仓满，小仓流。”有的地方在院子里用灶灰撒成一个个大圆圈，将五谷杂粮放于中间，称作“打囤”或“填仓”。其意是预祝当年五谷丰登，仓囤盈满。节日时，各地也普遍把食品名称加上“龙”的头衔。吃水饺叫吃“龙耳”；吃春饼叫吃“龙鳞”；吃面条叫吃“龙须”；吃米饭叫吃“龙子”；吃馄饨叫吃“龙眼”。

这一天，其他习俗也很多，起床前，先念：“二月二，龙抬头，龙不抬头我抬头。”起床后还要打着灯笼照房梁，边照边念：“二月二照房梁，蝎子蜈蚣无处藏。”这天天将明时，大人们挎着篮子，里面装上草木青灰，顺着墙根撒一溜，小孩则提着灯笼唱道：“二月二，照墙根，蝎子蚰蜒死一堆。”有的小孩拿根一头穿着铜钱的小棒，敲着红瓦片唱：“二月二敲红盆，蝎子不蜇俺亲人”、“二月二敲大床，蝎子不蜇俺干娘”、“二月二敲锅拍，蝎子不蜇俺奶奶”。

20 世纪 60 年代以前，周口人由于居住条件差，尤其是背街的地方，大部分都是土墙、坯墙和草房，墙缝、窟窿甚多，这里十分适合昆虫繁殖。二月二过后，晚间昆虫便出来觅食，由于蝎子、蚰蜒、蜈蚣和土元等昆虫都是极好的中药材，因此中药店大量收购。于是，一些人便在二月二之后开始捉（照）蝎子。他们使用的工具非常简单，准备一个“鳖灯”、一个小缸子和一把镊子即可。所谓“鳖灯”，形同元鱼，又像个小茶壶，内装香油，灯芯从壶嘴引出。小缸子是盛昆虫用的，里面必须光滑，以免捉到的昆虫再爬出来。照蝎子并不难，一人即可操作，左手端着“鳖灯”，手指挎着缸子，右手拿着镊子，顺墙根慢慢地轻步走着照着，认真地查看，时刻做好夹蝎子的准备。遇到在墙上或者墙根爬着的蝎子，容易捉到。如果遇到躲在墙缝中的蝎子露出头来，就要沉住气，瞅准机会，眼疾手快地将其夹出来，否则就容易打草惊蛇。特别是20世纪60年代，周口每年二月二以后，晚上各条背街总有不少照蝎子的，弱小的灯光在漆黑的夜里移动，几个孩子跟在后面看着玩，给寂静的夜晚增添不少热闹的气氛。次日清晨，人们就提着战利品到中药店出售，换些零花钱。

千百年来，人们把龙视为带神秘色彩的吉祥物。《中华全国风俗志·寿春岁时记》云：“二月初二日，焚香水畔，以祭龙神。”人所共知，龙是中华民族自古以来信仰的图腾。所以我们自豪地宣称：炎黄子孙是龙的传人。“二月二”是龙抬头的日子，就自然而然地成为民间一个重要节日了，许多习俗也多与龙有关。实际上“二月二，龙抬头”的说法和古代天文学有关。中国古代用二十八宿来表示日月星辰在天空的位置和判断季节。二十八宿中的角、亢、氐、房、心、尾、箕七宿组成一个完整的龙形星座，角宿恰似龙的角。每到二月春风以后，黄昏时龙角星就从东方地平线上出现，故称“龙抬头”。

在科学不发达的时代，百姓们通过各种纪念活动，寄托了祈龙赐福、保佑风调雨顺、五谷丰登的强烈愿望。在民间还流传着这样一首打油诗：“二月二，天子耕地臣赶牛；正宫娘娘来送饭，当朝大臣把种丢。春耕夏耘率天下，五谷丰登太平秋。”朝廷老子率满朝大臣都参加春耕生产，足见春耕不误农时之重要。在北方，二月二又叫龙抬头日，亦称春龙节。在南方叫踏青节，古称挑菜节。大约从唐朝开始，中国人就有过“二月二”的习俗。据资料记载，这句话的来历与古代天文学对星辰运行的认识和农业节气有关。

民间为什么有“二月二”才龙抬头说法呢？因为农历二月已进入仲春季节，这时阳气上升，大地复苏，草木萌动，农民们就要春耕、播种了，非常需要土壤湿润，保有水分。这时若是天公降雨，真是太宝贵了，所以有“春雨贵如油”之说。从节气上说，二月初正处在“雨水”、“惊蛰”、“春分”之间，这是个既需要雨水，又可能有降雨的时期，人们多么希望通过对龙的祈求行为来实现降雨的目的。为什么是“龙抬头”呢？因为二月初处于惊蛰前后，蛰伏一冬的各种动物又恢复了活力，该有所活动了。龙抬头了，意味着龙也行动起来了，要履行它降雨的职责了。

“二月二”还有一种说法叫春龙节。许慎的《说文解字》记载：“龙，鳞中之长，能幽能明，能细能巨，能长能短，春分登天，秋分而潜渊。”这大概就是“春龙节”习俗的最早记载。相传，武则天当了皇帝，玉帝便下令三年内不许向人间降雨。但司掌天河的玉龙不忍百姓受灾挨饿，偷偷降了一场大雨，玉帝得知后，将司掌天河的玉龙打下天宫，压在一座大山下面。山下还立了一块碑，上写道：龙王降雨犯天规，当受人间千秋罪。要想重登灵霄阁，除非金豆开花时。人们为了拯救龙王，到处寻找开花的金豆。到了第二年二月初二这一天，人们正在翻晒金黄的玉米种子，猛然想起，这玉米就像金豆，炒开了花，不就是金豆开花吗？于是家家户户爆玉米花，并在院里设案焚香，供上“开花的金豆”，专让龙王和玉帝看见。龙王知道这是百姓在救它，就大声向玉帝喊道：“金豆开花了，放我出去!”玉帝一看人间家家户户院里金豆花开放，只好传谕，诏龙王回到天庭，继续给人间兴云布雨。从此以后，民间形成了习惯，每到二月二这一天，人们就爆玉米花，也有炒豆的。

二月二龙抬头作为古代民俗的一种节日，如今已经在周口人的现代生活中占有十分重要的地位。对于“二月二龙抬头”的一些文化内涵，例如古人对龙的崇拜、“龙抬头”在古天文学上的唯物解释等等，是仍然具有研究价值的。“二月二龙抬头，家家男子剃龙头。”周口民间有“有钱无钱，剃头过年”的说法。春节前剃头理发，到了二月二，已经一个多月，正是需要剃头理发的时候。二月二龙抬头，是吉祥如意的日子，时间一长，就形成了二月二剃头的习俗。“二月二龙抬头，家家小孩剃毛头”也是这一原因，为取吉利在剃头中间加“龙”字，叫剃“龙”头，以区别其他时间的剃头，还有些女孩选此日穿耳孔。另外，家长们选此日送孩子们入学读书。

改革开放以前，“二月二，家家人家接女儿”。正月新娘不回门，媳妇不走娘家，正月不空房。同时还有“出嫁的闺女正月不能看娘家的灯，看了娘家的灯死公公”的迷信说法，因而正月出嫁的女儿不准回娘家。一个多月的时间，闺女想娘，娘想闺女，所以到了二月二，不仅已经出了正月，而且又是吉祥如意的日子，所以各家都接女儿回娘家。二月二，相传也是土地公公的生日，称“土地诞”，为给土地公公“暖寿”，有的地方有举办“土地会”的习俗：家家凑钱为土地神祝贺生日，到土地庙烧香祭祀，敲锣鼓，放鞭炮，建国后此俗逐渐淡化。

周口民间还有农历二月二吃芥菜饭习俗。有“吃了芥菜饭不生疥疮”的说法。据说，这个习俗还有一段有趣的传说。一天，乾隆皇帝微服察访民情，到豫东一农户家中，发现一名饱读诗书的青年张某因家境贫困，无法进京赴考，只得在家苦读诗书。张某热情好客，请乾隆皇帝吃顿便饭。正当准备做饭时，张某发现家里的面不够吃，又没菜肴。张某灵机一动，计上心来。叫其妻先准备开火，自己从后门出去到菜园里采来一把芥菜，加点佐料，煮成一锅绿中夹白的芥菜饭。乾隆皇帝平时吃惯了山珍海味，生猛海鲜，且时至晌午，早已饥肠辘辘，一闻到这芳香扑鼻的芥菜饭，食欲大增，吃得津津有味，并赞不绝口，连问这绿里夹白的饭是怎么做的。张妻答道："这叫芥菜饭，吃了不会生疥疮。"

四、三月三

周口民众向来是很重视三月三这个节日的。民间传说王母娘娘在三月三开蟠桃会庆祝生日，这样三月三就发展为了重要的节日。其实，早在秦汉之前，人们在农历三月上旬就举行祭祀了。到了三国时期的魏朝，"祭上巳"已经固定为三月初三。

在项城、郸城等地，民间流传"三月三，荠菜（地菜）煮鸡蛋"的俗语。每逢农历三月初三，当地人都有用荠菜煮鸡蛋的习俗。人们说吃了荠菜煮的鸡蛋，一年当中腰腿不疼。三月三，地菜煮鸡蛋的来历源于名医华佗的故事。相传三国时期，名医华佗上山采药，一天，偶遇大雨，在一老者家中避雨时，见老者患头痛头晕症，痛苦难堪。华佗随即替老者诊断，并在老者园内采来一把地菜，嘱老者取汁煮鸡蛋吃。老者照办，服蛋三枚，病即痊愈。此事传开，人们都纷纷用地菜煮鸡蛋吃，遍及城乡。三月三，地菜煮鸡蛋的民间习俗也由此而产生。

三月三的习俗后期陆续发展为河畔嬉戏、男女相会、插柳赏花等民俗活动。唐代杜甫有诗："三月三日气象新，长安水边多丽人。"宋代欧阳修也在词中写道："清明上巳西湖好，满目繁华。争道谁家。绿柳朱轮走钿车。游人日暮相将去，醒醉喧哗。"

五、清　明

1. 清明节习俗及来历

清明节也俗称"鬼节"，被称为是祭祖扫墓之日。这一天大多地方有门前插柳枝和给祖宗"添坟"、烧纸的旧俗。有的还砍些柳枝插在坟头上，以示对祖宗的怀念。

清明节在周口是一个很重要的节气，清明一到，气温升高，正是春耕春种的大好时节，故有“清明前后，种瓜种豆”、“植树造林，莫过清明”的农谚。后来，由于清明与寒食的日子接近，而寒食是民间禁火扫墓的日子，渐渐的，寒食与清明就合二为一了，在老百姓的心目中，寒食既成为清明的别称，寒食节的一些习俗也就变成了清明时节的一些习俗了。比如，清明之日不动烟火，只吃凉的食品，这其实是寒食节的习俗。

清明节，又叫踏青节，学校师生在清明节这天，给革命先烈扫墓，借此机会对学生进行革命传统教育。这一月份，正是春光明媚草木吐绿的时节，也正是人们春游的好时候，所以古人有清明踏青之说。清明节是我国传统节日，也是最重要的祭祀节日，是祭祖和扫墓的日子。扫墓俗称上坟，祭祀死者的一种活动。民众大多都是在清明节扫墓，按照旧的习俗，扫墓时，人们要携带酒食果品、纸钱等物品到墓地，将食物供祭在亲人墓前，行礼祭拜。古诗曰：“清明时节雨纷纷，路上行人欲断魂。借问酒家何处有？牧童遥指杏花村。”写出了清明节的特殊气氛。直到今天，清明节祭拜祖先、悼念已逝的亲人的习俗仍很盛行。

周口民众自古就有“清明节”扫墓（添坟）的民俗，以表示对已故亲人的思念和敬重之情。每年除“清明节”添坟外，还有“十月一”和“除夕”也要上坟。上坟时还要带纸钱、鸡鱼、烟酒、糕点、水果和鞭炮等物品。此外，有些民众也在农历七月十五（鬼节）和春节凌晨去上坟。

无论一年几次上坟，只在“清明节”前添一次坟，其他时间只是送纸钱和供品，这是周口历年来形成的民俗。因为“清明节”过后将进入夏季，雨量增多，频繁的大雨对坟墓冲刷严重，所以每年要于“清明节”添坟，以备一年水土的流失。有的将坟添得越大越好，以显示后代人丁兴旺，有权有势。如今，人们的观念改变了，只是走走过场而已。

“早清明，晚十来一儿”，是周口人历来的上坟习俗。所谓“早清明”，就是要在“清明节”之前上坟。“晚十来一儿”，就是要在农历十月一以后上坟。按照民间迷信的解释是，清明过后，春耕就要开始，之后就是夏收夏种、秋收秋种，农民在大田里一直忙到秋后，为保证农活不受“干扰”和农民的“安全”，上天便在“清明节”那天将所有鬼魂收回。到了农历十月初一，秋收秋种结束，天气变冷，农民也不下地了，这时上天便放鬼魂出来，直到来年“清明节”再收回。这便是“清明节”提前扫墓和农历十月一以后上坟的原因，如不按照这个时间上坟，亡灵便收不到纸钱和供品。当然这是人们的一种迷信说法，并无科学道理。但这个习俗却一直延续下来。

在周口郸城乡间，每逢清明节，家家户户至今仍有日出前在门旁插柳的习惯。孩子没有起床就把柳条放在床上，并有“清明不插柳，死了变只大黄狗”的童谣。据说“柳”是春的使者。每逢清明节，小孩都争先恐后折柳枝编成圆圈戴在头上，在村边地头上，院内墙外追逐嬉戏，唱着“清明不戴柳，人人说你丑”，好不快活。据传唐末黄巢起义时，戴柳为号，取意“生机勃发”，人们为了纪念这位农民起义军领袖，清明节戴柳的习惯就流传下来。

其实清明节是民间所谓的三大鬼节之一（另外两个鬼节是七月十五、十月一）。“鬼节”即是悼念亡人之节，是和祭祀天神、地神的节日相对而言的。清明祭祀的参与者是全体国民，上至君王大臣，下至平头百姓，都要在这一节日祭拜先人亡魂。从唐朝开始，朝廷就给官员放假以便于归乡扫墓。据宋《梦粱录》记载：每到清明节，“官员士庶俱出郊省墓，以尽思时之敬”。参加扫墓者也不限男女和人数，往往倾家出动。这样清明前后的扫墓活动常成为社会全体亲身参与的事，数日内郊野间人群往来不绝，规模极盛。作为鬼节，清明之祭主要祭祀祖先和去世的亲人，表达祭祀者的孝道和对死者的思念之情。清明节属于鬼节而通常不被冠以鬼节之名，就在于它所祭祀的主要是善鬼、家鬼，或亲近者的亡魂，重在表达孝思亲情。另外两个鬼节则连恶鬼、野鬼也一并祭祀，重在安抚鬼魂，不让它们作祟。但也不能一概而论。有些地方也有清明节祭祀其他鬼神的做法。周口旧俗就有在清明节举行的专祭厉鬼的祭台会仪式，祭祀那些饿鬼、幽鬼孤魂，防止它们成为恶鬼作乱。这种祭台叫祭厉台。民间还有清明节的前一天迎请城隍神的做法。在清明节这天，城隍神要坐大轿出巡祭厉台，以赈济安抚孤魂野鬼，其场面十分盛大热闹。

清明祭祀在清明前后，各地有所差异。20世纪50年代前，周口一带祭扫坟墓不在清明当天，而在临近清明的“单日”进行。只有僧人才在清明当天祭扫坟墓。现在，一般都在清明这天去扫墓。有的人家则将扫墓的时间分为两次。一次在清明前几天，是各家分头去扫墓。第二次是在清明当天，一个村里同姓的各家派出代表，同去墓地祭祀共同的祖先。民间扫墓时间，新坟旧坟有别。凡是新近过世的，过了七七四十九天而没做过超度法事的，要在清明节这天请僧道诵经做法事或道场。如果是老坟并已做过法事或道场，扫墓不一定在清明当天，可以前后放宽些，但不能超出前七天后八天的范围，俗谓“前七后八，阴司放假”。意思是过早或过迟都会失灵。

祭祀的场所。清明祭祀按祭祀场所的不同可分为墓祭、祠堂祭。以墓祭最为普遍。清明祭祀的特色就是墓祭。在墓地祭祀，祭祀者离祭祀对象最近，容易引起亲近的感觉，使生者对死者的孝思亲情得到更好的表达和寄托。清明祭祀被称为扫墓，主要是由于采取墓祭方式。另一种形式是祠堂祭，又称庙祭，是一个宗族的人聚集在祠堂共祭祖先，祭完后要开会聚餐等，这种祭祀是团聚族人的一种方式。还有一种情况是家在外地工作的人不能赶回家乡扫墓，就在山上或高处面对家乡的方向遥祭。

清明祭祀的方式或项目各地有所不同，常见的做法由两部分内容组成：一是整修坟墓，二是挂烧纸钱、供奉祭品。

扫墓时首先整修坟墓。其做法主要是清除杂草，培添新土。这种行为一方面可以表达祭祀者对亡人的孝敬和关怀，另一方面，在古人的信仰里，祖先的坟墓和子孙后代的兴衰福祸有莫大的关系，所以培墓是不可轻忽的一项祭奠内容。《清通礼》把修整坟墓解释为“扫墓”名称的来由：“岁，寒食及霜降节，拜扫圹茔，届期素服诣墓，具酒馔及芟剪草木之器，周胝封树，剪除荆草，故称扫墓。”

周口一带，由于寒食禁火的影响，纸钱不焚烧，而是挂在墓地的小树上、竹竿上，或用石块、坷垃压在坟墓边。宋庄季裕《鸡肋篇》卷上：“寒食上冢，亦不设香火。纸钱挂于茔树。其去乡里者，皆登山望祭。裂帛于空中，谓之掰钱。”这样，凡是祭扫过的坟墓就有纸幡飘飘，构成清明前后的特有景观。没有纸钱者，一般就是缺少后嗣的孤坟了。后来，一般不再讲究禁火，就把纸钱烧掉。沈丘县有些村庄清明祭祖时有“烧袱包”的习俗。所谓“袱包”，被祭祀者当作从阳世寄往“阴间”的邮包。改革开放前，扎彩店有卖“袱包皮”的，就是用白纸糊的一个大口袋，写上亡人的名讳，如“已故某府君讳某某老大人”字样。还有一种是素袱包皮，不印任何图案，中间只贴一张蓝签，写上亡人名讳。包袱里装有各种冥钱。所供奉祭品主要是食品，品种各地不同，都是当地人认为的并且按祭祀者的经济能力能拿得出来的美味佳肴，或合于时令的特色食品。

清明节的民众游戏主要有荡秋千、蹴鞠、踏青、植树、放风筝等。

“荡秋千”是民众清明节的一种游戏。秋千，意即揪着皮绳而迁移。它的历史很古老，最早叫“千秋”，后为了避忌讳，改为“秋千”。古时的“秋千”多用树丫枝为架，再拴上彩带做成。后来逐步发展为用两根绳索加上踏板的“秋千”。现代在农村，“打秋千”至今为人们特别是儿童所喜爱。

“蹴鞠”，鞠是一种皮球，球皮用皮革做成，球内用毛塞紧。蹴鞠，就是用足去踢球。这是古代清明节时人们喜爱的一种游戏。蹴鞠相传是黄帝发明的，最初目的是用来训练武士。现代都已经被足球代替了。

“踏青”又叫春游。古时叫探春、寻春等。三月清明，春回大地，自然界到处呈现一派生机勃勃的景象，正是郊游的大好时光。周口民间还有长期保持着清明踏青的习惯。

“春游”是清明节的传统活动，并且，在春游活动中还有折柳的习俗。清明节是杨柳发芽抽绿的时间，民间有折柳、戴柳、插柳的习俗。人们踏青时顺手折下几枝柳条，可拿在手中把玩，也可编成帽子戴在头上，也可带回家插在门楣、屋檐上。谚语有“清明不戴柳，红颜成皓首”、“清明不戴柳，死后变黄狗”的说法，这说明清明折柳是很普遍的习俗。据说柳枝具有辟邪的功用。清明插柳也可能跟过去寒食节以柳枝乞取新火的习俗有关。

拔河，早期叫“牵钩”、“钩强”，唐朝始叫“拔河”。它发明于春秋后期，开始盛行于军中，后来流传于民间。唐玄宗时曾在清明时举行大规模的拔河比赛。从那时起，拔河成为清明习俗的一部分。

“植树”，清明前后，种植树苗成活率高，成长快。因此，自古以来，周口就有清明植树的习惯。有人还把清明节叫作“植树节”。植树风俗一直流传至今。1979 年，全国人大常委会规定，每年 3 月 12 日为我国植树节。

“放风筝”，也是清明时节人们所喜爱的活动。每逢清明时节，人们不仅白天放，夜间也放。夜里在风筝下或风筝拉线上挂上一串串彩色的小灯笼，像闪烁的明星，被称为“神灯”。改革开放以前，有的人把风筝放上蓝天后，便剪断牵线，任凭清风把它们送往天涯海角，据说这样能除病消灾，给自己带来好运。

在清明节的饮食方面，各地有不同的节令食品。由于寒食节与清明节合二为一的关系，一些地方还保留着清明节吃冷食的习惯。很多地方在完成祭祀仪式后，将祭祀食品分吃。

人们每逢清明节祭祖时，先跪在坟前摆上供品，再“奠酒”，“奠酒”就是把水酒洒在坟前地上，据说这规矩起于三国。吴国都督周瑜，年轻自负，几次施计夺荆州，都被蜀国军师诸葛亮识破，结果是“赔了夫人又折兵”，自己不战而败逃至巴丘，几番挫败，周瑜羞愤难当，活活气死。诸葛亮为联合东吴共抗曹操，不顾个人安危，深入虎穴，亲为周瑜吊孝。周瑜部将皆欲杀孔明报仇，便在灵堂布下火药，算计孔明祭灵烧纸时，燃爆火药，置他于死地，谁知诸葛亮已有察觉，他不动声色，一边痛哭，一边往地上泼洒水酒，说是“奠酒祭灵”。再烧纸时，火药已受潮，不能爆炸，这样诸葛亮才得以生还。

此事传开后，人们便仿着祭灵时先“奠酒”再烧纸，以图吉利，久而久之这就成了习俗。

2. 关于寒食的传说

在周口一带民众重视清明节而忽视寒食节，寒食节在周口一带几乎不被人们记起。特选编寒食节的传说以作参考。

相传春秋战国时代，晋献公的妃子骊姬为了让自己的儿子奚齐继位，就设毒计谋害太子申生，申生被逼自杀。申生的弟弟重耳，为了躲避祸害，流亡出走。在流亡期间，重耳受尽了屈辱。原来跟着他一道出奔的臣子，大多陆陆续续地各奔出路去了。只剩下少数几个忠心耿耿的人，一直追随着他。其中一人叫介子推。有一次，重耳饿晕了过去。介子推为了救重耳，从自己腿上割下了一块肉，用火烤熟了就送给重耳吃。19 年后，重耳回国做了君主，就是著名春秋五霸之一晋文公。

晋文公执政后，对那些和他同甘共苦的臣子大加封赏，唯独忘了介子推。有人在晋文公面前为介子推叫屈。晋文公猛然忆起旧事，心中有愧，马上差人去请介子推上朝受赏封官。可是，差人去了几趟，介子推不来。晋文公只好亲自去请。可是，当晋文公来到介子推家时，只见大门紧闭。介子推不愿见他，已经背着老母躲进了绵山（今山西介休县东南）。晋文公便让他的御林军上绵山搜索，没有找到。于是，有人出了个主意说，不如放火烧山，三面点火，留下一方，大火起时介子推会自己走出来的。晋文公乃下令举火烧山，孰料大火烧了三天三夜，大火熄灭后，终究不见介子推出来。上山一看，介子推母子俩抱着一棵烧焦的大柳树已经死了。晋文公望着介子推的尸体哭拜一阵，然后安葬遗体，发现介子推脊梁堵着个柳树树洞，洞里好像有什么东西。掏出一看，原来是片衣襟，上面题了一首血诗：

割肉奉君尽丹心，但愿主公常清明。
柳下作鬼终不见，强似伴君作谏臣。
倘若主公心有我，忆我之时常自省。
臣在九泉心无愧，勤政清明复清明。

晋文公将血书藏入袖中，然后把介子推和他的母亲分别安葬在那棵烧焦的大柳树下。为了纪念介子推，晋文公下令把绵山改为“介山”，在山上建立祠堂，并把放火烧山的这一天定为寒食节，晓谕全国，每年这天禁忌烟火，只吃寒食。

晋文公走时，他伐了一段烧焦的柳木，到宫中做了双木屐，每天望着它叹道：“悲哉足下。”“足下”是古人下级对上级或同辈之间相互尊敬的称呼，据说就是来源于此。

第二年，晋文公领着群臣，素服徒步登山祭奠，表示哀悼。行至坟前，只见那棵老柳树死树复活，绿枝千条，随风飘舞。晋文公望着复活的老柳树，像看见了介子推一样。他敬重地走到跟前，珍爱地掐了几根柳枝，编了一个圈儿戴在头上。祭扫后，晋文公把复活的老柳树赐名为“清明柳”，又把这天定为清明节。

以后，晋文公常把血书带在身上，作为鞭策自己执政的座右铭。他勤政清明，励精图治，把国家治理得很好。

此后，晋国的百姓得以安居乐业，对有功不居、不图富贵的介子推非常怀念。每逢他死的那天，大家禁止烟火来表示纪念。还用面粉和着枣泥，捏成燕子的模样，用杨柳条穿起来，插在门上，召唤他的灵魂，这东西叫“之推燕”（介子推亦作介之推）。此后，寒食、清明成了全国百姓的隆重节日。每逢寒食，人们即不生火做饭，只吃冷食。在北方，老百姓只吃事先做好的冷食如枣饼、麦糕等；在南方，则多为青团和糯米糖藕。每届清明，人们把柳条编成圈儿戴在头上，把柳条枝插在房前屋后，以示怀念。

六、端　午

农历五月初五为端午节，又称端阳节。据传，是人们为纪念爱国诗人屈原而兴起的。这天，周口民间有炸糖糕、炸菜角子、包粽子和插艾、戴香布袋（内装有芳香味的中药配制的药面）、用雄黄酒涂抹耳和鼻的习俗。

关于端午节的起源，周口民间的说法很多。有称“端五”和“端午”是混合相称的，因为唐朝的皇帝唐玄宗称五月五日是春秋吴国伍子婿的遇难日，伍子婿死了以后他变成了涛神，于是，在民间就有了驾驶龙舟竞渡迎涛神的习俗。有称端午节是为了纪念介子推；还有的称端午节是为了纪念浙江上虞少女曹娥的。但是，在周口流传最广的是认为端午节是为了纪念屈原。

屈原是楚国人，根据历史记载，他很有才华，也很得楚怀王的器重，但是，同时也因此引起了同僚之中的上官大夫和令尹子兰的嫉妒，后来，他们就在楚怀王以及后来继位的顷襄王面前经常说屈原的坏话，或者是变着法诽谤屈原。再后来，昏庸的楚怀王就逐渐疏远了屈原。最后，顷襄王受到奸臣的离间，将屈原流放边疆。那时的屈原满腔悲愤，落魄江湖，最后，在写下了绝笔《怀沙》以后，就抱着一块大石头投汨罗江而结束了自己年轻的生命。

一代忠臣屈原自尽的消息传遍楚国以后，所有的百姓非常的悲伤，就纷纷前往江边凭吊屈原。渔夫们也像竞赛似的在江上来回打捞屈原的尸体，他们希望能把屈原的尸体找到，这就是赛龙舟的由来。据传说，在当时有的渔夫还拿出准备好的粽子、鸡蛋丢往江中，这些都是给鱼们、虾们吃的，他们希望鱼们虾们吃饱了以后，就不再去咬屈原的尸体，于是，端午节吃粽子的习俗就这样流传了下来。还传说，一位老中医向江中倒了一坛黄酒，想迷昏蛟龙不让它去伤害屈原，果然，几天以后，水面之上真的浮起一只昏了的蛟龙，它的龙须之上还挑着一片屈原的衣襟。所有的人看到以后，都愤怒了，他们把那只昏了的蛟龙拉上岸，然后，抽其筋，还把龙筋缠绕在小孩子的手上和脖子上。现在民间端午节用红丝线绑在小孩手脖或脚脖上辟邪的习俗就源于此。民众认为红丝线就是龙筋，可以辟邪。

其实，就端午节的内涵来说，古代的人们称农历五月为恶五，农历的五月五日为恶日，所以，在端午节到来的时候，又有佩带香袋、缠五色丝、挂蒲剑、饮雄黄酒、戴老虎肚兜等等的风俗习惯。过节的时候，所有的姑娘们一般多会在自己的衣襟上配挂五色香袋，香袋里面一般装的是雄黄、仓术、甘松、白芷、细辛、丁香和香草等等配制而成的香料粉，它可以驱虫和排毒。

悬钟馗像也是端午节习俗。在豫东地区，很多家庭都悬钟馗像，用以镇宅驱邪。唐明皇开元年间，自骊山讲武回宫，疟疾大发，梦见二鬼，一大一小，小鬼穿大红无裆裤，偷杨贵妃之香囊和明皇的玉笛，绕殿而跑。大鬼则穿蓝袍戴帽，捉住小鬼，挖掉其眼睛，一口吞下。明皇喝问，大鬼奏曰：臣姓钟名馗，即武举不第，愿为陛下除妖魔，明皇醒后，疟疾痊愈，于是令画工吴道子，照梦中所见画成钟馗捉鬼之画像，通令天下于端午时，一律张贴，以驱邪魔。

周口民谚说："清明插柳，端午插艾。"在端午节，人们把插艾和菖蒲作为重要内容之一。家家都洒扫庭院，以菖蒲、艾条插于门楣，悬于堂中。并用菖蒲、艾叶、榴花、蒜头、龙船花，制成人形或虎形，称为艾人、艾虎；制成花环、佩饰，美丽芬芳，妇人争相佩戴，用以驱瘴。艾，又名家艾、艾蒿。它的茎、叶都含有挥发性芳香油。它所产生的奇特芳香，可驱蚊蝇、虫蚁，净化空气。中医学上以艾入药，有理气血、暖子宫、祛寒湿的功能。端午节这一天，民间多在日出前到田间地头去采取带露水的艾株、毛耳眼、车前子等，将艾株插在门旁或束之屋檐下以避毒气，干了作为药用。《本草纲目》中有“五月五日采艾以为药，悬于户上可禳毒气。”陈艾、车前子都是草药，陈艾有挥发性芳香油，具有杀菌解毒的功效。艾叶有明显的平喘、镇咳、祛痰等作用，艾叶灰炒鸡蛋可以戒烟和止咳。

赛龙舟，是端午节的主要习俗，在周口川汇区、淮阳县、沈丘县广为流行。就全国的赛龙舟来看，周口的龙舟独具特色。周口在清代和民间初期，市场繁荣，商贾云集，行店林立。民间文艺种类繁多，技艺纯熟，逢年过节都有较大的民间文艺活动。沙河、颍河汇合后穿市区而过，水运畅通，水面宽阔，非常适宜龙舟。周口龙舟活动，历史悠久，是为纪念屈原投江而由江南传入周口的民间活动。周口的龙舟活动，到抗日战争以前，达到最兴旺时代。据调查，1935 年端午节，一次曾出现龙舟十三只。这十三只龙舟，分属于齐埠口、火星阁、王埠口、二板桥、刘渡口、西新集、西大街、大渡口、花生地庙、大椿树、东堤子等十一个点。附近各县民众来周口看龙船者，有如洪水奔腾，一时之间，颍河两岸万头攒动，赛过钱塘观潮，实为百年罕见。当时，并有五只龙舟，应邀到漯河献技，囊括了所有奖项，周口乡里视为地方之荣耀。

周口龙舟

龙舟活动，是由民众集资筹办的一种民间节气性娱乐活动，各有会首组织主持。舟呈平头柳叶形，轻捷灵便，靠人力划动，游动如飞，极具操驾之巧。每舟由十三人驾驶，包括“拿手”一人，“扳棹手”一人，“鼓手”一人，“划子”十人。因劳动强度过大，一般每舟均有三个梯队轮流登舟参加比赛，实际近四十人为一舟。

龙舟表演，包括两项内容，即划速比赛和“捉鸭”比赛。各舟均搭饰彩坊，前后装点龙头龙尾，中桅旗标高悬，随风飘荡。锣鼓起处，排划飞舞，群舸争流，在高亢的号子声中，劈水斩浪，舟行如飞，其势磅礴，蔚为壮观。夹岸浅水处，往往又有小型彩船，或配之以八音弦乐之音，或有人扮村姑香童之类，插科打诨，戏水中流，与龙舟辉衬，遥相呼应。哄笑赞叹，不绝于耳。

龙舟技艺表演的高潮是“捉鸭赛”，俗称“擒扁咀儿”。此时，各舟先期卸除一切装饰，只留中桅旗标，严阵以待。标分五色，以分队属。一旦号炮声响，即有人从船上捉鸭掷于水中，各舟即飞棹奔逐，以先得手为胜，并可获烟酒糖果等犒赏。“捉鸭”技巧全凭群力配合，争取于最短时间接近目标，然后由舟头“拿家”以勾杆突发，将鸭捞起为胜。

赛龙舟

“五月五麦子熟，包好粽子过端午。”粽子是周口民间端午节最流行最重要的一项食俗，而今在超市里粽子常年不断，到了端午更为丰盛，且多种多样口味各异。每年五月初，周口百姓家家都要浸糯米、洗粽叶、包粽子，其花色品种更为繁多。从馅料看，多包小枣的枣粽，还有豆沙、鲜肉、火腿、蛋黄等多种馅料，其中以江米粽子为代表。吃粽子的风俗，千百年来，在周口盛行不衰，而且流传至今。

端午节小孩佩香囊，穿绣有五毒图案的兜肚，传说有避邪驱瘟之意，实际是用于襟头点缀装饰。香囊内有朱砂、雄黄、香药，外包以丝布，清香四溢，再以五色丝线编织成绳索，作各种不同形状，结成一串，形形色色，玲珑可爱。香囊在周口一带俗称香布袋，带香布袋是端午节的另一个特色，每人必带特别是小孩更不能缺。香布袋多为三角形，香味芬芳可防毒驱虫。节日前妇女用丝绸或细布作面料，内装香料缝制，上绣花卉动物图案，针绣精细做工工整，逼真生动惟妙惟肖，简直就是件艺术品。

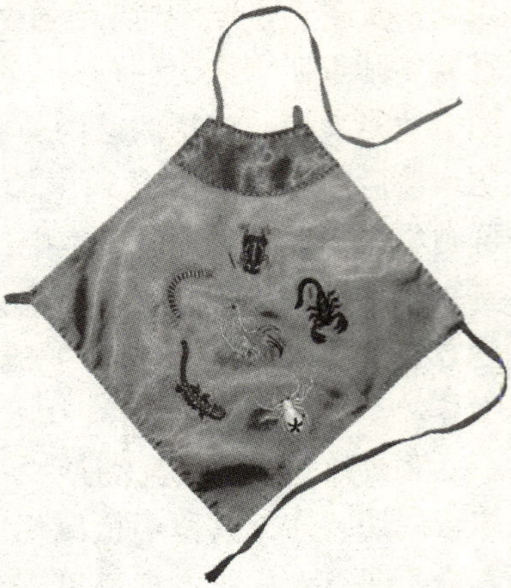

五毒兜肚

周口民众过端午节也有饮雄黄酒的习俗。“喝了雄黄酒，百病躲着走。”雄黄别称鸡冠石，具有杀虫解毒的作用。周口民众过端午节有饮雄黄酒的目的是为了消灾避邪。但是周口民众端午饮酒并非完全是雄黄酒，还有其他白酒。

端午节那天民间不仅包粽子，而且还炸糖糕、油条、菜角子，糖糕是端午节最典型最普遍的食品。为什么这一天必吃糖糕，史书没有记载，民俗典籍查无此据，是民间世代相传约定俗成的食俗。糖糕、油条、菜角子等油炸食品，大都在当天早晨吃，中午吃饺子或面条。

民间认为在这一天捉到的癞蛤蟆是最好的，毒性大，质量高。把锭墨塞进蛤蟆的嘴里，挂在墙上风干后成为蛤蟆墨。若人身上起了毒疽，用此墨在疽周围画一圈，就可以得到控制。民间有“癞蛤蟆躲端午”的传说，虽无可靠依据，但在端午节那一天很少见到癞蛤蟆。

此外还有小孩躲端午的民俗，就是说端午节这天是毒月中的最毒天，这一天忌讳小孩子在外边玩。一般端午节这天，大人都叫小孩待在屋里，有的甚至用一根细红绳子把小孩子拴在大床腿上，防止孩子遭受灾祸。

关于端阳节插艾草之习俗，在周口扶沟县有一传说。朱元璋推翻了元朝，赶走了元王，杀进宫内，见元王的西宫长得很好，没有杀她。当时西宫已身怀有孕，后来被朱元璋仍封为宫妃，一月之后，这西宫便生下一子，后被封为燕王。

这燕王自幼勤学苦练，喜文善武，二十岁时，已是一个文武双全的战将了。

当北国侵犯中原时，他便带着随身的老太监和十万大军扫北。平了北，队伍也扩大了，燕王率领几十万大军浩浩荡荡得胜归来。在路途中，老太监给燕王讲明了他的身世，并说："现在趁你势力浩大，不如掉头扫南，平了朱元璋，为你父报仇。"燕王听了太监的话，非常气愤，随即带兵过黄河去灭朱元璋。

再说朱元璋听罢禀报，传旨下来，说叛贼燕王为篡权，搞内乱，使民不聊生。百姓们听到后，都恨透了燕王。燕王每到一处，百姓闻讯都到处躲藏。这天，燕王来到黄河岸边，搭桥过黄河。夜里老百姓把桥给他拆了，他造的船也被渔民破坏了。就这样在黄河岸边住了半年，燕王也没渡过黄河。这下可气恼了燕王，他传令见人便杀。

离黄河岸不远有个张家庄，庄上有张三、张四弟兄二人，各得一子。不久哥哥张三夫妇先后死去，撇下一个六七岁的儿子，托付给了张四媳妇。张四媳妇心地善良，她可怜这个没爹没娘的孩子。有好吃的、好穿的都留给他，而让自己的亲生儿子吃粗面馍，穿烂衣服。五月初五这天，正赶上过端阳，听说燕王过了黄河，见人就杀。张四媳妇为了逃难，忙背起张三七岁的儿子，手扯自己四岁的小孩。正跑之时，恰碰见在马上提刀过来的燕王。这妇女忙用身体护住大儿子，"扑通"一声跪倒在地，用手托住刀柄，忙拉过小孩哭诉说："好汉爷，你要杀，先把我们母子杀了吧！请你高抬贵手，放了他吧，他是个没爹没娘的孤儿，太可怜了。"燕王听罢妇女的一番话，也为之而感动，心想：像这样的好心人真是世间难找啊！就对着这妇女说："快快起来，你是个好人，我放你回去，回家后在门口插上艾草作标记，就不杀你们一家了。"燕王转身晓谕三军："若谁家门前插有艾草，就不准进谁家。"这个妇女忙跑回村，告诉乡亲们都不要跑了，赶快回家在门前插上艾草。就这样一传十，十传百，黄河两岸的家家户户很快都在门前插上了艾草，都避免了这场灾难。

因这天正赶上端阳节，人们为了记住这个好心善良的妇女，每年在端阳节这天，都在门上插上艾草，直到今天。

七、六月初一

1．六月初一习俗及来历

按照豫东习俗，凡是属于小麦主产区的，都要过六月初一这个节。一般民间在麦收结束，新麦入仓时，六月初一这一天有敬天和祭祖的习俗。敬天供品是新麦面蒸的馍或包的水饺。在庭院里摆上香案，燃香烧纸，向北磕头，意在感谢苍天赐福，获得丰收。人们也在六月初一祭祖，祭品是新麦面粉包的水饺，目的是让祖先尝鲜。

六月初一过小年的这个习俗，在周口地区相当普遍。从六月初一到初六，周口农村的“年”味浓郁。这些节日，是周口农耕地区的农事节日，是庆祝丰收，乞求丰年的节日。这时，麦子刚刚打下不久，人们在屋中、院内、麦场里摆上供桌，放上馍、枣山（馍的一种）、桃、李等五种供品。用斗盛满新收的小麦，斗上贴红色的“福”字。然后焚香燃炮，祈求秋季风调雨顺，五谷丰登。之后，人们高高兴兴地吃一顿用肉、青菜、粉条、海带做成的“杂烩菜”。

农历六月初一周口民间称为“小年”，这是相对正月初一而言，正月初一是一年之首俗称“年下”、“过年”，古称“元旦”。六月初一是一年之半，叫“半年节”，是旧社会穷苦人的“年下”，又叫“小年”，但不是腊月二十三的“小年下”。

六月初一夏收夏种基本结束，农事稍有空闲，人们在辛勤劳动中换来好的收成。为了答谢神灵的保佑与恩赐，于是就选择了六月初一这一天进行庆贺。

2. 六月六

周口农村除过六月初一外，还要过六月六，当地有“六月六，晒龙衣”、“六月六，请闺女”等谚语。六月初六在当地又被称为是“姑姑节”。“姑姑节”的由来，传说春秋战国时期，晋卿狐偃骄傲自大、飞扬跋扈，听不进亲家赵衰的衷心劝告，还恶语中伤气死赵衰。他女婿打算趁狐偃出京放粮归来，六月初六过生日的机会为父报仇，女儿得知此事后便赶回娘家报信。狐偃深知自己做了错事对不起亲家，追悔莫及，不但不怪罪女婿还改正了错误。以后每年的这一天，狐偃必请闺女女婿过来团聚，传至民间百姓纷纷仿效相沿成节。麦后闺女走娘家，礼品多是新麦做的馒头和糖包、柳条穿的油条之类，而今已不多见。

其实，六月是多雨季节，衣物器件容易返潮发霉，人们趁此机会晒衣晾书以防霉变。传说这一天是龙王晒鳞的日子，故有“六月六晒龙衣，龙衣晒不干，连阴带晴45天不见天”的谚语。就是说六月初六下了雨，以后45天内没有真正的晴天，多是阴雨多云天气。家家忙着晒衣以防过夏发霉，就不足为怪了。“晒衣节”由此而来。民间翻晒衣物时，先晒送老衣，据说老人可以延年益寿。读书人忙着晾晒书籍，和尚也翻晒经卷，防止霉变虫蛀，这就有了“翻经节”、“晒书节”的称呼。

六月初六这一天，周口一些农村有集会的习俗，当天杀鸡宰羊，摆上三牲馒头等供品，焚香燃纸放鞭炮，顶礼膜拜祭祀虫王，祈求祷告保佑庄稼不受虫害获得丰收。同时将小狗小猫赶下河去洗澡，可防身上生寄生虫。妇女洗发沐浴可免灾，少生病。

六月天气热又处于“霉季”，食物极易发酵，民间趁此用大麦或小麦做“曲”，用来酿酒醋，做酱油面酱，馒头发酵等，所做的“曲”质量比任何季节做的都好，称之为“神曲”。

六月初六最流行的食品莫过于炒面。炒面就是把麦面放在锅内用文火炒熟，吃时用滚开水搅拌成稠糊状，放入白糖或红糖，香甜可口，余味深长，做法简便易于保存，是人们最喜爱的风味小吃。

六月初六另一种食俗是吃焦馍，这一天几乎家家户户都烙焦馍吃焦馍。焦馍用麦面掺芝麻、盐或糖，擀成或甜或咸的薄薄圆饼，摊在鏊子上烙制而成，技术高者烙出来的焦馍脆而无糊花，放上一两天用余火一烤仍焦脆如初。吃的时候因焦脆难免有碎屑落地，小孩掉得更多，成了蚂蚁的美味佳肴。所以这一天又称做“蚂蚁的生日”。

“六月六晒龙衣，龙衣晒不干连阴带晴四十五天。”这句话，至今仍流传在周口沙颍河两岸民间。原来这里面有一段美丽的传说。

从前沙河北岸有个小张庄，庄上有个穷孩子叫张娃，自幼父母双亡，全靠采药为生。一天，张娃采药来到沙河坡里，忽然看见路边草丛里有条金环小蛇，不知被谁砍了一刀，血一个劲儿地往外冒，疼得乱滚，眼看就要死去。张娃看了可怜，忙把小蛇捧到药篓里带回家，拿出止血草、接骨丹给小蛇包扎，又精心饲养了七七四十九天。金环小蛇伤口慢慢好了，张娃把它送到沙河旁，小蛇恋恋不舍地向他点了三下头，钻进水里转眼不见了。

时隔不久，一天傍晚，张娃采药回来，见一个女子坐在河堤上哭哭啼啼。张娃见她哭得伤心，便近前好言相劝。这姑娘言说名叫海姑，父母双亡，撇下孤女一人，无依无靠，流浪度日。张娃怜她同是苦命人，就只好把海姑先领回家再说。到家后，海姑恳求张娃娶她为妻，张娃又疼又爱，心中有说不出的欢喜，当夜两人对着月亮拜了天地。

从此，每天张娃早出晚归去采药，海姑在家种菜纺纱，你恩我爱，日子过得挺红火。这天，海姑挑担去集上卖菜。忽然一阵尘土飞扬，赶集的人像炸了群的羊，啼哭乱叫，海姑定睛一看，原来是一支马队横冲直撞地闯了过来，踏伤了好多人，连她的菜筐也被踏个稀巴烂。海姑可气坏了，便飞跑到马队前头，去和他们讲理。其中有个骑高头大马的，身穿袍服，长着一副鬼脸。他见面前站着一个如花似玉的女子，哈哈大笑道：“该我谢国舅有福，今天碰到这位女子，比我家中九十九个美妾都漂亮。小子们！还不给我抢回去！”没等海姑分辩，打手们如狼似虎，把海姑推上马背，簇拥而去。

来到国舅府，谢国舅连忙让人收拾新房，即刻就要拜堂成亲。海姑哪里肯依，口中骂声不止。谢国舅看硬的不行，只好哄劝说：“我这堂堂国舅，胜似二朝廷，你还有啥不中意？”海姑眉头一皱，想了想说：“你能答应我两件事，就与你成亲。”谢国舅一听，心中高兴，说道：“小娘子，只要你答应成亲事，别说两件事，就是二十件、二百件我也答应。”海姑说：“第一件，后天是六月初六，要在府门口搭一座三丈六尺高的台子，咱二人在上面拜堂。为了庆贺这个喜事，百里以内的村庄，村头都筑上一个大土台，那天午时，要各村老少人人登台庆贺。第二件，我有个表哥叫张娃，是个采药的，那天叫他背着药篓子，拿着刨药铲子，也来台上，当个陪客。”国舅听罢连说：“好办！好办！”立即传令，照此办理。

六月初六，一切准备停当。海姑与张娃在台上见了面。张娃暗地责问海姑：“为什么答应这个亲事？”海姑笑着说：“今天给你实说了，我是东海龙王的三女儿。那天我瞒着父母顺着沙河玩耍，爬到岸上，不留心被一顽童砍了一镰刀，多亏你救了我的命，才平安回到东海。为了报答你的恩情，才来人间与你结为夫妻。我死也不会忘记恩爱之情呀！”海姑又对着张娃的耳朵低声说：“今天是我有意戏弄国舅，你把刨药铲准备好，看我的眼色行事。”张娃听了，心里一块石头落了地，暗暗做好了准备。

天到午时，谢国舅披红戴花来到台上，嬉皮笑脸拉着海姑就要拜堂。这时，就见海姑用手指着谢国舅的鼻子，高声骂道：“丧尽天良的狗官，想与你姑奶奶成亲嘛，算瞎了你的狗眼！”张娃也掂着药铲骂声不绝。国舅恼羞成怒，高叫：“这还了得！小的们，快将这两个狗男女拿下，杀了，杀了！”众打手正待动手，只听海姑口中念念有词，登时，狂风大作，空中乌云翻滚，倾盆大雨下将起来。转眼之间，平地积水一人多深。海姑不慌不忙用长袖对着谢国舅和众打手只轻轻一扫，他们一个个跌入水中。谢国舅在水中拼命挣扎，口中还一个劲地嚷着：“给我抓着统统杀掉。”这时，海姑又对着台下用手一指说：“给我冰冻三尺。”只听“咔嚓”一声，冰块死死地卡着了谢国舅和众打手的脖儿梗。海姑和张娃走到台下问国舅：“你现在还杀不杀？”谢国舅眨了眨眼，呷了一口唾沫，半天才从冻僵的嘴里挤出几个字：“不……不……杀了。”这时海姑向张娃使个眼色：“他不杀，该咱杀了。”只见张娃手使药铲毫不费劲地向国舅的头铲了下来，为当地百姓除了一害。

雨过天晴，人们把雨淋的衣服脱下来与海姑的衣服一起搭在高台上晾晒，晒过的衣服，过夏不生霉，不生虫。从此以后，人们把农历六月初六当作“晒衣节”，一直流传至今。

八、七月七

农历七月初七，称七夕，又叫少女节。传说这天是牛郎织女鹊桥相会之日。在这天夜里，姑娘们悄悄相聚，用七家的面、盐、菜包扁食（即包巧），包四十九个，其中有一个扁食里边包根针。扁食蒸熟后，分盛七碗，在院里瞅着牛郎织女星，慢慢吃。谁吃着包针的扁食，谁就有福。

七夕乞巧，这个节日起源于汉代，东晋葛洪的《西京杂记》有“汉彩女常以七月七日穿七孔针于开襟楼，人俱习之”的记载。后来的唐宋诗词中，妇女乞巧也被屡屡提及，唐朝王建有诗说“阑珊星斗缀珠光，七夕宫娥乞巧忙”。

七月七“拜织女”是女孩和小媳妇们的事。她们大都是预先和自己朋友或邻里们约好五六人，多至十来人，联合举办。举行的仪式是，于月光下摆一张桌子，桌子上置茶、酒、水果、五子（桂圆、红枣、榛子、花生、瓜子）等祭品；又有鲜花几朵，几束红纸，插瓶子里，花前置一个小香炉。约好参加拜织女的女孩和小媳妇们，斋戒一天，沐浴停当，准时都到主办的家里来，于案前焚香礼拜后，大家一起围坐在桌前，一面吃花生、瓜子，一面朝着织女星座，默念自己的心事。女孩们希望长得漂亮或嫁个如意郎、小媳妇们希望早生贵子等，都可以向织女星默祷。

“文革”前周口一带有七月七文人拜魁星的习俗。俗传七月七日是魁星的生日。魁星掌管文事，想求取功名的读书人特别崇敬魁星，所以一定在七夕这天祭拜，祈求他保佑自己考运亨通。魁星爷就是魁斗星，二十八宿中的奎星，为北斗七星的第一颗星，也称魁星或魁首。古代士子中状元时称“大魁天下士”或“一举夺魁”，都是因为魁星主掌考运的缘故。根据民间传说，魁星爷生前长相奇丑，脸上长满斑点，又是个跛脚。然而这位魁星爷志气奇高，发愤用功，竟然高中了。皇帝殿试时，问他为何脸上全是斑点，他答道：“麻面满天星”；问他的脚为何跛了，他答道：“独脚跳龙门”。皇帝很满意，就录取了他。另一种完全不同的传说，说魁星爷生前虽然满腹学问，可惜每考必败，便悲愤得投河自杀了。岂料竟被鳌鱼救起，升天成了魁星。因为魁星能左右文人的考运，所以每逢七月七日他的生日，读书人都郑重地祭拜他。

“床母”，是儿童的保护神，七月七日是床母的生日，家中有儿童的家庭，在当天傍晚时，在儿童睡的床边拜床母。供品包括：油饭、鸡酒（或麻油鸡），焚烧“四方金”和“床母衣”。拜床母时不宜太长，不像平常祭拜要斟酒三巡，大约供品摆好，香点了以后，就可以准备烧“四方金”和“床母衣”，烧完即可撤供，人们拜床母希望孩子快快长大，不能拜太久，怕床母会宠孩子赖床等。

传说七夕是牛的生日，儿童会在七夕之日采摘野花挂在牛角上，叫做“贺牛生日”。

在周口部分农村，“南瓜棚下听悄悄话”也是一种被大家公认的习俗。这一夜会有许多少女一个人偷偷躲在生长得茂盛的南瓜棚下，在夜深人静之时如能听到牛郎织女相会时的悄悄话，这样待嫁的少女日后便能得到这千年不渝的爱情。项城一带在七夕节的夜晚妇女们往往要结扎穿花衣的草人，谓之巧姑，不但要供瓜果，还栽种豆苗、青葱，在七夕之夜各家女子都手端一碗清水，剪豆苗、青葱，放入水中，用看月下投物之影来占卜巧拙之命，还穿针走线，竞争高低。同时还举行剪窗花比巧手的活动。

在农村，七月七流行用脸盆接露水的习俗。传说七夕节时的露水是牛郎织女相会时的眼泪，如抹在眼上和手上，可使人眼明手快。七夕节的饮食风俗，各地不尽相同，一般都称其为吃巧食，其中多饺子、面条、油条、馄饨等。吃云面，此面得用露水制成，吃它能获得巧意。还有许多民间糕点铺，喜欢制一些织女人形象的酥糖，俗称“巧人”、“巧酥”，出售时又称为“送巧人”，此风俗在一些地区流传至今。

周口太康、郸城一带有这样一种风俗，就是在每年农历七月初七这天，七个女孩子聚在一块包扁食（饺子）吃，包的花样很多，这有一定的传说。

传说中的织女牛郎相亲相爱。不到一年生了两个孩子（双胞胎），可是被天上的王母娘娘知道了。在七月初七那天织女被召回天宫，织女被迫离开人间，牛郎依靠牛的帮助，就去寻找孩子。来到天宫两人相见，难舍难分。织女决心和牛郎不分开。这时，王母娘娘从头上拔下了一个簪，朝他俩中间一划，一条无情的天河把他们隔开了。后来喜鹊帮助，搭成桥梁让他俩相见。传说这一天在人间看不见喜鹊。从此王母娘娘规定每年七月七见一次面。

每到这一天人们为了表示对牛郎和织女的同情，就在七月七这天包扁食。她们包扁食很有讲究，七月七前几天，在一块比较要好的女孩子（同村同邻、年龄大小相仿）七个人找到一块商量，有兑面、兑菜的（做扁食馅子）、兑盐、兑油的，在农历七月初七下午一齐动手，擀扁食皮剁馅子，包满满一大锅盖，但有七个扁食另外包。分别把事先准备好的钱（硬币）、麸子、花子（七样野花菜）、针、剪子（是面做的）、气扁食、笨疙瘩分别包在七个扁食里。包好后，必须露上一夜，说这是织女、牛郎哭的泪水，等到五更天再蒸锅里。先蒸那七个扁食，蒸好后七个女孩子围在一起背过脸，用手摸，一人只准摸一个，摸后再蒸那一大锅扁食，蒸好就开始吃，看谁吃的东西好（但包的东西拿出来即算）。要吃着硬币，说以后有钱花。吃着麸子，是象征有福。吃着花子，是说心灵手巧。吃着剪子，指是个能人。吃着针是会做针线活。吃着气扁食，是说肯生气、吵架。吃着笨疙瘩（一个面疙瘩在里），是说这个人不聪明，比较笨。一人吃一样，她们吃了以后，互相戏闹着，往往要喧闹一夜，把剩下的扁食按人分，拿回家让其他人吃，说这样的扁食能咬灾（去灾）。

总之，七夕是一个富有浪漫色彩的传统节日。随着时代的发展，它的不少习俗活动已弱化或消失，唯有象征忠贞爱情的牛郎织女的传说，一直流传民间。

九、七月十五

在周口民间有农历七月十五烧纸和烧袱包的习俗。因为七月十五是中元节，传说“七月初一鬼门开，七月十五鬼门关，故袱包可以从十一烧到十五”。七月十五烧袱包是一种习俗，每到七月上旬，市上冥币俏销，从十一到十五的晚上，就有人在住屋外的偏僻角落焚烧袱包。烧袱包意味着后人向已故的亲人寄冥币，好让祖先和已故的亲人在“阴世地府”有钱用，不受穷。

烧袱包看起来是一件很容易的事，实际上是后人对已故亲人的祭祀和思念。从表面上看好像是一种迷信，其实不然，并不只是“买了冥币用纸包，包了写好晚上烧”那么简单。袱包还有包的技巧，那就是用白纸把冥币包得像信封装的钱袋一样，然后把口封好；写袱包有讲究，男称大人，女称孺人。亡男称故显考，亡女称故显妣。对先祖称呼从父亲一代上至祖宗九代依次称谓显考、祖考、曾、高、天、烈、太、远、鼻祖等；自称依次为孝男、孝孙、曾、玄、来、弟、乃、云、耳孙等。农村大多数人都要请人代写，一是没有文化不识字的不会写，二是有文化不懂格式也写不好，绝大多数人都要请附近有文化会写的人帮忙写。

烧袱包只是后人对先人的祭祀和怀念，在七月十五烧不烧袱包对众人来说都无所谓，有纸钱可以多烧，无者可以少烧或不烧，也没什么危害。烧袱包只是豫东人自古以来对已故亲人行孝道的一种习俗。

有关七月十五的来历，要追究其源，就要谈起道教所谓的“三元”与“三官”相匹配的传说。说是天官（主要职责是为人间赐福）生日是天元正月十五，地官（主要职责是为人间赦罪）生日是中元七月十五，水官（主要职责是为人间解厄）生日是下元十月十五。除了中元和盂兰节之外，民间还称农历七月十五、清明、农历十月初一为三鬼节。民间的鬼节与佛教、道教的中元节、盂兰节有着密切的关系，又有独特之处，具有丰富的文化内涵和浓厚的传统民俗色彩。

七月十五这一天，家家祭祀祖先，有的还举行家宴，供奉时行礼。天黑之后，众人携带炮竹、纸钱、香烛，找一块僻静的河畔或塘边干地，用手画个圈，表示禁区，在圈里面泼些水饭，烧些纸钱，鸣放鞭炮，恭送祖先上路，回转“阴曹地府”。20 世纪 60 年代以前，民间还有在沙河等河流放河灯的习俗。

在周口商水、淮阳一带，七月十五这一天，家家户户都要上坟祭祖，家家户户吃包子。好多出嫁的女人，娘家父母有一个或全部过世的，这一天都要回到娘家，给逝去的亲人上坟烧纸以寄托哀思。

豫东周口农村七月十五这一天，只要有去世的老人，出嫁的闺女必须回娘家烧纸。20 世纪 50 年代前，有钱的人家还要持斋诵经，道士掌坛超度亡灵。现在七月十五这一天，基本上都要上坟烧纸祭奠，特别刚故去的父母仪式比较隆重，祭祀的供品主要是刀头（猪肉）和油条之类。这个节带有浓厚的迷信色彩，人们希望借助或获得冥冥中的神力，使自己能够得到亡灵的相助，庇护子孙后代人财两旺，生存繁衍下去，是对祖先的缅怀和对活人心理上的安慰。

十、八月十五

1．中秋节习俗及来历

周口的团圆节，俗定为农历八月十五日，也就是在中秋节这一天。此节时值三秋大忙季节即将过去，秋粮多已进仓，秋高气爽，月光满庭，正是庆丰收的良辰吉日。在周口一带这天有互送月饼的习俗，晚上，全家人聚在一起，摆供敬月，吃焦馍、月饼、水果等，边吃边赏月。以月圆、月饼圆、焦馍圆象征全家团圆，喜庆丰收。

中秋节是个古老的节日，祭月赏月是节日的重要习俗。古代帝王有春天祭日、秋天祭月的社制。民间也有中秋祭月之风。中秋赏月的风俗在唐代极盛，许多诗人的名篇中都有咏月的诗句，宋代、明代、清代宫廷和民间的拜月赏月活动更具规模。我国各地至今遗存着许多“拜月坛”、“拜月亭”、“望月楼”的古迹。中秋拜月时，当月亮升起，人们于露天设案，将月饼、石榴、枣子等瓜果供于桌案上，拜月后，全家人围桌而坐，边吃边谈，共赏明月。

明清到民国时期，周口地区的中秋夜，妇女们多外出在月下游玩，或互相拜访，或结伴去佛寺尼庵，或举行盛大的文艺活动。甚至玩到四更鸡鸣。这一风俗当地叫做“走月亮”。只是中秋夜，妇女外出游玩必须要走过至少三座桥，因而叫做“走三桥”。古时还有祭月和拜月活动。设大香案，摆上月饼、西瓜、苹果、红枣、李子、葡萄等祭品，其中月饼和西瓜是绝对不能少的，西瓜还要切成莲花状。在月下，将月亮神像放在月亮的那个方向，红烛高燃，全家人依次拜祭月亮，然后由当家主妇切开团圆月饼。切的人预先算好全家共有多少人，在家的，在外地的，都要算在一起，不能切多也不能切少，大小要一样。如果家里有孕妇，就要多切一份。

相传古代齐国丑女无盐，幼年时曾虔诚拜月，长大后，以超群品德入宫，但未被宠幸。某年八月十五赏月，天子在月光下见到她，觉得她美丽出众，后立她为皇后，中秋拜月由此而来。月中嫦娥，以美貌著称，故少女拜月，愿“貌似嫦娥，面如皓月”。

其实，中秋祭月，是一种十分古老的习俗。据史书记载，早在周朝，古代帝王就有春分祭日、夏至祭地、秋分祭月、冬至祭天的习俗。其祭祀的场所称为日坛、地坛、月坛、天坛。分设在东南西北四个方向。北京的月坛就是明清皇帝祭月的地方。《礼记》载：“天子春朝日，秋夕月。朝日之朝，夕月之夕。”这里的夕月之夕，指的正是夜晚祭祀月亮。这种风俗不仅为宫廷及上层贵族所奉行，随着社会的发展，也逐渐影响到民间。

明清时期月神形象发生了重要变化，由早期纯道教色彩的以嫦娥为主的月宫图景演变为佛道交融的月光菩萨与捣药玉兔并在的世俗形象。这个时期，人们供奉绘有月光菩萨的月光纸，也叫“月光马儿”。富察敦崇的《燕京岁时记》（1960 年）记载：“月光马者，以纸为之，上绘太阴星君，如菩萨像，下绘月宫及捣药之玉兔。人立而执杵，藻彩精致，金碧辉煌，市肆间多卖之者。长者七八尺，短者二三尺，顶有二旗，作红绿色或黄色，向月而供之。焚香行礼，祭毕与千张、元宝等一并焚之。”

据史料记载，明末就出现“兔儿爷”一词。明人纪坤（约1636年前后在世）的《花王阁剩稿》：“京中秋节多以泥抟兔形，衣冠踞坐如人状，儿女祀而拜之。”到了清代，兔儿爷的功能已由祭月转变为儿童的中秋节玩具。制作也日趋精致，有扮成武将头戴盔甲、身披戢袍的，也有背插纸旗或纸伞、或坐或立的。坐则有麒麟虎豹等等。也有扮成兔首人身之商贩、或是剃头师父、或是缝鞋、卖馄饨、茶汤的，不一而足。“每届中秋，市人之巧者，用黄土抟成蟾兔之像以出售，谓之兔儿爷。”

明清时期，在周口民间，常有兔儿爷摊子，专售中秋祭月用的兔儿爷。这兔儿爷，经过民间艺人的大胆创造，已经人格化了。它是兔首人身，手持玉杵。后来有人仿照戏曲人物，把兔儿爷雕造成金盔金甲的武士，有的骑着狮、象等猛兽，有的骑着孔雀、仙鹤等飞禽。特别是兔儿爷骑虎，虽属怪事，但却是民间艺人的大胆创造。还有一种肘关节和下颌能活动的兔儿爷，俗称“吧嗒嘴”，更讨人喜欢。它虽为拜月的供品，但实在是孩子们的绝妙玩具。

中秋节成为一年之中的重大节日，又与科举考试有着极其微妙的关系。在我国封建社会，开科取士，一直是统治者十分重视的一件大事。而三年一次的秋闱大比，恰好安排在八月里举行。每到中秋，必须进行隆重庆贺，成为全社会人民的重要风俗，经朝历代，盛行不衰，中秋节逐渐成为我国汉族三大节日（春节、端午、中秋）之一。

中秋节的习俗很多，形式也各不相同，但都寄托着人们对生活无限的热爱和对美好生活的向往。中秋节从2008年起为国家法定节假日。国家非常重视该项目非物质文化遗产的保护，2006年5月20日，该民俗经国务院批准列入第一批国家级非物质文化遗产名录。

2. 有关中秋的传说

（1）嫦娥奔月

相传远古时候，有一年天上出现了十个太阳，直烤得大地冒烟，海水枯干，老百姓眼看无法再生活下去。这件事惊动了一个名叫后羿的英雄，他登上昆仑山顶，运足神力，拉开神弓，一气射下九个多余的太阳。

后羿立下盖世神功，受到百姓的尊敬和爱戴，不少志士慕名前来投师学艺。奸诈刁钻、心术不正的蓬蒙也混了进来。不久，后羿娶了个美丽善良的妻子，名叫嫦娥。后羿除传艺狩猎外，终日和妻子在一起，人们都羡慕这对郎才女貌的恩爱夫妻。一天，后羿到昆仑山访友求道，巧遇由此经过的王母娘娘，便向王母求得一包不死药。据说，服下此药，能即刻升天成仙。然而，后羿舍不得撇下妻子，只好暂时把不死药交给嫦娥珍藏。嫦娥将药藏进梳妆台的百宝匣里，不料被蓬蒙看到了。

三天后，后羿率众徒外出狩猎，心怀鬼胎的蓬蒙假装生病，留了下来。待后羿率众人走后不久，蓬蒙手持宝剑闯入内宅后院，威逼嫦娥交出不死药。嫦娥知道自己不是蓬蒙的对手，危急之时她当机立断，转身打开百宝匣，拿出不死药一口吞了下去。嫦娥吞下药，身子立时飘离地面，冲出窗口，向天上飞去。由于嫦娥牵挂着丈夫，便飞落到离人间最近的月亮上成了仙。

傍晚，后羿回到家，侍女们哭诉了白天发生的事。后羿既惊又怒，抽剑去杀恶徒，蓬蒙早逃走了。气得后羿捶胸顿足哇哇大叫。悲痛欲绝的后羿，仰望着夜空呼唤爱妻的名字。这时他惊奇地发现，今天的月亮格外皎洁明亮，而且有个晃动的身影酷似嫦娥。后羿急忙派人到嫦娥喜爱的后花园里，摆上香案，放上她平时最爱吃的蜜食鲜果，遥祭在月宫里眷恋着自己的嫦娥。百姓们闻知嫦娥奔月成仙的消息后，纷纷在月下摆设香案，向善良的嫦娥祈求吉祥平安。从此，中秋节拜月的风俗在民间传开了。

（2）吴刚伐桂

抬头仰望明月，可见当中有些黑影，在我国便传说这就是吴刚在伐桂。唐代，演绎出吴刚砍桂的神话。传说月中桂树高达五百丈，这株桂树不仅高大，而且有一种神奇的自愈功能。有一位西河人姓吴名刚，本为樵夫，醉心于仙道，但始终不肯专心学习，因此天帝震怒，把他拘留在月宫，令他在月宫伐桂树，并说："如果你砍倒桂树，就可获仙术。"但吴刚每砍一斧，斧起而树创伤就马上愈合，日复一日，吴刚伐桂的愿望仍未达成，因此吴刚在月宫常年伐桂，始终砍不倒这棵树，而他也不断地砍下去。

（3）玉兔入月宫

相传有三位神仙变成三个可怜的老人，向狐狸、猴子、兔子求食，狐狸与猴子都有食物可以济助，唯有兔子束手无策。后来兔子说："我没有食物给你们，你们吃我的肉吧！"说完就跃入烈火中，将自己烧熟。神仙大受感动，于是就把兔子送到月宫内，成了玉兔。

（4）玉兔捣药

传说很久以前，有一对修行千年的兔子，得道成了仙。它们有四个可爱的女儿，个个生得纯白伶俐。

一天，玉皇大帝召见雄兔上天宫，它依依不舍地离开妻儿，踏着云彩上天宫去了。正当它来到南天门时，看到太白金星带领天将押着嫦娥从身边走过。兔仙不知发生了什么事，就问旁边一位看守天门的天神。听完她的遭遇后，兔仙觉得嫦娥无辜受罪，很同情她。但是自己力量微薄，能帮什么忙呢？

想到嫦娥一个人关在月宫里，多么寂寞悲伤，要是有人陪伴就好了，忽然想到自己的四个女儿，它立即飞奔回家。

兔仙把嫦娥的遭遇告诉雌兔，并说想送一个孩子跟嫦娥做伴。雌兔虽然深深同情嫦娥，但是又舍不得自己的宝贝女儿，这等于是割下它心头的肉啊！几个女儿也舍不得离开父母，一个个泪流满面。雄兔语重心长地说道："如果是我孤独地被关起来，你们愿意陪伴我吗？嫦娥为了解救百姓，受到牵累，我们能不同情她吗？孩子，我们不能只想到自己呀！"

孩子们明白了父亲的心，都表示愿意去。雄兔和雌兔眼里含着泪，笑了。它们决定让最小的女儿去。小玉兔告别父母和姊妹们，到月宫陪伴嫦娥住了！

（5）玄宗漫游月宫

在唐朝，最富有传奇色彩的就是游夜月宫的传说了。相传唐玄宗与申天师及道士鸿都中秋望月，突然玄宗兴起游月宫之念，于是天师作法，三人一起步上青云，漫游月宫，但宫前守卫森严，无法进入，只能在外俯瞰长安皇城，在此之际，忽闻仙声阵阵，清丽奇绝，宛转动人！唐玄宗素来熟通音律，于是默记心中。这正是"此曲只应天上有，人间哪得几回闻！"日后玄宗回忆月宫仙娥的音乐歌声，自己又谱曲编舞，这便是历史上有名的"霓裳羽衣曲"。

（6）中秋吃月饼的传说

中秋节吃月饼的习俗，是由元朝末年流传下来的。而月饼象征团圆，是中秋祭月和拜土地公的必备祭品。相传元朝末年，汉人打算起来反抗蒙古人的统治，却苦于无从传递消息。后来刘伯温想出一条计策，到处散布流言，说有冬瘟流行，除非家家户户都在中秋节买月饼来吃，才能避免。人们买了月饼回到家中，发觉里面藏着纸条，上面写着："中秋夜，杀鞑子，迎义军！"于是众人纷纷起义反抗统治者，中秋节吃月饼的习俗就是这样流传下来的。

中秋早晨一般都吃红烧玫瑰糖芋头，据说也与此有关。相传蒙古灭宋之后，民族压迫深重，汉人时刻都想反抗。有一年，大家约好中秋之夜一齐动手。为了喻示起义顺利，有好兆头，人们都吃红烧芋头，象征"鞑子"人头落地。这就是现在民间传说中秋节吃糖芋头的来历。

十一、九月九

每年农历九月九为我国民间重阳节日。据史料记载，重阳节源于战国，盛行于汉初。《西京杂记》记载，汉高祖刘邦的爱妃戚夫人被皇后残害死后，她的侍女贾某也被逐出宫，嫁给平民为妻。一次她谈起每年九月九日，在皇宫中佩茱萸、食莲饵、饮菊花酒，以求长寿的事情，众人纷纷效仿皇宫以求长寿，遂成习俗。在重阳节这天，周口当地民间有“九月九，干拍手，绿豆丸子熬豆腐”的俗语，20 世纪 50 年代前，民众在此节能吃上一顿绿豆丸子熬豆腐就算美餐了。

汉末曹丕在《九月与钟繇书》中说：“岁往月来，忽复九月九日。九为阳数，而日月并应，俗嘉其名，以为宜与长久，故以享宴高会。”重阳节，又名重九节、登高节、菊花节、茱萸节。我国古代把九定为阳数，农历九月九日，月日并阳，两阳相重，两九相叠，故名“重阳”，又名“重九”。

重阳节的重要风俗有登高这一项活动。汉代此俗当由桓景在九月九日登高以避灾故事而来。到了魏晋时代，登高的日期已专定在九月九日。《荆楚岁时记》说，九月九日，士农工商各行业的人都到郊外登高，设宴饮酒。《千金月令》也说：“重阳之日，必以肴酒登高眺远，为时宴之游。赏菊以畅秋志。”东晋诗人谢灵运为了登高的方便，还自制了一种前后装有铁齿的木屐，上山时去掉前齿，下山时去掉后齿，人称“谢公屐”。在唐代，一些著名诗人都以诗篇记载了重阳节的活动。如李白《九日登巴陵望洞庭水军》诗中说：“九日天气晴，登高无秋云。”杜甫《九日》诗中也写道：“去年登高县北，今日重在涪江滨”等等。在宋代，登高之风依然风行。《东京梦华录》载：“都人多出郊外登高，如仓王庙、四里桥、愁台、梁王城、砚台、毛驼冈、独乐冈等处宴聚。”在南宋，据《武林旧事》载，宫廷于八日作重阳排当，以待翌日隆重游乐一番。明代，皇帝亲自到万岁山登高。清代，皇宫御花园内设有供皇帝重阳登高的假山。

重阳时节赏菊在我国古代早已有之。相传晋代诗人陶渊明是一位菊迷。他在隐居时经常“采菊东篱下，悠然见南山”。他常对菊自语：“菊花知我心，九月九日开；客人知我意，重阳一同来。”到宋代，赏菊成为一时盛举。届期，无论皇室贵戚还是文人士子、小民百姓，都要赏玩菊花。文人士子们还举办社交宴乐性的菊花会，赏菊吟诗。清代，有的地方重阳前后要举行菊花大会。此时，人们来来往往倾城出动观看菊花，热闹空前。

重阳与清明、端午、中秋、春节一样，在民间大众心目中有很重要的地位。因而重阳节也被赋予了“登高免祸”和“求寿”含义，并成为民俗节日。随着历史发展，重阳节也慢慢影响到全国，之后文学作品中常有亲友重阳相会，插茱萸，登山饮菊花酒的记载。如王维《九月九日忆山东兄弟》诗：

“遥知兄弟登高处，遍插茱萸少一人。”到了唐代，重阳节是相当普及了；而且登高、插茱萸等活动逐步丧失了“避祸”的意义，作为习俗保存了下来。此后重阳节一直延续至今，习俗也没有太多变化，明朝时，皇帝还特地在重阳节这天去万寿山登高，引来许多百姓效仿。

重阳节登高习俗来自于一个传说故事。东汉时，汝南县里有一个叫桓景的农村小伙子，父母双全，妻子儿女一大家。日子虽然不算好，半菜半粮也能过得去。谁知不幸的事儿来了。汝河两岸害起了瘟疫，家家户户都病倒了，尸首遍地没人埋。这一年，桓景的父母也都病死了。桓景小时候听大人们说，汝河里住有一个瘟魔，每年都要出来到人间走走。它走到哪里就把瘟疫带到哪里。桓景决心访师求友学本领，战瘟魔，为民除害。他听说东南山中住着一个名叫费长房的大仙，他就收拾行装，起程进山拜师学艺。费长房给桓景一把降妖青龙剑。桓景早起晚睡，披星戴月，不分昼夜地练开了。转眼又是一年，那天桓景正在练剑，费长房走到跟前说：“今年九月九，汝河瘟魔又要出来。你赶紧回乡为民除害。我给你茱萸叶子一包，菊花酒一瓶，让你家乡父老登高避祸。”

桓景回到家乡，召集乡亲，把大仙的话给大伙儿说了。九月九那天，他领着妻子儿女、乡亲父老登上了附近的一座山。把茱萸叶子每人分了一片，说这样随身带上，瘟魔不敢近身。他把菊花酒倒出来，每人喝了一口，说喝了菊花酒，不染瘟疫之疾。他把乡亲们安排好，就带着他的降妖青龙剑回到家里，独坐屋内，单等瘟魔来时交战降妖。

不大一会儿，只听汝河怒吼，怪风旋起。瘟魔出水走上岸来，穿过村庄，走千家串万户也不见一个人，忽然抬头见人们都在高高的山上欢聚。它窜到山下，只觉得酒气刺鼻，茱萸冲肺，不敢近前登山，就又回身向村里走去。只见一个人正在屋中端坐，就吼叫一声向前扑去。桓景一见瘟魔扑来，急忙舞剑迎战。斗了几个回合，瘟魔战他不过，拔腿就跑，桓景“嗖”的一声把降妖青龙剑抛出，只见宝剑闪着寒光向瘟魔追去，穿心透肺把瘟魔扎倒在地。

此后，汝河两岸的百姓，再也不受瘟魔的侵害了。人们把九月九登高避祸、桓景剑刺瘟魔的事，父传子，子传孙，一直传到现在。从那时起，人们就过起重阳节来，有了重九登高的风俗。

1989 年我国政府将农历九月九日定为老人节，把“求寿”等古代内涵与现代社会风尚结合起来，进而赋予了重阳节尊老敬老、爱老助老的时代意义。登高、赏菊、喝菊花酒、插茱萸、吃重阳糕（即“发糕”、“花糕”、“菊花糕”）等传统习俗也被保留下来。

十二、十来一儿

周口民间称“十来一儿”为“祭祖节”，也叫“鬼节”。农历十月初一日这天，周口一带忌串亲友，有上坟烧纸祭奠死去的亲人（祖宗）之举。当地有“早清明，晚十来一儿”之说。就是说，这天上坟烧纸要在午饭后去，传说阎王爷在清明节收“鬼”，到十月一放“鬼”。当地有“鬼”怕鸡血的迷信传说，这天杀小鸡是吓唬“鬼”，使它不敢进阳宅。所以，在周口一带还有“十来一儿，杀小鸡”的说法。

一般来说，十月天气变凉，作为子女很应该体谅和理解父母，关心父母的起居和生活。天气的变化，使人们产生一种对亲人的思念之情。人们因为牵挂亲人，也有“十来一儿，送寒衣”的说法。为了对死去的亲友长辈有一个心理安慰，他们在这一天去坟地烧纸祭奠亲人。

周口民间一年内三大祭祖节有清明节、七月十五和十月一（俗称十来一儿），通称为“鬼节气”。传说，农历十月初一是阎王把小鬼儿们从阴曹地府放出来，叫做“放鬼节”。小鬼儿们可以不受约束在阳间活动，可以接受家人送的衣物。清明节过后农事渐忙，人们要在空旷的大田里日夜耕作，不让小鬼儿们干扰阳世的农业活动，增添不必要的麻烦，把小鬼儿们统统收回，便有清明“收鬼”之说。“早清明，晚十来一儿”，除了指上坟烧纸是“清明烧在前，十来一儿烧在后”之外，还说是因为天气冷了，小鬼儿们衣单怕冷，只有在太阳升高后才出来，这只是一种民间说法。

随着社会的进步，人们觉悟的提高，周口十月一儿的一些迷信活动逐渐被淘汰，而上坟烧纸习俗却保留下来，但按照周口民间的习俗上坟一般不备供品，只有没有过三周年的长辈才备简单的供品。上坟烧纸时在坟前画一个口朝坟的圆圈，纸烧在圈内，供品也放在圈内，否则要被野鬼抢去。如果有人葬在外地，可在十字路口烧纸，也要画一个圈儿，口朝亡人的方向，这样亡人就可以安全得到，不会被野鬼抢去。民间过十月一儿正常生活没有大的变化，吃平常饭菜即可，若有客人，根据家庭情况来招待，不像其他节日都有约定俗成的食俗。十月一儿闺女回娘家上坟烧纸，一般都要大哭一场，故有“十来一儿哭啼啼”的说法。

十来一儿家家户户都要上坟送寒衣。这个风俗来源于一个凄美的传说故事。传说在秦始皇修长城时，民工范杞良累死后埋在长城内，其妻孟姜女千里寻夫送寒衣，得知丈夫已死痛哭流涕，哭倒长城四十五里，才找到丈夫的尸体，这天正是农历十月初一，“寒衣节”由此而来。

20世纪50年代前，每逢十来一儿，同姓的族长召集本族人到祠堂行祭祀礼，并重申族规，公布族产账目，奖励遵守族规和对本家有贡献的人，惩罚犯族规的害群之马。然后把供品和事先准备的饭菜，本族人同吃一顿，叫“吃祭祀”。现在祠堂大多不存，此俗也逐渐消失，仅存上坟烧纸而已。

周口一些地方，在这天的晚上，家家要在大门口路边等处放上用杂面（豆子掺玉米磨成的面）做成酒盅大小模样的灯盏，注满油点燃为鬼照明，叫“放路灯”。据说可以驱除野鬼和饿死鬼，防止入民宅作祸。

周口民间有在鬼节烧纸钱的习俗，相传始于东汉时候。蔡伦的哥哥蔡英听说弟弟发明了造纸术，便去跟他学造纸的手艺。他学了三个月就回来了，因为本事没学到家，造的纸太粗糙卖不出去，堆了满屋。这时蔡英的老婆慧娘想出个鬼主意，让丈夫按她说的去办，于是就传出慧娘得急病死的消息。

第二天，只见蔡英在慧娘的棺材前哭得死去活来，悲痛异常。乡亲们也跟着掉了眼泪。蔡英哭了一阵，抱一捆草纸在棺材前点火烧起来，烧着烧着，忽然棺材里慧娘叫道：“把门开开，我回来了。”这一叫，可把人们吓呆了，只听慧娘还在棺材里一个劲地喊叫开门。人们只好壮着胆子把棺材盖打开，只见慧娘在棺材里坐了起来，向众人说：“你们别怕，刚才我是鬼，现在我是人。多亏丈夫给我送了钱，小鬼得了钱才放我回到阳间，不信你们摸摸我的手是热的，心是跳的。”蔡英听了妻子的话假装不明白，慧娘指着那烧的纸灰堆说：“那就是你给我送的钱呀。”在场的亲戚邻居一听，知道烧纸有这么大的用处，都掏钱向蔡英买纸给死去的人烧。不到两天慧娘家的纸全卖完了。因为慧娘“还阳”的那天，是农历十月初一日，因此人们都在这一天上坟烧纸，一直流传到今。

十三、冬　至

周口当地民间在每年冬至节时，有吃羊肉饺子的习俗。周口民间有吃了冬至饺子不冻耳朵的说法。这种习俗来自医圣张仲景舍药为穷人治烂耳朵的故事。后来，人们就学着包“娇耳”（饺子）吃，日久成俗，流传至今。

在冬至这一天，太阳刚好直射在南回归线（又称为冬至线）上，使得北方处于冬季的季节，因此使得北半球的白天最短，黑夜最长。冬至过后，太阳又慢慢地向北回归线转移，北方也由冬季接近春季，北半球的白昼又慢慢加长，而夜晚渐渐缩短。所以古时有“冬至一阳生”的说法，意思是说从冬至开始，阳气又慢慢的回升。古人认为到了冬至，虽然还处在寒冷的季节，但春天已经不远了。这时外出的人都要回家过冬节，表示年终有所归宿。根据周朝的记载，民间有利用冬至日至郊外祭祀天的活动，又因为周历的正月为夏历的十一月，因此，在周代的正月等于我们现在的十一月，所以拜岁和贺冬并没有分别，一直到汉武帝采用夏历后，才把正月和冬至分开，因此，也可以说过“冬节”是自汉代以后才有。就因历法的不同，使得民间一直传承着周历历法，认为冬至过后就是另一年的开始。这也是冬至为何在民间会那么受重视的原因。

另外民间有以冬至日的天气好坏与来到的先后，来预测往后的天气。俗语说：“冬至在月头，要冷在年底；冬至在月尾，要冷在正月；冬至在月中，无雪也没霜”；俗语也说：“冬至黑，过年疏；冬至疏，过年黑”，意思是：冬至这天如果没有太阳，那么过年一定晴天，反之，如果冬至放晴，过年就会下雨。

冬至一般在公历十二月二十二日或二十三日。周口民众对冬至很重视，冬至被当作一个较大节日，有“冬至大如年”的说法，而且有庆贺冬至的习俗。《汉书》中说：“冬至阳气起，君道长，故贺。”人们认为，过了冬至，白昼一天比一天长，阳气回升，是一个节气循环的开始，也是一个吉日，应该庆贺。《晋书》上记载有“魏晋冬至日受万国及百僚称贺……其仪亚于正旦。”说明古代对冬至日的重视。在中国传统的阴阳五行理论中，冬至是阴阳转化的关键节气。在十二辟卦为地雷复卦，称为冬至一阳生。易曰：先王以至日闭关，商旅不行。

唐、宋时期，冬至是祭天祭祖的日子，皇帝在这天要到郊外举行祭天大典，百姓在这一天要向父母尊长祭拜，现在周口仍有很多地方在冬至这天过节庆贺。

相传汉朝时，北方匈奴经常骚扰边疆，百姓不得安宁。当时匈奴部落中有浑氏和屯氏两个首领，十分凶残。百姓对其恨之入骨，于是用肉馅包成角儿，取“浑”与“屯”之音，呼作“馄饨”。恨以食之，并求平息战乱，能过上太平日子。“冬至馄饨夏至面”，因最初制成馄饨是在冬至这一天，在冬至这天家家户户吃馄饨。

冬至吃狗肉的习俗据说是从汉代开始的。相传，汉高祖刘邦在冬至这一天吃了樊哙煮的狗肉，觉得味道特别鲜美，赞不绝口。从此在豫东民间形成了冬至吃狗肉的习俗。现在的人们纷纷在冬至这一天，吃狗肉、羊肉以及各种滋补食品，以求来年有一个好兆头。

其实，冬至（阳历十二月二十二日或二十三日），为进九之始。古人认为到了冬至白昼一天比一天长，阳气上升，是个吉日。因此值得庆贺。民间传说认为冬至之日是道教元始天尊的生日，这一天，各大道观有盛大法会。道士唪经，上表，庆贺元始天尊诞辰。道教认为，元始天尊象征混沌未分，道气未显的第一大世纪。故民间有吃馄饨的习俗。《燕京岁时记》云："夫馄饨之形有如鸡卵，颇似天地混沌之象，故于冬至日食之。"实际上"馄饨"与"混沌"谐音，故民间将吃馄饨引申为，打破混沌，开辟天地。后世不再解释其原义，只流传所谓"冬至馄饨夏至面"的谚语，把它单纯看做是节令饮食而已。

冬至日也称"冬节"，由来已久。古时皇帝在冬至日要举行"冬至郊天"祭天大典，仪式非常隆重，百官纷纷向皇帝进贺表，互相投送名刺祝贺。受此影响，民间大多要在冬至日这一天吃饺子或馄饨。周口地区流行俗语："冬至饺子腊八粥"、"冬至馄饨腊八粥"，饺子的形状像元宝，民间取招财进宝之意。馄饨能保住元气，抵御严寒。而在有些地方，则流行冬至日吃肉，俗称"冬至不吃肉，冻掉脚指头"，因此，不管穷家富户，这一日都要煮肉吃，并以肉食馈赠亲友，也是为了御寒和养生。所以冬至成为大人孩子们企盼的节日。

在传统的农历中，从冬至这天开始数九，民间流行填九九消寒图以供消遣。九九消寒图通常是一幅双钩描红书法，上有繁体的"庭前垂柳珍重待春风"九字，每字九画，共八十一画，从冬至开始每天按照笔画顺序填充一个笔画，每过一九填充好一个字，直到九九之后春回大地，一幅九九消寒图才算大功告成。填充每天的笔画所用颜色根据当天的天气决定，晴则为红；阴则为蓝；雨则为绿；风则为黄；落雪填白。此外，还有采用图画版的九九消寒图，又称作"雅图"，是在白纸上绘制九枝寒梅，每枝九朵，一枝对应一九，一朵对应一天，每天根据天气实况用特定的颜色填充一朵梅花。最雅致的九九消寒图是作九体对联。每联九字，每字九画，每天在上下联各填一笔，如上联写有"春泉垂春柳春染春美"；下联对以"秋院挂秋柿秋送秋香"，称为九九消寒迎春联。然而，不管哪种九九消寒图，在消磨时日、娱乐身心的同时，也简单记录了气象变化。据说有经验的老人，还能根据九九消寒图，推测出这一年的雨水多寡和丰歉情况。周口民间还流行"九九歌"，这首歌由于地域不同，风俗不同，便产生了不同的版本。周口地区广泛传唱："一九二九不出手，三九四九冰上走，五九六九河堤看柳，七九河开，八九雁来，九九又一九，耕牛遍地走。”

总之，“冬至”是一个非常重要的节气，这天民众有很多习俗，并长久延续至今。

十四、腊　八

农历十二月初八为“腊八”，古代称为“腊日”，是民间一个重大的节日，周口俗称“腊八节”。当地俗话说：“腊八吃米饭，一年好一年”、“吃了腊八饭，就把年来办”、“孩子孩子别发馋，过了腊八就是年”。此日，周口民间多以小米、大米、白菜、豆腐皮、绿豆、豌豆、花生米、菠菜等煮成“腊八饭”吃。有的人家在吃“腊八饭”时，把院里枣树砍个印，抹上米饭，希望来年枣果结得像腊八的米饭那么多，那么稠。

周口另有传说“腊八”是老鼠娶媳妇的日子，所以逢农历腊月初八周口各集镇街面上有卖“老鼠娶媳妇”的年画，表现的是老鼠娶媳妇的故事。在画中全是穿戴花花绿绿的老鼠，一只坐在花轿里，花轿由四只老鼠抬着，新郎骑马走在轿前，前有吹拉弹敲的车队，后有持枪弄棒的护卫，十分热闹可笑。因为民众对老鼠素无好感，所以孩子们看到“老鼠娶媳妇”的年画，便唱道：“腊月八，拉葫芦，老鼠取个瞎媳妇；腊月八，拉秤砣，老鼠娶个瞎老婆”等一些歌谣。除了在“腊八”有卖“老鼠娶媳妇”年画的，周口还有腊八节“吃火烧”的习俗，取其腊月天寒、火烧取暖之意。周口的火烧是一种用火烤熟的圆饼，因腊月是岁之尾，所以人们通过吃火烧来乞求一年圆圆满满结束，希望自己的生活红火圆满。

从先秦起，腊八节都是用来祭祀祖先和神灵，祈求丰收和吉祥的。相传，佛教创始人释迦牟尼的成道之日也在十二月初八，因此腊八也是佛教徒的节日，称为“佛成道节”。我国喝腊八粥的历史，已有1000多年，最早开始于宋代。每逢腊八这一天，不论是朝廷、官府、寺院还是黎民百姓家都要做腊八粥。到了清朝，喝腊八粥的风俗更是盛行，在宫廷，皇帝、皇后、皇子等都要向文武大臣、侍从宫女赐腊八粥，并向各个寺院发放米、果等供僧侣食用。在民间，家家户户也要做腊八粥，祭祀祖先，同时，合家团聚在一起食用。“腊八”还是佛教的盛大节日，解放前周口各地佛寺作浴佛会，举行诵经，效仿释迦牟尼成佛前和牧女献乳糜的传说故事，用香谷、果实等煮粥供佛，并将腊八粥赠送给门徒及善男信女们，此俗在周口民间相沿成俗。据说有的寺院于腊月初八以前由僧人手持钵盂，沿街化缘，将收集来的米、粟、枣、果仁等材料煮成腊八粥散发给穷人。传说吃了以后可以得到佛祖的保佑，所以也有民众把它叫做“佛粥”。

有关腊八粥的来历，源于一个佛教故事。相传，在古印度北部，即今天的尼泊尔南部，迦毗罗卫国有个净饭王，他有个儿子叫乔答摩·悉达多，年轻时就痛感人世生、老、病、死的各种苦恼，发觉社会生活徒劳无益，并对婆罗门教的神权极为不满，于是，在他29岁那年，舍弃王族的豪华生活，出家修道，学练瑜珈，苦行6年，大约在公元前525年，一天，他在佛陀伽耶一株菩提树下，彻悟成道，并创立了佛教。

史传，这一天正是中国的农历十二月初八日，由于他是释迦族人，后来佛教徒们尊称他是释迦牟尼，也即是释迦族圣人的意思。佛教传入我国后，各地兴建寺院，煮粥敬佛的活动也随之盛行起来，尤其是到了腊月初八，祭祀释迦牟尼修行成道之日，各寺院都要举行诵经，并效仿牧女在佛成道前献一种“乳糜”之物的传说程式，煮粥敬佛。这也是腊八粥的来历。

周口民众腊八吃火烧的习俗也是源于一个美丽的传说故事。相传在很久以前，周口的“火烧”不叫火烧，叫“烤饼”或“肉馅烤饼”、“葱花烤饼”。据说，过去有个姓王的人开了个肉馅烤饼铺子。因为他手艺高，烤的饼好吃；又因为他为人厚道，做的烤饼个个都足够五两重；所以，男女老少都争着买他的烤饼。

后来，他年纪大了以后，把手艺传给了两个孩子，把门面房一分两半，小弟兄俩一家一半，各卖各的烤饼，生意做得也很红火。老掌柜临死的时候，把两个孩子叫到床前，嘱咐他俩，要保住李家的生意门面，烤饼个个不能少于五两重；卖的时候，老不欺，少不哄。

老人下世以后，老大夫妇俩为了多赚钱，忘了老人的嘱咐，烤饼越做越小，饼馅越来越淡，有时候还瞅机会哄骗小孩儿，多要人家的钱。慢慢儿哩，大家都不去老大家铺子里买烤饼啦，生意越做越瞎火。老二呢，夫妇俩铁记着老掌柜的嘱咐，个个烤饼又大又香，搁秤上一称，五两还冒高哩！大家都去老二家铺子里买烤饼，生意越做越红火！

老大夫妇俩不怨自家心黑，光恨兄弟手高，就想了一条毒计……

有一天，老二夫妇俩正忙着卖烤饼，忽然，一个大汉背着一只死猪娃子进了铺子，大声喊道：“李掌柜，快把这个死猪娃子给我称称，你买了做烤饼馅吧！”老二夫妇俩急忙对那大汉说：“老哥！俺这烤饼从来不用死猪肉做馅儿，你快背走吧！”那大汉把眼一瞪，故意大声嚷嚷起来：“咋？夜儿个我卖给恁的那个死猪娃子恁为啥买下啦?”老二夫妇俩一听这，心里是小葱拌豆腐，一清二白啦！知道这大汉是故意来坏他的名声哩！就要撵他走。那大汉又故意大声吆喝起来：“哎呀，恁天天叫我偷偷给恁送死猪娃子，今儿个碰见买烤饼的啦，恁怕露了丑，就不敢买啦！”这一下可坏了，正买烤饼的也不买了，正吃烤饼的也不吃了。

原来，那个大汉是老大夫妇俩觅来的，是专门破坏老二家的名声哩！

打那往后，老二家的生意越来越瞎火。老二家夫妇俩虽说知道是老大夫妇俩使了坏，为了弟兄之间的骨肉之情，没说二话，把自家的烤饼铺子赁给了人家，他俩搬到另一条街上，搭了个草棚子，改做别的生意了。

老二家一改行，街上就剩老大一家卖烤饼，大家不得不去买他的。他趁机买死猪肉当鲜肉做馅儿，烤饼个儿越来越小，一个最多四两重。这一下他赚了不少钱，盖了一片瓦房。

有一天，街上忽然出现了一个白胡子老头，挎着一个篮子，篮子里装着大小两种烤饼。他大声吆喝着卖：“喂！都来买，四两的大火烧，五两的小火烧！”大家听了迷迷糊糊的，明明是卖“烤饼”，他咋喊着卖“火烧”，明明五两的大，四两的小，他咋吆喝着“四两的大火烧，五两的小火烧”？白胡子老头看看很多人都围住他看，都不明白是咋回事，他像念经一样说道：“老汉手艺巧，四两大火烧，五两小火烧，三天就明了！”大家还是听不懂他念的啥意思。

到第三天晚上，老大家的烤饼铺子突然起了大火，一下子连那片新瓦房都烧光了；说来也真怪，老二赁给人家那个烤饼铺子，跟老大家的烤饼铺子挨边，老大家恁大的火，老二家的房只烧了个小房角。当大家正在救火时，忽然，半空中好像有人在说话，仔细一听，又是那个卖火烧的白胡子老头的声音：“缺斤少两把人哄，大火烧房来报应，人人心里有杆秤，善恶从来分得清。”这时候，大家才明白，那白胡子老头是个神仙，利用卖“火烧”来惩罚人哩！

这场大火，彻底把老大夫妇俩烧醒啦！他们找到老二认了错，发誓再也不敢坑人啦！老二让老大搬到自己家，弟兄俩合伙，重新开起烤饼铺子。为了永远记住神仙的告诫，他们把烤饼改名儿叫“火烧”，一直流传到现在。

第二章 生活习俗

周口地处中原，民风淳朴，民众的衣食住行传承着古老的习俗。周口是中原文化的发源地之一，周口民众的衣食住行习俗也是中原民俗文化的一种表现。随着时代的变迁，周口的有些习俗虽然有所革新，但是，在广大乡镇，民众的衣食住行习惯仍然彰显着古老的民风和文化气息。

在发型和首饰上，清朝以前，周口当地男女皆留长发。未出嫁的女子留满发独辫，婚后上发盘圆头。到清朝时期，男子留三分之二长发独辫，余三分之一剃光。解放前夕，男子留长发者减少，多留齐耳短发或剃光头，儿童多留“茶壶盖”式头。解放后，成年男子多剃光头，青年男子留分发头，大背头；青壮年女子多留剪发头，老年妇女盘圆头或握头发。20世纪70年代以来，男青年多留平头，少数人留齐耳长发及留短胡须；女青年留短双辫、一把揪、烫发。

20世纪50年代前，周口当地女子有戴耳坠、手镯、戒指，头顶浅蓝色粗布手巾（称“月蓝布手巾”）的习惯；男子多戴“帽垫”，帽疙瘩有红、黑两种颜色，前者为青年所戴，后者为老年所戴。富人已有戴礼帽的了。民间老人有戴“马虎灯”帽或毡帽的。70年代以前，女子开始顶白羊肚手巾、方巾、纱巾，老年妇女顶包头巾，戴首饰者逐渐减少；男子雨天戴斗笠，披蓑衣，夏天戴草帽，冬季戴棉护耳解放帽、火车头帽；儿童戴风帽，上缀八仙人、老虎头。“文革”期间男女老幼都戴绿军帽。1978年以后，随着城乡经济的不断发展，农民生活的逐步提高，女青年头戴拉绒筒帽、毛线编织的形色各异的帽越来越多，戴耳坠、手镯、戒指的又多起来了，也有少数戴项链的；男青年多戴军帽、鸭舌帽。

在服饰上，20世纪50年代，周口当地男子冬季上穿对襟棉袄，下穿立裆棉裤或袈裤，套大袄、大衫，多不喜系扣，用五尺多长的大带子束腰，走路和劳动时把右下角掖腰间。青壮年不扎腰带，儿童喜穿“百家衣”，三四岁的儿童多穿皮袈裤（俗称蛤蟆皮）；女子上穿大襟袄，下穿中式棉裤，至于衣服的颜色，当地有“绿到四十（岁）红到老”之说。夏季男穿对襟短袖衫，下穿裤头或大裆裤；女穿带大襟短袖衬衫。春秋季男穿对襟短衫，女穿带大襟短衫，下身均穿肥胖大裆裤。

20世纪70年代以前，农村除少数老年人仍穿中式衣服外，大部分改穿制服。雨天打雨伞或披雨衣。1978年以来，城镇青年冬季内穿衬衣、毛线衣或绒衣，外套青年服、军干服、学生服、中山服、夹克、鸭绒衣、防寒服、毛呢大衣等，农村青年多仿效城镇。布料由土布向平布发展，70年代后有了的确良、涤卡、化纤织品、涤纶、毛呢等，土布逐渐减少。50年代以来，周口当地男子穿布袜或棉线机织袜和双脸子鞋；青壮年妇女穿浅脸扎花鞋，棉线织袜；雨天穿泥屐子或脱赤脚，冬天穿“苇窝子”，或以桐油油棉鞋底及鞋帮下端一指宽，作踏泥穿。1978年以后，男女老幼夏季多穿塑料凉鞋、合成革凉鞋、皮凉鞋，春秋季城镇多穿皮鞋、塑料底布鞋，冬季穿大头鞋、皮棉鞋，妇女穿平跟、中跟、高跟鞋，雨天穿橡胶雨鞋。袜子，夏秋穿市售的棉线袜、锦纶袜、尼龙袜等，冬春季穿毛线织的袜子或棉线袜。

在饮食和生活上，周口民众非常重视。自古以来，当地民间家庭一日三餐均由妇女做饭，管理家务，所以称“家里人”。人口多的户，由妯娌们轮流着做，做饭之前先问家长做什么饭，得到答复后方可动手去做。如遇婚丧嫁娶等大事需待客的饭菜，则邀请厨师来做。20世纪50年代以前，周口民众支锅多用土坯，也有用泥和麦糠垒成锅台的，烧锅做饭时，尤其阴天下雨柴火受潮，只有靠柴火“死沤”或用嘴吹，熏得一把鼻涕一把泪。70年代以后，始用拉风灶。砌灶多用砖头，锅台用水泥挂面。煤、柴油市场有售之后，出现了“煤火炉”（站火）、“蜂窝煤炉”、“柴油炉”等。改革开放的今天，周口大部分农村都用上了经济实惠的沼气锅台。锅的种类也多了，如铁锅、铝锅、钢精锅等。

20世纪50年代前，周口当地民间用的燃料，大都是农作物的茎秆，如秫秸、豆秸、谷秸、麦秸、芝麻秸、棉花秸和树叶、草根等。现在烧煤已较普遍，近年来又普及了天然气，既经济又卫生，极大提高了农村民众的生活质量。当地经济作物以粮食为主，配用不同副食品。主要粮食作物有小麦、玉米、黄豆、谷子、高粱、红薯。油料有花生、芝麻、油菜、棉籽等，经加工后食用。蔬菜有白菜、茄子、西红柿、洋葱、黑白菜、菠菜、大葱、韭菜、南瓜、黄瓜、豆角、辣椒、红萝卜、白萝卜、土豆（外地进）等。副食品有猪、羊、鸡、鸭、兔，家家都有饲养，宰杀后可供食用。副食品加工厂，可生产醋、酱油、酱菜等。民间有做豆腐、细粉等的小作坊。

周口民众常用炊具种类繁多，除锅外还有水缸、水盆、铁鏊、案板、擀杖、筐子、勺子、扫把等，多沿用旧制外，有些炊具随着经济的发展，也发生了变化。20世纪60年代以前，民众焯菜多用柳条编的笊篱，淘米用的笊篱，如今已被漏勺、铁笊篱所代替；70年代后，铝锅，铝勺被用作炒菜。做饭的渐渐多了；

塑料炊具，近些年来已被广泛应用，如筷笼、水勺子、水桶、馍筐、盆等。20世纪50年代前成人多用陶瓷碗，小孩用木碗或竹碗。如今，成人仍用陶瓷碗和搪瓷铁碗，儿童用塑料碗。筷子，50年代前多用木筷、荆条筷等，如今多用竹筷、塑料筷。菜盘子仍沿用陶瓷盘、搪瓷盘。饭桌，20世纪50年代前为木制小方桌，70年代以来，用刨花板铁腿圆（方）桌子渐多。酒盅，20世纪50年代前多为陶瓷的，如今，除陶瓷、钧瓷的外，还有玻璃酒杯。

周口民众的三餐称早饭为“喝稀饭”，俗称“喝糊涂”。稀饭种类多，如麦面稀饭、杂面稀饭、小米稀饭、大米稀饭、红薯稀饭等。而且20世纪50年代前穷人家早晨是只喝稀饭不吃馍。午饭称“吃面条子”。面条就是把面粉加水和成面块，擀成薄片，切成韭菜叶那么宽的长条。过去穷人家很少吃上白面条，大都吃杂面条，锅里还要下些青菜、干菜，如鲜红薯叶、鲜野菜、干红薯叶、干野菜等。俗话说：“一年糠菜半年粮。”如今，多是吃好面条，锅里下些葱、菠菜、白菜等，有时也吃顿杂面条（黄豆面、麦面、红薯干面），下些干芝麻叶、干红薯叶。面条有捞面条、汤面条、炸酱面、甜面叶等。当地称晚饭为“喝茶”。解放前，因生活困难，晚饭很少吃，就是做也是烧些茶水，下些豆类、红薯干等。改革开放以后，晚饭有稀饭、有馍、有菜，但还习惯叫“喝茶”。

周口民众的就餐形式及场地，凡风和日暖之时，多数在家门的街上，或十字路口，或大树下的饭场里，聚在一起，有立，有坐，有蹲，边吃边谈古论今。周口民众在一起吃饭的地方称为“饭场子”。少数人家及阴天下雨在家里就餐。解放前，当地贫穷，平时吃糠咽菜，遇节日时能吃顿面饭就算好的了。如今，生活水平逐步提高，每逢节日，按节意安排，常以面食为主，肉类等副食品很丰富。如春节，家家杀猪宰羊，购置山珍海味，蒸大馍、枣花、枣山、吃饺子，全家欢聚一堂，饮酒作乐。当地民间有做好饭后，先给长辈盛好端去头一碗饭，然后，再给其余的人盛饭；还有等饭、给外出人留饭和饭先紧着劳力吃的礼俗。陪客人吃饭时，客人不动筷，陪者不能动筷夹菜；客人不离席，陪客不能先走。

从明清一直到解放前，当地民间仅在春节、办婚、丧事时饮少量酒。如今，农民收入多了，不仅节日饮酒，平素常逢喜、得财、欢乐、交往、来客时，均设酒摊，做些好菜，买些好酒，多以猜拳行令、打老虎杠子、大压小（指头）、数数等方式助饮。冬季多饮辣酒，夏季多饮啤酒，饮中低档酒的多，饮酒者男多于女。

在住宿方面，20世纪50年代，周口民众多以砖、瓦（小瓦）、坯、草为主要原料的“上栋下宇”式建筑，作为住房的基本结构和形式。房舍多以堂屋（北屋）为主房。一进三间，开一门二窗，每间使用面积12～15平方米，偏房都小于主房。当时农民绝大多数住草房，少部分是瓦接檐（也叫瓦接边或罗汉房），瓦房不多见，楼房更稀少。60 年代初，农村建房开始用大瓦（机制瓦）接檐。70 年代，砖瓦房增多，不仅用大瓦代替小瓦，而且用料和工艺也有很大改进。如，不再用粗梁、厚墙、重瓦加固房屋，而是从力学角度改进房屋结构。进入 80 年代，为节约土地，农村建房按自然村统一规划，大部分改建为成排的砖瓦房，用料有大瓦、砖、木、油毡、水泥、沙灰以至钢筋、玻璃等，房屋样式、采光和使用面积有了较大改善。如今建房按总体规划进行，楼房不断增加，出现向高空发展趋势。

当地多数人家为一户一院，还有三合院、四合院、二进院、三进院、门楼有“过道门楼”、“脊架门楼”等，多为地主富农所住。20 世纪 50 年代前，当地穷人不少人家没有院落，如今，家家户户有了院落，并且整齐、干净，院内周围栽有用材树，如桐树、榆树、槐树等，院内多栽有果树，如石榴树、葡萄树等，还有压水井、水泥井池等。一般来说，农村院落安置依经济条件和地形方位而定。一般沿宅基砌墙围合成院，大门设在临街或靠路处，方便通行。除少数富户的深宅大院另设偏门或角门外，一般只设一处大门。大门建门楼，富裕户建“走马门楼”、“过车门楼”、“过道门楼”、讲究华丽；一般户建“燕翅门楼”、“脊架门楼”或“道师帽门楼”困难户不建门楼，仅在门头上用秫秸搭架为檐，覆以泥土杂草，以避风避雨；有的贫困户没有院墙，称“叉子院”，或有院无门，称“叉子门”。1949 年后，随着生活改善，院墙由泥土改坯、砖，门楼由简易到美观。农村一户一院，城镇一院多户，残墙断壁的景象已不再见。

并且当地农村盖房时，首先要请阴阳先生看宅子，按“阴阳八卦”定方位、座向、院型等。阴阳先生视“前低后高出英豪，前高后低出昏迷。后有跑马岗，前有饮马塘，富贵得安康”为好宅子。宅基确定后，要择吉日（看好），钉橛，放鞭炮后才能破土动工。上梁时要用红纸写：“青龙扶玉柱，白虎架金梁”对联贴在梁上，屋肚里放张小桌，桌上放上一块刀头，点上一炷香，点燃鞭炮后，方可上梁。房建好搬入时，有选吉日，放鞭炮，亲朋相祝“燎锅底”之举，主要是图个吉利。如今，建房讲究空气流通、光线充足。当地流传着“要想富村头住，栽泡桐喂母猪，三年过来变财主”的顺口溜。各住房都有了排房化的规划，请阴阳先看宅子之类的事已极少见了。

20 世纪 60 年代以前，周口城乡境内只有弯弯曲曲的乡间小道，民众出门，都是步行，妇女、老人出行时才乘坐小毛驴，或以牛拉拖车代步。民间的交通运输工具有：独轮手推车（当地称红车）、牛拉拖车、四轮牛车（俗称太平车）、轿车。解放后，随着交通事业的不断发展，50 年代，修有宽面土公路，开始有汽车和胶轮马车、人力架子车；60 年代，开始修砖渣砂礓公路，公共汽车，人力架子车，自行车渐增多；70 年代，铺设渣油沥青路面，架子车、小四轮拖拉机、汽车大量增加，自行车普及；80 年代，自行车、摩托车、汽车、小四轮、手扶拖拉机已普遍成为人们的代步工具。改革开放以来，周口已经实现公路村村通工程，城乡境内的弯弯曲曲的乡间小道已经成为历史。

一、服饰民俗

（一）头衣及发式

1. 头衣

民国期间，男子夏季以草帽，篓斗为主，雨天戴斗笠，春秋冬季帽较多，有帽垫、马虎帽、毡帽、棉布帽、皮帽、风帽、礼帽等；有的乡绅、富户戴博士帽、土耳其帽，但农村少见。儿童冷天戴风帽，此帽用有色绸缎刺绣缝制，顶部呈虎头状，缀飘带，以银制（或镀银）八仙人、铃铛装饰，制作精美。女子冠戴简单，夏天顶手巾遮阳；其他季节，老年顶包头或戴螳螂肚帽，中青年顶花毛巾或戴臼缝的葵花头帽。

20 世纪 50 年代，男子的毡帽、帽垫、马虎帽等渐为解放式军帽所代替，手工自制的帽子逐年减少；类似葵花头帽的栽绒女帽发展到农村，民众称为“满头热”，但戴者不多。60 年代，栽绒火车头冬帽在城乡盛行，女青年也有戴的，但多数妇女使用棉织彩色方巾兜头，顶花毛巾者渐少。70 年代前期，草绿色军帽在男女青年中风行一时。70 年代后期至 80 年代，帽子品类增多，用料质量提高。夏季外出戴草帽或浅色布制遮阳帽，其他季节，男子常年戴解放帽，冷天有的戴带耳巴的栽绒帽；城镇女子多戴毛线编织帽或栽绒平顶帽，农村女子多以三角巾、方巾、长围巾兜头或系在脖颈上。

2. 发式

民国年间，城乡不少老年男子仍留发辫，但挽于头顶塞入帽壳；有的剪辫后留长发，民众称为“二毛子头”；青壮年男子大部分剃光头，集镇商界、教育界少数人留平头、分头或背头；儿童有“茶壶盖子”、“后偏毛”、“鳖尾巴”等发式。女子幼年扎小辫（俗称独角），青年扎独根大辫，婚后挽纂儿（发髻）。扎辫或挽纂儿，是区别婚否的重要标志。纂儿形式多样，有“元宝髻”（俗称“倒角”）、盘螺髻（俗称圆头）和盘辫髻等。年轻妇女除挽纂儿外，喜留一绺头发覆于额前，俗称“刘海儿”，或“汗淋子”。部分知识界或有地位的妇女留剪发头，但为数不多。50年代，男子多数仍是光头，而留平头、分头或背头的逐渐增多，青年学生中还出现“一边倒”发式。青壮年妇女多数为剪发头，少部分扎双辫。60年代至70年代，农村老年剃光头，发辫基本绝迹，儿童旧式发型也已少见，男子绝大部分是平头，青年多分头、偏分头，妇女多为剪发头。进入80年代，妇女开始烫发，城镇妇女并讲究发型；男青年有的留长鬓发，也有烫发的，但为数不多。

（二）体衣

民国时期，周口民众男子冬天上身内穿对襟小布衫，外罩对襟“崛肚子”小棉袄，或右衽大襟长袄（俗称大袄），外束一条大腰带；下身着宽腰、大裆棉裤，棉裤不分前后，一般不穿内裤，民众称之为“刷筒子”，下面近脚髁骨处扎腿带子。一些民众喜内穿夹裤，外罩有腿无裆、用带子系在腰带上的棉衩裤。女子着短袄，均为右衽大襟，除不扎大腰带外，基本与男装相同，尤其用布带扎腿，为婚后不可少。儿童上穿和尚领（无领偏衫）袄、百家衣（用穿机布头制成，上缀制钱），下穿带襻不露脚的开裆棉裤或袄裤合一的皮叉盖（又称蛤蟆皮）。夏天男子多穿对襟褂（俗名汗褂子）。有的穿汗褟子，下着大裆长裤、半截裤或裤衩。女子上穿右衽大襟短衫（俗称布衫），年轻者多用花色细布镶襟滚边或结纽扣，还喜在腋下扣鼻儿上掖条汗巾子；下着大裆扎腿的长裤。儿童的单衣与成人略同。炎热天气，幼儿多戴兜肚（俗名遮影子）。男子的礼服为大袄、大衫，外罩马褂，主要供串亲访友或迎亲时穿着。

富裕户和贫困户的衣着式样大同小异，只是用料有所区别。富户多用麻葛、丝绸，且做工考究。一般农民用自纺、自织、自染的土布，自己缝制。贫苦农民做一件像样的衣服，往往要穿十几年，甚至几代人。尤其是迎亲礼服，自己置不起，只得向富裕亲友求借，一件礼服出借全村的事司空见惯。

新中国成立后，人们的衣着随之发生变化。50年代至60年代，农村除老年人仍穿老式褂和大裆裤外，青壮年改穿制服。男性上穿中山装、军干服，下穿西式裤，夏穿前短后长，下摆呈椭圆形的衬衫；女子上穿对襟褂（由布纽改为挖眼塑扣）或列宁服，下穿偏开门的西式裤。布料以平布、斜纹布居多，并有哔叽、卡其、灯芯绒之类，自织自染的土布减少，或者只作内衣。长袍、马褂无人再穿。大袄渐由大氅或小大衣所代替。70年代，缝纫机普及农村，老式裤褂已少见，绒领小大衣风靡城乡。进入80年代，布料、款式的变化明显加快。各式化纤、混纺、人造织物满布市场，绸缎呢绒、毛料也不罕见，棉布几乎无人问津；中山服、西服、牛仔裤、夹克衫、滑雪衫、风雨衣、公主袄、鸭绒袄、蝙蝠衫、连衣裙、短袖衫、长短裙以及羊绒毛衫、旗袍等比比皆是。人们穿衣讲配套，讲款式，讲舒适，讲喜好。城乡差距逐渐缩小，青年男女买成衣居多，并由单色一统式开始向染色多元化发展。

50 年代以前，当地农村儿童多穿着一种名叫虾蟆（蛤蟆）皮的衣裳。虾蟆皮是裤褂连在一起的冬装（也有春秋天穿的夹衣）。这衣裳背后开门系扣，门边缝掩衿，腰间缀扎带，棉裤开裆。严冬，外能罩袄。裤管下端或敞开、或封闭，幼儿多穿封闭式，连脚也装进裤管内。这种服装，从前面穿，穿到身上，扎带从背后交叉然后系到前面，紧贴皮肤，不套内衣，保暖性好，节省衣料，活动自如穿脱方便。在旧社会，尤其对以衣挡寒的贫苦农民家庭来说更有其实用和经济意义。

（三）足衣

解放前，周口当地劳动人民多穿手工缝制的鞋、袜。皮鞋、皮底鞋、运动鞋和棉线袜、丝光袜等多为富人穿着。农民夏季普遍不穿袜子，有的连鞋也不穿，冬季不穿棉鞋的也大有人在。男鞋为圆口浅脸（分单、双脸子）、软帮、全纳底；棉鞋是深帮、厚底，前脸隆起，覆盖脚面，布中夹棉，后跟夹竹篾而成。女鞋根据缠足与放足而异，放足鞋除加襻外与男鞋同，缠足鞋前尖后圆。年轻女子鞋多绣花草图案，俗名扎花鞋或绣花鞋。女性棉鞋与男性同，缠足棉鞋后跟夹竹篾尤不能少。儿童多穿猫头鞋，名为猫头，实际是虎头状，做工细致、形象。袜子用布缝制，分单袜、夹袜和棉袜。缠足妇女夏天常不穿袜，以裹脚布条代替。

虎头鞋（俗称猫耳朵鞋）

1949年后，鞋袜也逐年改变，布袜渐为棉线袜所代替。机制胶底鞋也在农村推开。到了60、70年代，旧式双脸子鞋已少见，有了长脸松紧口鞋和偏开门带气眼的棉鞋，运动鞋、塑料底鞋也普及到农村；城镇则流行塑料凉鞋，也有的穿皮凉鞋、拖鞋。80年代，鞋袜品种花色增多，买鞋多于自制，皮毛单棉俱全，男女式样各异；袜子也由单一的棉纱长短袜发展到毛、丝、尼龙等人工合成纤维的筒袜和短袜。

（四）首饰

民国年间，妇女多戴簪、钗、耳坠（环）、戒指、手镯等，质量因贫富而异。有的平时不戴，遇走亲访友或喜庆吉日时戴上，作为装饰。少数娇生男孩，在右耳垂穿孔挂坠，称为“偏坠儿”，说是“男扮女能成人”；也有的用红布缝制成圈戴在脖颈上，长一岁加一层，至12岁剪掉焚烧，其意是“缚住娇儿”，祈保幼儿健康成长。有的富人喜在左手腕戴一只玉镯，既是装饰，又有“惜镯制怒”、修身养性之意。解放后，戴首饰之风中断，上述迷信做法也自觉废止。进入80年代，随着对外开放政策的实施，首饰业重新兴起，妇女戴耳坠（环）、戒指和项链的日渐增多，男子中也偶有戴戒指。

（五）服饰忌讳

周口民间俗语说“十里认人，百里认衣”，这说明风俗的不同可以直观地从服饰上表现出来，正因为服饰有社会文化的特征，所以在民众心目中，有关服饰的忌讳有很多。

颜色在中国人的心目中是有明确的象征意义的。表现在服饰方面，不同颜色，寓示着高低贵贱、好坏吉凶。因此，许多颜色在一定的环境场合、一定的身份人格方面是忌讳使用的。

中国人以黄色、紫色、香色等为贵色。这些颜色曾经一度是皇室或权贵人士的专用色，民间百姓忌讳用于服饰。历代皇帝大都喜尚黄色，俗称登基做皇帝为“黄袍加身”。据《清稗类钞》云：“皇子得服金黄蟒袍，诸王非特赐者不能服。”民间就更是忌讳有黄色的衣服了，否则，视为“要造反”、“想篡位”，就会有家灭九族的灾难。

20世纪50年代前周口民间常以为绿色、碧色、青色为贱色，元、明、清时只有娼妓、优伶等“贱业”中人才用这些颜色于服饰。大多人以为白色、黑色等为凶色，黑、白两色都与死人的事相关联，或者能够令人想起阴间的勾魂鬼如黑无常、白无常等。现在，周口举办丧事，都戴黑纱，或穿白色孝服，佩戴白纸花等。所以白色、黑色都容易使人联想到凶祸丧葬等不祥之事，故而一般人忌讳穿着，尤其在婚嫁、生育、过年、过节等喜庆日子里更是忌讳穿纯白、纯黑的衣裳，唯恐大不吉利。黑色，在周口民间曾经也是常用服色，因为染起来很方便，穿着又耐脏，比较实用。所以50年代前许多人喜好穿黑色衣服。在农村，至今仍有不少人喜好黑色。但一般也忌讳纯黑色，总要与蓝色、橙色、杂色搭配起来穿。如果穿一身黑，也要扎一个白头巾或棕腰带等等，以为这样就不是纯黑了。

另外，有些颜色在一定的场合气氛中是不能乱穿的。例如红色，红色一般是吉色，有喜庆的性质，常用于婚嫁、生子、过年过节等喜庆日子。但红色又与血色同，因易引起伤害、流血的恐怖感，所以，丧葬期间忌讳穿着红色衣裳，唯恐冲犯鬼魅、神灵。且红色属阳，其与太阳色同，黑色属阴，穿着红色也恐阴阳不调，恐对逝者不利。

民间红布是一种服饰忌讳信号。周口一带，小孩种牛痘后，在外衣胳膊袖上缝制一个红色“小公鸡”或“红布条”以为忌讳触碰的标志；某处生疮化脓了，也在外衣该处缀一红布块，忌讳碰撞。周口民间做寿衣时材料忌用缎子，恐有“断（缎）子绝孙”之虞。还忌用带“洋”字的布料。洋布，是对应农家自制的土布而言。虽然质量好，色泽鲜，价格也便宜，但丧葬时还是忌讳用于寿衣的。因为“洋”字谐同于“阳”字。寿衣是给去世的人穿的，穿了寿衣就要到阴间去了，带洋字的布料会使寿衣带有“阳间”的含义，而去阴间的人就用不上了。这样做了也是白做的，所以忌用。

在民间，发型、冠戴的款式还往往成为人的某种身份的标志。例如周口梳辫子或垂发于肩，插花、结红头绳的是未婚女子；挽“纂儿”，别“发卡”、“簪子”的是已婚女子。冠戴款式和发式是不准打乱这个规约的。否则，就犯忌讳。轻者人家笑话，重者要受谴责或惩罚。

在服饰款式忌讳方面，周口民间忌讳衣服的下摆有毛边，说那是丧服的样式，恐不吉利。周口民间还有忌讳衣服的扣子为双数，俗话说“四六不成材”，许多人以为扣子双数会影响到穿衣人的事业成功等等。除此之外，民间还忌讳男女服饰款式不分，男女不辨。又有忌讳婚否不分的。民众服饰做好后，在穿戴上也是非常庄重的。衣冠忌穿着随便，尤其忌异常穿戴，如反穿衣、反戴帽子等。

河南周口一带有“反穿罗裙，另嫁男人”的说法。孀妇改嫁时才反穿罗裙，若平时女人反穿罗裙，自然是不吉祥的，所以忌讳。民间又有亲人死后要反穿衣的习俗。许多地方，给死人穿寿衣，并不直接穿在死者身上，而是先让孝子或亲属反面层层穿好，再剥下来一次穿到死者身上。于是，平日里就特别忌讳将衣服反穿着。否则，就意味着是在诅咒自己的亲人死去。因为，在民俗中人死后要反戴帽子，反戴帽子也是凶相，所以忌讳。

民间还忌讳服饰不整齐。旧时俗以露顶为羞耻，忌讳不戴帽子。周口民间忌讳帽子戴歪，俗语称，“歪戴帽，狗材料”；忌讳衣扣不系，或系错；忌讳不穿鞋袜，或只穿一只鞋袜。民国以前，周口一带还忌妇女不裹脚；又忌妇女裹脚带松弛拖地，人们说是这样的女人必犯酒色。尤其是祭祀的场合为了不冒犯神灵，人们更要求要衣着穿戴整洁，庄重。

在服饰的放置方面，民间主要忌讳在不适当的时候到不适当的地方晾晒。忌讳从衣物上跨过或踏踩、弄坏衣物。民间忌讳将妇女和小孩的衣物在夜间晾置在室外，恐怕落到衣物上贼星或沾染上鬼祟邪气。小孩的衣服还忌搭在高处，俗称三尺以上有神仙，恐伤害着小儿。

周口人也忌讳别人从自己放在或掉在地上的帽子上跨过，更忌讳别人，哪怕是小孩子坐在自己的帽子上。他们以为如此则等同于被人从自己的头顶上跨过，等同于自己受到了胯下之辱，是很不吉利的。如果衣物放置不当，被牲畜踏踩了，认为是凶兆，非死即病，必须破解之。还忌讳女人的衣服、鞋袜放置在男人的衣物上边，以为女人的衣物在上是对男人的侮辱，男人们会因此而“失运”的。

二、饮食民俗

周口当地民众以面食为主，一日三餐，早餐叫清早饭，俗称喝糊涂，8－9点钟就餐；午餐叫晌午饭，俗称吃面条，13－15点就餐；晚餐叫后晌饭，俗称喝茶，18－20点就餐。1949年前，到昼短的冬季或烧柴有困难的春季，农村贫困户晚上一般不动炊，只吃点剩馍剩饭。改革开放以来，民众生活有了改善，晚餐也就比较正常。麦收大忙季节，在上午或下午一般还要加餐，称为“搭尖”或“垫垫”。

“燎锅底”是周口民间及豫东一带流行最广泛的礼仪。凡是搬进新居的人家，亲朋好友带上礼品都要前来祝贺一番，迁新居者忙着烧菜做饭，摆酒设宴表示感谢。来“燎锅底”者猜拳行令一醉方休，表示对东家盛情招待的感谢与祝福。

周口民间搬新居时，一般都要选择良辰吉日，大都在农历每月逢三六九的日子。动手搬家的那天，必须在早晨太阳还没有出来时开始，先搬衣物、家具、粮食和工具，最后才能搬锅灶。先搬锅灶是乔迁新居的大忌。

“燎锅底”的寓意是，把旧屋的喜气、财气、福气一齐带进新房，和新居的喜气、财气、福气连接起来，表示以后的日子不缺衣少穿，红红火火，添人进口人财两旺，富裕顺畅幸福美满。

周口个别地方还有岳母娘给女婿“燎锅底”的习惯。农村旧俗，孩子结婚该单独立门户时，都要分家另住，这时岳母娘就要为门婿燎锅底。因为孩子刚刚独立生活，缺乏过日子的经验，不知怎样安排一日三餐，作为长辈挂念惦记在情理之中，借燎锅底之机安排安排嘱咐嘱咐也是人之常情。

我们常说一日三餐，50 年代前，在周口市范围内的广大农村，贫苦的农民并不能吃到一日三餐。说明白点，广大农民民众是不吃晚饭的，他们只吃早饭和午饭，晚上一般不动烟火，即使有的人家动烟火也不正式做饭，而是烧点茶水而已。在西华、扶沟、太康、淮阳、商水、川汇区等广大地区的农村民间，称吃晚饭叫“吃剩馍”。这种说法一直延续到现在。吃晚饭的时候叫“吃剩馍时”，吃罢晚饭叫“吃罢剩馍”。“吃剩馍”一词也就渐渐转化成了一个时间段，这个时间段不是太具体，大抵代指夏天 19 点、冬天 17 点、春秋 18 点上下的时间。因为古人无钟表，日落而息，“吃剩馍”都是在劳作一天之后天擦黑时进行。

这种民俗保存在语言里延续了千百年，直到今天生活宽裕了，农民们仍然把吃晚饭叫做“吃剩馍”、“喝汤”或“喝茶”。

（一）主食

周口民众的主食主要是馍、面条和红薯。馍分三类：一是白面（麦面）馍，有蒸馍（馒头）、烙馍、油卷、包子等；二是杂面（高粱面、豆面、玉米面、红薯面）馍，有花卷、卷子、饼子、狐狸头等；三是窝窝头（拌以糠麸、野菜）。面条亦分好面与杂面。1949 年前，地主、富农阶级全年食用细粮（麦面）可占 80% 以上；中上等农户细粮约占 50%，大都平时吃杂面馍，节日或待客用白面馍，灾荒年则食窝窝头，贫苦农户多是“糠菜半年粮”，平时以杂面馍、窝窝头为主，只在年关和麦收季节能吃上几天白面。红薯是农民的主食之一，特别是冬季，几乎一日一餐必不可少。50 年代和 60 年代，虽仍以杂粮、红薯为主，但白面比例不断增加，只在三年经济困难时期，曾吃过瓜菜等代食品，其余年份多数民众有了余粮。70 年代，一般农户细粮占 50% 左右。进入 80 年代，特别是实行家庭联产承包制以来，多数农户一年四季都不断细粮。平时以白面和玉米面为主，红薯只用来调剂生活，有些粗粮已不再食用，而是被作为工业原料和饲料了。

周口一带常见的食物有一些是很有特色的。现选择典型的主食，把它们的特点和做法列举如下。

1．漏蛤蟆蝌蚪

漏蛤蟆蝌蚪是周口的一种民食。首先大锅添水，大火快烧。然后挖来大瓢新高粱面，倒入盆中，加水和糊，搅匀，无疙瘩。待水滚，倒入锅中，下边大火烧，上边持勺搅锅，防坐锅，待锅滚成稠糊涂，迅速盛入大盆，另备新打出的凉井水一大盆，找来笊篱，持悬凉水盆上。最后把秫面稠糊涂，一边盛入笊篱，一边用另一只手震动笊篱，使盛入笊篱的秫面稠糊涂从笊篱眼漏入凉水盆凝固成如手指头大小，或扁或圆的淡红色蛤蟆蝌蚪形状的熟面疙瘩。

这一切动作要迅速。漏完了蛤蟆蝌蚪，用笊篱分别把漏蛤蟆蝌蚪盛入碗中再浇入已熬好的凉菜汤，浇上蒜汁、醋适量，略调就可以食用了。此种食品食之凉爽滑利，鲜软而筋，酸辣适度，爽口适胃。

2．瀑散疙瘩

瀑散疙瘩，是人类取法自然瀑布之势态意蕴用于做饭的尝试。

瀑散疙瘩，和面是关键，有巧法。瀑散疙瘩的面，和的类似炸油条面的特点，面团流动软滑，抓起似乎从指缝外溢，但比油条面略软些。

瀑散疙瘩面，和时首先要把握好家人的食量，挖面多少适量。面倒入盆中，小心分次加水，先和成比烙馍的面软些，和炸油条面类似时，再少许加水，从盆底捞起，勤揉、搠、翻动面团。瀑散疙瘩的面团呈半流体，抓之滑软沾手，盆中漾溢着粉白色稀液，再停放少许，再次揉、搠，来回上下翻动数分钟，以手在盆中试瀑，两手扯抓分拉面坯，能瀑成薄瀑布，瀑时连续不断，这时瀑散疙瘩的面坯已和成。

然后把锅添水适量，大火快烧，趁空把青菜如西葫芦、茄子、豆角洗净切好，水滚下锅，待菜熟水翻大花时，端盆锅台上靠锅边，开始快速瀑散疙瘩。巧手妇女，能把面坯双手分扯拉成薄布面，瀑散时，手中扯连不断，徐徐如下泻的瀑布，下入滚锅水中。下锅时还要注意要边瀑边用勺挖锅底，以防坐锅。待瀑散完面坯，锅滚，满锅瀑片翻动飞花时，再快速持勺，打鸡蛋，用筷子搅匀，闭勺边，徐徐均匀倒入锅中，随鸡蛋旮的飘起，加五香粉、葱花、味精、醋、酱油、盐，最后浇芝麻香油。搭勺舀一点，尝盐味适当，香辣适口，端锅离火，防糊锅。地锅者迅速盛入大盆中，再根据大人小孩，分盛入碗。这样既避免糊锅，又保持瀑散疙瘩的风味。

3. **裹韭菜疙瘩**

做裹韭菜疙瘩，第一是韭菜的选料。以新鲜不老肥嫩者为佳。择去根叶黄梢，清水冲洗干净，不能揉握，以免损伤韭菜，造成津液外渗。洗净的韭菜，甩去水分，放案备用。开始和面。

和做裹疙瘩的面，和的一般与和烙馍面软硬相似，面和好少停，让面饧饧，面更筋，擀时不烂不炸边。

裹韭菜疙瘩的面已和好，开始切韭菜，韭菜横切成约韭叶宽的长度，铲入盆，放适量盐、五香粉、味精，浇入芝麻香油，调拌匀，口尝盐味适当，视韭菜多少，打入生鸡蛋一到两个，一者拌匀能减少韭菜汁液见盐腌外渗，二者也增加了营养与风味。

等韭菜调好，面和好，适量添水下锅，升火烧着。开始在案面上揉面。搓成约黄瓜粗布绩，手拽或刀切成如鸡蛋大小块，略揉，案面均匀撒面，开始用擀杖把面块擀成米粒厚的面叶，直径约一尺大小。用勺子挖调好的韭菜，均匀摊成半指厚，从一边裹起，成为一个面叶夹韭菜的千层的长圆柱形，略按扁，用刀快速切成二指宽的块。拾上锅排。再如此法，擀面叶，摊韭菜，裹韭菜，切块，拾上锅排，待水滚，徐徐从锅边下入，用勺子往里推推，下完盖锅。加大火烧，待冒气团锅滚，掀锅再用勺子从锅底推一推，防坐锅，再盖锅少许时，掀盖复推锅底。待锅滚三遍，点凉水少许，待锅再滚，裹的韭菜疙瘩已熟，韭菜疙瘩飘浮满锅。

已熟的韭菜疙瘩，外皮白，两头露着绿色的韭菜。加上打入韭菜的鸡蛋已熟，呈黄白相间绿韭菜，更增加了韭菜疙瘩的色泽与美观，如一个个美丽的工艺品。食之喷香味美，鲜嫩可口。

4. **鲜豆丸子**

鲜豆丸子，多在豆子即将成熟的农历七月底、八月初做食。

采摘已饱的青角毛豆子，剥去外皮，呈现出青绿色的嫩豆子，冲洗干净，倒入刷洗干净的石碓窑中，砸碎，挖入盆中，倒入适量的面粉、五香粉、葱花、盐，掺拌，加水适量，以能和成个儿、不散为标准。停放于案板上，锅内加水适量，加火烧，待水滚翻花，以左手抓和好的豆丸子面料于手中，从左手虎口挤出，如鸡蛋黄大，右手用食指勾出下锅，这样，快速、连续的动作，为防坐锅，不时用勺子从锅底小心蹚数次，避免用力过猛，蹚烂未成熟的豆丸子。待快速下完，再用勺子蹚一蹚，盖锅，待锅冒气团，锅已滚，掀锅盖，再用勺子从锅底挨着蹚数次，豆丸子不坐锅，复盖锅，少许时，再掀锅盖，鲜豆丸子已满锅翻滚飘香，用勺子蹚锅底无坐锅。尝汤，过淡，少许加盐，如豆子咸，汤不加盐。待三至五滚后，视丸子熟，浇入芝麻香油、酱油，撒上味精，端锅离火，分盛入碗。

鲜豆丸子，因加入面和，故面熟不散而香筋，内裹碎的青豆子鲜香翠嫩，适胃爽口。

5. **杂面疙瘩**

做杂面疙瘩，周口自古有之。它是穷苦农家艰难困穷岁月熬得没法，变法儿改善生活与饮食口味的产物。在20世纪50－70年代，周口广大缺麦少豆的农村，尤为流行。

做杂面疙瘩，配料青菜是关键。冬、春、晚秋，有白萝卜，是最佳的做杂面疙瘩的配料。选择质地青脆色泽好的白萝卜，洗净，去顶、根、须毛，切成细长条，再横切成豆子，或绿豆长短的方块，有葱、姜、鲜藿香叶、小茴香洗净切碎加入，加盐，五香粉，调拌匀，停放5到10分钟，等略腌出水，根据菜三、面二掺和，加水适量，掺匀搋和。和好疙瘩面，盆中存放，略拍，使面与菜更融合，停放于案。

锅添水适量，大火快烧，中间趁空，把和好的疙瘩面，弹成如鸡蛋黄大小的丸子，存放另一盆中，等水滚翻大花，从锅四周抓把丸子贴边徐徐下入，中间用勺子贴锅底蹚一蹚，以防坐锅，待全部下完，再用勺子贴锅底蹚一蹚，盖锅加大火烧，等锅滚冒气团，掀去锅盖，复用勺子贴锅底四周来回蹚一遍，无坐锅疙瘩，盖锅少停，复掀锅盖再蹚，疙瘩同煮饺子一样，得三至五滚才能熟。或点少许水待再滚，看疙瘩面菜色熟，搭勺舀一到两个，尝疙瘩熟，咸味合适，加味精，浇芝麻香油、酱油，端锅离火，以免糊锅，根据大小孩，分盛入碗，食用。

各种疙瘩，多为掏苦力的铁匠师傅的家常饭，因为它具有集菜、馍、汤三味一体的，简单快速易做的，又能顶饱耐时等长处，多为手艺人不误劳作时光的喜食饭，渐传农家，成为困苦年代、青黄不接时改善口味，节约麦豆的家常饭。

6. **浆面条**

周口的民众历来爱吃浆面条。明清到民国时期，每天上午周口一带大街小巷总有许多挑担子卖浆人，不时地吆喝着“谁要绿豆粉浆”，成为“卖浆一族”。制作浆面条也比较简单，先将粉浆置于锅中，开火后，加上小磨香油、五香粉，再撒入面粉，并不停地搅动，待浆开时下入手擀面条、黄豆芽、咸胡萝卜、榨菜、五香大头菜和芝麻酱等。有些人还特意将浆放酸或晒酸，专吃“酸浆面条”。还有一些周口人爱喝“浆稀饭”，其做法与“浆面条”大致相同。

民国时期，周口南岸西新集街的粉坊业十分有名。清代初期只有几家，到解放初已经发展到了十几家，而且都是杨姓家族自营的，他们使西新集成为生产绿豆淀粉的专业作坊街。生产绿豆淀粉程序比较简单，先将绿豆浸泡发大，凌晨4时开磨，磨时不断加水，使磨好的半成品成为糊状，再装入布单子中来回晃动过滤，然后将过滤出的稀糊置于缸中，沉淀为淀粉。用绿豆淀粉制作的凉粉，质地坚实，不烂不断，吃起来津津有味。用其制作的粉条清澈透明，色泽光滑，久煮不烂。这也是周口胡辣汤常用的粉条，销路极广，除周口外，还远销数百里之外。做绿豆粉时上面澄出来的副产品叫“绿豆粉浆”，可以用来做“浆面条”。

7. **杠子馍**

馍是周口人的主食，所以卖馍的很多。周口新阁街李家的杠子馍在当地是非常有名的。李家杠子馍中，最有名的就是“馍棱子”李三的馍。

杠子馍

李家杠子馍选料严格认真，他家用的面达不到细、干、白、筋、香的标准，再便宜也一概拒之门外，且长年持之以恒，绝不自毁招牌。李家杠子馍自有从长期实践中摸索出来的一套操作经验，那是其他人学也学不来的。比方，怎样和面，李家在用水上就有自己独到的秘诀，要言之叫作“冬用滚锅水，夏用井拔凉，二八月里洒手水”。冬天天冷，和面就要加滚水调出合适的水温，否则面不好发；夏天天热，自然要用井拔凉水兑成适宜的水温，和成的面才能及时发好；二八月不冷不热，和面的水要先用手量试恰当的温度，才能保证面发得透，发到火候。李家杠子馍用的“酵引子”，也有独到之处。酵引子又称“酵子”、面肥，也叫“乍斗子”，就是用以发面的“面头”。其中奥妙，点破了并无大的神秘，却又是一种可意会而不可言传的技巧。馍要好，无非面好、发好、和面好，缺一不可，全看人掌握。最重要的一条，就是李家轧面的杠子功。“杠子馍，杠子馍，全凭杠子轧着和”，那是个既有技巧又要下劲的力气活。惜力怕掏劲是轧不出来出色的杠子馍面团的。杠子馍轧面的场面一般是砖垛子上放一块青石板，要尺半见方厚。砖垛子后面平地夯入一根直径约五寸粗的半截木桩，再制就一根二尺来长的硬木棒槌，木桩与棒槌头都凿有圆孔，用皮条穿连在一起并保持一定距离，发好的面放在青石板上，人要侧身站着，伸手抓住棒槌把子朝面团上一压，同时坐在棒槌上用全身力气往下一墩。这里需要注意的是，杠子馍和面要硬，这一墩的劲并非直上直下用力，而是顺势使棒槌呈半弧形连轧带碾，将面团轧碾成片，与此同时，另一只手飞快伸出，又将面团一把抓起，连抓带叠翻一个个儿。如此循环，才能使硬面充分盘开，蒸出来的馍自然成色超群。最后一道工序，是在大案子上盘个成型，装锅蒸熟了。杠子馍与蒸馍不同，蒸馍是地锅笼蒸，一蒸几笼屉。杠子馍则是大铁锅一层竹蓖子蒸，从不用笼。封锅盖上麦草捻编的“锅拍”，大火紧追，一气蒸透，出锅的杠子馍个个雪白瓦亮。蒸好的杠子馍成色抢眼，锅焦金黄，掰开来分层成卷，吃着不但筋爽有劲，还有一股自来的馍香。

商水县邓城镇盛产一种与邓城猪蹄名声一样响亮的传统特色食品——邓城杠子馍，以其造型独特、浑圆美观、醇和香甜、味佳适口驰名于周口地区。杠子馍由来已久，相传邓城叶道成于20世纪30年代潜心于此，在山西硬面馍的基础上，钻研出一套成熟的制作方法，使其以独有的风味特色鸣于世。其后，代代相传，在邓城现有20多家经营，外地亦有不少叶氏后人和其他艺成出师者从事杠子馍的生产、经销。

杠子馍在制作技巧上有独到之处，是技艺颇高的面塑工艺。它的做工主要在发面与和面的功夫上。发面的方法为中国传统的酵母发酵法，但各有各的诀窍，从不外露。和面讲究手勤功到，要不费工时，下大力才能和好。否则，蒸成的馍不筋，回锅馏（把熟的食物蒸热）后容易发泡，贮藏时间也不能长久。做时将和好的面按一定分量团好，用擀面杖擀成片，再两边向里卷成花形，长约20厘米，蒸成后上圆下方，每个半斤，形似杠子，故名杠子馍。亦有将其做成圆形的，称为馍头，只是形状改变一下罢了。其色洁白，内无蜂窝，松软得当，味道甜香，口感醇正。冬季常温下可存放两个月以上，不霉不馊，馍皮不裂，颜色不变，保持原味。有的吃时将其掰开用炭火烘烤，焦酥可口，清香怡人；也有将其切成块状做水激馍，别有一番风味。

杠子馍因其形状的特殊，均需手工制作，颇费工夫，可谓辛苦异常。在平时一般在头天晚上将面掺上酵子和好，放在温暖处任其发酵。第二天不待天亮即需把馍蒸好，用大馍囤将馍运至集市上销售，亦有用三轮车载着绕街串巷叫卖者。此馍因系手工制作，经营供不应求，春节时往往提前十余天预订亦无法保证购到。现在，商水、邓城及外地经营杠子馍店的有150多家，从业人员达960多人。

80年代以后，邓城杠子馍以其味美清润、甜滋可口、贮藏期长，为大众所青睐，是本地饮食业传统特色食品，多以其为馈赠品，中秋节、春节时纸箱包装用其送礼者络绎不绝。外地人在本地游玩更是慕名以饱口福。随着周口沙河黄金旅游线的兴起，越来越多的游客云集邓城古镇，在凭吊古迹、领略古风的同时，品尝邓城猪蹄、杠子馍亦成了游客不可或缺的活动内容，邓城杠子馍的名气也愈来愈大，声名远播。

8. 杨窝面条

杨窝面条是项城市李寨镇大魏寨行政村村民杨窝师傅独家创制的地方传统风味名吃，以创建人杨窝而得名。至今已有50余年历史。杨窝，原名杨建功，1953年起从事饮食业，尤其擅长擀面条。在长期从事此项工作中，杨窝师傅经过钻研探索，摸索出一套独特的配方，用此配方和面擀出的面条，晶莹剔透、光洁柔韧、软筋清香、润滑可口、久煮不断、历久不粘、汤清味美，享誉中原。

杨窝师傅有一手擀面条的精湛技艺，堪称绝活。1961年，他在三张店乡经常以手擀面条招待省、地、县领导，曾现场表演以一根擀面杖同时擀出几张大小相同、厚薄均匀的面片的绝活，技惊四座，杨窝师傅声名大振。此后，杨窝被周口、项城几家知名宾馆饭店聘为面点师，杨窝面条叫响中原。1970年，时任武汉军区司令员的杨得志将军到周口地区视察工作，品尝了杨窝面条之后，给予高度称赞，称之为“中原第一面”。1983年，留美博士袁家骝回乡省亲，在招待所点名品尝了杨窝面条，对此面赞不绝口，当地民众也以能品尝杨窝面条为荣。

9. 高寺肉夹馍

高寺肉夹馍源于项城市高寺乡。相传北宋时，宫廷御膳房有一袁氏师傅，只因身怀制作“肉夹馍”的绝技，名震京都汴梁，深得皇帝恩宠。其家就在高寺袁楼。可是袁翁膝下三子，依仗家庭富有大肆挥霍，不学无术。袁翁临终时，只叮嘱家人一件事，就是将其所制的“肉夹馍”包好，放在自己身边，后代中如有遇到困难时，可将此包打开。袁翁去世后，三子更加挥霍无度，袁家家业渐渐衰败，三个儿子皆成了乞丐。长子、次子流落他乡，不知去向，剩下三子终日沿街乞讨，过着衣不遮体、食不饱腹的苦日子。一日，他忽想起家父遗言，忙将墓门打开，看父亲身边是否陪葬有金银珠宝之类。结果，发现父亲身边只有个布包，布包内仅有几个夹好的馍。三子看后，十分恼怒，随手弃之。布包被随同的一位本族叔父捡起带回，这位同族叔父的饭馆正因手艺不精，生意惨淡，已面临倒闭关门。他捡到布包后如获至宝，心想：这“肉夹馍”保存完好，定有密招，不然的话，陪葬多年，早该腐烂变质或被虫子吃掉了。于是，他潜心研究，细心琢磨，终于全部掌握了馍的制作技术，配制卤肉的58种中药被他破译出了38种。从此，“肉夹馍”成了他饭馆的主食，生意很快好了起来。袁家三子耳闻同族叔父研究出父亲的“肉夹馍”秘方，生意红火，门庭若市，就打起了歪主意，多次找叔父借钱。叔父念是同族，且其先父对饭馆有贡献，所以族侄每次来都如愿以偿。但袁家三子好逸恶劳、本性难改，借钱根本没头，如果不给，就找来一帮地痞流氓寻衅滋事。其同族叔父看在本地无法再干，只好携妻带子来到古城西安，仍操旧业，生意同样火爆。

到了清朝，乾隆皇帝下江南归来，途经西安，抱病数日，不思茶饭。这可急坏了那些随身太监、侍从，他们寻遍当地名吃，乾隆仍不愿进食。一日，一位太监从袁氏那里买来一些“肉夹馍”，乾隆帝闻香味而诱发食欲，吃后龙颜大悦，并询问“肉夹馍”出处。赞道：“真乃名吃也!”遂来到袁氏店里问长问短，并用“肉夹馍”犒赏随从。御封“肉夹馍”为“西安名吃”，并更名为“白吉馍”，还钦笔题写了牌匾，而原产地的高寺袁翁却渐渐被人忘记了。

10. **巴村盆面条**

在商水县巴村镇及附近乡镇，有一种家喻户晓、老少皆宜的地方小吃——巴村盆面条（因面条煮好后盛在大瓦盆中而得名）。每天早晨天刚蒙蒙亮，不少居民和赶集的乡民便等候在摊位前，眼巴巴地等候卖面条的开张。

巴村盆面条据传始于西汉，盛行于东汉。传说西汉末年王莽篡政，横行无道，民不聊生，各地豪杰揭竿而起。后来的东汉开国皇帝刘秀与哥哥刘系寅也起兵反莽，逐渐发展壮大，与莽兵中原逐鹿，千里追杀，行军至商水县巴村偶感风寒，身困体乏，四肢无力，一连数日病卧于床，茶饭不思。随军郎中百般调治，病状依旧，束手无策。一天中午，刘秀病恹恹卧于榻上，迷迷糊糊中嗅到一股奇香隐隐飘来，顿时精神为之一振，忙令随从细查香气来自何处。片刻随从引一邻家老农入帐，老汉手捧一碗饭食，饭上面覆盖着一层红汪汪的油膜。刘秀问是何物，答曰盆面条，是当地农家待客之美食。刘秀看着呈上的面食，嗅着扑鼻的香味，不禁喉结错动，舌下生津，勾起食欲。刘秀狼吞虎咽吃下一碗，顿时大汗淋漓，通体舒泰，神清气爽，胃口大开，又索要一碗，细细品味。

东汉王朝建立后，光武皇帝刘秀念念不忘巴村盆面条，派宫中御厨到巴村研修面条做法及配料制作。刘秀吃腻山珍海味后，隔三差五都要吃上一次盆面条换换口味。从此以后巴村盆面条名声大振，凡路过高官、客商及平民必一饱口福。

巴村盆面条采用本地盛产的小麦磨粉，经手工擀制而成，大火烧沸，久煮不烂。作为重要作料的香辣油，系采用祖传秘法，用芝麻、辣椒、大茴、小茴、麻椒、胡椒、桂皮、砂仁、良姜等20余种香料、中药材精制而成，开胃健脾，增进食欲。在寒冷的清晨，吃上一碗香辣可口的盆面条，手头宽裕的再配份清真秘制牛肉，浑身发热，寒意顿无，脑清目明，分外精神。

现在，在巴村镇经营盆面条的有四五家，仅段家一早晨就要销售近千碗，临近中午就售尽收摊了。这一富有特色的风味小吃已走出巴村及附近乡镇，在县城、漯河等地经营门店，因物美价廉、风味独特而大受欢迎。

11. 固墙手擀捞面条

在周口面食中，面条的做法花样百出，但商水县固墙手擀捞面条以独特的制作方法和口味独树一帜，凡尝过固墙手擀捞面条的食客，莫不对其“光如镜”、“薄如纸”、“筋道滑溜”而津津乐道，点头赞许。

传说清朝末年，固墙附近一姓刘的厨师在项城名门袁家做工，他的手擀捞面条不同凡响，口感爽滑，清香筋道，袁家上下百余口人都喜欢刘厨师的手艺，就连回家省亲的袁世凯，尝过刘厨师的手擀捞面条也连声叫好。一天傍晚，家乡一位亲戚来项城寻刘厨师，袁家第二天要吃捞面条，刘厨师和面、擀面忙活了一整天，累得腰酸腿痛，陪客人说会儿话就安置客人休息。因无处安床，刘厨师找来一领新蒲席铺在长案板上，又摊上新被褥让客人安歇。

第二天客人起身收拾床铺时，惊讶地发现席下面隔着层白布摊了厚厚一层切好的面条，忙不迭声地说：“坏了，这面条还能吃吗？”刘厨师不露声色地说：“不碍事，一点儿没关系！”说着抓起一把面条，抖上几抖，面条如根根粉丝自然下垂，毫不粘连，透明透亮，仿佛刚擀好切好似的。亲戚心悦诚服，回家后逢人就讲在袁家的见闻，夸刘厨师的面条地道、够好。刘厨师手擀面条的绝技，吸引了十几名有心拜师的青年，他们纷纷慕名前往，心诚则灵，几次三番，终于得到了真传。固墙手擀捞面条渐渐在固墙、胡吉一带名声越来越响。

固墙手擀捞面条制作很有讲究，选用当地优质小麦面粉，和面时用鸡蛋清加少许精盐、碱面，饧面两个小时以上。擀面前用一头固定的杠子在面团上反复轧压，以增强面团密度、韧性。擀时用力，面扑使用淀粉，擀到面皮菲薄如纸，均匀透明，伸开来能照见对面人影。切面时宽窄合适，刀刀切透。

清水大火烧开，下入面条用筷子抄散，面条漂上来即捞入凉水，濡干后依个人口味浇上荤素浇头，再佐以蒜汁、辣椒油、芝麻酱等，吃起来爽滑利口，筋而不硬，老少皆宜。

（二）副食

周口民众的副食有肉类、蛋类、蔬菜类和豆制品等。肉类有猪、牛、羊、鸡、鱼等；蛋类有鸡、鸭、鹅蛋等；蔬菜品种较多，常用的有白菜、萝卜、茄子、豆角、韭菜、辣椒等；豆制品有豆芽、豆腐、豆腐皮等。此外，用红薯可制成红薯丝、粉面、粉皮、粉条等。1949年前，农户喂养家畜家禽和所收禽蛋，主要是作为副业卖钱，而不是为了自食，仅少量用于过节或待客。多数农户不种菜，或仅种些南瓜、笋瓜、萝卜、茄子、豆角、辣椒等，既能做菜，又能充饥。夏天大蒜，冬天辣椒，加上采集晒干的萝卜缨、芝麻叶、红薯叶等都是农民的常用菜。

有些收入中上等的农户，还腌些韭花、香椿、醋蒜、辣菜，制作些酱豆、豆腐乳，以改善生活。1949年后，随着农民生活水平的提高，不少农户在自留地上种些蔬菜自食，所产禽、蛋的自食比例逐年增加。进入80年代以来，塑料大棚在农村兴起，除扩大原有蔬菜品种外，还引进推广西红柿（俗名番茄）、包头菜、花菜等新优品种；同时在一定程度上摆脱了季节制约，达到淡季不淡。一般农户菜食数量增加，质量提高；待客时，鸡、鱼、肉、蛋俱备，已属平常。

周口一带主要副食及特色产品有以下多种。

1. 逍遥胡辣汤

逍遥胡辣汤起源于河南省西华县逍遥镇。相传逍遥胡辣汤的来源可追溯到宋徽宗年间。宫中御膳厨师，以少林寺“醒酒汤”和武当山“消食茶”二方为基础，做出了一种色香味俱佳的汤。该汤既消减了茶之苦味，又去掉了汤之辣味，且能醒酒提神，开胃健脾。御厨奉与徽宗品尝，龙颜大悦，问之为何汤，御厨回答是“延年益寿汤”。遂留御厨于宫中，并赐御厨姓赵。后宋朝遭遇“靖康之乱”，金兵攻破宋都开封，赵御厨因兵乱南逃，落泊于西华逍遥镇，“延年益寿汤”也随之落户于此。经过民间若干年的加工发展，一种以适合北方人口味、辣味醇郁、汤香扑鼻的胡辣汤在逍遥镇诞生。胡辣汤不仅色鲜味美，还有防病健身的医药价值，而且经济实惠，不管贵贱贫穷都能消费享用，所以受到众多消费者的普遍欢迎。

又据传，世宗朱厚熜继位后，不理朝政，整天忙着炼丹修道，吃喝玩乐，将朝政完全交给了严嵩，阁老严嵩为了讨皇帝欢心，从一个高僧手中得到一副助寿延年的调味药献给皇帝，以烧汤饮之。该汤美味无穷，皇上品尝后龙颜大悦，遂赐为“御汤”。明朝亡后，御厨赵杞携带此药只身逃至逍遥（今西华县逍遥镇），看到该地舟楫驰骋，地灵水秀，决意隐居于逍遥，同丁、王二家为邻，日长月久，赵杞同四邻和睦相处，称兄道弟，一晃又过了30多年，赵杞无儿无女，孤身一人，他自知生命短暂，决意将膳汤秘方口耳传授给邻居。丁、王两家前人掌握膳汤秘方后，并以口耳相传的方式一代又一代地流传至今。由于300多年近十多代的口耳传播，民国（1935－1964）王国玉、丁法两家的胡辣汤已各具特色、誉满城乡。(《西华县志》记载）该地人因此汤辣味俱全，遂改名为“胡辣汤”。

逍遥胡辣汤特色：香，鲜，糊，辣。逍遥胡辣汤原料：水、鸡肉、鸡骨(老母鸡最佳)、牛羊肉、牛羊骨、小麦粉、粉条（红薯、绿豆粉)、花椒、胡椒、大茴、良姜、桂皮等。作料：食盐、芝麻香油、醋。将食用调料按35碗一锅为基数配备，在锅中焙烤出味出色后碾压成细粉备用。先用水将鸡肉、鸡骨（牛羊肉、牛羊骨）慢火熬制成高汤备用。将小麦粉慢洗成面筋，面糊备用。将鸡、牛、羊肉切成小碎片备用。按所需碗数多少按比例兑制铜锅(铁锅）中慢火熬制而成，熬制后的汤在24小时内不沉淀（不懈汤)，不烟不懈为佳。

逍遥胡辣汤的主料是：精粉、熟羊肉，配料为八角、胡椒、花椒、茴香、砂仁、肉扣、八桂、凉浆、粉条、味精、精盐、木耳、面芡、香油、醋等。该汤具有消食开胃，化痰止咳，祛风祛寒，活血化淤，清热解毒，行气解疟，祛虫滞泄，利尿通淋，除湿疹、祛瘙痒等神奇功效。且其味美价廉，很受食客欢迎，便在河南各地生根开花发扬光大。河南的胡辣汤制作讲究。汤内有豆腐皮、花生、海带、黄花菜、木耳、牛肉等主料，熬到一定程度后调入粉芡、胡椒等调料，做成的汤呈暗红色，极能激起人的食欲。汤内是牛肉块或是炖烂均匀的牛肉末。最主要的是汤，胡辣汤是用骨头，和很多种中药熬成原汤，逍遥胡辣汤不但是一种传统的美味佳肴，而且具有抗感冒、美容、健脾、开胃等良好保健功效。

逍遥胡辣汤蕴涵800多年的历史沉淀，代表着中原餐饮文化的特色，成为中华民族的无价瑰宝。逍遥胡辣汤具有肉鲜、汤香、色香、味醇等特点，喝起来香气扑鼻，清心透脾，舒肝润肠。根据祖传秘方，潜心研制并与现代科学技术相结合，先后研制开发出了“逍遥香”牌第一代胡辣汤料，第二代全味粉，第三代胡辣汤全味汤，第四代早餐胡辣汤和第五代水冲胡辣汤等系列产品。该产品先后被评为“中州名吃”、“省优质产品奖”。

民间有“喝了胡辣汤胜过中药汤，喝了胡辣汤身体保健康，喝了胡辣汤儿女定满堂”等说法。

2. 邓城叶氏猪蹄

源自商水县邓城镇的邓城叶氏猪蹄，是2000年以后迅速崛起的中原风味小吃。它以色泽鲜润、肉香醇厚、筋酥皮脆、爽口不腻、回味香甜、食后不粘手、不粘唇、不粘牙而闻名省内外。

传说邓城猪蹄始于后汉末年。时三国名将邓艾屯兵于颍川郡东部（今邓城一带，邓城因而得名），垦田开荒，集聚粮草。冬日天降大雪，邓艾巡防归来，时已夜深，寒饥难耐，途经伙房，嗅到一股肉香，循味找去，见一厨子在灶前打盹，那香味源自架在余火灰烬上的铁锅。邓艾令其整做饭食，答曰饭菜已尽，只剩当地劳军奉送整猪余下的四只猪蹄。因当时农民及上层人士均认为猪蹄只有筋、皮，食之无肉，且给人印象不洁不雅，不堪食用。厨子不忍弃之，放在肉汤中用余火煨炖，想打打牙祭。邓艾乃令其端上来，开始还犹豫着不想下箸，腹内一阵空鸣，只好试着品尝，没想到刚一入口顿觉味道醇正，皮脆筋酥，香而不腻。邓艾喜出望外，命随从端上一坛佳酿，一扫为官威严，索性净手拿稳猪蹄，大口吞嚼，大碗喝酒，风扫残云，一口气将四只猪蹄啃成一堆碎骨。酒足饭饱，邓艾抚腹大叫：“痛快！痛快！”厨子虽然心痛，但见主将兴致颇高，自又高兴三分。这个厨子是在当地农户中招聘的，在无意中晓得猪蹄还能加工成一种美食，内心窃喜。因而焖煮猪蹄的技艺也在当地流传了下来，逐渐成为底层贩夫走卒的下酒之物。

到了清朝中晚期，邓城叶氏作为商水名门望族在沙河中游一带雄起，叶氏住宅楼房林立，家运昌盛，生意兴隆。叶氏族人多人得邓城水陆交通、集市贸易之便利，经营卤肉业且小有名气，邓城猪蹄也随卤制的猪头肉、杂碎一并出售，后人也就习惯称为“叶氏猪蹄”。

清朝末年，邓城集有家在当地颇有名望的中药铺，由邓城叶氏创办，药、医兼营。叶老先生医术精湛，技高德重。他从医书所载偏方猪蹄催乳得到启发，观察到常食猪蹄的妇女颜面红润细嫩，容光焕发，与常人迥异。于是他认定猪蹄的滋补美容作用，对于平常男女也一定大有裨益。他潜心研究，辅以几十种名贵中药材与猪蹄同煮，经反复尝试，终于使猪蹄改变黏糊、色暗的缺点，食之异香扑鼻，口味醇厚，观之色泽鲜润，自然洁净，且爽口不腻，不粘口手。叶氏族人在叶老先生处讨得秘诀，加工的猪蹄自然锦上添花，邓城卤肉及猪蹄声名鹊起。

20 世纪 80 年代后，邓城猪蹄开始走向周口、郑州等地，省内外经营邓城猪蹄的有 500 多家。

3. 关德功烧鸡

周口市关德功烧鸡，又称“关记烧鸡”，是河南省风味肉制名产品。关记烧鸡是在清代光绪年间，经德功祖父关洪斌创制的。因创制人关洪斌排行老三，故又称“老关三烧鸡”。“关记烧鸡”早在清末民初就已誉满周口、漯河一带。关记烧鸡距今已相传三代 104 年。关德功经父亲关希贤亲授技艺，继承祖传秘方的精华，又吸取他家之长，经数十年探索、实践、创新，在烧鸡制作上走出了一条独特新路。他的烧鸡别具风格，色佳味美，香气浓郁，造型美观，不论热、凉只要提着鸡腿一抖，就骨、肉分离，以其独特之风味令人倾倒，深受民众欢迎，不仅把它当作佐酒助兴与节日馈赠的食品，而且是招待来宾与举办婚礼的必备佳肴。

选料上，关记烧鸡所用的鸡子以半年至两年、重量在二至二斤半左右的雏鸡和母鸡最佳，病鸡、死鸡、残鸡均摒弃不用。鸡瘦季节，应特买几只肥老母鸡一齐下锅，以保持鸡汤油分比重，加之配方得宜，使老鸡汤越用越好，长年味厚。配料上，关记烧鸡主要沿用多年老汤，以每煮 100 只鸡为例，定量配料的比例是：藕十六两、白糖八两，丁香五钱、豆蔻八钱、砂仁八钱、草果一两、大茴八两、肉桂三两、白芷二两、陈皮一两、良姜四两、小茴五钱、火硝三钱（均按老秤十六两为一斤计算），盐四至五斤，酱油半斤，根据不同季节，适当增减配料量，以食者适口为宜。此方选料精良，配方得宜，鲜藕取其质脆色白，资助离骨；白糖以甜压咸，使其香味醇厚，具有南方风味；大茴、肉桂、白芷、陈皮、良姜、砂仁、草果、丁香等配料按量搭配，性辛温，除腥秽，溢浓芳，郁香持久，又能健脾开胃，导滞化积，使丰富的营养滋补身体而不伤胃。

制作工艺上，关记烧鸡在鸡子宰杀时，一手抓住鸡的两翅和头部，使喉部向上，并用小指勾右腿，使鸡体固定，抓紧鸡的头部，绷紧皮肤，另一手持利刀从鸡的喉部割断食管、气管和血管，刀口不宜过大（略比黄豆大一些）。把血放出，要求不损伤鸡体。把宰杀后的鸡子，立即放到热水中浸烫（2 分钟左右），水温在 65℃至 70℃之间，不宜过高或过低。然后拔去鸡翅上的羽毛，背上的羽毛可以搓脱，再拔除胸腹羽毛，倒搓颈毛，最后拔尾毛。煺毛后，用清水洗净鸡身，使其全身光洁，然后腹下开膛，把五脏掏净，拉肠时，勿使苦胆破裂，并用手指捅进鸡口腔，排除并冲净内污，不留一点污秽。

关记烧鸡给鸡造型时，把其腹部朝上放于案上，稳住鸡身，右手用刀将肋骨切开，用适当长的硬木棍放在鸡腹内，把鸡撑开，两鸡腿插入一端切开的洞内，两翅交叉插入鸡口腔，形成卧含双翅的造型，用清水冲一下，挂晾30分钟，晾的时间不宜过长，避免失掉光泽。然后用30%的糖稀，1%的蜂蜜，69%的水，拌匀后沾鸡的全身，以不滴糖稀水为宜。然后放到160℃至180℃的油锅内翻炸一到两分钟，呈柿黄色，提出控油，以免过火影响光泽。按适当比例下放作料，把炸的鸡平摆锅内，兑入煮鸡老汤，用篦子压着鸡子，先用武火（大火）将汤煮开，每百只鸡再用三钱火硝放入鸡汤滚沸处溶化，再用文火（小火）直到煮熟为止。从开锅算起，母鸡一般煮五至六个小时，雏鸡一般煮二至三个小时，在焖煮过程中，要掌握好火候，使鸡子在浸煮过程中吸取精味，产生浓厚的五香佳味。

最后是出锅捞鸡，一只手拿笤篱，一只手用筷子夹鸡膀根人字骨，趁着鸡的方向捞，出锅后凉凉，抹上一层芝麻油，使香味浸透肉内，同时也利于保存，还可以避免苍蝇叮。成品关记烧鸡，鸡身为柿黄色，造型美观，不破不碎，香味透骨，烂而清脆，油而不腻。

4．试量狗肉

鹿邑县试量狗肉驰名中外，历史悠久。传说西汉末年，汉光武帝刘秀被王莽大军追赶至试量集，形势十分危急，村头老君庙里老君爷显灵设法相救，王莽的闻龙犬追到，老君一鞭将其击毙，掩埋在墒沟中，待王莽大军赶到，老君赶走王莽官兵，刘秀转危为安。老君知道狗肉的作用，从村内姓崔人家借来一口锅，在庙内把闻龙犬剥皮煮熟，为刘秀压惊充饥，刘秀食后赞曰："真乃天下之美味也！"从此精神大振，体力充沛。

相传，这家姓崔人家就是今天试量镇崔德福的祖辈，他们子孙辈辈相传，把老子煮狗肉的汤保存了下来，用此汤煮狗肉，清香扑鼻，味道特别鲜美。传到崔德福这辈，正赶上改革开放的大好形势，随着我国加入世贸组织和饮食文化的发展，崔德福大胆将祖传工艺与当代食品工艺技术结合，经蒸、煮、真空包装、高压灭菌等工序制成各式狗肉产品，销往全国各地，成为中外名优食品。

试量狗肉是鹿邑县名优特产。它以口味纯正，补血气，驱寒温中，强腰壮肾等滋补作用而深受人们喜食。同时，试量狗肉也是一种具有独特风味的传统佳肴，已载入河南名菜谱，它以烂而不腻，抖骨即散，手捡为丝，久存不腐而享誉盛名。试量崔氏狗肉多次在传统风味食品中获过大奖。1991年获得"河南省消费者喜爱的产品"称号。

5. **淮阳方氏烧鸡**

淮阳县方氏烧鸡为周口清真传统名吃，中原一绝。它清香爽口、柔嫩脱骨、味道鲜美、香气浓郁、营养丰富，独具风味。它高蛋白、低脂肪、色鲜味美、咸淡适宜，是深受中州人士喜爱的美食营养佳品。

方氏烧鸡采用多种天然名贵调料，加入豆蔻、桂皮、草果等数十种香料，精心调制，科学加工，充分保留其中的营养成分。为居家餐宴，馈赠亲友之佳品，曾荣获“河南名吃”称号。

6. **位小海驴肉**

项城市位小海驴肉加工制作的传统技艺是经位小海几代先人长期摸索、钻研而形成的驴肉加工制作的独特技艺，至位小海已历五代，已有100多年历史了。

位小海驴肉加工制作技艺是位小海几代先人智慧的结晶，位小海将其改进和提高，形成了一套独特的加工制作技艺。该加工制作技艺所制作的驴肉以其色泽均匀、鲜而不艳、切面晶莹、肉质柔嫩爽口、香味厚重、回味悠长、风味独特而享誉周边，深得消费者赞誉。

7. **张集熏鸡**

张集熏鸡，为郸城县著名特产之一，因始于宁平乡张集而得名。据传已有几百年的历史了，以色、香、味、形四美俱全，驰名方圆百余里，畅销豫、鲁、苏、皖四省。

张集熏鸡原为周姓人家经营，历三世传至周俊昌手上，因周无子嗣，他收张德立为徒，张遂得嫡传，并发扬光大。

张集熏鸡的特点是造型美观，别具一格；色泽黄里透红，鸡皮透明光亮，十分鲜艳，闻着异香扑鼻；吃着骨酥肉烂、筋骨不连，味道鲜美，肥而不腻；食后有清香四溢余味无穷之感；这种熏鸡，不仅鸡肉本身具有丰富的营养价值，而且还含有适量的中药成分，具有健脾开胃、消食化滞、增加食欲等功效。

制作张集熏鸡的主要原料必须是无病不残的鲜活鸡，其次是配有适量的中药作料的“老汤子”。他们煮鸡的汤子是使用过不知多少年而连续续兑的鸡汤，故称“老汤子”。配用的中药作料有：肉桂、良姜、砂仁、豆蔻、草果、山楂、陈皮、丁香、大茴、小茴等，另以当地小磨香油点味。

张集熏鸡具有独特的传统生产工艺流程，从宰杀、煺毛、除污、撑鸡（又叫别鸡，即整形）、烫、熏、煮，已积累一整套经验。其制作工序严密，尤其是烫、熏、煮这三个关键环节，要求按先烫后熏再煮的工序严格进行。

操作规范，十分考究。在烫、熏、煮时，还必须方法得当，准确掌握水温、火候，并随季节而异。

8. 何湾牛肉

扶沟何湾牛肉是本地百姓生活中不可缺少的一种肉食，扶沟县崔桥何湾牛肉作为一道享誉周口的清真食品，以其独特的选料和加工技艺，造就了肉质鲜嫩、味道醇厚、入口不腻、回味悠长的特点，具有较高的营养价值和一定的保健作用，1985 年被评为“中原名吃”，在人民群众中具有良好的口碑和信誉。

何湾牛肉食品的加工起源于元朝，兴盛于明清。历史上，随着元朝的建立，大批少数民族迁往中原。在此背景下，信奉伊斯兰教的何家迁到了扶沟县崔桥镇，凭借其传统加工技艺生产的牛肉食品，以色香味美和独特风味迅速在当地和周边地区打开了市场，成为地方名吃。清朝乾隆年间，何家牛肉被当地官员作为贡品献到皇宫，其口感和色、香、味受到了乾隆皇帝的盛赞，创造了何家牛肉的辉煌。那时，当地家家招待宾客都以何家牛肉为一道主菜，户户走亲访友都以何家牛肉为上等礼物，都能以品尝到何家牛肉而感到自豪。20 世纪 70 年代，为缓解何家牛肉市场供应紧张的局面，何湾牛肉更多地走入百姓的餐桌，成了周口平原人人乐食的美味佳肴。

崔桥何湾牛肉以其特色的加工技艺备受人们青睐。一是选料特色性。何湾牛肉以产于中原地区的优质黄牛肉为主料，严格按照伊斯兰教教规进行屠宰，选料和加工过程严谨。二是配料营养性。采用祖传配方进行腌制，所用的几十味中草药中，不乏名贵滋补上品。三是技艺独特性。采用祖传的加工技术和工艺，腌制和加工时间、方法，随气候变化而调整，使成品质地和风味保持如一，其技术要点非正宗传人不得其要领。四是生产安全性。生产环境整洁，卫生防疫严格，完全符合国家食品卫生的各项要求。

9. 马四茴香牛羊肉

沈丘县马四茴香牛羊肉为周口清真风味食品，相传清咸丰年间槐坊厅（今为沈丘县城）“双合盛羊肉馆”回民厨师马一真首创，遂成镇馆名菜，享誉一方。

沈丘县马四茴香牛羊肉原料为当地特产无角黄牛和无角槐山羊，牛肉选用 2—3 岁的阉割公牛的前后坡（股、腿）部位。羊肉选用 2—3 岁体肥 30 斤以上的阉割公羊，剔去腿筋脊和肋骨。制作时先把牛肉或羊肉分别放入特制大砂缸里用食盐及回荽、花椒腌制 10—15 日，每日倒缸数次，根据气温至 10 日或 15 日时把缸密封 6 至 10 日，等肉已成赤红色时，取出后用清水冲洗浸泡

12 小时，去其血和盐渍杂质，凉水入大缸锅煮。

沈丘县马四茴香牛羊肉主要采用传统回香料，一般为十斤肉一斤料。香料有大茴、小茴、必思答、巴丹仁、阿勃参、火失喇、哈昔尼、心意、香菊果、薰草、丁香、香叶、橘皮、凉姜、砂仁、草蔻、肉蔻等 40 余种之多。煮肉时牛肉每块 50 斤以上，羊肉为整羊筒子，下锅后用竹篦压实，先用慢火煮两小时，以便香料浸入肉内入味，然后开水煮 1 小时后，再用文火炖制而成。因为牛羊肉加工时烧的是果柴，加之又多用文火，当地称“文”为“薰”，故又称之“烧牛羊肉”或“薰牛羊肉”。茴香牛羊肉的特点为不膻不腻，口感爽嫩，味浓醇香。既可盘装，也可零食，备受顾客青睐，是居家宴客、馈赠亲朋之名品。

茴香牛羊肉已有 150 年的历史，初时多为菜馆宴席上的冷盘，民国时期出现了专卖茴香牛羊肉的独轮红车，用特制尺余见方的大片刀切熟肉，切功高的能把熟肉切成透亮的薄片，肉切得越薄，说明熟肉成品的质量越高。

10. 固墙热豆腐

在商水县固墙镇中心大街，有一道和固墙手擀捞面条齐名的小吃——固墙热豆腐。每天早晨至中午，十多个卖热豆腐的摊点周围坐满、挤满了人，无论附近居民、赶集的农民还是路过的外地客人，都要吃上一碗久负盛名的固墙热豆腐一饱口福。尽管附近县市、乡镇也有热豆腐，也许和水土、豆腐制作方法有关，人们总认为固墙本地的热豆腐最地道、最正宗。

固墙热豆腐据传始于 200 多年前的清朝中叶，在固墙、胡吉一带流传已久。固墙热豆腐不同于其他地方用卤水、石膏点制豆腐，他们在点制过程中全用清浆，因而制出的豆腐精细鲜嫩，松软得当，瓷实筋道，没有蜂窝，色泽浅黄，清香四溢。固墙热豆腐主要作料为精制的辣椒汁，该汁系用香椿叶、焦花生仁、芝麻、生姜、香油、味精、辣椒等原料磨碎调和。热腾腾的豆腐浇上稀糊状的辣椒汁，豆腐的清香混合调料的辣香，不燥不烈，让人舌底生津，胃口大开。

固墙热豆腐在周口、商水及附近市县颇负盛名，仅在县城制作销售固墙热豆腐的就不下 100 家，据不完全统计，在各县市经营固墙热豆腐的达 300 多家。热豆腐已从寻常百姓中登上大雅之堂，在商水县城所有饭店里点菜率最高的就是热豆腐。1997 年 7 月，前国务院总理朱镕基来周口视察工作，固墙热豆腐荣幸地被作为地方名吃请总理品尝。

11. 米面果子

郸城、淮阳一带，民众过年（春节）爱吃米面果子。这种果子又酥又香，口感性好，色味俱佳。

米面果子的制作分为三个阶段：一、备料：选碾细扬净的粘谷小米，注入清水浸泡，泡透后放在室外让其自然冷冻，冻透后晾干，磨成面粉待用；二、制果坯：取备好的粘谷面粉，放入点红糖，加水适量和成面团，尽力擀薄，折叠起来，用刀切成一寸宽的长条，摞起长条截为2－3寸长的小块，然后掂起一头从刀口缝内穿过、翻转使之成形（有的还切成莲花、牡丹、麦穗等多种花样），晾干后贮存待炸；三、过油：春节前几天，放在沸腾的清香油锅内，一炸即成。注意火候，做到油热、轻炸。

近几年，由于粘谷渐少，不少民众以糯米（俗称江米）代替，制作工艺仍同粘谷米。用料虽有变化，过年做米面果子的习俗，一直盛传不衰。如果你在春节期间能来周口一带，米面果子准能让你大饱口福。

12. **鹿邑麻糊**

在周口一带的集市上，每逢集日，常常可以看到，有人挑着肉糊汤状的饭食，沿街叫卖，名曰“麻糊子”。提起这“麻糊子”，倒有一段故事呢。

相传隋大业六年，隋炀帝杨广为了到江南游山玩水，观花取乐，强令人民为他开挖运河。他为了让其乘坐的龙舟不晒太阳，又强令人民沿河堤筑路，栽植杨柳。此堤因系专供隋炀帝享用，故称御堤，后来改称隋堤。

为了修筑隋堤，隋炀帝令沿途每三十里设一站。当时的鄚阳就是一站，由一个叫麻叔谋的酷吏在此监工。这个麻叔谋昏庸无道，残暴异常。因他生得相貌狰狞，满脸胡须丛生，人们背地里便叫他“麻胡子”。他对待民工轻则臭骂一顿，重则拳打脚踢、绳捆索绑。被他残害致死的不计其数。人们对他恨之入骨。另外，麻糊子还有一怪癖，就是爱吃羊眼珠子。每天，他都命手下的从人，去乡里抢掠老百姓的羊，然后挖眼烹食。时间一长，方圆几十里的羊尽被他吃绝。

这一日，麻胡子一连几天没吃到羊眼珠子，暴怒得像头发了疯的野兽，一连砍杀了几个手下的从人。其余的从人见此情景，个个吓得心惊肉跳，急忙又去乡里搜寻。几个人整整跑了一天，结果连根羊毛也没找到。他们暗暗叫苦，害怕难保性命。正在为难，忽见路边有一个夭亡的婴儿，丢弃在那里。从人灵机一动，何不来个以假当真？于是就把婴儿的双眼用刀剜出，回去让厨子烹调好，端给麻胡子。麻胡子一吃，觉得味道鲜美，令从人再去捉羊。从人忙跪在地上，向麻胡子禀道：“大人，小人实在无法找到羊了。”麻胡子怒道：“胡说，刚才这羊眼是哪来的？”从人无奈，只得如实招认：“禀大人，小人该死，刚才您吃的不是羊眼珠，而是夭亡婴儿的眼珠。”麻胡子一听，不由神色飞舞："噢，怪不得比以前的味道美。再去弄些来！"从人说："大人，哪，哪有那么多夭亡的婴儿呀？"麻胡子闻听，拍案大叫："呔！没有死的，活的更好！"说完，亲自带领兵丁，去四乡抢掠百姓的婴儿。

自此，被麻胡子残害的婴儿不计其数。当地村民怕亲骨肉被害，纷纷离乡背井，含泪迁往外地。修筑隋堤的夫役们，更是切齿痛恨麻胡子的暴虐，也大批逃走，因而，延误了筑堤的期限，这触怒了麻胡子的上司，上司便将他正法于鄲阳了。

当地村民见除了麻胡子，真是人心大快，纷纷奔走相告，争相前往观看。更有很多苦大仇深的村民，操起刀斧，将麻胡子的尸身剁为肉酱。这样，人们还不解恨，又把麻胡子的肉酱同米面一起，煮成肉糊汤吃，人们叫这肉糊汤为"麻糊子汤"。后来，当地卖吃食的人，就把肉糊状的汤，叫做"麻糊子"。一直延传至今，鄲阳方圆几十里的集市上，卖"麻糊子"的依然很多，后来"麻糊子"传到了周口一带成为当地一种小吃。

13. **观堂麻片**

鹿邑县观堂麻片，始于春秋，盛誉南唐。产于古代思想家道教鼻祖老子故里——河南鹿邑县。观堂麻片是鹿邑县的特产之一，它以片薄、酥脆香甜、爽口而成为名牌产品。传说它是南唐宫廷御师朱启渊，今安徽凤阳人，告老还乡后来到鹿邑县，并修道于鹿邑县。他将其研制的宫廷糕点麻片外传于民间。鹿邑观堂麻片工艺考究，配方独特，属纯天然食品，口感香酥脆甜，堪称本品一绝。

观堂麻片的主要原料是：芝麻仁、白糖和饴糖，并采用传统的配料方法，制作精巧，片薄如纸，含入口内，不嚼自化，营养丰富，有健脾、开胃、润肺之功能。是馈赠亲友、旅途食用、老人或儿童高级滋补品。历年来，一直受到广大民众的喜爱。

14. **辛集麻花**

辛集麻花，是河南名吃，地方风味特产，它有着1000多年的历史，并且蕴涵丰富的老子文化现象。唐乾封元年，高宗李治携武后则天及文武大臣，自山东曲阜朝谒孔子之后，前往今鹿邑县（时真源县）太清宫祖庙朝拜老子，追尊老子为其先祖，追封老子为玄元皇帝。按中国传统习惯，晚辈回老家拜祖，不得食用其自备食品。因而在当时鹿邑县令为他们准备的膳食中，每餐都有辛集麻花，但当时给高宗准备的东西太多，并没有引起高宗注意。高宗李治在真源拜见老子三天之后，即起程往东都洛阳进发。鹿邑县护箱集（今辛集镇）离县城40公里，且紧靠鹿邑至开封的官道，高宗李治的朝谒队伍归家时路经此处，并夜宿护箱当时规模很大的寺庙——永安寺。

唐时，照明点灯使用的是一种油（植物油），但点起来有油烟和味道。寺庙中和尚为了取悦于皇上，就在各个灯盏中放进了一种特殊的东西点燃照明。高宗李治住进后，即闻香味扑鼻，并没闻见灯油味。即问随从：“香何来?”随从应曰来自灯盏。李治问：“像朕食之物?”随从应曰：“是，就是前几天万岁所食之物，叫护箱麻花。”李治笑曰：“可食可燃之物，朕稀闻也。”于是李治就详细询问随从其中的奥秘，随从答不上来，李治就宣县令找来炸麻花的“麻花张”向皇上解释一番。第二天皇上走了之后，护箱集炸麻花的“麻花张”见了皇上的事就在当地传开，三乡五里的人们纷纷来护箱询问“麻花张”见皇上的事，并且购买了很多麻花。“麻花张”，名噪当地。麻花成了当地官员每年向皇上进贡的贡品，当地的老百姓更是把麻花当成了神物。拜祖求仙必摆麻花，逢年过节祭神必有麻花，贵客来餐桌上必有麻花，走亲串友必带麻花，就连男女结婚时的天地桌上也摆上麻花（象征夫妇和合，拧在一起），这一风俗延续至今，千年不变。并且今鹿邑一带农民家家皆会炸麻花。但惟不及“麻花张”麻花可食，可燃，并具有“香、酥、脆、软”四大特点。流传至今的民谣即证实了这一史实：“护箱集，麻花张，炸麻花，献皇上。”

辛集（护箱）“麻花张”自受到皇上接见之后，生意兴隆，麻花供不应求，于是他就扩大生产，建起了作坊，并且对麻花的选料、配料、工艺进行改进，于是，麻花就出现了今天“吃着香酥脆，点燃亮似灯，落地碎无整，遇水软而松”的特点。当时“麻花张”发了大财，挖坑取土，建造豪宅，“麻花张”成了当地的一大富豪。到了唐中叶，一些当地的财主，嫉妒“麻花张”，就放出了“护箱集，麻花张，炸麻花，献皇上，皇上吃了不觉香，一心要杀麻花张”的谣言，一时孩童皆唱。这童谣传到了“麻花张”耳朵里，他听了自然害怕起来，自此收敛生意。

辛集（护箱）麻花张自唐末战乱逃往外地之后，便在本地销声匿迹。当地就有了“百姓不能见皇上，见了皇上全家亡”的说法，这说法一直传至今天。到了清道光末年，“麻花张”传人张志斌突然带全家从安徽太和归家，重操炸麻花旧业，炸出的麻花仍如以前记载和传说的一样。原来，张氏家族虽自唐末外迁，历经千年，但炸麻花的秘方和工艺仍代代相传，只是不敢声张而已。于是张志斌就成了“麻花张”重操旧业的第一代传人，传至二世张妮，张妮传至三世张伟业，张伟业传至四世张云山，张云山传至五世张成亮，传至今日张海燕，已传六世。如今，“辛集麻花”已成了河南省名优产品和一大知名品牌，畅销全国各地，受到顾客的欢迎和好评。“辛集麻花”至今仍是祭神拜祖的贡品，馈赠朋友的佳品，餐桌上的美味。

辛集麻花为何六股，这里有两个很有趣的传说。当时唐高宗李治携皇后武则天乾封元年二月在太清宫朝拜老子之后，西归东都，途中夜宿于辛集（护箱），见“麻花张”炸的麻花可食可燃，视为“稀物”。皇上的举动也引起了皇后武则天的极大兴趣，于是皇后即取一根麻花拿在手中，仔细观看，看后，先是不解，后来脸上呈现不悦之色。大臣一见皇后不悦，便问其原因，皇后先是不说，后在大臣的再三追问下，武则天说了句：“此物岂可在油中烹炸？”然后将麻花扔在桌上，并离开而去。大臣们一时不解此语，议论纷纷，大家百思不得其解。最后，有一精明的大臣数着皇后摔开在桌上的麻花股数，一、二、三、四、五，数到五时，大臣停住了。原来这麻花一共五股。于是所有的大臣们立刻会意地点了点头，但大家谁也不敢说出声。原来这麻花五股，暗含一个五字，与武则天的“武”姓暗合。后来大臣们在走之前，将此事偷偷说给了当时县令，县令就通知“麻花张”将五股麻花改成了六股，并且传到了今天。

15. 官会糕点

项城市官会糕点源于明初，已有将近500年的历史了。是项城市各乡镇及周边县市广大民众逢年过节、走亲串友、送亲走礼的必备之礼品。

官会糕点传统技艺精湛，取精粉、蜂王浆、青红丝为原料，用芝麻香油炸制口酥、交心果、梅豆角、果脯等系列品种，以清香、品鲜、甘味著名。官会糕点色鲜味甘，清香可口，尤其口酥、交心果、梅豆角、果脯等品种广受世人青睐。

官会糕点曾在明初被定为皇宫贡品，清乾隆皇帝曾有“官会糕点甲天下”之诗句。几百年来，官会糕点上被皇宫纳用，下受民众欢迎，多为礼品之用。

16. 宋河酿酒

宋河酿酒产于古宋河（今大沙河）之滨枣集。始于春秋，盛于隋唐。被古人誉为“天赐名酒，地赐名泉”，唐高祖李渊、太宗李世民诸帝王，每年清明到鹿邑太清宫老子李耳故居祭祖，所用琼浆即枣集酿造。故枣集有“皇王祭酒”之称，名传天下。

宋河酿酒主导产品“宋河粮液”为中国名酒，“鹿邑大曲”为河南名牌。

宋河粮液吸取清澈甘甜的古宋河地下矿泉水资源，以优质高粱、小麦为原料，利用千年传统酿制工艺与现代化科技的完美结合酿造而成。宋河酿酒具有“无色透明、窖香浓郁、绵甜爽口、回味悠长”等特色。

“宋河粮液”，1979年被评为河南省名优产品；1984年获轻工部银杯奖；1988年在全国名酒评比中，荣获国家金质奖和“中国名酒”称号；2004年荣获“中国驰名商标”；2005年荣获“中国消费者十大满意品牌”及广东省首届国际酒饮博览会金奖。

17. 漩溜明流酒

漩溜明流酒是用古老配方纯小米发酵精制而成的。小米分别有黄谷、黑谷、红谷三种原料。漩溜明流酒至今已有300多年的历史。它具有口感甜绵、甘醇，喝后不上头、不口干、宜生津等特点。

漩溜明流酒为药食同源的佳品，几百年的实例证明，此酒加中草药能根治多种病，是泡制药酒的好材料。

18. 淮阳黄花菜

淮阳县从秦朝即开始种植黄花菜，至今已有数千年历史。这里的黄花菜以“菜条肥厚，油分充足，色泽金黄，耐煮发脆”的特色而驰名中外，久负盛名，不论是荤配、油炸、凉拌，还是做成金汤金面，均是醇美可口。把它腌制成酱菜，更是别具风味。

传说春秋末年，孔子周游列国，途经陈国（今淮阳）时，国君大摆宴席，款待这位圣人。桌上有样菜是三条黄澄澄的金针，孔子与两个学生每人享用一条。老夫子吃后喜形于色，大有“闻韶，三月不知肉味”之慨。但不知此为何物，当子路请教时，圣人随口答曰：“金条。”从此金针便以“金条”之誉闻名遐迩。

黄花菜，植物学上叫萱草，《诗经》中的“萱”即今黄花菜。它的花、叶、茎、根均可入药，其花有止血、消炎、消热功效，其根有利尿、消肿、消炎、解热、镇痛的作用。李时珍说它有“忘忧”、“安神”之功效。“言是忘忧物，生在北堂陲。”也许是那翡翠般的碧叶，赤金似的黄花，便使人产生了乐而忘忧的效果。

淮阳种植黄花菜主要是作为一种经济作物，但它又具有很高的观赏价值。花的形态、色调都很美，而且有一种好闻的香气儿。早上开花晚上凋谢，花期长达两个月之久。

淮阳黄花菜有着很强的生命力，适应性特别强，不管是干旱瘠薄的沙地，还是潮湿低洼的盐碱荒坡，只要把它栽种下，它就会顽强地在那里扎根、长叶、开花。

有关淮阳黄花菜还有一个传说。商水县舒庄乡陈庄（即古阳城陈庄）的陈胜自幼家境贫寒，父母早下世，他全靠乞讨过日子。那年他讨饭到陈州，不幸身染重病，加上饥饿，昏倒在陈州东关一座破庙里。

赶巧这天下大雨，有个姓黄的老太婆从地里采野菜回来，到破庙里避雨。她见神台前躺个要饭花子，两眼紧闭，面色蜡黄，她连喊几声不听吭声，上前用手在鼻子下试试，还有点弱气。她慌忙回家烧了一碗野菜汤，领着女儿金针赶回破庙里。用调羹把菜汤一勺一勺灌到陈胜嘴里，陈胜慢慢醒过来了。

黄妈妈和女儿把陈胜抬到家，用偏方治好了陈胜的病，天天给他做野菜花汤喝。陈胜觉得那野菜汤特别好喝，不但味好，喝到肚里又舒服。经过几天调养，陈胜的身体恢复了，临别时他对黄妈妈说："将来我不得势不讲，如果得了势，一定好好报答您的大恩大德！"

几年以后，陈胜扯旗造反，领导起义军打到陈州，建都称王，国号为"张楚"，这时他早把黄妈妈忘得没影了，开始过起了花天酒地的生活。他认为自幼受苦挨饿，如今当了皇帝应该好好享受享受，所以特别讲究吃喝。过了一段时间，山珍海味都吃腻了，觉得再也没有啥好吃的了，这天他忽然想起了当年黄妈妈给他做的菜花汤，回味起来真是鲜美可口。于是他便下令叫亲随去找黄妈妈。黄妈妈听说陈胜宣他上殿，就知道他的用意，随即㧟一篮野菜花跟公差来到宫廷。陈胜一见黄妈妈，连忙起身赐座。黄妈妈却面无喜色地说："大王要的东西，我已经给你带来了，请你稍等，我这就给你做去。"说罢，提着篮子转身下殿。

不一会儿，黄妈妈用手端着热气腾腾的野菜花汤，送到陈胜面前。陈胜接过碗喝了一口，眉头一皱，嘴一撇，"呸"一声吐掉，说道："这是什么东西，一股青气，怎么和当初味道不一样？"黄妈妈叹了一口气说："唉，常言说饥不择食、饱不觉香啊！菜汤并没有变味，而是你口味变了。如今你当了大王，啥好东西都吃够了，哪还能喝得下这野菜汤呢？你可知道，就在你吃香喝辣觉得没味儿的时候，天下有多少穷苦百姓连糠菜都填不饱肚子啊！陈胜啊，老百姓帮你打下了江山，你却忘了老百姓，这样下去，你的江山可长不了啊！今天我既然敢说实话，就不怕死，要杀要剐，随你的便吧！"

黄妈妈一席话，说得陈胜面红耳赤，他沉思良久，上前拉住黄妈妈，摇了摇头说："黄妈妈，您这话是千金难买的金玉良言啊！不是你今天提醒我，我险些成了忘恩负义的小人。"说到这儿，他指着野菜汤问："请问您这野菜叫什么名字？"黄妈妈说，我也叫不上来，只知道它能吃，请你给它起个名字吧。"陈胜想了一下说："老人家你姓黄，这菜花又是黄颜色，就叫它黄花菜吧！"

随后，陈胜把黄妈妈的女儿金针请到宫里认作御妹，配给她几个宫女，叫她领着宫女在御花园专门种黄花菜。就因为这，人们又管黄花菜叫金针菜。

陈胜为了记取教训，天天吃饭都要叫厨师在饭里放些黄花菜。

陈胜虽然认识到了以往的过错，但是已经晚了。由于他坐了天下后只顾享乐，忽视了巩固政权，已失去了众望。不久秦军大举进攻陈州，陈胜亲自在城西指挥营（今指挥村）指挥千军，终因寡不敌众，惨遭失败。陈胜也被他的车夫给勒死了，一场轰轰烈烈的农民起义结束了。

农民军的鲜血洒遍了陈州大地，夜里忽然狂风大作，第二天雨过天晴，陈州遍野开满了鲜艳的黄花。后来陈州黄花菜成了名扬天下的土特产。

陈胜死后，故乡百姓为他建立了衣冠冢。因他起义时自称公子扶苏，因此仍称扶苏墓，并在墓前建立扶苏寺，四季祭祀。至今，附近的村庄仍叫扶苏寺，扶苏墓还完好无损地保存着。

19. 马秀珍卤鸡

周口王埠口马秀珍的卤鸡，已历三代。马家买鸡子很讲究：病鸡不买，残鸡不买，瘦鸡不买，不超过二斤多重者不买。他们把买到的鸡送到清真寺里宰，宰后烧水煺鸡时，注意水的温度，热了不行，凉了也不行。马家卤鸡，又名砂锅鸡，本色、不过油，吃着香味扑鼻，味道鲜美，稍带脆头，风味独特。

马家卤鸡煺鸡时用刀在鸡后部开一小口，别处无伤痕，煺了以后，把鸡子挂在屋内晾去五六成水分，把砂锅里连续使用一百多年的老鸡汤兑好，将十二只鸡子下在锅中（通常一锅卤 12 只鸡），掌握好火候，火是先大后小，名为文武火。中间把鸡子翻一翻，闻到香气浓郁，便是鸡子卤成了，及时退火。卤鸡出锅时为金黄色，拿起鸡腿一抖，骨肉分离，肉嫩而脆，不硌牙、不带丝，在豫东一带鼎鼎有名。民众有句顺口溜："马二根的砂锅鸡香，出来一会儿就卖光。"并众口一词地说："马二根的卤鸡可与开封马义兴的桶子鸡、滑县道口烧鸡媲美！"

马家的砂锅鸡之所以味道醇美，主要由于她家的鸡汤特别好，她家的鸡汤好就好在配料齐全和地道。其配料包括元茴、花椒、小茴、丁香、良姜、肉桂、陈皮、豆蔻、草果等十几种地道药材。其次是鸡汤历史悠久，已持续使用数代，达百年之久。为了保持汤味醇美，他们熬鸡汤时每卤一锅鸡都按分量下够配料，绝不偷工减料，因而鸡汤年代愈久，卤鸡味道愈美。

马秀珍的卤鸡，一般每只卤成二斤左右，每天只卤三砂锅鸡子。他们多在晚上出售，顾客早在门前等候，一阵风就卖完了。鸡什件也极好吃，每晚总有六七人等着买，供不应求。在旧社会，李国瑗（李八少）的外甥王应楠每晚佐餐，必吃马家砂锅鸡。李八少过生日时，王应楠送四包寿礼，其中必有马家卤鸡四只。有一次王应楠到北平去看望李八少，携带马家砂锅鸡十余只，李八少非常高兴。某年过了旧历年，王应南带着马家砂锅鸡赴北平，首先向李八少发个电报，说明何时动身，何时到达北平。李八少的至亲厚友均到车站迎接，李八少把砂锅鸡送给每人一只，亲友们特别高兴。

20. 吴永美酱园

吴永美酱园是在清朝末年由亳州迁至周口的。雇用缸头钟师傅，开封人，技艺高，对腌制各种细菜和什锦小菜无不精通，其豆制品，如西瓜酱豆、元缸酱豆等均按亳州的做法制成。

亳州古称谯陵，谯陵酱豆全国驰名，日晒时间及下缸时间均有规定。下缸后如遇阴雨天气，钟师傅有办法保持不变味。吃时稍带甜头，别具一格，风味独特，闻名于陈属各县，顾客盈门，供不应求。吴永美酱园的小菜，如八宝菜、什锦包瓜、大八宝、潼关酱笋、茶豆腐干、琥珀酱瓜、小酱黄瓜及去皮酱笋等，各有特色。特别是虾子豆腐乳、香糟豆腐乳、料酒豆腐乳、白糖豆腐乳、红糟豆腐乳等，更是各有千秋。昔日，陈州南赵庄、北白楼的富有人家，专程派人前来购买各种各样的豆腐乳佐餐。项城袁五少也经常派人前来周口购买吴永美各种咸菜及西瓜酱豆。

吴永美有栈房一处，地方十分宽绰，院内放缸两千多口，十分清洁。工人师傅十多人，每日忙忙碌碌。钟师傅老年多病，离职返家，吴永美东家为其交付生活费用。后由范同文（许昌人）作为缸头，他聪明能干，按照原方制作，一丝不苟。切出菜丝条条如线，做成的八宝菜颇为畅销，每至春季小贩盈门，生意十分兴隆。范同文做臭豆腐乳格外出名。他的各种酱菜如酱瓜、酱黄瓜、酱笋、大小八宝菜、五香大椒等无不尽善尽美。五香大头菜是他的拿手好戏，运至武汉，货不停留，不论多少全部卖完。主要由于吴永美进料考究，旱地种的菜不收，个头小的不收，有伤的不收；腌时分期下盐，每日翻缸，分期加色，出四遍风；成品表里一致，香味扑鼻，每年成品可销五六万斤。

范同文师傅在产品操作过程中认真仔细，五香大头菜要按时翻缸，对酱豆、酱油胚等每日早起逐缸检查一遍，发现问题及时解决。如五香大头菜出了毛病，采取措施，及时把原汤烧开，晾冷后再把菜下到缸内；每日倒两遍缸，十余天后逐渐好转，再加大茴、花椒等香料，使五香大头菜转危为安，保持原味。这种办法是他独创之秘方，但他从不保守，同行人向他请教时，有问必答。其他酱菜园纷纷向吴永美学习。解放前，金骏斋是周口首屈一指的大饭店，顾客酒后吃米饭，常要大头菜炒肉丝，店内常派人到北岸吴永美酱园购买大头菜。

该园范同文师傅制作的雪里蕻，色青绿，味鲜美。当时周口的一些大饭店，如金骏斋、小洞天、五洲饭店等，都把雪里蕻炒肉丝列为佐餐名菜。

另外，吴永美的包瓜，乃是菜中高级细菜，又名十锦包瓜。瓜皮鲜嫩，内装小菜，色彩不一，味道鲜美，为周口之特产。

21. **王三饺子**

在数以万计的饮食品类中，北方水饺独树一帜，它历史悠久，遍及神州；它富于营养，味道鲜美；它既是丰收的象征，又是团圆的象征。从结构上看，它是集面粉、菜肴为一体的大众饮食，品味时再佐以辣酱和香醋，将中华饮食文化的传统体现得淋漓尽致。

王三饺子的创始人王绍先，在家排行居三，故称王三。回族人士，祖居京华。其曾祖曾为朝廷命官，因官场腐败，晚年挂冠归里。由于一生廉洁，家道清贫，至其祖父，家境更加艰窘。后来在友人的劝说下，其祖父在繁华的北京牛街开一北方饺子馆，名“王家饺子馆”。由于王家见多识广、为人忠厚，舍得用精粉、鲜肉、麻油和上等佐料，所以开张不久便门庭若市。又经多年经营，王家遂掌握了严格的配料方法和制作技术，生意更加兴隆。咸丰年间，京华一带，不论回汉两族，八旗子弟，提及王家饺子馆，无不交口称赞。据传说，光绪出宫私访时，也曾慕名驾临此馆，一碗银汤水饺下肚，只乐得这位朝廷老子得意忘形地说：“好！好！”

天有不测风云，人有旦夕祸福。就在王家饺子馆日趋兴隆之际，突然遇到了洋人的洋枪和大炮。八国联军进北京后，王家饺子馆也遭到了浩劫。店面被砸，客堂、内室一派狼藉，加之，这里曾是天地会聚贤纳众之所在，因而又遭到清廷鹰犬的仇视，王老先生出于无奈和气愤，便携眷南逃，一直逃到豫东大地的沙颍河畔，在有“小武汉”之称的周家口安顿下来。到了王三之父时，他在贾鲁河畔又开起了王家饺子馆。近百年来，历经战乱，王家饺子馆虽无当年的辉煌，却在两河三岸、四里八乡博得赞誉。王家饺子始终注意选料、配料的加工程序，又恪守薄利多销、服务周到的原则，虽然百年沧桑，但仍风采依旧地立足于周家口这片古老的土地上。

到了解放后的城市合作化时期，由于历史的多种原因，王绍先转到工厂工作。一晃三十年过去了，历史进入了改革开放的80年代，此时的王绍先虽年近花甲，却壮心不已，他在党的方针政策指引下，靠200元人民币起家，重操旧业，开始卖大碗面条和水饺。为了便于称谓，饭馆索性以王三命名，称为“王三饺子馆”。“王三饺子馆”是王家饺子馆的发展和继续。经过十多年，这家几经兴衰的饺子馆终于走上了大规模集团式经营道路——由一家普通餐馆发展成为“王三饺子集团公司”，成为周口饮食文化的一枝奇葩。

王三饺子有着独特的风味，其特点可用鲜、嫩、香、脆、筋五字概括。即鲜嫩可口，香而不腻，皮筋馅脆，肉丸不散。王三饺子选用上等精粉和鲜羊肉为主料，佐以大葱、生姜、麻油、糯米和其他辅助材料，在其配料和制作上极为讲究。一次因故停电，冰箱里的几百斤羊肉出现了异味，董事长亲自监督将其埋掉，可见其作风过硬、选料考究之一斑。

随着社会的发展，人民生活水平的提高，王三水饺从单一型肉水饺向多元化发展。目前，已有羊肉水饺、羊肉蒸饺、素水饺、素蒸饺、虾仁饺子、三鲜饺子、四喜饺子、百味饺子、豆皮饺子、饺子锅贴，并于节假日推出饺子席、饺子宴。包括农民进城办事，大都来此光顾，吃它个痛快；港、澳、台同胞归来，也常喜欢请客和家人在此一聚，品尝一下家乡风味；外宾来周更是要在这里吃个酒足饭饱。1992 年王三饺子成立了集团公司，下设凤凰台总店、王三食府、王三海洋食都、饺子王食府等六个店面，又引进南北菜肴、生猛海鲜，以及川菜、粤菜、豫菜、鲁菜等。

2000 年以后，王三又开张两个大型“王三快餐店”，鸡蛋饼、胡辣汤、烧麦、锅贴和八方小菜、四时佳肴等民间小吃也登上“大雅之堂”，各阶层的顾客更是川流不息，比肩接踵。近来他又在周口开发区建立清真食品厂，开发生产王三速冻水饺、汤圆等清真系列产品。

22. 沈老太豆制品

河南省周口市沈老太豆制品研发中心，是一家拥有百余年历史的老字号。其第一代创始者沈福祥，于清代道光（1821－1850）年间出生于河南四大商业名镇之一的周家口（即现河南省周口市川汇区）。因家道清贫，夫妻二人开设豆腐坊，以制卖水磨豆腐为生，赖以生儿育女养家糊口。

沈福祥为人处世头脑十分机敏，他在长期磨豆腐中注意积累经验，总想开发一些新品，以利生息。有次心血来潮，他试着将点卤后的嫩浆，用小勺试点在烧热的铁鏊子上，两面焙熟后形成一种铜钱大小的圆饼子。再试着过油一炸，配以青蔬调料，味道十分可口。从此，他刻苦钻研，选用各种配方反复对比，最终发现以绿豆磨浆后点煎的小豆饼质量最好，不但外观黄灿灿赏心悦目，烹制成后也格外爽口。从此，沈福祥在周家口豆腐坊行业中，率先开发出绿豆金钱豆饼（儿）。该饼推向集市后，很快成为周家口十分叫响的地方名产。

又因沈老夫妻二人，历来是男的主持泡豆、磨浆、点卤、成型，女的则干些添水、烧锅、焙制和赶集叫卖的活儿，因此，他家的绿豆金钱豆饼一上市，即被老百姓顺口称之为“沈老太婆的金钱豆饼”。长此以往，一传十、十传百，“沈老太金钱豆饼”便自然形成为一个家喻户晓的品牌字号。

清朝同治五年（1866年），两江总督曾国藩，由徐州移师周家口，总理平捻军务，驻在周家口北岸的覃怀会馆。据说，他从湖南带来的一位司厨，有天闲逛到南岸大十字街菜市口，偶然与沈老太叫卖金钱豆饼的挑子相遇。这位湘籍司厨，追随曾国藩多年，半生走南闯北，很见过一些世面，可面对沈老太担挑上这半筐箩黄澄澄的金钱绿豆饼子，他却一时傻楞双眼，半天未缓过神来。他拿起一片，闻闻，掰开尝尝，略加讯问，即摸出一点碎银，买了一些，匆匆而去。回到帅府，他交待灶上，为曾国藩当天的晌午饭，添了一道菠菜烧豆饼的素菜。那天曾国藩忙于公务，腹中有些饥饿，乍见面前一盘素烧，灿如金钱，绿如翠柳，心中好奇，不由夹起一片送进嘴巴，细细嚼了起来。试想，这曾大帅当时是何等显赫的极品朝廷命官，平日里什么山珍海味上八珍不曾吃过？偏偏今天这一筷子烧豆饼一进口，竟不由点头晃脑连声赞不绝口，还把那“沈老太金钱豆饼儿”一连念叨了几遍。主子一高兴，喜得那位司厨满脸开花，兴奋得三天没睡好觉。从此，他刻意交待沈老太，每天将三斤上好金钱豆饼，按时送进帅府，由他亲自掌勺，配以鸡脯鸭掌高汤，细细煨烧。遇上曾国藩官场应酬，这焦烧豆饼一味，慢慢竟成了不可或缺的一道主菜，多次获得那些官缨之辈的交口赞扬。同治四年（1865年）二月，曾国藩离周前，那位司厨还专门用蒲包带上几斤（沈老太金钱豆饼），才恋恋不舍而去。据说，沈老太绿豆金钱豆饼，后来还收进了曾氏家常菜谱。

到了清代光绪初年，沈福祥之子沈贵安在周家口南岸西新集街，租占门面，正式挂牌，打出沈家豆饼老店的招牌，并有一个圆形的木雕金钱，作为“晃子”，刻于门店一侧。十分醒目的是，竟然还有一副对联，写在门外两厢粉刷的竖条上。上联是：沈家老号金钱为记；下联是：金钱豆饼沈家老号。平心而论，这副对联实在平淡无奇，甚至远称不上是一副真正对仗工整的对联，极可能是出自坊间的一位“半瓶醋”之手，根本不值一提。但它却在向世人宣告：原来的沈家豆腐坊，已正式创店并拥有了自己的字号！它便是今天“河南省周口沈老太豆制品研发中心”的前身。

但是，这绿豆金钱豆饼，论到底毕竟算不上是什么高科技产品，充其量仍然是一种小打小闹小本经营之物。况且它工序复杂，全靠手工一片片滴、焙、翻、煎，产量也无法形成规模。以之养家糊口故然绰绰有余，若想靠它创一番事业，却难之又难，这是沈贵安也心知肚明的。所以，沈贵安和其子沈荣良，平日里也常常议论此事，总想从中另找出路，开辟一片新天地，以使沈家老店真正有所发展。这个愿望，最终经沈荣良之手，获得了实现。

沈贵安膝下生有二子一女。长子沈荣先少年读书，颇有长进，曾应童子试而无果，后以教习为生，无意从商。唯次子沈荣良读过几年书后，继承父业，不数年即接替其父，挑起了沈家老店这副担子。这位沈家老店的第三代传人，毕其一生之心血，主要干了两件大事。

一是他总结前人水磨豆腐的多年经验，重点在投料和点卤两大环节上用心钻研，经过无数次反复试验，终于开发出了一种沈家老店独树一帜的豆干新产品，起名曰“翡翠豆干”，并从此为沈家老店后来的百年辉煌，奠定了特色产品的物质基础。所谓翡翠豆干，从一开始就与坊间一般常见的豆腐干大不相同。一般豆腐干，与通常的水磨豆腐并没有实质性的不同之处，只不过在轧制与成型过程中，增加了脱水力度和改变了一下包扎方式而已。它的市场定位，从一开始就与豆腐乳等一样，位于一种日常小咸菜的平庸之别。沈家新开发的豆干则与之截然不同，它手感坚实而富有弹性，口感筋道又余味馨香，且色泽白中带香，黄中蕴浆，翡翠之论，盖缘于此。

据民间口碑流传，说是当年沈家豆干一经问世，坊间评论即哗然不俗。论它不是豆腐胜似豆腐，说是豆腐又强过豆腐。原来，作为那个历史年代的全新豆制品，沈家豆干从一开始就有意识地充分保留了中国传统豆腐的原生态特色，不加任何酱色着色和培料配制，而是把后期调味的广阔天地，尽量留给了广大消费者和酒楼饭馆的大厨们，使他们可以在后期加工中根据自身爱好，或煎炸爆炒，或炖炝煸煨，或咸香清爽，或麻辣酸甜，一任海阔天空，自由翱翔。这既满足了各色人物不同的口味，又提高了沈家豆干的品位名声。这正是沈荣良精明过人之处，也反映了他对中国传统食品未来发展道路的一种极具前瞻性的经营理念。

其二是，沈荣良开始认识到原来口头随便一说的沈老太金钱豆饼，在经历了两代之后，实际上已经成了一块金字招牌，它甚至比其父掌店时挂出的那个“金钱为记”的幌子，更具有市场品牌效应（尽管其时还没有品牌效应这个提法）。因此，他在“沈家豆干老店”自然向“沈家豆饼豆干老店”转移的发展时期，毅然把“沈老太”这块招牌正式打了出来。

其时，周家口乃中原内河航运最发达的交通要冲，万商云集，五方杂处，商贸发达，市集繁荣，正处于历史的鼎盛之时，又兼周家口分淮宁、商水管辖，官府公差，络绎不断，市井内酒楼、饭庄鳞次栉比。沈老太豆干很快成为勤行“外购”和家“采买”的青睐之物。他们纷纷与沈家形成一种长年稳定的供货关系，又尽情展示自己的厨艺，以讨好贵宾与主家，使沈老太金钱豆饼与翡翠豆干的内在潜力，得到了淋漓尽致的开采与发挥。使沈家老店至此彻底脱出了“豆腐坊”的旧局面，上升成为真正意义上的一家老字号名店。延至清代光绪中后期，直到民国以降，世事沧桑，时局变迁，与周家口相邻仅一箭之遥的项城水寨，先后有袁甲三、袁世凯，以及稍后的张镇芳、田震南等人物纷纷崛起，周家口也有李擢英等名噪一时。其中，袁世凯权倾朝野，李擢英官至监察史、大理寺少卿，皆烜赫一时，其祖籍亲眷自然也成为当地的名门望族。他们在京师与省府之间，往来频繁。周家口乃通往省城开封和京师之间的必由驿站，后来的项城田家，甚至为取道之便，斥巨资在周修建了极具园林风格的田园雅居，以为人员往来的落脚之点。豪门往返，当地特产自然会成为顺路便携之物，于是，淮阳的黄花菜、莆菜根，和周家口的沈老太豆干等，渐渐皆成为采购中不可或缺之物。沈老太豆干亦从此走出产地，进入包括北京、开封等地官商之家的桌上，被称为“口干”，名声大振。

与此同时，因周家口水陆交通发达，号称东通皖鲁、西接襄宛、南达荆楚、北连京津，人口一度高达二十二万之众。当其时，周家口的上等菜馆，为招揽嘉宾，无不倾其全力广开菜谱以获利。其中：腊味翡翠豆干、南虾烧豆干、豆干鹦哥柳等，纷纷列居金榜，屡屡被倌馆们抢先推介。沈老太豆干一时竟成缺罕之物，时有应接不暇的断档之难。据传在民国二十年前后，连一时赋闲在周家口黄家杏园的张镇芳、张伯驹父子，均曾对沈老太豆干所制佳肴，颇多赞誉，时人传为佳话。其间，还有一段耐人寻味的故事，在坊间广为流传，至今在老周家口人中，还不时有人津津有味地道及。说是沈家老店在第四代传人沈毕堂掌门期间，因操作不慎，曾发生过一场大火，使商贸地位渐次衰落。又兼军阀混战与屡次杆匪之患，市井亦较之以往略显萧条。但周家口毕竟是个已经历数百年的豫东大镇，在河南内河航运中，仍占有相当高的地位。至抗战初起之烽火年代，又有一件与沈老太豆干相关连的故事，再次让沈家老店感慨不已。

1937 年 7 月，卢沟桥事变爆发，中国人民奋起抵抗，敌忾同仇，八年抗日战争的历史阶段拉开大幕。是年 12 月 15 日，中国空军第四大队大队长高志航，率苏制战斗机进驻周家口机场。此前，高志航已在“八一三”沪战和杭州空战中，连连击落日机，威震敌军。日对高志航之英名，恨之入骨又闻风胆丧。在周阶段，机场伙食一直由周家口当时有名的金骏斋每日做好后按时派人送赴机场供应。据周家口老文史工作者李灵叔老先生生前介绍，高志航是东三省人，好吃腌辣泡菜，所以高志航才点了腊肉烧豆干，作为常用菜之一，每日供应。而金骏斋的腊肉烧豆干，多年用的就是沈老太豆干，这是沈家老店当年引以为荣的往事。是年12月20日，当天正值冬至，金骏斋派徒弟提前将饭送到，除了三鲜饺子以外，荤素配菜中即有此豆干一味。不料饭未上桌，风云突变，忽有日本战机11架骤然来袭，投掷炸弹，瞬间一片火海。高志航临危不惧，急忙冒弹登机，但已错失战机，他不幸当场为国捐躯，连送饭的伙计亦遇难于机场。事变突发，周家口军民震动。烈士遗体起运之日，周家口民众万人空巷自发送殡，哭声震天。沈家老店专祭供品中，即以此菜为先，以寄托对烈士英灵的哀思。这是当年沈家老店第五代传人沈殿发经常对后人诉说的一件事，也是周家口老辈人爱说的一件往事。据论，沈殿发当年还有一个小儿子正在淮阳上中学，还就此事写过一篇悼念烈士英灵、抒发爱国情操的文章，被学校推荐，登载在当年省城的报纸上。

在后来的一段日子里，经历了鬼子投降、内战爆发，沈家老店的沈老太豆干，也只能保持着维持生计的局面。又因兼受客观条件的制约，长期在技术与设备上无法解决冷藏与仓储问题，无法形成批量生产。虽然也采用过土法窖储，却始终难成大的气候，长期局限一作坊式生产模式，落在了时代的后面。建国后的50年代中期，国家实行粮食统购统销政策，和工商业社会主义改造，沈家豆干作坊并入原周口市豆腐加工厂，沈氏第八代传人沈德亮变成该厂职工，厂址在周口镇新街南段路西，因以追求产量为第一任务，从事大众化豆腐生产以供应市场，但仍保持有少量豆腐干、豆腐皮、豆饼子生产。在1958年该厂又扩大规模，搬迁到二板桥北作坊街西口，成为当时周口唯一上规模的豆腐加工厂，直至90年代本厂下马解体。

20世纪80年代后期，国家实行改革开放政策，沈家后人开始思考工艺复兴。经过一段酝酿筹备，沈家老店第九代传人沈金梅女士，以其所经营马氏广告公司为后盾，于1999年创办了沈老太豆制品研发中心，终于在2003年，在当年祖传工艺的基础上，利用现代科技生产手段，开发出了新一代沈老太黑白豆干系列，使沈家老店百里挑一的老字号产品，得到了恢复与发扬。经投放市场后，反映不俗。

沈老太豆制品研发中心生产的新一代豆干系列，经无数次组织科研人员论证，形成以下共识：

其一，现代豆制品的开发，应以保持豆类原生态粗纤维生物分子构成为第一要务，以最大限度保持其对人体的营养价值不变，而不能一味谋求外表，导致其原生态微量元素的流失。因此，沈老太豆干在生产过程中，仍从源头上保留石磨磨浆的原有模式不变，充分保留了中国豆制品的可贵传统。

其二，沈老太豆干系列，坚持不添加任何发酵、防腐、色素等化学制剂，而以现代先进的科技生产手段，解决了高温灭菌、真空包装、长期保鲜等技术问题，使之真正成为天然绿色食品之典范。

其三，沈老太豆干，虽亦增加了一定调味因素，但仍为其后期流程保留了充分的调味天地，以满足各地域、各阶层人士的不同饮食口味习惯。它既是“五香豆干”，也是豆制半成品，更是原生态豆制品精华。

沈老太豆制品研发中心，现拥有直属生产厂地、研发科室、化验室、实验车间、培训基地、销售网络、副食超市、包装印刷、广告策划、营销队伍等，人员 168 人。其中大专科研人员 18 人，占职工总人数的 33.84%。截至 2002 年，该产品新研发了黑豆干、绿豆干生产线，并申报了国家专利，“沈老太”也注册为该项目的产品商标，多次参加省、市及全国食品展销会，得到上级的好评，并获得“诚信单位”、“中原风味名吃特等奖”、“科技创新名牌企业”等光荣称号。

（三）饮食禁忌

人们常常说：“人是铁，饭是钢，一天不吃饿得慌。”但是吃什么，怎么吃，周口人是颇有讲究的。处于中原文化发源地之一的周口，民众的饮食忌讳正是整个中华民族民间忌讳的一个代表或者说是一种表现。

周口民间许多人对食物食品有许多独特的鉴别方式，比如从阴阳的角度，分析出各种食物是热性还是凉性。热性的吃后有火，凉性的吃后有寒。一般说来，物性相反的食物不可同食。热、寒太过的食品也不宜多吃，就是说热上不可再加热，寒上不可再加寒。从营养的角度，人们又分出是大补还是大损，补品有益，损则不宜。但“补”又忌过分，“损”或在积食、濡泻等时也可适当食用。有些食物还被认为是有毒的，是不能多吃的。食物忌讳往往是与医道相关的，中医很讲究这些。因为中药许多都是直接取之于可食用的动植物的。比如，俗以为多食韭菜可以导致神昏目眩；多食蒜，可伤肝痿阳；多食鳝鱼，会得霍乱；吃食鸭蛋，会使疟疾病加重等等。俗语有“黄瓜上市，医生行时；茨梨上市，医生背时”、“黄瓜上市，医生行运；萝卜上市，医生倒霉”的说法，也是说黄瓜会使人害病，梨、萝卜对人体健康有益。

周口一带有“桃养人，杏伤人，李子树下埋死人”的说法，也说明桃、杏、李三种水果对人身体健康的不同影响。俗以为河豚、夹竹桃、房檐水、蛇、蜈蚣等是有毒的，食后伤人。又由于民间自古巫医不分，所以许多这类食物忌讳又常常是包含着某种神秘意味的巫术遗迹的。比如，人们认为鲫鱼春天不能食用，说春天鲫鱼头中有虫，恐食后脚气病重；又因鸡食蜈蚣百虫，蓄毒，故夏不食鸡，恐食之杀人；还说吃秋姜会早死等等。饮食上还有的是颜色方面的忌讳，比如“孝服”色白，白为不祥之色。因而，买鸡都忌讳要白色的等。

一些历书上多有食物相克之类的图表，然而因各地物产、习惯的不同，这一类图表也差别很大。周口一带民间也流传着许多关于食物相克的忌讳。如：鱼肉忌讳与荆芥同食，食之必亡，谓之“鲤鱼犯荆花”；鱼子与猪肝忌讳同食，食之必亡；葱与蜜忌讳同食，食之必亡，谓之“甜砒霜”；花生与黄瓜忌讳同食，因其物性相反，故以为食之断肠、亡命；柿子与螃蟹忌讳同食，因其物相同，皆寒，故食之得痢疾；烧酒与生姜忌讳同食，食之坏心肺；鸡与韭菜忌讳同食，食之生虫；苋菜与鳖忌讳同食，据说鳖遇苋菜会复生，食之生血鳖等。如果不慎同食了相克的食物食品，民间以为大多数还有补救的办法，一般可用绿豆水、黑豆水、甘草水、芦根汁、冬瓜汁、粪汁等化解之。但亦有一些严重相克的，无药可解。如驴肉与荆芥同食“茅檐水滴到肉上同食”等，均认为无化解的可能。民间也有不信此说的。

周口民间还有一种更为原始的饮食俗信原则，即相信食物食品的这一类自然属性也会传染给吃者。俗以为“吃了熊心豹子胆”，人就会变得同熊和豹子一样凶猛彪悍，而吃了老母鸡的肉，人的皮肤也会变得疙里疙瘩的粗糙起来。吃辣椒会使人心眼变得毒辣无比，成为坏人；吃鱼肠会写出弯弯曲曲的字来等等。正是由于这一信仰原则的存在，不但有把吃食老母鸡、辣椒等这样比较正常的食物视为忌讳，而且尤其忌讳吃食那些具有异常形态的或者处于异常情况下的食物食品。因为异常的食物食品，其性质发生了变化，是不可捉摸的，食之，唯恐导致某种不吉利的变异。

在饮食方式上，周口人讲究尊重当地的习俗，所谓“入境随俗”。因而到某地某人家中做客，要明白当地的饮食习俗，了解当地饮食方式上有何忌讳，切莫犯了人家的忌讳。不然的话，就会闹出笑话，或者发生误会。比如到信奉伊斯兰教的民众家庭做客，要尊重其宗教信仰，饮食时忌讳提及猪肉。在维吾尔族家中做客，吃饭时，忌讳随便拨弄盘中食物，忌讳随便到锅灶前面去。如吃抓饭，食前要洗手。通常是洗三下，然后用手帕擦干，忌讳乱甩手上的水，俗以为这样是对主人的不尊敬。

周口人是热情好客的，他们很乐意在自己家中款待亲朋好友，尤其是来自远方的客人。周口人讲究敬宾客，在吃饭前要给客人递上热毛巾，请客人洗脸擦手，把客人让到首席座位上。周口一带，客人进门的第一顿饭忌吃水饺，因为水饺是送行的食品，俗称“滚蛋包”，意味着客人不受欢迎。河南郸城一带待客忌三盘菜、八盘菜，说是“三个盘子待鳖，八个盘子待王八”。一般是菜多为好，民间有“七个碟子八个碗”的说法，表明菜肴丰盛、待客心诚。吃饭时，主人要亲自给客人布菜、敬酒。盛饭时忌勺子往外翻。一说这是犯人牢食的舀法；一说是为了避免财水外流。宴客席间主人始终陪坐，忌讳提前离席。吃饭时，忌讳将空碗空碟收走，忌讳席未散抹桌扫地，俗以为这是“赶客”的举动。宴客时又忌茶壶、酒壶壶口向人，否则，以为会有口舌。周口一带，宴客忌问客人“吃醋不吃醋”，因讳“醋”字，要称醋为“忌讳”；酒席上，莲菜盘忌放首席前，要放远离客人的“席口”处。因莲菜俗称“眼子菜”。若放客前，恐有“捉眼子”之嫌，“捉眼子”含贬义，是一种污辱人的俗语。家中来客，打荷包蛋时，忌打两个鸡蛋，恐犯“二蛋”的忌讳，“二蛋”俗谓“傻瓜”之意，一般都是打四五个鸡蛋，才显得热情。招待客人吃水果时，忌讳两人分吃一个梨，讳避“分离（梨）”二字等。

周口民间还忌讳吃饭前用筷子敲空碗，俗以为“穷气”。因为，只有乞丐要饭时才这样敲。拿碗的手势一般是五指自然捧着饭碗，忌讳用手掌平托碗底，又忌用手攥着碗边，这也像乞丐要饭的样子。盛饭时，周口有忌从窗口递进食物的习俗，据说吃了会得噎食病。饭盛好后，民间又忌讳将筷子插在米饭碗上，据说这是丧葬时敬鬼神的方式，容易让人想到死人，是不吉利的。又忌把筷子横担在碗上，说这是供奉死人的放法。据说，明代之前有把筷子担在碗上的习俗，后来明太祖斥为恶模样，因而后来这逐渐成为一种忌讳。有些讲究的人家，酒杯碗筷的放置都有规矩，叫做“杯不出栏，筷不出椽”。若是杯子两边，一边放一只筷子，人们就觉得不吉利，因为“快（筷）分开”了，这样，看上去也不雅观，不正常。并且，每双筷子应一齐，不可一长一短，令人想起“三长两短”等不吉语，故以为不祥。

周口人是用筷子吃饭的，筷子一般用右手执拿。左手拿筷子，周口民间以为反常，俗称“左撇子”。拿筷子的位置一般要适中，忌讳拿得过高或过低。俗以为从手执筷子的部位上可以占卜出来小孩子日后结婚对象离家是远还是近。手拿筷子过高的，对象一定离家远，手拿筷子过低的，对象一定离家近。河南郸城民间又有吃饭时用筷八忌之说，即为：一忌舔筷（忌用舌头舔筷子）；二忌迷筷（忌拿不定主意，手握筷子在餐桌上乱游灵）；三忌移筷（忌刚吃了一个菜接着又吃另一个菜，中间不停顿，不配饭）；四忌粘筷（忌用黏着饭菜的筷子去夹菜）；五忌插筷（忌把筷子插在饭菜上）；六忌跨菜

（忌别人夹菜时，跨过去夹另一个菜）；七忌掏菜（忌用筷从菜当中扒弄着吃）；八忌剔筷（忌用筷代牙签剔牙）。这也是家庭吃饭、宴客时的忌讳俗规。周口一带，忌讳吃饭时将筷子掉在地上，俗以为不吉利。如果吃饭时掉了筷子，要用掉下的筷子在地上画个“十”字作破法，然后再使用。忌讳吃饭时把碗扣在桌上，据说扣碗会得噎食病。还有一些农村忌讳吃饭时扣碗是因与吃药相类之说。因为周口人吃汤药时，喝完后常将药碗扣于桌上，以示今后不再生病服药。如扣饭碗，还恐易生病将不能进食。还有部分乡村有吃鱼吐刺，忌吐在地上的说法，吐刺要放在桌上的习俗。吃饭时还忌讳掉饭粒、撒米和剩碗根。这实则是周口民间敬谷神、惜谷物的心理表现。周口民间俗以为“作践谷物，必遭雷击”。又以为，“小孩剩碗底，长大娶麻妻。”“吃不光，好生疮。”因此家长从小就要求孩子吃多少盛多少，要学会掌握自己的饭量。民间还有许多劝少食的俗谚，如“少吃多滋味，多吃坏肚皮”。尤其忌讳晚饭多食。俗说“少吃一口，安稳一宿；少吃一碗，安稳一天。”“少吃一口，活到九十九；多吃一勺，半夜睡不着。”并且忌暴食狂饮，所谓“饥不暴食，渴不狂饮”。

吃完饭后，民间俗忌躺卧不动，所谓“饭后不动，定要生病”。大多人以为吃饭后最好是走走步，活动活动。所谓“饭后百步走，能活九十九”。饭后又忌洗澡、剃头。周口民间有“饭饱不洗澡，酒醉不剃脑”、“肚饱不剃头”的说法。

烟、酒、茶也是周口人饮食方面的特种嗜好，也有一些饮食方式上的忌讳。一般来说，多病体弱之人忌讳吸烟喝酒饮浓茶，恐怕对病体不利。小孩忌讳吸烟喝酒饮浓茶，恐怕损伤脑神经等。

周口民间的饮酒游戏有很多种。然而一般通行的俗规忌讳却也不少，如：酒令大似军令，在场人均不得违犯；隔席不说话，隔席不问酒；交架腿不坐席，歪戴帽子不坐席；忌迟到，迟到者，罚酒三杯；罚酒必喝干，滴一滴，罚三杯；划拳伸手指时忌用食指和中指表示“二”，俗以为像“挖眼”；忌用小拇指表示“一”，俗以为小拇指是比喻“小人”的，常用大拇指表示“一”，这是尊重对方的意思。总之，这类规约很多，更有一些是因地因时因人而异的。没有孩子的人忌喝瓶子底下的残酒，有的地方称之为酒福，俗说喝瓶子底生闺女。饮酒又忌过量，以免酒后失德。俗以为“气大伤人，酒多伤身”，所以“饭要少吃，酒要少饮”，“不贪意外财，不饮过量酒”。否则，“酒极作乱”，会导致“乐极生悲”的。

周口民间尚有一些关于饮茶的俗信忌讳。俗以为饮真茶令人少眠，吃茶多，腹胀（可以醋解之），故忌讳晚间饮茶和饮茶太多。又以为“隔夜茶，毒如蛇”，不可饮。

食品制作方面，忌在厨房杀狗，也不能在灶上煮狗肉。人们普遍认为在厨房杀狗就会秽污灶王，狗血一淋，灶王会跑开，家里就没有神灵保佑了。所以，人们杀狗时多在屋外进行，烧火刮毛也在外边做，砍好狗肉拿来煮时，另用石头、砖头来砌临时的火灶，或在田边挖个灶，吃后就将灶毁掉。汉族也有惧杀牲禽的习俗。许多人以为杀牲禽会给自己带来不利。大多是上了年纪的人杀牲禽，年轻人忌上前看，忌动手宰杀。年轻人不得不杀时，动手前，常用嘴噙一下刀背，以为“破邪”。传说这一噙，死后到阴间可吓跑兽怪，免遭报复。有的在下刀前还念几句咒语，如“不怨你，不怨我，光怨你主家卖给我”等。杀完之后，还须蒸一碗血吃，以弥补杀生的罪过。周口民众认为鹅是有魂的，所以杀鹅时分外小心，他们生怕鹅的魂灵找到自己报复。所以，周口民间杀鹅，一般在十字路口杀。杀了鹅提起来就走，不能回头，否则，鹅的灵魂发现杀它的人，就要报复的。

吃饺子，在改革开放以前，对于周口民众来说是很慎重的，一般都是过年节时才吃的。周口一带包饺子忌讳数数，据说一数数就少了。民间最忌讳说“够了”、“不够”、“多了”、“少了”。怕被神灵听去了整治人。据说有的人家因为说了这类话，饺子一下锅里就不见了，又有忌包饺子不捏褶的，说是捏光边像“和尚头”，不吉利。其俗又忌包好了饺子摆成圈。据说摆圈表明日子越过越死门子。而要摆得横竖成行，这样才显得财路通达。过年吃饺子时，人们又爱在饺子里包上钱或小煤块。吃着有钱的饺子兆示要发财，吃着有煤块的饺子就预示要倒霉了，因此都忌讳吃着有煤块的饺子。不但包饺子如此，做其他食品也是这样。过年蒸年糕，也忌讳孩子们在灶前指指点点、乱说话。俗以为孩子们一插嘴，年糕就发不起来了，就蒸不好了。就是平日里蒸馍馍、炸油条时，也有恐怕得罪鬼神而兴起许多忌讳的。周口民众在年节蒸馍馍、炸油条时为了防止“鬼捏馍”和“鬼喝油”，一般这时是忌讳外人串门的。在门口，有的插把剪刀，有的放碗冷水，还有干脆关门闭户，以防人来。有人串门赶上主家正在蒸馍、炸油条时，必须先到火灶旁帮助主家烧把火，以为破解。

周口民间关于用药的方式也有一些忌讳。民间以为抓中药时，药方不能反叠。否则，药与病反，没有功效。抓来的药，又忌放在锅台、窗台、炕台上。吃完了中药，忌讳药渣乱倒，周口民间有“药渣倒高不倒低”之说。又有药渣忌讳倒在垃圾堆和厕所内的。因为民间相信，即使是吃过的药渣仍然是与病人的病体相关联的。如倒放不妥，就会影响病人康复。他们以为药渣最好是倒在马路上。这样人来车往，可将药渣踩碎踢飞，与此同时，病人的病患也就得到解除了。

由于食物、药物各有性质不同的特征，所以有时治病服药后还要特别忌食某种食物食品，谓之“忌口”，又称“忌嘴”。周口民间俗话说，“吃药不忌口，医生跟着走”，“吃药不忌嘴，大夫跑断腿”。比如治痢疾时忌食油腥物；治脓疮时忌食鱼肉发物等等。民众不但吃药者有所忌讳，就连农村草医本人也要忌吃狗肉和其他五个爪子的各种兽肉，否则，他的药物就不灵了。这与忌讳用狗和其他五爪兽肉、死肉祭神，说是对神灵的侮辱有关。民间也相信草医吃了狗肉和其他五爪兽肉，其降病驱魔的神力也就会削弱甚至消失的。

三、居住民俗

（一）建房

周口民众在建房的择地、开工、上梁、落成时，都有仪式。民众要请风水先生选择地基。定基时，在地下挖个洞，埋下一包朱砂和五条桃符木，然后祭土地爷。

民众在开工建设上也是有很多忌讳的。特别在开工和打夯时对太岁神的忌讳更是无微不至。“在太岁头上动土”是周口的一句老话，它表明一种文化忌讳。人们普遍认为，不信这种忌讳、真的会招致灾祸。在周口民间，“太岁”向来被人们看作是一种神秘莫测的力量，一种能在冥冥之中支配和影响人们命运的力量。它无影无踪，而又无处不在。其实，“太岁”实际上是古代人假设的一种天体。作为一种具体的生物，“太岁”是真实存在的。

太岁又称太岁星君，太岁就是天上的木星，因为木星每十二个月运行一次，所以古人称木星为岁星或太岁；太岁又称太岁星君，或者岁君，它既是星辰，也是民间奉祀的神祇。一般人的年庚，若与值年太岁相同，民间称为犯太岁，年庚对冲者，则叫冲太岁。因此，无论是哪一种，在那一年里必定百事不顺，事业多困厄，身体多病变，因此务必要拜奉太岁星君以保平安。六十甲子各有岁神轮值，而当年轮值之岁神称为值年太岁，如想知道自己的值年太岁，只需找出自己在六十甲子所属的名称，便可找出自己的值年太岁。

什么叫做犯太岁？犯其实即是冲，“冲”亦分为“年冲”及“对冲”。

"年冲"即是指生肖之年，例如今年是蛇年，属蛇者即为年冲；"对冲"即是指生肖之年再加上六年，"对冲"又叫"六冲"，即子午冲、丑未冲、寅申冲、卯酉冲、辰戌冲、巳亥冲。以辛巳蛇年为例，巳与亥为相冲，因此肖猪的人在辛巳蛇年，便是"对冲"，犯了太岁；凡是遇到"年冲"或"对冲"的生肖，都要到庙里拜太岁，才会诸事顺吉。

太岁神，本为道教的星辰尊称，简称为"太岁"，或称为"岁神"、"岁君"、"岁星"、"大将军"等，也就是年神，是诸神之中最有权力的年神，掌管人间一年的吉凶祸福，统摄众神，有"年中天子"之称。太岁神计有六十位，每一位太岁都有他的姓名，顺序值年，周而复始，循环不息，从甲子年的金赤大将军至癸亥年的虞程大将军，依六十甲子轮流掌管人间一年的吉凶祸福，故又称"值年使者"，或"值年太岁"。古书云："太岁如君，为众神之首，众煞之主，有如君临天下，不可冒犯。"由于太岁神位高权重，人人敬而畏之，为避免得罪太岁，因此在冲犯太岁之年，都必须在新开春期间求取"太岁符"，祈求新一年平安顺利，趋吉避凶。除此之外，因太岁的姓名不能冒犯，若有人的名字与流年太岁相同，也属触犯了太岁的名讳。

在周口民间，还有一个有关建房和太岁及民众生活忌讳的传说。这个传说包含许多民众意识和民众信仰，成了人们建筑忌讳的经典教材了。这个传说故事就是"火烧万家楼"。

很久以前，商水县苏童佛祖庙东北有一座木砖结构式楼房，叫万家楼。楼房的建筑宏伟壮观。在方圆数百里是数得着的，谁料天有不测风云，一场无情的大火，将万家楼烧得片瓦不留，只留下了一段美丽的神话传说。

万家楼遗址位于商水县位集镇苏童村东北面，牛王寺沟南侧，任黑庄的西边。汾河岸边的苏童村是一个远近闻名的大庄子。清末时候，苏童村来了一个姓万的年轻人到富绅家当长工，万某体格强健，五大三粗，胆量很大，深得东家喜爱。东家在汾河湾有五顷地，因为河湾内常常闹鬼，其他长工都害怕，万某却不信鬼神那一套，冬去春来，他在此耕种几年也没见到一个鬼影子。

夏天的一天，他吃过午饭，跑到汾河湾洗澡，上岸后躺在草丛里睡着了，半夜时，虫叮蚊咬，万某醒了，发现身边坐着一个尖头白脸、身瘦如柴的黑影子。万某问："你是人是鬼？"黑影子阴阳怪气地说："我几千年前是人，现在是鬼。"万某说："你是人是鬼，我都不害怕，你为啥在汾河中吓唬百姓？"影子说："大禹治水的时候，我是挖河领班，因为没有按照大禹的旨命，耽误工期，没把澧河与殷川（汾河）连通，被大禹斩头于澧河工地。""你为什么没有完成任务?”影子说:“因为我克扣粮食,民工吃不饱,他们一恼把锅砸碎不干了。大禹斩我以后,把我的头掷到漕河里,身躯撂到了殷川。到了商朝,漕河水流入殷川,这儿渡船过客很多,所以,我在这等替身人。千百年来也没撞到一个,只好一年吓死一个人,用阳血补充阴魂。”

万某说:“你今晚撞上我这个粗大胆,没吓死,怎么办?”影子说:“我看你是个老实能干的苦命人,没敢下手弄死你,算我们人鬼有缘分。”万某说:“我是个孤苦伶仃贫苦人,你和我结交没什么好处,我穷得全身酸臭。”影子说:“我能让老弟鸿运高照,财源广进。”万某不信鬼影子说的话。影子说:“你结网捕鱼,汾河之神怕我,我能让你发鱼财。”

万某信鬼话为真,没过十天,结了几张网,把网下在漕河流到汾河的入口处。鬼影子下河趟水撵鱼,万某张网捕鱼,每夜可得鱼千余斤,清晨去集市卖,可得银钱五六十两。就这样,年复一年,万某不知不觉积攒了几万两银子,他最后当起了鱼行老板,在苏童村雇了几十个佃户,为他捕鱼、拾鱼、卖鱼,六七年以后他成为商水县一带屈指可数的富户。

万某成了暴发户,富甲一方,就在苏童村一带购买了百余顷上等好田,雇用长工百余人,丫环佣女20多人,庄园内骡马成群,美宴好酒,昼夜逍遥。一年春天,万某从东北顺汾河运来十几船上等木材,在苏童村东北建造一座巍峨壮观的万家楼。打夯那天,苏童村的阴阳先生告诉万某,今日是黑道日,不易打夯动土,否则,将有家门灭亡之灾。万某财大气粗,根本不信术士所说。偏偏在黑道日,太岁正坐的位置行夯,一天下来,300多斤的石夯在太岁头上砸了几十下,太岁的头被夯打得青紫,起了大包。太岁心中好恼,傍晚到万家庄园内偷灯盏里的香油涂抹肿包,一夜的灯油,没到半夜就被太岁抹完了,油枯灯火熄灭了。万某埋怨家人说:“半夜没到,灯盏里的油全耗光了,难道有人喝油不成?”家人说冤枉,万某为了追查此事,晚饭上灯之时,就隐藏在一个破卷席筒里,准备查个究竟。太岁见子时已过,出来擦油,一盏灯油被涂完,灯光自然熄灭。万某发现没吭声,天亮后让家丁把所有香油,全部倒在粪池里。太岁见到此景,不得不离开万家,到苏童佛祖庙里擦油抹伤。庙内大殿中有一盏油灯,昼夜通明,是庙里为香客们准备燃香点纸的火种,自从太岁揩油后,灯火不到天明就熄灭了。老和尚责怪小和尚偷懒,连给灯盏添油之事都忘了。小和尚说:“我每天早晚佛课外,天天往灯盏里添油,要怪就怪灯芯燃得太快。”老和尚心想,徒弟说的有道理,也没放在心上。一天深夜,老和尚刚刚诵经完毕,突然殿外冲来一股狂风,吓得老和尚急忙缩身往佛祖像后观看,竟发现一个白眉白须黑发的老翁,正在灯盏里用手取油往青紫的脸上抹。

老和尚从后屏走出来，双手合掌道："老施主夜间来访，为何不应声，竟敢行窃殿中灯油与佛祖争光?""我乃太岁，因为万家在我当班临从之日，打夯动土建楼，夯伤了我的头部，我来此借油涂伤，佛祖岂能不发善心?"老和尚道："太岁神大驾光临，贫僧愿听其详。"太岁说："自从盘古开天地，世间之人没有敢在太岁头上动土的，更何况万家行夯砸破我的头，害得我四处偷油涂伤，气死我了。"和尚问："太岁君，万家冲犯您，破土打夯，你是神，他是民。你能奈何他吗?"

"万家这十几年有千年魔鬼为他撑腰，生意昌盛，正行鸿福运，吉星高照，我怎奈何他！万家好运并非长久，不过三四十年光景。等厄运来时，我要报大仇，还需鲤鱼上东楼！"太岁说完飞身而去。老和尚百思不得其解，但是太岁再也没来过佛祖庙。万家楼竣工后，万某娶妻生子，终于安居乐业了。他每晚夜半还到汾河里下网结鱼，累了就在岸边和鬼影子说说话。一天深夜，千年魔鬼告诉他："万弟一切均达心愿，我今年要离弟而去，寻找替身转世人间，才能与弟做生死相伴的知心朋友。"万某问："你何时能找到替身转世?"鬼影子说："我也说不准，这是上天的安排，我不能泄密！"

一天中午，千年鬼影终于发现了他等几千年的替身，河堤上一个中年男子赶集回来，头顶着一口大锅，嘴里哼着小曲，摇头晃脑走着，忽然，一阵凉风吹来，天上乌云密布，中年男子犹如中魔似的，把铁锅掷到河堤边。在堤岸上打起滚来，一边用手抓土垃，往自己嘴里、耳朵里填土，一边惊恐地大喊救命！万某听见喊声，急忙跑上河堤，他用力将中年男子的手掰开，帮他掏出口中耳朵内的土垃，万某往外掏，那男子不停地往里装，万某无奈，拼命用手掏他嘴里的土，谁知那中年男子咬破了他的手指，翻身站起，一头攮入河里，万某急忙跳到河里，把中年男子从水中拖上岸，搭在岸边的水牛背上控水，好长时间这个人才复醒过来。

"你咋那么傻?家里人等着你买锅做饭，你却装疯子往自己嘴里填土垃，想憋死不成，我救你，用手向外掏土，你还咬我的手指，反而投河寻死！"万某训斥道。中年男子说："我是苏童村人，住佛祖庙西边，家中大锅烂了，晌午头急忙赶集买口新锅，没想大白天的，刚走到河堤上，只见一个老鬼锯齿獠牙，白脸赤发，张牙舞爪地向我扑来，我大脑失控，无法抵抗，老鬼抓起土垃就往我嘴里、耳朵里填，我眼睛模糊没认清是你救我，就咬你一口，老鬼惧怕血，但他修炼几千年能够抵御，无奈我只有投河逃避。"

万某这时才明白，原来是自己的老朋友，千年魔鬼干的好事，他心中懊恼，就去找鬼影子说理。“我今天找到了替身，老弟为何阻拦?”老鬼哀号说。万某说：“鬼兄，你没看他也是个穷苦人家，家中锅烂了，等着回来烧锅做饭，你为何连个头顶锅的穷汉也不放过呢?”鬼影说：“我等了几千年就是要等头顶锅的中年汉子，才能脱胎换骨，转降人间，这是阎王爷给我定的规矩!”万某说：“咱俩是好朋友，你每夜下河帮我撵鱼，使我发家致富，应当报答你，所以，今日小弟愿顶锅让鬼兄弄死，借尸还魂，重返人间。”鬼影子说：“你不是我要找的人，中年汉子适合我的口味。”万某说：“你从商朝以来，捂死了几千人，作恶太多，我俩是好朋友，我不会让你再害人。”

万某指手画脚和鬼影谈判起来，中年汉子吓得魂不附体，狂奔下河堤而去。这时天上下起了瓢泼大雨，一位中年俊妇怀抱着婴儿，急急忙忙走在河堤上，雨水如注，路面滑得站不住脚，婴儿哇哇大叫，妇女淋得眼睛睁不开，哧溜一下，从堤上滚到河坡下，正是中年汉子弃锅的位置，妇女喜出望外，连忙掀起锅盖在头上，为她和婴儿遮风挡雨。

万某看到这心中胆战，也知道这个千年魔鬼不会放过母子二人。他冲上前取下锅扔进了河中，背起妇女上了岸……老鬼遇到两次千年难遇的捂人的机会，都被万某破坏了，从此结下了怨仇。从此，万某在汾河里下网再也捉不到鱼了。万某告别了渔民生涯，回到万家楼居住，他在集上买了几头牛，养起牛来，两三年后，发展到12头大水牛，30余头牛犊子，左邻右舍，都夸万某心眼好，时运好，败了鱼财发牛财，干啥啥中。

万家楼东南方有一个小坑，因万家经常让牛在这里喝水，又名水牛坑。一年夏天，万某赶牛在坑里洗澡，发现一个奇怪的事，明明下坑12头大水牛，一下水就发现13头大水牛，上岸时清查还是12头大水牛，一连几天都是如此，而且晚上牛犊子多一头。他感到十分蹊跷，他暗中将自家大水牛的角上都系上一根红绫子作记号，让牛下坑洗澡。他悄悄地坐在坑边，手里揣着打兔子火药枪，不一会儿，坑里又变成了13头大水牛，只见领头的大水牛角上没拴红绫子，他举枪“砰”的一声，那水牛化作一股青烟飞向万家楼后面的牛王寺沟而去了。据当地老人讲，牛王寺沟里住着一头千年水牛精，万家发牛财全靠它帮忙，万某不但不领情不承光，反而用枪崩它，结果在一年之内，万某家饲养的大水牛和牛犊子，都不明原因地死亡，丢失。

万某很恼，就从周围村庄雇用了200多名穷人，为他种地，又当起了东家，坐在家里享清福，让管家收佃户的租子。万某的田地，土质肥沃，每年五谷丰登，他雇用的佃户也逐渐富裕起来，万某乐善好施，让佃户们靠着万家楼建房立户，没过几年，万家楼与民房连成一片，名为万家楼庄园。

日月如梭，转眼之间，万家在苏童村生活了20多年，他的儿子已过19岁，也到了结婚的年龄，万某就自定吉日，准备五月初五让儿子完婚。佛祖庙的老和尚和苏童村的阴阳先生善劝万某，五月端午是祭奠屈原的鬼节，大不吉利，另选吉祥日为好。万家早已成为商水巨富，以行善积德之家让世人传颂，根本不相信鬼神、阴阳八卦之术。

五月初四，万家楼内杀猪宰羊，鼓乐震天，院内佃夫百余人，丫环仆妇成群，忙得不可开交。突然，一位童子送来卦符一张，让转交给万老爷，只见上写："本年五月五日忌嫁娶，否则易遭受天火之灾。"万某看后，一笑了之，吩咐下人准备明天待客的酒菜。

这天夜里，又困又累的佃户们早已睡着了，两名丫环还在灶屋里忙碌着。忽然刚刚入睡的人不约而同地醒来乱叫，万家楼见鬼了，大家喊叫着捋起裤子一看，都有鬼捏过的紫色黑痕斑。万某惊醒，大声喝道："你这帮胆小鬼，万家楼几百人，难道惧怕鬼不成？大家快点睡觉，别影响明天办喜事。"他转身走进厨房，又特意安排两个丫环炸完鱼再睡觉。两个丫环不听便罢，听后吓得全身颤抖，不得不硬着头皮接着炸鱼。油锅烧得"吱啦啦"响着，一名丫环用面拌鱼往油锅里放鱼，另一个丫环坐在灶门口烧火。时值鼓打三更，就剩下最后一条三斤的鲤鱼，专门为初六谢媒宴席准备的。不知怎的，这条鱼刚下锅时，"叽叽"直叫，鱼眼还不停地扑闪扑闪，吓得两个丫环心里怦怦直跳，丫环急忙在锅里翻了几下，用漏勺把鲤鱼捞上来，放到桌上的簸箕里凉着。烧锅丫环准备把麻秸火拘灭，另一丫环收拢案子上的面粉。一只狸猫，张开大嘴衔着那条刚炸好的鲤鱼，拉着就走，烧锅的丫环从灶门口拉起燃烧的麻秸，冲出厨房追猫抢鱼，猫儿叼着鲤鱼飞箭一般地踏楼梯蹿进东楼，丫环追到一楼没赶上，心急如焚地奔上二楼，见客厅空荡，没见猫影。她举起麻秸火又追到三楼，只见猫儿卧在楼道正在吃鱼，她又气又恼，举起麻秸火，对准猫臀部直捣，猫身燃火，衔鲤鱼在楼上楼下"吱吱、喵喵"乱叫，丫环吓得大叫："鲤鱼上东楼，火烧万家楼，大家快起床救火呀！……"火越烧越大，楼梯、梁檩、门口、窗户都是上等好木遇火就着，随之火烟四起，封锁了楼道及门口。万某夫妇在卧室内找不到出口，只好破窗从楼上往下跳，谁料老两口落到了办喜事搭的帐篷上了，虚惊一场，安然无恙。佃户们将万老爷、万夫人从篷中扒出。万某高声厉叫：快用水灭火，抢救我的万家楼。

此时，衔着鲤鱼上东楼的猫儿变成一只火猫，闪电似的从东楼蹿到堂楼，进入转厢楼房，又蹦到周围的民房上，蹦到万家柴木院，所到之处，火光四起，烧红了半边天。两名年轻的家丁各顶一双被水浸湿的被子，冲进西厢房，把烧得遍体鳞伤的少爷背了下来。

万某到苏童村 30 多年以来，凭力气赢得了东家信任，靠千年魔鬼捕鱼发了家，后来养牛成为当地巨富。谁想一场无情的大火，万家楼内外，几十年的家业，被一场大火烧光。天将黎明，大火渐渐熄灭。万家的喜事还在办着，当然没有那么风光了，万某让家丁搭起草庵为儿子做新房，五月初五照旧娶媳妇，他的犟脾气一点儿也没有改变，一直活到 72 岁去世。万某的儿子把他父亲埋在万家楼旧址上，带着妻儿沿街乞讨，最后在外省某县落户了。

由于老年人茶余饭后常常讲起“火烧万家楼”这段神奇带有迷信的故事，因而在豫东一带流传着：建房动夯要避开太岁坐班日，否则，就是太岁头上动土，以及头不能顶锅，不在黑道之日嫁娶等风俗习惯。

周口民间建房有一个重要的环节叫“上梁”，而且“上梁”时要举行隆重的仪式。以午时上梁为吉利，听到彩湊则更高兴，高喊“上梁”，鞭炮大作。事先，媳妇娘家，女儿夫家各送馒头、长红。大梁挂红前后及地。梁上悬尺、头发等物，并系万年青，象征幸福永驻。上梁后，土木工头手拿五个馒头，登上正梁，一边依次抛向各方，一边唱上梁歌。唱毕主家又送上馒头、花生、红枣、爆米花等讨彩食品，由老司头向下抛撒，地下有许多人抢接。此日，主家要摆酒请工匠和亲友，还给工头送上梁红包。如房屋由建筑单位包建，礼仪从简，但上梁挂长红和放爆仗习俗依旧。

周口一带人们在盖房上梁时，都用红纸写副对联贴在梁上，同时还要放一挂鞭炮。据说，为的是迎太公、驱鬼神、避妖邪、保平安的。上梁，就是在木结构的房子里立下承重的柱子。它的程序是，先把柱顶预先刨得光光的，并用一块红布拴在柱顶上，这样做的目的是希望此房的主人家以后的日子过得红红火火，一年更比一年好。竖柱之前，也就是在上梁的时候，老百姓一般是要先看好良辰吉日，然后，先杀一只白公鸡破宅子中的鬼神，才动工竖柱的。如果柱子必须竖在东方，就要在太阳刚升起来的时候竖起来，只有这样，才象征着主人的日子以后会像太阳一样美好！

相传，明朝何瑭曾任太傅。在皇宫教太子读书。一日，太子到郊外游玩，何瑭又邀当朝宰相高拱一同前往。三人扮作平民百姓，来到乡间，在一村头树荫下乘凉，此时有一白发老翁拄拐杖前来央求道：“我家今日上梁立柱，人手少，望过路客官鼎力相助。”太子听后，向何瑭示意不去。何瑭凑近太子耳边说：“一朝天子，应懂风土人情，体谅民间疾苦，还是同去为好。”于是三人来到老翁家里，工匠见有人帮忙，非常高兴。工头见太子年幼，就让他扶着立柱，何瑭、高拱帮忙架梁，不大会工夫，房梁便立好了。老翁甚是高兴，又见三位客官像是读书人，就请他们写对联作纪念。何瑭提笔疾书：“青龙扶玉柱，白虎架金梁”，及横批：“难得之助”十四个大字贴在梁上。于是，太子、大臣帮民建房及写对联这事代代相传，至今盖房上梁时仍要写副对联贴上。

如今，除沿用上述风俗外，上梁那天，房主还要设宴招待工匠，并赠毛巾一条。

安门，在周口的民俗中，指的就是房屋装设门户的工事。安门仪式是在修筑大门的时候，在大门的内外左右埋入陶制的武士和狗。在通常的情况下，是门外埋4人，其中埋在前面一个人，他左手持盾，右手拿戈面朝门下跪，旁边还有一条狗，象征着一个领队的人；后面的3个人站在领队人的左边、当中和右边三个方向，他们的手里都有武器，也是跪着。通常的情况下，门内也要埋很多带狗的武士，他们一般都是长短兵器交加，人和犬互相照应，它的主要寓意是阻止恶鬼扰门。

20世纪90年代以前，周口民间房屋窗棂子上的竖掌子，都是木质，其数量根据窗棂大小分别安装三、六、九根，没有例外，这种习惯流传已久。

当地民众向来认为三、六、九这三个数是吉利数。据说，这三个数是朝廷根据军师的掐算选定的，所以，那时候文武百官朝王见驾就选在每月的三、六、九的日子。

长期以来，当地居民做窗户时按这三个数目安装竖掌子，也正是根据这一含义为了图个吉利。

近年来，不少乡下人盖新房时，虽然大都木窗棂子改成了木框加钢筋的窗户，可是装钢筋的根数多为六根、九根，只有窗户很大的才增加数量，但也只有十一根。

钉椽在周口的有些县乡也叫做“铺椽”、“贯椽”，钉就是铁匠们用的四棱钉子。椽分前批椽和后批椽，前批椽应该选用粗细均匀而且又坚硬的钉。椽摆好位置以后，它的程序是先有木匠们用引钉打钻出来钉钉的孔子，然后再用四棱钉子钉入。椽的前面还要横钉一根叫做“淋沿”的木条，它是用来固定和保护椽的顶头的。

农村建房中的盖顶、踩门，就是上好椽、铺上栈帘以后，再用和上麦秸的稀泥抹顶，在我国的有些地方也叫做“按栈”。这是民间盖房子之中最紧张的一个环节。小伙子们常常光着脚丫子下泥盘，他们一边刨一边用脚踩一边用比较长把的泥叉、平铁锨或者是泥耙往房顶子上搭泥，这时，房顶子上的小工们是东奔西跑奔走如飞地运泥，大师傅们是左右开弓地挥舞着泥抹刀各自低头抹泥。按照常规，一般盖的不管是几间房子，都要一起干完才能吃中午饭。到了吃中午饭的时候，主人家也会用最好的饭菜犒赏大家。然后，等到第二天的一大早半干的时候再上房把它用脚踩实。第三天，是平房的一定要再加泥抹灰，是瓦房的一定要加引泥压瓦统脊，只有这样这所房子的主体工程才算完成。

踩门是汉族居住的习俗，它就是周口民间修房建宅安装大门时举行的一个仪式。它的过程是，将已经安装好了的大门关好，房子的主人立于屋内，然后，再有一个德高望重、福禄双全的老人来踩门。踩门的老人手里端着一个大茶盘，盘子里面放着红枣、核桃、硬币等等物什。当他慢慢走进大门的时候，主人家把门打开，然后，恭恭敬敬地把他迎进自己的屋内。这时候，踩门的老人一边进门，一边口里念着颂词，内容是“踩福门，踩祥门……”之类吉祥的话。仪式完毕以后，再将盘子里的红枣、核桃、硬币等物什抛撒向屋中，这样做的目的象征着财源福寿从此滚滚来。到这时候，新屋才算真正的落成。

新屋落成时，要用一米筛贴一圆形红纸，挂在正梁当中。有些人家进屋要拣好时辰，放爆仗。在农村，还要准备谷米一担，五谷种子五包及秤、算盘、草席等物，由一家人肩挑手携，依序绕屋一圈，祝祷合家安康，五业兴旺。迁入新屋子当天，一些亲友要主动相帮，叫燎锅底。主家则暖新灶摆酒，还向四部分送汤圆，意为“结缘”。

周口当地民众盖房有很多讲究，房子盖好后要在屋顶上插面小红旗就是其中之一的风俗。据传过去有个很能干的泥瓦匠，被一人家请去盖新房，主人对他照顾得很好，每天都要杀一只鸡给他吃，因此他很卖力，活干的又快又好。可后来工匠慢慢发觉，他吃的鸡都缺两条腿。工匠心里非常生气，暗骂主人奸薄，想点法子要治治主家，他就悄悄地用木头刻个小人，在木头上扎个钉，上梁时偷着塞在梁头底下，以咒主家生灾有难。

房子盖好后，四邻八家都夸房子盖得好，主人多给了工钱，又拿出一个油纸包对工匠说：“听你说家中还有一个老母亲，所以每一次做菜我都留下了两只鸡腿，用盐腌起来，攒了这一包，你拿回去好孝敬母亲，也表表俺对她老人家的一份敬意。”那泥瓦匠一听这话，羞愧得无地自容，责骂自己是小肚鸡肠，干了缺德事，可如今房已盖好，哪有扒掉之说呢？他望着兽头形的蜡台出神，突然眼前一亮，想出了计策，就对主人说：“你这是新宅子，不洁净，院里还有堆灰泥，明天我做个兽头放到房顶上镇镇邪气，保你家能免灾避邪，财源不断。”主人大喜。第二天泥瓦匠用石灰做了怪兽头，又抹上一层红颜色放到了屋顶上。后来就慢慢传开了，穷人家买不起石刻的或窑烧的兽头，就想点用红布做面旗插到屋顶上。

现在人们已不信这些了，但新盖的房屋，红墙灰瓦，再在上面插面迎风飘摆的小红旗，煞是好看，也更添几分喜气，所以至今民众盖房仍沿此俗。

郸城农村盖房时，两家之间都要留出人行的路，称胡同，也称仁义胡同，说起来仁义胡同还有由来。

相传，明朝时，鹿邑县南四十五里麦仁店（今郸城县虎岗乡），有个在京城做官的王明舟，他胸怀开阔，为人厚道。一日接到家信："邻居高家要盖房，打算占咱家两墙之地。他如胆敢侵占，我要以死相拼，决不相让，接信后你要多带些卫士，马上回来给我撑腰，以后看谁敢再欺负我头上。"

王明舟接到信后，立即写了封回信："千里捎信只为墙，不禁使我笑断肠；你仁我义结近邻，让出两墙有何妨。"

妻子接信后，左思右想，觉得有道理，就主动让给邻居两墙之地。邻居很受感动，决定以礼相待，后退四尺垒墙。这样两家之间就有了八尺宽的过道胡同。从此，两家关系更为友好了。乡亲们知道后，称赞说："这真是争着不足，让着有余，你仁我义。"于是左邻右舍们就在胡同口挂上一块写着"仁义胡同"四个大字的匾。

从此，人们在盖房时都学着王高两家的办法，留出八尺宽的仁义胡同，一直沿用至今。

（二）建筑民俗

1. 搭土屋

周口土屋，也叫土房。顾名思义，也就是用土加水和泥加麦秸碾料而垛成的土墙上散淮草或麦茬子的房子。

土屋和现代高楼大厦一样，建房得选址打好地基，土屋地基须夯实打牢，才能立根脚建房打墙。农村建房，请来村中附近泥瓦匠或生产队擅长建房的泥水匠师傅，找夯，或用几个粗茶杯样长棍，扎井字架，用铁丝摽紧从邻居家借来的石榫窑做成夯。炮放后，七八个人开始一个人喊夯号，在已扯线的地基印上，挨着依次打起夯来。一般打三到四遍，边打边用抓口搂上边浮土，便于用铁锨平整，夯打结实。夯打后，又开始一遍的根据宅基地形，调整方向，周口农村，一般爱盖东暖夏凉的堂屋，三到四间，中间那一间宽敞的屋子大多是客厅。

泥水匠师傅，通过已打好夯的地址，选定南北方向，根据全村房屋所坐方向，或朝阳或朝阴。方位测定后，依该户地基与边界，根据所盖房屋已有梁檩长短，确定房子宽窄及每间房子大小长度宽窄。20世纪80年代以前，农村一般堂屋土墙内宽窄多为一丈二尺宽，一丈或九尺长的房间，梁头必得一丈三尺半左右。每间一丈的房间头扣榫的需一丈的檩条，搭茬檩条得一丈一尺半左右，才能确定上述宽窄的建房方案。在建筑中，加上前后墙，实际只有里边一丈二尺宽了。

土屋最大的缺点，怕连阴雨与地势凹积水，为防止上述缺点，一般20世纪五六十年代，家再穷，也得垒三到五屋根脚。因为那时十里八里不见一个砖窑，垒砖根脚，买新砖很少，一般烧砖，全部烧麦秸，最少得七天七夜才能烧成砖头。砖窑一点火，得两辆大车白天不停地拉麦秸，才能供应上烧火，非常费时费力。所以那时有钱也买不到砖，而买砖的唯一出路，就是买一些地主家败家子扒卖楼瓦房的砖头，或扒一些古建筑的砖头。所以那时农村，甚至垒根脚，不讲砖的质量和完整，砖只要有两个角就可以使用，碎的没角没棱的圆砖头瓦块也利用填悬。

在周口民间建房时有个名词叫“填悬”，当时盖房和泥，土墙窄易歪，垒根脚里外垒两块外光的直线墙，中间空着七八寸宽，形成“空悬”，再用一些没角没棱的砖头瓦块，用簉头扤着倒进“空悬”的内外两砖根脚中，弄平，铲和好的垒根脚的稀泥，倒入其中，抹平。这就是“填悬”。

根脚垒好，必须压防潮“碱角”也叫“戬角”。因为砖基土墙，长期受潮湿，加砖受水浸，也含有大量的碱，这些碱不光腐蚀砖头，也潮土墙，土墙受潮，容易坍塌。为了防止上述碱潮，农村一般在五层或七层墙根脚上，压一层豆秸，豆秸成捆，两头铡齐，齐出根脚四指，毛尖朝里，碱角一般压宣五寸，垛墙压实有三寸到二寸高。有这一层“碱角”或“戬角”，不论多少年，只要房子根脚不动，就永远碱潮不到土墙。直到扒屋，土墙挨“碱角”的地方也是干干的。

土层建房，季节性很强，一定得选择无霜冻期的谷雨到立冬以前，否则泥垛的土墙，没干透，易上冻，冻成鱼鳞状冻酥溅下来，房子要倒，白费功。所以，几千年来，周口农民总结建房要选出了谷雨以后，霜降立冬之前的最佳时期。

垛土墙首先拉土，土选择联合土最佳，纯红泥土性硬易干裂缝，纯沙土垛墙不结实，也不易垛墙，垛时易下堆。所以选择红壤与沙土对半结合的联合土最佳，联合土垛出来的土墙，结实不裂缝，耐雨漂，表面比较光滑细腻平实，易于外搅泥平整。土一般选用大车或用筐抬到垒好根脚的屋肚里。到

70年代用架子车直接拉到已垒好根脚的屋肚里。一般二尺半深一屋肚土，能垛一行三尺到三尺半高土墙。

垛墙还有一条，必须选择好晴天，才能打水和泥。和泥前先把土弄平，再弄成四周边高中凹，便于浇水不外流。垛墙时一般头一天下午开始洇土，用水桶一挑子一挑子担水，20世纪50年代前农村没压井，一般从坑中挑水，或井中打水。洇泥时用抓口把大土块打碎，或把已洇得七八成泥土堆用扒口锛一锛，便于洇水。看水洇的差不多，再把周围干土用铁锨铲散泥堆，以防明日干湿不匀，泥和不匀。

垛墙一般垛五六尺长，看墙是否歪，往哪边歪，大工子泥水匠师傅，掂起小抓口或用泥叉，快速刷去多余部分，等两到三天，墙已风干五六层，再细刷。根据墙宽，东西照线，看前后墙，两山或直或凹，趁凹刷高，一般不挂线。只是用木匠吊线法，闭住一只眼瞅一瞅，哪里鼓肚刷哪里。土墙一般春季得半月二十天才能干透，再开始重新拉土垛第二行子。

垛墙时逢窗户得量好木窗有多高，垛墙时事先留出来茬口，以便将来安窗户。门口与墙角得小心垛细刷，上下成直线。头行子一般垛三尺半高，再高了易歪。

有些土屋还要用土坯砌墙。托坯一般选择好空场地，拉的有土还好受，没土采用就地打窟锛土法。土锛好用抓口打碎，挑水和泥，上撒一层子麦秸带糠，小伙子脱赤脚挽起裤腿，用抓口挨着连锛带崴弄一到两遍，泥和得稀稠适度，开始每人一个水盆一个坯模，小工子用泥兜或铁锨把泥铲成间继连续的泥堆，泥水匠师傅们开始托坯，一般旧坯模为六寸宽，长约八寸半。托者迅速用双手挖泥捧入坯模，双手下按，捧水调坯模内四边，以光滑不沾模后，再次两手下按泥，双手捧水坯模上面抹平，迅速两手分别上提坯模两头，坯模提起坯成，再依次挨行托下一块坯。铲泥一般不能过多，过多沾土底，泥变硬不易托坯。一般边铲泥边托，小工子不时往水盆加水以供大工子和泥抹模，托坯须大晴天，多在夏季。

坯托好，约到午后干五六成，得把坯抽起椤放，否则地干过快，挣断坯块，垒墙盖房，误工误时。到第二或第三天，坯已干八成，为使坯干透，把坯横竖来回摆三四个高，以便坯干得更快。坯干后，为防雨与小孩子破坏，得把坯垛成坯垛，上散草苫子，防雨淋。待垛的墙干透，先在离墙二尺半到三尺宽，七八尺挖一个窑，依次栽梭斗子，实际是大碗粗丈余长的棍，大头朝下栽窑中，小头朝上如梭，加之直立，尖朝上故称“梭斗子”。梭斗子棍栽好，周围用铁锨把捣实，在对准梭斗子七八尺高的土墙上用瓦刀掏眼，大小以能放进大茶杯粗的木棍为标准。再用搓的麻绳，离挽七八尺处，把四五尺长的大茶杯粗棍捣进墙眼窟窿中，另一头绑在梭斗子杆上。再挨着往上棚翘板。等这一切盖房封檐架子栽好，开始和泥，把坯拉到墙前，泥水匠师傅上架，小工子掂铁锹铲泥，翘上也必得上小工子，接泥接坯，泥水匠师傅开始丈量四角，确定檐头高低后，开始扛山尖，小工子往上撂坯，架上小工子接坯，撂十块二十块等泥水匠师傅垒一段，再铲泥撂坯。扛山，一般大坯，两竖垒，再一轧层，坯墙横竖能咬茬相拉结实。扛山，到扛山尖，须再搭一层架子，才能扛到山尖。

山尖扛好，檐高确定，开始上梁檩，梁檩上齐，脊檩对准两山正中，东西两头高低一样，开始调檩，檩与檩扣榫，榫对准梁中间上，扣好公母榫头，檩两头开始找平，泥水匠师傅从山上望着东西檩条高低，确定掂低头扒去高头坯墙，直到上线东西一拉平，脊檩东西水平，再从脊檩往下顺坡拉线到檐，并两头挨山与对准梁上方摆上椽子，从脊檩到檐，椽子挨第二檩，算房坡已找平，开始先摆上所有椽子，或用绳绑或钉钉。椽子摆好，开始先封檐里子，用坯顺墙垒单坯，接着封檐。解放前，农村缺砖，多采用三封檐式，先用条砖出墙三指顺墙垒，再用砖头出三指压茬排一层，为减轻压力重量，砖头采用隔一块出一块式，叫抽屉匣封二层檐，三层封檐，如有八砖（一种厚约砖一半四方形的方砖）挨着再出檐三指挨着垒。这样三封檐垒齐，封檐与檐里之间出现空缺，采用填断坯上撂土填成坡形，坡用泥搅泥平。

封山一般顺山坡先垒一条砖，出山三指，里边山茬填坯竖垒。第二层封山采用横垒法，砖头出头三指到四指长，横垒长砖，所缺用土坯加泥垒平。山一般两封，山封好，一般在下边用两绳夹绑箔里，递上檐后，挨檐边朝上滚，把绳从脊檩上撂到后坡，后坡两个泥水匠师傅拉绳，箔随绳拉上房坡，随之展开，周口民众所织的秫秸箔一般一丈有余，三间房三领箔，头交接压茬，在椽子上。箔滚上房时，从脊檩穿绳，每间绑两根，约一丈五尺长，系箔与脊檩上后，剩余绳头下放箔上房坡上，开始找两根长棍，或单根长约房等，直径三寸的碗口粗长杉木苇子当托单。上系布脊绳上，房坡就可立站人。就可以和搅泥箔大摊泥了，和搅泥箔，又称打箔泥，泥和的稀，外加麦糠，一般泥全部两人对铲一遍。另外用抓口使劲捣一遍，把麦糠和泥彻底和匀。因为泥中掺糠，一可以使泥稠而多含水，浸水不从箔缝下漏，二者靠糠中水分保持一节段使箔不干，便于散麦茬子。搅泥箔，先从脊上倒泥，泥水匠师傅小工子从房坡到泥堆，上下站三四道节梯。地下小工铲泥，扬锹倒给站翘板上的小工子，翘板上小工子弯腰伸锹接泥转身上举，倒给站房坡二担子小工子，二担子小工子在弯腰伸锨接泥后，又转身举锨使劲洒倒屋脊边，一锨挨一锨，一个劲儿地往上铲。泥水匠师傅开始弯腰撅腚，一只手抓着布脊绳，一只手用泥抹子把泥均匀地从脊上往下边打，这样，三间房子，一边房坡把箔搅泥一遍。小工子们又开始按铡把，把从坑中或往大水缸中蘸湿的麦茬个子，用铡铡去四五寸长根部，边铡，边有小工子往房子撂，站翘板上的泥水匠师傅开始散房子。散房子从檐边开始，麦茬子散成马蹄形出檐五到七寸，马蹄形檐边弄好，开始把麦茬子均匀挨着往房坡上边散，两山坡封的如果有解扉瓦，麦茬子要散到里层瓦上，麦茬子稍斜向房坡中。山边麦茬，要散得结实，散瓦上的麦茬子边裹得又高又厚，结实如辫子一样。没有解扉瓦的草房，麦茬子散得出封山檐砖四指，边同散有解扉瓦的边，麦茬子裹成结实的斜向房坡的辫子一样。等麦茬子散到伸手不能散，把二担托上压麦茬子上，泥水匠师傅们开始用托把，也叫盖把（一个长四方形带搓板式沟，背有鼻可安长把），先把马蹄形的房檐撞齐，再挨着依次把房坡上的麦茬铺平整，等薄厚一致后，再接着小工子按铡把铡麦茬子，往房坡撂铡好的麦茬子，泥水匠师傅们开始双脚踏蹲在二担子上，往上散上半坡房子的麦茬子，散到脊，把二担子上提，压到麦茬子上，挽绳系捆，开始另一坡房子箔上打泥，打了泥，散麦茬子。房子散麦茬子，是一个紧张突击性活，多种工序才能完成。从和泥，往房子箔上铲泥，泥水匠师傅搅泥箔，到散麦茬子，十分紧张，其中也含有洇麦茬子水，铡麦茬子活。另一坡活同前坡。同样再绑一个与房等长托担，便于泥水匠师傅散麦茬子，那么光滑的房坡，没有站脚踏步的地方，当然不能干活，人也易掉下房子来。等另一坡房子散好，二担也紧到屋脊下压住麦茬子，就开始布脊的工作。

布脊得备料，布脊的料是麦秸，麦秸略洒水，用叉子掺匀。泥水匠师傅与小工子同时下手，双膝跪地，双手把麦秸往膝盖腿下扒装，扒装的麦秸约四指厚，扒到腿下麦秸挨脚，起身放一边，依次扒装到腿下挨脚，以横竖两手掐着摞在原掐上，直到五六掐高。大约麦秸朴子收拾的够布脊，泥水匠师傅们上房子，两边托担各站泥水匠师傅，小工子搓好长约四尺的细麻绳，伸直摊地上，上边依次放收拾好的麦秸朴子，一般四掐为一捆，从一头连绳带麦秸裹着滚卷成捆，裹到头，剩余的绳子放在已捆好的绳内麦秸里，小工子也可以直接往房子撂，也可以先撂给翘上小工子，翘上的小工子再撂给屋脊托担上的泥水匠师傅们，泥水匠师傅们从脊两边，依麦茬子坡度，用麦秸朴子往上一起散对脊，直散有一朴子宽，约一尺宽，再散两三层麦秸朴子，算布脊完成，泥水匠师傅再用赶把赶压一遍，铲泥开始从散好的脊正中上递泥水匠师傅们，用泥抹子打泥，布脊泥约二尺宽，泥抹平，小工子往上递瓦或撂瓦，每次三五块。泥水匠师傅们从两头，并排中留四指宽，在脊上依次瓦接瓦布摆两排瓦，瓦排齐，再往上铲泥，泥水匠师傅们用瓦刀把泥打成东西一条四指宽的泥梗，开始从两头，先叠放五块瓦，上层加块带尖的滴水瓦，瓦斜坡或摆向中间，中间从下边看正对门中间，堂屋中心，脊上上叠三至五瓦高，瓦两头用四指弯瓦插瓮下，最上两层瓦，中间隔四指，用锥子钻两眼，插进去用红布做的两面小红旗，盖房子基本上盖已完成，为防风刮，一般用泥把麦秸布的脊，稀泥搅泥一遍，两边齐整，两头到山檐边，再往下搅泥二尺长，成为工字形。新房盖好，农村土墙，山外一般用泥搅泥一边，墙搅泥不搅泥皆可，因为用泥叉刷过的墙，外面整齐有作碾的麦秸，能起到防雨漂的作用。

土屋房里，一般用沙土比例大的稀泥，少少掺麦糠，搅泥平。50年代前白灰很少，一般人家，泥墙外边很少粉刷白灰。

草房又叫茅屋，是有一定来历说法的，一般情况下，洼地长不成庄稼，长一种单茎多条叶，长约二尺到一米的草，人们叫淮草，用它做蓑衣，散房子。淮草很耐沤，散房子能称五六年不坏不漏。所以，当初，周口盖土屋房子，一般去洼地割淮草散房，后来人多地少，洼地逐步被开垦，淮草日绝，人们才改用麦茬子散房子。麦茬子是割下麦秆，晒干在场中，农民双手抱一大把，在场中摆翘板，或石磙，崂石上摔掉麦穗而成，用水蘸湿麦茬子，用磙碾扁做腰绳，捆扎而成个儿。一般一个麦茬子个儿有一尺直径，重五六斤。一般三间房子，得七八百斤麦茬子。麦茬子一般只能顶三年雨水沤，到四年头，烂腐败处得插补，或把麦茬子扒掉，箔上打泥，重新散一次。麦茬子另一缺点，怕大风刮，有时大风能把整房顶麦茬子刮走。所以一般房子，山头多用打泥上压砖头，以防风刮。

2. 关帝庙“悬鱼”

周口关帝庙的山门、河伯殿、炎帝殿、戏楼、东西廊房和庑殿等山墙两封檐裙板中缝，垂悬着精美装饰的或木或铁“悬鱼”，其他的庙宇或者重要建筑上也都悬挂有这种“悬鱼”。那么，“悬鱼”在建筑中到底有什么内涵呢？

其实“悬鱼”这一建筑装饰构件，因常雕有鱼形图案而得名，有着多种造型和含意。悬鱼的形象，除本身有水的间接寓意之外，还有利用其谐音取吉祥之意。鱼，余也，裕也。有的添加了莲花、牡丹，以祈连（莲）年有余（鱼）、吉庆有余（鱼）、富贵有余（鱼）等。“悬鱼”在古建筑上虽然使用较多，但已经完全脱离了鱼的形象变异，有的直接应用了“阴阳鱼”，形成了太极图。

太极图是我国古代用一种圆形的图像表示阴阳对立的统一体，用以说明宇宙现象的图。宋代理学认为太极是天地万物的根源，太极分为阴阳二气，阴阳合而生万物。经过漫长的历史过程而形成的民族文化心理结构，在哲学上表现为天人合一的思想。在古建筑活动中，则表现出重视自然，顺应自然，因地制宜，力求与自然融合协调的环境意识。

有的“悬鱼”已不再只是鱼的样式，举目找不出一条鱼，而变为莲花状、卷云如意等形状，取其“万事如意”之意。其造型的构成形式丰富多样，千变万化，如对称式、均衡式、自由式等中国传统的图案、雕刻造型，但习惯上仍称悬鱼。

关帝庙建筑的封檐裙板正中垂悬的“悬鱼”，长度多在0.8至1米或1至1.5米左右，基本形式为直线和弧线，一般着重外部轮廓的大方，有的加以雕饰，也有的还垂有连体鱼形。较大的悬挑出檐和厚实的封檐裙板已经构成了关帝庙古建筑外观轻盈飘逸的特征。而微呈弧线的封檐裙板和朴实无华的垂挂“悬鱼”在阳光照耀下投于山墙上的阴影，更使得悬挑显得深邃、素雅而更富于装饰效果，充分显示其特色，从而成为周口关帝庙古建筑区别于其他传统建筑的明显标志之一。

为利于抗震以及增加墙面向上的指向性和房屋框架的稳定性，传统古建筑山墙砌体多上小下大，呈阶梯形状或“人”字形状。尖山檩条悬出较长，挑出长度多在1米左右。为防悬挑的檩条挂枋端头直枋截面漂雨受潮易腐，多以宽大的封檐裙板隔绝防护，两板中缝用垂长的“悬鱼”压盖。压盖封檐裙板中缝的“悬鱼”，不仅具有固定封檐裙板，保护悬挑檩头之功能，而且还是关帝庙古建筑外部独具特色的装饰。深深蕴涵着旅周而居的山陕商人对种族繁衍、安居乐业、商贾亨通等的热切祈望。

关帝庙古建筑装饰构件“悬鱼”的使用，深含易经八卦揭示的五行相生相克的学说。其喜用鱼形的原因，是因为木结构的房子怕火，木制建筑一旦失火，火烧连营，而鱼为水中之物，水可克火，“悬鱼”有避灾之说。有的“悬鱼”造型直接有“水”字和“鱼”、“莲花”等结合起来，加深了“水克火”的含义，阐释了人们祈福平安吉祥的美好愿望。

鱼产子甚广，可以无限繁衍下一代，对于封建之后的人来说是个非常吉祥的崇拜，因为以鱼作为女性生殖器的象征在我国有些民族当中是鲜见的。有更多是在两面山墙伸出的檐下，装饰一块鱼形或叶状，或二龙戏（喜）珠（蛛）、龙凤呈祥、凤凰牡丹、丹凤朝阳的木艺、铁艺，亦曰“悬鱼”。通过鱼的谐音，以祈吉庆有余、商贾亨通、富富有余等。

我国早在汉代就把“鱼”作为吉祥物，视为一种民族的图腾。《后汉书·

羊续传》曰：羊续在任太守时，“腐丞尝献其生鱼”，羊续把鱼“悬于庭”。府丞再次送时，羊续把挂鱼拿出来教育腐丞，杜绝了馈赠。至此这件事又以“悬鱼”、“前续悬枯（指死鱼）”、“挂府丞鱼”等成为典故，被后人传诵，即尊称羊续为“悬鱼太守”。“悬鱼”便成了为官清廉的典故，常被征引。如此，关帝庙建筑中的“悬鱼”，既是装饰更是警示。

古建筑的“悬鱼”装饰实际上不单纯是建筑构件，同时也是一门民间艺术，其使用创作动机不是纯审美的，而是建立在使用基础上的审美，因为它还具有对建筑结构的保护作用。它的模式通过集体传承在历代民间艺术中复现。这门独特的民间艺术在传承远古文化符号而丰富多彩的视觉符号系统，是历来劳动者共同创造、共同使用的艺术载体。

周口关帝庙建筑的“悬鱼”装饰，同桩础、风火墙、脊饰、廊柱、美人靠、月梁、雀替等中国传统建筑构件一样，鲜明地体现了中国建筑的美学特征，它们是显示建筑社会价值的重要手段，装饰的式样、色彩、质地、题材等都服从于建筑的社会功能。

“悬鱼”虽然在周口关帝庙建筑中是一个小小的装饰构件，起不到左右建筑或装饰风格的主导作用，然而正是因为有了许多别出心裁、丰富多彩、雕刻精细、构思巧妙的悬鱼装饰，才使关帝庙古建筑显得亲切而不媚俗，精美而不奢靡，纯朴而不粗鄙，自然而不做作，显示出了山陕商人安然自得的商贾文化、浓厚的志趣与人文情怀。

3．盖房不开耳朵眼习俗

商水县位集镇有一个庄叫刘老家。这个庄祖祖辈辈盖房子，房子山墙上都不留耳朵眼。据当地人说，这是为了守财，防小鬼偷钱。

原先刘老家有一大财主号称刘百万，他的土地和庄园很多。刘百万曾扬言，他从家到周口不喝别人家的水。刘百万家财很多，因为地多，他搜刮老百姓的钱财也越来越多。但是风水也是轮流转的，有一年刘百万烧纸时得罪了小鬼小判们，小鬼小判总想惩罚他一下，但是小鬼们又没有想出什么好办法。于是这些小鬼们成天在一所破房子里商量怎样惩罚刘百万。

刚好有一天，一个穷书生赶路住到了漫天地里的破房子里。半夜小鬼们又在一起商议时，发现屋里多了一个人。这些小鬼们灵机一动就问穷书生：“想发财不想。”穷书生说：“想发财。”有一个小鬼就对穷书生说：“想发财，你得帮我们一个忙。”穷书生问：“帮什么忙？”小鬼就说：“刘百万那家伙对俺不好，还请来个钟馗爷来镇俺，你到刘百万家把他家的钟馗爷像偷出来烧掉，你要多少钱我们给你多少。”穷书生一听可发愁啦，刘百万家深宅大院，想进他家堂屋去偷钟馗爷像，不可能。又一个小鬼对穷书生说：“有一回我上他家了，偷东西，偷了个聚宝盆。我拿着聚宝盆要走时，钟馗爷撵上了砍我一剑，我把聚宝盆扔井里啦。你装个算卦的给他找着聚宝盆，不要银钱，只要钟馗像不就行了。”

第二天，刘百万家门口就来了一个算卦的。算卦先生自吹上知天文，下通地理，能算出丢的东西，能找着百年老财。刘百万听了此事，忙叫来算卦先生，为他找丢失了好久的聚宝盆。算卦先生不几句话就从一口井里给刘百万找着了聚宝盆。刘百万喜欢坏啦，对算卦先生说：“你只要喜欢的东西只管要，要什么我都给你。”算卦先生说：“不要金，不要银，想要幅老画敬作神。”刘百万一听要画，就说：“俺家的画你要什么画只管要。”算卦先生说要那幅钟馗爷像。刘百万一听，心里一惊，钟馗爷像是他镇宅的，不给吧话已说出来了。最后刘百万只好把钟馗爷像送给了算卦先生。那个算卦先生就是那个住破屋的穷书生。穷书生要来了刘百万家的钟馗爷像，小鬼小判再也不怕了，他们在刘百万家大闹起来。

小鬼小判为感谢穷书生，就对穷书生说你想要什么东西只管说，我们上刘百万家给你偷。穷书生说：“今晚我在这房顶上放上五升斗，你们用金银、铜钱或粮食给我装满算啦。”小鬼小判们一听，忙去刘百万家去偷金银来装穷书生住的那个破屋上的五升斗，可是他们不论怎样装就是装不满那个五升斗。小鬼小判们都偷刘百万家的金银和粮食，偷一夜啦，穷书生屋顶上的五升斗还是只有半斗东西。后来小鬼小判们干脆大白天也开始偷起刘百万家来。

刘百万自从钟馗爷像被人要走后，每天就不顺。刘百万也发现自家的金银珠宝和粮食一天比一天少，后来刘百万发现在大白天，他家的金银珠宝通过房子山墙上的耳朵眼往外飞。其实那是小鬼小判们大白天在刘百万家偷珠宝哩！刘百万见此情况忙叫人去堵屋山墙的耳朵眼。但是耳朵眼是堵住了，可小鬼们夜里仍来偷金银珠宝和粮食，一直把刘百万偷干为止。

小鬼小判们把偷的都填在了穷书生放在房顶的那个五升斗里啦，有许多小鬼偷东西被累死了还没装满那斗。后来一个老鬼发现了这里面的秘密，原来穷书生的五升斗没有底，小鬼们放在斗里的东西都掉到屋里被穷书生又运走了。小鬼小判们听说这事就要去找穷书生报仇，但穷书生把那张钟馗爷像贴在了门后，小鬼们干生气，也没办法。

从那以后，刘老家人再盖房子时山墙上再也不留耳朵眼了，据说是为了防止小鬼偷财。而有的人家盖房时，有意在房顶开了天窗，据说是为了让鬼送财哩。

4. **牌坊**

在周口一带，流传着“鄢陵县里好城墙，扶沟县里好牌坊”的民谣，凡到过扶沟县城看过诸多牌坊的人，都叹为观止。

扶沟县高大的石牌坊，造型雄伟，横跨于主要大街之上。纵观座座石坊，似重门相照，进深无尽；近观石坊，巨石嵌砌相衔，浑为一体，巍峨壮观。石坊均用巨大的方石为基，四根不等高的方石柱立于巨石之上，中间两大方石柱，高约六七米，擎起一方横石，形成过街大门，两边侧柱稍低，上托横石，又形成两个侧门。正中横石两面上镶有如斗大字，大字周围和两侧横石上，雕有人物、鸟兽、花卉，有吹弹歌舞，有跨马持刀，龙飞凤舞，生动传神。横石上重檐叠角，石脊耸起，四角翘挑，远观若苍鹰展翅。四角还各悬有铁铃，风动铃响，颇有意趣。式样各异的石坊，多彩多姿，气势雄伟，那精湛的浮雕，与遒劲的字体更是珠联璧合，闪烁着祖国古老文化艺术的灿烂光辉。

扶沟县这些雄伟壮观的石牌坊，多系明代建筑，历代传说扶沟有大、小牌坊72座，大概是包括城乡的节孝坊和贞节坊。据清光绪年间的县志记载，城内有大型牌坊25座，其中包括已废的5座，分别是：“大司寇坊”、“大司徒坊”、“大总宪坊”、“天官大夫坊”、“文武中台坊”、“显承斯在坊”、“同胞三凤坊”（已废）、“世登科第坊”、“天恩世宠坊”、“三世承恩坊”、“清朝名谏坊”、“三世叠封坊”、“青琐褒纶坊”、“两科都谏坊”、“高义匡时坊”、“进士坊”、“三代恩光坊”、“恩扬赈义坊”、“黄门威凤坊”、“方伯坊”（已废）、“地官坊”（已废）、“柱史坊”、“父子台谏坊”（已废）、“两朝岳牧坊”（已废）。小型的节孝坊，城内、外俱有，不记载。光绪年间旧县志载，城内尚有大型牌坊24座（其中含已废的5座），这些牌坊中刘自强和郝维乔立的为最多，刘的五座，郝的三四座，其次是卢传元和何岑父子、罗赞父子等立的。惟罗氏的“父子台谏坊”和“两朝岳牧坊”于清初已不存在了。记得民国年间，在南大街路西罗氏祠堂门北边，尚存有两座牌坊的痕迹，祠堂大门上，书有“两朝岳牧”“父子御史”的门联，门楣为“西台世家”，罗家父子皆为台官，是城南街的名门望族。

在东大街有座何氏的“文武中台坊”，因年久风化失修，于民初倒塌。何氏族人将残石搬至何家祠堂院内，堆成假山，以作留念。抗战期间，蒋介石扒开黄河，黄水包围扶城，水进城内，东北隅水深盈尺，郝街的一座牌坊，被水浸坍塌。

新中国成立时，城内还有大、小牌坊十七八座，牌坊的分布是这样的：

东大街有3座，其中两座为刘自强立。

在东门里面西边的“大司寇坊”，是他为刑部尚书时而立的；东大街中间的“大总宪坊”，是他为南京副都御史时立的。此外，他出任兵部尚书和户部尚书及吏部员外郎时尚立有“大司马”、“大司徒”、“天官大夫”3座牌坊。民初已不存在。东大街西端的“世登科第坊”，是举人何岑及其二子进士何出图、何出光立的。

西大街有4座：

一是西大街东端大十字街口西的“显承斯在坊”，为盐运使刘懋武立。

二是火神庙口的“天恩世宠坊”，为陕西按察使卢传元立。

三是小十字街西边的“三世承恩坊”，为赠按察使卢玺立。

四是城隍庙西边的“清朝名谏坊”，为户科给事中张笃敬立。

南大街有一座，在大十字街南边（今农行城郊营业所前），为明刑部主事刘原弼立的。

刘原弼，字颖村，明洪武十七年（1384年）岁贡。任刑部主事，公廉自持，济以仁恕，尚书杨某甚器重之，拟荐大用。未几，成祖入金陵，原弼率家人贾勇巷战力竭而殁。家人刻木肖形葬之邑城南。县城东大街路北，有忠烈刘公祠。

郝街有3座：

一是“黄门威风坊”，为明给事中郝维乔立。

二是“恩扬赈义坊”，为义官齐圭立。

齐圭，明万历年间邑荒旱，他输粟一千石，饥民赖以存活，除敕建坊外，还复其家为开明缙绅。

三是“两科都谏坊”，为工、刑丙科给事中郝维乔立。

杜街南头有座“柱史坊”，是为明乙丑科进士，监察御史杜化中立。

在刘街有座“三世叠封坊”，为明刑部尚书刘泽深立。此坊高超群坊，上下两层，坊上有坊，石柱耸立，浮雕透花，工精艺湛。近观拔地通天，气势惊人。民众谓之“牌坊顶上摞牌坊”。

刘泽深，字涵之，万历二十八年（1600年）庚子科举人，二十九年（1601年）辛丑连科进士。初任河北密云县令，不久改河北元氏县令，以政绩优异提升为刑部主事，又任北平知府、再提升为湖广参议，因功晋升为陕西按察使，再晋升为右布政使，任满，又转山西左布政使。崇祯十年（1637年），刘任兵部侍郎，十三年（1640年）升为刑部尚书。他历任明王朝三世官职，以致积劳成疾，他上书崇祯帝要求退休，未获批准，只有勉强工作，结果痰壅而卒。赠他太子太保。说起刘泽深这座牌坊，还有一段离奇的故事。

传说这座牌坊并非为一人所立，当第一位尚书在此立牌坊时，刘泽深尚为孺童，他态度庄重地向立牌坊的主人说："你怎么将牌坊立在我家门前，将来我立牌坊时立在哪里？"主人随口答曰："将来你立在我的牌坊顶上。"事也真巧泽深长大后果真中了进士，官至尚书，由于有言在先，这位后擢的尚书果真将牌坊立在先立的牌坊之上，形成闻名遐迩的"牌坊顶上摞牌坊"。

除以上所述这些高大的牌坊外，城内还有几座较小的靠街而立的节孝坊或贞节坊。一在南大街中段路东（今古皂角树北边）；二是在杜街中间路西（今法院西邻）；三是在邵街南头路西。城东南角文庙前的棂星门，也属石牌坊式的建筑。此外，南中街路西今县妇幼保健站北面还有一座临街牌坊，是为清朝末年广西泗州知府王方田立的。

建牌坊，并非随心所欲就可建造的，而都奉有皇上的敕令。记得见西大街的牌坊上，嵌有"圣旨"二字。为此，如刘自强、何氏父子、卢传元、张笃敬等的牌坊，都建在显而易见的东、西、南、北四条繁华大街上。如郝维乔、杜化中、刘泽深等的牌坊，为光宗耀祖，建在本族的郝街、杜街、刘街的街道上。小型的节孝坊，是封建时代统治者为了维护封建伦理道德，经官府或族人为节孝妇女或贞节妇女所建。

建筑高大的巨石牌坊，既无大型的运输工具，又无机动灵活的吊车，是怎样将巨石料从山上运来，又怎样建造起来的呢？据传：笨重的石料，是从山区用坚硬的磙木慢慢磙来的。立柱上的横石，是将土堆起使与立柱等高，形成慢坡，慢慢移上的。待上面的装饰砌成后再将土撤去。这种方法，虽然拙笨，却相当安全稳妥，它表现了当代劳动人民在艰难的条件下，显现出的聪颖智慧和高度的艺术魅力。

牌坊虽然是封建时代的产物，但那精湛的艺术造诣，反映了劳动人民在建筑艺术上的卓越成果。所可惜的是，在 1953 年前后，当时认为牌坊是封建的遗迹，妨碍大街交通，为组织民众搞生产，经领导同意，将城内所有的大、小牌坊扒掉，烧成石灰，时任县委书记刘肃正同志，后任省文物局局长，谈及扶沟的牌坊，他特别惋惜地表示，当时，由于对古文物的重要性认识不足，不应同意将扶沟的牌坊扒掉，实在令人可惜。如今追忆它，主要是让后人了解扶沟过去的历史，了解古代劳动人民智慧的结晶，因它对祖国文化艺术的发展和建筑艺术的成就，是有一定贡献的。

5. **太昊陵庙**

太昊陵庙，位于淮阳县城龙湖之滨、古蔡河之阳。陵园占地 875 亩，规模宏大，气势恢弘，殿宇巍峨，古柏参天，碑刻林立，是全国十八大名陵之一，现为全国重点文物保护单位。太昊陵庙的建筑特点和建筑风格是古代建筑艺术和民众思想的一种体验。

据文献记载，春秋时已有伏羲陵墓。当年孔子周游列国来陈，陈灵公曾陪同孔子观瞻陵墓。汉代在陵前建祠，曰“伏羲祠”。三国魏曹植曾任陈王，拜谒伏羲祠后作《伏羲赞》曰：“木德风姓，八卦创焉，龙瑞官名，法地象天。庖厨祭祀，罟网渔畋，琴瑟以象，时神通元。”唐太宗李世民于贞观四年（630年）颁诏“禁民刍牧”，设置守陵户。宋太祖赵匡胤于建隆元年（960年）亲自颁发“修陵奉祀诏”，大兴土木，扩修陵庙，并规定每年仲春二月“以太牢祭祀”。明洪武四年（1371年），太祖朱元璋曾“自制祝文”亲临致祭。此后，明代各帝都遵从祖训，遣官祭祀。明英宗于正统十三年（1448年）重建陵园。以后宪宗、神宗时又多次大规模重修、扩建。清乾隆时大为修葺。

太昊陵庙为仿明代宫殿式建筑群，分内外二城，内城叫紫禁城，外城叫皇城。城垣高3米，上有城垛。沿中轴线从南到北依次有玉带桥、午朝门、道仪门、先天门、太极门、钟鼓楼、统天殿、显仁殿、太始门、陵垣门、伏羲陵、蓍草园。统天殿又叫大殿、前殿，是整个陵园中最宏伟的建筑。殿高17米，面积390平方米。此殿红墙黄瓦，巨柱高擎，飞檐挑角，斗拱奇丽。大殿正中匾额上，工书“统天殿”三个大字，苍劲有力。殿内有高大的神龛，内塑贴金伏羲铜坐像。殿前有七级月台，可容纳千人同时跪拜祭祖。

显仁殿位于统天殿后，太始门前，是一座双檐挑角的建筑，它层檐高悬，巨柱耸立，结构别致，巍然屹立。

出太始门，经八卦台、陵垣门，便是太昊伏羲的陵墓。陵高20多米，周长150米。上呈圆形，下有方座，象征“天圆地方”。陵前有宋代石碑一通，宽3尺、高15尺，上镌“太昊伏羲氏之莫”7个大字。据传，此碑为苏小妹用巾作笔写成。陵上有白檀、古柏，苍翠峥嵘，浓荫匝地。故此陵有“羲陵岳峙”之称，为古陈淮阳七台八景之一。清人雷方晓到此，拜祭后即赋诗一首，曰《羲陵岳峙》：“宛丘龙蟠面碧湖，岿然岳峙一陵孤。功开天地规模大，道冠皇王气象殊。宫阙云霞声栋牖，河喷烟雾隐龟图。千宵松柏凌高峤，园寝争看壮旧都。”

蓍草园在陵后，方八十步。因园中蓍草茂盛而得名。蓍草属菊科，多年生草本植物，羽状互生叶，形似艾草，春天开白色或粉红色小花。《博物志》说：“蓍千岁而三百茎，故知吉凶。”《本草纲目》云：“蓍草言其耆也。”相传伏羲就是在此采蓍草画八卦的，称“揲蓍画卦”。因园中蓍草茂盛，且来历不凡，故此园被列为淮阳八景之一，名“蓍草春荣”。又传说此草可以预测吉凶，且全国只有曲阜孔庙、山西晋祠和这里才有，所以此草神秘莫测，身价百倍，人们在陵庙朝祖进香之后，多采些蓍草带回家中。明代参政王概对此有感而发，诗曰：“高台突兀接荒城，风雨年年蓍草生。凤尾飘萧云气湿，龙头夭矫露华清。重瞳此日升双阙，一本何时满百茎。安得神龟常守护，灵根直拟献承明。”

功德齐日月，圣迹垂千古。后人不忘祖先的英名，史册永志圣皇的业绩。自春秋时期起，我国最早的民间祭祖庙会便从这里开始。每年农历二月二至三月三，人们从四面八方云集淮阳拜谒人祖，每天从早到晚，笙笛锣鼓，不绝于耳；香烛纸炮，烟雾蔽日，每天达十几万之多。明代知县何登栋有诗为证：“云旗高卷拥黄埃，击鼓鸣锣拜玉台。桃李年年春二月，更无人想孔林来。”

太昊陵的整个陵庙是以太昊伏羲氏先天八卦的哲理兴建的，是中国帝王陵庙中大规模宫殿式古建筑群之孤例。全庙南、北长750米，原占地875亩，有外城、内城、紫禁城三道“皇城”。为了突出太昊伏羲氏“大哉乾元乃统天”的崇高地位，统天殿独用黄色琉璃瓦，而其他建筑则均以灰筒瓦覆顶。陵庙十门打开，可以看见十门相照的奇观，体现出古人追求完美，崇信伏羲的一种敬畏心理。

渡善桥

渡善桥俗称“面桥”，它是朝祖进香的善男信女和游客，一来到这里已和“人祖爷”见面了。渡善桥是进入太昊陵的入口。起名渡善，也就是说，过得此桥，一心向善，虔诚拜谒，不可二心。体现一种庄严肃穆的气氛和教化黎民向善的目的。

午朝门

午朝门是太昊陵第一道大门，门上悬有“太昊陵”、“午朝门”、“开天立极”等匾额。两端有大吻，垂脊有兽，戗脊为仙人，灰筒瓦覆顶，盘龙瓦当，凤纹滴水。午朝门整体为明代官式建筑，并具有中原地方特色。月台两侧有八字墙，墙厚1.02米，灰筒覆顶，青砖筒瓦叠脊，檐上龙纹瓦当，菊花滴水。墙心饰三彩琉璃陶塑，龙凤图案，下有凹棱。门前左侧有明槐一株，再前原有照壁和“开物成务”、“继天立极”两石狮。午朝门是进入太昊陵的第一道大门，它以威严、高峻的建筑风格把陵内陵外分开，体现太昊陵的庄严、浩大。午朝门大脊上的吻、兽、仙人等一是避邪保护建筑，第二防止外界邪魔等侵入陵内。

道仪门

在整个太昊陵建筑中，道仪门结构最为简单。道仪门形似过厅，距午朝门126.55米，硬山式，通高8米，面阔三间（12.82米），进深（5.30米），六架椽，有椽柱四根（直径0.25–0.31米），高4米，覆盘式柱础，砖券门三，故民众俗称“三门”。该门山墙厚0.95米，清水大脊，龙形正吻，垂脊有兽，兽后饰鱼、海马，兽前饰天马、龙，灰筒瓦覆顶，龙纹勾头，凤纹滴水。进入此门，就应该注意“道仪”了。体现了伏羲文化的博大精深。入了此门，才入真正的伦理和思想圣地。

先天门

先天门南距道仪门121.42米，歇山式，券上嵌石匾一方，阴刻楷书“先天门”三字，五架梁，均为自然材，柱头科斗口0.12米，平身科斗口0.08米，清水大脊，龙形正吻，垂脊有兽，自上而下为鱼、海马；戗脊自上而下为獬豸、龙狮；仔角梁头置套兽。龙纹勾头，凤纹滴水，灰筒瓦覆顶。原无踏跺，70年代，为方便游人登临，两侧增砌。整个建筑以中原风格为主，又掺有南方园林建筑风韵。先天，取之于伏羲先天八卦原理而命名，体现了对伏羲文化的敬重和传承。

三才门与五行门

三才门与五行门分别坐落在太极门前东西两侧，与内城墙对应的玉带路上，东曰五行门，两门形制相同，均为面阔三间，硬山卷棚式，通高5.60米，建在高台之上。东西两侧有青石垂带式踏跺两级，砖砌象眼，青石压条，方砖墁地，鼓腹柱础承托立枋及卧枋，檐柱及中柱间用双步梁、单步梁、爪柱承托金檩和檐檩，椽与飞子均为方形。灰筒瓦覆顶，龙纹勾头，凤纹滴水。垂脊有兽，封山用排山滴水，勾头坐中并饰山花。三才和五行，是在伏羲先天八卦理论基础上进行的演化。三才，天地人，五行，金木水火土，包含了世间的一切。入了三才门和五行门方见世上一切。

太极门

太极门旧称太极坊或戟门，位于先天门北83.5米，为三间三楼柱不出头式木牌楼。前后各有六级垂带式踏跺，砖砌象眼，台面墁青砖，四周有压条石，鼓腹柱础，框槛式大门，上悬“太极门”匾额。圆形通椽，方形飞子，清水大脊，龙形正吻，垂脊由上至下为鱼、海马，柱间有雀替三幅云垂莲柱，排山滴水，下有博缝板，筒瓦座中，次间与明间略同。入了太极门方可进入统天殿等处拜谒伏羲。太极门取之太极生两仪，两仪生四象的古代哲学原理。太极也是伏羲八卦的基础，体现了民众天人合一的思想。也体现民众对人类起源、文化起源的探究。

钟楼

钟楼重檐歇山式，位于太极门内，东侧与西侧鼓楼昭穆对峙，上层悬明铸铁钟一件，只供参观，不令敲击，楼下2002年仿铸铜钟一件，游客可撞击，其声悠扬。鼓楼样式与钟楼相同，楼下复制大鼓一面，其声咚咚。钟楼、鼓楼是太昊陵祭拜伏羲时鸣钟击鼓奏乐的地方。体现民众祭祀的隆重，和对伏羲的一种敬威的心理。

东西廊房

太昊陵东西廊房原为一面坡，无门窗。老檐柱间有棂子格扇门，槛墙棂子窗，青砖墙体（厚0.46米），方形飞椽，椽头绘图案，方形椽头绘八瓣花卉，彩绘龙凤、对狮、麒麟及太极图图案等。檐枋下承托三架梁，老檐柱承托五架梁，檐柱与老檐柱间有单步梁和穿插枋相接，清水大脊，龙形正吻，岔脊上饰鱼、天马、仙人、獬豸，小板瓦覆顶。东西廊房两过厅均为框槛式实板门，东曰两仪门，西曰四象门。东西廊房本来是香客拜祭之前休息和整理衣冠的地方，它体现出人们在祭拜前的一种庄严肃穆的气氛。一种敬重、敬威的心理。

统天殿

统天殿建筑规格最高，是太昊陵建筑群中唯一使用黄琉璃瓦顶的（帝王级），民众俗称之为“大殿”。有明显柱升起和柱侧角，覆莲鼓腹柱础，下部为方座，格扇门，槛窗，东西北三面为砖砌墙体（厚0.76米），前檐下悬“统天殿”匾额，七架梁下设随梁枋，脊和枋之间置一斗三升隔架科斗栱，老檐柱与檐柱间配单步梁、双步梁和穿插枋，枋下置雀替。平方、柱头、角科均为双昂五踩斗栱，外拽瓜栱与外拽万栱，承托万拽枋，斗口0.09米，琴面形昂咀，高0.13米，宽0.09米，平栱用材规整，做工精细，正脊两侧均为三彩陶塑拼接成各种花纹图案。正面东西各塑盘龙四条，龙咀较长，鳞较简单，四爪若风车形，具有典型“猪咀龙”风格，龙身上下塑牡丹与祥云，脊正中嵌三节牌楼，下有一小龛背向龙首，口大张，龛内方框中楷书“太昊陵殿”五字，楼两侧分别置兽驮葫芦，二十八宿，骑马武士。背面东西各塑凤鸟四，空隙处点缀牡丹花卉。脊两端吞脊正吻，垂脊两侧施二方连续牡丹花卉，垂脊有兽，戗脊两侧饰卷草如意纹，翅角有四绝人（庞涓、子都、韩信、罗成）仔角梁头配套兽，下悬风铎。

现在，统天殿内有伏羲等金像3尊。伏羲像高3.6米，左右配享朱襄、昊英像高2.6米。伏羲头生双角，项饰兽牙、蚌壳、手托八卦盘、肩披树叶，腰缠兽皮，赤脚袒腹。朱襄号飞龙氏，左手持龟甲，右手拿骨针，作书契；吴英号潜龙氏，双手持蓍草，作甲历，背景屏风正面为龙纹图案，下部为龙湖，上饰云纹，两侧饰金乌、蟾蜍等，象征太昊伏羲氏与日月同辉。屏风背面图案，分别为土龙氏治田里，居龙氏造屋庐，降龙氏驱民害，水龙氏导泉流。上部甲申秋张云生书魏曹植伏羲赞："木德风姓，八卦创焉，龙瑞名官，法地象天，庖厨祭祀，网罟渔佃，瑟以象时，神德通元。"像下须弥座为中华黑色花岗岩材质，束腰部分线雕合璧玄尾龙图案。殿前连接直壁式月台，台面墁青砖，周有压条石，面积300多平方米，是历代举行祭祖大典的中心场地。东西南均有垂带式踏跺，砖砌象眼。它与东西廊房，钟鼓二楼，太极门形成古老的四合院格局。平面布局和空间组合，主次分明，错落有致。统天殿是祭拜伏羲的重要场所，是太昊陵的中心建筑。它的建筑特点，高大宏伟，用以体现伏羲的圣德，也是为了突出人们对伏羲的敬重心理。

显仁殿

显仁殿俗称二殿，位于统天殿北36.62米，重檐歇山式，建于直壁式台基之上，大方砖墁面，周有压条石，前后有十三级垂带式踏跺，砖砌象眼。

殿中现有女娲等金像3尊。女娲像高3.95米，左右配享侍女高2.6米，女娲身着兽皮，腰缠树叶，头戴花环，以兽牙、蚌壳、彩石作项饰，一手托五色石，一手托婴儿。背景屏风正面为远古洪荒时代，两侧饰凤纹，作媒妁、定嫁娶，以俪皮为礼等图案，背面为降蛟龙，践洪水，炼石补天，抟土造人等。显仁殿是祭拜女娲的场所。因为在人们的心目中，伏羲女娲是兄妹成婚，繁衍人类的。所以在统天殿后要建一显仁殿来祭拜女娲。人们在太昊陵祭拜女娲多是为了求子传后。

太始门

太始门为重檐歇山式高台建筑，南距显仁殿7米（指距台基），通高16.65米，台上建筑面阔（10.45米）五间，进深（5.58米）五间。殿内有檐柱20根，高3.9米，直径0.3米，老檐柱12根，高6.13米，直径0.35米，内金柱4根，高7.07米，直径0.4米，鼓腹柱础，棂子格扇门，老檐柱间有砖墙（厚0.35米），与檐柱形成回廊。檐柱与老檐柱间有穿插相接，老檐柱与内金柱用单步梁和穿插枋相接，单昂三踩斗栱，昂尾承托下金檩，柱斗科斗口0.10米，平身科斗口0.07米。殿内立有明正德八年"御祭碑"一通，故又称"御碑亭"。该殿清水大脊，龙形正吻，垂脊有兽，戗脊为砖瓦叠脊，依次为海马、斗牛，岔脊为獬豸、狮子，仔角梁饰套兽，灰筒瓦盖顶，龙纹勾头，龙凤八卦文滴水。下层有围脊，垂脊无兽，戗脊屋顶与上层相同。

梯形（下底 32.03 米×9.40 米×6.10 米，上底 13.90 米×8.95 米）高台，台正中为砖拱门洞，上镶披水砖，嵌青石匾一方，阴刻楷书“太始门”三字。上款署巡按河南监察御史金谿吴悌题，落款为皇明嘉靖二十四年夏六月吉日佥事上党李维藩立。匾上砌门楼式顶，砖雕替木，小筒瓦盖顶，两端饰挂落。台基两侧有砖砌踏跺 25 级，可绕殿循游，故又称“转厢楼”。两踏跺外侧均建有护身墙，墙外侧为砖拱券腑门，硬山顶，清水大脊，砖瓦叠脊，原有兽，小板瓦盖顶，砖雕替木。整个建筑稳固坚实。太始门是进入太昊伏羲氏陵墓前的一道大门。它把陵墓和前边的大殿分开。

先天八卦坛

距太始门后墙 5.22 米，2004 年 9 月将原砖砌改为青石雕砌。须弥座式样等边八角形，边长 1.8 米，坛高 0.6 米，坛上正中为太极图，周围先天八卦图：乾、兑、离、震、巽、坎、艮、坤等的标志。立面束腰角部乳丁卷云纹，中部为卷草如意纹，上枋、下枋为花草二方连续纹，上枭、下枭为俯仰莲花纹。圭角局部饰卷云纹。先天八卦坛是为纪念伏羲创八卦而设置的，主要是为了彰显伏羲的圣德，记住伏羲的功绩。

太昊伏羲氏之陵

太昊伏羲的陵墓，传说是埋伏羲尸骨的地方。陵高如山，皆用黄土堆积而成，陵前有碑，“太昊伏羲之莫”。据说此碑为苏小妹用手巾沾墨写成。因为碑要栽入土中，所以苏小妹有意把“墓”的土字去掉写成“莫”。每年，民众祭拜伏羲后都来此添坟，使伏羲陵墓越来越高。

蓍草园

蓍草园位于陵后，相传伏羲取蓍草揲卦，后人用以占卜吉凶。每当春初，蓍草灵根秀发，生机盎然，郁郁葱葱有“蓍草春荣”之称。

6. 叶氏庄园

叶氏庄园始建于康乾盛世，其后 100 余年累有续建，至咸丰时方大略完备，共耗白银百万余两。一号院名为“三进堂楼院”，叶方科历经七年的前期准备，和其子叶敷梓亲手创建，后由叶敷梓长子叶含文继承。二号院名为“五门照”其次子叶含明居住。三号院名为“高门台”是叶含文次子叶兆先续建。

据传，叶家在黄叶村时曾找人算过命。算命先生说，叶家在黄叶村不利，叶乃树叶之叶，树叶怕黄，故难发达。叶绍逸家至第五代决定搬迁到邓城，并从此迅速发达起来，成为良田万顷、家财万贯的豫东首富。

叶氏庄园内处处闪现的徽雕风格的雕刻让人叹赏不已：门楣之上，砖雕丰富多彩，形式千变万化，牡丹、蝙蝠、鹿（象征富、福、禄、寿）等，栩栩如生；房子屋脊处，缠枝花卉或莲纹，各展百姿，且多为连续的花纹；而正脊、脊头、榍头处又间砌奔马、水牛、云龙等走兽。这些采用的都是技术难度较高的透雕、圆雕技法，活泼多姿，引人入胜。

最值得称道的是门楼之上的木雕，可谓徽雕中的精华之作。在西建筑群门楼之上有一《十八学士下瀛州》，是用名贵的楠木透雕、圆雕而成，伫立在大门之上，瓦檐之下，遒劲的刀法在楠木上凸出浑圆而富于肉质感的人物形象。

叶氏庄园整体建筑为我国北方典型的灰瓦硬山式四合院建筑。其建筑气势磅礴，用材讲究，雕刻细腻，构造牢固，且布局合理，陪衬得当。充分反映了清代民居建筑的风格与特点。叶氏庄园建筑门楼高大雄伟，体现着叶氏家族的门第和威望。整个建筑采用三进院落，错落有致，后高前低成太师椅状。这体现出古代民众后有靠山、前有明堂、左右护卫的风水理念。叶氏庄院，长门居最高的堂楼，体现出封建家族中的辈分高低与尊卑位次的布局。

7. 商水寿圣寺塔

寿圣寺塔位于商水县郝岗乡北常社店村，距县城约60公里。该塔始建于北宋明道二年（1033年），兵燹于元，明正统元年（1436年）重修，明嘉靖二十八年（1549年）进行过大的修整。1998年9月经河南省文物管理局批准，商水县文化局委托河南省文物建筑保护设计研究中心勘测设计，河南省龙源古建筑园林技术开发公司承修，对寿圣寺塔又进行一次大的维修。

寿圣寺塔为九级楼阁式砖塔，通高41.5米，平面呈正六边形，塔内砌有盘旋的塔道，可逐级登高至顶。塔体从底至顶渐收匀称，成正六棱体锥形。塔顶用铸铁铸成形似宝葫芦的宝顶，使塔结顶得到最完美的点缀，给人以挺拔隽秀之感。塔的层檐收放尺寸自然得体，既保护了塔墙免遭雨雪侵蚀，又给予塔体以美的装饰，看上去既规整肃穆又没有呆板感。

古塔第一级残存的石门楣上，有刻字四行：明道二年癸酉岁三月一日丙寅时戊寅日葬舍利院主僧××建××功德塔。这些记载成为塔体建筑的最准确和最具历史真实的时间。第四级塔室北墙上有三尊石雕像。雕石两块并列镶嵌于墙上，靠东的一块正中雕有两尊佛像，东边一座为盘膝背面像，西边一座为盘膝正面像，靠西的一块正中雕有一座盘膝正面佛像，左右各刻有“佛心”、“供养”字样。

塔顶宝葫芦状铸铁塔刹分为三截，上为圆球带尖部分，中间细腰为一部分，底座弧形上收为一部分，其三截均为蒸笼式上大盖下小，防止雨水、尘土侵人。刹高达2.5米，重约1吨。球体上铸有“佛”，牌位内铸有“皇帝万岁万万岁”和“风调雨顺”、“国泰民安”文字；中间的细腰部分亦铸有“周王千岁千千岁”、“大明嘉靖二十八年九月吉日”、“典服安朝周府侍伴读王顶监造奉御官吴玺”字样；下部铸有“河南周府施舍西华小瑶集寿圣寺塔一座”，对明代这次修塔的时间及监造作了明确翔实的记载。塔刹球体下部铸有6个圆环，分别用6条铁链与第九层的六个角的石龙头连接，以防大风地震自然灾害的震动破坏。

1998年9月，对寿圣寺塔进行全面大规模维修时，在古塔宝顶封盖的天宫中，清理出铜佛像两尊，铅佛像一尊，白釉瓷盘一个，白釉黑花瓷碗两个，刻印大弥陀经一卷。历经千年沧桑，屡遭兵燹及自然灾害的侵袭，寿圣寺塔巍然屹立毫不倾斜，尤显设计科学程度及建筑艺术之高，实为宋代寺塔建筑的珍品。登高远眺，滔滔沙河逶迤远去，方圆十里村落、田野、道路、绿树等景色尽收眼底，令人目不暇接，心旷神怡。

该塔不但体形高大，而且施有平座、斗拱、刹柱、拱券门和破子棂假窗，塔室内嵌砌有石雕佛像，有建塔题记等，均具有重要的文物价值，它的完整存在，给研究宋代佛教在中原腹地的传播提供了难得的实物佐证，具有很高的历史、艺术和科学价值。商水寿圣寺塔，是典型的佛教建筑，体现出强烈的宗教信仰的特点。塔顶宝葫芦状铸铁塔刹，取意葫芦囊括万物、镇灾避邪的作用。塔寺内嵌砌的石雕佛像，更体现出佛教的宗教崇拜。

（三）居住忌讳

周口是一个农业大市，民众有定居的风俗。人们大都有一个相对稳定的居处，称为自己的“家”。家所在的地方，称作“家乡”。一个人的一生或者会有许多家，但其出生的家，便是其“老家”。周口人有热恋故土的风习，对于自己的家乡、老家总有一种落叶归根的情感。

家宅房舍，是人定居的基地，也是人常处的地所，所以民众最重视。周口民间俗以为建舍立家，犹如植树培根。这一事处理得妥当贴切，才能够子孙昌盛，枝叶繁茂，家业兴旺。否则便会家运衰败，子嗣无继，灾祸横生。

在重视建舍的习俗影响下，50年代前风水术大盛，周口民间有专司其职的“风水先生”，以“看风水”为业。看风水又称“相宅”。堪为天道，舆为地道；相庐舍为看阳宅，相坟墓为看阴宅。“风水”一词，最早见于晋·郭璞的《葬书》，是指相看坟墓葬地的。根据“气乘风则散，界水则止”的道理，欲得水，藏风，使不行，使有止，故曰风水。

按民众的习惯，周口民间建房一般都是坐北向南，忌讳坐南向北。这是根据地理、气候的环境，为避风、向阳而设的。这样的走向，地势上东西方向还问题不大，最忌南高北低，看上去极不顺眼，俗说：“前（南）高后（北）低，主寡妇孤儿，门户必败。后（北）高前（南）低，主多牛马。”选宅基地要选在向阳有水的地方，阳光和水源都是人们生活中不可缺少的。忌讳选在干燥无润处，或太潮湿背阴的地方。这些在民间都是很有代表性也很有说服力的。

另外，基地的选择还要看周围的地理环境，旧有居不近市的习俗，也忌讳宅无出路。按照习俗，如果宅基地四周都是住家户，将来遇见红白喜事不好借道。因为按照俗理，红白喜事皆走公道，忌入私宅。所以在建房选地基时就要考虑到这一点。但是，民间建筑又忌讳房院正冲豁口、河流、道路等等，恐有冲射，如实在避不开，亦应在适当的地点埋桩立石，契书“泰山石敢当”等字样，以灭邪去灾。以小石碑（或小石人）立于桥道要冲或砌于房屋墙壁，上刻（或书）“石敢当”或“泰山石敢当”之类，要禁压不祥之俗，在民间甚为流行。

在种种应用在民宅的“辟邪物”中，“泰山石敢当”可以说是最常见的，将“泰山石敢当”立于桥道要冲或砌于房屋墙壁的习俗流行于全国各地。人们认为，“泰山石敢当”所表现的“吉祥平安文化”体现了人们普遍渴求平安祥和的心理。那么，这种习俗是怎么来的呢？有这样一个传说。

泰山脚下有一个人，姓石名敢当。此人非常勇敢，武功高强，好打抱不平，在泰山周围名气很大。泰安南边五六十里地，有个大汶口镇。镇里有户张姓人家，张家的女儿年方二八，长得自然是脱俗漂亮。可近来每到太阳压山的时候，就从东南方向刮来一股妖气，刮开她的门，上她屋里去。这样天长日久呢，女孩就面黄肌瘦，很虚弱。找了许多先生看，也治不好。人们说，这是妖气缠身，光吃药是治不好的。张家老人听说泰山上有个石敢当很勇敢，就备上毛驴去请他。石敢当一听，他就去了。他交代下人：“准备十二个童男，十二个童女。男的一人一个鼓，女的一人一面锣。再就是准备一盆子香油，把棉花搓成很粗的灯捻儿，准备一口锅，一把椅子，只管把东西准备齐了。”这天天色一黑，他就用灯芯子把香油点着了。他用锅把盆子扣住，坐在旁边，用脚挑着锅沿，这样虽然点着灯，远处也看不见灯光。

一会儿，从东南方向来了一阵妖风，看着风就过来了。石敢当用脚一踢，踢翻了锅，灯光一亮，十二个童男童女就一齐敲锣打鼓，妖怪一进屋，看见灯光一亮，就闪出屋，朝南方跑了，南方有的农户又被妖风缠住了身体。怎么办呢？人家就打听，后来，听说泰山有个石敢当，能治妖，就把他请去了。他又用这个办法，妖怪一看又跑了，就上了东北。东北又有个姑娘得了这个病，又来请石敢当。他想："我拿他一回，他就跑得很远，山南海北这么大地方，我也跑不过来。这样吧，泰山石头很多，我找石匠打上我的家乡和名字：'泰山石敢当'，谁家闹妖气，你就把它放在谁家的墙上，那妖就跑了。"以后就传开了，说妖怪怕泰山石敢当，只要你找块石头或砖头，在上面刻上"泰山石敢当"，妖怪就不敢来了，所以现在盖房子、垒墙的时候，总是先刻好了"泰山石敢当"几个字垒在墙上，就可以避邪。

周口民众，在家居建房中讲究房宅东边喜水忌路。宅东有流水达江海者吉，取意"财源茂盛达三江"，"福如东海"。而宅东有路则为泄财，不吉。北为寇方，北有路，亦凶多吉少。宅基地的形状，周口民间俗以为四方形或南北长、东西狭的主吉；东西长、南北狭的主凶。子午线为南北线，宜长；卯酉线为东西线，宜短。俗语有"卯酉不足，居之自如；子午不足，居之大凶"的说法。又有"当院横着长，必损少年郎"的说法。

50年代前周口民间建房舍很讲究格局，一般以一院四屋为定格，又以主房、偏房、门楼、厨房、厕所各有定位，不可错乱，否则不吉。俗说宅院易实忌虚。实有五实，虚有五虚。五实令人富贵，五虚令人贫耗。五实为：宅小人多；宅大门小；墙院完整；六畜齐全；水流东南。五虚为：宅大人少；门大内小；墙院不整；井灶不处；地多屋少。

对于家院宅基地的形状，周口民间以为，房基地势要前低后高，忌讳前高后低。宅院忌讳呈簸箕形，即左右陪房外展，俗以为会失财。所以建左右陪房时，要注意外段向里收三分。俗以为这样可以拢财聚宝。宅院又忌不呈四方形，尤忌三角形，俗谓"三条腿的院子"。建东西屋，"宁叫青龙出头，不叫白虎张嘴"，"宁叫青龙高一丈，不叫白虎压一头"。也就是说西屋不能比东屋的间数多。盖房的间数，喜单忌双。通常以单间、三间、五间为一座。不盖双数房间的房屋。俗说："四六不通脊，通脊死闺女"。又以为"四六不作主"，若盖成四、六间房屋住进去不能主家，家人皆无主见。在同一处聚居的各家，建房的高度要大体一致。周口民间一般是很忌讳某家的房子、院墙高于其他人家的。否则，说是会压了人家的"吉利"、"风水"、"运气"。人家大病小灾都要归罪于此。往往会因此而招致邻里纠纷，甚至会结下世代怨仇。盖房出檐、留滴水，忌讳超出自己的宅基地，遮盖或滴露到邻家房上、院中。后房檐忌砌"狗牙砖"，否则，认为是"咬着后家"了，后面的人家会竭力反对的。房山墙忌照冲着邻家的院子，否则，以为是以"箭"射人，邻家不会愿意的。如躲不开，须在山墙脊头扣一沙锅。执意不扣沙锅的，邻家会在院中安一面镜子反射，以为这样就使灾祸又返回到对方家中了。厕所不能建在上首，即不能建在房子的左边。否则，不吉。鸡窝忌垒在正屋的屋檐下，谓之“双落泪”，不吉利。修阴沟（下水道）也不能通过别人的宅院，否则，会把别人的家财冲走。

门，是家的代称。俗谓成家立业为“立门户”。俗谚有“死门上，活灶上”的说法。门的设置在建舍盖房立院中是最受重视的，因而也是忌讳最多的。

在建房舍中，周口民间房舍的间架结构也是受民俗风习的制约的，有一定的忌讳规矩。造屋的地基要平实。屋形宜前低后高，忌前高后低。俗谓“前高后低，主人被欺”。更忌房子的中间高两头低，说是“小鬼担挑”，不吉利。草房和瓦房房顶的坡度又有不同。草房怕积水，所以要陡，瓦房房顶分量重，所以应平缓一些。俗语云：“草房平，住不成；瓦房陡，住不久。”盖瓦房覆顶，瓦的行数喜单忌双。传说木工祖师鲁班乳名叫“双”，为避其讳，所以房瓦忌双行。房子盖好后，还要在房脊上设“五脊六兽”、插红旗等以避邪压火。但民房上忌讳装饰龙形，龙是圣物，只限用于宫殿、庙宇、牌坊等神圣的建筑物，民间禁用，否则，将有灭门之灾。

房上檩条的摆放，要注意根梢方向。不过这方面各地要求不一，甚至恰恰相反。河南一带就有两种截然不同的说法。一是，晒根不晒梢，晒梢把祸招。一是，晒梢不晒根，晒根绝一门。晒梢不晒根，晒根断儿孙。看来后一种忌讳缘由指示的更明显一些，是因檩条之“根”与家门之“根”字同音同，因而恐绝户、断嗣而生出的忌讳。同一座房屋，门的开向，必须一致，忌讳一房多门，又朝前开又朝后开，俗谓“鬼推磨”，大不吉利。房门门扇大小要一样，忌一大一小。俗谓“左大换妻，右大孤寡”。房门又忌比窗户低，俗称“门”为“眉”（门楣），“窗”为“眼”。一般应是“眉高眼低”的，否则便不吉利。

周口民间房间的窗户不能做得比门宽大了。有“眼不能比嘴大”的说法。否则，就认为会日后不顺当。50年代前周口民间建房舍，讲究对称一致，忌讳窗户一大一小。俗称：“大眼瞪小眼”，家庭不和睦。农村建房又忌后墙留窗。俗称房屋不能长“后眼”。有人称后窗为后窑，据说安了后窗即要有后窑（后窑又为继母）。

盖房所用木料，周口民间也有所宜忌的，梁一般喜用榆木，取其“余粮”之意。忌用桑木，俗说“桑不上房”。因“桑”、“丧”同音，恐不吉利。还忌桃木、枣木、椴木、柿木、杏木、椿木上房。俗以为桃木上房主荒，要跑财；枣木上房人早亡；椴木上房绝后代；柿木上房出祸殃；杏木上房家不宁；椿木上房，人财将被“冲没”。其中有的是树木名称不吉引起的忌讳；有的则属树木材料质地差，不宜上房。民间还以为以果木为门插关，可以远盗。又忌讳用楝木做床，俗说，用楝木做床主灭子嗣。忌讳用被雷电击断的树木造屋或制作家具。普通百姓盖房时忌讳用方木为房柱，只能选圆木为房柱。同时，所有用来做梁、柱的树都不能是藤萝爬过的。如果用藤萝爬过的木料盖房，就认为不吉利。

周口民间建房舍时，开工、上梁、完工等时刻都要燃放鞭炮，驱逐鬼祟，以求吉庆，动工后，忌讳说“倒、塌”等不吉利的字眼儿。建宅院应先盖好房屋，然后再立墙围。忌讳先造墙围和外门，否则，主难成。扎根脚、上梁时，要放爆竹、烧纸、割肉、宴客，还要在梁柱间贴上对联，如“青龙扶玉柱，白虎架金梁”，“吉星高照”，等等。在钉椽子时，忌讳正冲着门中心，俗称“扎嗓椽”，不吉利，忌讳匠人在房内埋藏“祟物”。如果主家对匠人招待不热情、不周到，或者匠人对主家有仇气，匠人们便会暗中在砖瓦、梁檩中埋藏一些诸如面人、面兽、草人、纸人、木头人、木船、头发、牛骨、字、画、笔之类的祟物。据说上面写上主家的姓名、生辰等，或者有意按照一定的方位方式放置等，就会使这家家运不幸，连遭横祸，甚至能使之倾家荡产，家破人亡。

周口一带，有“前不栽桑，后不栽柳，院中不栽‘鬼拍手’”的说法。人们喜爱在自家宅院内、四周种植一些花草树木，生活在绿色的植物丛中。然而，由于种种原因，民间又有一些庭院种植方面的忌讳。院前不栽桑树，是因“桑”与“丧”同音，出门见桑（丧），唯恐不吉。后不栽柳，说法不一，一说是与殡葬死人有关。因“丧杖”、“招魂幡”都是柳木做的，坟墓后边又要栽柳树作“摇钱树”、“墓树”。所以柳树也易被人想到丧事，不吉；另一说是讲柳树不结籽，若栽于房后、院后，还恐妨害，感应得这家人家也无子嗣后代了。“鬼拍手”是指杨树。风一刮，杨树叶哗啦哗啦地响，像是“鬼拍手”。院内栽上杨树，还恐招来鬼魅，大不吉利。也有的俗信是说，“前不栽桑，后不栽柳，院中不栽‘刽子手’”。民众以为如果前栽桑后栽柳，就合丧（桑）失人口，留（柳）不住后代，“刽子手”指的是桃树。因为桃花、桃枝、桃实都是血红色的，妖魔鬼怪都愿意在桃树上住，所以不敢种在院里。一般，桃树只能种在后院，忌讳栽到前院，俗以为桃树上有邪气。如果种到前院，树根扎到屋里，人就有性命之忧。俗以为桃木有法力，桃木多用来作避邪桩橛用。谁家种桃树，主邪灾多。也有说种桃树主逃荒要饭的。这是因“桃”与“逃”谐音的缘故，民间还有“门前一株桃，讨气讨不了”的说法，也是与谐音有关的。

河南一带忌讳在院内种植楝树，以为楝子为苦豆，兆主人食苦果。忌在院内种植杏树，俗谓“人兴树不兴（杏），树兴（杏）人不兴”。忌种柏树，俗谓柏树是坟头树，是死人的象征，种之不祥。忌院中种梅树。俗以为梅花属媚，主人沾花，克妻败家。民间还忌院内大树盖顶，俗谓如此则阳气不通，阴气升腾，吉利不至，灾病无穷，即所谓“大树通轩，疾病连绵”。假如院内种植的树木死了，是很不吉祥的，必须立即刨掉，或另栽新树，否则，兆示家运破败，大凶大难。

周口在居处庭院里，人们的活动也有所忌讳。下午忌讳打扫庭院。俗说，下午打扫庭院，容易发生口角。有的地方还忌讳从里往门外方向扫地。一般要由外向里扫。据说这样扫可聚财，否则要失败的。客人或家人离家出门后，家中任何人不能扫地，否则，据说会把他们扫死的。

周口民间最重子嗣，屋门与家门一致，因而民间忌讳常关屋门，唯恐“关门绝户”。又以为门槛是家神凭依之处，故忌坐、踏、站在上边，尤忌用刀砍或以刀砧，在上边砍东西。否则，家中会招灾异，或破财。周口民间的新房屋一旦盖好，室内就要住人。俗以为新房忌空室，不然会有鬼祟。如一时无人住进，也要将衣服置于梁上表示有人在此。

锅灶是每一个家庭中必备的。周口民间十分重视建灶。民间“二八月不造灶”，俗谓是二八月造灶不吉。建灶时，忌讳孕妇、产妇或戴孝者在场观看。以为这些人“不洁净”，会冒犯灶神、火神。如果神灵怪罪下来，不是断炊就是失火，便会酿成悲剧。建灶须备新土净水为泥，不可用壁泥相杂。建灶的方向也颇讲究。周口一带忌讳火门（锅门）朝东、西、南三向。火门朝东、西，犯了“烧东西”的忌讳，朝南也不好，只有朝北才是好的。俗说：“向南烧，燎太阳，向北烧，无祸殃。”又说：“扭南烧北，金银大堆。”不过，有的农村也有说“灶口宜向东南，忌向东北”的。还有一些地方垒砌锅灶忌讳盛饭时勺子往大门以外的方向舀，一定要使饭勺子往屋里的方向舀。否则，以为会失财，不吉。许多家庭还把锅台、灶火、火塘等视为神圣的地方，或在此处供有神灵的偶像。忌讳从锅台、火盆、三脚架上跨过，忌讳用脚蹬或者随意坐在灶台上边和旁边；不能在灶口烤脚、袜子、靴子；吃剩下的食物、骨头等忌讳扔进火里；忌讳在灶头舂盐巴或在灶门前梳头；忌讳随便摸、碰或挪动支锅石或三角脚，忌掏挖火灰；忌在灶火旁边吐痰擤涕或往火上倒水；忌在火塘旁分娩，裸露身体，大小便或烧、洗脏东西；熄灭灶火时忌乱敲打或用脚踏；刷锅时，忌用筷子敲锅沿、灶沿。

周口人一般是不喜迁居的，俗说“人搬穷，火搬熄”，“人搬三道空，火搬三道熄”。迁居时，俗忌太岁。因为面对太岁所在方位和背向太岁所在方位迁居皆凶，所以周口民间为了稳妥起见，迁居时必须避开太岁。除了要避开太岁神之外，周口民间还有“六腊月不搬家”的习俗。又忌正月、九月迁屋，以为这些月迁屋不吉。虎日、狗日、鼠日、蛇日为凶日，忌讳于是日搬迁。由此可见人们均视搬迁为大事，不能不慎重对待之。否则，或者会由此而遭受凶祸。

（四）居处对联

周口民间自古注重文风，于对联尤其重视，不但家家户户于春节期间门楣张贴对联，婚庆、丧葬、构屋架梁、祝寿、乔迁、门市开张等均有相应的对联。就连因家有丧事之后三年内不许挂红，按俗间习俗也张贴蓝色对联，且对联内容不但非常丰富，亦十分讲究。现收集部分周口流传的民间各种对联，归类整理，以存旧时民风。

1. **祝寿对联**

世上四时春作首，人间五福寿为先。

天增岁月人增寿，春满乾坤福满门。

海岳君新寿，莺鸣天地春。

北阙临山掌，南山逆寿怀。

寿同山岳享，福共海天长。

福禄寿三星共照，天地人一体同春。

福如东海长流水，寿比南山不老松。

松柏千年茂，春萱世世荣。

福如东海水，寿比南山松。

家庭安乐春似海，人物太平寿如山。

横联

八仙庆寿

2. **迎亲对联**

易著乾坤首二卦，诗咏关雎第一章。

九子墨描连理句，五花笔写太极图。

午夜芝兰徐入梦，百年瓜瓞渐开长。

异日大魁天下士，今夕先会月中人。
福来天上皆成五，喜到人间定是双。
治家典则存三礼，经国文章在二南。
素位且行今日事，得问还读古人书。
易著太极人伦事，诗咏关雎家道参。
宝鼎呈祥香结彩，银台报喜烛生花。
敢云六礼既具，但愿五世其昌。
易曰乾坤定矣，诗云钟鼓乐之。
虽无诗书教子，却有淑女临门。
鱼水千年合，芝兰百世荣。
易著乾坤句，诗咏关雎章。
丝罗山海固，琴瑟天地长。
鸳鸯山海固，琴瑟百年和。
横联
五世其昌　天作之合　喜占五可　万年良缘　琴瑟友之
式燕且喜　秦晋之好　秦晋是好　关雎遗风　朱陈佳会
千载良缘　钟鼓乐之　南国佳人　一路福星　满斗焚香
其新孔喜

3. 嫁女对联

迎来轩马南金贵，望重名门北斗悬。
往送之门必敬戒，之子于归宜家人。
扫经恭贺乘龙客，开尊疑晏中雀君。
必敬必戒为母训，宜室宜家淑女贤。
不期迎门百辆，惟愿之子于归。
十年贞守高不字，百辆迎门乐于归。
喜今朝得依绿树，愿他年长附乔松。
喜今日之子于归，望他年宜其人家。
轮舆喜成君子配，妆奁犹是古人风。
由命务求尊礼教，于归应是咏风诗。
车马临门迎贵婿，鼓锣喧天送佳人。
愿妆奁半点，有敬戒两言。
之子于归卜今日，宜尔室家咏地年。
坦腹长怀逸少志，气眉难比孟光贤。

两姓联朱陈之好，三家结孔季之缘。

在家十年尊母教，出门一日听亲言。

迎来轩马南金贵，望重文章北斗悬。

不能遗嫁其妆富，但愿之子于归贤。

喜今朝之子于归，看他年宜其家人。

轩马南金贵，文明北斗悬。

横联

百辆御之　之子于归　无违夫子　兴也之子　往送之门　宜其家人　无违夫子　以顺为正　宜其家人　往送之门　烂其盈门　往送女家　毕敬毕戒

4．男喜对联

玉镜人间传合璧，银河天上渡双星。

福来天上皆成吾，喜到人间定成双。

天上桥呈云五色，月中斧伐桂三枝。

彩笔喜题红叶句，华堂欣颂采萍章。

喜今日银河初渡，望他年玉树生枝。

横联

五世其昌　天作之合　乾坤定矣　鸳鸯对舞　三元及第

5．入春对联

龙门春暖桃花浪，蟾宫秋香桂一枝。

今日春暖观鱼戏，他年秋高听鹿鸣。

光带烟云腾泮水，随进风电夺宫花。

丹山正起青霄凤，泮水初腾赤漠蛟。

一举首登龙虎榜，十年身到凤凰池。

池上初拈芹草绿，日边高倚杏花红。

泮水风高芹跃浪，琼林春暖笔生花。

乘风直击龙门浪，策马高攀杏苑花。

藻序方游身染绿，桂宫可折指分丹。

泮水悠然三汲丹，桂宫有分九秋香。

青钱遴选魁多士，玉笋驰声报上林。

泮沼香芹照景运，九浪先从芹浪起。

泮水暂时停骥足，金门指日占鳌头。

此时暂寄蟾宫路，指日高扳月桂枝。

乘风得采芹连藻，破浪须追鲤化龙。

桃浪先从芹浪起，藻香应接桂香飘。

雄才期令日，壮风绕长虹。

天香旋惹神，泮沼暂修麟。

横联

学绩鸡窗　留罗黄卷

6. **登科对联**

折桂蟾宫秋露已沾蓝袖湿，看花御苑春风人惹紫袍香。

云路高舒骐骥足，文橐分得凤凰毛。

诗无俗气歌兰桂，文有清辉贯斗牛。

桂林一枝香满月，昆山片玉价连城。

得雨蛟龙兴波浪，冲天鹏鸟凌风云。

龙门春暖桃花浪，秋月扬辉桂一枝。

春风得意花千里，秋月扬辉桂一枝。

横联

丹桂一枝　春风得意　鸟凌风云　暖桃花浪　文有清辉　香桂一枝

7. **贺武生对联**

九重雨露笼勋第，八阵风云护将门。

日暖龙宫春射猎，月高虎帐夜谈兵。

剑气能钟光泮水，云衢有志续分阳。

君恩多雨露，臣节壮风云。

横联

剑能钟泮　春城龙马　夜谈雄兵

8. **入国学对联**

捷步圆桥波漾绿，蜚声上苑杏题红。

碧水源深通学海，圆桥路近接天衢。

蜚声北阙金思宠，荣悒丹墀柴微新。

碧水秋清龙独跃，金门日丽凤连飞。

秀报成均掀凤翥，浪翻碧水起蛟腾。

乡书莫遂文心艳，国学旋升品地崇。

丹桂素怀思豹变，皇恩新拔起熊飞。

9. **主官对联**

彩笔一题光百代，银朱半点荣千秋。

奉主切望生花管，鸿题乍濡朱溢露。

用一时如椽之笔，气千秋不朽之灵。

金管题澈仁孝理，银朱点逗霜露浓。

堂上衮衣明日月，砚中椎影动龙蛇。

四时大雅称北斗，千古文章振丽日。

横联

鸿题千秋　指日高阶　指日高升

10. **大宾对联**

今日小诚赞相礼，他年大展器使才。

凤娴东鲁三千礼，令赞紫阳一日文。

礼乐须娴小相府，文章花国大儒风。

文章锦绣万花谷，品望庄严七宝台。

周规折矩威仪抑，进礼退义文质彬。

孔门弟子云宰相，周礼行人称大宾。

威仪棣棣引周礼，得音秩秩明戴经。

横联

如见大宾　文质彬彬　动容周施

11. **马王庙对联**

汉室封玉马，唐朝赠金牛。

铁牛扶汉主，泥马渡康王。

马生金杰豹，牛产玉麒麟。

槽头多兴旺，牛驴永平安。

骡马长茂盛，牛驴永平安。

12. **牛王庙对联**

威震变天司丑象，权乘和今发坤机。

身奉天上敕旨，职司人间耕牛。

圣德阴扶九十，神功默佑三千。

横联

各显神功　助我田功　职司耕牛　骡马平安　槽头兴旺　牛驴平安　得道洪山　四季平安　牛马平安　洪山真人

13. **祖师庙对联**

位镇北方凛凛英风光日月，精分水性腾腾杀气肃乾坤。

万道霞光冲紫府，千条瑞气贯黄庭。

舍王位终封帝位，凌物情却洽民情。

一柄皂旗遮日月，七星宝剑定乾坤。

赤足云为履，披发天作冠。

横联

位居坎宫　神之格思

14. 奶奶庙对联

母氏母氏当求顾复之德，子兮子兮应念劬劳之恩。

山南海金童引路，坐莲台玉女随身。

横联

报应不爽　送子喜家

15. 天爷阁对联

巍巍乎天诚为天，荡荡乎民无能民。

保八方风调雨顺，佑四海国泰民安。

金童玉女照祥彩，凤辇龙车献宝光。

天公地友生妙，帝力堪同造化夸。

横联

惟天为大　尊尚苍穹　圣称无极　大哉乾元

16. 关帝庙对联

兄玄德弟翼德不臣孟德，出许州散徐州威震荆州。

兄玄德弟翼德德兄德弟，友子龙师卧龙龙友龙师。

志在春秋功在汉，心同日月义同天。

风吹绿袍思汉室，花开三月想桃园。

义存汉室三分鼎，志在春秋一部书。

千秋忠义夫在汉，义勇先开邺水忠。

万古丹心明日月，千年义气长春秋。

三名三姓三结义，一君一臣一圣人。

出许昌曹兵胆战，入江东吴将心寒。

马名赤兔行千里，刀偃青龙出五关。

英雄自今称夫子，豪杰于是乃圣人。

夜看春秋文夫子，单刀赴会武圣人。

横联

义高千古　精忠贯日　志存汉室　亘古一人　忠贯日月

17. 财神庙对联

万国九州金玉主，天下人间福禄神。

万国九州金玉主，治国安邦福禄神。

摇钱树金根不断，聚宝盆银芽长生。

立万世无疆之业，来四方有道之财。

治国安邦富贵主，兴家立业福禄神。

动科摇钱树，移来聚宝盆。

万国金玉主，九州聚宝盆。

金炉不断千年火，玉盏常明万岁登。

进金进银连进宝，增福增寿又增财。

横联

盆中有宝　招财进宝　堆金积玉　增福财神　开财之吉

18．**火星庙对联**

赫赫神威照东土，炎炎灵光镇南方。

默默中是非有定，冥冥内赏罚无私。

知善赏善罚不善，姓恶名恶心不恶。

横联

职司丙丁　赫赫炎炎　赤地司焉　位居南方

19．**土地庙对联**

祈四时风调雨顺，保一村物阜民康。

一方善恶因人造，万户是非任我评。

千处有求千处应，一方诚敬一方灵。

为一村之主，保四季平安。

入坐一间庙，出保四季田。

土厚福昭黎庶，地灵德配苍天。

横联

四季平安　一村之主　一方保障　风调雨顺

20．**全神对联**

心存恭敬神如在，意秉虔诚圣有灵。

神恩无可报，早晚一炉香。

横联

敬神如在　神之格思　如意其上

21．**灶君对联**

东厨司命主，元皇灶君神。

福水善火东厨主，鉴宅司命一家尊。

旧岁上天去，新春带福来。
上天言好事，下界保平安。
为一家之主，保四季平安。
不享王孙媚，躬行上帝旨。
二十三日去，初一五更来。
品居五祀首，位列九阳尊。
上天言好事，回宫降吉祥。
入厨先净手，上案莫多言。
东厨司命主，元皇灶君神。
红火通三界，青烟透九霄。
有德能司火，无讼可达天。
横联
一家之主　东厨司命　福水善火　元皇灶君

22. **还愿对联**

还前愿一品当朝，去后症五子登科。
演戏三日酬圣德，献供一设谢神恩。
酹圣德加官进禄，谢神恩指日高升。

23. **生意对联**

生意恰是春前草，财源犹如雨后泉。
人运喜同春运发，财源正与利源通。
德门富有三阳景，财地春生万倍金。
洪范五福先言富，大学十章半理财。
财发三春多得意，福来四海正逢时。
人心若与天心合，生意还同春意多。
通四海青龙摆尾，达三江白虎飞身。
生意兴隆通四海，财源茂盛达三江。
招财童子至，利市仙官来。
生意春前草，财源雨后泉。
以利为利也，则财恒足矣。
兴降同旭日，发达胜阳春，
财同春发育，利与日兴隆。
大开日中市，广收天下财。

日进千乡宝，时招万里财。

横联

财源广聚　生财有道　黄金万镒　生意如春　如松之茂　一本万利　黄金万两　一片公心　十分生意

24．**坊子对联**

主因信实千斤托，客为公平万里投。

交道接礼长和气，近悦远来是春风。

门临大道二麦黄，户纳春风五谷多。

25．**醋坊对联**

麴好糠好一切好，醋香气香无味香。

好香醋家家所用，真醋味人人共尝。

26．**染坊对联**

靛买海外三千里，布染中州百万家。

禹王治就三江水，葛仙染成五色云。

神工治就三江水，巧手染成五色云。

27．**酒坊对联**

远客闻香快下马，近人知味速安钟。

文一杯状元及第，武三盏挂印封侯。

28．**饭铺对联**

行路君子用汤馔，出外客商打茶尖。

蒸馍白个亦甚煊，烧饼油条一切存。

葱韭芥蒜调和好，便饭面条样样全。

横联

馍饭不断　客商停留　日卖万千

29．**铁匠铺对联**

匣风吹火多生利，锤打砂铁广进财。

炉火红货物多卖，手段巧银钱广生。

匣风多增千户利，炉火广进四方财。

横联

火内求财　炉中取利　铁为事业

30．**粮房对联**

绿豆虽无数万石，粉条却有几千斤。

磨套粉一年兴旺，养圈猪四季发财。
卖细粉多增利息，换粮食大发财源。
生意兴隆通四海，财源茂盛达三江。
横联
四季发财　洪山得道　规矩方圆　大发财源　大道生财

31．**木匠铺对联**

鲁班弟子云巧匠，公输徒儿称能工。
方圆木巧匠做就，光明物能手治成。
横联
准绳引墨　心灵手巧　规矩方圆　巧传千古

32．**豆腐坊对联**

流白水一本万利，喂黑猪两年五窝。
新豆腐换货千斗，小猪娃卖洋万元。
生意兴隆豆腐广，财源茂盛猪产多。
水内求利四季发财，豆腐堆山货物不断。
上梁喜逢黄道日，建柱正遇紫微星。
左青龙年年吉庆，右白虎岁岁平安。

33．**药铺对联**

龙灯灯白芷防风，更鼓鼓陈皮木通。
采来春夏秋冬药，治过东西南北人。
但愿世间人无病，何妨架上药生尘。
非天而化育，不位文经纶。
功业同良相，精微受圣人。
东山楂西滑石南星北党，春丹皮夏枯草秋菊冬花。
横联
杏林十里　岐黄事业　杏林春色　儒述天心　橘井泉香

34．**主房对联**

天地君亲师大恩宜报，仁义礼智信至德当修。
父言慈子言孝职分堂尽，书可读田可耕世业攸存。
恭友相教泰和堂上风光盛，诗书共奋笃志窗前月色明。
庭有余香谢草郑兰燕桂树，家无别况唐诗晋字汉文章。
五福堂中呈晓瑞，百花枝上开春光。
萱草北堂称上寿，梅花南方占春光。

桂秀兰馨征积厚，椿荣萱茂发祥多。
莺声日暖鸣金谷，麟趾春深步玉堂。
珠楼好栖千岁鹤，玉阶先骋五花车。
紫荆花下兄宜弟，彩服堂前子悦亲。
春入堂前添春色，花飞玉座有清香。
五陵春色烟霞近，万里浮云翰墨林。
天上庆云呈瑞色，堂前旭日丽春晖。

35. **客房对联**

有益客来情不厌，知己人至语伦长。
过户清风为益友，可庭明月是相知。
花木清香庭草翠，琴书雅趣画堂幽。
春临柳色翠绕户，风送梅花香满庭。
松竹梅花三契友，清风明月两嘉宾。
桐为奕世承恩树，杏是春风及第花。
东鲁春风吾与然，南华秋水我知鱼。
春酒熟时留客醉，夜灯红处课观书。
座对名香堪伴月，客留佳句为题花。
书田菽粟皆真味，心地芝兰有异香。
巡檐索共梅花笑，飞盏遥闻豆蔻香。
花圃春风邀客醉，竹窗夜雨对僧棋。
花迎酒气客先醉，草见诗人色更清。
横联
高谈转清　高朋满座　飞觞醉月　琼瑶坐花

36. **厨房对联**

福曜临厨千载泰，水星镇宅万年安。
有年欢喜多堆栗，未鱼绸缪广积薪。
调和五味承相鼎，缀抱群芳补泰和。
胡麻桃瓣仙人饭，菠菜鲈鱼处士羹。
调羹如傅悦，案割似陈平。
薄试调羹手，奄观染指人。
庖厨初送暖，鼎鼐日生香。
入厨先净手，上案莫多言。
福永善火东厨主，镇宅司命一家尊。

横联

福曜临厨　水星镇宅

37. **重门对联**

燕绕重门传喜事，莺迁乔木报佳音。

香浮深院梅花发，翠绕重门燕子飞。

雍熙大地春色溥，清吉重门福泽新。

春风锦苍苔润，旭日重门紫燕飞。

吉地祥光征景运，重门旭日荡阳春。

瑞霭重门喧燕雀，祥云吉地迓龙光。

祥门喜集重门晓，瑞爪阳敷大地荣。

春遍江山荣士第，喜随人物集重门。

金莺日报重门晓，阳敷大地凤呈祥。

春融胜日莺声丽，花压重门燕语清。

莺过重门留好语，花开上苑吐奇香。

风逐鸟声来上苑，日移花影过重门。

上苑春光好，重门喜气新。

福星临吉地，瑞气照重门。

阳和辉大地，雨露近重门。

庆云来碧汉，瑞日霭重门。

物华喜盛世，春色霭重门。

祥光临户宇，瑞气入重门。

清和融上苑，瑞色霭重门。

莺报重门喜，燕歌大地春。

五福重门集，三阳大地荣。

重门迎福禄，斗室纳祥祯。

世其嘉祥集，重门景福臻。

重门臻德厚，五福发祥多。

横联

迎春接福　百福骈臻　柳色争艳　迎祥集喜　福自天申　光辉化日　人乐尧天　尧天迪吉　阳春一布　尧天舜日

38. **楼阁对联**

水宽山远春云冷，月皎风和小阁幽。

山掌层台浮丽日，珠帘绣帐对春风。

竹树千秋分秀色，山楼百仞耸奇观。
层峦掩映春云外，台榭参差积翠中。

39. **天井对联**

满砌荆花翻彩袖，盈阶榆荚中轻钱。
秀拥芝兰耀锦砌，春生桃李灿瑶阶。
艳挺瑶阶秀，荣增锦砌春。
横联
天雨花开

40. **园亭对联**

凤袅花枝疑各醉，云笼柳径相莺眠。
春临柳谷莺先觉，露滴松枝鹤有声。

41. **牛马房对联**

棚内嘶知千里骏，阵前吼动万人惊。
吼疑赤兔嘶边月，行似乌骓起塞云。
槽头多兴旺，牛驴永平安。
槽头多骡马，棚内有龙驹。
牛驴多茂盛，骡马永平安。
横联
牛驴平安　助我田功　骡马平安　槽头兴旺

42. **大小车对联**

制度遵输子，驰驱效王良。
一王定制度，万国车同轨。
出入皆顺利，往来俱宇通。
孔子乘殷辚，周公指南车。
四轮行千里，一车载万斤。
任重而道远，代人而后行。
坐观闵子孝，行听伯雨贤。
春夏秋冬用，东西南北行。
远近通大道，进退遇逍遥。
鲁班造成车，文王载高贤。
日行千里路，夜走八百程。
今车古时治，殷路民国存。
一轮行千里，两把架万斤。

牛行如虎走，车响雷声音。

牛如南山虎，马似北海龙。

日行千里路，夜走八百程。

横联

我车既攻　我马既同　四时行焉　万物载焉　用之则行　舍之则藏　我出我车　于彼郊矣

43. 织布机对联

上下龙张口，左右凤点头。

上下蹬绞龙张口，左右穿梭凤点头。

一来一往手舞之，一上一下足蹈之。

往来龙张口，上下虎翻身。

身坐九龙口，面对五凤楼。

双手转日月，两足定乾坤。

横联

川流不息　手舞足蹈　足之蹈之　送往迎来　机中生玉

44. 上梁对联

左青龙年年吉庆，右白虎岁岁平安。

上梁喜逢黄道日，鉴柱正遇紫微星。

青龙盘玉柱，白虎架金梁。

黄道喜逢全盛日，紫微高照吉人家。

三阳日照平安宅，五福喜临吉庆家。

横联

尚父在此　立柱平安　吉星高照　安窗大吉　太公在此

45. 安门对联

安门喜逢黄道日，立户正遇紫微星。

黄道安门添喜色，紫微立户纳祯祥。

阶茨追踪中天地，墙宇则效圣贤门。

此日安门好，百事大吉祥。

安门逢黄道，立户遇紫微。

鲁班云中过，正是安门时。

重门昼暖花迎户，深院春归燕入帘。

风送鸟声来上苑，月移花影过重门。

重门柳色连清琐，深院花香绕玉堂。

燕绕重门传喜事，莺迁乔木报佳音。

横联

吉星高照　安门大吉　安门吉庆　安窗大吉　五福临门

46. 戏台对联

由古史演时局莫愁观者无知己，借今人作前事只愿世间学好人。

文成武就金榜题名虚富贵，男婚女配洞房花烛假风流。

白面书生叩其腹空空如也，红粉佳人观其足悠悠大哉。

方寸地可家可国可天下，寻常人能文能武能鬼神。

三五步走遍天下，五七人百万雄兵。

一二人千军万马，六七步四海九州。

有同听焉斯为美，若是班乎可以观。

横联

于今见古　作立是观　阳春白雪　一夕千古　于今可见　莫作闲看　神之听之　此会禁赌　物阜民丰

47. 殡葬对联

慎终须尽三年孝，追远常存一片心。

白骨未入三尺土，灵魂已上九重天。

礼制隆杀循乎分，丧灵有无称其家。

玉骨未入三尺土，哀声已动九重天。

敢云葬之以礼，但愿丧致乎致。

敢云当大事三字，但愿尽人心一言。

素车白马来鹤吊，青山绿水遍鸟啼。

痛泪滴湿三尺土，哀声震动九重天。

素车白马愁入梦，素车白马痛招魂。

身入九泉魂不返，名流千古气如生。

江山有恨风霜凛，天地无情草木悲。

魂飞天上星辰灿，魄落人间草木香。

门前楚楚三千客，庐内哀哀一片声。

风吹鹤驾恨偏远，雨湿牛眠泽自长。

泪添九曲黄河溢，恨压三峰华岳低。

横联

泣血三年　亲丧自尽　风木生悲　丧致乎哀　昊天罔极　即位而哭　葬之以礼　哭泣之哀

48. **服孝对联**

守孝难回佳节礼，思亲免贺太平年。

人皆赏节双眉喜，我独思亲两泪流。

守孝不知红日坠，思亲唯望白云飞。

读礼不知云岁暮，思亲犹望白云低。

泪滴竹根空有笋，伤心水低岂无鱼。

萱草萧条悲夜月，梅花冷落泣春风。

守孝难回礼，思亲免贺年。

玉梅含孝意，金柳动哀情。

柳色黄金嫩，梨花白雪香。

横联

思亲免年　泣血三年　亲丧自尽　守孝难回　风木生悲　丧致乎哀　昊天罔极

四、行旅民俗

（一）工具

20世纪50年代前，周口城乡多为土路，民众行旅多靠步行。在行旅工具上以牲畜拉的土牛车、拖车、太平车等为主。轻便交通工具以红车子或者肩挑手提等为主。现简单把周口主要行旅工具介绍如下。

1. **土牛车**

土牛车又叫小平顶车，土牛车随着时代与科技的发展，已完成了它的历史使命，成了周口人心目中的文物了。当年淮海战役时，广大周口籍支前民工，靠的就是土牛车给解放军运送粮草。

土牛车结构简单，周口各地土牛车形状大小不一，但主要构件基本相同。土牛平顶车，简单地说是两帮四横獐两车耳一木车轮，车帮下后安两条腿一拉獐，就这么简单。土牛车一般选择结实耐用的槐木为料。两车帮约方二寸半左右，车身长约四尺，车把长二尺半左右，全长不到七尺。前窄后宽，车平面呈梯形。前宽一尺，后宽二尺半。四横獐根据车身长短均匀相间开榫穿獐出榫木钉贯之。在第二拉獐后开向前斜榫眼，安两条下开圆眼的，约一尺三寸，并拢内斜腿叫车耳。两车耳中装圆木车轮，中略凸，开方眼装四方车轴，车轴出车轮眼两头刮圆，装入车耳眼中，这样，能推两三百斤，或坐两个大人的土牛小车就做成了。上铺木板，放上草苫或被子，可推脚坐人，农村老婆、妇女走亲戚去娘家，推起来吱吱扭扭，别具一番风味。

农用土牛车，不铺车板，上放荆条编的大粪筐，前穿粗麻绳，下穿车帮折回结头，以装土或牲口粪。在实际应用中，农家土牛车去掉粪筐，铺木板或秫秆箔，草苫，上放被子，也常常是老人小孩妇女走亲戚、上集买东西的交通运输工具。在20世纪60年代以前，周口城乡，一般农家都备有土牛车。土牛车推粮食，能推200多斤，比起肩扛筐挑，省力省事快捷方便，功效高而快。

土牛车因车轴与车耳皆是负重木构件，易磨损，得备有棉油装瓶，中放长翎鸡毛，用于蘸油膏车轴与车耳眼。以保持光滑，减少摩擦，从而延长车轴与车耳的使用寿命。

推土牛车，要两臂用力，两手抓紧车把，保持平衡，才不翻车，遇坡地下岗，身往后拽，才能不出事故。土牛适用于晴天干路，泥泞雪雨，车轮卷泥，难以行走，再者雪深阻轮，也难推着前进。所以逢阴天雪雨，农村有急事，还得套拖车。

2. **红车子**

红车子基本构件原理同土牛车，但又比土牛车复杂些。一是土牛车车耳安在第二拉掌之后，加之车耳往前倾斜，实际上车轮正中心对准第二拉掌。推时掀起两把，重心可以说前轮承担3/5，而人推的两把承担2/5的重力，所以长期远路推土牛车走亲戚，两臂承受重，一般得备车袢，以减少臂力的劳累。

所以小土牛车，载重一般为200多斤，再多了推时很费力气。红车子是在克服小土牛车上述弊病时进一步改进的。红车子为了减少推车的臂力劳累，把车轮基本上安在车架正中，这样，红车子全部承受重力落在车轮上。土牛车车轮小，走路得转圈多，易磨损车轴与车耳。红车子改进上述缺点，车轮做得比土牛车大得多，直径约一米。中圆木，周安木辐条，车轮框由六块弧形木瓦对成，合起来成为圆形车轮，木辐条内扎圆车轮外扎车瓦，以减少车轮重量，并且推起来更轻便灵活。红车子的车轮一大，比之土牛车，它的车棚框架结构也随之改变。四个拉掌，轮前两个，轮后两个。中间留有大于车轮的空隙，这样，为保持车平稳，红车子车耳很短，只有七八寸，不到一尺长，安在两车帮下，红车子的车轮，已高出车棚架平面上一尺多。为既不影响推重载物，又保护车轮，木匠师傅就给车轮上面安上一个罩架，保护车轮。车轮罩架前安在第二拉掌，后安在第三拉掌正中车轮两旁与前后四周。四个立柱均匀安在第二到第三拉掌两旁车帮上，两旁斜向中间有横穿掌结成平顶框架车轮罩，说句象形的比喻话，如骆驼的驼峰，让人看着不是味儿，多出一块碍眼物。但为了推车更平衡与轻便些，古往今来的能工巧匠，才设计出来这种带驼峰的红车子。为了载重面积大，这些能工巧匠采用延长车横撑的方法，再在车帮外约一尺的外边，装上一个弧形的小外帮，解决因车罩驼峰占位引起车棚小装东西不方便的难题。这样，改进的小土牛变成红车子以后，其构件花样大大超过了土牛车，故在周口一带出现单造红车子陈州李家、周口张家木匠等。

在20世纪60年代以前，红车子基本上是周口广大农村城乡个体运输户的得力工具。一支车队，推盐推粮，二三十辆，长长的一大队，吱吱扭扭行驶在广大周口平原的官道上，成为当时一个特殊风景线。推红车子，因重力在车轮上，加之载重，很容易翻车，所以，推红车子，得千方百计保持车身平稳，才不翻车，怎样保持车身平衡，这就要靠两条臂力与身子重力的配合，才能保持红车子重心平衡。故周口常有笑话："看你的屁股调的跟推红车子的样"。实是出于实情与经验之谈的谚语口碑。

红车子，一般采用本地槐木制成，结实耐用。加之不断油漆，耐风刮雨淋，一辆好的红车子，按当时的粮价，得一石五到二石粮食才能购买一辆。对于一般少田没地的穷家，也是个不小的天文数字。一辆好的红车子，能用两三代人。身强力壮的车手，一般推车运货，能养活数口人。在往昔岁月，它的确是周口平原上难得的轻便交通运输工具。

而农村口语常说的"推红车子就怕落耳。"车耳实际是红车子的腿，它安在帮下夹持车轮，两边有眼装车轮轴而承载车与载物。因车耳斜朝前，载物重一般易折。车耳一般选桑木，车轴选用枣木，枣木有质细耐磨脆而易折特点，故推红车子，一般得备有车耳与车轴两套，坏了立换，以免误路程与运货期。为保持车轴与车耳光滑，推红车子常备有小瓶棉油，内插鸡翎毛，以便休息时膏车耳与车轴，使之光滑，减少摩擦，延长车轴与车耳的使用寿命。红车子因载物重，重心力在车轮与轴耳，一般休息，载货的红车子，皆头扎地，减少车轴与车耳的承重力使之平稳。走时抓把下放挎袢，再推车前行。

其实，千百年来传说的《三国演义》中所说的诸葛亮运粮的木牛流马，木牛就是小平顶车，流马就是红车子。其中所讲蜀兵运粮，魏兵来袭，蜀兵扭转木牛流马耳朵与舌头，实际就是红车子的车轴与车耳。去掉车轴与车耳的土牛与红车子，上装几百斤粮食，搬之不易，推之不能，魏兵无可奈何，待魏兵走，蜀兵复安舌头与车耳，照样木牛流马复活，运送粮草。这种简单的木工机械，在2000多年前之三国，也是件很了不起的发明创造。木牛流马为蜀国伐魏运送粮草，在崎岖艰难的蜀道，可以说是一种因地制宜的很难得的省工省力的理想的运输工具。

3. **太平车（大车）**

太平车又叫大车，是周口平原上广大农村农家运肥拉运庄稼粮食的农具，又是逢年过节出门走亲戚的交通运输工具。

大车分上下两部分，上面的叫车厢，长约七尺，宽约五尺半，从挨地的车轮到车厢底高二尺，车厢高一尺八寸。车厢由内外四个大帮，两头两大车厢堵头拉掌，中间一个大托掌，间加两个小托掌组成大车底盘框架。两堵头拉掌约宽五寸，高八寸，前后穿掌穿内帮出榫约一尺，七寸处再穿榫外帮出榫，全部上面外镏包豆厚的铁皮到两头向下折包过来，以防踏大车堵头而磨损堵头木实。并每隔五寸用带帽铁钉钉之。中间等距三个托掌约三寸高，四寸宽。正中的一个托掌又穿内帮外包铁皮，再穿榫外帮出榫铁钉贯之。连两头车堵头拉掌，大车总共五个托掌底盘，三寸高的托掌平面上再铺二寸厚木板，成了车底厢，而两头车堵头高于车厢平面五寸高，五寸宽的拉掌自然成了大车堵头。位于两头车堵头拉掌与车中间拉掌之间前后两个托掌，两头各开半榫，装于两旁开半榫的内车帮上。以上说的大车的底盘与车底厢。而真正大车的车厢是两内外帮各安二尺高的立柱，但内车帮立柱是长方形，共六立柱，内贴钉二寸厚木板，成车厢。外车帮立柱，圆形，约直径三寸，茶杯粗，四个，称曰“将军柱”。上头开榫，再安一个与车等长同将军柱等粗上车帮，与内立柱的方形上车帮，横向内开半榫外开穿掌眼出榫，与圆的上车帮齐，木梢砸之，这叫住护车轮的车帮。上面拉内外车帮的小拉掌共六个，每间隔等距一尺左右，基本上与内外上车帮间距相同，组成五个四方形的车轮车帮框架护厢。上面可面向内外皆可坐人，坐在上面，脚朝外可蹬着下面大车外底帮，面朝内的可蹬着车厢底。上车帮两头，各又刮成圆形，慢慢往头细。它用于磨车与拐弯端车改变方向时的方便。

大车内外四车帮，各出车厢堵头拉掌的约一尺长，供上面放车抬鋬。车抬鋬是块方七八寸，向前上装中间三大铁鼻，两边各三个或两个不等的铁鼻，是车宽等长的长方形槐木，两头为防破裂又用铁箍箍着。车台鋬上装的铁鼻更粗，都有两大拇指粗还多。车抬鋬放在车厢堵头外车帮出头木上再用铁锁扣之，前面挂牲口套，套上最少三个牲口，就可以拉大车了。

大车的车轮四个，直径约一米。呈糖糕形，中厚外薄，中厚约四寸，越往外越薄，外边车轮约二寸厚，再用外半圆内侧平的铁车瓦分段钉，以保护车轮，不怕磨损。磨损薄的车瓦，更换之。加上每年桐油油之，下雨推入车屋，一辆做工精巧结实大车，可供几代人用。

大车因载重量过大，它的车轴，不再像红车子那样用木的，它采用熟铁锻打铸件，中间四方形，两头圆形，装入车轮正中四方眼时，外衬芦篾，下车轴小心用锤夯打，车轴顶上垫破鞋底，以防打坏车轴顶头。因为车轴是熟铁的。在内外车帮上，对轴处也留上平下半圆车钏眼。装大车车钏，翻车底朝上，车钏平底朝下，外加破鞋帮小心轻轻击打之。车钏是生铁铸件，脆，易断折，一般下之要小心。再把护车钏的两头带眼的铁板，穿入车帮上钉的带眼贯钉上，外再从车帮上钉的贯钉眼中，对插两个大头朝外，带鼻尖头朝里的贯钉销子，两销子再用弓线绑连一起，防脱落。

大车一般由质地较好无虫蛀的本地槐木构件而成。打大车的木匠与做红车子、投犁子的木匠一样，皆是独门专活。大车的榫，皆是炭烤抹油外包铁皮，装榫时，木匠泥水匠师傅皆用百十来斤的大锤，喊号阴榫，一锤下去，榫穿穿榫眼只进三五分。木匠泥水匠师傅父子兄弟轮番抡锤。一个大车帮穿穿组装下来得一气呵成，再加榫头外镏铁皮，榫与榫眼大小，得有经验者才行，否则榫大眼小，穿破车帮。否则榫小不结实。所以周口，十里八里，很难找一个好的打大车匠师傅。

大车，一般农户，没有二三十亩地，造不成大车。地少打的粮草少，喂不了牲口，独户一到两头牲口，拉不动大车，须找人搁具子三头牲口，才能拉得动大车。在农村，一般打得起大车的户，最少是殷实的中农户，上中农户，或富农、地主的家庭。在明清时期，大车是农村农民家庭状况与财富的代表。

大车要经常保养才能耐用，最好的保养方法是膏车。膏车一人掂油饷子（用水牛角装棉油），一个人扒车上帮把，一只脚蹬车轮上边，轮靠里边，闪出空隙露出车轴与车钏。掂油饷子者蘸油膏之。另一人再扒车轮靠外车帮，闪出里边车轴与车钏，掂油饷者膏之。大车一般来回拉一趟，膏油一遍。既能滑运车轴，减少摩擦，又能保护车轴、车钏寿命，延长使用期。大车农闲与暑天用后，一般推入专盖车屋以保存，以防日晒与雨淋。明清时期的小车屋，往往又常为逃荒避难的栖身之处。因为车屋低矮，冬避风暖和，加之大车两边有厢，底厢两头有车堵头，槽式，宽三尺半，长五尺，可睡四口人，所以一般逃荒之家，车屋成了避风港临时家。

4. 船舶

周口水上运输历史悠久，船舶种类较多，经过不断的发展变化，建国后还有八个主要类型。为适应河道运输，这些船只一般具有吃水浅、片大、板薄、底平、载重量大等特点。现分述如下：

对联划。有前后两截组成。船长60至80尺，宽9至12尺，深2.5至3尺，船桅有1至3根。空船吃水0.5至0.9尺，重船吃水1.5至2.5尺，载重30至55吨。先是长舵（俗称长尾舵），70年代后，为便于机船拖带，演变成没篷没桅，长舵变短舵（俗称马尾舵）的木驳船。

朴梢驳。单船。船长至28至40尺，宽8至11尺，深1.5至3尺。空船吃水0.5至1尺。重船吃水1.5至3尺，载重20至30吨。分为两篷两桅或一篷一桅两种，适应跑风、走大水。合作化期间，变成小梢打吊，两船相接。60年代逐渐消失。

芒子单船。船长30至40尺，宽8至11尺，深2.5至3.5尺。空船吃水0.8至1.5尺，重船吃水2至3尺，载重20至40吨。一篷一桅、卧舵，船体牢固，能装散仓。适应走大水、跑风。50年代因沙河水浅而逐步消失。

连划单船。船长30至40尺，宽8至11尺，深1.5至2.5尺。空船吃水0.8至1.3尺，重船吃水2尺，载重20至40吨。60年代消失。

长葛船。对联划型。船长50至70尺，宽8至9尺，深0.5至2尺。空船吃水0.3至0.5尺，重船吃水1.5至1.3尺，载重20至80吨。该船吃水浅，板薄，神仙桅篷，适应在贾鲁河上行驶。70年代消失。

多节船。是三节以上连接的船型。长60至90尺，宽、深、吃水和对联划相同，载重50至100吨。适宜走深水直河，便于拖带。60年代后消失。

爬山虎。50年代到60年代为适应上游浅水发明的一种吃水浅，能到山区小水运货的小型对联划。船长40尺，宽7至8尺，深1到1.5尺。空船吃水0.3至0.5尺，重船吃水1至1.5尺，载重5至15吨。后因沙河上游水枯，60年代初消失。

机动船。1950年8月，河南省交通厅内河航运局在周口用2000多万元（旧币）购买中国人民解放军南下时留下的一艘机动客轮，命名“红星号”，有30多个客位，航行于沙河、颍河上。1956年翻修为150个客位，后调到淮河参运。

1958年，沙河航运处委托漯河造船厂将一艘木帆船装上一部美制“大道奇”汽车发动机，改制成机动船，命名为“红旗号”，后调黄河参加抗洪抢险。

60年代后，机动船逐渐增多，沙河航运处的货船基本上实现了机动拖带化。从70年代起，一些集体和个体户的货船、渡船、捞沙子船，广泛改装柴油机，名为挂桨机动船。

（二）禁忌

周口民众认为在家千日好，出门一时难。人们认为人在行旅途中的安全是由神掌管着的，古时有路神，亦称道神、行神的信仰。其神为谁，说法不一。一说是共工之子，名修；一说是黄帝之子，称为嫘祖。人们待在家中，自然会有一种安全感。正是这样一种思想观念，使得人们同样地不能不看重出行。因为，出行即意味着暂时离开自己的家宅，离开自己的安全归宿地，会有一种安全失落感。所以，在行旅方面就会产生忌讳了。

中国人素来有慎出行的惯习。孔子《论语·里仁篇》云："父母在，不远游，游必有方。"这是从孝道出发对子辈的规劝。意思是不要因"出远门"耽误了侍奉父母。其中也包含着"出远门"会有一定的危险性，或者虽有心也未必还能再尽孝道的意思。假如真要出远门，也要有一定的去处，可以让家人放心，或者便于前去寻找。古时又有出门应占卜方向的俗信。古人以为出门是有吉凶兆示的，因而也有所宜忌。民间有俗谚云："老不上北，少不上南"、"老不入川，少不游广"、"老勿走新疆，少勿走苏杭"，也是出门的忌讳。出门不但要忌方向，而且还忌时间，出行时必须选吉日才行。

在周口民间流传最广的出行日忌讳俗谚是"七不出门，八不回家"，或者说是"七不往，八不归"。这里的七和八是逢七、逢八的意思。即凡初七、十七、二十七日忌出行；凡初八、十八、二十八忌回家。有说"七出"令人想到休妻的"七出"，或者径直忌讳其谐音"妻出"；"八归"之八，令人想到"王八"之八，因而避忌之。现在，一般民众早已是只知其然，而不知其所以然了。如果是去看望病人，忌讳在初五、十四、二十三出门。忌讳下午出门去看望病人，据说下午属阴，恐使病人的病情加重。民间还有一种"杨公忌"，亦是专门避忌出行的日子。

出门上路，最好是有人结伴而行。周口民间俗说："一人不上路，二人不看井"，就是担心一个人出远门遇上难处，无人照应。一般来说，在出远门时，要做好一切准备。俗话说，"在家不敬月，出门招风雪"，所以出门前要敬路神、天神、日月神，祈祷神灵的护佑。出门前忌讳与家人争吵，否则，出远门心不安宁。民间出行前常有一种占卜行旅吉凶的心理要求，如果吃饭时噎住了，或者折断了筷子，打碎了碗，等等，便认为是不吉利的预兆，一般会中止外出。有事出远门，最忌碗、盆、碟子打碎。认为这是不祥之兆，出门办事不顺利，经商会亏本，甚至路上会遇到抢劫或其他意外的灾难。

民间俗称"穷家富路"。因为路途劳累，不比寻常在家，"在家千日好，出门一时难”。如果不舍得花钱，损伤了身体，就更不划算了。但是，出门要防贼，忌讳财帛外露。俗说，“出门不露白，露白会失财”，一定要“财不露白，货不离身”。出行，最好在白天赶路，忌走夜路，因为“爱走夜路，总要撞鬼”。不是受鬼的惊吓，就是受强贼的掠夺，是不安全的。若总是在白天赶路，就好多了。万一非走夜路不可时，听见有人叫喊，切忌轻易应声。如果找不到人，就是有妖怪在作祟了，可连吐三口唾沫破之。行路时，还忌讳遇上殡葬的，俗以为不吉利。或将衣帽脱下，扑打数次，以为破解，谓之“散晦气”。不过也有的人不忌遇见殡葬之事，如经常在外边跑东跑西的艺人，就说这是件好事，因见着棺材为遇财（材），棺材里边抬的有死人更好，谓之“财（材）不空”。跑生意的人行途中忌讳碰见兔子，说见了兔子住不下脚，还得跑，主生意无成。出门途中忌讳遇上背空筐者，以为不祥。若遇见挑水、担柴者则以为吉祥。

在出行途中还要待人格外有礼貌，这样不会吃亏的。如果愣头愣脑的，不懂礼节，出门在外是要受苦的。问路时，要先施礼，后问话；尊称对方，语气谦恭，忌讳说话粗声大气，指手画脚；遇尊长，应施礼让路；遇年龄相仿者，应先打招呼，礼让先行。如途中行人很多，生人不必拘礼，熟人应打招呼，忌视而不见，恐疑为高傲自大，目中无人。

五、生活用品

在老周家口民间，有许多当年曾流行一时的生活用品，现在早已绝迹于人们的视线之中，变成了日益稀世的老古董。不过，这可是中国民俗文化中十分有趣的一部分。

周口民间有些生活用品的制作和使用上也是有讲究的。比如做桌子有这样的习俗：方桌边长的尺寸不能离“九”，如“二尺九寸”、“三尺零九寸”、“三尺三寸九”，小饭桌“一尺九”。“九”为酒的谐音，意即吃饭不离酒，无酒不成席，它象征主人好客品性及求吉祥的心理。而做床有“床不离七”的说法。做床时不管是单人的还是双人的，其宽度都少不了“七”，长五尺七，宽二尺七或三尺七，“七”与“妻”谐音，床上没有妻子，是痛苦的，不能让“短七”来干扰。

1. 两腿不连裆的衩裤

衩裤，现在70岁以上的老周口人当年可能见过，再往下的年轻人怕是已不知何物了。何谓衩裤？它是由两条不连裆的棉裤或夹裤筒子构成，分穿在左右腿上。前面下宽上窄，缝有布套鼻儿，穿在裤带上就等于扎了腰，中间裆部留空。后面看，则与三四岁顽童穿的“不煞裆”棉裤一般无二，只是里边预穿了单裤，屁股是不会露的。

穿衩裤的，多半是冬天露天干苦力活儿的劳动者。如脚夫、赶车的、拉纤的等等。劳动者冬天干活，不穿棉裤冷，穿棉裤一用劲就两裤筒子汗，且伸腿哈腰都十分不便。唯此衩裤穿在身上，下面一扎腿暖和，迎面有棉层挡风，后面外棉里单不影响干活，伸腿蜷腿都利索，比大甩裆老厚棉裤可就方便多了。

2．肩膀头上的钱褡子

铁褡子说得文雅点也叫钱褡裢，老周家口人一概称之为钱褡子。它宽约尺二，长约三尺，多为双层。一副钱褡子前后内外至少有四个袋口可以装物。中间部分缝得窄一些，搭在肩上比较舒服。

男人们上街、赶集，钱褡子是随身必备之物，几乎每人肩头都搭有一个。且不说铜元、银元、碎银、钱串要装在里面，连给老婆孩子买的花洋布、小草窝子鞋等都可以分装在钱褡子口袋里背着，比菜篮子还方便。生意人外出收账要账，账本子和算盘更是要装进钱褡子的。

3．火镰子与火石

这是延续古代钻木取火的工具。火镰子形同耳朵，拿它撞击核桃大的有棱红色火石，便会发出点点火星。这时，手握着石头上带有死灰的火纸（俗称媒纸，即迷信用烧纸）即可复燃，再用嘴轻轻一吹便成火苗。

明清时期的周家口，每家都有个小“小筐子”，里面放着火镰子、火石头、火纸和竹筒。因为用量相当大，明清时期的“丁字街”所有打铁户都生产有火镰子，杂货店都经营火石、火纸。火石以鸡心颜色为最好，火花大而多，名为“鸡心火石”。

4．植物油灯

过去，周家口民众使用的是铜灯、铁灯两种。富裕户用铜灯，穷人用铁灯。灯碗一边有把儿、便于掌握，碗内放有灯草，点的是豆油、蓖麻油或芝麻油。这些东西解放后基本被淘汰。由于周家口一带土葬有埋一盏灯的习俗，因此移坟时常常出土有铁灯碗。

5．煤油灯

煤油灯分罩子灯和简易瓶子灯两种。富裕户使用罩子灯，穷人家则用瓶子灯。瓶子灯最简单，找个瓶子，买个简易铁片灯头，中间插入纸芯或棉线即可。罩子灯可调节火苗大小，使用起来很方便。

6．油纸伞

油纸伞是周口最早的雨伞，骨架是以60根竹批子连成，边沿以丝线相系，成蜘蛛网形，上面糊以棉纸，着色后印上花鸟图案，然后用桐油涂上三遍即成。这种油纸伞美观大方，携带方便，解放初期已逐渐消失。

7．油布伞

油布伞较油纸伞大一些，骨架由8至10根大竹批子连成，缝上白布，涂以黄色，再刷两三遍桐油即成。它坚固耐用，但较笨重，不便携带，解放前曾盛行近百年。如今，花布伞、折叠伞品种繁多，既遮阳又挡雨，携带方便。20世纪80年代油布伞基本被淘汰。

8．泥屐子

形同棉拖鞋，桥形的木底上钉着4个粗大的防滑铁钉，上面是用铁钉钉牢的牛皮帮子，是周口最早的踏泥用具，已有200余年历史。泥屐子如今在城市已被淘汰，但在部分农村仍然存在。

在淮阳、郸城、鹿邑一带，民间多穿泥屐踏泥踏雪。说起泥屐的来历，还有一段故事哩。

相传宋代大文学家、书画家苏轼，因直言不讳，刚正不阿，在朝中触犯了达官贵族的权势而遭诬陷，被贬到琼州儋县任职。由于他对朝廷忠心耿耿，虽蒙冤含屈仍矢志不渝，旨在将皇恩照遍琼州。儋县居民多为黎族，生活贫困，文化落后。苏轼到当地后，因地制宜，积极发展生产，繁荣经济，大办教育，传播汉族文化。同时，他还深入民众，体察民情，广交朋友，经常写字作画，赠给当地百姓，因而深受人民的拥戴。一次，他带上好酒，去黎族朋友家谈心，酒逢知己，半醉而归，不巧，途中为大雨所阻，只得到一农家暂避。这家人认出他是苏轼，热情款待，临走时特意送他一顶斗笠和一双泥屐。起初，他穿着这泥屐，走路有点别扭，后来习惯了，觉得轻便舒适，实为踏泥所不可少。这双泥屐，他走哪带哪，爱不释手，有备无患。

后来，他重返京城时，便把这双泥屐带回到东京（今开封）等地。中原人见之便争先仿造，随之流传。后来黎族人民为了纪念苏轼，缅怀他的功绩，用端州石精心雕刻了一幅《坡翁笠屐图》，嵌在儋县东坡（苏轼号东坡居士）书院的墙壁上。

流传下来的泥屐基本有两种形式：一是在木板上覆以皮面，以便穿着，板下刻槽，钉钉为腿，当地称它为皮泥屐。解放前，在城镇常见。一是在木板下前后刻榫，嵌入“山”形木腿，穿着时用绳子把它绑在鞋下，当地称它为木泥板或高腿泥屐，在乡村中常见。目前，虽然有了各式各样的胶靴、雨鞋，但当地农村仍有不少人穿泥屐，尤其是冬季路滑雪泥，穿它的人更多。

9．**墨盒**

墨盒的质地有铁质、铜质和塑料的，形状有圆形和方形的，大小不等。盒上刻以山水、花鸟等图案，美观大方，盒内装有可以含墨的丝棉。解放前，周家口的学生普遍用毛笔，墨盒放在书包中常常流出墨汁，因此，放学时学生都是手拿墨盒。

10．**仿圈**

仿圈是写毛笔字必不可少的压纸工具。解放前的周口，无论公办学校或私塾，都要求学写毛笔字。练大字首先要描仿题，为了看得清楚，不致移动，就要用仿圈压着。叫它仿圈，实际上是长方形的，长 18 厘米，宽 12 厘米，边上刻有花纹或劝学诗句。如今，学生很少写毛笔字了，爱好书法的成年人，多用石质或高质量的镇子取代了仿圈。

11．**扛子、抬筐**

扛子形同扁担，比扁担厚，多取料槐木、桑木，也有用毛竹做的。抬筐以荆条或白拉条编成，它与扛子配套，作为抬粮、抬土、抬粪之用。1958 年“大跃进”挖河、挖蓄水池时，扛子、抬筐立了大功。从那以后，拖拉机、挖土机等先进工具逐渐进入周口广大农村，取代了落后的扛子、抬筐。

12．**妇女小脚鞋**

此鞋的出现应从缠足说起，这种摧残妇女的陋习在我国已有千余年历史。在旧社会，女孩子长到七八岁就要缠足，限制脚的发育，并认为脚越小越好，取名“三寸金莲”，还称这是妇女的“一美”。如果新娘大脚，亲朋邻居看不起不说，有的新人入洞房后，新郎会一气出走，可见当时小脚如何重要。有小脚自然有小脚鞋，辛亥革命后，提倡剪辫子放足，但直至解放后，小脚鞋才逐渐消失。

六、生活忌讳

周口民众生活中对自己的身体忌讳非常看重，他们认为不论身体的哪一个部位都和自己的生命、命运等息息相关。许多人以为肉体是灵魂依附的处所。这样，他们在生活中对自身就产生了一系列的忌讳。

周口人很注意身体的胖瘦。太胖了不好，太瘦了也不好。一般说来婴儿喜胖，忌瘦，生下来时，是个“大胖小子”、“小胖妞”很讨人喜欢。如果生得瘦小，家人就很忧虑，家长就会担心孩子是否能成人。到了青年时期人们又喜瘦忌胖，如果青年后生身体突然发胖起来，那将是个凶兆。有谚语云“后生发福，棺材当屋”。中年人身体发胖是正常的，太瘦了往往是有病的表现。老年又喜瘦忌胖了，所谓“有钱难买老来瘦”，老年人越瘦越精神。

不过总体来看，周口人还有体胖为福气的观念。几日不见，一见面总是言称对方“胖了”、“发福了”，忌言人瘦。人瘦不吉利，不是有病，就是“穷气”。所以不管年龄大小身体好坏，见面说“您又发福了”是准没错的，人家不会怪罪。

周口民间特别是老一辈人对其头发是很看重的。新生儿百日内是禁止剃去胎发的。扶沟、西华、郸城一带的规矩是小儿不满月不能剃发，否则认为小儿就有夭折的危险。当剃胎发的时候，还不能剃正头顶上胎发。民间俗称正头顶为“呼歇顶”或称“天灵盖”，周口人认为那里的波动起伏让人感到可能就是灵魂出入的地方，因此是要格外小心避忌的。这地方禁止手触、拍打；否则，压伤了天灵盖，小孩子会变成哑巴，或者成为痴呆。小孩儿剃头，周围的头发都可以剃光，唯有此处的一定要保留下来。头发长长了，就梳成一个小辫，辫梢上系一根红头绳，以示警戒。

周口有些偏远农村还有流行小男孩后脑，或在头顶的一边留一撮头发不剃的风俗，一直让它长到十二三岁才剃掉。有的还把留的头发结成小辫儿，俗称“八十辫”又叫“羊尾巴”，是祝愿小孩儿成人、高寿的意思。

在周口流行有丧事时忌讳理发、剃须的习俗。家中有人死亡，男性一旦得知凶信，便在一个月或百日内不得理发、刮脸。其中的信仰，可能是因为发须受之于父母，所以不在先辈亡故时抛弃之，以示孝敬之心，以表哀痛和思念之情；也有人说，是追忆故人悲伤感怀，不思整理容颜，以表明孝心的；还有人讲，不理发、不剃须是为了改变自己的形貌，使亡灵不能辨认，以免凶事殃及自身。

周口民间有以头发里藏着自己的“财气”的习俗。所以，当一天劳作以后，周口人晚上是忌讳梳头的。周口一带有俗谚说：“白天挣个牛，搁不住晚上一梳子搂。”晚上一梳头，就会把一天聚起的“财气”梳去了。而休息一晚上，等第二天清晨再梳头就不要紧了。

脸面是人的尊严之所在。有荣耀、有作为的人，周口民间称之为“头面人物”。做了坏事、不光彩的事，民间称之为“丢脸面”。俗信以为打头、打脸是最损的，所谓“骂人不揭短，打人不打脸”。教训小孩子可能打身上、打屁股，但忌讳打头、打脸。打头会使小孩呆傻，打脸最刺伤他的自尊心。

周口民间认为头、面含有人的尊严，也是人的仪表。对于头形、面容，民间亦有许多讲究。俗信认为头大面小不好，说是“头大面小，终身不了”。认为五官不正不好，说是“五官不正心不正”、“五官不正，邪气通天”。周口民间许多人相信人的心术正与不正是会由五官颜面上看出来的，所谓“人心好坏难欺天”。许多人认为面上长痣有“头无恶骨，面无善痣”的说法。痣是可主吉凶的，所谓“平痣无事，鼓痣招事，黑痣主吉，白痣主凶”。又认为女人的颧骨高有凶相，周口民间俗谚云：“男人两颧高，生来志气高；女人两颧高，杀夫不用刀。”还视面长横肉为凶相，又说两腮无肉不可交。忌人中狭窄，说是“人中宽又长，儿女站满堂”，“人中一条线，有子也难站”。更忌脑门和下巴不对称，所谓“天庭饱满，地阁方圆，主大富大贵”；“天地不对称，一生命苦受孤伶”，“下巴歪，衣食贫穷少人来”。

不但头形、面容有所忌讳，就连面部呈现的气色也是有所忌讳的。据典籍记载，师旷曾经说过“赤色不寿”的话。周口民间相信，面色发青、发黑、灰暗都是不吉祥的凶祸征兆，是不长寿的预示。周口民间俗语云：“脸发黑，不过半月。”

面部的吉凶兆示，还与脸上的肌肉跳动有关。俗信以为，午时、辰时、巳时右边脸上的肉颤抖是不吉的，是凶兆；亥时左边脸上的肉颤抖会失财；其他时刻脸上的肉颤动则是吉祥的兆示，或遇贵人，或有喜事，或升官发财。如果脸发烧，也有吉凶兆示之忌讳。丑时、未时脸发烧，不是有什么烦恼、忧虑的事发生，就是有口舌、诉讼的事发生。在亥时，还要分左右，右半边脸发烧会有诉讼的事情发生；左半边脸发烧则会得到官位；其他时刻里脸发烧不忌讳，不是无甚关系，就是吉祥如意。这方面的信仰，至今在周口一带商水、太康、淮阳等地民间仍在流行。

在眼睛的长相方面，即眼形方面，周口民间据信“人眼有方睛者多寿”。眼忌歪斜，俗以为“眼斜心不正”。眼睛上忌长黑痣，长黑痣要做强盗。眼下长痣也不好，许多人认为眼下长的是淌眼泪的痣，应用刀割掉，否则要常遇到伤心的事。周口民间，妇女忌“四白”。“四白”即谓睛之上下左右皆露眼白也。俗语说“目有四白，五夫守宅”。又忌三角眼，俗以为长三角眼的人，孤僻、无情、凶恶、贼性难防。周口民间一些算命先生还把眼形分别与各种动物的名称联系起来，比如分别叫做龙眼、凤眼、牛眼、羊眼等等。

周口民众普遍以为上眼皮跳是好兆，下眼皮跳要有哭事。俗语中有“左眼跳财，右眼跳灾”、“左眼跳福，右眼跳祸”的说法。又有“左跳喜，右跳愁，左跳发，右跳杀”等等，意思都一样，都是左吉右凶。可能与“男左女右”、“左为阳，右为阴”、“左为上，右为下”的古老信仰原则有关。据说，商水县有一种说法是有男女分开着的。男人是“左眼跳了财宝，右眼跳了是祸害”。女人则是“右眼跳了是财宝，左眼跳了是祸害”。这就更明显，是以阴阳对立的观念来解释眼跳的吉凶兆示了。不过，周口大部分地区一般是不分男女都是左吉右凶的。遇到右眼跳时，民间又常用草棒、纸屑粘贴在右眼上，以为破法。

周口民众认为气息从鼻孔中出入，因此而有鼻子与元神相关的忌讳信仰。打喷嚏，俗以为是有人思念或有人在背后咒骂自己。周口等地还认为，如果新年五更起床时打喷嚏是不好的事情，是凶祸的征兆。因此，除夕时大人要嘱咐孩子，五更起床时要迅速下炕（床），脚一踏地再打喷嚏就不怕了。

许多人认为鼻型关系到面相，因此也有忌讳。俗语有“鼻歪意不端”的说法。鼻子长得直、高为好，但亦不宜过高，过高而面颧不相称也不好。鼻梁短、凹不好，俗称“塌鼻梁”、“葫芦鼻”，是劳碌卑贱之命。周口民间还以为鼻尖下勾者小气、薄气，为人阴险。俗称“鹰钩鼻”。遇上这样的人要远离，避忌与其共事。还有周口民间俗信以为女人鼻子弯尖如鹦鹉嘴的会克夫，不能与之联姻，等等，亦属面相迷信的一种。

人类的耳朵主听觉，也是人体通神之一窍。许多人以为耳朵也是有灵性的，一聋三分傻。周口民间有耳朵（一说耳根）发热的忌讳。耳朵发热、发烧，通常以为是有人背地里在咒骂自己，往往用手搓耳朵来破解之。

周口民间有许多关于口型的俗信，许多人以为口型关系到人的吉凶祸福。周口民间有“男人嘴大吃八方，女人嘴大吃菜糠”的俗谚。意思是说，男人嘴大有福，女人嘴大无福。还有“男人嘴大吃四方，女人嘴大吃钱粮”的，也是忌讳女人嘴大的，是指嘴大难养的意思。周口民间还忌讳男人口小，有“口小而圆，衣食难全”的说法。女人嘴小却是一种美德，所谓“樱桃小口，一点点”。口型最忌讳的是嘴角有纹路入口，这叫做“锁口纹”。长有这种锁口纹的会被饿死！周口民间俗语有“锁口纹，饿死人”。

除了口型，唇色也有忌讳。所谓“唇红者主贵，唇白者身寒，唇暗者自卑，唇黑者主危”。有人认为唇上的肉颤抖跳动，是将有口舌，要与人吵架的征兆，因而也是犯忌讳的。唇齿相依，牙齿据信也是有灵气的。周口民众认为小孩子掉牙，上牙要扔到沟里，下牙要扔到房上，这样牙才长得快，否则便长不出牙来了。扔牙时要扔到无人处，谨防被人用脚踩了，那样自己会倒霉的。小孩子掉牙或长新牙时，大人要嘱咐不能用舌头舔牙根，否则长出新牙来歪斜不正。牙忌外露唇外，忌牙色发黄发黑。不该掉牙的时候掉牙不吉利，主丧亲族。

旧时，人们劳动依靠体力，靠肩挑手提，肩膀是力量的象征。周口的人们比喻强者，常说，“人家的肩膀头高”。其中也包含能力超人的意义。周口人习惯年长的拍打年幼的肩膀，而忌讳年幼的拍打年长的肩膀，以为那样是对年长者的不尊重。肩膀也是人体最敏感的地方之一。周口人习称男女调情为“调膀子”。男人忌碰、摸女人的肩膀。

手脚是人体最活跃的部位，行动举止大都与手脚有关。俗语云：“男子手如绵，生来一世闲；男子手如爪，一辈子好不了。”这种俗信很可能来自对生活的直接观察。生活中，手指粗大枯梗，足骨瘦长干燥者，其人必辛苦；手若细软润泽，足若骨肉圆肥者，其人必逸乐。周口另有一些关于指纹的歌谣，也很有趣。其一为：“一斗穷，二斗富，三斗四斗开当铺，五斗六斗做买卖，七斗八斗住大屋，九斗十簸箕，买地到河西”；其二为：“一斗好，二斗宝，三斗四斗割马草，七斗八斗买地盖楼，九簸箕跑河西，十斗全，点状元。”就这两种说法而言，已有许多矛盾处。同是“一斗”，一说“穷”，一说“好”；同是“三斗四斗”，一说“开当铺”，一说“割马草”等。其实民间对此并不太当真的。

周口民间对脚型也有忌讳。太康一带有俗谚云：“（脚胫）上五寸、下五寸，三年不死扶拐棍。”淮阳一带有俗谚云：“二拇脚趾长，长大不要娘。”其他地方也有“二趾长过分，不死一世穷”的谚语。在兴裹小脚的年代里，妇女忌大足。以将大足缠裹成人为残疾形状的“三寸小金莲”为美德的象征。对于脚上长的毛，周口民间也相信有魔力之在。俗语云：“一支脚毛，管三个鬼。”此种信仰大约同发须间藏有元神是相似的。周口个别地方有“正月洗脚脚头空”的说法，民众以为已婚夫妇正月里洗脚不吉利。男的洗脚死媳妇，女的洗脚死丈夫。

第三章　经济民俗

周口的农耕经济民俗，多表现在工匠的礼仪风俗上。周口的工匠多是从自给自足的农业经济形态中分离出来的。他们靠手艺和一技之长谋生，离乡不离土，许多人农闲操艺农忙耕地，所以周口的工匠行业习俗多随同于当地的民间风俗。不过，他们也都有各自传承的从业习俗。

周口的商品交易主要是在集市庙会上进行。县城和集镇上也均有店铺、摊贩。集市古时日中为市，今周口各地乡镇把市场均称为集或会，到集上买卖均曰赶集、上集赶会，年终称为赶年集。集市结束曰散集。一般的集是有日期的，约定俗成，有单日和双日。大集全天，小集半天至午即散，更有一些集市天不明成市，天明不久即散，人称“露水集”、“夜猫子集”、“鬼集”等。集市上分行业设市、行，各市各行都有固定的集中营业区域，如：牲口市、粮食市、蔬菜市、木料市、花生市、鸡蛋市、棉花市、木器行、铁器行、饮食行等。

庙会，又有叫香火会的。周口乡间有“赶庙会”、“逛庙会”的习俗。庙会原为祭祀寺庙神佛而举行的集会，地址一般设在寺庙所在地或附近的地方，会间往往还要唱大戏，后来渐渐有商贩加入，形成了祭神、游乐、交易“三合一”的大集会。如淮阳的太昊伏羲庙会，西华的女娲城庙会，鹿邑的老子庙会，项城的鬼修城庙会等等。

庙会上的贸易大体可以分为三类：第一类是物资交易，这主要指当地的或远道而来的各种土产、木制农具、铁制农具、日用器物等。所有行市、货物的数量、品种都比平常集市多出数倍供赶会人挑选。第二类是饮食与玩具市场，庙会上的饮食市场常常带着季节的特色，饭馆、酒馆、茶馆多临时搭布棚、席棚或露天营业。第三类是各类民间艺人的表演营业。常见的有耍刀枪的、耍猴的、变戏法的、跑马卖解的、说书的等，大都临时围场演出，每演一场或几个节目，艺人即绕场募钱。

店铺、摊贩是周口一带对坐商的俗称，习惯上称店面大的为“店”，店面小的为“铺”。店铺的营业房舍称为“店面”、“铺面”、“门市”、“门面”。明清到解放前，店铺售货均用厚重的长条木柜，称为“柜台”、“栏柜”，售货名为“站栏柜”，售货员则被称为“站栏柜的”。店主称“掌柜”，店员称“伙计”，出店办事叫“跑外柜”、“跑外城”。店铺多可赊账，临时赊账写在木牌上名为“挂账”，牌则谓之“水牌”。店铺派伙计登门取款，名为“照账”。当地习俗店铺于端午节、中秋节、年节（春节）放假，名为“三节”。端午、中秋各放假三天，年终关门结算。正月初五日开张，名为“五路进财日”，往往于开张之日举行仪式，燃放鞭炮，并邀请一伙计装扮成招财童子，由外面进店，掷铜钱于店内，口称“大吉大利，金钱落地”。店员之间的关系称为“搿伙计”，这种关系往往复杂，故有“买卖好做，伙计难搿”的谚语。

摊贩，是指小本经营的行商，乡人称为小贩、贩子、做买卖的。他们或挑担或推车，走街串巷，普遍以吆喝招揽顾客，也有的以乐器代替吆喝的。摊贩大体可分两种类型，一种是中远程贩运或就地倒卖，如粮食贩、鱼贩、水果贩子、菜贩等等；一种是买了原料加工为成品出卖的，如卖糖果的、卖包子的、卖油条的等等。

周口当地的木匠、泥水匠等建筑工匠业，都拜鲁班为祖师。他们相信斧头、墨斗、曲尺、瓦刀等工具是鲁班发明并传下的法宝，他们认为这些东西不仅有施工的功能，而且还能保佑自己平安。所以民间常见木匠随身带斧头、墨斗、曲尺，泥水匠随身带瓦刀的现象。尤其是晚上收工回家，虽说第二天施工还用，他们也照带不误。工匠中有俗谚曰：“随主人意”，主要是就尊重主人的审美情趣而言。但封建屋宅格局传承的惯俗是丝毫不敢错乱的。假如哪个糊涂工匠违背禁忌，必遭乡人指责而声誉大损。

周口工匠生产习俗中，有一些是带着迷信和巫术色彩的事项。木匠、石匠、泥水匠、铁匠、鞋匠、衣匠、席匠等都忌讳做活时受伤使血沾到器物上。工匠以为万一不小心弄破皮肉血沾器物，要赶快擦掉血迹以消灾。他们相信血乃生命的象征，若不将器物血迹擦干净，让它存留器物上，以后它会变成精灵害人。民间流传着许多工匠技巧的神奇传说。旧俗最害怕的是木工、泥水工建房中运用巫术咒语暗下“镇物”，又称“做寇”。如某房主，乔迁后家人接连暴病死丧，生者不敢再住，拆房另建，在墙砖中发现藏一白布（孝带），乃泥水匠所为。某新宅，人住进后很不安宁，深夜常闻恐怖的角力摔跤声，原因屡查不明，请道士做法术驱邪禳灾也无效，只好搬走。拆毁后人们见梁间有角斗小木人两个，系木匠暗下的“镇物”。这些传说虽然附会、荒诞，但民间信者颇众，工匠对其灵验也很自信。据一些建筑业老工匠介绍，有时工匠和房主因工钱、款待或施工质量争吵而结怨成仇时，工匠“做寇”诅咒确有其事，但极少见。

民间盖房，素有择日开工、上梁、落成的传承仪式，尤以上梁仪式最为神秘、隆重。其程序大致是，房主请人择定上梁的吉日良辰；吉日到，全村劳力都来帮忙，房梁用红布披缠，木匠斧头也系红布；良辰到，房主、工匠洗手洗脸，房主燃烛点香请神，敬神等。工匠点香向房顶、大门作揖，请鲁班祖师及诸神降临；房主燃放鞭炮，木匠念上梁祝文，求神保佑施工顺利和家宅安宁，众人协力升梁；最后是木匠走到梁上封梁、祭酒。屋梁是房宅的主体材料，主家庭繁荣富贵。周口一带工匠流传着许多相关的祝文歌谣。如《做梁歌》："黄帝子孙，盖造华堂；鲁班弟子，开斧做梁。"《包梁歌》："一尺红罗长又长，鲁班弟子来缠梁。左边缠出龙现爪，右边缠出凤朝阳。梁头缠出为丞相，梁尾缠出状元郎。架造龙楼和凤阁，儿孙富贵进田庄。"《奉酒歌》："第一杯酒奉梁头，儿孙代代做公侯，第二杯酒奉梁中，儿孙代代坐朝中。第三杯酒奉梁尾，儿孙代代官贵金，一举首登龙虎榜，十年身到凤凰池。"《上梁歌》："天地初分，阴阳交会，一天星斗，映照人间。今日东君，盖造华堂，年月方位，各安吉方。""天杀归月方，逢山山飞过，逢水水漂茫，逢人大发福。贵人齐到位，禄马齐到堂，添丁增产业，子孙显名扬。东君大富贵，男女寿延长，年月日时吉，今日起舍梁。"

工匠百作从业特点各异，习俗也各有特色。例如，补锅匠游走街巷乡里，手持铜板（由七八片长约二十厘米、宽十来厘米的铜片串成），上下打叠，发出"咧、咧、咧"之声，并伴以"补鼎补生锅补面桶"的吆喝声。剃头匠习惯在肩上搭一块毛巾。他们挑着剃头担子在乡下为农家理发，向人家讨要热水时脸盆里也必放毛巾。俗谓非如此像没穿衣，不礼貌。实则是职业惯俗。陶瓷匠烧窑时必敬窑神和土地公，禁忌讲话，以防触犯窑神，尤其忌讳讲污言秽语，否则烧的陶瓷器会开裂或嘴歪肚瘪。油漆匠油漆的门窗、家具干了，忌说"油漆干了"，而说"离手了"。因为油漆干了等于没活干，不吉。总之，工匠各业凭手艺谋生，与民众生活息息相关。民间有歌谣《手艺歌》赞曰："染布裁缝造桥路，张犁补箩打土袭，织席经布缚棕蓑，拍银镀金又铸铜。补鼎补伞补皮鞋，剃头配锁修杂项，起厝油漆裱糊纸，世上最巧手艺人。"古时要手艺的工匠，排为上九流的第七位，可见工匠业在社会上的重要性。

周口民间借贷，除近亲好友外，都须担保，或用房田产契作押、借期及利率大致是以年计，每圆息一角左右，少数高至两角；以月计，每圆息一至二分；也有参照钱业利息以日计的。借贷利息有时据物价波动和银根松紧，时有变动。古时民间还有"印子钱"（高利贷），它以贫民小贩为盘剥对象，每元月息二三角甚至更高，利息预扣，到期还不出，利上加利。

20世纪50年代前，农民借钱以田作抵押，立“银租字”，写清年交租谷若干，作为利息，到期原款数取赎；如不交租，贷方可取种其田。每至年关或青黄不接之际，粮商乘机向缺粮少钱农户以低价预购早谷，先付粮款。有的人家急需钱用，借贷无门，乃请亲邻戚友呈会，然后通过呈会来借贷。呈会中会钱的多少视邀会者，即头会人的需要而定。一个会，通常有十个会脚（会众）。头会人要宴请会脚，称“吃会酒”，第二会起，每月定期摇会一次，以骰子点数最多者得会。已经得会者，每月将会钱交给头会人，称拔会。呈会月利一分至一分五，亦有不计息的，故迷信者常祈求神灵保佑其尽早收会。

但是不论哪一种借贷方式，在周口民间经济往来中借贷是很不受欢迎的。特别是在工匠和生意人中，有许多人是忌讳借贷的。当然随着时代的前进，有一些工匠的不合时宜的习俗逐渐被淘汰了，但更多的习俗还在延续发展。

一、民间工匠

（一）民间工匠信仰

在民间，各行各业都有自己信奉的祖师爷，他们把祖师爷作为本行业的保护者。各行各业每年都要定期进行祭祀祖师爷，以祈求祖师爷保佑行业兴旺，财源茂盛。如药业、理发业信奉吕祖师（纯阳），泥水匠、木石业等信奉巧圣先师（鲁班），雕业信奉邱弥陀，商界信奉财神爷（赵玄坛），裁缝业信奉轩辕氏，织布业信奉黄道婆，酿酒业信奉杜康，茶叶业信奉陆羽，造纸业信奉蔡伦，戏班信奉唐明皇，农业信奉土地爷，渔业信奉“天上圣母”、“水仙尊王”，读书人信奉“文昌帝君”，中医信奉“华佗”，中药行信奉“李时珍”，染织业信奉“葛洪”，铁匠信奉“李老君”等。

在江湖上的各种门派、行当也各有所奉，如占卜行供奉伏羲、文王、鬼谷子，娼妓行崇奉真武帝君等。这些祖师爷们或贡献卓著，或技艺精湛，或德行高尚，因而在该行业中享有盛誉。各行各业的神灵崇拜，其重要目的之一就是“借神自重”。尤其是一些显得低下贱陋的行当，其从业者更具有这种心理。他们往往选择一位神灵作为自己行业的崇拜神，以此来提高自己的地位和名声，同时求得一种历史的和文化的肯定。还有就是渴望得到神灵的佑助，使其逢凶化吉，遇难呈祥，以求行业发达，生意兴隆。

民间行当祖师祭祀的方式有立庙春秋两祭，也有在店堂、家中设神位拜祭的。有些行业所用工具，传说系祖师爷发明，代代相传，且认为可用以避邪，如木匠的墨斗、角尺，裁缝的剪刀、粉袋等随身夜行可防恶鬼侵袭。这些思想其实就是对行业祖师的崇拜和神化。

许多工匠都定期祭祀自己的祖师爷，他们忌讳别人当面贬损自己的祖师爷。

1. **农业**

奉祀土神和谷神。周代的始祖名弃，又名后稷，在尧、舜时期被封做农官，教民耕种稷麦，故后世农业尊其为祖师，并与社神合一，称为土地神。

2. **裁缝**

尊奉轩辕氏（黄帝）。《史记》称黄帝："姬姓，号轩辕氏、有熊氏。"后世尊其为中华文明的"人文初祖"。因传言黄帝曾教民众用骨针穿麻线缝树叶和兽皮做衣，故被缝纫业尊为祖师。

3. **竹木泥瓦匠**

同尊鲁班为祖师。历史上确有其人，氏公输，名般（取同音字为"班"），春秋时鲁国人，故称鲁班，是春秋时鲁国的巧匠。相传他曾发明木作工具，创制攻城的云梯和磨面粉的石硊。后人由于敬重他，便把一些精巧的古建筑说成是他建的。相传鲁班的小名叫"双"，所以周口农村泥水匠盖房安瓦时忌双行，借以避开先师的名讳。从明清至今，每逢鲁班生日的农历五月初七，工匠们都要按工种分头举行"鲁班会"，隆重祭祀祖师，他们在写有"工部尚书公输子之神位"的神位前焚香跪拜，祈求祖师保佑自己四季平安。

4. **铁业**

铁匠、铜匠、银匠与冶铸业均尊太上老君为祖师。《老子内传》称："太上老君，姓李名耳，字伯阳，一名重耳；生而白首，故号老子；耳有三漏，又号老聃。"传说老子曾铸造八卦炉（后人称为"老君炉"）炼制丹药以求长生。周口民间铁匠、铜匠、银匠和小炉匠，都以太上老君为祖师，在周口各地铁匠、铜匠、银匠和小炉匠的店铺中，大都有太上老君的牌坊。

从三国、两晋开始，老子逐渐被道教徒神化，成了道教的主神太上老君，民间流传出了老子炼丹的神话故事，并将老子定为炼丹者的始祖神。炼丹离不开火炉，铁匠等也离不开火炉。他们寻找祖师时，他们便选中了老子。老子的生日是二月十五日，每逢老子的生日，工匠们都要分行业隆重祭祀。相传老子的小名叫"吹儿"，所以工匠们忌讳吹哨子，认为吹哨子是犯祖师爷名讳的。

5. **教育**

尊孔子为至圣先师、万世师表。解放前，书生、学子、学童在家中正堂，私塾、县学、府学、大学均在正厅供奉孔子牌位。孔子名丘，字仲尼，春秋时鲁国陬邑（今山东省曲阜市）人，晚年致力于教育并著书立说，史称他曾授教“弟子三千，贤人七十二”。

6. 商业

供奉财神牌位。道教奉“赵公元帅”为财神，其像黑面浓须，骑坐黑虎。相传其人姓赵，号公明，秦时得道于终南山，封号为“正一玄坛元帅”。商界又尊范蠡为祖师。范蠡，字少伯，楚国宛人（今河南南阳），曾协助越王勾践灭吴，功成后弃官经商，游齐国称鸱夷子皮，在陶（今山东定陶）称陶朱公，经商曾“三致千金”均散济贫民，其商德极受后人崇敬。

7. 中医

战国时医学家扁鹊创立望、闻、问、切“四诊”医术，后世即尊奉他为中医的祖师。扁鹊姓秦，名越人，河北任丘人。汉代医学家张仲景著《伤寒杂病论》，倡导辨证论治原则，被后世尊为“医圣”。民间医业尊华佗为祖师，华佗名旉，字元化，沛国谯（今亳州市）人，曾创制麻沸散（药醉麻）用于外科手术，故被尊称为“外科鼻祖”。唐代医学家孙思邈著《千金方》，被后世誉为“药王”（江湖郎中大多尊他为祖师）。中草药制作及民间药铺药店则尊奉明代医药学家李时珍为祖师。李时珍字东璧，号濒湖，蕲州人（今湖北蕲春人），著《本草纲目》传世。

8. 制笔

传说秦朝名家蒙恬曾改良过毛笔，故被尊奉为制笔业的祖师。

9. 造纸

世传东汉蔡伦为造纸术的发明人，故民间纸槽作坊、纸业店铺均供奉“龙亭侯”蔡伦的牌位，其为祖师。蔡伦，东汉桂阳（今湖南郴州）人，官任尚方令，封龙亭侯。公元105年，他采用树皮、麻头、破布和旧渔网作原料，制造出适用、价廉的纸张，史称“蔡侯纸”。后世认为，他是我国造纸术的发明者。解放前，周口造纸匠们，年年都要在三月十七日祭祀蔡伦。每逢三月十七日，他们都要聚集在一起举办“蔡伦会”。会上造纸匠们要在蔡伦塑像前摆上丰盛的供品，并虔诚地跪拜，祈求蔡伦保佑他们造出好纸来，同时也利用这一机会，互相交流造纸经验。

10. 醋坊

醋坊的守护神，民间信奉的是姜子牙，叫“醋汤神”。有人认为杜康的儿子帝予是造醋业的祖师。

周口民间流传这样一个故事：姜子牙统率周军推翻商朝后，奉天帝之命封神，可是，他只顾封别人，而忘了封自己。后来重要的神职已被别人占满，他不得已，当了醋汤神。西华、扶沟一带则信奉“醋姑”，因为他是姜子牙的妻子，相传她也是醋的发明者。醋坊祭祀醋神时，点三炷香、一支蜡、一张黄表。目的是把神请来，保佑醋味香甜。

周口沈丘一带民间还有“杜康儿子造醋”的传说。据传，有一年皇上想喝杜康造的酒，便派人去请杜康前来做酒。不巧杜康不在家，差人怕回去交不掉差，就把杜康的仅有十三四岁的儿子帝予带走。帝予的母亲把一包酒糟交给帝予，帝予带上此酒糟进京而去。到京城后，皇上见是一个十三四岁的孩子，不是杜康，非常生气，于是就把差人打了一顿，又把帝予轰出皇城。帝予在回家的路上，身无分文，无奈就在渭河边找个地方试着做酒，赚钱做盘缠。他把母亲给的酒糟全部放到缸里，用渭河水浸泡上，缸上盖上木盖，又压上石头，就去给人打短工糊口去了，他把做酒的事给忘了。就在第二十一天的午后时，他突然想起做酒的事，就赶回去看看。当他把缸打开时，一股清香气扑鼻而来。他尝了一点儿，觉得又酸又甜。他就让周围的人品尝，众人都说好吃，可又不是酒味，叫什么呢？他想：这东西是在二十一天酉时造成的，酉时加二十一日——昔，不正好是“醋”字吗，妙！妙！何不以“醋”名之，就叫“醋”好了。从此人们便依照此法做醋，以醋调味，逐渐成俗。

11．**酒坊**

酒坊的祖师，周口民间相传是杜康。杜康，字仲宁，周朝人。一般各酒坊都在九月二十七日祭祀杜康。另外在酿酒过程中，每逢原料入瓮时和出酒时，工匠们还要跪拜祖师的神位。

周口一带还流传酒壶喝“滞”的传说。郸城秋渠集一带，酒馆里每个酒壶的酒嘴都被打掉一块。你知道这是为什么吗？在很久以前，秋渠集有一家酒馆，由于掌柜的为人热情，对来往客人迎来送往，礼貌周到，加上他酿造的陈酒风格独特，浓香扑鼻，吸引了四面八方的食客。天长日久，这家小酒店的名气越来越大。很多南来北往的商贾绕道也要到秋渠喝几盅消乏解忧。

有一天，这家酒馆的掌柜外出办事，把店里的一切事务都交给店小二照管。天还不到中午，酒馆里来了几位穿着华丽、衣冠楚楚、气宇轩昂的客人。店小二把他们迎进一间雅静的客房，等客人点过菜，端上一壶陈年老酒后就退到一边去应付其他差事了。这几个客人酒过三巡后，就猜拳行令，大喝大吃起来。约摸过了一个多时辰后，店小二老是竖起耳朵等着听客人喊添酒，总是不见吆喝，他虽然心里有点嘀咕，但也没放在心上。后来，其他房间酒桌上的人陆续走后，剩下雅座里的那几个仍然是“桃园三，魁五金，六六顺，四季财”，酒战正酣，热闹非常。他们边喝边夸奖“好酒！好酒！”“今天喝得真痛快！”店小二实在忍不住了，进屋一看，愣了，几个人喝的还是那一壶酒。这是为什么？他像傻了一样，突然店小二明白了什么，他飞奔出屋，到酒房掀开酒坛子一看，我的天！原来满满的一大坛子上等陈年老酒只剩一半了，那几个客人使用的酒壶真的是喝“滞”了（意即酒壶里的酒喝不退）。他一气之下冲进雅座，抓起酒壶就摔碎了。那些客人也都一个个喝得烂醉如泥，不省人事了。

等到晚上掌柜的回来，店小二一五一十地把当天酒壶喝“滞”了的事讲了出来。掌柜的听后连连埋怨小二糊涂：“你摔烂它干啥！咱可以用那个酒壶打人家的酒嘛。”店小二听了也是懊悔不已。

从那以后，这家酒馆为防止酒壶喝“滞”，买来的新酒壶总是首先打烂壶嘴，据说再也没有发生过酒壶喝“滞”的事了。久而久之，其他酒馆也都纷纷仿效，成了秋渠集开酒馆的一种习俗。

12. **染坊**

周口民间的染坊供奉“葛仙”或“梅、葛二仙”。梅，即梅福，西汉末年人，曾求学于长安，后任南昌尉。王莽篡位后，他隐居不仕。班固在《汉书》中为他写了传记。葛，指葛洪，东晋炼丹家兼医学家，著有《抱朴子》、《神仙传》等书。后世传说此二人都得道成了仙。在周口一带，明清到民国时期，各地有“梅葛会”，由染坊从业人员参加，每年三月十六日，举行染坊都会祭祀二位大仙。80 年代以来，随着现代工业的发展，周口民间染坊业逐步退出历史舞台，但民间关于“葛仙”的传说还在一定地方存在。

13. **豆腐坊**

豆腐坊以乐毅为祖师。乐毅是战国时的军事家，曾率领燕国军队攻破齐国。周口民间传说中认为，他是豆腐的发明者。

乐毅作为豆腐业的祖师爷还有几个典型的传说故事。战国时期，燕国有位大将名叫乐毅，他不仅精通兵法，且十分孝顺。相传我们今天吃的豆腐，就是他为孝顺父母发明的。当时，乐毅的父母已年迈，好多牙齿已经动摇，有些食物无法咀嚼。乐毅看在眼里，急在心里，决定为年迈的父母制作美味且松软的食物。

于是，他将家里的黄豆泡在水里，然后用石磨磨成汁，煮熟给父母吃，本以为父母很喜欢，但父母吃了后都皱起了眉头，乐毅感到很纳闷，亲自尝后，才发现豆汁里面全是豆渣，真的很难吃。他又重新磨了一些豆子，用一块纱布将豆渣过滤后，再放进锅里煮，这次很可口。后来，乐毅听人说石膏粉可以降火，他就买了些放进豆浆里，没想到豆浆变成了块状。他惊讶地捞起一块品尝，发现不但味美，而且顺滑爽口，他立刻盛了一碗给爹娘吃，没想到父母吃了这东西也赞不绝口。于是，最初的豆腐就这样发明了。后来，人们为了纪念乐毅的孝心，就将其尊奉为发明豆腐的祖师爷。

有关豆腐的传说还有一个版本的故事。

传说战国的时候燕国有一个出名的孝子，名叫乐毅，他非常孝顺自己的父母，在邻里街坊的眼中是个乖巧聪明的孩子。

乐毅的父母都很喜欢吃黄豆，可是上了年纪，牙掉的掉、伤的伤，咬嚼黄豆很不方便。乐毅就把黄豆浸泡后，磨成豆浆煮熟，准备给父母喝。这时他的父亲闻着香味走进厨房，从锅里舀了一勺，尝了一口，连连摇头，他问乐毅："这豆浆怎么什么味道也没有啊?"乐毅一拍脑门，哎，原来是手忙脚乱，都忘了放盐。可是盐罐里的盐已经用完了，只剩下一些盐卤水，出去买盐已经来不及了，乐毅只好将盐卤水全倒进了豆浆锅里。没一会儿水就煮开了。乐毅兴冲冲地拿起汤勺，准备盛给父母，可是揭开锅一看，他不由得愣住了：原来锅里的豆浆全都凝成了白嫩嫩的乳块！乐毅的父母看了也觉得奇怪，大家都不知道是怎么回事。乐毅小心翼翼地把这些白乳块舀起来尝了尝，感觉滑嫩可口，豆香四溢，别有一番特别的滋味。他请来父母和邻居，将白色乳块盛到盘子里让大家品尝，大家尝过之后连连称赞，都说非常好吃。乐毅十分高兴，第二天就跑到私塾先生那里，请私塾先生给这些白色的乳块取个名字，私塾先生见乳块白嫩如玉，尝一口滑嫩可口，思索片刻说："就叫做豆腐之玉吧"。乐毅对私塾先生起的名字十分满意，感觉贴切形象。

从此以后，乐毅几乎天天做"豆腐之玉"给父母吃，平时多做一些送给邻居，大家对乐毅都大加赞赏。有一天，乐毅的母亲病了，乐毅请来镇里有名的大夫来给母亲治病，大夫给乐毅的母亲仔细把脉询问之后，断定是经常吃黄豆上火的缘故。大夫开的头道药就是凉性药——石膏，乐毅的母亲吃过药后，很快就康复了。乐毅灵机一动，以后再做"豆腐之玉"的时候，都会放些石膏进去，这样吃不仅不会上火，而且味道更加鲜嫩。

后来，乐毅开了作坊，专门卖"豆腐之玉"，生意很兴隆，"豆腐之玉"软软的，有人称它为"豆府之肉"，后来有人记成"豆府肉"，又有人把"府"与"肉"写在一起，成了"腐"，于是"豆腐"便正式叫下来了。乐毅做豆腐这一手艺也得到了广泛的传播。到今天，豆腐已成为家家户户必不可少的美食。

14. **屠宰**

屠宰业以张飞为祖师。张飞，字翼德，三国时蜀汉大将。小说《三国演义》中说，他在和刘备、关羽一道起兵前，是屠夫。屠宰行于每年七月十三日祭祀张飞。如果只祭张飞一人，叫“张爷会”；周口民间要是同时也祭刘备、关羽，则叫“三义会”。

15. **皮匠**

皮匠和鞋匠以孙膑为祖师。孙膑是战国时的军事家，在齐国任军师。相传齐国士兵本来都穿草鞋、木鞋，行军作战极为不便，孙膑下令改穿皮制及布制的鞋。因此，他被制革、制鞋行业奉为祖师。周口部分乡镇每年八月十八日有集会祭祀，称作“孙祖会”，祈求护佑。鞋行唱行会戏时，禁止上演《五雷阵》。因为该戏有孙膑困于五雷阵的情节，演出此戏，会伤害鞋行人的感情。

16. **缝纫**

缝纫业以传说中的黄帝为祖师。黄帝，姬姓，号轩辕氏，生活在原始社会末期，是中华民族的祖先。如今在周口部分村庄，还有为纪念他而建的轩辕庙。上古时，人们不会缝制衣服，而将树叶、兽皮串在一起披在身上御寒。相传黄帝在位期间，中国有许多重要发明，其中之一是衣裳。这样一来，黄帝便成了缝纫铺的开山祖师。豫东一带民众认为，黄帝的生日是九月二十五日，另外一些县，在九月十六日祭祀黄帝，各地聚会期间，人们身着盛装，借机交流服装花样，并设宴会餐。

17. **剃头匠**

各地剃头匠供奉的祖师不一样。豫东供奉的是罗祖真人、陈七子、林川五等。相传罗祖得道于七月十三，此日便成为剃头匠祭祀祖师的日子。祭祀期间，神位两侧的对联，按惯例写为：“得道也者七月十三，灵山盛会万古流传。”剃头匠们在向神位顶礼焚香后，便在一起饮宴，至尽欢方散。有些地方的剃头匠，却以“八仙”之一的吕洞宾为祖师。吕洞宾号纯阳，他们称之为“纯阳老祖”。另外，相传轩辕黄帝发明了镜子、镊子，所以在有些地方他也成了剃头匠的祖师。

18. **陶瓷业**

陶瓷业的祖师，有柏林、虞舜、老子、雷公等，人们称他们为“窑神”。虞舜，传说中的古帝，姓姚，名重华。相传他年轻时，曾制造过陶器。《韩非子·难一》写道：“东夷之陶者，器苦窳，舜往陶焉，明年而器牢。”另外，《史记·五帝本纪》也说，舜“陶河滨，河滨器皆不苦窳”。因此，他被尊为窑神。相传老子用火炉炼丹，瓷匠同样离不开火炉，便也把老子定为守护神。

雷公，相传是碗的发明者。在部分乡镇的窑神庙里，虞舜居中；老子居左，司火；雷公居右，司器。周口一带还流传着一些关于窑神的生动有趣的民间故事，并由这些传说产生了特有的习俗。例如，传说雷公发明碗时，因找不到适用的原料到别的村偷过坩子土。于是，在瓷窑中形成了这样一种规矩：不准说“偷”和“贼”，如果发现有人来偷瓷器，不能在当场擒捉，而要等贼走出大门再追赶。否则，就被认为是在揭雷公的伤疤，是对雷公的不敬。相传虞舜的小名叫“兀”，所以在瓷窑里讳“兀”字。

为什么雷公忌讳小偷，这里还有一个雷公和小偷的传说故事：在很久以前，有个地方，有个很富有的人叫长手长脚，为什么叫这么奇怪的名字呢，是他有特异功能。他的手有收缩性，伸缩自如，几米远的地方的东西或人，他都是手到擒来。

正因为他有这样的特异功能，所以他称霸一方。方圆几百里的村民听到他的名字都闻风丧胆。很多人都成了他的奴隶。可是，尽管他很坏，可很孝顺，对自己的七十老母百依百顺，可他的母亲也好不到哪里去，听说她也是女魔头，心眼很坏，而且，尖酸，刻薄，想着法子折磨人，她吃东西的口味也很古怪，什么天上飞的，地下跑的，水里游的，她都是来者不拒。她的丈夫就是被她活活的整死的。就这样的母子在一起，更是让人不得安宁，扰得大家的生活鸡犬不宁。

一天，长手长脚的母亲不知道脑子怎么了，突发奇想地对长手长脚说：“儿呀，你说，这天上的雷公的肉是啥味道呢？要是能吃到天上的雷公的肉，就算死了，也足矣！”没有想到长手长脚对母亲说：“母亲大人，这有何难呢！看儿子的。”

要捉派天上的雷公，可不是闹着玩儿的，这长手长脚可是当着下人的面儿说的，说的那样的信誓旦旦的。他的下人都悄悄地议论着，所以这个消息不胫而走。

第二天的下午，长手长脚吩咐下人煮了一大锅饭，熟了以后就倒在院子里的大石板上，大家都不知道他葫芦里卖的什么药，只好听他的吩咐。大约过了两个小时，放在石板上的饭也凉了，长手长脚就脱掉鞋子，走到石板中间，他把上面的饭踩来踩去，边踩边往天上看，身边的下人都看呆了。可他们只是敢怒不敢言，眼睁睁地看长手长脚把饭踩得黏糊糊的。

不一会儿，天上就传来轰隆隆的打雷声。雷公正向地面击雷的时候，长手长脚发挥他的特异功能把雷公捉住了，在旁边的人都看呆了，直到他把雷公关进了厢房一间储存粮食的仓库里。人们才醒悟过来，原来这是他捉雷公的办法，谁都知道，雷公都是惩治那些不孝之人和糟蹋粮食的人的。亏得长手长脚能想出这样的方法。

长手长脚把雷公关进了仓库，便去母亲那里了，准备第二天就把雷公煮来孝敬母亲。雷公被关进这个黑咕隆咚的地方，心里很沮丧，想到自己的一世英明就这样被毁，而且还要被凡人煮吃掉，心里难受到了极点。到了深夜的时候，一个不知死活的小偷来到长手长脚家行窃。小偷是邻县的惯偷叫张三，他早就瞄好这家人有钱。张三小心地翻进了长手长脚家的大院，他蹑手蹑脚地上了厢房，打开门，走了进去，里面还有一小间，张三想这里面肯定有值钱的东西，他就把门撬开了。雷公就在不知道怎么办的时候，张三一来把门撬开，雷公就趁机逃走了。雷公捡回了一条命，他从心里感谢小偷，从此不再打作恶多端的小偷了。

（二）民间工匠习俗

行业之说，始于唐代，据《清波杂录》记载，唐代有三十六行。到了宋代，随着生产技术的发展，社会行业的增多，改称为七十二行。到了明代，又改称三百六十行。三百六十行不过是个虚数，并不是行业的确切数字。行业是人们的社会分工所造成的。人们的社会存在与社会发展决定了人们必须付出一定的劳动。但劳动的形式可以是多种多样的。那些相互独立而又相互依从的不同类型的社会劳动就是所谓的行业分工。行业分工规定了人们的各种不同的职业身份。同一行业内的人有许多同一性、相似性，人们称之为“同行人”。这里简单记述一下周口一带城乡的各行工匠的习俗。

各业的行话和习俗各具特色。如木匠分大木、小木。起屋、造船、做棺木为大木，做农具家具为小木。大木开工竣工时都要送包封。在建筑房子时搁梁叫封栋，由两个木工分立东西两端颂吉祥语，叫“喊彩”，并将主家的糖果从上往下撒，让看热闹的抢食。木工制作棺材，叫“起千年屋”，完工之日要“犒匠”。结婚家具和嫁妆，对木匠、弹匠、裁缝等匠师都要打包封。开店做生意叫“开铺子”。新店开张，要张灯结彩，鸣放鞭炮，大宴宾客，货价以七、八、九折出售，叫花子往往乘机“打秋风”（讨钱）。设点摆摊，俗称“摆摊子”。挑货摇鼓贩卖百货者称“货郎”，俗称“挑杂货担”。

城镇百业皆有行业组织，这些行业组织多称公会，如古董公会、南货公会等。其他还有茶叶公会、瓷业公会、纸业公会等。还有叫公所的，如河南公所是豆腐业的组织，三陕公所是装裱业组织，还有米业公所、铁业公所等多家。也有叫同业会、某某宫、某某堂、某某庙等名称的。至民国时，周口这样的行会组织估计在百数以上。这些公会、公所、宫、堂、庙等均须向官府呈报备案，目的是维护本行业的利益，调解行业内部纠纷，具有一定的执法性质。如钱庄，必由钱业公所核实资本总额，并取得五家钱庄联保，报官府备案，方可设字号办理转账、贴现、兑换、抵押业务。挑担、推车者要加入“脚行”、“箩行”。没有“箩折”，不准在码头挑箩。未入“轿行”者，不准抬轿进城。轿子放空回程，不得降价抢接乘客。大木行、细木行、圆凿木行、车木行、锯木行、雕花木行都只能按木业公会议定的范围经营，不能越行。豆芽菜业则规定了各家游街发卖路线，如越街叫卖，可按行规夺其扁担，交公会处罚。又如算命业确定了盲人与明眼人经营的差别，盲人游街算命可拉二胡，也可打小锣，没有地域限制；明眼人算命只准弹三弦，穿行僻街小巷，否则盲人可举棍乱打，明眼人不得回手，如回手，可交官府究办等等。以下就周口曾经出现过的民间行业习俗以概括的简述。

1. **商铺命名标记**

周口商行常用“昌”、“茂”、“源”、“恒”等字命名，如恒隆茂、聚源、达利、恒丰、万昌等。亦有按行业习惯命名的，如理发店喜用“厅”，饭店酒馆常用“楼”，药店多用“堂”，还有用以显示其经营特点的来命名，澡堂常用“池”、“泉”，南货、茶食店取“五味和”、“稻香体”等。

店铺的标记五光十色，意在引人注目。各行业多有各自的特定标记：草药店悬葫芦，酒楼悬酒旗，镶牙店悬画有颚骨牙齿招帘，纸伞店悬特大纸伞，几代相传，以示名牌。

招牌是店铺标志的一种。招牌一般都重视书法，讲究字体端庄或者艺术，以显示店铺的气派。有的店铺用金漆漆刷招牌，或者制作铜或刷金的金属招牌，称作“金字招牌落地”。

2. **挂匾**

挂匾，在周口的民俗文化之中指的就是悬挂各种的招牌和各种的匾额。在周口的民间，除了商业店铺开张的时候悬挂招牌或者是匾额以外，还有香客们在庙宇之中挂匾的，这也是周口传统民间信仰文化之中的其中一种形式。它的意义是通过悬挂匾文，表达人们祈福迎祥、向往美好生活的愿望。在挂匾的时候，人们一般都要张灯结彩、贴对联、鸣放鞭炮、舞狮子“采青”，宴请宾客，以示将来的日子红红火火。

3. **开市**

开市，在周口的民俗文化之中指店铺新开张。届时，开市店的店老板会携带供品、鞭炮和香表之类的东西到土地庙去敬神。店里的工人或者是学徒有的打鼓，有的敲锣，尽量使整个店铺锣鼓声声，热闹无比，以祝福老板的生意越做越兴旺，越做越红火。在周口的民俗中，每年的农历初六为各家的店铺新的一年重新开张的日子。这一天，店铺所有的成员都要衣帽整齐干净，点燃鞭炮后，有账房先生用双手拿着算盘朝店门上下地摇动，预祝今年的生意兴隆，财源广进，并驱走邪气，永保平安。

周口一带一些店铺还有“双九”开业的习俗。农历九月初九为重阳节，农事大忙过去，秋季作物业已收获，农村油坊、染坊，粉坊等大多择定该日开张营业。届时鼓乐齐鸣，爆竹连声，坊主烧香敬神，众亲朋携匾额或贺联喜画，应约恭贺，名曰“酬神”。礼仪过后，设宴款待，热闹非常。

民国时期，从初一到初五，街上的铺户都上起护窗板，挂起绘有《水泊梁山》、《陈州放粮》、《桃园三结义》、《三请诸葛》、《精忠报国》、《济公传》等连环画的窗帘，表示过年休息。只有一些油盐米粮店在门板上留一小洞，对外营业，其他行业均不开市。掌柜的到外边拜年去，伙计们在家看柜，一般不营业。

过了“破五”（正月初五日），年禧就基本上过去了。初六日凌晨四点多钟，除了回民店铺和西药房外，其他店铺，尤其是俗称老西儿屋子的油盐店、干果店、绸缎庄等，均由掌柜的（经理）带领全体伙友们，给供在店铺正中的“百分”（全神像册）、“天地三界十八佛诸神”上香叩首，然后将这些神码，“钱粮”和香根请到当街，放在芝麻秸、松木枝架子上一焚，谓之“送神”。这时，鞭炮齐鸣，伙计们都猛劲地摇算盘，用秤杆敲打秤盘，屋里屋外响成一片，谓之“响响当当，大吉大利”。在强烈的祝愿气氛中，店铺打开了护窗板，露出了早已贴好的“开市大吉，万事亨通”的红对联，开始正式营业。

店铺开张之后，第一位主顾是男子，便认为是买卖兴隆的预兆，如是女人，便认为冲了财神，一年会不顺利的。

周口乡下工匠开市后多做上门工。他们每年年初，先到工活较多的雇主家做一两天，叫“开市主”。然后再到其他人家做。工匠的工钱分端午、中秋、年关三次结算，不付清工资，中途不能换人。匠人正月第一次上门做工，主家须送“出行包封”。匠师每日收工，要带一件工具回家，如木匠带斧头（名开山子），砖匠带砌刀，裁缝带剪刀，谓可“镇邪”，或说“不忘祖师爷”等。

4．吆喝

行贩穿街走巷，大多用吆喝来招揽生意。如补锅担、箍桶担等，草药担会报喝一连串草药名称，有腔有调，合辙押韵，悦耳动听。有用器物声响的，如卖小百货的以摇拨浪鼓来招徕生意；修铜铁器、钉碗等匠人借铜铁片撞击发声；阉猪客吹特制小笛；小铁锤敲击糖刀为兑糖担的；竹梆声声为馄饨担；小锣喳喳为废旧品回收车；算命走街，摇小算盘或弹拨三弦。

5．经营

切口：交易上暗语。顾客称“来宝”，掮客称“网儿”，跑单帮称“走水”等。交易暗语中“西贝”指价格；“油水”喻赚钱；“耳朵”谓回扣。各行业还有本行业切口。如中药铺称贝母为“元宝贝”，橘红为“从红袍”等，其目的是取吉利意。

生活禁忌：商业禁忌较多、扫地须自外而内，意谓金银财宝进门；站店堂不得背朝外，店堂内不可打呵欠，伸懒腰；算盘不能坐臀下等。

赊账、讨账：有些商店允许顾主赊欠，他们备一摺子，供顾主赊购物品登记用。店家在端午、中秋、年节三节前派学徒、伙计持摺子上门催讨，除夕封账。赊账顾客，一般为富裕人家或地方上有名望者。

6．拜师

周口学徒拜师习俗，名个行业大同小异，除师傅看中主动招徒外，拜师学艺要央人说和，有人作保，经师傅同意后，由担保人陪同携带礼品上门。上门时还要写拜师契约。契约规定，学艺期间不得请假，如确有要事必须请假者，满师后须补足缺工；损坏物件照价赔偿，满师后从工资中扣除；如有偷窃事情概由担保人负责；倘遇意外伤亡事故，与师傅无关。学徒十分敬畏师傅，唯命是从，不敢怠慢。同桌吃饭，师傅坐上席，学徒坐下席；如有客人，学徒站在一旁侍候，为师傅和客人斟酒、盛饭，饭后打洗脸水。学徒只能博得师傅、师母欢悦，才能学到更多手艺。

各行业都有拜师习俗，如雕刻业的学徒必须拜师，周口的规矩是拜师时徒弟要挑着红烛和礼物，去师傅家磕头。师徒双方要订合同，合同上要写明师徒关系、学习年限等，然后承认正式师徒关系。学艺期间，第一、二年，要每年付给师傅一担谷或若干钱，作为伙食费。第三年劳动所得归师傅，吃师傅的饭。一般是学习三年期满，但也有到第四年的，还要为师傅白干一年，俗叫“赠工”。四年后，徒弟才能独立生产，就可出师了。出师时，徒弟还要挑着肉、鸡、鱼、面等礼物谢师，师傅全部收下礼物，并以凿刻刀、锯等石雕工具作回礼。工匠在做工期间，每月初二、十六都要燃烛祭拜祖师爷，祈求保佑工作顺利。每年除夕夜，工匠们要在一把雕刀上贴张红纸和两个铜板，一起放在工作台上，插香点烛叫“照岁”。

总的来说，不论城乡，投师学艺必写“投师字”，办“进师酒”，艺成办

“出师酒”，这样方可得到社会的承认。学徒三年，第一年帮师傅做家务，第二年才学艺。学生意的先学打包、裁纸等，第三年才能站柜台。一般学徒期满仍要帮师傅做一年。

7. 封“红包”

春节过后，医生、木匠、泥水匠等首次应约出门看病、做活，请者必须给他封上“红包”（即把酬金用红纸包住），以示恭敬。而被请者则礼让三先，适当收取，以示重仁义不爱钱。此风俗是为了求开业大吉，预兆全年兴隆顺意。不仅一年之始如此，平时商界开业、开市也往往是这样，宁可亏本，也愿首次成交。

8. 敬香

敬香在周口的民俗中，它是一种祭祀形式。当信徒们步入寺庙朝拜的时候，首先应该在香炉之中虔诚地敬上三炷香，不能上断香，也不能上曾经燃过的香。香点着以后，如果是有明火，可以把它一上一下地摆灭，但是，绝不能去用嘴来吹，这是对神灵的不敬。三炷香点燃以后，首先来到香案之前，双手举香与额头相平，然后，躬身行一礼以后，再到香炉之前用左手上香。香与香之间的距离不能超过一寸，也不能把它插得太拥挤。上香的次序是以中间为先，然后再插左边和右边。

9. 辞退

商店雇用店员，一般一年为期。每年除夕，吃完“分岁酒”。店员们都提心吊胆的，因为这是决定店员来年去留的关键时刻。有的老板把新的一年录用人员名单贴出，如没有那个店员的名字，该店员就得离店去另找职业。有些商店采用传统习俗辞退店员：老板在吃分岁酒时，亲自端来一碗鱼，鱼头朝哪个，那么这个店员就是被解雇者。如果老板把鱼头朝自己，那就全部店员照旧录用，这时众人才皆大欢喜。

10. 修桥

修桥在周口的民俗文化之中就是建桥。古时候的人们建桥，多数都为劝募协建，也有少数的有钱人家捐资独建的。在周口的民间，很久以前就把修路建桥看作是善事义举。在建桥破土动工以前，它的仪式是，首先必须供奉鲁班，然后，宰杀鸡滴血淋工地一周，以驱邪避祟。大桥建成以后立碑纪事，并且，还要把捐献财物和有功的人员一一录名刻在石碑之上。然后，再选择良辰吉日“踩桥”。踩桥的仪式就好比今天的剪彩。第一个过新桥的必须是一个有福之人或者是德高望重的老人，这样做的目的是取其“长命永寿”的意思。当日，人们玩龙舞狮，使桥上五彩缤纷、热闹非凡。

11. **酝酿**

酝酿，在周口的民俗文化之中它指的就是酿酒、造酱油作料等事情。酿酒在民间人们多数都选择在冬天，传说那是因为每年的冬天水味是最醇的，用它们来酿酒，酿出来的酒可以长久不坏，而且，喝入口中柔和爽口，回味生津，又有后劲儿。

造酱油等，人们一般都选择在夏天，据传说，古时候的人们在造酱的时候，他们首先用小麦粉做成饼，蒸熟以后再在中间挖上一个小孔就称为“酱饼”，贮存发霉以后，再在烈日之下曝晒。然后，再选择一个比较好的吉日，把酱饼加上水一起搅拌，这在民间称为“合酱”。合酱的日子，忌雷鸣，因为在周口的民间有“雷鸣不合酱”的说法。合酱以后，还要继续在烈日之下曝晒，使酱色更加浓厚。

12. **厨师**

周口民间厨师在每年旧历新年（春节），有“封刀”的习俗。他们一年到头为人操刀掌勺，非常辛苦。过年期间，用红布包上案刀，休息几天，叫“封刀”。

13. **木匠**

木匠的工具很多，有斧、锛、锯、曲尺、墨斗、刨、凿、钻、锉、羊角锤等等。墨斗，是木匠用来打直线的工具。从墨斗中拉出墨线，放到木材上，绷紧，提起，墨绳趁着弹力就打上了墨线。木匠的工具箱，忌他人乱动。

在太康县一带，木器行分大墨、小墨。大墨从事修房建屋，架设桥梁；小墨从事家具、农具制作。或分为平墨、弯墨、圆墨、寿墨等。平墨从事家具制作；弯墨从事工艺雕刻、农具制作；圆墨从事木桶、木盆等生活用具和粪桶等生产工具制作；寿墨专门从事棺材（亦称寿方、寿木）制作。小墨、弯墨技术较精；大墨虽做工较粗糙，但必须识图，墨线尺寸清楚；圆墨流动性较强，四方奔走制作。

木匠最重斧、锛的操作，有“千日斧子万日锛”之说。木匠做活有“留尾巴”的习俗，至少也要在干完活后留点刨花，让主家自己收拾。据说是取“还有活干”的意思。但在木匠做棺材活时，一定要收拾得干净利落。否则，会被认为是咒主家再死人，是犯大忌讳的。

木匠行业中，徒弟拜师学艺时，三年之内，师傅只供徒弟吃饭，不付工钱。三年期满，师傅给徒弟赠送一套工具，徒弟才算出师。

14. **石匠**

周口是平原地区，石匠较少，但也有部分石匠以锻磨为主来生活的。石匠打钻眼时，忌打空锤，认为空锤不吉利。如果采的是盖厕所用的石板，忌说出“盖厕所”之类的话。他们认为，否则山神会发怒，会惩罚石匠。石匠凿石料时，忌说话。

15. **泥水匠**

泥水匠做完活后，忌用水冲洗工具，而是干擦洁净。他们认为，洗工具意味着活干完了，以后就不会有活干了。泥水匠盘炕时，炕的长与宽、尾数都不能离“七”，寓意为“炕不离妻（七）”。建灶时，忌孕妇、产妇和戴孝的人观看。俗以为这些人“不洁净”，让他们观看，会使灶神不高兴。

16. **铁匠**

周口市的铁匠大都聚集在三义街一带，各县也都有相应的聚集地。周口铁匠们营业的地方叫“铁匠铺”。铁匠都擅长看“火候”，否则便是外行。铁匠也有外出寻找活路的。有的铁匠打带钢的工具，他们进村后吆喝道：“谁——修——铡子（铡刀）”，“谁——打——镢头、锄头”声调上扬，结尾无拖音，显得紧凑、刚硬。人们认为，这是由于他们打造的工具中带“钢”的缘故。遇到顾客，他们便在村中砌炉子打铁。数日后，活干完了，再到其他村子寻活干。另外一些铁匠，打生、熟铁器具，他们的吆喝声为降调，结尾有拖音，如：“谁打铁锅、炒勺、铲子——”“谁打钉子——”不够刚硬。人们认为，这是由于他们打造的器具中无“钢”的缘故。铁匠们外出寻活时，还带着家里打造的产品，沿途出售。

17. **染匠**

解放前，周口各县都有许多染坊。这些染坊里有很多的从业人员，店主如果亲自参加操作，叫“蓝手掌柜”；如不参加操作，叫“白手掌柜”。每年三四月为染坊的黄金季节，有实力的店家于此时广开靛瓮，招徕顾客，最多每天可以染100丈布。有的店家专做“庄活”，就是为买卖人染整匹布，从而赚取更大的利润。20世纪40年代以后，店家在采用靛青染布的同时，开始用硫化物染料。建国后，周口随着印染业的现代化，旧式的染坊完成了历史使命，陆续停业了。

18. **屠宰匠**

周口民间回族都把杀生看作一种“罪孽”，汉族在佛教思想影响下也忌讳此行业，认为屠宰是不正当之业。因此，周口的操此行业之人的屠宰匠下刀之前，为了安慰猪羊，并把杀生的责任推卸给别人，要念几句咒语：“不怪你，不怪我，只怪你的主家把你卖给我。早死早托生，来世变成人。”杀猪时，忌一刀杀不死，认为那是来年财运不顺的预兆。

周口民间还认为，长有五爪的畸形猪是“五爪龙”，是神物，忌宰杀。必须杀时，不能在自己院子里杀，而要拉到路口。这样，五爪龙死后，灵魂会顺路飘离，而不留在院内作祟。有些地方，屠夫担心五爪龙记下自己的相貌，便用锅灰将脸擦黑，披上蓑衣，倒穿着鞋，一刀将猪刺死后转身奔向院内。半个时辰后，估计猪的灵魂已经远离，再把猪运入院中。

在民众的心目中有些日子禁止屠宰牲畜。例如：

正月初九，是玉皇大帝的生日；

二月十五日，是道教始祖太上老君生日；

四月初八，佛教始祖释迦牟尼生日；

八月二十七日，儒教始祖孔子生日。

解放前，特别是每逢久晴不雨，或久雨不晴时，民间为了祈雨祷晴，常有禁止屠牛宰羊的规定。

19. 裁缝

裁缝业亦有开店和上门干活两种。裁缝上门做婚嫁衣物，都去二或四人(包括学徒)，寓双全之意、活要先拣长的做，如长袍、布帐等，兆百年好合。第一根线要缝出头，喻前途无量、活干完时，主家另赏红包。

裁缝一年到头为人操剪裁衣，极辛苦。春节期间，为了好好休息几天，便用红布包住剪刀，表示暂停营业，叫“封剪”。

20. 油漆匠

油漆匠不论给公家或私人漆家具时，照例不漆背面。就是用户要求他们漆，他们也拒绝。如果万不得已，也要将最后几刷子留下来不漆。油漆匠认为背面的“背”，会使自己背运的。油漆匠忌说“油漆干了”，而要说“离手了”。

21. 船工

周口沙河交通发达，有些人主要靠木船运输。船工们挣的多，吃的也多，故有民谚说：“船工屁股一个眼，只兴吃，不许攒。”又说：“驾船佬一棍棍，尽给饭碗子挣。”所以驾船终生，到老还是贫穷。船工有“忤逆挣来和气吃”的习俗。行船中，精力集中，哪怕亲生父子，一篙点错，也会跳起来破口大骂。但船一停下，又都和和气气，有说有笑，毫不计较。船工们讲江湖义气，只要同行上船，吃饭坐船都不收钱，如同家人。船起航时，都要烧香表、放炮，祭祀，要求保佑自己一帆风顺，平安到达目的地。同时备有一顿酒饭，叫“烧开头”。

周口民间一般人把农历七月初二称为“河神节”。每逢此日，由沿河跑航运的船工们集资祭祀河神，希望得到河神的护佑。供品为整猪、整羊。河神节前后，要一连唱三天戏，其中初一必须演唱整夜。其他地方，一般在七月十五日中元节夜放河灯。

22. **背运工**

背运工又称“背脚子”、“脚夫”、“背老二”，民众尊称他们为“背二哥”。背运工上路，都是结队而行。他们弯腰弓背，肩负重压，艰难地往来于河边运输货物。他们虽是自由结合的“运输队”，但在河岸边需要团结和协作。因之，每当有船泊岸或起程前，都要推选一人为“背头”来领队，负责路上安全。

背运工的忌讳有：清早起床时，不能叫出声来，否则认为会失脚。起床，不能说“起床”或“起来”，而说“松”，忌带“起”字。

23. **剃头匠**

剃头匠给人理发，讲究“僧前道后，官左民右”。也就是说，给和尚剃头，第一刀应先剃前面；给道士理发，第一刀要先剃后面；给官员和老百姓理发，第一刀得分别剃在左面及右面。剃头匠也有游街串巷的。他们挑着担子出行时，一头是炉子，另一头是其他器具。常言道：“剃头担子一头热”，即指此而言。解放前，剃头匠除了理发以外，有的还兼有正骨、按摩、掏耳朵等技艺。他们夸耀自己的职业道：“虽是毫末技艺，却是顶上功夫。”可是世俗的看法却认为，剃头属于侍候人的贱业。现在在民间还流行着这样的谚语：“不学吹手不学戏，不学剃头刮毛羽。”

24. **骟匠**

周口地区习惯在农历六月初六日阉牛。阉割对象，主要是即将役使的犍牛（公牛）。其方法，有勒阉与砸阉两种。骟匠从事的行业，被认为是一种“臭行”。民间俗语道：“臭行有个臭道理。”阉匠在一起时，如果甲得了好顾主，乙不发市，甲必须照顾乙的生活。

（三）周口老行当

1. **卖蝈蝈**

在周口各乡镇，每逢初夏，卖蝈蝈的身影就经常能见着。初夏光景，一清早就站在菜场口的榕树下，支在地上的三脚木架上密密麻麻地绑着数不清的蝈蝈笼，响得极热闹。周口人把蝈蝈叫做“油子”。

2. **磨铰剪**

凹陷的磨刀石，挂在长凳一边的小水桶，沾满黄铁锈、长着老茧的手……匠人磨刀、磨剪子的动作已停顿在20世纪，曾经在我们耳畔“磨刀铰剪子嘞”的吆喝声也已模糊不清。

3. **面塑**

以沈丘顾家馍为主，以面粉团为原料，经过各种工序，塑成色彩鲜丽的人物、龙凤、花鸟、走兽等。用于寿庆、婚嫁、筵席、礼佛等场合。沈丘解放前婚宴酒席上“十二生肖”配以龙凤、麒麟等面塑，金粉灼灼，喜庆热闹。

4. **卖田鱼**

现在要买田鱼去花鸟市场转转就是了，而民国时期，田鱼担会吆喝着经过家门口，两个鱼盆里悠闲的鱼儿令孩子们眼馋。周口市区人民公园、五一广场附近还有专门卖鱼缸和水草的。

5. **圆木匠**

解放前的家具都是木匠手工制作的，特别是脸盆、马桶等圆木“家生”，对工艺要求很高，圆木匠的“生活”要做得一丝不苟。上门修理时要带上专门的器具。

6. **花鼓桶**

20世纪90年代初，在市区三义街还见过一家专门制作花鼓桶的商铺，一位老人在孤独地画漆。这种八个面、面面都有精细彩绘的长圆形木桶，是放置尿布兼作凳子用的，嫁女必备，现已不多见。

7. **馄饨担**

馄饨担一头燃着柴火，一头荡着清水，特有的“梆——梆——”的敲打声，是美味夜宵信号。一碗热气腾腾的馄饨，飘着香气，黄的蛋丝，紫的紫菜，红的虾米，绿的小葱，眼福和口福一起享用，还有“馄饨汤，喝眼光”的说法哩。

8. **豆腐担**

豆腐担一般是前边担着一个方形的小桌子，桌子上摆放着用布盖着的豆腐，担子的后边挑着一个木制的箱子，用来盛放碗筷、辣椒水、佐料等物。有的豆腐担还可以直接让食客拿着黄豆等物来换豆腐吃。黄豆等一般都倒在了豆腐担的木箱子里了。

9. **打石匠**

现在周口城里见不到打石匠了。而在解放前，几乎家家户户都用得着他们，泰山石敢当、捣臼、铭记、碑文、石磨等等全是打石匠一锤一锤凿出来的。

10. **打铜担**

打铜担是解放前替人修补铜锡铁器的行当。打铜匠肩挑担子走街串巷，看到哪家的锅、搪瓷、脸盆漏水了，就摆开摊子当场补好，补料一般为锡，也有用铜钱的。

11．**剃头担**

50年代前城乡均有，一头是一个木制架子，上面为一面镜子，下面放着铜面盆，盆下为火炉；另一头为长方坐凳，凳下放各种理发工具。剃头匠挑担在市街小巷串门，兜揽生意，有时则在街旁将担放地，为行人理发、刮脸，十分方便。理发业信奉“吕祖”（即吕纯阳），他们每年八月间举行祭祀，摆上供品，全城的理发匠要去点燃烛，磕头祈愿。后来，大多转为小店，设点进行固定服务，现在农村仍有流动剃头担，但大多是为少儿和老人剃头，年轻人都比较时髦地上城镇理发店去理发。

（四）行业庙宇

明末至清代，受佛教、道教的影响，周口建庙风盛行。当时，手工业、商业发展迅速，地方商人为了行业自治互助，规范经营作风，便于开会议事，遂学习外省商贾营建同行业会馆之经验，纷纷在周口营建庙宇，塑起本行业敬奉的祖师像。这类庙宇周口竟有20座之多，现选择典型的11座介绍。

1．马王庙，于1865年之后由牲畜业营建，位于南岸圈神庙街川汇区屠宰厂院内。相传马王即闻太师，因其额上长瘤，绰号“三只眼”。姜子牙封神时封他为马王，至今仍流传着“马王爷三只眼”的老话。牲畜业为求得六畜兴旺、生意兴隆，故敬马王为祖师，每逢六月二十三日其生日时，组织庙会祭典。由于当时周口牲畜市场兴旺发达，便营建了马王庙，作为该行业议事之处。此庙解放后一直由屠宰厂占用，后被逐渐拆除。

2．孙膑庙，于1880年间由皮革、制鞋业营建。坐落在周口南岸皮坊街南段，坐南向北，院内有大殿3间，内塑身着道袍，骑于卧式水牛背上的孙膑像，并建东西廊房各6间，庙门两侧各有配房3间，大门前竖立一对木旗杆。孙膑系战国时期齐国军事家，被庞涓暗害致残。制革、制鞋业原材料多用牛皮，希望孙膑能够慈悲谅解，因而敬重他，奉为祖师。每逢农历三月初三，为了庆贺孙膑生日，制革、制鞋业商人，特集会进香，唱大戏三天。

3．圈神庙，于1880年间由猪羊家禽饲养业营建，位于马王庙西侧，庙门向东，有大殿3间。在神话传说中，姜子牙帐下有个土行孙，纣王殿下有个张逵，都有拱地法术。两人地下交战，张逵先拱出地面，当土行孙追来头刚露出地面，被张逵一刀杀死。姜子牙封神时封土行孙为瘟神，又称圈神。饲养业为保佑家禽免遭瘟疫，故而敬之。该庙由于庙小地少，解放后被民众占用，后来逐渐拆除。

4. 罗祖庙，于1850年间由理发业营建，位于北岸关帝庙北侧，3间大殿内塑罗祖像。相传，罗祖精通百般技艺，如通鼻、捶背、推拿、按摩等等，他爱业敬业，不论尊卑，均热心传授，故有“罗祖乱传法”之说。理发业的多种技艺代代相传，如今，老理发师除精通理发技术外，多会上述多种技艺。有人骨骼错位、关节不适，常请理发师推拿按摩，因此，理发业历来敬奉罗祖为师。该庙于1960年以后拆除。

5. 灶君庙，于1840年间由南岸饮食业营建，位于今交通路中段，有堂楼3间，内塑灶君像，对面有戏楼一座。由于饮食业与灶火密不可分，为求灶神保佑，生意兴隆，遂将灶神敬为祖师。每年农历八月初三日为灶君生日，同行业举行庆典活动。该庙于1965年周口建地区开街时拆除。

6. 老君庙，于1860年间由北岸打铜、打铁业营建，位于北岸关帝庙东侧，院内建大殿3间，塑太上老君像。太上老君李耳为道家始祖，他炼丹有术，冶炼铜铁与炼丹相似，故打铜打铁业以祖师敬之，以农历二月十五日和十月十五日为两次会期，届时唱大戏祝贺。该庙于20世纪60年代拆除。

7. 葛仙庙，即镇冲寺，于1810年间由草纸作坊业营建，位于北岸关帝庙商场西北侧（今制带厂院内）。葛仙即葛玄，道教尊为葛仙翁，被草纸作坊业敬为祖师。葛仙庙西侧便是作坊街，解放前一街两巷都是手工业草纸作坊，有人常把刚捞的湿草纸贴于墙上晒干，出于对葛仙的崇敬，葛仙庙墙上却无人张贴。该庙至今仍由制带厂占用，所有设施已拆除大部。

8. 南岸鲁班庙，于1820年间由木、泥、石、画、油、绳、竹、扎八大行业营建。位于今文化街西侧文化小学西院，院内建大殿3间，内塑鲁班像，东西有廊房各两间。鲁班是我国著名的能工巧匠，春秋鲁国人，被历代八大匠人奉为祖师。农历六月二十日是鲁班的生日，届时，八大行业集会烧香朝拜，并有大型庙会。该庙于1944年6月日寇扒堤时，遭受洪水之灾，1947年与陆陈会馆扒通，开办豫东中学，解放后改为周口市第一中学。1957年，一中迁至黄杏樵别墅（今更名周口职业中专），几经周折，设施全被拆除。

9. 西岸大王庙，于1740年间由船业营建，位于西岸太平街（今川汇区教育局处）。据传，大王爷乃水中神仙，能主宰水中吉凶祸福，故而船王敬之。该庙于20世纪70年代拆除。

10. 嫘祖庙，于1820年间由北岸造丝厂营建，位于风机厂东侧。据史书记载，嫘祖乃西陵氏女，黄帝原配，始教民养蚕，被造丝业尊为始祖敬之。该庙于“文化大革命”中拆除。

11. 财神庙，于1770年间由南岸地方商民营建，位于南岸老街北端。相传，财神即《封神演义》中的比干丞相，系纣王的叔父，因其忠心耿耿，屡次进谏，引起纣王大怒，被割心致死，姜子牙封神时，封他为财神。民间流传“财神无心”，即从此说。

另外，还有印染业在北岸三圣街北端营建的缸神庙，酿酒业在今八一路大桥北端营建的酒神庙等等，不再一一详述。

二、社会江湖

周口是中原的以农耕为主的农业城市，历史悠久，交通便利。这儿不仅是中华姓氏的肇始地，也是八方人士的聚散地。女娲故里、太昊陵、老君台等吸引着全国各地的朝拜者，素有“小武汉”之称的周口更是各地商户的集散地。正因为如此，周口一带也吸引着无数的江湖人士来此谋生。可以说周口老江湖是中原江湖文化的一个缩影，一个代表。

江是大河的通称，湖指陆地上聚集的大水。但“跑江湖”中的“江湖”二字合用，乃泛指四方各地，有“五湖四海”的含义。此外江水湖水深浅莫测，所以跑江湖又有在外谋事吉凶难卜、充满艰险的意义。所谓跑江湖或走江湖，就是指游走四方各地，利用各种技艺来谋生。在周口一带，走江湖，跑江湖，赶场子，跑滩是一个意思。

周口一带的江湖术士也有眼为江、口为湖的说法。就是说，跑江湖要眼观六路，耳听八方，一张利嘴，一手绝技，游走各地，吃遍四方。江湖人来源不一，成员复杂，三教九流，无所不有，他们大多是一些游民，身份几乎遍及各种职业行为。一般情况下江湖人的职业流动性很大，所以他们可以四处游走。周口一带正因为交通便利，是各色人等的聚散地，所以才吸引着许多江湖人士在此聚居谋生。江湖是一个隐性的社会，在太平社会里，江湖的影响是微乎其微的，江湖人的生存空间也是十分狭小的。大多的时候，江湖似乎是若有若无，难寻踪迹的。江湖相对于主流社会来说总是似合若离，或者在很多时候干脆就是与主流社会杂糅一起不辨你我。他不像武侠小说或电视剧中所描绘的那样神奇那样浩大。

可以说真正的江湖并不指某个地理范围，而是一种社会空间，随人而定，松散无形。可以说有江湖人的地方就有江湖，江湖是江湖人的江湖。江湖具有一定的反社会性。江湖人也成分不一，所以一般情况下正史或民众很少记录江湖，这使得江湖才充满了神秘的色彩。旧周口游乐场所的变迁充分说明周口江湖行当的兴盛。

豫东重镇周口迄今已有600余年的历史。清代中叶，曾一度繁荣，十里长街车水马龙，贾鲁、颍、沙舟楫如林，百业兴旺，货堆如山。经济的发展促进了文艺的昌盛，民间游乐场所应运而生。长期以来，它伴随着周口的兴衰几经变迁。

周口出现最早的游乐场所应该说是“后地”（今市罐头总厂附近），其形成约在清光绪初年，即1880年前后。“后地”类似旧北京的天桥，旧开封的相国寺，三教九流麇集其间，“津、汉、利、团（谈）”应有尽有。所谓津、汉、利、团，乃江湖上的行话，津，又叫金门儿，就是占算卦的；汉，又叫汉生意，即民众所说的数嘴子卖假药的；利，又称为利子话，即各种跑马卖解变把戏的；团，即民众所谓卖当的，在卖东西之前，先编一段骗人的故事或假话，说得天花乱坠，吸引观众，招揽生意。其中又有“九津十八汉”，这里就不再细述。这些江湖行当，虽然以各种方式骗取钱财，但也是给民众带来新奇和兴趣。“后地”乃“三等乐户”（三等妓女）居住之地，一些市井无赖、地痞流氓、闲杂人员也可以在这里吸毒、嫖娼、赌博、销赃，为所欲为。不过，作为一个民间游乐场所，“后地”的曲艺说唱色彩还是相当浓厚的，仅书棚就有五六个，唱大戏、坠子、道情的外地男女艺人经常在这里献艺，本地著名评书艺人王国斌、石九臬等人便是这一时期的走红人物。

周口的航运一直相当发达，沙河南岸从花土地庙、小渡口、大渡口、磨盘山直至三道沟长达一华里的临河地段，由船只运来和待运的货物经常堆积如山，随着季节的不同，陆陈、杂货、茶麻、竹木等交易，或装卸，或过船，或看货，或洽谈，大都在这里进行，约在1925年前后，这里，已形成一个规模相当可观的流动市场。这对饮食业，特别是游乐业，具有强烈的吸引力。原来浪迹于“后地”的江湖艺人，开始向里转移，一个新的游乐阵地逐步形成。“后地”的繁华已成烟云。

新兴的南河滩游乐场所，比起“后地”有其得天独厚的条件，首先是地理位置适中，靠近闹市，往来客商乐于涉足其间；再者河坡上下地段广阔，很有发展前途，因此一旦兴起，便日趋繁荣。渡口上下茶酒饭馆，经常高朋满座，各色地方风味小吃，日夜叫卖不停。供说唱艺人演出的书棚就有六七个，促使周口的曲艺活动，得到较大发展。田学礼（田有）、孙杏林（孙胖子）等评书艺人在些先后脱颖而出，名噪一时。据老艺人回忆，在1935年前后，南河滩六七个书棚不够用，还不断有些艺人“扒地窑”露天演出。江湖行当活跃情况，胜于“后地”。每逢年节尚有大戏演出，给南河滩增强了热闹气氛。可惜好景不长，1938 年日寇入侵，蒋介石扒开花园口，黄水泛滥，豫东大片土地尽成泽国，哀鸿遍野，嗷嗷待哺。南河滩的繁荣景象逐渐衰落。

稍后一段时间，周口桥北头西顺河街从小渡口至大渡口之间，一个规模不大的游乐场所又慢慢形成。当时的民众称这里为“前河沿儿”（今沙河北原川汇区政府附近）。这一南面是寨墙，北面是坐北朝南的临街民房，中间地带，宽仅 10 余米，长亦不过 200 米，说唱艺人纷纷云集于此，连后来在郑州一带红得发紫的评书艺人吴慎动亦曾在此献艺。终因场地狭小，行人拥挤，且有小吃摊点，致江湖行当为数不多。因时值抗战，常有从华北一带沦陷区逃出的流亡艺人路过周口，为筹集路费，作短暂演出。他们多是有名艺人，一般水平较高，使周口人大饱眼福。待到抗日胜利，南寨商业日渐兴隆，北寨“前河沿”便日趋萧条，而“南河滩”又呈现出中兴之势。

“南河滩”虽再度兴起，热闹情景已今非昔比。仅有书棚四个，主要艺人有孙杏林、杨成林、刘明霞等，在此说唱《济公传》、《孟丽君》、《乾隆私访》等书目。不久，国民党挑起内战，局势不稳，民不聊生，从 1947 年春，周口出现“拉锯”局面，“南河滩”便一蹶不振了。

后来南寨油坊街的田园也曾出现了一些说书棚、戏院等游乐场所，而田园的真正兴起，是新中国成立之后的事了。至于建国以后，在“双百”方针指引下的周口文艺和游乐活动逐渐走向繁荣。

（一）江湖门类

就周口这一带来看，江湖一般只是一个松散的组织，没有统一管理，没有严格纪律，自由散漫，流动不定，遍及四方。跑江湖作为一社会现象，门类众多，江湖人以谋生为目的，靠所谓的技艺吃饭。但不同的江湖人，靠不同的手法去谋生，这就形成了江湖中的门类。

江湖门类也很多，可以说江湖人的门类几乎涵盖了整个江湖的门类。周口老江湖门类有“风”、“马”、“燕”、“雀”四大门，“金”、“皮”“彩”、“挂”、“平”、“团”、“调”、“柳”八小门。“门”指江湖行业。实际上江湖行当远比这四大门八小门多得多。江湖中门与门之间的关系也是很难确定的。根据不同行当，江湖人包括江湖术士、江湖郎中、江湖艺人、江湖骗子、窃贼、强盗、侠客、乞丐、清客等各种人。江湖中的门类很多很细，有“九金，十八皮，七十二套寡头”之说。也就是说“金门”这一门又为九种：算命、看相、测字、扶乩、圆光、走阴、星象、法师、巫师等。金（巾）门是从事算卦看相的江湖术士的总称。从此可见江湖中门类之多之细，江湖人士之繁杂。

但是江湖人很保守，他们特别看重他们的技艺和行话，他们把行话叫做“春点”或“唇典”。江湖中有句顺口溜“宁给十吊钱，不把艺来传；宁舍一锭金，不传一句春。”因为他们的技艺都多少带有秘密性和欺骗性，一旦让别人知道了就会失灵，一失灵他们就不能生存。因此江湖人大多很保守，他们不愿说出其中的秘密。这也给整理江湖习俗等带来了一系列的困难。

周口一带的江湖人士以“巾（金）”“皮”“李”“挂（卦）”四门人数较多，较为常见。巾门多指江湖上搞宗教迷信活动者，如看相、算命、测字圆梦、观风水、跳端公、奇门遁甲等。皮门多指江湖中的走方郎中，是江湖中的行医卖药者，皮门之中又有许多讲究，可分为 18 种。如先卖武艺后卖药的叫“做大棚”，常在几处设点行医卖药的叫“做台面”，专卖草药中药的叫“做旱货”等。李门又称彩门，是江湖中变戏法、弄幻术、杂耍，写字卖画等行当。挂（卦）门是江湖中使拳弄棍、走马卖解、演武术、要杂技的江湖人等。可以说江湖中门类众多，跑江湖的各种人等均有。文武雅俗，占卜星相，僧进医匠……可谓是三教九流，五花八门。

江湖中的五花八门是指：

一门巾——算命占卦的人

二门皮——卖草药的人

三门彩——变戏法的人

四门挂——江湖卖艺人（武）

五门平——说书评弹的人

六门团——街头卖唱的人

七门调——拾逢扎纸的人

八门柳——高台唱戏的人

金菊花——卖茶的女人

木棉花——上街为人治病的郎中

水仙花——酒楼上的歌女

火棘火——玩杂耍的人

土中花——挑夫

（二）江湖春点

江湖春点又写作“春典”或“唇点”，也就是江湖黑话。江湖黑话含有贬义之味，因此跑江湖的人称他们的黑话为“春典”或“唇点”。

一般来说，因为江湖人士的流动性很强，可以说整个所谓的江湖都是相互联系的，因此周口许多地方的江湖话都是大同小异的。在开始时，江湖中只有一套“春点”，后来随着时代的发展，江湖春点渐分为南北两支。南为“春”，北为“典”（点），江湖人习惯上称之为“南春北典”。周口一带江湖春点属北支春点。江湖春点虽有南北两支之风，但江湖中主要用语没有改变，因为“天下江湖是一家的”。当然随着社会的发展，江湖春点中也加入了不少新的内容。如打电话称作“捏线”，火车称为“火轮子”，流氓叫“游魂”，公安人员称为“条子”等。

曾经在周口一带流行的江湖春点有以下几个方面。

十个数字：一柳二月，三江四折，五中六神，七星八张，九嘿十车。也就是说江湖话中柳代表一，月代表二，汪代表三，折代表四，中代表五，神代表六，星代表七，张代表八，嘿代表九，车代表十。

四个方向：南阳北墨，东倒西窃。也就是说南称阳，北称墨，东称倒，西称窃。

各色人物：条男利女，苍老籽幼，减童斗妮，人码中青。是说条称男人，利称女人，苍称老者，籽代表小孩，减代表童年，斗代表小妮，人称码籽，中代表青年人。在江湖话中老苍是老头，苍利是老婆，中年人称条码，好称利码，没过门的闺女称为斗子或斗花子，妇女分娩称为飘减籽。

五官穿戴：眼招牙财，撵语撵招，口湖听耳，天头丁发，是说眼称为招子，牙称为老财，哑巴称撵语，盲人称撵招，口称为湖，耳称为听子，头称为天，或摇麻子，发称为丁。衣叶顶帽，袜熏鞋驱，衣称叶子，帽称为顶合子，裤子称为蹬筒子，袜子称为熏筒子，鞋称为驱拉子或踩壳。

天气春点：天钱星再，雪飘日滚，雾帐雨摆，阴片风哨。也就是说天称老钱，昊称为再子，雪称飘花或娥子，日称滚子或大滚子，月称望或小滚子或朔，雾称帐子，雨称摆子，阴称为片子（云），风称为哨子。刮风也有称摆生子的，下雨有的称摆金，下雪有的称摆银。

江湖常用语：不懂江湖事的称为空子，门里出身的称为树根上的，懂江湖话的人称为鸟春，剃头称为“扫苗”，结仇家叫结梁子，有人时称风紧，骂人称为月星点等。

当然，江湖春点浩如烟海，数不胜数。江湖春点是一种约定俗成的隐语。它在特定的社会中以自己的形式进行沟通，起着保护自己秘密的作用。

（三）江湖中的三教九流

民间的“三教”指的是儒道佛三家。儒教，首创为孔子，他们主张仁、义、礼、智、信；道教首推老子李耳，他们主张修炼，提倡金、木、水、火、土，五行之说；佛家也称释家，是从天竺印度传来的宗教，首推佛祖如来或释迦牟尼，他们主张生老病死苦，提倡因果报应。九流指儒、道、阴阳、法、名、墨、纵横、杂、农九家。九流在旧社会分为上、中、下三等。

上九流：一流佛、二流天、三流皇帝、四流天官、五流阁老、六流宰相、七流进士、八流举人、九流解元。

中九流：一流秀才、二流医生、三流画家、四流皮影、五流弹唱、六流卜卦算命、七流和尚、八流道士、九流琴棋。

下九流：一流唱戏、二流吹鼓手、三流马戏团、四流剃头、五流池子、六流搓背、七流修脚、八流配种、九流娼妓。

（四）周口常见江湖门类

1. 算卦相面

在江湖中，算卦、相面行当的江湖总称是“金点”，门内又分为“哑金”、“嘴子金”、“戗金”、“袋子金”等细支。

那些在各市场庙会常见的蹲在地上装哑巴的相面先生都称为“哑金”。这种人都是地摊，不准使高案子。他们大多打着“奉送手相”的幌子，然后察言观色，根据人脸上的“喜怒忧思悲恐惊”七字秘诀来猜测人的心事，然后把所说的话写在纸上或石板上。然后他们通过巧使手中的一小束纸片而达到以假乱真、引人相信的目的。

江湖上把相面的人叫“戗金”，相面人一般是凭着长相和口才及随机应变的能力而达到推测吉凶，引人受骗的目的。但是作为相面人必须知识丰富，见多识广，随机应变才能够挣钱，否则则吃不了这口饭。

江湖上算命人一般被称为嘴子金，他们根据人的出生年、月、日、时，按天干地支依次排列成八个字就叫“八字”又叫“年庚”，然后再按排成的干支所属五行生克关系来推断人的祝福命运，就是算命。江湖算命先生为了挣钱，有一套不传之秘诀，道是“一套二哄三恐吓”。“套”就是通过询问生肖八字等过程从来人的话里摸底，内行称为是“关梦套吃”。“哄”就是根据不同的对象说一些对方乐于听的话，内行人称之为“宠”，又叫哄乖乖。算卦先生的哄也有秘诀：“小儿算命多赞夸，妇人算命顺竿爬，男子算命丢想头，老人福寿添一把。”就是说对小孩要说些吉祥语，对妇人则要顺着她们的口气和愿望来说，这是因为妇女在算命时好说话好插言，故好哄；对青年男子也要说一些吉祥话，使他们高兴，有想头；对老人则要说一些他们最关心的福寿好坏的话。至于“恐吓”是算命先生骗钱的一大法宝。他们先恐吓说被算命者有灾难，然后再指点破法以索取钱财。

周口民间江湖金门一般都是以上几种，至于其他如“黄雀牌”、翻天印、袋子金等都很少出现。

2．**挑方卖药**

江湖上把挑方卖药的生意都称为皮行。皮行之内又根据所卖东西和使用手段的不同，分为许多小支。如卖口服药的叫“挑招汉”，卖咳嗽药的叫“挑罕子”，卖牙疼药的叫“挑柴吊汉”，卖大力丸的叫“挑将汉”，卖仁丹的叫“挑粒粒”，卖闻药的、卖避瘟散的都叫“挑重子汉”等。

一般来说，江湖挑方卖药的大多是以骗钱为目的。挑方卖药的也有许多讲究，如先卖武艺然后再兜售药物的叫“做大棚”；常在几处设点行医卖药的叫“做台面”；只卖嘴劲或凭仗医术挣钱的叫“做旱货”。但不论哪种卖药的都很讲究口才和应变。江湖皮门称“三分药七分嘴”，说明口才的重要性。其次挑方卖药的还很讲究人的心理，根据不同情况一句紧连一句，随机应变，把不信你的人都圈进套套里来。他们的诀窍是“头棚醒，中棚紧，下棚狠”。也就是说，开场粘圈子、扯圈子时要诙谐滑稽，逗人笑乐引人注意，把众人吸引过来看你表演，听你讲解。这就是皮门江湖中的圆粘子。中棚紧，也就是说卖药人看围的人多了，并且观察到有些“病人”或能从他们身上挣到钱的人啦，他们就开始把话扯到卖药的正题上了，开始推荐他们的药有多好、多神奇了。这就是江湖皮门中的粘啃条子（介绍病因及用药）。卖药人通过卖弄粘啃条子，来引人上当去买药。下棚狠，就是当他们已开始卖药挣钱时要连哄带劝，多卖一个算一个，多赚一块算一块。江湖皮门称开始卖药挣钱为归包口或鬼插腿，也就是说从吸引人注意的讲解，慢慢变成要劝人掏钱买药的买卖过程。有些卖药人，在卖药时见买方有钱，他们就又用翻钢叠杵法、骗人多买药、买好药，以达到挣钱的目的。

更有些老江湖游医，在骗了钱之后，为防止“倒杆”（江湖人管骗下来的钱又被别人索要回去称倒杆），他们临走时总要卖弄几句“钢口”或“抽撤口”来为自己圆场子或开脱。如说“弹打无命鸟，病治有缘人。百日的灾难，九十九天好不了，如若该你除灾，那就该我露脸……”这些话就是江湖卖药者为自己留的后路。你吃了药病好了，那该走运，病不好也无妨，病治有缘人嘛。

3．玩把戏变戏法

江湖中称玩把戏变戏法的为江湖“彩门”。在彩门里尚有种种分别。江湖中真正变戏法的叫“彩立子”；变戏法又带赞武功的叫“签子”；卖戏法的叫“挑厨供”的；那些表演人头蜘蛛，人头讲话，山精海怪，奇人怪兽的统称“腥棚”。在周口一带杂技戏法还很多，不再一一列举。

一般来说，玩把戏变戏法都是通过手艺来娱乐观众，挣钱，这种行为是无可厚非的。不过玩把戏变戏法各有各的诀窍，各有各的绝招，作为观者，我们只把它当作一种猎奇娱乐的游艺而已，千万别把他们当真了。

江湖玩把戏变戏法和江湖游医差不多。为了吸引人，他们先得圆粘子。也就是通过各种手段把行人吸引过来观看，然后再进行表演展示以达到引人欢娱的目的，在娱乐或表演中江湖人多通过卖弄钢口或扣腥等手段来要钱，要钱之后再继续表演。钢口，即口才；扣腥，即吸引人的方法，又叫拴马桩。周口民间一些玩把戏变戏法的多是表演完之后再挨家去收粮收钱，有些人则是当场就收钱。

周口一带江湖彩门大多游街串巷，表演挣钱，他们的路子很窄，所以不论到什么地方都很谦恭谨慎。戏法开演之前，老江湖艺人总会卖开一阵钢口，说些客套话或拜师等语，以防同行或悍人踢场子。他们的话语大多是“没有君子，不养艺人”、“初来宝地未来得及拜会各位师傅、师兄，还望海涵，指教”等等。江湖人一般是钢口或拜师之后，才甩开九节鞭打场子开始表演。

4．打把式卖艺

打把式卖艺属江湖挂子行。一般来说“挂子行”就是江湖“挂”门。武术俗称“把式”，又称“夜风”，凡是玩武术行当的都称为“挂子”行。其中挂子行又分为几种，有“支”、“拉”、“戳”、“点”、“尖”、“腥”等的挂子。在周口江湖行当中管看家护院的叫“支”；管保镖的叫“拉”；管教场子的叫“戳”；管拉场子撂地卖艺的叫“点”。并且挂子行有“尖挂子”、“里腥挂子”的区别。尖挂子是指真正练过些年功夫，得到名人真传有真本事的把式；腥挂子，是指会几趟花拳绣腿，只能蒙外行人的把式。

应该说周口一带武学颇为兴盛，吃挂子行的很多。如形意拳、心意拳、八卦拳、长拳、红拳、太极拳等在周口民间广泛流传，并且周口有许多武师名扬中外。正因为周口武学丰富多彩，博大精深，所以明清到民国时期在周口民间挂子行生意很多，最典型的当数教场子和打把式卖艺了。

一般来说教场子的师傅都有主人的邀请，师傅到家后主人遍发请帖，请人来祝贺。武师拜访当地习武者之后就可开馆授徒了。但打把式卖艺却不同，他们比教场子更难。打把式卖艺的挂子行，到一个地方他们先选好有利的地势（平坦开阔之处），开始敲起镗镗锣，排开刀枪架来招徕行人。待到行人越聚越多时，他们再开始卖开钢口大嚷大闹着招来人看，这就是江湖中的粘圈子。等到人围得差不多了，他们才开始话入正题先拜宝地，再拜师友，说一大套客套话，像什么“没有君子不养艺人，敝人初到宝地望求捧场”，“本人手艺不精希望同行的师傅朋友指教”等。艺人说完客套话拱手作揖（多罗圈揖）之后，他们才开始亮出九节鞭或绳鞭等物来打场子。

对于打把式卖艺的江湖人来说，既要嘴里有把式又要身上有把式，只有这样才能挣钱。他们嘴上的把式就是能说会道圆好粘子，使好拴马桩儿，往下馈杵。他们嘴上的把式调侃称为钢口。他们的钢口大多是一些老套的词目，多是吸引观众，让观众捧场或掏钱的。他们身上的把式就是真功夫，因为真本领能吸引人。打把式卖艺者一般是练完之后再要钱，江湖人把要钱调侃为杵门子。有些江湖人要钱是，待练完之后端着铜锣绕场子向众人要钱，观众随意掏钱；有些江湖人则是表演完毕之后去村庄里挨户收钱收粮。当然，为了能多挣钱，打把子卖艺的人都想尽办法要钱。有的使钢口，一张利口说得你心服口服乖乖掏钱。还有一些卖艺人用一根木棍往小孩脖子后边一横，把小孩的胳膊腿往棍上一别，别好了之后，卖艺人用脚踏着小孩，乘人可怜小孩的时候要钱。这种手段看似残忍，其实小孩是早已训练好的，不碍事。

5. 花子乞丐

20 世纪 50 年代前周口一带花子、乞丐很多，江湖中花子和乞丐是有区别的。那些沿门乞讨，说着“老爷太太行点好吧，积德行善吧，赏给我花子点儿剩的吃吧”，凡是这种串门的要饭人，不论男女老幼，病疾聋哑等都是真正的乞丐，他们是没有家门的。凡是拿着竹板、渔鼓等家什挨户讨要的人，那是江湖中的乞丐，江湖中称他们为穷家门的人。江湖乞丐虽向人行乞，但不叫爷爷奶奶，不要剩吃剩喝，他们要么要钱，要么要粮、面等物。

江湖乞丐也是多种多样的，如有数来宝的，有诉苦叫街的，有擂砖的，有削破头的。不论哪种乞丐，他们都是为了求得众人的同情而达到索要钱物的目的。从江湖上来看，穷家门的乞丐都供奉“范丹”，后来都改为供奉“朱洪武”了。

乞丐供奉“范丹”是源于“孔子困陈借粮，范丹要账”的故事。故事说孔子周游列国在陈地被困，绝粮三日。这时范丹老祖救济了孔子。但范丹与孔子有约定，孔子借粮要还。怎么个还法呢，范丹就叫自己的弟子向孔子的弟子要账。凡是贴有对联的儒门书生都有义务替孔子还账。范丹的一些花子徒弟就可以各处要饭吃遍天下了。并且这些乞丐还把要饭美称为替范丹老祖要账。

至于供奉朱洪武起源于另一则民间故事。说朱洪武早年不得帝时穷困潦倒，后来他只好沿街要饭。但因为朱洪武是真龙天子，命大命硬，他呼谁为爷谁死，呼谁为妈谁亡，就是呼一个尊称，被呼者也要大病一场。后来他情急生智，不再呼人要饭，而通过敲打牛骨头的方式挨门要饭，不再呼人们的尊称。所以至今真正的江湖穷家门乞丐是不向人呼爷唤妈尊长辈的。社会上的人后来把乞丐敲的牛骨头称为太平鼓，并且上面还拴有十三个铜铃，这也是朱洪武所留。据说一个铜铃能吃一省，十三个铜铃可吃十三个省了。这又源于一个故事。说朱洪武不得帝时病倒在良乡县一土地庙中，亏得梭李两个乞丐相救才得以活命。后来朱洪武当了皇帝为感谢梭李两个乞丐，要封他们的官。但梭李二丐以“命小福薄，且无才干，仍愿为丐”而推辞。于是朱洪武就传旨，命二丐讨要使用太平鼓，且命鼓上安十三个铜铃，下缀黄穗，其他乞丐不准用黄穗、俱用蓝穗。蓝穗乞丐不准入城，黄穗乞丐则可通行天下，不论官宦居民都要施舍。

江湖乞丐是社会的寄生虫，他们也属于封建社会江湖行当之一，折射出当时社会一些人的人生态度和生活态度。江湖乞丐也都很讲义气，并且很重视门派，重视拉帮结派，古语有“丐儿没有帮，死了无人扛”。也就是说穷家门这些乞丐正是靠帮派集体的力量，才得以生存的。所以古时候乞丐也是惹不起的。但随着社会的发展和法制的健全，如今的丐帮已不复存在了，江湖乞丐正在与日俱减。

6. 说书唱戏

在周口一带，特别是在农村唱大鼓书的很多，江湖人管唱大鼓书的行当称为“柳海轰”，也有些人直接把大鼓书列入了说书唱戏的行当。其实从江湖细支来说，说书唱戏应包括说评书、唱大鼓、唱坠子等。古时候评书、大鼓、坠子等行当分得很清，但是随着时代的发展和艺人之间的相互交流，评书、大鼓、坠子有融合的趋势。应该说这三种行当的江湖规矩大多是相同的，不过是江湖称谓或表演方式不同罢了。

从江湖人的角度来看，江湖人管说书的行当叫“团柴”的，唱大鼓书的行当叫“海轰儿”，又称为使“长家伙的”（指弦子而言），唱竹板书的叫使“短家伙的”。其实说评书是由唱大鼓书演变来的，因为年代久远，才使得评书与大鼓书分家了。至于坠子书则是河南的特产，是由道情和柳琴发展而来的，据说在唐朝由张果老发展演化而来的，后来才成为一种曲艺门类。

说书唱戏的江湖艺人他们的礼仪和规矩大致相同，技巧上也有相通之处。一般情况下，他们到一个地方先得拜客、拜师，就是拜访当地有名望人或同行；然后再了解当地风俗民情、忌讳等，最后才开始献艺说唱。并且他们在说书时不论是长辈、亲友或师傅到来都不答言不行礼。作为说书唱戏的江湖艺人一要口齿清楚，用行话说叫“碟子正”；二要声音洪亮，行话叫“夯头正”；三要身段表情惟妙惟肖。说书唱戏的艺人学了书之后在说唱时还要注意“圆粘子”和使“驳口”。所谓“圆粘子”就是能吸引人，叫人乐意来听自己说唱。所谓使“驳口”，就是设置悬念拴住人，使他们欲去不能，非得把书听完不可。说书唱戏的人只有做到这些才算得上行家能手，才能挣得上钱。

随着社会的发展，电影、电视等传媒的普及，说书唱戏行当在城乡都逐渐走向消亡，但是它们作为一个江湖行当，在过去确实起到过教化万民，娱乐民众的作用。

大鼓书大鼓的起源在几千年前的尧舜时代。尧舜时，朝堂里设立谏鼓，虽是以下谏上，但也是一种教化的意义。大鼓书艺人都供奉周庄王。因为周庄王曾在古时候击鼓劝民，所以唱大鼓书的也正是正风化俗、劝化万民的大鼓书。艺人的大鼓，按规矩是应当有一百个铜钉的，它是仿着文王百子图而制的，大鼓的架子是六根竹子做的，据说是穷家门乞丐花子等人的东西，大鼓书艺人不过是借用而已。

（五）江湖拾珍

1. 唱大鼓的收徒仪式

唱大鼓书的艺人收徒有很复杂的程序和仪式：首先有师傅下帖将本门中的老中少三辈人全都请来。其次在屋中设置香案，摆神桌，供上祖师周庄王的牌位，将弦子、鼓、醒木亦都摆在神桌之上。往桌上放弦子时有一套祝词词赞：“丝与竹来乃八音，三皇治世他为尊，师旷留下十六字，五音六律定君臣，仍按那‘宫商角徵羽’，后有文武弦两根，祖师留下文武艺，弟子学艺入了门。老祖留下为有宝，虽然应手又称心，四海朋友把弦供，如要有艺论古今。”供鼓时，供醒木时也各有赞词。再次，把八字儿（门生帖）写好后，众人给祖师爷磕头。然后有新入门的徒弟跪倒磕头。弟子磕头时嘴里得说：盘古辟地与开天，伏羲始有八卦传，坎水离火坤为地，震雷巽风艮为山，兑泽中央戊己土，八卦面北乾为天，白黑碧绿黄赤紫，行藏至引圣神仙，宝顶呈祥结瑞彩，香烟缭绕半空景，庄王祖师上边坐，弟子进香到面前。接着徒弟向师傅递门生帖。向师傅及长辈叩头。然后入门学艺，先学弹弦后学唱，入门期间为师傅效几年力。

最后谢师出师，出师时师傅才教江湖规矩。

2. 说书的收徒仪式

首先师傅下帖请人，请来赴席的人大多数为本门师伯师叔师兄师弟们，也有少数外门的老前辈。帖的样式是用个封套儿，外边沾上，写的是："定于某月某日上字某时，为小徒×××拜师入门之期，敬治杯茗，恭请台驾光临，××率徒×××同拜，"席是"某街某巷某饭店恭候。"

其次，当日，设好神座牌位。正当中是供桌，设一红纸包袱，包袱上写着已故的评书老前辈的人名（即本门已故的长辈人名人）。由代笔师写门生帖一份，又名曰关书。关书上写的是"尝闻之宣圣曰：自行束脩以上，吾未尝无诲焉，由是推之，凡人之伎俩，或文或武或农工或商贾或陶冶，未有不先投师受业而后有成者。虽古之名儒大贤，亦上遵此训。令人欲入学校读书求学者，亦先具志愿书，贽敬脩金，行礼敬师。非有他求，实本于古也。况行游艺，素手求财，更当投师访友，纳贽立书为证。今有×××系某省人，年××岁，经介绍，情愿投在×××先生门下为徒，学演评词为业，以谋衣食。今于××××年××月××日，×××在祖师驾前焚香叩禀。自入门后，倘有负心，无所为凭，特立关书，永远存照。具书弟子×××，师傅赐名×××，立书人×××。"

再次，关书写完之后，介绍人与保师都得书押。然后由其师与本门人，与同道人，共同讨论给徒弟应起什么名字。按着三臣五亮，五茂，十八魁的支派下辈数，将名字起好，填写关书之上，徒弟画押。至此关书手续才算完成。

接着，焚香行礼，先公推一位年高居长者办理，然后全体人一一行礼，礼毕之后，再行新徒弟递门生帖的礼儿。当时为师者先坐下，徒弟跪于师傅面前，以头顶门生帖，听其师训话完毕，双手举着门生帖，呈递其师之手，自此关书就永久收存了。徒弟叩头行礼之后，拜请同门长辈，同道的本门人彼此贺喜，贺喜亦行叩拜礼。按辈数大小分前后之序磕头，其新入门之徒，不论师伯师兄俱皆叩头，行拜师入门之礼是相当隆重的。

然后，入席聚餐，正式为徒。师傅教授学生学艺。徒弟将艺学成，谢师自立。评书界管谢师叫做"入摆知"，评书界摆知无年数限制。工商业大多数是三年零一季的。学徒学到了年份，不谢师不能挣钱，不谢师不能离开师傅单独做事。谢师当天，为师者必须当着同行人的面把本行业中的规矩、行话暗语传给徒弟，为徒的懂得了行中规矩，盘道问答话语无误，才真正出师。

评书界不到徒弟谢师的日子不传授徒弟问答调侃江湖话。

有关评书侃语有以下几种：

1.《施公案》叫“丑官儿”，因施公残疾叫“十不全”，讹言为“丑官儿”。

2.《隋唐传》叫“黄脸儿”，秦叔宝为本书书脸，秦琼长的黄面皮故。

3.《包公案》叫“大黑脸”，就包公面黑而言。

4.《小五义》叫“小黑脸”，包公面黑而言。

5.《于公案》叫“浑水子”，于公的于同鱼同音，鱼是浑水的东西。

6.《三国志》叫“汪册子”，江湖人称“三”为“汪”。

7.《精忠传》叫“丘山”，岳飞是本书书胆，“岳”字拆开为“丘山”。

8.《西游记》为“钻天儿”，孙行者一个筋斗十万八千里。

9.《大明英烈》叫“明册子”，东、西汉演义叫“汉册子”。

10.《三侠剑》叫“黄杨儿”。

11.《彭公案》叫“彭册子”。

12.《济公传》叫“串花”，济公为本书书胆，他穿着褴褛和花儿乞丐相似。

（六）江湖盘道

所谓盘道就是考问，就是艺人考问艺人是否懂行。许多江湖人是忌讳盘道的。但有些老江湖为了显示自己，往往通过盘人家的道，给人家办难堪来提高自己。有些江湖人通过盘道来没收别人的家具，把别人踢出行外。应该说江湖行当各行各业都有盘道的现象。

评书艺人盘道一般是同行的艺人迈步走进场内，用桌上放的毛巾把醒木盖上，扇子横放在手巾上，然后瞧说书的怎么办。如果说书的人不懂行，他就把说书人的物件连所有的钱一并拿走，不准说书的再说书了。如若说书的还愿干这一行，必须先得拜师，再去挣钱。

若说书人是个懂行的，见此情景就知道盘道的来了。他就用左手拿起扇子来说：“扇子一把抡枪刺棒，周庄王指点于侠，文臣武将共一家，万朵桃花一树生下。（说至此放下扇子，将毛巾拿起来往左边一放），何必左携右搭。孔夫子周游列国，子路沿门教化。柳敬亭舌战群贼，苏季子说合天下。周姬佗传流后世，古今学演教化。”说完最后一句得用手拍醒木一下。

假若被盘的说书艺人狡猾一些，他就会在说完了一套词后，再用毛巾把醒木盖上，扇子横在毛巾之上，叫盘道的人给他拿开。盘道的按着江湖规矩也另有一套词，亦是伸左手拿扇子，然后说："一块醒木为业，扇子一把生涯，江河湖海便为家，万丈波涛不怕。"再拿开毛巾放在左边，右手拿起醒木说："醒木能人制造，未嵌野草仙花（评书的醒木定规矩，不准使用花木头，不准在醒木上镶什么），文官武将亦凭他，入在三臣门下。"说完拍醒木。但是盘道人必须替说书的先生在场内说下一段书来，帮完场子再走。若盘道的不会说这套词或规矩错了，那他就得按江湖规矩包赔说书人一天的损失。

所以说，作为江湖盘道者必须阅历深，久闯江湖，真正懂得生意门的规矩，这样才敢去盘道。否则，如果一瓶子不满、半瓶子晃荡的人去盘道那是自找丢人，还得包赔人家损失哩。

（七）江湖忌讳

走江湖的人都讲义气，但也都很迷信，他们特有的生存生活状况决定了他们之间繁多琐屑的规矩和忌讳。

江湖人最大的忌讳是"放快"。放快是江湖话，也就是说了不该说的话。其中快分为八样，名曰"八大快"。一是"团黄粱子"（即梦）；二是"悬梁子"（即桥）；三是"海嘴子"（即老虎）；四是"海条子"（即龙）；五是"土条子"（即蛇）；六是"月宫嘴子"（即兔）；七是"土堆子"（即塔）；八是"柴"（即牙）。也就是说，江湖人在每日出门做生意前是不准说这八样东西的。江湖人认为若听见了别人说这几样东西会不吉利，会挣不到钱。

如果一个人清早起来向一个江湖人说我夜间做了个梦。那么这个听话的江湖人就会很生气，他认为自己这一天就得倒霉，他就一天不出去做生意，那么他这一天的损失就由放快说梦者包赔。如果哪个人在江湖人群中放了快，那么他得挨个儿包赔人家一天的损失。江湖人对说梦、说龙、说虎、说塔、说桥、说乐、说兔子都叫放快。如若说话者不说这些字，而用江湖话代替则不是放快。如一个人清早起来时可向江湖人说，我夜里"团黄粱子"可不好呀，那么别人是不会生气的。

江湖人闯荡江湖不容易，所以他们处处谨慎，处处小心，并且十分迷信。江湖人最怕出鼓和遇调角。出鼓就是没挣到钱反被人大闹一场，惹人生气。调角就是事故。江湖人认为在没出去做生意之前有人就冲他放快，一出去做生意不是出鼓就是调角。所以在与江湖人说话时一定要小心谨慎。到江湖人的下处千万不可乱招乱动。如梨园行，在没开戏之前，最忌外行人击锣敲鼓；剃头的最忌外人从炉子底的小孔内引火和把帽子挂在刮刀布竿子上等。

（八）江湖规矩

作为江湖人对社会的风俗人情得百行通。无一行不懂，无事不明的江湖人才算是真正的走江湖者。因为江湖艺人大多“走马穴儿”，向来不靠长地，走得地方越多，见识越广，积累的经验越多。但江湖人不论到哪，都要守规矩，勤学习，只有这样才能有饭吃，才能发大财。

江湖人规矩很多。江湖人又被称为“生意人”或“搁念”、“老合”等，他们不管认识不认识，亦不拘在什么地方见着，一见面就得道“辛苦”。若一个江湖人初到某地谋生，到某地后先要到各处拜会同行，这叫拜相。江湖人遵循先到为主后到为客的原则，行客拜坐客，宾拜主。江湖人拜会同道人有许多好处。因为江湖艺人等是最有义气的，客拜主后，先到的江湖人要支持甚至帮助后来的江湖人谋生，给他讲当地风俗民情忌讳，给他找下处等。有时新到的江湖人有了难处，先来者要为新到者捐资生活费及盘缠等。

江湖人若同赶一个会，他们的场子之间还是有规矩的。一般是同样的手艺要离着或隔着两三个其他场子才行，绝不能同样的场子挨着场地。若是实在没有场地了，那么同样的场子相邻，他们的距离至少要拉开一丈远。江湖人管江湖人的尊称是“××相法”。江湖人之间挨着做生意，也需“相挨相，隔一丈”。并且江湖生意，在同一个地方聚会要文档子挨着文档子，武档子挨着武档子，不能乱套。所谓武生意指打把式卖艺的，变戏法玩把戏的等；所谓文生意指唱大鼓书的，唱竹板书的，卖梳篦的卖刀剪的、卖药的算卦的，需要一个安静的场所的，不带锣鼓，圆小粘子（场子围不多少人）就叫文生意。

江湖人的团体或组织叫“长春会”。这些团体是江湖人的自发组织。长春会的首领必须是老江湖，并且是有一定声望和水平的人担当。长春会对内的事务就是每逢有会时，组织好各路江湖人，为他们安排下处。江湖人的住处称为“生意下处”，那里边住的人和住店一样，但不准住外人（非江湖人）。江湖人的住处和客店一样，字号亦是××老店，但店门两旁亦有“仕官行台，安寓客商”八个字，绝不准在门前悬挂“生意下处”的招牌，江湖人住在一起要服从领导听从指挥。“长春会”的对外事务就是联系各处的会首，邀请不同行当的江湖人，选择各个江湖行当的场子位置等。

一般来说在集市庙会上，江湖人（生意人）的首领大多是卖篦的。哪里有新开办会，和他商议好了，他就能把各样的生意约来，然后他再帮着会首指定文武场地。等会首与卖梳篦的事先把生意约好后，到了会期早晨，各种生意，各样玩意儿，都按秩序上地。这时各样生意都不能开始，他们专等着会头。要等卖梳篦的一张嘴，其他各样生意才能开张。如果当地会首故意刁难江湖人或生意人，或勒索银钱，那么这时江湖人、生意人商议好了，给他们叩棚。由卖梳篦的把摊子一收，挑着担子，围着各玩意儿场一转悠，那么所有江湖文武两档生意全部收拾起来不干了。

正是江湖人之间的义气、规矩和团结精神，才使他们到了各地有一个立足生活的空间。江湖人强龙不怕地头蛇的原因就在于此处。

（九）会社

1. 青帮

周口青帮是明朝末年清朝初年兴起的帮会，当时组织的目的是为了“反清复明”，清王朝被推翻后，这个组织留下来继续进行活动，不过宗旨有所改变，以“重义气，讲互助互济”为目的。青帮共分二十八帮办，周口青帮的主要帮名为江淮泗、兴武四、兴武六、嘉海已等。青帮的帮辈有廿一、廿二、廿三、廿四、廿五、廿六等的。青帮从清末到建国前，即已传到二十六七辈。周口青帮最高辈有廿二梁栋岑、孙振德二人。即传到周口已经是二十二辈，廿三的最多，有陈大量、温敬吾、赵仙洲、刘鸿勋、王尚云等，到建国前，周口参加青帮的达数千人。

新参加青帮的人必须投师，经过香堂，叩头拜师后，才算帮中人。入帮后讲三师，即引进师、本命师、传道师。如引进兴武六，本命嘉海已，传道师江淮泗，要牢记“三帮九代”。“三帮”即引进帮、本命帮、传道帮。“九代”即三帮人的师父、师母、师太。

青帮活动场所称理门公所。以南寨后小桥西公所、东门里东公所和北岸齐埠口公所、笆子街公所活动最多，有时也在某老师家中摆香堂。全盛时期好到商水县练集、城关、巴村、谭庄、李埠口等地摆香堂收徒弟。

青帮供奉的神灵是翁、钱、潘三祖，入帮人必须按时交香资保费，每年对本命师傅要交三节（春节、端阳节、中秋节）、两寿（师父、师母）厚礼，否则即为不孝不义。凡在帮者，不论何时何地，遇到任何困难，其帮中人都会帮助，联系时必须说帮中暗语。青帮中人员复杂，各界都有。

2. 红帮

红帮分山不分帮，周口红帮以峻嵩山为主，另外还有芒砀山。红帮不论班辈统称哥弟，共分十个位，即“老大位，老二位至老十位”，内八堂，掌管一切。

红帮在周口的主要人员分老八堂和新八堂。1946 年前老八堂是：主堂李荫祖，陪堂陈大量，刑堂刘子育，礼堂吴恩俭，执堂雷宏宇，香长温敬吾，盟证赵仙洲，心腹李承信。到后来由于老八堂人员大都不在周口，又重新改选出新八堂，主堂李荫祖，陪堂陈大量，刑堂韩家修，礼堂刘鸿勋，执堂赵立新，香长温敬吾，盟证赵仙洲，心腹史耀堂。新八堂组成后，引起史余庆、杜聚元的反对，并在北寨另立山头建立芒砀山。其主要人员有史余庆、杜聚元、杜汗英等。

红帮的活动地点亦称理门公所，有时也在帮会头子家里活动。多是参加了青帮的人而加入红帮的，也有少数直接加入的。他们互相利用，上层人物借此培植私人势力，下层人士入帮寻求靠山，一些入帮时间长又会讲道的人，则进行吃道，剥削他人。

3. **佛理**

“佛理”，又叫“理门”、“在理儿”，也称白帮。是青、红、白三帮之一。信老佛爷为神，其目的是修身静心，根绝烟酒。一些老年人吃素菜不吃荤，也叫“吃斋”，亦在理门公所进行活动。周口南寨后小桥，东门里和北寨鲁班庙，笆子街设有理门公所，也称佛教会、静安堂、敬善堂、敬远堂等，建国后停止活动。

4. **新建会**

即“中国新社会事业建设协会”。1946 年成立于南京，同年底，由河南省分会派张健民来周口组建“新建会周口筹备委员会”。书记长乔如璋、副书记长史余庆，会址在北寨笆子街理门公所。以青帮、红帮、佛理和妙道、九宫道中的人员为吸收对象。

周口新建会筹委会人员宣布成立不久，引起周口南寨帮会头子的反对，后刘子卿等另建一个“新建会商水县区会筹备委员会”，书记长刘子卿，副书记长韩家修，会址设在属南寨后小桥理门公所。

周口两个新建会筹备委员会成立后，都积极发展会员，互相拉拢，到 1947 年 5 月，商水县区筹委会吸收会员 700 余人，周口筹委会吸收会员 400 多人。1949 年，两会停止活动。

5. **一贯道**

一贯道于 1945 年由武汉经漯河传至周口，当时在南寨东堤子街设立第一佛堂，点传师王戟云、王耀西。他们利用亲属、老乡、朋友等关系，到处串联，进行迷信宣传活动。入道时，有一名道徒引进，每人交入道费一元，经过点传师点传，才被吸收为道徒。逢初一、十五日举行集体入道仪式，先点燃神灯，烧香上供，然后入道者一齐跪下，向老申（音母，是他们的自称）叩头、发誓，由点传师誓词，主要内容是在任何情况下，誓作一贯道的忠实信徒，决不三心二意，决不泄露天机，否则愿受天打五雷轰身等。然后“点”，即把点燃的佛灯指向入道人的前额，这叫点出了“通天的光明大道”。“传”即传授“五字真经”（五太佛弥勒），“五字真经”只许默念不许出口，否则会被魔鬼窃听后成仙，也不许对非道徒传授，否则天打五雷轰身。入道后，当大灾大难来临时，要闭眼静坐，双手在胸前半合，两个拇指分别指向“十二地支”的“子”“亥”的两纹（二字合起来即“孩”字，意思为抱着不哭的孩子）不停地念“五字真经”，即可逢凶化吉，遇难呈祥。

1947 年前夕，一贯道发展道徒 2000 多人。除南寨东堤子衙设总佛堂外，在周口永兴街、剪股街、关帝庙门、榆树园街、太平街、油坊街和郊区设佛堂 10 多个。每个堂，设有坛主，可吸收新道徒和接受道徒的供品和财物。然后把财物上交点传师，点传师掌握经济大权，任意开支和肥己。1949 年后一贯道被取缔。

三、部分行业习俗

周家口地处粮、棉、油、麻、皮毛等农副产品产区腹地和沙、颍、贾鲁河交汇要冲。商品丰盛，交通便利，促进了周家口的形成、发展和兴盛。清康熙至嘉庆（1662－1820）年间周家口商业臻于鼎盛。车水马龙，万商云集，白日闹市轮蹄声，夜晚万家灯火明，当被誉为豫省一大商埠和名镇。明初至民国中期，周家口 500 多年的商务活动，构成了一幅幅绚丽的画卷，积累了一套比较有效的管理措施，但也反映了旧社会一些不法商人的经营手法。

清朝末叶，商业相当兴盛，行业增多，事务纷繁。为了加强对商业的监督指导，促进工商业及对外贸易的发展，协助政府征税，解决商贾间的纠纷，减轻对地方官署的压力，清政府制定《商会法》，规定“各县均设立商会，繁盛之区镇也得单独或联合设立分会”。民国初年，周家口始成立商务总会，设会长 1 人，委员 9 至 13 人，均由各行业会董推选，任期每届三年，到期改选，也可连选连任。委员定期召开会议，遇到重大问题临时开会。会内设专职文牍、会计、会差等若干人办理有关事宜。民国三十年至三十七年（1941—1948）周家口分设南、北寨两个商务会。

商会的主要职能有十个方面：（一）研究促进发展商业的方法，介绍国内、国际贸易动态；（二）答复县府和机关、社团关于商业各事项的咨询；（三）向地方行政官署陈述有关商业法规的规定、修改、废止及与商业有利害关系的意见；（四）执行政府命令，催缴会费，摊派课税，为驻军捐款；（五）调解商人之间的纠纷及争议事项；（六）上报、发表关于商业活动的调查统计情况；（七）接受工商业者委托调查、证明事项，或证明鉴定产品的产地、规格、质量、价格等；（八）武装训练民团，维护市面治安；（九）协助下放取缔非正式商人经营商业；（十）报经该管官署核准，设立商品陈列所及举办各种物资交流会。

一般学徒到店后先定试用期，到期进行考核，不合格的辞退。学徒期间经常进行珠算、记账、包扎商品、使用度量衡器、商品陈列、接待顾客基本功训练和测试，观察其社交活动、语言谈吐能力，考察有无泄露本店经营活动状况和短手的行为，以此决定是否留店、辞退或开除。

学徒进店前须先立契约，并由二人以上作保。在店期间发生偷盗拐骗，轻者体罚，重者开除。学徒期一般三年，另帮师一年。学徒期无工资，劳动好者也只在年终盈利的情况下给少量的衣帽鞋袜钱。店员、学徒均有看铺守夜职责，每日营业前准时入座，要求面向门市，不准背向顾客。顾主进店立即起身迎接，营业时间不准擅自离店。关门后还要学习珠算、记账、写字等。学徒还兼理为老板挑水、扫地、煮饭、洗衣、抱娃娃、提便壶等杂活。这些劳动没有分文报酬，实为老板的额外剥削。

在经营方法上周口的店铺非常讲究：（1）守信用是头等大事，不管物价涨跌先付清期款取信于人，延续今后的往来关系。（2）对顾客主动打招呼、让座、拿烟、倒茶，仔细介绍商品，有迎有送，讲究礼貌，保持永久的主顾关系。（3）店堂布置美观大方，新颖别致，商品陈列丰满醒目，以此吸引顾客。（4）随时掌握行情，实行“人弃我取，人取我予”的方法，勤进快销，薄利多销。进货要“逢快莫赶，逢贱莫懒”。（5）价格上“未曾入手，先看出手”，针对需要组织货源。货进来后，先行估价，然后上柜，灵活议价，从快、准中求利。

一般情况下店铺的管账先生都由店主人的亲信担任。账务分总账、流水账、销货账、号簿账等，按期结出余额，定期盘点，做到账货核实。临时借款、赊销购物等零星支出用粉笔记载，以达分清渠道，账务清楚，核算准确，真实反映营业成果。销售大都采取随卖随登记，每天结清营业额，以弄清当日销售情况，及时掌握各种商品的库存大小，以便针对行情加快周转，达到“货不存留利自生”的目的。一般店铺都规定不得挪用销售款。

（一）陆陈市场

“陆陈”是稻、粮、菽、麦、黍、稷6个粮食品种在商业上的总称，陆陈市场也就是卖粮食的交易市场。周口的粮食交易市场，远自明朝初年开始形成墟集时便已出现，当时只不过是附近农民的小型交易。明代永乐年间，经过疏通河道，开辟漕运之后，南粮北调，大批粮船由淮河入沙河，再转贾鲁河，经汴水过黄河，直抵京都。周口正处河运要冲，商业迅速发展，市区逐渐扩及沙颍河两岸，粮食市场也随之兴旺。至清代康熙、乾隆时期，往来商贾遍及全国，北起长城内外，南至闽浙湖广，其繁荣景象一直持续到民国中期，前后达270多年。

民国中期，经营粮食的都是民间商业组织，其机构有两种：一是大型行庄，又叫陆陈行店；二是粮坊，民众俗称“坊子”。行店为外来客商收购大批粮食。粮坊专司卖粮，招揽对象是来自四方各县、镇、村卖粮客户。其组织人员中除掌柜、账房、伙计外，还有熟练的斗把（过斗的人）和掌握行情的交易员。粮食交易的计量单位是石、斗、升、合，进率为十。解放前由于度量衡没完全统一，各地的斗大小不同，民国中期，周口市场使用的斗，一斗为32斤（老秤），折合现在17.75公斤。

光绪年间，周口经营粮食的大型行庄有28家，常年住着外来坐庄客商。粮坊有80余家，两者共有从业人员1200多名，年成交量达1亿公斤以上，品种为芝麻、小麦、大豆等，每天从陆路、水路有大批粮食源源不断运进周口，市场上通宵达旦交易不停，成为周口的一大景观。

延至清末民初，虽然京汉、陇海、津浦3条铁路相继通车，周口部分商业移至铁路沿线的开封、商丘等地，但周口的陆陈行业却依然繁荣。当时周口三岸的粮坊曾达110多家，大的粮行如聚兴店、万顺利、天成店、大通店、同义店等仍有20处以上，80%集中在胡家集、南永兴街、西大街、小南街、新街和顺河街，其余散布在北寨和西寨。当时广州、武汉、上海、南京、镇江、无锡、常州、北京、天津等地，以及省内主要城市的坐庄客，是周口的常客，他们多数是大面粉厂、榨油厂、化工厂的代表采购原料的，一部分是专营粮食出口业务的。他们购买的数量都很可观，如天津东风面粉厂一次采购小麦就达60万公斤，一般客户最少也买几万公斤。

周口之所以能成为远近闻名的粮食集散中心，除地理环境适中、水路畅通外，还得益于绝大部分行店、粮坊经营有方，恪守信誉，保证质量，真诚为顾客服务。如客人购买的粮食一时不能托运，需在周口暂存的，无论租赁仓库、盘斗搬运，统由行店负责办理，无需客人操心。出仓时，粮食一旦有了短缺损耗，无论损耗多少，概由行店如数包赔；如有多余，统归客主所有。卖客如嫌当时粮价不好，暂不出售的，粮坊可免费给予寄存，待行市相宜时再卖；对带粮少的，粮坊便随行就市给予收下。因而四面八方的买卖客户都乐意来周口交易。

周口的陆陈业兴起早、发展快、规模大、人员多，为了便于统一步调，管好市场，早在清朝中期就成立了自己的行业组织“陆陈会”，并在沙河南岸文化街兴建了占地 20 亩的“陆陈会馆”。会馆内一年四季不断会餐、唱戏，非常热闹。

（二）面行和磨坊

明清时期的周口，富人少，穷人多，一般民众家无隔夜之粮，常常是将劳动一天的血汗钱及时买些面粉、杂粮，求得当天一饱。那时，周口没有面粉厂，大宗面粉交易由“面行”经营，买零星面粉则是去磨坊或找沿街叫卖的小贩。

面行，集中在南寨新街、西大街和北寨坊子街等处，共计 20 余家。较大的面行有王家面行、李家面行和周家面行等，他们专营面粉。有的粮坊则既经营粮食，又经营面粉。面行经营面粉全是大宗生意，很少零售，其经营主要对象是大行店或是手工作坊的大伙房，因而销量很大。有些面行与作坊的伙房签订长期协议，定期送面，最后结账。面行的货源是周口附近较大的磨坊，他们之间的关系很密切。磨坊按期给面行送面，有时甚至在面行安排下，将面直接送至作坊的大伙房，面行从中收取手续费。

磨坊遍布老周口的背街，西寨、北寨、南寨有七八十家，他们既生产又销售，担负着周口市区大部分所需面粉。这个行业对民众生活来说非常方便：一是磨坊遍布周口每条背街。二是经营的品种全。三是可以赊销。四是可以以粮换面，以质论价。五是收取合理的加工费后，可以代顾客加工面粉。在当时，这是一个被人羡慕的行业。

老周口农村的石磨很多，平均三四家便有一个石磨。农民可以抽时间加工面粉，然后到街上叫卖，这也大大方便了市民的生活。

（三）豆腐行业

豆腐行业为周口民间“三百六十行”之一。豆腐行业起源于何时，尚不可考证，但据《清异录》载，至迟在唐末、五代时，已有生产出售豆腐的事实。南宋时，陆游的《老学庵笔记》中有“开豆腐羹店”的记载。随着社会经济的发展，从业人员的增多，可以说，最迟在明朝时应有豆腐行业的存在。

豆腐业的行业神，主要有刘安、杜康妹、乐毅、孙膑、庞涓、关公等。其中刘安、杜康妹、乐毅、孙膑、庞涓五位是祖师神。

常用的豆腐行业用语主要有：自称为耕“白字田”的人。称豆腐为“水挫”、“水板”、“水判”、“水林”等；黄豆为“小圆”；浸豆为“过宠”；火为“二点头”；水为“三点头”；石磨为“车心子”；水缸为“阔口”；滤浆布为“车儿”；煮浆锅为“仰天”；炉灶为“作熟”；榨床为“压架”；豆腐板为“承盘”；打豆腐的方形铜刀为“虎头牌”；豆腐渣为“白屑”、“雪花”。称豆制品中的干豆腐为“百叶”、“千张”；豆腐干为“厚叶”、“白干”，其中薄的称“小干”，厚的称“大干”，一般的称“中干”。此外，大油豆腐为“块方”；小油豆腐为“小方”；油豆腐条为“寸子”；卤豆腐干为“香干”；白豆腐乳为“白方”；红酱腐乳为“红方”；臭豆腐乳为“青方”等。

传统的豆腐行业，由于工艺落后，劳动强度大，本小利微，加上豆腐不易长期保存，所以乡村多以家庭作坊居多，且产品单一，基本上是豆腐；唯大城镇有稍具规模的豆腐店，产品花样较多，如豆腐、豆腐干、千张、腐竹、卤豆制品、炸豆制品等。

豆腐在销售上，一般以肩挑叫卖、设摊零卖居多，店铺销售偏少。

肩挑叫卖，一般直呼“豆腐”其名，至多前面加一“打”字，在有些地方卖豆腐的以敲梆子代替吆喝。店铺销售，一般不做广告，多标“豆腐店”、“××豆腐店”招牌以供辨认。也有的地方有豆腐店悬挂“豆腐幌子”的习俗。周口当地人所称“豆腐幌子”，就是用一根长长的竹竿竖在豆腐坊的旁边，竹竿顶端吊一根一米左右的小木棍，木棍一头扣两个互相套着的草圈，另一头牵一根绳子。如果豆腐坊正在经营，就把绳子拉起，扣在小木棍上的草圈便高高挂起；豆腐卖完了，就把草圈放下来，乡邻们在家里就知道豆腐坊有没有豆腐出售，免得来回跑冤枉路。

商水固墙有用豆腐牌换豆腐的习俗。这些豆腐牌有纸做的，有木头做的，都是长条形状，上面写着豆腐几斤、豆腐干几块的字样。各家把要买的豆腐品种和数量写在豆腐牌上，然后拿着它去换豆腐。牌子留下，豆腐就可以拿走，待到大约攒到够一锅时再拿黄豆去换豆腐牌。

豆腐行业的禁忌不是太多，从现有资料来看主要有：做豆腐忌讳说老、硬。

（四）果子行

民国时期，周口已没有昔日兴盛，但它仍然是豫东著名的商业中心城市。当年，周口商业经营的特点是“分行别市”。做生意有七十二行，而周口有七十二条街的说法，这就是所谓的“一街一行”。

周口的果子街是一条以经营干果为主的商业街。这条旧街道的地理位置在沙河北岸，现今周口大桥以东的地方。民国时期，周口的街道都很短，顺着河堤形成的果子街约有200米长。据说，果子街盖的是两面房，向南临着河堤的是货仓，由沙颍河船上卸下的货物上了码头，放在这些货仓里非常方便。向北临着路的门面房是“板闸门”，店铺的大门是由好多块门板组成的。

这条街道开设有十几家干果行，销售和批发的大宗货物是新郑的大枣和荥阳的柿饼，大枣和柿饼是从贾鲁河水运来的，因为行情很好。另外还有通过沙河与颍河从豫西运来的山核桃、白果等，也在干果行销售，开封的花生也在这里大批量交易。果子街的西口有一家炒花生的，大铁锅支在临街的路边，一天到晚，生意红火。

果子街的生意虽然兴隆，但果子街的声誉并不很好，起码在当地市民心目中，缺斤短两的现象普遍存在。果子行里“大秤进，小秤出”暗箱操作，到最后几乎成了公开的秘密。另外，果子街还有不少商业欺诈行为。

民国年间，果子街发生了一场特大火灾。果子街很可能是在1933年以前被烧毁的。据说，火灾发生之前，有一个卖烧饼的老头挎个竹篮子，从河沿顺着果子街吆喝了几天，不停地喊着：“十四两称的大火烧。”不久，在一天夜里，果子街起了大火，大火一直延续了三天三夜，这个神秘的故事在好几代老周口的居民中间流传。其实“火烧”是烧饼的一种，是形状两头尖的焦烧饼，最大的“火烧”有一斤左右，把“火烧”切开，夹上切碎的熟牛肉，这是周口的风味小吃，叫“蛤蟆衔泥”。当时市场上通行的是十六两秤，而果子行里零售货物用的秤不足十六两，有的仅仅只有十四两，把十四两当作一斤的昧心秤也实在太坑人了。前人发明的十六两秤用心良苦，秤杆上有十三个称星象征天上的北斗七星和南斗六星，另外三个秤星象征着福、禄、寿。做生意时，缺一两是少福，缺二两是少禄，缺三两是少寿。中国传统的商业文化含有宗教启示，其目的是在约束与规范当事人的行为。

果子街发生大火的主要原因是店铺过于拥挤，行里多是木结构设施，存放的又是干货。每天入夜，果子街的东西两个街口都用木栅栏堵住，以防止土匪和坏人的侵入，因此一旦一家行店失火，后果只能是任其蔓延。那时的消防设备极其简陋，北寨和西寨只有几台灭火用的“火柜”，设有踏板，用脚来回踩动，把水从柜里压出来，这样的“火柜”对于果子街的熊熊大火，无能为力。大火过后，果子街只剩下一堵堵烧焦的砖土墙。

在这场火灾之前，果子街赵氏三兄弟开的干果行生意做得最大。赵家祖籍山东曹县，在清末，祖上有人在开封做过知府，靠着上辈的余荫，下辈人在老家买了地，又在周口做起了生意。开始赵家兄弟生意并不是很大，由于经营有方迅速发展起来。当时，果子行的经营方式有自营和代销两种，赵家是自家营销，当一批货物运到行里后，先支付给货主一部分货款，剩余的货款到约定的时间再付给。赵家很守信用，到了该付款的时候，无论多么困难，一定不会违约。因为赵家的信誉好，货主信得过，所以货源充足。当一批干果上市后，赵家会以低于收购价和市场价的价格出售，然后再用卖货的钱去购买另外的畅销干果。同样是采取先付订金的办法，赵家实际上利用货主的钱作为资本进行资金周转，赚的是“时间差”。

进货时，赵家用大秤收购，每一船的货物都有数量，货主明明知道吃亏，但觉得总体上有赚，还是愿意成交，这就是常说的货到地头死。销售时，赵家用的是不足十六两的一斤秤，同其他干果行一样，对顾客缺斤少两。到后来赵家干果行几乎垄断了果子街大部分市场。为扩大经营范围，赵家干果行增加了海产品，海参、鱿鱼、鱼翅、燕窝等都有。赵家干果行生意做到顶峰的时候，接连发生了两件事，头一件是赵家大掌柜 8 岁的儿子被绑架。赵家在地窖地挖出银元，装了两大木桶把小孩赎回。不久，赵家的伙计带着银票到界首出差，结果人被杀害，钱被劫走，为抚恤死者家属，又花了一笔钱。到后来果子街的一场大火把赵家干果行烧得片瓦无存。

（五）鸿昌号陈醋

周口酱醋业大致可分为两大类，有的以腌制菜为主，如吴永美、三阳斋、玉堂斋、三元斋、紫阳斋……；有的以制醋为主，如周三合醋坊，周三阳醋坊，蒋子扬醋坊，苏家醋坊等。苏家醋坊可以说是酱醋业的佼佼者。它的字号是“鸿昌号”，系山西晋陵苏氏经营，所以有人称他为苏鸿昌，一般叫他苏家醋坊。

鸿昌醋坊生产的陈醋，远销六安、霍山等地，在皖西一带鸿昌陈醋为馈赠亲友的上等礼品，据说当地民众常用鸿昌陈醋开胸健胃，治疗感冒，故有“口醋”之称，所谓口醋即周口醋。鸿昌陈醋在豫东销路亦广，特别是在淮阳一带销量最大。解放前有脚夫任、王二人，终日用两辆红车往淮阳运醋；抗战期间，黄河决口，交通中断，为了使淮阳居民能吃到“口醋”，特在淮阳西街开设淮阳分号，销售鸿昌陈醋，很受民众欢迎。

1943 年，皖北界首商业繁荣，鸿昌号立即派遣技师在界首开设鸿昌源醋坊，销量甚巨。抗战胜利，交通恢复，漯河逐渐繁荣，鸿昌号及时在漯河自由路开设鸿昌大醋坊，很快打开销路，名扬豫西，供不应求。此外沿沙河上下游，在逍遥、邓城、水寨、槐店、新安集等地均有鸿昌陈醋销售户，可称遐迩闻名。

鸿昌陈醋之所以久盛不衰，其原因有三：一选料考究；二传统酿制；三保证质量。鸿昌陈醋取小米、黍子米或江米为主要原料，用大麦、豌豆制曲，液体发酵，拌糠耖缸，酿造而成。成坯后立即放淋，套淋三次。熬时配对盐、酱色、小茴、花椒、肉桂、良姜、丁香等佐料，熬成后放院内曝晒，蒸发水分历时一月。早上将其起到屋内缸里，用木盖封严，贮藏待陈，不到规定时间，即使脱销也绝不上市出售。成品开缸后，醋香扑鼻，味道甜酸，浓郁醇厚，具有增强食欲、开胃、顺气、降压、解酒等多种功能。

（六）渔家

周口为三川交汇之地，沙河、颍河流经市区。当初，周口一带有许多靠打鱼为生的渔家。渔家靠河靠水来生活，他们有自己的习俗和生活习惯。周口渔家的生活和习俗包括以下几个方面。

渔家建造新船时，要用上等樟木精制一对船眼，呈扁平半球形。新船下水前，选一吉日时辰，将船眼嵌钉在船头两侧，然后用黑白二色涂作眼白和眼仁。眼球朝下，一副观鱼神态。渔家钉船眼规定用三枚钉子。先在左右角各钉上一枚，第三枚定好位，不钉实，挂上五彩丝线，代表金木水火土五行，到选定吉辰，由船主一敲而入，然后用新红布蒙住，称为“定彩”。新船下水前或首航前，要祭河神，由船主在鞭炮声中揭去红布，叫做“开眼”、船初下水时，要在船上烧锅热水，锅里放银元，俗称“烧银汤”，用以洗船眼，使之“明亮”，帮助船主找到鱼群。

渔船在渔场作业中，全船伙计同船同命，齐心合力，即使有人家里发生意外事件，也不能在本渔季尚未结束时离船。假若船上有人落水，寻找失水者尸体，要用死者生前衣服绑在竹竿上，插在船头。渔船一发现尸体或听到消息，即辗转传告。

俗话说“脚踏船板三分命”。船工、渔民在水上生活日子长，难免遇风浪及其他险情，他们心里常存不安全感，因而产生各种禁忌。如在讲话方面，他们不说带有翻、打、碰、漏、倒、扫、顿、触、死之类的话（含同音字），按通例将讳字改读或改称，有独有切口。例如：扫帚——夫老爷刀，矮凳——狗儿，饭焦——饭连，斧头——快口，柴爿——柴彩，淘水——康潮，水——青山，碗——生存。渔船也禁止向邻船借物件，意谓不夺别人财气；而当邻船缺乏必需物资时，则会主动给予帮助。接受帮助者有所回赠，一根木柴亦可。船工饭后不许将碗反扣，人不能俯睡，不可用锅铲戳饭焦，不许用筷子在船板上顿。船家、渔民还忌妇女上船。新船下水到出行期间，船主不进妻子产房，连妻子经期也不能入内。船家、渔民吃鱼时不挖鱼眼，吃完上半必须连头带骨夹去，再吃下半。捕鱼第一网拉上时，如网片被水下利物钩破，只用绳子扎起破洞，不能用梭子补，意谓第一次放网就要补，往后经常要补破网。建国后，这些禁忌逐渐消除。

（七）柴草市场

老周口人有句俗话叫“每天要操七样心，油盐酱醋柴米茶”。这实际上是中等生活水平民众的要求，老周口穷人多，他们只要操“米面、柴草”这两样就行了。

周口的穷人大部分用“地锅”，也就是就地垒起的锅灶，烧的是芝麻秆、玉米秆、高粱秆、豆秆、棉花秆和麦秆等。因为居住条件差，地锅和厨房在一个屋，烧起锅来往往天天落灰，墙上熏得漆黑。烧地锅不方便，必须一个人专门烧锅，一个人做饭。

老周口人总是拾柴烧锅，老年人或是失学儿童经常挎着篮子，背着筐子，去河堤、坑旁、树林或城乡接合部拾柴。有的人在夏秋季割草，晒干后储存起来以备冬天用。也有的人经常扛一根带铁钩子的长竹竿，到处搂干树枝用来烧柴。

20世纪50年代前的周口，烧柴是生活中的大事，农村的多余柴草便运到城市出售，这就形成了柴草市场。当时南寨有柴火市、柴火行；西寨有前茅草市、后茅草市；北寨有柴火市和梁家柴火行。市场的交易员每人扛一杆大秤，买卖双方谈好价格后交易员便开称，然后买卖双方交2%的手续费，成交后由卖方将柴火送至买方家中。

柴火分等级，以质论价。麦秆、豆叶等易燃不耐烧，价格较低。高粱秆、芝麻秆、豆秆质地较硬耐烧，价格较高。树木劈柴又较各种秸秆耐烧，价格最高。

1938年，黄河花园口决堤后，当时在黄泛区内新生出一种不怕水淹、紫红颜色、质地结实、约一人多高的上等烧柴，叫“水萍棵”。当时，“水萍棵”约占周口柴草市场的1/3。

北寨最大的柴草市场是关帝庙东侧的梁家柴火行，占地十余亩，生意兴隆时有五六个秤把（交易员）。这里不但经营民众所需的一般柴草，还经营工厂或伙房需要的大量劈柴、树根，很受用户欢迎。

（八）纸作坊

周口纸作坊以生产云尖纸、蔻丹纸、梅红纸、加花纸、柬帖、封筒、龙凤大启、中启、年画、门画、灶画等产品著称。民国初年作坊共有30多家，大部分都在东顺河街和作坊街。

纸作坊因规模大小不同，雇用工人多少也不等。如裕厚长、聚兴等大作坊他们雇用工人多达百人以上；中等户雇工40－50人，小户雇工20－25人不等。纸作坊是常年生产，冬季三个月是旺季，如做云尖纸须先托胶后刷色，它分红、黄、蓝、白、黑、青、绿、紫八色。梅红纸、柬帖、全柬、封筒这些是常年销售，蔻丹纸、年画、门画、灶画在作坊中叫马子。周口蔻丹纸、梅红纸、云尖纸远销洛阳、西安、鲁山、宝丰、郏县、许昌、襄城县、汝州等地。顺河东下直到阜阳、六安，陆运向东销到山东菏泽。

周口纸作坊生产的年画多种多样，门画内容有五子登科、燕山教子等。“富贵有余”，是木板刻制，上有一胖娃娃骑在金色鲤鱼身上，五彩缤纷，十分美观。每次印刷时套板颇有技巧。均是老师傅套板，学徒刷印。敬德、秦琼、关平、周仓以及封神人物，均形象逼真，栩栩如生。灶画是灶君夫妇二人坐中间，两边有对联，一般是“二十三日去，初一五更回”；“上天言好事，下界保平安”；“入厨先洗手，上案莫多言”。上边是农家历，并有几龙治水，几日得辛。下边印有骑马、穿官服的及童男女多人。一般10－12人，少者8人。总之视画面大小而定。作坊街每到冬季三个月，特别是进入腊月后，买门画、灶画的络绎不绝，供不应求。刻板人员也随着情况而改进，如表现“五谷丰登”，用木板刻一粮食囤，上刻五谷满囤，麦穗金黄，士、农、工、商，形容百业兴旺，国泰民安。木刻年画丰富多彩。据了解，各染纸作坊均有能手刻制，独出心裁，如裕厚长所刻娃娃采莲图，形象生动，色彩鲜明，是当时的畅销年画。俊兴德社画由于日历清晰，对联新颖，因而顾客盈门，供不应求。聚兴作坊的云尖纸、蔻丹纸、梅红纸、龙凤大启、柬帖、封筒、全柬、四幅柬，均远销洛阳、三门峡一带，由于聚兴纸作坊工序认真，刀工整齐，色泽鲜艳，成装讲究，故驰名豫西一带。

（九）革制行业

周口的手工业，在相当长的一个历史阶段都十分发达。其中的皮革制品行业，不但户数多业者众，生产的产品更是五花八门，长期在周口手工业生产中处于强势地位。周口皮革制品生产源远流长，在长期的发展演变过程中，大体上自然形成了以下几个分支。

皮绳作坊。周口皮绳制作，基本都采用家庭作坊模式生产。产品以农耕及畜力运输用品为主。如皮绳、皮鞭、皮套、皮缰绳等。它们按不同用途，多以牛皮、水牛皮、马皮、猪皮为原料制作。周口皮绳作坊，全盛时有70户之多，大部分集中在界牌街一带。那里有一个空旷的广场，人们习惯上叫它“绳场子”。皮绳作坊在其发展壮大过程中，曾形成过以鲍、马、张、艾、李为主的五大强势家族，发挥着类似品牌效应的作用。周口皮绳曾大量远销省内外，堪称周口手工业地方特产之一。

鞭梢作坊。鞭梢看似微不足道，但制作工艺颇有讲究，需求量也不少。周口鞭梢生产并非土生土长，据20世纪50年代曾任周口皮绳同业公会理事长的鲍国贤生前介绍，鞭梢生产工艺是由山东济宁工匠顾新亭于民国初年率徒首先来周口开店创业慢慢发展壮大的。鞭梢又称“京梢”，以小牛皮为原料，熟化后割成梢坯，再经处理后上市销售。周口的鞭梢子作坊。约有20多户，产品曾远销西安、宝鸡、兰州等地，其时因交通运输以畜力为主，给鞭梢作坊的发展提供了时代机遇。

鞋皮条作坊。所谓鞋皮条，无非是用之于皮鞋、皮靴、圆口布鞋、布棉鞋供镶边沿口之用。因外地生产者少之又少，因此该行业成为周口手工业中重要的一支。鞋皮条看似平常，而其制作工艺较之其他革制品难度反而要大些。鞋皮条属季节性商品，作坊常年生产，单等秋后客户上门批发或外运自销。

驴皮弦坊。驴皮弦是周口手工制品又一特产。其在制革行为中自成一支，以生产旧式弹花弓弦为主，俗称“弦坊”。民国时期，周口“五间楼”向南，有条街名叫“弦坊街”，即因此地弦坊聚集而得名。弓弦以驴皮为原料，经合弦而成，用以拴簸箕、缝笸箩、绑铲刀、缝制畜用皮具等。

白货作坊。专门熟制毛皮并加工成皮袄、皮裤、皮袜、皮帽、皮手套等制品的作坊，行话称之为“白货作坊”，其制作工匠多称“毛毛匠”。周口的百货生产技术一直没有跟上时代的发展水平，尤其在熟制鞣化技术上明显落后。建国后，周口白货作坊多以小规模生产为主，质量和产量都相对有限。

纹皮作坊。所谓纹皮生产，即是以牛皮为原料，专门生产面皮者。周口的纹皮生产，可追溯的历史只有几十年光景。已知在1935年，曾有人在周口的南寨老街开设协盛皮厂生产纹皮。日寇占领周口后，纹口制作业全部歇业。建国后周口只有两户制革厂，但较之沿海，技术已是望尘莫及。

皮胶作坊。周口的皮胶作坊，也称为“胶坊”，它是伴随周口皮革制品行业的繁荣昌盛而派生出来的又一分支。胶坊利用制革行业的废料为原料，专门熬制皮胶以供应市场。皮胶是制墨、膏药等行业的辅料之一，熬胶后的残渣，还可销往农村供农民作肥料用。社会主义改造后，周口的十几户胶坊与制革行业合并成社成厂，后成为制革厂的一个独立车间，再后来转产驴皮药胶。改革开放后，药胶车间从皮革厂分离出来，逐步发展成为周口药胶厂，这便是周口四方药业的前身。

驴扎脖作坊。周口皮革制品行业中，还有几户专门制作骡马脖圈的作坊，因户数不多，所以不引人注意。畜用皮脖圈，说起来简单，制作起来却易学难精。因为制作的脖圈不合适，易伤及牲畜。而周口却因此项工艺精巧而出名。其中尤以西大街老袁家的手艺闻名周边各县，购买者往往络绎不绝。据笔者所知，除听说淮阳有一户经营此行当外，四方各县均无人从事此行业。驴扎脖行业虽是周口皮革制品行业的一个小分支，但却是一个独具特色的稀有行业。

总之，周口整个皮革制品行业，不但涵盖了七八个相对独立的行当，此外由于它的长期繁荣，还向外延伸促成了其他一些外围行业的同步发展。例如，本行业的兴旺发达，需要大量引进皮张做原料，于是这就为周口皮行业的兴起创造了条件，使明清到民国时期的周口一度成为豫东有名的皮张集散之地。周口的“槐山羊皮”也因此扬名。

（十）作坊街商业

明末和清代，沙颍河和贾鲁河为周口提供了得天独厚的发展条件。周口便是依靠这些河流，使手工业和商业发展壮大起来的。从流传下来的手工业作坊街名仍可以看出昔日周口的辉煌。

1. 作坊街

位于关帝庙商场西侧，那里历来以造纸和生产年画闻名遐迩，后来又发展到东顺河街（今颍河路）一带。生产旺盛时，周口共有造纸作坊30多家，每家有10至50名工人，主要生产云尖纸、蔻丹纸、梅红纸、加花纸等。较大的造纸作坊有天顺成、俊兴德、大兴永和刘万顺等20多家。他们都有营业门面，后院是生产作坊，其余散布在背街，只进行生产，不开门零售，待旺季到来时便成批外运。

老周口染纸作坊也有30多家，它们分布在作坊街和东顺河街一带，每家拥有20至30名工人。较大的厂家有裕厚昌、聚兴顺等，生产年画、门画、灶画和柬帖等，往西远销洛阳、西安、鲁山、宝丰、许昌、汝州等地；往东远销界首、亳县、阜阳、六安和山东菏泽等地。周口生产的年画、灶画多种多样，品种齐全。有“五子登科”、“燕山教子”、“富贵有余”，还有敬德、秦琼、关平、周仓和封神人物等，都形象逼真，栩栩如生。

2. 打铜街

也叫打铜巷或铜匠街，位于中州路桥北头西侧，还有至公街、天房街，3条街中约有大小打铜作坊50多家，拥有工人数百名。产品全是日常民用普通用具，如铜盆、铜锅、铜壶、铜灯、铜勺、铜烟袋、墨盒、笔帽、顶针等。其中以铜盆、铜锅、铜壶、铜勺等为大宗商品，每年约产10万件。有些产品堪称艺术品，专业生产铜质碎货的魏长盛师傅，技巧精湛，能在白铜墨盒、烟袋等小件用品上雕出花鸟虫鱼、人物山水、诗词对联等。

周口的铜质器具，不但生产数量高，而且质量可靠，因此畅销省内外。

3. 笆子街

位于北寨关帝庙北侧。清代那里有竹器生产者10多家，南寨新街有竹器生产者20多家，后来两岸发展到六七十家。他们都是自立门户，各自为战。每家少者三四人，多者七八人，主要生产笆子、竹帘、筛子、箩筐等。笆子是全年生产，秋麦季出售，每年能生产30多万把，且能全部售完。

周口的笆子，价格便宜，质量好，不但方圆数十里的农民前来购买，而且周边各县都提前订货。据75岁的老竹器工人王顶顺介绍，他听长辈说，明清时期，周口尚无桥梁，外县成批进货，从不过河购买，太康、西华、扶沟、杞县、陈留、尉氏客商都是从北岸笆子街进货，而沈丘、项城、界首、太和、上蔡等县客商则从南岸新街进货。

4. 麻线街

麻线街位于沙颍河北岸今颍河小学附近，是一条不足50米的南北向街道，有七八家纺麻作坊。别看这个产业不起眼，但产销量却很惊人。全凭手工操作，每家每天可生产50公斤以上，全年全行业可产10多万公斤。销路之所以较广，一是因为明清到民国时期无论穷富人家，都是自己做布鞋，纳鞋底多用麻线，制鞋业更是需要大量的麻线。二是生产麻袋需要大量的麻线。三是缝粮食包口用，同样需要很多麻线。已故鲁雨苍先生生前介绍，光绪年间周口有经营粮食的大型行店28家，粮坊80余家，粮食年成交量可达1亿公斤以上，其中半数以上需要装麻袋外运，每条麻袋需要麻线缝口，麻线的生意极好。

5. 皮坊街

清初，这里居住着生产皮货的手工业者数十家，后来又扩展至陈州街、界牌街、新渡口、前张营等街道，最多的时候有上百家。主要生产皮革、皮毛、皮衣、皮裤等，产品远销湖北、北京、天津和东南沿海一带，外地客商常年驻周进货。至清代中期，周口已成为中原地区皮货的集散地，辐射黄河淮河两岸，长江流域和江苏、浙江等沿海地带。周口的黄牛皮、槐山羊皮极为著名，还远销国外。

6. 丁字街

丁字街，即今时代广场南边，这条不足百米的东西向小街，明末有几家打铁炉坊，至清代已发展到30多家。北岸打铁炉坊集中在山货街、小桥街和复兴街一带，有20多家。每家约有5至10人参加生产，天天炉火通红，锤声阵阵，产品主要有铲子、镰刀、斧头、铁锨和小件生活用品。这些产品深受周边广大农民的喜爱，农忙时节能全部卖完。

在这众多的打铁制品中，“双王牌刀具”名扬四方。技术传人是已故的王惠卿老先生，他爷爷在清代便干这一行。王惠卿练就了一手好技艺。他制作的刀具质量高，远销省内外。

7. 弦坊街

弦坊街位于周口人民商场东侧。这条街和南永兴街、丁字街，都有专门生产经营皮绳、皮套、皮带、笼头等牲畜用品的作坊，此外还有数十家零售摊位。因一街两厢摆满了各种皮件，所以民众也将这一带叫做“皮市”。皮毛行业分生货、熟货，上述小皮件是熟货的一部分。原来，周口当地市民不懂制革技术，清初，由荥阳、禹州回民带着生产小件农具的技术来到周口安家落户，皮革生意日渐兴旺，逐渐形成庞大的小皮件农具生产行业。由于荥阳、禹州回民长期在周口定居经营，清代他们还集资在界牌街路东营建了一座“荥阳清真寺”。

8. 南寨老街和剪股街

周口制鞋起步较晚，清代中期周口仅有两家鞋店，至清末民初才发展到十来家。这主要分布在南寨的老街和剪股街，约有近百名工人常年生产，而且都是门面营业，后院为制鞋车间。民国时市场上销售的主要是布鞋，生产比较单一。后来，生产技术不断提高，样式也逐渐增多。最著名的是“三友鞋店”，它是周口鞋业的佼佼者。民国初期，老板刘缄三从沪宁请来技师时祥生，创新产品，生意十分红火。

由于周口众多手工业作坊的兴趣，吸引了方圆数百里甚至数千里的客商前来订货，使周口的商业、搬运业格外兴旺发达。沙颍河两岸，各种货物上下码头、装船卸船，一片繁荣景象。这种繁荣从清代一直持续到民国前夕，为此，周口还曾被誉为“河南四大名镇”呢。

（十一）天顺恒杂货店

周口天顺恒杂货店从民国初年创办，至解放前夕歇业，在近30年的时间里，以其雄厚的流动资金，适中的地理位置，独到的经营管理，巧妙的用人办法，赢得了财源茂盛，长盛不衰。

天顺恒的前身为天顺成，系山西晋城人王老秉创办，后改为天顺恒，独资经营。天顺恒既不同于靠提取佣金的杂货行，也不同于靠门市零售的杂货铺，而是靠自购、自运、自销，专搞批发的杂货店。该店大掌柜李毓祥，运筹帷幄，总揽全局；二掌柜司绍舜，常驻汉口，负责采购；三掌柜赵元吉坐镇周口，主持业务；四掌柜苏继禄，专跑外水，开拓销路（主要抓下五集，即水寨、槐店、太和、界首、颍州）。这四股绳拧在一起，形成了一个严密坚强的领导核心，是天顺恒成功的有力保证。

天顺恒的业务一是购，二是销。当时天顺恒的流动资金有银元10万元，他们直接向湖南、湖北、两广、四川等产地厂商购进红、白、冰糖，各类纸张、杂货，由水路源源运抵周口，一来货就是十几船，一卸船就是好几天。他们在老河口收购桐油，由于资金雄厚，采取先付款、后交货的办法，取得广大油农的信任，而老河口的各家油行也乐于为天顺恒效力。所以天顺恒收购桐油，不但数量多、质量高，而且价格低，速度快。当别家着手收购时，天顺恒的桐油已装船起运了。每年夏天修理、油漆船只的季节一到，天顺恒的桐油即被抢购一空。

下五集，是天顺恒的销售重点，凡下五集各杂货店铺，来天顺恒买货，都受到特别优待。天顺恒手法亦颇巧妙，表面上随行就市，暗地里采用“加二秤”（即每百斤增加二十斤），顾主因有利可图，自然门庭若市，就连淮阳、太康、鹿邑、柘城以及西华、扶沟等县城的杂货业也纷纷来天顺恒进货，有的每月要来多次，价格当然也是随行就市，并按“加一四秤”（即每百斤增加十四斤）予以优惠。此外，凡外地采购人员来店进货，天顺恒均热情接待，房间卫生，饮食方便，住宿不收房费，就餐不收伙食，成交与否，从不计较。

这些措施招徕了大批顾客。

天顺恒的用人手腕也高人一筹。凡在天顺恒从业的人员，都能兢兢业业，勤勤恳恳地工作，这和天顺恒的用人方法有关。天顺恒对全店30多人均按能力、资历评定工资，按月支取。此外，每年年终结账以后，要来一次大酬劳，对所有店员都分别酬予一定的劳金，贡献大者可达三百元，一般也不下于百元。凡伙友在河下卸货，或“打过船”，一定派专人把包子、油馍、稀饭送到河下与之加餐；每年春节，掌柜亲到伙友家拜年，有老人者要带慰问品，有小孩者要给压岁钱；凡采购人员出差，掌柜的亲自安排早餐，再忙也亲自送到大门口，道辛苦，祝平安；外出人员返回，掌柜的急忙迎接，问寒问暖，并安排饭菜，接风洗尘，使得大家乐意而去，高兴归来，处处感到温暖。天顺恒对自己的伙友如此，对肯为自己出力的外店伙友也是如此，如他们在老河口收购桐油，每年收购结束，对各油行的交易人员，要进行酬谢，除设宴招待外，有的还酬以衣料，有的谢以现金，以便来年更好地为自己服务。人总是有感情的，收买拉拢也罢，小恩小惠也罢，使得伙友们都积极地为天顺恒效力。如当时往返于周口、界首之间送现款是相当危险的，那时国民党统治，兵匪一家，横行无忌，拦路抢劫，时有发生，送款是要担风险的，可是天顺恒的伙友们都争先承担此项任务。

天顺恒不但生意兴隆，而且人才辈出，这和天顺恒善于经营管理和注意培养新人是分不开的。一般说来，在天顺恒当学徒是比较辛苦的：早起，下门、扫地、铺床、叠被、掂便壶；白天，端饭、倒茶、送货、要账、招待客人；夜晚，除伺候掌柜们就寝外，还要学习、练字、打算盘，真是没有一点空闲时间。从事繁重的体力劳动，并不是天顺恒培养人的目的，它主要是想通过“劳其筋骨”来磨砺青年人的体魄和意志，培养他们吃大苦、耐大劳的精神。天顺恒对学徒的文化学习十分重视，定期考核学徒的珠算成绩；每逢初一、十五向每个学徒要15篇大字，如交不上，或无进步，都要受严厉批评。天顺恒对学徒的业务学习抓得更紧，随时随地教育学徒如何应对、进退、接物、待人，讲做生意的秘诀，谈搞买卖的窍门；每月还要举行业务知识讲座，讲解商品的产地、规格、质量、品种，讲怎样识别真伪、如何鉴定优劣。通过实地观察、比较确定商品的等级。如大茴的“秋一”、“秋二”、“秋三”如何区别；紫菜的“明前”和“明后”有什么不同；莲子的湘莲、湖莲、建莲怎样鉴别；有时还要通过实地实验，让学徒们学会辨别商品的好坏、真伪。如铅粉，用火纸卷上，燃着后如果铅粉溶解向外流，证明是优质品，否则即为次品或假冒。

天顺恒不但对学徒注意培养，也十分重视伙友的业务能力再提高，每当采购人员到外地出差，掌柜亲自进行个别长谈，分析情况，估计形势，衡量对手，研究策略，再三交代如何审时度势，如何掌握信息，如何应付变化，切实把握住一买、二卖、三出手的原则。同时常常通过密码信件、长途电话等遥控指挥，暗授机宜。这对伙友业务能力的提高起着很大作用。

正因为如此，凡在天顺恒出师的学徒，人人都能写会算，个个是“全功教师”，一般说来在家能主持业务，外出能采购推销，大多数能匹马单枪，独当一面。王老秉不惜代价，培养出一批又一批杂货业的高手，致使天顺恒生意兴隆。

（十二）性和堂药店

周口性和堂药店始创于民国二十七年（1938 年），主要经营各种饮片，兼营道发丸、散、膏、丹。该店以品种齐全，质量优异，态度热诚和讲求信用为患者服务，因而扬名遐迩，誉满中州。

性和堂创办之初，乃一微不足道的小药铺，但不足五年的时间，一跃成为周口中药店中之佼佼者，是和其东家邱恪善之悉心经营分不开的。

邱恪善，商水南陵乡人，世代务农。其少年时代便来周口寿德药店学徒，勤奋刻苦，颇受器重。1938 年，三人合资在北寨人和街开设性和堂药店。不久，其他二人退出股份，这样性和堂便成为邱恪善独资经营中药店了。当时日寇侵华，战乱频仍，时局险恶，生意难做，不少商人纷纷拍卖存货，以防不测，唯独邱恪善胆识不凡，毅然以低廉的价格，先后购进豫茂长、庆兴和、德庆义等六家药行倾销的存货，为性和堂的兴盛奠定了经济基础。

邱恪善为人老实谨慎，又系“科班”出身，且善于学习，对各种药材的产地、性能、特点、质量、真伪，以及加工炮制的方法，操作技巧，工艺流程，无不了若指掌。他并能克勤克俭，严肃认真，以身作则，和职工、徒弟们同桌吃饭，同样干活。每天黎明即起，除处理领导事务外，抓药、制药样样都干；灯下，大家就寝后，他还要把全天的账目审核一遍，然后把铺盖展到柜台上睡觉，以便为夜间急诊患者抓药，并做到常年坚持，实属难能可贵。

邱恪善在经营中药店方面，确实积累了一些有益的经验，很有借鉴的价值。

性和堂在经营上坚持货真价实、以和为贵、服务周到、薄利多销的原则，是他能够在很短的时间内打开局面，战胜对手，使药店日趋兴旺发达的一个主要原因。中药讲究“川广云贵道地药材”。产地不同，药性各异，性和堂经常派出能明辨产地、识别真伪、懂得行情的采购人员亲赴产地，进行选购（当然也有产地来周口推销者）。如采购人参、麝香、鹿茸、牛黄以及郁金、枳实等药材因某种原因，未能亲赴产地者，为了保证质量，一定到上海、武汉、禹县等药材集散地有往来关系的名店进行采购。每到药材收购旺季，邱恪善还亲赴产地选购，直到包装、托运后他才离开，货到周口后，派专人仔细验收，发现伪劣，立即淘汰，绝不入库。

生意人有句口头禅，“不怕不卖钱，就怕货不全”。性和堂以“全”取胜。一般大路货、畅销货经营盘点，不待售完即源源购进，即使是常年无人问津的罕用药品，如猫骨、珊瑚、玄精石等，也都千方百计采购齐全，以备急需。再如，鲜石斛、鲜菖蒲、鲜地黄之类药物则自己栽培，平时作为观赏花卉，必要时当药出售，按照邱的说法：药不全，患者眼看着病不能治，药铺眼看钱不能赚，两下都着急。

性和堂的各种饮片很讲究遵古炮制，首先认真挑选分类加工，如当归分全当归、当归头、当归身、当归尾，其次是该簸的簸，该筛的筛，该去皮的去皮，该刷毛的刷毛，以保证品质纯净。有的药在切制前需浸泡，至于温度之大小，时间之长短，要根据不同药物，不同季节具体掌握，灵活运用。关于切药也很讲究，一般说来切片分头两三刀，厚薄有一定限度，切碎长短也有一定的分寸。炮制更要慎重，仅炒药一项就有很多种，如盐炒、土炒、醋炒、酒炒等；加工熟地，将生地通过九蒸九晒才能成为熟地，其他如晾晒、贮存也都有一定的要求，总之对每种药物炮制，不论是植物性的，动物性的，或矿物性的，都有明确具体的要求，如火候的掌握、颜色的轻重、粉末的粗细、均有一定的规矩。自制的中成药要求原料纯净，比例正确，分量准确，加工精细，以保证疗效。在性和堂学徒，学习炮制饮片是一门主要课程，学不会炮制药是不能出师的。

性和堂一直把“质量优于别人，价格低于别人”作为争取顾主的主要法宝，想方设法加强管理，精打细算，节约开支，降低成本。并经常以抓药为名，暗中了解其他药店的质量和价格情况，以便采取相应的对策以夺得竞争的胜利。

性和堂把确保患者的生命安全，尽可能提高药物的疗效作为最基本的职业道德，药品再好，如果抓错药、称错分量，或者张冠李戴等等，轻则无效或降低疗效，重则害人性命，对本店都会造成严重影响。所以他们在配方、抓药时非常谨慎。首先要求站柜台的营业人员必须熟悉药性，懂得一般医疗常识。当有人来抓药时，营业人员看过药方便以亲切的态度、和蔼的语调和顾客攀谈："你这是给谁抓的药呀?"接着再问："咋不舒服呀"?"请哪位医生看的?"等等。这些对话不但可以密切与顾客的关系，更主要的目的是，了解病人是男是女，年龄大小，什么病症，处方是否对症，病人体质情况，用药是否适当，如有疑点，当即再三向顾客问清情况；如无疑点，再看药性有无"相反"或"相畏"，分量是否适度。抓药时把药方放在柜台上。按药方上排列的顺序一味一秤，分别倒在小纸方上，仍按药方顺序排列整齐，待药称完，再把药方和药物一一核对无误，再各包加注，捆扎起来，然后按药方上的要求，向顾客讲明药包上加注的"先煎"、"后下"、"冲服"、"布包"的含意，最后向顾客讲明自备药引的名称、数量和具体要求。甚至连服药后应该禁忌的事项，也都交代清楚，如不食生冷、荤腥等。

性和堂除把好上述五关外，对顾客服务热情、周到尽人皆知。顾客有共同感觉。该号的营业人员对顾客在表情上、语言上、行动上从同情的角度出发，时时、处处、事事突出一个"和"字，他们说："对顾客的失礼，就是营业员的失职。"按照邱恪善的说法："顾客就是我们的衣食父母，和顾客吵架，就是自己砸自己的饭碗!"所以性和堂的职工对顾客服务都能热情周到。

性和堂在其他管理方面也颇有特色。药物管理，采取分档办法，"粗货房"堆放艾叶、桑枝、茅根之类；"大货房"保存一般药材；"细货房"保存人参、鹿茸、犀角、珍珠之类名贵药品，"成药房"存放各种中成药和炮制好的饮片。不论什么货房，绝无虫、鼠、霉变和被盗的现象发生。每个货房进出的货，不但做到账目有单据，单据有存根，而且每宗货上都有记录卡片：上有原存多少，某月某日经谁的手进多少，某月某日经谁的手出多少，结存多少，一目了然。

性和堂的人事管理，由邱恪善一人独揽全权，小权也不分散，不论录用和开除，全凭邱一人说了算。录用人员的办法是：有人介绍学徒时，（通称相公）经过经理（邱恪善）同意，即可上班。一般学徒三年出师（也叫满师），在三年内只管吃饭，不给工资。最初的一年，只干打水、扫地、抬包、帮厨等杂活，第二年便学习加工技术，如碾药、切药、晒药，第三年根据情况有的进一步学习炮制技术，有的上街要账，有的学站柜台。三年出师后，成为店员，除吃饭不要钱外，每年发给少量工资，如干的时间长并有贡献者，酌情增加工资，技术好又有贡献者多增加工资，技术较差者少增加，或不增加。同时进店两人工资悬殊者屡见不鲜。除此之外，每年底抽出一定数量的现金作为红利，分奖给店员，至于奖多少，或谁奖得多，谁奖得少，也是邱掌柜的一句话。

每年正月十六日晚上，邱掌柜要对每个店员和学徒进行个别谈话，术语叫做“说话”，谁走谁留，听候发落，人人提心吊胆。“说话”时如果掌柜的态度严肃，连训带斥，这说明问题不大，你被留下了。倘若邱掌柜春风满面地表扬一番，这就意味着你被开除了，因为表扬过后话锋一转：“现在时局不好，生意难做，柜上也赔钱，我这个荷叶也包不了这么大的粽子，你就另行高就吧，转转年头，我再去请你回来”，这就叫“砸锅”。因为如此，所以每年正月十五吃元宵，店员都说是“滚蛋汤”。至于为什么被开除，你也别问，他也不明说，问了也白搭。按照掌柜的说法，多是偷懒、误事、贪吃、怕干，或不服管教、闹不团结、不守店规、行为不端、顶撞顾客，等等。凡有下列情况者，立即开除，绝不等到正月十六。一是发现偷盗，不论偷东西或钱多少；二是发现“顶堆”，不论数量大小，不论什么情况。所谓“顶堆”，就是在柜台上找零钱时，有意多找给熟人几个，或者熟人买东西少要钱；或者是熟人付少量的钱给贵重的药品。像以上这两种被开除者，再去找工作是很难的，因为“手不稳当”的人，谁也不敢使用。

（十三）当铺、钱庄、钱铺

钱庄早期原称票号，专营银两汇兑、存款放款，是一种私人金融机构，也可以说是现代银行在中国出现的前身。

票号由山西平遥人始创于道光年间，票号一出现就结束了现银镖运的历史。百余年间，这些票号还只限于大中城市，远不能满足各地经济贸易中兴的通兑需求。于是，较票号规模较小的钱庄日渐兴起，周口其时正是商贸繁荣时期，钱庄的出现自然也不例外。钱庄一般来说经济实力比票号小，它可以根据自己的实力构建自己的汇兑网络，形成自己的联号往来，也可以与各票票号联为一体，开展联号间汇兑结算业务。在一定程度上，钱庄大大弥补了票号分布较少的贸易需求，所以发展很快。从清末到抗战前后，周口先后有钱庄（铺）17 家，最早的广泰昌钱庄开办于清末，设于南岸大十字街，最迟的恒新源钱庄，收庄时已是 1947 年。

周口的钱庄，惯常办理以下几种业务：一是代客汇兑，可以自开银票，联号间通支。如客户把现款交付钱庄，钱庄开银票，收取汇费，客户则执票到某号支取现款，省去了往返带款的麻烦和风险。二是开展存贷、赚取利息。三是利用库存余额，直接从事商贸活动以赚钱。四是利用其各地间钱向的繁荣和币值的差异，开展兑换业务，赚取差价。五是直接办理大小钱向的兑换以谋利。

与钱庄相比，等而下之者称钱铺，因其资本较少，汇兑业务量不大，偏重于小额存贷与兑换以谋利。还有一种被俗称为“钱桌子”者，则是在某市上露天摆一张柜桌，放上算盘、“钱板子”等，专门从事小打小闹的换钱兑零，从中赚钱为生。所谓“钱板子”，是一种横长寸把厚的木板，上面开凿有大小深浅不一的木槽，大者可排放银元，中者排放铜元，小者放零向。钱板上的木槽开得很准，量一量长短即知钱数，省去了点数之不便。这种“钱桌子”，算不上是金融行当，只不过是市井小贩而已。

当然，经营钱庄钱铺也是有风险的。有的钱庄，因谋利而发票过多，一旦发生抢兑，便会有立马倒号的风险。

（十四）脚行班

周口出现“脚行”这个行业可以追溯到明末时期，当时运输主要靠船只和人推马拉的木轮车。周口地处豫东平原，河道纵横，陆路四通八达，水陆交通都极为便利，所以自明初形成墟集之后，到清朝顺治、康熙时期，市场已相当繁荣，六行八道相继发展起来，大批出进的物资都需要搬运，于是“脚行”这个行业就应时而生。

开始，“脚行”之人多系单干，也有两三人合伙搞小量运输的，后来因各行各业的迅速发展，每天有大批粮食需要搬运，如上房、出仓、装船、卸船等等。于是他们便自发地组织起来集体搬运，这种组织当时便被称之为“脚行班”。

“脚行班”的组织很简单，每班有管事的一人，俗称“老总”，“脚行头”一人，其余全是工人。“老总”的任务是：一负责与行店联系搬运任务，结算运费，分配工资；二处理搬运中出现的问题，如发现搬运中有漏包、烂包撒漏粮食时，他有权责成工人采取措施避免损失，损失过大时，要承担赔偿责任；三接受和分派“皇差”，为官方提供差役，如运送军粮、装卸年粮、往县衙送公粮，以及官员来周时派人为官员抬轿、鸣锣等等，均由老总负责提供生活费用；四负责协调班际之间的关系，解决纠纷。“脚行头”的任务是接受搬运任务，按照行店的要求往各路派活，并亲自带领和参加运输，解决搬运途中出现的具体问题。

清末民初周口鼎盛时期，脚行班就有七八个，工人近千名，大都聚集在粮行、粮坊集中的街道，并都与陆陈行店挂了钩，各班都有自己的店主，互不干扰，互不侵犯，遇有搬运任务过大、本班单独不易完成时，班与班之间可以互相支援，支援者同样拿到应得的报酬。当时，周口有大型行店20多家、粮坊100多家。坊子里的粮食一经行店收购，就得由脚行班工人用红车子集中到栈房。每逢麦收后的成交旺季，“脚行班”工人更是辛苦忙碌，为了养家糊口，他们每天天不明就赶到固定地点排队挨班，等待派活，活儿派下来，立即就要投入劳动，连一顿应时饭也顾不上吃，家人送饭需南北沿途寻找，哪里碰上就在哪里路边上吃。

当时使用的搬运工具很简单，每人自备一辆红车子、四条专制的帆布口袋、一条杠子和一个大筐，根据不同的搬运物资，使用不同的搬运工具。如用红车子推，无论路途远近，一次只运四口袋（一石二斗）粮食。装船时，他们除利用磨船山、大渡口、小渡口、新渡口和齐埠口等码头外，为了节省力气，提高效率，又在河南磨盘山码头以西（今周口八中后墙河堤处），修了三条专供向河下滑粮包的沟子，用砖砌成，工人将粮包从堤上放入沟内，粮包则自动滑下，经过跳板滑到船上，大大提高了工作效率，减轻了搬运工人的体力劳动，仅这三道滑沟每天就能装船1万多包，合100多万公斤。后来，民众将这一地段叫“三道沟”。

旧社会的“脚行班”工人工作劳累，生活艰苦。大班子还能搞两间破房存放工具，晚上全班就挤在里面分账，家在郊区的工人，天晚不能回家，就蜷曲在铺着麦秸的地上过夜；一些小班子连个聚会的地点也没有，劳累一天，常常挤在一个茶馆里分账，没地方站坐，有的就蹲在墙角打盹，直等分完账拿到菲薄的工资才能回家。次日凌晨，还照常起来排队，等待派活。他们吃的是杂粮和糠菜，冬天穿的是破烂衣，冻烂的脚趾常常露于鞋外，夏天光着脊梁，下穿一条大裤头，身上几乎被太阳晒出油来。一位老搬运工人曾这样说：“过去的脚行班是汗干钱毕衣服烂，临老不误去要饭！”

（十五）航运

周口在建国以前，一直是一个航运发达、商贸繁荣的内陆码头，名列河南四大名镇之一，雄踞豫东，远近闻名，已历600余年。考其历史渊源，实与明清两代漕运之兴衰而休戚相连。从一定程度上说，周口始终是伴随着内河航运之兴而兴的。

明代建文四年（1402年），朱元璋四子燕王朱棣攻陷南京，夺得皇位，改元永乐。因燕王大半生一直在北方惨淡经营，其根基也在北京而非南京，所以他自登位之初，就有迁都北京的打算。当时，南京国库钱粮充盈，一旦迁都，势必倾力北运。而当时海运不兴，陆运滞后，如靠水运，也只能先在南京装船，转道镇江，沿旧运河到达苏北，再辗转山东、河北，才能运到北京，实在很不顺畅。况且，江南乃鱼米富庶之乡，迁都后历年所征钱粮，也要年年北运。于是，如何开辟一条便捷的水运新通道，便成了朱棣的一块心病。到了永乐六年（1408 年），朱棣终纳户部尚书郁新之谏，明令开辟漕运新通道。这条新水路，《明史·食货志》载："……始用淮船，受三百石以上者，道淮及沙河，抵陈州颍歧口跌坡，别以巨舟入黄河，抵八柳树，连运赴卫河，输入北京……"具体说，就是将粮秣从南京先沿江入淮，再入大沙河逆水而上，到达淮阳新站以西，昔时沙颍交汇之老颍歧口处（一说在苑寨西高山顶），另换船转惠民河而朱仙镇、而越过黄河、入卫河，最终到达通州皇家粮库。正是明初这条漕运新水路的开通，为当时还无从称之为周口的这片土地，带来了一个空前的机遇，并最终导致了周口的形成与发展。

周口这片沿河之地，在明朝以前，不过是一片荒郊野渡，属于附近一些村落的耕地边沿之区，间或有人泛舟河下，捞些鱼虾。殆至明初，偶有人在沙河北岸依寨结庐，渐次成墟，名永宁集（在今川汇区西岸）。永乐初年，沙南商水所辖子午街（现川汇区政府处）北头又成墟集，与北岸永宁集交替成市，以供附近农民自产自销交换生活所需。为谋两集隔河贸易之便，乃冲子午街口辟一渡口，有周姓者操持摆渡，始有周家埠口之说。类此墟集沿河上下何止十百，实在平常极了。万不料永乐开漕运之举，竟一朝给这个名不见经传的周家埠口小集子带来了空前的发展机遇。沙颍交汇，原本是在淮阳新站（一说在苑寨）以西，所谓漕运之淮船换船续行，自然也是在周口以东。只不过后来由于河道改途，沙颍交汇才自移至现在的孙咀。至明代成化（1465－1487）年间，贾鲁河始通周口，三川交汇，东来漕运之淮船方改在贾鲁河口换船，再沿贾鲁北上偏西，直达朱仙镇过黄入冀，比先前更为便捷。那么，所谓的"换船"，又是缘何而起的呢？原来，江淮之舟造型多呈元宝形，两头上翘而船头尖，吃水较深又利于分水破浪，此其利也。但是运达周口后，沙颍水量比江淮大减，原舟已无法适应，必须改卸到"对联划子"上，才能继续沿贾鲁北上，到达终点。"对联划子"，也叫对头划子，具有吃水浅、平底宽长、载重巨大的特点。它由前后两节划子（船）联结组成，一般长达 25 米，宽近 4 米，立有双桅，最多可载重 80 吨上下，吃水却只有 2 米左右。

正是凭借这"换船"之利，一举打破了周口往昔的寂寞与平静，使之逐步驶入发展的快车道。大量江淮粮船，日夜川流不息、源源不断地驶入周口的码头，又要日夜不停地卸装倒换，天天迎新送旧，前赴后继，这要集中多少船户水手？多少纤夫脚夫？人口一多，就要吃饭喝茶住宿"搭尖"，就要吃喝玩乐停靠换班。于是四乡农民也都聚拢来卖饭、卖茶、摆摊、开店，从中求利谋生，齐凑热闹。周口在明代大兴漕运的力量推动下，慢慢地名声大噪，越来越热闹起来了。

其实新辟的漕运通道，不但催生了周口的形成，而且进一步带动了河南整个内河航运事业的发展。尤其自明代成化年间贾鲁通周口三川交汇之后，周口水运交通东连江淮，西通襄宛，舟楫直达朱仙镇，两地互呈掎角之势，商品经济发展迅猛，货船往来与日俱增。三川上下，日夜千帆竞渡，百舸争流，桅樯如林，往返穿梭。这条黄金水道之承载，已远不仅限漕运，盐船、粮船、货船也大量交织其间，来往不断。资料显示，其时东起界首西到襄县，各地码头共拥有货船超过万艘。仅周口船户700多家，便占有船舶千艘以上。往来货运，以周口为中心，上水多用“朴梢子”船，下水则以对联双桅船为主。

清代康乾盛世，周口达到鼎盛之期，“人烟丛杂，街道纵横”，“舟车辐辏，烟花万家”，时称“水陆交汇之乡，财货堆积之薮”。沿河拥有渡口22处，水陆寨门40余座，镇中街道120条，外籍商界会馆7处，各类大小寺庙50余座，人口突破22万。其间，朱仙镇河道堵塞，商贸活动下移，更使周口秋色独占，称雄一时。据清乾隆十二年《陈州府志》中记载：“周口乃水陆要冲，五方杂处，一切刑名钱谷，额征丁地，七万有奇，地广人稠，鞭长莫及，实豫省直隶州中繁杂难治之区。请照江南徐州、直隶天津、山西蒲州、泽州等处之例，将陈州改为府治。因之，雍正二年升陈州为直隶州，十二年又升陈州府……”

周口航运事业，延至清代中期，仍呈长盛不衰之势。周口地处平原，向为产粮之区，航运吞吐，陆陈占其大宗。清代光绪年间，周口约有粮行粮坊120户之多，主要集中于南寨西大街、西新集、顺河街、小南街、永兴街、胡家集，以及北岸临河街、老街一带。四乡各县农民多来周口卖粮，换取生活必需之品。而外地粮商，亦多慕名云集于周，大批坐庄收购，外运以谋利。在粮食收购旺季，四乡来周等待卖粮的各式粮车，随卖随走，随走随续，可以从西大街、西新集，穿过集市，一直密密麻麻排到小南门，甚至远达杨脑、八里湾以远。白天人在市井交易，往往双方要相互揪住辫子，以防拥挤走散。夜晚则每车一灯，星空下一字排开，宛若长蛇。作为待运粮暂储之所，每到粮食收购旺季，临河一带的和平街、康家胡同、澡塘胡同、椿树场、后小桥方园内稠密的民房，都被粮行粮坊高价租占，充作栈房之用。是时河下粮船外运，从粮坊业者，到船户、水手、纤夫、力工，投入工力不止千百，犹感人手不足。为提高装船效率，除占用磨盘山、火星阁、大小渡口、南北新渡口、上下齐埠口外，又在南寨磨盘山以西（略邻现文化小学后）专修一码头，并顺河坡之势，以青砖砌铺，修成宽一米的滑槽沟道三条，上与堤面持平，下口则直接码头平台。装粮时，堤上搬运脚夫先将粮包抬上槽口，顺势一脚，蹬动粮包顺沟槽飞速而下，下面粮船紧靠码头，有脚夫接应，粮包滑到面前，顺势一提，即传到船舱面上。如此反复蹬滑，三条沟槽一天可装粮万包，折合200多万斤。周口三道沟街之名，盖缘于此，今犹有遗迹可觅。其时，一般江淮上引粮船，多装载稻米贩运西来，返程则以装载麦谷、黄豆、芝麻为主。往返粮船，600－800只，河面泊船，亦经常保持在300－400艘。那个年代，周口陆陈生意，名声远扬，连一些大城市的粮食加工企业，也慕名前来采购原料。据传，天津某面粉厂来周口采购，一次即成交小麦120万斤。单芝麻一项，年输出亦可达40万石。

清朝末年，周口航运事业和城镇贸易，较前虽有不少收缩，却仍然保持着省内航运的要塞地位。以周口为中心，货船沿沙河西行，经漯河而达襄县以远，以粮、油、盐、米、花生为大宗，回程船载盆缸碗罐、桐油烟叶，输往江南。逆贾鲁河北上，由西华、扶沟转长葛、新郑，回程装载煤炭、红枣、磨镰石等，顺颍河而东到江淮。从淮河入颍上之船，则舶来米、纸、糖、茶、麻、竹，经六安、寿县、颍上、阜阳、界首而到本港。仅民国时期麦季打场所用之大竹扫帚一项，年运量即达3万捆以上。民国后期，周口港仍有船户500多家，河下日常泊船也在百艘以上，货运日吞吐量8000吨左右。按当时约定俗成和行业分布格局而形成的惯例，一般来说，杂货干果类多在南北新渡口装卸，煤炭等在小渡口上岸，盐船则到达盐路口用绞车登陆，牲畜则由齐埠口摆渡。每年开春后到麦收之前枯水季节，南河沿自新渡口到磨盘山一段河滩上，都堆满了下卸的元竹毛竹、沙木桅子、煤炭石材、麻捆烟包、铁货山货，以及泛称之为“麦货”的扫帚、桑杈、掠耙、扬杈、鞭竿、镰柄、木锨把、铲子杆、磨镰石等等，往往大批就地码放在河滩上，成山成垛地批发转销四方多县，是谓“季子生意”。这段时日，南河沿露天货场，天天人头攒动，人声鼎沸，讨价还价，吊秤过磅，算盘珠子响成一片。吸引得那些卖汤卖饭的、卖凉粉卖蒜的、卖散烟青果糖的、卖糖蘸山里红的，甚至连说书唱曲、变戏法拉洋片的，都挤到这里来“扒地窑”刨食（儿）吃。直到小满过后，河滩上才场光地净。这个局面，一直保持到建国初期，仍具有相当规模与声势。

周口于建国后正式改称周口市。到了20世纪50年代后期，社会整体结构的巨大变迁，也引起了国内物资交流模式的相应变化，陆上运输地位上升，内河航运日趋下滑。但截至1955年周口仍有船500只，货运量占全省水运的四分之一。其间贾鲁河因疏于清导、水流大减，渐渐无法通行货船。1958年扶沟建闸，贾鲁河首先断航。沙河则自舞阳建闸后，上游先断。此后，三河上下，到处修闸建桥，至1970年前后，也全线断航。从60年代中期，周口船民有的下放农村，有的安排从工，有的则改行并入搬运队伍，从事运输装卸。最后剩有百余船只，背井离乡，远走正阳关、六安、蚌埠一带，继续靠航运为业，流浪谋生。周口600年内河航运，至此全线消逝。

改革开放后，经济发展，沙颍内河航运再次引起重视，周口已为此投入大量人力物力准备恢复航道。现在，刘湾、郑埠口码头已初步建成通航。

（十六）理发

理发在周口民间称为剃头，理发业和其他行业一样，有自己独特的礼仪和风俗，有自己的行规和忌讳。现略采其中几点，以利于了解这一行的行规忌讳。

在20世纪50年代前，走村串户的理发匠都挑着担子下乡。挑子前有平子（行业俗语，指烧水的锅子）、杆子（旗杆斗）等，后边有柜橱（盛放家具又作凳子用）。到某一村庄后先摆好旗杆斗，平子，柜橱等物再开始剃头。其中旗杆斗对剃头的来说非常重要，是其合法的标准。清朝初年下剃头令："留头不留发，留发不留头"。皇帝御赠理发匠旗杆一面，又有圣旨一道，理发匠挑着天下行（见《清史稿》或《中华民俗大全》）。后来理发匠代代沿袭，挑子前必有旗杆斗以代表皇帝御赐。

一般来说，理发匠的礼俗始终与社会风俗和封建正统思想相连。在留胡子方面过去非常严格，有上辈人（长辈）不许留胡子。因为留胡须是老年人的象征，上有长辈晚辈不能称老，更不能留胡须代表老人；没有结婚者不许刮胡子，因为结婚成家以后男子才真正有权成为真正的男人，丈夫，未婚者始终为孩子，故不许刮胡子（注：单身汉除外，属特殊情况）；小孩第一次剃头应留三推子头发，这是民俗上所谓的保种留根。并且小孩首次剃头家长应向理发师送红包，在商水一带小孩首次剃头理发师不兴找钱。这一是理发匠的辛苦钱，二代表孩子的尊贵，还有保护防漏的风俗。理发匠要钱时并不直接说多少钱，而用十个字来代替十个数。"一"是"留"，"二"是"岳"，"三"是"汪"，"四"是"折"，"五"是"忠"，"六"是"仁"，"七"是"信"，"八"是"张"，"九"是"爱"，"十"是"居"。

理发匠之间的礼俗也都非常严格，它体现出手艺人之间的谦、让、仁、和等。如一理发匠途经另一理发店门口时，必须平子在前，柜橱在后地过去。这一是对祖师和皇恩的推崇，二是对同行的尊敬。特别是在赶会时，几个理发匠在一块理发，来得晚的，一律从其他理发匠的背后过，且平子在前，无论年老或艺高都得往下排。否则，若哪位违了此忌，其他理发匠要拉住他一步一步地倒回去后再奚落一番。若一位理发匠到另一理发匠处理发，不论年龄大小，进门先叫："师兄"。对方将答礼让座说声："师傅请教。"一表谦虚，二表询问。若一理发匠在外理发，另一人双脚踏在橱柜上，蹲在上面，则表示他向理发匠警告：我比你手艺高。一般人绝不允许蹲在理发匠的橱柜上面的。

此外，作为去理发的人应注意：一是帽子绝不允许挂到理发匠的旗杆斗上。否则，理发匠将毫不客气地取下帽子摔到地上。因为这样是对皇恩的不敬，对理发师的不敬。二是吸烟引火时应该端下锅子从上边引，千万不能捅炉底的火眼。这是对理发祖师罗祖的污辱，也是对理发匠最大的不敬。若犯了此忌轻则摔下帽子挨训挨骂，重则理发匠要出手打人。三是留不留胡子要提前声明，理发匠不当面问留不留胡子，刀子到嘴边稍动两下就代表询问："留不留胡子。"若留，应说："上有高堂"，理发匠就会意不刮，否则将刮去。随着时代的发展，这些陈规旧习已渐渐被人们淡忘。

（十七）土匪

土匪是江湖社会中的邪恶势力，是一个犯罪群体。他们在远离社会的状态下，在自己的内部，也逐渐形成了有别于正常社会的特殊心态，形成了自己的信仰和习俗。

土匪的祖师爷和保护神是达摩老祖和十八罗汉。有的土匪把盗跖、关羽、宋江等奉为祖师，加以崇拜。

土匪崇拜十八罗汉，多半是为了求得他们的佑助。同时，十八罗汉是一个集体，行动起来是一个整体，这特别适合土匪的要求。而且，十八罗汉中的布袋和尚，也就是弥勒佛，原在民间就备受崇奉，享尽香火。人们认为，他的大肚子非常灵验，摸一下，就可以免祸消灾，保佑平安。因此，匪帮中的匪首，常在胸前挂个弥勒佛像，以求吉祥平安。

匪帮中有首俗歌："西北连天一片云，天下要钱一家人。清钱要的赵太祖，混钱要的十八尊。"其中的"十八尊"就是"十八罗汉"。土匪们开立山堂，要把十八罗汉请来证盟。出门抢劫，中途迷路，也向祖师爷求问吉凶，其军师拿着帽子或四角叠好的手巾，把帽子的某一方向定为"开门"，拿在手里，口里念着“十八罗汉各位仙爷，给俺指指明路。队伍拉出去了，供奉你各位仙爷。”说完，将帽子或手巾一扔，帽子的“开门”对着哪个方向，或手巾角开的方向，即为吉途，可以行走。土匪拦路抢劫时，保镖的若是明白人，就会恭敬地说声：“达摩老祖威武!”土匪一听，知道不是外人，就会说：“西北悬天一枝花，十八罗汉始当家!”接着客气地让行。另外，土匪们在“挂柱”（入伙）或“拔香头子”（退伙）时，要“栽香”十九根，其中前三后四、左五右六共十八根，代表十八罗汉，中间一根代表大当家的。“拜香”时要念着“十八罗汉在四方……”等词句，以示虔诚。

土匪特别重视做梦，他们往往根据梦的内容来决定第二天是否出击，甚至用以判断匪帮的前途。对于梦的解析，他们有自己特定的说法。比如，梦的吉兆有水、火、红棺材、小毛驴、姑娘、媳妇、太太、老头等。梦到大水预示财源滚滚，流金流银；梦见大火表示旺星高照，匪业红火；梦中出现红棺材，说明里面装的是财宝；梦到小毛驴则是说，有倒骑毛驴的神仙张果老佑护，将打劫顺利，财运亨通；梦见姑娘、媳妇，是遇到贵人，若是穿着黄衣服的姑娘，就预示黄灿耀眼的金子；梦中出现太太、老头，更是吉相，那是财神爷驾临。

土匪们特有的生活处境使他们更强烈地想预知自己未来的命运，以求趋吉避凶。这样，便需要有一个精通天相、八卦和风水的军师来担当占卜的重任。军师，匪帮行话叫“翻垛的”或“搬垛的”，是大掌柜的参谋，此人必须有文化，又精通天文地理和八卦行文，会看生辰八字等。遇有绺中大事，如绺子应压在哪儿，应否出行砸窑等，先由大当家的摆香案，再由翻垛先生占卜，推演休、生、伤、杜、死、景、惊、开八门。“开、休、生”三门为吉，其他五门为凶。行动时择吉避凶。

（十八）娼妓

解放前周口水陆交通便利，手工业、商业发达，成为豫东最大的土特产品和手工业产品市场。尤其陆陈、牲畜、皮革等行业闻名省内外。山、陕、湖、广等省商贾多来周经营，市场繁荣，娼妓业也随之兴盛一时。周口娼妓业主要分布于沙河南岸万贯街和牲口市街；沙河北岸后三义街。娼妓业包括公开合法的妓院和半公开或隐蔽的暗娼，它们都是社会的毒瘤，妇女的地狱。

旧社会妇女地位低下，受尽欺压和凌辱，沦为娼妓者多非自愿，而是生活所逼或其他原因走投无路，被欺骗、拐卖所致，一旦误入娼门即失去人身自由。嫖客大部分是官僚、富商、阔少和地痞流氓，也有少部分市井小民、城乡商贩等，他们只嫖低级娼妓。娼妓行业的文明称谓是“书寓”，也叫“班子”，民众俗称“窑子”。属于高级的、正规的第一类妓院，都在万贯街。其中有本地人经营的，也有外地扬州班子和苏州班子。他们设施讲究，都有门楼过道，两三节四合院，环境幽静，给人一种高雅之感。如万贯街的曹家班、刘家班、杨家班，东顺河街的张家班，油坊街的王家班等都属上等。每班多者二三十人，少者也有十多人。他们都在警察局注册登记，按月交纳“花捐”、杂税，取得合法经营权，公开挂牌。晚上，门前挂个大玻璃灯，上写“某某书寓”4个大字，影壁墙上还分别挂着甲等、乙等妓女的名牌。

书寓同其他行业一样，都有一套组织和规矩。负责人为老板，其下有一个账房（会计）和若干男女佣人（俗称“大茶壶”）。每个妓女都有一套或一个房间，房内陈设讲究，床铺华丽。个别容貌出众、有文化、能拉会唱、接客多、能为老板挣大钱的“尖子”妓女，房间设施更加阔气。有会客室和卧室各一间，桌椅沙发俱全，但收费也高。有些老板为多挣钱，买一些十二三岁的小姑娘，教她们学吹拉弹唱，陪客人娱乐，这叫“青官”。待长到一定年龄便逼其接客，谓之“梳拢”或叫“开苞”，向客人索取高额嫖资。妓女入院后失去人身自由，不准单独行动，一切听从老板安排，外出必须经老板允许，并派人跟随。有的客人不愿去妓院，愿在旅社或商行过夜，便写个条子叫某某妓女去陪宿，老板即派人按时送去，按时领回和结账，这叫“出条子”。嫖客初到妓院，妓女要先“见客”，老板把全院妓女都叫出来，任客人挑选，选着谁就到谁房间去。进房后，“大茶壶”先端上装有瓜子、糖果、纸烟和花生仁的盘子，妓女陪着客人说笑、弹唱，走时只付“盘子钱”，这叫“上盘子”。如果住宿，则到次日结算。无论住宿或上盘子，除按规定付款外，还要另外赏给妓女、“大茶壶”小费，以显示嫖客的大方、阔气。三五人同去妓院，必以做东的一人为主，其余为陪客，主次分明。做东者可与妓女调笑作乐，陪者不能动手动脚，只能喝茶凑热闹。陪者俗称“打围”，或叫“贺偏”。较高级的妓院，新客人初去不能作轻狂之举，以示自己身份不俗，经过一段时间熟悉之后才可随心所欲，这样才不被轻视。有时妓女遇到知己的嫖客，也会私订终身，由客人出重金将其赎出，结为夫妻，这叫“从良”。

20世纪30年代，周口万贯街有一名妓叫王俊霞，颇有姿色，且又善于应酬，嫖客慕名求欢者应接不暇。她借此抬高身价，采取超常的接客措施：一是嫖客仪表不出众者不接见；二是嫖客不富有、不大方者不接见；三是嫖客无地位、不能为其做保护伞者不接见。激起嫖客们的愤恨，称她为“三不见”。王偶尔由“干娘”陪伴到市场购物，常引起路人驻足凝视，群童追随狂呼“三不见”……1944年夏，日寇侵占周口后，万贯街的妓女纷纷外逃。王俊霞逃到界首后，在该市寄生里开设“兰花书寓”，但她已不再做妓女，而成为老板了。

沙河北岸后三义街是周口第二类妓院集居区。由于三义街（今为向阳街）路东的一侧都有后门，那一带自然形成一条半截小街，叫后三义街。又因它的东面有一个大坑，所以也叫大坑沿。这条街在清朝时期属于周口北岸郊区，人烟稀少，环境僻静，便于妓女们生活，就自然居住了妓女。但它与万贯街的书寓截然不同，无组织、无牌照、不缴税，都是独门独户，个体单干。她们的卧室简陋，一张木床，土布被褥。妓女的自然条件也较差，文化素质低下，一般不会弹唱。白天、晚上都接客，对象是小商贩、车夫、农民等。三义街起初只有五六户妓女，后来逐渐增加，最多时达20多户。她们都有自己的熟人、小靠山，如警察局、便衣队的人等。这些人常常到三义街免费去“玩”。平时妓女们出了什么事，这些人为其出力解决。

妓女们的“生意”也分旺季淡季。春秋两季气候温和、凉爽，接客多，为旺季；冬季天冷，夏季天热，接客少，为淡季。为了增加收入，妓女们便使出种种招数，打扮得花枝招展，浓妆艳抹，常常坐在门前诱人上钩。偶尔遇到上街赶集的老实农民，就像饿虎扑食一样，上去就搂着，将农民的帽子、钱袋子（背在肩上装铜钱的袋子）摘下来扔往院中，以诱其进院。那人进院内拾帽子和钱袋子时，妓女们一拥而上把钱掏光，受害者苦不堪言，有的痛哭流涕，申冤无门，自认倒霉。因此，解放前很多人不敢从后三义街经过。妓女们为了争客拉客，常常发生摩擦，又吵又骂，各不相让，甚至相互厮打，有时竟闹到警察局，但警察局也不愿过问这无聊的“花官司”，便骂一顿了之。

妓院都有一套隐语黑话，来了客人她们不用说话，只用5个手指示意就知来人的情况，便于分别对待。伸出1个大拇指，示意这个客人是个“大头典”（肉头），既听话又有钱，不会找麻烦；伸出1个食指，示意这个客人是“滑典”，来了又吃、又喝、又玩，就是不给钱，不好对付；伸出1个中指，示意这个客人是“常典”，常来常往，好招待；伸出1个无名指，示意这个客人是“熟典”，与该院某妓女混熟了，要警惕客人把妓女拐跑；伸出1个小指，示意这个客人是“小白脸”，注意莫让妓女赔钱、“倒贴”、上当受骗。这些都是老板对伙计们出示的暗号，外人既不注意，又不易懂。

妓院还有一个严格的规矩，就是客人在言谈中不能“放快”，所谓“快”就是她们忌讳的语言。共分8大“快”，即“龙、虎、梦、牙、鬼、务、桥、塔”。客人同妓女说话不能说出这些字音，否则，就是放了她们的“快”。如客人说：“昨夜做了一个梦”，这就是放了“快”，再如说：“今天下雾啦!”虽然音同字不同，也算放了她们的“快”。这样，客人要赔偿妓女一天的伙食费。

南岸牲口市街是周口暗娼的活动区。解放前的周口牲畜市场非常活跃，河南全省及冀中、冀南、鲁西、鲁南、苏北、皖北的客商纷纷来周口交易，日成交量六七千头。因此，有南牛北马的称号。当时牲口市街有牙行（牲畜交易所）180多家，从业人员4000多人，一街两巷全栽着用铁丝连起来的拴牲口的木桩。各家牙行院里也栽着成排的牲口桩，拴满了牛、驴、骡、马。由于牲口市外来人员多，牙行职工多，有钱的人多，有些人晚上想寻欢作乐，这便为暗娼们提供了有利条件，就在一些牙行的附近居住着近20户的暗娼。她们的情况与后三义街的情况基本相同，年龄偏大，自然条件差，设施也极为简陋，属于个体单干，不登记，不纳“花捐”，主要接待牲口贩子、牙行职工和本地下层市民。个别有钱人不愿意去妓院抛头露面，也成了暗娼们的常客。所谓暗娼，即不出门拉客，白天、晚上都将门虚掩着，客人不需扣门，一推即进，随手再将门关上。因此，民众称这类暗娼为“半掩门”。她们的收入经常比后三义街的还要高。

妓院是地痞流氓、浪荡公子、达官贵人的淫乱窝，经常发生争风吃醋、打闹砸“窑子”的事情，甚至发生情杀。因此，每家老板背后都有坚强的靠山（如政府、警察局、税务局、商务会、驻军等），有“磨动天”的活动本领。有的还豢养一批流氓打手作为保镖。如果有人胆敢闹事，他们会及时利用有权有势的后台给予报复，所以在旧社会她们尽管做的是下流生意，谁也不轻易去招惹他们。妓女们只有乖乖地受老板摆布宰割。

旧社会各行各业都有同业公会，为便于开会议事，他们纷纷集资营建庙宇，塑起本行业敬奉的祖师像。如牲畜业营建马王庙，理发业营建罗祖庙，木、泥、石、画、油、绳、竹、扎8大业营建鲁班庙。娼妓业也不例外，他们信奉白蛇，在万贯街东侧营建有白衣庙，内塑白娘子像，称白衣大仙。由于神话中的白娘子虽是蛇精，却积德行善，施药济世。妓女们为表白她们心地善良，无害人之心，皆以白娘子为楷模敬之。

（十九）盗墓

盗墓属于江湖绝密，一般没有文字记载和传承。他们大多是以口耳相传的方式而存在。江湖盗墓之俗大多充满迷信色彩，并且不同的地方有不同的习俗。

就周口一带的盗墓习俗来看大致表现在以下几点：盗墓前，盗墓者要在坟墓前烧纸祷告，希望从墓中借取一些财物。在启开棺盖之前，盗墓者口中会“念念有词”，多是乞求墓主原谅保平安一类的鬼话。也有的为了壮胆，强与墓主开玩笑，说上几句戏言。冯梦龙《喻世明言》中，朱真在用挑刀撬开周胜仙的棺盖后，说了这样的话，“小娘子莫怪，暂借你些个富贵，却与你作功德。”盗墓者盗墓时墓里的东西不拿完。这好像是江湖规矩，又是对墓主的一种尊敬，害怕墓主报应自己。他们打开坟墓时，一般在坟墓的东南角点一盏油灯，油灯亮着可以取墓中财物，油灯灭了不可取。因为盗墓者行动多在夜间，特别是最后“启宝”时，更不可能安排在白天。带着灯具一是为了照明，方便作业，另外据说还有“保命功能”，通过灯可以测试出是否宜盗。俗话说“人点蜡，鬼吹灯”。如果真的发生“鬼吹灯”现象，盗墓者则应该马上逃出来。盗墓者在“启宝”后，若发现墓中有完整的尸体，他们自己嘴里含一口酒，然后用一根红布条套住尸体的脖子，自己坐在尸体对面，把尸体用红布条拉起，当尸体坐的与自己对面时，盗墓者把自己口中的酒喷向尸体的面部。据说这样是为了消灾避祸。

当然，有关盗墓的小说和记载很多，大多充满了玄秘的色彩。

第四章　生产民俗

周口市地势西北略高，东南较低，均为黄淮冲积平原，土质松软，地力肥沃。地面水和浅层地下水丰富，境内分布有沙河、颍河、涡河等四大扇形水系。周口市处于中纬度地带，气候温和，雨量适中，四季分明，兼有南北气候之长，具有发展农林牧副渔各业，及多种经营的得天独厚的自然环境。因此在周口一带以农耕经济最为有名。这里盛产小麦、棉花、玉米、花生、大豆、芝麻、烤烟、蔬菜等农作物，以及西瓜、药材、黄花菜、芦笋、水果等土特产品。可以说周口市是全国举足轻重的粮、棉、油、林、果、肉、蛋、蔬菜等生产和供应基地。小麦生产是周口的传统优势，总产量和商品量均居全省首位。棉花是周口本地工业用棉及出口创汇的大宗商品，商品量也居全省首位。因此周口又被称为是"粮仓"、"棉海"。周口的平原绿化闻名全国，林果业、畜牧业、渔业等都发展得很好，这为当地工业的发展提供了丰富的资源。周口的工业立足本地实际和本地资源，以纺织、食品、农产品加工、轻化、医药为主，兼顾其他行业的合理发展。

周口传统的农业耕作习惯以一年一熟为主，一年两熟的农作物极少。农民习惯于采取麦豆轮作、倒茬轮作和休闲轮作的方法，配合耕作晒陇、增施肥料等来培养地力。近年来，为提高单位面积产量，政府在推广应用新的农业技术的同时，带领民众在实践中总结经验，不断对传统耕作制度进行改革。

当地常用的肥料，根据来源和成分，可分为农家肥料和化学肥料两大项。农家肥料亦称有机肥料。常用的农家肥料主要有堆肥、厩肥、饼肥、坑肥、房土、草木灰、土杂肥、秸秆肥、人粪尿和绿肥等。在肥料沤制时，要求达到"黑、烂、臭"标准。农家肥料含有较多的有机质，供肥时间长，营养元素全，能够改善土壤，培养土地肥力，当地民众有使用农家肥料的习惯。至于化学肥料则是后来的产物了。

当地农民历来有选种习惯。各种作物虽是传统的农家品种，但尽量做到优中选优，去杂去劣，单收单放，周口民间有"饿死爹娘，不吃种粮"的俗语。即使遇到灾年，农民对种子的保存仍然十分重视。

在耕作上，周口民众讲究岁首开耕。春节过后，农民下地开耕都要选择好日子，有的还烧香敬神、放鞭炮，欢庆头套活做的如意，祈求全年吉祥。农村有“九九加一九，老牛拱地走”的谚语，也就是说，传统的农业习俗，是九九之后开始农耕生产。按节日说，就是二月二龙抬头前后开始农耕生产。按节气说，是惊蛰到春分之间开始农耕生产。这时候的农事活动主要是给冬小麦追肥、浇返青水和“春地”耕种。

周口农耕活动真正忙起来是在谷雨之际。“谷雨前后，种瓜种豆”，说的就是除了麦田外，其他能种植农作物的土地都开始耕种了。最忙的时候是“三夏”，“三夏”包括夏收、夏耕、夏播。收获的是小麦，耕种的是夏玉米等。

20世纪80年代前，小麦收割主要靠镰刀，一些发达乡村开始出现小型收割机。进入80年代，大、中、小型收割机已经取代了传统的镰刀收割。

20世纪80年代以前，夏播植物的种植都是浇水、翻耕麦田后再下种，称为耩地。20世纪90年代后期，随着科学种植的兴起，人们对“贴茬”下种有了统一认识，于是这种作业方式逐渐推广开来。“贴茬”就是不翻耕收割后的麦田，直接将夏玉米等作物的种子耩入地下。玉米出苗后，麦茬长在地里，形成黄麦茬和绿苗并存的现象。随着玉米苗的成长，麦茬在风雨的作用下，慢慢腐烂，最后成为夏玉米可以吸收的营养。传统的夏玉米的生长期在一百天以上，随着科学育种的发展，其生长期缩短到八九十天。因此，秋收秋种不像夏收夏种和过去那样紧张忙碌。秋收比麦收作物品种广泛，主要包括玉米、高粱、大豆、谷子、黍子、绿豆、芝麻、棉花等。

秋收过后是秋种，秋种作物是冬小麦。民间有“白露早，寒露迟，秋分麦子正当时”的农谚。也就是说，在白露季节种麦子太早，麦苗容易提前长梃子，影响收成。而等到寒露再种麦子就迟了，麦子不等分蘖便冷了，也影响收成。现在，随着麦子品种的不断改良和水肥条件的改善，寒露麦子比较普遍，以致霜降后还能播种。冬小麦种植完后就标志着一年农事的结束，乡村进入农闲时节。

一、农林作物

（一）小麦

小麦，俗称麦子，与其他粮食相对，称为细粮，加工为面粉，称为白面好面，皮屑为麸子。麦草分两种，下部名麦茬，上部完好则称麦秸秆，轧过的称麦秸。

种麦的农活有送粪、撒粪、耕地、耙地、耩地、锄地、浇地、割麦（或戕麦、薅麦）、打场（或轧场）、扬场、晒场等。

小麦，自古以来就是周口市主要粮食作物之一，也是主要农业特产之一。传说炎帝神农曾在古宛丘（今日淮阳）尝百草，艺五谷，以解民食。所谓五谷，其中之一就是小麦。春秋战国时代，我国第一部诗歌总集《诗经》则明确记载有“我行其野，芃芃其麦”。证明了周口种植小麦历史的悠久。

周口市的地理、气候，为冬小麦生长提供了得天独厚的自然条件。全市小麦不仅播种面积大，而且稳产高产，商品率极高。据统计，全市每年播种小麦面积达1000万亩左右，占各种粮食作物总播种面积的60%以上，产量占粮食总产的70%左右。本市小麦生产在全省农业生产中占有举足轻重的地位，播种面积占全省的1/8，总产量占全省的1/6，商品粮占全省的1/4。周口是河南省和全国的小麦商品粮生产基地。

光、热、水、肥等自然条件的充足，使周口生产的小麦具有营养价值高、食味美、品质正、防腐耐存、发芽率高等特点。籽实含有丰富的淀粉、脂肪、蛋白质和微量元素，一向是人们喜爱食用的主要粮食品种。近年来，随着小麦产量的不断提高和多种经营的发展，小麦又成为食品工业和酿造业等轻工业品的主要原料。其副产品麦麸、麦糠、麦秸等，又是家畜家禽必需的上等饲料。

（二）玉米

玉米，俗称棒子、玉蜀黍，春播的称春棒子、夏播的称夏棒子。其秸秆称为棒子秸，其面粉，称棒子面，粒皮为皮子。种玉米的农活有下种（点种）、耪茬、间苗、追肥、掰棒、剥玉米（剥棒子）、编辫子、盘柱、剥粒等。玉米是一年生谷类植物，起源于美洲。植株高大，茎强壮，挺直。叶窄而大，边缘波状，于茎的两侧互生。雄花花序穗状顶生。雌花花穗腋生，成熟后成谷穗，农民称之为棒子。

玉米用作饲料、食物和工业原料，在有些地方也作为主要食物。但玉米的营养价值低于其他谷物，蛋白质含量也低，并缺乏烟草酸，若以玉米为主要食物则易患糙皮病。玉米的谷蛋白质低，不适于制作面包。除食用外，玉米也是工业酒精和烧酒的主要原料。玉米植株的其他部分用途也相当广泛：玉米秆用于造纸和制墙板；玉米包皮可作填充材料和草艺编织；玉米穗轴可作燃料，也用来制工业溶剂，茎叶除用作牲畜饲料外，还是沼气池很好的原料。

玉米是世界上分布最广泛的粮食作物之一，种植面积仅次于小麦和水稻。周口一带的气候和土壤状况很适合玉米的生长。周口农村，玉米是主要的秋作物之一。

（三）高粱

高粱，俗称秫秫。秸秆称为秫秸，一间节称为格当，最上一节称梃子，可以钉锅盖、勒篮子；穗头脱粒后称为黍瓤，其中一种可扎为笤帚，称笤帚苗子。粮粒去皮为秫米，磨为粉称为高粱面杂面。种高粱的农活有耩种、间苗、锄地、砍高粱、扦穗、打场等。高粱是周口古老栽培农作物之一，早在商代就有种植，已有5000多年的栽培历史。其中鹿邑县盛产的俗称“歪脖子秫秫”的“歪头高粱”，其质地又是高粱品种中的佼佼者。以种植范围广、出米多、食味好而久负盛名，位居全省名产之列。

周口境内土壤深厚，地力肥沃，雨水适中，日照充足，适宜高粱生长。每亩单产可达400公斤以上。其特征是植株高大，茎秆粗壮，穗大紧密，呈纺锤形，单穗重量可达130克，粒大而整齐，种皮薄，出米率高，达95%以上。且米质硬性，食味醇正，蛋白质含量丰富。这种高粱为本地优良品种，性喜温寒，抗旱、耐涝、耐盐碱，抗逆性强，无论地力肥瘠，均可种植，向来稳产高产。

高粱虽系杂粮之列，但与人们的生活关系密切。据科学部门测定，每斤高粱米含蛋白质42克，脂肪13.5克，碳水化合物378克，粗纤维3克，硫胺素1.8克，能发出热量1800千卡。高粱除作为人们食用的粮食以外，还是酿酒的好原料。据说，我国商代名酒之一的“鬯酒”，就是用高粱酿造的。今天，鹿邑县酿造的宋河粮液，仍是用高粱做原料酿造而成的。该酒酒香浓厚，酒体纯正，醇甜柔绵，尾味贻净，跻身于国家名酒行列，备受消费者青睐。高粱还可用来制造纸张、酒精、食醋、冶糖、淀粉等。此外，高粱秸可以用于编结凉席，高粱秆可以用来织床垫、扎顶棚，高粱叶是家畜家禽的好饲料。鹿邑歪头高粱常年种植面积在1万亩以上，是秋作物的主要品种。每到金秋10月，千里沃野，青纱开始泛红，大地披锦，烟霞如云，“高粱高似灯，遍野参差绿。粒粒珊瑚珠，节节琅玕玉。”一诗，恰是这种景象的生动写照。

（四）地瓜

地瓜俗称红薯。春栽叫春地瓜，夏栽叫夏地瓜（或麦茬地瓜）。夏地瓜常用春地瓜的蔓截下来作种苗栽种。地瓜在周口一带大多都叫红薯，产于地下，产量很高，其蔓叶等都是牲畜的好食料。红薯切片晒干，名为地瓜干、瓜干，粉称地瓜面，是制作粉条、凉粉等的重要材料。种地瓜的农活有打垄背、畦芽子、拔秧子、栽秧子、锄地、翻秧、刨地瓜、切瓜干等。鲜地瓜越冬储藏有的挖地窖，名为地窨子。

（五）棉花

棉，俗称棉花、花。刚收获的棉花为籽棉，去籽名皮棉，弹后称棉绒子，籽称棉籽、花种，秸棵名为棉花柴。植棉的农活有冬耕、转二耕（春耕）、耙地、施肥、晒种、选种、泡种（浸种）、播种（20世纪80年代前为倒坑点种，20世纪90年代后又实行“打营养钵育苗”的新法）、锄地、打杈、打顶心、打边心、打老叶、捉虫治病、打药治虫、拾棉花、晒棉花等。

棉花，不仅是周口目前农业生产的一项大宗经济作物，而且也是传统的农业特产之一。周口市耕地70%以上是黄潮土，质地良好，土壤肥沃，适于棉花生长，光热水同季，配合适宜。生长期、热量、雨量均高于黄河以北，日照多于江南180~200个小时，气候条件兼南北之长，实属得天独厚。因此棉花在本市高产、稳产、品质好，尤其与小麦套种，可实现粮棉双高产。棉花的抗涝能力也高于秋粮和其他经济作物，在同样涝灾情况下，减产比例小，有“铁杆庄稼”之称。

周口地区种植棉花历史悠久。据考证，唐末时太康县既已种植棉花，元明时达到盛产阶段，该县当时以种植面积广、品质好而名扬天下，故有“银太康”之称。扶沟县植棉始于宋代，近发展迅速，尤以麦播套种的集约经营形式为全国瞩目。现在，周口每年种植棉花面积达300万亩左右，普及到了所辖八县一市一区。其中以扶沟、太康、西华、淮阳、郸城、鹿邑等县种植面积最大。扶沟县每年种植面积达70万亩以上，占该县耕地面积近70%。2000年后，全市棉花播种面积占农作物面积的12%左右。2004年突破2亿公斤大关。占全省总产量的1/3，位居全省首位。周口棉花由于生长条件得天独厚，光热资源丰富，日照时间长，因而产出的棉花具有光泽度好，纤维长，拉力强，质地优良，可纺中细纱的比例占总产量的85%，高于全国同类棉水平，因而是棉花中的佼佼者，深受国内外生产厂家的青睐。

（六）大豆

大豆，俗称豆儿、豆子，有“大粒黄”、“小粒黄”、“天鹅蛋”、“黑豆”等品种。秸蔓称豆秸，根部名为豆茬。加工成粉为豆面。种豆的农活有耩豆、锄地、割豆、打场等。大豆为豆科大豆属一年生草本植物，原产我国。中国古称菽，是一种种子含有丰富的蛋白质的豆科植物。大豆在我国栽培至今已有5000年的种植史了。现在大豆在全国普遍种植，河南周口一带栽培较多。由于大豆的营养价值很高，被称为“豆中之王”、“田中之肉”、“绿色的牛乳”等。大豆是数百种天然食物中最受营养学家推崇的食用。

大豆发酵制品，包括豆豉、豆汁、黄酱及各种腐乳等，都是用大豆或大豆制品接种霉菌发酵后制成的。大豆及其制品经微生物作用后，消除了抑制营养的因子，产生多种具有香味的物质，因而更易被人体消化吸收，更重要的是增加了维生素 B_{12}的含量。周口的气候和土壤环境很适合大豆的生长。目前，大豆是周口农村最主要的秋作物之一。

（七）花生

花生，俗称长果、落生，果仁称长果仁、花生仁、落生豆儿。榨油名花生油、落生油，滓饼名长果饼、落生饼，秸棵名长果秧子。种花生的农活有剥花生种、浸种、点花生（播种）、锄地、刨落生、摘花生等。花生为豆科作物，优质食用油主要油料品种之一，又名“落花生”或“长生果”。花生是一年生草本植物。起源于南美洲热带、亚热带地区。约于16世纪传入我国，19世纪末有所发展。现在全国各地均有种植。

花生的果实为荚果，通常分为大中小三种，形状有蚕茧形、串珠形和曲棍形。蚕茧形的荚果多具有种子2粒，串珠形和曲棍形的荚果，一般都具有种子3粒以上。果壳的颜色多为黄白色，也有黄褐色、褐色或黄色的，这与花生的品种及土质有关。花生果壳内的种子通称为花生米或花生仁，由种皮、子叶和胚三部分组成。种皮的颜色为淡褐色或浅红色。种皮内为两片子叶，呈乳白色或象牙色。

花生果具有很高的营养价值，内含丰富的脂肪和蛋白质。据测定花生果内脂肪含量为44%－45%，蛋白质含量为24%－36%，含糖量为20%左右。并含有硫胺素、核黄素、尼克酸等多种维生素。矿物质含量也很丰富，特别是含有人体必需的氨基酸，有促进脑细胞发育，增强记忆的功能。花生种子富含油脂，从花生仁中提取油脂呈淡黄色，透明、芳香宜人，是优质的食用油。

花生是100多种食品的重要原料。它除可以榨油外，还可以炒、炸、煮食，制成花生酥以及各种糖果、糕点等。花生的内皮含有抗纤维蛋白溶解酶，可防治各种外伤出血、肝病出血、血友病等。周口一带的气候和土壤状况很适合花生的生长。周口农村，花生是主要的秋作物之一。

（八）芝麻

芝麻是我国主要油料作物之一。芝麻原称胡麻，据说可能源于非洲或印度，相传是西汉张骞通西域时引进中国的。

芝麻属脂麻科一年生草本植物，全株长着茸毛。茎直立，高约1米，下圆上方。总状花序顶生，花单生，或两三朵簇生于叶腋。圆筒状，唇形，淡红、紫、白色。因品种不同，长筒形蒴果的棱数有4．6．8不等。种子扁圆，有白、黄、棕红或黑色，以白色的种子含油量较高，黑色的种子入药，味甘性平，有补肝益肾、润燥通便之功。

芝麻油中含有大量人体必需的脂肪酸，亚油酸的含量高达43.7%，比菜油、花生油都高。芝麻的茎、叶、花都可以提取芳香油。小磨制成的芝麻油，香气扑鼻，在国际市场上畅销不衰。另外，与之齐名的芝麻酱也供不应求。芝麻花中有蜜腺，它与油菜、荞麦并称为我国三大蜜源作物，品质以芝麻蜜为上乘。周口一带的气候和土壤状况很适合芝麻的生长。周口农村，芝麻是主要的秋作物之一。

（九）烟叶

烟叶为茄科一年生草本植物，性喜温暖气候，耐旱，适宜于排水良好、有机质含量适中的土壤。原产热带美洲，后传入我国。周口土质和气候条件均适宜于烟叶生长，因而有着较长植烟叶的历史。20世纪40年代，周口辖区各县、市除有分散种植外，商水县则有大面积种植。商水县“文革”前归属于有“烟叶王国”之称的许昌地区管辖，因而其与老烟区郾城接壤的西部张明、邓城、张庄等乡，建国前即有大面积种植烟草的历史。从建国后的1955年开始，商水烟农开始使用烤烟技术取代传统的晒烟技术，使烟叶生产登上了一个新台阶，并带动全县其他乡镇也大面积种植起了烤烟。1980年，全县种烟达到2000多亩。1992年发展到了近3万亩，成了该县主要农业特产，大宗经济作物。

2000年后，本区八县一市一区烟叶种植面积达到7万亩，烟农们已经具有丰富的栽培、烘烤技术，养成了大面积种植习惯。所产烟叶具有气味浓郁、色泽金黄、油分足、糖分高等特色，为生产卷烟的上乘原料。在省内外卷烟用料中占有主要地位，深得用户的信赖。

（十）苹果

苹果是周口重要经济果品之一，也是林果业生产的一大优势，且前，全市苹果种植面积达49万亩，挂果面积近20万亩，年产鲜果可达0.6亿公斤。

周口温差大，土质好，光照充足，加上优良品种的引进，故而产苹果个大，而且色鲜味美，营养丰富。如扶沟产金帅苹果，含糖量高，甜度大，堪称果中上品，1986年在全省评比名列第二。西华产红星苹果，色泽鲜艳，红里透紫，个大脆甜，1986年在全省农牧系统园艺产品展销会上，荣获优质产品证书。黄泛区农场所产苹果，更以个大脆甜，产量高品质好著称，被评为国家级苹果外销基地。

周口地处中原，自然条件是苹果生长的南部边沿。因而果树生长快，结果早。同一个品种的苹果，这里比东北早熟20－30天，比山东早熟15－20天，比本省灵宝也提前15天左右，所以具有上市早、市场大的独具优点。特别是邻近南半个中国这个大市场，又距京广铁路较近，交通方便，故而全市苹果生长有着广阔的发展前景。

（十一）樱桃

樱桃因其先百果而熟，不但姿色俱丽，而且味道甘美可口而被人们誉为“鲜果第一枝”。樱桃营养丰富，既含碳水化合物、蛋白质，也含有钙、磷、铁和多种维生素。尤其是铁的含量，每百克高达5.9毫克，在水果中居第一位。比苹果、橘子、梨的含铁量高20－30倍。樱桃中维生素A的含量也比苹果、橘子、葡萄高4－5倍。

据古医书记载，樱桃可治虚症，大补元气，滋润皮肤。现代中医认为，樱桃能治疗汗斑、烧伤等，果核能发汗和透麻疹。

本市樱桃产区主要在周口市川汇区。该区樱桃栽种历史悠久，远近闻名，早在200多年前，南郊乡王营行政村就建有樱桃园，后来发展到胡营、官坡、小王营等自然村。主要分布在沙颍河交界西部的小王营、关坡两个行政村。主要品种有早熟樱桃、二樱桃、红丰、红樱桃等。其中早熟樱桃立夏即上市，树株已为数不多。二樱桃果实中大，成熟后酸甜可口，小满开始上市，是开发种植的主要品种。红丰为西洋樱桃，由烟台引进，树势强健，花期晚，抗病力强，果实大，成熟晚，有待大面积普及。

建国初期，周口市樱桃种植达到4000余株，单株产量200公斤左右，创历史最高水平。1957年沙河决堤，许多樱桃树被淹死。1983年以后，樱桃生产得到迅速恢复。1986年樱桃种植株数达到2000余株，许多老树得到了更新复壮。并且引进了优良品种，加强果树科学管理，从而使得产品上市期由原来的20天，增加到一个月。平均株产恢复到30公斤左右，最高单株产量恢复到50公斤左右。成为当地农民的一项主要经济收入。

（十二）红枣

红枣，是周口栽培历史较早的果树品种之一，以西华县贾鲁河西岸的红花、聂堆、田口、迟营乡等最为集中。

据古代农书《齐民要术》和《农政全书》记载，枣起源于我国，已有3000多年的栽培史。《战国策》说："北有枣栗之利，民虽不田作，枣栗之实，足食于民。"枣曾被列为农家"五果"之一，西华红枣是从本省新郑、中牟、内黄等地引进的优良品种，主要有鸡心枣、龙枣、马牙枣、齐头白、罗丝红、九月青等。其中龙枣果实个大、肉厚。鸡心枣果实较小，形似鸡心而得名，这种枣色泽深红，表皮光亮，粒小皮薄，质细腻，味似蜜，香甜味美。

枣果营养丰富，含有糖类、蛋白质、维生素、胡萝卜素、有"维生素C丸"之称，因此我国人民历来视枣为滋补佳品。《本草纲目》说，"枣有润心肺、止咳、补五脏、除肠胃癖气"之效。入药则补中益气，养胃健脾，补血壮神，增加肌力。枣既可鲜食，也可晒干加工成干品，并可制成蜜枣、枣泥、枣糕、枣酒等，具有较高的食疗价值。

2000年来，西华县与河南农大合作，建立了红枣丰产示范田，在全县推广枣树丰产高产开发技术。2000年后，全县有盛果期枣树3万多亩，年产鲜果540万公斤，远销全国并在港澳地区和东南亚国家市场上占有一席之地，西华红枣继新郑、灵宝之后脱颖而出，成为远近闻名的大枣生产出口基地之一。

（十三）芦笋

芦笋，又为"石刁柏"，俗名"龙须菜"。系百合科天门冬属多年草本植物。原产地中海沿岸，清末栽培种植传入我国。周口从1976年开始种植。

芦笋嫩茎营养丰富，质地细腻可口，具有特殊芳香，可作蔬菜或加工成罐头，为欧美等西方各国人民所嗜食，被誉为"世界十大名菜"之一。芦笋含有多种特殊的营养成分，如开门冬酰胺、开门冬胺酸及多种留体甙皂物质，具有一定的药用效能，对心脏病、高血压，神经痛、视力减退、疲劳症、排尿困难、水肿等病都有一定的防治和抑制作用。近年来，有关专家又发现芦笋具有防止癌细胞扩散的功能。

周口自1976年从国外引进试种芦笋以来，根据土壤和气候条件、芦笋的生长习性及生态表现，对栽种品种及其栽培技术进行了试验观察和研究。实践证明，这里自然环境条件很适宜芦笋生长。现在，全市已发展芦笋基地近万亩，主要分布在西华、商水、淮阳和周口市郊。其中西华县现有芦笋面积3900亩，周口市现有芦笋基地1000亩，一般年亩产量3－4年龄可收鲜笋150－200公斤，收入250－350元。5－10年龄可收鲜笋250－350公斤，收入400－600元，最高年亩产鲜笋400公斤左右，收入700元左右。

（十四）黄花菜

淮阳县是全国黄花菜的主要产区之一，仅王店乡种植面积就达2万亩，产量200万公斤。淮阳县从秦朝即开始种植黄花菜，至今已有数千年历史。这里的黄花菜以“菜条肥厚，油分充足，色泽金黄，耐煮发脆”的特色而驰名中外，久负盛名。不论是荤配、油炸、凉拌，还是做成金汤金面，均是醇美可口。把它腌制成酱菜，更是别具风味。传说春秋时期，孔子周游列国，途经陈国（今淮阳）时，国君大摆宴席，款待这位圣人。桌上有样菜是三条黄澄澄的金针，孔子与两个学生每人享用一条。他们不知此为何物，当子路请教孔子时，圣人随口答曰：“金条”。从此金针便以“金条”之誉闻名遐迩。

黄花菜

淮阳种植金针主要是作为一种经济作物，但它又具有很高的观赏价值。花的形态、色调都很美，而且有一种好闻的香气儿。早上开花，晚上凋谢，在那老花凋落的青莲上，又生发新蕾，迎风吐蕊。就这样，周而复始，自夏至秋，花期长达两个月之久。淮阳黄花菜有着很强的生命力，适应性特别强，不管是干旱瘠薄的沙地，还是潮湿低洼的盐碱荒坡，只要把它种下，它就会顽强地在那里扎根、长叶、开花。

提起黄花菜，人们自然地会想起宋代著名文豪和美食家苏东坡的佳句：“莫道农家无宝玉，遍地黄花是真金。”从这两句赞美黄花菜的诗句中，我们可以看到，古人对黄花菜是十分重视的，将它视为金玉，如此高的赞誉，可见它不同一般。

黄花菜又名萱草花、忘忧草、金针菜，既是食用蔬菜，又是观赏花朵。其花叶并茂，独具一格，夏秋黄花绽放，金灿灿、艳丽丽，散发出诱人的芳香，沁人心脾，令人陶醉。黄花菜名字的来历，有一段传说：秦朝末年，广大农民不堪秦王朝的暴政统治，纷纷揭竿而起。著名农民起义领袖陈胜，他在开始起义前夕，因饥寒劳累而一度昏倒，后因一黄姓农家母女煮的一碗忘忧草而得救。起义胜利以后，陈胜在淮阳被推为王。他为了不忘黄家母女解饥之恩，每次膳食总要吃这种忘忧草，并将其改名为“黄花菜”，还派专人种植，以供食用。

黄花菜之所以又称为“金针菜”，也是有一个传说：三国时代名医华佗医术高明，常常使病人起死回生，他的治疗器械就是六枚金针。有一次，华佗正在江苏宿迁一带的瘟疫区抢救病人，曹操的头风病复发，派人强行把华佗带去为他医治。华佗根本不愿意为曹操治疗，却又无奈，不得已便把六枚金针抛向田野。第二天，华佗抛针处突然长出了一片长叶草，草苔上开着金色的大瓣花朵，每瓣花朵像华佗的金针一样，金光熠熠。得了重病的人，采来熬汤饮下，病就会慢慢痊愈。后来，华佗被曹操所害，宿迁的百姓不胜悲痛，便广泛种植长叶草，以此怀念这位救苦救难的名医，并取名为“金针菜”。

黄花菜原为野生，后渐渐由人工栽培，尤以山东、山西、河南、安徽、江苏等地出产居多，至于说栽培历史悠久，则首推河南淮阳，距今已有2000多年。在我国民间，人们将黄花菜、木耳、香菇和玉兰片称为干菜的“四大金刚”，而把黄花菜列为榜首，视为干菜之王。

（十五）蒲菜

蒲菜，就是生长在水下的新蒲根，剥去外皮，形似大葱的根状植物。淮阳蒲菜，产于县城四周万亩城湖之中，以甜淡味美，脆嫩可口驰名。

淮阳人吃蒲菜的历史可以上溯至春秋时代，据《淮阳县志》记载，公元前489年，孔子周游列国，被困于陈（今淮阳），绝粮七日，师徒们饥饿难忍，学生子路在围城湖中拔几株蒲子，剥去外皮，试尝之后，发现可以解渴充饥，不禁喜形于色。于是大家挖来争相食之，师徒们饥腹得果，解了厄难。从此，陈州人便有了吃蒲根的习惯，以后不断改进烹制方法，蒲菜遂成为古城淮阳别具风味的一大物产，闻名遐迩。据说，外地的蒲根多细小有丝，久嚼不烂，而且食后麻嘴。而淮阳因万亩城湖水浅泥厚，土质肥沃，所以蒲菜不仅生长茁壮，而且独具粗大鲜嫩，水灵白皙，脆甜无丝的特点，素有“淮阳大葱”的美誉。

淮阳的蒲菜，可以清炒、清炖或作为制作佳肴的配料。如今，淮阳有不少善于烹制蒲菜的师傅，烧、炒、炖、煮、焖、熘各具风味，外地游客及回城探亲的港台同胞，多以能吃上淮阳蒲菜而引以为快，赞不绝口。另外，蒲根还可以腌制成酱菜，成为地方风味一绝。据传，袁世凯的堂侄袁寿山，久居淮阳，爱吃蒲菜成癖。因蒲菜过季节不便存放，给袁寿山做饭的厨师为让他一年四季都能吃上蒲菜，就将剥好洗净的蒲菜腌制在甜面酱中。如此制成的酱菜呈红褐色，食之咸甜适中，嫩脆可口，别具风味。以至后来城内几家酱菜作坊，纷纷仿此法腌制，渐渐传入民间，平民百姓也吃上了酱蒲菜。

（十六）玫瑰

玫瑰，主要种植在商水县。商水县种植玫瑰始于清末，民国初年达到鼎盛时期，以汤庄、城关、李埠口、化河四乡种植面积最为集中。《商水县志》记载，民国七年全县“园塍篱落，种者极多。此花入商品，白梅水浸去汁，蜜煎最佳。有人和糖为霜，艳若降雪”。

玫瑰属蔷薇科植物，此花芳香浓烈，味道甘甜爽口，用其花提炼的香精和玫瑰油，价格昂贵，可与黄金齐名。玫瑰花用途甚广，可用来熏茶、制玫瑰酱、玫瑰糕点、酿造玫瑰酒等，是商品工业的上等原料。据有关资料记载：“以糖霜同乌梅捣烂，名为玫瑰酱，收于瓷瓶内暴过，经年香色不变，任用也可。”《红楼梦》中贾宝玉就很喜欢吃用玫瑰酱，每餐必食，因此成癖。玫瑰还是医药用料的上品，具有治疗肝胃不和、恶心呕吐、腹泻便痢以及跌打损伤之疗效。另外，用它精工制成的玫瑰香水，是化妆美容的理想用品，颇受少女靓男的喜爱。

商水县所产玫瑰，以本地良种“紫玫”为主。此花5月初开，6月盛开，直至霜降。花朵大，花瓣多，香味正，花期长，亩产可达350公斤，经济价值颇高。1962年，商水城关园艺厂从苏联引进大批“红玫”、“白玫”，分散种植，大面积推广。1983年，该场发展到100亩，加上个人种植，达到600亩，每年收入花朵15万公斤。故有“陈州金针黄，商水玫瑰香”之美誉。

（十七）杨树

杨树生长迅速，高大挺拔，树冠有昂扬之势，这就是杨树得名为“杨”的原因。“杨”字与“扬”字读音相同，“杨树”就是“扬树”，表示树冠高扬的一类树。杨树具有早期速生、适应性强、分布广、种类和品种多、容易杂交、容易改良遗传性、容易无性繁殖等特点，因而广泛用于集约栽培。其特点是高大雄伟、整齐标志、迅速成林，能防风沙，吸收废气。

人们栽培杨树主要是为了生产木材加工业所需要的原料，如胶合板、纤维板、刨花板和作为火柴工业或者一次性筷子的原料。杨树一般采用大株行距栽植。杨树也可广泛用于生态防护林、农林防护林和工业用材林。杨树也可以作为道路绿化、园林景观的树种。周口一带的气候和土壤状况很适合杨树的生长。周口农村，杨树是主要的栽种树种之一。

（十八）泡桐

泡桐既是周口林业生产主要树种之一，也是周口发展林业生产的一大优势。它栽植面积最大，数量最多。

这里大部分土地适于栽植泡桐，有一半面积适于农桐间作。特别是沙河以北的鹿邑、西华、扶沟等县，更加适宜于泡桐生长。因而，这些县栽植面积大，人均株数较多，泡桐覆盖率高达20%左右。1998年，全区泡桐达1.3亿株，农桐间作650万亩，蓄材量达300万立方米，年生长量80多万立方米，栽植量、蓄积量及出口量均居全省第一位。

由于周口水土气候为泡桐生长提供了优越的自然条件，所以桐树易栽速成，生长快，树干高。同时其本质松细，有弹性、浮力大、不变形、易加工，是优质的造船和航空用才。又因其木纹美观、绝缘性好，并且有耐磨、隔潮、导音好、易保存、抗腐蚀等优点，是制造乐器的上等材料。泡桐树是本市的大宗经济和出口创汇物质，它不仅在国内享有盛名，而且饮誉国际市场，除销往全国外，还远销到日本、加拿大、东南亚等国家和地区。

二、畜牧种类

（一）淮阳驴

淮阳驴是饮誉全省的优良品种之一。该品种历史悠久，群量大，分布广。该驴以淮阳县为中心产区，故称“陈州驴”。

淮阳驴粉鼻、粉眼、白肚皮，体格较大，体幅较宽，机构紧凑。驴耳耸立，眼有神，口略方，齿整齐。头脑清秀，前胸发达，背腰略宽而平直，四肢粗壮，蹄甲高，蹄质好，体质良好。抗逆力强，适应性广，遗传性稳定，耐粗饲，属挽驮兼用品种，平原农区饲养尤佳。

成年淮阳驴平均身高131.7厘米，体长130.5厘米，胸围142厘米，体重229.9公斤，最大挽力为种公驴292公斤，公驴280公斤，母驴174公斤。使役能力较强，三驴一套深耕5寸，日犁可达2亩左右。挽速较快，可与骡马同套。每年省外客商来淮采购者甚多，特别是商品种驴更为紧俏。随着商品经济的发展，人们对淮阳驴的认识日趋良好。

1984年5月，全国驴种委员会有关专家来淮阳进行鉴定，对淮阳驴的优良性能作了进一步的肯定。随后在此基础上，建立了“淮阳驴制种委员会”，制定了繁育推广良种，增加出口创汇，向省内外提供交流淮阳驴等主要任务。淮阳驴将会得到更大的发展。

（二）周口黄牛

周口黄牛属大型役肉兼用的牲畜品种。周口黄牛的毛色多为黄色，其次是米黄、草白等色；鼻镜多为肉红色，多数带有黑点；体型高大，骨骼粗壮结实，肌肉发达，结构紧凑，体质结实；肢势正直，蹄形圆大，行动敏捷。公牛颈短而厚，颈侧多皱纹，稍呈弓形，鬐甲较高。

周口黄牛在农村是农民耕种的主要帮手，人们用它来拉犁子耕地，称它为大牲口。在农村，20世纪70年代以前，饲养黄牛是为了让它干活，很少有杀牛吃肉的。现在，随着生产的发展，黄牛的集中饲养大多是为了出口或者卖肉来追求经济利益了。

（三）槐山羊

槐山羊是周口特有的优良皮肉兼用型畜产品种，广泛分布于沙河流域，沈丘、淮阳两县为中心产区。槐山羊原无此名，因其皮佳，清朝时多集中于沈丘县的“槐店镇”，久负盛名，遂得其名。沈丘县槐山羊存栏量一直保持在20万只左右，年收购板皮约50万张。淮阳县现有槐山羊25万多只，年收购板皮26万张，出栏率达到150%。

槐山羊个大体壮，额宽嘴尖，背腰平直，后肢发达，结构匀称，毛细而匀，皮质细密而有弹力。产肉性能好，屠宰净肉率为38.9%，皮质鲜嫩可口，膻味小，是食用涮羊肉的佳料。槐山羊适于当地生态条件，存活力强，生长发育快，繁殖力强。产羔率高，一只母羊每年可产两胎。每胎下羔2至4只。而且耐粗饲，以树叶、秧、杂草和秆为主食。饲养方便，抗病力强，素有“民间自古无羊医”的说法。

槐山羊板皮纹理细致，毛孔细小均匀，皮质厚，板面细，韧性强，弹性高，柔软而坚韧，分层多而不易破碎，折叠无白线，是制作各级皮革制品的优良材料。尤其适于制作各种款式的长短大衣、皮夹克、皮帽、领带和皮鞋等。发达国家已能将山羊板皮剥制成7层，像丝绸一样，用来做高级衬衫。我国亦已引进加工设备。槐山羊板皮是我国汉口路山羊板皮中的佼佼者，在国际市场上称作“汉口路槐皮”，备受欢迎，远销美、英、德、意大利、西班牙等十几个国家，本区是全国最大的槐山羊饲养基地和出口基地。

（四）泛区花猪

泛区花猪，是黄泛区农场运用多品种杂交培育的肉脂型猪种，主要分布在项城、西华、扶沟一带，泛区为中心产区。1961年以来，先后向全国11个省和本省63个县市，推广种猪10万余头。泛区花猪身呈黑白花色，头中等大，面微凹，耳前伸，背腰平直，体侧深，腹围较大。踯臀部略倾斜，腿肉丰满，四肢较细而坚实。适应性强，下择食，耐粗饲，抗病强，生长快，且肉质良好，该种猪日增重可达600克以上，一般6至7个月，体重可达90公斤。屠宰率达73.2%，瘦肉率达50%左右。

泛区花猪的培育工作从1961年开始，在国家农垦部、河南省科委、省农垦局的大力支持下，北京农大、河南农学院和百泉农专等单位密切协作，以黄泛区农场为基地，利用当地黑猪为母本，引进国外品种大约克、苏白、巴克夏为本，经过多品种杂交，自群繁育，后裔测定，建立品系品族，培育成肉脂兼用型新品种。该品种自1961年在省内外推广以来，很受欢迎，并在港澳市场上获得好评。1983年5月，经全国30多个科研单位、大专院校的专家、教授鉴定：一致认为泛区花猪具备培育品种条件，被正式定为省优新品种。该品种猪1983年起在香港挂牌出售，肉商反映良好。1984年12月，荣获农牧渔业部科技成果二等奖。

（五）淮阳鱼

淮阳鱼，主要产在其围绕县城的万亩城湖之中。该城湖水域面积10080亩，其中可用于养鱼的水面7953亩。湖西有进水闸，南有排水闸，可自行调节水量，年储水量1500万立方米。水质良好，水中有丰富的浮游生物和底栖动物及水生植物可作为天然鱼饲料。湖中鱼生长迅速，肉质鲜嫩，制作的菜肴“视之悦目，闻之生津，食之鲜美，色香味俱佳”。

淮阳城湖中主要有青鱼、草鱼、鲢鱼、鲤鱼、鲫鱼等品种。其次是鲂鱼、麦稆鱼、棒花鱼、鳜鱼、泥鳅、黄鳝等。近年渔民们大搞科学养鱼，推广立体放养、混合养殖、人工增氧、人工投饵等先进技术，并采用人工环道法孵化鱼苗，引进法国镜鱼，与河南黄河鲤鱼杂交，培育出优良品种“陈州鲤鱼”。这种鱼个大，肉嫩，味道鲜美，营养价值高，成为当地名菜佳肴。

淮阳县渔业生产以坑塘养殖为主体，与此同时大力发挥城湖、沟河优势，搞好河面隔离养殖。为了发展渔业生产，还建立了苗种繁殖供应体系，实现鱼类养殖品、纯、良、大的要求。建立了鱼饵饲生产供应体系，及时供应配比合理、营养全面的新鲜饵料。建立了科学技术推广服务体系，县乡建立渔技术推广站，建立了水产品加工综合利用体系；建立了渔业机械服务体系。经过努力，1990 年全县鱼产量超过 200 万公斤大关。

三、耕　织

（一）传统农业生产工具

1. 犁子

犁，又称犁子，一般由耕畜牵引，由犁铧、犁面、犁臂、犁别子、犁辕、犁底、犁把子几个部件组成。主要用来耕翻土地。

犁子形状像一个平放下钩的大问号，主要部件叫犁雁。后一部分像高射机枪叫犁把，犁把安在一块上平下半圆，头削得斜茬尖圆的约一尺半长的木块叫犁底。

犁子

犁把长约三尺半，下 1/3 处粗大如碗，再往上往下慢慢细下来，如农村老太太纺的线穗子，中间鼓肚两头尖细。犁把从上数叫扶手。是犁把上头端开榫，安上一个开榫眼约三寸长，枣核形如鸡蛋粗圆木，从旁钻眼木钉贯之，以脱落。犁扶手下约八寸，顺从犁雁，开一榫眼，安一开榫弯扁光滑长六寸木件，穿过犁把出榫眼贴犁把钻眼木丁贯之，以防脱落，这个部件叫犁提手。犁提手下五寸，后钉犁把一小手指粗铁丁，叫犁绊丁。拉拖车下地，犁子放拖车上，犁雁头前把后，此丁正好挡挂在后拖车撑，以防犁子挨地，碰伤犁铧、犁面子。犁绊丁下，是隆起最粗处，前后方向，从上往下，开一大于犁雁宽，长约七寸的斜榫眼，把犁雁尾部从中插入，安犁底上。犁底开二寸深榫眼，大于犁雁尾，安入犁雁尾，雁尾有铁眼，从犁底木外钻眼对准用铁丁贯之，既使犁雁尾能活动，又不脱落，用以调解犁地深浅度。犁雁尾前空榫眼加梢片塞子，犁雁身上抬，犁雁与犁铧角度张大，能犁得深。犁雁尾后下犁空榫加梢片塞子，犁雁头与犁铧角度变小内收，犁地犁得浅。犁雁尾前五寸，开榫二寸长一寸宽犁把底端开榫安入此榫眼，从旁穿孔铁钉贯之，能动以犁深浅。

犁底木上平下扁圆，头被削得斜茬尖圆。犁铧如一只现代拖鞋形，但头尖长于拖鞋尖三四寸，如把拖鞋底朝上安戴犁底斜茬尖圆头样子，犁子有这个铁铧头帽子，犁地时勇往直前，所向披靡。犁铧安犁底尖圆斜茬上，略斜向右边，便于往来耕地，土块外翻。犁铧上左中起丘绠，用于安犁面子挡住犁面不外滑，便于稳定犁面子。犁铧上安上外斜，略凹光滑如鏊面略厚，但像杏叶形下尖后圆，犁面子才能完成犁地时土块顺势成螺旋式外翻的过程。为了使犁面子稳固在犁铧与犁把身上，在离犁底高六七寸的犁把外，向犁把内侧开一榫眼，安一七寸长，宽一寸，超榫眼的木板块，叫犁面托板，头削斜茬，把犁铧，尖朝下，圆朝上，放在犁铧与犁面托板上，光面朝上，犁铧下面两边分别有两丘绠，各带两小眼，内侧穿铁丝，六七寸结鼻处钉犁底梆上，挂住外侧眼。内侧眼穿同样祖线绳子粗铁丝，结头成鼻，插入比大拇指粗六七寸小指，从下穿鼻出头，上掀把头插进犁托板，这样两根铁丝一绑，犁面子被拽紧摽在犁铧与托板上，上背依靠犁把，紧连一体。犁面摽棍顺犁把竖起，在犁把钉小丁挡住摽棍，为保险，用绳子再绑住犁面子摽棍系犁把上，结实牢固，更使犁面子不易脱落。

不论犁把和犁底，皆需木质坚硬不易裂的本地槐为佳，洋槐木次之。

犁雁前端略直，尖端反折上弯钩朝后，这叫犁雁钩头或叫犁雁钩，用于挂犁别子。

在犁雁头下面，约后五寸处，有一眼，用一块长七寸，宽三寸，高四寸木块，顺木纹开竖槽沟，上托夹住犁雁颈部，从旁对犁雁眼开孔，用丁贯之。这一构件叫犁头。用于上托犁雁，犁地时平稳前进，保持平衡。

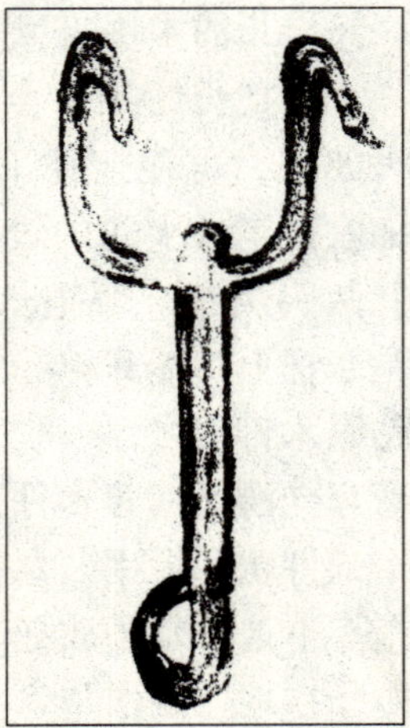
犁别子

犁别子像一个小孩打鸟的弹弓子。柄长六七寸。把端折圈成鼻，用于绑犁雁上，以来回能活动为度。犁别子上柄端处发两叉，长二寸，又向前折直三寸，再向上折弯朝后，是粗约超大拇铁打锻件。犁别子的用处，犁别子挂内挎于犁雁钩，能犁得细些，供套两牲口犁地，轻便些。犁别子挂犁雁钩外挎，犁得粗，即俗语宽，六七寸犁泛，得套三头牲口才能拉动犁。实际，犁别子是一件能调节犁地宽窄的农具。

过去农家，买来铁锻打的犁雁、铸造犁铧、犁面子，需请“投犁子”的木匠老师，才能投成犁子。投犁子没有很复杂的工艺，却是独家绝活。一般部件（犁把）用大锛，脚踏住砍，三下五除二砍成。小部件用手锛砍。是投犁子木匠的基本功。不得其传的能做各种堂器家具的木匠，再巧也做不了此活，投不了犁子。因为犁子犁铧安在犁底的尖圆斜茬上是斜角，犁面子装在犁铧上又是斜凹面偏斜角。它的外斜度，坡斜度，加上犁把的外斜度，几种斜度配合得恰到好处，才能使牛拉着省力顺当。犁子不外斜不打滑，下地吃硬才能犁好地。

2. 耙

耙，一个长方形木框，木框上每隔数寸装一个硬木橛或铁橛，称耙齿，耕过的地用它碎土。耙地时，人立耙上，驱使牲畜拉耙前进。耙用于表层土壤耕作的农具。耕作深度一般不超过15厘米。

耙在中国已有1500年以上的历史。北魏贾思勰著《齐民要术》称之为“铁齿楱”，而将使用此农具的作业称作耙。民间多用钉齿耙，钉齿耙以成组的钢制钉齿为工作部件。用于犁耕后平整地面，破碎地表的土块或板结层，以减少水分蒸发；也可用于覆盖撒播的种子和肥料，以及苗期除草、疏苗等。

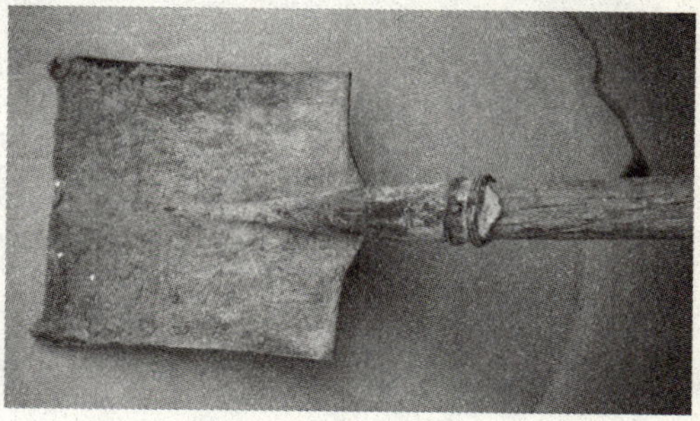

铁锨

3. 锨

锨，或称铁木锨、铁锨，用以翻铲土地，名为翻地、剜地。锨由锨头与锨柄合成，锨头镶纳锨柄的地方，俗称燕儿窝。

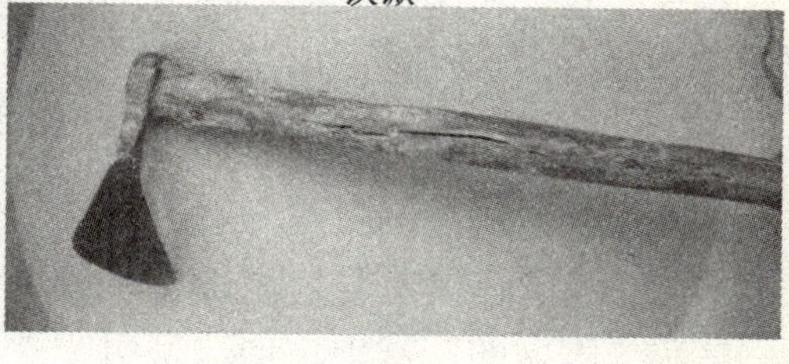

镢

4. 镢

镢，用于刨地，由镢头、镢柄合成。

5. 铁筢

铁筢，用以平整耕过的土地，由筢头与筢柄组成。

6. 抓钩

抓钩，二齿或三齿，粗重铁

器，镶木柄，用以翻出土块，砸碎，平整耕过的土地。

7. **耧**

耧，有三腿耧、二腿耧、独腿耧几种，一般由耧斗、籽粒槽、耧腿、耧铧、耧杆几部分组成，耧斗盛种子，有下漏小孔，小孔处设调节器系一铜铃，耩地时发出叮叮咚咚有节奏的响声。耧是古代的播种用的农具，由牲畜牵引，后面有人扶着，可以同时完成开沟和下种两项工作。一次种一垄或多垄，传统的最多达5垄。

铁筢

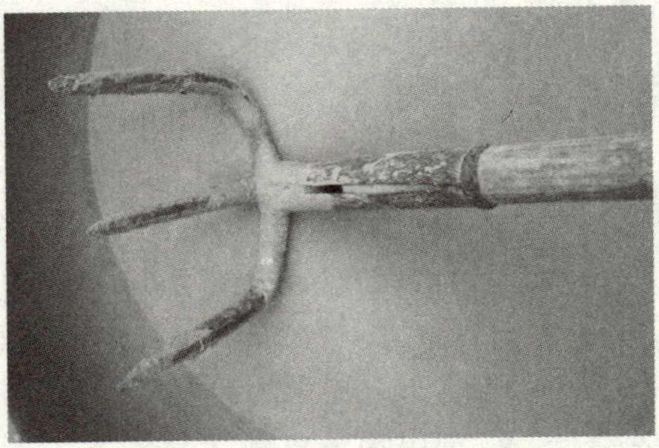

抓钩

耧也叫耧犁。据东汉崔寔《政论》记载，耧犁是西汉武帝时搜粟都尉赵过所发明，其使用方法和功效是："三犁共一牛，一人将之，下种挽耧，皆取备焉，日种一顷。"这种耧犁就是现在北方农村还在使用的三脚耧车。耧车有独脚、二脚、三脚甚至四脚数种，以二脚、三脚较为普遍。王祯《农书·耒耜门》记载，两脚耧的具体结构为："两柄上弯，高可三尺，两足中虚，阔合一垄，横桄四匝，中置耧斗，其所盛种粒各下通足窍。仍旁挟两辕，可容一牛，用一人牵，傍一人执耧，且行且摇，种乃自下。"

三腿耧

我国古代的耧车，就是现代播种机的始祖，因播种幅宽不一，行数不同，汉武帝的时候，赵过在一脚耧和二脚耧的基础上，创造发明了能同时播种三行的三脚耧。一人在前面牵牛拉着耧车，一人在后面手扶耧车播种，一天就能播种一顷地，大大提高了播种效率。汉武帝曾经下令在全国范围里推广这种先进的播种机，还改进了其他耕耘工具，加以提倡代田法，对当时农业生产发展起了推动作用。

耧车不仅能够一次完成开沟、下种、覆土等作业，大大地提高了播种的效率，同时还能保证行距一致，深度一致，疏密一致，便于出苗后的通风透光和田间管理，使得播种的质量也得以提高。

8. **锄**

锄，用以锄草、松土。其部件有铁制的锄板、锄钩和木制的锄柄。

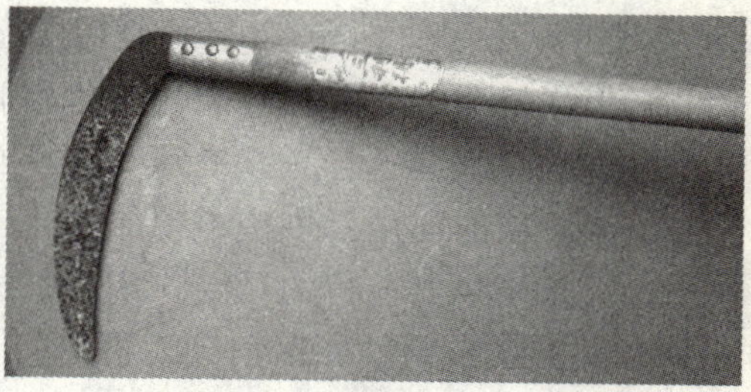

镰刀

9. **镰刀**

镰刀俗称割刀，呈月牙状，刀口有斜细锯齿，尾端装木柄，用以收割稻麦。

10. **拖车**

拖车

拖车是一个略长方形，长五尺、高三尺的框架型农具。它结构简单，易做，一共是两帮四柱四横撑，一拖撑带，一个小扎子而已。一般的木匠和有木工家具的巧农民也会做。找一段长五尺，直径七八寸的杨柳木，顺中间通长锯开，留四寸宽再外锯去表皮部分，不用刨，利用弯朝上，两头留七寸，打一寸宽三寸长四寸深的榫眼，安四个二尺半高的带榫的立柱，四立柱顶留二寸，横开榫眼，往下五六寸再开四个榫眼，前后各安两根约三尺半长的拖撑，供放犁子、耙和抹地板子。下边两拖车帮从前头五寸处，帮底向上约五寸交叉点，两帮内各开四指宽榫眼，安一根与拖车撑同长的粗约小碗的横拖撑，中间开榫眼安一向后的木扎子，供挂铁雁圈，拖车即成。使用年久的拖车底帮磨得平白光滑，如两只滑雪板。

11. **牲口套**

牲口套分牛套与马、驴套两种。

牛套由牛梭子、绠（即牛套粗绳）和套绊子三大件组成。牛梭子一般采

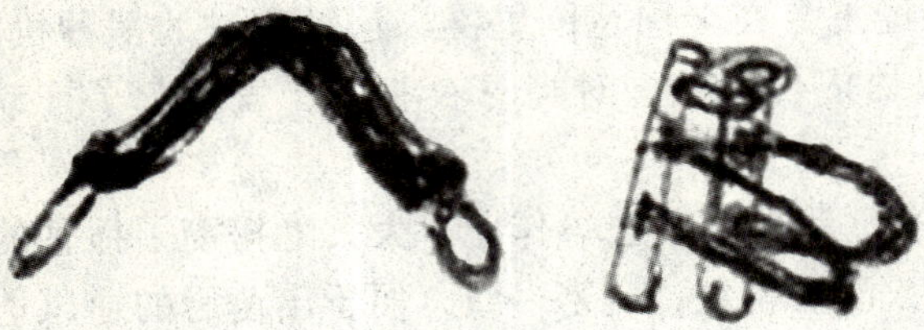
牲口套

用茶杯粗、带同样粗细弯叉的桐木制成。从弯叉处锯去向上直枝，成为一个不超过100度角，分别量干与叉一尺三，四寸长，锯去多余部分，削去外皮，削整得干与叉同等粗光滑后，从拐角顶端向里二寸处，从一端钻向另一端，约一大拇指粗孔眼，两头分别从牛梭外侧，向两头正中斜钻同样粗细孔，供穿牛梭子的绊绳。这样三个孔眼，两头的孔眼起外撑牛梭绊绳既能后挂套，又不磨牛脖项的作用；牛梭子顶端的孔眼，既能束制牛梭绊绳，又能起稳定绊绳，起担当牛力前拉的承受作用。牛梭绊绳约小手指粗，三股合绳，从牛梭一头双折穿入，经外顶角孔，再穿另一端，穿后的结头一般赶牛梭弓背，以防磨牛膀子。牛梭绊绳两头出牛梭子孔四五寸长，其双折形成的鼻供挂套入的套绊棍，牛梭子弓背中间处系绊绳上小铁圈，供穿撇绳。

套分麻绳套和牛皮套两种。麻套由打绳纺车先纺成单股，再三股，用合绳机合成绳，约大拇指粗，再由三股绳合成套或绠，合成的套或绠约小鸡蛋粗细。长两三丈长的叫绠，用于拉大车绑煞庄稼棵子，以防脱落。

牛马套一般七八尺长。前头回折的套鼻安上五六寸长的约比大拇指的小棍，叫套绊棍，以供挂牛梭子或马、驴套头。套后端穿入套绊子孔中后再把三股绳分开，同向饶穿后，再从绕穿的前腋下同穿向绕成的孔洞中穿出，勒紧形成一个花结扣，既能挡住套从套绊子眼中拉脱，又美观，不使套绳头开花破劲散套。它和衣服的扣子有同工异曲之妙。样式有别各呈千秋异彩。套绊子一般由茶杯粗的圆木、榆木截取一尺三四寸长去皮削光，两头留一寸后钻小鸡蛋或乒乓球粗圆孔，供穿套，中间打孔向后装带铁钩铁鼻具，供挂拖单上。牛套中间外股系根三到四尺长的绳叫牛肚带，供牛上套后从牛肚子下伸手掏过来，系内侧套上，以防牛梭子往后滑，便于牛使劲用力拉套耕田与拉拖车。

马、驴套根据马、驴膊子上窄下宽特点而设计。是用两根长约一尺三四寸木夹板，去棱角刮成扁长形的约宽二寸，宽一寸半的光滑木板。顶端下约二指向后各钻一个小手指粗的圆孔，供穿绳把两块木板连一起变成夹板，向下五寸再距离五寸，各向后打两个约一指宽，二寸长方形孔，供穿夹板套头绳用。夹板套头绳一般有小手指粗麻绳，从夹板孔中绕穿三圈，形成一个长约一尺三四长的三角套头。三圈麻绳再用旧布条交叉绕在一起成板型，以免磨马、驴、骡的膀子。套头向后三角鼻，从内侧向外穿带套的套绊棍，以防套落脱和磨马、驴、骡膀子。马、驴、骡的套后穿入同牛套一样套绊子，再打成花结，以防拉脱套。与牛套不同的是，马、驴套中间系一个搭腰。搭腰一般用旧布鞋，两头穿孔，穿绳绕套后再回结成鼻，能来回抹动，以便根据马、驴身长高低调整搭腰绳长短与方位。其作用防套下落，以免造成夹板上下滑动而勒牲口膀子。

还有一种叫加长套，用于一套五头牲口的拉大车牲口跑梢用的套。其实还是牛马套，不过只是在后边三头牲口中间，加挂一根后带铁钩挂车台鎏铁鼻中，超后三牲口头带铁圈可挂套的长绠罢了。长绠为怕影响后拉牲口乱套，与磨后边牲口腿，一般悬绑在两牲口中间的绑缰绳上，以防前边套松后边牲口踏上乱套出意外。麻绳套的优点就地取材易，一般种麻的农家皆可花钱打成套备用。其缺点怕雨淋受潮和牲口尿长期尿渍，易糟腐，不顶年岁。另一种是富户大家，特制的皮套，采取牛皮割成条，三股合成绳，再三绳合成皮绠，一般九股，六股皮套也有，皮套套绊子多为铁打的，鼻朝前，带转轴。皮套穿鼻后反折前，又交叉穿入套三股绠中，此法穿五六次，套夹皮绳头，以重新结成交叉绠，不易脱落。马、驴的皮套头，是改麻绳用宽能穿夹板套头眼的宽一倍的长皮子，折合成板形再穿入夹板套眼，把穿入朝前的夹板套头分开反折后，打眼用弓线绳来回穿结成绊结，为四层的夹板套，前拉时不易脱落而成。皮套重，价高不易，但同样怕水长期浸泡和阴雨连绵的潮湿天气，易糟腐，所以用后一定挂室内通风干燥处。一年中在农闲时上一到两次价便宜的棉油，以保持皮套的柔软性，否则失油变硬，易磨牲口外皮。

12. **拖单**

拖单是一个约罐头瓶子粗，结实耐磨的圆木槐木构件而成，两端朝前装铁鼻，供前挂牲口套，后装铁鼻的，供挂拖车与下田犁地用；二单子长二尺半左右，两头离端二寸分别钻眼装有铁鼻，供后挂三单子或套两牲口干活时直接后挂铁雁拉拖车与犁地。三单子长三尺半左右，两头离端二寸分别朝前装有铁鼻，在1/3与2/3交界处，装有朝后铁鼻，供后挂铁雁钩，使用三头牲口搁具拉拖车或犁地时用。三单子1/3小端前铁鼻一般再装铁钩，供挂二单子。三单子与二单子的所有铁鼻与铁钩，一般约比大拇指略粗，细了不顶磨损，撑不了牲口的拉引力。

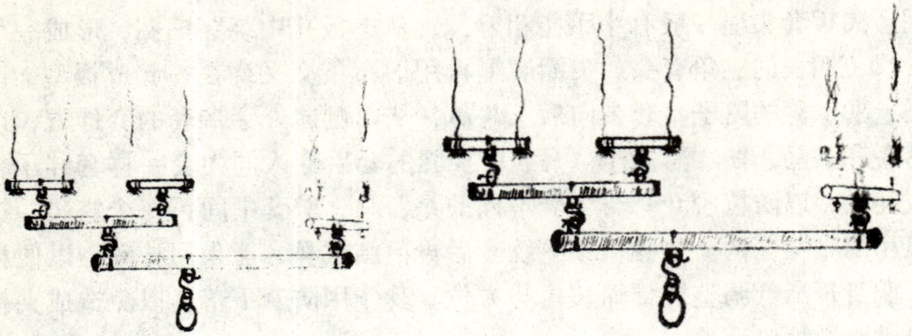

拖单

三单子小端前挂上二单子，组成三等分的平衡的拉力拖单，三个牲口无论拉拖车或犁地，不论快慢一步，通过三单子，二单子钩挂组合的灵活性，能间接调节牲口步伐快慢节奏，使步伐有时紊乱的牲口不乱套，照样能在前进中犁地拉拖车。

13. **铁雁**

铁雁是一种象形称呼。实际是一个铁钩，也叫雁头，后带铁圈套连中间长形铁鼻圈，叫雁身，后连一个圆约小碗大的铁圈，也叫雁尾而组成。雁头铁钩供朝前挂拖单，雁尾圆铁圈朝后供挂拖车木扎子上拉拖车。下田犁地，铁雁钩前挂拖单，拖单前挂套，套牛马供犁地时，铁雁圈后挂在犁雁钩上的犁别子上，起个中介联结与枢纽作用，用以牵引犁子。无论拉拖车或犁地，物件虽小，离了它办不成事。铁雁不论雁头，雁身雁尾铁圈，皆是由约比大拇指粗圆形铁打铸而成。太细顶不住三个牲口的拉力，易误事耽误农活农时。

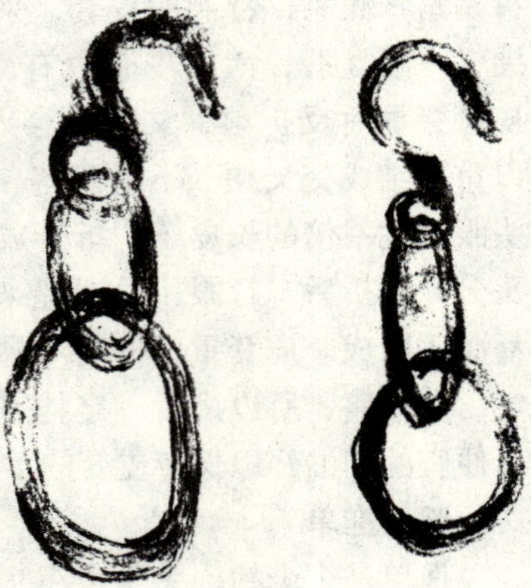

铁雁

14. **石磨**

石磨在周口，五六十年代以前，它和牛具、车辆、犁子、耙耧一样，同等相似重要，是家家户户为生存吃饭必不可缺的主要大物件。

20 世纪 70 年代以前，农家喂有牛、马、驴，皆可以用来拉磨，古农村流行“会拉犁子就会拉耙，会拉磙子就会拉磨”的俗语。牲口拉磨时，用一根长磨（约二米长）棍穿磨系绳鼻中，向右转。拉磨棍出石磨系长一米，上挂牛、马、驴套。农村一般采用驴拉磨居多，驴蹄圆小不淘磨道。驴拉磨套也挽得很短。一般磨只在屋子趁墙角不碍事的地方。而驴拉磨时，闻见面味，往往爱偷吃嘴喃面，为防止驴偷吃嘴喃面，周口妇女们利用一个约三尺的，乒乓球粗的木棍，两头分别绑在驴笼嘴与兜杆子上，另一端绑在石磨耳朵上，这样有一个硬棍中间撑着驴头，驴再想偷吃面也拐不过来头喃面，加之磨面的妇女箩面往磨顶上断断续续添加麸子，眼瞅着拉磨驴，又给驴戴上笼嘴，用布列上碍眼，驴只有在磨道里一个劲转圈拉磨，稍微妥懒就挨咤叱或鞭打。石磨磨面，牲口、牛、马、驴借拉磨面，得给人家一箩面麸子，再者不能把磨下空，麸子留得满磨眼，是农村借磨磨面的约定俗成规矩。磨主人会根据你留的磨底多少决定下次借不借磨用。因为石磨想磨面快，必须半年几个月找石匠断磨，断磨得花钱招待，你借磨用也理应付些薄酬。

磨面也有讲究，粮食添磨顶，全部磨眼下一遍。磨下来的面粉，用罗在面厢里或筐箩里箩一遍，这才叫磨一遍。小麦一般头两遍出的面粉少，粮食磕成碎粒多，面粉少，三遍四遍才面粉多。五遍六遍为下面，用来蒸馍，头三遍用擀面条。这是农民利用面粉性能不同的吃法。

箩面工具分两种，有面厢箩面和筐箩两种箩面方法。面厢是一个高一米，长四尺，宽二尺的大木厢，框架夹榫装板而成。中装统长光滑的两箩面托撑，供放箩箩面。上面留有一尺半长活动可供推抽盖板，面厢又分手罗式和脚踏式两种。脚踏式在面厢头部装有脚踏杠杆，脚踏板活动中轴上开榫安一上立杆，立杆上端开榫安一五六寸横榫，横榫向面厢留的空洞开榫装两根晃罗撑，拉撑末端开有顺罗弯卡槽，下卡罗圈框，脚踏箩面杠杆踏板，立杆随两脚上下踏动而来回摇摆，从而带动卡罗拉撑来回晃动箩面箩，箩受振动，面粉从箩眼下漏，箩内留麦麸子。为防面粉外迸，一般箩面时拉紧面厢开口上盖。三五分钟面箩净打开面厢盖掀起卡槽拉撑拿出箩，把麦麸子倒磨顶，或麸子多暂倒入斗中依遍添磨顶。另一种方法是采用口径三尺半深一尺许的大口筐箩箩面，筐箩放在做饭的案板上，筐箩内放进小于筐箩的箩面箩托撑，又叫箩晃子。箩晃子是两根并排等长两头安横榫的长框子，上放箩面箩，倒入磨下来的面粉，来回用手晃动，产生振荡面下漏，麦麸子留箩中，后再添磨顶。

推磨最让人烦的是推红芋干面，一是首先得用石権窑把红芋干権碎，否则硼磨眼下不去，二是因红芋干易碎，面多粉轻，在磨的推转中如放烟幕弹，白茫茫的面粉四散，迸得推磨者衣服脸面鼻眼眉毛如洒一层粉。箩面时稍微用力，红芋干面粉飞扬四迸如洒白灰，呛得人难出气。比起红芋干来，最难推的是玉米绿豆。玉米头三遍基本是小颗粒。绿豆磨时须先推一遍成小颗粒，拌水滋润一两天，才能上磨顶磨成面，因为绿豆太干燥。

因为周口不产石头，农家置个磨也的确不易。有的是买人家旧磨，有钱的人家先预交石匠磨钱，由懂石质硬软适度的石匠去豫西的襄县采购，装船顺颍河而下到家乡码头拉上河坡，在河坡做成磨交预订户拉回家。做时再拿手工费。

石磨为圆形，大小薄厚不一，大者直径二尺，一尺八九寸，厚七八寸也有；小者直径一尺五六寸，厚五寸、四寸、三寸者也有。石磨分上下扇，人们喻之夫妻之事，好说他那扇子就是指比喻夫妻或喻其丈夫。但磨上扇则为母，有两相离五寸的能容拳头的圆磨眼，用此下粮食磨面。上扇磨翻过看有两条凹龙沟，其周围则是扇形磨齿。粮食从磨眼下进龙沟，随磨转圈龙沟推动粮食进入磨齿，上下扇磨齿相磕磨碎粮食成面粉粒，上扇两磨眼正中是磨脐眼，中下钢圈四周用硫黄清之。磨下扇正中是磨脐子窑，中下圆木外套钢圈出磨三指用硫黄周围清之，固定下扇磨正中，正好对准上扇子磨脐眼。下扇磨中平面，周围也是扇形磨齿。上下磨相合推转能磨碎粮食成粉粒。石磨上扇边楞对称留有两眼，供绳系捆成鼻，穿长磨棍用牲口拉，两磨系鼻插两鸡蛋粗的棍可以用人推。箩面的箩，多为马尾织成的箩底网布，分八十号、九十号、一百号不等，一百一十号、一百二十号为最细箩底，箩出来的面粉如今天的机打多遍面粉细白。也有铜丝底箩，但怕雨淋，没有马尾箩顶用。箩分箩圈和箩底，有单专游乡串户的张箩匠，担着担子，一头有大小箩圈，一头有破好竹篾，一指宽小半指厚，用来根据箩圈大小撑张箩底入箩圈后，再把已磕平的箩底反折过来，再用竹篾弯成圆再夹做箩底，齐箩底边用竹刀割去，新张的箩底就成了。

石磨下边是一个大于石磨二尺左右的木圆盘。磨面时面粉下在磨周围盘上，收面粉用小木拆斗挨着用手往里捻着协助收面粉，再倒入面厢箩中或筐箩中箩。

石磨下边也做安在磨盘带拉撑的四个腿，带四条拉撑的磨盘架，但一般易受潮或虫蛀易坏损。农民一般用砖头垒一米见方的砖磨腿，上放磨盘，下边一面留门的磨洞有可放东西用的，也有临时当鸡窝用的。磨洞一般高一尺七八寸。而油磨、粉磨则是用木头做成丁字形三角鳌子拱腿架，分别掏眼埋入地下一尺多深上架磨，此磨架大于油磨、粉磨五六寸，供下掏窑放圆铁锅，接磨下来的芝麻浆与红芋粉或粮食粉，铁锅可以从前边丁字架大空中拉进拉出。便于起油刷锅。油磨一般驴拉磨，有时早起炒好芝麻，早起套驴，到下午三四点才能磨六七十斤芝麻，磨好芝麻开始烧水加入芝麻浆，用力在铁锅一个劲转圈搅动。因油比重比水轻，加之溶在芝麻浆中的油经过热水稀释后上浮，漂在浆上，油匠们再用油葫芦起油，加劲摆动油锅，使油水分离上浮，以便把油起干净。

就磨红芋粉与粮食粉来讲，磨红芋先洗干净红芋，用刀或铁锨把红芋铲碎，成半个鸡蛋黄大小，否则下不进磨眼，粉磨顶上放箩圈，倒入红芋碎粒或已泡好豌豆、绿豆之类于磨顶上，在磨顶悬挂一木盆，钻一眼，插竹篾加秫秸瓤，控制使水徐徐下滴入磨眼，冲刷已磨碎的红芋粉或粮食粉。红芋粉从下扇磨周围稀浆似的顺磨流并滴入下边大铁锅中。再用马勺挖出倒放在大箩缸上，下边带箩篾子的大箩圈中，加入适当水，用一对上带把手下边扁圆叫按子的工具，搅匀后再挤按，两个人把两按子来回一左一右错落有致使用挤按，用此把含在粉渣的淀粉分离，通过箩圈下边塑料箩底过滤到下缸中，沉淀到第二天早晨，先刮净上边水，再把淀粉分块挖出，放悬挂在梁下的粉茓兜子中，挤打成元宝形状，然后搬到院中放桌子上晒，等农闲时下细粉做粉皮。

另外还有铲、杈（铁杈、木杈）、粪叉子、镢铲、水车、扫帚、筛子、石滚、碾、驮篓等。

（二）织布工具及用法

1. 纺车子

纺车子又叫纺车，是20世纪六七十年代以前，周口广大农村纺花、织布时打筒与打篓秫子的纺线工具。

纺车子由纺车头、铁锭子、横撑、纺车翅翎支架座、纺车机轴、摇把、纺车翅翎等主要部件组成。

纺车子

纺车子外观是由一个内低外高、向内倾斜的木框架构件组成。纺车头是一块棱着放的前高约三寸，后高约五寸，长约九寸，厚约三寸的梯形木头。上面开两榫眼，相距五寸各安一根榫，前高三寸，后高五寸。两榫上方用锯每隔一指锯一个豁，两个榫上方各锯有四五个豁，深约半寸。前后榫豁各裂入线绳子粗的铁丝，折挽成鼻，前榫铁丝鼻约有小指头粗，后榫铁丝鼻约豌豆大。前鼻供穿铁锭子中间粗约铅笔杆样，周围带两道凹豁口铁锭子身，上鼻供穿装在铁锭子上尖头。铁锭子是熟铁锻打件，长约一尺，枣核形，中粗约铅笔杆，越往两头越细，但两头虽尖不一样，上端铁锭尖圆光滑，下端铁锭留有右转螺旋形自然纹，供纺线时上劲用。

使纺车头与纺车支架能站立的是一根长约一米，两头榫分别安在纺车头正中和纺车支架下托撑正中的榫眼的拉撑，起连接的作用。在拉撑上面再压上几块老砖头或一块长石头也可以，纺车子就稳定可以纺花了。纺车翅翎支架是一个上边缺口U正方形框架，但它的做法却错落别致而斜形站立。长约二尺的下托撑，内端约五寸处上面开一向下榫眼，安一根一尺半长，上开圆榫眼的立柱框，下托撑榫的另一头却又安在外立柱框高五寸处所开的榫眼中。外立柱框上端同内立柱框一样开有同向圆榫眼，供安装纺车带翅翎，中间四方，两头圆的机轴。机轴内出前立柱框五寸，开榫安一五寸长柄，柄端开鸡蛋黄大圆眼，供插一个带叉一头光的木棍摇把。纺车翅翎片厚一指，宽二寸五，长约二尺有余。中开圆榫眼，恰能装入机轴两端圆轴部。纺车翅翎共八片，每头四片。翅翎扇开成圆形，用细长线绳子来回交替折捆把前后十六个翅翎片攀绕成圆网形。圆网形外绕根线绳子穿铁锭子，上端用葫芦皮线穿铁锭隔空留二指以挡线此中，绕的线绳松紧适度而结头，这样，摇动纺车机把柄，纺车翅翎也随之转动，绕在纺车翅翎攀的圆网圈上的线绳子也随之转动，从而带动铁锭子转圈。随着纺车的转动，锭尖随之上劲，纺花妇女手中的花布鸡子，就慢慢如蚕吐丝一样，随着纺花妇女手上扬，白白约一毫米细线就纺出来了。等纺花妇女手扬到再不能扬处，倒转纺车摇柄，纺锭子也随之倒转，纺花妇女左手小拇指上挑线子，线子上升到秫裤上，再正摇转纺车柄把，手中的线随锭转绕到秫裤子上，约线上绕到离锭有两寸长线子，再正转摇纺车，如上法继续纺花、抽线、回摇上线。这样，秫裤子上的线穗由手指头肚子粗，慢慢地积攒到如鸡蛋粗，成为两头细的枣核形线穗子就纺出来了。

殷实能干的周口妇女，在操持一家数口人三顿饭的洗刷后，一天到晚，黑了再加班，能纺出一到两个大线穗子。一般一个线穗子有一两二三钱重。可以说20世纪六七十年代以前的几千年，中国人的穿衣、盖被、做鞋、做袜所用布的线子，皆是用此法制成。

2. **织布机**

织布机

织布机是框架式结构，一般多选用本质坚硬的本地槐木料构件。本地槐木结实耐用，一张织布机可用几代人而不坏。织布机是四立柱六机框前后中五个拉撑，外加机头、机楼、花翅翎机杼和卷布机杼、坐机板、和踏综板、翘机棍子、机腿、机耳等部件。

在四个立柱中，后立柱比前立柱高约一尺半有余，上开半圆内巢眼供放花翅翎机杼，六机框两边各三根，底上大，中间机框略小些。五拉撑前后各两，安得等高对撑，但中间过经线子的拉撑却安后立柱前约一尺的第二机框之间。在离后两立柱一尺半左右的两机框上向下各开榫眼穿第二机框，供安总五尺，下开榫一尺的机楼子。机楼子与织布机同宽，两个机楼梆，上下两拉撑加出厦边拉撑共三个。从机楼上端朝前出榫一尺成为出厦，机楼出厦四榫，为使机楼牢固，从两边出厦边榫向机楼立柱下端各安一斜托撑。在出厦两边榫之间各对开圆榫眼，供装两头带圆榫，中带前后，五寸出榫翘杠杆供吊综。端钻眼供系绳接综绳。

机楼的目的是悬挂织布机的机头。只有悬挂才能在织布时推拉活动自如。机头底框是块与布机等宽，大约底宽五寸，高三寸上面起槽供安杼大长木块，两头上各一根七八米能上下活动的穿撑，供穿装上四寸宽厚二寸与机头同长辖杼板子。为使悬挂的机头平稳，古人又设计与机头相连的机耳、机腿，借此增加机头的平稳。机腿长一尺三寸，下开圆榫眼套入安在装后机柱前一尺，机第三边框上两头出三寸的圆榫上。机腿上开夹榫八九分宽，供装长二尺厚，七分宽二寸的机耳边子。机耳边子斜上对准机头穿撑正中巢眼，在机耳子离机头五寸，七寸处各钻两圆眼，穿绳结鼻，供挂机头两头出榫，用鸡骨头摽紧拌机头上，悬挂的机头就在推拉织布过程中就稳定了。机后立柱上内半圆巢眼放花翅翎机杼。花翅翎机杼粗约直径五寸有余，上两头各安一尺长的翅翎八根。供印布织布时搬动转圈与织布时逐步放经线子调整长短用，为控制花翅翎稳定，使不松经线不转圈，做有带码的中带圆榫眼卡机棍穿装在机楼下边的横棍上。

在悬挂的机头下旁后七八处，是卷机杼的位置，卷布机杼圆约比鹅蛋粗些，两头带圆榫，上起槽半指深，供把绑织布头布按入用秫秸梃子卡之其中，装在卷布机杼两头的高半尺卷布耳把子圆榫中，卷布机杼两耳巴子下开一尺长的榫安在织布机框的榫眼中。穿两层机框榫眼，能插抽方便自如。织布机后拉撑上空机框头上掂棍，两头上梆坐机板子。在机身下方地上，有两农村叫脚镢子，实际名叫综踏板，两板宽三寸，长二尺的木板，上头钻眼上接两综前后科。两块综踏板后钻眼系绳，用木棍拌在机立柱外。

3. **弧线子**

纺花的目的为的是织布，线子纺好以后就开始进入织布的准备工作。织布是一个多工序的复杂工程，首先是把纺好的线穗子，用一个叫弧车子的工具，通过摇动弧车子，把线穗子上的线飞速地绕到弧车子上。每一个线穗子为小拐，分别用细麻绳系成小捆，五六线穗弧成一大拐子，实际是一个圆圈线把子。弧车子是一个长约二尺，双根并排，两头开榫安约六寸长的木堵头，是两个长方形木框子，内外两框并拢相套重叠而成。实际它就是像现在马扎子，但比较大些，它是把穿马扎中轴铁棍变成穿装弧车支架立柱上，在支架下端开榫安在一块二尺大的木头上，就成一个完整弧车子。

弧线子

怎样弧线呢？方法是弧车外挎正中安上在外框正中开榫再安上五寸长的短榫。其短榫外端所钻透内框眼，能插进根筷子，狡动弧车子转圈，就这么简单做成了。为防止摇动，在弧车支架座板上压上大石头，狡动弧车子弧线时，弧车子就不晃动了。弧线子时，妇女搬个小凳子坐在弧车子对面，把线穗装篮子放在弧车子一旁，弧线者找一根一头略尖的筷子，扎进线穗子秫秫裤子屁股门，把筷子扎在鞋绑里，秫裤子嘴朝上，线头绑弧车子上，右手快速狡动弧车子，线穗子上的线子飞快绕到弧车子上。为防止织布时有棉线疙瘩挡综与杼眼，弧线子者左手一般拇指掐按线子于食指上，从而把棉线疙瘩挡刮掉。弧线子一般一拐子分成几小几子，每一个线穗子为一小几子。为便于计算和将来打筒分装风筝子方便，妇女们往往用细麻绳子把分成小几子线子系连一捆。一般一拐子线子重六七两，合五个线穗子弧成。弧线子的目的便于浆线子和计算线子总重量，从而确定织几勾子布，织几帖宽的布。（勾子，农村织布计长的术语。帖，一帖为四十根；帖又是计算杼的单位名称与计量标准）一般弧成一拐子线子，把线把子全部用麻绳子反折过来系好，再慢慢从弧车子上抹下来，放一边再弧下一拐子线子，线子弧完称重量再确定织几勾，织几帖宽布面的布，缺多少经线，需多少纬线了，心中就明白有了目标了。为织布打下初步根本基础。

4．浆线子

浆线子的目的使线子浆后变粗硬，便于做经过程的打筒、经线子、断头再接和掏综、闯杼眼等等工序。浆线子是烙馍泡泛后用手搦成稀浆糊水，把已洗过的线拐子按入盆中揉揣均匀，略停拧干拿出，均匀穿挂在别在窗户上有空隙的杠子上（农村抬粪筐用，经木匠刮的长七八尺桑木，比扁担粗的木棍），外头用两个杈子对面合叉在一起，上面形成的叉空支着扛子。年轻力壮的妇女，把烙馍用的鸡蛋粗的擀杖，插入线圈，用力均匀有节奏上下来回猛顿，目的是使线子撴直，不相互粘连。浆线子不能暴晒，有七八成干收拾挂屋内，阴凉干后，收拾开始打筒。

5．经线子

经线子是为织布打基础的第四道工序，经线子也是织花布和被单布的初步设计的实施工序。经线子一般选择晴天无风的日子，干净平坦开阔的场地。首先把所打的筒按布样颜色的红、白、黄、绿、紫、黑等线数开始打撅眼、插筒座和秫秸梃子，把以上各色筒穿装在筒座秫秸梃子上。一般按一个花样二三十根装筒，以防弄错花布。接着心灵手巧妇女开始根据所打筒上的线子计算，能织多帖宽的布面子。农村织布术语，四十根线子为一帖。一般被单，外表得十一帖或十二帖的布面才宽而稠，布才结实才能做被单表面。里子讲究柔软，一般九帖十帖做里子。平常女子穿的花衣料为十帖或十帖半。确定了帖数，下步确定织几勾子，周口织布术语，一勾长指一表被单长度。被子分四幅被单和五幅、六幅子被单。四幅用于单人盖和两人床做铺被，五幅、六幅用于青年男女结婚双人盖的被子。一般一幅被单长七尺，这样，四幅被面布一勾得两丈八尺，加上布头就得三丈长。织五幅八、六幅一勾子被单分别是三丈五和四丈二尺。经线子前在筒座前平行先丈量每勾子长度后，两头分别打橛眼。一勾子打两个橛子，加上挂交橛子，计三个。二勾四个，三勾子五个，四勾子六个，五勾子七个。也就是说，每增织一表被单子，即一勾子，增打一个橛子。

上面所说打橛插筒，每勾长度丈量计算好，筒根据布样花色数插得不错，就开始经线子。经线子得三个人，两头分别坐两个人接线挂橛，一般年轻顶跑的青年妇女担任经线子的工作。经线第一步把筒上的线子，两个挨着系连一起成鼻，在系后完成把每个鼻反转一下，成又字形的交叉，经线者把光滑的秫秸棍插进又字交叉中，拉着线子到交橛，把这个又字形总线鼻交给挂橛者，挂橛把这又字形的交叉线鼻，挂在外交橛，又字的交叉套在后交橛子上，经线子者牵着挂了交橛后线子开始往另一头经线子。细心的农村人皆知，所谓织布，就是经线上下交替，用梭子带篓秫子的纬线，来回在经线上下交替中穿织纬线，才能织成布。而这个交，就是初经线者妇女把每对线子反挽而成的又字形线圈鼻子。这就叫住交。没有它织不成布。所以，挂橛子，另一头小孩也可以接经线挂橛子，交这头必须有经验老年妇女挂交橛，以防弄错弄乱交。再者，挂交橛线，得留心计算经几个来回了，为便于计算，每够一帖，（40 根）用细麻根系一个捆，表示记号，以防弄错根数，二便于计算和将来根据帖线数找综和借杼。经线子，从交橛开始，到另一头，为一勾子，挂橛，拐回来，下勾子，挂挨着交橛的橛子。所以农村俗语说，跑的跟经线子似的，就是指此活。经线子，除交橛两个橛子外，每经一勾子线子，不讲长度六丈或七丈，打一橛，五勾子五个橛，六勾子六个橛，但六个橛，每头三根，而有交橛的之头，则加交橛两个，共五个橛，这五个橛，除交橛前后对应离六七寸外，另外三个橛，却是并排平等各离五寸，与交橛前边橛等长并排。所谓经线子，就经花布来讲，如果所插的二十个筒够一个花，那么经两个来回才够 40 根一帖，十二帖宽的花被单布面，就得二十四个来回，才能经够整个布面宽。所以，每经一个来回，必须重新折挽线子成“又”字形做交。经十二帖的花布，如上说每次用二十筒经线子，就得二十四个来回做二十四次交。按上面所说经六勾子布，十二帖，每勾长按四丈二尺计算，六勾子布经下来得二十四来回，就得跑一百丈路。

经线子，在经完时，用墨或锅灰，在每勾子橛子上抹记号，以便将来织布时了解织到几天织一勾子，还须多少纬线子，准备的不够或纺或借，以便不误织布。有时，有婆媳两仨搭伙织布，媳妇织布，婆子纺花连打篓秫子，不误织布。

经完的线子，从交橛挽起，有经验妇女，把线挽在手上，绕的成球形，但中空最后把交头捆好，用麻绳子从交叉中穿系一结头，以防乱交。存放条几高处，等候印布。

旧式用乐子经线子，乐子也是根据布样线数摆放各种颜色的乐子。另外，在乐子上正方，架一用麻绳穿串的V形的秫秸梃子做的圈鼻，乐子上线头从中穿过，再两个系一起，挽成又字形交，挂橛开始经线。因为没有此高架乐子上方的鼻架，乐子上线子，不能上去抽出乐子。有了此高架线鼻架，乐子上的线子，在经线子者拉线走动，线子由立放的乐子，转圈上升通过上鼻，有条不紊，十分灵活方便，每个乐子线毕，换同类色的乐子，摆上再经线，这是用乐子与筒经线的不同之处。

6. **印线子**

印布是织布打基础过程中第五道工序。印布实际叫印线子比较名副其实。印布晴天最好，但是连阴天雨雪，又离儿子娶媳妇的吉日很近，那就必须抓紧织布，找个一两间长房子，把花翅翎卷线机杼放在两条大板凳上，大板凳上分别绑两块砖头能挡花翅翎子也能兑搭着印布。印布的目的，是把已经好线团，均匀地摊卷到花翅翎子机杼上，如将来所织布面宽，便于将来织布。

印布以前，先把线团放一个坐墩上，把线团交头从球形空洞中拉出，在交的两鼻中，插入两根光滑的用线绳穿连相距三寸宽的竹竿交棍后，再把解开竹交棍头绳子结头系好。搬花翅翎机杼放线团前，把所经的所用几帖杼搁在花翅翎之上，开始闯杼眼。闯杼眼顾名思义讲，就是把所经的交线鼻，用一个叫住闯杼篾子，薄片带码勾的竹片，插进经线交头鼻中，勾着鼻依次挨着，一个杼眼闯进一对结成鼻的交头线子。闯杼眼得细心，从交棍上挨线依次闯入杼眼，绝不能闯错位，否则印线子不顺利，打破原来经线所摆的线子位置，造成人为的麻烦。杼眼正对线子数闯完，每一帖线头分两半挽结系住，以防脱落。把交棍子上下错开口，杼靠近交棍，交棍上下分离所形的开口明显在杼前显露，这时再用一个叫住机杼棍子，与交棍等长等粗光滑竹棍从杼前开口穿入交线口，解开闯杼时所系每帖结线捆，两手分别抓住机杼棍两头，交线鼻已被机杼棍扽紧，再用一个大于机杼棍的竹竿破开两半竹壳子（中间竹节已打掉刮光滑）两片一合，夹住穿交鼻线的机杼棍，有时为怕两半竹壳割线子，在穿机杼棍线鼻外，包上一层报纸，以防割断线子。两片竹筒壳子，两头分别用麻绳子扎紧绑好，放入织布机花翅翎上，把织布机搬到院中，找有二三丈长的开阔平坦地的方向，把花翅翎机杼放入织机子上所在机杼窠臼里，用坐机板挡住花翅翎子，不使转动，开始松拉所经线团球，松二三丈长，把线挽双捆，挂在印布用叫小拖车的上榫棍上，拉紧所经的线子，在小拖车上压上石头与三五块砖头，上放坐墩，墩上放没松完的线团，开始印布。实际印布的小拖车，也和拉犁耙下地拖车类似，只是比较简单。是用一根粗约茶缸，一枝发两叉的圆木树枝，主干截留五六寸，上开一榫眼，按一五六寸长的短榫，用于挽捆挂线把子。

印布开始两个妇女就可以干。一个妇女把在机身后花翅翎边，一个妇女用一把木梳子，边往前梳已松散开的经线子，一边往前来回打动交棍子，动作轻柔，以免弄断线子。一边梳线子，另一只手随之上下晃动杼，杼随梳子后边慢慢移动，这样，把原来所经的线把子，通过杼宽扩散，已如花翅翎机杼宽。等梳一两丈长，梳线子者拿稳杼，对准花翅翎机杼正中，照顾花翅翎的妇女，开始卷动花翅翎，线子被均匀地卷到机杼上。照此上法，梳线子在梳一两丈远，卷机杼开始卷线子。卷后用坐机板子拌住花翅翎，再到小拖车头，松开拖车上挽捆，把线团扽紧慢慢往后松，另一个妇女，拉动小拖车后移二三丈，再把线把子挽鼻套入拖车榫子上，拉紧，两人各回到自己的岗位，开始下一轮的梳线子和卷线子的印布工作。

印布印到剩七八尺长，已不能再用小拖车了，因为已到织布机前。得须找一个人，把线子从小拖车拿下来，插入线头鼻中一个农村用擀面条的长擀杖，两手抓紧长擀杖两头，身子往后扽紧线子后拽。梳者开始一直梳到擀杖前，拽擀者也看卷布机杼，边调整所拽的线子，使线子恰好卷到花翅翎机杼上。直到卷剩下一尺多长，算印布工序完成。

7. 打筒子

打筒的目的是把已浆好的线挎子，如纺花再纺在筒上，如织花布，以便使各类颜色的线子分类打成筒，便于计算根数和用来经线子。

打筒子

打筒线子的筒，实际是把粗约乒乓球的竹子，用锯截成七八寸长的竹筒，中间有竹节打通。用来安装在打筒铁锭子上，再如纺花一样把成拐子的各色线子，分类再回纺到竹筒子上。一般一个竹筒子线穗子重半斤左右，经线子时依次按花布布样线数摆放，用来经各种花样的花布。

打筒也是利用纺车子，不过，先把纺车头去掉，专门安上一个类似纺车头的叫打筒用筒锭子头，长约一尺半，下边是一个四方粗长木块，上分别如纺车子头，隔七八寸安两个类纺车子支架铁锭子的开豁的短榫，上裂铁丝成鼻供装筒锭子。不过筒锭子十分粗壮，超手指头，中间同铁锭子一样有凹槽，所裂铁丝得超筒锭子才能穿装铁锭子。筒锭子上头尖部装入上榫豁中所裂的铁丝鼻中。这样，摇动纺车子，就可以带动筒锭子。筒锭子下端安上竹筒，打筒这一端设施已齐备，但还须一个装置线挎子的设施，叫风筝子。风筝子状如纺车翅翎子，中间用一根长约一尺的桐木根，两头分别用两根断铁锭子穿四片宽约二指，比弧车子长一两寸的竹篾子，这样张开的风筝子，两头八片，再用细麻绳，如类似攀纺车翅翎子，把风筝子攀成圆网状，放在一个特制U形上缺口支架座上，两头朝上的支架立柱框上端对应锯成豁槽二指深，供放风筝子两头的转轴铁锭子圆棍。为使风筝子支架座稳定，在风筝支架座下边挨地托撑中间向内开榫再安根短榫，上压块石头，打筒时风筝子就稳定了。这样，打筒的一切设施就齐备了。

为了减轻风筝子承受力，打筒时，一般把线拐子分劈成小单儿子，套入风筝子上。打筒时，随纺车子转动，筒锭子也飞速转圈，风筝子上经线，绕到筒锭子上安的竹筒子上，这样，摇纺车带动筒锭子与竹筒子，竹筒子飞绕的线子又带动风筝子随着转圈，风筝子上线拐子就如纺花一样又回纺到竹筒子上。所以，竹筒子绕线一根单线带动风筝转，风筝子做得不能很重，得精巧，二是风筝子上不能装带过重的线拐子，所以一般只装一儿子，打完再装下一儿子。可见，织布，一根线，耗费了多少妇女的劳力与心血。打筒另一个需注意，为织花被花衣料布，打筒时，各色线子，分类打筒，不能一个筒打两色线子。这样，才便于按布样子各色线数，经线子时插摆筒与乐子。

周口农村妇女用的一种叫作乐子的工具，把风筝子上线绕到乐子上。乐子是一个如现在马扎形状的框架子。不过乐子两挎是十字成直角，内外起槽榫卡合在一起，两挎卡合后正中心，如现在穿马扎子中心的铁柱眼。钻得比较大，如弧车子中心眼，可以安在弧车子支架铁棍上，打乐子时，把风筝子上的线绑在乐子上，用筷子快速摇动乐子，乐子转圈，乐子上的线子带动风筝子转圈，风筝子上线，这样绕到乐子上。乐子打时为把各色的线拐子分类打，和打筒一样，便于按花布样线数，经线时摆放乐子。一般一个乐子可打上一二斤线子。不过，后来因乐子得请木匠做，没有竹筒子便于就地取材，一般农民有个锯或借锯就可以截竹竿做筒，方便简单快易，所以周口流传乐子和竹筒两种方法，为广大农村妇女织布时采用。

8. **排综**

掏头是为织布打基础的第六道工序。古代妇女为了使织布时用交棍已分开的经线能上下交替，她们发明了一种织布时能使经线上下移动的工具，叫排综，综周口妇女读作征。

综是一种用十股线合成纺在一起后，用蜡打得很光滑，很瓷实的线绳子。然后刮十根长竹篾，扁约半指宽厚约硬币钱，长约二尺余，把竹篾片依附在一块叫排综板的，刮得很光滑的一指厚的薄木板，一头约宽五指，在长五寸处截留三指宽，成为古钱币形，长约二尺半的木板直背上，开始用综线做综，周口俗语叫排综。排综用排综板宽头，从两片竹篾端部开始做综。做综是把综线子折捆绕套竹篾上两次后，开始从排综板宽头木板下绕过来，再反折捆套入两竹篾，然后从两竹篾中把综线子裂过去，在绕排综板下掏过来，反折捆再套入竹篾，再从上下竹篾中裂过去，依次饶排综板掏过来，以上此法，连续做下去，并随时把做过去综连竹篾，抹向排综板窄头三指宽的空处。每做够40根，为一帖，用根黑线子，从开始到40根处在两竹篾中裂向另一面，待再做够40根帖，再从对面裂过，依次标志每帖。所以农村妇女，一掂综一查此线印，就知道此综是几帖。排综，八帖、九帖，排时相对不必把综线挤得太紧。但排十二综时，得把综线绳子挤得紧些，否则，排不完十二帖的综。所以，有经验的排综者，把所排十帖或十二帖综，与借或自己买的杼的帖数宽窄比相同，再把竹篾根据综的帖数分等份，以免每帖综宽窄不一。

因为从综眼和杼眼通过的线子，不是一条直线，织布时推织布机头受阻很沉重，再者也易磨断经线子，造成不断的织布结头的后果，误工误时，织不好布。以上所说的是排综，叫做排母挎子综。母挎综排好，下边插入一根与竹篾等长，粗约鸡蛋黄的刮得六楞的桐木综棍，把做好的母挎综的竹篾按在棍上，综两头分别用麻绳子扎紧系好，再从上边两头约五寸处，穿入绳子，结鼻，上吊插在门上头的棍下悬着，再拿两个竹篾，仍放排综板背楞上，缩反折捆两次后，开始从把排综板带竹篾直背朝下，上掏综线穿入上母科综的综眼鼻掏出综线，下绕排综板宽头，从下边两竹篾上反折缩捆，再裂入两竹篾中上掏，穿上母科已排好第三个综眼。依次法，从逢单数母科综穿综线掏做下科子科综，做够一边，也可说子挎前科，穿入综棍，两头把已排的综竹篾，绑好系结实。再依此，做后科子挎综。后科实际是母挎综双数综鼻。后科综做好，如上法寄入综棍，两头系绑好。这样，从综上母挎讲，只算做好一科子，再如此法做一科母子综，叫住两科子综皆做好，下边就可掏头了。

9. **掏头与递头**

掏头与递头是织布第七道工序，由两个人协作完成。首先把印好线的花翅翎机杼放在堂屋门口内南北方向位置，接着，门上头空隙插入一根五尺长约鹅蛋粗的棍，中系绳下接综上的系绳，把综悬吊得离花翅翎机杼二指高，两个人搬个小板凳，掏头者坐右边，递头者坐左边。一般掏头多由年长有织布技术的妇女来操作，递头则小孩年轻妇女皆可以操作。递头顾名思义地讲，是把已印好的花翅翎机杼上线子头，通过穿综和闯杼眼两道工序，就可以进入织布的最后一道工序了。

递头首先得明白分清所递线头的术语，是以交棍把经线子分成前后科或叫前后挎，周口一般叫前后科。以平放的交棍讲，经线是一替一根交叉分为交棍上一根，交棍下一根。但递头必须记住，如果交棍上的线头叫前科。你必须看着所掏综眼，她掏的综眼也是你面前前科综眼，你方可把线头递过去。她掏后科即后挎综时，你方可递后科线头。否则递错，一是误工，二是综上下错口，错不开，形不成开口交，就没法穿梭子，带纬线织成布。这样递头与掏头必须遵守默契的一条根本工序原规。

实际操作时，掏头把综揽一把在手，从综边第一综眼开始，顺综上科母挎，从交叉插右手食指往下去挽手指头，插进上下科母子综眼鼻捆中，手指已出综眼等递者，这时掏头也可以说递前科线头，有时也须两人眼观相互默契配合，言无声而动作准确无误把对方所掏或前科或后科综眼的线头递过去。递头者一般左手执一帖上下科线头，右手食指线依次看掏综者手指勾，上挑自己手指上的线头，上挂掏者食指上，掏头者食指勾得线，回勾把线头从综眼中掏出，这一动作完成，余下依次类推。

所以掏头与递头，巧没多大，关键是细心，再者前后科线头，是一替一根，后根经线是穿越前科综眼外空隙过去，双方留心，就可避免差错。掏头递头一般掏够一帖，上下错动综前后科，形成开口，便不错，形不成开口，而成交叉口，错在哪一根，一目了然，此根得重新掏眼递头，否则一根影响一机子布，形成穿梭捣断线子，织不成板整布。

10. **闯杼**

闯杼，是织布打基础第八道工序。前边也讲过，前边闯杼，是用杼在印布时起分开与疏通经线子的作用，实际杼在织布机的位置是在悬挂的织布机头底框和辖杼板框中卡住，它的位置在综前，所以印完布，掏头递头以前，必须把杼去掉，等掏完递完线头，再重新闯杼。

杼，是一个厚约半指，宽约 3 寸，长约二尺或一尺七八寸，两边用四根竹篾用线依次裂绕的竹篾组成的竹制器，也有用铁或钢片做的。它的作用使经线排均，从中穿过分布，并把梭子穿引的纬线，挤压已织成的布边，连续成布。为了使纬线织成布，就是靠装在织机布头辖的杼猛磕，才能使新穿梭引过的纬线挤靠在已织成的布边。而杼眼穿过的经线是从一头讲，则是上下交线一对。而综眼讲则是单线，两科综上下交替，形成开口，供在杼前开口即时穿梭引纬线，在下一次综的交替中，再穿梭引线，这样，在综的上下把经线有序地分开交替中，穿梭引入纬线，才能织成布。

所以，掏好综，须再次闯杼眼，闯杼眼是一个人操作，在已掏好综没动，在花翅翎上放上杼，闯杼左手持指一帖线头，左食指插前后已分开的交口中，右手执闯杼篾子，一个竹篾，长约七寸，头带勾，勾住一对线头，依次挨杼眼闯入杼眼，闯够一帖，使综前后科上下开口，看闯的线是否交叉或重眼错眼，闯过去线头，分前后科线头，每帖挽捆一起，等待上机结织布头织布。

11．绑头

绑头也是织布打基础的第九道工序和织布的开始。绑头是把已穿过交棍、综、杼的印入花翅翎子搁机杼巢上机杼的经线，先掂着杼、综交棍，慢慢松动花翅翎，依次先穿越织布机下拉撑，再上穿越机楼上的横拉撑，把织布机头上吊悬空，离机身高约一拳头，把杼长长入织布机机头辖杼板槽中，从卷布杼上抽出已卷好的结头布的线绳头，从每帖上下交线捆之间裂入绑机头布线绳头，再迈捆系挽结实，逐个接好后，用卷机别棍往后捣动花翅翎机杼，扽紧已结好的经线后，开始系综上下绳子与踏综板。

在对准综的上方是织布机机楼出厦两根撑子之间，装有两头带圆榫能活动的轴，前后带四个出榫的杠杆，此四个出榫杠杆端部钻有小眼，皆有下系绳子，前两个杠杆榫接系前科综上绳子，后两个杠杆榫接系后科综上绳子。综的高度以吊在机楼上两边出厦边榫下边的织布机头中杼眼为标准，一般织布机头吊的悬空离织布机机身上高一个拳头（四指高），综的中心母科与子科相交鼻捆正好对准杼正中心，而上系综的前后科绳子是机楼子上吊综的出榫杠杆前后水平的情况下系接综与机楼子下系绳子。在上边接好，两科分别下接踏综板。其接法，前科综两头下系绳接一个前踏综板，后科综两头下系接一个后踏综板。两踏综后系在长棍别两后腿外，两踏机板前后相错四寸。这样，用卷机棍卷紧经线子，织布机手上机，踏上两踏综板，踏下一个，综开始张口，往后推机头，交口有三指高，正可穿梭引纬线织布。再换脚踏另一踏机板，两综前后科上下交替错位，经线又张开三指高开口，穿梭引纬线，织入。这样，随着脚踏踏综板，两科综上下来回交替错位形成经线交口，穿梭后用带杼的机头后搬猛磕，连续有节奏运作，心灵手巧的妇女，凭着百折不挠的毅力，把一根根线织成了布。

上述安装织布机的过程，还有两点必须注意，一是在织布机头下吊机楼两边出厦边榫悬空中，必须机头两端安上机耳朵与机腿才稳定。机腿是下开圆榫，穿装横架在机身内，但两头出机身约三寸的一托撑和一拉撑两头榫安在机腿上组成长方形框架，在高二尺机腿上端顺机开有空夹榫，供穿装机耳朵，连接机腿与机耳朵是在它们交接正中间钻个手指粗的眼，用荆条穿入当轴，荆条尾绑在机耳朵上，长约三尺的机耳朵板头部正好插入悬吊的机头两头上下穿撑空巢眼中，机耳朵离端五寸，七寸处分别钻有眼，穿绳成鼻，分别挂机头穿撑出榫上，这样，用鸡骨头摽紧机耳上的绳捆，用鸡骨别拌在机头上，织布机算是安装好，在卷布机杼右边四个穿眼孔中插入四方头带榫的拌机棍，扽紧经线，可以织布。为了使机头在穿梭中平稳，在经线的下方，机头的前底框上面杼前，装有一个与机头等长的托杼篾，实际应叫托梭篾。宽约两指，刮得光滑，厚约铜钱，两头下踮两指高圆立柱，分别拴在机头上，以防脱落。

织布的主要工具叫梭子。两头尖，中厚三指，中有一个长方形约三寸长的空槽，长方形空槽两头有小眼秫术深，供装穿入带纬线的篓子的竹篾插入以拌篓秫子，能在其中左右动和转圈松线子。所以打得中间鼓肚子，两头尖的篓秫子一大就装不进梭子。篓秫子是用毛笔杆粗的竹子锯成四指长小竹筒，插入锭尖，妇女们用嘴咬住插入带线穗的筷子，一手摇纺车，另一手执线往篓秫子上一个接一个不厌其烦才打成作纬线的装入梭子织布的篓秫子。

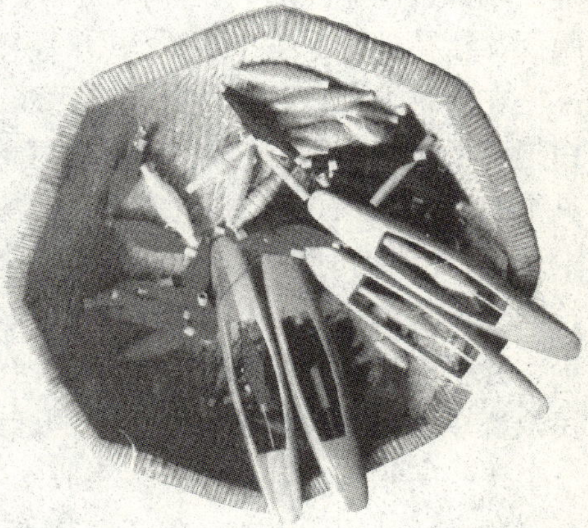

梭子和篓子

织布时妇女嘴对准梭子旁边的出线眼，用嘴吸线，线出引出二尺长，慢慢蹬踏综板，张口综口，推机头挨综，左手推机头框，右手穿梭，随之右手回拉机头，左手接梭，动作手脚交替连续才能织成布，打篓秫子也有巧，过小误工误事，过大梭子空洞装不下，篓秫子不能转圈出线根本织不成布。所以，有经验的妇女，个个篓秫子打得大小一样，白毛毛的小线穗，格外惹人喜欢。织布机前高后低，踮有织布机板凳，约一尺高。

安装织布机子的最后一道工序，就是把座机板下掂棍，两头牢固地绑在两边机框上，用绳子拴牢，以防脱落，摔伤织布机手。

四、农　事

周口以农耕为主，也兼营养殖、林业、园艺和家庭手工业。因之，周口民众的生产习俗，是和这些生产门类的发展过程有着密切关系的。

周口农谚云："九九尽，开耕种。"古历正月下旬或二月初，土地大都解冻，春田按时序开始播种。当地人把开始播种的第一天，称"动农"，即开始动农活，亦称"动龙"。因二月为"龙抬头月"，龙为水神，庄稼丰收，需要龙神泽润，故人们在第一次开始播种时，要举行简单的"祭龙"仪式。这时，农村全家人牵上耕牛，找上耧、锨、犁子等劳动工具，背上种子，端上香火纸炮，酒茶来到地中心，首先架起耕牛，在地心耕一个大"田"字或一个大圆，象征粮囤。然后，全家跪在田字或圆中心，烧香化表，奠酒泼茶，顶礼膜拜，祈祷龙神保佑一年风调雨顺，获得丰收。祭祀结束，开始播种。

在农耕上周口一带留下许多谚语俗语。周口民谚有"不懂二十四节气，白把种子撒下地"，这说明掌握节气的重要性。何时收割，农言又云："小暑见个，大暑见垛儿。"并且农谚还提醒人们："黄七分，收十分；黄十分，收七分。"冬麦何时种，农谚云："霜降、霜降，地里的粮食收上场。""抢秋、抢秋、不抢就丢"是说霜降以后，秋粮作物要抢收抢运，否则，要丢在地里。

除了农谚外，关于"水、肥、土、种、密、保、管、工"诸方面，周口民众都总结出适应当地农业生产的谚语，指导自己的生产。如：

水——水满塘谷满仓。麦不收水不丢。

肥——种田不上粪，等于瞎胡弄。要想庄稼旺，粪筐不离膀。

土——水土不出田，粮食吃不完。土是粮的本，水是苗的命。

种——选种忙几天，收获一年甜。好籽得好苗，好苗得好宝。

密——豆稠没苗，麦稠没拨（没有挑剔的）。

保——流水流肥田，金银填不满。

管——三分种，七分管，管不好了白白干。

工——人误地一时，地误人一年，地是活宝，越务越好。

在精耕细作上，周口农民尤注重"伏天"。有谚云："伏里戳一椽，强如秋里耕半年”，“伏里耕三遍，来年吃长面”，“三伏晒地似上粪，立冬耕地春不种”。

周口民间还有二月二撒灰的习俗，这一习俗还是与农耕有关。这天，天蒙蒙亮，妇女起得很早，净手后将灶膛的草灰掏在簸箕里，由掌柜的端上，一手持小棒，沿屋基墙根打撒，口中并念道：“龙抬头，虎抬头，各样虫虫都抬头，一棒打在灰里头。”一边打撒，一边念词，一直布撒到场心。草灰有杀虫作用，在龙抬头日布灰的主要目的是祭祀天地神灵，保佑一年中不要发生虫害，确保庄稼丰收。

20 世纪 30 年代，周口一带无耕畜的人家，春秋播种时，二人前后抬一木杠，杠上拴耕犁，后面一个按犁地，窜籽、铺粪者紧随的后面，这种以人代畜耕种的形式，通称“二人抬杠”。“二人抬杠”的耕种形式在贫困地区被广泛采取，这种艰苦的、落后的劳役现在已经绝迹。

周口一带多发生旱灾，有“十年九旱”之说。如遇大旱，一些地方总组织村民进行“求雨”活动。其形式是：在附近庙宇设祭祀坛，将神像抬出，在露天暴晒，法师诵经祈祷，然后到指定的水泉中取“湫水”（即“神水”），凡参与者，皆光头赤足，排成队列前进。途经院落，主人都得将大门前地泼湿，亦须光头赤足相迎，否则，将受到“求雨”者的责打。求雨进行中，众人必须三步一跪，五步一拜，同时，口中念着“玉皇老爷下雨，下了大雨救万民”的话，声调凄凉，举止悲壮，以感动天地神灵降雨，拯救百姓。在商水，民间有扫坑求雨的习俗。就是几个人拿着扫地的工具在坑塘边进行打扫为生，以感动坑神河神，祈求他们下雨。

周口的开镰习俗，就是第一次动镰收割时的一些民众信仰。这一天，主妇要做上好饭送到地头吃，吃前，舀一些饭菜，抛向天、地、祖坟方向，敬天、祭地、敬祖先，表示共同分享丰收的喜悦。每天劳动结束，用不完的饮水和磨镰水都得倒在地里，老百姓认为如果不这样，割麦天要泡大雨。

夏粮收割后，捆成小捆的“麦箭”在地里码成“麦码”，待干燥后，人背、牲畜驮或推车、人力车载运到场上，摞成大麦垛，等待打碾。有些地方，将麦地碾紧一块做场用。随收割随打碾，虽然人苦但也省事。所谓“打场”，有打有碾，打：有人用枷甩打，使籽粒脱穗；碾：牲畜拉砖石碌碌反复轧碾，使粒脱穗。碾时，以场为中心，将麦捆摊成圆形，太阳暴晒一阵，再套牲畜轧碾，多次翻抖，粒脱草绵，衣（碾碎的颖壳、草秸、穗节）粒堆起，借风扬出颗子，叫“扬场”。周口民间场摊好后，就不准背背斗、提水罐者走过场，违者，碾场将遇暴雨，造成粮食“沓场”的不利事情。

如遇丰年，扬的粮食超常的多，认为是“起蛟”，是不祥之兆，有人便操几锨麦子在场边撒掉。场打碾结束麦子堆起，如不立即扬，人们便在粮堆尖上盖个草帽，意为压着不让粮食暗暗“跑掉”。如需过夜，人们便在粮堆上用草木灰印个十字，周围印一圈，或印上“粮堆如山”等吉语，一方面祈祷多扬出粮食，一方面防盗。

一般新麦磨面后，家人不得先吃，要烙或蒸新面馍献天。也就是在当院摆上饭桌，端上出锅的大圆饼或出笼的五个热馒头，置桌上，上面插上香，鲜花，一炷香过后，即可取来一家人分食。人们这样做以示丰收不忘天恩，天地尝新，以表谢意。

（一）出粪留底

周口民间俗话说“种地不上粪，等于瞎胡混”。农民向来重视攒肥（集肥），而且要攒好肥（优质肥）。当地农民从粪堆往外出（拉）粪时，都要留粪底（不把粪拉净）的习俗。

这个习俗，来自流传于当地的民间故事。传说很久以前，张集村有一户农家，每次出粪总要留下粪底，结果粪堆取之不尽，庄稼长得出色，收成越来越好，他家逐渐富裕起来，成为当地的财主。这家到第三代不料出了个不守规矩的犟筋头。他叫伙计非把粪出净不可。掘到粪坑底，挖出个类似蛴螬又非蛴螬的大虫子，据说就是造粪虫。造粪虫无处藏身被暴晒而死。从此，财主家每次出粪不多，庄稼因缺肥日趋萎缩，财主终于败落下去，变成了穷人。

这个故事可能是虚构的，但它告诉人们，种地不可忽视攒粪，必须常用常有，否则，庄稼长不好，就会辈辈受穷。所以，当地农民将“出粪留底”的故事世代相传，此举也相沿成习。

（二）犁地

犁地，分套两牲口和套三牲口搁具犁地不同。没耕过的地，分犁伏交和犁绞交两种不同的犁法。犁绞法，五六耙宽的地，从地邻交界墒沟开始。赶牲口往里拐下地，站地头右边地界墒沟里，把撇绳挽在犁扶手下犁把上，套圈挽活捆，撇绳松紧适度，以拉直而不过于下垂为标准。外边领墒牛下墒沟，照直，使牲口喊号子，嗨！走啦！开始犁地，到地头，抓住犁提手，掂起犁子，右脚后脚跟，猛跺犁底木，震脱犁铧与犁面子上泥土坷垃，使号子，拉牲口撇绳，拐向另一边交界地邻墒沟，牲口入墒沟，拉五六步远，使号子停住牲口，让牲口休息五到十分钟，再喊号使牲口顺墒沟犁回来，如此法犁下去，最后犁完，墒沟撇在地中间。

犁伏交则不同，先用步测地宽，找着中间点，两头分竖标志，或插秫秆或棍，从拖车摘牲口，挂犁子，拉撇绳，拐下地，往标志中线站，犁子对准中线，挽好撇绳松紧适度，喊号子赶牲口照对另一标志走，犁头犁子，叫初打墒，地过于板结，需弯腰按犁雁，才能犁进地。到头掂犁子折回，让外边领墒牛下墒沟，犁五六步停犁子，让牲口休息五到十分钟，再回犁，回犁的这一犁子翻的土，正好盖在上犁子上面，高起岭，所以又叫伏地级。依照此法来回犁，东西地身方向，右犁起左犁回，最后墒沟撇在与两家地邻处。此法犁地利己，易造成地邻因墒沟不平纠纷，中高地不平，雨水外流。地两头所剩地需横着打墒，以犁到角犁到边。

（三）抹地耙地

一般来说，农家地犁了之后要抹一遍或者耙几遍，以使土地松软。如坷垃头大时，农民把耙齿朝上，放上抹地板子，挂牲口套，顺犁茬先抹一遍。抹地有巧，侧身而立，两只脚站耙中间抹地板子，撇绳挽在左手，前拉撇绳与牲口挣紧。抹地需耙耙相延边挨着边，不剩下地，到头稍停再依次挨边抹回来。抹地轻，牲口走得快，耙齿朝上，加之下边坷垃头凸凹不平，站在耙上，耙上下跳动，脚要站稳，腿要硬，撇绳逮紧，全神凝气，小心使唤牲口，才能免出危险。而熟练的鞭把，抹地耙中积土架耙，他能后提撇绳，两脚交替晃动，使积土抹去，耙挨泛头，恢复正常抹地。

耙地是耙齿朝下，两牲口挂有两鼻侧耙框鼻上，三牲口挂有三个鼻耙框侧。套挽短，撇绳从牲口到手，手往下到耙，扽紧，多余部分从耙鼻外掏挂适当耙齿上。耙地一般先通耙也可以，从中间伏地级依次挨耙来回耙，最后到两边。这是通耙。一般耙地用锁耙法。锁耙从地角开始，斜耙向对边，到边 90 度拐弯折角耙向原边，如此法，来回到地边拐弯 90 度，耙到地另一头角，折回，挨上耙边，依次如上法耙回来，折弯如 Z，回耙侧成 8 字，实际，锁耙地是 8 字形状依次错落有序的移动，最后两遍完成复合耙地两遍，既不重复，又完美地把地从头到角都耙一遍。但为使到头到边少剩下地，头与边，最后往往多耙一遍，叫拦边。

一般农家耙地八遍，达到上松底实，才能不虚，易于作物的发芽扎根，保墒涵养水土，有利庄稼生长。

（四）后晌种谷

1970年以前，谷子是周口当地五大农作物（小麦、高粱、谷子、大豆、红薯）之一，全市种植面积达100万亩以上。农民播种谷子一般选定在后晌（下午）。起因据说由于谷芽萌动与播种时间有较明显的周期性。刚萌发的幼芽较脆弱，如遇强光与高温，容易造成炕埂，成活率低。后晌播种，萌动的新芽经过十多个小时适应性锻炼，可弥补先天不足，成活率较高。就这样世代相传，遂成习俗。

（五）打头场麦

20世纪70年代以前，农民非常重视新麦登场后的打场脱粒，特别是打头场麦子，许多地方置肉上供、焚香叩头、燃放爆竹。

麦子拢成堆后，装麦子时还要求挖麦人面向北方，挖下不挖上，撑布袋的人应站在西面等。此举有欢庆丰收图个吉利之意，也含有敬谢上天的迷信色彩。郸城民间，打头场麦时，有在麦堆上烧香并同时燃放鞭炮的习俗。

据传说，郸城城北十八里有条黑河，河南岸有座周仓庙。庙台下压着个老鳖精，它常把头伸到黑河里喝水。一天夜里，刮了一阵怪风，从茅山的猫眼洞里滚来一个石蛋，滚到黑河里，正好挡住了老鳖精喝水的地方。老鳖精一怒之下，伸头朝上一甩，把石蛋甩到周仓庙的后边。石蛋入地三尺，上边露出部分好像坎着一个大笸箩。人称"鳖捞石蛋"。从此，周仓庙里每到夜里就吵吵嚷嚷的好像有很多人。一到白天就鸦雀无声。进庙看时，并无一人，唯有周仓扛的大刀头朝下了。附近村民们在打头场麦时，总是刚刚把扬净的麦子拢到一块，便有一个白胡子老头，肩搭一个钱褡从周仓庙里走来。到各家麦堆前抓起麦就往钱褡里装。起初人们还以为老头是个讨要的花子，都没理睬他，可这老头走后，各家麦堆顿时少了好些。年年如此，都说是鳖捞石蛋"古"了，变成了"老石爷"。于是人们便蒸上大馍、枣山，摆在麦堆上，敬老石爷，可白胡老头却不拿蒸熟的大馍、枣山，反而比往年还多抓一把麦。顿时，各家的麦堆少得更多了。人们就又猜想，是不是"老石爷"想受香火？后来等"老石爷"一来，人们就烧香放炮迎接。谁知这一点香、放炮，白胡子老头立刻化成一个大石蛋朝周仓庙滚去。

原来，这个石蛋是李老君当年开茅山时，见它在猫眼洞里挡道，就用炸药把这个石头精炸得粉身碎骨，可石头精的核没被炸开，就飞落到黑河里。因石头精是被李老君用炸药炸飞来的，所以它最怕火，也最怕响声，当人们点着香火、燃放鞭炮时，它就被吓跑了，人们怕这石头精再来，就在每年打头场麦时烧香放炮。日久成俗，流传至今。

如今当地人仍沿袭此俗。不过，不是怕石头精再来作怪，而是看着这丰收景象心里高兴，以鞭炮来表达丰收的喜悦罢了。

（六）打场

收麦打场，自古以来是农家头等大事。辛辛苦苦等了几个月收获的小麦，垛在场里，时赶仲夏高温，雨水渐多，加之小麦收时未干透，易使麦子霉烂变质，所以，快收快打，是农家的保证丰收成果的根本良策，打场有两个关键，第一得晴天；第二打麦的场造得结实光平不起浮土，硬如石板。

打场，直到20世纪80年代以前，集体合作化生产队时期，大部分采用牛马驴拉石磙带镑石碾压打场法。80年代至90年代采用手扶拖拉机带镇压器或带打麦机打麦。手扶拖拉机与四轮拖拉机带的镇压器，多用一个长二米的铁轴穿装生铁铸件圆圈，代替旧式石磙碾场，因机器快速，当然比牛马驴拉石磙打场快得多，摊麦摊得厚，碾得快，连打待起场能在一个多小时之间就能完成过去牲口拉石磙转一天的劳作。

80年代以前的牛马拉石磙打场，必须选择晴天，一般早晨后开始扫场，就是大竹枝扫帚把场全部打扫一遍，浮土、杂物扫到场边清除掉。九点钟，开始扒麦垛。那时代为防下雨连阴，麦秆垛得很高，四角四正，上边逐渐收顶，便于雨水下淌。扒时先用木杈子揭顶，顶部多受雨淋潮湿，挑到场边摊薄晾晒。接着扒垛，生产队时与20世纪一般上中农户垛的麦秆垛很大，长有两三丈长，宽有一丈四五的多，所以扒堆须用两件工具，一是抓口，二是杈子，三得看垛的杍子，茬口，一杈接一杈用抓口锛起，否则，逆茬口扒垛多出力误事误时。一般一人上垛顶扒垛，下边得两到三人，场小用杈子挑朴子捻麦秆，场大得用架子车装，拉到垛对面，挨着卸下摊场，摊场也有学问，不讲场大小，一般不能摊到场边，得留二尺宽边，以防麦秆经磙碾外朴散到场边，麦子洒到场边土中，浪费劳动成果，二则留空余边，便于翻场。

摊场时，把一朴一朴的麦秆，挑起撒均匀，挨着已摊过的麦秆，边略薄外，一般中间力求摊得薄厚均匀一致，便于牲口拉磙，能在同时间同样遍数碾净麦籽。摊场最后应注意，打场边摊得成圆圈，牛马拉石磙碾场靠的转圈才能碾到场边，你摊的边不圆，边出现，尖角或凹一块，牲口拉磙碾不好，又造成踏烂场，起土块，影响打场，误时误工。

场摊好后，开始准备整理石磙打场的工具。石磙一般需用磙框套上，才能拉走。磙框是根据磙之大小长短来做木质磙框。磙框长四方形，一般选用杂木（除桐木、杨木外），约大碗口粗的圆木从中间一分为二锯开，做磙框。磙框拉撑长滚两头各四指，以磙直径前后长三寸为磙框宽度，两磙框两头开榫眼穿两头开榫的穿撑，各出榫四指木钉贯之。在磙框正中对准磙脐眼开榫眼头，装里头尖圆带肩膀头能插进磙脐，后开榫装磙框榫眼磙脐子。四指长磙脐子外带肩膀头外撑磙框，牲口拉磙前进打场时才不磨磙框。

套牛马驴配具的牲口打场时也有学问，马驴比牛走得快，一般套外边，牛套里边。打场时套与犁地耙地使用牲口套又不一样，农民有俗语，长犁子短耙磕腿磙。长犁子，讲的是牲口拉犁子，套放的越长犁子犁地越稳当；短耙指耙地，新犁的地，泛头高，牲口拉耙，得使十个劲，套挽得短，耙往上提，牲口拉时省力，磕腿磙，指牲口拉石磙打场，摊一尺多厚的麦秆，使牲口拉磙前进碾，活也很重，磙前进有阻力，所以牲口套挽得短，便于拉磙，再者，牲口拉长套转圆圈，易磨外腿，牲口腿磨皮。只有短套，磙与磙框前进不捻麦，牲口拉着才省力。打场石磙大头朝外，才能转成圆圈，否则大头朝里转不圆圈。

打场套牲口，外边的牲口绑在里边牲口脖子里，折捆再回绑在外边牲口笼嘴与牛鼻具马驴兜杆子上。从里边的牲口缰绳上接撇绳，人站在场中，赶牲口拉磙，转成圆圈，一磙挨一磙，错落有致地如连续依次画圆似的转圈前进。把麦秆碾压碎劈。麦籽从麦穗棵中脱落而出。一般碾一遍，开始挂磅石。磅石是一块边厚二寸中厚三寸鼓腔半圆形石块，前有圆眼，下穿挂如船形两头带榫的托子，托子一头榫扎石圆眼，一头用绳子系磙框后拉撑上，绳系得很短。牲口拉磙打场，一般把式身边放一荆条箩头篮，牲口屙了，让牲口站着，用篮接着倒场外。

牲口打场，碾一边，开始翻场，场大，有时这边碾场，从另一边翻场。翻场三到四人，场大，前后依次同一个方向翻着麦秆，翻时得翻得眉目清楚，农民俗语所说留毛道，二尺多宽。几个人翻场，翻到边，同时转身换式，再去翻没有翻完的，直到翻到边。翻麦秆，特别已碾成麦秸时，得挑起麦秸，在杈子中抖动几下，便于麦子从中掉下分离，翻过去的麦秸，一是力求连续，二力求薄厚均匀，才利于打场，一齐碾掉麦子。再翻完一遍场，从周围用扫帚把场边麦子带糠，往场里扫挤，因为麦秆碾劈成麦秸，碾一边，厚度与面积变小，所以，再翻完一遍场，必须扫场周围，场面积越小越便于加快碾麦速度。

农村20世纪用牲口拉磙碾麦打场，一般上午摊完场，晒一会再翻，十点半或十一点钟开始套牲口碾场打麦，碾一遍卸牲口下套，赶回家快速喂牲口，场中人再把碾过麦秆翻一遍，趁南风起午间太阳毒麦秆被碾劈易吃风好干，把麦秆暴晒一段时间，这样易于碾场。午后牲口一喂饱立即牵牲口下场，套牲口拉碌打场。一般开始二遍挂磅石，农家用牲口打场，一般碾四遍翻四遍，麦秆碾劈变成麦秸，洁白光滑，闪闪发光耀人眼，抓起柔软，麦子已碾掉十之八九，约四点钟开始卸牲口下套算头一遍已打好，开始起场。

起场要前先把麦秸翻一遍，选择垛麦秸的场边地点，开始从离垛的对面起场。起场，场大，人多挑大朴子，两三个人并排用杈子捻向垛边，人多的，有人专门往垛上挑，高时往上撂。20 世纪七八十年代已有架子车，打朴子装架子车拉到垛边往上撂，垛再高时上人踩垛，这是生产队时期人多场大的干法。麦秸挑拉干净，开始先从垛对面圆场，即用扫帚把麦场周围扫向场里一圈。落把（一种带六个或八个弯齿安二米长把工具）从场周围往里搂，随着搂的麦秸多时，掂杈子挑走撂垛上。落把搂过，从周围开始用落把翻过来齿朝上翁带糠麦子，扫帚从后边紧跟把麦子带糠扫向已堆的麦堆。如果天早，又有风，根据风向拢紊子（农民俗称带买糠麦子叫紊子），如果是南风，把紊子捻成东西方向长条堆，便于趁风扬场。如果天已晚，当时没风，捻成圆堆，圆堆紊子，能趁东西南北各种风向风扬场。再者看天气多云有阵雨，麦紊子捻到场中高岗处，便于防止下雨，地离麦紊子不上水受潮，造不成水浸坏麦子。

（七）扬场

扬场得先懂农村庄稼人的术语，麦紊子是指带大糠的和扬二遍麦籽统称呼。上风头指，以南风为例，指东西方向扬出的麦与糠，因风吹，麦与糠比重不同，自然麦籽重落扬者身东西方向，糠轻落扬者以北的方向，所以麦籽落扬者的面前叫上风头，麦糠落在扬者以北的地方自然叫风头。

打落子，实际就是拿大竹扫帚，站上风头麦籽堆上边，把每次落下带糠的麦穗，带颗的麦籽又叫余子，随时扫出去。是扬场时必不缺的协助伙伴助手。打落子两个人动作须协调。扬者掀扬起，打落子从上扬的空隙中，迅速从麦堆上把麦余糠扫出去。这就是说，打落子利用瞬间时间，配合扬场者，否则，扬场拆麦紊子，扫者这时伸扫帚扫，正好扫帚磕拌在木掀上，影响扬场，弄得扬者，刚拆出的带糠的麦紊子没撂起而洒在已扬净的麦堆上，误工误事，所以说，打落子也是一种眼色活。

“扬场”分几种情况，如果当天下午麦秸碾七八成，起的场早，又有风，根据风向拢紊子。如果是南风，把紊子拢成东西方向的长条堆，那就再好也不过了，更便于趁风扬场。

扬场怎样利用风向，是扬场的一个关键问题。如果是刮南风，起场时就要把麦斋子捻成东西方向的长条堆。扬场东西方向形成截面，趁风速把比重不同的麦与糠分开。扬场分扬大糠与扬紊子两种。大糠指起场后的带糠的麦子，统称叫紊子，初扬头遍叫扬大糠，大糠出去，再扬二遍叫扬紊子。

农村所说的豁大糠是趁风扬场的第一节段，不讲有几个人，风大时，先用扬杈，人多紊子长可以从东西两头人站并排扬场，只留一个人在上风头，随时把落下来的麦穗、麦余子，先用落耙或竹扒子搂出去，再用扫帚随后扫麦籽上边没搂净的麦穗与余子，两样工具视情况快速交替使用，否则压到麦籽中，扬二遍费工误时。这样几个人通力合作协调，才能在一个到两个小时之间，趁大风，快速地扬出大糠。

大糠扬出去把麦与糠的交界处一分两清，再扬一遍，此处扬了糠后，再用木掀从挨着地扬折一遍，后边打落子的随后从糠上风头往麦紊子堆清扫底子，这样五六尺宽的上风头麦籽，下风头麦糠已截然分开。接着是农村所说扬麦紊子，实际是细扬。扬时，分两种扬法，第一种，风大，还用长堆扬法，从麦堆的上风头南边，用木掀依次挨着扬，每次只折半木掀，折出来二尺宽的毛道，扬出的麦子，如南风，正好落在扬场者的身子以南，东西方向成一条直线为堆。二遍细扬，打落子者，根据麦余子（带颗的麦籽）多少样况来打落子。麦余子多，风小，得扬一掀，扫一到两次，才能把麦余子扫清。风大，麦余子少，扬几掀，有时只打一次落子。扬场的目的是麦糠两分，为眉目清楚，每次的余子，固定扫到麦堆一头，捻出去。扬场和打落子，用个形象的比喻，如唢呐班，扬者是吹唢呐，打落子是吹笙的，伴奏唱者。

扬场的第二种扬法，是扬圆堆麦紊子，如刮南风，看场势，以堆为中心，堆东空场大，无障碍物堵风，就往东扬，否则往西扬。扬者麦紊堆小，往东扬，站堆西，或从麦紊子堆南边开始扬，皆可以，风大撂低些，风小撂高些，视风速决定快慢的频率和撂紊子高低。

扬场是一个快速高动作，大量消耗身力的重活。有时场大麦紊子多，趁风抖精神扬，等一场麦子扬空，已是汗流浃背，尘土与麦糠把人迸得如土人，鼻眼不分，特别是光脊扬场者，身上落的麦糠与灰尘，如盔甲落一层子。所以扬场须戴顶楼角或草帽子，穿布褂，否则，往往扬出风停，麦糠落一身，场没扬完，人已如从麦糠中扒出来一样。

（八）吃垛垛饭

周口农村麦子打完后，麦秸要集中堆成蘑菇状或长方体（顶为弧形）麦秸垛。堆垛较繁重，独家独户难以完成，左邻右舍便主动拿杈筢前来相助。麦秸垛堆好后，垛主即在垛垛时用的脚手架（一般是太平车上放快门板）上摆放酒菜饭食，大家围而食之，谓之吃垛垛饭。

吃垛垛饭一来表示酬劳，二来共庆麦收精彩结束。从开始垛垛到酒饭完毕，农民干活团结协作，欢声笑语不绝，气氛异常热烈。1949 年前，吃垛垛饭多见于中等以上农户。1949 年以后，随着生产体制变革，改为集体补贴工分或举行简单的聚餐。土地承包后，吃垛垛饭大多被烟、茶或瓜果招待所代替。

（九）庭院栽树

周口当地农家庭院栽树，民间有“前（院）不栽桑，后（院）不栽柳，当院不栽鬼拍手”的习俗。究其原因，一是“桑”与“丧”谐音；二是办丧事用来挑引魂幡的树枝和哭丧棒均用柳枝、柳棍制作；“鬼拍手”是小叶杨的代称，它遇风叶片碰击，似拍手哗哗作响。总之，寓言不吉祥，农民十分忌讳。因此，农户庭院内多载榆、椿、槐（国槐）、桐等用材树和石榴、枣、柿等花果树，不仅寓意好，而且有用材取果的价值。

腊八节（农历腊月初八）是很重要的传统节日，当地民众除用小米做成米饭庆祝节日外，还有往果树上抹米饭的习俗。抹米饭的习俗就是用斧头在果树下部轻砍几下，抹上米饭。许多人认为这样可以杀死树皮内的虫卵，使明年果树不生虫，果子结得多。故周口有“果树吃了腊八饭，果子结得成大串”之说。

周口民间常在院内、坑沿、场边植柿树、桃树、杏树、枣树之内的果树。这些果树无论结果多少，成熟采摘时，都不能摘完，要留几个，名曰“看树佬”。寓意硕果新老接替，绵延不断，连年丰收。

周口农村喜欢在一些村头、路口、桥畔、岭头栽榕、樟、松等为风水树。以其高大、常绿、龄长的特点来象征一村、一族或一家兴旺发达，故受保护。迷信者认为，某家所以丁胜则旺，得权得势，与祖宗栽下之风水树有关。

（十）饲养

周口一带民众养猪多在院子偏僻处砌猪栏、猪圈。民众叫猪食为潲，习用青饲料加碎米细糠煮熟搅拌喂猪。有时，母猪、仔猪、架子猪的潲内酌加米饭、豆渣、麸子、酒糟等精饲料。民间谚云："喂猪没巧，圈干潲饱。"

但猪长得快慢与否，除饲养是否得法外，还与猪种的优劣关系极大。所以农民对"相猪经"是津津乐道的，总结的经验常用谚语形式世代相传。如要"耳薄嘴筒齐，毛稀现白皮，腿短身胚大，尾小唢呐鼻"，"宁要长长瘦，不要短短肥"，"要选狮子头，不要尖嘴猴"，"尾巴扫得屋，喂猪喂得哭"等等。即从毛色看，要粗而稀，有光泽，内现白皮的最好。绒毛密厚无光泽的长得慢。忌白猪长黑绒毛和黑猪长白绒毛。买母猪，则有"三奶牛婆九齿牯，猪婆奶子一十五"之谚，即母猪的奶头多而粗者最佳，所谓"奶头粗，颈根长，毛粗尾大是猪娘"。有些人家买回仔猪或架子猪，要停食一天，认为这样易"接槽"。

农家最忌"灵官猪"。灵官猪即某种外形异常猪。猪蹄通常为四爪，若仅一爪、三爪，或多一爪，则称为"一爪灵官"、"三爪灵官"、"五爪灵官"。此外，还有开花灵官、蓑衣灵官、肚花灵官等。迷信认为这是为祭祀灵官菩萨而生的，宰杀时，刀手要化装"避祸"。

一般农家猪栏墙上还写有"姜太公在此"的纸条。有的还在猪栏墙上印有石灰五爪掌等。国民间传说，姜子牙在岐山筑台封神时，其妻马氏阴魂不散，长跪请封，气得姜太公怒骂："你这瘟神……"话没说完，马氏叩头就跑，自此做了危害牲畜的瘟神。农家利用马氏惧怕姜子牙五掌雷的弱点，借之驱逐瘟神。这个故事虽然神奇，但在民间却世代流传。

农村在养猪时。农民在本村买小猪，多不过秤，看中就抱回家，忌说轻重、只讲彩话。到猪市去捉猪，过秤时，秤杆要高翘，多不还价、一小猪装进猪篰，另一头不管装何物，其重量要比小猪轻。以饲养母猪、出卖小猪为业的农户，有时因母猪产仔猪太多，无法全部养活，不得不送掉几头。送仔猪习俗是：用几条小竹竿，各夹一红纸条，上写地名、姓名，插在四向路边田头，自会有人上门索取。索者在仔猪养大出栏时，回赠几斤猪肉或粉丝等农产品。喂养膘猪，是农民家庭副业之本，也是致富之道。旧社会农民余粮不多，又不懂科学，喂成一头膘猪极不容易。每当赶膘猪上市出门时，主人要边敲击猪食盆，边连声唤猪。这与卖牲畜不卖笼嘴的寓意相同。预示下次还要喂养，并象征仍能喂成养好。此俗在多数乡村至今犹存。

周口民众养的牛，多为黄牛，奶牛很少，并且都是把牛关养在室内牛栏中，只在白天把牛牵出来。农家认为牛吃露水草可清热滋补，人们牧牛时一般兼割青草，分别于中午或晚上撒入牛栏中。农忙使役牛时加喂食盐、谷米、酒冲生鸡蛋等精饲料，让牛生劲。冬天主要喂麦秸，辅之以红薯叶等类。

周口民众，特别是农夫非常爱牛。下雨时怕牛着凉而加盖牛蓑衣；冬天用麦秸垫遮盖牛栏屋以避风寒；夏天则熏烟驱蚊；四季生怕干了“牛百叶”，总是将牛水缸灌得满满的。牛老了，有的不忍杀戮，让其自然老死，死后还点香烛相敬，葬之以土。

人们积累的“相牛经”远比“相猪经”丰富。如“上看一张皮，下看四只蹄，前看胸膛鼓，后看屁股齐”。又如相牛八个子：“耳朵蒲扇子（耳大），眼睛铜铃子（有神），嘴巴茶络子（嘴宽），双角铁叉子（坚硬），肩头风篷子（宽），肚如甑额皮子（如饭甑大），四蹄广钵子（蹄圆如钵），尾巴扫帚子（尾大多毛）。”这其中包含着丰富的理论与实践，如人们根据牛的齿的多少，不仅可断牛的年龄，还可察其优劣，如谚云：“六齿溜光，七齿遭殃，八齿平平畜，九齿买田庄，十齿是牛王。”对于牛的毛色人们也颇有讲究，宜顺而有光泽。若头毛向前扑（叫倒梳头），则牛性恶，易伤人，有“买牛最怕倒梳头，十人见了九人愁”之谚。如牛肚子下长有蜈蚣状的旋毛，则为劣种牛，有“不怕蜈蚣飞上天（长在头上），只怕蜈蚣草上眠（长于腹下）”之谚。

养羊，是农家的另一副业门路，人们通常白天用绳索把羊拴于河滩或院子边。许多人特忌羊啃伤庄稼，许多人认为羊吃过的苗长不起来，有“牛口肥，鸡口毒，羊口往里缩”之谚。

周口当地农民中喂养牲畜，在放置饲槽上颇有讲究。在东屋或西屋内，饲槽要东西向放置，使牲畜头向北且朝门。在南屋或北屋内，饲槽要南北向放置，使牲畜头向东且朝门。此俗，除有利于饲养操作外，还吻合于“天干”所定方位，寓意天助人帮。即“东方属木”、“北方属水”。牲畜头向东、向北，表示能得草（木）得水。草水充足，就能把牲畜喂养得膘肥体壮。

牲畜是农民的宝贝，甚而是农民的全部家产。周口当地农民重视牲畜繁殖，并恪守以下习俗：产后 3 天内，不用凉水给母畜拌草，并加喂热米汤；产后 3 天头上，要敬神（马王、牛王）、摆供（肉）、蒸蒸馍、烧香、放鞭炮；幼畜的衣包子（胎衣）要搭到树角的树枝上（注意“太岁”所在的方位）；母畜铺内的粪，一个月内不准除去。如果存粪过多，只可平整或稍微除去点，满月后才把粪出净。以上习俗，有的有科学意义，有的则属迷信思想，至今许多地方仍不同程度地存在。

解放前，贫农向养牛户租牛耕田，每亩年租 30－50 市斤谷子，晚禾登场时交租。也有采取“租牛还工”办法，即缺牛户租牛一工，要替养牛户干三工活相抵。临时租用要五工劳力抵一工牛力。春耕大忙季节，农民常用精料、糯米饭和蕾豆喂牛。母牛怀胎时，不许抽打；临产时，一家人轮流守护。生犊后，牛栏贴红纸，上书“大吉”。养牛户多不吃牛肉，老牛宁卖不杀。

（十一）渔猎

周口处于三川交汇之地，这儿曾经兴起不少以打鱼为生的人家。周口沙河两岸渔家有“涨水鱼，退水虾，不涨不退捕毛花”的打鱼俗谚。

周口渔民一般是“清明系缆，谷雨下捞”。意即清明时分，渔家即在水湾扎竹木排，系缆绳张麻布网箱，至谷雨后，捕捞鱼子。周口渔民一般傍晚至夜半捞取鱼苗。然后用板筛选、葫芦吸、太阳晒等办法除去杂鱼。分辨“青”、“草”、“鳙”、“鲢”的口诀是：“鲢子眼顺八字，鳙鱼反八字，草鱼短促垂直游，青鱼筋，尾到头。”渔民贩鱼苗虽得利颇丰，但挑着不易，弄不好损失很多，谚云：“伸起颈，弯起腰，好吃懒做挑鱼苗。”正因为各地池塘都要买苗养殖“青”“草”“鳙”“鲢”等4种鱼，故称之为家鱼，而鲫鱼、鲤鱼等在任何水域都能繁殖，无须人工放养，故称之为野鱼。

渔业又有百行，各有其趣。最令人注目者，当推渔船上的鱼鹰叼鱼了。鱼鹰即鸬鹚，亦名水老鸭，体羽黑色，显紫色金属光泽，善潜水捕鱼，见鱼即扎入水中，小的吞食，叼到稍大的，即浮出水面，伸长脖子，摇摆着嘴中的食物，示意主人用鱼篓接住（因渔民在它的颈脖上套了一个小圆圈，它欲吞不能）。主人取下大鱼，必奖给鸬鹚一些小鱼。渔民借助这种特殊劳动力，转游河道，倒也收获不小。

五、农耕谚语

谚语是人民群众口头流传的习用的固定语句，用简单通俗的话来反映深刻的道理。谚语是民间集体创造、广为流传、言简意赅并较为定型的艺术语句，是民众丰富智慧和普遍经验的规律性总结。周口农耕谚语正是广大民众在长期的耕作实践中总结出的经验和习俗的精华。在此选辑一些周口典型的农耕谚语，以求进一步补充周口农耕习俗，展现周口的农耕习俗。

（一）节气歌

二十四节气起源于黄河流域，流传祖国各地。远在春秋时期就有了仲春、仲夏、仲秋和仲冬四个节气，随着社会的发展，科学的进步，到了秦汉时期，二十四节气已完全确立。不断改进与完善汉武帝太初元年（前 104 年）由天文学家邓平、唐都等制定的《太初历》，正式把二十四节气列入历法，明确了在天文上的位置。

一年十二个月，每月两个节气，每个月的第一个节气如立春、立夏立秋和立冬等称为“节气”。每个月的第二个节气如雨水，小满、处暑和小雪等节气称为“中气”。“节气”、“中气”各 12 个并交替出现，各历时 15 天，现在人们把这两个统称为“节气”了。“节气”的出现，对预知天气冷暖安排农事大有好处。在中原地区周口民间流传有二十四节气歌。

地球绕着太阳转　绕完一圈是一年
一年共分十二月　二十四节紧相连
按照干支来推算　每月两节永不变
节气交替有规律　只有闰月才顺延
天气变来节气变　周而复始六十年
正月立春和雨水　惊蛰春分二月间
清明谷雨在三月　四月立夏和小满
五月芒种与夏至　六月小暑大暑连
立秋处暑在七月　白露秋分八月全
寒露霜降九月内　十月立冬小雪天
大雪冬至十一月　腊月小寒接大寒
说罢节气说气象　两者之间有牵连
立春到了阳气转　雨水雨量逐渐添
惊蛰昆虫都出蛰　春分昼夜各一半
清明气朗草木茂　谷雨雨足天不旱
立夏温高到夏季　小满麦饱见新茧
芒种收割又夏种　夏至人们不着棉
小暑身上不断汗　大暑最热三伏天
立秋要防“秋老虎”　处暑热天算过完
白露天凉露凝白　秋分昼夜同长短
寒露两旁看早麦　霜降降霜气候变
立冬冬季已来到　小雪下雪不觉寒
大雪雪大冰不化　冬至交九大冷天
小寒虽寒不甚冷　一年最冷在大寒

适应时令抓生产　人寿年丰合家安

（二）农耕谚语

一画

一二层根满地爬，头遍锄地不深挖。

一寸土地一寸金，寸土必守，寸土必争。

一寸土地一寸金，寸金难顶寸土地。

一寸水，一寸鱼。

一寸浅二寸深，超过三寸就要焖（麦）

一分好地产一斗，一分手艺养十口。

一天一梳毛，强似上回料。

一天不喂，三天不长。

一日一饱，性命难保，一日两饱，有母没羔，一日三饱百母百羔。

一月小寒接大寒，施完肥了心里安。

一水兴百处，百利在于水。

一冬无雪天藏玉，三春有雨地生金。

一只羊一绽银，十只羊小财神。

一只兔，油盐醋，十只兔，鞋袜裤，百只兔，全家富。

一甩一串花，一堵一穗果。

一年之计，莫如种谷；十年之计，莫如树木。

一年四季在于春，一日之计在于晨，一生之计在于勤。

一年忙碌盼秋收，收到家里才算收。

一年红薯半年粮，红薯就是保家王。

一年两个春，黄牛贵似金。

一年枝，二年芽，三年拔节就开花。

一扫二饮三刷四溜，牲口才能光油油。

一羊前引，众羊紧跟。

一亩桑园，三亩庄田。

一亩菜园，十亩粮田。

一步撒一颗，百步撒一锅。

一麦当三秋。

一颗果树三分田，百棵果树十亩园。

一穗丢一颗，百穗丢个馍。

一籽下地，万籽归仓。
一草养三鲢，三鲢带一鳙。
一家致富百家跟，几家致富带全村。
一棵松树一把伞，一棵柳树一眼泉。
一遍锄浅，二遍锄深，三道土囤根。
一滴水一粒粮，水丰粮满仓。
一滴汗珠万粒粮，万滴汗珠粮满仓。

二画

七十二行，庄稼为王。
七月十五打核桃，八月十五打红枣。
七月十五枣红圈，八月十五枣落杆。
七月的苹果八月的梨，九月的柿子红了皮。
七月种菜，有吃有卖。
七月草是金，八月草是银；九月草渐老，十月草不好。
九九不下等十三，十三不下一冬干。
九九加一九，耕牛遍地走。
九月加十五，前后见牛犊。
九成收，十成丢。
二月受冻，麦子得病。
二道扁含棵，三道叉露头。
人不亲土亲，河不亲水亲。
人不哄地勤上粪，地不哄人粮满园。
人无心不发达，树无根不发芽。
人叫人开声不语，货叫人点头自来。
人处百日有情，马喂百日有恩。
人有脸，树有皮。
人老骨头硬，树老根子深。
人讲胃口，庄稼讲茬口。
人冷穿袄，鱼冷穿草。
人穷志短，马瘦毛长。
人怕无志，树怕烂根。
人怕伤心，树怕伤根。
人怕老来穷，树怕心生虫。

人怕穿单衣，麦怕二月寒。

人治水，水为人，人不治水水害人。

人保心，树保根。

人要文化，山要绿化。

人要成才全靠教，树要成材全靠管。

人要热家住，菜有温室长。

人勤地不懒，人懒地翻眼。

人哄地皮，地哄肚皮。

人是衣，马是鞍，种地全靠肥当先。

人活一百，喜欢稀豆子稠麦。

人活血，苗活水。

人靠地养，地靠人长。

人靠饭养，苗靠水长。

入九不加料，开春不能套。

入了伏，不离锄，锄头响，庄稼长。

十月下雪霜，来年粮满仓。

十冬腊月半无栏，来春耕地上套难。

十冬腊月半无栏，来春耕地上套难。

十年之计，莫如树木。

十年种树，百年树人。

十年栽树，万年歇凉。

十网九空，一网成功。

十亩田井一眼，无雨十成收八成。

三画

万物土里生，有土不服穷。

万物生土中，离开土地落了空。

三九不冷夏不收，三伏不热秋不结。

三九四九，保护耕牛。

三刷三扫，赛似加料。

三星歪，该种麦。

三春忙于种，一秋忙于收。

三分种，七分管，十分收成才保险。

三月十八，豌豆开花。

三月三，倭瓜葫芦地里钻。

三月三湿了老鸹毛，麦从水里捞。

三月牛，四月马，五月骡子不用打。

三月雷，麦箍腿，狗衔蒸馍上粪堆。

三叶间，五叶定，六花九叶控，十叶以后肥齐攻。

三四月有雨长蒿子，五月有雨长茭子（高粱）。

三伏不长猪，三九不长鱼。

三岁黄牛四岁马，打场犁地叫呱呱。

三年杂粮五年桐，七年苹果满山红。

三年两头倒，庄稼长得好。

三类田，小老苗，偏水偏肥多照料。

三耕六耙九锄田，一季庄稼定一年。

上买一张皮，下买四个蹄。

上地一把镰，回来一捆草，牛羊都吃饱。

上淤一寸，强似上粪。

上粪不浇水，庄稼撅着嘴。

上槽不饮水，下槽不打滚。

下河先定向，撒网先抓网。

久旱不见旱，地下有清泉。

口粮不佳，多栽地瓜。

土地不深翻，麦根没处钻。

土地是个宝中宝，衣食住行离不了。

土地深翻，山药蛋（马铃薯）翻番。

土羊改成白绒羊，一只能顶两只羊。

土放三年成粪，粪放三年成土。

土是宝库，地是五谷仓。

土是根，种是本，肥是劲，水是命。

土是聚宝盆，产粮又生金。

土粪是个宝，少了庄稼长不好。

大水浅，二水饱，三水四水赶着跑。

大瓜子压，小瓜子掐。

大旱不过五月十三。

大豆见花，如孩见妈。

大豆产量高，磷肥不能少。
大豆种重茬，病虫危害大。
大豆要早种，防止霜降冻。
大豆秸秆作青料，牛羊吃上膘情好。
大豆营养高，吃上身体好。
大麦上场，小麦黄芒。
大麦熟吃杏子，小麦熟吃桃子。
大秋作物三分种，七分管理好收成。
大淤一层，增粮一成。
大雪年年有，不在三九在四九。
大棚种菜，人人喜爱。
大粪一季，油饼一年。
大粪上得勤，种地不问人。
大雁来薅花柴。
大蒜西瓜汁，利水消肿还解毒。
寸麦吃丈水，丈麦吃寸水。
小拌小和能吃饱，勤添少给要记牢。（喂牲口）
小鱼穿大串。
小蚕保苗，大蚕保腰。
小猪游，肥猪囚。
小暑连大暑，庄稼雨后勤松土。
小满前后，种瓜种豆。
小满种胡麻，头顶一枝花。
小满暖洋洋，锄麦种杂粮。
小暑早，立秋迟，大暑培垄最合适。（锄花生垄）
小燕来，抽蒜苔，小燕走，出红薯。
山上没有树，水土保不住。
山羊见雨满地转，绵羊见雨一疙蛋。
山药拌上草木灰，不怕地瘦土不肥。
山药喜钾肥，要拌草木灰。
干旱无苗没盼头，抗旱见苗一半收。
广种薄收难温饱，深耕巧种产量高。
门前栽柳，屋后栽桑。

马不吃夜草不肥，人不得外财不富。
马不喂夜草不肥壮，树不靠抚育不成长。
马不喂料难爬坡，苗不压肥难发棵。
土蓄水，水养树，树保土。
寸草铡三刀，没料也上膘。
小麦“胎里富”，底肥要上够。
小暑黄鳝赛人参。
小满不满，芒种不管。
小满见三鲜。(指鲜蒜、鲜大麦、鲜蚕茧)
干封葱，湿埯蒜。
马怀驹，三三六（天）也有延长和不够。
马走百趟能识路。
马粪热，牛粪冷。

四画

不怕年景坏，就怕不种菜。
不怕使十天，就怕猛三鞭。
不怕苗儿小，就怕病虫咬。
不留下部不要稍，留种选到正中腰。
不稀不稠，放下锄头（豆）
不怕下雨多，就怕堆大垛。
不怕大冻，就怕土实。
不怕小时长得慢，就怕伏天卡脖旱。
不怕风一片，就怕一条线。
不靠天爷，旱涝保险。
云朝南，雨涟涟，云南北，晒干坯。
五月旱，枣成串。
五短（四肢、脖子）一长（背腰），必定力强（指牛）。
公畜管一坡，母畜管一窝。
公雏憨，母雏灵。
六月六，打花头。
六月六，湿龙衣，连阴带晴四十一。
六月炎日莫歇荫，锄头底下有黄金。
六月韭，臭死狗。

化肥记三防，湿晒雨泡汤。
天变一时辰，打场要抓紧。
少喂勤添，猪儿溜圆。
开花至长豆，要把水浇够。
引种不试验，优种不灵验。
水地萝卜，旱地葱。
水地葫芦旱地瓜。
水似一条龙，由高向低行。
水急好捕鱼。
水是一条龙，由高向低行。
水是庄稼血，肥是庄稼粮。
水是庄稼命，没有它长不成。
水是庄稼宝，四季不能少。
水浑好养鱼，水清没有鱼。
水草多，鱼儿多，要钓就选自然窝。
水要用得好，省水保肥庄稼好。
水清石头显，烂鱼四处拣。
牛儿常放，膘肥体壮。
牛不怕淋，马不怕晒。
牛发情吊线，驴发情嘴拌，猪发情跑圈。
牛怕圈底水，马怕满天星。
牛肥不懒，地薄生碱。
牛是农家宝，种地离不了。
牛要吃饱，马要夜草。
牛要脚园，猪要腿粗。
牛喂一寸草，才能吃个饱。
牛喂三九，马喂三伏。
牛鼻不冒汗，可能有病患。
牛靠夜倒嚼，马靠吃夜草。
中午不割韭菜，有露不摘葵花。
丰收之年，不收无苗之田。
乌云接日头，半夜雨点稠。
书读十年成秀才，十年学不会做买卖。

井水不出鱼，枯木不开花。
今日人养树，日后树养人。
今年不储草，来年牛卧倒。
六月草，要打倒。
无机促有机，粮多地又肥。
无灾人要树，有灾树养人。
气温降到十五度，赶紧上地收红薯。
水从天上来，治水先治头。
水往下流，鱼往上游。
水浅无大鱼。
水浅难养鱼，水深大鱼藏。
牛跑不加鞭，饥牛莫忙喂。
见粪不亲，穷断骨筋。
长养猪，短养蚕，治穷致富在眼前。
长犁子短耙使死牛。

五画

冬天栽树树休眠，开春发芽好时光。
冬天犁透地，夏天划破皮。
冬天碰破皮，强似春天犁出泥。
冬牛不瘦，春耕不愁。
冬争日，夏争时，五黄六月争回耧。
冬至栽竹，立春种树。
冬麦盖三层被，枕着馒头睡。
冬季放鱼苗，秋季捕大鱼。
冬贮蔬菜三注意，温度湿度和空气。
冬钓巧避小杂草，可用曲酒泡枸杞。
冬钓阳，夏钓荫，寒钓下的深。
冬前出现小老苗，追施磷肥效果好。
冬前壮而不旺，安全过冬有望。
冬前促，起身控，拔节孕穗争穗重。
冬前犁翻地，害虫命归天。
冬春积肥料，秋后全家笑。
冬耕深一寸，顶上一遍粪。

叫驴不叫，行家不要。
四月八（农历）种棉花。
四月八雾拉拉，沟里河里种芝麻。
四月十二湿了老鸹毛，麦从水里涝。
四月初韭芽吐。
头伏打尖，二伏打杈，有花没花七月十五。
头伏种芝麻，头顶一枝花。
头伏萝卜，二伏菜，三伏里头种荞麦。
头伏萝卜末伏芥，中伏里头种白菜。
头次追肥一尺高，二次追肥正齐腰，三次绣穗出毛毛。
头遍扒，二遍埋，到了三遍扶起来。
头遍刮，二遍挖，三遍四遍如绣花。（花生地）
头遍草，二遍料，三遍水要喂到。
头遍透花，二遍跑马，三遍隔一个砍俩。
头遍高粱，二遍麻，光棍就怕锄芝麻。
头遍深，二遍浅，三遍戳破脸。
头锄浅，二锄深，三锄莫伤根。
奶足娃娃胖，墒足麦苗壮。
宁可少吃穿，不能没有驴马来使唤。
宁让树受伤，不让树扛枪。
宁迟一日养种，不迟一天收割。
宁舍口中粮，不舍种子粮。
宁栽霜打头，不栽立夏后。
巧买老，拙买小，冬买骨头夏买膘。
巧施肥，多打粮。
巧种不胜拙上粪。
巧种巧管，收成丰满。
巧种多上粪，粮食打满囤。
巧犁细耙多，不怕粮食不进窝。
打不尽的芝麻，摘不尽的棉花。
打井开渠道，不怕旱和涝。
打井修坝，年年保丰收。
打鱼不叫早收网。

打鱼不离船头，钓鱼不离滩头。

打春一百，拿镰割麦。

打铁看火候，庄稼赶时候。

母羊下壮羊，三年五个羊。

母猪挤出奶，不日就产崽。

玉米分蘖要除掉，壮心促苗低消耗。

玉米开花受旱，必定减产一半。

玉米去了头，力量大如牛。

玉米地里套大豆，来年生活不用愁。

玉米身上长肿瘤（黑粉病），赶快切除埋入土，若等开口散黑粉，又为明年留祸根。

玉米间苗要早，三叶四叶最好。

玉米定苗莫迟疑，六叶七叶定稠稀。

玉米是个水布袋，越浇越自在。

玉米种成南北垄，既透光又通风。

玉米追肥高培土，长到后期不倒伏。

玉米密植要适当，因地制宜情况。

玉米棉花要封垄，防止倒伏多收成。

玉米棒子不秃尖，人工授粉是关键。

白天鱼行上，黑夜鱼下行。

白菜早种有病害，迟种叶球不实在。

白菜把心包，轻浇又勤浇。

白露下南瓜，立冬卧白菜。

白露早，霜降迟，过了寒露正及时。

立了冬，麦不生，立夏不下，停犁子停耙。

立了秋，挂了锄，后期管理不能丢。

立冬无雨一冬晴。

立冬砍白菜，多收不受害。

立春莫等一百天，捕捞鱼苗到河边。

立秋八月间，防虫除草赶时间。

立秋三日雨，秋菜都能收。

立夏三天麦穗齐。

东奔西跑，不如拾粪薅草。

东虹日头，西虹雨。
仔猪喂养把三关，初生补料断奶关。
冬天比粪堆，夏天比粮堆。
冬天麦盖三层被，来年枕着馒头睡。（指下雪）
冬钓背风向阳处。
冬钓鲫鱼有三巧，软杆，细线，鱼钩小。
冬犁深一寸，春天省堆粪。
冬灌小麦是一关，关键在时间。
出门看天气，买卖看行情。
击掌鱼不动，浮头很严重。
包衣种子好，粮食产量高。
只有懒人，哪有懒塘。
只造不管，打破金碗。
只靠双手不靠天，修好水利甜万年。
布谷鸟叫，麦籽垛垛。
平时多修河，有洪不发愁。
瓜地不重茬，重茬长不大。
瓜子虽小，养人头脑。
瓜菜半年粮。
生儿不养难成人，栽树不护难成林。
生土变熟土，一亩顶两亩。
生产要积累，养鱼要积水。
生地茄子熟地瓜。
生料干喂，缺水不对。
立夏不出头，割麦喂老牛。
立夏刮阵风，小麦一场空。
龙生龙，凤生凤，良种才有好收成。

六画

买鸭看嘴，买鸡看爪。
伏天多积一担粪，来年麦子打满囤。
伏天深耕田，胜过水浇园。
伏天犁三遍，缸里有米面。
伏天铲破皮，胜似秋后犁。

伏天锄地皮，赛如秋天耕一犁。
伏里有雨多种麦。
伏耕灭杂草，保肥蓄水份。
先浇弱苗后浇壮苗。
光施肥不深翻，根系再多无处钻。
农肥早到田，粪堆土压严。
农肥沤制好，蝼蛄蛴螬少。
合理密植产量高，过稀过稠打得少。
同样草，同样料，不同喂法不同膘。
后蹄弯似弓，干活快如风。
地不整不成园，树不剪果不甜。
地不翻，苗不欢。
地无唇，饿死人。
地头放火烧荒，烧断土壤脊梁。
地平路顺有水源，背风向阴好果园。
地皮板结不透气，苗子要受夹板罪。
地向阳，果树张。
多耙一遍地，顶下一场雨。
好牛不站，好马不卧。
好牛静如鼠，病牛动如虎。
好匠要看手，好马要看走。
好种出好苗，好葫芦锯好瓢。
年外不如年里，三追不如一底，(肥)。
年驴月马当时牛。(指上膘)
庄稼人凭粪早，生意人凭字号。
庄稼长的旺，水肥赶上趟。
庄稼要好，肥水要饱。
忙种不如适时。
收了麦子回茬豆，年年地不瘦。
早看东南，晚看西北。
早种不结，迟种不黑。(指荞麦)
早种稀，晚种稠。
早拿锄头，防旱不愁。

早割豆子，午摘花，铺开布袋收芝麻。
早喂喂在腿，晚喂喂在嘴。
早锄一人锄一亩，晚锄一亩锄一秋。
有水无肥一半收，有肥没水看着丢。
有水遍地粮，无水遍地荒。
有地没粪撒，三年一倒茬。
有收无收在于水，收多收少在于肥。
有籽不荒苗，有苗去杂草。
有钢使在刀刃上，有粪撒到地皮上。
买鸡看爪，买鸭看嘴。
买卖不懂行，瞎子撞南墙。
交九不加料，来春不用套。
农家第一宝，牲畜挤槽鸡鸭鹅
冰响，萝卜长。
冰发黄，要融化。
吃了腊八饭，就把年货办。
吃上萝卜菜，啥病也不害。
地冻咚咚响，萝卜正在长。
地里丰收不要笑，收在仓里才算牢。
地净苗壮。
地是刮金板，人勤地不懒。
地要种好，茬口要倒。
地靠人种，人靠地养。
壮苗是枝花，全靠粪当家。
早了不结籽，晚了穗头松，种得适时候打头就不轻。
早防龙行旧道，不防水流变道。
有了大牲口，种地不用愁。
有子不怕穷，有地是富翁。
红薯吃在胃里，才算粮。
红薯封封根，多收千把斤。
红薯最好阴天栽，雨天载上多长柴（柴根）。
红薯翻蔓旧习惯，费工减产不合算。
羊儿出了汗，风口不可站。

羊走十里不断粪。

羊草鱼，一日不喂，三日不长。

阴天早晨割豆豆，不裂荚荚不扎手。

七画

旱收芝麻涝收豆，不旱不涝收红薯。

近水识鱼情，近山识鸟音。

近锄秫秫远锄花，锄出土台吃芝麻。

远看桐园，近看粮田。

连藕除烦解酒妙，绿豆解毒疗效高。

闲土三分力。

间作套种三层楼，有粮有菜又有油。

间作套种好，玉米套大豆。

间草要早，治虫要小。

饮后不打滚，喂后不加鞭。

驴老牙长，马老牙黄。

鸡冷上架，鸭冷下河。

鸡肥不下蛋。

鸡要养好，水足料饱加光照。

鸡孵鸡，二十一。

麦子不怕压，越压头越发。

麦子不受伏天的气。

麦子喷上二氢钾，秆硬穗大颗粒饱。

麦田管理过五关（返青、拔节、孕穗、抽穗、灌浆期），三攻才能夺丰收（返青壮苗攻穗数，拔节孕穗攻大穗，抽穗灌浆攻粒重）。

麦吃三日连阴雨，还得二月雨来催。

麦在火里秀，还靠水来救。（指旱天）

麦在犁耙秋在锄。

麦收一盘耙，秋收一张锄。

麦收八、十、三（月）场雨，遇上天旱勤浇水。

麦收八成三场雨。

麦收三不少，穗多穗大籽粒饱。

麦收有五忙，割拉打晒藏。

麦收芒种谷收秋，豆子寒露及时收。

麦收时，秋收日。
麦过春分日夜长。
麦花落到裂缝里，麦子收里成大囤。
麦刮四月风，风过一场空。
麦到老，要防倒，倒了就是一把草。
麦到芒种谷到秋，寒露才把豆子收。
麦怕干旱风，风过粒减轻。
麦怕胎里旱，人怕老了穷。
麦茬热，菜花冷，谷花杂草满地滚。
麦要夹生割，豆要摇铃收。
麦捆根，谷捆梢，芝麻捆在正当腰。
麦盖三层被，小孩枕着馒头睡。
麦黄不要风，有风少收成。
麦锄三遍没有沟，豆锄三遍圆溜溜。
麦熟一晌，豆熟一场。
麦熟怕连阴，谷熟怕刮风。
麦糟喂猪，粪草喂鱼。
豆锄三四遍，荚荚串成线。
两亩瓜园一箱蜂，蜜旺瓜肥吃不清。
你也打，他也揍，喂得再好也要瘦。
冷粪果木热粪菜，生粪下地连根坏。
冻不坏的葱，干不坏的蒜。
别看虫虫小，治得迟了不得了。
听见公马叫，撩起尾巴就撒尿。
坑挖深，使劲砸，栽根扁担也发芽。
花生耐旱最怕涝，松土保墒两有效。
花生喜生茬，重茬要减产。
花地锄里勤，棉花白如银。
花虫绿虫菜青虫，它们都怕“敌百虫”。
花草花料，牲口吃得欢跳。
花粉撒在穗尖尖，棒子没有秃尖尖。
花媳妇，毛毛虫，数它危害山药凶。（七星瓢虫）
谷雨前后，种瓜种豆。

谷雨前好种棉。
谷草切成碎瓣瓣，牲口吃成肉蛋蛋。
谷黄不收，起风就丢。
谷锄深，麦锄浅，豆子锄个半啦脸。
迎春花开，土蚕出来。
麦苗不怕小，就怕坷垃咬。
麦种三年不选种，混杂退化减收成。
麦种泥窝窝，来年吃馍馍。
麦茬谷，坐着哭。

八画

刮大风，莫放蜂。
到了夏至节，锄头不能歇。
卧牛不乏，乏牛不卧。
底肥要好，追肥要早。
房前屋后，种瓜得瓜，种豆得豆。
放羊留下回头草，羊儿吃得满身膘。
放羊勤拦头，个个满身油。
明施土肥，暗施化肥。
松树喜欢挤，几棵栽一起。
林茂水长流，树少河断流。
枝多叶密结果少，不稀不密最为好。
枣发芽，种棉花。
枣怕三年荒，最好伏天翻。
柜台里外刮春风，顾客心里暖烘烘。
河里无水空架桥，地里无水干死苗。
河湾里头栽果树，株株都是摇钱树。
河道东西南北游，堤坝能锁住。
油见油，三年愁。（注：油见油，指芝麻或油菜不能重茬。）
油足灯才亮，肥足苗才旺。
油菜开花遍地黄，春雷一声播种忙。
治虫先杀草，害虫必定少。
治虫如治病，不治没了命。
治虫治病没巧，治早治小治了。

治病不治痛，一家女百家求。
泥水豆子，旱地麦，沙地花生，旱天芝麻。
细收细打，颗粒归仓。
细草自含三分料。
肥地宜稀不宜密，薄地宜密不宜稀。
肥料是个宝，还得施得巧。
肥猪长到一百八，饲料再多也得杀。
肥猪喂过八个月，不是傻瓜也是鳖。
苹果性喜寒，移植不宜南。
茄子树上吊不死人。
茄子强筋骨，白菜养皮肤。
茄锄八遍，枝枝叉叉结遍。
该收不收，必定要丢。
轮作倒茬老传统，防病防虫起作用。
金木水火土，五行之中土为母。
钓位水面泛水泡，断定鱼儿进了窝。
钓位选对，勤打窝，保证鱼儿炸窝。
钓位选角，水平鱼多。
钓位选腰，鱼来三方。
钓鱼看天气，天气不如水势。
钓鱼要忍，捉鱼要狠。
钓翁钓翁，莫钓南风。
雨下一大片，雹打一溜线。
雨天方不下，鱼无水难生。
雨水清明紧相连，植树季节在眼前。
雨后暴晴及时浇，预防青枯死得早。
雨前锄芝麻，杂草搬搬家。
青松不嫌土瘦，杨柳不怕大水冲。
饲料多样，定时定量。
饲料搞配方，养畜不费粮。
夜冻昼清，浇麦正好。
乳牛爱吃朝霞草。
事在人为，地在人种。

夜草吃不够，不使也会瘦。
夜草能肥马。
季节不等人，一刻值千金。
治虫如灭火，保苗如保命。
炒菜不能没油，耕地不能没牛。
狗饱不跟人，羊饱自成群。
玩龙玩虎，不如玩土。
空谈一场，庄稼不长。
细水长流，浇到地头。
育苗没有巧，勤耕细管水肥饱。
苗木一枝花，全靠粪当家。
苗多欺草，草多欺苗。
苗荒苗，甚于草荒苗。
苗隔两夜栽，薯秧换苗快。
若要苗均匀，得把种子浸。
若要耕牛喂得好，栏干食净露水草。
金瓜裂枣疙瘩犁。
金是宝，银是宝，土地是个宝中宝。
鱼大鱼吃虾，虾大虾吃鱼。
鱼长三伏猪长秋。
鱼吃跳，猪吃叫。
鱼塘有层流，层层有鱼游。

九画

养牛养冬膘。
养兔养羊，不怕饥荒不发愁。
养鱼有巧，饵足水好。
养猪没巧，窝干食饱。
养猪养羊，有肉有粮。
养猪喂牛，攒粪不愁。
前山高，后山低，腿粗腰长虎身体。（指公牛）
前不栽桑，后不栽柳，当院不栽鬼拍手。（指杨树）
前边收割后田边拣，一亩多收一成粮。
前胸高一掌，不听鞭儿响。

前高后低，独拉一犁。（指牛）
前裆搁斗，后裆搁手，再湿的地也能走。
前期肥轰早，中期稳保住，后期健而壮。
南爪喂几筐，猪毛净又光。
屋前栽柳，屋后栽桑。
庭院种菜，捎捎带带。
庭院栽上花果树，环境优美能致富。
急雨易晴，慢雨难开。
施肥一大片，不如一条线。
施肥又深耕，定是好年景。
施肥要得当，巧施要比多施强。
春不耕，秋不生。
春分秋分，昼夜平分。
春天肥满炕，秋后粮仓。
春天栽树要早，夏天灭虫要了。
春天蹓，秋天走，前用不离河边口。
春风麦起身。
春打六九头、五九尾。
春打黄昏，冬打五更。
春争日，夏争时，五黄六月予回楼。
春争日夏争时，传递信息要及时。
春过三天鱼北上，秋过三天鱼南下。
春旱不算旱，秋旱减一半。
春雨贵如油，多了也发愁。
春前有雨，花开早，秋后无雨霜叶迟。
春看粪堆，秋看粮堆。
春种千担粪，秋收万担粮。
春栽早，雨栽巧。
春栽杨柳夏栽桑，四月种松好时光。
春耕底肥要施足，地长庄稼有气力。
春插柳，夏栽桑。
春粪一勺，不如腊粪一滴。
昨日合力挖塘，明天鱼米成筐。

柳毛开花，点豆种瓜。

柳棉刮，种棉花。

柿树生得贱，年年折一遍。

树上红花开，功在前人栽。

树土连成一大片，不怕水涝和天旱。

树大自然直。

保苗要保根。

修水如修仓，储水如储粮。

养儿要奶足，种地要水足。

养牛没有巧，水足草料饱。

室温保证上十度，红薯才能保存住。

春水铺，夏水枯，春雨贵似油。

春风谷雨节令交，核桃去难时间巧。

树大林稠，洪水低头。

树大保良田，林深出清泉。

树不修，果不收。

树木成林，风调雨顺。

树长几十年，火烧一时光。

牲口使得勤，喂养要小心。

牲口要喂料，单等鸡子叫。

牲口铺内扫干净，一年四季少生病。

看病开药方，施肥要配方。

秋耕灭茬铲草，害虫子孙没跑。

秋耕深一寸，顶上一次粪。

种上高粱不怕晒，就怕下雨结硬盖。

种子又满又饱，收成又多又好。

种子年年选，产量年年增。

种子肥又胖，苗儿强又壮。

要比种田，不比过年。

要吃饭，需流汗，靠天种是懒汉。

要吃高粱面，横竖锄三遍。

要吃梨，刮树皮。

要使麦苗吃得饱，开沟追施效果好。

要想长远富，莫忘多栽树。
要想风沙住，山川多栽树。
要想发家，生意庄稼。
重阳无雨一冬晴。
食鲜水净，减少疾病。

十画

夏天不热，五保不结。
夏天多流一滴汗，冬天多吃一碗饭。
夏天刮破皮，顶上冬天犁一犁。
夏至不种豆，种豆刚够种。
夏怕伤水，秋怕泻肚。
夏莜麦，颗不大，种在清明收在夏。
夏粮长在犁墒，秋粮长在锄钩。
夏播豆，抢时间。
家中一亩菜，能顶一囤粮。
家中富不富，先看宅前树。
家用百棵树，不缺吃穿住。
家有一片树，不愁吃穿住。
家有一片桐，一辈子不受穷。
家有千棵柳，不用绕山走。
捉贼先擒王，刨树要刨根。
晒七不晒八，晒八打坷垃。
晒种发芽好，精选出壮苗。
晒得干，打得净，颗粒还家粮满囤。
晚播弱，早播旺，适时播种麦苗壮。
栽竹无时，雨后便知。
栽时高剪苗，薯块黑斑（病）少。
栽树不过清明节
栽树没巧，深栽实捣。
栽树没时，莫让树知，多留宿土，少留杈枝。
栽树容易保树难。
栽树栽树，不愁不富。
栽树栽桐，子孙不穷。

栽桑养蚕，一树叶子一树钱。
栽秧要抢先，割麦要抢天。
桃三杏四梨五年，想吃白果一百年。
桃三杏四犁五年，枣树栽上就卖钱。
桃养人，杏伤人，李子树下埋死人。
桃南杏北犁东西，石榴藏在枝叶里。
桃树开花一片红，昆虫繁殖上高峰。
桑树多栽村前后，榆树多栽野堤上。
氨化草，看贮料，喂上牛羊最见效。
浸种拌种，一垄顶两垄。
涝年瓜，贮存不长。
涝梨旱枣水栗子，不涝不旱宜柿子。
热在三伏，冷在三九。
畜字当头，致富不愁。
病不病，看鼻镜。(指牛)
耕地深一寸，粮食增一成。
耕得深，耙得好，光长庄稼不长草。
莜麦是个宝，人吃喂马离不了。
蚕老一时，麦熟一尚。
倒茬如用药，病虫明显少。
倒粪如淘金，三遍金成吨。
埋麦露豆。
核桃不怕埋得深，就怕外面露着根。
根儿不正，苗儿歪。
根深才能叶茂，杆大才能叶荣。
栽树栽得牢，不怕风雨摇。
栽树莫忘枣，枣是穷人宝。
栽活千棵树，不愁吃穿住。
病虫年年防，粮食年年增。
缺垄豆子满垄麦。
耕一犁，追一肥。
造林容易护林难。
造林就是造福。

配完种，三件事，不骑不打不打滚。
铁牛铜驴纸糊马。（概括牲口的体质）
铁打骡子，纸糊的马。
饿不死的厨子，旱不死的葱。
饿死老娘，不吃种粮。
饿时不要喂饱，牲口胃口常好。

十一画

淤地种好麦。
深挖实砸，扁担发芽。
深埋结实砸，扁担也发芽。
深栽茄子浅栽葱。
深耕一寸田，胜过水浇园。
深耕带滚耙，天旱也不怕。
深葱浅蒜，长得好看。
清水白汤白养鱼。
清时谷雨时节交，种茄种柿种辣椒。
清明忙种麦，谷雨种大田。
清明早，小满迟，谷雨种棉正当适。
清明谷雨四月天，楂树嫁撞好时间。
清明到霜降，鱼儿生长旺。
清明前，开秧田。
猪粪肥，羊粪壮；牛马粪，跟着逛。
秸秆不沤肥，丢了银和金。
秸秆回田田发宣，打的粮食没法担。
移栽蕃茄苗，埋到叶子高。
绵羊爱吃地边草，山羊爬高啃树梢。
绿豆白菜汤，清热解毒好用场。
菊花开麦出来，枣花开快收麦。
萝卜要好，防虫要早。
雪是麦的被。
黄瓜清口脆，补血补肾又开胃。
黄豆开花，捞鱼摸虾。
黄豆结荚忌天旱。

十二画

喂牲口有诀窍，牛圈马棚常打扫。

喂猎有巧，圈干食饱。

喂猪八成饱，顿顿食欲高。

喂猪不为钱，为肥一亩田。

寒不勤喂，春不得力。（养牛）

寒天不离牛房，夏天不离水塘。（养牛）

寒冬过了三月天，植树造林莫等闲。

寒露不起葱，起葱一场空。（起得早）

寒露到霜降，秋收秋种格外忙。

棉不叉，光长柴。

棉花一条根，单凭犁得深。

棉花长得好，治虫又锄草。

棉花要收好，一步三棵苗。

棉花锄七遍，桃子结成串。

棉怕连阴天，连阴天少拾棉。

湿时一团糟，干时像把刀。

湿锄豆子干锄花，不湿不干锄芝麻。

禽有禽言，兽有兽语。

稀西瓜，稠芝麻。

粪怕走味，地怕走气（水分）。

粪是庄稼宝，没它长不好。

粪堆用手捂，发热肥劲鼓。

葱不怕冻蒜不怕晒。

葵花收到场，吊起晒太阳。

铺膜要放苗，莫让弯了腰。

铺膜栽果树，成活九十九。

锄地不露白，单从伤处来。

锄头有三宝：保墒、保苗、除草。

锄头底下三分水，干锄温耧不迟疑。

锄头底下五分墒。

锄头底下有水也有火。

锄头响，芝麻长。

锄芝麻如绣花，一碰一痕。
锄到的秋，犁到的麦。
锄板响，庄稼长。
锄草于萌芽之中雨季之前。
黑墒收，黄墒丢。
圈干槽净，牲口少病。
圈里没有猪，守着庄稼哭。
常锄草，地皮松，打的粮食吃不清。
彩虹向东，有雨不凶，彩虹向南，大水沉潭。
惊蛰浇沙地，时间正适应。
清明前后，种瓜种豆。
清明前后，栽杨插柳。
犁地看犁头，耙地看牛头。
猪吃百样草。
猪吃糠菜羊吃草，细细算账利不少。
猪多肥多，肥多粮多。
黄鹭来，抽蒜苔，黄鹭走，出红薯。
黄露至霜降，种麦定着忙。
割谷应轻手，防止籽粒丢。
喂猪八成饱，顿顿食欲高。
稀麦子稠豆子，饿死你个小舅子。
稀留密，密留稀，不稀不稠留壮的。
粪加土，好肥料，粪无土，跑肥效。
蛤蟆打哇哇，四十八天吃疙瘩。
跑马放羊不打头，来年春起啃骨头。
量体裁衣，看苗上粪。

十三画

勤修路多栽树，人人方便家家富。
勤换茬，巧轮作，节省肥料减农药。
勤翻细打手脚快，既抢时间又实在。
想吃芝麻油，先砍十字头。
想吃香香，得施脏脏。
想吃葱，只管封。

槐树不开花，晚田不归家。
瑞雪兆丰年。
稠一片，稀一片，葵花种子买得贱。
稠豆稀麦，两季少得。
稠麦呛死草，稀麦呛死人。
蜂王不动蜂不动，蜂王一动乱嗡嗡。
蜂蜜润脾延寿益，萝卜化痰消胀气。
路边树栽满，走路不打伞。

十四画

摘一次豆角，浇一次水，摘了一茬又一茬。
滴水贵如金，惜水如保命。
漏水漏肥难保墒，勤浇勤施水跟上。
瘦死的骆驼比马大。
精细整菜畦，蔬菜笑嘻嘻。
蜘蛛上吊，是雨前兆。
赚不完的钱，过不完的年。
辣椒怕受初霜气。
辣椒栽花，茄子栽夹。
鼻子流水舌头灰，不用判官小鬼催。（牲口、生病）

十五画及以上

撒施不如沟施，浅施不如深施，单施不如混施。
播种肥盖种，粮吨难封顶。
樱桃好吃树难栽。
蔬菜浇粪尿，枝叶长得茂。
蔬菜要长好，地膜离不了。
豌豆开花，最怕风打。
靠天吃饭不牢靠，不如拿锹挖渠道。
鲤鱼吃百草，看你找不找。
鲤鱼浮大，鲢鱼不游，鲫鱼浮头，全池无救。
燕子低飞泥鳅跳，鸡子晚宿雨前兆。
霜降不起葱，越长越空心。
霜重见晴天。

第五章 人生仪礼

中国自古是一个人情社会，人们相互关怀、相互体恤，在人生仪礼中有许多仪礼俗规。周口一带是典型的中原文化汇聚地，在人生仪礼习俗上既继承了中国传统的文化内涵，又彰显出自己的特色。

一般来说，周口人的人生仪礼习俗包含在生老病死、婚丧嫁娶等人生大事中。人的一生要经历诞生、成年、婚嫁、寿庆、死亡等若干阶段，围绕着这些人生节点，在民众心中就形成了一系列人生仪礼。子孙繁衍是家族大事，诞生礼仪自然隆重热闹。在周口一带婴儿满月时，亲戚朋友纷纷上门恭贺，并馈赠营养食品与幼儿鞋帽衣物。小孩长大成人时要行成年礼，成年礼在中国传统社会称为冠笄之礼。男子20岁行加冠礼，重新取一个名号，表示该男子具有了结婚、承担社会事务的资格。女子15岁行绾发加笄礼，表示到了出嫁的年龄。现代成年礼的年龄在18周岁，学校举行一些教育活动，强调青年人的成年意识。

婚嫁是人生的大事，传统社会十分看重。传统婚礼有六道程序，所谓“周公六礼”，即纳彩、问名、纳吉、纳征、请期、亲迎等。宋代把婚姻程序简化为纳彩、纳币、亲迎三礼。婚礼的高潮在亲迎，新郎要到女家亲自迎娶新娘，新婚夫妇拜堂之后入洞房，行结发礼与合卺礼。大婚之日，亲友纷纷前来恭贺，主人要大宴宾客。

寿诞礼，一般在四十岁以后开始举行。生日那天有庆生仪式，亲友送寿礼致贺。

最后一道人生仪礼是丧礼。周口人重视送亡，丧礼发达。人死于正命，是白喜事，亲戚朋友都来吊唁。为了表示哀悼心情，人们要奉上挽联、挽幛或礼品、礼金。亡者一般在三五天内入殓安葬。拜贺庆吊之礼显示了人们相互扶助的社会合作精神与社会团结的气象。

周口人的人生仪礼习俗包含许多趋吉避凶的思想寄托，所以许多习俗都表现在忌讳的约束上。人们大都是通过谨小慎微的生活处事以达到趋吉避凶的目的。

一、生养仪礼

十月怀胎，一朝分娩。孕妇大多能在老太太、婆母或母亲的说教下，推知腹中胎儿出生的大致时间。临盆时，家人总要悉心照护，为给产妇创设一个安静温馨的环境，就将门前的红布帘放下来，人们只要在门口看到它，就知道这家要增人添口了。民间风俗中红布帘还有辟邪的作用。

瓜熟蒂落，妇女要生产时，往往要请接生婆到家接生。接生婆大多是老年妇女，她们对此颇有临床经验。一般来说，她们只要问明孕妇的年龄和怀上的年份，就说能推测到生男生女。有歌曰："七七四十九，问母几月有，加上母生年，再去一十九。逢双必是男，逢单必是女，算男若是女，必定鬼要来，算女若是男，必定鬼来缠。"她们称接生为"拾孩子"。

顺生时容易应付：拾孩、剪脐带、拿胞衣，很短时间便可做完这一切。如若是倒生或难产，接生婆在这时还要设法助产，有时出现了更复杂的情况，随时会给产妇带来生命危险——接生婆就劝他们家人送她到医院去做。婴儿拾下以后，多数会啼哭不止。如果婴儿不会啼哭，接生婆就要掂起他的双腿拍打臀部直到啼哭为止。产妇生产后，一般平安无事，这时接生婆也会在忙碌之后，由产妇家人侍候，净洗双手，吃上一碗荷包蛋或油条面叶，封上礼钱。家人自然要问："胎盘咋办?"答说："（男孩子）埋梁底下（地下）。"有时面对生产的女婴，也答说："（女孩子）埋到厕所里去!"接生婆这样安排据说亦有讲究。男孩将来要变为栋梁材，出于此说，胎衣自然要埋入梁下；女孩家足不出户，成年嫁人要做贤妻良母，百般受气也是天命注定，因此胎衣要进厕所无疑。

孕妇分娩，母子平安，全家人欢天喜地，周口一带还有报喜风俗。报喜分两个方面：对内报喜和对外报喜。对内报喜也有两项内容，一是在自家的宅子院落中和灶前报喜，二是上祖坟向列祖列宗报喜，此事大多由婆母、公爹来做。他们在喜得孙子（女）后的当日或次日，烧纸放炮，口中念念有词："保家大仙灶王爷，您给俺送了个胖孙子，欢天喜地。"一边念祷还要一边作揖磕头。对外报喜是指向产妇的娘家报喜，大多由丈夫亲自登门向岳父母报喜。据老年人说，在媳妇生产三天后，由男人（丈夫）手挎竹篮，去岳父家报喜。篮里放着书或花，男孩放的是书，女孩放的是花。有的地方男孩抱只老公鸡，女孩抱母鸡。还有的男孩放块玉，称弄璋之喜，女孩放块瓦，称弄瓦之喜。这样，女婿走上门去，岳家父母一看便知，无需多问。后来的规矩，男人到岳家报喜，岳母会问："添个啥孩耶?""中用的（意思是男孩，他们称是有用之材）!"如若是女孩的话，门婿就回答："是个客（女孩长大嫁人，她是一门子客）。"不过，现在人们已少有这样的称呼了，回答得文雅些就说"添了个千金!"岳父家得到信息后，要给新生儿先送一件衣物，或撕块红布由岳母直接送到产妇家并盖到婴儿身上。岳母在去的路上不论遇见谁都不许说话，直到把红布盖到婴儿身上后才能开口说话。

报喜过后，在近几天时间内，同族门宗、好友也总要上门贺喜。贺喜的礼品以鸡蛋、红砂糖居多，亦有油条、挂面之类。因为他们知道产妇此时身体虚弱，正需要补养，这些食品既营养又易于消化。绝对不送水果、瓜果之物，那样做不讲礼物多么贵，自然也不会让产妇高兴。

过了十天半月，娘家就要送粥米，也有的地方称之为"添饭"。送粥米主要由娘家主持召集，一同前往婆家由婆家招待，比较当个事来办。粥米大都是人们日常生活所用的，包括面粉、大米、鸡蛋、红糖、芝麻盐，以圆形大木盒盛纳抬放，盛装得满满当当。另外有毛线、衣裳、帽子、围嘴儿、兜兜儿，成双成对，都是宝宝穿戴之物，也有的人家会送上童车，以便日后哄孩子推用。

送粥米习俗由来已久。现在，人们的生活虽说已达到小康，但民风依旧，送粥米习俗依旧，这既给人们添加了生活的情趣，也给亲朋好友提供了情感沟通的渠道。送粥米者大多是娘家的妇女，她们拖儿带女，不论年长年幼，待到亲家家里后，婆家人会出门相迎，握手让座等，一番嘘寒问暖过后，来客便提出要去看小孩，看小孩免不了要夸奖一番，并拿出或多或少的礼钱，执意让其收下，这叫见面礼。周口当地有婴儿的长辈人瞧看婴儿时需给见面礼钱的习俗。婴儿的爷、奶则赠送红皮鸡蛋（煮熟染红色），带回后分给家人及四邻。婴儿出生后，当地还有给婴儿父亲脸上抹锅底灰的习惯，谓之"抹喜灰"。午餐过后，人们便回家了。这时，婆家人也将早已预备好的东西分放到来客的礼篮里，现在一般男孩放糖块，女孩还要放些辣椒。放糖块是希望孩子的生活甜甜美美，放辣椒是希望女孩能当家不受人欺负。

当地对产妇有"坐月子"的习俗，就是不讲冬夏，妇女分娩后整整一个月时间不准外出，这叫坐月子，实际是保护妇女、婴儿的身体健康，无论大月子还是小月子都是这样。所谓小月子，是指胎儿因某种原因而未成婴儿导致的小产，还称早产，产妇过小月子如同大月子一样，均不能外出。如若不然，不仅要注意防备身体生病，还要避免路过他人住宅或坟院，照老风俗那样会扑了阴宅或阳宅，会给宅子主家带来灾难。那样做，轻则会遭到主家的漫骂，重则要产妇为其烧纸敬神。大月子，是指孕妇正常生产婴儿的月子。它要求产妇不许贸然行动，如若颇受器重，她会在月子里由婆母或丈夫精心侍候，做饭洗衣的生活琐事绝不让其动手。从生理科学上讲，产妇生产后身体虚弱，容易遭受外邪致病，而生理机能的恢复一般需要一个月左右，故此，产妇坐月子既可滋养身体，亦可乳养宝宝，这都是有科学道理的。

婴儿出生一个月后称作满月，周口当地有请满月的风俗。满月的第二天或第三天，婴儿的外婆家来人，把婴儿和其母一块请去，即请满月。请满月者，姨、姑、娘家嫂子、弟媳居多，也有朋友请满月的。被请是件高兴的事，产妇自然答应。产妇住下时间的长短均由被请者自定。一般说来，娘家人请满月，产妇会住上两三天甚至更长的时间，其他亲友来请，多则两天，少则当天即可回去。请满月又叫挪血泊，是为了孩子成活和健康成长，有趋吉辟邪的味道。满月，就是婴儿出生已满一个月了。婴儿满月后，当地有用黏谷、麦面"搅浑酒"送给四邻饮用的风俗。此俗一是感谢四邻的照顾，二是说明婴儿已经满月，可以解除忌讳了。请满月临时走时，婴儿的长辈要给婴儿脸上抹点锅底灰，并用剪子把婴儿头发剪掉点。若婴儿的长辈忘记剪了，到外婆家时再剪。回来时，外婆再给婴儿送绞头鸡，并给婴儿搽粉。当地有"黑脸去，白脸回"的俗语。

周口人很看重"百天"，就是婴儿出生一百天的时间。家人看到宝宝渐渐长大，手脚并用地翻动着胖乎乎的身子，满心欢喜，于是就给婴儿来一张百日留影。最能表现家长对孩子充满更好希望的是在宝宝满一周岁时的抓周习俗。抓周时，作为新生婴儿的父母或祖辈，他们总是依照老辈人传统的经验来预测孩儿的将来。现在看来，这么做总让人感到荒诞不经，但作为民风民俗，追溯历史渊源，也自有它产生的背景和道理。大人们往往在屋子里或地面或桌子上，放些笔、砚、书画、鸡蛋、鞭子，让孩子来抓取，他（她）若抓到笔砚、书本预示着他将来要与文化相伴；如若抓到鸡蛋，将预示着他长大后好吃懒做，可能成为二流子；抓到鞭子，将预示着他要跟牛马种地打交道，其前程亦只能成为庄稼人。

（一）育养

1. 起名

周口民众给婴儿起名用字力求吉祥如意，趋吉避祸，本着孩子好养活容易成活的理念而取。忌用以下几个方面的字：一是忌用同自己父母祖先、亲友尊长的名讳同音同意字，以避免乱辈和犯讳。二是忌用同古今帝王圣哲、名臣武将等名姓相同的字，避免对上不尊，对己压迫。三是忌用污言秽语，声涩阴暗，口音难读，字体离散，字形难写，字内含有不吉利的部首组成的字，既避免难读，又趋吉避祸。当然起名能用的字很多，一般人大多爱用吉祥豪壮、声韵响亮的字，爱用慈善、廉洁、守本、谦和的字，爱用壮志豪情、鹏程青云、官兴财旺的字。有的爱用盼儿成人的字，如：留、绑、拴、活等。有的爱用结实的东西，如：石头、柱子等词。有些人认为贱名好养，给子女有意起些贱名如狗剩等。

周口人起名的顺序一般先起乳名，即小名或奶名。幼儿出生不久，父母尊长或亲友就给孩子起乳名。起名情况也各不相同，有的指物起名，有的长辈外出撞名，遇见什么叫什么。也有的人家按生辰八字起名，或按父母长辈的愿望起名等。总之乳名容易记住，叫着亲切随和。乳名起后，到童年时才起学名，学名又叫大名，叫起来端庄大方、文雅。一般是请有文化人专门起的，有的是请算命先生起的，当然也有为求吉祥或改运而改名的。但不论如何，学名显得正规，它既表达愿望，又求吉避凶，是人生姓名的最关键的一环。

至于字号等，在民间很少被人看重，没有功名的人，不敢用字号，一怕违了圣训，二怕人家笑话。不过周口民间根据人物特点或个人典故有起外号的现象。外号有一些调戏诙谐的味道，它与真正的姓名是不一样的。如一个人长得有些驼背，有人给他起个外号“豆芽”；有人个子低就被人起外号“土行孙”等。

2. 小儿掉床习俗

在周口民间最怕小孩从床上掉下来。许多人认为小孩掉床是一灾，若不及时破解，灾难会更大。周口民众特别忌讳小孩五月掉床。因为五月是毒月，百毒横行，小孩掉床若不及时破解将会有生命危险。

周口民间对小孩掉床所谓的破法就是掐一百个麦子。一般来说，小孩其他月份掉床可以不破，但五月掉床一定是要破的。小孩的家长先把一百个麦子浸在水里泡软，然后用一根红线把泡软的麦子穿起来挂在掉床小孩的脖子上，见人就央求人家掐烂一个麦子帮忙消灾避祸。一般情况下，一人只掐一个麦子，直到掐完为止。掉床小孩的父母希望通过众人的帮助来破解孩子的灾难。此俗体现了父母对子女的关爱，体现了民众互相帮助，团结抵抗灾难的心理。

3. 婴儿逛街、压胆、满月

在周口的民俗文化之中有产妇抱着婴儿“逛街”的习俗，就是当婴儿满月的前一天半晌的时候，坐完月子的产妇就会抱上婴儿到街上转一圈，它的意思是满月逛街以后，大人和孩子以后出门就不用再去看日子和选时辰了。产妇“逛街”的时候，也是有一定法则的，首先，她们会在巷头压上一块黄表纸，然后，回来以后，把孩子的头发剪下来一点，在包油炸糕的时候，顺便裹在油炸糕里面，拿去喂狗。这在民间习俗之中的寓意是今后此孩子见了全身长毛的动物不害怕，同时也不怕狗咬伤。

压胆，在传统民俗文化之中，是用推子剃掉婴儿的头发，民间称作“剃胎发”。理胎发的规矩也很多，首先是要准备好葱、红鸭蛋、红鸡蛋、石头、金锁片和铜钱，然后，把这些东西放在浴缸之内。婴儿在剃发之前必须首先沐浴，然后，再用红鸡蛋和红鸭蛋在婴儿的头顶之上，轻轻地滚动三次，其取“红顶”，希望他以后能够平步青云功成名就。红鸭蛋在民间有再生、繁殖之意。红鸭蛋是长辈希望他从此能够长得既健壮又高大。葱是取意“聪明”，石头取意“压胆”，是长辈们期待小孩头骨快快长硬，如同石头一般的坚硬、健壮。金锁和铜片是取意财运及好运和“大富大贵”之意。

满月，在传统民俗文化之中，指的就是当孩子出生满一个月的时候。满月男孩一般是取三十天为标准，女孩则是二十九天。当一个孩子满月的时候所做的庆贺，在民间称作“做满月”。给孩子做满月的时候，也有选择二十四天的，他们是取自“二十四孝”之意，希望当孩子长大了以后会同二十四孝的人物一样孝敬父母。

4．**整手足甲**

整手足甲，就是给初生的婴儿第一次修剪手足甲。古时候，老百姓们认为，给初生的婴儿第一次修剪指甲，是会影响孩子日后所从事职业的方向和能力的，所以，他们对此项工作是非常慎重的。通常他们首先会用柏树的叶子沾上少许的水洗干净剪刀，再选定一个良辰吉日，才给自己的孩子修剪指甲。

5．**育婴、命名、百禄、喜蛋**

育婴，指的就是姥娘送喜蛋、十全果、挂面、香饼的习俗。在育婴时，口中念诵“长流水，水流长，聪明伶俐好儿郎”的喜歌。命名，就是亲生父亲携糖饼请长者为孩子取名，这又叫做“命名礼”；用供品酬谢剃头匠，这叫做“剃头礼”，然后是小孩跟亲友见面，并设宴祝贺。这个时候，亲朋好友必须赠送“长命锁”。百禄，在民间就是祝贺婴儿长寿的仪式，其贺礼也必须以百这个单位来计数，鸡蛋、烧饼、礼馍、挂面都是可以的，它的目的主要是体现“百禄”和“百福”的意思。

喜蛋，已经是由来已久了。当孕妇生的是男孩的时候，会将喜蛋画成黑色的龟头的形状，取意长寿的意思。现在我们常见的黑喜蛋，也有很多花样，有的将大小一色的鸡蛋染黑半截，也有在鸡蛋之上画一个黑圈，还有在鸡蛋的一端点一点儿黑的。如果孕妇生的是女孩，在民间送的则是红喜蛋，或者是将鸡蛋染上一半红色，或者是用笔画一圈红色，或者是点上红点点，其意思是希望妞妞生长得像鲜艳的花朵。

6. 抓周、乞奶、过百天

抓周，指的是当孩子“周岁”这天，家人将十二种物品摆在正厅的神桌之上来测试孩子。抓周的物品一般有：笔，寓意成为书法家文化人；墨，寓意成为书法家或者是画家、文化人；书，寓意成为文人；算盘，寓意成为生意人；戳（秤或称砣、称盘子等），寓意成为生意人；肉，寓意成为身体健康的人；银，寓意成为有钱的人；田土，寓意成为农夫；葱籽，寓意成为聪明的人；柴，寓意成为勤劳的人；包子，将寓意为有口福的人；镜子，寓意成为端庄的人；尺子，寓意成为工匠。排好物品后，人们将婴儿抱到旁边，让他随意地去抓取当中的一样物品，以最先抓取的物品来判断这个小孩未来所从事的事业和命运。如果小孩拿的是文具类，说明此小孩将来有可能会成为一名学者、文人、作家或者是艺术家；如果拿的是肉类，这说明他将来的食量会非常的大，而且，体格健壮。抓周的同时，还会让小孩吃爆米花糖，希望小孩将来在社会上能成为一个吃得香的人。“抓周”在周口的民间一般只限于男孩，女孩就没有这个规矩了。

乞奶，就是婴儿周天讨“开喉奶”，也称“乞奶”。有些地方，也有在婴儿降生的第二天和第三天，只让其喝一些干草水或者是蜜水的。而且，在喂奶之前，还要首先“乞好奶源”，也就是向邻居家里讨要奶水喂小孩。生男孩者必须要向生女孩家里讨要，而生女孩者，也须向生男孩家里讨要。而且，被乞奶的一方也一定要是生产后四个月的人家。否则的话，就会有“喜冲喜”之虑，民间非常忌讳的。

过百天，指的就是从婴儿出生以后数起到100天，也称作“百天”，这一天，亲戚朋友都会到场庆贺，还要拿鞋帽或者是花布之类的礼物。有些地方过百天的风俗更为特别，选一棵柳树下面为小孩举行穿衣戴帽的仪式，放一个盛新衣服的篮子，由姑姑或者是姨姨给小孩穿上新衣，将小孩抱起摇几摇，并口中念念有词，“摇一摇、依着柳，小孩活到九十九”。随后，再由姑姑或者是姨姨抱着小孩绕全村走一圈，仪式才算正式结束。

7. 小儿扎牙习俗

周口民间风俗小孩在初扎牙时扎一个牙停止了，或者扎着扎着停住了且牙数为单数就叫单扎牙。许多民众认为小孩单扎牙不好。有“单扎牙，土里爬”的说法。所谓土里爬就是说孩子难成人。假如家长遇见孩子单扎牙的情况都会有一套破法的。

民间有破法俗语：“扎牙要扎俩，扎一难成家。姑姑做棉裤，上扎鸳鸯花。”也就是说，小孩出现单扎牙情况，小孩的姑姑，如没亲姑姑，旁院的姑姑也可，要给小孩做一个鸳鸯棉裤来为孩子消灾，意为催促孩子早点扎牙。

周口还有一俗语也是说小孩单扎牙的。俗语是：“单扎牙，土里爬，姑的鞋，姨的袜，妗子买个花裤衩。”这一俗语也是民众希望通过亲友的帮助，来帮孩子解脱灾难的。同时孩子单扎牙这一奇怪现象引起家长的恐慌，反映出古时候部分民众愚昧迷信的思维传统。

8. **过生日**

周口民间有给孩子“过生”（生日）的习惯，在孩子的生日那天，要吃好点，一定要煮几个鸡蛋，并在孩子头上滚转几圈，叫滚灾。有吃了这样的鸡蛋能免灾的说法。孩子“过生”这天有做父母的不能打骂孩子的忌讳。

9. **超门槛儿**

周口当地有给小孩找干爹的习俗，就是超槛儿。如是同村时，每年阴历正月初一五更时，干爹要把干儿请到家里吃年饭。过第一年时，干爹要给干儿买个碗，买双筷，意在又添上一口人。干儿给干爹、干娘拜年后，要给压岁钱。

年饭过后，干儿的亲生父母要挎着篮子把儿子叫回去，去时礼篮里有礼条、大馍、果子之类。走时，干爹一家要把礼条、大馍留下，回个“枣山”，果品可留一半，或不留。每年如此行走，一直到孩子十二岁时为止。

如果干爹（或干大）干儿不是同村时，一般在阴历正月初一去干爹家拜年，所带礼物同上，干爹家同样是留礼条、大馍、回“枣山”。

（二）忌讳

1. **孕育忌讳**

怀孕是一件喜事，民间称妇女怀孕为“有喜了”。然而，妇女从结婚受孕那一刻起，就产生许多忌讳。

20世纪50年代前，由于人们不理解胎儿是怎样孕育的。于是他们就想象这是由超人力的神灵起的作用。中国古时候有许多关于妇女怀孕是因神鬼感应的传说，所以，庙宇大多是保佑胎儿和不孕妇女求子的去处，西华女娲城，淮阳太昊陵子孙窑都是典型的例子。民间还传说，妇女的怀孕与龙、凤、巨人、大鸟、麒麟、日、月、虹等有关，或者说是命中注定的，是前世的缘分等等，是由某种超人的力量所决定的。这种超人的力量，后来就被人们称为“胎神”了。

民间的“胎神”是专管胎儿的神灵，它通常存在于孕妇的周围。人们对胎神有敬有畏。因为胎神有保佑胎儿和损伤胎儿的双重性质。当胎神有益于胎儿时，人们自然敬它，管它叫胎神；当胎神有害于胎儿时，人们又畏惧它，人们称它叫胎煞。许多人认为胎神能与胎儿的魂魄交通。胎神按一定的时刻有规律地出现在孕妇周围一些固定的方位或者附着于某些物体上。人们不得触犯胎神，伤害到它便等于伤害到了胎儿，严重的会导致孕妇肚痛难产，或者流产。

孕妇的住室是胎神常驻的主要处所。因而在民间风俗上，孕妇室内必须注意的有以下几点：

室内忌挂人物画像。民间认为经常和孕妇接触的人或影像将直接影响到胎儿的面相，俗称“换胎”。

忌针线活，在妇女怀孕期间，孕妇干针线活，恐剪刀、针线、锥子一类的东西扎穿衣物，伤到胎儿。更怕恰逢胎神在时，伤及胎神。许多人认为，一旦伤着了胎神就会生下无耳朵、豁耳朵等不全乎的孩子，或者生下瞎眼的孩子。

忌动砖瓦土石，孕妇住室内墙壁房上的砖瓦土石忌讳移动、毁坏，恐怕触动了胎神。民众认为胎神自己可以按月令变更位置，但忌讳它不变时人为地给它变动。移动了胎神，会导致孩子夭折。

忌钉钉子，孕妇室内墙壁上、家具上、门窗上都忌钉钉子。民间习俗以为钉钉子会伤害胎神。恐怕钉钉子把胎神钉在那里不能动弹了，意味着胎儿也不能正常发育而变成“死胎”。

忌拆、堵门窗，拆、堵门窗恐怕弄瞎胎儿的眼睛。

忌手臂上举，俗以为胎儿在母腹中咬着一个奶头一样的东西（有称为“奶筋”的）才不致坠落。孕妇如在室内举臂向上摘、摸、够什么东西，会使胎儿所含的奶头（奶筋）脱落，导致胎儿饿死或滑胎（流产）。

忌属虎的人闯入，担心属虎的进入孕妇室内会暗伤胎儿。

但是，有些时候又不得不做某些禁做的事情，那又该怎么办呢？周口民间常常用一张红纸，上写“胎神在此”四字，安贴在室内某处，意思是先把胎神暂时请到一个安全的处所，就可以百无忌讳了。还有的人家先请道士、和尚来祈祷一番，贴上咒符，再办那些忌讳的事也就没什么要紧的了。如果事先没有准备，无意间触动着了胎神，便要举行一些“安胎神”的仪式。情况轻微的，只需用扫帚在“动着”的地方，比划着轻拂三次，口诵“请胎神退避，庇佑母子平安”就可以了。据说扫帚是有灵力的，而且家家具备，使用方便。所以用扫帚去安胎神，亦有以孕妇本命去安胎神之意。

民间习俗认为胎神主要是依附在孕妇身上，孕妇的寝室大多是胎神驻足的地方。孕妇假如要离开寝室，实际上也就要远离胎神了，所以当孕妇离开住室时，往往会暂时得不到胎神的护佑。因而，离开室内到室外去，对孕妇来说是更有危险性。孕妇在室外的忌讳又有如下几种：

忌接近牲畜，民间习俗认为妇女怀孕五个月以上者，忌坐毛驴车，忌进入马棚内，更不许牵马。这样做的目的是恐会被牲畜踢、咬、碰和撞着孕妇，伤了胎儿。民间还有忌孕妇跨牵牛绳的习俗。民间认为牛的怀胎期为十二个月，孕妇如果跨过牵牛绳，就会和牛的怀胎期一样长，恐怕生产时难产。

忌在外露宿，因夜晚室外多鬼祟，孕妇忌讳夜晚外出不归。恐胎儿被鬼煞的邪气伤害。

忌夏夜在室外露宿，恐有妖魔扑身，而生怪胎。尤其在雾夜，孕妇最忌在室外露宿。俗说会“雾（误）了胎儿”。

忌爬果木树，爬果树可能会被摔着，所以严禁孕妇爬果木树，更不能摘果子。树上的果子和孕妇腹中的孩子也有相同之处，俗认为摘了果子也会感应到胎儿早产。

忌坐房檐下，孕妇坐于房檐下，恐胎儿中风。

忌见月蚀、月晕，月亮属阴，俗称“月娘”、“太阴娘娘”，是女性的象征。因此，民间忌讳孕妇看见月亮发生异常现象，如月蚀（月食）、月晕（月亮周围的亮圈，又称“白虹”或“风圈”）等。唯恐受此感应，导致孕妇贫血、流产，或生下四肢残缺的婴儿。

忌看戏曲，民间多认为孕妇不宜看戏听曲。有的说看布袋戏会生无肝肺内脏的孩子，有的说是看傀儡戏会生无骨或有软骨病的孩子，有的说看戏会使胎儿面花（因剧中有花脸出现）等等。

孕妇忌接触孕妇、产妇。这里边有“喜冲喜”的顾虑，也有不洁对不洁，结果更不洁的思想，还有同类相斥，“二虎相斗，必有一伤”的推导。民间忌讳孕妇与孕妇同坐一张长椅或同睡一张大床。其中除了一般忌讳相见的顾虑之外，还担心会与对方“换胎”。假如自己本来怀的是个男孩，对方怀的是个女孩，两个在一起时，就可能会暗中调换过来的。

民间俗信，胎儿的成长，以及日后生下小儿的形象、禀性，都与孕妇的饮食有关。因此孕妇的饮食一定要注意，不能吃影响胎儿健全发育或会造成日后小儿某种缺陷的食物。

忌食兔肉。这一忌讳，在周口流行最广泛，也最久远，意思是恐吃了兔子肉，胎儿会像兔子一样长一张“豁嘴”。忌食驴、马肉。这一忌讳也是流行很广的。据说孕妇如果吃了驴、马肉，会使孕期延长。就如驴、马的怀胎期一样，会超过十个月而到十二个月。忌食狗肉。孕妇忌食狗肉，否则，将来生下的孩子爱咬人，吃奶时爱咬奶头。忌吃黑狗肉，据说孕妇吃了黑狗肉，会化胎、流产。忌吃螃蟹。据说孕妇吃了螃蟹，会使胎儿横生难产。忌食鳖肉。古俗据说孕妇若食鳖肉，令子短项。此是出于老鳖常将头缩进龟壳中的联想。忌吃异常鸡蛋。孕妇忌食异常鸡蛋，如鸡因缺钙而下的“软蛋”，或杀鸡时从鸡肚中扒出的未成熟的小鸡蛋等。俗以为孕妇吃了这些蛋会流产。忌吃鲜姜。鲜姜外形“多指”，恐孕妇食后生下的孩子有余指。又因为姜有辣性，所以又以为孕妇食后，会得眼疾。还有的因姜可以散气，便说孕妇食后，会导致散胎、流产。

另外，出于冲犯的观念，孕妇还忌讳吃食诸如礼饼、喜果、酒菜等等有关嫁娶的喜物，以防“喜冲喜”，对人对己都不吉利。还忌讳孕妇吃食用以祭神的酒饭，这是怕孕妇不洁的身体冲犯了神明，给大家带来不幸。

2. 分娩忌讳

孕妇分娩时随着婴儿的降生，会有血水、羊水相伴而下。民间以为这是污秽不洁的，并会亵渎神明，带来灾害，俗所谓“血光之灾”。因此，在分娩的处所方面就有许多忌讳事项存在：

忌回娘家分娩。周口有忌在娘家分娩的习俗。许多人认为在娘家生孩子，会使娘家一辈子受穷。还有人认为，在娘家生的孩子不成人，如果真在娘家生了，丈夫要把自己的宅院用牛耕一遍才能破解。

忌在他人家中分娩。据说，借给外人房屋分娩的人家，“福气”会被新生婴儿带走。又说会因别人在此生了孩子而影响到本家不能再生孩子，或者不能再生出如此有福气的好孩子来。因此，一般人家都忌讳借给产妇房屋。如果万不得已，产妇在别家分娩了，事后产家要为主家买红布铺炕、盖锅盖，以祛邪气，讨吉利。这些习俗反映在俗谚中就是所谓“宁借人死，不借人生”。

旧社会，生孩子忌讳沾床，必须首先把床席掀起来，铺上谷草，把孩子生在谷草上，俗称为“落草了”。否则，如果在床席上生孩子，会认为脏了当家人的脸，今后日子必定过不好。孕妇分娩时，产床忌对有烟囱的墙，说是怕冲犯了“太岁”。据说冲犯了太岁会有碍生育。俗以为太岁神在地，与天上的岁星（木星）相应而行。天上为大，地下为小。冲犯了小太岁，六年内不能再生育；冲犯了大太岁，十二年内不能再生育。

妇女分娩时，如家中无妇女照顾，男人做好了饭，要用木杆拴牢饭桶，挑进产房给妻子吃饭，不准进去。产妇如要出门时，必须选择吉日，并洗脸、扫地，不然便认为产妇会把脏东西带到屋外。忌讳男人进产房，据说是男人容易踩了孩子。假如有男人无意间进了产房，他走后，小孩如有什么毛病，如鼻塞等，就会认为是那个男人踩的，必须找到他，把他的脚指甲剪下几片，拿到产妇家和艾蒿一起点火烧掉。等冒烟时，把小孩子抱着在烟上悠几下，吐几口唾沫，说：“唾唾，邪气快跑掉！”如此，才能消除灾难。

为了防止外人进入产房和产妇失奶，周口有许多规矩、忌讳。如：产妇分娩后，一个月内忌讳生人入产房。特别是孕妇、寡妇、属虎的、新娘子、信佛教神灵的，戴孝的人，更是忌讳。正闹眼病的人也不能进产房，否则眼病会越闹越严重。还忌讳带铜、铁等金属器皿进入产房，尤其忌讳带钥匙的人进入产房。更忌讳产房的东西往外拿，也忌讳外借。这些忌讳都是怕将产妇的奶水带走。为了防止万一，有的人家还要用锁锁住炕席，意谓锁住了奶，即便有人带了钥匙等物进来也不害怕了。

产妇分娩使用过的产褥，一般是埋掉或抛进河中冲走，忌讳烧掉。周口民间说如烧掉产褥，会使婴儿身上长红斑，就像被火烧着似的。这是因为产褥和婴儿有过接触粘连，所以俗以为二者之间可以互相感应。产褥被烧，婴儿也要受到某种感应。还有的说产褥如被烧掉，婴儿就难养活。

周口民间很重视胎盘的保存。胎盘，即胎衣，又称胞衣。周口民众在保存胎盘时，常用石灰铺垫，装在大瓦壶内，埋在床底下，忌讳乱丢乱弃。要将胎衣埋在屋内炕跟或墙角，或院内避人处。还有人把男孩女孩的胞衣分开来埋，男孩的埋在门里边，意谓男孩“顶门势”；女孩的埋在果树下，取意“花繁子多”，有人为使子女能得高官厚禄，又将胎盘埋在山坡、高岗上，取意“站得高，看得远”；或者将胎盘埋在大门口，取意“眼观六路，耳听八方”。

产妇分娩后要注意保暖，不能受凉。俗说分娩时产妇的骨头榫都张开了，这时如果被冷风吹着了，或被冷水激着了，会落下病根，一辈子受罪的。所以产妇分娩后，要捂得严严的，连房间门窗的缝隙都封上，一点不能透风。还严禁产妇分娩满月前用冷水洗浴、洗衣服，甚至洗脸、洗手的水也严禁用冷水，由于怕产妇接触冷水，人们还忌讳产妇坐月子期间到井里打水。据河南鹿邑县一带习俗，产妇去井中打水，水井内会生出小红虫子来。产妇在产期内要出门，必须戴笠帽，忌让太阳直照头顶，否则，认为是冒犯太阳的行为。

产妇在产后满月前忌掀炕铺，否则小儿难成，产妇分娩前后，都忌遇红白喜事，以防“喜冲喜”、“凶冲喜”，对双方不利。周口民间最忌产妇产后未满月就到别人家去串门。俗以为，产妇坐月子期间，“血污”未退尽，秽气重，俗称之为“血腥鬼”。如入他人家门，则被认为是“产妇冲宅”、“热血扑门”，是污秽不堪的事，是不祥之兆。如有犯讳者，俗传她死后做鬼也要去洗人家的门槛。除非她头顶红布（条），焚香、烧纸来祭人家宅神，插柏枝才谓“百（柏）无忌讳”，方可破除不祥，得到解脱。

3. 婴儿忌讳

产妇一般是怀胎十月，正常分娩。如有异常，俗语有“七成八不成”、“七成八败九难育”的说法，即是讲，如果早产，七个月时早产的婴儿尚能成活，八个月、九个月早产的婴儿倒难以成活了。婴儿，一般是指一周岁以内的这段时间。

婴儿呱呱坠地后，周口民间要测“八字”。民间相信人的命运全在出生的那一瞬间确定的。人的“八字”是必须记清楚的，否则，不但无法求人算命，不识前途吉凶，甚至将来长大后连找配偶结婚都有困难。

在婴儿出生方面，周口有几个日子是很忌讳的。一是正月的初一、十五；二是五月初五；三是七月十五。正月里，是过年的闲暇热闹日子，如果婴儿赶在正月里出生，俗以为是婴儿性毒，说是长大妨父母。周口一带有俗语：“男怕初一，女怕十五”。初一是年节，年节出生的男孩，命大。过年不能打骂小孩，所以这孩子将来父母不敢管教，会妨父母的。正月十五，是元宵灯节，正是观灯的时刻，女孩这时出生，大人不能观灯游赏事小，还恐怕女孩生在这个时辰，长大了会贪玩耍，无管教，成为一个“疯丫头”，克伤父母。

七月十五日，俗称“鬼节”，俗以为这天是野鬼还阳的日子。这天出生的婴儿，多半都是野鬼托着莲花灯转世投胎而来的。这日生的孩子长大后不好管教，会克害父母。还有七月十五日是牛、驴、骡、马生日的说法，人们在这一天不役使牲畜，还要善待之。而民间，也就因此而忌讳说人是七月十五日出生的了。周口人只有开玩笑、骂人时，才说“你是七月十五日生”。

周口一带有以婴儿生时仰俯来卜日后是否好淫逸的习俗。如果女仰、男俯，则认为不吉。尤其女仰，忌之更甚。周口民间忌讳婴儿刚出生就大小便，俗称此为“屙爹尿娘”，据说意味着孩子命硬，会克父母。对此忌讳的破法，各地不一。周口一带抱起婴儿，将其头在墙上轻碰三下，便可化解了。正常的婴儿降生，都伴以哇哇的啼声。如小孩无声无息地降生，表明婴儿呼吸不通，必须赶快抢救。周口民间常常倒提婴儿双腿，轻轻拍打后背，使婴儿气出声发。古时，也有用灌暖水、捋脐带或用葱白慢慢鞭打的办法，使婴儿发出啼声的。

婴儿出生时，忌肚脐带盘住脖子。周口民间俗称“犯锁”、“双挂珠”等，是大不吉利的事情。俗以为此儿难活，或者即使活了，将来也要被扼杀或有上吊的厄运。周口一带有“破锁”的习俗。遇上“犯锁”的婴儿降生，要由产家的人将一把锁头锁在脐带上，然后将钥匙交给助产的人，由她把锁打开，就可以破灾免祸了。等婴儿安全生下后，产家还要向街坊邻居讨要七家的大钱（古铜币），用七家不同颜色的彩线将大钱一一穿起，挂在婴儿项上，叫做“长命锁”，直到六七岁时，才能摘下不戴。

婴儿的脐带，忌小，忌脐中有血，否则，不吉。断脐时，忌讳用刀剪。如非用不可时，应在怀中暖一会儿。否则，恐婴儿中“脐风”。断脐时，一般是先沐浴，后断脐，忌讳先断脐后沐浴，以免脐带内进水。断脐后，忌讳包裹得太紧太厚，忌尿浸湿，忌风寒邪气。脐带据说藏有婴儿的本命元神，所以，肚脐带忌乱丢弃。

周口民间大多重生男，轻生女。生男民间称“大喜”，生女则称“小喜”，或称“如意”。又男曰弄璋，女曰弄瓦。周口有俗谚云：“生个男子满堂红，添个女孩年年穷”、“生个闺女，灶王爷撅嘴三天”。

4. 育养忌讳

婴儿初生，如果一切顺利，安定下来，接着便是婴儿的育养和照顾了。在最初时期里，婴儿的发育和养护方面，也存在许多忌讳。

在哺乳婴儿方面，忌乳母在热、寒、怒、醉、房事时乳婴，以防婴儿受损。如果请别人喂乳，应选身体健康、有福气的人家。忌用有狐臭、疥癣、癫痫等病的人作乳母，以免婴儿受感染患病。婴儿忌喂得太饱，防积食。

包裹婴儿的布和被褥叫襁褓。一般忌新喜旧，主要是恐新布会损伤婴儿。又有人说最好是用高寿老人的旧裙袄做襁褓，可保婴儿长寿。襁褓又忌太厚，俗谓易使婴儿生疮，或说易令婴儿体弱畏寒。襁褓被婴儿的便溺弄脏，忌洗完后搭在高处晾晒，又忌夜晚不收回室内。否则，俗以为会遭鬼祟，伤害婴儿。

婴儿降生三日时，周口民间一般要给婴儿洗一次澡，俗称“洗三”。洗完澡后，可给小儿穿件小褂子，但忌讳穿裤子。婴儿不到一百天不许穿裤子。

不穿裤子腿脚灵便，如将夭亡可速转生。否则，将被绊住腿脚，到了阴间将一去而不复返。

初生婴儿忌食生硬、不好消化的食物。满月后，可喝稀粥、面汤、菜汤、肉汁等，忌食肉类、豆类食品。直到孩子满周岁后，才能动荤腥。否则，认为婴儿会积食、生病。有的地方婴儿满月后，即可开荤，吃米饭、肉食。婴儿满月开荤时，忌食自己屋里的食品，必须到人口多的人家办喜事的地方，去乞取鸡、鸭、鱼、肉之类的食品来开荤。这样，可以将那种兴旺热闹的喜庆之光“叨”回家来，所以叫做“叨光”。

婴儿初来世上，对一切均属首次感触，未免奇异惊觉，常常最易被“吓着”。所以产房内忌大声喧哗，忌器物碰撞，忌生人来往，忌灯光过强，忌冷热物触动婴儿，让婴儿先保持一个相对稳定的环境。如一旦婴儿被吓着，忌大人大声喊叫。俗以为可轻轻摸摸婴儿的耳朵垂，便能使婴儿安定恢复过来。

婴儿的胎发，一般要在百天日或满月时剃去。俗说，因胎发沾染有母体的血污及秽气，所以要在百天或满月孕妇出产房前剃掉，以免触犯神灵。周口一带百日为婴儿剃发，叫“百禄”。剃时脑门上（俗称“脑忽门”、“天灵盖”，或“忽歇顶”）要留足方一寸多的头发，叫做“孝顺发”，也叫“胎里带”。俗间将所剃之胎发用红布包裹好，送到神庙中，求神保佑长生高寿。有些地方，剃去胎发，还要用杏仁等物擦拭婴儿头皮，以避风邪，免生疮毒。还有一些地方剃胎发的时间不一定在百天日或满月日，且有男女的分别。如，女儿剃胎发有选在二十日的；男孩剃胎发有选在二十四日的，据说是取意“二十四孝”。剃胎发和成人剃头理发一样，有忌正月之说。

周口大部分地区都有忌言婴儿有病与否的习俗。说婴儿有病，固然犯忌，恐其真的病了，或者病会越来越重；如说“这孩子身体不错，从没病过”，也同样是犯忌的。因为，说“没病”若被病魔听去，提醒了它，倒非叫婴儿大病一场不可，就糟了。周口民间还忌议论婴儿胖瘦。说瘦，怕真的瘦起来了；说胖，怕被神灵误听成“嫌胖”的意思，反而使其羸瘦起来。这些都反映了民间在“说凶真凶”、“说吉反凶”之类矛盾心情下的求吉心理。

周口民间许多到庙会中求过子的人家，真的生了孩子后，要到寺庙中去还愿。否则，恼怒了“送子观音”、“送子老奶”等神灵，会把婴儿再“收回去”的。还愿时除交上许愿时说的钱数外，还要用黄金纸包一整块砖，放在寺庙中，写上还愿人的姓名，用这种方式表达对神灵的酬谢。若是替婴儿祷告神灵，敬奉神明的鸡腿与通常敬神的鸡腿不同，即鸡腿不能屈入鸡腹中，而要完全放直。取意使婴儿“脚骨长，有食福”。敬神的酒也不能像通常那样分三巡注满，而要一次斟满酒杯。取意婴儿尿大泡，不要一会儿一尿，使母亲多洗尿布。

婴儿一生下，或者未生之前，长辈们便要给婴儿起一个名字。一般是沿用父姓，下添两字，或一字，成为婴儿的姓名。有时，子女多，还有以伯仲顺序或字辈形式固定下一字的，实际婴儿也就是再起一个字，连缀成名了。这是大号。大号的起名是很慎重的，往往要请有学问的人来仔细推敲，反复研究，才能定下婴儿的名字。

有些地方，给婴儿起过名的还要被认成干亲。干亲最喜姓“刘”的和姓“程”的，因其与“留”、“成”等吉祥的字眼儿声音相谐；最忌讳的是碰上姓“王”的和姓“史”的，因“王”、“史”与“亡”、“死”等凶厄的字眼儿相谐，恐不吉利，会使婴儿夭折。

至于被认干亲的一方，也是有忌讳的。未结婚成家的人，或虽结了婚但尚未有子嗣的人，或自家婴儿也还很小的人都是忌讳被认做干亲的。俗以为，认了干儿之后，自己就不会再有亲儿子了，所以有“认干儿，失湿儿”之说。

5. 幼儿忌讳

幼儿，即是幼小的儿童，也就是一至十岁的儿童。这个年龄正是小孩长身体、长知识、的时期，他们不能独立生活，需要父母长辈的照顾、引导。在父母的教导中就会有一些需要父母们忌讳的事情。

做父母的都喜欢别人夸奖自己的孩子，但夸奖时又有忌讳。周口忌讳抱人家的孩子时说“沉”、“重”，忌讳说“这孩子身体真好，从不生病”。俗以为，说吉反凶，说“沉”、“重”，孩子会瘦下来，变轻；说“不生病”，反会引得孩子生起病来。

幼儿生病，有些小病小灾的，民间常用一些小法术祛魔消灾，进行破解。如幼儿夜间不寐，民间就喜用纸符，上书：“天皇皇，地皇皇，我家养个小儿郎，仁人君子念一遍，一觉睡到大天亮。”以这样的办法，使幼儿熟睡。但是，如果幼儿的病情严重，一般要采取忌门的措施，即在门上贴挂红布条，插树枝，挂草帽，或于门前生火等，忌讳生人进门。在小孩出天花时，用小红纸旗和柏枝插在大门上，表示忌讳生人进门。

小孩蜕牙虽然是自然的生理现象，也有忌讳。蜕掉的奶牙忌乱扔。上牙要放在门枕上，或埋入土内；下牙要扔到房顶上，否则新牙长不出来，或长歪了。

周口民间有忌讳幼儿吃鸡爪子的说法。据说小孩吃了鸡爪子上学读书写不好字，使字形如鸡爪子。还有的说是怕抓破书本；怕写字手发抖；怕与人打架。民间还忌幼儿食鱼子，说是怕长大了不识数。据说幼儿吃猪脑也不行，长大了也不识数，这是因猪素有“笨”名而来。幼儿还忌吃猪尾巴，据说吃了猪尾巴会事事落后，一辈子赶不上趟。又说吃了猪尾巴胆小，走夜路害怕。还忌幼儿吃猪鼻子，说是吃了长大后睡觉打鼻鼾。忌讳小孩吃猪蹄，说是将来婚事难成，恐怕会溜跑了媳妇或者女婿。没有蜕奶牙的小孩儿忌吃生葫芦种，否则，蜕牙后要生龅牙。忌小儿舔牙根儿，恐将牙抵出唇外。民间祭祀祖灵神明的肉、菜、饭，忌让幼儿吃，据说吃了会影响记忆力，长大好忘事。或者还会得罪神灵，受到冲克损伤。

人们常说小孩子不能数星星，长大了不识数。这和吃鱼子的忌讳差不多，星星是数不尽的，恐怕幼儿数来数去，数糊涂了。

小孩忌讳在河边、沟边、湖边、井边玩，又忌讳玩缸里、盆里、壶里、锅里的水，特别是热水。凡是与火有关的，如火柴、打火机等都忌讳小孩子玩。小孩也忌讳靠近火炉、火盆等。都是为防止幼儿玩水、玩火发生事故。小孩忌捉麻雀，不然，写字的时候手要发抖。大约是由于麻雀的“麻”字和手麻可以形成通感而成忌。小孩又忌捅屋里的燕子窝，据说捅了燕子窝要瞎眼的，不吉利。这是人们愿意保护燕子，以玄鸟为吉祥物的心意体现。夜晚不能照镜子，否则会梦魇。不能用手指着未圆的月，否则耳根要溃烂。不能学口吃、结巴，俗以为小儿模仿口吃会真的成为口吃。尤其是在阴天下雨时模仿口吃，一学就会，而且很难再纠正过来。

小孩早晨忌讳谩骂吵架，也不能说鬼神及猛兽等事。说者，谓之“放快”，说这天有灾。对小孩的体罚也有所忌讳。一般说来，打孩子只打屁股，不打上身，更忌讳打头、打脸，否则会“打傻了”，或者打得脸皮厚了，更不好管教。打孩子的器具忌用尺子。俗以为尺子是量长短的，恐怕用尺子会妨碍其长个子。民间忌讳在过年期间打孩子，尤其是正月初一日，更忌讳。俗以为正月初一为一年之始，始则有预示意义。这一天里打孩子，就预示着一年内要经常打孩子，孩子则要挨一年打。这是极不吉利的事，所以过年时孩子即便做错了事，大人们也都尽量克制自己，不打骂孩子，好让孩子痛痛快快地过个新年。

幼儿上学的年龄也有宜忌。俗以为男孩入塾，多以单数为吉，常在五岁、七岁时入学。俗称“男忌双，女忌单”，又有“男阳忌双，女阴忌单”的说法。

二、婚嫁仪礼

在黄淮流域沙颍河畔的周口一带，不仅有着得天独厚的绿色资源，而且地灵人杰，沉积了中华民族丰厚的文化底蕴，而那质朴的民风，淳厚的礼仪，无不让人感受到中原文化那灿烂辉煌的礼仪文明。特别是豫东婚嫁礼俗，更能展示当地人的文化底蕴和思想渊源。

（一）定亲

就周口一带婚嫁礼俗来说，大致可分为以下几个步骤：提亲、见面、走启、追节、看好、嫁娶、请客谢媒等。

1. 提亲

男大当婚，女大当嫁。到了一定年龄阶段的男女青年，其父母就应当为他们操办婚事，托人提亲。提亲也称说媒，是为男女双方牵线成家的做法，担当这一角色的俗称媒婆，雅称月老。他们大多由阅历丰富，德望较高，而又热心此事的人担当。月老往往与男女两家的关系较好，对其家庭颇为熟悉，又乐于操心费劳。月老提亲时，先是征得两家父母同意，根据两方的年龄和属相，经过酝酿比较，在心里有谱以后才确定两人见面的时间和地点。不少人相信属相相克的说法，在提亲时总要力求回避。其歌曰：

从来白马怕青牛，羊鼠相逢一时休。
蛇见猛虎如刀断，猪跟猿猴不到头。
龙逢兔子云端去，金鸡见犬泪交流。

2. 见面

经过媒妁撮合，见面本该是男女双方的选择，但出于传统做法，这里在见面时总是男到女家者居多。男方在媒妁带领下来到女家后，先由女方父辈接待，这叫看孩。父辈让座倒茶，随口询问些生产生活之类或者家庭情况，看似漫不经心，聊天一般，其实这是在了解男方的智力和知识水平。如果第一印象给人的感觉较好，媒人就让他们叫来女儿跟男方见面。因为他们属于初次相见，又是在女方家里，往往总是女方先开口问话，并依据男方的身份、职业、家庭状况，等到男方回答后，再由男方主动发问，所提内容较为灵活，可涉及日常生活、农事，甚至个人的年龄、爱好及亲邻关系。

按一般规矩，男女两人谈话在经过一定时辰后，再由父母确定是否同意亲事。还有的家庭会叫来左邻右舍的姐妹们，让她们前去瞅视一下，为的是好给女儿做个参谋。接下来更有意思的是女方母亲还要为男方端上一碗荷包蛋，如若在碗里放上红糖，这意味着他们同意了这门亲事；如若端来的是清汤荷包蛋，这就意味着他们不乐意。也有些女方父母会对媒人和男方客客气气地说："让俺再打听打听，别撵恁紧（意思是不必急于定亲）。"而后媒人就带上男方一同回家。也有男方不同意的时候，但他绝不会轻易表达说不同意，等媒人问急了，才只是说"再等一段时间看！"（实际上这就意味着他不乐意）

男女双方一见钟情，男方自然要交给女方或多或少的钱物，这叫见面礼，又叫做定情物，女方自然也会收下定情物表明两厢情愿，不可反悔。

3. 走启（过礼）

走启也叫定媒或定亲、订婚，是男女在见面后的不长时间段确定成为亲戚的事宜。

走启的过程是：媒人先征得男女双方家庭和个人的意见和要求，再对男方父母有所交代，要求对走启所需礼品近日内一应齐备，由一班人马在一个双头日子到女方家去下聘礼。聘礼大多是由以下几个方面组成：一是盒子礼，糖块、果点、点心、美酒、牛肉、大肉，五大格子要装得实实在在，人们称之为实盒；二是小件，即给女方所购置的随身穿戴之物，鞋袜、衣服（或衣料）、首饰之类。礼物齐全后，男方便按时登程上门，而女方也早有准备，请来了厨师和陪客，就等走启这天迎接招待，因为它毕竟是女儿终身大事的定亲之喜。

当然，过礼和添衣也可以分两次去办。

4. 追节

追节是在两家结为亲戚后的礼尚往来。欢度春节，男方又带上早已精心准备的礼品去给岳家父母拜年。女方也要在嫂子的陪同下回婆家拜家，一般不单独前去。婆母也会在媳妇来时欢天喜地，并在临走时在竹篮里送给压岁钱。

追节大体是一年两次，春节和中秋节，现在已演变为一年三次，除春节、中秋节，还有麦收后的一次。就男女两人而言，无论是上门做客还是平时碰面，他们在跟对方说话的称呼上也有了变化。在订婚前互称对方尊长叫大爷、婶子和大娘，订婚后称为爸、妈。这种人称上的改变，足可表明两人的感情已达到了热恋的程度。

5. **看好**

男女两方已经到了婚嫁的年龄，男方父母就要考虑孩子完亲的事，要确定婚娶的良辰吉日就应该看好。周口一带民俗看好的程序是：媒人可先向女方提出，由女方父母找先生给女儿虑好，虑好时总是依照女方的生肖属相来确定。对于男方来说，要娶儿媳妇看好就是件大事，因为在人们的传统意识里，选择黄道吉日办嫁娶会万事无妨，如果日子定得不好，就会出现不是妨了媒人，就是妨了公婆，甚或妨夫妻。据说看好习俗古已有之。

看好过后男女两人约定领取结婚证。办理婚姻登记意味着他们的婚姻已取得了法律效力。紧接着要办的是操办嫁妆，男女双方都忙乎起来。两家的亲戚朋友也相互转告，添箱致贺者走上门庭，宾客招待，喜不待言。不论是男方还是女方，其父母大多要给他（她）们套上几床被子，以此寄寓他们今后的生活将会过得又暖又暄。

（二）婚庆

1. **迎娶**

娶亲也称喜好，它可以分为商量事、嫁娶、拜天地、闹洞房几个过程。

商量事，是男方备下礼品到女家商议嫁娶事宜的步骤。男女双方的父母在称呼上互称亲家、亲家母。商议什么呢？商议范围是女方嫁妆的种类、数量，对嫁妆的搬运是送还是接，嫁娶方式是轿娶还是车娶，是不是要用枪锣鼓乐。枪，是指三铳枪，燃放时连响三声，据说可以避邪，以声响间隔时间均匀为好。锣，大铜锣，与三铳枪配合使用，有鸣锣开道、逢凶化吉之意。鼓乐即唢呐，俗称响器，可吹奏出自由欢快、活泼轻盈的乐曲，以此衬托喜庆气氛。如若确定是由男方接嫁妆，还要说清去人的数量，羊酒礼数，搬运所经过的路线，到达的时辰，以便女方发嫁妆做准备、封红包；如若确定是由女方送嫁妆，亦应明确去多少男客，多少女客，何时发嫁，这样做以便男方准备。在商量过程中，月老也总是尊重女方意见，对所提意见、所需添置的物件等，也总会站在女方的角度，有问必答，有求必应，其目的在于能让喜好办得称心如意。这样做，嫁妆多了，也给月老脸上增添了光彩。

嫁娶的日子还没到，男方全家早忙得不亦乐乎：做家具、添新衣、办果品、集宾客，在娶亲的前一天，一切都要置办停当。当然还包括洞房的整修，床被的摆设，对执事和迎宾的邀请，花轿鼓乐的确定，娶亲礼品、吉书、请帖、婚联的准备在内。尤其是请客受头一事，必不可少，因为这里有当天不兴添客的定规，因此男方在邀请各家亲戚时总是有请必到。他们都是男方的尊长，并且大多要在次日的天地桌前受头，于是也早早准备了受头的礼钱。

大多数家庭还要在娶亲的前一天晚上请客邀桌，他们对请来的远路亲戚尊长，连同门宗邻居摆下酒席，以此赢得亲朋的支持，好把第二天的喜事办得红红火火。也有的要在喜好前两三天就开始摆设酒宴，请来戏班助兴以盛情款待宾客好友。

最有意思的还是安床，他们事先请来有经验的老大娘或老太太，在洞房里放上新床，铺上床箔（床箔，用秫秸织编而成的成片的可叠放的东西），老人领着两个年轻媳妇，一个手端托盘，上面放了酒具，一个紧跟侍候，看到什么随口吟唱，犹如赋诗一般，令人心情激动，耳目一新。安床歌："豆秸上面铺席子，明早生个胖小子。铺个砖，引（生）个官；铺火棍，引举人；铺小麦，引个乖；铺红枣，引个小；铺栗子，引妮子；一把栗子一把枣，大孩领着小的跑。撒了床，我就走，新娘拉着俺的手，四个盘子一壶酒。喝盅水酒俺就走，多谢姑娘情意深，再撒三把谢知音。一把撒在床两头，生个孩子封公侯；二把撒在床里头，生个儿子中状元；三把撒在花席上，有个闺女是娘娘。"

安床歌反映出封建传统中那种多子多福的思想意识，在中国封建社会两千多年的进程中，这一思想根深蒂固，但我们应当予以承认，在那战争频繁、瘟疫流行、条件落后的现实中，鼓励人口生产具有积极意义。

点灯歌："洞房点灯须长明，时近黄昏该点灯。一龙灯、二凤灯、三仙灯、四楞灯、五马灯、六铜灯、七星灯、八卦灯、九蓬灯。今年送个长明灯，过年得个闹人精，奶奶抱着喂花生。"

万事俱备，只欠东风。娶亲那天，男家贴喜联，架实盒，又早早预备了饭菜，等人们吃过早饭，执事就按其分工，打发乡亲朋友抬上盒礼，抬上羊酒礼，径往女方奔赶。需要介绍的是：实盒内的礼品应当分格盛放，最下是水果，上面依次是粮果、况果（大果），上面是连肝肺、混水鱼、吉书请帖，实盒顶部是联刀礼；盒子外加封贴"礼达×府，×门谨封"。外侧还挂一只健美的红公鸡呢！红公鸡需要在到达女方家里时换回个大母鸡。

盒子内上部的吉书是要女方在出嫁前就了解的。其吉书内容为：

始自太极分阴阳，选择嫁娶需周详。

上彩轿面向×宫迎禧，下轿面向×宫什吉祥。

太吉卜于本月内，×月×日什吉祥。

井石庙宇红遮盖，冠笄面向×宫总无妨。
迎送客忌×××属相，相三避之自无妨。
共结丝罗山河固，永偕琴瑟地天长。

其谢媒帖内容为竖行：

谨占本月×××午右洁治喜迎奉迓
台驾敬酬
冰德惟冀
届期惠临曷胜荣感
启右
大月老翁×老先生台下
眷弟×××顿首拜

谢亲家帖跟谢媒帖相仿，不再赘述，只是要知道的是最下面两行的称呼及落款不同于谢媒帖。

从以上吉书、请帖内容中可以看出，男方对娶亲的慎重程度及对媒人、亲家的恭敬之意，于此亦不难看出民族文化的丰厚底蕴。

亲家接到出嫁厚礼，理当及时发嫁，但女方依旧恋恋不舍，后经母亲及婶嫂调教才着手上轿（车）。押轿（车）都是七八岁、十来岁的男孩子，或是男方的侄子、弟弟。押轿需要手捧点了红点的大馍，大馍上插枝青翠的柏叶。轿内早贴了一幅红色条幅，上书“姜太公在此诸神退位”，此幅有避邪趋吉之用。按喜好的日期来说，女方在上下轿时对方向有所忌讳。方位大多用八卦名称表示，诸如“乾、坎、坤、震、巽、离、艮、兑”，这些名称大多需要有学问的人去解释。花轿启动就要送亲。送亲是由女方近亲（一般是弟弟或哥哥）挎轿，手扶轿杆送到村头，而后再由扛毡护行。扛毡要做到逢井遮盖，遇庙遮迎，安排过桥放枪（炮），路口鸣锣，一路要顺利平稳，喜气洋洋。

花轿每当赶到村口路边，乡邻熟人大多要拦轿嬉戏，这时轿夫也会使出招数，抬轿钻轿，做出鬼脸，借此极尽逗笑取乐之能事。花轿到家，轿门面对×方落地。这时，轿里的新娘并不急于出来，而由两个十来岁的男孩环绕花轿而行。前面的一个手挑犁铧，后面的一个手举麻秆燃烧的大火把，他们二人一前一后，急匆匆地在花轿周围正绕三圈，倒绕三圈，而后又有一人手端醋碗，在院墙下的淌水沟处把火把浇灭，压上犁铧。这样做，据说具有驱恶避邪之效。

新娘一下轿（车），两个花迎客立即上前，给她打了个满脸殷红。当新娘要经过大门口处的“磐石”，还未来到天地桌前，早有人（一家最高直系长辈，男）手端粮斗，撒下喜馍、麦麸、彩纸、喜钱，只见那半空中纷纷扬扬，一片彩虹，引逗得众人一片欢笑。大人、小孩忙不迭地俯身拾起地面上的喜馍、喜钱，谁抢先拾到自觉这是一种福气。

天地桌上早摆放了一个粮斗，斗里盛了谷或麦，斗外侧贴了斗方“金玉满斗”几个大字，其上以红纸封口，斗里竖一个秤杆，杆头用红布包了包头，粮斗前另放一面圆镜，一把木梳，篦子，一本书，一盏明灯。用其摆设寓有夫妻应以恩爱为本，凭天地良心，应不断掂量掂量自己之意。

在婚礼主持人主持下，新郎新娘就位，婚礼开始，鸣炮奏乐，先拜天地，后拜高堂，再夫妻相拜，然后进入洞房。新娘正待进屋，被两个见机行事的妇女拉住，一人扶持新娘站稳脚步，一人为她梳头冠笄，开脸取笑，口中念念有词：“一开金，二开银，开的儿女一小群!”“开了脸，开鬓角，开的儿女一小窝。大的跑，小的爬，还有一个叫哇哇!”

按规矩，新娘冠笄是有讲究的，根据女方的生肖属相和喜好日期其面对的方向为：“寅卯辰女面向西，巳午未女面向北，申酉戌女面向东，亥子丑女面向南。”冠笄礼结束后，新娘才在众乡亲簇拥下进入洞房，这时新娘从衣袋掏出喜钱撒向人群。这里有新婚三日不分老少之说，意思是在刚结婚三日内，不管男女老少、辈分尊卑，都可以跟新娘闹腾戏谑。据老年人解释说，这样闹能使得百邪远避，主人平安吉祥。新娘入洞房不久即着手净面更衣，在婆嫂和姊妹们劝说下，换了鞋，更了衣，在婚礼主持人的指令下，鞭炮响起，“新郎新娘准备叩喜!”

“给各位父老大人磕喜头”应该说是婚礼议程中的主体。它不仅反映着一对新人对尊长的敬意，亦让乡亲们从中可以体会到一个简单的道理：尊重老人、尊重长辈是年轻人之天经地义。“叩喜头”原来的做法是跪地磕头施之以礼，现在通常的做法是行“三鞠躬”。一对新人在主持人指令下，并肩站立，依序给各个尊长父辈连连鞠躬施礼。

婚礼在亲朋好友及乡亲们的欢笑声中结束，时间继而到了吃喜酒的活跃时刻。吃喜酒需要安盅，安盅的情景显得较恭敬：托盘手送上去一桌桌美味佳肴，敬上一瓶瓶陈酒佳酿，众人只顾说笑，谁也未动一下筷子，满座宾客都不约而同地将目光集中在总理事身上。片刻之间，只见总理事携带主人、新贵人一行几人一起朝大家走来，热情洋溢的安盅语无不令在座宾客喜不自胜。

“各位亲朋好友费礼做光，别无可敬，喜酒敬一杯，顶堂予谢，主吉人敬盅，新贵人叩谢，顶堂回谢。原揖告退！”

所谓顶堂，即指新郎的父辈，主吉人是主持喜宴的托盘手，新贵人是对新郎的称谓。叩谢，回谢，原揖都是行礼的节数，由致词不难看出主人设席办宴的谦逊恭敬之意。

喜好（周口方言，指结婚的日期）刚刚过去，于次日或隔日，即到了请客谢媒阶段。因为男方早已在嫁盒里放进请帖——谢媒帖和谢亲家帖。他们依帖也都早早做了准备，待到请客谢媒这天，主家会等待亲家及媒妁前来应邀。

请客谢媒必有酒宴，主家的盛情招待自不待说。山珍海味，烧鸡鲤鱼，不仅色彩鲜艳，美味佳肴一应俱全，而且文明恭敬之意也尤为叫人称赏。凉盘六荤六素，赫然飘香，但先不必动筷，瞬间，执事偕同主吉人健步而来，一阵客套：

“大月老费心受劳，别无可敬，喜酒敬一杯，顶堂先谢！二位亲家同谢月老大德，二位亲家退位，新贵人叩喜，顶堂回谢，原揖告退！”

谢亲家语：“谢×庄亲家养女之恩，父女之情。顶堂先谢，主吉人敬盅，主人告退，新贵人叩喜，顶堂回谢，原揖告退，提毡上酒。”语声爽朗，一气贯通。二亲家共谢大月老，顶堂、主吉人、新贵人又每谢×庄亲家，音韵和谐，洪亮如钟，既给主客拉开了热情交流的序幕，又给新婚喜宴增添了文雅之趣。

觥筹交错，推杯换盏，主客的语言举止都力求文明礼貌。他们谁也不愿贪杯成醉，但谁都唯恐对方饮酒歉量似嫌交情淡薄，宴之所乐，直至下午夕阳西坠，看看时间已过去四五个小时，才告散席。

月老、亲家和同去的宾客在殷勤友好的款待声中挥手作别，但满心欢喜的情致，融融陶陶的情绪令人久久不能忘。

2. **起轿歌**

花轿是中原农村婚俗中必不可少的工具，它同枪（三铳枪）、锣、唢呐，并称为结婚四大件，正因为这样，在周口农村有专门抬轿的轿会，并且抬轿的规矩也很多，特别是那如诗似唱的起轿歌，更闪烁着民间艺术文化的灵光。

一般来说，新娘子上轿坐定之后会首（第一个轿夫）开始唱起轿歌。会首先问：“齐不齐？”众轿夫答：“齐！”会首再一声长喊：“噢……”起轿歌开始：

“搬住点，挺住肩，我看花轿偏不偏。

左不偏，右不偏，凤凰落到正中间。

看山不是山，凤凰在上边，

看山不是山，大盔在上边，

看山不是山，牌坊在上边，

看山不是山，八仙在上边，

上八仙，下八仙，八仙人人在上边。

东西两院，婶子大娘，不要挂念。

前有高山，后有小涧，龙行旧路，猛虎登山。

走一步龙摆尾，走两步虎登山。

龙摆尾，虎登山，俺哩花轿上了肩，

扭扭脸向前看，前边站了一大片，

枪一响，锣又鸣，

俺哩花轿出了营。

噢……慢踩啦……”

有些会首所说的抬轿歌虽有不同，但大多是不改头，不换尾，中间发挥靠线嘴。如：有些会首在起轿歌中再加段夸轿词：“……凤凰落到正中间。花轿本是一座城，四个角里挂铜铃，东风起咚咚响，起西风响咚咚，咚咚响来不住声。花轿本是一座城，鲁班造成耀眼明，能抬龙，能抬凤，能抬世界的大国公。看山不是山，凤凰在上边……”

这些歌词朗朗上口，并且文白相间，既有对新人的夸赞，又有对新人父母亲友的感激和安慰，也有对未来的祝福和希望。虽说不同的会首有不同的说辞，但他们都在无形中把各种修辞或借代等融入言辞，表现出了特有的文化素养和民间特有的风俗习尚。同时，这些起轿歌又活跃了气氛，为喜气洋洋的婚庆再增添一段调侃和逗乐。

花轿的来历，一说唐代，北方士族世家，太原王氏，范阳卢氏，荥阳郑氏，清河与博陵崔氏，陇西与赵郡李氏，七大望族，耻与异姓结婚。《会真记》后改为《西厢记》张生与崔莺相爱求婚之事，崔母自以博陵望族而瞧不起张生，正是当时社会的写照。唐高宗时，出身寒门已当宰相的李义府，欲为儿子在七大望族中娶媳妇，想不到碰壁，李相为此怀恨劝高宗下令，禁止七大望族子女通婚，并重修《氏族志》，规定不论门第，凡得官五品以上，皆属上流。从此七大望族，保持“血统”的门路断了，然而这些望族仍不甘心，照样偷偷谈婚论嫁，娶时车马迎送，排场热闹。他们大多把娶亲的时间改白天为黑夜，用一乘花纱遮轿（当时俗称檐子），把新娘子抬到男家拜堂成亲。后来此风俗在上流社会流传。到后来民间也效仿沿用。到宋朝，再度禁令废除“檐子”娶嫁，士民嫌其简陋，逐步装饰，俗称“花檐子”，后来又变成花轿。

而真正使花轿流行起来的，是金兵南侵，虏走徽、钦二宗以后，泥马渡康王时。南渡的赵构，往宁波逃窜，途中被金兵拦截追赶，冲出包围，人已落单，惶恐中又被一片湖水拦住去路，眼看追兵又至，高宗欲投水自尽，幸巧有一村姑，湖边浣纱，告诉他湖水很浅，相公你下去，只要仰起鼻孔，我自有法救你，赵构依言而行，那村姑将手中白纱，迎风一抖，撒向湖中，飘飘洒洒，正好把赵构遮盖住，待金兵到来，寻赵构不见，喝问村姑，是否见一年轻逃犯，村姑伸手胡乱一指，金兵拨马追去。等金兵远去，姑娘收起白纱，把赵构拉上岸。时隔两年，赵构在临安（今杭州）登极，随后发旨宁波，寻找“救驾”村姑。结果无人出头领功。高宗随又下道圣旨，准凡宁波出嫁女子，特许乘四人抬轿。四人抬式轿，正好是“半副鸾驾”娘娘的规格。后来江南流行，渐传豫东地区。全国效仿，流传至今，将被现代轿车代替。

3. **麻秸火**

在周口一带婚庆中，不论城乡都有打麻秸火的习俗，也就是说，新媳妇的轿或车来到新郎家门口时，新郎家要派一群精明的小男孩（一般四个）其中一个挑着犁铧领头，其他三个打着麻秸火，围绕花轿或车转上几圈，以求驱邪避灾。

打麻秸火时，麻秸都用红纸包着，有的人家用红纸拦腰把麻秸捆住，扎成一束。当新娘子的轿刚到门前，新娘子还没有下轿时，新郎家首先麻秸火伺候。打麻秸火时，领头的孩子用棍子挑一个烧红的犁铧，一边围绕花轿跑，一边用另一只手里端的水（水里放有盐或醋，各地情况有所不同）去浇犁铧。挑犁铧的后边跟着打麻秸火的孩子们。孩子们在挑犁铧孩子的领导下围绕花轿正三圈倒三圈地跑圈。跑够以后再有挑犁铧的孩子带着撤出，然后把麻秸火或犁铧塞到下水道口。然后，新娘子才能下轿。

周口婚庆麻秸火习俗是为了驱灾避祸。他们认为新媳妇一路而来，怕有妖气或晦气附身或入轿。为了防止新媳妇把妖气或晦气带回新郎家，新郎家就先用麻秸火烧一烧，来烧掉妖气或晦气。其实，麻秸火的造型是一条火龙，它应该源于火龙辟邪的图腾崇拜。我们细致观察一下就会发现，麻秸火就是一条火龙，它的龙头是挑的犁铧，龙身是后边转成一圈的麻秸及麻秸火。热犁铧上浇水发出吱吱的声音，并且升腾起阵阵白烟，这更像龙的吞云吐雾，更显示出龙的威风。在周口农村有一些关于成龙成凤的传说，也可以说明麻秸火取意为火龙辟邪。农村传说中常说，人死后要想化成龙，需要头顶犁铧，鼻子里插双筷子，腰里系一道麻绳，然后埋到风水宝地就可以实现。其实犁铧就是很像传说中的龙头。麻秸火用了后放到下水道口，取意水灭火，水降火。也可以理解成火龙任务完成后被人们压到下水道口，以防止它滋事或引发火灾。

总之，民间风俗是民众思维和民众信仰的一种传承。它有自己特定时期的特有内涵。周口婚庆中麻秸火习俗，从表层来看是用火烧来消灾辟邪；从深层次也可以理解为一种古老的火龙辟邪的图腾或民众文艺的形式。

4. 撒喜歌

在豫东农村风俗中，新郎新娘入洞房后，素有撒喜的风俗。撒喜又称撒床，大多由泼辣大胆、能说会唱的喜娘担当此任，吟唱些吉祥喜庆祝福的民间小调，这些民间小调叫“撒床歌”或撒帐歌。这些歌从前在民间流传，掺和许多风趣幽默诙谐的词句给人们带来欢乐和愉悦，实是乡野性十足的一朵奇葩。

撒喜歌流传在我市各地的曲词，大多是七言格律，朗朗上口，押韵合辙，但因是口头创作的乡土文学作品，也出现了许多异文。其中的共同点是撒喜的人都怀抱器皿，向闹房的人们撒些红枣、花生、栗子等食物，暗喻早生贵子、儿女双全的谐音。边撒边唱，内容多为赞美新娘嫁妆、洞房和新娘本人，其间运用最多的是诙谐的俏皮话，以增添闹房喜庆气氛，现摘录三首，以飨读者。

①夸洞房

进洞房，喜洋洋，东家请我来撒房，
嘴拙笨，腔又瓤，不过来闹新人房。
众亲友，站两旁，听我夸夸好洞房，
方砖墁地白粉墙，巧手丹青画花梁，
也有绿，也有黄，喜对子就有丈二长，
还有红纸胭脂妆，一幅一幅挂满堂。
观罢对子观中堂，麒麟送子到家乡。
木隔山，银柱装，好似太阳出扶桑。
上刻几笔诗，听我说端详。
头一出红叶题诗句，二一出毛公子跳花墙。

三一出徐相公会淑女，四一出赵匡胤送亲娘。
五一出张四季、李兰香、王桂花共饮酒楼上。
六一出替父出征木兰女，八一出割肝敬母白海棠。
印花门帘红绸香，两件故事在两旁。
这边狮子滚绣球，那边百鸟朝凤凰。
往里看，罗汉床，雕花刻得多漂亮。
这边麒麟来送子，那边莲花劝鸳鸯。
龙凤被，放光芒，强似万岁的龙凤床。
新郎新娘共枕眠，白头到老睡梦香。

②夸新人

新人坐在东床上，不言不语胡思想。
想哪个，想新郎，想与新郎叙家常。
一个窈窕女，一个俊俏郎，
满腹知心话，人前不好讲。
劝新人，莫慌忙，听我夸你的好衣裳。
身穿石榴大红袄，百褶罗裙是绛黄。
圆圈缀银铃，多见穗子香，
走一步叮当响，走两步响叮当，
绿红汗巾手中拿，恰似仙女下天堂。

③撒床歌

没事不进新人房，东家请我来撒床。
往里看，真是美，四块金砖垫床腿。
听秋菊，喊美芳，拿起银盆俺撒床。
头一把撒得一元和气，二一把撒得二男呈祥。
三一把撒得三元居地，四一把撒得四季安康。
五一把撒得五子登科，六一把撒得六季安邦。
七一把撒得七元巧会，八一把撒得八方名扬。
九一把撒得九子成龙，第十把撒得大吉祥。
往南撒南蛮来进宝，往北撒北海龙王保吉祥。
往前撒前朝夫妻少有，往后撒夫妻后世无双。
这一把撒得高，生个儿子赛马超，
还有勇还有貌，东关城里边杀曹操。
这一把撒得能，生个儿小子赛罗成，

十二岁打过登州府，救他表兄名秦琼。

这一把撒得强，生个小孩状元郎。

这一把撒到床外边，生个儿子当大官。

这一把撒到枕头上，领个闺女做娘娘。

读诗书，念文章，来年当上状元郎，

旗杆竖到你门上，你看荣光不荣光。

5．闹洞房

中国传统婚姻以其礼仪的隆重和场面的铺陈而颇具特色。它通常要经过提亲、订婚、迎娶出嫁、闹房等程序，其中以新婚当夜众亲友在洞房嬉闹新娘和新郎后，新人双双携手归寝为一高潮。此中滋生出一些习俗的举动，因多发生在洞房里，故称为“闹房”、“闹洞房”、“闹新房”；由于这一习俗以新娘为主要逗趣对象，故又称“闹新娘”、“耍新娘”，还称为“戏妇”。

闹房习俗始于汉代先秦时期，婚礼淳朴、肃穆。孔子在《礼记·曾子问》中描述当时的嫁娶情景时说：“嫁女之家，三日不熄烛，思相离也；娶归之家，三日不举乐，思嗣亲也。”

关于闹房习俗的来历，周口民间的说法是源于驱邪避灾。相传，很早以前紫微星一日下凡，在路上遇到一个披麻戴孝的女子，尾随在一伙迎亲队伍之后，他看出这是魔鬼在伺机作恶，于是就跟踪到新郎家，只见那女人已先到了，并躲进洞房。当新郎、新娘拜完天地要进入洞房时，紫微星守着门不让进，说里面藏着魔鬼。众人请他指点除魔办法，他建议道：“恶鬼最怕人多，人多势众，魔鬼就不敢行凶作恶了。”于是，新郎请客人们在洞房里嬉戏说笑，用笑声驱走邪鬼；果然，到了五更时分，魔鬼终于逃走了。可见，闹房一开始即被蒙上了驱邪避灾的色彩。

闹洞房驱邪的风俗各地均有。新人入洞房前，新郎前一晚就须睡在洞房，事先请两名女童手执红烛将新房内照一遍。新人入房后，驱房内邪气十分重要。在东汉时，新郎进屋后要象征性地向新房四角各射一箭，或手执单刀朝每个角落虚砍一刀，并歌曰：“一砍妖，二砍怪，三砍魔鬼坏脑袋，四砍丧神快离开，笑看麒麟送子来。”更普遍的习俗是在新房内置长明灯，所谓“洞房花烛夜”说的就是这个意思。

6．铺床压床

周口农村婚庆中有铺床和压床的习俗。这种习俗就是在新人结婚的前一夜，新郎家要找人（多为长辈妇女）来铺喜床。床铺好后还要请贵人先压床（多为父母双全的男孩）。

周口婚庆中的铺床是在结婚的前一夜，由同族长辈妇女主持。主持人要德高望重，身无丧孝，口齿伶俐。一般情况下，铺床时席下要压烧火棍、花生、蒜、葱、砖头、豆秧等物。据说床下压烧火棍取意为立旗杆，说明新的一个家庭已经组成，让土地爷和灶君知道此事上报天庭，以求得神灵的保佑。铺砖头是为了求财，或者求得身体结实健康。铺花生、豆秧是为了求得多子多福。铺葱和蒜是为了求得后辈人聪明有能力，说话算数能当官入仕。有些妇女在铺床时还要数落一些铺床歌，如："铺个火棍竖旗杆，俺来汇报天上仙。保佑新人过得好，年年月月得平安。""铺块砖有金山，两口子有吃又有穿。""铺着豆秸和花生，男孩女孩要花着生。""床头铺上一棵葱，生的孩子都聪明，长得好，水灵灵，有本事，保朝廷。"

一般来说，床铺好后还要请人压床。压床的一般是父母双全、大富大贵的男孩子，取意贵人辟邪驱灾，赶走邪气，有利于新人生活。有关压床的由来还有一个传说故事哩。

古时候，有一个远近闻名的年轻后生叫张好忍，对啥都能忍耐。他家道虽贫寒，但心地善良。

张好忍娶亲办喜事那天，亲朋好友都到家贺喜。正吃喜酒，从外来两个和尚说是道喜哩。张好忍很和气地把他们让进屋，问："两位师傅，从何方而来，何寺出家？"俩和尚不理会只管坐下吃酒。

天晚啦，俩和尚都吃醉了，对张好忍说："今晚上，俺俩不走啦，就歇你床上给新人压床吧。"亲戚朋友一听都生气地说：这俩和尚太无礼啦，出家人咋能讲这样的肮脏话。张好忍听了这些话，有心不答应，又一想：天恁黑，俩和尚走出去住哪里？到外边出了意外咋办哩？张好忍想来想去最后答应了。俩和尚躺到新人床上，盖上新人的新铺盖（呼呼地睡了）。张好忍家穷，只好跟新娘坐着等了一夜。

天大明，还不见俩和尚起来，张好忍喊了几声也没人应声。掀开被子一看，呀！变啦！一个和尚变成金人，一个和尚变成银人。有人说这是老天爷赐给好心人的，是张好忍他两口子的福分。

这事传开了，娶亲前一天夜里就请人睡在新人床上，给新人压床。后来，就变成一个图吉利的风俗习惯，一直流传到现在。

（三）忌讳

1. 订婚忌讳

周口人在订婚上是讲究异辈不婚的。异辈通婚是民间最典型的乱伦行为，有直系血亲关系的，忌之最甚。

20世纪50年代前，周口许多地区曾经热衷于表亲婚，并称之为“亲上加亲”，认为是喜中之喜。但是还有“骨血不倒流”的说法。“骨血不倒流”是民间针对单向舅表婚的一种忌讳习俗。舅表婚又称中表婚，中表即内外，舅子为中、为内，姑子为表、为外，俗以为姑母和父亲的血脉相同，娶姑家的姑娘为媳妇便是“回头婚”。因此，“骨血不倒流”的说法是反对姑家的女儿嫁给舅家的儿子的。有的地方还有“骨肉还乡，家败人亡”的俗语流传。

周口民众在“问名”合婚时，除了婚龄方面的忌讳，还有生肖方面的忌讳。生肖就是属相。合婚时，生肖忌讳很多，有一种忌讳女方属虎的忌讳流行很广，这种忌讳大约是直接出自于民众“畏虎为患”的心理的，是把属相为虎的女子当成了真正能够伤人害命的“猛虎”了。由于老虎总是夜间出来吃人，所以对于夜间出生的属虎女子，忌之尤甚。并且许多人非常认真地把夜间出生的属虎女子进一步分为“上山虎”和“下山虎”两类。前半夜出生的，谓之“上山虎”，后半夜出生的，谓之“下山虎”。相比较起来，认为“下山虎”比“上山虎”更凶恶、更厉害！因为“下山虎”是饥肠辘辘，下山找食儿的，所以一定要伤害人；而“上山虎”是下山找食儿回来的，或许它吃饱了，不再伤害人了。因此，如是“上山虎”还有一定的回旋余地，若是“下山虎”，则万万不能娶进。

周口有些地方合婚时忌女子属羊的。以为妇女生肖属羊者出嫁后必克死其夫。谚云：“女子属羊守空房。”民间有“眼露四白，五夫守宅”的说法，而羊眼又被认为恰是“眼露四白”的。或许正由此而引起了男方的忌讳。所以，一般属虎和属羊的女子都会把年龄多报一岁或少报一岁。上半年出生的，虎报成牛，羊报成马；下半年出生的，虎报成兔，羊报成猴。也就将此忌讳破了。这正应着了一句俗谚，叫做“女命无真，男命无假”。

下面选列出一种近年周口农历中的生肖婚配宜忌，以供参考。

谚语有：龙虎相斗，必有一伤。龙虎相斗，必定短寿。
两只羊，活不长。两虎不同山。猪猴不到头。
白马怕青牛。鸡狗不一家。鸡狗相配断头婚。
青龙克白虎，虎鼠不结亲。

歌谣有：白马怕金牛，鼠羊不到头。
蛇见猛虎如刀锉，猪见猿猴泪长流。
子鼠见羊万年愁，不叫白马见青牛。

虎见巳蛇如刀割，兔子见龙不长久。
酉鸡不与犬相见，亥猪不可见猿猴。
自古白马不配牛，羊鼠相配一旦休。
金鸡不与狗相见，青龙见兔泪交流。
猪猴见面如刀割，虎蛇相配不到头。
蛇配虎，男克女；猪配猴，不到头；
兔见蛇，如刀割。白马怕青牛。
乌猪怕猿猴，蛇怕猛虎如刀断。
羊鼠相逢一旦休，黑狗不能进羊圈。
庚鸡见犬泪交流。辰子申忌蛇鸡牛。
巳酉丑忌虎马狗，寅午戌忌猪兔羊。
亥卯未忌龙鼠猴。

这些谚语和歌谣大都是在中原周口一带搜集起来的。它们几乎成了人们合婚中生肖忌讳的教条了。

问名是订婚中的六礼之一。问名首先是由媒人将男女双方当事人的生辰八字交换送至对方，让对方知道议婚男女的年龄。男女年龄是不能超过正常婚龄太多的。假如超过婚龄太多，就会有嫌疑了。周口有句俗话，说："闺女大了不可留，留来留去留成仇。"因为青年男女到了结婚的年龄不结婚，还恐怕会做出苟且的事情来，正如俗谚中说的"男大不婚，女大不嫁，恐怕弄出大笑话"。

周口民间的婚嫁论年龄，崇尚男比女大，但也忌讳双方年龄相差太大。如果相差十岁以上就会受到舆论的谴责了。谚云，"年老不娶少妻"，"年老不要娶少妻，要娶少妻生闲气"。在解放前，周口、商水、太康等地还流行一种小女婿的习俗，时兴男孩十来岁时就与一个十七八岁的姑娘结婚。多是出于把媳妇当劳动力，早娶进门早使媳妇的思想。在男女双方年龄相差不大时，还有忌年龄相差三、六、九岁的说法。以为会犯刑、冲、克、害，于婚姻不利。对于女比男大，一般是忌讳的。尤其忌讳女比男大一岁。周口俗语云："女大一，不是妻。"也有俗称："女大一，黄金飞；女大两，黄金长。"意思即是女的比男的大一岁，结婚后要破财，但女的比男的大两岁，结婚后反而会发财。周口民间还有忌男女双方同年生人的。尤其忌同年同月出生。有俗谚云："同岁不同月，同月子宫缺。"意为同年同月出生的人结婚会影响下代子孙的繁衍。

订婚中的纳采，也就是指男家请媒人到女家提亲。古时纳采通常要用活雁作为提亲时的礼物。有时纳采并不止是去女家一次。有人认为，多次求婚才答应，说明女儿家主贵；如果一次求婚就答应，则显出卑贱。俗语说："好女百人求。"所以媒人提亲是要多跑几趟的。

在周口民间的议婚订婚阶段中，纳采、问名等婚议顺利通过之后，便是纳吉一项了。纳吉就是把问名后占卜合婚的消息告知女方的仪礼。男家卜得吉兆后，备礼至女家决定婚约，这是订婚阶段的主要仪礼。俗称"送定"、"过定"、"定聘"等。

订婚时的定礼也都要成双成对，忌讳单数。礼单、礼帖用红纸（忌用白纸）写好，上边的字数也要成偶数，忌单数。甚至，一些讲究的人家，还要把礼物的名称也补单成双。如"一头猪"要写成"全猪成头"；"一盘菜"要写成"喜菜成盘"等等。这些，都是为取意"双双对对，万年富贵"，以象征新婚夫妻婚姻美满。

过大礼也是订婚中的"六礼"之一，又称"纳币"、"大聘"等。纳吉之后，男女双方缔结了婚姻，男家正式将聘礼俗称"彩礼"送往女家，就是纳徵的仪礼。

这一仪礼非常隆重，男方往往借此机会荣耀门庭富贵、婚礼盛大，通常备有礼单。礼品装入箱笼，或挑或抬，走街串巷，燃放鞭炮，吹奏鼓乐，在媒人、押礼人的护送下送至女家。聘礼中各样物品要取吉祥名称，数目也要取双忌单。周口民间忌讳送女方鞋子作聘礼，怕是女方穿上鞋子溜掉了。聘礼送到女家后，女家忌将聘礼全部收下。一般要将其中一部分食品退回男家。周口一带的习俗中，女方收聘礼时，不留公鸡，并配回一只母鸡。母鸡要活的，且忌白色的。回礼之后，还发送陪嫁的嫁妆。嫁妆中的被子，豫东一带忌讳九月里做被子，喜好在十月里做被子。俗语云："等十月，忌九月"。因为"十月套被十相出（希望连生十子），九月套被九女星（恐怕连生九女）"。而且套被子时忌用白线，喜用红线。缝制者忌寡妇或儿女不全的人参与，一定要请儿女双全的"全活人"来缝制，以图吉祥。在娘家陪送的嫁妆中还忌讳有剪子、镜子、茶壶一类的东西，否则会"妨舅"，即新娘娘家的哥哥或弟弟会因此而死去。嫁妆中忌无子孙桶，否则会影响子嗣的延续。子孙桶就是马桶。马桶有两种：一种是便溺用的；一种是生产用的。新马桶内盛有红蛋、喜果，有祝福子孙昌盛之意。

2. 嫁娶忌讳

周口许多地方的规矩忌无春之年嫁娶。无春之年，即当年无立春日，因为在豫东一带称之为“寡年”。“寡年”的“寡”字是结婚时日的大忌，会令人想到“寡妇”、“寡居”、“鳏寡孤独”等词语，显然是大不吉利的。豫东民间有“寡年结婚不养子”的说法，也就是没有后代。

在一年内，如果有两个立春日，各地的情形又有不同。周口大多人认为这年结婚好，取“双春双喜”的意思，因而出现婚嫁高潮。但也有认为这年结婚不好的说法，即取“双春喜冲喜”的意思，凡事过多则为淫，春淫或伤风化，不可取。再者，民间普通人总喜好平稳，不爱冒风险。在有两个春日这样不同凡响的年内，最好息事宁人。因此，也有故意躲开这年嫁娶的。

年份定下来后，还有月忌。在一定的月份中宜嫁娶，在另一些月份中便忌讳嫁娶。周口民间有将婚嫁之宜娶月份与属相联系在一起的信仰习俗。人们认为鸡兔两属相宜正月、七月嫁娶；蛇猪两属相宜三月、九月嫁娶；马鼠两属相宜六月、腊月嫁娶；牛羊两属相宜五月、十一月嫁娶；狗龙两属相宜四月、十月嫁娶；虎猴两属相宜二月、八月嫁娶。民间还认为腊月（有的说是腊月二十三日以后）乃至新年前后是神祇上天的时间，民间百无忌讳，这时嫁娶最合时宜，每天都是吉日。

嫁娶的月份选定之后，还有需要避开忌日。周口民间有忌单日嫁娶、结婚的习俗。俗话说，“好事成双”。婚姻为男女双方之喜事，若在单日，意味着不吉，故多择取双日。某些县乡尤忌七月七日嫁娶。据载：“七月七日，迎新嫁女避节。”此俗与织女牛郎的传说有关。相传织女为天帝之孙女，私自下凡与牛郎婚配，后被迫回到天上。织女与牛郎每年七月七日才能相逢一次。周口民间忌七月七日嫁娶，亦反映出人们祝福儿女婚后永不分离、幸福美满的良好愿望。在农村除忌七月七外，还忌初五、十四、二十三等日子嫁娶，另外又有一些特殊的事由而忌某日嫁娶的，都是为了避凶求吉。

20世纪50年代前，周口民众结婚时要求男方要亲迎。亲迎是六礼中最重的一项礼节。如果不亲迎，则女方是不肯嫁过门去的。

婚姻贺礼，如今是相当普遍。周口送贺礼有“凑份子”一说，即是指为亲友婚嫁送的贺礼。周口一带，婚礼用喜宴，羊、酒作贺。羊忌黑眼，酒忌不醇。婚嫁日祝贺的人多少都无妨，但最忌有人上门要债、闹事。婚姻是喜庆的事，假如往日有仇冤的人家，此时上门来闹事，则是大大破坏了吉事的，是最受忌恨的。这将在新婚夫妇今后的生活命运中投下可怕的阴影。如果哪个违犯忌讳，就会受到众人的谴责和惩罚。

周口婚嫁中爆竹是不可少的，其实，喜庆中燃放爆竹，有驱鬼之意含在其中，周口民间有“崩崩邪气”之说法。因为越是大喜的日子，越是担心有恶鬼捣乱。所以要用爆竹崩崩，以壮行人之胆魄。由于每逢喜庆（包括喜丧）之时都要燃放爆竹，所以久而久之，一放爆竹，人们就猜想是有（红白）喜事在举办了。所以现在在婚礼中放爆竹便又增添了喜庆、热闹的一层含义。

周口民间结婚办喜事时，都有特制的新婚礼服。婚服要新，取“新婚大喜”之意。若着旧装，则不吉利，或有新人不贞之嫌。周口各地，大都对婚服十分重视。做嫁衣亦要选择吉时。嫁衣要由福寿双全、儿女双全的妇女裁剪。忌寡妇、不孕妇等裁剪缝制。新嫁娘的礼服忌有口袋，以免将娘家的财产以及福气带走了。礼服要用一块整布料裁制，忌讳用两块布缝接。取“从一而终”、“不再婚”之意。一般新嫁衣崇尚红色，忌讳白色。

迎亲日，虽是吉日，也有宜忌，男家应先看好该日忌什么。周口人迎亲时，男家派一个父母健在、家中无死于非命的所谓“干净”的小男孩作为迎亲人，到女家迎接新娘。此小孩又叫“压轿孩”或“押轿孩”。许多人家迎亲人都忌寡妇参加，要派“全科（活）人”。

送亲是指女方亲友送新娘出嫁。送亲的人也要是“全科人”，忌寡妇、孕妇送亲。周口一带还有送亲的人有“爹送妈不送”、“姑不娶，姨不送，舅妈送一场病”的忌讳习俗。这都是关于女人的忌讳。迎亲、送亲的人还有属相忌讳。流行的忌讳歌谣为：“辰子申忌蛇鸡牛；巳酉丑忌虎马狗；寅午戌忌猪兔羊；亥卯未忌龙鼠猴。”有些地方是不亲迎的，由女方直接把新娘送往男家。也有一些地方女方不送亲到男家，只送上轿（车、马），周口一带就是这样。

新娘上轿前，中原豫东一带有喝“催轿汤”的习俗。娘家嫂子辈给新娘做临行前的一顿饭，叫“催轿汤”。新娘吃起来很有讲究，既不能不吃，又不能吃完。民歌中有这样的唱法：“如若是喝了吧，怕穷娘家；若要说不喝吧，怕穷婆婆；罢罢，我喝一半，留一半，两头都过好生活。”可见那“催轿汤”是某种“财气”的象征。喝催轿汤又是对新娘情感的测试。为了不使新娘子丢丑，好心的人是会事先把其中的忌讳告诉她的。

上轿前，按周口习俗，新娘要蒙上红盖头。红盖头即是一块二尺见方的红布，可蒙住新娘的头面脖肩，使其不能被人看清楚面目。现在周口婚俗中的红盖头已经很少见了，据说，此俗是很古老的，有类女娲“以草为扇”，是遮羞的，其红色象征火，象征吉祥，可以防邪。周口民间还流传一句忌讳掀盖头的俗谚：“盖头一掀，必生祸端。”还有老人讲：“盖头”是古俗掠夺婚的遗存，新娘子蒙上“盖头”就看不见路了，使她不得跑回自己的家中。

据说结婚红盖头的用处表现在以下几方面：一是避邪煞之说：来源古老

的传说故事，大意说有位周乾的善占卜，但屡为城东修炼成精的桃花女所破，周乾遂用计害桃花女。托人向桃花女为自己儿子求婚。桃花女将计就计应承婚事。周乾选定凶日迎娶。到迎娶日布置各种恶煞，变成树桩怪石，欲置桃花女于死地。桃花女令人拿个筛子走轿前，自己顶着红布遮面，又吩咐送嫁夫役，凡遇到井桥和可疑树桩怪石，皆用红布盖住，恶煞皆怕红布之类镇压，因此不能接近桃花女轿，这样桃花女终遂心愿，拜堂成亲入洞房，周乾只得甘拜下风。

二是降喜神之说：民间传说，姜子牙伐商成功，奉元始天尊之命，敕封众神，商纣王被封为喜神，专管人间婚姻嫁娶之送喜。纣王生前有好色好淫之恶习。送喜见新娘貌美，常非礼之。老百姓向姜子牙告状。姜子牙告诉大家，往后再娶新媳妇，新娘上轿用块红布盖头，然后上轿放炮，发嫁起轿，民间依此而行，纣王果然再不敢为非作恶了，因为姜子牙伐纣，打着大红旗，纣王被姜子牙神鞭打伤，自焚后又被割下脑袋，挂在红旗竿上，如今见新娘红巾遮面，又闻鞭炮，误认为姜子牙再来打他，故而邪念顿消。红盖头成了降伏喜神之逢凶化吉之护身宝，往后民间嫁娶，新人盖红头巾，上轿放炮，流传至今。

三是遮羞耻之说。在我们豫东陈州，现在淮阳，人皆知是人祖伏羲栖身之地。神话史传，混沌初开，世上只有伏羲与其妹女娲二人，为繁衍人类，女娲决定与兄长结为夫妻但又感羞耻，便假装为兄长说媒，告诉他某日某时与一女子相会，伏羲如约而至，到时女娲以蒲草结扇护面，兄妹相会，生儿育女，从此人类有了下代，今日的红盖头，也是昔日女娲蒲扇遮羞之演化而成。

四是抢婚之说：秦汉古籍载，当时娶妇之家三日不举乐，婚礼不用火。古代北方，匈奴人善骑，乘女方不备，急抓罩头，飞驰逃逸，怕女子叫喊引起该部落人追赶，故出现上述现象。他们抢来女子后在黄昏成亲，生米煮成熟饭，等几天女方部落知道也为势所迫，只得认可。

周口大都有哭嫁的习俗，即在新娘上轿前后要放声痛哭，有的还边哭边唱着“哭嫁歌”。哭嫁的原因，是表示不愿离开生身父母，去到一个陌生的家中生活。同时，也含有惜别少女时代的亲友的心情。哭嫁有真哭假哭，或者说是真伤心的哭还是履行传统习俗的仪式而哭的差别。如果婚姻不称心，新娘不情愿，那哭声就很悲伤，是真哭，是对不合理的旧婚姻制度的哀怨和控诉；如果是心里很高兴，对婚姻很满意，那哭声就平平。还有新娘上轿时哭不出来的，这时娘家人就会觉得很难看，要劝新娘哭，送新娘的嫂辈们会半开玩笑地说："哭两声吧，嘴里哭，心里愿，不哭两声不好看！"再不哭，母亲就要上前打着、拧着逼新娘哭了。因为新娘上轿时不哭，人家会说新娘子傻，没教养，没人情味，婚后两口子也不会过好。

花轿一上路，哭嫁就停止了。新娘在迎亲途中是不许哭的。这时候再哭是不吉利的。俗传新娘有煞气，所以忌讳窥视轿中的新娘。新娘坐的花轿，四周围绕着彩帘。人们跑到街上看娶媳妇的只是看个热闹，一般总是看不着新娘子的。据说看到了新娘子会瞎眼，或者会犯着煞气而死亡。

周口新娘下轿也有忌讳，花轿抬到男家门口，按忌三相的规约，顺好轿子，由两个少女来请新娘出轿。许多地方这时要放爆竹，以示喜庆。同时也是崩崩新娘子带来的煞气。在新娘子尚未进门又即将进门之际，民间还有许多"煞威风"的陋习。商水一带等花轿来到男家门口时要有意停留片刻，以灭新妇之火性，使她日后不敢犯上，不敢不服管教。有的人家还要让花轿从婆婆预先悬挂的裤裆下穿过，其中也含有媳妇在婆婆之下，不得违命的寓意。新娘到男家，男家宾客相迎时，男方长辈随以五谷撒向新娘，使新娘惊愕，谓之"吓魔"。

和上轿时一样，新娘在下轿时也忌讳踏土，民间有新人下车檐踏青布条或毡席，不得踏地的习俗。现民间一般是在新娘下轿时铺上红毯或木板、席子等让新娘从上边走过，直到进屋（洞房）后坐在床上。周口太康一带，新娘下轿还忌讳睁眼，几乎所有顶着盖头的新娘都是由人搀扶着进入男家的。不让新娘子"见天"、"踏地"，据说是怕新娘子的煞气触怒了天地鬼神，其中也有不让天地鬼神伤害着新娘子的意思。这时不让新娘子踏土不是娘家怕福气被新娘子带走了，而是表示着男家娶进门来的是一个贞洁贤德的妻子。还有一种说法，即"不踏地"为"不得地"之意。意思是新妇到男家不能有权有势，要服从管教。

"拜天地"是周口典型的婚姻缔结的仪礼。一般是在男家中庭设香案（天地桌），新娘和新郎在唱礼官的唱导下行交拜礼。

拜天地的程序有三项，一曰拜天地，二曰拜高堂，三曰夫妻对拜。拜高堂即拜公婆。如果公婆的年纪才四十出头，比较年轻，是忌讳受拜的，恐经受不起而折福。这时往往叫新郎新娘朝神龛叩拜。古代正婚时不拜祖先，翌日始见舅姑，舅姑乃为公婆。其道理是，应先有夫妇关系，而后才有公婆与儿媳的关系。拜完天地，新郎新娘就有了正式的夫妻名分。接下来，便由媒婆或"好命人"把新郎新娘一起送进洞房。

在举行结婚仪式时，忌讳小孩子和戴孝的人进入结婚厅堂。因为小孩子常常会哭，结婚是件喜事，给小孩子一哭一闹，是很败兴的，不吉利。戴孝的人容易使人想起丧事，也是很不吉利的。河南项城一带把扶持新娘拜天地的人称为“搀客”。搀客长得要聪明伶俐，手脚要干净利落。搀客忌讳生肖与新娘相克。如新娘属兔就不能用属狗的做搀客，属猪的就不能用属虎的做搀客等等。结婚多年无子女者也不能参与结婚事宜，更不能到拜天地的厅堂上来。陪伴新郎和新娘的人数，都要双数，忌讳单数。

周口民间在闹洞房之前，有大办宴席招待来宾的习俗，叫做“吃喜酒”。婚宴忌讳寡妇、孕妇及戴孝者参加，否则不吉。许多人认为寡妇、孕妇做了喜事客，新娘将来有了孩子也养不大。

周口一带在吃喜酒时，男女不同桌。对来送亲的娘家客要单独招待。忌招待不周，让客人挑出毛病来。一般是新郎出来挨桌向大家敬酒。喜筵的菜肴，照惯例是十分丰盛的。有十八道菜，二十四道菜，三十六道菜不等。但菜盘子数要是双数，忌讳单数。办喜筵时忌用鸭，因为“鸭”与押送犯人的“押”同音，所以是很不吉利的字眼，要讳避的。忌吃葱，尤其是新郎更忌讳吃葱，据说“葱”与“冲”同音，也是不吉利的字眼。还有一种说法是葱象征阳性，说是吃葱会“倒阳”。葱有象征新郎本人的意义。故而婚筵上忌吃葱。尤其忌新郎本人吃葱，恐怕吃了，自己本身会有灾厄降临。办喜事时，周口婚宴还忌讳吃白馒头，也是喜事尚红忌白的缘故。因而有将白馒头上点上红颜料的，称为“喜馒头”。

吃完喜酒，收拾盘碟时，忌讳将空盘相叠，以免犯了“重婚”之讳。如果酒宴上有客人不小心打破了碗碟，也是犯忌讳的。懂得破解的方法，会将碎片收拾起来，放入石臼的圆心处，表示破了又圆，以避凶求吉。

在宾客们吃喜酒的同时，或稍晚一个时辰，新郎和新娘在洞房中也要吃合婚酒，即古俗合卺礼。卺即是瓢，把一个瓠瓜剖成两个瓢，新郎新娘各拿一个，用来饮酒，就叫合卺，合卺始于周代，后世相承用匏。匏，苦不可食，用来盛酒必是苦酒。所以行合卺礼不但象征夫妇合而为一，而且也含有让新婚夫妇同甘共苦的意思。到了宋代，合卺礼演化为吃交杯酒，即用红彩线把两个酒杯拴在一起，新人共饮之后，掷于床下，以卜和谐与否。这时忌酒杯同仰或同合，是谓不和谐。若酒杯一仰一合，则是谓大吉，象征天覆地载，男俯女仰，阴阳和谐，婚姻美满。吃合婚酒菜要双数，忌单。一般是六荤六素。周口一带此时常让新娘吃一种未煮熟的水饺，并问新娘：“生不生?”此时新娘忌讳说“不生”，而必要答“生”，以取“生育”之义。俗谓之“讨口彩”。

洞房是特意为新婚夫妇准备的寝房，俗称“新房”。不过，周口洞房内的规矩忌摆鲜花，因鲜花易萎，恐不吉利。

洞房中最重视的是婚床的摆设。周口民间有举行安床仪式的习俗。就是先准备铜钱一百零八枚，把八枚铜钱垫在床腿下，象征“八字合同（铜）”。一百枚铜钱分别放置在床头床尾，取“同（铜）心同（铜）体”之意。还有的安床时要选择吉日吉辰，安床的位置也要配合男女双方的生庚干支，并视门窗与神位坐落的方向而定。周口民间俗信，还十分忌讳床与桌椅柜橱的尖角相对。安床完毕，还要祭拜“床母”一番。从此，新房忌讳任何闲杂人等踏入。尤其忌讳寡妇、孕妇、属虎的人等进入。更忌坐新床，摸新房内的物品，恐会对新妇不利。只是在晚上睡觉时，要由一名童男陪伴新郎，睡在婚床上。新房从布置好婚床等摆设之后就忌空房，婚床也忌单人独睡。据老人们讲，在新房布置好后，准备去迎娶新娘时还叫一童男手持大锣，在铺设齐备的新房内敲打三声，谓之“响房”，随后，喜轿才出门发往女家。否则，便恐怕接娶新娘时会出什么差错。

俗话说，“不打不闹不热闹”，洞房最喜热闹，最忌冷清。因而周口都有闹洞房的习俗。洞房是新娘到夫家后的始居地，因而对新娘又生出许多忌讳来。比如新娘入洞房后坐在床上，不许言笑，不许乱动，否则不吉。周口习俗还有新娘子不能自己下地，要由小叔子拽下炕来，拽的时候还要向背后打一掌，用以考验新娘子的脾气禀性好坏。在小叔子拽新娘时还要说：“小叔拽一把，又有骡子又有马。”又有俗话云：“新娘子好当，坐福难熬。”新娘子坐福（周口又称“坐财或者叫坐帐”），是叫新娘子盘腿坐在床上的红褥子上，整天不下床，忌讳此时大小便。如大小便（俗称“见外”），就要受到亲友非议，认为不贞。

闹洞房时，寡妇、孕妇、产妇、婴儿、戴孝者、属虎的或生辰八字与新娘新郎相克者忌讳参加闹洞房。不然，会使新婚夫妇日后不和睦，或有灾祸。还有姑婆、姑母、小姑也忌讳闹洞房的习俗。因“姑”与“孤”同音，犯了“孤单”、“孤苦伶仃”的忌讳。

豫东周口一带，有些地方还有听新房的习俗，忌讳新房无人听，说是“人不听，鬼听”。有时公婆发现无人听房还有意用一个扫把披上一件衣服放在洞房门外，为的是让鬼祟见后以为是有人在听房，他们就不再来捣乱了。周口人称听房为“听墙根儿”。据说听墙根儿会受霉气、晦气，种庄稼不收，做生意亏本儿。所以自愿听的不怕这些。没人听而请人来听时，还要为人家花钱破灾。先杀只公鸡，把鸡血抹在鼻尖上，用以避邪。新郎新娘上床安寝时，那新郎要特别注意把自己的鞋放在新娘踩不到的地方。万一被新娘踩住了，新郎就一辈子在妻子面前抬不起头来。新娘忌讳踩新郎的鞋，如踩了新郎的鞋就是对新郎的莫大侮辱。衣服也是一样，忌讳新娘的衣服放在新郎的衣服上面。否则，丈夫将被妻子挟制一辈子。

洞房花烛夜点燃的灯烛忌吹灭，要一夜长明。相传新婚夫妇谁要先把灯烛吹灭，谁就先死。所以二人谁也不吹灯。周口有些地区还有“守花烛”的习俗，即新婚之夜，新郎新娘通宵不睡，看守着洞房花烛，不让其熄灭。俗有“左烛尽新郎先亡，右烛尽新娘先亡”的说法。故一烛灭时，随将另一烛也熄灭，取“同生死”之意。

洞房从婚日起算起，一个月内忌空房，忌讳新婚夫妇不在洞房内度过整整一个蜜月。如果婚后新娘回娘家去，也应吃过午饭即往回赶，当天尽早回到婆家，以避空房之忌讳。

3. 婚后忌讳

婚后回门亦即“回娘家”。回门忌讳也多是关于新妇的忌讳。

豫东周口一带，除了正月十五忌讳回娘家看灯以外，还忌祭灶，正月初一回娘家。因为女不祭灶，所以祭灶日亦不叫闺女回娘家。正月初一是一年之始，嫁出去的闺女泼出去的水，嫁到夫家便是夫家的人了。大年伊始，合家团圆，自然不便回娘家去。正月十五也是一年之中第一个月圆日，恐媳妇回娘家举家不团圆。所以周口的规矩一般都是正月初二回娘家，正月十六回娘家。以便照顾到婚姻双方的团圆喜庆。鹿邑县有“正月十六请（闺女）”，“二月二送，一辈子不生病”的俗语。

周口民间还忌新妇在冬至节回门。俗谚云：“娘屋住个冬，夫家去个公。”说如冬至在娘家过，则娘家家道将因之而衰落。周口民间有六月六回娘家的习俗，传说是为了联络姻亲间的感情，届时娘家要请闺女、女婿回门团聚。这是与收麦打场的季节相联系的。俗谣云：“收了麦，打罢场，谁家的闺女不看娘。要是闺女不把娘来看，不死公公就死婆母娘。”一般结婚三日时，新郎新娘要回门看望二老，但是当晚必须在日落前返回夫家，因为新婚不能空新房。并且新妇三天回门时要顺着迎亲的那条道走，所谓“三天不走两条路”。新婚夫妇回门带的礼物，都是成双成对的，忌单数。娘家不能全收下，待回夫家时，还要再捎回去一部分。

一般新婚满一个月之后，姻亲间便可自由往来。回门时，新娘可住在娘家。住的天数颇有讲究。河南太康有几日去的住几天的习俗。俗语云：“八对八，两头发”，“九对九，两头有”。就是说初八日归宁的就可在娘家住八天，初九日归宁的就可在娘家住九天。这样，最多的时日是住个对月。如果是按这样住的，对男、女两家都是吉利的，否则便不好。不过，也有忌住八天之说，所谓："住七不住八，住八穷娘家。"这一忌讳的形成一般是出于嫁出去的闺女不易在娘家多住的思想考虑。

在周口有新婚夫妇回娘家忌同房的习俗。还有的地方姑娘和姑爷是不能住在一起的，据说新婚夫妇在娘家同房会使娘家家道衰落。这也是性行为不洁、会亵渎神明的观念导致的。

周口一带新娘入夫家之初有许多忌讳，比如新妇吃饭时要"懂规矩"，忌讳狼吞虎咽，大吃大嚼。一般都是由夫家姑嫂等陪伴着。最初三日里，新妇甚至忌下床、吃东西和大小便。否则以为有污神明，会招来灾祸。周口许多地区流行"新妇三天不下厨"、"新娘子三天不干活"的习俗，其意义并非是让新娘子轻松三日，休息三天，主要的还是怕新娘子身上有秽气。还忌讳新娘子乱走动，乱串门，非受人邀请不能离开家。这主要仍是出于新妇身上有煞气，或者不洁的观念。太康县有婚后四个月（一百天）内都属新婚的说法，这期间仍有许多忌讳，对于新娘子来说是不能减免的。例如新妇禁坐床沿，说是新妇坐床沿会使她心神不定；新妇禁睡午觉，说是新妇睡午觉会使她变得懒惰起来；婚床上的红罗帐忌掀开，说是掀开红罗帐恐影响早生贵子；忌观看歌舞戏、木偶戏等，说是怕伤了夫妻感情或生下有残疾的婴儿；忌将新妇梳妆用的镜子借给他人用，说是如把镜子借给了他人，尤其是借给属虎的人用会使新妇失去丈夫的恩爱。因为镜子是夫妇两个人合用的，以不借给第三者为宜，如果借给属虎的，还怕犯冲克。河南周口一带还有"躲灯"的习俗。民间所说的"闺女看了娘家的灯，娘家穷得钉打钉"。

周口民众结婚后都讲究和和睦睦过日子，没有重大特殊情况是不敢提离婚的。周口民众一般是忌讳离婚的。认为离婚最不道德，是很不吉祥的事。婚后虽然感情不和，特别是女方受男方的打骂、婆母的虐待，也不敢提出离婚，只能捏着鼻子过一辈子。

周口大多数地区忌娶寡妇。亡夫为寡。俗以为其夫之魂魄常随妇身，有娶之者，必受其祟。所以娶寡妇是民间一大忌讳。寡妇改嫁，古称"再醮"，意思是再举行一次酒宴，并无禁止之意。历史上寡妇改嫁的事例也很多，不论宫廷还是民间，都是允许寡妇改嫁的。只是程、朱理学之后，民间始有"饿死事小，失节事大"的忌讳。"从一而终"，"好马不吃回头草，好女不嫁二夫男"、"好马不鞴二鞍，烈女不嫁二男"的思想逐渐得到强化，遂以为寡妇改嫁为大逆不道。因而在寡妇改嫁时，便有许多忌讳，并在风俗惯习方面明显地区别于正常的婚姻嫁娶。

周口一带，俗耻再醮，有寡妇嫁，必走偏门、后门或从墙壁上凿洞钻出，不能走正门、大门。嫁时还要在夜晚，不能用鼓乐。假如被人看见，人们便以为是不祥之兆，有的还要唾骂几声，以为破解。周口娶再醮妇仪式极简，无鼓吹，不亲迎。迎亲用车不用轿，俗称“拉后婚”。有的寡妇还要在上轿的地方，丢下一件自己平日所穿的衣服，然后才敢放心上轿。如果不这样做，前夫的灵魂就会跟随寡妇来到新夫家中，是不祥之兆。丢下旧衣，也是为让前夫的灵魂不能再认出自己。周口一带，娶孀妇，都在傍晚或夜间。孀妇坐的是没顶轿，周围没有围布。还有的坐大椅或反坐方桌。上轿（椅、桌）均在村外的十字路口。不用鼓乐，不放鞭炮。下轿（椅、桌）时，双手端一斗粮食，转椿树，或者转碾道、转磨道。用这种办法使前夫的灵魂不再跟来捣乱。寡妇改嫁后，忌讳再到原夫家去。俗谚云：“寡妇回房，家败人亡。”

（四）婚嫁民俗现象

1．看席

看上下席，在豫东一带通常是双方亲家最后一次协商娶媳妇的轿或车的去、回路线。古礼娶媳妇不允许走回头路，以防返马。人们说，娶媳妇若是来回都走的是一条路，将来媳妇是要离家出走的。看席后要商定几件事情，一是商议是女方送嫁妆还是男方抬嫁妆，有多少嫁妆，需多少人。如送嫁妆，加上送亲的，男有多少，女有多少，需得几桌能招待完。二是发嫁时间。是早晨或上午商定具体时间。三也附带确定请客谢媒时间。看上下席一般男方父亲也置礼，果子、水果为多，不带肉，礼轻，以不空手为度。女方一般设便宴招待，一般媒人同去，共同协商。

豫东项城、商水一带，把看上下席，也叫送吉书。

2．双喜

双喜字来历众说纷纭。传说最多当为宋仁宗庆历时，王安石赴汴梁途中，见一书香豪门中挂一走马灯，灯上写着：“走马灯，灯走马，灯熄马停步”，以给才貌双全的马小姐征联招婿。王安石欣赏对联的书法精美，构思巧妙，别出心裁，推知马小姐才学不浅，非同一般，顿起爱慕之心，但急于赶考，怕误时期，一时心急对不上来。

王安石到了东京，通过文章论策，最后诗赋，主考官以：“飞虎棋，旗飞虎，旗卷虎藏身”出对。王安石没费心思想起途中马小姐的征婚上联，挥笔而就对上主考官的上联。王安石没等发榜，急忙赶往马家，见那走马灯与对联仍在，便又以主考官的上联对上，马小姐大喜，二人终为良缘。成亲那天，正赶上京城中举喜报传来，这就是后来人们所写的喜联“大登科又小登科”，双喜临门。王安石高兴地把两喜字写在一起，从此人们争相效仿，凡再有结婚时，贴双喜就流传开来了。

3. 吉书

吉书实际是择取嫁娶吉日，嫁娶过程中怎样趋吉避凶的指导书。

吉书的内容包括新人出嫁的大利月，吉日，上轿、下轿、冠笄的面对方向，忌讳哪些属相及嫁娶过程遇上井、桥、庙采用什么避忌办法。

吉书送达女方的过程有两种。

豫东项城南部一带习俗，在看上下席时送达，他们这一带叫下吉书，又叫会亲。其他如商水、淮阳、西华一带，则是在大喜的日子，把吉书放在压轿盒子的最上层。压架盒子一般先于娶亲的轿或车先到女方家，女方接到压轿盒子，首先打开看的是吉书，因为吉书是指导上轿、下轿与冠笄的面朝方向，以及避讳忌讳属相的指导书。这样方法送吉书，及时准确。

吉书的套式：

吉书的套式总的分两种：一种官牍散文式；一种官牍歌诀式。

官牍散文式的吉书：

谨遵坤兆，择于本年××月××吉日

上轿面向××方向迎喜神

下轿面向××方向迎财神

冠笄面向××方向坐梳妆迎福神

新人忌××、××、××三相则大吉

路逢井、桥、庙用花红遮盖之大吉

官牍歌诀式吉书：

太极分阴阳　良辰遵周堂

利卜××月　××日吉祥

上轿面朝×　下轿朝×方

冠笄向×坐　×××谨防

路逢井桥庙　花红遮盖藏

天地氤氲合　咸恒庆会昌

裕后　多福

此吉书以人类始生太极两仪，天地阴阳角度讲，指出遵阴阳、周堂、利月、吉书等法选择定吉日，从上轿、下轿、冠笄面朝方向，嫁娶过程遇到井、桥、庙的应对方法，押韵合辙，条理清楚有序，最后指人生男女，如天地氤氲相合，才能产生下代，繁衍昌盛。并采用《易经》的《咸》卦意蕴，描述婚姻的喜庆结合气氛，用《恒》卦告诫夫妻，团结和睦，相互谦让，永结同心，白头偕老，才能天长地久，裕后、多福。

吉书封筒

吉书一般采用大红朱砂底红纸为佳。裁成上下高七寸，长约二尺有余的横长条幅。按以上14句文，加上前叶后皮，共16折，把纸折叠16折，从左第一折写“吉书”两字，第二折开始写吉书条文，起于“太极分阴阳”，每折均匀上下写一句五字，上下留天地，书写布局合理，字体大小相同十四句毕，终于“多福”，后剩一折为封底，写好晾干，采用扇式折叠，《吉书》二字一折在前，剩下一折红纸，计共十六折，为封后。看时双手一拉，扇式开张。看后松手，折合成叠，装入特制封筒，（即红纸做的信封）外加签（用一条宽一寸宽长约与信封相等红纸上下贴信封正中）以示庄重礼敬。外书“天喜鸿鸾”即完成一个吉书的封筒的制作过程。大喜日前一天晚上，装入礼盒上层，等吉日备用。

吉书的依据是根据择日看好所选定的大小利月吉日来书写。至于上轿、下轿、冠笄的面朝方向，则是根据吉日的良辰所处八卦方位所决定（即喜神、财神、福神）。至于新人属相忌避，是由十二属相五行生克所决定的。古人总结了这一规律，编成歌诀，以便记忆。

嫁娶大利月歌诀

正七迎鸡兔　二八虎和猴
三七蛇亥猪　四十龙和狗
牛羊五十一　鼠马六十二

上轿迎喜神歌诀

甲己在艮乙庚乾　丙辛坤位喜神安
丁壬只在离宫座　戊癸游来在巽间

下轿迎财神歌诀

甲乙东北方　丙丁正西藏
戊己北方座　庚辛正东方
壬癸向南看　财神栖其方。

冠笄迎福神歌诀

甲乙在巽癸壬西　庚辛坤方贵神栖
己居离宫戊居坎　正东须看丙丁日

其中八卦方位：坎北、艮东北、震东、巽东南、离南、坤西南、兑西、乾西北。

十二属相新人应忌相歌诀

申子辰年蛇鸡牛　巳酉丑年虎马狗
寅午戌年猪兔羊　亥卯未年龙鼠猴

其中，申、子、辰中申指猴年，子指鼠年、辰指龙年生人，新人应忌蛇、鸡、牛属相，以下类推。

4. **帖式**

请客谢媒，一般为四幅帖，即割一高约7寸、长约1尺2寸横幅红纸，红面对折再折成四等份，从左第二折，再分左右四等，顶格写。

请柬	××冰人： 承蒙费心，成 就美事。主人	感激不尽，略 备水酒，以表 寸心。于×日	×时于家设宴。 ××村××恭请 ×年×月×日

以上是谢媒请帖。

帖按全帖八幅讲，此种叫四幅帖，简单明了。二折初左起，是择定的请客谢媒的具体月份、日子、午右（即现在上午）。届时贲临，曷胜欣感，其意思说：到时间你一定穿戴盛装光临，那我是多么高兴感激呀！其中“冰德惟翼”，多么感谢大媒翁的操心，咱俩家才结为儿女亲家，成就了一双佳偶，这一切都得感谢大媒翁。第三折的大姻望，指对亲家的尊称，大月老是对媒人的恭称。后是具名，侍生指亲家帖所请客人高于本人的称呼。晚生是请客的人低于被请亲家（亲家父亲）的辈数的谦称；愚弟是同辈谦称。

其中“台驾同酬”是亲家帖之语：意思说，你大驾光临来吧，咱俩一起谢媒人。“台驾敬酬”是谢媒帖中用，把“同”改成“敬”意思是说：媒人，你大驾来吧！我一定恭敬酬谢你为我儿子说媒，办成了我心愿的一件大事。

亲家请帖、谢媒帖写好，也如吉书一样，先里朝外对折，再红朝外再分别对折回来，即成扇式四幅帖，看时两手一拉展开，看过松手即合。装入长于帖的红纸封筒里，外中间加个上下同封筒等长、宽一寸的签，以示庄重。亲家帖自上而下写“大姻望××翁×亲家大人台下升启”，谢媒帖则写“大月老××翁（先生）台下升启”。其中媒人也用亲家二字，多是和女方同姓，故也尊亲家，异姓采用“先生”。“升启”即开启。

5. **天地桌**

拜天地用的斗，就是农村场中常用挖粮的斗，约能盛25斤粮食。拜天地用斗，盛以粮，取其下代“斗”，兴旺发达，装粮，意味着人以食为天，离开五谷杂粮，谁也没法生存。说从古到今，在“民以食为天”的心理对维持人生命的粮食崇拜。一般斗装满小麦，略高些不撒为度，外罩红纸，斗沿边周围贴住，不使斗中粮食外溢，扎入带盘秤，杆下头上，秤盘悬挂，上裹以红黑纱包头巾，上扎以圈。这一切弄好，斗上下贴一大红双喜字。也有的斗前置镜，镜前放一旧铁灯，添香油，放线绔，拜天地前开始点着，以供拜天地用。

其中意蕴，秤，以喻七星北斗。旧制称十六两一斤。取北斗星七星、南斗六星、外加福、禄、寿三星，共计十六星。盘以喻地，人之生于盘古，夫妻成婚，百年之好，拜天礼地，取其证明，患难与共，白头偕老，天地鉴之。二是阴阳相合，男尊女卑，夫妻相处，新人应时刻惦记自己，不可在夫君面前妄自尊大。三是黑红纱巾，以示夫妻和睦相处，偕老百年。四是称者，喻己为成人，将来为人处世，买卖公平，不可缺斤少两，否则要折福禄寿命。斗前置镜，一取其避邪，拜天地，妖邪鬼怪，皆可照之，鬼怪妖邪怕现形故避之，不扰新人新郎拜天地。夫妻人生一大事，圆满完成，二是古人以镜为鉴，比喻彼此以镜相鉴，做到心心相印。灯者，火也，讲人类以食为天，火为熟食水谷之本。灯实则也是兆示，预人生命运过程，如一盏灯，油尽则灭，应珍惜人生来之不易，趁有生之年，多为家、为国作贡献，否则油尽生命终止，再想干什么事已晚矣！

在豫东沈丘一带，成亲拜堂时的天地桌上常摆有斗、铜镜、秤和绸缎等物品，寓意郎才女貌婚姻美满。这习俗一直沿用至今。

相传，很久以前，有个叫茂才的人，才貌双全，真是百里挑一的美男子。向他求婚的人很多，挑来挑去，挑到30多岁了，还没挑出一个中意的。一天他忽生一计，就是贴榜招妻。其条件是：家有粮食似海水多；家有金银财宝似高山重，家有绫罗似天河长。达到这条件者，愿娶为妻。

招妻榜贴出后，轰动一时，却无一人揭榜。一天，一个名叫玉女的女子，相貌如花似玉，才气横溢，是这一带有名的“赛西施”。为选佳婿，她苦苦熬过十多个春秋，也未能如愿。原来玉女曾打算求婚于茂才，因家境贫寒，未敢去试。今天，恰好茂才贴榜招妻，她看过榜文之后，就揭了榜。茂才得知玉女揭榜，喜出望外。因为他对玉女早有所闻。于是茂才急忙赶到玉女家里，玉女一见茂才，让座之后，随手拿起桌上的斗对他说：“请用这斗去量海水，看海水有多少?”茂才频频点头不语。玉女又拿起家里的秤说：“请用这杆秤去秤秤高山的重量。”茂才只笑不语。玉女就再从屋里拿出两根棍子、一面镜子和一块黑绫子说：“请帮忙，拿上这根棍!”同时又拿起一根棍站在另一方，说：“我在天河这头，你在天河那头。”同时拿起绫子的一头搭在自己这头的棍子上，然后递给茂才把绫子另一头搭在那一头的棍子上，中间放上镜子，她指着镜子和绫子说：“镜子是太阳，绫子是天河，我家绫罗比天河还长。”茂才二话没说，就满口答应与玉女成亲，婚后两口子生活得比蜜甜。这就是姑娘结婚拜天地时天地桌上放斗、铜镜、秤和绸缎等物品的由来。

在扶沟白潭一带，男女结婚时，天地桌上往往要放一杆秤、一个斗和一把尺子。为啥要放这三样东西呢？这里边有个曲折故事。

传说古时候有个人叫王和善。他自幼殷勤，鸡叫头遍就下地，出满星星才回家。打的粮食吃不完，家里不断油盐钱。老两口先后生了九个儿子，娶了九房媳妇。九房媳妇又生了九个儿子，成了九九八十一个孙子，又娶了八十一房孙子媳妇。每个孙子媳妇又生了九个儿子，成了700多个重孙，再都娶媳妇……这一下王和善一家大大小小有一两千口。人多力量大，柴多火焰高。老汉把人马分成几路，一路种地，一路经商。他的粮行、布庄、油盐铺，遍布九州十八县。都是公平交易，童叟无欺，生意十分兴隆，不久就置下良田千顷、骡马成群的家业。老汉富了不忘贫，好了伤疤不忘疼，受苦受难的穷人来到王家，他都管吃管喝，给一套衣帽鞋袜，走时还送盘缠钱。一些云游四海的僧道贫士，经常在王家落脚，王老汉都以礼相待，所提要求全部满足。

一个靠写招牌化缘的穷和尚，慕名来到王家，和善每日好酒好菜相待，还吩咐家人给和尚做一套衣帽鞋袜。和尚高兴之余，让老汉找一块木板，刻成“济世救人胜八仙，天下富裕第一家”的横匾挂在大门上方。老汉也是酒醉心迷，暗暗高兴。俗话说：能吃过天饭，不能说过天话。也是老汉该出事，恰恰在挂上横匾的第二天，上八仙铁拐李，汉钟离，吕洞宾赴王母娘娘蟠桃会路过，看到这样的横匾，心中不快。吕洞宾好事，和二仙神秘咬了一阵耳朵，三人变成讨饭的老翁，来到王和善家。吕洞宾高声喊道：“这是天下富裕第一家吗？请主人来前搭话。”王和善把三人让进客厅，分宾主坐好。吕洞宾说：“听说府上是天下富裕第一家，俺三个因天灾人祸，弄得走投无路，前来讨吃讨喝讨穿，走时还有个要求，不知府上肯不肯赏脸。”王老汉说：“三位兄弟来我家是看得起我，别说吃饭穿衣，我情愿养活您三个一辈子。走时要啥随便说。”说完，就让家人端饭端菜，收拾房间铺床叠被。三个神仙狼吞虎咽，酒足饭饱以后，铁拐李说：“天下富裕第一家，果然名不虚传。这样吧，杀人要杀死，救人要救活。俺三个一人要一个像泰山那样大的馒头；一人要一囤像东海水那样多的米面；一人要一匹像天地那样大的布。”王老汉听后心里直打鼓！要说没有吧，自己已夸下海口，让人耻笑划不来。怎么办？他忽然灵机一动说：“三位先生在这聊聊，我到后院安排停当就来奉送。”老汉急急忙忙到后院，召集一家人，把三样物件一说，几百人你看看我，我看看你，一家人愁得唉声叹气。王和善愁眉苦脸到厕所解手，回来时不小心撞在花园一棵皂荚树上，被正在树下玩耍的七岁重孙金童看见，忙问爷爷怎么了。老汉把事情说了一遍，金童听后紧锁眉头，随后眉开眼笑说：“别发愁了，这事好办，让我去打发他们走吧。”

于是金童在前老汉在后，来到客厅。金童对那三位老翁说：“三位爷爷在上，您要的三样东西俺都准备好了，请问三位爷爷，您用什么物件来装这些东西，又怎么运走呢?”三位神仙听后，面面相觑。原想戏耍一番完事，谁知让七岁小孩给问住了。到底还是铁拐李神通大，他只好自找梯子下台说：“三样物件都在家里放着，待俺拿来量取就是。”说罢垂头丧气夺门而去。三位神仙出门一晃，使个隐身法，一齐驾云来到一处山坡。铁拐李说：“吕洞宾，净你找的好事，要什么泰山馒头、东海米面，天地布匹，结果被七岁孩童撵出来，你还有啥话说?”吕洞宾说：“没有过不去的火焰山，咱再到世上走走，我就不信解不开这个谜。”于是三人又化成老翁，云游四海。

这一天，三人来到一个村庄，遇见个老婆领个叫玉女的小孩玩耍。老婆正给小女孩讲述三位神仙遇到难题的故事哩。那女孩听了这个故事，哧哧一笑说：“那还不好回答吗？这三样物件俺家都有。”于是回家拿来一杆秤、一个斗，一把尺子说：“用这杆秤一秤一秤地称，最后就会知道多重；用这个斗，一斗一斗地量，也会量出东海水那样多的米面；用这把尺，一尺一尺地量，也会量出天地有多宽多长。”三个神仙一听，搁心里仔细一揣摸，果然是这个道理。想不到七岁的玉女这样聪明，真是世间少有。便与老婆商议，带着玉女到王和善家。三个神仙自当媒人，给金童玉女订下百年之好。十年以后，金童玉女喜结良缘。三个神仙把秤、斗、尺，摆在天地桌上为他俩主持了婚礼。因为是三个神仙做的媒，所以叫三媒，有秤与泰山，斗与东海，尺与天地六样东西，又叫六证。后来人们见金童玉女婚后生活非常美满幸福，都希望自己的子女也能结成这样的良缘。在举行婚礼拜天地时，天地桌上也效仿金童玉女放上秤、斗、尺，以求吉利。

拜天地的由来，还和伏羲与女娲的故事有关。相传女娲抟土造人的时候，开始只造了一个俊俏的后生，这后生虽说有吃有穿，逍遥自在，但孤孤单单一人，总觉得很闷。所以常唉声叹气。

一天晚上，月亮圆了，明晃晃地挂在天上，小伙子触景生情，更感寂寞，就对月亮说：“月老月老你细听，给我找个知心人，我世世代代领你的情！”

刚说完，月亮一忽闪，一个白眉长须的老人拄着一根龙头拐棍来到小伙子的面前。说：“后生不要愁，我给你找个小帮手。”说完后，一阵清风，长须老人不见了。小伙子感到很纳闷。过了一个时辰，就见长须老人领着一个姑娘飘悠悠地落到小伙子面前，对小伙子说：“我到女娲那里，让她又造了一个女人，给你领来了。你们先认识一下，一会儿就给你们办喜事。”一忽闪，老人不见了。

小伙子见姑娘脸腮绯红，像月季花一般，于是喜上眉梢；姑娘见小伙子眼睛明亮，诚实坦白，也觉情投意合。两人四目相对，一见钟情。小伙子结巴着说：“你愿意和我一块生活吗？”姑娘听了，脸上飞起两朵红云，说：“愿意。”……“哈！哈！哈！”正在这时，传来一阵笑声，长须老人领着两个白发白须的老人站在小伙子和姑娘面前，指着两个老人说：“这是天公和土地，你们以后的生活全都离不开他俩。现在我们给你们办喜事，首先给养育你们的天公、土地拜三拜，”“一拜、二拜、三拜”随着月下老人的喊话声，小伙子和姑娘对天地拜了三拜。随后，月下老人笑着说：“我给你们牵红线，你们还得给我拜拜哩。”小伙子和姑娘又对月下老人拜了三拜。刚拜完，三位老人全不见了。

从这以后，小伙子起早摸黑，在田里干活，姑娘在家为小伙子烧火做饭，缝新洗旧，两人恩恩爱爱，过着幸福的日子。

为了感谢天、地的养育之恩，为了感谢月下老人牵线搭桥的情意，从此以后，世人在结婚时，必须一拜天地；二拜月下老人，三拜父母。便形成了结婚“拜天地”的习俗。

6. 迎亲馍

周口民众结婚时，皆请蒸馍匠。蒸馍匠蒸的馍，一般个大小相等，外点红点，而压轿迎亲馍，是主家新郎父母吩咐蒸匠另外蒸的大馍。聪明的蒸匠，会在一般馍外加上花叶，这样就变成了大馍。压轿的大馍上必须插柏枝花朵，以花朵喻女，柏枝以喻男，以喻夫妻将来长命百岁，一世和好。

7. 压轿盒子

大喜前一天，不论忙到啥时候，在睡觉前，一定得把压轿盒子装好。因为第二天一睁眼，是大喜之日，最先出发的是压轿盒子与羊酒礼。压轿盒子不到，新人没法上轿，女方没法发嫁。

压轿盒子连顶五节，底层第一节，装摘去了肝脏的猪心肺和一条活鲤鱼，又叫混水鱼。取其喜庆吉祥、热闹之意。男女成婚，往后日子过得“有余”，鱼与余同韵谐音，以此预兆吉祥。三是取“鱼跃龙门”之预兆，预示下代生儿育女成才，能入科出仕，以改换门庭，升官发财，家运宏发昌盛起来。四是婚成于雁，礼采用“鱼”以二者皆吉祥物，“鱼雁传书”以通二姓之好，长久百年之意。混水鱼不能留，仍随礼盒抬日，以作请客谢媒，专供媒人桌，让媒人享用，俗语说的媒吃“大鲤鱼”之酬谢，即指此。其中心肺，也有讲究：一是寓意新郎家把一个诚心贡献给新娘家；二是新人娘家养女儿一场，没少费心（肺心），费心借物喻言，表达谢意。女方娘家，心一般不留，肺只是提刀割一叶，以表示对新郎家谢意的接受。

第二层是连刀肉。连刀肉是由一块肉从中割开留二三指宽不割，以示两姓结婚，将成为一刀割不断的亲戚，往后过日子，亲戚相处，免不了磕磕碰碰，但作为亲戚与儿女已成家做夫妻，应相互包涵。肉可以全留下，须到请客谢媒把另一半抬回，也可以留一半，另一半随盒子抬回。省去请客再拿去的麻烦。

第三层盒装果子。果子，在20世纪六七十年代有定数，十二封子，顶斤顶两。果子是谢新娘父母，养女儿一场，就图农村俗语“吃果一场的”相酬。果子据知，一班娘家爹娘不舍得吃，多送于门中叔伯爷爷和添箱随礼之人家，表示谢意。

第四层，也就是最上一层，装吉书，亲家帖，谢媒帖，红子。压轿盒子装好，总理再分层过目，众人想想无差错，再把“谨封×宅鸿喜礼，敬献×府吉祥家”对联贴上。

8. **小公鸡**

上古，古人定亲，以雁为信物作礼。雁为贞鸟，一生只一个配偶。《本草纲目、雁条》讲："雁有四德，寒则自北而南止于衡阳，热则自南而北，归于雁门，其信也；飞则有序而前鸣后和，其礼也；失偶不再配；其节也；夜则群宿而一奴巡警，昼则衔芦以避增激，其智也。"

上古，雁易得；人们感雁之贞，婚嫁皆以此为信物，以喻夫妇百年，如雁贞雁德雁信。

后来婚姻中用雁作为吉祥婚礼的信物，被人们改头换面，用鸡代替，以雄鸡喻凤，以母鸡喻凰。在雁难得的情况下，人们再结婚，则采用小公鸡以喻为雄性的"凤"拴压轿子上，以引领女方的小母鸡雌性的"凰"。再者取"鸡"与"吉"同韵谐音，以求男女成婚，吉祥如意。

并且抱鸡者人选上要求，抱鸡者应该是新郎的晚辈，男孩，年龄在10－15岁之间。抱鸡者穿要讲究，不能丢男方的人。娶亲头天晚上，男方逮好纯毛大红公鸡一只，剪两块大小相同的红布（一块方形的，一块圆形的），寓意婚后日子过得红火及家教有规矩。

为防备抱鸡者失手，在半路上鸡跑掉，主办婚事者，偷偷把鸡腿用红线捆好，并安排抱鸡者快到女方家悄悄把捆鸡腿的毛线解开，别让女方知道。到女家后，女方主办婚事者安排专人接过红公鸡负责保管。女方将事先准备好的黄母鸡用红绳扎上腿，戴上花，连同抱来的公鸡，一道交给抱鸡的男孩，递交双鸡时，主办婚事者安排道："来公鸡，拐母鸡，他俩定是好夫妻。"抱鸡者左手接过公鸡，右手接过母鸡，往胯下一夹，主办婚事者趁机将钱包装进男孩的口袋里。

给抱鸡者的小钱包，钱数应为双数，一般2—4元。娶亲顺利时，在路上抱鸡者可掏出红包看钱数，如钱少或单数时，抱鸡者故意狠劲拍打母鸡头，母鸡乱叫，送客人听到鸡叫，知其缘故，设法在新娘下车后补上。抱回的公鸡母鸡一般不杀吃，养起来，待分家时分给小两口，祝愿小两口日子兴旺。

9. **贺幛与贺匾**

送贺幛，解放前有之。采用红布，旧式为横写，从左向右四字，一般不外"佳偶天成"、"天作之合"、"五世共昌"、"珠联璧合"、"永结同心"。上款竖写，恭贺××令郎新婚，下款则以送贺幛者的名款。

10. **婚嫁大总理应酬语**

接风：拱手高喊：××贵客，天寒地冻，一路风寒，恕未远迎，多作包涵，主婚人有礼了。

夏季：拱手高喊：××贵客，天热地蒸，一路受熥，恕未远迎，多作包涵，主婚人有礼了。

谢媒主婚人安盅：总理高喊：今日，牛女成婚配，喜结良缘，鹊桥靠冰人，贵宾皆入座，主婚人安盅！

谢月老：两位亲家，儿女成婚配，佳偶靠媒翁，牵线跑路人，辛苦大月老，今日来谢媒，请两亲家下席，同谢大月老！

串厨：总理高喊：××侄儿（孙子）大喜一场，全凭老师父煎炸烹调，烟熏火燎油烤呛，汗流浃背多操劳，菜香味美众人赞，主家感谢薄礼到，不讲多少先收下，事毕主家再酬劳，主婚人有礼了！

冬：实冻腊月天，大雪扑满天，老师受辛苦，伸手如油沾，主家心不安，微微小薄礼，收下主家安。

安坐：今日××大喜一场，早宴事急，少酒无菜，不成敬意，主婚人安坐。

大总理安排枪锣班语：诸位玩友，避邪开道，仰仗各位，逢庄过庙，多放几炮。路口人多，眼要放亮，锣要敲响，枪对空处。大喜仰仗，早去早回，喜酒奉上。

大总理安排唢呐班语：唢呐班请了！逢庄过集，人拦请玩，别恼别气，大喜一场，主家扬名，诸位献艺，听中争请，钱财来易。一路顺当，美酒谢你！

三、庆寿仪礼

在周口当地，老年人到50才有祝寿、做寿、拜寿之举。生日这天，老人的儿女及其他晚辈和亲朋好友多馈赠以寿糕等礼品。当日欢聚一堂吃寿面（岁面）。以后每年一次，年年如此，逢十时（如六十、七十、八十寿辰）祝寿更为隆重，还有“六十六吃块肉”的习俗，就是当父母六十六岁过生的那天，出门的闺女要回娘家，给老人拜寿，寿礼中必须有一块肉（礼条子），这块肉在市场上割时要一刀下来，不能去和添，也不能讨价还价，趁六六大顺之年，送给父母，以报养育之恩，以示孝敬的诚意。

庆寿之风，由来已久，豫东民间，最为盛行。父母健在者，一般不庆寿，就是庆寿也不能行庆寿礼，只能说是过生儿。生日是每个人在一年中属于自己的节日，同时也是“母难日”。与自己庆寿喜庆气氛极不相合，“父母在，不庆寿”大概就是这个原因吧。从明清以后才逐渐兴起庆寿之风，因为康乾盛世的几次规模空前的生日宴会，使民间庆寿之风得以兴盛，清朝最奢华的一次生日宴，是乾隆举办的“千叟宴”。民间纷纷仿效，迄今仍很盛行。

庆寿也叫贺寿、祝寿和做寿。讲究人家是要下请帖的，请帖的文字必须竖写。因请帖直接送达本人，帖上一般是不写名讳的。

×月×日为家严（家慈）×旬寿辰
席设××处
敬候
阖第光临
×××鞠躬

为老人庆寿时，儿女们除必须备下丰盛充足的待客食物烟酒外，还要准备寿面、寿桃和寿糕。寿面以挂面为最好，自己擀也行。寿桃，鲜桃有一定的季节性，买不到就用面做，上面一定涂上红、绿食色。寿糕就是蛋糕，市场有售。

庆寿以闺女的礼品最丰盛，除面条、寿糕外，有的还送手杖，取手杖的谐音“寿长”。有的还送布衫、裤子、长寿袍和靴鞋等，鞋里必须是黄色或红色，取吉祥之意。

寿幛、寿联是庆寿必不可少的内容。寿幛多用红绸缎制成，长六尺或九尺，三、六、九是民间公认的吉祥数字，所以多取“三”的倍数。20世纪50年代以前，上面写的大都是古奥难懂流传久远的四言吉语，如“大椿不老，金萱焕彩”等。现在写的是一看就明其义的词语，但撰语者一定要考虑寿者的性别、年龄，否则会出丑的。男寿者写“大德必寿、咏椿生辉、松鹤延龄”等。女寿则写“花灿金萱、寿征坤德、瑶岛春长”等。寿联多和中堂匹配，中堂布制、纸制均可，以纸制者居多。上面画“松鹤延年、双猫戏蝶”等以动植物暗喻长寿的图案，或画“南极老人、八仙庆寿”等神仙故事表示吉祥喜庆的彩绘。有的用近百个各不相同的“寿”字，组成一个大“寿”字，叫“百寿图”，显得庄严雅重。两边配以用红蜡光纸写金字的对联，更显得庭壁生辉。寿联非常讲究，除了注意性别外，还要注意不同的年龄段的内容都不相同，如有疏忽是要闹笑话的。而今有送玻璃镶框的寿匾的，古称寿屏。

寿辰那天，先在神案上摆上祖宗的神主（神仙称“之神位”，亡人称“之神主”）牌位，然后点香（有的还放炮），由寿诞老人率全家祭拜，以示不忘祖先。接着寿者坐在屋中央的椅子上，接受儿孙的磕头礼，叫做“受头”，这个礼是不能免的。此时来祝寿的宾客多说吉祥话并不行礼，午宴前，宾朋亲戚陆续向寿者行磕头礼，儿女再以性别、辈分为序（先长辈后晚辈，先男后女）给老人叩头。现在除子女们外，大都是三鞠躬了。经济条件允许的，还请鼓乐唢呐队演奏乐曲助庆。

午宴寿诞老人坐首席，接受大家的敬酒劝菜。首先切寿糕，无论块的大小，子孙人人有份，给老人“嚼灾”。老人吃了“长寿面”才能健康长寿。寿桃，长寿面，都有一个美丽动人的故事。寿桃的来历，除了西汉东方朔撰写的《神异经》中提到的可以强身治病的作用外，孙膑献桃的传说也是一个佐证。传说孙膑跟鬼谷子学习兵法12年未归，母亲十分思念，在她80岁生日那天，流下了想念未归儿子的泪水，这时，孙膑破门而入，跪在母亲的面前，献上临行时老师赠给的桃子，孙母吃了桃子后，本来多病瘦弱的身体变得健康年轻。过生日吃桃可以健康长寿，便沿袭下来。

长寿面源于西汉。有一次汉武帝同着满朝大臣说，《相书》上讲，人中长一寸便可活到一百岁。众大臣无一言语，而东方朔却大笑不止，众人愕然。东方朔怕汉武帝怪他无礼，犯慢君之罪，便解释说：“我没有笑陛下的意思，而是笑彭祖，活了800多岁，人中一定8寸，不知他的脸该有多长啊!”后来演化为长长的面条就是面长，吃了可以健康长寿。从此，吃长寿面便成了祝寿的食俗。

四、丧葬仪礼

远古时期，周口先民们的丧葬行为极为简单，既不建坟墓，也没有礼仪和祭祀。人类有意识地进行丧葬活动，形成原始的丧葬习俗，最早出现在旧石器时代晚期的山顶洞人，距今已有1.7万余年。进入阶级社会以后，适应统治阶级和宗法社会的需要，丧葬活动日益繁杂，迷信色彩日益浓郁，逐步形成了独具特色的丧葬习俗。河南周口地处中原，深受封建文化和传统习俗的影响，丧葬陋俗根深蒂固。主要有以下几个方面的特征：

首先是奉行儒家孝道，事死如事生。孔子主张：“生，事之以礼；死，葬之以礼，祭之以礼。”（《论语·为政》）儒教极力倡导孝道，送终之礼尤为重视。受儒教孝道思想影响，丧葬礼仪中日益形成了葬前丧仪、五服制度、居丧守孝、祭祀亡灵等烦琐的丧俗。再者受灵魂不死观念的支配，古人心目中有两个世界，即活人生存的现实社会和鬼魂活动的阴曹地府。因此，古人总是按死者生前的生活方式为其安排后事，将现实社会的一切原封不动地搬到鬼魂世界，“事死如事生”是我国包括中原传统丧葬礼仪的基本原则之一。

其次，隆祭、厚葬之风盛行。居丧守孝是中原豫东传统葬礼中的重要内容。早在先秦时期，就已形成了“五服”制度，其目的是按血缘亲疏关系，确定居丧守孝的亲疏近远，以维护封建宗法制度。居丧期间，不仅忌讳重重，而且还规定了七日一祭，百日、周年再祭，以及清明、春分、中元（阴历七月十五日）、冬至扫墓的隆祭久祀制度。厚葬之风一直是豫东传统丧葬习俗的重要特征之一。“入土为安”、“重殓厚葬”、“铺张浪费”是其重要表现。土葬在原始社会就开始了，当时中原一带人们多用土葬安埋遗体，因而土葬成为中原各地汉民族的传统葬法；“重殓厚葬”的殡葬观念影响至深，“棺椁必重、衣衾必多、文绣必繁、丘陇必巨”以及排场铺张的奢侈之风，代代相因，上行下效，愈演愈烈，导致了历史上经久不衰的厚葬之风。

最后，等级森严，封建迷信盛行。早在我国奴隶社会的周朝时期，就形成了“贵贱有仪，上下有等”的丧葬制度。生前的社会地位不同，死后的待遇也各有所异，古人通过丧礼，将现实社会的等级关系移植到鬼魂生活的冥界。在丧事中的封建迷信活动盛行，这也是豫东周口传统丧葬习俗的又一特征，主要有：搭灵棚、做道场、看风水、择吉日、僧道念经、扬幡招魂、披麻戴孝、烧纸化钱、磕头跪拜、发丧送葬、大出殡、配阴亲、取鬼妻等。

周口地区传统丧葬习俗，是周口民众社会生活和思维思想的一种展示和折射。它体现出周口民众的生死观念和趋吉避祸的民本思想。在丧葬习俗中的一些礼教和活动上体现出了周口民众儒家思想和道家思维的交融。当然它也真实地反映出民众心中的阶级观念和统治阶级愚民思想的根深蒂固。

周口一带的丧葬礼俗大致可分为以下几个方面：掐殃、压魂、报丧、入殓、看风水、设棚祭奠、开矿（挖墓）、殡葬、定期祭灵。

1．掐殃

掐殃是人们依据死者落气的时辰和拇指、食指所示的指节位置来推知灵魂离开家的时间的方法。大多是第二天或第三天出殃，也有的当天出殃或在落气前已经出过殃的。其实，民间的说法殃就是人的灵魂，它离去时要托生成其他生灵。但家人又不可与它相见，否则便会有灾祸降临。基于此，在出殃时，家人大多要躲避在外，好让亡灵走脱得安然。有的人家还在厨房的灶前放上鏊子，据说以此可看出亡灵的显现，有的人家还在门外竖放一个竹竿也寓有让亡灵升天之意。

2．压魂

压魂是死者的后代（一般是长子）按照主持人吩咐所做的上庙活动，大多是在死者落气后几个小时内来做。主持人吩咐孝子手执安眠棍，带上两份草纸，一路哭喊着“我的爹啊!”（或“我的娘啊!”）意思在于带上死者的亡灵去庙上跟土地爷报到。如若邻近没有土地庙，亦有的到大家所公认的一个土台前或村外的十字路口去压魂的。到了庙前或土台前烧上一份纸钱，再用砖块或瓦片压下另一份纸。而后一路往回走，不得回头，不得哭喊说话，一直等到家后才解忌。

3. 报丧

这是死者长子在主事带领下，披麻戴孝往姥娘家（俗语称外祖母家为姥娘家）报知死讯的礼俗。其规矩是：报丧者必须披麻戴孝，在主事人带领下，早早前往姥娘家报知丧事。它要求送信人每当在遇见姥家人时，不得说话，只许跪下叩头，也不作揖，由主事人转述主人丧亡情况。一直等来到姥娘家，见到家中亲人或亲属，比如见到舅、姑表兄弟，还是跪下叩头，只有被对方搀起让座后才可以坐下来，但大多不坐客厅，蹲在门口处为好。报完丧很快就告辞回家，以便准备丧事，等姥娘家的人来到后，再行商量丧事准备、埋葬坟地的确定等具体事情。而向其他亲戚朋友家报知死讯者，一般由门宗其他堂兄叔伯弟兄等人分头行动。

4. 入殓

入殓即把死者放进棺材。死者在生命垂危之际，往往会出现危险的现象。这时候家人大多要把他（她）挪到堂屋当门的棂箔上。箔，用高粱秆织成，既可铺床又可当隔山用。棂箔，又称棂箔子。在病人出现危候时给铺在身下，有占灵体的用意。抬到堂屋棂箔子上有寿终正寝之意。在病人快咽气时，其子女亲属大多已经守候多时（人们称咽气时在跟前叫做得继承），这时也立刻把预备的寿衣、鞋袜、帽子拿来，尽快给其穿戴齐备。在孝子报丧前后，家人对死者要亲手盛殓。入殓时，死者大多已经挺身（身子已凉，僵直叫挺身）。亲友把他（她）抬放到棺材里，将衣帽整理齐正后，还要在死者的两脚系上绊脚索（系上麻纰），脸上蒙张蒙脸纸（黄草纸），口里放一枚噙口钱（用线绳系住的硬币或铜币）。一切操办停当，最后才把棺材的天板错口抬上，等姥娘家的人来看棺。

5. 看风水

看风水是为选坟地，坟地也称茔地。茔地大多选在祖先坟下方的位次，依序葬埋。但亦有例外，如若让风水先生察看一番，认为老坟院有不好的地方，征得死者亲人同意，就要另择新茔。新茔往往选在地脉隆起、水脉充足的“风水宝地”，其地形有鹅形、龙凤形、龟形、凤形等多种。选的茔地好，后代就人丁兴旺，功名利禄，一应而来。因为有阴福庇佑，祖上照应，其后代也自然会生活平安，学业有成，事业顺利，逢凶化吉，事遂人愿，马到成功。

6. **设棚祭奠**

设灵棚祭奠，是丧葬礼仪中最动人的一幕。死者家属大多给亲戚朋友送信，约定了祭奠殡葬日期，避开三六九和逢七日，待到殡葬那天，央来门宗和爷们儿着手操办祭拜事务：搭灵棚、备三牲、奏礼乐、设午饭。灵棚大多用白色布帐围成，也有的用箔搭成。三面而围，顶上遮蔽。灵棚前设有孝子位，面向孝子位左右两侧各设一人为站棚。灵棚内有殿上、殿前。殿上悬贴一幅紫色提旌："共和国硕（男）德×公讳××行几之灵柩"或"共和国淑（女）德×母×氏子需人之灵柩"（注：共和国和"×母""×公"中的"×"字均为黑色字，其他均为白色字，因为共和国和姓×没死。）提旌下方摆有一张小桌，桌面放有酒盅、筷子，以供行礼转盅之用。一应各家亲友在执事操持下，见机行事。一切齐备，再下地请灵。请灵时，孝子等人备纸炮到祖茔请回列祖列宗长辈灵位以示祭奠。一般唢呐跟随。请灵后才允许宾客进棚烧纸祭奠。一声号令，"请××客烧纸!"炮手点燃起鞭炮，响器吹打起鼓乐，乐声哀婉凄切，"××客就位!"在执事指挥下，行礼者来到孝子位，作揖施礼，上殿磕头。

灵棚行礼的礼数多种多样。行礼的繁简多以孝子与死者的关系来决定。行礼的礼数以叩头的数目来划分，有揖四叩、五拜礼、九拜礼、十三太保、十八罗汉、二十四拜等。

亲朋好友在行礼前，把所带礼物总是经过外柜先行交接，等外柜记入礼单，并了解到他们的身份和亲戚关系后，对此亦通过执事做相关照应。对宾客所带的帐子，总要为其题上挽词，挽词写在预先准备的五色纸上粘附于帐面，悬挂在棚前的上方，以示哀挽，挽词的横批和落款灵活多样，如：

岳祖父（母）老大人归空，其横披为（男）鹤驾仙逝（女）鸾驾仙逝婿××敬叩

岳父（母）老大人归空，其横披为（男）太山齐颓（女）大水永涸门下子婿××敬叩

老实兄（嫂）大人归空，其横批是（男）梦游黄粱（女）贤德可风妹丈××敬叩

7. **开矿（挖墓）**

先由风水先生事先点穴，定出四角方位，在殉葬当天近午时由执事指派人手供品前面先行，孝子紧跟，唢呐相随，前往墓地开掘墓室。墓室大多长

有丈余，宽有七尺，深可四尺，其开挖做法是：死者长子要挖第一锨，其他破墓人七八个而后一同上来，一鼓作气直到挖见沙土为止，不得往深处再挖，据说这样做可以占住地气。

8. 殡葬

殡葬是把死者从家里送往茔地入土的过程。它包括启魂、礼拜、串棺、出殡、送殡、下葬几个经过。启魂，在即将出殡前有执事领孝子到压魂处启魂，以使死者灵魂归尸随棺入茔。启魂后死者子孙直系亲属最后行礼送别。然后娘家人和子女才串棺。串棺，是各家亲友在执事指令下对已入殓者作最后一别的瞻看。串棺时娘家人是必须到场的，一般来说，左进右出，按反时针方向围棺材绕上一周。串棺后，孝子要揭死者蒙脸纸，为死者解绊脚索，取出死者口中所含的噙口钱，然后才是封棺扣棺。串棺后不久就是出殡。出殡时驾子会全员出动，搬出棺材放到龙驾上，孝子们披麻戴孝，人人手执眠棍，死者长子要摔老盆（老盆，是死者在入殓后，直系亲属在一个陶盆上用剪子、锥子等钻满了小孔的器物，盆里盛满土，用草纸封住口，其中插上一束草秸秆），扛柳木幡子，手托灵牌。没有长子的，次子之子也要担当此事。如若死者没有儿子的话，俗称他（她）是绝户头，那么这时就出现两种情况：一种是把老盆和柳木幡搁放在棺材上，由驾子会抬到墓地；另一种是让门宗过继过来的侄子来做这一切事，那么这个充当长子角色的侄子就理所当然地有了遗产继承权，我们这里称做“过继”。如若死者还有父母在世，死者就被视为还没有成人（还没能向父母尽孝道），于是人们往往用麦茬或谷秆麻纰扎成个草人，在出殡时放在棺材上。不过近几年人们已经很少这么做了。

送殡，也是殡葬过程中最令人悲切的场面。凶死者，叫人感到冤屈同情，其亲人往往要号啕大哭；年老寿终者，孙男弟女、儿女媳妇手拄安眠杖，披麻戴孝，哭爹喊娘，声恸连天，念祷着死者的生养之恩、疼爱之情，也为实让目睹者潸然落泪。也时常会有些人家在送殡途中要行路祭礼。行此礼者，门婿、内侄、外甥居多。行礼时，事先已预备了一把死者用过的椅子，等把椅子放下，孝子不再行走，龙驾也落了地，在悲悲切切的哀乐声中，行礼人缓步向前，先是亲手扶扶椅子，等把椅子放得平稳了，而后又用毛巾轻轻擦椅面，大有恭敬之意。继而再把“显（先）考×府之灵位”或“显（先）×母×大君之灵位”的牌位端放到椅面上，一切操持完毕，再作揖施礼，所行的数与在灵棚下完全相同，不再赘述。

送殡时，孝子在前退行，棺木在后，步履缓慢。孝子们男女老少，相互搀扶，驾子会四人一组，相互替换，有起有落招前顾后，随着老会手的号令，紧密配合，安妥地抬送棺木直至茔地，不得有丁点儿闪失。

下葬是丧葬活动的最后一个阶段。驾子会将棺木抬放到新开挖的地穴前，执事指示主家下去察看整理，妥当后，才决定让驾子会安葬。埋葬的向口大多为南向（即棺木大头朝南，死者头朝南，脚朝北），但也有少数用的是倒葬（即棺木大头朝北，死者头朝北，脚朝南）。棺材的样式有大小头之分，死者入殓也有头脚位置之不同。在墓地，棺木被搬抬到地穴后，执事征求主家意见，在墓坑前后土壁上要挖些方洞，在前面的方洞放进一盏长明灯，在后面的方洞放进一个盛养小活鱼的鱼盆。在棺木上摆放一把搭弓的箭，一切应办之事操办完毕，又在棺上覆盖一方苇席，拆开席的四角，然后有娘家人再次行礼告别，孝子先扬土封棺，然后是开矿（打墓的）十来人即刻动手、铲土掩埋棺材，直至封堆成丘。

9. 定期祭奠

殡葬后的祭奠活动经常不断，大致说来，比较郑重的有圆坟、五期、百天、一周年、二周年、三周年。圆坟要在埋葬后的当日进行，由死者的儿女、媳妇、孙侄来做，他们抬着水桶，到新坟上亲自添土，整理圆满，并用秫茆往新隆的坟上洒水、烧回头纸。如果是拔的新茔，他们还将在坟的周围插上五色小旗，红、黄、蓝、白，按五行方位排列，只有南方留有一个缺口，以此寄寓着亲人亡灵在此，界外不得擅自进入之意。

五期，顾名思义是对亲人已死去五个星期时间的纪念活动。五七三十五天，但五期祭奠不许超过两个月。比如，死者是×月二十八或二十九死亡（按阴历算起），那么五期只能放在下个月的三十日以前的时间来操办，不得等到第三个月。五期的祭奠或繁或简，随主家的意思来定，隆重的设棚祭奠三牲俱全，请灵送灵行礼祝哀，鼓乐侍候；简单的，只约自家至亲上坟前烧跪拜即可。

此后的百天、一周年二周年，其祭奠形式也与五期大体相同：写牌位请灵送灵，叩头行礼，鼓乐致哀，完全随主家的意愿和条件办理。宾客的多少，礼数的繁简，做列定规，但上坟烧纸钱是万不可少的，当然，如若死者生前信奉基督教的话，亲人多次上坟也都不烧纸，有时还要请乐队上坟做祷告。

三周年祭奠，人们大多甚是郑重其事，这里称之为半红半白。提旌也由前几次的用紫色纸改用红色纸，字迹也由原来的白色改换成黑色，宾客好友所悬挂的挽幛也由原来的白色或黑色改用红色，叩头行礼的礼数与前几次大体相同，不同之处是孝子在叩最后一个头时，前几次是祝哀（哭出声，叩头不起），而在三周年祭灵时，只叩头作揖而不作祝哀，起身作揖后，礼毕告退。

（一）殡葬过程

殡葬，豫东一般为三天事，从老人绝气到下葬入土为安止。

1. 第一天

（1）将绝气移椃箔，穿衣

看到老人将绝气之时，不必惊慌。豫东城乡，皆是找来秫秸箔，折叠成约三尺半到四尺宽，放在堂屋当门靠东山，箔一般南头与往东套间的北门框齐或稍微往北放，上边再铺些被子，放上枕头、被单。这一切准备完毕，将绝气老人由三人分别托头、背、腿，头朝南足朝北，移放在“椃箔子”之上。这时看老人气色面相，如喘息痰鸣如拉锯，翻白眼，大汗淋漓变油汗津津，气息渐渐微弱，农村有亡后再穿衣服，死者到阴间有光身之说。这样的情况下，做有寿衣须赶紧找出，为老人穿寿衣。穿寿衣须找有经验的亲人长者指导或协助，寿衣先穿下身，棉裤和衬裤应套在一起，上腰口与下裤腿皆齐，不扭，再用针线缝几针，以防穿时弄乱。穿以前应擦洗老人下身，擦洗净后，由两人两边抬起腿，一个人在脚头，撑圆棉裤腰口，套入两脚，尽量往上身处提。这一切动作要轻，沉稳安详，不要操之过急，以免碰伤老人。棉裤腰口提到恰到好处，以能盖住肚脐眼为准。最后给老人系腰带，扶正两脚，分别把两个棉裤腿往下拽，摆正后，由老人子女给老人洗脚，穿棉袜，扎裤腿，穿靴。

穿上身衣服前，先把衬衣、衬褂、大袄、外罩，逐步套齐，衣袖不拧，掂起衣领，各件不拧，袖口再用针缝几针，由老人儿子试穿。再由一个人托头，两旁由两人靠依身坐起，扶着脱去旧衣，照顾老人，双手后移，如戏台穿官衣状，托头之人执衣领，两旁靠依之人，分别把老人两手帮助插入衣袖。上衣穿好，下襟逐件扶正无折，把老人小心放下，再由两旁扶老人者，从里衬衣，下拽摆正，逐件扣纽扣，系带。

豫东民俗，夫妻先亡一个者，上下身衣服计算，七件；再亡者穿八件。下身衬裤、棉裤两件已定局，主要从上身衣服计算增添取舍。

上身穿好，由老人子女，给老人洗手、洗脸、戴帽。如老人尚未断气，子女亲人，在旁小心侍候，听老人临终嘱咐，要否茶水吃食和别的需要。穿上寿衣几天或十几天不死和又好者大有人在，这就应了农村说：穿衣冲一冲，阎王爷不要，又捡回条命，多活几年的也有。

一般，经过穿衣一折腾，本来命如游丝将息之灯的老人，未穿完衣服就绝气者多，此时，子女不必啼哭，洗手、洗脸时应口中叨念：爹呀！娘呀！

给你老洗脚、穿袜、穿鞋里之类的祷告话。一般不能哭，农村有泪掉在老人身上不好、影响老人灵魂转生之类的说法。

穿好衣，已亡者，由子女把噙口钱放入老人嘴中，双目未合者，子女口中叨念：爹呀！娘呀！你闭上双眼去吧！子女用手轻从上往下抹眼皮，让老人闭上双眼。子女亲人，点纸致哀一场。

一般情况下，父母年高，皆由儿媳闺女先准备寿衣，寿衣一般绫子和绉（丝织的布）为表，白布为里，表采用蓝色或紫色和古铜色做上衣大袄和棉裤，帽、靴皆采用套棉花，寿衣一般不缀扣子，只缀带子。不讲什么季节，外罩皆是袄、棉裤，外不能穿单衣，里边允许穿单衣。

（2）打殃状

豫东民俗，老人绝气后，根据老人去世的时间，手指掐纹（男左女右），即大拇指掐食指或中指的指纹状况，派人速去村中会打殃状的先生家打殃状。打殃状的先生根据亡时，推算出亡者何时出殃。打殃状，一般民俗，得付给先生劳务费，一元两元，先生多少都留下，不退，这是行业规矩。

打殃状有口诀："世人预知天文诀，男巳女亥起正月。阳顺阴逆挨着推，男辰女戌定时节。"

打殃状的男顺月将与常用干支纪月的月将不同。它的顺序是：正月巳将；二月午将；三月未将；四月申将；五月酉将；六月戌将；七月亥将；八月子将；九月丑将；十月寅将；十一月卯将；十二月辰将。

女阴逆起将则是：正月亥将；二月戌将；三月酉将；四月申将；五月未将；六月午将；七月巳将；八月辰将；九月卯将；十月寅将；十一月丑将；十二月子将。

月份		正月	二月	三月	四月	五月	六月	七月	八月	九月	十月	十一月	十二月
月建		寅	卯	辰	巳	午	未	申	酉	戌	亥	子	丑
打殃状月将	男正起	巳	午	未	申	酉	戌	亥	子	丑	寅	卯	辰
	女逆起	亥	戌	酉	申	未	午	巳	辰	卯	寅	丑	子

其用法举例：

假如是2005年农历二月初七未时死人：

第一步按口诀找二月月将是午将。

第二步按口诀男者按阳顺挨着则是午未申酉戌亥子丑寅卯辰。

第三步找农家历或万年历2005年农历二月初七推花甲得出：初七己亥、初八庚子、初九辛丑、初十壬寅、十一癸卯、十二甲辰。

第四步根据数到该日起子时，从手相地支图午后未起午，申赶酉上，酉则赶戌上，戌则赶在亥上，亥上赶上子上，子赶丑上，丑赶寅上，寅赶卯上，卯赶辰上，辰赶巳上。

第五步故得出2005年农历二月十二日是甲辰日，巳时是亡者出殃时辰。

女亡者举例：

假如2005年农历二月初七死者是女者，其打殃状则是：

第一步按口诀找到二月女逆将则是戌。

第二步按月将女者逆推得出则是戌酉申未午巳辰卯寅丑子亥戌。

第三步从酉上起戌，酉则赶在申上，申赶未上，未赶午上，午赶巳上，巳赶辰上，辰赶在卯上，卯赶寅上，寅赶丑上，丑赶子上，子赶亥上，亥赶戌上，戌赶酉上。

第四步套入日建后支出殃时对照结果，二月十八日庚戌日戌后酉时是该女出殃时间。

根据以上证明，凡戌日死人，皆是本日殃在人死之前就离开了身体。

例三：假如是2004年农历十二月二十五日巳时女性亡者：

第一步：查农历十二月女将则是子将。

第二步：根据阳顺阴逆挨着推，男辰女戌定时节。

第三步：纳入本月花甲查日子，则是二十五日戊午，二十六日己未，二十七日庚申，二十八日辛酉，二十九日壬戌。

第四步：从子后亥起子，子赶亥上，亥则赶戌上，戌赶酉上，故确定十二月二十九日壬戌日酉时为女性出殃时。

注：假如男是辰日，女是戌日老人，殃皆在老时随人走。

第二种打殃状之方法：

落殃地点：午未在房梁，申酉石磨上，戌亥在灶心，子丑在庭堂，寅窗卯门辰在墙，巳时就在阳沟嘴中央。

出殃时间之去向

出殃时辰：甲乙寅卯属木，在未时，向西南方。

由南往北化为青、红、白、黑、黄色。

丙丁巳午属火，在戌时，向东南方。

庚申辛酉属金，在丑时，向西北方。

壬癸亥子属水，在巳时，向东北方。

戊巳辰戌丑未属土，在辰时，向东南方。

举例说明：假如为正月初七去世的老人，此法不讲男女，是查老人本日天干或地支，正月初七花甲是庚午，从上口诀庚申辛酉属金，在丑时向西南方向，故得出老人出殡时间为下半夜丑时出殡，以下类推，此法简单明了。

另外：判断老人绝气时间，也有四句口诀："子午卯酉口上张，寅申己亥手握拳。辰戌丑未睁眼看，若掐头纹犯重丧。"

是否正确，细心对照老人亡时和以上口诀所描述状况，自然知错讹。

（3）棺与做扣

没实行火葬以前，家中有七八十岁的老人，一般备有棺。因病暴亡者，一般家中有树。出树请木匠连明带夜赶做。农村与城乡，一般多用桐木做棺材，家中富有者买桑木、山松木做棺材。棺材材料以松柏为上等，其中油柏为最优，埋入土经久历年而不易腐烂。历代多为官宦之家之享用。棺分数等，穷人，一般薄皮匣子，比做大箱子板略厚能做成个就算了。再略好是：三三四，三四五，四五六等样。三三四的意思：棺材两帮的大头分别是三寸，天板的大头是四寸，以此类推。有钱人家也有用四独的棺，这样的棺指，天板、墙（帮）底分别是用一棵树截成的板，这样的棺需大树才成，下弃料很多，是一般小户人家用不起的。还有 10 个头、12 个头的说法，是指用料。10 个头的指帮分别为 3 块，两帮计 6 块，天板 4 块板。

棺在老人生前做好的叫"喜活"。有钱人家先用油灰填补凹缝，这叫"批活"。批后再用桐油油漆，一般连漆三遍。更有甚者在内壁油后，贴铜币，完成上一道工序，再用红布布里，移放入闲屋，外罩红布，以取吉祥，候老人百年之后用。

土葬时，老人备有寿木，孝子得请木匠赶快做扣。因为匠人各行业皆有一定规矩，做活不能做绝，做绝了就没有饭吃，木匠请来，孝子叩头，陈言父母亲老，请帮忙费心一类话。再由众亲人乡邻年轻力壮者抬出棺，天板翻放在已预备好的大板凳上，供木匠画线，锯扣眼，根据扣眼大小做扣。扣眼和扣四个，扣眼上连天板下连棺帮。为防差错，木匠分别画上 1、2、3、4 以示分别。木匠做好扣和剔好扣眼，孝子叩头封赏，赏钱一般一到两元，多少一律不退，这是规矩，木匠辞行，孝子与众乡亲送出大门。

家藏有奠棺板凳的，先在堂屋当门南北正中线摆上，从后墙算起，殿后扛棺的以能伸直腿蹬着后墙略宽裕为标准，放一条六七寸高的奠棺板凳，板凳正好在棺后座内，大约计算一下棺长度，把前一条奠棺板凳放在棺座内侧的位置上。棺由年轻力壮的亲人帮助抬入堂屋已放好的奠棺板凳上，棺的正中线要和堂屋当门一间的正中线一致。但有一点须说明：奠棺板凳为不祥之物，有兄弟俩或多位的，一般分开保存，它的意蕴是，啥时两条奠棺板凳在一起，说明家中又有老人不吉祥了。所以一般农家后来皆用砖头奠棺，摆法如奠棺板凳，出棺后搬出即没事，没奠棺板凳那么多忌讳。棺抬入堂屋后，堂屋改称灵堂。

（4）入殓

棺抬入灵堂，孝子先清扫棺内杂物灰尘，干净后把草木灰，用小筛子或竹篮子均匀地筛入棺底，一寸左右为宜，上铺12根麻绳，均匀摊在棺底灰上，麻根南稍北。麻上放一层草纸，依次分别两个一排，放12枚钱币。棂箔上，亡者由三个人分别托头、身、腿，下面放入殓的黄托单棉被，扯平，放下亡者，再由六人分旁托着老人转向棺尾，从棺尾上空两旁顺棺托老人，南行头与棺头略齐，分别改托为抓托单边，慢慢往棺底放，到将挨棺约半尺时，将老人与托单同时后移，以脚蹬住棺后回头（棺前后两头的帮称回头）时放入棺底，这叫“脚蹬实，头枕虚”意蕴下代有发展的兆头。再分别放入亡者左手拿的打狗饼、右手拿的打狗棍。用生麻捆住双脚，以防游尸。这叫“绊脚锁”。盖上蒙脸纸，用麻绕头一圈扎住。盖白棉被子，豫东农村俗称“铺金盖银”。铺金，指亡者托单被子是用黄色的布料做被面；盖银，是指亡者上盖棉被子被单布料用白色的布做被面，白色又形似白银。亡者周围，可用亡者生前干净旧衣服填实，以防抬棺过程下葬时亡者晃动。这一切办好，盖上天板，错开口，不盖严，以等亡者娘家人“看口”，即现在的所谓“瞻仰遗容”。

棺前摆上小桌，把老人绝气时所逮的鸡，褪毛别翅，鸡血浇鸡身上，装入供盘（碗也可）放在供桌，点上香油棉线的长明灯，刀头，长寿面，孝子孝眷开始在棺前焚纸痛哭致哀。

（5）压魂

压魂一般分两种情况：一种没有寿木，穿好衣服，即可压魂；二是有寿木（棺），入殓后，压魂。压魂一般由子女、孙辈或亡者的侄儿、侄媳、侄孙参加压魂。

压魂时携带着纸和亡者衣服一件，出门时不能哭，但口中必叨念：爹呀！娘呀！送你老走哩！一般习俗根据出殡的方向和村中习惯，到压魂的十字路口焚纸，孝子们痛哭致哀，并随着点纸把已亡父母的所带衣服焚烧，表示已把亡者送往阴间的，暂把魂压在十字路口，等阴间接收。压魂不兴长哭，等纸与亡者衣服燃净即可哭着回家。压魂有两重含义：一是如上所说；把已亡的父母灵魂送出家门，暂寄压在十字路口等阴间接收；二是，从形式等于发布宣告，父母已亡，向族人与村人报丧。压魂到家回到灵堂父母棺前，孝子、孝眷可以真正大哭一场。

(6) 送信报丧

压魂结束，兄弟们多，由长兄决定谁去舅父家报丧磕头。按照俗礼，一般长子不离中堂，得守护在父母棺前。另外，派一兄弟，由近门中叔伯长者领着，挨门到五属以内或所谓必去的门中人家，磕头报丧。孝子报丧，头勒白孝带，孝子出门上街，碰上村中成年人，不论辈数高低，皆得下跪磕头，借此向村人通告，父母已亡。到近门家，由长者伯叔喊该户当家人，介绍叙说：××老兄，老嫂子老了，小××来给你磕头来；孝子磕头致哀，随即陈告该户，当晚去商议殡葬之事，简短几句。但如男主人不在，女主人出来接待，孝子磕头，陈述邀请去家商议殡葬之事，照样叙说，以免误事。说完即辞别，由叔伯领着，另去门中别户报丧磕头。这是兄弟们多，父母亡时向门中亲人报丧之方法。如果只一人，孝子无兄弟，应先去舅父家报丧，回后再向门中人报丧；或可让儿子（孝孙）代替去门中各户磕头报丧。这是族人、亲人所能理解允许的。

孝子去舅父家报丧，是很有讲究的，孝子头戴大布袋香帽，外勒白孝巾，一般孝子不准穿鞋，得赤足而去，流传至今。现在大多数的孝子，到村头，把鞋放个地方，赤足去舅父家磕头报丧，以示郑重其事，免受舅父责怪。进舅父家门，先给舅父磕头报丧，不能坐板凳，得蹲一旁，听舅父垂问回话，舅父再三赐座，也辞谢不坐。给舅父磕头报丧，叙完话，再由舅父或表兄弟领着去舅父门中根据远近，由近门到远门，按舅父所安排，挨门逐户，磕头报丧，告之出殡下葬日期。

给舅父家近门的磕头报丧，也有讲究，一是借此央请舅父家门中吊孝做光；二是，他们在外甥登门磕头报丧后不去，是他们违大礼，外甥不登门磕头报丧他们不去，还可以责怪外甥越礼没给他们报丧，他们不知信咋去吊丧。

(7) 闺女哭路

老人不是暴亡或有病的，出嫁的闺女一般事先来侍候尽孝。如女儿因故未来，得报丧信后，一般亡日上午或下午闻信赶来，闺女是父母的心头肉，这说明父女母女的情长，而在父母亡时古人制定唯有出嫁的闺女闻父母逝去的信息后来时应该一路哭来，这一特别吊祭父母的哭路仪式，常让见者落泪，闻者感叹养女儿一场值得，还是闺女与父母亲。女儿一路哭来，娘家嫂子闻信出宅相迎，进灵堂兄弟、嫂子弟媳烧纸陪致哀。出嫁闺女来哭祭烧纸后，先破孝，做孝衫，孝衫过膝拖地，孝巾为六尺长。这就是民俗所说的“披麻戴孝”之讲，因为布、纱多用苎麻纺。今日穿孝衫，仍是披麻的演变。

有孕的女儿来家，要坐院中央哭，不能进灵堂，一免胎气扑父母灵魂，二免见已亡父母过于哀伤动胎气。一般另辟静室，穿孝静哀，葬时一般可免送葬，执意去时，不能进祖茔，以免胎扑坟茔。这一切可见古人制礼之严谨周全。

（8）挽幛

20世纪50年代前吊孝，挽幛是文人自个儿事先写好。一般亡者娘家兄弟、侄儿、女婿、三朋四友不识字者、不通文墨者多矣，但按礼节，这些人必须送挽幛，送的挽幛要搭在灵棚上，所以，在登记来宾的礼盒礼单后书写没字的挽幛幛瓤，是外柜的一大职责。

因来客与亡者的身份关系、称呼，所用挽辞，既不能雷同，又得切合身份，恰如其分，使旁观者一目了然，是亡者啥亲戚，哪庄客，姓啥名谁，一点也不能含糊和过错，要准确做到，挽幛上下签称呼对应，挽幛挽辞选典准确。如上签是“哀挽姑夫大人千秋”，下签应是“愚侄儿×××顿首拜”。在周口民间还有一个约定俗成的规定，帖、挽幛、挽联，五属以内有长者在，吊孝者只能是“承遣人”的身份。是门内爷爷和家中父母派遣去给姑夫吊孝的，挽幛得以爷爷的名义书写上下签。下签除和上签对应外，应恰如其分显出承遣××携弟、侄儿××挥泪拜。而签名是按辈数排列另起行书写。

（9）挽幛的来历与用典及写法

中国封建社会，皇帝诸侯、大臣逝世后，朝廷根据其生前事业功绩贡献，分别给以“谥号”称呼。清中兴名臣曾国藩谥“文正”公；韩愈逝世后谥“文公”；诸葛亮逝世后谥“忠武侯”；岳飞谥“武穆王”；于谦谥“忠肃”。当然，朝廷谥号，当题于旌，书于幛，悬挂灵堂灵棚，以供奉。上行下效，帝王、大臣如此办，民间也效仿，因皇帝、大臣也有穷亲戚，官民来往、融合，所以，帝王官家的礼仪，也渐渐在民间改头换面得以盛行。

挽幛，即是在此基础上借其意蕴，演变为民间士子逝世吊唁的一种，既能哀挽尊长亲人，又是对朋友一生的总结、评价。挽词中含颂语、赞辞，从而形成了一套完整的礼仪民俗文化。

据史书记载，晋陶侃早年丧母，幼时靠姑母抚养，陶侃每闹人，姑母蒸一面桃，让陶侃吃，取疗饥与教育双重功效。后姑母亡，陶侃吊唁，回想幼时丧母，姑母当年含辛茹苦，寓蒸桃相哄，使自己得以成才，不由悲痛不止，挥泪在挽幛写下了“蒸桃谁赐”，借以表达对姑母深厚怀念、哀挽。从此后人，每遇姑亡，娘家侄儿皆借用陶侃的“蒸桃谁赐”，流传至今。

隋唐，徐懋功的姐姐多病，常为姐姐煎药。做饭烧锅，官家烧木材，农家一般烧农作物秸秆。柴草因阴晴不一、干湿不等难烧。往往死一把，活一把，烟熏得人流泪，眼难睁，而火常灭。过去没风箱，靠趴在地上用火棍挑着柴火吹，火着时“轰”的一声，火苗蹿出灶口外，徐懋功在给姐姐煎药时，因吹火把长髯也燃了，不幸多病的姐姐死后，徐懋功就姐弟情长，就给姐姐煎药燃须一事，在挽幛挥笔写下了“为谁燃须”的挽词。“为谁燃须”后来就成了专用悼念姐姐的挽词。

专用于舅甥关系的挽词有“痛失渭阳”；专用于师长的有“德范常存”；专用于岳父的有“半子衔哀”“泰山其颓”；专用女长者的有“懿德常存”等。

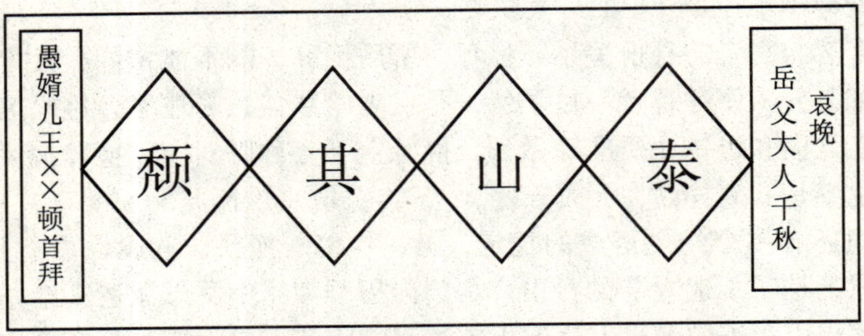

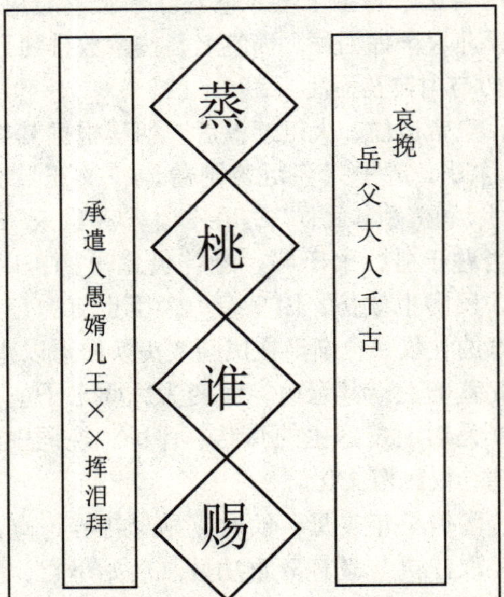

挽幛横写便于悬挂于灵棚前脸上空，一般两头上角系绳，便于绑在两个灵棚立柱或灵棚前横棍上。竖写挽联便于悬挂在绳上，因为送挽幛的很多，

皆悬挂灵棚上脸不可能，一般在院外靠墙绑根绳，挽幛根据来之早晚，搭在绳上，字部外露。

挽联一般用白纸黑字。上签和下签为六七寸宽，长约一米的竖条纸，四个幛瓤挽词分别用四边形白纸，菱形写后，用线缝，或白乳胶贴比较理想。一般糨糊贴易掉，误事烦人。贴时要注意布局，达到布局合理、美观协调。

挽幛一般选用白布，单位、机关也有用黑布料的，但一般农村少用。

挽幛，一般搭在礼盒上梁，折叠好，阴雨天外用塑料袋装，以免雨淋潮湿，影响书写纸，影响排场与用场。在礼盒登记后，在依次行礼时，执事人员未挂，请悬挂，再进棚行礼，以达到做光效果。挽幛一挂，来客姓名，与亡者关系，挽幛的挽词，让人一目了然。在挽幛增加肃穆庄重的气氛下，加上来宾的身份，使主人更添光彩与体面。

（10）门中族人商议殡葬事

豫东周口一带，老人去世，一般从亡者当天绝气算起，殡葬待客吊唁，行三天事，一定要出殡葬人。如果老人亡在腊月二十八九日，一般待过了年，择日下葬。老人去世，一般以夜间子时为分界线，确定是三天出殡葬人。如老人亡在子时12点以前，也算一天。剩下只有两天的操办时间，操办起来一般比较紧张，做衣、请人得连夜操办。如老人死在夜12点以后，算整天，加上白天，叫三整天。农村在这方面也有讲究，吃了三顿饭死，叫“没留口粮”；吃一顿、两顿饭而去世的，意思还给下代剩一顿，或两顿的口粮的意蕴，借以判断老人对下代荫庇的薄厚。

懂得以上时间算法，对于操办父母殡葬，心中就有一个时间安排，以上所说各项，是老人去世第一天必办的大致事项，至晚，只剩下请近门来家商议殡葬待客、送信、操办的具体事宜。一般孝子挨门磕头时已口头相请通知，如有人不在家，得派专人去请。晚饭后，孝子备烟烧茶，准备板凳，一般门中各户男性家长来齐，由门中长者和所请总理主持，分项讨论商议：（1）殡葬日期；（2）给门中老姑娘送信报丧，送到哪一辈为止；派谁去，分几路，谁通知哪村客，列名单按路线给送信报丧法，以免误事。（3）宴席，多少碗菜；几荤几素；预计多少桌数，每运待多桌，几运开完，啥时间开桌。派谁买菜，当晚或明早啥时来拿钱赶集买菜。（4）破孝，买啥布料，请谁来扯孝做孝帽。（5）定哪家餐具，是否搭风雨棚，得多少桌子、板凳、碗筷餐具。（6）是蒸馍还是买馍，买馍，定哪家馍店的馍，谁去定。（7）是否扎社火或租用祭器，谁去联系，啥时间拿。（8）在家剩余门中人，谁主持拉土、支锅垒灶。(9) 请哪家殡葬驾子会，主人是否去，没去当晚派人去联系，以免误事。会议简明扼要，一项项逐条逐人落实。红白事，一般主持人、总理说出，差无二派。但一般办事人员，皆因才使人，用人必妥。因时间紧，事多繁杂，容不得拉杂。商议毕，孝子送门中人，第一天所办之事，大致毕，孝子守灵堂，一般孝子和衣卧睡父母棺旁，或由叔伯相陪，兄弟多则轮班守灵。

2. 第二天

(1) 搭灵棚与题旌

中午前后，送信报丧人陆续已回后，开始搭灵棚。一般来说，灵棚搭在灵堂（即停棺的正堂屋）门口外，离门口约一米处。这样便于放垫铺供孝子跪棚及人员进出灵堂。灵棚东西宽四步，约 5 米，南北长六步，约 7.5 米。四角栽棍，约两米高，依四柱用麻绳再捆架东西南北四条长棍杆。中间东西加一条横棍，上用箔搭灵棚顶，东西两边用箔遮堵为墙。灵棚后壁，如置买祭器楼子，等楼子买回，摆上。如不买祭器楼子，吊一竹帘供贴题旌黄色或者紫色的纸，红纸为全张，用白广告色或粉笔书亡者姓名及生卒岁月叫“题旌”。

“题旌”相当于过去帝王和士大夫及官员死后朝廷的“谥号”。“题旌”

夫先亡清朝题旌写法例图

生于咸丰　年丁　月辛未
讳
皇清处士张公　伯元之灵柩
卒于光绪二十　年丙午月癸未

妻先亡国民题旌写法例图

生于同治　年丁未月己酉日
民国淑德蒋太孺人之灵柩
卒于民国十八年癸亥月　未

共和夫妻双亡男性题旌写法例图

生于民国　年甲寅月丙子日

讳

共和处士李公　伯元之灵柩

卒于公元六九年十月初九

共和夫妻双亡女性题旌写法例图

生于民国七年二十五日

共和淑德李府　太孺人灵柩

卒于公元七　年十月二十九日

有一定的讲究，夫妻死一人的“题旌”用单数 11 个字；夫妻皆亡后可用 12 个字。旌文如图上签：出生年月日；正文：年号、衔名、姓名、亡者灵柩。下签：卒年、月、日。老百姓一般用恭称：处士；女用孺人。祭品楼子两旁童男童妇，一般请外柜起名，起名忌与同村人重名。起名书写纸上，贴童子身像旁。

（2）供奉奠桌与灵牌

题旌楼子前摆一小四方桌，上放灵牌、奠杯、酒壶、香炉、灵牌，用筷子裹纸以当香。小桌两旁各放奠垫（和孝子的奠垫一样用麦秸装袋子，防长时间跪伤膝盖），供转盅童子跪，小桌前放奠垫，供来吊宾客上奠转盅时跪拜。

题旌是客观口气来写的，对于大众皆可读可观；而灵牌则主观口气，是针对孝子对父母尊称的供奉。灵牌一般上尖呈 45 度角，宽 3 寸，高 7 寸左右，底部外斜折叠成台基的牌子，一般用筷子穿中间插在蒸馍上，放在供桌后边题旌牌前，香炉后。灵牌的显考，即对已亡父亲的尊称；显妣即对已亡母亲的尊称。显与先相通，也可以写“先考”“先妣”之灵位。灵与神是两种写法通用，皆可以。

（3）祭桌与跪席

灵棚下在离上奠供桌约一米的前方，又摆放一小桌，供来宾进棚时摆放祭礼三牲和祭盒。祭桌前约一米，放一条专买的芦苇席，又叫“搭棺席”。供来宾进棚行礼磕头跪拜，以免弄脏衣服，此席出殡下葬时以搭棺用。

灵棚搭好，一般在前边两柱分别贴上白纸黑字的挽联，以示肃穆庄重。

挽联一般常选用：

扶桑今日骑鲸去

华表何年乘鹤来

此联用典高雅，寓意深刻，对父亲的哀思跃然纸上，流露于字里行间，令人顿时悲生，潸然泪下。

灵棚前脸，是官员干部者，一般用黑幛白纸，书写：

沉痛哀悼×××同志逝世（或千古）

一般老百姓，用于挂挽幛，因境饰物，增加白事的庄重肃穆悲切气氛。

（4）总理外柜开始执事

灵棚一般下午2点左右搭好。搭好之后，意味着操办丧事的舞台已搭好，单等执事者粉墨登场，总理在主家门中主事人的陪同指挥下，备齐墨、笔、纸、砚、剪纸的小刀、烟等物，开始执事，这时因没有开吊，外柜桌子一般摆在大门里。

总理在主家门中主事人的陪同下，由外柜记录，开始协商具体执事人员的工作分配，一般由了解本门的主事人提出，总理允许，逐项逐条落实执事人员，草拟成，再由外柜念一遍，核对无掉项、掉人，外柜摊开大张白纸，开始书写执事单。执事单原竖写，从左到右。上写执事项目，下写执事人员名单，条目清楚，使所有执事人员一目了然。为适应文字改革的新汉语书写习惯，现在一般改用横写。

执事单内容大致将近20项，一般选择不易被儿童碰着的干净墙壁贴。执事单一贴出，让所有执事人员，各有任务，各司其职，有条理，忙而不乱，所以说，执事单的书写、张贴，是办好一场红白大事前调兵遣将的关键举措。

（5）执事人员具体任务说明

总理：受主家委托，全权代理主持操办待客、司宴、殡葬一切大小事宜的总指挥，所有执事人员必须绝对服从领导，听从指挥；协调殡葬出现的各种事故问题处理，调解。在既定的时间内完成主家所委托安葬父母的大事。

棚总理：①主持来吊宾客行礼唱礼，发孝任务。②指挥灵棚的搭设。③吩咐执事人员购买做灵幡的柳树枝棍。④指挥执事人员贴哀丧棍的纸花。⑤做灵幡纸扎。⑥吩咐孝子钻老盆眼，孝子孝眷各钻一孔。指挥执事人员置办老盆用土与秆草。⑦指挥执事人员置办弓箭斗所需的麦麸、秆草，弓与箭设置，和压弓箭所用的瓦。⑧指挥执事人员装办跪灵所需的奠垫添置摆设。⑨灵棚下设施的安置、摆设，如：香炉、奠杯、纸、筷子。

司宴总管：设置的目的，因客来一般在9点、10点、11点前后，宴席所需的鸡、鱼、肉，须等来宾行礼后，三牲才能下锅做菜，又不能误准时开桌，慢待吊孝来宾。司宴总管的任务即协助总理指挥好收散盅筷、端托盘、散馍人员，加快步伐，赶时赶任务，完成每运宴席进度，并指挥立时清扫每运后桌上菜与餐具的收拾，洗刷，从而招待好客，不误按时出殡。

招待客：一般多由主人家门中有脸面人物，接待来吊宾客，向外散烟让茶，陪同来宾拉家常。

顶堂：一般由年轻懂礼仪礼行的青年担任。顶堂为两人，在总理或棚总理的指挥下，在来宾灵棚行礼毕时，听从棚总理的唱礼，作揖躬身致谢。一般在迎接驾子会、娘家人、央请娘家人、坐桌安盅、吃饭、瞻仰遗容、路祭、茔祭行礼时，陪同总理、棚总理的唱礼，作揖行礼。

奠杯：奠杯设于供桌两旁，供来客上奠时转盅、转香之用，有的地区在奠杯时有陪叩头的十岁左右的两小童。

掂展跪毡：实际是紧跟总理，在央请娘家人下灵棚，瞻仰遗容，央驾子会，接娘家人，为增添行礼时的雅观，以防弄脏衣服，来回掂一张便于收展的蒲席的角色。

传禀：古又叫传拜香。即白事在灵棚来往大门外冷客处，高喊："请哪哪庄客下棚行礼！"之角色。

破孝：是白事一大关键处。破孝者一般得知晓主家有多少客，和主家辈数远近，懂因人因男女辈数而破孝的任务，一般多由老年多次帮人家操办此事者充当。其中又分扯孝、缝，分工不同。由一懂行老年妇女统一指挥，做好，分类置放。

弓箭斗：弓箭斗，一般由孝子的叔伯在棚总理的指挥下负责做。弓，是用荆条系麻绳仿古代弓，所做较小些；箭，是用秫秆秆节处，截成约两寸长，再插上略细些的约一尺三寸长的秫秸挺子，做的貌似古代的箭。弓一，箭三，棺下葬后，放在棺上，箭扣上弦，扇形摆设，方向指向棺前方，借以震慑鬼邪，别来抢风水。斗，是挖粮盛粮的斗，里边放些用剪刀剪成二寸长的谷秆，拌以麦麸。斗中还装有纸，逢十字路口燃烧，以分赠鬼判，求一路平安顺利。

抬祭盒：出殡扒灵棚后，路祭、茔祭行礼所用三牲祭礼，纸、炮，由两个人用盒子抬着，路祭时，摆在放在椅子的灵牌前，供孝子、来宾行礼时用。

执事单张贴后，标志着已经可以开门开吊了。一般约下午 4 点左右，外柜桌子开始抬在大门外，村中族人，亲人、送纸送礼钱来吊者，执事人员接纸递烟，外柜执笔上礼单。门中和所请来的执事人员，看执事单进入角色。有行礼者，棚下执事开始各就各位，即进入实施阶段。

（6）哀丧棍与柳木灵幡的制作

农村俗称的“柳木幡子”是由执事人员去村中任何家野外的柳树上，用刀砍取一枝约直径两寸，约与鹅蛋粗细的柳树枝，大枝截取两米，做柳木幡子；小枝截取一尺半到二尺长，做“哀丧棍”，此物付给柳树户主一到二元，这是白事规矩。

柳木幡，又称引魂幡，上系三角形白折叠纸，分别下缀三条宽二寸，长二尺的白纸。上边分别书：恭送我父（母）一路平安，去向坟茔。

柳木幡子也和香帽一样，一是继承权的标志；二是借“清明插柳”意蕴以示纪念父母和喻下代易成活之意，以示下代繁衍昌盛。常有无后人家近门的为争夺继承其财产权，抢扛柳木幡子打得头破血流。柳木幡本应由长子扛，长子亡者长孙扛。

“哀丧棍”又叫“哀杖”，是孝子拄哀或谢来宾行礼拄的小棍。在架子会抬棺出棺失误时，可以打驾子会人员；二在出殡时有人棺前横过“闯棺”求禳灾，可以打“闯棺”者。

俗话说：“黑为孝，白为俏。”可民间办丧事，哀杖为啥缠白纸呢？这里边有一段令人悲恸的故事。

传说，很早以前，民间办丧事缠哀杖用黑纱，直到南宋末年才改用白纸。那时候，金兵大举进攻，南宋的大片河山沦丧。广大人民和一部分有民族气节的文官武将，对皇帝和奸佞们的卖国投降无比义愤。正当宋室江山摇摇欲坠的时候，庐陵出了个文天祥。

文天祥“满腹诗书漫古今”。他怀着救国救民的雄心壮志，亲自统率三军与侵略军作殊死战斗，出生入死，身经百战，给敌人以沉重的打击。在一次战斗中，文天祥和将士们奋不顾身，以一当百，杀得敌人尸横遍野，血流成河。但因孤军作战，敌众我寡，文天祥终于不幸被俘。

一天傍晚，文天祥被元军押送到金陵（今南京市）的驿站里，他看着楼台房舍，树木花草，不禁瞩目伤心。他想，即使我以后肉体不能回国，我的灵魂也要做变一只杜鹃飞回来。于是他拿出纸笔“刷刷刷”写出了一首七律《金陵驿》。诗的最后两句说：“从今别却江南路，化做啼鹃带血归！”

文天祥被元军押送到燕京（今北京市）后，敌人对他用尽威胁利诱的手段，逼他投降，但每次都是阴谋落空。敌人把他关进一所潮湿黑暗的监牢里折磨他，直达三年之久，他仍然坚贞不屈，丝毫不动摇。敌人黔驴技穷，最后把文天祥杀害了。噩耗传到南宋的京都临安，父老妇孺悲恸欲绝，人们披着黑纱，手持哀杖，捧着祭品，到临安北门外，面北遥祭文天祥的忠魂。正当人们哭祭的时候，从正北方飞来一只杜鹃，飞着叫着，口中的鲜血滴答滴答洒落在地上。人们听见了杜鹃的叫声，连忙抹去眼泪，抬头寻看杜鹃鸟。大家忆起三年前文天祥在金陵驿所写的那首诗篇，人们默默地念诵着那动人的诗句，“从此别却江南路，化作啼鹃带血归!”都说：“文忠公（老百姓对文天祥的敬称）回来了！文忠公回来了!”人们朝杜鹃鸟磕着头，作揖。杜鹃鸟在临安上空飞了三匝，钻进云层里不见了。人们哭得东倒西歪，死去活来。此时正当中午，霎时间天昏地暗，云雾遮天。虽是六月盛暑时节，天空却忽然阴风呼号，大雪纷飞，不多时，人们的头巾、衣服、鞋袜全白了，哀杖上也挂满了雪花。这时祭奠已毕，人们扶老携幼，各自回家去。

为了纪念这个难忘的情景，从此民间办丧事，哀杖就用白纸缠裹。人们把白纸裁成寸把宽的长条，再用剪刀横剪成小条，但不剪断，使其相连，然后缠裹在小棒上，一个个纸头炸开，远看就很像一层雪花。

这个习俗一直传到现在。

（7）孝帽与执绋

下就各类孝帽、孝巾分述于下：首先说孝子戴的大布袋香帽子，为何称大布袋香帽。在孝帽中，只有孝子的帽子最长，一般一尺六寸，勒头五尺。二是，香帽子也是遗承权的标志。戴香帽子很晦气，但是，只有戴了香帽子，从民俗习惯上讲，才算获得继承权。解放前，一些无后的乡绅财主百年后，近门的为争继承权，抢戴香帽子，一般根据人多少，势力大小，抢时打得头破血流。所以，豫东农村也称孝帽叫作“香帽”，谁抢着戴上“香帽”子，谁就名正言顺地得到继承权。

孝子的孝带长五尺半，宽七寸；孝子，孝眷儿媳，女儿，鞋全护，是指用一块宽约三寸长七八寸的白毛茬布头，留二寸后剪开五寸多，留下缝鞋脸，剪开分缝两帮的鞋穿孝的一种方法，农村叫护鞋。亡者侄儿侄女护半截鞋。

孝带，除孝子外，亡者侄儿，门婿，外甥，娘家侄皆得系。

什么叫执绋：

执绋就是人死后，在埋葬时用白布绑在棺上，由孝子拉着葬父母。当然，孝子一个人拉棺木很不易，这就由孝子伯叔兄弟，（亡者侄儿），再由亲戚关系较近一步的帮助，这样就数着门婿、娘家侄儿、外甥，帮助孝子拉灵。拉灵用孝带和麻一类的绳，所以说帮孝子拉灵，又叫执绋，这是礼中最为讲究的一种。

系麻，同系孝带，皆为执绋，系麻者有孝子、孝眷儿媳、女儿、侄儿、侄女。

亡者女儿的孝巾为六尺长，侄女的为五尺八寸，孙女的为三尺。

柿花帽，除孝子外，所有来吊孝宾客亲人皆戴柿花孝帽。柿花帽为一尺二寸长。做法是：用一尺二寸长、一尺三寸宽的白孝布，两边以中线对折，缝一头，翻折入里，再把缝好一头严的孝帽以两边对齐和中间线折叠，已缝的出现两角，捏住，把两个尖角折叠向中间线，中间点缝几针，就出一个上如柿花、后开叉的四花香帽，此类香帽，扯孝的缝得成摞子，以备来宾行礼毕，棚下总理给来宾发孝。

(8) 老盆的说法

老盆，不能用家有旧盆，一般新买口径约七八寸，深二三寸左右的灰瓦盆。老盆里装黄土，以示人依土为生，中央插一撮麦秸梃子，可作作物讲。总的意蕴万物来至地，人生依土地生物为衣食父母，死后也把土和万物带到阴间为生。

老盆钻眼的说法：人死以后到奈何桥要喝迷魂汤的，迷魂汤就是用老盆盛着的。死者的家人为了让死者少喝迷魂汤，他们才在老盆底子上钻许多孔，目的是把迷魂汤多漏出一些。同时，老盆也是继承权的标志。

父母死了以后，埋殡时当儿女的要为父母“摔老盆”。这种风俗习惯是怎样来的呢？

据传，陶业的祖师爷范蠡做陶器发了大财。他就在每年的三月半和十月半时为穷人设棚施粥，此举很受百姓的敬重。后来求他学做陶器的人也就越来越多。

一天，他想：我死后这个家业交给谁呢（因他无儿女）。经过再三思虑，决定把乡邻们请来说说。他取出头一次做的老盆，对众人说：“我死后，这老盆咋处理，都给我想想办法。”大家七嘴八舌的议论开了，有的说把它献给皇上；有的说用红绸子包好放起来，想你时拿出来看看，范蠡都不赞成。这时，有个小伙子说：“人在物在，人去物去。到时候，我给你摔了吧！”范蠡满意地点了点头说：“好，百年后，我这份家业就让这位小伙子请受啦，大家都给作个证吧！”自此以后，人死后，人们就买来瓦盆，让死者的长子在棺前给摔碎，这就叫“摔老盆”。谁摔老盆，谁就请受家业，这成了天经地义的理了。

(9) 开吊与开宴

等开奠，首先由孝子、孝侄、孝孙组成的亲眷进行行礼祭奠。做有祭文者，须请厨师做馔（即菜）一般 12－16 盘，由孝子边行礼边上馔。做馔，需另给厨师加封赏钱。如行二十四拜礼，一般行一半或剩下最后一奠时开始读祭文。孝子有文化素养自著文者，自己读，没文化感父母劳苦功高，请人代作者，也可请有文化的叔伯兄弟代读。父母有职位者，或由单位领导致悼词。祭文是悼念缅怀父母功绩的哀章，一般孝子感父母恩养与劳苦，常悲泪交加，泣不成声。祭文，是祖国民俗文化对民族传统美德褒扬的具体体现，对生者与下代，只有有益国家、社会、人民，才会赢得百年以后人们的尊敬、缅怀与隆重的葬礼。名义是为死者，实际是做给活人看，借以启迪、教育下代，使传统美德继往开来，后继有人。

孝子行礼毕，由孝眷，即儿媳、女儿、孙女、侄女组成的女性队伍，开始行礼。

孝眷行礼后，再按门中远近、派别，依次行礼祭奠。全部礼毕后，唢呐班近者回家、远者安排住处，执事人员由总理安排明日开桌时间，询问厨师缺否东西与哪样菜，吩咐停当，各自回家休息。孝子守灵，孝侄或叔伯有时夜间轮流替孝子守灵。一般头晚，封大门，灯长明。

（10）唱礼

唱礼一般由四位先生站成方阵四个角，四个人只有有功名的秀才才能唱礼，其他的两位摆设，装门面。唱礼分首赞和襄赞，首赞又称东通，由有功名、声嗓好、吐字清楚者担任。

馔席全礼，就是在第二天晚宴后，先准备一桌酒席，加上时鲜果品，在唱礼先生的指挥下，按照程序将酒、菜、果品献至灵位前并磕头献馔的一种礼仪。

其程序分：①排班；②出庐；③正奠；④视馔；⑤净灵室、几案；⑥生炉燃香；⑦安神位；⑧献炙肝；⑨献仙食；⑩献果品；⑪献肴碟；⑫献祭食；⑬献葵盐；⑭读祭文；⑮献初馔；⑯献亚馔；⑰献三馔；⑱献终馔；⑲参神复位；⑳撤馔；㉑辞神。

馔席全礼仪程：

东（礼赞）：排班！

西（襄赞）：班齐。

东：起鼓！

西：鼓止。

东：执事者各执其事，司引者导主人出庐。

西：孝众起立！执杖举哀，平身皆出青庐。诣就拜位，肃立。孝眷皆随出庐，就拜位，祭宾序立就位，宾主互致揖。

东：司引者导孝男行正奠礼。

西：宜正奠所，肵。

东：司引者导主人宜灵位前行告禀礼。

西：宜告禀所，跪、俯伏、兴、行揖，复还拜位，肃立。

东：司引者导主人厨房行祝撰礼。

西：谊祝所，起。

东：视刚鬣。

西：刚鬣齐。

东：视柔毛。

西：柔毛齐。

东：视翰音。

西：翰音齐。

东：视脡祭。

西：脡祭齐。

东：视诸牺牲。

西：诸牺牲齐。跪、俯伏、兴、行揖，复还拜位。（动作应为躬身后退几步，再转身。）

东：执事者净灵室，整灵垫。奉疏布，谊灵前导主人行净几礼。

西：谊净几所。稳灵位，授拭疏巾净几案。跪、俯伏、兴、行揖，复还拜位。

东：执事者升炉，燃香，点蜡烛。司引者导主人，拜降神礼。

西：谊降神所，孝男奠、前跪、拂案、上香、献爵、降神、续爵、灌神、亚献爵，灌地、俯伏、兴，复还拜位。

东：司引者导孝男行盥洗礼。

西：谊盥洗所，落杖授濯手、净巾、落巾、授杖，复还拜位。

东：执事者至神位前一揖，参神，司引者导主人行参神礼。

西：谊参神所，孝男就位，行揖、跪、俯伏、兴、行揖，复还拜位。

东：司引者导主人献炙肝，并进竹箸。

西：执事者奉炙肝奉竹箸谊陈设所。献炙肝，献竹箸。孝男跪、俯伏、兴、行揖、复还、拜位。

东：司引者导主人行饲仙礼。

西：谊仙饲所，执事者奉仙食谊灵位前跪、俯伏、兴、行揖，复还拜位。

东：司引者导主人行酒樽礼。

西：谊酒樽所，孝男落杖。抱樽俯伏、兴、行揖。谊灵位落樽，献爵跪、俯伏、兴、行揖，复还拜位。

东：司引者，导主人进果品并进酒爵，行献爵礼。

西：执事者奉果品，奉酒爵，诣陈设所，献果品，献酒。孝男跪、俯伏、兴、行揖、复还拜位。

东：执事者撤果品，司引者导主人进肴碟，并进羹勺，行献碟礼。

西：执事者奉肴碟，献勺羹。跪、俯伏、兴、行揖，复还拜位。

东：执事者撤肴碟。司引者进茶食并且行献香茗礼。

西：诣陈设所，诣灵位前献香茗，献茶食。跪、俯伏、兴，复还拜位。

东：司引者导主人行爵礼。

西：诣酒樽所，落杖，提注爵，奉酒爵，诣灵位前。献酒爵，跪、俯伏、兴、行揖，复还拜位。

东：香茗献讫，行参茗礼。

西：跪、俯伏、兴、行揖，复还拜位。

东：司引者导主人进初馔，并进葵盐。孝男诣灵位前。

西：跪、献葵盐，献爵灌爵。俯伏、兴、行揖、跪、俯伏、兴、揖，复还拜位。

东：司引者导主人行读祝礼。

西：诣读祝所，跪、乐止、止哀。止哀后读祝文，读者就位，行揖、跪、启展祝文、读文、兴、与祝一揖。孝男叩谢、转步、退庭。

东：司引者导主人进初馔，并进麦食。

西：执事者奉初馔，奉麦食，诣灵位前，跪、落杖、献初馔，献麦食。俯伏、兴、行揖、复退拜位。

东：初馔行讫，行拜馔礼。

西：跪、俯伏、兴、行揖。

东：司引者导主人行亚献礼。

西：诣酒樽所，落杖，提酒爵、献爵、亚爵、灌爵、俯伏、兴、行揖、执杖，复还拜位。

东：亚献讫。司引者导主人进三献，并进蒸食。

西：诣陈设所，执事者捧三献、捧蒸食，诣灵位前献馔、献蒸食。跪、俯伏、兴、作揖，复还拜位。

东：三馔献讫，行拜馔礼。

西：跪、俯伏、兴、行揖。

东：司引者导主人行终馔礼。

西：诣酒樽所，落杖、提注爵诣灵位前，执事者捧终馔，诣灵位前，献终馔、献爵、灌爵、俯伏、兴、行揖，复还拜位。

东：终馔行讫。行拜馔礼。

西：跪、俯伏、兴、行揖。

东：司引者导主人诣灵位前，抱瓶、执箸、行祖馔礼。

西：诣陈设所，孝男抱瓶、执箸，诣灵位前落杖、提注爵、献爵、执箸每品略搏动，跪、执杖、俯伏、兴、行揖。复还拜位。

东：行拜馔礼。

西：跪、俯伏、兴、行揖、俯伏、兴、跪、俯伏、兴、行揖、平身立。

东：执事者息烛，合门，陪宾退位。孝眷侧立西阶。乐工入奏。撤班，举乐。

西：启门。

东：执事者启门入庐燃烛，司引者导孝孙加盥洗，行献茗礼。

西：诣盥洗所、落杖、盥手、献香茗、跪、俯伏、兴、行揖，复还拜位。

东：香茗献讫，行参茗礼。

西：跪、俯伏、兴、行揖、跪、俯伏、兴、行揖。

东：告例成。行通灌礼。

西：诣通灌所，执事者芧涉，诣灵位前，例已成矣！神兮！享兮！孝子不匮永锡尔康！灌酒爵、灌香茗、灌蒸食、通灌、俯伏、兴、行揖、跪、俯伏、兴、行揖，复还拜位。

东：司引者导主人答谢陪宾，陪宾退棚。司引者导主人复还灵堂。

西：复还灵堂，举哀。

东：乐止，礼成，退班。

名词略解：其中诣，即今日宜。青庐、出庐指过去官绅之家为孝眷用青布围成的帏帐。居丧时供女眷居之。肵、所，肵恭敬之义；所，于一事曰所。刚鬣，猪肉；柔毛、羊肉；牛、大武；犬曰羹献，鸡曰疏趾；兔曰明视；鲜鱼曰脡。祭时术语还有：水曰清涂；酒曰清酌；茶曰香茗；梁曰芗萁；稷曰明粢；鸡曰翰音；稻曰嘉蔬；盐曰咸磋；玉曰嘉玉。

跪、俯伏、兴、行揖：跪即现在跪下、俯伏即磕头、兴即起立、行揖即作揖。执杖，过去父死执竹，母亡执桐树枝，齐胸高，大头朝下。盥曰洗手。其灌酒爵，即现在斟酒，爵即酒杯，灌香茗，即倒茶或曰斟茶。献爵即敬酒。

殡葬民俗中大总理应酬语：

接步：诸位光临，一路风尘，孝眷跪接，请进府门！

央木匠师傅做扣：

××老师来，孝子跪尘埃

有劳阴阳斧，做扣送亡人

接驾子会谢步：驾子老会首

冬季：冰天雪地数九寒，路滑泥泞来着难

孝子跪迎请进府，吸烟喝茶暖暖寒

夏季：时当三伏，天烤地蒸，一路辛苦

孝子跪接，快请进府，洗脸喝茶

休息稍候。

央破土开墓：驾子老会首

诸位请辛苦，祖茔去破土

开墓看相口，深浅要适度

央起棺：驾子老会首

告奠已毕，孝子跪请，立候起棺

棺湿活重，前仰后靠，脚步扎稳

诸位辛苦，鼎力移山，孝子仰靠了！

殡后谢送驾子会：驾子老会首

亡人归佳城，大功已告成

存亡皆感激，孝眷谢恩情！

接娘家人：

冬季：××庄官亲，天寒地冻，一路风寒，来府吊孝，满面泪流，一路担忧，孝眷出灵棚，路旁跪迎，恭候进府，顶堂谢！（拱揖）孝子谢！

夏季：××庄官亲，三伏天热，天烤地蒸，一路受热，流泪担忧，孝眷出灵棚，路旁跪迎，进府稍休，顶堂谢（拱揖）孝子谢！

央娘家人下棚：

××官亲：进府叹旧，满面泪流，孝子出灵棚，跪请下棚，顶堂谢（拱揖）孝子谢！

央娘家人瞻仰遗容（俗称看口）：

××官亲：孝子出灵棚，跪请进灵堂，瞻仰遗容，最后一面，恭请节哀，旧礼皆知，一不能哭，二不能落泪，不妥之处，轻声实言，细语安咐，为的老人，走的板正，顶堂谢（拱揖）孝子谢！

央烧起灵纸：

××庄官亲：旧俗语讲：亡人入土为安，无奈时辰已到，磕头抹泪，无奈难留，孝子出灵棚，跪请上奠起灵。

串厨：

冬季：××大师傅：天寒地又冻，大雪腊月天，师傅多受苦，冻得浑身颤，煎炸忙不停，孝子出灵棚，跪谢呈薄礼，酬谢师傅劳，孝子诚心到，师傅莫嫌少！

师傅答曰：虽说九天，来回忙活，在此厨屋，也未冻着，这边散笼，那边上馍，出锅上茶，客走主乐。厚礼暂收，心意领到。

夏季：厨上师傅，烹饪高手，义情道友，时赶三伏，辛苦劳累，满面汗流，孝子出灵棚，跪谢相酬，薄礼望收，做菜待客，仰仗师傅。

（11）旧式祭文

祭父母文

维××年岁次××，×月×日，衔哀子××等谨以清酒时馔致祭显

考××府君　妣××太夫人亡灵曰：呜呼！父赋性母懿德兮，孝友德全谨慎慈贤，生我育我兮，训诲渊源。我期父母寿兮亿万斯年。胡为一病兮，馆寝全遽捐。使我儿辈兮，肠断流连。呼天躄踊兮。风木凄然。音容何适兮。杳隔黄泉。回顾彷徨兮，如狂如癫。抚膺呼号兮，欲见无缘。幽明永诀兮，抱恨绵绵。父母有灵兮，鉴此请莛。呜呼哀哉尚飨！

（12）新式祭文

祭岳母文

吾岳母××老孺人生于××年×月×日，因病染沉疴，不幸于××年×月×日与世长辞，享年××岁，婿儿悲思万千，特致以祭文，泣奠于岳母大人灵前：思我岳母，幼遭失恃，童年孤苦，早适寒门，中拆雁伴。说不尽艰辛历程。苛捐杂税，孤寡一肩，挑抚育婚嫁儿女之重担，可谓讴尽心血，劳瘁了筋骨！如今楼宅两三处，巍峨并立，子孙四代，绕膝成群，寸草春晖，谁不赞岳母大恩大德。谁不羡岳母四代同堂，门庭兴旺。

岳母年逾八旬，理应养颐处优，安度晚年，然仍为儿孙日夜操心，以苦为甘。勤劳美德，远播乡邻，老幼钦佩，德范众仰。××日天降不幸，岳母魂归南海，与世长辞，思岳母恩惠作婿儿未尽杯水侍候之孝。为此惋惜诲恨相报无门而痛煞我心。

望岳母有灵，放心而去，婿儿定遵遗愿为国为家，永尽己力，奉献与民。

公元××××年

愚婿×××含泪泣奠

3．第三天

（1）来客奠吊

农村礼俗，长者老，门中所有老姑娘、下一辈姐妹，除古礼不兴给儿媳

娘家送信外，皆得报丧送信，让他们殡葬日来送礼吊丧。来吊丧时，一般关系近的，有一定门头地位的人家抬礼盒，次一些的送礼篮。近年来，直奔主题拿干礼（直接拿钱）的广为流行。

来客礼盒、扁担，皆由外柜书写姓名，给以粘贴，以防差错，客走时乱拿。登记一份，有招待客引领，以候棚下传禀，进棚行礼祭奠。接礼盒者，待外柜桌前登记已毕，架盒前移，下份礼盒，喊来客登计报名。古之外柜，礼单书写，如官牍批文，有一定格式，如三牲一案，挽幛一悬，鞭炮一挂，文辞优美，言简意赅。

转三牲祭礼者，把已登记过的来客礼盒依次排队，待一家上奠行礼毕，收拾祭礼三牲转厨洗下锅，又摆下一家礼盒三牲于祭桌。礼盒之纸份，转灵堂备用。礼盒之挽幛，待外柜书写已干的幛瓤挽词粘贴完，转灵棚悬挂。这一切准备齐，传禀根据挽幛上下签名称呼，传禀从灵棚外高喊：请哪庄客下棚上奠行礼！招待客抱拳，请下棚，节哀！来客招呼兄弟或子侄，缓步入院行礼。来客整衣扶冠，执手巾，缓步入灵棚，棚总理一声高喊："鸣炮，鼓乐唢呐侍候！"来客躬腰，深深一揖，又跨半步，对棚总理深深作两揖，懂行者知道，来客谦恭，一是行礼略差，请棚下各位照顾指教，这是肢体语言，懂行意会；二是，你们棚下别找事拿错，包涵照顾点；这一般是老姑父、年轻的门婿在家中长辈安排下的做作礼数。在灵棚，磕头有数，过则为行扒，作揖多不为越礼之说。若客人忘记礼数，不知进退时，棚总理又一声，破孝！行礼算结束。

（2）礼

礼，分拱手，作揖，跪拜礼。

拱　手

拱手又俗抱拳，古称"抱手""合拳"《尔雅·释诂》："两手合持为拱。"其作式有两种：左手执虚如执盈，右手在外遮盖左手，此礼拜法为：凶拜，用于丧葬祭礼见面，如现在的握手。反之，右手执虚如持盈，左手在外遮盖右，则用于喜庆之迎娶，拜寿之见面时礼节。上，古籍称"尚右"；下者称"尚左"。

行此礼者，举手胸前，立而不俯。"尚右"面带凄容而庄重；"尚左"用于喜庆之见面相迎，喜笑颜开，高兴而大方。

作　揖

作揖，两手微握拳高拱，身体微屈俯向受礼者，两手从两旁前方弧形作抱拳，自膝部向上，向前推手，自然至胸，至齐眉，慢而恭，从容不迫。

拱子揖，古称“趋礼”。作揖时，如离人较远，要紧走几步，如与人较近，也要跨步，躬身，抱拳，作弧形揖后，再合拳在胸前，左肘微屈与顶堂右肘轻轻一碰，（或左肘），这与顶堂同步进行的礼节，叫“拱子揖”。常用于接风、谢步、行吊灵棚还礼、央请、开墓、请老会首等。

跪拜礼

跪拜礼，分单跪和双跪两种礼节，古官员，等级严禁，礼法有度，下级官员，见超己三级之官，初见面，或下人见长者请安，戏台上的兵丁探子报信，多为常见行此礼。

双跪，在祭祀、祝寿、拜堂、丧葬、平庶百姓古见官，小官见高己三级的大官，行跪拜礼。

跪拜礼的行法，是一只脚前跨半步，双手扶膝，后一只腿缓跪下，前脚后移弯曲，缓缓跪下，两膝一般齐，叩首额及地，缓慢沉稳，从容不迫，显得恭而致敬。丧葬祭祀行礼所谓“拜”、“五拜礼”就是上奠与下奠总计磕五个头。“九拜礼”，此跪而上奠下奠计磕九个头；“十三太保”，计上奠下奠共计磕13个头；“二十四拜”不计上奠下奠几次，总计磕24个头。

行　礼

揖四叩：是最简单的礼式，此礼只作一个揖，下跪，连磕四个头，起身再作一个揖。此礼用于接见、央客、谢步。

五拜礼

五拜礼：五拜，行法有正五拜，锥子三拜，懒五拜，适用朋情，一般亲朋路祭，起灵，茔祭，时间仓促时所行之礼。

注：为了便于说明，作揖用［‘’］表示，磕头跪拜用［五］表示。

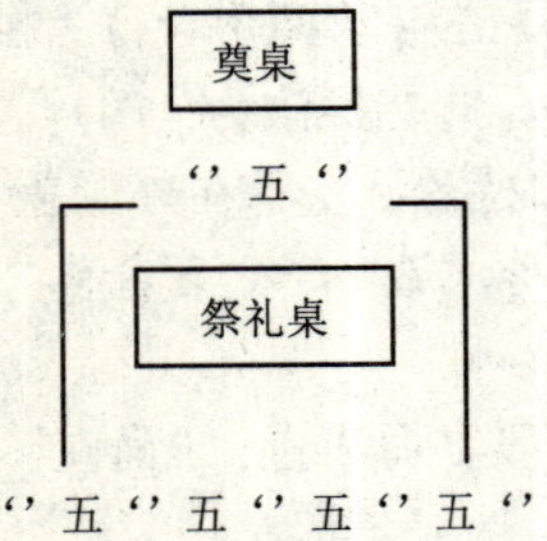

正五拜礼

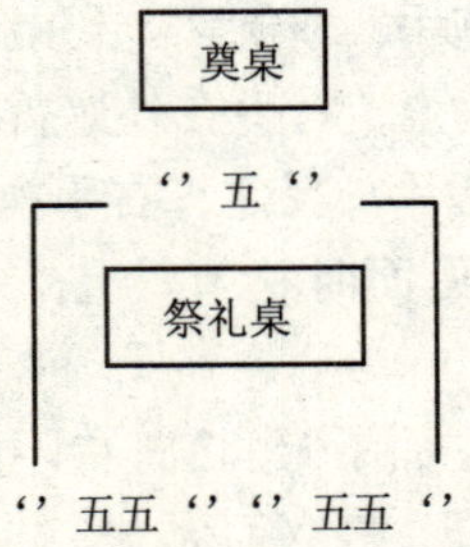

懒五拜礼

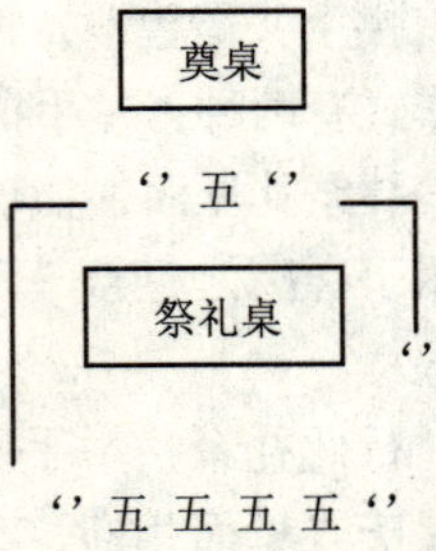

锥子五拜礼

九拜礼

九拜礼，有正九拜，适应于正亲吊客行；凤凰双展翅，适用女客行；挚友行桃园三结义，偏亲行懒九拜；腰里细。

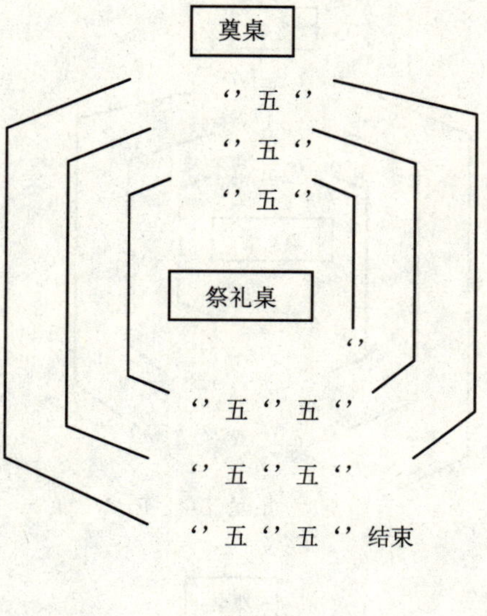

正九拜

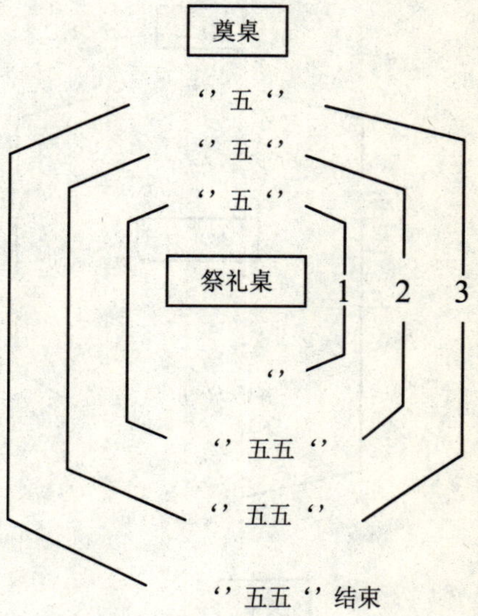

懒九拜

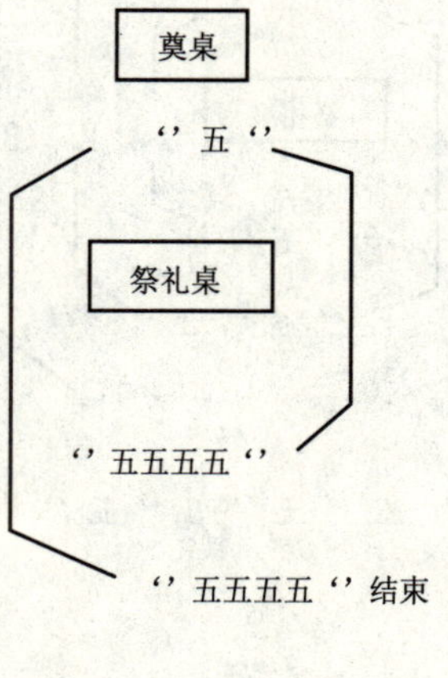

腰里细

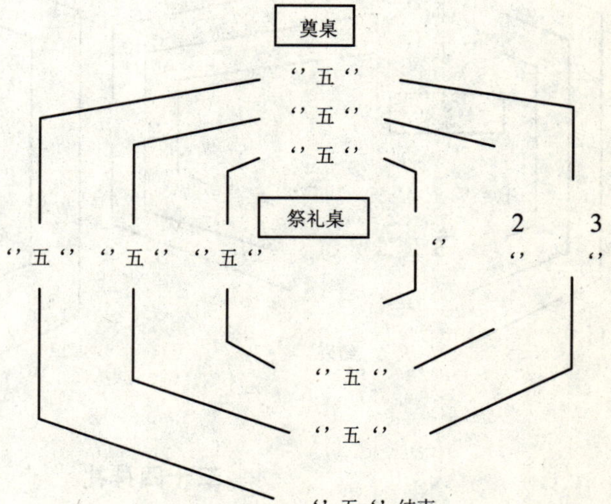

桃园三结义

十三太保礼

十三太保礼：十三太保有多种行法，可以一奠，可以三奠，也可以四奠，总计磕十三个头，适用亲朋好友，偏亲也可。

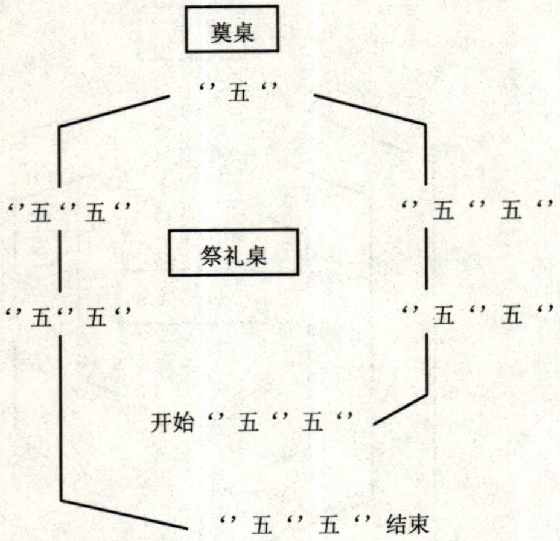

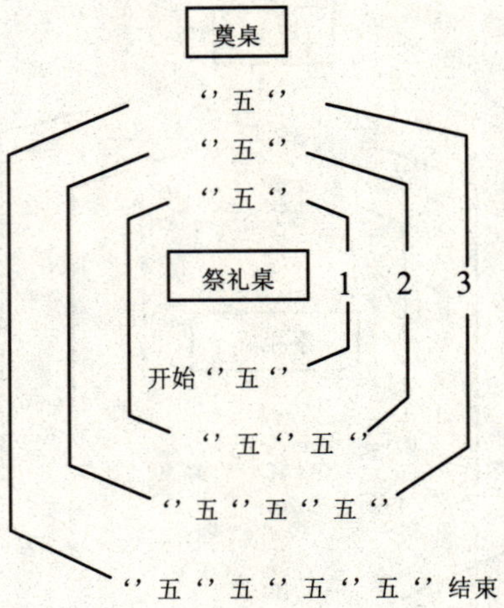

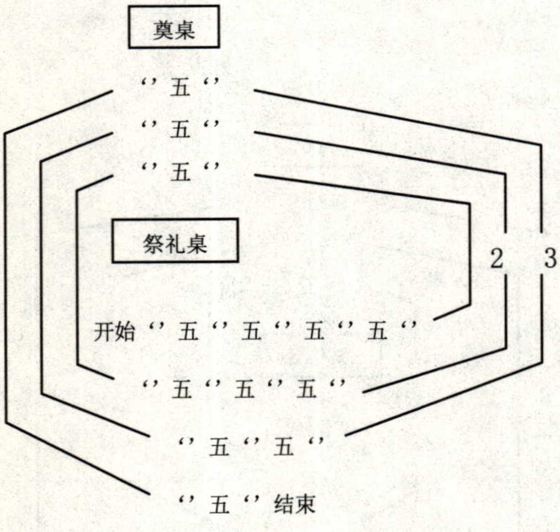

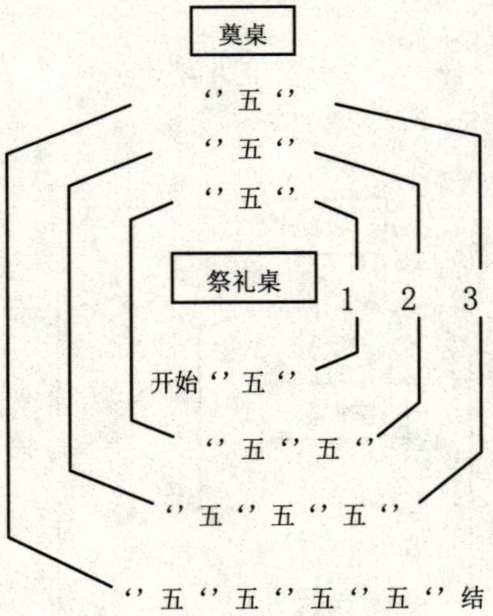

二十四拜礼

二十四拜礼：二十四拜，行法有正二十四拜，懒二十四拜多种，主要用孝子、门婿、外甥、正亲主祭行此大礼。

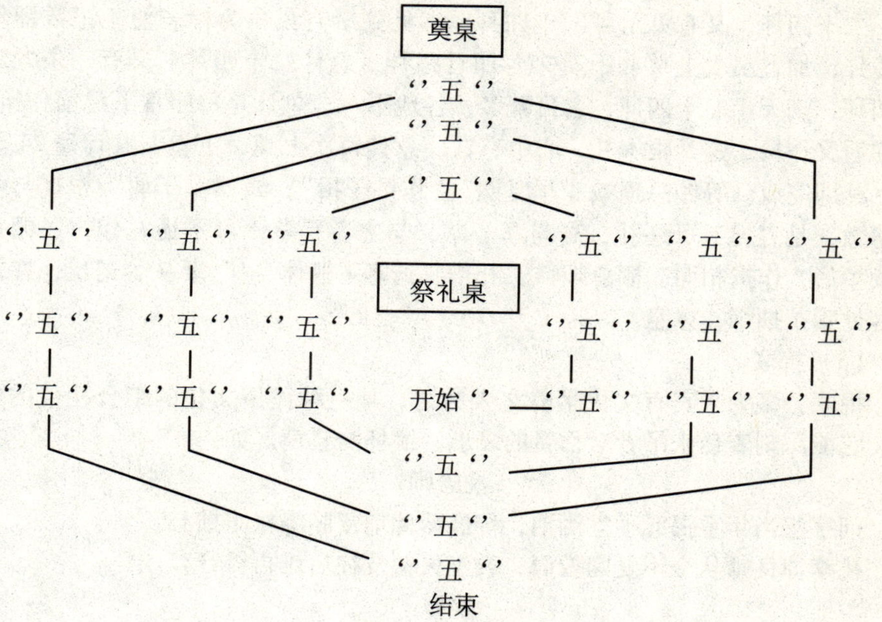

奠桌
祭礼桌
开始
结束

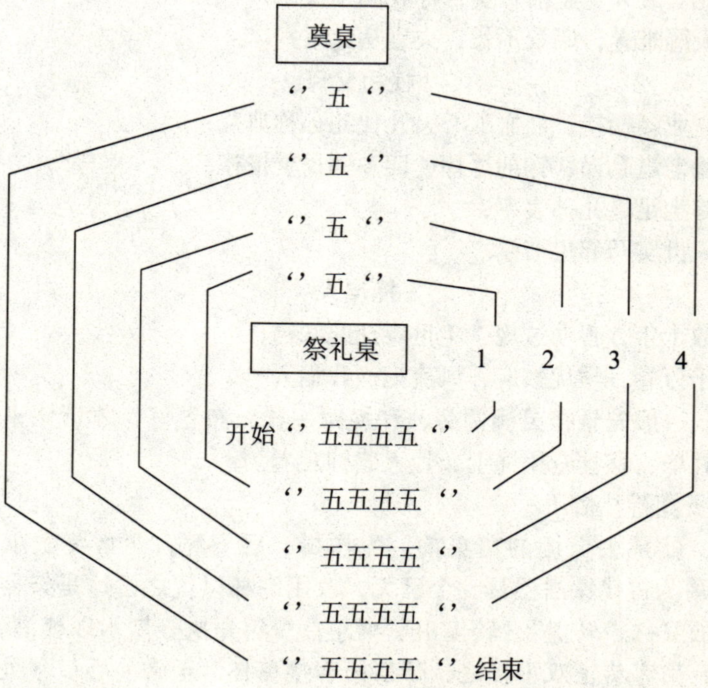

奠桌
祭礼桌
1
2
3
4
开始
五五五五
结束

二十四拜，又有见角拜二十四拜，即见到所有桌角为标志便于记数即作揖跪拜，加上三次上奠和下奠来各叩首跪拜，总计二十四拜。又有一条龙二十四拜，满天星二十四拜，名目繁多，各地不一，总计是每叩首下跪前作揖，站起后又作揖，这是根本礼，心中有数，总计每次上奠、下奠，共计磕24个头，礼即完成。等棚总理喊“顶堂谢”“作拱子揖”；喊“孝子谢”根据与孝子辈数，是表兄，可还礼，高与孝子辈，与之者平辈，可不还礼作揖，棚总理发孝后，作揖相谢。棚总理喊“礼毕，请客下棚休息!”要从容退出，在招待客处喝茶抽烟，休息。

(3) 挽联

挽联：多为来宾有文化学养之人为之，是一种民俗文化的结合礼仪的体现。它能深刻表达来吊者对亡者的哀思、缅怀与感情。如：

挽老师

问字感当年重揭元亭空洒泪，传经珍此地复瞻绛帐暗摧心。

桃李悼良师从今不复闻教诲，教工失益友往后难再得音容。

挽妻

只望儿女成人，生活日美，你我同享快乐；

不料人愿难遂，好景不长，夫妻从此永别。

挽祖父母

兴家立业赖操持，沥血呕心，几代儿孙称典范；

抚婴赡老堪勤谨，鞠躬尽瘁，四乡邻里赞楷模。

勤劳终生足堪儿孙表率；

忠厚一世实乃邻里楷模。

挽友人

交好数十年，善劝过规，尘世难逢此知己；

文章千万卷，学优教广，风流抱痛我端人。

挽联，一般先悬挂灵棚两旁，和挽幛一样，布置好，才请该来宾进棚上奠行礼，礼毕，移挂专用绳上，让人瞻仰观看。

(4) 灵棚行礼俗语

上奠，就是去灵棚的奠桌前，先作揖，后下跪，向亡灵敬献酒。古称“献爵”，爵为古代饮酒器具，今已无，改用酒杯以代之，这是祭器的古今演变结果。故又称“转盅”。转盅由奠桌左首少年先执壶斟水以代酒，略少许，递转吊客，吊客恭正双手接之，拜祭吊客接奠杯，至胸前心口平处，然后向上，举至齐眉，表示向亡灵敬酒，继而下降，双手把盅中水倒入奠桌上的老盆里，也有的不倒，则又转给下首右边奠桌少年，头一次上奠，称“初献”；二次上奠，称“亚献”；三次上奠称“献终”。

转香，上奠吊客，在奠桌前奠垫上跪定后，奠桌左右各有一位跪棚的少年，把用筷裹纸代香的筷子，双手举齐眉，递转吊客，祭者吊客，双手接香，胸前心口平，再竖直向上举至齐眉，略停顿，继而放下，转递右边奠垫上少年。三人共同完成。转香，民间常用香蒿香草与黍稷一起燃烧，使神灵与亡灵嗅之，以表敬意，后改用现在炷香。上奠客多礼繁，往往皆燃香敬献插香炉，费事而炉满不能加香火，易成火灾，故今人遵古法，简而演变，以筷裹白纸代香，以示敬意，取礼似而心到也。

串灵，是在祭吊客行完礼，伏地大哭，由顶堂搀扶，穿棚下，入灵堂，到灵柩前伏哭，后绕灵柩一周，哭而下奠回原处，行此礼的是至亲，外甥、门婿、娘家侄儿。一般吊客不串灵。

哭奠礼，即进棚吊客从开始行礼的一切礼数皆在放声大哭中进行。行此礼，多是至亲，或少时幼年困境天灾，得受荫庇，或仕途受挫得遇提携，或进升荣耀皆受亡者之恩惠栽培，恩公已去，思亡者再无呵护与相报，故悲至心生，行此礼，多使观者落泪，亡灵欣慰。

(5) 男女行礼之别

男客行礼，作揖，由两膝向中抱拳合而慢往外推手，慢慢举至胸口正中处，再举齐眉，略停下放。而女性则是头略俯，双手转向身右，抱拳躬身以行作揖礼，从而表示女性温柔、典雅的性格，戏台上多为常见。

男性跪拜磕头，动作缓慢有序，叩首至地，直腰略停，再叩头至地，动作沉稳大方。女性一般动作疾快，如鸡叨食，以女性柔弱相形似。如男人行跪拜磕头礼，快则人常讽，如女人磕头行礼，直不起腰，少男子汉大丈夫气魄，此为常见。

(6) 怎样行礼

首先说，穿戴上，最好不能短打，装束衣首以中式为主，否则西装革履，跪时衣襟着地，屁股露得老高，皮鞋皆不利于跪拜，则礼行得不伦不类，徒增人笑柄，有失古人制礼之义。

进棚祭奠者，手眼步心，沉稳有序，抱拳作揖，上奠转香献爵，双手自然下垂，起则轻展衣襟，躬身抱拳作揖，切不可手足无措，左顾右盼。应二目平视，唯念亡者生前之德，心不旁顾。古云：知吊者，知死者伤，事死者如生，哀死者，如不欲生。故又有：临丧不笑，望柩不歌，入临不祥的说法。

（7）接架子会

第三殡葬之日，一般按所请时预约，架子会11点钟来，最迟12点，架子会来，招待客散烟，报总理，棚总理带顶堂与棚下执事，陪孝子，在唢呐的吹奏下，出迎架子会老会首，总理高唱："××庄老会首，一路风寒，孝子出灵棚，叩首接风致谢!"在唢呐的吹奏中，掂拜毡者展席，孝子祝哀以行礼，总理又高喊："顶堂谢!"老会首与顶堂行拱子揖。礼毕，总理又高唱："孝子谢!"孝子复又叩头至地。完成这一切，总理吩咐，招待客执事，拿烟掂茶，院外以待客。

（8）接娘家人

白事殡葬日，来吊宾客，来得最晚的是娘家人，可谓殡葬日大事一桩。因为殡葬能否如期按时下葬，这一切，古时皆取决于娘家人主吊舅父，或大表兄。一般，孝子、孝眷平常孝顺父母，父母老而自然亡者，舅父不拿邪作怪，如遇平常虐待二老，病不治，食不奉养，则娘家人，老舅父，借这个机会教育外甥、外甥媳妇，以替姐姐或妹妹出出气，伸伸冤。因为老舅父说达不到要求，外甥就不能下葬父母，这是几千年来约定俗成的风俗习惯。母亲来于娘家，为这一家庭，生儿育女，执炊事农桑，劳苦功高，娘家作为母亲的直系亲人，百年之后，当然能为殡葬时已故姐妹的衣着和棺提出相应的要求与指责，这是天经地义的事。

等娘家人队伍到孝子的大门前，孝子家请的大总理要吩咐孝子到大门外迎接舅家人。大总理首先高喊："××庄官亲，一路风尘，孝子出灵堂跪迎!"然后，全部执事接风，孝子尘埃作揖行跪拜礼，掂拜毡者展席，娘家人两主事和顶堂行拱子揖。大总理高喊："顶堂谢!"礼毕，大总理复又喊："孝子谢!"孝子、孝眷再次叩首至地，来者主事人——舅父，示意免礼。最后大总理陪同娘家人过后，孝子们才从跪迎的道旁起身。在唢呐的吹奏迎接下，进宅，外柜桌前，另备雅座，小心侍候。外柜问清主盒姓名，抬入灵棚，连盒子摆祭礼桌上，下按门第远近，逐一登记。因俗礼规定，娘家人主盒，礼品三牲，不能动，第二天由孝子去姥娘家谢孝时抬回。

（9）央娘家人上奠烧纸

等孝子、孝眷在娘家人过后，孝子、孝眷起身拐回灵棚后，大总理又再声高喊：孝子、孝眷出灵棚，棚下执事与唢呐侍候，央娘家人下棚，在唢呐的吹奏引领下，执掂拜毡者顶堂随总理来到娘家人休息的桌前，总理高唱："××庄官亲，孝子出灵棚，恳请贵客，灵棚致奠!"掂拜毡者展席，两顶堂与娘家主客，作拱子揖，总理高唱："顶堂谢!"礼毕，总理高唱："孝子谢！”孝子再次磕头至地，给姥姥家舅父或大表兄行礼至谢，如此三邀，娘家人才下棚行礼。主客行礼，其他娘家来客，按远近门第，先近后远，如上，总理请孝子出灵棚，三请三央，娘家才下棚行礼。

（10）央娘家人瞻仰遗容

娘家人行礼后，大总理再次又喊：“孝子出灵棚，棚下执事，唢呐班，请××庄官亲，瞻仰遗容！”唢呐班吹奏高亢凄厉的哀乐，时而高低婉转，令人泪下，掂拜毡，顶堂随总理，孝子掂哀丧棍，哭成泪人。至姥娘人桌前，掂拜毡者展席，两顶堂和娘家主客作拱子揖，总理又高唱：“顶堂谢！”礼毕，总理又唱：“孝子谢！”跪在尘埃的孝子再次磕头至地。总理示意，所有××庄官亲，皆请灵堂瞻仰遗容，主客舅父大表兄在前，娘家其他门随后，女客随后，进灵堂，左人，执事错开天板，先由主客认真查看亡者衣着是否如意，主客凄容，以手巾拭泪，总理又唱：“贵客节哀！”娘家人提不妥处，孝子随即改正，如此所有娘家人从左转一圈，右边出灵堂，总理又复出大门，高喊：“所有来客，请瞻仰遗容！”有应声回道：“时间已不早，娘家贵宾看过，请免了吧！”总理随后又喊：“没人看，可盖棺封柩哩！”

（11）钉扣盖棺

在总理的指挥下，孝子抓掉已亡父母脸上的蒙脸纸，去掉绑在脚头的麻纰绊脚锁，拉出噙口钱，总理一声高喊，一切齐不齐，孝子皆说，齐了，无差错！总理说：“盖棺！”执事人员错回天板，盖上，分别按木匠锯好刻号四个扣，用斧子打入扣眼，早已备了5寸白纸条，前抹糨糊，后贴棺缝，如此周围贴严。不逢重丧，无事。如逢重丧：正七连甲庚；二月乙辛当，五十一丁癸，四十丙壬方，三九六腊月戊己是重丧。以上歌是说：正月、七月，逢甲日，庚日是重丧；二月、八月、逢乙日辛日，是重丧；五月、十一月逢了癸日是重丧；四月、十月逢丙日，壬日是重丧；三月、九月、六月、十二月逢戊己日是重丧。重丧，指还连续伤人，一般人家很怕，故忌讳。破法，扎一小棺，放棺上，出殡时一起埋入墓，可破此灾。

（12）破土打墓

以上事毕，总理通知忙下执事人，找好铁锨，抓口，院外交架子人员，总理复喊：“孝子出灵棚，棚下执事、唢呐班伺候，央××庄官亲，到坟地破土开墓。”在唢呐的吹奏引领下，一班执事人员随总理来娘家人主客桌前；总理高喊：“××官亲，天短事撵，恭请劳驾，坟墓破土开圹，以求亡灵，早些入土为安！”掂拜毡者展席，两顶堂与娘家主客行拱子揖，总理高喊：“顶堂谢！”礼毕，孝子再次磕头，总理又高喊：“孝子谢！”孝子复又磕头至地，礼毕，总理说："××庄官亲，请前行"。这一切礼毕，由唢呐班头前吹奏，两抬祭礼三牲盒随跟，总理陪娘家一班贵客，随后孝子，两顶堂，掂拜毡者，一班人，吹吹打打，去坟墓破土开圹。

至坟墓，先给上辈烧纸，告禀父母已亡，孝子前来破土开圹，确定相口，请娘家人再复斟酌，无错，放炮燃纸，抬上祭盒，孝子行一四扣礼。墓四角和中间各刨一锨，算是开圹破土仪式毕，下由所聘架子会人员打墓。一班人回宅。这时家已开桌。

（13）埋坟

埋坟，一指新建坟茔，农村俗称"拔新茔"。拔新茔一般请风水看地仙选择，选择以后高前洼，如人坐椅形式，即高岗下坡，高于前面洼地如椅坐处，近外无庙、沟、井，不对大路处为佳。打好径度，打橛、插标，打墓时，墓坑前壁挖一小洞，放一盛四两重小红鲤鱼碗，点长明灯，放一面小圆镜等一套。亡人埋入新坟后，周围离一丈开外，插五色小旗若干，以示新茔布成阵，防恶鬼妖邪入侵扰乱新茔亡者。

二是指祖茔，农村讲人财两旺、家庭平安，祖坟尚能进人。为使坟茔布局美观，一般采用按辈次从老祖坟前依次安排排列，以明堂中间为分界线，约留三尺到四尺宽，这就是农村俗语"明堂为上"，哥东弟西轮番东西按排以此法埋坟，如兄弟六七人，则明堂东埋长、三、五、七。明堂西埋次、四、六。如以上立茔者为爷，二排坟为父，到第三代孙辈，叔伯兄弟已多，为保持布局和谐美观，一般按叔伯兄弟大小排行埋法，明堂东按排行长、三、五、七、九、十一埋坟，明堂西按二、四、六、八、十、十二埋坟，到重孙依此法类推。

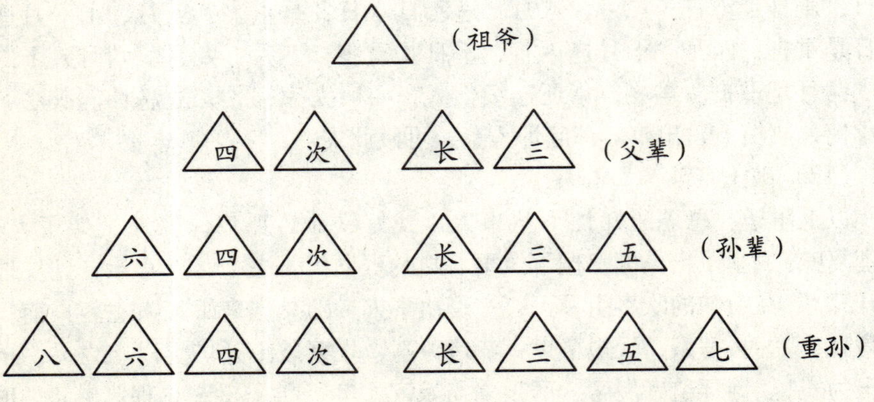

夫妻葬法：明堂东，男西女东；明堂西，男东女西。妻多者以长次三挨

着埋。

（14）午宴开桌

在孝子去坟墓破土、娘家行礼结束，已开第一运午宴。因为娘家人礼毕，就可以开桌吃饭了。

待将开桌，总理又高喊："孝子出灵棚，棚下执事，唢呐班伺候。"串厨、端孝者已把两条烟、钱摆好，如厨师辈低需备孝帽，在唢呐吹奏下，总理高喊："××师傅，操办宴席，多受辛劳，宾客已齐，立候开桌，孝子薄礼，敬请收下，请勿见笑。"总理随后又高喊，顶堂谢！厨师拱手回礼，总理又高喊：孝子谢。孝子跪地，磕头致礼。礼毕，总理又领一班人，来娘家主客桌前高喊：薄宴备好，孝子出灵棚，恭请××官亲，入席就座。总理再次喊：顶堂谢！两顶堂与娘家主客作拱子揖。礼毕，总理又喊：孝子谢！孝子复又跪拜磕头。总理又高喊：××客官亲，请入席。娘家人方起身入席。在唢呐吹奏下，总理又高喊：少馔无菜，不成敬意，孝子给大家叩首安坐了。孝子跪地磕头，这一切礼毕，唢呐伺候，吹奏。

（15）烧起灵纸

三运桌起席，总理高喊，忙下执事，快速收拾碗筷，棚下执事各就各位，烧起灵纸。在鞭炮、鼓乐唢呐声中，先娘家主客，再次客，依次进棚上奠，再次行礼。一般多为九拜礼，余客行五拜礼，合伙一次行也有。再次，是孝子和门中亲人依次行礼。

（16）扒灵棚

豫东城镇，一般12点以后出殡，在农村，一般烧完起灵纸、约两点半左右，棚下执事，在总理的指挥下，抬祭盒先行在大门外架子前等候，余下执事人员，在总理一声高喊扒灵棚，祭品如楼子、摇钱树、聚宝盆、人子等由门中青少年拿出，在大门对街上等候出殡。余下执事人员，扒灵棚，栽灵棚的四柱穴洞，分别用早已备好酵子糨糊浇填，后封土。烧起灵纸后，孝子抱老盆，抱灵牌，扛柳树幡子，跪灵堂外院中，架子会殡葬人员，靠人力硬功夫抬棺，一般年青个大力壮者，两到三人扛棺头（棺大小因干湿而定）；两旁各派四人抓帮，后又有两位短粗力大者撵后。豫东农村，俗称殡葬人员为"架子会"，其头为"老会首"。这一切皆由老会首指挥。当架子会人员入灵堂各就各位扎好架势，老会首用目光严厉扫了大家一遍，高声问：齐不齐？众人说：齐了！老会首一声令下：起了！几百斤，甚者千把斤的棺，呼地拔地而起，被十几条大汉抬起，在唢呐的官笛声中，前扛头者伸腿背顶棺头，两旁连挤带扣抱棺帮，缓步出灵堂，过屋门，两旁依次在外边接应，出屋门各就各位，缓步前进，孝子、孝眷跪地痛哭。孝子由表兄弟搀扶，孝眷由表嫂与下代搀扶，退步而行出大门外，跪在大龙架前。

（17）出殡

当驾子会人员艰难地把棺木由灵堂抬出，抬到街上龙驾底盘上，随老会首一声“小心注意，落棺！”棺落在龙驾底盘上，驾子会人员抬龙驾外框，迅速绑扎架子外罩，各种龙、凤、鸟、外罩饰物，扎戴完毕，八条小杠，一杠两人，前后各四杠八人，按编班号数，就位站定，老会首检查一遍，无错，一声高喊：“前后搭肩，一齐子上杠，起了！一路慢踩，小心脚下！”跪在龙驾前尘埃中的孝子，兴摔老盆者，对准早已备好的砖头，把老盆摔得粉碎。

大龙驾在缓缓人潮移动中前进。孝子扛着灵幡，在外甥、表弟的驾扶下，一步步后退慢走，亡者女儿，在侄女、嫂子的架扶下，时而跪谢驾子会抬杠者。送葬的队伍，一般蜿蜒有一里左右或里半长之多，先行者，弓箭斗手，掂斗引路，遇十字街路口，焚纸放炮，紧跟是一对抬楼子，拿花圈，扛摇钱树，抱聚宝盆，和童男童女等祭器的青年与儿童，或一排或两队，祭器队伍后，是总理，身后执事是抬祭盒，掂拜毡，一对顶堂，不离身后。执事人员后边，是唢呐，吹奏中时而后看，保持与送葬的孝眷队伍距离恰当。孝眷，哭着倒行。孝子紧挨着抬龙架的杠夫，边哭，边注意父母的棺在龙架是否平稳前进。抬龙驾者不到村头十字路，没人接扛换班，艰难拼死硬顶活撑坚持着，一到村头十字路口，老会长一声：“前后注意，一齐子平落。”

在中原地带，丧葬和婚嫁一样是人生要事，因此，对周口一带的民众来说对丧葬时所用来送丧的灵棺驾（驾子）都很熟悉，特别是报路人那悠长的报路话语，更为许多人模仿，记忆。一般情况下，驾子会由 34 人组成，一人照看箱柜等物；一人报路（一般由会首充当）；其他 32 人分两组抬灵棺驾，每组 16 人，轮流替换，抬灵棺驾是个活，需要身强力壮的人才能充当。驾子会的成员都很谨慎小心，并且十分稳重，特别是报路人，虽不负重抬架，但一定要兼顾全面，随机应变，起好提醒和报路的作用。

报路的情况，一般有以下几种：从屋内起棺时，报路人先问，“齐不齐?”待众人答“齐!”报路人再喊：“起棺!”声音须雄浑有力。这时众人才同心协力，抬棺而行。当灵棺驾一切齐备，准备上肩行走时，报路人喊：“前后上肩!”抬架子人应：“噢。”同时抬起灵棺驾。当报路人喊一声：“随步!”抬驾子的众人回应：“噢!”再一齐迈步行走。当道路坑洼不平时，报路人提醒：“高低不平，招呼脚步下，小心脚步底。”众人回答：“噢!”证明知道了。当孝眷拦路，或者需要换人时，报路人喊：“孝眷偎身，难以行走，慢踩啦!”

众人这时可以驻足休息。趁机换人换班。这时一般情况下灵棺驾是由点棍点住而不落地。当道路左低右高时，报路人喊："右边相靠啦!"这时右边人赶忙内靠，保持灵棺驾不歪不斜。反之左高右低时，报路人喊："左边相靠啦!"这时左边人内靠。总之一定得保持灵棺驾端正不歪。当道路狭窄不好行走时，报路人喊："道路狭窄，两边（厢）相靠，小心慢踩啦!"当道路上边有树枝或他物，拉挂灵棺驾时，报路人用挑杈一边支起树枝，一边喊："招上顾下，小心啦!"当路肯泥有水时，抬灵棺驾的人，不论是泥是水或者有屎有尿都得从中经过，而不能躲避或跳路。这时报路人更是小心，大声提醒："泥大水深，多加小心，道路黏滑，小心脚下!"当灵棺驾需要拐弯时，报路人也时时提醒"小心啦，路有岔道，一往东调（这是往北拐）"；若往南拐则喊"前后调正"。这时报路人既要看清弯道报好信息，又要随机应变顾好大局。当灵棺驾行至田间，地里有庄稼等物时，报路人提醒："表丝绊腿千万小心!"直至到基地，报路人喊："前后平落!"这时灵棺驾才能安安稳稳地放在地上。

当然，报路人喊话也并非是约定俗成的，只要顺口，可以发挥，但喊话一定得起协调力量，提醒众人的作用。并且一定要注意：喊话一定要严肃认真，不能话一出口就引人发笑。此外，架子会成员还有一大忌：前往丧事主人家过程中，不论是去时还是回来时，都不允许从他人宅基地上走过，更不允许拐弯串门或歇脚。

（18）路祭

路祭一般在十字路口，道旁空地，停棺，把亡者灵牌摆一椅子上，进行路祭，以祈求亡者路途平安；放灵牌的椅子前，约离 1 米，摆祭盒，路祭行礼与灵棚行礼基本相同，只是吊客上奠行礼时先"请灵牌"。吊客鞠一躬，用手巾拍拂椅子上的灰尘后，把灵牌双手拿起，又重新放椅子上原位置，然后行礼。一般娘家人行九拜礼，其他客五拜礼，礼毕，重新再双手拿起灵牌，重新放原位，这叫"送灵牌"，如行礼者先"作揖"叫作"礼行扒"，祭礼已完，灵牌没送掉，正确方法是把灵牌拿起又重新放椅子原处，然后作揖，即完成"路祭礼"。

路祭，豫东各地风俗习惯不一，有行者，也有不行此礼者。

（19）抢茔

龙驾一到坟茔地头，再也不能磨腾时间了，豫东民俗，龙驾一进坟茔，不讲地身多长，孝子、孝眷、抬架子的，得鼓足劲，以最快的速度，大踏步地奔向坟茔墓地，农村叫与鬼邪抢风水，别让小鬼占了风水。龙驾进入坟茔后，调整下葬方向后，落棺去罩，准备下葬。

(20) 请娘家人看墓坑

下葬以前，得再央娘家人看墓坑，看深浅是否合适，相口是否有错，墓坑底是否平。一经老舅父指出，孝子得亲下墓坑，执锨修正，直到娘家满意，方可下葬。

(21) 下葬

下葬有两种方法。一是用龙驾下，龙驾去罩后，用大绠两条，分别系棺，十六杠抬起棺，走墓坑一侧，棺与墓坑齐，抬龙驾从两头把棺抬墓坑上空，前后与墓坑齐，缓缓放入墓坑，解绳，龙驾抬向茔前空地；二是，墓坑后刨成阶梯，前三人扛前头，后两人撵后，两旁六人扛把帮，墓坑中各站两人接应，缓缓下入，调正相口，前实后虚。

(22) 茔祭

棺下葬后，开始茔祭。

茔祭，先把题有“旌”的祭器楼子摆在墓坑前，再摆祭盒，祭盒装有鸡、鱼、肉、纸、炮。孝子、孝眷跪楼子两旁，以准备还礼，掂拜毡者展放芦苇席，茔祭开始。

祭首请娘家人先祭，在鞭炮、唢呐声中，娘家人一般不再分门分祭，而是长前排，次辈后排，一般皆是揖四叩，简单快捷，以赶时间。

其次是老姑父，外甥，依次祭拜。余下三朋四友，旧亲有合伙行礼者多矣。

客祭罢，孝子祭，孝子祭罢，孝眷祭，再其次是孝子门中亲人祭，一般皆揖四叩，五拜礼居多。

茔祭后烧祭器，楼子，摇钱树、电视、楼子上童子童女，用剪刀剪下，加上亡者余下脏衣服一起焚烧。

(23) 封坟（封墓）

封坟前，先把专买的新的芦席，先用于灵棚祭桌行礼专用，后茔祭再用的芦席，折开四角，搭在棺上，孝子把系腰的麻，哀丧棍投入墓坑，灵幡放入墓坑棺后头竖立，弓箭斗把弓放棺上，箭扣弦，扇形向棺头，上以盖瓦，以镇鬼邪。弓箭斗手在墓坑前头高喊：孝子张抱。孝子、孝眷，皆伸开衣襟，弓箭斗手把斗中麦麸、干草，撒向孝子孝眷，随后弓箭斗手，一声高喊：接斗，隔墓坑，把斗抛向墓坑前边孝子，孝子双手稳接住斗，这算成功地完成了一仪式。其仪式的意蕴，父母给儿子与下代撇有收挖盛放粮食用具和人畜皆可以生活粮食与饲料。孝子接住，以承受父母荫育。

孝子把弓箭斗手所撒的麦麸、干草再倒入墓坑棺上，这一仪式，全部完成，架子会人开始封墓，略平，由孝子门中人接锨封，驾子会人员收拾拆卸龙驾回。孝子、孝眷回宅。

（24）回宅漱口

孝子、孝眷回家，大门口有执事人员、已把温开水桶放在大门口外，所有孝子、孝眷依次漱口，才能进院。

（25）送客

一般来吊宾，皆由外柜与执事人员从午后分批送客，凡抬礼盒者先封一到两元，每盒烟一盒，馍两个或四个，给抬盒子的歪膀子客，打发抬盒者先走。一般三朋四友，待孝子坐定，分别告辞。总理封钱，外柜支出，掂肉拿鱼，或请孝子再磕头致谢送出门口。诸客已走，唯娘家来客，总理陪孝子，述说父母亡故前后之经过，再次请舅父包涵不到之处。懂礼者老舅父，会教导外甥，你父母已亡，今后，兄弟团结，夫妻和睦，团结邻居，勤俭持家，安慰教导一番。然后话归正题，问明日谢孝，去哪位舅父家，老舅父略商议，当场拍板。至于去多少人，得几桌，当场协商说明。以便舅父家准备，舅父门中有几处去烧纸的坟茔，一一问清，以便准备炮纸，便于祭奠，不误事，以上问清，老舅父一班起身，孝子拿烟，苦留后再送客于大门外，等舅父一班人远远离去，孝子才回宅。

（26）送总理与外柜

待孝子送老舅父拐回，外柜已把账算好，先念给总理，收入多少，开支多少，现有款多少，请总理当场先看账清点。外柜交账，先念礼单，收入与支出各多少，外柜现剩款多少，是否差错。主家推让，一般不数钱，外柜央总理，总理一般当场再看账，点钱，说现金与账不错分文。主家收钱，总理与外柜起身告辞，孝子拿烟一到两条或置礼相酬，一场殡葬，从开始到结束，落下帷幕。

（27）烧回头纸

当客走后，孝子、孝眷还要再度去坟墓，烧回头纸。烧过纸，再对封葬的父母坟墓进行清除四周剩余土，添补不圆之处。

（二）定期祭奠

1. 谢孝

一般孝子、孝眷在埋葬死者的第二天早吃早饭，或由叔伯兄弟、嫂子弟媳陪同，先去坟墓，抬着刷锅水，去坟茔烧纸后，先由孝子掂桶用新炊秫醮刷锅水绕坟洒一圈后，孝眷每人洒一圈后，开始执锨圆坟，烧纸祷告。

去舅父家谢孝。远者坐车，抬着舅父的主盒，另备馍、菜、烟、酒、纸等去舅父家谢孝。谢孝走前，孝眷得把孝巾折叠成约二寸半宽绕头一周。孝子、孝侄仍穿孝。至舅父村，见成年人，不论男女，皆下跪磕头，至舅父家，见舅父先磕，舅父赐座再三，一般蹲着小心回话，再叙父母生前病情，以表惋惜，追述父母相待之恩。略说一段，在再表兄带领下，去昨日吊孝的舅父门中各家，挨门磕头致谢，有长者老年者，并带礼品，以示对老人的尊敬。

午前，孝眷在舅父家人的陪同下，去舅父家坟茔，烧纸，特来告禀姥姥、姥爷，父母已亡。孝眷烧纸后，由表兄弟或舅父家门中所请陪客抬祭盒，先去舅父坟茔，放炮烧纸行礼致祭，告禀外祖父、外祖母，父母已亡之事。孝子行礼，表兄弟跪坟两侧，礼毕还礼，一般行五拜礼，或揖四叩。再根据所去吊孝舅父门中远近，依次去各坟茔，烧纸、行礼、告禀。下午，一般午宴后，早告辞回家。

2. **做七**

做七，亦称烧七、斋七、七七斋等，是民间常见的祭奠习俗。其大致内容是：人死后，亲属每七天设斋会奠祭（或称追荐）一次，前后七次，共七七四十九天。

民间俗信对此尚有种种讲究，如第一个“七”称头七，由儿子为亡父（母）焚纸钱，延请和尚诵经；二七则请道士还受生经；三七、四七俗称“散七”，可由外甥、侄辈来做；五七倍受重视，另有“回煞”仪式；六七由女儿备酒饭，无女则由侄女；七七称“断七”，由丧家供奉酒菜祭奠，并诵经除灵等。

民间相传，做七习俗始于唐初，大致情节是：唐太宗李世民临终前曾嘱咐太子：死后每隔七天须由亲人为其摆一次荐宴，烧一回纸钱，前后共七次，至七七四十九天止，使其灵魂得以顺利超度。其中“五七”的置办，尤应丰盛，等等。太宗死后，太子遵旨——照办。其后公卿百姓纷纷仿效，由此形成做七习俗。

还有人认为做七习俗源自先秦时代的“魂魄聚散说”：人之初生，以七日为腊，有腊而一魄成，故人生四十九日而七魄全；死以七日为忌，一忌而一魄散，故人死四十九日而七魄散，做七的意义就是祭送死者。

3. **五期**

豫东农村城乡，老人去世后每七天，闺女专门头一天下午回娘家和娘家嫂子、兄弟媳妇带纸去给父母烧一期纸。

五期，指父母去世35天，一般占两个月，如遇在28日至30日去世的，五期时间也不能超过两个月。如时间跨三个月，在民间的破法一是提前做五期；二是通过总理传述改期日期；三是由外柜式孝子执笔将改期的日子贴出。

特告来宾

为避父母五期祭祀占三月之忌讳，故提前议定××月××日为父母五期祭祀，告诸位来宾谨记，以免误事。

孝子×××衔哀特书

××月××日

五期，所有孝子、孝眷皆穿白布鞋以示纪念，孝子穿孝、香帽、洗浆，已改缝四（柿）花型；闺女、儿媳皆改罗圈形孝帽。

坟墓祭祀，先女眷客人，烧纸，闺女儿媳痛哭一场；再孝子男客，端托盘刀头、纸、炮，烧纸行礼，一般揖四叩，孝子跪坟两旁，磕头以谢来宾行礼。

4．百天

百天，豫东农村城乡，一般仍待客相祭如五期一样。百天过后，孝子百天没剃的长发可以理了。

5．周年

从老人亡之日算，死一年为一周年，孝子设宴，门中亲人，村中乡亲，诸亲三朋四友，送纸、扤礼篮、备肉、纸份，来祭祀。

6．孝服过年

孝服期为三年，一般不能贴红对联，以表示在服孝期间，对老人缅怀与尊敬。贴对联，用紫色纸书写白字的对联，词很有讲究，以既能缅怀已亡父母又能达到过节不失节日气氛的词为佳。如：

1．陇上犯留劳迹
堂前共仰遗容

2．美德堪称典范
遗训长昭子孙

3．想见音容云万里
思听教诲月三更

4．一生俭朴留典范
半世勤劳遗嘉风

5．遗训不随形影去
笑颜常与梦魂游

6．完来大朴归天地
留得和风惠儿孙

这些对联，在用词上，既能体现孝子对父母的纪念与缅怀，又避免用哭、泪之类的词，影响节日的祥和气氛。

7. **三周年大祭**

三周年，即父母去世的三周年祭祀日，一般人家举行待客，根据人缘、家境、门第，决定大待客或小型待客。

大待客，有唱戏，搭灵棚，开门大宴宾客，形式如父母亡时。不过，三周年是白事喜办的。一般人家认为长辈逝去，祭祀三年，功德圆满，可以解除一些因长辈逝去而带来的忌讳了。所以，三周年时，对联贴红色对联，来客幛子，用红布，孝子在行礼祭祀中，总理喊：奉祀男谢！而不是孝子谢！灵棚、灵牌、题旌，皆用红纸，三周年对联用词，有一定特定用联。例如：

1. 为儿孙忙碌一世，思音容已过三秋；

2. 慎终须尽三年礼，追远长存一片心；

3. 悼念先严三周年，聊表儿孙一片心；

4. 竭儿情未伸一奠，违慈颜已届三年；5. 依门久失慈亲堂，面获犹存戒子心。

三周年贺幛用红布，用词上下签另有写法，既表示对亡者缅怀，又展示对孝子三年奉祀祝贺。

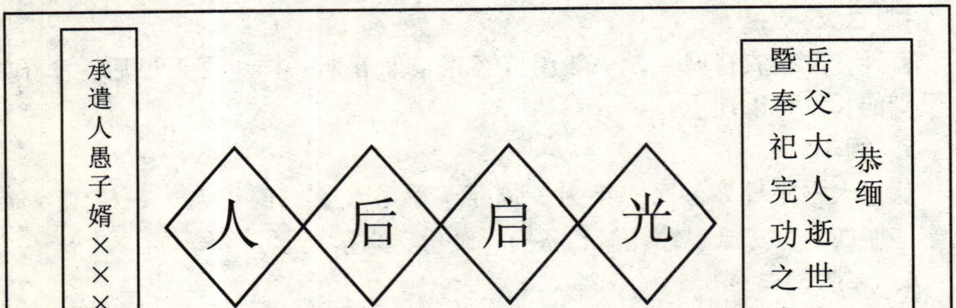

三周年贺幛

8. **碑**

解放前及20世纪八九十年代农村有立者。碑分墓碑、纪事碑、功德碑，这里专说墓碑：

墓碑分主观和客观口气样式两种，其中不讲主观、客观口气之墓碑，又有墓碑和纪事碑合二为一的类型样式。

客观口气墓碑生卒年月居左，中墓主姓名、功名，右奉立人名讳。

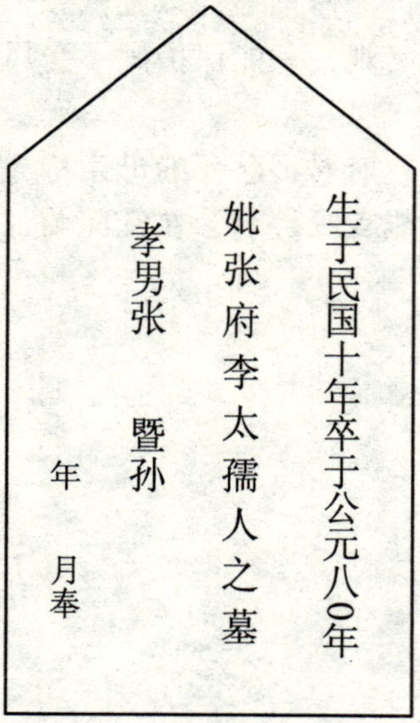

主观口气式墓碑

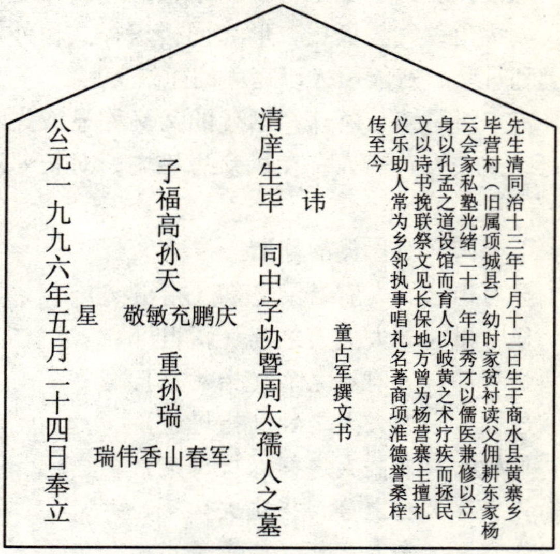

客观形式墓碑与纪事碑结合式样

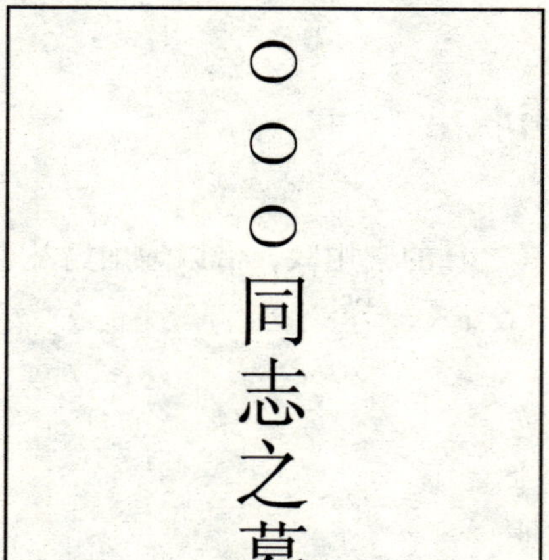

一般墓碑（正面）

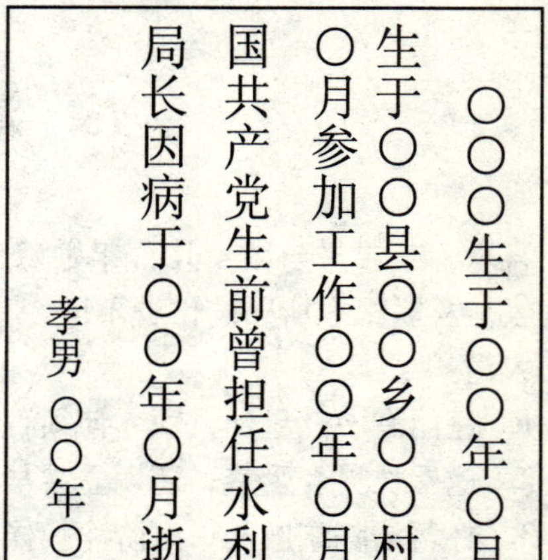

一般墓碑（背面）

碑分光独碑和碑楼外扎裹样式

光独碑多见山区，石料易得，为豫东一般小户家所立，外不砌砖与做顶，光独一块碑立于坟前。

碑楼式多见于豫东官宦富家，碑外砌砖垒墙，上修顶盖，以瓦散顶，布脊飞檐挑角，气势挺拔，形如同楼房样式，外样美观，一能保护碑不受风雨蚀剥和日晒，二能给人以完美的建筑美感。

古人讲忌讳与避讳，已死的父又称显或先考或府君，已死的母亲称先或显姥或太夫人、孺人，在民众思维中，对长辈不能直呼姓名，在其面前加个“讳”字。

下为碑文对亡灵的称谓

显考祖××太府君灵之墓（指祖父）

显考妣××太夫人之墓（指祖母）

显考讳××府君之墓（指父亲）

显妣××太夫人之墓（指母亲）

显妣××老孺人之墓（指母亲）

先夫××君之墓（指丈夫）

先室××夫人之墓（指妻子）

××君××仁兄之墓（指为朋友奉立）

五、实用联语

喜联，是农村与城乡几百年婚嫁大喜之日的常用联，借以增加婚礼喜庆的气氛。喜联根据所贴的位置不同，其内容也不一样。

大门：

1. 蓬门有幸三星灿；陋巷何须百辆迎
2. 邀看长男今受室；还期立雪早升堂
3. 杯茗洁陈酬戚友；庭阶净扫候宾朋
4. 门外绿杨凭马系；沟中红叶把诗题
5. 唐迓鸾舆娱父同；还期麟趾衍宗枝
6. 大驾先临门第耀；良辰聚会主宾欢

二门：

1. 严父开怀观凤舞；小儿合卺学梅妆
2. 喜溢重门迎凤侣；光增陋室迓宾车
3. 痴聋笑我今初学；宜乐迎亲喜在兹

侧门：
1. 左右逢源君赐驾　东南之美我倾樽
2. 鞠躬致迓嘉宾至　侧身而听彩凤鸣
3. 当把欢情联左右　愧将薄席款东南

重门：
1. 重门添喜气　陋室迓嘉宾
2. 绿蚁浮杯邀客醉　蓝田得玉喜儿婚
3. 话到投机千不厌　门迎喜气一而重
4. 中馈新添调味手　重门喜迓佩环人
5. 六礼周全迎凤侣　双亲欢笑看孙婚
6. 客来漫叙三冬景　酒后雄谈四化献

厅门：
1. 长子咏桃夭喜博双亲开口笑　粗筵陈草具敬邀五座慢谈心
2. 吉日醮长男喜得嘉宾光陋室　迎鸾无大礼幸来良友耀蓬门
3. 漫云李白桃红先听长男歌荇菜　最喜椿荣荆秀特邀嘉宾醉茅柴

厨房：
1. 幸有良辰迎淑女　愧无美酒宴嘉宾
2. 漫说山肴海错　聊陈地韭园蔬
3. 门外移来皆玉步　厨中捧出尽金瓜
4. 厨内精心调无味　堂前聚首会三亲
5. 嘉宾且饮薄薄酒　新妇能调细细盐
6. 厨内青蔬酬上客　堂前珠履看新人
7. 榛粟喜添新妇贽　羹汤分遣小姑尝
8. 自愧厨中无盛馔　乃欣堂上有嘉宾

客房：
1. 话到投机言言有味　酒逢知己醉醉何妨
2. 淡酒款亲情不淡　轻烟待友意非轻
3. 座上客联新四雨　樽中酒溢浅深杯
4. 嘉宾落座谈今古　鲁酒盈樽宴旧新
5. 烟非过滤多含苦　茶只白开漫说甜
6. 惠我敬陈徐稚榻　愿君高举孔融宴

客厅：
1. 跻跻跄跄门盈珠履　随随便便席列青蔬
2. 聊扫茅庐迎雅客　权将草具款良朋
3. 季子咏桃烦客驾　粗肴陈席愧余心
4. 茶熟酒温邀客饮　肴粗席薄愧吾衷
5. 花烛迎年催腊鼓　醇醪式宴醉嘉宾
6. 客溢蓬门家有幸　席陈鲁酒我怀惭

洞房：
1. 喜今日银河初渡　望他年玉树生枝
2. 熊梦入怀绵后裔　鸡鸣共警奋前程
3. 话到怡情嫌夜短　婚成佳偶庆开长
4. 凤翥鸾翔欣比翼　夫和妇顺结同心
5. 御沟题叶初留恋　绣幕牵丝永结缘
6. 柳絮横眉妆镜晓　桃花映面洞房春
7. 喜今日心心相印　望明年宝宝逗人
8. 百年恩爱同心结　千里姻缘一线牵
9. 丹桂香飘云路近　玉箫声绕镜台新
10. 香梦伴梅花艳福几生修得到

琼浆求玉杵良缘一旦觅将来

古喜联上乘之作多关时令，有人按结婚月份结合时令作之：

正月：1. 巧借新春迎淑女　2. 举杯畅饮屠苏酒
喜将佳节作佳期　放眼欣看并蒂花

二月：1. 杏坛春暖花并蒂　2. 云拥妆台和风正暖　3. 提壶鸟唤春当仲
兰闺日晴燕双飞　花临宝扇丽日初长　比目鱼游水正清

三月：1. 三月桃花红锦绣　2. 景丽三春桃华叶吉
万盏银烛引玉人　祥开五世瓜瓞延绵

四月：1. 豆蔻正开香尚蕊　2. 节近麦秋行奠雁　3. 且喜种田添助手
蔷薇才放露初匀　时当季夏咏关雎　更欣中馈得佳人

五月：1. 花开并蒂蝴蝶舞　2. 榴花浮映红妆艳　3. 薄酒泛春迎淑女
连理同根杨柳青　荷茎轻摇绿蚁香　榴花影日宴嘉宾

六月：1. 双飞黄鹂鸣翠柳　2. 香稻啄余鹦鹉粒
并蒂红莲映碧波　碧梧栖就凤凰枝

七月：1. 云汉桥成牛女渡　2. 银汉新秋金闰嘉偶
春台箫引凤凰飞　人间巧节天上佳期

八月：1. 秋色平分佳节夜　2. 时逢八月迎新妇　3. 七夕已遥女牛曾灿
月华照见玉人来　节届中秋款故人　中秋恰近人月团圆

九月：1. 诗题红叶同心结　2. 陶径有花凭酒赏
酒饮黄花合卺杯　孟山落帽作诗嘲

十月：1. 国有贤才扶世运　2. 梅开庚岭欣邀客
光摇烛影看新人　玉种蓝田喜作翁

十一月：1. 画眉笔带凌云志　2. 笑我敲冰煮茗待　3. 节届仲冬迎淑女
种玉人怀咏雪才　冀宾踏雪载歌来　时逢下浣款良宾

十二月：1. 合欢共醉黄封酒　2. 香茗味传嘉宾饮　3. 完婚喜酌红花酒
度岁新添翠袖人　腊梅花放玉人来　合卺欣吟白雪诗

娶孙媳联：

1. 四代集嘉祥萱寿含饴舒笑色　2. 晚景颓唐迭见儿曹亲醮子
一堂添喜气兰芽并蒂溢香风　春光明媚喜看孙媳学宜家

3. 年逾八十长子为翁门户欣荣舒老眼
节届阳春次孙受室夫妻勤奋慰初心

其中又有礼盒，专用联：

其一：岂敢言六礼齐备　其二：谨对×宅鸿喜礼

但愿求五世共昌　　　　敬献×府吉祥家

嫁妆因男女两家远，送亲人员不一定是亲人，一般箱柜、桌皆贴封条。封条写法只写两头，共四字，中间空四个字，以便交叉贴封箱、柜、桌。

嫁女时，一般嫁妆只写如上封条联，以知哪村啥姓嫁女，贴嫁妆上。今也有嫁妆贴对联者。

其写法：例如：李宅××××喜封

今嫁妆一般有贴对联，精妙佳联少。

纳赘联：

1. 选入乘龙吹箫引凤　2. 淑女选贤郎喜结佳偶
打开甥馆就地培花　　锦凰迎彩凤招来良缘

3. 乔木召莺迁好听莺歌娱晚景　4. 科学昌明切木插枝培好果
盆花来蝶采即将蝶梦解深思　　姻缘新改将凰引凤乐同林

5. 腹坦东床歌荇菜　6. 昔说秦楼偕弄玉　7. 秦楼引凤传佳话
樽开北海宴宾朋　　今知甥馆是箫郎　　鲁酒邀宾任健谈

续弦又叫续娶之婚联

1. 鸾胶新续推双美　2. 梅开二度花夏艳　3. 覆水不收思旧恨
凤翼齐飞庆百年　　月缺重圆光更明　　蓝桥再波遂初心

4. 宜室宜家诗再咏　5. 再弹琴瑟聆新调　6. 绣幕牵丝桥再架
鼓琴鼓瑟谱更张　　重整丝弦奏好音　　蓝田种玉碧双辉

改嫁：1. 云鬓翠黛春如旧　2. 二度梅开逢好雨　3. 旧调何如新调好
树映青波月更圆　　大门东列到嘉宾　　今人胜过古人多

豫东项城，清末民初，三才之一的张伯驹，曾撰喜联，以“纟”旁：
缔缘绾结红丝缕　纳綵缠绵绿绮纮
则以选字、用典，皆采用同旁，乃喜联的上乘之佳作。

婚联横批

百辆盈门　左右联欢　喜气盈庭　耀我茅庐　喜溢门庭
茅屋生辉　天作之合　蓬荜生辉　佳偶天成　良缘夙缔
情投意合　鸾凤和鸣　互敬互爱　鸳鸯比翼　五世其昌
百年好合　永结同心　相敬如宾　熊罴入梦　鸡鸣戒旦
麟趾呈祥　花开并蒂　恩爱百年　永偕伉俪　偕老百年
情如鱼水　喜成连理　白头偕老

①婚联：

据结婚季节不同而使用的婚联：

春季：
日丽华堂莺歌燕笑；
春融绣幕凤舞鸾翔。
丹椒风暖青鸾镜；
翠柏春融绿暄樽。
云拥妆台和风送暖；
花临宝扇丽日正辰。
名花艳映同心缕；
美酒春留婪尾杯。
夏季：
红妆带绾同心结，
碧沼花开并蒂莲。
满架蔷薇香凝金楼；
倚栏芍药花拥琼屋。
云开兰叶香风起；
火灿榴花暖意融。
华烛生辉玉箫谱曲；
榴花映日蒲叶摇风。
恩爱自徽双美合；
风光大好一年中。
秋季：
借得花容添月色；
支将秋夜作春宵。
菱花光映妆台镜；
瓜果香分合卺杯。
兰幕宵长香馥郁；
桂林荫满月团圆。
酒酿黄花情联鸾凤；
诗题红叶梦斥熊罴。
冬季：
律应黄钟谐凤卜；
春回紫帐协熊占。
京兆画眉传彩笔；

寿阳点额试梅花。
黍谷春回添绣线；
兰闺宵永灿银缸。
金屋才高诗吟白雪；
玉台春早妆点红梅。
四季通用：
红花并蒂相映美，妖燕双飞试比高。
巧借新年迎淑女，善将元旦作婚期。
娶新人厉行节约，办婚事应本移风。
新法新章新社会，好夫好妇好家庭。
婚结自由家幸福，礼行平等国文明。
喜事新办拒绝收礼，移风易俗不摆筵席。
应要睦邻和妯娌，更须敬老奉翁姑。
择亲喜得勤劳婿，待客免为浪费餐。
②寿联：
花甲已度三七周，古稀重庆耄耋冬。
喜迎新岁，欢度晚年。
春日融和欣祝寿，吉星光耀喜迎春。
名高北斗，寿比南山。
德为世重，寿以人尊。
杏苑风和长春不老，
椿庭日永上寿无疆。
椿树千寻碧，蟠桃几度红。
岁塞松晚翠，春暖蕙先芳。
河山并寿，日月双辉。
横批：
延年益寿　人寿年丰　康乐宜年
大椿不老　南极星辉　蟠桃献寿
苎庭日丽　天上双星　松柏青翠
盘献双桧
③挽联：
天不遗一老，人已足千秋。
流水夕阳千古恨，凄风苦雨百年愁。

花落胭脂春去早，魂销锦帐梦来惊。
慈竹当风空有影，晚萱经雨不留芳。
音容笑成宛在，功勋伟业长存。
无私无畏光明磊落肝胆化日月，
为党为国鞠躬尽瘁丹心照千秋。
艰苦奋斗廉洁奉公为人民，
忘我工作鞠躬尽瘁献终身。

周口歷史文化通覧

民俗卷

（下）

《周口历史文化通览》编委会　编

學苑出版社

第六章　社会民俗

社会交往习俗是指人们在社会交往中由于受历史传统、风俗习惯、宗教信仰、时代潮流等因素影响而形成的各种符合交往要求的行为准则和规范的总和。社会交往习俗主要表现在交往的礼仪上。礼仪就是人们在社会交往活动中应共同遵守的行为规范和准则。社交礼仪作为一种文化，是人们在社会生活中处理人际关系，用来对他人表达友谊和好感的符号。礼仪是个人乃至一个民族素质的重要组成部分。社交礼仪是在社会交往中使用频率较高的日常礼节。正因为如此，在民众的社会生活中才形成了一系列的社会交往习俗。

周口的民众社会交往习俗包括家族宗法礼教、民众礼节、民众借贷民俗、民众结拜民俗等。周口的民众交往习俗最显著的特点是表现在交往和处世的忌讳上。周口民众在交往中深受儒家思想的影响，讲究仁义礼智信，他们通过谦恭礼仁的方式以达到对方的认可。不论是交往中的礼节称呼还是交往中的忌讳，在周口民众的心目中，与他人交往应该谨小慎微，应该使对方欢悦高兴，这表现出勤劳善良的周口民众在社会交往中的优良传统。

一、称　谓

称谓在社会交往中占有很重要的地位，民间尤为重视。年龄不论大小，要按辈分称谓。下面列出了周口一带常用的称谓表。

关系	自称	俗呼	回称
父亲的父亲	家祖父	爷　爷	令祖父
父亲的母亲	家祖母	奶　奶	令祖母
父亲的伯父	家伯祖	×爷（前加排行）	令伯祖
父亲的叔父	家叔祖	×爷（前加排行）	令叔祖
父亲的伯母	家伯祖母	×奶奶（前加排行）	令伯祖母

续表

关系	自称	俗呼	回称
父亲的叔母	家叔祖母	×奶奶（前加排行）	令叔祖母
父亲的姑母	家姑祖母	姑奶奶	令姑祖母
父亲的姑父	家姑祖父	姑　爷	令姑祖父
父亲的舅父	家舅祖父	舅　爷	令舅祖父
父亲的舅母	家舅祖母	舅奶奶	令舅祖母
父亲的姨母	家姨祖母	姨奶奶	令姨祖母
父亲的姨父	家姨祖父	表　爷	令姨祖父
父亲的姐、妹	家姑母	姑、姑娘	令姑母
父亲的堂姐妹	堂姑母	姑、姑娘	令姑母
父亲的哥哥	家伯父	大伯、大爷	令伯父
父亲的弟弟	家叔父	叔、叔叔	令叔父
父亲的堂兄	堂伯父	大伯、大爷	令伯父
父亲的堂兄嫂	堂伯母	大娘	令伯母
父亲的堂弟	堂叔父	叔	令叔父
父亲的堂弟媳	堂叔母	婶、婶子	令叔母
父亲的表伯父	表伯祖父	表　爷	令表伯祖父
父亲的表伯母	表伯祖母	表　奶	令表伯祖母
父亲的表叔	表叔祖父	表　爷	令表叔祖父
父亲的表叔母	表叔祖母	表　奶	令表叔祖母
父亲的表兄	表伯父	表伯、表大爷	令表伯父
父亲的表兄嫂	表伯母	表大娘	令表父母
父亲的表弟	表叔父	表　叔	令表叔父
父亲的表弟媳	表叔母	表婶子	令表叔母
父亲的表姐妹	表姑母	表姑、表姑娘	令表姑母
父亲的表姐丈	表姑父	表姑父	令表姑父
父亲的表妹丈	表姑父	表姑父	令表姑父

续表

关系	自称	俗呼	回称
父亲的老师	祖师（前加姓）	爷爷（前加姓）	令祖师
父亲的男同事	伯、叔父（前加姓）	叔叔（前加姓）	令伯叔父（前加姓）
父亲的女同事	姑母（前加姓）	姨（前加姓）	令姑母（前加姓）
母亲的父亲	家外祖父	姥爷	令外伯祖父
母亲的母亲	家外祖母	姥、姥娘	令外祖母
母亲的伯父	家外伯祖父	老爷	令外伯祖父
母亲的叔父	家外叔祖父	老爷	令外叔祖父
母亲的伯母	家外伯祖母	姥、姥娘	令外伯祖母
母亲的叔母	家外叔祖母	姥、姥娘	令外叔祖母
母亲的姑母	家外姑祖母	姥、姥娘	令外姑祖母
母亲的姑父	家外姑祖父	姑老爷	令外姑祖父
母亲的姨母	家外姨祖母	姨姥、姨姥娘	令外姨祖母
母亲的姨父	家外姨祖父	姨姥爷	令外姨祖父
母亲的舅父	家外舅祖父	舅老爷	令外舅祖父
母亲的舅母	家外舅祖母	舅姥娘	令外舅祖母
母亲的兄、弟	家舅父	舅、舅舅	令舅父
母亲的姐、妹	家姨母	姨	令姨母
母亲的兄嫂	家舅母	妗子	令舅母
母亲的弟媳	家舅母	妗子	令舅母
母亲的姐、妹丈	家姨父	姨父	令姨父
母亲的堂兄、弟	家堂舅父	舅舅	令堂舅父
母亲的堂兄弟媳	家堂舅母	妗子	令堂舅母
母亲的堂姐、妹	家堂姨母	姨	令堂姨
母亲的堂姐妹丈	家堂姨夫	姨夫	令堂姨夫
母亲的表兄、弟	家表舅父	表舅	令表舅父
母亲的表兄弟媳	家表舅母	表妗子	令表舅母

续表

关系	自称	俗呼	回称
母亲的表姐、妹	家表姨母	表姨	令表姨
母亲的姐妹丈	家表姨父	表姨夫	令表姨父
母亲的老师	家外祖师	老爷（前加姓）	令外祖师
母亲的男同事	伯、叔父（前加姓）	叔伯（前加姓）	令伯叔父（前加姓）
母亲的女同事	姨母（前加姓）	姨、阿姨（前加姓）	令×姨母（前加姓）
父亲	家父	爹、大、爸	令尊、令堂、尊翁
母亲	家母	娘、妈	萱堂
胞兄	家兄	哥、哥哥	令兄
胞弟	家弟	弟、弟弟	令弟
胞姐	家姐	姐、姐姐	令姐
胞妹	家妹	妹、妹妹	令妹
兄嫂	家兄嫂	嫂嫂、嫂子	令兄嫂
弟媳	家弟媳	他婶子，呼名字	令弟媳
姐夫	家姐夫	姐夫、哥	令姐夫
妹夫	家妹夫	妹夫、弟	令妹夫
表兄	家表兄	表哥	令表哥
表兄嫂	家兄嫂	表嫂、嫂子	令表嫂
表弟	家表弟	表弟	令表弟
表弟媳	家表弟媳	他表婶子，呼名字	令表弟媳
表姐	家表姐	表姐、姐姐	令表姐
表姐夫	家表姐夫	表姐夫、表哥	令表姐夫
表妹	家表妹	表妹、妹妹	令表妹
表妹夫	家表妹夫	表妹夫、表弟	令表妹夫
堂兄	家堂兄	堂哥、哥哥	令堂哥
堂兄嫂	家堂嫂	堂嫂、嫂嫂	令堂嫂
堂弟	家堂弟	堂弟、弟弟	令堂弟

续表

关系	自称	俗呼	回称
堂弟媳	家堂弟媳	弟媳，呼名字	令堂弟媳
堂姐	家堂姐	堂姐、姐姐	令堂姐
堂姐夫	家堂姐夫	姐夫、哥	令堂姐夫
堂妹	家堂妹	堂妹、妹妹	令堂妹
堂妹夫	家堂妹夫	堂妹夫、弟弟	令堂妹夫
妻子	爱人、老伴、老婆内人、家里人、妻子、女人、家妻	呼名、呼姓、或以孩子的名字后加“他娘”	贵夫人、尊夫人
妻子的父亲	家岳父、家妻父	随妻呼、称爸	令岳翁、令岳父
妻子的母亲	家岳母、家妻母	随妻呼、称妈	令岳母
妻子的胞兄	家内兄	哥、内兄	令内兄
妻子的兄嫂	家内兄嫂	嫂、嫂子	令内兄嫂
妻子的胞弟	家内弟	内弟	令内弟
妻子的弟媳	家内弟媳	他妗	令内弟媳
妻子的胞姐	家妻姐	姐、姐姐	令妻姐
妻子的胞妹	家妻妹	妹	令妻妹
妻子的姐妹夫	家连襟	一条杠、他姨夫	令襟兄、弟
妻子的堂兄弟	家内堂兄、弟	哥、弟	令内堂兄、弟
妻子的党兄嫂、弟媳	家内堂兄嫂、弟媳	嫂子、他妗子	令内堂兄嫂、弟媳
儿子	小儿、犬子	呼名	令郎
女儿	小女、女儿	呼名	令爱、令千金
儿媳	家儿媳	呼名或闺女	令儿媳
女婿	家小婿	呼名、或外孙的名字后缀家爹、爸、叔	令婿、贤婿
孙子	家小孙	呼名	令孙
孙女	家小孙女	呼名	令孙女

续表

关系	自称	俗呼	回称
孙媳	家孙媳	孙子媳妇	令孙媳
老师	敝业（老）师	老师（前加姓）	令（贵）业（老）师
男同事	同志	老兄、老弟或呼姓	令同事
女同事	同志	大姐、小妹或呼姓	令同事
朋友	朋友	老朋友或呼姓	令朋友
同学	学友	呼名或姓	令学友
外孙子	外孙	呼名或外甥	令外孙
外孙女	外孙女	呼名或外甥女	令外孙女
外甥子	外甥	呼名或外甥	令外甥
外甥女	外甥女	呼名或外甥女	令外甥女

年龄称谓

襁褓：未满周岁的婴儿。

孩提：指二三岁的儿童。

垂髫：指儿童。（古代小孩头发下垂，引申以指未成年的人）

黄口：十岁以下。

幼学：十岁。

金钗：女孩十二岁。

豆蔻：女子十三岁。

志学：十五岁。

及笄：女子十五岁。

碧玉：女子十六岁。

弱冠：二十岁。

桃李：女子二十岁。

而立：三十岁。

不惑：四十岁。

天命：五十岁。

耳顺、花甲之年：六十岁。

古稀：七十岁。

耄耋：八十、九十岁。

期颐：百岁之人。

二、宗　族

（一）宗法礼教

在周口民间宗族家法中，许多民间忌讳大体与宗法礼教相一致。在民间宗族家法中，周口民众都尊上敬祖，重子嗣，忌乱伦，别男女，明辈分等，要求非常严格。

20 世纪 50 年代以前，周口民间家规甚严。俗以为，家有家长，族有族规。一家之内，总要有一个人当家做主。俗话说“家有千口，主事一人。”许多人忌讳“一百口人乱当家”、“十八口子乱当家”。通常当家做主的都是家里年长辈尊的男人，俗称“当家的”、“掌柜的”。协助家长料理家务的家庭主妇，叫“内当家的”、“内掌柜的”。

一般来说，父母在，子女不能擅管家务，所谓“父在堂，子不能专”。不但“父在子不得自专，父在子不得留名”、“父在没子财”，而且父子忌同桌、同席，否则则为“没大没小”，与禽兽无异。子孙忌在父母面前蓄长发，留胡须，不准在长辈面前开玩笑、做怪动作。周口民众又严厉禁止辱骂老人，他们认为骂老年人一定会折寿少活的。俗话说，“抬手不打无娘子，开口不骂老年人”。俗以为“叛父母，亵神明，则雷霆下击之”。民间普遍虔诚敬祀祖先神灵，不敢稍有怠慢。有为使父母病愈而自刑“上锥”的习俗。“上锥”即以锥去刺穿胳膊肌肉，忌疼痛呼喊，否则，以为不孝。

20 世纪 50 年代以前，周口一带子女的婚事也大都是由父母包办，子女无任何自主的权力。而最不孝的算是无子嗣了。孔子云：“不孝有三，无后为大。”周口民间宗族中又特别忌讳乱伦，因而有许多禁约章法。民间深以乱伦为忌。俗以为公媳应远避，忌接近。民间咒语“扒灰”，即是指公媳间发生不正常性行为的。周口有“公公不搭媳妇肩”，“公公背儿媳，出力不落好”的俗话；老公公还忌讳到儿媳妇屋里去。除此之外，平辈间也忌发生不正当的男女关系，这也是家族中应当小心避忌的事情。许多民族都有“嫂叔不通问”的习俗；弟弟跟嫂嫂开玩笑还可以，但哥哥却不能与弟媳开玩笑。有的民族甚至忌讳兄弟婚后再进对方的居室，在家族中还忌讳内部闹意见，所谓“骨肉纷争”。俗说，“斗气不养家，养家不斗气”，每个家庭成员都要为家庭和睦着想，因为“和气生财”，如果整天闹意见，争争吵吵，是会遭到家运破败的报应的。

（二）宗规、家训

宗规、家训，是家族自己制定、要求所有家族成员共同遵守的各种行为规范和规章制度的总称。宗规、家训通常是由父祖长辈、族内尊长为后代子孙和族众规定的立身处世、居家治生的原则、规范、训语和禁诫。它是建立在传统伦理道德和宗法制度之上，借助尊长权威，加之于子孙后代之上的各类约束，其目的是为了使子孙后代永远存续家族、光大族望，不致因行为失当而败坏家业，灭宗绝祀。

宗规、家训的内容很广泛，来源也不一致，因而，名称很多，大致有家训、家诫、家教、家范、家规、家法、宗范、族范、宗规、族规、宗训、宗约、族约等数十种。

宗规、家训的最早出现，并不是在家谱之中，而是以独立的形式出现的。宗规、家训基本上是伴随着封建宗族制度的发展而形成和完善的。宗规，是家训的扩大化，即由对一个家庭小辈的训诫扩大到整个家族之中，同时，还增加了许多需要共同遵守和强迫执行的内容。

（三）家谱

家谱又称族谱、家乘等，是一种以表谱形式记载一个以血缘关系为主体的家族世系繁衍和重要人物事迹的特殊体裁。

家谱的内容主要包括三部分：第一部分是世系图，即某人的世系传承，属于何代。第二部分是家谱正文，是按世系图中所列各人的先后次序编定的，分别介绍各人的字号、行次、时代、官职、封爵、享年、卒日、谥号、姻配等，实际是人物小传，第三部分大多为附录。

有些家谱，在立谱时，首先要确定家族世系命名的辈分序列，标定字号，乡间说的“排辈”，实则是排资论辈的意思。男子在起“大名”时，必须以预定的某字作为名字的一部分。这个字要放在全名三字的中间或最末，各个辈数层次不一定完全一样，但都有着约定俗成的规矩。

（四）舅父权威

在周口俚语中有“亲舅如父子”之说，更有“亲舅打外甥，打了白打”之规矩。特别是周口礼俗中，舅父的权威更为突出，家庭矛盾，万不得已之际总得搬来舅父解决；兄弟分家，可以不请本家族族长，但一定得请舅父前来作证；正月初二拜年行礼，豫东一带的拜年顺序为初二舅，初三姑，初四岳父，初五姨……父母丧亡，落气的当天必须先到舅家报丧，然后才通知其他亲属，并且父母的灵棺放入墓穴后必须主客（舅家）认可后方可埋土……这一切一切都体现出在周口家族之中，舅父有着特殊的权威，有时舅父的权威甚至会高于父母。

但是，与舅父一奶同胞的母亲和姨母等在家族或家庭中的地位却是普普通通。特别是姨母的地位，在古今民俗或典籍中更是很少涉及。姨母仅仅称得上是一位普通的亲属（外亲）。她不干涉姐妹家的事务，也无权干涉。同样，作为舅父的配偶妗子，一般在外甥家不能指东点西，干涉外甥家的事务。特别是在殡丧礼仪中，若亲舅去世，则由旁系表舅代职而绝无妗子出面之事。并且，妗子在古今小说、戏剧或民间故事，民间歌谣中大多以反面角色出现。

从上述的对比中，我们不难看出，男尊女卑的封建礼教等，约束着妇女的活动。但是作为一个家庭中本无地位，甚至很普通的男子，一到他姐妹的家庭中，特别是在外甥（女）面前能指使一切，且受到非常的尊敬，它源于何时，又为什么会有如此权威，这又反映出哪些社会现象或民众心理等？这一切确实值得众人思考。

“舅”这个字在《辞源》上的解释是：①丈夫对妻子父亲的称呼；②妻子对丈夫父亲的称呼；③舅父，专指母亲的兄弟。在《史记》以前的典籍中，虽有“舅”这一称呼，但大多数是表示前两种意思。如秦汉时丈夫对妻子的父母，妻子对丈夫的父母皆称为“舅姑”（见《古代礼制风俗漫谈》)。《礼·坊记》中：“昏礼，婿亲迎见于舅姑，舅姑承子以授婿。”这里的“舅姑”是丈夫对妻子的父母的称谓；《礼·檀弓》中敬姜曰“妇人不饰，不敢见舅姑”，此处“舅姑”是指妻子对丈夫父母的称谓。实际上这种称谓现象是人类社会发展史上母亲氏族社会阶段族外婚的遗迹。在母系氏族社会族外群婚制下没有必要，也不可能从“舅”、“姑”这种血缘亲属关系中区分公、婆、岳父、岳母、舅父等的关系。它们是在一夫一妻制家庭里的婚姻阶段才被确立的。

春秋战国时期，虽然我国婚姻形式已进入一夫一妻制家庭阶段，但古时的称谓却保留了下来。此时，受儒家伦理思想影响的家庭中的丈夫为表现出其占统治地位，他就将对妻子的父母称谓前加一个“外”字。故《尔雅·释亲》中有：“妻之父曰外舅，母曰外姑。”汉刘熙《释名·释亲属》对此作了更详细的论述：“妻子父曰外舅，母曰外姑，言妻从外来，谓至已家为妇，故乃以此义称之。”这一称谓的变革已反映出妇女在封建社会初期家庭中地位已经下落得很大了，被视作外人，当然其兄弟更不足为提了。南北朝时“丈人”

已成了妻父的专称，随着社会的发展，作为原始社会族外婚制遗迹的“舅姑”称谓，早已不用于妻的父母，它们专指父亲的姊妹（姑）和母亲的兄弟（舅）。

恩格斯在《家庭、私有制和国家的起源》中指出，亲属间的称谓并不是一些毫无意义的称呼，而是实际上流行的对血缘亲属关系的亲疏异同观点的表现。有关舅父的称谓与地位也正是随着中国婚姻史的变迁而变化，随着妇女地位，封建思想和社会生产力等的变化而变化的。

人类婚姻制度的变迁，社会的发展与亲属间关系的亲疏紧密相连。人类的婚姻制度大体经历了原始群婚、血族婚、亚血族婚、对偶婚和一夫一妻制五种形式。群居的原始人类，“知母不知父，无亲戚兄弟男女之别”（《吕氏春秋·持君览》）。血族婚排斥氏族内部亲（父母）子（子女）通婚，允许同辈男女（兄妹）互相占有，既是兄妹又是夫妻，这时也根本没有所谓的亲戚。亚血族婚虽是族外婚，且男从女居，但他们之间的结合无固定性，是盲目的。对偶婚虽为异性同辈男女一对一配偶，但死后配偶不能合葬，它也称不上是真正的家庭与亲戚关系。一夫一妻制的婚姻制度下，女子脱离自己的氏族到男方，女从男居结为夫妇，且夫妻合葬，这才算是真正的家庭的形成。这时，不同的氏族之间才产生了姻亲关系，才出现真正的“舅父”这一亲戚。

“亲戚”作为一种称谓，它是关于家庭的社会关系和家庭、家族、族外姻戚成员的人际关系的一种泛称。从亲戚关系上来说，我国古今亲戚关系不外乎四个系统：父族系统、母族系统、夫族系统、妻族系统。这四个系统也就是旧时习称的四党：父党、母党、夫党、妻党。这里的舅父就是母党外家亲戚的范畴。因为女子出嫁后称娘家为外家，所以子女称母亲之父母为外公、外婆等，称母亲之兄弟为母舅、娘舅、舅公、舅父等。氏族早期由于生产力不发达，各氏族间关系也很疏远，有时甚至发生争斗，这时的亲戚间关系联系很疏远。随着社会的发展，人们之间接触渐渐增多，联系日益加强，这时亲戚亲族关系才逐渐产生，才产生所谓的家庭、家族。由夫妻关系和亲子关系组成的最小的社会生产和生活共同体就是家庭，几个或更多的同姓家庭以血缘关系为纽带结合起来形成了家族。家庭、家族的形成，亲戚间的联系的加强，这就为舅父的尊位和权威的形成奠定了基础。

封建社会聘娶婚的出现，更进一步加强了婚姻亲家之间的联系。（注）聘娶婚，是男方家长为子弟托媒说亲，送女方家长一定数量的财礼以实现娶妇的婚姻形式。特别是门当户对的两个家庭正因为互相了解，并且联系频繁，才有心结为儿女亲家，甚至出现指腹为婚的婚姻形式等。这些在古今小说或戏剧中数不胜数。正因为相互间的深交和联姻，才使得异姓家族之间产生联系出现互相帮助的可能。又因为在封建社会男尊女卑的社会制度，使得婚姻大事皆为父母之命，媒妁之言。有些婚姻成了家族或家庭间攀亲联系的手段，甚至出现家族利益高于当事人的感情的现象。《礼记·昏仪》中“婚姻者，合二姓之好，上从事宗庙，下以继后世也”，道出了封建社会婚姻的实质。两个异姓家庭通过婚姻的纽带联系起来后，作为女方的家长，本着对女儿关心负责的思想，逐渐参与到女儿家的一些家庭事务中去了。在女方家长去女婿家参与事务时，舅父作为女儿的兄弟应该是最好的人选了。但是作为女方，女婿却无权管娘家的一切事务。因为嫁出去的女，泼出去的水，女儿已成为人家之人了，好像就与娘家脱离了关系。娘家人可去女儿家串亲询问，而女儿连回娘家也要受一定的限制。正因为封建礼教的制约及封建社会人际家庭等关系的影响，才产生舅父这种单方向的地位和权威。

封建社会男尊女卑的传统，使得妇女没有社会地位，并且不允许抛头露面。这使得妇女只有在自己家庭中的晚辈面前才有地位，但不能跃出家庭、家族的范畴。因此说，作为妗子或姨母，一离开家庭，就没有权力和地位可言了。

随着伦理观念的日益深入，忠、孝等思想的宣传，中国人形成了严格的家族制和家长制，“君君、臣臣、父父、子子、夫夫、妻妻”的关系被列为正统关系后，晚辈对长辈应当绝对的服从。此时的舅父对外甥来说属长辈，外甥服从舅父成为天经地义的教条。又因为舅父属异姓外族，所以被认为是最公正的，不会对其外甥产生偏袒心理。所以外甥家中有事，只有请舅父解决才觉得公平公道。也正是这种思想，使得舅父在人们心目中的地位越来越高，其权威也逐渐升级。

但是舅父的权威也是有区别的，一般情况下以嫡长为尊。在一夫一妻制下以正妻的兄弟为尊。其他偏房，或妾妃等的兄弟，纵使称上舅父，也是没有权威的。这也是封建正统思想的一种反映。

三、仪　礼

（一）日常礼节

当地民间十分重视礼节。路人拥挤，以礼相让；熟人相遇，拱手问好；车马相逢，主动躲路让车；遇不相识的人过往村口家门，多打招呼，让“吸烟”、“喝茶”、“吃饭”、“歇会儿”以示礼貌，探亲访友，先致问寒暄，向年老人问好，再畅叙其他；接待客人时，以抽烟、倒茶、让座、留饭、迎送，表达亲切热情。

亲友间除平时往来外，按周口民俗，一年内一般有 1－3 次探望期（即走亲戚）：一是麦收后的农历五月间；二是农历八月上半月内；三是春节期间。而且有来有往，并按季节各备不同礼品。邻里间取东借西，互通有无，尽可能满足其要求。

在周口一带，每有客至，大多数人家都以礼相待，并乐于依家境及相互关系，而置酒备菜，少则二、四、五、七件，多者不限。酒为待客所不可少的，往往以客人有醉意为度。为不失礼貌，如主人酒量不能胜任，多邀人相陪。

当地人在拜访朋友、长者时先轻轻敲门，等待回音。若主人发问时，客人主动通名道姓，待主人允许后方可进入，从不随便闯入。主人让烟、茶、食品时，客人要起立，双手接物，待主人就座后，方坐下。若遇众人在主人家做客，便主动与其打招呼问好，明确了主人有事时，寒暄后稍坐片刻，即告辞而去。闲谈时，有长者在座，用心听长者谈话，不随便插话，不要打断其谈话，不可用挑剔对方来显示自己的见识。不是主人请吃饭时，尽量缩短谈话时间，适时告辞。若是主人请吃饭，应按就座的规矩选择自己的座位按主人安排入座。饭后稍坐，再向主人说明走意，辞别时向主人表示谢意，若有其他客人，便向其打招呼辞别。主人相送时，主动请主人留步，别后数步，应回观主人，若遇主人目送，便再次打招呼辞别或以手势表示再见。

周口民众对家中的长辈人，要尊重，要有礼貌。如：对长辈要经常问寒问暖；尊重长辈的意见；吃饭先让长辈吃，长辈开始就餐后，其他成员方可就餐；逢年过节给老人送礼品；老人生日要买礼物庆贺；日常生活对老人给予照顾，经常做些老人爱吃的饭菜；老人遇到烦恼，可主动开导劝慰；遇到老人发脾气，不当面顶撞吵嘴；同长辈谈话时不挑剔字眼；老人住在外，要适时看望或去信问候；老人外出归来，要改善生活以示欢迎；关心老人的身体，不让老人干脏活重活等等。长辈对晚辈也讲究礼貌，关心、爱护晚辈，平等对待晚辈，有事同晚辈共商，不强迫命令晚辈。夫妻之间互敬互爱、平等合作，相敬如宾。

周口人为人处世以排场大方为荣，以小气为耻。凡遇年节、红白事，以及意外灾祸等情况时，亲朋邻里，有相互关心，相互帮助，相互送礼物讲排场，祝贺、问候等礼节。

周口人在人际交往中，有相互馈赠礼物的习惯。俗话说“你敬我一尺，我敬你一丈”、“礼轻情义重”、“来而不往非礼也”。相互馈赠礼物能增进友情的加深。送礼不在多少，只要送得恰当，就能受人欢迎。为老年人祝寿时有送糕点，滋补食品等。为新婚夫妇送礼，20 世纪 80 年代以前多为赠送脸盆、茶具、被单等，如今多赠布置新房的装饰品、茶具、首饰、家用电器、人民币、塑料花等。为朋友生孩子或抱孙子、孙女的送礼品时，20 世纪 80 年代以前多为鸡蛋、红糖等，如今多是童装、鞋帽、玩具等。探望老朋友、老同事、长者、学友时，多带当地土特产品，如大枣、梨、苹果、花生、鸡鸭蛋。此类送礼应根据自己的情况，拿些自己认为合适而又能被探望者喜欢的礼物。

（二）宴席礼仪

席宴礼俗是中国传统礼俗之一，它充分体现出了中国人的仁、义、礼、智、信的儒家思想。就周口一带的席宴礼俗来看，它体现出了周口人谦恭礼仁的性格特点。不论古人还是今人，都很注重宴席礼仪。可以说，一套完整的宴俗礼仪，就是古代儒家生活的活化石。

民间席宴礼俗一般从客人（贵人）入户接风开始，直到宴毕送客为终。它是一套完整的体系，内中包含着许多民间礼俗。

（1）接风

《现代汉语词典》对“接风”的解释是：请刚从远方来的人吃饭。它与洗尘意思相同，故有接风洗尘之说。但在周口一带，接风既是一个仪式又是请人吃饭的代称，如接风酒等。一般情况下客人（或称贵人）从远方来，主家（东道主）应到村口或大门口迎接。迎接客人时，先令随从或下人接过客人手中礼物，待客人下车（轿）立足停稳时，主人拱手作揖迎客。接风时主家若有小辈（子、孙）在场，小辈需上前叩头迎接。在民间，隆重的迎送接风仪式上，还有人专门喊接风礼：“××贵人，一路风尘。有失远迎，还望海涵。后生下跪，深谢，恭迎。”接风仪式过后，主家才领客人入户进屋。客人入户之后先洗脸净手，然后遵循：“行客拜坐客，行客不拜坐客不请”的习俗，一一拜访主家亲友众人之后再行入座。

接风礼仪在周口民间婚丧中还很普遍。如新婚请客接风仪式；丧葬迎娘舅，迎贵人等接风仪式。

（2）入位

接风之后，主家邀请客人入席就座。在古代，人们最讲究尊卑和座位，所以在入席就座时，不论主客都需起身拱手作揖互相谦让。然后按照尊卑顺序，长者入座以后次者再依次入座。以堂屋待客为例，座位背靠中堂以左座为最尊，其次为背靠中堂之右座，再接着是东西两侧，最后是面对中堂的下首。在宴席入位时，一定要注意座位的顺序。现在，在正式场合，许多老人或领导还十分讲究这个。

①常见席位排法示意图：（按尊卑顺序 1234 等的排列）

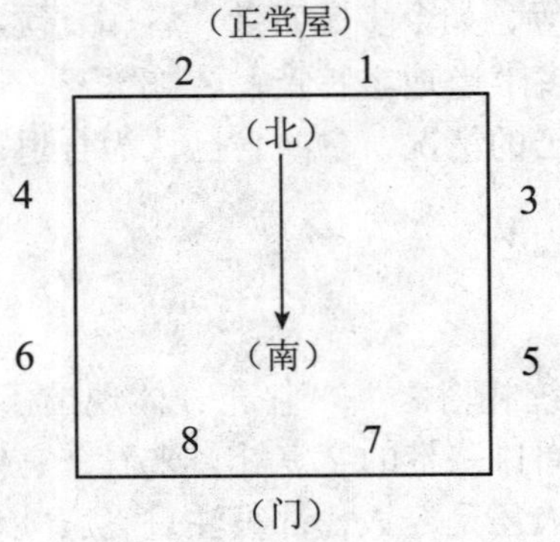

②通用席位排法图：

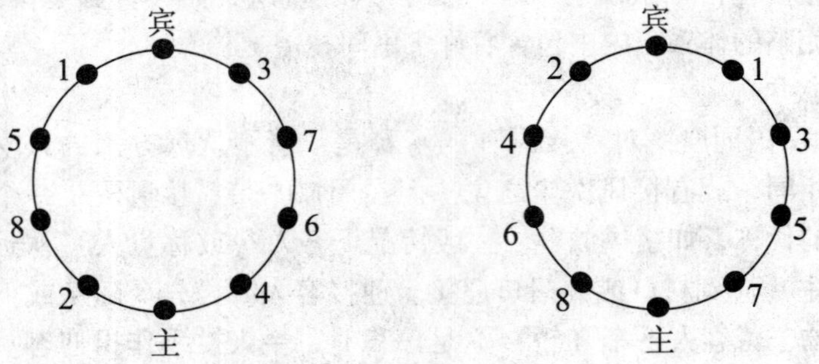

（3）献茶

众人入位之后主家开始献茶。一般情况下，主人给客人献的第一杯茶，是由主人亲手来斟的。主人为客人斟茶或酒时必须双手执壶，或者是一手执壶，一手作托壶状以表示对客人的尊敬。这时客人也应赶紧起身端起杯子表示客气，即使不端起杯子，客人也要做端杯动作，或者伸右手做请之式，或者屈起两个指头不停地在桌上轻轻叩击。客人轻轻叩击桌面，是为了表示对主人亲自斟茶或酒的感谢之情。这种礼节又叫叩桌谢礼。

据说叩桌谢礼之俗来源于一民间故事：清乾隆带太监下江南微服私访。

在一茶馆喝茶时，乾隆见茶博士提着大铜壶站在远处斟茶，茶水不偏不倚不溢不溅地冲入茶杯之中，其技甚高。乾隆好奇，也学茶博士的样子往太监茶杯里斟茶。太监见皇帝为己斟茶，欲跪下叩头谢罪，可又怕暴露了私访的身份，只好屈起两个指头在桌面上叩击以表示用指头代替膝盖跪下叩头了。后来此风流传民间形成叩桌谢礼之俗。

（4）安盅

安盅就是安放或摆放酒盅准备开宴。在周口民间宴席中，安盅是一个重要并且非常隆重的仪式。它一表示主家对客人的欢迎或感谢，二表示宴席的正式开始。一般情况下，在安盅之前是没人动筷吃菜或饮酒的。

安盅时，有一人托托盘在前，托盘上摆放一把酒壶，一双筷子和两个酒盅。主家跟在端托盘的身后，然后有专人喊安盅礼。在不同的情况下安盅礼的喊法是不同的。

执事先站定开辞。一般丧事的说辞为：亲友费礼，主家意思，水酒敬上一杯，孝子上跪深谢！深谢！执事说完对客人拱手作揖，此时孝子下跪叩头。这个时候主座所有客人都应离席，先扶起孝子，再作揖还礼。这样，安盅过后才真正开宴。（注：三周年孝子服孝已满，安盅说辞也略有变动："亲友费礼，主家意思，薄酒敬上一杯，主人上跪，深谢，深谢！"其他不变。）

以上种种说辞，严肃、朴实，又夹有文采，简短数语表达了主人对亲友近邻等的感激之情。

喜事（婚礼）的安盅与丧事相比就充满了活泼与欢快。既表达了对亲友的感激，又表对月老（媒人）的敬重。

对外客安盅，形式与丧事同，不过托盘必为红色，酒壶系红布条，筷子、盅子均用红纸粘贴。执事领新郎上：亲友费礼，主家意思，喜酒敬一杯，新贵人上跪，深谢！深谢！

第二天请客又一次安盅，这一次双方父兄均在，又有媒人在座，三让三请入座后方可安盅：二亲家，谢月老大德，再谢亲家养育之恩，喜头要磕，不要阻拦，新贵人上跪，谢！

亲朋贵友相聚安盅礼是："贵宾远到，蓬荜生辉，主家意思，水酒略备，小辈上拜，深谢深谢。"

当然，不同的地区安盅上有不同的风俗语。就是同一地区可能不同的执事其说辞也不尽相同。但它们都表达了主人的真情实意，表现了中原农村的朴实的民风。

（5）劝酒

安盅过后代表席宴已经开始。开宴时，主家先向客人敬酒三杯以表示欢迎。或者是主客平端三杯酒碰杯同饮以表示相互尊敬。三杯酒后就开始了主家打关劝酒或者主客猜拳行令了。主客碰杯饮酒时应注意两点：一是起身碰杯，碰杯时一触即可不宜过重；二是碰杯时位尊者杯靠上，位低者杯靠下。

（6）猜拳行令

划拳。划拳也叫“来枚”或“来响的”。周口民间宴席传统的饮酒方式，来枚双方用手指头对10个数，以猜对者为赢，输者喝酒。双方来枚时，同时喊数，同时伸指出手。周口民众划拳用典和礼俗很多。双方交手时，首先各出大拇指叫“俩好”、“俩亲”，如是再三才开始正枚。来枚时，双方报数有缓有急，有说，有数，有唱。如：一心敬呀；咱俩好呀；三结义呀；四季节呀；五魁首呀；六六顺呀；巧七枚啦；八大仙呀；快升官呀；满福寿啦等来代表“一、二、三、四、五、六、七、八、九、十”十个数。在来枚中忌同时伸出食指、中指两指呈剪刀状，这是对对方的不敬。来枚中失枚自罚酒。所谓失枚就是自己出的手指与喊的数相矛盾。如出一个指头喊数为七，这样双方无论怎样也凑不好该数，故为失枚。失枚者自己请罪罚酒。

打老虎杠子。交手双方每人拿一根筷子，在筷子敲击桌面时双方一同喊话。喊话内容为“虎、鸡、虫、杠子”四种中的任一种。按照“老虎吃鸡，鸡吃虫，虫蛀杠子，杠子打老虎”的相克原理来判断输赢，输者喝酒。打老虎杠子中，隔位不克。如一人说虎，一人说虫，二者互不输赢，应接着进行。

压枚。压枚又叫大压小。交手双方同时伸手，同时出一个指头，按照大拇指压食指，小指压大拇指的顺序来判别输赢，输者喝酒。压枚中，双方均先出大拇指以表尊敬对方，然后才入正枚。压枚中隔位不压，不分输赢。

出宝。出宝即猜有没有。一人手握某一信物如烟头、火柴梗等，由另一人猜有无。猜中者为赢，输者喝酒。出宝猜枚时每次都能定输赢。出宝者十宝九空，但第一宝一般情况下不许空。

至于现在民间出圈宝的酒令是出宝酒令的演化。还有揭扑克牌、双手枚等，这都是后起或外来之枚（酒令），在此不做论述。

（7）送客

酒足饭饱之后，客人拱手告辞，主家经过再三挽留之后开始送客。送客礼仪很简单：按照客前主后的原则，主人把客人送出大门口或村口之后拱手告别。

（三）人际关系

周口民众社会交往，就目前来说，主要包括十三种人际关系。这十三种人际关系可以分成两类：一类属后天缘分，一类属天生渊源。天生渊源，即人们降临世间就拥有的渊源：比如亲戚、同乡和世交等，除此之外的民众关系都是后天所得的。

一、亲戚。“亲”即血亲，“戚”即姻亲，合称亲戚。不论亲或戚，都因家族而来。亲戚，大多是因为血缘关系的延续而产生的。正因为有了家族基础作依托，经长辈亲戚引荐而产生了交往。

二、同乡，同乡有大同乡小同乡之分，在很大程度上依赖双方对原籍的地理范围和方言文化的认同。小到一乡，大到一省，都被称之为同乡，地方越大则同乡观念越模糊。同乡与同村不同，同村人认识，同乡原本不认识，在外地碰到相互攀认，因而带有移民性质。

三、世交，家族中，长辈的朋友称为世交，具体说是父母、祖父母、外祖父母的朋友和他们的后代。世交是从长辈的朋友关系流传下来的，世交与自己的朋友，差别是没有亲身经历的交往。

四、朋友。人们说：他在社会上有很多“朋友”，这里所说的“朋友”并非传统意义上的朋友，其实就是熟人关系。朋友因两个人志同道合，互相信任而产生的交往关系。

五、同学，凡是曾经在同一个学校一个班上过学，曾经朝夕相处过的，都可能成为日后的同学关系。

六、校友，校友与同学不同。同学原来相识，有交往基础。称校友的，读书时虽然在一个学校，但不在一个班一个年级，或者根本不在同一时期上学，大多不认识，或者不熟悉。因为在同一所学校上学才产生的一种附会的关系。

七、街坊邻居。坊，曾是古代城市社区的单位，今天泛指住址附近的居民。邻里之间两家越近，交往机会就越多，就越容易亲密。在农村，街坊就不叫街坊，叫做“同村”。常常，同村是堂亲或者远亲。村庄多由同姓宗族构成，有些村庄有两姓或更多姓。一般来说，村庄还是宗族的载体。

八、同事，因为在一起工作而产的一种交往的关系。

九、战友，战友可以看作是曾经在军队里的同事。

十、师生、师徒。与同学不同，师生在名义上，在礼俗上，具有上下之分。师徒，情形与师生相仿。但是在旧社会行帮中有“一日为师终生为父”之帮训，所以师徒之间通常比师生还要亲密，介于师生和父子之间。

十一、上下级，上司和属下之间，一起工作，部分像同事，但上下级之间又有严格的组织程序。

十二、结拜，结拜即拜把子兄弟、金兰兄弟。结拜是古代社会沿袭已久的习俗，大多数是因为离开家乡，远离宗亲，结拜兄弟才变作一种补充。

十三、干亲，两家通过特殊和礼仪方式，而构建出的一种关系。

（四）结拜

结拜即拜把子兄弟、金兰兄弟。结拜是古代社会沿袭已久的习俗，一般来说，古时结拜金兰与移民的生活背景密切相关，也就是说，因为离开家乡，远离宗亲，结拜兄弟才变作一种补充。反之，若是在家耕读生活，同村人低头不见抬头见，结拜便丧失实际意义。

离乡的人们结拜后成为异姓兄弟，兄弟之间除了信仰和感情，余下即是生存互助，那是一种义务，甚至是宗旨。一般来说，初到异地的青年男子为了谋生，总是主动认当地有势力的人做“大哥”，只要对方不拒绝，这层关系就算在名义上成立了。一旦关系成立，凡事找大哥帮忙就有合法性理由，大哥关照一下兄弟亦在情理之中。

结拜俗称“换帖”、“磕头弟兄”或“拜把子”，其习俗由来已久。两人或数人之间要讲义气，结为异姓兄弟（忌四人或六人），商定好以后，按人数各用一沓红纸写出每人姓名、生日、时辰、籍贯及父母、祖及曾祖三代姓名的“金兰谱”，然后在天地牌位前，依年龄大小，依次焚香叩拜，齐读誓词。拜后共进酒饭，彼此父母都称呼为“干老”、“干妈”，日后反目绝交先烧“金兰谱”，称为“断义”，也叫“拔香头子”。

情投意合，进而结为异姓兄弟或姐妹，称结金兰。古时候义结金兰后，要交换谱帖，叫金兰谱或兰谱。

“结金兰”后引申为结拜兄弟。“金兰谱”是结拜兄弟时互换的帖子，“金兰契”是结拜兄弟的盟约，“金兰簿”是登记结拜兄弟姓名、年龄、籍贯的簿册。

（五）常用请帖

请帖是家庭交际中的媒介，如遇春节、元旦、国庆节等值得纪念、庆祝的事情或有意义的活动，需邀请有关单位或个人参加时，就得用请柬（请帖）庄重地通知对方。谁家不幸死了人，要向家属或亲友报丧，举行吊唁，就需要发讣告、丧吊帖。现辑录了常用帖式。

1. 结婚请客帖式

娶媳请客帖：

小儿○○○与
结婚荷蒙
○○○女
厚贶谨订○月○日○时喜酌候
教
○○○暨男○○鞠躬
席设○○
恕不介催

嫁女请客帖式：

小女
△△○月○日于归荷蒙
厚仪谨订是日○时谈酌候
教
○○○鞠躬
席设○○
恕不介催

注：请尊辈，不写“恕不介催”等字。

结婚贺喜镜屏写法：

○○○
○○○
同志结婚志喜
友
○○○
○○○
○○○
同贺

娶媳一般请客帖式：

小儿
受室
谨订○月○日○时敬是喜酌
候
○○○鞠躬
席设○○

嫁女一般请客帖式：

小女于归
谨订○月○日○时薄酌候
教
席设○○
○○鞠躬

结婚贺喜镜屏写法：

○○亲翁令郎○○新婚志喜
○○
○○率男○○序贺
○○

2. 喜庆祝贺帖式

请贺寿酒帖式：

家○生辰荷蒙
厚仪即午洁酌候
教
称呼
○○○鞠躬

寿者请祝寿酒帖式：

拙值微辰荷蒙
厚惠即日○时洁茗候
教
○○○鞠躬

庆生帖式：

幸庆熊罴荷蒙
厚贶谨定○日○时洁茗候
教
○○○鞠躬

父寿请酒帖式：

家严悬弧荷蒙
制锦○日○时洁茗候
教
承庆子○○○孙○○鞠躬

母寿请酒帖式：

家慈设帨荷蒙
制锦○日○时洁茗候
教
承庆子○○○孙○○鞠躬

请贺满月酒帖式：

小儿（女　弥月荷蒙
厚贶谨订○日○时谈酌候
教
○○○鞠躬

生女请贺酒帖式：

喜得小女谨订
○月○日○时具酌候
教
○○○鞠躬

迁居请邻居帖式：

幸接芳邻叨蒙
厚爱谨订○月○日洁茗候
教
邻○○○鞠躬

新居进入请客帖式：

小舍落成进宅谨订
○月○日○时喜酌候
教
○○○鞠躬

商店开张请酒帖式：

小店幸忝开张荷蒙
厚贶谨订○月○日○时薄酌候
教
○○○鞠躬

团体请客帖式：

敬○○定于○月○日○时
假座○○作○○活动恭请
光临指导敬具洁茗候
教
○○团体同人敬邀
恕不再催

远归请客帖式：

久疏情话前蒙
厚爱谨订○日○时淡酌候
教
○○○鞠躬

3. 节日请客帖式

清明节请客帖式：

谨订○日○时艾酌候
教
○○○鞠躬

端午节请客帖式：

谨订○日○时藻酌候
教
○○○鞠躬

中秋节请客帖式：

谨订○日○时桂酌候
教
○○○鞠躬

重阳节请客式：

谨订○日○时萸酌候
教
○○○鞠躬

4. 丧葬有关帖式

讣告帖套格式：

讣告

讣告文格帖式：

讣告
家○不幸于○月○日因病逝
世享年○岁 现定于○月○日○时
在○○开追悼会 敬希莅临
○等不胜悲伤 哀此讣
闻 称呼○○○鞠躬

慰唁帖面格式：

> 恭慰
>
> 哀思
>
> ○○○鞠躬

丧吊帖面格式：

> 吊恭
>
> ○○之灵
>
> ○○○鞠躬

5．两种通用帖式

一般通用帖式：

请　束	＿＿＿＿＿： 定于一九八○年○月○日星期○ ○午○时○○○○○○○○○ 恭请 光临 ○○○○○○启 地址：○○○○

嫁娶喜庆通用帖式：

送呈
谨订于一九八　年　公历/农历　月　日
为　　敬备酌
恭候　光临　敬约
席设：
时间：　午　时入席
恕不介催

注：上为请柬内容，帖面居中写“请柬”。

四、忌　讳

忌讳多有由来，多为封建迷信。随着时代的前进，科学文化的发展，有些忌讳人们已不大讲究，但有一些仍在流传。

（一）生活中的忌讳

民众生活中的忌讳很多，包含了许多方面。比如，民间吃饭时忌用筷子敲碗，敲碗命穷；有客人来家吃饭，忌三盘菜、八盘菜，说是三个盘子待鳖，八个盘子待王八；借别人家的药锅送还时，忌空着，应放些东西在里面，一个鸡蛋、一把粮食、一块糖都可以，不然就是咒人家有病人，主人会不高兴。另外忌说“药锅”，只能说“砂锅”；正月忌给小孩剃头，俗说正月剃头妨舅；写信忌用红笔，红笔为断交，农历正月初一忌往院里倒洗脸水、尿盆盆、垃圾、忌扫地，忌损坏东西；若摔碎了东西，则说“碎碎（岁岁）平安”来破灾。下午忌看病人。串门不能倒坐人家的门槛子（面朝外坐），倒坐门槛子，主家不吉利（实际上不雅观）。

在日子和时间忌讳上，周口民众外出日忌七，归来日忌八，俗说“七不出八不归”。外出、建房一般选吉日为三、六、九；出了嫁的闺女忌在娘家过正月十五，有“闺女看了娘家灯，妨死老公公”之说；正月十六晚上不能点灯，人们说是那天夜里老鼠嫁女，怕见亮光，“你闹它一天，它闹你一年”；

有些地方在九月九闺女不准走娘家，走了娘家妨自己男人。

在结婚和喜庆忌讳上，婚日忌穿白衣，穿白衣不吉利；结婚时做大床长短忌无“七”；结婚看好忌初五、十四、二十三；九月忌给新人套被子（怕连生九女）；花轿路上忌遇桥、庙、十字街，遇时放鞭炮。

在妇女生养忌讳上，妇女生孩子、小产不满月时，不准串门和走亲戚，否则就扑了人家的宅神，要在初一、十五放鞭炮，用公鸡血祭宅神。

在丧葬忌讳上。报丧孝家，忌坐桌吃饭；老人死了三年内忌贴红纸对联；丧日孝家忌穿红；出殡日忌初五、十四、二十三；出殡忌过年；老人死后子女百日内忌剃头（留孝头）；在外死的人，忌进宅院；忌说人“死”了，老人死了，说“老了”、“下世了”、“作古了”，中青年人死了说“伤了”，“不在了”，小孩子死了说“丢了”、“扳了”。

在特殊职业忌讳上，油漆工忌说“油漆干了”，要说“离手了”；木工干完活忌不留尾巴，故意在家具上留点刨花或木屑，让主人收拾，寓意今后有活干，做棺材不能头朝外；做生意人禁“放块”，如下雨说“摆了”、“古了”、雾说“帐子”，桥说“梁子”，塔说“长”，生意说“句口”；路上还有忌遇棺材之说……

（二）男女间的忌讳

区别男女，在周口民间是非常重要的一种需求。对于两性人，俗称“阴阳人”、“二妮子”等，民间总是带有一种嘲弄、蔑视的态度。

在穿着打扮方面，周口一带亦忌男女不辨。如果男穿女服，或者女着男装是要犯忌讳的。民间许多神话传说中，有因男女换了服饰而使女方怀上身孕的说法。周口有些地方，结婚时，让男女双方换裤带，象征生育的意义。

男、女应当一眼就让人看出才好，这是民间传统的习惯。在生产、劳作方面也是如此。男人有男人干的活，女人有女人干的活，女干男活，男干女活都是遭忌讳的。周口有“男做女工，越做越穷”、“男做女工，一世命穷”等俗谚流传。20世纪50年代前，男人一般干田里的活，参与社交活动，女人一般干家里的活，不参与社交活动。男人干家务常被人耻笑，以为“没出息”；女人参与社交活动，又被指责为“疯”、“野”、“不守规矩”、“不正经”。

人们常说“男女不同群”、“男女授受不亲”。周口民间一直主张男女之间相互避忌，男女之间一般不说话、不相视、不拉手、不互赠礼品，以防被人猜疑有性行为的发生。

周口民间有“男女七岁不同席”的俗谚，许多村镇都有妇女不上宴客席的习俗。妇女不与男客同席，妻子不与丈夫同宗长辈同桌吃饭，这在旧时民间表现得非常突出。“男女不同坐”，不但素不相识的男女是如此，即便是亲兄弟姐妹之间也是如此。姑、姊妹、女儿，已嫁而返，不能与兄弟同席而坐，同器而食；不但在私下里是如此，在公共场合也如此。

男女衣饰不能晾晒到同一根竹竿之上。这样做的目的，或者是以为男女衣饰的接触即等于男女之间的接触“叔嫂不通问，不相为服”、“嫂不抚叔，叔不抚嫂”是汉族的古俗。因为叔嫂是一个门里的非夫妻关系的男女，平时接触较多，嫌疑最重，因而要求也更严。

20世纪50年代前，对妇女的歧视、压迫表现在生活的各个方面。一般男人从事的活动，女人便不能参与。并且对妇女的户外活动限制尤严。妇女忌闲游，忌串门儿。爱串门儿的女人被人说闲话，指责为不规矩的女人。古代除了限制妇女的社会活动外，对妇女的言行举止也有许多严厉的忌讳。比如，忌讳妇女走路时抬头挺胸，否则便以为女子属“桃花克夫”型的，会压男人一头，克子克夫。一般情况下，女人要低头细步，最好是靠墙根躲着男人走。为了达到这一目的，古时在妇女裙边或鞋面上缀上一些小铜铃，便称之为“禁步”。如此一来，妇女行时跨步稍大，即叮当作响，于是自己便恐失礼而缓慢下来。

周口民众在解放前要求妇女“目不斜视”、“走不露鞋，笑不露牙”、“言不露齿，外不露面”。在坐姿方面，忌讳妇女坐时托着下巴，以为这是哀悼的姿势，不吉利；妇女坐时，忌讳跷二郎腿，以为不雅观，不像安分守己的好女人；古时妇女还忌讳两脚向外岔开坐着，即“箕踞”。这是因为古代下衣不全，恐箕踞露下体，构成大不敬。不但行动言笑受拘束，妇女连睡着了也有忌讳的。俗语“男人鼾田庄，女人鼾空房”，即是说女人忌讳睡觉打鼻鼾的。女人打鼾是要妨死丈夫的象征。

假如男人在楼下，妇女忌讳上楼。必须上楼时，要示意男人避开，否则是大不吉利的。男人的衣、帽、行李等，女人也不能踏踩或跨过，更不能坐在上边，否则对男子不利，就像女人从男人的身上跨过一样，会发生不祥的事情。男人们也忌讳从晾晒着的妇女的衣裤下走过。为了避免这种事情发生，就忌讳妇女的衣裤晾晒到过路的地方，忌讳妇女的衣裤晒得很高，一般妇女的裤子只能晒到厕所旁边。

封建社会里，男子可以娶三房四妾，女人则要“从一而终”，不得有任何失节的情事发生。女人最忌失节，失节便无颜面见人，所谓“饿死事小，失节事大”。民间习俗常以为妻必敬夫，视“怕老婆”、“气（妻）管炎（严）”为一种值得嘲笑的反风俗现象。女忌不柔顺，不从夫；男忌“惧内”、“管不住媳妇”。这种风俗在绝大多数民族中都存在。许多人认为“妇女当家家不富”，因而忌讳妇女当家做主。

周口在20世纪50年代前还忌讳妇女到打麦场上去，忌讳妇女坐在打麦场上的石磙上，恐怕冲犯了财神，少打了粮食；忌讳妇女到打新井的地方去，说女人霉气，女人一看打井，就打不出水井来了；忌讳妇女跨坐建房用的梁檩，怕冲了宅神，将来房子盖得不结实，会有灾祸发生。

（三）人际交往忌讳

周口民间有“好人不入三场，即赌场、酒场、杀人场”的说法，人们又相信人的一切善恶行为都逃不脱神灵的耳目，所谓“善有善报，恶有恶报”、“善恶之报，如影随形”等，这就要求人们，在处世和交往中要慎重。

在周口一带，年纪大的人，也忌留住宿，恐有不测。俗语云：七十不留宿，八十不留坐。“七十不留饭，八十不留宿”也是此意。在人际往来中又忌与和尚、道士、尼姑等来往。俗语说“前门不进尼姑，后门不进和尚”，“会交朋友，交些铁匠、木匠；不会交朋友，交些道士、和尚”，其中既有避嫌的意思，也有恐招来祸端的担忧。

除了有特别的顾忌、在特殊的情况下忌讳有客来访外，周口人在平时正常的情况下都是非常好客的。俗话说：“有理不打上门的客。”既然人家来到自己门上，就是瞧得起自己，一定要礼貌待客，恭敬待客。如果待客不周，是要被街坊邻居、亲戚族里的人嘲笑、蔑视的。汉族有客人进门时，要主动上前打招呼、让坐，忌不言不语，不理睬客人，或者光站着说话不让客人坐下。客人坐下后，忌抹桌子、扫地，忌只说请客人喝茶，实则并不沏茶，或者，说了半天话后，才沏茶让客。这些都有“撵客”、“逐客”、“赶客走”之嫌疑，是对客人不恭敬、不欢迎的表现。如果是比较尊贵的客人，除了捧茶、递烟外，还要以酒饭相款待。招待客人，一般是“浅茶、满酒、整盒烟”。即，茶水要沏得浅一点，酒要倒满盅，烟要递给一整盒，忌只递一支。递烟、酒、茶时，都要双手，忌单手。如用烟袋敬客，递烟时应擦净烟嘴，装好烟丝。要主动给客人点烟。点烟时忌用一根火柴连点三支烟。如需对火时，应将烟嘴（烟蒂）向客递上，忌以烟头直递对方。酒以敬客多饮为荣，忌自饮不敬客。宴客时忌讳子女上桌共餐，尤忌媳妇、女儿。否则，以为待客不诚、不敬。待客一般菜忌单数，喜用双数，取意“好事成双”。待客忌无酒。此外，民间招待客人时还有“当众不放响屁”、“客前勿动刀剪”等忌讳规约，都是恐对客人不敬，而引起不吉的。

宴客的座次，周口民间是很讲究的。首先，席位的方向要摆正。俗间有“席不正不坐”的说法。如在南北屋宴客，桌缝应东西向摆置，如在东西屋宴客，桌缝应南北向摆置。忌方向错置。否则，认为会“直冲首席”。因为首席总是在面向屋门口的方向。一般宴客都是在南北屋内，正宾面朝南坐于首席。其座次，是按辈分、年龄或者地位的顺序排列的，年长而德高，尊贵而善良者居于上。主人自卑，常坐于下位。

如果是到师友家去做客，也有许多必须注意的风俗礼节。周口的习惯是于午前专程拜访。若午后日夕前往或趁他事之便兼往则显得不够敬重，是谓“残步”。尤其对尊贵人家，须特别忌避。汉族以及其他一些民族有养狗护院的习俗，来访者不得随便打主人家的狗，否则，以为是“打狗欺主”。进入人家的房屋时，应先敲门，得到主人允许后再进人。通常是轻敲三下。如主人家门大开，也要先招呼一声，室内有人应声时再进入。否则，不礼貌，犯忌讳。俗话说，“不蹈无人之室，不入无人之门”。中原一带，客人到主家后，忌讳东张西望，乱翻乱找。周口民间有“客不观仓”、“客不观灶”之说。如今仍沿此俗。若客人到主家随便拉抽屉、翻衣柜、开冰箱，是犯忌讳、讨人嫌的。

在宴席上，客人要尊敬主人，忌讳先于主人饮食。俗说，“主不动，客不吃”、“主不吃，客不饮”。总之，到人家家中做客，应处处尊重主人的风俗习惯，否则，便要犯忌讳，伤感情。

周口民间自古就有送礼的习俗。后世探亲访友，亦多携带礼品，是一般的酬酢馈赠，所以回拜时是忌讳将原物送还的。只有在拒绝收受对方馈赠时才如此办理。按西华、扶沟一带的礼俗，送礼时礼品的数目必带“六”字。如送礼钱，若是一百六十几，主人会很高兴；若送五百元，主人反而会以为不吉祥而拒收。其忌无六数的原因：一说是与唐代贡礼为六份有关；一说是取汉字“有福有禄”之义；一说是汉语方言“六”与“顺”一词音相近似，因而送礼只要有“六”就足够了。民众在岁时节日期间送礼时，还喜以礼品讨口彩，如在礼物上加万年青柏或太平钱等，以求吉利。否则，会被人指责为不祥。可见，送礼的意义主要的还不在于礼物本身的价值贵贱方面，而是表达了一种祝福、吉祥的意愿。俗话说得好，“千里送鹅毛，礼轻情义重”。

正是由于礼品的种种象征意义，使得有些礼品又成为馈赠的忌讳。民间馈赠，忌送手巾。俗说，“送巾，断根”，“送巾，离根”，这是因为旧时丧家常于丧事办完后送手巾给吊丧者，用意在于让吊丧者与死者断绝来往。因此，在通常的情况下，赠人手巾，就会令人想起不吉的丧事，或永别的意思。其俗又忌以扇赠人，扇子，夏天用完之后，就无使用价值，常被捐弃，所以有“送扇，无相见”的说法，也会引起绝交的猜疑。其俗还忌送人剪刀、雨伞、粽子等。其意也是顾虑剪刀会有“一刀两断”、“一剪两断”的不吉之意；雨伞的“伞”字则与“散”字谐音，唯恐引起对方的误解。

周口民众讲究借人家的东西使用过后要及时地还给人家，忌讳拖欠。俗话说，“好借好还，再借不难”，“快借快还，再借不难”。如果无力偿还，忌讳借贷。年岁大了，也忌借贷。俗说，“六十不借债”，唯恐来不及偿还。另外，如果别人也需要时，忌讳向别人借用。俗话说，“夏不借扇，冬不借火”。借还钱物，忌讳中间有人转手，最好是借贷双方当面交结清楚。周口民间有“隔手不支物，隔枝不打鸟”、“官前不保人，私下不保账”的说法。即便是亲兄弟，也要分清财产。所谓“兄弟亲，账莫混”、“亲是亲，财帛分”。

民间还有“宁借人死，不借人生”的说法。意思是，宁肯借给人住处让人办丧事，不愿借给人房子让人生孩子。俗以为，借人住处办丧事，就等于让人家替自家死了人，可以把凶祸带走，相反，如果借地方让人家生孩子，就会使自己家少生孩子或者不能再生孩子，因而是为忌讳。由于相信吉凶祸福可以随物转让，所以周口民间还有借用药锅忌归还的习俗。俗说，“怕把病还给人家了”。幼儿坐的小轿子车，也是许借用忌归还的。据说是怕还“轿子”还走了“娇子”。汉族等许多民族中，办红白喜事借用人家的东西，用后归还时都要“封钱”，以求吉祥，避免凶灾。

周口的人际交往忌讳从细的方面来说，可以包括如下几大部分：

1. 称谓忌讳。周口人向来有尊祖敬宗的习俗，祖先的名字和长辈的名字都不能直呼不讳。直呼祖先的名字是对祖先的不尊，恐触怒了祖先而降灾于子孙。对于长辈，也不敢直呼其名，甚至不能把长辈的名字告诉别人，否则，认为家中会生下没有骨节的孩子来。如果有什么物件与长辈的名字相同，要把物件改一下名称，改一个说法。否则，就要折寿早夭。民众不论说写，都忌言及祖先、长辈的名字。不但晚辈忌呼长辈名字，即使是同辈人之间，称呼时也有所忌讳。

在人际交往中，往往出于对对方的尊敬，也不宜呼其名。一般常以兄、弟、姐、妹、先生、女士、同志、师傅等相称。在必须问到对方名字时，还要客气地说“请问尊讳”，“阁下名讳是什么”等等。凡结婚生过孩子后，别人就不再直呼其名，而是按其子女的名字，称为“某某他爹”、“某某他妈”。

周口民间也有类似的习俗。甚至一结婚，一成家，就改了称呼。妻子叫丈夫“外头的”、“掌柜的”、“当家的”；丈夫称妻子为“屋里的”、“做饭的”、“内当家的”。再不然就是互相认“哎”、“嗯”来招呼，一般很少再直呼其名。外人称呼他们，也是“某某的男人”、“某某的女人”、“某某的老头”、“某某的老婆”。虽然这样说着麻烦，而且也指出了另一个人的名字，但因为所说的不是其本人的名字，所以也算是做到了没有直呼其名，因而是不犯忌讳的。

2. 岁数、属相忌讳。人的名字要避讳，人的岁数、属相也有所避讳。周口一带最普遍的岁数忌讳是四十五、七十三、八十四、一百岁等等。

周口一带有关忌讳四十五岁或者把四十五岁称为“骂年”的民俗，有一个完整的故事体系：北宋时，陈州（今淮阳）一带连年大旱，民不聊生，又加上国舅庞玉在陈州横行霸道，欺压百姓，老百姓处在水深火热之中。为惩治贪官，救济灾民，包公奉旨下陈州放粮。

包公带人马日夜兼程，来到了陈州城北十五里安子岭，这时天色已晚，为了不打扰百姓，包公下令在村头安营扎寨。夜间将士们都歇息了，只有包公一人在翻阅陈州的公文、状纸。就在这时，从外面突然飞来一物，包公吃了一惊，回头一看，只见地上有一纸蛋，打开看到上面写着：“庞贼派来刺客，请大人提防。”包公看完之后，马上叫来王朝、马汉商量对策。

第二天，天还没亮，包公带随从王朝、马汉改装打扮，取小道到了陈州北关，只见城门紧闭，城头上挂着灯笼，持刀官兵，来回巡视，城内时而传来几声打更的梆声。包公心想，庞贼已经有了准备，必须混进城里，抓着庞贼的罪证，才能为民除害。于是，他便带领王朝、马汉走进路旁的土地庙里待机进城。

足足等了一个时辰，东方才发亮，忽然，王朝叫了声“包大人，有情况。”他指着土地爷泥胎说。

包公、王朝走近泥胎一看，只见旁边一个麻袋，里面不知装的是啥，还是一个劲地乱动弹，王朝打开麻袋一看，见里面装的是身无布丝的姑娘，脚手被捆着，嘴里还塞了一个棉团。姑娘松绑后，不但不磕头谢恩，反而破口大骂道：“你们这些畜生，禽兽不如，害得我家破人亡，又糟蹋了我，你们还想干什么?”骂着骂着就往包公身上扑打。王朝、马汉上前阻拦。包公再三解释，姑娘还是不停地骂。包公心想，姑娘不明真相，骂也是有道理的，不能怪罪她，并让王朝给这位姑娘找来衣服穿上。包公说道：“我们是从开封府奉旨来陈州，惩贪官，济贫民的，你有什么冤枉就说吧。”

包公知道这位姑娘叫田秀英，她的一家人是被庞贼杀害的。便给田秀英些银两让她先回去并嘱咐说：“过两天，你去督察院告状。”田秀英千恩万谢后走了。

包公、王朝、马汉刚上了大路，就听到了有个女人尖声地高喊：“截住！截住……”，包公定神一看，跑来了一头毛驴，后边还跟着一个妖里妖气的女人。包公上前拦住了毛驴，那女人来到，接过毛驴就走，连说谢字都没说，包公上前拦着：“请问大姐……”不等包公说完，那女人白了包公一眼说：“哟，你这个人连我都不认识吗？凡是陈州的人，谁不认识我林月英，我就是皇上老儿派来的，庞国舅见了我也得笑脸相迎。今天就是庞国舅特意请我呢！听说包大人要来陈州，他在接官亭等候了一天了，连个人影都没见，心中有些烦闷，就派人叫我来陪他哩。”

包公一听，便知这女人是庞贼的姘妇，灵机一动，便说：“大姐快上驴，我也是进城去的，我给你招呼着！”

林月英撇了撇嘴说：“你这个黑老头还要进城，听口音就知道你不是此地人，你哪晓得，只因近日包大人要来陈州，庞国舅怕包大人进城私访，这几天四门紧闭，任何人不得出入，弄不好，还会把你当作可疑人抓起来呢？”

包公装着很为难的样子说：“大姐，这可咋办呢？我孤苦一人，全靠给人家扛活做短工过日子，来到陈州地面，谁知道这里大旱，没人雇我，如若进不了城，岂不要我饿死在这乡下吗？请大姐开恩，救救我吧。”并又奉承地说：“大姐听你一说话就知道你是个好心人，你是国舅的红人，说话办事哪个敢不依你，这桩小事，还不是你老一句话。”

“听你这老头说话，是个实诚人。”包公紧接着说：“别看我老汉实诚，虽上了点年纪，腿脚还很利索。无论是提水扫地，赶集上店，出外牵个毛驴，在家喂个牲畜，我都能干得了，若是大姐不嫌弃，我情愿侍候你。”林月英说：“那好吧，我正缺个打杂的呢。”

“多谢大姐，请稍等片刻，待我去折个树枝赶驴，扶你进城”。在僻静处，王朝说：“包大人，你身为皇上钦差，怎能忍辱扮了‘王八’呢？难道你不怕事后众人耻笑吗！这万万扮不得呀。”包公摇了摇头说：“为了惩治贪官污吏拯救百姓，顾不得这些了。我进城后，你们带人马，到接官亭接应我。”包公就这样跟随林月英进了陈州城。

这年包公四十五岁，后人为了纪念这位历史上的清官，便把四十五岁叫做骂年。

又包公下陈州放粮时，向皇上报告受灾范围为城四周十八里。当时老百姓为领到赈灾粮，把二十多里也说十八里；包公体谅民情也认可了这种说法。所以，至今河南淮阳一带仍有“小二十五大十八”的说法。

民间岁数中忌言七十三、八十四，据说与孔孟二圣的终年有关。传说孔子是七十三岁死的，孟子是八十四岁死的。因此人们以为这两个岁数是人生的一大关口，连圣人都难以逃避的，一般人更不用提，所以都很忌讳。俗语中有“七十三、八十四，不死也是眼窝刺”，“七十三、八十四，阎王不请自己去”等一些说法。此俗流行于周口一带，其他地区也习见，至今不衰。岁数又忌称言“百岁”。百岁常常用来指人寿之极限，如“百年和好”、“百年之后”等都是暗指寿限之极的，所以若要问到某个人的岁数时，是忌讳说百岁的。真正是一百岁整，也要只说是九十九岁。否则，不吉。一些地区还有说百岁是驴、刺猬等动物的。关于岁数的忌讳，各地还有一些特别的说法。

因属相可以标明一个人的年龄，且又指代自我的本命，所以俗间有忌言属相的禁事。明清时期，艺人进宫唱戏除了记住当天宫中的“忌字”外，还要记住皇上、太后、皇妃等人的名讳、属相的忌字。否则，就要受责罚。

3. 凶祸词语忌讳。周口民间有“说凶即凶，说祸即祸”的畏惧心理，因而忌讳提到凶祸一类的字眼，唯恐因此而致凶祸的真正来临。

死亡是人们最恐惧、最忌讳的了。所以“死”字是不能提及的。周口回族忌说“死”字，要用“无常”、“殁”等代替。其他各族及各种宗教中都有许多字词是用来代替“死”字的。周口民间平日说话为了避忌“死”字，就连与“死”字同音的字也都要避开。周口有些地方的人们常常有意识地把姓“史”的史念成“吏”，把姓施的“施”，念成“胜（生）”。还有的连“四”、“十”等字音也避忌，因其与“死”字相谐。其他四月忌婚嫁，送礼应酬忌送四百元等也都是出于这类语言忌讳。

平时与死亡、丧葬相关的事，也忌讳提及，以免引起不好的联想。比如周口民间忌讳说“棺材”，要说成“财（材）”、“寿材”、“寿器”等等。殡葬时棺材进门要说“官（棺）也来，财（材）也来，财丁（材钉）两旺一齐来”等吉语，以破不祥。

为了防止凶祸的事情发生，周口民间在语言方面还忌讳说出与凶祸直接或者间接有关的词语。乘船的人，忌讳说“住”、“翻”，所以称“箸”为“筷”，称“帆布”为“抹布”。其他“沉”、“停”、“破”、“漏”之类的话语也都在禁言之列。平时人们忌说“眉毛倒了”，是忌讳“倒霉”之意。忌言“梨”、“伞”，而称“圆果”、“竖笠”，是避讳“离散”的意思。忌言“苦瓜”而称“凉瓜”，是要避开苦难之“苦”字。忌言“吃药”，而称“吃好茶”，是忌讳“生病”之意。探望病人和亲友时，忌讳送剑兰、茉莉、梅花等花束。因为“剑兰”与“见难”（意为日后难相见了）谐音；“茉莉”和“没利”、“末利”谐音；“梅”与“霉”谐音，故被视为“倒霉”、“不吉利”的花卉。特别不适宜送给病人和从商的亲友。

民众中又有地名冲犯的忌讳，以为某些地名有凶厄的意义，或者能够冲犯自己的本命，因而忌讳提及或者忌讳过往、居住于此地。《三国演义》中凤雏死于“落凤坡”的传说，便是基于这一俗信忌讳而形成的例证。又有杨姓与郎姓久不往来，皆因“杨”与“羊”谐音，“郎”与“狼”谐音，杨姓人恐与郎姓人往来会被冲破克伤自己的本命。

民间以为睡眠时灵魂会暂时离开肉体，直到清晨灵魂回到体内，人们才醒转过来。因此，清晨有许多忌讳，如不许讲龙、虎、鬼、梦等词语。据说不管是有意无意，说了这些字词，这一日便会遇凶厄、不吉利。周口人早晨最忌说“梦”字，又忌讳对人讲说自己睡眠时所做的梦。所谓“朝勿讲梦，夜勿讲鬼”，是惧怕谈论鬼魂事，招致祸殃。有些数字在周口民间也有吉凶的分别，因而也有宜忌。数字的单双有吉凶的感应性质，一般喜事忌单喜双，凶事忌双喜单，这是人们趋吉避凶的心理。

4. 破财词语忌讳。20 世纪 50 年代前，周口人见面打招呼，爱拱手说“恭喜发财，恭喜发财”。

周口春节期间，各家各户要祭财神，民间有串胡同卖财神画像的。财神画像忌讳买卖，要说“送”、“请”。串胡同的，带着许多财神画像，挨门喊：“送财神爷来了。”一般人家，都赶紧出来，到门口回话：“好好，来，我们家请一张。”如不想买的，也不能说“不要”，更不能撵送财神的，只说“已经有了”。

周口一带做饭时，忌讳说出“少”、“没”、“光”、“不够”、“烂”、“完了”等不吉利的字眼。人们以为说了这些字，饭食就会真的缺少、没有了。这也是一种担心破财的忌讳心理。如果问“年糕还有吧”，没有的话，要回答“满了”，不能直说“没了”。饺子烂在锅里了，也不能说“烂了”，要说“挣了”，挣是“赚钱”的意思。尤其是过年过节，计较得更厉害。包饺子时连数数都犯忌讳，因为数数本身就包括了“怕少”的意思。俗认为，饺子包好了越数越少，所以忌讳数数。放鞭炮拟声也忌说“砰砰砰”，只能说“叭叭叭”，因为在周口方言中，“砰”音谐“崩”，有“砸锅”、“事情办糟了”的意思。而“叭”音谐“发”，则有“发财”、“发家”的意思。

周口民众在 20 世纪 50 年代前赌博的风气很浓，因此民间特别忌讳“输”

字。有一种中秋夜所卖的木鱼书，被叫卖者呼为“月光赢”，便是忌讳“书”与“输”字谐音的。又因为“干”犯了“输得干干净净”的忌讳。所以便把“干”改为“润”，“润”取时时润色之意，是发财的象征。于是“猪肝”被说成了“猪润”，“鸡肝”被说成了“鸡润”；“豆腐干”被说成了“豆润”……商行里为了发财，为了账目上多进少支，特别忌讳支出的“支”字。为此把长衣（长衫）的读音“长支”改称作“长进”，以求只“进”不“支”。忌讳说“舌”字，因为“舌”谐音“蚀本”、“蚀财”的“蚀”字。为此，便把“猪舌”称作“猪招财”，“牛舌”称为“牛招财”了。

5. 亵渎词语忌讳。周口民间通常以为涉及性行为和性器官的词语是一种亵渎语，一般所谓“有教养的”或者“老实本分的”人都羞于启齿。在不得不说到性器官时，要用“那个”、“下部”、“阴部”等来代替。说到性行为时，也要用“办事”、“房事”、“同床”、“夫妻生活”、“男女关系”、“偷鸡摸狗”、“寻花问柳”等委婉词语来代替。甚至连容易引起生殖部位联想的“拉屎”、“撒尿”、“上厕所”、“月经”等也都在忌讳之列，一般要改为“出恭”、“解手”、“方便方便”、“如厕”、“上一号”、“例假”等等。

除了以上忌讳之外，周口还有一些其他方面的带有亵渎性质的语言忌讳。例如“兔”、“狗”、“驴”、“牛”等畜类常常被用来咒骂人，因而平时便忌讳在人前说到这些动物，尤其不能和人相提并论，否则，会伤害别人，引起斗殴纠纷。与和尚、道士说话，更不能说出“驴”和“牛”字，因为和尚最忌被骂作“秃驴”，道士最忌被咒作“牛鼻子”。有生理缺陷的人，也讳忌当面嘲笑他的缺陷，这也是对人不尊重的亵渎行为。如当着秃头的人忌言秃，当着跛腿的人忌言瘸等等。周口民间一般都喜少恶老。虽七八十岁的老人也不例外。若称其为“老人家”，则要生气的。现时代，青年女子喜瘦忌胖，若言其瘦，则喜以为是称赞其身材苗条，长得漂亮；若说其胖，则满脸不悦，以为是挖苦她体形难看，长得不美。

五、社会陋习

周口由于几千年封建思想的侵蚀和农村文化教育的落后，当地却仍存在着一些陋习，与社会主义的新风尚相抵触，在民众中造成了很坏的影响。

1. 敬神

解放前，周口当地民众普遍敬奉财神、灶君、土地、老天爷等神，意在祈祷保佑平安，招财进宝。每逢年节，当地烧香磕头的很普遍。有些斋公每逢初一、十五，再加上三、六、九日等都要去庙里烧香拜神，浪费钱财，浪费精力，实属不妥。

一些巫婆、神汉，利用人们的迷信思想和愚昧无知，装神弄鬼，胡说什么可降妖、除精、去邪、治病等，欺骗人们，骗取钱财。如有的人孩子有病，不去请医生治，而是请巫婆、神汉，结果贻误了孩子的病情。

2. 赌博

赌博这一些恶习，解放前在周口各地流传较广，其种类有打麻将、推牌九、摸纸牌等。赌博的害处很多，轻则造成家庭不和，影响生产和社会治安，重则妻离子散家破人亡，身败名裂。

3. 换亲

家中有子女的人家，因种种原因，儿子难以娶到媳妇，有些人家为了能让儿子娶上媳妇，传宗接代，就用自家的女儿给儿子换媳妇。换亲的双方，大多是男方条件差，双方牺牲女儿的利益，把自己的女儿嫁到对方当媳妇，用来成就男方的婚姻。换亲为社会陋习，应制止。

4. 打干亲家

周口有“打干亲家”旧俗。此俗多行于农村，但近些年来在城镇中间也颇为流行。

“打干亲”有几种情况：一是两对夫妻交情深，就把彼此的儿女认做“干儿子”、“干闺女”；二是有情男女因多种原因未能成婚，以后就把所生子女给另一方，认其为“干爹”或“干娘”，以了此情；三是为了让孩子健康成长，就让他（她）认子女多的人为“干爹”、“干娘”，以便成人；四是为了达到某些目的作为巴结、投靠的一种手段而拜在有一定社会地位的人的膝下，认其为“干爹娘”。

结了“干亲”后，逢年过节“干儿子”、“干闺女”都给“干爹娘”送礼。如八月十五送月饼小鸡，春节送大馍礼条（猪肉）等，这样互送礼品，给双方都加重了不应有的经济负担。更为严重的是，干部中的互相攀亲，形成了一股宗派势力，为照顾人情，尽“干爹娘”、“干儿女”的“义务”，他们可以利用职权谋私利，甚至不顾党纪国法，在民众中造成很不好的影响。“打干亲”的结局往往因双方礼品的轻或重而不欢而散；或因夫妻间的相互猜疑而坏了家庭幸福；那种为拉帮结派、互相利用而结的“干亲”更多是在达目的后便无“父子”之情，因没能如愿而反目成仇。

其实，干亲就是没有血缘关系或婚姻关系而结成的亲戚。它是以子女为纽带，以相互熟知为基础，以消灾避祸为目的而结成的既易形成又易破碎的奇缘关系。干亲与宗祖血缘和姻亲相比，在民间它称得上是一种奇缘。

在民间，双方结为干亲的目的有二：一是为了消灾避祸；二是为了沟通关系加强联系。在古代，结干亲是以消灾避祸为主。当时由于没有先进的医疗条件，婴儿的死亡率很高，男婴稀少的家庭更是提心吊胆。于是在面临不可知的未来时，人们希望借禳灾的办法来渡过危厄。小儿认干亲正是在这一思想观念下形成的。

认干亲在周口一带称为过门槛或打干气（亲）。婴儿出生不久，孩子的父母为使孩子能长大成人，他们开始给孩子找干爹干娘。认干亲这种风俗据史料分析约形成于汉朝以后。在汉代，由于受阴阳五行说的影响，各种禳灾祈福的风俗也达到了高峰。阴阳术士针对人们恐惧无后的心理，制造出了许多种禳灾的办法，婴儿认干亲是其中的一种。东汉郑玄诗中说："终远兄弟，谓他人父；谓他人母；谓他人昆。"意思是说抛弃自己的直系亲属，而叫别人为父为母为兄（昆）。这应该是干亲关系的最早记载了。南北朝颜之推《颜氏家训》也对干亲关系中的称谓略有叙述。更有野史记载唐朝安禄山拜杨贵妃为干娘之事在民间传得沸沸扬扬……

正因为认干亲是以消灾避祸为目的，所以古人对孩子认干亲多有讲究。首先，孩子认的干爹干娘以刘姓程姓最好，他们目的是谐音"留"、"成"希望留住孩子使孩子成人；其次，孩子所认的干爹干娘应为福大命大之人。古人认为贵人福大，贱人命大。孩子认达官贵人为干爹干娘可以受之庇荫而得福贵；孩子认贱人（多为走江湖下九流之属）为干爹干娘可以消灾长寿容易成活。民间人认干亲因为攀不上贵人，所以多认贱人为干亲以求孩子命大好活。

认干亲的程序并不复杂。一般是双方家长先商议好认干亲的事项，逢节日（多为春节）干娘把对方的孩子抱回家中，拿出自己不缝裤裆的裤子，让孩子从裤裆里钻出来代表出生。然后，干娘拿出几枚铜钱用一条红头绳串成一挂锁子挂在干儿子的脖颈上即可。以后，每逢干儿子过生日时，干娘都要为干儿子串一挂锁子，一直挂到干儿子 12 岁生日那天举行开锁子仪式。开锁子时，小孩的亲娘先用一把锁把 12 把锁子和孩子一齐锁在桌子腿上，然后由孩子的干娘用钥匙把锁打开。这预示着孩子已经长成人了。从此小孩和干娘也就确立了母子关系，逢年过节都应相互探望，及到干爹干娘去世时，干儿如亲儿一样戴重孝。现在，认干亲的程序更为简单，只不过春节时干娘请干儿子到家吃顿饭。12 岁开锁子时，干娘为干儿子挂一串锁子后再开锁即可。在民间认干亲，开锁子仪式很隆重，视双方家庭条件而办。有的人家开锁子甚至鸣炮奏乐，大摆宴席。

随着时代的发展，认干亲已逐渐摆脱了消灾避祸的目的，而成为人们之间互相沟通互相交流的纽带了。又因为干亲之间双方亲缘关系的基础很不牢固，所以它又极易破碎。一般情况下，干亲双方在孩子 12 岁开锁子之前互相沟通得都很好。及待孩子长大成人后，干亲关系双方也就逐渐疏远，甚至忘却了。但是有些干亲关系却随着交往的频繁，他们的关系越来越密切了。

总之，民间认干亲是一种奇缘。缘分的长短，只有在交往中才能得到实践。

5．扎草人子

在民间草人子是咒人的。在民间，扎草人子咒人，是最毒的咒。其实，草人子作为一种远古的巫术和咒术的载体，它已经有几千年的存在历史了，真堪称远古巫俗的活化石了。

在古代，人们根据梦想和幻觉等现象认为，在人的肉体之外，还存在一个独立的灵魂。古人以为人死之后，灵魂还独立存在，变成了鬼魂。鬼魂是一种无形、无质的依附于身体的一种东西。在人活着的时候，灵魂也会出窍的。许多人认为灵魂出窍是很危险的，为了解救灵魂的离体，就产生了许多招魂、叫魂的办法。同样，为了诅咒某人，也产生了所谓的蛊惑咒术等。

“咒术”在人类历史上，在不同的时间、空间下，广泛地存在于世界各民族中。尤其在原始社会，民智未开，人们因为对生存的自然环境的畏惧和对未来的世界等无法了解等，“巫术”“咒术”成为人类早期认识世界的一种方法以及寻求祝福和庇佑的寄托对象。在古代进行巫术者，男性称为觋，女性称为巫，都是能和神、鬼沟通的人，一般名之为灵媒。到了汉朝，巫人不仅在民间社会产生相当大的影响力，并将汉代人的生活和思想结成一体，形成普遍广泛的社会风俗。巫人以他们所拥有的司祭、治病、解厄、预言等神异功能，活跃于社会上，而且以供物、赋敛、幻术、医药等方法获取财富。同时，在汉朝咒术，也开始普遍流行，已经出现剪纸人来施咒术的记载了。

传说巫术来自于舜帝部落，传说，舜帝的时候，为了给老百姓生产食盐，满足人民群众的生活。舜就让他的一个儿子到巫咸国做了酋长。巫咸国的人右手操青蛇，左手操赤龙，地处大荒之中，它与巫即、巫盼、巫彭、巫姑、巫真、巫礼、巫抵、巫谢、巫罗称作十巫。传说舜的儿子做了巫咸国的酋长。带领巫咸国生产食盐。因为当地的巫咸人掌握着卤土制盐的技术，他们把卤土蒸煮，使盐析出，成为晶体，外人以为是在“变术”。加上巫咸人在制盐的过程中，举行各种祭祀活动，希望南风为他们带来好的气候等，以利于析盐。她们的祭祀，有各种表演，并且附有各种许愿和祈祷的言语。这一整个过程，在别的部落，把它看成是在实施一种方术，于是，人们称这种会用土变盐的术为“巫术”。

从施行巫术的手段角度来看，巫术又可分为两类，一为摹仿巫术，另一种叫接触巫术。摹仿巫术是一种以相似事物为代用品来求吉或致灾的巫术手段。如恨某人，便做人形，写上该人的生辰八字，或火烧或投水，或针刺刀砍，以致那人于死地。从性质上讲，这属于黑巫术。民间扎草人子咒人就属于此类。再如小儿常常落井，为避灾，有人会做一木偶人代替小儿投入井中，这种行为称作破灾破煞。淮阳太昊陵里拴娃娃、民间的“偷灯”等祈子习俗也是摹仿巫术之一。接触巫术是一种利用事物的一部分或事物相关联的物品求吉嫁祸的巫术手段。这种巫术只要是接触到某人的人体一部分或人的用具，都可以达到目的。如某人患病，在病人病痛处放一枚钱币或较贵重的东西，然后丢在路上任人拾去，于是他们就认为病患便转移到了拾者身上。

当然，随着社会的发展，巫术，咒术在人们的心目中逐渐被淡化了。但是作为一种古代风俗的化石载体，草人子是古人巫术咒术的一种记忆形式。现在，这种用草人子咒人的陋习已经不复存在。

6. 妇女缠足

妇女缠足是封建时代的陋俗，现已成为历史的陈迹。

通常的看法，缠足始于五代。元陶宗仪《辍耕录》、《引随山新闻》称：南唐后主李煜时，有位名空娘的舞女，为后主所赏识。后主别出心裁，令她用帛缠足，使成纤小弯曲的新月状，外套白袜，在六尺高的金质莲花上回旋起舞，借以欣赏所谓仙子凌云之态。好事者还作诗赞云：“莲中花更好，云里月常新。”其他舞女宫娥纷纷效仿，终于酿成贻害千年的陋俗。

到唐宋元明清时期，妇女缠足尤为盛行。妇女以脚大为耻，许多女孩从幼年就开始缠足，影响了身心的健康发展。直到辛亥革命时，此陋习才得以解除。

第七章　民间信仰

民间信仰是人类社会重要的支柱之一。其实，民间信仰是历史上形成的一种意识形态，它作为一种精神风俗，是极其复杂的，一方面与民间的生产、生活各个方面发生千丝万缕的联系，另一方面夹杂着大量的封建迷信内容。长期以来，周口的民众信仰一直都在迷信与宗教之间徘徊。

特有的地理和人文环境促进了周口当地民众思维，民众信仰的发展。周口民众为了祈求平安，多子多福，他们有当地特殊的伏羲和女娲信仰。周口地处平原，农耕经济是普通民众的衣食依靠。为了祈求风调雨顺，他们也有自己的保护神神农信仰，以及畜牧保护神牛王信仰等。随着时代的发展，地处中原文化交汇处的周口，在佛教、道教、基督教、天主教等宗教上也逐渐完善和发展起来。可以说，周口是各种宗教的杂居地，不同人的不同宗教信仰在当地形成了一系列的习俗和忌讳。周口当地民众的宗教习俗也是中国各民族宗教习俗的一个缩影。不过，周口一带由于各种宗教势力杂居相处，这使一些宗教独具了周口当地的特色。

在周口的民间信仰中，神佛仙鬼，“山门”林立，路数不一，颇具民族特色和历史传统，历经岁月沧桑，世代传承。它们在民众的生活中形成了自身独特的影响，成为当地民间文化、社会习俗的有机组成部分。20世纪50年代前，周口民众多敬奉灶君、土地爷、财神爷、城隍爷、玉帝、关帝等，意在保佑平安，招财进宝。一般在重要节日便烧纸焚香拜祷。在诸神中，人们以对灶神祭祀最多。

一、伏羲信仰

（一）伏羲祭祀民俗

伏羲“制嫁娶之礼”后，原来在本氏族内部近亲婚配被禁止。男子要找配偶，必须到外氏族去找，规定男子送给女的两张鹿皮，正过姓氏才能结婚。伏羲并规定每年的仲春男女集体选择配偶的日子，这样青年男女就有了大型的聚会——二月二聚会。《周礼·媒氏》记载说："仲春之月，令会男女，于是时也，奔者不禁，若无故而不用令者，罚之。"这种鼓励男女奔到聚会地谈情说爱，唱歌跳舞的集会，长达一个月时间。不去聚会的，还要被处罚。这就是太昊陵古庙会的起源。

后来，一夫一妻制被巩固下来，以媒妁之言便可结婚，不一定非要去会上才能找到对象。然而，这种仲春之月的大聚会还是沿袭了下来。这时的聚会已经不限于青年男女了，谁都可去，聚会也不限于谈情，主要是为游乐、玩耍。再后来，由于统治者的参与，仲春之会的规模更大，影响更广。会的主要内容是祭拜人祖伏羲。唐太宗李世民、宋太祖赵匡胤、明太祖朱元璋、明英宗、清康熙帝、乾隆帝、民国大总统黎元洪等都曾诏为伏羲陵设守陵户、修建、增建伏羲陵，有的还亲临祭祀，立碑树匾。仅明、清两代朝廷就派52名大臣来淮阳以太牢大祭人祖。

皇帝这么一带头祭祀祖先、大修陵庙，天下黎民百姓也在每年仲春之月潮水般地向太昊伏羲陵涌来，这时的庙会主要是朝祖进香，观看各种娱乐节目。解放后，每年农历二月二至三月三，山东、安徽、江苏、湖北、山西、河南各地、河北等十多个省的民众，南船北马，云集淮阳，人山人海，潮水一般，每天多达十多万人至数十万人。整个陵庙内外，人头攒动，熙熙攘攘，香烛纸炮，烟雾弥漫，笙笛锣鼓不绝于耳。各种文艺团体纷至沓来、杂技、马戏、戏曲、音像、驯兽各逞其能。民间的狮子、龙灯、旱船、高跷、竹马、肘歌等玩意表演更是热烈火爆，他们不但分文不取，还要给观众道谢。总之千古以来，每年仲春，从二月二到三月三，整整一个月，河南、河北、山东、安徽、湖北、陕西等省的龙的子孙，南船北马，云集于此，用中国民族特有的方式，隆重祭祀伏羲、女娲。对太昊伏羲与女娲的祭祀，历史之悠久，规模之大，人数之多，祭祀连续时间之长，声势之隆重，史来空前。不仅如此，每月初一、十五，各地龙的子孙，也相继来陵庙祭祀。

（二）太昊陵庙会遗风

伏羲、女娲创造的远古龙文文化，伏羲文化内涵丰富，博大精深，其遗风至今仍在淮阳灿然生辉，影响着现代人的理念和生活，仅举数例。

1. 担经挑

这种原始舞每年都出现在太昊陵庙会上。舞队每组4人，3人表演担经挑（或担花篮），1人打竹板数唱为舞者伴奏，舞姿变化有三，一曰剪子股、二曰铁锁链、三曰蛇蜕皮。舞时6只花篮旋转飞舞，背后的黑纱交相飘动，围观者叫好不绝。

担经挑

这种原始舞蹈至少有几千年的历史。《诗经·陈风》中记载：子之汤兮，宛丘之上兮……坎其击鼓，宛丘之下，无冬无夏，值其鹭羽……描写的就是一队队舞女在宛丘上下，咚咚地击着大鼓，挥舞着羽毛，不分冬夏地尽情跳舞的情景。

跳这种原始巫舞，是对伏羲女娲兄妹为婚繁衍人类的追念和祭祀。汉代的画像石和画像砖中，常有伏羲女娲的合身像，像上二人下身两条尾巴亲密地缠绕在一起，象征二人交合状。担经挑舞中有一动作是二人背靠背，使背后下垂的黑纱相互缠绕交合，极似伏羲女娲石像中的交尾状。况且，伴舞者的歌词也是赞颂伏羲女娲的："……上天神留下他兄妹二人，无奈何昆仑山滚磨成亲，日月长生下了儿女多对，普天下咱都是龙的子孙……"

担经挑（又叫担花篮）是流传在淮阳太昊陵的祭祖原始舞蹈。每年农历二月太昊陵古会，或农历每月初一、十五，一些上年纪的女香客，上穿偏大襟镶彩边黑布衫，下穿大腰宽腿黑裤子，头扎五尺带穗黑包头，脚蹬黑绣花鞋，用软溜溜的竹扁担挑着花篮来到太昊陵。她们大多五人一组，二人站在一旁，一个手拿着竹板，一个手拿铜铃或木鱼，边敲边数唱。三人各担一副经挑，随着节奏变换队形翩翩起舞。舞至高潮时，几十岁的老太太竟能打飞脚，不时引起观众阵阵掌声。

据考证，担经挑是从古代龙花会流传下来的。龙指伏羲和女娲，伏羲为大龙，女娲为小龙。花是指以花篮组成的祭祖形式。而民间对担经挑的由来却另有一种说法。

相传，女娲补天累死以后，她的女儿宓妃很想念她。后来宓妃听说母亲没死，有人还说亲眼见过她。宓妃听后，下决心要找到母亲。她精心扎了两个花篮，一个花篮扎成盘龙，一个扎成卧凤。花篮里插上鲜花，里面放着孝敬母亲的经文。她用竹扁担挑着两个花篮，跑遍了山山水水，到处寻找母亲。每到一地，她都要担着经挑跳舞，招来很多人观看，用这种方法询问母亲的下落。

她几乎跑遍了整个天下，终于打听到了母亲的消息。原来女娲补天累昏过去并没真死，她醒来后误入了恶狗庄，变成了一条黑狗。听人说：恶狗庄，恶狗庄，十人进庄十人亡。但宓妃为了能见到母亲，千难万险全不怕。有个老太婆被她的孝心感动了，拿出7个杂面饼子对她说："这饼子叫打狗饼，你进了恶狗庄，有7条恶狗把着7道关。你每到一道关扔给恶狗一个打狗饼，趁恶狗吃饼子的机会，你闯过去。"

宓妃接过打狗饼，拜别老太婆上路了。她走了7天7夜，来到了恶狗庄，用7个打狗饼闯过了7道关。走到一个十字路口，看见一条黑狗蹲在一旁，只见它两眼流泪，显得很痛苦。宓妃心里很难受，走上前去问："请问，你是我的母亲女娲吗?"那黑狗听了"呜呜"哭起来。宓妃扑上去，抱头痛哭着说："母亲，我可找到你了，快跟女儿回去吧!"说罢，忙把经文集中到一个花篮里，把黑狗抱到另一个花篮里用花遮住，赶忙担起来悄悄跑出了恶狗庄。

宓妃的孝心感动了天帝，刚出恶狗庄女娲就还了原形。母女俩悲喜交加，说不完的离别情。她俩刚想回宛丘（今淮阳），突然闪了一道金光，女娲随着金光飞上了天。

天帝把女娲招到了天堂，宓妃再也见不到母亲了。后来，宓妃淹死在洛水做了水神，可是担经挑的风俗却流传了下来。人们通过担经挑祭奠祖先，谁的经挑做得好，谁就是知宗敬祖的真金女。

不少史料证明，淮阳是远古巫舞重要发源地之一。担经挑这一古老的遗风，便是活生生的佐证。

下面是辑录到的一些担经挑唱词

（1）伏羲女娲滚磨成亲

老盘古安天下人烟稀少，
没有天没有地哪有人伦?
东南山有一个鸿钧老祖，
再后来才出现上下天神。
上天神只知道日月星辰，

下天神只知道五谷苗根。
有了天有了地没有人烟，
上天神只留下伏羲女娲兄妹二人。
他兄妹下凡来万古流传，
眼看着一场大祸就要来临。
多亏着白龟神苦难相救，
无奈何昆仑山滚磨成亲。
兄妹俩生下儿女百对，
普天下咱都是龙的子孙。
天下人都是一母所养，
讲三纲论五常哪有远人？

（2）十朵莲花

一朵莲花开得鲜，尊敬父母如敬天。
老天爷敬得心欢喜，一年四季保平安。
二朵莲花开得大，为人不要听旁话。
三朵莲花开得白，这为人世上可别爱财。
秤高斗满讲公平，这荣华富贵会得来。
四朵莲花绒生生，为人世上可别行凶。
和和气气别离群，遍地花开歌似林。
五朵莲花开得好，人有了好心可别表。
不要自说自家好，人不知道天知道。
五朵莲花我都念完，那么弥陀拜神仙。
六朵莲花往上升，祖宗察地察天空。
七朵莲花往上看，神仙下凡救灾难。
八朵莲花开得艳，人祖老爷拿坏蛋。
那坏蛋，不是人，各种坏蛋都拿清。
说的巧，变的能，牛鬼蛇神都上绳。
九朵莲花开得青，人祖姑娘伴皇城。
皇城内外没灾星，又不淹，也不旱。
打的粮食成大囤，吃不完，喝不完。
初一十五起香烟，老祖子孙喜喜欢。
十朵莲花都念完，天地老祖喜颜颜。

（3）人祖爷恩情说不完

收罢庄稼种上田，闷在家里心里烦。
走着坐着没有趣，睡到床上不安然。
一日三餐没滋味，吃着蜜糖也不甜。
一心想着人祖爷，女娲姑娘可团圆。
叫上姐妹老嫂子，不如咱去担花篮。
今天不到别处去，太昊陵里把景观。
来到渡善桥上站，威风石狮站两边。
午朝门，真可观，朱门金钉整三间，
五色彩画看花眼，东西天门在两边。
龙飞凤舞结飞檐，三个大门都朝南。
进午门抬头看，楹联匾牌上边悬。
天文地理人情事，样样道理说得全。
过午门，往前看，金楼玉柱看不完。
笔直甬路青石板，九进十门通陵园。
青松翠柏冲天高，南天门上扫云烟。
道仪门，讲道德，仁义道德自古传。
真道道真刻金匾，说得阴阳真又玄。
要是不把道德讲，人类生存化清烟。
做人不把道德讲，哪有人人吃和穿。
商人不把道德讲，坑蒙拐骗坐南监。
当兵不把道德讲，国家不能保安全。
文人不把道德讲，欺上瞒下瞎胡编。
医生不把道德讲，明里治病暗骗钱。
病没好，钱花干，太平间里染黄泉。
人人骂他没心肝，当官不把道德讲。
吃喝嫖赌都占全，贪污受贿犯国法。
活该坐牢受熬煎，人人都把道德讲。
欢天喜地太平年，先天门，不简单。
先天八卦是起源，伏羲老祖画八卦。
一画开天万古传，三才五门整两座。
太极门楼在中间，左俯察，右仰观。
晨钟暮鼓震天响，提醒世人莫贪婪。
东西廊房四十间，飞禽走兽画的全。

两仪四象通天地，日月星辰都包含。
统天殿，是大殿，龙凤大脊金灿灿。
二十八宿就了位，四个绝人站飞檐。
伏羲老祖里边坐，身材高大好容颜；
头生双角足踏地，树叶兽皮身上缠；
虎灵灵的两大眼，手里托着八卦盘。
炎黄二帝来认祖，天下儿女是他传。
结网捕鱼逮野兽，制定姓氏分血缘。
人伦道德这才有，男婚女嫁子繁衍。
治理天下有纲纪，分成九个大龙官。
人祖伏羲传大道，开天辟地创人寰。
宓妃姑娘担花篮，祭祀女娲人伦现。
龙凤花篮肩上挑，姐妹孝心喜颜颜。
统天殿后显仁殿，这坐殿堂真威严。
女娲娘娘金闪闪，金童玉女侍两边。
五色彩石托手上，要为儿女补苍天。
要问炼石多少块，听俺一一对你言。
炼了三万六千六十六，剩下一块没用完。
一块顽石没有用，丢弃渺渺大荒山。
日精月华有灵性，贾宝玉当成脖项玩。
我说这话您不信，红楼梦里说哩全。
转厢楼，各寝殿，楼高百尺彩云间，
后边就是八卦坛，多少高人悟不全。
一阴一阳两符号，天地人生都包含。
伏羲画卦功劳大，人人说它是尖端。
伏羲陵，大如山，人祖长眠陵里边。
千年古柏岁数远，人祖恩情说不完。

（4）俺请老姐担经来

太阳出来红脸开，俺请老姐担经来。
去哩空，来哩空，钥匙丢到祖家中。
那里开心笑脸开，转转地上钥匙来。
一挪三晃两下开，一挪莲花现出来。
正月担经是新年，枕头衣裳共般缠，

家田家地都舍了，生死一盘去担经。
二月担经龙抬头，二人担经山里头。
一对狮子来交引，一对童子驾云头。
三月担经三月三，二人担经要上山。
人人都说山里景致好，五朵金花采药丸。
四月担经四月八，二人担经要离家。
一担担到灵隐寺，灵隐寺里见菩萨。
五月里担经麦梢黄，二人担经直慌忙。
慌慌忙忙向前走，真诚到漫坡歇一场。
六月担经正立秋，二人担经山里头。
一对童子来交引，一对狮子驾云头。
八月担经月儿圆，二人担经到海前。
到海前，快开船，五朵莲花圆又圆。
九月担经菊花开，师傅徒弟同吃斋。
师傅吃斋吃到老，徒弟吃斋散不开。
十月担经天道短，脚踩莲花地，头顶佛莲山。
十一月担经天道寒，肩披牲毛配银毯。
冰天雪地担经上，担肩容易换肩难。
十二月担经整一年，渡善桥上站花船。
花船能站人两个，谁能陪俺到北关？
北关有个太昊陵，太昊陵里入宫难，
咱念两句焦老丈，再念两句焦老盘，功满圆满喜颜颜。

（5）五朵莲花

一朵莲花开得鲜，先敬祖宗后敬天。
敬不敬由在您，她与旁人啥相干。
两朵莲花开得大，为人别听旁人话。
旁话坏了自己事，人在一旁看笑话。
三朵莲花开得好，有功别把功来表。
人不知道祖知道，不用表功都知道。
四朵莲花往上开，为人别爱旁人财。
秤高斗满凭天过，荣华富贵自己来。
五朵莲花开得圆，人到难处别加言。
吃斋念经都说完，人到难处别加言。

强似吃斋万万年。

（6）只有善人取真经

正月取经是新年，善人取经盼西天，
西天十万八千里，哪天才能到西天？
善心哪怕路子远，二月取经担花篮。
担经挑，担花篮，一片孝心能感天。
往西游，盼经楼，过大河，走大川。
西天老母看得清，有位善人取经卷。
善心哪怕路子远，三月取经三月三，
担经挑，担花篮，担花篮来到莲台边。
不盼家中儿共女，老母娘娘把经传。
传给姐妹好修行，传给兄弟家平安。
四月取经四月八，遍地开满海莲花。
朵朵莲花开得鲜，取得真经往下传。
弥陀真弥陀念个够，人人心里真舒服。
五月当五担花篮，取经的事儿没做完。
远看都是金桥山，一步一步路真难。
千也难，万也难，观音老母来指点。
六月取经热难挡，脚踏水盘明晃晃。
脚踏水盆迷了路，大放悲声坐路旁。
左手分分南北草，只闪现有路一条。
七月取经立了秋，神胎古庙善人修。
先修真神供大殿，再修排房盖门楼。
八月取经月正南，一队大雁往河南，
俺问大雁哪里去，身带经卷遍地传。
九月取经是重阳，男男女女经挑忙。
姐妹一齐担经挑，老老少少爬山冈。
十月取经立了冬，担起经挑还显轻，
老母娘显俺取经少，取经多了担不动。
十一月取经雪花飘，狼豺虎豹满山跑。
老母娘操心抖抖手，狼豺虎豹跑散了。
十二月取经到门庭，善男信女来接经。
善男见了哈哈笑，俺见善男放悲声。

善男问俺哭啥哩？西天取经有屈情。

经挑搁到供桌上，端盆水，洗洗脸，端碗茶，漱漱口，手洗净，用手拿起书一封。

上念真经经一本，下念真经经一封。

经挑只有善人挑，只有善人取真经。

（7）庙堂扫得溜溜光

小笤帚，把儿长，扫了天堂扫地堂。

天堂地堂都扫光，一扫扫到庙堂上。

庙堂扫得溜溜光，单等善人来降香。

黄香焚到香炉里，黄表焚到正当阳。

磕个头，忙站起，担起经挑参皇王。

参里皇王心欢喜，担起经挑串四方。

老祖看见喜盈盈，掂笔点你头一名，

先点名，后排号，朗朗大字写哩清。

担经念经你有功，莲花盆里去修行。

金童玉女两边站，你渴了，端仙茶，你饿了，仙果端到你面前。

十冬腊月焚火盆，五行六月打凉扇。

俺问你，伺候俺恁好皆为啥？

你担经，你念经，担经念经功劳大，不伺候你伺候谁家。

（8）朝九莲

叫大姐，别多言，咱结拜，朝九莲。

走一莲，又一莲，莲莲里头进香烟，真心实意朝九莲。

说一莲，道二莲，

老师父头前走，俺背着香包在后边。

腰又疼，腿又酸，探着身子往前赶，真心实意朝九莲。

说二莲，道三莲，三莲风景真稀罕。

石头缝里淌清泉，清泉水，往上窜，淌个珍珠倒卷帘。

山下水，也不多，顺着小河淌得欢。

善人坐在天桥顶，咱看鲤鱼耍水玩。

鲤鱼耍水跳龙门，鱼耍水儿泥里钻。

鲢子耍水噘着嘴，蚂虾耍水把眼翻。

剩下一群小泥鳅，嘁哩喀喀炸响鞭。

真心实意朝九莲，说四莲，道五莲，五莲路径也不宽。

抬头看见山万丈，没底的深海在左边。
蛟龙盘，十八盘，徒弟看见害了怕，老师看见打寒颤。
叫徒弟，站稳步，手扶山，真心实意朝九莲。
说五莲道六莲，眼看着庙宇到眼前。
红门楼，看得见，黄蜡金顶砌上边，蛤蟆银鱼脊上安。
玉石狮子将门把，交流旗杆在两边。
叫徒弟，站稳步，手扶山，真心实意朝九莲。
说六莲道七莲，七莲风景真稀罕。
忽的一阵变了天，只听空中云加响，
乌云都把太阳漫，雪天飘飘在面前。
叫徒弟，水多路滑咋上山？
徒弟说：师傅也，站稳步，扶着山，真心实意朝九莲。
说七莲道八莲，那本呐，俺看见，仙桃在面前。
吃了仙桃大改变，一头青丝如墨染，先白后黑转少年。
师傅说：叫徒弟，你也快把仙桃餐，
徒弟吃了也改变，真心实意朝九莲。
说八莲，道九莲，抬头看见九架山。
九莲山上坐个王灵官，王灵官，戴着盔。
身穿甲，张着嘴，瞪着眼，张嘴瞪眼手执鞭。
徒弟看见心害怕，师傅看见打寒颤。
叫徒弟，开香包花纸钱，敬敬九莲山上的王灵官。
王灵官敬得心中喜，保着善人成神仙，真心实意朝九莲。

(9) 太昊陵里旗杆高

叫大姐，停一停，听我说段朝皇陵。
老会首龙旗打得高，眼看着二月十五来到了。
二月十五捆香包，捆了香包去祭祖。
头里金锣响，后头两杆大旗滚着飘。
走了一程又一程，不知不觉来到了太昊陵。
太昊陵里旗杆高，四面子陵墙修得好。
转香楼上听响炮，一年只来瞧一遭。
进了皇陵往里观，不远来到午门边。
进了二门往里观，不远来到三门边。
抬头看见人祖爷的金銮殿，琉璃瓦，修宝殿。

青龙凤凰脊上安，二十八个仙人四角站。
姜子牙在此坐上边。
人祖大殿修得好，钟鼓二楼在两边。
玉石狮子把门把，交流旗杆在两边。
朝了大殿朝二殿，三皇老爷坐上边。

（10）人祖爷的一本经

人祖爷坐城北，坐了城北看风水。
占了风水修大殿，东边修的岳飞观，西边修的娃娃观。
有儿有女把头点，没儿没女拴一个，夫妻双双都喜欢。
城隍爷坐城西，坐了城西占风水。
二老爷，发银钱，发了银钱修大殿。
钟鼓二楼在两边，皇城内外光闪闪。
皇城的柏树青又青，烧香的斋公都有功。
金童玉女两边站，烧香的斋公都喜欢。
走金桥，过银桥，烧香的斋公有功劳。
别讲斋公大和小，人祖姑娘把咱保。
当百姓，要学好，人不知道祖知道。
呐喃无么佛，呐喃无么僧，这是人祖姑娘的一本经。

（11）天上钥匙开人心

天上钥匙一锭金，开天开地开人心。
俺叫人心都开开，开开人心过庙来，
过了庙门八步移，一把黄香手中握。
俺把黄香自点着，点着黄香路里分。
瘟灾不落善人家，南无弥陀南无僧，
这是天上钥匙经。

（12）十个头一本经

磕头一，磕头一，磕头不是咱自己。
磕头两，磕头两，磕头祖钱往上长。
磕头三，磕头三，磕的祖钱上金砖。
磕头四，磕头四，磕的祖钱是金字。
磕头五，磕头五，磕的神头敲金锣，打金鼓。
磕头六，磕头六，磕的人祖勤保佑。
磕头七，磕头七，磕的祖宗穿锦衣。

磕头八，磕头八，吃仙果，喝仙花。
磕头九，磕头九，吃仙果，喝美酒。
磕头十，磕头十，十个响头磕的值。
十个头俺磕完给南连山，这便是十个头一本经。

（13）**花篮里面担真经**

担着花篮一阵风，花篮里面担真经。
担着真经去修行，担着花篮打圈转。
花篮里面担着神仙，担着神仙去修仙。
担着花篮保世界，又保英雄和好汉。
保下的好汉做朝官，做朝官，保江山，
保下江山万万年，这幸福的日子享不完。
那么里佛来佛三声，这是一本花篮的经。

（14）**献经卷**

太阳出来三朵山，俺见大姐泪不干。
不想大姐的好财宝，光想大姐的好经卷。
好经卷教俺三两篇，好像教俺三两卷，带到路上做盘缠。
走的路黑古洞，矛链铁锁响连声。
修一条明路往前走，修一条明路可前行。
一走走到临河沿，一对猛虎下山来。
善人见虎别害怕，赶快献出经卷来。
猛虎一看献经卷，这是善人到眼前。
不是吃你来救你，渡到天堂来施善。
阴朝路上黑胡同，矛链铁锁响连声。
我要知道还是行善好，一辈子我也忘不了。

（15）**十炉香**

北乡有个焦家庄，焦家庄有个焦员外，
他家有个三姑娘，起名就叫小贵香。
贵香她娘得了病，一心想喝新麦汤。
贵香听罢就暗算，后花园里去烧香。
头炉香烧给人祖伏羲，二炉香烧给女娲娘娘。
三炉香烧给玉皇大帝，四炉香烧给四海龙王。
五炉香烧给五帝元君，六炉香烧给六大陆郎。
七炉香烧给头星六神，八炉香烧给灶神一郎。

九炉香烧给九仙女，十炉香烧给十大药王。
她把这十炉香一一烧上，照得贵香泪汪汪，
头一声哭的麦芽出，二一声哭的麦拖秧，
三一声哭的麦大肚，四一声哭的麦子黄，
五一声哭的麦熟了，六一声哭的麦到场，
七一声哭的麦上仓，八一声哭的到磨房，
九一声哭的磨成了面，十一声哭的做成了汤，
贵香娘用了新麦面，她娘病好十分离牙床。

（16）人祖爷面前一盆金

人祖爷面前一盆金，是好是孬能分真。
人行好事，莫大前程，人行孬事，天地难容。
舌根压人罪不轻，恶人说话不理他，
只要人祖登龙位，脱掉宝剑算他能。

（17）天上钥匙开人心

天上钥匙开人心，一把钥匙半斤重，拿到手里还显轻。
开天门，天地门，开开人祖的金庙门。
进了庙门把香焚，纸灰起香灰落，
一会斋公把头磕，人祖爷爷笑呵呵，保您一年四季都平活。

（18）俺家有本姑娘经

一轮红日往上升，俺家有本姑娘经。
俺家姑娘好行善，一舍米，二舍面。
三舍油盐吃不完，大囤满，小囤流。
来到俺村不发愁。会扎花，会描银，
俺这里姑娘都勤恳。做住活，念着经，
谁念经，谁有功，莲花盆里去修行。

（19）十念经

一念经，百事通，世上事情看得清，啥事都在意料中。
二念经，似明灯，照人照己照心中，照得人人善心增。
三念经，悟性高，千言万语谦虚好，好歹都是世人找。
四念经，心花开，心无忧愁身无灾，心理平衡是常态。
五念经，教子孙，勤学苦练要认真，不要错过好光阴。
六念经，知人根，太昊陵里表表心，不要忘了人祖恩。
七念经，敬爹娘，敬里爹娘寿延长，不愧世上走一场。

八念经，道德讲，亲戚朋友常来往，树立人间好思想。
九念经，要用功，做着活，念着经，里面意思要悟通。
十念经，功成就，天地万物都悟透，带住真经上天走。
老母接到大门口，俺与老母常相守。

（20）心中有个挂心钩

善人行善古不忧，心中有个挂心钩。
扒扒真经忘不了，真经有个长流水。
流来流去它不回，前走三、后倒三，
修个大路上西天，西天老母等着咱。

（21）父母好比两尊神

天上星星朗朗稀，十人笑俺穿破衣。
十个指头有长短，就地莲花有高低。
日升日落是天理，年少别笑年老人。
为人知道孝父母，父母好比两尊神。
为人不知孝父母，怀里抱的是啥人。

（22）行善积德是福根

一个弥陀遍地银，下个弥陀不求人。
劝弟子，修地金，行善积德是福根。
走遍天下有远景，多做善事记在心。
节衣缩食身子好，光享荣华易折损。
清酒红人面，财钱动人心。
花言巧语人前卖，怀揣钢刀暗杀人。
自古害人如害己，想害旁人伤自身。
十分精能别使尽，留下三分给儿孙。
福贵荣华天地定，不可强求使劳神。
正直无私阳关路，行奸弄巧定亡门。
烧香拜佛千里远，不如在家报亲恩。
父母情，如山重，不孝父母九雷轰。
父母堂前行孝顺，强似坟前烧金银。
临危庄田难割舍，赤手空拳见阎君。
家里银钱堆百斗，临死不能带分文。
经卷佛法怀中抱，行在路上紧随身。
行善积德做好事，不说坏话做好人。

两个弥陀重如山，莲花大盆栽金莲。
祖宗老母堂前坐，一叩三拜行孝顺。
金莲照着祖宗面，手捧黄香拜祖前。
劝弟子，休给钱，给的钱，无处用。
给的钱来是祸端，钱多快给人行善。
有钱难买生死路，提起临死好可怜。
花船给人渡苦海，不如吃斋造花船。
经卷佛法怀中抱，生死路上免熬煎。
三个弥陀过三江，三只花船来帮忙。
有人参透苍天意，只要德行不要钱。
有人参透苍天意，只要孝顺不要钱。
万古桥上点螺点，只做好人不要钱。
四个弥陀念的好，怀揣经卷值金宝。
经卷佛法不住口，惆怅闷倦飞云霄。
花花世界我不爱，要修长生路一条。
陈州有个太昊陵，太昊陵里有仙桥。
仙桥本是渡善桥，金砖玉瓦砌得牢。
两头两对金狮子，对对莲花照满桥。
铜锣对对声声响，接着善人过仙桥。
文武百官过不去，单等善人过仙桥。

(23) 忍辱求和是妙方

红尘白浪两茫茫，忍辱求和是妙方。
到处随缘适岁月，终生安度好时光。
休将自己良心昧，莫把他人过失扬。
谨慎应酬无懊悔，耐心做事好商量。
从来硬弩总先断，每见钢刀刃易伤。
是非不必多口舌，彼此何须论短长。
世事古事多缺陷，动躯焉得免无常。
吃些亏处原无碍，退让三分也不妨。
春日才看杨柳绿，秋风又见菊花黄。
荣华富贵三更梦，富贵如同九月霜。
老病死生都会有，酸甜苦辣自承当。
人从巧计充伶俐，天自从容定主张。

贪色损寿进地狱，公平正直上天堂。
麝因香重身先死，蚕为丝多命先亡。
不气不恼多笑笑，和和气气是正常。
生前枉费心千万，前人栽树后人尝。
悲欢离合朝朝闹，龙争虎斗空空忙。
休得争强来斗胜，百年浑战戏一场。
顷刻一声锣鼓歇，不知何处是家乡。

（24）不知财神找善人

清早早起去做饭，一没米二没面，
跑到堂屋把经念，东家哩他不喜欢，西邻里不耐烦。
东北角起了一块云，霹雷火闪吓坏人，不知财神找善人。
东边有个摇钱树，西边有个聚宝盆。
光上善人他的门，聚宝盆卧个大鹅鳞。
鹅鳞饿里呱呱叫，你看行善好不好。

（25）孝顺子孙贤

劝人为良善，孝顺子孙贤。
为人莫犯法，犯法受熬煎。
有些奸诈人，挑三又和四。
嘴皮无反正，脚蹬两只船。
这边说个扁，那边说个圆。
你若想破财，听信他的言。
寻人会写状，瞎话往上编。
你若去告状，衙门开两边。
有钱让你进，无钱进门难。
你若告上状，证人发狂言。
你若要证件，替我拿盘缠。
差人拿着票，先把原告传。
进门开口笑，兜空没酒烟。
酒肉吃个饱，又拿脚步钱。
官府来断案，证人问有钱。
你若抢一言，巴掌打嘴边。
罪期无定限，动刑是半年。
牢头和禁子，就是活判官。

无钱就地睡，衣裳当席眠。
亲友来看望，不幸受株连。
重者要丧命，轻者失家园。
终究回家转，进门泪涟涟。
妻女抱头哭，父母叫心肝。
对头隔墙望，把嘴笑两边。
棒伤尚未好，逼债到门前。
要债逼死人，全家哭动天。
劝君明是非，遗训千万年。

（26）为娘言语须谨记

女子生来是外象，娘家茶饭不久长。
婆家莫学懒人样，天明起早下厨房。
稀奇美味奉堂上，不可留下自己尝。
公婆面前柔言讲，叔伯相见以礼防。
丈夫有话对你讲，和颜悦色共商量。
无事邻居少来往，是是非非肚里藏。
为娘言语须谨记，免得人家骂为娘。

（27）劝浪荡子

宣统皇帝把基登，谁道天下能太平。
万国九州不来贡，九夷八蛮朝大清？
新编一段劝世文，我把浪子明一明。
金边皮帽戴着，羔儿皮袄穿着，
红绸腰巾束着，镶羊皮荷包吊着。
蓝绸裤子穿着，白绫袜子蹬着。
挖镶鞋儿穿着，小细狗儿跟着，
画眉笼子提着，长杆子烟袋拿着，
掌柜的出来让着，请到上房坐着，酒保侍候着，灯火对着，
烟卷吸着，茶儿喝着，烟茶一过，酒菜上着。
什么菜味仔细听着，什么海味猴头燕窝，
鸡鸭牲掌鱿鱼趁着，
做着端着吃着喝着，他还嫌不大快活，
叫几个美女陪着。
说着笑着，打着捞着，拉着闹着，

琵琶弦弹着，戏准调儿唱着，
侧耳听着，瞪眼看着，
张嘴笑着，麻将打着，
牌九推着，四子宝开着，他比神仙还快活。
浪荡不过十年多，一份子家业打了锅，
房子折了，田地卖了，爹娘气死了，
娶亲又嫁了，儿女饿死了，
朋友不见了，金边皮帽毁了，
羔皮儿袄当了，红绸腰巾断了，
镶羊皮荷包丢了，蓝绸裤子烂了，
白绫袜子没了，挖镶鞋儿破了，
高头骏马死了，兔虎鹿儿飞了，
长杆子烟袋炸了，水晶眼镜打了，
鹌鹑败了，小细狗疯了，
画眉猫吃了，肚里饿，实难过。
有个破狗皮披着，
破裤衩儿穿着，脚儿赤巴着，
要饭棍夹着，破沙锅掂着，
他在前边走着，狗在后边咬着，
有钱舍与我几个，与你那子孙积点善果。
到夜晚无下卧，城门洞里住着。
风儿刮着，雨儿洒着，雪花儿飘着，
他在那城门洞里蹲着，头儿低着，
腰儿弯着，脖子缩着，拳头攥着。
牙关咬着，眼泪落着，嘴里说着，
这没有我那放鹰时候快活。
大雪下了多半夜，五更晚鼓儿直相逼，
蒺藜山上去点卯，鬼门关上去聚结，
从今不吃阳间饭，一心去见阎王爷，
这是浪子一段文，你看体贴不体贴。
劝君不必浪荡游，看破机关早回头。
勤耕苦读是正理，免在人间取自羞。
不信请看尘世上，那个浪荡得自由？

若要不听良言劝，丧身亡家在后头。

(28) 公公跑东婆跑西

白果树，白果白，白果树上坐个白大姐。
白大姐，你的脚咋恁小？裹的紧。
你的脸咋恁白？擦的粉。
走一步，娘扯着，
走两步，爹背着，到你婆家你咋过？
公公打，婆子骂，小姑上前揪头发。
揪一根还好受，揪两根疼死了我。
投坑坑远，投井井深，掉到井里破了身，
谁捞我？俺大哥，捞上来，水淋淋，
柏木棺，桑木椁，四个金砖磴着角。
打了官司埋了我，公公跑东婆跑西，
女婿跑到棺头里，哭了一声我的妻，
还有啥活难为你，你过河我背你，
两口子还有啥关系？

(29) 我儿养儿为啥哩

老婆我今年七十七，手拉娇儿泪珠滴。
自从我儿离娘体，时时刻刻抱怀里。
三更半夜难安睡，一时无奶哭啼啼。
屙到娘身娘换洗，尿湿被褥换铺底。
一生两岁不懂事，三岁四岁学淘气。
五岁六岁学伶俐，七岁八岁南学里，
儿在南学把书念，娘在家中常挂记。
清早出门盼晌午，晌午又盼日平西。
要是我儿回来晚，为娘心里多焦急。
一怕我儿身上冷，二怕我儿腹中饥。
三怕我儿贪嬉欢，四怕我儿有病疾。
五怕我儿水边站，六怕我儿掉井里，
七怕我儿高处去，八怕我儿碰破皮。
九怕我儿受责打，十怕我儿受人欺。
我儿长够十九岁，总盼我儿能自立。
又怕秀才不得第，又怕我儿晚娶妻。

那年我儿把妻娶，先盖房子置家具。
衣服被褥都齐备，金钱花的干干的。
只说从此得安逸，哪知嫌我是多余。
打打骂骂常生气，只有住在草庵里。
想起当年我养儿，我儿养儿为啥哩？
我儿饿我由他饿，子饿父母活该的。
想必父行子必效，孙饿我儿儿心凄。

（30）担起经挑坐宝莲

十冬腊月三九天，老师渡俺朝九莲。
师父修仙头引路，徒儿背包在后边。
走一山，又一山，山山就是度香烟。
走一莲，又一莲，曲曲弯弯行路难。
抬头看见高山顶，俺把师父问一言。
师父一言也不言，真心一意朝九莲。
从一莲到二莲，师父修仙行路快，
徒儿修仙行路难，满脸流汗擦不干。
腰又痛，腿又酸，梗梗脖儿磨磨肩，真心真意朝九莲。
从二莲到三莲，三莲路景真好看。
井泉水真好看，活像珍珠倒卷帘。
天河水没多大，顺着河沿淌里欢。
善人坐到仙桥上，坐在仙桥用眼观；
看见鱼儿要水玩，鲶鱼要水呱拉嘴；
黑鱼要水一齐班，蚂虾要水把眼翻，泥鳅要水打响鞭。
从三莲到四莲，关爷庙，在面前。
红门楼，绿走线，玉石狮子把门把，交流旗杆树两边。
看着近，走着远，为上香烟紧紧路，狠狠步，身子探，真心真意朝九莲。
从四莲到五莲，前边就是五架山。
山前现出老虎路，山后就是老龙盘。
老虎路上出宝剑，龙盘路上出神仙。
八路神仙来度俺，真心真意朝九莲。
从五莲到六莲，家有楼高万丈，就在山前左右边。
叫徒儿别要玩，一步走错回头难。
从六莲到七莲，空中乌云云磨响，

云彩就把太阳瞒，东北风，头顶寒。
雪花飘飘下满山，地又冻，路又滑，
地冻路滑行路难，叫徒儿，别要玩，一步走错回头难。
从七莲到八莲，十冬腊月三九天，
满树结桃真稀罕，小徒儿，往前盼，桃树底下要成仙。
功不到，果不满，徒儿不敢把桃餐。
师父吃了大改变，头发先白后黑转少年。
从八莲到九莲，前边就是王灵官。
张住嘴，瞪住眼，师父看见心胆寒。
叫徒儿，往前盼，打开香包备纸盘，先敬仙人王灵官。
师父二人进大殿，人祖佛祖神灵全。
有金童，有玉女，金童玉女两边站。
叫徒儿，往前盼，打开香包备纸盘。
一炉香，炉里栽，我敬人祖受香来。
二炉香，满炉红，人祖爷人祖姑娘显显灵。
三炉香，香上完，俺为人祖担起经挑在眼前。
老母娘开金口，洗洗脸，净净面，担起经挑坐宝莲。

(31) 葫芦里面有真经

葫芦葫芦大，里面有八卦。
八卦想我，我想八卦。
手里没钱，难说大话。
葫芦葫芦青，里面有真经。
真经想我，我想真经。
手里没钱，难去修省。
葫芦葫芦黄，里面有衣裳。
衣裳想我，我想衣裳。
手里没钱，难穿身上。

(32) 十二月对花

正月里什么花人人喜爱，什么人手扯手走下山来？
正月里迎春花人人喜爱，梁山伯祝英台手扯手下山来。
二月里什么花披头散发？什么人剃头剪发苦修行？
二月里荠菜花披头散发，苗专玉剃头剪发苦修行。
三月里什么花满园花又红？什么人进桃园结拜兄弟？

三月里桃花满园花又红，刘关张进桃园结拜兄弟。
四月里什么花高杆架起？什么人去进瓜园死里逃生？
四月里黄瓜花高杆架起，小高全去进瓜园死里逃生。
五月里什么花张口目面？什么人著书香天下学业？
五月里小麦花张口目面，孔夫子著书香天下学业。
六月里什么花星星点点？什么人做好酒醉死刘伶？
六月里菽蜀花星星点点，杜康做好酒醉死刘伶。
七月里什么花独根独站？什么人坐经堂好斋好善？
七月里芝麻花独根独站，李翠莲坐经堂好斋好善。
八月里什么花满地又白？什么人骑白马征东过海？
八月里荞麦花满地又白，薛仁贵骑白马征东过海。
九月里什么花满园又黄？什么人去西山找他兄长？
九月里菊花开满园又黄，黄土学到西山找他兄长。
十月里什么花被霜打死？什么人送寒衣哭倒长城？
十月里柳花枯被霜打死，孟姜女送寒衣哭倒长城。
十一月什么花满天遍开？什么人暖河水母子情在？
十一月飘雪花满天遍开，有王祥暖河水母子情在。
十二月什么花独根独站？什么人埋他母来到山前？
十二月腊梅花独根独站，有韩信去埋母来到山前。

2．**拴娃娃**

在女娲的陵庙中原有娃娃殿，送子娘娘就是女娲。人们相信在太昊陵的女娲宫，或在西华的女娲宫，用红线拴个泥娃娃回家就能生儿子。他们相信女娲娘娘的神力，这个遗俗也反映出人们对繁衍子嗣的渴望，反映了在远古时代人们的思维观念。

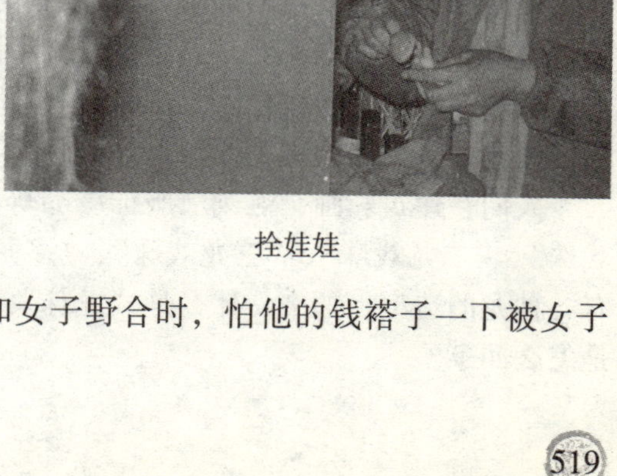

拴娃娃

3．**“扒鳖蛋”**

陈州庙会上有“扒鳖蛋”风俗。“扒鳖蛋”也是会上经常发生的事。传说庙会上一些风流的男子和女子野合时，怕他的钱褡子一下被女子全要了，便偷偷埋在陵周围的黄土里。等野合罢了，再把埋藏的钱褡子取回。就有一些好事者专门偷扒这些东西，谓之“扒鳖蛋”，鳖在陈州民间被认为是鱼水之物，比喻交合之意，而“蛋”，则显然暗指男子性器了。

4. **刁斗旗杆**

每年淮阳二月二到三月三期间就会有一些善男信女前去进香。有一些人家在去太昊陵进香时会扛一刁斗旗杆，并且在进完香后把刁斗旗杆留在太昊陵前。有时在路上或太昊陵前会出现抢刁斗旗杆现象。

所谓的刁斗旗杆就是一根小棍（棍身用红纸条包裹）上半部分插一个纸糊的五升斗状的东西。刁斗旗杆又叫挂斗旗杆，它是从古代华表上的承露盘及云板发展而来的。挂斗上常常雕绘有古钱（圆形方孔钱）图形或云龙纹样，它的寓意是招财进宝，五谷丰登，升官晋爵之意。斗还可以寓意为升，寓意如日之升、步步高升、气象生平之意。在民间只有有功名的人家才允许立刁斗旗杆。一般寺庙前也有立刁斗旗杆的现象，如周口关帝庙、周口大圣庙等前立有刁斗旗杆。

民间庙会送刁斗旗杆表达了民众对功名和美好生活的渴望，他们希望通过神灵赐福给自家一些立刁斗旗杆的福气。至于抢刁斗旗杆，也反映出民众对功名和美好生活的渴望。许多人认为抢来的刁斗旗杆更能显示出自己的福气和能力。当然，被抢者则会觉得很晦气。抢刁斗旗杆现象，反映出一种恃强凌弱的小农自私心理。

（三）双龙戏珠

周口民间有许多双龙戏珠的图案，在淮阳龙湖还专门有双龙戏珠的古老的雕塑，并且，周口民众普遍认为双龙戏珠是吉祥如意的象征。那么双龙戏珠是怎样形成的呢？这还与太昊伏羲氏有着密切的关系呢。

相传在7000年前左右，伏羲氏生于成纪（甘肃天水），常年活动在中原地区，建都于宛丘（河南淮阳）。伏羲智勇双全、力大无比，在中原地区征服了许多部落，他集中了当时人们喜爱的几种动物特征创造了马的头、蛇的身、鸡的爪等许多动物的综合体，自称“龙师”，并将龙作为华夏族的族徽——图腾，为此中华民族始称龙的传人。

人们在建筑彩画、雕刻、服饰绣品等载体上常见“龙戏珠”（有“单龙戏珠”、“二龙戏珠”、“三龙戏珠”、“多龙戏珠”之分）图案。并且淮阳龙湖有各种龙的造型。那么，什么是“龙珠”？“龙珠”因何而来？“龙戏珠”又是怎么回事？

“千金之珠，必在九重之渊而骊龙颔下。”这是《庄子》的说法。《埤雅》也言“龙珠在颔”。《述异记》讲，“凡有龙珠，龙所吐者……越人谚云：‘种千亩木奴，不如一龙珠。’”上述说法讲了两个意思：一是龙珠常藏在龙的口腔之中，适当的时候，龙会把它吐出来；二是龙珠的价值很高，用民谚来说，就是得一颗龙珠，胜过种一千亩柑橘。

民间有许多吞珠化龙的传说。故事大致意思是说某少年割草（或打水）得一宝珠，此珠放到米缸涨米，放到钱柜生钱。某财主知道后，带人来抢珠。少年情急中将珠放到口里，却一不小心咽了下去。于是口渴求饮，缸水喝干了，又去喝河水、江水。喝着喝着，头上冒出了角，眼睛朝外凸，身子变长出鳞，变化为龙了。这样的传说广泛地流传于周口淮阳等地，从中透示出“珠”的珍贵，以及珠和龙生命相依的关系。

龙分雌雄，这是二龙戏珠的图案比较多的原因。如果珠作卵解，就是父母双方共同呵护、爱抚他们的子女；如果珠作太阳解，就是雌雄二龙共迎旭日东升。

由于龙与龙珠在我国民间和历史上都有很重要的意义，从风水堪舆学上来说，龙为水中之王，龙珠又是水中之宝，风水术云：“山主人丁水主财。”水是人们钱财的一个重要影响因素，聚水在风水术中就代表着聚财，双龙戏珠就是聚财强有力的工具。

（四）蛇崇拜

周口民众大多有蛇崇拜的习俗。许多人把蛇当成是小龙，认为它是神物。不论在哪，大多数民众是不主张打蛇的，并且周口民间有五月不兴害长虫（人们对蛇的俗称）的说法。

周口民间至今仍保留着对蛇的敬畏之情和禁忌。家里面发现的蛇叫家蛇，如果出现，表示家中有邪气，家蛇不能安居，主人应焚香磕头礼拜，请神驱邪。看见交尾的蛇要回避，并且不能同其他的人说，交尾蛇的形象和古代伏羲女娲蛇身人首的形象相似。蛇名不直呼，通称为长虫，生肖中称蛇为小龙。并且，蛇有灵性。乡间塑造神像，往往抓小蛇放入泥胎头部或腹内，以显示神性灵验。蛇钻七窍，更是真龙天子的征兆。

遇蛇要避，蛇有难要救。周口商水一带最忌讳的是打蛇。打蛇遭报应的故事在民间数不胜数。这些蛇禁忌的实质都有深刻的图腾崇拜性质。周口的蛇崇拜，其本质就是龙崇拜。

（五）伏羲传说

1. 伏羲的由来

在很古的时候，陈州是一个国都。一年，陈州发生了一场大战，眼看敌军兵临城下，陈州马上就有遭沦陷的危险。这时国王向文武群臣说："谁能击退敌兵，我就把漂亮的公主嫁给谁。"谁也没有应声，因为都没有本事击退敌兵。

正在这时，从蔡河的水面上漂来一只黄狗，这黄狗站在一个大白龟背上，"汪汪汪"叫了三声，突然刮起了狂风，天昏地暗，飞沙走石，把围在陈州城下的敌兵一个个刮到空中，有的落下来摔死，有的掉到河里淹死。黄狗又"汪汪汪"叫了三声，顿时风平浪静，一切如常。

国王见黄狗立下了大功，就把黄狗叫到了金殿，给它最好吃的东西，黄狗不吃，摇了摇头。国王又拿金银财宝给它，黄狗不要，仍旧摇了摇头。国王明白了，黄狗是要娶他的女儿。狗咋能与人成为夫妻呢？国王犯起愁来。

有位大臣马上说："既然这只黄狗能击退敌兵，一定是只神狗。我有一个法术，不妨把这只黄狗盖在缸下，七七四十九天，就会变成人。"大臣的话音刚落，黄狗"汪汪汪"又叫了三声，并轻轻点了三下头。国王知道黄狗愿意这样做，就叫人搬来了一口大缸，把黄狗盖在缸下。公主听说自己许配给了一只狗，眼都哭肿了。后来，她听说黄狗能变成人，才止住了哭声。每天守在那口缸前，寸步不离。生怕黄狗变不成人。到了五七三十五的时候，公主实在等不下去了，就掀开大缸看个究竟，黄狗刚变成人头狗身。不过，这一掀，黄狗再也不会变了。公主后悔了，只恨自己性急，而没有等到天数掀了缸。

因为，这只狗变成人头狗身，一半是人一半是狗，所以给他起名叫"伏"。即左半是"人"，右半是"犬"。而"羲"字，只不过是汉语的"兮"字罢了。伏羲也就是"伏兮"，这就是伏羲的由来。

2. 人祖爷和人祖奶奶的来历

很久很久以前，有这样姐弟二人，父母早亡，弟弟正在念书，姐姐自然就是里里外外一把手了。

有一天，弟弟背着书包上学，手里还拿着个馍，一路走一路吃，忽然，一位白胡子老头拦住他说："把馍送给我吧，我快饿死了！"弟弟心想：这一定是饿坏了的叫花子吧，他毫不犹豫地把馍递给了老人。

第二天，那要馍的老头又同样向他讨馍，第三天、第四天……弟弟都把馍送给他。时间一长，姐姐觉得奇怪，追问原因，弟弟就把此事告诉了姐姐。姐姐也是个善良的姑娘，她说："一个馍怎么能吃饱呢？以后，你就多带一个给他，就算这个是我送给他的。"老头每天就可以得到两个馍。

不知这样过了多少天，老人接过男孩子的两个馍说："天塌地陷的日子到了，回去把你姐姐也叫来，我要救你们这善良的姐弟俩。"弟弟闻听，哪敢怠慢，姐弟俩来到老人面前听候吩咐。老人把他们领到海边，只见一个大老鳖精在那里等候。姐弟俩依照老人的吩咐，骑在鳖精的背上，闭上眼睛，耳边一阵嗡嗡的水声，姐弟俩被带进海底。到海底一看，原来他们送给老人的馍都原封不动地在这儿呢！于是他们就在这住下，每天吃这些馍充饥。

不知过了多久，馍也吃完了，眼看就要挨饿，姐弟俩就央求老鳖精把他们送上岸去。于是又坐在老鳖精的背上，又返回了海岸，恰巧白胡子老人又在那儿，他指着天对姐弟俩说："天塌过后又长出来了，只有东北面没有长严，就用冰补好了。所以，逢到刮东北风就该冷了。"姐弟俩一看重新长出的天地，没有人烟，不知该怎么生活。白胡子老头告诉他们，南山有石磨二合，姐弟每人一合，从上往下滚，如石磨滚到下面合二为一，姐弟俩就可以成婚。姐弟俩无奈，就依照老人的话做。当二人把石磨滚下山时，居然合在了一起。从此，姐弟俩结为夫妻，每天，丈夫到山上寻点山菜野果仁拿回来。两人就用石磨磨成面来度日。

据说这一男一女就是后来人们所敬的人祖爷和人祖奶奶呢。

3. 伏羲女娲创世纪

传说，在很古很古的时候，宛丘地方有一座宛丘山，宛丘山下有一个宛丘洞，宛丘洞里住着一老一小。老人称太婆，小的名叫伏羲。别看伏羲人小，却能说会道，聪明伶俐，十分讨人喜欢。冬去春来，伏羲渐渐长大了，跑前跑后，跟老太太形影不离。有时候，他问老太太谁是他的妈妈？谁是他的爹爹？老太太漫无边际地跟他胡诌，说他妈妈在天边，说他爹爹在地沿。其实，老太太哪里知道伏羲的爹娘呢？

有一天，伏羲来到龙湖捞鱼。他很幸运，在水中来来往往，捞了不少小鱼虾米，但一条大鱼也没捞着。他想到挨饿的老太太，不由得一阵烦闷，呆站在湖边想心事。"伏羲！"忽然，静悄悄的湖里传来一声呼叫。这声音很生疏，瓮声瓮气的。他左右打量，没见一个人。他很奇怪，这声音从哪里来？

"伏羲！"又一声呼叫。声音比刚才更大些，离他更近些。伏羲扭头一看，天哪！只见他身后不远的湖面上，有一只周身雪白的大龟，方圆百丈，两只眼睛通红透亮，正昂着头，伸着长长的脖子，静静地看着他。

这时候，四周一片寂静，无边无际的湖水，没有一丝波澜，只有微风轻轻掠过水面。不远处，几只鸟儿不时发出几声凄凉的啾鸣。伏羲很害怕，爬起来就逃。说也奇怪，不论他跑得多么快，白龟总离他那么远近。伏羲再也跑不动了，他瞅着白龟，上气不接下气地说："天哪！"白龟说："伏羲，你不要怕，我是你妈妈的天使，还曾救过你呢！"伏羲蹲在地上，一手指着白龟说："你……你是……"白龟慢吞吞地说："我是白龟。"伏羲喘了口气，半信半疑地问："我妈妈在哪儿？你说，你说。"白龟说："在雷泽，她是雷神的妻子，你还是雷神的儿子呢！你妈妈托我把你渡过宛丘……"伏羲"啊"了一声，也不怕了，原来他是遇到了自己的恩人。白龟说："记住，从今天起，一百天头上，天下将有大灾大难。那时候，天的四极倾倒，山川大地断裂，江河湖泊泛滥，森林燃起大火，恶禽毒兽横行在人间，毒蛇害虫要随滚滚黑烟涌出。整个人类就要灭亡了。"

伏羲吓得瞪大眼睛，追问白龟说的到底是真是假。白龟哈哈大笑说："伏羲，我不骗你。天要塌了，地要陷了，整个人类就要毁灭了。"

伏羲慌了，他起身要走，去告诉人们快快躲灾防难。白龟叫着他，摇着头，意思是说躲也没用。伏羲叫了起来："俺人要活命啊！"他急得要哭了。白龟又说话了："伏羲，你是天底下最忠实、最守信用的人。我的话不准对第二个人说，要不，上天会把你也一同毁灭的。"伏羲更害怕了，点点头，仰望着白龟不敢吱声。这时候，白龟又对伏羲说道："记住，从今天起，每早天蒙蒙亮的时候，给我送一条你亲手捕的鱼。记住，我在这儿准时等你。"伏羲答应了。眨眼工夫，一阵清风掠过，白龟在湖面上消失了。辽阔的水面依然平静，波澜不起，恢复了素有的安宁。

打从伏羲与白龟会面的第二天起，每天，天蒙蒙亮，伏羲就踏着露水赶到白龟出没的地方。他以为自己来得很早，其实，白龟早已在那儿等候了。他不说话，白龟也不说话，双双相视，点点头，算是招呼。伏羲把自己头天下午捞的鱼，拣最大的一条献给白龟。白龟不说半句感谢的话，张开大嘴，脖子没动一动就把鱼吞了。随着一阵清风掠过，白龟就消失了。

每天早上，伏羲赶到湖边的时候，都清楚地看到湖面上银光灿烂，一片光明。那正是白龟。他不用叫，白龟就缓缓向伏羲游来。伏羲不停地问这问那，但白龟一句话也不回答。伏羲更奇怪了，从此，他也不再追问了。

一日三，三日九，到了一百天头上，果然如白龟所说，狂风骤起，飞沙走石，把整个大地、天空都吹得黑蒙蒙的。暴雨倾盆，哗哗哗地直往下倒，满山遍野，铺天盖地。狂风卷着黑浪，黑浪卷着狂风，没边没沿，撞击着高山峻岭，吞没了天空。天在摇，地在晃。震天动地的响声，呼隆隆，呼隆隆，久久不休。地要陷了，天要塌了。

在这天塌地陷的当儿，伏羲恰好来到岸边。他手里掂着一条鱼。白龟瞅见了他，老远就呼叫伏羲快来。一道天光，一道地闪。白龟张开大嘴，伸长脖子，双眼一眨，一阵清风吹过，伏羲闭上双眼，他不由自主，飘飘然被吞进了白龟的世界。天塌了，地陷了，偌大的世界，陷入了浑浑沌沌的黑暗中。伏羲全都不知道了。

又一阵清风刮过，伏羲站稳了脚。他慢慢睁开眼睛，看见了另一个世界。这儿没有太阳，到处是金灿灿、明朗朗的。还有一条小河，河水潺潺地流，打着漩儿，唱着歌儿。他慢慢走近小河，呆望着岸边。河岸两旁，芳草青青，花儿朵朵，树木高大挺拔，枝绿叶青，生气勃勃；水鸟在水面上自由自在地飞着，翩翩起舞；河水清澈见底，鱼儿成群结队在水中来来往往。蜜蜂在飞，蝴蝶在舞，阵阵清风里，香气扑鼻，叫人心醉。这儿哟，真是一个美丽的世界。伏羲站在那儿，看不尽，看不够。伏羲忽然听到了一声呼叫："伏羲！"从声音知是白龟叫他。他问："白龟，你在哪儿？"还是白龟的声音："你不要多问，我要对你说，你的妹妹在前面等着你。"伏羲听了，吃了一惊，他问道："我的妹妹？我哪有妹妹哟？"还是白龟的声音："有。是你的妹妹，她叫女娲。你的母亲是华胥姑娘。我受天帝的圣谕，接回女娲，她已等你整整一天了。"伏羲着急了，他忙问道："我妹妹在哪儿？"还是白龟的声音说："往前走九九八十一步，向左转七七四十九步，向右转六九五十四步，再往前走五九四十五步，向右转四九三十六步，再向左转三九二十七步，向前走二九一十八步，再后退九步，那时候，你就看到了你的妹妹。"

伏羲很高兴。他牢记住白龟的话向前走，照着白龟的吩咐，一一做了。走到二九一十八步的时候，他左右打量，这儿花草林木，小桥流水，十分美丽。这时候，他面前突然耸起了一座高不见顶的大山，茫茫苍苍无边无际。伏羲打量着，怎么离几步远就看不见妹妹女娲呢？伏羲着急了，大声呼叫妹妹，但是没有回声。伏羲只得朝后退了九步。

这时候，伏羲看见高山缓缓隐去，在一片迷迷蒙蒙的云雾中，出现了一座高耸入云的宫殿。这宫殿飘啊飘啊，慢慢地落在伏羲面前。顿时，伏羲面前金光灿烂，一片辉煌。

这座宫殿非常漂亮，只见宫殿的红色大门徐徐打开，伏羲慢慢走进宫门。珠光宝气里，看到了一位年龄和自己相当的小姑娘，黑发披肩，正对着宫殿跪着，喃喃念道："天塌了，地陷了，树去了，人尽了，鱼鳖虾蟹也去了；没有爹，没有娘，没婶子，没大娘，不知哥哥在何方?”伏羲待在一旁，等她念完，大叫一声“妹妹!”小姑娘听到喊声，抬头看见伏羲，忙站起身，放开嗓子呼唤着哥哥，扑向伏羲。伏羲伸开双臂，抱着迎面扑来的女娲，兄妹俩不知说啥好，双双直是流泪。过了好大一会儿，女娲推开伏羲，问道:“你真是伏羲哥哥?”伏羲重重地点头，对女娲说:“妹妹，我真是你的伏羲哥哥，我哪还有心跟你开玩笑哟!”女娲说:“我是女娲，我是你妹妹女娲!”兄妹俩高兴得又是蹦又是跳。

在这时候，白龟又说话了:“伏羲，女娲，向里走三九二十七步，那儿才是你兄妹俩的归宿。”伏羲、女娲很高兴地往里走。这儿是一座美丽的宫殿，宽敞明亮，奇花异草竞相生长，花香袭人。在一个很大很大的龟盖上，依次排列着伏羲每天早上送来的一百条鱼，鱼儿还在透明的水里，欢蹦乱跳，在摆尾，在游动，就是不离原地，像被什么固定着一样。伏羲真感动，他心里说:这白龟真好，救了人，还不吃人家的东西。白龟又说话了:“伏羲、女娲听着:这儿是我的世界，不是你们的天地，你们兄妹俩一天只能吃一条鱼，千万不要多吃。鱼吃完了，一百天也尽了。那时候，一个大千世界在等待你们去创造哩!”

伏羲答应了，女娲嗯了一声。一切只得听从白龟安排。

兄妹俩将就着过日子，每天伙吃一条鱼。鱼又不大，太小了。可白龟有言在先，兄妹俩也不敢多吃。伏羲好动脑筋，想了点子。他想捞白龟河里的游鱼吃。说也奇怪，他下到河里，用手一抓，鱼像泡影一样消失在水里，费了不少力气，一条也捉不到。女娲劝伏羲慢慢熬，将就着过吧!伏羲死了捞鱼的心，他觉得心里不是滋味，又想点子上树摘野果，采树叶。也出他意料之外，野果摘也摘不脱，趴上啃也啃不动，像石头一样硬。那树叶，更玄乎，稍一触动，扎手扎得心痛。女娲劝伏羲不可不听白龟的话。伏羲又死了摘果子、树叶的心。伏羲说:“妹妹，咱就该饿肚子吗?”女娲说:“哥哥，这是天帝的安排啊，谁有能耐!”两个人合吃一条鱼，真叫人饿得难受。伏羲不听女娲的劝告，违了白龟的安排，硬是多吃了鱼，勉勉强强熬到八十一天头上，鱼吃光了，兄妹俩你看看我，我看看你，谁也没有法子。无可奈何，只有央告白龟了。于是伏羲大声叫白龟，没有回声。白龟大概听到了，它理也不理。到了九十六天头上，伏羲再也熬不下去了，大喊大叫起来，喊叫得他口干舌燥，也不甘罢休。白龟又可怜起伏羲来。可是，白龟也无法了，因为白龟世界里的一切，伏羲和女娲全不能吃。眼看伏羲饿得实在难受，白龟尽管知道人间世界还没有复生，还是一口气把伏羲和女娲吐到了龙湖（今周口市淮阳县龙湖）岸边。

伏羲睁眼一看，天上日月星辰还没有长好，西北天空塌了一个很大的窟窿。地上黑水滚滚，水里毒蛇横行。他不后悔，因为他觉得回到了人的世界。伏羲扯着女娲飞跑，可也没见一个人，原来天下只剩下伏羲和女娲两条人根了。

不知道过了多少个日夜，天下才渐渐恢复了生机。太阳依然是红彤彤的，月亮依然是银灿灿的，山川大地，草长鸟飞，万物复苏。天底下，只有伏羲和女娲两个人，每天不知疲劳地跋山涉水，勘察新山、新水、新天和新地。有时候，烈日当头，热得人喘不过气来；有时候，冰天雪地，寒风刺骨，但他俩始终不停歇。苍天是他们的屋子，大地是他们的床铺，树叶是他俩的饭食，泉水是他们的饮水。经过数不尽的日子，吃尽了千辛万苦，从东方到西方，从南方到北方，偌大的天下，到处都留下了伏羲和女娲的足迹。

伏羲和女娲够累的了。

有一天，在一株枝叶繁茂的槐树下，兄妹俩躺下休息。这儿够美的了，远处是莽莽的青山，山脚下是潺潺的流水，近处是平坦的大地，大槐树下是繁茂的青草。萋萋芳草间，各色各样的花儿竞相盛开。蔚蓝的天空里，鸟儿上下翻飞，追逐嬉闹，叽叽喳喳。伏羲伏在草地上，咀嚼着女娲采摘的果叶直勾勾地盯着女娲，望得女娲怪不好意思呢！女娲白了伏羲一眼，责怪道："哥哥，你为什么老看着我？"伏羲嘿嘿笑着说："因为看不够。"女娲双手捂着脸，咯咯笑个不停，围着大槐树转个了圈，蹲下还是笑。伏羲止了笑，他说："妹妹，天底下有几个人哟？"女娲伸两指头，笑着说："两个。"伏羲慢慢重复了"两个"后问道："都是谁呢？"女娲白了伏羲一眼，嘴一撇说："那还用问，你和我。"伏羲笑了，他点头说："对啊。"这一下该女娲问伏羲了，她嘘了口气，问道："为什么天底下只有你和我？"伏羲哪里回答得了，他摇摇头，只"嗯"了一声，算是对女娲的回答。他痛苦地说了声"一男一女"，便双眼含泪了。女娲心里一沉说："是啊，是啊，可惜天下只剩下你我了。"伏羲说："妹妹，这些日子我想了许多遍。"女娲问："想了些啥，哥哥你说吧。"伏羲叹了口气说："这话，我不得不说了。"女娲瞪大眼睛说："说吧。"伏羲停了一会儿，望着女娲慢慢说："我和你，都是雷神和华胥的儿女，对吗？"女娲说："对。"伏羲嘘了一口长气，又问女娲："天塌地陷留下了咱兄妹，是吗？"女娲点头说："是哟。"伏羲也重重点点头，他说："这是不是天帝的安排，叫咱兄妹俩结婚？"女娲听了，立刻羞红了脸，她低下了头，双手捂着脸，踏着青草，向远处的小溪跑去了。

天上的鸟儿，双双对对，自由自在地唱着歌儿追逐。小溪中的鱼儿，双双对对，一会儿跃出水面，一会儿在水中畅游，欢欢乐乐。风轻轻地吹，花香阵阵扑来。女娲沿着小溪奔跑，心里咚咚跳个不停，她跑着跑着，慢慢停下来。小溪边，她掐了一朵红花，捧在手上，深情地看着。她很高兴，又有些害怕。

这时候，伏羲追来了。他不好意思地笑着，心里像有许多话要说。两人彼此相望，伏羲美美地叫了声妹妹，女娲甜甜地叫了声哥哥。伏羲的心里说也说不出，对着女娲又叫声："妹妹!"便不吭声了。女娲低下头，她说道："哥哥，你，你，哥哥呀，哪有兄妹成婚的天理呢!"伏羲笑了，想了一会儿，他说道："天理？天理在天上，不在人间。我看哟，在人间，应有人理。天下有一，人共有二，你我各半了。二分天下，合二为一，兴许这是人理，也是天理吧。"女娲摆弄着手指，皱着眉头想，过了好大一会儿，女娲才开口说："哥哥说得有理，不过……"伏羲想了想，果断地说："这样吧，你我各爬一座山，在山上各点一堆火，要是两股烟绞合成一股就成亲，要不就拉倒。"女娲同意了。

两人各爬上一座山，各点了一堆火，这时从两座山各刮起一股风，两缕青烟不知道咋的慢慢合成一股烟。伏羲很高兴，跑到女娲跟前说："妹妹，你该同意了吧？"女娲摇摇头说："哥哥，不中。"伏羲问道："那你说该怎么办？"女娲说："咱兄妹各在河一边，你梳头，我梳头，要是你我头发绞合在一起就成亲，要不就拉倒。"伏羲同意了。

伏羲趟水过了河，两人在河两岸梳起头来。风吹发摆，不一会儿，黑发越来越长，慢慢绞成一团，拽也拽不开，女娲咯咯笑出了声。伏羲高兴地说："这回你该同意了吧!"女娲摇摇头说："不中。"伏羲问道："那你说该怎么办？"女娲说："咱兄妹隔河各种一棵竹，要是两根竹尾绞合就成亲，要不就拉倒。"伏羲又同意了。

兄妹隔河各种一棵竹，一阵清风里，竹子咯咯嘣嘣向上长，一会儿，两根竹尾牢牢绞合在一起，掰也掰不开。女娲笑得前仰后合。伏羲很高兴，他说："妹妹，这回你该同意了吧？"女娲摇摇头说："不中。"伏羲问道："那你说该怎么办？"女娲说："咱兄妹上山各滚一扇磨，要是两扇磨合在一起就成亲，要不就拉倒。"伏羲说："妹妹，你的点子像天上的星星一样多，世上哪有再三再四的道理呢？该算数了吧？这回咱得向天帝起誓。"

女娲笑着点点头。

兄妹二人各把一扇磨推上山顶，双双跪下齐声道："尊敬的天帝，俺兄妹发誓滚磨问亲。如果两扇磨相合，俺兄妹就成亲，要不，拉倒。”兄妹二人说罢，各放一扇磨，只听得轰隆隆一阵巨响，两扇磨一齐向山下滚去。石磨碰石撞树，飞坡爬崖，一会儿并着跑，一会儿前跑后跟，从山顶到山腰，从山腰到山涧，始终没有分离过。当滚到山脚下的时候，一道天光，一道地闪，两扇磨结结实实地合成了一盘，安安稳稳停在一块平地上。女娲咯咯笑，顺手掐了一片又一片绿叶，编成草扇遮住自己羞红的脸，这就是当姑娘出嫁时红绫遮脸的由来。

当伏羲追来的时候，女娲绕着一棵大树跑，伏羲急忙追，从太阳升追到太阳落还没有追上，累得伏羲气喘吁吁。正在伏羲着急的时候，忽然，耳边传来了一个声音：“伏羲，你真笨，回着截她呀！”伏羲一听有道理，反身拦截女娲。女娲不防，一头撞到了伏羲怀里，被伏羲牢牢抱住了。伏羲笑着对女娲说：“我叫你跑！”女娲笑着说：“这下我不跑了，你抱住我了。”伏羲问道：“你同意吗？”女娲点点头。伏羲说：“真的？”女娲又点点头说：“真的，一言为定。”

女娲好像想到了什么，突然向伏羲说：“你得回答我一个问题。”伏羲说：“你问吧。”女娲问道：“你为什么回头截我？是你自己想的吗？”伏羲诚实地摇摇头说：“不，不是。”女娲听伏羲这样说，忙四顾巡视，在桑树的北方，发现了一只小白龟。女娲生气地指着小白龟问伏羲说，“你对我说，是不是小白龟给你出的点子？”伏羲憨笑着点点头，女娲又羞又恼，一步上前，一脚踏在小白龟身上，把小白龟踏个稀巴烂。伏羲瞪大了眼，连女娲也傻眼了。

伏羲忙跑上前，连声说：“对不起小白龟。”回头看看女娲。女娲也消了气。对小白龟这么烈，怎么对得起白龟？她后悔莫及。伏羲问女娲说：“你说这咋办？”女娲没吭声，她在桑树下找到了针，又找来桑皮丝，捧起小白龟的碎盖，一针针一线线地缝补起来，忙乎了好大一阵子，才把碎了的龟盖缝好，小白龟身子一抖，爬得很慢很慢地去了。自此白龟身上留下一块一块缝补的痕迹。小白龟又活了，伏羲女娲都甜蜜蜜地咯咯笑了起来，连百鸟都一齐鸣叫起来，好像都在庆贺这天下第一对夫妻。

野兽和伏羲女娲友好相处，谁也不吃谁。后来，不知为什么有的竟凶起来了，张牙舞爪，要吞吃伏羲和女娲。有一次，伏羲差点丧命。为了活下来，伏羲和女娲形影不离，彼此保护。白天，他们手里掂着木棍；夜晚，睡在很高很高的树上，或藏在很深很深的洞穴里。这日子真难熬。一天，伏羲说：“妹妹，这日子怎么过啊！”女娲安慰伏羲说：“慢慢来，苍天总会睁开眼的。”伏羲说：“世上两个人太少了，太少了。”

有一天，伏羲和女娲来到宛丘湖畔。这个湖很大很大，无边无沿的。春风轻轻吹着，阳光下，水鸟起舞，鱼儿漫游，蒲草青青。

伏羲女娲的不远处，就是白龟出没的地方。两人一前一后往前走，在当初伏羲送鱼的地方，两个人站住了。伏羲望天看地，想起天塌地陷，想到如今天下只剩他们两个人，不禁心中一阵凄凉。他多想见见白龟，听听白龟的主意。于是，伏羲放大喉咙连叫三声，周围依然是无声无息，没有动静。女娲对伏羲说："走吧，别瞎想了，恐怕再也见不到白龟了。"伏羲和女娲慢慢来到湖边。伏羲没精打采，躺在地上晒太阳，女娲则在湖边游玩。一会儿，女娲满面笑容地跑了回来，她捧了一把砂礓，硬硬的，捏也捏不动。她跑到水边，挖了一把黄泥，轻轻抟在手里。她用手捏着，抟着。她忽然想到，啊，抟个泥人儿吧。她抟了人的身子、胳膊、腿；不，还不像，又抟了脑袋、鼻子、耳朵。嗯，像个小人儿了。

伏羲见了，很喜欢。他接过小泥人儿，放在手掌里，顺手掐了根青草，用草节划了眼睛、眉毛、小嘴、头发。这泥人儿愈像个人了。

这时候，明媚的阳光照着碧绿的大地，春风暖暖地吹着，鸟儿不知什么时候飞来了，静静落在树上、地上，不飞不叫；鱼儿浮在水中，不动不游；花儿含苞欲放，不开不晃。天上、地上、水中的万种生物，似乎都等待着一个神圣的时刻，这个时刻终于来临了。

阳光下，春风里，小泥人儿受到日月精华的孕育，在动、在抖，生长得吱吱发响。不大一会儿，变成了一个活蹦乱跳的小孩儿。他明亮的眼睛扑扑闪闪，脸蛋像女娲，鼻子、嘴巴像伏羲，他叫着"妈妈"，张开双臂扑在女娲怀里。

这时候，百鸟齐鸣，百花齐放，鱼儿畅游，满世界都在欢腾祝贺。伏羲和女娲把孩子抬起来，跳跃着。他们用自己的手，终于找到了造人的法子。

从此以后，伏羲和女娲忙得不可开交，日日夜夜抟黄土，捏泥人儿。这些泥人儿，在阳光下，在春风里，晾干了身子，喊叫着"妈妈"、"爹爹"，跑着离开伏羲和女娲，自谋生路去了。有些没有晾干的小泥人儿，伏羲和女娲就把他们收藏在洞穴里，待到第二天再迎风见日。

一日三，三日九。天久日长，伏羲和女娲不知道造了多少人。这些人听从伏羲和女娲的号令，成群结队地到山林打猎，采摘果实、树叶，集体劳动，共同享受劳动果实，居住在河湖岸畔。那时候，水生物太多了，像鱼、虾、蟹、贝样样都有，又肥又大。他们折了树枝，当渔叉捉鱼；下到水里，徒手捞鱼，常常满载而归。有时遇到很大很大的鱼，大伙集体来捉，齐心协力，才能把鱼拖上岸。最凶的一种像牛又像龙的怪兽，常常张牙舞爪吃人，因此，人们必须多人共捉，才不致丢掉性命。伏羲女娲感到人还是太少了。

伏羲和女娲从太阳升忙到太阳落，一天到晚忙个不停，抓紧时间捏泥人儿，湖畔摆了很大一片。

有一天，伏羲和女娲正晾泥人儿的时候，一阵冷风吹来，从西北天空涌来了几簇乌云。这乌云神奇般变幻扩大，一会儿风起云涌，刹那间布满了天空，下雨了。一大片未干泥人，有顷刻化成一堆黄泥的危险。女娲着急了，瞪大眼睛望着伏羲问咋办？伏羲也慌了神，一时没了法子。

伏羲和女娲顶着狂风，冒着大雨，赶忙把泥人儿朝洞里收藏。泥人儿太多了，哪能藏得及呢！伏羲转身拔起了一棵柳树，挥动着双臂，用柳树枝呼呼啦啦朝洞里横扫起来。这些湿泥人儿、半干泥人儿，这下可遭了殃，虽然被收到洞里了，可是有的断了胳膊，有的残了腿，有的掉了耳朵，有的塌了鼻子，有的瞎了眼睛，有的歪了脖子。

暴雨过去了，天晴了，太阳出来了。伏羲和女娲把泥人儿从洞穴里拿出来，摆到湖畔的阳光下晾晒。阳光下，春风里，泥人迎风生长，然后，大都高高兴兴地玩耍去了。有的却很反常，蹲在原地不动。伏羲和女娲仔细一瞧，原来他们成了拐子、瞎子、聋子，成了掉胳膊断腿的残疾人。

天上有了日月星辰，地上有了人，一个大千世界诞生了。人们叫伏羲为“人祖爷”，称女娲为“人祖奶奶”。至今人们仍叫太昊伏羲陵为“太祖陵”，称女娲观为“太祖奶奶观”。

4. 伏羲女娲造六畜

那是很古很古的时候，女娲造了人。豺狼虎豹很凶，女娲不放心，对人说：“野兽很厉害，千万别惹它们。”人哪里肯听，非与野兽玩不可。因为人不跟野兽玩，实在很孤单。天真的人一下子被虎狼接连吃了几个。女娲见了，十分心疼，眼都哭成了红桃儿。伏羲见了，忙问咋回事，女娲如实相告。伏羲对女娲悄声说，要她夕阳西下到宛丘湖来一趟。

太阳将落时，女娲如时到了宛丘湖畔。这时，伏羲早在那里等候了。在当初白龟救她兄妹的地方，今晚竟见到了白龟。女娲看见白龟没说话已两眼落泪，白龟不要女娲哭，送给她六个圆球，最后只说了一句话：“一个球儿一个宝。”伏羲问白龟还有没有宝物，白龟声音凄凉，说他要死了。伏羲女娲大惊，还想说啥，可是白龟转眼不见了。女娲哭了，伏羲说，不要哭，天都塌了，地都陷了，人都死了，白龟死了咱没了依靠，他要死，谁有啥好办法，不要讲白龟了。

女娲双手捧着六个圆球，翻来覆去看了又看，也没看出好在哪里，扭头问伏羲，伏羲早看出了门道，对女娲说，这六个圆球是六兽。这六兽非同虎狼，是人类的朋友。女娲不信，伏羲叫了声“着!”话音落，女娲手中的六个圆球，一齐飞到空中旋转起来。女娲吃了一惊，瞪眼看时，只见六个圆球五光十色，内中个个有一种叫声，像凰非凤，似虎非狼，而且女娲又影影绰绰看到五兽一鸟，她高兴得又蹦又跳。这时候，伏羲说话了，伏羲告诉女娲，上天下地，天地上下，天有一片，地有五方。一片两翼，五方五兽，天下人类就安宁了。一句话，说得女娲全知了。女娲问：“只是不知在什么时候?”伏羲答道：“明天太阳升起的时刻。”

第二天，伏羲女娲早早来到宛丘湖畔。兄妹静静地跪地，一番祈祷，把六个圆球依方位放了，太阳升起的时刻，天空不知从何方飞来一白色器物，在天空固定，无声无息里，把六个圆球吸上了天空，刹那间，六球六色，红黄白青紫碧，又各放原址，仍在不停地旋转，紫雾交呈里，伏羲女娲看到了六种影像。

不知是伏羲所说，还是别人所说，反正女娲听得一清二楚，“在天成象，在地成形”。

女娲走上前，弯腰取了一把黄泥，抟在手里，把黄泥抟来抟去，摔来捏去，照着那一圆球物种形象，抟了一物。她说：“瓜子脸，尖下巴，小耳朵，站那儿没有坐那儿高；见了兽，就嚎嚎，夜时守人汪汪叫；随主人，不离身，摇头摆尾前后跑，护主护人是个宝。”太阳落，月亮升，伏羲给它吹了一口气，物活了。伏羲给它起个名，叫“狗”。狗跟着主人摇头摆尾，狼见狗就溜了。

女娲又挖了一把黄泥，在手里抟来抟去，摔来捏去，依一圆球形象，抟出那种物。她说：“穿锦衣，戴高帽，大冠子，硬嘴壳，尾巴翘，只屙屎不撒尿，公的天明把人叫，母的下蛋咯咯叫。”太阳升，月亮落，伏羲给它吹了一口气，物活了。伏羲给它起名叫个“鸡”。鸡“咯咯”地叫了。到了晌午，母鸡下蛋了；到了早上，公鸡打鸣了。

第三天，女娲又挖了一把黄泥，在手里抟来抟去，摔来捏去，依一圆球形象抟出一物。女娲说：“大耳朵，慢腾腾，喝污水，睡懒觉，毛似针，多长肉，不吃草，哼哼叫，到头人把它吃了。”太阳升，月亮落，伏羲给它吹了一口气，物活了，伏羲给它起名叫个“猪”。猪哼了一声，猪活了，慢腾腾地走去了。

第四天，女娲又挖了一把黄泥，在手里抟来抟去，摔来捏去，依圆球形象，抟出一物。她说："大角、长须、咩咩叫，不准吃肉只吃草；没事轻轻倒倒沫，皮给人当衣，肉要人吃了。"太阳升，月亮落，伏羲给它吹了一口气，物活了。伏羲给它起了个名，叫"羊"，羊"咩咩"叫了一声，羊活了，羊跑了。

第五天，女娲又挖了一把黄泥，在手里抟来抟去，她抟来捏去，抟出一物。她说："两只大眼，两只尖角，倒一口白沫，只能吃草，只能掏劲，只把清水喝，任人打来任人使，哞哞一声来就是乐。"太阳升，月亮落，伏羲给它吹了一口气，物活了。伏羲给它起了名叫"牛"。牛"哞"地叫了一声，牛活了，牛走了。

第六天，女娲又挖了一把黄泥，在手里抟来抟去，抟来捏去，抟出一物。她说："小耳，大嘴，一把鬃，走起路来蹄生风，吃草喝水叫人使，任打任骂过一生。"太阳升，月亮落，伏羲给它吹了一口气，物活了。伏羲给它起名叫个"马"。马"咴咴"叫了一声，马活了，马跑了。

从此以后，天下有了"六畜"。

5. 伏羲分天地

传说古时候，昆仑山上有棵通天树。这棵树叫建木。沿着这棵建木树，天上神仙能下地来，地上的凡人能上天，只有是人又是神的伏羲能来往人间天上。建木树身很细，两把粗，不长侧枝，不长树丫，直干干的直探蓝天。伏羲站在地上，他穿云破雾能看见建木顶上像一把伞，没边没沿，枝丫九曲九弯，还结有金晃晃的黄金果。人间都知道有个登天梯，可谁也不知道登天梯就是这棵建木。

伏羲见人间日子太苦了，想给人弄点儿好东西吃。他瞅着那黄澄澄的黄金果，就沿着建木上天，想把黄金果带回人间。可这些果儿近在眼前，远在天边。他九思九想，还是没法子得到它。伏羲正发愁，忽见一阵白烟，白龟悄悄来到伏羲跟前。伏羲问："白龟，你已经死了，咋又活了？"白龟对伏羲说："人间的死，就是天上的生。"原来白龟升天了。伏羲向白龟打听黄金果的事。开头，白龟只是嘿嘿笑。过了一会儿，白龟一本正经地对伏羲说："这黄金果可吃不得，吃了会死人的。"伏羲又问黄金果的味道，白龟说："苦。"伏羲听了白龟的话，心想：天上人间上下相反，天上的苦，不正是人间的甜吗？伏羲心里一亮，要白龟帮忙，他想尝尝黄金果。这时，白龟嘴一咧，笑了，指着伏羲的鼻子，说伏羲不枉为伏羲。可是，白龟不敢违犯天规，只对伏羲小声说了几句，一阵白烟走了。

伏羲很高兴，迈开大步朝前走，一直走到北天门。一只乌龟挡住了伏羲的去路。乌龟伸长脖子，张大嘴巴，一口咬住伏羲，恶狠狠地对伏羲说：

“伏羲，你咋来咋回去。这条路，你走不得！”

伏羲苦苦哀求乌龟道：“好乌龟，天下人的日子太苦了，哪有不可怜苦命人的神呢？只要你放过我这一回，天下人千秋万代都会祭祀你的。”乌龟说：“不中，前面有凶猛的白虎，它会吃你的。”伏羲连连哀求：“好心的乌龟，我不能因为前面有凶恶的白虎就怕死，怕死，咋配是伏羲呢！”乌龟被伏羲感动了，放行了。又叫伏羲向西走，千万要小心。

伏羲来到西天门，白虎张牙舞爪地说：“伏羲，你咋来咋回去，这路，你走不得！”伏羲苦苦哀求白虎：“好白虎，天下人的日子太苦了，哪有不可怜天下人的神呢？只要你放过我这一回，天下人千秋万代都会祭祀你。”白虎说：“不中，前面有朱雀，朱雀会叨死你的！”伏羲连连哀求：“好心的白虎，我不能因为前面有朱雀而怕死，怕死，咋配是伏羲？”白虎被伏羲感动了，破例放行。白虎嘱咐伏羲向南走，要当心朱雀。

伏羲来到了南天门，见朱雀轻轻落下，张开硬嘴壳对着伏羲说：“伏羲，你咋来咋回去，这路，你走不得！”伏羲苦苦哀求朱雀：“好朱雀，天下人的日子太苦了，哪有不可怜天下人的神呢？只要你放过我这一回，天下人千秋万代都会祭祀你。”朱雀说：“不中，前面有青龙，它会吃你的。”伏羲连连哀求：“好心的朱雀，我不能因为前面青龙而怕死，怕死，咋配是伏羲？”伏羲的话感动了朱雀，朱雀放行了，说青龙很凶，要伏羲当心，并叫他向东方走。

伏羲最后来到东天门，见一条青龙盘卧在那儿，轻轻抖抖身子，一下子冲到了伏羲的头顶，龙尾拧了几下，七缠八拧，把伏羲捆了个结结实实。青龙说话了：“伏羲，你咋来咋回去，这儿不是你走的路！”伏羲哀求青龙：“好青龙呀，天下人的日子太苦了，哪有不可怜苦命人的神呢？只要你放过我这一回，天下人千秋万代都会祭祀你。”青龙说：“伏羲，人来天堂干啥，你清楚，我也清楚。我放你过去了，你也得不到啥东西。前面有天兵天将把守，弄不好你会丧命。我不能看着你去送死，还是回去吧！”青龙很善良，好言好语相劝，伏羲摇摇头说：“青龙呀，你是个好心的神，你可知道，我不怕死，怕死，我咋配是伏羲！”青龙感动了，只得放行。

四关过了，伏羲真喜欢。他飞跑着来到建木树下，左看右瞅，原来天兵天将都睡大觉了。他举目一看，哟！建木树结满了黄澄澄的黄金果，金闪闪，香喷喷。他摘了一个尝尝，又香又甜，忽的一下觉得心里亮了，没边没沿的天地全装到他心里了。他一连摘了九个最大的黄金果，拔腿往回走。恰在这时候，一阵乐声传来，天帝在仙女的簇拥下来到了伏羲面前。

天帝见伏羲偷天果，十分生气，恶狠狠地训斥伏羲。他不由分说，在伏羲上空画了个圈儿。一道金光，伏羲心里又糊涂了，黄金果也无踪无影了。伏羲再三哀求天帝，请天帝赐黄金果给他。天帝冷笑一声，对伏羲说："哈，黄金果是天上的圣物，人吃天上的圣物，不也成了神吗？谁还供敬神？"青龙、朱雀、白虎、乌龟允许伏羲偷黄金果的事，被天帝知道了，天帝很恼火，把它们统统打到人间受罪。因伏羲有言在先，只得把它们当神祭祀了。伏羲按它们的神位，青龙居东，白虎居西，朱雀居南，乌龟（玄武）居北。从那以后，伏羲子孙都祭祀青龙、白虎、朱雀和乌龟了。

伏羲本来好心想为天下做桩好事，但好事没做成，黄金果没弄到手。天帝十分恼火，一怒之下收了建木，唯一连接天和地的登天梯也没有了。从那以后，天和地真的完全分开了。

6. **伏羲画八卦**

远古时期，人对自然一无所知。天气会变化，日月会运转，人会生老病死，所有这些现象，谁也不知道是怎么回事。很多人来宛丘（淮阳古称）问人祖伏羲，伏羲也解答不了，人们终日提心吊胆地过日子。

有一天，伏羲在蔡河里捕鱼，捉到一只白龟，他感到很奇怪：龟都是黑的，这只龟怎么是白的呢？嗯，千年黑，万年白，莫非这只白龟是神龟？当年石龟救过俺兄妹的命，这只白龟很可能是石龟转世，我可不能伤害它。想到这儿，他赶快挖了一个大水池，把白龟养了起来。

这天他正在往养龟池里放食物，有人跑来说蔡河里出了怪物。他来到蔡河沿一看，只见那怪物说龙不像龙，说马不像马，在水面上走来走去，如履平地。伏羲壮着胆走近水边，那怪物竟然来到伏羲面前，老老实实地站在那儿一动不动。伏羲仔细审视，见那怪物背上长有花纹：一六居下，二七居上，三八居左，四九居右，五十居中。伏羲看罢，向怪物深施一礼，转身上岸。

大家围住伏羲问："这是个啥怪物呀？"伏羲说："不要再说它是怪物啦，它像龙又像马，就叫它'龙马'吧"。说罢，他薅一节蓍草梗，在一片大树叶上照着龙马背上的花纹画下来。他刚画完，龙马大叫一声腾空而起，转眼不见了，人们惊奇不已，伏羲安慰大家说："你们不要怕，龙马负图，点化世人，这是天意。"

伏羲整天拿着那片树叶，琢磨上面的花纹，怎么也解不开其中的奥妙。这天他坐在养鱼池边想心思，忽听池水哗哗作响。他定睛一看，白龟从水底游到他面前，两眼亮晶晶地看着他，接着向他点了三下头，脑袋往肚里缩，卧在水边不动了，他面对白龟聚精会神地观察起来。通过观察，他发现白龟盖上的花纹中间五块，周围八块，外圈儿十六块，最外圈儿二十四块。他像画龙马背上的花纹一样，也把白龟盖上的花纹画在树叶上。

伏羲坐在一个土岗上，把画图的两片树叶摆在一起，反复比较，用蓍草梗在地上边画边思考。经过七七四十九天，终于找到了一定规律。他用通道儿“—”作阳，断道儿“— —”作阴，三道儿为一组进行组合，结果画出八种不同图案。他把这八种图案统称为八卦，成为我国最早的文字，结束了先民们结绳记事的历史。

伏羲画出了八卦图，闹得天帝终日心神不安，天帝便命天将下界察看人间出了什么怪事。伏羲用八卦算出了天帝的心机，为防止天将查出八卦图，就把它埋在地下，并在上面栽一棵柏树。在封土的时候，他左一脚，右一脚；南一跺，北一跺，使那棵柏树左看右倒，右看左倒；南看北歪，北看南歪。搞得天将迷了方向，到底没有查出八卦图。

后人称伏羲八卦为伏羲先天八卦，并把八个卦命名为乾、坤、震、艮、离、坎、巽、兑。这八个字分别象征天、地、山、雷、泽、风、水、火。以三道儿为一组变化出八个卦形，若用四道儿、五道儿等多道儿为一组就能变化出更多的卦形，以至无穷。

如今从淮阳老城通往北关中途路东环城湖里，有个方形土岗，那便是伏羲当初画八卦的地方，叫八卦台。台中央有座八卦亭，亭顶天棚上画有伏羲先天八卦图。亭东有棵歪柏树，便是传说中的那棵神奇的八卦柏。八卦台南边一片较深的城湖水域，便是伏羲养白龟的地方，叫白龟池。太昊陵伏羲墓北有个蓍草园，蓍草梗很硬，伏羲就是用它画的八卦。此草别处找不到，山东曲阜孔庙的蓍草，还是当年孔子从这里带回家乡的呢。

说来也巧，1984年夏天的一个早晨，一少年在白龟池里竟钓出一只稀世白龟，重2.3斤（旧制）。其盖上花纹居然和传说中讲的完全相符，引起了不少学者的重视。

7. 人祖的传说

相传，在现今人类世界之前，曾有一个人类世界。那时候有兄妹二人，哥哥叫伏羲，妹妹叫女娲。伏羲天天去上学，女娲在家养蚕织布。

伏羲上学的路旁，有座石碑，碑下压着个大石龟，时间长了，那石龟成了精。一天，伏羲放学路过石碑，碑下的石龟嘴一张说话啦：“伏羲，你慢走。”伏羲猛地吓了一跳，石龟接着说：“你别怕，我告诉你一件事，天地十万八千年一混沌，过不了多久就要天塌地陷了。从明天开始，你天天来上学给我捎个馍，到时候我救你。不过这件事你千万不能对外人讲。”伏羲点点头答应了。

第二天，伏羲捎个馍去上学，走到石碑前，石龟一张嘴，伏羲把馍往它嘴里一塞，石龟一伸脖子咽了。天天如此，引起了女娲的怀疑。这天伏羲吃罢饭正要拿馍，女娲说："哥哥，你这几天去上学总是捎个馍。半晌午还饿吗？"伏羲没吭声，伸手就去拿馍，女娲上前拦住他："你为啥不说话，你到底给谁捎的馍，不说实话，我就不叫你拿。"伏羲心想：石龟不叫我对外人讲，我妹妹又不是外人。想到这儿，他把石龟说的事告诉了妹妹。女娲听罢对他说："既是这样，你也替我给石龟捎个馍吧，到时候叫它也救救我。"说着拿起两个馍，伏羲接过馍上学去了。

石龟见伏羲捎来两个馍，就问他怎么回事。伏羲就把实话告诉了它，石龟说："念起你们兄妹情，我不怪你。不过再也不许对别人说了，不然我就没法救你俩了。"

时间过了九九八十一天，伏羲刚刚走到石碑前，石龟就赶忙说："快去叫你妹妹来，马上就要天塌地陷啦！"

伏羲跑回家拉上妹妹就跑，转眼间黑云滚滚，狂风大作。伏羲拉着女娲跑到石碑面前，石龟张着嘴说："快钻我肚里！"他俩不敢怠慢，慌忙钻到了石龟嘴里。石龟刚闭上嘴，陡然一声巨响，天崩地裂，洪水滔滔，整个世界毁灭了！

伏羲兄妹钻进石龟肚里，睁眼一看，里面像个院子，两边堆两堆馍，中间有一池清水。石龟交代他俩，叫伏羲吃左边的那堆馍，女娲吃右边的那堆馍，渴了就喝池里的水。

过了九九八十一天，馍吃完了，石龟说："混沌过去了，天地又长好了，你俩出来吧。"说罢嘴一张，他俩就出来了。

遍地荒荒凉凉的，没吃没穿，就打猎采野果子吃，穿树叶披兽皮。石龟说："世上就你们两个了，你们结成夫妻吧，要不人就绝后了。"女娲连连摇摇头说："使不得，俺们是亲兄妹，怎么能结婚呢？"石龟眨眨眼说："这样吧，你俩把两扇磨推到山上一齐往下滚，两扇磨滚到山下合在一起，你俩就结婚；合不到一起，你俩不结婚。听天由命吧。"

伏羲兄妹听罢，觉得没啥可说，只好照办。他俩各推一扇磨上到山顶，一齐把磨滚下山去，只听"咕隆隆……呱咚！"两扇磨正好合在一块，他两个只好结成了夫妻。

伏羲兄妹结婚时感到很不好意思，女娲就用一个大树叶遮住脸。所以现在姑娘按老规矩出嫁时，头上还顶红头盖遮脸呢。

伏羲兄妹成婚繁衍了人类，成为人的始祖，人们便尊称伏羲为“人祖爷”，尊女娲为“人祖奶奶”。正因为人祖是兄妹结婚，直到现在人们还俗称夫妻俩为姊妹（即兄妹）俩呢。又因当初伏羲没把妹妹当外人，所以现在丈夫对人称自己的妻子为“内人”。据说女人比男人受饿。也是因为当初女娲在石龟肚子里存的馍少了七个。

8. 伏羲赶水鞭

在很久很久以前，洪水常常泛滥，大江大河像一条龙，从东方滚到西方，从西方滚到东方，人们不敢惹它们，只有躲着洪水走，待洪水过去了，人们再搬回来，悄悄地生殖养息。躲着洪水走的日子长了，总难安家。后来，人们跋山涉水，去求拜伏羲。

伏羲说：“我知道了，这事儿我想着呢！”

伏羲有一杆鞭，这杆鞭能长能短，能粗能细，长起来的时候，像一条龙；短起来的时候，像一条虫；粗起来的时候，像几百人合围的大树；细起来的时候，像一根针。伏羲凭着这杆鞭，走南闯北，赶走了不少洪水。洪水来了，望见伏羲，像老鼠见了猫，连忙改向逃走。跟着太昊伏羲的子孙，从来没有受过洪水的害。不知什么时候，黄河和伏羲顶上了，常常发脾气，河水四溢，泛滥成灾，想用打不退的洪水征服伏羲。伏羲非常恼火，赶来对黄河说：“黄河，你太不老实了！你害死了俺多少子孙！”

黄河冲着伏羲说：“你凭着你的赶水鞭，抽打得俺兄弟没处安身，不敢走路，吃你几个子孙，活该！”

伏羲顾不得跟黄河多说，只说了一句：“我叫你尝尝人的厉害！”他挥起赶水鞭，连连对黄河猛抽了几鞭，一鞭一个滚儿，黄河连连打了几个滚儿。这一个又一个滚儿，就形成了今世的一个又一个黄河故道。

就在这时候，伏羲的女儿宓妃赶来了，要伏羲快回家，说淮河也在发大水，洪水铺天盖地，看样子要把宛丘城淹掉。伏羲一步三丈地往回走。他刚到宛丘，洪水就迎面扑来了。

伏羲甩起赶水鞭，只见赶水鞭像一条龙腾在空中，一声惊天动地的霹雳，迎面扑来的洪水，被鞭子分成南北两股，灰溜溜地逃跑了。洪水去了，留下了遍地沉积的黄沙，把宛丘城高高围了一圈。直到如今，低洼的宛丘（今淮阳）还像一个飘在水里的碗，周围是高高的沙地。

淮河这么欺负人，伏羲很生气，要狠狠整治淮河。他追了三天三夜，终于赶上了淮河。伏羲手持赶水鞭，气呼呼地问淮河：“你作为我护城的河，为啥像黄河一样不听话，害我的子孙呢？”淮河叹了口气，没精打采地说道：

“你知天晓地，管山管水，想治俺江河兄弟，总不能老用鞭打俺，总得给俺个安身的地方吧。”

伏羲想了想，觉得淮河的话有道理，对待江河哪能不给一个安身的地方呢？况且，江河两岸是子孙们生殖养息的地方。于是，伏羲找来几棵粗大的竹子截了，用木炭画了流向图，交给了淮河，指着其中的一条线说：“这是你的流线，这是黄河的流线……你代劳了，转告黄河，要是照我的安排流，绝不无故鞭打你们。要是不老实，胡作非为，我的鞭就不客气了。”

淮河很高兴，拿着流向图，拜过伏羲后就流走了。

9．五行生克

古时候，伏羲虽然为一代人王，有些事也难以管得了。有人向伏羲说，要举荐力大、智高的人当首领。结果，人们为争当首领发生斗争，斗智相害，斗力相残，弄得失了中和，人与人之间不亲不爱。伏羲看见这样，心里非常发愁。

一日，伏羲在深山攀树采集山果，他正要下树的时候，忽然发现树下卧有一条恶狼。这恶狼周身青灰，体瘦如柴，口大如盆，目瞪如火，伸出红色长舌，涎水拖地，正眼巴巴地望着伏羲。伏羲大惊，忙抽回正下树的双脚，重又坐在树杈上。恶狼见伏羲不下树，先立起身来绕树而行，后退一步，长嚎一声，举起前肢猛扑。伏羲见了，急忙掰下一根树枝，握在手里，以备万一。恶狼也不示弱，卧在地上，一口口啃起树来，想断树吃人。伏羲十分害怕，可也没有良方。恶狼啃了一会儿，树根已有好深的啃痕。那恶狼抱住树干用力摇动起来。树虽未倒，却也吱吱作响。伏羲吓得紧抱树杈，汗如雨下。恶狼见树不倒，便再啃再摇，看样子非吃人不可。

正在这万分危急的时候，忽然随着一阵清风，一声虎啸，一只斑斓猛虎直扑到恶狼面前。这猛虎毛黄纹青，长尾如鞭，举在空中左右摇荡，血口一张，吓得恶狼瑟瑟发抖，可也不甘心就此丢掉马上到嘴的人肉。

猛虎见恶狼有抵抗的意思，虎威大作，随着一声怒吼，身躯腾空扑向恶狼。猛虎体未落地，前掌击着了树干，咔嚓一声，被恶狼啃得摇摇欲坠的树便倒在了地上。伏羲见势不妙，急中生智，如猿猴般悠荡到另一棵树上。恶狼匆忙逃命，猛虎一翻身，虎躯已横在恶狼面前。恶狼步步后退，吓得不知所措。

正在这个时候，一声吼叫从树丛中传出，原来一头雄狮走向正欲探爪捕狼的猛虎。这雄狮黄毛长尾，威风凛凛。它微睁双眼，抬头望望苍天，缓缓迈动双脚，步步向虎逼来。

老虎见这情景，自知敌不过雄狮，畏瑟瑟伏身下卧，以示屈服。可那雄狮好像没有看见，决心要尝尝虎肉似的。猛虎吓得要死。

正在这个时候，忽然“咚咚”有物走来，原来是一只大象。这大象蹄如墩，腿如柱，体如丘，背如峰，缓缓甩动一条硕大长鼻，一步一“咚”，一步一“哼”，步步向人、狼、虎、狮走来，好像在悠闲散步。忽听人呼、狼嚎、虎啸、狮吼，大象深感奇怪，来看个究竟。见老虎俯首，雄狮施威，觉得雄狮不近情理，于是踏蹄出声，哼鼻，以显象威，以儆雄狮。雄狮知象鼻的厉害，狮威顿减。

大象离雄狮十来步，忽然停步不前，四蹄前踏后踢，左蹬右踩，象鼻高举来回摆动。原来是一只小老鼠出现在象蹄附近，左蹦右跳地戏耍大象。不一时，大象已汗流浃背，困苦极了。

正在这时候，“喵”的一声，从树上窜下一只花猫，直向小老鼠扑来。鼠听猫叫，吱的一声绕象蹄逃命，鼠快猫疾，猫追鼠十圈，眼看小老鼠就没命了。

正在这时候，忽然传来犬声，不知从哪儿窜来一条黄犬，拦住了猫的去路。犬见猫如有旧仇，龇牙咧嘴要吃猫肉。

那恶狼一旁见了黄犬施威，禁不住把满腔怨气转到了黄犬身上。可恶狼慑于虎威，岂敢发作，怒气只化作哼哼鼻声了。如此窘境；虎禁着狼，狮禁着虎，象禁着狮，鼠禁着象，猫禁着鼠，犬禁着猫，狼禁着犬。七物循环相禁，僵持良久。伏羲看在眼里，不觉为之惊叹。

伏羲正觉奇妙，忽然一阵清风，一位鹤发童颜的老人在一阵爽朗的笑声里出现在伏羲面前。那老人用手一指七兽，说：“畜生，还不散去!”

老人话音刚落，狼、虎、狮、象、鼠、猫、犬应声隐去。伏羲好生奇怪。他问道：“请问老人家尊姓大名?”老翁说道：“我乃天生自然。”伏羲这才明白，原来老翁是在向他传教自然天地大道，忙说：“请老人家指教。”老翁说：“虎与狼，谁强谁弱?”伏羲答：“狼弱虎强。”老翁问：“狮与虎，谁弱谁强?”伏羲答：“虎弱狮强。”又问道：“象与狮，谁弱谁强?”答道：“狮弱象强。”又问道：“猫与鼠，谁弱谁强?”答道：“鼠弱猫强。”又问道：“犬与猫，谁弱谁强。”答道：“猫弱犬强。”又问道：“犬与狼，谁弱谁强?”答道：“犬弱狼强。”老翁笑了。他问：“七物之中，谁弱谁强?”伏羲思索许久，才回答：“都弱都强。”

老翁哈哈笑了一阵，尔后，他说：“伏羲啊，你不愧为一代人王。世间万物，无强无弱，无高无低，无先无后，无尊无卑；天下之物，皆强皆弱，皆高皆低，皆先皆后，皆尊皆卑。顺自然大道，则为强、为高、为前、为尚；失自然之势，则为弱、为低、为后、为卑。强弱之分在于是否顺自然大道，尊卑之位在于是否顺自然之势。”伏羲听到这里，自觉大悟。忽然想到自己身负人王重任，要事未处，须赶快回宛丘，处理族人之间的斗争，他向老翁说：“伏羲告辞了，老人家。”伏羲说罢，匆忙原路赶回。那老翁微微一笑，一转眼，又出现在伏羲面前。他说：“伏羲，你有什么事这么急，不知你是否愿说与老夫，我也许会助你半臂之力。”

伏羲止了步，拜了三拜后，说：“老人家，你有所不知，天下龙的子孙的部落首领，本来是靠推荐。但人心人德日下，多年来斗智斗力，彼此伤害，互相争夺，不知伤了多少好汉！既然世间无强无弱，皆强皆弱，龙族的斗争怎么会有结果？我受老人家指点急返宛丘，制止族人之间的斗争。”

老翁说：“伏羲呀，族人相斗，这个我知道。但无强无弱、皆强皆弱的道理是深奥广博的。你只知皮毛，仅仅可以止斗止争，怎么能存人种？怎么能延续后世？”伏羲深感惭愧。他祈求道：“请老人家指教。”老翁说道：“理有主有次，有纲有目。今老夫授你五行生克的大道，可治世哟！”伏羲喜出望外，他说：“老人家，请受伏羲三拜。”老翁受拜后，说道：“世间之物，属性有五，即金、木、水、火、土。这叫做五行。”

伏羲不明白，他问道：“水、木、土，是世间常见之物呀，金和火我不明白是何物？”老翁说道：“金，坚硬之物，出于土石，可锻而出刃，为切割的器物。”老翁说罢，伸展左掌，喝声“变”，顿时掌中出现一块褐色石，坚硬而生光。老翁说：“这是含金的石，熔化后可出金。”老翁又说：“火，是炙烤之物，出于草木中，可燃烧生熟，有熟食的用场。”老翁说罢，伸展右掌，喝声“着”，只听一声惊雷，一道闪电，一棵大树顿时燃烧起来。老翁说：“这是燃烧的火。”

伏羲急于学五行生克的道理，老翁领会，他说：“金、木、水、火、土，五行相配而生万物，每物中所含物多少不同，含金多者为金性，含水多者为水性，含木多者为木性，含火者多为火性，含土多者为土性。金熔而生水，水中长草木，木燃而起火，火灭而生灰，土中藏金石，所以金生水，水生木，木生火，火生土，土生金。这是五行相生的道理。五行相生，所以世上万物可养物。例如：母可生子，果可养人。金可削木，木可化土，土可止水，水可灭火，火可熔金，所以金克木，木克水，水克火，火克金，这是五行相克的道理。五行相克，所以世上万物相互相克，例如利者可破坚，锐者可穿韧。”

伏羲欲问详细，老翁说："何物生何物？何物克何物？世上不可胜数，只能慢慢领会。刚才虎克狼，狮克虎、象克狮、鼠克象、猫克鼠、犬克猫、狼救猫，虎救犬，都是生克的例子，要理解例子需要下工夫。"

伏羲明白了道理，连连对老翁拜谢。他想知道老人家的住所，还没开口询问，老翁自我介绍道："伏羲，你要问我的住所，实不相瞒，老头乃聚则成形，散则成气的自然也。"

老翁说罢，像一阵清风去了。

10．**伏羲先天图**

伏羲画卦台是伏羲画八卦的圣地。这方方正正的土台，坐落在宛丘湖中，台高出水面两米多，好像飘落在万亩湖水中的小岛。昔时台上有殿堂五间，中央是伏羲八卦亭，上悬伏羲先天八卦。八卦亭前，有石龟两只，各驮青石碑一通，一通书为"开物成务"，一通书为"先天精蕴"。八卦亭前侧有一青石算盘，又称作量天尺。乍一看来，既像河图，又像洛书。说是河图，有的方位多了数，有的方位少了数，说是洛书，有的方位多了数，有的方位少了数。这是天数？是地数？还是人数？

多少年，多少代，不知有多少文人学士绞尽脑汁，欲破这方石算盘天机，到头来，皆乘兴而来，扫兴而归。这方石算盘是先天图，相传先天图的数是通天晓地的天机之数。大江东去，有风流人物，可也没见通天机的人。

不知是哪一朝，从很远的南方，来了一位貌不惊人的老头儿，人们不知道他的名字，只知道他姓张，后人称他张翁。此人年纪六旬以上，鹤发童颜，神采奕奕。他凭着悟性，沿着一条银光之路来到伏羲的故都宛丘，参悟天机所呈的先天图——石算盘。

午夜子时，张翁登上了伏羲画卦台。这时候，天上圆月当空，湖面微澜不兴，真可谓万籁俱寂。他站在伏羲画卦台上，只觉得一股热气扑来，使他头晕目眩，如在云雾中，眼前紫雾蒸腾。他自感天机所在，可是自己力所不及，又不舍得离去，就用尽全身解数，踉踉跄跄地来到先天图前站定了。

张翁面对先天图，只觉得先天图上的算盘子银光闪闪。这些算盘子到底如何排列？又是几何天数？他难以弄懂。他一生向往天机，今日天机在他眼前，他却神所不及，气所不济，实在惋惜。正在左右为难，又不敢急于求成之际，圆月隐去，星星眨眼，夜风嗖嗖。他心安气海，神存丹田，摄心静虚，才渐渐感到那股灼人的热气慢慢退去，头脑也渐渐清醒，一股紫气直冲脑门。他不禁暗自高兴，啊，我有知晓天机的希望了！于是，张翁决心留下了。

从此以后，张翁立在先天图前，白天吸日精，夜晚吸月华。他想象日月在自己口里，像杯子一样大；想象太阳是红色的，有九道紫光，月亮是黄色的，有十道白光。尔后，他咽下光芒和津液。他想象在自己的脸上，左边是太阳，右边是月亮，让日月的形象与眼瞳的气息相通，摄运精神，调理灵气。就这样，八八六十四个日日夜夜过去了，但是，他依然没有悟出先天图的奥秘，依然不知天机。他仰天叹息，拔发长吟道："天悠悠，数始于零。地悠悠，数起于一。人悠悠，数成于三。天啊，混沌而始，天啊，混沌而去。宇宙啊，是活的气，是虚的气，是实的气。天啊，日月星，地啊，火水土，人啊，神气精……"

这时候，张翁面前恍惚，朦朦胧胧，再也不清楚身之所属了。于是，他急于求成的劲儿渐渐消退了，他坚信钢杵磨绣针，功到自然成，只要有毅力，肯忍、肯练，持之以恒，就不怕不知天机。否则，他誓不罢休。

上有苍天，下有大地。人是不能强求于天地的，人只能顺从天地。张翁决心要顺天顺地知天机。他断五谷，不吃不喝，意存丹田，神归气海，服气咽津，修心养性，欲归先天。他面对先天图，又一个八八六十四天过去了。

适逢朔日，又是一个万籁俱寂的午夜子时，张翁仰天长啸道："天一地二，天三地四，天五地六，天七地八，天九地十，天数五，地数五，五位相得各有所合，天数二十有五，地数三十，凡天地之数五十有五。"

张翁心里清清楚楚，但又糊里糊涂。他知道自己神力不到，气力不足，精力难济，再待下去也是无望。他不急，不躁，对银光闪闪的先天图拜了三拜，对地拜了三拜，心平气和地说道："天机虽难知，天机人要知；待到可待日，必是可知时；人生不过天，我待足功时。"张翁说罢，起身去了，头也不回。

张翁功夫不浅，可也不足。他得去天下另寻高明。他翻了九十九架山，越了九十九道河，跋山涉水，进庙磕头，入寺作揖，不知拜了多少高僧，会了多少老道，见了多少名师，可也没讨个明白。他不灰心，不气馁，相信天下一定有知天机的人。因为上有天在，下有地在，就有人在，有上就有下，有下就有中。只要有中在，自会知天机。

有一天，张翁风尘仆仆地来到了峨眉山上。这位三年不食五谷的张翁，遇到了一位十年不食五谷的高僧。这高僧学识渊博，知天文，晓地理，知人事，晓日达月。他卜得在伏羲故都宛丘寻觅天机的张翁今日今时必到，早就在那儿等着了。

张翁见高僧便拜师。高僧双手合十，眯缝着眼睛问："你莫非是去宛丘寻觅天机的张翁？"张翁忙回道："正是。"高僧又说："你此行空手而归，我可助你一臂之力。”张翁忙磕头相拜道：“多谢神师指点。”高僧说：“河图是河图，洛书是洛书；河图非洛书，洛书非河图；功夫差八等，怎知先天图？静心修身性，还须八载修。”张翁诺诺称是，只得留在峨眉山修炼了。

八年以后，张翁功夫大有长进。请仙持乩，问卜占蓍，闻慧，思慧，修慧，性合双修，悟彻大道，归本合元，道字门中一百六十豪门，门门皆有正果。张翁要离开高僧去宛丘再觅天机了。他临行之前，高僧嘱咐道：“天机只心可知，但心不可过天。”张翁点头称是。他日夜兼程，直赴宛丘，又来到了伏羲画卦台。他面对那方石算盘先天图，只觉清风徐徐身体飘飘，神清气爽。那方先天图一会儿如蓝天，一会儿如一方石碑，一会儿银光闪闪，一会儿又骤然消失。他不慌不忙，用尽全身解数，默默无声。不一会儿，起先在他面前动荡的先天图，竟然清清楚楚地固定在他的面前，银光灼人。紫气交呈中，一张清晰的先天图呈现在石算盘上。他跪下，拜了三拜后，忙掏出纸笔，一一描画起来。他描画完毕，又细察一遍，见无错讹，自己十分满意，高兴得对苍天大笑道：“苍天啊，我知天机了。原来如此！”

张翁这一放肆不打紧，晴朗朗的天空，突然之间乌云四合，卷起了拔地的狂风，下起了倾盆的暴雨。一道闪电，一声惊天动地的怒雷，直朝张翁击来。他手里的先天图，一道银光，也飞天去了。至于那青石算盘上的先天图，也随即模糊起来，再也难以分辨。

11. **八卦柏**

话说伏羲画了八卦，知了宇宙大律，天帝心里像丢了什么珍宝一样难受，整日里惶惶不安，但也不知道到底丢了啥。后来，他带上左右大臣和宫娥彩女，四处游玩解闷。

有一天，天帝驾着彩云来到了宛丘上空，他按下云头，只见宛丘地面，有一片红光闪烁，雾气腾腾，不由得眉头一皱。于是，他停下脚步，询问左右，那珠光宝气的是啥东西？左右大眼瞪小眼，谁也答不上来。天帝十分恼火，要亲驾察看，左右吓坏了，齐跪下劝天帝息怒。于是，天帝就派颛顼下凡到宛丘去。

颛顼到了宛丘，来到画卦台，只见四方台上光秃秃的，台中央只有古柏一棵，其他什么也没有。他看了一会儿，嘿嘿笑了三声，起身回天上去了。

颛顼对天帝说：“天帝，那并不是啥奇物怪器，原来是一棵翠柏。”

天帝哪里肯信，训斥颛顼说道：“我根本不信！颛顼啊，你一向办事细心，今儿怎么粗心大意，一棵翠柏怎么会珠光宝气的？你一定看错了，快再去察看！”

颛顼又来到宛丘，摇身变成一个鹤发童颜的老头儿，慢慢走向画卦台，对着这棵翠柏树，左察右看，上下打量，还是一棵郁郁葱葱的柏树。他伸手摸摸树干，是天下常见的树干；他掐了一片柏树叶，是天下常见的树叶。他自己也感到奇怪：这是我错了，还是天帝错了？他吁了口气，实在是不解。

这时候，湖里飘来一只小船，艄公是位老汉。他肩披树叶，腰围树皮，背个鱼篓。他跳上高台，迎面走到颛顼面前，站住了。颛顼指着那棵柏树问老汉是啥树？打鱼老汉说："干儿挺挺，枝儿峥峥，叶儿青青，说动也动，说静也静，说歪也歪，说正也正。"那老汉说罢，扬长去了。

这打鱼老汉不是别人，正是人间老祖伏羲。他断了阴阳，画了八卦，通了天文地理，把天帝的天机也识了。伏羲怕天帝万一搜出了八卦，就在一个月黑风高的夜晚，把八卦埋在画卦台中央，为方便查找，又从台东南角拔了棵柏树栽上做记号，左边一脚，柏树朝右歪，右边一脚，柏树向左歪，南边一脚，柏树向北斜，北边一脚，柏树向南倾。伏羲把这柏树叫八卦柏。第二天，柏树还是青葱葱的，看不到一点新栽的印儿，他才放了心。

颛顼碰了一鼻子灰，十分不高兴，他望着小船远去的背影，哀叹一声，灰溜溜地走了。

多少年过去了，画卦台上这棵神秘的八卦柏，远远望去，雾气腾腾，至今还是北看北歪，西看西歪，南看南歪，东看东歪人们相传，这是伏羲老祖当年布下的八卦阵。

12. 龙马负图

6000多年前，天地间日出月没，风雪雨电，寒暑交替的很多怪事，也说不清。这不，有一天，又出现了一桩怪事。

一个樵夫匆匆跑来，吓得脸都变了色。他向伏羲禀报说："蔡河里有一个怪物！"伏羲停下手里正织的网，抬起头问："啥子怪物？"樵夫上气不接下气地回答："这怪物有八尺多高，龙不像龙，马不像马，凤不像凤，兽不像兽。这怪物走在水面上，如走在平地上一样，云一样轻，风一样快。"伏羲摇摇头，不相信。他说："怪，世上哪有四不像的怪物？不会，不会。"伏羲笑着打发走了樵夫，依然专心织网。不大一会儿，又匆匆走来一个渔夫。

这渔夫粗喉大嗓，高声对伏羲说："老祖宗，大事大事！"伏羲问道："啥子大事呀？"渔夫双手比画着说："在蔡河里，有个怪物，八尺多高，龙不像龙，凤不像凤，马不像马，兽不像兽。这怪物走在水面上，如走平地一样，云一样轻，风一样快。"伏羲笑了，他说："啊，原来又是这个事儿，啊，我知道。"

渔夫走后不久，一溜烟跑来个小姑娘，她一下子扑到伏羲怀里说：“爷爷，不好了，我见到怪物了！”伏羲把小姑娘搂在怀里，瞪大了眼睛问道：“乖闺女，你也见到怪物了？”小姑娘挣脱了伏羲，生气地说：“咋了？爷爷不信，这是我亲眼看到的，一点不假。这怪物呀，在蔡河里，那模样啊，比大人还高得多，不像龙，不像凤凰，不像走兽，走在水上，云一样，可快了，可轻了。”

小孩子不说瞎话，况且事不过三，伏羲重重点了一下头，他要小姑娘领路，亲自过目，看一看真假。八个身强力壮的小伙子护卫着伏羲，来到蔡河畔。

伏羲抬头一望，河面上微风轻拂，水平如镜，哪有怪物的影子？伏羲问小姑娘在哪里，小姑娘指着河畔一棵弯腰柳树，说道：“怪物就在那儿。”小姑娘话刚落音，一阵轻风吹来，水面上划过一道金光，天空中架起一道彩虹，微风送来一阵扑鼻的异香，怪物出现了，果然如樵夫、渔夫和小姑娘说的一样。刹那间，怪物飞也般地来到弯腰大柳树下，站住了。怪物不怒而威，不视而明。它见伏羲，好像久不相见的老友，十分温顺。可是伏羲身边的小伙子和小姑娘，早已吓得哆哆嗦嗦。

有一胆大的小伙子，拉弓搭箭，想射这怪物，怪物似有所知，突然立起身子，仰起前肢，顿时，水面波涛汹涌。伏羲吃了一惊，连连后退三步，差点跌倒。那小伙子见状，对怪物飕飕连发三箭，说也奇怪，明明射向了怪物，一道银光闪过，那箭头好像不敢挨近怪物，全都飘向了一边。小伙子又射三箭，没想到怪物理也不理，全落一边了。六箭尽空，小伙子感到不妙，本来是个胆大的人，如今吓得魂不附体，跪在地上直向那怪物求饶，怪物显然宽宏大度，理也不理。

伏羲对怪物拜了拜，走上前。不知怎的，他腾云驾雾，飘飘然像怪物一样站在水面上，也如怪物一样，水不沾，脚不湿，像踏在石头上一样。伏羲闻风而动详看怪物，见怪物是马的样子，龙的鳞甲，凤凰的翅膀，兽角兽尾。伏羲好生奇怪！伏羲绕怪物一圈又一圈仔细察看，见这怪物身上，有黑白斑点，全然成数。下身两行，一个白点，又五个白点；上身两行，两个黑点，又六个黑点；左身两行，三个白点，又八个白点；右身两行，四个黑点，又九个黑点；中身中间九个白点，十个黑点。

伏羲面对怪物，慢慢合上了眼睛，他看到了，悟到了。上方是南，是天；下方是北，是地；左方是东，是太阳升起的地方；右方是西，是太阳落山的地方，是金光闪闪的山峦；中央，是土，是人聚居生活的平原大川。怪物负有天、地圣图啊！伏羲又发现，不论上、下、左、右、中，各个相对都差四数。伏羲明白了，怪物在昭示：东方、西方、南方、北方和中央的大道呀！伏羲赶快走上岸。他命人取来竹子，找来了木炭，回转到静静侍立的怪物身边，依照怪物身上的斑点一一描画了下来。伏羲画好以后，那怪物引颈长啸一声，一道金光，直飞蓝天去了。

伏羲拿着画图上了河岸，众人一齐围拢来，七言八语地询问："爷爷，这怪物到底是什么怪物哟！"伏羲回答说："这不是怪物，似马似龙，名谓龙马。龙马是天地间文明的天使啊！"伏羲指着画图说："这图是龙马图像，因它出身蔡河，就叫它'河图'吧！"

几千年来，河图一直流传下来。

13. **伏羲画卦台**

相传，龙马负图从河中出，伏羲得了河图。他朝思暮想，也难寻到其中奥妙。人们见他这样，规劝伏羲作罢。伏羲哪里同意，不理睬他们，规劝者没趣去了。伏羲自有主张。他眯上眼睛，盘腿而坐，日不食，夜不眠，日日夜夜悟龙马河图。八八六十四天以后，伏羲悟出了一个"动"字。

于是，伏羲跋山涉水，开始观天察地。

伏羲仰观苍天，无边无际。他问苍天道："苍天啊，你为什么这么高？你为什么在上空？你为什么这么阔大？你为什么这么深远？你为什么呈圆形？你为什么可望而不可即呢？"

伏羲俯察了大地，无边无际。他问大地道："大地啊，你为什么这么宽厚？为什么万物都由你孕生？你为什么又呈方形？大地啊，你为什么是漫无边际的黄褐色？你给了花草、树木什么呀，使它们碧绿青葱？大地啊，你为什么有这么大的神力？到底源自哪里？"

伏羲巡察江河湖泊，那是看得见、摸得着、会流动的水。他问道："江河溪流啊，你为什么滚滚东下，从西方流向东方？湖泊啊，你为什么阳光下习习闪光，弥茫无际？水啊，你为什么能滋润大地，万物生物都离不开你？水啊，你为什么能决河开江、浩荡千里？水啊，为什么连那熊熊的烈火都害怕你？雨啊，你为什么从滚滚乌云中坠落，伴雷伴风，有这么大的神力！"

伏羲奔向东方，追踪太阳。那儿有五彩的朝霞，有熊熊燃烧的火焰。他问道："火啊，太阳火红火红，太阳升起的地方，是火的故乡吗？火啊，你为什么发光发热？火啊，你为什么给万物赐送温暖，万物又畏惧你，你为什么有这么大的热力？火啊，你有情又无情，有时候又那样凶，有时候又温和，这是为什么？火啊，你源自何物？"

伏羲攀了九十九架山，登了九十九座山峰，面对莽莽群山峭峰，他问道："山啊，你为什么平地突兀，绵延深远？山啊，你为什么陡峭耸立，直冲云天？山啊，你为什么起起伏伏，无边无际？山啊，你为什么久立不移，威武不屈？山啊，你是谁造就？"

风迎面吹来，时而轻轻悠悠，时而暴烈呼啸。他问道："风啊，你有时飞沙走石、呼啸山林、卷起滔天巨浪。你有时又柔和如水、轻轻扬扬，如一个温顺的姑娘，为什么这样多变无常？风啊，看不见你，摸不着你，却能感觉到你，你确实在这个世上。风啊，你到底是什么神物？风啊，为什么有时你送来凉爽的风，有时你却送来凛冽透骨的寒风？"

云腾雾腾，暴雨如倾，满天乌云滚滚。在漆黑的天幕上，耀眼即逝的火花闪过，紧接着震耳欲聋的雷鸣，咔嚓咔，呼隆隆，震天动地。伏羲仰望，他大声发问道："雷啊，你难道是天之骄子？你横行天上人间，你为什么这么暴烈？雷啊，你为什么常常和暴雨、狂风、乌云为伍？雷啊，你大呼大叫，你的呼叫使得天摇地动，你用的是什么神物？雷啊，你是住在天上，还是住在山下，还是住在大海？为什么你初鸣后万木争荣、百草发草？"

伏羲沿着江河，走向小溪，走向茫无边际的大泽，他问大泽道："茫茫的大泽啊，为什么水草汲汲？茫茫的大泽啊，为什么无边无际？茫茫的大泽啊，你的天空为什么布满阴霾？"

伏羲仰观俯察，观天察地，观风察雨，观云察雷，观水察火，观山察泽，近察诸身，远观诸物。他知道了，明白了，懂了，然而又糊糊涂涂。他沉醉在朦胧里。伏羲想着龙马、河图、天地、水火、阴阳、生生息息。各种影像先后交叉旋转在他的眼前，天上地下，日出日没，风风雨雨，雷鸣闪电；山山水水，大泽江河，无止无息地交叠翻腾。人，离不开水，离不开火，离不开风，离不开雷，离不开山，离不开泽。人的生命，人的繁衍生息，与天地共存，与水火共济，与风雷相搏，与山泽通气。

一道银光，几层紫雾，伏羲又在想：苍天啊，人称你为天帝，你为什么又布风施雷与人作对而残害人类。大地啊，人把你称作地母，你为什么不生长足够人类的吃物而让人类四处奔波觅食？水啊，你为什么不时震怒洪水千里？火啊，为什么有时燃起燎原大火，给人类带来灾难？风啊，你为什么又给人类带来令人窒息的酷热，有时又带来严寒雷雨？雷啊，你的雷霆之怒惊天动地，跟你相伴的暴风雨，为什么给人类带来那么严重的灾难？山啊，你为什么这么高峻，为什么这般难以登攀？泽啊，你为什么这么不可捉摸，让人类望而生畏？

伏羲仰天叹了口气，不禁摇了摇头。他自信地一笑，人的周围、天地六合，好像都在跟人类作对，又对人类有利，有时又有害，有害又有利，利害冲突，利害相辅，利害相成。伏羲大笑起来，人是个怪物，天地之间又何尝不怪？

河图有天地，天地分上下，上下有阴阳。阴中有阳，阳中有阴。阴阳相对，阴阳相辅相成，阴无阳不生，阳无阴不长。要不，还谈何天地，分何上下阴阳？阴阳相辅，阴阳相生。阴中有阳，害中有利。阳中有阴，利中有害。阴到尽头，害到尽头，利到尽头。阴极生阳，害尽生利。阳中生阴，利尽生害。人需要万物恩赐，同时，也向天下索取。人要生存，就要讲利害，就要讲凶吉，就要讲祸福。人每走一步，每一个行动都是为了繁衍生息。既然向它索取，何必又去讲它的不好呢？人对待周围的万物，与其说是索取，不如说是利用为好。因为人是择万物可用之处为用，而尽利于人；因人是择利而用，择害而舍。当然，至于如何选择，这像天上地下、日出月没一样，自有它的路径。这路在哪里？在龙马？在河图？在天？在地？还是在人自身？天在上，地在下，水在流，火在烧，风在吼，雷在呼，山耸立，泽沉思。天上地下都在等待伏羲回答。

伏羲日思夜想，八天八夜了！他不知饥，不知渴。他的面前呈现出一派奇景，数道银光，数层紫雾以后，身负天之数的龙马出现了，木炭画就在青竹上的河图出现了。紧接着，是茫茫无际的黑暗，是昏昏朦朦的浑浊，是天和地的旋转，是水与火的不容，是风与雷的呼啸，是山与泽气息的交流。伏羲子孙们悄悄来到了他的身边，送来了刚刚汲来的甘泉水，送来了刚刚烤好的羊肉。可惜不但伏羲闻而不觉其味，而且连他们的大声呼叫都听不见。八八六十四天以后，伏羲还没有找到他要寻找的天机，伏羲没有着急。

伏羲忽然想起小时候曾经救过的白龟，大灾大难白龟相救，今天又遇难题，求求白龟相助吧！

于是，伏羲来到了宛丘湖畔，面对宛丘湖大声呼叫白龟，伏羲喊叫不止，可哪有白龟的影子？宛丘湖水如镜，风不吹，波不起。伏羲不死心，他相信，天在地在，白龟一定在，白龟既然在天塌地陷时能救兄妹俩，就一定能与天地同在。日升月落，伏羲仍然喊叫不止，就这样，他一直喊叫了八八六十四天。

第六十四天子时，伏羲混混沌沌，不知何时睡着了。他躺在昔日白龟救过他的地方，天静地静，恍恍惚惚里，白龟周身银光闪烁，双目如火，伸长了脖子，正望着他。伏羲边跑边说：“白龟公公，我叫了六十四天，你可听到了?”白龟说:“全听到了。”伏羲生气说道:“为什么不回答我?”白龟慢慢吞吞地说:“天数不到。”伏羲听白龟说到“天数”,忙说:“白龟公公,请你告诉我‘天数’,好吗?”白龟摇摇头说:“天数是天机,天机不可泄露。天数天知,地数地知,人数人知。”白龟说罢,头缩到盖下,再也不说话了。伏羲明白了。

这时候,只见白龟银光闪烁,白龟上空架起了八架彩虹。紫雾交呈中,八个光圈升起。白龟盖中央五色呈出;黄灿灿,那是金;黄褐色,那是土;郁葱葱,那是木;白茫茫,那是水;红腾腾,那是火。金、木、水、火、土五行居中,化为五种云气,在蒸腾中化出化入,波及四面八方;南方,是蔚蓝的天;北方,是黄褐色的地;西方,是白茫茫的水;东方,是熊熊的火;西南方,刮起了呼啸的风;东南方,是无际的泽;西北方,是高耸的山;东北方,滚着震耳的雷。金、木、水、火、土,在蒸腾的气息中旋转,八方万物吐纳升华出白、紫、黄、绿、青、蓝、黑、橙七彩八色,交而聚,聚而散,合而分,分而合,变中有不变,不变中有变。

在白龟八方的外围,神奇地等分二十四节,生起二十四气,反映了冬、春、夏、秋四季的运行图。冬至、阳气上升、阴气极盛,冷气极寒,暖气上升。运至春分,阳气渐旺,阴气渐没,直至阳光热气达到顶极夏至。运至夏至,阴气渐生,阳气渐降,阴气越来越旺,直到秋分。运至秋分,阴气渐强,运到冬至,阳气几乎弱为无有。在白龟盖的周围反映的二十四节,正为一年四季的气运图,正是周而复始的,一年又一年的节气变化。

伏羲惊奇地看到,河图是一个周而复始的圆,白龟是一个周而复始的圆,白龟盖中央的金、木、水、火、土五方同样是一个圆,一个巨大的圆天形象,在伏羲面前不息止地旋转起来!

朦胧消失了,伏羲面前依然是一望无际的宛丘湖。白龟仍然驯服地静卧在伏羲面前。

彩虹下,伏羲立在宛丘湖方正高台上,拱手取天地之气,采日月精华,手持蓍草,作画八卦了。

开物成雾,一画开天。何为阴?何为阳?阴阳本男女之器,于是伏羲作连画,男器,代表阳;伏羲作断画,女器,代表阴。上天,下地,中人,三才并举同构共存。世间本于无,起于一,生于二,成于三,三为大,三生万物。

三连画为乾,象天。乾是天气舒展的形态,三阳汇为一元。阳具有刚健的本质,最大莫过于天了。云行雨施,万物流行,始生生命。天的气是万物之本，生命之根，天创始万物，至大，至刚，至中，至正。天高在上，位于南方。

地为阴，女为阴，阴为断画，三阴汇为一元，三阴并举，合而为三断画，为地，称坤。坤是地气舒展的形象，坤顺从创始万物的阳天，形成万物的天的工具。坤是全阴的形象，大地深厚，负载万物，包容，广阔，光明，远大，使各类的物都能顺利地生长，具有伟大的母性。坤安详、纯正、柔顺地遵循天的刚毅行动，安静地谨言慎行，行动方正。地在下，位于北方。

太阳升起在东方，太阳给天下带来了温暖，驱走了严寒，兴许是火的发源地吧！火内空而外明，中虚外实，这般美丽！火为离，中断画、上下连画是火离之象，离往居东方。

天下水向东流，在西方那遥远的地方，兴许是水的源头吧？人一刻也离不开水，哪儿有水，哪儿便有绿色，哪儿便有生命。水从高处向低处流。洼满后溢出，才往前向低洼处流淌。断为水，断阴画于上下；满为阳画，用于中画；水满了，继续往前面的低洼处流淌，水为坎。坎水位于西方。

风是天地之气，聚于六合，动于八方，然而东南风最盛，风横扫天空，席卷大地，有时候简直是暴烈无忌。尽管如此，风仍是破坏天地的形象。风无孔不入，风称巽，上、中为阳画，下为断画，三画汇一元，巽风位居西南方。

风起，云涌。与风相搏的是雷，在乌云翻滚的漆黑天幕上，雷吼，震天动地，雷能把漆黑的天幕用火龙震裂，但不能捍动深厚的大地，尽管大地震动。雷为震，上画中画为断画，下画为阳画，汇三画为一元。两阴一阳，阴阳交合发生了雷电。

天下的西北，高山峻岭直插云天。山头不断，无头何为山？山为艮，上画为阳画，中、下画为阴画，三画汇一元。艮山居于西北方。

天下的西南遥遥与天下的西北相对，那儿是茫茫泽国。大泽表面有水，水不太多，无深坑，只是地的表层断了，而中下依原，泽为兑，上画为阴画，中、下画为阳画，三画汇为一元，兑泽位居东南方。

伏羲用连断画表示阴阳，用阴阳表示天地之气，画下了坤、艮、坎、巽、震、离、兑、乾，表示地、山、水、风、雷、火、泽、天，依次既表示数，又表示天地万物之象，又表示天下之术。天是圆图，河图是圆图，旋是圆图。旋谓动，动就旋，旋必转。

天地万物在静中动，在动中旋转诞生，茫茫的黑暗，无极的浑浊，阴阳的分野和结合，万物诞生，源于黑，源于静，生于动，生于旋，起于零，始于一，一生二，二生三，三生万物。

无极，是一个黑暗的圆球，性气全阴，但阴里括阳，阳中有阴。阴性孕生，阳气滋长，黑暗渐渐隐去，黑暗为浑浊所替代。无极生太极，太极生阴阳，相辅相成生两仪。阴阳交合，两仪生四象：老阳、少阳、老阴和少阴。老的渐老，少的渐大；老的隐没，少的成长；老的消亡，少的替代；阴中生阳，阳中生阴；阴阳相融。无极生太极，太极生两仪，两仪生四象，四象生八卦，八卦知变，不变，应变，以趋吉避凶。

伏羲在宛丘湖的小岛上，画了八卦，天下人奔走相告，彼此相传，不长时间，已风传天下，并传至今世。

14．伏羲演卦

古时候，伏羲教人类用火熟食以后，不再茹毛饮血，但是仍不晓得风风雨雨，不知道生死的原因，只见有时候冰天雪地，有时候烈日炎炎，有时候芳草萋萋，有时候风扫落叶，有时候洪水滔滔，有时候久旱不雨。于是，人们终日里惶恐不已，凡做事以前，总要祭天祭地，以求保佑。

有一天，伏羲率领儿女们打猎归来，抬着虎狼走到山坡，本来朗朗晴天，突然，乌云四合，雷声大作。顿时，暴雨倾盆，哗哗直倒下来。不多时，山洪暴发，猎物冲走了，连儿女们也淹死了不少，这事儿使伏羲十分难受。他怨恨自己无力护卫儿女，横遭如此天难。他心烦意乱，在困乏朦胧里睡着了。

在朦朦胧胧里，伏羲恍恍惚惚来到了大河岸边。他举目一望，只见黄水涛涛，浊浪翻滚，呼啸着千里东下。他心里说："大河奔腾不息，人的寿命流逝不止，大河不知何处去？人的生命不知何时归？"他想到这里，不由得一声叹息。

正在这时候，大河突然暴涨，风起浪涌，水浪拍岸，伏羲好生奇怪。突然之间，巨浪中冲出一马，这马色赤如火，驰如风，背上有三道白纹，呈三连画形。赤马飞奔上岸，绕伏羲三圈以后，又复奔河水，刹那间不见了。伏羲一惊，醒来发现原来是一梦。

伏羲对妹妹女娲说了。

女娲说："哥哥，听人说，大河里有龙马，马色赤红，行走如飞，阳性之状；马背有三纹，形如'三'，阳性之象；如今，龙马绕哥哥三圈而复入水，是要哥哥三思吧？"

伏羲听罢，觉得女娲说得有道理，三思以后，又困又乏，朦胧中又睡着了。

恍恍惚惚里，伏羲又南行到了洛水，他抬头一看，洛水清碧，流水潺潺，其声如咽，其滚婉转。伏羲心里说："天下有如此凄凉的情景，与大河咆哮恰恰相反。可见世上之物的千变万化难以估量，不可预见。"

伏羲不由得一声叹息。

恰在这时候，忽见洛水上游漂一物，形如一个大磨，墨黑墨黑，行如蜗牛，背上有三道青纹，青纹条条中间断裂，呈三断画。伏羲仔细一看，原来是一只大龟。大龟缓缓爬上岸，绕伏羲三圈以后，又慢慢爬回洛水。刹那间，一阵清风里不见了。伏羲吃了一惊，忽然醒来，原来又是一梦。

伏羲又对妹妹女娲说了。

女娲说："哥哥，听人说，传说洛水里有神龟，其大如磨，其色如墨，行如蜗牛，阴性之状；龟负三道断纹，其形三断画，阴性之象。神龟绕哥三圈，怕是叫哥哥三思吧？"

伏羲听罢，觉得妹妹女娲说得有道理，一思，二思，三思以后，又乏又困，朦胧里，伏羲又睡着了。

恍恍惚惚里，一阵清风，伏羲如云里雾里。伏羲睁眼一看，只见绿水青山，苍松翠柏，云雾缭绕，鹤鸣鹿应，山岩间怪石林立，水帘之外嫩竹舒展。

竹间有一茅庵，缓缓走出一位老人，这老人白发鹤须，赤面嫩手，右手握一根拐杖，左手握一把蓍草，他见了伏羲说："伏羲，我正要找你。"伏羲打量着老人，暗自奇怪。老人会意，说道："这是自然。"伏羲恭恭敬敬地问："请问老人——"老人说："知道，知道。"伏羲心里说："老人好厉害，我不信他知！"老人说："应自然之变，顺自然之化，人类本应脱离蒙昧，文明开化。大河龙马现河图，洛水神龟现洛书，这是启迪人类的蒙昧，开发人类智慧的呀！"伏羲十分高兴，他连连说道："愿老人家指点迷津。"伏羲说罢，忙叩头拜谢。

老人含笑要伏羲落座，把拐杖放于一侧，举起左手的蓍草。他说："宇宙之内，变易之数为五十，与我手中的蓍草数相同。要预测举事的成败，必须向蓍草求问，这叫做'卜'。"伏羲点点头。

老人说道："占卜之前一定要沐浴静心，祭天祭地，心诚意切。为什么？让精神气与天地宇宙合为一体。之后，抽出一根蓍草藏而不用，为什么？以喻混元一角，无形无象。余下四十九根蓍草，一分为二。为什么？一束横置于上，以喻天；一束横置于下，以喻地。"伏羲洗耳恭听，目不转睛。

老人一边说，一边演示。老人说道："之后，从上束中抽出一竖置于上下两束之间。为什么？以喻人立于天地之间。以四根为一份，分数上束蓍草。为什么？以喻四时。"伏羲不解，他问道："为什么叫四时呢？"老人说道：

"说四时，指的是春、夏、秋、冬。由寒冷渐渐温暖，草木萌生的时候，为春天；由温暖逐转盛暑，草木成长的时候，为夏天；由盛暑逐渐转凉爽，草木结果的时候，为秋天；由凉爽逐转为寒冷，草木枯衰的时候，为冬天。历四时而为一周，周而复始，又为寒冷而温暖，这就是四时的变化，天地的常规，宇宙的大道哟！"

伏羲听后如拨云见日，心中豁然而开朗，心里暗暗说道，原来寒暖暑凉和天地宇宙息息相关。

老人又说道："末份不论足不足四，竖置于上束之侧，为什么？以喻闰月。"老人说道："日有出入，月有圆缺。日一出一入为一日，月一圆一缺为一月，大月三十日，小月二十九日，春夏秋冬各三月，一周经历十二个月，称为一年。年末应为春天的开始，实际上春在年末后，所谓春始欲相接，三年左右闰一月。闰月，说的是一年之中增加一个月。"伏羲头一次听说历法，十分惊奇，一一记在心里。

老人又说："这历法不必多说，还接下说变易之道。之后，以四根为一份，分下束之草，末份不论足不足四，竖直下束之侧，以喻再闰月。之后，将上下束之侧竖直的蓍草合而为一，再分而为二，一束横置于上，以喻天，一束横置于下，以喻地。之后，按一变之序分之，数之，这叫做'三变'。三变以后，上下两束合数，或为三十六，或为二十八，是四九、四七的积数。九、七为奇数，表示阳数，以连画为符记号。二十四、三十二，是四六、四八的积数。六、八为偶，表示阴数，以断画为符记号。"伏羲问道："为什么阴以断画记符？"老人说道："阳，表示天性；天有分野，混而为一，所以用连画表示，一是奇数，所以凡是奇数都表示阳。阴，是地的性，地上有陆有水，分而为二，所以用二表示，断画就是二；二是偶数，所以，偶数都表示阴。"

老人一番教诲，伏羲心里忽然明白，大河龙马、洛水神龟恍惚出于眼前，那龙马背上之纹呈三连画，是三个阳符相叠的形状，那神龟背上之纹呈三断画，是三个阴符相叠的形状。他想到这儿，禁不住心中暗喜。他问老人说："老人家，你说的河图、洛书，不就是三阴三阳的符号吗？"老人点点头，笑着说道："正是，正是，不过，三阴三阳与一阴一阳的符号已有不同了。"伏羲问："不同的地方在哪儿？"老人说："一阴一阳的符号，仅止于卦爻；三阴三阳的符号已成卦象了。"伏羲问："什么叫卦？什么叫爻？什么叫象？"老人回答："占卜的符号叫做卦，符未完满，喻事之变叫做爻；符已完满，喻事结果叫做象。"伏羲摇摇头说："老人家，你说的太玄了，请你细细讲解一下，好吗？”

老人说道：“好吧，刚才已说，三变出一爻，阳爻以一连画符记号，阴爻以一断画符记号。卦爻的符号只喻事在变化，未可决定事情的凶吉。三变以后，合四十九根蓍草。按如上之方，再行三变，又得一阴爻或一阳爻。将第二爻叠于第一爻上，或成两连画形，或成两断画形，或成一连画一断画或成一断画一连画形。两爻相叠，符未完满，需再行三变，又得一阴爻或阳爻。将第三爻置于前两爻之上，符即完满，成为卦象，喻事结果。”伏羲问：“结果几何？”老人说：“八卦之象。”伏羲问：“什么是八卦之象？”

老人侃侃说道：“三连画象，叫做乾卦，刚健之象，象天；三断画象叫做坤卦，柔弱之象，象地；下连画，中上断画象，叫做震卦，威力之象，象雷；下断画，上中连画象，叫做巽卦，吹动之象，象风；下断画、中连画、上断画象，叫做坎卦，湿润之象，象水；下连画、中断画、上连画象，叫做离卦，燥热之象，象火；下中断画、上连画象，叫做艮卦，崇高之象，象山；下中连画、上断画象，叫做兑卦，卑下之象，象泽。这八卦之象，是宇宙里变易的大道，两象重叠，可以预测天地万物的变化。”伏羲虽然聪慧，但初识八卦，难以一一弄通弄懂。老人怕他讹错，让伏羲重复一遍，伏羲连背三遍牢牢记住。老人很高兴，对伏羲说：“大道一授，你要牢牢记住，细细琢磨，自测自用，两象重叠，万事皆兆。”老人说罢，举手向伏羲头上敲击，伏羲一惊，顿时醒来，原来又是一梦。

伏羲朦胧消失，心清如水。他怕把所学八卦之象忘去，忙用木炭写于兽皮上了，嘴里喃喃念道：“两象重叠，万事皆兆……两象重叠，万事皆兆。”

伏羲与妹妹女娲说了。女娲说：“哥哥，你说，这传八卦之象的老人是谁？”伏羲摇摇头说道：“我忘记问他老人家的姓名，哪里知道！”女娲说：“兴许是那位散则成气、聚则成形的苍天老人吧！”伏羲说：“兴许，八卦之象是天地大道自然。”伏羲、女娲高兴许久，决定试验一下。

第二天一早，伏羲早早起身，依老人所嘱，沐浴静心，祭了天地，诚心祈祷预告围猎吉凶，之后，用五十根蓍草演示，三变得一阳爻，又三变得一阳爻，三三九变得三阳爻，而成乾卦之象。又三三九变仍得一乾卦之象。按老人家所说先出者处下，后出者处上的顺序，把后象叠于前象之上，这象叫什么名？有什么兆示？

伏羲弄不明白，不明白就不明白吧！他也不再挖空心思多想，因为两卦都为乾卦，便在卦下记下“乾”。并按出猎前的习惯，举行大祭，在乾字下记“元亨”二字，表示“大祭”的意思。

之后伏羲率领儿女们去围猎，三天三夜，猎得禽兽一百多只。伏羲许多儿女归来后欢腾呼号，共庆丰收，伏羲在乾卦下又记下“利贞”二字，表示乾卦获得吉利的意思。由此形成乾卦：

乾：元亨。利贞。

乾为此卦象。“乾”为卦名，“元亨。利贞。”为此卦卦辞。意思是占得此卦，举行大祭，行事吉利。

三个月过后，有族人向伏羲禀报：昊英氏部落首领亡故，求伏羲火速赶往处理安顿。

伏羲行前占卦，三三九变得三阴爻，而成坤卦之象。他又三三九变，又得三断画阴三爻坤之象，依照老人先出者处下，后出者处上的教诲，把后象叠于前象之上，因为两卦都是坤卦，而在坤字下记“元亨”二字，表示大祭的意思。

之后，伏羲骑一匹牝马，率一行十人前往昊英氏部落。

伏羲行到，天已黄昏，却迷失了道路，便以落日方向为标，朝东北方向行进。他行进多时，仍不见宿地篝火。于是，又以月升起方向为标，返往西南。月至当空的时分，才赶到昊英氏部落处。

昊英氏族见伏羲赶来，呼号雀跃，表示欢迎，用篝火烧鹿肉招待。伏羲远行一日，既疲劳又饥饿，美美地饱餐一顿，卧躺在虎皮上歇息，倍感舒畅和温暖。

第二天，伏羲召集昊英氏部族大众，选举出昊英氏部落德高望重的部落首领。昊英氏部族感恩戴德，款留伏羲三日而饯行，贡献禽兽数十只。

伏羲归后，把所经过的事情记在坤卦下。由此又成坤卦：

坤：元亨。利牝马之贞。君子有攸往，先迷后得主，利西南得朋，东北丧朋。安贞吉。

坤卦卦象，亦为此卦卦名；“元亨”及爻文为此卦卦辞。这卦辞的意思说，占得此卦，举行大祭，占卜者乘母马远行，君子远行，先迷路而后得主人款待，吉利；往西南行走得到朋友，往东北行走失去朋友。占间举动安否，此卦为吉。

不久以后，伏羲又接到禀报：飞龙氏部落叛乱，侵犯潜龙氏部落，杀死了数百人，且又以俘虏为祭品。伏羲十分气愤，立即下令集合儿女们，出兵飞龙氏平乱。在临行之前，伏羲占卜。又三三九变，得两阳爻，一阴爻成兑卦之象。在三在九变，得三阳爻，成乾卦之象。依老人所嘱，先出者处上，后出者处下的顺序，把后象叠于前象之上，成先兑后乾之象。伏羲望着卦象，不知道为何卦名，也只好不记了。事情紧迫，伏羲也没有来得及祭祀，就匆匆忙忙出征了。

伏羲到了飞龙氏的领地，见飞龙氏列众两行，致迎宾礼。飞龙氏的部落首领赶到伏羲面前，“扑通”一声跪在地上，哀求道：“老祖宗，飞龙氏有罪，罪该万死，我侵犯了潜龙氏，甘愿受处。”伏羲严厉说道：“飞龙氏，你作为龙的儿女，带众侵犯龙的儿女，大罪不容，有违天道！”飞龙氏连连磕头。他说道：“老祖宗所说极是。”伏羲命令道：“飞龙氏，你要立即送还潜龙氏俘虏，赔偿潜龙氏猎兽三十只，弥补损失，免你无罪。”飞龙氏连连说道：“老祖宗，飞龙氏照办。”伏羲未动兵卒，顺利地处理了飞龙氏作乱，凯旋而归。他非常高兴，扬鞭催马疾行，把随从的儿女们远远甩在身后。马经过山脚下荒草丛中，忽然长啸一声，前蹄竖起，几乎把伏羲从马上掀下来。随着马啸，突地窜起一只猛虎。这猛虎数丈外回头张望伏羲，他心中大惊，急欲招人相救。这时候，见猛虎掉头慢慢向草丛深处走去了。原来伏羲骑马飞奔，没有发现荒草丛中卧藏的猛虎，一下子踏着猛虎的尾巴。猛虎吃了一惊，窜出数丈，回头一看，见一人一骑之后有大队人马赶来，腹中又不饿，便自寻静处去了。伏羲一场虚惊，化险为夷。

伏羲回到都地宛丘，祭天祭地。在卦叠之下记一“履”字，将遇虎的事情记在卦下，由此而成一卦：

乾兑履：亨。履虎尾，不至人。

“亨”为卦辞，意思是踏在老虎的尾巴上而老虎不伤人。归而祭祀。

伏羲每事必占。他占得已记的卦，便依所记卦辞预测行事凶吉，他常常试验，占得未记的卦而成新卦。

天长日久，积少成多，数年之后，伏羲记前事已成六十四卦。伏羲把过去的卦辞又试着用来预测，果然一一应验。原来宇宙天道尽在其中，后来就广泛用来预测凶吉。

这就是伏羲演卦的故事。

15. **白龟池**

世上有乌龟，称玄武，是镇守北方之神。世上并无白龟，为何出现了白龟之说？这与伏羲、女娲有不解之缘。

千古以来，便视白龟为不凡的天上圣物。而地上有白龟池吗？确确实实有。白龟池位于伏羲故都宛丘（今河南省淮阳县）。白龟池北邻伏羲画卦台，是绿水中的一方碧池，方方正正，中央突起一个圆圆的丘，这儿就是中国古时天圆地方的渊源圣地，是闻名天下的白龟池。

传说，女娲补天惊动了天帝，天帝非常恼火，但女娲作为娲皇，这位人类的圣母是为人类造福，天帝宽容了她。待女娲补天后，就召女娲升了天，囚在天堂广寒宫里受罪了。

伏羲和女娲是兄妹，也是夫妻。他日夜思念女娲，想见女娲一面。在昆仑山上有一棵通天树叫建木。这棵建木又高又细，直通天宫。伏羲沿着建木，经过九十九天，终于到了天宫。

天宫清规戒律甚严，寻找女娲自然不容易。东有东天门，西有西天门，南有南天门，北有北天门。东天门有青龙镇守，北天门有乌龟镇守，西天门有白虎镇守，南天门有朱雀镇守。如果有一个天门挡道，谁也休想进得天宫。伏羲转悠数天，怎么也进不去。有一天伏羲来到了北天门，他说："尊敬的乌龟，你是天宫的北方镇守，天地相对，天人合一，既然你镇守了天宫的北方，那么，你也镇守了大地的北方。"

乌龟说："这是为什么？伏羲，你说个明白。"

伏羲说："乌龟大圣，上天下地，天地相依。天上有什么，地上也有什么。因此说你也是人间的北方镇守并不过分吧！"

乌龟说："伏羲，你这个地上人皇，你的舌头真甜，你说的话，我听了都觉得甜丝丝的。"

伏羲说："乌龟大圣，你能开开隆恩，让我进天宫吗？在广寒宫里，有我的亲人女娲，让我见女娲一面，我也就知足了。"

乌龟说："这怕难成，因为天帝有禁令，不许她出广寒宫，连其他神都不准出入广寒宫，况且伏羲是人不是神！"

伏羲听了，好久也没回声。他很发愁，不知道该怎样使乌龟动心，能助自己一臂之力。他说："乌龟大圣，天上有天皇，地上有地皇，人有我人皇，天上人间虽然不同，但情理是相通的，只要你肯帮我，连天帝都会施恩赐的。"

乌龟说："人皇？嘿，妄想！上下有别，神人不同。如果允许你进天宫，那岂不乱了天宫秩序？"

伏羲见乌龟不允，拐了个弯儿说道："乌龟大圣，依我看，天宫数你最忠厚，最坦诚，我就拜在你的门下了！"

乌龟说："拜我门下？"

伏羲说："我看准了，岂能不拜！"

乌龟停了一会说道："好，我收下。不过，我问我，你给我什么好处？"

伏羲顺口回答道："要天许一半，要地许一半如何？"

乌龟摇摇头说："不成，不成，那是空话，因为天和地都不属于你伏羲分管。天有天皇，地有地皇。"

伏羲很实在，意思是说要什么给什么。乌龟不允，这如何办？他发愁了。他说：

"尊敬的乌龟大圣，你们这些神灵，高高在上。人间有的东西，你们全有了。你既然向人间索取，尽管说来，我的回答一定会使你满意。"

乌龟想了想说道："我不要天，不要地，我只要人心！"

伏羲吃了一惊，他说："尊敬的乌龟大圣，请你不要开玩笑了，这要求太过分了。人，一人一心，如果要了人心，人间不就不存在了。我不能因为要见女娲，而毁灭了人类。"

乌龟说："伏羲，你想错了，我不是要取走人心，我要的是人心的向往，如何？"

伏羲松了一口气，立即转忧为喜。他说："这办得到，乌龟大圣，这么办吧，天下人把你作为人间的天神供奉，如何？"乌龟说："伏羲，人不要跟神耍心眼，我是天宫的北方镇守，本来就是天神，还让你当作天神吗？我要的是人的向往之心！"

伏羲明白了，他说："啊，乌龟大圣，我清楚了。不过，人心不可夺，不能索要人的向往之心，只要大圣造福办好事，人心会自然向往的。你说是吗？"

乌龟听了，半天没说话，尔后，才慢吞吞地说道："好吧，我看你伏羲很实在，我乌龟也无花言巧语，只会做些看得见、摸得着的实事。"伏羲说："我先听听。"

乌龟说："头一条，我疏通东天门的青龙，西天门的白虎和南天门的朱雀，放你进天宫，会见女娲；第二条我送你天下文明；第三条我帮天下人黑夜定向。"

乌龟说到这儿停下了。

伏羲追问道："第四条，第五条呢？"

乌龟说："数大不过三，三条已够大的了！人心真大，真不知足。"

伏羲笑了。他说："知足，知足。好吧，我让你吃天下最好的东西，喝天下最好的东西。"

乌龟说："让我吃什么？喝什么？"

伏羲说："我让你吃气，喝气。"

乌龟说："气是什么东西？"

伏羲很慷慨地说："气是人间能吃能喝的宝物。"

乌龟弄不清气是什么，就稀里糊涂地同意了。

乌龟要去西天门、南天门、东天门疏通，临行前，伏羲慷慨地答应，只要白虎、朱雀、青龙同意放行，他能会见女娲，他就封诸位为人间人心向往的圣神。

乌龟做事很利落，完满地买通了白虎、朱雀和青龙。因此，伏羲悄悄地进入了天宫，在广寒宫里会见了女娲。

广寒宫里，兄妹相会，说不尽的思恋情，道不尽的人间事，伏羲见女娲这样清寒和孤独，规劝女娲逃离广寒宫，返归人间。这哪能啊！女娲告诉伏羲，天上是天帝的天宫，天下天帝同样管得了，谁敢违犯天帝的律条？无奈何，伏羲只好孤身一人返归天下。

伏羲要去了，女娲嘱咐伏羲道："哥哥，咱兄妹相会，多亏乌龟周旋，你说的话一定要算数。男子汉拳头上立得起山，胳膊上跑得起马。"

伏羲点点头说道："女娲妹子，你放心。"

这时候，乌龟赶来。原来，乌龟找了青龙等诸位大圣，邀他们一齐下凡走一趟天下。青龙说，人的话靠不住。白虎说，人用你的时候，舌头是非常甜的，用不着你的时候，舌头就变成了杀人刀。朱雀说，人间比天宫美，这不可能，再说，如果天帝知道了，那要受到严惩的。不如让伏羲供奉咱四圣为人间人心向往的圣神罢了，人连吃物都吃紧，哪能让咱吃气、喝气！只有乌龟不同意，他要下凡走一趟，尝尝人间气味。

乌龟要启程了。青龙、白虎和朱雀都来送行。

白虎先开口道："乌龟兄，你要下凡了，临行前我奉送一句作为赠言：老实吃亏。"

青龙说："乌龟弟，我也奉送一句：多想出智慧。"

朱雀说："乌龟兄，小弟也送一句：好即是坏。"

乌龟说："我全记下了，后会有期。如果人间真好，我再带三位下凡不迟。"

乌龟话音刚落，白虎对着乌龟连吹三口白气，气到意到色变，乌龟成了白龟。

乌龟环顾自身，吃惊地问道："白虎弟，你施什么法术，让我变成这个模样？这是为什么？"

白虎说："乌龟兄，不，从现在起，应改叫白龟兄了。你可知道，上天下地，上阳下阴，你这乌龟到了人间，当然要成白龟了。要不，岂不违了天数?”

青龙、朱雀也觉得有理，乌龟只得认可。从此有白龟了。

白龟来到人间，见山山水水一片美景，四面八方欢声笑语，深感人间自由可爱。一天一处，日日游山玩水，心情非常高兴。伏羲让白龟吃喝人身蕴藏的宝气，不过数日，白龟返朴归真，而且自知阳寿已高过万年（所以，至今称龟为万年龟）。

以心换心，白龟见伏羲这样信诺，白龟说：“伏羲，你这样侍奉我，我实在过意不去。我见你的子孙打猎常常夜里迷向，好吧，我为天下人定向，以天象昭示。”

伏羲说：“多谢白龟大圣。”

白龟说：“我在天宫，居北方镇守，以玄武星呈现，那方即是北方。知了北方，相对的即是南方；知南北方，便知东西方了。”

白龟献玄武星定向圣策，从此天下以玄武星为天数璇玑，夜里定了北方，知了四方，一直流传后世。

每天，白龟吃喝人身的宝气，每日必须有数百人供呼从吸。这些供过气的人，尽管表面如初，可是，实际上已丧失了元气。气是混沌宝气，含阴含阳。白龟如此吃法，伏羲泪打心里掉。但是已诺言在先，也没有办法。

白龟本是天神，又吃喝了这么多人间宝气，上知一万八千年，中知一万八千年，下知一万八千年，至于伏羲的心事，白龟心清如水。神索人，必赐人，神索必还。白龟给人的三条，两条已经做了，还余下一条：给天下文明。

有一天，白龟对伏羲说：“伏羲，我吃够了人间宝气，喝足了人间宝气，我要静心在人间修炼了。”伏羲说：“白龟大圣，你对人类的大恩大德，人间百代不忘。你尽管吩咐，伏羲照办得了。”

白龟说：“我不想攀高山，不想入大海，不想进深林，只想在你的都城宛丘湖里修炼。”

伏羲说：“只是湖小池浅，难容大圣贵体。”

白龟说：“山不在高，有神则灵；池不在深，有神则圣。池小但气度恢宏，天难包，地难容。”

白龟如此要求，并不过分，伏羲岂有不同意的道理！

于是，伏羲亲自动手，与子孙们一夜之间，在宛丘湖中修建了一个中间圆圆、四周方方正正的白龟池。天，圆；地，方。圆，为天形；方，为地象。池刚建好，一道银光，白龟便入池静修去了。

伏羲得龙马河图，九九八十一天也没弄通。有一天早晨，白龟突然出水，静卧在伏羲面前。伏羲朦朦胧胧里，合阴阳，想龙马，思河图，仰观俯察，仿白龟龟纹，天机盈目，一画开天，画出了八卦，白龟又杳然消失了。

多少年，不，几千年，谁也没有再见过白龟。有人传说，白龟入池隐修去了；有人传说，白龟升天了。至于谁说得对，谁也说不清。在宛丘，数千年来，只留下一个白龟池的美丽传说。

伏羲大仁大义，依自己诺言，在人间供奉麟（白虎）、凤（朱）、龟、龙为四灵，封龟为万年龟。玄武居北，至今华族仍虔诚面北叩首磕头。

白龟深藏宛丘湖，乃是千古谜。白龟是龙族，人又称龙龟。宛丘（淮阳）是伏羲的故都，因此，后人又把宛丘湖称为“龙湖”。

16. **神蓍草**

古往今来，人们把蓍草叫做神蓍草，蓍草是伏羲画八卦的圣物，也是占卜的圣物。

蓍草是菊科多年生植物，羽状叶脉互生，形与艾草相似，高三尺多，春开白色或粉红色小花，深秋枯槁逢春又生。蓍草长生千年，茎数三百。天下蓍草并不多，传说，仅有三处生长。一处是中华民族始祖太昊伏羲的故都宛丘（今河南省淮阳县）太昊伏羲陵；一处是东方大圣人孔子的故国山东曲阜孔陵；一处是纪念周武王次子叔虞的山西晋祠。淮阳县的蓍草呈白根，曲阜和晋祠的蓍草呈红根，而白根蓍草是历代皇上派钦差大臣去伏羲陵朝祖的信物，同时，也是占卜的圣物。多少代以来，流传着蓍草占卜的美丽传说。

伏羲用蓍草画了八卦，又用蓍草这个灵物教导天下子孙占卜。在祭坛上，摆了牛、马、羊三牲。伏羲登坛，面南拜了拜天；面北拜了拜地。他非常虔诚，一拉溜儿依次摆好了五十棵蓍草。为何取五和十两个数组成的蓍草呢？之所以取五，天下由金、木、水、火、土五种物质组成，天下分东、西、南、北、中五方。“五”是天数，而“十”则是地数。“五”和“十”放在一起，合而称天地之数。五十则是大衍之数，十又称小衍之数。

伏羲首先取出一根蓍草放在一旁，他说道：“天地未开的太极。阴阳生，数无为零，始于一。一又是太极，又是混沌。阴阳孕生，数也生吧！”

余下四十九根蓍草，七七四十九，“七”是太七天数。也是成数，伏羲随意把四十九根蓍草两分，所占卜之事含于天地之中，分握在左、右手里。

伏羲举起了左手，说道：“地啊，博大包容的地，万物之母啊！”

伏羲从右手抽出一根蓍草，夹在左手小拇指和无名指之间，说道：“人是天地间万物之灵。人采日月之精华，采天地之气，才得生存哟！”

伏羲放下右手里的蓍草，右手数左手的蓍草，说“东方的青龙，西方的白虎，南方的朱雀，北方的玄武，请诸神送来四方的灵气！”

他说罢，把每四根蓍草一数，数到最后，余下四根，或者四根以下，夹在无名指和中指中间。

伏羲用左手数刚才由右手放下的蓍草，他又说道：“天地啊，把春、夏、秋、冬一年四季的灵气赐给人间吧！”

他又每四根蓍草一数，数到最后，余下四根或四根以下，夹在指中指和无名指中间。

这时候，首先取出的一根与左右手数余下的蓍草，合起来恰是九根。伏羲把这叫作第一变。

伏羲把九根蓍草除下，余四十根整，同样握在左右手里。依同样的方法，伏羲作了第二变。第二变左右余下的加上首先取出的一根蓍草，合起来必须是八数，而第三变必是四数。伏羲经由以上三变，得到了位置从最下方开始的第一爻。第一变是九数，第二变是八数，第三变是四数。九或八称为“多数”，五或四称为“少数”。三变中，有两次多数一次少数，称作“少阳”，也简称为“单”，就是阳爻。伏羲记为阳连画。三变中，两次少数一次多数，称作“少阴”，也称“拆”，就是阴爻。伏羲记为阴断画。三次都是少数，称作“老阳”，简称“重”，为阳爻，有时也可能变为阴爻，伏羲记成“口”。如果三次都是多数，称为“老阴”，简称“交”，是阳爻，伏羲说：“老阴和老阳，可能有变化，所以叫爻，少阴和少阳不变化，因此，叫不变爻。”

祭坛下，伏羲子孙集目观注，伏羲左右手蓍草多变，又如此多称谓，有的竟不明白了，议论纷纷，不禁询问起来。伏羲摆摆手说：“慢，你们必须继续听着，尔后慢慢琢磨才是。”

伏羲子孙又平静下来，继续恭听。

伏羲说：“老阴用数表示，记成六，老阳用数表示，记成九。少阴则记成八，少阳则记成七。”

伏羲又怕他的子孙听不明白，又反复说道：“记住，两多一少是少阳，阳爻不变爻，数为七，记号为连画；两少一多是阴，阴爻不变爻，数为八，记号断画；三少是老阳，数为九，爻是变爻；三多是老阴，阴是变爻，数为六，记号是‘爻’。你们牢牢记下，才能占卜凶吉。三变得到了第一爻，依同样方法，连续做五次，就得到了其他五爻，六爻成一卦。”

伏羲又嘱咐道：“要注意，卦的顺序不是上而下，而是下而上。”

众人一起回答记下了。

伏羲连续做了六次，三六一十八变的余数出来了。他慢慢地说道：“子孙们，此卦作为天下子孙命运的卜筮吧！”

这六爻的数，依次为：九、八、四；五、八、八；九、四、八；九、四、四；九、八、八；五、八、四；伏羲依数，六爻为卦，也就是地天泰卦。

伏羲蓍草卜筮，很快风传天下。人们用蓍草卜筮吉凶成败，预测未来，一代代传承下去，一直流传到今天。这卜筮的蓍草便成了卜筮必需的圣物。

古往今来，龙的子孙都把蓍草誉为“神蓍”，神通天地人，历代“真龙天子”也对蓍草刮目相看。每年仲春二月钦差大臣来太昊伏羲陵谒祖，必须取一棵蓍草作信物。

17. 伏羲治水图

人祖伏羲活了194岁，死在宛丘。也有人说伏羲没有死，升天了，同女娲一起住在天堂。三皇过后是五帝，到大禹治水的时候，传说大禹见到了伏羲。

大禹治水来到了龙门山，他站在山崖上正察看水情山势，一道紫光过后，水里出现了一条青龙。大禹见青龙出世，知是上天显圣，赶紧从山崖上跳下，尾随着青龙，九曲十八弯，一直追到一个很深很深的山洞里。

这山洞又长又黑，越往里走越窄，勉勉强强能过一个人。什么也看不见。说也奇怪，一头黄牛引路，牛的两眼就是两盏明灯，照亮前方的路。一连转了十八个弯儿，忽然觉得山洞渐渐宽了，不再黑暗了，大黄牛也不见了。

昏暗里，不远的地方，有个东西在闪光，越近越亮，像一盏明灯，把山洞都照亮了。大禹走近细看，见是条黑龙，又粗又长，嘴里衔着一颗闪光的夜明珠。黑龙道：“禹，再往前走九十九步吧。”

黑龙接着为大禹带路，越往前走路越宽，也越亮堂。不一会儿，一个金碧辉煌的宫殿出现在眼前。宫门口，黑龙住了脚，请大禹进宫。

大禹走进宫殿，他抬头一看，见榻上坐着一个人头龙身的人。他身披树叶，腰围兽皮，头上生有两个长角。大禹立时明白了这人是谁，就双膝跪拜行大礼。他说：“禹拜见伏羲老祖宗！”

伏羲点点头说：“你不是鲧的儿子——治水大司空禹吗？”

伏羲小时候遭到过天塌地陷的洪水，知道洪水对天下的祸害。今儿见大禹治水来到了龙门，一路风尘，特意引大禹来相见。两人天南地北，从开天辟地一直谈到至今，谈得十分投机。大禹要走了，伏羲从龙案上拿出一样东西，交给了大禹。

伏羲说：“这是玉简，禹啊，送你治水吧！”

大禹接过来，仔细看了看，见是一件玉器，非常好看，他不明白这件宝物的用途。

伏羲说："禹啊，带着它你的双脚就能丈量江河大地了。"

大禹急忙谢恩，伏羲叫他赶紧回去，龙门急等着他治水呢。

大禹沿原路返回，正走着，黑龙从空中扔下一个水淋淋的东西。大禹接了，见是一块青石薄片。他仔细看了看，见那青石片有不少弯弯曲曲、粗粗细细、枝枝丫丫的线条。大禹曾为治水踏遍了山川河流，见这线条，心里猛地一亮，明白了这是伏羲老祖送他的治水图。后来，大禹照治水图治水，用玉简测量江河山川，三过家门而不入，终于治住了九州洪水。

18. 宓妃涉洛水采灵芝

伏羲没有儿子，只有一个漂亮的女儿——宓妃。宓妃名叫雒嫔。她美极了，她的体态像惊飞的鸿雁那么轻盈，又像是乘云上升的游龙。远远望去，光耀得好像太阳升在天空。近处看来，又像白莲花绽开在绿波之上。她身材胖瘦适中，长短适度，肩膀像用刀削成，腰肢像束着光滑的绢子，秀长的脖颈，露出白皙的皮肤，不需要装饰，就自然美丽无双。乌黑而高耸的云髻，细长而弯曲的双眉，红嘟嘟的嘴唇鲜艳芬芳，白灿灿的牙齿闪耀着光彩，明亮的眼睛顾盼生姿，脸颊上还有令人销魂动魄的两个小酒窝儿，她美得举世无双！雒嫔是个细心女，心灵手巧眼尖，芝麻能数出数来，鸟的羽毛能查出几根，猫心里怎么想捉老鼠，老鼠怎么逃脱猫，她都心清如水，看得清清楚楚。人们知她的绝招，又称她"宓妃"。

一天，伏羲把宓妃叫到跟前，对女儿说道："女儿，我还有一些大事没有做完，你快去洛水采三根灵芝，这三棵灵芝能延长我三年寿命。"

宓妃是个孝女，不忍心离开病重的父亲，也只得离开了。她双膝跪倒在父亲面前，磕了一个头，让父亲一定等着她，当天就离开了宛丘。

宓妃朝行暮宿，日夜兼程向洛水赶，过了十八条河，转了十八道弯终于来到了洛水河畔。

宓妃正弯腰捧水洗脸，忽然看到水底涌出一个珍珠大的水泡。她仔细一瞧，见是一条病重的金鲤鱼，正有气无力地躺在水底。好心的宓妃立即跳进水里，深入水底，取出随身带的熟鸡蛋，一口一口地喂金鲤鱼蛋黄。

金鳗鱼吃了蛋黄，渐渐恢复了元气，摇头摆尾跟她近乎！宓妃说道："金鲤鱼，你自由地游去吧！"

金鲤鱼并没有走，倒把尾巴猛地甩起，掀起了恶浪，一下子把宓妃打倒在水里了。宓妃来不及出气，一口水把宓妃呛死了！

原来这条金鲤鱼不是鱼，是水神河伯。河伯名叫冯夷，他是吃了一种仙药，遇水而成仙的。这河伯原来是一个风流而漂亮的男子，白白的面孔，修长的身躯。但自从成仙以后，从头到脚，周身变得像癞蛤蟆一样，周身疙疙瘩瘩，变成了一个水怪，做了洛水河神。他整天乘着荷叶做篷的水车，驾着龙螭，和一些山精水怪寻欢作乐。不仅这样，每年八月，他还叫洛水两岸的百姓给他一个漂亮的新娘。他万万没想到，今日竟然遇到天下第一美人宓妃。

河伯把宓妃擒到水宫，逼迫宓妃做他的妻子。宓妃举目一望河伯的模样，心都凉了。这水怪丑得举世无双，不要说成亲，就是看一眼也恶心，她怎么能说同意？但宓妃又想到，进了水宫就是河伯的天下，莫想再逃了。宓妃无可奈何，忍痛说："要我做你的妻子，你要答应我两个条件。"

河伯说道："只要你同意做我的妻子，说吧，我一定会满足你的。"

宓妃说道："一是给我父亲送三棵灵芝草，二是再不许年年在洛水娶新娘。"

河伯说："啊，那好，那好，送三棵灵芝草，我答应。有了你这举世无双的美女，我再不要其他姑娘了。"

河伯得了宓妃，并不知足，把宓妃玩腻了后，又与那些山精水怪鬼混去了。宓妃心里很不是滋味，为消愁苦，她常常在仙女们陪伴下去洛水游玩散心。

在一个秋高气爽的日子里，宓妃和仙女们又来到洛水畔。仙女们有的在浅滩上捡珍珠，有的在山崖上采花儿，有的在碧波上翩翩起舞。唯有宓妃触景生情，眼巴巴地望着自己的故乡宛丘方向郁郁不乐。她的心里是凄凉的，脸上表情是阴冷的。

就在宓妃郁郁不乐的时候，突然，一匹白色的骏马驾着彩云疾驰而来，马背上坐着一位英俊青年。宓妃眼尖，一眼就看出他是羿。羿是盖世的英雄，旷古的美男子。羿的妻子叫嫦娥，住在月亮上。羿本是天神，因他为天下除害，射死了天帝的九个儿子——九颗太阳，天帝怀恨在心，把他从天堂赶到了人间。从此，他就与嫦娥分手了，再也不能团圆。如今，一个盖世的英雄，一个举世无双的美女，邂逅相遇，二人一见钟情，双双产生了爱慕恋情。

河伯有几个得力的干将，使者猪婆龙，小吏乌贼，先后向河伯报告了宓妃与羿相会的事儿。河伯怒发冲冠，扬言非整治羿和宓妃不可。大话可吹，说实在话，河伯从心里害怕曾经射落九个太阳的羿。但他心里憋了一股气，觉得不出这口气也实在窝囊。

在一个夕阳西下的傍晚，白色的骏马驮着羿，又来到了洛水畔的悬崖上。不敢出面的河伯变成一条白龙藏在水底，正偷偷地察看。羿透过水面，认出了水下的白龙就是河伯。羿想起他对宓妃的虐待，心中十分恼火，于是搭弓射箭，愤愤地向白龙射去。只见“嗖”地一箭，正中白龙的左眼，河伯的左眼瞎了。

河伯不敢惹羿，捂着瞎的那只左眼，哭哭啼啼向天帝告状。他对天帝说：“天帝啊，羿偷了我的妻子，又射瞎了我的左眼，请你杀了羿吧！”

天帝对河伯说：“啊？那……你为什么不安分守己，却要变成一条白龙？”

河伯挑拨说：“我……他曾射死你的九个儿子，我怕……”

天帝眼睛一转，责问河伯说：“那你为什么年年娶洛水两岸一个漂亮姑娘？”

河伯被问得张口结舌，再也无词，结巴着说：“这……这……这个……”

天帝瞪他一眼说：“别说了，我全知道了。谁叫你不安分守己！一个不安分守己的人被射瞎了左眼，活该！羿又何罪之有呢？”

河伯碰了一鼻子灰，再也不敢干涉羿和宓妃的恋情了。羿娶了宓妃做妻子。羿住在地上，宓妃住在水里。小两口恩恩爱爱，如胶似漆。后来，宓妃做了洛水的河神。

19. **龙都龙酒**

在龙都淮阳的北面，九千九百九十九步的地方，有两眼并蒂莲井。如果往井底一看，能隐隐约约看到各有一条青龙。因此人们叫这口井为“龙井”。

龙都龙井酿的龙酒，古说是“虎饮一杯半年卧，龙饮一杯半载眠，人饮一杯醉一年。”要说这龙酒的渊源来，还得从古时候说起。

传说，天上天帝管天，地上伏羲管人。天帝是条黄龙，伏羲是条青龙。伏羲上天下地，有时腾云驾雾，有时沿建木树通天。这建木树就生长在龙井之畔。

有一天，天帝的九个女儿腾云驾雾，游历名山大川，走到龙都龙井上空，忽然闻到醇香扑鼻，馋嘴的七仙女姐妹们说：“慢走，慢走，这是何琼浆？不如咱们查看一回。”

七仙女这一说不打紧，众仙女按下云头，瞧瞧闻闻，不禁更馋涎欲滴。于是九仙女如九片薄云轻轻落在龙井之畔了。

这时候，伏羲恰在这里，见是九位仙女下凡，忙热情待客，请饮龙酒琼浆，说道：“各位姐妹，我这龙井琼浆喝一口三天不渴，喝两口九天不饥，喝三口周身有回天之力。”众仙女羞答答，想喝又不敢喝。七仙女说道：“咱姐妹倒不如痛饮一回，也不枉来游一遭。”众仙女连连叫好。她们喝过王母娘娘瑶池的玉液，但远远不如人间龙井琼浆醇厚味美。

打这以后，九仙女背着天帝，常常在夜深人静的时候，偷偷乘着夜色，腾云驾雾，来龙井饮用琼浆，天长日久，自然和伏羲交上了朋友。

有一天，九位仙女陪天帝赴王母娘娘的蟠桃盛会，边吃蟠桃，边饮王母娘娘带来的瑶池玉液。七仙女饮了一口，突然连连摇头，大叫一声："苦煞我也！"问道："王母，这是啥酒，味似药，害得俺好苦！"

接着，众仙女七嘴八舌，齐向天帝诉说玉液太劣，又说天下龙都宛丘（今河南淮阳）有龙井，龙井里有琼浆。不用说饮用，即使轻风一吹，阵阵醇香萦绕山水之间，香气美味已飘溢八方了。

王母娘娘拉长了脸，气得直咂嘴巴，面孔羞得通红，忿忿地回道："这瑶池玉液本是御用美酒，人间绝无，天堂独有，怎能胡言乱语！谈什么龙井琼浆？"

天帝见了，忙打了个折中。他说："王母莫气，女儿们说龙井琼浆醇厚味美，咋不让女儿们打些尝尝！"

九位仙女受命，驾起彩云，直奔宛丘龙井去了。

九位仙女见了伏羲，说明来意。伏羲听了，心里很不是味儿。天帝一下子要走九坛，今日九坛，日久天长，龙井琼浆岂不完了？地上凡人还饮个啥？这个头开不得。但天帝差九位仙女来，不给又怕伤了和气。伏羲想了想说："九位仙女，不是伏羲小气，只因偌大山川，天下只有这口并蒂莲龙井，琼浆自然有限。要龙井琼浆，中，只是背一坛琼浆，要换一坛瑶池玉液倒在龙井里，这也叫我好给龙的子孙有个交代。"

以玉液换琼浆，九仙女当然答应。于是各个满满背一坛琼浆回天宫去了。

天帝尝了龙井琼浆，醇厚味美，绵沉悠长，其色其味，玉液岂可同日而语！他禁不住连连称赞："这琼浆真可称是天上人间佳酿，天地间第一美酒。"

王母娘娘尝了，也不禁目瞪口呆。

九位仙女向天帝和王母禀报了玉液换琼浆一事，天帝和王母娘娘点头允准。天帝说：

"多多益善，多多益善。"

九位仙女依诺，去瑶池背了玉液，直飞宛丘龙井。

伏羲收了九位仙女的瑶池玉液，全都倒在了龙井里。天上瑶池玉液和地上龙井里琼浆相混，天地一合，刹那间，龙井内紫雾弥漫，玉液琼浆翻腾，久久没有平静。龙井上下，四面八方，散发着浓郁醇香。九位仙女各背了一坛玉液琼浆后，又痛饮了一顿。

由于九位仙女龙井琼浆喝得太多，个个有了醉意，逗留时间太久了。大仙女看看天色，慌忙说道："妹妹们，快快回去吧，鸡马上要叫了。万一鸡叫，咱姐妹就铸成大错，那就难回天堂了。"

九位仙女驾起彩云急急赶路，但天色太晚了，她们只走到宛丘南二十五里上空，鸡子就叫了。彩云落，仙女坠，九位仙女一下子变成了九个土冢（淮阳南尚存九女冢）。

天帝见九位女儿鸡叫不归，知道坏了大事，急忙登上南天门察看，见女儿们坠落凡间。他驾起彩云，一阵风赶到九女冢前，尽管天帝大声呼叫，女儿们也不会回答他了。

天帝气得面色苍白。他赶到龙井，见紫雾笼罩，醇香四溢。当他想起失去的九个女儿，啥也顾不得了，再也无心想龙井玉液琼浆。他一怒之下，吹了一口白气，随着一道金光起，通天树建木消失了，龙井也无影无踪了。

伏羲和天帝讲理，天帝理也不理，拂袖而去。

伏羲见龙井没了，通天树收了，十分恼火。他返真化成一条青龙，尾蘸宛丘湖水，虬髯奋张，腾云驾雾，在蓝天上盘旋了九圈以后，终于在宛丘北九千九百九十九步的地方，找到了龙井，重新开掘出了玉液琼浆，色味还如以前，不过饮时需再酿了。

伏羲怕天帝发现，想给玉液琼浆起个名儿，左思右想，也不知取啥名字为好。后来，他突然想到，天有九重，地有九州，水有九河，九为最，九为大。于是，就给玉液琼浆起个名儿，叫着"九"。

后渐渐用"酒"字代了"九"。

因酒出龙井，龙井有酒，这酒被龙的子孙称为"龙酒"。

二、女娲信仰

（一）崇祀女娲的民俗

周口一带崇祀女娲的风俗很盛，延续至今。

其一，每年农历二月二至三月三，淮阳有长达一个月之久的太昊陵庙会，规模宏大。赶会者来自河南、河北、安徽、山东、湖北等省。《礼记·月令》："仲春之月，以太牢以祠高。"《周礼》："仲春之月，令会男女，奔者不禁。""高谋"即女娲。太昊陵庙会应是崇祀女娲的遗风，此风可于《诗经·陈风》中找到源头。

其二，太昊陵显仁殿东北角台阶青石台上，有一石窟，俗称"子孙窑"。

求子者在那里膜拜，还须用手摸一下窑门。这个子孙窑，就是远古女阴崇拜的典型遗迹。

其三，太昊陵内有女娲观，观中有泥娃娃（今为塑料娃娃），求子者以红线拴着娃娃的脖子，将其揣入怀中，立即起个“留柱”、“拴起”、“全来”之类的名字，一路祈祷，带回家藏于床下，意即得到了娃娃，来年即可生育。此俗称“拴娃娃”，来源于生殖女神女娲的崇拜。

其四，太昊陵庙会又称“龙花会”。在伏羲陵前，统天殿台上，有一种原始祭祖舞——“担经挑”。舞者大都是六七十岁的老太太，黑衣黑裤，四人一组，三人舞，一人敲梆，边舞边唱“老母娘娘”创造人类的颂词。俗称此舞乃女娲传下，代代传女不传男。其舞步有一种为“蛇蜕皮”，模拟蛇的动作。蛇为女娲的象征。王逸《天问章句》：“传言女娲人头蛇身，一日七十化。”今见汉砖画伏羲、女娲交尾图，均作蛇躯。

其五，太昊陵庙会期间，当地农民出售的大量泥塑“泥泥狗”，被誉为图腾文物活化石，其大者“人面猴”，拟人似猴，腹部纹作女阴形。这是泥泥狗中唯一的人面，实为女娲。

其六，农历二月二，俗谓“龙抬头”，相传是女娲补天日。此日陈地有摊煎饼之俗。传说女娲补天是将五色石炼化成汁，弥补天缝，以止淫雨。民间煎饼的做法是将面粉、蔬菜等搅拌成汁敷于锅底（象征天穹），摊煎而成，极像补天之事，以此祭祀女娲。

其七，久雨不霁，陈地民间还有“祈晴”习俗。妇女们扎一个手持扫帚的“扫天娘娘”，挂在树上。据说这样即可扫除天上乌去，雨过天晴。此俗源于女娲补天，止住了淫雨。若阴雨仍不止时，妇女们则将房门关上，用绳子将一棒槌吊在门闩上，边晃边唱：“棒槌打滴溜，天明出日头。”如此反复数遍。棒槌形似男根，门似女阴。以男根祭女神，使女神得到愉悦，降福人间。

（二）女娲风俗庙会

传说人祖人母伏羲、女娲兄妹生于甘肃天水，为谋求人类生存、繁衍和发展，兄妹沿黄河辗转到中原。伏羲定都淮阳，现有“人祖坟”即太昊陵；女娲定都西华，故西华有“娲城”之称。女娲曾抟土造人，炼五色石补天，折断鳌足，支撑四极，治平洪水，杀死猛兽，使人得以安居。“女娲故都”位于西华县城北9公里处的聂堆镇思都岗村。据宋《太平寰宇记》载：“县西二十里，旧传女娲之都，名娲城。”清《读史方舆纪要·卷四十七》载：“娲城在西华县西，女娲所都也”，村内有古刹，名曰：“龙泉寺”。《明思都岗龙泉寺记》碑文云："西华治北15里有城遗址半就淹没，相传女娲之故墟也"。

每逢春秋之季，四面八方龙的子孙，除了祭祀伏羲以外还要前来女娲宫瞻拜，他们希望瞻拜女娲来纪念先祖祈求吉祥。特别是那些希望求得子孙的民众，更是不远万里前来朝拜女娲娘娘。西华女娲宫祭祖会世代传承，也留下了千古的文化痕迹。通过当地丰富的传说及庙会的空前盛况，可以看出女娲在这一带人心目中的崇高地位。

由于独特的地理位置，远离市区，女娲城庙会又有其独特之处。第一，女娲城庙会定于每年的正月十五至二月初二大会，另外每月的初一、十五，好像例会一样，也热闹非凡。第二，由于祭奉女娲娘娘，这里是由女性构成的世界，讲的、唱的、跳的、神灵附体的以及庙会的各层管理人员均为女性。第三，这里虽然也有物资交流和娱乐的成分，但最主要的是信仰中心，对女娲的信奉达到了虔诚、笃信，可以说如醉如痴，甚至达到迷狂的地步。

女娲城庙会敬神、娱神的方式，除了一般庙会的烧香、磕头、祈祷、还愿之外，还有自己的特色。

1. 添坟

添坟是敬神过程中的重要一环。传说女娲因炼石补天，累死在黄沙岗（今西华思都岗）。因此，凡到庙会的人，从四面八方的田地里，用手捧、用衣兜，虔诚地将土送至坟顶。边步履艰难地走，边念着祈祷，因年龄层次不同，祈祷的愿望、内容略有差异。据调查，岁数大的老太太念："老娘土，老娘土，痛打痛收保五谷。"年轻媳妇念："添把老娘土，多子又多福。"年轻姑娘念："添把老娘土，来年配贵夫。"据说当地清明节添坟的习俗就源于此。

2. 讲唱女娲的功德

有些擅长讲、唱的女性们被称为"宣传功"。她们一到庙会便开始讲或唱以女娲为中心的系列故事和祭歌。这些故事和祭歌的大致内容为：女娲母亲感雷而生女娲，女娲与伏羲同母，首生女娲，后生伏羲，且因"神界三天，人间三千"，故女娲比伏羲大三千岁。女娲初与兽居，与大树婚，伏羲与猿猴配婚。女娲居山洞、采野果、治洪水、躲天火、战猛兽、种五谷、置婚姻、制笙簧，滚磨成亲、黄土造人、炼石补天，直至累死黄河滩。其中还夹杂一些佛家劝善、劝孝的内容。这些妇女多言是梦中受女娲点化而会唱的。"女娲附体时才能唱，一下体啥也不知道"。她们所唱祭歌并无固定歌词，每唱一遍，内容情节相近，但字句韵脚不同，然而都能信口吟来，朗朗有韵。那宏大的嗓音、古朴的情节，充满粗犷的原始野味。这些祭歌短者三五行，而大多数都是数百行，完整地叙述了以女娲为代表的汉民族在中原发祥、创业、繁衍的艰难历程，具有民族史诗的性质。这些远古悲歌从内容到形式都使女娲城庙会具有浓郁的悲剧色彩。

3. “对功”（或称“盘功”）

这是娱神的另外一种形式。是关于女娲文化的基本知识及其他宗教生活等多方面的知识，又指女娲点化给人的神力、神性。是庙会上相识或不相识的人们，用歌唱的韵语形式进行或交谈或结识或切磋。对诗或山乡的对歌，往往持续数小时难见高低，但最终都会心平气和地唱一曲结束而言归于善。

4. “渡船”是另一种祭歌形式

“渡船”是借助戏剧表演因素，唱念多为戏曲声腔。双方分别自觉进入“船家”和“村姑”角色，二人以能否上船为内容展开对答，一般也可对唱数小时，但不管“村姑”胜负，最终都会被“船家”渡过彼岸去见女娲娘娘。

5. 表演

娱神的另一种主要形式就是表演，可分为个体的即兴表演和集体的传统表演。即兴表演，是庙会上常见的神灵附体状态。全是女性，或边说带唱，或神情木然，或饮泣不止，或哭笑无常，并时不时做出一些奇怪形状的动作，处于一种癫狂状态，轻者数小时，重者几日才能恢复正常。集体表演，是由乡村民众自发组织的，内容分为两个方面，一是传统民间舞蹈戏曲，另一方面是原始巫舞——担经挑舞。民间传统舞蹈和戏曲表演，只是以人物扮相突出剧情主题，并踏着节奏做出一定的富有特征的简单动作或技巧动作，画戏曲脸谱并着戏装。在内容上一般以女性主题为主。参加表演者绝无男性，有姑娘、有媳妇，也有六七十岁的老太太。表演队伍往往前后绵延几十米。这些装束道具，也是各香会自置。各乡各村争奇斗艳，往往是一拨正是兴头，另一拨又至，令人目不暇接，娱神娱人，其乐融融。娱神的正宗表演是“担经挑舞”，又叫“花篮舞”，起源于传统的“龙花会”。民间传说，女娲蛇身，为龙，是祭祀女娲的原始巫舞。这与太昊陵庙会的担经挑舞大体上一致。

6. “守功”，即在女娲殿下守夜

这是女娲城庙会与众多庙会的不同之处。缤纷喧闹的白天过去以后，女娲城庙会的夜晚也热闹非常。妇女们赶庙会的心愿之一，就是夜晚在殿下陪女娲老娘汇报，向老娘诉家常尽孝心。就像一个女儿回到娘家，向慈母诉说一切一样。守功妇女们在殿下铺上草垫，被子多是新缎子棉被，为四方百姓捐送，人多时一个挨一个坐守天明。表现了对天地至尊女娲之神的虔诚信仰。

7. **庙会唱词选编**

(1) **治世界**

女娲姑娘打哪来 头没有帽子脚没有鞋
身披胡衣泪满腮 一心二心治世界
治下星星和月亮 治下太阳照四方
治下大道有人走 治下小路有人行
治下运河通汴京 治下五谷田生苗
治下儿女享太平 治下民众乐陶陶
我把世界全造好 真心善人来进宝
我把世界治停当 真心善人来进香
叫你传你就传 浑身铁锁管解完
叫你传你不传 三灾八难到眼前
女娲姑娘来传经 千万别当耳旁风
传好讲好女娲经 代代平安立善功

(2) **阳春三月担花篮**

阳春三月百花开 担起花篮走四方
西华改革又开放 老姊妹四门去逛逛
进东门乐哈哈 生意一家连一家
羊肉包子个儿大 牛肉烧鸡香掉牙
货真价实好买卖 回汉兄弟是一家
逛完东门进北门 北门住哩是文化人
实小实中一三高 年年鲤鱼跳龙门
登山英雄王富州 治癌专家樊纪斌
土壤专家王生厚 钢铁专家田成文

(3) **贺小康**

腰鼓打 乓乓乓 俺把党的政策夸
党中央真英明 处处想着老百姓
农业税全减免 天灾人祸党保险
跟着党的政策行 小日子过哩火样红
日子好心轻松 走起路来一阵风
腰鼓敲哩乓乓响 花棍打出好心情
举国上下齐欢庆 男女老少笑盈盈
新的一年要大干 小康生活早实现，早实现

（4）祭女娲龙花会

石榴花开叶儿翠，大家随个龙花会。

龙花会上闹哄哄，师姐师妹认不清。

五更桥头坐一夜，你唱佛来我念经。

祭女娲，朝祖宗，拉拉扯扯到黎明。

原先咱都是一家人，咱念的都是一本经。

恁多佛、佛三声，阿弥陀佛敬祖宗。

（5）劝赌经

伸手去，蜷手来，寻个女婿好抹牌。

越是光棍赌急了，躺到床上装病捱。

女子知道心害怕，口称您爹快起来。

还有二斤粗线子，掂到街上你去卖。

光棍一听这句话，一路小曲唱起来。

头句唱的“喜莺莺”，下句唱的“祝英台”。

光棍拿了八百钱，哼着小曲上赌摊。

去了四家好铁手，庄家放摊好新牌。

一替一张起起来，眼看光棍倒了霉，眼看光棍输起来。

输的屁滚尿又流，

捞着钱串门上摔，摔的主家大厉害。

要赌你就好好来，赌不起你就爬起来。

三天穿了俩棉袄，两天叫人扒下来，

回家无脸把人见，小绳一根命该歪。

（6）霹雳电闪火龙劈

高高山上一棵梨，青枝绿叶长的奇。

开了几个水白花，结了几个大酥梨。

爹爹有病想吃梨，哪有心思去赶集。

他的妻，想吃梨，十天赶了九个集。

买了几个热烧饼，又买几个大酥梨。

进门见了他的爹，赶紧藏到袖筒里。

走进二门见了娘，连忙包住掖怀里。

钻到屋里见了妻，急忙双手递过去。

梨核丢进锅底里，怕的爹娘不会依。

咱娘见了生闲气，咱爹见了发脾气。

这事惊动张玉皇，大骂两个孬东西。

刮大风，打炸雷，霹雳电闪火龙劈。

先打丈夫后打妻，为人不孝不如驴。

(7) 夸善人

善人到了善人家，俺把善人夸一夸，夸这是一家好人家。

闺女好像二仙女，媳妇好像牡丹花，孙子好像银娃娃。

儿子在外干大事，母亲在家享荣华。

乌木桌子不用刷，乌木筷子一大把。

四个小盏一对对，好像喜鹊登梅花。

四个大姐巧打扮，好像喜鹊闹牡丹。

喝口水，甜蜜蜜，吃你的蒸馍赛雪莲。

走到家，夸到家，十天半月忘不下，你的一家才是善人家。

(8) 再活百岁当会首

王婆婆，八十三，一命呜呼离人间。

王婆婆，老会首，初一十五庙里走。

担经挑，传真经，行善积德世著称。

一节莲花一节藕，王婆婆从大阎王门前走。

大阎王跟王婆婆要个蒙脸纸，王婆婆净面见爷来，王婆婆哪有蒙脸纸？

二节莲花二节藕，王婆婆从二阎王门前走。

二阎王跟王婆婆要个噙口钱，噙到口里心里馋，王婆婆哪有噙口钱？

三节莲花三节藕，王婆婆从三阎王门前走，

三阎王跟王婆婆要个照世灯，不见明灯送路灯，王婆婆哪有照世灯？

四节莲花四节藕，王婆婆打四阎王门前走。

四阎王跟王婆婆要个绊脚绳，绳绳留，留绳绳，王婆婆哪有绊脚绳？

五节莲花五节藕，俺打五阎王门前走。

王阎王给俺要个五股梁，不殡前仓殡后仓，王婆婆哪有五股梁？

六节莲花六节藕，俺打六阎王门前走。

六阎王跟俺要个送行灯，不见明灯送明灯，王婆婆哪有送行灯？

七节莲花七节藕，王婆婆打七阎王门前走。

七阎王跟俺要个影世幡，七张纸，撒金边，世上哪有影世幡？

八节莲花八节藕，王婆婆打八阎王门前走，八阎王跟俺要个长世盆，哭哭啼啼一小群，王婆婆哪有长世盆？

九节莲花九节藕，王婆婆打九阎王门前走。

九阎王跟俺要个束身钱，手捧杨柳恁这大，王婆婆哪有束身钱？
十节莲花十节藕，王婆婆打十大阎王门前走。
说的真，对的真，十个阎王笑吟吟。
十大阎王齐声说，知你是个大善人。
初一十五担经挑，传经敬祖爱人人。
十大阎王挥笔改了生死簿，再活百岁当会首。

（9）古朵经

天上有个古朵经，有的好念，有的不好听。
有的床前去行孝，有的打婆去骂公。
有的犁地按线犁，有的犁地翻地边。
有的修桥去补路，有的单扒庙上砖。
扒了砖，卖了钱，犁了地，翻了边。
骂了地，骂了天，到时来你有了病，
叫谁治，谁不治，叫谁看谁不看。

（10）俺求药官别作难

山照松，松照山，款款来到药铺前。
见药官，递药方，俺问药材全不全？
药官一听心里恼，看了药方瞪了眼。
俺说着，你看看，俺求药官别作难。
包您一包老来寿，还包一包父心宽。
再包一包甜似蜜，还有一包苦黄连。
包上一包家不散，包上一包顺气丸。
包上一包常来往，包上一包断路环。
包上一包硬似钉，包上一包软如棉。
缺儿少女老来瘦，缺米少面咋心宽。
闺女叫娘甜似蜜，兄弟好了顺气丸。
俩亲家不见常来往，如真不见断路环。
两家不要硬似钉，两亲家要见软如棉。

（11）罗氏女扇坟

大汉江山几百春，司马懿打过阿斗军。
司马懿家住淮安府，他与那汉氏魏王定乾坤。
河南有个陈州府，陈州地盘出能人。
要问能人名和姓，姓庄名周是子君。

土地他有双千亩，对对骡马拴成群。
家郎院公他都有，还有丫环女仆人。
有一天，庄周在家心烦闷，一心荒郊去散心。
家郎给他备了马，庄子君上马催麒麟。
催马来到荒郊外，抬头看见一片坟。
但只见，新坟头上飘白纸，老坟头上长蒿根。
坟前站个小女子，不过二九十八春，
头戴白，身穿孝，腰里束着白布裙。
白布腿，扎白带，白缎小鞋白叶根。
手里拿着把白罗扇，左右不住扇新坟。
庄周不解其中意，下马近前问原因。
你家住哪庄在哪寨，你的庄名啥庄村？
你的名字叫个啥？为啥荒郊来扇坟？
女子说，家住此地在此地，城东南八里罗家村。
爹爹姓罗名好善，俺的娘，吃斋从贤念经文。
汉生多男也不多女，只生小女一个人。
起名俺叫罗氏女，嫁给王家小郎君。
俺过门后没月满，丈夫有病缠了身。
小女子我一见心害怕，大街上，请来了一个号脉的人。
先生说，这个疾病不好治？枉费女子一片心。
说着说着舌头短，俺丈夫一命归了阴。
俺的丈夫身死过，买个棺材盛着身。
一个棺材入了殓，央人埋到俺的老坟（园）。
丈夫临死对俺讲，嘱咐言语记得真。
倘若丈夫我死了，要守贞节过光阴。
要是不把贞节守，得等到我的坟头土干再抬身。
有心俺把贞节守，实可怜，岁在妙龄正青春。
万般处于两难地，无奈荒郊来扇坟。
荒郊扇干坟头土，坟头土干就抬身。
庄周听罢心头气，开口女子听在心。
您从小结发感情深，咋能不念半点恩？
罗氏女小扇一合放在地，脸泛乌云开了唇。
别嫌小娘不贤惠，你的妻也是这样的人。

倘若今后你死过，你的妻未必不扇坟。
庄周听罢无言对，罗氏女，掂起小扇念咒文。
咒言咒语往下念，遣来南方火地君。
九条火龙都下界，左右不住暖新坟。
顷刻暖干坟头土，罗氏一见喜在心。
荒郊干了坟头土，回到家，脱掉孝衣换紫裙。
罗氏说罢扬长去，庄子君上马扬鞭回府门。
府门以外下了马，坐在客厅闷沉沉。
庄周思绪正翻滚，熊氏连声唤郎君：
每一天回来心欢喜，为何今天闷沉阴？
庄子君把荒郊事说一遍，熊氏开口把话云：
罗家女子心肠狠，咋能不念半点恩？
常言说一日夫妻百天好，百天夫妻海洋深。
坟头不干扇子扇，枉为女子枉为人。
本丈夫也是这样讲，她言道为妻你也是那号人。
熊氏听言气愤恨，开口叫声奴郎君，
倘若今后你死了，我一定守着贞节过光阴。
我若不把贞节守，天打五雷焚我的身！
话说间庄周得急病，一霎时，呜呼哀哉入鬼门。
真是晴天下大雨，六月雪降三尺深。
买个棺材入了殓，熊氏女哭天哭地哭亲人。
熊氏哭得泪如雨，徒儿吊孝进府门。
摆上供祭点上纸，纸马银钱表徒心。
熊氏侧目偷眼望，哟！那徒儿面容如粉貌超群。
问徒儿家中人几口，可曾结发订过亲？
父母亡故人一个，未曾订婚结过亲。
问徒儿寻妻啥模样？就像师娘也称心。
熊氏一听心欢喜，开口叫声新郎君。
一个新字方出口，那徒儿头痛如焚大病临。
熊氏连忙怀中抱，连声不住把话云：
新郎君你得的什么病，大街上，我去请来医脉人。
枉费娘子一片心，要想治好我的病，死人脑子得半斤。
百样药材还好找，死人脑子哪里寻？

徒儿就往棺材里指，熊氏女掂斧掀棺劈死人。
只听见，棺材里面大声叫，别劈别砍我庄子君！
但只见西北角里狂风起，四面八方滚乌云。
倾盆大雨劈头浇，雷轰电闪龙爪伸。
就听咔嚓一声响，新夫妇都被龙抓雷击双粉身。

（12）一年十二个月赶会

正月赶会会还多，赶会要顺河道坡。
到那见了师姐妹，师姐师妹礼路多，多拼银钱俺带着。
二月赶会天气长，七天不离大会上，
多见多少男子汉，多见多少女花黄。
进庙门，烧了香，敬天敬地喜洋洋。
三月赶会会又多，一走走到半路里，
不觅毛驴觅驼骡，月月赶会都有我。
四月赶会麦梢黄，大麦小麦都上场。
那边都是烧香会，杈把扫帚摆两旁。
五月赶会火龙娇，走到路上心火烧。
抬头看见几棵柳，心想一步超到了。
六月赶会热难挡，拉起麻布裁衣裳；
先绞两个麻布裤，麻布布衫裁两双。
七月赶会没方去，俺听说有台扫坑戏，
俺还去，进神棚，烧到香，小道人敲磬在两旁。
八月赶会月明高，八月十五快来到。
四个角里又唱四台月宫戏，师姐师妹打打热闹，买块月饼捎到了。
九月赶会九重阳，担起经挑来烧香。
烧了香，出庙堂，个个景致观清亮。
十月赶会天气寒，多拼银子多拼钱。
羊毛羔子皮袄买一个，临走再买一个皮坎肩。
鸡顶帽子头上戴，走到路上走哩快。
来到家里不费难，叉上一笼劈柴火，烧壶热茶暖暖寒。
十二月赶会人不少，来到家，年办好，
娶儿媳妇家哩好热闹，不出大门把香烧。

（13）为娘言语嘱咐长

小女儿明天要出嫁，为娘言语嘱咐长。

头门口，你上轿，四个轿夫着了忙。
我的妮呀妮啊妮，要哭莫掉伤心泪，只要假意哭一场。
小妮若掉下伤心泪，为娘看见痛断肠。
一劝你大裁共小绞，二劝你洗浆做衣裳。
三劝你描风把花绣，四劝你学个巧妮绣鸳鸯。
五劝你吃斋要行善，六劝你要学孟姜哭长城。
七劝你纺花织白布，八劝你走路别张望。
九劝你父母堂前要行孝，十劝你丈夫面前要善良。
轿夫喝号卢桥过，吹吹打打到婆乡。
婆家头门下了轿，搀亲的迎到你身旁。
上脂的去抹脸，可不能带气要不详。
挤挤扛扛大家闹，可别出言把人伤。
公公出来撒喜钱，婆婆出来点纸张。
夫妻来到天井院，恭恭敬敬拜花堂。
九拜天，九拜地，九拜日月好明光。
拜了床父拜床母，看新媳妇闹嚷嚷。
表兄表弟来看你，千万别磨个脸朝墙。
来看女儿的大白脸，不是看你的花衣裳。
婶子大娘来看你，赶快点火把烟让。
看新媳妇的人走了后，你的丈夫进新房。
跟你说话你记着，千万莫来个不搭腔。
你二人去喝交心酒，为娘言语记心肠。
我的妮呀妮呀妮，要是酩酒喝几盅，要是蒸酒你别尝。
为啥不叫喝蒸酒，小闺女哪有大酒量。
二人喝罢交心酒，你们夫妻二人入洞房。
你的丈夫去睡觉，娘的言语你记心上。
帽子放到帽盒里，衣裳搭到衣架上。
脱鞋要脱个头朝外，免得夜里撵贼打急慌。
要晚点睡，早点起，梳头裹脚是应当。
梳了头，裹了脚，款动金莲下厨房。
烧上半锅洗脸水，全家人洗脸到厨房。
你的公公去洗脸，把手巾搭到脸架上。
你的婆子去洗脸，把手巾搭到门鼻上。

你的嫂子去洗脸，你接过小侄站一旁。
你的丈夫去洗脸，你掂着手巾站身旁。
等你丈夫洗完脸，手巾递到他手上，偷看他两眼也不妨。
家老少洗完脸，你束上水巾下厨房。
大锅里熬糊涂（稀饭），红剁小豆全下上，面糊一勾五色汤。
二锅里炒上菜，猪肉羊肉都切上。
八大味，十三香，油盐酱醋要存量。
千万不要勺撇汤，尝尝盐味不当紧，一家老少嫌你脏。
女儿你把饭来做好，居家人到厨房。
头碗饭递给你公公，二碗递给婆子娘。
嫂子妹妹去端饭，扭脸放到案板上。
大辈子哥去端饭，你抓着勺子一咣堂；
盛着稠里他喝稠里，盛不着稠里他喝汤。
家郎院公去吃饭，你多盛豆腐少盛汤，两片肉盖到碗顶上。
你的丈夫去吃饭，你就狠狠挖一勺。
把肉盛到碗底上，顶上盖俩白菜帮。
夫妻情长人人有，千万别搁到碗面上。
居家人等都吃饭，你款动金莲到新房。
去找着针线筐，绣个梧桐落凤凰。
居家人等吃罢饭，再动金莲下厨房。
掉下稠里你吃稠里，掉不下稀里你喝汤。
清早你吃不饱等晌午，晌午你吃不饱等后晌。
一天三顿你吃不饱，我的妮呀妮，千万别说饿得慌。
说一个饿字不当紧，一家人说你不贤良。
男子汉，游四方，三朋四友酒摊多，
你的丈夫喝醉酒，把他搀到你床上。
枕头枕得高高的，别叫他出酒脏衣裳。
脏了衣裳不当紧，洗不净，浆不光，打你的身子骂你的娘。
我说这话你不信，我的妮啊妮，你爹骂过你的娘。
说的大妮弯下腰来吞声笑，开口叫声我的娘。

（14）贤良女白海棠

国富民丰天下康，嘉靖皇帝振朝纲。
嘉靖坐帝十二载，一十二载出贤良。

说贤良，道贤良，不知贤良出哪方。
河南有个古陈州，古陈州里出贤良。
一人姓金金员外，人娶妻子本姓梁。
年方半百没有后，夫妻二人巧商量。
无女盖所参寿府，无男盖下子孙堂。
参寿府里香不断，子孙堂里烧常香。
员外行善多日久，忽然洞房生儿郎。
过了满月起个名，起名叫个小金梁。
金梁长到十二岁，两个媒人到家厢。
说了东庄东不就，说了西庄不成双。
城南有个白员外，所生一女白海棠。
也是员外福分就，寻了小姐白海棠。
员外命短下世去，撇下他娘和金梁。
金梁年长十七岁，迎娶小姐到家乡。
自从小姐把门过，她那婆子不贤良。
每日叫她去推磨，推磨还得端水浆。
小姐提起一个桶，款动金莲离门房。
小姐放下一个桶，手拿井绳丈二长。
小姐提起一桶水，樱桃小嘴张几张。
小姐提起两桶水，汗流满面湿衣裳。
小姐正在来喘气，来了隔壁王大娘。
王婆有话开言道，叫声小姐白海棠。
世上人好没你好，人物手头比人强。
可惜人好命不好，你那婆子不贤良。
白日叫你去推磨，推磨还得担水浆。
快到大街毒药买，给她熬下毒药汤。
用药把她来毒死，一份家业自己当。
小姐一听柳眉皱，出言叫声王大娘。
东西两庄常打听，谁家儿妻药他娘。
不是为你年纪大，打你一顿好巴掌。
老婆遭个大没趣，把嘴张了好几张。
王婆低头就有计，迈步回到金家庄。
抬腿就把金府进，看见上面婆子娘。

王婆有语开言道，金嫂连连诉衷肠。
世上人好没你好，你那媳妇不贤良。
大街去把毒药买，给你熬下毒药汤。
毒药把你来药死，一份家业好独当。
王婆说罢出门走，气煞小姐婆子娘。
这边再说白小姐，慌忙担水到家厢。
老婆一见冲天怒，无情大棍身上量。
小姐放下那副桶，双膝下跪地当阳。
打媳妇理属哪一项，媳妇错处对俺讲。
井台打水骂你娘，骂我是婧子不贤良。
叫俺儿大街买毒药，给我熬下毒药汤。
用毒药想把我药死，一份子家业自己当。
也是我老命不该死，多亏了你好心的王大娘。
老婆不听儿妻话，气恼伤寒着了床。
白小姐一见心害怕，款动金莲到上房。
我娘想吃什么饭，为儿就去下厨房。
为娘得的什么病，叫您儿大街讨药方。
老婆闻听不减怒，骂声贱人白海棠。
不是你井沿作下祸，今朝哪有这一场。
要想为娘的疾病好，还得喝你的人肝汤。
小姐听罢眼落泪，心中说声糊涂娘。
猪肝羊肝都有人卖，哪有人肝孝敬娘？
再说不把我母救，外人说我不贤良。
张铁匠哟李铁匠，打把钢刀七寸长。
粗石磨，细石磨，磨的钢刀明晃。
小姐把刀拿在手，一把黄香手里藏，
祷告金府里张灶：我的真心把母救，割下我的心肝熬成汤。
若没真心把母救，钢刀下去一命亡。
照着心窝扎下去，痛得小姐面皮黄。
小姐倒在尘埃地，惊动金府张灶王。
大门以外下了马，驾起云头到上苍。
灵霄殿上双膝跪，说与我主张玉皇。
下凡出了个贤良女，害肝敬母白海棠。

玉皇一听心欢喜，快叫金童开宝仓。
取出灵丹和妙药，速速递与张灶王。
一半来把人肝变，一半专治刀口伤。
玉皇退下灵霄殿，驾云回到金家庄。
迈步只把金府进，看见小姐白海棠。
小姐清醒多一会，血淋淋心肝贴胸膛。
小姐折身忙爬起，大花手巾来包藏。
弯腰忍痛强抬步，一声不语下厨房。
放下案板四条腿，一把钢刀手里拿。
大的切成棋子块，小的切得柳叶长。
添上西方庚辛水，锅底查上小材郎。
一滚二滚人肝烂，三滚四滚人肝香。
端上一个菊花碗，又摸乌木筷一双。
款动金莲到上房，叫声我娘快尝汤。
老婆一听冲天怒，大骂贱人白海棠。
明明端的是毒药，花言巧语来哄娘。
白海棠一听眼落泪，出言再叫我的娘。
孩儿清晨去打水，碰见玉兔在路旁。
放下水桶提扁担，我把玉兔来打伤，这本是熬的兔肝肠。
老婆一听是兔肝汤，折身坐起来尝汤。
一口两口喝着好，三口四口喝着香。
老婆把汤用完毕，气恼伤寒离了床。
老婆病好三天整，前后院里说短长。
老婆来到二门外，碰到她儿小金梁。
为娘病好三天整，还得叫我下厨房。
你小婆子把气呕，整天惯着你杀娘。
金梁一听眼落泪，出言叫声我的娘。
清晨你吃的是儿妻肉，晚上喝的是儿妻的汤。
她有真心把你救，为啥说她不贤良？
老婆就说我不信，无情大棒手中藏。
抬腿就把绣房进，二话不说身上量。
小姐有话开言道，开口再叫婆子娘。
要打你往左边打，可别打儿媳刀口伤。

婆母只顾往下打，不讲道理身上量。
打的小姐痛难忍，滚开被窝露出床。
小姐一滚不要紧，血水流满床半张。
老婆吓得跪在地，叫声我儿小金梁。
快搬一张香案来，栽上一把杏黄香。
老婆双膝跪尘埃，口口声声表衷肠。
就从这再瞪俺媳妇，管叫我老眼瞎一双。
就从这再骂白家女，管叫我喉咙里长“噎食”。
就从这再打白家女，管叫我十个指头长“叮疮”。
叫声我儿小金梁，快到大街讨药方。
金梁答应我知道，迈步走出大门旁。
张灶王摇身只一变，变一老公在门旁。
询问金梁什么事，什么事儿恁慌忙。
金梁说：我到大街讨药方，
老公说：讨药方治谁的病？
金梁说：治我妻的刀口伤。
老公说：我带来灵丹和妙药，医治你妻刀口伤。
不过三天都好光，治好病再谢我老张。
乡约地保往上传，传给万岁得知详。
头道圣旨下金殿，金梁得中状元郎。
二道圣旨下金殿，金城之上立牌坊。
三道圣旨下金殿，两台大戏对着唱。
亲戚邻居来贺喜，来了隔壁王大娘。
世上人好没你好，你这媳妇真贤良。
白小姐听罢抿嘴笑，出言叫声王大娘。
在哪里我把婆子骂，你对俺娘说短长。
老婆一听冲天怒，掂棍就把王婆量。
王婆招个大没趣，回到家中自悬梁，
我说这话您不信，你去陈州看牌坊。

（15）谁知爹娘死后难处多

太阳出来红似火，照着东墙往西落。
蚕到老了结个茧，人到老了苦处多。
八十老公走不动，手拿拐杖打吭吭。

得病难把阳间转，只为当年做活多。
一更二更不能睡，五更鸡叫睡不着。
急急转身忙站起，又想叫儿去做活。
爹叫儿子他不理，娘叫媳妇装睡着。
二老爹娘叫急了，嘴里言语不住说。
媳妇起来把公骂，儿子起来嘴噘着。
媳妇说：吃他两碗赖茶饭，整天忙哩没话说。
黑了白里把活干，真真好像累死我。
这种日子怎样过，熬到何日得安乐?
人家公婆早就死，俺家婆子只管活!
死了吧，死了吧！死了我好得安乐。
太阳不落就睡觉，睡到天明谁叫我。
小两口正把公婆骂，堂屋里病倒二公婆。
饭不吃来水不喝，七天七夜见阎罗。
把她公婆咒死后，东地棉花没人看，西地芝麻又焦着，
锄草抬粪得请人，生生好像撕吃我。
这种日子怎样过，到何时才能安乐?
光知道爹娘活着没啥用，谁知爹娘死后难处多。
叫一声爹娘活了吧，再活二百也不嫌多!

(16) 骑着葱叶骂公公

小狗小狗汪汪叫，亲家亲母来到了。
你坐板凳我坐地，咱俩偏说你闺女。
叫你闺女去挖米，打了金缸琉璃底。
叫你闺女去挖面，打了金缸琉璃蛋。
叫你闺女去挖油，打了金缸琉璃头。
叫你闺女去抓盐，打了金缸玻璃坛。
叫你闺女摘瓠子，瓠子棵里撵兔子。
叫你闺女摘茄子，茄子棵里尥蹶子。
叫你闺女去刨葱，骑着葱叶骂公公。
叫你闺女割韭菜，骑着韭叶骂奶奶。
叫你闺女拾柴禾，哩哩拉拉一灶屋。
叫你闺女去烧锅，锅台前头裹裹脚。
叫你闺女烧鏊子，光烧公公的毡帽子。

（17）小大妮找个女婿才十一

小大妮，二十一，找个女婿才十一。
夫妻二人去抬水，一头高来一头低。
大妮越看越生气，使劲捅他个嘴啃泥。
大妮捺住就去打，那边来了个走路的。
“大嫂子”，管教孩子在家里管，何故井沿立规矩？
小孩听了心头气，我小我是她丈夫，
她大她是我的妻，你有眼无珠咋说哩？
小孩哭着回家跑，大妮随后撵过去。
父母一见连声问，小孩哭着把话提。
爹娘听了才生气，拿起棍子打儿媳。
小大妮泪涟涟，埋怨爹娘不入理。
给我寻这小女婿，把女儿送进火坑里！

（18）敬得老天心欢喜

小麦籽，两头尖，大磨磨，小磨研。
磨得麸子明片片，蒸得蒸馍白又暄，拾到盘里敬老天，
敬得老天心欢喜，一年四季保平安。
麦子小，麦子贵，十冬腊月受过罪。
从小冷，长大热，大麦大麦你是哥，客来能吃都是我。
小麦小麦你是兄，客来想吃我不中。

（19）今年不比往年过

小粉盒，侧楞着，今年不比往年过。
往年跟着俺爹娘，今年跟着俺公婆。
嫂嫂伴汤俺烧锅，伴好了汤人家喝，俺在一旁立等着，
俺在村外走一遭又一遭，看见娘家柳树梢。
柳树梢上莺哥叫，闺女想娘谁知道。
娘想闺女哥来瞧，说着说着哥来到。
叫哥让到客厅里，先喝茶后吸烟，俺把娘家问一遍，
问问爹，爹也好，问问娘，娘也安，
问问小侄也怪欢，婶子大娘问一遍。
掀开竹帘去打扮，绿衫配红衫，毛蓝大褂配上肩，
打扮好叫丫环，掂毡来，俺拜公婆住几天，
公婆说：天又冷，地又寒，搁下日子你作难，想住几天住几天。

（20）没有闲心去瞧娘

正月里，正月正，娘家捎信娘有病。
闺女想去怕天冷，天气暖了再瞧娘。
二月里，春风刮，犁地耙地种庄稼。
闺女想去把娘瞧，没有时间回娘家。
三月里，柳棉刮，桃树杏树开了花。
花生谷子都种上，没有时间去瞧娘。
四月里，麦梢黄，家家户户正造场。
小麦小麦要进场，没有时间瞧亲娘。
五月里打场忙，种豆子锄高粱。
麦秸垛垛真是忙，没有时间瞧亲娘。
六月里，天气热，打椒叶，喂牛羊，没有时间去瞧娘。
七月里，砍高粱，谷子绿豆都进场，没有闲心去瞧娘。
九月里，天气凉，忙忙碌碌做衣裳，没有闲心去瞧娘，
十月里，寒霜降，棉衣扣子没缝上，没有闲心去瞧娘。
十一月，飘雪花，闺女赶集掂钱搭。
称了两包白砂糖，准备准备瞧亲娘。
十二月，雪茫茫，闺女上路去瞧娘。
一走走到村头边，听见兄弟姐妹哭亲娘。
闺女坐在村头上，散开一包白砂糖。
我先吃完这包白砂糖，润润喉咙再去哭亲娘。

（21）不分男女把香烧

一座小庙比山高，不分男女把香烧。
瞎子烧香为了眼，罗锅烧香为了腰。
拐子烧香为了腿，聋子烧香为耳内。
秃子来到庙院里，玉皇大帝听分晓。
今日给我长头发，又烧香来又放炮。
今日不给长头发，扒了庙宇把神撂。
老道一听心头恼，吩咐徒儿快拿刀。
要不是你跑得快，一刀下去两个瓢。

（22）临死落个直轮腰

大街铺里也不多，听俺说说罗锅药。
南京南的灵芝草，北京北的燕儿窝。

西京西的蛤蟆王，东京东的老龙腰。
七仙女的乱头发，还有皇姑的烂裤腰。
蚂蚁鲜血两斗盆，大闺女胡子大半斤。
金玉旗杆要一对，单用龙须织手巾。
珠子玛瑙串个洗脸盆，四楞子鸡蛋要八个，
八楞子竹竿要四根。
配的药，真不错，出门碰见小罗锅。
罗锅开口把先生叫，我三个铜钱你挑一个。
先生说：你这个罗锅能治好，出个单方就好了。
单扇门板摘两扇，三道麻强捆着腰，
两头压上两盘磨，中间再用油锤敲，
敲它一百零八下，你的罗锅就好了，
虽说罗锅死的亏，临死落个直轮腰。

（23）十个字里有短长

一点一撇一横梁，“二”字上短底下长。
“三”字一竖念川字，“四”字有口口难张。
“五”字活像半只虎，“六”字活像金鸡爪。
“七”字活像镰铲拐，“八”字蛾眉分两旁。
“九”字活像镰铲把，“十”字横打一架梁。
“十”字头上念个啥？念个“千”，赵匡胤千里迢迢送荆娘。
“九”字头上念个啥？念个“灰”，任堂辉结拜杨六郎。
“八”字头上念个啥？念个“力”，力大无穷数霸王。
“七”字头上念个啥？念个“张”，张灶君二十三日上天堂。
“六”字头上念个啥？念个“王”，王莽赶刘秀走南阳。
“五”字头上念个啥？念个“大”，胆大哩孙悟空反天堂。
“四”字头上念个啥？念个“西”，樊梨花跨马反西梁。
“三”字头上念个啥？念个“五”，伍子胥正阳坡里保娘娘。
“二”字头上念个啥？念个“甘”，甘罗十二为宰相。
“一”字头上念个啥？念个“丁”，丁香切木孝顺娘。

（24）俺上娘家住几天

木铣板光撵撵，俺上娘家住几天。
娘家嫌俺来的勤，铁打钥匙锁着门。
叫爹开爹不开，叫娘开娘不开，

叫哥开哥不开，叫嫂开嫂不开，
嫂嫂说：锅底查着劈柴头，
锅上馏着白蒸馍，小妹妹你吃个。
妹妹说：俺不吃你的馍，
俺也不喝你的酒，拜了爹娘俺就走。
俺上头门拜俺爹，俺爹坐着骡马车。
俺上堂屋拜俺娘，俺娘坐着顶子床。
俺上牛屋拜俺哥，他手拿烟袋不让我。
俺上东房拜俺嫂，俺嫂拉紧布衫角。
大哥送到大门外，二哥送到二门外，
三哥送到梨园上，扳着梨枝哭一场。
有咱爹有咱娘，这条路走的长。
没咱爹没咱娘，这条路走不长。
哪日再进娘家院，还得上天问神仙。
鸡扎牙狗下蛋，骡子生马那一年。

(25) 十八岁大姐七岁夫

十八岁大姐七岁夫，擦屎刮尿抱进屋。
睡到半夜要奶吃，妈呀娘呀不住哭。
哭得大姐无其奈，呼呼啪啪打屁股。
我是你的妻，不是你的母，
不是你娘待我好，一脚把你踢出屋。

(26) 缎子鞋拉的没有底

小美香，太风张，比起破小子（俗语，指小男孩儿）没二桩。
当院有棵小枣树，一会不上急的慌。
缎子鞋拉的没有底，裤子拉的没裤裆，
一爬爬到枣树上，小布衫一脱唱二簧。
扎花描银她不会，光跟那半大孩子“背趟趟”。
她哥一见冲冲她，叫声美香太猖狂。
美香一听哈哈笑，叫声俺哥听衷肠，
早晚少不了这一张，她哥慌忙把车套，她侧脚一打上车帮。
美香急忙去夺鞭，大鞭一甩出了庄。
一里半里咱不讲，三里四里到婆家，来到婆家大门旁。
当院坐个老妈妈，想必就是婆母娘。

叫声婆母你可好，叫声婆母可安康。

老婆开言道，你是谁家的女娥黄，来到俺家叫我娘，

叫声婆母你不知，我本是儿媳到家厢。

老婆一听哈哈笑，原来是贤媳到家厢。

俺问儿媳好手头，扎描银会哪桩。

美香一听哈哈笑，叫声俺娘听心上。

扎花描银俺都会，纺花织布咱在行。

老婆一听心欢喜，毛蓝布携出好几箱。

美香一见伤了脸，猴脸短来驴脸长。

拿起剪子没处铰，托起尺棍没处量。

东南角里下了手，一下子铰到西北乡。

铰个褂子三只袖，咋叫俺儿来穿上。

铰个裤子没裤裆，咋叫俺儿逛四乡。

美香说：铰个褂子三只袖，你儿穿上多排场。

天天赶集捎东西，就那就比钱褡强，

铰个裤子没裤裆，晌午后晌去干活，

腿叉里省哩热哩慌。婆媳二人正争辩，

公公回家到门旁。叫声儿媳别吵了，赶快给爹做碗汤。

美香有语开言道：擀面条子我不会，就烧“甫计”（豫东用面团烧的馍）我在行。

老头一听心欢喜，快烧甫计我尝尝。

美香听说不怠慢，挪动大脚下厨房，

打了三八二十四桶水，又挖好面七八缸。

搁到盆里和不下，裹脚一散踩的忙。

锅底里烧不下，拖到堂屋房檐上。

老婆一看吓一跳，他爹啊，你来着，

灶火（厨房）里出了个面龙王。老头一见哈哈笑，叫声他娘别心慌。

我把它拉到南窑上，烧上面里面团子，

再盖三间面瓦房，掉下来的还有面，

再打一个大面床，将来若是歉了年，咱全家硬着脖子啃床帮。

（27）恶婆变牛会说话

劝世人，听衷肠，听我说个恶婆娘。

家住就在陈州地，城东五里南王庄。

公公名字叫南天让，丈夫光棍叫善良。
这个恶婆丁氏女，打骂公婆不善良。
待丈夫不可讲，看见好像眼中疮。
张嘴骂说他无能奈，你死我配俊俏郎。
叫骂东邻和西舍，讲起事非乱纲常。
公婆教导她不听，气死公公一命亡。
丈夫得了恶疾病，忧愁三月一命亡。
撇下婆婆多凄凉，她给婆婆千般苦。
一天三顿饭她做，刷锅洗碗扫院廊。
她吃稠来婆喝稀，婆婆天天喝米汤。
越是怠慢并吵闹，不然拳打足又张。
婆婆无奈对天哭，闹的灶王不安康。
这个媳妇丧天良，灶王气得病一场。
驾祥云，走上苍，天皇老爷听端详。
罚这媳妇变头牛，恶人就得这个样。
灶君领了玉皇旨，顷刻回到南王庄。
照着恶婆吹口气，倒在地上面皮黄。
停一时，开口讲，婆婆快来我心慌。
灶君将我来推倒，金莲打得疼难当。
今后我要孝顺娘，要吃斋来烧常香。
纵有错，娘原谅，不敢犟嘴来逞强。
恶妇这话娘相信，祈求灶王为儿郎。
灶王摇头劝南婆，恶人变牛理应当。
这恶婆变成了牛，生牛毛又出三只角，东奔西跑丑难当。
村上老少都来看，男男女女问端详。
这时恶婆才回心，改恶从善要孝娘。
恶婆变牛会说话，劝劝世上恶婆娘，还未张开嘴泪两行。
嫂子大娘听端详，都莫学我丁氏女，
不孝公婆有灾殃，劝您早早孝爹娘。

（28）寡孩上坟

正月里，锣鼓敲，寡孩心里好心焦。
扒着门缝往外瞧，二八佳人女心娇。
二月里是春分，贤妻一死好狠心。

生意买卖不能做，撇下孩儿缠住身。
三月里清明节，怀揣女手拉田，
拉拉扯扯到坟前，添好坟，叠分银，哭声坟里那死人。
你不该早死把俺离，撇下寡孩好狠心。
四月里菜花开，柜箱取出单衣来。
看看单衣没人洗，看看棉衣没人拆。
五月里五月五，千家万户都做雄黄酒。
婶子大娘都把酒来做，谁能给我寡孩帮帮忙。
六月里，六月六，千家万户晒龙衣，
人家都把龙衣晒，贤妻一死撇满箱。
七月里，七月七，天上牛郎会织女。
牛郎还有探妻日，寡孩何日能探妻?
八月十五月儿圆，我寡孩月圆缺半边。
九月九重阳，想你想妻九个月。
梦里常常把妻见，见妻哪次不哭湿衣!
十月里十月一，你知寡孩有多屈，
拉着儿女把坟上，哭声坟里我的妻。
天气都把霜降过，你不回家去换衣。
十一月里封了河，亲戚邻居都劝我，
都劝寡孩娶个吧，贤妻临死嘱咐我，
再娶可别娶那不善女，撇下我儿受折磨。
十二月整一年，提着纸篮到坟前，
劝声贤妻回家吧，回家咱们好过年。
当今过了十三月，过了年说媒婆就到来。
三说两说说成了，后续贤妻到家来，
待我儿好像新生子，寡孩看见真喜欢。

(29) 小二姐出来剜菜棵

日头东出往西落，小二姐出来剜菜棵。
地东头剜棵芨芨菜，地西头剜了棵羊蹄棵。
抬头看见娘家哥，哭哭啼啼跟哥说。
人家的妹妹是妹妹，您的妹妹受折磨。
纺花纺到黑半夜，织布织到月亮落，往哪一歪衣不脱。
鸡叫三遍就梳头，鸡叫四遍忙裹脚，鸡叫五遍掂着水裙下灶火。

洗洗脸去刷锅，大锅刷的明女镜，二锅刷的照堂锣。
大锅又添两瓢水，抹抹子去蒸馍。
打好稀饭去做菜，油炸豆腐忙下锅。
饭做好请公婆，公公说俺做的晚，婆婆嫌俺做的多。
公公打，婆婆骂，小姑上前拽头发。
拽一根不值啥，拽两根头皮麻。
又挨打，又挨骂，投坑投河死了吧！
投坑坑又浅，投河水已干，一头栽到深井里。
捞出尸体水涟涟，全家老少着了忙，大哭小叫来入殓。
公公跑东婆跑西，女婿跪到棺头里。
哭了一声我的妻呀，咱娘哪里为难你？
刷锅磨磨咱娘哩，做饭烧茶小郎哩，
仨月做了一双鞋，妈妈还怕累着你，
想走亲戚我备礼，想回来我叫你，
隔个坑我背你，为啥投井死了你？

（30）俺把花轿抬起来

众位会首，往前来，俺把花轿抬起来。
搠着点，往后观，俺看花轿偏不偏。
左不偏，右不偏，花轿好像龙凤山。
龙凤山，出到哪？出到东海岸，东海岸有个龙凤山。
四个角，金凤牡丹，前后小杠子滚上肩，
前迈八步，步龙吸水，后退八步，虎登山。
二龙戏珠滚上肩，上一步三喝闪，
喝闪喝闪多好看，多好看。
我把轿上的人物说一遍，
黑脸汉是包公，红脸汉是关公，韩湘子等八仙，
还有张生戏莺莺，刀劈杨凡在上面。
过五关斩六将，大喊三声斩蔡阳。还有一出大闹江家庄。
江保童，江如信，
他跟秦琼姑表弟，秦琼住在山东地。
家住山东在山东，浇花台上有门庭。
住路西，门朝东，妇人就叫贾秀英。
包相爷，他真忠，他是宋朝一品清。

会过阴，会断阳，把他插到轿顶上，
一不会说，二不会钻，还请大家多包涵。

(31) 梳头歌

青丝模梳拿在手，东梳东来西梳西。
西梳西，梳个鲤鱼跳龙门。
东梳东，梳个蝴蝶闹花心。
老抹勺还有两根乱头发，梳了个蛤蟆闹小鱼。
头顶上还梳三间庙，三间庙里九尊神。
还梳七十二个老和尚，又梳成十四个小道人。
还梳和尚今敲磬，还梳道人今捧笙。
门前梳对双旗杆，扭头狮子把着门。
门前还梳四台戏，还梳三千赶会人。
身穿石榴大红袄，又穿人步遮绿裙。
红缎子小鞋绿后跟，樱桃耳坠压耳门。
头里扎了个小蜜蜂，支棱着膀子弓着脊。
张着小嘴喝露水，白瞪着两眼偷看人。
年老的它不看，单看那十七八岁小佳人。
说佳人道佳人，俺说佳人没年纪。
不是十八就是十七，不是二十就是二十一，
佳人骑着小脚驴。说脚驴道脚驴，梳上脚驴有故事。
白蹄甲白顶门，白尾巴尖白屁股肘。
顶上大搭小盖子，鲜花酿红小妮子。
四个角里扣银子，一群学生多调皮。
手里拿着小鞭子，头上又扎小辫子，嘟嘟啁啊赶黑驴。
分明是兄弟送嫂子，后面又跟小女婿。
不是十七就是十八，不是二十就是二十一。
右手挎着礼篮子，左手又把小鹌鹑。
说篮子道篮子，说个篮子有故事。
如果子好有几斤，麻花散子有几根。
好肥肉又有十来斤，枝枝杈杈一篮子。
说鹌鹑道鹌鹑，梳个鹌鹑有故事。
胡子嘴青毛羽，八十个老头看斗架，哪哪咕咕鸣的急。
木梳磨环三千整，眼下孙子已娶媳，一头青丝来梳齐。

(32) **一对白鹤往南飞**

一对白鹤往南飞，一个高来一个低。
一个飞到渡善桥，一个飞到蔡河里。
长虫咬，蚂蟥吸，气得两眼泪唏唏。
抬头看见他的妻，又是打来又是踢。
你要上前拦一把，咱俩还是好夫妻。
不提拦你我不恼，提起拦你恼心里。
过了一个龙花会，上面又用皮捶打。
下边又用皮鞋踢，踢的奴家一身泥。
你正东来俺正西，咱俩全当不认的。
弥陀佛，佛陀僧，阿弥陀佛念真经。

(33) **媳妇干哭泪不来**

西方路上一棵槐，老母得病起不来。
得病三天不吃饭，四天就到望乡台。
望乡台上往下看，看见儿女一茫白。大儿哭得哀哀痛，二儿哭得痛哀哀。
闺女哭得拉不起，媳妇干哭泪不来。
暗骂一声老祸害，早死三年我自在。

(34) **庄稼歌**

奉劝世间人，庄稼莫看轻。
读书功未就，不妨把田耕。
开口笑庄稼，忘了老祖宗。
虽说农活粗，天下头一功。
庄稼若不收，百事都不中。
安心做庄稼，需要会调停。
正月过十五，庄稼该动工。
人手先拉粪，然后把地耕。
地要犁把好，热天不生虫。
清明种黍秫，谷种三月中。
早了肯哑巴，晚了穗头松。
种到正楞头，打头总不轻。
一连锄三遍，少数可不中。
只等打完麦，然后再加工。
春会买农具，先看啥收成。

二麦胸膛深，早秋满地清。
农具必要快，且莫瞅相应。
扫杈须早买，晚了买不成。
休怕多使钱，不可去误工。
只听黄鹂叫，二麦就是中。
场里打妥当，地里也种清。
天晴就晒麦，须要趁有风。
晒得格嘣干，扬得净生生。
急紧上了囤，麦牛再不生。
动手去锄地，急紧莫放松。
晴天多觅人，休怕觅短工。
一遍顶九遍，有草也死清。
豆子锄三遍，地里就干净，
芝麻棉花不论遍，越锄越齐整。
只等丢下锄，除非黍秫红。
黍秫进了家，谷子也就中。
豆子打完备，芝麻打两松。
听说到秋分，就该把麦种。
扎楼去耩麦，仓眼要看清。
稀了耽误地，稠了会黄病。
不稀又不稠，长有郁青青。
地里种停当，场里也就松。
拿镰割荞麦，庄稼完了工。
柴禾上了垛，红芋也干净。
场里明白了，早把秋地耕。
若要明白了，趁暖就动工。
或者没有事，不可闲飘风。
家里学织布，外边作营生。
三九下大雪，闭门坐家中。
应时家当饭，身上也可行。
黄昏嫌天冷，烧酒喝几盅。
怀中抱孙子，脚头把炉蹬。
天冷晚些起，就是自在公。

（35）**敬祖能保居家人**

太阳出来红脸蛋，敬祖能保居家人。
保住娘家双父母，又保公婆两尊神。
丈夫你别轻看了，头上顶里有黄金。
抬手别打没娘子，张口别骂老年人。
秤高斗满平心过，别拿歪心对待人。
只要为人这样心，做人就是好心人。
只要是个好心人，以后能管去成神。

（36）**十二个月**

正月里，正月正，家家户户挂花灯。
二月里，龙抬头，家家户户又放牛。
三月里，三月三，倭瓜葫芦地里钻。
四月里，打桐花。
五月二十五，老龙去探母。
六月里，六月七，家家户户晒龙衣。
七月里，七月七，牛郎天上会织女。
八月十五月儿园，家家户户喜连连。
九月九，是重阳，秋收种麦忙又忙，
十月里，下苦霜，树上叶子都落光。
十一月，刮北风，冻得老狗直哼哼。
十二月，封了洞，穷人没吃该咋活。

（37）**四季歌**

正月里，大初一，大家都来敬伏羲。
正月十五雷打灯，今年必定是好年景。
二月里，二月二，太昊陵里转几圈。
三月里，三月三，麦子金黄好收成。
五月里，五月五，大家都来过端午，敬咱屈原好师祖。
六月里，六月六，户户都来晒龙衣，秋庄稼好得了不起。
七月里，七月七，牛郎架云会织女。
八月里，八月八，拿起镰刀割芝麻。
九月里，九月九，来年麦子入了土。
十月里雪封门，小雪不到大雪远。
十一月雪封门，手捧火炉把户屯。

十二月腊月天，家家户户迎新年。

（38）节令歌

一月小寒接大寒，二月立春雨水连。
惊蛰春分在三月，清明谷雨四月天。
五月立夏和小满，六月芒种夏至还。
七月小暑和大暑，立秋处暑八月天。
九月白露接秋分，寒露霜降十月全。
立冬小雪十一月，大雪冬至到新年。

（39）正月里正月正

正月里正月正，银枪白马叫罗成。
一十二岁登州打，夜打登州救秦琼。
闯荡绿林来结拜，结拜三十二弟兄。
二月里来龙抬头，王三姐南楼抛彩球。
彩珠单打薛平贵，十八年受苦祸临头。
三月里来三月三，关公爷迟早过五关。
擂鼓三声只把蔡阳斩，弟兄聚会得团圆。
四月里麦梢黄，刘秀十二走南阳。
南阳路上把将访，二十八宿聚一堂。
二十八宿访来处，才能给刘祖爷报冤枉。
五月里来五端阳，刘备相亲过长江。
黄鹤楼上去饮宴，三气周瑜该他死，诸葛亮哭灵做安葬。
六月里热荡荡，大雪纷纷在当场。
天意不蒙窦娥冤，普天茫茫穿孝衫。
七月里七月七，天上牛郎会织女。
小两口少干亏心事，隔着天河两哭泣。
八月十五正月圆，姚刚跨马去征南。
黄金涛与他打一仗，招下女子黄金蝉。
九月里九月九，七郎八虎闯幽州。
幽州城困住杨老将，杨七郎搬兵不回头。
十月里快冷天，伍子胥打马过昭关。
禅宇寺里保娘娘，帝王之家得周旋。
十一月冷如冰，赵匡胤游逛困河东。
一困河东十二载，搭背疮上丧性命。

十二个月整一年，王祥卧冰感动天。
王祥卧冰为他母，养儿防老当孝廉。

(40）十二个月挂灯

正月里来正月正，正月十五挂纱灯。
纱灯挂在太昊陵，伏羲女娲喜盈盈。
一群善人来挂灯，大殿二殿一片明。
二月挂灯龙抬头，纱灯挂到玉皇楼。
玉皇老爷喜盈盈，纱灯挂到玉皇楼。
玉皇老爷喜盈盈，天兵天将来挂灯。
各路神仙保住驾，常到民间察民情。
三月挂灯三月三，王母娘娘会群仙。
天宫摆下蟠桃宴，酬劳各路神三千。
神仙来把纱灯挂，天上人间不一般。
四月挂灯四月四，纱灯挂到雷音寺，
西天佛祖喜盈盈，唐僧西天取真经。
五月挂灯五月鲜，纱灯挂到五台山，
中原引进佛教经，孙猴除妖留美名。
五月挂灯五月鲜，纱灯挂到五台山。
五郎一见喜盈盈，八姐九妹来挂灯。
打仗还是父子兵，赤心耿耿保宋营。
六月挂灯天气热，纱灯挂到西蜀国，
兄弟三人桃园拜，定军山前洒鲜血。
七月挂灯七月七，纱灯挂到天河里。
牛郎织女喜盈盈，一双儿女来挂灯。
王母娘娘善心动，喜鹊桥上叙亲情。

(41）爱情婚嫁歌

这个洞房黑咕隆咚，贤良小姐来送宝灯。
金灯对银灯，两蜡对壶瓶，茶壶对茶盅。
昨晚上陪着爹妈坐，今晚上配住情相公。
这盅酒是你哩，叫你生儿育女哩，你说是哩不是哩，
都是人祖女娲姑娘传下哩。
叫你接灯你不接，新人床前站个坑。
明灯撂在箱盖上，细说细讲细商量。

今晚是你花烛夜，铺床叠被是你哩，
同床共枕度岁月，同心同意孝爹娘。

(42) 二十五更

一更里有美女懒进房门，前走走后倒倒自己沉音。
怕的是到绣房无人做伴，愁的是到晚来夜静更深。
款金莲轻开了房门两扇，听了听樵楼上更鼓声音。
一个家吹的是文君司马，一个家弹的是琵琶昭君。
二更里有美女拨挑银灯，忽听得窗棂外咳嗽一声。
奴只说老母亲与儿做伴，不料想进来了白脸书生。
羞得奴面脖红不敢言语，骂一声读书人好不正经。
既读书你就该早知礼义，上孟子下孟子念过诗经。
好言语歹言语他也不走，二爹娘知道了吃罪不轻。
有美女她这里正把话讲，又听得樵楼上鼓打三更。
三更里有学生跪落尘埃，尊一声美姐姐细听明白。
自从在花园里见你一面，到如今魂灵儿跟了你来。
今夜晚你不从我也不走，死在你窗棂下捎信来抬。
我给你留下了臭名在外，管教你四海水洗不清白。
有学生说了些胡言乱语，听了听樵楼上四更鼓排。
四更里有美女主意难拿，骂一声是谁家混账冤家。
今夜晚奴不从你就不走，倒不如后花园奴去吊杀。
有美女下牙床往外就走，有学生上前去用手来拦。
美姐姐你不从我可就走，我学生怎忍的叫你吊杀。
有学生说了些真情实话，忽听得绣楼上五更鼓发。
五更里东方亮月光平西，尊学生进前来细听端的。
回家去让爹娘应允此事，咱二人做一对百年夫妻。
成连娌奴与你白头到老，强似你今夜晚这般如此。
到书房休对你同窗言讲，同窗的知道了将奴笑煞。
有学生听此言转身就走，有美女回绣房更鸡乱飞。
一更里有学生闷坐书房，思想起美姐姐那等巧妆。
头戴着珠翠花乌云遮盖，鬓边上斜插着一枝海棠。
穿一件大花袄百鸟朝凤，下来着八宝裙金连不长。
前走走后倒倒梅花模样，听了听樵楼上鼓打二梆。
二更里有学生独坐纱窗，思想起美姐姐那等情肠。

绣房中黑暗暗无人做伴，床头上又不见丫环梅香。
我有心上前去宽衣解带，美姐姐她不从面上无光。
有学生在书房胡思乱想，又听得樵楼上鼓打三梆。
三更里有学生似睡朦胧，忽听得美姐姐哎呀一声。
忽慌忙折身起上前使礼，俺二人手挽手走进房中。
进书房俺二人方才落座，忽听得车马响声音叮咚。
吓得我战兢兢慌忙爬起，听了听樵楼上鼓打四更。
四更里有学生一梦阳台，忽然间美姐姐走进房来。
进房来他见我深深下拜，喜得我笑盈盈搂抱在怀。
问一声美姐姐你可安好，自别后到如今因何不来。
他二人正欢娱情还未尽，樵楼上五更梆又把锣排。
五更里鸡三唱玉落又低，想起来美姐姐好不惨凄。
今夜晚俺二人虽成连理，醒来时是一梦一东一西。
只觉得身体懒心神不定，我如今病在床你怎得知？
有学生在书房正然思虑，樵楼上五更尽金鸡不啼。
一更里有学生身体不安，思想起美姐姐好不惨然。
到晚来俺二人再见一面，纵死在九泉下我心也甘。
每日里只怕你茶饭不下，思想你不见面也是枉然。
二更里有学生合眼朦胧，见一人进房来相问一声。
我只需美姐姐前来探病，幸喜的重相会又得重逢。
有学生忙起身无言答对，忽听得樵楼上鼓打三更。
三更里有学生身卧病床，思想起美姐姐好不悲伤。
实指望俺二人时刻不离，到如今好一似棒打鸳鸯。
我好比周幽王宠爱褒姒，她好比孟姜女去会藩王。
有学生思一会神气飘荡，又听得樵楼上鼓打四梆。
四更里有学生病甚怆伤，思想起美姐姐那等情肠。
在花园见面时你从言讲，生同床死同穴百年成双。
说的话到如今梦味不忘，因此上减饮食废去茶汤。
有学生在书房朝思暮想，想起来美姐姐暗地悲伤。
我有心走上前满怀搂抱，行走前忽在后飘飘荡荡。
叫一声美姐姐快快来罢，我与你叙一叙相思情肠。
有学生在书房指日发望，我好比风中烛玉上之霜。
一日里有美女闷坐绣房，小丫环走近前细说端详。

方才间在外面听人方讲，那学生得了病盼望姑娘。
劝姑娘今夜晚前去探病，他岂是负义人改变心肠。
有美女听此言低头不语，忽听得樵楼上鼓打二梆。
二更里有美女卸去残妆，整乌云净粉面去会才郎。
也不知他得的是何病症，倒叫奴时刻里长挂心肠。
此今去修道我情愿逃去，背爹娘瞒哥嫂去到他乡。
有美女在绣房梳洗完毕，又听得樵楼上鼓打三响。
三更里有美女吹灭银灯，叫丫环上前来细听分明。
今夜晚我不辞风寒霜冷，出香闺又恐怕犬吠鸡鸣。
小丫环你比作红娘传信，奴好比崔莺莺去会张生。
有美女比不尽前朝这古，听了听樵楼上鼓打四声。
四更里有美女两泪如麻，听学生病沉重痛坏奴家。
叫丫环你与我前面引路，前来到花园墙仔细打量。
叫丫环你将那花梯搬过，今夜晚奴与你把墙来爬。
有美女出花园正往前走，忽听得樵楼上五更鼓响。
五更里天将明鸡叫一声，有美女在路途自己呆哼。
他好比牵牛郎奴比织女，想着那天河阻不得相逢。
往前走黑暗暗不见路径，抬头看又不见皓月当空。
吓得我战惊惊浑身是汗，此一去到哪里不得回程。
有美女在路途正往前走，忽听得樵楼上又是一更。
一更里有美女来到书房，见学生骨如柴面色焦黄。
痛得奴眼含泪满怀搂抱，叫相公睁开眼细观端详。
想当初你为奴得了大病，你就该修书信到奴那方。
高堂上见二老把话来讲，又听得樵楼上二更鼓梆。
二更里有学生睁眼观清，美姐姐巧打扮十分窈窕。
又见她娥眉弯桃红粉面，十指尖如春笋不差分毫。
好一个嫦娥女从天降下，就是他能丹青难画难描。
有学生观一会心中大喜，听了听樵楼上三更鼓敲。
三更里有美女低声问过，问情郎今夜晚病体如何？
如不辞中途苦羞耻不躲，抛高堂别兄嫂来看哥哥。
但愿你病减轻身滓痊愈，奴情愿烧长香口念弥陀。
有学生出此言未曾开口，又听得樵楼上四更鼓锣。
四更里有学生病本痊愈，见姐姐施一礼又把话提。

我的病得痊愈全在乎你，若不是今夜晚命在旦夕。

你的恩比天高何日报尽，有美女说此事不许再提。

你一言我一语竟把话叙，又听得樵楼上五更鼓起。

五更里天色明星斗无光，有美女与学生同拜花堂。

叩罢头欠身起夫妻交拜，他二人手挽手入了洞房。

有美女她这才宽衣解带，有学生好一似饿虎扑羊。

入罗纬行行房心欢意爽，相思病从今后一发皆光。

（43）会情人

姐姐慌着纳底子，出门碰见那公子。

小脸热得汗涔涔，手中递出红汗巾。

擦擦你那汗淋淋，想吃西瓜玉梅籽。

想吃甜瓜黄腊皮，想喝酒还有四样菜碟子。

鹿角凤鱼海带丝，还有一碗杏仁子。

想吃饭醋蒜瓣，湿溜溜的大米饭。

吃罢饭去赶集，骑上我那葱白驴。

（44）十思想

一思二爹娘，爹娘无主张，孩儿心事放不到娘身上，咋不给我打嫁妆呢，咋不给我打嫁妆呢。

二思奴公婆，公婆没察觉，男大女大心事多，咋不来娶我哦，嫌我哩大片脚，嫌我的麻子多哦。

三思奴媒人嗯，媒人好狠心，两家结亲全靠你一人嗯，咱不来问问嗯，咋不来问问嗯。

四思奴的嫂，和奴一样高，小小婴儿又把怀中抱嗽，二人对面笑嗽，越品我越心焦嗽，越品我越心焦嗽。

五思奴的哥，比奴大不多，去年三月就把亲搬过哦，二人好快乐，二人好快乐哦。

六思奴的妹，比奴小四岁，去年三月就把那新郎配嗳，越品越掉泪多，越品我越掉泪。

七思奴的郎，南学念文章，上学下学都走奴门上呃，咋不来望呃，咋不来望呃，小妹虽然不漂亮，你呀你想想呃。

八思奴的房，好像一庙堂，清早打扫地嗳，晚上奴烧香，好像个女和尚呃。好像个女和尚呃，好像个女和尚呃。

九思奴的床，奴床真不强，掀开红绫被嗳，一股子桂花香呃，咋不见奴的郎呃，咋不见奴的郎呃。

十思奴的命，奴命真不强，不胜一头碰死见阎王呃，不胜一头碰死见阎王。

（三）女娲的传说

1. 女娲补天

很久很久以前，经过天塌地陷，世上的人死得只剩伏羲、女娲兄妹二人。等天地重新复原以后，他两个滚石成婚，繁衍了人类。那时天没有完全长严，西北角有一个洞，从洞里不时刮出冷风，天寒地冻，万物不生。再加上当时人们没有衣服，只穿树叶、披兽皮，不少人被活活冻死。

女娲为了给人们解除苦难，决心要把天西北角那个风洞补起来。用什么补呢？她踏遍千山万水，寻找补天的材料。后来，她走到一条河边，见河底有不少五色石头，就决定把这些五色石炼成石汁补天。

她把五色石从河里捞出来，垒起炼石炉，整整炼了七七四十九天，炼了不少石汁，便开始补天。她补啊补啊，一连补了七天七夜，石汁用完了，还剩一道缝没补严。这时她已累得筋疲力尽，心里一急，随手抓一块冰凌，把缝补严了。就因那道缝是用冰块补的，所以直到现在一刮西北风还特别冷呢。

天虽然补严了，可是白茫茫的天却有一块杂色显得很不好看。女娲叫伏羲想法把那块天变变颜色，使整个天色浑然一体。伏羲就堆起了一大堆柴草，点着火熏起来。这一熏不打紧，整个天都被烟气熏成了蓝色。

据说女娲炼五色石的地点，就在现在西华县城北 10 公里思都岗村北边。那里有三个土丘，便是女娲炼五色石留下来的石碴风化成的土堆。后人为了不忘女娲，在炼五色石处修了一座女娲城，现已发掘此城遗址。相传那里每年农历正月十五至二十日还有古会。

据《西华县志》记载，女娲城“春夏之交，城上朝烟，缤纷在目。诗曰：女娲炼石自何年，补足人间缺天。石屑化为城上土，常将五色幻朝烟”。

2. 女娲补天

那是远古的时候，天塌地陷以后，西北天空塌了一个很大的窟窿。这下子可不打紧，西北方常常又刮冷风，又下雪，冻死了很多人。不少人披着兽皮，求女娲和伏羲，要求想法补住这个天窟窿。子孙这么急，女娲咋不急呢？

女娲说：“好啊，我一定想方设法补天。”

后来，女娲来到一条大河边。这条河，水面宽，水又浅，浅滩里的石子五颜六色，河水黏糊糊的。女娲望着大河水，眉头一皱，计上心来。她叫伏羲喊来子孙，筑了补天台。

女娲登上补天台，用五彩石蘸了河水，日日夜夜补天。九九八十一天后，西北的天快补好了，只剩下一道缝儿，用五彩石补不进去了，女娲很着急。风又寒，雪又大，这咋办呢？

一天，天擦黑时候，女娲找来了针线，一针针一线线，缝了起来，说也奇怪，五彩石补不了，用针线倒一点点给缝住了。女娲补到天亮，当公鸡打鸣的时候，用针线也缝不住了。没法儿，她只得天天从天黑补到鸡叫的时候。月亮落了九次，升了九次，剩下的这条裂缝彻底补好了。

女娲怕天再塌了，就找来了一只小白龟，对小白龟说："小白龟，你是白龟老祖的子孙，为人献上命吧！"

女娲说罢，揪掉了小白龟的四条腿，把这四条白龟腿各立在东西南北四方。这四条腿见风嗤嗤长高，一会儿顶住了蓝天，成了顶天柱，把天的四角牢牢顶住了。

天补好了，女娲累得又黑又瘦，风一吹就打歪歪。伏羲把女娲搀下补天台，女娲身子摇了几摇，就倒下了。她躺在地上，看着补好的西北天，五颜六色，跟整个蓝天颜色很不协调。她很不满意，叫伏羲快去改变西北天空的颜色。

伏羲用树枝和青草堆成一个柴山，从山下的森林里取来了天火，点着了柴山。

一忽儿，风助火势，烧得西北天空通红。火灭了，地上卷起了漫天的狂风，把青灰撒在了西北烧红的天上。风停了，西北天空也是湛蓝湛蓝的了。

西北天空因为是用线缝补的，可能是没有补严实的缘故吧，一刮西北风就格外冷。

3．女娲补天（异文2）

有了伏羲、共工二人掌管天下，国家治理得井井有条，老百姓安居乐业，女娲夫妻二人离开了昆山宫，移居到山清水秀的陈州颐养天年。

可是好景不长，女娲娘娘离开昆山宫不久，共工就起了反心，原来共工生性残忍，总想独霸天下，自立为王，多次兴兵讨伐伏羲，滥杀无辜，使得民不聊生，怨声载道。

女娲娘娘多次下旨规劝无效，只好兴兵讨伐。娘娘带兵北上，大排战场，战斗一直持续了七天七夜，直杀得天昏地暗日月无光。共工口吐洪水，顷刻间大地一片汪洋，他的一个名叫颛顼的手下张嘴喷火，烧得满天通红，无数将士惨死在水里、葬身火海之中；娘娘一见，怒从心头起，决心除掉这个不肖的儿子。她指挥将士们越战越勇，共工节节败退，眼看大势已去，共工转身往东北方向逃窜，一直逃到天边，用头猛力撞断了擎天柱，想让天下百姓与他一起同归于尽。天空顿时塌下一角，绵绵不断的洪水从天而降，老百姓又处在水深火热之中。

眼看自己的子民又要遭殃，女娲娘娘心急如焚，火速回到昆山，采来五色石子，架起香炉，炼石补天，为了早日把天补好，解子民于危难之中，娘娘不分昼夜白天上天采石，夜里用采来的莲花花瓣做成宝灯日夜炼石不停，炉火烧了七七四十九天，补天石终于炼好了，娘娘手捧滚烫的补天石飞向东南方向，肆虐的洪水终于退却了，天空重又见光明，天上的星辰还能发出五色光芒。

可是由于长期劳累，娘娘补好天回来，却一头栽到昆山上再也没有醒过来，她的子民们含泪把她葬到昆山城中娘娘的故乡。

由于娘娘炼石时采的是五色石子，所以天上的星辰也能发出五色光芒，那盏用莲花做的灯就是现在流传的宝莲灯。

后人为了铭记娘娘补天的盖世功劳，在娘娘的故乡修建了宫殿为娘娘重塑金身，备后人祭祀。

4. 关于女娲的传说

相传远古时代，混沌初开，茫茫宇内，除了山、河、水、土、森林、杂草、荆棘、虫鱼、飞禽走兽之外，荒无人烟。

女娲娘娘是个美丽端庄、心地善良的正义之神。奉玉皇大帝旨意，命她想方设法造人，广播人种，充实下界。

用什么办法造那么多人呢？女娲娘娘苦思冥想，想了很久、很多……

用木头刻吧，需要伐木，去掉枝叶，加工成段成片的粗细不等的木材，然后再刻画、雕琢、组合，这些太费工时，也太慢了，不行。用石头刻吧，同样需要大量时日选石、雕刻、琢磨，也不行。这时女娲娘娘想到了用土加水和成泥团，用于搓、揉、捏、抹的办法。这样既省工省力又可以按照自己想象去塑造。

造人的材料确定了，可是把“人”造成什么样子的？当时又没有现成的人参照。女娲娘娘想了很多……按照狼、豺、虎、豹的样子造吧，这岂不是多余的复制吗？不行。按照猿猴的样子造还差不多，但它们全身有毛而且面部又太难看，也不合适；叫造出来的人长双翅膀吧，这样既非人非兽，又非禽类，更不行。

女娲娘娘想啊，想啊！整整想了七天七夜，终天想到按照自己的样子造人。当她按照自己的模样造出了第一个女泥人之后，问题又出来了，自己是一位女神，是雌性，尚需要有雄性，需公母相配才行。但雄性男人又是什么样子？和女人有什么区别呢？女娲娘娘颇费心思：人应该男女有别。怎么区别？女娲娘娘仔细端详着自己造的第一个女泥人的样子，有了主意：女人胸部两个乳房浑圆而柔软，没咽喉，没胡须，生殖器凹陷；那么，造男人时，我不让他两个乳房长大，叫男人咽喉突出些，生殖器让它凸出，这样，男女不就区别开了吗。

于是女娲娘娘就按照这样的想法开始造人。她找来了泥土，用水拌和成泥团，然后用手搓、揉、捏、抹成男人女人模样，造成人形后就一对一对地放在院内空地上晾晒。

为了造更多的人，女娲娘娘没日没夜地和泥、搓、揉、捏、抹……一直造了七七四十九天，这些泥人绝大部分都晾晒好了。在造人的过程中，难免有极少数部分因泥层断裂、加工粗糙需进一步修理的男女泥人，女娲娘娘就把这少部分人放在另一边阴暗角落里晾干。

天有不测风云。正朗朗晴空，突然乌云密布，眼看要下雨了，女娲娘娘赶紧把晾晒好的泥人往屋里搬。当她搬完绝大部分，还有少部分泥人未搬完的时候，豆大的雨点开始滴落，眼看搬不及了，女娲娘娘就匆忙拿起扫帚，把剩下的泥人连扫带抹，一股脑儿往屋里推去。因为是在情急之中用扫帚推扫的，这部分泥人难免有断胳膊断腿、四肢及五官不全的（残疾人），还有那些放在阴暗角落里尚需要修理的极少数泥人，没有顾得上管他们。但后来这部分人也都变成了人。

我们现在的人类，就是当年女娲娘娘抟土团泥造的。当今世界上绝大部分（包括残疾人）都是好人，只有被女娲娘娘放在阴暗角落里来不及修理的极少数人变成的人才是坏人。

人类就是这么世世代代遗传下来的。所以现在无论谁身上都保留着一些泥土。当人们洗澡的时候，总是能从身上搓掉一些泥土灰尘来的。这说明人是泥土造的。

现在人们骂人时往往说：“××欠管教、欠修理”，“××是做坏的病”。就是指女娲娘娘放在阴暗角落里来不及修理的那极少的一部分人。

5. 关于女娲的传说

相传初开天辟地的时候，宇内杂草丛生，荆棘遍地，野兽出没，甚是荒凉。心地善良的女娲娘娘决定造一对男女繁衍后代，改变这广袤空旷凄凉的世界。

多造些人不行吗？女娲娘娘不止一次地考虑过。男的造多了或女的造多了都不行，必须让男女成双成对，一夫一妻，否则男女比例失调，世间就会动乱不安。于是她就从地上取些泥土加水和成泥团，按照自己的模样先做成一个女泥人。

第一个女泥人做成之后，再做男人的时候犯难了。男人是什么样子的？当时唯一可参照的就是自己。怎么让男女区别开呢？女娲娘娘几经思索，她一边端详着自己做成的女泥人，一边想，终于想出了区别男女的办法：女的不是有两个大乳房吗，那么造男人时不让男的乳房长大；女的没有胡须，让男的有胡须；女的生殖器凹陷在体内，让男的生殖器凸出……这样不就区别开了吗。于是女娲娘娘按照自己的思路，做成了一个男人的形体，然后她对着这对男女小泥人连吹几口真气，把它们放到了下界。

说也奇怪，这对男女小泥人得了女娲娘娘的真气，见风即长，很快由小泥人变成了会说话，会思维，会干活，会做事的人了。平时他俩兄妹相称，相依为命。又过了若干年，这对男女小泥人都长成青年了。一天男的对女的说："咱俩做夫妻吧？"女的说："那哪成啊！兄妹俩是不能结婚的呀！"男的说："天底下就咱俩人，这不明摆着是上天安排叫咱俩成亲的嘛！"女的说："既然你认为是天意，这么着吧：咱俩把这两扇石磨分别从山上推下去，如果石磨滚下山，两扇石磨能够重合在一起，说明这就是天意，咱俩就结为夫妻，如果不能重合……"男的说："那好吧，就按照你说的办。"于是女的先把下扇磨推下山去，接着男的也将上扇磨推下山去。不料，这两扇子磨滚下山去之后，竟然奇迹般地重合在一起了。看来真是天意使然。于是这对男女就结成了夫妻，生育了儿女。之后儿女又生儿女……

人类就是这样子子孙孙，世世代代相传延续下来了。

现在有些地方还戏谑地称妻子为"下扇子，××的妻子是××的下扇子。"就是从《滚石成亲》这一故事中演化而来的。

现在的一夫一妻制，也是因为当年女娲造人时只造一男一女，防止比例失调。

6. **滚磨成亲**

很久很久以前，有一座山名叫昆山，山脚下有一个美丽的村庄，村里的人们过着日出而作，日落而息的生活。

村里有一个叫伏羲的人上山砍柴、玩耍，忽然他发现前面一块巨大的石头挡住了去路，伏羲感到奇怪，正要绕开，大石头却缓缓动了起来，他仔细一看，大石头竟然是一个巨大的乌龟，它一双眼睛直直地盯着伏羲，嘴巴一开一合竟说起话来："孩子，世间要经历一次劫难，这一个生命的轮回要结束了，如果你能每天给我拿点吃的，到时候我可保你性命无忧，但这是天机，你不能告诉任何人。"小孩感到很奇怪，将信将疑点点头就走了。

从那以后，小孩每天都从家里偷点吃的给乌龟带去，天长日久，这个秘密就被他的姐姐娲发现了，问清原因之后，娲出于好奇，便让弟弟从这天起多带一份，看乌龟是否能保自己平安。伏羲把姐姐的意思向乌龟说了，没想到，乌龟欣然同意了。

就这样，日复一日，伏羲一如既往地给乌龟送饭，这天伏羲像往常一样给乌龟送饭时，乌龟开口对他说：明日午时，天地将合二为一，在狂风初起时，你迅速领着姐姐到这里来，可保你们躲过此难。果然，第二天，原本晴朗的天空忽然被厚厚的黑云所覆盖，霎时，暗无天日，伏羲立刻领着姐姐就往山上跑，来到乌龟面前，只见乌龟把嘴一张，对他们说：钻到我肚子里吧，只有这样，你们才能躲过这场灾难，姐弟俩刚钻进乌龟肚子里，天地就合二为一了，一个生命的轮回就这样结束了。

不知过了多久，女娲醒来时已经在乌龟的背上，放眼望去，满目疮痍，天地间一片混沌，也没有了日月星辰，乌龟对他们姐弟俩说：世上仅存他们二人，上天的旨意要你们姐弟成婚，繁衍后代造人。可女娲说他们乃一母所生，怎能婚配，乌龟就驮他们来到山上，山上有一副石磨，乌龟说你们相背而立，一个把石磨从山的南坡放下云，一个把石磨从山的北坡放下去，若石磨能在山下合二为一，你们就应该相信这是神的旨意。姐弟俩依计而行，两副石磨果然在山下合二为一，于是他们就结为夫妻。

之后，乌龟对他们说："我也要死了，我死之后，用我的背托起天，就能重见日月星辰，用我的四条腿支撑着天的四个角，天就不会再塌下来。"说完之后，乌龟就死了，他们依照乌龟的话去做，天地重又变得明朗起来。

伏羲就是传说中的人祖，娲就是女娲娘娘，他们就是我们世世代代祭拜的人祖爷和人祖奶奶。

7. 女娲造人

相传为了繁衍生息，重建家园，女娲和弟弟伏羲成亲之后，辛勤生育，勤劳耕作，可是天地之间依然非常的寂寞，大片大片的土地仍然荒芜，毒蛇猛兽出入其间，女娲很是心酸。

一天，女娲来到河边，在水里她看见了自己的影子，忽然心生灵感，她照着自己的样子捏了个小泥人，没想到，她刚把泥人往地下一放，小泥人就活了，而且伸出胖胖的小手喊妈妈，让女娲抱她，女娲好高兴，就加快了捏泥人的速度，天地间变得热闹起来，可是仍然有许多田地没人开垦，女娲又变得闷闷不乐。

有一天，女娲捏泥人捏得累了，来到一棵柳树下，随手折下一根柳枝，放在她和好的泥里面，又轻轻的一扬，飞溅的泥点落在地上就变成了人，这下造人的速度更快了，女娲就不停地挥动手中的柳枝，越来越多的人诞生了，造人的速度虽然快了，但是捏出来的却都不一样了：有高的，有矮的，还有缺胳膊少腿的，没鼻子、没眼睛的。这就是那些残疾人的由来，所以我们黄皮肤人都是女娲娘娘的后代子孙。以后，手捧净水瓶，瓶中插有柳枝的观世音，就成了今天的送子娘娘。

孩子多了，女娲娘娘就把他们一群一群的分出去，为了相互区别，分别赐予他们姓和名字，于是就有了流传至今的百家姓。

后来，女娲娘娘让伏羲掌管农业，使得她所有的子民都五谷丰登、丰衣足食，又选派共工掌管百业，镇守北方，渐渐地，世间变得越来越繁荣昌盛。

8. **金马驹**

我们这里有一个金马驹的故事，几千年来一直在周口民间流传着。

据说：女娲为铲除三害，经常巡回在天地之间。玉皇大帝害怕女娲把身体累坏，特意赠给她御马一匹供她使用。正当她治理好三害，天下太平时，御马生下了金马驹。玉帝看到人间盛世，就让女娲骑马到天庭议事。女娲领旨，撵下小马驹，骑马腾空而去。小马驹从此被留在人间。

相传，汉代时有一南蛮人游荡着看风水来到这里，一天夜里，在女娲城西边看见一匹金光闪烁、两眼明亮、样子在低头啃麦子的马驹。那蛮人顿起歹意，心想，若想个法子能逮住它，我这辈子就发大财啦！那蛮人屈指算了一大阵就住店睡了。

第二天一大早，他就急忙来到女娲城旁的几家菜地里东瞅西寻，最后，在一家菜地里发现了一根奇特的黄瓜。那蛮人找来种菜的主人，指着那根黄瓜对他说："这根黄瓜我买下啦！要多少钱我给你多少钱。可有一个条件，我啥时刻需要我自己来摘！"菜农问："能等你到什么时候?"蛮人说："过秋分后再摘吧！"菜农说："中啊，我给你留下就是了。"说罢，那蛮人在那根黄瓜旁插一小棍作了记号，从身上取出一锭银子交给了菜农后走了。

这位菜农一直等到过秋几天，还是不见那蛮人来。眼看着别人家种上萝卜、白菜都种上出来了，可他家的黄瓜还长在那里，这一次真是等得不耐烦了，伸手将黄瓜带秧拔掉扔到了一边。

没过几天，那蛮人慌忙来到菜地，一见那黄瓜被摘掉就问菜农："我给你咋说的！你为什么那么急给拔掉呢？”菜农说：“谁让你不早来几天，现在我种萝卜就晚啦！所以我……”那蛮人后悔地说：“哎！算啦！还不到时候，嫩了点，就只好这样啦！”说罢，又拿出一些银钱递给了菜农，把黄瓜装了起来，扭头走了。

这天夜里，那蛮人藏在金马驹出没的地方，刚过子时，金马驹出现了。它像平常一样，慢悠悠地低头啃食东西。那蛮人趁金马驹不注意，拿着黄瓜对准金马驹用力投去。说时迟，那时快，金马驹听到响声撒腿就跑。金马驹后蹄一扬，那根黄瓜被打个正着，被打断一小半，金马驹瘸着腿跑掉了。因为那根黄瓜是打开金马驹的钥匙，它必须要长九九八十一天才可逮住它。幸亏那根黄瓜摘掉得早，要不然，非落到那蛮人之手不可。

那匹金马驹是个有灵性的宝物，是女娲给人类留下的一个纪念物。所以，千年来还一直不断地让人见到它。

9. 透明碑

二郎神自和女娲打赌作了小动作之后，玉皇大帝降旨，说二郎有邪念之心，除替天行道外，还要终生伴守女娲城池。二郎遵旨行事，后修炼成神。人们为了感激二郎神有错必改、真心向善的行举，在女娲城东北角给他修了座庙宇。庙宇前有块石碑，因时间的久远，竟然成了个透明体，人称“透明碑”。

据说，这块石碑的透明度特别高，几米远站一人能看得一清二楚。更奇怪的是，它还有预测天气的功能。晴天透明度增强；阴天碑体潮湿；该下雨时石碑滴水珠。

可惜，这块石碑在“大跃进”时期被打烂烧掉，真是天大的遗憾！

10. 女娲城的传说

西华县城北十八里，思都岗村，是远古女娲故墟，又是女娲建造的都城，故名女娲城。相传其来以久，如今城上朝来缤纷，烟霞袅袅。人们为缅怀人祖女娲造人补天的丰功伟绩，前来馨祝祭拜，绵延千载，源源不断。

传说，女娲修地补天以后，大地上又出现了欣欣向荣的景象，春夏秋冬四季分明，依序去而复来，春光明媚，万物峥嵘。可是中原一带恶禽猛兽仍然兴风作浪，袭击人类，严重威胁着人们的生命安全。女娲答应了子孙们的请求，斩了黑龙。恶禽猛兽杀的杀、死的死，剩下的被人们驯服，有的成了人类的朋友。人们又过上了快乐幸福的生活。她终于可以长出一口气，想恢复一下因过度劳累而疲倦的身体。

一天，女娲信步来到现在叫思都岗的地方。仰望她亲手修补的天际，彩霞满天，碧空万里，风轻云淡；观脚下那岭埠错落有致。站在此处四眺视野开阔，一览无余。北依广阔的原野，林木葱郁，草绿茵茵；南边与昆山奇峰对峙；一条弯弯曲曲的小黄河由西北向东南穿岭而过，水波荡漾。她呼吸着河边送来的阵阵清风和野花芳香，内心感到从来不曾体验到的舒坦。她决定在这里定居下来。

女娲结束了四处奔波，安下心来同伏羲一起教人们捕鱼、打猎、种庄稼；婚配、嫁娶、繁衍子孙后代；又教人们用木棍撑起搭盖棚子，代替穴居。事事都为人们劳心费神。人们的生活住所得到改善以后，她选择一处较为宽广平坦的地段，开始修造自己的住所，把它叫做“城”。此城长宽各百余丈，高八尺盈余，内城外廓，宫寝坐落其间，据考古专家发掘调查，至今仍有故城遗址和坚实的夯土层。因世人尊女娲为人类始祖，远古三皇之一，该城叫“皇城”，后又叫“女娲城”。

女娲城修建以后，周围聚居的人们也越来越多，逐渐形成了女娲统治的中心。那时候人们还没有衣服，御寒靠树叶、兽皮。每逢冬天，东北风一刮，还是冻得难受。女娲想来想去决定在城的北面造三座山挡着风寒。她就给伏羲说明自己的想法。伏羲不相信女娲能造山的能力。女娲又说：“我们能造人补天，难道就不能造山吗？不信今天夜里我就能造三座大山给你看。”伏羲不服气地说：“咱俩打赌，如果今夜你能造出三座山，以后啥事都由你做主，如果造不成啥事都由我做主”。时间于次日鸡叫天明为限，说罢离去。二人赌注已定。

当天夜里，更深人静，女娲不声不响起来，伏羲偷偷跟在她后边，女娲来到女娲城北边，用手抓起三把土，分别放在三处，用嘴各吹一口气，三堆土就“嗡嗡”的发出吃声，在日光下，雾气腾腾，慢慢往上长，伏羲看见，从心底佩服女娲的神力，但眼看着三座山平地而起，自己打赌肯定要输，心生一计，急忙求告天将二郎神杨戬帮忙，让天鸡早叫，二郎神不知何意，就指派天鸡“哏哏哏——”三声连叫，地上的鸡也跟着叫起来，霎时间“嗡嗡”声不响了，雾慢慢散了，三座山头冒出地面才几丈高就停住不长了，成了三个大土丘，女娲输了。从此以后，啥事都由男人做主了。这三个土丘后人称作“三土城”。每逢日晴气爽，斜阳西下，人们都能清楚地看见土丘冒出三股青烟。又称“娲城夕照”，为西华八景之一。民国初年，三个土丘被一个盗墓贼挖破，从此再也不冒烟了。1938 年黄水淤积，加之村民取土烧窑和平整土地，三个土丘挖平了，但现在仍能看清土丘遗址。

女娲做完了造福人类的一切工作，便乘着雷车，驾着应龙，白螭开道，腾蛇护驾，依依不舍地离开人们，归依天朝。而她的肉体留在了“皇城”，葬埋在女娲城西的岗岭上。随着数千年自然的变化，朝代更替，山有荡平，河有改道，沧海变桑田，唯女娲陵墓岿然不动。西华县有史载以来黄水大小犯境350余次，淤积泥土数丈，而女娲的陵墓始终露出地面。唐代天宝年间大雨晦晏失所，黄河决口裹加泥沙，村庄、田野淹没，女娲陵墓也夷为平地。有一日，陵墓处狂风大作，霹雷一声巨响，人们观之见女娲的陵墓从地下涌出地面，并有巨石现出，上刻“凤陵堆”字样。女娲创造天地之功烈，上际九天，下契黄垆，名声与江河同在，与日月同辉，她的皇城和陵墓也同样受到上苍佑护，下界崇仰。她的无私奉献精神也是世代人类学习的楷模和榜样。

11. **女娲造笙簧的传说**

女娲姑娘创造了众多的人类，分布在世界的四面八方，人们丰衣足食，安居乐业。每逢仲春二月，万物复苏，百鸟争鸣，人们在田野、山林、花丛、河旁打闹、戏耍、玩乐。青年男女借此可以寻找自己如意情人，结为夫妻。女娲姑娘看在眼里，喜上眉梢，她又想着给人间增添一种优美的声乐和旋律，像百鸟叫声那样好听，不是更好吗？

为了这件事女娲姑娘左思右想，费尽了心机，还是没有想出好主意。

有一天，雷神爷爷看出了女娲姑娘的心思，从天庭降下来一个小葫芦，送给她。那葫芦光光溜溜，圆圆润润的，怪好看。她在手上掂着，一走三甩地走动着，爱不释手。可一不小心葫芦碰在个石尖上，把葫芦碰了一个小窟窿。女娲姑娘摇晃着把葫芦籽倒出来，还是舍不得把它扔掉。她仍继续甩着走。空葫芦迎着清凉的轻风，从葫芦的窟窿处吹进去。葫芦发出一阵悦耳的声音。这一响声，女娲姑娘可高兴了。急忙捧起葫芦来，放在嘴上对准葫芦一吹，呼噜呼噜的响，真是好听极了。

女娲姑娘是神仙之体，灵秀聪慧。她索性把那葫芦拦腰截成两半，顺手截断几根芦苇秆，插进葫芦里，再把葫芦封好；对着葫芦洞又一吹，声音更悦耳了！这种乐器人们叫它“笙”。再后来，在吹气口上按一个长嘴，又在里面加一个薄薄的竹叶片，叫挑“簧”，合起来称为“竹簧”。它的外观形状像一只凤鸟尾巴，上有13个长短不同的竹筒重叠排列在一起，一吹发出的响声，比画眉鸟叫好听多了。女娲姑娘作为礼品送给人们，又教他们如何吹奏，人们后来也渐渐地学会了仿造。从此，人类的生活就过得更加快乐，更加舒坦了。最初是人们求爱、娱乐时吹奏，后来，竹簧又同其他器联合演奏，成为至今民间婚丧嫁娶、庆典仪式上不可缺少的演奏器乐。

12. **女娲练兵护皇城**

民国年间，军阀混战，兵匪四起，打家劫舍，扰乱百姓，西华境内，村村遭难，人人胆惊，闹得民不聊生。有人说，思都岗村有女娲娘娘保护着，少受了土匪的气，当地村民至今还传说着一个离奇的故事。

有一年，一股土匪由西北方向而来，半夜里袭击定庄村，抢财抓人。村民跑的跑，藏的藏，没来得及跑掉的孩子老人齐哭乱叫。邻村的百姓听见枪响和器喊声都吓得家家关门，足不出户。

思都岗与宁庄村坐落在贾鲁河畔，相距五里，可村里人都安然无恙，竟没有遭受民匪之灾，谁也搞不清怎么回事？后来才听说，土匪抢劫了宁庄，后半夜就向聚居上千人口的思都岗村而来。越过贾鲁河大堤，便接近村头，正准备进村，匪徒们朝思都岗一看，女娲城墙和思都岗村连接成一片，四周灯光通明，照耀天际，隐隐约约看见一队队士兵，扛着长枪在灯影里来回晃动，仔细听听，女娲城里传来练兵的号子声。这些土匪不知是怎么回事，个个惧怕，人人都吓得毛发竖直，胆战心惊，夹着尾巴溜走了。老辈人传说是女娲娘娘在操练神兵，保护她的皇城，也在冥冥中保佑着她的后代子孙们。

13．**鳌献四足**

女娲炼石补天，折鳌足支撑四极。鳌在补天立极中发挥了重要作风，这与鳌无私奉献精神分不开，也应受到世人的崇敬。

传说，天国发生内乱，北方的天帝颛顼与水神共工在不周山下排开了战场。奇特的不周山，山高谷深，到处是悬崖峭壁。它的山势高峻，直插云霄，简直像一根硕大无比的天柱一样，支撑着宇宙天地。不周山的山体不生草木，全是峥嵘的岩石。共工和颛顼的部队在震天的吼斗中厮杀，战得难解难分。这时的共工心情万分焦急，想彻底打败颛顼，可是却难以轻松地取胜。他的胸中开始充溢起怒气，抬头看一看不周山，不禁大声吼叫一下，便一头向不周山猛然撞击，这一撞，整个世界都随之震颤。轰隆隆的一声巨响，不周山被拦腰撞断，整个天体都在遮天蔽日的烟尘中无力地坍塌下来，颛顼所统治的世界终于被共工打败了。

不周山一倒，砸得火星乱迸，引起了森林大火，砸得大地洪水滔滔；人类将遭受一场空前的大劫难。女娲姑娘急坏了，要立即把天撑住啊！用什么撑天呢？女娲苦苦地思索着，心中万分焦急。忽然，海水波翻浪涌，哗哗啦啦，浮起一只巨大的鳌。它说："女娲娘娘莫发愁，我是在东海里潜心修炼，尚未功德圆满的鳌，刚刚把四只腿练得大小变化自如，力量巨大无比。见天倾西北，地陷东南。一问，才知道共工水神闯了大祸，危及百万生灵的存亡，我愿挺身而发，需要我怎么办，您就下令吧！"于是，它舞动着四条神奇的腿，腾身来到女娲面前。

女娲姑娘看着这只热心肠的巨鳌，又高兴、又心疼地说："为了把天撑起来，我需要四根巨大的柱头。"巨鳌急忙问道："柱头在哪里？我快去把它驮来！"

女娲走近巨鳌，轻轻抚摸着它那四只神奇足，难过地说："这撑天柱，就是……"她不忍说下去啦。

巨鳌一看，明白了。它心里一阵抽搐，痛楚万分。但是，舍己救民，不正是自己潜心修炼的愿望吗？现在，这样的献身时刻终于到来了，只是它把头一挺，四足一伸，说："善良的女娲大神，我知道天要塌了，地要陷了，你想拯救人类，没有撑天柱，我这四只腿又粗又长，坚韧无比，可以作撑天柱子，那就快拿去吧！"

女娲含着眼泪说："那你不成了伤残？你就要受苦了。"

巨鳌闪动着圆滚滚的大眼，急促地说："不要紧，这也算我为大地上的生灵作个贡献吧！"巨鳌看女娲还不忍心动手，又诚恳地说："那我就自己用嘴把腿咬下来，献给您好吧！"

女娲听着巨鳌肺腑之言非常感动。确实，时间紧迫，如今是分秒千金，她不再多想，不再犹豫，立即挥起五色玉石宝剑，"嚓嚓嚓嚓"，砍下四只鳌足，竖立在东南西北，只见那四只鳌足落地生根，嗖嗖嗖嗖，顺风猛长，把整个天宇撑得牢牢靠靠的。

天撑住了，人类得救了。这只巨鳌却疼得如万箭穿心，一下子晕过去了。女娲姑娘急忙轻拂柳枝，在它的伤处洒下甘露，把自己的衣裳撕下四幅，贴在鳌原来长足的地方。鳌失去了四足，身子在水里浮不起来，渐渐下沉。从此，鳌就只有鳍没有了足，被称为鳌鱼了。

因为鳌的四条足长短不一样，两只长，两只短，立在西北的是两条短足，所以，天有点向西北倾斜，太阳、月亮、星星也都不自觉地向西北慢慢滑去。

14. 女娲芪

传说在很早很时以前，天塌了，地陷了，世上只剩下女娲和弟弟伏羲二人。女娲对她弟弟说："咱们做人吧。"

姐弟俩就挖泥巴，在一棵大树下捏起泥人来，谁知道，捏的泥人经风一吹，嘿，都活了起来！一眨眼满地乱跑。

女娲嫌捏的太慢，上树折了个树杈子，抡起来对着泥巴块打起来，也真快，一会儿，就打出来一群泥人。打呀打呀，打了几天天夜，打了一群又一群。

女娲打累了，躺在地上睡一会儿，醒来一看，弟弟不知道上哪儿去了，成群的泥孩子不知道咋弄了一大片，咦，她很伤心，哭的像泪人似的。女娲哭够了，哭的泪淌了一地，地上就有了河，捏剩下的泥巴成了山。

孩子越死越少，女娲找不到弟弟，也没劲捏了，还是很伤心。咋办呢？她薅了一棵青草嚼起来，越嚼越有味儿，一会上脸上热乎乎的，浑身净是劲儿了！

女娲叫孩子们也吃，一吃，再也不见有死的了。孩子们越长越大，这种草传下去，叫做“芪”①，女娲死了，后辈儿的人叫这草药“女娲芪”。

15. 女娲舍宝救穷人

女娲城脚下，有个小村庄叫李寨，村里有几十户人家，靠种地为业。相传，明朝年间，天旱少雨，禾苗枯死，庄稼几乎绝收，对本来就不富裕的李寨人，更是雪上加霜。二月开春，村里人开始闹饥荒，多数人家背井离乡去讨饭。村里有一老汉，姓李名朴，年过六旬，难忍断炊之苦，只得翻箱倒柜找点值钱的东西，到陈州府（今淮阳县）去典当。

第二天，李老汉就早早起床上路，天上没有月亮，只有颗颗星星在云层里眨着眼，急明忽暗。他沿着女娲城墙前小道往前走着。突然，一道亮光划破夜幕，映入他的眼帘，顿时心里咚咚乱跳，吓得出了一身冷汗，他停下脚步，揉揉眼，四处看看，没见人影，心里想着是不是撞上了传说中的路神挡道，更觉可怕……老汉壮壮胆，猫着腰，慢慢移动脚步朝发光的地方走去，亮光慢慢消失，近前用手捡起一个沉甸甸的小东西，夜里使他看不见何物，感觉像个小石头，老汉虚惊一场，把它装在口袋里继续朝陈州方向奔去。

老汉心急腿快，几十里路中午时分便来到了陈州当铺门前。李老汉取出当物，老板施舍般地给点零钱赶紧打发他出门，脚迈当铺门，老汉猛想起口袋里沉甸甸的小石头，想让老板看看，忙转身回到柜台前双手递给老板。老板接在手里一看大吃一惊，一个穷庄稼汉哪来这等宝贝，遂问老汉何方人氏，祖辈依何为业，老汉一一作答。老板对持宝人的身份还是怀疑，经再三盘问老汉把捡到他自已认为小石头的经过讲述一番，才打消了疑虑，可李老汉丈二和尚摸不着头脑，被蒙在鼓里。

当铺老板慧眼识珠，看出了这所谓的小石头原来是女娲城里旗杆顶上的玉岛，已丢失多年，官府里都派员追查，没有下落，如今又出自老汉之手，可是天意。老板也都知道如今穷人求食若渴，荒春难度饥民，含糊地说一下

① 芪：即中药黄，当地人叫女娲芪。

玉岛的事，说是国宝要交官府珍藏，老百姓哪里听懂这些道理，心想自己也不是贼盗之人，是官家的就给官家算了，扭头就想溜走，刚一迈步，被老板叫住，老板手抚着一百两白银说："这些你先拿着，等我把宝贝交到官府得赏银后再给你些，我不会让你吃亏的。"老汉听着老板的话语，盯着银子，一动不动，心里想："我从生下来到现在60多也没有见过这些银子呀!"他不敢去接，还一个劲地说一个破石头俺不当了。在老板的再三劝说下，他接过银子心神不安地离开了当铺。

天黑了，老汉才赶回到家，也不向家人提起当铺和石头之事。背着家人做贼一样找放银子的地方。"发了横财"担惊受怕，半夜翻来覆去睡不着。一眨眼就做噩梦，梦醒一身冷汗。神台的人祖爷怕老汉吓出毛病来就给女娲说："看见了吧，穷人、穷命，心厚道，不义之财心发焦"。女娲笑笑一言不发，女娲就点化土地庙里土地爷给李老汉托梦，说明舍宝济世、普度众生的主意，老汉心平静下来，一觉睡到天亮。他向人们讲述着自己得宝当宝的故事，把银两全部分散给村民，全村人平安地渡过了荒春。

俗话说："人穷庙破，昌世庙兴"，李寨人和女娲城周围的人们一样慢慢过上了好日子，为感谢女娲舍宝济穷的恩德，纷纷自愿捐款捐物，在三月十五日女娲生日那天修葺女娲阁楼，再塑女娲金身。竣工之日，四方百姓敲锣打鼓，喜气洋洋前来祝贺，热闹非凡，神台上女娲塑像面带微笑，慈祥威严正接受着人们的祭拜，不知是谁惊讶地叫喊一声——旗杆！众人同向旗杆望去，玉岛又落在高耸的旗杆顶上。

三、神农信仰

（一）崇祀神农的民俗

崇祀神农的民俗在周口一带流传很久了。他和伏羲、女娲的崇祀几乎是一致的。在农耕社会里，人们对神农的崇祀更虔诚、更用心。古之祀典，强调"生于心"。《礼记·祭法》云："夫祭者，非物自外至也，自中出生于心也。心怵而奉之以礼，是故贤者能尽祭之义。"祭祀次数要求不烦不怠："祭不欲数，数则烦，烦则不敬。祭不欲疏，疏则怠，怠则忘。"（《礼记·祭义》）

上古时期，对炎帝的祭祀，始于黄帝。《路史·后记》云，黄帝"崇炎帝之祀于陈"。《轩辕黄帝传》亦云：黄旁"作下畤，祭炎帝"。这是祭祀炎帝最早的记载。之后历代的祭祀，踵事增华，崇祀有加。《通典》载：虞舜祀五帝于五府。周代立夏、季秋、岁终、春始等重要时节，都要隆重祭祀五帝，或特祭神农。秦尊“四畤”上帝，炎帝配赤帝。汉初，祠“五畤”，“南方帝炎帝”；“祀九天”，炎帝代表“南方炎天”。晋袭旧制，郊祀五帝。“后周宪章多依周制，正月上辛祀昊天上帝于圆丘，以其先炎帝神农氏配五帝，天文并从祀”。唐初，定令每岁冬至祀圆丘，以赤帝配五方上帝。唐天宝六年(747 年)，“三皇置一庙，五帝置一庙，有司以时祭飨”。唐宋以后，炎帝神农之祀范围更广、影响更大。但是，这些祭祀，大多是在京师进行的。

有关炎帝的祀典，宋始有定例。《宋史·礼制》载：“乾德初诏：历代帝王，国有常享，著于甲令，可举而行。……按祠令，先代帝王，每三年一享，以仲春之月，牲用太牢，祀官以本州长官，有故则上佐行事。”又定“太昊、炎帝以下……岁春秋祀以太牢”。明初定议，“每三年出祝文、香帛，传制遣太常寺乐舞生斋往，命有司致祭。又命所在官以春秋仲上旬择日致祭。又定每三年遣祭庙之岁，则停钦天山庙祭”。规定“遣使诣各陵致祭，陵置一碑，刊祭期及牲帛之数，俾所在有司守之”。清代祀典，遣官诣陵致祭的礼仪十分冗杂。乾隆年间定例，炎帝陵大祭“该银二十一两”，春秋二季原额银二十两(《炎陵志》)。

现在对神农的祭奠，周口一带一般在神农台上的神农庙前举行。陈设为谷、豆类、干、鲜果、中草药等用于祭典。

(二) 神农风俗庙会

炎帝神农氏制耒耜，奠定了农工基础，尝百草，开医药之先河，其农业之祖与医药之祖的地位，千古不易。民间神农的风俗庙会主要表现在：蜡祭、藉田、享先农、祀先医等方面。

蜡祭是最原始的祭祀之一，始自神农氏，作为一项重大的礼仪，沿于三代以下。历代虽有斟酌损益，但大体不改，后来的蜡祭之仪，除了保持原始蜡祭祀的本义之外，还有了丰收之庆的含义。《礼祀·礼运》写道，孔子在参加蜡祭礼仪之后，“喟然而叹”。他对旁边的言偃说：“大道之行，与三代之英，丘未之逮也，而有志焉。大道之行也，天下为公，选贤与能，讲信修睦。”“大道之行”指神农时代，孔子说他没有赶上，但看到过志书，因而在观蜡祭之后，表示出对“天下为公”的神农时代十分景仰，可见蜡祭的影响是何等深刻。

“藉田”与蜡祭一样，古已有之。历代帝王对藉田十分重视，到明清时期仍行耕藉礼。明太祖，清康熙、乾隆帝，都亲耕藉田。雍正时，还将藉田之礼推到州、县，此礼一直沿袭至清末。藉田礼仪包括行耕藉礼（享神农炎帝）和天子亲耕。周口一带打春节日就是对神农的祭祀。

“祭先医”也是对炎帝神农氏的特祀。我国传统医药学认为“医食同源”。炎帝神农氏在开拓耕播农业的同时，发现了医药。《帝王世纪》载，炎帝神农氏“尝味百草，宣医疗疾，救夭伤人命”。《史记·补三皇本纪》亦有：“以赭鞭鞭草木，始尝百草，始有医药”之载，故尊炎帝神农氏为“先医”。炎帝神农氏对于医药的贡献，始见于《世本》，继有汉代的《新语》、《淮南子》等著作。成书于东汉末年的我国第一部药物学专著，总结了炎帝神农口口相传的药学知识，并名为《神农本草经》，将发现医药的功劳归于炎帝神农氏。

祀“先医”之礼，始自元代。清代亦于太医院内设三皇殿，祭祀先医。“先医，初沿明旧，致祭太医院景惠殿，岁仲春上甲，遣官行礼。祀三皇，中伏羲，左神农，右黄帝”，“礼部尚书承祭，两庑分献，以太医院官，礼用三跪、九拜、三献”。中药行业把神农氏当做自己的祖师爷进行供奉祭典。

（三）神农的传说

1．神农种五谷

据传说，古时候没有五谷杂粮，人全靠打猎捕鱼充饥。后来世上的人越来越多了，吃的成了大难题，人们经常饿肚子，天天为吃的发愁。

那时候有个名叫神农的人，他长得又高又大，箭法很好。一天，他站在一个高岗上，抬头看天，想打个鸟充充饥。忽然，天空闪一道金光，有个浑身通红的鸟飞了过来。神农正要拉弓射箭，只见那只鸟嘴里衔一样东西。那鸟在神农头顶上空踅了一圈儿，大叫一声丢下嘴里衔的东西，向高空飞去。神农把那只鸟丢下的东西拾起来一看，是一根草穗，上面结有五样籽儿，有大有小，有长有圆，有红有黄。神农把这五样籽儿都摘下来，分别种到五个地方。

过了一些时间，那些籽儿都发芽了，长叶了，结籽儿了。神农一样一样放嘴里尝尝，蛮好吃。这五样籽儿就是现在的麦子、稻子、谷子、豆子、高粱，总起来称五谷。

神农把五谷分给大家，叫人们分头去种。从那儿以后，人们算是不愁吃的啦。后辈人为了不忘神农的功德，把神农原先种五谷那个土岗叫神农台，也叫五谷台，还在那儿修了庙，年年都有很多人去朝拜烧香，现在神农庙没有了，不过那个地方还在，就在淮阳城东北角，离城有十来里。

2. 神农鞭药

传说，神农是伏羲的第三代孙儿。人称他“药王爷”。

那时候，人祖爷和人祖奶奶先后死了。他们的子孙很多，哪儿住的都有。神农生就聪明、伶俐，人都尊重他，让他当家。那时，地上没有五谷，人饿了，吃点野草、树叶、树皮；渴了喝点泉水。天长日久，有的人生了病，因没药吃，死了不少。神农心里很不安。

一天，神农到盘古山山顶上，见长满了花草，就蹲在树荫下歇着。没多大一会儿，一只白羊向他跑过来。他拿起树枝子就去撵。羊前头跑，神农随后撵，不知翻了多少山，末了神农追到不周山的山顶上，逮住了那只羊。

神农牵着羊正要往回走，忽然听到：“那是谁呀！咋大天白日里来偷俺的羊呢?”他转身一看，见一位骑花鹿的姑娘，一手拿着鞭，另一只手拿个宝瓶，向他走来。神农连忙放了羊，羞愧地对那姑娘说：“我叫神农，不是这儿的人，您的羊跑俺那儿去了，我是来给您送羊的呀!”

那姑娘一听，咯咯一笑说：“我知道你是神农，伏羲家第三代孙儿，世上的当家人，逮俺的羊杀吃是不是?”那姑娘的一番话，说得神农更羞愧了。他红着脸问：“姑娘，您咋知道俺心里的话呢？你是谁呀?”那姑娘说：“神农呀！你不知道这是啥地言吧？我是观音!”神农一听，赶紧上前赔礼说：“仙姑，请您别气，俺多有冒犯!”

观音是天上的一位正神，她心底慈善，人们都尊敬她，称她观音菩萨。她还管百草、百树、百花、五谷。观间问神农：“神农呀！世上有啥困难吗?”神农说：“哎！世上的人真是太苦了，没吃的、穿的；有了病没人会治。您能不能给俺想个法子，救救人呢?”观音听罢，对神农说：“我看世上数你最聪明，我教你给人治病。那草药么，你放心吧，我有办法。”

她说罢，随即把那个玉宝瓶递到神农手里，又把手里的鞭子交给了他。她对神农说：“你把瓶里的水喝了，就会看百样病。地上没有药，你只管用这把鞭在山上、水里、地上，打一鞭就会长出所需用的药来。”

神农在回家的路上，就按照观音的嘱咐去做了。他每打一鞭，真能长出一样草药，又能知道它们的用途。这样一来，世上的人再也不愁有了病没药吃了。

3. 神农尝百草

上古时候，五谷和杂草长在一起，药物和百花开在一起，哪些粮食可以吃，哪些草药可以治病，谁也分不清。黎民百姓靠打猎过日子，天上的飞禽越打越少，地下的走兽越打越稀，人们就只好饿肚子。

老百姓的疾苦，神农氏瞧在眼里，疼在心头。传说神农一生下来就是个“水晶肚”，几乎是全透明的，五脏六腑全都能看得见，还能看得见吃进去的东西。那时候，人们经常因乱吃东西而生病，甚至丧命。神农为此决心尝遍百草，能食用的放在身体左边的袋子里，介绍给别人吃，用作药用；不能够食用的就放在身体的右边袋子里，提醒人们注意不可以食用。

他带着一批臣民，从家乡出发，向西北大山走去。他们走哇，走哇，腿走肿了，脚起茧了，还是不停地走，整整走了七七四十九天，来到一个地方。只见高山一峰接一峰，峡谷一条连一条，山上长满奇花异草，大老远就闻到了香气。神农他们正往前走，突然从峡谷窜出来一群狼虫虎豹，把他们团团围住。神农马上让臣民们挥舞神鞭，向野兽们打去。打走一批，又拥上来一批，一直打了七天七夜，才把野兽都赶跑了。那些虎豹蟒蛇身上被神鞭抽出一条条一块块伤痕，后来变成了皮上的斑纹。

这时，臣民们说这里太险恶，劝神农回去。神农摇摇头说：“不能回！黎民百姓饿了没吃的，病了没医的，我们怎么能回去呢！”他说着领头进了峡谷，来到一座茫茫大山脚下。

这山半截插在云彩里，四面是刀切崖，崖上挂着瀑布，长着青苔，溜光水滑，看来没有登天的梯子是上不去的。臣民们又劝他算了吧，还是趁早回去。神农摇摇头：“不能回！黎民百姓饿了没吃的，病了没医的，我们怎么能回去呢！”他站在一个小石山上，对着高山，上望望，下看看，左瞅瞅，右瞄瞄，打主意，想办法。后来，人们就把他站的这座小山峰叫“望农亭”。然后，他看见几只金丝猴，顺着高悬的古藤和横倒在崖腰的朽木爬过来。神农灵机一动，有了！他当下把臣民们喊来，叫他们砍木杆，割藤条，靠着山崖搭成架子，一天搭上一层，从春天搭到夏天，从秋天搭到冬天，不管刮风下雨，还是飞雪结冰，从来不停工。整整搭了一年，搭了三百六十层，才搭到山顶。传说，后来人们盖楼房用的脚手架，就是学习神农的办法。

神农带着臣民，攀登木架，上了山顶了，嘿呀！山上真是花草的世界，红的、绿的、白的、黄的，各色各样，密密丛丛。神农喜欢极了，他叫臣民们防着狼虫虎豹，他亲自采摘花草，放到嘴里尝。为了在这里尝百草，为老百姓找吃的，找医药，神农就叫臣民在山上栽了几排冷杉，当做城墙防野兽，在墙内盖茅屋居住。后来，人们就把神农住的地方叫“木城”。

白天，他领着臣民到山上尝百草，晚上，他叫臣民生起篝火，他就着火光把它详细记载下来：哪些草是苦的，哪些热，哪些凉，哪些能充饥，哪些能医病，都写得清清楚楚。

有一次，他把一棵草放到嘴里一尝，霎时天旋地转，一头栽倒。臣民们慌忙扶他坐起，他明白自己中了毒，可是已经不会说话了，只好用最后一点力气，指着面前一棵红亮亮的灵芝草，又指指自己的嘴巴。臣民们慌忙把那红灵芝放到嘴里嚼嚼，喂到他嘴里。神农吃了灵芝草，毒气解了，头不昏了，会说话了。从此，人们都说灵芝草能起死回生。臣民们担心他这样尝草太危险了，都劝他还是下山回去。他又摇摇头说："不能回！黎民百姓饿了没吃的，病了没医的，我们怎么能回去呢!"说罢，他又接着尝百草。

他尝完一山花草，又到另一山去尝，还是用木杆搭架的办法，攀登上去。一直尝了七七四十九天，踏遍了这里的山山岭岭。他尝出了麦、稻、谷子、高粱能充饥，就叫臣民把种子带回去，让黎民百姓种植，这就是后来的五谷。他尝出了三百六十五种草药，写成《神农本草经》，叫臣民带回去，为天下百姓治病。

神农尝完百草，为黎民百姓找到了充饥的五谷，医病的草药，来到回生寨，准备下山回去。他放眼一望，遍山搭的木架不见了。原来，那些搭架的木杆，落地生根，淋雨吐芽，年深月久，竟然长成了一片茫茫林海。神农正在为难，突然天空飞来一群白鹤，把他和护身的几位臣民，接上天庭去了。

四、老子信仰

（一）道教的起源与发展

道教是我国土生土长的一种传统宗教，源于东汉巫术。道教信奉老子为祖，以老子《道德经》、《正一经》、《太平洞极经》为经典，主张清静无为，与世无争，慈悲为怀，他们称道徒为"道士"。

周口鹿邑县是道教始祖老子的故乡，道教文化的发祥地。汉初崇老，汉末崇道，皆把鹿邑视为圣地。宋、金、元三代，道教在鹿邑的活动不亚于唐，后宫住持道姑妙善，前宫住持道人张真人，常入大都，出入宫廷，多次受封赏。宫中道人近百人，宫观立"令旨碑"，受官府护持。明代道教活动有逊于前。清朝虽抑道扬佛，而境内道徒甚众，县于真武庙立"道会司"，在城隍庙主阐道务，以监督道徒。

道教有一套比较完备且足可以观瞻的仪式。除日常早晚功课外，还有规模不等的功德法事，统称为"斋醮"。斋就是齐，行仪之前，齐整身心；醮就是设坛启建祈禳法事。道教斋醮，名目繁多，功用各异，主要的可分为三大类，即金箓斋、玉箓斋和黄箓斋。其中，黄箓斋专用于超度亡灵，金箓斋除此之外还用于延寿长生，而玉箓斋多用于消灾祈福。道教斋醮，自始至终，道士们唱、念、做、打，从中寄寓他们的信念，表达他们的祈愿，场面热闹，又不失尊严。

道教经籍，卷帙浩繁，包罗颇丰，传承至今的《道藏》，所收道经共计5485卷，在中国文化史上具有非常重要的影响。道教为求得道成仙、长生不老，十分重视修炼方术。

（二）道教的生活禁忌

道教主张清静无为，与世无争，慈悲为怀。道教称道徒为“道士”，是道教神职教徒的称谓。道士是有别于俗人、超脱于凡常的有“道”之人，所以，道士的衣、食、住、行、喜、怒、哀、乐等，在日常生活中，就自然而然地具有神圣氛围和道教气氛，无论是穿衣、吃饭，还是语言行为、老病丧葬，都不能随心所欲，要按照道教道规的要求和仪轨禁忌处世行事。

服饰禁忌。道士的衣着服饰禁忌很多，主要有：忌讳随意秽亵法服，就是不管平时穿着还是行仪法服，都必须清洁、严肃而整齐，特别忌讳法服不洁、行仪懒散而随便，忌讳穿杂色衣服，更不能穿华丽服装；忌讳穿宽大、重厚的衣服，忌讳佩戴金银首饰等装饰品，忌讳不穿法服妄动宝经，更忌讳单衣诵经，忌讳借法服给别人，违反了这些禁忌被认为是对道的大不敬。

饮食禁忌。道教对饮食有许多讲究和禁忌。道教认为恪守饮食禁忌可以强身健体，修习道教功修者可以延年益寿乃至长生不老。因此，道教的饮食禁忌内容相当繁杂，其中特别强调对于饮酒、食肉及五辛之菜的禁绝。

此外，道教在语言上主张道士平时闭口少言，忌讳口无遮拦；出言要慎重，忌讳花言巧语、泄露道法秘诀；在行为上，身为道士，一举一动，时时处处，都应当体现出高于世人、超出世人的道德境界和修养水准。无论是修道还是日常生活，要事事不争，不能嫉妒、诽谤他人，不能有贪欲，不能杀生，不能淫荡，不能做阴贼凶恶之事，不得秽慢不净、蓬头垢面，不能随意赏玩流行的世俗歌舞、音乐等。在丧葬方面，提倡对死者，特别是自己的亲人要“慎终追远”，同时，忌讳厚葬；服丧期间，服饰方面有一定之规，还必须禁绝一切娱乐活动等。此外，道教对普通信众在修道生活中，也有一般大众化的许多禁忌，神职道士在修持禁忌、摄养禁忌、房事禁忌等方面的遵循和要求，普通信众也不能触犯，如果触犯了，就是冒犯神灵，败坏圣真，秽辱道法，伤身害命，而且最直接的惩罚是今生不能寿康福安。同时，在日常行为上，也要力忌喜怒无常、大喜大悲、生活无度等伤身害命的举止和言行。

在日常生活中，与道士、道门、道观等交往时，必须了解道教的有关禁忌。特别是在鹿邑太清宫一带，更应该遵守道教的一些生活或者行为忌讳。在参观道观或者与道士交往中的禁忌主要有：

一是和道士打“招呼”的礼仪。同道士打招呼，不能用佛教的“合十”礼仪，而要用“拱手”礼仪，即两手抱拳行礼。

二是烧香的礼仪。各地道观习俗略有不同，有的地区可以在神坛前燃烛烧香和焚化纸制“元宝”，有的地区则只允许烧香祀神，而没有燃烛等其他习俗。绝大多数宫观都不允许在观内燃放烟花爆竹的。

三是叩首礼仪。重大的道教醮仪，主祭道士都用中国传统的三跪九叩仪。

道观是道士生活、修道和举行各种道教活动的重要场所，无论道内道外，都要保持道观的清净、整洁和庄严，切忌有任何不合禁戒的言行。如进入道观，应当衣冠整齐，注重形仪，不可光身赤脚，也不可高声喧哗。

（三）老子生日祭典

鹿邑是老子的诞生地，老子生日祭典起源于汉。2000 多年中，老子生日祭祀形成了皇家祭祀（公祭）、道教祭、宗族祭、民间祭祀等各种活动方式。

老子生日祭奠

皇家祭祀，始于延熹八年，据《后汉书·桓帝本》记载，汉桓帝派大臣到老子出生地鹿邑朝拜老子并建老子祠，形成了以祭祀老子为中心的庙会活动，其活动到唐朝达到鼎盛时期。宋代，真宗赵恒亲率群臣来鹿邑朝谒老子，亲颁七道诏令，追封老子“太上老君”称号，并亲自撰文、亲自书写、亲自篆额，为老子的母亲立“三御碑”。金、元、明、清历代皇朝都有帝王亲谒或派大臣朝谒。清以后虽未再有皇家祭祀，但地方官员主持的各种祭祀活动从未间断。

道教祭，汉桓帝尊老子李耳为道家鼻祖，东汉延熹八年（165 年）在鹿邑建“老子祠”进行祭拜。宋朝皇帝好道，北宋徽宗称道君皇帝，册封老子为“太上老君混元上德皇帝”，老子诞辰纪念日，道教协会及世界各地道教人士在“老子庙”（太清宫）设道场进行祭祀活动。

宗族祭，老子是正史记载的李氏第一人，也是文物遗存中所知的李姓第一人。鹿邑县是李姓发源地。唐朝帝王对老子尊崇有加，唐高祖李渊自称是老子后裔，尊老子为圣祖，追封老子为李姓先祖，亲赴鹿邑祭拜。此后李氏祭祀不绝。

民间祭祀，在民间传说中，鹿邑是大山连绵，为了把大山赶走，老子用七七四十九天，把石炼成铁，又用七七四十九天把铁打成铁鞭。他举起铁鞭向大山连抽三下，使鹿邑变成了平原。老子得道升天，当地百姓称老子为“老君爷”，每年老子生日期间，也就是农历二、三月间，男女老幼均到太清宫、明道宫亲为叩拜“老君爷”。同时，伴以多样的民间艺术活动参与其中，千年习俗，延续至今。祭拜活动，对于传承老子思想，老子故事，推动海峡两岸和海外华人文化认同具有巨大的影响和作用。2007 年老子生日祭典被列入省非物质文化保护项目。

（四）老子与紫气东来

紫气东来现在大多形容吉祥如意的征兆。其实，紫气东来的典故还与老子李耳有很大关系。

传说战国时期，驻守函谷关的关令尹喜精通天象。一天早上，他站在函谷关上往东一看，只见东边的天空紫气升腾，祥云缭绕。一轮红日喷薄而出，万道霞光辉映山川。这紫气逐渐弥漫了原野，弥漫了城楼，尹喜惊喜地呼叫：“紫气东来，必有贵人到来。”他急忙吩咐部下，清扫庭院，迎接贵人。果不出尹喜所料，不久，只见关的东边路上，一老者身穿黄袍，白发银须，飘飘如仙，骑着青牛，慢慢地朝关门走来。这老者就是当时知识最渊博的大学问家老子。尹喜非常激动，赶忙下关楼前去迎接，行跪拜礼，情不自禁地说："先生驾临，函谷关蓬荜生辉，晚辈三生有幸啊！"

这样老子就在函谷关住了下来，尹喜对他安排照顾得非常周到，天天不离老子身边，敬慕之情，难以言表。几天过后，老子提出要出关西隐，尹喜总是不放。老子说："我要到秦国去讲学，老住在这里不行啊。"尹喜说："你这一出关，晚辈怕再也见不到您老了。您不要走了，这函谷关就是您隐居的好地方，你可以在这里著书立说，把你的主张和想法留给后人。"

老子听尹喜要他留下来写书，不免心中一震，想起原在家乡苦县用一生的心血写成的书已被周王室用火焚烧，使自己心灰意冷，这才想到归隐。自己的一些主张虽然不能被周王朝采纳，留给后人或许会有些益处。又看到尹喜一片真情，于是就答应了。老子坐在桌案旁边，面对桌上的木简，望着窗外的竹林，思接千年，视通万里。他提起笔，将想好的开头几句话写在木简之上："道可道，非常道。名可名，非常名……"

就这样，老子废寝忘食，不停地写着。终于写成了81章的奇文。老子以极为精练简约的语言，把他对宇宙规律的探讨和认识，把人的行为准则，把治国的主张，进行了精辟的概括！就这样，一部上至高天，下至大地，中至人律的宇宙奇书，在老子的笔下诞生了。《道德经》通篇以"阴阳相冲"、"道法自然"为主调，围绕"道"和"德"，开众妙之门，精辟地讲述天地万物的源头，古往今来的嬗变，治乱兴亡的大策，盛衰祸福的演化。重点阐述了天道"道法自然"，人道"抱朴守中"，治道"清静无为"，从而达到"无不为"、"无不治"的理想境界，构筑了严整的思想体系。

后来人们把老子逐渐神话，人们把老子过函谷关时出现的奇怪现象认为是吉祥的象征。紫气东来是祥瑞的象征就是从此而来。

（五）道家先祖的传说

1. 老子出世

周口市鹿邑县春秋时期叫苦县。苦县城东10里有个村庄，叫曲仁里。村前有条小河叫赖乡沟。沟水清凌凌，两岸有很多李子树。沟边有一户人家，这家有个闺女，年长18岁，模样俊俏，知书识礼，爹娘把她看成掌上明珠，这闺女有个犟脾气，她决定终身不嫁，一生守在二老身旁，安心攻读诗书，侍奉爹娘。

一天，这闺女到赖乡沟洗衣裳，在石头上搓了一阵，举起棒槌正要往下捶，忽然看见两个肚子长在一起的李子从水面上漂了过来。她放下棒槌伸手把李子捞出来。只见两个李子都是一面鼓肚儿，一面扁平，像两个切开的半拉李子对到一块，又像两个耳朵合在一起。这李子青里透黄、黄里透红，咬一口尝尝，又甜又酸。这闺女还没顾得仔细品味，几口就吃完了。

刚吃完李子，她就感觉心翻难受起来，老想呕吐，又吐不出来。她刚想站起来回家，忽听肚里有人说起话来："母亲大人，莫要难过，等孩儿坐正了也就好了。"她红着脸，小声对着肚子问："你是谁？咋钻到我肚里啦？"肚里说："你刚才吃下李子，怀了我，我是你的孩子呀。""你既然是我的孩子，也会说话啦，快出来吧。""不行，我要在娘肚里用心思考问题，考虑如何能使笨人变聪明，恶人变善良。""你啥时候才出来呢？""要等到天长严，牵骆驼的人来了，我才能出去。"转眼过了10个月，孩子还没有降生，这闺女害怕了。她偷偷跑到一个僻静地方，小声问肚子里的孩子："儿啦，人怀了孕有七个月、八个月生的，也有九个月、十个月生的，你都十个月了，咋还不出生呢？"肚里问："天长严没有？牵骆驼的来没有？""天没长严，牵骆驼的没来。""时间不到，我不能出生。"

就这样，母子俩经常隔着肚皮说话，可孩子一直不肯出生。整整过了九九八十一个年头，这闺女变成了白发苍苍的老姑娘，她觉得自己没有几年阳寿了，实在等不下去了。这天她走进自己的屋子，坐在床上，问肚里的儿子说："儿啦，我的冤家呀，整整81年了，你还不该降生吗？"儿子又问："天长严没有？牵骆驼的人来没有？""你咋老问这两句话呢？到底啥意思？""娘啊娘，天机不可泄露，反正是天不长严，牵骆驼的不来，我不能出去。"又过了几天，老闺女想：反正天就剩了东北角一点没长严，今天我干脆给孩子说天长严了，牵骆驼的来啦，把孩子哄出来算啦。主意拿定，她坐在床上，对着肚子说："孩子，快出来吧，天长严啦，牵骆驼的也来啦。"话刚落音，肚里的孩子就顶断母亲的右肋，拱了出来。咦，原来是个小孩模样的白胡子老头，连头发眉毛都是白的。

母亲右肋流血不止，儿子见牵骆驼的没来，知道是母亲骗了他。一时慌了手脚，不知如何是好，哭着说："母亲大人，牵骆驼的没来，我无法撕下骆驼皮来补在您身上，这该咋办呢？"说着，双膝跪地，给母亲磕了三个响头。母亲说："儿啦，别哭了，我不埋怨你。你是为娘吃李子怀孕生下来的，李子又像两个耳朵，娘给你指姓起名，就叫李耳吧，临死之前我没别的话讲，常言说人过留名，雁过留声，娘进入九泉之后，你在尘世上做个好人，也就不枉我怀你80余载了。"说罢，气绝身亡。李耳跪在母亲尸首旁边，好生痛哭一场。因为李耳出生时是老头模样，后来人们就把李耳称为老子。

2. **老聃献策**

那是一个大旱之年，一天，老聃先生（老子）讲完了学，从苦县县城骑着青牛往家走，来到隐阳山脚下，又困又乏，见茅草屋旁一棵大柳树底下有个草棚，棚下有块青石板，他跳下牛背，把牛往暴出的柳树根上一拴，从牛角上摘下书本，往石板上一躺，睡起觉来。

不大一会，他迷迷糊糊睡着了，他感觉着既像做梦，又不像做梦，身子一轻，飘飘悠悠飞了起来。飞呀飞，飞了一阵，勾头往底下一看，只见一条条的大路上，推车的，挑担的，补锅的，卖蒜的，人来人往，好不热闹，田野里三三两两的人们正在干活。他们愁眉苦脸，庄稼苗旱得耷拉着耳朵勾着头。他飞呀，飞呀，飞过了一片果园，果园里，红花、黄花、白花、紫花，开得正好看。果园旁边是一条河，那些拉纤的纤夫，身上背着绳，弯着腰用劲地拉，累得衣赏都湿透了。他正往下看，不小心，呼哧一下子栽下来，差点儿没有掉水里。他刚一折身，呼一股子风把他刮到漫悬空里去了。他在空中被刮得乱翻筋斗，迷失了方向，弄不清东西南北。风越刮越大，他在风里越飘越远，越飞越高，转眼被刮上了南天门。老聃站在南天门上正在发愣，两个天兵大声呼道“喂，你这老头，如此大胆，竟敢闯我天宫，快快拿下。”

老聃正要回话，两个天兵不容分说，拧着胳膊就走，准备把他押上凌霄宝殿。凌霄宝殿上，玉皇大帝正召集各路神仙议事。就在这时，一个天兵进来报：“禀玉帝，民间老头违反天条，任意闯入天宫，现在拿下，请玉帝发落。”话音刚落，另一个天兵把拧住胳膊的老头押了进来。老聃二话没说，往地上一跪。

玉皇大帝慢慢地睁开双眼，见老聃身穿长袍，面目慈祥，白须白发，高高的鼻梁，一幅不凡的相貌，就问：“你是何人？因何事闯入天宫？”

老聃答道：“小民姓李名耳，字伯阳，号老聃，苦县厉乡曲仁里人氏，因遇大风，刮得晕头转向，所以误入天宫。小民有罪，罪该万死。”说罢，连连叩头。

玉皇大帝说：“莫跪莫跪，快快起来，坐在一旁回话。”玉帝转脸对各位神仙说：“方才所议之事，诸位有良策否？”诸位神仙一个个低下头，不敢回话。玉帝转脸向老聃说：“李老聃，素日曾闻你的大名，不知这一疑难问题你能回答否？”玉帝向身旁拿账本的花脸一努嘴：“讲给他听。”

花脸轻视地看了老聃一眼，不满意地说：“如今凡间，田里大旱，庄稼人急着要雨；路上行人对下雨竭力反对；河上的纤夫喜欢刮风，果农又急需要风给果树传精授粉。谁能有法叫他们满意？我看不如给他来个千年不刮风万年不下雨！不这样你有啥办法呢？”

老聃抬头看看花脸神，又佝下头去，小声说：“要回答这问题，不算多难。”

花脸神瞪着眼大声说：“你这老头，恁不自量！各路神仙都没法子，你这肉体凡人却说不算多难！你有啥法！快快回答！答得好了，倒还罢了，答得不好，小心你的老命！”玉帝看那花脸神一眼，说：“不得无理，咱是要人家献策，让他慢慢地讲。”“说吧。”花脸神眨着眼说。老聃不慌不忙地说：“要回答这个问题并不难，只要做到‘大风溜河走，小风串果园，田里下大雨，路上响晴天’也就罢了。”花脸神一听，更恼了：“你这老头，说得怪好听，谁能做到？”老聃说：“我看可以尽力去做，一人难称十人意，十人难符百人心，当事者只管为大众的利益尽心尽力去做，做到心中无愧，也就莫问是否尽如人愿了。”玉帝说道：“说得有理，不妨试一试。”

“咔嚓咔嚓——！”一声惊天动地的响雷把李老聃震醒了，他睁眼一看，原来自己是躺在隐阳山脚下大柳树底下的石板上。一群避雨的人大声喊着说：“好雨，好雨！”一个农夫模样的人说：“你看稀罕不稀罕，老天爷真好！田野下了透雨，一下子解除了旱情；河里大风吹着船帆往前走，纤夫喜欢得合不上嘴；果园里，小风吹得树叶刚刚动弹，正趁开花传粉。”果农都拍手大笑：“真好！真好！”话刚落音，一个行路的像泥母猪一般的人一歪一拧地往这里走来。他浑身水湿，嘴里不干不净地骂着：“娘的，就我倒霉，成天价不出门也不下雨，我一出门就淋成了落汤鸡，不能等到家再下吗？老天爷真没长眼，我看他是白吃了我的供香！”

来柳树底下避雨的议论说：“你说怪不怪，久旱逢甘雨，众人心欢喜，就这还有不称心的人。”

李聃先生听着他们的议论，从青石板上起来，对他们说：“这不足为奇。”拿起书，一甩袖子，骑上青牛走了。

3．赶山鞭和老君台

鹿邑县城东东北角有一座老君台，三丈九尺多高，从下往上，要经33层台阶才能爬到台顶。台上有一座老子庙，在苍松翠柏衬托下，古色古香。老子像两边有一副对联，上联是一片碧波飞白鹭；下联是半空紫气下青牛。这里每一样古物都有一个故事，台上有一根碗口粗的大铁柱子，它深埋在地下，露在地面上的那一部分，有三尺多长，一个人可以晃动，但10个人也拔也不来。这就是老子的赶山鞭。

这赶山鞭和老君台是怎样来的呢？故事全在老子身上。

老子50多岁的时候，常在苦县东门里边宣传自己的主张。苦县县城离他的家乡曲仁里只有10来里路，他每次从县城回家，总要从隐阳山下路过。这座山原来没有名字，因为它很高，山尖子插到云彩眼儿里，把太阳隐着了，所以人们就给它起名叫隐阳山。这隐阳山北面因为不见太阳，常年冰天雪地，北风尖叫，走路的人从这里经过，身穿皮棉裤皮袄还冻得上牙跟下牙打架，招呼不好就能冻倒在这里，山坡上树林里常有凶猛的野兽出来伤人。山南面，太阳晒得火辣辣的，热得五谷不长，走路人喘不过气来，弄不好就有烤死在这里的危险，山坡上的草棵里常有毒蛇出来咬人。老百姓恨死了这座山。老子每次从这里走过，总要对着山嘟哝一阵："隐阳山呀隐阳山，你给老百姓造的罪太大了，我恨不能一鞭把你打下去！"

后来老子离开家乡，到秦国讲学去了。说也奇怪，他刚一走，苦县东门里边他讲学的地方一下塌陷下去了，原来那片青青的草地变成了水清见底的绿湖，湖里长出磨盘一样大的藕叶和各种不同颜色的荷花，湖当中留有一片长着松柏的干地。

再说老子到秦国讲学已经一个多月了，这时候他的青牛已经驮着他飞过函谷关，使他变成了仙体。一天夜里，他的青牛的两眼金光一闪，突然对主人说起话来："先生，你到这来一个多月了，也不讲回家的事，别忘了家乡百姓正在受着隐阳山带来的痛苦呀！"

老子说："牛呀，我的老伙计呀，以你说我该咋办哩？"

牛说："今天晚上，你该回去看看啦。"

"好！"老子听了青牛的话后，就跳上牛背，说："那就劳累你跑一趟啦。"

青牛"哞"的一声，脚下生起一朵祥云，驮起老子，飘到半空，一抹头朝东，尾巴一拧，一溜火星子往苦县方向飞去了。

来到苦县县城上空，青牛"哞"一声，漫空里都长起了紫云，老子定睛一看，见一群白色的鹭鸶向他飞来。一下子把他围在当中，飞着叫着不让他走。他趴在牛背勾头往下一瞅，见自己以前讲学的地方出现一片绿湖，湖水晶莹透底，水里荷花放出红的、黄白、蓝的、绿的、紫的、白的各色光彩，霞光万道，瑞气千条，把水当中干地上那棵大松树也映成彩色的了。

老子紧拉缰绳，按下牛头，落到水中那片干地上，白色的鹭鸶也随着他一只只落到水面上。

老子刚刚站稳脚，就见这片水中干地一下子往上长高了七尺。他转身往东面一看，见隐阳山高入云霄，把东边的天空星辰都隐着了。就在这个时候，老子低头一看，见手里的赶牛鞭已经变成铁的了，呼地一下子，铁鞭长出几千丈长。这时，老子也随着铁鞭越长越高，越长越大，霎时成了顶天立地的巨人。牛对他说："你几年前说过的话，今天夜里该成为事实了。"

老子说："我早已明白，今夜专程还故乡，意在鞭打隐阳山。"说罢，举起铁鞭，照着正东"哗通"一鞭打下去，把隐阳山的整个山顶打得飞了起来。"呜"的一声，飞落到山东，变成了东岳泰山；又一鞭打下去，把中间的半截打飞到河南西部，成了后来的平顶山；第三鞭下去把下半截打到地底下去了，鞭梢子"铮"的一声飞起，落到山西省洪洞县大槐树底下去了。

老子收回光秃秃的鞭杆，只见它还有碗口粗细，七丈七尺多长。他把这根铁鞭杆往脚下的土岗上一插，还露三尺多长一个头，然后骑上青牛，飘然飞起，飞往陕西扶风去了。

后来，人们在老子飞升的土岗子上筑了高台，叫升仙台。这高台三丈九尺多高，泥土把老子插在这里的赶山鞭深深地埋在地下。可是就在修升仙台刚刚完工的那天晚上，赶山鞭自己又从地里冒了出来，还是露在地面三尺多长。到唐朝的时候，高祖李渊尊老子为"太上老君"，人们就改升仙台为老君台。从此，赶山鞭和老君台就带着它们美丽的神话存留下来了。

4．李耳和青牛

相传春秋时期，苦县东部有一座高入云霄的隐阳山。这座山的主峰东南侧有个不大显眼的小峰，这小峰，远看像牛，近看像牛，左看像牛，右看像牛，不但形状像牛，而且春夏秋冬四季常青。所以人们给它起名叫青牛峰。

青牛峰下，有一个叫曲仁里的村庄，村庄一带突然出了一桩怪事：麦秸垛一个接一个地失踪。头天晚上还是好好地站在那里，第二天早起一看，已经不翼而飞。

人们感到十分惊奇，男女老少议论纷纷，谁也说不清是怎么回事。众人心里十分害怕，天不黑就上门睡觉，第二天日出三竿，才敢起床。

曲仁里村上有一个姓张的大汉，上山敢打虎，下海敢擒龙，天不怕，地不怕，外人送号"张大胆"。张大胆这几天故意晚睡早起，有时半夜起来走走。这天，张大胆五更天就起来拾粪，刚到村边，一抬头，见西北天空，青光一闪，一大团黑云向这边飞来。黑云落到一个大麦秸垛上，转眼间，连黑云带麦秸全不见了。

这是怎么回事？张大胆百思不解其意。他心里说："俺村李耳是个不寻常的少年，他生下来就是白发、白胡，好读书，爱思考，善观天象，聪明过人。我不如问问他，看到底是怎么回事。"他找到李耳，把看到的情况从根到梢说了一遍。

李耳也感到稀奇，说不清是怎么回事。他是个遇事好弄个究竟的孩子，为了弄清这怪现象的来龙去脉，他决定和张大胆一起前去，来个实地观察。二人计量之后，连夜来到失踪麦秸垛旁的大柳树下。一前一后，爬上柳树，往树杈上一坐，瞪大眼睛往西北天空观看起来。看了一阵，不见什么动静，李耳便把舅父送给他避邪的如意金钩从怀里掏出来，挂在自己的脖子上，往树下那几个大麦秸垛扫了一眼，然后又抬头盯着西北角的天空。

就在这时，只见西北天空"轰隆"一声，青烟腾起，接着，狂风大作，只刮得扬尘飞沙天地暗，雾气腾腾月不明，天地乌漆一团如墨染，活像掉入黑洞中。接着，只见大团大团的云彩向这边滚滚而来，落到李耳他们所在的大柳树底下，不一会儿就把方圆几丈远的地方都映白了。这团白云一连翻了几个跟头，变成了一只白色的麒麟，两只尖角，眼像铜铃，浑身冰霜，四蹄生风。大嘴一张，像往铡口里送草一样，麦秸垛"呼呼"叫着，一会儿全被吸到肚里去了。

李耳看到这里，屏着气，一声不响，他身边的张大胆憋不住劲了，跃身从树上窜跳下来，"叭腾"一声落到白麒麟身上，俩腿一叉拉，骑在它脊背上，一手扣着它鼻子，一手握着铜锤一般的拳头，照着它眼上乱捶乱打起来。白麒麟被打急了，尾巴一拧，在地上翻滚起来，一歇气翻了二九一十八翻，连压带砸，把张大胆弄得浑身是伤，鼻口出血，半死不活地躺在地上。接着，白麒麟一连往后退了好几丈远，头一勾，瞪一下眼，两只角照着张大胆就往前抵！

在这关键时刻，树上的李耳沉不住气了，这个平常看来十分文弱的少年，这时一下子来了天大的勇气，地大的机灵，"呼"地一下从树上跳下来，俩腿一叉骑到白麒麟的脊梁上，一手扳着它的角，一手去抠它的鼻子。

白麒麟俩眼一瞪，"呼哧"卧倒，又准备就地翻滚。李耳也不知是为什么，自己像是用了气功一样，轻轻一弹，从麒麟身上跳下来，落到一边。麒麟没发现落到旁边的李耳，只顾翻着，滚着，"呼隆！呼隆！"使劲摔自己的身子。等它发现李耳不在自己身上而在旁边站着的时候，就勾着头使劲朝李耳抵去！李耳轻轻一闪，白麒麟一头扎在地上，两只角钻到土里，半天才拔出来，地上留下两个茶盅粗的窟窿。它扭头一看，李耳又在它的屁股后头站着呢，就掉转身，瞪眼勾头，第二次向他抵去！李耳又一转身，闪在一旁，"扑哧"一声，麒麟的两只角落下的地方又留下两个窟窿。麒麟两次落空，不由得无名火起，一声怪叫，腾身跃起，"呼"一下子身体膨胀成一间屋子那么大，像泰山压顶一般，连身子带头，一下子向李耳砸去。李耳也不知道自己为啥这么机巧，像有人驱使一样，往外轻轻猛一抽身，脚尖往地上一点，飞身跳起，一下子骑到麒麟的脖子上，他从自己脖子上摘下如意金钩，一只手抠着它的鼻子，一只手把金钩给它扎上，接着用两只手猛劲一勒！那麒麟“呼哧！”一声，前腿跪地，活像泄了气的皮球，霎时变成一头青牛，嘴里叫嚷着：“主人饶命，主人饶命！”

李耳从牛身上跳下，一手抓住牛鼻具一样的如意金钩（据说牛扎鼻就是从这时开始的），厉声问道：“畜生！你是哪方妖孽？为啥来这里兴风作浪，弄得畜没草吃，人没柴烧？快快从实说来！”

青牛说：“主人，我不是麒麟，我是你的侍从。我原是混天老祖的一头耕牛，100年前的一天，老祖忽然吩咐我道：‘牛儿，牛儿，你要牢记，100年后，凡间有一替天行道之人要与你结下不解之缘。此人点化恶者，劝人向善，传播真谛，造福于民。可惜他没有助手。我命你100年后，前去助他一臂之力。给你100年时间在曲仁里旁边的隐阳山等候，啥时碰到一个人手拿如意金钩扎在你的鼻子上，那就是你的主人。’我偷偷来到隐阳山，化作青牛峰，等啊等，等了百年还不见自己的主人到来，耐不住，就离开青牛峰，化作白麒麟，下山吃草，今日主仆相遇，多有冒犯，望你恕罪。”说罢，把嘴一闭，成了一头凡牛，再也不会说话了。

李耳把遍体是伤的张大胆扶上牛背，牵着青牛往村里走去。

从此，隐阳山主峰东南边的青牛峰就不见了。

5．**如意钩下凡**

有一天，太上老君李耳闲暇无事，坐在兜率宫里，看他手里的如意金钩。只见那金黄的如意钩一闪一明，一闪一明，照出了一幕又一幕人间不平之事。他掐指一算，世上已经过到了元朝了。他心想：“人间不平事也太多了，依着问问不完，眼不见，心不烦，还是闭目养神吧。”想到这，就闭上眼睛，刚一打盹，手里的如意钩“扑塌”一声掉到地上。

这如意钩在地上闪了几下金光，接着飞到空中，旋转一阵，一栽头，往人间飞去。这时正是半夜子时，如意钩像流星一般，栽入鹿邑县内的丁家庄，然后又一折头，一抹弯，钻进一所破烂的茅草屋，往二檩子上一挂，不动了。

这家有夫妻二人，男的姓丁名正，42岁；妻子何氏，比他小一岁，模样俊俏。他夫妻二人都是从江南迁来，日子过得很苦。大家知道，元朝的时候，人分四等：一等是蒙古人，二等是色目人，三等是汉人，四等才是南人。那些有权有势的上等人对老百姓压榨很厉害，霸占百姓的土地，还强迫他们服劳役，把他们当牛马看待，10 家才能养活一个当官的。谁家娶新媳妇，得先跟他们过夜。丁正家的耕地被大官伯颜雄家霸占了，家里穷得揭不开锅。这时，丁正的妻子何氏正躺在床上翻不愣打滚的难受，脸上的汗珠子像豆子一样。她已经怀了 10 个月的孕，胎儿生不下来，加上平时忍饥挨饿，把她弄得三分像鬼，七分像人。

就在这个时候，挂在二檩子上的如意钩往上猛一拱，只见“哧啦”一道金光，钻到何氏的怀里不见了。

“咯哇，咯哇”两声啼哭，小孩降生了。小孩又白又胖又齐正。跟一般小孩不一样的地方是有点罗锅腰；嘴唇上边长个叫人发笑的小弯弓胡；脖子上还带个明晃晃的金脖项，仔细看看，是个如意钩捏成的小圆圈。这孩子落地就会说话，叫爹叫娘，还会踢脚打拳，会对面前的东西吹三口气叫这东西变模样。更奇妙的是，这孩子一扑塌眼皮儿就长上一岁年纪，一连扑塌 24 下，长成了一个 24 岁的年轻人。丁正看着宝贝儿子，分外欢喜；回头一看，见刚生过孩子的妻子因生了宝贝变得更加年轻、俊俏。她本来就很漂亮，这时变得如花似玉，比年轻的姑娘还漂亮十分。丁家穷家破院，今日双喜临门，为此，丁正特给儿子起名叫双喜。这件奇事像扎了翅膀一样，很快飞遍县境。

第二天上午，消息传到大恶霸伯颜雄家里，他俩眼一瞪：“混账！双喜怎能生到下等人的家里？我要娶何氏当小老婆！”

伯颜雄的大管家耶律旺说：“大人这是怎么啦？漂亮闺女任你挑，何必娶个半截媒？”伯颜雄说：“我不准返老还童的绝美妇人做低等人的妻子，我要叫她那像神仙一般的宝贝儿子喊我亲爹，要用八抬大轿娶亲，叫双喜和丁正押轿当送客。把何氏送到我府上，让丁正当我的岳父，走一步喊何氏一个女儿，来一个丁正嫁女，双喜喊娘。”

耶律旺拍手喝彩：“甚好！甚好！”接着，趴伯颜雄耳朵上说：“耳听是虚，眼见为实，小妇人到底什么模样，大人不妨亲自一观。”

“如此甚好。”伯颜雄便骑着大马，带随从前往丁家庄瞧看，见了何氏，果真像传说的那样俊俏，就哈哈笑着，骑马回府，对耶律旺说：“明日上午娶人，你快去后堂禀告我的母亲。”

耶律旺来到后堂，参见老太太，这是个 70 多岁的老女人，又青又白的大驴脸，颧骨往外突着，俩眼闪着凶光。她一肚子坏水，伯颜雄做坏事，好多歪点子都是她琢磨出来的。

耶律旺把伯颜雄的想法对老太太说了一遍。老东西不但不制止，还连连称赞：“如此甚好！娶个奇人当媳妇，半仙神童做孙子，以后我家大大小小都可以成神升天了!”伯颜母子主意已定，耶律旺带着狗腿子到丁家去通知。他们见了丁正，大声喝道：“丁正听真！我家伯颜老爷要娶你妻何氏为妾，明天中午，抬轿前来。你和双喜押轿当送客。明天双喜嫁母，你送闺女，拜天地时，你俩搀着新人，你要走一步喊一个‘女儿’。从眼下起，你们要做好送亲准备，不得有误!”

丁正听到这里，头胀老大，气得俩眼直冒金花，大声说：“这是谁出的坏主意?”耶律旺说：“问这弄啥？若要应允，倒还罢了，若要不允，家灭九族！一言为定，明天上午抬人!”说罢，抽身走了。

丁正把事情向妻子说了。何氏不答应。夫妻二人哭成泪人。罗锅双喜走来说道：“二老不要哭，咱就按他们说的办。”丁正夫妻十分吃惊：“双喜，你咋能说出这样的话来?”双喜趴爹耳朵上小声说了一阵。

第二天的上午，一群人马从伯颜雄家出动，抬着花轿来丁家娶亲，吹响器，点铁炮，敲锣打鼓，十分热闹。花轿在丁家大门外边落下。丁正和双喜架着打扮好的新娘子上轿。新娘子勾着头，一声不吭，头上盖着红盖头。

再说伯颜雄家。伯颜雄披红戴花，嘴上胡子刮得直冒青光，单等新媳妇下轿好拜花堂。他从前院跑到后堂，叫他娘做受头的准备，忽然发现他娘啥时候不见了。他急得头上冒汗，派人四处找也没找到。花轿快回来了，这该咋办?“娘可能是不想受头，躲起来啦……嘿，管她哩！娶媳妇要紧!”

花轿在门前落地，丁正、双喜架着新娘从轿里走出来。打麻秸火的、撒喜钱的，慌得脚不连地；看新媳妇的挤得像戏台前头一样。伯颜雄高兴地在人群中扭来扭去，喜得嘴岔子都咧到耳门上了。

耶律旺主持婚礼，拉长腔喊道：“一拜天地！二拜祖宗！夫妻对拜!”

新郎新娘作完揖磕完头，新媳妇仍站在地上不动，丫环过来咋拉也不走。伯颜雄说：“你不走，就站这里一辈子!”一说让她站，她偏掉着屁股在地上乱扭。

伯颜雄说：“好家伙，我的美人儿！你想当着大家玩花招，那好！我早想看看你那漂亮的小脸儿，你不走，我来个不进洞房先掀盖头。”

耶律旺说：“这小娘子脸蛋长得可美了！人见不走，鸟见不飞，老叫驴见了也不踢。来吧，叫新女婿当众揭盖头!”

伯颜雄俩手抓着新媳妇的盖头角，往上猛一掀！咦！我的乖乖娘哎！盖头下露出一个高颧骨的大驴脸，正是伯颜雄自己的生身娘!

伯颜雄心里猛一惊，紧接着，脸上羞得青一块，红一块，紫一块，白一块。看新媳妇的“轰”的一声笑起来。小罗锅双喜高兴得拍着手一蹦老高。

这是怎么回事？原来是昨天夜里，双喜跳墙到伯颜雄家，照伯颜雄的娘吹了三口气，让她变成自己的母亲何氏的模样，趁她浑身麻木，像在梦里时，把她背回自己的家。临走时，他掐个树叶，吹三口气，让它变成伯颜雄的娘躺在床上。丫环见“老太太”没睡醒，谁也不敢喊叫。枝叶太太睡到花轿出门抬人时，自动消失了。伯颜雄的花轿在丁家门口落地时，双喜忙给伯颜雄那已经麻木的老娘梳洗打扮，在她头上蒙上了红盖头。

伯颜雄明白过来之后，气得面色青紫，忙唤家兵将双喜和丁正包围，并从耶律旺手里抓来一根铁棍，迎头一棍，一下子把丁正打死了。双喜取下脖子上的金项圈，将它捋直，变成了一杆金枪。他舞动金枪，左冲右挡，杀出包围圈。双喜掐一朵野花，吹了三口气，让它变成一个花朵金盆，他往盆里头一坐，飘飘然往空中飞去。没想到刚飞两丈多高，“扑塌”一声！连盆带人摔落在地。他并不知道，脖子上的金项圈一拿下来不当紧，就再也飞不上天空了。

双喜背水一战，干脆和敌人大拼大杀起来。他四面迎敌，一来一往，一冲一挡，“扑哧！扑哧！”枪枪带血，杀得敌人落花流水。伯颜雄、耶律旺见事不妙，抱头逃跑。双喜一枪挑死了耶律旺。

伯颜雄见耶律旺被挑死，跑得更快。双喜追上去照他吹三口气，使他变成一只大苍蝇，灰白色的翅膀，灰绿色的肚子，浑身毛烘烘的，除了头还是伯颜雄的样子。大苍蝇惊慌失措地往前飞，飞不快，也飞不高。双喜托枪在后面紧追。

追着追着，双喜想起来一个点子，他托着金枪往前猛一攒！也真巧得很，金枪一下子捅到苍蝇屁股眼儿里了。双喜拍手蹦着笑了一阵。苍蝇屁股带着枪，狼狈逃走。

就在这时，朝廷的援兵来到，一下子把双喜围得里三层，外三层。伯颜雄恢复了原样，屁股上带着枪跑过来喊道：“双喜，快投降吧！告诉你，你爹娘已被我们打死。你若不降，我叫你和你爹娘一样，去见阎王！”说罢，叫人拖过来双喜娘的死尸。

双喜一个箭步蹿上去，拔掉扎在伯颜雄屁股上的金枪，和敌人展开拼杀，扎死一群，又来一群。到底是寡不敌众，双喜累得呼呼喘气，脸色蜡黄，眼看就要死在乱马营中。“投降吧双喜！投降了饶你一命不死，不投降叫你死也不落囫囵尸首！”伯颜雄举刀高喊，一刀把双喜肩上劈掉一块肉，鲜血把衣裳都染红了。“民不畏死，奈何以死惧之！”紧要关头，只听一声高叫，从空中驾紫云飞来一位老人。此人白发白须，长眉寿目，原来是老子到了。

老子脱下衣衫，用力在空中挥了一阵，霎时，暴风骤起，刮得飞沙走石，天昏地暗，无数的神兵从天而降，杀得元军尸横遍野，血流成河。双喜趁机将伯颜雄一枪挑死。老子从空中落下，掏出仙丹递给双喜，让他将爹娘救活。

老子对复活过来的丁正说："我李耳从来不杀无辜，方才死去的元朝兵丁，除十恶不赦的罪人之外，其余的都可还阳。你以后也要替天行道。现在，让我把双喜带走。"说完一甩袖子让双喜变成了如意金钩，拿起金钩，跳上紫云，往空中飘然而去。丁正夫妻对天谢过老子，投奔农民起义的队伍去了。

6. 自己点穴

李耳的母亲死后，埋葬在苦县（今鹿邑县）县城东北一里处的小红洼。

李耳是个孝子，每年都要好些次到母亲的坟前祭奠，几十年来都是这样。他56岁以后，打算西行到秦国讲学。临走前，他想起母亲怀揣自己81载，自己一出世母亲就死了。母亲生他、育他，并没享过他一天的福，李耳心里很难过，就决定在临走之前再看母亲一眼，所以拿上祭品到母亲坟上来祭奠。这一次和他的侍童一块儿来的。

他们来到小红洼，李耳把祭品摆在母亲的坟前，开始默吟她的恩情。祭奠之后，李耳和侍童闲谈起来。李耳指着他母亲的坟西边离坟不远的地方对侍童说："等我死后，该埋在这里，这是我自己点的墓穴。你记住，到时候一定要按我说的办哪！"侍童说："好，我一定记住。"

他们临走的时候，李耳对侍童说："你先走吧，我再站一会儿，多看母亲几眼，我这一次西行，不知啥时候才能回来哩。"

侍童走了，李耳一个劲守在母亲的坟上，直到天黑还没回去。不知过了多久，他母亲在坟里头说起话来："耳呀，你给自己点的墓穴离我的坟太近了。"

李耳听见母亲说话，又怕又高兴。因为她是自己的亲娘，是鬼也是亲的，就大着胆子跟她说起话来："娘啊，您说我死后该埋在哪里好呢？"

母亲说："自己不是说过吗，埋在我这西边。可是你离我的坟得再远点。"
"再远多少？离您的坟一丈多远？"

"还得远。"

"离10丈远？"

"还得远。"

"离100丈远？"

"还得远。"

"那埋哪呢？能离您的坟一里远？"

"还得远。"

“那能埋哪呢？能离几里远吗？”

坟里头的母亲笑着说：“这西边还有棵槐树，你的坟离那棵槐树恁些里。”

“离槐树恁些里，那到底是哪呢？”

坟里头的母亲说：“槐树恁些里，槐树恁些里，你自己想去吧。”

就这样，李耳迷迷糊糊地离开了母亲的坟，始终没弄清这个谜。实际上，他母亲说的“槐树恁些里”是叫他从两头各取一字即是“槐里”。

后来，李耳在秦国讲学，死在扶风，葬在槐里，就正应了他母亲说的那句点穴谜。

7. 道德经的传说

老子李耳原来在周朝做管理图书的史官，晚年见周室日趋没落，便隐退故乡著《老子》，即《道德经》，分上、下两篇，约5000言。是一部用韵文写成的哲理诗，言简意赅，善用譬喻，吸收有不少民间谚语。

老子把《道德经》写完，心想：自己在书中写有“功成，名遂，身退”的话，现在该照这话去做了。于是他骑着青牛，带着《道德经》，离开家乡，一路西行，准备到秦国去讲学，传播他的思想主张。

要到秦国去，必须经过灵宝函谷关，此关隘山高谷深，地势险要。老子到了函谷关，受到关令尹喜的盛情款待，尹喜早闻老子盛名，对老子特别崇拜，留老子住了很长一段时间。老子感到尹喜虽然职微官小，但很有志向，二人思想很投机，所以临辞别西行时，将《道德经》原稿送给了尹喜。

那时候还没有纸张印刷术，写的文章都是用刀刻在竹简上，尹喜收下《道德经》原稿，如获至宝。特意做了个很结实的箱子把它锁起来，并交代儿子，要作为家珍一代一代珍藏下去，不到特别紧要的关头，不要轻易献出来。

直到汉朝，尹喜的后代子孙把《道德经》的原文抄在纸上，传到社会上，你抄我传，十分盛行。人们开始对老子尊崇起来。

历史到了唐朝，唐高祖李渊为了抬高自己的身份，追尊老子李耳为始祖。他除了大量翻印《道德经》，广为流传外，还贴出皇榜，以高官厚禄悬赏寻找《道德经》的真迹。

当时洛阳有个小官吏，名为曹安。为了升官发财，他精心伪造了一部《道德经》真迹，献给皇上。唐高祖一见大喜，当即把曹安调到长安，褒奖加封。

尹喜的后裔尹振良听说曹安献《道德经》真迹，捞取了高官厚禄，非常气愤，决心要揭穿骗子欺君之罪。尹振良怕带着《道德经》真迹在路上出事，便空手去到长安，上殿面君，把祖传《道德经》真迹陈述了一遍。唐高祖听后，质问曹安，曹贼不敢隐瞒，只好如实招供，唐王非常恼火。立即将曹安推出午门斩首。随后，派武士随尹振良回去取《道德经》真迹。

往返几天，《道德经》真迹抬上金殿。唐高祖命尹振良打开箱子，尹振良说道："禀万岁，这《道德经》传到俺爷那一辈，开箱子的钥匙没再传下来。"唐王问："却是为何?"尹振良答："当时俺爷对俺爹说：为了避免《道德经》真迹以后失传，从我这辈起，不再传钥匙，将来不到万不得已，不准砸锁开箱。"唐王听后点了点头说："嗯，看来现在已经到了该砸锁开箱的时候了。"

唐王走下龙位，亲自来到箱子前，吩咐武士："把箱子打开!"箱子一开，唐王定睛一看，啊，哪是什么《道德经》真迹，分明是一些无字的散竹片!尹振良大惊失色，这箱子一直锁着没动，《道德经》真迹怎么会变成散竹片呢?唐王追问他是怎么回事，尹振良说不上所以然来。唐王怒不可遏："杀了一骗子，又来了一个骗子!来呀，把他推出午门斩首。"

尹振良被刀斧手推出午门，天到午时，号炮响了两声，刀斧手举起了鬼头大刀，眼看要人头落地。突然有人大喊一声："刀下留人!"众人转脸一看，只见走来一位白发苍苍的老人，这老人是尹振良他爷时候的管家。原来，尹振良他爷极不重视《道德经》真迹，曾想把他烧掉。老管家怕《道德经》真迹失传，便偷走箱子的钥匙，开箱换上一捆竹片，把真迹搬到自己家代为收藏，打算自己临终里，再传给尹家后代。尹振良他爷丢了钥匙，怕后辈人埋怨他，编出了不传钥匙的谎言。尹振良密献家珍，老管家最初并不知道，等他听说京里来武士抬走了宝箱，他这才慌了手脚。他担心尹振良献假宝犯欺君之罪，便赶忙让儿子用牲口驮着《道德经》真迹赶往京城。

老管家面君讲出了隐情，献出《道德经》真迹，唐高祖才免去尹振良的死刑，并褒奖了尹振良和老管家。又传旨命工部尚书在宫院修建藏经阁，专一珍藏《道德经》真迹。后来又下旨在老子的家乡苦县（今鹿邑）曲仁里修建紫极、洞霄二宫，合称太清宫，把《道德经》真迹放在太清宫藏经楼上让人们观瞻，日夜有重兵守护。

唐天宝十四年，安禄山起兵叛乱，叛兵放火烧了太清宫，《道德经》真迹连同藏经楼一起被焚。据传，藏经楼里展出的《道德经》真迹是仿制的，真正的真迹密藏在皇宫里。不知啥时候，《道德经》真迹在战乱中丢失了，到底去向如何，或毁或藏，至今仍是个谜。

8. 七十二行尊老君

大家知道，木匠敬鲁班，锔锅的敬女娲，打铁的敬干将、莫邪。鲁班、女娲、干将和莫邪，各受各的香火，各享各的祭礼。

一天，饿佛走过来说："你们享福作乐，安然自得，怎么把我饿佛给忘了？不是我你们享受个屁！饿是我兴起的，你们若都不饿，看见祭品，啥也不想吃，还有一点享受的乐趣吗？你们的幸福是我饿佛给的，你们得到的祭品都得分给我一半。"

鲁班、女娲、干将、莫邪，都不愿意给。饿佛大吵大闹，弄得他们坐卧不安。

老君走过来说："饿佛，你站一边，你不该要，我应该要，让我来争。"转脸对鲁班、女娲、干将、莫邪说："你们享用的祭礼，不该给饿佛，应该给我。木匠用的斧子、锯，是我火炉里炼的；锔锅的锅和锔子，也是我火炉里炼的；打铁的就更离不开我的火炉。所以你们的祭品应该分给我。你们要是不给，我就跟你们拼上这条老命！"

他这一说，鲁班、女娲、干将、莫邪都笑了，他们都认为老君说得有理，各将自己得到的祭礼拿出来1/4送给老君。

老君将得来的祭礼交给饿佛说："饱汉子一斗，饿汉子一口，我天天吃得饱饱的，要它没用，现在把我这一份供香（祭礼）让给你饿佛。"

饿佛得到一份祭礼，对老君十分感激。鲁班、女娲、干将、莫邪佩服老君道高德崇，随称他为自己的老师。接着，凡跟炉子行业有关的都敬老君。到后来，七十二行都来尊崇老君了。

9．柏树

鹿邑县太清宫老子庙前，有四棵大柏树。其中三棵树身是圆的，一棵树身是扁的。这棵树不是一般的扁，而是扁得厉害。

这棵扁柏树是怎样形成的呢？

据说，老子升仙后，很长很长时间没回过自己的家乡曲仁里（今太清宫镇）。有一天，他回来了，走到自己的出生地一看，这里盖了高大的庙宇，像皇宫一样宏伟，庙前有四棵青青的柏树。他手扶一棵柏树说："树的身子都是圆的，没有扁的。圆是盈满，扁是不足。万事万物都有两个方面，有盈满就有不足，唯独这里的树身都是盈满，这棵柏树，你不能长成个扁的吗？"

从此以后，这棵柏树只往两边长，不往四周长，最终长成了一棵扁柏树。

10．陈抟传说

这是一个介乎史实与传说之间的历史人物故事。

陈抟，字图南，宋亳州真源人。北宋道家的神仙人物，宋太祖赵匡胤赐号希夷先生，道教道徒尊其为陈抟老祖。

亳州真源，即今天的河南省鹿邑县，鹿邑宋时称真源。陈抟就出生在鹿邑县太清宫镇陈竹园村，与太上老君李耳同乡邻居。陈竹园因遍植毛竹而得名。

公元10世纪，中国进入了“五代十国”的分裂时期。群雄割据，战乱四起，岁月动荡，民不聊生，就在这腥风血雨的岁月里，幼年陈抟出世了。陈抟出世不久，父母相继去世，童年的陈抟成了孤儿。他四处游荡，乞讨度日，嬉戏涡水，摘吃野果。后遇到一青衣女子，将他收养，传授他经书和武艺。据《宋史》记载，陈抟自幼聪敏颖悟，读经史百家，一见成诵。唐长兴年间举进士不第，遂不求禄仕，以山水为乐，自此陈抟断绝了仕宦的念头，坚定了自己寻仙求道的志向，隐居武当山，服气辟谷历20余年，后移居华山云台观，习睡功，每卧寝多达百余日不起，消除了赵匡胤视陈抟为隐患的顾虑。

陈抟隐居期间，除了下工夫修炼睡功，还一心研究易学，取得了很高成就。陈抟鄙弃符箓小数而深究易理象数，创立“先天易学”，开创了宋明以来易学研究的规模和传统，成为宋代易学的开山鼻祖。

有关陈抟的传说，情节丰富，故事完整，不但历史久远，而且当地史志记载明确，史书也多有记载，对研究陈抟文化、道教文化的形成与流复，提供了宝贵的文化价值。其一生共有碑文、书法、诗文等作品600多首，但因经历战乱，历史久远，大多已失传，现仅存于世的仅有几十余篇。近几年来，在鹿邑县已落成的陈抟公园中，仍保存有陈抟手篆的碑刻和陈抟书法真迹。

自改革开放以来，受商品经济大潮的冲击，年轻人整日忙于工作，加上信息社会传播媒体的多样化，能讲述出完整陈抟传说的传承人日益减少，再加上受当地经济条件制约，人力、物力、财力上投入有限，对传承和现有资源得不到有效的保护和利用，使陈抟文化日益衰落，为了避免陈抟文化这一个宝贵的历史资源的湮灭，河南省鹿邑县政府成立了陈抟文化保护领导小组，拨出专款，搜集、整理、出版关于陈抟的历史传说、书法作品、碑文乃诗文等，并对陈抟的出生地陈竹园及现存的遗物、遗迹进行维护修复，并且制定了陈抟文化保护与发展规划，建立健全了保障机制和措施。相信在不久的将来，各界学术人士必将对陈抟文化争相研究，而陈抟文化的发源地河南省鹿邑县也必将走向世界，成为世界上闻名的学术圣地。

11. **陈抟得道**

相传，陈抟得道前，在鹿邑县城里大隅首卖酒。他为人忠厚老成，待人和蔼，做事干练正直，在城里颇有些威信。50多岁时，他还是发酒卖，独自一人过活，生活也算痛快。

一次，他发现这样一件事，他发了一罐酒，卖了一天没卖完，但到第二天一早，坛里酒没有了。自他发觉这件事以后，一连几天如此，酒不管剩多剩少，只要一过夜，酒便没了。

陈抟自己一个屋，夜里没人来，门又没有开，酒坛也没漏，酒咋会没有了呢？陈抟很纳闷。

天天这样，陈抟的生意渐渐亏本了。他想今后如果长远这样，那该咋办呢？后来，他想了一个好办法，看看究竟是咋回事。

一天晚上，他准备了一个大油灯，里面添满了油，把灯点着，用一个五升斗把灯罩住，自己坐在灯边静听着，看夜里到底会有啥事情发生。待到半夜，只听到外面一阵风吹来，随后门上“嗤啦”一声微响，接着酒坛口“呱嗒”一声开了。这时，陈抟急忙把五升斗一掀，屋里顿时灯光明亮。陈抟一看，酒坛边站着一个老人。这人满头白发，穿着非凡，就跟咱们在戏台上看到的太白金星差不多。明亮的灯光，照得这位老人无法躲闪。陈抟看着这老人态度很不自然，便温和又缓慢地说：“你看我这么大年纪，一个人靠卖酒为生，你天天不吭气来喝我的酒，使我生意亏本，生活无法维持，你咋不可怜可怜我嘞？”

这位老人听到陈抟只诉说了自己的难处，并没对自己说什么难听话，很受感动，他就大方地对陈抟说：“从明天起，我天天给你添本，你不必发愁生活了，你明天一早，到灶窝门口找吧！”

第二天，陈抟到灶窝门口一找，果然有800大铜钱。从这天起这位老人还是天天到这里来喝酒。时间一长，老人也不背陈抟了。陈抟还经常准备些下酒小菜。就这样，由于他天天给陈抟添酒本。不多长时间，陈抟就喧起来了。

陈抟对老人很感激，就想办法酬谢老人。一天，他故意来到了槽坊，找到做酒的商量说：“你做一池酒，大概需要多少粮食？”回答说：“两石四升粮食（即1200斤左右）。”陈抟又说：“这一池酒钱我包拿了，你要从中提10斤酒头给我。”做酒的答应了，特意为陈抟提了10斤酒头。这酒头浓度很大，点火就着，只要稍一动，里面全是酒花，隔坛老远也能闻着喷香的酒气。陈传把酒弄回来后，还特准备了四样好菜，等老人来吃酒。这天半夜一到，老人果然又来了。他一进门就说："今天的酒很好，我老远就闻到香气了。"

陈抟很诚恳地说："这些天来，你帮了我很大忙，使我的生意越做越红火，我的生活也比以前好多了。我心里对你实在感激。今天我特意为你准备了一些好酒，也算是我的一点小意思。"

老人听了并不见外，坐下就喝开了。陈抟只是坐在对面陪着，也不敢端盅。不一会老人把 10 斤好酒全喝光了，菜也吃了。此时，老人感觉有些醉意，便要走。陈抟怕老人走到路上醉倒出了意外，要求送他。老人摆手说："不要紧。"不叫陈抟送。陈抟放心不下，就掂了一壶茶在背后偷偷跟着老人。不多一会儿，老人来到一个小荒坡前，随身一倒，仰面就睡。陈抟就势也蹲在老人面前。

这天正是阴历八月十五，现在又正到丑时，月亮已经过了午天，月光十分明亮，照得周围白天一样。这时，陈抟看了一圈，认出这地方原来是城西的砂礓山。陈抟想，我家住在城里大隅首北，现在只一会工夫，咋可就来到这里了？夜里城门锁着，城墙又高，城河的水又深，我俩是咋出城来的呢？

陈抟正在想时，老人已经睡熟。陈抟朝老人一看，呀，只见老人随着出气，嘴里冒出一个五颜六色的小巧的八角小宝塔来。正想仔细看，老人一回气，小宝塔又回去了，陈抟感觉稀罕，想认真看一下老人此时的变化，等老人再一出气，小宝塔又出来了。陈抟很惊奇，想认真看个究竟，还没来得及，老人再回气，小宝塔又回去了。就这样，一出一回，老人睡得越来越熟，鼾声越来越高，出气回气，间隔越来越长，宝塔随着出气也越来越大，后来竟能窜出一揸多高。陈抟看得着了迷，他好奇地朝小宝塔上抠了一点，送到嘴里尝尝。他这一尝啊，那味儿真美极了，比陈抟有生以来吃过的所有食物味道都很美。陈抟尝了一点小宝塔，顿时感觉精神很好，浑身有使不完的劲。

陈抟正品着小宝塔的味道，老人醒来了。他坐起来，一看，见陈抟正蹲在他面前，就问："你来这干啥？"

陈抟指指自己掂来的茶壶，很诚恳地答道："我看你喝得有些醉，怕你渴，我是专意来给你送茶的。"

老人问："你手狂了没有？"

陈抟老实地说："你嘴里出来的小宝塔，我抠了一点尝了尝。"

老人说："你这一尝不要紧，却尝走了我 2000 年的道行。"

陈抟一听，心里很是不安，他很不自在地说："那这咋办呢？"

老人看了看陈抟的样子，就说："算了。"

陈抟感觉对不住老人，很难过地对老人说："你对我这样好，我反而害了你，你治我的罪吧！"

老人看到陈抟难过，就安慰他说："我的道行大，少了这2000年，也算不了什么？"陈抟仍然感觉过意不去，就低头流泪，老人被陈抟的诚实所感动，就对他说道："平常我从老百姓那里得知，几十年里，你对人一直忠厚、诚恳、善良。我来喝你的酒，就是有意和你接近，来超度你成功的。你这次行道，也正合我的心愿，但只是这小宝塔里含酒太浓，恐怕你吃了不一定能受得住呀。"

陈抟已知自己得道成仙，很是高兴。

正如老人所讲，因为当时小宝塔里含酒太浓，陈抟得道后，一觉睡了800年。因此，鹿邑城里东南角，与老君台相对，有陈抟庵，庵里有陈抟的睡像。

陈抟就是这样得道成仙的。

五、财神信仰

（一）信仰民俗

财神是中国民间普遍供奉的善神之一，每逢新年，家家户户悬挂财神像，希冀财神保佑以求大吉大利。周口民众求财纳福的心理与追求，充分反映在春节敬祀财神的一系列民俗活动中。

春节，是中国民间最盛大的节日。其中除夕之夜有一项重要的民俗活动——迎财神。除夕之夜，全家人要围坐在一起吃饺子（饺子象征财神爷给的元宝），吃罢饺子彻夜不眠等待着接财神。除了迎财神之外，祭祀财神也是必不可少的。春节前，家家请回财神，供奉财神像，焚香上供品。正月初二清晨祭焚财神像。祭祀时边行礼边诵祝词："香红灯明，尊神驾临，体察苦难，赐富百姓。穷魔远离，财运亨通，日积月累，金满门庭。"清代俗曲则云："新正初二，大祭财神，点上香烛把酒斟，供上了公鸡猪头活鲤鱼，一家老幼行礼毕，鞭炮一响惊天地。"古时候，周口各家祭祀财神的场面非常隆重。敬祭财神供品三样：第一样为果品，有广橘，示生意广阔；第二样为糕点，多用年糕，意为年年高，糕上插有冬青枝，意为松柏常青；第三样为猪头、全鸡、全鸭、全鱼等等，有招财进宝、年年有余的吉意。祭祀时，主人点燃香烛，众人顶礼膜拜，满怀发财的希望，祈愿在新的一年里大发大富。

现在周口民间仍然有在正月初二有祭财神的习俗。这天无论是商贸店铺，

还是普通家庭，都要举行祭财神活动。各家把除夕夜接来的财神祭祀一番，实际上是把请来的财神像焚化了事。这天中午要吃馄饨，俗称“元宝汤”。祭祀的供品用鱼和羊肉。一些大商号，这天均大举祭祀活动，祭品要用“五大供”，即整猪、整羊、整鸡、整鸭、红色活鲤鱼等，祈望今年要发大财。

周口民间有些人家在正月初五祭财神。民间传说，财神即五路神。所谓五路，指东西南北中，意为出门五路，皆可得财。

民间所谓五祀，即祭户神、灶神、土神、门神、行神，所谓“路头”，即五祀中之得神。凡接财神须供羊头与鲤鱼，供羊头有“吉祥”之意，供鲤鱼是图“鱼”与“余”谐音，讨个吉利。人们深信只要能够得到财神显灵，便可发财致富。

周口旧历年还有抢路头的习俗。正月初四子夜，家家备好祭牲、糕果、香烛等物，并鸣锣击鼓焚香礼拜，虔诚恭敬财神。初五日俗传是财神诞辰，为争利市，故先于初四接之，名曰“抢路头”，又称“接财神”。因此，每到过年，人们都在正月初五零时零分，打开大门和窗户，燃香放爆竹，点烟花，向财神表示欢迎。接过财神，大家还要吃路头酒，往往吃到天亮。大家满怀发财的希望，但愿财神爷能把金银财宝带到家里，在新的一年里大发大富。

财神，一般认为有所谓“正财神”赵公明，“文财神”比干、范蠡，“武财神”关羽，“偏财神”五路神、利市仙官，“准财神”刘海蟾。此外还有供奉太白星者，称为“财帛星君”。因为太白星亦叫金星，附会为财神。还有以齐天大圣、招财童子为财神者。其中最为人们熟知的财神，则是“正财神”赵公明和“武财神”关羽。

赵公明：因张天师曾命其守玄坛，故又名赵玄坛。此人来源于《封神演义》，姜子牙封他为“金龙如意正一龙虎玄坛真君之神”。

比干：殷纣王的叔父，因忠耿正直，被挖心。因其“无心”，故不偏倚，后世人奉为财神，此事载于《史记·殷本记》。

范蠡：春秋时期越王勾践手下大臣，帮助越王打败吴国，后来经商发了大财，改名陶朱公。后人奉为财神。

关羽：三国中的关羽是个“全能”人物，最重义气，后人把“义”和“利”等同对待，奉为财神。周口当地一般商号供奉关羽者居多，认为他对商号有保护作用。

周口各地民间所供赵公明，印刷的形象很威武，黑面浓髯，顶盔贯甲，手中执鞭，周围画有聚宝盆、大元宝、珊瑚之类的图案，加以衬托，突出富丽华贵的效果。

（二）财神的故事

1. 赵公明

民间关于赵公明的传说，由来已久。早在晋代年间，干宝《搜神记》中，赵公明为专取人性命的冥神之一。东晋时期，陶弘景《真诰》中记述，赵公明为致人疾病的瘟神。

直到《封神演义》问世，赵公明才不再像昔日那样浑身充满邪气、鬼气和瘟气。姜太公奉元始天尊之命按玉符金册封神，封赵公明为“金龙如意正一龙虎玄坛真君”，职责是专司金银财宝，迎祥纳福。从此，赵公明开始掌管天下财富，做了财神爷。赵公明司财，能使人宜利和合，发家致富，这正符合世人求财的愿望，所以民间广泛敬祀赵公明，而他原来作为冥神、瘟神、鬼帅的面目被日渐淡忘了。民间所供财神赵公明皆顶盔披甲，着战袍，执鞭，黑面浓须，形象威猛。周围常附之聚宝盆、大元宝、宝珠、珊瑚之类，更加强了财源茂盛的效果。

2. 比干

财神有文武之分，崇文尚武的人家各有所司。尚文的人家供奉文财神，尚武的人家敬祀武财神。除了武财神赵公明外，还有文财神比干。民间年画中，比干的神像为文官打扮，头戴宰相纱帽，五绺长须，手捧如意，身着蟒袍，足登元宝。文财神的打扮与天官相似，二者的区别就是：天官神志慈祥，笑容满面；而文财神比干面目严肃，脸庞清癯。

据历史记载，比干是殷纣王的叔父，是一位忠义之臣。纣王听信妲己妖言，制造酷刑，杀戮谏臣。虽有商容、比干等大臣直谏，纣王终不悔悟。鹿台完工后，纣王听信妲己谎言，欲会见仙姬、仙子。妲己心生一计，于十五日夜请轩辕坟内众妖狐变成仙子、神仙、仙姬来鹿台赴宴，享受天子九龙宴席，迷惑纣王。席上，狐狸骚臭难闻。功夫浅薄的妖狐竟露出了尾巴。宴席上的纣王叔比干看得十分真切，宴后他将此情况告知武成王黄飞虎。经查，众妖狐都是轩辕坟内的狐狸精。比干便与黄飞虎领兵堵塞妖狐洞穴，放火将狐狸尽行烧死。比干还拣未烧焦的狐狸皮制成一件袄袍，严冬时献于纣王，以震慑妲己之心，使其不能安于君前。妲己见袄袍尽是其子孙皮毛制成，心如刀割，深恨比干，誓挖其心。

一日，纣王正与妲己以及新纳妖妇喜媚共进早餐，忽见妲己口吐鲜血，昏迷不醒。喜媚道是妲己旧病复发，须玲珑心一片煎汤救治，并推算说唯亚相比干是玲珑七窍之心。纣王急向比干索其心。比干怒奏曰：“心者，一身之主，隐于肺内，坐六叶两耳之中，百恶无侵，一侵即死。心正，手足正；心不正，则手足不正。心乃万物之灵苗，四象变化之根本。吾心有伤，岂有生路！老臣虽死不息，只是社稷丘墟，贤能尽绝。今昏君听新纳妖妇之言，赐吾摘心之祸，只怕比干在，江山在，比干亡，社稷亡！”纣王怒道：“君叫臣死，不死不忠。台上毁君，有污臣节，如不从命，武士拿剑去取心来！”比干破口大骂妲己，望太庙大拜八拜后，接剑自剖其腹，摘心掷于地，走出五门，上马而去。

传说姜子牙离开朝歌时，曾去相府辞行，见比干气色晦暗，知其日后必有大难，便送比干一张神符，叮嘱在危急时化灰冲服，可保无虞。比干入朝前知己必难，便服饮姜子牙所留符水，故在剖心后能不流血而前行。后传说，比干因服了姜子牙灵丹妙药并未死去，而是来到民间广散财宝。比干生性耿直忠贞，公正无私，心被挖空后成了无心之人，正是因为无心无向，办事公道，所以被后人奉为财神。当时传说在比干荫佑下做买卖的人，无偏无向，公平交易，互不坑骗，所以比干广为世人所传颂和敬奉。

3. **范蠡**

范蠡也是一位文财神。他是春秋战国之际杰出的政治家、思想家和谋略家，同时也是一位生财有道的大商家。

范蠡，字少伯，天资聪颖，少年时便有独虑之明。后被越王勾践拜为士大夫。越国兵败于吴国，范蠡与越王一同去屈事吴王夫差。回国后他又辅佐越王富国强兵，终于打败了吴国。灭吴之后，越国君臣设宴庆功，群臣皆乐，唯独勾践面无喜色。范蠡察此微末，立识大端：越王为争国土，不惜群臣之死，而今如愿以偿，便不想归功于臣下。于是，范蠡毅然向越王辞官隐退，带领家属随从，架扁舟，泛东海，来到齐国。

范蠡父子在齐国海边耕种土地，勤奋治产不久，就积累家产数十万金。齐人闻其贤，请为其相。范蠡叹息：“居家则致千金，居官则致卿相，此布衣之极也。久受尊名，不祥。”于是，他归还了相印，将钱财尽分给了朋友和乡邻，只带上最贵重的物品，暗自离开齐都，悄悄来到陶地。范蠡认为，陶地处天下之中，为交易的必通要道，由此可以致富，以为后半生的保证，自此居住下来自称陶朱公。范蠡父子靠种地、养牲畜、做生意又积累了数万家财，成为陶地的大富翁，后来他又把家财分于百姓，天下人都赞美陶朱公，拜其为财神。

4. **五路神及利市仙官**

文武财神是民间所谓的正财神，在正财神之外，还有偏财神，这是就财神所在的神像位置而言的。民间的偏财神经常是指被称为“五路神”的财神。

在《封神演义》中，五路财神指的是赵公元帅、招宝天尊萧升、纳珍天尊曹宝、招财使者陈九公和利市仙官姚少司。“五路神”又指路头、行神。清人姚富君说：“五路神俗称财神，其实即五祀门行中之神，出门五路皆得财也。”其中的五路是指东西南北中五方，意为出门有五路神保佑可以得好运，发大财。五路财神都是吉祥神，也是民间吉庆年画中常见的形象，他们深受人们的爱戴和崇拜。

在民间所供的财神中，不管是赵公元帅，还是赐福天官，身边总要配以利市仙官（五路神之一），因此，利市仙官可说是地地道道的偏财神。有关利市仙官的来历，在《封神演义》中有记载：利市仙官本名姚少司，是大财神赵公明的徒弟，后被姜子牙封为迎祥纳福之神。所谓“利市”包含三重含义：一是指做买卖时得到的利润；二是指吉利和运气；三是指喜庆或节日的喜钱如压岁钱等。人们信奉他，是希望得利市财神保佑生活幸福美满，万事如意。

5. 刘海蟾

在中国民间信仰的众多财神中，有一类只能算作是准财神，意为未得财神封号，但由于此神能为人们带来一定的财运，承担了一部分财神的职责，于是人们就将其作为财神看待。刘海蟾就是其中最具代表的一位准财神。

刘海蟾，原名刘海，五代时人，籍燕山（今北京），曾为辽朝进士，后为丞相辅佐燕主刘宗光。《历代神仙通鉴》云：一日，有自称正阳子（吕洞宾）的道士来见，刘海以礼相待，道士为其演习“清静无为之示，金液还丹之要”，索鸡蛋十枚，金钱十枚，以一钱间隔一蛋，高高叠起成塔状。刘海惊道：“太险！”道士答道：“居荣禄，履忧患，丞相之危更甚于此！”刘海顿悟。后解去相印，改名刘玄英，道号“海蟾子”，拜吕洞宾为师，得到成仙，云游于终南山、太华山之间。

刘海戏金蟾出现在大量的民间年画和剪纸中。在这些作品中，刘海皆是手舞足蹈、喜笑颜开的顽童形象，其头发蓬松，额前垂发，手舞钱串，一只三足大金蟾叼着钱串的另一端，做跳跃状，充满了喜庆、吉祥的财气。刘海所戏金蟾并非一般蟾蜍，而是三足大金蟾。金蟾被看做是一种灵物，古人认为得之可以致富。这是刘海被塑造成财神的主要根据。据说，刘海用计收了修行多年的金蟾，得道成仙。刘海戏金蟾，金蟾吐金钱。他走到哪里，就把钱撒到哪里，救济了不少穷人，人们尊敬他，感激他，称他为“活神仙”。

6. 财神菩萨休妻

周口民间流传有“财神菩萨休妻”的故事。据说，财神爷是有钱人家供奉的，没钱的人供奉是不会显灵的。从前，财神庙财神身边总有一位端庄美丽的财神娘娘陪伴。后来这位善良的女菩萨突然不知去向，原来她被财神爷给休掉了。财神爷为什么要休妻呢？这要从一个乞丐说起。有个讨饭花子穷得无路可走，讨饭路过一座古庙。进庙后，他什么菩萨都不拜，单摸到财神爷像前，倒头便拜，口里祷求财神爷赐财。赵公元帅见是一个叫花子，心里想连香烛都舍不得点，还来求财？天下有那么多穷叫花子，我能接济得过来吗？可乞丐心中想的正相反，他认为财神总会救济穷人的，富人不愁吃穿，求财何用？便不住地拜。这时，财神娘娘动了恻隐之心，想推醒打瞌睡的财神夫君，劝他发发善心给这叫花子一点施舍。可财神爷不理睬，打了两个哈欠又闭上了眼睛。虽然是财神娘娘，可财权在夫君手上，夫君不点头，怎么好将钱赐给叫花子呢？娘娘无奈只得取下自己的耳环，扔给了叫花子。乞丐突然感到神龛上掷下一物，一见是一副金耳环，知道是财神所赐，急忙磕头，连呼“叩谢财神菩萨”。财神爷睁眼一看，发觉娘娘竟将自己当年送她的定情物送给了穷叫花子，气得大发雷霆，将财神娘娘赶下了佛龛。自此以后，有数百年来就再也没有一个穷人是拜了财神而发财的说法了。

六、关公信仰

（一）信仰习俗

关公即关羽，在中国是一个家喻户晓、妇孺皆知的人物。近代以来，越来越多的人把关公作为全能保护神、行业神和财神。关公的神明名称，普通都作“关圣帝君”，与此相似的，则有“协天在帝”、“伏魔大帝”、“帝君爷”、“关帝”、“关帝君”等，另外有“武圣帝君”、“武圣”、“武圣人”、“武圣君”、“关夫子”、“山西夫子”等，还有“文衡帝君”、“汉天尊”及“护法爷”、“伽蓝君”、“盖天左佛”、“武安尊王”、“恩主公”、“关恩主”等，而明万历间所封“三界伏魔大帝神威远震天尊关圣帝君”，是他的全衔。

民间的一般信仰，是把关公当做三教合一之神：在道教方面，以关公为玉皇大帝的近侍，是善恶的监察神；儒教方面，以关公为文衡帝君，是五文昌之一；佛教方面，以关公为“伽蓝”，有护法的作用。迷信中的画图，有的上绘玉帝，下侧立关公像；有的上绘佛祖或观音，下边立关公像。

据《三国演义》载，关羽因原籍恶豪倚势凌人，遂杀恶豪后奔走江湖。

东汉末年，与刘备、张飞“桃园结义”，誓共生死，同起义兵，争雄天下。建安五年，曹操擒住了关羽，看中关羽为人忠义，拜为偏将军。后曹操察觉关羽无久留之意，便用大量金银珠宝、高官、美女来收买他，但关羽丝毫不为钱财名利所动。当关羽得知刘备在袁绍处，立即封金挂印，过五关斩六将去寻刘备。刘备自立为汉中王，封关羽为五虎大将之首将。曹操得知大怒，与司马懿设计，联合孙权共取荆州。刘备拜关羽为“前将军”，都督荆襄郡事，令取樊城。关羽分荆州之兵攻取樊城，不幸中吕蒙计，痛失荆州，夜走麦城，兵败被擒，不屈而亡。《三国演义》后又记载：关羽遇难后，阴魂不散，荡荡悠悠，直到荆州当阳县玉泉山上空大呼：“还我头来！”山上老僧普静闻曰：“昔非今是，一切休论……今将军为吕蒙所害，大呼‘还我头来’，然则颜梁、文丑（皆被关羽所杀）等众人之头，又向谁索？”关羽恍然大悟，遂皈依佛门。关羽因为一生忠义勇武，坚贞不二，所以，最后为佛、道、儒三门崇信。

关羽被封建王朝官方祭祀，大约始于北宋徽宗宣和年间。在此之前，真宗大中祥符年间虽有“关公解池斩妖”的神话传说，史籍里也有真宗皇帝派官到当阳玉泉寺祭祀关羽的记载，但没有形成定制，祭祀也不规范。《宋史·志五十八·礼八》记载：宣和五年（1123 年），关羽被加封为“义勇武安王”后，“从祀于‘武成王庙’”，这是目前见到的正史记载祭祀关羽的最早资料。后来人们对关公的祀典也日益隆重。《关帝志·祀典》称：“明嘉靖年间(1522－1566)，定京师祀典，每岁五月十三日遇关帝生辰，用牛一、羊一、猪一、果品五、帛一，遣太常官行礼。四孟及岁暮，遣官祭，国有大事则告。凡祭，先期题请遣官行礼。”另据《明史·志二十六·礼四》记载：“以四孟岁暮，应天府官祭，五月十三日，环路南京太常寺祭。”进入清代，祭祀关帝的规模进一步扩大，规格也更加提高。清世宗雍正三年（1725 年），京师增加春秋二祭，变原来的一年一大祭为三大祭，由太常寺奏定，朝廷颁布祀仪如“中祀”制，五月十三日祭祀用牛、羊、猪各一头，果五盘、帛一匹；春秋二季的祀礼同文庙（祭祀孔子）一样，牛、羊、猪各一头，豆类十种，帛一匹。规定“前殿大臣承祭，后殿以太常长官承祭”。清代后期，祭祀关帝的典礼达到极盛。咸丰三年（1853 年）将关帝正式列为“中祀”，祭关要“行礼三跪九叩，乐六奏，舞八佾，如帝王庙仪”。

庙会也是祭祀关帝的一种形式，它是由官祀演化而来。周口关帝庙每年都有关帝庙会来祭祀关公。

（二）关公的故事

1. 关公的来历

相传河东解良地方（今山西解州）有个村庄名叫白沙庄，村庄不甚大，非常秀丽，三面环山一面靠水。那水名曰“白沙河”。河中的沙子白得如珍珠一般，一到秋冬，河水降落，露出成堆成片的白沙，阳光一照，一片晶莹。山叫灵仙山。灵仙山顶，大树参天。山中有一寺，寺内住着位120余岁的老和尚智真，极有道行，传说他能知过去未来，简直与神人无二。

却说有一年，正值深秋季节，百姓忙于收割，那白沙河河水干涸。这日，正值上界太白金星从南海回宫，驾云路过白沙庄，他偶尔俯首一望，老眼昏花，把河里的白沙看成了白米，气得这老儿吹胡子咬牙。回宫后，太白金星急急向玉皇大帝奏了一本：“吾皇在上，下界万民安居乐业，唯解良地方刁民，不惜五谷，将白花花的大米倒入河中。如此恶举，上界岂能坐视，请陛下降罪。”

玉帝闻奏，怒不可遏，立刻下旨道：“解良地方大旱三年，不得有误!”

这一来，真个是苦了解良之民了。这白沙庄百十来户人家，全靠勤耕细作度日，别说三年不下雨，就是一年大旱也就够呛的了。这白沙河又是山涧之水汇合而成的季节河，一到下半年便干涸了，哪里容得三年大旱?

头一年大旱，河水干涸，白沙直冒热气，幸好家家尚有积蓄；第二年大旱，白沙晒得直冒火花，草木焦黄，病魔横行，鸡犬不存；到了第三年，炎日当空，土地龟裂，草木自燃。四野一片焦土，全庄十之八九饿死。几个幸存者，连日到白沙寺求神赐雨，消灾祛病。可是，那老和尚智真却终日闭目养神，不开一言，真个是“生灵涂炭，神佛无哀”。

忽一日，这智真和尚突然睁开细目，对众人道：“有救了，白沙庄有个忠义之神，到上界去求雨了，三日后必有透土大雨。”奄奄一息的众人一听此话，立刻来了精神，可是到门口朝天一看，晴空万里，丝云不挂，哪有下雨的踪迹！大家一齐长叹，满以为老和尚是安慰大家罢了。

原来，有条鳝鱼精原在天庭为神，因被诬陷，降到人间戴罪修道，正好离白沙庄不远。这日，他听得阵阵悲切之声传来，睁目一看，才知百姓横遭不白之冤，屈指一算，知是太白金星这老儿作的孽，于是鳝鱼精就托梦智真长老，愿到天庭为民申冤。

却说这鳝鱼精来到天庭，暗地里找到雨师、云神、风伯，向众神讲明原由，诸神听后无不同情。鳝鱼精道：“生灵如此蒙冤，我等岂能坐观？各位高神只顾去施雨，一切罪责全由我一人承担，绝不连累大家。”诸神听了，一口答应。

这天午时，果然乌云密布，顷刻之间，雷电交加，急雨如注。大雨足足下了三个时辰，以后，解良一带五日一小雨，十天一大雨，真正是风调雨顺了。

到了秋收，是个丰收之年。老百姓为了感谢白沙寺智真长老的功德，一齐前去打扫庙宇，还修了一条通往白沙寺的大道，铺上一层白沙，烧香礼拜者络绎不绝。

转眼到了大年三十，户户张灯结彩，家家挑符更新，爆竹震天，欢天喜地。不料又是乐极生悲，这阵阵爆竹穿过九霄，直冲凌霄宝殿，玉皇大帝闻志，问道：“下界何方吵闹，弄得朕心神不安哪！”太白金星急心出班奏道：“下界解良白沙庄，因将白米倒入河中，陛下降罪三年不雨；不知怎的又下起雨来了，他们又吵又闹，正在庆贺呢。如此不思痛改前非，应从重发落。”

玉帝闻奏大怒，立即唤雨师来责问：“朕早有旨，河东解良三年大旱，尔等为何又去施雨？”

雨神推托道：“陛下，自古以来，雨随云去，请问云神。”玉帝又召云神，云神道：“云随风而动，请问风伯。”玉帝再问风伯，风伯只好说了实话：“陛下，金星所奏实属冤情；白沙河原是白沙，并非白米。几年大旱，使河东地方的农民十死八九。原在太虚宫为神的鳝鱼精也被金星妄奏披罪，打下凡间，恰好在白沙庄附近，他目睹生灵如此苦难，偷偷回来求雨，以救万民。吾皇英明，请明察。”

这玉皇大帝乃上界至尊，金口玉言，怎容旁人违抗？他不但不思自己有过，反而一拍金案道：“好一个罪神，竟敢如此无视天规。李靖听令：速派天兵前去将鳝鱼精捉拿问斩。雨师、云神、风伯，以私徇情，有违天条，念是初犯，各打80大棍，以振天威！”

鳝鱼精自知难逃一死，就托梦给智真长老：求他在白沙寺后山顶置一口大缸，明日午时之后，再用一大缸对口盖好，七七四十九日后方可打开。智真长老知道这鳝鱼精为民犯上，即行斩首，念了声“阿弥陀佛”，立即吩咐小和尚照办。

第二天午时，忽见南天门红光闪闪，一条鲜红的血柱直泻白沙寺后的山顶，正好注入那口大缸内。不一刻，红光消失，大缸装满了血浆。智真急令用缸对口盖上，封上经文。再令12名小和尚轮流看守，不得有误。

且说这班小和尚日夜守着这缸血浆，不觉已到四十八天头，一位小和尚道："师傅让我们守这玩意，不知何意。今天已是四十八天了，不妨打开看看。"这个提议立刻得到众和尚的同意，大家手忙脚乱打开上面的缸。这一开非同小可，把一班小和尚吓得屁滚尿流，急急忙忙跑回寺内禀报长老。

智真急忙赶到山顶一看，原来，缸内坐着一个周身通红的血人，闭着双眼连叫："闷死我也！"

长老双手合十，念声阿弥陀佛，看此血人，身高九尺，五绺长须，只是双眼未开。智真长老令人抬水让血人洗浴，又随手折一枝茅草，在血人眼皮下割开一条细缝，这就是后来关羽的"丹凤眼"。

这血人洗浴更衣后，向智真长老连叩三头，请长老赐名取字，智真略思片刻道："你是关在水缸里长成的，便姓'关'吧；愿你得遇明主，将展翅驰骋于天地之间，取名一个'羽'字；你是云中注下的血浆长成人形的，表字便叫'云长'。不知意下如何？"

关羽点头称谢。以后，他便在解良住下，以拉车为业，闲时到白沙寺学些武艺。这智真确是个异人，使得一手秘传刀法，他把刀法传给关羽。关羽后遇刘备、张飞，结为兄弟，干出了一番轰轰烈烈的大业。归天之后，又回到佛门，故许多庙里至今还供着关公像。

2. 关公是怎样成为武财神的

在民众的心目中，关羽是一位义薄云天、堂堂正正、不为金钱美色所动的盖世英豪。后来，他却变成了商人所礼奉的武财神。这是怎么回事呢？荆州民间有这样一个传说。

那是官渡之战前，曹操分兵东进，大败刘备，关羽和刘备的两位夫人被俘。曹操知道关羽武艺超群，想收留下来为自己效力，便派大将张辽劝说关羽投降。关羽不等张辽说完，就直截了当言道："曹操想我归附于他，首先必须依我三个条件：其一，如果说投降的话，我只投降汉朝皇帝，不投降曹操；其二，在此逗留期间，你们不仅不能侵犯刘备的家属，还要负担其家属的生活费用；其三，一旦得知刘备的下落，我立即就去找他。这三个条件缺一不可，不然，休想我留下！"张辽听后，马上回报曹操。曹操求将心切，都一一答应了。

关羽带着刘备家属随张辽回到许昌后，曹操为收买关羽的心，专门给他拨出一处宅院，供居住享受。接着，对关羽以宾客相待，"三日一小宴，五日一大宴。"同时，经常给关羽送上很多金银、宝珠、彩绸等物，说是"望予笑纳"。关羽也不推辞，把这些礼物都交给刘备的两位夫人收好。除此之外，曹操见关羽的战马不好，就把自己心爱的赤兔马送给他。关羽对曹操的百般讨好毫不动心，仍然经常打听刘备的消息。

一天，曹军从外地捉来两个人，关羽见其中一人是刘备的谋士孙乾，便让军士将他带来，命左右随从退下，私下向孙乾打听刘备的下落。孙乾告诉关羽刘备暂且在袁绍的帐下，要关羽保护两位夫人早点去见刘备。关羽知道底细后，一面将孙乾放了，一面把这个消息告诉刘备的两位夫人。两位夫人说事不宜迟，要关羽赶快设法离开曹操，以脱虎口。

关羽是个讲义气的人，就去丞相府向曹操辞别。谁知曹操早预料关羽有这一着，就叫人事先在门口挂上回避牌，不见客人。关羽不好进去，闷闷不乐地回到民住宅，叫原先跟随自己的人收拾车子，做好走的准备。第二天，他又去丞相府向曹操告辞，见门上还是悬挂着回避牌。这里面是何蹊跷呢？原来曹操以为自己对关羽以礼相待，有不杀之恩，只要不与他相见，他是不会不辞而别的。这样一来，关羽就会留下来不走了。可是，曹操打错了算盘。关羽想，你曹操不见我，我就向张辽告别，以免旁人说我不讲义气，走时连个招呼都不打。不一会，关羽来到张辽家，门卫说张辽突然生病，不能相见。这下子关羽才醒悟过来：这一定是曹操出的鬼点子，让我一次又一次吃“闭门羹”，以达到留人的目的。于是，他立即下定决心：“三十六计，走为上计”，此处不是久留之地！

关羽转身来到住处，便写上一封信，派人送到丞相府去。然后，把曹操封授的“汉寿亭侯大印”悬挂在大堂上。紧接着，将曹操赏赐的金银、珠宝、布帛等财物，都一样不少地悉数清点留下。为了不落人口实，他附上了一本依照“原、收、出、存”四个项目记载得一清二楚的账册。这其中的“原”，就是曹操原本送给了关羽多少礼物；“收”，就是关羽如实收到了曹操多少件礼物；“出”，就是关羽在这段时间支出了多少件礼物；“存”，就是关羽临走之前还结存多少件礼物。关羽这种简明的记账法，后世的传统商人都照搬照用，被世人称为“商用簿记法”的设计发明者。

如此一来，关羽既有算数头脑，又以信义著称，就顺礼成章地被商人尊奉为“武财神”。

3. 关帝爷听音受封

关羽死后，被人尊作“关帝爷”。这称号是怎么来的呢？有段传说故事，十分有趣——

传说关云长夜走麦城，被东吴俘获枭首后，阴魂飘飘，总是不散。有时化作怪风，嗷嗷惨叫；有时化作邪雨，凄凄哀号。关羽自以为英雄一世，却死于无名之辈手下，实在冤枉。于是乎他跨上千里赤兔马，手执青龙偃月刀，直向阴曹地府杀去，决定和阎王爷算算账。

关云长很快来到了冥王城，那把门小鬼哪里挡得住，他一提绳缰冲了进去。真是怒从心头起，恶向胆边生。只见他丹凤眼一睁，上三下四、左五右六地杀了开来。只杀得众鬼们躲的躲，藏的藏，哭爹的哭爹，叫娘的叫娘。阎王爷也是欺软怕硬，吓得躲起来了。掌管生死簿的崔判官，他不能随便跑啊，没办法，只得应付。他素知关云长的为人——爱戴高帽子。便满脸堆笑地走过来，深施一礼道："请住手！"关云长听了，用手一指道："呔！大胆孽鬼！因何叫俺住手？"崔判官道："关爷您说：手下不死无名之鬼，这些鬼都是无名之辈，杀了尔等，岂不坏了君的好名声？"

这句话还真管事儿。关云长听罢，住手停刀道："你是——""我是掌管生死簿的崔判官！"关云长一听，上前抓住了他的脖颈儿道："我来问你，我正辅佐汉皇叔，我主刘玄德拒吴抗曹，焉何要我……"崔判官打开生死簿，关云长从头至尾查看了一遍，连半个关字也没找着，便问："这是为何？"崔判官道："此乃天意，在下一概不知。"关云长一听这是玉帝的事儿，也没再说什么，他跃马舞刀，直向南天门杀去。这天值班的是巨灵神，他见关云长怒气冲冲地杀来，上前拦住道："红脸汉，你是何人，竟敢目无上天，私行过关！"关云长找玉帝心切，也没答话，一带赤兔马，"嗖"的一声冲了过去。

关云长来到了凌霄宝殿前，将马拴好，也没通报，提着青龙偃月刀就来到了殿内。这时候，玉皇大帝正和太白金星下棋，见一红脸大汉闯了进来，他用棋子拍了一下棋盘，满脸怒气地问道："来者何人？"关云长怒色冲冲地答道："汉寿亭侯——关云长是也！"玉皇大帝急问道："来此做甚？"关云长睁了睁丹凤眼道："我正辅佐皇叔刘玄德拒吴抗曹，准备一统汉室，焉何要我归天？"玉皇大帝见问，一语双关道："熟读《春秋》，不知冬夏（东下）？为将何愚，死而何怨！"

关云长文武兼备，接着也来了个一语双关道："只识神仙（身先），不晓人间（仁奸）？是帝当羞，执权当愧！"玉皇大帝进而问道："你怎知我不晓仁奸？"关云长将刀一戳道："我主刘玄德，乃汉室宗亲，理应扶帝兴汉，奈何又命奸曹专横跋扈，握势掌权，以凌天子？又让碧眼儿孙权侵荆，三分天下？"太白金星见玉皇大帝一时语塞，忙接口道："玉帝原本叫你辅佐刘备，一统天下。奈何你违了圣上旨意……"

没等太白金星说完，关云长凑前一步问道："我怎的就违了圣上旨意？"太白金星道："华容道为何将奸操释放？碧眼儿联姻，又为何言说'吾虎女焉嫁权（犬）子'，不知连吴抗曹？"关云长正欲说什么，玉皇大帝来了词儿了。用手一指道："我且问你，我叫你过六关斩六将，你为何偏过五关，就斩了六将。我叫你姓关的也算上一关！你有何说。"关云长笑了道："我分明过的是六关，却怎说五关？"

玉皇大帝扳着手指数道："东岭、洛阳、沂水、荥阳、黄河隘口。那六关呢？"关云长从容答道："南天门岂非一关乎？"玉皇大帝圆瞪双眼道："咄！天上关、地下关，仙关、凡关，岂能混淆？"关云长丹凤眼一睁答道："关隘关，姓氏关，城关、人关，怎可乱凑？"玉皇大帝顿时张口结舌，无言以对。太白金星见其难下台阶，上前密奏道："何必与他饶舌，封他个小小官职，让其下界去吧。"玉皇大帝听了，点头称是。随即唤道："云长！""有！"根据历史演变，目下当是魏、蜀、吴三国鼎足之时，大局已定，该是你归位称神的时候了。

关云长一听，心想：这也算合适。立时言道："既如此，愿听封。"玉皇大帝没有说明官衔，只是委委婉婉地道："我封你个'红门则进'之职，去吧！"那时土地庙门是红的，意思是让关云长当个土地爷，消消他的冤气也就算了。关云长是什么人呀，一听就明白了，心中暗说：你叫我红门则进——当土地呀，我给你来到"逢门则进"——家家享供。以后不追究便罢，待追究时，我就给你个反戴网子倒束簪，赖你个口白不清，生米已成熟饭，量你那金口玉言再难更改。于是应了个"是"，也没谢恩，就到下界去了。这就是家家户户供奉关云长的来由。关云长赖了个逢门则进，受千家万户的供奉，后来玉皇大帝知道了，但念其一生忠义，也就不再追究。

关云长呢，开始倒觉得不错，时间一长，浑身长疮——毛病出来了。他心想：我虽已入神位，奈何无甚职权，这哪儿成？于是他又去了上天。当时，玉皇大帝正在蟠桃园赏景，见关云长找来，不屑一顾地问道："云长，不在下界供职，又来此做甚？"关云长躬身问道："在下何职之有？"关云长一句话刚落音儿，恰在此时，玉皇大帝见那棵蟠桃树摇晃起来，下意识地说了声："听——风来了。"关云长正找这茬哩，于是随口应道："正是听封（风）来了！谢玉帝开恩！"玉皇大帝不能自打耳光呀，说风（封），就封（风）呗。封啥呢？正思考间，只见树梢儿上有一树结着果实的小枝儿，玉皇大帝一看，有了：于是指了指那小小树枝儿，道："此即你职，高枝任职。"玉皇大帝的意思是：给你个空职（枝）无实的小衔吧。关云长想的是：噢，给我个"高职（枝）带实"的衔啊！"多谢吾皇恩典！"关云长说完，扭头便下界去了。

自此，关云长更自高自大了。遇事独断专行，训这批那。众神有些受不了，有的就到玉皇大帝那里去告状，并添枝加叶地道："玉帝呀，关二矬子不得了啦！他不仅不把我们放在眼里，就连你，他说也只能管天，不能管地，更管不着他！”

玉皇大帝听了好恼，提笔写了一个字条递予那神道：“去吧，叫关云长看看就行了！”

字条上写的是什么呢？是这个：“玉帝管天地非帝不管关也当管。”破开念应是：玉帝管天地，非帝不管，关也当管。玉皇大帝的意思是，我作为玉皇大帝，既管天，也管地，不是我，谁也不能全管。至于关云长，我也应该管。

那神来到了下界，把字条对着关云长与众神念转弯儿了，变成了这个“玉帝管天，地非帝不管，关也当管”。这样一来，关云长便成了除玉帝外的第二大神！

关云长呢，他虽赖得了个高位子，但是空的，没有实权那哪成？也是该他走运。巧了，这一天，他正想上天去混个封号，玉皇大帝带着众神下界视察来了。关云长是个很有才思的人，巡游时，他当着众神问玉皇大帝道：“在下有一事不明，不知当问不当问？”玉皇大帝道：“不知有何事要问，只管讲来。”关云长清了清嗓子道：“敢问我们三人桃园结义，刘备为长，称为刘大哥。张飞最小，当是张三弟。不知我关某行儿？”玉皇大帝听了，感到蹊跷，笑了道：“这还用说，你理所当然的是关二弟（帝）了。”关云长闻言，“连忙叩头：谢玉帝恩典！”随即对众神道：“听见了没有？玉帝封我为关二帝。”众神当着玉皇大帝的面儿，也不好再说什么。玉皇大帝呢，金口玉言，也不能随便更改呀？人间呢？出于对关公的尊重，有的称他关帝，把“二”去了。也有的更尊称他为关圣帝君等。

七、土地公的信仰

土地神又称“土地公公”、“土地公”、“土地爷”，是民间信仰最为普遍的众神之一。土地神属于民间信仰中的地方保护神，在民国（1949 年以前）及其以前，凡有汉族人群居住的地方就有供奉土地神的现象。在中国传统文化中，祭祀土地神即祭祀土地，多属于祈福、保平安、保收成之意。

土地神也是道教诸神中地位较低的神祇。有关土地神的出处很多，传说之多不胜枚举。一说为：周朝一位官吏张福德，生于周武王二年二月二日，自小聪颖至孝，36 岁时，官朝廷总税官，为官廉正，勤政爱民，至周穆王三年辞世，享年 102 岁。有一贫户以四大石围成石屋奉祀他，不久，由贫转富，百姓咸信神恩保佑，乃合资建庙并塑金身膜拜，取其名而尊为“福德正神”，另一说为：周朝上大夫的家仆张明德（或张福德），主人远赴他地就官，留下家中幼女，张明德带女寻父，途遇风雪，脱衣护主，因而冻死途中。临终时，空中出现“南天门大仙福德正神”九字，盖为忠仆之封号，上大夫念其忠诚，建庙奉祀，周武王感动之余说，“似此之心可谓大夫也”，故土地公有戴宰相帽的。

一般的土地公都是慈眉善目、白须白发的老人，有时会有土地婆陪祀，有时则只有土地公而已。这是民间传说着一个故事：玉皇大帝委派土地公下凡时，问他有什么抱负，土地公希望世上的人个个都变得有钱，人人过得快乐。土地婆却反对，她认为世间的人应该有富有贫，才能分工合作发挥社会功能。土地公说：“那么，贫穷的人不是太可怜了吗?”土地婆反驳着：“如果大家都变有钱人，以后我们女儿出嫁，谁来帮忙抬轿子呢?”土地公无话可说，也因此打消这个原可“皆大欢喜”的念头，世间才有今天的贫富悬殊差别。世上觉得土地婆自私自利，是一个“恶婆”不肯供奉她，却对土地公推崇备至。

周口一带的习俗，每个人出生时都在当地土地庙挂名标号了。人去世之后，都要去其所属土地庙押魂销号，做祭祀活动。或者是新死之人的家属，到土地庙，禀告死者姓名生辰等资料，以求土地神为死者引路。

民间认为土地公的生日是农历二月二日。土地公得道升天日是农历八月十五。并且土地神是墓园的守护神，所以人们在扫墓前需先祭拜土地神，答谢其看守坟墓之辛劳。民间每年都要对土地公进行春秋两祭。春祭是在每年立春之后的第五天，乡民们以酒肉、香纸蜡烛之类的什物来叩拜土地神，祈求全年风调雨顺、五谷丰登、六畜兴旺。秋祭则在立秋之后的第五天，以让土地神分享丰收的喜悦。以前为天子诸侯祭拜的“社稷”，“社”就是土神，“稷”就是谷神。

八、寺庙遗迹

周口位于豫东平原中部，沙河、颍河、贾鲁河在此汇流，三岸对峙，形如鼎足，素有“小武汉”之称，为清代河南“四大名镇”之一。由于水陆交通发达，手工业、商业发展很快，明末至清朝为最鼎盛时期，民众生活富裕。

受佛教之影响，为了祈求生意兴趣，社会安定，当时先后营建大小庙宇近70座（其中包括外省商贾营建的十大会馆），大部分布于沙颍、贾鲁河沿岸和次要街区之中，它的面积十分庞大，竟占当时周家口总面积的三分之一，今选周口一带典型的寺庙分述于后。

1. 城隍庙（位于贾鲁河西，川汇区教育局西侧），占地20亩，正门高大居中，东西有角门，两侧树一对威武雄壮的石狮子，庙内为两进院，红石铺路。前院有带卷棚的大殿3间，雕梁画栋，内塑城隍像，他头戴王冠，身穿红袍，端庄静坐。东廊房5间，雕塑阴森威严的五殿阎君像，西廊房5间是奶奶堂。二进院山门里是大戏楼。顺着石路前行，迎面有崇阁3间，底层有城隍木雕像1座，可以移动，专为出巡之用。正间设真床1张，红缎被褥，上挂帷幔，城隍仰面卧床，夫人坐在圈椅上，侍手端茶盘侧立，造型逼真，惟妙惟肖。

解放前每年清明节为城隍出游日，声势浩大，遍及三岸。为了途中休息，在今人民商场西侧（原炮铺坑处）和北岸文昌街中段各建城隍厅一座，各有大殿3间。城隍出巡轰动周口全城，条河三岸像正月十五过灯节那样热闹，路线是先从城隍庙南行，经西顺河街至大闸处渡河，至南岸西寨门，经西大街、小南街、牲口市至城隍厅休息。然后经胡家集、南永兴街、北永兴街、陈州街，从齐埠口乘船至北岸城隍厅休息。再经坊子街、关帝庙门、人和街、德化街、过二板桥返回城隍庙。城隍坐八抬轿出巡，一路前簇后拥，锣鼓乐器齐鸣，热闹异常。当暮色降临时，城隍轿前轿后张灯结彩，火把通明，周口士绅列队前往“迎驾”，场面宏大，在当时视为一大景观。

2. 三元宫，又名三官庙，位于河西古衣街（今二板桥西头堤上），占地20亩，仿明朝宫殿式造型建筑，气势宏伟。所谓“三官”，即天官、地官和水官，道家敬奉。据传天官赐福，地官赦罪，水官解厄。道家以“三官”配“三元”，故名“三元宫”。农历正月十五日为上元，天官生；七月十五日为中元，地官生；十月十五日为下元，水官生。每逢“三元”日，便有盛大庙会，是民众游玩、购物的良好时机。

3. 河西关帝庙，原西老寨东侧，虹济门南侧，由周口当地商人集资，建于明代万历年间。主题大殿5间，东西廊房各4间，以及后院僧人住室等，占地10亩。它是周口最早的庙宇之一。

4. 北岸地藏寺（今川汇区物资局处），占地40亩。寺院有3座门，东大门为“进丘门”，即丘子园；中大门院内有南宝3间，东屋3间；西大门进寺院，迎门为照壁；北屋大殿3间，内塑地藏王菩萨像；东西南屋各3间。每逢农历七月十五日关帝庙僧人去诵经作道，设斋作参拜，夜晚还放河灯。

5. 天爷庙，位于北岸庆丰街（今四五酒厂院内）。院内建大殿1座，配房6间。每逢正月初九日有庙会，河南岸北善男信女前往烧香。院有老井一眼，口径1米多，周围石砌，井水甘美甜润，胜过沙河水质，附近居民都饮此水。酿出的酒清香醇厚，周口四五系列老酒驰名我省内外，与此井有关。

6. 祖师庙，位于北岸乐善街（贾鲁河东堤处）。内分前、北、东3院，大殿内塑周公像，东西壁上均绘有“上狼牙树”、“秤钩鼻子”、“小鬼推磨”等森严画像，给世上那些缺斤短两的商人、不孝敬老人的年轻人敲起警钟。

7. 孙爷庙，义名马子庙，位于颍河路东段（今胜利桥北头东侧）。内设大殿3间，塑孙悟空像，殿前竖木旗杆1根，大旗迎风招展，上书“齐天大圣”4个大字。每年农历六月初八为大圣生日，唱戏5天，并有庙会。旧社会每逢干旱，民众祈求降雨，男女老幼成群结队前往焚香许愿。

8. 普济寺（位于南岸新街北头河堤上）。寺门向北，正对贾鲁河口，有大殿3间，塑白玉佛祖、大王等神像，以企盼消除水灾。寺院内高悬大钟1口，每日早、午、晚敲3遍。由于地势较高，声闻数里，“普济钟声”为周口八景之一。与普济寺相对，以磨盘砌成的装卸码头上盖门楼一座，上书“普济门”3个大字，表达普济众生之意。

9. 奶奶庙，位于西岸（今川汇区教育局附近）。有大殿3间，内塑奶奶像，周围高高的供台上摆放着形态各异的泥塑白胖娃娃，这叫“娃娃山”，专供无子女的年轻人“拴娃娃”。其办法是，看中哪个就把一根红线套在其脖子上并带回家，祈求来年生贵子。每逢农历正月十五日是奶奶庙会，届时，拴娃娃者，喜生贵子“还愿”者，熙熙攘攘，挤破庙门。

10. 九龙寺，位于春秋时期楚国地面，即河南省沈丘县西北5里焦柳营村，即焦营与柳营的两挟之间。坐北向南，占地面积7000平方米，折地10亩有余。北靠历史闻名的南宋民族英雄岳飞大战金兀术会战之地500米处，尚有兀术营村。后临洛阜高速，绕飞机场，穿越东西，东靠千株茂森、柳暗花明、绿树成荫；古人云“龙靠大海，虎靠山，君王有道民安德，积德神佑生贵子，长林无树不摇钱”。向东500米是火神庄，历年正月初七火神古会，香烟纷纷，炮声喧天，完善同归，会期四天，非常隆重。西跨一路一沟，柏油铺地的南北大道，越过兀术营，侵入淮境，直达陈州太昊陵。南枕周界公路车辆穿梭，紧靠颍河，百舸争流，川流不息，水旱适宜的交通两道。庙后有400平方米的放生池塘美景，寺院南侧是广阔的开发基地，有多个企业厂家，贸易兴隆，地势平坦，土质肥沃，又是农业丰收的华夏之腹，中州之心。

真可谓“农光普照、香烟生辉”，八方来朝，万善同归，善男信女及广大游客活动胜境之地啊。

龙王是水族的部营。民间认为：江、河、湖、海凡是江、淮、河、汉、山脉、河流，有水的地方，就有龙王的存在。龙能兴风雨、射雷电。人们祭祀龙王，多把它作为兴云播雨之神，如：农历每年都有几龙治水来定年成的好歹。古人认为龙有多种说法：“东西南北四海都有龙王管辖，就称四海龙王，也就是金龙四大王，船民常年烧香祭祀，祈求保佑，水陆平安（原小顶寺，船民独修金龙四大王庙三间）。另有五方龙王，诸天龙王，江河龙王。”中国是龙的传人，龙就代表中国富贵吉祥，龙子，龙孙，真龙就是天子。尊称为朝廷。汉书记载：汉刘邦之母，身觉疲乏，树下躺睡，朦胧之际，风降雨起，觉得下身凉气入腹，惊醒怀孕，鼻，眼如龙，成人长大，当上皇帝，坐了朝廷，登了真龙天子之位。因何称九龙也就是九龙圣母龙师送来九龙，真龙天子坐的金銮殿，通称“九龙厅”，故有九龙之称的龙神。九龙寺的前身，也就是“九江寺”的化身遗址——龙江寺的来历，历史悠久，岁月之长，年代久远，据“诸神供奉图”记载：唐朝初期，在（槐店）古项，即沈丘县城北二十里，霍营村的南侧，有个名叫张路斯的人，夫人石氏，生九个儿子。他曾在南阳做过照灵侯，自罢官归里后，经常到“焦氏台”的河边钓鱼。有一天在垂钓的地方，突然出现一座宫殿，他好奇地走了进去，霎时昏沉如梦，因此便成了龙王。从此他每天早起到龙宫里去，天黑方回，回到家里，身体还凉冰冰的，衣服湿漉漉的。妻子问其何故，张路斯说：我已经是龙王了，外地来一个叫郑祥的人，他也是龙王，要与我争夺地盘，我们约好，明天决战。为此请你转告九个儿子，明天去为我助战，头上扎红巾是我，头顶扎青巾是郑祥，记住不要认错标记了。张路斯的九个儿子，听了父亲的话，第二天手持弓箭去为父助战，朝扎青巾的猛射，结果把郑祥射中了，郑祥负伤以后，愤怒地逃离了焦氏台，张路斯父子在后紧迫追击，直追到东北三十里处，郑祥就死去了。

唐乾宁年间（894－898），刺史王敬尧在当地建了一座龙王庙，就是现在郸城县的东风乡，古称“黑龙王庙”的来历就是如此。同时焦氏台也建了“青龙王庙”后称“九龙王庙”。

在明朝初期，洪水泛滥。蔡河中游，霍营南侧，由一老龙潭，里边的青龙修道成功。有一天夜间，有一白发老翁，给霍营寨主托梦说：随洪水来的有一条黑龙，为争地盘，俺们要搏斗，明天上午请你助我一阵，潭中水浪翻花，如果黑水翻花，你就用箭猛射，青水翻花，你就投馍增食，以后我保你平安。寨主醒来，天明河边瞻望，果然如此，潭水翻腾，忽青忽黑，如锅滚似的。于是就按梦中所嘱，不料迟慢失手，射伤了青龙，忽然发出一阵青烟雾气，奔赴西南八里焦柳营村处，躺落在地，果然献出一条青龙负伤。当地人们就烧香磕头，清茶果供，敬献而食。不久青龙就脱身化身，献魂显灵。当地人们都烧香下药，治病许愿，果然有灵，有求必应，感动人心，当时就建一简易小庙。

明朝正统十三年，公元1448年，有积善之家：王运正、转朗轩、侯耀如、豆炎、豆书成、张眉宏等人合议，筹措资金，善士乐捐，创建“龙降寺”（因青龙降落之地故名降龙寺）后人认为降字，含义不雅，改为龙拂江海的江字，故名“龙江寺”传留后世。于1448年八月兴工，建期六个月时间，正统十四年二月初二开光典礼，定为每年二月初二为龙王大会。原“龙江寺”位于此处的东二里，坐北向南，寺院面积二十五亩三分左右。寺院高一丈五尺，有前午门三间，双狮拦门，门上石刻“龙江寺”金光闪闪三个大字，院内松柏碑林整立，中间出厦，四挑角，彩色玻璃瓦，滚龙大亮脊，缠龙雕花明柱，高大雄伟，大殿内有九龙神的坐像，高约丈余，壁画满墙，东西配房，全是亮脊出厦，内塑天地全神，二十余座。每年二月初二为龙王古庙大会，会期四天，四面八方香客如云，香烟纷纷，炮声连天，声势浩荡，热闹非凡（寺内常住有和尚奉神护庙）。

后清朝中期，雍正年间，社会紊乱，匪盗蜂起，到处扫荡，民不安逸，形势逼人。槐店防匪修寨，且不容缓，急上加急，如火燃煤，在不得已的情况下，采取挖西墙补东墙的果断措施，将龙江寺拆除扒掉，人挨人排到槐店工地，一块一块手递手的转运到寨墙西段，半月时间，庙扒了寨修好。从此，龙江寺就断绝香烟，古会消失。当时，人们既不满意，敢怒而不敢言，讽刺地编成歌谣“挖西墙，补东墙，扒庙墙，修寨墙，槐店保家乡，哭了老龙王”。解放前夕，庙台故址，上有残砖碎瓦。这就是龙江寺的前因后果。

11. 小顶寺，位于沈丘县县城西三里许的杨营村，又名小店。据说，该寺建筑气势雄伟，美丽壮观，楼台亭榭布局合理，构架巧妙，曲折通幽，奇花异草争奇斗艳，苍松翠柏与廊宇交相辉映互比高，各殿堂里浮雕壁画浓釉重彩，富丽堂皇，供奉着：佛祖、菩萨、观音、罗汉、玉皇大帝、太上老君、王母娘娘、真武大帝、荡魔天尊、关圣帝、天宫、地宫、水宫、风神、雨神、水神、火神、正财神、偏财神、武财神、文财神、送子娘娘、三奶奶、诸多王爷，凡九天之上之仙家，天地间之神灵，黄泉之下阎王判官能塑供的皆供之。可该寺的名字——小顶寺，却与任何神灵均无关系。那么，该寺为何叫小顶寺呢？其背后有着怎样离奇的故事呢？

据说，明洪武三十一年（1398年）夏，黄河大堤决口，滚滚洪水席卷南下，黄河改道侵颍入淮。洪水所到之处房倒屋塌，这里也被夷为平地。深受洪水之害的人们，总想降伏肆无忌惮、无滞无绊的洪魔，让其永不侵扰、残害生命财产，为百姓造福。可，当时的百姓受封建迷信思想统治的太重太深，满脑子是封建迷信，把降洪魔的希望寄托于天地神灵，借虚幻的神的法力，来拯救人们。于是，幸存的人们在洪水过后，就着手兴建龙王庙，寄希望于此来谋求幸福的生活。

建龙王庙的工程，由两个家族分工协作承担。一个家族是泥瓦匠世家承担泥工瓦匠活，另一个家族是木匠世家承担门窗梁檩等修饰雕刻制作。初始时，两家族协作得还很愉快，相处得还很和睦，关系融洽，整个筹款备料建筑殿堂、回廊中还是有商有量互敬互让的。可当寺内各殿堂、回廊建成后，还只剩寺院标志性建筑——寺塔没建，而正要动工兴建时，两家族却翻脸为仇。

原来，两家族在建寺塔选址上，和建筑样式上发生了分歧。在选址上，两家族都想把寺塔建在靠近各自族人居住的地方；在建筑样式上，两家族也都想把寺塔建得能显示并有所侧重各自所特有的技艺上。双方各持己见，互不相让，僵持不下，分歧越来越大，矛盾不可调和，形成剑拔弩张一触即发的局面。最后，家族势力强的泥瓦匠甩开木匠不用木料，只用砖、瓦、石、泥等料，在自己选中的有利于本家族的地方动工兴建起寺塔来。

盖寺塔不用木料，稀奇！自古以来没见过盖寺塔不用木料的，它这寺塔该咋建呀？世人好奇，翘首以待。泥瓦匠们也觉得很为难，这门窗不用木料还好办，可以用砖砌，用拱形石门。可这塔顶该咋弄呀？不用梁檩构架咋撑起瓦呀？这可够泥瓦匠们作难的，难归难，再难也得硬着头皮撑，开弓没有回头箭。泥瓦匠们凭着一股子干劲、拼劲，走一步算一步，干着试，试着干，非把寺塔建成不可。功夫不负有心人，泥瓦匠们终于克服了一道道难题，把寺塔顶的构架定格在券式拱形上。可新的难题又出现在泥瓦匠面前，用砖石砌券拱，券拱上的砖石中间会留下许许多多不规则的大大小小的缝隙。尤其是券圆形塔的缝隙更多，这缝隙需要用楔子加固，不加固就不牢靠，其支撑力就会分散，不能凝结一体的券拱，就会塌。若用木楔子，就违背了初衷。不用木楔子，用砖石楔子，既费工耗时又不好弄。这可难坏了泥瓦匠们。

楔子的难题，却被一个无姓无名的老道迎刃而解。在建庙动工时，人们就见工地不远处的路边两间房子里住着一个老人，老人早出晚归，不声不响地到处收集树根，把树根堆积到门口路边，树根越积越多像个大麦秸垛，逐渐占住了道路，妨碍了工地上人们的进出，也妨碍了进砖进沙的通行，影响了工程的顺利进展。有个青年人实在看不下去，就走上前质问老人：“你弄这些烂树根干啥？”话没说完一脚踢向树根。神啦！只听见树根噼噼啪啪响成一片，轰然倒下，变成了一堆楔子。青年人傻了眼，当他意怔过来再寻老人，却不见老人的踪影。泥瓦匠们见了这一堆楔子，你看看我，我看看你，哑然失笑。老人既给他们化解了难题，又保全了面子。因为，人们自古不把树根当作木料使用，既不使它做家具，也不使它盖房子，只当下脚料弃之或当柴火焚烧之。用树根做楔子楔在券拱缝里，是上苍神仙的意旨，不怕被人嗤笑。于是，泥瓦匠们就把楔子楔在圆形寺塔楔缝里，一层一层地往上券，楔子一根一根楔在砖缝里，直到不能再券了，拿块大巴砖（即方砖）一盖，封了顶，楔子不多不少，正好够用。

寺塔竣工了，殿与廊也竣工了，整个寺庙都竣工了，人们为纪念来之不易的成果，也为纪念泥瓦匠们艰苦卓绝的创举，就以寺庙中标志性建筑寺塔，给寺庙起名为小顶寺。

小顶寺的建筑规模与占地面积，说要比现在淮阳的太昊陵大得多。其建筑风格堪称中国建筑史上一绝。寺庙建成后，来此烧香敬佛的人们络绎不绝，远招山东、安徽等地的香客。小顶寺风风雨雨历经了几百年，曾多次遭洪水和战争的洗涤，都没能摧毁它。但它却毁于20世纪60年代的一场破“四旧”的“文化大革命”中。

后来，这里的人们为祭祀人祖爷重修建了小顶寺庙，当地的人们每逢农历二月初二至三月初三一个月的会期三月三是正会，每到会期到这里来给其上香焚纸，祈求平安。有了寺庙，随着烧香的人越来越多，这里逐渐从周边的村子里迁移来几户人家，一是来看护寺庙，二是来为香客服务卖水卖饭。后来，逐渐发展为村落，就随其形成了小顶寺庙会。

12. 马娘娘庙，据司马迁《史记》记载，春秋时期，楚平王有太子名建。太子有两个老师一名叫伍奢（伍子胥的父亲），一个名费无忌。费无忌对太子不忠诚。当时秦国有一公主美貌绝伦，平王让费无忌前去迎娶，与太子成婚。在回来的路上，抬两顶轿子，一顶金轿，一顶银轿。费无忌让丫环坐在金轿里，让秦公主坐在银轿里。这丫环就是后来的马娘娘。民间传说：“金顶轿换银顶轿，公主是丫环命，丫环倒有娘娘福。”

到楚国后，丫环（即马安逸，马娘娘）与太子成婚，而费无忌却把秦公主献给了楚平王。费无忌也离开太子去侍奉楚平王。他担心事情败露对自己不利，一再谗言太子。致使楚平王怀疑太子“外交诸侯，且欲入为乱”。派人杀太子。太子闻之带马娘娘逃往郑国。于是楚平王迁怒于太子的老师伍奢。将伍奢及其长子伍尚杀害，次子伍员（伍子胥）逃走，追随太子到了郑国。

后来，晋国想灭掉郑国，让太子建做内应，事情没有成功，太子反被杀害。郑国国君派人追杀马娘娘和小太子（名叫胜）。伍子胥只好保护娘娘和小太子离开郑国。向东南吴国逃亡。一匹战马驮三个人，跑了一天，到今留福北禅缘寺，将近黄昏，已是人困马乏，前有乌江拦路，后有追兵将到，无路可走，怎么办？马娘娘心里明白：这样走谁也逃不出去，俺不能再拖累伍将军和小太子。于是在寺里，娘娘把小太子递给伍子胥说：“将军，不要管我，快保着小太子逃出去。”伍子胥哪里肯走，说：“娘娘，太子对我有知遇之恩，我一定要保护你们逃出虎口。”娘娘无奈，略施一计，“将军，你看后面是什么？”伍子胥扭头看时，马娘娘转身发现寺里有一深井，蹬蹬蹬紧跑几步，纵身跳进井里。伍子胥拉她不住，后悔不及。此时追兵已近，伍子胥见无法可救，无奈之下，搬来一块巨石封住井口，又推到墙头压住石头。小太子哇哇大哭，伍子胥撕块战袍裹住小太子，将其往身前怀里扎紧，遂翻鞍上马，越过乌江，逃往吴国去了。

后来，小太子即位，在马娘娘投井处修建庙宇，禅缘寺也改名为马娘娘庙，以此纪念这位忠烈刚强的女子。多少年来，斗转星移，马娘娘庙几经毁坏又几经修复。时代步入改革开放的新时期，在留福庙会会首李步新主持下，对庙宇修葺完善，对马娘娘重塑金身，立碑刻文。每年春季庙会期间，方圆几十里人们前来进香朝拜，表达对这位忠烈女子的思念和敬仰。

13. 杨庙，位于周口市东南5华里，周项公路北侧的周口市14中学院内西北隅，有一片一两米高的土台，这就是杨庙的遗址，昔日誉满方圆百十里的杨庙会，年年就在这里举行。

相传，蔬菜乡东杨庄南头，原来有一座小庙，每逢初一、十五，周围民众常去进香，祈祷平安。明末时期，杨庙有一武待卫退职还乡，他看到进香的人们越来越多，决心扩建此庙，于是，联络杨庄、康湾、张冢、王营、单庄、杨脑、许寨、毛营、陈营、罗庄、东李庄、郑洼、郭埠口、孟营、赵庄、赵寨、康楼、麦仁店、贾寨等32个村庄集资筹建，在原址买地15亩，圈地6亩作为庙院，建房32间，剩余9亩地租出，其收入作为杨庙和尚的生活费用。因离杨庄最近，即定为杨庙。该庙建筑分前后两节院，前院有东西大殿，东是奶奶殿、西是管天管地管人的“三管爷”殿。通向后院的过庭，东侧供奉着关羽、关平、周仓，西侧供奉着马王爷，后院建有两层楼的北殿，供奉着玉皇大帝和观音菩萨。东西各有禅房3间，由和尚居住。大门是一座8米高的石牌坊，院内有石碑30余块，记录着建筑杨庙的策划者、集资者、建筑师和该庙的历史。整个庙宇建筑考究，雕梁画栋，飞檐挑角，青砖绿瓦，神像逼真，一派明、清式格局。它的气势在民众心目中不亚于周口市的关帝庙、天爷庙、平王庙和姑庵庙。

庙会每年正月十九开始，会期3－5天，届时方圆数百里民众从四面八方蜂拥而至，经营京广杂货、百货布匹、香蜡纸炮、儿童玩具的商贩到处皆是；许多民间文艺团体，如赵家戏、雷家戏、郑家戏、刀山班、杂技团、木偶戏、耍猴的、玩洋片的，还有高跷、旱船、尉阁、木偶也纷纷为民众献艺。这是周口一带春节期间时间最长的一个大型庙会。当会期结束时，杨庙管事的和尚即敲响大钟，洪亮的钟声传遍遥远的村庄，至此，开始“断青”猪羊入圈，不准再啃麦苗，数十个村庄共同遵守，所以，杨庙会实际上也是“断青”会。

关于会务管理井井有条，届时32个村庄委派32名有办事能力的权威人士，划分账务、联络、文艺、治安等若干小组，分头管理。治安工作不依靠公安机关，采用的土办法倒很有效，对于那些调戏妇女或捣乱市场的流氓恶棍，把他扣在杨庙内的大钟下两个小时，达到惩罚坏人，教育大家之目的。

据传说：有一年杨庙会正值最热闹那天，有一老人在康湾后河堤下苇子棵中大便，忽然河水翻动，浪花飞舞，从水中浮出一簇人马，前呼后拥，中间两辆马拉轿车上装饰着八仙过海、龙凤飞舞，红绸轿帘紧闭，望着这番景象老人惊呆了。忽然一声响鞭，6匹大马拉着两辆轿车飞奔上岸，从河边到堤上如走平地。这位老人吓出了一身冷汗，他壮着胆子，偷偷尾随上去看个究竟。两辆轿车来到会场，在一座戏台对面停了下来，随从们打开轿帘露出几位姑娘，个个柳眉杏眼，唇红齿白，细嫩的脸蛋白里透红，身着彩衣明光耀眼。她们交头接耳，有说有笑，一会指向舞台，一会指向民众赞美着人间的幸福。老人将他们的来历偷偷传遍开来，轰动了整个会场，纷纷拥向轿车前看热闹，把姑娘们看得面红耳赤，随从们感到事不对头，唯恐露了马脚，赶快作法，忽然一阵大雨，迫使民众抱头避雨顾不得再看稀罕，一瞬间，两辆轿车不见了。这个故事传留及今，虽然荒诞无稽，但也从一个侧面说明在明末和清朝时期杨庙会是何等的热闹。

还有一个真实的趣事：每逢杨庙会，不但商贩生意兴隆，而且剃头的也忙得不可开交，那时的剃头挑子，一头是剃头锅子（盛着备用的热水），另一头是供剃头坐的红色凳子。一次，杨庙会有一个身穿红棉裤的姑娘正在坐着看戏，一个视力很差的人误以为剃头挑子，一屁股坐在姑娘怀里，姑娘脸一红推开那人："你干啥?""我剃头。"姑娘站起来跑了。从那以后，这个笑话一传十、十传百，传遍周口方圆数百里，直到现在民众与视力不佳的人说笑话，总是说："看你那眼，咋赶杨庙会啦!"

14. 修真庵。周口修真庵，又名姑庵庙。姑庵庙会一年举行两次，第一次是从农历正月初五开始，第二次是从农历五月二十五开始，会期都是三天。庙会的筹备过程，首先是由庙住持邀请会首在会前召开筹备会，由附近的村庄如前王庄、中王庄、四小王庄、闫庄、白庄、祁庄、北堤根等自然村派人参加，参加者称庙会执事，实际是领导成员。总负责人称会首（一般连任），不管庙会期间出现任何问题都要由他负责，上下联系，左右协调，恰当处理。30年代以来会首都由我伯父赵启炎担任。筹备会议要确定各方面的负责人（称执事），有管赈目的，负责收钱粮，购买各项物品，供应庙会开支，庙会结束后公布账目。有负责地面划分和管理庙会秩序的，有在神棚负责迎送客人，处理日常事务的。再次庙会都安排得严谨周密，井井有条，分工明确，各司其职。

在庙会的进程中，首先要演大戏一台，连演三天四个晚上，每天三场共十场戏，它不请别的戏班，都是大赵家戏。戏台搭在庙南李八少的大南场里。戏台坐南面北，与坐北面南的"神棚"相对应。戏台场地东西两侧都搭有看台，看台分两三层，备有茶水瓜子之类。交费入座，实际是坐票。戏台正前方是八方听众，还有一个刀山班（即杂技团），搭个大围棚，里面可以跑马，杂技演员在马背上施展绝技；最惊险的是"爬老杆"，在空中玩杂技，节目精彩，引人注目。比外庙会还有各地各种民间文艺活动，如盘叉会，木偶戏，皮影戏，还有凤阳花鼓戏。也有"玩洋片"的、耍猴的。姑庵庙会上还有基督教徒传经布道的，还有迎神挑花篮的。斗鸡场，站满了观众，参战的打鸡斗得非常激烈。此外还有玩枪弄棒的，卖药扎针的，翻黑红宝骗人的，总之五花八门，令人大饱眼福。

两次庙会期间，特别是正月初五的庙会总是吸引着商水、西华、沈丘、项城、淮阳等县几十里，甚至上百里的人们来"赶会"。赶会者从四面八方汇集会场，每天都在万人以上。周口三岸市民倾城出动。晚上为灯戏，方圆十几里的人都来看灯戏，往往演到11点钟后才能结束。赶会的善男信女，香客斋公，天天络绎不绝，他们有的为自身父母、子女拜菩萨，祈祷平安，消灾免祸的，有的是向观音菩萨求子的（又叫拴娃娃），有的是许愿的，还有给庙宇挂匾的，熙熙攘攘，非常热闹。

一年两次姑庵庙会，也可以说是那个时代的物资交流会。庙会开始前，执事们精心安排各种生意的经营区域。有茶摊、茶馆、饭馆、烧饼炉、锅盔炉，大碗丸子汤锅，添汤泡馍不要钱。还有各种汤锅和卖元宵、煎包的。供应的商品五光十色，应有尽有。并搭有大小不等的各色布棚，商人经营各色布匹，呢绒绸缎，纱罗锦绣，男女老少的衣帽鞋袜，金银首饰。

还有来自各地的山货、日杂用品、生活用具。也有各类糕点、红糖、白糖、小鸡糖、糖葫芦。另外，还有卖各种玩具的，如泥泥狗、花棒槌，小花馍，木制的刀枪等等。姑庵庙会给人们留下了深刻的印象和美好的留恋。

关于庙会的秩序管理，首先由庙会筹备会推选出几个负责治安的执事人员，和当地的治安人员结合起来，昼夜巡逻。一旦出现调戏妇女或扰乱市场的不法分子，就处罚他们游戏场，并在戏台上亮相。以示惩戒。

庙会结束的最后一天晚上，会首要照例地召开会议，由各方面的执事参加，会首例行公事的讲话足对庙会进行总结。特别是管账的要公布收入与支出，表示公开与廉洁。如有余款就面交修真庵的住持。最后，再推选会首，委托他负责筹备下次庙会。

庙会过去几十年了，但它的一切景象，却仍历历在目，经常浮现在脑海。姑庵庙 1958 年“大跃进”中已被拆除，庙会也自然停止，但民众却念念不忘。

15. 南大寺。南大寺庙位于官会镇南大寺村，南临汾河，因庙而起会，是豫皖两省及周边县市民众每年农历四月初八的一次交流大会，会期四天，因与“小满”节气相近，又称“小满会”。传说每年都要发一家来此赶会的生意人。

南大寺庙始建于唐朝贞观年间，距今已有 1000 多年的历史。南大寺初建时占地 100 亩，建筑面积 20 亩，分前后三大院落，塑各类神像 360 尊。南大寺原来建设庞大，神像众多，每年农历四月初八庙会期间，众多礼佛之士纷纷聚此而盛行，在全国有名。

南大寺庙会起于唐初，盛行至今。每年农历四月初八庙会期间，各种买卖兴隆，粮食茶果、农耕器具、儿童玩具等品种齐全。一般都请有戏班演戏，招引全国各地善男信女赶来烧香拜佛，许愿还愿，祈求神灵保佑；商贾云集，兜揽生意；农民赶来出售自己的土特产品，换取自己所需要的生产、生活用品；一些闲散人也赶来观光，人山人海，热闹非常。

南大寺历经沧桑，多受兵患，其中 360 尊神像全部被毁，但庙会一直沿袭至今。1988 年该村村民仅集资重建二间寺庙，四月初八庙会年见萧条。

16. 鬼修城，南顿，古为顿子国，有城墙 2 公里见方，经过 2000 多年沧桑变迁，原南、东、西城墙皆为平地，仅存东北角一段土城墙，长217米，宽12米，高8米，但民间传说“南顿故城”为鬼所修，故称“鬼修城”。虽经2600多年的人世沧桑，风雨剥蚀，自然风化，仍然雄风犹存。东汉初年，光武帝刘秀巡幸南顿，又在古城墙遗址北100米处，筑台修庙，后人称为光武庙。自东汉建庙至今两千余年，民间祭拜活动源远流长，香火鼎盛，以古庙会的形式流传下来。

“鬼修城”庙会

光武庙古庙会，又称“鬼修城”庙会，时间是每年的农历初一、十五和二月二至三月三。“统天殿”、“光武殿”古朴雄风；“老母洞”、“八百罗汉”、“虚幻宫”人物栩栩如生。堪称旅游休闲的好去处。二月至三月春日渐暖，这里人潮涌动，香客云集，虔诚朝拜，寄托信奉，吸引着众多游客前来观兴旅游。这里既是尊祖敬天、弘扬传统文化的圣地，又是物资交流、繁荣经济的场所。

多少年来，“鬼修城”古庙会以其原始的形式被保留下来，又被注入了新的内容，同时文化部门加强了对古庙会文化的规范管理，剔除封建迷信和不健康的文化糟粕，邀请正规文艺团体进行综合文娱演出，豫剧、曲剧、琴书、坠子、杂技等剧种繁多，演员技艺娴熟，表演精彩，红男绿女，妇孺老彝，人头攒动，争相观看。庙会主题明确，亮点突出，看点纷呈，祈福、纳祥、繁荣、和谐。

除以上16座较大的寺庙外，还有周口南岸位于剪股街的地藏寺，位于七一路一小院内的胡氏家庙，位于滨河公园东侧的千手千眼佛庙。西岸有位于大提北侧的轩辕庙，位于前进学校附近的定慧寺，位于大闸北端东侧的天爷庙，位于兴隆街西段的火神庙，位于川汇区教育局附近的吕祖庙。北岸有位于中州路东的火星庙，位于三圣街北头的三圣庙，位于文昌街的文昌宫，位于后太平街东头的白衣庙等等。

17. 土地庙。土地爷是古代神话中管理一方的神圣，民众每遇婚丧、生子、出行、生病、天灾人祸和不易解决的事情，都要去土地庙烧香祈祷。每年农历正月十五日还以土地庙为单位出狮子、高跷、肘阁、旱船，晚上还“点鳌山”，由民众自愿献出的灯盏，放于土地庙周围的架子上，晚上点燃，远处望去一片通明，像座小山，非常壮观。民国时期，周口最有名气的是花土地庙（今河南岸悦来街北头滨河公园处），有庙堂一座，内塑土地像，棂子门两旁有石狮子一对。此庙造型别致，装饰华丽，故民众习惯称花土地庙。

小小的土地庙遍及河南岸北、条河三寨，几乎每条街道都有，民国时期的周口有30多座，民众就近各敬各的土地爷。仅有300米长的南岸文化街就有大小庙宇7座，该街除有一座大土地庙外，东段一条小胡同北墙上还砌了一个40公分见方的小砖窟，内塑一个拳头大的二地爷像，两旁对联是“庙小神通大，人少香烟多”，横幅是“保佑一方”。

18. 平王庙。周家口“平王庙”建于清咸丰十一年，占地十亩，坐落在今文化小学，南邻文化街，南邻文化街，北邻河堤。庙门分左中右三门，内建“花戏楼”、东西廊房、拜殿、大殿。东西偏院，各建僧室、禅堂、大仙阁，共有房屋36间。大殿正位塑张巡像。张巡，南阳人，唐御史中丞，与睢阳太守许远合守睢阳。公元757年“安史之乱’时被叛将尹子奇围攻，6月城陷被杀，为国捐躯。之后，唐肃宗追封张巡为“东平王”。因其卫土有功，使豫东一带免遭凌辱，故立庙敬之。

周口在明清两代，万商云集，百业昌盛。兴建了不少会馆、庙宇。大小庙会长年不断，待到民国时期，庙会日趋衰微，但一些活动仍在延续，仅将依稀可忆者略述如下：

正月初五，河南南门外王庄姑庵庙，为祝贺佛爷生日，附近民众去庙里烧香。会期一天，虽无其他文艺活动，但庙院外边卖糖果和零食的颇多，男女老少坐土车（独轮木车），骑毛驴前来赶会的，络绎不绝，非常热闹。

正月初九，河北天爷庙（今酒厂西院），为祝贺玉皇大帝生日，市内民众成群结队，有的去看热闹，有的进庙烧香，会期一天。

正月十九杨庙（市东郊3公里处）会，又名断青会。该庙位于张冢北侧，今设杨庙中学。此庙因系东杨庄杨姓集资兴建，故名杨庙。庙会有大戏一台，会期三天四晚上，大会主题有：一是市内民众前往赶会游玩。二是郊区农民显示以杨庙为中心的36个村庄的威力，会期过后，田间禁止放牧。否则不论打死谁的牲畜，不准吭声。在大会演戏期间，发现地痞要流氓时即扣在该庙门口铁钟底下，至下午演完戏才准放走，如敢顽抗，由大会制裁。

二月二十五，北寨东郊康店人祖会。会期一天，为祝贺人祖生日，周口的善男信女，乘车搭船骑毛驴去该庙烧香还愿，路上熙来攘往，非常热闹。

三月初三，孙膑庙会，该庙坐落在皮坊街南段，坐南向北，因该街以生产鞋皮条为主，故庙内供奉的塑像是孙膑。皮坊街的职工为祝贺孙膑生日，演戏三天多市内民众涌进庙内游玩看戏，一般不作祭祀活动。

清明节盛会。清明节来临，周口民众的习惯：一是到郊外修坟祭祖多，二是民间文艺全部出动，当天上午8点，在河北关帝庙集合，由公议会指挥，肘歌、八音楼子领先，其他杂会紧跟，各会的首领走在该会前边，去西寨城隍庙朝拜城隍。拜后，由老衙门口过河，进入河南西门，按传统玩会路线边走边玩，大街小巷人山人海。几十班玩会中，规模最大的要算花土庙的玩会，有一二百人，其节目有：群仙会、八音楼子、旱船、狮子、武术。虽会大人多，但秩序良好，中午在商务会事先安排好的商号休息进餐。下午按玩会路线继续进行活动，玩毕分头散去。

六月初六，花土地庙会。该庙位于南寨油坊街北侧，比一般土地庙房屋宽大。六月初六是土地爷生日，该街每年要在河滩上演一台或两台戏，以作祝贺。

八月初三，周口南门外灶爷庙会。因这天是灶君生日，大小饭店，如金骏斋，小洞天、曹顺兴等，当天停止营业；比较大的饭店，为向灶君祝贺，由高级厨师们用黑瓜子、南瓜子等做些供品，送往该庙以示纪念，中午庙里和尚设宴招待饭业施主。庙前有大戏一台，会期三天。

每年腊月三十晚上各会馆演唱年戏通宵达旦，直至翌年正月初五。其经费由各会馆庙产收入与巨贾富商乐捐支付，其演出地点有：周口南门外两湖会馆（禹王宫）、河南陆陈会馆（平王庙，今文化小学校）、河北山陕会馆，（关帝庙，今市博物馆）、河北江西会馆（万寿宫）、河西福建会馆（天后宫）。

总之，周口各行业的商人，为了拉拢生意，招徕顾客，不惜花费一些钱财利用庙会唱戏，出会，盛况空前。周口各地的庙会风俗反映了当地的民间信仰。

第八章　文艺民俗

周口在中国近现代史上，名列中州四大名镇之一，曾有过一段极其灿烂的历史。工商经济的繁荣，也给地方民间文艺的发展提供了有利的条件。其鼎盛时期，可谓闻名遐迩。这个局面，一直延续到20世纪50年代仍不衰。

周口民间文艺的特色，一是品类繁多，丰富多彩；二是技艺高超，引人入胜；三是班会众多，深植于民众之中。演出品类，有高跷会、狮子会、旱船会、八音会、肘阁会、盘叉会；还有龙灯、驮阁、竹马、秧歌、舞狮、舞龙，以及推小车、独杆轿、打花棍、拉死驴；甚至有二鬼摔跤、武术铁板桥、老姜头背老婆等不下20种之多。一个小镇，能达到如此繁荣的程度并不多见。

在演出技艺上，周口文艺更是争奇斗艳。例如20世纪30年代的狮子会，能在18张方桌堆成的高塔上，上蹿下跃，升腾翻滚，并有狮子走钢丝、母狮生仔等绝技表演。旱船队不但有单人船，而且有双人船。“周口出会——看谁的招鲜”，正是当时文艺的鼎盛写照。

周口的民间文艺，有的具有一定的地域特色，有的具有一定的行业背景。如八音与肘阁，即由原晋籍商界引入，故其班会多依附山西帮的山货等商行。许多班会，以民间自发结社形式长期存在，它们没有营利色彩，只求自娱自乐，其中虽也偶然接受一些工商行业的资助，但经费主要靠民众自筹。

随着时代的发展，周口的文艺风俗有的在继承中得到发展，有的却已经逐渐消亡。在旧社会由于艺人的社会地位很低，备受民众的歧视，他们在谨小慎微的生活和处世中形成了自己独有的文艺风俗。周口的文艺风俗，体现出当时社会中，周口的一些艺人的生活情景及处世方式。

一、戏　曲

从宋、元交替时期开始，周口戏曲剧种在勾栏瓦舍戏和杂剧演唱技艺基础上进入了各自的漫长孕育阶段。首先，宋、元之交这里就出现了具有周口特色的勾栏瓦舍戏以及杂剧剧种，有代表性的是以陈楚地方发生的故事为题材的《陈州粜米》和《秋胡戏妻》。《陈州粜米》表现包公陈州放粮、惩治贪官污吏为民除害的故事。《秋胡戏妻》则写一位在陈州做官的鲁（山东）人对妻子思念而修筑“望鲁台”的故事。两个剧目在陈楚民间都产生了相当的影响，以至今天还有不少民众指给人们看“米砂冢”和“望鲁台”遗址并能将其故事完整地叙述出来。

明代周口戏曲开始进入长足发展的时期，各地纷纷建起了利于演出的戏楼。目前有据可考，建立最早的戏楼是元末1350年建于古阳夏太康的鲁班庙戏楼。其后有明代1368年建立的陈州淮阳城隍庙戏楼，1398年的火神庙戏楼，1436年的项城秣陵镇城隍庙戏楼，1536年的扶沟崔桥戏楼以及附属建筑，还有周口关帝庙的古戏楼，都是为人们在丰稔之年或灾祸之季以及年节之时酬神还愿演戏之用。客观上说，它们为戏曲演出提供了固定的场所，促进了戏曲的长足发展。

由明入清，周口戏曲各个剧种开始各自形成了独立的门户。调查统计表明，这里流行过的较大剧种就有豫剧、越调、道情、曲剧、坠剧、眷戏、罗戏、二夹弦、花鼓戏和木偶戏十种之多。其中豫剧和越调不仅渊源长久而且流行面极广，最为人们所喜爱。道情是全国稀有剧种之一，具有较大的研究价值和意义。而眷戏、罗戏虽曾广泛流行，但由于竞争不过豫剧等流行较广的剧种，已经逐渐走向府潮。

周口地方戏分布一览表

种名	别名	形成时间	形成地点	腔调	流布地区
豫剧	河南梆子戏 河南讴	明末传入	全区	沙河调、豫东调、豫西调、祥符调	遍及全区
越调	四股弦	清同治年间传入	项城	越调及吹腔杂调	遍及全区

续表

道情	坠子嗡	清末形成	太康	道情腔	太康、西华、郸城
曲剧	曲子戏 高台戏	清末传入	西华	阳调扭丝、马头	遍及全区
坠剧		20世纪50年代传入	郸城		郸城、淮阳
眷戏		明末传入	沈丘、项城		沈丘、项城
种名	别名	形成时间	形成地点	腔调	流布地区
罗戏	笛戏 罗腔	清康熙年间传入	太康、西华		太康、西华
二夹弦	大五音 淮阳调	清初传入	淮阳、西华		淮阳、西华、扶沟
花鼓戏	山东花鼓 鼓子曲	清道光年间传入	太康、周口		太康、周口、淮阳
木偶戏	扁担戏 箱子戏等	20世纪50年代	郸城	豫剧腔调、柳琴、曲剧	郸城

周口戏曲的繁荣兴盛不仅表现为众多的剧种剧目，更重要的还表现在出现了大量的戏班子和众多的戏曲演艺人员。

陈楚地区出现最早的可考戏班，是1573年项城县秣陵镇街民自发组织演出的玩会班。而规模较大又较早的戏班，则是清嘉庆四年（1799年）商水人赵龙章组建的赵家戏班，该戏班为赵出任台湾提督庆贺赴任而组建。其后有出现于1821年的商水县城北关赵氏家族组建的大赵家戏班，1843年组建的郸城张完集旧戏班，1872年商水邓城的赵宅戏班，1874年的太康双盛戏班、扶沟四喜班、人和班、福成班等，至清末整个陈楚地区竟达百数之多，演出技艺精湛的戏曲艺人更是层出不穷。

由于戏曲班社在清代蜂拥出现，各自只顾争鸣竞放，以博得观众一快，故对戏曲故事内容不事雕琢，污词秽语多不检点，在一定程度上败坏了社会风气。据乾隆年间出版的《西华县志》记载：“丧用僧道乐工——风俗之恶，至此为极然。用僧道者，惑也；其用乐工者，戏也。士大夫而以丧戏，又何怪乎！愚民诗曰：尔之教也，民婿效也。”由此再加上封建统治阶级视戏曲演出有伤风化，为藏污纳垢之所，因而不仅压抑戏曲事业发展，而且称艺人为“戏子”，将其划入“下九流”之列，其社会地位低至“活不入正席，死不入老坟”之境。更有甚者，连对艺人的行动自由也进行限制。清乾隆年间西华县令宋洵就颁布了一项保甲禁令：“凡有走索跑解、弄猴打拳、秧歌戏法、唱曲说书、卖药算卦及无衣单度牒之游方僧道，市镇村庄、集场庙会不许容留敛钱歇店。饭铺庵观寺院，不许留宿。如敢在境逗留，保甲查拿禀究，递解本籍。”以至于民间也有了“鹌鹑戏子麻利猴，歪根子棉花不可留”之说。

进入民国初年，周口戏曲更是兴旺发达，仅太康一县流行剧种就有罗戏、柳戏、大油梆等十余个，戏班则多达40余个。而在西华县，戏曲班社及乡村玩会更多，从艺者多达千余人。据民国二十七年版《西华县志》记载：“民国二十一年，西华人丁为四十二万七千人，约四百人中即有一名艺人。戏曲剧种尤为众多，最流行者为梆子戏，所演剧多为历史侠义忠义，如关公、杨家将、罗家将之类。言情戏桃花庵、双头马等。响马戏梁山泊、大狼山、五花岭之类亦颇有可观者。次为越调……道情班又有二夹弦……所演剧本多为闺阁琐事，如闹小窝、闹花科等。”

在这一时期里，戏曲演员大都出自科班，表演技艺因而达到了一定的水平。民国初年，整个陈楚地区各类戏曲科班多达百余个。学员在科班学艺时班规森严，基本功训练扎实，所以在登台演唱时大都功法俱佳。同时在行当区分上也有了较大的变化，尤其是1908年豫剧女演员顾秀荣在郸城旧戏班顾家班出现，更是打破了周口豫剧班社中没有女演员的局面，使豫剧演出以四生四花脸“外八角”戏为主的时代让位给了以表演“坤角”戏为主的新时代。随着女演员进入戏班，演出剧目也发生了巨大变化，走上了演出以女演员为主的剧目的历史新阶段。

这个时期地方戏曲演员人才辈出，出现了像豫剧的胡春、游喜、李双印、金豆子、华天成、易象山、傅喜、王仲华、王文才、燕守立等，越调的姜高、刘得昌、刘连成、刘松堂、刘心志、张秀卿等，道情的龚长法、张广志等名声显赫、影响深远的著名演员。

五四新文化运动以来，周口戏曲又有了新的发展。特别是抗日战争爆发以后和中华人民共和国成立以后，在党和人民政府的关心支持下，地方戏曲事业更是蓬勃发展，成为广大民众日常生活中最主要的精神追求之一，也成为陈楚文化不可分割的一个重要分支。

（一）剧种介绍

1．豫剧

豫剧，原名河南梆子、土梆子、河南讴。是流行于周口地区的最大剧种。

关于豫剧何时在何地如何具体形成，并没有文字记载。淮阳人说，淮阳在明、清时代，即有河南讴流行。沈丘人说，豫剧在清初时传入沈丘。从商水县1799年就组建起了规模较大的赵家戏班来看，豫剧当在明末或明末之前就在周口地区出现了。因为大规模的戏班是玩会班长期演化发展的结果，而豫剧的出现时间更应该早在玩会班出现之前。

关于周口地区豫剧的成因，有多种说法，其中主要说法有三种。一说豫剧源于陕西的秦腔和山西梆子，明末李自成将秦腔和山西梆子戏带到河南，与河南民歌和小调融合演化而成。一说豫剧源于山西蒲剧，由明洪武年间山西移民带到河南，与河南民歌和小调融合演化而成。一说豫剧源于河南地方小戏，河南小戏受秦腔和蒲剧的影响演变而成。但综观其三说，豫剧都是在秦腔和蒲剧传入周口地区之后，与地方小调和民歌融合演化而成。证据之一是，河南、山西二省毗邻，必然造成剧种间的交流和影响；二是豫剧原来的主弦是皮嗡子，在20世纪20年代受秦腔和蒲剧的影响，改用板胡的。

豫剧在河南境内分为豫东调、豫西调、祥符调和沙河调四大流派。周口地区各县地处沙河沿岸，是沙河调的发源地和主要流行地。但至于沙河调何时在周口地区如何具体形成，也无文字记载，说法不一。关于沙河调形成时间，冯纪汉在《豫剧源流初探》一书中说，沙河调的形成时间大约是在清朝道光年间。道光至光绪年间，为沙河调萌生的雏形期。在这一时期里，先后出现了胡春、游喜、李双印、金豆子、华天成等沙河调演员。从宣统至民国初年，为沙河调发展的定型阶段，在这一阶段里，先后出现了易象山、傅喜（艺名长苗子）、王仲华、曹颜章等优秀演员。

关于沙河调的成因，主要有两种说法。一说认为，沙河调是由形成于开封、杞县、陈留、尉氏、中牟、议封、兰考、封邱、原武、通许“内十处”的祥符调，从开封朱仙镇传至淮阳、太康、商水、项城、沈丘、扶沟、鹿邑、西华“外八处”，吸取流行在这里的南阳梆子、淮北梆子和道情等剧种的精华，并与沙河两岸的民间小调结合，逐渐演化蜕变而成。其根据一是，最早在沙河一带演出和教戏的艺人大都为开封市人，其唱腔也为祥符调唱法；民国晚年被认为沙河调代表的易象山、翟德元，前者出生在内十处的邻县鄢陵，后者出生于内十处的邻县临颍，且其二人早年都在开封学唱祥符调。二是从演出风气看，内十处的班社戏规严，演出正规，不“水”；外八处的班社戏规松散，做戏不正规，唱词较“水”。从而致使外八处演员到内十处搭班，有技不如人之感。这种情况的存在，可以证明，是祥符调传入周口地区之后，由于受到当地演出风气的影响而造成的。三是从唱腔上看，沙河调与祥符调有许多相同之处。如二者的旋律一般都活动在56123上五音阶段；唱时口形都较大，多用丹田音、舌音和上腭音，花腔和俏皮腔多，吐字开唱多用大本腔，拖腔行韵多用二本腔，与豫西调不同。还有人认为，沙河调不是祥符调的派生物，而是由南阳梆子与沙河两岸的民间小调和方言结合后发展而成的。沙河调的主要演出剧目有《反徐州》、《黄鹤楼》、《反冀州》、《三上轿》、《拴娃娃》等。

豫剧唱腔声音洪亮高亢，情绪激昂，气氛热烈，因而深受周口地区人民所喜爱。作为流行在周口地区的最大剧种，不仅流行时间长，而且流行面极广。从掌握的资料看，周口地区1799年出现的最早戏曲班社商水县赵家戏班，就是演出豫剧的。其后至新中国成立前出现的数百个旧戏曲班社，80%也都是演出豫剧的。

新中国成立后，周口地区各级政府对豫剧的发展给予了高度重视。建国初期，就对各豫剧演出团体和班社进行了登记、整顿、改编，实行了改人、改制、改戏的三改政策，在旧团体和旧班社的基础上组建起了纳入县文化编制的专业豫剧演出团体，并拨给专项事业经费，使艺人的生活有了保障，同时建立了剧院，改善了演出环境。与此同时，还办起了各级戏校和训练班，为专业和业余团体培养了大批豫剧演唱人才。进入50年代中期以后，地县两级专业豫剧团都设立了专职导演、音乐设计和舞美设计人员，并在唱腔改革和表演艺术方面做了一些尝试，使豫剧出现了一个新的面貌。十年动乱期间，豫剧一度停止了其发展步伐，专业剧团老艺人一部分被下放，业余剧团被解散，古典戏曲服装尽被火焚，传统剧目被视为“四旧”而受到批判。在这一时期里，豫剧表演团体都移植上演了“样板戏”，虽在唱腔、音乐和表演上做了一些改革，但在“大、洋、全”的错误思想指导下，其改革收效不大。1978年后，在十年动乱中被改为“文工团”、“毛泽东思想宣传队”的豫剧团。十一届三中全会以后，各地豫剧团又都相继恢复了原建制。周口地区新组建了地区豫剧团。这时期，业余豫剧团也纷纷重新涌现了出来，长期被禁演的现代戏和传统戏得到了恢复上演，新创作和改编的一些剧目也受到观众的欢迎，豫剧又一度出现繁荣景象。

2. **越调**

越调，是在周口地区流行仅次于豫剧的又一大剧种。它俗称“四股弦”，因其乐队伴奏主弦“大弦”由四股丝弦组成而得名。至于其越调之名的来历，说法就多了。有人说越调起源于南阳，南阳古称豫州故名“豫调”，后人叫讹了念成了越调。有人说越调是战国时期越国大臣范蠡在故乡南阳传下的越国复国之音，故名越调。有人说越调起源于明代杂曲《九宫十三调》中的曲调越调，故而得名。也有人说越调戏由唐明皇幻游月宫时所记《月调》——《霓裳羽衣曲》演变而成，得名越调。但诸说孰是，无从查考。

关于越调剧种的起源，也众说不一。上述越调剧种名称来源，都是越调剧种众多起源之说中的一种。此外，还有三种说法。我国当代学者周贻白在《中国戏曲发展史纲要》中说：“越调剧种在清朝乾隆年间以后，起源于南阳的民歌小曲，原名四股弦专唱月调，不杂他曲，是南阳梆子的变体。”1952年，上海越剧团著名演员袁雪芬对周口市红光越调剧团的毛爱莲说，越调与越剧同共一个“越”字，本来就是一家人。越调的老家就在江南上海一带，明朝时上海遭灾，越剧演员流散在河南，后根据河南民间曲调逐步演变为河南越剧，即现今的越调剧种。《中国戏曲音乐集成河南卷》“宛梆音乐”上说：“据《南阳府志》清朝末年的增编本上，有张嘉谋对清初文人吴梅春所写《绥寇纪略》中一段话的批法，吴梅春写道：兵未起时，中州诸王府造弦索，渐流江南，其音繁促情紧，听之哀衷。张嘉谋批注为：蓄今所传越调，南阳调者亦起于是时云。张嘉谋是南阳人，为袁世凯称帝时河南省政府参议员。”吴梅春文中所提“兵未起时”，系指李自成的起义军，而张嘉谋的批注则明确指出越调、南阳调起于此时。这对越调由明末清初已具雏形的说法有一定的参考价值。根据以上诸说，我们可以认为，越调剧种当在明末清初已在南阳形成。

越调的主要伴奏乐器以四股弦为主，辅以三弦、卧笛、月琴等。在唱腔上原来主要唱牌子曲，清初以后吸收其他剧种唱法，逐渐改为以板腔体为主。板式有慢板、流水、乱弹、赞子、哭腔、飞板等。常用曲牌有［梅花酒］、［玉芙蓉］、［新水令］、［红绣鞋］等几十种。所演传统剧目有正装戏和外装戏之分：正装戏为越调的正统剧目，其结构严整，唱词深奥，每段唱词字数固定，并规定有一定的曲牌和调门，道白时用竹笛伴奏。演出剧目多是以生、净为主的历史剧，如《两狼山》、《文王吃子》、《乌江岸》等。外装戏为吸收其他剧种的剧目，多系连台的公案戏，如《刘墉下南京》、《铡国舅》等。其特点是唱多白少，主要唱段有的长达百句以上。

越调流入周口地区的时间，最早当推清同治年间。当时项城并无越调戏班，而是外地班社来此演出。首次来演出的是以姜高为主演的著名班社南阳班，该班擅演关公戏，姜高有“活关公”之名，在项城影响很大。此后，外地诸越调戏班纷纷来周口地区演出，把越调传到了全区各地各县。在越调如此广泛传播的基础上，西华县刘庄人刘得昌在其好友商水人何大荣的帮助下，于1917年组织了全区第一个越调戏班——刘庄越调班。该班成立后聘请姚庄人姚水林任教，刘得昌本人也随其改习旦角。其后班中丑角刘连成、红脸刘松堂、黑脸刘心志等，均成为较有名气的演员。刘得昌攻习旦行十数载功夫独到，获“十二成”之艺名，红极一时。该班至1940年因天灾散班。刘得昌出外搭班八年后回归故里又组织了一个越调戏班，申凤梅曾于1938年在此搭班至1942年。1942年申凤梅离去，戏班搁浅。与此同时，商水县郝岗河渡口村也在20年代成立了越调戏班，越调演员何全志就是在这个越调戏班成长起来的。至今这个村还有一个业余越调戏班，坚持在业余时间进行演出。就这样，从1917年至新中国成立前夕，周口地区出现越调戏班不下十个之数。

建国后，地县两级政府都十分关心越调的发展，组建了新的专业越调演出团体。其中，在1949年春，淮阳专署组建了以主演张秀卿（艺名大宝贝）为主的淮阳专区人民越调剧团，后来该团演变为周口地区越调剧团。与此同年，周口市也组建了一个由毛爱莲为主演的红光越调剧团。随后，扶沟县也成立了扶沟县越调剧团。1951年2月，越调女演员申凤梅带领漯河市人民胜利越调剧团来项城县演出，被项城县政府收留改编为项城县越调剧团。后来，申凤梅被调到专署越调剧团，从此她的艺术才华得到了充分发挥，以擅演“诸葛亮”号称“活诸葛”而驰名河南，饮誉京华。她演出的《诸葛亮吊孝》和《收姜维》，被拍摄成越调戏曲艺术片。在表演和唱腔艺术上，申凤梅造诣很深，具有表演稳重深沉，唱腔苍劲有力的独特风格，对推动越调剧种的发展作出了重要贡献。

申凤梅（1927－1995），河南卓越的越调艺术表演艺术家，生于1927年，祖籍河南临颍。她11岁开始学艺，14岁搭班。1947年，她所在的民间戏班编入中国人民解放军胜利剧团，后改为河南省越调剧团。申凤梅是一位成绩卓著的越调表演艺术家，以“活诸葛”蜚声剧坛，同时在近200个传统戏、现代戏、新编历史剧中扮演过生、旦、净、丑等各种行当的角色，可谓“生旦不挡，悲喜咸宜”。代表作有：《孔明出山》、《舌战群儒》、《华容放曹》、《卧龙奔丧》（《诸葛亮吊孝》）、《七擒孟获》、《收姜维》、《失空斩》、《明镜记》、《哭四门》、《苦菜花》等。

周恩来总理看了她的《收姜维》后称她为河南的“活诸葛”，还风趣地说“河南的诸葛亮会做政治思想工作”。毛泽东、刘少奇、朱德等领导人多次观看她的演出并合影留念。周恩来总理还请她到家中做客。著名京剧表演艺术家马连良先生破例收她为徒。申凤梅曾历任中国戏剧家协会理事，中国戏剧家协会河南省分会副主席、主席；河南省越调剧团团长、名誉团长等职。申凤梅曾亲自筹资30万拍摄了七部十三集越调电视系列艺术片《诸葛亮》，为后人留下了弥足珍贵的资料。申凤梅的弟子有申小梅、马兰等。

一生的舞台实践证明申凤梅是一位戏路宽广、功夫全面的演员。她表演真实，动作稳健，唱腔吐字清楚，以声带情，行腔婉转，声音宽厚有力，质朴豪放，形成了自己独特的“申派”艺术。她使一个原本程式简单、表演粗糙的民间小戏发展成为深受广大民众喜爱的剧种，将越调艺术推向了一个前所未有的高峰。1995年7月20日，这位声震河南的艺术家，因病离开了成千上万喜爱她的观众，离开了她为之奋斗一生的越调艺术。

何全志，国家级非物质文化遗产代表性优秀传承人，著名越调表演艺术家，国家一级演员，中国戏剧家协会会员，河南省文联理事。他1936年出生于商水县张明乡何渡口村。由于家中兄弟姐妹多，加之家境贫寒，他只上了半年学。

何全志曾跟随越调名艺人何金堂学戏，后拜李金山为师学铜锤花脸。老师告诉他，演员不能只会在台上“死演戏”，还要在台下“默戏”，从“默戏”中找戏理，吃透戏味才能把握好人物，把人物演得有血有肉。后来，何全志又改学其他行当。他刻苦练嗓、练身段，文武兼修，为以后塑造各类艺术形象打下了坚实基础。另外，他在戏曲表演上深得越调名艺人张秀卿的教诲，后又长期与越调表演艺术家申凤梅合作，深受其艺术影响。

1963年，何全志随河南省越调剧团赴北京演出了《李天保吊孝》和《收姜维》，并分别扮演张忠实和姜维，初露锋芒，很受田汉、马连良等诸多艺术家的赏识。1965年初，他在现代戏《扒瓜园》中饰宋大伯，参加中国戏剧汇演，并赴北京参加全国现代戏汇演，同年该片拍成彩色戏曲艺术片。1979年到1981年间，他又先后参加拍摄戏曲艺术片《李天保吊孝》、《诸葛亮吊孝》和《收姜维》，并分别扮演张忠实、周瑜、姜维。1982年在新编历史剧《明镜记》中，他又成功塑造了魏征的艺术形象。

谈到艺术创新与表演，何全志老人说，表演时的眼神与手势要结合人物的特点相互联系起来，再加上韵白，才会让观众更容易接受角色，看得更明白。演员要对戏有深刻的理解，演什么角色都要用感情，还要经常研究角色的人物性格与秉性，揣摩人物的特点，找出内在与外形有哪些不同。如果在表演时不去体会角色的心理，那就根本不可能演好。比如拿周瑜来说，他不是让诸葛亮给气死的，而是自己把自己给气死的，因为他心胸狭窄。总的来说，演员所演的角色就是让观众能看清人物的哪句话是真，哪句话是假。如果稍微有一点演得不到位，那就无法把人物的特点表现出来。做到这些再加上表演手法，角色就会丰满许多。观众们常说的“你看这个演员，演啥像啥”这句话，就是观众对演员的一种认可。但是一个演员要达到这种程度很难，要付出很多。

3. **道情**

道情，是流行于周口地区的全国稀有剧种之一。它属于梆子声腔系统剧种，起源于皖西北、豫东南一带。

道情表演

道情的起源有两种说法：一说源于渔鼓道情，一说出于坠剧。前说由名而来，后说根据道情使用坠胡而生。相传，渔鼓道情在我国道教盛行的唐代就诞生了。那时，道教徒们为了宣传道家的处世思想，就以道教故事为题材，演绎出了《九真》、《承天》等道曲，以化缘说唱的形式进行云游演唱。化缘说唱的形式，限制道教徒在演唱时只能采用单口说唱，伴奏乐器只能使用便于携带的渔鼓和简板。明朝时期，随着道教的复盛，道曲广泛流传开来，并在流传中与民间歌谣结合在了一起，由此到清代逐渐形成了一种新的完整曲艺形式——道情。有人说，道情是由阜阳地区南紫店民间艺人李明春，于清光绪年间把渔鼓道情与当地的《莺歌柳》小调相结合，使渔鼓道情的唱法和唱腔有所改进而形成的。

道情兴起之初，伴奏乐器仍只有渔鼓和简板，其起步仅在演唱时采用了双人对口形式，题材突破了道教故事，扩大到了家长里短、才子佳人的范围。到了清末1902年，西华人龚长法在西华首先组建道情戏班。其后1905年，著名道情艺人张广志大胆对道情进行改进，在太康县组建了约十余人的道情戏班，在该县老冢乡首次设高台进行化妆演出，将道情搬上了舞台。与此同时，他还在演出中吸收了河南坠子的伴奏方式，增添了为《莺歌柳》小调伴奏的坠子弦和成套打击乐器；采用了河南梆子的声腔板式和表演形式，从而才真正使道情从曲艺形式一跃成为戏曲舞台上的独立新剧种——道情剧种。

道情戏以唱为主，剧本多唱词而少插白，甚至没有插白，一板下来就是上百句唱词。其唱腔中板腔和曲牌兼而有之，主要板式有慢板、二八、流水、裁板、大过、单过、双过板、哭死、哭活板、垛子、滚白等；曲牌有［锁落枝］、［老桃红］等。演唱时，男女唱腔都用真嗓，咬字清晰。唱二八或流水板时有重叠句，而且有“哪呼海”、“哪嗨依”的衬词，其曲调醇厚朴实，唱词通俗易懂，深受民众喜爱。道情戏的演出剧目据说有一百多个，其中除一部分是描写家庭生活的小戏外，其他大部分都是改编的坠剧剧目。如《玉环记》、《玉怀记》、《西贯记》等。其代表剧目是《王金豆借粮》、《王金豆还粮》、《白玉楼》6部、《王宝钏》4部、《双拜寿》、《红尘》、《状元吟》、《状元与乞丐》、《张廷秀私访》、《雷保童投亲》等。现代戏有《前进路上》、《五福临门》、《富裕之后》等。

道情戏的最初伴奏乐器以两把坠胡为主，但又与一般坠胡不同。它筒大杆短，中间有腰码，声似二胡。后又添加了皮胡、三弦、大胡、笙和扪子等。道情筒，又称道情音乐，俗称道情筒子、渔鼓、道筒。体长约65－100厘米，筒底以鱼皮蒙之而得名，以后虽改用羊、猪的护心薄皮蒙之，而习惯上仍叫“渔鼓”。源于道士唱乐歌时所配鱼皮筒鼓，属于道情固有的古老伴奏乐器。以打节奏，并拍打花点子，伴奏唱腔。太康县道情音乐历史渊源久远，属于古代道教中的曲歌、曲牌，其伴奏乐器由弓弦乐器、拨弹乐器、吹奏乐器、打击乐器四类组成。道情音乐难以传唱，不易模仿，在中国戏曲音乐史上实属罕见的一支。道情的表演、化妆和服饰，与其他剧种差别不大，区别是其注重唱功，善演喜剧。其演员不习武功，科班亦无武科。也无严格的行当区分，除生、旦、须生有专行演员扮演外，净、丑、末则无固定行当，没有大花脸、黑面铜锤、架子花脸之类区分，丑角仅在声腔中加些滑稽的花腔衬字与灵妙的弹舌音。

20世纪30年代，道情剧种进入其发展鼎盛时期。这时，以太康为中心出现道情班社20多个，活跃在西起漯河，东至蚌埠的广大淮河流域。但1936年黄河花园口决堤的滔滔黄水，淹没了道情戏的故乡，造成了道情戏班社的纷纷解体。

新中国成立后，党和政府十分关心道情戏的发展。1956年，河南省第一届戏剧观摩汇演，特地请回长期流散在农村的道情老艺人登台表演。1957年，又以请回的老艺人为主，吸收一批青少年学员参加，成立了新中国第一个也是唯一的一个道情剧团——太康县道情剧团。太康县道情剧团在其发展过程中，由于女演员大量增加，唱腔定调多以女声为主，男声多半唱不上去，因而男演员只能扮演丑角或次要角色，主角则由女演员扮演，形成了女演男的反串道情戏特色。十年动乱也为道情戏带来了劫难，全国唯一的太康县道情剧团被迫解散。直到1979年，才得到正式恢复。

太康道情历史悠久，源于远古道教，始于春秋时代的思想家道教创始人老子（楚国苦县东里乡曲仁里人，后属鹿邑），在《五千文》、《道德经》和《太平调极论》主要道教经典中就有道情词。古人把道情视为最高的一种文学形式，信奉道教的道士奉守论典，传播教义，咏唱经文，所唱的道典乐歌称为道情。其内容多为离尘绝俗，处世之道之类，形成了一定的曲调格式，道情就属于古代歌曲，元明时代道情衍变为民间曲艺演唱形式，到了清代，道情在民间流传甚广，后随其他剧种的兴起道情逐步缩减。到1925年只有太康县道情艺人张广志对道情进行加工整理，汇同一些道情游唱艺人在太康县南老冢干张村办科班授徒达10年之久，将疏散的几个道情班组合一块，又连同乐师周连功把莺歌柳、渔鼓文融合一起，再加上改良曲胡（后道情弦）、二胡等乐器搬上舞台，已显出一种特有的质朴艳美、独具风格、民众喜闻乐见的道情稀有剧种特征。曾传：“宁可让家里的面发酸，也要听听太康的道情班”的佳谣。

1957年太康县成立了道情剧团。目前，已形成阵容强大，剧种独特的专业艺术表演团体。其唱艺新颖，唱词通俗易懂，唱腔欢快流畅，得到了专家学者的认可和广大民众的喜爱。

太康道情

“宁叫面发酸，也要听听太康道情班”，“任少锄二亩地，也不能耽误看太康道情戏”。如今，这样的顺口溜在太康广为流传。作为我国珍贵的稀有剧种，太康道情以其独特的表演技艺，征服了千万观众。2006 年 5 月 20 日，太康道情经国务院批准被列入第一批国家级非物质文化遗产名录。2008 年 2 月 18 日，文化部正式公布了第二批国家级非物质文化遗产项目代表性传承人，而朱锡梅作为道情戏的传承人名列其中。

朱锡梅，国家级非物质文化遗产代表性优秀传承人，著名道情表演艺术家，1940 年出生于太康县一个贫民家庭，1954 年参加戏训班学戏，成为首批道情演员，14 岁登台演出，一举成名，擅长大段唱词，吐词清晰，行腔质朴圆润，声腔委婉耐听，演唱质朴大方，动作潇洒，形神兼备，全面继承了前辈艺人所长。朱锡梅是著名的道情优秀演员，驰名省内外，屡次汇演获奖，主演过《王金豆借粮》、《张廷秀私访》、《李天保吊孝》、《雷保童投亲》和《前进路上》等优秀道情戏代表剧目。

道情，源于唐代道教在道观内所唱的经韵，为诗赞体。宋代后吸收词牌、曲牌，衍变为在民间布道时演唱的新经韵，又称“道歌”。用渔鼓、简板伴奏，与鼓子词相类似。之后，道情中的诗赞体一支主要流行于南方，为曲白相间的说唱道情。曲牌体的一支流行于北方，并在陕西、山西、河南、山东等地发展为戏曲道情，以“耍孩儿”、“皂罗袍”、“清江引”为主要唱腔，采用了秦腔及梆子的锣鼓、唱腔，逐步形成了各地的道情戏。内容有升仙道化戏、修贤劝善戏、民间生活小戏、历史故事和传奇公案戏4类。因道士唱乐歌时配以鱼皮筒鼓伴奏，故道情古时又称“渔鼓道情”，俗称“道情筒子”，明清之际与民间小调“莺歌柳”融合，形成独特戏曲艺术。

自民国初年，道情以曲艺演唱形式走上舞台，人们称之为“道情班”。解放前夕，戏班离散，销声匿迹，建国后复得挖掘振兴。道情擅长演唱儿女家庭故事，情节曲折，以唱制胜，具有浓厚的地方乡音民俗色彩。1925年，太康道情艺人张广志对道情进行加工整理，汇同一些道情游唱艺人在太康县老冢镇干张村科班授徒达10年之久。他们将疏散的几个道情班组合一起，又连同乐师周连功把“莺歌柳”、“渔鼓文”融合一起，再加上将改良后的曲胡(后道情弦)、二胡等乐器搬上舞台，使得道情深受民众喜爱。

道情是在太康当地发展起来的，朱锡梅又是太康人，口音和嗓子都适合唱道情。为此，在平时学习中，她经常向教道情的老师请教技巧。两年后，太康县道情剧团从豫剧团中分离出来。当时还在太康县豫剧团的朱锡梅经过考虑，选择到太康县道情剧团。回想起当年学道情戏的情景，朱锡梅介绍说，刚开始学的时候很难，有时候几个戏段唱不好，达不到老师的要求，她就反复练习。每天天刚亮，她就起床练功，有时顾不上吃早饭，接着就去吊嗓子。平时在别人休息的时候，她就在墙边念台词、练唱腔。在以后的学习过程中，朱锡梅逐渐形成了自己的风格，并成为剧团里的主要演员。太康道情代表剧目《王金豆借粮》是朱锡梅的成名作。她饰演王金豆时年方17周岁，虽刚进剧团不久却出手不凡，能紧紧抓住所饰人物孝敬寡母、忠于爱情、贫而不贱的特点，把一个落难公子的形象恰如其分地展现出来。朱锡梅一戏唱红，新建的道情剧团也一炮打响。

从此，朱锡梅和太康道情剧团一起，在太康当地和周边县市演出，受到当地民众普遍欢迎。朱锡梅演过上百部道情剧目，塑造过众多人物形象，除观众熟知的王金豆、张廷秀、雷宝童、莫稽以及《白玉楼》中的张炎，《李天保吊孝》中的李天保之外，还有现代戏《槐树庄》中的郭大娘，《草原医生》中的李医生，《刘介梅》中的刘介梅，《鸡婆杀鸡》中的鸡婆等等。这些角色有男有女，有老有少，性格悬殊，但都被她表现得鲜活丰满、有血有肉。

4. 曲剧

曲剧又称曲子戏，也是在周口地区流传较广的剧种之一。它的形成时间大约在清朝末年，是一个年轻剧种。它起源于河南的《马头》、《倒推船》、《洋调》、《满州月》等众多民间小调，在这些小调的基础上吸取其他剧种音乐，最初以“踩高跷”的形式进行演唱，而后逐渐走上舞台的。由于曲剧最初流行于洛阳、南阳，所以有“洛阳曲子”和“南阳曲子”之分。

流行于周口地区的曲剧，以南阳曲子为主，兼受洛阳曲子和安徽曲剧的影响。在20世纪30年代之前，周口地区尚无曲剧存在。大约从30年代初，曲剧始从豫西和安徽临泉两条道路传入周口地区。当时，仅是一些曲剧爱好者聊作娱乐进行口头哼唱而已，并无剧团。后因其曲调动听，便迅速发展起来，至30年代中期出现了剧团，学校和社会团体也开始用曲剧排演起了节目。全区出现最早的曲剧剧团，有据可查者有沈丘县老城和赵德营乡于40年代初建立的曲剧戏班，西华县王贯楼村张中岳建立的西华县第一个曲剧团曲剧研究社，项城县新桥集建立的以杨德福为主演的曲剧团，在这些剧团的影响下，曲剧在周口地区发展很快。出现了杨福生（杨白菜）、李金波、程万顺、刘曾荣、郭新德、郭立仙、郭立苯、韩丙寅等大批深受民众欢迎的演员。

曲剧40年代登上舞台之初，伴奏乐器仅有一把曲子弦，一个打节拍用的手板，无锣鼓配合。50年代，才逐渐增加了四股弦、三弦、二弦、琵琶等乐器，并加上了锣鼓配合。60年代又增添了双簧管、大提琴等西洋伴奏乐器。曲剧常用的曲牌有30多个，主要的有［汉江］、［杨调］、［满州］、［鼓头］、［打枣杆］等。其表演行当与豫剧相同，但早期没有严格的行当区分，老艺人大都戏路宽角色杂。由于最初只有男演员，所以旦角也由男演员扮演。50年代后才出现男女同台演出。曲剧所演剧目多是文册戏，蟒靠戏极少。其主要代表剧目有《柜中缘》、《卷席筒》、《花亭会》、《杜景郎找父》等，其他剧目与豫剧基本相同。

曲剧音乐质朴动听，生活气息浓郁，唱腔通俗易懂，演出形式轻便灵活，因而深受民众喜爱。新中国建立后，周口地区农村曾经一度出现了众多的曲剧业余剧团，演出活动遍及每一个乡村，使曲剧得到了迅猛的发展。与此同时，地、县两级政府也对曲剧的发展十分重视。沈丘县政府1958年批准建立了全区第一个专业曲剧团。该团在十年动乱中虽被解散，但三中全会后又被恢复。农村业余曲剧团也都相应地得到了恢复。仅据西华县统计资料，1983年全县就有农村业余剧团14个，占全县业余剧团的27%。

曲剧代表剧目《风雪配》。《风雪配》写的是公子颜俊托尤晨向高员外之女高秋芳求婚，高秋芳使父约颜俊到府相看。颜因怕自己才貌不扬，而求表弟书生钱青代为相亲，钱青推辞不过，强与尤晨前往，高员外与秋芳观之，喜允婚事。迎娶之日，颜俊又强让钱青再次代为迎娶，不料至高府天降大雪，钱青与秋芳同室未同居。三日后回，颜俊拉钱青见官申诉，知县秉公断案，痛责颜俊，判钱青、高秋芳成婚。

《风雪配》是曲剧传统剧目，为我区不少曲剧团的引进剧目。该剧是曲剧喜剧，它以高秋芳新婚之夜的表演为特点，加上优美的旦角唱腔，细腻地刻画了高秋芳体贴新郎、羞难自禁的心理，为观众所喜爱。

曲子戏发源于河南西南部，主要流行于河南和湖北西北部广大地区。原有南阳大调曲子和洛阳小调曲子之分，后经相互交流融汇，演变成曲艺后俗称“河南曲子”。开初以地摊演唱和高跷“拐子曲”的形式流行于民间，直到1920年前后，才吸取其他一些剧种的方式，逐步发展成能进行舞台演出的一个新剧种。因此，河南曲子戏本身的历史并不长，被称为“河南曲剧”则完全是建国以后的事。它进入周口的年代，则是在1927年前后。

曲子戏形成虽晚，但其唱腔曲调沉稳活泼，委婉朴实，语言通俗易懂，且其初期剧目短小精悍，多为描写家庭生活题材的单折戏，如《祭塔》、《卖瓦盆》、《闹节》、《安安送米》等，很受民众喜爱。其常用的汉江调、扬调、银扭丝、打枣枝、剪剪花等，从进入周口伊始，即引起一些戏曲爱好者的浓厚兴趣。他们很快就有意识地结交外来艺人，虚心求教，自己学着唱。稍微通路以后，就不断借机参与外来曲子戏班社的演出活动，使周口慢慢形成了一支曲子戏的票友队伍。后来虽然也出现过一些民间班社组织，但周口曲子戏班社，基本属于业余票友的松散结社，始终没有真正形成过自己真正意义上的专业社团。

1927年，有叶县曲子戏艺人杨福生，绰号杨白菜者，率全班演员八人，来周口唱曲子戏。一般认为，杨白菜是带班来周口最早的曲子戏班，因此，杨白菜堪称周口曲子戏演出的第一传播者。早期的曲剧演出，不但行头简陋，人手精干，而且其乐器伴奏也处于原始阶段，演员全是男的，以演小折戏为主，远不如河南梆子的声势与气派，给人以比较单薄的印象。杨白菜带班初闯周口，投靠于南寨牲口市孔家戏园，被冷落地安置于马王庙打地铺落脚，并没有引起人们的关注。但杨白菜精于彩旦，开场戏唱得果然声韵别致，身手不凡。班中小生刘奎，丑角董桂仙，须生海江（海莲池之父）等，都有不俗的演唱水平。结果令周口戏迷大开眼界，从此爆响起来。

此后，杨白菜断续来周献演，长达四年之久，名声大振，出尽风头。某次，他碰巧与当时的河南梆子名伶“长苗子”台口相邻，杨白菜先声夺人，亮出功夫，竟拉光了对方的观众。从此杨白菜声威更强，红极一时。周口街巷盛传：有一天，牲口市一带街上民众发生斗殴，围观者久劝不下，骚动不已。此时恰逢杨白菜路过，他一时高兴，以曲剧小旦的道白腔口戏说：“哟，都是自家兄弟，纵有言差语错，何必拳脚相加，伤了和气？听奴家一劝，散了去吧！”围观者一阵哄堂大笑，众人视线转移，一场斗殴竟因大家争看杨白菜而不劝自散，一时传为民间佳话。后来，杨白菜还不断到项城水寨、沈丘槐店一带演出，不久因病客死水寨。他演唱的《小姑贤》、《胡二姐开店》、《宋江坐楼》、《蓝桥会》、《小寡妇上坟》、《李豁子离婚》、《错中错》、《巧中巧》、《货郎翻箱》等，虽有不少“水词”等粗俗之处，但却让当时的观众真正领略了曲剧的风采。

继杨白菜之后，抗战初期，原国民革命军第三集团军孙桐萱部二十师六十团，在周口北寨关帝庙驻防。该团有一个曲剧班，领班人王应武唱丑，张占鳌唱须生，还有个青衣李至诚和一个外号“假杨白菜”的旦角，共 20 多人，实力较强。这个戏班本属部队宣教娱乐组织，演员都是士兵，经费由军饷资助。他们每周有一两次劳军演出，同时也让民众随便观赏。其主要剧目有《杀子报》、《大劈棺》、《苏家楼》、《三兄弟分家》、《枪毙王彦之》等。其中《枪毙王彦之》一剧，真刀真枪，当场带彩，在当时对观众吸引力甚大。六十团曲剧班在周口有两年之久，在此期间，周口的曲剧爱好者如闫存义、陈福祯、孙景章、李法启等人，曾与该班演员结拜金兰之交，并趁机学戏，他们还多次同台演出过不少折子戏。这些人后来即成为周口第一代曲剧中坚，使周口本地的曲剧活动正式落地生根，繁衍开来。

到了 1942 年，又有国民革命军苏鲁豫皖边区十六支队所属一曲剧班在周口演出。该班多为南阳人氏，主演有大金牙、小洋人、南阳迷、金桂等 30 余人。此时期曲剧的剧目，已有不少大轴子戏，如《东平府》、《清风寨》、《二进宫》等，场面上也拥有了曲弦、三弦、四股弦、板胡、琵琶、鼓板等，声势大非昔比。

十六支队在周口停留一年有余，与周口曲剧票友交往甚为密切，他们不断同台演出，相互交流。后因日寇从漯河来犯，十六支队被敌军击溃，戏班残部逃往淮阳后，竟投靠了伪“和平救国军”，并一度在淮阳西关上演。当时周口曲剧票友七人，也跟着去了淮阳，后被胁裹到大新集一带，周口票友也陆续脱离返回。该班从此下落不明。1942 年以后，还曾有洛阳李金波携海江、贾志国、常玉成等 20 余人，组班来周，在北寨三民舞台演出。李金波与海江，都是曲剧早期名角，李的唱腔舒展自如，尤擅水袖功，举凡甩、抖、弹、挑、正、反、抛、抓，无不娴熟精湛。其拿手戏《孙夫人祭江》风靡周口。

解放后，李金波任省曲剧团长多年，张新芳即出其门下，海江家传，又出了海莲池一代新秀。1948 年前，还曾有豫西曲剧名伶王中彦等 20 余人，结伙来周口演出。由于周口观众对豫西唱腔过于陌生，使首场打炮戏很不顺当，引起倒好声不断，场内骚动不安，王中彦亦悻悻然心有不服。翌日第二场开台前，先由园主穆子香安抚观众说："人家远道而来，咱得稳住劲先听两场再论好歹！"王中彦亮出功夫倾力献艺，手眼身法果然名不虚传，周口观众大为叹服。王中彦即建国后河南曲剧名流王秀玲之父。

此前，在1944年，商水邓城"皇协军"汉奸团长叶茂亭，曾出资创办过一个曲剧班子。因风闻周口曲剧票友颇多，遂通过周口伪军团长张树森，从周口招募票友十余人，参加了他们的所谓"乡亲曲剧团"。仅仅一个多月，叶茂亭部被中央军打垮。由于该团主力多为周口人，大家一商量，遂将该团拉回周口，上演于丁字街戏园，并曾到项城水寨、沈丘槐店、纸店一带演出，抗战胜利后自行解散。

5. **坠剧**

坠剧是以曲艺河南坠子的曲调为基础发展形成的剧种，故名坠剧，是流行在周口地区的剧种之一。曲艺坠子的起源有两种说法：一说是由三弦书与道情结合而成，另一说是由民间歌曲《莺歌柳》与道情结合而成。其形成时间地点：一说是20世纪40年代形成于安徽肖县，一说是1948年形成于河南内黄县，一说是50年代形成于商丘。究竟它起源于何时何地如何具体形成，还有待于继续查考。但总起来说，坠剧的艺龄是十分年轻的。

在曲艺坠子形成之初，多是以坠子艺人单人自拉自唱、二人对唱或群口对唱的形式，演出于乡间、街头或书棚等场所，不登高台。曲艺坠子后来发展为坠剧新剧种登了高台进行演出。据郸城县坠剧演员吴宗俭回忆，首次是1950年商丘群声曲艺剧社在商丘上演大型现代戏《渔夫恨》。当时，其演唱和伴奏方式与曲艺坠子区别不大，演员仅由在曲艺坠子中一人演众多人物变为演剧中单一人物，同时丢掉了简板，上下场加上了曲牌或锣鼓点。伴奏乐器除坠胡外，新增加了二胡、三弦、高板、笙、竹笛、唢呐、堂鼓、班鼓、大锣、二锣、手钹、梆子等。当时还用竹节代替班鼓，竹筷代替鼓键。演员由于都是曲艺艺人出身，未受过基本功训练，表演动作非常简单，演出以说唱和情节招揽观众。剧中所用曲牌，大都是借用于豫剧、京剧、四平调、二夹弦等兄弟剧种。舞台装置也十分简单，只有一道布幕扯在舞台中间，用以分清前场和后场，没有布景和音响设备，夜场演戏只用两盏汽灯照明。

坠剧本没有曲牌、锣鼓经和成套的音乐程式，但经过艺人们的大胆革新、创造、吸收和融合，使坠剧得到突飞猛进的发展，形成了独特的艺术形式。

坠子很早就传入了周口地区，由于它轻柔脆巧，乡音土调，通俗易懂，所以在民间广为流行，很多地方的男女老少都能哼唱几句。坠剧作为剧种传入周口地区，是在1955年10月原商丘市群声曲艺剧社调入郸城，易名为郸城县实验坠剧团，这是周口地区出现的第一个专业坠剧演出团体。它在长期的演出实践中不断改革坠剧音乐唱腔，提高表演艺术水平，使坠剧有了较大的进步。但在十年动乱之中，由于它不适宜于演“样板戏”而被撤销，1977年10月始得恢复。另外，1979年淮阳县也在郸城县坠剧团的帮助下，成立了淮阳县坠剧团，使坠剧在周口地区进一步发展了起来。

6. **眷戏与罗戏**

眷戏是曾在周口地区出现，现在已经濒临灭绝的剧种。它最早出现于清初沈丘县莲池乡一个白姓家族之中，由寺庙音乐演化而成。初以地摊形式在节日盛会时演出，后被搬上舞台成为独立剧种，并被引入皇宫成为供皇室欣赏的宫廷戏。

眷戏伴奏乐器以笙簧为主，另有锣、鼓、钹、梆子等，没有弦乐。其唱腔曲调优雅婉转，富于宫廷风味。板式有原板、飞板、叫板、起板、慢板、滚板、哭板。曲牌有［赞子］、［帘子］等。其唱词深奥，讲究音韵合辙，多用七字句、十字句。眷戏在莲池一直流传到建国之后，主要演出外八角类的大戏，代表剧目有《四龙归天》、《九头狮子临凡》、《铡美案》、《打潼关》、《南阳关》、《下南唐》等。在莲池眷戏班鼎盛时期，曾到周口与“一把鞭”戏班对戏，取得了胜利。

1956年，河南省举行首届戏曲观摩汇演。沈丘莲池眷戏艺人李西宾、周魁法、楚得荣、邹玉林、徐公顺、王继才、王新广、王九等组成眷戏代表团，作为少数剧种参加了演出。1957年，又在郑州演出了眷戏代表剧目《下南唐》。但由于其唱词深奥不易被观众接受，因而丧失与其他剧种争胜之力，终至衰落。

罗戏，也是曾在周口地区出现但今日已经濒临灭绝的剧种。罗戏古称罗腔，又叫笛戏，是一个古老的剧种。它早在1690年清康熙年间，已经风靡中州繁荣盛极。其影响之大，常令“男女若狂”，“动辄三五日不散”。但从清末开始，罗戏由于长期因循守旧、闭门自囿等原因，日渐走向衰落。到新中国建立前夕，罗戏在周口地区已成了寥若晨星的稀有剧种，踏上了濒临灭绝的边沿。

关于罗戏何时在周口地区出现，现已无从查考。今仅知道的周口地区罗戏的最早记载，是清朝道光之前《太康县志》提到罗戏说，太康人“又好约会演戏，如逻逻、梆弦等类”。这里的“逻逻”，即指罗戏。其后到清道光年间（1822 年）前后，太康县衙内办一台戏班名曰“快戏班”，在县城周围广泛流动演出。1860 年前后，西华县西七里仓人何东才也建立了一个罗戏班。该班由七里仓何姓族人发起组班，先由何东才领班，1900 年后由何臭掌班并负责教戏。当时，罗戏在西华已成为稀有剧种，演出时以太平车四辆合并为台，服装道具极为简单，一般头有帽，腰有带穿随身衣服即可出场。剧团无女演员，伴奏无弦乐。乐器主要有尖音竖笛（小喇叭）一支，其长不盈尺；大喇叭两支，管长三尺许；笙两把，膜笛一支。打击乐有板鼓、大锣、手钹、小锣、战鼓、大排鼓、大铙、大钹。演唱时用尖音小喇叭做前奏叫“罗唱头”，尖音小喇叭做前奏时以笙托音；中隔和过场均用大铙、大钹击奏，婆旦以尖音小喇叭伴奏为主，黑、红、交通以大喇叭与铙钹和之。唱词开句似白，一句的最后一个字翻高八度拉后音。罗戏的特点是纯朴有力，词句清楚，善开武戏。其演出代表剧目有《盗火龙驹》、《张飞卖肉》、《火烧纪信》、《投纪州》等。七里仓罗戏班建国前尚在断续演出，但已不为人称道。建国后由于其他剧种发展快，罗戏已无竞争之力，逐渐衰败。随着老艺人相续去世，至 1982 年罗戏演员仅在西华剩下旦角何生、生角潘贵生二人，均已 90 高龄。现在，罗戏剧种在周口地区已经很少见了。

7. 二夹弦与花鼓戏

二夹弦，也是流行于周口地区的剧种之一。二夹弦又称“两夹弦”、“大五音”、“淮阳调”。其名称由来，主要因为其主要伴奏乐器四胡的拉弓上两股马尾由四根琴弦夹住而得名。周贻白在《中国戏曲发展史纲要》中说：“二夹弦，因其主要伴奏乐器为一种四根弦的胡琴，两根弦夹着弓上所系的一股马尾拉奏，由是得名。在陈州一带，称为大五音，此或为较五音戏加用伴奏之故”。1936 年《戏剧旬刊》第 10 期《谈豫剧之一种》文中说：“豫东南乡间有一种小戏名二平等弦，又因用弦子与粤剧同，也称二广弦，或因为淮阳最多，故又称淮阳调。”

二夹弦起源于冀、鲁、豫三省接壤地带，流传于豫东、冀南、鲁西南、皖北广大地域，据说已有 200 多年的历史。在二夹弦形成剧种之初，其伴奏乐器十分简单，仅以四胡领弦，配以琵琶、二胡和之，打击乐仅有大锣、钹和大鼓等。乐队人员往往一人兼奏多种乐器，如拉丝弦者常挂着锣锤，兼奏打击乐。演唱时女角落腔多带尾声，男角真假嗓并用，以假嗓为主，腔调柔和，委婉甜美，为观众喜爱。常用板式有头板、二板、三板、娃娃儿、悲词、念词、呱答嘴等十余种。演员行当分工细密，各行当唱腔各不相同。例如同是一个娃娃调旋律，生角演唱时直来直去，高亢而嘹亮；旦角演唱时则哼啊哎呀，华丽优美；花旦演唱时则伶牙俐齿加上巧舌音，以示其活泼玲珑。其演出剧目多以生旦戏为主，代表剧目有《梁山伯与祝英台》、《大铁山》、《金刀记》、《全家福》等。

二夹弦在周口地区很早就已广泛流传。现有实据的二夹弦在周口流传情况，一是西华营乡吴庄村吴奖德、吴玉伦和吴国保父子三人，皆是人们记忆中的当地最早二夹弦演员，他们虽未自立班社，但却从事外出搭班或出聘为师的二夹弦演唱活动。二是聂堆滩上村清末秀才王老成为示豁达，于1916年招募驻马店二夹弦艺人40余名，并聘请开封童家寨名角童喜为掌班，王老成自为后盾，成立了王老成二夹弦戏班，同年上演了《雷公子投亲》、《张廷秀私访》等二夹弦剧目，四方为之轰动，影响颇大，后来该班虽然多经坎坷变迁，但一直存在到1981年方才散班。淮阳县也早在20世纪30年代就有了二夹弦戏班。1936年《戏剧旬刊》第10期《谈豫剧之一种》文中，记载当时二夹弦班社在淮阳的活动情况说：二夹弦“一个戏班只不过二十来个人，上装时放下乐器便去唱，下装时又来接场面”。新中国成立后，淮阳安岭阎楼人常树森等，又于1953年发起组建了阎楼业余二夹弦剧团。1958年淮阳县又在该业余二夹弦剧团的基础上，成立了淮阳县二夹弦剧团。

二夹弦虽然在周口地区流行时间久长，但由于不能像豫剧等剧种争得更多观众，所以建国后，其班社、剧团逐渐解体。

二夹弦代表剧目《朱元璋吊孝》，写的是明初时期，明朝开国功臣南阳康茂才死去，康府高搭灵棚，众亲友前来吊祭。此时，被明太祖朱元璋歼灭的陈友谅之子陈洪长大成人，私练人马准备为父报仇。这日他以参灵为名，混入康府对康女先逼后抢，情况危急中朱元璋由常子龙保驾，微服祭吊来到康府。朱元璋得知此事，即一面修书让康女女扮男装搬徐达速来南阳康府救驾，一面带常子龙亲自与陈洪对阵。但朱元璋寡不敌众，常子龙落荒而逃，朱元璋被擒，押在陈府水牢之中。陈洪得胜后即去康府提亲，康府家童能干自告奋勇，男扮女装顶替姑娘，进入陈府。新婚之夜，徐达兵到，陈洪让其妹秀英女扮男装暂陪新娘，自己出兵拒徐。能干趁机将秀英杀死，即往水牢救出朱元璋。徐达与常子龙合兵，剿灭了陈洪。此剧目为西华县二夹弦剧团特有剧目。

8. 花鼓戏

花鼓戏也曾在周口地区流行。清道光五年的《宋州政录》上说：“戏子、男童女童花鼓戏、道情戏、走索等项……不分何等人家，俱不许容留。”这本是官府禁止花鼓戏等戏曲演唱的禁令，但由此却可看到花鼓戏当时已在周口地区流行了。因为宋州即指今日开封豫东一带地方，也当然包括周口地区今日所辖部分县份。

花鼓戏又叫山东花鼓，其伴奏不用弦乐，仅用锣鼓。其最突出的特点是在舞台两侧各置一个二尺长的大梆子，在演员表演时二梆齐响，演员随梆一句接一句不间歇地唱下去。其演出剧目多是民间小故事及连台戏，代表剧目有《巧合奇冤》、《金镯玉环记》等。

建国前，太康县花鼓戏著名演员有王佩君、张谓川、邹爱琴等。建国后，太康、淮阳、周口都曾有业余花鼓戏剧团活动，但由于其竞争力不足，一直没有专业剧团出现，今日连业余班社也不复存在了。

9. 木偶戏

木偶戏也是曾在周口地区流传的一个剧种。它从外地流入我市，源流无从查考。现有记载的木偶戏表演剧团，是郸城县城郊乡王永敬等人成立于1957年的木偶剧团，同年被县政府接管，改名为郸城县木偶剧团。全团21人，有木偶60种。其演唱以豫剧为主，间以柳琴、曲剧等戏曲唱腔。伴奏乐器有板胡、二胡、笙、三弦等。打击乐器有锣、鼓、镲等。木偶演出行当齐全，舞台由上下操作架和中间表演区域组成，三面挂围帷幕，一面留出约宽一丈高六尺的表演区。舞台台面按比例缩小道具装置山石花草等布景，并用灯光照耀舞台。表演时木偶动态齐全，加之配声默契，观众颇感新奇。

木偶操作

木偶道具主要以桐木为主，在造型中根据人物的不同性格、表情的不同特征，雕刻出各种不同类型的脸谱，其要点是“横五眼、竖三鼻、两个耳朵与眉齐”的面部比例和“想要恶，鼻眼撮，想要笑，眼皮夯拉嘴唇翘”的面部表情。在雕刻的刀法上推、刻、拧等技巧运用自如。头刻成画好后，根据各人手指的粗细适当打眼，按各人表演，使用量手裁衣。

表演手法是用食指插入布袋偶头内，大拇指和中指分别撑开，两只胳膊操作表演时，其三个手指的操作表演动作看起来简单，实际操作都颇有文章，它也和演大剧一样，根据各人的角色性格特点，来表达其动作。男女老少之间，兴奋与悲哀等动作处理各有所别，配音说话和动作协调一致。音高强者动作幅度要大而快，音低弱长者动作必须微缓慢结合得当，才能演活，逼真传神。

木偶戏历史悠久，流传广泛，具有浓厚的民间艺术特色，但目前受经济影响，表演团体已面临灭绝，从业人员较少，属稀有的民间艺术珍品，有待进一步挖掘、整理、继承提高。

周口布袋偶戏，盛行于太康县马头镇五振岗村。又称“扁担戏”、“独台戏”、“小木偶”、“戳偶”等，属民间传统艺术，已有400多年历史。布袋偶的人物造型为布缝制成布袋状玩偶，套在手上玩耍，故此得名“布袋偶”。也因用手指往上戳着表演，俗称“戳偶”。又因布袋偶的小舞台由一根扁担支撑着，所以又叫“扁担偶”。

布袋偶的表演手法是一个人钻在舞台下面布围子里操作表演，用食指插入布袋偶头内，大拇指和中指分别撑开，用手腕，手掌，手指的活动来操纵玩偶，表演节目。布袋偶的表演中，表演者两只胳膊操作表演时，其三个手指的操作表演动作看起来简单，实际操作都颇有文章，它也和演大剧一样，根据各人的角色性格特点，来表达其动作。男女老少之间，兴奋与悲哀等动作的处理各有所别，配音说话要和动作协调一致。音高强者动作幅度要大而快，音低弱长者动作必须微缓慢结合得当，才能演活，逼真传神。周口布袋偶以吹口哨的哨音和表演者的真嗓音结合来实现不同人物的对话和说唱。吹口哨要吐字清晰，其诀窍是：“舌根顶，喉咙哈，舌尖搅动学说话。”语言运用以地方方言为特色。

周口布袋偶戏历史悠久，流传广泛，具有浓厚的民间艺术特色，属稀有的民间艺术珍品。具有场地小，舞台道具简单，节目内容短小精悍，一人一台戏，妙趣横生，其乐无穷的特点。周口布袋偶是一种深受民众喜爱的独特艺术表演形式。她既是民间口技与传统说唱曲艺传的结合，又是民间雕塑和彩绘的展示，还是古老的木偶戏的传承和发展。周口布袋偶统剧目有《王小打柴》、《王小上山打虎》、《猪八戒背媳妇》等10多台。在河南省第一届艺术节大赛表演时，周口布袋偶受到法国等外宾青睐和台胞的赞赏。周口布袋偶还曾参加国中南六省的艺术演出，演出足迹遍及祖国各地。

布袋偶戏

10. **鼓子曲**

鼓子曲又称大调曲子，亦称“御制清平调”。清光绪初年传入周口，距今已有百年以上历史。

鼓子曲在周口早期传播者，主要有白体赋、潘池清、姚丙蔚等人。建国前，通过习惯性活动，自然形成为四个松散班社。即：以萧免甫、韩老少为首的王埠口班，以马忠元等为首的三连坑班，以郑兰品等为首的河西班，以高同春为首的镇冲寺班。建国以后，四个班会，在50年代前后，仍保持着正常活动。20世纪80年代以后，鼓子曲的演唱活动，已很少见了。

鼓子曲班社的活动形式有两种。一种是以大街路口某一茶馆为基地，聚集鼓子曲爱好者，自成习惯性活动点。每到夜晚，摆开桌椅条凳，点燃油灯，就能自然招引听众。拨弹声中，艺人轮番引吭高歌，自唱自乐，往往直达中夜方休。一种是接受红白寿典的邀请，临场助兴。无论以何种形式聚集演唱，鼓子曲班社却一直沿袭着清茶一杯的高雅习俗，不收钱不吃请，纯属民间娱乐性服务组织。

鼓子曲调委婉轻柔，庄雅动听。词也不大同于一般俚语小调，极富绚丽多彩的诗词韵味，对仗结构也十分严谨工整。伴奏乐器，以三弦、古筝、琵琶、八角鼓等四大件为主。后来有的加入坠胡或二胡、木鱼、碰铃等。艺人们演唱时，讲究仪表高雅，正襟危坐，绝无轻浮之举。加之音乐曲牌多变，委婉处如泣如诉，扣人心弦，激扬处气势悲壮，感人至深，往往演者动情，听者动色，情感交融，久久不忍离去，故深受民众喜爱。

随着时代的发展，各种艺术形式百花齐放，各领风骚。加之旧班长期形成的程式化演唱风格，孤芳自赏，很少改进创新，也缺乏与其他曲种之间的交流，逐渐衰落，后继无人。

（二）戏曲表演艺术

1．概述

戏曲表演艺术，是戏曲演员按照剧本规定的情境和角色的思想感情，运用唱、念、做、打的戏曲艺术表演程式，创造角色形象，并同编剧、导演、音乐和美术工作者等密切配合，体现剧本内容和三题的艺术技巧。

周口市戏曲剧种较多，各剧种在发展过程中为了竞争取胜，各个强化自己的表演技能，认真吸取姊妹剧种的表演艺术之长，融合改造为己所用，逐渐丰富自己的表演技艺，到清朝末年形成了各自的表演艺术风格。例如，罗戏的表演技艺长于“做功”，因而其演出剧目多以传奇故事为主，借剧中武侠人物真枪真刀的武打格斗表演技艺取胜兄弟剧种。豫剧的表演技艺长于“唱功”，因而其演出剧目多以历史故事为主，兼演男女缠绵家庭琐屑之类的剧目，以优势的“唱功”表演技艺制胜兄弟剧种。越调的表演技巧“唱功”与“做功”兼备，因而它善于演出公案戏，其中尤以三国故事剧目居多，以优势的唱做兼备表演技艺竞胜兄弟剧种。后起的道情戏则认真吸取兄弟剧种表演技艺之长，揽兄弟剧种表演技艺之精粹，形成了自己唱、做兼备的表演风格，善于演出表现家长里短、才子佳人的生活戏，以剧本的丰富内容加上唱做兼备的表演技艺招徕观众。

然而，各剧种虽然在清末便已各个形成了自己独具特色的表演技艺，但是直到建国之前由于各戏曲班社互为封锁，各剧种独立门户，演员文化素质差，未经过系统的基本功训练，表演艺术只靠老师口传心授，致使各剧种在表演艺术方面缺乏规范性，表演比较随便。有些演员在舞台上即兴表演，戏随人走，有时连剧情也不顾及，随意增删台词和唱词，有的演员为了追求所谓演出效果，还加些插科打诨之语，做些低级庸俗的表演动作，使演出支离破碎。当然也有表演艺术水平较高的艺人，但为数较少。

1949年建国后，戏曲工作者对各种剧种表演技艺进行了挖掘整理和改革。在改革中吸收交融其他剧种表演艺术之长，丰富本剧种的表演技艺，通过汇演、调演、观摩等方式进行艺术交流，使剧种的表演技艺都有较大的提高。特别是对年轻演员进行了系统的基本功训练，使演员走上了表演规范化的道路。

诚然，戏曲表演艺术在建国后的发展道路上，也经历过“文革”造成的曲折，但历经曲折之后今天更加丰富完善起来，各剧种的独特表演技艺正以绚丽多彩的面貌展现在世人面前。

2. 豫剧表演艺术

豫剧表演艺术，是豫剧演员按照剧本规定的情境和角色的思想感情，运用包括唱词在内的语言和包括舞蹈在内的动作创造角色形象，并同编剧、导演、音乐和美术工作者等密切配合，体现剧本内容和主题的独特表演技艺。这里，对其从角色行当沿革、身段与基本功和表演选例等方面予以叙述。

豫剧在周口地区从它出现之日到清朝中叶，一直没有行当划分，只以嗓音来分角色，即声尖者饰女，声憨者扮男。后来随着演出走上高台，班社规模的扩大，才有了初步的角色行当划分。最初豫剧的角色行当，仅有如下几种：黑脸（大净）、架子花脸（毛净）、大红脸、二红脸（马上红脸）、小生、老生、净、末、丑等。不久二红脸、老生和净、末又逐渐合并为一，通称为胡子生。

20世纪之前，周口地区豫剧戏班中没有女演员，旦角行业由男演员装扮，以四生四花脸“外八角”戏为主，生行占有主要地位。衡量一个戏班演出质量的高低，观众就看你有没有好红脸。戏班也视唱大红脸者为“台柱子”、“馍筐子”。开始，大红脸和二红脸分工很严，大红脸专演关公戏，二红脸主要演赵匡胤、秦琼一类角色，需要文武功兼备。后来随着时代的推移，大红脸不再单打一地演关公，但剧中头号主行当角色仍是非大红脸莫属。

进入20世纪，周口地区的豫剧戏班中的角色行当，都由四生四旦四花脸、四兵四将两丫环组成。四生指正生（大红脸）、红生（二红脸）、小生和老生；四旦指正旦（青衣）、小旦（闺门旦）、花旦和老旦；四花脸指黑脸、大花脸、二花脸（摔打花脸）和三花脸（丑）。此时演出剧目因角色行当设置的限制，多是宫廷戏和公案戏。

1908年，豫剧女演员顾秀荣首次在我市郸城县顾家班登台，她能演文武小生和花脸类净末行当角色，因而沿传至今。豫剧各表演团体传统戏演出女扮男的做法仍在沿用，诸如女小生、女胡子生、女黑脸等屡见不鲜，且其表演效果颇佳，深受观众喜爱。

今天，周口地区一般豫剧表演团体角色行当都比较齐全，已处于定型阶段。现行角色行当主要有生、旦、净三行构成。生行有正生、红生、武生（长与短）、老生（文与武）、扇子生、官衣生、娃娃生、穷生等；旦行有正旦、小旦、花旦、老旦、刀马旦、帅旦、彩旦、摇婆旦等；净行有黑脸、白脸、大花脸、二花脸、毛脸（狗头花）等。一个剧团某个角色行当演员的数量各不相同，可以任意由一个增加到若干个。因而各个剧团可以根据自己各门行当演员的数量和素质，选择确定适合排演的剧目，以扬长避短，夺人制胜。

豫剧形成独立剧种之后，善于吸收兄弟剧种表演艺术之长，在漫长的发展演化过程中，形成了自己独具特色的表演风格和整个表演艺术程式。它的特色是：曲调俊俏优美，唱腔高亢激越，道白干净利落，做功感情真切，武打火炽疾烈。它要求小生的表演清、净、冲，花脸的表演爽、犷、猛，红脸的表演稳、沉、挺，闺门旦优美以“柔”见长，花旦灵活以“俏”见工等等。

豫剧基本功侧重于腰、腿、臂的训练。早晨起床，不论男女演员，喊过嗓子之后，都要练习踢腿、下腰、耗山膀、抄云手、走台步、跑圆场等基本功。然后再根据各人角色行当的划分区别，各个侧重练习角色行当功。如武行练跟头功、毯子功、把子功；旦角练水袖功、手势功、台步功；须生练髯口功、帽翅功；文生练甩发功、扇子功；武生练脸子功、靠旗功、厚底功；等等。今日，豫剧剧种在长期的艺术实践过程中，已经对其身段与基本功总结出了整套训练技法与要求，即常说的“四功五法”。四功是唱、念、做、打，五法即手、眼、身、法、步。并总结出表演时要以“四功为纲，五法为目”。

四功之首的唱功，要求演员做到出嗓字正腔圆，注意口型，讲究韵味，注重感情，节奏的快慢分明，有“千言万语唱当先”、“一唱遮百丑”之说。科学的唱法要求演员在演唱时注意“五音四呼”。五音指吐字的位置，即唇、齿、舌、牙、喉；四呼指出字引长时的口型，即开、齐、合、撮。同时讲究“收音归韵”即“十三辙”的韵脚尾音控制。

念功指表演中的道白。道白在表演之中十分重要，戏谚有“千斤白四两唱”之说，唱腔有音乐伴奏所以难而易，道白全凭念功因而易而难。因此李渔在《闲情偶寄》中说：“唱曲难而易，念白易而难。”道白要念好，要处理好轻、重、缓、急、抑、扬、顿、挫，讲究节奏。艺人们把它总结为“快而不乱，慢而不断，高而不空，低而不闪”，同时还要有音乐旋律感。

做功指演员的形体动作体现，即创造角色的技艺手段。做功贯穿表演过程始终，即俗称的做戏。按其表演动作的主要特征，可以分为虚拟、姿态、情绪、典型、特技、装饰和生活等七种动作。虚拟动作要求做到摄其神，拟其形；姿态动作舒适挺拔，讲究造型，富有功架的舞蹈姿势；情绪动作细腻贴切，重感情体验；典型动作要求有人物个性特点；特技动作灵巧别致；装饰动作讲究连贯流畅，用以铺垫、烘托和连接主干动作；生活动作要求自然，富于生活形态。

打功指表演中的武打。武打主要有跟头功、毯子功和把子功三种基本功。跟头功有小翻、虎跳、前扑、倒踢、踩子、蛮子等。毯子功有抢背、扑虎、旋子、飞脚、滚猫等。把子功有大刀枪、单刀枪、双刀枪、箭炮铜牌枪等。

五法之首的手法，是身段功中之重要基本功。豫剧表演很注重手法的造型美和手势运转，以此表达剧中人物的思想感情。手法有兰花手、菊花手、云手、遮雨手、颤手、指手、背手、拱手、背拦手、哭介手、抱拳手等。眼法在表演中也占有很重要的位置。艺人总结说：“一身的戏在脸上，一脸的戏在眼上”，“眼大无神，庙里泥人”，“三分扮相，七分眼神”。因而豫剧演员曾有“点香练眼”的训练项目。眼法分流星眼、秋波眼、圆眼、媚眼、怒眼、悲眼、疑眼、白眼、青眼、鄙眼等。“百练走为先”，步法也是豫剧表演的基本功。豫剧步法叫台步，台步有下列区分：碟步、碎步、蹉步、快步、慢步、趋步、云步、颠步、醉步、膝步、跪步、分水步、弓箭步、踏步、滑步和探步等等。

豫剧表演除了上述四功五法之外，其他功法如髯口功、水袖功、扇子功等也各有规制。髯口功是须生演员的必练之功，功法有搭、捺、挑、推、托、摊、捋、抄、抖、甩、绕、吹等姿势。演员通过髯口各种姿势的运用来反映人物的沉思、感叹、惊怕和悲喜等复杂的情绪。水袖功是传统豫剧表演中表现人物不可缺少的重要艺术手段，不论生、旦、净、丑哪行角色都需要掌握。经过长期的发展丰富，豫剧水袖表演姿势繁多。基本袖法有勾、挑、撑、冲、拨、扬、掸、甩、打、抖等。舞台上经常使用的姿势有拖袖、分袖、抖袖、掸袖、勾袖、翻袖、背袖、抄袖、冲袖、抓袖、甩袖、遮头袖、拖臂袖等。扇子功在豫剧表演中运用相当普遍，各角色行当都可借助此功表现各类人物的性格和心理活动，同时也是美化表演姿态不可缺少的手段。对于扇子功的用法，戏诀早有“文扇胸，武扇肚，丑扇胯”之说。扇子的种类也很多，一般说来花脸多用宽骨大面的折扇，以衬托其躯壮身强和性格的粗爽。老生多以青竹折扇，衬托其性格的稳重洒脱，小生多以细骨全面的折扇，衬托其风流潇洒。青衣一般使用秀气雅致的小折扇，衬托其娇贵。花旦常以轻巧精细的团扇，衬托其活泼玲珑。扇子功的基本功法有开扇、合扇、背扇、摇扇、举扇、云手扇、反提扇、落花扇等。

豫剧具有悠久的历史，在长期的艺术实践中，经过历代艺人的加工创造，形成了一套较为完整的音乐程式。它的唱腔音乐、曲牌音乐及锣鼓音乐极其丰富多彩。它既能表现长江大海的汹涌澎湃，又善于抒发花前月下的细腻、柔情。尤其是建国后一批新的文艺工作者加入了戏改队伍，给豫剧注入了新鲜血液，使其生机勃发，显示出旺盛的生命力。

（1）豫剧乐队的体制沿革

豫剧乐队有“文场”、“武场”之分。“文场”即“弦乐”，也叫“软乐”。“武场”指打击乐器，也叫“硬乐”。

早期戏班的乐队编制一般为八人，即：牛皮二弦、板鼓、大锣、手钹、二锣、梆子。俗言“七忙八不忙”，言其乐队有七个人时，打梆子的要代打“二锣”，谓“忙”；八个人时则各占一枝，谓“不忙”。

主弦“牛皮二弦”因其音量较小，声音尖锐，后来逐渐被板胡所取代。到40年代，乐队又增加了笙、唢呐、竹笛。到70年代，舞台上的人物要求“高大完美”。表现“高大完美”的音乐也必须苍劲、挺拔而辉煌，此乃单调的民乐队远远不能胜任。于是，在原乐队的基础上又增加了中胡、琵琶、中阮、大三弦、长笛、单簧、长号、圆号、小号、大提琴、小提琴、中提琴等。打击乐增加了排鼓、吊钹、云锣、角铁、碰铃、木鱼、大筛锣、大钹等。并有演奏员24人。乐队的位置也几经变迁。

（2）豫剧锣鼓经

豫剧锣鼓经是在民间舞蹈竹马、旱船、肘阁、秧歌等的锣鼓经的基础上，经过吸收、融化、改革、创新而逐步形成的。就其作用，可分为开台锣鼓、身段锣鼓和唱腔锣鼓三种。

开台锣鼓主要用来招揽观众，告诉人们马上就要开演，迅速做好准备工作。常用的鼓点有：［三遍锤］［小十翻］［鬼推磨］［紧急风］［长道锣］［抑子吹莲灯］等。目前这种锣鼓经只适用于农村高台演出，在现代化的剧场已销声匿迹。

身段锣鼓主要通过给演员的一招一式、一举一动增加节奏来渲染舞台气氛、揭示人物内心世界，从而达到刻画人物的目的。它常用的锣鼓点有：［四击头］［火里炮］［冲头］［回头］［水底鱼］［扭丝］［望门］［乱锤］［叫头］［战场］［九锤半］［七底尾］［垛头］［搜头］［归位］［搓锣］［扑灯蛾］［帽子头］［落台］［十一锣］［长尖］［滚头］［撤锣］［紧锤］等。每个鼓点又可根据不同的人物、不同的环境、不同的情绪而变化成各种各样的打法，但其变化只动其血肉不动其骨骼。

唱腔锣鼓又分为开唱、间奏、簧头三个部分。开唱锣鼓一般用在开始起唱以前，即先打一个锣鼓点把开唱的弦乐过门引出来，然后开唱。间奏锣鼓发出的簧头领起弦乐过门。常用的鼓点有：［一锤按］［导四梆］［一锣切］［拐头钉］［五锣］［梆子秽］［串锤］［懒三锤］［硬四锣］［凤凰三点头］［踢脚靠］［起撩子］［边五锣］［五顶锤］［崩头］［归位］［凤点头］［插花］等。

（3）豫剧沙河调代表剧目

《背靴》写的是宋时辽兵犯境，宋皇急需主帅退却辽兵，但恰在这时传来名将杨延昭身亡的消息。宋朝重臣八贤王与寇准感到杨延昭死得蹊跷，便前往杨府吊唁以看个究竟。八贤王和寇准的突然到来，使杨延昭之妻柴郡主始料不及，匆忙中穿上了一身孝服哭祈灵堂。八贤王与寇准进灵堂一眼便看出了柴郡主孝衣内所着的红装，顿知杨延昭没有身亡，便为杨延昭守灵以查端底。果然到夜深人静之时，柴郡主为杨延昭送饭而去。寇准随后紧追，为防脚步声响故脱下靴子背在身上，终于随柴郡主找到了杨延昭，说服杨延昭夫妇挂帅征辽。

《雷音寺》又名《三打雷音寺》，豫剧沙河调传统剧目，根据李自成的一些传说故事演绎而成。剧情梗概是：明末李自成起义之时，雷音寺恶僧福庆等借庙会之机抢去民女林秀英，秀英娘无奈求李自成营救秀英，李自成欣然应允。但由于恶僧武艺高强，李自成三打雷音寺方告成功，拿获恶僧，救出秀英，为民除去了大害。

《雷》剧行当齐全，文武兼备，唱做并重，火爆紧急，特别是唱腔中“搬板凳”板式的运用，显示了十足的沙河调特色。此剧在沙河流域影响很大，观众往往以某戏班能否演好此剧来衡量戏班的演员阵容。《雷》剧相传是李自成的起义部队带入河南的。目前所知首演此剧的戏班是上蔡南街戏班，时间是1937年。建国后，1950年西华县重建豫剧团首演此剧。

《拴娃娃》又名《于二姐求子》，豫剧沙河调传统剧目。该剧题材来源于曲艺说唱《刘二姐拴娃娃》。写的是一个名叫于二姐的少妇，因过门后经年不育而受到公婆的冷淡。为此她进庙烧香求子，见四处无人，便尽吐盼子的急切心情。但恰逢画匠王刚正在庙中画梁，见于二姐如此述说，忍俊不禁，失足落地。于二姐突见有人，急含羞疾步而去。

此剧为旦角独角戏，以唱为主，唱腔轻快，全剧注重唱、做相结合。唱词不固定，长则可唱三天三夜，短则半小时或一小时即可唱完，是一个演员模仿几十或上百个人物形象的旦角专攻戏。此剧由艺人代代口传相因，从未具体定稿。清末李佳玉因演此剧饮誉沙河两岸。后易象山、王仲华等又将此剧的影响扩大到豫中、豫东。王仲华于 1934 年至 1939 年间，曾四进当时的省城开封演出，轰动古都汴京。

3．**越调表演艺术**

越调表演艺术像豫剧表演艺术一样，是越调演员的独特表演技艺。这里，也分三部分予以优先叙述。

（1）角色行当沿革

越调剧种的角色行当，与豫剧基本相同。越调在其早期，演员角色行当分工不细，一个演员可以扮演行当不同的数个角色。到新中国建立以前，越调的角色行当有了较大发展，角色行当分成了生、旦、净、末、丑五大类。在表演时，演员以唱做取胜，因而多以生、旦、丑戏为主，很少演出武功戏。但在这时，越调角色行当仍不齐全，因而经常进行女扮男装的反串表演。也正是从这里开始，形成了越调剧种在角色行当上沿用至今的旦演生、生扮净的跨行当表演传统。

20 世纪 50 年代以后，越调剧种的角色行当逐步走向齐全，分工也更为细致起来。例如，生行又分为老生、胡子生和红生三种，旦行分为老旦、花旦、青衣、闺门旦、彩旦、武旦六种，净行分为大净、二净二种，丑行分为官丑、文丑、武丑和小丑四种，等等。今天，越调剧种的角色行当分类在周口地区也像豫剧一样，各个俱全，处在了定型阶段。

（2）身段与基本功

越调演员的身段与基本功程式，像豫剧演员身段和基本功程式一样，是越调剧种在长期的发展过程中逐渐形成的。豫剧表演要求演员掌握“四功五法”，越调表演也是一样。它要求演员的唱功要运气发声均匀，咬字准确无误，做到字清音正，同时唱得圆润自然，达到字正腔圆。念功即念白时要做到清、紧、慢、疏、密、轻、重、缓、急、抑扬顿挫、感情丰富。做功要求演员充分利用身体各部，以塑造剧中人物形象，因而做要像，同时做就要做足。打功即武打，如今已成了越调表演中的主要功法，它不仅要求演员学会使用十八般兵器打斗，而且要求演员掌握各种身上功夫，以使打斗场面精彩完美。比如，越调演员武打的身上功夫跟斗功，就有小翻、倒踢、前扑、大提、跌脊、蛮子等身上功夫。

越调剧种对“五法”的应用更为重视，越调表演艺术家申凤梅说过：“五法是越调演员创造角色的重要工具。”越调表演的五法，基本要求全与豫剧相同，因而这里不再赘记。另外，越调表演也像豫剧一样除“四功五法”外，也借助于服装道具之力，经常进行诸如扇子功、水袖功和髯口功之类的表演。

（3）越调代表剧目《李天保吊孝》

《李天保吊孝》写的是李天保家遭火焚，一贫如洗。其岳父张忠实为此嫌其贫穷，意欲退婚。无计可施时请其妹张爱莲定计，许诺事成之后以银两相送。张爱莲让张忠实往李家报丧伪称其女凤姐暴病身亡，李天保闻讯过府吊孝。张忠实无奈逼女装死，凤姐不从。张忠实无奈，再次请妹张爱莲定计。张爱莲又骗次女装死，骗走了李天保。但事后张忠实不给张爱莲许下的银两，张爱莲气怒，把真情告知了李天保，并让李天保到公堂告状。知县不仅将张女判给天保，而且判给了李天保一半家业。

此剧目是越调表演艺术家申凤梅的代表剧目。1965 年进京演出受到好评。1979 年北京电影制片厂把该剧搬上银幕，发行全国。

4．道情表演艺术

道情表演艺术是道情演员的独特表演技艺，这里也分三部分予以志述。

（1）角色行当沿革

道情形成剧种之初，其角色行当大致分为生、旦、净、丑四行。后来随着演出规模的扩大，便吸收了其他剧种的角色行当划分方法，扩大了角色行当的划分，时至今日达到了划分细密的程度。

今日道情剧种角色的划分，主要有生、旦、净、丑四行。生行又根据人物年龄、性格诸方面的不同，被细致划分为老生（须生）、小生、武生、红生等；旦行又被划分为青衣、花旦、彩旦、老旦、婆旦、闺门旦等；净行又被划分为黑头、花面、武净等；丑行又被划分为小丑、武丑、丑旦、丑婆、官丑、老丑等。在这众多角色行当之中，生、旦、丑为道情剧种的主要角色行当。

（2）身段与基本功

道情演员像其他剧种一样，不仅要有很好的唱功，而且还要运用手足及其全身的动作来加以配合，因而必须做到唱、念、做、打兼备。在舞台上，演员的一招一式都不得随意乱动，而必须根据唱词和道白的内容作手势舞蹈，即所谓“舞之容，生于词者也!”各种身法步之动作，“务趋合规”。演员的脚步叫做“合步”，台步中有方圆，因而十分讲究，必须做到步步踩得实。转身走圈，台步要做到有分寸和方向，不得有丝毫的含糊。演员在舞台上的不同人物有不同的台步，各类台步必须经过严格的基本功训练方可走好。演员在舞台上手一伸，足一抬，眼一看，身一转，全身各部位动一动，都必须依规矩而行。过硬的功夫学到了家，才能在舞台上演得有棱有角。演员的舞台动作要圆活，比如旦角用手指的时候，从手初动到手指定为止，其间必须绕一个圆圈使手腕灵活圆扩优美。手指定的时候手一定要指到确定的位置，同时头部、眼神、肩腰、腿、足也都要与手随同动作，一毫也不得或先或后，这叫做圆处要圆，方处要方。演员在舞台上，还要做到一举一动都配合锣鼓点。

具体地说，道情演员的手势就有张式、摆式、招式、拳式、掂式等多种。张式就是先把手指张开，表演人物的英雄、鲁莽豪放之意。摆式即摆手姿势，表示阻止别人的行为。招式即招手，即向别人打招呼之意。拳式即握拳头，表示下决心之意。掂式即掂手，表示失意或后悔之意。道情演员的台步，也有许多区分，大致有正步、跑步、趋步、三趋步、辗步、倒蹉步、赶步、错步、试步、挑担步、老人步、矮子步、瘸子步、摇步、十字步、丁字步、滑步、登楼步、膝行步、倒足步、碎步、云步等。此外，道情演员还有腿功、腰功，均有一定之规。

道情演员的身段与基本功要求，还因角色行当不同而异。以道情剧种的生、旦、丑三个主要角色行当为例，道情剧种对小生的表演技艺要求极为严格，这和道情剧种尤重小生行有关。道情戏曲口诀讲述小生行的表演要求云：台步大小要合宜，手臂扩张躯体直，头劲出神不耸肩，踢腿抬腿腿不弯；行走腿直身不动，两袖抖开风度力。道情剧种擅演家庭生活故事戏，因而尤为讲究旦行表演，对旦行有口诀要求。闺门旦要场上伸手如撵鹅．回手水袖搭手脖；飘飘下拜如把子，跪下不能露脚脖。说话不看人，走路不踢裙。男女不手授，坐下看衣裙。彩旦则要斜眼偷看人，说话咬嘴唇；一扭浑身动，走路甩汗巾。小旦则要出门按鬓角，双手掖领窝。弯腰提绣鞋，再整衣裳角。道情戏中的丑角不是都演坏人，因而俗话说："丑而不丑，丑中见美。""丑人俊扮，不遮其丑。好人丑扮，不盖其好。"例如，酒保、樵夫、更夫、解差、小姐的憨弟或者风趣之人，都用丑角饰演。演丑者，一般都是动作滑稽口舌伶俐之人，表演时能模仿各行当角色的形象，并进行漫画化的夸张。因而道情表演要求演丑者口齿不可浮，唱念口头灵，插科必打诨，泣笑且分明；细看猫鼠势，模仿猴儿形；脚轻手头快，眼惊口自明；身子要灵活，更揣戏中情。

（3）道情代表剧目《王金豆借粮》

《王金豆借粮》又名《皮袄记》，道情传统剧目。《王》剧源于民间故事，写的是自幼与张爱姐订婚的王金豆家遭火焚，腊月三十无米下炊，前往太康县城北二十五里杨庙集张爱姐家借粮，时值夜晚，怕遇见人，便翻墙偷入张爱姐房中。爱姐怜之，以暖酒款待，并取出其父的皮袄披在王金豆身上。张爱姐兄嫂刘氏瞥见妹妹房中灯光不熄，心甚疑之，前往窥见王金豆与妹妹对面相坐饮酒，认出是妹夫王金豆，便有意逗闹。急叫门，使张爱姐措手不及地将王金豆藏于床下。后被嫂嫂搜出嬉闹一番，赠给钱粮衣物而去。

《王》剧属民间喜闹剧，唱词通俗，语言风趣，富有浓厚的乡土生活气息。全剧无道白，以“一七”韵辙一唱到底，颇具乐趣。建国后，太康县道情剧团李克明、翟旭宗根据原《皮袄记》整理改编了此剧；1960 年准备赴京汇演时，周席海、李准等人再次对此剧进行修改整理，使其成为能演 50 分钟的单场戏；1978 年，张静、王锦标执导重排此剧时，在原情节的基础上加入张父、张母、张哥等人物。《王》剧的演出受到了省内外广大民众的欢迎，曾在许昌人民剧场一日三场，连演月余，座无虚席。多次被上级指定参加不同形式的慰问演出。并于 1960 年参加了河南省组织的赴京汇演代表团。被誉为“此剧出之，则令人肩扬目展”；“不观则已，观则欲罢不能”。1982 年底此剧《绣房》一场，再次参加全省青年演员汇演，反应很好，三个参加演出的青年演员，分别获得二、三等奖。此剧多次被省电台录音播放，并由黄河音像出版社录制成盒式磁带发行全国。

5．坠剧表演艺术

坠剧表演艺术是坠剧演员的独特表演技艺，这里分几部分志述于下。

（1）角色行当沿革

坠剧因为是一个由曲艺演变而来的年轻剧种，所以 1950 年走上戏曲舞台时既无角色行当之规，也无表演程式可循。演员大多数是曲艺艺人，既没有进行过身段与基本功训练，也没有摆脱曲艺演出形式。1956 年周口郸城县实验坠剧团建立之后，招收了一批新学员，剧团开始沿用豫剧、京剧等剧种的角色行当之分，在演出中对演员进行分工；并沿用豫剧、京剧等剧种的身段和基本功训练方法，对演员进行训练。

坠剧最初的表演，其唱腔音乐基本上还脱不掉坠子书的形式，演员只是按剧情、角色借鉴豫剧、京剧表演程式或即兴表演，任其发挥。其剧目多为生活和爱情戏，角色多以小生、小旦、小丑为主，剧目多是《张廷秀私访》、《小包公》之类的连台本，演出多以唱功见长，发挥其坠剧演员口白清楚，通俗易懂的长处，但身段表演随意性较大。坠剧表演艺术，经过长期的探索、学习、改革和借鉴，逐步建立起了生、旦、净、末、丑的角色行当规制，今日已发展成为多角色行当的表演艺术，形成了坠剧的独特表演风格。

（2）坠剧乐队的体制

曲艺河南坠子的演唱形式有：自拉自唱、一拉一唱、一拉众唱等。其伴奏乐器只有一把坠琴。50年代，搬上戏曲舞台后，新增加的乐器有二胡、高音板胡、笙、竹笛、唢呐。硬乐器有：堂鼓、大锣、班鼓、手钹、二锣、梆子等。使用“工尺”记载，“中黄申”教调。后逐步改用简谱。1978年在原有的乐队基础上又增加了中阮、扬琴、柳琴、琵琶、三弦、小提琴、大提琴等。

（3）身段与基本功

坠剧从20世纪50年代开始，逐步对演员进行身段与基本功训练。训练时，按京剧、豫剧的“四功五法”内容、形式和要求进行。长期以来，由于坠剧善于吸收其他剧种的特长，丰富自己的表演艺术，今日已经形成了自己独具特色的身段与基本功表演方法。但由于其身段与基本功法多从京剧、豫剧发展而来，故不志述。

最能体现坠剧基本功法独有特色者，是坠剧的唱功。例如，郸城县坠剧演员马艳秋，在唱功中吸收二夹弦、道情和四平调的唱功技巧，以“切音出字”，“收音归韵”，形成了脆巧甜美的独特唱法，深受观众欢迎。

（4）坠剧代表剧目《回龙传》

《回龙传》是坠剧连台剧目，根据传统曲艺坠子书《王华买父》改编而成。此剧共分四部：第一部《买父》。写的是宋朝时八贤王微服下杭州访贤寻子，路遇王华。王华见贤王年迈贫困，便将其买回家中侍奉。王华之妻杨秀英善良贤惠，为赡养老人，荡尽家产之后又不得已将二子金、梁玉柱卖掉。第二部《搬兵》。写的是王华家中生活日益贫困，八贤王命王华进京要账。但王华在京都兵部刘文晋府地丢失账本，又因刘文晋早有谋反之心，故而将王华谋害入狱。幸喜王华被中军救出，但不慎王华又误入刘文晋之女刘金铃绣楼，后经周折与之结成婚姻。第三部《坐监》。写的是王华要账久去不归，王华家中生活更趋艰难。八贤王让儿媳杨秀英前去典当宝衣以度艰难，但在典当时被知府发现，知府诬陷八贤王为盗贼，把八贤王打入监牢。在监牢之中，八贤王得知杨秀英原是天官之女，便写信令其进京搬兵来救自己出狱。第四部《登殿》。写的是杨秀英持八贤王之信来到天官府搬兵，获知其子金梁、玉柱已卖与天官为义子，真相从而大白，遂搬兵救出了八贤王，一同回归京都。在京都历经周折，最后找到王华。在天官、八贤王和包拯等的簇拥下，王华登上了宝殿。

《回》剧情节曲折生动，人物丰富多彩。因是连台戏，所以每部结尾都设置一悬念，以使观众急切欲知后事如何而欲罢不能。该剧演出遍及豫西、豫东和皖西，受到观众热烈欢迎。1956年初郸城县实验坠剧团首演此剧，河南电台录音播放，深受观众欢迎。

（三）舞台美术

1. 概述

舞台美术是戏曲舞台演出的一个重要组成部分，包括服饰、舞台陈设、灯光、布景、道具、效果、化妆、扮相等项内容。其任务是根据剧本内容和演出要求，在统一的艺术构思下，运用多种造型艺术手段，创造剧中环境和角色外部形象，渲染舞台气氛。

20世纪50年代前的戏曲舞台演出，没有舞台美术之说。那时的舞台主要是古庙里的戏楼和农村空旷野地或村边街旁搭起的高台，台子狭小，陈设十分简陋。台上三面朝外，一面靠后有墙壁拦隔，墙后是后台。左右两侧为上下场门。前台后墙有块大幔。前台正中陈设一桌二椅。其他则无所陈设。与此同时，戏曲服饰不仅质地低劣，而且式样混乱，破旧不堪。舞台用老鳖灯照明，亮如萤火，昏暗惨淡。没有布景，没有扩音设备，道具不全，化妆极不讲究。因而，那时没有舞台美术之说。

新中国成立之后，周口各级剧团随着社会和经济条件的改变，以及观众戏曲欣赏水平的提高，才开始使用起了“舞台美术”一词，重视起了舞台美术工作，设置了“舞美设计”人员，进行了有目的的舞台美术设计。在舞台美术设计中，他们首先改变了建国前简陋的舞台陈设状况，添加了幕布，使用了电光源，增添了布景，添置了扩音设备，增加了道具，使用了字幕，服饰形成了程式，化妆也讲究起来。从而，使周口戏曲舞台美术工作跨入了一个新阶段，形成了一定的程式，较好地完成了运用多种造型艺术手段，创造剧中环境和角色外部形象，渲染舞台气氛的舞台美术工作任务，把戏曲演出质量向前推进了一大步。

2. 戏曲服饰

戏曲服饰是戏曲人物用来进行外部造型的主要手段，是戏曲舞台美术的重要组成部分之一。戏曲演出对戏曲服饰的程式化要求极严，一律按照程式规定的穿法演出，不可随便乱穿，戏曲行话中有“宁穿破，不穿错”之说。当然，剧中人物所穿服饰并不具备严格的朝代准确性，只是具有相对的历史感。据资料记载，由于今日流传剧种大多形成于明代，所以今日戏曲服饰大致系明代服饰，剧团演出唐、宋、元、清各朝故事戏，亦多用明代服饰代替。

由于这些已经形成了戏曲服饰穿用程式，所以已为观众所承认。另外，今日程式化的戏曲服饰，还能够用来表现戏曲人物所在的地点、身份和某种特定情景。例如演员若是身穿“富贵衣”，则表示其为寒门或乞丐。若穿素色黑褶子，则是仆人与公差。若披斗篷戴风帽，则表示路途之上怕受风寒。若在衣服外边束一道白裙子，则表示身患有病卧床难起。若女角将白裙子束在胸上，则表示在野外奔走或在苦难中行进等等。

戏曲服饰虽然如此重要，但在清朝中叶以前，由于各剧种在周口地区刚刚形成不久，演员的演出各方面都还没有形成固定的程式，所以各戏班的戏曲服饰也都十分简单，并且多为自制。蟒袍玉带都可以用来代替别的服饰被使用，当时有“头顶毛巾身穿蟒，黑鞋加底能上朝”之说，可见当时戏班戏曲服饰的简单程度。就是依靠当地巨富资助而戏曲服饰较好的商水县两个赵家戏班，当时戏曲服饰也仅有黑、红、白、绿四蟒，加上褶子、小衣包、帔、官衣、富贵衣等数种，远不齐全。到了清末，周口地区各剧种由于受京剧服饰的影响，戏曲服饰开始逐渐发展齐全起来。但因各戏班的经济情况不同，其服饰情况也大不一样。以服饰质量而论，当时就有一、二、三槽之分。一槽为购买服饰，质量较高。明末清初时这类服饰以粗布为面料，绣丝线，花色图案简单；清朝中叶以后，逐渐以丝绸为面料，绣工以色线为主再勾金；民国时则多为苏州盘金制品。在这一时期里，周口各戏班拥有此类服饰者寥寥无几。二槽多为当时周口制作的服饰，此类服饰多以平布为面料，绘以少许装饰图案。三槽为自制服饰，这类服饰多为小戏班东拼西凑，粗制滥造，在粗布上绘以少许图案而成的低劣服饰。从服饰数量上说，民国时期有“五蟒五靠全，百戏能开完”之说，即条件好的班社必须具备“五蟒五靠”；一般戏班要有四蟒四靠或三蟒两靠。

建国之前，戏班称戏曲服饰为“戏箱”，也叫“行头”。整个戏箱由大衣箱、二衣箱、帽儿箱、靴子箱、把子箱和杂箱组成。大衣箱用来盛装蟒、靠等大件服饰。二衣箱用来盛装褶子、帔、富贵衣、套衣、角衣、箭衣等软件服饰。帽儿箱用来盛装纱帽、金貂、凤冠、夫子盔等硬头盔和小生帽、扎巾等软头盔。靴子箱用来盛装厚底靴、薄底靴、打鞋、彩鞋等鞋类。把子箱用来盛装刀、枪、剑、锤、旗、牌、盾等。杂箱用来盛装笔墨纸砚、酒茶灯盏等各种道具。当时，由于戏班的经济情况不同，戏箱的箱数也不相同。有的仅有五六箱，有的有七八箱，有的有十余箱。戏箱有专人保管，并且负责喷酒、晾晒、叠熨、修补和拆洗。

建国以前，由于战乱频繁，社会混乱，各戏班经济日趋拮据，因而戏曲服饰大都破烂不堪，而且数量增加无几。建国后，周口各级政府纷纷给各级专业剧团批拨了专项经费，使剧团戏曲服饰不仅增加齐全起来，而且质量也大为提高了起来。但在“文化大革命”中，传统戏曲服饰尽被烧毁。1978 年后传统戏曲恢复演出，传统戏曲服饰才又得以恢复。发展到今日，周口市、县两级专业剧团的服饰，在某些方面都又取得了一些新的革新。

服装

戏曲服装虽然绚烂多彩，在舞台上令人眼花缭乱，但其款式并不像现实生活里的服装那样丰富多彩。其主要常用种类有：蟒、靠、官衣、帔、褶子、裙、斗篷、坎肩、古装、箭衣、马褂、打衣、开氅、小衣包、龙套衣等。

蟒，是传统戏曲服装蟒袍的简称，是帝王将相的官服。蟒有男蟒女蟒之分，男蟒圆领大襟，由蟒领、蟒身、玉带三部分组成，蟒身上早期上绣行龙或二龙戏珠图案。下绣日出大海，色线绣金钩银。60 年代以后改绣团花，泾渭分明，略为淡雅。玉带分软硬两种，其上均有图案，镶嵌明镜。凡穿蟒者必系玉带。女蟒式样与男蟒基本相同，只是上绣丹凤、牡丹等，稍短，不加外缘边，穿用时上加云肩，是后妃、贵妇和女将的服装。同时，蟒有红、黄、白、绿、黑、紫、深蓝、古铜等颜色之分，戏曲人物可根据其地位、性格和脸谱形象穿用，如是帝王穿黄色，忠臣或武将文扮时多穿白色，奸臣多穿黑色，粗犷豪放之士或残暴凶险人多穿红、绿、紫色。皇后皇妃穿黄色，官宦贵妇穿红色，老旦穿绿色。

靠，戏曲服装中战服的简称，是传统戏曲中武将的战服。常在出兵、对阵、排班时穿用，一般靠服都由前后两块组成，满绣鱼鳞，紧袖，圆口，腿部有靠腿两块。靠有红、白、黄、绿、紫等颜色之别，又有软靠硬靠之分。软靠背后不插靠旗，硬靠背间有一“背虎壳”，可插四面三角形靠旗，同时其前块腰部绣有一虎头叫“靠肚”。硬靠软靠男女皆可穿用，唯有女靠还需自腰至足缀彩色飘带数十根。

官衣，是各级官员的公服，有大、小、改良三种。一般官服圆领大襟，素底，胸前背后有两块绣花补子，上绣飞禽等。颜色有紫、红、蓝、黑之分。有补子的为中、下层官员所穿，无补子的为门官所穿。丑县官的官衣很短，给人以滑稽可笑之感。

帔，是帝王将相和豪绅名士的便服。它也称对帔、对襟。它带水袖，左右胯下开衩，满身绣有各种图案，颜色有红、黄、蓝、黑、紫等。名称有员外帔、老旦帔、男对帔、女对帔、青衣帔等。

褶子，是生行服装。其种类很多，有小生褶子、武生褶子、老生褶子、贫生褶子等。比如贫生褶子又叫富贵衣，上缀有若干块杂色补丁。

裙，有官式裙、便装裙、白绉裙、腰裤、素花裙、绣花裙等。

斗篷，长途和夜晚行路时所着服装。小领无袖，各色俱有。分长短两种，穿时披在肩上，呈扇形。短斗篷为义士侠客行路所用。

坎肩，无袖的齐胯长外套。分花、素和虎皮三种。绣花坎肩为女角穿用；素色坎肩为报子、士兵、差人穿用；虎皮坎肩为猎人、妖魔等穿用。

古装，汉代以前服装。早期戏班无此服装，建国后新设计增置。它色彩艳丽，绣有花边，下部裙子分为两层，打有褶皱. 主要为宫廷舞女穿用。

箭衣，圆领大襟，马蹄袖，前后提腰开衩，颜色俱全。分龙箭、花箭、素箭三种。龙箭上绣龙纹，多为皇帝出朝时所用。花箭上绣团花，为武将所穿。素箭为公差、老军所穿，也可作靠的衬衣。

马褂，校卫服装。圆领对襟，样式与普通马褂相同，齐腰长，上绣团龙，边绣海水波，颜色有红、绿、黄、白、黑等，穿用时套在箭衣上。

打衣，即英雄衣。大领大襟，束袖，下衣边有打褶白绸两层。衣裤同色，上绣有小团花纹样，为短打武生所穿。

开氅，武将的便服。大领大襟，长及足，左右肋下开衩，衣周围绣有不同颜色的水纹边，上绣有猛虎图案。

小衣包，亦称袄裤。小领大襟小袖。上绣花卉图案，衣裤同色，多为丫环、使女和一般贫寒家庭少女所用，也可与绣花兜兜、彩裙配穿。

龙套衣，龙套专用衣。圆领对襟，大袖，长约四尺，前后开衩，多为红色，上绣团龙图案。

戏曲服饰除了上述主要种类，另外还有各种杂衣如：快衣、茶衣、对襟袄、对襟短衫、彩衣、兵坎、水卒衣、老斗衣、皂隶衣、八仙衣、猴衣、老旦衣、彩旦衣、刽子手衣、太监衣、官衣、云肩、八卦衣、罪衣、鬼衣等。

再者，戏曲服装在使用时还有部分附件，如月于领部的水领、狐尾、武生扎靠时内衬的胖袄，旦角穿蟒或宫装时肩披绣花云肩和用在腰部的玉带、鸾带、腰巾以及彩裤、水衣、水袖等。

头饰

周口地区戏曲班社用的头饰，多为周口作坊制作。头盔多以铁丝做骨架，纸壳外涂皮胶水，共分为软、硬、色、素诸类，做工粗糙，品类也不齐全。建国后开始使用苏州制品，头饰因而日趋精美齐全。我区各剧种使用的头饰基本相同，通常有帽、盔、貂、冠、巾、勒子等六大类。

帽类有王帽、纱帽、罗帽、黑纱帽、状元帽、尖翅纱帽和圆纱帽等。王帽为金底，上镶金龙，缀有黄色绒球，后有两根朝天翅，两耳垂黄丝穗，供皇帝专用。纱帽为黑色，前低后高，呈圆形，两边插银色翅，翅有方、圆、三角三种。罗帽为六角形，顶有圆球，下呈圆形，分软、硬和花、素四种。为英雄豪杰和侠客所戴。等等。

盔类有帅盔、夫子盔、国公盔、中军盔、霸王盔、太监盔、狮子盔、虎头盔、学士盔、荷叶盔、马超盔、女帅盔、将盔、耳巴文盔、娃娃盔等多种。帅盔有金、银二色，形状似钟，上有权顶和绒球，后有尺余长的披风，是主帅的帽子。夫子盔为圆形，上小下大，额前和顶上缀有绒球，分为银、黑二色，是武将的帽子。国公盔为金黄色，平顶方形，上缀缨顶，两下侧帽边卷起，缀有黄丝穗，是公侯的帽子。中军盔为全金色，形似礼帽，顶有一箭头凸出，是中军的帽子。等等。

貂类有相貂、银貂、金貂、乌貂等。相貂呈方形，分为黑、紫、白三色，两边插有长翅，为丞相之帽，等等。

冠类有凤冠、蝴蝶冠、紫金冠、天平冠、九龙冠、男平顶冠、女平顶冠、改良紫金冠等。凤冠顶有凤凰，额前垂珠串，是贵妇的帽子。凤冠还可分为三凤冠、五凤冠和老旦凤冠数种，等等。

巾类有鸭尾巾、扎巾、小生巾、员外巾、皂巾、相巾、八卦巾、桥梁巾、道巾、四纶巾、四方巾、一字巾、软扎巾、大披巾、夫子巾、丑生巾、许仙巾、硬扎巾、老生巾、高方巾、报子巾、武生巾、苦生巾、道姑巾等多种。鸭尾巾为缎制品，下圆扁，形似鸭尾，故名鸭尾巾。鸭尾巾分古铜、宝蓝二色，古铜色为老人用，宝蓝色为青年人用。是商人、店主的帽子。扎巾也为缎制品，前部呈圆形，后有一板状竖起，上缀绒珠、银球。是武士和武将的帽子。小生巾从顶至两耳边有一绣花纹的硬片，两耳卷起，下部呈圆形。后有两根飘带的为文生帽子，无飘带者为武生帽子。员外巾呈方形，上绣团寿字图案，后有两根飘带，是员外的帽子，等等。

勒子类有大勒子、七星勒子、女勒子、蛇勒子和小勒子等多种。大勒子亦称大额子，分前扇后扇。前扇呈圆形，四周缀满绒球，后扇为帽子部分，上面也缀绒球。两耳有孔，前扇可以插入，是大将的帽子。七星勒子形似大勒子前扇，上面缀有数排珠子，每排七个，故名，是女将的帽子，女兵也可戴用。等等。

戏曲头饰除上述六类帽子外，还有头面、网子、水纱、鬓条、甩发、娃娃发、草帽圈、翎子、慈姑叶等多种。头面是旦角头上戴的饰物，铜制镀银，由顶花、面花、簪子、后三条、耳环、宝石等缀成。旦行中的大家闺秀和小家碧玉均可戴用。网子是头部化妆用品，由马尾织成，有孔如网，故名。某些行当的演员头部化妆后需先勒网子吊眉。水纱是用黑综布制成的长布条，稀薄如纱，故而得名。演员化妆先勒网子，然后在头上勒水纱。鬓条为化妆用品，有用黑塑料片制成的柳叶形长条和头发制成的长条之分，用时贴于双鬓之上。甩发为某些男角头顶扎束的一绺长发，由头发制成，大多在角色落帽时露出。为表现角色的紧迫心情，演员往往将长发连甩，故而得名。娃娃发是儿童角色的发式，是用丝线织成的帽子。草帽圈即草帽去顶留下圈，用时套在发鬏、甩发或毡帽上，是樵夫、渔家或其他劳动人民所戴之帽。翎子为择优选取的野鸡尾毛，用作某些角色盔头上的装饰品，可增加角色的美观或表现剧中人物的感情。慈姑叶也是头盔上的装饰品，黑色、尖头，下有两翅，形似慈姑叶故名。

靴鞋

靴，即高腰筒的鞋；鞋，即平口非常高腰者。戏曲演员穿用的靴、鞋，都有厚底与薄底区分。据说生活中穿高底靴的历史，起源于清朝康熙年间，戏曲演员此后才开始逐渐在戏曲演出中摸仿生活穿用高底靴。开始，戏曲演员形成的穿用靴鞋程式是："凡穿蟒、靠、帔时都穿高底靴，凡穿褶子时都穿鞋。后来逐渐发展为凡官宦人物一律都穿高底靴，其他人物都穿鞋。今天，戏曲靴鞋种类颇多，主要者有朝方、高方、云头靴、虎头靴和彩鞋等。"

朝方是靴的一种，它方头，底较高方薄，为丑角穿用。

高方也是靴的一种，它帮为黑色，长至膝下，由缎料制成，底为白色，较厚，为生、净角色穿用。

云头靴也是靴的一种，它高底，帮为缎料制成，上绣云纹、靴头卷起成云状，为生、旦角色穿用。

虎头靴也是靴的一种，它形同高方，帮为缎料制成，上绣花纹，靴头补绣一凸起虎头，为武生穿用。

彩鞋形如普通鞋式样，由彩缎制成，上绣花纹，鞋头缀有彩穗，为旦角穿用。

胡须

周口地区各剧种所用戏曲胡须基本相同，戏曲行话称其为"髯口"或"遮口"。胡须在戏曲舞台美术中占有相当重要的地位，它不仅被用来表示剧中人物的年龄、性格和身份，而且演员可以借胡须表演出许多优美的技巧性动作，如亮相时捋须和甩须，发怒时吹须等。同时它还能够用来遮盖演员的漏齿、喷沫、大口等不足之处。

早期的胡须用马尾制成，但此须尾茬会刺破演员的“人中”，后逐渐改为人发制造，但人发胡须容易紊乱，需要经常梳洗。今日最好的胡须是犀牛尾胡须，它细而柔，演怒戏时演员能吹得它根根飘起。戏曲胡须从颜色上有黑、白、苍、红之分，从类型上有满髯、三髯、五绺、丑三髯、扎髯、吊塔髯、虬髯、鼻卡、一条龙、四喜髯、一绺、耳毛等多种。

满髯即胡须将口完全遮住之意，因而须较密。它分为白、苍、黑满三种，中年戴黑满，壮年戴苍满，老年戴白满。

三髯是三绺胡须构成，中间一绺较宽，两旁两绺较窄，故而得名。它也分为白、苍、黑三色。凡人物本色脸者多挂此须，可表示文人之清雅，武将之雄威。其长短视人物性格而定。

五绺由五绺胡须构成，须较长。它比三髯在耳际多两绺胡须，胡而得名。其分黑、苍二种。

丑三髯由三绺细窄的黑须构成，表示胡须稀少。为演小文人或小官吏的丑角所用。

扎髯须长而密，但中间剪去绺，使之露出口部。为勇猛鲁莽角色所用。

吊塔髯把唇上的两撇胡须制成八字形，额下正中用线吊一撮胡须，可晃动。戴此髯者多系诙谐滑稽之人物。

虬髯是一种卷曲的短须，因其像卷曲的虬龙一样而得名。为性情勇猛莽撞的净角专用。

一条龙为一字形的短须，即连边胡须。为性情莽撞的不修边幅角色所用。

四喜髯即五绺缺少额下所垂一绺的胡须，为更夫和禁卒专用。

一绺即一撮胡须，为特殊人物专用。

耳毛由两撮直竖的毛发制成，有红、黑两种。常插于鬓边，形容耳毛丰盛。多为勇猛莽撞之人所用。

(四) 班规习俗与规章制度

1. 概述

班规与规章制度，是各类剧团根据戏曲艺术表演的需要，制定的必须严格遵守的各项规章制度；习俗，则是建国前的旧戏曲艺人在戏曲艺术艺术工作中形成的较为一致的带有约束性的生活习惯。

旧戏曲班社的班规和旧戏曲艺人的生活习俗，对旧戏班的管理和戏曲艺术的发展，在建国之前的漫长戏曲艺术发展途程中，曾经起到过巨大的推动作用。但由于它们是旧时代的产物，是旧戏班管主套在艺人们身上的枷锁，因而又不可避免地带有极大的历史局限性，披有一层浓厚的封建迷信色彩，严重地束缚着旧戏曲艺人的思想和行动，从而加深了旧戏曲艺人生活道路的艰难、曲折和坎坷，加重了他们身负的苦难。

建国后，党和各级政府十分重视戏曲事业的发展，旧戏曲班社都被改组成了专业和业余剧团，戏曲艺人的社会地位和生活发生了翻天覆地的巨大变化，从而使得旧戏曲班社制定的班规失去了作用，戏曲艺人在建国前形成的生活习俗也已过时。为了适应新的形势，有效地管理新的戏曲表演团体，并改变戏曲艺人的生活习俗，在党的“改人、改制、改戏”的方针指导下，各剧团纷纷发动演职员工反复酝酿讨论，共同制定出了新的剧团规章制度。它与建国前的旧班规习俗有着本质的区别，它不再是建国前旧戏曲班社管主强加给艺人的枷锁，而是戏曲工作者自己制定的纪律规范。不仅对演职员工起着纪律约束作用，而且更重要的是起着爱护和保护作用，以使戏曲工作者更好地投身到艺术实践中去，促进戏曲事业的发展。

2. 班规

班规，包括建国前旧戏曲班社的旧班规和建国后各类剧团的新团规。周口建国前旧戏曲班社众多，建国后各类剧团也十分众多，因而旧班规和新团规纷繁冗多。这里仅撷取其要，志述于下。

旧戏曲班社的班规无文字记载，皆由艺人世代口传相因。当时各班社具体情况差异巨大，因而班规习俗多有出人。从今日了解到的情况看，旧戏曲班社的班规规定范围极其广泛，大到组班、演出、分工、经济分析、小到卧、行、静、动等日常琐事，皆有规矩可循。

演出

旧戏曲班社演出不自主，演出前须由班主拿着写有剧目的“戏单”请主家点戏。主家指定“戏码”即剧目后，再由班中负责安排演出剧目的报单者向演员宣布演出剧目，或写在一块叫做“戏规”的木板上向大家声明，不去一一分派角色。这是因为，旧艺人每人都有一定的、根据自己特长被分派固定好了的行当，同行当的艺人按演技和级别又被分为头、二、三路三个等级，师傅传艺时便传给了某戏某角色该由哪路演员扮演，因而角色不需再分，演员无需再问，演出剧目一公布演员便知谁该演什么角色。如若某一演员不会演某一出戏，或者因事不能上场，要主动向别人请教或自己请人代演。在正式演出之前，戏班还必须演出一些独角戏，或说，或唱，或插科打诨，称之为“垫场戏”。演出垫场戏的目的，原是为招揽观众和等待后台演员化妆，后来逐渐形成了惯例。

分工名称

旧戏班演职员各有分工，其分工有业务性质的和生活性质的，因分工不同而具有不同的名称。

掌班：戏班负责人，又称班主、管主等。

报单：又称认单，负责安排演出剧目。每个戏班中报单人数不等，最多不超过五人。报单一般都由班中主要演员或德高望重者担任。

拜客：负责对外联系。每到一处，即持帖拜访当地绅士或龙头，求其给予照应，或联系有关演出事宜。

管账：负责经济账目。每个戏班一般有一至二人。

一等演员：主要角色扮演者，其他事项一概不管。

二等演员：除演好自己的角色外，还兼演别的角色。

三等演员：被称为“戏补丁”，什么需要演什么，故又称“跑龙套”者。

大保管：即大箱管。管理蟒、靠、帔、官衣、褶子等大件服装，兼吹开戏和煞戏时用的长号，并负责在开铡时用嘴把红水喷在铡上。

二保管：即二箱管。管理小衣包、把子衣、箭衣等小件服装，并在某些戏里装扮驴、牛、狗等动物，而且负责给主弦送茶。

大锣：兼管长把子、化妆品，有的还管点灯。

二锣：兼管桌椅帷、褡，并负责给司鼓送茶。

手钗：兼管短把子、软头饰、靴子、彩鞋等。

梆子：兼管长把子、头盔、髯口、抛垫子、点火药、放炮等。

经济收入

旧戏班演职员的生计全靠演出挣来的钱维持，这些钱的主要来源是戏价。戏价即由戏班主和包戏一方的负责人，协商确定的一场戏或几场戏的价钱。有时，包戏一方在商定戏价之外，还会赏给戏班一些“写头钱”，但这笔钱归掌班所有，用作招待费或制买小道具。此外，还有归两个箱管的“席钱”；归报单的“单钱”；归伙房和点灯者的“碗钱”、“油钱”；归主要演员的“头里跑钱”，以及名角出演戏票加价归名角个人的“加子钱”。如遇达官贵人看戏或到富人家里唱堂会，戏班中的每个人还可以得到一笔数目均等的“加官封钱”。旧戏班经济收入虽然名目繁多，但实则极其微薄。

经济分配

旧戏班经济分配即指分配给班中演职员的方法。其主要方法有以下三种。

清开，即包价。演职员入班时与班主议定的演出一定时间付给的一定报酬叫包价。使用这种分配方法，双方都减少了麻烦。因为双方一旦商定包价，就不许翻悔，或按场结算，或按月、按季结算不等。到结算时，人财两清，从不欠账。

份子钱，又叫分账。班主不给演职员定价，而是根据演职员的技术水平和作用评定分数。最高十分，最低五分或三分，让演员根据自己评定的分数领取报酬的分配方法叫份子钱。学徒不评定分数，只能享受总账剩余的零头。

身钱。每场演出后，从毛收入里提取20%，额外分给主演、司鼓和主弦的钱叫身钱，享受身钱待遇者，都是戏班里的业务骨干力量。

搭班

旧艺人来到别的戏班为谋生而入伙演出叫搭班。搭班时，班主要对搭班者进行面试，认可者留下，否则婉言谢绝，送给路费请离去。搭班者首场演出时，要讲江湖术语，请求伙计帮忙、照顾。上场前要先向管理服装的大箱管、二箱管磕头，请其代劳穿箱。上场后要给乐手作揖，请求配合。下场后还要向全班艺人揖礼作谢。不懂上述规矩者，被称为“不是‘庄王爷’下的蛋儿”、“野猫”等。入班后，不到散班时不准擅离戏班，违者处以重罚。

散班

旧戏班分季节进行演出。到了演出淡季或规定的时间，旧戏班临时解散叫散班，亦称“封箱”、“破班”。旧戏班一年一般组班两季，长季八个月，短季四个月。农历四月初八和冬至左右为散班日，也有的年终散班休息。散班后演员可自决去留，班主往往借此机会更动人员。聚班时接不到班主通知者，只好另投别班或浪迹天涯。若散班前有违班规逃走未抓获者，散班后再见面亦不予追究。

有名望的戏班散班时，还要举行封箱仪式，在箱上加贴“封箱大吉”之类的封条。组班或春节演出时，再郑重启封开箱，换贴“开箱大吉”等吉庆用语。

惩罚

旧戏班班规甚严，对违犯班规者，都要进行一定的处置。他们处罚犯规人员的方式很多，或打或骂，或罚俸钱，或停口粮，视犯规的轻重酌情处之。其中最典型的处罚方法是当众羞辱，即在某一地方演出的第二天叫做正会的上午，中间中断演出，先将庄王爷的偶像供于舞台正中桌子上，然后当着观众之面把犯规者按翻在台上进行责打。打后，再让受罚者头顶长木凳，用铁链锁住脖子，由人牵着游场。这种处罚方法，一般只适用于欺师灭祖、嫖娼逛妓等严重违犯班规或激起公忿者。对于更严重的犯规者，除执行上述处罚外，还要在平时以铁链锁身，只在穿箱演戏时方可暂解，戏结束后仍然锁上。直到有人作保，经班主同意后方能解脱，否则直至散班。另外小窝班中还有一种特殊的处罚方式，即一人犯规，全体挨板子，美其名曰“放排”。

再者，旧戏班对于下列犯规者，也责罚不贷：临场推诿，不听指派。酗酒行凶，打架骂人。夜不归宿，嫖娼逛妓。夜晚串铺，作风不正。踏行灭道，欺师灭祖。不孝父母，失礼丢义。串班跳班，败坏班名。私入民宅，诈骗偷摸。

拜师

学员在开始跟从某演员学艺时，行使礼仪，订下规矩，叫拜师。由于旧艺人师徒名分很重，所以拜师活动非常郑重。首先，须有可靠人为学员作保，师傅则根据学徒的条件决定收否。师傅同意收徒后，学员要即宴请师傅与保人。随后，该师宴请戏班全体人员，公布师徒名分。这时，徒弟双手持个人生辰八字的红帖磕头数下，行拜师大礼，然后向保人、长辈艺人行礼。大家纷纷予以祝贺，师徒名分即确定下来了。

“一日为师，终生为父”，这句话说明了拜师后师徒关系的重要。徒弟入师门后，一般要学习三年才能出师。三年内，徒弟的人权及衣、食、住、行，皆由师傅掌管和供给；打、骂、责、罚外人一概不得干预。三年出师后，徒弟要向师傅无偿效劳一年或三年，即经济收入悉数交归师傅，方可自便。但逢节日还要持礼前去看望，以孝敬师傅。师傅亡故之时，徒儿要像对待父亲一样料理其后事。

对台戏

两个或两个以上的戏班，在相间一望之地的距离内同时演出，叫对台戏。对台唱戏的目的是为了争输赢分高低，谁戏台前聚集的观众多谁算赢，否则为输。但不论谁输谁赢，戏价都一样。在这种场合，各班艺人考虑的已不是戏价多少，而是荣誉问题。所以，各戏班纷纷到四处邀请名角前来参加演出，并争相演出拿手好戏，演员们也都很卖力气。对戏的戏班又有正、偏台之分。按规矩，一般是正台先结束演出，偏台从之。假如偏台不结束演出，则正台亦应继续演出。出现这种情况，就意味着双方对“恼”了，往往互不煞戏，直至天亮。更有甚者，双方竟能连续演出长达三天三夜，被民众称为“连灯拐戏”。

穿箱

演员化妆，按上场时间的先后穿箱，穿好后坐等上场，不准来往走动。场与场之间间隙大的，要脱掉服装等待，不准穿着戏装横躺竖卧。

化妆卸妆

化妆要以繁杂的先化，次要角色给主要角色让路。卸妆时要擦脸纸的分配是：生二张，旦三张，花脸五张。洗脸时生先洗，旦后洗，最后大花脸洗。

临时替角换角

遇有特殊情况，主要角色需换角替角时，必须由报单和会首协商，征得同意后方可替换。

对外订合同

戏班与会首订合同，一般不外乎以下诸项。

风雨不阻。不论天气好坏，戏班都必须按时赶场到达。逾期不到或迟到，扣戏价一半或大半。

风雨不补。到时间即开戏，锣鼓一响，阴雨不能唱戏，按文约戏价不能少。

接箱送箱。是否接送，立在合同上，按合同执行。

缺角不到。主要角色不到者，按比例扣戏价。

对台戏。事前讲清，增加戏价。

凭戏折点戏。演出前，由戏主或会首在戏班的戏折子上点戏，若不能唱或不会唱，扣戏价。

坐箱不乱行

旧戏班中、旦、生角及其他行当的床铺，平时不能乱坐乱躺，唯有丑角可以随便。演出时，无论本班或外班人，到后台都要坐在自己应坐的位子上，位子是以行当排定的，有坐箱不乱行的规矩。一般来说，其座位排列是红脸坐在老龙窝中间上首，左边小旦、小生；下首老旦、须生等。有的地方略有出入。

击堂鼓

堂鼓，不但是戏曲演出中的伴奏乐器，而且还是戏班召集人员的信号。戏班子演出期间，不管艺人在什么地方，临时集合时，司鼓者只要连敲两下堂鼓，艺人便要涌向舞台，不来者扣份账或开除。但堂鼓只准敲两下，敲三下为骂人，违犯者将被众人殴打。

吃住平等

旧戏班在外地演出，无论掌班、师傅或主演、学员，在吃住方面的待遇全都一样，不分光棍、眼子。

老年人都知道，戏班里有这么两个规矩，凡是掌鼓板的在分值中都吃头份，总和那些名演员一样享同等地位，有的还要高出一等。丑角演员能任意在男女演员的住室和休息场所出出进进，毫无顾忌，在其他人看来也名正言顺，理所当然。

其由来有一个传说，在宋朝太祖年间，人们开始把原来的地摊戏、玩会班①搬到舞台上来，而且经过化妆、表演，继而演变成了大戏。

当时，京都汴梁唱大戏非常盛行，宋太祖赵匡胤，也乐在其中。他旨令文武百官，以及眷属都学唱戏，并亲自组织一班官家剧团。赵匡胤也想在剧中扮演角色，只是自己嗓音不好，掌鼓板没人，他就掌起鼓板来，大家可想而知，无论赵匡胤担当哪一职，都得吃头份，所以掌鼓板的都吃头份了。

可是，太子（即宋太宗）当时年幼，为了凑热闹，也争着要角色，有人提议让他当丑角，因为丑角戏词少，又不唱，容易学。太子就当丑角。小王年幼，又是千岁，他怕谁呢，不论谁家官属和小姐的住处他都随意出进。这也流传下来，凡是丑角演员也像小王一样逍遥法外串官场了。

3．**习俗**

周口建国前旧戏曲艺人众多，社会地位低下，由于受封建制度和封建礼教的束缚，形成了纷繁冗多的旧习俗，这里也撷取其要，志述于下。

建国前，旧戏曲艺人属于下九流之列，社会地位非常低下，为了在这种困苦的环境中生存下去，便向万灵的神祈求佑护。他们先是举行一些供奉神灵的活动，后来便逐渐改变祈求的方法，增加活动内容，以至演延成为一种艺人习俗。与此同时，这种祈神之俗也从供奉神灵扩大到了艺人的生活、演出等诸多方面，从而逐渐形成了一种内容广泛的艺人生活习俗。

敬庄王爷

“庄王爷”，或称“郎神”，是旧戏班信奉的神灵。各戏班信奉的庄王爷交不一致，有的是唐玄宗李隆基；有的是后唐庄宗李存勗；也有的是李隆基的幼子。传说李隆基的幼子因好戏，偶然被艺人误压死在戏装下面，唐王不予责怪，遂封其为“庄王”，一说为“装王”，要戏班世代供奉他。以上所说庄王虽然不同，但却都是喜欢戏曲的帝王，所以后代艺人把他们奉为神灵。

一般戏班尊奉的庄王爷，都是用拴马木桩雕刻而成的偶像，其大、小不一，有的一尺长短，有的二尺左右，白面无须，着王帽，穿黄袍，有的四肢可活动。庄王爷平时置于班主家中，戏班每到一个新的演出场所，须有班主率先焚香把庄王爷请置于后台。组班、喜庆佳日或演出前，都要虔诚地焚香

① 玩会班：就是演员不化妆不加动作地唱。一般是打地摊唱。

而拜，场面极其严肃。戏班转换演出场所时，则把它放在装蟒靠大衣箱内，女演员不得坐在大衣箱上。

安帐

安帐，即庄王爷偶像刻好后，为把庄王爷供奉起来所举行的一种较为隆重的仪式。安帐，分文安帐和武安帐两种形式。文安帐是在某天的黎明时分，由一人手持偶像前行，当遇到前面有人或其他动物时，立即用膏药将偶像背上事先挖好的圆眼密封住，然后返回驻地，给庄王爷着上王蟒、王帽，安放在一个状如蛐子笼，上、下是木板，中间是布里，能开合，有门帐、门帘的小阁子中，置于住室正中央。之后再燃上香火，全体人员给庄王爷磕头。武安帐是在某一天深夜里，在被认为常有鬼妖出现多为坟墓的地方，先挖一小坑，将赤身庄王爷像脸朝下放置，在四周用草木灰或白灰撒三道圈，表示三道城墙。每圈都留有门，中心圈内放一张桌子，上面备有菜、檀香之类的东西作为诱饵。一人静卧桌下，其余众人于三道墙外埋伏。鬼妖闻到酒菜香味后，即通过三道门进入吞食。酒足饭饱后，鬼妖钻进庄王爷背上的眼儿内休息，桌下人立即跃起用膏药将眼儿密封。同时，圈外锣鼓齐鸣，人声鼎沸，一齐围拢过来，簇拥着庄王爷返回，接着便焚香、磕头。安帐后的庄王爷每天由老掌班负责燃香续火，香火不断。

有些戏班，在窝班第四个月开始演戏时，也举行安帐，做法大致类似。

接喜神

接喜神，是旧戏班在每年春节黎明时，为图吉利，使精神得到安慰而举行的一种自欺欺人的封建迷信活动。具体做法是：旧戏班在年三十的前几天，请算卦先生算好喜神所在方向，于除夕晚上先将锣鼓、响器及诸事项安排停当，挑选二至四人向既定方向寻路，以便翌日作向导，为接神队伍引路。年初一五更天时，向导以手将众人拍醒，不得说话，不洗脸，不吃饭，由四人手持火柴、媒纸、黄表、火把、锣鼓、唢呐、鞭炮等物相随。前进中，只要一遇见猪、狗、牛、兔、马、人等生物，便为喜神。这时，随行向导便说："喜神来了。"刹那间，鼓乐、鞭炮齐鸣，火把通亮，众人一路喧嚷，返回驻地，将"喜神"贴放在庄王爷的偶像旁边，掌班与众人一齐拜倒、磕头，喜神就算接回来了。

破台

在新建舞台首场演出前，旧戏班为保佑演出平安，在新建舞台上举行驱邪除妖迷信活动叫破台。破台前，戏台主方备白公鸡一只。届时，一位唱花脸的演员化成"魁星"妆，在新建舞台上将鸡脖咬断出血，把鸡血遍淋舞台上，与此同时鞭炮齐鸣，有时还燃放三眼铳。混乱之中，该演员口中念念有词，说些驱鬼除妖之类的咒语。等鸡血洒尽，破台即告结束。全戏班人员都得到了精神上的安慰。那只公鸡归这位唱花脸的演员享用。

还愿戏

在旧社会里，某人或某一些人因某事祈求上神保佑，向神灵许诺唱大戏一台。事成后演这种许诺戏叫还愿戏。还愿戏一般要唱三天，名曰向神还愿。所演剧目与平时相同。

跳加官

旧戏班在演出之时，向在场看戏的显要人物作祝词，以求照顾和封赏，叫跳加官。旧戏班为安全起见，同时也为了增加些收入，每到一地，总希望得到地方势力的青睐，以借助其势力保障演出的顺利。因此，每到一地演出，见场中有某权势人物看戏或得知某贵人驾临，戏就在演出中间临时停住，由演员或伴奏员头戴面具，手持条幅，上写“天官赐福”字样，向台下展示，并高呼“祝×××大人高升!”“祝××老爷发财、长寿”等语。被贺之人闻祝，一般即赐钱封赏给演员。该演员或伴奏员受赏后，要高呼“谢×××老爷赏赐”，然后继续演出。所得赏钱，班中演职员平均分配，每人均有一份。

祭神戏

周口民众大多信神，认为敬神可逢凶化吉保佑万事如意，因此每逢庙会大都演唱祭神戏。旧志记载：“俗喜祀神，多结社里，演戏无节。禳瘟禳火，贺雨贺晴，重叠举行。”自秋天收成之后至新春三、四月间，我区到处无不上演祭神戏。祭神戏演出多在庙会中会期间，即庙会的第二天。其唱法是祭什么神，即把该神的神位供在舞台上，然后唱加官、拜堂、封相“三出头”。加官同前边讲的一样，只是不封钱。拜堂，是由男小生扮状元，旦角穿凤冠霞帔登场与小生拜堂。封相，是由须生演员扮演苏秦，皇帝把他封为督丞相。剧情很简单，不用弦乐，只用一根竹笛作伴奏乐器。唱完“三出头”，演员敲锣打鼓把神送往神棚里供奉起来，祭神戏即告结束。接下去，该唱什么戏仍唱什么戏。

麒麟送子戏

乡绅、财主一类的有钱人家生了男孩之后，一般要请戏班演唱剧目《麒麟送子》为之祝贺。具体唱法是：一演员扮演董永，一演员扮演七仙女。七仙女由二宫女伴上，抱小孩送给董永，子名董卓。后董卓中状元，四兵护其衣锦还乡。此戏很短，大约不超过十分钟。之后接演其他戏。

放炮

建国前在乡村或庙会演戏，戏主为掌握开演时间，以三眼铳声告诉演员什么时候化妆，什么时候开演，叫放炮。一般说来，第一炮催促演员上舞台化妆，第二炮催促戏班打开台锣鼓，第三炮必须开戏。如有特殊情况，不能按炮声开演时，掌班或报单要向戏主说明情况。否则，戏主有权上舞台口头催促，甚至要扣除当场戏价的20%。煞戏有时也以炮声为令，三声炮响后，再长的戏也要马上结束。

上灯

建国前演出晚场戏时，有时不用放炮而以灯光招呼演员化妆。戏何时开演由戏主掌握，当他认为观众来的差不多了，或一些显要人士都已来到时，便命戏台的主儿把后台的老鳖灯点着，演职员只要看到后台有灯光，马上就要到舞台上化妆或作准备，不能延误。违犯者，酌情给予处罚。

请安

旧戏班每到新地方演出时，负责戏班联络的拜客，必须先到当地官僚、地主、乡绅、地头蛇等头面人物家中，报上戏班名称、剧目、主要演员名字，并双手递上戏班帖子和戏折子，以示尊敬，乞求多方照应，叫请安。如果不去请安，万一得罪下来，戏班就有被赶走或不准演的危险。

反串戏

每逢年三十晚上，辛苦了一年的旧戏班内举行的人物行当不分的自行娱乐性的演出，叫反串戏。唱反串戏时，唱旦角的扮花脸或老生，唱花脸的扮演小旦，唱生的扮丑或彩旦等，面目皆非。演出以演员兴致所至，尽情嬉闹，戏班算是开了个联欢会。大伙辛苦一年，欢喜而终。

道“发财”

“发财”二字，是旧艺人的一种礼节性的行话。串班的演员到了一个新班如果遇上吃饭之时，只要向大伙拱手道声“发财”，便可入座进膳。假若进戏园子看戏，也只要向看门人道声“发财”，即允许入内。唱对台戏时，正、偏台的联络者要互相到对方驻地道：“老少师傅或爷儿们发财”，客气一番，然后商量演出的有关事宜。

酬河神

旧戏班每次要过河，须划地为台，给龙王爷唱一出戏，叫酬河神，意思是求河神保佑过河平安。早时戏班这样做，后来就不一定唱戏了，或者锣鼓喧天一阵，或者燃放一通鞭炮，以替代演出，表示酬谢。然后，装船过河。船家因为做了观众，所以不收船钱。也有人说船家不收钱是因为原来船家渡人，船不能靠岸，船家向戏曲艺人借来一块戏台板搭在船头和岸边，船上客人才能下船。从此戏台只剩下了十三块板，所以艺人过河时一说“十三块板上的”，船家便不收船钱。

敬箱管

管理服装的箱管，是为演员服务的。因而演员也就对箱管表现出一定的感谢和尊敬。演员穿对箱时，对箱管说话要冠以“请”字：“请大师傅×××”，“请二师傅×××”等。新学员穿戏箱时，则必须先向箱管磕头，这种对后勤人员的尊敬，体现了艺人互助友爱的良好风尚。

入五仙堂

旧艺人特别是武行演员，多敬奉白二爷刺猬、三太爷草胡子、溜四爷蛇、黄五爷黄鼠狼、灰八爷老鼠五类动物为神仙，以保佑自己演出安全。一般旧艺人只信奉五类动物中的某一类为神，叫入五仙堂。入五仙堂时，在写有五位仙爷名字的五个纸蛋上抓阄儿，确定所尊之仙，便算是入了五仙堂。然后，请人把此仙的全像绘制一份，装入一只事先备好的小布囊，终生随带，以求得精神上的寄托与安慰。

忌养鸽、猫

旧戏班忌养鸽，因为鸽音谐搁。搁，有戏写不出去的意思，所以忌讳。忌养猫，是因为猫吃老鼠，而老鼠则是艺人敬奉的灰八爷，因而忌养猫。

早晨忌放八大讳

旧艺人早晨起床后，不准说龙、蛇、梦、牙、桥、塔、鬼、雾八个字，违者曰放“讳”，一天不吉利。因而叫做早晨忌放八大讳，为旧艺人之所忌。

高台开戏先打开台吹大号

农村演戏所搭的戏台子叫高台。在高台上唱戏时，演出前，打击乐先敲打一阵子叫打开台，或曰打头场，以召唤观众。开台锣鼓一息，大箱管便在后台“嘟、嘟——”地吹起一个二尺有余的黄铜大号。有时还吹奏出百灵等鸟类的鸣叫声，而后再打一阵锣鼓。如此反复数次，到观众聚集到一定数量时，便停止吹奏敲打，开始演戏。

冰雪天里跳财神

寒冬腊月、大雪封门，戏班无处演戏，生活难得温饱，就到近处的一些大户门前跳“财神”。其具体做法是：由一红脸演员扮文财神比干，一大花脸演员扮财神赵公明。在喧闹的锣鼓声中，赵公明在大户的右边舞拳弄足，作打虎状；比干于左边指天画地，吹须瞪眼，作斥殷纣王状；后边伴有四神兵手舞足蹈，直到该户的管家或主人出来应酬方告结束。这时，戏班的人往往或钱或粮饱囊而归。有当场不给者，春节前夕也一定准备停当，交由戏班负责人带去。

借钱不还账

戏班每到一地，打听出谁为富户，就由小生、小旦、小丑行当的演员到其家拜客借钱，所带礼物仅有一包茶叶，问过安叙过话后就开口借钱，多少不等，借后不再归还。

吃饭不乱串

旧艺人吃饭时，同一行当的演员坐在一席就餐，不能乱串，只有丑角可以跑着乱夹菜吃。

吃三王斋

所谓号三王斋敬三王爷，就是敬天王、地王、人王三王，不准食牛、马、犬、骡、雁、鸽、鹁鸪、鳆八种动物的肉。相传这样可以不长恶性疮，不生杂疾病。

解放前，劳动人民社会地位低下，而戏曲艺人的地位更为卑贱，戏曲艺人卖艺养身，浪迹江湖，属于“江湖人”。他们遵守江湖规矩，习用江湖隐语，江湖上称他们是“十三块板上的”、“高棚上的”（指戏台），他们自称为“热湖”，称社会民众为“凉湖”，但在江湖行列里，他们又排得很低。旧社会把人分为“三教、九流、六行、八道、七十二寡门”，三教为孔孟儒教及道教、佛教；九流又分上、中、下，凡读书人所事营生，如教书、医病等为之上九流，工艺匠人大多属中九流，民间鼓乐、杂技艺人、浴池、理发工匠、妓女及戏曲艺人、戏台主事归下九流，即所谓“下流”。在旧社会，妓女为糊口卖身，但排在戏曲艺人之上。戏曲艺人装男扮女，乱宗乱辈，辱没祖宗，生不能与人平辈相称，死后也不许入葬祖坟。

周口所谓的梆子（现称豫剧），分为蒋门、徐门，与其他剧种或同种不同门宗，而要从梆子科班说起。旧社会科班，大都是官宦豪族近亲有权势者，办科班是费本钱不多的残酷致富之道。所谓费本钱不多，只需一班学童的三个月口粮和教师及部分伴奏人员的三个月身银（工资）。三个月口粮主要是红薯，每天两餐，加些绿豆汤、高粱花子汤而已。办科班公开称为“打戏”，所谓“打戏”，是说“戏是老虫，不打不成”，以毒打和“种疥”等残酷手段折磨，强迫学童三个月学会十五出戏，够演四天的剧目便可演出了，一旦演出，便可自给自足，边演出边学习，以后演出收入，除支付老师和少数伴奏人员身银以及学童粗劣的衣食外，其余全归班主个人所有。招收学戏的学童，大都是贫苦人家的子女，或是父母无力养育，儿女啼饥号寒，万般无奈，才忍痛送孩子学戏，班主事先写好合同，上写：“学戏年满四年效劳三年，学戏期间供给吃穿，三年以后由少到多逐渐给身银；在此期间，病、伤、残、死听天由命，与班主无干”。学童家长在合同上画押盖指印后，合同便生效，实际上立合同是送儿女入火坑的舍身契。学童一入科班，无咎无错，先要挨一顿痛打，谓之“褪凉湖子皮”，每打，都命学童趴下，一人按上身，一人按下肢，以防学童挣扎滚动，打时用藤竿或白蜡杆打臀部，打得呼爹叫娘，打后两人搀架着溜走。教师再训诫就是轻打，叫“知道厉害”，以后教戏时全体都学，学不会就要挨打，一人不会全班都要挨打，谓之“打满堂红”。犯规也要打，规矩是全部集体行动，大小便有人监护，每天四更天起床，不解溲去野外练嗓（喊过嗓便没有尿意），喊嗓回来吊弦，接着练身功，上午下午教戏，夜晚每人拈一支香，目盯燃着的香火练眼神，默念戏词，规定练完几根香才能就寝，如果打瞌睡，就会碰折香条，当场挨打。头三个月，都被打得皮开肉烂，走路颠跛。另外并在铺草上洒水，使之滋生蚤虱，播种疥疮，使学童痛痒难忍，难以入睡，迫使强背戏词，并防止逃跑。学戏阶段，是天天必打，一天数打，所谓“打满堂红”（打得个皮破血流）是迫使学童互相监督，互教互学，经三个月的残酷拷打，便逼学童上台演出了。可是学童都有变声期，即童嗓经过一段嘶哑，转变为低沉的成年声，有的叫变嗓或倒仓。变声期有的三五个月便转变为成年声，有的三五年长期嘶哑转变期很慢，转变为成年声以后，要重练假嗓或称“二本嗓”，也需要一定时期。学童经过三年学习，一年补充学习，三年效劳，都已进入变声期，有的勉强演唱，有的根本失音不能演唱，那就不能为班主“生财致富”了，这时才正式“出师”，可以自谋职业了。实际上一班学童，后来能继续演角成艺的不过三五人，有的改行学伴奏，学管衣箱或做饭，搭不上戏班的，只有沦为乞丐。

搭班跳班，都以一季为一期，即每年的春夏秋冬某一天（大约是二月二，四月八、八月十五、腊月八）为自由活动日期，届期戏班条件优越，掌班人可以择优招雇演员，演员演出水平较高，也可以挑选声誉较好的戏班（水平较差的演员选择条件差的班底），身银双方协商，但一经商定，双方必须严格履行，绝不许任何一方中途变卦。如演员违约逃走，称其“打瓜”，不但属于严重败坏行规，也公认是最缺德的行为。每季跳班期将到，戏班招雇哪一行演员，就亮出标语，如需要老生演员，就在舞台正中方挂上“白三”（三绺白胡须），缺须生挂黑三，缺小生挂“牌镜”（武生额头饰花），缺小旦插一枝花，缺丑角挂“八字”（八字形丑须）。

戏班住处称“下处”，搭班演员进下处，必须说：“师傅都好!”这表明自己也是艺人，戏班席地而寝，找掌班人要先脱鞋再上铺，脱鞋鞋尖朝外，表明是一般客访，如鞋尖朝里才是表示来搭班，搭班必须先试演，叫“打炮”。艺人打炮，不但害怕“同行是冤家”和“欺生”，而且要严格履行行规礼节路数，即上了舞台，先到后台行大礼，参拜老郎神（唐明皇）或庄王（李存勗），参神以后再单膝跪地说：“给老少师傅们见礼啦!”待“报单”（主管演出业务的演员，一般为主要演员）说：“起来化妆吧”再行化妆。化好面妆，箱管（管戏衣箱的）已经捡出应穿戏衣，等在一旁，还须先向箱管施礼，箱管才说：“起来穿箱吧。”上场前，要先向司鼓“递簧”，表示唱什么板路要什么样伴奏，待司鼓出簧，“场面”（伴奏乐队、锣、镲为武场，弦、琴为文场）启奏，随鼓点上场。但一进上场门，马上回身朝司鼓（包括文武场面）单膝下跪施礼（民国以后陆续改为鞠躬），然后再回身进戏，煞戏以后再下处用饭。炊事员递碗筷时，演员还须先施礼，口称：“谢谢庄王爷和老少爷们。”才能接碗用饭。打过炮以后，若留用即发第一次身银（不留用，赠送路费），必须先施礼道谢，然后接钱。如一步缺礼，就招致嘲笑与排斥。

戏班的身银，大多为死分活值分成制，司鼓和主要演员是整份账分成，主弦伴奏并会吹唢呐者为整份，否则是七厘分成。其他演员，伴奏几厘不等。但主要演员水平出众，有双份甚至三份的，还份外加“头里跑”（先给主要演员拿出固定钱，然后再按份分配）。掌班人要先扣伙食垫底，服装道具折旧，演员消耗等费用。然后再按总金额按份分账。

艺人违犯艺规，如演员出错或偷盗邪淫，改坏艺人声誉，一般都在下处处理。在戏班里，司鼓是权威，不但演戏时听司鼓鼓板指挥，生活中也是由司鼓发出命令、警告，并担任审判。如演戏中，掉板、凉弦、笑场，或屡盯台下某一观众，司鼓在演戏进行中击一声鼓，这是严重警告。一般轻微差错，以扣身银作处罚，严重时，司鼓审问，喝令杖责多少棍，会打得皮破血流；如犯严重误场，破坏演出进行，或调戏妇女等在民众中造成恶劣影响者，必在舞台上当众杖责，如开演后演员没上台，报单要差人寻找，找不到又无人代替，影响演出，报单通知司鼓，由司鼓向观众宣告：“因为演×××的叫×××，他一人耽误大家看戏，现在已差人去提，暂时演《×××》请大家原谅。”司鼓宣布差人去提，便由两人装扮钦差校尉，一人手持虎头令牌，一人手掂铁锁，将误戏（一般为烂醉）演员锁上舞台审问，司鼓审问要先搬出老郎神，在没搬神像前，演戏的会首或犯错误演员的好友上前求情讨饶，也可以免除杖责；如神像一经搬出，安放前台堂桌上，就任何人也不许讲情求饶了；不过因杖责以后要立即化妆上戏，一般不至于打得皮开肉烂。主要视演员本人是偶犯还是惯犯而区别对待。每场戏开演，先打开台锣鼓，吹尖子号，开台锣鼓一响，演员必须上台，如果开台锣鼓即将终止，演员来不及爬上舞台，先把鞋扔上去。待锣鼓终止才上台也不算迟到，如迟到就要扣身银。如果演员“打瓜”，掌班可派人到朱仙镇庄王庙，找庙主持告状，主持派人捉拿审问属实，最严厉处罚是开除戏籍，如是须生、花面、丑角演员，割去一只耳朵，使之不能再挂“口”（胡须），是生旦演员，就剪叉鼻孔使之毁容，便不能再演戏。

在旧社会，艺人绝大部分是文盲，更不懂科学，恪遵江湖习俗，笃信庄王，生活中很多禁忌，江湖人统统忌说“龙、蛇、梦、牙、桥、塔、鬼、雾”，视此为“八大读（读念块）”。生活中不许直呼其字，而以其他词代替，如“梦”，说“魇子”，做梦，称“查魇子”。演员姓孟，也改称姓黄。当然，在台上演戏就百无禁忌。戏曲艺人除禁忌江湖上共同禁忌者外，还另有自己的禁忌，如“八大读”以外，戏曲艺人最忌说“伞”，因为伞、散同音，戏曲艺人靠集体谋生，听说“散班”便惊心动魄，所以把伞称为“雨淋子”。艺人改换演出场地叫作“赶场”，每逢将要赶场，禁止吃泡馍。戏曲艺人还有自己的行话，如上场叫上，下场叫降，快些叫马前，演出差错叫扒场，严重错差叫滚大梁，出了错观众没察觉叫里八外不扒，场面伴奏叫侍候戏，演叫好了叫开花，演糟了叫砸锅。剧目也有内外之别，如《合凤裙》称《大花园》，《毛宏跳花墙》称《小花园》，《敬德打朝》称《黑打朝》，《程咬金打朝》称《花打朝》，须生称胡子，小旦叫包头，花面称脸子等。“打秋风”（谓秋风来了，没有寒衣，告艰难，求赐助。后来不在秋冬季节告艰难求救助也叫“打秋风”），是学员携带礼品（大多是用糕点外装潢包装土坯砖块），去大户人家，一般先央其近邻送信：某戏班某某人前来拜望。大户恐怕艺人进宅，便拿出钱粮打发，这种“打秋风”，艺人也叫“钓鳖”。在旧社会，戏曲艺人不许进入官宅和民宅，艺人入宅，认为会亵渎宅神招来晦气，即令是大户人家喜寿大庆，大多赏给戏班一些肉食粉条，有时豪绅巨富喜事大宴宾客，在农村村头旷场搭棚款待艺人，全团人等，除弹月琴的一人以外，都可以入座饱餐一顿。弹月琴，民众称“抱木鳖”，被视为最低下，由于这种荒唐的歧视，弹月琴的纷纷转业，梆子戏班的月琴遂成绝响。现在京剧、晋剧、河北梆子等剧团仍有月琴，豫剧团现在使用琵琶伴奏，琵琶音色脆柔，没有月琴激越脆亮。演戏中出现鳖、龟、猪、驴等形象，艺人都不乐于扮演，都是掌班人另加赏钱才勉强接受。

旧社会戏曲艺人迷信很深，大年初一要隆重举行迎神大曲。为避免民众观看，大多在四更天悄悄举行，全班都要参加，由打梆子的袖藏火媒，怀揣鞭炮导行，锣鼓场面手和全班艺人轻步随行，迎神都是去一般人畏惧的地方，如野地孤庙、乱葬岗等地，行走间一遇声响，无论是人、是鸟、是兽，便是迎着神的征兆，于是点炮燃鞭炮，锣鼓齐鸣，点香焚纸，大家叩拜，迎回下处。大家认为，迎着神灵，一年吉利，人人兴高采烈，迎神入位焚香焚纸，上供以后，接着穿上戏装演敬神戏——“三出头”，即《加官晋爵》、《天仙送子》、《八仙庆寿》，演的都是昆曲，可见其由来已久。凡是新搭的戏台或新开张的戏院初次演戏，都要敬神驱鬼，即先给老郎神焚香纸，同时生斩一头白公鸡，以鸡血洒前后台，再演一出敬神戏便大吉大利了。逢大户人家喜寿大庆，一般应演《加官晋爵》。再加赏钱才演“三出头”。演戏时，如《二进宫》、《长坂坡》等剧要出现幼年太子，都是抱老郎神像出场，叫骂皇儿也无禁忌，因为唐明皇、李存勗生前都曾参加演戏，但出现一般臣家民家婴儿形象，只许抱“彩娃子”（布娃娃），决不乱用。

戏班每演关羽戏都非常严肃，首先要给老郎神上香，扮演关羽的须生净手脸以后，先向老郎神叩拜，再默念朝关羽神灵叩拜，然后再化妆，化了妆着装以后，正襟危坐后台，由大箱管上香焚纸受礼敬，才可上场演戏。每演关羽戏，艺人都很紧张，须生演员大多拒演《走麦城》，以致这出戏在梆子剧中失传。每演《过五关》，扮演蔡阳的演员尤为紧张，因为传说中蔡阳武艺高过关羽，而谋略较差，所以被关羽计斩。扮演蔡阳的演员，生怕关羽神灵附体，以假作真时要了命。对关羽，艺人非常敬畏统称二爷或关爷，从不敢担名，更不敢有只言片语不敬，关羽专戴的帽盔，称绿夫子盔（张飞戴黑夫子盔，赵云戴白夫子盔）。艺人中有些人敬三官神，吃三官斋，即忌吃雁鸽鸠、骡马牛、鳝鳖鳅肉食。有的还敬五仙堂，所谓五仙，即兔子、刺猬、蛇、老鼠、黄鼠狼。

戏曲艺人，也有一年一度难得的欢乐。即腊月初八日“封箱”，封箱即戏箱上加锁贴封，停止演戏待过春节。实际上放假后艺人天天“打秋风”，混饭吃，后来封箱日改为除夕晚上。封箱之日要演“封箱戏”，以互相庆幸又熬过一年，这出戏故意让角色反串，比如演《三上关》，让须生演员演樊梨花，花面演员演薛金莲和薛丁山，小旦演窦一虎等等，这样扮妆后，人人面目全非，先自忍俊不禁。

（五）谚语　口诀　楹联

1. 概述

谚语和口诀，是历代戏曲艺人在长期的艺术实践中，所作的格言式的凝言炼语般的经验总结。它们既是戏曲艺人智慧的结晶，也是进行表演艺术再创造的理论指南。这是因为，在建国前的漫长封建和半封建、半殖民地社会中，戏曲被大多数封建文人看不起，艺人地位低，没有文化，加之旧戏曲班社又各自为政，戏曲流派各自独立门户，所以戏曲表演艺术创造的经验没有文字记载，各戏班艺人为了向后生传授表演技艺，指导新的艺术创造便总结出众多的格言式的谚语和口诀，并在戏曲艺人中一代代流传了下来。

行话，则是旧戏曲艺人为恶势力抗争，谋求自己的生存。根据自己的好、恶、讳、忌对某些事物给以隐晦的更名，用以传达思想的隐晦畸形语言。在建国前的社会中，艺人处于下九流之列，生活在社会的最底层，备受社会歧视和虐待。为了生活生存下去，旧戏曲艺人们便不得不给自己的生活涂上一层保护色，从而创造出了戏曲行话，并也一代代流传了下来。

楹联，是旧戏曲艺人粘贴在舞台台口两侧、上下场门及诸种神像左右等处的对联，是一种表达旧戏曲艺人思想感情和艺术实践经验的书面语言形式。它一般由表达旧戏曲艺人生活态度的对联、概括戏曲艺术实践经验教训的对联和劝诫世人的醒世对联组成。旧戏曲楹联由于受旧戏曲艺人的思想局限，所以其内容中不可避免地带有诸多封建迷信色彩。

周口市戏曲艺术源远流长，旧戏曲艺人众多。因而戏曲谚语、口诀、行话、楹联繁多冗杂。虽然其中不少早已销声匿迹，但也有不少至今仍在戏曲工作者中和社会上流传，为了前继古人后惠来者，这里搜集钩沉，志述于下。

2. 谚语

戏曲谚语由于是凝言炼语式的格言，所以它们不仅具有很强的节奏性而且言辞深刻，句句入木三分。这里，我们把它们区分为演出、练功、生活、艺人谚语四个方面，择其精华志述于下。

（1）演出谚语

戏不够，神来凑。

三分扮相，七分眼神。

一身的戏在脸上，一脸的戏在眼上。

活在两目，情在面容。

天凭日月人凭眼，有神无神在于眼。

一眼神气，两眼灵气。

眼大无神，庙里泥人。

脸有戏，眼有神，时时要像剧中人。

神不到，戏不妙。

光唱不会歇，嗓子必然竭。

唱戏不吐字，如同钝刀子。
唱戏不出汗，累死没人看。
腔不美，淡如水。
腔不妙，不见好。
唱戏不照韵，等于瞎胡混。
不怕唱不对，就怕无韵味。
唱动人心方为妙，不动人心白费劲。
唱戏光掉板，请把行李卷。
一腔遮百丑。
高腔打凉壶。
唱戏不入戏，不如不唱戏。
唱戏不体意，等于瞎放屁。
喉舌齿牙唇，咬字发音准。
好戏能把人唱醉，赖戏能把人唱睡。
说是骨头唱是肉，唱不好了真难受。
戏一样，在人唱。
以声传情，先声夺人。
戏是一样的戏，各人口里变高低。
咬字千斤重，听者自动容。
能唱不如会唱，会唱不如独创。
挑担靠膀，唱戏凭嗓。
卖饭的凭汤，卖戏凭腔。
宁听卖汤的打碗，不听唱戏的瞎喊。
唱戏没有板，气瞎主弦的眼。
四功唱为首，五法手领先。
千斤念白四两唱。
三分唱腔七分白。
台上一语，重如千斤。
宁唱十句戏，不念一句白。
宁念十句白，不发一声笑。
会唱不会念，甭吃这碗饭。
口齿要清，五官端正。
唱曲难而易，说白易而难。

演关公武扮文唱，演包公文扮武唱。
先看一步走，再听一张口。
一套程式，万千性格。
手莫乱动，脚莫乱行。
不实故当真，非真当认真。
不像不成戏，真像不是艺；悟得情和理，是戏又是艺。
武不爆，文不愠。
爆了透假，愠了没神。
以情代声，声情并茂。
武戏文做，假戏真演。
三唱不如一像。
有收必有放，有放必有收。
一台无二戏。
台上无闲人。
讲戏情，论戏理，抓戏筋，表戏神，找戏魂。
装得像，强似唱。
人包戏，戏包人。
三分人才，七分扮相。
戏一半，人一半。
脸上没戏，观众生气；心里没戏，挨骂受气。
武戏文做，假戏真演。
演戏无魂，庙里泥人。
装龙像龙，装虎像虎。
角无大小，出戏是真。
配戏不配人。
戏能传神，才是活人。
只有小演员，没有小角色。
演员心里有，观众跟着走。
站有站相，坐有坐相。
内行一伸手，便知有没有。
一招鲜，吃遍天。
不能不像，不能全像。
以形传神，演戏演人。

手笨莫怨袖长。
台上不流汗，台下不动心。
心慌意乱，胆怯神散。
钻进去，跑出来。
神不到，戏不妙。
以艺引人，以情感人。
演戏演人，演人演心。
宁穿破，不穿错。
穿黑不穿绿，穿黄不穿白。
一台锣鼓半台戏。
听话听音，锣鼓听声。
生旦净丑，龙凤狮狗。
唱花脸的累半死，不如旦角咧咧嘴。
无丑不成戏。
七分场面三分唱。
三五步走遍天下，六七人百万雄兵。
片刻间千古事业，方寸间万里江山。
千年路程眨眼到，百年夫妻弹指终。
骑马坐轿亦是走，生儿育女不日成。
世上有，戏上有，有的有，没有的也有。
功夫不到，观众大笑。
无功不成艺。
棍能拿，枪能练，看真本事舞宝剑。
技艺真不真，抬腿知七分。
唱功靠嘴，做功靠腿。
场面不虚响，动中见真功。

（2）练功谚语

台上一分钟，台下十年功。
冬练三九，夏练三伏。
三天不练手生，三天不唱口生。
曲不离口，弦不离手。
铁棒磨绣针，功到自然成。
功夫不负苦心人。

基础打不牢，演戏演不好。
熟能生巧。
勤学苦练，上台不难。
一日不练自己知道，两日不练同行知道，三日不练观众知道。
十年出个状元，十年出不个戏子。
人到知羞处，方知艺不高。
肯下苦功夫，定得惊人艺。
井掏三遍好吃水，人从三师武艺高。
若要精，人前听；学一窍，开三窍。
演戏碰了钉，方知艺不精。
头遍生，二遍熟，三遍四遍当师傅。
初学三年，天下去得；再学三年，寸步难行。
台下练千遍，台上一闪现。
不练三冬六夏，哪会唱做念打。
千年琵琶万年筝，三弦只用一午更。
勤能补拙，熟能生巧。
台上三秒钟，台下三年功。
五年胳膊十年腿，二十年难练一张嘴。
外练身、法、步，内练精、气、神。
势贵如真，要在虚心，对镜去病，日见增新。
要想戏唱好，学艺学到老。
千学不如一看，千看不如一练，千练不如一串。
武功要练好，天天要起早。
人不负功，功不负人。
早练三光，晚练三慌。
学无止境，艺无止境。
要想会，天天累。
内练一口气，外练筋骨皮。
嘴勤手懒一切空，手勤嘴懒艺不精。
百闻不如一见，百见不如一练。
人能饶人，功夫不饶人。
人不常练没功，角不常演戏松。
艺不高怨懒，戏不活怨眼。

（3）**生活谚语**

认认真真做戏，清清白白做人。
台上笑脸迎，台下泪暗吞。
演戏演到死，没钱来烧纸。
卖艺不卖身，艺德值千金。
年年唱戏年年唱，处处无家处处家。
做戏何如看戏乐，下场更比上场难。
舞台小天地，人生大舞台。
演活一个角，操烂一颗心。
吃的菜和米，唱的情和理。
唱戏的是疯子，看戏的是傻子。
一字一师，一招一艺。
一处不到一处迷。
一日为师，终身为父。
歪人唱不了正戏。
家有金钱万贯，不如薄技在身。
能与戏子对门，不与学生搁邻。
眼子急了卖地，光棍急了唱戏。
看我演尽人间事，听你唱出天上歌。
赖戏吃遍天下，好戏各霸一方。
头场戏难唱，头三脚难踢。
胆大人艺高，艺高人胆大。
同行骗你，观众不骗你。
有艺走遍天下，无艺寸步难行。
一木难成舟，一人难成戏。
头戏难开，末戏难演。
观众哭的是泪，演员哭的是戏。
地靠人种，戏靠人唱。
师傅领进门，修行在个人。
不怕千招会，就怕一招绝。
有状元徒弟，没有状元师傅。
师徒如父子。
台下打破头，台上不记仇。

救戏如救火。
戏场大似官场。
学会锣鼓经，唱、做、念、舞容易通。
十年磨一戏，求艺真不易。
手、眼、身、步、唱、做、念、打八字功，练不得当功夫松。
击乐是胆，丝弦是魂。
先洗生，后洗旦，洗罢箱官洗场面。
唱武戏的敬五仙堂，蛇、鼠、狐、刺、黄鼠狼。
说书的嘴，唱戏的腿。
有情能出戏，无巧不成书。
台上演戏，台下做人。
好身段，不胜个赖嗓子。
宁收白丁一个，不要半瓶一个。
一个老师学不好，一出戏唱不到老。
读书要讲，学艺要想。
唱戏要嗓子，拉弓要膀子。
熟而精，精而化，练死人，演活人。
一个师傅，一个传授。
艺高不压人，艺多不压身。
艺高不如德高。
不怕人不知，就怕艺不精。
艺成不在年高。
饱打饿唱气打鼓。
凉腔掉板不是戏，场面不通懈底气。
名师门里出高徒，强将手下无弱兵。
宁赠一吊钱，不赠一句言。
台上讲戏路，台下讲人格。
吃包子吃馅，听戏听旦。
台上如猛虎，台下如绵羊。
宁可筋长，不要肉厚。
唱戏坏了腔，打仗丢了枪。
早喊腔，晚学戏，睡醒背词就容易。
不怕千人看，就怕一人瞧。

庙里不敬假神，戏班不养闲人。

响了生，稀巴松；响了旦，吃饱饭。

齐不齐，一把泥；丑不丑，一合手。

十旦易找，一净难寻。

投师如投胎。

戏有戏法，真假相杂。

似真似假，方为戏法。

天下为家不是家，常住新屋屋不新。

（4）艺人谚语

朱大鼻子杨大眼，后跟个顾群唱红脸。

要想不生气，去看小凤的戏。

看看毛爱莲，等于过个年。

扒了瓦房卖了砖，也得看朱明的《反长安》。

王冒不到，退钱几吊。

赵家戏、马家箱，不胜二套光脊梁。

响八县、盖九州，打鸡娃子一道沟。

十日晕、在后头，二套哩黑脸放牛亡牛。

顾家戏、顾家箱，还有顾家六姑娘。

高一脚、低一脚，不知王四少出角不出角。

少锄二亩地，也得看关帝庙的曲子戏。

卖钱不卖钱，只要听听二夹弦。

3．口诀

戏曲口诀是戏曲艺人为了互相传授技艺形成的扼要易记的格言，是指导戏曲艺人进行艺术再创造的座右铭。这里，我们把其区分为表演、唱念、扇子口诀三个方面，志述于下。

（1）表演口诀

心与口合，口与手合，手与眼合，眼与身合，身与气合。

白眼呆，黑眼灵；白眼死，黑眼生；白眼斜，黑眼正；白眼奸，黑眼忠。

两眼贯鼻鼻贯心，目不斜视莫乱轮。

笑不露齿不纵笑，哭笑都美能动人。

见人羞怯是特征，未语脸先起红云。

说话不需望人面，被人看时看衣襟。

声似莺鸣如燕咏，恰似珠落玉盘音。

提神松肩气下运，一字步轻行如云。

腰要管腿腿控腰，动作要慢不晃身。

仪态端庄不呆板，文静大方有精神。

温柔之中显娇媚，外秀内柔慧于心。

情态含蓄耐寻味，一嗔一嘻讲分寸。

切忌千人一张面，演人要演其灵魂。

以有限，演无限。

欲前先后，欲进先退，欲左先右，欲上先下，欲扬先抑，欲慢先快。

刀看手，剑看肘，剑不乱砍，枪不乱点。

戏台上喝酒不用筷，喝时用袖来遮盖。

出场定神睁眼看，两眼顺手向前观。

腰腿手脚要灵活，切记不可台下看。

先看走一步，听弦再张口。

旦描嘴角，末平眉；净指过顶，生肩齐。

眼传神，指法匀；台步一动见身份。

唱旦的手不过乳，唱小生的手不过肩，唱丑的手不离胸，唱花脸的双肩扩圆。

招腿重，落脚轻，慢如绵羊，快如风。

手到眼到，眼到手到。眼随手动，头随眼动。行不动裙，笑不露齿。

花脸过顶，红脸齐眉，小旦齐乳。

武旦风摆柳，泼旦手掐腰。

戏要做足，不可做尽。

软若摆柳，硬如坚石。

站如亭亭玉树，动如风扫落叶。

目中无人，心中有人。

头劲出神不耸肩，踢腿抬脚腿不弯。

行走腿直身不动，两袖抖开风度力。

场上伸手如撵鹅，回手水袖搭手脖。

飘飘下拜如抱子，跪下不能露脚脖。

说话不看人，走路不踢裙。

男女不手授，坐下看衣裙。

口齿不可浮，唱念口头灵。

插科必打诨，泣笑且分明。

细看猫鼠势，模仿猴儿形。
脚轻手头快，眼惊口自明。
身子要灵活，更揣戏中情。

（2）**唱念口诀**

不要音包字，而要字带音。
唱念吐字清而真，全凭苦练舌与唇。
口型错一线，字音错一片。
咬字头，送字腹，收字尾。
按字行腔，腔随字走，顺腔就字，字正腔圆。
快板吸气浅，慢板吸气深。
音要准，板要稳。
吸气一大片，用气一条线。
练白嘴使劲，练身腿使劲。
唱要讲究眼、眉、口，念要注意肩、膀、肘。
尖团分清，咬字归韵。
有收必有放，有放必有收。
讲白求清，口必有锋。
擒字如擒兔，每字圆如珠。
声音有别，气为音帅。
吐字要善于用力，行腔要善于用气。
唇齿取力，丹田取气。

（3）**扇子口诀**

旦角扇子不离鬓，小生不离大衣襟。
老生垂手扇胯骨，净角扇字远离胸。
苦力之人袖当扇，彩旦扇子胡乱扇。
敬茶挽开扇，微笑转开扇。
忧愁扇敲头，心悦指顶扇。
摇凉掌风扇，扬尘扇遮面。
窃听假顾扇，惧见遮羞扇。
望高手翻扇，回顾手背扇。
乐极手抛扇，潇洒手摇扇。
拿烛避风扇，看物风尾扇。
炎热遮日扇，下场背后扇。

叫人遮声扇，俯视背剑扇。
追蝶风拍扇，上翻扑蝶扇。
小姐遮唇扇，丫环嘴咬扇。
抛物地张扇，灵机打手扇。
老旦不拿扇，拐杖手中掂。
带扇不扇风，表演在其中。
文扇胸，武扇肚，丑角扇耳朵。
拿扇如无扇，用扇不见扇。

4. **楹联**

戏曲楹联是贴在戏班驻地门口两侧，以及戏台、戏楼台口两侧，上下场门和庄王等神位左右以及戏装箱子上的对联。其内容多与戏曲有关，字句对偶工整，讲究平仄押韵。这里撷取戏楼、戏台楹联两部分，简要志述于下。

（1）**戏楼楹联**

沿河船　坡无地　以班为家演好戏
效先贤　颂当今　以艺为生戏演好
昔年歌管变荒台　转眼是非兴败
冰山金穴终有尽　千载英风不衰
欲看早些来　大文章全凭入手
须听完了去　真节义怕不到头
唱是两个日　日古日今全凭一口传世
戏本半面虚　虚杀虚战何尝执戈伤人

（2）**戏台楹联**

竖联

你一刀我一枪总杀不死；骑着马坐着轿非走不行
方寸地可家可国可天下；寻常人能文能武能鬼神
东西汉南北朝今古奇观；三国志水浒传人物兴形
山海经地理图人物倍考；东西汉南北宋今古奇观
文成武就金榜题名虚宝贵；男婚女配洞房花烛假姻缘
古事比今事须知今事通古事；戏情即世情借助戏情看世情
台上笑台下笑台上台下笑引笑；装今人扮古人台前台后人装人
黑脸直红脸忠白脸奸党；老旦稳正旦俏花旦风流
按律吕点破炎凉世态；借衣冠措尽今古人情
奇乎奇乎男子配丈夫；怪哉怪哉白脸擦黑色

悲欢离合人借人作态；生旦净丑口代口传情

布武修文宛然经济；嬉笑怒骂皆成文章

高官厚禄得意无非暂时事；抛盔解甲下台还是普通人

假仪传真演今古之奇事；虚踪作实谈历代之余文

要看早些来大关节全凭起首；待演完了走好结局俱在后头

先总理苦口婆心警世化民处处都从台上现；大中州河鳞岳峙龙盘虎踞个个请坐镜中观

天下事无非是戏是戏就好；世间人何须认真认真难行

三两句道尽今古事；五六步走过万里程

天下事当作如是观；古今人何处不相识

听戏不知作戏苦；上台容易下台难

乾坎艮震通地理；巽离坤兑知天文

文官忠心乾坤定；武将赤胆锦绣程

出将入相假宝贵；台上台下真痴人

台上善知天下事；台下静默不吭声

有口无口口代口；似人非人人装人

生旦净末唱四海；鼓锣笙弦震三江

在堂中江湖义气；上高棚惹是生非

放声唱奏升平歌；半入乡风半入云

戏台上百花世界；戏子称万事精通

此曲只应天上有；斯人莫道世间闻

顷刻间千秋大业；方寸地万里江山

一时便成千古事；当今犹见旧时人

庄王回手传千古；梨园门弟艺人欣

开天辟地论宇宙；盘古初分讲天伦

愿君作忠臣孝子；谁不想拜相封侯

昔日唐王真天子；倒做梨园大圣人

戏剧庄王真天子；梨园子弟大圣人

曲近人情越听越妙；戏推世理愈看愈真

舞台方寸悬明镜；优孟衣冠启后人

调调调调调调调；乐乐乐乐乐乐乐

扭脸酸辣苦甜；转脸软硬刁憨

上扮帝王将相；下演轶事古今

台上龙虎相斗；台下义气千秋

舞台小天地；天地大舞台

戏是宝中宝；台是巧中巧

横联

天地舞台　梨园子弟　以古观今　他乡乐园　阳春白雪　出将入相　声震寰宇　轻歌妙舞　虚戈为戏　高台教化　引人向善　琴瑟钟鼓　悲欢离合　庄王回手　天地玄皇　古今传奇　震声启聩　君子道长

5. **专业行话**

戏曲行话由戏曲专业行话和江湖行话两部分组成。前者是戏曲艺人在旧社会中为了某些方便和减少麻烦，使用的非正常用语；后者是戏曲艺人在旧社会中为了同其他行为人员接触，使用的江湖黑话。这里，我们分别志述于下。

高棚——戏台。

牙子——手板。

扯丝——拉弦，又叫抽丝。

梁子——梆子。打梆子的人称作“扛梁子”。

司鼓——打鼓的人。又叫软轰子。

捡场——负责料理道具的人。

打荡子——武打程式。由于对打的人数称“股”，所以三人对打即称“三股荡”，四人对打便称“四股荡”。

下处——艺人住的地方。

拉头套——戏班中的主要艺人。

台口——剧团演出地点。

赶场——剧团转换演出地点。

转台口——赶场。

打炮——艺人到某个戏班参加演出。

拉二套——主要配角艺人。

好好——艺术水平高的艺人。

碰头彩——艺人第一声唱或第一个动作就引起民众的鼓掌叫好声。

倒彩——艺人技艺不佳或因其他事故引起观众起哄不满，又称“倒好”。

戏混子——无技少德，不求进取的低等艺人。

抽签——戏演得不好，观众一个个站起走出戏园。

救戏——演出中因艺人误场或因其他缘故使戏无法继续演下去，另一艺人上场替演使演出继续进行。

晕场——艺人在舞台上表现失常。

热壶——对戏曲业务熟悉者。

凉壶——对戏曲业务不通者。

凉弦——艺人出现音准偏差。

调嗓——艺人随着乐器练唱，亦叫靠弦、调弦。

倒嗓——艺人进入青春期后，声音方面出现生理变化。

起堂——演出质量差，观众为之纷纷离走。

开闸——演出水平极低，观众大批离去，使演出中断。

跳班——艺人合同期满后由甲班到乙班生活。

戏篓子——会戏特别多的艺人。

挖角儿——以比较高的报酬或其他非正常手段，暗中将他班名角拉入己班。

捧角儿——观众对某艺人过分偏爱与褒扬。

捧场——观众根据自己的偏爱，当场鼓动喝彩。

票友——非职业艺人、乐师。

票戏——票友演出。

下海——票友转为职业艺人。

对棚——两台或数台戏在一定的区域内同时演出。

唱砸了——演出不受欢迎，名声扫地，又叫塌台。

扒戏——演出中出现失误，又叫扒场。

马前——使演出速度加快。

马后——使演出速度放慢。

外八角——生行。

内八角——旦行。

硬轰子——打锣的。

头把弦——拉主弦的乐师。

戏箱——戏曲服装保管员。

台柱子——主要艺人。

打旗——民众艺人，又称穿把子。

掉板——艺人演唱时乱了节拍。

恨戏——表演有激情。

九龙口——舞台的正中间。

馍筐子戏——指最卖钱的剧目。
截住——演出中间叫停，又称搁捻。
冷场——演出中无故出现停顿，又叫清场。
反串——饰演本行当以外的角色。
老将——无师自学成才者。
爆班——因某种原因戏班解体。
抓瓜——艺人在合同期限内另投他班。
煞戏——演出结束，又叫住戏。
把子——兵、卒之类的角色。
包头——旦色，又叫坤角。
通好——全场观众一齐喝彩或鼓掌。
冒场——艺人过早出场。
笑场——艺人在舞台上脱离剧情和人物性格所出现的失误性质的发笑。
皮子——班鼓，边鼓子，又叫炸子。
柳——唱。
血凉壶——特别地外行。
髯口——演出时演员戴的胡子。
滚大梁——演出时严重失误。

6. 江湖行话

雨淋子——伞。
搅子——钱。
查魇子——做梦。
空子——桥。
帐子——雾。
海条子——龙。
古子——庙。
扒闪子——虎。
飘鹅子——下雪。
上啃儿——吃饭，又叫上抿。
扫苗儿——理发。
归凯——回家。
蛤蟆——房子。
千条——面条。

沥子——戴彩。

稀溜门——稀饭。

摆起来了——下雨。

车滑了——跑了。

念语儿——哑巴。

念招儿——瞎子。

木池子——东边，又称倒捻儿。

金池子——西边，又称切捻儿。

水池子——北边，又称洋捻儿。

火池子——南边，又称也捻儿。

黄五爷——黄鼠狼。

白二爷——刺猬。

柳四爷——蛇。

三太爷——狐狸。

搂金子——狗。

中瓢子——地。

千丝——细粉。

皂码——鬼。

长——塔。

老官——馍。

火散子——酒。

草散子——烟。

老圈——县城。

码子——观众。

卓摆——好。

念卓——坏。

海——多。

减——少。

顶水绰——鱼。

条子——驴。

尖嘴绰——鸡。

咩咩绰——羊。

牛亡啦绰——猪。

闷召——睡觉，又叫脱条子。
叶子——衣服。
爬桥——大便，又叫板散。
撇条——小便。
豆花子——大闺女。
老条——小伙子。
毛凤子——兔子。
老财——牙。
摆子上的——划船的。
水窑里的——浴池里的。
挫子——肉。
地硬——戏不好唱。
拱不动——戏不管唱。
隔地——地方官。
油水不肥——进钱慢。
团春儿——商量。
冷马——军队。
高柳——唱戏的。
蓝条——说道情的。
春口儿——说相声的。
挂儿上的——打地摊耍武术的。
团子——唱大鼓书的。
挑叉子的——卖针的。
追汉子——卖老鼠药的。
犟筋——相面的。
采汉——拔牙的。
降汉——卖大力丸的。
牌儿——脸。
沼儿——眼睛。
拉簧儿——说话。
递簧儿——传话。
跷头儿——姓张。
虎头儿——姓王。

操手儿——姓李。
灯笼儿——姓赵。
顺水儿——姓刘。
千斤——姓陈。
高头儿——姓马。
西北风——姓韩。
雪花啃子——黑馍。
海青——不是江湖艺人。
顶壳——帽子。
头门里——官兵。
二门里——土匪。
门里——自己人。
臭筒——袜子。
下叶子——裤子。
造年果——有病了。
年果熟啦——病好了。
洞子——房。
减齿——小男孩。
减斗——小女孩。
利马——女人。
苍马——老婆。
外苍马——老年人。
柳——一。
月——二。
汪——三。
仄——四。
中——五。
神——六。
星——七。
张——八。
爱——九。
足——十。

（六）戏曲团体

1. 赵家戏班

明末，豫剧传入周口区域。清初，又有二夹弦、罗戏传入。清末，有越调、花鼓戏、道情、曲剧相继出现，逐渐由庙会集市摆地摊唱戏，过渡到戏剧艺术行当齐全的戏班。从此，周口民间戏剧舞台的繁荣，活跃了当地老百姓的文化生活，对于豫剧艺人沙河调流派的形成和发展，提供了广大的生存成长空间。清末民初时期，有周口一把鞭戏班、项城雷家、袁家、高家戏班、郸城顾家戏班、商水三妮戏班、牛滩戏班、蔡庄戏班等。区域内声望较好的应该说是商水赵家戏班。

赵家戏，老百姓习惯称“大赵家戏”、“二赵家戏”、“三赵家戏”。商水县的赵家戏始建于清嘉庆四年（1799 年）。嘉庆庚申（1800 年）县邑名门望族，商水县城关北街赵氏家族的赵龙章，字石泉，科武举，即将出任台湾提督的升迁之喜而出资筹建了“梆子班”。当时因这种梆子戏赝腔（拐头丁）唱法，故通称“河南讴”或“讴梆”、“高梆”。豫东一带则习称该戏班为“大赵家班”。赵家班从 1799 年始建到 1947 年在项城县水寨镇演出散班止，共活动 148 年。

二赵家戏，始建于清光绪三十年（1904 年）。清末时期有一个赵百元（1870－1909），号殿一，商水县邓城乡张湾村人，清光绪二十年（1894 年）武进士，官至御前侍卫。在张湾家中收了当地几十名学员，办起了“小科班”，组成西华县水旺村赵连升戏班（张湾在清末、民初时属西华）。“二赵家班”从始建 1904 年到 1949 年在杨营解体，共活动 46 年。宋宝泰、憨头、董涵去了商水，曹力回了郸城，胡克海去了漯河，余天喜去了西安。1953 年宋宝泰、憨头调回项城豫剧团。二赵家戏班在杨营，经杨营当时乡主席杨兴泰之手被商水雷坡和淮阳小团要走。

三赵家戏，始建于民国十五年（1926 年）。初为商水县汤庄乡西赵桥村赵凤治、赵宏儒二人创立的“江湖班”，学员 38 人。戏箱道具全是借朱里店王狐狸的。西赵桥村人酷爱戏，每年各家各户都兑钱购置戏箱。当时能演百余种剧目。比较出名的演员有周应、庄留柱、周喜等。1943 年在项城、淮阳、西华、上蔡等地演出，最后在漯河演出时，日军飞机大炮攻打漯河，人员失散，从此解体，共活动 17 年。

赵家班的豫剧沙河调唱腔，是由西南两路梆子艺人融汇而成的“两合土式”唱法。唱腔明快，嗓音圆润、高亢激昂。武生小丑动作干净利落，坤角嗓音伴鼻音唱腔优美甜润、婉转细嫩，造型身段优美绝伦，大约沿袭了近半个世纪。

二赵家班，始建于张湾赵百元家中，几年后，侍卫赵百元因病去世。掌班赵连升是商水县西赵寨村人，几经周折，把二赵家班从张湾迁到赵寨。民国十六年（1927年），北洋军阀击败奉军四十六旅，向北逃窜，途经商水、西华抢粮抢物，奸淫妇女。二赵家班，也因天灾兵燹，一年不如一年。时任管主赵杨氏，系黄寨镇杨营寨杨建康之妹，其大哥杨建熙是袁家郡马。赵寨少奶奶杨氏女带二班子走娘家，因赵家家境日渐不济，毅然决断把二赵家戏送乡绅杨建康。杨建康初对戏子有成见，认为玩戏是“鹌鹑戏子马猢猴，到老也玩不熟”。所以起初对戏班不予重视。

1927年秋，杨建康为逃避生日，去固墙乡马河村妹妹家看望。二赵家班在当地演出，看到杨建康，掌班的立即用五串压箱铜钱替他当“加官”赏钱做体面，令杨建康大悦，对“戏子”有了好的看法．以后卖18亩地为戏班添箱，为二赵家班添四蟒四靠等服装道具，被誉为管主。从此二班子每逢过年过节就把戏箱拉到杨营管主家，住上一段时间，演上几天戏，分文不收。每逢戏打不出去，即住在杨营，演不演戏总是管吃管住，这就解除了戏班的后顾之忧。

二赵家戏早期指民国十五年到三十年（1926－1941）。主要上演剧目有：《过五关》、《南阳关》、《杨老将碰碑》、《白玉杯》、《过巴州》、《鸡爪山》、《火化子都》、《白莽台》、《凤仪亭》、《蝴蝶杯》等百余种。主要演员有：教员李有才（红生）、领班王纪领艺名王胡（须生）、赵天福（黑红生）、黄讯（红花生）、张水堂（花旦）、许广富艺名口富（红生）、马赖货（小丑）、余味（老旦）、余天喜（小生）、雷兴旺（须生）、雷小凡（闺门旦）、张大堂（小生）、小峁（小生）、程彦忠艺名瞎红脸（红生）、王天敬（红生）等。

二赵家班晚期，自民国三十一年（1942年）到1949年解放，可谓是二班子戏在杨营乃至周口区域演出时间活动最多，名家艺人搭班最鼎盛的时期。

民国三十一年（1942年）春，大赵家班与二赵家班精诚合作，演戏一年有余。赵家班豫剧沙河调人才荟萃。首先说来杨营二赵家班演出的曹彦章（1901－1965），艺名曹力儿。其兄曹献章，时称二曹，郸城县曹楼村人。豫剧沙河调流派创始人之一，著名武生，享誉豫东、皖北。

曹彦章14岁学戏，性憨厚，诚朴。因不识字，唱词全靠口授，由于用心，记词娴熟。先在淮阳五福班，后在杨营二赵家班当第三任掌班、教员。带领二赵家戏唱响界首、项城……彦章唱腔明快圆润、高亢，武打动作干净利落，造型优美，扣人心弦。尤以脚功、眼功、翎子功为佳。吹胡须、瞪眼、蹿椅子被誉为“三绝”。《南阳关》、《反楚国》、《群英会》、《提寇准》等的拿手精彩武打动作，常使观众倾倒。1962 年深秋，河南省名艺人在郑州会演时，在《黄鹤楼》中饰周都督，不减当年风采，被称为“活周瑜”，誉满中州。著名豫剧表演艺术家常香玉让女儿常小玉拜曹彦章为师。豫东一带听过曹力唱过的老人评价说：“唐喜成唱得再好，听不中，他跟曹力比还差点劲，曹力的唱腔沙棱棱的带着铜嗓音，真是太好听了！”是的，彦彦章饮过沙河之水长大，用高亢激昂的嗓音，一身文武行当的过硬功夫，被豫剧界公认曹氏兄弟为沙河调“武生（武生、武丑）”的主要代表演员。

与曹彦章同一时期来二赵家班的演员，武生有安赖，临颍人青云，后起之秀宋宝泰、小峁，娃娃生余天喜，红生程彦中。牛滩戏班主牛克一，他的拿手戏《反徐州》饰徐达，唱腔洪亮拖音后长，常有“依呀唉、哪呼唉、呀胡唉”之声。小丑徐结实，小钢炮（小旦）、苑士秀（小旦）、董函（小生）、张大堂（小生）、张成（花旦）。张成演《刀劈杨藩》饰樊梨花，以男唱女腔，武功、道白堪称一绝。

闺门旦之秀，位真婷，艺名三妮（小旦），化河乡谢堂村谢三之妻。三妮杞县人，当时来杨营二班戏搭班演出才十六七岁，因唱腔优美动听，表演惟妙惟肖，红极一时。她爱拖拉鞋，故有“三妮的鞋不用提”。她演的《反西唐》、《金盆记》、《刀劈杨藩》等，很受民众欢迎。

二赵家班闺门旦后起之秀当首推赵莹（男）。赵莹外号“露头赢”，因为他饰旦角唱得好，扮相俊美，一出台亮相，不用开口唱就赢得阵阵喝彩，所以得此美名。赵莹在《李凤姐卖酒》饰李凤姐，小铜炮（女）饰朱洪武。赵莹男唱女，声音甜润优美，小铜炮女扮男，火辣辣的真情表演，醉倒了十里八村的青年人。赵莹曾与豫剧著名艺人毛兰花合作演《桃花庵》，毛兰花饰张大娘子，赵莹饰陈妙善，二人优美动听的唱腔，细腻出色的表演，让看戏者赞不绝口。

和曹氏兄弟同期搭“赵家班”的男旦是脍炙人口的所谓豫剧沙河调“三少”，即李一少（家玉）、易二少（易象山）和王四少（王乃奎，字仲华）。此三位艺人均出身于书香门第，富豪之家，却放着阔少爷的身份不要，变卖田产，痴心演戏，至死不悔。

易象山（1889－1946），绰号“易少”，祖籍鄢陵县（后定居项城）。曾在项城县高家、袁家戏班，在二赵家班搭班长达 4 年之久。易少 17 岁从艺。善扮演闺门旦，以《秦雪梅吊孝》、《罗焕跪楼》、《大祭桩》等剧目最出名。

其表演做作入微，形象逼真，唱腔甜润，悠扬婉转，如百灵鸟巧鸣。有“洋戏匣子”（留声机）之美誉。

易象山把“祥符调、豫西调”融为一体，创造出独具特色的唱腔。后经不断研讨与发展，形成豫剧“沙河调”流派。易象山为“沙河调”创始人。20世纪50、60年代，在豫东商、项、淮一带，民谚流传着“金蜻蜓，银蜻蜓，不如易少一哼哼”的口碑。

李家玉（1896－1948），安徽亳县人，出身于书香门第，有“李一少”之称。少年时因酷爱唱戏被父亲打掉门牙，故有“豁牙”诨名。早年即在太康县“四街戏班”从艺。以后，曾和曹氏兄弟搭赵家班同台演出多年，在豫东一带，以豫剧沙河调唱腔为“三少”中之一。为旦角著名演员，唱功戏最有名望。其唱腔委婉圆润，吐字轻巧清晰，善于临场应变，即兴编词，出口成章，一气上百句，口若悬河，常常博得观众击掌称赞，哄堂大笑，为城乡广大观众所喜闻乐道。他的拿手好戏有《对绣鞋》、《拴娃娃》等。尤其李家玉的学生王仲华，在沙河调流派的发展定型阶段，承上启下，走出了一条变革之路。

“三少”中从艺时间最长的还数人称“四少”的王仲华，生于清光绪二十三年（1897年），乡绅家庭出身，排行第四，故号称“四少”，商水县张明乡西张明村人。是民国年间和解放初期在中州大地负有盛名的豫剧演员，“沙河调”流派重要创始人之一。

他的祖父在世时，家中曾蓄有戏班。在这种特殊环境的熏陶下，幼年的王仲华，很早就养成了爱戏的习惯。加之他极有艺术天赋，背父学戏，初登台演出即一鸣惊人。但在旧社会戏子被视为下等人，王氏宗族认为王仲华为学戏荒废学业，败坏书香门第之门风，大逆不道，多次严加训斥和阻挠。后因在朝当户部主事的舅父辞官隐退，回归故里，闻听外甥艺术超群，出面说情，乃奎父方允许其学戏。王仲华年仅17岁得以大展技艺。他专攻旦角，学戏刻苦勤奋，对艺术精雕细琢，造诣很深。20岁时即能包本演出200多场戏。代表剧目有《对绣鞋》、《拴娃娃》、《金盆记》、《白莲花临凡》、《对花枪》、《送京娘》、《拾玉镯》、《樊梨花》等。他功底深厚，嗓音优美，清爽脆亮，在豫剧“沙河调”流派有深广的影响。至今豫东一带民谣流传着“高一脚，低一脚，不知四少出角不出角”、“王四少，上了台，大闺女小媳妇两边排”口碑。

王仲华为“大赵家班”、“二赵家班”继“李少”、“易少”最负盛名的沙河调代表人物，为“赵家班”声誉较高的艺人。他在艺术上精益求精，取长补短，善于吸取其他流派的特长，从而形成自己的戏曲艺术风格。

他经常和各流派著名演员进行艺术交流，1931年，在孝义与著名豫剧表演艺术家常香玉同台演出《闹书馆》、《罗焕跪楼》等。常对他的舞台艺术，精彩表演甚为赞赏。冯纪汉先生在《豫剧流派初探》一书中说：沙河调中名旦李家玉的学生王仲华，是继易象山之后的后起之秀。从1930年至1935年，他曾到开封演出四次，上演过《小二姐做梦》、《三上轿》、《拴娃娃》、《春秋配》等、唱腔十分优美动听，当时省城为之大震。他代表沙河调与祥符调进行了艺术交流，至今祥符调艺人演唱的《对绣鞋》、《拴娃娃》还是受他的影响。

1950－1953年，王仲华曾任商水县大众剧团团长，县第一届人民代表，为商水县豫剧团培养了一批新秀。1962年，他应邀参加在郑州举行的豫剧名老艺人座谈会，他在会上表演了《拴娃娃》、《对绣鞋》。当时他虽然年逾花甲，但嗓音嘹亮，风采依旧，仍被戏剧界公认为最具有代表性的“沙河调”唱腔艺人。周口地处沙河流域，是沙河调的发源地和主要流行地。赵家戏班是商水县乃至豫皖一带产生最早的豫剧沙河调戏班，也是对沙河调流派渊源影响最大的戏班。而曹氏兄弟，以及“三少”，是豫剧沙河调形成和发展过程中作出了巨大贡献的流派创始人和传播者。故豫剧沙河调源于赵家班，应永垂周口，载入史册。

周口有很多著名豫剧武生演员曹彦章的铁杆戏迷，说起曹彦章，在豫东和皖北一带，凡60岁以上的人，无人不知无人不晓。曹彦章虽去世已40年之久，但他那圆润高亢的唱腔、干净利落的表演技巧和超绝的武打功夫，始终深印在广大戏迷的脑海之中。曹彦章，艺名曹力，1910年出生于郸城县石槽镇大曹楼村。其父曹铁锤是一个面朝黄土背朝天的穷苦庄稼汉。彦章7岁那年，父亲因饥病而死，撇下彦章母子和一个年迈多病的奶奶，全靠妈妈讨饭和大伯曹心诚为人当长工糊口。一天，他随母亲去村西南侯集讨饭，被一财主家的恶犬撕破裤子，咬得顺腿流血。那家主人不仅没给点吃的，就连向他要根筷子烧成灰医伤口（民间土方）也没答应。母亲上前与他们说理，那个财主却恶狠狠地说：“咬着该咬，谁叫恁跑到俺门口来哩？要是坐在恁家堂屋里，俺的狗绝不会咬恁。”

14岁那年，秋后的一天，曹彦章同邻居家穷哥们曹堆（后来的名演员曹献章）商量着去郸城集讨饭，郸城集离他们家虽仅十数里，他们却谁都没去过。那时郸城集属鹿邑县，是鹿邑县西南的大集。当他与伙伴讨饭到郸城西南角塔寺庙时，见一群同龄孩子在那里学戏。一打听是王老明办的科班。又听说科班里管吃管穿，入了科班就不再挨饿受冻啦。于是他们没跟家里人商量便报名入了班。奶奶在家听说彦章入科班学戏了，死活不答应，非叫其大伯马上把他叫回去。并说：“戏子下艺，死了连老坟也不能进。咱虽穷，但祖祖辈辈也没干过下艺事。”大伯到郸城一看，有三四十个孩子都在那里学戏，他们都很开心，彦章也坚决不愿回去。他想，啥下艺不下艺，学戏总比饿死强。于是回家说服了老娘，就让彦章学了下去。

周口一带，有这么一句话：“无钱莫买地，没权别玩戏。”据郸城附近几个老人回忆，办科班的王老明，名叫王觉仁，字明义，郸城南王寨村人。民国初年他任郸城民团团长（维持一个地区社会治安的民众武装），家有良田百余亩，又在郸城集十字街北路东（今县工商银行处）开了个烟铺，当时在郸城一带可说是有钱有势的人物了。

王老明科班，曾一度成为郸城一带培育戏曲艺人的摇篮。在曹彦章这一科班里，就培养出了曹力、曹堆、张孩、黄训、何五、黄法、何聋子、黄乱、吴砖、侯富、何四、于牌等30多名豫剧艺人。这批人在解放前后，大都是响遍豫东、皖北一带的豫剧名角。

塔寺，因南邻郸城万佛塔而得名。它原为一座大寺院，因年久失修，至民国初年仅剩一座孤塔和三间光秃秃的大殿。这里既是科班学童的住室，又是他们学戏、练武的场所。科班里生活很艰苦，孩子们吃的是半糠半粮的茶饭。穿的是由街坊商号施舍不合体的破旧衣裳，甚至有的男孩穿着女人带大襟的胖布衫；睡的是麦秸铺，盖的是一个大圆被。王老明给他们套了一个直径3米多的圆被子，正中挖了个洞，套在一根立柱上，孩子们周围绕一圈睡。草铺里简直是虱子、跳蚤的世界。

曹彦章在科班拜3人为师，一个是教生旦戏的王文志，一个是武功师刘双印，一个是基功师范××。由于彦章生性憨厚，比起他人来稍欠聪明，所以学起戏来格外吃力。那时孩子们学戏都靠教师一句句教，可别人教三遍学会，他却五遍六遍也记不牢。为此他比任何学员挨打罚跪都多。例如一次试演《甘露寺》要他扮演孙权，本来没几句戏，老师教了两天，可他一上场却把孙权的名字给忘啦。在台上急得乱转圈，问老师：“哇呀呀，我叫孙啥?”教师王文志举起一个拳头，示意叫孙拳（权）。他却把拳头错领会成锤头，于是大声报曰：“俺孙锤是也!”弄得全场哄堂大笑。下场后王老师一铜烟袋锅把他的头打了个窟窿。再如，他学《黄鹤楼》周瑜蹿椅子，怎么蹿也蹿不好，后被武功师傅照腰一棍，一急之下蹿了过去。事后，武功师傅刘双印对他说：“这一棍我是打给你的袁大头呀!”意思是说：“学会了这一招以后你就能挣钱啦。”

在科班里，挨打、罚跪再苦再累都没有动摇曹彦章学戏的决心，因为他知道学好戏才是他唯一的生路。每当他碰上学习困难时，便想想讨饭被狗咬伤的滋味。一次困难给他一分毅力。他暗下决心，自己头脑迟钝我比别人多背几遍，自己手脚拙笨我比别人多练一些。于是别人不学他偷偷学，别人去玩他偷偷练，冬练三九，夏练三伏，持之以恒。一次，学《反楚国》戏，他扮演伍子胥，有一个高难度动作，桌上置椅，椅上放凳，从上往下，背翻跟头，不慎手腕摔骨折，伤愈后他继续练，终获成功，成为他终生之绝技。

“戏贵一角精，技贵一招绝”，“没有千角会，那有一角独”。功夫不负有心人，曹彦章的勤学苦练终于换来了表演形声兼备、唱腔圆润高亢、武打利落干净的深厚基功。尤其他的腿功、眼功、翎子功和蹿椅子功被誉为“三功一绝”。

曹彦章不仅武功基底深厚，而且戏路也较宽广，在传统戏剧中，他的代表剧是《黄鹤楼》、《反楚国》、《伐子都》、《提寇准》、《南阳关》、《将相和》、《群英会》等，在这些剧目中，他成功扮演了周瑜、伍子胥、伍云召、寇准等人物。

曹彦章的唱腔韵调特点是：口型较大，多走“上五音”，多用丹田音和舌音、上颚音。花腔多、俏皮腔多。吐字开唱多用大本腔，拖腔行韵多用二本腔，行腔时多加“那个”、“咳呀”之类的闲字，尾音多落在“嗳”、“呀”字上，被誉为地道的豫剧沙河调之传人。

曹彦章1928年科班出师，时年18岁。为谋生计，先入淮阳五福班。五福班，又名五班，是河南梆子沙河调系的职业演出团体。清末，由衙门班房主办，民国初已声誉较著，常活动于淮阳、郸城、鹿邑、太康、沈丘、太和、界首、项城和阜阳、漯河等地。解放后改为淮阳专署民友二团。五福班在20世纪30、40年代为鼎盛时期，行当齐全，演艺较高，艺人发展到60多人，名角有曹彦章、黄训、侯收、彭三、王四少、大金牙、小金牙、小蜜蜂、宋良臣、温春生等。曹彦章与黄训师兄弟，初出茅庐便成了那里的主角。

1938年，曹彦章28岁转入商水县赵家班，任掌班兼报单。赵家班是周口出现较早的一个旧戏班。它是1799年由商水县城关北街人赵龙章为庆贺出任台湾提督而组建的“赵府家戏”。赵家班因后台权大势威，经济充足，吸引了众多名角搭班，使得该班行当齐全，名声远扬，成为豫东名气较大的豫剧班子。曹彦章为该班第三任掌班人。

1942年，由于社会动荡，赵家班失去经济支柱，陷入了瘫痪状态。曹彦章便进入界首民众舞台任报单。

抗日战争时期，界首为安徽省太和县的一个镇，商业繁茂，时有“小上海”之称。界首地跨两省三县，沙河从中穿过，沙河南属安徽省临泉县，沙河北西属河南省沈丘县，东属安徽省太和县。在界首镇内设有国民党沙河警备司令部，属临泉汤恩伯的鲁苏豫皖区总司令部管辖。当时界首有5个剧院，即明星舞台、同乐戏院、新舞台、民众舞台和河南岸的刘兴镇剧院。演出剧种有豫剧、京剧、评剧（当时称洛子）、河北梆子（亦称京梆、范调）、话剧等。豫剧名角有马金凤、阎立品、毛兰花（凤麟）、徐艳琴、徐文德、周海水、刘玉梅、周凤琴等。真可谓名角荟萃，好戏连台。时人称豫剧演员有“四好”：马金凤唱得好、徐艳琴舞姿好、毛兰花哭得好、阎立品长得好。曹彦章在为抗日募捐义演时常与众名流同台献艺，比如与阎立品就同在民众舞台共过事。

抗战胜利后，界首不再似非常时期那样繁华，各剧种戏班和名角主演纷纷返回故里。马金凤去郑州五虎庙办起了新戏班，阎立品回了开封。曹彦章也回鹿邑进入了大八区戏班。大八区戏班前身为郸城白马驿张履结组办的张家戏班，当时演员阵容很强，名旦桑丽花（桑振君）、杨桂英、刘玉梅等均搭班于此。

曹彦章在20年的流浪生涯中，集各大家之所长，演艺精湛，名气大震，成为豫东一带少有的武生演员。后来，豫剧大师阎立品在她《界首——我艺术人生的第二故乡》一文中，曾这样评价曹彦章：“我到界首休息没多久，民众舞台的穆润生经理就托刘集庭说合，邀我到他的戏院演出。……这天是他们新邀来的一个主演的头场‘打炮戏’，他的节目是《观文》。前面加演《黄鹤楼》。《黄鹤楼》本来是个常演节目，但是我到界首还是第一次看到沙河派这一路的演出，真有点少见多怪吧，沙河派的演法与众大不相同。饰周瑜的是该班主要演员曹彦章，他的形象和嗓子还可以。在兵困《黄鹤楼》这场戏中，周瑜与赵云发生冲突时，他两次表演了蹿椅子动作，透过这种表演，倒可以看出演员的功底如何。”

豫东地区解放后，曹彦章先后在本县赵大庄、石槽集和鹿邑中学等业余剧团当教师，为新中国培养了一批演艺人才。1954年入郸城县和平剧团（后改为郸城县豫剧团）成为国营剧团正式演员。至此，在党和政府的关怀下，思想觉悟不断提高，表演艺术更趋成熟，曾任郸城豫剧团副团长、郸城县四届人大代表、郸城县人民委员会委员等职。20世纪60年代，在我国三年困难时期，商丘地委批准其享受高级知识分子待遇，他曾在县委小灶就餐。

1962年10月，曹彦章应邀到郑州参加全省“老艺人会演”，在《黄鹤楼》一剧中扮演周瑜，以其“三功一绝”的表演艺术，塑造了周瑜的典型艺术形象。以其眼大有神，随心变化的眼功，表现了周瑜的傲然、胆怯、自信、心虚的心理变化。表现周瑜高傲如狂时，一对翎子左右曲波式连续摆动，似两条蛟龙上下翻腾，当获知刘备、赵云脱险离走而表现周瑜又惊又怒时，一对翎子在头上连连颤抖，活现了人物性格。在周瑜与赵云交手时，曹彦章运用“腿功”表演了两次蹿椅子，他双腿跃起，平蹿上椅子，然后一个亮相，把又羞又恼的周瑜艺术地展现在观众面前。成功的演出，受到全场叫好，被省文化局副局长冯纪汉提笔命名为“活周瑜”。《河南日报》、《郑州晚报》都以整版的篇幅介绍了曹彦章的戏剧人生。同时，豫剧表演艺术家常香玉大师，让其女儿常小玉拜曹彦章为师，学习他的唱腔和舞台艺术。

曹彦章1965年在赴周口演出时，突发高血压，后转骨髓炎，于当年3月病逝于周口镇医院。时年55岁。

2．太康县“四街戏”

解放前，太康县活跃着一个“四街戏”班，名优众多，曾兴盛一时。清代光绪初年，太康县有个戏班子，因由县衙三班衙役中的“皂班”出面当“管主”，人们便称它为“皂班戏”。1912年，清帝宣统退位，中华民国成立，县衙改设为公署，“皂班”被解散。该戏班由商会接管资助，添置服装道具，因商会是由县城内东西南北4条大街的商绅组成，“皂班戏”改名为“四街戏”。

1928年12月太康县戏曲改革委员会成立，对四街戏予以扶植改良，更名为醒民剧社（取唤醒民众之意），并赠“太康县醒民剧社”匾额悬挂于舞台正中，遂名声大振。该社行当齐全，名优济济，于20世纪30年代前期最为兴盛，演员多达70余人，又各具特色，享誉豫东各县。醒民剧社剧目极丰，常按演员专长开演剧目，在县城何家院（在顾街顾家楼北侧）卖戏时，日夜3场，能连续演出30多天不重戏，盛极一时。醒民剧社著名艺人有须生张同玉（绰号张大牙）、侯进学、王大路；旦角李家玉（男演员，又名李一少）、阎彩云（豫剧表演艺术家阎立品之父）、赵平（绰号火车头）、张玉振（绰号洋烟画）、贾号、齐喜成；武生刘鸿昌、赵福君；小生刘金生、都保学；铜锤花脸陈大孩；架子花脸程世学、许树标；文丑侯心德；武丑王占标；小丑高振华等。1936年至1938年，豫剧“阎派”创始人阎立品（当时叫阎桂荣），时年十六七岁，也随其父在该社搭班演出，初出茅庐已崭露头角。上述众多名优、新秀，对于醒民剧社情有独钟，感情深厚，他们经历了辛亥革命、中原大战、日寇侵占太康等重大事变，仍风雨同舟，甘苦与共，直到1943年春大旱，疾病流行，无人问及温饱，才被迫解散，四出谋生。

醒民剧社的保留剧目很多，按行当可分为花旦戏：《对绣鞋》、《拴娃娃》、《收姬昌》；帅旦戏：《刀劈杨藩》、《破洪州》、《三上马》、《老征东》、《对花枪》；青衣和闺门旦戏：《王宝钏》、《机房训子》、《三上轿》、《湘江会》、《游龟山》、《大祭桩》；武生戏：《拿谢虎》、《大狼山》、《八蜡庙》、《双凤山》、《火烧子都》、《翠屏山》、《八魔岭》、《刺秦王》、《长坂坡》、《伍子胥》；花脸戏：《锁五龙》、《殷蛟下山》、《芦花荡》、《古城会》、《闹江州》、《白玉杯》、《红梅阁》；黑头戏：《铡美案》、《下陈州》、《司马茅告状》；须生戏：《火烧战船》、《过五关》、《收吴汉》、《五堂会审》、《辕门斩子》、《反阳河》、《收岑朋》、《收卢俊义》、《说关》；丑角戏：《后楚国》、《观灯》、《剜蔓茎》、《拉刘甲》、《打棒槌》、《顶灯》；武丑戏：《盗杯》、《时迁扒墓》；等等。

醒民剧社的众多名优在长期的艺术生涯中留下许多轶闻趣事：

怒砍酒保。刘鸿昌（1897－1935），周口市人，系“四街戏”著名武生演员。他功底扎实，技艺精湛，尤长于演勇猛剽悍的人物，拿手戏有《大狼山》、《拿谢虎》、《八蜡庙》等，声威夺人，豪迈大气。他不仅台风严谨端正，又颇具创新思想。曾积极试演时装戏，在《总理北上》一剧中饰孙中山，演出惟妙惟肖，深受观众赞赏。1931年在县城演出《拿谢虎》，他饰谢虎，怒冲冲上场后连叫两声“酒保”没人应。原来那饰酒保的丑角演员高振华稍稍误场，刹那工夫，上场后即向谢虎施礼，谢虎怒气未消，拔出剑来就照酒保的头上砍去，将酒保的帽子砍掉，并伤了头皮。下场后高振华责问刘鸿昌，刘鸿昌解释道：“谢虎是杀人不眨眼的恶徒，连叫几声不答应，他正在气头上还能不砍你？戏是假的，咱要当真的来做。”高振华听了心悦诚服。

抽签定角。张同玉（1902－1947），又名“张大牙”，太康县北黄岗村人。早年在方城科班学艺，出科后入“四街戏”班唱须生。他唱做俱佳，戏路宽，运筹得方，后成为该戏班“报单的”（业务主管）。四街戏班中不少后起之秀均赖其提携推荐而名扬一时。其代表剧目有：《火烧战船》、《过五关》、《麒麟烛》等。

张同玉不但戏唱得好，而且办事干练稳健，深受艺人拥戴。一次剧社挂牌演出《罗焕跪楼》，这出戏需要几个旦角，有小旦、老旦、丫环旦等，而班子里当时名旦荟萃，且又都很谦虚，互相推让，甘当配角，愿把主角让给别人。正让得不可开交之时，有人喊：“报单的来了，听报单的！”张同玉进房后大家请他分配角色。张同玉命人裁写纸条，把戏中的角色写在纸条上，揉成纸团，让演员抽签定角，大家都没意见。抽签结果，还有一位名旦角阎彩云没有定住角色，阎说：“今天我演小生，饰罗焕。”结果这场戏演得特别出色，观众和演员都很满意。后来，在太康戏剧界流传一句歇后语：张大牙派角——抽签。

李家玉的“绝活”，李家玉（1896－1948），男，安徽省亳县人，出身于书香门第，有“李一少”之称。又有“豁牙”诨名。早年即来太康县“四街戏”班从艺，历经20余年，在豫东与“易二少”（易象山）、“王四少”（王仲华）齐名，为旦角著名演员，以唱功戏为主。其唱腔委婉圆润，吐字轻巧清晰，善于临场应变，即兴编词，出口成章，一气上百句，口若悬河，为城乡广大观众所喜闻乐道。他的拿手好戏有《对绣鞋》等。李家玉临场即兴编的戏词语流畅，押韵合辙，通俗易懂，民众爱听。有一次他演《拴娃娃》中的于二姐，当演到二姐来到府门跟前，他即兴唱道：

“进府门，用目望，迎门有座映壁墙，

映壁墙上画梧桐，梧桐树上落凤凰。

有绿凤凰、蓝凤凰，紫花凤凰、花凤凰，

粉红凤凰、红凤凰，杏黄凤凰、黄凤凰，

从这枝儿飞到那个枝儿上啊……”

当唱到于二姐想请“送子奶奶”往闺房里送孩子的时候，又即兴唱道：

“老奶奶，你仔细听，你细观望；

我在一旁把花绣，奴丈夫灯下念文章。

只念的人之初性本善赵钱孙李，

性相近习相远周吴郑王……”

结果，他把尽人皆知的两部蒙学书籍《三字经》和《百家姓》混在一起唱诵一大段，博得观众击掌称赞，哄堂大笑，都佩服李家玉的灵巧机敏和惊人的记忆力。

除了上述3个名优之外，还有几个优秀演员值得作以介绍：

陈大孩（1915－1946），郸城县人，幼时随其父兄来太康沿街行乞，被“四街戏”班收为艺徒，专演铜锤花脸（黑头），因嗓音洪亮浑厚，吐字顿挫分明，表演生动逼真，一举成名，誉满四邑。其代表剧目有《铡美案》、《下陈州》等，由于中年体弱多病，过早弃世。

阎彩云（1898－?）男，封丘县人，攻武花旦，戏路宽，能装男扮女，唱小生也很拿手。代表剧目有《湘江会》、《骂酒席》、《天门阵》等。1938年前后，其女阎立品也跟班从艺，直到太康沦陷，父女才离开太康外出谋生。

赵福君（1905－?），封丘县人，“四街戏”班著名武生，其嗓音嘹亮，表演洒脱，身段英武，长于演《长坂坡》、《火烧子都》等戏。

侯心德（1900－1983），乳名侯乱儿，太康县常营镇牛城岗人。青年时学艺于窦陵科班，随后在四街戏搭班演出，为著名丑角演员。他嗓音宽厚洪亮，声震3华里，念白清晰，一口气能道白上百句，脸不变色气不喘。他拿手的戏有《后楚国》、《瞎子观灯》、《侯七推磨》、《小秃劝妻》等。他饰演的人物个个栩栩如生，惟妙惟肖，都富有个性特色，给观众留下难以磨灭的印象。侯心德曾在开封、商丘等县市演出，在豫东闻名遐迩。河南省著名豫剧丑角高兴旺曾拜他为师。

3．众声剧团

1937年下半年，位于淮阳、项城两县交界的水寨镇（现为项城市政府所在地），受到日寇侵略的威胁。镇上的青年因学校暂时停课而失学。进步青年孟宗鲁、张德斌、任德性等，联络本镇学生袁家麟、孔庆明、张阜民、黄家香、黄家兴、李跃武、张秀华、刘晴霞、张秀真、陈雪才、庄德民等，组织了青年读书会，受到本镇启明医院医生李子模的支持，将会址设在医院内（后来移到关帝庙）。经费是会员们捐献的，水寨镇商会也给了一些资助。读书会的活动，开展较顺利。大家一面学习，一面宣传抗日。通过书写标语、张贴墙报、开办民众小学、到剧场演说等形式，唤起民众，团结御敌。不久，水寨镇为了加强保卫，抵御国民党散兵游勇的骚扰，一度成立了“水寨镇抗战自卫队”，聘孟宗鲁为秘书。读书会的人作为自卫队的成员，分工维持镇内的治安。

1937年冬，河南省第七区专员公署从淮阳迁至周口，设置民运督导委员会。委员会的主要成员有郝久亭、刘作孚、孙思贤、宋良由等，都是共产党员。孙思贤曾到水寨指导青年读书会的工作。

1938年春，任汉基从陕北抗大毕业，前往敌后抗日根据地工作，路经水寨时住在读书会内。大家请他讲中国共产党的抗日救国纲领，介绍抗日根据地的情况及共产党培训干部所设立的学校。他还赠送读书会许多进步书籍报刊。1938年5月，日本侵略军向豫东进逼，淮阳县岌岌可危，人心惶惶。这时在农林学校任教的中共党员刘作孚，将淮阳城关近百名小学进步师生组织起来，成立了一支学生军。学生军从淮阳到鲁台镇，再到新站集，沿途宣传共产党的抗日主张。6月，学生军派出苏君实（又名苏训诚，淮阳师范毕业生）到水寨镇与青年读书会联系，计划另行组织抗日宣传团体。于是苏君实与孟宗鲁一起到附近县联系进步的学生到水寨镇汇集。在共产党抗战救亡政策的感召下，几天内从淮阳来了韩绍诗、张颖波、王香远、张敏英；从周口来了卫希尧，从槐店来了马子卿，从沈丘来了李凌霄、李凌云等。在青年读书会的基础上，宣布成立“众声剧团”（话剧团）。

剧团成立时，有20多人，团部设在水寨镇西门里一家粮行的两间栈房里。剧团除继续书写标语、张贴墙报、开办民众学校外，积极排练短小精悍的剧目。不到一个月准备了可供轮番演出的节目，如《打鬼子》、《张家店》、《傻二嫂》、《放下你的鞭子》、《反正前后》、《村中林哨》、《八百壮士》、《参军》、《村庄》、《戒烟》等十几个小戏；还能教唱《义勇军进行曲》、《救亡进行曲》、《大刀进行曲》、《松花江上》、《游击队之歌》等抗战歌曲。8月初，剧团与迁到周口的淮阳专署民运督导委员会联系，得到大力支持。民运会以专员刘莪青名义赠送给剧团一套布幕，剧团开始在镇内火神庙前搭台演出，接着到附近的村镇窦门、南顿等地公演。

当时豫东各地到设在西华县的豫东特委，以及从华东各地到中共中央联系的同志，路过水寨镇的很多。其中有的把众声剧团作为休息站，如刘玉桂、雷鸣、贾达夫、白麟阁等。他们每次到剧团，都给同志们讲国内外形势、时事新闻，解答各方面的问题。驻在周口的专员公署民运督导委员会，经常派孙思贤到水寨镇等地检查工作。他指示当地的区政府为剧团筹措必要的宣传费用和团员的生活补助。

1938年秋季，日本侵略军占领华北各地，淮阳县面临随时都可能沦陷的危急状态。国民党淮阳县政府、县党部为躲避日寇，迁到水寨镇。他们针对众声剧团在水寨附近的抗日宣传活动，唆使当地士绅造谣说：“剧团人员不务正业，成了共产党的工具。”指令区政府取消对剧团的接济，恫吓要解散剧团，逮捕剧团人员。在此情况下，剧团不得不离开水寨前往周口。这时随团行动的有20多人。沿途经过练集、苑寨时，不顾劳累，连夜宣传演出。到周口后受到专署民运督导委员会的接待和慰问，安排在干部训练班内食宿。不久即编为专署民运督导员委员会政训处，宋良由为主任。大家每天分组到街上宣传、组织工会活动、成立民兵并常到驻军兵营里演出。后来，为进一步组织广大农村的抗日力量，打击土匪汉奸的扰乱，剧团从周口镇迁到镇西八里的申庄。当地开明人士李典则等尽力赞助。由于剧团是以专署民运督导委员会政训处的名义，团员以政训员的身份开展工作的，所以很快在士绅和民众中取得威信。根据当地社会秩序不太安宁的情况，剧团提出“抗日救国保家乡”的口号，受到广大民众的拥护。村里纷纷成立了民兵自卫队、妇女救国会、儿童团，并开办夜校，培训骨干。每逢节日演出节目，扩大影响。

剧团在申庄期间，从西华、淮阳前来参加剧团工作的有齐建三、胡永琴、傅凝贵等，还吸收了申庄的青年学生申应聘。当时剧团男女成员分别住在申庄民众家里，不论是在牛栏、草屋、车棚、厨房，一律睡在地铺上。专署每月拨给维持生活的口粮和少许的宣传费用。入冬以后，每人发给一件粗棉大衣。生活、工作条件很艰苦，但大家情绪高昂、精神愉快，团员之间结下了如同兄弟姐妹般的情谊。

1938 年冬季，在西华县豫东特委工作的贾达夫（又名贾兼善）到剧团，与苏君实、韩绍诗、齐建三、张颖波等商议，准备发展民族解放先锋队（简称“民先”队员），建立“民先”组织。还发给几份入队申请表，包括张德斌、任德性等在内，大家都填了表。但后来贾达夫在与日寇作战中牺牲了，没能再来剧团联系，“民先”组织也未能建立。虽然如此，剧团却始终在中共党组织的领导下工作。经常由苏君实、韩绍诗向党组织汇报、请示工作，并按照党组织布置的任务开展活动。

众声剧团除积极开展抗日宣传活动外，还曾参加过周口保卫战以及深入敌占区救济灾民。

1938 年夏，蒋介石扒开花园口黄河大堤，滚滚的黄河水流经豫东皖北，造成千里无人烟的灾区。周口镇正当黄泛区的边缘，北部和东部与日寇、汉奸盘踞的地方，只有一水之隔。

1938 年 9 月中秋节的前几天，驻在淮阳的日军乘汽艇越过黄泛区，向周口镇进犯。敌人飞机多架，轮番低空扫射、轰炸。周口当地武装配合驻在周口的国民党军骑兵十四旅，奋力抵抗，战斗十分激烈。剧团的同志闻讯立即赶赴镇上。此时市民扶老携幼四出外逃，唯独剧团的同志向城内奋疾前进，大家按布置分赴街道帮助维持秩序。入夜，一部分人动员郊区农民烙焦馍，一部分人到各商店募捐糕点、月饼、水果、咸菜，亲自送到前沿阵地慰劳抗日将士。在军民奋勇还击下，激战了两昼夜，终于打退了敌人，保卫了周口镇。在祝捷大会上，剧团的同志受到了表扬。

1938 年冬，淮阳专署领到一批救灾款，让剧团协助黄泛区的区政府向灾民发放。剧团的同志为了把救济款直接送到灾民的手里，不畏寒冷，不避艰险，越过黄泛区，深入敌占区，走进寒窑、破庙、草庵、荒冢、高台，把救济款发放到灾民手中。在发放救济款的同时，还宣传抗日救国的道理。

1939 年初，国民党反动派撤换了淮阳专员刘莪青，取消了民运督导委员会，逮捕共产党员和进步青年。在这种形势下，众声剧团被迫解散。专署督导员宋良由召集剧团同志谈话，他分析了当时形势．鼓励团员们到陕北去学习。申庄一带民众听说这一消息，纷纷给剧团送粮、送菜，表示慰问和挽留。

后因形势紧迫，剧团不得不撤离周口。由于部分同志家在水寨，且春节即将到来，于是决定全团同志暂时返回水寨镇。当离开申庄时，附近几个村的男女老幼不约而同前来送行，依依不舍，挥泪而别。

剧团回到水寨后，在当地有家同志的协助下，全体同志的食宿都得到妥善安置，愉快地度过了春节。春节过后，大家集中学习《论持久战》等文章，商讨今后的去向。根据各个人不同情况，有的到学校工作，结合教学继续宣传抗日，直到抗战最后胜利。有的投奔亲友，寻求其他有进步意义的工作。孟宗鲁、张德斌、韩绍诗、齐建三、申应聘、李凌霄、张敏英7人决定前往陕北学习。经过准备，于1939年4月初分批到西华县逍遥镇。孟宗鲁、张德斌两人经《老百姓》报社编辑牛奔的介绍，径往西安八路军办事处转往陕北抗大去了。韩绍诗等人经在豫东特委工作的王其梅介绍，先到确山县竹沟镇新四军训练班，后被介绍到陕北。

4. 翻身剧团

翻身剧团是中国人民解放军原豫皖苏军区第二军分区政治部领导的一支活跃在豫东地区及安徽亳州一带挺有名气的文艺团体，是军队编制的一个剧团。演职员有五六十人。成员素质好，实力较强，阵容整齐。后归河南省军区淮阳军分区建制。

团长高宗怀（山东人，主要演员，后在洛阳市上海剧院当经理）。指导员谢克昌，业务主任赵贵元，业务副主任姚同玉。

该剧团原来为高宗怀、鲁茂本、谢文法等河南梆子剧名艺人的戏班，演员阵容较强。后被驻亳州伪军司令王启明接收，又招收一些学员。因演员多为青少年，民众都称其为娃娃剧团。1945年元旦王启明率部起义，娃娃剧团随军投奔八路军。该剧团在解放战争时期被编入中国人民解放军豫皖苏军区第二军分区，并改名为翻身剧团，仍随军行动。演职员属军事编制，都发有枪支，遇到情况随时可以参加战斗。1948年初翻身剧团曾奉命慰问华东野战军部队。

1949年3月，豫皖苏军区二分区武装部队编为中国人民解放军第五兵团十六军四十八师随部队南下。同年3月20日，淮阳军分区成立，翻身剧团归属该军分区政治部管辖。

这个剧团主要演唱河南梆子戏（后来改称豫剧）。排演的剧目主要有：《藏舟》、《大破东平府》、《洞庭湖》、《娥奴女》、《闯王进京》、《黄巢起义》、《三拂袖》、《扫穴犁庭》、《红娘》、《蝴蝶杯》等。后来演出的还有：《彩云球》、《孟丽君》、《白蛇传》、《美人计》、《金鞭记》、《红楼梦》等。

主要演员有：赵惠元、刘传道、万小楼、李良富、李香玲、张富兰、李玉真、陈素花、史金玲、曹献章、张丙文等。商丘县文工团解散以后，又有桑自修、桑建修、李少环、丁桂云、陈桂云、陈秀兰、陈荣贵、陈汉文、孙才友、高美华、莫家骥、莫丽霞、郭南非、石庆民、李有才等演员前来入伙，其阵容就更加强大了。还有后起之秀曾广兰、孙艳来等。由于这个剧团人才济济，演出水平高，在豫、皖交界一带影响很大。提起娃娃剧团或翻身剧团，当地老百姓莫不拍手叫绝。

1953年2月，淮阳专区被撤销。淮阳军分区整编后的1953年8月，翻身剧团转归淮阳县领导，改名“淮阳县翻身剧团”。剧团的领导和演职员觉得剧团下放给县里等于降低了身份，不愿意归淮阳县领导。后来就划归商丘专区，直接归商丘专署领导。不久翻身剧团与商丘人民剧团（即一团）合并。1954年春改称“商丘专区豫剧实验一团”。但民众仍称其为翻身剧团。团长高宗怀等男女演员共60余人。

5. 剧改实验工作队

剧改实验工作队，是当时淮阳专署文教科科长姚一非亲自策划组建的。正式成立于1951年8月1日，与淮阳专署文工团同住何家楼，剧改实验工作队住东小院。其成员主要是学员和少量老师，学员最大的14岁，最小的只有10岁左右。所以，淮阳的民众当时也都称剧改实验工作队为“娃娃团”。张海楼任队长兼指导员。葛世凯任副队长。

剧改实验工作队与前四个文艺团体明显不同的是，从成立起即指导学员坚持练戏曲的五功（手、眼、身、法、步）、四法（唱、念、做、打）。开始时，教武功、唱腔的老师是司凤英（女）、桑振君（女），后来又请了专职武功教师部××（京剧演员），动作、念白教师雷腾龙。学员的招收条件相当严格。开始报名的很多，经淮阳专署文教科科长姚一非亲自把关，严格审定，最后招收44名男女学员。学员大部分来自淮阳、扶沟、太康、鹿邑、西华、项城、沈丘等地。

为了使学员能够全面发展，剧改实验工作队组织学员不仅学习戏曲、武功，还学习文化知识。配备的文化教师是王普林，音乐教师是郭成林。这批学员都有较高的素质，基本条件比较好。虽然原来没有学过戏，基础不是很好，但悟性都比较高，学习又努力刻苦，所以进步都很快。剧改实验工作队在组织学员认真练基本功的同时，还排演一些节目。他们所排节目大部分是古装剧，排的第一部戏就是河南著名剧作家王镇南改编的6部《西厢记》，其他还有：《扫穴犁庭》、《江汉渔歌》、《打渔杀家》、《何泽民》、《豆汁记》、《拳打镇关西》等。为了配合当时的中心工作，还排演了一些时装剧，如：

《小女婿》、《小二黑结婚》等。戏排出来以后，不仅在县城演出，还到乡下演出，演出效果还相当的好。这样，在淮阳专区辖区内，又一个“娃娃剧团”一时名声大振。

1953年，商丘、淮阳两专区合并，剧改实验工作队也合并到商丘，改称商丘专区豫剧实验三团，专署调派鹿邑县文化馆馆长王丹桂来团担任指导员，张海楼继续任团长，葛世凯仍任副团长兼导演。后来，学员中不少人都卓有成就，如：刘坦，后来曾任周口地区豫剧团音乐设计、项城戏校校长，是知名的作曲家。著名豫剧表演艺术家杨美荣的大部分唱腔就是他设计的。

田丰，是学员中年龄最小的一位。后来参军入伍，从武汉军区部队转业回到河南，成长为县处级干部，曾任郑州市文化局副局长兼郑州市豫剧团团长。

何洪盘、王广英、王玉琴等后来加入了中国戏剧家协会。阮靖成长为国家一级演员。江笑雨、严承信成为著名的导演。何台志成为有影响的作曲家。

在剧改工作队任教师的桑振君，当时是西华县重建豫剧团的知名演员，人称“盖豫东”。后来，她应邀到了河北省邯郸市，曾任邯郸市东风剧校校长，带出了一个名满京畿的豫剧流派——桑派，为邯郸培养了一大批国家一级演员和戏剧界最高奖项——梅花奖的获得者，著名的豫剧表演艺术家牛淑贤就是她的得意门生。还培育了一个驰名河南、河北两省的著名剧团——邯郸市东风豫剧团。她本人也成了著名的国家一级演员，享誉全国的豫剧表演艺术家。

6. **豫剧班社**

周口地方戏剧，以豫剧为主。豫剧也叫“河南梆子”或“河南高调”，是明代秦腔与蒲州梆子传入河南后，同当地民歌小调结合而成（一说是由北曲弦索调直接演变而来）。以梆子按拍，分豫东调和豫西调两个支派。其中豫东调以商丘、开封为中心，音调高亢，唱用假嗓，称为“上五音”，周口则直接承其宗流。

另考，周口地方豫剧，其风格属“沙河调”流派，源出安徽西北沙河流域。沙河调演唱风格粗犷，乡音土调，通俗易懂，故又称“土梆”。据史载，清代乾隆年间，秦腔南流，沙河流域也出现秦腔。但因方言不同，在流传中逐步渗入了“坠子嗡”与鼓词的演唱特色，渐次形成地方风格。至清代中叶，已成为较完整的流派。以慢板、二板、流水、飞板四大唱腔为基本板式。

周口早期豫剧活动，主要集中反映于以下几个主要班社：

大赵家班，是已知最早出现于周口的豫剧班社，为商水县城关北街赵氏家族所创办，故俗称“赵家戏”或“大赵家班”。

清代嘉庆末年（或道光初年），原任江西东昌知府锦辛（祖籍商水县城关北街，后人移居周口南郊前王庄）卸任归里，为扬其族威（其先祖赵龙章，于清廷收复台湾后，被委首任提督，显赫一时，故里高悬“钦赐帅府”匾，人称“帅府赵家”），并满足名门望族之间社交应酬之需，遂出资筹办，不惜重金，广邀名伶，成立了赵府家戏——大赵家班。时为1820年前后。

大赵家班的早期活动，主要是为赵氏家族的祭祖、祝寿、喜宴、节庆等社交应酬服务，不重在赢利。但因其后台根基坚实，又有雄厚的经济支柱，演员班底实力较强，演出水平非同凡响，于是很快成为驰名豫东的豫东班社。

20世纪初，民国十年（1921年）前后，大赵家班有名小生孙武掌班，前后达10年以上，其后由周三继任，延续近20年，为大赵家班鼎盛时期。此期名伶，有旦角胡春（外号“挤塌台”）、魏继学；花面刘石头，专唱包公戏；青衣易象山，以拿手戏《刀劈杨藩》与《挂帅》见长，时称一绝。花旦李家玉所演《小二姐做梦》、《双骑驴》等剧目，百演不厌。如红净彭长生、燕宝中等，都是名噪一时的演员。其中易象山其人，系早期誉冠河南的名旦，迄今屡见于专著记载。

由于大赵家班威望所及，民国二十年（1931年）前后县商水县又出现了张湾的“二赵家班”、赵桥的“三赵家班”……这些班社，虽均为赵姓，但与“大赵家”仅属同姓而不同宗，实质上是仰赖“大赵家”的声望，牵强附会而已。在民众中，仍视“大赵家班”为正统，从心理上独加偏爱。地方祭祀、祈雨、求神、还愿，甚至排解纠纷，往往指名非请大赵家班唱戏不算数。

1935年，汉口发生重大火灾，连续多日不息，烧毁数处闹市通衢。当地河南籍商绅，公议派专人来周口，甘当人质，恭请“大赵家”去汉口唱戏许愿，至今被老年人引为地方自豪之逸事。

1942年，商水县“雷坡戏班”（据考，系韩复榘旧部某手枪旅旅长雷太平创建），曾派人密谋，以突然袭击方式，乘夜绑架大赵家班名演员朱更。翌年，大赵家班东主赵启炎（时为当地名讼师），专派赵家遥等人前往雷坡，在戏台当场指名要人。雷坡戏慑于赵氏声望，只好原人送回，并请客赔礼，风波始平。

解放战争时期，由于赵氏家族中道衰败，又兼时局不稳，“大赵家班”由张守迁等人前后掌班，现状难以维持，已成强弩之末。部分演员相继出走，下余者时聚时散。偶有演出，临时召集，当日演戏，当日分账。沦落为俗称之“分资窑”。解放后，大赵家班解体，部分演员并入商水县大众剧团。

“一把鞭”戏班，成立于1920年。是由刘志体、葛景芝、王子荣等人发起，联合南岸牲口行同业集资创办。

据老艺人回忆，1920年，有外地名伶吴顺（男，工青衣）来周献艺于南岸马王庙，备受赞赏。刘志体、葛景芝、王子荣等人，即出面洽谈挽留，并邀请牲口行同业，公议集资，成立“衍庆班”于马王庙。因该班依附牲口行为东主，人皆以“一把鞭”呼之，正式名称“衍庆班”反鲜为人知。

“一把鞭”首批演员近60人，不少人回忆公认，其第一任掌班为刘学成刘学成。以红净见长，极重做派，他唱腔洪润，吐字清晰，自我要求甚严。其拿手戏为《两狼关》、《李敖送子》等剧，时称一绝。

“一把鞭”早期花面王彦三，曾受京剧熏陶，做戏严谨，一丝不苟，在《下河东》、《大狼山》等剧中，扮奸脸角色，功架不凡。其唱腔人称“二簧派”。王与赵天福、魏金喜等被民众誉为“一把鞭三脸子”。

青衣张德荣（小名张成）与陈胖等演员，都是当时风靡豫东的名旦，能蹬铁拐子上场。所演《游西湖》、《大登殿》、《老征东》、《反西唐》、《大祭桩》、《收姬昌》等剧目，至今仍在民众中传为佳话。张德荣戏路较广，大口大腔，文武彩旦均能演唱，加之扮相俊美，台步功底深厚，每每临场彩声不绝。因其在班内享受最高身价（每季120块现洋），人送绰号“一百二十块”。

稍后，“一把鞭”拥有牛克一、安群生等名伶。安群生（小名安赖），专功武生，也能唱红净花面，戏路广阔，武功身段称雄一时。演唱《黄鹤楼》周瑜一角，以椅子功精湛叫绝。在《扬香武盗杯》中，他吸取杂技技巧，顺软索蹿跳，能当场身挂一桶清水，做大旋转表演，观众一节三叹。

“一把鞭”全盛时期，号称“七生七旦七脸子”，虽不免有过誉之处，但也可反映出其演员阵容之强大。当时能全班应邀远征安徽，在班社中已属罕见。“一把鞭”的活动，一直到建国初期，始告解体。最后部分演员，加安群生、梁霞云（小云）等，参加了商水大众剧团。

7. 玩会窑

“玩会窑”在周口存续时间较长，直到20世纪50年代初，才陆续被建国后新出现的民众业余剧团逐步替代，渐渐被时代淘汰出局。此前，周口的民间业余戏曲活动，具有多年的历史传统，“玩会窑”就是那个时代由民间自发组合，从事业余戏曲活动的一种松散的结社组织。

“玩会窑”的形成，往往先由几个戏曲爱好者凑在一起“唱着玩”开始，逐步吸引另外一些人也陆续参加进来，渐渐就形成一支较稳定的队伍。当伴奏乐队基本完善起来后，可以满足大家伙儿自拉自唱、自娱自乐的目的，时间一长就自然形成一个“窑口”，可以水到渠成、有规律地开展演唱活动。于是，一个新的“玩会窑”就诞生了。“玩会窑”多以茶馆或十字街口为依托，利用晚上业余时间，聚拢听众，以豫剧或曲剧清唱为乐，尤其在夏秋季节最为活跃。参加者多以街边市民、小商小贩、脚夫水手等为主体。他们参加这类活动，完全出自爱好与休闲。每当华灯初上，方桌上点一盏油灯，闷一壶热茶，丝竹一响就开唱。唱者不图报酬，听者无须掏钱。谁想唱谁唱，谁想走谁走，来去自由，毫无局限。所以在那个时代，这是一种很受欢迎的民众业余娱乐活动形式。“玩会窑”全盛时期，周口约有20处，有的还起有自己的“堂号”社名，借以聚拢人气，以壮声势。“玩会窑”的活动，俗称“唱玩会”，参加者又称“坐板凳头的”，以区别职业戏人，显示自己的“票友”身份。周口唱玩会有些名气的，有赵玉叔、赵世禄、龚闯文、闫存义、杨玉林、李发启等人。当然，其中声望与名气最高的，便是本书所要介绍的北岸火星阁、堂号“同乐社”的罗家茶馆玩会窑。它的堂主罗毛绝对称得上是周口“玩会窑”界长期稳坐“头把交椅”的一代风云人物。

火星阁“玩会窑”，属于民间业余豫剧活动的松散结社，其活动方式以清唱自乐为主，有时也利用业余演唱高台戏。它不以营利为目的，也从来没有形成过正式班社组织。但火星阁“玩会窑”的活动，对周口民间豫剧产生过很大的影响，在周口以及邻近各县，均有一定声望。

玩会窑“火星阁”的创建人是罗克勤（罗毛）。罗从其父辈即以开茶馆为业。其父虽不会演唱，但极爱豫剧，常以茶馆为业，为豫剧爱好者提供场所，组织清唱自乐，当然也含有为茶馆招揽生意的目的。

罗克勤爱好豫剧，且天资聪慧，记忆过人，自幼即留心好学，常向来茶馆休闲的外地过境艺人求教，渐渐打下一定基础。后来，在“只能学艺求艺，不准入班下海”的前提下，受到其父支持，更刻意学功。及长，代其父执掌茶馆后，就以火星阁茶馆为基地，汇集周口业余爱好者，经常清唱豫剧，切磋技艺。于是自然形成了火星阁“玩会窑”。

火星阁茶馆地处老桥头北头要道口，经常管弦之声不断，往往成为过境艺人饮茶聊天的好去处。罗克勤本人又热情好客，豪爽重义，他广交艺伶，多方求知，长期博采众家之厂，不但唱得一口漂亮的红净，而且软硬场面拉弦打鼓敲锣击镲，无一不精，成为周口业余豫剧爱好者公认的魁首。连外地班社来周口，艺人也往往首先慕名拜访，交流艺术，几乎无人不知“周口罗克勤”者。

罗克勤会戏达300出以上，能唱能打，能导能授，常组织票友借箱登台演出。以拿手戏《火焚纪信》、《抄杜府》等，威镇周口。他扮相好，嗓音亮，被称为“铜锣腔”。外地班会来周，常请罗登台“打炮”，甚至在营业不佳时，干脆挂罗克勤头牌，以招徕观众。

据说，有一次，有堰城景乐班一红脸演员绰号“片手”者访罗，罗选《八贤王说情》一剧，邀其同台演出，并请对方先选角。“片手”自选八贤王，罗串杨景。因罗精于多种台本，以“乱八句”迅速置对方于窘境，使该艺人抱愧而去。后来，其师听说是败于周口罗克勤之手，也苦笑叹道：“别说你，就连我也不是人家罗克勤的对手。”

罗克勤最大的功绩，在于他能以自身声望，广泛团结周口业余票友，共同交流提高，对发展周口豫剧活动，作出了很大贡献。尤其是他在长期活动中，重视培养后起之秀，说戏教戏极其认真。周口早期业余票友中的佼佼者，如龚闯文、李廷袍、张曜林、胡同庆、张耀春、沈学海、蒋奉禄等，无不受其影响与熏陶。

火星阁“玩会窑”，自1925年前后，开始活动，直到1952年罗克勤病故而终止，前后持续近30年。

二、曲　艺

曲艺发展的历史源远流长。早在古代，我国民间的说故事、讲笑话，宫廷中俳优的弹唱歌舞、滑稽表演，都含有曲艺的艺术因素。到了唐代，讲说市人小说和向俗众宣讲佛经故事的俗讲的出现，大曲和民间曲调的流行，使说话技艺、歌唱技艺兴盛起来，自此，曲艺作为一种独立的艺术形式开始形成。

到了宋代，由于商品经济的发展，城市繁荣，市民阶层壮大，说唱表演有了专门的场所，也有了职业艺人，说话技艺，鼓子词、诸宫调等演唱形式极其昌盛。孟元老的《东京梦华录》、耐得翁的《都城纪胜》都对此作了详细记载。明清两代及至民国初年，伴随资本主义经济萌芽，城市数量猛增，大大促进了说唱艺术的发展。这一时期新的曲艺品种，新的曲目不断涌现，不少曲种已是名家辈出、流派纷呈。我们今天所见到的曲艺品种，大多为清代至民初曲种的流传。

说唱艺术虽有悠久的历史，却一直没有独立的艺术地位，在中华艺术发展史上，说唱艺术曾归于“宋代百戏”中，在瓦舍、勾栏（均为宋代民间演技场地）表演；到了近代，则归于“什样杂耍”中，大多在诸如北京的天桥、南京的夫子庙、上海的徐家汇、天津的“三不管”、开封的相国寺等民间娱乐场地进行表演。中华人民共和国成立后，给已经发展成熟的众多说唱艺术一个统一而稳定的名称，统称为“曲艺”，并进入剧场进行表演。

据调查统计，我国仍活跃在民间的曲艺品种有400个左右，这众多的曲种虽然各自有各自的发展历程，但它们都具有鲜明的民间性、民众性，具有共同的艺术特征。其表现为：以“说、唱”为主要的艺术表现手段。说的如相声、评书、评话；唱的如京韵大鼓、东北大鼓、湖北大鼓等等鼓曲；似说似唱的如山东快书、快板书、锣鼓书等；又说又唱又舞的走唱如二人转、十不闲、莲花落、花鼓等。正因为曲艺主要是通过说、唱，或似说似唱，或又说又唱来叙事、抒情，所以要求它的语言必须适于说或唱，一定要生动活泼，洗练精美，并易于上口。

曲艺不像戏剧那样由演员装扮成固定的角色进行表演，而是由不装扮成角色的演员，以“一人多角”（一个曲艺演员可以模仿多种人物）的方式，通过说、唱，把形形色色的人物和各种各样的故事表演出来，告诉给听众。因而曲艺表演比之戏剧，具有简便易行的特点。只要有一两个人，一两件伴奏的乐器，或一个人带一块醒木，一把扇子（评书艺人所用），一副竹板儿（快板书艺人所用），甚至什么也不带（如相声艺人），走到哪儿说唱到哪儿，与听众的交流比之戏剧更为直接。曲艺表演的简便易行，使它对生活的反映快捷。曲艺的曲目、书目的内容多以短小精悍为主，因而曲艺演员通常能自编，自导，自演。与戏剧演员相比，曲艺演员所肩负的导演职能，尤为明显。比如一个曲目、书目，或一个相声段子，在表演过程中故事情节的结构、场面的安排、场景的转换、气氛的渲染、人物的出没、人物心理的刻画、语言的铺排、声调的把握、节奏的快慢等等，无一不是由曲艺演员根据叙事或抒情的需要，根据对听众最佳接受效果的判断，来对说或唱进行统筹安排，进行调度。

曲艺以说、唱为艺术表现的主要手段，因而它是诉诸人们听觉的艺术。也就是说曲艺是通过说、唱刺激听众的听觉来驱动听众的形象思维，在听众形象思维构成的意象中与演员共同完成艺术创造。曲艺表演可以在舞台上进行，也可划地为台随处表演，因而曲艺听众的思维与戏剧观众相比，不受舞台框架的限制，曲艺所说、唱的内容比戏剧具有更大的时间和空间的自由。为使听众享受到如闻其声，如见其人，如临其境的艺术美感，曲艺演员必须具备坚实的说功、唱功、做功，并需具有高超的模仿力。只有当曲艺演员具有活泼泼的动人技巧，对人物的喜怒哀乐画得惟妙惟肖，对事件的叙述引人入胜，才能博得听众的欣赏。

周口地处中原重镇，是各地水陆交通的枢纽，素有小武汉之称，其特有的地理优势和人文环境促进了各种曲艺形式在当地的传播。从周口的曲艺发展和传承情况来看，周口是各地曲艺的交汇处，也是各种曲艺相互渗透和融合的地方。境内的太昊陵庙会、老君台庙会、女娲城庙会等庙会文化的发展促成了各种曲艺形式的展播和交流。因此，周口的曲艺形式繁多，既有传统曲艺原本形态的展现，又有它自己的变异和发展。

（一）评书

评书，也叫评词，最初流行于华北、东北、西北一带。在江南则称为评话。它历史悠久，早在春秋时代就有人说书。评书是我国劳动人民创造的一种口头文学。

现在流行的评书，相传是明末清初江南说书艺人柳敬亭传下来的。也有人说是清代北京鼓曲艺人王鸿兴去江南献艺时，拜柳敬亭为师，回京后改说评书，并于雍正十三年（1735 年）在掌仪司立案授徒，流传到现在的。

评书的表演形式，早期为一人坐于桌子后面，以折扇和醒木（一种方寸大小，可敲击桌面的木块。常在开始表演或中间停歇的时候使用，作为提醒听众安静或警示听众注意力，以加强表演效果）为道具，身着传统长衫，说演讲评故事。评书用北方语音为基础，以北京语音为标准音调的普通话语说演。因使用口头语言说演，所以在语言运用上，以第三人称的叙述和介绍为主。并在艺术上形成了一套自身独有的程式与规范。比如传统的表演程序一般是：先念一段“定场诗”，或说段小故事，然后进入正式表演。正式表演时，以叙述故事并讲评故事中的人情事理为主，如果介绍新出现的人物，就要说“开脸儿”，即将人物的来历、身份、相貌、性格等等特征作一描述或交代；讲述故事的场景，称作“摆砌末”；而如果赞美故事中人物的品德、相貌或风景名胜，又往往会念诵大段落对偶句式的骈体韵文，称作“赋赞”，富有音乐性和语言的美感；说演到紧要处或精彩处，常常又会使用“垛句”或曰“串口”，用排比重叠的句式以强化说演效果。在故事的说演上，为了吸引听众，评书艺人把制造悬念，以及使用“关子”和“扣子”作为根本的结构手法。从而使其表演滔滔不绝、头头是道而又环环相扣，引人入胜。表演者要做到这些很不容易，须具备多方面的素养，好比一首《西江月》词所说的那样：“世间生意甚多，唯有说书难习。评叙说表非容易，千言万语须记。一要声音洪亮，二要顿挫迟疾。装文装武我自己，好似一台大戏。”

评书的节目以长篇大书为主，所说演的内容多为历史朝代更迭及英雄征战和侠义故事。后来到了20世纪中叶也有篇幅较小的中篇书和适于晚会组台演出的短篇书，但长篇大书仍为其主流。现在流传下来的传统评书，都具有民间口头文学的特征。它汇集了人民群众的智慧，既是历代评书艺人的心血结晶，也是民众性的艺术创作成果。它通过“册子”（一部书的详细提纲，也称“梁子”）和口传心授方法流传下来。不同流派、不同演员对一部书的人物塑造、情节安排等，有不同的处理方法，尤其在“评议”方面，因人而异，具有很大的可变性。评书艺人既是演员又是作者，他们的表演过程，往往就是精心构思和不断创作的过程。

从文字资料记载来看，传统评书书目共分四类。其中长枪袍带书有：《西汉演义》、《东汉演义》、《三国演义》、《列国演义》、《隋唐传》、《薛家将》、《五代残唐》、《杨家将》、《十粒金丹》、《精忠说岳》、《大明英烈》、《明清演义》。短打公案书有：《粉妆楼》、《大宋八义》、《宏碧缘》、《明清八义》、《永庆升平》、《三侠剑》、《彭公案》、《施公案》、《于公案》、《包公案》、《小五义》、《水浒传》、《儿女英雄传》。神怪书（二部）：《济公传》、《西游记》。狐鬼书有：《聊斋》。这些书大多是金戈铁马、英雄侠士的战斗故事。除《聊斋》外，很少有讲爱情故事的。无“淑女才子之相逢，春花秋月之柔情”，也是传统评书的一大特色。

评书的脚本必须案头能阅读，场上能表演，语言口语化，既生动又形象。这样，说起来才能娓娓动听，引人入胜。语言上要避免讹音、错觉或含混不清。例如，小说中常称贪吃的馋人是“饕餮客”，评书中也照这样说，很多人会听不懂。如果说这个人是“馋鬼”，又不够形象。其实传统评书里早已有了示范。像《野猪林》中描写两个公差贪吃的丑态是这样的：他俩举起了迎风的膀子，旋风的筷子，托住了大牙，垫住了底气，抽开了肚子头儿，甩开了腮帮子，吃得鸡犬伤心，猫狗落泪。这段描写形象生动，使人发笑。用演员们的话说，这是“立起来的语言”。评书刻画人物讲究“开脸儿”。在编写新书时，得根据不同人物的性格和思想面貌，勾画出他们的相貌特征和气质风度，再给他们配上符合身份的服饰。这样，听众听了就会在头脑中树立起有声有色的人物形象。

评书要创造正面人物的英雄形象，使正面人物思想达到一定高度，形象栩栩如生，只靠“开脸儿”还完不成任务。编演者要认识到人物本身的思想深度，采取多种艺术手法才能反映出来。评书的情景编演要向听众交代清楚书中人物活动的环境。像门窗位置的高低，室内摆设的多少，以及山、水、河流、城池、要道等，使听众在听人物之间活动的同时，自然联想到人物所处环境的特色，感到情景交融。对主要情节要精心设计“摆砌末子”，巧妙地把书中需要的一砖一瓦、一草一木，形象地摆在观众眼前，使观众感到身临其境，引起欣赏的兴趣。

70年代，周口商水的赵文申老先生以说《三侠剑》闻名，成为当地的评书名人。

（二）相声

相声起源于北京，流行于全国各地。一般认为相声于清咸丰、同治年间形成。是以说笑话或滑稽问答引起观众发笑的曲艺形式。它是由宋代的“像生”演变而来的。到了晚清年代，相声就形成了现代的特色和风格。主要用北京话讲，各地也有以当地方言说的“方言相声”。

相声形成过程中广泛吸取口技、说唱等艺术之长，寓庄于谐，以讽刺笑料表现真善美，以引人发笑为艺术特点，以“说、学、逗、唱”为主要艺术手段。相声表演形式有单口、对口、群口三种。单口相声由一个演员表演，讲述笑话；对口相声由两个演员一捧一逗，通常又有“一头沉”和“子母哏”两类；群口相声又叫“群活”，由三个以上演员表演。传统曲目以讽刺旧社会各种丑恶现象和通过诙谐的叙述反映各种生活现象为主，解放后除继续发扬讽刺传统外，也有歌颂新人新事的作品。

相声的表演工具有醒子（醒木）、扇子、手绢三样。醒子在单口相声开场时敲击，用来提醒观众，引人注意。扇子在天热的时候扇扇。手绢用于擦汗。但是三样东西在舞台上又有着其他的作用。醒子是一个小道具，用处并不是很大，但是听过相声《夸住宅》就会知道，逗哏演员用醒子比作捧哏演员家里的房子，捧哏演员说：“这是房子吗？这不是蛐蛐过笼吗？”因此是使活的需要。扇子用处较多，在演员的手中，刀、枪、剑、戟、斧、钺、钩、叉，十八般兵刃全在扇子上。同时扇子也是烟枪、烟袋、鼓槌、喇叭等等，扇子几乎可以扮演舞台所有需要的道具。手绢多用来化妆，包在头上，男的就是女的了。

传统相声有《关公战秦琼》、《戏剧与方言》、《假行家》、《扒马褂》等，总数在200个以上。相声传统的四种基本艺术手段是说学逗唱。“说”是叙说笑话和打灯谜、绕口令等；“学”是模仿各种鸟兽叫声、叫卖声、唱腔和各种人物风貌、语言等；“逗”是互相抓哏逗笑；“唱”是相声的本工是指唱太平歌词等。相声中，常有偏重运用其中一两种手段的节目，比如《改行》、《戏剧与方言》偏重于“学”和“唱”，《八扇屏》、《春灯谜》以“说”、“逗”

为主。演员也往往以其善于运用某一些手段而形成不同的风格。

有关相声中的一些名词：

垫话，曲艺名词。相声演员登场表演正式节目前的开场白，有时也是一个小节目，吸引观众注意或点明正式节目的内容。

入活，曲艺术语。指相声演出时，用以将垫话引入正题的一段内容，具有承上启下的作用。

包袱，曲艺术语。指相声、独角戏、山东快书等曲种中组织笑料的方法。一个笑料在酝酿、组织时称“系包袱”，迸发时称“抖包袱”。习惯上也将笑料称为“包袱”。

三翻四抖，曲艺术语。相声组织包袱的手段之一。指相声表演时，经过再三铺垫、衬托，对人物故事加以渲染或制造气氛，然后将包袱抖开以产生笑料。

一头沉，曲艺术语。对口相声的表现方式之一。指两个演员在表演时，一个为主要叙述者，即逗哏；另一个用对话形式辅助叙述，即捧哏。由于叙述故事情节以逗哏为主，故称。

子母哏，曲艺术语。对口相声的表现方式之一。指相声表演时，两个演员（逗哏和捧哏）所承担的任务基本相同，如通过相互间争辩来组织包袱等。

抓哏，曲艺术语。相声、评书等曲种演出时，在节目中穿插进去的可笑内容，用以引起观众发笑。演员往往现场抓取插话题材，并结合节目内容，以取得良好结果。

逗哏，曲艺名词。对口或群口相声演出时主要叙述故事情节的演员，现通常称作“甲”。对口相声中，逗哏与捧哏合作，通过捧逗的衬托、铺垫，使叙述中逐渐组成包袱，产生笑料。群口相声增加“泥缝”，其作用与“捧哏”基本相同。

捧哏，曲艺名词。对口或群口相声演出时配合“逗哏”叙述故事情节的演员，现通常称作“乙”。

泥缝，曲艺名词。群口相声演出时配合“逗哏”叙述故事情节的演员，现通常称作“丙”。

腿子活，腿子活——相声里头为了学唱或者表演一段情节，两人带点小化妆，分包赶角，进入角色来表演，之后还要退出来叙事，这种相声段子行内叫“腿子活”。

砸挂，砸挂是相声里的行话，相声大部分都是在讲故事，而这个故事就得有个主人公，用讲这个人的笑话来达到抖包袱的目的。

贯口，又称“趟子”，为将一段篇幅较长的说词节奏明快地一气道出，似一串珠玉一贯到底，演员事先把词背得熟练拱口，以起到渲染抒情、展示技巧乃至产生笑料的作用。

相声术语：

下挂——重新整理。

皮厚——不容易懂。

皮薄——容易懂。

码前——快一点。

码后——慢一点。

格念——别说了。

杵头——钱。

抛杵——给钱。

杵门子——要钱。

对托——正合适。

黄调——不搭调。

念嘬——不好。

使相——面部表情。

夯头——嗓子。

圆粘——招徕观众。

“包袱”点——爱笑的观众。

泥啦——效果不好。

出蛊——发生问题。

抽签——少数观众退场。

开闸——大批观众退场。

攒儿亮——心里明白。

对儿春——对口相声。

单春——单口相声。

“柳活”——学唱的段子。

海——大，多。

蹶——小，少。

硬买卖——挣钱多。

册子——台词本子。

醒攒儿——觉悟了。

稀溜纲——逗趣的话。

瞳春——相声。

咧瓢——笑啦。

瘟——平淡，效果不好。

起堂——观众走了。

盘儿尖——面孔漂亮。

撇苏儿——哭。

瓤——饿。

念啃——没吃饭。

“开门柳”——“垫话”，旧时也起着招揽观众作用。

“荤口”——陈旧庸俗的语言。

“发托卖像”——双簧术语。背后的说唱，前脸的学其动作口型。

抠溜——专用术语，即数来宝。

刨底——意思就是把悬念或是包袱等注入作者强大智慧含量的东西提前告诉观众或者听众，从而大大削弱作品的感染力或是搞笑效果。

撂地——解放前表演相声时，设在庙会、集市、街头空地上的演出场所。演员在平地上演出，另有人向观众租赁桌、凳，供观众坐席。撂地卖艺按场地分可以分为三等：上等的设有遮凉布棚和板凳；中等的只有一圈板凳；下等的什么设施都没有。

念年儿——旧相声术语。指没有听众或者很少。

火年儿——旧相声术语，指听众很多。

掌旋——旧时相声场子掌权的那种人叫“掌旋’，这是行话。跑江湖的人到处转，叫做“旋”，北京话音念做“学”。

挑笼子——相声界行话，说相声“挑笼子”的，与唱戏的角儿的“跟包”有些相像，但又不完全一样。“跟包”背着角儿的行头靴包，拿着包头用具的提盒子、饮场的壶碗等等，是专门侍候角儿的，后台扮戏，台上饮场，都是“跟包”的活。“挑笼子的”虽然也提一个提盒，里面放上说相声的道具折扇、手绢，唱太平歌词的竹板，还有拍案的醒木，也有喝水的壶碗等等，但是无须侍候扮装及饮场。“挑笼子的”既要干演出的一切杂活，如打扫场地、摆凳子、打水、敛钱等，还要为师父“使活”，或捧或逗，或在师父说累了的时候“垫场”，说个笑话，来个单口，或者唱段太平歌词。

周口相声名人王朋

70年代以前在周口市提起相声演员王朋，几乎无人不知，他到哪里演出，哪里必有哄堂大笑。当时王朋的名字，成为幽默戏谑的代意词。王朋“每见必笑”，他确有招引听众和致人大笑的艺术手段。解放前，他的足迹遍及大半个中国各大城市的码头，他曾和老舍有过交往，冯玉祥赏他过银元，在南京国民党炮兵军官学校说相声，见过蒋介石，他是河南相声界知名的演员，他以到处给人欢笑为职业，但他本人却是苦难重重，几次绝处逢生，历尽艰辛。

王朋原籍山东省滕县（现滕州市）卢村桥，生于清朝光绪年间（1897年）。他三岁丧母，只知人称其父王大个，而不知父名，4岁时父亲又亡故，幸遇拉魂腔艺人卜端品夫妇，将他收养才得以存活。以后年龄渐大，卜端品便对他教艺传唱。当时的拉魂腔演唱如同花鼓，艺人简单着装，各带乐器，自唱自伴奏，在街头巷尾演出。王朋相貌俊秀，师父便教他绑拐子跐跤（木制的仿当时妇女小脚），他八岁时便会跐跤，头戴假发，身穿衫裙，装扮少女，和师父师母唱群口，从此，生活逐渐好转。但好景不长，他们卖艺又乞讨，时饥时饱，卜端品惜妻怜徒，身体长期亏损，至王朋13岁时，竟一病不起。他和师母一老一少，节目单调，糊口更难。次年他师母也去世了，王朋掩埋了师母，从此孤身一人，手打竹板沿门乞讨，四处漂泊。

他听说大城市容易混饭吃，便扒火车去济南，以后又到天津。16岁时，王朋在天津“三不管”地方（曲艺、杂技、占卜和卖小吃场地），得遇著名评书、相声艺人刘月樵，刘见他口齿伶俐，少年聪慧，便教他学说相声。先学单口，首次试说，收到将近200文铜钱，这是王朋个人首次挣得这样高额收入，非常高兴，于是他决心学说相声。后来又听说，刘月樵原是东北讲武堂毕业，曾在吴佩孚部当过参谋长，退伍以后，甘愿说评书、相声浪迹江湖。王朋对师父更加敬重，学习更加刻苦用功，当年在保定正式拜师，师父赐名王松鹏，从此边学习，边和师父说相声。

当时学说相声，师父要他掌握“说、学、逗、唱”四种功法。说是批、论、讲、叙；学是学几种方言，模仿几种音声和几种姿态神情；逗是熟悉相声结构，相声语言，包括铺垫“包袱”的手法技巧，做到一“抖”必“响”；唱是会唱地方戏曲（包括生、旦、净、丑）、地方民歌、小曲小调等。那时学艺，只是师徒口传心授，必须学得烂熟，深刻理会，他熟记传统相声200多篇段，融会贯通，逐步掌握基本功法，当时他目不识丁，学艺的艰苦当可想象。他善说单口相声和担当捧哏，不但口齿灵巧，尤其是表情丰富，模仿某些姿态神情，既惟妙惟肖，又辛辣夸张，常使听众前仰后合。他才思机教，即使逗哏失口亦能随机应变，接过话茬不致冷场，不露破绽，婉转承上启下，转入话题再递给逗哏。

1910年，王朋21岁时初次来周口，在此以前，周口尚未出现过相声表演，他们师徒都是身穿长衫，仪表堂堂，二人妙语连珠，又有滑稽表演，听众笑声不绝，一举轰动周口三镇，收入可观。以后他便常来周口，但他不与同行争场地，有时没有场棚，没有座位，被挤到偏僻角落，他把竹板打得上下翻飞，长吟急啸，终能招来听众。每次演出，往往他的听众较多，同行们收入受到影响，大家甘愿兑钱给他，让他休息，他理解同行的心意，便时常去外地演出、一次在外省某地，遇到一位评书艺人，自恃才高，藐视同行，目无艺规，惹起艺人共忿，众人要王朋为大伙出气，在那人即将开始演出、听众纷纷进场之际，王朋在他不远处号啕大哭，引来众人围观，越聚越多，他三言两语，又逗得众人哄堂大笑，人们不肯散去，那位评书艺人凉了场，知道碰上高手，遂向王朋赔情认错，从此收敛了傲气。

王朋说相声虽然到处叫响，但在旧社会说相声被称之为“骂大会”、“说熊话”，尤为受人轻视，不但屡遭饥寒困厄，还多次蒙受屈辱。1918年前，一年冬天，连降大雪，冰天雪地，王朋师徒被困小旅店，他们既无积蓄，又无物变卖，饥肠难忍，王朋便冒着风雪，手拿竹板出门乞讨，本来他已经忍饥多天，走出门口，浑身颤抖，两眼一黑失去知觉，幸被街坊好心人救起，才得死里复生。说相声想方设法逗人喜笑，好像无所顾忌，信口开河，其实他们都了解当地风俗和禁忌。在南方，对经理、掌柜、当家人称呼老板是高称，但在河南等地，称老板认为是骂人。江苏扬州等地，打人称拷，此话在苏北就不能说。一次在漯河演出，不知怎的触犯了在场的恶棍，那人上前拳打脚踢，王朋被打得口鼻流血，还要当汉奸惩办。在周口，一天王朋正在演出，突然闯进带枪的镇丁，不容分说，如同对待重罪囚犯，五花大绑，拉往大街侮辱示众，而后又扣押起来。原来是国民党镇长的舅父听相声，王朋不认识，向他要了钱，因此惹下大祸，经同行托人花钱赔清．才得释放。河南解放时，王朋已经50多岁，从无人和他称兄道弟，他虽然生活坎坷，但为人耿直磊落，即使饥寒交迫，从来不偷不骗，不巴结逢迎。解放前，他到处称赞冯玉祥的部队爱国爱民，解放后，他把文化馆干部公中午和商水县（当时周口并入商水县）县委书记刘裕民，视为难得的同志，终生不忘。

王朋20多岁便在周口落脚，在他退休之前却没有结婚，原来他和一个寡妇很好，两人既没有结婚，又不能同居，但他却不再找对象，两人相爱几十年，直到1970年那位老妇人去世，他才在1974年和余桂香结合。1957年，王朋被吸收参加曲艺团，那年他整整60岁。在旧社会一贯被人鄙视，历尽折磨的老艺人，从此成为人民曲艺演员，国家文艺团体职工，而且晚年有了依靠，他由衷感激共产党，拥护社会主义。当时演员分散演出，演出收入按比例上交，王朋从来不隐报，不拖欠，交款最为忠诚老实，工作勤勤恳恳。正当王朋满腔热情，焕发青春，努力为人民群众作出贡献之际，“文化大革命”的风暴来临，曲艺团被砍掉，他被划为“黑线人物”，被安置到火葬场劳动“锻炼”。

粉碎“四人帮”，王朋获得二次解放，按国家退休职工待遇，安排他和老伴余桂香居住在福利院，从此衣食无虞，生活安定，得以安度晚年。

（三）曲艺大鼓

大鼓是中国曲艺曲种分类中的一个类别，主要曲种有京韵大鼓、西河大鼓、梅花大鼓、东北大鼓等数十种。

大鼓主要流行于中国北方诸省、市的广大城镇与乡村。其表演形式大多为：一人自击鼓、板，一至数人用三弦等乐器伴奏，也有仅用鼓、板的。大鼓大多取站唱形式。唱词基本为七字句和十字句。主要伴奏乐器为三弦，另有四胡、琵琶、扬琴等。演员自击的鼓，也称书鼓，其形状为扁圆形，两面蒙皮，置于鼓架上（鼓架依不同曲种有高矮之别），以鼓箭（竹制）敲击。板有两种，一种由两块木板组成（多以檀木制成）；一种由两块半月形的铜片或钢片组成，俗称“鸳鸯板”。

大鼓的文学脚本称为鼓词，基本为七言或十言的上下句体。作品（即曲目）有短篇、中篇、长篇之分。短篇只唱不说，中、长篇则有唱有说。人们往往称唱短篇为唱大鼓，唱中、长篇为唱大鼓书。大鼓的唱腔音乐结构为板腔体，唱腔曲调多源于流行地的民间音乐及地方小调，并用当地方言语音演唱。音乐唱腔是区别不同大鼓曲种的主要标志。

（四）快板

“快板”又叫做“数来宝”，也叫“顺口溜”、“流口辙”、“练子嘴”等，是从宋代贫民演唱的“莲花落”演变发展成的。快板与“莲花落”一样，起初是乞丐沿街乞讨时演唱的。

“数来宝”的艺人把明太祖朱元璋，奉为祖师爷。云游客《江湖丛谈》说：敝人曾向彼辈探讨，为什么供奉朱洪武？据他们所谈，朱洪武系元朝文宗时人，生于安徽省濠州钟离县。父名朱世珍，母郭氏，生有四子一女，三子因乱失散，女已出嫁。四子即洪武皇帝，自幼异于常人。都说这个婴孩不是寻常人物，将来定然出色……朱洪武名叫朱元璋，字国瑞，到了他会说话的时候，叫爹爹亡，叫娘娘死，剩下他一人，跟他王干娘度日，及其长大，送往皇觉寺出家，长老给他起名元龙和尚。长老待之甚厚，庙中僧人待之甚薄，长老圆寂后，僧人将朱元璋驱逐出庙，他王干妈将他送到马家庄给马员外放牛。放牛之处为乱石山，但他时运乖拙，牛多病死，或埋山中，或食其肉，被马员外驱逐。王干妈又因病去世，朱洪武只得挨户讨要。因他命大，呼谁为爷谁就病，呼谁为妈谁亦生病，后钟离县人民皆不准他在门前呼爷唤妈。朱洪武在放牛之处自己悲伤，十几岁人，命苦运蹇，至谁家讨要谁家之人染病。不准在门前喊叫，如何乞讨？他忽见地上有牛骨两块，情急智生，欲用此牛骨敲打，挨户讨要。于是天天用此牛骨敲打，沿门行乞。钟离县人民皆恐其呼叫爷妈，每闻门前有牛骨声至，都将剩的食物拿至门前，送给朱洪武。直传到今日穷家门的乞丐，都不向人呼爹唤妈。社会人士管数来宝艺人那牛骨叫牛骨头，穷家门的人管那牛骨头称为“太平鼓”。上有小铜铃十三个，亦为朱洪武所留。相传有一个铜铃能吃一省，有铃十三个能吃十三省。

“数来宝”见诸文字记载相当晚。《北平指南》说：“数来宝”，昔日名曰“善人知”，衣裳整破均有，供奉朱洪武，手持竹板，亦有持牛骨者。收养门徒，按户索说讨钱。近来天桥等处很多，有依此为艺，设场演述者。“数来宝”已经由乞讨时的演唱活动变为“撂地”卖艺。佚名《都门竹枝词》说：近日人情总好奇，新闻诌出解人颐。一群人聚如蜂拥，围着狂呼一气儿。“数来宝”的发展经历了三个阶段：一是沿街乞讨演唱，二是“撂地”卖艺，三是舞台演出。后来“数来宝”的名称逐渐被“快板”所代替。

快板艺术灵活多样，丰富多彩。从表现形式看，有一个人说的快板书，两个人说的“对口快板”和三个人以上的“群口快板”。从篇幅看，有只有几句的小快板，也有能说十几分钟的短段，还有像评书那样的可以连续说许多天的“蔓子活”。从方音看，有用普通话说的快板。“数来宝”，也有用地方方音演唱的地方快板。此外，一些地方还用当地方音演唱类似快板的说唱艺术形式。从内容看，既有以故事情节取胜的，也有一条线索贯穿若干小故事的所谓“多段叙事”的，还有完全没有故事的。从韵辙看，既有一韵到底的快板、快板书，也有经常变换辙韵的“数来宝”。

“包袱”、“夸张”、“铺陈”是快板常用的艺术手段。这些艺术手段，对快板艺术特色的形成有着重要影响。包袱快板，特别是“数来宝”，具有幽默诙谐的艺术风格，跟相声艺术一样，“包袱”是结构情节、刻画人物的重要手段。“包袱”是相声艺术的生命线，无“包袱”即不成其为相声。快板里虽也经常使用“包袱”，但有时却以情节，人物见长，“包袱”居于次要地位。夸张快板里夸张不仅用来组织“包袱”，而且用来为描写增添色彩，使之鲜明生动，有时两种作用兼而有之。

快板书是中国曲艺曲种之一。它是由数来宝演变而成。快板书突破了数来宝三、三、七的句式，在七言对偶的基本句式之外，增添了单字垛、双字垛、三字头、四字联、五字垛等句式，以及重叠、连叠句的长句式。为了提高艺术格调，避免传统数来宝的江湖气，它又借鉴了竹板书、西河大鼓的演唱艺术，革新口风语气和表情动作，增强了刻画人物、描述情景的艺术表现力。

快板书是由数来宝演变而来。因沿用数来宝的击节乐器两块大竹板儿（大板儿）和五块小竹板儿（节子板儿）而得名。大小竹板儿合称为“七块板儿”。

（五）山东快书

周口也有说山东快书的。但是，就源头来看，山东快书是发源于山东省菏泽、临清、济宁、兖州一带的一种曲艺形式，至少有百年以上的历史了。当初，山东大鼓盛极一时，山东大鼓里有个牌子，近似半说半唱的韵诵体，叫做“窜钢腔”，据说，山东快书就是在它的基础上发展起来的。

关于山东快书的起源。历来有三种传说，即刘茂基说、赵大桅说和傅汉章说。刘茂基，相传是明万历年间人。祖籍山东临清，正是山东快书的发祥地。他是个不得志的武举人，流落乡间，采集当地流传的武松故事，编成山东快书演唱。他有绝活，就是武功架子好看。传统山东快书以《武松传》为主，打架斗殴犹如家常便饭，刘茂基的武功架子大有用武之地。赵大桅，相传是清咸丰年间人。祖籍山东济宁，是山东快书的另一发祥地。他是个落魄文人，穷极无奈，只好卖艺为生。他会编词，起初把武松的故事编成顺口溜演唱，后来吸取山东大鼓的“窜铜腔”，编成山东快书演唱。他用山东大鼓的犁铧片作为伴奏乐器，这就是山东快书至今还在使用的鸳鸯板。

其实山东快书是发源于鲁中一带农村的说唱艺术形式。它产生的年代，至今尚未发现准确记载。山东快书的孕育和形成，离不开天时、地利、人和。据考证，山东快书发源于临清、济宁一带，艺人有种说法：山东快书是从河里来的。这里说的不是一般的河，而是横贯南北的古运河。临清、济宁都是运河上的大码头，南来北往的行旅客商云集之地，俗称“沃土”。艺人向这里拥集，就是所谓的“跑码头”。这里商贾云集，客人无聊，需要娱乐活动，也就养得住艺人。同时，这类码头又是多种艺术形式荟萃之地。以此推断，当年临清一带说唱艺术颇为兴盛，为山东快书的孕育和形成提供了良好的地利条件。北宋末年，临清、济宁一带正是梁山好汉龙腾虎跃之地，武松的英雄故事在当时广为流传。于是以《武松传》起家的山东快书应运而生。

山东快书形成之后，就从发源地扩散开来，逐渐形成山东省内和省外两支。山东快书起初流传在农村，后来随着社会的发展变化，渐渐进入城市。解放后，山东快书获得新生，迅速发展。据说连山东快书这一名称还是解放后正式定下来的，特别是在解放军部队里，山东快书十分活跃。

（六）莲花落

莲花落是一种古老的曲艺形式，有的地方称之为数来宝或快板。在周口一带，莲花落、快板、数来宝向来不分家，被混为一谈。据《中国民间文艺学》解释：“快板又称数来宝。”写作知识丛书《曲艺》中也曾介绍：“数来宝是由莲花落发展演变而来的。”

在旧社会，莲花落是沿街卖艺的求乞者用来献艺的，他们见到什么数说什么，以快为妙，幽默风趣，以博得主家欢喜讨个赏钱。正因为莲花落的特殊出身，才使它在曲坛少有抬头的机会而成为民间俗物，不登大雅之堂。其实，莲花落也是一种文学创作（俗文学）和曲艺形式。它是在民间谣谚的基础上发展起来的，与民谣和顺口溜很相似。但它又与民谣不同，民谣没有乐器伴奏，莲花落则有竹板或大骨等打击乐器击节伴奏。竹板有两种，大板两块打重点，小板五块又叫“节子”属陪衬。大骨有两块，一般用牛的大腿骨做成，干了呈黄白色，上扁下圆如半个扇面。牛骨下端的自然手柄末梢上系五彩绸条，牛骨上端中心骨的两侧旁各打两个眼，各系一对铜铃，这种骨板又叫香骨板。一般情况下，周口一带的莲花落艺人多用竹板伴奏，而外地的莲花落艺人则多用香骨板伴奏。

莲花落是旧社会艺人求乞所用，它具有短小精悍、明快有力、口语化、民众性等特点，在民间很受欢迎。莲花落一般七字一句，押韵，也可换韵。换韵时往往以两个三字句作过渡，这种常换韵押韵的方式叫押“花韵”。莲花落基本句式是七字句，每句四拍，数成“二二二一”的节拍。如：桑木/扁担/溜溜/光。有时为适应内容需要，莲花落除基本的七字句外还可以用其他句式。如“垛句”，即指整齐地堆在一起的一连串词语。二字垛，如“奸诈、狡猾、阴险、毒辣……”三字垛，如“放暗箭、砸闷砖、告黑状、刮邪风……”

还有四字垛、五字垛等形式。莲花落讲究吐字清晰、语速迅速、念白并用等，其根本目的是博人一笑。

在旧社会，专门的莲花落艺人有自己的组织、行话、礼仪等。他们也有一定的师承关系，这种关系在明代已经出现。《陪都杂述》有关莲花落艺人情况的记载是："此类人最善谐谑，口若悬河……又善作百般丑态，自为解嘲，真令人宜喜宜嗔可歌可泣。"莲花落惯用的打法是："紧三下，慢三下，不紧不慢又七下"，连击十三下而终，最后一下击过，立即两板相合，然后朝四方作揖或三鞠躬。常在江湖的艺人都背有或编有一系列"条子"（不同的门店的不同唱词或说法）以求好记省事。现特录如下莲花落压底"条子"以飨读者。

杂货铺条子：杂货店，杂货行，走过苏州漂过洋。海参海带出海外，陈州出的黄花菜。黄花菜，不用刀，做时不离花胡椒。小小胡椒圆又圆，漂洋过海到河南。不是香料卖得贵，一道关口一道税。长的香，短的炮，初一十五它先到。大火鞭，小火鞭，逢年过节它占先。黑糖香，白糖甜，谁要买糖来找咱。东街大嫂有了喜，来买咱的江南米……生意好，生意旺，光卖现钱不赊账……生意好，样样全，掌柜不在乎几个钱。赏了钱，我道谢，再到下边把钱借……

馍店条子：拜罢他，再拜你，看看掌柜的好生意。走就走，挪就挪，掌柜卖的好蒸馍……蒸的卷子四方方，一个一个摆桌上。你的蒸馍圆又圆，能卖五湖四海钱……面条好，秤公平，买主吃了都传名。唱得掌柜高了兴，顺手拿钱朝我送……

其他如，理发铺开场："七步走，八步留，一行青丝挂门头……"药铺开场："××号，喷喷香，施礼搭躬拜药王……"粮行开场："三步高，两步低，迈步来到粮行里……"莲花落艺人，只要入了门，底下就是见机行事，见啥说啥。总之，莲花落的一些条子既讲究思想性又讲究押韵顺口，有时还注意文化与民俗的结合。这些"条子"在一定程度上也是艺人们的文学创作。

周口一带的莲花落以竹板击节，无须其他乐器伴奏，唱腔为段落体。每段开头和结尾用唱腔，中间用韵白或道白叙述故事情节，尤以模拟人物言行见长，活灵活现，使人如临其境。说唱语言多用地方方言，极富生活气息，斟词酌句幽默别致。

（七）坠子书

坠子书又叫打板坠子，原是自拉自唱，后来发展到二人对唱或多人配唱。现在流行于乡间的坠子书多是一人单唱、二人对唱或三四人配唱。演出曲目以长篇大鼓书为主，如《回龙传》、《大红袍》、《张廷秀私访》等。

坠子书的主要伴奏乐器是坠琴、简板。其特点是男女皆用“大本嗓”演唱，转柔脆巧、甜美、吐字清楚，乡音土调，通俗易懂。1956年以来坠子书在周口市农村盛行，深受人民群众欢迎。

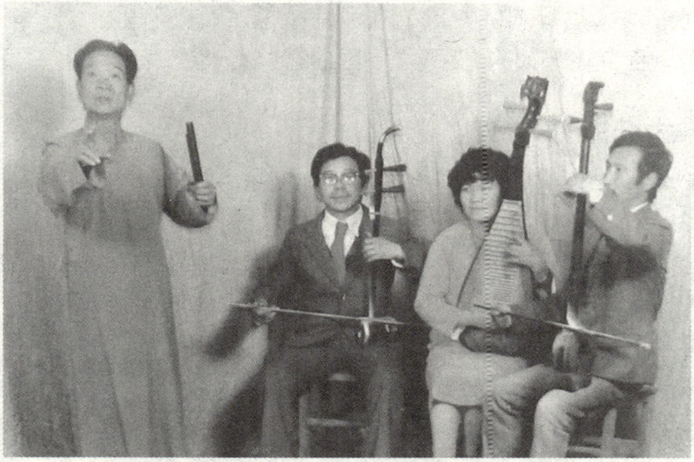

坠子书表演

河南坠子源于河南，由流行在河南和皖北的曲艺道情、莺歌柳、三弦书等结合形成，曲艺的一种。约有100多年历史。因主要伴奏乐器为“坠子弦”（今称坠胡），且用河南语音演唱，故称之为河南坠子。演唱者一人，左手打檀木或枣木简板，边打边唱。也有两人对唱的，一人打简板，一人打单钹或书鼓。还有少数是自拉自唱的。唱词基本为七字句。伴奏者拉坠琴，有的并踩打脚梆子。坠子书初期大多演唱短篇，也有部分演员演唱长篇。现代题材曲目都是短篇。

周口曲艺名家赵铮

赵铮（1925－2006），女，汉族。祖籍河南项城，1925年农历三月二十一日出生于河南开封。著名曲艺表演艺术家、曲艺教育家、国家一级演员、“赵派”河南坠子创始人。中共党员、政协河南省第一、第六届委员，民盟河南省委七届委员，民盟河南省文艺界支部主任委员，民盟河南省妇女委员会第六、第七、第八届主任，第四届全国文代会代表，中国曲艺家协会理事，河南省曲艺家协会名誉主席，河南省文史研究馆馆员，中国曲艺家协会河南坠子艺术委员会名誉主任，享受国务院特殊津贴有突出贡献的优秀专家。

赵铮先生从事河南坠子艺术近半个世纪以来，兼收并蓄，博采众长，继承传统，锐意革新，创立了独具特色的“赵派”坠子艺术，极大地丰富了河南坠子的音乐表现力。其唱腔既有“大江东去”的豪放，又有“小桥流水”的婉约。一生共创作曲目百余段，代表作有《摘棉花》、《晴雯撕扇》、《双枪老太婆劫刑车》、《岳母刺字》等，在河南坠子发展史上树起了一座承前启后、继往开来的里程碑。2006年获得“中国曲艺牡丹奖终身成就奖”。

（八）大鼓书

大鼓书多单独演出，或夫妻、父子、师徒一起演出。他们农忙务农，农闲演唱。

大鼓书以唱为主，使用窝嗓（沙哑腔），用本县土语，音韵演唱故事，夹有少量说白，好唱长篇大书。只要一面大鼓和一副简板伴奏即可，也有加入三弦伴奏者。大鼓书演员，所演剧目都是师傅口传身授流传的。

建国初期为民众喜闻乐见的大鼓书剧目有《大红袍》、《包公案》、《刘公案》；《杨家将》、《说岳传》；《隋唐演义》、《水浒传》；《呼家将》以及一些新剧目。1958年至1964年，大鼓书说唱的主要剧目有《抬花轿》、《闹书场》、《敌后武工队》、《吕梁英雄传》、《大明英烈传》等。1966年至1977年，曲艺人员大都停止了演唱。偶有演唱者也都是说唱一些适应当时政治形势的小段子。

著名大鼓书郸城县演员李忠臣（绰号李疤瘌，郸城县双楼乡小李庄人），他使用窝嗓（沙哑腔），运用通俗的当地语言和民众喜闻乐见的音韵。以唱腔洪亮、声韵和谐、吐字清晰、声情并茂，博得郸城、淮阳、鹿邑、沈丘、界首、太和等县听众的赞誉。顾瞎子（小名顾扯，吴台乡大顾寨人）的大鼓书在郸城和鹿邑县境颇有影响。

一般地说，大鼓书的艺人多为盲人、老者。因为说书不仅需要口才，还需要丰富的知识经验和生活阅历，以及随机应变的能力。说书就凭一张嘴，鼓、弦子皆是辅助之物，故有“说书的嘴，唱戏的腿”之说。说书有自己的规矩，说书艺人也有自己的苦衷。

第一，说书艺人到了某一个村庄，先找该村的几位老人或村民询问该村的避讳风俗，这是为防止说书的过程中犯了村忌。如果说书人在说书时犯了村忌或人讳，轻则引起听书人的不满而难堪，重则招致漫骂或毒打。有些老艺人自己总结口诀，告诫徒弟谨记村忌人讳：“秦姓莫讲秦桧孬，王村不言王强奸。武楼不唱薛家戏，千万别骂武则天……”

第二，说书人定好场子，先拜乡邻及祖师。这些多为客套话，或自谦之辞，以防止行家或行人乱场子扒缺点。一般的套话是：“波折初来宝地，还望众乡邻多多关照，多多捧场。在下才疏学浅技艺不精，不当之处还望各位师傅各位朋友批评指教。小的在此先一一拜过了。”

第三，拜过乡邻之后才开书。先敲一阵鼓，或拉一段弦子以招徕众人。看人来得不少了，再敲三声定堂鼓，或拉一小段弦子，说书人长叹一句：“哎……”这一句就是起音。一般来说三声定堂鼓，或者鼓一敲或堂木一拍，开始听书。一声长叹是千金难买，也是说书艺人的苦之所在。这一声长叹，一为静场喊嗓，二为起音开白，声音悠长而有韵，是表现水平的一句。长叹过后又敲一小阵鼓或拉一小阵弦子。然后开白：“说书不说书，上场先作诗，说的是……”一般来说这些“诗”是引人逗乐的大卖话，多为调节情绪使人放松、使人发笑的。

第四，作“诗”过后才真正开书。有些说书艺人在说正书前先唱一段小书帽，如《王祥卧冰》、《郭巨埋子》、《兰香劝夫》等。小书帽唱后就开了正书。一般开书是两种方式：一是倒叙，二是正叙。

应该说，说书艺人的生活是很苦的，春、夏、秋三季东西流浪，晚上说唱到深夜，清早于挨门挨户去收粮收钱。好话说尽，小心陪完才挣得一点点粮钱。并且，说书人外出说书始终寄人篱下，不论是吃是住，全靠众人捧场，若无人捧场，吃住就没有着落。随着社会的发展，说书艺人的地位有了提高，但是随着社会的发展，电视机、影碟机给说书艺人带来了严峻的挑战。

（九）唢呐

唢呐俗称“响器”，在周口境内流传既久且广，是流行在周口境内的主要民间音乐。唢呐声音宽厚洪亮，能吹奏各种曲牌和名演员声腔。吹奏曲牌主要有：一字调、四字调、公字调、反递调、搭拉片、一二两等。吹奏河南地方戏，如豫剧、曲剧、越调等剧种的著名唱段；模仿名演员声腔，以及模拟鸟兽鸣叫，现代模仿吹奏一些歌曲曲谱，都能达到乱真的程度。有的唢呐吹奏者能表演出一些绝招，如树旗杆、喷火、吸烟吹奏、吐牙、头顶油灯、用鼻吹奏等。这往往都在两班对吹时献出。由于唢呐声音洪亮和谐，曲调优美动听，民众非常喜爱，所以经久不衰。

唢呐班旧称鼓乐班或响器班，每班有五至八人不等，是一种经营性的民间器乐结社。这种班组很少有专立名号的，因其演奏以唢呐（俗称大笛）为主乐，唢呐手就自然地居于班主地位，习惯上也就顺理成章地以唢呐手的姓氏为代表，称之为“赵家班”或“张家班”。

据唢呐老艺人座谈回忆，周口在解放以前，有唢呐班十户，他们是：

（1）沙河南岸前张营（原“老坟园”），以班主庄永祯为首的庄家班。

（2）沙河南岸西大街原澡堂胡同，以班主赵顺德（赵梢）为首的赵家班。

（3）沙河南岸胡家集，以班主胡家安为首的胡家班。

（4）沙河南岸小南街（原猪市），以班主王秀文为首的王家班。

（5）沙河南岸西大街，以班主刘全仁为首的刘家班。

（6）沙河南岸胡家集，以班主花明春为首的花家班。

（7）沙河南岸牲口市街，以班主彭福选为首的彭家班。

（8）沙河北岸小堤子街，以班主石明林为首的石家班。

（9）沙河北岸安澜街以班主郭顺兴（郭狗）为首的郭家班。

（10）沙河北岸文昌街（原柩子园），以班主郑耀山（郑友）为首的郑家班。

以上十户唢呐班，以庄、胡、赵、郭四户技术实力较强。由于竞争、无嗣、改行等客观变化，也以此四户从业时间持续最久。截至1986年，该四户仍然存在。

在旧社会，唢呐班是受人歧视的所谓“下九流”行业；其从业艺人社会地位十分低下，受尽凌辱与煎熬。为人非到山穷水尽，谁也不愿陷入“吹鼓手”这一行当；而一旦陷入此行，则连同其上下祖代就都变成了“贱民”阶层。他们受雇于人时，不准进入正门，不准正式坐席吃饭，不能与其他阶层结亲，甚至死后都不准进祖坟茔地。其子弟除了子承父业以外，也很难以再找到其他生活出路。因此，唢呐班往往形成世袭局面，代代祖辈相传。

唢呐演奏技巧性极强，从业环境恶劣，不论寒暑风雪，基本处于露天之下。为了生活竞争，他们在“冬练三九夏练三伏”之中，不得不比其他行业更忍受十倍的磨炼与煎熬。老艺人胡家安说：“我已经60多岁，现在让我在下雪天连吹几个钟头，我的手指头也不许它发僵变硬。”可见其学艺之艰苦程度。

但是，唢呐艺人劳动强度虽大，在旧社会中收入却十分菲薄，往往不足以养家糊口保证起码的衣食，只好被逼同时兼营其他，以弥补生计的窘困。而由于自身社会地位的低下，兼谋其他的选择，也仍然只能从“下九流”行业中求出路。于是，与“吹鼓手”同属于一个“贱民”阶层的“剃头匠”，就很容易成为唢呐艺人兼营的第二行业。这就形成“吹鼓手”往往兼当“剃头匠”的社会渊源。周口十户唢呐班中，就有不少这类例子。如赵家班、庄家班、花家班都属于此种类型。

唢呐班的器乐构成，最基本的是唢呐一、笙二、鼓一、梆子一等四大件，由五人组成。略具规模的还可以加上大锣、二锣、铙子，由七至八人合奏，故有“七忙八不忙”之说，意指如只有七人，则其中有一人要兼操两种乐器。

在旧社会，唢呐班受雇于人，为红白喜丧、许愿还愿、庙会庆典、商号开业、缙绅挂匾、豪门祝寿、富家得子或巫师开堂等民俗活动服务，俗云“吹老奔儿”。艺人奉“师旷”为开山祖师，供之以牌位，其缘由已很难考证，恐怕也有牵强附会之嫌。

周口唢呐班的演奏音乐，一般可分两阶段两大类。解放前，主要是吹奏传统曲牌。其中以“吹棺笛”（哀丧乐）最有代表性，难度也最大。其他曲牌有大红鞋、一二三、大宫花、娃娃调、南绛、点绛、梭罗皮、九令、欠场、大小开门、请将、反一二三等。喜庆乐曲牌尚有迎花轿、云星游、中正调、反正调等。由于唢呐艺人多属文盲，所奏曲牌多以古老的“宫商调”格谱口授流传相承，因此长时间变化与发展均较缓慢。

解放以后，唢呐演奏日渐出现了以仿奏地方戏曲调门为主体的新内容，有的甚至可以逼真地模仿名家各流派的唱腔，仿吹成出戏曲。如豫剧的《白蛇传》，《拷红》，《老征东》，《打金枝》；越调的《收姜维》，《火焚绣楼》；曲剧的《陈三两爬堂》，《卷席筒》等。80年代以来，甚至有少数青年艺人仿吹流行曲等。

解放以后，唢呐艺人社会地位获得提高，生活有了很大改善，结束了被歧视受压迫的悲惨历史。唢呐演奏被视为民族传统吹奏乐的组成部分，唢呐艺人也进入了时代的文艺行列，这就激发了唢呐艺人的劳动积极性与创造性。周口老唢呐艺人赵梢，综合传统曲牌，创作了《百鸟朝凤》，并赴省表演，电台播放，成为脍炙人口的唢呐新曲。

三、杂技

周口是中国唯一的省辖市级“杂技之乡”，杂技是周口特有的表演艺术，其技艺表演有车技、口技、顶碗、走钢丝、狮子舞、魔术等。

杂技艺术在中国已经有2000多年的历史。杂技在汉代称为“百戏”，隋

杂技狮子舞

唐时叫“散乐”，唐宋以后为了区别于其他歌舞、杂剧，才称为杂技。汉代是中国杂技的形成和成长期，汉代角抵戏迅速充实内容，增加品种，提高技艺，终于在东汉时代形成了一种以杂技艺术为中心、汇集各种表演艺术于一堂的新品种——“百戏”体系。经过魏晋南北朝（400－589）160多年的大动荡和民族文化的大融汇，至公元589年隋代统一中国，杂技艺术已经极为成熟，至唐代成为宫廷和民间共盛的艺术。

特别重视腰腿顶功的训练是杂技的第一个特点。杂技自古重视顶功。汉代画像砖石和壁画、陶俑中，有许多拿顶和翻筋斗的形象。杂技艺人，即使是表演古代戏法的演员也要有扎实的功夫基础，所谓“文戏武活”，即是指此。没有坚实的功夫，在大褂里卡上上百斤的道具，还要从容自如，翻着筋斗变水变火是不行的。第二是险中求稳、动中求静，显示了冷静、巧妙、准确的技巧和千锤百炼的硬功夫。如“走钢丝”中种种惊险的表演，都要求“稳”；“晃板”、“晃梯”之类，凳上加凳，人上叠人，但顶上的人必须在动荡不定的基础上求平求静，这必须有极冷静的头脑、高超的技艺与千百次刻苦训练相结合才行，这显示了对势能和平衡的驾驭力量。第三是平中求奇。以出神入化的巧妙手法，从无到有，显示杂技的出奇之处。一身长袍却要变出千奇百怪的东西，从酒席菜肴至活鱼、活鸟，无奇不有。演员一个跟斗能献出烈火燃烧的铜盆，再一个跟斗又取出硕大无比、有鱼有水的鱼缸。这都体现出杂技平中求奇的特点。第四个艺术特色是轻重并举，通灵入化，软硬功夫相辅相成。最能表现这一艺术特色的是“蹬技”节目，蹬技多数是女演员表演，演员躺在特制的方台上，以双足来蹬。至于所蹬物体，包罗万象，从酒罐、彩缸、瓦钟到桌子、梯子、木柱、木板和喧腾带响的锣鼓等等，轻至绢制的花伞，重到100多斤重的大活人；被蹬物体，或飞速旋转，或腾越自如，从光滑的瓷制彩缸，到笨重的木制八仙桌子，都可以蹬得飞旋如轮，只见影子不见物象。杂技有严密的师承传统，又与姊妹艺术关系密切，每一种技艺都是代代相传。

周口市作为我国唯一的省辖市级“杂技之乡”，所辖各县（区）都有大量的民间杂技团体，遗憾的是这些杂技团除在家乡偶露一面外，基本活跃在东南沿海甚至国外的演出市场上。在文化产业化的进程中，周口杂技如何整合，如何做大做强，已经引起了有关部门的重视。在杂技界有“北有吴桥，南有周口”的说法，据周口市文化局调查显示：在周口市辖8县1市1区范围内，杂技团和杂技班儿有300多个，从业人员1.5万人，其中专业杂技团100多个，平均每个县（区）有10个，从业人员4900余人。近年来，周口杂技不断向外延伸，对外输送了大批杂技艺术人才，据不完全统计，从周口走出去的杂技骨干近千人，遍布十几个省市。从技术和演出规模上讲，周口杂技在国内外民间杂技舞台上已处于领先地位，在全国民营杂技团中，被全国杂技艺术家协会认定的十余个团队里，周口就占了3个。

周口杂技多以家族或亲友为主体，组成大大小小的演出团体到外省、外国去演出，只有过年或者特别热的夏天才回老家来歇伏练功。“周口杂技”墙内开花墙外香，主要原因是杂技团不在周口当地演出，同时家乡学校培养的杂技人才被带出去后充实到了外地的杂技团中。很多做大的杂技团得到了外地文化部门的重视，给予了他们一定的名分，他们也就打着外地杂技团的招牌在演出。

周口的民营杂技团经过多年的摸爬滚打，已经有了自己的一片天，实力逐渐壮大，经济效益十分可观。在项城市，具备一定规模的杂技团体就有近30个，最具代表性的余氏家族中，由余帅、余海功、余海军等人领办的越野杂技马戏团自1981年创建至今，已发展成为6个专业杂技团，各团自备流动剧场，每年每团商业演出700余场。淮阳县目前的19个专业团体中，以张金贵组建的广东南方杂技团最为突出，该团现有24匹骏马，可供三个团队同时演出，中国杂协领导评价说：“张金贵的马戏在国内无论是国有还是民营团队无一可比。”这个杂技团不仅演出，还特设有马戏篷加工业务，已经打入了日本演艺市场。太康县杂技的民众基础最为广泛，早在10年前，太康县温良口就被河南省杂技家协会命名为杂技村，俗言说：“喝了温良水，傻子也能踢两腿。”目前太康县杂技从业人员不下1500人，大都活跃在广东、福建、浙江等省。西华县现有20个杂技团，杨建全领办的杂技团以舞台杂技节目为主，已在上海连续演出了5年。崔氏家族的杂技团长年在国外演出，影响很大。周口川汇区的杜氏家族，在河南杂技界早有盛名，目前已发展为三个飞车团，在东南五省长年巡演。郸城县组建的4个杂技团以高空走钢丝为代表的杂技节目市场前景最为看好。

周口市项城的余家杂技，历史悠久，源远流长。20世纪70年代在秣陵镇出土的文物——西汉陶器、陶楼（系演出设施，现被市博物馆收藏）中，就有爬杆、举石弹等演出杂技节目的表现，间接证明了汉代时项城（现秣陵镇是老县城所在地）即存在杂技活动。余家杂技经祖上编、创造，技艺成熟于清乾隆年间，代代相传至今。

项城余家杂技、马戏演出节目较多，技巧与难度并生，有难度高、艺术性强的特点。继承和发展了我国大多数最具传统的项目，主要有上刀山、过火海、吃火吐火、汽车过身、力托双吨、爬杆、举石弹、动物驯化、马术、脚蹬大水缸、空中飞人、浪桥飞人、驯马、古典马戏、顶技、蹬技和走钢丝等30余项传统保留节目。建国后，为了使余家杂技走出项城，走出中国，余家六兄妹于1963年创办了越野杂技马戏团，拥有杂技团队7个，常年在广东、上海、江苏、浙江、福建等地并远赴日本、韩国、美国、马来西亚、新加坡等10多个国家演出；在技艺创作上刻意求新，大胆实践，创作并演出了一台台具有高、难、险、奇、美等特点的杂技，逐渐形成了自己独特的表演风格和浓郁的地方特色，以其绚丽多彩而又古朴大方的特点，在全国独树一帜，并多次在大区、全国大赛中获奖。众所周知，传统杂技的特点是靠技巧和肢体语言来表达，缺乏叙述的能力，但余家杂技要面向市场、要生存下去，要在中国和世界的主流文化中占一席之地，就要创新。在这种理念的支撑下，余家杂技代表性传承人、周口杂技家协会主席余帅先生挖掘整理的民间传统杂技秋千飞人、单车技巧，是其拿手绝活，尤其是《飞车走壁》，这是一个杂技传统的技巧上大胆创新的艺术精品。它的难能可贵在于，作者巧妙地以各种超高难度的翻、腾、跃来表现各种高难度的场面，使杂技特有的高、难、奇、险、美的特点表现得淋漓尽致，让人在极度的紧张与满足中获得强烈的审美愉悦而为观众所喜爱。这一节目得到了文化部的表彰及嘉奖。

四、民间舞蹈

早在上古时期，我们的祖先就在以淮阳为中心的这片沃土上繁衍生息、渔猎稼穑、辛勤劳作，以自己的智慧和力量，以艰苦的劳动和英勇的斗争，在这片古老而辽阔的土地上创造着波澜壮阔的生活和辉煌的民族文化。以《陈风》等为代表的诗经文化，就是这民族文化的结晶之一。这些歌谣是原始的、朴素的，也是优美动人的。而这优美动人的歌谣并不是“横空出世”降临到这个世界上的，而是和音乐、舞蹈相互结合在一起的。人类的祖先，在原始的各类活动中，一面唱着歌谣，一面敲击着各种工具（乐器，以形成配合歌声与动作的节奏），并且又做着统一而协调的动作。这便是初民的优美生动的诗歌、音乐、舞蹈三者融合为一体的综合艺术表演。如《尚书·尧典》所载："予击石拊石，百兽率舞。"及《吕氏春秋·古乐篇》也记载着类似的内容："三人操牛尾，投足以歌八阕。"都可以看到诗、乐、舞三位一体的发展轨迹。

我国清代学者阮元对《诗经》中最古的部分"颂"的语源学考释，得出了与西方类似的结论："颂"，即容也，"三颂各章皆是舞容，故称为'颂'"。因而我们说《诗经》不仅是歌唱的，也是舞蹈的。这就是说不仅指诗歌中提到的现实生活中的舞蹈活动，更指大部分诗歌表现的内容可能与现实生活的舞蹈无关而诗本身是发源于舞蹈节奏。所以《墨子·公孟篇》中说："诵诗三百，弦诗三百，歌诗三百，舞诗三百。"正好说明了《诗经》三百篇可以作诗来朗诵，可以作为曲来演奏，可以作为歌来咏唱，可以作为舞来舞蹈。

古陈地歌舞之风盛行，既有历史根源，也有社会原因，还有周边诸侯国的影响。相传太昊伏羲是古代乐器的发明者，是他把音乐、舞蹈传于人类，而陈是太昊伏羲之故都，应该是近水楼台先得月。原始歌舞是原始人进行的一项集体活动，因此传说中歌舞的创始者是一个集体，即帝舜的八个儿子。《山海经》载："帝俊有子八人，始为歌舞。"《广博异记》也说："舜有子八人，始歌舞。"而最早在商汤时封于陈的虞遂，就是虞氏帝舜之后，从这时起已把善舞之风带到了陈地。而舜后妫满于陈，是为胡公，妻以元女大姬，妇人尊贵好祭祀用巫，故其使俗好巫鬼者也。诗称"击鼓于宛丘之上，婆娑于枌栩之下，是有大姬歌舞之遗风也"。与陈文化同源的楚国也是巫、舞盛行。王逸《楚辞·九歌序》曰："昔楚南郢之邑，沅湘之间，其俗信鬼而好祀。其祀必作歌鼓舞以乐诸神。"而在《文选》录宋玉《对楚王问》中描述了这种规模："客有歌于郢中者，其始曰《下里》、《巴人》。国中属而和者数千人。"陈楚为紧邻，文化交往频繁，相互影响是十分自然的事。

陈地的歌舞大体上表现为四方面的内容：

1. 祭祀歌舞

由于古时生产力低下，科学技术不发达，面对着许多不可理解的自然、社会现象，产生了原始宗教的观念。人们相信除了活生生的现实世界之外，冥冥中还有一个不可知的神秘世界，在那里有天神和魔鬼，存在着超人的力量既可保护人类赐福人间，又可加害人类降灾祸于世人。大地是人类万物赖以生存的地方，天上有日、月、星、辰，有风雨雷电，既可给人类带来光明、温暖和甘露，又可给人类带来黑暗、寒冷、酷热和洪害旱灾。于是便产生了祭祀天地鬼神的风俗。古代人对祖先的崇拜表现在对发展本氏族作过杰出贡献的英雄人物的崇拜和代表本氏族徽号——图腾崇拜两个方面。对天、地、神、祖先、图腾的祭祀与巫舞有着内在的不可分割的联系。用宗教学的眼光去看，巫师跳舞是沟通人神的必要符号手段。当代民俗学研究者在实地考察后发现："巫舞的手势就是在举行祈祷祭祀礼仪时作为人与神、神与鬼、鬼与人相互沟通的媒介，传达信息的外在符号，表达思想感情和意图的图像标记。"通过音乐、舞蹈、赞颂等对于情感尽情地发泄来使神灵高兴，以赢得神灵的好感、获得神灵的保佑。《诗经》中的"周颂"、"商颂"等篇中都表现了这种场面及经过。深受商、周文化影响的虞遂、妫满、大姬等人把这种祭祀之风带到陈地，再给以发扬和普及，形成"歌舞之遗风"，也就很容易理解了。许多舞蹈在漫长的发展过程中，已经演变为一种仪式和程式化的礼仪。如当今仍存在的婚礼中的拜天地、拜高堂、拜祖先；葬礼中的二十四拜、降神九拜、花九拜、懒九拜等礼节，都带有原始祭祀的遗迹。尤其是担经挑舞、求雨舞更为明显一些。

2．求子歌舞

人类的生产活动，主要包含两个内容：一是生产物质财富和精神财富；二是生殖后代、繁衍种族。在古代，人类的生活环境极为艰苦、恶劣。人类要维持生命、延续后代，面临着十分严峻的考验。因此，人类渴望人丁兴旺、种族繁盛。当时人们不理解生男育女的科学道理，就求助神灵帮助。从根本上讲，社会越原始，人类越愚昧，科学越不发达，人类则越无法了解并征服自然，这种求助神灵的礼仪活动就越隆重。求子歌舞，其实质是对人生命力的讴歌，是对生殖的崇拜。郑玄说"民俗化而之"，这一"化"一"为"，不仅到汉代，而且穿过历史烟云，一直延续到今天。如今在每年二月二到三月三的庙会上，有许多仪式都与求子有关，并且是原始歌舞的衍化。

担经挑舞　在太昊陵庙会上，千古流传着一种原始巫舞——担经挑。这种舞只传女不传男。舞者都是年岁稍长的妇女，也有姑娘，以七八十岁的老太太为多。她们身穿黑色衣裤，头裹垂地黑巾，足蹬黑鞋，一人打竹板颂祖经，多名老太太担龙凤花篮起舞。时而呈剪子股交合（寓男女交合），时而为"履迹步"（《淮南子》载"华胥履巨人迹生伏羲"），时而为蛇蜕皮舞（象征生育）。充分体现祭祀皋媒之神及生殖崇拜的实质。其颂的经文更明显："西边修的娃娃山，有儿有女把头点，没儿没女拴一个，夫妻双双都喜欢。"这种担经挑舞在陈属各地均非常流行。

拴娃娃　在太昊陵西侧有一女娲观，俗称"娃娃殿"，是祈求生子的圣地。

一些祈子的女子进了女娲观，不必多言，道人自晓其意，递给一女子一根红头绳，女子接过，迅速在琳琅满目的泥娃娃（近年多改为塑料娃娃）中间任选一个，赶紧放在衣襟下盖好，嘴里默默叫着事前起好的吉祥名字，直至家门。然后把泥娃娃用红布包裹，压在睡床沿下面，以求来年喜添贵子。这一生殖崇拜现象，几千年来一直延续下来，包括十年动乱期间都未中断，只不过非常隐秘罢了。可见人类维持生命、延续后代的愿望，多么强烈、多么根深蒂固。

抢旗杆　进入父系氏族社会以后，认为男子支撑门户，称男子为顶天柱，顶旗的杆，是其门户的旗帜。所以陈地一带于每年太昊陵庙会上，又有“还旗杆”、“抢旗杆”之俗。谁家向伏羲“人祖爷”、女娲“人祖奶奶”祈祷儿子，若来年喜得贵子，就要向祖上“还旗杆”，在伏羲陵前烧掉。所谓旗杆是长五尺左右、直径一寸左右的木杆，穿过一个倒台形的木盒，木盒象征地，其意表示所得之子能在大地上立于庶民之林，支撑门户，顶天立地。有些虔诚者，在距陵墓几百米甚至几千米的地方，开始三步一揖、五步一头（既每前进三步作一个揖，每前进五步一个头），直到陵前，有的额头触地，以示衷心的感谢。磕头其实就是原始祭祀舞的简化形式。“还旗杆”实际上是向祖上（人祖）回谢恩赐，报告祖上他已经得了儿子，也是吉祥的标志。一些图吉利者，欲抢吉祥，实际上也想像人家那样喜得贵子，不等旗杆烧掉，抢之扬长而去，还旗杆者也觉高兴。

摸子孙窑　在太昊陵显仁殿（俗称二殿）东北角的石基上，有一方青石，青石上有一个洼窑，俗称“子孙窑”，像女阴器。来来往往的女子争相用手指头摸一下，模拟男女交合，期望皋媒之祖女娲通过“神媒石”恩赐贵子。不仅婚后女子抢摸子孙窑，连未婚姑娘也要喜滋滋地摸一下，以盼望婚后能生儿育女、繁衍后代。

在今天看来，这些行为除担经挑舞以外，已看不出与歌舞的明显联系，但是认真探究起来，仍可看出这是古代歌舞程式化、仪式化的一种表现。

3．求偶歌舞

祭祀歌舞、求子歌舞，从总体上来说是严肃的．神情是紧张的。这些舞蹈表现了群体的、内心深处的恐惧与不安，用虔诚的心灵祈祷神灵的佑护，所以这种舞蹈的娱乐成分是很有限的。在祭祀歌舞的发展过程中，舞蹈的另一功能就充分体现出来了，即交际功能。在众多的交际功能中表现最突出的就是男欢女娱的求偶歌舞。这类歌舞与求子歌舞出于同源，即对生殖的崇拜。道理很简单，已婚夫妻求子，而未婚者必须先求偶然后才能得子。在古代的节日中，尤其是春天的社日，可以说既是民族的节日、祭日，又是青年男女求偶交配的日子。《礼记》载："仲春之月，以太牢祀于高禖。"《周礼·地官·媒氏》也说："中春之月，令会男女，于是时也，奔者不禁"，"司男女之无夫家者，而会之"。为了达到繁衍人类的目的，组织专门的活动供青年男女求偶交合。《陈风·东门之枌》可以说直接描述了这种民间歌舞的情态。青年男女在民间歌舞活动中，相互倾吐爱慕之情，由相知到相爱的欢愉情景：姑娘们醉心地舞蹈，连麻也不织了，而且送给心上人一把花椒，作为定情，表示以心相许。舞蹈活动不是在山野也不是在庭院而在市井，可见规模之大、舞风之盛。而《陈风·宛丘》写"坎其击鼓，宛丘之下。无冬无夏，值其鹭羽"。表现了时间之长，一年四季，而且舞姿潇洒，花样繁多。

4. 游戏及庆贺歌舞

最初的舞蹈自娱性成分多，慢慢地才发展为表演性。这种自娱性舞蹈可以说是对紧张状态的祭祀歌舞的一种调解，一种自然补充，能够使人们从恐惧紧张中解脱出来。如欢呼对敌斗争的胜利、与友好邻邦的和平共处、庄稼的丰收、久旱逢雨、狩猎凯旋、节日的娱乐，以及力量和技巧的展示等等。这些舞蹈很少能够在祭祀歌舞的范畴，其目的就是导致最大限度地狂欢作乐。社会越进步、科学越发达，人类对大自然的了解与征服力不断提高，对不可知的天、地、神崇拜依附的感情越淡薄，祭祀礼仪也就日趋简单化、仪式化、世俗化，且常常把这种祭祀活动演变成民众性的娱乐活动。现在，仍然在民间流行的娱乐性歌舞大致有龙舞、狮舞、面具舞（与面具舞相联系的还有竹马、旱船、高跷、肘歌），以及与劳动有关的舞蹈。

（一）舞龙

"舞龙"的习俗许多资料认为是承继殷周"祭天"的遗风。龙在历史文籍的记载中出现的时间极早，而且"舞龙"包含"风调雨顺国泰民安"，原有"祈年"的意思。古人民智未开，大概由于龙在神话中是海洋的主宰，威力无穷，而海洋主水，龙也就很自然地做了农作物的司雨神。人们想以舞龙来祈求神龙，以保风调雨顺、五谷丰登。

周口的舞龙表演，种类繁多，各具特色。常见的有火龙、草龙、人龙、布龙、纸龙、花龙、筐龙、段龙、烛龙、醉龙、荷花龙、板凳龙、扁担龙、滚地龙、七巧龙、大头龙、夜光龙、焰火龙等近百种之多。龙灯的节数一般为7节、9节和13节。从久远的年代起，舞龙活动经久不衰，一代又一代流传下来。现在，舞龙不再是某一民族独有的"自娱"项目，而是属于各个民族的了。

舞龙表演

槐店回族镇老街龙舞流传于沈丘县县城老沙河北岸埠口老街（今南关解放街），是当地回汉民众自娱自乐、喜闻乐见的一种传统民间艺术。槐店回族镇民众的舞龙习俗，据传与黄龙、青龙夫妇疏浚沙河有关。“沈丘”历史上读“沉丘”，沉通寝，意为低洼，丘为土堆，即荒坡，亦称贫恶之地，《史记》称此为“前有妒谷，后有戾丘，其名恶”。古时沈丘为湖泊泽国，直到民国年间，70%的土地还是湖洼之地，“潦则为湖，旱则成坡”。旧传民谣“三湖四洼一面坡，庄稼没有野草多，三天不雨禾苗干，一场大雨田成河”。加上黄河连年泛滥，使沈丘人民深受水患之苦。明宣德三年（1428 年），黄河决口，旧县（今沈丘县城槐店回族镇在明宣德三年以前为古项城县治所）城郭民庐冲塌殆尽，县治迁原南顿县殄寇镇（今项城市秣陵镇）。大水过后，庄稼被淹，河道淤塞，使沙河北岸以玩船（又称驶船，指从事漕运业者）和经商为生的老百姓生计无着，苦不堪言，当地民众搭台供神，焚香祷告上天施恩。据传说，一天忽然响声大震，只见两条龙拱开了淤塞的河道，当拱到东郊外惠庄时忽然停下，见青龙盘着黄龙的身躯在流泪，原来黄龙连日疏浚河道被累死在河滩上。他们是一对夫妻，黄龙是丈夫，青龙是妻子，当地百姓从河中抬出龙身把黄龙供奉起来，青龙继续拱挖河道至王阳关，终使河道畅通，田地积水得以排泄，农人得耕，沙河恢复了通航。当地民众为纪念黄龙、青龙造福当地，就以舞龙的方式纪念这对龙夫妇。

民国时期的舞龙由当地玩船大户周、李两家及行商、坐商共同出资，道具制作由南关崔、胡两家竹匠铺承担，日久成俗，世代相传。据当地老艺人讲，明清时期耍的龙头是黄龙的真身，后在一场大火中被焚，才改成竹制。舞龙的时间一般在农历正月初一至二月初二。老街龙舞队现任社首为庞立士、王东亮、王东方、李尊清、李士信，演员为南关街回汉民众自发义演。每条龙九个龙把，男演黄龙，女演青龙，彩珠手1人，鼓锣镲手10人。艺术手法主要为蛟龙漫行，船上表演，今多在河岸上表演。在水光倒影里双龙戏珠，忽而高耸，欲冲云天；忽而低回，如水中踏浪，蜿蜒腾挪，颇为壮观。老街龙舞已成为当地年节习俗中一项不可缺少的民间文化活动。

（二）舞狮

舞狮是我国优秀的民间艺术，每逢元宵佳节或集会庆典，民间都以舞狮前来助兴。这一习俗起源于三国时期，南北朝时开始流行，至今已有1000多年的历史。

表演者在锣鼓音乐下，装扮成狮子的样子，做出狮子的各种形态动作。按照周口民俗传统之说，认为舞狮可以驱邪辟鬼。故此每逢喜庆节日，例如新张庆典、迎春赛会等，都喜欢打锣打鼓，舞狮助庆。

据传说，舞狮最早是从西域传入的，狮子是文殊菩萨的坐骑，随着佛教传入中国，舞狮子的活动也输入中国。狮子是汉武帝派张骞出使西域后，和孔雀等一同带回的贡品。而狮舞的技艺却是引自西凉的“假面戏”，也有人认为狮舞是5世纪时产生于军队，后来传入民间的。两种说法都各有依据，今天已很难判断其是非。不过，唐代时狮舞已成为盛行于宫廷、军旅、民间的一项活动。

唐段安节《乐府杂寻》中说：“戏有五方狮子，高丈余，各衣五色，每一狮子，有十二人，戴红抹额，衣画衣，执红拂子，谓之狮子郎，舞太平乐曲。”诗人白居易《西凉伎》诗中对此有生动的描绘：“西凉伎，西凉伎，假面胡人假狮子。刻木为头丝作尾，金镀眼睛银贴齿。奋迅毛衣摆双耳，如从流沙来万里。”诗中描述的是当时舞狮的情景。

狮子体形威武，被誉为百兽之王，而中国一般不受狮患所害，因此民间对狮子有了亲切感，把它当成威勇与吉祥的象征，并希望用狮子威猛的形象驱魔赶邪，造成狮形以镇压或以示威武。

狮子舞，周口称玩狮子。一般有两套大狮子皮，一套小狮子皮，两个彩绣球和数套服装。狮子头用纸糊，现大多用木制或钢化玻璃头，外饰以彩绘，狮身用白布、彩麻涂彩做成，形象十分逼真。表演时由两人配合扮作一头狮子，一人作狮头（俗称掌顶），一人作狮身（俗称后尾子）。表演分行进表演和场子表演。行进表演由彩旗、锣鼓、号角前导。绣球手着青巾、短衫、彩裤、缨子鞋，手持绣球，在前引逗狮子追逐，做出各种动作。还有扮演其他杂角者尾随狮子进行表演。这些角色一般为身着彩衣的大头吼。场地表演由旗、鼓、锣、镲、号角在一旁助威，狮子舞在绣球手手拿绣球诱惑下进行表演。

绣球手的动作有二起蹦、旋风脚、板单叉、鲤鱼打挺、前后滚翻和打车轱辘等。狮子的表演动作有扑打、蹿跳、滚翻、抖毛、舔毛、滚绣球、挠痒、小憩、两头狮子互相打逗、交配、母狮下崽，还有难度大的动作如拿顶参神，跳桌子，蹁桌子，登高（几张桌子堆起来）下跳等，其雄风逼人，威武壮观。武狮子除此之外还表演武功如打拳、耍兵器等。

周口历来以农为本，配合节气变更与农事生活、各种节日或迎神喜典应运而生，在这些节庆中，人们为了所求生活平安祥宁，以神或瑞兽来驱鬼娱神演变下来，这种形式便渐渐具有娱乐民间的意义。随着人们对狮子的喜爱，就不满足于立门墩、屋檐、石栏、印章、年画上静止的狮子艺术形象，他们要让狮子活起来，于是他们便创造了模拟狮子行为的武狮舞蹈和文狮舞蹈。沈丘的文狮子舞蹈，已经发展成为周口独特的民间艺术，2008 年被列入国家级非物质文化遗产。

陈州狮子舞，历史悠久，可追溯到南北朝时期．南北朝以后，日渐盛行。不过，那时的狮子舞很单调，直到盛唐时才发展到锣鼓伴奏，气氛喧腾而热烈。《新唐书·音乐志》记载的演出情况是："设五方狮子，高丈余，饰以万色，每狮子有十二人，衣执红拂，首加红抹，谓之狮子郎"。据记载，每年正月十五、二月二、三月三，陈州北关太昊陵庙会，都有狮子舞、高跷、龙灯、旱船、竹马等文娱活动。文明武打，载歌载舞，全城轰动，热闹非凡。

周口的狮子舞，在形式上可分大狮和少狮，大狮即两个人扮演的大狮子；少狮即为一个人扮演的少狮子。在动作上，可分为文狮和武狮两种。文狮主要刻画狮子温驯的神态；武狮则表现狮子勇猛威风的性格。

如今，淮阳流行的狮子，一般由两只狮子对舞，每个狮子由一人掌狮头，一人掌狮尾、狮身；另一人扮成武士或文士模样，手持绣球作诱导，在锣鼓声的伴奏下，武士开拳踢打，滚身翻筋斗，引诱狮子起舞。狮子在欢快的锣鼓声中，摇头摆尾，爬高上梯，跃上蹿下，回眸张口，俯首挠痒，出洞、跨山、上楼台、滚球，做出翻滚、跳跃等欲夺绣球的勇猛动作。

相传，陈州舞狮还为抗击日寇立过功呢！日本鬼子驻在淮阳的中队长小野，烧杀淫虏，无恶不作，他还假惺惺地朝拜人祖伏羲。有一年的二月二庙会，小野也去看舞狮子，并伸指咧嘴说："中国的狮子，大大的好玩！"此时，只听"叭"一声，小野狗啃泥趴在了地上，脚蹬几下，见阎王去了。人们纷纷散去，狮子也无影无踪了。小野的几个随从也早已被击毙。原来，我武工队里有几位会舞狮子的队员，他们掌狮首、狮身、狮尾，等小野来看时，出其不意宰了他，此事后来成了一段佳话。

现在的淮阳舞狮，更有了新的内容。它不仅活跃了民众的文化生活，有益于精神文明建设，又锻炼了人的体魄。这一活动既受民众喜爱，也深受旅游观光的外国人的热烈欢迎。

窦氏武狮会是以槐店窦寨村村民为核心，窦氏族人广泛参与的武狮健身运动，是沈丘县城民众喜闻乐见的一项大型民间艺术活动，始于明朝宣德年间，距今有500多年历史。

窦氏始祖故里山西省沁水县窦庄素有尚武之风，师承少林大洪拳。宋朝左屯卫大将军窦麟之后窦键来槐店修建庄园起名窦寨。为防匪患及外人入侵，在加强防护的同时，开馆教习武术，强健民众体魄，增强战斗力，以防御外敌。

窦氏武狮会

槐店自古有三官庙会，正值元宵佳节，为给乡邻增添节日气氛，祈求来年五谷丰登，国泰民安，窦氏族人根据自己武术技击特长，采取人与雄狮大战共舞，创立了武狮会，主要表演内容有狮子滚绣球、雄狮攀高峰、望月吐彩、雄狮过刀山、春秋刀领狮舞、滚双刀、滚手梢子狮子舞、三节棍盘狮子、火枪、九节鞭、绳镖、单刀、棍、枪、手梢子、虎头钩战狮子等，还有双人组合的单刀进枪、双刀进枪、双刀进带、枪进朴刀、枪进三节棍与雄狮共舞，表演场上，威风锣鼓震天响，螺号嘟嘟更高亢，流星翻飞灯火明、战旗猎猎人激昂，呐喊声、喝彩声响成一片，形成极其辉煌壮观的场面，加之表演精彩，技艺惊人，令广大民众激动不已，拍手叫绝。

明清乃至民国年代，窦氏武狮会曾多次调演至开封府及周边郡县，得到大家好评，如此好的一项民间艺术活动在“文革”时期被定为“四旧”废除，粉碎“四人帮”后仅兴两年遂止，多年几起几落，欲举未果，近年来党中央号召共建文明社会，弘扬历史文化，活跃人们的精神文化生活，县文化局提出挖掘整理民间历史文化遗产，积极倡导支持此项活动，派出专人负责组织领导，窦氏族人在宗亲会会长窦全尧、副会长窦全胜、窦全良、窦霜雪的带领下积极捐资，购置设备，整理传统套路（共挖掘整理出拳术套路36套、器械套路42套、狮舞12套），使今天的窦氏武狮会又重现民间，每次的表演都受到广大民众的高度赞扬，为弘扬历史文化，传承尚武精神，丰富民众的文化生活，增强民众体质，共建和谐社会作出了积极贡献。

沈丘槐店回族中的文狮子舞，由三部分组成。是流传在沈丘槐店回族中的民间舞蹈艺术，起源于元代，距今约700多年的历史。

文狮舞自元代随波斯你沙布尔人海鼻耳传入中原，延承于汉唐时期的西域“五方狮子舞”，与古龟兹伎狮子舞在艺术上也有一定关联，对中原古民间舞蹈也有吸收和接纳。“狮子、麒麟、独角虎”舞蹈具有原生态的质朴美，现全国仅存沈丘一处，在每年的春节、元宵节演出，具有稀有性、年节习俗依存性、多源性、共存性、传奇性、模拟性、娱乐性等特征。

文狮子舞分游街和场地表演两种形式。文狮子舞的道具有狮、虎、麒麟饰披各一套，小狮子饰披一至二套，圆笼绣一个。文狮子舞乐器有打击乐和管弦乐两类。打击乐器有重音大鼓、大锣、堂锣、铙钹、中钹、镲等，管弦乐器为“别里子”（波斯螺号）等。

文狮子舞表演出场顺序是：独角虎、麒麟、狮子。以击鼓、打锣、拍镲，指挥舞者转换舞蹈步法。以“别里子”吹奏出虎啸、狮吼、麒麟鸣之音转换出场顺序和表演情节。独角虎出场，节奏猛快，先是三个大转“枝子莲”，四处巡视瞭望，看到笼绣后，围着笼绣表演观、闻、迈、踩、触、衔等一系列动作。麒麟出场温文尔雅，以碎步小走为主。其舞蹈动作主要在头上冠子和两麟角上。看到笼绣，既有点害怕，又想据为己有。在矛盾中，一点一点地近距离观察接触，知道其是逃难的弱者，生起同情怜悯之情，亲吻、拥抱、衔起，接纳了笼绣。狮子的出场为直接式出场。主要刻画狮子温驯的神态。有巡山、饮水、观景、舔毛、抖身等动作，看见笼绣后，围笼绣欢快而舞，接着是闻、吻、衔、吞，而后是受孕、生仔。狮子的重头戏是十月怀胎的艰辛和分娩时的趴地抖颤的痛苦，以及对小狮子出生的喜悦、幸福。小狮落地后，在地上抖动，几欲立而不能，母狮子上前舔仔情深给以鼓励。小狮子几经努力站了起来，跑、跳、撒起欢来。

文狮子舞

“文”是文狮子舞的主要艺术特点。舞蹈集中表现和刻画了母狮子的文雅、柔弱、温顺、和谐、慈爱，富于联想和想象。此外，舞蹈具有趣味性、娱乐性、模拟性等特色。

文狮子舞寓意深刻、内涵丰富。狮角虎被寓意为除恶扬善、维护一方平安的法官，虎头上的角代表法律。笼绣球被作为评判是非的物象。反映出人民群众呼唤社会公平、公正、没有歧视的心声。

麒麟代表高贵，麟角翎翅代表权位，笼绣代表一个外来者，象征着民族团结、友爱、和谐、共融。

母狮子象征慈母，对人间充满博爱。绣球在这文狮舞里作鸟的卵蛋，是使母狮子受孕、怀胎、生仔的象物。喻示着人民群众对安定、和谐、吉祥的祈盼，教育人们对社会要有责任感、善待子女，孝敬父母，报答生养之恩。

文狮子舞已成为中华民族大家庭的民间艺术的一支璀璨奇葩。自1953年以来多次获奖。2006年10月河南省第五届少数民族传统体育运动会参赛获二等奖，2007 年 12 月 14 日参加省首届少数民族文化艺术展，获表演一等奖。2007 年 1 月，“沈丘县回族文狮子文化协会”成立。2007 年 3 月，被河南省人民政府列入第一批省级非物质文化遗产名录。2008 年入选全国非物质文化遗产项目。

（三）跑竹马

马马社、纸马、火竹马、裤马，都是跑竹马的别名。这种民间艺术表演形式流行于周口境内各地，通过有关资料的考证，至少已经有 600 多年的历史。

跑竹马

竹马一般是用竹皮或者竹篾扎起骨架，外面用纸裱糊，再经过彩绘而成。竹马分为前后两半，系于表演者的腰部，使表演者如骑马状。郸城县的竹马则是用中式大裆裤填满干草，一头作马首，一头作马尾，白裤腰是表演者的坐骑部位，外加马头，人称之为“裤马”。跑竹马，一般在农历正月十五元宵节闹“红火”时活动于广场或街头巷尾。周口各地参加跑竹马表演的人数不等，活动形式也有一定程度的不同。商水的跑竹马，是由四名女童骑马，四名男童手里持云板配合跑竹马表演。有时跑竹马表演中还在跑竹马的行列中增加一个倒骑驴的“县官”。这名县官可以在队伍的前后左右来回自由地跑动，在跑动中还作马尥蹶子踢人的动作，以增加跑竹马的趣味性。

跑竹马的表演简便，动作也比较简单，跑动时，以走场为主，有“双进门”、“四门斗”、“水溜溜”、“绕八字”、“蛇蜕皮”、“十字靠”、“剪子股”、“跑圆场”、“二龙出水”、“南瓜蔓”等十余种场图，表演时，伴奏乐器大多使用锣、鼓、镲等打击乐器，也有的地方用唢呐吹奏民间乐曲。

竹马舞和跑竹马几乎一样，不过竹马舞更加注重表演和化妆。竹马舞在周口境内各乡镇均有流行，以商水一带流行较广。建国前以商水县、淮阳县、扶沟县的竹马较为著名。

竹马舞的主要服装道具有：纸糊的竹马和戏剧古装、盔甲、拂尘、刀剑等。竹马是用竹批扎成马形，外糊数层纸，彩绘后加涂桐油，上挂铃铛，下以白布围裙，前后左右画出马腿做奔驰状；演员将竹马系于腰间，“马”腹两侧画有骑马状的假裤与假腿，有假足插在镫内，与演员上身形成一个整体。全场约需40人。表演时每人一马，演员化装成戏剧人物，节目多是瓦岗军、打渔杀家等戏剧里的情节。演员急步似马奔腾，缓走如马溜缰，跳跃如马越沟跳涧，单叉似马失前蹄。旁有马童执鞭（以麻编成，长若丈余），不时甩鞭炸响，声如爆竹。口号伴着铃铛，战鼓伴锣镲，交织一起，声势浩荡，情景交融，激越动人。表演形式主要有铁锁柜、十字马、二马分鬃、水浪式、拐子马、四门斗子、一空桥至五空桥等。动作主要是演马、对打、亮相、跳卧等。

竹马大多是春节前后和庙会上（现为物资交流会）串村或串街道演出。演员在锣鼓、笛号伴奏下边走边演，民众边追边看，热闹非常。这种竹马舞取意万马奔腾的喜庆和祈求官民同乐的愿望。

（四）旱船

旱船，是民间表演艺术形式之一，逢年过节，周口境内各地都流行这种民间舞蹈，这是一种模拟水中行船的民间舞蹈。“旱船”是依照船的外观形状制成的木架子。在这种船形木架周围，围缀上绘有水纹的棉布裙或是海蓝色的棉布裙。在船的上面，装饰以红绸、纸花，有的地方还装有彩灯、明镜和其他装饰物，把船装饰得艳丽不凡。

“旱船”，自然是陆地上的船。乘船者一般是一个人，有时也有双人、四人甚至七人共同乘用一只船的。乘船者所表现的多是姑娘、媳妇，也有扮演其他人物的。扮演者有男有女，在农村中不尽相同。如今，许多地方的跑旱船不再男扮女装，而是由姑娘、媳妇化装后直接饰演姑娘、媳妇。也有些地方，仍然是男扮女装。

跑旱船，跑时，表演者中有一名“艄公”划桨引船，在前头带路，做出各种各样的划船动作。而乘船者在表演中，往往是走快速碎步，这样能使船身保持平稳的状态前进，犹如在水面上漂动的船那样，颇为形象地塑造出水面行船的情景。乘船者不止一只船，三五成群，一线儿排开，与“船公”默契配合，时起时伏，随着“波浪”旋转、颠簸，犹如是水上跑船时的生动画卷。

在旱船表演中，一般是一个艄翁引多只船前进，也有的是双公划一只船前进，还有的是多船没有“艄公”而由一只船在前边领头前进。在前进中，要跑出各种平时训练好的套路，起伏波动、生动活泼，吸引着看“红火”和视节庆的人们。跑“旱船”时，一般使用的伴奏乐器是锣、鼓、钹等打击乐器，也有的地方加上一至两支唢呐伴奏，气氛热烈，情绪活跃，具有浓郁的地方风情和民族色彩。

跑旱船是渔家祈求丰收和平安吉祥的一种文艺表演方式。他们通过旱船的表演来展示渔家欢乐生活和辛勤劳作的场景。通过旱船表演来达到娱神的目的。

（五）高跷

高跷，周口也称拐子，是由表演者脚踩木跷表演。由于表演者高出一截，观众需要仰起头来或是站在高处观看，所以也有人把高跷称为“高瞧戏”。这种活动在周口境内流行甚为普遍，是一种民众喜闻乐见的民间文艺活动形式。

高跷，是舞蹈者脚上绑着长木跷进行表演的形式，技艺性强，形式活泼多样，由于演员踩跷比一般人高，便于远近观赏，而且流动方便无异于活动舞台，因此深受民众喜爱。

关于高跷的起源，学者们多认为与原始氏族的图腾崇拜、与沿海渔民的捕鱼生活有关。古文献《山海经》中关于“长股国”的记述，根据古人的注释，可知“长股国”与踩跷有关。从“长脚人常负长臂人入海中捕鱼也”这一注释中，我们不难想象出脚上绑扎着长木跷，手持长木制成的原始捕鱼工具在浅海中捕鱼的形象。现在的高跷表演，也多是为了祈求吉祥，达到娱神敬神等目的。

今人所用的高跷，多为木质，表演有双跷、单跷之分。双跷多绑扎在小腿上，以便展示技艺；单跷则以双手持木跷的顶端，便于上下，动态风趣。其表演又有“文跷”、“武跷”之分，文跷重扮相与扭逗，武跷则强调个人技巧与绝招，各地高跷，都已形成鲜明的地域风格与民族色彩。

武高跷表演中，头跷为指挥，二跷是领队，戏曲人物居中，最后由丑汉压阵。表演首先扭各种场图，然后表演“过仙桥”、“跳桌子”、“跳双凳”、“大劈叉”等各种难度大的动作。高跷主要是表演特技。这里的高跷表演，不但有磕拐、碰拐、背拐、跌叉、跳桌、翻跟斗等技巧动作，而且还有抬二节、抬三节、坐抬、立抬、组合抬等高难度抬法，并能构成“马拉车”、“过天桥”的造型。高跷，难度最大的是“上虎梯”。高跷“扑蝴蝶”，是既有故事情节，又有许多高难度动作的高跷节目。这个节目由三人表演，女青年饰演旦角，挑着蝴蝶前行，男青年饰演小生，持扇扑蝶，小丑摇动拨浪鼓嬉戏追逐，甚为活泼、生动，趣味性很浓。这三人在表演中，有“蹲走”、“跳桌子”、“鹞子翻身”、“越头跳”、“后滚翻”、“单腿跳”等技巧动作。

明清文献记载，高跷常与秧歌结合扮演戏曲人物，叫作“高跷秧歌”。如《京都风俗志》载：“秧歌，以数人扮陀头、渔翁、樵夫、渔婆、公子等相，配以腰鼓、手锣，足皆蹬竖木，谓之‘高跷秧歌’。”现在周口一带的高跷多属此类，演员8至12名，分扮陀头，小二格、渔、樵、耕、读等人物，或扮成《水浒传》、《白蛇传》、《西游记》等戏曲人物。表演又有文、武跷之分，文跷讲究扭、逗，或表演情节简单的小戏。武跷强调个人技巧，如“单腿跳”、“扑虎”、“劈叉”以及“越障碍”、“跳高桌”等。西华县逍遥一带的高跷，其木跷长140厘米，技艺精湛的演员可后屈一腿，只用单跷从四张叠起的高桌上一跃而下。郸城、沈丘的高跷还有叠起三层作惊险表演的绝技，淮阳、项城市的“托装”是高跷与“肘阁”相结合的表演形式。所谓“肘阁”，是表演者把一铁制的特殊道具绑扎于身，另把一两名儿童稳扎在道具的上端，犹如用手托起，形成两层或三层的各种戏剧人物造型，名目繁多，如“金钱豹”、“丑三打柴”等。该地“托装”的舞者脚下踩着木跷，上面有一二儿童，其表演及道具制作难度之大，可想而知。

其他地方的高跷各有所长，所用木跷高低不同，用于技巧表演的多在1米左右，最高的跷可达2米，但多用于走和简单的表演。伴奏乐器有两类，一类如京津高跷，锣鼓四件（腰鼓、手锣各二），自敲自舞并为全队表演伴奏。另一类用大鼓大钹等打击乐伴奏，音量大，气氛热烈。

（六）龙灯舞

龙灯的道具主要是龙皮。龙皮以竹扎、布糊后彩绘而成，一般为十二节(包括蛛蛛和龙头、龙尾），长约五丈余，头尾各有木棍一根，龙身有木棍若干，每根木棍，由一人执擎。除尾巴为一盏灯外，头和每节龙腹均有灯烛两盏，蛛蛛内也有灯烛一盏。还有铃若干挂，彩旗若干面，锣鼓一套。主要角色有龙头、龙脖子、龙尾，龙身每节、擎珠各二人，计二十四人，分两班替换舞耍。龙灯舞除元宵节表演外，每逢阴历二月二日都要表演。一般情况下每年二月十五日前后要去太昊陵表演数日。

表演多在夜间，一般在离表演场地约200米远的地方，在锣鼓鞭炮声中开始。表演者边表演边前进，直到场地。这段表演叫参路。到场地后，北面放神桌烧上香，龙头朝北，离神桌10米远开始表演，这叫参神。然后正式表演，形式有盘龙、腰接、蜕皮、啃痒、翻身等动作，形象逼真，活灵活现。在锣鼓伴奏和灯笼火把映衬下，龙灯左右翻腾，张牙舞爪，犹如苍龙遨太空，气氛热烈，场面壮观，很受民众喜爱。

玩龙灯在我市已有 100 多年的历史了。最早的是淮阳县、沈丘县、项城市的龙灯会为最著名。近年来，淮阳县的龙灯仍不断在太昊陵及龙湖表演，观众甚多。

扶沟县何庄的龙灯舞会，始于汉。形式有单龙舞、双龙舞，表演招式有“金龙盘旋”、“二龙吐须”、“二龙戏珠”、“龙灯隐身”、二马分发圆场、大翻身、龙搅水、龙盘玉柱、龙蜕皮、盘门、盘塔、过天桥、独木桥、龙出水、龙爬梯、龙上桌等。

“火龙喷火”龙头则是用竹材纸制作而成，龙须则是用白麻丝染制而成，有红、白、绿、黄、蓝、黑代表金木水火土，龙的眼睛用琉璃球制作，舞龙时龙的眼睛闪闪发光，气势雄伟，活灵活现，舞姿生动，加上铜器的伴奏，更是引人入胜。龙灯舞是民众龙崇拜的一种方式，通过舞龙来达到避祸消灾的目的。

（七）肘阁

周口淮阳县、项城市、郸城县城关镇今仍各有肘阁一班。相传郸城集的肘阁是清末自周口、商水一带学来的。整个班需 40 人左右，其中男演员 20 人（分别为青壮年和少年儿童），旗手、锣鼓手 18 人左右。

肘阁表演

一架肘阁有青（壮）年和少年（儿童）各一人组成。由一弓形铁芯把两人紧紧联系在一起，铁芯下端拴在青（壮）年扮的壮汉腰间起固定作用，上端顺壮汉右胳膊弯曲呈手腕上肘之势，伸到身体的右上方。扮演某一角色的少年（或儿童）一只脚立于壮汉左手掌之上，被肘到半空中。铁芯把压力的大部分传到壮汉的腰间，减轻手腕、手臂的压力。演出着古装（分单装、双装、吊装、葡萄装、杏花装等）。少年儿童扮演的角色有《白蛇传》中的小青、白素贞，《西游记》中的孙悟空和《打渔杀家》中的人物，被壮汉举在半空表演各种戏剧动作。

流传于周口市辖域内的“肘阁会”，是民间文艺会的重点会种之一。按其表演风格归类，应列属民间舞蹈范畴。“肘阁”源出于山西民间舞系（山西叫芯子），由客寓周口的山西帮客商引入。在此以前，肘阁会实际上已时有出现。按其推断，可以粗略证明，肘阁在周口的流传，就有近百年历史，至少不会迟于清光绪年代。

肘阁表演，一般由二人组成一个单元，借助于独特的铁桩、铁芯组合装置，外观构成“棚架式”造型。下边一人，俗称“驮家”，多由青壮年男性充当角色，以腰臂部为基点，依靠桩架，将一名由幼童扮演的角色，托架于头顶上方偏左。整个单元，称为一“架”，全高九尺左右。

每架肘阁，由上下二人通过化妆着装，多扮演戏剧人物，例如：上扮“花木兰”，则下扮“马童”或“柳元度”；如上面幼童扮“白素贞”，下面即扮演“许仙”。这样一来，就搭配构成一出戏的有机整体造型。而集中数架肘阁单元造型，就成为一个肘阁会队列，可以出动表演了。至于每一班会包括几架肘阁，全视装备条件与人员实力而定，可多可少，并无统一规定。一般不少于四架，多者达 8－12 架。肘阁会的演出季节，按当地历史传统习惯，与其他民间文艺会一样，主要集中于清明与灯节，而以清明活动规模最大。肘阁表演，虽属民舞范畴，却又有别于一般民间舞蹈的表演程式。其显著特点表现在：它不依靠纷繁的舞姿或队形变化取胜，而是凭借前述独特的主体装置，侧重通过富丽堂皇的艺术造型和“彩头”设计的高雅新奇而独树一格。

所谓“彩头”，是指每架肘阁上层幼童演员所依凭的桩架铁芯，与下层桩架衔接部位的装饰性设计艺术而言。每架肘阁的新奇妙绝，集中通过“彩头”设计艺术的构思，来充分表现。例如：上边幼童扮“十三妹”，下边人物扮“安公子”。“十三妹”通过“彩头”设计装饰，给人的直观感受，竟是“站”在铁弓的一根紧绷的细弓弦上。又如“何仙姑”站“莲瓣”，《秋胡戏耍》站“桑枝”、站西瓜瓤、站鲜桃，甚至站在一枝粉嫩灵脆的真藕节上等等。总之，每逢肘阁会出动，各班会之间，无不在“彩头”上费尽心机、争奇斗艳，以求出奇制胜，一鸣惊人而压倒对手。

此外，肘阁的人物化妆娇稚可爱，装饰绮丽俊俏，衣箱多选自苏绣精品，形色俱佳。与其他会种化妆造型相比，一扫粗俗之外观，显得分外清新高雅，富丽堂皇；临场献演时，配以古朴的“八音”伴奏，气势雄浑的“杠箱”开路护场。因此，其内身虽仅有简单的队形变化和程式化的身段表演，但在品种繁多的民间文艺表演队列中，却往往以突出的气派，赢得观众的非凡偏爱。

每逢传统节日，出会而不见肘阁，被认为是一大憾事。故又有“不出肘阁不成会”之说，可见其影响之深。

肘阁会在周口的全盛时期，约在1930年后到抗战前段。据调查，1930年清明节，周口曾一次出动过肘阁四十八架，八音会六班。1939年并曾应邀赴安徽界首献技，引起强烈反响。延续到解放初期，1956年清明节，周口市尚有杂货、酱菜、山货、花土地庙等处班会，出动时肘阁十二架以上，轰动四方，吸引了西华、商水、淮阳、项城、郾城等附近各县观众，都竞来周口市区看会，外来观众暴增两万余人。“中会”期间，全市大街小巷，夜晚露宿者比比皆是。据说，有的市民家庭，一天要做四十八人以上的饭食，招待来看会的亲朋故友，成为全市人民引为自豪的一大快事。

由于广大民众对肘阁的偏爱，反过来又刺激了肘阁班会争强好胜的积极性。大家纷纷在“彩头”上精益求精，力求创新。后来又陆续出现了“双桩”（上面站两名幼童，形成三人组合单元）、“吊桩”（上层人物可吊动翻滚）、“顶桩”（通过“彩头”变化，使站桩者如立人顶），以及“五子登科”（上层桩架上，真人配“傀儡”，形如五人同桩）等，并渗入了杂技色彩。

项城肘阁始于北宋，清乾隆年间逐渐发展成集舞蹈、音乐、戏剧、杂技为一体的综合艺术形式。清末民国时期最为鼎盛。据项城市肘阁协会会长，现年68岁的郭宝玉先生讲，其祖上曾在北宋时到汴梁城玩过肘阁，后在其祖父郭锡铭的大力倡导下，在县城北街成立了肘阁会，研究、排演肘阁节目，肘阁艺术逐渐成熟。建国后，项城肘阁队多次代表周口地区参加民间艺术演出并获大奖，享有“中原独秀，华夏一绝”的美誉。

项城肘阁演出形式主要有“单装”、“双装”、“三装”三种。“单装”，就是上装由一个孩童表演；“双装”就是由两个孩童表演。“三装”就是由三个孩童表演。在造型追求上，上下装人物的装扮要协调统一，如“单装”的《西游记》，上装演员扮孙悟空，下装演员扮猪八戒或沙僧；再如“双装”的《断桥》，上装是青蛇、白蛇，下装便是许仙；又如“三装”的《三国演义》，上装是刘备、关羽、张飞，下装是赵云等。项城肘阁表演具有高、难、险、美、奇的特点：“高”，就是在造型艺术上，一般上下装结构要有4－5米高，这在民间舞蹈中是少见的。“难”，就是其表演难度较大、技巧性很强。“险”，就是上下装表演时要配合得当，解决好重心、支点，否则会发生危险。“美”就是呈现出多姿多彩的造型，追求观赏性。“奇”就是通过新颖别致的道具，给人以新奇感，如让上装演员站在铁弓的细弦上或又尖又薄的西瓜牙上等，真乃惊险奇观。

项城肘阁的表演是在八音（锣、鼓、钗、板、管、唢呐、笙、箫）伴奏下舞动的，具有浓郁的乡土气息和地方特色。

（八）响锣

官会响锣在河南、安徽等农村流传甚广，是一种以铜锣为道具的民间打击乐器形式。源于南朝梁武帝时期，距今已有1500年的历史。传统官会大锣，一般由15人参演，100余种套路。官会响锣处处体现了生活在中原大地上的农民汉子强悍矫健的身姿，粗犷豪放的性格，在民俗学、历史学、社会学、美学的研究中，都显示出重要的价值。

响锣表演

相传，清朝乾隆皇帝江南巡访路经官会，当地官员为隆重迎接乾隆皇帝，集合当地几十名打锣艺人在官会王氏兄弟的组织下，重新编排“官会响锣”。数百年来，“官会响锣”已经发展演变成为一种独具豫东风情的民间文化艺术形式，活跃在豫东广大农村的红白喜事、庙会庆典活动中，深受民众的喜爱。官会响锣的特点：一是以锣为道具，时而打时而舞，并用锣组成各种造型，变化微妙，达到似亦不似，不似亦似的艺术境界，这种以锣为道具的民间艺术形式，在全国民族、民间艺术中是少见的，弥补了我国没有锣舞的空白。

二是音乐程式化，其打法有“七点锣”（即节奏为四慢三快：× - | × - | × - | × - | × × | ×0 |）、“九点锣”、“十二点锣”、“十六点锣”、“二十四点锣”。三是表演形式独特，有“二郎担山”“狮子绣球”“天女散花”“寇准背靴”“青蛙啃泥”等100多种套路。

2006年，“官会响锣”被河南省人民政府确定为河南省首批非物质文化遗产。2007年入选国家级非物质文化遗产项目。官会响锣主要是通过响锣的气势和声威达到避邪驱害、娱乐民众的目的。

（九）回民秧歌

回民秧歌是项城市南顿镇传统的回族民间舞蹈。在当地流传有这样的歌谣：“南顿集靠沙河，男女老少跳秧歌。”该舞民族风格浓郁，串铃是这个舞蹈的主要道具，通过打击乐转调，是传统表演形式有别于其他民族的民间舞蹈，很有个性特征。

回民秧歌

回民秧歌颇受当地回族人民的喜爱。新中国成立后，回民秧歌不仅在产生地——南顿活动，而且逐步普及到其他乡镇和周边县市（区），更为可喜的是汉族民众也学着跳回民秧歌，该艺术形式已成为当地回汉人民沟通的主要方式之一，促进了回、汉两族的团结和谐。

回民秧歌历史悠久。关于回民秧歌的起源，在南顿集流传这样一段有趣的佳话：唐朝时期，唐王派大将郭子仪带三千回族兵平息战乱，胜利后，郭子仪带领这些兵士在南顿驻扎休养，郭为了安顿军心，组织士兵搞文艺活动，于是，士兵们就拿起铁茶壶、铁盘子唱跳起来，后来逐步换成鼓、锣等乐器，经过长时期的演变，就成了现在的回民秧歌。

回民秧歌是河南省为数不多的回族民间舞蹈，该舞民族风格浓郁，韵味高雅，有很高的历史价值、艺术价值和科学价值。其特点：一是道具独特，串铃是这个舞蹈的主要道具，在全国民间舞蹈中是少见的；二是音乐优美，特别是通过打击乐转调，这在民间音乐中也是少见的；三是服饰有鲜明的民族特色；四是传统表演形式有别于其他民族的民间舞蹈，很有个性特征。回民秧歌也是当地民族信仰、民族生活习俗的一种表现形式。

（十）盘叉

盘叉是广泛流传于豫东周口地区的古老民间舞种之一。它以周口市为活动中心，播散面覆盖淮阳、商水、西华，乃至郾城、漯河一带。其出现之历史年代，现已难加确切考证，但根据张柿园现存盘叉老艺人程学文回忆，在他的童年时代，就常听其父谈及当年曾祖参加盘叉演出的活动趣事，距今至少可以上溯六代之久。据此推断，盘叉在周口的出现，当不迟于清代雍、乾鼎盛时期，约有300年的历史。

盘叉的“拉秦桧”表演，带有浓厚哑剧色彩。“拉秦桧”的情节内容脱胎于民间流传的南宋奸相秦桧害死忠良岳飞的“说岳”故事。关于民族爱国名将岳飞抗击金兵、后被投降主和派秦桧等人暗害殉国的故事，据史载，自元明朝代，即以评书说唱形式流传于茶坊酒肆之中，并逐渐形成“说岳”话本，进而登上舞台演出，在下层民间广为流传散播。奸相秦桧害死忠良岳飞，其流传所及，甚至对我国传统民族气节观念的形成，都产生过极大的影响。盘叉这一民间舞种的出现，显然也是这种影响的直接产物。

盘叉以“说岳”为渊源，加以联想与延伸，描述了岳飞被害以后，奸贼秦桧激怒天地鬼神三界，阎罗差遣三曹鬼差，缉拿秦桧追魂索命，以惩恶扬善。其内容虽杂有“因果报应”迷信色彩，但其主题思想却带明显的爱憎、是非观念，反映了劳动人民朴素的“敬忠良恨邪恶”的良好愿望，有其积极的一面。这大概也就是盘叉得以长期流传并经久不衰的因由。

盘叉的两个有机组成部分，各有特色而又浑然一体，具有独特的艺术风格。“盘叉”表演以技巧取胜，叉手身段英武飒爽，演出时，铁叉飞旋，鹘起雁落。时而击悬高空如长虹贯日，时而缠腰滚背如金龙绕梁。加之叉身铁盘响件哗啦作响，配之以打击乐的烘托，雄姿豪放，震激人心。而“拉秦桧”表演，则幽默诙谐，妙趣横生，常能引起观众由衷的赞赏。

盘叉在长期流传中，两个有机组成部分又有所演变与发展。据老艺人座谈回忆介绍：在民元以前，“拉秦桧”部分位置较突出。在临场演出中，有“酒鬼戏土地”、“提牌拉奸”、“三曹逐王”（“王”指秦妻王氏）等场面，可以分组上演，哑剧色彩浓厚。而叉手的身份，虽是象征“拿秦”中三曹阴使所部兵丁武士，但演出中只表演叉技套路，并无明显的“进戏”活动，处于从属地位。至民元以后，直至解放以前，“拉秦桧”部分呈保守停滞状态，变化不大。而盘叉部分，经历代老艺人钻研创新，吸收与注入了精湛的武术和杂技技巧，套路日臻丰美，跃居主要演出部分。“拉秦桧”部分反渐次退居其下。解放以来，受时代精神影响，整个演出逐步为盘叉表演所独占，“拉秦桧”日趋消亡。直到近年，才偶有再现，唯表演技艺已大嫌粗浅而远非昔比了。

盘叉的阵容结构比较复杂，涉及角色也比较多。

“盘叉”部分，开初号称“四十八把叉”，即由四十八名叉手组成队列。实际上多数情况下并不足此数，但通常亦不能少于八把，否则难成队旅。

“拉秦桧”部分，共由十种角色十一名演员组成：

一、三曹官：扮相取描金花面，红蟒红纱，手执宝剑，形类钟馗，代表“阴使”。

二、提牌，又称“拉枷的”：净面，豹衣，执虎头牌，扮相勇猛潇洒，形类“捕快”，属押解犯人的“班头”之类人物。

三、抱签的：衙皂类人物，因身带缉拿人犯之火签而得名。但在不同的班会中，此角也有取女相者，疑是女“仵作”之类人物，当不致牵强过谬。

四、土地：即“土地爷”，带假面，其憨厚之容可掬，象征接待指引“上差”的地方长官，怕至少也得算“地保”、“乡里”一级干部吧！

五、醉鬼：花脸，红椒毡帽，行止踉跄可笑，提酒壶。

六、麻妮子：取丑旦相，粉面麻脸，手执大汗巾与芭蕉扇。

七、二百钱：其形如舞台上常见的“泼皮”，手提钱串，故名。

八、秦桧：白脸甩发，囚衣带枷，狼狈凶诈。

九、王氏：指秦妻，披发囚衣，破旦相，表情惶恐无措。

十、黑白帽二人：小花脸，分着黑白穴子与黑白毡帽。帽前贴有纸签，上书“立见大人”四字，疑为迷信传说中黑白“无常”之演变。

也有的班会出动时无黑白帽二人，而代之以“打鞭的”二人，净面、豹衣、执长鞭，其职守为开路护队。

从以上这个阵容构成来看，盘叉的队伍角色，复杂而又混乱，既有别于封建旧官府的“三班衙役”组成，又不同于迷信传说中“阴曹地府”的结构。可以说是阴阳交错、人鬼混杂的大杂烩班子。尤其其中醉鬼、麻妮子、二百钱等不伦不类角色的出现，往往使人迷惑不解。我们曾专就这一点向老艺人作了多方面调查。

据他们说：“秦桧是当朝相爷，府大宅深，手下的家丁护院戒备森严，要拿他岂是恁容易的，那些阴差衙役能有恁傻，要想拿人，不化装成走路逛街的老百姓，出其不意，一哄而上，押着就走还行!”

盘叉出动演出时，其行进队形排列，一般是以五色彩旗领先，“黑白帽”为前导，盘叉手打头，“打鞭”的两厢护队，中部是打击乐班，而以“拉秦桧”部分殿后。

“拉秦桧”部分，相互照应自然形成三个小组合：“抱签的”、“醉鬼”、“麻妮子”、“土地”与“二百钱”为一组，以“土地”为核心；提牌与秦桧，三曹官与王氏各成一组。这三个小组合，多取游场步或小秧歌步前进，间或也可由演员作轻微即兴逗趣活动，如提牌作催行状，秦桧作挣扎状等。

队列行进中，停留场地的选定，要言之是发生在两种情况之下：一是途经机关、团体、商会行司时，对方点燃鞭炮，排列方桌，名曰“拦会”。在此盛情相邀之下即驻足演出。还有一种是途经大的商号，由专事插科打诨的醉鬼等角色出面，假戏真做，如醉鬼装作要酒喝而无钱，麻妮子即示意让“土地”向前讨账，“土地”转请“二百钱”付账，“二百钱”不允，“土地”作尴尬欲遁状，于是群丑大戏“土地”，扯须拍头、脱鞋拉袜，在观众哄堂大笑喝彩声中，对方商号即以烟酒果品为敬（至少把酒壶灌满酒），双方尽兴而散。此即所谓“醉鬼戏土地”或称“闹酒店”。这类带有“讨赏”性的活动，往往使盘叉会收进的果品烟糖装满几抬筐，供大家享用。每场停留演出的组织，如前所述，先由“拦会”一方地东排好方桌，“打鞭的”甩软鞭打开场子。如先演“盘叉”，就由盘叉手列队登场，在打击乐的伴奏下，集体按所会盘叉套路，依次献技。其中叉艺精湛者，可以跳上方桌，演出拿手高难度套路，民众喝彩声震天，达到高潮。

盘叉表演，只重套路，队形或站一字形，或站半弧形，或单列、双列，并无固定队列轨迹可循。但其套路品目繁多，十分丰富。如关公挑袍、苏秦背剑、张飞骗马，太公钓鱼、空中飞叉、老婆纺线、枯树盘根、仙人过桥、老君抱月、狮子撅尾、黑狗钻裆、隔山点火、朝天一炷香、单双花、双打搅、拐线子、簸簸箕、连三打等，略数之即不下四十套之多。这些品类繁多的套路，多由艺人于边继承边钻研中不断创新与补充，日积月累而成。据小桥街老艺人介绍，当年在演出空中飞叉时，无意间叉杆被棚架在染坊晾架子上，有人灵机一动，依仗其叉艺之精，随手以另叉投击之，一击而中，双叉同时落地，从此列入套路，起名曰“凤凰戳窝”，被时人叹为观止。后来，又有人试以棉条蘸油，绑扎于叉齿上，夜晚点燃舞弄，于是又出现了“火叉”。

关于“拉秦桧”，除前述“闹酒店”外，尚有所谓“提牌拉奸”（提牌拉铁索作押解催逼状，秦桧则作抗拒或挣扎状），“三曹逐王”（三曹官舞剑进逼，王氏惶恐哀气状）等。此类哑剧型演出，全视演员技术水平即兴发挥，可长可短。若演员们功底厚实，则翻跳、滚身、腾跃、踢腿，甚至跃上方桌，极尽炫耀之能事。其他角色，则配合烘托，制造声势，活跃气氛。唯其插科打诨部分，往往掺杂有一些低级庸俗的动作，属于应加剔除的糟粕。

盘叉的演出活动规律，受以下三种客观因素的影响而自然形成其季节特点。一是周口方圆一带，历史上春季古庙会活动较多，盘叉等民间杂耍说唱活动，也多在此时出动助兴。二是盘叉会属于民众业余性娱乐活动，演员既无工资，演出也不收费。所需经费开支，全赖民众自捐自助。“盘叉会”往往与当地的“烧香会”结为一体，相互依存。三是盘叉手表演，基本上是赤膊上阵，显然也只有在春暖花开季节最为适宜。基于以上三种客观因素影响，就形成了盘叉会多集中于农历二月二至四月八这一段开展活动的季节规律。

（十一）打花棍舞蹈

打花棍，又称花棍舞，是扶沟县广泛流传的民间舞蹈艺术。每逢喜庆、节日、集会，花棍舞的出动很受民众欢迎。

打花棍的主要道具是花棍：花棍由一根圆竹制成，圆竹的两端开槽安铜钱，打起来发出哗啦哗啦有明显节奏的响声，圆竹身用红、绿色布条裹成花形，两端拴上红、黄色麻缨，舞起来五彩缤纷，绚丽多姿，再加上引人入胜的表演技巧，故又称为花棍舞。

花棍舞的表演形式是每人拿一根花棍，花棍的长短因舞者的身材而异，一手耍棍一手拍打或作陪衬手势，风格文雅，基本步法是秧歌步偶尔有跳步，队形有一条龙卷菜心、剪子股、走8字、二龙出水等。花棍舞吸收剧团中的棍花、滚翻、出手和兄弟民间艺术驮歌的可取之处，使该舞的动作和表演技巧更加丰富多彩，扣人心弦，有时也作打出手表演，花棍在舞者的上空飞舞，使观看者眼花缭乱，目不暇接，该舞的队形就原来的基础上增添了编花案、绕麻花、三8字、过街龙、龙摆尾、倒脱靴、蜕蛇皮、内开花、跑旋风等。

花棍舞表演最有特色的是扶沟县江村乡三坡（坡孙、坡刘、坡张）的花棍队，主要特色是双花棍，每人拿两根，既打又耍，比单花棍更加显得热情奔放、欢快跳跃、新颖别致，除队形变换外，造型、图案更为丰富。

花棍舞的基本动作是四拍组成，每个基本动作可以多次反复进行，称为一节，每节变换以哨子为令。开始是边打边唱，由于表演者活动量较大，边打边唱太吃力，伴奏和伴唱应运而生。伴唱的内容有三：一是传统的民间小曲如小放羊、采茶、扑蝶等曲。二是用原曲填新词，结合当时的形势自编歌曲的歌曲。三是当时较流行的歌曲。

花棍舞表演与音乐紧密结合，节奏明快，变化灵巧多样，形成了它独特的艺术风格。花棍舞也是当地人龙崇拜的一种方式。通过舞蹈来达到避邪求吉的目的。

（十二）打铁舞

打铁舞是在鹿邑县流传的独具特色的民间舞蹈形式，源于春秋。打铁舞是为纪念老子，由打铁人创作演出的。

关于打铁舞形成的传说很多，一说老子为保卫家乡造炉打铁，休息时，人们就模仿打铁的动作，逐渐形成。二说老子年轻时，为了造出一把能改变家乡面貌的宝锹，炼了九九八十一天，炼出了一把半圆形的宝锹，从此，苦县（今鹿邑）的人们过着五谷丰登的日子，打铁人为纪念老子的功德而形成的打铁舞。三说老子为抗击山贼及外寇的侵犯，教人们打造兵器，人们为纪念老子而形成的舞蹈。主要在民间庙会、喜庆丰收、节日庆典等活动中表演。

打铁舞

打铁舞以表现打铁为主要内容，舞蹈的主体动作突出了“打”，用双手有节奏拍打身体各个部位，先迈左脚，脚的位置是一前一后，相互呈如丁字形，左旋右旋拍打。传统打铁舞表演人数8人、12人、16人不等，都是青壮年。表演者上身裸体，赤着双足，手足上系着铃铛，下身仿树叶片遮体，头系彩带，壮汉们手拿火棍，指间夹着长约十厘米的麻秸和纸被子，在大鼓、小鼓、镲的伴奏下，围炉煽火，走阴阳八卦图和蛟龙出水等队形。口里唱的是打铁歌谣：一打铁、二打钢、三打镰头、四打枪、五生火、六筛炭、七打锤、八打剑、九打一个月牙斧、十打一个金刚钻。打铁舞形象地表现了传说中老子制炉打铁为民造福的景象和人们的崇敬之情。

打铁舞在1992年河南省第六届民间音乐舞蹈大赛中，获得了创作、表演金奖，并在河南省春节晚会上演出，深受我省人民的喜爱与好评。

（十三）舞虎

舞虎，又称玩虎，是商水蔡庄村一带流传时间较长、颇受广大人民群众欢迎的、带有浓郁的武术表演色彩的一种民间舞蹈艺术形式。

舞虎是民国年间传至蔡庄村的，据艺人蔡平献回忆，民国年间有个镖师叫李彪，他和蔡庄村四掌柜蔡满堂是挚友，由他把舞虎艺术传给了四掌柜。四掌柜又将舞虎传给了他的子孙后人。到艺人蔡平献时，已是第四代传人了。从上述记载的时间来看，舞虎这一民间艺术传入商水，至少也有百余年的历史了。

舞虎系叙事性三人舞，它通过一壮士同二虎的玩耍打斗、最终制服老虎的表演，体现出了壮士不畏强暴、机智勇猛的英雄气概和无畏精神。舞虎源于“敬德打虎”。最早的舞虎表演形式，是以武术拳脚为主，加上刀、枪、棍、棒等道具，武术色彩比较浓厚。后来，为使其英雄形象突出、戏剧效果明显，当地人把舞虎改为敬德打双虎。一人表演敬德，二人表演老虎，并在武打的基础上，增加了情节、趣味等喜剧效果，使之逐渐演变成为以玩耍为主的玩虎三人舞蹈。

舞虎整个舞蹈分三部分；第一，壮士初斗二虎，二虎气焰嚣张，虎大力猛，壮士不畏，勇敢果断，击虎要害；第二，为桌上表演，壮士避实就虚，借力打虎，保存自己，消耗虎力；第三，二虎气焰逐下，壮士力量倍增，几番较量，制服老虎。整个舞蹈情节感人，内容朴实，动作潇洒，情趣幽默，既有惊险造型，又有滑稽场面，层次清楚，配合默契。

舞虎的音乐伴奏主要为打击乐，曲牌有“狮子调”、“老虎调”（路灯点）、“打令子”。在演奏“打令子”时加入了大喇叭。宣铜制作的大喇叭，长约四尺，状似大唢呐，只吹一音，曰“呼”。此种乐器配合在打击乐中，更突出了民间音乐的特点。舞虎主要是想通过虎的声威达到避邪驱害的目的。它和淮阳布老虎和民间张贴上山虎下山虎的图画来避邪是同样的道理。

（十四）花香蝶舞

花香蝶舞，又名放蝶，扑蝶，是流传在沈丘县城的一种民间舞蹈艺术。花香蝶舞大约产生于清嘉庆年间，距今约200余年。

花香蝶舞

清嘉庆年间，沈丘槐店一富家子弟王芯，放荡不羁，经常四处游逛。一日，他行至汉口东边某地，偶见一尼姑庵门前有一尼姑操《蝶舞》以招揽香客。王芯被尼姑美貌及舞蹈倾倒，后儿经周折，花费了不少银两，终将该尼带回家中做妾。王芯与其妾闲暇时就以耍《蝶舞》为乐。精通艺文的王芯结合自己的经历对《蝶舞》进行改编，把男女青年冲破礼教、向往自由爱情的故事情节糅入舞中，更名为《放蝶》或《扑蝶》。《放蝶》舞以一位男青年放蝶，女青年扑蝶、爱蝶为主要情节，描述的是一个富家子弟爱上一个不该爱、不能爱的女子——尼姑，一个青年尼姑，向往美好生活，难断尘缘而坠入爱河的爱情故事。表现一对自由相爱的年轻人，为封建礼教、世俗社会所不容，他们不畏不惧，勇敢抗争，冲破牢笼相亲相爱的抗争精神。

《放蝶》舞开始只是王芯与其妾在家中玩耍自娱自乐。王芯无嗣，晚年将舞技传给外号二先生的李元峰（1861－1929）。李元峰在得到师传后，又对舞技进行了大胆创新，增添了“鸭子步”、“蹲踢步”等舞蹈技巧，《放蝶》表演为一男翁四青年，老翁放蝶，四青年扑蝶，围绕放蝶老翁而舞，视情况而定，也可增至6－10名或更多青年而跳群舞。元宵佳节，在街头演出，很受欢迎。20世纪80年代末，《放蝶》改编而成的《花香蝶舞》，是描述一群男女青年在幸福、美好、和谐的现代生活下，与放蝶老人在姹紫嫣红的绿树百花中幸福地嬉戏。

《花香蝶舞》舞蹈特点是：“放蝶要撒开，收蝶要左勒，胳膊顺着劲，脚步跟上来。”整体动作刚柔兼备、动静相济，活而不流，乐而不淫，质朴自然无娇揉造作之态。放蝶者动作以小跑步、鸭子步、蹲踢步、放蝶、收蝶、转蝶为主。扑蝶者动作以小跑步、躲闪、跃跳、绕蝶、戏蝶、扑蝶、翻滚摇扇、引诱挑逗为主。花香蝶舞通过戏蝶来表达求取婚姻、吉祥、求偶的一种目的。

（十五）“鸡毛人逗蟾”舞蹈

鸡毛人逗蟾，又叫鸡毛衣人逗蟾、羽人逗蟾舞等，是流传于河南省西华县的一种民间舞蹈，因其原始性和稀有性被称为中华民间舞蹈的“活化石”。

鸡毛人舞雏形于原始社会图腾崇拜时期。据史料记载商王武丁时，西华境内遭受蝗灾，商王武丁亲率军民于此扑蝗，他们先在七里仓一带养马驻寨、祭天，以鸡与蟾为蝗之天敌，便对该舞加以整理，使鸡毛人逗蟾舞得以完善。秦汉时鸡毛人逗蟾舞曾得到广泛流传，到明清时，鸡毛人逗蟾舞与各种艺术舞蹈合为一体，形成今天这种形式。

表演时，蟾的动作有蹦、跳、爬、翻、滚、蹬腿、扭身、摆头等，而鸡毛衣人则在蟾的周围通过跑、跳、打车轮和对蟾的拍、抚、骑等动作百般挑逗。舞蹈时又时时吹出哨声，二人相互配合，嬉戏相逗。演出一般在夜间进行，由数十人打火把围在周围。鸡毛人逗蟾舞是原始人性崇拜的一种表现方式，也是人们希望求取功名的一种表达方式。他们逗蟾的目的是为了娱蟾和民间故事刘海戏蟾求功名是一样的道理。

鸡毛人逗蟾舞既可二人独立成舞，又可与当地其他传统舞种共同相谐而舞。独舞时有鸡毛衣人、蟾两个角色，群舞时与当地传统的竹、旱船、蚌鹤、二鬼扳跌、卖婆等舞蹈共同演出，角色众多，有鹤、蚌、一对小鬼、船夫、新娘、卖婆等十几人。

鸡毛人喻“阳”为男，蟾喻“阴”为女，二人相戏，表示男女相爱相结，羽人和蟾为原始社会图腾形象。在古人眼里羽人为神，蟾亦为神虫瑞虫，二者相戏，表达了人们对神灵的神秘和趣味的想象。

（十六）撅杆子轿

撅杆子轿是项城市高寺镇传统的民间艺术，已有200多年的历史，在豫东一带盛名远播。据第五代传承人王泽群讲，撅杆子轿在高寺已相继传承了七代人，它的表演诙谐幽默、妙趣横生，每到一处演出都深受老百姓的欢迎和喜爱。在当地，每到春节、二月二等重大节日期间，都有撅杆子轿的靓丽身影。

撅杆子轿的构成：是由15公分见方6米长的独木作为轿身和轿杆，轿头高40公分，直径为45公分的半圆形小桌，后有40公分高的靠背，是县太爷坐的地方。轿身的前三分之一处下方安有两个轱辘（一般用架子车轱辘改装），在轱辘与轿身之间用直径为18公分的圆钢和三角铁焊成三角支架，插入轿身的双孔内。轿身再用彩绸和鲜花装扮一番。

演出时，需要11名演员，分别身着盛装的：县官、县官夫人、四名衙役、四名轿夫及一名报官。县官高坐在轿上，面前小桌上放着惊堂木、茶壶，四名衙役分左右紧随县官，随着报官的一声大喊“起轿了”，四轿夫应声道：“好嘞”……锣鼓音乐响起，轿夫边推边压轿身边走，县官神情自得地手执折扇、手捋胡须，不时四下张望，县官夫人骑着毛驴在县官的右侧并排前行。衙役们不时高喊：“县太爷下乡体察民情来了……”行进途中，报官上前报道：“县太爷已到某地，是否下轿察看一番？”县太爷的回答台词往往是关于演出地的，台词一般是现编关于当地的“风土人情、经济发展”等等。

撅杆子轿这种具有浓郁的民间艺术表演形式，在20世纪60－90年代曾沉寂一段，本世纪以来，随着广大农村生活水平的提高，撅杆子轿重新活跃在民间。

五、周口民间歌谣

歌、谣分称，最早见于《诗经·园有桃》：“心之忧矣，我歌且谣。”关于歌与谣的不同，主要有两种解释：“曲合乐曰歌，徒歌曰谣”（《毛诗故训传》）；“有章曲曰歌，无章曲曰谣”（《韩诗章句》）。一般说来，歌因为配乐和受曲谱制约，歌词有与之相适应的句法章法结构，节奏一般比较徐缓。谣不配乐，没有固定曲调，取吟诵方式，章句格式比较自由，节奏一般比较紧促。古人对歌与谣也常联用，统称为“歌谣”，简称“民间歌谣”为“民歌”。

民歌起源于人类维持生存的物质活动，特别是生产劳动。它是人类社会最早出现的口头创作形式。初期民歌创作，往往与音乐密不可分。有的还与舞蹈、音乐三位一体。后来的民歌，仍然与音乐有密切关系，如歌词的重叠、衬字等，都是因为歌唱的关系而形成的特点。

周口民歌种类繁多，因分类标准不一，有各种不同的分类。从内容出发，结合某些特殊功能，大致分为：劳动歌、仪礼歌、时政歌、生活歌、情歌五类。又因服务对象的不同，还有儿歌一类。

劳动歌，有狭义、广义之分。狭义的专指号子，以与劳动动作相配合的强烈声音节奏和直接促进劳动的功用为其基本特征。广义的包括在劳动中唱的歌，有些也配合劳动动作而歌唱，一般对劳动也能起一定的鼓舞和调节情绪的作用，但无明显的与劳动动作相配合的强烈声音节奏。广义的劳动歌，有时也可归入生活歌中。

仪礼歌，大多伴随民间祈年庆节、贺喜禳灾、祭祖吊丧等仪式及日常迎亲送友等习俗活动而吟诵演唱。大致有诀术歌、仪式歌、习俗歌三类。诀术歌，是被认为具有法术作用的民间歌诀与咒语，如“天皇皇，地皇皇，我家有个夜哭郎，过路君子吟三遍，一觉睡到大天光”之类。仪式歌，是与节令庆祝、其他祭祀等仪式相结合而诵唱的歌，主要内容为祭神求福、祈保丰收等。如祭灶王爷求福、祭龙王爷求雨所唱的歌。习俗歌，用于婚娶、生子、祝寿、送葬、造房等红白喜事和迎宾待客的场合，如撒帐歌、哭嫁歌、盖房歌、敬酒歌等。这是仪礼歌中数量居多、迷信色彩较少、文学价值较高的部分。

时政歌，主要内容是反映人民群众对某些政治事件、人物的认识和态度的，有相当高的文献价值。周口的时政歌谣，不少以童谣形式出现，其书面记录，较多见于各县志等文史资料中。时政歌谣大致可分三类：揭露讽刺统治者的歌谣，这类作品数量最多；赞扬廉洁、爱国官吏的歌谣；历代农民起义的歌谣，这类歌谣，体现农民的觉醒最充分，政治色彩最浓。

生活歌，反映人民一般的社会家庭生活和日常劳动生活的各方面，尤以表现农民和妇女生活的为多。关于农民生活的歌，反映了广大农民在旧社会所过的非人生活，揭露地主残酷剥削和贪婪吝啬的本质。妇女生活歌，大部分出自民间妇女之口。女性从一出生即受歧视的童年，到像货物一样被买卖的出嫁，从备受虐待摧残的小媳妇生涯，到熬成婆后仍无幸福可言的毕生悲惨遭遇，在妇女生活歌中都有所反映。在大量的苦情歌中，又常蕴涵着对美满生活的憧憬。

情歌是民间歌谣中数量最多，也更加脍炙人口的一种，在历代劳动人民特别是少数民族人民的爱情生活中，占有十分重要的地位。

儿歌古代称为“孺子歌”、“小儿谣”等。儿歌有狭义、广义之分。狭义的专指由儿童自己创作以及由大人教唱但内容符合儿童生理心理特征和理解能力的歌。广义的还包括由妈妈奶奶等教唱、反映旧社会大人特别是妇女生活情感的、但由儿童传唱开来的歌。具有时政歌谣性质的所谓“童谣”，一般非真正的儿歌。儿歌按其功用，大致可分为三类：游戏儿歌、教诲儿歌、训练语言能力的绕口令等。

民歌的内容、形式以及创作流传方式，都处于发展变化中。新情歌的不少作品，爱情与革命战争、生产劳动、学习科学文化相结合，表现了新时代青年男女思想感情的新境界。新儿歌中，教诲性作品明显增多。有些古老的仪礼歌和劳动歌，在新的社会生活条件下，处于逐渐消失中。

民歌的形式，变化比较缓慢，具有相对的稳定性。因此，在现代新民歌中，虽然形式方面可见某些新的变化，但古代传统民歌的体例、句式、押韵方法等，至今仍有所沿用。

民歌是人民的一种口头创作，富有生命力，其优秀作品，具有高度的艺术价值。它植根于人民生活的土壤，具有比较直接的多种实用功能。它紧密伴随着人民的历史前进，反映不同时期的社会面貌和人民心理，具有重要的认识价值。

（一）主要歌谣

1. 夯歌

提起打夯，对于上了年纪的人来说那是非常熟悉的。建房奠基、季节性修坝修桥都少不了沉重的大夯。也正是打夯才真正又再现出了原始劳动情景，夯歌成了原始劳动号子的“活化石”。

一般来说，喊夯歌的目的是为了统一行动，共同出力把沉重的大夯抬上去。由于夯的重量不同，抬夯所需的人数也不相同。石磙夯，大夯 12 人，小夯 8 人；门枕夯有的两个人就能抬得动，一般多于两个人；还有一种小磨子夯，一般需要四个人，这种夯与通常的夯不同，它是用绳拉的，曾在20 世纪50、60 年代大建设中红极一时，特别在白屋山水库工地上更是出尽风头。正是由于抬夯的人数不止一两名，所以在行动中免不了有早有晚，如若抓夯的早晚不同，那么抬夯的劲就使不到一处，轻则夯抬不起来，重则夯倒砸人。夯歌的喊唱正是为了统一行动，同时它能活跃气氛，给沉寂繁重的劳动增添一丝生机。

由于夯歌不见于书本，大多是喊夯者顺口而来的，故有自由活泼的特点。夯歌不仅有自己的字数而且押韵合拍，从一定程度上说夯歌也称得上是一种民间文学。由于喊夯的人不同，其喊夯的夯歌也不相同。起夯时一般喊的是："抬起来咱哩夯呀"，众人应："嗨哟。"再往下喊就靠自己发挥了，喊夯者喊一句，抬夯的所有人都应一句："嗨哟！"一般的夯歌有："夯夯往前抬呀，一夯挨一夯呀。夯夯往前挪呀，一夯错半夯呀。同志们抬起来呀，掀起咱哩夯呀，说抓一起抓呀，说撒一起撒呀。这夯抬哩高呀．必定过树梢呀，上打天门阵呀，下打地缝裂呀……"。有些夯歌在打夯的过程中起到提示的作用，如："这夯抬哩低呀，下次要加力呀。说抬一起抬呀，一定得用力呀。大家抬起来呀，一起往西排呀，北错又一夯呀，往西还得走呀……"。有些夯歌是夯人现编故事插科打诨，既统一行动又活跃气氛。如商水县一老农编的夯歌至今仍传：日头出来照西墙，听我说个小岳娘，脚大做鞋不方便，请来木匠来帮忙。东木匠，西木匠，四面八方全请光。东木匠做鞋底，西木匠做鞋帮，一做做了仨月整，叫丫环抬到绣楼房，12 个丫环抬一只呀，24 个丫环抬一双，一抬抬到绣楼上，挤挤巴巴才穿上。穿上绣鞋去降香，一脚踩死仨和尚，大鬼见他打冷战，小鬼见她喊爹娘，回来走到半路里，就觉得鞋里硌得慌，脱鞋倒出仔细看，24 只老绵羊，回家吃肉喝羊汤，羊肉吃了八百斤，羊汤又喝九百缸。喝饱解手惹了祸，淹了周口和太康，拐弯捎带西华县，淹到漯河车站上……这些夯歌逗得人哄笑连连，甚至忘记了劳累。

现在，随着科技的发展和生产力水平的提高，古老的人力夯已被机器夯、电夯代替。夯歌也逐渐消散在民间，日益沉没。只有那插科打诨的笑语还时时被人提起。

2. 陈州民歌

豫东是有名的"民歌之乡"。广袤的豫东平原，一年四季，歌声像潺潺的溪流飞泻一样给秀丽的古城陈州增添了浓郁的特色。陈州的民歌历史悠久。《诗·周南·关雎》中的"关关雎鸠，在河之洲。窈窕淑女，君子好逑"这首民歌就真实地反映了当时青年男女的美好爱情。陈州民歌歌词内容丰富，取材广泛，有反映劳动人民同大自然作斗争的，有歌颂青年男女真挚的爱情的，有怀古喻世的吟咏，也有反映四季风光、农事耕作、婚丧嫁娶、打情骂俏的杂调等。有的歌词热烈明快，有的委婉含蓄，有的诙谐幽默，有的直抒心曲，充满了浓厚的生活气息和乡土味。

相传孔子来陈州讲学，走到一片桑园，看见一高一低的两个女子正在采桑叶，便戏言道："南枝窈窕北枝长。"高个儿女子便对唱："夫子到陈必绝粮。"低个儿女子也对唱："九曲明珠穿不得。"高个儿女子又唱："着来问我采桑娘。"这是一首对仗工整的民歌，流传很久。"正月里单身打单身，听我单身诉苦衷，蒋介石扒开花园口，淹死了俺的父母亲，只剩下单身一个人……”这首解放前唱的打单身，歌词婉转凄凉，如泣如诉，唱出了豫东单身汉的苦衷。而民歌《十恨》则又显得风趣幽默，令人忍俊不禁。“一恨我的娘，我娘无主张，十七十八正相当，还不给我做嫁妆。二恨奴公婆，公婆太啰唆，十七十八正相和，还不赶快来接我……”解放后，男女自由恋爱，唱出了一首又一首的好民歌：“河边杨柳发嫩芽，初次会妹脸发红，千言万语难开口，几多情意在心中。不是好柴妹不挑，不是好船妹不摇，不是好网妹不撒，不是好哥妹不交。”陈州的青年男女以对歌形式，歌唱了人间的美好生活。

3. 八音楼子

“八音楼子”是流传于豫东周口一带的民间器乐合奏的乐种，又称“八音”、“八音会”，具有浓厚的古典式民族风格。“八音”借用了古代八音的泛指，即鼓、锣、钹、旋、笙、箫、笛、管等八种乐器，但并非确切规定或认定必须有八种乐器组成。“八音会”是民间组织的音乐班子，清光绪年间在周口出现。最早的班会是周口祖神庙（现北岸仁义街）八音会。

八音会在豫东的活动，历史上以周口市为轴心，辐射面除覆盖临近各县外，远可影响及安徽界首，以其演奏风格之委婉清雅、轻柔活泼取悦于人，深受民众喜爱。八音会演出的特点，是与同是山西传入的“肘阁”会，结合成为一个有机的整体。既保持有自己的独立性，又在实际上起着为“肘阁”表演伴奏助威的作用。八音与肘阁的协同演出方式是：前有“扛箱”开路，中间八音会有彩扎“鼓楼子”领先（所以又称“八音楼子”）肘阁断后表演。由于“扛箱”开路气势威严，八音乐声委婉动听，“肘阁”彩头新奇华丽，往往艳盖群芳，先声夺人，在品目繁多的文艺大队中，率先迎来观众的欢呼与喝彩。“扛箱”，木质结构，箱体呈梯形，油漆成紫檀色或暗红色，外缀各式图案形铁件，兼起装饰与加固作用，古色古香，造型优美，箱内填以碎石砖块等物，另由一条丈许长的抬杠串抬，每两架为一组。抬杠箱多选身材魁梧的彪形大汉充任，走动步伐讲究缓步慢移，轻起重落，使杠随人晃，箱随杠动，上颠下坠，左右侧摆，箱内碎石砖块碰撞箱壳，发出有节奏的“哐当”声。其任务是为八音会的前进开路护场，兼壮班会声势。

八音会的“鼓楼子”由五彩锦缎或彩纸装裹，上部形如彩坊，下部形如彩桥，由二人抬行。楼身后面开放，中架大小皮鼓，有司鼓一人，用鼓点指挥变换曲牌和节奏。其他诸类乐手分别紧跟，边走边奏，其声韵清雅和谐，婉转动听。加上“肘阁”会的配合，相映成趣，成为民间文艺百花园中的一枝奇葩。

八音会的音乐构成要素一是宫廷音乐，二是庙堂音乐，三是戏曲音乐，四是民间小调。其艺术特色大致有三：一是吹打并重，文武相接；二是声情并茂，演奏兼备；三是艺术容量大，整体特色强。八音会高亢激越，热烈火爆，慷慨悲歌，大气磅礴。八音会的演奏曲牌很多，传统曲牌有：《大十番》、《小十番》、《十样景》、《节节高》、《老花腔》、《五花寿》、《点点花》等。内容为喜庆格调的流行曲牌有：《大观灯》、《踏青》、《四季花开》、《桂花香》、《戏牡丹》、《扑蝴蝶》、《万年花》、《大开门》等。八音会的演出活动，一是应邀为民间喜庆典仪助兴；二是每年清明节和灯节期间，随同各种民间文艺活动一起活跃民众节日生活，主要演出场地是古庙会，节日庆典、街头舞台坐场吹打，婚丧嫁娶演出等。八音会的打击乐器主要为吹奏类的唢呐、笙、口噙子、哑腔，拉弹类的高音呼胡，中音呼胡、老胡、板胡、二胡、扬琴、二弦等；打击类的老鼓、铜鼓、扁鼓、手板、锣、梆子等。

“八音”源出于山西上党（长治）以南地区，约于民初由山西帮客商引入周口。起初，仅限于晋籍客商之间，于年节或闲暇之余，居家分散活动，自吹自拉，以求娱乐。后经周口民间业余爱好者的热心倡导，借助于晋籍乐手的辅导教习，遂逐步在周口落户生根，形成班会，并日益铺展流传开来。周口祖神庙街有谢姓名占荣者，以从商为生，与晋籍客商乔某（乔某以经营油坊为业，名号不详）为邻，两家过往甚密，渐成知交。谢占荣本人是民间文艺爱好者，因常听乔某演奏的八音曲牌为乐，十分欣赏，遂央求乔某传授技橄。乔以技浅相谦，向谢转荐晋商赵齐峰。于是，由谢占荣发起主持，以其子弟和近邻为主体，组成第一代八音艺徒，由乔某引荐，拜请赵齐峰为师，利用夜间业余时间，义务传艺。赵齐峰绰号赵胖子，在北岸人和街经营和兴隆丝行，他传艺要求甚严，每晚率众操演，常达深夜，甚至要求艺徒灭灯于暗中摸索敲打，以加强基本功功底训练。后来，就形成了以谢占荣为会首，包括韩忠玉（司鼓）、王子强（司锣）、杜甫堂（二锣手）、王栋甫（大钹）、谢应堂（小钹）、刘德斌（大笛）、吴书堂（捧笙）、李寿峰（板胡）、赵玉臣（二胡），与蔡永贵、李卫斌等人组成的周口第一个八音班会，推向社会民间，使八音会活动在周口流传开来。

八音会本身并无严格的机构组织。每一独立班会的出现，往往先由某一热心者发起，串邀同街同业、同族乐手，由学习锻炼入手，相沿成习后，也就自然居于“会首”的地位，承担起组织者的任务。这类班会，和其他民间文艺班会一样，按其成员的来历，或依附于某个行业，或依附于某条街域。

其活动经费，纯由大家自愿捐赠，演出活动也不索取报酬。充其量，只在大规模出动演出时，按照约定俗成的规矩，班会中途在何处落脚休息，即由何处以便饭招待而已。

八音会深受人民群众的喜爱，它根植于人民群众心中，融入了人民群众的生活之中，曾对其他音乐艺术的发展和形成过程产生过一定的作用和影响，是中华民族传统文化不可或缺的重要组成部分。

（二）歌谣摘录

1. 童谣

小包车，喔喔叫，俺娘送我上学校，还读书，还看报，国家叫我小宝宝。

抬起咱的枪，两眼泪汪汪，想起旧社会，恨死国民党，爹娘都饿死，夜晚住庙堂。

抬起咱的枪，大家喜洋洋，打走洋鬼子，来了共产党。来了共产党，人人得解放，分房又分地，吃穿都沾光。

月奶奶明晃晃，打开后门洗衣裳，洗得净浆得光，打发哥哥上学堂，读四书写文章，哥哥得个状元郎，旗杆插到咱门上，你看排场不排场。

月奶奶，黄爸爸，爹织布，娘纺花，小孩打笼夫，哗啦啦。

小白孩，上南山，卖大米，做干饭，爸爸吃，妈妈看，小孩急得圆圈转。

2. 夯歌

夯歌是劳动人民在劳动过程中创造出来的一种喊唱艺术，其特点是通俗易懂，朗朗上口，富有音乐的节奏感。一般夯歌由掌夯人吟唱，其余五六人应声唱“夯来！”下面采录三首代表性的夯歌。

夯歌（一）

起着夯，闹嚷嚷，
拉起来，往上抬，
往前打，往前排，
排着打，排着来。
夯不高，弯下腰，
把力掏，才拉高，
拉哩高，挂树梢，
抖抖威，夯会飞，
夯不起，多加力，
加上力，捞不低。

这个暄，使劲掂，
使不挺劲，捞不起来。
别泄劲，再来来，
夯嘛，夯嘞。
当当事，在在意，
夯要起，多加力，
说加力，就加力，
一大夯，一小夯，
要安详，要稳当。
夯打拧，紧紧绳，
不怨绳，站周正。
夯嘛！夯嘞！
夯上看，夯上瞧，
这个高，弯下腰，
这个洼，少打下。
打围墙，加力量，
力量多，随就窝，
回马枪，往东张，
打前墙，趟子长，
咋着啦，起来了。
不要愁，快到头，
到东头，咱停留。
大转弯，打东山，
打东山，靠前墙，
伍子胥，保娘娘，
吭么，夯哟。
再高点，再捞点。
张三哥，李四哥，
夯上去，小心着，
上顾头，下顾脚，
碰着你，不怨我。
做啥活，操啥心，
可不能，打哑戏。

打回去，打回来，
梁山伯，祝英台，
他二人，下山来，
大转弯，往西掂，
打后墙，趟子长，
打外口，往外推，
雷振海，去征西，
一夯高，一夯低，
打霸王，别虞姬。
一夯低，一夯高，
打张良，拜玉箫。
大转弯，往南掂，
打西山，不简单，
上驮着，几千砖。
咋着啦，起来吧，
抖抖威，夯要飞，
不要愁，加加油，
到南头，咱存留，
夯沾地，定定事。
吭嘞，吭哩。

夯歌（二）

正月里正月正，唐朝有一个将罗成，
十二岁打过登州府，回来捎带救秦琼。
二月里，龙抬头，王三姐彩楼飘绣球，
绣球单打薛平贵，破寒窑里封王侯。
三月里是清明，薛礼跨海向东征，
临回捎着凤台城。四月里麦忙天，
昔日里梨花许扬凡，她嫌丈夫长得丑，
刀劈扬凡配丁山。五月里是端阳，
伍子胥打马过九江，怀中抱着小太子，
江沿上急坏了马娘娘。
六月里热难当，关羽保住二皇嫂，

过了五关斩六将。七月里来立暑秋，
七郎八虎闯幽州。八月里来豆花落，
孙二娘开店十字坡，普天底下无对手，
充军来了个武二哥。九月里是重阳，
赵匡胤皇帝困南唐，南唐遇困十二载，
外无救兵内无粮。十月里是霜降，
昔日有个小王祥，冰上取得鲜鱼肉，
他的娘病好离开床。十一月是寒冬，
天门阵困着穆桂英，王怀女那里把她救，
破了天门回汴京。
十二月又一年，周瑜七岁下江南，
甘罗十二为宰相，骆良号八十二岁中状元。
注：每说上一段，加上夯哟，夯唷！

夯歌（三）

夯起动啦，稳住性啊
夯打拧啦，力不停啊
夯打zuai啦，都别拐啊
这夯低呀，再加力呀
这夯高哇，照样捞呀
挨着排呀，慢慢来呀
抬住夯啊，都别慌啊
打前墙啊，打两墙哪
山打完啦，歇歇喘喘
吸袋烟吧！
吸吸烟哪，喝喝茶呀
掌柜的掂茶把烟拿呀
捞夯哩呀，听我说呀
一切行动听夯歌呀
捞夯哩呀，都帮腔啊
大家帮腔有力量啊！
打闷夯啊，累哩慌啊！
瞅东看西有危险啊！

打一夯，又一夯
夯夯打哩有名堂
一夯高，一夯低
打个霸王去别姬
二一夯打个赵匡胤
千里迢迢送亲娘
他送亲娘回故乡啊
三一夯打个三结义
桃园结义刘关张
四一夯打四女将
四员女将威名扬
穆桂英宝刀安天下
十字坡开店的孙二娘
刘金定南唐保过主
樊梨花征西美名扬
五一夯打个过五关
过来五关斩六将
擂鼓三通斩蔡阳
六一夯清官包文正
他下陈州放过粮
七一夯打个天仙配
八一夯打个八千岁
他本是个南清宫哩八贤王
九一打个武将叫郭英
他本是个镇守朝纲的扫殿王
十一夯打个断桥会
白素贞断桥会许郎
十夯名堂都唱过啦
喝碗热茶润润腔

3. 轿夫歌

领：花轿到府门哪
众：噢　喂！
领：步步要小心哪

众：噢　喂！

领：一来看花轿　二来停鼓乐　三来看新娘　四来停轿歌啦！

众：噢　喂——

领：前打点，后打点。看看花轿偏不偏！

众：嗷——喂——

轿歌

（1）

花轿离地一尺高，
五色彩绸空中飘。
青龙在东海，
猛虎在西山。
看看花轿偏不偏？
不偏不偏真不偏，
各种奇物在上边，
敬德打虎在一旁，
还有托塔李天王。
穆桂英大战白天佐，
还有罗成对花枪。
金凤凰，银凤凰，
这枝落到那枝上，
凤凰夺窝单展翅，
各种鸟儿配成对。
八面牌坊在当中，
照得四海明晃晃。
四个角还有四花盆，
韩湘子抬看上寿走慌忙。

（2）

花轿把点搭，锣鼓把笛煞。
听我把花轿夸一夸：
小小点棍尖又尖，滚龙轿杆跨两边，
前七尺，后八尺，七八一丈五尺长，
花轿搁到正当央，花轿好比一绣阁，
四个花篮挂四角。四凤重千秋，

四龙挂云头，四个狮子滚绣球。
上八仙，中八仙，麒麟送子在中间。
上三蓬，下三蓬，
好比那虎牢关吕布战三雄。
绿对绿，红对红，琉璃珠子挂响铃。
刮东风，丁冬响；
刮西风，响丁冬；丁冬响，响丁冬。
大笛吹，小笛哼，
你看花轿多威风，花轿搭上点，
东家站两边，看看花轿偏不偏。
一不歪，二不扭，光明大道又好走，
老少爷们把路闪，一路平安到家园，
前后搭肩啦，起着喽——好。

4. **推车歌**

推小车，不用学，
只要篓里带着馍。
推小车，不在人，
只要屁股掉哩匀。

5. **船歌**

(1)

小曲好唱口难开，
樱桃好吃树难栽。
想吃好面地里找，
想吃鲜鱼下河沿。
想吃樱桃先栽树，
想吃鱼虾下河沿。
不喂马，不喂牛，
不种庄稼不发愁，
不种棉花穿棉袄，
不喂白蚕穿丝绸。
号子一声南海南，

南海奶奶造这船。
船帮船底檀香木，
珍珠玛瑙船桅杆，
去的冲的是老人，
回来冲的是少年。

(2)

当船家，不自由，
一年四季在河口。
南里收了南里去，
北里收了往北游。
沙河两岸都不收，
沙河里头度春秋。
船舱好比两头牛。
当船家，也自由，
一年四季河里走，
不种麦子吃好面，
不喂白蚕穿丝绸，
不种棉花穿棉袄，
不种芝麻吃香油，
不喂马，不喂牛，
哎嘿哟——
不种庄稼不发愁。

6. **孤儿歌**

日头落，狼下坡
“娃子”叫唤鬼吆喝。
有娘哩，娘扯着，
有爹哩，爹抱着，
没爹没娘可咋活。

7. **小黄豆**

小黄豆，黄灿灿，
大磨秃噜小磨研，

研得豆腐白雪莲。
钢刀切，油盐煎，
先敬佛祖后敬天，
一天三遍保平安。

8．**仪式歌**

小香炉，腿又短，
今年烧香来哩晚。
人口大，事又多，
开开庙门把头磕。

9．**方方桌**

方方桌，腿又圆，
花花裙子转子莲。
香在炉，蜡在台，
明堂蜡烛上供来。
烧茶打水都有劲，
一日西天去修行。
两天有个文莲台，
稳坐莲台不下来。

10．**小梅豆**

小梅豆，弯正正，
油锅炸，用醉封，
封过以后敬神灵，
神灵吃罢敬斋公，
斋公吃罢念真经。

11．**摆供歌**

大年五更心里净，梳头洗脸去摆供。
先摆栗子核桃枣，后摆菱角共柿饼。
五更五鼓摆哩全，还有四只果盏压桌栏。

12. **过年歌**

大年五更心里静，梳头洗脸去摆供。
先摆栗子核桃枣，再摆菱角共𫟈饼。
大米饭共蒸馍，一碗“刀头”当中搁。
香灰起，纸灰落。一家人等把头磕。
祭罢先人拜爹娘，婶子大娘都拜看。
拜个年，道万福。新春佳节多快活。

13. **小托盘**

小托盘，四方方，
又端纸来又端香。
扒开庙门俺九磕（头）
口中不住哩念弥陀。

14. **善门开**

一挂号，善门开，
手捧黄香炉里栽。
金香炉，银叶裹，
今儿野花一样同。
家花开了千千朵，
野花又开满树花。
看家花，出贵子，
看野花，落场空。
三挂号，烧好香。
俺给神上拜花王，
拜了二十单四拜，
张罗各氏挂号来。

15. **尽孝心**

大儿媳妇尽孝心，梳头洗脸进庙门。
金莲就把庙门踩，小手就把黄香焚。
二老爹娘好了病，小庙修得一崭新。
二儿媳妇尽孝心，梳头洗脸进庙门。

金莲九把庙门踩，小手就把黄香焚。
二老爹娘好了病，嫂嫂修庙我敬神。
三儿媳妇尽孝心，梳头洗脸进庙门。
二老爹娘好了病，吃斋念佛不动荤。
四儿媳妇尽孝心，梳头洗脸进庙门。
二老爹娘好了病，三年皮袄不离身。
五儿媳妇尽孝心，梳头洗脸进庙门。
二老爹娘好了病，我转香楼上去舍身。

16. 小扫帚

小扫帚，圆又圆，
三十后晌扫当院。
一扫一个龙拜母，
二扫财来还得福，
三扫三锭金，
四扫杂病不沾身，
五扫五子去登科，
金榜题名状元多。
六扫刘海戏金蝉，
哼哈两句去过年，
七扫七发家，
大骡子大马拴十三，
八扫八进门，
扫哩都是灵芝草，
九扫地生金，
走马门楼盖哩新，
十扫扫哩全，
万事如意过新年。

17. 砍枣树

二月二，砍枣树，
砍一刀，结一仑，
砍一镰，结一船，

打一棍，结一圈。

18. 赶雨歌

勺子挖挖天，云彩归南山。
南山下大雨，咱这好晴天。

19. 拍瓦子

二月二，拍瓦子，
蝎子蚰蜒没爪子。
二月二，拍砖头，
蝎子出来往下流。
二月二，拍破鞋，
蝎子出来没有爷。
二月二，拍小屋，
蝎子出来没有毒。
二月二，拍石磙，
蝎子出来往下流。
溜、溜、溜墙根儿，
蝎子出来不蜇妮儿。
溜、溜、溜门台儿，
蝎子出来不蜇孩儿。

20. 学真经

小石榴，拖金丝，
你不学真经到几时？
真经学了两三串，拿到阴间做盘缠。
慢慢走，慢慢来，
慢慢摸到黑河沿。两个猛虎把住路，
忽然想起真经来。我把真经念七遍，
念得猛虎心喜欢。不吃你，就度你，
度你西天成神去。西天有个霸王台，
一去修行不回来。

21. **剪子经**

一把剪子打得好，百样故事都会绞，
上绞天，下绞线，还绞龙王戏漂伞。
绞个庙，三间长，滚龙戏珠雕花梁，
绞得瓦，凹得严，还绞滴水李翠莲。
绞个锁，锁住门，里头还绞三尊神，
绞个桌子四方方，顶上还插两支香。
绞得桌子腿又圆，七个大碗摆得全，
芝麻，共地犁，七个供碟都摆齐。
谁要学会剪子戏，一辈子不受阎王气。

22. **鹅经**

往东观，黄鹅经，黄膀黄翅黄明镜。
还有两根黄飘带，飘飘摇摇来得快。
嘎、嘎、嘎
俺把黄鹅捧起来。往南观，白鹅经，
白膀白翅白明镜，还有两根白飘带，
飘飘摇摇来得快，伸手去，回手来，
嘎、嘎、嘎
俺把白鹅捧起来。往西观，狸鹅经，
狸膀狸翅狸明镜，还有两根狸飘带。
飘飘摇摇来得快，
嘎、嘎、嘎
俺把狸鹅捧起来。往北观，花鹅经，
花膀花翅花明镜，还有两根花飘带，
飘飘摇摇来得快，伸手去，回手来，
嘎、嘎、嘎
俺把花鹅捧起来。

23. **吊孝歌**

郎君想奴把命亡，吓的奴家浑身凉。
哭哭啼啼回家转，自家上房问声娘：
“红绫子裙儿，

红缎子小鞋倒钩云儿；
骑红马，备红鞍，
手里拿着红丝鞭，
头里再使红人牵。”
前思思，后想想，
这话说不到俺心上。
转面来，问声爹：
“爹啊爹，要去吊孝该穿啥？”
爹在一旁开了腔：
“绿绫子衫儿，
绿绫子裙儿，
绿缎子小鞋倒钩云儿；
骑绿马，备绿鞍，
手里拿着绿丝鞭，
头里又使绿人牵。”
前思后想不对劲，
爹说的不对我口味。
转过来再把哥问：
“哥啊哥，要去吊孝该穿啥？”
哥哥对她开了腔：
“黄绫子衫儿，
黄绫子裙儿，
黄缎子小鞋倒钩云儿。”
“娘啊娘，要吊孝该穿啥？”
亲娘不紧不慢开了腔：
“红绫子衫儿，
骑黄马，备金鞍，
手里拿着金丝鞭，头里又使黄人牵。”
二姐听了暗落泪，
哥咋不为妹思忖。
吊孝咋穿黄衣裳。
转身再把嫂子问：
“嫂子呀，要去吊孝该穿啥？

你给妹妹帮帮忙。”
妹妹有苦嫂知道，
叫声妹妹听端详：
“白绫子衫儿，白绫子裙儿，
白缎子小鞋倒钩云儿；
骑白马，备白鞍，
手里拿着白丝鞭，头里又使白人牵。”
思思想想心欢喜，
嫂子最摸妹妹的底。
问亲娘：“灵前咋哭郎？”
“进头门，哭亲人，
进二门。哭青天；
进了灵堂拍拍棺。”
上马来到婆家庄，
过头门哭声亲人叫声郎，
进二门哭声夫郎我的天，
进灵堂拍着夫君的棺。
“郎啊郎，青天对蓝天，
晒白袜子谁去穿？
青天对着琉璃瓦，
我十七八岁就守寡。
哭声夫，唤声郎，
咋不为俺多想想。”
二姐哭哩如醉酒，
哭断眼里泪两行。

24. 五媳妇比孝顺

大儿媳妇要孝顺，
小脚尖尖进庙门。
进了庙门把头磕，
十指尖尖把香焚：
“你要能叫娘病好，
大庙折修一翻新。”

二儿媳妇要孝顺，
小脚尖尖进庙门。
进了庙门把头磕，
十指尖尖把香焚：
“你要能叫娘病好，
嫂子盖庙我送神。”
三儿媳妇要孝顺
小脚尖尖进庙门。
进了庙门把头磕，
十指尖尖把香焚：
“你要能叫娘病好，
吃斋三年不动荤。”
四儿媳妇要孝顺，
小脚尖尖进庙门。
进了庙门把头磕，
十指尖尖把香焚：
“你要能叫娘病好，
我乌猪白羊谢天恩。”
五儿媳妇要孝顺，
小脚尖尖进庙门。
进了庙门把头磕，
十指尖尖把香焚：
“你要能叫我娘病好，
转香楼①上去舍身②。”

25. 新女婿拜年歌

正月初一头一天，
过了初二是初三，
一看看到门外边，
心想的公子来到了：

① 转香楼：在淮阳县太昊陵。
② 舍身：用纸扎个替身，烧在神灵前，意思代表我本人去给神灵服役赔罪。

黑绫子帽垫头上戴，
索丝裢子到腿弯，
漂白袜子双脸子鞋，
紫花袍子罗汉衫。
走到大门下了马，
走到二门把马拴。
小姐她白铜钥匙手拿着，
打开门锁迎郎官，
公子弯腰施一礼，
小姐羞羞答答把礼还。
打上火，按上烟，
没过门的女婿来拜年，
小姐扒着楼门往外看。
我猜公子没吃饭。
赶紧叫丫环拌汤打鸡蛋。
公子听见就要走，
公子公子别走哩，
有句话安排你心间。
到家里，别喝酒，别赌钱，
你上南学把书念。
念得赖了光棍汉，
念得好了中状元，
把俺搬到咱家里，
夫妻恩爱过百年。

26. 嫁歌

要喂不喂咬人的狗，要嫁不嫁三只手①；
要喂不喂抓兔鹰，要嫁不嫁扒窟窿②；
要喂不喂吃人的狼，要嫁不嫁那男人骂爹娘；
要喂不喂斗架的鸡，要嫁不嫁那男人睡到日正西。

---

① 三只手：即小偷的别号。
② 扒窟窿：赌博的代称。

27. 拦花轿板话

当新人上轿后，轿夫把轿门调向大街，人们总喜欢听一段夸花轿的歌谣。

诸位同志两边请，花轿上头看分明。
上一棚，下一棚，上中下三棚不相同。
上一棚，四个龙来四个凤，麒麟送子在当中。
有八戒和沙僧，悟空保着去取经。
路遇七十二个洞，洞洞里边出妖精。
取出经卷唐僧看，阿弥陀佛传万冬。
还有铁面无私的包文正，赤心耿耿保江洪。
打了銮驾铡西宫，陈州放粮走一程。
中间一棚银光闪，银盔银甲小罗成。
十二岁打过登州府，临回带捎救秦琼。
这边站着穆桂英，打破洪州留美名。
佘老太君忠心耿，八姐九妹杨排风。
两郎山上把山下，七郎八虎丧性命。
还有一个杨延景，埋头不干回河东。
下棚有个红脸汉，人们送号老关公。
过五关来斩六将，擂鼓三通斩蔡阳。
威力大来鬼神惊，死过以后封神灵。
上下三棚都夸完，俺把彩帘朝上蒙。
彩帘上绣着张桂香，媳妇行里是榜样。
婆婆冬天得了病，一心想喝新麦汤。
诸位你们想一想，腊月哪有新麦长。
桂香抓麦地里种，哭声天爷显显灵。
头腔哭得麦生芽，二腔哭得麦长长。
三腔哭得麦出穗，四腔哭得麦黄芒。
五腔哭得麦熟透，簸簸舂舂熬麦汤。
婆母喝了新麦汤，对时一天起了床。
她是民间孝顺女，记在二十四孝上。
观罢彩帘四角看，花轿四角四面镜。
往下能照三尺地，朝上能照到天空。
镜下悬着大绣球，四个绣球四个铃。
东风吹叮咚响，西风吹响叮咚。

叮咚响，响叮咚，一路不断响铃声。
两根轿杆抬着轿，每根轿杆四条龙。
八条大龙张着嘴，吱吱叫着朝前行。

前后起点啦呵，花轿起动缓缓向前行。这时一些嬉闹的人们，又故意在轿前放些障碍物，轿头触景生情再唱段快板。如放的是张耙，立刻唱道：一条大路通正西/路上放个上天梯/能上天来能耙地/给俺挪挪俺过去。如遇放自行车，他则唱：自行车打饱气/可供人们当马骑/电光圈，电光把/不歪不扭不唧哇。

如今当地用小轿车接新媳妇时，都请轿头坐车前头，用快板开路。为夸“喜”车唱道：小包车，嘀嘀嘀/不坐县长和书记/新人坐在车里边/看看神气不神气/掰着指头数一数/哪代新人有坐包车的/八十年代新风气/改了旧俗换新俗。

28. 撒床歌

(1)

紧是忙，越是忙，请俺给新人来撒床。
进头门，往里看，看见一顶好花床。
这个床，打得美，四块金砖垫床腿。
床头上又打青龙系黄龙，腿竮上又打灵芝草满屋喷香。
叫春秋和梅香，端来五谷杂粮来撒床。
头一把撒鸳鸯叩枕，二一把又撒枕叩鸳鸯；
三一把撒哩三子团圆，四一把撒哩四子成双；
五一把社。六一把圆；七一把娃娃跪床前。
半夜三更子时开，叫声玉堂送子来；好儿子送来整三个，
好女子送她一双来。大儿子封到养老公院，
二儿子封到养老院公，还有个儿子没啥封，南京城里应宰星①。

(2)

没事不进新人房，我给新人来撒床。
进了院，抬头看，砖墁地，粉子墙，
方桌架到正当央；插花墙，扣花梁，
二一把撒金玉满堂，三一把撒娃娃床前站，

① 宰星：宰相。

四一把撒完粮百石，五一把撒五子登科，
六一把撒儿女双全，七一把撒到床里边。
竹隔山，是鸳鸯，印花门帘三尺长。
穗子甩到玉钩上，里边有张顶子床。
这个床，真是精，四个角里钉钲钉；
这个床，真是美，四块金砖垫床腿。
金槌鼓，银海裳，我给新人来撒床。
头一把撒荣华富贵，有个小孩中武官；
八一把撒到床外边，有个小孩中状元；
九一把撒到床两头，闺女小子都住楼；
十一把撒到床中心，有个闺女是千金。
一把李子一把钱，大的领着小的玩；
一把李子一把枣，大的领着小的跑。

29. 铺床歌

无事不进新人房，新人请俺来铺床。
铺床铺火棍，生个小孩中举人；
铺床铺布袋，生个小孩中秀才。

30. 梳头歌

一拢子，二拢子，有个小孩戴顶子。
三梳骡马成大群。
一梳子，二梳子，
一梳摇钱树，二梳聚宝盆，有个小孩戴花子。

31. 送灯谣

(1)

一龙灯，二凤灯，
三才灯，四季灯，
五马五和六铜灯，
七银灯，八宝灯，
金灯搁在桌面上，
银灯搁在箱盖上，

灯油满，油又清，
红头绳子点天明。

(2)

一送灯，二送灯，
贤惠小姑来送灯。
金灯对银灯，
瓦房对楼蓬；
方桌对斗椅，
斗椅对腊瓶；
金灯搁在柜盖上，
小两口坐在床沿上，
细说细讲细商量。
灯观你，你观灯，
拐回头来观相公，
虽说相公没多大，
赶集上店他都中。

(3)

“俺请×家小姑来送灯”。
“一送灯，二送灯，
金灯对银灯，
银灯对楼蓬；
方桌对斗椅，
斗椅配相公。
俺问新人接灯不接灯？
新人接着俺哩灯，
床前人站成绠①。
新人不接俺哩灯，
俺教床前站成坑。
接灯搁在箱盖上，
小两口坐在床沿上，

① 绠〔gěng〕粗绳。

细说细拉细商量，
今年还是桃花女，
过年都是孩儿他娘。
生了孩儿，叫‘梦生’，
三天以里去报喜，
十天以里送朱米①。
又拿米，又拿面，
三百鸡蛋圆又圆，
又拿三块见面钱，
又拿棉裤又拿袄，
又拿三尺红绫子，
又拿花帽一套三。
满了月，
他舅就来请‘满月’，
妗子慌哩快来接。
这小孩儿，
也不胖，也不瘦，
四方白脸仿他舅；
也不白，也不黑，
四方白脸仿他爹；
也不白，也不黄，
四方白脸仿他娘。”

32. 三十晚上扫当院

三十晚上扫当院，一扫凤点头；
二扫龙戏水；三扫当院不招鬼；
四扫杂面不沾嘴；五扫福；
六扫财；七扫摇钱树；
八扫聚宝盆；九扫楼瓦房；
十扫骡马拴成群。

---

① 朱米：方言，妇女生头一个孩子，娘家要送喜米蛋、面、小孩衣服等叫送朱米。

33. **二月二**

(1)

二月二，拍瓦子，
蝎子不蜇狗爪子；
二月二，拍大床，
蝎子不蜇俺干娘；
二月二，拍梁头，
金子银子往下流。

(2)

二月二，龙抬头，
家家户户迎丰收。
大囤尖，小囤流，
打的粮食过梁头。

(3)

二月二，拍门头，
金子银子往家流。
二月二，拍门枕，
金子银子往家滚。
二月二，拍木锨，
金子银子堆成山。

34. **祭灶歌**

(1)

老灶爷，你坐下，
居家人家把你夸。
保佑米，保佑面，
保佑着锅里掉剩饭，
保佑囤里有余粮。
保佑骡马拴成行，
保佑门楼高盖起，
辈辈都出状元郎。

(2)

二十三，祭灶王，名香细纸共白糖。

秆草香料喂宝马，一晚夜静到天堂。
见了天爷双扎跪，好话说到正当阳。

35. 摆供歌

(1)

大年五更心里净，梳头洗面去摆供。
方方桌子腿又圆，挂上围裙转金莲。
东搁鸡，西搁鱼，
猪头搁到当阳里，四碗供菜两边搁，
两盘炸果闹索索，一对明蜡高照着。
纸灰起，香灰落，居家人家把头磕。
人也喜，神也安，一年四季保平安。
汉族正月初一五更念此“吉祥歌”。①

(2)

大年五更心里净，梳头洗脸去摆供。
忽啦开开门两扇，俺叫仙花撒一遍。
撒了仙花撒紫薇，紫薇花，长哩艳，
拿到手里颠倒看。
撒花哩，别走哩，还有鲜花没撒哩。
啥花？荆芥花，荆芥陪着腊梅花，
腊梅钳着石腊景，一棵李子结八斗。

36. 酒令歌

(1)

一个猫，一个头，
一个尾巴在后头；
两眼，黑不溜秋。
四条金腿往前走，
满堂里会手。

① 此歌为二人喝酒划拳时用，常用手比画。

(2)

螃蟹一，爪八个，
两头尖尖恁么大个壳，
魁五首，八仙寿……
摊你喝，嗬！摊我喝。
摊我喝，我就喝。

(3)

高高山上一头牛，两只角，一个头，
四个蹄子分八瓣，尾巴长到腚后头。

(4)

一个蛤蟆会凫水，
瞪着个眼，张着个嘴，
咯哇咯哇乱伸腿。

(5)

一心敬你，咱俩好，
三战桃园，四季发财，
五经魁首，六大顺，
巧七枚，八仙寿，
快升官，满十福。

(6)

点占一，两家好；
三桃园，四季发财；
五金魁首，六连高升；
七星高照，八仙过海；
九快升官，十满堂。

37. 六月初一

六月初一整半年，大馍鲜果敬老天。
敬的老天心欢喜，一年四季保平安。

38. 送巧歌

一年一个七月七，天上牛郎会织女。
牛郎哥，织女嫂，双双鹊桥来得巧。

39. 观相歌

青皮子萝卜紫皮子蒜，仰脸老婆勾头汉，
坐着左右摇，走路水蛇腰。

40. 时政歌

三生子小孩去当军
身穿铁袄对襟
铁袜子铁鞋跟
腰别钢刀八百斤
磨刀能使三缸水
开刀能杀八百人
要不是黄河隔着我
杀了朝廷坐龙墩

41. 小杆档

小杆档，两头尖，
打败日本打汉奸。
日本汉奸都打退，
当中哩还有老虎队。
老虎队，净坏蛋，
奸淫烧杀他都干。

42. 做新鞋

纳鞋底，缝鞋帮，
做双新鞋送前方。
底上纳个风火轮，
榜上缝个龙凤翔。
亲人穿上去打仗，
能跨黄河过长江，
打倒蒋介石，
撵走小东洋，
得法哩日子乐天疆。

43. **摆渡老汉**

芦花滩上一只船，
摆渡老汉五十三。
不管刮风下大雨，
不管日晒响晴天，
不管冬天月黑头，
瞎灯灭火也开船，
单送红军哩伤病员。

44. **大红马**

大红马，膘儿肥，
我送哥哥当兵去。
别想爹，别想娘。
一心想着打老蒋。
老蒋日本都打退，
老百姓成夜开门睡。

45. **县长的屁**

嘴皮一张
米谷满仓
县长放个屁
保长也说香

46. **抓壮丁**

捆的捆，绑的绑，
老总的皮鞭“叭叭”响。
老娘打滚哭，
爹爹悬了梁。
要抓儿子去当兵，
有个儿子也遭殃。

47. **一二三**

一、二、三，到东关，

东关到，扛大炮，
大炮响，打老蒋。
叫老蒋打哩直站岗。

48. 小竹竿

小竹竿，当马骑，
骑上大马快如飞。
扛上枪，扛上炮，
打哩老蒋光尿尿。

49. 小银枪

小银枪，两边忙，
打罢日本打老蒋。
把日本撵回老家去，
把老蒋打哩没头藏。

50. 做军鞋

月儿渐渐高，
挂到柳树梢，
小佳人在绣房越想越心焦。
提起丈夫郎，
死哩真冤枉，
日本鬼儿丢炸弹，
丢到郎身上。
有心去报仇，
脚小不能走。
有心去打仗，
家哩撇着二爹娘。
纳鞋底，做鞋帮，
做好军鞋送前方。
做好军鞋送前方。

51. 参军多光荣

一更里来月儿照正东，
送郎去参军，
参军多光荣。
二更里来月儿照正南，
送郎去参军，
参军上前线。
三更里来月儿照正西，
送郎去参军，
打仗得胜利。
四更里来月儿格外明，
送郎去参军，
人民得太平。
五更里来东方照了天，
送郎去参军，
胜利早回还。

52. 小红盆

小红盆，叮当当，
挑着挑子去逃荒。
小，小，你别哭，
前面有个小车屋，
要了面，打糊涂，
喝哩小肚子饱呼呼。

53. 小杆杖

小杆杖，两头尖，
打罢日本打汉奸。
日本汉奸消灭完，
咱们才过太平年。
日日盼，夜夜想，
盼哩八路军，
想哩共产党。

54. **保长下乡**

大黄狗，汪汪汪，
保长保丁下了乡。
财主笑，穷人慌，
闹得鸡飞狗跳墙。
没法过，没法熬，
要给保长闹一闹。

55. **蒋军士兵谣**

老蒋坐天下，
都凭咱们打。
当官哩升了官，
咱还是老丘八。
一月几块钱，
不够买鞋袜。
今天挨顿打，
明天挨顿骂。
卖命是咱们，
幸福是人家。
别人都跑了，
咱咋这样傻？
赶快开小差，
看他有啥法！

56. **庄稼人背上两把刀**

租子重，利钱高，
印子钱，一还三。
利加利，年年翻，
十年借，十年还。
成辈子，还不完。

57. **没自己哩**

打下粮食是保长哩，

养了儿子是老蒋哩。
养大了闺女是官长哩，
咱穷人啥也没有自己哩。

58. 七月里

七月哩，七月七，
我有那几句话对给你提。
我说大娘啊，
顽固分子，
来到咱家乡，
抢罢咱庄又抢外庄。
我说大娘啊，
抢了村庄，
人没头藏，
好比那牛郎织女就是一样。
我说大娘啊，
参加农会，
帮助游击队，
挖沟铺路才把汽车挡。
我说大娘啊，
汽车不能站，
火车不能走，
咱们哩队伍正在沟里头。
我说大娘啊，
火车不能走，
汽车不能站，
咱们的队伍正在青纱帐里边。
我说大娘啊。

59. 妇女翻身歌

中国妇女们，
真是那房前恨。
天天你在家，

也不敢出大门。
文夫打又骂，
婆婆她好狠心。
自家哩媳妇，
当成是外人。
吹起了冲锋号，
来了那新四军，
咱们妇女，
才能翻翻身。
提高妇女权，
梳洗又净身，
不兴压迫，
也不能欺负人。

60．万物生长靠太阳

万物生长靠太阳，穷人靠的共产党。
领导人民把身翻，还均地来还均房。
全家老少喜洋洋。

61．十大劝

一劝二爹娘，听我把话讲。
参加新四军，你不要泪汪汪。
二劝我哩哥，你听我兄弟说：
我参加新四军，你在家好做活。
做活你别盼我。
三劝我哩嫂，你听我把话说：
我参加新四军，在家你照应到。
四劝我的妹，你比我小两岁。
我参加新四军，你参加妇女会。
五劝我哩嫂，你听丈夫提：
我参加新四军，你不要泪汪汪。
六劝小兄弟，把话听心里。
哥参加新四军，你好好要学习。

七劝我本身，参加新四军，
手拿钢刀，要把那鬼子拼。
八劝甲保长，听我把话讲。
鬼子来了，不用给他收给养。
九劝护备队，站岗别瞌睡。
鬼子来了，给他个顶打队（指顽强）。
离远了，掌枪打；离近了，掌刀砍。
不远不近扔炸弹。
十劝儿童团，听我把话言，
站岗放哨在外边，别怕那热和寒。

62. 抓壮丁

听见黄狗咬，赶紧往外跑。
呼啦开开门，站着两个人。
一个戴礼帽，拄着文明棍。
一个托着枪，刺刀明晃晃。
抬头仔细看，保安大队长。
队长喝了令，站住不许动！
举起文明棍，不叫吭一声。
绳捆抓壮丁，说声不愿意。
队长生了气，耳光脸上打。
下边使脚踢，抓走赵振山。
全家泪哭干。

63. 打死老蒋王八蛋

国民党，真不中。
到处跑着抓壮丁。
抓壮丁，不愿干。
连捶带踢送前线。
送前线，不开枪。
就是不打共产党。
共产党，为人民。
自己不打自己人。

自己人，跟谁干？
打死老蒋王八蛋。

64. **卖鞋**

小奴家今年二十一，手提着包袱云赶集。
俺卖的就是鞋袜子儿。
（问：啥样的呀？）
鸳鸯口子千层底儿，
小奴家鞋上挑着鞋口子儿。
鞋口子本是丝线不切儿。
（问：啥布的呀？）
丝布表子洋布里儿，
里外三层尽是好东西儿，
顶穿又结实儿。
（问：多少钱一双？）
往回卖哩三块五，咱还是原来的老规矩儿。
（问：穿上试试行不行？）
穿上大来，穿上小。
拿到奴家的包袱里儿，不大不小才合适。
（问：替个鞋样行不行？）
同志你说话太小气儿，
替鞋样拿给姐姐做，
你够呀够可以儿。
（问：你住在哪儿呀？）
小奴家住在八路根据地儿，
找个婆家是蒋管区儿，小奴家不乐意儿。
（问：你愿找哪里呀？）
小奴家情愿寻到八路根据地，
寻个丈夫本是抗战的，小奴家就乐意。
（问：咱俩结婚行不行哎？）
同志你年纪太小了，恐怕你就抗战不到底。
小奴家不乐意。
（我坚决到底！）

坚决打到反动派，
小奴家情愿嫁给你，
事情到这就可以！

65. 其他

八路军进村庄

八路军，进村庄，
亲亲热热叫大娘。
请您莫害怕，
请您莫心慌。
不打人来不骂人，
俺是咱穷人的队伍到村上。
烧您的柴草，
付给您光泽。
吃您的粮食，
叫您顶公粮。
用您的缸里水，
给您打满缸。
村村寨寨穷乡亲，
听言观行心里亮。
子弟兵来到咱们家，
就和亲人一个样。

高高山上一块云

高高山上一块云，
富的富来贫的贫。
贫在街头无人问，
富居深山有远亲、

叫东家，喊老爷，
穷人比他短半截。
见面先跪下。
说话把腰弯。

住的牛马棚，
吃的猪狗饭。
穷人啥时能起腰，
老天爷你咋不睁眼？

泥瓦匠，住漏房，
卖盐的，喝淡汤。
开坊子的没米吃，
木匠的闺女没嫁妆。

正月来，正月正
富人过年乐盈盈。
穷人无心把年过，
给财主说合当长工。

灯里没油当时暗，
手里没钱当时难。
门口竖个要饭棍，
姑表弟兄不显亲。
竖上旗杆挂上匾，
三眼枪，打不光的攀亲人。

上山打地主

一二三四五，上山打地主。
地主不老实，逮住烧烧吃。

想来想去我作难

穷光蛋，衣裳烂，
走远路，没盘缠。
卖公鸡，会打鸣。
卖母鸡，肯下蛋。
卖老婆，不值钱。
卖孩子，心里酸。

想来想去我作难。

穷人有理白受冤

穷人的屋子漏着天，
里边没有外边干，
穷人的地，在河湾。
十有八九遭水淹。
穷人有二升下锅米，
财主来了锅踢翻，
穷人有理白受冤。

临走落个炮打头

日本打，老蒋退，
中间夹着蚂蚱队（即反动土顽）。
蚂蚱队，不保国，
又牵牛，又瓦麦。
瓦了麦，牵了牛，
临走落个炮打头。

闹得百姓流眼泪

大汉奸，维持会，
日本鬼子游击队。
闹得百姓流眼泪，
黑了吓哩不敢睡。

可别给财主做活

饿死饿活，
可别给财主做活，
七天哩剩糊涂（稀饭），
八天哩霉窝窝，
一年四季叫你喝凉水，
烙的烙馍能吹下河。
榷了一盘子蒜，

光叫看不叫蘸，
调了半碗秦椒，
光叫看不叫叨，
晌午吃面条，
东家先把稠哩捞，
清汤你要多喝一碗，
他就白瞪眼。

六、民间工艺

（一）泥泥狗

泥泥狗，又叫“陵狗”或“灵狗”，是淮阳伏羲陵泥玩具的总称。为什么称为“陵狗”？泥塑艺人们答复是：泥泥狗是人祖爷喂的狗，是给人祖爷守陵的。这些造型奇特、色彩热烈奔放的泥泥狗，是伏羲、女娲及远古时期生灵群像高度概括变形的拜祭祀物，是周口民间艺人世世代代口传心授的民间工艺品。

泥泥狗

泥泥狗大体上可分为四类：猴类、兽类、鸟类和埙类，而又统称其为“狗”。其来历源于伏羲、女娲抟土造人的远古传说，《太平御览》载：“俗说天地开辟，未有人民，女娲抟黄土做人，剧（巨）务力不暇供，乃引绳于泥中，举以为人。”太昊伏羲氏是中华民族发展畜牧业的始祖，狗是首先被人类所征服，为人守户、报警、护卫畜群的助手。远古时期，人们认为狗是上天派下来拯救和帮助人类的，是人类和畜群的保护神，从而出现了以狗为图腾的原始氏族部落。随着捏制泥泥狗的祭祀人祖习俗的延续，各氏族部落所崇拜的图腾也加入到了“狗”图腾的行列。这些来自远古的民间作品时代特征鲜明，艺术造型巧妙，神韵充沛，拙中寓巧，在写实的基础上予以变形和夸张，有的状若顽猴，活泼可爱；有的类如狐狸，灵敏机警；有的形如猛兽，狰狞可怖；还有的形态怪异，亦神亦猴亦人，充分显示了原始图腾的尊严，表现了我国古代劳动人民的高度艺术创作才能。

在泥泥狗作品中有不少一身两头的造型，如两头狗、双头马、双头虎、两头燕等等。一物两头，这在《山海经》中称作“并封”、“屏篷”、“踩踢”，意在鸟兽牝牡交媾阴阳之合，是一种原始母系社会的生殖崇拜。而捏制泥泥狗的老艺人们讲：“这些都是人祖爷和人祖娘娘造的人和狗，有老模子，代代相传，谁也不能改，改了就不是人祖爷造的人和狗了。”

“草帽老虎”是众多泥泥狗中一个较为奇特的作品，威武的泥老虎头上却盖了一个硕大的草帽，有的帽圆而平，有的圆帽尖顶，还有的脑后呈扇面状，帽上均彩绘鼻眼，一个王字十分醒目。老虎头上为什么要戴草帽呢？这在《独异志》中有记载：“昔宇宙初开之时，有女娲兄妹二人，在昆仑山，而天下未有人民。议以为夫妻，又自羞耻。兄即与其妹上昆仑山，咒曰：‘天若遣我二人为夫妻，而烟悉合；若不，使烟散。’于烟即合。其妹即来就兄，乃结草为扇，以障其面。今时取妇执扇，象其事也。”联想到旧社会男女成婚，新娘均以红绸遮面，称之为“盖头”，实质就是“以扇遮面”的上古通俗语。

在数百种造型各异的泥泥狗中，仅有一种“人面猴”的形象，她庄重威严，头上有冠，或骑虎或骑狮，犹如一位东方的圣母。“人面猴”的上身前面均形绘一个夸大的女性生殖器，占据了整个画面，民间艺人们称其为“人祖猴”，视为“人祖”造像。自古以来，人们就奉祀女娲为婚姻之神，亦为泥泥狗艺人们当作“祖神”来塑造，泥泥狗人面猴也进一步反映出史前人类共同存在的生殖崇拜意识。

埙，是我国古代的一种吹奏乐器，具有悠久的历史，新石器时代仰韶半坡遗址、浙江河姆渡遗址、郑州二里岗商代遗址等均有出土。它是原始社会畜牧时用以呼唤牛群、羊群或彼此进行联络的音响工具。晋《拾遗记》记载：“庖牺（伏羲）……丝桑为瑟，灼土为埙，礼乐于是兴矣。”埙又成为古代最早的吹奏乐器。而泥泥狗中的“瓦窝头”，又名“哩喽”，它与数千年前出土的埙一模一样，有两孔，可吹奏简单的旋律，音色深沉、悠扬。作为一种史前人类古老的吹奏乐器，历经数千年，至今仍能保持其原始的形态，并在民间广为流传，也着实令人赞叹！

泥泥狗作品最小的就数“小泥鳖”了。它仅仅是一个半寸长的小泥点，中间一弯，两头一翘，分出头与躯干，涂以黑色，彩绘八卦纹饰，捅以音孔，便能吹出嘹亮的声音，一个小巧的艺术生命就诞生了。艺人们把它叫作“一点做人”的造型手法，这真是女娲“引绳于泥中，举以为人”的真实写照！传说龟曾在远古洪水肆虐之际，拯救过伏羲、女娲，所以，泥塑匠人们又称其为“小灵龟”。传说，泥泥狗扔进井里，全村人喝了井水都能免灾祛病。

泥泥狗均用黄泥捏制，全部涂以黑色，再用高粱秆做笔，蘸以青、白、黄、红等色，绘以点线结构的图案，既有楚漆器文化的格调，又似绳纹、方格纹古陶器的画法。其造型浑厚，似拙实巧，墨底彩绘，艳丽不俗，五种颜料强烈的色彩对比，而又不失其和谐。

泥泥狗全以黑色为基调。尚黑，是中华民族原始图腾观念的产物，黑色是本色，中国汉代以前的帝王、君主服饰都以黑为贵；楚人尚黑，楚国的漆器以黑为基调，外玄内朱。据《礼记·檀弓》记载：夏代“尚黑”。祭祀“牲用玄”；祭品为黑色，“墨染其外，朱染其内”。在汉民族的道德观念中，以黑色作为“刚正不阿”的代表色。就连“伏羲制嫁娶，以骊皮（纯黑色的马皮）为礼”（《绎史》引《古史考》）。时至今日，豫东乡村的老年人，仍保留着外穿黑袄、内穿红衣、下露红边的传统习俗。泥泥狗的用色完全沿用了尚黑的上古遗风。

泥泥狗作为远古的民间艺术流传至今，其实质上是一种原始图腾文化的延续和拓展，给人以永恒的生命印象。它不仅是中华民族民俗文化中的一种极为典型、罕见的艺术瑰宝，而且真实地记录了史前人类生殖文化的种种轨迹。

（二）汝阳刘毛笔

“汝阳刘毛笔”是由项城市孙店镇汝阳刘村传统的民间手工技艺制作的。相传，毛笔系秦朝大将蒙恬所创，后经当朝狱吏、汝阳刘先人刘寅改进，其后代子孙世代相袭，至今已有2200多年的历史。东晋时期，书法家王羲之称赞其为“妙笔”。汝阳刘毛笔因此有“羲之妙笔”之说，汝阳刘村也因此成为“妙笔之乡”。

汝阳刘毛笔的技艺特征，总体上体现在对“三义”、“四德”的追求。“三义”指精、纯、美。“精”指百余道工序的操作都一丝不苟；“纯”指选料严格细腻；“美”指笔头形、色及配合的笔管、刻书、装潢等高度完美统一；“四德”为“尖、齐、圆、健”。所谓尖，是指笔锋尖如锥状不开叉，利于点撇钩捺；齐是指笔毛垂直整齐，散开后顶端平齐无参差，使吸墨饱满，吐墨均匀；圆是指笔头浑圆匀称，不凹不凸，使书写圆转如意；健，是指笔毛健挺，不脱不败，书写时收放自如，富有弹性，收笔后笔头恢复锥状如初，且毛笔经久耐用。“四德”之中，尤以“圆、健”最为难得。

汝阳刘毛笔取材严谨，选料精细。“笔之所贵在于毫”，对笔料毛的产地、采集季节及部位均有严格要求。山羊毛、山兔毛选自太湖流域。其中山羊毛采集地要到江苏、浙江一带。狼毫笔所用的黄鼠狼尾毛，要到东北采集。笔管料要有天然花纹，而且挺拔端直。山羊毛、山兔毛和竹笔管，均须在冬季采集，称为“三冬”。制笔时的选料也极为精细。如一支“纯紫尖”所用的紫毫，只能用野兔背脊上那一小撮弹力特佳的毛，每千只山兔仅有紫毫一两上下，故有“紫毫之价如金贵”之说。中国书圣王羲之曾经用《黄庭经》换取汝阳刘毛笔，书圣使用后连称“妙笔，妙笔”！

关于汝阳刘村的来历，现在已是众说不一。汝阳刘毛笔第65代传人刘好勤说，老辈人说，汝阳刘村先人是从外地迁来的。商水县古代曾称汝阳县，是不是从商水县迁来的，现在已无可考。

据班固《汉书》记载，附证《河南通史》、《汝南县志》、《商水县志》以及汝阳刘氏族谱，得知，汝阳县西汉初年置县，包括现在商水以南、项城以西，以及安徽阜阳临泉一带和现在驻马店平舆一部分。大致位置在今汝南县北部汝河以北地区。古代河北为阳，故称汝阳。河以南，汉设有汝阴县。汉代至宋，汝阳县名未改，直到元代更名为汝宁府。汉初，汝阳县隶属于汝南郡管辖。汝南郡当时是全国最大的一个郡，辖37个县，几乎相当于一个甚至几个省的面积。当时，西汉全国只有8个郡，汝阳刘原名汝阳刘氏，其成名不见于正史，但见于汝阳刘刘氏族谱。

西汉末年王莽篡位，中原大乱，王莽为赶杀刘氏族人四处用兵，时值南顿县（西汉初置县，包括今南顿镇东及沈丘一带，区域较小；同时设置项县，包括老城、新桥一带，亦很小）令刘演继任不久，只好避难湖北枣阳春陵老家，途中在汝阳鸿隙陂畔（从上蔡流经孙店、三店、老城、贾岭至安徽桐城，现在汝阳刘一带有鸿隙陂遗址。西汉时是一大水库，被称为鱼米之乡，以产水稻为主）一农家（即今汝阳刘村）避难。王莽追兵赶到，刘演之义子刘彦恰逢有病行动不便，刘演只有弃子携带家眷仓皇而逃。在农人掩护下，刘彦病愈后与该农家女子结婚。后刘演随刘秀春陵起兵，经昆阳大战后，刘演在更始帝刘玄时期遭嫉被杀。后刘秀建立东汉，四处寻找哥哥刘演后裔，终于在汝阳鸿隙陂畔找到刘演之后。由于侄子刘彦长期避乱于村野，不习惯于官府倾轧，对仕途深感厌烦，却精于技艺，对汉宫中的毛笔大感兴趣，刘彦即被刘秀封为“御笔王”，管理宫廷制笔事宜。刘彦由于疏于宫廷礼仪屡受排挤，心情郁闷，刘秀得知后问其有何要求，刘彦说愿回家耕田。后如愿以偿。刘彦回汝阳刘后，遂带子孙研习毛笔技艺并世代相传。后人为纪念刘氏之祖，把村名改为汝阳刘氏村，几经战乱兴替，2000年来，汝阳刘氏村名沿袭至今，此说完整保存在汝阳刘氏家谱里。民国年间，汝阳刘村多次遭遇匪患，家谱被烧灭净尽，但村中长者对此记载了然于心。

至今，汝阳刘村保留的部分文化仍有汉代宫廷文化印痕。比如，该村饮食习俗，至今保留汉代流水宴席，其中有一道特色菜——膀蹄，按照流传下来的说法，膀蹄即仿蹄也，包含白马救主的传说。刘秀为纪念这一劫难不死，每逢盛典，必备这道大菜。“仿蹄”顾名思义，即为模仿马蹄之状，即为纪念皇帝避难之事。此菜吃法特别，即四方一块猪肉，经加工后上到桌上，全桌人齐动手，把肥肉先挑烂，然后挑瘦的吃。筷子乱挑，象征乱枪扎地；先拨肥肉，象征寻找皇帝——以此道菜和独特吃法纪念刘秀被埋脱险故事。

传承了2000年，汝阳刘毛笔的确有着厚重的历史。毛笔是中国文化的象征之一，据传是秦朝大将蒙恬发明的。根据史书记载，秦始皇统一中国后，命蒙恬率领30万大军向北进攻那里的游牧民族匈奴。蒙恬带兵向北，收复了河套，并在交界处修筑了万里长城。由于军情瞬息万变，蒙恬需要向内地送达大量书信。那时候，人们是用刀在竹简上刻字的，那样很慢。于是蒙恬便竭力寻找好的书写办法。一天，蒙恬看到部下拿着红缨枪比画，忽然想到，何不把毛绑在竹竿上，蘸点颜色写在白色的丝绸上呢？他试了试，效果真的很好。于是命手下如法制出许多“毛笔”来。那里地处塞外，时有野狼出没，也有人放牧羊群，狼毛和羊毛就成了最方便的制笔材料，这就是最早的狼豪笔和羊豪笔。

一些学者认为，毛笔的产生可能远远早于战国。因为从历史上遗留下来的甲骨文片来看，龟甲和兽骨上的文字整齐划一，有的字还细如毫发。其中一些文字写而未刻，那么，距今3000年前的人可能已经有了类似毛笔的书写工具。而五六千年前，黄河流域发现的一些彩陶上也有各种图案，大多线条流畅，应该是用类似于毛笔的工具画上去，然后再在窑内烧制，这样才能达到那样的效果。

但不论如何，蒙恬发明毛笔在史书上有记载，蒙恬造笔对中华文化发展作出了重要贡献。汝阳刘人从古至今尊奉蒙恬为祖师。

“文治毫毛安天下，武修长城定太平。”这是镶嵌在汝阳刘村蒙恬庙大殿门口的朱漆对联。元至正十四年（1354年），汝阳刘人为祭奠毛笔祖师秦将蒙恬，凑钱在村东头修建蒙恬庙。民国二十三年（1934年）重修扩建，把三月三日（农历，传为蒙恬诞辰日）——定为庙会，隆重纪念，并作为拜师授徒吉日。建国后，为破除迷信将蒙恬塑像和庙碑砸毁，建立汝阳刘小学。院内独剩清嘉庆十一年（1806年）由制笔艺人刘嵩山栽植的倒栽古槐，枝叶繁茂，巍然屹立，象征制笔艺人爱艺精神与寿槐长存。

汝阳刘一代（包括上蔡县杨集一带、商水县南部方圆数十里），用传统工艺制笔的达数千家，历久不衰。其中以项城市孙店镇汝阳刘村最为著名，历代名艺辈出。由于毛笔为文房四宝之一，不同于一般性营生行当，因此历代制笔名家不称匠而称艺、师。从古至今，历代名艺在省内外开设汝阳刘毛笔专卖店，或在当地开坊，致使汝阳刘毛笔影响遍于国中。仅以近代为例，明清至民国，汝阳刘人创业足迹遍及河南、河北、山东、安徽、陕西、湖北、江苏等省，并在以上各省开设笔庄。较为著名的笔庄有：文林堂、文和堂、一言堂、太和堂、文亚斋、步青斋，并出现了一批制笔名师名艺，如刘占奎、刘自川、刘占元、刘聚文、刘鸿彦、刘腾龙、刘家祥。其中刘家祥即为汝阳刘毛笔第65代传人——汝阳刘笔业有限公司董事长刘好勤之父，2004年去世，享年82岁。其间，汝阳刘毛笔小楷笔有鸡狼毫、狼豪、兼笔、紫尖；大楷笔有真正三圈、广长对笔、八团笔等品种。

建国后，党和政府非常关心传统手工业的发展。1950年，该村召集4名老艺人成立制笔小组。1955年7月成立毛笔社，从业人员达100人。1958年，孙店公社办起毛笔厂。1962年国民经济调整时期，恢复了集体和个体毛笔生产。1969年办起了汝阳刘大队毛笔厂，从业人员150人，产品畅销广州、西安、新疆、哈尔滨等地。十一届三中全会后，汝阳刘一带的孙店、冯营等村纷纷办起个体、集体或联户的制笔企业，从业579户1450人，年产各种毛笔达1400万支，年产值70万元。

（三）布老虎

淮阳庙会上的民间工艺品——布老虎，有单头虎、双头虎、玩具虎等，它是早期人类繁衍崇拜的物化和象征。每到仲春二月太昊陵传统庙会上，布老虎摊点，琳琅满目，随时可见单头虎、双头虎、直卧虎、侧卧虎等，形态各异；玩具虎、枕头虎，大小不一。这些老虎不像深山老林中那种凶猛的野兽，而是装饰化、人格化了的布玩。它们造型天真活泼，性格稚气可爱，活像一个个惹人喜爱的孩子。它们虽然不再是老虎的自然形态，可是当人们看到它们时仍以为虎。它虚构合理，夸张适度，变形得法。这些内腹草糠装填，黄布包皮，人工缝制、扭曲了的老虎原形，把其身躯和尾巴都大幅度地收缩了，四肢也极度地简化了。然而，老虎的主要特点却丝毫没有忽略。而且，虎头更给予着意的刻画。它那又圆又大的眼睛和龇牙咧嘴的形态，都被明显地夸张了。形象夸张之外，老虎的神态夸张得更为准确生动。正像我国传统艺术追求的那样，“不肖形似，而求神似”。这种老虎形象，把现实中的虎和幻想中理想化了的虎交融在一起，具有人的性格，满含人的感情，因此显得格外可爱迷人，憨态可掬。这些俗雅并存的艺术品，大都出自乡村农妇之手，是民间艺人勤劳智慧的结晶。

布老虎

阳所以广泛流传布老虎且久而不衰，则更有着美妙的传说。相传，在上古时代，人间只有伏羲、女娲兄妹二人，为繁衍人类，就各自去寻找配偶，因遍寻无人，便以滚磨为媒。伏羲羞于见妹，遂自变为虎，以草帽遮面，与其妹成婚，使华夏民族衍续下来。因此，布老虎又是对人祖伏羲的怀念与敬仰，是对早期人类繁衍的崇拜。在广大民众的心目中，老虎十分威猛，有百兽之王的美称。许多人认为老虎有避邪的功用。人们买布老虎大多是为了避邪。但是属羊、属鸡的人一般不买布老虎，他们害怕，老虎与自己的属相相克。

（四）鹿邑草辫及草帽

鹿邑县因境内气候湿润，地力偏低，生长的小麦秆细梃长，有韧性，含油脂，不枯死，有光泽。当地小麦种植面积广，为掐草辫提供了充足原料。据说，鹿邑草辫起始于北宋初年。

鹿邑草辫的选材严格，麦收时挑梃长、秆黄、不枯不死的地块，单割扎捆、摊场晒干后，日暮以木板支场中，抱捆摔出麦子，归家由妇女择出麦莛，麦莛近根处曰“白”，近穗处叫“青”。按粗细分类扎捆。编掐之前用水浸泡使软，捞出裹以毛巾保持水分，放置腋间，行走坐卧皆可掐辫。麦莛在掐制时称“丝儿”，一根为一丝，辫子有“十丝”、“九丝”、“八丝”、“七丝”之别，以“十丝”、“九丝”缉帽最好。另外有以色染后掐成的花辫和边如锯齿的“狗牙辫”，是缉儿童花帽的主要原料。

草帽

民国年间鹿邑草辫始有破草、原草之分。破草视麦秸，莛粗细可破三、四、五丝不等。辫子以“八丝”原草居多，破草较少，按“桄”出售，每桄辫长5－6.5米。缉帽时，先以清水浸泡辫子使软韧，再用细莛的辫子缉帽顶，渐次转为粗辫。一般“一针管三辫，里见（线）外不见（线）”，可缉成多种形式的帽子和妇女用的手提袋。人们之所以喜欢草辫，一是因为它便宜实惠，二是因为它来自本土，大多金黄色，取意土生金，招财进宝之意。

（五）民间社火

“八月十五云遮月，正月十五雪打灯”。正月十五闹花灯，是中国人传统节日文化中的一项重头戏。20世纪三四十年代，周家口的民间社火，无论其规模、品种、技巧、精致，可以毫不夸张地说，不但在河南堪称首屈一指，与全国其他地方相比，也毫不逊色。

周口作为豫东商业名镇，曾有过一段辉煌灿烂的历史。十三省绅商巨贾云集三川，各地能工巧匠交会于此，为不同地域的文化交流提供了有利条件，也给不同风格的民间社火活动提供了极其广阔的发展天地。因此，周家口闻名遐迩的民间社火，其全盛时代，至少可上溯150年的历史，一直延续到20世纪50年代仍保持强劲的发展劲头。这些民间活动不但品类繁多，丰富多彩，而且技艺高超，引人入胜。

周口社火，在演出形式上，略数之即有高跷、舞狮、龙灯、旱船、八音、肘阁、驼阁、竹马、群象、蚌舞、秧歌、独杆轿、推小车、打花棍、背姜婆、大头和尚度刘翠、二鬼扳鳖、武术气功等，样样不下30余种，社火班会近80家之多。演出技巧更是绝技纷呈，争奇斗艳。例如，20世纪30年代的狮子会，不但能在18张方桌堆成的高塔上上下翻滚、蹿跳倒悬，甚至可以表演单狮走钢丝、双狮抢狮娃等精彩节目。肘阁表演，有单桩、双桩、吊桩、五子登科桩等。尤其在“彩头”上，可以人站钢丝、站藕节、站刀刃等。

周口历史上的民间社火活动从来都是纯粹由民间自发组成，装备要大家集资添置，花销要大家捐助，活要大家出力干，饭要自己管，标标准准的“外活不管烟，喝茶自己掂”，“抬盒子垫礼”不图一分钱的报酬。但民众却干得十分有劲、十分积极，且历百年红红火火经久不衰。

（六）八里湾烟火

在商水城北四里许处，有一个村落名叫八里湾，它就是豫东平原上众人皆知的烟火之乡。说起这里的烟火，可追溯到明初洪武年间。那时，游荡江湖的一位八里湾人，在名城苏州观光过烟火会，他极度赞赏，并决心将这种技艺学到手，使之有朝一日能在商水大地尽放异彩。他意专心切，终在名家高手下穷览其艺，返乡后又精心研制。从此，苏州焰火在商水崭露头角。

多少世代以来，除了兵荒马乱、旱涝趋患的岁月外，大凡是丰收年景的太平盛世，只要灯节一到，八里湾10多个自然村便在“烟火会”组织人的主持下，组织民众，扫硝、烧炭、配药、制作、装置、展放。长此以往，八里湾制作烟火的技艺世代相传，不少能工巧匠并将此作为增加经济收入的一项独具特色的家庭副业。

八里湾的烟火，千百年来之所以长盛不衰，除它受艺于高门之外，更重要的则是多少年来，产品纳入了民间喜闻乐见的庆丰收、贺盛世、歌升平的娱乐品，质量在竞争中步步拔萃而得胜，品种在赞美中簇簇出类而繁多，如大起花、小起花、并连起花、起花带炮、五龙腾空、金雀飞鸣、轻蝉鸣空、地老鼠、水老鼠、大火鞭、土火花、三筒砖花、铁筒火花，尤其是特制的烟火中心“老杆”，更是巧夺天工！什么起花城、月明城、绒花树、银屏灯，乱箭射杨七、龙抓熊氏女、天仙散花、悟空闹天宫等，总计品种百类有余。

这里的烟火会，一般是在农历正月十五（灯节）时举行。正常的会期为四个夜晚——十四日晚开始，十七日晚结束。据县志记载，清代乾隆四年(1739年)，八里湾搞了一次烟火盛会。开支款项以银元计总数达2100块(官府支付)。参观者来自冀、鲁、晋、陕、皖、鄂、湘、川、赣、桂11省，约20万人。观众有达官贵族，也有布衣平民；有迁客骚人，也有商贾游士；

既有回族汉族，又有苗瑶诸族。真可谓“盛名震四海，佳景醉万众”！

烟火的高潮多与尾音相近，即点罢“老杆”，大会也就进入垂幕。所以，来观者总是关切到最后一晚那点“老杆”的时刻。每当点“老杆”之前，烟火会场上群情激奋，仰望长空，大小起花或单一直冲星群，或群起腾空，夹杂着爆破的炮声，散落的火花，整个夜空五光十彩，斑斓缤纷，令人目眩。地上，火鞭如火龙穿云，地老鼠从人的胯下钻过，轻蝉飞鸣掠顶，火球在面前爆裂，不时激起全场哗动，欢声如潮。但这还不足甚奇。待午夜时分，只需三颗红色信号相继升空后，这就是点“老杆”的开始。此时此刻，千千万万双眼睛一齐投向那高耸的两座“老杆”架上，一时，系列引火线急急缩短，火到之处，艺品献彩，那罕见的珍珠倒卷帘在一会儿间展现出书写“五谷丰登”、“风调雨顺”的长帘，自上垂下，三丈有余，此情此语，发人寻味。接着玉树琼枝，百花色艳；八仙彩人，姿态各异；黄鹂吐音，形声诱人。特别是火到中杆，有的是群灯齐明，有的是万箭齐发，有的是人物突现，有的是鸟兽乍出，或声或色，或动或静，不一其同。待到火至顶杆，千门火花呈半球形状发射，一时红光连天，烟锁星辰。

（七）翟楼烟花爆竹

扶沟县翟楼烟花有着悠久的历史，它构思灵巧，工艺严谨，造型别致，品种争奇斗艳，享誉中原大地。

翟楼烟花爆竹

扶沟县翟楼烟花爆竹的生产，最早起始于明朝洪武九年（1376 年），由于当时的移民迁移政策，翟氏家族由山西洪洞县迁来，把这项祖祖辈辈世代相传的传统工艺带了过来，历经 600 多年的沧桑，不断传承、创新和发展，时至今日，经久不衰。

翟楼烟花有起火、大花、火马火伞、门牌、竹子、旗杆斗、火桥、火塔、月明城、起火城、火供、老杆 12 个系列，有地面型、升空型、高空型、笛音型、旋转型、彩色型烟花品种 100 多种。每一个品种的烟花爆竹，都包含一段曲折、丰富的内容。从内容上说，有传说故事、历史典故、神话故事等；从寓意上说，有祝福的，有避邪的，上至春暖花开、五谷丰登，下至芝麻开花、菩萨落地，不一而足；烟花在空中绽放后，在夜空中簇拥的图案五彩缤纷，有球形的，有悬挂图画、标语的，有莲花瓣上坐佛、菩萨的，有对鱼的，形式多样，形象逼真，寓意无穷，令人赏心悦目，集书法、美术、神话传说等于一体。

翟楼的烟花爆竹在中原远近闻名。从明、清、民国到解放战争，有一首民谣始终在老百姓中间传诵，说是："不怕枪、不怕炮，单怕翟楼的裁纸刀。"裁纸刀是生产烟花的特制工具，是它给翟楼烟花爆竹人繁衍生息造就了财富，也为翟楼烟花爆竹人抵御匪冠的侵扰带来了福音，从这个民谣当中，足可看出翟楼烟花爆竹的影响。

1963 年农历二月初二，翟楼村搞烟花爆竹集中燃放，一下子轰动周边 10 多个县市，东至淮阳、太康，西至禹州、长葛，南至周口、商水，北至通许、尉氏，成千上万人涌来观看，车水马龙，人流如潮。连饮水都出现了危机，村庄内的 8 口土井喝干了，坑塘里的水硬是被饮下 4 寸多，被后人传颂为鼎盛之举。

（八）打铁花

"打铁花"又称"打花"，是用人力扬炽炙热的铁汁，使铁汁在空中形成各种花样。"打铁花"在铁匠铺和炉坊行业间兴起，慢慢融入周家口传统民间文艺行列，成为民间节日娱乐的一种活动形式。其起始年代不详，清朝末年已在周家口民间广为流传。

"打铁花"的工具主要是冶炼炉、风箱、生铁碎料、木锨、木杠等。一般是在开阔地带，先垒砌灶台，架起土法旧式冶炼炉，用大号风箱吹风点火，把投入的生铁碎料熔为铁汁，是为备料。

打花活动是在农历正月十五夜晚。打花手多选身材魁梧、膀臂有力的壮

打铁花

汉担任，两人为一个打花组合。开打时，一人手执用冷水浸透的长把木锨，两脚站稳拉开架式，一人则手执一粗木棍遥相呼应。先由冶炼手一人撬歪冶炼炉，使铁汁从炉口流出，另一人用专门耐火长柄勺接半勺铁汁，扭身倒入打花手的木锨凹槽处。于是，打花手便把这一锨炽热的红铁汁用力向前上方泼洒出去。出奇制胜的是，这一锨铁汁朝上一泼，却恰巧碰到另一人由上而下砸来的一木杠子上。两者一磕一碰，相互借力，使泼出的铁汁，呈迸溅状向空中洒去。于是夜空中便出现一片密密麻麻的红雨点，洒满天空，然后，徐徐落下，若满天流星，闪闪灼灼，煞是好看。

打花有的如“天女散花”，有的似“长虹贯日”，有的叫“满天星”，有的称“桃花雨”，打花手泼洒出的炽热铁汁，洒得越匀、高、片大、层次变化多，打花的名堂越多，套路越丰富，方为高手。

周口打铁花活动，一直延续到20世纪80年代初。50年代是活跃期，几乎每年正月十五都有打花活动。地点则多半选在从小黄河嘴到花土地庙之间的两岸河滩之上，大概有三四个点同时打花。南岸与北岸对应，隔河相望，无形中形成一种对峙争胜的局面，引得两岸观者如潮，并时有叫好声响成一片。

打花的班会，多半分属或分别依附于南北两岸的铁匠炉同业。后来手工业者成立集体化手工业合作社，每年打花的单位，则分别称之为南铁社和北铁社。再后来，手工合作社又联社成厂，打花活动也渐渐由通机厂、工具厂、风机厂、阀门厂承接下来。但因受诸多因素的影响，打花活动越来越走下坡路。改革开放以后的20世纪80年代初，还偶有出现，再后来就慢慢消失了。

（九）花灯手工艺

扶沟花灯手工艺距今有近200年的历史。第四代传承人杨金安，1960年11月生，自幼跟其祖父学做灯笼。其祖父做花灯笼是从曾祖父那里传承的。曾祖父年轻时在古城开封做工，拜做花灯的老艺人为师，学成后，回家自己制作。他们的花灯品种有走马灯、莲花灯、小兔灯、金鱼灯等。

近年，随着社会发展，花灯制作从作坊式制作向规范化发展。制作材料由竹篾换成了铁丝、钢筋，薄纸换成彩绸，烛灯换成了电灯，吸取玻璃钢制模、电动控制、灯光变换、音响配置、遥控装置等现代工艺。规格齐全，小的不足1米，大的10多米。花灯的造型发展到8大系列60多个品种，既有古装人物，又有现代人物，既有八仙过海、美人鱼等传统神话造型，又有科技之光、时代腾飞等体现时代发展的造型。产品达到了造型艺术化、控制智能化、品种系列化。

花灯

（十）石雕艺术

吕潭李家石雕，是采取刀刻、绘画、书法为主要手法的一门传统艺术；是集版画、壁画、烙画、印刷为一体的综合工艺。方圆数百里屈指可数。

吕潭李家石雕创始人李仰勤老先生，自幼酷爱书法、美术，尤其擅长雕刻手法。其女李丽受其父亲的熏陶，从小便随父学习雕刻，并经常外出进修学习，掌握了雕刻的全部技术，并在传统技法如浮雕、透雕、平底、尖底、筛子底等工艺的基础上，钻研出自己独特的技法，还把传统的手工刀刻改进为机刻，然后加色彩，达到刀花凸现、笔锋突出、个性鲜明、形象逼真、艺术完美的特点。

（十一）贾岭麦草画

贾岭镇的麦草画制作堪称一绝，受到人们的普遍喜爱。麦草画制作程序复杂，要求严格，有很高的艺术价值和收藏价值，且是馈赠外宾和亲友的高档礼物。

麦草画作品两幅

据传，麦草画制作始于汉代，盛行于唐宋两代，在我国已失传多年。清末经刘德印曾祖父刘金堂改变以芦苇为制作原料的传统，利用天然资源——麦秸，整理完善，逐步形成了自己独有的制作特色。刘德印这一代，受祖上熏陶，在保持麦秸自然色泽和纹理的基础上，进行了创新与发展，或贴、或剪、或熨、或烙。运用图画、版画、刺绣、剪纸等诸多艺术的手法，通过熏、蒸、漂、烫等几十道加工处理工序，一点一点剪贴，拼贴精制而成。基本制成山水、花鸟、动物、伟人像、八骏图、清明上河图等拳头产品。产品古朴典雅，惟妙惟肖，富有立体感，让人赏心悦目。

（十二）铜线画

铜线画是由商水县文化馆王建华发明首创的。画面用紫铜线掐丝镶嵌在有机玻璃的正面，反面用油画颜料和珍珠粉手工喷绘图案，经刻线、加固、磨砂、抛光等一系列近80道工序完成。

铜线画源于中国工笔画，但又与工笔画迥然不同。铜线画有中国工笔画的壮重、雅致，有原版画的浮雕感，有油画的厚重感，有上海画派和民间年画的喜庆吉祥，有中国画的博大精深和传统构图美，可谓刻意创新，独树一帜，雅俗共赏。适用于家居、宾馆、会堂、酒店墙饰。由于采用经防锈处理过的紫铜材料，存放时间不受限制，永葆亮泽，是收藏馈赠之佳品。

（十三）泥塑

泥塑是我国一种古老的民间艺术。它以泥土为原料，以手工捏制成形，或素或彩，以人物、动物为主。民间素有天津“泥人张”、北京“泥人王”和山东高密“泥家村”的称谓，而郸城县城郊乡的民间泥塑家张振福，被称为“豫东泥人张”。

豫东泥人张

张振福的祖父张明从12岁就开始学木雕和砖雕工艺，到19岁时已闻名于豫东。其父张连启11岁就开始学习砖雕艺术，20岁就独立创作砖雕，刻一些吉祥图案，或神话传说；1970年，参与了淮阳人祖塑像的设计与制作。张振福于1987年沈丘师范美术专业毕业后边工作边学习泥塑，他大胆地运用夸张手法，人物刻画形象逼真，他塑的题材大都是豫东五六十年代农村的生活场景和劳动场所。人物饱满质朴，构图形式简练、粗放。

他20年间制作出了近万件泥塑作品，多次参展并获奖。2003年10月，《快乐的日子》获河南省第四届民间工艺美术博览会最高奖金鼎奖。2004年9月，《扬场》、《好年头》分别获第二届中华（天津）民间艺术精品博览会及第三届中国国际民博会金奖。2006年8月，《少憩》获第十三届中国艺术博览会铜奖。

项城郑郭泥塑历史悠久，从项城郑郭古遗址中出土的大量陶器来看，已经具备高妙的造型艺术。很多的陶俑、陶楼设计精巧，做工精良，其艺术水平已经达到了现代人无可比及的水准。

郑郭泥塑代表人物田海军先生幼承家学，自祖上世代相传已有十代。田海军先生以“誓把泥土变成金子”的精神，把自己全部心血都灌注在了泥塑事业上，苦心研究，形成鲜明的艺术特色和系统的理论，享誉豫东。其民间手工艺泥塑作品取材立意极为广泛，造型多变、优美，生动逼真又富有表现力，具有浓厚的乡土生活气息。戏剧脸谱、吉祥图案、民间传说、历史故事、乡俗生活等无所不有；或粗犷豪放，秉承中原，具有鲜明的地域特色；或造型优美细腻，如春雨江南。

郑郭泥塑以“简洁、夸张、传神”为特点，根植于民间的工艺美术品中，作品多反映生活，每每集壮美和朴素美于一身，反映了20世纪50年代后人们的生活情感及艺术追求。其所具有的独特性及高贵的艺术品质对专业人员来讲也具有艺术“乳汁”的借鉴作用，甚至是一种规范和不可及的标本的意义。它已超越了民间手工艺术本身，在哲学、美学、考古学、历史学等方面具有极高研究价值。

（十四）纸扎艺术

纸扎。也叫像生、扎纸活等，是民间用于丧葬活动的纸质器物的统称，原是纸人、纸马、纸屋、纸箱一类，眼下则出现了纸冰箱、纸彩电、纸轿车等，一般多用于出殡行列中，到人葬时在坟前用火焚化，给死者带到“阴间”享用。

民间传说，从前有个老汉，勤快俭省一辈子，给儿子媳妇挣卜一份家业。可子媳对他忤逆不孝，把老子活活气死了。阎王爷得知实情后，令牛头马面去人间把老汉留下的房子家什全部烧光，以示对讲逆不孝之子的惩罚。老汉心肠一软，托梦给儿子，要他快想解脱的办法。媳妇连夜请来几个搭棚的匠人，命其照着宅院的样式扎几间纸房，其中纸床纸帐纸桌纸椅，样样具备。第二天，夫妇俩伏地跪迎牛头马面，一面哭诉懊悔之情，一面自己动手烧房子，还奉送一包纸钱给牛头马面做辛苦费，就此打发了阴差。左邻右舍不明原因，问他们干嘛要扎纸活儿烧？媳妇谎称这是给公公在阴间享用的。众人遂称赞这对夫妇有孝心。从此烧纸扎的习俗慢慢形成了。

有人认为，扎纸活起源于明清，其渊源是古代用于殉葬的俑人。用纸扎的人形在墓前焚烧，取代了陶木俑，当时是一大进步。“纸扎”就是“俑”的继续。

纸扎品在民俗中广有用处，如民间殡葬时的牌位，抬运寿棺的花架，还有给先人做周年祭祀送的物什（包括金钱财宝、车马楼房等）。西华民间有还愿之俗，某家或某人得了如意事，事前又曾向神灵许过愿，许愿一般是送给神灵整猪整羊，如果乞求的事得到了应验时，在年节，向神灵作个交代，这个交代必须在腊月十五这天完成。可这时离年节太远，杀的猪羊肉不能存放到过年，于是人们就在十五这天烧些纸猪纸羊，这些猪羊大多用高粱秆扎身，糊上黑、红、绿不同颜色的纸即可。这种纸供名曰“还利”，其真正的“本”（即真正的猪羊）都在腊月二十三以后宰杀，到年节时再与神灵作交代曰“还本”。如今，这些习俗仍在部分地区流传。纸扎艺术的工序如下：

一、制作工具

纸扎艺术以剪、捏、扎为主，其主要工具有剪子、钳子、锥子、尺子、锯板、画笔、颜料、木槌等。

剪子用作裁纸裁布，裁剪线头，一般家用剪子即可。

钳子用来捏铁丝圈、钩，以尖嘴小型较好。

刀片用作裁纸片、削竹料、破竹批等，大多用旧镰刀改制而成。

锥子作扎眼、钻孔用，有大小几种。

尺子有丈量尺寸的量尺和规格式的介尺，量尺一般有一尺长和三尺长的，介尺是三尺半与五尺的两种。

木槌是用来捣制料泥的槌子，重二三斤，柄与头是一体的。

画笔、颜料、水彩画用的原料即可，另外，还有做花样用的锯板、刀具等，它们在布料纸扎中很少用上，有了这些制作工具，艺人便可准备纸料，进行制作了。

二、制作材料

制作材料，主要有以下几种：

构皮泥：找来上好的湿胶泥，洒少量水塘着，同时把构树皮沤在水中等到构皮泡泛后，捞出捣碎，掺到胶泥中，到用时仔细用槌捣匀。这种料泥在制作纸扎品中捏头与足，结实、不易裂，现在也用桑皮纸代构皮，和泥而成的。

麦秆：用作捆绑身腿的材料。

竹片、铁丝：竹片用作背护旗的旗杆，上肢和胳膊等，后来胳膊都由细铁丝代替。

布：各色布类，用来作内衣、外衣，背护旗旗面等。

纸：五色纸、加花纸、行连纸、丈连纸、竹纸、白棉纸、草纸等，它们分别用作包内身，糊纸里，结纸，做外套等。

丝：做缨子、穗子用。

发：做胡子。

麻：捆绑身子等。

三、制作过程

备好制作工具和制作材料后，即可动手作纸扎形象了。

纸扎制作以纸活较快，它的整个制作过程，全靠纸和竹或秸秆糊扎在一起，画上鼻脸，着色等制作各样的形状，这类大都用在丧事或还愿上。以纸扎为主的活称为纸活，但也有一些有着存在价值的纸扎品。为了能存放长久，制作中以布代纸，这种纸扎制作称为布活，制作程序较纸活当然繁杂一些，这里就以布料纸扎人物为例，代以试述。

制作时一般先捏头。一件艺术品的成败，往往与其面部有着很大关系。艺术人物的喜怒哀乐，都于面部得以体现，所以捏好头部是一个关键。制作时，艺人就自己艺术造诣的不同，按自己的审美观点，把握不同的艺术形象，根据人物的性格特征的不同要求，塑造出他们的脸部轮廓，为刻画人的脸谱打下基础。

头部轮廓造好后，先放于一旁晾晒，等干后才能着料上色。这时制作转到捆身子上，捆身子又叫扎身子，捆时，根据艺术任务的架势，或走或站，或打或闹，或蹲或跳，都要在这层工序中定局。因为扎捆的下肢是固定的，艺术人物的一招一式，一举一动的表现，只靠上肢是难以完成的，下肢的架势起着重要的补充说明作用。所以说是文是武，是坤是旦，是丑是俊，是胖是瘦，在固定下肢时，只有定好蹲站等不同姿态，才能让人看去脸部同上肢手势结合起来，扎成一个栩栩动人的艺术人物来。纸扎品艺术任务的上肢是活动的，原来常用的细竹批安装成手臂，但由于用时造型难以完成，现在多采用细铁丝代替。捆绑上肢时，先将细竹批或细铁丝的一端固定在上体内，达到抽摆不动为宜，另一端用细竹批或细铁丝抽出五指，以便装扎完毕后，手拿刀枪武器或其他物件，而后根据艺术人物动作的需要，固定人物的架势。

身子捆扎好后，紧接着是往下肢上装脚，布料纸扎的脚也是枸皮泥捏制而成的，纸扎匠在做脚靴时，根据艺术人物的要求，或捏武装战靴，或文生公子鞋，也有“小金莲”等，总的说来，不论纸扎品的头、身还是脚与上肢，都必须根据人物的不同特征而塑造出来，并非有一个统一模式，而胡乱给披几件衣甲的。到此，一件艺术品就从头到脚有了一个简单轮廓了，再往下该开脸谱和着装。

纸扎品开脸，先用麻刷将头部毛坯刷打光滑。然后上底粉和打底色，绘制脸谱。纸扎人的脸谱与流行在戏剧舞台上的脸谱一样。生脸是白色打底，一字眉，自眉下深红渐弱，自脸蛋儿以下消失，着色程度讲究以色相压先白后红再黑。旦角粉底较浓，朱红重点，在脸蛋儿向外扩散，画柳叶眉，点樱桃口。丑角在鼻凹画豆腐干，造型有桃形，有三角形，金线形等。花脸画法多以不同颜色代表人物性格，白色用于扮俊者为俏，大花为奸，黑用于莽撞刚直，金色多用于神仙、天将，红色是忠、勇的象征，如关公、赵匡胤等戏剧人物。

与装脸同时进行的是着装，给纸扎品毛件穿衣时，先用草纸将毛件裹紧，后穿内衣。内衣一般用次平布作，多用白色，也用蓝色、褐色等。穿好内衣，再穿外套服装，这里的外套与戏剧人物相同，该穿靠穿靠，该穿蟒穿蟒，不能与戏剧人物有异。要使艺术品形象生动，就必须掌握人物的衣着、脸谱、动作等，做到心中有数，才能制作出好的作品来。另外，纸扎品大多需顶冠戴帽的，这冠帽是根据不同人物而定，叫作看人穿衣，随人戴帽。最后因人定型，安装小件物什，并将头与身子固定于一起，就算完成了一件纸扎艺术品了。

汪彦山的纸扎品质朴、自然，是开放在民间的一朵艺术之花。如果去掉它的迷信因素，保留、吸取其精华，多塑造一些古今英雄人物，将使这朵乡土艺术之花在建设社会主义精神文明中作出新的更大贡献。

（十五）剪纸艺术

在中华民族民间美术这个丰富而又珍贵的艺术宝库中，民间剪纸无疑是最富有生活气息和民族特色的花朵，而周口民间剪纸则以它粗犷浑厚的特点而独具特色。

自古以来，豫东特别是周口的广大农民，尤其是农村妇女，就能根据日常生活的需要，结合传统节令风俗和婚嫁活动，创作出丰富多彩的剪纸作品，以达到美化生活和寄托理想的目的。世世代代，她们受传统民族文化和民间美术（如泥泥狗、布老虎、花棒槌等）的影响，加上家传身教，形成了独特的风格。剪纸艺术创作过程，也是广大农村妇女们倾注自己的情感，施展才能的好机会。

周口民间剪纸应用的范围很广，或者被直接贴在窗户、门楣，或者用于婚嫁喜庆、传统节令的装饰美化，或者用作鞋子、枕头、门帘等刺绣的底样，或作为独立的艺术欣赏品。

其中窗花是一种贴在窗户上的剪纸，在那洁白的窗纸上再贴上色彩鲜艳的窗花，使人感到特别清新亮堂。为了增加效果，创造出一种节日所需要的气氛，往往在一个窗户上要贴上许多窗花，这些窗花或在内容上配套，或在形式上呼应。窗花一般都不太大，还要注意镂空透亮，避免影响光线。至于窗花的题材内容十分广泛，从生产劳动到日常生活，从动植物到戏曲人物，应有尽有。

鞋花和枕头花、门帘花等，则是农村用作刺绣底样的剪纸，它的图案一般都比较疏朗、匀称。周口民间剪纸艺术的取材内容，是和广大民众特别是农村生活密切相关的。生产劳动、农村生活、家禽家畜、动植物以及一些有喜庆寓意的题材等，都是人们最喜爱表现的剪纸题材。

周口民间剪纸艺术主要依靠丰富的想象力和高度的概括力，创作出富有概括力和想象力的艺术作品。简练的结构，以及明快鲜艳的色调，于粗犷中见精神、浑厚中见天真，构成了民间剪纸艺术的独特风格。人们张贴剪纸的目的，一是为了祈求吉祥，如：贴石榴、莲子等为求多子多福，贴狮子、老虎等是为了借猛兽之威来避邪。

（十六）木版年画和刷纸制柬

周口20世纪50年代以前有许多手工业作坊，大部分是制作生产生活用具的，其中也有专门生产美术品的行业，就是印刷木版年画和刷纸制柬。这些产品，不但风行附近各县，并且东销阜阳、蚌埠，南销驻马店、商城，西销渭南、汉中，虽不比天津杨柳青、苏州桃花坞、四川绵竹年画闻名国内外，却曾与朱仙镇年画相媲美，饮誉省内外。

每逢春节，家家户户都要写春联贴年画，到处红绿掩映，五彩斑斓。刷纸业作坊遍布周口作坊街和西顺河街，由于刷纸必须陈设案板，晾纸占房较多，两道街刷纸作坊共有30多家。至建国初期，袁朴斋的东永和，刘赞宇的聚兴，刘瑞甫的万顺，刘绍楠的豫厚长等10多家，都是颇具规模的作坊，雇有技师和工人。其余大多是家庭作坊，即不雇外人，全家动手操作，民国时期，从事这一行业的人手不下2000人。这些作坊，每年麦收以前，刷染彩纸，印制书帖，麦收后，便着手印刷年画。当时年画概称“灶马”，实际分为家神、门神和一般年画、春帖。家神有玉皇、关帝、财神、灶君。门神分为文武两类，武门神是秦琼、尉迟敬德和赵孔明，文门神是福禄寿三星和五子登科等。年画有《五子夺魁》、《娃娃撅莲》、《五谷丰登》、《刘海戏蟾》、《连年有余》、《和合二仙》及戏剧人物和奎星头像等春帖。

周口年画刀法雄厚朴实，线条洗练流畅，画面不设背景，突出形象，构图丰满，人物造型大眼方颐，神色祥和，身躯粗伟，色彩浓重，拙朴喜人，和我国明清以来的民间美术如木雕、泥塑、剪纸等人物风格相一致，具有鲜明的装饰性和夸张手法、流漫色彩。年画印刷是彩色套印，除线条底版用黑色印刷外，还有大红、大绿、黄、紫、杏黄五色，即每种颜色一块版，一张年画，经过六遍套印才算完成。印刷时，由于熟娴生巧，手工操作却也不慢，不过灶君像，因为附带一块历头，印有当年干支岁次，每月大尽小尽，及二十四节气。因须另制活版，年年更换，所以灶君像印刷七遍才完成。

刷纸分为三种，一是春联纸，春联纸又分大蔻、二蔻和三珊瑚纸。大蔻即蔻丹纸，用毛边纸为原料，每张纸要先刷两遍白土（白土经过精制，仅次于白粉），最后再刷黄丹，这种纸颜色丹红，经年日晒雨淋，始终鲜艳如初，永不褪色，是书写春联的上品。不过书写时，必须将墨熨热，用热墨书写，否则墨不沾纸。二蔻又称双红纸，也是以毛边纸为原料，不过不刷底粉，只是直接刷两遍红色，这种纸除书写春联外还有其他用途。珊瑚纸是刷成翠绿色，再撒上金屑或银屑，这也是春联用纸，多贴在厨房或灶君像前边。因为民间习俗，厨房和灶君前的春联，禁用红色。第二种是五色十则纸，这种纸以湖南十则素纸为原料，分别刷成红、绿、蓝、浅蓝、黑等五色。第三种是八色老则纸，以湖南老则纸（宽阔略大于十则纸）为原料，分别刷成八种颜色。五色纸和八色纸，主要用于制作彩扎，即办理丧事扎糊的纸房、纸车马、纸俑（当地叫“社火”）。五色纸远销洛阳、西安一带，八色纸盛行界首、阜阳等地。

除此之外，刷纸作坊还制作信笺柬帖，信笺分为八行信笺及十行公文纸，柬帖款式很多，20世纪50年代前，周口民众宴请宾客及拜访参谒，都要投递红帖，至于订婚结婚，礼路繁多，更须使用不同款式的柬帖。柬帖以大红纸裁制，款式多样，有单帖、四幅柬、八幅柬、龙凤大启等。龙凤大启有封面，封底和封套，长一尺二寸，宽八寸（旧市尺），是最为隆盛的喜帖。各式柬帖，除单帖外，各面都有金印龙凤图案或吉祥花纹，制作颇为精致，古朴而美观，为周口名产之一而盛销各地。

周口木版年画和刷纸制柬，属于古老的民间美术，是灿烂的中原文化的组成部分之一。过去作坊在印制年画之前一定要敬神，以祈求神灵保佑。印刷错的年画，特别是神像等，一定要在神位前烧香祈祷后方可在香炉内焚毁。任何年画纸张最忌讳拿到厕所当手纸用，这是对神灵的大不敬。

（十七）印花布

印花布是一种民间传统手工艺品，在全国各地城乡广为流行。受不同地理环境、风俗习惯的影响，周口印花布有着自己的独到之处。

周口印花布有两种：一是土木织机织成的织花布。其制作系先把纺出的细纹，染成七色彩线，然后精心构思，着意布局，设计出各种图案。再据既定图案，理出相应的经线上机，而后依需要分别制出各色线梭。织时经纬相交，轮番进行，便可织出预想的花色图案。工艺虽土，但花纹细腻准确，形象逼真。二是印染结合的印花布。这是将织好的白布经洗染印成。即先染底色，再据设计图案刻板漏花；也有的印染同步进行。即先把设计好的图案剪制成朵朵片片，予以协调布局缝制在白布上，然后再入缸印染，大多蓝底白花，也有套色印染彩底鲜花，色样繁多，异彩纷呈。

印织花布是周口民间喜闻乐见的艺术形式，在国内久负盛名。其特点有二：一是图案设计新颖，纺织方法奇妙，人物眉眼传神，动物形象逼真，花纹层次分明，色彩虚实掩映，长于大胆夸张，富于浪漫色彩，色泽光鲜不褪，浆洗娇艳如初，实用性强。二是织景题材广泛。它取材于本地人民生活、民间传说、历史故事、花草鸟兽，并用以表示福禄、吉祥，趣味性浓。它与劳动人民的精神生活息息相关，具有浓郁的乡土气息和地方特色。印花布绚丽多彩花样繁多。

周口印花布做工精细，用途颇多。它既是实用装饰品，又是艺术欣赏品。不论是缝衣制被，还是做窗帘、门帘、台布、围裙、床罩、披肩、沙发套等，均是上乘佳品。它做衣被，庄重淡雅，柔软舒适，清丽悦目，别具一格，更增几分魅力；它布屋饰室，给人荷花点点、梨花片片、竹影摇曳、柳丝翩翩之感，让人耳目一新。

（十八）“双王”刀具

周口沙河南岸有条“丁字街”，在这条长不足百米、宽不到8米的小街中，解放前一街两旁都是手工业铁货炉坊，每天炉火通红，锤声叮当，铲子、镰刀、斧头、抓钩、铁锹，以及各种刀具摆得琳琅满目，生意兴隆。在这数十家铁货铺中，那时最有名气的要数“双王”刀具铺了。

双王刀具技术传人是年近80岁的王惠卿老先生，他爷爷在商水干这一行（后迁移周口）到他儿子已经四代了。王老先生17岁继承父业，在父亲的精心教导下，学就一手好技艺，他对产品精益求精，名声越传越远，生意越做越好，其经验就是保证质量，在生产中严格掌握操作规程，即使买主多得排队，也绝不粗制滥造。王惠卿有高超的技术，敏锐的眼力，在生产中除加足钢材外，最关键的是蘸（淬）火，轻者卷刃，重者发脆。他的产品好看，好磨，不卷刃，不打豁子，好使用，尤其是菜刀、剥刀、砍刀、裁刀、果子刀、剔骨刀、铲皮刀、宰牛刀等刀具非常出名，锋利无比，产品远销周口方圆数百里和新疆、内蒙古等地。

双王刀具铺的产品都打有“双王”二字和一个葫芦作为标志，这有它的来历。原来他们使用的是“王”字标志，王惠卿的爷爷去世后，父亲兄弟三人分家，各自经营。再使用这个标志，万一用户因质量问题而退货，三家难以辨认，兄弟三人商量确定：老大、老三在“王”字左右分别加一个点，作为暗记，王惠卿的父亲排行第二，则使用两个“王”字，到王惠卿这一代又加一个小葫芦，葫芦中还有“惠卿”二字，这就是现在产品上使用的“双王”和葫芦钢印标志的来历。老大、老三的技艺已先后失传。

王惠卿的父亲传授技术认真，对亲人、学徒一视同仁，严格要求，按照“七火铲子八火镰”的操作规程，一火也不准缺少。由于他的产品规格质量好，受到用户的好评，他也逐渐养成了一种犟脾气，用户买他的货只许挑拣，不许褒贬。有一次一个农民故意褒贬了几句，他气呼呼地将镰刀往屋里一扔，坚决不卖，后来，这位农民只好托别人才把镰刀买走。

解放后，“双王”刀具铺发展很快，生产逐步扩大，增添了设备，实现了半机械化生产。至今，双王刀具仍然是周口的特产。

（十九）上城小刀

商水县巴村镇上城村朱天顺家祖传铸造工艺，尤以精制小鱼刀久负盛誉，远近闻名。因小刀常在邻近的三里桥集市销售，故以讹传讹亦称为三里桥小刀。

民间传说上城小刀始自北宋年间，北宋名将焦赞当时在焦寨（大武）、焦城（谭庄）屯兵、演练，一名在宋营打造军械的铁匠因伤在上城落户，在本村传授铸造铁器技艺，一直世传至今。清圣祖康熙微服私访途经巴村一带，见一少年佩带的鱼形小刀外形精致，削制竹木棍棒毫不费力，喜爱有加，遂在集市上购买了一把。不久官府即差人采办上城小刀作为贡品，小刀可以顶作“皇粮”。民国时上城小刀还一直作为税负上交。

上城小刀生产工艺复杂、细致，工序繁多，制刀鞘、锻打刀片、开刀口、钉星子是几道主要工序。关键在于刀片是用特种钢材经锻造、淬火、精磨而成，坚固耐用，不崩口，不卷刃，刀口锋利，有割、削、剃、刮多种功能。刀鞘以水牛角、铁、铜、木料、有机玻璃等刻制，状似小鱼，故称小鱼刀。刀柄末端分方头、圆头，方头呈长方形，可刻制图章。

上城小刀辉煌了几百年，它之所以造成鱼形称为小鱼刀，是取意民众的鲤鱼崇拜。许多人佩戴小鱼刀希望鱼能保佑自己年年有鱼，也希望自己能鲤鱼跃龙门，大吉大利。同时带小鱼刀也取于鲤鱼成龙能避百邪的民俗内涵。

（二十）顾家馍

顾家馍，是产于沈丘老城镇的一种民间面塑工艺品，起源于明末清初，距今约四百年的历史。

明末清初，在沈丘老城南边脚边，一家姓顾的人家，以蒸卖馍为生。顾家在卖馍营生中，博采众客之说，不断地进行尝试，探索出一套具有独特风味的蒸馍技艺，独领风骚，成为当地有名的风味特产，享誉数百里之外。清朝康熙年间，老城民间大夫刘璐举荐与康熙帝为御大夫。刘御大夫进京把顾家馍献给皇帝，受到康熙欢迎，被列为成为贡品。

顾家馍成了皇宫贡品，名气更响了，顾家更珍惜此绝技来，并立下传承规矩：传媳不传女。

清朝末年，顾家后人顾二别子把顾家馍进行改创，增添了品种的花样，不仅有可食性，形状似亚腰葫芦苇花馍，还有蒸制了具有可玩性、可陈性的十二生肖、花鸟、动物类、人物、山水及凤凰戏牡丹、双龙戏珠等花样品种。绘上色彩，着招人喜爱。

顾家馍底部呈阴阳八卦图形，构成顾家馍的独特标志，具有观之立而不斜，卧而不堆，不歪不扭，无裂口裂纹，外观洁白，光滑透亮；食之，馍味含香带甜，存之，不酸、不霉、不裂、不散、不变质、不变味，年余馏之，味仍如初蒸等特点。

顾家花馍造型，古朴、端庄、大方，古中透新，新中有古，质朴中蕴涵着神韵，个个形象逼真，栩栩如生，有着巧夺天工之美韵。在彩绘着色上，施用分层着色法，以黄色衬底为主色，红色占睛勾唇，蓝、青、黑等色勾架描脉络花纹，并注重彩绘与勾线相结合，以色传神，以神着色，从而形成了色彩艳丽而不俗，美而不妖不媚的境界，充分显示了喜庆、祥和的韵致。凝结着顾家人心血与汗水的顾家馍，充分体现了人民群众对美好和谐生活的向往与追求，表现了民间艺人对美的非凡创造力和非凡想象力。

顾家馍的生产方式，以手工操作，家庭式作坊生产为主。其制作工具，还保持着原式性、传统性。揉面、制馍坯在木案上操作。蒸馍一律用大口铁锅、单竹秕、秫杆挺锅盖，燃料一律用木柴或庄稼秸秆等。

顾家馍的工艺流程是：选小麦——淘洗小麦——磨面（只取 60% 的业粉）——制酵头——调面发酵——揉面——发酵——再揉再发酵——揉面制坯——上锅蒸——晾——上色——描彩勾花纹等。

花样繁多的顾家馍

1958 年，顾家馍参加河南省在开封举办的民间工艺技术现场演示会展。受到与会领导、专家和民众好评，并选送北京展览。1983 年，顾家馍再次被选送到北京，参加在中国美术馆举办的“河南民间工艺美术展览”。1988 年、1990 年两次参加河南省民间艺术节，2002 年，老城镇被河南省文化厅命名为民间文化艺术之乡。2008 年春节被选送到澳门参加河南民俗展。

七、民间游戏

民间游戏是指流传于广大人民生活中的嬉戏娱乐活动，俗语称“玩要”。它是竞技民俗中最常见的、最普遍的、最有趣味的娱乐活动，具广泛性、自由性、竞赛性、趣味性等特点。民间游戏内容具体生动，形式活泼、轻松，种类很多，如跳皮筋、翻花绳、踢毽子、打陀螺、斗鸡、滚铁环、捉迷藏、老鹰抓小鸡及各种拍手游戏等。可以说民间游戏是来自于人们生活中自创的一种游戏形式。民间游戏是由劳动人民自发创编，在民间广泛流传的喜闻乐见的活动。

民间游戏经过一代又一代人的流传和发展，已成为我国优秀民族文化的一个组成部分。周口的民间游戏，内容丰富，流传广泛。游戏的玩法多是自由性的和竞赛性的，有团体的、个人的。孩子们随便捡块石头、和块泥巴、拿根小绳、撕张旧纸，都能尽兴地玩上半天。周口的民间游戏主要包括民间棋艺和儿童游戏。周口的儿童游戏丰富多彩，很有本地文化特色，一般是就地取材，适于操作，还有竞技和益智的特点。周口的儿童游戏一般与儿童歌谣相辅相成，也包含了传统的文化内涵。

（一）民间棋艺

提起民间棋艺，众人都不陌生。在周口民间随地画一棋盘，再找些砖头子或树枝等在地上一摆，两人或三人就能杀得难分难解。民间棋艺一般来说就地取材，方便易行，富有民间的特色。许多民间的棋路正是广大农民智慧的结晶。他们走棋的过程既是娱乐游戏的过程，也是开发智力显示智慧的过程。

一般来说，周口民间的各种棋艺以走子为主。通过走子吃子及统筹兼顾等，以达到娱乐的目的和智慧的较量。有些棋艺是成年人之间的较量；有些棋艺则是少年儿童之间的游戏；有些棋艺则老少皆宜。

周口民间棋艺博大精深，浩如烟海。不同的地方有不同的棋种和棋艺，就是同一种棋艺在不同的地方又有不同的名称、不同的规矩和下棋方法。民间棋艺是广大农民智慧的结晶，是他们在生活和实践中创造出来的集娱乐、休闲、益智等为一体的一种很好的休闲娱乐工具。民间棋艺具有朴素的民间气息；随时、随地、就地取材，不受其他任何条件的限制。它在一定程度上反映了不同时期不同地区人们的生活方式和娱乐途径的差异。应该说民间棋艺作为一种民间艺术，作为一种民间文化，它应该被人挖掘、被人整理、被人研究。

1. 摆大方（走六子）

摆大方是周口民间最为广泛流行的棋艺之一。一般情况下，摆大方是两人对峙之棋。这种棋内容复杂，步法棋路很多，行棋双方需谨慎小心，统筹兼顾。

摆大方的棋路一般有方、龙、斜等。成一方可吃对方一子；成一龙可吃对方三个子；成三斜、四斜、五斜也是吃对方一个子；成六斜（或称六通）吃对方三个子。大方的棋盘是正方形的，是由平行横六行竖六行的行线组成。行线的交叉点就是大方的宿棋点（落棋点）。

摆大方

摆大方只沿直线走路，并且一步走一小格。从开始落子（下子）为起，对峙双方都尽可能地创造优势为自己成方成龙或成斜等作铺垫，或者为将来双方走棋拼杀做准备。双方摆满棋盘后，有落（lào）底者（即最后一个占满棋盘者）先吃对方的子以为自己打开通路。双方吃子的数量是根据自己所成的方、斜等的数目而定。除成一龙或六斜吃三个子外，其他方斜一方一斜吃一个子。若双方在落棋中都没成方成龙成斜，则双方各吃对方一个子。二者吃子时应注意，不得吃对方的方、龙、斜等，只得吃对方的闲子。落底者吃子后再由对方吃子。双方吃子之后，就开始行棋走步。

在摆大方行棋中，一方成了方、龙、斜后就立刻根据方、龙吃子的数目而吃对方的子。在摆大方走棋中“七方子”打不断（就是说被对方吃掉一个子后仍能成方）；“滚子方”是双方走棋中的杀手锏，步步成方，步步吃子；成一龙或成六通等是双方走棋中的重磅炸弹。大方中还有“连打俩”、“连打三”、“十字龙”、“边龙”等高招奇路，这都是靠走棋者的布局能力和统筹能力。摆大方走棋过程也是熟能生巧、巧能生变，在行棋的过程中有很多人都摸索出了许多奇招妙手，甚至奇阵妙局等。摆大方可分输赢，也可和棋。

在摆大方对峙中，走棋双方可事先商定走棋规矩。如：只准成方成龙，或者只准成三斜、四斜、六通或龙等，这全凭双方商定。摆大方以吃子而战败对方，直到把对方的子吃完，或者逼对方投降为止。行棋时双方都需平心静气，统筹兼顾，这样才能达到娱乐的目的。

大方棋盘图

（1）①②⑦⑧成一方。

（2）③⑧⑬成三斜。

（3）④⑨⑭⑲成四斜。

（4）⑤⑩⑮⑳㉕成五斜。

（5）⑥⑪⑯㉑㉖㉛成六斜（或叫六通）

（6）①②③④⑤⑥成一龙（属边龙）。

（7）①②⑦⑨⑮⑭其中⑧为空，构成七方子。

（8）①②③④⑩⑧⑦其中⑨为空，构成滚子方。

2．五子蹦

五子蹦这种棋艺多为儿童对峙，有时一些成年人也偶尔拼杀一盘。此种棋法属两人对峙之棋，棋走直路，遇空隔对方的子而蹦，在蹦的同时吃掉对方的子。所以这种棋名曰“五子蹦”。

五子蹦的棋盘是由横五行的平行线和竖五行的平行线所构成的正方形，其中各线的交叉点为宿棋点。对峙双方每人在自己临边的宿棋点的横线上摆放五个棋子，成两人对峙图。

接着对峙双方开始走子，双方走子的目的就是尽可能地创造条件以求蹦掉对方的子，而补充自己的棋子。五子蹦走棋沿直线而走，每次只走一步（即走一个格），若遇见空隙则隔子蹦，注意必须隔对方的子而蹦。五子蹦可以隔对方一个子蹦，也可以隔对方两个子蹦，还可以隔对方三个子蹦。如果甲方隔乙方的一个子蹦过，则甲就吃掉了乙一个子，而自己则补充上两个子而占据同一行的宿棋点。以此类推，甲方若蹦掉对方的两个子或三个子后，同样用自己的棋子补充上去占据同一行线的宿棋点。

如果五子蹦行棋双方占满了落棋点，则由落底者吃掉对方一个子以打开自己的通路，然后再由对方吃自己一个子继续走棋。双方打子吃子的过程都是为自己走棋创造条件，以求更多地蹦掉对方的棋子。这样双方通过走棋，各施手段以求更好更多地蹦掉对方的棋子。五子蹦在走棋中可分胜败，也可战平和棋。

附：五子蹦行棋图文对照

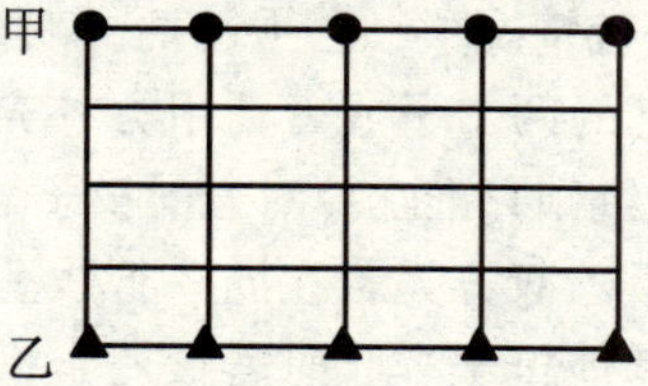

甲乙对峙图

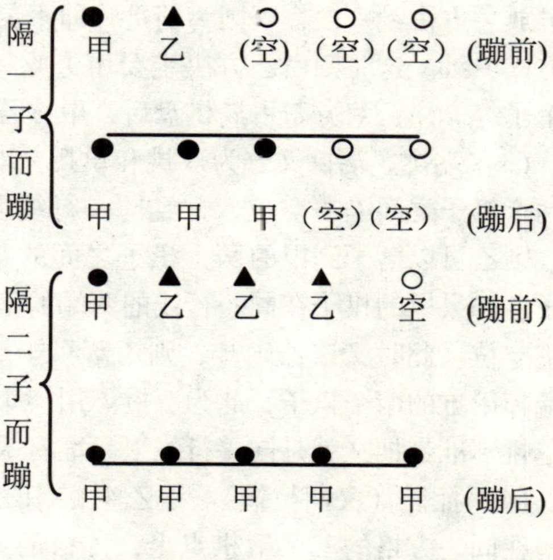

五子蹦的行棋规矩很少，只讲一个“蹦”字，见空就钻就蹦。在蹦棋中只许沿直线而行。五子蹦很适合少年儿童休闲娱乐和开发智力而用。它就地取材，简便易行。走棋双方在走棋时需审时度势，明辨得失，合理布局等。这种棋很适合中小学生休闲娱乐和开发智力而用。

3. 走四子

走四子在周口民间更是广泛流传，并且老少皆宜。走四子重在推，也可端挑、点枪、扌乚篮、夹挤、连环等，通过各种手段而吃掉对方的棋子，以求战胜对方。走四子，讲究棋走直路，一步蹦一格没行线而行。走四子可分输赢胜败，也可战平和棋。

走四子的棋盘是由横四行的平行线和竖四行的平行线交叉组成的正方形。其中各行的交叉点为宿棋点。走四子虽说棋盘很小，落棋点很少（仅16个），但因为其中规矩复杂，也是很难把握的。双方从落棋开始，就寻机会吃掉对方的棋子以为自己创造有利条件。以下简介走四子中各种走棋规矩。

（1）推（或称 wěng）。推，可以推掉对方一个棋子，也可以推掉对方两个棋子。如图（一），甲乙对峙双方，甲的一个棋子紧靠乙的一个棋子，又该甲走步落棋，这样甲可以再落一个棋子于自己的棋子旁。这样甲的两个子并列而推掉乙的一个棋子。同样，若甲的一个棋子紧靠乙的两个棋子，又该甲落棋走步，则甲落棋子于自己的棋子旁，就可以推掉乙的两个棋子。注意，推只允许在同一行线上进行，不得拐弯。

（2）纰（pī），所谓的一纰就是对峙的一方把一条行线上的宿棋点全部占满。一纰可竖，可横，也可占一边也可占中间。但是在一盘棋中，一条行线只准放一方占纰一次，否则为罚纰，即不灵。一般情况下，若甲乙两方对峙，甲方成一纰。这时则由乙方决定要甲方吃掉自己的两个子或者让甲方补充上两个子等。注：双方若占满棋盘后，甲方若再成纰则只准吃掉对方的棋子。

（3）端挑。端挑又分为双挑和单挑。对峙甲乙双方，若在同一行线上甲方两个棋子之间隔一空位，并且同一行线上无其他棋子。此时若该乙走棋落步，则乙可以落子到甲的两个棋子之间的空位上而成端挑之势端掉甲的两个棋子。如果甲的棋子在同一行线的两端的宿棋点上，中间夹着乙的一个棋子，旁临空位。此时又该乙走步，则乙落棋子于同一行线的空位上，两棋子并肩而端掉甲方的两个棋子，此为双挑。用一个棋子端对方之挑者称为单挑。注：端单挑不准带把，就是同一行线上只准有两个子，并且中间空位。

（4）扌乚篮（又叫拉篮）。甲乙对峙双方，若甲摆棋失误，使得三个棋子共落在同一方格的三个宿棋点上，方格的另一角宿棋点空位。这时又时逢乙方走棋，这时乙方可落子于甲的三个棋子所占的同一方格的宿棋点空位上。这样乙就成扌乚掉甲的三个棋子。扌乚篮可扌乚单篮，也可扌乚双篮。

（5）点枪。此中所谓的枪是就农村嫁娶所用的三统枪而言，一枪连三响。四子棋中的点枪就是就此而来的。甲乙对峙双方，若甲摆棋失误，在同一行线上三个棋子相连而布，一端空位一个宿棋点。这时恰逢乙方走棋落子，乙就可以落子于甲方三个棋子所在行的空余宿棋点上，而吃掉甲的三个棋子，称为点甲的枪。走四子中点枪，可点单枪，也可点双枪。

（6）夹挤。夹挤与端挑相反。甲乙对峙双方若甲乙两棋子相邻，甲在边，乙在第二，此时又逢甲走棋落子，则甲可以落子于同一行线的乙棋子旁边，成甲两棋子夹挤乙的一个棋子之势，可以夹掉或挤死乙的那一个棋子。同样甲的一个棋子在边，在同一行上乙的两个棋子并列而未推掉甲的棋子，这时又逢甲走棋落子，这时甲则可以落棋子于同一行的最后一个宿棋点上，使两个棋子成同行遥对之势，而夹掉乙的中间两个棋子。

（7）连环。所谓连环就是一子多用，在一个点的两条交叉行格线上综合运用。既可端挑，又可扤篮，或者既可上推又可下推等。

走四子时，对峙双方更需谨慎小心，观察之微。从开始下棋子之始双方各施手段就开始吃掉对方的棋子，以求自己抢占先机。若双方下满了棋盘的各个宿棋点，这时由落底者吃掉对方一个子为自己开路，同时对方也吃落底者一个子以求平衡。吃子的同时，也是双方较量的过程，对峙双方通过吃子而为自己创造条件以求更好地吃掉对方的棋子。双方吃子之后通过走棋再进一步拼杀以求分出输赢。

当然，走四子的各种规矩和手段不一定全用，这全凭对峙双方的商议而定。有些人下棋全套上阵，有些人下棋则只准推和纰，其他作废。应该说走四子可繁可简，这全凭对峙双方商定。四子棋盘虽小，但包罗各项，真想下好四子还真不容易。这一要凭智慧，二要细观察还得巧布局阵等。因此，走四子正是由于它取材方便，繁简随人，开发智力等特点，才在民间常下不衰，备受民众喜爱。

附注：走四子图文简介

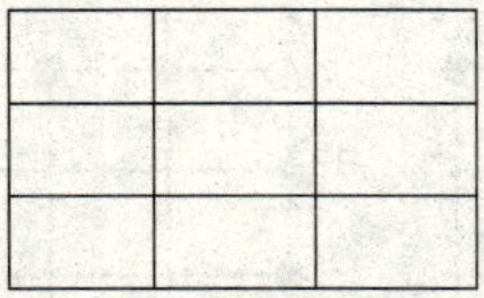

走四子棋图

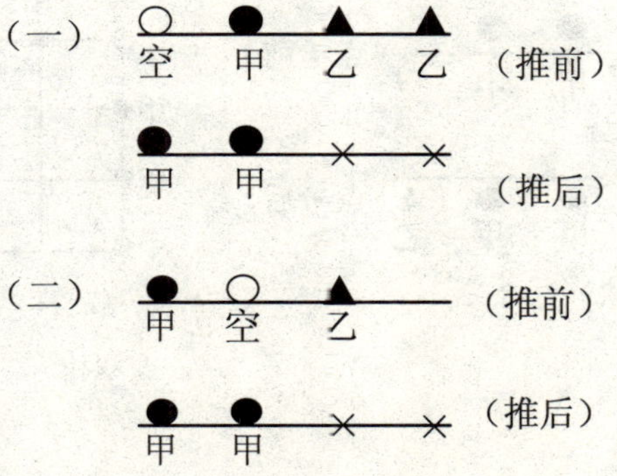

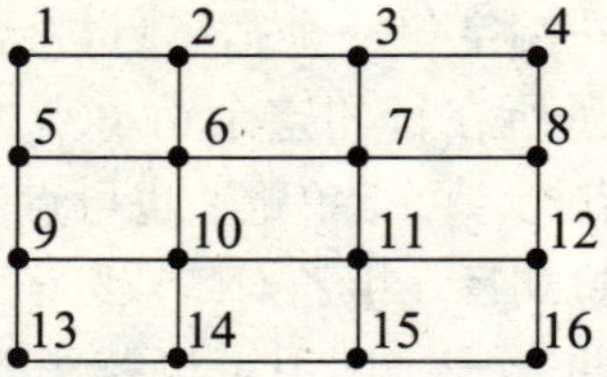

图中①②③④同时占有为一纰；

图中①⑤⑨⑬同时占有也为一纰；

图中⑤⑥⑦⑧同时占有也为一纰。

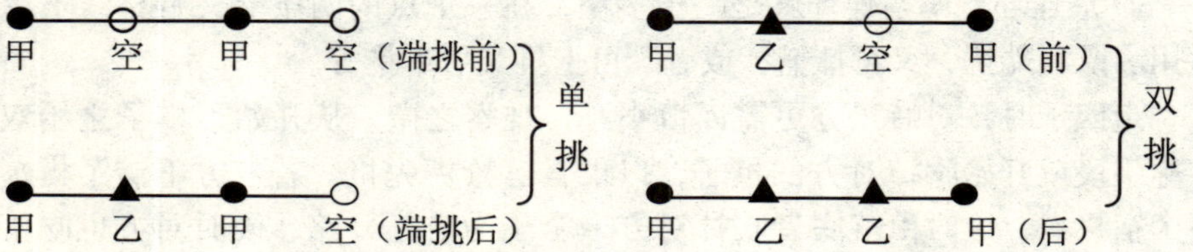

图四

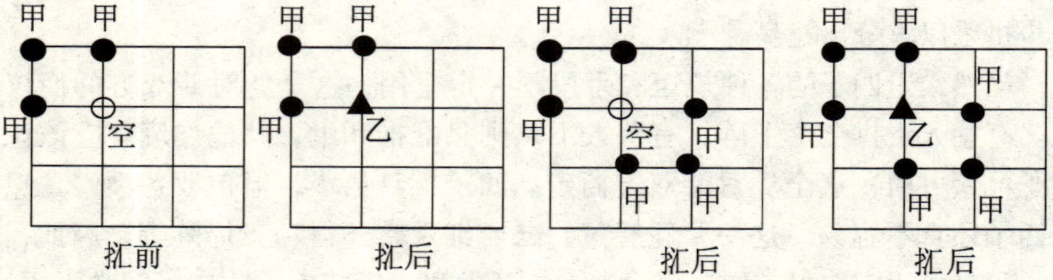

扤双篮

图五

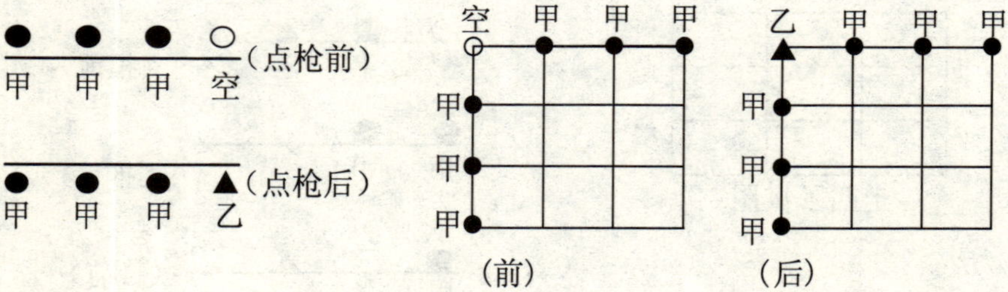

点双枪

图六

甲● 乙▲ 空○ 空○（前）　甲● 乙▲ 乙▲ 空○（前）

甲● 乙▲ 甲● 空○（后）　甲● 乙▲ 乙▲ 甲●（后）

双夹图

图七

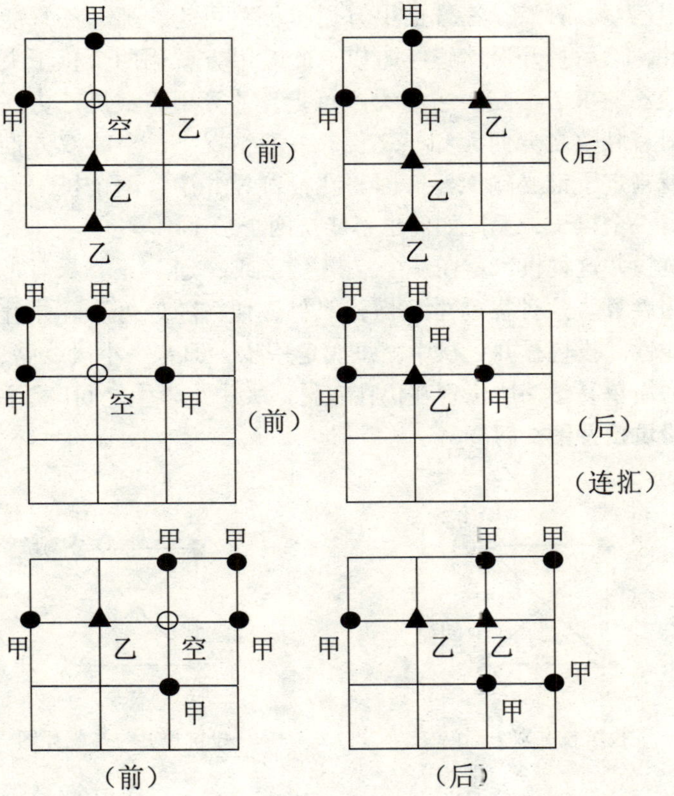

4. **投坑投井**

投坑投井这种棋艺属儿童游戏之类的棋艺。它以走子为主。每人只有两个棋子，对峙双方通过走子而逼对方于无路可走之地，从而憋死对方的棋子，以达到战胜对方的目的。

投坑投井的棋盘呈“区”字形。“区”字的开口之处画一大坑或大井，证明顶端已无路可走，若哪一方的棋子被逼上了绝路，需自动投坑或投井打子开路再走棋。因此这种棋叫投坑投井，又因为此棋棋盘如“区”字，故又叫“区”字棋。当然，在不同的地区这种棋还有不同的叫法和名称，在此不再一一列出。

投坑投井这种棋重在培养对峙双方的观察分析能力和随机应变能力。双方每人两个棋子分别放到棋盘的上下边的两个宿棋点上（如图一）。然后双方开始走子，在走子时双方商定不准一步憋死对方（如图二）。而应该双方通过互动棋子，在棋盘上走一阶段后，双方再各施手段陷对方于绝路。

如果甲乙双方对峙，乙方被甲方逼得无路可走，那么乙只能舍一个子或投坑或投井，然后打开通路继续走棋。此时甲方就用两个棋子夹挤乙的唯一的棋子，使乙的棋子再陷入绝境无路可走，才算甲方战胜乙方。走投坑投井这种棋，只有胜败之分而无和棋之说。一般情况下，对峙双方谁先失掉一个棋子，也就判定了谁必输无疑。因为在投坑投井中，两个棋子可以挤一个棋子于绝路，一个棋子，无论如何也不能挤两个子于困境。

走投坑投井这种棋，重在一个“挤”字或“逼”字，只有把对方逼得无路可走方为胜算。这种棋易学好懂，取材方便，随处可下。并且在走棋中有一定的规律性。投坑投井走棋中，每次走一步，即走一小段线路，不得多走。正因为它的简单易学，所以现在仍在农村广大中小学生之间广泛流传。

附：投坑投井图文解释

图一

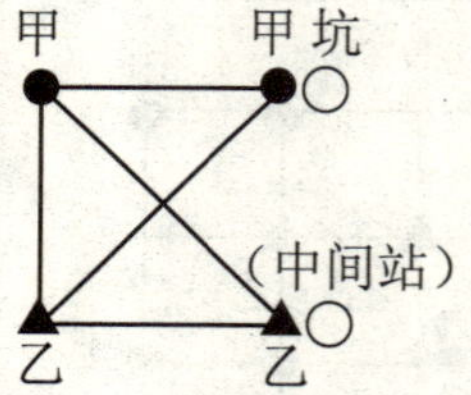

投坑投井双方对峙图

图二

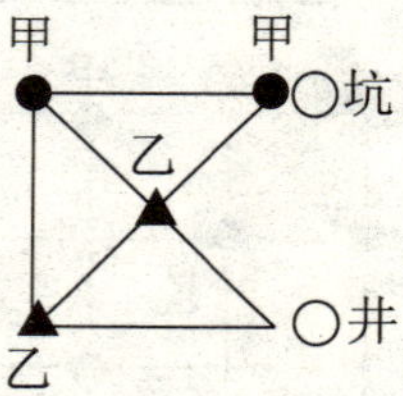

投坑投井一步憋死图

图三

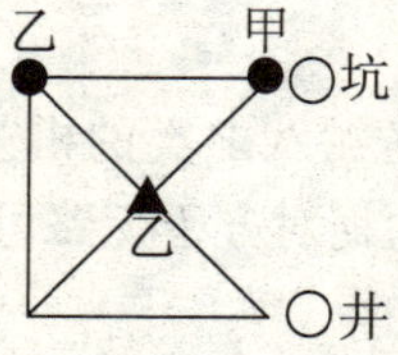

投坑投井二子挤一图

5. 小猫钓鱼

小猫钓鱼是一种儿童棋艺，也是一种有趣的游戏。它的走子过程更为简单，从自己的宿棋点开始走子，一次走三步。也就是说，走棋者在走棋时念叨“小猫钓鱼”，其中“小”字仍数在宿棋点上，“猫”、“钓”、“鱼”才往下走步数数。若一方刚好数到“鱼”字上而追上对方的棋子，那么就称为对方的棋子被“钓”或被“吃”了。

小猫钓鱼是两人对峙的棋艺。它的棋盘是由两个长方形居中交叉垂直而构成的。对峙双方每人分别有两个棋子，摆在临近自己的同一个长方形的短边处两个宿棋点上。小猫钓鱼因为走棋时一次走三步，所以它的要求很少，走棋时可以三步直走，可以拐弯，但在同一次走棋时不准回复倒走。

以甲乙两方对峙走棋为例，甲的一个子甲$_1$可以通过直走，以“小猫钓鱼”四字为数走步，刚好钓掉乙的一个棋子乙$_1$。同样，此时乙的第二个棋子乙$_1$可以拐弯绕道，以“小猫钓鱼”四字为数走步，刚好可以钓掉甲的一个棋子甲$_1$。其他走步也是这样，以尽可能地吃钓对方的棋子，保留自己的棋子为目的。对峙双方谁的棋子先被吃完就判谁为输。小猫钓鱼这种棋法只分胜败，不会出现和棋现象。

应该说走小猫钓鱼是民间最基本的棋艺，它步法简单，要求简单，并且走棋中还有一定的规律可循。下这种棋，不仅取材方便，随处可下，而且不费多少脑筋。这种棋艺最适合少年儿童休闲娱乐和开发智力之用。目前，这种棋艺在民间仍广为流传，只是在不同的地方名称不同而已。

附：小猫钓鱼图文介绍

图一：

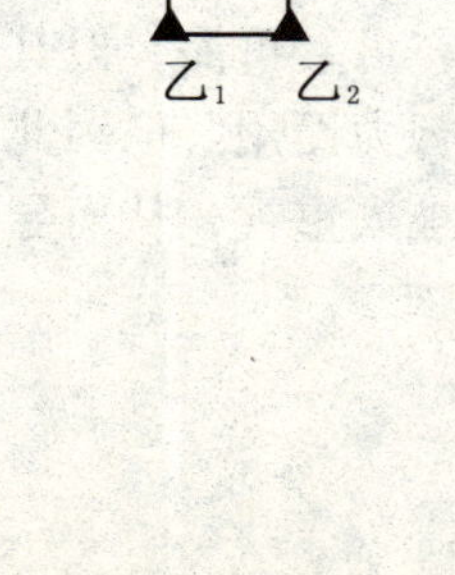

图二：

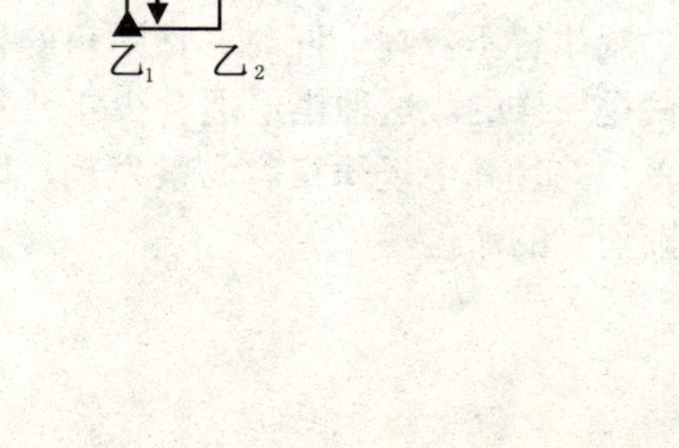

小猫钓鱼双方对峙图

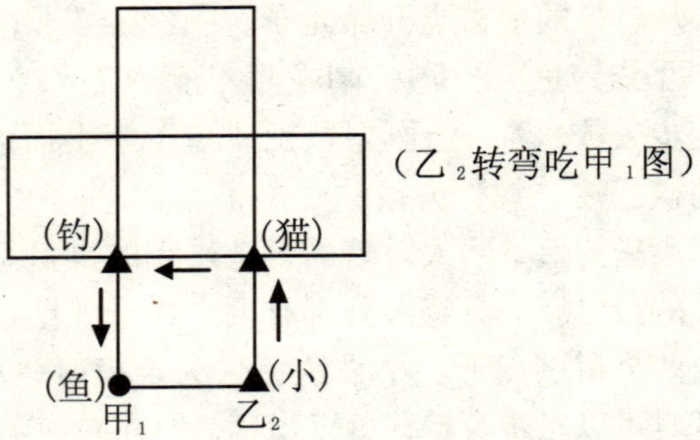

6. 走牛角（钻牛角）

走牛角又叫钻牛角，它是一种古老的棋艺，现在基本上已在民间消失。钻牛角属两人对峙的棋艺。对峙双方一方有一个棋子重在逃走；另一方有两个棋子重在挤夹。它是通过走子技巧而实现逼对方于绝路的目的，从而战胜对方。

走牛角的棋盘形似牛角，牛角之边缘为斜弧线，上有顶尖，下边有底。对峙双方以甲乙为例，若甲有两个棋子，则这两个棋子就应该放到牛角底部的两个宿棋点上。因为走牛角，牛角棋盘中间是由“之”字形折线相连，折线多少无定。那么乙的一个棋子就应该落在折线与牛角边缘相交的第一个宿棋点上。

双方开始走棋时，由只有一个棋子的乙方先走子，乙走子的目的是逃脱甲的两个棋子的围墙而逃到牛角的底部。乙走子以后再由甲方走子，甲走子的目的是尽可能地把乙的一个棋子逼到牛角的顶端，而不使乙子逃到牛角的底部。走牛角时，甲乙双方每次只走一步（即一小段），不论是“之”字形线路，还是牛角边缘均允许走子。走牛角，在走子中可进，可退无有要求。只要甲的两个棋子能把乙的一个棋子逼到牛角的顶端就算甲为胜；反之，乙的一个棋子若逃到了牛角的底部则为乙胜。走牛角只分胜败，无和棋之说。

总之，走牛角重在走子，其技巧就在一个“逼”字。对峙双方在走子时都有规律可循。特别是对于有两个子的甲方来说，只要掌握规律可处处逼乙方为绝路，从而达到战无不胜的目的。为提高大家走棋兴趣和思考观察，此棋中的规律暂不叙述。同时，钻牛角的棋盘可大可小，可繁可简，但其内涵和步法是一样的。这种棋最适合少年儿童娱乐和开发智力而用。但因此棋走棋简单，并且其中规律很容易被发现，因此它一般不被人重视，从而导致了其逐渐消亡的命运。

附：走牛角图文对照示例

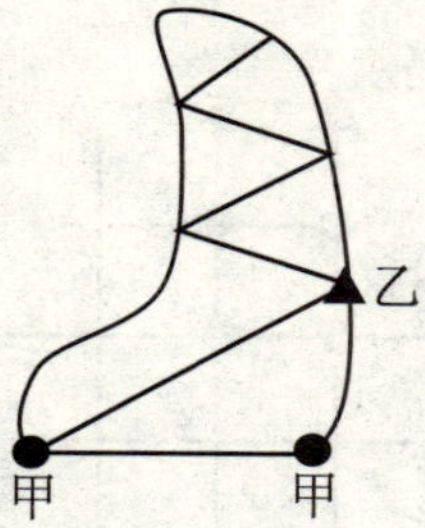

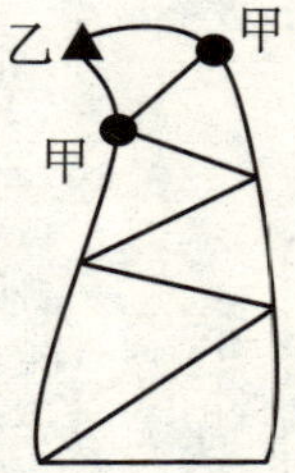

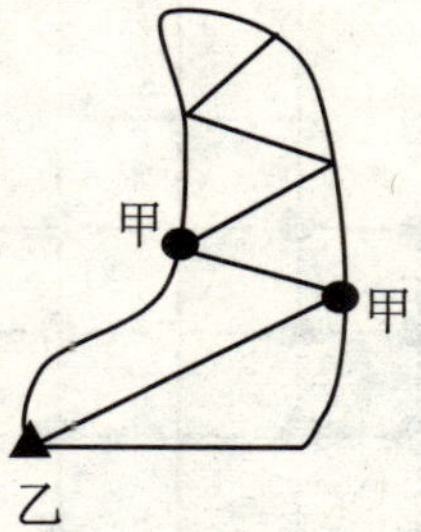

走牛角甲乙对峙图　　甲胜乙败图　　乙胜甲败图

7．蚂蚁上山

蚂蚁上山也是一种很有趣的民间棋艺，并且也是一种古老的棋艺。这种棋属两人对峙之棋。对峙双方一方是大蚂蚁，仅有一个棋子；另一方是小蚂蚁，有 20 个棋子。在走棋中大蚂蚁寻机会通过端挑而端掉或“吃”掉小蚂蚁；小蚂蚁则群起围攻堵截大蚂蚁。小蚂蚁若被大蚂蚁挑完了，属大蚂蚁胜；大蚂蚁若被小蚂蚁围困到了山顶无路可走，则为小蚂蚁胜。

蚂蚁上山的棋盘，是由五子蹦的棋盘顶端正中再加一个“田”字形而组成的。摆棋时，大蚂蚁居棋盘底部中间的一个宿棋点上。小蚂蚁的棋子则摆在棋盘中除田字格，和大蚂蚁所在的中线外的其他宿棋点上。双方摆好棋子后，由大蚂蚁先走棋子。大蚂蚁通过端挑而“吃”掉小蚂蚁。大蚂蚁端一次挑“吃”掉两个小蚂蚁，并且端挑时见空就钻，不存在端挑带把不带把现象。只要两个小蚂蚁中间有空位，大蚂蚁就能端挑而端掉两个小蚂蚁。同样，作为小蚂蚁只能群起而上，尽可能地围堵大蚂蚁，把大蚂蚁逼到山顶田字格中的任一点进行围困使其无路可走。注意，蚂蚁上山双方在走棋时，每次只走一步，即沿行格线走一小段，不得多走或斜走等。

走蚂蚁上山这种棋重在权衡利弊和分析布局。在行棋时只准大蚂蚁“吃”小蚂蚁，而不准小蚂蚁“吃”大蚂蚁。作为小蚂蚁一方应该紧抱团结步步为营，尽可能减少被大蚂蚁端掉的机会，从而进一步地围堵大蚂蚁。作为大蚂蚁一方则是见机行事迂回往复以求更多地“吃”掉小蚂蚁，而不被逼到山顶田字格中。注意，大蚂蚁若不是被困在田字格中不为败。若大蚂蚁在下边就被小蚂蚁围困了，则大蚂蚁有权要求小蚂蚁自己舍子为大蚂蚁让路。

走蚂蚁上山这种棋有和棋现象。它重在锻炼或较量对峙双方分析全局和随机应变的能力。只可惜，现在这种棋在民间已基本消失了。

图一：

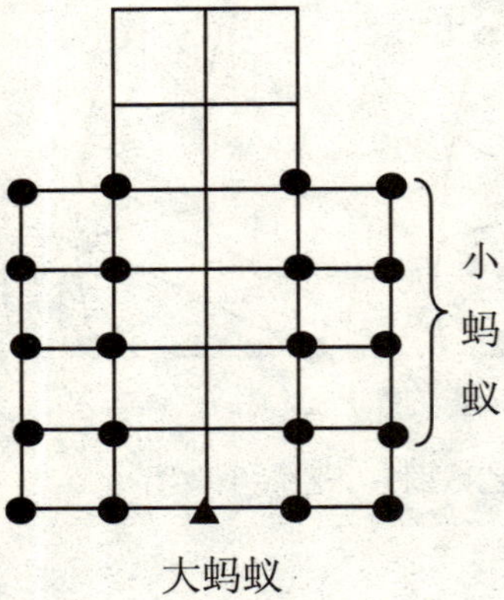

双方对峙图

图二：

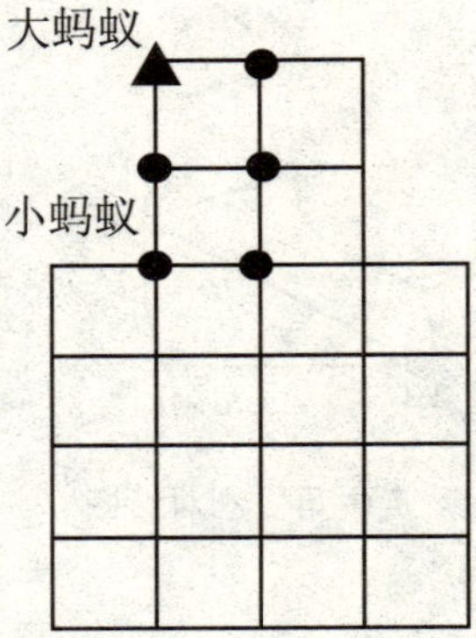

大蚂蚁困死图

8. **走古路**

走古路是一种古老的棋艺，有些地方称之为砍秫棵。这种棋属两人对峙之棋，它与五子蹦有异曲同工之处。在这种棋中，甲乙对峙双方，若甲方有两个棋子，则乙方就有15个棋子。通过布棋走子，甲方隔一砍一而“吃”掉乙方的棋子，乙方只能出子对甲的两个子进行围堵，直到把甲方的两个棋子困得无路可走方为乙胜。反之，若甲方把乙方的棋子全部砍完或“吃”完，此为甲胜。

走古路的棋盘和五子蹦的棋盘，都是由横五行的平行线和竖五行的平行线交叉所组成的正方形。在摆子布棋时，甲方的两个棋子布在临近自己一边的第二行线上的第二和第四个宿棋点上。乙方的15个子，则摆满临近自己的三行行格线上的所有的宿棋点。

双方摆好棋子后，由棋子较多的乙方先行走步，然后由甲方出子走步。在走棋时甲乙双方需沿行格线而行，并且每次只准走一步，即一段行格线。在走棋的过程中，子少的甲方是尽可能地见机行事，尽可能多地吃掉对方的棋子。甲在“吃”子时只准隔一砍一，即隔对方的一个子跳过去，而“吃”掉对方的这个棋子。然后再寻找机会“吃”掉乙的其他棋子。甲方始终就为两个棋子，每次只准“吃”对方一个棋子，甲“吃”过对方的棋子后也不再补充新子。乙方在走棋中要充分发挥子多的优势，在减少失子的情况下尽量地步步为营，对甲的两个棋子进行围困，直到把对方困得无路可走方为胜利。

走古路这种棋重在统筹兼顾和见机行事。它的要求甚少，易学易会，取材方便，随处可下。这种棋艺多见于中老年朋友对峙。有时对峙双方还能预先商定子多的乙方把子少的甲方困到某一点上方为胜利，这就进一步增加了走棋的难度了。走古路一般很少出现和棋现象。它是广大中老年朋友娱乐休闲的很好游戏。

附：走古路图解

图一：　　　　　　　　图二：

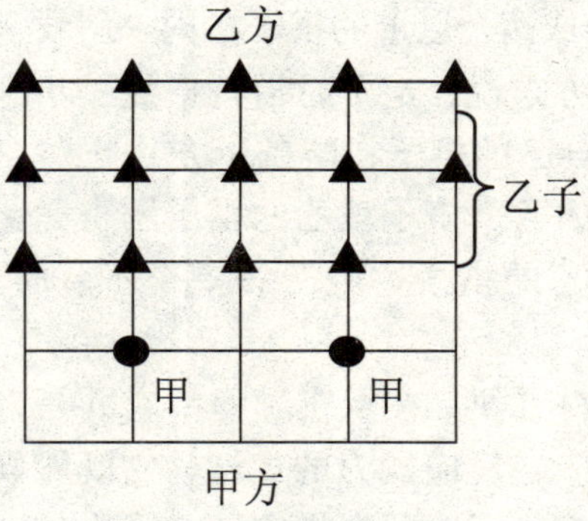

走古路甲乙对峙图

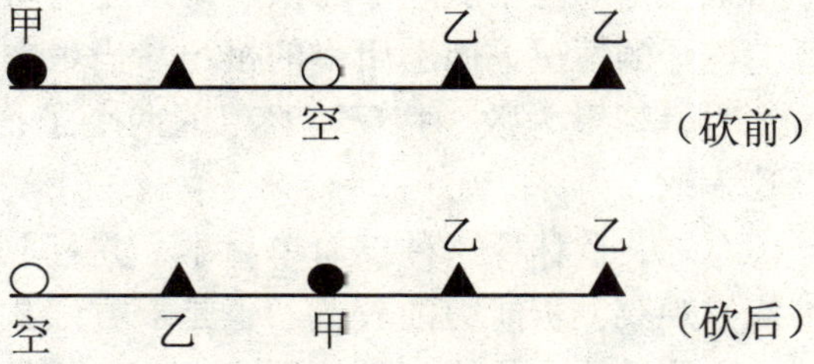

走古路吃子图

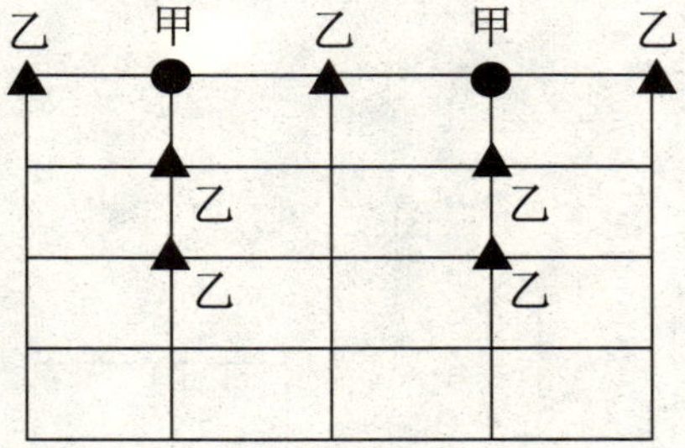

甲方困死图

9. 砍秫棵（官兵砍芊子）

砍秫棵又叫官兵砍芊子，在不同的地区它还有不同的名称。砍秫棵也是一种古老的棋艺，现在民间已基本消失。这种砍秫棵走棋方法和“吃”子规矩不同于其他几种棋艺，它属于走棋直走，一步一行格线，沿线而行。但“吃”子或“砍”子时是对角斜走而“吃”子。砍秫棵也属两人对峙之棋，一般不出现和棋现象。

砍秫棵的棋盘和走古路、五子蹦等的棋盘一样，是由横五行、竖五行的平行线垂直交叉而组成的正方形棋盘。对峙双方中，甲方只有两个子，分布在临近自己的横格线上第二、第四宿棋点上。乙方有15个棋子，分布在临近自己的三横行行格线的各个宿棋点上。这样就摆成了甲乙对峙局面。

砍秫棵在走子的过程中，一般由子多的乙方先行，甲方其次。走子中甲方可见机走子，砍掉或“吃”掉乙方的棋子。（甲在“吃”乙方子时必须对角斜走）在不“吃”子时，甲方走棋仍需沿行格线一步一格地直走。甲在“吃”乙方的子时还应注意，如果乙方的两个或两个以上的棋子在同一斜线上时，则甲方无权砍“吃”乙方之子。对于乙方来说，走子时沿行格线一步一小格地直走。乙不能吃甲的棋子，只能调动自己的棋子在防备甲方“吃”自己的棋子的情况下而围堵甲的棋子。当甲方的两个棋子被乙的棋子围得无路可走时，算甲为败。相反，当甲的两个子把乙的棋子“吃”得一个不剩时，算乙为败。

总之，砍秫棵这种棋简单易学，并且取材方便。在行棋过程中它既是对峙双方观察分析能力的较量，也是双方随机应变反应能力的比试，它既能娱乐，又能锻炼人的能力。特别是一些走棋行家，可以预先指定把棋子少的一方困死在棋盘中的某一点上，这样更增加了一方走棋的难度。只可惜这种棋艺在民间已不多见。

附：砍秫棵图文示例

图一：

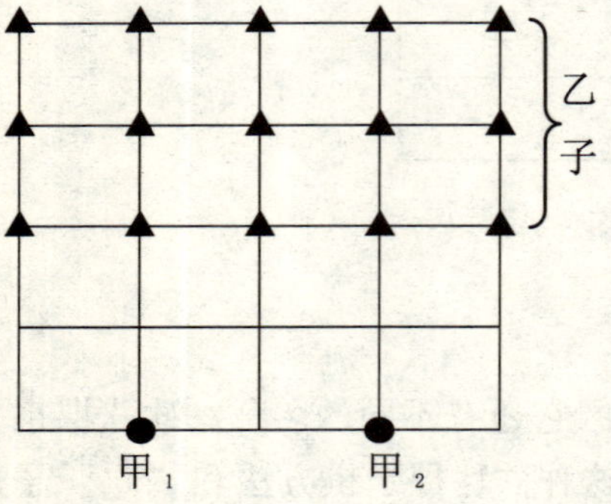

图二：

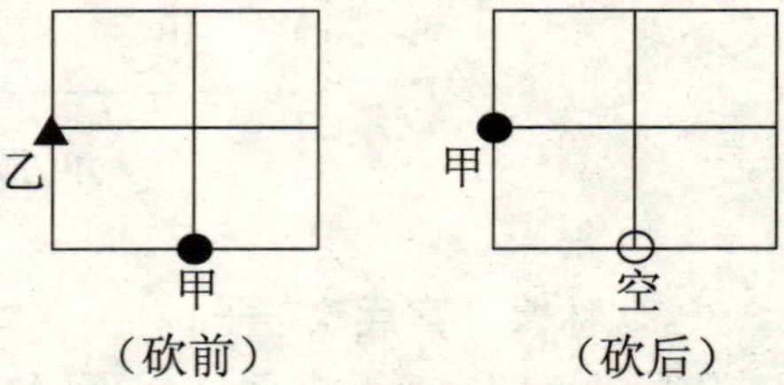

甲方吃子图

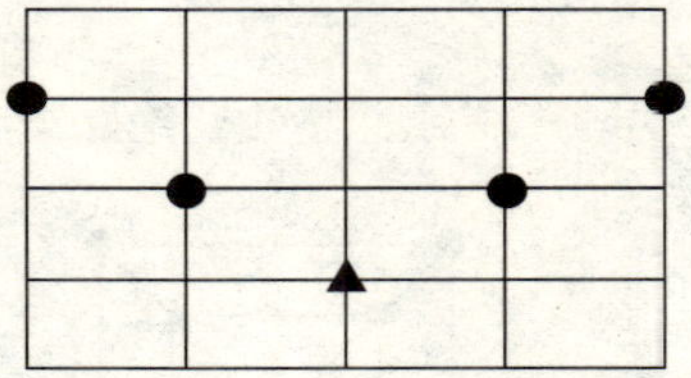

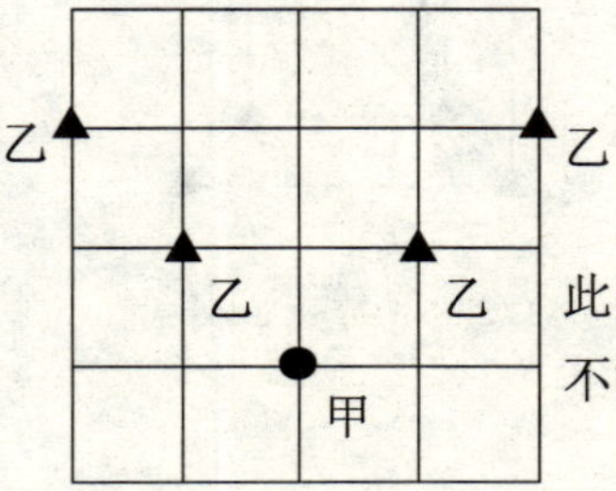

此图中甲方不能砍乙子

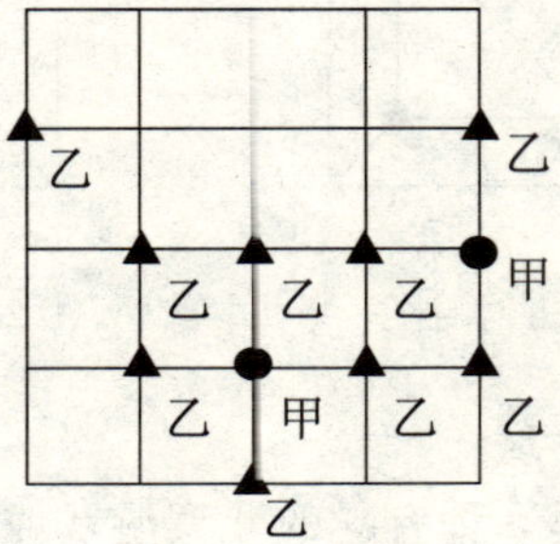

此图为甲方困死图

10．憋死驴（闷死驴）

憋死驴在有些地方叫闷死驴或撑死驴等，虽说棋名不同，但棋路基本一样。它也是一种古老的棋艺，现在民间已不多见。憋死驴属二人对峙之棋艺，以走子为主。通过走子，对峙双方中的一方逼得另一方无路可走，算无路走者为憋死了，或者闷死了。

憋死驴的棋盘是由一内一外两个正方形所组成的“回”字形。然后分别连接“回”字形的对角线，各条线的交叉点为宿棋点。对峙的甲乙双方，每人有四个棋子，分别摆布在临近自己的横行线的四个宿棋点上，形成二人对峙之势。

憋死驴在走棋时，双方只准沿行格线而走，每次只走一步（即一小段行格线）。双方通过走子而审时度势，利用各个棋子的首尾呼应等以达到困死对方的目的。闷死驴由于棋盘内四通八达，并且不准“吃”子，所以要想困住对方也是很难的，这必须发挥双方的智慧和才能。这种棋走法简单易学，但要真走好也很难。

憋死驴这种棋艺只有输赢之分而无和棋现象。双方在走棋中需要花很多的时间和很大的精力才能置对方于绝路，在走棋中还需统筹兼顾缜密思考等。因此它现在很不受人们欢迎，而最终导致到消亡的境地。

附：憋死驴图解

图一：

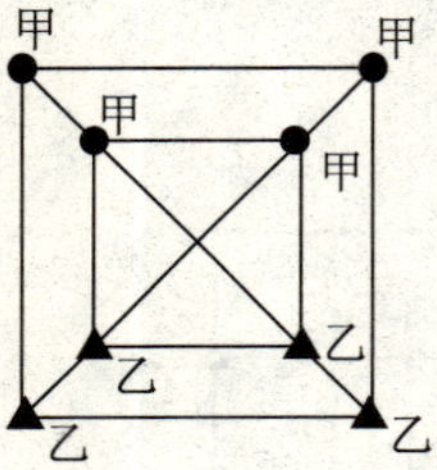

双方对峙图

图二：憋死驴绝路图

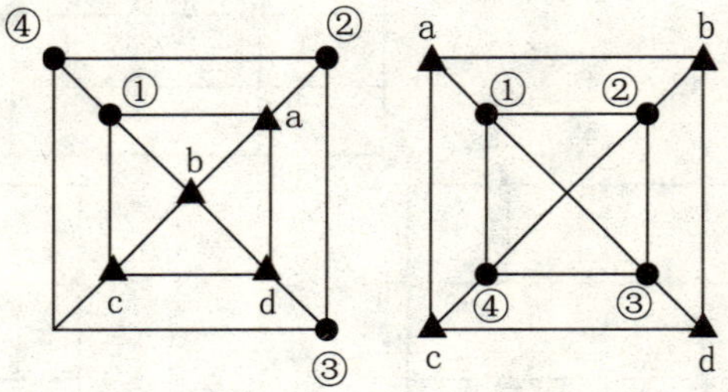

①②③④困死 abcd　　①②③④撑死 abcd

11. 走方城

走方城是一种有趣的儿童游戏或棋艺。这种棋属三者对峙之棋，每人一个棋子。三人通过出宝，对宝而决定谁走棋。三人通过走棋，以最先到达预定地点鞭杆处为胜，以最后到者为败。这种棋艺或游戏，没有走棋技巧，全凭对宝而获得走棋的机会。所谓的对宝，就是每个游戏者手中有三个宝（也就是筹码），对宝者可以把三个宝全对上，也可以对上一个或者两个，甚至不对。然后三个人的宝加在一起数数，该谁的数，就算对住谁的宝了。

走方城的棋盘，是一个“回”字形的大框，然后以“回”字的正中心为中点画一大的“十”字，“十”字架分别垂直于“回”字大框的边。并且，“十”字架都分别伸出“回”字框架许多。然后在“十”字架伸出“回”字大框的相邻的三边的线上画三条横线，称之为“三关”。在其余的一条线上先画三条横线称之为“连环三枪”，“连环三枪”之后又有一大板凳形状的标志，称为“大板凳歇歇”。大板凳的后边画一长鞭形状，称之为“扬鞭催马”。

走方城开始时，对峙三人的棋子均在“城”外的第一关口上。然后三人开始商定每人所要的数字。如：甲要“一四七”，乙要“二五八”，丙要“三六九”。然后甲、乙、丙三人每人手中拿三支小短棍，开始出宝对数。在出宝时，三人所握的小棍数目全凭自己决定，可握一个、两个、三个或不握。然后三人把所出宝的小棍数相加，而得出总数目。如果三人棍数相加为7，那么就该要“一四七”数目的甲走棋。其他与此相同，皆为类推。

走方城对峙三人棋步数相同，先过“三关”；其次进“大城”，再进“小城”，再入“城中”，再出“小城”，出“大城”；然后“点三枪”，再到“大板凳歇歇”；最后到达鞭杆，控制主权稳操胜券。走方城在走棋时，每次机会只准走一步，过一关口。如果甲在出小城时被乙子追上，那么甲就该一压停

“三年”（即经三次走棋机会而不得走棋）。如果甲在“小城”处还未被“释放”又被丙追上，仍遵循后来居上的条规，丙再压甲子“三年”，直到“刑满”甲才能走棋。当然再走棋中甲也可以追上乙、丙，压乙、丙“三年”等。

走方城这种游戏或棋艺，在开棋前就讲明奖惩措施。一般情况下败者要背胜者走一两圈。所谓方城最后一关“扬鞭催马”，就是说谁先拿到鞭杆，谁为胜，就可以骑败者一圈。这种棋关键在出宝时的心思。对好数目出好宝是走胜棋关键。现在由于电视、电子游戏等其他娱乐工具的兴起，这种古老的游戏或棋艺也日益在消亡。

附：走方城图示

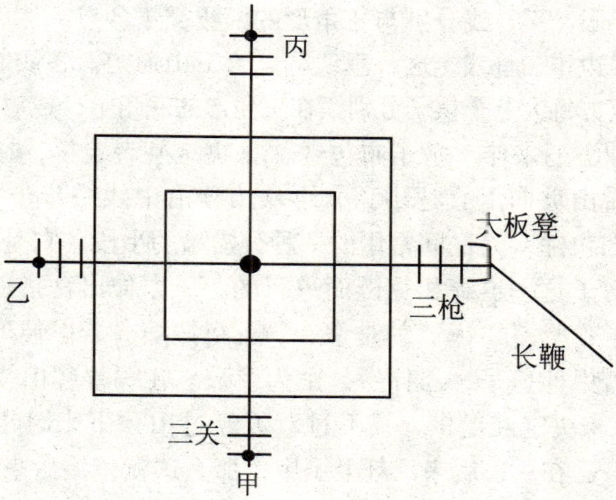

12. **走“鹿”棋**

“鹿”棋是三人来的，它和走方城的道理是一样的。在地面上画上“鹿”棋盘，如右图所示：

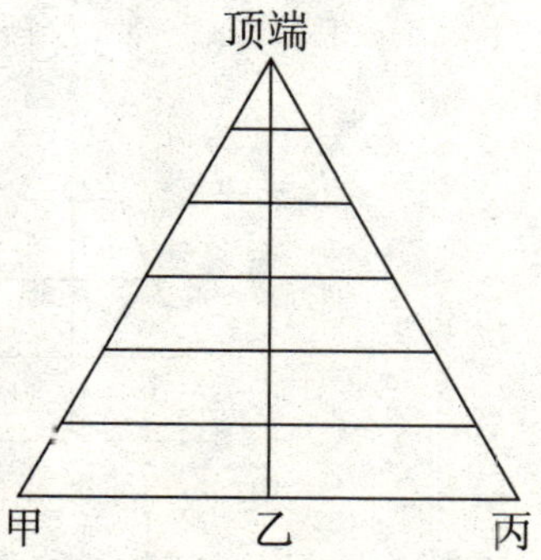

三人每人三颗子，一共九颗。三人首先分数。分成“一、四、七”，“二、五、八”，“三、六、九”三个系列数。若甲要“一、四、七”这个数列，乙要“二、五、八”这个数列，丙要“三、六、九”这个数列。数要好后，每人先把自己的棋子放到棋位上，这时三人各拿着自己的三颗子，同时拿出若干颗，用手挪着，互不通情报。同时亮出，数一数共出的子数，子数属谁的数列，谁的棋子朝前移动一步。若有一人走到顶端，仍可出子数等第二个人。不过先赢者如又迂到自己走棋数列，当然不要再走，再继续出子，一直等到第二个人的子走到顶端。

13．蚂蚁爬山

蚂蚁爬山在有些地方称之为扛大旗。它是一种儿童游戏或棋艺，需两人对峙而下。对峙双方以伸“剪子布包锤”来决定走棋。对峙双方每人只有一个棋子，从山脚沿山坡向上行棋，到山顶后（扛旗后）再沿中线一步一步下到山底，以最先到山底者为胜。这种棋只分胜败，无和棋之说。

蚂蚁爬山的棋盘是一个等腰三角形，在三角形内作一些与三角形底边平行的平行线数量不限，平行线分别与三角形的两腰交于各点。然后从三角形的顶角向三角形的底边作一垂线，这一垂线称之为下山通道。各线之间的交点就为宿棋点。对峙双方每人一个棋子分别摆在三角形的底角上，成对峙之势。

接下来，双方通来伸“剪子布包锤”来决定胜者走棋，在走棋时每次只准走一步，先沿山坡向上直达山顶，再从山顶沿中线一步步下来直到终点。所谓的“剪子布包锤”是民间常用的一种分输赢的手段。它是利用剪子剪布、布包锤、锤砸剪子这一连绵相克链而进行的。一方伸出食指、中指，其他手指蜷缩就为剪子；所谓“锤”就是拳头，五指蜷缩。若甲伸剪子，乙伸布则为乙败；反之若甲伸剪子，乙伸锤，则为甲败。在蚂蚁爬山棋路中就是靠伸“剪子布包锤”来决定谁走棋。只不过双方经过山顶下来时走到了同一条中线。若甲在前，乙在后，后来乙赶上了甲，那么这就遵循后来者居上的规律，乙可以压住甲“三年”不得走棋（即为甲逢三次走棋机会而不得走棋子，直到过了三次机会才能继续走棋）。

附：蚂蚁爬山图示

图一：

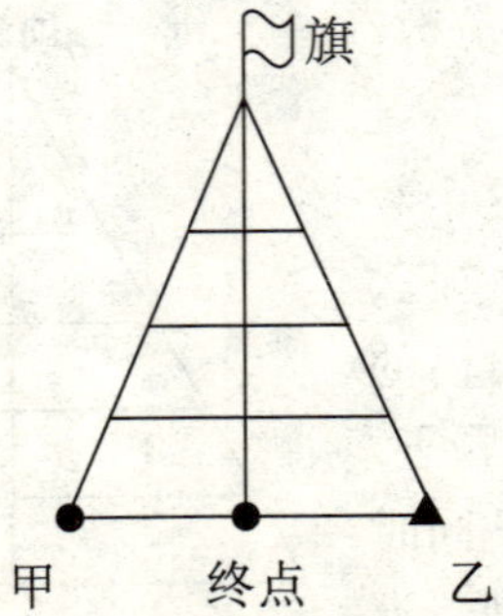

蚂蚁爬山对峙图

图二：

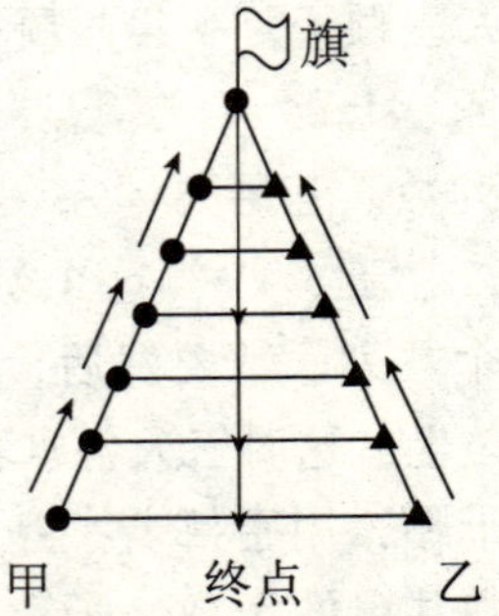

蚂蚁爬山走棋图示

蚂蚁爬山这种棋艺，没有走子技巧，全凭伸“剪子布包锤”的水平。这种棋简单易学，不费多少脑筋，很适合少年儿童娱乐、游戏之用。现在这种棋在民间还时有出现。

14．走兽棋

走兽棋在民间，特别是中小学生中广泛流传。它是根据象、狮、虎、豹、狼、狗、猫、鼠八种动物的相克规律而进行吃子走棋的。直到一方吃光另一方的棋子方为胜利。走兽棋属两人对峙棋法，它既可分出输赢，也可平手和棋。

兽棋的棋盘是由横四行、竖四行的平行线垂直交叉所组成的正方形棋盘。各行线的交叉点就为宿棋点。在棋盘内 9 个小方框中，以最中间的一个方框为营盘。任何棋子进营都能永保平安，并且能视机向大营四个角的四个宿棋点中任一宿棋点出击。

兽棋的棋子共 16 个，其中甲乙对峙双方各 8 个棋子，并且棋子相同。在农村一般用一些小四角（又称摔包），在背面写上象、狮、虎、豹、狼等就可以算作棋子。有些人干脆用一些相同或相似的小硬纸片，在纸片的正面写上象、狮、虎、豹、狼等动物的名字当作棋子。总之棋子可以随地取材，只要达到当棋子混在一起，有字的一面朝下，双方认不出是什么子就行。对峙甲乙双方每人有 8 个棋子，分别是：象$_{\text{甲}}$、狮$_{\text{甲}}$、虎$_{\text{甲}}$、豹$_{\text{甲}}$、狼$_{\text{甲}}$、狗$_{\text{甲}}$、猫$_{\text{甲}}$、鼠$_{\text{甲}}$和象$_{\text{乙}}$、狮$_{\text{乙}}$、虎$_{\text{乙}}$、豹$_{\text{乙}}$、狼$_{\text{乙}}$、狗$_{\text{乙}}$、猫$_{\text{乙}}$、鼠$_{\text{乙}}$。有些人为图方便干脆用不同颜色的笔写字，反正能分出甲乙两方的棋子就行。

对峙双方首先把各人的棋子混在一起打乱混匀，然后都字朝下倒扣在棋盘的各个宿棋点上。接着对峙双方再以伸“剪子布包锤”来决定谁先掀子，并商定好二人各要什么子。这样双方一替一个掀棋，或者一替一个走子。从开始掀棋起双方就开始拼杀。拼杀的依据是象除了怕老鼠之外可吃其他任何动物；老鼠除了可胜象之外，可被其他任何动物吃掉；猫只能吃老鼠，而被其他动物吃掉；狮怕象而吃其他；虎怕象、狮，而吃其他动物，其他以此类推。对峙双方在走棋时，一次只能走一步。棋盘的大营为公用营，对峙双方在大营空着的同时都可进营。

走兽棋时双方相同的动物相遇可以同归于尽，叫“碰了”，也就是双方各失一子。其他就依靠象、狮、虎、豹、狼、狗、猫、鼠之间的相克规律进行“吃”子或拼杀。一般来说走兽棋是儿童对峙者居多，这可以在走棋中使青少年学得点动物之间相克的知识，又可起娱乐作用和锻炼双方运动棋子的能力。

附：兽棋棋盘图示

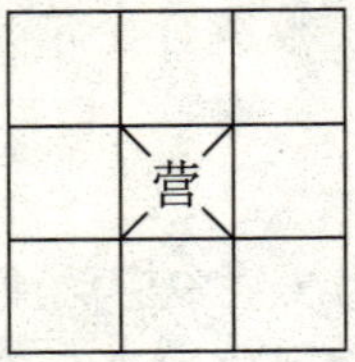

15. 五道方

周口有一种娱乐俗，那就是走“五道方”。由于走法简单，不需特殊的设备，随时随地都可以玩，所以农民在田头休息，学生在课余饭后，工人、干部在工余、节假日都可尽兴地走走“五道方”来取乐。

其方法如下：

(1) 用纸或在地上画一个五道方棋盘，纵横各5条线，共25个交叉点(附图于后)。

(2) 取两种不同颜色的棋子若干个。

(3) 下法：对局分两个阶段。第一阶段是下子（搁子）：两人轮流在交叉点上搁子，一方对角线上的子接连有三个叫“三斜”……，五个子在一直线上叫“州”，四个字成口字形的叫“方”。下成了三斜、四斜或方时，可多搁一个棋子；如对方不备，另一方搁成了“五斜”或“州”时，可连着多搁两个棋子；直至棋盘放满为止。第二阶段是移子，移子前先将双方被吃之子从棋盘上拿去（搁子时，谁后搁的棋子，谁先吃），凡成斜、成州、成方的子不得吃掉。然后利用空着的地方移子。

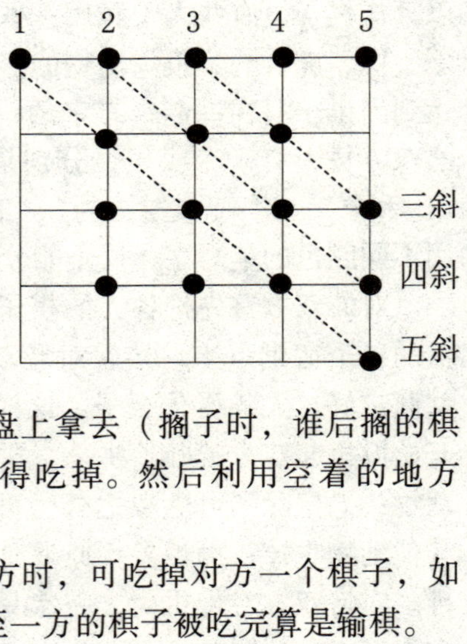

在移子过程中，谁移子成三斜、四斜或方时，可吃掉对方一个棋子，如移成五斜或州时，可吃掉对方两个棋子，直至一方的棋子被吃完算是输棋。

(二) 民间游戏

1. 踢毽子

“树叶青，放风筝，树叶落，踢毽多。”毽子，当地又叫“有儿”。参加活动者多是少年儿童。这项活动，可以锻炼腿、脚、臂、腕、手、眼等身体各部位，增强体质和智力。当地的毽子由键铊和毽羽两部分组成。铊多用小制钱或圆形的铅锡、铁片制成；毽羽多用鸡毛、纸条、塑料布条制成。

踢毽子的套数有好多种，如里外麻（炮）、踢、把、拐、鼓（过海）、拦子（拖枪）、站、端、蹁、二板、漏窟、顶灯、翻终、开弓等。常见者有：

金鸡独立，就是一只脚站着，另一只脚悬空连续踢。

顶灯，就是让毽子落到头上或帽檐上，然后再落下来，再踢再落，连续进行，直到失手。

双开弓，就是两只脚一替一次踢。

踢摽子，是把毽子踢起来，再把右脚勾判左腿后边并跳起来踢。必须连续这样踢下去才有效。

哈有儿，是分出输赢以后，由输者撂起毽子让赢者踢，要求连哈三次，赢者都能用脚接着踢起来，就算过了“哈有儿”这一关。然后，赢者踢摽子。赢者从背后踢起来的毽子，输者必须用手接住，接住就算一局结束。下边，再重新开局。为了不让输者接住，赢者踢摽子时，有意识地往输者不注意或不易接的地方踢。如输者接不住，还得继续为赢者服务，进行哈有儿。

2. **砸“三角”**

这是一种新兴的儿童竞技游戏，有10余年历史。“三角”是用烟盒或其他厚纸折叠成的“三角形”玩具，游戏至少两人，赛前每人需备若干“三角”不定。

来的方法有两种，一种是每人先对一个，摔到地上。然后依次轮流用自己的“三角”砸地上对出的“三角”。按规定把“三角”砸翻一个过儿，这个三角就归砸者所有了。谁占有的多谁算赢。另一种方法是画个圈儿，每人先对一个“三角”一下摔到圈儿内。然后依次轮流用自己的三角砸圈儿中对方的“三角”。谁砸出圈儿来或在圈内砸翻即归谁所有。如果砸不出来又砸不翻，砸时所用的“三角”就要入公放到圈儿外，让对方接着砸。如对方从圈儿内砸出了“三角”，这个“三角”和圈儿外公有的“三角”都归这个砸者所有。

这种游戏，对于锻炼儿童身体、增强瞄准能力大有益处，又适合儿童玩耍，所以，发展较快。现在，在县城、乡村儿童砸“三角”者很普遍。

3. **打叠搂**

打叠搂是当地民间常见的一种深受儿童喜爱的冬、春、秋季娱乐活动。可一人玩耍，也可数人一起玩耍。玩者多为男孩。使用的玩具是叠搂和小鞭。叠搂，即陀螺，形状略似海螺，一般多用沉重的木块刻制而成，也有用砖块磨制的。上平底尖，高5－7厘米。上部呈圆柱形，顶部直径约3厘米，往下渐细并过渡到圆锥形。有的还在顶部周围箍一铁圈，增加重量和稳固性。有的还在尖部嵌入一个钢珠，以增加耐磨性。玩时用小鞭缠绕，用力猛抽鞭，使之直立旋转。然后不断用鞭打，使其能连续较长时间旋转不歪。场地有厚冰地和平地两种，冰地为最好。

周口民间孩子们玩的打叠楼又叫抽“懒老婆”、抽陀螺、抽“老牛”等。“老牛”一般为木制，取一矮小的圆木柱，一头削尖，为了便于旋转和耐磨损，通常在其着地的尖部再砸上一个钢珠。游戏时，先用鞭绳将“老牛”缠住，将它置于光滑地面处，然后用力拉绳将“老牛”发起来旋转（也有用两手将“老牛”发起者），然后用鞭绳不断抽打，使其不停地转。谁的“老牛”转得时间长，谁为胜。

4. 拿“羊羔”

拿“羊羔”又叫杀“羊羔”。是商水县内普遍流行的一种少年儿童游戏。

做这种游戏需一人扮“猎人”，3个以上的儿童扮“羊”。男女均可。其中一位年龄稍大且有力的少年扮“老羊”作为“羊头”，其余的为“羊羔”。“羊羔”尾随“羊头”后边排成一行，后面的儿童用手依次抓紧前边人的衣服或肩膀，以防脱节。“老羊”负有保护“羊羔”的责任，时时警惕防备猎人抓住“羊羔”并“杀掉”。“猎人”杀“羊羔”必须从最后一个依次抓起。所以，猎人伺机捉住尾随“老羊”的最后一个“羊羔”，凡被“杀掉”的“羊羔”必须离开羊群。

开始前，猎人说：“您锅台上有鸡。”“羊头”说：“你给俺撵撵。”“猎”人口中发出“òu、òu”撵鸡声，欲扑向“羊羔”而不得逞，即说：“我去磨刀。”“羊头”说：“磨刀弄啥？”“猎人”说：“杀您的羊羔。”“老羊”责问“猎人”为啥要杀俺的“羊羔”？“猎人”则找借口说“它吃俺的麦苗了！”“老羊”则说：“吃您的麦苗嘴咋不绿啊？”猎人则说：“俺想吃肉啦！”经过口角之后，“猎人”就扑向“羊群”，“老羊”为了保住自己的“子孙”就左拦右拦，身边的“小羊”就像龙摆尾一样尾随“老羊”左右摆动，场面十分热烈，非常吸引儿童参加活动。

5.“瞎子”打“瘸子”

“瞎子”打“瘸子”，实际是“瘸子”打“瞎子”。这也是商水县民间青少年中的一种游戏。男女均可参加。但是一般情况下男女孩子不混在一起。有时中年人也有参加者。

做这种游戏时，两三人参加都行。但有时围观者甚多。场地无严格要求，一般较宽敞的庭院都可。玩时由一人用带子或围巾蒙上眼睛装作“瞎子”，一至二人分别把一只手绑在小腿上装作“瘸子”。“瘸子”瞅机会用一只手打“瞎子”，“瞎子”凭听力辨别“瘸子”的方位以便抓住“瘸子”。“瘸子”被抓住后，就要装“瞎子”。然后继续游戏。有时，“瞎子”左扑右抓，老是捉不住“瘸子”，经过长时间玩耍，双方都累得满头大汗，甚至十分狼狈时还不能结束。这样围观者往往被惹得哄堂大笑。

这种游戏十分有趣，少年儿童大都喜爱。至今农村仍可见到玩者。

6. 拾子儿

拾子儿是周口乡村广为流行的一种竞技游戏，参加活动者都是女孩。可两人、三人也可以多人在一起活动。两人和参加人数为奇数时，一人一班儿。四人、六人或八人时可分为两班儿。一般七个子儿为一副。也有13个子甚至更多个子为一副的。拾子的方式有许多种。其中最典型的是五子、七子和十三子。

拾子儿开始，先确定“老头”也就是谁第一个抓子。方法是把所有的子儿都放在手中，翻到手面上，再欻到手心里，谁欻得多谁就是“老头”，谁先拾。

拾子儿时“只欻双数，即两个、四个、六个、八个的”欻如一次欻八个就算是满了。满后，手中捏一个子儿（这个子即是“天头”），再将地上的七个子儿分一、二、三、一（或一、二、一、三）四次分别拾起，放入另一手中。拾完后再接天头。不满时的拾法和满时的拾法不一样。不满时，是在用一只手拾起，放入另一只手中的同时，将天头撂起来，再用这只手接着。满时，是把子儿直接由一只手抓至另一只手中。拾完后再把所有子儿一起放到地上（这叫“下船”），画半拉圈儿圈住子儿。然后再把天头撂起来，并迅速用这只手把圈住的子儿一下子不（bǔ）拉出来（这叫“出湾”或“出宫”）并将天头接在手里。这时拾者就可吃子儿了。吃子儿时不能吃奇数，一次可吃两个、四个或六个。如第一次吃两个，手中捏一个，地下剩五个，可分一、三、一共三次拾起。也有分二、三两次拾起的。然后接着两欻满，满了又可以吃了。如第一次吃四个，地下剩三个，可分二、一或一、二两次拾起。这要看先前搞下的规矩。直至剩最后两个子儿，一拍成功，一盘就算结束了。吃六个子儿后，下余两个子儿，拍时要说顺口溜，如：“一拍天，二拍地，扒个窑儿埋了你。”“一拍手，红花柳，绿红花，掉地下。”“拍心摸耳朵（bào）掉了俺不要。”“拍心打地，砖头齿可（kè）瓦，瓦齿可（kè）砖头，不接天头，天头落地，都是我里。”“拍心打地，小庙土地，刷锅洗脸，不要一点儿。”“一拍拍小挨挨。梧桐树，天开开，开几层，十八层。天头掉，俺不要；天头不掉，就不赢。”

第一盘谁吃得最多，第二盘谁就先拾。

拾子儿的规矩，各地都不相同，它还可随时由参加者商定。

7. 老鼠钻十二洞

“老鼠钻十二洞”游戏又叫“猫逮老鼠”游戏，又称“老鼠老鼠一月一”。20世纪五六十年代，一到天黑，多个儿童手拉手向内围成一圈，一个儿童站在圈外扮“猫”，一个儿童在圈内扮“鼠”。游戏开始，大家齐唱：“老鼠老鼠一月一，早来！老鼠老鼠二月二，早来！……”一直唱到：“老鼠老鼠九月九，逮住老鼠咬一口！”此时，“鼠”自圈内窜出，“猫”趁势追捉。若“鼠”连钻数“洞”未被捉住，则轮换。若被捉住，则罚“鼠”钻裤裆。

活动时，男女多人手扯手成一圆圈，事先选好的“猫”在圈外，“老鼠”在圈内，“猫”与“老鼠”的比例为二比一。当老鼠的男孩（一般选男孩）身贴圈内伺机钻到外面再从邻空钻进去。这样，能钻十二次为胜，若被抓住为输。

经大家商定连续输够规定次数受罚。受罚时由众人分成两行为街，对面站立，每人举起一只手。由输者先试过“街”一次。准备好后，由胜者在一“街”一头叫：“唠唠唠……”另一头的输者在叫过几遍手猛力冲过“街”，众人在他冲过时手往下拍打（不能太重）。

做此游戏时，装“猫”和装“老鼠”的孩子还要学叫几声。

8. 进天窑（散窑）

在地上挖10个小土窑（两行），将50个楝枣子平放入窑内（每窑5个）。由两人以上做此戏。所有参加人员分摊窑为己有。先由甲开始，必须先拿自己窑中的5个，从邻窑开始每一窑丢1个，丢完后再取最后得子的邻窑全部子继续丢（不得丢人已拿那窑，转一圈后可以丢），这样，连续多次，至丢完前面有空窑，空窑前面那窑的全部子归己有（往左往右丢都行）。由乙继续丢甲亦可得。若前面连空两窑以上，丢者不得。同样丙、乙均可得子（有时不得）。

最后一子落在谁窑内，这一窑归你所有。各人把所得子首先放入自己窑内，不够者向别人借（记住数以后还）。已划出的那窑在第二轮中别人一般是不丢人的。在内的子即属规定人；他自己丢的也算数。这一窑在丢的过程中算空窑。这一轮过后，看各人所得记数，还清账，需借者仍旧借别人的。最后一子在谁窑内仍属谁。直到有人把所有子赢完为止。

此游戏在玩的过程中需用心计，方可多得子。僉起来时间较长。

9. **四个棍搭戏台**

四人站成正方形，各人将一只脚跷到相邻人的大腿根处，别成“井”字形。另一只腿立定。

每人用手击拍自己大腿，边拍边唱，还要做出喝酒叨菜的动作。歌云：

四个棍，搭戏台，
拍着手，唱起来。
喝酒，叨菜，
喝酒，叨菜，
嘀啦喻——……
坐下，起来，
起来，坐下。

唱完可慢慢按节拍下蹲、起立，至散为止。

（此游戏男女均可参加，可分若干组进行）

10. **拉青姑娘**

到了正月十三、十四，农村的小姑们就忙开扎“青姑娘”了。用一根两叉棍绑上麦茬做成腿，再扎上胳膊，用一只瓢涂上脂粉，画上眉毛、眼、鼻子等，再借来一身衣服穿好。把它的两只脚固定在木叉上。到了十五日、十六日由一位小姑娘拉着走。其余的人扶着。到了村口或十字路口，总要停下来祈祷一番：

青姑娘，你站着，
乡里小姑没见过，
一把花，两把花，
过年请你过十八。

也有的小姑插上几句：

青姑娘，唉唉，今年送你走
过年请你来。
不要姑娘哩针，
不要姑娘哩线，
光要姑娘哩好手段。

到了十七、十八日，此游戏便散了，农村有“十三、十四扎，十五、十六拉，十七、十八送到她老家”之说。也有的男孩子淘气，扎一个青姑爷用棍抬着，故意与她们对着：“青姑爷，长棍别……”女孩子往往拉着青姑娘跑开。

11. **拜罗圈**

由四人（三至五人亦可）交臂扯手围成一圈。将手臂上下共同摆动，唱歌谣：

拜，拜，拜罗圈，
马家闺女十二三。
插花子，描云子，
大布衫子，绿裙子；
大飘带，二飘带，
哪个小姑替我拜？
我替你，狗咬我，
狗咬我，我送你。
送到哪儿？西河里，
我哩莲花转给你，
弯弯腰，拜拜你。

唱到最后四人可同时坐下，再唱《拜海棠》：

拜，拜，拜海棠，
海棠花，十九丈，
姑娘一丈我一丈，
这一丈，压磨底，
金子银子扫给你。
红手巾，兜大米，
我哩莲花转给你。

也有这样唱的：

拜，拜，拜罗圈，
罗家闺女十二圈，
插花子，描云子，
大布衫子，绿裙子。
生贴，熟贴，
腊米，荷叶，
葱骨骨，豆芽菜，
哪个小姑替我拜？
我替你，狗咬我，

掂起罗圈坐这个。

此游戏可反复多遍，至散方止。

12. 对本子

此游戏为拍手歌，甲乙二人或立或坐，相互交替拍击对方手掌（交叉）。边拍边唱：

对，对，对本子，

俺家娶个花婶子，

坐哪花，站哪花，

麻布衫子，花半拉，

脚又小，脸又白，

两把剪子铰起来。

铰个桃，桃有毛，

铰个杏，杏又酸，

铰个蝴蝶飞上天。

（此游戏每两人即可为一组。男女均可）

13. 划船儿

面对面，手拉手，屁股坐在伙伴脚面上，“一二”、“一二”往前蹭，“船头”手要拉紧，“船尾”腰要上挺，动作要协调一致。“船头”、“船尾”一高一低，还真的像在浪里飘摇呢！

14. 打铜钿丁

打铜钿丁又叫“打铅”或者“搭前”，一般是铝皮、铝丝之类的扎压在一起，或者是铜块，越重越好。规则很简单，谁最后把对手的“铅”打出界线就可以赢得“战利品”了。打空说“塌皮”，重打说“请上”，这游戏还有一套专业术语噢！

15. 撞钟

撞钟就是几个孩子拿着古代的铜钱或者是琉璃球等物，把这些东西撞在墙上，利用撞击的弹力把铜钱或者是琉璃球弹出。弹出距离墙远的一方，拿着自己的铜钱或者琉璃球去打弹出距离墙近的一方，打住的为胜。

16. 打魔拳

两个人手紧握，脚相抵，打拳似的拉来扯去，用力迫使对方脚先移动或身手触地，就算赢了。自认为有点力气的男孩子们常常找个空地就“开打”。打魔拳的关键在一个“魔”字，要讲技巧，要四两拨千斤，力气大不一定就能赢。

17. 跳橡皮筋

跳橡皮筋是女孩子们的最爱。边跳边唱，歌谣脆生生地甜，小身影在橡皮筋相扣连成的“长绳”上跳跃，敏捷灵动。游戏充满趣味，少则三人，多则五六人，可以玩简单的“升级”，也可以带队闯关，挑战高难度，赢得团队胜利。跳橡皮筋是最具代表性的儿童游戏之一。

跳皮筋玩时若三人以上，则由两人扯住皮筋，跳者边跳边唱。建国初期唱词是:“刘胡兰小时候怎么样，13（岁）参加了共产党，她为人民立功劳，她就光荣地牺牲了。”到20世纪60年代时，唱词是:“马兰花、马兰花，风吹雨打都不怕，勤劳的人在说话，请你马上就开花。”到“文化大革命”时，唱词是:“雪山升起了红太阳，翻身农奴把歌唱……”等。唱不同的歌，跳法不同，一般在唱完一首歌后，脚要正好将皮筋踩住。每跳完一曲，皮筋高度便升高一次。一般是从脚踩皮筋开始，依次为：脚腕、膝部、胯部、腰部、腋下、肩膀、耳朵、头顶、小举、大举。如跳时犯规或够不到皮筋时，则换人。

18. 甩泥炮（摔哇呜）

这种游戏流行于20世纪五六十年代的农村，一般是在雨后儿童常玩的游戏。玩时，人数多少无限制，各自备泥一团，并用泥团捏成各式各样的“泥碗儿”。捏好后，高唱“东乡的、西乡的，都来听俺放枪的”，也有高唱“东北风、西北风，摔个响儿给你听”，然后用力将泥碗口朝下摔在地上。“碗”内空气冲破“碗”底成一窟窿，摔者和其他参赛者各喊“吃蛋儿”或“吃片儿”。谁喊出早就按谁说的算。然后，其他参赛者拿出备用泥团捏成片或蛋堵于泥洞上面。最后以各自的泥团多少决定胜负。

19. 捺水牛背

捺水牛背就是体育课里的跳山羊，体操比赛中的跳马项目——只不过“水牛”代替了器械，得让别人捺着脊背从头顶跳过去。小孩童虽不明了什么是“胯下之辱”，但轮到当“水牛”时总是不太甘心。

20. 跳飞机

用粉笔在地面画11个格子，看起来像飞机模样。拿一只沙包，按顺序从“1”格掼起，直到“11”格。沙包落到格子里，要踮着一只脚蹿到邻近的格子，手不沾地捡起沙包后，一只脚蹿回来，再站在“机头”外掼下个格子。这还是锻炼身体的好方法哩！

21. 跳绳

跳绳又名“跳百索”。花样繁多，分单人跳和多人跳等形式。单人跳时，双手摆绳，可前摆跳、后摆跳、双手交叉摆绳跳，也可带人跳、蹲跳、跑步快跳等。多人跳时，一般由两人摆绳，也可将绳一端系树上由一人摆绳，其他人跳，跳法多种多样，边跳边唱。

22．**跳房**

跳房游戏的玩法多样。一般先在地上画一“田”字形的“房”，在“田”字一端或几端画一半圆形（俗称“馍馍头”）。游戏时，把“瓦儿”（砖块、瓦块、石块等均可）掷于“馍馍头”内，玩者单脚跳入，并将“瓦儿”踢入下一格，依次转下一圈即可将“瓦儿”掷于第二格内，如此类推，跳完一圈便可“占房”一间。跳至自己的房内可双脚落地，别人则须跨过该“房”。玩时，不能另一脚落地、不能“压杠”（“瓦儿”压在画线上），也不能“踩杠”（脚踩在画线上），否则都算犯规，犯规者出局等待下一轮。最后，谁占的“房”多谁为胜者。

23．**叨鸡**

叨鸡游戏是流行于男孩之间的一种对抗性游戏。一般是两人对抗，也有多人一起玩的。游戏时，双方单脚落地蹦行，另一只腿折攀起来，用膝盖向对方进攻。磕拐游戏的进攻方法多种多样，可磕、压、顶、砸等。游戏规则为谁被对方磕倒或双脚着地即输。

24．**推铁环**

推铁环是明清到20世纪70年代周口农村较流行的儿童游戏。用较粗的铁丝弯一大圆环，再用铁丝弯一铁钩，铁钩的下端弯成U状，上端握手中，下端U状钩扣依铁环推其前进。也有的在铁环上套一个或若干个小铜环儿以便铁环滚动时“铃铃”作响。玩时，边走边推铁环，也有边跑边推者。比赛时，一般比谁推得远、推得快，铁环倒地为输。其他玩法，有原地转圈、拐弯、推上坡等。

25．**开交**

开交多为女孩玩耍。玩法分一人玩和双人玩。玩时，用一线绳，将绳系成圈状，套于手指上，通过手指的穿插、交错、缠绕等手法，使绳变换成各种形状，如降落伞、太阳、锯、鱼、天窗、面条、豆萁儿、牛槽、担架、鸡腚眼子等。

26．**打呱儿（打翻手）**

打呱儿即打手背。玩时，一人将掌心向下平放空中；另一人掌心向上和对方手掌相靠，然后设法分散对方注意力，并迅速翻上以掌击打对方手背，而对方则应迅速抽回手，以防被打。如打中，继续玩；如击空，则轮换。

27．**“剪子包袱锤”**

“剪子包袱锤”俗称“贼幺贼”、“将军宝”。玩时，食指与中指同时伸出代表“剪子”，握拳代表“锤子”，五指伸开代表“包袱”。规则是：剪子胜包袱、包袱胜锤子、锤子胜剪子。游戏人数不限，大家一起喊："将军……宝"或"贼幺……贼"，并同时伸手决出胜负。

28．跳拉拉秧

玩时，3人以上，先由两人相对而坐，脚板抵着脚板。其他人则跑步跳过，并唱："一步拉拉秧，二步喝面汤，三步吃韭菜，四步摞起来。"每唱一句要跳四次完成一个过程，坐着的人就摞高一只脚，直到四只脚全摞起来高度仍能过去为胜，若跳者碰到坐者的脚，则轮换。

29．弹琉璃蛋儿

也称"弹蛋儿"、"弹琉琉球"。玩时，取一近墙靠地，画一条与墙平行的线，参赛者依次向墙掷琉璃蛋儿，琉璃蛋磕墙碰回，离线近者先开球。弹球时可用溜、点等方法，击中对方为胜，被击中的球归胜者；击不中，由第二名弹球。如此轮流击，最后看谁击中的多。另外，还有"锅锅儿"（在地上挖一个窝洞，依次弹入的一种方法）、"方框"（在地上画一方格，摆上球，再在远处弹击的一种方法）等玩法。

30．藏摸互

也称"逮人儿"，即捉迷藏。源于唐代，20世纪五六十年代为流行的儿童游戏。玩法多祥，规则也不同。一般玩法是：众人分成两伙，"将军宝"决出胜负。选一棵树或一面墙为"家"，负方守家并寻找胜方躲藏者；胜方则在附近各处藏匿起来，并伺机回"家"或"救人"。胜方若躲开负方追逐并摸到"家"，即胜。若被对方抓住，则被带至"家"内严加"看护"。被抓的同伙则相机前来"搭救"，俗称"打死救活"。同伙相救，手接触到即"活"，可以再跑。若被抓的人数多，他们可手拉手待"救"，来救者只需"救"一个即可全"活"，俗称"连电"。一方若将对方全部抓获，则为胜。

31．挑冰糕棍儿

玩时，参加者各自拿出相同数量的冰糕棍合在一起。"将军宝"决出先后顺序。玩者将所有冰糕棍散落地面上，先将散落一边的单棍捡起，再用手中棍插进交错叠压在一起的棍中，轻挑至一旁，冰糕棍归己。玩时不能触动其他棍，否则，即为"瞎了"，由第二名挑棍，依次轮换，最后，谁挑得的棍多即为胜。

32．丢手绢

又称"丢手巾儿"。玩时，众人围圈向内坐，选一人拿手绢在圈外绕行，边走边与众人一起唱："丢、丢、丢手绢，轻轻地放在小朋友的后边，大家不要告诉他，快点快点儿抓住他，快点快点抓住他！"行进中，悄悄将手绢丢于一人背后。如果此人发现应立即捡起手绢追逐丢手绢者。若追上，丢者需重丢；若追不上或丢者转一圈仍未将手绢丢下，则罚丢者站在圈中唱一支歌或表演一个节目。然后，轮换再来。

33. 徒手拔河

玩时，先在地上画一线为界，两人以脚外侧柞抵面对而站，然后寻机抓对方手，抓住后用力或利用技巧将对方拉过界即胜。人多时，可分两组，搂腰相连。

34. 挤悠悠（挤尿床）

挤悠悠是常在冬季玩的游戏，室内室外只要靠近墙壁的地方就可以进行，也有点取暖的意思。人数少则四五个人，多者不限，大家背靠着墙站成一排，第一个人前面要墙柱挡着，后面的人使劲朝前挤，被挤出去的人排到队后继续挤，如此循环周而复始。

35. 咬鹌鹑

咬鹌鹑又称斗鹌鹑，是民众游艺娱乐项目之一，流行于周口一带。咬鹌鹑是在早晨鹌鹑肚子饿时，在约定的屋子里的簸箩里，双方的主人分别在簸箩的左右两侧，各人把自己的鹌鹑掏出来，放在簸箩里自己一边，再丢下三四粒谷子，用手遮住不让对方看见。三两下谷子就被饿了的鹌鹑吃光了，它们就继续找食，就在此时，双方的主人将手抽出来，鹌鹑为了争食，就咬了起来。在鹌鹑咬架时，看咬鹌鹑的人不能举手、搔痒、变换地方，否则就会把鹌鹑吓跑。当咬着咬着一只鹌鹑突然飞了，就是这只鹌鹑败了。如果想让鹌鹑停止咬架，只要在簸箩里丢下几粒谷子，双方主人把它们挡住，这样鹌鹑就只顾啄谷粒就不再咬了。

36. “把”鹌鹑

“把”鹌鹑流行于周口地区。刚捕的鹌鹑是不会咬的，必须经过训练它们才会咬，才不会飞跑。这种训练就是“把”。“把”鹌鹑的方法就是把鹌鹑握在手中，用小指和无名指夹住鹌鹑的两条腿，用拇指和食指夹住鹌鹑的颈部，天天训练，它就不会想逃跑了。

37. 斗鸡

周口一带有斗鸡的活动。其实，斗鸡是供竞赛和娱乐用的鸡品种。斗鸡游戏起源于亚洲。中国是世界上驯养斗鸡的古老国家之一。斗鸡是以善打善斗而著称的珍禽，又名打鸡、咬鸡、军鸡。两只雄斗鸡相遇或为争食，或为夺偶相互打斗时，可置生死于度外，战斗到最后一口气。

斗鸡以体形魁梧、体质健壮结实、结构匀称紧凑、筋肉发达强健、性强悍、善斗为基本特征。斗鸡骨骼发达，骨质致密而粗硬。头、颈昂起，颈、胸、胫几乎成一直线。冠红色，冠、髯、耳垂不发达。眼大而锐，喙粗短、坚硬呈楔形，尖端微弯，甚锐，颈粗长灵活，腿强劲有力，胫长，趾发达，长而锐，生向上方。爪粗大、坚硬锋利。全身羽毛稀薄、粗刚、短而紧贴体表，并富光泽，羽色多样，以黑色羽居多。翼羽拍打有力。

斗鸡品种的形成，与当地人民嗜好玩斗鸡的风俗习惯有着密切的关系。斗鸡对特征及斗技等有严格要求。好的斗鸡，外貌要求英姿雄武，体格健壮，对其血统和战斗性能都有讲究和严格标准，这与其他类鸡种完全不同。斗鸡前胸要宽，羽毛要紧凑，身架要利落，所以，喂斗鸡的行家有句口头禅说：小头大身架，细腿线爬爪。斗鸡爱好者，对斗鸡的羽毛色泽非常讲究。一般以青、红、紫、皂为上色。斗鸡的嘴形要求既粗直又长尖，大弓形嘴形不好，嘴要尖而利为佳。过细过长（俗称竹签嘴）者不可取。嘴尖要纯净，一般只有黄白两色，成年斗鸡嘴色不能带有黑色。鼻翼要外扇，鼻孔要大而长。斗鸡眼色很讲究，一般分白、黄、红三种，还有菊花、豆绿等，以纯白色为上品。两眼要有神，目光要锐利，同时眼窝深，眼珠要小。斗鸡的腿分大腿与明腿。大腿与明腿的弯曲度要大，俗称大腿弯弯度大，弹跳力强。斗鸡的爪要细，要干，要长，趾间的角度要大，即所谓的十字大爬爪，间距小的粪叉爪的爪子弯曲度大的盘爪不可取，后小爪要向后展，以便于站落稳当。

养斗鸡的目的在于打斗。斗鸡的优劣要视其斗性和斗技而定。而斗打规则随各地不同要求而异。斗鸡的斗技有几种类型：高头大咬者（斗架时头势昂得高、斗势好看）；平头平身打法（斗势不太好看）；跑圈打法（打几下就跑圈）；四路全打者（全能，为最理想的打法）。不管那种打法，只要善打两种以上，且有重腿，就属优秀斗鸡。斗鸡取胜的关键在于打腿的准、重、快。准是指能否打到对方的头上；重是指出腿打击力的轻重；快是指单位时间内起腿打击的次数并能连续打几腿。斗鸡要靠平时的训练，其训练方法可归结为下述 14 种手法，即撵、溜、转、跳、推、拉、打、抄、搓、掂、托、揉、绞、扰。斗鸡长成后，第一次初斗，不宜太长，一般 15 分钟即可。

38. 过关

过关有一定危险性，因而是勇敢者的游戏，胆小的男孩无缘，女孩更无缘。

过关说穿了就是分开腿腾空从另一个人身上飞跃过去，是多数人欺负少数人的“残酷”游戏，一个人当关头，余下无论多少都是过关者，是勇士。

选关头的方式多种多样，可以亮黑白，也可以出剪子布包锤。选出的关头纵使有满肚子不服气，也只好少数服从多数，乖乖地让别人从头上跨过去。第一关，关头蹲到地上抱成一团，过关人排成一队，鱼贯而过。这太容易了，只需轻轻一抬脚就能顺利过关，那神态那英姿，潇洒得有些廉价。有些勇士实在有失风范，慢悠悠地从关头上迈过去，还故意压低身子，蹭着关头的脑袋，脸上现出不可一世的自满。面对挑衅，关头唯一的选择就是忍气吞声，将“恨”深深埋在心里，君子报仇，五关之内，眨眼就到。过了一关过二关。关头弯腰手摸脚脖是第二关，手按膝盖是第三关，二关、三关的高度不相上下，过关以手按关头脊背叉腿而越，关头手按膝盖以上大腿根儿以下便是四关。过前三关鱼目混珠，分不出水平高低，到了这一关便见分晓。先前几关，勇士们或者敷衍了事地按一下关背，如蜻蜓点水，轻描淡写；或者根本不用手，如猛虎下山，勇往直前。到了第四关，个个神情肃穆，如履薄冰，一旦失败，可能造成两个方面的严重后果，其一，摔跤，这是身体上的创伤，跌得生痛，却不好意思喊疼，只得忍痛强装笑颜，但仍然引来一片善意嘲笑。其二，充当关头，由压迫者沦为被压迫者，忍受胯下之辱，不但是身份的变化，还是名誉的损害。而曾遭受胯下之辱的关头，由奴隶到将军，从人“人下人”一下子升到“人上人”。第四关是成功与失败的分水岭，值此生死存亡之际，谁也不敢大意失荆州。勇士们捋捋袖子，伸出手，朝手心里吹口气，眼睛盯紧险关，抬抬脚尖，落下，再次抬脚，助跑，猛跑，到了关前，一伸手，啪，搭在关背上，双臂一使劲，身子腾空而起，双腿左右分开，若凌空展翅，如马跨鸿沟，似鱼跃龙门，身轻如燕，刹那间，险关已过，稳稳落在地上。

五关是最高险最难的一关。关头直挺挺地站在那，只低头不弯腰，万一过不去，从那么高的高度跌落下去，其后果可想而知。过这一关不仅仅凭仗技术水平，更要有勇气，失败者往往不是过不去，而是缺乏勇气，不敢倾尽全力去闯荡去跳跃，与其说是关头挡住了脚步，不如说是自己将自己击败了。

39. **盘脚盘**

二至六人围坐在一起，每人的双脚脚心相对盘坐，其中一人用手依次拍打所有的脚，嘴里并唱道：“盘、盘、盘脚盘，一盘盘到整三年，三年整，贴腊饼，腊饼辣，籴芝麻，芝麻贵，盘起小脚一只是你哩。”等盘到剩一只脚时，这人掂起这只脚又唱道：“裹脚头子摇一摇，刷锅水擀面条，俺问大官吃啥饭，蒜面条子打鸡蛋，呼噜呼噜两三碗。”

40. **挑兵打狼**

挑兵打狼是群体游戏，不分男女都可参加，人数越多越热闹。老柳树砍大刀没有什么技巧，是个体力活，身材魁梧勇猛有力者，就是游戏的优秀人才。人才是战胜“敌人”的根本法宝，故而双方争得一塌糊涂，难见分晓，无奈，双方领导只好伸手比画剪子布包锤，胜者先挑，身强力壮者最受青睐，你挑一个，他挑一个，直至挑完为止。挑完了，朋友变成了敌人，双方剑拔弩张，怒目而视，一场恶战一触即发。

双方脸对脸站成两排，相距十步开外，手挽手搭成两堵人墙，一方选一嗓音洪亮者向对方挑战，这边喊：老柳树，那边应：砍大刀，独唱过后是声势更为浩大的合唱：

老柳树，砍大刀，

你们班里尽俺挑。

挑谁?

挑玉梅。

玉梅不在家，

挑你姊妹三。

挑谁?

然后，领导说挑某某，士兵也说挑某某，某某便鼓足勇气，一捋袖子，信心十足的样子，朝对方猛冲，身后是山呼海啸的鼓劲声：加油！加油！另一方则严阵以待，如临大敌，手与手握得更紧了，竭尽全力将“敌人”阻止在封锁线以内。月光下，勇士早已将“敌情”侦察清楚，选择最薄弱处作为主攻点，先是助跑，继而飞速冲刺，若闯开封锁线，则可俘虏对方一员猛将凯旋；若闯不开，无颜见江东父老，只好乖乖“弃暗投明”，留在对方阵营里。这一轮进攻过后，清脆悦耳的声音又响起来，老柳树，砍大刀，周而复始，直至一方剩下一人不能搭成人墙，即为战败。更多情况下双方互有胜负，难分伯仲。

41. **投破鞋楼**

参加游戏的人至少两人，每人脱一只鞋在地上搭建成锥子型鞋楼，在地上画好线站好后，按先后顺序，手拿另一只鞋背对着鞋楼投掷，谁将鞋楼投塌算谁赢。

42. **擩窑儿**

擩窑儿，也叫擩片儿。是男娃们小时候最喜欢玩的一种游戏。

在村头空场子里，是擩窑儿最合适的地方。玩这个游戏至少得有3

人，人越多越热闹也越有趣。工具是圆形、光滑的、手掌大小的铁片或瓦片。玩法是：在空场子一角画一条一米左右的线，玩者在线一侧站成竖队，在线的前方分散挖成小窑儿，至少5个。近的小，远的大。撂时从近处的开始，所有窑儿谁先用片撂进去一片谁为胜。另外有个规定，先撂进窑儿的片儿不能拿出，得等别人的片儿也进了窑儿并且碰到了先扔进的发出响声，两者才能一起拿出。然后从这个窑儿撂起，以此类推，其乐融融。

撂窑儿输赢关键在于撂得准。常用姿势是侧身如打抢瞄准状。好的玩者能使片儿直滑到窑儿中，或如投球不擦板直投窑儿内，连胜多局。差的有时到结束也没胜一局，大家都笑他，他只有怨工具不好了。

43. 踢房

“踢房”是一种男孩女孩都爱玩的游戏，参与游戏者一般为三五人左右，先用瓦块在地面上画图形，纵划四道、横划四道，形成一个九方格图，或纵划三道、横划五道，形成一个八方格图。规则是：把瓦块丢到左起（或右起）第一个方格内，用一条腿咯噔着跳进方格，用脚把瓦块踢到左起（或右起）第二个方格内，依次类推，直到踢完为止，踢房的过程中如压住方格线或踢错地方，为输。踢完后拿瓦块站到开始处背对方格图，把瓦块扔向背后方格内，如果扔出方格图处或压住方格线，为输。如果扔到某个方格内，就算在那里建一座房子了，等别人踢瓦块时要越过那一个方格。

44. 撞壳

“撞壳”是一种从建国前到建国后60年代比较流行的游戏。70年代往后就没有了。玩法很简单：在离几米远的地面划一道横线，参与游戏的两个人各拿一把铜钱，站在线上往墙上各扔出一枚铜钱，铜钱受到墙的阻力会反弹回来，谁的铜钱反弹的距离远，谁就占有主动权，拿起铜钱去砸那个离墙近的铜钱，如果一次砸中，对方的那枚铜钱就算自己的了，如果一次砸不中，就要重新开始。

45. 砸杏核

80年代以前，种植杏树和桃树比较多，所以儿童们有一种游戏叫“砸杏胡（核）”，几个伙伴各准备一把杏胡（核）或桃胡（核），在地面上挖一小窑，然后每人兑出来一些杏胡或桃胡放在小窑内，手中各一枚称为“老母”，先用拳头、剪刀、布分出先后，然后用“老母”使劲斜撤着砸小窑里的那些杏胡或桃胡，蹦出小窑外的杏胡或桃胡就算自已的了，依次类推，最后谁赢的杏胡或桃胡多就算胜出。

46. 掀蔓菁

两个人背靠背站在一起，四臂交叉，一个人把另一个人背起来，下边的人问上边的人，一问一答，问："天上是啥?"答："星星。"问："地上是啥?"答："冰冰。"问："坑里是啥?"答："马虾。"问："一把抓向个?"答："一把抓俩仨。"问："分我一个不分?"答："我不当家。""摔你个仰面叉。"然后猛地一摔，如果背上那个人防备好了，就不会被摔倒，如果防备不好，就会被摔个仰面叉。

47. 吃馍吃菜

这是一种很好玩的游戏，参与者一般很多。先在地面上画一条线，然后参加游戏者把鞋集合到一起，由其中的一个人把鞋拿在手中，让脚后跟压住线边，双手举过头项，往背后使劲扔鞋，当鞋落到地上，鞋底朝上为"馍"，鞋口朝上为"菜"，旁边的人会问："吃馍吃菜?"扔鞋者不能回头看，只能凭鞋落地时发出的声音去判断"馍"多还是"菜"多，如判断失误，则要受罚，会有人用鞋打其脚心，边打边唱："破鞋底，我一打，你一嗯，嗯去吧。"随即把鞋猛地一扔，扔得远远的，受罚的这个人还必须嗯着跑过去拾鞋，再嗯着跑回来。如有停顿，还要受罚。如果判断正确，就要咯噔着一条腿把自己所选的"馍"或"菜"逐一踢出线外，边踢边唱："一岗踢，二里地，三小马，踢过岗。"踢的过程中，碰到其他的鞋，或踢不过那道线，同样受罚挨鞋底。

48. 踢脚

"踢脚"是70年代后才有的游戏，一般女孩爱玩，两个女孩面对面，摆出踢皮球的架势，一个人伸出左脚，一另一个人伸出右脚，轻轻一碰，然后又换那两只脚相碰，一直循环，一边踢一边还唱歌谣："小皮球，咱俩踢，一踢踢到二十一，二五六，二五七，二八二九三十一，三五六，三五七，三八三九四十一，四五六，四五七，四八四九五十一，五五六，五五七，五八五九六十一，六五六，六五七，六八六九七十一，七五六，七五七，七八七九八十一，八五六，八五七，八八八九九十一，九五六，九五七，九八九九一百一"。

49. 打花板

这是一种女孩玩的游戏，建国前后比较盛行。玩法比较简单，两个人伸出手来对拍，一个人用左手和另一个人的右手对拍一下，然后再用另两只手进行对拍，同时，俩人还要唱歌，拍掌声和歌声形成一种节奏感。"俺打花板一月一，一碗茄子一碗鸡；俺打花板二月二，两碗茄子两碗汤；俺打花板三月三，三碗茄子三碗餐；俺打花板四月四，四碗茄子四碗刺；俺打花板五月五，五碗茄子五碗藕；俺打花板六月六，六碗茄子六碗肉；俺打花板七月七，七碗茄子七碗鸡；俺打花板八月八，八碗茄子八碗蜡；俺打花板九月九，九碗茄子九碗藕；俺打花板十月十，十碗茄子十碗梨；俺打花板十一月，人家打板俺歇歇。”歌唱完了，游戏也结束了。

八、民间体育

（一）心意六合拳

心意六合拳，又名十大形，是我国著名的拳种之一，一直流传在河南东部以周家口为中心的回族民众中，并逐渐由周家口传至蚌埠、南京、上海、武汉、西安等地。

心意六合拳，创自山西蒲州人姬龙峰。姬龙峰约生于明万历三十年（1602年），卒于清康熙二十二年（1683年），享年80岁有余。姬龙峰膝下从学者众多，河南洛阳马学礼（回族）独得心意六合拳的精髓。后来马学礼艺成回到河南，传拳授艺，经买壮图下传周口袁凤仪一代。袁凤仪四大弟子尚学礼、杨殿卿、卢嵩高、宋国宾学艺独精，并分别在河南西部、南部以及上海、湖北、江苏、安徽、陕西等地传授心意六合拳，从而形成了“河南派”心意六合拳一大支系。

心意六合拳的特点是由心生意，又由意转化为拳招，六合与心意相互联系结为一体，以心意支配行动，以六合贯穿心意。

心意六合拳的基本功是“趟腿”和“四把锤”。“四把锤”即轻步站、横拳、鹞子入林、鹰捉。其口诀曰：“出手横拳势难招，展开中平前后梢，转身挑领阴阳势，鹰捉四平足下抛。”该拳主要是模仿龙、虎、熊、马、猴、蛇、鹰、鹞、鸡、燕10种动物在追杀捕食搏斗时的动作，取其形、会其意而发展形成的拳术，特点是凶、狠、猛、疾、洒、刚、柔，擅长格斗。

心意六合拳的基本步法主要是依赖鸡形的体现，不管是寸步、过步、箭步、垫步等，也不管是进攻还是防守，都不能离开鸡形的根本特征。在心意门拳法技艺里面更是有“打遍天下老鸡形”的美誉，这也说明鸡形步法的重要性。锻炼鸡步趟腿、鸡步掂腿是心意六合拳里锻炼基本步法和身形的主要方法，在实际盘练中二者又有各自的侧重点。鸡步趟腿主要侧重于腿部基本功的锻炼，同时锻炼足踩膝撞等一些技术，鸡步掂腿锻炼的是心意六合拳的基本腿法，同时，也锻炼心意六合拳灵活多变的基本身形以及主要的进身方法。

心意六合拳传入周口的时间大约是在清朝咸丰年间，由心意六合拳第五代传人买壮图传入。

买壮图，回族，河南省鲁山县西关人，生于1829年，卒于1892年，自幼从其舅父张聚学心意六合拳。据说由于张聚晚年丧子，怪罪练拳，不愿传授拳艺给外甥买壮图。但为应付外甥的纠缠，就传授了一个“鸡腿桩”和“踩鸡步”给他，并对他说，如此练习3年后再来学习。他以为外甥不能坚持下来，从此断绝学拳的念头。但是，没想到买壮图学拳意志坚定，每天在家门口的枣树下站桩，一站就是几个时辰，冬天身边的积雪都被他流下的汗水溶化。他在集上做买卖，每天从集上到村里的数里路上走过时，都用踩鸡步。村人见他这般样子都笑，但他毫不介意。三年如一日总是这样坚持，结果不负苦心人，他的桩功和鸡步功都达到了令人惊异的地步。演示给张聚看时，张聚都叹服了，于是就把全部绝技都传给了买壮图。买壮图一如既往地努力练习，最后功夫达到了入神的境界。在心意六合拳的发展史上，买壮图是一位承前启后、继往开来的人物。他创“买式四把锤”，将原有28式精减，仅留四手，今广为流传。他以鸡形步与人试技，能发人丈余，随即又如影随形般疾纵而至接住对方不至丢失脸面。为了生计，买壮图常年往来于鲁山与周家口之间做些皮货生意。有一次，周家口回、汉两族民众之间发生规模较大的械斗，经买壮图出面调停，使纠纷得以平息。之后，当地回族民众在周家口西寨清真寺宴请买壮图。他即兴表演了心意六合拳，其拳如虎之登山，如龙之行空，周家口著名回族拳师袁凤仪、武举人袁长青等为之倾倒。其后，袁凤仪遂拜买壮图为师，学习心意六合拳。

袁凤仪练功刻苦，而且天分很高，深得买壮图的器重，他毫无保守地将心意六合拳的精要悉数传给了袁凤仪。袁凤仪虽然只跟随买壮图学艺4年，却已将心意六合拳练得炉火纯青。袁凤仪的弟子中，有尚学礼、卢嵩高、杨殿卿、宋国宾等，其中以“周口三杰”——尚学礼、杨殿卿、卢嵩高最为著名。

尚学礼，回族，周口河西人，自幼随袁凤仪学习心意六合拳，是“周口三杰”中的大师兄，以功力见长。据说他在练习单把时，能将数米之外的蜡烛打灭。民国初期，军阀刘峙在河南洛阳设“天下大擂”，广招英才，为其军队服务。有一位少林派姓张的拳师，大红拳练得出神入化，连续半个月在擂台上打败了十几位高手，好几个被打下擂台而毙命。正逢尚学礼去洛阳办事，得知后十分气愤，便赶去擂台，挑战该张姓拳师。上台后尚学礼先用“踩鸡步”走了数步，只见搭擂台用的木板步步开裂，想以此技威慑张，使其知难而退，但张不为所动，依然直扑而上。用一“穿心腿”直踹尚学礼心窝，尚学礼以深厚的抗打功力不让不避，直驱而上，用胸腹硬接了张一脚，并且口发雷声，张的身躯应声飞出一丈之外，重重摔倒。张起来后再次用侧踹腿踹击尚学礼身体。尚学礼调步而避，迅速穿插到张的侧翼，以“怀抱顽石”、“搬双把”将张从胯下挑起，凌空过头抛下擂台，当场摔死。刘峙为其神勇所感染，遂留其在军中效力。但尚学礼不计名利，依然回家，以种地为生。尚学礼无子，尚青癸继承其技法，另授技于李豪友、穆廷斌、吕瑞芳、孙少甫、周作民、王效荣、苏传癸、石耀如等。其中以李豪友最为著名，在上海曾打败俄国大力士。王效荣和孙少甫早年在周家口时，亦从尚学礼学习心意六合拳，后拜入卢嵩高门下。

杨殿卿，回族，周家口人，“周口三杰”的二师兄。性格持重，待人和善，不到万不得已，绝不伤人。但出手快捷，善用“虎抱头”式以肘击人，被击者常昏迷倒地，故有“笑面虎”之称。杨殿卿的“剪手大劈”也是一绝，不管对手以什么样的拳法从哪个方向打来，杨殿卿都可以以此动作将人震飞。杨殿卿晚年曾有一次推小车到集上办事，途中撞到一青年。该青年蛮横无理，对着杨殿卿的身躯猛击了几拳。杨殿卿安然无事，该青年回家后，手臂肿胀，数日不消。一打听原来所打之人是大名鼎鼎的杨殿卿，于是托人备礼来向杨殿卿道歉。杨殿卿遂赠其膏药一帖，消其肿胀。当来人问到为何挨打时不还手时，杨殿卿说：“我们练拳的人，是铁打的，挨几拳不碍事。但是一般人像纸糊的，点破了就不好了。”可见其武德之高。杨一生在河南传艺，弟子众多，比较著名者有杨洪顺、杨洪生、庆老恩、马贵龙、马孝山、郭希圣、杨响林（杨老四）、苏训魁、吕炳田、吕瑞芳等人。

卢嵩高，回族，周家口人，幼时练习少林派拳术，后在岔河口高家茶馆巧遇往来于鲁山、周家口之间做生意的心意六合拳一代宗师买壮图，专习心意六合拳。自得名师传授后，卢深得心意六合拳之精义，十余年如一日，晨昏苦练，终成一代承上启下、继往开来的拳家巨子。他是谱传心意六合拳第八代传人，是发扬光大河南心意六合拳最具代表性的人物。卢嵩高艺成后，先在老师袁凤仪经营的万胜镖局充当镖师。后在湖北、安徽、上海等地传艺多年，后定居上海。从其学艺者较著名的有李尊贤、刘洪顺、于化龙、李书元、王效荣、李尊思、马晓凯、马义芳、孙少甫、陶自洪、王守贤、解兴榜、王蓝田、张兆元、凌汉兴、裴锡荣等。

买壮图所传心意六合拳是以鹰熊二式为变化核心，进攻像鹰，防守像熊，超此二式其拳艺失真。卢嵩高在此基础上将心意六合拳分为十大把，分别是：1．龙形格横；2．虎蹲山；3．鹰捉；4．熊出洞；5．踩鸡步；6．鹞子入林；7．猴缩蹲；8．夜马奔槽；9．燕子抄水；10．蛇拨草。心意六合拳所采十形，内寓六合，故称十大真形六合拳。

心意六合拳，被回族民众称为教门拳。自马学礼以来，一直传回不传汉，到了民国初期，才打破了这一惯例。

周家口人宋国宾系汉族，他与卢嵩高为结义兄弟。幼年从杨少同练习少林拳，经卢嵩高竭力引见，袁凤仪破例收宋国宾为徒。宋从师苦练多年，心领神会，精通心意六合拳拳法，艺成后在冯玉祥部做武术教官。建国后，宋国宾在安徽定居。皖省从其学艺者甚多，较知名的有何顺成、蒋安坡、李克俭、唐学英等。

对周口心意六合拳影响较大的另一位人物是郏县的李海森。李海森是买壮图的表弟，他自幼喜爱武术。曾学习过多处拳术，后随表兄买壮图学习心意六合拳。他两人一起来往于鲁山与周家口经营皮货生意。清同治年间，来周家口南岸教习心意六合拳，从其学艺者众多，得其真传者只袁长青、马四等数人。袁长青的原籍是淮阳，清末移居周口。他幼年好学，酷爱武术，青年时期便考中武举，遂拜心意六合拳大师李海森为师，专习心意六合拳。后来，他放弃考取武状元的机会，专心培养武术人才。在给弟子们教习心意六合拳时，他将心意六合拳十大把的步法、拳法绘成图像，循循善诱地讲解心意六合拳的拳法和心法要求，使弟子们逐步掌握心意六合拳之精义。由于他内功精湛，拳法奇绝，为人和善，不以武压人，讲究“文以评心，武以观德”，从其学艺者众多。得真传者有买金奎、陈金波、买老志、陈金聚等数人。

由于回族民众自古崇尚武功，以武勇著称于世，加上心意六合拳独具特色，民国时期，周家口回族中练习心意六合拳的人已经非常多。各清真寺都设有武场，收徒传技。其中以河西的西寨清真寺、河北的老东清真寺、河南的陈州街清真寺最著名。

周家口回族大多做小生意，一般早上做完生意后，下午就利用空闲时间在清真寺礼拜后便开始练功。还有人喜爱武术到了不顾一切的地步，平时省吃俭用，甚至很吝啬，但是，在练武上则是不惜血本。因此，各武场都有数十人，甚至上百人练武。并经常在“主麻”、开斋节、古尔邦节等庆典中进行表演。

心意六合拳大师方老文是西华县人，回族，民国时期曾在周口宁庄武场传艺。他所传心意六合拳垫步两把半和周口河西武场所传的过步四把锤、周口河南陈州街武场所传的鸡步两把半一样，都具有一定的代表性。随其学艺者众多，比较有名的有马福贤、刘同永、孟献彬、张学梦等。

心意六合拳大师马仁顺是周口宁庄人，回族。少时爱武，长期随父亲马武举习练心意六合拳，经过勤学苦练，功力日深。后在三连坑开设武场，在当代周口武术界尚有多人受益于他的拳技。

新中国成立后，回族武术传统得到进一步恢复和发扬。从 20 世纪 50 年代始，周家口、沈丘、淮阳等地回民，先后在清真寺里成立“心意六合拳研究所”或武术协会，心意六合拳的拳师名将们纷纷收徒授艺。一代武林新秀茁壮成长，一批回族武术健将涌上省、市、县各级武坛，在各级武术比赛中都取得过优秀名次。

近年来，周口还举办了数次心意六合拳研讨会，并聘请老一辈武术大师挖掘整理濒临失传的传统技艺。周家口心意六合拳大师于化龙两次赴美国讲授心意六合拳，以其精湛的武功赢得了美国武坛的尊重。于化龙的弟子徐谷鸣还在美国旧金山开设心意六合拳武馆，传授心意六合拳，使心意六合拳在美国生根开花。2008 年 6 月 14 日，心意六合拳被国务院公布为第二批国家级非物质文化遗产项目。2009 年 6 月 12 日，买西山被国务院公布为第三批国家级非物质文化遗产项目代表性传承人。

（二）圣门莲花拳

圣门莲花拳又叫圣门十字莲花拳，在武林中属于昆仑派，距今有 3000 多年的历史，是我国比较古老的一种内家功武术。商水县汤庄乡陈庄村的陈忠德老人是圣门莲花拳的传承人。

圣门莲花拳武术心诀源自佛、儒、道心经，武功修为若不达到特定层次，很难理解其中玄妙。其武术套路源自古老的太极图：“太极生两仪，两仪生四象，四象生八卦，八卦幻万象。”它套路中有套路，套路下藏套路。打莲花拳，拳脚一旦展开，就如长江之水，绵绵不绝，奔流不息，往往是一招一套拳脚，如“马驼将上走”这招就是一套武术拳脚打下去，如把它理解成固定的一个动作，就不可能理解它的真正含义了。

圣门莲花拳套路很多，最好最独特的是：擒拿和形掌。擒拿讲究的是：粘、连、缠、钻、扭、拐、绊，技击中一旦和对方搭上手，即刻如影随形，将敌方粘住，连在一起，缠成一团，擒住对方身体的一部分使其不能摆脱，而后趁势而为，施展钻、扭、拐、绊擒拿技巧，使敌方关节反向错位被擒。

形掌是仿“鼠、牛、兔、虎、龙、蛇、马、羊、猴、鸡、狗、猪”十二生肖演绎出来的武术动作，一种生肖一套拳式，十二生肖蕴涵自然万物之哲理，它不是华佗的“五禽戏”，胜似“五禽戏”，习之，不仅百骸舒展，心境更是超然物外。

至于圣门莲花拳的兵器，更是五花八门，奇形怪状，匪夷所思。当年陈忠德老人从战场死人堆中爬出，战乱之中不可能携带师傅所传兵器，十几年前，他根据记忆将师傅传的莲花拳兵器一一整理打造，令人大开眼界。像乌龟伸头、持满钢铃的降灵圈、圆形带刺的日月牙子镰、四角钩、拐子锚等，钩钩叉叉，锋锐刺尖，彼此制约，要想空手夺白刃，除非控制持有者大脑，否则几乎是不可能的，稍不留意即皮开肉绽，重则当场毙命。

圣门莲花拳的阵法图更是惊世之作，诸如一天景阵图、齐门阵图、七星练功图、五形阵图、四角阴阳阵图等，依据八卦太极之意，暗合生死秘门，在远古冷兵器时代，如此阵法能困住千军万马，骁勇战将也上天无路、入地无门，尽管带有浓厚的宗教色彩，但仍不失为中华民族智慧的结晶。2009年6月，圣门莲花拳被河南省政府公布为第二批河南省省级非物质文化遗产项目。

（三）两仪拳

两仪拳，是一种以点穴、解穴为主的拳术，由沈丘县邢庄乡申段庄的祖人段升堂在申段庄发展传承下来，距今1000多年的历史。

两仪拳的产生地，不在沈丘县邢庄乡申段庄。据说，是清朝嘉庆年间的一个武状元（姓氏不详，属地不详）编创的，并传授给弟子魏洪申（属地不详）。段升堂是魏洪申的徒弟之一，他学成后回到乡里，把两仪拳传授给其侄子段勤功及邻人申永德、申永言。段勤功又把两仪拳传授给其女婿张振岭，其孙辈段保华，以及村人申同修、申万起、申进才、段玉明等人。自此，两仪拳在申段庄流传开来，也是两仪拳发展日臻成熟的时期。两仪拳能走出申段庄，对外进行交流、流传，功归于第三代传人段保华。其曾于20世纪80年代在沈丘县城开办两仪拳武术学校，继而又在郑州、北京等地开办两仪拳武术学校，并招收国际友人为弟子传授技艺。自此两仪拳走出国门。

“两仪”原出《易经》“易有太极，是生两仪，两之数也，仪之威也”。两仪拳的精髓是点穴与解穴以及混元功的养生和医疗。点穴是两仪拳中的精粹，是武术击技中的一种独门绝技，是以中医经络学、气学、阴阳学说、五行学说为理论基础，通过内劲运气发劲，技击招式运用手、足、肘、膝等部位，在瞬息之间完成意到气到，气到血到，血到力到的内劲，点中穴位。穴位在外力强有力的打击中，气带滞淤，突然关闭，造成经络受阻，经络断则失气，血脉断则失觉，使人体局部或整体失去控制的机能，从而达到先发制人，克敌制胜的目的。解穴与点穴是相对而言，在格斗中一旦被对方击中穴位或者对方被点中穴位，必须迅速采取有效的解救方法：点穴伤人，解穴救人；两仪点穴制人而不伤人。解穴与点穴理论上是统一的顺逆两种方法。解穴是根据人的生理原则，五脏合于五行，阴阳之生克，运用不同的手法，施术于对方体表，开通闭塞，导引阴阳，解除被点击而造成的人体机能失常现象。

两仪拳是根据天然和宇宙的变化，雾极、黄极、太极、两仪、四向、五行、八卦、九宫；祖师把几种拳的精华融为一体外加人体经络穴位互相牵制演变而来。此拳法处处有阴阳之分，刚柔相济，以气催力，能练人体五脏六腑及周身关节和肌肉，使全身气血得到阴阳平衡，增加抵抗力；两仪绝技集气学、中医学、经络学、力学、武术、点穴、养生、医术、内气功为一体，内蕴太极虚实之玄，外呈两仪八卦之要，古称两仪点穴神拳。两仪拳是内外一体绝技神功，尤其注重实战，拳速奇快，能借力借势点穴，往往进击者未能出手就已被点倒，使去反抗能力；决不是一拳把人打飞、撞倒，而是使人原地崩溃。

两仪拳的机理是根据自然和宇宙的变化，由祖师把几种拳的精华融为一体外加人体经络穴位互相牵制演变而来。两仪绝技集气学、中医学、经络学、力学、武术、点穴、养生、医术、内气功为一体，拳速奇快，能借力借势点穴。两仪拳有制人而不伤人之妙，堪称武林一绝。

两仪拳，是东方文化的瑰宝，是中华武术苑中一枝奇葩。两仪拳集点穴、解穴、强身健体、修性、养身为一体的独特运动方式，蕴涵着东方哲学韵味的深刻内涵，正在被越来越多的中外人士所认识。2009 年 6 月，两仪拳被河南省政府公布为第二批河南省级非物质文化遗产项目。

（四）伏羲八卦拳

伏羲八卦拳为河南陈州刘怀创于清道光初年。刘怀本是富豪之家，自幼好武术，曾上少林，下沧州遍访名师，后在陈州太昊陵内遇一老道长，练此拳术，便请回家中学习拳术。10 年后，老道长飘然远去，不知所踪。刘怀把老道长所口传的武功加上自己的体会加以整理留传后世，因为老道长姓风与人祖太昊伏羲氏同姓，拳术又以伏羲所创的先天八卦为基础，所以刘怀把此拳定名为伏羲八卦拳。

伏羲八卦拳以混元、两仪、无极、太极为主要进攻手法，柳叶掌为辅。以勾手防守，有崩、扒、棚、搂、劈、挂、领、合八种防御手法，进攻主要步法为九宫步和大、小垫步。伏羲八卦拳以一套72式的内家桩功为基本功，练习百日便可全身不惧拳脚。套路主要有：上72式上64式 支音64式 下64式 天干地支外五音……共计11套，1368式，另有腿八音共64式腿法，可惜已失传。

（五）八卦拳

七星一字门八卦拳最早是由山东拳师刘军所创所传，民国期间石友三火烧少林寺后，该拳的第一代传人少林寺武僧俗姓刘体荣迫不得已从少林寺回到周口，刘体荣人送外号铁腿刘体荣，是周口市川汇区榆树园街人，刘体荣4岁丧母，7岁丧父，12岁出家到少林寺当武僧，刘体荣从少林寺回来后，跟随山东拳师刘军习武学得该拳和谭腿，该拳的第二代传人石清文十岁跟随刘体荣习武，口传身授，学会刀枪剑棍鞭及七星一字门八卦拳，尽得刘体荣真传，刘体荣1964年去世后，石清文跟随伏羲乾门八卦拳传人赵文亮口传身授，学会伏羲乾门八卦拳，赵文亮是跟随一会轻功墙上挂画的吴姓拳师习武学得，伏羲乾门八卦拳又叫乾门锤或母子锤，是锤之根，锤之母，是中国最古老的武术套路，是根据伏羲创先天八卦为理论基础，演化而来的一种内家拳法。

（六）大鸿拳

大鸿拳又名“六步架”也称“三晃膀”，在河南商水一带练家较多。大鸿拳系气力功架短打拳法，属于一种仿生象形拳术，它和少林大红拳及南方洪拳不同。大鸿拳具有羊、鸿（雁）、虎、豹、鹤五形；合于小、大、顺、拗、立五势；应金、木、水、火、土五行；化出劈、崩、钻、炮、横五捶。它拳势威猛，刚劲有力，朴实浑厚，脚步扎实，发如崩炮、防多截肩，裹缠拗膀，顺化逆出，俟身挤靠，滚化旋发，变化多端，内外兼备，集气功拳架于一体。讲究内练一口气，外练筋骨皮，马步为先，扣步平肩，切势气门关，心意相合，意气为一。以独特的风格，自成一大拳术派系，是我国武苑中的一朵奇葩。

据传此拳隋朝末鸿仙所创，他上山打柴时，见山坡上两只山羊在抵角，开始时两只羊都鼓着肚子，抵得很有力。后来肚子瘪了，也无力再争斗了，鸿仙善于观察各种动物的行动，结合自己的体会，从而悟出了气与力的关系，结合自己与野兽搏斗的经验，创出了气力功架拳。人们为了纪念鸿仙，又因此拳起式“拧腰三晃膀”之后的定势如“鸿雁展翅”之势，故将此拳命名为“大鸿拳”，也有称之为三晃膀的（商水一带叫硬三步）。又因此拳分为平气架、气推力、气排丹田、混用力、闭气练法、混元气练六个练习步骤（即：六个阶段），故有人把此拳叫做“六步架”。

大鸿拳之所以叫大“鸿”拳，当时有三个初衷：一是为了纪念该拳编创之人“鸿仙”，以鸿仙的姓氏所命名的。二是取该拳之起势“拧腰三晃膀”之拳势，像鸿雁受惊之展开翅膀欲飞之气势，用以来概括该拳风格特点，所命名的。三是告诉后来人，此拳是一种仿生象形拳法，演练此拳者，不仅要总结人类的搏斗之经验，还应注意大自然的物象，向动物学习。只有这样处处留意，才能将此拳练到炉火纯青的地步。大鸿拳若写成“大红拳”或“大洪拳”，就违背了大鸿拳起初时命名的初衷，应予纠正。

《大鸿拳秘谱》中的大鸿拳系鸿仙所创，是一种仿生功架拳。主要流行于黄淮下游流域，它拳势威猛，刚劲有力，朴实深厚，脚步扎实，多膀法，滚出旋入，变化多端，内外兼修，集气功拳架于一体。《大鸿拳》《大鸿拳秘谱》载：大鸿拳的手形有拳（鹤顶拳）、掌、勾，其最突出的特点是，其拳的拳始终是鹤顶拳。其步型有弓步、马步、丁步、仆步、独立站、半跪步，其拳半跪步出现最多，最为常用，这也是此拳的一大特征。拳法有冲、搡、磕、压、砸、架、钻、抡、撑；掌法有挑、提、拉、扇、插、探等；勾法有撩、挑、撅等；肘法有顶、撞、拐、截等；膀法有掖、裹、靠、别、晃、拗等。腿法较少，偶有也是低腿法；此拳之精华在于膀法。其拳系内容丰富，徒手单练的有六步架，二步架，“8”字步拳；徒手对练有靠臂捶，长打捶，十二捶，十四捶，十八捶，外扒眉等；器械单练套路有鞭，太平刀，双刀，六路大刀，枪，棍，剑，绳标等；器械对练套路有盘龙棍，双刀枪，单刀枪，白手夺枪，白手夺刀，大梢子对枪，三节棍对枪，四节子镗对枪，六进单刀，双锏对枪，滚肚枪，一百单八枪等；功法有用功过气法，临敌应计法，老嫩救活法，百步捶法和定身法（即擒拿控制法）等。

主要参考文献

《陈州府志》

《西华县续志》

宣统三年《项城县志》

民国七年《商水县志》

周口地区地方史志编纂办公室编：《周口地区志》，南开大学出版社，1999年。

扶沟县志编纂委员会：《扶沟县志》，河南人民出版社，1986年。

沈丘县志编纂委员会：《沈丘县志》，河南人民出版社，1987年。

商水县地方志编纂委员会：《商水县志》，河南人民出版社，1990年。

淮阳县地方史志编纂委员会编：《淮阳县志》，河南人民出版社，1991年。

太康县志编纂委员会编：《太康县志》，中州古籍出版社，1991年。

鹿邑县地方志编委会主编：《鹿邑县志》，中州古籍出版社，1992年。

郸城县地方志编纂委员会：《郸城县志》，中州古籍出版社，1992年。

西华县地方史志编纂委员会：《西华县志》，中州古籍出版社，1993年。

周口地方史志编纂委员会：《周口市志》，中州古籍出版社，1994年。

项城县地方志办公室编：《项城县志》，南开大学出版社，1999年。

王宁：《民俗典籍文字研究》，商务印书馆，2008年。

杨超：《中国民俗》，时代文艺出版社，2009年。

宋兆麟、高可：《中国民族民俗文物辞典》，山西人民出版社，2004年。

苑利编：《二十世纪中国民俗学经典 物质民俗卷》，社会科学文献出版社，2002年。

丁世良、赵放：《中国地方志民俗资料汇编》，北京图书馆出版社，1991年。

李万春：《汉字与民俗》，云南教育出版社，2002年。

陶思炎：《中国都市民俗学》，东南大学出版社，2004年。

王文宝：《中国民俗学史》，巴蜀书社，1995年。

赵杏根：《实用中国民俗学》，东南大学出版社，2005 年。
吴忠军：《中外民俗》，东北财经大学出版社，2006 年。
陈连忠：《周口地区故事卷》，中原农民出版社，1991 年。
白庚胜、叶舒宪：《神话中原》，大象出版社，2008 年。
谷迁乔、岳献甫：《周口神话故事》，学苑出版社，2006 年。

周口歷史文化通覽

人物卷

（上）

《周口历史文化通览》编委会 编

學苑出版社

图书在版编目(CIP)数据

周口历史文化通览/《周口历史文化通览》编委会编.—北京:学苑出版社,2009.12

ISBN 978-7-5077-3279-5

Ⅰ.①周… Ⅱ.①周… Ⅲ.①周口市-地方史②文化史-周口市Ⅳ.①K296.13

中国版本图书馆CIP数据核字(2009)第206140号

出版人:孟 白
责任编辑:刘 丰
出版发行:学苑出版社
社 址:北京市丰台区南方庄2号院1号楼
邮政编码:100079
网 址:www.book001.com
电子信箱:xueyuan@public.bta.net.cn
销售电话:010-67674055、67675512、67678944
印 刷 厂:高碑店市鑫宏源印刷包装有限责任公司
开本尺寸:787×1092 16开本
印 张:246.25
字 数:4200千字
版 次:2010年6月第1版
印 次:2010年6月第1次印刷
定 价:980.00元(全套四卷八册)

《周口历史文化通览》编委会

《人物卷》编委会

《周口历史文化通览》

前　言

地处黄淮平原的周口，历史文化积淀深厚，是一片蕴涵着丰饶文化资源的富矿区，这就让我们面临了三个任务：一是有力保护好，使文化资源不能自然湮没于时间，不能人为损毁于无知或利益；二是务实开发好，充分挖掘和展示其价值，让历史深处的燧火点燃我们今天案头的灯盏；三是全面传承好，当我们把这份遗产交给后人的时候，不能只是仰承历史原汁原味的东西，还要有我们的总结与创造、思想与智慧在里面，赋予其时代内涵，形成一个文明的新高度。最初动议编纂《周口历史文化通览》就是基于完成这三个任务的考虑，这是立意定位，也是一种文化责任感的体现。

2005年初编纂工作正式启动后，围绕写什么和怎么写，我们首先遇到的是通览周口历史文化的点、线、面关系处理问题。周口是个空间的点，历史是条纵向的线，但繁衍于周口这片土地的历史文化却不是相对封闭的地域文化，而是具有很强空间辐射力和时空穿透性的活力四射的文化形态。地理与气候是周口最早形成的优势，居平原腹地，握黄淮之枢，草木茂盛，渔猎相益，6000多年前伏羲氏部落的先民创造的原始文明，因为不断传播和广为接受而成为华夏文明的源头。这就决定了审视周口历史文化的着眼点就应该由焦点透视调整为散点透视，在中原文化、民族文化、中华文化的大背景下廓清周口历史文化的脉络，理其繁，纠其伪，释其疑，续其断，还原一些东西，深化一些东西。这是应有的学术视野，也是研究历

史文化的一种科学理念。

四年多来，360 多位编纂人员根据《通览》四卷即历史卷、文化卷、民俗卷、人物卷的类别分工，全身心地投入工作中，克服资料缺乏、经费紧张等多重困难，凭着周口人的乡土情怀，凭着文化人的求知劲头，凭着工作者的职责意识，勉力实施这项没有先例可循、没有模式可套的大工程，以勇于开拓创新的精神，积极探索，锐意进取，志在出精品，填补周口历史文化发展史上的空白。其间所表现出来的工作作风和学术精神，也成为一种独特的时代文化现象。

书印出来了，无论我们的愿望多么美好，工作多么努力，但缺憾肯定是难免的，也就一并留给后人去弥补吧。这是历史和文化发展规律决定了的。

《周口历史文化通览》编委会

2009 年 12 月 30 日

《周口历史文化通览·人物卷》

说　明

一、《周口历史文化通览·人物卷》的编纂以马列主义、毛泽东思想为指导，坚持历史唯物主义和辩证唯物主义观点，坚持实事求是原则，坚持资料性、思想性、科学性、可读性的有机统一。

二、内容断限：上自先秦，下至1949年中华人民共和国成立。

三、收录范围：1. 按地域，以现实区划，周口市所属一区一市八县；2. 按籍贯，本客籍兼收：周口籍无论在本地或外地做事，外籍在周口做事者。

四、收录标准：不论职位、职业，凡对周口、对人民、对历史有一定影响者，均在收录之列。特别注意收录不见经传的匠人、艺人等所谓的“小人物”。

五、全书分为两部分：第一部分是人物传略，第二部分是人物简录。传略有1452人，先按年代自古至今分为13个时期，即远古时期、先秦时期、秦时期、两汉时期、三国时期、两晋时期、南北朝时期、隋唐时期、五代时期、两宋时期、金元时期、明时期、清时期、民国时期。每一时期的人物再按姓氏拼音顺序排列。简录有1465人，分为《周口市历代职官简录》，《周口市科技学术界人物简录》，《郸城县不立传的举人简录》，《扶沟县历代行政主官简录》，《淮阳县历代职官简录》，《淮阳籍在外做官人员简录》，《西华县文、武进士简录》，《明、清、民国时期西华县县长（县令、县知事）简录》，《明清两代商水县进士、举人和贡生简录》。入传略人物原则不再入人物简录，但在淮阳、扶沟历任职官录中，为保持其连续性，简录中收有入传略者。

六、人物籍贯凡查实者，均使用现实区划名称；未查实乡村者，只写作某时某县人。如吉鸿昌，书中记为“吉鸿昌，今扶沟县吕潭乡吕潭村人”。严兰，记为“严兰，明代扶沟县人”。另，凡周口市人，籍贯记作“××县××乡

（镇）××村人”，周口市三字省略；凡河南省非周口市人，记作“××市××县××乡（镇）××村人”，如江梦霞，今信阳市潢川县伞坡寺人；凡外省人，记作“××省××县××乡（镇）××村人”，不知乡村者不记，只记到省县，如李梅村，安徽省霍丘县人。

七、历史纪年：1912年以前，朝代纪年在前，加注公元纪年，如汉武帝太始三年（前94年）、清道光二十年（1840年）；1912年民国成立后，只用公元纪年，如1923年、1936年、1962年。

八，所录人物均有稽可查，资料翔实。不妄加评论，寓褒贬于记述之中。直呼其名，不加先生、同志等称谓。

九、数字及标点符号的使用，均按国家技术监督局颁布的《出版物上数字用法的规定》和《标点符号用法》为准。

目　录

三国时期

两晋时期

南北朝时期

隋唐时期

五代时期

两宋时期

金元时期

明时期

清时期

民国时期

附　录

绪 论

周口市地处广袤的豫东平原，沃野千里，气候宜人，是人类生息繁衍的胜境福地。自人祖伏羲在此建都以来，历朝越代，建制绵延，或国或郡、或府或州，迄无断承。在悠悠历史长河中，一大批本籍和外籍的志士仁人在这里建功立业，以辉煌的业绩推动了周口的进步和发展。名播遐迩者，数不胜数。春秋末期，鹿邑人李耳，骑青牛，过函谷，著《道德经》，创道家学派。一部书影响至深，享誉海内外。秦末，商水人陈胜、太康人吴广，揭竿抗命，诛暴秦，伐无道，领导了中国第一次农民大起义。东汉明帝太仆商水人袁安，权倾朝野，其子孙四世居三公位，成为汝阳世家大族。西汉武帝大司农淮阳人郑当时，位列九卿，为政清廉，史称治世贤臣。东汉文学家项城人应玚，声名赫赫，为“建安七子”之一。三国洧阳亭侯扶沟人郭嘉，随曹操南征北战，屡出奇谋。东晋孝武帝太傅太康人谢安，运筹帷幄，决胜千里，淝水一役，以8万府兵胜苻坚百万之众，创以少胜多著名战例。南朝康乐公阳夏（今周口太康）人谢灵运，时称“江左第一”，其山水诗开一代诗风；项城人周兴嗣，著《千字文》留传于世，不仅成为儿童启蒙教材，而且为历代书家所垂青。唐代御医扶沟人甄权、甄立言兄弟，医术高明，妙手回春。五代前蜀高祖沈丘人王建，楚王扶沟人马殷，建国立极，煊赫一时。宋代高道鹿邑人陈抟，号称“睡仙”，精通易学、相学、医学、养生学，曾授武功予赵匡胤，传为佳话。理学大家程颢，于神宗熙宁八年（1075年）知扶沟县事。他办书院，广收徒，使扶沟文风丕振，名声雀噪。明代英宗刑部尚书鹿邑人轩輗，为政清廉，致仕时仅有行李一簏，被皇帝誉为“一簏廉吏”。清代名医沈丘人刘璐，医术声闻京都；项城民间女诗人高梅阁，以《形短集》传世，被誉为才女。迨至民国，在抗日战争和解放战争中，赤胆忠心，为人民抛头颅洒热血的英雄人物更是灿若群星。早期中共党员太康人理琪、西华人李子纯等，为创建区内党组织献出年轻生命。著名抗日将领扶沟人吉鸿昌，战功卓著，其就义诗“恨不抗日死，留作今日羞”表现的英雄气概，激励一代代中国人的爱国热情。淮阳县的齐有荣，为人民解放事业接连献出3个儿子，其光荣事迹传遍豫东大地。淮阳人薛朴若，在家乡组织了豫东第一支抗日武装力量——淮太西抗日游击队，创建了淮太西革命根据地。项城人张伯驹，诗、书、画、戏俱精，时誉“当代文化高原上的一座峻峰”，曾将自己珍藏的价值连城的《平复帖》（西晋陆机作品）、《游春图》（唐代展子虔作品）无偿捐给国家，其爱国精神感人至深。扶沟人胡蛮，太康人曾次亮，淮阳人叶桐轩，项城人赵沨，郸城人张又铭，均为学界名流，物理学家袁家骝（项城人），天文学家邵正元（鹿邑人），扬名海外。他们的杰出贡献，全市人民引以为傲，他们的光辉业绩，日益成为鼓舞家乡人民奋勇前进的精神财富。

区内历史人物有三个特点，一是具有很强的时代性。尤以东汉、魏晋、南北朝及五代时期为盛。二是具有家族连续性。东汉太康人袁滂，至第12代孙袁朗，其间有四世居司徒、司空者。东汉商水人袁安，6代官位显赫，延续百余年。东晋太康人谢安，5世文韬武略，名垂青史。西华人殷浩家族，历经8个朝代，位列显职。清代项城袁世家族，任朝廷命官者多人，袁甲三曾任漕运总督、钦差大臣，袁保恒任刑部左侍郎，袁保庆先后在济南、扬州、江宁为官，其养子袁世凯是中华民国第一任大总统。三是具有明显的区域性。任五品知州以上官职者鹿邑居多，次是太康。民国以后，地师级以上干部西华最多。本书下限为1949年中华人民共和国成立，建国后的人物未收录，故其区域特点不甚明了。

远古时期

伏羲氏

太昊伏羲氏，传说中的远古帝王“三皇”（伏羲氏、女娲氏、神农氏）之首（《风俗通义·皇霸篇》引《春秋纬运斗枢》），是中华民族的人文始祖。风姓，以木德王。生于甘肃成纪，大约在公元前40世纪时东迁，在宛丘（今淮阳县）建都。

伏羲聪慧过人，又善于思考。他将自己带领部落战天斗地的实践，及时总结，探出规律，加以推广，使人类逐步从愚昧走向文明。

他揲蓍草，画八卦。仰观于天，俯察于地，而后根据天地间阴阳相济、荣枯循序、周而复始的客观存在，“远取诸物，近取诸身”，即依白龟龟背纹理，用“乾、坤、坎、离、艮、震、巽、兑”八种符号，与自然界“天、地、水、火、山、雷、风、泽”八种现象相对应，推演其运行规律，发明创制了先天“八卦”。八卦是伏羲文化的精髓，是人类从懵懂进入文明的重要标志。

他造书契，取代了以往结绳记事的落后形式。《尚书·序》曰：“古者伏羲之王天下也，……以代结绳之政，由是文籍生焉。”“命朱襄为飞龙氏，造书契。书制有六：一曰象形，二曰假借，三曰指事，四曰会意，五曰转注，六曰谐声。使天下义理必归文字，文字必归六书，以同文而代结绳之政。”这实为中国文字的起源。

他正姓氏，制嫁娶，变革婚姻习俗，倡导男聘女嫁的婚俗礼节，使血缘婚改为族外婚，结束了长期以来，子女只知其母不知其父的原始群婚状态。

他以龙纪官，分理海内，将其统治地域进行社会化管理。命朱襄为飞龙氏，昊英为潜龙氏，大庭为居龙氏，混沌为降龙氏，阴康为土龙氏，栗陆为水龙氏，春官为青龙氏，夏官为赤龙氏，秋官为白龙氏，冬官为黑龙氏，中官为黄龙氏。这为后代治国安邦提供了借鉴。

他作甲历，创制古代历法，教民遵循天时季节活动，趋热避寒，秋储冬用。

他造干戈，建城堡，御外患。面对野兽及外部落侵扰，伏羲教民用竹、木、藤条、石块制作利器；堆土为城，覆草为屋；使部落进可为战，退可为守，冷热可避，风雨可防。

他模仿蜘蛛结网捕食飞虫的形式，教族民用植物的纤维作网罟去捕鱼狩猎，大大地提高了当时人类的生产能力。收获多了，吃不完，他又教人“养牺牲”，即将那些受轻伤的小兽圈养起来，以备无猎时食用。从而揭开了原始畜牧业的序幕。

他留火种，兴庖厨，教民熟食，结束了人类茹毛饮血的蒙昧历史，从而减少了疾病，增强了族人体质，提高了族群生殖繁衍能力。

他“味百药而制九针”（引自《帝王世纪》），开创了我国最早的针灸学和医药学。

他发明陶埙、琴瑟等乐器，创作乐曲歌谣，将音乐带入人们的生活，帮助人们“修身理性，反其天真”。

太昊伏羲氏的一系列改革创新措施，使本部落的实力大大增强，文明程度显著提高，同时也使四夷归服。接着他把自己的发明创造推广到其他部落中去，帮助大家共同进步，因而伏羲氏当时享有极高的威望。《史纲评要》说：伏羲“以木德继天而王”。

太昊伏羲死后，葬于今淮阳县城龙湖北岸。汉代在陵前建祠，以供祭祀。此后，其规模由小渐大，祀制由简渐繁。今太昊陵南北长750米，占地800余亩，分内外两城。主要建筑以陵墓为中轴，由南而北依次排开。最南为午朝门，接着是玉带桥、道仪门、先天门、太极门、统天门、太始门等；内外城之间，左有（东侧）岳飞观、老君观、元都观、火神台，右有（西侧）女娲观、玉皇观、天仙观、三清观。伏羲陵墓高20多米，周长150多米，呈上圆下方形状，陵前坐有巨碑，碑上镌刻“太昊伏羲之墓”六字。墓后有蓍草园。另据文献记载，历代帝王51次亲临或派重臣至陵前代为御祭；中华人民共和国成立后，有两位总理拜谒，朱镕基总理谒陵后，欣然题词“羲皇故都”。民间祭祀活动绵延千年，历久不衰。每年农历二月二日至三月三日，周围数省士民云集进香；农历每月初一、十五，常年有祭祀活动。如今，太昊伏羲祭典被列入国家首批非物质文化遗产名录。

女娲氏

女娲氏，传说中的远古帝王“三皇”（伏羲氏、女娲氏、神农氏）之一（《风俗通义·皇霸篇》引《春秋纬运斗枢》），是中华民族的人文始祖。《史记·补三皇本纪》载：“女娲出生于成纪，亦风姓，有神圣之德，代宓羲（编者注：宓羲即太昊伏羲）立，号曰华胥氏。”由此可见，她与伏羲原为兄妹的传说，并非虚妄；她在伏羲之后，做了华胥氏的首领。在她统御部落的时候，为壮大自己的族群，“祷神祠祈而为女媒，因置婚姻”（《风俗通》）。即祈求神灵任命她做媒人，撮合男女相互婚配，繁衍后代，从而建立婚姻制度。与此紧密相关的是“女娲作笙簧。笙，生也，象物贯地而生，以匏为之其中空而受簧也”（《博雅》引《世本》）。女娲为让男女以歌声交流感情，发明了可吹奏的乐器——笙簧。每到男女集会时，进行吹奏，以音乐激发男女的欢悦情窦，从而达到促成婚嫁、快生多生子女的目的。正因此，女娲被中华民族尊为“生育之神”、“创世女神”。女娲死后，葬于今西华县聂堆镇思都岗村。为了纪念这位“伟大母亲”，后人在思都岗建祠——女娲城——祀祭，代代相继，香火不断。据考古发现：东周时期的女娲城遗址平面呈正方形，外廓城墙周长约1000米，内城约360米。城内有夯土台基，北城墙下有陶质排水管道。城址下压更早的古代文化遗址。1984年，当地群众将女娲陵加高至13米，并在陵前立了墓碑。1986年，女娲陵被河南省人民政府定为省级文物保护单位。传说农历腊月十七是女娲的生日，正月十五是女娲炼石补天完工之日，故每年腊月十七到二十三日，正月十五到二十日，女娲城自发成会，方圆百里的群众，届时而至，多时一天有2万余人。

关于女娲的传说，周口还有“滚磨成婚”、“女娲补天”和“抟土造人”。

滚磨成婚——天塌地陷之后，宇宙间只剩下伏羲、女娲兄妹二人。为繁衍后代，两人想结为夫妻，但又害羞，于是商量着让上天来做媒证。二人来到一座山顶上，每人将一扇石磨同时推下山去，约定两扇磨合而为一，就成婚。结果，两扇磨合在了一起，于是二人结为夫妻，也便有了人类。

女娲补天——共工与女娲争帝，女娲命祝融领兵攻打共工氏。共工战败，怒，以头撞断不周山。不周山乃撑天之柱，结果天倾东南，淫雨不止，洪水泛滥，生灵遭灭顶之灾。女娲不忍，于是炼五色石补住天漏，斩鳌足将天撑起，垒土堰堵住洪水横流。从此，天道归顺，人民安居乐业。

抟土造人——天地开辟之初，大地上没有人类。女娲用黄土和泥，抟捏成人形，放于地上，立即变为活人。她没日没夜地抟，累得腰酸腿疼，也没抟几个人。于是她就拿了根绳子，蘸上泥浆，在空中挥舞。泥浆散落在地上，就变成了一个个活人。还说：富贵的人是女娲亲手抟黄土造的，而贫贱的人是女娲用绳蘸泥浆甩的。

神农氏

神农氏，即炎帝，传说中的远古帝王“三皇”（伏羲氏、女娲氏、神农氏）之一（《风俗通义·皇霸篇》引《春秋纬运斗枢》），是中华民族的人文始祖。

据历史文献记载，炎帝神农诞生于湖北烈山东南麓的随州厉山镇，约在公元前30世纪建都于陈（今淮阳县）。

人类之初，皆以兽禽之肉为食。到了神农时代，人口增多，兽禽不足，生活发生危机。于是神农从山区来到土地肥沃、水源充沛的平原，依据植物春生秋实、周而复始的现象，选择可食、有丰硕果实的植物，教人有目的地种植。这也就是原始农业的开始。为了生产需要，神农氏“斩木为耜，斫木为耒”，在实践中发明了劳动工具。同时还根据生活需要，发明了陶器。这使人类的生存方式发生根本性变化——由渔猎转为农耕。

随着生产的不断扩大和技术的提高，种植收获的谷物越来越多，有了剩余。神农氏就在人多的地方设立集市，让大家把吃不完、用不了的食物和东西，每天中午拿到集市上去交换，从而产生了中国的原始商品交易。

清吴乘权等辑《纲鉴易知录》记载：民有疾，不知如何调治，炎帝就试着去品尝各种草木的性味，看其对自己的身体发生什么作用，而后拿来为民疗疾，从而医道肇始。这就是传说的“神农尝百草”。

神农死后，葬于今淮阳县城东北7里许五谷台村。后人为了纪念神农“育五谷、尝百草”的伟大功绩，在村边高台上修建了炎帝祠。传说炎帝生于农历正月初五，所以每年的正月初五到正月二十日，周边村民便到祠中祭祀，祈求五谷丰登。历代达官勋贵、文人雅士，凡临淮阳，无不到这里拜谒。据县志记载，三国时曹植来此瞻拜后，写下著名的《神农赞》：“少典之子，火德之帝。造为耒耜，遵民播谷。正为雅琴，以畅风俗。”

先秦时期

陈亢

陈亢（约前508—前430），字子元，一字子禽，又字子亢，春秋时顿子国（今项城市南顿镇）人。他18岁入孔门，后随孔子到卫国（今河南滑县、濮阳一带），以儒士身份留在卫国做了官。《河南郡志》记载，北宋大中祥符元年（1008年），宋真宗赠封孔子为玄圣文宣王，陈亢同时被赠封为南顿侯。明嘉靖九年（1530年），世宗封孔子为至圣先师，陈亢被陪祀于孔庙。

旧《项城县志·人物志》的《儒林》第一篇，记载的就是陈亢的事迹。说陈亢的哥哥子车在卫国因病去世，他嫂子与家大夫商量要举办殉葬礼，对陈亢说："您哥哥不幸去世，我们准备为他举行隆重的殉葬礼。"陈亢说："殉葬并不合乎周礼。真要殉葬的话，用你们两个人才比较合适。因为哥哥在世时，是你们奉养的啊。"一句话说得嫂子和家大夫再也不敢提殉葬的话了。

《论语》记载说：陈亢认为孔子教自己的儿子，一定会与别的学生不同，会给儿子一些特殊的传授。所以他就私下里问孔子的儿子伯鱼（名鲤）说："你也许听到过老师的特殊教训吧？"伯鱼回答说："没有啊。曾经有一天，父亲一个人站在厅上，我很快地走过庭前，父亲问我：'有没有温习《诗》？'我答说：'没有啊。'父亲说：'《诗》里面知识丰富，不把《诗》温习熟，就缺乏说话材料。事理不通达，心气不平和，便不能从容与人对话。'我就退下去温习《诗》。又有一天，遇到父亲一个人站在厅上，我也是很快地走过庭前，父亲问我：'你有没有温习《礼》？'我回答说：'没有啊。'父亲说：'学礼就是学做人，不把《礼》温习熟，品节不详明，德性不坚定，将来便不能立身处世！'我就退下去温习《礼》。我所听到的教训就是这两点。"陈亢回到家中，很欢喜地说："我去问伯鱼一件事，却得到了三种知识：一是学诗可以言，二是学礼可以立，三是君子对儿子也和对弟子一样教导，并不偏爱儿子。”

这则故事从另一方面介绍了陈亢的勤学好问和聪颖过人。

在《论语·学而》中还记有一个故事，说陈亢对孔子每到一个国家都很熟悉这个国家的政治感到很奇怪，就问子贡说：“老师每到一国，总十分清楚这一国的政事。究竟是夫子自己请求国君告诉他的呢，还是国君自己主动告诉他的呢？”子贡说：“国君认为我们的老师有‘温良恭俭让’这五种美德，所以每到一个国家，这个国家的君主，就自动把一国的政事告诉老师，向他请教，哪里是老师请求呢？若要说是老师请求，那么，老师大约也和别人的请求一样吧！”

陈亢做官，遵循的是无为而治。明代学者顾龙裳《公堂清燕》诗中，有“缅想鸣琴治邑时，雍容雅化坐无为”之句，就是写陈亢在卫国当官的时候，专施德化、不用刑罚、公堂抚琴、无为而治的情景。

据《太康县志》和太康《陈氏家谱》记载：公元前430年，陈亢在卫国病死，家人将他的灵柩南迁，准备安葬在他老家南顿。可是南行至太康“来风岗”时，不知何因，家人把他安葬在岗子上了。其家人亦在此定居守墓，繁衍生息，“来风岗”因此更名为“子禽墓村”。

陈　完

陈完，陈厉公之子，后为齐国大夫。陈宣公二十一年（前672年），宣公想让宠妃之子款继承侯位，于是杀了太子御寇。陈完与御寇一向要好，御寇出事，完怕惹上祸端，就逃奔到齐国，并改名田完。齐桓公想任命他为上卿，完说：“我是个在外流亡的人，能免于饥饿、劳役，就是您对我的大恩大德了，哪能再做大官。”于是，桓公任完做主管百工的工正。

田完（陈完）为陈姓中分出田姓的开端，是田姓的始祖。其后裔田和于公元前386年夺取了齐国政权。

陈胡公

陈胡公，名妫满，生于殷纣王七年十月十五日，薨于周成王九年一月十五日，葬于陈州，谥号“胡公”。

胡公系虞舜帝之后裔。舜还是平民时，尧将两个女儿嫁给他，他们住在妫水边，子孙便把地名作为姓。舜去世后，把帝位让给禹，舜子商均做了诸侯。夏朝时，侯位断断续续。妫满的父亲虞阏父曾做西伯侯姬昌的陶正。妫满幼而聪颖，长而贤达。周武王姬发战胜殷纣王，建立周朝，大封功臣和圣王之后。查舜后裔时，找到妫满，遂封之于陈（今淮阳县），以使之奉持帝舜的祭祀。并

把自己的长女大姬嫁给满。

胡公当政时期，筑陈城，御外患，抗洪水，促生产，富民强国；盖宗庙，行周礼，奉舜祀，光大先祖父义、母慈、兄友、弟恭、子孝的美德，使家庭融洽，社会祥和；效法先祖帝舜，选贤任能，扬善惩恶，励精图治；他兴起制陶业，与外交流，互通有无，活跃经济；顺天时合民意，兴利除害，使陈国立于12大诸侯国之林。陈国之所以能历经20世25君567年，有赖于陈胡公之奠基。

胡公妫满，既是陈国始君，又是陈氏始祖。在位54年，89岁时寿终。

逢 滑

逢滑，陈国（今淮阳县）人，官居陈国大夫。东周时，陈国是楚国的属国。当时，吴国派大将伍员领兵攻打楚国，楚怀王很害怕，就召陈侯商议对策，逢滑随陈侯前往。楚怀王在朝会上问诸大臣："吴国大兵压境，愿与楚国一起共生死者袒露右臂，愿意跟随吴国的袒露左臂（古人尚左，以左为尊）。"楚怀王刚说罢，逢滑就站出来对怀王说："臣听说国家兴盛是福，国家灭亡是祸，现在楚并没有被吴所灭，不可说有祸。楚国不可自弃，不能投降。我有个主意：现在晋国是诸侯国的盟主，何不求晋文公出面来平息这场战争呢？"楚怀王很高兴地采纳了逢滑的建议，请求诸侯盟主晋国出面，制止了吴国对楚国的入侵，保全了楚国。

公良儒

公良儒，字子正，陈国（今淮阳县）人。系孔子弟子。公良儒不仅有贤才，而且勇武过人。孔子同其弟子周游列国多靠公良儒护驾。一次孔子自陈国去卫国，路经蒲地（在今河南省长垣县境内），被蒲人所阻，难以通过。当时，公良儒带了5辆家车跟随孔子同行，碰到这种情况，就挺身而出，对孔子说："不要怕，过去我跟随夫子也遇到过类似的情况。你们暂待一时，我去找他们辩理，叫他们让路，就是拼上一死，也保夫子及大家过去。"于是他拔出宝剑带领随从来到蒲人队前。那种耀武扬威、杀气腾腾的气势，使蒲人害怕了，于是就放孔子师徒通过蒲地。

唐时赠公良儒为东牟伯，宋时封其为牟平侯。

箕　子

箕子（前1122—前1062），名胥余，俗称殷箕子，与王子比干、微子启被孔子称为殷室三仁。箕子，殷纣王之诸父，授子爵，官至太师，封于箕，有较高的政治才能和文化知识。纣王沉湎于酒色，箕子叹曰：“彼为象箸，必为玉杯。为杯则思远方珍怪之物而御之矣，舆马宫室之渐自此始，不可振也。”箕子谏，纣王不听，人劝之去，箕子曰：“为人臣谏不听而去，是彰君之恶而自说于民，吾不人为也。”乃披发佯狂为奴，遂隐而鼓琴以自悲，故传之曰：“箕子操琴，纣怒。囚箕子于西华。”

武王克商诛纣，释箕子囚。谓箕子曰：“呜呼！箕子。惟天阴骘下民，相协厥居，我不知其彝伦攸叙。”箕子乃言曰：“我闻在昔，鲧堙洪水，汩陈其五行。帝乃震怒，不畀‘洪范’九畴，彝伦攸斁。鲧则殛死，禹乃嗣兴，天乃锡禹‘洪范’九畴，彝伦攸叙。

西华箕子读书台

“初一曰五行，次二曰敬用五事，次三曰农用八政，次四曰协用五纪，次五曰建用皇极，次六曰乂用三德，次七曰明用稽疑，次八曰念用庶征，次九曰向用五福，威用六极。

“一、五行：一曰水，二曰火，三曰木，四曰金，五曰土……；

“二、五事：一曰貌，二曰言，三曰视，四曰听，五曰思……；

“三、八政：一曰食，二曰货，三曰祀，四曰司空，五曰司徒，六曰司寇，七日宾，八曰师；

“四、五祀：一曰岁，二曰月，三曰日，四曰星辰，五曰历数；

“五、皇极：皇建其极，惟皇作极。无偏无陂，遵王之义；无有作好，遵王之道；无有作恶，遵王之路。无偏无党，王道荡荡；无党无偏，王道平平；无反无侧，王道正直。会其有极，归其有极。天子作民父母，以为天下王；

“六、三德：一曰正直，二曰刚克，三曰柔克……；

“七、稽疑：择建立卜筮人，乃命卜筮。曰雨，曰霁，曰蒙，曰驿，曰克，曰贞，曰悔，凡七……；

“八、庶征：曰雨，曰旸，曰燠，曰寒，曰风……六极：一曰凶、短、折，二曰疾，三曰忧，四曰贫，五曰恶，六曰弱。”（《尚书·洪范》）

于是，武王封箕子于朝鲜而不臣。后箕子朝周，过殷故墟，感宫室毁坏，生禾黍，伤之，乃作《麦秀之歌》曰：“麦秀渐渐兮，禾黍油油。彼狡僮兮，不与我好兮。”殷民闻之，皆为之涕。为纪念箕子，古西华建有箕子读书台（或曰箕子读书祠）。遗址今犹存。

贾获

贾获，陈国（今淮阳县）人。官居陈国大夫。为人忠君且有孝行。有一次，郑国率兵攻打陈国且攻入陈国城内。陈侯携其太子偃师急忙到墓地陵寝躲避，慌乱间既无车驾又无护卫，只能急匆匆徒步而行。半路上恰巧遇到贾获以车载母亲、妻子亦去避难。贾获见到陈侯及太子急忙下车问候，并把车子让给了陈侯及太子。陈侯有所不忍，对贾获说：“让你母亲坐到车上吧！”贾获说：“不行，这样对国君太不敬了。”危难之时，贾获舍弃个人，帮助陈侯父子脱离痛苦和灾难，被世人传为佳话。

蹇叔

蹇叔（约前690—约前610），春秋中期宋国鸣鹿村（在今鹿邑县辛集镇东北）人。系我国古代著名的政治家、军事家。曾任秦国右相，与百里奚、繇（由）余等，共助秦穆公建立霸业，使之成为“春秋五霸”之一。

蹇叔博学多才，精明睿智，很有知人知事之明。

百里奚，字井伯，虞国（今山西平陆县）人。30多岁时外出求仕，至40岁因无人引荐未果，穷困乞食于宋，在鸣鹿村遇见了蹇叔。蹇叔视其相貌不俗，留他吃饭，与之谈时事，奚应对如流，指画井井有条。蹇叔曰：“子非乞人也。”遂留奚于家，结为异姓兄弟。蹇叔长奚1岁，呼叔为兄。蹇叔家也贫，奚乃为村人养牛以佐家用。二人志趣相投，交谊日笃。百里奚在蹇叔的家里一住就是十几年。

适值齐国公子无知弑襄公自立为君，悬榜招贤，奚欲往应召。蹇叔曰：“先君有子在外，无知非分窃立，终必无成。”奚乃止。后闻周王子颓好牛，其饲牛者皆获厚精（粮食），奚将辞蹇叔至周。蹇叔戒之曰：“大丈夫不可轻委于人。仕而弃之则不忠，与同患难则不智。”蹇叔与奚同见颓，发现“颓志大而才疏”，身边交接的都是些谗谄之人，必有不切实际之想，做不切实际之事，任何事情也办不成。结果正如蹇叔所分析的。

蹇叔的朋友宫之奇在虞国当上了大夫，二人又同至虞国，经宫之奇推荐，奚为中大夫。叔曰："吾观虞君见小而白用，亦非可与有为之主。"百里奚贫困至极而留仕于虞。蹇叔辞归，行前对百里奚说："弟为贫而仕，吾难阻汝，异日若见访，当于宋之鸣鹿村。其地幽雅，吾将卜居于此。"后果应蹇叔之言，虞公失国，百里奚几经逃亡，沦为楚国圉人，牧马于南海。时秦穆公有志称霸，用公子絷之计，以五张牡黑羊皮赎回百里奚。

穆公见百里奚白发苍苍，大失所望，叹道："可惜太老了。"百里奚说："那要看做什么事了。主公如果让我去追赶飞鸟，或者捕捉猛兽，那确实是很老了。如果让我为国出谋划策，运筹帷幄，那还正当年呢。岂不知当年姜太公 80 岁，还为周武王夺取天下立下汗马功劳呢！我比姜太公还年轻 10 岁，难道就没用了吗?"

秦穆公觉得百里奚的话很有道理，就向他请教富国强兵的方法。百里奚将自己的想法说出来，穆公听了高兴地说："天助我矣！我有了先生，如同齐君有了管仲啊！"于是，立即拜百里奚为相。可百里奚说什么也不肯接受，他对秦穆公说："我的本事和才华远不及我的朋友蹇叔。君若真想称霸中原，请任蹇叔而臣佐之。"穆公说："百里奚，你的才干，我见到了，但没有听说蹇叔的才能啊。"百里奚告诉穆公："蹇叔的贤能，岂惟君之未闻，虽齐、宋之人也无人知道他，然而臣独闻之。我曾在齐国、宋国讨过饭，是蹇叔收留了我。我原想替齐王无知做事，蹇叔阻止我，我因之而脱免了齐国内乱；我到了周王室，周王子颓喜欢牛，我用养牛术取悦王子谋官职，蹇叔阻止我，我离开周室，幸免于难；我服侍虞君，蹇叔阻止我。我知道虞君不信任我，但我贪图私利禄爵，就留了下来，结果遭逢了虞君之难。我听其善言，脱离危害灾难；不听其建议，就有灾祸。可见蹇叔之能力。蹇叔现在隐居在宋国鸣鹿村，宜速召之。"

于是，穆公派公子絷假作商人，以厚礼到宋国聘请蹇叔出山。

公子絷来到鸣鹿村，找到蹇叔的住处，恭恭敬敬地向蹇叔呈上书信，并将百里奚遇难，秦穆公赎之，奚又竭力举荐之事详述一遍。公子絷说："现在奚必求先生至秦，方敢登仕。"蹇叔看完信说："当时虞君不信任百里奚，不听忠言，招致败亡。现在秦公若真能慧目识贤人，一个百里奚也就足够了。我已隐居多年，不想再出去了，请向秦公表示我的谢意。"公子絷慌了，急忙说："百里奚大夫说过，如果您不去秦国，他亦不独留。"

蹇叔沉吟半晌，感叹道："井伯怀才未试，求仕以久，近适遇明主，我不得不成其志，勉为井伯一行。"

蹇叔到了秦国，秦穆公向他请教治国的良策。他献给秦穆公的立国之道是："德为本，威济之。德而不威，其国外削；威而不德，其民内溃。"蹇叔说："秦与西戎相接，百姓久与戎民杂居，多数不懂礼教，不明法理，应当加强教育，并应用刑罚，使百姓自己明白什么该干，什么不该干，什么是荣耀，什么为耻辱。只要国家风气正了，什么事情都好办。”

秦穆公问：“我们秦国地处边陲，应该用什么办法才能强大起来呢？”蹇叔回答说：“秦国四周都是山岭，犬牙交错，崎岖密集，进可以攻，退可以守，是个好地方，所以叫‘关中之地’，秦国的国都雍城是周文王的兴国所在。秦国应当安抚关中，集聚粮食，向西征战，降服西边的戎人，然后扼住山川之险，就可以独霸西陲。”

秦穆公又问：“我想称霸诸侯，依先生见，又该从哪儿开始？”蹇叔告诉秦穆公：“夫霸天下者，有三戒：毋贪，毋忿，毋急。”他说：“贪图小便宜往往要吃大亏，愤怒时不知忍耐就会失去理智，急于求成则难免有失误，只有一步一步地把每件事情都做好，才能为富国图霸打下牢固的基础。接着，抚天下之背，雄视中原，一旦中原无主，就可以伺机长驱直进，恩威兼用，则霸业可成！”

秦穆公听了，知道蹇叔果然是个难得的人才，迭声道：“我得蹇叔和百里奚，如同又增左右臂。”于是封蹇叔为右庶长，百里奚为左庶长，位皆上卿，谓之“二相”。蹇叔的儿子西乞术、白乙丙也做了秦国的大将。

蹇叔在秦国主政期间，内修国政，教化天下，恩泽施于百姓。作为诸侯国的大臣，蹇叔劳作的时候不乘车马，暑热的时候不张伞盖，在都城行走不用车马随从，不用甲兵护卫。这种平易朴素的品行，不仅为百官树立了榜样，也感动了百姓。

在外交上，蹇叔施德于诸侯，树立秦国的威信，为秦穆公称霸中原奠定了基础。秦穆公十三年（前647年），晋国发生饥荒，请求秦国接济粮食。秦穆公询问群臣该怎么办，有人认为应当借机伐晋。蹇叔不同意，认为应该抚恤晋国百姓，助他们渡过难关。秦穆公采纳了蹇叔的意见。秦国运粮船从秦都排到了晋都，800里首尾相连，蔚为壮观。晋国的百姓吃到了救命粮，无不感激秦国的恩德。

秦穆公三十二年（前628年），晋文公去世，秦穆公想趁此机会向东拓展，企图插足中原。这时，秦国大夫杞子从郑国秘密派人回国报告秦穆公说：“郑国叫我掌管他们国都北城门的钥匙，如果主公能暗中派兵前来偷袭，就可以占领郑国。”秦穆公同蹇叔商议伐郑事宜，遭到了蹇叔的强烈反对。蹇叔说：“军队劳师动众去袭击远方的国家，我从来没有听说过能够取胜的。兵马疲劳、精力用尽，哪还有战斗力呢？行军千里，我们军队的举动，郑国一定会知道，会有所戒备。军队劳苦而无得，他们就会产生叛逆之心。”秦穆公不听蹇叔的劝告，派百里奚的儿子孟明视，蹇叔的儿子西乞术、白乙丙三将率兵前去偷袭郑国。

秦军出北城门向东出发，蹇叔和百里奚流着眼泪对自己的儿子们说：“我们看着你们出这个城门，却不知道是否能看到你们再进这个城门。”秦穆公听后很恼火，随口骂道：“你们这两个老不死的懂什么啊？要是你们早死了，坟头上的树也该有两手合抱那么粗了。”

蹇叔知道再劝无用，就对三员大将说：“你们远途讨伐郑国，回归途中，晋国必定会在殽山（今洛宁县西北）埋伏。殽山那里有两个险峻的峡谷，南边的是夏代国君的坟墓，北边的是周文王曾躲避风雨的地方。我和百里奚以后会到那里收殓你们的尸骨的。”但孟明视三人年少轻狂，都认为蹇叔和百里奚太啰唆了，根本没有把他们的话放在心上。

一路上风尘仆仆。第二年（前627年）的春天，秦国军队到达滑国（今偃师市南）。在滑国，遇到了郑国商人弦高。弦高得知秦国军队是去征伐郑国，连忙派人火速回郑国报信，自己装作郑国的使节骗了孟明视。孟明视以为郑国已经有了防备，秦的偷袭计划破产了，只得下令回师。回去的路上，秦军把倒霉的滑国灭掉了。

这时，晋文公重耳已经去世，晋襄公即位。秦国大军东进的时候必须要经过晋国，但是秦并没有向晋提出借道，这当然是对晋国的蔑视。晋国在国丧期间遭此侮辱，大臣无不恨得咬牙切齿。秦军从滑国班师回国，自然还得过晋国，给晋军以天赐良机。晋国主将先轸在殽山山谷中设下了埋伏，晋襄公身穿丧服亲自挂帅，就等秦军自投罗网了。

秦军快要到殽山了，三员大将突然想起蹇叔的话，于是留心四周是否有埋伏。殽山很安静，道路狭窄，前面有乱木挡住了去路，孟明视令军士搬开木头继续前进。突然鼓声大作，从峡谷两边冲出数不清的晋国士兵，秦军慌忙抵抗。又有一支晋军从前面杀来，孟明视命令军队原路撤退，可后路已经被断绝，谷口燃起了大火。整个山谷一片火海，秦军被火围困，犹如瓮中之鳖。晋军一举打败秦军，俘虏了孟明视、西乞术、白乙丙三员大将。晋襄公的母亲是秦穆公的女儿，她想救下来自故国的人，便极力劝襄公把孟明视、西乞术、白乙丙三人送还秦国，以免伤了两国的和气。襄公听从母亲的建议，就把三人放了。

秦穆公身穿素服亲自到城外迎接孟明视等人，自责道：“这是我的错，悔不该不听蹇叔和百里奚的建议，三位将军无罪。”穆公恢复了三人的职务，训练军队，以图报仇。

3年后，秦穆公亲征，孟明视、西乞术、白乙丙再次率军攻打晋国。秦军渡过黄河后，孟明视下令把所有的船只烧掉，以示不取胜绝不生还的决心，激励将士们的士气。秦军上下齐心，一路势如破竹，一举攻下了晋国的郊和王官两地，引起了晋人的恐慌。晋襄公避秦军锋锐，坚守阵地，秦国的大军在晋国境内如入无人之境。秦穆公看到晋襄公暂时对自己构不成威胁，就下令队伍开向殽山，去掩埋山谷中阵亡秦兵的尸骨。荒山野岭中，白骨遍地，十分凄惨。秦穆公身穿丧服，祭奠死去的将士。孟明视、西乞术、白乙丙亲自收殓尸骨，祈祷将士们的灵魂安息，秦军在殽山哭祭3天。秦穆公追思蹇叔的谏言，不胜懊悔，面对苍山再次自责道："古人做事多与长者商议，所以不容易失败。我不听蹇叔和百里奚的劝谏，才造成如此沉重的后果，后人一定要牢记这次教训啊！"从此更加尊重蹇叔。

秦穆公听从蹇叔的建议向西发展，攻伐西边戎族20多个小国（部落），大大扩展了秦国的疆域，成为西戎霸主。接着又向东扩展，辟地千里，在各诸侯国中成为举足轻重的力量。

在蹇叔、百里奚的辅佐下，秦穆公兴利除弊，实施变革，终成霸业，成为春秋五霸之一。周襄王派人送来12面鼓祝贺秦穆公，正式承认秦穆公的霸主地位。秦穆公创下的基业，为秦始皇最终统一六国奠定了坚实的基础。

秦康公十一年（前610年）左右，蹇叔客死秦国。鹿邑人民为纪念这位乡贤，曾在城内东大街立石碑一座志之，横额为"蹇叔隐居处"。

李 耳

李耳（约前571—约前471），又名重耳，字伯阳，谥为聃，故又称老聃、老子，楚国苦县厉乡曲仁里（今属鹿邑县太清宫镇）人。是中国古代伟大的思想家、哲学家，道家学派创始人。

父亲李乾，在周朝做官，官职很小，但他给少年的李耳以读书的机会，为他以后的发展打下了基础。

李耳幼年攻读，聪颖勤快，谦恭忍让，与人无争，沉默寡言，致虚守静。人处其先，他甘居其后；人争其荣，他甘守其辱。李耳常牧牛于郊外，读书于牛背。曲仁里紧靠涡河，老子从小在河边成长，他从河水年复一年、不分昼夜默默东流的现象，体会到水的性格虽然柔弱，却有一往无前、无坚不摧的力量，能载舟、覆舟，能冲垮坚固的堤岸，十分了不起。他对小伙伴说："水，伟大。咱们都来学水，愿天下人都来学水。"他自比溪谷纳百川以入海；自比水，居下位，力戒抢先争雄。他常以纯朴无邪、少私寡欲的"婴儿之未孩"而自勉，以"尚柔、尚俭、不敢为天下先"为处世法宝，饮誉乡里。

青年时期的李耳师从常枞，求学问道，刻苦自励，手不释卷。据记载，常枞是一位精通殷商礼乐的学者，学识渊博，教诲学生孜孜不倦。常枞对李耳的教导都要李耳自己体悟。他告诉李耳，人在经过故乡时要下车，表示不忘故旧根本；在高大的树旁经过要弯腰伛背，以示其对长辈的尊敬。一次常枞张开嘴巴让李耳看，问："我的牙齿还有吗？"李耳说："没有了。""舌头呢？""有。"常枞说："牙齿坚硬而先朽，舌因柔软而长存。天下万事万物莫不如此！"老子由此想到：柔嫩的麦苗，在寒风中抖动，生意盎然；待到夏季亭亭直立，却临近死亡。这些柔和坚相反而又相连的现象，逐渐培养了他外柔内刚的性格。

周灵王二十一年（前551年），李耳随父亲到了东都洛阳，任守藏室史官，掌管周朝的典籍，兼记朝议。周代，人们不论是在朝堂议事还是做客赴宴，皆席地而跪。当时李耳在朝堂跪地作记，周王怜其苦，就命李耳倚柱而书，故人们又称李耳为“柱下史”。

李耳在任守藏史期间，博览群籍，学识大进。对天体之本，万物之源，社会哲理有了独到的唯物见解。他前无古人地站在当时十分兴盛的神学的对立面提出“道法自然”，认为相对事物的依存转化是“知其极，其无正”（正通政，即立宰）。以此打击神学中提倡的“天道有知”。他意识到自然界是独立于人的意志之外，且在不停地运动着。世界的总根源，无所不包的“道”就是“独立而不改，周行而不殆”的。他认为事物的存在是相互依存，对立的统一，他说：“有无相生，难易相成，长短相形，高下相盈，声音相和，前后相随。”他提出“反者道之动”，认为一切事物总是向着相反的方向转化。他认为量的积累可引起质的变化，他说：“合抱之木，生于毫末，九层之台，起于累土”，“图难于其易，为大于其细”。他认为事物的发展是质的提高，“大成若缺，其用不弊，大盈若冲，其用不穷”。这些独到的见解使周王朝上下对其大为叹服，各诸侯国的志士仁人以睹其面、听其言为毕生快事。

在临朝作记中，他又对周王朝的施政方略、贵族之间的明争暗斗、百姓疾苦以及百工们的无畏反抗，有了更深切、全面的了解。因此，他对周王朝的日渐衰微和“大道”与“上德”的日渐缺失具有深刻的感受。逐步形成了他排除神权的天道观，尚慈、尚俭，不敢为天下先的人生观，以及他对无为从政、以奇用兵、以静养生、效水立德等独特的哲学思想。每论及天道之本、万物之宗、社会哲理等，深受朝野瞩目。

老子与儒家学派创始人孔子是同时代人，年龄比孔子稍长。由于老子学识渊博，孔子对他十分钦佩，曾适周问礼于李耳，3次赴苦（今鹿邑）向老子问礼，时间跨度达34年。李耳对孔丘说：“子所言者，其人与骨皆已朽矣，独其言在耳，且君子得其时则驾，不得其时则蓬累而行。吾闻之，良贾深藏若虚，君子盛德容貌若愚。去子之骄气与多欲、态色与淫志，是皆无益于子之身。吾所以告子者，若是而已。”孔子听后很佩服李耳。孔丘说：“鸟吾知其能飞，鱼吾知其能游，兽吾知其能走；走者可以网，游者可以纶，飞者可以矰，至于龙吾不知其乘风云而上天。吾见老子，其犹龙耶！”

春秋末年，诸侯争霸，掌权的公卿大夫结党营私，明争暗斗。老子身为史官，自然要记录王室各种活动，因此得罪了甘简公，于公元前532年，受到甘的政治迫害，被免官，流放到鲁国。公元前530年，被召回复任原职。

此时，周王室发生争夺王位的内战，王室在诸侯国中的威望与地位也降到中小诸侯的水平。在连年争战中，李耳所管理的周室典籍几乎散失殆尽，他也因此被免职。眼见自己为之毕生奋斗的事业毁于战火，心中充满悲愤与绝望。他目睹人欲横流，天道灭绝，周王朝与各诸侯国的贵族阶层穷奢极欲，鱼肉人民，贪赃枉法，尔诈我欺。黎庶百姓忍受饥寒交迫之痛，赋税徭役之苦，在连年争城夺地的战争中生命如蝼蚁，朝不保夕。他同情农民，反对战争，痛恨贵族王公。他感到道义难施，“知我者希，则我者贵”，幻想回到“小国寡民”去过安静的生活。因而挂冠归里，回到故土苦县厉乡设坛讲学。因其知识渊博，德高望重，求学问道者络绎不绝。在归隐讲学期间，他的精深博大的见解得以弘扬和传播，受到知识分子和庶人的赞许。

周敬王四十一年（前479年），楚国灭陈，李耳遭亡国之痛，遂骑青牛，负竹简，离家西去。

老子经过函谷关（今灵宝县西），关令尹喜久闻李耳有奇才卓识，就请他著书讲道。李耳难却盛情，遂命笔写出5000余言，表述了他的天道观、人生观和同情黎庶、憎恨权贵、愤世嫉俗的思想感情；较为系统地揭示了事物发展、转化的唯物辩证规律，为后来的唯物主义哲学奠定了基础。它是李耳用语录体韵文写成的一部具有深刻思想内涵的哲学著作，是道家学派和道教最著名的经典。由于受时代和科学水平的局限，李耳还无法精确地认识和解释自然，其中有其含混不清的概念和唯心主义的因素，道家藉此演绎，派生出上千卷道藏“经典”，李耳被奉为道教始祖，五千文被称为《老子》或《道德经》。后继者被称为“黄老学派”或“道家学派”，成为封建社会唯一能和儒家抗衡的学派。

老子从函谷关西去，在秦国四处讲学，所到之处无不欢迎、挽留。周元王五年（前471年），老子病逝于秦国的扶风（陕西省秦岭以北地区），葬于槐里（今陕西周至县城东南25公里楼观台西3里许的大陵山北麓的山坡上），秦国上下痛悼其死。

少　康

少康，夏朝君主，公元前1940年至公元前1880年在位。他是相的遗腹子。当初，后羿废太康，立仲康为国君。仲康卒，子相即位。后羿看相懦弱，就把他赶到现在的濮阳一带居住，自己临朝当政。羿部下寒浞不满羿之作为，将羿杀死。寒浞生性残暴，一朝有权，便四处用兵，并逼死前帝相。相死时，妻后缗氏带着身孕逃到娘家有仍氏部落（在今山东省济宁南市境）。第二年，生下了少康。

少康从小就聪颖异常，性格沉稳。稍懂人事后，母亲就告诉他祖上失国的惨痛历史，鼓励他学习本领，复兴祖业。少康知道了自己的身世后，发愤图强，立志要夺回天下。外祖父很器重他，让他管理畜牧，经常给他讲述带兵作战的要领，并时时告诫他提高警惕，防止寒浞来杀害他。

寒浞父子专横暴虐，一味攻击外部落，屠戮百姓。当听说少康立志复国的消息后，寒浞就派儿子浇带兵到濮阳附近搜捕少康。时，少康尚无实力与其抗争，就逃到有虞氏的部落（今河南省虞城东）。有虞氏首领虞思经过一段时间的观察，发现少康是个人才，就把女儿嫁给他，还给了他一块肥沃的土地。少康如鱼得水，用心经营自己的领地，训练兵士，富民聚力，以图大业。他给属下讲先祖禹的功德，讲后羿、寒浞的大逆不道，制造舆论，争取民众，并召集夏朝的旧臣前来和他会合。

当时，有个名叫靡的人，原跟着帝相为官。寒浞篡位后，他逃到有鬲氏部落。在那里，他招抚夏之亡民，积蓄力量，等待时机，消灭寒浞。见少康有招，随即带着有鬲氏之兵，到有虞氏之地与少康会合，并拥戴少康为夏王。

经过充分准备，少康看时机成熟，便带兵伐寒。他们从纶出发，一路势如破竹，攻克旧都，杀死寒浞，夺回王位。为彰显夏氏王统，也为慰藉先祖，遂在阳夏、太康墓旁建立国都。史称“少康中兴”。

21 年后，少康病死，葬于阳夏（墓今犹存，在太康县城东南）。

沈尹戌

沈尹戌（约前 569—约前 506），亦称戌，周代楚庄王之孙，封于寝丘（即沈丘），官职尹（地方行政长官）。

楚平王十三年（前 516 年）九月，平王熊居死，太子轸继位，即楚昭王。次年春天，吴王僚乘昭王新立，出兵伐楚。楚国边境吃紧，楚昭王感到惶恐不安，于是召戌入朝，任左司马，并令其立即率兵抗击吴军，收复失地。吴军遭到戌的顽强抵抗，罢兵回国。

鄢将师是楚国的右领，费无极为少师，两人相与勾结，设计陷害左尹郤宛。令尹子常因贪图财物，听信谗言，被鄢将师和费无极利用，成为导致郤宛死于非命的“借刀”。郤宛的被害，引起都城民众的愤怒，纷纷咒骂费无极、鄢将师一伙是“祸乱楚国，欺蒙君王”的奸佞。同时，抱怨子常昏庸，不辨忠奸，枉为令尹。郤宛被杀是在夏天，直到秋天，楚都的愤懑之气也没有平息。沈尹戌从稳定国势出发，决心顺应民意，铲除奸恶。他对令尹子常说："左尹郤宛根本没有犯什么罪，你竟然把他杀了，结果招来国人的批评，民怨一直没有平息。费无极和鄢将师是楚国出了名的奸臣，全国老百姓没有不知道的，你却听信他们，错杀无辜，也太糊涂了。"经过沈尹戌一番开导，令尹子常渐觉醒悟，说："都是我的罪过，我一定要好好想办法来补救。"沈尹戌看到子常知错后，趁热打铁，与之商讨对策，决定迅速行动。九月十四日，沈尹戌当着都城百姓的面，把费无极和鄢将师杀死，一时满城欢呼，举杯相庆。沈尹戌从而获得全国上下的敬重，对令尹的怨气也逐渐平息下来。

楚昭王十年（前506年）十一月，蔡、吴两国联合伐楚，楚军隔着汉水与联军对峙。左司马沈尹戌对令尹子常说："吴军来势凶猛，我们不能掉以轻心。你沿着汉水与他们周旋，我去调动驻扎方城的军队，先将吴军的战船烧掉。之后，你渡过汉水向他们发起攻击，我领兵从后面夹击，一定能把他们打败。"两人商定后，兵分两路，各自行动。沈尹戌领军出发还没有到达方城，子常争功心切，就率军渡过汉水，与蔡吴联军展开激战，结果三战皆输。子常想撤军，被大夫史皇劝阻。众将开导子常说：你不听左司马的话，才招来败仗。望你一定要拼死力战，这样才能洗刷你所犯的错误。

沈尹戌率军与子常分手后，争分夺秒地向方城方向前进，刚走到息地，听说楚军战败，便赶忙返回，在雍澨与吴军相遇。楚军在沈尹戌的指挥下，骁勇善战，所向披靡，一举将吴军击退。不过他自己也受了重伤，生命垂危。沈尹戌是条有骨气的硬汉，决心与吴军战斗到底。他认为，当俘虏是很耻辱的，一定不能让吴军抓到自己，于是就用微弱的声音对部下说："你们谁能让我的脑袋不落入吴军之手？"吴句卑说："我地位低下，可以承担此任吗？"沈尹戌说："是我以前没有重用你，你当然可以担当这个任务。"没过多久，沈尹戌便去世了。吴句卑扯下自己衣裳的下摆，把沈尹戌的头颅割下来包好，又掩藏了他的身躯，然后带着戌的头颅，在几个士兵的掩护下，飞速逃离了战场，完成了沈尹戌的生前夙愿。沈尹戌战死沙场后，楚昭王让其子沈诸梁继承大夫爵位，封于叶邑（今河南叶县），成为中华叶姓的得姓始祖。

沈诸梁

沈诸梁（约前550—约前489），字子高，沈丘县人。春秋时楚国左司马沈尹戌的儿子，先祖为楚国贵族。楚昭王十年（前506年），沈尹戌在与吴、蔡两国联军交战时殉国，昭王感其功，封沈诸梁为大夫，食采叶邑，史称叶公。

沈诸梁是一位勤政爱民、靖难救危、颇有作为的人，是春秋楚国的著名政治家、谋略家。古叶邑地域广阔，资源丰富，雨量充沛，很适合农作物生长和畜牧养殖。沈诸梁充分利用自然优势，大力发展农业生产，使民众有衣穿，有饭吃，有房住。其主要措施有：一、带领辖民开凿水渠，兴修水利，使当地数万亩农田得以灌溉。他建造的水利工程比李冰修建的都江堰还早200多年，至今仍有东陂、西陂工程遗址保存尚好。二、合理利用土地。他号召民众大田种植小麦、大豆、谷子等主粮，山坡上、河坡里种植杂粮，房前屋后种蔬菜，在无法耕作的土地上栽植果树、材树。三、提倡各家各户饲养牲畜和家禽。上述措施使叶邑社会安定，各业兴旺，人民丰衣足食。

沈诸梁在搞好农业生产的同时，还根据叶邑地广人少的实际情况，制订了鼓励人口繁衍的政策：女孩到17岁必须出嫁，男孩到19岁必须娶妻，否则他们的父母要受到处罚；年轻男子不准娶老年妇女为妻，年轻女子不准嫁老年男人为夫；孕妇生男孩子就奖励2只羊、1条狗，生女孩子就奖励1只猪、1只羊，一胎生两个以上孩子，由官家提供乳母，供给口粮。以上政策的实施，使叶邑人口迅速增加，为楚国储备了丰富的人力资源。

楚昭王二十七年（前489年），昭王死，子章立为君，是为楚惠王。次年，令尹子西从吴国召回胜，任命为巢（今安徽寿县南）大夫，号白公。白公胜是太子建的儿子。楚平王时太子建遭到佞臣费无极诬陷，逃到宋国，宋国华氏之乱时又逃到郑国。当时，晋国要攻打郑国，找太子建密谋，被郑国发现，于是郑国就杀死了太子建。其子胜在伍子胥带领下逃往吴国。

在子西欲召回胜时，与沈诸梁产生了严重分歧。沈诸梁不同意召胜回，他说："胜这个人狡诈而又好作乱，叫他回来，对楚国肯定不利。"子西没有听沈诸梁的意见，还是把胜召回楚国。

白公胜对郑国怀有杀父之仇，回国不久就向子西要求出兵攻打郑国。子西认为楚国政事没有走向正轨，出兵伐郑不是时机。过了些日子，白公胜又请求伐郑，子西同意了。正在这时，晋国出兵攻打郑国。郑国向楚国求救，子西遂命楚军转而救郑并与郑结盟。白公胜大怒，对子西恨之入骨，准备杀掉子西。白公胜亲自磨剑，被子西的儿子平看见。平问他为什么要亲自磨剑时，胜说："胜以直闻，不告女，庸为直乎？将以杀尔父。"平把这话告诉了父亲。子西认为：胜是自己护着长大的，不会对自己下毒手，也就没再理会。楚惠王十年（前479年），吴国人攻打楚国，白公胜率军把吴军打败了。他乘班师回郢（国都）之机，发动叛乱，杀死了子西，劫持了惠王。后来，惠王在手下圉公阳的帮助下，在墙上挖了一个洞，逃到昭夫人宫中。

沈诸梁听说白公胜叛乱，火速率军赶到郢都，并说服准备帮助白公胜的箴尹固，合击白公胜。失道寡助，白公胜的作为被楚国人所痛恨，各地的军民纷纷赶到郢都，并公推沈诸梁率领，惩治叛军。白公胜自知公愤难平，战败后逃到山中自缢而死。沈诸梁把楚惠王救出后，让他继续行使国王的权力，安抚百姓。沈诸梁被惠王委以令尹和司马两职，掌管全国军政大权。等到国家政局安定以后，沈就让宁当令尹，让宽当司马，自己又回到叶邑。后，终老林泉。史书评论说：沈诸梁是一个至情至性的人，他的性情，他的才能，他的韬略，都是光芒四射的。尽管他同时代的人物里头圣人辈出、豪杰丛生，但谁也掩盖不了他的光芒。

世 硕

世硕，春秋时代陈国（今淮阳县）人。孔子弟子，七十二贤之一。著《世子》21 篇，又作《养书》1 篇，提出人性有善有恶，“善之修养则善，反之则恶”，丰富了儒家思想。

苏 佗

苏佗（？—前 699），陈国（今淮阳县）公子，陈桓公之弟，亦称陈佗。公元前 700 年弑太子免篡位而自立为陈国国君，所以国人共愤之。

公元前 669 年，陈、蔡同时出兵随周天子伐郑。陈国由大夫伯爰诸为将，蔡国是蔡侯之弟蔡季为将。蔡季向伯爰诸私下问及陈国的事，伯爰诸曰：“新君佗虽然篡位，然人心不服，又性好田猎，不恤国政，国中恐将有变矣！”蔡季曰：“何不讨其罪而戮之？”伯爰诸曰：“心非不欲，恨力不及耳。”及罢兵归国，蔡季将伯爰诸所言奏明蔡侯。蔡侯曰：“太子免既死，次当吾甥跃即位。佗乃篡弑之贼，岂容久窃富贵耶！”蔡季奏曰：“佗好猎，候其出猎时可袭而杀之。”于是蔡侯令蔡季率兵车百乘，待于两国交界处。探事者回报：“佗于 3 日前出猎，现屯于界口。”蔡季乃将车马分为 10 队，扮作猎人模样，一路围猎前去。恰遇佗射倒一鹿，蔡季驰而夺之，佗怒，轻身来擒蔡季。只听一声金锣响，10 队猎人一拥上前将佗拿住。蔡季大呼：“我乃蔡侯之弟蔡季也。因你国逆佗弑君，我奉兄命来此讨贼，只诛一人，余者不问。”众人俱拜伏于地，蔡季一一抚慰说：“先君之子跃，是蔡之甥，今扶立为君何如？”众人应声曰：“如此甚合民心，我等愿为前导。”

蔡季遂将佗枭首，悬头于车，长驱入陈。前随猎众人为之开路。申明蔡人讨贼立君之意，于是市井不惊，百姓欢呼载道。至陈城，以佗首祭于陈桓公之庙，拥立公子跃为君，是为庄公。公子佗篡位仅 1 年零 6 个月。

太 康

太康，夏朝君主，大禹的孙子，启的长子。启病死后继位。太康自幼奢靡享乐，即位后生活更加腐化。每日沉湎于酒色田猎，不理民事，搞得政局混乱，国力衰微。有一次，他带着姬妾、亲信去洛水北岸游猎，一去3个多月不回都城，弄得百事废弛，民怨沸腾。东夷族有穷氏部落（在今山东省德州市北）首领后羿乘机起兵，夺取了夏的都城安邑，废了太康，立其弟仲康为王。

太康在外游猎，并不知都城发生的事。当他带着猎物兴高采烈地回来时，走到洛水岸边，见对岸有重兵把守，便慌忙派人过河探问，这才知道是后羿不让他回都。太康后悔不及，派人向原属部落求援。因大家早已对他失去信心，所以谁也不予理睬。后羿怕他生事，派兵驱赶。太康无奈，一路东逃，来到阳夏（今太康县），筑土城居住下来。史称“太康失国”。

太康的5个弟弟见兄长不能回都，就陪着母亲来到洛水南岸苦苦盼候，始终没有能等到。五兄弟就作了一首歌来追念他们的祖父禹的功绩和品德，倾诉眼下的凄凉悲哀之情。这首歌就是《尚书》中著名的《五子之歌》。

27年后，太康病死，葬于阳夏（墓今犹存，在今太康县城东南）。

巫马施

巫马施（前521—?），字子期，春秋时代陈国（今淮阳县）人。孔子弟子，七十二贤之一，最大优点是谦虚好学。他曾为单父宰，勤理政务，常以星出，以星入，把单父治理得很好，但仍不满足。一次，他问也当过单父宰的子贱：“没见你多么辛苦操劳，整天弹琴游乐，也把单父治理得很好。而我早出晚归，弄得筋疲力尽，单父也就这样，是什么缘故呢?”子贱说：“我任人，子任力，任人者逸，任力者劳。”子期说：“施不如你。”唐代封巫马施为鄫伯，宋代封其为东阿侯。

吴由于

吴由于又名王孙由于，楚昭王时封于寝（沈丘），为寝尹。昭王十年（前506年），吴国军队攻入楚都郢（今湖北江陵县北），楚昭王出逃，吴由于护卫昭王左右。途中有一天，昭王正在睡觉，一强盗袭入，以戈击昭王。吴由于情急之下，以背护昭王，肩被击伤，当即昏迷。后因护驾有功受到封赏。

昭王外逃期间，楚国令尹子西为防止国人溃散，就假借昭王的名义发号施令，命吴由于去修筑麇城（今湖南岳阳县境）。城修好后吴由于回来复命，令尹子西问他城墙有多高多厚，吴由于回答说不知道。子西说：“知道自己不行，就该不去，修城不知城墙高厚，你还知道什么?”吴由于回答说：“我本来坚辞说我不能干，你硬要派我。人各有能有不能，昭王在云梦山中遇刺，我代他受戈，伤痕犹在，这是我所能办到的。”说着扒光脊背让子西看。又说：“筑城防止国人溃散，却是我不能的。”

武 丁

武丁，商代第22位国君，庙号高宗，公元前1250年至公元前1192年在位，在位59年。

武丁年幼时，父亲不让他留在宫中，而是让他到民间游历。武丁隐瞒自己的身份，广泛接触社会和群众。几年后，他不仅学会了各种劳作技艺，更重要的是深入了解到百姓的疾苦。武丁即位后，起用了奴隶出身的傅说、甘盘两位贤士任宰相辅佐国政，他本人勤勉政务，励精图治，使商王朝政治、经济达到鼎盛，史称“武丁中兴”。他也成为“一代明君”。据史料记载：当年武丁从都城安阳率群臣到各地体察民情。一路南行，来到今西华县奉母镇七里仓一带，住在一农户在村头搭建的凉棚里。也许是路途疲惫，众皆感到身热心燥。入夜，微风吹来，倍觉凉爽。高宗感慨地说：在宫中体会不到这份清凉啊！高宗走后，当地人才知道是国王下榻于此，于是在凉棚处建“清凉寺”，将村庄改名“高宗寨”，以示纪念。当时，西华遭受蝗灾，高宗便带领众人，同群众一起，日夜不停，扑灭害虫。由于劳累过度，高宗等来到今西华聂堆镇道陵岗、思都岗等地时，病倒了。虽经医治，终无力回天。高宗卒后，就地安葬于今西华田口乡陵西村东一里处。墓今犹存。

息夫人

息夫人，陈国（今淮阳县）人。妫氏，春秋时息（息国，在今信阳市息县西南）侯夫人，亦称息妫。

当初，蔡哀侯与息侯同娶陈女为夫人，蔡娶于前，息娶于后。息侯夫人有绝世之貌，因归宁（回娘家）道经蔡国。蔡哀侯曰：“吾姨至此，安能不见？”乃让使者邀至宫中款待。因见其貌美，言语轻薄，全无敬客之意。息妫大怒而去。息侯闻蔡侯轻慢其妻，就想办法予以报复：他派使臣给楚国送礼，与楚文王商量：“蔡恃居中国，不肯纳贡。若楚对我兴兵，我求救于蔡，蔡君勇而轻敌，必然亲自来救，我与楚合兵攻之，蔡侯可虏也。不怕蔡国不朝贡矣。”楚文王大喜，乃兴兵伐息。息侯求救于蔡，蔡哀侯果真亲自率兵来救。安营未定，楚国伏兵齐起攻蔡，蔡侯不能敌，急奔息城，息侯闭门不纳，只好落荒而逃。楚兵从后紧紧追赶，直至荒野活捉蔡侯而归。蔡侯始知中了息侯之计，恨之入骨。

楚文王归国后，欲杀蔡哀侯以飨太庙，大臣鬻拳谏曰："王方有中原，若杀蔡侯，其他诸侯寒心，不如归之，以取诚焉。"楚文王遂释蔡侯归国，大排筵席为之饯行。席中盛张女乐，有弹筝女子，仪容秀丽。楚王笑曰："君平生所见，有此绝世美色否?"蔡侯想起息侯导楚败蔡之仇，乃曰："天下女色，未有如息妫之美者，真天人也。"楚王曰："其色何如?"蔡侯曰："目如秋水，脸似桃花，修长适度，举动生态。天下未见第二!"楚王曰："寡人得一见息夫人，死不恨矣!"于是假以巡视为名，来至息国。息侯设大飨于朝堂，执酒杯为楚王祝酒。楚王执杯在手，微笑而言曰："昔者寡人曾效微劳于君夫人，今寡人至此，君夫人何惜为寡人进一觞乎?"息侯惧楚之威，不敢违拒，即时传语宫中。不一时，夫人妫氏盛妆而至，取白玉杯满斟以进。素手与玉色相映，楚王视之大惊，果然天上鲜闻，人间罕见，便欲以手亲接其杯。妫氏不慌不忙，将杯递与宫人，转进楚王。楚王一饮而尽。妫氏复再拜请辞回宫。楚王心念息妫，反未尽欢，席散归馆，夜不能寐。次日楚王亦设宴于馆，名为答礼，暗伏甲兵。息侯赴席，酒至半酣，楚王假醉曰："寡人有大功于君夫人，今三军在此，君夫人不能为寡人一犒劳乎?"息侯曰："小国褊狭，不足以优以从者，容寡小君图之。"楚王拍案怒曰："匹夫背义，敢巧言拒我?左右何不为我擒下!"伏兵猝起，不待息侯分辩，斗丹诸将就席间擒捉息侯而挚之。楚王自引兵径入息宫来找息妫。息妫闻变叹曰："引狼入室，吾自取也!"遂奔入后园欲投井中而死，被斗丹抢前一步，牵住衣裾曰："夫人不欲全息侯之命乎?为何夫妇俱死?"息妫默然不应。斗丹引见楚王。楚王以好言抚慰，许以不杀息侯，不灭息氏之族。遂即于军中立息妫为夫人，载以车后。以面似桃花，又曰桃花夫人。

后息妫生公子堵敖与楚成王。息夫人长久缄默不语，楚文王怪而问之。答言："一女事二夫，既然不能死节，又有何语可言。"时被誉为巾帼名人。

夏姬　夏徵舒

夏姬，姬姓，郑穆公之女，春秋时美女。初为陈国（今淮阳县）大夫御叔之妻。御叔死后，与陈灵公、大夫孔宁、仪行父私通。其子夏徵舒（字子南）以为耻，伺机于株林（今西华县城西竹园村）射死灵公，自立为陈侯。孔宁、仪行父等奔楚，请楚伐陈。楚庄王早有据陈国为己有的野心，于是便以夏徵舒弑君大逆不道为借口，发兵攻陈。时陈国人心浮动，无力自保，很快被楚军占领。夏徵舒被车裂于城栗门外。孔宁、仪行父也以"怂恿淫恶"之罪被砍头。夏姬被楚军所获，给连尹襄老为妻。襄老战死后，她从申公巫臣计谋，找借口回到郑国，嫁于巫臣。后离郑，定居晋国。

项橐

项橐（前504—前491），春秋时楚国寝丘（即沈丘）人。相传7岁为孔子师，被古人推崇为童圣。《三字经》中曰："昔仲尼，师项橐，古圣贤，尚勤学。"说的就是项橐穷难孔子的典故。《论语》一书中亦记载了这个故事，子曰："互乡难与言，童子见，门人惑。"《战国策》载："生七岁而为孔子师。"

鲁定公十三年（前497年），55岁的孔子，为推行自己的政治主张，带领弟子四处游说。有一天，走到互乡（今沈丘毕营村）这个地方。当时，民间广为流传说，互乡的人爱抬杠，钻牛角尖，难与交谈，外乡人都不愿意跟互乡人接触。这次孔子及弟子们路过这里，都想看个究竟。王走间，遇着一群小孩在路上嬉戏，其中有一儿不戏，孔子乃驻车问曰："独汝不戏何也？"小儿答曰："儿戏无益。衣破难缝，上辱父母，下及门中，必有斗争。劳而无功，岂为好事。故乃不戏。"遂低头以泥土作城。孔子责之曰："何不避车乎！"小儿答曰："自古及今，当车避于城，不当城避于车。"孔子走下车，驱前问道："汝年尚幼，何多诈乎？"小儿答曰："人生三岁，分别父母；兔生三日，走地畎亩；鱼生三日，游于江湖。天生自然，岂谓诈乎！"孔子曰："汝居何乡何里？何姓何名何字？"小儿答曰："吾居敝乡贱地，姓项名橐，未有字也。"孔子曰："吾欲共汝同游，汝意如何？"小儿答曰："家有严父，须当事之；家有慈母，须当养之；家有贤兄，须当顺之；家有弱弟，须当教之；家有明师，须当学之。何暇同游也。"孔子曰："我车中有棋子，与汝弈博，汝意如何？"小儿答曰："天子好博，四海不理；诸侯好博，有妨政事；士儒好博，学问废弛；小人好博，输却家计；奴婢好博，有受鞭扑；农夫好博，耕种失时。是故不博也。"孔子曰："吾欲与汝平却天下，汝意如何？"小儿答曰："天下不可平也。或有高山，或有江湖，或有王侯，或有奴婢。平却高山，鸟兽无依；填却江湖，鱼鳖无归；除却王侯，民多是非；绝却奴婢，君子使谁？天下荡荡，岂可平乎！"孔子曰："汝知天下，何火无烟？何水无鱼？何山无石？何树无枝？何人无妇？何女无夫？何牛无犊？何马无驹？何雄无雌？何雌无雄？何为君子？何为小人？何为不足？何为有余？何城无市？何人无字？"小儿答曰："萤火无烟，井水无鱼，土山无石，枯树无枝，仙人无妇，玉女无夫，土牛无犊，木马无驹，孤雄无雌，孤雌无雄，贤为君子，愚为小人，冬日不足，夏日有余，皇城无市，小人无字。"孔子问曰："汝知天地之纲纪，阴阳之始终，何为左？何为右？何为表？何为里？何为父？何为母？何为夫？何为妇？风从何来？雨从何至？云从何出？雾从何起？天地相去几千万里？"小儿答曰："九九八十一，是天地之纲纪。八九七十二，是阴阳之始终。天为父，地为母。日为夫，月为妇。东为左，西为右。外为表，内为里。风从苍梧，雨从郊市。云从山出，雾从地起。天地相去，有千千万万余里。东西南北，皆有寄耳。”孔子问曰：“汝言父母是亲？夫妇是亲？”小儿答曰：“父母是亲，夫妇不亲。”孔子曰：“夫妇生则同衾，死则同穴，何得不亲？”小儿答曰：“人生无妇，如车无轮。无轮再造，必得其新，妇死更索，又得其新。贤家之女，必配贵夫。十间之室，须得栋梁。三窗六牖，不如一户之光。众星朗朗，不如孤月独明。父母之恩，奚可失也。”孔子欢曰：“贤哉！贤哉！”小儿回孔子曰：“适来问橐，橐一一答之。橐今欲求教夫子一言。明以诲橐，幸请勿弃。”小儿曰：“鹅鸭何以能浮？鸿雁何以能鸣？松柏何以冬青？”孔子答曰：“鹅鸭能浮，皆因足方。鸿雁能鸣，皆因颈长。松柏冬青，皆因心坚。”小儿答曰：“不然。鱼鳖能浮，岂因足方。虾蟆能鸣，岂因颈长。绿竹冬青，岂因心坚。”小儿又问曰：“天上零零有几星？”孔子答曰：“适来问地，何必谈天。”小儿曰：“地下碌碌有几屋？”孔子曰：“且论眼前之事，何必谈天说地。”小儿曰：“若论眼前之事，眉毛有几枝？”孔子笑而不答，顾谓诸弟子曰：“后生可畏，焉能求之者不如今也。”于是孔子绕过顽童用泥土筑的城，登车率弟子而去。

通过与项橐交谈论事，孔子认为，互乡的人不像别人传说的那样，他们是聪明的，有修养的，有仁德的，项橐是互乡人的杰出代表。孔子对弟子们说：“我们应该传扬他们的进步，不要传播他们的缺失。人们洁净自己来见我们，我们就向人说他们是多么整洁，不要说他们过去多么肮脏。”孔子对互乡的赞美，很快扭转了外界对互乡的看法。可以说，是项橐为互乡人赢得了荣誉。

泄　冶

泄冶，春秋时陈国（今淮阳县）大夫，为人正直，忠心侍君，以直言敢谏著称。陈灵公十四年（前600年），灵公荒淫，与大夫孔宁、仪行父同时私通夏姬（陈大夫御叔之妻，时御叔已死），并在朝堂之上为之戏谑。泄冶闻之，乃整衣肃冠，趋入朝堂，见灵公牵其衣而跪奏曰：“臣闻：‘君臣主敬，男女主别。’今主公无《周南》之化，使国中有失节之妇；而君臣又宣淫朝堂之上，廉耻尽丧，体统俱失。君臣之敬，男女之别，沦灭已极矣！夫不敬则慢，无别则乱，亡国之道也。君必改之。”灵公自觉汗颜，以袖掩面曰：“卿勿多言，寡人行且悔之矣。”

泄冶出，灵公见孔、仪二人曰：“二卿有何策，能止泄冶勿言？”孔宁曰：“若要泄冶开口不得，主公何不传旨，杀了泄冶，则终身之乐无穷矣。”灵公曰：“寡人不能也。”孔宁曰：“臣使人刺之何如？”灵公颔首曰：“由卿自为之。”孔、仪二人将重金买通刺客，伏于要路，专候泄冶五更早朝时，突起杀之。当时，陈国人都认为是陈灵公派人干的，不知道实际是孔宁、仪行父二人的奸谋。

泄冶死后，灵公君臣肆无忌惮，荒淫之事满城风雨，国人皆知。后灵公终为夏姬之子徵舒所杀，孔、仪二人狼狈奔楚。灵公不听忠臣劝谏，以至身死国亡也。

颍考叔

颍考叔，春秋初期，郑国桐丘颍谷（今扶沟县城南）人。天性孝顺，因父亲早死，家境贫寒，靠打些野物，换些米面，养母度日。颍考叔成年后，加入了郑国的军队。

郑武公十四年（前 757 年），武公的妻子武姜生下长子寤生，因为是先生足，后生头，造成难产。因此武姜很讨厌这个孩子，却十分宠爱次子叔段，多次请求武公立叔段为太子。武公不答应。武公去世后，寤生做了国君，就是历史上有名的郑庄公。

庄公一即位，武姜就要求他把制地（今荥阳虎牢关）封给叔段。庄公说："制地山川险要，是郑国的重要关隘。这个地方是不能封出去的！"在母亲强逼下庄公无奈把京（今荥阳东南）封给了叔段。叔段一到京城，就仗着母亲的支持，下令让西部和北部边境一带几个城邑必须服从自己的命令。还向外扩张土地，抢占城邑，加固城郭，积粮囤草，征造战车，铸造兵器，招募士卒，加强训练，做除掉庄公的准备。

朝中官员纷纷劝庄公收回成命，庄公说："多行不义必自毙！等着瞧吧！"老谋深算的庄公经过深思熟虑后，拜见母亲武姜说："周天子命我到洛阳朝见，特来向母亲辞行。"武姜一听暗自欢喜，觉得时机到了。庄公刚出门，她就派心腹偷偷到京城，让叔段火速带兵前来，夺取国都，乘机登位。

接到武姜密信，叔段命公孙滑为先锋，亲率战车百乘，士卒数万，浩浩荡荡向国都奔来。谁知庄公西行是假，早在叔段必经之地设下埋伏，把叛军杀得落花流水，公孙滑也被颍考叔一箭射中咽喉。叔段魂飞魄散地带领残部逃回京城，谁知城头早竖起了郑庄公的大旗，只好自刎身亡。

庄公平息了叛乱后，搜出了母亲的密信，十分恼火，当即命人把武姜放逐到城颍，发誓说："不到黄泉，绝不相见！"可等到怒潮降落，不禁后悔了。尽管母亲不慈，但儿子赶走母亲能算孝顺吗？过去以忠孝治国，不孝顺的人怎么能当好国君？可是王言如兹，国君怎么能食言呢？

颍考叔因在平叛中有功，被封为颍谷封人（镇守边疆的官员）。当他知道郑庄公放逐母亲的事情后，便装着进献野味，求见庄公。庄公见这鸟儿猫一样的面孔、鹰一样的身子，十分丑恶，便问："爱卿，这些都是什么样的鸟儿啊？"

颍考叔回答："这是猫头鹰，我们那里叫它夜猫子。它小的时候由母鸟喂养，等它长大了，却把自己的生身母亲啄吃了。为臣我恨它不孝，所以将它捕捉过来敬献给主公，请主公来处置它！"

庄公听颍考叔的话句句刺中了自己的痛处，脸上不由露出了凄楚的神情。中午，庄公设宴招待颍考叔。宴席中间，仆人送上一头蒸熟的羊，庄公命人割下一只羊腿，赐给颍考叔。颍考叔却不吃，只将好肉撕下，包好放在一边说："主公，小臣家境贫寒，有老母靠小臣奉养，可只能打些鸟兔孝敬老人，她老人家从来没有吃过这样肥美的羊肉。现在主公赏赐给小臣，我怎能忍心独自享用呢！请求主公允许我把它带回去敬奉老母。"

庄公说："爱卿孝子之名，果然名不虚传！我虽为一国之君，反不如你呀！"

颍考叔佯作惊讶："太夫人不就在堂上吗？主公怎么能说没有孝敬母亲呢？"

庄公懊悔地说："只怪我一时冲动，铸成大错。但我已经对天当众发誓，不到黄泉，绝不与母亲相见。我不能违背自己对天发的誓言，如今后悔也没有用了。"

颍考叔说："太夫人如今一人在偏远荒凉的地方，该多么难受呀！小臣倒有个计策，只要在地上往下挖洞，一直挖到地下泉水涌出，在泉边建一间地下室，先迎接太夫人进去，然后主公再进去拜见。这不是黄泉相会，又是什么呢？如此主公既不背誓言，又可母子团圆。"庄公立即委托颍考叔办理此事。颍考叔领命，便带领人在风景秀丽的雕陵岗（今扶沟县北）挖了一个数丈深的深洞，到城颍将武姜接来，然后请庄公进入洞中。母子二人在泉水边抱头大哭。

郑国人知道是孝子颍考叔出的主意，使得庄公母子和好如初，就更加敬重他了。庄公为答谢颍考叔，便晋升他为大夫之职。

后来颍考叔战死疆场，庄公上报周天子封赠颍考叔为纯孝伯，还在颍考叔的家乡立了一座颍大夫庙，世称"纯孝庙"，在今扶沟城南郊一座形如卧龟的丘阜之上，丘上松柏呈碧，庙貌巍峨，马兰遍地。每当朝霞升起，丘上紫气蒸腾，云霞环绕，为扶沟著名的古代八景之一。

虞丘子

虞丘子（约前643—约前581），亦称虞丘相。春秋时楚国贵族，封于沈。楚庄王时，虞丘子位至令尹（楚国的相），史称"高行贤哲"。他善识人才，曾举荐孙叔敖代替自己为令尹。后来，孙叔敖成为春秋名相，帮助楚庄王完成了霸业。虞丘子因推荐孙叔敖有功，庄王赐他采邑300户，号称"国老"。

虞丘子作为楚相，多次参与楚晋争夺中原的战争。其中楚庄王十七年，即晋景公三年、郑襄公八年，发生在楚晋郑三国之间的一次大战，彻底动摇了晋国在中原的霸主地位。从此，中原各国背晋向楚，楚庄王成为霸主，实现了楚国北进中原的夙愿。战争的起因是，这年春天，楚庄王亲率大军对一向亲晋的郑国发动了一场战争。他任命孙叔敖为统帅，虞丘子为中军将。历时三个多月，郑国被打败。郑襄公光着脊梁、带着慰问品站在路旁迎接楚军进城，并同意与楚国结盟，与晋国断交。

战争初期，郑国向晋国求救，晋国出兵救援。当晋军赶至黄河岸边时，郑国已战败投降。晋军主帅荀林父与众将商议后，决定渡过黄河与楚军决战。渡河后，晋将魏錡首先率军向楚开战，不料却被楚军击败。虞丘子率中军追击，荀林父急派兵接应，于是两军在邲（音弼，今河南省荥阳市北）大战在一起。楚军刚刚战胜了郑国，又打败了魏錡，士气正旺，荀林父见势不利，遂下令退军。他亲自击鼓，大声吆喝："先济（渡）者有赏。"晋军慌忙逃奔河边，争船抢渡，先上船的急于开船，砍断后来攀船舷的手指，船上断指多到可以用手捧，很多士卒淹死在河中。晋军惨败。

邲之战是楚国称霸中原的关键一役，虞丘子在这次战役中，沉着应对，指挥果断，行动迅速，功不可没。

辕涛涂

辕涛涂，春秋时陈国（今淮阳县）大夫，约出生于陈厉公年间（前701年）。陈胡公的第11世孙名诸，字伯爰。伯爰的孙子叫涛涂，他以祖父的字为氏，称爰涛涂。古时，爰与袁、辕、猿、榱相通假，爰涛涂也写作辕涛涂、袁涛涂。

陈宣公三十七年（前656年），诸侯霸主齐桓公率鲁、卫、宋、郑、陈、曹、许等国联军击败蔡国军队后，南进讨伐楚国，兵驻召陵（今郾城东）。楚国一面加强防范，一面派使者屈完到召陵见齐桓公。他动之以情，晓之以理，说得齐桓公口服心服。于是齐楚签立和约，罢兵息战，结为盟好。齐桓公解散联军，各归本土。齐国军队回国将经过陈国，辕涛涂怕齐军过境会给陈国百姓增加负担，就与郑国带兵将领申侯商量：最好让齐军绕过陈、郑国境，从外部落回国。申侯当面应承，背后却去讨好齐桓公，将辕涛涂出卖了。齐桓公很生气，就把辕涛涂抓了起来，押回齐国。第二年，齐桓公又指使鲁国讨伐陈国。陈败，宣公被迫与之订立和约，求得国民平安。齐国看目的达到，便放回了辕涛涂。

辕涛涂为了国家和人民利益受此磨难，使陈宣公深受感动，就将阳夏（今太康县）的一个地方（此地后称"袁乡"）封给他作食邑。并让辕涛涂的子孙后代永为陈国上卿。

颛孙师

颛孙师，字子张，陈国（今淮阳县）人，是孔子的弟子。颛孙师身高8尺，英俊潇洒，是陈国出了名的美男子。他资质聪颖，为人宽宏大量。他广交社会贤达，能与同自己意见相左的人交朋友。孔子的著名弟子子贡这样称赞他："有美好的功劳而从不自我夸耀，名位虽高而不去张扬，做人谦虚谨慎，不骄不躁，做事认认真真，不敷不衍。"这些无疑是颛孙师的美德。

他曾随孔子周游列国，孔子被困陈国时，子张也陪伴在老师身旁。唐朝赠谥他为陈伯，宋朝追封他为宛丘侯，再封为陈国公，后升到十大哲人之位。

秦 时 期

陈胜 吴广

陈胜（？—前208），字涉，秦末阳城（今商水县）人。吴广（？—前208），字叔，秦末阳夏（今太康县）人。二人皆贫苦农民。

陈胜少时，帮人种田，虽寄人篱下，却胸怀大志。曾对一同佣工的穷哥们儿说："将来谁要富贵了，可不能忘记咱这帮弟兄们啊！"大家笑着说："咱们都是穷人，现在给人做工，啥时候会富贵哟！"陈胜叹息道："唉，燕雀怎能知道鸿鹄的志向啊！"秦始皇三十七年（前210年），嬴政（始皇）逝世，其次子胡亥以阴谋手段赐死公子扶苏、大将蒙恬，继承王位，称二世。为维护其统治，推行恐怖政策，大肆杀戮大臣及诸公子，近侍之臣无一幸免。同时，大兴土木，筑王陵、建宫殿，征兵派夫，置人民于水火。民怨沸腾。

二世元年（前209年）七月，朝廷征召平民900人赴渔阳（今北京市密云县）戍边。陈胜、吴广皆在其中，并担任小队长。行至大泽乡（今安徽宿县刘村集），遇大雨受阻，难以如期到达。依照秦律，超过限期者一律诛杀。陈胜、吴广商量着说："现在继续往前走也是死，逃亡被捉也是死，起事若失败了也是死，既然都是死，那何不起事，干一番大事，或许成功了，反而不死呢！"陈胜说："天下人受秦皇暴政的苦已经很久了。我听说胡亥二世是秦始皇的小儿子，不该他来继位，应当继位的是公子扶苏。而扶苏被始皇帝派到外地，始皇死时不在其身边。二世上台后，怕他闹事就把他杀了。现在百姓们大多知道他很英明，却不知道他已经死了。项燕原是楚国的将军，很能打仗，对属下非常爱护。亡国之后，楚国人都很怀念他。有的认为他死了，有的说他逃走了。我们起事，如果说是扶苏和项燕领导的，向天下作号召，响应的人一定不会少。"吴广觉得陈胜说的有道理，于是就同陈胜一起去问卜。卜卦的人看出了他们的心思，说："你们的事可以成功，鬼神会帮助你们的！"陈胜、吴广很高兴，商议道："他的话是教我们假托鬼神，来使众人畏服啊！"于是月绢布写上"陈胜王"三字，暗中填在鱼腹中。戍卒烹食时发现了这块绢，都很惊奇。吴广又在晚上跑到驻地附近隐蔽在神祠中，点上火，模仿狐狸的声音呼叫：“大楚兴，陈胜王。”戍卒皆为故楚庶民，对“复兴楚国”倍感亲切，认为上天注定陈胜要为楚王。

吴广平时爱护戍卒，有群众威信，大多愿意听他的。一天，吴广趁官府派来领队的营尉喝醉了酒，屡次扬言要逃跑，意在激怒营尉，使其当众侮辱自己，从而激起大家的愤怒。营尉果然中计，怒打吴广，并拔剑欲刺。吴广奋起夺剑，陈胜相助，当场杀死两名营尉。随即召集戍卒说：“我们被大雨耽误，不论怎么赶路，都已过了到达的期限。朝廷规定误期要杀头，即使得到宽恕，十之六七也要丧生戍所。大丈夫不死则已，死就要干大事情。‘王侯将相宁有种乎’！想建功立业，过富贵生活，得靠我们自己去争取。”戍卒听罢，群情激奋，一致表示跟着陈胜、吴广走。于是，陈胜、吴广假借秦始皇长子扶苏和楚将项燕的名义举起义旗，号称“大楚”。陈胜自立为将军，吴广为都尉。首先攻占大泽乡，继之攻陷蕲县（今安徽宿县），又连克酂（今永城）、苦（今鹿邑）、柘（今柘城）、谯（今亳州）等地。他们一面作战，一面壮大队伍，至陈（今淮阳县）已有战车六七百乘，骑兵千余，步卒数万人。陈曾为楚都。起义军攻占陈地后，召集地方士绅议事，到会的人对陈胜说：“将军你身披铠甲，手持兵刃，起兵奋战，讨伐无道，铲除暴政，恢复楚国疆土，论功应该做王。”于是陈胜自立为王，建立起中国历史上第一个农民起义政权，国号“张楚”，取欲张大楚国之意，陈为国都。

一时，苦于秦王朝暴政的各地群众，纷纷响应陈胜义举。诛郡守、杀县令，起义烽火遍地燃烧。

陈胜称王之后，封吴广为假王，督率各将领西击荥阳。又派武臣为将军，张耳、陈余为左右校尉，率3000余人北进夺取故赵国之地。派邓宗向九江郡（今安徽寿县）进发。派周市率军进占故魏、齐国境。授周文将军印信，命他带兵西进攻秦。此时，“张楚”军威大振，军队数千人一支者，不可胜数。陈胜派出各路兵马后，对秦政府油然而生轻蔑之意，不再防备。博士孔鲋进谏警告，陈胜不以为然，说：“我的军事措施，先生不必辛苦担心。”

陈胜坐镇陈都，当年佣耕伙伴多来拜见。初，陈胜热情接待，后有人常提及当年同为雇工的情形，陈王觉得有损威严，下令诛杀，故朋旧友遂纷纷离去。其岳父来，陈胜亦按普通宾客接待，只拱手一揖，而不下拜，岳父气愤斥责：“对长辈傲慢，不能长久！”起身离去。陈胜任朱房为中正（管人事考选），胡武为司过（管检察），二人利用职权，滥施惩戒，罪及无辜，以苛刻向陈王显示自己的忠心。陈王很信任他们，致使文武大臣离心离德，不听调遣。武臣率军抵达邯郸后，闻陈胜派出的将领回陈后因谗言陷害被处死，便不再回陈，自立为赵王，也不再听从陈胜的调遣。周市进占魏地后，立故魏国宗室从前的宁陵君咎为魏王，周市任宰相。将领异心，陈胜无可奈何。

西进的周文义军，沿途征召兵马，到达函谷关（今灵宝县西）时，已拥有战车千辆，兵士几十万。到达戏亭（今陕西临潼县东北），驻扎下来。二世胡亥忌听“叛乱”信息，凡据实报告者必入狱或诛杀，官吏对义军情况皆隐而不报。此时大军压境，再难掩盖，报知胡亥，亥惊慌失措，命少府（管农林）章邯率军迎战周文。结果周文屡战屡败，溃不成军，就自杀了。吴广率军围攻荥阳，受到三川郡郡守李由（秦相李斯之子）的抵抗，久攻不下。将军田臧等人密谋，假传陈王命令，袭杀吴广，并将人头割下，呈献陈王。陈胜不敢责备，反而任命田臧为“楚令尹”、上将军。田臧留少数人继续围攻荥阳，自率精锐西进迎击秦军章邯，在敖仓（今荥阳西北）被秦军击溃，田臧战死。章邯乘胜进击，先解荥阳之围，又连克郏（今郏县）、许（今许昌）二城，大军直逼陈城。陈胜急令将领张贺在陈西郊构筑工事，抵御秦军。陈胜亲自督战，保卫陈城。但仍大败，张贺战死。十二月，陈胜退到汝阴（今阜阳），在转至下城父（今安徽涡阳东南）时被车夫庄贾所杀。后陈胜早年侍从官吕臣，带领一支苍头军，从新阳起兵，一路拼杀，收复陈城，斩庄贾，把陈胜安葬在砀邑（今江苏砀山县）。谥号隐王。

陈胜、吴广虽建都称王仅 6 个月就相继遇害，但他们点燃的起义烈火愈烧愈旺，为秦王朝敲响了丧钟。刘邦称帝后，对陈胜行礼祭祀，并专设 30 户人家守护陈胜墓地，以示崇念。

孔 鲋

孔鲋（约前 264—前 208），字子鱼，山东曲阜人。他是孔子的第 9 世孙，魏相孔斌的儿子。当秦始皇统一六国后，施行暴政，焚书坑儒。孔鲋害怕祖上传下的典籍被烧掉，就将这些书籍著作藏在祖居堂屋的夹壁墙中，只身逃往嵩山。隐居那里设立学馆，招生授徒。

孔鲋著书 20 篇，内容是记述孔子、子思、孔子的学生子上、子高、子顺，以及自己的言行事迹，书名叫《孔丛子》。又撰《小尔雅》一卷，流行于世。现存经书《周书·泰誓篇》及《尚友录》里面都记载有孔鲋藏书的事迹。明代王夫之（字船山）在《续通鉴》一书中，也高度称赞孔鲋此举不愧为圣人后代。秦始皇死后，孔鲋从嵩山到陈州定居，后终老陈州。

武 臣

武臣，陈郡（今淮阳县）人。他原是陈州的一员勇将，后归顺了陈胜王。张耳、陈余请命攻打赵国，陈胜就任命武臣为将军，张耳、陈余为左右校尉，率3000余兵北征赵国。

武臣等一路破关斩将，接连攻下赵国数十座城池，军队发展到数万人。接着又招降30余城，最后打下赵国的都城邯郸。公元前209年8月，在张耳、陈余的劝说下，武臣在邯郸自立为赵王。陈余封为大将军，张耳、召骚为左右丞相。

消息传来，陈胜大怒，就把武臣等人的家属一齐擒拿，准备全部杀掉，以解心头之恨。上柱国蔡赐劝止说："秦国还没有灭亡，先杀了赵王（武臣）将相的家属，这就又树了一个敌对面，不如趁机正式册立他好些。"于是陈王就派使者前往邯郸当面祝贺，并催促他派兵西征。而把武臣的家属软禁于宫中作为人质。

此时武臣已被称王的喜悦冲昏了头脑，就派李良率兵向西进攻太原。没有料到李良在率兵进攻太原的途中中了秦人"反间计"，不仅放弃了进攻太原，反而率兵回过头来围攻邯郸。武臣始料不及，在混战中被赵国旧贵族所杀。

项羽　项燕　项梁　项伯

项羽（前232—前202），名籍，字羽，祖籍项城。本姓"芈"，《史记》说："项氏世世为楚将，封于项，故姓项氏。"

项羽少有大志，虽读书不成，习武学剑仍不成，就立志学"万人敌"，跟叔父项梁学兵法。一次秦始皇出巡，项羽见车马仪仗威风凛凛，便脱口而出："彼可取而代也。"

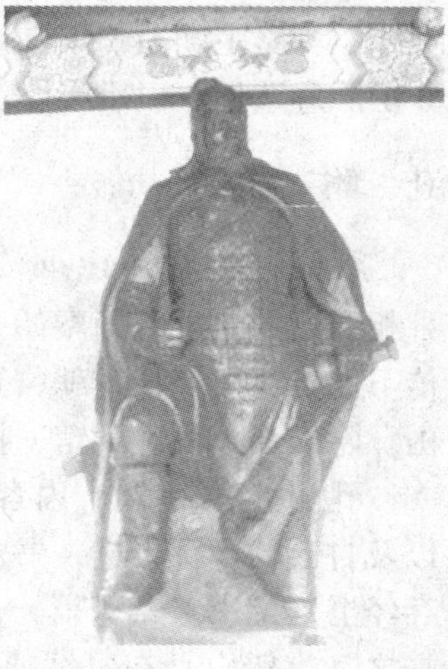

乌江西楚霸王灵祠中霸王塑像

秦二世元年（前209年），陈胜、吴广在大泽乡起义，24岁的项羽，随叔父项梁在吴中（今江苏苏州）举兵响应。他们征兵8000人，项羽做了裨将（副将）。项梁战死后，秦军北渡黄河，攻打起义抗秦的赵王歇和张耳，将赵军围困于巨鹿（今河北平乡）。楚怀王任命宋义为上将，项羽为次将，率兵救援。宋义率军到达安阳（今河南安阳南），便畏缩不前，屯兵46天。当时，阴雨连绵，起义军缺衣少粮，处于困境之中。项羽当机立断，杀了宋义，迫使楚怀王任他为上将军，然后挥师北上救赵。

项羽率军进抵漳河南岸与秦军隔岸对峙。他破釜沉舟，亲率主力渡河，以雷霆万钧之势，把秦军包围。项羽身先士卒，冲锋陷阵，九战九捷，大败秦军，解了巨鹿之围。此后，项羽便成了各路义军的实际统帅。

项羽乘胜追击，秦军节节败退。可是，另一路起义军在刘邦带领下，乘关中空虚，抢先占领了咸阳。项羽大为不满，就率军破关而入，进驻鸿门（今陕西临潼东北）。鸿门宴上，他却优柔寡断，没有实施范增的杀刘计划，致使刘邦得以借故逃脱。

项羽依靠强大兵力，引兵进入咸阳，“杀秦降王子婴，烧秦宫室，火三月不灭，收其货宝、妇女而东”（《史记·项羽本纪》），然后自立为“西楚霸王”，取梁、楚九郡（占有今江苏、安徽、山东、河南部分地区），定都彭城（今江苏徐州）。同时又割地封王，刘邦被封为“汉王”。

公元前208年8月，汉军从汉中潜出故道，暗度陈仓，打败项羽所分封的秦地三王，迅速东进，直抵阳夏（今河南太康）。接着，又乘项羽与齐军交战无暇兼顾的机会，一举攻入项羽的都城彭城。项羽率3万楚军，出山东经胡陵（今山东鱼台东南）趋萧（今江苏萧县西北），直抵彭城汉军侧背，大败汉军。刘邦仅率数十骑逃出了重围，他妻子吕雉和父亲太公，都成了项羽的俘虏。

彭城之役后，项羽乘胜进军，在京邑、索亭间（荥阳西、南）同刘邦打了一仗，却被阻于荥阳以东。刘邦死死扼守成皋（今河南荥阳市西北汜水镇），双方在成皋一带相持了两年。项羽急于找刘邦决战，却又急攻不下。如此，双方力量开始发生根本变化：汉军由弱变强，项羽由强变弱。

公元前202年，刘邦向项羽发动总攻。项羽败走垓下（今安徽灵璧县东南），被刘邦的军队团团包围。此时，十万楚军已兵疲粮尽，士气低落。项羽借酒浇愁，慷慨悲凉地对爱妻虞姬唱道：“力拔山兮气盖世，时不利兮骓不逝。骓不逝兮可奈何，虞兮虞兮奈若何？”唱罢，拔刀杀死爱妻，然后飞身上马，带领800骑兵突围南去。逃到东城（今安徽定远东南）时，只剩28人。他想东渡乌江重整旗鼓，又觉无颜见江东父老，就奋力拼杀一阵，然后横剑自刎而死，这年，他31岁。今乌江“西楚霸王灵祠”举行祭祀活动时，鸣钟31响以示纪念。

项羽战败，自刎乌江，楚地全部投降了汉王刘邦。但鲁城（今山东曲阜）坚决不降，他们不相信项羽已死的说法。刘邦就亲率大军，把鲁城团团围住，扬言要屠戮全城。兵临城下，却“犹闻弦诵之声”，刘邦这才想到鲁城是孔子的故乡，鲁人向来恪守礼义。项羽曾被楚怀王封为鲁公，这里的人民也将他奉为君主。他们为君主守节，是会不惜一死的。于是，他便命人取来项王的头颅让鲁人看。守城的李将军一见，当即拔剑

乌江西楚霸王灵祠大门旧貌

自刎，鲁城父老这才全部投降刘邦。刘邦就按“鲁公”这一封号的礼仪，把项王的头颅安葬在距鲁城不远、泰山脚下的谷城（今山东平阴县），自刎的李将军被陪葬于霸王墓侧。

安徽和县乌江岸边的项羽自刎处，当时有人收拾项羽剩余的尸骸就地埋葬，上建“项王亭”。至唐初建祠，唐上元三年（762年），书法家李阳冰篆书匾额：“西楚霸王灵祠。”

项燕（？—前223），项羽的曾祖父，战国末年楚国的著名将领，曾大败秦将李信。项燕家族世代为楚国将领，受封于“项”（今项城市）。

秦王政二十三年（前224年），秦王倾全国兵力，以王翦为将，蒙武（秦国名将，蒙恬的父亲）为副，率60万大军攻楚。楚国危亡在即。项燕在淮南（今安徽淮河以南）立昌文君（亦称“昌平君”）为楚王，起兵反抗秦国。王翦攻取楚国陈（今南淮阳县）以南至平舆（今平舆县）之间的地域。楚国则倾一国兵力迎击秦军，以项燕为将，准备与秦军决一死战。王翦因势而变，坚壁固守。两军相持日久，楚军以为秦军将长期驻守新占领土，于是撤军东归。王翦伺机起兵追击，突袭楚军。楚军猝不及防，仓促应战，结果大败，项燕兵败后自杀。

项梁（？—前208），项羽的叔父。曾因杀了人，带着项羽到吴中避仇。在吴中项梁威信很高，地方上的大事全由他出面主办。项梁利用这种条件，暗地里用兵法训练宾客及子弟。陈胜、吴广起义爆发后，叔侄联手，杀了会稽太守殷通，起兵响应，被陈胜的“张楚”政权封为“上柱国”。他率军渡江西进，屡胜秦军。陈胜死后，他听从范增之计，立楚怀王之孙熊心为王，仍称“楚怀王”。项梁曾率军击败秦将章邯，在雍丘对阵时又斩杀了秦将李由，后因轻敌，在定陶被章邯打败，最终战死。

项伯（？—前192），名襄，字伯，项羽的叔父。年轻时曾在下邳（今江苏睢宁县北古邳镇）杀人，后跟从张良一起隐匿。秦二世元年（前209年），项梁、项羽在吴中起义，项氏家族众多介入，项伯亦在其中。后因功任楚营左尹。公元前206年，项羽大破秦军，率40万大军进驻新丰鸿门（今陕西临潼），与谋士范增设计，想杀掉先于项羽入秦的刘邦。当时刘邦驻军灞上，仅有10万余众。项伯与张良友善，便在当夜驰往刘军驻地劝其逃走。张良引项伯见刘邦，商定挽救办法。项伯回来，把此行情况报告项羽，劝他善待刘邦。第二天，刘邦至鸿门谒见项羽，项羽设宴招待。席间，范增一再示意项羽杀刘邦，项羽不应，便令项庄借口舞剑助兴，以刺杀刘邦。项伯见此情景也拔剑起舞，以自己的身体蔽障刘邦。

刘邦灭楚后，赐项伯刘姓，封射阳侯。

殷 续

殷续，秦朝人。官北地太守。原籍河内野王（今在河南沁阳县境），因战功显赫封于汝南，遂带殷氏一支徙居陈郡长平（今西华县西华营镇），为西华殷氏之始祖。

周 文

周文，秦时陈郡（今淮阳县）人，在当地是出了名的贤能之士。他曾替项燕占卜过时日举动的吉凶，也在楚国春申君手下做过事。陈胜反秦起义并占领陈州称王时，周文前往投奔，说自己饱读兵书，熟习兵法，于是陈胜就把将军印授予他，拜他为大将率兵西征攻秦。

周文一路攻城略地，招兵买马，不断壮大部队，到函谷关时，已拥有了战车千乘（古代驷马一车为一乘），士卒数十万。到了戏亭（今陕西临潼县东北）就布防下来。秦廷派少府章邯赦免了犯了罪在骊山服劳役的人，以及家奴的儿子，也有数十万人，一起进击周文所率领的张楚军。张楚军大败，周文率残部逃出函谷关，在曹阳驻扎了两三个月。章邯追至，再败周文。文退居渑池十多天，章邯又至。周文溃不成军，拔剑自刎，壮烈殉难。

两汉时期

边 韶

边韶，字孝先，自号“卧游先生”，陈留（今属开封市）人。东汉初年教育大家、天文学家。仕桓帝延熹年间，为临颍侯相，迁北地太守，入拜尚书令，后为陈相。以文章知名，有诗、颂、碑、铭、书、策凡15篇。

边韶游学巴蜀，留恋梓邑，在长卿山西岩设馆授徒百余人。边韶在教书时，无论经史子集，总是先释其义，再诵其句。根据弟子天赋，因材施教，不主张“死背书”。喜欢与弟子讨论。他才思敏捷，出口成章，师生关系融洽。一次边韶午间小憩，弟子嬉笑云：“边孝先，腹便便，懒读书，但欲眠。”边韶应答道：“边为姓，孝为字，腹便便，五经笥，但欲眠，思经义。寐与周公同梦，静与孔子同意。师而可嘲，出何典记?”学生们都惊呆了，老师出口成章，做顺口溜也会教训人。

边韶对天文历算颇有研究，对“太初历”进行重新测算，将新发现写成《上顺帝书》，首次提出81分历法，测算出一年为365.25天，得出了日食周期为135个月，否定了殷周以后流行的“盖天论”，完善了太初历。

东汉桓帝延熹八年（165年），边韶为陈相，奉帝命作《老子铭》，刻石立于老子庙前。开帝王在太清宫御制碑碣之先例。

蔡 玄

蔡玄，字叔陵，今项城市南顿人，约生活于东汉安帝、顺帝时期。

他很有学问，精通《诗》、《书》、《礼》、《易》、《春秋》，早年以授徒传经为业，远近闻名。据《后汉书·儒林列传》记载：他创办私立学校（私塾）时，教授经学，慕名就学的门徒，经常保持在千人左右。学校学员名册历年登记的学员，多达1.6万人。孔子才招收弟子3000人，他的弟子已超过孔子5倍还要多。

那时，高级官员选用属员，都可自行征聘（即“征辟”）。地方官员仰慕蔡玄的道德学问，也曾多次想聘用他做幕僚，却都被他拒绝了。后来汉顺帝也听说了他的名声，就特诏征拜他担任“议郎”——皇帝的顾问，可参与朝政。皇帝的聘请他当然不能推却。他在皇宫为皇帝主讲《五经》的异同，很合顺帝的意思，顺帝就升迁他担任“侍中”的职务——皇帝的贴身顾问，可自由出入皇宫。

最后，顺帝外放他任弘农郡（郡境包括黄河以南、宜阳以西一带）太守，死于太守任上。

蔡 衍

蔡衍（121—168），字孟喜，东汉汝南项今项城市人。他年轻时曾在家乡设立学馆，用“礼”、“让”教化学生和百姓。善于处理民间纠纷争讼，对所有争端都能公平公正地进行调解。因此，乡里人有了争端都找他解决，即使被他判作无理的一方，也服其裁断。

桓帝时（147—167），蔡衍被乡里举为孝廉，不久，出任冀州刺史，步入仕途。当时，正值宦官与朋党之间斗争激烈，蔡衍不畏惧二者，亦不介入二者之争。中常侍具瑗拜托其弟蔡恭，让蔡衍举荐他为茂才，被蔡衍断然拒绝，并立案备查。蔡衍还上书弹劾河间相曹鼎，条陈其贪赃枉法的罪行。曹鼎之兄——中常侍曹腾得知弟弟触犯国法，就暗使外戚大将军梁冀写信向蔡衍说情，蔡衍未予理睬，结果曹鼎被依法治罪，降为左校。后来，朝廷任命蔡衍为议郎，掌管符节令。

大将军梁冀慕蔡衍盛名，想和他见见面，以便以后交往。蔡衍竟托病不去见他。梁冀自以为身居大将军之职，蔡必乐意见他，不料吃了闭门羹，于是怀恨在心。恰好当时南阳太守成瑨因受宦官诬告，被送给廷尉议罪，蔡衍和议郎刘瑜上表想救他，因言辞激烈，触怒朝廷，遂被免官。从此以后，蔡衍就闲居乡里，闭门不出。

建宁元年（168 年），灵帝即位。以蔡衍为政清廉，特诏恢复其原议郎职务。不巧，就在此时，蔡衍因病去世，时年 47 岁。时人赞其曰：“天下雅士蔡孟喜。”

曹丘生

曹丘生，复姓，生于秦末，楚人（今商水县姚集乡曹河村人）。少时家富，饱读经史，弱冠，成为当地学识博洽、能言善辩的儒士。青少年时，家道中落，生计日艰，遂携母随妻迁至本县北蔡寺西李庄村岳父家。曹出身学子，不谙耕稼，现寄人篱下，郁郁寡欢。唯足不出户，读书自遣。

西汉初年，战争创伤未治，皇室忙于权力之争，社会动荡不安，直至文帝刘恒登基，局势方才稳定下来。这时曹丘生已逾而立之年。他辞别家乡，到京城谋官，以求有所进身，摆脱困境。

汉代官路，主要是承袭、举荐、征召、封赐等形式。为了求得别人举荐，曹丘生千方百计结交权贵。先服侍文帝主管太监赵谈，因知之不深无果。后又投奔窦皇后的哥哥窦长君（名建）。窦长君贫苦出身，不识文墨，为人和善，不仗势骄人，被人称为“退让君子”。曹丘生主动拜靠，两人遂成好友。时任河西太守的季布，也与窦长君相交好，听说窦与曹丘往来，便给窦长君写信，说：“我听说曹丘生并非忠厚之人，你不要和他来往。”后，曹丘生对窦长君说想去见见季布。窦说：“季将军不喜欢你，你还是不去为好。”曹丘生不听，坚持要窦长君给他写引见信，窦长君无奈就只好写了。于是，曹丘生去见季布。他先让门人将信送给季布，季接信果然十分生气，发狠要看看曹丘是个什么样的人。曹丘生见到季布，先打一揖，说：“楚国有句谚语：‘得黄金百斤，不如得季布一诺。’你阁下怎么能在梁楚之间获得这么好的声誉呢？况且我是楚国人，你也是楚国人。我到处宣扬你的好，你的名誉能遍天下，我也有一份功劳，这个恩情难道不算厚重吗？你为何拒我于千里之外呢？”季布这才高兴起来。请曹丘生在府中住了几个月，把他当作上宾款待，别时又送给他很多东西。曹丘生在京城虽然结交了一些朋友，但终因没什么特长，也没捞到官职，悻悻回到家乡。

曹丘生在京城时，得知汉律法典只有《九章律》9篇、《傍章律》18篇，很不完善，决心为汉朝修一部完备的律典。回到故里后，他搬入单室，闭门谢客，专心修起律来。寒来暑往，殚精竭虑，累得体瘦容枯。其妻很是心痛。一日送饭时顺手摘了邻家两个桃子，想让丈夫尝尝鲜。曹丘生见到桃子，问及来历，其妻如实相告，曹丘生脸色顿变。按他定的法律，偷摘桃子，应断手指。他对妻子说，桃子你拿走，我不食偷来之物。并趁其妻不备，拿起裁纸刀，将其妻的手指剁去。对妻说：“为夫正修律典，白纸黑字，条条在目，若因是自己人犯法不惩，岂不成了一纸空文，故如此耳！”其妻忍痛离去。曹丘母和岳父家人知道后，都很生气。母亲骂他没良心，岳父要赶他出去。最后还是其妻说情，才将事情平息下来。

一日中午，因儿媳有事，曹丘生母亲给儿子送饭。见儿子专心书写，不忍打扰，放下饭便轻轻退出。不意出门时绊了下门槛，响声惊动曹丘生。曹丘一看是母亲送饭，立即来到母亲跟前，跪下说：“娘亲送饭不接不理、不迎不送，如此慢待，是大不孝也。儿修律犯律，罪当不容。”随即回房拿出刀，跪在母亲面前，剜去自己一只右眼，砍去一侧左臂。后因失血过多，生命垂危。弥留之际，对母亲说：“我死后，务将我写的律书送至官府，呈报朝廷。”

曹丘生死后，家人遵其嘱，将所修法典呈于官府，并将其潜心修律、严于自律、不避亲近、违法必究的事迹报告朝廷。朝廷感其德，诏谕地方：起冢立碑，建祠塑像，永久崇祀。

丁　兰

丁兰，东汉陈郡长平（今西华县西华营镇孝义寺村）人。

东汉末年，河内（今黄河以北）地区有一丁姓人家，男耕女织，互敬互爱，40多岁生下一子，取名丁兰。后，天遭大旱，丁兰父亲病饿而死，母亲带着幼小的丁兰背井离乡，讨饭来到陈郡长平（今西华县）丁家庄。丁姓人看他们孤儿寡母可怜，便将他们收留下来。

丁兰渐渐长大，但由于母亲的溺爱，养成了衣来伸手、饭来张口、好逸恶劳、贪图享受的坏毛病。对母亲百般挑剔，稍不随意，开口就骂，抬手就打。村中长者劝他孝敬老人，他骂人家是狗拿耗子——多管闲事。久之，也就无人理睬了。

一天中午，丁兰正躺在树下睡觉，忽然听见一阵乌鸦叫，抬头一看，原来是树上的几只小乌鸦正在喂一只老鸦。丁兰顿悟，乌鸦尚知反哺之情，我竟不如禽兽，视母为奴，靠老娘养活，还整天对她那样。越想越伤心，越想越悔恨，决心痛改前非，孝顺娘亲，让娘过一个幸福的晚年。

丁兰正闭目沉思之际，他娘提着饭罐喊："丁兰吃饭吧！"他猛然站起来接。他娘吓了一跳，心想：以往喊三五声还不动，今天刚喊一声就起来，一定嫌饭送晚了要打我。于是紧跑几步，结果一头撞在树上，顿时身亡。

丁兰见状，知道老娘误会了自己，抱着娘亲哭得昏天暗地，三日不进一滴水。他买来最好的棺椁，用最高的礼仪，埋葬了老娘；并请一位技术高超的木匠，雕刻了一个娘的全身像，安放在祭台上，一天三遍烧香磕头。就是出远门也必背上娘的像，像在家一样祭奉。

丁兰死后，村人感于其后来的孝行，捐资在丁母撞死之处修了一寺院，取名"孝义寺"，并将村名丁家庄改为孝义寺。经数年流传，后世人将"丁兰刻木孝母"列入"二十四孝"之一。

据清乾隆《西华县续志》载：丁兰宅，在县城东北30里。兰，河内人，迁居于此。

冯　唐

冯唐，祖父是赵国人，其父迁徙代国，汉朝时迁居安陵。冯唐以孝著称，担任中郎署长，事汉文帝。

西汉时，匈奴不断侵犯边境，文帝欲用冯唐，与其谈用兵之道。冯唐说："臣闻上古王者之遣将也，跪而推其将车前进，以表恭谦。并说：'朝廷内部之事寡人制之；朝廷以外之事，将军制之。'凡是军功赏赐皆由将军决定，回朝再禀奏。我的祖父说，当初李牧做赵国大将，赏赐决于外，皇上从不干扰，委任而责成功，所以李牧能够施展才能，选战车1300乘，骑兵3000，百金之士10万，是以此逐单于，破东胡，灭澹林，西抑强秦，南支韩、魏。当时，赵国几乎称霸。后新王迁立，乃用郭开谗言，终于杀了李牧，令颜聚代之。致使兵败士北，被秦人灭了国。今臣私下听说：魏尚为云中太守，拿出自己俸禄以飨士卒，士兵作战勇敢，因此匈奴远避，不敢近云中塞。终日力战，斩首捕虏，仅因一言不相应，朝廷以法绳之。臣愚，以为陛下法太明，赏太轻，罚太重。且云中太守魏尚坐上功大，陛下削其爵，罚作之。由此言之，陛下即使得李牧不能用也。臣诚愚，触忌讳，死罪死罪！"文帝听罢很高兴，当日命冯唐持节赦免了魏尚，复以为云中太守。而拜冯唐为车骑都尉，主持中尉及郡国军事。

公元前156年景帝立，以冯唐为楚相，年80而致仕。后武帝即位，求贤良，众推举冯唐，因其时年已90余，不能再为官，乃以冯唐子冯遂为郎将。景帝时，淮阳国（今淮阳县）为楚所辖。今淮阳县南有冯塘集（冯塘乡政府所在地），即冯唐任楚相时的住所。冯唐辞官后仍居于此，渐成村落，相沿至今。

郭　嘉

郭嘉（170—207），字奉孝，东汉末年颍川阳翟（今许昌禹州市）人。他自幼博览群书，潜心求索安邦定国之策，矢志救民于水火。27岁的时候，他投奔了"权倾天下"的中原豪强袁绍，但他的才华不为袁绍所识。郭嘉也发现袁绍气量狭窄、好谋无决，不知用人之道，于是毅然辞官离开袁绍，投奔了曹操。曹操一见郭嘉，如获至宝，赞叹道："使我成就大业的人，就是郭奉孝啊！"当即拜他为丞相军前祭酒（副军师）。

献帝建安三年（198年），郭嘉建议曹操乘袁绍北上攻打公孙瓒的良机，进军徐州，征讨袁绍的盟军吕布。曹操听从了这个建议，立即征讨吕布。三战三捷之后，吕布退缩城中固守，两军相持日久，攻打不下，众将领劝曹操回兵许昌，曹操也有退兵之心。只有郭嘉力排众议，再次向曹操建议说："吕布每战必败，被困孤城，内缺粮草，外无援兵，若激励将士奋力攻打，徐州指日可下。如果失掉这个战机，无异于放虎归山，将来勇冠三军的吕布与袁绍会合，必为心腹之患。”曹操采纳了郭嘉“穷寇宜追”的意见，日夜鏖军猛攻，终于攻克徐州，捉拿了吕布。

在曹操与袁绍的战斗中，曹操想消灭袁绍，把北方作为统一中国的基础，但又害怕袁绍兵多地广，实力雄厚，迟迟不敢下手。于是，郭嘉就以汉高祖刘邦从小到大、由弱变强，最后战胜强敌楚霸王项羽为例子，从政治、思想、组织、军事等方面，对袁、曹两个军事集团进行了具体的分析，得出了袁绍“任人唯亲”、“不知兵要”、“不知是非”等“十败”，而曹操“唯才是举”、“用兵如神”、“赏罚分明”等“十胜”的结论。郭嘉的战略思想为曹操所折服，鼓舞了曹操积极参与“官渡之战”，并最终以 2 万人马打败袁绍 10 万大军，创造了中国古代战争史上以弱胜强的著名战例。

官渡大捷后，袁绍忧愤交加而死。众将帅建议曹操乘胜围歼袁绍的两个儿子袁谭和袁尚。郭嘉建议说：“袁氏兄弟虽打了败仗，但还有一定的军事实力。袁绍临死的时候，没有确定两人谁是继承人，这中间袁氏弟兄两人必有一番争斗。假若穷追不舍，相逼太甚，袁氏兄弟必然相互联合起来对抗我们。因此我们应利用两人争夺继承权的矛盾，暂不进攻，以待其变，以逸待劳。而我军可以南下荆州，征讨刘表。”曹操一听，连称“妙计，妙计”！果然不出郭嘉所料，曹操率兵刚走到西平，袁氏兄弟就为争夺冀州自相残杀起来。曹操立刻挥师北上，袁谭乞降，袁尚逃窜乌桓。曹操轻而易举得了冀州、邺城、南皮等广大地区。曹操因郭嘉功绩卓著，就上表汉献帝，封郭嘉为洧阳亭侯。洧阳亭，位于今扶沟县南练寺镇境内，是当时扶沟管辖的七乡十二亭之一。其遗址就是今天的练寺镇严村，旧时又名“严泰城”。

建安十三年（208 年），曹操为消灭袁氏残部，准备攻打乌桓。众将认为乌桓距离许昌太远，怕刘表派刘备乘机袭击许昌。郭嘉向曹操分析说：“刘表自知才不如刘备，若重用刘备，怕久后难以制服；若不重用，刘备就不会为刘表卖力。因此刘备必然不为刘表重用。此次虽然虚国远征，许都必然无忧。而逃往乌桓的袁尚，一定觉得自己远在北方，不会有什么防备。”他建议：“如果采取突然袭击的军事行动，一定可以一举取得乌桓。”曹操再次采取了郭嘉的建议，取得了大破乌桓、消灭袁绍残余势力、平定北方的巨大胜利。

可惜，在这次远征乌桓的途中，郭嘉得了重病，死于军旅之中，年仅 38 岁。曹操痛惜地说：“郭奉孝是我们这一辈中最年轻有为的人，相处 11 年来，他最了解我，许多重大决策，均由他制定。我本想在大功告成之后，把治理天下的重任交付于他，不料半途夭亡，使国家折了一根擎天大柱，真真痛煞人啊！”于是曹操再次上书汉献帝，称赞郭嘉“平定天下，谋功最高”，请朝廷追谥他为贞侯，将他在洧阳亭的封地，由300户增加到800户。他的子孙郭奕、郭深、郭猎相继袭封为洧阳亭侯，直至三国魏黄初年间（220—226）。

郭 僖

郭僖，字公房，汉代扶沟（今扶沟县崔桥镇古城村，汉代为扶沟县城）人。东汉灵帝（168—189）宰相。郭僖少承家业，通晓儒学，以纯厚老成闻名。东汉桓帝延熹年间任廷尉。灵帝建宁二年（169年）以司徒之职拜相，翌年免职。

何 夔

何夔，字叔龙，东汉陈国阳夏（今太康县）人。汉末被曹操聘为司空属吏，后出任城父（今安徽亳州东南）令。献帝建安五年（200年）升迁长广（今山东青岛一带）太守。在任期间，曾镇压黄巾起义军的管承、王营等部。后来，曹操制订新法下达州郡，征收租税帛绢，何夔上书说："长广多次遭受战争灾害，人民流离失所，今虽初定，但因年景不好，庄稼歉收，此郡宜依边远新区的办法，予以豁免。"曹操批准了他的奏请，并让他参与丞相府军务。不久，海寇郭祖侵扰乐安、济南边界，州郡无力对付。曹操因何夔以前在长广素有威望，就调他为乐安太守。到任数月，诸城皆平。又调何夔为丞相东曹属吏。文帝曹丕代汉建魏后，升他为尚书仆射，封为成阳亭侯，食邑300户。何夔病故后，谥号靖侯。

桓 谭

桓谭（约前23—后56），字君山，沛国相（治在今鹿邑县太清宫镇东北）人。两汉之际唯物主义哲学家。汉成帝时，其父为大乐令（负责领导和管理音乐方面的事），17岁的桓谭以父任为奉车郎中，不久改任乐府令。哀帝时为郎官，负责计时、报时，由此研究天文，赞同"浑天说"。王莽居摄篡权之际，许多士人竞相表忠心、献辞称颂，桓谭却始终保持沉默，因此只担任掌乐大夫。更始元年（23年）拜大中大夫。

桓谭深研五经，精通训诂文字，写得一手好文章，常与当时的名儒刘向、刘歆、扬雄等人在一起切磋学问。当时的儒者，大抵琴、

棋、书、画都要兼通，桓谭当然也不例外。受其父影响，尤擅音乐。他对音乐具有浓厚的兴趣，曾说："我志乐听音终日而心不足。"可见他的喜爱达到了何种程度。

东汉建立后，大司空宋弘了解到桓谭是一位很有才学的人，就向光武帝刘秀推荐说："桓谭的学识与刘向、扬雄齐名，而在音乐方面却远远地超出他们，是当今不可多得的人才。"光武帝刚开国，正需要各方面的人才，刘秀立即表示要见桓谭。

桓谭被召到御前，刘秀当面问了他一些问题，果然是应答如流，不同凡响。桓谭立即被封为议郎，兼给事中。上任后，桓谭对于他的官职并不热心，他热心的仍然是音乐。他听到宫中的雅乐老是那一套陈旧的调子，翻来覆去地演奏演唱，不独演出的人打不起精神，连听的人也禁不住只想打瞌睡。因而他极力提倡音乐应当不断地创新，他说：我要离开陈旧的"雅操"而创造出新鲜、有生气的"新弄"。于是，他创作出了许多优美、悦耳的新曲子。他的创作也得到了光武帝的赞赏，因为皇帝也早就让那些死气沉沉的雅乐搞得很不开心。而大司空宋弘是一位比较守旧的人物，他认为新弄——亦即"繁声"如同郑卫之音一样，是亡国之音，是极其可怕的。他万万没有想到他自己一向看重的桓谭会搞出这样的音乐来，他决心教训一下桓谭。一天他穿好了大礼服，正襟危坐，把桓谭叫到官邸，没好气地对他说："我好心推荐你到皇上跟前效力，指望你忠心报效朝廷，你觉得你自己做得怎样？"桓谭的脑筋还未转过弯来，宋弘又说："你搞音乐我赞成，可是搞起什么靡靡之音的繁声来，这不是要把皇上引到邪路上去吗？你为什么不能遵从祖宗的章法呢？"桓谭这才明白事情的来由，作为官卑职小的他自然不敢分辩，只有唯唯而已。

受到这样的训斥和威胁，桓谭心中异常苦闷，他怎么也想不出自己错在哪里。一天，光武帝又把桓谭叫去弹琴。桓谭走到御前抬头一看宋弘也在座，他不由得浑身不自在起来。恰好此时，光武帝叫他弹奏新创作的曲子，桓谭不敢弹，又不敢讲；弹吧，又怕宋弘光火，真是如坐针毡。皇帝既然下了令哪能违抗，桓谭只好横下一条心，坐下来弹琴。他手在弹琴，心里可是一团乱麻，所以弹得心不在焉，常常出现错误。光武帝觉得不对劲，对桓谭说："怎么搞的，弹成这个样子！"桓谭吓得出了一身冷汗，连连说："下官该死！该死！"这时，宋弘站起身来向皇帝大大宣讲了一番雅乐如何如何好，新乐——繁声如何如何坏的道理。此时的皇帝本来对桓谭的表现已有几分的不满，加上宋弘的老资格，这些雅乐好、新乐淫的议论自然也就听进了皇帝的心里。不久，桓谭便被免去给事中的职务。

西汉末年，谶纬之风泛滥。谶是一种托言天意的预言或隐语。王莽篡位，曾利用谶语，伪造符命；光武帝刘秀也用它作为夺取政权和巩固统治的工具，中元元年（56年）颁布“图谶”于天下，使图谶合法化。桓谭极力反对谶纬。他说：“谶出《河图》、《洛书》，但有朕兆而不可知，后人妄复加增依托，称是孔丘，误之甚。”（《新论》）还说：“凡人情皆忽略了事实，而注重传闻。考察先代所作记述，皆以仁义正道为根本，并未有虚妄怪诞之事，大约天道人情，圣人也难以论说。自子贡以后，不得而闻，何况后世浅薄俗儒岂能通晓？现今那些方伎之家、术数之人，增益图书，而矫称为谶，以欺惑贪邪，诖误人主！”对政治十分有害。桓谭总结王莽、楚灵王等“好卜筮，信时日，而笃于事鬼神”，以致国破身亡的历史教训，指出：“国之废兴，在于政事，政事得失，由乎辅佐”，与是否信神祭鬼无关。光武帝对桓谭的见解开始没当回事，听得多了就非常反感。适逢商议建造灵台的事情，光武帝有意问桓谭：“用谶来决定如何？”桓谭沉默了好一会儿才回答：“臣不读谶。”光武帝问其故，桓谭答曰：“谶语非经。”刘秀听后很生气，以桓谭“非圣无法”将其下狱。后经桓谭及同僚求情，方得免，但被贬为六安郡丞（郡太守的辅佐）。

在哲学上，桓谭提出“以烛火喻形神”的有名论点，即把烛干比作人的形体，把烛火比作人的精神，认为“精神居形体，犹火之燃烛矣。如善扶持，随火而侧之，可毋灭而竞烛。烛无，火亦不能独行于虚空”。断言精神不能离开人的形体而独立存在，正如烛光之不能脱离烛体而存在一样。这一思想具有唯物论的性质。桓谭还指出灾异是一种自然现象。“灾异变怪者，天下所常有，无世而不然”。只要“修德善政，省职慎行以应之”，就可以转祸为福。他把人的生死看成是一种自然规律。这个观点是对当时广为存在的有神论的有力批判，对后来神灭论理论的形成有着重大影响，在中国古代哲学史上占有重要地位。

桓谭著有《新论》一书，主旨是对儒家的天命观进行批驳，其中有《琴道篇》乃是专门写琴的。从后人辑录的一些材料来看，《琴道篇》包括琴论、琴史、琴曲等几个方面的内容。关于琴曲，他一共介绍了7首作品，有《尧操》、《舜操》、《禹操》、《文王操》、《微子操》、《箕子操》、《伯夷操》。《琴道篇》的内容，对后世研究古琴艺术有着积极的意义。

黄　霸

黄霸（？—前51），字次公，西汉阳夏（今太康县）人。历任阳夏游徼（乡官，掌一乡的巡察缉捕）、侍郎谒者，左冯翊属下卒史，宣帝时任丞相。

黄霸性温良、谦虚，识闻博广，理事以法律为准，治民以教化为先，在当时官吏中政绩最为突出。《汉书·循吏传》中曾有“自汉兴，言治民吏，以霸为首”的记载。黄霸奉职守法，持政宽和。任左冯翊属下卒史时，管一郡钱粮，账目清正无私，经上司考察，补为河东均输长，后升迁河南太守丞。宣帝即位后，得知黄霸执法公平，召他任廷尉正。他多次明断疑案，深受众人好评，授任丞相长史。后因夏侯胜非议诏书，他附和不劾报，被廷尉查办下狱，三年获释。夏侯胜复出后任谏大夫，让左冯翊宋畸荐举黄霸为贤良，宋畸也不断向宣帝推荐，宣帝遂升霸为扬州刺史。三年后又下诏书表彰，并提升霸为颍川太守。

黄霸任颍川太守时，关心百姓疾苦。他让邮亭乡官养鸡喂猪，赡养鳏寡贫民；制定规章；布置各级下属官吏，深入民间；勉励百姓多做善事，谨防邪恶，勤于耕织，节俭财物，种树木，养牲畜等。他还经常到各地视察，了解下情，吏民都称颂黄霸英明。《汉书·循吏传》说："霸以外宽内明得吏民心，户口岁增，治为天下第一。"为此，皇帝又让他任京兆尹。后因征役修整驰道未事先行文上报等罪，连降品级，回任颍川太守。然而黄霸居官治理一如既往，前后八年，出现了"田者让畔，道不拾遗，养视鳏寡，赡助贫穷，狱或八年无重罪囚，吏民向于教化，兴于行谊"的大治局面，被宣帝赞扬为"贤人君子"、"国家栋梁"，赐爵关内侯，俸禄2000石。后聘为太子太傅，升任御史大夫。

汉宣帝五凤三年（前55年），黄霸代丙吉为丞相，封建成侯，食邑600户，移居杜陵。甘露三年（前51年），黄霸病逝，谥号定侯。

汲　黯

汲黯（？—前112），字长孺，西汉濮阳（今山东菏泽白虎乡汲堂村）人。景帝时官太子洗马，武帝即位，为谒者（专管皇帝的传达收发）。一次，河内郡（今河北省南部）失火，蔓延千余家。武帝命汲黯前往察视。黯回来后向武帝报告："乡村农家，房屋毗连，一家起火，火势及连多家，不足为忧。但我途经河南（今河南省西部），见遭水旱灾害，一万多家灾民饥饿少粮，以至父子相食，惨不忍睹。面对此情状，我就以您的名义开仓放粮，赈济饥民。我说了假话，假传了圣旨，请皇上治我的罪。"武帝听了汲黯的报告，不但没降罪于他，反而赞扬了他的做法。后来，因屡次向皇帝厉言直谏而被调任东海太守。

汲黯笃信黄、老之言，治务在无为，重大体，不拘小节。仅一年，东海郡大治，皇帝以功将其召回朝廷，任为主爵都尉，掌管列侯封爵事宜，位列九卿。

汲黯为人耿直，重信义，轻生死。是时，武帝正选招文学（官名。汉置宋废）儒士，其间多次向臣下表示："我想这样，我想那样。"汲黯对皇上坦率地说："陛下这样做不行，你内心多欲，只是表面施以仁义，怎能效法唐尧虞舜之治呢！"武帝很恼火，对人说："黯真戆呀！"朝中也有人指责汲黯，可黯说："天子设置公卿，是为让他辅助朝廷治理好天下，不是让他只会阿谀奉承。身为大臣，不能只顾自己不顾国家。"

大将军卫青在宫中当值时，武帝有时坐在床上见他（这是不礼貌的举动），丞相公孙弘在晋见时，皇上有时连帽子也不戴（衣冠不整为不礼貌）就接见他。到汲黯时，皇上衣冠不整齐，他就不去晋见。

他直言敢谏，不畏权势。后来，卫青的权势益重，人人畏惧，但汲黯却敢与他抗礼。他骂廷尉、御史大夫张汤为刀笔吏，不能做公卿；斥责丞相公孙弘内心奸诈，只会逢迎取悦皇上。结果遭到张汤、公孙弘的忌恨，连皇上也不太高兴。淮南王谋反时，非常害怕汲黯，说："这个人直言敢谏，是个宁死不屈的人；至于公孙弘等只不过像个刚发蒙的小儿，是容易对付的。"

他极力反对汉武帝反击匈奴贵族的战争。当匈奴浑邪王来降时，他又屡次提出与皇上不同的意见，但均遭武帝拒绝。不久，因犯小错而被免官。几年后，又起为淮阳太守。

汲黯任淮阳太守时，长年有病，身体很糟，常躺在床上处理公务。虽如此，但由于他心系百姓，清正廉洁，还是把淮阳治理得井然有序，老百姓深受其惠。为纪念他，淮阳人民在汲死后专为他修建一座"卧治阁"（原县招待所后院），后"卧阁清风"成为淮阳八景之一。

他任淮阳太守 10 年后卒于淮阳，葬于淮阳县城东 20 里汲冢集（今属郸城县）。

汲黯去世后，皇上念及他的功劳，封他的弟弟汲仁至九卿（朝内的高级官员），儿子汲偃至诸侯相（辅佐诸侯的官）。

雷　义

雷义，字仲公，江西鄱阳人。东汉顺帝年间（126—131）任南顿令。有关雷义的文字记述很少。清康熙二十九年（1690 年）由知县顾芳宗主持编纂的《项城县志》说他："清白持身，墨吏闻风遁去。"可见他是一个洁身自好、严于律己的好官。那些贪污腐化的官吏们见一县之长是这个样子，在他的手下不会有什么油水，也不会有什么好果子吃，便纷纷离他而去了，所谓物以类聚，人以群分，道不同，不相与谋者是也。

李　巡

李巡，东汉汝南郡汝阳（今商水县）人。灵帝时，李巡在朝为中常侍（传达皇帝诏令的官）。东汉末期，国势衰弱，皇戚擅权，宦官肆虐。李巡同济阳丁肃、北海赵祐等，坚守清忠，不参与"党锢"之争，得到灵帝及大臣好评。李巡看到，朝中众多文官学士争考甲乙科，以提高自己的品第学位，为在朝考中免出词语错讹，以行贿手段向兰台（朝中藏管经典图书的地方）御史索取经书章句，以备自己立说著文之用。李巡奏告灵帝，建议令朝中诸儒，正订经书文字，刻于石上，立太学院前，供太学生及文职官员抄录习用。灵帝认为可行，下诏鸠工采石，于汉灵帝熹平四年（175 年），令朝中文学家、书法家蔡邕和堂谿典等，正订经书文字，镌刻石上，立太学院前。计刻经碑 46 块，镌有《鲁书》、《曾诗》、《周易》、《春秋》、《公羊传》、《仪礼》、《论语》等 7 经，由蔡邕以隶书体写成。这是我国最早的官定儒家经本，对儒学教育及后世书法有很大影响。遗址在今洛阳东偃师县太学村。

刘　隆

刘隆（1—57），字元伯，河南南阳人。东汉光武帝刘秀建武十六年（40 年）任扶乐侯。扶乐故城在今扶沟县东南大新镇百党岗村。郦道元《水经注》卷二十二载："（蔡泽陂）水出鄢陵城西北……东南至扶沟城北……又东南经大扶城西，城即扶乐故城也。"

居摄元年（6 年）四月，刘隆的父亲与安众侯刘崇一起起兵讨伐王莽，兵败而死。因刘隆未满 7 岁而幸免于难。此后，刘隆游学长安，被更始帝刘玄授为都尉。但他见刘玄目光短浅，胸无大志，委琐不堪，难以成就大事，就借成亲之故离开了刘玄。半道上听说萧王刘秀转战在河内一带，知道他素有大志，关爱士兵，同情百姓，就立即赶去，在射犬（今河南沁阳境内）见到了刘秀。刘秀一见刘隆这个同乡到来，十分高兴，当即也授予刘隆都尉之职。

光武帝建武元年（25 年），刘隆与大树将军冯异一同抗拒更始帝手下的猛将朱鲔。次年，受光武帝派遣，刘隆与驸马都尉马武、护军都尉马成三人作为副将，协助虎牙大将军盖延合攻打据守睢阳城（今河南商丘市）的刘永。战后，刘隆以战功晋封亢父侯。建武四年（28 年），刘隆作为诛虏将军，先后与扬武将军马成一道讨伐在舒城（今安徽境内）的淮南王李宪。平定李宪以后，刘隆又奉光武帝派遣，在湖北境内的武当屯田。建武十一年（35 年）刘隆受大司马吴汉节制，与辅威将军臧宫、征南将军岑彭一起在荆门会师讨伐蜀郡。战斗中，刘隆奋勇争先，生擒蜀郡太守。之后，刘隆先后任南郡（今湖北境内）太守，授上将军印和竟陵侯。十五年（39 年），刘隆坐罪下狱，同时的 10 多人皆被处死，唯有刘隆因功高，被光武帝刘秀特赦免死。

建武十六年（40 年），刘隆又被起用，封为扶乐侯、中郎将，作为扶波将军马援的副手出击交趾，并大获全胜，刘隆因功被封为长平侯、慎侯和骠骑大将军，行使大司马的职权。建武中元二年（57 年）逝世，时年 57 岁，谥号靖侯。

汉明帝永平三年（60 年）春，为纪念汉室中兴的功臣，于洛阳南宫云台上绘出功劳最大的 28 位将军的画像，即“云台二十八将”，此后又增加到 32 将。扶乐侯刘隆作为汉光武重臣，亦在云台 28 将之列。

刘 钦

项城历史上，有文字记载的第一位项城县令就是汉光武帝刘秀的父亲刘钦（？—前 15）。他是汉景帝的后裔，当时的任职为南顿令——南顿县令。刘秀曾跟随他在南顿生活。公元前 15 年，刘钦逝世于任所，当时刘秀仅 9 岁。

《后汉书·光武帝纪》记载：刘秀建立东汉政权后，于建武十九年（43 年）秋九月，来到时属汝南郡的南顿县，在县府举办酒会。他一时高兴，当场表态要免去南顿一年的田租。可父老乡亲们却说：“您和您父亲在这儿居住过很久，熟悉这里的每个地方，如果真要赐予我们厚恩，就请免去我们 10 年的田租吧！”刘秀说：“田租是国家稳固的基础，免除的时间长了，恐怕国家承受不起。你们怎么能期望免 10 年田租呢？”官绅们说：“是皇上您舍不得吧，何必这样谦虚呢。”刘秀大笑，又加一年，免去了南顿两年田租。后人为纪念这事，就在当年刘秀讲话的高台（光武台）上建光武庙祭祀。史书上，对刘钦仅记“光武父”3 字，但他和刘秀却为项城人留下了很多物质的和非物质的文化遗产。

刘伯姬

刘伯姬（前 2—30），女，汉代南阳蔡阳（今湖北枣阳西南）人。汉高祖刘邦九世孙，汉景帝刘启七世孙。父刘钦，西汉时南顿（今项城市南顿镇）县令。伯姬兄妹 6 人，长兄刘縯、二兄刘仲、三兄刘秀（东汉光武帝）、大姐刘黄、二姐刘元。伯姬 4 岁时父母双亡，由叔父刘良将她从南顿带回南阳白水乡（今湖北枣阳南），由叔父、婶母养大成人。后随兄起事，南征北战，出生入死，驰骋疆场，多次遇险。

光武帝登基后，宁平（今属郸城县）一带因灾荒而乱，伯姬要求由她率兵东征宁平城，安抚地方并赈济灾民。建武二年（26 年），光武帝大封群臣。根据伯姬请求，她被封为宁平长公主，封地在宁平；其夫婿李通封为固始侯（封地在今淮阳西北柳林一带）。伯姬夫妇在宁平城营造了公主宫。一时，偏僻的宁平小城繁华空前，与京都车来人往不断，成了京东重镇。

伯姬25岁时与李通结为伉俪，可婚后不久又忍痛分离，从此过起形影相吊的寂寞生活。不久伯姬便生了病，且日渐沉重。伯姬病重期间，刘秀曾派皇后阴丽华带御医前往诊治。建武六年（30年），伯姬病逝于宁平，时年仅32岁。

伯姬死后，光武帝根据她生前夙愿，降旨在宁平城南10里的一块百亩高地上，为她营造了地宫，修建了陵园。

吕伯奢

东汉中平六年（189年），东汉王朝发生了董卓之乱。当时曹操在洛阳掌握着一部分兵力。董卓为扩充自己的势力，竭力笼络曹操，还任命他为骁骑校尉。但曹操拒绝与董卓合作，还密谋刺杀他，却未能成功，于是改名换姓逃出了洛阳。董卓又气又急，立即派兵追捕。

曹操逃出洛阳后，来到了他父亲的好友吕伯奢家，打算在吕家过夜。碰巧吕家还有宾客，曹操就想辞别。但吕伯奢和他的5个儿子坚持要曹操留宿，并把曹操的马牵走，把他随身携带的行李也藏了起来。曹操是从京城逃出来的，一直提心吊胆，生怕人家暗算。吕家父子越是热情，他越是怀疑，心想，他们为什么缠住我不放？莫非他们已经知道我是逃犯，要稳住我报官缉拿领赏？

曹操正在胡思乱想，忽听后院传来“沙沙沙”的磨刀声，还有人小声说话，曹操屏住呼吸，凝神细听，终于听到了一句话：“别叫它跑了，还是捆起来杀了吧！”

曹操一听大怒，立即拔出剑来，冲出房门，见人就杀，从前庭杀到后院，一气杀了8人。等到天亮，才发现后院捆着一头猪，吕家大儿子手里拿的是一把杀猪刀。自己的马匹行李也都还在。这时，曹操才知道杀错了人，心里后悔不及。于是，便眼含泪水，纵身上马，离开了吕家。

后来，曹操挟天子以令诸侯，移都于许昌。想到当年误杀吕家8人一事，便下令将吕伯奢所居住的村庄改名为吕家村。后又因村的西南角有一大水潭，所以又叫吕家潭（今称吕潭）。

1921年，吕潭镇中学（今吉鸿昌小学）为了美化校园，在当时学校的西北角靠近贾鲁河东岸兴建花园，整地时挖出一块石碑，由粗糙的青石制成，高约1.5米，上刻“伯奢故里”4字。

马　伦

马伦，女，东汉末年汝南郡汝阳县（今商水县）人。她是司徒袁安的第4

代孙袁隗之妻，东汉经学家、文学家马融之女。马融，曾任朝中校书郎、议郎、南郡太守，才高博洽，世称通儒，生徒常达千人。女儿马伦，端庄秀丽，聪慧过人，常随父侧，聆听父亲向诸生传授儒学经史。成年后成为一名博古通今、应辩自如的才女。在同“三世公卿”之家的袁隗新婚时，马家陪嫁妆饰丰盛，为门户相对之合。新婚之夜，夫妻进行了一次相互切磋了解的答辩。

袁隗问曰:“妇女之责，只是家庭箕帚而已，你何以生得这么珍丽呢?”

伦答曰：“生像珍丽是慈父母的垂爱，不敢违逆尊命。你若仰慕鲍宣、梁鸿之高尚，妾亦愿效少君、孟光来行事。”（愿效孟光“举案齐眉”）。

袁隗又问：“弟先于兄完婚之举，向为世人所笑；如今令姐尚未嫁人，你先出嫁，不怕世人所笑吗?”

马伦答曰：“我姐品行节操高尚端谨，与众不同，现未遇良匹，故待字闺中；不像那些浅薄之女，见媒即嫁，如是而已。”

袁隗又问:“南郡君（指伦父马融，曾是南郡太守）学穷道奥，文为辞家宗师，而所在之职，为何以货材所损呢?”

伦答曰:“孔子是大圣，不免武叔之毁（诽谤）；子路（孔子弟子）至贤，犹有百寮之诉（公百寮也是孔子弟子，曾污诉子路于季孙氏），我父获此损，正如其事而已。”

袁隗听后默然而服，帐外的偷听者为双方品学高尚而惭愧。自此，袁隗宠贵当时，马伦亦有名于世。

其后，董卓专权，废掉并害死少帝刘辩，立刘协为献帝，把持朝政。因袁绍、袁术起兵讨董卓，董卓恼恨，将在京的袁隗杀死。马伦节守，年60而终。

潘　乾

潘乾（？—168)，字元卓（一作元贞)，今西华县艾岗乡潘岗村人。潘乾学识渊博，才智过人。汉灵帝初赐他溧阳（今江苏省溧阳县）长，后于光和年间升任布政使。他勤政恤民，重教轻刑，矜孤颐老，宗懿招德，治内清平，百姓归心，绩效卓著。年老归里，在潘岗村创办乡学（汉代第一所乡学)。官府得知，册封为“朝阳寺”。

潘乾死后葬在潘岗村东南2里处。

彭　宣

彭宣，字子佩，西汉淮阳国阳夏（今太康县）人。他深通易经，学识渊博，很有名气。汉成帝（前32—前7）时，由张禹荐举，被诏为右扶风，后升廷尉，又迁升为太原太守。数年后，任大司农、光禄勋、右将军。公元前6年，汉哀帝刘欣即位，彭宣任左将军年余，后因故免官，以关内侯衔返家。数年后，经谏议大夫鲍宣屡次推荐，元寿元年（前2年）任光禄大夫，后升御史大夫，又转任大司空，封长平侯。哀帝死后，大司马王莽专权，彭宣辞官回乡，病逝于家中。谥号顷侯。

秦罗敷

汉朝时候，扶沟县城东南12里蔡河（其故道大约为现在的清水河）之畔秦家村的秦氏人家生了个女儿，取名罗敷，长得美丽动人。勤劳善良的罗敷，自小喜欢养蚕织布。相传她织的绸缎上有云锦、花朵、凤鸟等各种美丽的图案，鲜艳如画，很受人们喜爱。罗敷的聪明能干和美丽善良，得到了乡亲们的交口称赞。她出门采桑时，总爱提着一只精美的桑篮，络绳是用青丝编成，提把是用桂树枝做就。头上梳的是斜倚一侧、似堕非堕的“倭堕髻”（当时一种流行发式），耳朵上挂着晶莹闪亮的明月珠，上身穿一件紫红绫子短袄，下身围一条杏黄色绮罗裙。一切都是鲜艳的、明丽的、珍贵的、动人的。以至于周围的人都为罗敷所吸引：年岁较大的过路人放下了担子，手捋着胡须伫立凝视，流露出赞叹的神气；小伙子卖弄似地脱下帽子，整理着头巾；种田的农人看得失了神，活也不干了，回家故意找碴儿，摔盆砸碗，因为看了罗敷，嫌老婆长得丑。

后来，罗敷嫁给蔡河下游淮阳县的一个叫秋胡的人为妻。结婚3日，丈夫就远离家乡到鲁地的兖州做官。勤劳善良的罗敷，在家养蚕缫丝织布，侍候公婆。年轻的罗敷，十分思念远在千里之外做官的丈夫，经常登上村外的一处高台，远望山东方向，希望丈夫早早结束宦途，回乡夫妻团聚。因而后来人们就把这个高台称为“望鲁台”，把这个村庄叫做“鲁台村”。这是对淑女守信的纪念。直到今天，淮阳县还有一个鲁台镇，就是因此而得名的。

一天，罗敷正在村外桑林采摘桑叶，被一过路使君看见了。使君是太守、刺史一类官员的尊称。这位使君见了罗敷，就派了手下人去问：“这是谁家的漂亮女子？多少年纪了？”罗敷不动声色，一一作答。使君问道：“种地不如遇上丰收年，采桑养蚕不如遇上个做大官的，你可愿意坐上我的车，跟我回去?”罗敷的回答语气十分强硬：“我采桑力作，孝养公婆，不要人之金。何况你有你的妻，我有我的夫。各安其家室，乃是礼教之大义，岂可逾越?”为了摆脱这个使君的纠缠，罗敷就机智地夸丈夫的威势：“我家相公骑马出门，后面跟着上千人的僚属、差役；他骑一匹大白马，随人都骑黑色小马，更显得出众超群；他的剑，他的马匹，全都装饰得华贵无比。”接着她再夸丈夫官运亨通：“15岁做小吏，20岁就入朝作大夫，30岁成了天子的亲随侍中郎，如今40岁，已经做到专权一方的太守。”她还说自己的丈夫皮肤洁白，长着稀稀的美髯，走起路来气度非凡。罗敷越说越神气，越说越得意，而这个使君却越听越晦气，灰溜溜地离开了。

等到罗敷采桑回到家中，发现这位对自己不怀好意的使君，竟然是她在山东做官的丈夫，羞愤之下，出门纵身投入村外的蔡河清流，刚烈地结束了自己年轻美丽的生命。旧志载“陈（今淮阳县）有鲁台集，人传秋胡家于此，西有采桑园，旁有河，即罗敷投河处”。

为了纪念秦罗敷这位勤劳、美丽、忠贞的女子，秦家村的人们在村中建起了“罗敷祠”，又称“罗敷庙”，虽然也有人称为“秋胡庙”，但里面从来没有祭祀过薄幸郎秋胡。明清时期的《扶沟县志》均记载，秋胡庙在城东十里。秋胡庙里供奉的不是秋胡，而是罗敷其人。后来人们干脆就将村子改名为“罗敷庙村”。清康熙年间，扶沟县令屠又良游历罗敷庙后，有一首《秦罗敷庙》诗，说：“古庙千年尚到今，残碑未许藓痕侵。红颜不受桑间赠，羞杀衣冠暮夜金。”

两千多年来，罗敷成为历代文人墨客吟咏的对象。汉乐府里有一首著名的《陌上桑》，又名《艳歌罗敷行》，说的就是罗敷采桑的故事，是中国文学史上的名篇。曹操、白居易等著名诗人都有赞美罗敷的诗篇。唐朝大诗人李白有一首《日出东南隅行》赞美罗敷说：“秦楼出佳丽，正值朝日光。陌头能驻马，花处复添香。”到了元代，剧作家石君宝又把它改编为元杂剧《鲁大夫秋胡戏妻》的戏剧，又名《桑园会》。著名京剧大师梅兰芳、尚小云都曾饰演过秦罗敷。

至今，罗敷庙依然屹立在罗敷庙村中。

汝 郁

汝郁，字叔异，陈群陈县（今淮阳县）人。生来仁孝，5岁那年，母亲生病不能吃饭，郁经常抱着母亲啼哭。宗亲们都感到奇怪，于是就给他送字叫“异”。其母去世后，郁潜心读书，别无旁顾。贾逵知其贤，把他推荐给汉和帝刘肇，和帝立即征召他。见他很懂礼数，就重用他。每治一地，皆以德教化百姓，百姓交口称赞。因政绩卓著，累迁官至鲁相。

王隆

王隆，字文山，云阳（今陕西泾阳）人。王莽当政，王隆以父荫任郎一类的小官。后来他因社会混乱而避乱于河西一带，曾经担任酒泉太守窦融麾下的左护军。东汉建武年间（25—55）担任新汲县令。新汲县城在今扶沟县城西南柴岗乡境内汲下村东，原是扶沟县汉代七乡之一的汲乡。西汉宣帝神爵三年（前59年）在此设新汲县，后几设几废。隋文帝三年（583年），废除并入扶沟县。

王隆是当时著名的文人，被《后汉书》列入《文苑传》中。著有诗赋铭书26篇，以《汉官解诂》为著。《汉官解诂》原名《小学汉官篇》，1卷3篇。其书以童蒙书形式出现，列叙汉代公卿及内外官的名称、职掌，也收录边疆少数民族政权的官名。编纂为四言韵文，便于诵读记忆。《续汉书·百官志》里说：故新汲令王隆作《小学汉官篇》，略道公卿内外之职，旁及四夷，博物条畅，多所发明，足以知旧制仪品，对当时社会的影响比较广泛。东汉中后期重臣胡广（字伯始）深谙官制仪式，有“万事不理问伯始”之誉。他看重《小学汉官篇》，并亲自为其作注。

韦义

韦义，字季节，扶风（县名，今属陕西省）平陵人。汉顺帝阳嘉年间（132—135）为陈令，政绩卓著。官衙无事，牢狱空虚。数次上书皇上凭政绩罢免、提升官员，征集名儒，提倡儒学治天下，反对迷信（当时迷信盛行）。严格要求下属以民为重，奉公守法。当时朝中窦太后擅权，韦义贬刺窦氏，所以居官经久不迁升。后因兄韦顺之丧辞官。及卒（病死），陈州民众设灵祭祀，深表哀伤。

谢该

谢该，字文仪，东汉南阳章陵（今湖北枣阳）人，祖籍阳夏（今太康县）。善《春秋左氏传》，为世名儒，门徒千人。献帝建安中，他将《左传》中长期存在的数十个疑难问题，一一作以解释，名《谢氏释》。仕为公车司马令，后拜议郎。

薛汉

薛汉，字公子，陈国陈县（今淮阳县）人。出身书香之家，幼聪颖好学，以文章著称，尤其擅长预言吉凶祸福的文字和图记，收徒常数百人。汉光武帝建武元年（25 年），拜为博士。光武帝刘秀相信迷信，命薛汉校定宣扬符命占验的书。汉明帝永平十一年（68 年）为千乘太守，治郡廉洁奉公，政有异绩。后因处置楚地之事犯罪下狱，最终死于狱中。

应　玚

应玚（？—217），字德琏，应劭的侄儿，今项城市南顿镇上头村人。他父亲名叫应珣，官至“司空掾”。汉献帝建安时期（196—219），应珣与刘桢一起被丞相曹操聘用为掾属，后来转任平原侯庶子。曹丕任五官中郎将时，应玚任将军府的文学，著有诗赋数十篇，是东汉末年著名的“建安七子”之一。同为“建安七子”的曹植曾有《送应氏诗二首》（《步登北邙坂》和《清时难屡得》），就是送给应玚和应璩兄弟的。应玚的笔下，常表现出一种漂泊流离的感叹，行文委婉和柔而缺少豪放，这可能与他饱经世故沧桑的生活经历有关。

建安二十二年（217 年），应玚与同为“建安七子”的徐干、刘桢、陈琳同期死于瘟疫，归葬于项。高寺镇今存“应冢”，是为应玚墓，为省级文物保护单位。

曹丕《与吴质书》说：“德琏常斐然有述作之意，其才学足以著书。美志不遂，良可痛惜也。”原有作品集 5 卷，已佚，明人辑有《应德琏集》，仅存诗 6 首。

应　奉

应奉，字世叔，应顺的曾孙，约生活于东汉中期，今项城市南顿镇上头村人。其祖父应叠，父应郴（顺帝时任武陵郡守）。

应奉有一个特点，就是记忆力特强，幼时读书“五行并下”，记事处人，过目不忘。从小到大，凡他经历过的事，都能记忆犹新。据说 20 岁的时候，他为“决曹史”抄录全郡 42 县的罪犯（千余人）名单报送刑部。回郡以后，太守详细问他所送罪犯情况，应奉竟然能将所录罪犯的姓名、罪状、罪行轻重等，一一准确背诵下来，毫无遗漏。

顺帝时，武陵（今湖南常德市武陵区）蛮詹山的少数民族 4000 余人造反，地方县令都被他们抓了起来。征伐不下，朝廷下诏求才。经公卿朝议，四府推荐，桓帝永兴元年（153 年），应奉出任武陵郡守。他结合当地实际，采取的是安抚政策，结果闹事的蛮詹人或降或散，战乱很快平息。地方安静以后，他又大兴学校，全面清除陋政，后因公事被免职。桓帝延熹时（160 年左右），武陵的蛮人再次作乱。荆州车骑将军冯绲，认为应奉有威恩，蛮人只信服他，便上书请求让应奉与自己一同出征。朝廷任命应奉为从事中郎，赐钱十万。当时朝廷下给应奉的诏书说："蛮夷叛逆作难，积恶放恣。镬中之鱼，火炽汤尽，当悉燋烂，以刷国耻。朝廷以奉昔守南土，威名播远，故复式序重任。奉之废兴，期在于今。赐奉钱十万，駮犀方具、剑金错把、刀剑革带各一。奉其勉之。"应奉为冯绲设计了许多方略，军队大获全胜。

战乱平息后，冯绲推荐应奉担任了司隶校尉，这是汉代的高级军职，也是纠举不法官吏的督察官，后来成为京畿地区的高级督察官。他在任中不避豪权，纠奸罚罪，以严厉执法著名。

当时后宫朋党之争很厉害。邓皇后死，桓帝想立田贵人为皇后。应奉认为田贵人出身低微，不宜超登后位，上书谏阻说："臣闻周纳狄女，襄王出居于郑；汉立飞燕，成帝胤嗣泯绝。母后之重，兴废所因，宜思关雎之所远，五禁之所忌。"帝采纳应奉的建议，立豪门窦氏为皇后，引发了后来的"党锢事件"。应奉认为责在自己，就以有病为由，辞去一切职务，回故乡项城隐居。隐居期间，他追愍屈原以自伤，著《感骚》30 篇及《汉书后序》。后满朝文武继续举荐应奉，朝廷有重新起用他的意思，可他刚好在家乡因病去世，葬于百冢铺（今永丰乡）。

应　劭

应劭（约 153—196），应奉的儿子，字仲远（或仲援、仲瑗），今项城市南顿镇上头村人。他从小喜爱读写诗文，东汉灵帝时（168—189）举孝廉，被车骑将军何留征用为"掾"（属官）。

汉灵帝中平二年（185 年），汉阳（今甘肃甘谷东南）边章、韩遂联合羌人、胡人东侵三辅（相当于今陕西中部地区）。车骑将军皇甫嵩奉命西征讨伐，准备征用 3000 乌桓人前往。北军中侯邹靖上书谏阻，认为乌桓军队的人数虽多，但战斗力不强，不如征调鲜卑人。大将军的属官韩卓则认为，乌桓军队的人数并不多，而且与鲜卑是世仇，鲜卑人得知乌桓人被征调，一定会抄乌桓人的老家，那时，乌桓人就一定会回救自己的家。这对西征不仅无益，还会扰乱三军的战略部署。邹靖的老家离边境很近，对羌胡的情况很了解，如果让他征调鲜卑轻骑 5000 西征，一定能打胜仗。应劭不同意这些看法，韩卓就与应劭辩论，争议不下。汉献帝召开百官大会讨论这件事，大家都认为应劭的看法是正确的。皇甫嵩因听从应劭的建议，很快取得西征胜利。

汉灵帝中平六年（189 年），应劭出任泰山太守。

汉献帝兴平元年（194 年），曹操的父亲、前太尉曹嵩带着儿子曹德，从琅琊进入泰山境界，应劭忙派兵去迎接。料想不到的是，徐州牧陶谦素与曹操不和，曾多次受到曹军的攻击，他在得知这一消息后，派轻骑追杀曹嵩父子，把他们杀死在了泰山郡境内。应劭害怕曹操株连自己，急忙放弃泰山郡，又去投奔冀州牧袁绍，被任命为军谋校尉。

汉献帝建安元年（196 年），应劭病死在邺城（今安阳市）。

应劭虽然生活在战乱年代，仍注重学问研究，特别在法学方面，应当说是个专家。他在考察研究汉安帝（107—125）的民事案卷时，发现河间人尹次、颍川人史玉，都因杀人应处死，可是尹次的哥哥尹初以及史玉的母亲，向官府请求代死，尚书陈忠便从轻发落。于是应劭据律追驳，以正典刑。为此他又著《驳议》30 篇，并制定《律令》，成为当时的仪礼。任袁绍的军谋校尉时，献帝刚在曹操胁迫下迁都许昌，因为战乱，旧章湮没，书记罕存。应劭不胜感叹，就缀集所见所闻，著成《汉官注》5 卷、《汉官仪》10 卷、《律略论》5 卷、《春秋断狱》等专著，朝廷的所有制度，百官典式，都被应劭收编在了一起。

当初，他父亲应奉任司隶校尉时，曾命官府郡国报送前人像赞，应劭就连缀送上来的名录，把像赞穿插其中，编为《状人纪》。他还论及当时行事，著成《中汉辑序》；又撰写《风俗通义》，以辨别物类名号，释解时俗嫌疑，知识渊博。应劭还著有《汉书集解音义》等书，都留传于后世。

范晔的《后汉书》将他与应奉合传。

应　顺

应顺，字华仲，今项城市南顿镇上头村人，约生活于东汉中后期。章帝时，被举荐为孝廉（汉代选拔官吏的科目之一。以封建伦理为标准，与“贤良”等同。此制始于西汉董仲舒的奏请，是汉代仕进的必由之路。被选中者往往任“郎”），出任掌管政务文书的尚书郎，后转为“右丞”。

他廉直诚信，办事公道，朝廷选派他任冀州（今河北柏乡北）刺史（专司监察），很快又迁升为东平（今山东东平县东）郡守。他为人上不阿下不骄，在其位谋其政，赏罚分明。

刚刚 10 岁的和帝继位时（89 年），朝政已经被大将军窦宪兄弟把持。窦家横暴京师，就是地方官吏也多出其门。窦宪率军队驻扎河西，2000 石以下官员都要派人送礼，只有应顺没送。后来窦宪败亡，那些贿赂过窦宪的人都被罢免了，而应顺却因此名显朝野，步步升迁，最后出任“河南尹”、“将作大匠”（九卿之一，主管宫廷建筑）。任职期间廉洁奉公，为朝廷节省建筑经费上亿钱。

应顺的 10 个儿子，都以才能出众闻名当时。

依史记载，项城应氏家族显名始于应顺，鼎盛于汉魏至晋 300 多年，名显政坛、文苑的子孙 10 余人。其实，应氏家族在应顺以前汉高祖刘邦统一天下时，还出了一位不愿为官的“隐士”应曜。汉高祖聘请“商山四皓”辅佐太子治理天下，应曜在淮南隐居，也同时被聘。但他没有应聘。当时有一段民谣说“商山四皓，不如淮南一老”，可见应曜的学问、威望还要高于“商山四皓”。至于应顺是否是应曜的后代，因史书没有明确记载，不便臆测，但同为一个“应”氏，当无误。

虞诩

虞诩（？—137），字升卿，东汉武平（今鹿邑县邱集乡武平城村）人。虞诩的祖父虞经，是郡里很有名望的老狱吏。他平生执法公允，心地仁慈，每当年终上报案件时，他都为要被处决的犯人流泪。他常对人说：“东海于公高筑门楣，其子于定国官至丞相。吾决狱60年矣，虽不及于公，亦相差未远，奈何子孙不为九卿？”于是，就给虞诩取字叫升卿，对他寄予了无限希望，而虞诩后来也果然做到了卿大夫级别的高官。

虞诩自幼好学不倦，12岁即能通晓《尚书》。在虞诩很小的时候，他的父母双亡，是祖母抚养了他。虞诩长大后，承担了赡养祖母的重任，被县里推举为“顺孙”。陈国的国相看重虞诩的才学和操守，欲召为吏，虞诩却以“祖母九十，非诩不养”为由拒绝了。后来，祖母寿终，虞诩服丧3年后才入仕，被当时的太尉李修直接辟选到太尉府，后来拜为郎中。

东汉时期，北方的匈奴已经不是中央政权的心腹大患，聚集在西北边境上的羌人开始不断骚扰西北凉州，光武帝曾经向西凉地区派出护羌校尉，可汉朝和羌人的战争和摩擦却一直没有停息过。安帝永初四年（110年），东汉政府面临南匈奴的叛乱和西羌的民变，两面受敌，军队节节败退，尤以西羌的进攻为患。面对两个强劲的敌人，汉朝的兵力有点捉襟见肘。那时西羌已经攻打到凉州（今甘肃河西走廊一带）和并州（今山西太原），形势非常严峻。大将军邓骘以“军役方费，事不相赡”为由，想放弃凉州，集中力量对付北方的南匈奴。在一次公卿会议上，他打着比方说：“好像两件破衣，毁一补一，犹在一件可用，不如此，将两无所用。”邓骘的提议获得一片赞同之声。

虞诩知道后，急忙去找自己辅佐的太尉李修，痛陈断然不可弃凉州。他说：“公卿们议欲放弃凉州，我觉得这恐怕是亡国的愚见。”李修知道虞诩一向很有见识，就问虞诩有什么办法。虞诩说：“先帝开拓疆土，百战而后定，我们后世子孙怎么能轻言放弃呢？今困于军费，就放弃凉州重地，实在是浅薄之见。凉州一旦丢失，那三辅之地就是边塞了；三辅做了边塞，祖宗的园陵坟墓就在塞外了，富饶的关中平原就会战火连绵，连长安都会成为羌人铁骑随意出入的地方。这是万万不可取的。民间谚语都说：‘关西出将，关东出相’，凉州人民因为近于羌胡，民风剽悍，妇女也能操戈持盾，而凉州兵将勇猛更是超过其他地方。羌人之所以还不敢深入三辅，就是因为凉州在后，有所忌惮的缘故。如果放弃凉州，羌胡没有了后顾之忧，必然对汉朝形成心腹之患；凉州人民所以推锋执锐，无反顾之心，是因为他们属于汉民。若弃其地，迁其民，必然使生异志，虽用孟贲、夏育为卒，以姜太公为将，犹不能当敌。”他认为：“议者以为补衣尚有所完，吾恐若疽之侵，不浮不可收拾。假设凉州豪杰怨恨朝廷弃之，必然又生巨患，到时候局面就真是不可收拾了。”

李修听完这番话，甚为震惊，说道：“我没有想到这些，不是你说，几乎坏了国家的大事。”太尉进一步征询他的御敌之策，虞诩说：“今凉州骚动，人心不安。为了防止凉州由于动荡不安而发生变故，应该下令四府九卿，从凉州的豪杰和官吏子弟中选拔人才到洛阳做官。这表面上看是表示朝廷对他们的恩赏嘉勉，实际上是拿他们作人质，以防非常之变。只要他们有抗战的决心，就足以消弭边患。”李修觉得虞诩的话很有道理，就在御前会议上转述了虞诩的见解，得到众公卿们的一致认同，依照他的方案重新进行了部署，使凉州始终控制在东汉政府的手中。虞诩因此得罪了当朝权势煊赫的邓氏兄弟。当时在位的安帝只有8岁，朝政由皇太后邓绥临朝，其兄邓骘辅政，邓氏四兄弟同时被封为万户侯，分别控制着东汉的要害部门和地区。3年前，当羌人刚起事时，邓骘曾亲率大军往讨，结果大败而归。后以贵戚得任大将军，专断朝政，诸弟皆居显位。虞诩一个小小的郎官司竟敢推翻大将军的意见，丢了他的面子，叫他愤恨不已。

朝歌（今淇县）流民宁季等数千人造反，攻杀长吏，烧杀抢掠达数年之久，州郡官府都无能为力。于是邓骘便有意让虞诩担任朝歌长，以泄私愤。虞诩的朋友为他惋惜，以为他此去凶多吉少。虞诩却非常乐观，他笑着说：“志不易求，事不避难，臣之职也。不遇盘根错节，如何识别利器!”俨然一副英雄气概。虞诩刚到任，就立即拜见了河内太守马棱。马棱见他一介书生，不免叹道：“君儒者，当谋划于庙堂之上，奈何反来朝歌为官!”虞诩信心百倍地说：“我任职之日，士大夫皆相悼勉，而以我之见，知宁季之辈无能为也。朝歌者，韩、魏之郊，背太行，临黄河，距敖仓百里，而青、冀两州流亡万余人在此。贼不知开仓招众，劫府库兵器，守城皋，断天下右臂，故不足忧也。”“现贼众正盛，不好与之争锋，兵不厌诈，希望多给我兵马，交给我缉捕盗贼的一切权力，不受任何限制和妨碍。”

虞诩正式上任后，下令政府官员们分三等招募壮士：打家劫舍的为上，会盗窃的为中，好逸恶劳的为下。自属僚以下，都要把自己所知之人予以举荐。一时聚众百人。虞诩大摆宴席，赎其罪。然后让他们混入变民中，引变民出动。他伏兵四周，杀变民数百人，挫伤了变民的锐气。同时，虞诩又暗中收买了一些会缝纫的贫民，投奔到变民中，将特定的彩线缝在变民的衣服上，作为标记。一旦有变民出现在县城，官府就轻而易举地将他们捕获。变民因此十分恐惧，以为天神作对，都各自奔散了。一时间，市人都道虞诩神明，朝歌于是平定了下来。虞诩因此升为怀县县令。

元初二年（115 年），羌人入侵武都（今甘肃成县），邓太后因为虞诩有将帅的谋略，遂擢升他为武都太守，令其西行平叛，并在嘉德殿召见他，厚加赏赐。虞诩率部队前往武都途中，羌人首领率数千人，阻截虞诩于陈仓、崤谷一带。虞诩立即命令部队停止前进。为了麻痹羌人，虞诩扬言已上书皇帝派兵增援，只等援军一到就进剿。羌人信以为真，便分几路劫掠附近各县去了。虞诩乘其兵力分散的有利时机，率兵急速西进，日夜兼行 200 余里，还令士卒每人各造两锅灶，每天增灶一倍，终使羌人不敢逼近。有部下问他："当年孙膑围魏救赵时是采用逐日减灶之法，而将军您却逐日增灶；兵法上说，一日行军不得超过 30 里，以备不虞，而今我们却日行近 200 里，不是有违兵家大忌吗？"虞诩说："敌军人多势众，而我兵少，慢了则易被敌追击，速进则不为敌所预料；敌见我灶日增，必然认为援兵已到，故不敢紧逼。当年孙膑是示敌以弱，引敌追击；我今却示敌以强，吓退敌人的追兵，这是因为各自所处的态势不同的缘故。"

赶到武都后，虞诩清点部队，总共不满 3000 人。而羌人骑兵多至万余，已围攻赤亭数十日，形势对汉军非常不利。为了有效杀伤敌人，虞诩下令停止发射守城的硬弩，用骑兵惯用的小弓射箭，诱惑羌人来攻。羌人看到弓矢力弱，杀伤力很小，果然便合力向汉军发起急攻。虞诩令 20 名强弩手共射 1 人，发无不中，羌人死伤惨重，很快溃退下去。虞诩即挥兵出城奋击，羌军大败。次日，为了继续迷惑敌人，虞诩集合全部人马，从东城门出去，又从北城门回来，入城后又更换服装，来回数次。羌人始终不知城中汉军人数，十分惶恐，准备撤军北逃。虞诩早就料到敌兵必然撤退，便在浅水之处暗设伏兵 500 多人等待羌兵到来。不久，羌兵果然撤至，埋伏的汉兵四下杀出，羌人仓促奔逃，从此再也无力大规模侵扰东汉了。

军事上获得胜利后，虞诩又开始了他在民治上的努力。根据武都郡的地形，他构筑堡垒要塞 180 座，招还大量流离失所的难民，开始屯田耕种，发展生产，武都郡很快安定了下来。原先武都一带运道艰难，舟车不通，虞诩乃让吏士开凿船道，烧石剪树几十里，于是水运通利。虞诩刚到武都时，大米每石卖到数千钱，人口只有 1.3 万户。在虞诩的治理下，仅两三年的光景，大米每石跌到了 80 钱，人口增至 4 万余户。

由于政绩斐然，永建元年（126 年），虞诩被征召入朝，出任司隶校尉，负责整个东汉朝廷的司法监察工作。虞诩上任后，在短短的几个月里，便劾奏了太傅冯石、太尉刘熹，及中常侍程璜、陈秉、孟生、李闰等，使百官侧目，认为他为官司太“苛刻”。于是，司徒朱伥、司空陶敦、太尉朱宠三公一并上疏攻击他，理由是夏季里拘捕人犯，有违典制，使民为患。虞诩乃上书自辩：“法禁为俗之堤防，刑罚为人之衔辔。如今郡县各级互相推诿责任，百姓怨恨，上诉无门，而朝中士大夫以苟容为贤，尽节为愚。臣所举发之赃罪，千奇百怪，三公恐为臣所劾奏，遂加诬罪，臣愿效法古人史鱼，继之以尸谏。”汉顺帝刘保认为他言之在理，又为他的精神所感动，不仅没有加罪于他，反而将不称职的司空陶敦罢免了。

中常侍张防恃宠而骄，滥用权势，经常收取贿赂，干涉司法行政。虞诩多次查明了他的劣迹上奏，却都石沉大海，毫无结果。虞诩不胜其愤，就到廷尉那里自劾，要求入狱。并再次上奏：“昔日安帝任用樊丰，大乱朝纲，几亡社稷。今张防复弄权柄，国家之祸再于朝。臣不忍与张防同朝共事，恳请收之于狱，勿使臣重蹈杨震被诬之辙。”顺帝闻奏，把张防叫去核实情况。张防一见顺帝就号啕大哭，说虞诩陷害他。顺帝当然更相信陪伴自己长大的张防，便不分青红皂白以诬告之罪把虞诩下了大狱，罚做劳役。而张防并不肯就此放过他。为了除掉虞诩，使人对他进行残酷迫害，两天之中，虞诩竟遭4次拷掠，被打得皮开肉绽，惨不忍睹，就连狱吏也看不下去，劝他自己了结算了。虞诩张目怒视曰：“宁赴刑斩以示众人！”就是死了，也要奸佞背上一个恶名，绝不走自杀的道路。

虞诩“以忠获罪”的事情惊动了朝野，中常侍孙程、张贤来见顺帝为其申辩。拥立顺帝有功的浮阳侯孙程，为人正直，既能获得顺帝的尊重，又受到臣属的敬佩，说话是有分量的。孙程慷慨陈词：“陛下昔日被废为济阴王，最恨奸臣，知其倾害国家。今即帝位，反自为之，何以言先帝之非！张防贪赃枉法已明，又构陷忠良，宜速收其入狱。司隶校尉虞诩为陛下尽忠，而被羁押，应予释放，复其官职。”当时张防就侍立在顺帝身后，孙程大声叱道：“奸臣张防，何不下殿！”将他驱赶出去。又对顺帝说：“赶快收押张防，免得他又搬弄是非。”顺帝拿不定主意，征询几位尚书的意见。与张防交好的尚书贾朗在侧，他竟指虞诩有罪。这使顺帝更加犹豫。时虞诩之子虞顗在太学教书，为救父亲于危难，他同门生百余人，悲泣着高打白幡在皇宫门口请愿。适中常侍高梵的车驾出来，众人“叩头流血，诉言枉状”。高梵是当时很有权势的宦官，遂入宫谏言于顺帝。最终张防被发配边疆，贾朗等6人或死或黜，虞诩被赦出狱。虞诩不惜用自己的生命，为朝廷铲除了奸佞。孙程认为他有大功，又再次上书赞扬虞诩，语气更加激切。顺帝看到遍体鳞伤却仍然言辞坚定的虞诩，也心怀感动，任命虞诩为尚书仆射（相当于丞相）。虞诩终于完成了祖父对他位列公卿的愿望。

当时有一项弊政，允许老百姓出钱赎罪、赎罚，还美其名曰“谪罚输赎”。收来的钱号为“义钱”，说是用来赈济贫困，而实际上都入了太守、县令的私囊，并已成为惯例。不断有人举报贪官污吏借机敛财，但是上奏到刺史、三公那里后，很少再有向皇上奏报的。还是虞诩上疏说：“近来贫苦百姓上章控告郡守、县令聚敛百万以上者，匈匈不绝，谪罚收入达数千万，但三公、刺史极少举奏。而以往州郡以走卒钱（出钱免为官府差役）致人贫困，司空尚要劾按，以致州、郡、县长官皆被免黜。今后应遵从前制，罢废此类以钱代法之制。”此奏引起朝廷的重视，朝廷将虞诩的奏章原文传发下去，并切责州郡。“谪罚输赎”的坑民之法便自此罢废。

宁阳县主簿入朝控诉县令违法曲断，事情拖了六七年不见朝廷查办。于是他上书发牢骚说：“臣为陛下子，陛下为臣父，臣奏章百上，终不见音讯，臣可否北去单于诉怨？”皇帝读了这篇出言不逊的奏书，顿时火冒三丈。他将奏书掷给尚书们看。大家都顺着皇上的意思，欲定宁阳县主簿“大逆不道”的死罪。只有嫉恶爱民的虞诩轻松地说：“这不过是好像小孩子和父亲发发怨气罢了。他屡次上书，不能上达，这是有关官员的失职啊。这个人有些愚蠢罢了，不足以死罪。”顺帝纳虞诩之言，不过鞭挞了宁阳主簿而已。虞诩还当面责备了在场的诸位尚书：“小人有怨，不远千里，断发刻肌，到朝廷告诉而不为理，岂是我们做臣子的行为。君与人格卑污的长吏何亲，而与怨人何仇乎？”几位尚书都惭愧而心服。

虞诩秉性刚直，好刺举，多次因此而得罪权贵。他曾九遭谴考，三遇刑罚，但其刚正性格终老不屈。永和元年（136 年），虞诩迁尚书令，可是不久，他便“以公事去官”。究竟是什么原因，史家语焉不详，但从他“好刺举，无所回容”的性格看，大抵也是这类犯颜直谏的“公事”。后朝廷思其忠，复征用之，不久卒于任上。他在临终的时候对儿子虞恭说：“吾事君以直为道，行已无愧，所悔者，为朝歌长时，杀贼数百人，其中何能不有冤者？自此 20 余年，家门不增一口，斯获罪于天也。”虞恭也是俊才，后官至上党太守。

虞诩死后葬于邱集西南清水河西岸，墓冢面积 4500 平方米，封土堆高 5 米。墓前原立有清光绪三十年（1904 年）“汉尚书讳诩字升卿虞公墓”碑，现存鹿邑县博物馆。

袁　安

袁安（？—92），字邵公，东汉汝阳（今商水县）人。性耿直，敢于主持正义。

袁安历经明帝、景帝与和帝3代。明帝时，被举为明经，为太子舍人，后任楚郡太守，以严明著称。袁安赴任楚郡太守时，正值楚王英因谋逆株连数千人，狱中囚满人犯。袁安不先到衙门而径赴狱中。后经亲自调查，细审案情，发现有400余人与案无涉。袁安上书明帝，为之担保，言称：如不实愿领同罪。400无辜者遂得以释放出狱，众皆称颂袁公明断。一年后，袁安升任河南尹。履职清明，从不轻易捕人治罪。他知人善任，奖掖士子。他说："凡学士者，高则望宰相，下则希牧守，锢人于圣世，尹所不思为也。"闻之者皆感激自励。袁安在职10年，京师肃然，名重朝野。章帝建初八年（83年）升为太仆。元和三年（86年），代第五伦为司空。章和元年（87年）为司徒。

和帝继位，窦太后临朝，外戚窦氏兄弟专权，一意孤行。袁安不畏权贵，多次弹劾。车骑将军窦宪，争功邀宠，要北击匈奴。袁安与部分大臣上书朝廷，极力反对，说："匈奴不犯边塞，而无故劳师远涉，损费国用，非社稷之计。"数次上书，皆无音信，其他人畏惧而退，唯袁安坚谏不辍。

后来，窦宪又欲立匈奴降将为单于。袁安又据理力谏，窦宪不听。结果所立单于不久叛汉，带来巨大灾祸。

袁安屡谏不能改变朝中局面，深知皆因天子幼弱，外戚擅权所致。每至朝廷，与公卿言论国事，无不伤心流涕。和帝永元四年（92年）病卒。

袁 盎

袁盎（？一前148），字丝，今商水县大武乡城刘（安陵）村人。

袁盎处世诚信为本，不拘君臣，直言其事，在朝廷口碑极好。孝文帝时，绛侯为相，有人诬告绛侯谋反。孝文帝询问宗亲及朝臣，无人敢为绛侯求情，唯袁盎说绛侯无罪。绛侯方以得保全。

孝文帝常同皇后、慎夫人游于上林，皆席地而坐。有一次袁盎同行，休息时，袁盎撤去了慎夫人的座位，孝文帝与慎夫人皆不悦。袁盎说："臣闻尊卑有序则上下和。今陛下立有皇后，慎夫人乃是妾。妾主同坐有失尊卑，若如此行事，只能为慎夫人招来祸患。"后来，孝文帝将袁盎的话告诉了慎夫人，慎夫人转怒为喜，赐盎50金。

孝文帝驾崩，孝景帝即位，袁盎为太常卿。后来生病回到安陵老家居住，孝景帝仍不时差人至安陵向袁盎问策。梁王欲求为嗣，袁盎向景帝进言阻之，言明梁王不堪承继大统。梁王因此怨恨袁盎，派刺客刺杀袁盎。这名刺客也是深明大义的侠义之士，见了袁盎说："我受了梁王金钱，奉命刺杀你。但敬重你是贤者，不忍下手。可是，梁王欲置你于死地，以后还会派人来刺杀你，望你早做防备。”后来，梁王果然又派刺客，将袁盎杀害于安陵东门外。

司马迁在《史记》中赞誉袁盎是忠臣贤者，却死于小人之手，实乃千古憾事。

袁敞

袁敞，字叔平，东汉汝阳（今商水县）人。袁安之子。和帝时历任将军、大夫、侍中、东郡太守。拜太仆、光禄勋，后代刘恺为司空。有人告发其子泄露尚书省机密，免官。后以忤邓太后旨自杀。

袁逢

袁逢，字周阳，东汉汝阳（今商水县）人。以宽厚笃诚著称于时。灵帝时任太仆，后为司空、执金吾。朝廷以逢尝为三老，死后赐赉甚厚，谥曰宣父侯。

袁闳

袁闳，字夏甫，东汉汝南郡汝阳县（今商水县）人。生长在东汉末年，是东汉大司徒（即丞相）袁安的第5代孙。其父袁贺任彭城国（今江苏省徐州市）相（郡国主官，郡称太守，国称相，辖境一般大于郡，多为藩王的封地）。闳同胞3人居长，二弟忠为沛国（今安徽睢溪市西北）相。袁绍、袁术、袁遗、袁基等均为闳堂兄弟。

袁闳少年未随父母进官府，而在家读私塾，受儒学教育，励守操行，不骄不奢，苦身修节。至青年，品性正直，言行谨慎。一次休学时节，他到彭城国去省谒父母，改变姓名，徒步无随。至彭城国相府门前，门吏不为通报，连日进不得府，仍未吐露真名及与国相的父子关系。后其乳母外出，见闳大惊，入告夫人，才得入府相见。他向母问安交谈家事情况后，即求辞归。母遣驾车送之，闳称脑眩不肯乘。返家后，当地亲邻无人知此事。数年后其父卒于官，闳兄弟前往迎丧，坚持不收赙赠。一路服缞披绖，扶柩而行，悲痛劳累，冒犯寒露，体貌枯毁，手足出血，观者无不感伤。服孝3年期满，朝廷郡国，征召举聘皆不应。居处简宅，以耕读为业。其叔父袁逢（灵帝时任大司空）、袁隗（献帝初为太子太傅），以兄袁贺已殁，多次对闳馈赠钱物，均被推谢不受。

袁闳看到时局险乱，朝中宦官结伙擅权，把持朝政。皇帝不理政事，卖官鬻爵，加大了对平民的掠夺，百姓苦不堪言。他对本宗同辈兄弟与世争权、骄奢享乐大为反感。他常对兄弟叹曰：“吾先公福祚，后世不能以德守之，而竞为骄奢，与世争权，此即晋之‘三郤’矣。”（三郤指春秋时晋国的郤锜、郤犨、郤至，为官骄奢，后为厉公所杀）。汉桓帝延熹九年（166年），朝中发生了党锢事件，以曹节为首的宦官集团，以“诽谤朝廷”为名，将以李膺为首的党人逮捕禁锢200多人。袁闳听到后，对东汉彻底绝望，遂散发欲投迹深林。以母年高不易远遁，乃筑土室，四周不留门，自窗孔中纳食。每晨在室中向东拜母。母思闳，时往看视，母去便自掩闭。兄弟妻子均不得见。后母病殁，也不出屋服丧，人或以为狂生。闳在土屋潜身18年，太平道道首张角领导的黄巾起义爆发，攻没郡县，焚烧官府，捕杀官吏，富豪惊散。袁闳仍居土室，诵经不已，不为所动。起义军相约不入其室，乡人见状，就闳居处避难，皆相安无事。闳年57岁卒于土室，结束了一生。

袁 涣

袁涣，字曜卿，东汉陈郡扶乐人。扶乐城旧址就是现在的扶沟县大新镇百党岗村，当时叫大扶城。

袁涣的父亲袁滂担任东汉司徒，相当于宰相一职，而其子袁涣清高恬静，一举一动都合乎法度和礼节，因此年轻的时候，就被任命为陈郡（即现在的淮阳县）功曹。郡里的贪官污吏一听说袁涣上任，个个心惊，都自行辞职离去。后来他又被提升为侍御史和谯州令。刘备担任豫州牧（长官）的时候，推举袁涣为茂才。

此后，群雄割据，天下大乱，袁涣躲避到江淮之间，被袁术任命为谋士。他对袁术说的话，常常坚持正义，即使袁术也不能抗衡，但依然对他很尊敬，不敢有不礼貌的行为。不久，袁术在阜陵被吕布打败，袁涣被吕布留在身边任职。

在这之前，吕布同刘备的关系很好，还打算结为儿女亲家，但后来两家起了矛盾，吕布就让袁涣写信去骂刘备。袁涣是个名士，不屑于干这种差事，吕布三番五次地说也没用。吕布火了，把刀架在袁涣的脖子上，说：“先生如果再不写，就一刀砍了你!”

袁涣一听，反而笑了起来。他从容不迫地对吕布说了一番道理：“主公，自古以来，我听说只有以德服人，而从来没有听说以辱骂来折服人的。假若刘玄德是君子，他是不会因为将军您的辱骂而感到羞耻；但假若他是小人呢，也许就会用同样的办法来回报您，那么，这样的侮辱不就会落到您身上吗？何况，我或许有一天为其他人效力，我是会像今天给将军效力一样的。假若我一离开将军，就来辱骂您，那样行不行?”吕布听了这番话后，自觉惭愧，方才罢休。

吕布死后，袁涣归从了曹操。当时曹操招募民众屯田种粮，开始农民不乐意，大多逃走了。袁涣就向曹操建议说：“人们都喜欢安居乐业，不能一下子改变他们的生产生活方式，而应该因势利导，循序渐进，不能强迫命令。”曹操采纳他的建议后，老百姓十分高兴，屯田得以顺利进行。

有一段时间，盛传刘备死了，群臣都向曹操表示祝贺，唯有袁涣一人因为受到过刘备推举而不祝贺。曹操听说袁涣当日拒绝吕布的事情后，曾问袁涣的叔伯弟弟袁敏说："袁涣的勇敢和怯懦是什么样子呢?"袁敏回答说："我涣兄平日貌似和柔，然而当他临大节、处危难的时候，就是春秋时期的勇士魏贲、孟育也比不上他的。"

后来袁涣升迁为梁相，再为谏议大夫、丞相军祭酒。他处理政事崇尚教化，三思而后行，外温柔而内能断，而且为官清正廉洁，虽然前后得到的赏赐很多，却全部救济了穷困，始终不过问自家产业，以至于家中没有储备，没钱了就向人借用，但当时的人都佩服他的清廉，后来因为疾病而辞官，但很久以后老百姓还都很怀念他。

袁涣死后，曹操十分悲痛，为之痛哭流涕，下令赏赐袁涣的家人谷米2000斛。曹操还安排说：这2000斛谷米，要用公家官仓太仓里的1000斛谷米，赏赐郎中令之家，用自家私人的1000斛米赏赐袁曜卿之家。曹操怕人们不理解他这样做的含义，特别解释说道："用太仓谷赏赐郎中令家，是官法，用垣下谷赏赐曜卿家，因为他是我的故旧啊!"由此可见曹操对袁涣的感情之深。

按照袁涣的生前意愿，家人把他安葬在家乡汉扶乐城北。

袁　良

袁良（36—131），东汉陈国扶乐（今扶沟县东南百党岗村，又名柏子岗，即汉扶乐县旧治）人。他的先人是虞舜的后裔，世世代代为封君，到涛涂时以字立姓为袁，其后人在秦末兵乱时隐居河洛。司马迁《史记·高祖本纪》记载："高祖三年（前204年），辕生说汉王曰，汉与楚在荥阳相持不下，已经好几年了，其间汉常处于困境。这一次愿大王兵出于武关，项羽必引兵南走去迎击大王之兵。大王深沟高垒，坚守不战，牵住项羽之兵，使荥阳、成皋之间得以休整。同时使韩信等联合河北、赵地、燕、齐兵力。大王那时再引兵赴荥阳。这样一来，汉兵得到休息，兵力复振，再与楚战，打败楚兵那是一定的啊。"汉王从其计。袁良碑文上讲的"高祖破项实用其策"就是这个事情。天下安定以后还宅扶乐。辕（即袁）干因斩贼先勇的战功而拜黄门郎，封关内侯，食邑乡600户。后代袁经、袁山嗣封，传国3世，至王莽时绝封。袁良即袁山之曾孙，先是被荐举为孝廉，历任郎中、谒者、将作大匠、丞相令、广陵太守。讨伐江贼张路等，威震徐方。后谢病归家。孝顺初，帝复诏拜议郎，符节令，继拜国三老。后因年事高请辞归家，皇帝御九龙殿引对饮宴，使者持节安车。永建六年（131年）二月卒。袁良去世，归葬扶乐县城北诸袁墓。郦道元《水经注》里说："沙水又东南经大扶城西，城即扶乐故城也。城北二里有袁良碑，云：良，陈国扶乐人。后汉世祖建武十六年（40年），更封刘隆为扶乐侯，即此城也。"

袁　敏

袁敏是袁徽的弟弟，袁涣的堂弟，东汉陈郡扶乐人（扶乐县城旧址在今扶沟县东南大新镇境内）。身怀武艺而爱好水工，官至河堤谒者。东汉末年天下大乱之前，袁涣慨然说道："汉室江山衰亡，离天下大乱没有多少日子了。如果天下纷扰，将要逃亡到哪里安居呢？假若苍天还没有丧失天道，民众以道义存身，唯有强大而有礼节可以庇护自身啊！"袁敏则说道："古人曾言'知道天机的神明啊'。故君子见机而作，是可以大吉大利的。天理有盛有衰，汉室将要灭亡，大动必有大事。如今兵戈既兴，外患必多，我将要遁迹于高山大海，以求免除自身祸患啊！"于是到东汉末年天下大乱的时候，袁涣与袁敏各行其志了。

袁　滂

袁滂，字公喜（一作公熙），东汉陈国扶乐村（今河南扶沟东南大新镇百党岗村，古名大扶城，即汉扶乐县旧治）人。袁绍的族兄袁闳之孙，但年龄比袁绍、袁术还大。当年袁闳与袁逢、袁隗兄弟不和，因而离开汝南郡，搬到约50公里以北的陈国扶乐县定居，袁氏家族由此一分为二。但袁滂的儿子袁涣曾与袁术关系密切，其后裔历仕魏晋、南北朝，直至隋唐不衰，是唐初名相房玄龄的效仿对象。东汉灵帝光和元年（178年）春二月，袁滂由光禄勋升任司徒，即宰相之职。范晔《后汉书》说他："为官简素寡欲，从不言人短处。当权宠之盛，或以同异致祸，唯袁滂独中立于朝，故爱憎不及焉。"袁宏的《汉纪》载：滂虽身处司徒高位，但纯素寡欲，善于处世，从不在他人前后言人之短。那时，不少身居高位之人，自认为有皇帝的恩宠，就不断对时事大谈自己的见解，表明自己的立场。由于派系林立，不少人因此而罹祸，但袁滂在朝中保持中立，拥戴与憎恨他的人，都没有加害于他。

灵帝光和二年（179年），因日食、地震接连发生，春二月，袁滂被以灾异现象免去司徒职务，由太鸿胪刘郃继任司徒。东汉献帝时袁滂又任执金吾一职。

袁　绍

袁绍（？—202），字本初，东汉汝阳（今商水县）人。高祖袁安，曾祖袁京，祖父袁汤，父袁成，皆居高位。袁绍仰恃祖辈权势，初为大将军何进属官，后升为侍御史、中军校尉，以至司隶校尉。中平六年（189年），灵帝死，少帝继位。何进掌握重权，召并州牧董卓进京诛宦官，卓未至京师，何进被杀。后董卓尽揽朝政，欲废汉帝，袁绍愤然奔冀州，号召起兵讨伐董卓。初平元年（190年），关东各路讨卓军队以袁绍为盟主，进屯洛阳周围。经过五六年混战，袁绍占据冀、青、幽、并4州，成为当时兵多地广的割据势力。

袁绍“志大智小，色厉胆薄”。建安五年（200年）十月，袁绍与曹操在官渡（今开封市中牟县东北）会战，绍一意孤行，不听谋士意见，10万人马被曹5000将士击败。建安七年（202年）正月，袁绍抑郁发病，五月呕血而死。

袁 术

袁术（？—199），字公路，东汉汝阳（今商水县）人。袁绍弟。举孝廉，累迁至河南尹、虎贲中郎将。董卓专权，术畏祸逃亡南阳，据有其地。初平四年（193年）为曹操所败，率众奔九江，据扬州。李傕入长安，结术为援，授为左将军，封阳翟侯。建安二年（197年）称帝于寿春（今安徽寿县），号仲家。骄奢淫逸，挥霍无度，江淮百姓缺衣少食，死者甚众。将士离心，部众多叛，乃归帝号于袁绍。后为曹操所破，病死。

袁 汤

袁汤，字仲河，东汉汝阳（今商水县）人。袁京之子。少传家学，习《孟氏易》，诸儒称其气节，多历显职。桓帝初拜司空，以豫议定策封安国亭侯，食邑500户。累迁司徒、太尉，以灾异策免。卒谥康。享年86岁。有子12人。

袁 盱

袁盱，出身士族，袁敞之子，东汉汝阳（今商水县）人。累官至光禄勋。及大将军梁冀专擅朝权，盱正身自守，不相阿附。后桓帝使盱持节守梁冀印绶。

袁 忠

袁忠，字正甫，东汉汝阳（今商水县）人。出身士族，与名士同郡人范滂为友。初平年间任沛相，乘韦车到职，政以清亮著称。后弃官避居上虞。及孙策攻破会稽（治今浙江绍兴），忠浮海至交趾（今越南北部）。献帝征为卫尉，卒于途中。

袁 准

袁准，字孝尼，东汉陈郡扶乐（汉扶乐县旧址在今扶沟县大新镇境内）人。是御史大夫袁涣的第四子。袁准为人忠信公正，好学不倦，不耻下问，且乐于助人，唯恐他人不胜自己。因为世道多艰而恬然推拒乡间，不愿意在仕途上追逐进退。袁准著述十分丰富，有10万余言谈论治世的要务，有《五经滞义》为《易》、《周官》、《诗经》、《左传》、《论语》作注解，探圣人的微妙之言以传于后世。荀绰《九州记》称赞他“有俊才”。到了西晋武帝泰始年间（265—274）才担任给事中职。

颖　容

颖容，字子严，陈国长平（今西华县）人。博学多识，尤其精通《春秋》、《左传》。从师太尉杨赐。郡里选拔他为孝廉，州里招聘他为公车，他都不接受。汉献帝初平中（190—193），避乱荆州，刘表任其为武陵太守，他坚辞不就。聚集弟子1000余人讲学，著《春秋左氏条例》5万余言。卒于建安年间。

张　劭

张劭，东汉儒士，字元伯，汝阳（今商水县西北）人。年少赴洛阳，入太学，与山阳郡人范式为友。二人返乡分别时，范式对张劭言：“两年后前往府上，拜望尊亲，看望令郎。”并约定具体日期。相约期到，张劭告诉母亲，设馔食等待。范式果于当天到达，流连数日，尽欢而别。张劭去世时，范式乘素车白马，哭号而至汝阳，执拂将灵柩送入大茔，并停留冢侧，修坟栽树后方离去。

赵　苞

赵苞（？—177），今西华县叶埠口乡赵寨村人。官至辽西太守。时，汉人与鲜卑人交战。鲜卑人劫赵母作人质，逼赵苞投降。赵苞至两军阵前，哭着对母亲说：“儿子本想出仕朝廷，挣些俸禄孝敬双亲，不料竟然连累了母亲。我身为王臣，不能顾私恩而毁忠节啊！”赵母凛然道：“人各有命，怎么能事事相顾？千万不要为了我而毁了你的大节！”赵苞听后，悲愤异常，遂冲进敌阵，砍杀数人。鲜卑人恼羞成怒，杀了他的母亲。赵苞哀痛万分，吐血而死。朝廷追谥他为孝义侯。

召信臣

召信臣，字翁卿，西汉时九江寿春（今安徽省寿县）人。以明经甲科（汉代考试取士，分甲、乙、丙三科）出身任职为郎中，公元前40年左右补为谷阳（今鹿邑太清宫镇，汉时为谷阳）长。西汉名宦，水利专家。《汉书》将其列为西汉“治民”名臣之一。

召信臣在谷阳期间，为官勤勤恳恳，视民如子，喜欢为民兴利，总是想办法让百姓致富，因此受到民众的广泛称颂。他经常身体力行劝导农耕，出入田间，住在乡野亭舍之中，很少有安闲在家的时候。当时，谷阳“邑多水患”，稍有雷雨涡水、谷水，即漫溢成灾，农民“播种既毕，旱涝皆听之于天”。召信臣为了解决灌溉问题，发展农业生产，亲自徒步巡视邑中各处水道，募民开挖沟渠，修筑水闸和其他蓄排设施，总共有几十处，有效改变了境内非涝即旱的状况。老百姓种地有了保障，家家积蓄渐丰。在召信巨主持兴建的水利工程中，最有名的是阳都陂（在今县南40里）和偃王陂（在今县西南40里郸城县虎头岗北）。

召信臣不仅大力兴修水利工程，也注重管理。为了做到合理灌溉，防止争抢，他又为民众制订了用水的规定，并把它刻在石头上，立在田边。召信臣还大力提倡节俭，反对铺张浪费，禁止民间婚姻嫁娶和丧葬中的铺张行为。对于那些游手好闲、不事农耕的纨绔子弟，他常常严厉斥责，严重者还要治以不法之罪，以此显示他的好恶。他治理的地方没有不耕稼力田的，社会风气极好，以前流亡在外的百姓纷纷回乡，户口倍增。而盗贼绝迹，讼案也几乎没有。召信臣因在谷阳治行考核高第（考核优秀者称高第）而升任上蔡长。

后召信臣被越级提拔为零陵（今湖南零陵）太守，但因病辞职回家。以后又重新被起用为谏大夫，调任南阳太守。南阳官吏百姓都十分尊敬热爱他，尊他为“召父”。荆州刺史上奏说信臣为百姓兴利，使郡县殷富，皇上便赐给他黄金40斤。后任河南太守，其政绩在全国多次排在第一，因而其品秩几次得到提升。

元帝竟宁元年（前33年），召信臣被拜为少府，位列九卿。召信臣上任以后，通过调查，对于皇室的各种用度提出了许多节省开支的建议，大力改革皇室内部用度。他曾多次上疏，裁减乐队、戏班等靡费之项，不再大肆修缮偏远宫馆。当时已经利用温室在冬天种植葱、韭等蔬菜，供宫中享用。召信臣认为这些都是“不时之物，有伤于人”，也奏议裁撤，每年省钱数千万。

郑当时

郑当时，字庄，陈县（今淮阳县）人。他的父亲名叫郑君，曾是项羽手下的一员战将，项羽死后，归属了刘邦。高祖刘邦下令凡是项羽部下的降将，都要造册登记，郑君不愿意登记。后来凡是登记在册的都做了大夫，而郑君被驱除出来。郑君死于孝文帝之时。

郑庄以行侠仗义而自喜，曾经在危险处救过张羽，因此在梁、楚之间很有声望。孝景帝时，曾做过太子舍人（门客）。郑庄喜交际，常在长安诸郊设置驿马，以备接送宾客。平时慰问答谢友人，是夜以继日。就是这样通宵达旦地应接客人，还常怕有遗漏。郑庄平时爱好黄老的学说，听说道德高、修养好的年长者，唯恐不能一见。虽然他年少官职低，但他交游的多是祖、父辈的天下有名之士。

汉武帝即位后，郑庄逐渐迁升为鲁中尉、济南太守、江都相，直至九卿，为右内史。后来在武安侯田蚡与魏其侯窦婴的矛盾斗争中，因议论不当，被贬为詹事。武安侯、魏其侯事件平息后，再升任为大司农。

郑庄身居高位，却礼贤下士，常告诫门下："凡有客人来访，不论职位高低，身份贵贱，一律不准留于门外。"尤对老者礼仪有加。郑庄清正廉洁，从来不治田产家业，即便是自己的俸禄，有时也周济宾朋。每当听到人们讲述古代圣君治国经世的至理名言后，马上呈献皇上，唯恐落在人后。故此，殽山以东的贤士大夫，一致推崇称赞郑庄。郑庄在朝为官，从不独断专行，遇事总与同僚商议，广泛征求意见。

到了晚年，由于汉天子连年征战匈奴，又要招服四方少数民族，天下费用太多，国库钱粮匮乏。郑庄多年在大司农职位上，一些宾客也在司农府就职，就出现了有人拖欠赋税，还有人欠下未偿还的债务。于是淮阳太守司马安就上表弹劾此事，郑庄因此获罪，贬为庶人。

不久，有人上表为郑庄申诉并请求让他担任长史。朝廷认为他年纪已老，就让他担任汝南太守。数年后死在任上。郑庄死后，家无余财，宾客也逐渐冷落。不过他的兄弟子孙官至二千石者有六七人。

太史公司马迁对汲黯、郑庄有过如下的评语："夫以汲黯、郑庄之贤，有势则宾客十倍，无势则否，况众人乎！"太史公还说："一死一生，乃知交情；一贫一富，乃知交态；一贵一贱，交情乃见。汲、郑亦云，悲夫！"这些评语，表达了太史公对当时世态炎凉的无比愤慨。

钟 兴

钟兴，字次文，东汉汝南郡汝阳县（今商水县张庄乡）人。东汉建立政权初期，钟兴已是当地饱读"四书五经"的儒生。王朝局势大定之后，钟兴赴京都洛阳，拜当时著名大儒丁恭为师，治学儒家经典《公羊春秋》，成为丁恭数千弟子中品学优异者。学业有成，被举为"明经"，步入官场，被光武帝刘秀诏拜为左中郎将（统领皇家侍卫的官）。刘秀是位太学生出身的皇帝，很重视儒学教育，下诏让钟兴定儒学春秋章句，传授给皇太子，成为皇师。钟兴学识渊博，讲解彻理入时，很受光武帝刘秀的赞赏。随后又下诏宫室皇亲、诸侯大臣，同太子一起听钟兴传授儒家《公羊春秋》学。钟兴以史为鉴，论释治国安邦之理，深得帝心及公卿大臣的好评。后来光武帝刘秀加封钟兴为关内侯，钟兴以自己无功，拜谢不肯受封。光武帝说："你教授太子及诸王侯，岂不是大功吗！"钟兴答说："我之学业来自我师丁恭，要封该封我师。"遂固辞不受。光武帝以其推荐，封丁恭为关内侯、博士及谏议大夫。钟兴后来卒于官，他的博学与高尚品德永留《后汉书》儒林传中。

周　防

周防，字伟公，东汉汝南郡汝阳县（今商水县张庄乡）人。周防从小聪敏好学，其父周扬，因家境不富，不能延师教子。周防16岁被郡府收为小吏，成为郡守的掾史（办事属官）。光武帝刘秀晚年巡狩视察汝南郡时，召郡中掾史测试经文，周防在应测试时口若悬河，读字准确，能大段熟背经文，得到光武帝的赞赏，拟封周防为郡丞。周防以自己年未冠，辞谢不受。后以师礼跟随徐州刺史盖豫学习《古文尚书》。3年后被举为孝廉，被明帝诏拜为郎中（管理车、骑、门卫的官）。周防在任上继续探究《古文尚书》，撰写《尚书杂记》32篇、40万言。当时太傅张禹向明帝举荐周防为博士（官位名，光武帝时立14博士）未果，后诏拜周防为陈留郡太守。卒于家，享年78岁。

周　举

周举（？—149），字宣光，东汉汝南郡汝阳县（今商水县张庄乡）人。时陈留郡太守周防之子。周举幼年随父就学，天资聪敏，勤奋好学，记忆力强。及至成年，精通儒家经典，博学洽闻。涉入仕途，在京都洛阳官场有"五经纵横周宣光"之誉，为儒者所宗。

周举于汉安帝延光四年（125年）始入仕途，在司徒李郃府下为吏。东汉司徒行宰相事，周举有缘对朝中政事多有所闻。他对朝政大事的见解建议，常为司徒李郃所认同，故很受器重。越3年举茂才（秀才），出任平丘（属陈留郡）县令。不久迁升并州刺史（治所在山西晋阳），掌管一州的军政大权。

周举任并州刺史后，体察民情，关心民间疾苦。并州太原郡有个介山，此山原叫绵山。在春秋中期，晋国有个贤臣叫介子推，跟随晋文公重耳，流亡国外19年，受了不少磨难。后来晋文公回国做了国君，封赏流亡时的随从官员时，未封介子推。介子推率母隐居到绵山。晋文公亲去绵山寻找介子推不见，放火烧山想让其出来，介子推被烧死也未出山。晋文公为了纪念他，把绵山作为介子推的封地，更名为介山，在山上建了座介子推庙，并勒令山民每年介子推死亡之月全山不得见火，成为"龙忌之禁"。这里的士民百姓，在每年介子推死亡这一月（隆冬），不敢生火做饭，只能寒食，"老幼不堪其苦，岁多死者"。周举对此古传"龙忌之禁"，先作吊书布于介子推庙前曰："盛冬去火，残害民命，非圣贤者之意。"宣示士民，可行烧火做饭取暖，郡县乡里不得干涉。陈规从此被废，深受士民称颂。

汉顺帝阳嘉三年（134 年）受司隶校尉左雄举荐，周举被征拜为尚书入朝，成为协助皇帝处理政务的朝臣。周举入朝之后，顺帝以周举才学优深，不断下诏向他问策。周举则借天生灾异，每每“正言不阿，直陈时弊”。指责朝政“但务其华，不循其实”；宫中“内积怨女，外有旷夫”；“未行尧舜之政，而行亡秦奢侈之风”。进一步指出：“非单陛下行此而已，竖宦（下级官员）之人，亦复虚以形执。威侮良家，取女闭之，至有白首，殁无配偶，逆于天心。”敦促皇上决心革政。周举针对时弊向顺帝刘保提出四项革政措施，即“出后宫不御之女”，“理天下冤枉之狱”，“除大官重膳（吃喝）之费”，“去斥贪污，远离佞邪，循文帝（指前汉文景之治的文帝）之俭，尊孝明（指刘秀之子治国有方的孝明皇帝）之教”。顺帝问周举：“文武百官贪污佞邪者为谁乎?”周举对曰：“公卿大臣，数有直言者，忠贞也；阿谀苟容者，佞邪也。”周举的屡次进谏，对皇帝触动很大。不久，周举晋升为司隶校尉，掌管纠察京师百官。

永和六年（141 年），皇帝下诏，派遣“八使”，“巡行天下风俗”，实际是通过巡行察访，了解各级官吏的优劣。所选“八使”皆为朝中素有威名的重臣，号称“八俊”，周举是主要一员。周举以此机会巡行各地，察访下情，“劾奏贪猾，表荐公清，朝廷称之”。周举晚年被拜为大鸿胪，掌管接待、赞襄礼仪之事。

汉桓帝建和三年（149 年），周举病卒。朝廷因周举清公亮直，正想封他为宰相，不想其病逝，深痛惜之。皇帝下旨，诏告光禄勋（掌管宿卫侍从的官）和汝南郡太守，“封墓轼闾，以光贤哲”。并下诏“将、大夫以下，到发丧日会吊，加锡钱十万”，隆重安葬。

朱　鲔

朱鲔，淮阳人。新莽地皇二年（21 年），鲔起兵反莽，称新市兵。后与刘縯、刘秀的平林军合并，共立更始将军刘玄为帝，鲔任大司马职，守洛阳。

东汉建武元年（25 年）六月，刘秀即皇帝位，派大司马吴汉率领岑彭、冯异、祭遵、王霸等 11 个将军攻打洛阳城。把守洛阳城的朱鲔是一员猛将，能征善战，足智多谋。吴汉、岑彭他们率 10 多万大军围攻三四个月，还是不能攻克。刘秀因为岑彭过去曾经跟朱鲔共过事，就派他去劝告朱鲔投降。

于是，在你杀我砍的战场上，出现了这样的场景：双方主将，朱鲔站在洛阳城上，岑彭站在洛阳城下，拉起了家常，两人你一句我一句，高一声低一声地回顾了过去一同参加义军、反抗王莽新朝的艰难经历，均感慨万分。最后，岑彭向朱鲔说出了刘秀要他投降归顺的话，岑彭说：“萧王（刘秀曾被更始帝封为萧王）素有大志，关爱士兵，同情百姓，因此天下归心，与目光短浅、胸无大志、委琐不堪的更始帝相比，一个是人中之龙，一个是井底之蛙。如今更始帝与眉军作战，打了败仗，大势去尽。朱将军您何必为一个胸无大志之人苦守孤城呢?”

朱鲔听了岑彭的话，长叹一声，说道：“自古以来，良禽择木，贤士择主。我何尝不明白自己眼下的处境呢？当年萧王的兄长，大司徒刘縯被更始帝杀害的时候，我还帮着更始帝。更始帝派萧王北伐，我还极力阻拦。我自知自己罪大恶极，怎么敢见萧王呢?”

岑彭说：“萧王处处以仁义为怀，不说别的，就说更始帝吧，他打败仗以后，无处栖身。萧王念更始帝原来是自己的主人，落到这个地步，十分同情，于是就下诏书封更始帝为淮阳王，官吏、百姓有敢谋害淮阳王的，一律处死。萧王对杀害亲哥哥的更始帝尚是如此宽怀仁厚，何况朱将军当年仅仅是随从呢?”

两个人一个城上，一个城下，说了好半天，岑彭的好话说完了，朱鲔还是犹豫不决。

岑彭回去向刘秀报告，刘秀说：“做大事不计小过，如果朱将军愿意归顺，不但官爵可保，还可封侯拜将，更别说性命了。”刘秀还说：“你去洛阳告诉朱将军，就说我刘秀指着黄河起誓，绝不失信。”

岑彭再次来到洛阳城下，把刘秀的话原封不动告诉了朱鲔。朱鲔听了，从城头上放下一根绳子，对岑彭说：“如果岑将军说的是事实的话，请你一人进城来。”岑彭一听，马上拉住绳索就要上去。朱鲔一见岑彭这么实心实意，就答应了归降刘秀。

于是，朱鲔就叫岑彭用绳子绑着自己去见刘秀，刘秀一见，马上走下台阶，亲自给朱鲔松绑，安慰一番之后，当天就叫岑彭送朱鲔回到洛阳去。第二天，朱鲔带领洛阳的全部人马出城投降。刘秀当即拜他为平狄将军，封为扶沟侯。

三国时期

曹 植

曹植（192—232），字子建，沛国谯（今安徽亳州市）人。是三国时期魏武帝曹操的第3子，魏文帝曹丕的同母弟。因最后被封于陈郡（今淮阳县），死后谥为“思”，后人常称他为“陈王”或“陈思王”。曹植是中国建安时期最负盛名的文学家和诗人。有一句成语叫“才高八斗”，说的是天下的才总共有一石，而曹植独得八斗。曹植自幼天资聪颖，风流倜傥，被他的父亲曹操视为掌上明珠，一度欲立为太子，因此在他的同母兄长曹丕心中产生了深深的嫉恨。这便有了后来的七步发难，即如《世说新语》所述，魏文帝曹丕骨肉相残，欲加害曹植，强迫他在七步之内赋诗，不成则“行大法”；而曹植才思敏捷，加上遭遇曹丕多年迫害，早已积怨填胸，于是在情急势迫下灵感爆发，便产生了传颂千古的《七步诗》。

曹植在青少年时期，追随其父曹操南征北战，军旅生涯陶冶了他拯世济物的理想和恃才傲物的性格，萌发了他昂扬奋发、誓赴国难的不屈斗志和精神，对自己的前途和事业充满了美好憧憬，故而在诗作中表现的思想也高迈不凡。著名诗作《白马篇》中的那个驰骋沙场、奋勇杀敌的白马少年形象，正是作者的化身，该诗也是他这一时期的代表作品。

曹操死后，曹丕和曹叡对他百般迫害，生活没有了自由，处处受人钳制，名为王侯实为囚徒，所以这一时期曹植充满了压抑的郁闷。他后期的诗歌作品中也大都表现了这种郁闷不得志的思想，《赠白马王彪》一诗就是这一时期的代表作品。曹植死时年40岁。

在今淮阳县城的南面3公里处，有一处高大的坟墓，叫“思陵冢”，为曹植墓。

程 秉

程秉，字德枢，今项城市南顿镇人，三国时期吴国谋士。

秉曾跟从郑玄（东汉末年的经学大师）研究经学，后因躲避战乱，又在交州（越南北部、广西一部分）生活过一段时间，与经学家、训诂学家刘熙探讨过经学大义，能博通“五经”。交趾太守、督岭南七郡的士燮（经学大师），聘用他为长史（太守的属官）。孙权听说程秉是当代名儒，也备上厚礼，聘请他担任太子孙登的老师，职务是太子太傅。

黄武四年（225 年），孙权为太子聘娶周瑜的女儿。程秉当时掌管礼乐，负责迎娶太子妃。途中，孙权亲自到程秉乘坐的船上看望他，可见孙权对程秉的重视和厚遇。办完喜事以后，程秉从容告诫孙登说：“婚姻是人伦的开始、王教的基础，所以古代的贤君都非常重视婚姻大事，带头守礼，让全天下人学习。因此，《诗》把《周南》中的《关雎》放在第一篇。我希望您婚后也能继续按礼仪办事，要像《周南》所吟咏的那样，窈窕淑女，琴瑟友之，那么道德风化就能盛行于社会上层，下层老百姓也会赞不绝口。”孙登笑着回答说：“我一定顺应好的，避开恶行，完全按老师您的教诲去做。”

程秉著有《周易摘》、《尚书驳》、《论语弼》，计 3 万多字。

胡　综

胡综（182—243），字伟则，三国时固始（古寝丘，今沈丘）人。年少丧父，随母避江东。14 岁时，在会稽太守孙策门下，同孙权共读书。建安五年（200 年）孙策被刺，孙权任讨虏将军，胡综为金曹从事，随孙权西伐黄祖，被封为鄂长，后召为书部。建安二十五年（220 年），孙权派胡综调查诸县户籍，征兵丁得 6000 人，任胡综为右部督。吴将晋宗叛降曹操后被封为蕲春太守，屡率兵犯吴，孙权命胡综与贺齐轻装偷袭，活捉晋宗，胡综因功加封为建武中郎将。黄初二年（221 年），魏封孙权为吴王，封胡综为亭侯。黄武八年（229 年），吴帝孙权改元黄龙，大牙旗树于军中，诸将进退，视旗所向，国威甚盛，胡综作赋赞颂。蜀国闻孙权称帝，遣使庆贺，重修前好。吴、蜀两国订盟，胡综撰写盟文，言辞甚美（全文收入《三国志・孙权传》）。孙权在建业（今江苏南京）建都，胡综任侍中，封乡侯兼右领军，后封偏将军兼左执法。东吴名臣张昭因向孙权进谏，言辞偏激，使孙权大怒，胡综竭力调解，使两人和好如初。

自孙权执政，一切文诰策命、致邻国书符，大多出于胡综之手，其文采在江东颇为著名。赤乌六年（243 年）卒，终年 61 岁。

贾　逵

贾逵（174—228），字梁道，是河东郡襄陵（今山西襄汾县，该县得名于晋襄公之陵）人。曾任曹操的绛邑长、弘农太守、谏议大夫、建威将军。曹丕继位后（226年），调豫州任南顿令，后升豫州刺史，病故于南顿临时豫州治所。曹丕曾表扬他说："逵真刺史矣。"

三国时期，项城"地属魏吴分两翼"——部分属魏国，部分属吴国，是魏吴两家必争的战略要地，所以豫州的军队，就驻扎在南顿。作为豫州最高行政长官、也是最高军事长官的贾逵，就将治所搬到南顿，与驻军在一起。他在南顿，积极侦察敌情，整修军备，修缮河防，既养民生，又防东吴。特别是他在南顿注重"以德化民"，很受老百姓爱戴。

魏明帝太和二年（228年），他因病在南顿逝世，被追封为肃侯。据《太平广记》记载：贾逵逝世后，遗体虽然被家人运回山西老家安葬了，但人们还是经常看到他的影子在南顿城中晃来晃去。官吏和百姓都认为他留恋这地方，便在南顿东的谷河岸边，为他刻石像立祠纪念。

嘉平三年（251年）春，太尉王凌（驻在寿春）见皇帝（曹芳）孱弱，强臣专权，打算起兵立楚王曹彪为帝。但还没做好准备，却被司马懿看出了苗头，亲率大军讨伐。王凌自知势寡，便独自乘船迎接请罪。司马懿命将领率600人马，准备将王凌解送洛阳。路过项城贾逵庙时，王凌大声呼喊说："贾梁道！王凌是大魏之忠臣，惟尔有神知之。"然后，服毒而死。不久，司马懿就经常大白天见王凌与贾逵一起来打他，受此惊吓很快病死。

魏青龙二年（234年）七月，明帝曹叡东征路过项城时，到贾逵庙里祭祀。下诏说："昨过项，见贾逵碑像，念之怆然。古人有言，患名之不立，不患年之不长。逵存有忠勋，没而见思，可谓死而不朽者矣。其布告天下，以劝将来。"

柳　舒

柳舒，三国时魏国人。齐王正始中（240—249），太傅司马懿作伐吴准备，大将军邓艾建议：陈、蔡一带（淮阳、上蔡）土地肥沃，虽然缺水，可用颍水灌溉。若在淮河以北屯兵2万人，淮河以南屯兵3万人，一面耕田，一面守土，每年可收获谷5万斛（5斗为1斛，2斛为1石）。如此数年，积谷既可作伐吴用粮，又可节省来往运费。此建议深得太傅嘉许，遂命柳舒为陂长，负责屯田事宜。今西华县城西南30里有南柳城，县城西北10里有北柳城，皆柳舒屯垦遗址，距今1800余年。隋文帝开皇元年（581年），曾改西华县为柳城县，就是因为西华有柳城遗址的缘故。

谢　缵

谢缵（？—282），三国陈郡阳夏（今太康县）人。东晋名相谢安的曾祖父。东汉末期，楚灭申时由谢城（今南阳唐河一带）迁居阳夏谢家堂（今太康县老家镇谢家堂村，原名吉迁里）定居，为官后寓居洛阳。三国魏之将领，授四品官位，秩禄2000石，曾任典农中郎将。他教民耕种，岁岁五谷丰登；种树艺桑，处处绿野平畴。当时魏蜀吴三国争霸，谁能统一天下，还未可预卜。除了兵强将勇、谋略得当外，还必须有充足的粮秣供应，即俗话说的兵马未动，粮草先行。谢缵任典农中郎将后，使魏国粮草充足，最终打败了吴、蜀两国，三分归为一统，此间谢缵功不可没。晋武帝太康三年（282年）卒于洛阳任上。在朝任博士的儿子谢衡辞官扶柩归故里，葬父于陈郡阳夏谢家堂。

谢缵娶孔氏，生二子：衡、澄。

谢缵是陈郡阳夏谢氏开基创业之始祖，阳夏遂为谢姓肇兴之地和郡望之一。谢缵墓碑现为周口市人民政府重点文物保护单位。

许　褚

许褚，三国谯郡苦县（今鹿邑县）城西南十里许庄人。他师从太清宫高道，学艺6年。相传，许褚曾赤膊与马超大战300余回合，马超未能伤他半根毫毛。

许褚力大无比，武艺高强，会使各种兵器，尤善使一口180斤重的泼风刀。在涡河之畔的玄武操练水军的曹操听说了，特地派人把许褚请到了武平城。于是许褚投军曹营，成了曹操的一员虎将，为曹操平定中原立下了汗马功劳。

应　璩

应璩（190—252），是应场的胞弟，字休琏，今项城市南顿镇上头村人。精通经史，善于写文章。三国魏文帝时，任散骑常侍（经常在皇帝左右侍驾的官）。魏齐王正始元年（240年），迁任侍中，又转大将军长史。当时曹爽辅政，多违法度，应璩尝以“愚而好自用，贱而好自专”和“天作孽，犹可违，自作孽，不可追”进行规劝并作讥讽。可是曹爽仍我行我素，刚愎自用，终于导致司马氏兵变被杀。时人对应璩的高远政见，评价很高。齐王嘉平四年（252年）卒，终年62岁，追谥“卫尉”。

应璩曾作五言诗130篇，言时事以讽规治世之道，颇有补益。今存其组诗《百一诗》。“百一”的意思，意为“百虑一失”或“百分有一补于时政”。据说当时有人对曹爽说：“公今闻周公巍巍之称，安知百虑有一失乎。”又有《杂诗》3首，亦属《百一诗》之类。其中，《文选》所录1首为全篇，其主旨为“下流不可处，君子慎厥初”，表现了对世道险恶的认识和做事要谨始慎终的思想。诗中以“有人”问的方式写“问我何功德，三入承明庐”，又以自责的语气写“避席跪自陈，贱子实空虚”，都是对身居高位、浮华空疏的曹爽的婉转讽谏。刘勰评论说：“若乃应璩《百一》，独立不惧，辞谲义贞，亦魏之遗直也。”钟嵘谓其诗“祖袭魏文，善为古语，指事殷劝，雅意深笃，得诗人激刺之旨”。应璩的散文，则以书信较有名，所作《与从弟君苗君胄书》、《与侍郎曹长思书》、《与广川长岑文瑜书》等，都富有文采。

明代张溥辑其诗、文共10余篇，与应玚作品合为《应德琏、应休琏集》。

袁 霸

袁霸，字公恪，滂第3子，涣弟，三国魏扶乐（今扶沟县大新镇百党岗村，扶乐县旧治）人。魏初为大司农，和同郡的何夔，在当时都很有名气。袁霸的儿子亮，官至河南府尹、尚书。品行端肃，才学出众。曾写文章批评一些玄学家不切实际的清谈观点。

郑 泉

郑泉，字文渊，陈州郡（今淮阳县）人。泉年轻时博学而有奇志。生平喜爱饮酒，百杯不醉，曾经对人说：希望得到美酒500斛（容量单位，1斛为10斗）装在船上，把四时美味的食品放在船的两端，反复痛饮之；如果疲倦了，就去吃美味食品；如果酒少了就随减少随添加，不是很快乐吗！东吴孙权聘任他为郎中，做官很是清廉。临死时告诉家人说：“一定要把我葬在陶家（烧制陶器人家）墓旁，百年后化成土，能做成酒壶永远盛酒，才称我的心意。”

两晋时期

陈 頵

陈頵（268—337），字延思，晋陈国苦县（今鹿邑县）人。年少好学，博涉群书，精于理义。出仕前的一天，他家建宅院的大门，一向志向远大的陈頵对父亲说："应该使宅门通得过马车。"他的父亲"笑而从之"。不久，陈頵被乡里举为孝廉，任为郡督邮。时间不长，由于政绩卓著，太守提拔他做了主簿，接着又被征召为州官。果然乘马车还家，家族以他为荣。

永宁元年（301 年），西晋陷入"八王之乱"的大混乱中，陈頵当时写信给王导说："中原之所以沦陷，政权之所以土崩瓦解，正因为我们用人不当。取用人才时，只看声望，不重实效；以浮华为高，互相请托，标新立异。说话好听的得到重用，真正有才能、不善言辞的人被弃置一旁。加上重名誉的人被看做高雅，勤于政事的人被看做卑俗，没有人关心能否尽职尽责，以至于国家陷入混乱，政权摇摇欲坠。"他建议改革弊端，"明赏信罚"，只有如此，才有希望实现中兴大业。

永嘉五年（311 年），洛阳倾覆。按照王导的建议，司马睿从流亡过江的人中选拔了一批掾属，人数达 100 多人，这就是著名的"百六掾"。"百六掾"中绝大部分出身高级士族，尽管流亡江南，仍然保留着在中原时的旧风气，不思进取，贪图安逸。录事参军陈頵对司马睿说："洛阳还太平的时候，朝臣们都认为尽心尽责是平庸，傲慢放纵是风雅，受这种风气的感染，国家才至败亡。现在您的幕僚（百六掾）仍然如此，只怕会重蹈覆辙。希望从今以后，接受任职却又称病不负责任的，全部免官。"

大兴中（318—321），陈頵上疏说："自战乱以来，贡举不试。应遵循原来的制度，以经籍考试，选拔人才；对军事将领，应该'言问身试'，按个人的才能授予官职；要打破门第界限，不拘一格选取任用。做到'去华丽取质朴'，那么就会'天地清平，人神感应'"。

陈頵晚年经陶侃荐举，出任梁州刺史。陈頵任内体察民情，怜贫恤苦，甚有威惠，深受百姓拥戴。

邓 遐

邓遐，字应远，陈郡（今淮阳县）人。自幼习武，勇力过人，气盖当世，时人把他比作汉初的樊哙。出仕后历任冠军将军，数郡的太守，号为名将。襄阳（今属湖北）城北，沔水中有蛟，常常出水伤人，邓遐闻之，拔剑入水。蛟缠绕着他的腿，遐挥剑斩蛟数段而出。围观者欢声如雷，叩头下拜者不乏其人。晋太和四年（369 年）随桓温伐后燕，为慕容垂所袭，兵败而被免官，不久病死。晋孝武帝宁康二年（374 年）追赠为庐陵太守。

邓 岳

邓岳，字伯山，陈郡（今淮阳县）人。东晋名将，本名岳，因犯康帝讳而改为岱。初为王敦参军，转而升任中郎将西阳太守。王敦之兄征南大将军王含发兵攻建康（今南京市），岳随之，乃遭败绩，与王含一起投奔蛮王向蚕。后遇赦，再任西阳太守。历阳太守苏峻起兵反叛，岳受命征讨之。平定后迁升广州刺史。晋成帝咸康二年（336 年）伐夜郎（今属贵州），克之，迁升为平南将军。

何 劭

何劭（？—301），字敬祖，西晋陈郡阳夏（今太康县）人。与武帝司马炎年岁相同，自幼交情甚笃。三国魏元帝时，何劭为中庶子。武帝即位后，转任何劭散骑常侍。何劭有姿貌声望，远方客人朝见，必定让何劭陪同。每逢各地贡献，皇帝就赏赐他。咸宁初年（275 年），有官员劾奏何劭及其庶兄何遵接受一个叫袁毅的贿赂，事情交廷尉审理。武帝对廷尉说：“何氏兄弟与袁毅有几代人的交情，何遵等人所收受的较轻微，一概都免罪。”接着提升何劭为侍中尚书。

惠帝即位，开始建立东宫。因太子年纪幼小，惠帝即任命何劭为太子太师，兼理尚书事。后逐渐升迁为尚书左仆射。

何劭博学，善于写文章，陈说历史，了如指掌。永康初年（300 年），改任司徒。赵王司马伦篡位，任命何劭为太宰。三王争斗时，何劭周旋其间，左右逢源。但他奢侈靡费，服装及日用玩物，积存极多。吃饭一定要吃遍各地的珍稀异味，一天的供给以两万钱为限。当时的评论认为太官御膳，也无法超过何劭的饭食。然而他优游自足，不贪权势。曾对同乡人王诠说：“我虽名位过于幸运，年轻时没有可以记录下来的事，惟有和夏侯长容进谏授博士一事，可以流传于史册。”他所撰写的《荀粲传》、《王弼传》及那些奏议文章都流传在世上。永宁元年（301 年）去世，赠司徒，谥号康。

何　曾

何曾（199—278），字颖考，西晋陈国阳夏（今太康县）人。三国魏成阳亭侯何夔子。自幼勤学博闻，魏明帝时，承袭其父爵位，历任散骑侍郎、汲郡典农中郎将、给事黄门侍郎，后升任散骑常侍。

何曾入朝后，很受大将军司马懿宠信。曹芳即帝位，以曹爽为守卫将军。爽与司马懿争权，懿称病不朝，何曾也告病归家。待曹爽被杀后，才开始过问朝事。后来司马氏废曹芳立曹髦为魏帝，何曾也曾参与谋划。

魏元帝咸熙初年（264 年），何曾官拜司徒，又改封朗陵侯。他积极参与司马炎取代魏建立晋王朝的活动，官拜太尉，晋爵为公。司马炎称帝后，以曾为晋丞相加侍中。泰始初年（265 年），拜曾为太傅，后晋位至太宰，侍中如故。

晋武帝咸宁四年（278 年），何曾病故，谥号孝。太康末年（289 年），何劭上书改谥号为元。

何曾极其奢侈，每日饭食费用多达万钱，还说“无下箸处”。他为人外宽内忌，趋炎附势，为正直人所非议。

何遵　何嵩　何绥　何机　何羡

何遵，字思祖，西晋陈郡阳夏（今太康县）人。何劭的庶兄。初任散骑黄门郎、散骑常侍、侍中，逐渐升任大鸿胪。他奢侈过度，驱使御府工匠做宫禁用品，又卖国君出行用的行装器物，司隶刘毅参劾，被免官。太康初年（280 年）起用为魏郡太守，升迁为太仆卿。再次被免官后死在家中。有 4 个儿子：何嵩、何绥、何机、何羡。

何嵩，字泰基，宽宏爱士，博览典籍，尤其精通《史记》、《汉书》。年轻时出任过地位显贵、政事不繁的官职，兼著作郎。

何绥，字伯蔚，官至侍中尚书。自认为世代名贵，奢侈过度，性情轻慢，文书高傲。城阳王尼看到何绥写的疏奏，对人说：“伯蔚处在战乱还这么傲慢，怎么能免于祸呢！”刘兴、潘滔在东海王司马越前说他的坏话，司马越便杀了何绥。当初，何绥曾侍奉武帝宴食，回去后告诉父亲何遵说：“国家顺应天命接受禅让，开创大业留传子孙。我每次侍宴，没有听到过治国的长远谋略，只说些平常小事，这不是与子孙谋利的兆头。自己还能在位，后代恐怕危险了！”遵指着孙子们说：“这些人必定遇上乱世。”等到何绥死，何嵩哭他说：“你和父亲都是圣人啊！”

何机，任邹平令。性情也傲慢，责令同乡人谢鲲等行跪拜礼。有人告诫他说："礼是敬年龄爵位的，以德为主，让谢鲲拜的是权势，恐怕有伤风俗。"何机不觉得惭愧。

何羡，任离狐令。既骄横又爱财，凌驾于别人之上，乡人憎恶他如同仇人。永嘉末年（312 年），何氏家族一个不剩地全死了。

王 隐

王隐，字处叔，陈郡（今淮阳县）人，出身贫寒。其父王铨，曾任历阳县令，年少时好学，有著书立说的远大志向，很注意记录晋朝所发生的事件及一些功臣们的行为、业绩，但理想没有实现就去世了。王隐决心继承父亲的遗愿，完成父亲没完成的事业，平时读书搜集资料，掌握了很多西晋旧事，以儒学自守，不结交权贵。晋愍帝建兴三年（315 年）过江，与丞相参军祭酒、涿郡祖纳相互尊重，交往甚密。祖纳以下棋排忧，王隐常常劝谏阻止他，祖纳却说，姑且以此忘记忧愁烦恼而已。王隐说："古代人如果生而逢时，就以功达其道，如果生不逢时，就以言达其才。所以运气不穷也。如今晋朝缺少著书立说之人，天下大乱，所以事实、逸闻因乱世毁失无存，不是凡夫俗子所能记述的。您年少生在都城，长大游宦四方，消长变化、事实成败都在您耳目中，何不著书立说而把天下大事记载下来呢？应仲远作《风俗通》，崔子真作《政论》，蔡伯喈作《劝学篇》，史游作《急就篇》，都能流行于世，甚而至于不朽。当时同他们一同生活的人少吗？却一无所闻，都是因为没有著述的缘故。何况为国作史书可明得失之迹，又何必下棋来排忧解闷呢？"祖纳感慨地说："不是不喜欢你讲的道理，而是力不足也。"于是上奏疏推荐王隐做史官。晋元帝司马睿以"天下初定，草创务殷，未遑史官"为由没有批准。大兴初年（318 年），待典章稍稍齐备时，晋元帝就下诏召王隐和郭璞一起为著作郎，让他们撰写晋史。

当时，朝中有一著作郎叫虞预的，正在个人撰写晋书。此人出生于东南，对晋朝中事了解甚少，就装出虚心好学的样子，多次向王隐询问晋朝中一些史事，甚至把王隐所写的书稿窃为己有，这样就显得见多识广。以后便嫉恨王隐，言形于色。虞预既是豪族，又在朝中结交权贵，共为朋党，以排斥王隐，众口一词上疏毁谤王隐，晋元帝竟然以谤罢免了王隐的官职，黜归于家。因家贫无资助，晋书不能写成，王隐无奈，就辗转到武昌投奔了征西将军庾亮，庾亮出资供其纸笔，《晋书》才得以写成。

王隐虽爱好著述，又有志完成其父遗愿，但由于文学功底不厚实，文笔言辞拙劣者居多。其书条理清晰、次第可观的地方，都是其父所撰写的，一些错乱模糊、义不可解处，都是王隐所写的。王隐 70 岁时卒于家中。

谢　安

谢安（320—385），字安石，东晋陈郡阳夏（今太康县）人，谢缵曾孙，谢裒第3子，谢奕胞弟。

谢安自幼聪颖，4岁时便被谯郡名士桓彝赞誉为“风神秀彻”，少年时便显露出了才华，喜行书，好赋诗，颇享盛名，就连宰相王导也很赏识他。19岁时谢安被王导任命为佐著作郎，辞而不就，在会稽始宁常与书法家王羲之、支遁和尚等游弋山水，吟诗作词，无意出仕。扬州刺史庾冰多次敦请，想把他罗致幕下，谢安勉强前往，只一个月便辞官而归。后来朝廷多次征辟，皆不就。他的妻子劝他说，大丈夫不该沉溺山水，应该积极出仕。谢安说：我不想做官，恐怕将来还是免不了啊！40岁时，安兄谢奕、从兄谢尚先后辞世；弟谢万受命北讨，兵溃，单骑逃归，被废为庶人；门户中衰，谢氏家族的社会地位、经济利益都会受到损害。要保持家门富贵，谢安只有出仕一途。晋穆帝升平四年（360年），41岁的谢安被镇西大将军桓温辟为司马，从此建功立业。孝武帝时从小至大做到宰相，故世有“东山再起”之语。不久朝廷任命他为吴兴（今属浙江）太守。在任时称誉者不多，离任后百姓都很怀念他。后来谢安被调入朝中任侍中，转任吏部尚书，中护军。中护军是领兵之官，资历深者为领军、护军，资历轻者为中领军、中护军。

咸安二年（372年）七月，简文帝病重，桓温推荐谢安入朝辅佐太子。简文帝崩逝，孝武帝即位，桓温率军进京，专擅朝政。他见孝武帝年轻，预谋推翻晋朝而自立。他先设宴请谢安、王坦之，暗中埋伏武士，准备于席间除掉他们。宴会开始，谢安从容自若地对桓温说：“我听说若诸侯有道，就会替天子防守四方的疆界，您何必在隔板壁后安置武士呢？”桓温无话对答，未敢动手。谢安采取拖的办法，挫败了桓温的阴谋，桓温不久死去。谢安任宰相后，调和朝内各种矛盾，其为政务举大纲，不为小察，时人比安于王导，而谓其文雅过之，稳定了东晋政权。

当时前秦势力强大，苻坚踌躇满志，打算灭晋统一全国，并出兵攻陷了今陕西、四川、湖北三省的一些地区。为加强防御，谢安竭力协调各方面的力量，并派遣侄子谢玄坐镇广陵（今江苏扬州）。太元八年（383年），苻坚大举南下攻晋，自长安出发，戍卒60余万，骑兵27万余，前后千里，晋室朝野震恐。赖谢安运筹帷幄，以谢氏家族督练的北府兵为主力，出奇制胜，以8万人马战胜了苻坚的百万大军，取得了淝水之战的胜利，创造了历史上著名的以少胜多的光辉战例。战后，谢安又被提升为太保。他想乘胜进军，收复北方领土，完成晋朝统一大业，于是上疏朝廷，要求亲自出征北伐。朝廷命他都督扬、江、荆、司、豫、徐、幽、青、冀、兖、并、宁、益、雍、梁15州军事，加赐黄钺，原来的官职一律保留。太元十年（385年），谢安因受孝武帝与会稽王司马道子的联合排挤，决意交出权柄离开京城建康，出镇广陵，不问朝政。他打算过一段葛天氏之民那样无忧无虑的生活。因此制作了泛海之装，待一切都安排就绪之后，由水路回到东山。七月间忽然生病，要求回建康疗疾，得到朝廷批准。八月二十二日，一代名相谢安溘然长逝，终年66岁。

谢安死后，朝廷哀悼3天。赐给东园秘器、朝服1具、衣服全套、钱百万、布千匹，追封太傅，谥号“文靖”，举行隆重葬礼。晋帝又念其平定苻坚有功，遂改封号为“庐陵郡公”。葬于建康城南梅岭，因被陈文帝次子始兴王陈叔陵掘墓葬其母，由长城令迁葬于浙江长兴县三鸦岗。

谢安一生著述很多，重要的有《谢安集》(10卷)、《孝经注》等。其书法，行、草、楷书俱佳，后人评价很高。

谢衡

谢衡（约255—320），陈郡阳夏（今太康县）人。谢缵之子。在朝廷任博士。父卒，谢衡辞官葬父于阳夏谢家堂村，结庐墓旁，为父守丧3年。服满，于晋武帝太康八年（287年）任国子监祭酒，挥麈讲儒术，成为当时满腹经纶的硕儒。武帝司马炎对他甚为赏识，曾有赐赉。天子赏赐臣下，被视为旷古恩典，谢家阖府庆贺。惠帝司马衷即位，谢衡升为太子少傅、散骑常侍。但这些官职均是虚衔，无任何权力，谢衡名为升官，实为降职。悒郁不得志的谢衡把臂入林，与七贤之一的王戎相交，后又恶其吝啬而与之绝交。永嘉五年（311年）“永嘉之乱”发生。这年六月，北方的少数民族刘曜、石勒等率兵围攻洛阳，怀帝司马炽被掳，后被杀。刘曜等焚烧宫庙，逼辱后妃，百官士庶死者3万余人，洛阳到处是断壁颓垣，一片瓦砾，谢衡的家乡阳夏也成了干戈攘扰的战场。中原板荡，无法居住，大批士族南迁，谢衡全家也跋山涉水，由陈郡阳夏迁到山水迢递的始宁（今浙江上虞县）东山会稽，以作求田问舍之计。他死后葬于始宁，是东山会稽谢氏开基创业之祖。

谢混

谢混（？—412），字叔源，小字益寿，东晋陈郡阳夏（今太康县）人。谢安之孙，谢琰第3子，东晋宰相。

谢混自小聪颖，喜读诗书，善于著文，加上风度翩翩，被人誉为“风华江左第一”。孝武帝司马曜为女儿晋陵公主择婿，对王珣说：我为女儿挑选爱婿，如能像刘真长、王子敬就满足了，能够像王敦、桓温那样就更好了。刘真长即刘惔，官至丹阳尹，清正廉明，甚受士林敬重，他的妹妹是谢安之妻，谢安与他是郎舅关系。王子敬即王献之，大书法家王羲之的第7子，官至中书令，人称“王大令”，亦擅长书法，与其父并称二王。孝武帝又说，有些人才小富贵便干预别人家事，此等人不足取。王珣回答说，依臣看来，谢安的小儿子谢混虽不能与刘真长比肩，但不比王子敬差。孝武帝说，既然如此，朕便满意了。不久，孝武帝崩逝，此事暂时搁置。吴郡太守袁崧看中谢混博学多才，想把女儿嫁给他，王珣开玩笑说，此事不可，奉劝你莫近“禁脔”！原来晋元帝建都建业时，经济拮据，公私匮乏，每每得到一只小猪，就认为是珍味佳肴，尤其猪脖颈上那块肉尤美，群臣不敢食，定要献给天子，人们称这块肉为禁脔。王珣用禁脔比喻谢混已被天子选中，莫再打他的主意。后来谢混果然娶晋陵公主为妻，又承袭了父亲的官爵。他历任中书令、中领军、尚书左仆射，也就是宰相。因与刘毅交往密切，受到刘裕猜忌，被杀，国除。及刘裕篡晋建宋，时任中领军的谢晦（谢混族侄）上奏说：“陛下应天受命，登坛日恨不得谢益寿奉玺绂！”刘裕也后悔当时孟浪操切，叹息说：“吾甚恨之，使后生不得见其风流！”谢混无子，只有两个女儿，死后族侄谢弘微为他管理家产，晋陵公主逝世，家产尽归其女。他著述颇丰，有《谢混集》5卷、《文章流别本》12卷、《集苑》60卷，可惜均已不传。他的诗清新隽逸，对谢灵运、谢朓、谢惠连等人的山水诗影响很大。

谢 鲲

谢鲲（280—323），字幼舆，西晋陈郡阳夏（今太康县）人。谢缵孙，谢衡长子。他少年时玄学盛行，清言玄谈在士大夫中蔚然成风，不谙此道便不能进入名士行列。谢鲲自幼受的是儒家教育，与玄学格格不入。他为进入名士行列，年龄稍长便钻研《老子》、《庄子》、《易经》等玄学书籍。他本聪慧颖悟，性格又豁达开朗，很快便成为玄学名士，受到当时名流王衍等的赏识。惠帝太安年间，长沙王司马乂杀齐王司马冏，入朝辅政。嫉妒谢鲲的人说他对司马乂不满，准备逃离洛阳。司马乂大怒，欲鞭笞他，谢鲲并不分辩，俯地受刑，司马乂知是冤枉，便放了他。惠帝永兴年间东海孝宪王、太傅司马越攻灭其他诸王，入朝为相，独擅朝纲。为扩大政治影响，提高自己声望，笼络名士谢鲲为其下属。谢鲲迫于权势，虽不敢却聘，但不到相府任职。司马越一怒之下将其除名。社会名流王玄、阮修等为他鸣不平。谢鲲则意气自若，毫不介意，照旧鸣琴鼓瑟，引吭高歌。司马越再次辟他为掾，转参军，谢鲲以病辞，离开京都洛阳，迁往豫章（今江西南昌）。司马睿在建康（今江苏南京）重建晋朝，是为元帝。元帝任王敦为左将军，讨伐叛将杜涛。王敦驻兵豫章时，聘谢鲲为长史，两人相处甚好。随着王敦地位的升高和权势的巩固，渐有不臣之心。谢鲲知道劝说无用，便优游林泉，不屑政事，常与阮放、毕卓、羊曼、桓彝等 7 人散发裸体，闭室酣饮，时人称之为“八达”。

一次，王敦派谢鲲到建康向朝廷谏事，当时还是太子的晋明帝司马绍，在东宫十分恭敬地召见他。司马绍问：“卿自谓何如庾亮。”谢鲲答：“端委庙堂，使百僚准则，鲲不如亮。一丘一壑，自谓过之。”意思是说，立身朝堂之上，做百官的表率，自己不如庾亮。但淡泊名利，遨游山水，一丘一壑之间，则超过了庾亮。王敦打着清君侧的旗号谋反，谢鲲委婉地加以劝阻，王敦想让他出任豫章太守，以免他再发表反对意思，但又倚重他的才干，不放他赴任。王敦入朝后气焰熏灼，杀人任情，晋元帝被迫封他为丞相，领江州牧，晋爵武昌郡公。王敦却不入朝拜见元帝。谢鲲要见他，王敦不纳，率部奔武昌。谢鲲至武昌后，不愿再在王敦手下任职，王敦便让他去豫章赴任。谢鲲在任豫章太守期间，为政清廉，正直无私，颇受百姓爱戴。后拜尚书仆射，镇西将军，卒年 43 岁，被追赠为太常寺正卿，谥“康”。葬于建康南梅岭石子冈戚家山上。

谢　朗

谢朗，字长度，小字胡儿，东晋陈郡阳夏（今太康县）人。谢安从子，其父谢据（谢安二哥）早卒，官中书郎。谢朗未成年时就已饱读诗书，善于玄理之学，写文章很有文采，与谢玄齐名。幼年时有疾，身体很弱，不堪劳累，在叔父谢安面前与满腹经纶的僧人支遁辩论，弄得身体很疲惫。其母王氏派人让他回去，谢安却要他留下来到辩论结束。王氏只得前来对谢安说，我这个当媳妇的从小便苦命，遭了很多难，一生的希望都寄托在此子身上，硬是流着泪把谢朗带走了。谢安对客人说，家嫂因为激动，言辞慷慨，我恨不得使朝廷大臣都见见我这位侄子。呵护奖掖之情，溢于言表！后来谢朗官做到东阳（今浙江金华）太守，有个儿子叫谢重。

谢　密

谢密（391—433），字弘微，人多呼其字，东晋陈郡阳夏（今太康县）人。谢万曾孙，父亲谢恩官至武昌太守。谢安孙谢峻被孙恩杀死，膝下无子，10 岁的谢密便过继给建昌侯谢峻为子。谢密小时便老成持重，从不多言，堂叔谢混对其父谢恩说，此儿沉稳机敏，将来定有出息。谢峻家的人谢密多不认识，但接待应酬从不失礼，很受亲友称赞。晋安帝义熙年间，谢密袭谢峻建昌侯爵。谢峻家富有，谢密袭爵后只接受了几千册图书和10多名仆役，其他遗产一概不收。谢混认为此举不妥，反复劝说，谢密才接受了一部分财产。

谢混才华为江南第一，少时极少交游，常与本族子弟谢灵运、谢瞻、谢晦、谢曜等以文相会，饮酒赋诗，因居住乌衣巷，称为“乌衣之游”。谢混曾有“昔为乌衣游，戚戚皆亲姓”的诗句，他很欣赏谢密，称之为“微子”，对谢瞻等说：“汝诸人虽才义丰辩，未必就能令人敬服，至于聪明灵活，言约理要，当与我共推微子。”又说，微子不管别人与自己意见是否相同，他都不会伤害人家，如果年到60岁，肯定会位列三公。

晋代规定，凡袭封爵位的贵戚子弟，照例都授予员外散骑侍郎，谢密除此职外，又任琅玡大司马参军。刘裕杀害了谢混后，又强迫其妻晋陵公主改嫁琅玡王。公主不肯，但晋安帝迫于刘裕压力，让她一定与谢氏断绝关系，然后改嫁。公主临走前，将家务财产托付给了谢密。谢混家产甚多，田庄十几处，僮仆有千人之多。谢密受人之托，管理得非常认真，一文钱、一尺布都要记账。刘裕建宋后，降封晋陵公主为东乡君，后来为收买人心，说谢混系前朝罪犯，不再追究，东乡君节义可嘉，可仍回谢家。等她回家时，家中财产有增无减，她感慨地说：“仆射（指谢混）一生最看重的就是弘微，可说是知人善任，等于后继有人了。”乡亲们无不赞扬谢密的美德。

刘义隆当藩王镇守江陵时，谢密曾任他的文学，两人相处甚得。刘义隆即位为宋文帝，又擢升谢密为黄门侍郎，与王华、王昙首、殷景仁、刘湛合称五臣，后又升尚书吏部郎，右卫将军，参与朝廷机密大事的决策，成为天子最倚重信任的大臣之一。朝中凡任命官员，都由他物色推荐。此时的谢密位高权重，一言九鼎，巴结他的人很多，但他仍然谦恭平和，从不盛气凌人。尽管他俸禄丰厚，生活依然十分俭朴，只是饭菜要求做得好一点。谢密颇为看重手足之情。父亲谢恩早逝，他对兄长谢曜非常敬重，常去探望，亲密无比。谢曜任彭城王骠骑长史时死于任上，谢密哀伤不已，办过丧事后仍然只吃素食，不尝腥荤，以表哀痛之情。慧琳和尚知道后劝他节哀，他难过地说，手足情笃，实难遗忘，悲哀发自内心，哭泣在所难免呀！

刘裕篡晋建宋后，统治集团内部为争权夺利，矛盾错综复杂，谢密对此了如指掌。他不想卷入旋涡之中，以免招来杀身之祸，更不想再晋升官职，成为众矢之的，因此一言一行都谨小慎微。对于皇帝他表现得非常忠诚，每次出写奏章，都要焚香净手以表示虔诚。文帝刘义隆得知谢密善于烹饪，做出的饭菜醇香可口，便常去他家吃饭。天子光顾臣下之家，这当然是莫大的荣耀，但谢密从不以此炫耀自己与天子的不寻常关系，常常和家人一起下厨忙碌，烹制菜肴。亲属常问他皇帝喜欢吃什么样的饭菜，谢密恐怕他们攀龙附凤，成为别人攻击的口实，总是避而不答，或用其他话岔开，时人比之为汉代的孔光。

谢密办事认真，受人之托，忠人之事。东乡君死后，所遗财产甚多，除了田宅庄园外，还有谢安、谢琰等人在会稽和吴兴的产业，数目不小，僮仆也有数百人。如何剖析这些财产，很多人认为室内财产应归谢混的两个女儿，其余的如田庄、奴仆等应归谢密。谢密不仅未要财产，反而负担了东乡君的丧葬费用。谢混女婿殷睿听说谢密不要遗产，便把所有财产都弄到自己手中，一股脑儿还了赌债。谢密的表兄、领军将军刘湛乾埋怨他不该如此纵容殷睿，让他把偌大家产都送进了无底洞。谢密说，有吃有用就可以了，财产多了也没用，不必为此而伤亲戚和气。

东乡君去世不久，族弟谢惠连接着盛年病逝，族兄谢灵运也死于非命，这对他是个沉重打击。南朝宋文帝元嘉十年（433 年），谢密在悲愤悒郁中死去，年仅 42 岁。文帝惋惜地说，谢弘微、王昙首都是朕的爱臣，他们刚过不惑之年便亡故了，才华还未施展出来，实在可惜啊！追赠谢密为太常卿，丧事办得非常隆重。

谢　邈

谢邈（？—400），字茂度，东晋陈郡阳夏（今太康县）人。谢缵 5 世孙。父亲谢铁，曾任永嘉（今浙江温州）太守。谢邈性格刚直，不会讨好别人，但办事做到有理有节。后来升迁为侍中。当时孝武帝在举办音乐舞会之后，往往赐给侍臣诏书，但词义不雅者，谢邈在接到之后就焚毁了，其他大臣收到诏书的，便不管词义是否文雅，大肆宣扬天子的恩德。因为谢邈不拍天子马屁，人们便称赞他有骨气。他任吴兴太守时，被孙恩起义军捉拿。杀他时，义军要他面朝北跪下，谢邈厉声说：“我没有得罪朝廷，为何向北而跪！”遂被杀害。

谢邈的妻子郗氏性格忌妒，因谢邈纳了个小妾，郗氏很是恼恨，写信给谢邈要断绝夫妻关系。谢邈认为书信不是郗氏所写，怀疑是一个叫仇元达的书生代笔，因而迁怒于仇，并面斥元达。仇元达一怒之下，便与同事——谢邈舅父之子冯嗣之、学士冯翊一起投靠孙恩，以后又带领孙恩义军前来捕杀谢邈兄弟。谢家因此遭到灭门之祸。

谢　裒

谢裒（283—353），东晋陈郡阳夏（今太康县）人。谢缵孙，谢衡次子。东晋著名将领，都督兵马大元帅，授一品官位，加金章紫绶。初授王府掾，转参军，迁都尉，擢太常寺正卿，复为张重华侍从主簿，晋穆帝永和二年（346 年）迁中坚将军，官丹阳太守，勋封福禄伯、侍中、吏部尚书。永和三年（347 年），都督征讨诸军事，加使持节。拜军师将军，转太尉府左长史，加行将军，复军正将军，迁酒泉太守。永和九年（353 年），都督征讨监中外诸军事，又加使侍节，擢大司马等。授征西大将军，加领卫将军。永和九年卒。晋穆帝追赠为太常寺正卿、卫将军，开府仪同三司。

娶庄氏，生六子：奕、据、安、万、铁、石。

谢 尚

谢尚（308—357），字仁祖，东晋陈郡阳夏（今太康县）人。谢鲲次子。7 岁时他的兄长亡故，他悲痛异常，致祭行礼，一如成人，亲友们都惊异不已。8 岁时便见解不凡，谢鲲常带他会见宾客。一次客人称赞他聪明懂事，很像当年的颜回。谢尚脱口而出说，座中没有仲尼（即孔子），怎么会有颜回？孔子是颜回的老师，因此谢尚如此回答。在座的客人无不为他的幽默机智折服。

谢鲲去世时，谢尚只有 10 岁。来吊唁者很多，谢尚从容应酬，毫无窘迫之感，来的人都很满意。当时任司徒的王导对他很器重，把他罗致在幕下，让他承袭其父咸宁亭侯爵位。谢尚初次拜谒王导时，王导正举行宴会，随口对谢尚说，听说你能跳鸲鹆舞，能给宴会助兴吗？谢尚欣然从命，穿起彩衣就当场舞起来。他俯仰自如，边唱边舞，赢得了满座喝彩。

谢尚当西曹属官时，朝廷上发生一件事，战乱中有些人与父母离散，朝廷规定凡不与父母家小在一起的人不准做官。很多人对此规定不理解，认为即使与父母家小离散，这与当官没有关系，不让出仕太苛刻。谢尚则认为，连这种关系都处理不好的人，怎能指望他处理好国家大事呢？正直的人绝不会贪图失去父母妻儿的代价去追求荣华富贵，用这样的人当官必然会助长奔竞舞弊之风。他的意见得到了很多人的支持。

不久，谢尚从西曹属官转会稽王友门下，入补给事黄门侍郎。西曹掾是有资格开府的官员属官，给事黄门侍郎是大一点的官职。再任建武将军、历阳（今安徽和阳）太守。桓温也很赏识他，他曾为桓温抚筝唱歌。安西将军庾翼率兵镇守武昌，谢尚曾前去磋商军事。庾翼说，听说你箭射得不错，你若能射中靶心，我就把鼓吹（军乐队）送给你。谢尚弯弓搭箭果然一箭中的，庾翼也不食言，把鼓吹送给了谢尚。晋康帝建元二年（344 年），江州刺史庾冰病故，朝廷命谢尚接任豫州四郡并任江州刺史。但庾翼对这一决定不满，抢先还镇夏口（今湖北武汉市黄鹄山上），接管了庾冰的部队，以兄庾冰之子庾统为浔阳太守（今江西九江西）。谢尚在江州无法立足，只得仍回历阳。

大司马桓温欲北伐中原，派将领经营北方，谢尚被派往寿春（今安徽寿县）。他在寿春与大将军荀羡等开垦荒田千余顷，以作军储。由于大臣殷浩从中作梗，桓温屡次请求出师经略中原，均未获得批准，原来是殷浩怕他功劳超过了自己。桓温愤然率军屯驻武昌，建康城中一片混乱，幸亏有人斡旋，一场战争才得以避免。

不久，朝廷欲荡平关、河，以殷浩为中军将军，都督扬、豫、徐、兖、青5州军事。殷浩以安西将军谢尚、北中郎将荀羡为督统。羌族酋长姚弋仲原是后赵大臣，后赵为冉闵所灭，姚弋仲不愿臣属冉魏，临死前嘱其子姚襄归晋。弋仲死后，姚襄在寿春谒见谢尚，并陈述归降之意，谢尚以诚待人，两人欢若平生，姚襄顺利归降了晋朝。谢尚部下有个叫张遇的将领，原是冉闵手下官员，率众降晋，他认为谢尚没有尽到抚慰之责，便占领许昌反叛。谢尚、姚襄率兵攻许昌，苻健也派兵2万相救，两军在颍水之滨展开了激战。结果谢尚战败，损兵折将1.5万人，逃往淮南。殷浩得知谢尚兵败，退屯寿春。谢尚因兵败被交付廷尉治罪，但其时康帝皇后褚氏临朝执政，她乃河南阳翟褚裒之女，其母谢氏是谢尚的妹妹，皇后本人便成了谢尚的外甥女。靠着这层关系，谢尚未受到什么惩罚，仅降号为建威将军。

谢尚北进时曾派建武将军、濮阳太守戴施占领枋头（今鹤壁市浚县西南淇门渡），适逢邺（今河北临漳西南）地发生饥荒，冉闵之子冉智与大将蒋干准备降晋，派个名叫刘猗的人向谢尚请求帮助，先求见戴施。戴施知道冉闵手中有传国玉玺，便通过蒋干弄到了手中，然后向谢尚报告。谢尚派人将玉玺护送至京师建康，接着又攻破许昌，打败苻健将领杨平。朝廷大为高兴，授他为给事中，赐轺车、鼓吹，戍守石头城。给事中备天子顾问应对，轺车是显贵者才有资格乘坐，鼓吹是军中之乐，赐给有功者。一日深夜，谢尚在长江泛舟赏月，遇见祖籍阳夏的袁宏在运租船中吟诗，便邀他过船论诗，谈得甚为投机，以后便荐引他参与军事。

永和九年（353年），谢尚升任尚书仆射，都督豫、扬、江西诸郡军事。后来他既领重兵，又任刺史，镇守历阳。次年江西流民造反，京师震动，谢尚匆忙赶回建康，局势稳定后，又回到历阳。他上表请求入朝，天子准他在京师署仆射事，为时不久，又进号镇西将军，镇寿阳。他在寿阳招聘懂音乐的人采石制作石磬等乐器，以备大乐采用。桓温北伐中原收复洛阳后，让谢尚都督司州诸军事，镇守洛阳，但谢尚因病未能赴任，后来又让他都督豫、冀、幽、并4州军事，他此时病情已重，更无法成行。不久即在历阳去世，终年50岁。

谢　石

谢石（327—388），字石奴，东晋陈郡阳夏（今太康县）人。谢裒第6子，谢安、谢万胞弟。谢石进入仕途比较顺利，晋孝武帝宁康元年（373 年）任秘书郎，转为黄门侍郎；太元四年（379 年）封为兴平伯；六年（381 年）封为尚书仆射。

前秦皇帝苻坚南侵，朝廷改授谢石为将军，假节、征讨大都督，带兵出征。孝武帝司马曜太元八年（383 年）七月，苻坚下令大举进攻东晋。他认为此次出征，必然唾手可灭东晋，甚至打算在胜利后封东晋天子、谢安、桓冲为尚书左仆射、吏部尚书、侍中。八月末，苻坚以苻融为前锋都督，率张蚝、慕容垂等步骑 25 万为前锋，以兖州刺史姚苌为龙骧将军，率领蜀军东下。九月初，苻坚从长安出发，人马号称百万，自称"投鞭可以断流"。苻坚行至今河南沈丘县槐店镇时，凉州之兵才至咸阳。东晋在宰相谢安的运筹下，元帅谢石以徐、兖两州刺史谢玄为前锋都督，与辅国将军谢琰（谢安之子）、西中郎将桓伊等率 8 万人马拒敌，另派龙骧将军胡彬率水军 5000 人增援淮南军事重镇寿阳（今安徽寿县）。这年十月，秦将苻融率军渡过淮水，猛攻寿阳，守将徐元素被俘。慕容垂也攻陷郧城（今湖北安陆）。胡彬得知寿阳陷落，退保硖石（今安徽寿县西北）。苻融派大将梁成率兵 5 万屯于洛涧（今安徽淮南市东淮河支流洛河），截断淮水水道，阻遏胡彬所率水军东撤，巩固寿阳秦军东面防务。谢石、谢玄等由东向西进军，因害怕梁成拦击，离洛涧 25 里安营扎寨，不敢前进。胡彬困守硖石，眼看粮草将尽，便派人向谢石报告，不料送信的人被秦兵捉获，送到了苻融那里。苻融连忙报告给苻坚。苻坚只带兵 8000 人，赶往寿阳与苻融会合。到了寿阳，苻坚派原先镇守襄阳、后来被俘投降的晋将朱序去游说谢石投降。朱序私下里对谢石说，如果秦兵百万之众到来，的确难以抵御，如今秦军只有少数军队在此，应该火速发动进攻，只要打败其前锋，秦军就泄气了，那时可一举歼灭之。谢石本想深沟高垒，不与秦军交锋，等他们兵疲师劳，自然退去。谢琰也劝谢石采纳朱序的意见，于是谢石派广陵相刘牢之率 5000 精锐攻打洛涧，大败梁成军。后又率各路大军水陆进发，直逼淝水，大破秦军，杀死苻融，取得了淝水之战的辉煌胜利。

朝廷论功行赏，提升谢石为中军将军、尚书令，封为南康郡公。在任期间，谢石上书天子，请求恢复各地被解散的学校，为国家培养人才，各州、郡也应普遍修建学校。孝武帝采纳了这个意见。

谢安去世后，谢石迁卫将军加散骑常侍。他因与大臣王恭不和请求辞职，不待批准便回到家中。朝廷下诏令谢石复职，但谢石仍住家中，连上十几道表章求退，均未被批准。他提出仿效前尚书令王彪之的先例在家办公，得到天子同意。谢石病重时，天子又晋封他开府仪同三司加鼓吹，他还未及赴朝，便一病不起，终年62岁。

谢　述

谢述（389—435），字景先，小字道儿，东晋陈郡阳夏（今太康县）人。谢允第4子，谢裕之弟。自幼品行端正，待人以诚，甚为人称道。其次兄谢纯（初为刘毅豫州别驾。毅镇江陵，以卫军长史、南平相）居官江陵时，谢述曾前往探视。谢纯战死沙场，谢述护灵柩乘船回建康，途中遇到暴风雨，载灵柩的小船顺水漂流得不知去向，谢述冒雨四处寻觅。谢纯之妻庾氏怕他遭遇不测，劝他不要再找了。谢述哭着说，兄长的灵柩如能安全到岸，当然皆大欢喜；如果灵柩出了意外，我还活着何用！后来终于找到了谢纯的灵柩并护送回建康，人们都认为是他精诚所至。刘裕对此事甚为嘉许，特意嘱咐豫州的官员授他为主簿之职。

谢述的长兄谢裕不喜欢他，平日往来不多，全无手足之情。一次谢裕患重病，谢述衣不解带，尽心服侍，药必亲尝后才送给乃兄。谢裕终于转危为安，从此兄弟关系融洽。

义熙年间谢述到刘裕手下任职，一直做到长沙内史，他为官清廉，政声颇好。宋文帝刘义隆元嘉年间，谢述任中书侍郎，南郡太守。彭城王刘义康出任宰相，以谢述为司徒左长史，转左卫将军。他职高位崇，却从不以权谋私，节俭如初，刘义康对他甚为敬重。谢述与尚书仆射殷景仁、领军将军刘湛是好友。谢述办事认真，又风度翩翩，很多人都喜欢他，刘湛说，每当看到谢道儿，心中的不快就涣然冰释了。

谢述对同事宽厚仁慈，喜欢排难解危，帮助别人。雍州刺史张邵因贪赃被判死刑，谢述上奏文帝说，张邵虽然有罪，但在武帝时曾立有功勋，应该将功折罪，给他一次改正的机会。文帝览奏，甚为动容，便赦免了张邵，并对他说，都是谢述极力说情，朕才赦免你的。谢述对儿子说，张邵过去对社稷有功，皇帝本有意赦免，我才说情成功，不要把此事说出去，免得侵占了皇上的恩德。又让儿子烧掉奏折，以免有沽名钓誉之嫌。谢述后来当了吴兴太守，在任时清正廉明，体恤民生，执法严明，深受百姓拥戴，都说他是关心民瘼的好官。南朝宋文帝元嘉十二年（435年），46岁的谢述病逝于吴兴太守任上。那里的吏民沉痛哀祭这位不多见的清官。

谢　万

谢万（321—361），字万石，东晋陈郡阳夏（今太康县）人。谢安胞弟，行四。幼年聪慧过人，气度虽不及谢安大，但善于炫耀，因此知名较早。他擅长为文，曾写过一篇《八贤论》，对古代4位隐士、4位显宦的情况作出分析。认为洁身自好、遁迹山林的人才是情操高尚的，一走入仕途其思想境界就低下了。当时的学者孙绰对这一论点提出反驳，认为一个人的人格高下与做官无关，当了官公忠体国，一样值得人们钦佩。谢万还和一个叫蔡系的人到征虏亭送客，两人因事争论，蔡系气极，把谢万从床上推了下来，连帽子都摔掉了。谢万不愠不怒，拍掉尘土，又坐到床上，平静地说，你这一推几乎摔掉了我的脸面。蔡系说，你本来就不考虑脸面嘛！后来两人都不计较此事，和好如初。

晋成帝咸康七年（341年），20岁的谢万被王导任命为司徒府掾，不久改任右西曹属，他辞而不赴。简文帝司马昱当宰相时闻知谢万大名，召他为抚军从事中郎。谢万头戴白纶巾，身披鹤氅，脚蹬朝靴，前往拜见。这种不衫不履的打扮颇不合时宜，司马昱没有怪罪他，两人谈得很投机。谢万的岳父王述任扬州刺史，谢万听到有人议论说他傻，为了验证这话是否真实，竟头戴白纶巾，坐着轿子直闯王述的衙门，质问他别人的议论是否属实，弄得王述哭笑不得。

谢万的仕途还算顺利，年纪轻轻便当上了豫州刺史兼淮南太守，都督豫、冀、司、并诸州军事。其实谢万并非将帅之器，让他率兵确非用其所长。王羲之曾写信给桓温说，谢万的确是满腹经纶，若使他立于庙堂之上，参议朝政，会是一名人才。而今弃其所长，用其所短，肯定是不妥当的，谢万难以担当如此重任。但是谢万刚刚任职，是否胜任还不得而知，桓温不便遽然改调谢万他职，未采纳王羲之的意见。王羲之见桓温没有动静，便给谢万去信，希望他研究韬略，团结将士，争取在北伐时打胜仗。此时的谢万正踌躇满志，打算建千秋不朽之业，且自恃才高，听不进不同意见，见了王羲之的信，只是一笑置之，不以为意。谢万的胞兄谢安对谢万恃才傲物、不善团结部下的缺点看得非常清楚，内心非常忧虑，便主动出面，抚慰谢万部下的将官。又对谢万说，你是此次北征的元帅，应和部下将领搞好关系，让他们自觉听你指挥，同心协力，才能打胜仗。像你这样傲慢无礼，部下怎能为你效命呢！谢万听了兄长的话，便召集众将说，众位将士可以说都是强兵劲卒，到打仗时可都要杀敌立功啊！众将官见谢万并不尊重自己，内心恨恨不已。谢万不理会这些，先派征虏将军刘建修治马头城（今安徽寿县西北），他自己率众入涡（今安徽涡阳）、颍（今安徽阜阳）两州，从这里北援洛阳。不巧的是，北中郎将郗昙忽于此时染疾，退军彭城（今江苏徐州）。谢万误以为慕容儁势力强大，郗昙已打了败仗，自己孤掌难鸣，料是抵御不住，便全线溃退，他本人非常狼狈，单人独骑逃回。朝廷大怒，褫夺了他的军权，削去了他的官职，废为庶人。无官后的谢万便返回故里阳夏拜谒祖先，为曾祖谢缵勒石立碑。又过了几年，朝廷起用谢万为散骑常侍，直至42岁时逝世。

谢　玄

谢玄（343—388），字幼度，小字羯，东晋陈郡阳夏（今太康县）人。谢奕之子，谢安侄。自幼聪颖，善于应对，与从兄谢朗（谢据次子）俱为谢安所器重。谢安曾经诫约子侄，问道：当父兄的为何总是关心自己的子弟，使他们向好的方面发展呢？众人面面相觑，不知该如何回答，只有谢玄能随机应变，马上回答说，因为好的子弟譬如芝兰玉树，叔父想使它们生长在庭院里，为家族争辉。谢安对于这一回答非常满意。谢玄风流蕴藉，举止不凡，他少时身上喜欢佩带紫罗香囊。谢安怕他玩物丧志，又不想伤他的自尊心，便借故和谢玄打赌，结果赢了香囊，然后投入火中烧成灰烬，以此断绝谢玄崇尚浮华之念。这使谢玄受益终生。

殷浩、桓温相继北伐，企图统一天下时，谢玄正值青年时期。他出身名门，又有才干，早为朝野所瞩目，不断有人请他出来做官，他都婉辞不赴，后来才与王导之孙王珣一起到桓温幕下任职。桓温很欣赏两人的才干，预言他们前途无量。桓玄北伐前燕失败，转而专擅朝政，废掉晋废帝司马奕，立司马昱为帝，是为简文帝。接着又想禅代晋室，自己当皇帝，但未及举事便撒手而去。谢玄转任桓温之弟、征西将军桓豁的司马，领南郡相兼管北伐诸事。

后秦苻坚强大后，屡败东晋部队，构成了对晋室的威胁。此时孝武帝司马曜当上了皇帝，急于寻求良将抵御北方的强敌入侵。当时的宰相谢安内举不避亲，他举荐了侄儿谢玄。谢安的这一举动引起了不少人的非议，认为他是以权谋私。但是与谢玄关系不睦的中书郎郗超见解却与众不同，他认为谢安推荐谢玄无可厚非，无可指责。他说："安违众举亲，明也，玄必不负举，才也。"又说，我和谢玄同在桓温手下任职，知道他的才干。至于我和他关系不好，是另一回事。于是，任征西将军的谢玄升为建武将军领广陵相，监江北诸军。谢玄在广陵（今江苏扬州）期间，组建了闻名遐迩的北府兵，北府兵在淝水之战中立下了赫赫功勋。原来京口（今江苏镇江）在晋代被称为北府，在这里组成、训练的部队就称为北府兵，东晋早期的郗鉴曾组建过北府兵，谢玄是重建。谢玄在广陵大量招募士兵，于是侨居南徐、南兖两州的彭城刘牢之，东海何谦，琅玡诸葛侃等，都应征入伍，经过谢玄的严格训练，成为一支能征惯战的队伍。

北府兵组成后，适值前秦来犯，兖州刺史谢玄率众救彭城，驻扎泗口（今江苏清江西南），正打算派人通报守御彭城的戴逌，部将田泓泅水前去，被秦军俘获，秦军命他至彭城宣传晋军已败，从速投降。但田泓到城下后却高喊要努力杀敌，当即被前秦杀死，全力进攻彭城。谢玄采取围魏救赵之法，派人攻打前秦存放辎重的留城（属彭城郡），彭城之围遂解，守将戴逌同何谦一起投奔谢玄。前秦军攻陷了盱眙（今江苏盱眙东北都梁山东北麓）、三阿（今江苏金湖县东南平阿西村），三阿离广陵只有百里之遥，东晋朝廷震动，这时谢玄挺身而出，自广陵救援三阿，一直把敌兵赶往淮北，又乘胜追击到盱眙以北6里的君山，在这里大败秦兵，谢玄这才乘胜回到广陵。朝廷下诏，给他晋号为冠军将军，加领徐州刺史。

淝水之战时谢玄任前锋都督，他率领的北府兵是抗击前秦的主力，他派前锋刘牢之率精兵5000人急行军到洛涧。离洛涧还有10里，秦军已隔着洛河布阵。刘牢之等奋勇渡河，打败秦军，谢石等诸路人马水陆并进，气势恢宏。苻坚同苻融登上寿阳城头，见晋兵布阵严整，又望八公山（在寿阳城北4里）上草木，皆以为是晋兵，不禁害怕起来。前秦的部队靠着寿阳城东面的淝水布阵，谢玄派人对苻融说，隔着河水，我们无法交战，请你们稍稍后退，让晋兵渡过淝水，双方再决一雌雄。秦军想乘晋军半渡而击，便挥兵退却，不料大将朱序在阵后大呼说，秦兵败了，秦兵败了，秦军真以为败了，阵势大乱，争相逃跑。谢玄的北府兵迅速渡过淝水，向秦军发起猛攻，一举击溃苻坚的近百万大军，杀苻坚弟苻融，伤苻坚，创造了中国军事史上以少胜多的战例。谢玄因功受封为康乐县公。

谢氏叔侄父子立了战功，却受到朝廷的猜忌。淝水之战后本应乘机北伐，收复失地，但过了一年后，朝廷才以谢玄为前锋都督，率师北伐。晋军连下谯城（今安徽亳州）、下邳（今江苏睢西）、彭城，又连克兖、青、司、豫等州，进抵黄河以北，收复中原已胜利在望，晋朝统治者却先后召回了刘牢之和谢玄，致使北伐半途而废。谢玄晚年多病，晋孝武帝太元十三年（388年）病逝于会稽内史任上，只活了46岁。他被追赠为车骑将军，谥献武。诗人谢灵运是他的孙子。

谢　琰

谢琰（340—400），字瑗度，小字末婢，东晋陈郡阳夏（今太康县）人。谢安次子。他生得风姿秀逸，才华过人，平时不与族中才干平庸者交往，只与卓荦不群者言欢。步入仕途后，初任著作郎，转秘书丞，累迁散骑常侍、侍中。淝水大战时，谢安看出他有将帅之才，任命为辅国将军，与堂兄谢玄领兵8000，斩将搴旗，大破敌军，以功封望蔡公。

谢安去世时，谢琰丁忧去职，3年守丧期满，任征虏将军、会稽内史。未几，升任尚书右仆射，领太子詹事（太子属官），加散骑常侍，将军如故。又过了不久，谢琰的母亲刘夫人也撒手而去。葬礼应用什么规格，朝廷上议论纷纭，有人引用潘岳为贾充之妻所写的诔文中有“昔在武侯，丧礼殊伦，伉俪一体”

的话，认为诸葛亮之妻丧礼与诸葛亮相同，刘夫人的丧礼应与谢安相同。孝武帝没有异议，但身为仆射的王珣，因与弟王泯俱是谢氏之婿，后来又都离异，旧怨未消，挟嫌报复，故意在刘夫人丧礼上作梗。谢琰一怒之下，自造辒辌车安葬其母。

太元末年（396年），任护军将军、右将军、会稽王的司马道子当政，任谢琰为司马。孝武帝崩，司马道子擅权，身为国舅、手握重兵的王恭在京口起兵讨伐司马道子，道子任命谢琰为都督前锋军事，一举将王恭荡平，因功升任为卫将军兼徐州刺史。

安帝司马德宗隆安三年（399年）十月，孙恩领导的农民起义军攻入上虞，袭破会稽，人数发展到好几万。当时任吴兴太守的谢邈（谢安侄）、永嘉太守谢逸、南康公谢明慧（谢石孙）、黄门侍郎谢冲（谢邈弟）、谢安侄女谢道韫的丈夫王凝之等人先后遇难。东晋政府震惊之余，任命谢琰为会稽内史兼督吴兴、义兴军事，前往收复浙东，又命北府军著名将领刘牢之协助谢琰。两个月之后，谢琰攻克义兴（今属江苏），击杀农民起义军头领许允之，接着进军吴兴（今浙江吴兴南下菰城），屯兵乌程（今浙江吴兴南12.5公里），与刘牢之合势，向钱塘江推进。孙恩见官兵势大，率余部遁入海岛。朝廷甚为忧虑，派谢琰任会稽内史，都督5郡军事。而谢琰麻痹轻敌，既不安抚百姓，又未加强军备，致使局势急转直下。

隆安四年（400年）五月，孙恩从浃口（今浙江镇海县东南）登陆，一路斩关夺隘，势如破竹，下余姚，占上虞，进击邢浦（今浙江绍兴市北35公里）。谢琰刚派参军刘宣之迎战，便传来了上党太守张虔硕战败的消息，孙恩长驱直入，群情震骇。众将主张以重兵守城，在南湖布列水军，分兵设伏，严阵以待，谢琰没有采纳这一建议。当义军蜂拥而至时，官兵尚未吃饭，谢琰要官军先破敌而后食，自己率先跨马而出，以广武将军桓宝为前锋，兵势甚锐。但因池塘间道路狭窄，士兵只能鱼贯而前，义军在湖中战船上万箭齐发，致使队伍中断，首尾不能相顾。当谢琰行至千秋亭时，手下士兵已逃亡殆尽，败局已定。帐下都督张猛顿生歹意，从后边猛砍谢琰所乘之马的腿，谢琰被掀翻在地，与谢肇、谢峻同时遇害，桓宝也死于疆场。朝廷因谢琰父子为国捐躯，忠孝萃于一门，追赠谢琰为侍中、司空，谥号忠肃。追赠其长子谢肇为散骑常侍，次子谢峻为散骑侍郎，也可算是备极哀荣了。

谢　奕

谢奕（310—358），字无奕，东晋陈郡阳夏（今太康县）人。谢缵曾孙，谢衡孙，谢裒长子。

谢奕很小时便已出名，刚成年就当了剡县（今浙江嵊州西南）令。一次，一个乡下老翁犯法，谢奕突发奇想，不用刑法治他，只是罚他饮用醇酒。老翁不胜酒力，已醉，谢奕仍固执地罚他饮酒。7岁的谢安身着青布裤，坐在兄长旁，看他办理公案，见老头可怜，便为他求情说："阿兄，老翁可念，何可作此！"谢奕见弟弟小小年纪便有怜悯之心，不禁汗颜起来，改容说："阿奴欲放去邪?"谢安点点头，谢奕便放了那个老翁。

谢奕与桓温交情深厚，桓温任徐州（今江苏镇江）刺史时，谢奕当晋陵（今江苏常州）太守，两人时有过从。不久桓温调任荆州（今湖北江陵）刺史，上任前到谢奕处辞行，颇有恋恋不舍之意，谢奕并未觉察。谢奕弟弟谢据之妻王氏却看出了奥妙，对丈夫说："桓荆州对兄长如此殷勤，必有用意，莫非要兄长同他一道去吗?"果然，不久谢奕就被调往荆州任安西司马。谢奕既与桓温朝夕相处，谈笑吟咏无拘无束，衣着也不大讲究，常常借着酒醉，把那些繁文缛节的礼仪都免掉了。桓温也不介意，常指着谢奕对人说："这是我的外方司马。"谢奕常逼着桓温喝酒，直到酩酊大醉，方才罢休。一次桓温为躲酒藏入妻子南康公主的卧室，谢奕不见桓温，携酒来到厅堂，拉着桓温的卫士同饮，还说"失一老兵，得一老兵，又有什么关系！"谢奕堂兄谢尚死于豫州刺史任上，当地百姓甚为怀念他，朝廷上下议论说，谢奕威望素著，必能继承乃兄之志，于是被任命为安西将军，都督豫、兖、冀、并四州军事。但不到一年，他便撒手人寰，朝廷追赠他为"镇西将军"。

谢　裕

谢裕（369—416），字景仁，东晋陈郡阳夏（今太康县）人。谢允之子，谢缵6世孙。东晋末年，会稽王司马道子、司马元显父子擅权。朝中官员纷纷巴结司马道子父子以谋取富贵。只有谢裕洁身自好，不肯阿附，到30岁时才当上个佐著作郎的小官。晋安帝元兴元年（402年），桓温之子桓玄率军攻入建康，杀死司马元显，对众人说，像谢景仁这样有才干的人，30岁才当上佐著作郎，真是埋没人才。桓玄受封楚王后，升谢裕为黄门侍郎；废晋自立后，又任他为骁骑将军。谢裕博学洽闻，桓玄与他畅谈竟日，不觉疲倦。桓玄外出，其他部下都骑马相随，唯独谢裕与他同车而行。当时创建南朝宋的刘裕是桓玄之弟桓修的下属，曾到谢裕家中公干，两人谈话很是投机，谢裕留他吃饭。饭尚未熟，桓玄便两次派人相召，说有要事相商，刘裕起身欲走，谢裕坚持陪刘裕吃完饭，才去见桓玄。刘裕对此颇为感慨，认为他是讲义气重交情的人。元兴三年（404年）刘裕平定建康，桓玄逃走，谢裕与文武百官共同迎接，并出任刘裕的镇军司马。

刘裕出任宰相后，打算率师北伐南燕的慕容超，朝野皆持反对态度，镇守姑孰（今安徽当涂）的大将刘毅反对尤为激烈。他认为苻坚南侵时，谢安只是运筹帷幄，并未亲自出征，怕的是宰相不在庙堂之上，会动摇朝廷根本。前鉴不远，应该效法谢安，老成持重，才是上策。谢裕不赞同这些意见，他坚决支持刘裕北伐。他对刘裕说，您功业赫赫，已有了齐桓公、晋文公那样的业绩，可谓应天顺人。但您功业虽大，在治理国家方面还未显示出才干。如今慕容超屡次兴兵犯我疆土，百姓不遑宁居，将军吊民伐罪，正当其时。平定南燕之后，让百姓休养生息，再修葺晋室陵墓，以安抚人心，天下就必然闻风归附了。如果养痈遗患，坐视慕容超坐大，岂不大失民心？刘裕见他说得有理，才决心誓师北伐。出发前刘裕又担心后方不稳，让他总管宰相府一切事务。义熙年间升任左仆射。刘裕看重谢裕，两人关系十分融洽，后来两人便做了儿女亲家，刘裕之子庐陵王刘义真娶谢裕之女为妻。谢裕在47岁时病逝，卜葬时刘裕亲临哭祭，深痛惜之。

谢　瞻

谢瞻（386—421），字宣远，又作通远，东晋陈郡阳夏（今太康县）人。谢缵7世孙，谢晦胞兄。自幼聪颖好学，6岁便能赋诗，甚受当时的文人学士赞赏。后来他写的诗与谢混、谢灵运齐名。

东晋末年，谢瞻担任秘书郎之类的小官。他父母死得早，弟兄几人均靠婶母刘氏抚养成人，婶母也待他如同己出。婶母之弟刘柳被任命为吴郡（今江苏苏州）太守，婶母也要同赴任所，谢瞻舍不得离开婶母，便弃官去了吴郡，在刘柳手下任长史。以后又几次升迁，被刘裕罗致幕下。其弟谢晦投奔刘裕较早，此时已任右卫将军，权势很大。刘裕驻军彭城（今江苏徐州），谢晦回建康搬取家眷，一些趋炎附势之徒纷纷前来看望，车马辐辏，好不热闹。恰巧谢瞻也在家中，见到这种情况大为吃惊，立即对谢晦说，你的地位还不到这么多人巴结的程度，现在竟有这么多人为你搬家前来祝贺，这是不正常的，绝非我们家庭的荣耀。我们家以恬退为旨，从不愿干预时事，太傅公（谢安）出至广陵，康乐公（谢玄）解驾东归，都是功成身退。我家交游者多是亲旧，益寿叔（谢混）在世，乌衣之游，唯与族子数人，仍不得善终，而你权势如此之大，岂是家门之福！谢晦没有在意兄长的劝告，反认为他多虑。谢瞻说服不了谢晦，便在门庭中设置了一道篱笆，把院子隔开说：我不愿看到这种场面。又径直去找刘裕说，臣家本是寒素之士，祖父、父亲也只是做过2000石的官员，我弟谢晦年仅30岁，才能一般，但在您那里已有相当荣誉，并参与机密大事，我担心荣禄之后灾难会接着而来，请求您贬降他的官职，以保全我们衰微的家门。刘裕没有答应这件事，觉得谢瞻忠诚可靠，任命他为吴兴太守。谢瞻辞而不赴，却自请担任路途遥远无人愿去的豫章（今江西南昌）太守。

春风得意的谢晦往往把朝中的机密带回家中，谢瞻告诫他不要泄密，以免引起麻烦。谢晦接受了这个意见，不再轻易谈论朝中机密了。谢灵运之父谢瑍生性愚笨，死得又早，谢灵运却恃才傲物，看不起别人，谢瞻又是一番劝说，谢灵运才改了这个毛病。谢晦的官职越大，权势越重，谢瞻越怕他不得善终累及家族，在豫章患病后不肯就医，以求一死。谢晦前去探望他，谢瞻告诫他此时离京，定会被人怀疑，应赶快回京。果然有人诬告谢晦谋反，但刘裕了解谢晦，没有追究此事。谢瞻病重后，刘裕把他接回京城，想安置在东晋南郡公主丈夫羊贲的故宅，以便就近照顾。但谢瞻说自己有旧宅住，豪华的房子反而不舒服，坚持不肯前往。他病重之际给谢晦的遗书中，一是要求把自己葬于东山，二是要谢晦清廉正直，不负朝廷。死时才 35 岁。

谢 玖

谢玖（？—300），即谢夫人，惠帝夫人，陈郡阳夏（今太康县）人。西晋人。家本贫寠，父以屠羊为业。谢玖贤惠貌美，晋武帝时被选入后宫。武帝令玖侍寝东宫太子司马衷，生司马遹。贾后妒之。司马衷即位，是为惠帝，拜玖为淑媛，立遹为皇太子（即愍怀太子）。惠帝永康元年（300 年），贾后矫诏杀愍怀太子，玖亦遇害。

谢道韫

谢道韫（349—409），东晋陈郡阳夏（今太康县）人。谢奕之女，谢安侄女，大书法家王羲之的儿媳，王凝之之妻。

她自幼聪颖，善于应对。曾与叔父谢安讨论《毛诗》，叔父问：诗里边哪几句最好？她回答说："吉甫作颂，穆如清风；仲山甫永怀，以慰其心。"说的是周宣王的大臣尹吉甫、仲山甫两人。周宣王派仲山甫去齐地筑城，尹吉甫做《烝民》一诗赠别，这两句是这首诗中的句子。意思是说尹吉甫的赠别诗铿锵和美，犹如清风，仲山甫长久思念他。谢安称赞她有“雅人深致”。还有一次，谢安聚集族中子侄讲论文章。时，室外纷纷扬扬下着大雪，谢安即景问道：“白雪纷纷何所似?”他的侄子谢朗说：“撒盐空中差可拟。”把下雪比作向空中撒盐，不十分贴切。谢道韫说：“未若柳絮因风起。”雪花飘飘，像是柳絮因风而起，漫天皆白，煞是好看。这一比喻贴切传神，使人浮想联翩，得到了谢安的赏识。世称其为“咏絮才”。她的作品原有集两卷，后失传，仅存有《登山》《拟嵇中散咏松》等诗作。

谢道韫后来嫁给了大书法家王羲之的次子王凝之。凝之得其父真传，在书法上也有成就，后来官至左将军、江州刺史。道韫出嫁之后回娘家，常闷闷不乐，谢安不解所以，问她：王凝之这人也不错，你闷闷不乐是什么原因呢？道韫回答说，谢家中叔父有阿大（谢尚）、中郎（谢万），众兄弟中有封（谢韶）、胡（谢朗）、羯（谢玄）、末（谢川），不意天下还有像王凝之这样的人。原来谢氏家族中人才济济，俊彦齐集，相比之下，王羲之家未免稍逊一筹。王凝之的才华不及谢道韫，无怪乎谢道韫郁郁不乐了。

和谢道韫同郡有个叫张玄的人，他的妹妹嫁给顾氏为妻，张玄说他妹妹的才能可与谢道韫相比。有个叫济尼的道姑，评论两位女子说：“王夫人（指谢道韫）神情散朗，故有林下风气；顾家妇清心玉映，自是闺房之秀。”意思是说谢道韫潇洒飘逸，有名士风度，顾家妇虽清心玉映，不过是闺房中的俊秀而已，两人的优劣，不能同日而语。谢玄是谢氏子弟中的佼佼者，谢道韫仍嫌他进步不快，批评他说，不知是俗务缠身分了心呢，还是天资有限?

谢道韫出嫁后，一次遇见丈夫之弟献之与人谈论玄学，那人谈锋甚健，献之招架不住。道韫派侍婢对献之说，打算给小郎解围。便设下青绫布障，自己坐在布障后面，接着献之的话锋谈下去。她口若悬河，侃侃而谈，把对方驳得体无完肤。进入老年后，她守寡居住会稽，太守刘柳闻其大名，前来谈议。谢道韫簪髻素褥，坐在帐中，刘柳则正襟危坐。谢道韫谈吐雅致，先谈家事，慷慨流涕，后谈玄学，条分缕析，见解精辟。刘柳赞叹说，说理透彻，让人心服。但是谢道韫的家庭非常不幸，孙恩起义时，她的丈夫和两个儿子都惨遭杀害。悲愤之中，她命侍婢抬她出去，亲执刀剑，在乱兵中杀死数人为夫报仇。被俘后，乱兵又欲杀她的外孙刘涛，她说，事在王门，与别人无干，如要杀他，请先杀我。乱兵只好将她的外孙释放。谢道韫孀居多年，家门严肃，一举一动都遵循礼法，直到晋宋之际去世。

谢方明

谢方明（379—426），东晋陈郡阳夏（今太康县）人，家住会稽。谢缵6世孙，祖父谢铁系谢安胞弟，东晋时任永嘉太守；父亲谢冲在东晋时任过中书郎，后在会稽被起义军孙恩杀死。其时谢方明随伯父谢邈居住吴兴（今属浙江），孙恩攻会稽时，方圆左右农民纷纷响应，吴兴也有人聚众攻占附近州县。谢方明劝伯父暂避一时，谢邈不听。起义军破吴兴，谢邈遇难，谢方明事先逃走，才躲过一劫。谢邈舅父之子冯嗣之及冯翊、仇玄达等在谢邈手下谋生，谢邈待他们不厚，这几人便愤而投奔孙恩，并怂恿孙攻打吴兴，导致谢邈遇害。官军刘牢之、谢琰讨伐孙恩，孙恩率军转移，冯嗣之等未及跟随。谢方明不顾体质虚弱，召集谢邈旧部活捉了冯嗣之等人，亲手将他们杀死。后来孙恩卷土重来，谢方明携老母、妹妹逃往上虞，后辗转回到建康，任刘裕的中军主簿，转从事中郎、中军长史、晋陵太守、骠骑长史，领南郡相。

谢方明历经磨难，才得以为官，非常珍惜这次来之不易的机会。他恪守官箴，为政清廉，搏击豪强，淳厚风俗，令行禁止，谁也不敢以身试法了。有一年年终，方明去江陵县巡视，作出了一个惊人的决定：凡狱中囚犯，不管罪刑轻重，一律回家过年，大年初三日回狱。其中有重罪犯20余人。当地官员对此决定表示疑虑，都苦苦相劝，不要放虎归山，倘若他们逃之夭夭，或作奸犯科，或逾期不归，将后患无穷。谢方明不为所动，坚持放囚犯回家。囚犯家人无不感激涕零，按照方明的规定，至期都自动返回狱中。只有两人逾期未归，一人是因醉酒超期，另一人犹豫不决，被家人送回。至此，囚犯全部回归，吏民无不叹服。

刘裕代晋建宋，谢方明任侍中、丹阳尹，因政绩优异，升任会稽太守。当时江南豪强甚多，官吏贪赃枉法者比比皆是，他们互相勾结，恃强凌弱，欺压百姓。哀哀无告的百姓只好辗转沟壑，流徙他乡。时间一长，他们便啸聚而起，对抗官府，社会秩序大乱。谢方明立即下令，在会稽郡内延缓百姓纳税期限，废除苛虐政令，不准额外搜刮民脂民膏。同时废除邻里连坐、株连亲属的旧法令，清理积案疑案。前任官员法令恰当者照旧施行，不合民情者加以修正，务使百姓乐意接受。经过谢方明一番整顿，会稽成了安静和平之乡。元嘉三年(426年)，仅47岁的谢方明因积劳成疾，卒于会稽太守任上。

谢灵运

谢灵运（385—433），世居会稽始宁，祖籍陈郡阳夏（今太康县）。谢缵7世孙，祖父谢玄为东晋名将，其父谢瑍，官秘书郎，早卒。母刘氏是大书法家王献之的甥女，颇有才华。谢灵运幼年丧父，祖父恐他不能成人，把他寄养于钱塘人杜明师的道馆，直至15岁时才接回都城建康家中，因此乳名“客儿”，后人称他为谢客。

谢灵运少时聪颖好学，博览群书，为文华美，与颜延之并为“江左第一”。他颇为清高自负，曾说：“天下才有一石，曹子建独占八斗，我得一斗，天下共分一斗。”祖父谢玄卒后，灵运18岁袭封康乐公，史称“谢康乐”。进入仕途后，先在镇守姑孰（今安徽当涂）的抚军将军刘毅手下任记室参军。刘毅改任荆州刺史，又以他为卫军从事中郎。刘毅与刘裕矛盾激化，刘裕杀刘毅并杀了灵运堂叔谢混，但为了笼络谢氏，起用谢灵运为太尉参军、秘书丞。可是过了不久，又借故将他免职。

晋安帝义熙十二年（416年），刘裕北伐长安，留守建康的刘道怜召谢灵运为谘议参军，转中书侍郎，又为世子中书谘议、黄门侍郎。刘裕到达彭城（今江苏徐州），他奉命前往慰劳，写了《撰征赋》献上，除为刘裕歌功颂德外，还回忆了江左东晋的历史。一年后，刘裕灭后秦，得胜回师，驻扎彭城，谢灵运又一次前往彭城，参加了戏马台盛宴，写了《九日从宋公戏马台送孔令》，留在彭城过年。此时刘裕已晋爵宋国公，后升宋王。谢灵运回到建康后，任宋国黄门侍郎。他的门人桂兴与他的小妾通奸，他一怒之下杀了桂兴，弃尸江中，被人告发，又被刘裕免职。

刘裕代晋建宋后，废除东晋原有封爵，只保留王导、谢安、谢玄等五大家族，但各降一级，谢灵运被降为康乐县侯。他自视才高，总想飞黄腾达，但却得不到重用，未免愤愤不平。刘裕次子庐陵王刘义真爱好文学，与灵运交情甚笃，表示得志后会好好安排灵运的官职。但刘裕怕诸子争夺帝位，把刘义真调往历阳（今安徽和县）。刘裕死后，由长子刘义符即位，调谢灵运出任永嘉（今浙江温州）太守。境内多名山大川，灵运由水路赴任，途中写了许多诗篇。永嘉的秀丽山水很是吸引他，他纵情遨游，不管政务，一出去就是十天半月，每到一处便纵情歌咏，写下很多脍炙人口的诗篇。但他毕竟是被排挤出朝的，心情郁郁不欢，只在任一年，便挂冠而去，虽然他的族弟谢晦等来信劝阻，他还是毅然离开了永嘉。

灵运又回到了会稽始宁，重新修缮谢玄所经营的山宅别墅，使其“依山傍水，尽幽居之美”。经常与隐士王宏之、孔淳之等以“游放歌诗自娱”。每成一诗，传至京师，官、民争相传抄，一天之间满城传遍，京都为之轰动。他写的近四千言的《山居赋》，成为后人研究南朝世族庄园经济的珍贵史料。

灵运居住始宁期间，朝中大臣徐羡之等废掉少帝刘义符，拥立刘裕第3子刘义隆为帝，是为宋文帝。刘义隆怕再出现政变，逼徐羡之自杀，又笼络谢灵运进京拜秘书监，让其整理秘阁遗缺书籍，撰写《晋书》。《晋书》仅粗列条目，尚未成书，又调他任侍中。他的诗和书法“皆兼独绝”，每作一诗，都亲手书写，文帝称为“二宝”，对他“赏遇甚厚”，灵运一时也颇为得意。但不久他便发现，文帝只不过拿他做文士弄臣而已，并无意重用。因此他常称病不朝，有时在家植树种竹，有时出城漫游数日不归，“既无表闻，又不请急”。文帝看他不可重用，只好暗示他辞职。灵运上表要求东归疗疾，这样，他又回到了始宁。

官场虽然失意，但灵运家资雄厚，让仆人凿山浚湖，又和族弟谢惠连及东海人何长瑜、颍川人荀雍、太山人羊璇之谈诗论赋，人称“四友”。他登山时常穿木屐，上山去其前齿，下山去其后齿，人称“谢公屐”。曾自始宁东山伐木开径直至临海（今属浙江），随从数百人，声势甚大，临海太守误以为山贼，后知是谢灵运方安。会稽城东有一回踵湖，谢灵运想把湖水决放为田，文帝已准，但会稽太守孟顗不允；他又转而求决始宁的休崲湖，又遭孟顗拒绝，他出言毁伤孟顗，遂与孟顗结怨。孟顗便弹劾他图谋不轨，存有逆心，他知道后便驰赴京城，向文帝面陈本末。文帝知其被诬，不予加罪，但不让他再回会稽，而任他为临川（今江西抚州市南）内史。他仍经常遨游，与在永嘉时无异，又有人弹劾，诬其谋反。朝廷派人缉拿他，他反将来人扣押，结果是被押送到了京城。文帝怜惜他的文才，免死流放广州。途中欲起兵反抗，事败被捕，于文帝元嘉十年（433年）在广州被杀。死时年仅49岁。

谢灵运是中国文学史上山水诗派的开创者。魏晋玄言盛行、诗风颓靡，谢灵运的山水诗如异军突起，开一代诗风。他的诗用笔轻灵，婉约细腻，如“池塘生春草，园柳变鸣禽”；“云日相辉映，空水共澄鲜”；“明月照积雪，朔风劲且哀”；“白云抱幽石，绿筱媚清涟”等皆为传颂不衰的名句。比他稍后的南朝宋文学家鲍照称赞其诗句“如初发芙蓉，自然可爱”。他一生著述甚多，计有《文集》9卷、《策集》10卷、《诗集》50卷、《诗集抄》10卷、《设论集》5卷、《连珠集》5卷、《新撰集乐府集》11卷、《回文诗集》1卷。后人集其著作为《谢康乐集》传于世。

袁山松

袁山松（？—401），又名崧，字桥孙，东晋陈郡阳夏（今太康县）人。曾为吴郡（今江苏苏州）太守。性情秀远，博学能文，所著《后汉书》百篇被公认为不朽之作；其书法被梁武帝评为“如深山道士，见人便欲退缩”。宋陈思《书小史》称其“善书”。其尤擅音乐，曾改作旧歌《行路难》，酣酒高歌，听者无不落泪，与当时善唱乐的羊昙，能挽歌的桓伊，被同誉为“三绝”。隆安三年（399年），孙恩领导的义军进攻沪渎，袁山松筑东、西沪渎垒与之对抗。垒破兵败，袁山松战死。

殷褒

殷褒，字符祚，西晋长平县（治今西华县西华营镇一带）人。有才能，任荥阳令。时逢连年水患，率民兴修水渠40多里，导积水入黄河，百姓感佩，称此渠为“殷沟”。在任期间，广建学馆，使广大民众子弟得到教育，群众编歌谣称颂他：“荥阳县令，卓异政绩，为治水患，挖沟修渠，举办学校，普及教育，后世子孙，耻讼明礼。”

殷　淳

殷淳（402—434），字粹远，东晋长平县（治今西华县西华营镇附近）人。少好学，有美名。南朝宋少帝时为秘书郎，历中书、黄门侍郎。后以父年迈，特许还家。淳爱好文义，在秘书阁撰四部书目凡40卷。元嘉十一年（434年）卒，时年32岁，朝廷痛惜之。

殷　浩

殷浩（？—356），字深源，晋陈郡长平县（治今西华县西华营镇一带）人。浩识度清远，少有美名，尤善玄言，为风流谈论者所推崇。三府（太尉、司徒、司空设立的府署，合称三府）召聘皆不就。征西将军庾亮引为记室参军，累迁司徒左长史。后屏居墓所，几将十年，时人将他比作管、葛（指管仲、诸葛亮）。王蒙、谢尚探知他的住处，以询问晋朝的前途命运为由，去拜访他。谈后方知浩有收复中原之大志，遂感慨地说：“深源不起，当如苍生何？”

穆帝永和六年（350年），浩晋为中军将军，兼管扬、豫、徐、兖、青5州军事。浩既受命，以光复中原为己任，上疏北征。不想北伐屡战，多有失利。桓温素忌浩，及闻其败，就上疏弹劾浩。浩遂被免去一切职务，贬为平民百姓，迁至东阳信河县居住。浩少与温齐名，温轻浩，浩亦不畏温。浩被贬后，温对郗超（温之参军）说：“如果使浩作令仆（相），足以调理庶政，仪正群僚，朝廷用非所长矣。”

浩虽被革除，口无怨言，但终日作“咄咄怪事”四字。后温将以浩作尚书，去信请浩，浩欣然应许。将复信，虑有谬误，开闭者数十次，最后还是送给温一封白纸。温意甚烦，由是断绝来往。永和十二年（356年）卒。

殷　觊

殷觊（？—397），字伯通，东晋长平县（治今西华县西华营镇附近）人。性爽直，有才气，少与从弟仲堪俱知名。孝武帝时以中书郎擢为南蛮校尉，任职清明，政绩显著。安帝时，仲堪与桓玄兴兵内伐，觊密谏阻，不从。觊愁苦致病，复谓仲堪曰：“我病不过身死，汝病在灭门，幸熟虑之。”然仲堪始终不听，觊忧郁而死。隆安中诏赠冠军将军。

殷睿

殷睿（？—426），字元素，东晋末西华县人。父亍早卒，为遗腹子。有才辩，知名南朝齐。殷睿为东晋末年辅政大臣谢混的女婿，喜爱赌博，谢家历代的积蓄、财产成了殷睿一天的赌资，还自以为清廉。有人说他是抢夺亲戚家财产，最为卑鄙的人。历官司徒、从事中郎。睿妻为镇北将军、雍州刺史王奂之女。奂奏请朝廷以睿为镇北长史、河南太守。奂反叛被诛，睿并见害。

殷羡

殷羡，字洪乔，东晋西华县人。曾任长沙和豫章太守。其性格耿介，正直不阿。在赴任时，京都人托他带家书百余封。行至石头城，他将信全扔到水中，并说："沉者自沉，浮者自浮，殷洪乔不为致书邮。"后人称寄信遗失为"洪乔之误"或"付诸洪乔"，该典故即源于此。这是他不矫饰、不虚伪、不逢迎的写照。后官至光禄勋。

殷琰

殷琰（415—473），字敬珉，西华县人。性和雅素静，寡嗜欲，事亲恭谨。少为南朝宋文帝所见遇。初为江夏王义恭征北行参军，始兴王浚后军主簿。出为鄱阳、晋熙太守，庐陵内史，继为临海王子项录事参军。复为豫州别驾，太宰户曹属，尚书左丞，寻阳王子房冠军司马，转右军司马，巴陵王休若左军司马。永光初为黄门侍郎，出为山阳王休祐右军长史，南梁郡太守。会晋安王子勋反，以琰为建武将军，豫州刺史。明帝深知殷琰是受制于人，并无反意，赦罪劝降，以至再三。子勋败，琰乃降。元徽元年（473年）卒，年59岁。官终少府给事中。

殷仲堪

殷仲堪（？—399），东晋西华县人。能为文，善清谈，性俭朴，以孝闻。父病积年，衣不解带，躬学医术，执药挥泪，致眇一目。初为晋阳太守，孝武帝召为太子中庶子，领黄门郎，恩宠隆厚。复授其都督荆、益、宁3州军事，振威将军，荆州刺史，假节镇江陵。在州时纲目不举，而好行小惠。后因处事失误，降为鹰扬将军，又降宁远将军。安帝时与桓玄举兵内伐，复与玄火并。玄夺江陵，仲堪兵权、土地尽失，为玄部所俘，被逼自杀，死于丹徒。有集12卷流于世。

殷仲文

殷仲文（？—407），东晋西华县人。有才藻，美容貌，桓温招为婿。会稽王道子甚赏识，引为骠骑参军，转谘议参军。后为元显征虏长史，迁新安太守。寻投妻弟桓玄，宠遇隆重。玄将为乱，使为侍中，领左卫将军。玄败，仲文回归朝廷。殷素有名望，自谓必当在朝任职，不意迁为东阳太守，很是不平。后以谋反罪被诛，其弟南蛮校尉叔文并伏诛。仲文善文辞，其诗改变玄言诗的风尚。著作传世不多，今仅存诗 2 首。

应　詹

应詹（279—331），字思远，汝南南顿（今项城市南顿镇上头村）人，是三国魏大将军长史应璩的孙子。

应詹从小父母双亡，是祖母把他抚养成人。十几岁时，祖母又过世了，那时应家很富裕，应詹觉得自己年龄小，没能力持家，就请族人一起居住，共同管理自家的财产。他个性随和，被人误会了也不计较。司徒何劭见过他之后说："君子哉若人!"意思说，这个人是君子啊!

应詹出仕后，先为太子舍人，后被赵王司马伦任命为征东长史。"八王之乱"后，赵王被诛，应詹幸免于连坐，还被成都王司马颖任用为掾。镇南大将军刘弘，是应詹的舅爷，当时驻守荆南，就让应詹做自己的长史，并告诉应詹说："你很有才识，以后可以接替我治理荆南。"刘弘在荆南政绩显赫，实有应詹的一份功劳。因此，应詹被调任南平（位于今湖北公安县东北、湖南安乡县北）太守。

荆州（今湖北襄阳）刺史王澄，让应詹管理南平、天门（今湖南石门）和武陵（今湖南常德市西）三地的军事。

西晋永嘉五年（311 年），匈奴贵族汉主刘聪派刘曜等攻破洛阳，杀晋官民 3 万余人，掳晋怀帝，焚烧洛阳城，洛阳化为灰烬。听到这个消息，应詹痛哭流涕，劝王澄赶赴支援。王澄就让应詹写檄文，应詹下笔便成。檄文慷慨壮烈，众人看了也很激慨，但终究西晋已亡。恰在这时，天门、武陵的少数民族也纷纷造反，应詹奉命讨伐。由于时局不稳，政令不一，一直受西晋官府压迫的少数民族，纷纷联络，计划反叛。面对这种局势，应詹分别拜访各少数民族部落的首领，铸铜券和他们订立盟约。大家感念他的真诚，就不再造反。在这种天下大乱的时局下，各地都不太平，而唯有应詹治下仍能保持安定。老百姓唱歌赞颂他说："乱离既普，殆为灰朽。侥幸之运，赖兹应侯。岁寒不凋，孤境独守。拯我涂炭，惠隆丘阜。润同江海，恩犹父母。"

蜀中有个叫杜畴的人发动叛乱，率兵攻打应詹治下各郡。应詹联合陶侃，在长沙大破杜畴，截获无数金银财宝，应詹一概不取，只收集图书。

建兴四年（316年），汉刘曜陷长安，俘西晋愍帝，西晋亡。次年三月，司马睿即晋王位，改元建武，318年即皇帝位，改元大兴，史称东晋。晋元帝任命应詹为建武将军，当时的镇东大将军、权臣王敦，又建议让他任巴东五郡的军事统帅，赐爵颍阳乡侯。

陈州人王冲占据了荆州，因为平时很仰慕应詹的为人，就想请应詹担任荆州刺史。可应詹认为王冲没什么才德，不肯接受，仍回到南平。

晋明帝即位后，应詹先受命任益州刺史和巴东监军，后任镇北将军刘隗的军司，加散骑常侍，累迁光禄勋。太宁二年（324年），明帝下令讨伐权臣王敦时，曾向应詹问计。应詹厉然慷慨地说："陛下宜奋赫斯之威，臣等当得负戈前驱，庶凭宗庙之灵，有征无战。如其不然，王室必危。"于是明帝就任命应詹为都督前锋军事、护军将军、假节钺。应詹与建威将军赵胤等发动攻击，大败王军。

平定叛乱有功，应詹被封为观阳县侯，食邑1600户，赐绢5000匹。应詹上疏推辞说："臣闻开国承家，光启土宇，唯令德元功乃宜封锡。臣虽忝当一队，策无微略，劳不汗马。猥以疏贱，伦亚亲密，暂厕被练，列勤司勋。乞回谬恩，听其所守。"没有得到批准。

应詹出任平南将军、江州刺史，都督江州诸军事时，针对西汉以来官员选拔和升迁制度中"属托者，无保负之累而轻举所知"、"迁不足竞，免不足惧"、以致"博采未精，职理多阙"的弊端，提出应当"举善弹违、截断苟且"，如果荐人不当，主张让举荐人（举主）承担同等责任。

应詹病危时，写信给好朋友陶侃说："每忆密计，自沔入湘，颉颃缱绻，齐好断金。子南我东，忽然一纪，其间事故，何所不有？足下建功峤南，旋镇旧楚。吾承乏幸会，来忝此州，图与足下进共竭节本朝，报恩幼主；退以申寻平生，缠绵旧好。岂悟时不我与，长即幽冥，永言莫从，能不慨怅！今神州未夷，四方多难，足下年德并隆，功名俱盛，宜务建洪范，虽休勿休，至公至平，至谦至顺，即自天佑之，吉无不利。人之将死，其言也善！足下察吾此诚。"

东晋咸和六年（331年），应詹去世，终年52岁，被册赠为镇南大将军、仪同三司，谥"烈"，祭祀享受"太牢"的规格。

应詹不但雄才大略，而且还是个不凡的书法家。《晋书》本传以及北宋《宣和书谱》中，都称应詹"工书，藁草悬解，真率天然，亦善章草"。后世的项城籍书法家麻坦、袁保恒、黄甲等，皆无出其右，可惜作品早已失传。著有《沔南故事》3卷。

应 贞

应贞（234—269），字吉甫，汝南南顿（今项城市南顿镇上头村）人，三国曹魏侍中、文学家应璩的儿子。

从汉到魏，其家族的人，多因文才好而成为重要官员。应贞也是精通经史，擅长辞令，曾以悬河之口语惊四座，文才名噪一时。三国名将夏侯渊的孙子夏侯玄，才华出众，精通玄学。应贞曾去拜访他，当场作五言诗一首，很受夏侯玄喜爱和重视。司马炎任魏国抚军大将军时，用应贞为参军（参谋军务）；建立西晋后，已经是晋武帝的司马炎，又升任应贞为给事中，可在内宫行走。晋武帝曾在华林园宴会，射箭助兴，令群臣赋诗，以观其志。应贞即席所赋《晋武帝华林园集诗》，格调雍容典雅，词语丰富多彩，用韵灵活，音节铿锵，被公认为写得最好。史书上说："贞赋诗最美。"

晋初仿汉制曾设太子中庶子（太子的侍从官），由应贞与护军长史孔恂担任。后应贞升任散骑常侍，以精通儒学而与太尉荀顗共同制订新的礼仪（没有施行）。

晋武帝泰始五年（269年），应贞病逝，时年35岁。著有文集5卷，《周易论》1卷，《古游仙诗注》1卷。

袁 豹

袁豹（373—413），字士蔚，东晋陈郡阳夏（今太康县）人。初任著作佐郎，后历任司徒左西属、刘毅抚军谘议参军。博学多闻，每谈今论古，听者忘倦。迁御史中丞。伐蜀，使豹写檄文。卒后以伐蜀谋功，追封南昌县五等子。

袁 宏

袁宏（328—376），字彦伯，乳名虎，东晋阳夏（今太康县）人。临汝县令袁勖（音旭）之子。

袁宏才智过人，诗文写得很好。其父早卒，家境贫寒，青年时以船运税租为生，常来往于长江之上。当时建武将军谢尚（阳夏人）镇守牛渚，秋夜乘舟泛江赏月，正逢袁宏在船中吟诵《咏史》诗。谢尚对其诗作非常欣赏，便邀袁宏过船相见，两人谈论彻夜，谢尚深爱其才。后谢尚为安西将军、豫州刺史，便荐引袁宏参其军事。不久，袁宏升任大司马桓温府记室。桓温"重其文笔，专综书记"。曾作《东征赋》、《三国名臣颂》，后随桓温北征，又作《北征赋》。这些都是他的佳作。

袁宏性格刚正亮直，虽被桓温器重，受其厚恩，但每逢辩论问题，从不阿谀屈从，所以官职得不到升迁。谢安很赏识他应对机敏、答辩迅速。后来，袁宏由吏部郎出任东阳太守，谢安在冶亭为他饯行，想测验他的才思。见面后，谢安从跟随他的人手中取来一扇送给袁宏说："聊以赠行。"袁宏应声答道："辄当奉扬仁风，慰彼黎庶！"人们都叹服他回答得快，又能抓住要领。

袁宏在文学和史学上都有一定成就。他的文学著作有《竹林名士传》3卷，诗、赋、诔、表等杂文300多首（篇），为集20卷。其《东征赋》、《北征赋》、《三国名臣颂》尤为时人所重。在史学上，他感到《后汉书》繁琐杂乱，特撰《后汉纪》30卷传于世。

晋孝武帝太元元年（376年），袁宏病故于东阳太守任所。

袁　环

袁环，字山甫，东晋陈郡阳夏（今太康县）人。永嘉年间，中原大乱，南渡避祸。元帝以其为丹阳令，迁治书御史，除庐江太守，王敦引为僚属。平苏峻有功，封长合乡侯。后官至散骑常侍。时动乱之后，儒林之教渐颓，庠序之礼有缺，咸康三年（337年），环上疏崇典训，明礼乐，立学校，成帝从之。东晋时国学之兴，即始于袁环动议。

周　翼

周翼，字子乡，陈郡（今淮阳县）人。其祖父周奕，系上谷太守。其父周优，曾任车骑将军。翼年幼而孤，依靠居住于高甲的舅父郗鉴过生活。晋怀帝永嘉年间（307—313），战乱频繁，加上年成饥馑，人因战饿而死者甚多。乡人因郗鉴德高望重，就送些食品供之。翼在舅家，因得存活。后过江为剡县县令。郗鉴去世后，周翼感戴舅父的抚育之恩，解职而归，睡在草席上为舅父守丧3年。服满后出任青州刺史，多有美政。年64岁而卒。

南北朝时期

李　崇

李崇（？—525），字继长，今项城市南顿镇人。14 岁时，被招拜为北魏“主文中散”（相当于秘书）。后成为北魏高祖、世宗、肃宗三朝元老，历治八州，五拜都督将军。

北魏孝文帝延兴元年（471 年），李崇任荆州刺史，驻守在上洛（今陕西商洛一带）。上洛与北齐接境，双方边民一直不和，孝文帝要派兵给他防范齐国边民。李崇推辞说：“边人失和，原因在于刺史管理不善。只要您下一道命令，向边民宣告您的旨意就行，用不着发兵防守。那样会让双方的边民都惊恐不安。”孝文帝听从他的建议，只派几十个骑兵到上洛，宣诏绥慰政策，边民很快安定下来。以后抓到了齐国人，李崇都命令还给齐国。齐国人感谢他的恩德，也把抓获的 200 多名荆州人送还过来。双方边境安定，再没有发生过摩擦。他在那里任职 4 年，非常称职，被召还京师，孝文帝给了他很厚重的赏赐。

后来，李崇任兖州（今河南滑县）刺史。以前兖州以抢劫为生的人很多，李崇上任后了解到这种情况，就部署每个村庄都建一座小楼，楼上悬挂一鼓。村里有强盗来了，村民就擂响悬鼓，邻村听到鼓声，也擂起鼓来，村村相传，鼓声可传百里。村民听到鼓声，立即蜂拥而出，把守住各条要道。这样，盗贼很难逃脱。后来各州县悬鼓自治，实际上就是从李崇开始的。

太和初年（477 年），巴氐部杨灵珍派他弟弟杨婆罗与儿子杨双联合齐国，率马步兵 1 万多人攻破武兴（今陕西略阳）。当时魏高祖孝文帝南征汉阳（今甘肃天水县南），李崇是梁州（今甘肃成县西北）刺史，就任命李崇为持节使，都督陇右诸军事，率所部军队征讨。李崇出其不意，歼敌大半。杨灵珍派堂弟杨建率兵 5000 驻龙门，自率精兵 1 万在他处伐树塞路，准备巨石，用来对抗官军。李崇命统军慕容领兵 5000，从小路夜袭龙门，自率军进攻杨灵珍。杨灵珍败走，李崇俘获了他的妻子，接着又攻克武兴。齐国的郑猷、王思考率兵救援灵珍，被李崇打得大败，婆罗等千余人被杀，郑猷等被俘，杨灵珍败逃汉中。高祖看了李崇的报告后高兴地说："使朕无西顾之忧者，李崇之功也。"当即授李崇都督梁、秦二州的军事，封李崇为魏昌县伯。

后淮南多事，李崇又受命都督淮南军事。这时寿春（今安徽寿县）大水，很多水从城中的地面上涌出；还有成群的野鸭子飞进城里，与鹊鸟争巢。大雨连下了13天，屋宇都被淹没了。李崇和士兵转移到城墙上，但是大水继续上涨不停，他们只好乘船停靠在城墙边。这时大水离城墙顶不过有两块木板的距离，州府官吏们都劝李崇离开寿春。李崇说："我受国家重用在此驻守，因为我的德不够，才引起了这场大水。淮南方圆几百里老百姓的安危，都系于我一人。我一旦动摇，老百姓顷刻就会大乱，连扬州恐怕都不会属于我们了。我哪里能爱惜自己而留下千年的愧疚？你们确实不必无辜陪同我死，可乘船到高处去自寻生路吧！我定要死守寿春，你们不要再多劝我！"

宣武帝元恪（500—515）继位后，拜李崇为右卫将军、抚军将军、正尚书。当时鲁阳（今河南鲁山）的少数民族柳北喜、鲁北燕等聚众反叛，有数万人响应。叛军围逼湖阳（今河南唐河县西南湖阳镇），湖阳游击将军李晖尽力捍御，可义军声势浩大。宣武帝派李崇为持节使，都督征蛮军事。李崇组织了多次战役，才最终平定。

李崇驻守淮南都督军事时，寿春县人荀泰有个3岁的儿子在战乱中丢失，过了好几年都不知道生死。后来见在同县人赵奉伯家里，荀泰就告到官府。他们二人都说是自己的儿子，都有邻居作证，郡县无法判决。李崇说："这很容易知道真相啊！"他命令把小儿带到别的地方，不让两个父亲见到他。几十天后，派人对他们说："你们的小孩突然有病死了，你们的官司不用打了，回家给小孩办丧事吧。"荀泰一听当场放声痛哭，悲痛得很；赵奉伯只是叹气罢了，一点也没有悲痛的样子。李崇观察到这情景，就把小孩还给了荀泰，审问赵奉伯为什么要冒认小儿，赵奉伯才慢慢回答说："我先前也丢失了一个小孩，所以才冒认。"

孝昌元年（525年），李崇病死在任上，享年71岁。赠侍中、骠骑大将军、司徒公、雍州刺史，谥"武康"。后重赠"太尉公"，增邑采1000户。

夏侯详

夏侯详（433—507），字叔业，南北朝时刘宋谯郡（今安徽省亳州市）人。明帝刘彧泰始五年（469年）任新汲县县令。新汲县在今扶沟县城西南10公里处，原属扶沟县，西汉宣帝神爵三年（前59年）始置，与扶沟并存，西晋武帝咸宁五年（279年）废扶沟入新汲，隋文帝开皇三年（583年）废新汲复置扶沟。

他16岁丧父，居丧哀毁，结庐于墓侧3年，以尽人子之孝。后来豫州刺史殷琰召补夏侯详任主簿。泰始四年（468年），豫州刺史刘缅继补夏侯详为主簿，五年（469年）任详为新汲令。因他在任新汲县令期间政绩优异，先升他为治中从事史，再升他为别驾。在此期间，他先后与他的8个上级领导共事，相处得都很融洽，因此得到当时很多人的称赞。

齐明帝萧鸾当刺史的时候，因知夏侯详有很好的声望，就非常看重他。当明帝以宣城王辅政的时候，欲对夏侯详委以重任，因夏侯详对此不以为然，认为“不为福始，不为祸先”，使萧鸾非常生气，于是就让他任征虏长史、义阳（今河南信阳）太守。不久，建安戍被北魏所围困，又命夏侯详为建安戍主，带边城、新蔡二郡太守，并督光城、弋阳、汝阴三郡之兵共同攻打。当详等众到达建安时，魏军早已撤走了。原来，北魏曾在淮上设置荆亭戍，常常扰乱齐的边境，致使齐地遭受很大损失。夏侯详到任后，率领精锐士卒进攻，使北魏军大败，都弃城逃跑，才使齐的边境得到了安定。

齐明帝建武末年（497年），召夏侯详为游击将军，出为南中郎司马、南新蔡（今湖北省境内）太守。萧宝卷永元元年（499年），萧宝融为荆州刺史南康王的时候，又让夏侯详任西中郎司马、新兴（今湖北省境内）太守。此间，因斩中兵参军刘山阳的副将潘绍作乱有功，升详为司州（今河南省境内）刺史，而他却不去就职。

梁武帝萧衍举义兵时，夏侯详与长史萧颖胄都立了大功。萧宝融在江陵建立了号称西台的中央行政机构后，以夏侯详为中领军，加散骑常侍、南郡（今湖北省境内）太守。此时，凡军国大事，都取决于夏侯详一人。和帝萧宝融中兴元年（501年），又升夏侯详为侍中、尚书右仆射，遂又改为授使持节、抚军将军、荆州刺史，详辞而不就。

梁武帝萧衍天监元年（502年），召夏侯详为侍中、车骑将军，论功封宁都县（今江西省境内）侯，食邑2000户。详又多次辞让不就。于是就让他任右光禄大夫、侍中如故，改封为丰城县（今江西省境内）公，食邑如故。二年（503年），他又写辞呈致仕。梁武帝只解除了他的侍中职务，又晋爵为特进，以赐尊荣。三年（504年），又授夏侯详迁使持节、散骑常侍、车骑将军、湘州刺史。他在湘州4年，为政清廉，深受老百姓的称颂。六年（507年），召详为侍中、右光禄大夫，还未上任，又改授他为尚书左仆射、金紫光禄大夫，侍中如故。夏侯详就在从湘州上任的路上，因病而卒，享年74岁。丧之日，梁武帝为他举哀，又赠他右光禄大夫、开府仪同三司，谥号景。

谢　澹

谢澹，南朝宋陈郡阳夏（今太康县）人，居金陵乌衣巷。谢安孙，谢瑶第3

子。东晋末年，谢澹在朝中任尚书。刘裕取代东晋称帝时，有人提议让侍中刘睿奉献玉玺，刘裕摇摇头说，献玉玺的人必须有威望，谢混若在世，倒是个很合适的人选，刘睿资格还不够。选来选去，后来选中了谢澹。刘裕即位后，谢澹在刘裕跟前仍无拘无束，在饮酒时谈笑风生，有的大臣要求治谢澹不敬之罪。刘裕虽然表面上说谢澹生性旷达、不拘俗法是好事，但心里却不高兴，不再重用他了。一次，谢澹在陪酒时又劝谏刘裕说，陛下只重用唯唯诺诺、俯首帖耳的人，像汲黯那样忠心耿耿却又犯颜直谏的人，可就没有用武之地了。刘裕没有怪他出言不逊，但也没有采纳他的意见。

南朝宋景平元年（423 年），少帝刘义符继刘裕登上帝位，谢澹升任光禄大夫。不久，侄子谢晦（谢据曾孙）被任命为荆州刺史，谢晦甚为得意，向谢澹告别时满面春风，显得十分自负。谢澹看不惯他这种举止，故意问他多大年龄，谢晦回答说："小侄今年 35 岁。"谢澹意味深长地说，过去中郎荀羡 28 岁时就当了北中郎将，徐州刺史，29 岁时当了北府都督，你与他相比，还算年轻吗！一席话说得谢晦满面羞惭，无言以对，不住点头称是。谢澹的堂弟谢混（谢琰之子）与刘毅关系密切，而刘毅又和刘裕不谐，便劝诫他说，益寿（谢混的字）喜欢与人交往我不反对，但一定得认清形势。刘毅与刘裕交恶，你若和刘毅继续交往下去，难免要吃苦头，搞不好会家破人亡。谢混以为堂叔是在危言耸听，一笑置之，不理睬他的劝告，继续和刘毅来往。谢澹见说不动谢混，便逐渐和他疏远了。没过多久，刘裕果然击败了刘毅，谢混受到株连被杀。谢澹因有先见之明，并早已劝说过谢混，得以安然无恙。宋文帝元嘉年间，谢澹仕至侍中，金紫光禄大夫。卒于任上。

谢 朏

谢朏（439—504），字敬仲，南朝宋陈郡阳夏（今太康县）人。谢安 6 世孙，谢庄次子。幼年便颖悟过人，10 岁便能写诗。谢庄外出常把他带在身边。一次在建康郊外游玩，让他即兴赋诗，他一挥而就。侍中王景文夸他是神童转世，将来必成大器。宋孝武帝游姑孰（今安徽当涂），命谢庄携谢朏随驾，有意试谢朏的才学，下诏让他作《洞井赞》，谢朏顷刻写就献上。孝武帝看完称赞说："虽小，奇童也。"进入仕途后担任中书郎、卫将军袁粲的长史。袁粲为人亢直刚正，对别人说，谢朏才华盖世，酷似其父谢庄，真是谢庄没死呀！

刘宋最后一个皇帝是顺帝刘準，他即位后大将萧道成把持朝政，10 岁的顺帝刘準已是傀儡。萧道成以谢朏为长史，让他和褚炫等侍卫顺帝，是时人称的"天子四友"之一。萧道成的权势越来越大，篡宋的心情也越来越迫切。有一次故意试探谢朏，问他司马氏篡魏的事。谢朏却说，曹操自己都说，有人劝他称帝，是把他放在炉子上烤。司马昭几代都是魏臣，他一定会对魏称臣而不生异心。萧道成听了很不高兴。

萧道成废宋建齐，文武百官都去朝拜新皇帝，谢朏却不肯前往。当时谢朏掌管玺印，如果把朝廷大印献上，肯定会得到重用。萧道成命人传唤他时，他却说：我是宋朝大臣，不应参与齐朝庆典大事。别人怕他惹祸，劝他装病，找人替他献玉玺。他说，我哪儿有病？说着扬长而去。萧道成之子萧赜请求处死谢朏，萧道成说，现在若杀他，正好成全了他的名节，于是把他罢官。

萧道成的儿子萧赜即位，是为齐武帝。他起用谢朏为官，直做到义兴（今江苏宜兴）太守。在任期间，谢朏只管大事，把琐事交给下级去办。他恪尽职守，把义兴治理得井井有条，百姓一片赞扬之声。因功调回朝中任职。齐武帝病逝，郁林王萧昭业继位。谢朏任侍中、新安王师。而萧道成的养子萧鸾又密谋抢夺帝位。局势险恶，人心不稳。谢朏不愿介入这个争权夺利的旋涡之中，想尽早离开这个是非之地，便请求外任，结果被调为吴兴（今为浙江吴兴）太守。他的弟弟谢瀹在朝任吏部尚书，派人给谢朏送去几坛好酒，并交代他只管喝酒，别管朝政。谢朏恐怕朝廷怀疑他，便大量聚敛钱财，以表示自己没有大志。尽管有些人指责他，说他与以前判若两人，但他并不在意。

萧鸾一步步地实现了自己的阴谋。先是杀了萧昭业，立15岁的萧昭文为帝。继而又杀掉萧昭文，自立为帝。史称明帝。为笼络谢朏，任他为侍中、中书令（宰相）。但谢朏仍与父母留居吴兴，仅将儿子送回京城居住。萧衍取代齐朝建立梁朝，给谢朏授了官职，但他仍不肯离开吴兴。萧衍派人到吴兴敦请，他不得不回到京师。到京城后，谢朏再次向萧衍提出，愿归隐林泉，不问世事，梁武帝萧衍不准，他只好回吴兴接母亲赴京。萧衍不仅为他重建府第，免他每月初一、十五上朝参拜，又准他乘小轿上殿。天监五年（506年）冬谢朏病逝，终年65岁。

谢 凤

谢凤，南朝宋陈郡阳夏（今太康县）人。谢灵运子，元嘉中（约440年）为鄞令。在任不久，惠政大孚。于县东二里，造方胜坝以蓄水，年溉田5000余顷；坝北有大溪，交通不便，凤复架石桥，解民涉水之患，故名之曰“谢凤桥”。

谢 嘏

谢嘏（？—569），字含茂，南朝梁陈郡阳夏（今太康县）人。谢缵11世孙，谢举之子。风神秀彻，擅长诗文。南朝梁武帝萧衍时任秘书郎。后来出任建安（今福建建瓯）太守，但时间不长。太清年间侯景发动叛乱，京师建康一片混乱，许多人罹难。谢嘏逃往广州，依附于广州刺史萧勃。此后的 3 年多时间里，南朝梁换了 4 任皇帝，即临贺王萧正德、梁简文帝萧纲、梁豫章王萧栋、梁武陵王萧纪。政局不稳，谢嘏滞留广州未归。梁元帝萧绎即位，改年号为承圣元年（552 年），下诏任谢嘏为五兵尚书。但战乱尚未彻底平定，道路梗阻，谢嘏无法从广州赴京师建康任职。消息传到广州，萧勃任用谢嘏为镇南长史、南海太守。到了梁敬帝萧方智时，梁朝已是强弩之末。皇帝形同虚设，权臣陈霸先颐指气使，独擅朝纲，取而代之的意图朝野皆知。远在广州的萧勃是朝廷宗室，自然不能坐视不管，于是从广州举兵北上，企图消灭陈霸先。但陈霸先掌管着梁朝的精锐部队，萧勃不是他的对手，被打得大败。谢嘏就在这时离广州北上，路过临川时被周迪挽留小住，这才知道陈霸先已建立陈朝。萧勃起兵攻打过陈霸先，自己又在萧勃手下任职，倘若回到京师，陈霸先岂能放过自己？于是他打点行囊，由周迪介绍，去晋安（今福建福州）投靠陈宝应。陈宝应父子是晋安的实力派人物。南朝陈建立后，因他和陈霸先都姓陈，因此被编入宗室，陈朝皇帝自然要另眼看待。谢嘏投靠陈宝应，自然也不会有什么麻烦了。陈霸先死后，由陈蒨继位，是为文帝。文帝了解谢嘏的才能，多次下诏调他入朝任职，陈宝应却不放他走。后来陈宝应兴兵叛乱，被中央政府平定。谢嘏终于回到了京师任御史中丞。因为有投靠萧勃、陈宝应这段经历，有人弹劾他，说他投靠乱臣贼子，不能重用。但朝廷没有追究此事，仍然给他安排了职务，一直做到中书令（宰相）这样的高官。陈宣帝（陈顼）太建元年（569 年），谢嘏病故。

谢　颢

谢颢，字仁悠，南朝齐北陈郡阳夏（今太康县）人。谢朏弟，谢庄第 3 子。少简静，善辞令。南朝宋末为豫章太守。一次，他没穿官服登上烽火楼，被人告发，因以免官。入齐，建元初（479 年）被任为吏部郎，后至太尉从事中郎。武帝永明初（483 年），高选友、学，以颢为竟陵王友。卒于北中郎长史。后人辑其诗文著《谢颢集》16 卷使此。

谢　赫

谢赫，祖籍陈郡阳夏（今太康县）。谢缵后裔。约生于南朝宋孝武帝大明年间（457—464），卒于梁武帝中大通年间（527—529）。工画人物，尤擅肖像，不需长时间观察，只要看上一眼，便记忆深刻，操笔作画，形神俱似，惟妙惟肖。画有《安期先生图》行世。他撰写的《古画品录》是见地高远的绘画理论著作，书中对我国3世纪至4世纪的重要画家和作品都有切中肯綮的评价。尤其他提出的“六法”，为历代画家、理论家所欣赏。宋人郭若虚在其所著《图画见闻志》中誉之为“六法精论，万古不移”。

谢　晦

谢晦（389—426），字宣明，陈郡阳夏（今太康县）人。谢安二哥谢据的曾孙，南朝宋宰相。幼时喜读书，善言辞，又仪表不凡，人们比之为三国时的杨修。东晋末年，帝室衰落，大权落入军阀刘裕手中，谢晦步入仕途后，便在刘裕手下供职。一次管刑狱的官员病了，刘裕临时让谢晦代行其职。他上任时才在车上翻阅档案文书，一下子便烂熟于心。当刘裕询问情况时，谢晦对答如流。刘裕大为惊奇，便不断提升他的官职，直至当上了太尉主簿。谢晦知道，自己要想在仕途上有所作为，只能依靠刘裕，因此对他忠心耿耿。一次，刘裕渡江讨伐荆州刺史司马休之，部将徐逵之战死，形势危急，刘裕欲渡江作战，部将阻拦不住，谢晦拉住他的衣服不放，刘裕大怒说，再不放手就杀了你。谢晦说：“天下可以无我，不可以没你，你杀了我又有什么关系！”此时刘裕部下登岸击退了敌兵，刘裕很高兴，从此更加敬重谢晦。以后刘裕多次率兵征讨，谢晦都作为他的幕僚相随，出谋划策甚多。刘裕在彭城（今江苏徐州）大宴僚属，想即席赋诗，卖弄才能。谢晦怕他是个赳赳武夫而出乖弄丑，便代他作诗，引得满堂喝彩。号称“风华江左第一”的谢混是谢晦族叔，也在刘裕幕下任职，刘裕指着两人说：“一时顿有两玉人耳！”赞誉之辞，溢于言表。

谢晦与刘裕部下的智囊人物刘穆之关系不谐，刘穆之每有建议，谢晦都要反对，刘穆之恨恨地说，你将来总有后悔的时候。刘穆之死后，谢晦很高兴，料定自己必然升迁，果然刘裕受封为宋王后，擢升他为右将军、侍中。刘裕代晋建宋，登基那天，谢晦带兵警卫，次年又统领宫廷卫戍部队，成了南朝宋王朝的重臣。不过刘裕并不十分信任谢晦，认为自己在世时他会循规蹈矩，自己死后就没人能驾驭得住他了，因而对他很不放心。刘裕病重时嘱咐太子刘义符：谢晦虽有才能，但将来可能谋反，我死后可安排他到地方上去做官。刘义符即位后并未按刘裕的安排办事，反升他为中书令，成为辅佐朝政的大臣。

少帝刘义符是个淫乐腐败的皇帝，把朝政弄得一塌糊涂，谢晦等人想废掉他，另立刘义符之弟刘义隆为帝。徐羡之等又怕刘义隆即位后追究谋害天子一事，就联合一班人对付刘义隆，其中的一条重要措施，就是把朝中的精锐兵力都交给谢晦统领，任他为荆州刺史，以荆州为根据地。而老谋深算的刘义隆在即位后，不但不追究谢晦等人杀兄之罪，反给谢晦加官晋爵，封他为建平郡公，都督荆、湘等7州诸军事，食邑4000户，并赐鼓乐1部。元嘉三年（426年），宋文帝刘义隆立足已稳，政权已经牢固，决定追究谢晦、傅亮、徐羡之等废谋少帝一事，杀死傅亮，逼死徐羡之。因谢晦不在朝中，在荆州任职，文帝又派檀道济前去攻打。檀道济临行前对文帝说，以前我与谢晦跟随武帝北伐，一直打到潼关，许多谋略都是谢晦提出来的，此人聪明干练，才气纵横，远比我高明，但他从未单独带兵打过仗，临阵指挥还不内行。我们两个互相了解，如今我奉陛下之命去讨伐他，肯定能马到成功，擒他归案。文帝听了很高兴。

谢晦之弟谢皭得知文帝密谋，赶紧派人向他通报，谢晦却疑信参半，直到徐羡之、傅亮、兄子谢世绍、弟弟谢皭之子谢世休、谢世平遇难的消息传来，他无路可走，只得集结郡内精兵，准备对抗。为表示对朝廷忠心，又上表文帝，替徐羡之等人辩冤，希望文帝体谅自己为国的忠心。文帝却列举谢晦罪状，派人往荆州散发。谢晦知大势已去，只得硬着头皮迎战。檀道济也参与了废黜宋少帝的活动，但文帝却不追究他，反派他带兵攻打谢晦，檀道济自然感激，下死力攻打谢晦，以示自己清白。谢晦还担心檀道济在朝中难以保全，料不到他竟会带兵进攻荆州。两军刚一接触，谢晦的 2 万人马不战自溃，他单人乘船逃回江陵。谁知江陵守将已经投降朝廷，谢晦腹背受敌，无奈中与弟谢皭、兄子谢世基等 7 人骑马北逃。待他们走到安陆时，人困马乏，被早已守候在那里的官军俘获，押往京师处斩。谢世基临刑前赋诗说：“伟哉横海鳞，壮矣垂天翼。一旦失风水，翻作蝼蚁食。”谢晦也吟诗相答，叔侄两人同时受刑。谢晦死时 37 岁。他的女儿是彭城王刘义康之妃，赤脚跑到刑场，抱着父亲大哭：“阿爸是大丈夫，应该战死沙场，怎会落得这个结局！”在场的人无不垂泪。

谢　举

谢举（478—548），字言扬，南朝梁北陈郡阳夏（今太康县）人。谢安 10 世孙，谢瀹次子，谢览胞弟。幼好学，喜清谈，与兄谢览齐名。14 岁曾写给著名文学家沈约一首诗，深受沈约赞赏。萧衍建立梁朝后，年方弱冠的谢举步入仕途，任秘书郎。萧衍文学造诣颇高。元宵举行集会时，不少著名文人与会，江淹见到谢览、谢举兄弟，赞誉有加。萧衍曾向谢览询问谢举的情况。谢览说，他饮酒不如我，知识才能远胜我许多倍。梁武帝萧衍很高兴，就让谢举在朝中任职，有时到地方做官。他当豫章内史时为政清廉，施政有方，很受百姓欢迎。后来又入朝任职，担任吏部尚书。不久，谢举又被任命为晋陵太守。在晋陵期间，他轻徭薄赋，注重教化，犯罪的人很少，境内社会秩序安定，得到了百姓的好评。他任满回朝时，士民请求朝廷准为他立德政碑，被朝廷批准。他回朝后任侍中、吏部尚书。他的家族中从谢庄到他，已经出了 4 位吏部尚书，这种荣耀是别的家族所没有的。

谢举学问渊博，涉猎广泛，对儒、佛、道都有研究，尤其对玄学、佛学更为精通。在晋陵当太守期间，常与当地著名和尚轮流讲解佛经，他深入浅出，见解精辟，吸引了很多人前来听讲。隐居在虎丘山的佛学家何胤也长途跋涉前去听讲，对谢举的见解大为折服。国子博士卢广在京师讲解儒学，义理精湛，连仆射徐勉也来听讲。谢举多次对他的论点提出质疑，并与他辩论，卢广对谢举佩服得五体投地，把象征自己学术地位的麈尾、斑竹手杖等都送给了他，以示敬重。从此谢举名声骤增。谢举回朝后任过侍中、五兵尚书、吏部尚书、尚书右仆射等。大同年间出任云麾将军，吴郡太守。前任吴郡太守何敬容政绩斐然，百姓称之为“何吴郡”，谢举在吴郡 3 年，兴利除弊，政绩堪与何敬容媲美，百姓甚为感戴。

谢举长期在朝中任职，直至做到一人之下万人之上的宰相，可说是权倾朝野，富贵无比。但南朝政局多变，社会动荡，要想施经纶、展抱负并非容易的事。他想到了急流勇退，称病请求解职。梁武帝萧衍舍不得这个辅弼之臣，不允所请，只让他休假调养，并赐给药物。又过几年，东魏的大将侯景请求降梁，武帝甚为高兴。谢举知道侯景的为人，反对接纳这个反复无常的军阀。梁武帝不听他的意见，收留了侯景。太清二年（548 年），谢举任尚书令，这年八月侯景发动叛乱，围攻建康。证实了谢举的知人之准。年底，谢举病逝于建康城中。诏赠侍中、中卫将军、开府仪同三司。

谢　曜

谢曜（396—426），字宣镜，南朝宋北陈郡阳夏（今太康县）人。谢瞻弟。事母极孝。母病畏惊，躬自执劳，家人纳履而行、屏气而语十余年。官至黄门侍郎。后因参与徐羡之等人废少帝、立文帝一事，被朝廷罪诛。

谢　览

谢览，字景涤，南朝梁北陈郡阳夏（今太康县）人。谢缵 10 世孙，谢瀹长子，娶南朝齐钱塘公主为妻，封驸马都尉。年 20 余为太子舍人。齐末京城发生变乱，时任大司马的萧衍率军平定了战乱，入驻京城，文武百官大多跪地参拜，年轻职卑的谢览却长揖不跪，引起了萧衍的特别注意。萧对仆射徐勉说：“觉此生芳兰竟体，想谢庄正当如此！”后来萧衍当宰相，便把他罗致幕下。萧衍废齐建梁，是为南朝梁武帝，破格任用谢览为中书侍郎、吏部尚书。萧衍虽贵为天子，也喜爱文学。他诗文俱佳，有时和谢览诗歌酬和。由此，对谢览非常信任。

谢览出身名门，仪表不俗，才学又高，因而性格高傲。加上喜欢杯中之物，往往酒后失态。一次喝醉后与散骑常侍萧琛争吵，出言不逊。萧琛据此向武帝劾奏，武帝虽未追究，但心中未免不快，后来便让他去新安（今浙江淳安西）当地方官去了。梁武帝天监九年（510 年）夏，揭竿起义的农民军进入新安境内，谢览本是文人，惊恐不已，弃城逃往会稽。农民起义被镇压后，谢览一度被贬为司徒谘议参军，代理南徐州（今江苏镇江）太守。但过了不久，便升为吏部尚书。他家祖孙 3 代都当过掌管官员铨选的吏部尚书。

天监十二年（513 年），谢览被任命为吴兴太守。他廉洁奉公，体恤百姓，打击豪强，减轻百姓的徭役赋税，受到了百姓的欢迎。中书舍人黄睦之是吴兴人，他的亲属子弟倚仗他的权势为非作歹，鱼肉乡里，百姓敢怒而不敢言。前任太守怕得罪这位权贵，不肯为民做主。谢览前来上任，黄家子弟也来迎接，借此向百姓示威。谢览对这里的情况早已了然于胸，一下车即将黄家的人赶走，并痛打为虎作伥的当地吏卒。黄家子弟慑于谢览的威严，不敢再勾结其他土豪欺压百姓，别的土豪劣绅也受到了震慑，收敛了许多。经过严厉打击，吴兴境内劫匪潜踪，社会治安大有好转，百姓拍手称快。谢览在任新安太守时对钱财比较着意，百姓口碑欠佳。这次到吴兴做官，他很注意名声，不但清正廉洁，而且所至之处，弊绝风清，成为人人称道的“循吏”。谢览 37 岁时卒于吴兴太守任上。英年早逝，很多人为他痛惜不已。

谢　蔺

谢蔺（509—547），南朝北梁陈郡阳夏（今太康县）人。东晋名相谢安 8 世孙。父谢经，官至中郎谘议参军。谢蔺 5 岁时，每次父母未吃，乳母打算让他先吃，他就说不觉得饿，吃不下去。他的舅父阮孝绪是梁朝著名学者，见他这样孝顺，感叹地说：“这孩子在家是曾子（孔子弟子）一类的人物，在朝必是蔺相如那样忠心为国的人。”因此取名为“蔺”。年龄稍长，父亲教授他经史，他过目成诵，一遍就记住了。父亲死后，他痛不欲生，哀毁骨立。母亲阮氏怕他有什么意外，亲自守护着他。过了很久，谢蔺的身体才恢复过来。守丧期满，吏部尚书萧子显将谢蔺的品德和才干上报朝廷，被任命为王府法曹行参军，不久又升迁为外兵记室参军。当时甘露降落士林馆，国人视此为祥瑞，这象征着国祚长久，兴旺发达。谢蔺奉命写一篇赞颂的文章，他不假思索，一挥而就，梁武帝萧衍非常欣赏，赞不绝口。又让他撰写“北兖州刺史萧楷德政碑”文，他也是文不加点，一气呵成。萧衍再让他写《宣城王奉述中康颂》，更显出了他的不凡才华。这些文章都写得美轮美奂，在京城广为传抄。

梁武帝太清元年（547 年），谢蔺升迁为散骑侍郎兼散骑常侍，奉命出使西魏。适逢西魏政局动荡，大将侯景南下投降梁朝，干戈纷扰，边境不靖。谢蔺的母亲担心儿子不能安全归来，竟忧郁而死。谢蔺办完公事回国，才知道母亲已逝，自己竟未和母亲见上最后一面。他号啕痛哭，呕血气绝，醒来后水浆不入口，亲友皆为之悲恸。众人恐他身体受损，劝他饮粥，才勉强喝点稀粥，以后便又不饮食了。如此过了一个多月，因身体极度虚弱，又引发了别的疾病，终于不治身亡。时年仅38岁。

谢 朓

谢朓（464—499），字玄晖，南朝齐北陈郡阳夏（今太康县）人。谢安二哥谢据的5世孙，祖父谢述曾任吴兴太守，父谢纬官至散骑侍郎，母亲是南朝宋文帝刘义隆的女儿长城公主。谢灵运族侄，史称“小谢”。

步入仕途后，谢朓任豫章王太尉行参军，随王萧子隆镇守荆州。萧喜欢吟诗，常与谢朓等幕僚饮酒赋诗，相处甚得，长史王秀之向南朝齐武帝萧赜进谗，谢朓被调回京师。竟陵王萧子良也喜爱文学，把沈约、谢朓、王融、萧琛、范雲、陆倕、任昉、萧衍等8人罗致门下，吟诗作赋，人称“竟陵八友”。大臣萧鸾辅政期间，任谢朓为骠骑谘议，领记室，掌管幕府文案及中书诏诰。萧鸾对他非常信任。萧鸾即位，是为明帝，对他更是倚畀有加。建武年间，谢朓出任宣城（今属安徽）太守，世称“谢宣城”。不久又改任晋安王镇北谘议，加南东海郡太守兼南徐州太守。朓的岳父王敬则阴谋叛乱，谢朓毫不犹豫地向朝廷告发。明帝甚为高兴，升迁他为尚书吏部郎。

南朝齐永元元年（499年），东昏侯萧宝卷称帝，中书令江祏与其弟侍中江祀想废黜萧宝卷，改立江夏王萧宝玄，后又想改立始安王萧遥光，派人向谢朓游说，胡说东昏侯昏庸，江夏王又太小，还是立始安王稳妥，目的是求得国家的长治久安。谢朓知道事关重大，不肯表态。萧遥光不死心，又派亲信刘沨找谢朓，想用官职笼络他，又被婉拒。萧遥光甚为恼火，打算把谢朓赶出朝廷，让他去东阳当太守。但江祏等人必欲置谢朓于死地而后快，诬告他谋反，以东昏侯的名义公布其“罪状”，交廷尉审讯。遭此不白之冤，谢朓悲愤莫名，含冤死于狱中，时年36岁。

谢朓的山水诗在我国文学史上占有重要地位，他与沈约等开创了“永明体”，促使我国诗歌从比较自由的古体，走向格律严整的近体。他的山水诗在谢灵运的基础上有所发展，不但彻底摆脱了玄言诗的影响，更有高出“大谢”的地方，比“大谢”的诗更优美、更完整。其诗句最突出的特色是更为清新绮丽，而且善于融情于景，达到了情景交融的艺术效果，因而时出佳句为人传颂。如“余霞散成绮，澄江静如练”；“天际识归舟，云中辨江树”；“鱼戏新荷动，鸟散余花落”等，皆为后世传颂。李白曾写诗称赞谢朓：“蓬莱文章建安骨，中间小谢又清发”；“我吟谢朓诗上语，朔风飒飒吹飞雨”；“解道澄江静如练，令人常忆谢玄晖”。清代诗人沈德潜则誉其为“灵心秀口”。梁武帝则说：“三日不诵玄晖诗，即觉口臭。”明人辑有《谢宣城集》。

谢　元

谢元，字有宗，南朝宋陈郡阳夏（今太康县）人。谢灵运从祖弟。有才学，历任尚书左丞、太尉谘议参军。宋文帝元嘉十五年（438 年），帝使雷次宗立儒学，何尚之立玄学，何承天立史学，谢元立文学，共 4 学。各聚门徒，多就业者。与何承天有隙，累相纠奏。元嘉二十一年（444 年），因给江夏王刘义恭资费未先上奏，为何承天所弹劾。朝廷将其查办，遣归故里，禁锢终身。

谢　瀹

谢瀹（453—498），字义洁，南朝宋陈郡阳夏（今太康县）人。谢缵 9 世孙，谢庄第 5 子。7 岁时便聪慧不凡。侍中王彧看他卓尔不群，便回朝告诉了宋孝武帝刘骏。刘骏下旨召见谢瀹，并于稠人广众之中。谁知幼小的谢瀹毫不惊慌，应对十分得体，孝武帝大喜，把公主许配他为妻。但后来朝廷发生变故，婚姻之事未能落实。仆射褚渊也看出了谢瀹才华出众，将来必成大器，便将爱女嫁给他为妻，又陪送了很多妆奁，一时传为美谈。

谢瀹在刘宋王朝任职不少，但都是品阶不高又无实权的官员。萧赜任宋中军时，谢瀹是他的记室；萧道成权势显赫时，任谢瀹为太子中舍人。当时王室暗弱，萧道成正聚积力量，取刘宋王朝而代之，局面非常复杂，稍有疏忽，就有丢掉性命之虞，谢瀹处世非常小心谨慎。萧道成废宋建齐，谢瀹之兄谢朏不和新王朝合作，拒不交出玉玺，因而被解除了职务。谢瀹自然也受到了连累，转桂阳王友。谢瀹看到朝中政局险恶，大祸随时都会发生，便以老母年高，需要侍奉为由，请求外任，朝廷允其所请，改任他为安成内史。高帝萧道成只当了 4 年天子便撒手而去，萧赜继位，是为齐武帝。武帝知道谢瀹是知名人士，只要笼络住他，其余的人便会翩然来归。于是便把他调回朝中，担任了一段侍中、长史后，出任吴兴太守（今属浙江）。吴兴是南朝齐的重要州郡，治理是否得当，直接关系着朝政的稳定与否。谢瀹为政非常细心，尤其在审理案件上坚持实事求是，公平判案，除恶务尽。吴兴长城县人卢道优家中遭劫，告为同郡殷孝悌等4人所为，县官在证据不足的情况下将4人拘捕，并刑讯逼供。殷孝悌之母骆氏含泪上告到了谢瀹那里。谢瀹认真调查取证，亲自审案。卢道优拿不出任何证据证明此案系殷孝悌所为，只得承认是挟嫌诬告。按照当时律条，诬告应当问斩，谢瀹依法杀了卢道优，将殷孝悌等4人当堂释放。事后有人控告谢瀹徇情枉法，应予免官。谢瀹得知后大为恼火，指使人在煎药时失火，烧坏官署房屋，又用鞭子抽打告身（做官的凭证），被人弹劾。幸亏朝廷理解谢瀹忠谠为国，不予追究。消息传到吴兴，百姓无不欢呼雀跃。认为这是上苍保佑了谢瀹。不久，谢瀹因母丧而去职，守丧期满后升任吏部尚书。

不久，朝中发生了一件大事：萧鸾领兵发动政变，废除了郁林王萧昭业。萧鸾仗剑上殿时，文武大臣都吓得跑光了。有人将此事报告给谢瀹。当时谢瀹正在家中同客人下棋，虽闻讯却无动于衷，继续下棋。每下一子，则说："其当有意。"直至棋终，悠悠回卧室休息。萧鸾即位后，他不肯在朝中任职。萧谌奉命带兵催逼，谢瀹仍不为所动，萧谌只得退去。谢瀹后来考虑到自己虽对萧鸾的行为不满，但毕竟无力回天，拒绝合作只能给自己带来麻烦，于是便自动回朝任职。明帝为即位而宴请群臣，谢瀹也应邀参加。尚书令王宴在席上敬酒，别人都表示谢意，谢瀹却不起立，并讽王宴是贪天之功据为己有，弄得王宴好不尴尬。幸亏明帝解围，事情才算结束。尽管谢瀹一再使王宴难堪，王宴仍然荐他为右军将军。谢瀹与胞兄谢朏手足情深。谢朏任吴兴太守时，因离朝廷远，上报朝廷的公文不能准时到达，谢瀹怕谢朏获罪，便代拟公文上报。明帝辨认出不是谢朏笔迹，追问之下，谢瀹才如实回答，明帝也不怪罪。谢瀹后来在朝中任太子詹事，45岁时因病去世，赠金紫光禄大夫，谥号简子。

谢 哲

谢哲（508—567），字颖豫，南朝梁北陈郡阳夏（今太康县）人。谢缵11世孙，谢朏之孙，谢譓之子。美风仪，举止风流蕴藉，胸怀豁达坦荡，为士林所重。入仕后，任南朝梁广陵（今江苏扬州）太守。侯景起兵叛乱，攻陷广陵。朝廷派陈霸先平叛，将侯景从广陵赶走，谢哲面见陈霸先，表示愿意投其麾下，为其效力。陈霸先早已有志于天下，需要很多人才辅弼他，现在谢哲愿意投靠，自是求之不得，马上接纳了他。陈霸先任南徐州刺史时，便任谢哲为长史。西魏攻破江陵，梁元帝萧绎被执遇害，陈霸先派谢哲向晋安王萧方智劝进。萧方智主持朝政后，任谢哲为给事黄门侍郎兼步兵校尉。不久，北齐以武力护送萧渊明入朝主政，谢哲被任命为通直散骑常侍。但陈霸先不喜欢萧渊明，率兵攻入建康，废黜了萧渊明，扶持萧方智即位，是为梁敬帝。谢哲升任侍中。

陈霸先取代梁朝建立陈朝，一直追随他的谢哲也不断得到重用，官职一路升迁，直至中书令，实际上就是宰相。文帝陈蒨继位后，任谢哲为太子詹事、衡阳内史、长沙太守等职。废帝陈伯宗当政时，司徒陈顼（后为宣帝）荐举谢哲为司徒左长史。尚未赴任，便溘然长逝，终年59岁。

谢　贞

谢贞（533—585），字元正，南朝陈北陈郡阳夏（今太康县）人。谢缵12世孙，谢蔺子。自幼淳厚，以孝闻名。7岁时祖母阮氏有风眩病，不能进食。祖母不吃饭，他也不吃，亲友们都暗暗称奇，夸奖他懂道理，长大后定有出息。母亲王氏出身名门，文化素质很高，出嫁后相夫教子，教谢贞读《论语》、《孟子》一类的书籍。贞很快便能领会其中的含义。8岁时他写过一首五言诗《春日闲居》，他的远房舅父王筠任梁朝的尚书，见8岁的孩子竟能写出这样的好诗，赞叹不已。对别人说，这孩子将来肯定能成大器，"风定花犹落"这样的佳句，一般人是写不出来的，这真有点谢惠连笔法啊！经王筠这么一夸奖，谢贞的名声也就大了起来。

谢贞学问进步很快，13岁时便已精通《左氏春秋》，善草、隶、篆书法。14岁那年，祖母、父亲不幸相继谢世，谢贞遭此打击，痛哭不食。他的亲友劝他说，你的祖母、父亲虽逝，但母亲还在，倘若你不知节哀，弄坏了身体，谁去侍候你的母亲呢？谢贞这才勉强进食。侯景起兵叛梁，围攻建康，谢贞全家因逃难而星散四方，母亲削发出家为尼，堂兄谢宗逃往广东番禺，直到陈霸先平定侯景之乱，建立陈朝，谢贞之母和堂兄才陆续返回。谢贞辗转逃至北周，在周武帝宇文邕弟弟、赵王宇文招处任侍读。谢贞每每在无人时沉思或暗暗哭泣。宇文招询问之下，才得知他家有高堂，远在江南，存亡未卜。便向他表示，以后如有机会，一定送他回江南。

大约过了10年，陈朝派人出使北周，谢贞同使臣一起回到阔别了20余年的建康。离开时他还是个血气方刚的年轻人，归来时已是两鬓苍苍的老人了。陈宣帝念谢贞忠孝可嘉，命他在朝中为官。始兴王陈叔陵任扬州刺史时，让谢贞担任他的主簿，谢贞虽心存不愿，但还是去上任了。不久，谢贞升任扬州府录事参军、丹阳郡丞。时间既长，谢贞发现陈叔陵有异志，每适宴饮或出游，他都借故避开。陈叔陵之母去世，为葬个好地方，陈竟冒天下之大不韪，将谢安之墓挖开，毁棺抛骨，引起国人不满。陈叔陵仍不以为意。陈宣帝死，他果然叛乱，与后主陈叔宝争夺江山，但很快便被平定。很多官员因参与叛乱被判有罪，只有谢贞、阮孚两人得免。后主任命谢贞为南平王友，掌管记室。

一次，谢贞替都官尚书周确写辞让表，后主看出不是周确的手笔，周确承认是谢贞捉刀代笔，后主就对大臣施文庆说，谢贞当南平王友没有俸禄，可赏给白米。

谢贞因丁母忧而离职，守丧期满后仍回朝复职。但因身体虚弱，请求辞官，后主未准。尚书右丞徐祚、左丞沈客卿劝他保重身体，不要悲伤太甚，又勾起了谢贞的悲痛，哭泣得竟然昏厥过去，徐、沈两人只得起身离去。徐祚对人说："信哉，孝门有孝子！"吏部尚书姚察与谢贞交情甚笃，前去探望谢贞。谢贞说："我病到这个地步，恐怕很难有痊愈之日了。人死一了百了，我只有一个6岁的儿子谢靖，实在让人放心不下，便托付给你了。请你看在朋友的分儿上，替我照管。"谢贞病故后，后主派人给他家送去布匹、白米作为丧葬费用，又安排人抚养照顾他的儿子。

谢　徵

谢徵（500—536），一作微，字玄度，南朝梁北陈郡阳夏（今太康县）人。谢缵9世孙，谢璟子。好学，善为文，少与从叔谢朏俱知名。初为安成王法曹，累迁豫章记室，兼中书舍人。魏中山王元略北还，武帝饯于武德殿，让大家赋诗30韵，限3刻成。徵2刻便成。文甚美，帝爱不释手。位终北中郎豫章王长史、南兰陵太守。

谢　稚

谢稚，一作雉，字孺子，南朝宋陈郡阳夏（今太康县）人。谢裕孙。多才艺，工画人物，尤善声律。少与族兄谢庄齐名。尝与姑子王彧宴于桐台，稚吹笙，彧起舞，既而叹曰：今日真飘摇有伊洛间意。宋孝武帝时任司徒主簿。家贫，求为西阳太守，卒于官。

谢　伷

谢伷，南朝陈北陈郡阳夏（今太康县）人。谢缵12世孙，南朝陈中书令（宰相）谢嘏次子，家世显贵。梁时，以名家子频居清显之职，入陈后官位屡迁。后主至德三年（585年）自左民尚书迁吏部尚书，典掌天下选举。次年十月，晋升为副相。在职3年，以年老迁特进。陈亡后被迁入隋，不受隋官，文帝数加恩礼。后不知所终。

谢　庄

谢庄（421—466），字希逸，南朝宋陈郡阳夏（今太康县）人。太常谢密（字弘微）之子，谢安5世孙。幼年聪慧，7岁便通晓《论语》，并能写出很通顺的文章。成人后仪表不凡，风度潇洒，宋文帝见他气概与常人不同，对大臣说，蓝田这个地方就是出好玉，一点也不假呀！

走入仕途后，开始当始兴王刘浚的后军法曹、行参军，又转随王刘诞后军谘议兼记室。元嘉末年，谢庄任太子中庶子。南平王刘铄献了一只红色鹦鹉，文帝十分高兴，便让群臣各写一篇赋作为纪念。太子左卫率袁淑文笔远近闻名，一挥而就，写成后拿给谢庄看，谢庄此时也已写完，交给袁淑评点。袁淑看出谢庄写的赋明显比自己写的高出一筹，感慨地说："江东要是没有我，你是一枝独秀，江东要是没有你，我也是一时的豪杰呀！"他把自己的赋藏起来，没有交上去。

元嘉三十年（453 年），宋文帝刘义隆的长子刘劭弑父，自立为帝，笼络谢庄，任他为司徒左长史。刘义隆的第 3 子刘骏出兵讨伐其兄，让谢庄修改檄文。谢庄看出刘劭成不了气候，便暗中帮助刘骏，刘骏很快便打败了哥哥，攻入建康，继位称帝，即宋孝武帝。谢庄因功升为侍中。刘骏即位后，朝廷矛盾甚多，政局动荡不稳，谢庄为稳定局面费尽了心思。孝武帝打算调竟陵王刘诞为荆州刺史，调荆州刺史南谯王刘义宣为丞相，入朝辅政。但刘义宣不想离开经营已久的荆州，刘诞却硬要去荆州赴任，两人谁都不想让步，矛盾一触即发。在谢庄的协调下，孝武帝改封刘义宣为南郡王、荆湘二州刺史，镇守长江上游；刘诞为扬州刺史、南蛮校尉，镇守长江下游，两人都无异议，矛盾才算解决。谢庄认为治国之道应起用贤人，因此多次举荐人才。

孝武帝任命谢庄为掌管官吏铨选的吏部尚书，但这容易引起别人的猜疑和忌恨，谢庄便辞官不干了。没过多久，他又被起用为都官尚书，迁左卫将军，加给事中。此时河南进献儛马，谢庄奉命写了《儛马歌》，天子下诏谱成乐曲，伴随儛马表演。大明年间谢庄任负责宫门警卫的前军将军时，孝武帝外出打猎或郊祭归来甚晚，谢庄规定晚间须有孝武帝亲笔批文方能开门，又乘机进谏，说游乐应有节制，孝武帝极不高兴，将谢庄调任他职。大明六年（462 年）任谢庄为吏部尚书、国子博士。后因一个官员的任命不合武帝的心意而被免职。后来让他出任吴郡太守，他体弱多病，辞而不赴。

刘子业继其父孝武帝即位，是为前废帝。孝武帝在位时，爱妃殷贵妃病逝，谢庄奉命写诔文，其中用了汉武帝时戾太子被杀、赵婕妤所生之子被立为昭帝的典故，刘子业也是太子，对此甚为恼火，即位后质问谢庄知不知道当今天子也是东宫太子？谢庄本无意影射刘子业，现在竟有口难辩，刘子业下令将他处死。有人提出，先把谢庄押在狱中，让他受够了苦再死，于是他被拘押狱中。刘彧杀刘子业，即位后为明帝，为谢庄平反冤狱，一直提拔至中书令（宰相）。谢庄本就身体羸弱，加上牢狱折磨，健康每况愈下，泰始二年（466 元）病故，终年46岁。谢庄擅辞赋，其诗多是写景物山水，文辞清丽，诗笔研练，善于创新，不落俗套，给人以清新感。他的《怀园引》堪称其代表作，文中既有诗、骚色调，又在五、七言中运用长短句法，读来变化多端，为前人诗中所不见，曾引起不少诗人的赞叹和仿效。他的《月赋》构思清丽，具有浓厚的艺术魅力，广为后人传诵。其作品有《谢庄集》19卷、《赞集》5卷、《诔集》13卷、《碑集》10卷。还制作了《木方丈图》，开中国地图绘制之先河。有5子：飏、朏、颢、嵸、瀹。时人谓其子名为风、月、景、山、水五兄弟，其中以谢朏、谢颢、谢瀹比较有名。

谢超宗

谢超宗（？—483），南朝宋陈郡阳夏（今太康县）人。谢灵运孙，谢凤子。灵运流放广州时，超宗与父随行。灵运被杀不久，谢凤逝世，茕茕孑立的超宗侨居广州，直到元嘉末年（453年）才回到故乡会稽始宁（今浙江上虞县）。他生情聪慧，勤奋读书，很快便名声远扬，被新安王刘子鸾罗致麾下。子鸾生母殷淑仪是宋孝武帝刘骏之妃，殷淑仪死时，超宗曾为子鸾代作悼词上奏。孝武帝大加赞赏，对谢庄说："超宗殊有凤毛，灵运复出矣！""凤毛"的典故便由此而来。右卫将军刘道隆是赳赳武夫，不懂得凤毛的含义，便找超宗索要凤毛观赏，引起超宗对父亲谢凤的怀念。超宗放声痛哭，弄得刘道隆不知所措。

宋明帝刘彧时期，谢超宗当了一个有名无实的官职。但他身在朝堂之上，又性格耿直，敢于在上司面前坚持不同意见，因而得罪了仆射刘康。康找个借口将他贬官，超宗为此郁郁不乐。曾经和谢超宗一起谈诗论词的将军萧道成，此时手握重权，他很欣赏超宗的才华，对他被贬表示同情。卫将军袁粲极力推荐超宗，请求萧道成收留他。萧道成便把超宗要来当长史，不久又委托他任临淮太守。明帝死后，萧道成成了举足轻重的人物，想趁机篡宋自立。袁粲首先提出反对，结果被杀。谢超宗系袁粲所荐，因而萧道成对谢超宗心存疑忌，调他去当义兴（今江苏宜兴）太守，不久又借故将其免官。谢超宗对此并不介意，又到萧道成府邸拜谒。那天天气寒冷，萧道成正大宴宾朋，见谢超宗前来，前嫌也顿然冰释了，风趣地说：此位客人一到，不加衣服也暖和了。在酒席上超宗高谈大睨，口若悬河，客人们都很佩服，萧道成也很高兴，任他为骠骑谘议。

萧道成建立齐朝，任命谢超宗为黄门郎，职掌传达皇帝诏命，职低位卑。齐朝宗庙建成后，萧道成集中了10名文学上有造诣的人撰写郊庙歌词。结果谢超宗的作品入选，其他人如名声很大的谢朏、孔雅珪的作品却受到了冷落。当时的谢超宗踌躇满志，异常高兴。但是过了很久，谢超宗还是个不受人重视的黄门郎，便有沦落风尘、不受重用之感。于是经常借酒浇愁，酒醉后信口开河，损伤别人。萧道成知道后，虽未严厉斥责，但内心已有芥蒂。一次，萧道成召见他询问北方情况。他愤愤地说，北方敌人动辄南下侵扰，已经20多年，就是佛祖重生也无应付之法。萧道成是佛教徒，对他这番话甚为反感，遂把他贬为南郡王中军司马。

谢超宗本来就认为自己怀才不遇，今遭贬谪，更加不满，经常发牢骚对别人说自己的官职是司驴。有人将此话报告萧道成，结果超宗又受到免官并禁锢10年的处分。谢超宗遭此打击，仍然傲骨嶙嶙，秉性不改。司徒褚渊坐车落水，仆射坐车被掀翻于地，谢超宗说是“落水三公，堕地仆射”，又招致了一些大臣的不满。没人为他说话，超宗只能做平民，不得为官。

齐武帝萧赜继位后，谢超宗才当上了掌管国史的官员。他和刘宋旧将张敬儿是儿女亲家，张之女是超宗儿媳。张敬儿入齐后官至侍中，中军将军，开府仪同三司，尽管如此，他仍是粗鲁的武夫；谢超宗却是谢衡之后，两家门户不当。齐武帝对这两家的联姻持怀疑态度，认为一文一武联合对朝廷不利，便借故杀了张敬儿。武帝此举意在警告谢超宗要循规蹈矩，小心谨慎，而谢超宗竟对别人说，昨日杀韩信，今日又烹彭越（指张敬儿），不知意欲何为！萧赜抓住这一把柄，指使人弹劾谢超宗，交付廷尉治罪。接着萧赜又下诏将他流放越嶲（今四川西昌东南），密令豫章（今江西南昌）内史虞悰，让他在谢超宗途经豫章时，劝其自尽。谢超宗到底未能逃脱厄运。

谢梵境

谢梵境，南朝宋陈郡阳夏（今太康县）人。顺帝刘準的皇后。顺帝即位后第3年即被萧道成胁迫禅位，被贬为汝阴王。谢梵境也由皇后降成了王妃，备受歧视。不久，刘準被杀，谢梵境孤苦无依，也悒郁而死。

谢惠连

谢惠连（397—433），南朝陈郡阳夏（今太康县）人。谢方明之子，谢灵运族弟。其诗与谢灵运不相上下，时称“大小谢”。10岁时诗篇即已出名，谢灵运对他很是赏识，曾说，每当我构思诗篇时，只要有惠连在座，便能觅得佳句。谢灵运任永嘉太守时，在西堂构思诗篇，坐了一整天也没想出佳句，昏昏欲睡之际，忽然梦见了谢惠连，马上咏出了“池塘生春草，园柳变鸣禽”的句子，并说，我想出这两句诗，是得惠连相助。

惠连成年后，被召为州主簿，推辞不就。他和会稽郡的一个下级官吏杜德灵私交甚好，赠给他10多首五言诗。这些诗清新婉约，意味隽永，流传很广，不少人都会背诵。但因内容涉及当朝政治，为当朝权贵所不喜，因而仕途蹭蹬，没人任用他。尚书仆射殷景仁甚为喜爱他的才华，一次在宋文帝刘义隆面前为他求情说：我还没有走入仕途的时候，就读到过那几首涉及朝政的诗篇，怎么会是谢惠连写的呢？很可能是误传冤枉谢惠连了。宋文帝接着说，如果你说的属实，那就应该量才录用，给他官职。

宋文帝元嘉七年（430 年），谢惠连才被擢用为司徒彭城王刘义康的法曹参军。刘义康修筑城池时挖出一座古墓，让谢惠连写篇祭文。这篇文章写得华丽富赡，人们广为传抄，一时“洛阳纸贵”。惠连还有一篇《雪赋》，立意与众不同，用笔清新流丽，很受世人欣赏。谢灵运每见他的诗作便拍案叫绝说，惠连写的诗文恰到好处，即使是西晋的大家张华再世，也没法改动他的作品。元嘉十年（433 年），37 岁的谢惠连病逝。明人辑有《谢法曹集》；中华人民共和国成立后，上海古籍出版社出版《三谢诗集》，收谢灵运诗 40 首，谢朓诗 21 首，谢惠连诗 5 首。

谢几卿

谢几卿（474—约 535），南朝梁北陈郡阳夏（今太康县）人。谢灵运曾孙，谢超宗之子，世居乌衣巷，幼小时即与众不同，人称“神童”。其父因酗酒失仪，被贬越州，路经新亭（今江苏南京南）时，年方 8 岁的谢几卿悲痛欲绝，投江自尽，被人救起。父亲遇害后，哀毁过于常礼。守丧期满后，召补国子生，时年 12 岁。齐文惠太子萧长懋亲临测试，对国子祭酒王俭说，几卿擅长玄理，可测试他的经义，看他水平如何。王俭奉命发问，几卿对答得头头是道，王俭大加赞赏说：“谢超宗为不死矣！”成年后知识渊博，任太尉晋安王主簿。萧衍代齐建立梁朝，几卿由尚书三公郎转为治出侍御史。这是个闲散职务，几卿郁郁不得志，常称病不理政事，后来才做到尚书左丞。

几卿读书甚多，知识丰富。仆射徐勉官职虽高，但书没几卿读得多，遇到疑难往往屈尊向谢几卿求教。几卿自恃有才，不太遵守国家法令。有一次，他去参加宴会，喝酒没有尽兴，在返回途中又与随从在路边酒店喝酒，划拳行令，旁若无人，引来许多群众围观。有人弹劾他不守官箴，私自外出饮酒，有伤风化。朝廷遂将其免官。不久又被起用，官至河东太守。还未满任期，几卿便挂冠而去。后改任为南平王长史。他盼望着建功立业，刚好西昌县侯萧渊藻奉命出师北伐，谢几卿主动请缨，被任命为军师长史，威戎将军，随军北征。临行前他向仆射徐勉辞行。徐勉信口说：前谢已在淝水之战中立下大功，今谢不知如何？谢几卿忽然想起徐勉比其祖父、父亲官职都高，便脱口而出说，今徐已经胜于前徐，今谢岂能愧于前谢！徐勉见他踌躇满志，便勉励了几句。不料天不遂人愿，北伐军行至涡阳（今属安徽），便大败而归，几卿被治罪免官。免官后的谢几卿居住在白杨石井，朝中不少人都同情他的遭遇，纷纷携酒前来慰问，他也设宴相答，于是他家中每天都宾客满堂。当时有一位叫庾仲容的左丞也免官赋闲在家，两人同病相怜，往来便多。有时两人乘露车往郊外游玩，酒醉后便摇着铎铃，高唱挽歌，即使别人议论，也毫不理睬。后来又出任太子率之类的官职，但他对做官已心灰意冷，放浪形骸，衣冠不整。稍不如意，不论在什么场合都发牢骚，甚至谩骂。他嗜酒如命，一次因宿酒未醒在仆射府召集的大臣会议上酣睡，甚至在署衙酒醉得小便失禁，湿了别人的衣服。因酒醉而耽误公事，上司便不喜欢他。在改任左光禄长史时病逝。几卿虽生活不检点，但对子侄却尽力抚育。胞兄才卿早逝，其子谢藻失去怙恃，全赖几卿抚育成人。谢藻后来出仕，也与几卿奖掖有关。谢藻也不负几卿厚望，当官时清明廉洁，受到百姓称颂。

殷冲

殷冲（423—464），字希远，南北朝长平县（治今西华县西华营镇附近）人。宋文帝元嘉三十年（453 年）任中书黄门郎时，因议不当，获罪免职。复为太子中庶子、尚书吏部郎、御史中丞，有司直之称。出为吴兴太守，入为度支尚书。冲为帝劭所倚重。劭弑立，以冲为侍中护军，迁司隶校尉。冲有义学文辞，劭使为尚书。孝武帝克京邑，赐死。

殷钧

殷钧（484—532），字季和，南北朝时西华县人。殷融 8 世孙。9 岁以孝闻。性恬静，简交游，好学有思理，善隶书，为当时楷法。高祖与其父有故交，以女永兴公主妻钧。天监时拜驸马都尉、秘书郎、太子舍人、司徒主簿、秘书丞迁骠骑从事中郎、中书郎、太子家令，再迁给事黄门侍郎、中庶子、尚书吏部郎、司徒左长史、侍中，复领国子博士、左骁骑将军，出为明威将军、临川内史。钧体弱多病，闭阁卧治，百姓感其德，盗绝迹。母忧去职，哀丧过礼。服阕，迁五兵尚书不受，更授散骑常侍，领步兵校尉，又领右游击；除国子祭酒，常侍如故。中大通四年（532 年）卒，年 49 岁。谥曰贞。

殷穆

殷穆（379—438），南北朝时西华县人。以和谨为人称道，历任显官。曾为高祖相国左长史，后转散骑常侍、国子祭酒，复为五兵尚书、吴郡太守。太祖时为金紫光禄大夫，领竟陵王师，迁护军，特进右光禄大夫，领始兴王师。元嘉十五年（438 年）卒，年 60 岁。谥曰元。

殷　芸

殷芸（471—529），字灌蔬，陈郡长平（今西华县）人。殷芸风流倜傥，不拘小节，励精勤学，博览群书。南朝齐武帝永明中（483—493），为宜都王行参军。南朝梁武帝天监初年（502 年）任临川王记室。累迁尚书左丞、国子博士、昭明太子侍读、秘书监、司徒左长史。武帝普通六年（525 年）直东宫学士省。曾奉梁武帝命，博采故书，撰成《小说》，世称《殷芸小说》。据1982 年12 月8 日《文摘报》载：他是我国第一个以小说作书名的人。该书以时代为次序，首列帝王之事，继以周、汉，终于南齐，规模很大，内容丰富。所记均历代帝王、士大夫之遗闻佚事。原书30 卷，隋时已散失过半，仅存10 卷。宋代因避太祖父弘殷讳，改称《商芸小说》。明初此书尚存，以后不见。鲁迅《古小说钩沉》辑录有 130 余条。

梁武帝大通三年（529 年），殷芸卒，终年 59 岁。

殷不害

殷不害（505—589），字长卿，南北朝时西华县东夏亭人。性至孝，居父忧过礼。家贫，有弟 5 人，事老母养弱弟，世人称道。年 17 仕梁廷尉平，迁镇西府记室参军，兼东宫通事舍人。时，政事多委东宫，殷不害理事，深得武帝见知。大同七年（541 年）除东宫步兵校尉，太清初迁平北府谘议参军。侯景乱，囚简文帝，不害供侍益谨。元帝时为中书郎兼廷尉卿。因不害督战逆乱于疆场，失母所在。不害远近寻找。时，冰雪交加，冻死者满沟堑。不害于冰雪、沟水中扶捧验视，水浆不进，号泣不绝者七日始得母尸，每哭泣辄气绝。陈太建七年（575 年）诏除司农卿，迁光禄大夫，加明威将军，晋陵太守。后主时加给事中。长子僧首居关中（今西安），祯明三年（589 年）接不害去关中，病卒于道。时年 85 岁。

殷不佞

殷不佞（518—573），字季卿，南北朝时西华县东夏亭人。少有名节，好读书，尤长吏术。居父丧，以至孝称。母卒，因道路阻隔，4 年不得奔丧。不佞昼夜号泣，居处饮食皆为丧礼。即葬，居丧又 3 年。不佞仕梁，为尚书中兵郎，有才能称。元帝时，授戎昭将军、武陵谘议参军，迁武康令。陈初为戎昭将军，除娄令。母忧服阕，为始兴王谘议参军，兼尚书右丞，迁东宫通事舍人。宣帝时以为军师，加招远将军，加员外散骑常侍，兼尚书右丞，寻迁通直散骑常侍，右丞如故。太建五年（573 年）卒，年 56 岁。诏赠秘书监。次兄不占、三兄不凝、四兄不齐，皆早亡。不佞最小，事寡嫂甚谨；所得俸禄，不入私室。

殷景仁

殷景仁（390—440），西华县人。少有大器量，司徒王谧招为婿。为宋武帝太尉参军，迁宋台秘书郎，世子中军参军，转主簿、骠骑将军。出为衡阳太守，入为宋世子洗马，转中书侍郎。少帝即位，令人补侍中，坚辞不就，改除黄门侍郎，转右卫将军。文帝即位，委遇更厚，迁侍中左卫，与侍中右卫将军王华、侍中骁骑将军王昙、侍中刘湛，被誉为四贤。母死丁忧，服阕迁尚书仆射，复迁中书令，护军仆射，领吏部。后为太子詹事刘湛忌妒诋毁，称病辞职。卧病5年中，朝政大小事务，帝必问景仁。终年51岁。追赠侍中司空，本官如故。谥文成公。

殷孝祖

殷孝祖（415—466），东晋末期生于长平县（治今西华县西华营镇附近）。世祖时以其有武功，授奋武将军、济北太守，入为积射将军。大明初（457年），大破索虏，授太子旅贲中郎将，加龙骧将军。因战功，迁西阳王子尚抚军、宁朔将军、南济阴太守。出为盱眙太守，将军如故。还为虎贲中郎将，除阳平、东平二郡太守，又迁济南、南郡。景和时（465年）以本号督兖州诸军事。明帝初立，四方反叛。孝祖外甥司徒参军葛僧绍建议朝廷征孝祖入朝。孝祖即率2000人还都，人心大安，进孝祖号冠军，假节督兖、青、冀、幽4州诸军事。时，贼据赭圻，孝祖率兵攻之，中箭死于战场。时年52岁。追赠散骑常侍、征北将军，持节都督如故；封秭归县侯，复追赠建安侯，谥忠。

袁　昂

袁昂（461—540），字千里，南朝齐北陈郡阳夏（今太康县）人。雍州刺史袁顗次子。

年少时历经磨难。当年袁顗事败被杀后，宋明帝曾下令搜寻袁顗的子嗣以斩草除根，是乳母将袁昂藏在寺庙里，后又由庙中和尚带往关外才幸免于难。后宋明帝赦免了袁顗一家，袁昂才结束颠沛流离的生活，但又被迫到晋安（今福建福州市）。袁昂流浪在外，勤恳学习，直到15岁时才回到都城建康，并领回其父的头骨。袁昂见到父亲遗骨不胜悲哀，重新安葬父亲后，又在墓旁守丧。袁昂在齐时任王俭的镇军府功曹史，王俭升任丹阳尹时，曾于后堂单独召见袁昂，指着北堂勉励袁昂："你以后一定能任此职。"齐武帝很器重袁昂，袁昂本来叫袁千里，齐武帝说："你是袁家的千里驹，就以昂为名，千里为字吧。"袁昂历任黄门侍郎（侍从皇帝，传达诏命，掌管机密文件，备皇帝顾问）、御史中丞、太子洗马、吴兴太守等职。

齐朝末年，宗室萧衍起兵襄阳，进攻建康。当时州郡望风皆降，唯独袁昂据守吴兴。后萧衍写信给袁昂，喻以祸福。袁昂见齐大势已去，不忍心这经济发达、百姓安居乐业的吴兴遭到战争破坏，只得罢兵撤守。萧衍建立梁朝后，先后任用袁昂为侍中、吏部尚书、左仆射（副宰相）、尚书令（宰相）、中书监、丹阳尹、司空等职。他任尚书令时，曾上表奏请梁武帝萧衍立已故昭明太子长子萧欢为皇太孙，不赞成武帝立次子萧纲为太子。此议虽未被采纳，其方正之性，却见称于朝野。

袁昂与南朝梁皇室联姻。他刚任宰相时，仆射徐勉受武帝重用，势倾天下，在袁昂府中喝酒时，竟要袁昂出内眷随侍。见徐勉那张狂样子，袁昂不动声色地让家眷五六人出来应酬，并且故意装出一副很有歉意的样子说："我家没有年轻漂亮的女子，这些老妇人都是我的妻妾。她们有的是王妃生母，有的是公主婆母，现供你使唤。"徐勉闻听此言，方才知袁昂尊贵，吓得慌忙向袁昂道歉。

袁昂很会鉴识、评判人物，交友谨慎，门无杂宾，能够出入其家门者被称为登龙门。梁武帝大同六年（540年），袁昂病故，被赐钱厚葬，追谥为穆正公。

袁昂有三子：袁君正、袁敬、袁泌。

袁　灿

袁灿（420—477），字景倩，南北朝时陈郡阳夏（今太康县）人。父袁翟早亡，母王氏以纺织供其读书。

袁灿自幼勤奋好学，聪敏过人，叔父袁淑很看重他。宋孝武帝时，官至尚书吏部郎、太子右卫率、侍中，后升迁吏部尚书、左卫将军。一次在酒宴上触怒了太子，被贬为海陵太守。

南朝宋明帝泰始元年（465年）任司徒左长史、南东海太守。因清正廉明，两年后升迁领军将军转中书令，兼太子詹事，3年调任尚书仆射，不久又转吏部尚书加中书令，兼丹阳尹。后废帝元徽元年（473年），其母病故，袁灿服丧。其间，朝廷让他兼理亲政之职加卫将军，袁灿不受；桂阳王休范叛乱被平后，灿因平逆有功授中书监、开府仪同三司兼司徒，后再任为尚书令，袁灿都坚辞不受。直到孝服期满，才受命任侍中，晋爵为侯。顺帝即位后改任中书监，仍兼司徒、侍中，派他镇守石头城。后来萧道成篡夺宋室，派僧静攻破石头城，袁灿和他的儿子都被杀害。南朝齐永明元年（483年），武帝诏令嘉奖宋室忠烈，袁灿也被嘉奖褒扬，并被修墓改葬。

袁翻　袁跃　袁聿修

袁翻（476—528），字景翔，生活于北魏时期，魏收的《魏书》记载为“陈郡项人”。袁翻少年才俊，凭才学擅美一时。北魏景明初年（500 年），经黄门侍郎徐纥举荐，出任著作佐郎，并参与了地方政务管理。但后来徐纥出事，袁翻也失去了职务。正始初年（504 年），诏任尚书殿中郎，后升豫州中正（职权是评议人物）。

当时，朝廷大兴土木，修国子监的中心学堂——辟雍（又曰“明堂”）。袁翻上书，引经据典，提出了自己的独特见解，主张‘明堂五室，请同周制；郊建三雍，求依故所”，受到了朝廷重视。

熙平初年（516 年），袁翻被任命为冠军将军、廷尉少卿，不久又加征虏将军，出任平阳太守。袁翻担任廷尉，颇有不平之论，到地方任职，很不如意，就写了一篇《思归赋》，抒发自己的归隐之心。

神龟三年（520 年），袁翻任凉州刺史。西域的蠕蠕主阿那瑰、婆罗门后主，都因为国内发生叛乱而来投靠北魏。朝廷问袁翻如何处理。袁翻上表详细分析了他们的动机及当时的西域局势，认为：应当派一名有能力的大将，到西域屯田，一边种田、一边守卫边疆，特别是防卫高车国；一两年后足食足兵了，再分别帮助他们收复两国，让这两个国家成为北魏在西北的屏障；如果不这样做，现在就发动战争，高车先据西海，再夺险要，那么北魏的酒泉、张掖，就会非常危险。袁翻的看法，朝廷上下都认为很对。

孝昌年中（525—527），袁翻任安南将军、中书令，兼任给事黄门侍郎，与徐纥一起掌管朝廷的文翰。袁翻才学名重，又很会处理各种关系，所以很受灵太后信任。当时经常有少数民族叛乱，朝廷准备组织大军讨伐，袁翻极力谏阻，但是没有受到采纳，结果西征大军在关西果然大败。袁翻又上表请为西征军死亡将士举哀，抚恤生还的人。

朝廷任命他担任度支尚书，不久转任都官。袁翻上表推辞说：愿意以安南将军、度支尚书的官衔，来交换一个金紫光禄大夫的职位。当时天下多事，袁翻其实还是想有一番大作为。

朝廷又加封他为抚军将军后，魏肃宗、灵太后在华林园大宴群臣，以示庆贺。当时灵太后举杯对大臣们说：“袁尚书是朕的杜预，朕要把这杯酒敬给‘杜元凯’，现在朕要为他喝干这杯酒。”侍座的大臣无不羡慕。

魏武泰元年（528 年）四月十三日，大将尔朱荣借口祭天，将魏的王公大臣集合至河阴（今河南孟津），然后加以屠戮，死者达 2000 多人。袁翻也在“河阴之变”中遇害，年仅 53 岁。他有文章百余篇留传于世。

袁翻的弟弟袁跃，字景腾，博学多才，性格随和，笃于交友。袁翻经常对别人说："袁跃真可以说是我们袁家的千里驹。"历位尚书都兵郎中，加员外散骑常侍。蠕蠕主阿那瑰亡破来投降，朝廷可怜他，送他归国。可是后来他派使臣进贡的时候，言辞很不尽礼。袁跃就以朝臣的身份写信给阿那瑰，陈说这样做的坏处，言辞很美。后升任车骑将军、太傅兼任清河王怿的文学，很为王怿所爱赏。王怿的文表大多出自袁跃的手笔。袁跃死后赠冠军将军、吏部郎中。有文集传世。无子，袁翻的儿子袁聿修过继。

袁聿修（511—582），字叔德，袁翻的儿子，袁跃的嗣子，最高职务为尚书。袁翻遇难时，他方7岁。9岁时，州里聘用他为主簿，18岁被聘任为本州的"中正"，兼尚书度支郎中（掌管财政）。他性格深沉而有见识，清心寡欲，与物无争，深受尚书崔休（聿修之姨夫）的赏识。北齐天保初年（550年），任太子庶子，以本官代理博陵（今河北蠡县南）太守。任职数年，政绩显著。

北齐武成帝大宁元年（561年），他因母亲去世而离职。不久，朝廷又下诏恢复他的前职，先后加封他为冠军将军、辅国将军，调任吏部郎中，再迁任司徒左长史，加骠骑大将军，领兼御史中丞。司徒、录事参军卢恩道，私自借库钱40万，用来聘太原人王乂的女儿为妻，而王氏已先收下陆孔文的聘礼。袁聿修是司徒府的首要僚佐，又是国家负责司法的官员，知道此事而不加弹劾，受到免去御史中丞的处分。不久，迁任秘书监。

北齐后主天统元年（565年），袁聿修受命与赵郡王高睿等一同商议制定"五礼"。后出任信州（今四川奉节县以东至湖北巴东以西）刺史。他为政清静，不言而治，不论当官的还是老百姓，也不论年老的还是年少的，都很喜欢他。武平元年（570年），御史到各州巡察，在梁、郑、兖、豫，查出了许多官员的不法行为。这四州都与信州疆域相邻，御史们却不到信州去，足见朝廷对袁聿修的信任。袁聿修在信州任满还京时，包括僧人在内的信州百姓，都追来为他送别，人多得塞满了道路。有人还带着美酒与肉脯，哭泣着挽留他。时当盛暑，袁聿修怕百姓们过于劳累，便不时停下马，随手喝一杯酒，表示已领受他们的好意，催促送行的百姓快点回家。

袁聿修回邺城（今河北临漳，时为齐国都）后，信州百姓郑播宗等700余人，准备了几百匹缣帛，托中书侍郎李德林（今河北安平人）撰写碑文，记述袁的功德。有关部门为此上奏，得到了后主高纬的同意。时隔不久，袁聿修被任命为吏部尚书。

袁聿修自小平和温润，在士族高门子弟中，最讲究规矩法度，更注重朋友交往。他在郎署（宿卫侍从官公署）时，与水部郎中赵彦深同在一院，就成了好朋友。后来赵彦深遭遇罢职，被遣放回家，长期无人拜访，赵家的大门口都长出了杂草。只有袁聿修不忘旧情，经常到赵彦深家探问。后来赵彦深得到朝廷重用，对袁聿修感念不尽。此后袁聿修能历任要职，虽然是他自己的才干声望，但与赵彦深的积极推荐有很大关系。

从北魏到北齐，尚书台郎向上司送礼拉关系成了惯例。袁聿修任吏部尚书10年，却没有接受过别人一升酒的馈赠。尚书邢邵与袁聿修有旧交，每次在尚书省开玩笑，总称袁聿修为“清郎”。

武成帝大宁初年（561年），袁聿修以太常少卿身份出使巡察，考核官员得失。经过兖州时，刚好邢邵正任兖州刺史。考察时，邢邵不好对他有特别表示，他走了以后，就派人送白绸作礼物。袁聿修不仅退还白绸，还写信给邢邵说：“今日仰过，有异常行，瓜田李下，古人所慎，多言可畏，譬之防川，愿得此心，不贻厚责。”意思说，今日经过您处，与平日出行不同，瓜田李下，必须避嫌，古人对此是十分慎重的。人言可畏，应像防御水患一样，不可忽视细枝末节，愿您体会此心，不要留下遗憾。邢邵也欣然领会，回信说：“先前的赠送，过于轻率，未加考虑，老夫匆忙之间，没有想到这个问题。敬承来信之意，我并无不快。弟昔日为清郎，今日复作清卿了。”

袁聿修在吏部任职时，北齐已是政治衰败、道德沦丧，办事如违背权要之臣，可能立刻引来杀身之祸。袁聿修虽然自己能坚守清白，但也摆脱不了对上请谒的烦劳。

北齐灭亡后，袁聿修任北周仪同大将军、吏部下大夫、东京司宗中大夫。隋文帝初年（581年），又入隋朝任都官尚书及熊州刺史。任刺史不久去世，享年72岁。

袁　朗

袁朗（570—620），南北朝时阳夏（今太康县）人。父枢仕陈为尚书右仆射，朗在南朝陈为秘书郎，江总尤器之。后主（陈叔宝）闻其才，诏写《月赋》，后主览后曰：“谢庄不得独美于前矣。”复诏写《芝草颂》、《莲颂》，后主皆赞赏不已。累迁太子洗马、德教殿学士。陈亡入隋，历尚书仪曹郎。唐武德初（618年），袁朗仕齐王之文学。后封汝南县男，再转给事中。袁朗去世，太宗为之废朝一日。谓高士廉曰：“朗任浅而性谨厚，使人悼惜。”

袁朗远祖滂为汉司徒，自滂至朗共13世，其间官至司徒、司空者4世。

袁　泌

袁泌（510—567），字文洋，南北朝时阳夏（今太康县）人。袁敬胞弟。初仕梁，为诸王府佐。逢侯景之乱，简文帝以泌为东宫领直，令往吴中募兵。叛军进围台城，泌率军往援，兵败城破，归降侯景。及乱平，仍被重用，先为富春太守，后以侍中职出使北齐。陈朝立，泌附于梁永嘉王萧庄，与陈抗敌，兵败，护萧庄赴北朝，再归陈。陈文帝嘉其不负旧主之义，仍官之，累迁通直散骑常侍、司徒左长史。卒谥质。

袁 奭

袁奭，字元明，陈郡（今淮阳县）人。南朝梁司空袁昂的孙子。梁永嘉王萧庄用奭为侍中。奉命出使齐，萧庄败后，被留在齐地。齐授奭为琅玡王高俨大将军的谘议（军事参谋）。因擅长文辞，在当时很有名气。后来进入文林馆，并升任太中大夫。

袁 淑

袁淑（408—453），字阳源，南北朝时陈郡阳夏（今太康县）人。一生好学博闻，善谈有才辩，为南朝宋著名文学家。初任彭城王刘义康司徒祭酒，后因久病不愈被免官。宋文帝元嘉二十六年（449 年）升任尚书吏部郎，又派为始兴王征北长史，兼东兴太守，后升任太子右卫率。

皇太子刘睿图谋篡逆，袁淑坚不附从，被刘劭杀于奉化门外。孝武帝刘骏即位后，追赠他为侍中太尉，谥号忠宪公。原著文集已散失，明朝人辑有《袁阳源集》传于世。

袁 顗

袁顗（417—466），字国章，南朝宋陈郡阳夏（今太康县）人。袁洵长子，袁豹的孙子。他任过晋陵太守，袭封南昌县五等子，孝武帝时任侍中、领前将军。当时孝武帝有废太子刘子业、立新安王刘子鸾之意，曾在与臣下闲谈中，把这个意思透露出来。袁顗认为：太子，国之储君，一经确立，不可轻易更改，否则动摇国基。为此，他与孝武帝当廷争得面红耳赤，孝武帝勃然大怒，拂袖而去，他也怒气冲冲地出宫而回。后经人调解，孝武帝不再提废立之事，并原谅了他。可是太子刘子业继位后，大杀宗室子弟和朝臣，搞得人人自危，上下不安。袁顗当初有扶助太子之功，刘子业刚当皇帝时还有些知恩图报，赋予他重任，但旋即弃之如敝屣。经历这场变故，袁顗觉得自己当初坚持让刘子业继帝位是个错误，应该废黜此人，拥立新君。经过一番活动，袁顗谋得南蛮校尉、雍州刺史的职务，脱离了建康是非之地。

在襄阳（今湖北襄樊市），袁顗积极准备推翻刘子业政权、另立晋安王刘子勋为帝的活动。恰恰在这时，刘子业的叔叔、湘东王刘彧派人杀死刘子业，夺得了帝位（宋明帝）。宋明帝任命袁顗为右将军，并致函请袁顗罢兵归朝，朝廷当委以重任。袁顗认为刘彧也不是治世之主，决意起兵进攻建康。他谎称奉太皇太后的命令，发兵沿江而下。但袁顗是一介书生，从未经战阵，对军事部署、攻防战术一窍不通，在军中只知赋诗、清谈，致使将士上下离心。他的亲信们见势不妙，寻机逃走了。这支队伍未经战斗即溃败，袁顗也被部下杀死。同时遇难的还有其子袁戬。宋明帝深恨袁顗的反叛，命人将其尸体扔入长江。袁顗的侄儿袁彖与他往日的奴仆两人变换服装，沿江寻找了40多天，才找到袁顗遗体，秘密安葬在石头城后冈，直到宋明帝死后，才公开安葬。

袁齐妫

袁齐妫（405—440），南朝宋陈郡阳夏（今太康县）人。宋文帝刘义隆的皇后。其父袁湛，官任南朝宋侍中、左光禄大夫、开府仪同三司。她是庶出的女儿，母亲王氏地位卑贱，因此一直到五六岁的时候，才得到抚养。起初被选为宜都王妃，后来成为皇后，生太子刘劭以及东阳公主刘英娥。

在袁齐妫生下刘劭时，仔细端详后，派人告诉刘义隆说："这孩子长相异常，以后必定破国亡家，不能把他养大。"刘义隆得知后，赶快跑到皇后宫内，劝阻了她的害子想法。刘义隆对待袁齐妫，相当有礼数。因为袁齐妫的娘家贫穷，便常请求刘义隆拿钱资助，但刘义隆生性节俭，给的钱也只是3万5万而已。后来潘淑妃很得刘义隆宠爱，常自称只要请求皇上，没有什么得不到的。袁齐妫听说这事，不知真假，便假借潘淑妃的名义向刘义隆要求30万回家，没想到才一晚上刘义隆就将钱拨下来了。为此袁齐妫感到相当怨愤，假托自己身体不适，不再与刘义隆见面。刘义隆每次要来见她，她就回避到别处；刘义隆屡次伺机想要见她，也见不到她的面。连潘淑妃的儿子始兴王刘濬与其他庶子要来探望她，她都不见。最后袁齐妫终于怨恨成疾。病危之际，刘义隆哭着捧着她的手，问她有什么要交代的。袁齐妫只是看着刘义隆，一句话也不说。过了一会儿，便用被子把头蒙起来，再也不想看他。袁齐妫过世时，年仅36岁。

袁齐妫死后，刘义隆相当哀痛，命颜延之作《哀策》专祀，自己以"抚存悼亡，感今怀昔"八字致意。有司单位建议给她谥号"宣"，后来刘义隆亲自定其谥号为"元"，故称其为"文元皇后"。大明五年（461年），宋孝武帝刘骏下令追赠袁齐妫之母王氏为豫章郡新淦县平乐乡君，并且派人洒扫其墓园。

张思伯

张思伯，南北朝时河间乐城人。善说《左氏传》，撰《刊例》10卷行于时，亦为《毛诗》注解章句，在当时有着很高的文学名声，因此被北齐朝廷诏为国子监博士，以二经教授齐安王廓。

由于他为官清正耿直，不畏权贵，被奸佞陷害。齐高帝听信谗言，把他罢官削职，赶出京都。张思伯含冤来到扶沟西南屈岗一带，购置田园，安身隐居。他虽被罢了官，但仍不忘百姓疾苦，经常和村民在一块儿谈话聊天，不断到乡间体察民情。他看到这里十年九淹，老百姓缺吃少穿，心里很难过，信仰佛教的他就捐献出自己的读书亭和家产，建起了一座佛寺"芝亭寺"，来祈求护佑当地百姓。

一年秋天，大暴雨一连下了七天七夜，洪水泛滥，遍地汪洋，无数房屋被水冲塌。张思伯看到老百姓遭了大难，不顾年老体弱，白天驾着小船查水情、看流向、搭救落水人，晚上和灾民们在一起商量排水除涝的办法。他带领众百姓筑堤挖沟，引洪入河，日夜操劳。一次，他驾着小船在救一个落水人时，小船被卷进激流，一个巨浪打来，小船翻了个底朝天，张思伯被卷进旋涡淹死了。老百姓奋不顾身地想法打捞，整整捞了大半天也没捞着尸首。张思伯的两个儿子继承父亲的遗志，率领百姓根治水患。两人各开挖了一条沟渠，即大浪沟和二浪沟，终于疏导了河道，排除了水患，张思伯的尸体在芝亭寺西南方露了出来。当地百姓为了纪念张思伯的恩德，把张思伯的遗体就地埋葬，还把找到张思伯尸体的地方改名为"露尸台"。

张思伯带领百姓治水捐躯的事被地方官员禀报朝廷。这时齐高帝去世，已由齐武帝继位。武帝传旨为张思伯平冤昭雪，并建祠供奉祭祀。

周兴嗣

周兴嗣（？—521），字思纂，南朝齐时的北陈郡项（今项城沈丘一带）人。是西汉太子太傅周堪的后代，曾祖父周凝，曾任西晋征西府参军、宜都太守。

周兴嗣13岁开始到齐的京都建康（今南京）游学，十几年后，精通了各种纪事文章的写法。游学时，他曾在姑苏（苏州）一家旅店住宿，夜里听见有人对他说："你才学盖世，不久就会结识到尊贵的大臣，最后被圣明的君主重用。"可是一直到声音消失，他也没能听出说话人在哪里。

隆昌元年（494年）中，齐侍中谢朏任吴兴（今浙江湖州）太守。谢朏厌恶与士人交往，却喜欢和周兴嗣在一块儿谈论文史。任职期满，他在朝廷极力推荐周兴嗣的才学。本州举荐秀才出任公职，周兴嗣于是被推举为桂阳（今湖南省桂阳县）郡丞（郡守的副职）。郡守王嵘，平时就欣赏周的文才，待他很好。

中兴二年（502年），萧衍代齐建梁，周兴嗣上奏《休平赋》，文章非常优美，受到萧衍重视，聘用他任“安成王国”侍郎，就在梁都的华林园当值。其年，河南献来一匹会随着音乐跳舞的马（儛马），萧衍命周兴嗣与待诏张率等人作赋歌颂。赋成，萧衍评定周兴嗣的最好，升周兴嗣为员外散骑侍郎。

梁天监七年（508 年），梁武帝用南京城内自己在三桥的旧居，改建为光宅寺，命周兴嗣与陆倕各写一篇寺碑碑文。碑文完成后，梁武帝只使用了周兴嗣的作品。自此以后，著名的《铜表铭》、《栅塘碣》、《北伐檄》以及《次韵王羲之书千字》等，梁武帝都只要周兴嗣一人去完成。每成一篇，都会受到梁武帝的称赞和财物赏赐。天监九年（510 年），任新安郡丞，任满后，重任员外散骑侍郎，协助编纂国史。十二年（513 年），升任给事中，继续为皇室撰写文稿。

周兴嗣的双手常年患有风疽（湿疹）病，升任给事中后，又染上了疠疾，这是一种不好医治的流行疫病，结果左眼失明。梁武帝萧衍抚摸着他的手，感叹地说：“斯人也，而有斯疾也！”当场又亲笔抄写了一份专治风疽病的秘方，赐给周兴嗣。可见梁武帝对周兴嗣何等爱惜。

与萧衍同为“竟陵八友”、时任萧衍记室（相当于秘书长）的任昉，也很喜爱周兴嗣的才华，经常对别人说：“周兴嗣如果没病，十天内就能当上御史中丞。”

梁普通二年（521 年），周兴嗣病故。

周兴嗣著有《皇帝实录》、《皇德记》、《起居注》、《职仪》等专著百余卷，文集 10 卷传世。但流传最广、最久远的，则是《千字文》。

当年，梁武帝为教育子辈，令殷铁石在王羲之书写的碑文中，拓下不重复的 1000 个字，供皇子们学书用。但由于字字孤立，互不连属，不好记忆，他就召周兴嗣，嘱道：“卿有才思，为我韵之。”周兴嗣用了一个晚上，就编好进呈武帝。这便是传至今日的《千字文》。全文以儒学理论为纲，穿插诸多常识，用四字韵语写出，很适于儿童诵读，后来就成了中国教育史上最早、最成功的启蒙教材。宋明以后直至清末，《千字文》与《三字经》、《百家姓》一起，构成了中国人民最基础的“三、百、千”启蒙读物。旧有打油诗云“学童三五并排坐，天地玄黄喊一年”，此之谓也！不仅汉民族用作儿童启蒙教材，一些兄弟民族也使用，甚至传到了日本。

同时，《千字文》在中国文化史上也有其独特地位，是历代各流派书法家进行书法创作的重要内容。隋唐以后，凡著名书法家均有不同书体的《千字文》作品传世。

隋唐时期

韩　充

韩充，本名璀，唐代淮阳郡太康县人。韩弘胞弟。幼年与弘同依舅父刘玄佐。后在河阳（今河南孟县）、昭义（今山西长治）节度使李元部下任牙将。因其才武超人，李元自行将节度使职让给韩充，并将二幼女托充抚养。历任御史大夫、右金吾卫将军、大将军。穆宗即位，令韩充带兵讨伐据守汴州的李岕（音戒），郭桥一战，李岕大败。李质则乘机杀了李岕，占据汴州。在韩充指挥下，仅用20天时间打败李质，攻占汴州。韩充又升任检校司空。李元死后，韩充为他二女完婚，并时常周济李家。韩充死后赠司徒，谥号肃。

韩海　韩弘

韩海，唐代淮阳郡太康县人。相貌魁伟，处事沉稳，以勇武之才游仕于许州、汴州之间。平时寡言少语，被众人推为首领。后官至游击将军，卒后赐赠太师。其妻刘氏为太康人唐司徒刘玄佐之妹，齐国太夫人。子韩弘、韩充。

韩弘（762—820），唐代淮阳郡太康县人。其父韩海官至游击将军，早逝。韩弘依其舅父刘玄佐抚养成人，科考不中，后改学骑射。初为宋州南城将，后任刘全谅部都知兵马使。是时，汴宋节度使吴少诚派人与刘全谅联络，图谋攻陈、许。韩弘杀使者，选精兵3000人，会合其他军队，一举击败吴少诚。德宗贞元十五年（799年），刘全谅死于军中，韩弘接替其职务。不久又升为检校工部尚书、宣武节度副使，兼行节度使职。

韩弘为人庄重寡言，沉谋勇断。刘玄佐死后，其子刘士宁接任宣武节度使，弘为副使。属将骄横不羁，士宁难以统辖，其得力将领陆长源竟被部下杀死。韩弘察知军中刘谔等300余人一贯恣横，目无军纪，就宣布其罪状，全部处死。自此，营内平静无事。

蔡州吴元济叛唐，宪宗任韩弘为淮西诸军行营都统，前往征讨。遂吴元济被诛，韩弘因功升任检校司徒兼侍中，封许国公。元和十四年（819年），韩弘任司徒、中书令。次年宪宗死，韩弘代理宰相。六月出任河中（蒲州）节度使，后因病回朝任司徒、中书令。十二月病逝，年58岁。追赠太尉，谥号隐。

李　肃

李肃，字行中，陈州宛丘（今淮阳县）人。因为功勋被封为田王。唐德宗建中年间（780—783），皇上驾临奉天，叛将牛氏勾结闽粤一带人闭关抗拒。天子就赐给李肃弓和箭，命令他说："闽粤之人不服从朝廷，你前去征讨他们。"李肃率领数万精兵，到了临汀乘船顺流而下，仓促间与贼兵相遇。由于后队人马接继不上，李肃力战而死。尸体浮于水上，过了一个多月形色不变。乡民詹纠同情李肃忠勇，于是就用棺木把他的尸体入殓而葬之，并按时祭祀。那一带人也纷纷加入祭祀的行列。贞元十五年（799年），朝廷听说后敕封其为孚佑广烈王。永安县建有唐田王庙，祀李肃。

李师政

李师政，唐初山西上党（今长治市）人。历仕扶沟令、门下典仪、东宫学士等职。早年相信儒道，后皈依佛门，曾拜名僧释慧琳为师。唐初佛道二教论争激烈，唐高祖武德年间，太史令傅奕7次上书抨击佛教，李师政则著《内德论》，认为佛教于国于家皆有益处，反驳傅奕。

《内德论》分3篇：《辨惑篇》分十条逐一辩驳傅奕对佛教的各种指责；《通命篇》论因果报应；《空有篇》则破斥歪曲大乘空有之说、不信因果报应的执著之见，发挥大乘空宗思想，并汲取了大乘有宗的部分观点。全文语言整饬，比喻恰切，有较强的说服力。

李万荣

李万荣，唐代太康县人。与刘玄佐关系很好，宽厚待人，在刘玄佐军中颇受士兵拥护，被刘玄佐推举为大将军。刘玄佐死后，李万荣被玄佐之子刘士宁夺去兵权。唐德宗贞元十年（794年）正月，李万荣利用刘士宁出城游猎之机，发动兵变，将刘士宁逐出兵营，夺取兵权。贞元十一年（795年）五月，授李万荣为宣武军节度使。八月，李万荣患重病，于是安排其子李乃为司马，众皆不服。李万荣病死当日，大将李湛率领军士将李乃逮捕，押送京师。李乃被送到京师后，朝廷诏京兆府将其杖毙。

刘士宁

刘士宁，唐代太康县人。司徒、太傅刘玄佐之子。刘玄佐死后，皇上授任刘士宁为金吾衡将军同正、汴州刺史、宣武军节度使。

刘士宁刚被授任节度使时，众将大多不服。他残忍荒淫，有时持刀在酒席间亲手杀人，其父所有姬妾全被他淫乱。每次出去游玩打猎，都要好多天，幕府深受其害。手下大将李万荣和他的父亲刘玄佐是同乡，从小就很好，为人宽厚很得人心，刘士宁疑忌他，削夺了他的兵权，令他代管汴州事务。李万荣心里特别恨他，想找机会赶走他。唐德宗贞元十年（794 年）正月，刘士宁带领 2 万士兵在城南游猎。军队出发后，李万荣进入刘士宁的官署中，叫来刘留下的心腹士兵 1000 余人，谎称道："有诏命征召大夫去朝中任职，让我执掌留后事务。现发给你们每人 3000 贯钱，今后咱们有福同享，亲如兄弟。"兵士们无不感戴李的恩德，皆愿为其效命。李万荣安抚好内部亲兵后，又叫来在外的各营兵士，也用这样的话说给他们，军兵全都听从他的命令了。李万荣于是分派军兵关闭城门，派使者前去通报刘士宁说："现有诏命征召大夫，你应马上上路；假如拖延不走，我就要将你斩杀并将首级传送京城。"刘士宁知道军队已不再听从自己的命令，无可奈何，就带上 500 骑兵逃回了京城。等到中牟时，部下大部分都逃走了。到东都时，只剩下僮仆婢妾数十人。到达京城以后，皇帝命他回府宅服丧，禁止出入。李万荣杀掉了刘士宁的所有亲信将领，赏给兵士 20 万贯钱，并按朝廷诏命，将没收刘士宁的家财全部分赏部下。贞元十一年（795 年）五月，朝廷授李万荣为宣武军节度使。

刘玄佐

刘玄佐，原名洽，唐代太康县人。代宗大历年间（766—779），投永平军当兵，逐步升为牙将。他豪爽、轻财，好厚赏部下，因平定李灵耀叛乱有功升任刺史。德宗建中初年（780 年）升御史中丞，兼任宋、亳、颍节度使。当时李纳叛变，朝廷命玄佐协助李洧共击李纳。平乱后玄佐升检校兵部尚书兼曹濮观察使，淄、青、兖、郓招讨使，汴滑都统副使。后来李希烈谋反，玄佐、李勉联兵屯淮安。升玄佐为检校尚书左仆射，同中书门下平章事。李希烈攻陈州，玄佐又前往救援，大败李希烈，乘胜攻取汴州，加任汴京节度使、陈州诸军行营都统，并赐名玄佐。入朝以后，又兼任泾原四镇、北庭兵马副元帅，检校司徒。年 58 岁而终，赠太傅，谥号壮武。

陆景倩

陆景倩，约生于唐高宗乾封至咸亨年间（666—673），江苏省苏州人。玄宗开元初年（713 年）任扶沟县县丞。

陆景倩的父亲陆元方，武后时官鸾台侍郎、同凤阁鸾台平章事。兄象先，玄宗时官太子詹事，历户部尚书、扬州大都督府长史、太子少保，皆以清慎忠直为当世名臣。景倩深受其父兄影响，在扶沟任职时，为官清廉，颇有政绩。当时的河南按察使毕构考核各州县官吏的政绩，要求必须以实上报。考核的结果向毕构汇报说："某官强清，某官诈清，只有陆景倩才是真清。"陆景倩获得了优异的考绩。后升为监察御史。

马殷

马殷（约852—930），字霸图，今扶沟县曹里乡马家村人。西汉名将马援孙子马光，授封为许侯，马殷即其后裔。少时家贫，为民间木工，唐末乱世应募从军。唐中和年间，龙骧指挥使刘建峰戍蔡州，以防黄巢起义军。当时马殷在军中，以骁勇著称。唐僖宗光启三年（887年），农民起义领袖黄巢被统治阶级杀害后军阀混战日趋严重，由于刘建锋和马殷比较关心部属疾苦，军队迅速发展到10万余人。唐昭宗乾宁元年（894年），刘、马攻克醴陵，占据长沙。唐昭宗授马殷为内外马步都指挥使。但刘建锋得志后，终日饮酒作乐，不理政事，而且霸占了部下陈赡之妻。后来被陈赡用铁锤打死。诸将以"马公勇而有谋，宽厚乐善"，遣人从邵州前线迎回马殷，推戴为留后，从此马殷占据了湖南一带。乾宁三年（896年）九月，被授潭州刺史，光化元年（898年）晋武安军节度使。马殷坐拥长沙，运筹帷幄，图谋发展，不几年，势力范围扩张到湖南大部及广东、广西部分地区。唐天祐四年（907年）四月，宣武节度使朱温废唐哀帝自立，改元开平，定都开封，国号梁，史称后梁。梁太祖朱温委马殷为侍中兼中书令，封楚王。梁末帝时，加封天策上将军，又允许马殷在其管内置静江、武平、宁远等节度使。于是马殷"署置天官幕府，有文苑学士之号，知诏令之名，总制20余州，自署官吏，征赋不供"。后梁末帝龙德三年（923年），李存勗灭梁称帝魏州，史称后唐。马殷遣子入觐，向后唐称臣纳贡，得授太师、尚书令之衔。后唐天成二年（927年），封马殷为楚国王。马以潭州为长沙府，建宫殿，置百官。马楚极盛时，其辖地包括湖南全境及广东、广西和贵州的部分地区，共建28州1监，直隶楚王府。

马殷为王以后，用扬州人高郁为谋士，政治上采取上尊中原王朝、下抚黎民的保境安民政策，外修友好，减少战争，让人民休养生息，经济上奖励农桑，提倡纺织，发展茶叶，通商中原，不征商旅。因此全境社会稳定，国库殷实，人民安居乐业。当时杨行密割据荆南一带，势力比较大，马殷想给他送些金银绸缎，结为盟友。高郁不同意，对马殷说："杨行密霸道，大家都恨他；又无军事才能，没有什么可怕；你给他的东西再多，也难换取他的真诚。不如多关心群众生活，把军队训练好，这样谁也不敢侵犯我们。"马殷采纳了高郁的意见，并制订了发展生产的策略，减轻百姓的赋税。当时湖南一带的农民不重视养蚕织帛，马殷就规定以帛代税，这样做一举两得，既减少了官吏加重赋税的机会，又促进了湖南的桑蚕业的发展。“机杼之声，遍及各地”。《新唐书》记载：“岁入算数十万，用度遂饶。”《旧五代史·梁记》载：湖南其时“岁贡茶25万斤”，可见茶况之盛。他还提出保护外地商人到湖南经商的办法，并铸造湖南专用铁币，商旅出境时，铁币无所用，多以货物交易，达到了“以湖南无用之物，易天下有用之财”的目的。湖南盛产茶叶，他就把茶叶运往外地，并在茶叶销售量大的荆南、洛阳等地设立茶叶专卖机构，获得了巨大的收入。因而楚国的经济非常繁荣。

马殷还重视文化事业的发展。他仿照唐太宗李世民设天策府文学馆的先例，以幕僚拓跋恒、廖匡图等18人为学士，称“天策府十八学士”。如廖匡图随父亲廖爽投奔时，起初马殷因廖爽豪侠多侣，恐对自己不利而拒绝接纳。部下劝谏说：“廖者，料也，马得料必肥，这是霸主之兆啊！”马殷遂以礼相待，其善于纳谏，于此可见一斑。五代十国时整个中国社会战乱不休，人们能够生存已属不易，自然难以去顾及诗文了。而长沙天策府的设立，使一批文士可以安心吟诗作文，互相切磋交流，提高技艺，这在当时中国其他区域是罕见的文化景观。天策府十八学士因此形成了一个湖南古代史上不多见的文人群体，对湖广文化的发展起了一定的促进作用。

马殷笃信佛教，曾将自己的会春园施舍给保宁和尚做寺院，创建开福寺。当时香火兴盛，有近千名僧人住寺。开福寺，位于长沙市北区。建筑面积1.6万平方米。殿宇巍峨，今长沙市佛教协会设在寺内。

在马殷统治湖南的30多年中，很少主动对外交战，之后与吴国的几次战争也是对方先发动进攻的。对于北边的荆南，他也只进行了相当有效的战争。政局比较安定，境内没有战争，有力地促进了湖南的经济发展，使那里的人民过了一段安居乐业的生活。司马光在《资治通鉴》256卷中称赞他说：“扶沟马殷，以才勇闻名。”马殷卒于后唐明宗天成五年（930年），葬于今湖南省衡阳市附近。去世时，“群民号啕，念不欲生”，“州人相与论德”。后唐明宗罢朝3天来悼念马殷，下诏赐武穆王谥号。

马殷死后，儿子马希声继掌国政。

祁　惠

祁惠（638—693），字敏，唐河南道亳州鹿邑县吴台乡（今属郸城县吴台镇）人。青年时期，苦心攻读四书五经。20多岁考中进士，28岁任登仕郎（正九品文官），36岁被派到幽州（今北京市一带）都督府任博士（一个府的教授官），开绛帐以授徒，很得社会人士和学生的好评。不久，北方少数民族向北京一带侵袭，他奋然投笔从戎。因战功赫赫，受到都督李文睐的赏识和重用，补为检校果毅，并加柱国勋衔。

47 岁那年，朝廷提拔他为通直郎兼任陵州（在今广西壮族自治区）贵平县丞（县令之辅佐官。祁虽为县丞，但勋衔远高于县令）。经艰苦跋涉，远赴任所。后因家中父母患病，请假归家侍奉。归乡不久，其父母相继谢世。

就在他精心为父母治病，悲痛中办理丧事期间，自己也身染重病，身体逐渐消瘦，以致不治而逝，时年 55 岁。都督李文睐事后评价祁惠说："业综文儒，兼优武略，仁者有勇，信不虚谈。"

师　备

师备，姓谢，名三郎，闽县温泉乡（今福建福州市城门乡谢坑村）人，祖籍阳夏（今太康县）。谢缵裔孙，唐代高僧。33 岁时出家皈依佛门，法名师备。先住福州北郊芙蓉山，后在南昌开元寺跟道元禅师受戒，学完之后又回芙蓉山与义存禅师共同修行，人称备头陀。不久，师备与义存又到雪峰山创建崇圣寺。他为建寺投入了很大精力，建成后让义存当住持。他知识渊博，众僧人有疑难问题，都找他请教。他与义存虽在一个老师门下受业，但见解不同时便反复诘难，义存很钦佩他这种精神。一次，名僧南海长老到闽询问佛经要义，义存便让师备讲解。有一段时间他在梅溪场普应院任住持，但福州僧众坚持要他回来。他回到了福州北门外的玄沙山，僧众慕名前去皈依者甚多。他在这里讲学，声名远播，弟子多至千人，甚至日本、高丽诸国僧人乜前去学习。五代梁开平年间（907—911），师备在玄沙山圆寂。

王建　王衍

王建（847—918），字光图，沈丘县人。

唐末，政治腐败，土地高度集中，赋役繁重，加上藩镇割据，战乱频仍，致使民不聊生。至唐僖宗年间，皇帝李儇拜宦官田令孜为"阿父"，尊田为太师。乾符元年（874 年），爆发以庞勋、王仙芝、黄巢为领袖的农民起义。广明元年（880 年），黄巢义军攻克东都洛阳，继又于当年年底进入长安（今陕西西安）。僖宗与太师田令孜等皇室成员逃往成都。唐之天下一时大乱。唐忠武军牙将秦宗权乘乱杀掉统帅薛能，自领忠武军，据蔡州汝南郡招募军兵。就在此时，王建应招离沈投军，开始了他的戎马生涯。

王建入伍后，成为秦宗权的忠实干将，做过队将、都头等职。当黄巢义军攻打蔡州时，秦宗权督励军民，登城据守。秦派王建、鹿晏宏带兵跟从监军杨复光，击退黄巢义军。杨上奏朝廷授秦宗权为蔡州牧、忠武军节度使、检校司空等职。

监军杨复光以忠武军8000人为八都，因王建、鹿晏宏助杨作战有功，被封为“都校”。杨复光死，鹿晏宏统率八都克兴元府（今属陕西汉中市），王建自任郡刺史。王建与另一将领韩建要好，鹿晏宏对“二建”的关系和势力深感不安，“恐部下谋反，多行忍虐，由是部众离心”。鹿表面上厚待“二建”，实乃伺机除之。“二建”洞悉其意，畏为其害，乘夜率3000亲随，不辞而别，赴成都投靠唐僖宗。僖宗嘉之，赐二人巨万，分其兵为五都。五都都校主分别为王建、韩建、晋晖、张造、李师泰，号曰随驾五都。太师田令孜把这5位都校收为义子。封王建为神荣军宿卫，领刺史衔。五都护驾唐僖宗还宫。光启元年（885年），太师田令孜与河中刺史王重荣争夺盐池，王重荣发兵攻打京城长安，二年（886年）三月唐僖宗离京，驾幸兴元。王建护驾任清道使，负玉玺相从。行至当涂驿，叛将李昌符火焚栈道，王建牵着僖宗的马，从烟火中冲过去。夜宿坡下，人困马乏，王建让僖宗枕在自己的身上而睡。天明醒来，僖宗见王建一夜未睡护着自己，触景生情，潸然泪下，遂解御衣赐予王建。

文德元年（888年），僖宗死，昭宗继位，太师田令孜、西川节度使陈敬瑄盘踞成都自成势力。昭宗派王建讨伐，月余，攻克西川管内八州，所至响应，遂急攻成都。田令孜登城叙父子旧情，对王建说：“老夫与八哥（王建一名王八）相厚，有父子之情，有何嫌恨，围困于我？”王建答道：“父子之恩，哪能敢忘，但你叛离朝廷，大逆不道，我是奉旨前来伐你，如果你能悔改，我可以帮助你，让朝廷赦免你。”田令孜说：“此事我能到你军中商议吗？”王建答应。是夜，田令孜携蜀帅符印见王建。王建泣声谢曰：“太师初心太过，致有今日相戾，即此推心，一切如旧。”第二天，西川节度使陈敬瑄，打开城门，迎接王建进入成都。龙纪元年（889年），王建擢升为检校太傅、成都尹、西川节度副大使知节度使、管内观察处置、云南八国招抚使等。

王建雄才机略，又多猜忌，意常难料，得到蜀土后仍不甘心，欲窥伺东川，由于东川节度使顾彦朗是自己的亲家，也就不好意思夺之。顾彦朗死，其弟顾彦晖接任梓州统帅，交情渐不如彦朗。景福中（892—893），兴元之兵侵犯东川，彦晖求援于建。王建出兵，大败兴元之众，并乘东川混乱之机，将彦晖扣押于成都，东川遂归建所有。自此王建兼有两川，其军事力量更加壮大。天复初年（901年），宣武节度使朱温叛唐，把昭宗逐出京城，李茂贞、韩全海乘机劫迁车驾于凤翔。朱温发兵围攻凤翔，王建暗中送信让李茂贞坚守城池不要讲和，等他出兵解围。王建遂出兵攻朱，待朱退，李茂贞的山南诸州尽归王建所有。接着，王建攻取李茂贞的秦、陇诸州。

朱温欲夺帝位，王建号召各路军马伐朱，皆不响应，王建单独出兵，用3万兵会于凤翔，被朱温打败而还。至此，军阀割据愈演愈烈，唐王朝终于在各个割据势力的争斗中垮掉。天祐四年（907年），朱温代唐称帝，改名朱晃，建都汴京（开封），定国号梁，史称后梁。

梁太祖开国，蜀人劝王建仿照刘备的做法，建立蜀国。王建应允，于天祐四年（907年）在成都登基称帝，国号蜀，史称前蜀。次年（908年）改元武成，五年（911年）改元永平，十年后改元通正、天汉、光天。在位12年，光天元年（918年）薨，享年72岁。谥“神武圣文孝德明惠皇帝”，庙号“高祖”，陵曰“永陵”。

王建称帝后，励精图治，政治开明，时常留心刘备的立国谋略，劝课农桑，轻徭薄赋，发展经济，使蜀人得以休养生息，使蜀中社会、经济、文化有了快速发展。王建还厚待流亡入蜀的遗唐名臣世族，对知识分子尤为重视，如著有《广成义》、《道德真经广圣义》、《虬髯客传》的杜光庭，王拜其为谏议大夫。

王建有11个儿子，前蜀立国后，皆封为王：卫王宗仁，简王元膺，赵王宗纪，豳王宗辂，韩王宗智，莒王宗特，信王宗杰，鲁王宗鼎，兴王宗泽，薛王宗平，郑王宗衍。郑王最幼，因其母徐贤妃得宠立为太子，更名衍。

王衍（899—926），字化源，王建第11子。史书载：衍，方颐大口，垂手过膝，顾目见耳，颇知学问，能为浮艳之辞。918年至925年继承王位，为五代蜀国第二代国君。

王衍执政后不理朝政，笃信道教，喜着道服，以炼丹养气自娱，贪图玩乐，国事交给宋光嗣、光葆、景润澄、王承休、欧阳晃、田鲁俦等处理。为享乐建有重光、太清、延昌、会真之殿，清和、道仙之宫，降真、蓬莱、丹霞之亭，飞鸾之歌，瑞兽之门。又建怡神亭，与狎客、美女日夜饮乐其中。王衍的义兄嘉王宗寿见状，进谏要衍以社稷为重，却被众狎客戏之醉言，而王衍更不予理会。由是，吏治腐败，国势迅衰。

天雄军（驻“秦州”）节度使王承休是一位宦官，其妻严氏，容貌姣美，王衍常与严氏通奸，王承休不敢言。蜀乾德五年（923年），沙陀人李克用之子李存勖灭梁，复辟唐朝，称唐庄宗，年号同光，史称后唐。庄宗遣李严赴蜀通告复唐喜讯，蜀人皆惧，夹道欢迎。李严见此地物产富盛，而王衍骄淫无能，遂向庄王建议灭掉蜀国。蜀咸康元年（925年），唐命魏王继岌为都统，枢密使郭崇韬为行营都招讨伐蜀。王衍权且不顾，仍旧外出游玩狩猎。十月，王承休的妻子严氏去世，衍要去秦州吊唁，群臣阻谏，王衍不听。行至绵谷时，唐军进入蜀地，衍始惧，急忙返回成都。唐军所至，州县皆迎降。魏王继岌至成都，王衍率群臣出降于七里亭。

庄宗召衍至洛阳，赐诏曰："固当列土而封，必不薄人于险，三辰在上，一言不欺！"王衍奉诏，率其宗族及伪宰相王锴，翰林学士李旻，及诸将佐家族数千人东迁。同光四年（926 年）四月，行至秦州驿，唐庄宗接受伶人景之计，派宦官向延嗣诛杀王衍皇族。衍母徐氏临刑大喊："吾儿以一国迎降，反以为戮，信义俱弃，早知如此，绝不降唐。"衍妾刘氏，黑发如云，有姿色，行刑者欲留之，刘氏曰："家国丧亡，义不受辱！"遂被杀。

王衍在位仅 7 年，因荒淫无度，后妃干政，宦官专权，失去了江山，其族人尽遭屠戮。

唐庄王诛杀王衍是为了以绝后患，而王衍的父亲王建也曾做过类似的事情。当年王建的义父田令孜、西川节度使陈敬瑄同样是让出了成都，投降交出符印，陈被封为雅州刺史。然在其上任途中，王建派人杀掉陈敬瑄。王对义父田令孜，先是授监军职，数月后，以田令孜暗通凤翔军谋反为由，把田令孜打入大牢后饿死。不想在王建死后 7 年，田令孜、陈敬瑄的悲剧竟在其后人身上重演。

前蜀灭亡后，唐庄王任命邢州人孟知祥为成都尹、西川节度使。后唐应顺元年（934 年），孟知祥称帝，国号仍称"蜀"，史称"后蜀"。延续 31 年，于后蜀广政二十八年（965 年）灭于宋。自王建开国，蜀国前后在历史上共存在 58 年。

谢　瞳

谢瞳，字子明，祖籍阳夏（今太康县），先祖移居福州。谢安后裔。唐懿宗咸通末年（874 年）左右他去长安考进士，在长安 3 年没考中，就留在长安。唐僖宗广明元年（880 年）十二月，唐末农民起义领袖黄巢率部攻占长安，谢瞳便投奔到黄巢部将朱温门下。因为谢瞳读过书，会写文章，又颇有谋略，被朱温看中，成为朱的心腹谋士。次年，朱温镇守同州（今陕西大荔县一带）时，让他当了自己的副职。是年秋，朱温与唐朝河中（今山西永济县州镇）节度使王重荣屡战不利，连连向黄巢上表，请求援军。黄巢右军都尉孟楷把表章压下不报。这时谢瞳揣测朱温有背叛黄巢投降唐王朝的思想，便乘机游说朱温，让他下决心降唐。朱温说："我本来早就决定降唐，现在你也有这种主张，那还有什么疑虑呢！"朱温决心已下，便与谢瞳定计杀了黄巢派来的监军使严实，率领全军向王重荣投降，并推荐谢瞳为检校屯田员外郎，让他奉表到四川去晋见唐僖宗。朱温背叛黄巢，大大削弱了农民起义军的力量，唐僖宗当然非常欢迎，便大大赏赐谢瞳，并授予他朝散大夫、太子率的职务，又赐他穿紫色官服，出任陵州刺史。仅一年又升任检校右散骑常侍。几年以后他去四川朝见，当时朱温已掌握重权，也住在四川，听说谢疃来朝，亲自派人迎接。昭宗大顺元年（890年），谢曈到东京（今开封）拜见朱温，朱温对他赏赐极丰，赐给他府第、别墅各一处，钱千缗（一千文为一缗），又向唐王朝上表推荐他任亳州团练副使兼太清宫副使，加封检校工部尚书。这年冬天，朱温进攻淮南农民起义军黄巢余部，路过亳州，谢曈要求随朱温前去征讨，朱温又表奏谢曈为宣义军节度副使，并充任两使留后。自此谢曈在滑州13年，境内户口增加5万户，扩充士卒数千人，其官职升到太中大夫、检校右仆射。他死在滑州。后梁开平初年（907年）追赠司徒。

谢阿蛮

谢阿蛮（717—757），祖籍陈郡阳夏（今太康县），生于陕西临潼。谢缵苗裔。唐代著名宫廷舞蹈家。原为民间艺人，擅长舞蹈，在长安附近乡村靠舞蹈谋生。因舞跳得好，名声渐大。唐玄宗李隆基得知后，将他召入宫廷。他表演的《凌波舞》，表现凌波池中卫宫护驾的龙女，在碧波荡漾的水面上翩翩起舞，舞姿优美，引人入胜。该舞由唐玄宗李隆基作曲，杨贵妃弹琵琶，宁王李宪吹笛，音乐家李龟年吹觱篥伴奏。杨贵妃赐以珍贵臂环，名为红粟玉臂友。“安史之乱”爆发，唐玄宗、杨贵妃等仓皇逃离长安，京城一片混乱，谢阿蛮也流落民间，再度靠卖艺为生。

谢皎然

谢皎然（720—800），祖籍陈郡阳夏（今太康县），生于吴兴长城（今浙江长兴县）。谢灵运10世孙。谢皎然出身于累世簪缨，书香门第，自幼便受到良好的教育，加上他聪明颖悟，因此进步很快。曾写诗夸耀他的祖先谢灵运：“我祖文章有盛名，千年海内重嘉声。”皎然在读书写诗的同时，也与佛教结下深缘。他喜欢钻研禅理，越是研究，越是觉得趣味无穷，后来便沉溺其中不能自拔。随着对佛教信仰的加深，他毅然在杭州灵隐寺削发出家，师从灵隐寺住持守真禅师学习佛法。守真俗姓钱，杭州人，曾在苏州支硎寺师从圆公禅师。支硎寺是东晋高僧支遁所建，支遁与灵运的祖先谢安、谢万是莫逆之交，常在一起谈诗论文。皎然因此对支遁顶礼膜拜。他在《支公诗》中说：“支公养鸟复养鹤，率性无多机脱略。天生支公与凡异，凡情不到支公地。得道由来天上仙，为僧却下人间世。”表达了他的崇敬之情。皎然在守真禅师的指导下，认真钻研佛法，获得很大进步。

除了攻读佛教典籍外，谢皎然还继承了谢灵运钟灵毓秀的才气，诗也写得回肠荡气。他自己说：“世业相承及我身，风流自谓过时人。”在钻研佛经及写作诗文获得成功后，他遨游山水，以文会友，性情恬淡，不慕荣利。宋《高僧传》说他“清净其志，高迈其心，厚名薄利所不能啖，惟事林峦与道者游，故终身无愠色”。他结识了韦应物、颜真卿、陆羽、孟浩然、孟郊等人，这些人都是当时的知名人物。他们诗歌唱和，留下了许多名篇。

谢皎然写诗成名，便有许多人来拜他为师。僧灵澈便是其中的一位，灵澈俗姓汤，会稽人，他与皎然的关系介于亦师亦友之间；著名诗人刘禹锡是灵澈弟子；号称大历十才子之一的李益也是谢皎然的得意门生。谢皎然浏览所至之处有庐山、苏州、襄阳、荆州、金陵（今江苏南京）等地。到了京师，公卿都愿和他交往；到了地方，官员们都很敬重他。

谢皎然性格开朗，一切荣辱都不放在心上，故能长寿，一直活了 81 岁。若干年后，湖州太守范传正写诗怀念他：“道安已返无何乡，慧远来过旧草堂。余亦当时及门者，共吟佳句一焚香。”仰慕之情，溢于言表。

谢叔方

谢叔方，雍州万年人，祖籍阳夏（今太康县）。谢安 13 世孙。隋末，李渊起兵太原，谢叔方投入李渊第 4 子李元吉部下为将。所至之处，屡立战功，甚受李元吉倚重。平隋之后，李渊 4 个儿子为争位发生矛盾，互相攻伐，唐高祖武德九年（626 年），李世民发动“玄武门之变”，杀死了太子建成和巢王元吉。谢叔方率领元吉部下并联合建成的府兵合力拒战，杀死了李世民部将冯立、吕世衡等人。秦王李世民麾下大将尉迟敬德用矛挑着元吉的头让谢叔方看。谢叔方知道大势已去，下马向元吉的首级祭拜，号啕大哭，然后策马逃走，李世民也不追赶。第二天，走投无路的谢叔方向世民投诚，请求免罪。李世民念他是员战将，抗拒自己是各为其主，现在既然归顺，便不再追究以前的事。

贞观初年，谢叔方被派往西北少数民族地区任职，当过西州（今新疆吐鲁番东南）、伊州（今新疆哈密）刺史。这里的民风剽悍难制，稍有不满便会聚众闹事。谢叔方驾驭有方，以德服人，关心百姓疾苦，刑狱尽量公平。西州、伊州的少数民族对他十分佩服，“如事严父”。后来又调往南方，任洪州（今江西南昌）、广州都督。高宗时病故。

谢小娥

谢小娥，唐代洪州豫章（今江西南昌）人，祖籍陈郡阳夏（今太康县）。性情端庄娴淑，长成后嫁与段居贞为妻。

段居贞与谢小娥之父共同经商，赚得蝇头微利糊口。一日翁婿二人乘船过江，船主申春、申兰见其包裹沉重，便将两人杀害，抛尸江中，把钱财洗劫而去。谢小娥在家久等二人不归，便沿路寻找。经多方询问，侦知害死她父亲、丈夫的是江洋大盗申春、申兰，就下决心擒获罪犯，为父夫报仇。她女扮男装，到申家当佣工。她干活勤快，性情温和，逐渐取得了申家的信任。两年后，谢小娥找到了机会，杀死了申兰，擒拿了申春报官。官府查勘得实，处死了申春。谢小娥终于为父亲、丈夫报了仇。

谢小娥的事迹很快传遍了大江南北，人们钦佩她的大智大勇。回到豫章后，很多人争着聘她为妻。但谢小娥心如止水，却聘不嫁，后来削发为尼，在黄卷青灯中度过了她的后半生。

谢彦章

谢彦章，祖籍阳夏（今太康县），移居许州（今许昌一带）。谢安后裔。幼年参加黄巢领导的农民起义军，跟随黄巢部将葛从周，认葛从周为义父。谢彦章聪明伶俐，葛从周甚为喜爱，悉心教授他战术兵法，常常用1000个铜钱在大盘中布阵，指示彦章怎样出没进退。每临战，彦章总跟在葛从周左右，在实战中加深对所学军事理论的理解。这样经过几年的学习和战争实践，谢彦章对各种兵法都能熟练掌握。

唐僖宗中和四年（884年），后梁太祖朱温在王满渡大破黄巢军，葛从周率部投降朱温，从此谢彦章被朱温用为骑将。后梁末帝朱友贞即位（913年）后，任谢彦章为两京马军都军使，他屡次与后晋军交战，立下许多战功，被提升为河阳（今河南孟县西）节度使。葛从周病故，谢彦章亲临服丧，为其办理殡葬事宜，人们都认为他很讲义气。后来，谢彦章又改任许州节度使、检校太傅。贞明四年（918年）冬，滑州节度使贺瑰任北面招讨使，谢彦章任排阵使，共同领军驻扎于行台寨中与后晋军对垒。当时谢彦章率领骑兵多次向晋军挑战，晋军看到他的阵容严整，就相互议论说："这一定是两京太傅在此！"连他的名字也不敢叫，可见对方对他是何等畏惧。

当时人们都认为贺瑰善带步兵，谢彦章善领骑兵。因两人名声相当，所以贺瑰对彦章心怀忌妒。有一天贺瑰和谢彦章到寨外设伏兵，贺瑰指着远处一块地方说："这个地方四面岗立高隆，中间平坦，是一个扎营安寨的好地方。"不久后晋军抢占了那块地方扎下营寨。贺瑰怀疑谢彦章私通后晋军。另外，贺瑰想速战速决，而谢彦章想拖延时间，等后晋军疲惫不堪、粮草无济时再伺机出师。这样贺瑰对他更加怀疑。平时，谢彦章与行营马步都虞侯朱珪不睦，贺瑰就指使朱珪诬告谢彦章暗通晋军，意欲谋反。第二天早上，贺瑰以大享将士为名，预先埋伏好武士，等谢彦章到来时，武士一起出动，当场把谢彦章杀死。一同被杀的还有濮州刺史孟审澄、别将侯温裕，事后宣扬他们因谋反被杀。晋王听说此事非常高兴地说:“他们将帅之间如此互相猜忌,灭亡的日子不远了!”

孟审澄、侯温裕也善于率领骑兵,但他们只能指挥3000人左右,再多就无能指挥了。只有谢彦章指挥骑兵是“多多益善”。谢彦章除了有大将的谋略外,还喜欢和儒士打交道,对儒士特别优待。他本人平时也是儒士装束,与晋军对垒时还常常穿着宽襟大袖的儒士服装,一举一动都按儒家的礼法行事。但是在战场上他却威武严肃,每当他督阵调动部队时,都迅猛无比,所以当时的骑兵都喜欢为他所用。他遇害以后,人们都十分惋惜。

谢映登

谢映登(597—676),名科,字映登,祖籍陈郡阳夏(今太康县),其先人因在陕西居官,遂迁于陕西临潼,后来就在那里定居。东晋名相谢安11世孙。谢映登的曾祖父是南朝陈宰相谢哲,祖父谢冰、父亲谢惠均未出仕,以布衣终其身。谢映登幼时聪颖,过目成诵。稍长,喜读兵书,娴于武略。他仗义疏财,广交朋友,人称“赛信陵”(信陵君是战国时期著名的四公子之一,解人危难,曾窃符救赵,传为美谈)。

隋朝末年,天下大乱,民不聊生。为保护地方、家园安宁,谢映登组织庄丁,严加训练。隋朝的散兵游勇多次进犯,均被击退。连正规部队也败于谢映登之手,一时其声名大噪,成为绿林军的领袖,在豫、晋、秦三省交界处据地自雄。他劫富济贫,攻打官府,受到老百姓的欢迎和拥护。因而不断有人加入他的队伍,短短时间内人数达到八九百人。

隋末的农民武装组织遍及各地,其中规模最大、影响最广的是翟让领导的瓦岗军。他们的根据地是今河南省滑县的瓦岗寨。在翟让的率领下,这支农民军攻城略地,所向披靡。20多岁的谢映登在仔细谋划以后,率领乡丁投奔了瓦岗军。之后,他冲锋陷阵,立功甚多,成为瓦岗军的五虎上将之一。

李渊、李世民父子扫平群雄之后,江山归于一统。正当李唐统治者大封群臣、为他们加官晋爵之时,谢映登淡泊名利,功成身退,到长安西南黄花峪的三清观出家去了。虽然很多人劝阻挽留,但他去志坚定,义无反顾。三清观是谢映登叔父谢弘传经布道之地,在叔父的教诲下,谢映登开始了暮鼓晨钟、黄卷青灯的道教生涯。唐太宗贞观年间,海晏河清,国泰民安,这为谢映登传播道教提供了良好的环境。他从黄花峪出发,游历大江南北,拜访名观高道,充实知识,增强修为。唐高宗仪凤元年(676年),谢映登在终南山羽化。享年79岁。

杨烈妇

项城县旧志有《总题项城八景》诗,诗的最后一句是:“更有唐朝杨烈妇,芳名千载不能磨。”这个杨烈妇，就是唐末项城县令李侃的夫人杨氏。

唐德宗建中四年（783 年），淮宁节度使李希烈拥兵割据，自封为“建兴王”、“天下都元帅”。次年十二月，他攻陷了汴州等地，又自称“楚帝”，派女婿率数千人攻打项城，抢劫财物，然后在陈州（淮阳）会合。

面对来势汹汹的叛军，项城县令李侃不知所措。妻子杨氏对他说：“你是县令，叛军来了就应当抵抗，力量不够战死了，也是你职责内的事。你如果逃跑躲避，谁来守护县城？”李侃说：“可咱们这要兵没兵要钱没钱，怎么可以抵抗叛军呢？”杨氏说：“如果不固守，县城被叛军得到，县里所有的财物都是叛军的了，老百姓也会变成叛军的兵士，哪里还能会有国家呢？我们如果拿叛军的财物重赏勇士，抵抗叛军，一定能成功！”

他们把胥吏、百姓召集到一起，杨氏对大家说：“县令是你们的父母官，现在任期满了，完全可以放弃你们离城而去。你们却不同，你们的家人在这里，你们祖宗的坟墓在这里，只能誓死保卫家园。现在他愿意带领你们死守城池，你们谁还愿意成为叛军的奴隶呢？”大家纷纷表示，愿在县令带领下誓死抗敌。杨氏又鼓励说：“如果谁能用瓦石击中叛军，赏一千钱；能杀死一个叛军，奖一万钱。”当时得到几百名勇士，愿意在李侃带领下登城守护。

杨氏亲自为守城的勇士们做饭吃，不论年龄大小，得到的食物都一样多。李侃站在城楼上对城下的叛军说：“项城父老义不为贼，愿意尽力死守。即使你们攻下这个小城，也不算什么威风，不如赶快离开，以免耗费军饷而得不到丝毫好处。”叛军一听哈哈大笑，发出一阵箭雨射上城来，其中一支箭射中了李侃的手。李侃回县衙疗伤，杨氏却责备他说：“你不守在城上，谁还愿意死守？你就是死在城上，也比在家里养伤好呀！”于是，李侃忍住伤痛，又登上城墙。

唐代将县分成七等，项城是最低等的“下县”，城外没有壕沟，城内没有军队，更没有长戟、劲弩等锐利武器。叛军明白这一点，气焰非常嚣张，叫嚣着要立马破城。恰在这时，一名守城的百姓用弱弓射中一名叛军统领，那名统领当即坠马而死。这名统领正是李希烈的女婿，叛军当时就像鸟兽一样四散逃走。

李侃守城立了功，被升调到绛州任太平（山西临汾一带，唐时属七等县中的第三等“紧”县）县令。杨氏也成了名人，人称“杨烈妇”。唐代著名文学家韩愈的侄婿、散文家李翱撰写有《杨烈妇传》和《杨烈妇诗》。

当时项城人曾建祠（在今沈丘县域内）立碑纪念杨烈妇，县城迁秣陵后，再建祠于秣陵西关外。明万历四年（1576 年），知县陈万言立碑，本地人阎廷梓撰文；王钦诰任知县时又重修，本地人马文诠撰碑记。

殷 峤

殷峤，字开山，南朝陈司农卿殷不害（长平人）之孙。陈亡，徙京兆。

峤少以才学、品行出名，尤精于尺牍。隋朝时任太谷长，有政绩。唐高祖起兵后，召峤归唐，任为大将军府掾，参与谋略，以多次立功晋升为光禄大夫。秦王（李世民）为渭北元帅，用峤为长史。当时关中“群盗”聚结，无所适从，令峤招抚，所至尽皆归附。又与统军刘弘基率兵6万，屯长安故城。隋将卫孝节自金光门出战，峤与弘基击破之，京城平，赐爵陈郡公，迁丞相府掾，不久授吏部侍郎。从秦王击薛举，为元帅府司马。时，秦王病卧军营，委军于刘文静，诫曰：“贼众远来，利在速战，难与争锋，且宜持久，等彼粮尽时，然后可图。”峤退谓文静曰：“王体不安，虑公不济，故发此言，我等宜乘机破贼，不可以贼遗王。”不久又谓文静曰：“王在病中，恐贼轻我，请耀武以震慑之。”文静从之，却为薛举所利用，军乃大败。峤惑军当死罪，诏宽恕之，削职为民。后从秦王平薛仁杲，又复其爵位。唐高祖武德二年（619年）兼陕东道大行台兵部尚书，迁吏部尚书。从秦王平洛阳王世充，以功晋爵郧国公。复从征刘黑闼，中途病卒。李世民亲自主持丧祭，痛哭流涕。遂赠陕东道大行台右仆射，谥曰“节”。太宗贞观十四年（640年），诏：“与赠司空淮安王神通，赠司空河间王孝荣，赠民部尚书刘政会，俱以辅助帝王建立王朝之功配享太祖庙庭。”贞观十七年（643年），又与长孙无忌、唐俭、长孙顺德、刘弘基、刘政会、柴绍等24人被图像于凌烟阁。高宗永徽五年（654年）追赠司空。

殷　侑

殷侑（767—838），唐代陈州人（今西华县人）。幼年立志求学，不太注重经营产业。侑擅长经学，年长后以向别人讲述道家学问为乐事。唐德宗贞元末年（805年），参加考五经博士及第。他主要精通礼学，被提升为太常博士。元和八年（813年），回鹘（即回纥）请求与唐朝和亲，唐朝皇帝以为当时国内财经困难，和亲下来花费昂贵，想缓一个时期进行，就下诏让殷侑同宗正少卿李诚一起出使回鹘，转达皇上旨意。当时回鹘的可汗很傲慢，排列很多甲兵想臣服大唐使者。殷侑不认屈服。可汗传出话来说，使臣太倨傲，扬言要把使臣留下来，不许他们再回唐朝。大伙听了很害怕，殷侑平心静气地说：“可汗是大唐的门婿，想要使臣给他下拜，这是可汗无礼，并非使臣倨傲。”回鹘人听了这义正词严的话很狼狈，不敢强逼，只好让使臣完成使命回朝。回到朝廷后，迁升殷侑为虞部员外郎。恰逢王承宗反叛，皇上下诏派殷侑前往招安，经侑做工作，王承宗接受了招安。皇上很高兴，晋升殷侑为谏议大夫。殷侑议论朝廷治乱得失前后共84通。因为言辞切中时弊，皇上让其出外任桂营经略观察使。唐敬宗宝历元年（825年）改任江西道台使。侑所到之处以清正廉洁著称，调入朝中任卫尉卿。

唐文宗李昂即位后，发生了李同捷反叛事件，而王廷凑又与李同捷暗中勾结，进剿之军久攻不下，皇上很是着急，下诏让五品以上官员到尚书省议事。皇上的意思是把互相勾结的双方叛军一起消灭，群臣大多附和不表示异议。只有殷侑主张先不理王廷凑，专门对付李同捷。并说：“希望皇上从天下安危方面考虑，善战之军攻心为上，暂忍一时能让国家安定为长远打算，法网恢恢，疏而不漏，捕大奸为上策。”皇上不愿采纳，但那些主持朝政的辅臣（当权者）赞成并采纳了殷侑之策，终于平叛了李同捷。于是拜侑为义昌军节度使。但是由于连年战乱而造成的灾荒，举目可见，骸骨遍野，村落荒凉，四野无人耕种，杂草丛生。侑身为高官，居住简陋，吃粗茶淡饭，与民共甘苦，用仁惠之法治政。不到半年，外流之人重返乡里，侑分给他们土地，又用自己的俸银买下3万头耕牛，分给农民用于耕田，皇上也下诏赐帛（丝棉）4万匹以助之。

当初，州兵有3万人，吃穿依靠官府供给，侑到任一年后，自力更生，发展生产，能自给一半；两年后，不要官府供应，自食其力。于是上奏朝廷，不要国家之供。农村也有了很大改观，户口增加了，连年丰收，粮秣堆积满仓。殷侑治军治民有方，上下安定，人民刻石立碑纪念他的政绩。凭功劳皇上加升殷侑为检校吏部尚书。6年后，迁升为天平节度使。

自从李师道反叛后，朝廷虽然损失了3个重镇，却对皇上敲响了居安思危的警钟，凡是赋税收入，一律作为军饷，没有再私入王府的。殷侑因部队自力更生，军饷有余，就主动上交皇宫，每年钱15万缗，粮5万石。皇上加封侑为尚书右仆射的职务。有御史大夫温造弹劾殷侑“擅自敛民，民献钱粮为无名之献，违制”。皇上下诏，宣侑回京。此时恰逢濮州掾崔元武接受贿赂，又率所属县向上级官员行贿，以私马抬值纳官，3项共得绢120匹。大理寺以赠私马案判元武削官3级，刑部主张将元武流放，议论未决。殷侑启奏：“三犯”不同，各有所重，按大唐之律条，所犯之法一同论处，元武所犯之法当以死刑论处。皇上下诏让刑部和大理寺重审复议，把崔元武流放到贺州。皇上称赞侑重法守法，于开成元年（836年）升任其为刑部尚书。此时，李训、郑清已被诛杀，皇上问侑治国安邦之法，侑说：“朝廷应多用些德高望重之大臣，不要轻率地选用新进之士。”皇上认为对，赠彩缎300匹。

当初，掌管盐铁的官员及下属，捉到犯罪之人，私设牢狱，而州县官员不得而知。每年犯人数千，不时被处决。殷侑上奏皇上，盐铁部官员不应私自设牢狱，犯人应交州县衙门处置，以刑律而定罪。皇上准许并赠黄金10斤，以示对侑直言敢谏的酬答。

泾原节度使朱叔夜犯下了掠夺士兵钱财，有赃款数万，家中私藏兵器之罪。皇上罢免朱叔夜原职，任为左武卫大将军，殷侑认为判罪太轻，天子一怒杀了朱叔夜，但从此也疏远了殷侑。不久让侑外出任山南东道节度使，对所辖兵有先斩后奏之权，又降职为太子宾客，分司东都，不久领忠武军节度使，殷侑抑郁而死，享年72岁。皇上追赠司空。

殷侑因经学而晋升，做事锐敏，有刚强正直的名节，晚年做到三公宰相之位，但不善结交，晚年声望少减。有孙叫殷盈孙。

殷践猷

殷践猷（690—738），字伯起，唐代西华县人。博学广识，精通氏族、历数、医方等。与贺知章、陆象先、韦述等名流最善。知章号称其为“五总龟”，谓“千年五聚，问无不知”。初为杭州参军，举文儒异等科，授秘书省学士，用为曹州司法参军，兼丽正殿学士。以叔父仲容死，哀恸呕血而卒。终年49岁。

殷令名

殷令名（656—698），唐代西华县人。杰出画家、书法家。笔法精妙，不减欧、虞做派。手迹为后代程式。其画曾流传后世。

殷闻礼

殷闻礼（627—684），一作文礼，字大端，唐代西华县人。殷峤堂兄弟。有文学才能，善书画。唐武德年间为太子中舍人兼侍读，弘文馆大学士。撰修梁史未就而卒。

殷盈孙

殷盈孙（763—885），陈州人（今西华县人），殷侑的孙子。幼年爱好礼学，且很有成就。广明初年（880年）任成都诸曹参军。黄巢发难，攻破长安，唐僖宗西迁蜀地。闻盈孙崇尚礼学，擢升为太常博士。光启三年（887年），黄巢兵败东归，僖宗将要回驾长安，但是社稷宗庙被焚烧残败，祭祀无所，皇上忧心忡忡。盈孙启奏言：“当初宰相护驾西行时，各主管衙门用车载着神器（皇上祭祀的用具）一同随驾而行，当行至鄠（今陕西省户县）时，神器全部被强盗劫走。今天子东归还宫，应该先派人回去收拾宗庙，安排宗庙内所设已殁国君（列祖列宗）的牌位，以备皇上回宫后祭拜所用。”当时宰相建言说：“修复宗庙，费用开支巨大，请求与礼官商议修复的规模格局，以期作好预算以便筹措银两。”当时其他博士不在，只有盈孙在皇帝身边，就建议说：“故庙十一室，二十三楹，每楹十一梁，城墙广袤（南北东西）与之相称。今朝廷多难，应该稍作变化。按至德（唐肃宗）年间时修建的长安殿规模去修建宗庙。庙落成后，新死难的皇族宗亲与祖先合享祭祀。现在正衙外无别的宫殿，听说皇上有旨以少府监管太庙，请求增加至十一室；另外三太后庙，权且放置于太庙西廊庑处，但必须等太庙建成后，择日再迁。”皇上表示认可。自此，神主乐典皆由盈孙所制定。唐代的旧礼学家一致认为盈孙所议恰当。

龙纪元年（889年），唐昭宗到郊外举行祭拜大典，两处中尉官及枢密使都和宰相穿同样的服饰侍奉皇上身边。盈孙奏曰：“考查唐代所有典令，没有内官（指两中尉官及枢密使）穿宰相服饰侍奉皇上参加祭拜的。如果一定要这样，应当加封他们代理资格，虽然无先例，但可避免超出典令范围。”皇上表示认可。

当时黄巢之乱刚刚过去，朝中百废待兴，各项典章制度更是凋残紊乱，修订增补法令和典章，全靠盈孙权衡办理。最后官拜大理寺卿，死后，皇上下诏追赠吏部尚书。

殷仲容

殷仲容（656—692），唐代西华县人。殷闻礼之子。少有才名，善篆、隶，题署尤精；工绘画，擅人物花鸟，为江南花鸟画派所宗。武则天深爱其才，任他为秘书丞，申州刺史。终官郎中，谏议大夫。

袁　充

袁充，字德符，祖籍阳夏（今太康县），寓居丹阳。仕南朝陈，历吏部侍郎、散骑常侍。陈灭归隋，历蒙、鄜二州司马。性好道术，颇解占候，因领太史令。帝欲有所为，便奏称天文见象以取媚。炀帝昵近，超拜秘书令。后为宇文化及所杀。

袁滋　袁郊

袁滋（约750—822），字德深，唐代淮阳郡太康县人。其先祖为南朝梁司空袁昂。曾任侍御史、工部员外郎。唐德宗贞元九年（793年），剑南西川节度使韦皋与西南少数民族首领建立了联系，南诏国（古国名。唐初以乌蛮族为主体，包括白蛮等族建立的奴隶制政权。唐初为蒙舍诏，以今云南巍山为首府。唐开元年间，其王在唐朝支持下统一六诏，迁都太和城，即今云南大理旧城南。因蒙舍诏在其他五诏之南，称为南诏。全盛时期辖有今云南全部、四川南部、贵州西部等地）孝恒王异牟寻请求唐朝派使节来，以建立起更加密切的关系。唐朝也正想对南诏进行笼络，以抵御吐蕃（古代藏族建立的政权）的侵扰。于是在六部郎、吏中选拔可充当使节的人员。当时郎、吏们都因南诏国远离国都长安，路途遥远且艰险难行不愿去。袁滋则认为，为国效力，应万死不辞，于是主动请缨，受到德宗皇帝的赞赏。翌年，袁滋以祠部员外郎兼御史中丞身份持节入南诏，册封异牟寻为南诏王，赐予刻有“贞元册南诏印”的金印。异牟寻感动地表示：“南诏要永远做唐朝的臣子。”第二年，南诏派清平官（宰相）尹辅随袁滋朝拜唐天子。德宗擢升袁滋为谏议大夫、尚书右丞，参与官吏选拔工作。

其后袁滋外放任华州刺史、潼关防御使、镇国军使（同时兼御史中丞），以宽易清简为务，百姓从其他州县逃荒至此者，他都提供场地集中安置，并将其命名为义合里。他在华州任职期间，以安定群众生活、施仁政于民为出发点，百姓犯有轻微过失者，他大都以教育为主。他的一系列做法受到百姓欢迎。当他被朝廷征调回京任金吾卫大将军（掌管禁军，负责保卫首都）时，一些受到他照顾的耄耋、鳏夫、寡妇都站在道中阻拦，不愿让其离去。直到后任刺史杨于陵宣布“我杨于陵在任上绝不改变袁公的施政方针”时，大家才恋恋不舍地拜别袁滋。

袁滋在唐宪宗时任中书侍郎、同中书门下平章事（宰相）。刘辟反，袁滋受命为剑南西川、山南西道安抚大使，行至半道，拜检校吏部尚书、平章事、剑南西川节度使。时贼兵方炽，袁滋惧而不敢进，朝廷贬其为吉州刺史。在此任职7年，政通人和，百姓为之立生祠祝祭。朝廷召拜为户部尚书，后又改检校兵部尚书，拜山南东道节度使，徙荆南，又为彰义军节度使。时吴元济据蔡州反叛，与官军对垒数年。袁滋因淹留无功，贬抚州刺史，不久迁湖南观察使，累封淮阳郡公。

袁滋在文艺方面也很有成就：他的篆刻很有古法；他根据出使南诏时的所见所闻，著有《云南记》5卷；他很欣赏刘晖的《悲甘陵赋》，著有《甘陵赋后记》。

袁滋子袁郊，字子乾，一作子仪，唐文学家。唐懿宗咸通年间，任虢州刺史；昭宗时为翰林学士。与温庭筠友善。著有传奇小说《甘泽谣》。

袁楚客

袁楚客，祖上楚地人，后客居陈州宛丘（今淮阳县）。为人直言敢谏，清正耿直。当初，魏元忠做到武则天的宰相，有清廉的名声。到了唐中宗神龙年间，从端州召还朝中，再辅政天下时，顿失以前的声誉，在朝中一味结党营私，玩弄权术而得帝王宠幸，不能赏善罚恶，更不愿任用贤能。当时楚客仅是酸枣（古代县名，在今河南延津县北）县尉，就给魏元忠写信规劝他改恶从善，并指陈他十大过失。元忠看到信后，感到十分惭愧。唐玄宗开元二年（714年）设置了左右教坊（音乐机关），选乐工数百人，让他们在梨园（戏班）排演歌舞，又让宫女参加排练《霓裳羽衣曲》，还选妓女设置宜春院。楚客眼看皇上荒淫无度，于是上疏，说皇上春秋鼎盛（年富力强），应该多读些书，修身养性，不应该深以悦郑声（亡国之音），好游猎以至于误国。皇上见奏章后，嘉奖楚客。后入祀乡贤。

张 巡

张巡（709—757），唐名将，邓州南阳（今南阳市）人。张巡少时聪敏好学，博览群书，为文不打草稿，落笔成章。长大后志略非凡，豪放直爽，喜欢与有学识的长者交往。他喜读兵书阵法，有古代名将之风。唐玄宗开元末年（741年），张巡考中进士第三名，初仕为太子通事舍人。天宝年间（742—755），调授清河（今河北清河西北）县令。他忠于职守，勤勉恤民，政绩考核为最高等，任期满后回到长安。当时，杨国忠执掌朝政，权势显赫，留京待迁的官员纷纷走杨国忠的门路。这时有人劝张巡去拜见杨国忠，但被他拒绝了。因不愿阿附权贵，尽管政绩突出却得不到升迁。不久，他调任真源（今鹿邑太清宫镇）县令。

真源地处中原，豪强地主很多，他们与官府相勾结而为非作歹，树威肆虐，武断乡里，百姓多受其害。其中以豪强地主华南金最为横暴，当地人称“南金口，明府手”，是当地的“南霸天”。张巡到真源之前对华南金即有所耳闻。上任伊始，便收集华南金违法乱纪的罪证，将之依法处决，百姓拍手称快。张巡又恩威并施，赦免了华南金的党羽，这伙人再也不敢为非作歹，个个改行向善，真源县一片太平景象。张巡为政简约，史书上记载，“民甚宜之”。

天宝十四年（755年）八月，安禄山叛乱，起兵15万，从河北南下中原。所到之处，守将或不战而逃，或望风而降。冬，安史部将张通晤攻陷宋（今商丘）、曹（今山东曹县西北70里）等州。谯郡（今亳州）太守杨万石慑于叛军威势欲举郡投降，让张巡为其长史（副职）西迎叛军。张巡义愤填膺，拒不听命，率属部哭祭于唐皇祖祠——太清宫玄元皇帝庙，在老子像前誓师讨伐叛军。真源民众数千人奋起追随。当时，单父（今山东单县）县尉贾贲也起兵拒叛，击败张通晤后，进兵至雍丘（今杞县）。

雍丘县令令狐潮原已降叛。他曾打败北上抗击叛军的淮阳救兵，并将所俘将士押至雍丘，准备当众处死。令狐潮因故出城，被囚将士乘机解开绳索，杀死看守，占领雍丘。他们紧闭城门，拒纳令狐潮入城，却召贾贲、张巡进入雍丘。贾贲、张巡入城后杀死令狐潮妻子，据城自守。令狐潮怒火攻心，发誓为妻儿报仇，带领叛军攻打雍丘。贾贲率军出城与战，结果不敌而被杀。此后，令狐潮多次率众进攻雍丘。张巡领导军民英勇抗敌，从而赢得了军民的信任。张巡平素待人忠厚，军纪严明，赏罚有度，深受官兵信任；而且每次敌人攻城，他常用奇谋击退敌人。张巡统领众人，严防死守，滴水不漏，叛军尽管气焰嚣张，却无机可乘。守卫雍丘城的唐军只有3000人，而围攻的叛军有1.5万人，叛军在一个月的时间里伤亡过半，依然无法撼动雍丘城。之所以双方反复争夺雍丘城，是因为江淮地区是唐朝重要的财赋供应地，而雍丘正处于洛阳通往江淮地区的交通要道上，战略位置极为重要。吴王李祗得知张巡的战况，将兖州以东的战事委任给张巡，让他负起守卫雍丘的重责。

至德元年（756年）三月，令狐潮又与叛军李怀灿、杨朝宗等4万余众进攻雍丘。张巡乘敌立足未稳，出其不意，自率精兵千人，分数队突然出城，冲击敌阵，首挫强敌锐气。第二天，叛军建造与城同高的木楼百余座从四面攻城。张巡命人在城上筑起栅栏加强防守，然后捆草灌注膏油，点燃后投向木楼，使叛军无法逼近。张巡又寻机进击叛军，致使叛军木楼攻城之策失败。之后，叛军又屡次强攻，张巡率众坚守，相持60余日，经大小300余战，令狐潮以失败而退。张巡率将士乘胜追击，俘敌2000余人，军威大震。

五月，令狐潮经过休整后再攻雍丘。还以长安失守、玄宗已经逃往成都为由，劝张巡投降安禄山，不要再为朝廷卖命，遭到张巡严词拒绝。当时张巡固守孤城，长安失守的消息在唐军将士中传开了，部下有6员大将有所动摇，也劝张巡降敌。张巡表面许诺。次日，张巡于府衙设皇帝画像，率全军将士朝拜，然后将劝降6人斩首。这样更坚定了将士守城的决心。

令狐潮把雍丘围困了4个月，雍丘城中粮食匮乏，而叛军数百艘装运盐米的船只将从睢阳渠（沟通汴、淮二河之渠）经过雍丘城。张巡得知消息，当机立断，带领部分人马出城，牵制了令狐潮的全部兵力，唐军勇士乘机赶到河边，夺取叛军盐米千斛，其余带不走的统统烧掉，给叛军以沉重打击。

七月，令狐潮又与叛将崔伯玉围攻雍丘。这次令狐潮先派4名使者入城劝降，张巡杀掉4名使者，然后将其随从押送李祗。由于持久作战，城里的箭用尽了。张巡叫军士们编扎了上千个草人，穿上黑衣，夜缒城下。叛军发觉后，以为唐军夜半袭营，顿时万箭齐发，将草人射成刺猬一般。等发现中计，唐军已得箭数十万支，重新补充了军备。几天以后，张巡又派人夜半出城，这次，却是他亲自挑选的500勇士。叛军以为唐军是故伎重施，不加防备，500勇士个个如下山猛虎，所向披靡，令狐潮的军营乱成一团，被唐军追出了十里开外。叛军恼羞成怒，增加兵力围困雍丘。

十月，叛军杨朝宗部2万人，欲取宁陵（今宁陵县），断张巡后路。迫于形势，张巡遂放弃雍丘，率众沿睢阳渠向东南撤退至宁陵，与睢阳太守许远、城父（今亳州东南）县令姚阎联合在一起。当时他只有马300匹，兵3000人。杨朝宗追至宁陵西北，与张巡、许远联军大战。昼夜数十战，杀叛军1万余人，投敌尸于睢阳渠中，渠水为之不流。杨朝宗幸免一死，连夜逃去。这次战后，张巡接到朝廷诏书，被封为主客郎中，兼河南节度副使。

至德二年（757年）正月，安禄山之子安庆绪为打通向江淮方向发展的道路，派部将尹子琦为河南节度使兼汴州刺史，统领同罗、突厥、奚等部族精锐兵力共13万人进攻睢阳。睢阳地当睢阳渠要冲，地理位置非常重要，是江淮地区的门户，安史叛军志在必得。唐太守许远告急于张巡，时张巡正守卫宁陵，立即率领身经百战的3000军士突围至睢阳，与城中的守军6800人合兵，共守睢阳城。

尹子琦大军至城下，立即展开攻城大战。面对强敌，张巡、许远激励将士固守。从早至晚，接连20余战，士气不衰。唐军苦战16个昼夜，打退敌人的无数次进攻，杀敌2万，擒获叛将60多人。许远见张巡智勇兼备，主动提出，张巡负责睢阳的军事指挥，自己负责调军粮、修战具，居中接应。两人精诚团结，密切合作，共同为守卫睢阳尽心竭力。

三月，尹子琦复率大军再攻睢阳。张巡鼓励将士道："我受国恩，战死应该，你们不惜生命英勇杀敌，得不到赏赐，我很痛心。"他把城中将士全部集合起来，杀牛犒劳，将士备受鼓舞，士气更高。张巡率军出战，直冲敌营。叛军未料到唐军以万余之众，居然敢发动冲锋，不由气夺胆丧，掉头便逃，全军大溃。唐军趁机冲杀，斩叛军将领30余人，杀士卒3000余人，追出数十里。

到了五月，正是麦熟时节，叛军在城外收麦以充军粮。张巡在城上看到后，集结士兵，擂鼓作出欲出战的样子。叛军听见鼓声立刻停止收麦待战。张巡见叛军停止收麦，就让停止擂鼓。叛军刚要收麦，又听见城内鼓响。反复数次，叛军遂放松警惕。张巡抓住时机，大开城门，命南霁雲率军突然冲出，直捣尹子琦大营。叛军猝不及防，损伤了很多人马。

入夜，张巡令军士在城中击鼓严队，以示要乘夜出击。尹子琦令大军严阵以待，通宵不眠。天亮后，张巡偃旗息鼓，叛军也解甲休息。张巡乘敌休息之机，与将军南霁雲、雷万春等10余个将领，各率50精骑，出城突击，闪电般冲向敌营。叛军遭袭大乱。张巡找不到尹子琦，便心生一计：以一树枝做箭，射向一名叛军。树枝触及此人，当然不能伤之，此人大喜，以为唐军箭矢已尽，忙跑去报告尹子琦。由此，张巡发现了贼首，急令善于骑射的南霁雲射之。南霁雲奋力射中尹子琦左眼。主将受伤，叛军自然溃退。

七月，城内粮草更缺，将士每人每天领一勺米，杂以树皮为食。士卒仅余1600人。八月，睢阳士卒只余600人。为了加强睢阳守卫，张巡派部将南霁雲从城东门杀出搬请救兵。但驻守彭城的许叔冀、尚衡等都观望不肯发兵，拥兵临淮的贺兰进明也无意出师。贺兰进明爱南霁雲的勇壮，设宴强留之，南霁雲慷慨泪下："霁雲来时，睢阳之人不食月余矣！霁雲虽欲独食，且不能下咽。大夫坐拥强兵，观睢阳陷没，尚无分灾救患之意，岂忠臣义士之所为乎！"南霁雲拔出佩剑，砍去自己的一个手指，对贺兰进明说："霁雲既不能达主将之意，我就留一指以示信归报。"举座皆为泣下。南霁雲离开临淮回睢阳，驻守真源的李贲援助战马百匹；至宁陵，守将廉坦援助兵3000人，但这些士兵进到睢阳城后，只剩下1000多人了。

当时，睢阳城中的士卒将草纸、树皮、麻雀、老鼠乃至铠甲上的皮子都吃光了。实在没东西可吃了，张巡就把自己的妾杀了，让军士们吃。他说："诸公为国家戮力守城，一心无二，虽然没有吃的，忠义不衰。我不能自割肌肤，让你们吃，岂可惜此妇人乎。"将士皆泪下，不忍食，巡强令食之。再后来，有二三万妇女、老人、小孩被食，人心终不离变。

十一月，城中仅存的400名将士饿得拉不开弓，眼睁睁地看着叛军攀过垛口……睢阳城终于沦陷了。叛军主帅尹子琦见到张巡，问道："闻公督战，大呼辄眦裂血面，嚼齿皆碎，何至于此？"张巡傲然回答："吾欲气吞逆贼。"尹子琦用刀撬开张巡的嘴巴，里面的牙齿果然只剩下三四颗。尹子琦逼张巡投降，被严词拒绝。又劝说南霁雲投降，南霁雲没有作声。张巡以为南霁雲意志动摇，忍不住喝道："南八！男儿死尔，不可为不义屈！"南霁雲笑着回答："本想投降后再找机会杀贼，公既有言，敢不从命。"张巡与南霁雲、雷万春等36人被叛军杀害，许远被叛军执送洛阳，在偃师被害。

张巡坚守睢阳长达10个月之久，与占优势的叛军前后进行了400余战，杀敌将300人、士兵10余万人，保全了江淮千万家百姓的性命。他们的赫赫战功，使大唐得以亡而复存。张巡、许远的名字，从此永远铭记在青史之中。

叛乱平定后，皇帝下诏，追赠张巡为扬州大都督，封邓国公，并荫及子孙，张巡的儿子张亚夫册封为金吾大将军。贞元年间，赠张巡之妻为申国夫人，赐帛褒奖。唐宣宗时，又将张巡画像列入凌烟阁，一代忠臣，留下了千古美名。

张公艺

张公艺（？—624），唐代西华县城西丛桑村（今属西夏亭镇）人。昔日九世同堂，人口繁昌，家庭和睦。北朝之北齐、隋朝及唐朝，皆曾派使臣赠赐旌旗、匾额，表彰其家。一次，唐高宗封泰山返京，途中驾临张宅，问公艺何能九世同居。张公艺回禀道："子民世代承家训，宽厚仁慈传子孙，坦诚公正待事物，时刻常思一个'忍'。"言毕随取出纸笔，书写"百忍图"献上。高宗阅后，甚为赞赏，遂赐锦帛和“治家有方”匾额以资奖励。

赵昶

赵昶，字大东，青州（今属山东省）人，后随其父兄参加忠武军，举家迁居宛丘（今淮阳县），是赵犨之弟。赵昶为人神采轩昂，有异才，但本人平时内敛深厚，才不外露。当初黄巢兵困陈州城时，昶跟随哥哥赵犨一起领兵镇守陈州。黄巢部将孟楷领兵前来进攻陈州时，是赵昶率“敢死队”打败了他并擒获孟楷。大兵压境，敌兵围困，赵昶每天晚上都到城头打更巡夜，废寝忘食，不知疲倦，为守城作出巨大贡献。后赵犨领泰宁节度使时，便向皇上禀奏，把陈州刺史的职位让给了赵昶。皇上还下诏让昶兼任检校尚书右仆射。

黄巢起义平息后，社会暂时安定。赵昶在陈州，鼓励、劝勉百姓致力于建设家园，发展农业生产，兴修水利，发展畜牧业。皇上加封他为中书门下平章事。乾宁二年（895 年）死在任上，陈州百姓为其举哀，皇上下诏赠太尉。

赵犨

赵犨，祖上系青州（今属山东省）人，后因到忠武军做牙将举家迁居宛丘（今淮阳）。犨幼年英武强健，为人资质聪颖，爱与小伙伴练操兵打营的游戏。他布阵排兵，号令众小儿进攻的进攻，防御的防御，像模像样，众小儿莫敢乱。其父叔文看到后说：“此儿将来要成为我们家光大门楣的英才呀！”年纪稍大，喜爱读书，练习击剑，尤其擅长骑马射箭。唐武宗会昌年间，投忠武军做了低级军官，跟随忠武军讨伐潞州，收复天井关，又前往征讨蛮夷，在忠武军中屡建功勋，升为马步军都虞侯。

唐僖宗广明初年（880 年），黄巢发动起义，辗转进攻长安，人心骚动，社会极不安定。陈州豪杰数百人及长老一齐到节度使衙门请求让赵犨担任陈州刺史，节度使上表请求朝廷，朝廷下诏任命赵犨为陈州刺史。犨就职后，会同各有关官员商议说：“如果黄巢在长安不被皇帝围剿消灭，一定会回兵出蓝田向山东溃逃，那么我们陈州则首当其冲，必须做好御敌的充分准备。”于是号召军民人等加固城墙，深挖战壕，充实粮仓，储备藁草以为守城计。动员社会有钱者出钱，没钱者出力。然后用募捐款项修缮甲兵，招募悍勇，并把自己家族的子弟全部派去带兵。

果然不出赵犨所料，中和四年（884 年），黄巢被李克用军打败，撤出长安，出蓝田，首攻蔡州（今河南汝南），蔡州节度使秦宗权迎战不胜，于是投降。蔡与陈唇齿相依，唇亡则齿寒，陈州立刻蒙难。黄巢首先派大将孟楷率万人进攻项城（属陈州管辖）。赵犨派其弟赵昶出奇兵一举打败并擒获了孟楷，为了鼓舞士气，犨下令把孟楷斩首示众。唐僖宗闻奏大喜，嘉奖赵犨并晋升他为检校司空。

黄巢听说孟楷被杀，十分震惊且异常愤怒，将兵悉数调往溵水（今商水县），会同秦宗权合兵数十万，在距陈州城不远处挖5道战壕，分兵百路进攻陈州。陈州士民闻讯十分恐惧。赵犨下令说："作为将士贵在建功立业，现在虽然敌众我寡，兵力相差悬殊，但好男儿当置于死地而求生，害怕是无益的。再说，我们吃陈地俸禄，是陈州这一方水土养育了我们，誓死杀贼以报。保全陈州城，违令者斩！"众将听令，热血奔涌，众志成城，决心与陈州城共存亡。

赵犨及其弟赵昶、赵栩，分别领锐兵出城与义兵交战，多次打败义兵。黄巢越发恼怒，发誓一定要血洗陈州城，于是在陈州东边磨旗店筑起八仙营寨，按照星宿宫阙之数，排列百官曹属，储备粮草作持久战的打算。降将秦宗权也暗地从蔡州运来粮草军需，气焰十分嚣张。赵犨率兵与巢军大小经百战，胜负相当，因而陈州城内人心稳定。犨又派遣心腹之士，夜里缒出城外从小路去开封朱全忠（朱温）处搬救兵。全忠答应救援，又联合河东节度使李克用，遂率山西、汴梁之军一路浩浩荡荡杀来。陈州人看到救兵到来，人人奋勇，个个争先，弓上弦，刀出鞘，做好了充分的战斗准备。赵犨看到救兵旗帜，马上击鼓进军，城内城外，纵火夹攻敌寨，斩杀万余首级，黄巢无心恋战，落荒而逃。此时正值农历五月六日，天降大雨，电闪雷鸣，水深平地3尺，巢部溃军大部分被诛杀。黄巢仓皇向山东老家逃窜。至此，巢军围困陈州已经300天才得以解围。中和五年（885年），皇上擢升赵犨为义军节度使。

黄巢的兵虽然溃败了，叛军秦宗权的势力还盛，一路作乱，烧杀抢掠，其残忍程度远甚于黄巢。豫东大地，极目千里，满目疮痍，遍地烟火，叛军侵占唐朝之地上千里，屠杀二十几个州县，唯独陈州，依赖赵犨及忠武军之力，在豫东大地上独树一帜，完整地保存下来。皇上又升任赵犨为检校司徒，加封泰宁、浙西两节度使，仍在陈州刺史位上一并任之。

唐昭宗龙纪初年（889年），晋升为中书门下平章事，忠武军节度使，仍留守陈州（因陈州百姓不愿其离开陈州）。赵犨平时与其弟赵昶极为友爱，后来赵犨逐渐年迈，就把陈州政事与军事之权，全部交给其弟执掌。数月后赵犨安然辞世，陈州全城歇市举哀。皇上下诏追赠犨为太尉。现陈州有赵犨墓，永享祭祀。

赵　栩

赵栩，字有节，青州（今属山东省）人，后随父兄参加忠武军，举家迁居陈州（今淮阳县），是赵犨的小弟弟。栩为人雄健刚毅，自幼喜爱读书写字，并擅长骑马射箭，真可谓文武双修，雄才大略。黄巢义军围困陈州时，栩受兄长之命守卫城池并负责指挥一支军队。栩激励麾下士兵，要誓死捍卫陈州城。栩曾夜间用绳索把士兵一个个缒下城，暗中接近巢兵驻地，并把驻地周围的坟墓挖开，士兵用死人的遗体接近黄巢军。巢军从梦里醒来，见到死人的头颅，吓得仓皇逃遁。栩军从后追杀，一夜歼敌数千。陈州武器弹药库内存有巨弩，因长久搁置不用，发动机关失灵。赵栩刻意调理，终于修好。大弓张开，激射500步以外，巢军被射死射伤无算，十分畏惧，不敢逼近。赵栩破贼有功，皇上加封他为检校尚书右仆射，遥领（不亲往任职）处州刺史。

赵氏兄弟皆出身忠武军，赵犨先担任主帅，之后由赵昶接任忠武军节度使，栩为行军司马。赵昶去世后，有赵栩在，将士认为忠武军后继有人，况且赵栩才能智慧，远近闻名，百姓的吉凶祸福，无不了然于胸，作风简朴廉洁，行事公私兼济，深得民心。于是大将朱全忠上表荐赵栩为忠武军节度使，特进检校司徒。赵家出了3个节度使，传为美谈。

由于战争给陈州造成路险桥断，城墙坍塌，人心不安。赵栩上表陈奏其事，上司拨款修桥筑城，陈州遂治。光化二年（899年），栩领中书门下同章事，兼侍中，封天水郡公。赵栩到任后，深入调查民情，翻阅郡志，于是按照三国时邓艾在天水治理之法，疏通翟王渠，引水灌溉，大力推广种植水稻，并采取多项措施利国利民。

唐昭宗天复初年（901年），由韩廷接任忠武军主帅之职，赵栩知同州节度使留守。昭宗回长安后，下诏让赵栩入朝晋见，赐栩为“迎銮功臣”，以检校太傅为右金吾卫士将军，跟随皇上东迁。过了一年多，因为生病解职回陈州，后病死。皇上下诏追赠侍中。陈州人为赵栩的死歇市7天，全城举哀。

甄　权

甄权（540—643），隋唐时期今扶沟县包屯郝岗村人。因为母亲有病，久治不愈，甄权18岁时，就与弟立言发奋潜心研究医术，遂成为著名高医，名列隋唐时期名医之首。

甄权生于梁武帝大同六年（540年），隋朝大业初年，因医名被朝廷召为秘书省正字。他精通针灸之术，几乎到了出神入化的地步，就连历史上被称为“药王”的著名医学家孙思邈也向他求教针灸技术。史书记载，唐高祖武德年间，深州刺史成君绰突然颈部肿胀，咽喉闭塞，3天不能下咽。经孙思邈诊治，不见效果。无奈，孙思邈就推荐甄权为之医疗。甄权用银针刺成君绰左手食指末端，顷刻，病人气息通畅，次日即饮食正常。另据《唐书》记载，鲁州刺史库狄钦患风痹证多年，舞不得刀枪，挽不得弓箭。甄权知道后，就让他左手持弓，右手持箭，对着箭靶，做出拉弓射箭的姿势。甄权就手持银针，在库狄钦肩膀上的穴位，一针扎下，说道："好啦，可以射了。"库狄钦一试，果如甄权所言。唐贞观年间，甄权应诏入为少府，奉敕主修《明堂》，与承务郎司马德逸、太医令谢季卿、太医甄立言等校订《图经》。甄权所绘制的彩色人体经络图《明堂人形图》在当时以及后世影响很大，是中国针灸史上的杰出成就。

贞观十四年（640年），甄权100岁的时候。唐太宗李世民亲自来到他的住所看望他，询问他的饮食，了解他的医术，并封他为朝散大夫，赐给他几杖衣物。贞观十七年（643年），甄权无疾而终，享年103岁。

甄立言

甄立言（545—?），南北朝时出生于今扶沟县包屯镇郝岗村，著名医学家甄权之弟。少年时期，因为母亲有病，久治不愈，就与哥哥甄权一起发奋潜心研究医术，遍读医学典籍，遍访名医拜学，遂成为著名高医。兄弟二人同以医术享誉当时，名列隋唐时期名医前茅。二十四史的《旧唐书》和《新唐书》方技传，均将甄氏弟兄排列在第一、二位。

唐高祖武德年间（618—626），他被朝廷任命为太常丞。他医术娴熟，长于医方、药物和养生，精通本草，善治寄生虫病，尤以医方、针灸著称于世，著有《本草音义》7卷、《本草药性》3卷、《本草集录》2卷、《古今录验方》50卷。

糖尿病在古代多为帝王、贵族之病，多发生在肥胖、多食且富有的家庭。甄立言在医学实践中，发现了糖尿病尿甜的现象，并且记录在他的《古今录验方》一书中，指出消渴病是以多饮、多食、多尿、身体消瘦或尿有甜味为特征："消渴病有三：一渴而饮水多，小便数，无脂似麸片甜者，皆是消渴病也；二吃食多，不甚渴，小便少，似有油而数者，此是消中病也；三渴而饮水不能多，但腿肿，脚先瘦小，阴瘦弱，数小便者，皆是肾消病也。"又说："每发即小便至甜"、"焦枯消瘦"，给消渴病即糖尿病下了一个完整准确的定义，至今仍有较强的科学性。直到1674年，英国医生托马斯·威廉才发现了糖尿病患者的尿"甜如蜜"。西方国家关于尿甜的记录比中国晚了十几个世纪。

甄立言和有"药王"之称的医学家孙思邈关系密切。孙思邈十分推崇甄氏弟兄的针灸针法，不断和甄氏弟兄一起探讨医疗技术。孙思邈在甄立言发现"糖尿病尿甜"的基础上，最早提出糖尿病的饮食疗法，明确指出糖尿病人要忌面、米及水果等。孙思邈在《千金翼方》一书中，还记录下了甄立言治心腹冷痛的五辛汤方，并且指出该方有良效。

唐朝医家王焘有一次外出行医，走后不久，他父亲病了，不仅口渴多饮，而且饮食大增，身上长疖疮久治无效，病情越来越重，家人把王焘找回为父亲治病。王焘就认真观察病情，查阅医书，并亲自照料起居，发现父亲小便带水果味，于是他想起甄立言《古今录验方》一书中指出消渴病者的小便似麦甜味，他针对消渴病制订了治疗方案，由于对症用药，父亲的病终于好了。于是，他把这些经验写进了《外台秘要》一书。王焘关于消渴病（糖尿病）的正确诊断和治疗的方法，比10世纪阿拉伯医生阿维森纳的《医典》中关于糖尿病的诊断和治疗早300多年。

在新旧《唐书》中，还记载了这样一个事情：有一个道士，腹胀如鼓，心胸懑烦，两年多来一直难愈。甄立言诊断后说："你腹内有蛊，乃误食头发所致。"就开了一剂雄黄方令道士饮服。不久，道士吐出一物，状如蛇，拇指粗细，放入火中燃烧，有燎发之气。遂痊愈。

唐贞观年间（627—649），甄立言去世，享年百岁。在中国医学史上，兄弟二人同时成为一代高医，均享年百岁，并载于正史的，只有甄氏弟兄。他们的医学著作，是我国医学宝库中的璀璨明珠。甄立言的坟墓至今屹立在其故乡郝岗之上，为扶沟县重点文物保护单位。

五代时期

苌从简

苌从简（876—941），陈州（今淮阳县）人。五代后唐、后晋将领。少以屠羊为业，勇力过人，善用槊。初为后唐庄宗李存勗军校，每攻城，多为梯先登。曾潜率数骑，驰入后梁军，夺其大旗而还，存勗甚嘉其能。然其性每多疑忌，不善驭将。所至多潜捕杀民间小儿以食其肉。末帝时，迁招讨副使、河阳三镇节度使。后归晋，历任许州节度使，加检校太尉、左金吾卫上将军，封开国公，卒赠太师。

陈　绍

陈绍，宛丘（今淮阳县）人。五代时吴国将领。绍骁勇善战且足智多谋，累官至左骁卫大将军。梁兵前来进犯，绍随徐温率兵迎敌，冲锋陷阵，当者没有活路。梁兵不支，遁逃而去。徐赏赐绍金银彩帛，绍全部分给部下。后又与梁兵战于霍丘，梁兵闻陈绍之名，吓得东奔西逃，狼奔豕突，又一次大败。当时吴国各位将领所立战功没有人超过陈绍的。但是不久，陈绍叛离吴国投往他方，徐温爱陈绍是一员骁勇之将，下令说有谁能生擒陈绍者赏钱百万。指挥使崔彦章应募并生擒了陈绍。徐温不仅没杀陈绍，反而好言抚慰，仍旧让他掌管兵权，一如既往，信任如初。

陈　抟

陈抟（871—989），字图南，自号扶摇子，宋太宗赐号希夷先生，真源人（今鹿邑县太清宫镇陈竹园村人）。他历唐（唐末）、五代、宋（宋初）3个时代，以隐居、研探学问为乐，88岁时皈依玄门为道士。他精通易学、相学、医学、养生学，是一位哲学家、易学家、自然科学家和相术大师；他被列入“高道”，成为继老子、庄子之后的道教至尊，世称“陈抟老祖”。在中国道教史和哲学史上，陈抟都占有极为显要的地位，享有崇高威望。

陈抟少读经史，一见成诵，悉无遗忘。后唐长兴年间（932 年前后）举进士不第，遂不求仕禄，以山水为乐。63 岁时，携《周易》、《老子》离开家乡，寻仙访道。初隐居武当山九室岩，在此精演《周易》，修炼“蛰龙法”。五代唐晋之际（936 年左右），西游四川、峨眉等地，在天庆观拜何昌一为师，学炼“锁鼻飞精术”。6 年后回到武当山，即以“白云为幄，清风为驭，明月为灯，原气为粮”，身体力行，坚持修炼，服气辟谷 20 余年，终于炼成了高深的“胎息功法”，同时潜心易学，著书立说。

五代之末，四方鼎沸，世道动乱。后周显德年间（954—959），陈抟移居华山云台观，后止于少华石室。专注内丹修炼之道，开创了宋元道教的内丹派。同时，创立了“六合八法拳”和“坐功法”、“睡功法”。而他也成为中国历史上的“睡仙”。

陈抟自视很高，每揽镜自照，便说：“非仙而即帝。”唐末、五代之际，每闻一次改朝换代，辄颦眉数日，人有问者，瞪目不答。后周世宗死后，陈抟曾“以恶少年百人，欲入汴京”。中途听说赵匡胤兵变，废周立宋，“大笑坠驴”，呼曰：“天下从此定矣！”遂返回华山。

陈抟曾传授武功给赵匡胤，他认定赵是一位干大事的人。赵匡胤称帝后，陈抟便绝了非分之念，一心向“道”。宋太祖不忘陈抟之恩，屡次召请，陈抟执意不从。宋太宗赵炅即位，对陈抟仍十分器重，特许他入朝不拜。陈抟感于太宗的诚意，遂下山。太宗向他请教济世安民之策，他提出四字方针：“远、近、轻、重”，即要太宗“远召贤士，近去佞臣，轻赋万民，重赏三军”。太宗感服。后陈抟又两次入朝，都为巩固宋王朝的统治，提出了有价值的意见。太宗想封他为“帝师”之号，而陈抟却不受。临别时，太宗设宴饯行，并将华山赐予陈抟，赠号“希夷先生”。陈抟一时名震朝野。

陈抟一生著述颇丰。著有《九室指玄篇》81 章、《入室还丹诗》50 首、《易龙图》、《赤松子诫》（或作《赤松子八诫录》）、《人伦风鉴》（或作《龟鉴》）各 1 卷；另有《三峰寓言》、《高阳集》、《钓潭集》及诗 600 余首。其“万物一体”，宇宙运行靠超绝万有的“一大理法”的学说，经周敦颐、邵雍加以推演，成为宋代理学的一部分。

陈抟曾绘《无极图》，并将其刻于华山石壁，北宋哲学家邵雍根据此图创先天易学；南宋朱熹将此图冠于其著《周易本义》卷首，遂风行天下。陈抟善棋艺，传说在华山曾赢赵匡胤，使华山 3 年不纳粮。还善书法，用笔苍古洒脱，自成法度。有行书“开张天岸马，奇逸人中龙”楹联和一米见方的“福”、“寿”等作品传世。

宋太宗端拱元年（988 年）初，陈抟吩咐弟子贾德升说：“汝可于张超谷凿石为室，吾将憩焉。”贾德升即着手找人帮助开凿。端拱二年（989 年）七月，石室凿成。陈抟卒葬于此，享年 118 岁。

董月英

董月英，女，南唐真源县（今鹿邑县）人。其父为宫廷侍卫。

鹿邑境内的小麦麦秸皮薄细长，质地柔软，色泽鲜亮，是编织的上乘原料。相传，南唐董月英发明了掐（编织）麦秸辫，用以制作草帽。开始，掐辫缉（qī）草帽只是农民自用或馈赠亲友，后逐渐形成民俗——女孩出嫁后的第一个夏季，要从娘家给男方拿几顶草帽，叫做“回奉帽”。此俗至今在民间流传。民国时期，山东、湖南、天津、上海和汉口等地的商人，常年在鹿邑开设辫子庄的有“通聚祥”、“恒太祥”等 18 家，年收购草辫量约值白银 20 多万两。开设草帽行的有“乾元正”、“恒顺”等 15 家，年收购草帽量约值白银 10 万两。农民靠掐辫缉帽度过了不少灾荒年。

中华人民共和国成立后，“掐辫缉帽”作为家庭副业一直在农村延续。特别是党的十一届三中全会后，不少农民将这一工艺作为发家致富的手段，发扬光大，产生了可观的经济效益。

鹿邑民间流传这样的歌谣：麦秸是个宝，农民离不了；掐个辫子缉个帽，灌油吃盐有钱了；灾年能籴粮，丰年添衣裳。

符存审

符存审，字德祥，陈州宛丘（今淮阳县）人。年轻时出身贱微，无事可做。后来到李罕之军营中投军并跟随军队一起归顺了晋王。晋王认为他是同义军一同来的，就赐存审姓李。自从跟随晋王后屡建功勋，迁升为检校左仆射。又因跟从李嗣昭攻下汾州，拘捕了叛将李塘，升任左右厢步军都指挥使。晋军赵军联合攻燕，梁国发兵救燕，并在深州袭击赵军，还包围了蓨县，存审与史建塘率兵在深州击败了梁军，解赵之围，升任邢州团练使。魏博叛离了梁而降晋，存审作为先锋驻守临清县。庄宗进入魏地，存审作为守卫镇守魏县，后跟随庄宗在故元城打败刘鄩，阎宝又从邢州投降，于是加升存审为安国军节度使。沧州毛璋投降后，徙存审到横海，加封同中书门下平章事。

契丹围困幽州，这时梁军、晋军相持于黄河畔，庄宗欲救幽州，恐兵少难解围，以之问诸将，存审独以为当救，并说：“希望给我 5000 兵足矣！”于是庄宗派存审分兵前去，存审一战击败契丹，解了幽州之围。晋、梁交兵，大战于胡柳陂，晋军战败，折大将周德威；存审同儿子彦图力战，当晚就在土山打败了梁军，乘胜占领了德胜（黄河重要渡口），于是迁升存审为外蕃汉马步军总管。

梁军大将朱友谦降晋并献出河中同州，梁派刘鄩攻同州，友谦向晋求救，晋就派存审前去救援。当时河中兵少而弱，梁人没把他放在眼里，且也不怕晋军救援速至。存审选派200精骑混杂在河中兵士之内出击刘鄩，并佯败逃跑。鄩兵追击，晋精骑反击，杀得鄩兵大败，俘获梁骑兵50人。梁人知道是晋军，都很吃惊。但是河中粮少又是新降于晋，人心不稳，将领们都要求速战。存审说："如果要梁军知道我们利速战，他们将采取包围之势，断我粮道，要持久围我，那么我军进退不可，这是自取失败呀。不如按兵不动以示弱，瞅机会出奇制胜，乃是上策。"于是按兵不动10多天，梁军渐渐解怠下来，存审捕捉战机，下令说："可以一战矣！"于是进攻刘鄩，把刘鄩打得大败。刘鄩筑寨扎营不再出兵，存审说："鄩兵已败，咱们可以放松放松。"于是让士兵休息，并派副将王建到河苑放牧战马。

刘鄩认为晋军懈怠，于是夜间逃走。存审追击到渭河边，把刘鄩军几乎全部消灭。

赵国发生政变，大将张文礼弑赵王篡位。晋国派阎宝、李嗣昭等前往平叛，到赵国后都战死了，最后派存审前往，才平息了赵国的叛乱。符存审作为大将，有勇有谋，大小百余战，从没有失败过，在晋朝与周德威齐名。周德威战死后，晋国大将，只有存审在。契丹进攻居延城，晋于是加封存审为卢龙军节度使前去迎敌。此时存审已病，辞不肯行，庄宗派使者前来慰问，强行派遣前去御敌。

庄宗灭了梁国入洛阳，存审自认为身为大将，与梁军鏖战多年，临终却没有破梁国之功，心中甚是不乐，病情越发加重，于是请求到京城朝拜天子。这时，郭崇韬的权位已重，然而名望地位均在存审以下，不乐意存审来京师而位加己上，故此累阻其事。存审多次上奏章，就是不准。存审伏枕说："老夫事二主40多年，今天下一统，四方犯境者远遁，至于投降的将领天子不记旧怨，仍得重用，以前被疏远遗弃之人，都能亲见天子，奉觞为寿，而单单把我抛到这里等死，难道不是命吗？"郭崇韬揣度符存审已到病危，于是请求朝廷下旨让存审来朝。朝廷迁升存审为宣武军节度使，到京师朝见天子。圣旨到日，存审已病逝于幽州。临终，告诫儿子说："我从小提一剑离开家乡，40年间南征北战取得将相职位，然而这是履锋冒刃出生入死才得到的。"于是拿出平生身中的箭头百余个让儿子看，并说："你们努力吧！"

符彦超

符彦超（？—934），陈州宛丘（今淮阳县）人。符存审长子，五代后唐将领。少从晋王李克用，为牙将。以功升任汾州刺史。庄宗同光末年（926年）

任北京魏州巡检。明宗即位，永王李存霸奔河东，被彦超部下杀死。明宗嘉之，授北京留守太原尹。累迁昭义节度使、泰宁军节度使。应顺元年（934 年），为其管家佣人所杀。赠太傅。

符彦饶

符彦饶（？—937），陈州宛丘（今淮阳县）人。符存审次子，五代后唐、后晋将领。后唐明宗时，为汴州马步军都指挥使。时控鹤指挥使张谏杀知州，迫彦饶反唐，彦饶用计除之。明宗褒其忠，累迁曹、沂、饶 3 州刺史、忠正军节度使、侍卫马步军都指挥使。曾从末帝御晋兵于河阳。晋灭唐，徙义成军节度使。天福二年（937 年），因纵部下擅杀护圣都指挥使白奉进，为石敬瑭所杀。

马希崇

马希崇，五代时期许州扶沟县人。楚国国王马殷第 31 子。性格狡诈阴险，其兄希萼在位时，曾把军政大权委任给他。他与楚国旧将徐威等据兵作乱，抢劫兵器，囚禁其兄希萼，于后周广顺元年（951 年）登袭王位。之后，纵酒荒淫，楚国人士不愿附从于他，请求南唐出兵。李璟派遣边镐率兵攻楚，把马氏家族全部迁移到金陵（今江苏南京市）。马希崇为楚国国王，在位仅仅数月，便于后周太祖广顺元年（951 年）十月投降南唐，楚国灭亡。自从马殷在唐昭宗乾宁三年（896 年）占据长沙，至希崇共立 5 主，56 年亡国。李璟以马希崇为舒州节度使，居地扬州。后周显德年间（954—960），马希崇率领其兄弟归附后周，官拜右羽林统军。

马希萼

马希萼，五代时期许州扶沟县人。楚国国王马殷第 30 子。为人刚狠无礼，唐乾祐三年（950 年）带兵攻陷长沙，杀害弟弟马希广，自立为楚国国王。后来称臣于李璟，以军政大权委任于弟弟马希崇，结果反被弟弟囚禁。后来归入南唐，卒于金陵（今江苏南京市），在位 2 年。

马希範

马希範（899—947），字宝规，五代时期许州扶沟县人。楚国国王马殷第 4 子。后唐长兴三年（932 年），其兄马希声卒，继立为楚国王。在位期间称臣于中原王朝，后晋高祖天福年间（936—942），曾漕米 5 万斛帮助后晋的军队挞伐襄州叛将安从进，又经营西部少数民族地区，降服南宁州、昆明、夷州、播州等诸郡酋长。马希範好学习，善诗文，尤其喜欢接待文人骚客。但奢侈无度，曾耗费巨资大兴土木建会春园等。拓跋恒多次恳切进谏，牙将丁思觐也在朝堂谏言，希望他像齐桓公那样中兴国家，他都采纳了。在位15年，于后汉高祖天福十二年（947年）六月去世，谥文昭。其弟马希广即楚国王位。

马希广

马希广（？—950），字德丕，五代时期许州扶沟县人。楚国国王马殷第35子，马希範之弟。后汉高祖天福十二年（947年）即位楚国国王。拓跋恒多次劝说马希广把王位奉给哥哥马希萼，马希广不听。周廷诲等人也劝告马希广，王位能给予马希萼就给他罢了，如果不给他，就应该趁早除掉他。马希广哭着说道："希萼是我的兄长啊！岂能忍心杀害。把国家一分为二，分别治理是可行的。"马希广在位3年，于后唐乾祐三年（950年）被哥哥马希萼杀害。

马希声

马希声（？—932），字若呐，五代时期许州扶沟县人。楚国国王马殷次子。后唐天成三年（928年）三月，马殷让他参知政事，总领诸军。马殷晚年，马希声擅自用事，听信荆南间谍的言语，杀害了父亲的旧将高郁。马殷知道后十分恼怒，不久就去世了。天成五年（930年）十一月，马希声即位为楚国国王。他居丧不哀。听说梁太祖喜欢吃鸡，十分羡慕，就令人每日烹杀50只鸡供自己享用。不久，便于长兴三年（932年）七月去世。在位2年，追封衡阳王。其弟马希範即楚国国王位。

马希振

马希振，五代时期许州扶沟县人。楚国国王马殷的嫡长子，贤明而有才干。却不愿从政，抛弃官职出家为道士。

舒　元

舒元（920—977），又名朱元，沈丘人。生于五代，卒于北宋。舒元少年好学，聪敏过人，与嵩山道士李平共读数年。业成，舒、李二人同游蒲中，应邀为河中节度使李守贞之从事。李守贞背叛后汉，密派舒元、李平去金陵乞求救兵。南唐主李璟急调兵数万，欲援守贞。然，军未出境守贞已死，舒元遂留南唐任职，改名朱元。李璟对朱元厚礼相待，封为驾部员外郎、待诏文理院。

朱元数次上书论事，建议取湖湘、闽越、钱塘，以固根本，而图中原，并请求专任军旅，依次讨定。南唐幕僚嫉妒其才，共进谗言，诬朱元谋握重兵，包藏祸心。李璟轻信，罢去朱元待诏职。朱元失意，时时纵酒。

南唐保大末年，后周兵入淮南，朱元忧虑国事，求见李璟，上言用兵之策。李璟大悦，命朱元随齐王景达救寿州。朱元善于抚慰士卒，与之同甘苦；每次临战誓师，慷慨陈词，声泪俱下，闻者动心，人人思奋。齐王军接连收复舒、和、蕲州，朱元因功加封为淮南北面行营应援都监。又与边镐、许文稹驻扎紫金山及寿州，军声颇振。朱元恃功，有时不听齐王节制。监军使陈觉素与朱元有隙，且妒其能，借机向李璟上表说朱元长于纵横之术，不可信，不宜付以兵权。李璟再次听信谗言，命杨守忠接替朱元军职。朱元愤恨，率所部万余人降后周。由此南唐军屡战屡败，边镐、许文稹、杨守忠皆被擒。消息传到金陵，李璟大怒，命杀朱元全家。朱元之妻是南唐名臣查文徽之女，文徽连续上表，乞求免女一死，李璟批示说："只斩元妻，不知查女。"竟无情杀戮。

朱元归顺后周，周世宗柴荣爱其骁勇果敢，封其为检校太保、蔡州团练使，接其母至京以赡养。960年，赵匡胤夺取了北周政权，建立宋朝，朱元复改姓舒，任汀州防御使，后改任白波兵马都监。太平兴国二年（977年）卒，终年57岁。逝后，追赠武泰军节度使，《十国春秋》评论朱元，称他为"负才知兵，近世之能臣"。

王重裔

王重裔（889—951），陈州宛丘（今淮阳县）人。曾担任五代时后唐、后晋、后汉将领。重裔为人沉厚有勇，擅长骑马射箭。后唐庄宗时担任禁军指挥使。后晋天福五年（940年），跟随大将杜重威征讨镇州的安重荣。初战未能打胜，重威畏惧而想退兵，重裔劝阻他不要退却，并献计分兵包抄两侧翼，还自告奋勇担当中军指挥。这一仗果然打败了安重荣。因功迁升为护圣右厢指挥使，领费州刺史。后汉初年（947年），仍担任禁军统领，后迁升深州刺史、亳州御史，加任检校太傅。

毋　乙

毋乙（？—920），或作毋乙，陈州（今淮阳）人。五代后梁时农民起义军领袖。后梁末帝贞明六年（920年），毋乙与董乙等人传播上乘教，公开组织群众发动武装起义。他们攻取乡社集镇，屡屡打败官兵。附近州县民众望风归附，以至拥有上千人的队伍。起义军浩浩荡荡杀向州县，并推举毋乙为天子。最后占据了陈州、颍州、蔡州3州10多个县。同年，为后梁禁军所败，毋乙、董乙等80名义军首领被俘遇难。

殷文圭

殷文圭（907—960），字桂郎，五代后梁西华县人。曾在九华山拜师求教，因刻苦，把墨砚磨穿。乾宁年间中进士。后归江南，任吴国翰林大学士。著有《登龙集》、《从军稿》、《笔耕》、《冥搜集》等书流传于世。后宫居千牛卫大将军。

袁　祯

袁祯，陈州（今淮阳县）人。五代十国时吴国将领。太祖时，以战功擢升为银枪都使。太祖败蔡俦，其将领张颢投降，分派到袁祯麾下。祯知其反复无常，请诛之以绝后患，太祖不纳。后张颢果然以弑逆被处死。时人皆服祯有先见之明。

两宋时期

包　拯

包拯（999—1062），字希仁，庐州府（今安徽合肥）人。宋仁宗天圣五年（1027 年）进士。考取功名后，包拯并没有马上出仕，而是在家守孝。直至 10 年后父母双双病逝，景祐四年（1037 年）的春天，39 岁的包拯守孝完毕，才算第一次踏入仕途。先从县令做起，不久就出仕大理寺评事，再迁至监察御史知谏院。包拯严肃坚毅，清正廉洁，秉公办事，刚正不阿，铁面无私。为社稷苍生，呕心沥血，鞠躬尽瘁。当时国人盛赞“包拯一笑黄河清”，称之为“包青天”。

宋仁宗庆历年间（1041—1048），陈州 5 县连年遭遇特大灾荒。灾民背井离乡，啼饥号寒者不绝于闾巷，冻饿致死之人随处可见。皇上命令贵戚曹某去陈州开仓赈饥，平价监粜。曹某凭借宠恃之势，大斗籴入，小斗粜出，米中掺以秕糠沙砾，坑害百姓。富豪大户乘机为非作歹，陈州灾民苦不堪言，告曹某陈州害民之诉状雪片般飞至朝廷。仁宗帝召包拯面赐金牌，命其前往陈州赈灾并查处曹某害民之事。

包拯轻车简从，乔装改扮，潜入陈州城，混杂在熙熙攘攘的灾民中进入了粜米现场。包拯亲眼看到了贪官恶霸沆瀣一气，米中掺糠，坑害百姓的事实，马上进入陈州府衙，出示御赐金牌，差遣三班役皂，羁押曹某一干人等。并当众历数其罪状，明正典刑，陈州不法豪强悉数伏诛。此举朝野震动。

陈州万民欢呼雀跃，感谢包拯。5 县市赖此活命者数十万人。事后，陈州民众就在粮仓处建一祠，曰“包公祠”，年年岁岁，进香祭祀。

仁宗嘉祐七年（1062 年）五月，包拯病逝于开封包府，享年 64 岁。谥孝肃公。

蔡 高

蔡高，字君山，福建莆田县人。北宋景祐年间（1034—1038）进士，任太康县丞。他正直无私，秉公办事，不贪钱物。当时开封府尹吴遵路一向骄横，威慑下属官吏，蔡高年轻，从不为所屈，吴遵路反而更喜欢他。

蔡高28岁时，病死于太康任所。其妻程氏及一子二女，无钱办理丧事。县内百姓主动捐款帮助治丧。程氏不肯接受，哭着说："我家的人做官一向廉洁，绝不能因为办丧事玷污了我的丈夫！"

常 同

常同（？—1150），字子正，陈州（今淮阳县）人，原御史常安民之子。宋徽宗政和八年（1118年）进士。宋高宗建炎四年（1130年）召至京都任大宗丞，绍兴元年（1131年）出任柳州郡（今广西柳州）郡守，因朝中朋党之祸，召还任殿中侍御史。此时，领兵元帅韩世忠与副帅刘光世因泄私仇要双方开战，常同因此事上奏章称：刘光世等人不思皇上待遇之恩，骄纵尚气，无所忌惮。而今乃为多事之秋，望皇上分清是非曲直，以正国典。皇上批准常同奏章，并以之宣告韩、刘两军，才平息了一触即发的战事。驻守川陕总兵张浚不敌金兵，既丧师又失地，皇上于是命令常同颁旨让张浚退回福州待罪。

4年后，常同任起居郎中书舍人，史馆修撰。一日上朝议事，朝罢，皇上留下常同，心事不宁地说："前朝有件往事需向卿说明白：哲宗时，宣仁太后有保社稷之大功，但是后来朝中乃至宫中一些权臣，有不得志于宣仁太后的，动辄就被诬陷诽谤而乱加罪名。卿要甄别这件事，就必须重修史录。给被诬陷者昭雪并昭示来世，以还历史本来面目，这也是朕选卿做史馆修撰之意也。"常同请求得到皇上圣旨，马上宣付史馆，乃记于实录（史册）卷末。事后不久，免去常同集英殿修撰一职，出任衢州知州，常同以生病为由辞不就，改为徽猷阁待制（官名，等待皇上的任命）。宋高宗绍兴二十年（1150年）病逝于江州太平观。后入祀陈州乡贤祠。

陈亨祖

陈亨祖（？—1162），南宋淮宁府（今淮阳县）富豪。绍兴末（1162年），宋军北伐，收复蔡州。亨祖因势发动、组织民众拿起刀枪，收复淮宁府城，生俘金国知州完颜耶鲁，后以城归顺南宋。高宗以功封亨祖为武翼大夫，任淮宁知府。不久，金兵围攻府城，亨祖率众死守，顽强抵抗。终因寡不敌众，城破，力战而死，全家老小50余人被害。高宗追封亨祖为容州观察使，于光州立庙，赐“忠愍”匾额一方。

陈尧佐

陈尧佐（963—1044），字希元，号知馀子，宋代阆州阆中（今南充阆中）人。端拱元年（988 年）进士，任魏县、中牟县县尉，历知滑州，除两浙、京西等路转运使。累官参知政事、同平章事，以太子太师致仕。

陈尧佐一生为官清正，敢作敢为，不同常人。在朝邑任知县时，他告发一个叫方保吉的人，方反过来罗织罪名诬陷尧佐，结果尧佐被降为本县主簿。后来，又把他调往下邽，升为秘书郎，再派到真源县（县治在今鹿邑县太清宫镇）任知县。时年真源县大饥，陈尧佐带头捐俸米煮稀饭，救活成千上万的人。

陈尧佐少好学，青年时期在阆中锦屏山攻读，后又向隐居终南山的学者钟放求学。他初入仕途，就写了《海喻》一篇，“人奇其志”。继又具文烹鳄，“人皆惊异”。他的诗作多写山水花木，寓志谈史，而且明白清丽。他坚持读书写字，到老不辍。善古隶八分，点画肥重，世谓之“堆墨书”。尤工诗。死后谥文惠。

陈尧佐著有文集 30 卷，另有《潮阳编》、《野庐编》、《愚丘集》、《遣兴集》等文著。

程　颢

程颢（1032—1085），字伯淳，世称明道先生，北宋哲学家、教育家，洛阳人。程颢自幼聪颖，学习刻苦，幼年即习诵儒家经典，10 岁就能写诗作赋。仁宗嘉祐进士，神宗朝为太子中允监察御史。北宋神宗熙宁八年（1075 年），因与宰相王安石政见不和，被贬知扶沟县事。

程颢治扶，专尚宽厚，以教化为先。当时扶沟虽然属于京畿之县，却因连年水旱频仍，加上京邑田税重，造成百姓流离失所，民不聊生，文化教育更是一片荒漠。为此，他带领县民挖渠排涝，打井灌溉。知扶五年间，他书“视民如伤”四个字于案旁，作为座右铭。并常说：“颢常愧此四字。”在他“乡必有校”的倡导下，“扶邑建乡校、社学多处”，并在县城“创为书院，择邑之弟子之秀者教之”。他不但亲自主持讲学，还延请与其名重一时、同为理学奠基者的弟弟程颐，著名学者游定夫等来职学事。一时扶沟文风大盛，吸引了全国各地的士人学者，前来拜师求学的络绎不绝。如上蔡谢良佐、福建将乐杨时、福建建阳游酢、陕西蓝田吕大临、澶渊周纯明等。这5人后来都成为宋代著名的学者，而吕、谢、杨、游四人则世称“程门四大弟子”。

程颢、程颐弟兄二人在讲学中阐发了大量的理学言论和观点，成为二程理学的重要组成部分，在唯物主义哲学家张载建立气一元论的本体论的同时，建立了理一元化的本体论，把中国哲学推进到了一个新阶段，在中国哲学史上，有着深远的影响。经过程门四弟子的继承传播，尤其经过朱熹集大成后，程朱理学逐渐取得了正宗地位。一个小小的县级学校，一时竟然培养出了这么多的名人，成为二程理学的“集散地”，即使在教育发达的今天，这样的成就也是罕见的。而由此形成的二程理学后来经朱熹集大成，成为南宋直至元明清历代王朝治国理民的“指导思想的理论基础”。

在扶沟，他听说当地的饮用水发咸，他问幕僚：“难道百姓一直都饮这种水吗?”幕僚说：“您有所不知，附近只有僧舍的井水还稍微甜一点，可又不让妇女去汲水。”程颢经过反复思考并与幕僚商议论证，令人在同一地脉的地段上凿了一口井，这样百姓吃水就不成问题了。大家都说：‘这么多年的问题程县令一来就给我们解决了。”

巡阅保甲王中正是皇帝身边的红人，每到地方巡察，地方长官都花很多钱讨好他。当他来扶沟县时，主管的司吏向程颢请示怎样款待王中正，程颢干脆地回答说：“我们县穷，怎么能效法别的县花大把的银子去孝敬王某人？再说，这些钱都是取之于民的，依法不该乱花。”程颢的刚正不阿震慑了王中正，在程颢任职期间，他再也没来过。

程颢为官的原则，就是用德行感化百姓。他在扶沟给朋友写的信里说：“对于百姓，我主张用仁德教化。”扶沟县有条蔡河，沿河岸有些不法刁民，不从事生产，专门干拦河抢劫船上人钱物的勾当，每年必然有十几只船被烧毁，以显示他们的威风。程颢上任后，就捕捉到其中的一个，让他交代出他的同伙，一共逮捕了数十人。程颢没有追究他们过去的罪恶，而是让他们分开居住，以拉纤为生，并且监督那些在河上作恶的人。使他们将心比心，推己及人，深悟到过去作恶的错误，改邪归正，县境内再也没有发生过烧船的事。其中有一个后来再次犯事，县吏来逮捕他时，他自愧无颜再见程颢，于是自刎。

神宗元丰三年（1080年），程颢罢扶沟知县，监汝州酒税。当程颢离开扶沟时，百姓们都哭着追到县边去挽留他。据文彦博《明道先生表》记：“先生之去县，不使人知，老稚追及境上，攀挽号哭不肯去。”表现了扶沟民众对这位循吏的尊敬和爱戴。

为纪念程颢功德，县人将他创建的书院称为大程书院，到元代又在书院内设明道先生祠，供先生塑像，年年祭祀。明代又在其读书旧址修筑程台，又名化民台，以弘扬其施仁教化之德。程台高数仞，古松环绕，上筑庭堂。程颢独坐，犹若泥塑，接人待物却满面春风，故台上庭堂，又称春风庭。每当瑞雪纷扬之际，雨雪初霁之时，程台、讲堂、春风庭巍峨于银色苍穹之中，缥缈依稀，有琼楼玉宇之观。游人至此，只觉座上风暖，门外雪深，夫子何在，令人不胜其神往。明清两代都将“程台霁雪”列为扶沟八景之首。

程　颐

程颐（1033—1107），字正叔，世称伊川先生，北宋哲学家、教育家，洛阳人。是理学家程颢的弟弟。少怀雄心大志，18 岁在太学读书时，撰成《颜子所好何学论》，得到当时掌管太学的大儒胡瑗之赏识，“处以学职”。仁宗嘉祐四年（1059 年），程颐受诏，赐进士出身。

熙宁八年（1075 年），其兄程颢因与王安石变法意见相左，被贬知扶沟县事。程颢在扶沟县城“创办书院，择邑之弟子之秀者教之”，所以延请与其名重一时，同为理学奠基者的弟弟程颐来扶沟讲学，使扶沟文风大盛。全国各地的士人学者前来拜师求学的络绎不绝，如上蔡谢良佐、福建将乐杨时、福建建阳游酢、陕西蓝田吕大临等都来扶沟拜二程为师。有一次，杨时与游酢拜见程颐，见程颐正在厅堂上打瞌睡，不忍惊动，便静静地站在门廊下等候。这时，天空正纷纷扬扬下着大雪，待程颐醒来，门外的积雪已经下得很厚很厚了，古代著名尊师重教的成语“程门立雪”即由此而来。四人后来都成为宋代著名的学者，世称“程门四大弟子”。

程颢、程颐兄弟二人讲学中阐发了大量的理学言论和观点，成为二程理学的重要组成部分，在唯物主义哲学家张载建立气一元论的本体论的同时，建立了理一元化的本体论，把中国哲学推进到了一个新阶段，成为我国传统文化和哲学理论的重要组成部分，是我国封建社会后期统治阶级的精神支柱，又是中国思维发展史上的较高阶段。理学通过理性思辨方式所形成的伦理道德观念，长期以来对人们的精神生活产生着重大影响。扶沟实际成了程朱理学的重要发源地和集散地。

神宗元丰五年（1082 年），太尉文彦博鉴于程颐“著书立言，名重天下，从游之徒，归门甚众”，就在洛阳鸣皋镇的一个小村庄拨了一块土地，专门为他修建了一座“伊皋书院”，让他在此讲学近 20 年。神宗元丰八年（1085 年），哲宗即位，由司马光、吕公著等人推荐，程颐被授为汝州（今河南临汝县）团练推官，西京（洛阳）国子监教授等职。

狄 青

狄青（1008—1057），字汉臣，宋代汾州西河（原山西汾阳，今山西文水狄家社）人。行伍出身，善射骑。在抵御西夏的25次战斗中，身受8次箭伤，无一次失败。狄青临战披发，头戴铜面具，手持长枪，身先士卒，所向披靡，屡立战功，深得当时负责防务的大臣范仲淹、韩琦的赏识。范仲淹授以《春秋左氏传》，狄青遂认真研读，悉通秦、汉以降将帅用兵之法，并能审时度势，谨慎周密，治军有道，赏罚严明，与士兵同饥寒共劳苦，对同僚谦逊退让，逐成一代名将。其以功累官至彰化军节度使，兼知延州，后又提升为枢密副使。皇祐四年（1052年），侬智高起兵反宋，狄青上表请征。第二年初，狄青统军3万南下抵邕州（今广西南宁），夜度昆仑关，与侬智高大战于归仁铺，速平叛乱。凯旋，升为枢密使。嘉祐元年（1056年）夏，狄青在家中做醮事，管事的人忘记与厢吏打招呼。按当时的规定，士庶之家凡是做醮事，都必须预告负责消防的厢吏，以免将夜间焚烧纸钱的火光误以为失火。夜间骤起的火光，因出在枢密使家中，厢吏不敢怠慢，连夜报告开封府。待府吏赶到狄家，火早已熄灭。第二天，一些与狄青有隙的人就在京城到处造谣，说狄青家夜有怪光冲天，以此达到诋毁狄青的目的。

恰巧，这一年连续发生许多不祥的事。如：年初仁宗皇帝暴病；四月，刚刚堵住的商胡堤再次决口；五月，京师整整下了一个月的大雨，城中街道行船；七月，彗星划过夜空；八月初一，发生日食；等等。在缺乏科学、笃信迷信的社会中，这种种现象联系在一起，就使人感到一种莫名的恐惧和不安。偏偏在这个时候，狄青家又冒出火光。朝中那些所谓“精通”天象与人事的宿儒，以及别有用心的人，以此大做文章，在给仁宗皇帝的奏折中说：“虽不足信，宁负青，无使负国家。”郑重提出将狄青派往外郡任职，以保京师朝廷的安全。

为了社稷的稳定，狄青被迫请求外任，以平众议。这年的八月十四日，狄青被免去枢密使，加同中书门下平章事的宰相衔，出判陈州（今淮阳县）。相传这位叱咤风云的军事统帅到淮阳后，胸中郁闷难平，常登柳湖北隅高台，披发舞剑，仰天长啸，以抒发内心积郁。

嘉祐二年（1057年）二月，狄青唇疮（一说颈后毒痈）发作，卒于任上。时年49岁。仁宗皇帝为之举哀，追赠他为中书令，谥号武襄。熙宁元年（1068年），宋神宗逐个考察将帅，验明狄青确实富有才智谋略，为部将士兵钦佩赞颂。神宗感慨万千，下令将狄青画像挂在禁中，亲自撰写祭文，并遣使前往狄青家中，用御赐牛羊祭祀。狄青一生功劳卓著，名振四海，实为一代名将。

丁　度

丁度（990—1053），字公雅，祖籍恩州清河（今属河北），徙居祥符（今河南开封），再迁居扶沟东南丁岗村（今属扶沟县大新镇）。大中祥符年间，举科制，为大理评事，通判通州，迁知太常礼院，判吏部南曹。仁宗即位后，迁翰林学士，纠察在京师刑狱，判太常礼院兼群牧使。西夏赵元昊攻打宋朝，刘平、石元孙战败，丁度向皇帝献《备边要览》，擢升工部侍郎、枢密副使；又上《庆历兵录》5卷与《赡边录》1卷，拜参知政事。晚年奉诏带领众儒生撰写《武经总要》40卷，后因事罢为紫宸殿学士兼侍读学士，迁尚书右丞，端明殿学士。

丁度好学嗜读，尤其喜读《尚书》，著有《迩英圣览》10卷，《龟鉴精义》3卷及《编年总录》8卷。丁度还是宋代著名的文字训诂学家，仁宗时奉诏与李淑等人刊修《韵略》，后改称《礼部韵略》。又依例刊修《广韵》为《集韵》，改并广韵独用韵为同用的有13处。《礼部韵略》5卷，专备礼部科举考试之用。所谓“略”，指当时举子所常用的字书、韵书的略本，为宋代官方书籍，后来经过历代增修，今所传为《附释文互注礼部韵略》及《增修互注礼部韵略》，简称《增韵》。《集韵》包括平声4卷，上声、去声、入声各2卷，收53525字，比《广韵》增加一倍还多。因《广韵》多承用唐代韵书旧文，详略失当，故丁度重修此书，韵部仍旧分为206韵，而韵目和次序稍有更动，于同用的韵有所改并，并参考当时的读音更订反切，内容注重文字的形体和训诂，为研究文字训诂和宋代语音的重要资料。

宋仁宗皇祐五年（1053年），丁度卒，葬于扶沟丁岗村。谥文简。清嘉庆《一统志》载：“丁度墓在扶沟县城东。”清光绪《扶沟县志》载：“尚书丁度墓在邑东南30里丁岗桥，墓前有丁相公庙。”

丁少微

丁少微（？—982），宋代隐士，真源（县治在今鹿邑县太清宫镇）人。9岁便熟读《礼记》、《尚书》、《周易》等许多书，能诗善文，通晓天文、地理、五行、谶纬，尤其喜好道家修炼之术。

初与陈抟一起，在隐阳山中筑道馆隐居修道。隐阳山深处，是一块突起于山腰间平坦的山岩，像高台，方广约十数丈。从前这里四周开阔，每当朝阳初升，就得霞光照射；皓月临空，便有玉露凝聚，正是道家朝夕炼丹的理想之地。炼丹台曾是陈抟、丁少微炼丹之所，他们在其上开井、凿臼、砌灶。

后来，丁少微隐居华山潼谷，靠近陈抟所居。少微持身高洁，好性命之学，志在成仙。而陈抟嗜酒适性，二人其道不同，少相往还。少微善服气，多饵药，年百余岁，康强无疾。他于山上起坛场静室，通夕朝礼，50余年未尝少懈。

太平兴国三年（978年），太宗召至东京，以金丹、巨胜、南芝、玄芝献于宋太宗。在开封逗留数月，返回华山。太平兴国七年（982年）冬，无疾而卒。

段少连

段少连，字希逸，祖居河南开封府。其父段子昂，出任陈州录事参军，于是全家迁陈州（今淮阳县）。少连英俊潇洒，颇有风度才华。宋真宗大中祥符七年（1014年）秋天考中进士，天子面试后任秘书省校书郎，出外任崇阳县知县。崇阳是个大县，缺乏吏治，自从张咏担任县令后，崇阳才得以治理良好，其后只有段少连能继承张咏的治县之风。当少连出任杭州观察通判时，恰逢枢密院直学士李公在余杭治郡，人们称赞他清正廉洁。少连到任不久，李公很喜爱少连的才能，就与本道转运使一同向皇上举荐少连，少连始改任秘书省著作佐郎，又迁升为太常博士。当时章宪太后临朝执政，外戚擅权。段少连与曹修古等人上疏弹劾外戚刘从德恩宠太过，触怒了皇后，被调职秘书丞监涟水军税务，又调职为太常博士通判天雄军。太后驾崩后，少连召还京师任殿中侍御史。他同孔道辅等人向皇上疏言郭皇后不当废，触怒皇上。少连不顾皇上恼怒，仍然上疏复谏。不久被降职任开封府判官，后改任两浙转运使。段少连因两浙的财赋为天下最富有，就孜孜不倦地革除旧弊，发布新政以杜绝官吏贪污受贿。原来的巡视官员一到郡县就向当事者索要账簿，但自己又没空审查，就交给手下官吏查阅。手下官吏认为奇货可居，就从中作弊。少连命郡县所上账簿全由自己查阅，如果遇事不能全部查阅，就从中抽查一二，余下不及查阅的就全部封缄按上章印返还，以此来杜绝下属官吏作弊。段少连对犯过错的下属官吏说："听说你犯下过错若此，有吗？有当告诉我，我可宽容你悔过自新。"下属官吏以实相对，段少连掌握了实情，视其情节轻重，重者辞退，轻者且有悔改之意者，继续留任。一次秀州发生了一起冤狱案件：一名无罪之人被狱吏致死。狱吏很害怕，想凑一笔款伪装成是冤死者的服罪款，交给其亲属了事。当时段少连在杭州，闻讯后连夜乘船入城，刑讯狱吏。狱吏愿服刑认罪，以少连为神明。时郑向为杭州知府但无治才，讼者多不服，往往去少连处讼诉，而少连一两句话就判决了，没有不服的。

段少连升任陕西驸马都尉。柴宗庆任陕州知府，纵容其属下骚扰百姓，少连上疏弹劾。这时，西部元昊反叛，朝中大学士范仲淹向皇上举荐段少连有才能可胜任征西元帅，皇上下旨升任段少连为龙图阁学士，做泾州知府，后改任渭州知府，圣旨未到而少连病亡。宋仁宗赵祯再三叹惜并下令厚葬。

范纯仁

范纯仁（1027—1102），字尧夫，苏州吴县（今江苏吴县）人。宋朝政治家、文学家范仲淹次子。宋仁宗皇祐元年（1049年）进士及第，授知武进县，以距离双亲遥远无法守孝为由不去赴任；改知长葛县，又不到职；直至范仲淹去世后才出仕，以著作佐郎知襄城县。累官至尚书右仆射兼中书侍郎。及章惇拜相，纯仁坚请外放，遂以观文殿大学士知陈州。在陈州任上清正廉洁，多有政绩。恰逢朝廷大赦天下，纯仁上疏申奏，吕大防等应当放还，忤触章惇，以诋毁朝臣罪落职，知随州。次年贬为永安节度副使永州安置。时纯仁正患眼疾，圣旨到日双目失明，闻诏命后怡然赴任。

路上，有人提及人生功名的话题，纯仁说："70之年，两目俱丧，万里之行，岂是我想要的吗？但在下区区受君（之恩），有怀不尽，若避功名之嫌。则无为政之路矣。"告诫弟子勿得稍有不平之意。听说诸子怨恨章惇，必怒止之。行至被贬之地，不慎落水，手下人忙扶纯仁上岸，衣尽湿，纯仁顾诸子曰："此岂章惇为之哉？"

居永州二年（1101年），宋徽宗即位，两次派遣使者赐茶，每见辅臣必问纯仁安否。又亲派御医为之视疾。崇宁初年（1102年），徽宗改元，纯仁奉旨还朝，且受全家庆贺。翌日熟睡而卒，享年75岁。诏赐白金30两，予以厚葬。赠开府仪同三司，谥忠宣。御笔亲书碑额：世济忠直。

纯仁性情平淡，宽以待人，生活俭朴，不以声色加人，随遇而安。自布衣至宰相，廉俭如一。所得俸禄多以济人，恩加于亲族，尝曰："我平生所学在'忠恕'二字，一生受用不尽。以至于立朝事君，接待僚友，亲睦宗族，未尝一刻离此也。"有文集50余卷传世。

范仲淹

范仲淹（989—1052），字希文，苏州吴县（今江苏吴县）人。宋真宗大中祥符八年（1015年）进士及第。宋仁宗明道年间任谏官，景祐年间知开封府，上《百官图》讥刺吕夷简，贬饶州。仁宗时，西夏党项人在甘肃、陕西北部及河套一带建国，国君赵元昊，屡次侵犯宋朝边境。宝元三年（1040年）进攻延州（今陕西延安），朝廷派范仲淹以龙图阁直学士的身份和韩琦并为陕西经略安抚副使，抵抗西夏。范仲淹守边数年，号令严明，爱抚士卒，亲临战场指挥战斗。西夏人畏惧他，说范仲淹"胸中自有数万甲兵"，表示"要小心谨慎对之"。仁宗庆历三年（1043年），西夏请和，范仲淹还朝，朝廷以他为枢密副使，又迁升参知政事。不久出为陕西河东宣抚使兼陕西路安抚使，历知邓州（今河南邓县一带）、杭州、青州（今山东省都县一带），曾以参知政事通判陈州（今淮阳县）。卒，谥文正。

符皇后

符皇后（942—975），陈州（今淮阳县）人。宋太宗赵炅的后妃，符彦卿之次女。五代后周世宗显德中年，符彦卿被封为淮阳王，领天雄军节度使，其长女嫁周世宗，即宣懿皇后。彦卿拜太傅，后改为魏王。宋太祖赵匡胤称帝后，其六女嫁与宋太宗赵炅。建隆中封为汝南郡夫人，晋封为楚国夫人。太宗封晋王，改越国，遂称越国夫人。开宝八年（975 年）去世，是年 34 岁。宋太宗赵炅即皇帝位后，追册为皇后，谥号为懿德。

符惟忠

符惟忠，字正臣，陈州（今淮阳县）人，系符彦卿之曾孙。因受外祖母贤靖大长公主的荫庇，得以在三班供职。后于开封府界县镇办公事。宰相王曾外孙乐诰为开封府主簿，以惟忠没有突出政绩不肯推荐，只推荐长城尉吴奎，而且厚待他。乐诰因贪赃毁坏惠济河与刁河汇流处，造成决堤水淹民田的祸患。惟忠自开封宋楼镇碾湾、横陇两村，设置二斗门，减少水势，让泛滥之水流入郑河中。这样一来，人民再也不受水害侵扰。

陕西用兵，惟忠被任命为泾原路兵马令辖，兼知泾州，因有战功，再迁西上阁门副使。后契丹人发兵侵地，宰相富弼命他去御敌。至武强县，疽疮发于背而死。赠眉州防御史。

符彦卿

符彦卿，字冠侯，淮阳人，曾被后周太祖郭威封为淮阳王。他是五代时符存审的第 3 子。性格诚实敦厚，聪明颖悟。13 岁时能骑马射箭。曾跟随父亲不断出入后唐庄宗卧室。等到年龄稍长，庄宗便把他当作亲从（皇帝身边的侍卫）。后唐明宗天成三年（928 年），因大败契丹兵，授予庆州刺史，耀州团练使的职位。后在晋出仕领同州节度使，少帝时加平章事，改节武定军。后汉高祖命他镇守兖州，兼侍中，后汉隐帝乾祐二年（949 年）兼任中书令，封魏国公，官至太保。周太祖郭威继位后，封为淮阳王，领天雄军节度使。彦卿的长女嫁给了周世宗，即后来的宣懿皇后。世宗拜彦卿为太傅，又改为魏王。宋太祖建隆四年（963 年），彦卿归顺大宋天子赵匡胤。宋太祖想留他出任兵马大元帅，赵普说彦卿名位已到极致，不可再让他掌兵权。散朝后，太祖问赵普说：

“卿为何怀疑彦卿？我待他甚厚，他岂能辜负我！”赵普回答说：“陛下为何辜负了周世宗？”太祖默不作声，于是结束了此事。后来被派去镇守凤翔，因病请求还洛阳，宋太祖答应了他。符彦卿的小女儿又做了宋太宗的皇后，宋太宗加封彦卿为太师。符彦卿出身将门，有勇有谋，很善用兵。凡是打胜仗获得赏赐，全部分给帐下人等，所以士兵乐意为其出力。辽人自从在山西阳城为彦卿所败后，尤其害怕他，呼他为“符王”。后辽将耶律德光攻陷山西，耶律母问：“符彦卿在何处？”手下人回答说：“宋太宗已让他回徐州了。”耶律母说：“让这样的大将留守中原，太失策了。”

当时藩镇地方官员派亲信征收民租，有意把量器做大，巧取豪夺，而以魏郡尤甚。彦卿知道后，把量器交给皇上让朝廷处理。太祖知晓了此事，下诏让参事官全国统一量器，斛量才平等。皇帝把魏地多收粮食赐给彦卿，以表愧疚之意。

符彦卿礼贤下士，对来访宾客终日谈笑，不夸战功，不讲失意。他生性不爱饮酒，居住洛阳，到春天，坐一辆小车，带几个家僮，优游自适。彦卿酷好鹰犬，如官吏有过，能求得名鹰名犬献给彦卿者，虽然他仍大怒，却往往赦免其罪，人以此讥讽他。去世时78岁。三子符昭倍，任天雄军衙内都指挥使，领贺州刺史。

符昭愿

符昭愿（945—1001），字致恭，陈州宛丘（今淮阳县）人。宋大臣。昭愿谨厚谦约，喜读书，后周广顺中，以恩补大雄军牙职，不久领兴州刺史。开宝中，改领恩州，入补供奉官，领罗州刺史，迁西京作坊副使，授尚食使，出护陈、蔡、许、颍等州巡兵。后从征太原、幽州，拜蔡州刺史，知并州、澶州。咸平初（998年），领天雄军，兼辖邢州，以疾还京师。真宗赐名方御药，恩宠备至，拜本州防御使。后病卒，终年56岁。

广　明

广明，号古鉴，宋代扶沟县人。高僧，俗家姓氏不详。广明精通佛教经典，戒行很高。宪宗皇帝听说他的名声后，就下诏让他主持京城的万寿戒坛。一日，广明刚刚主持演习法事结束，就让群僧击鼓撞钟，并向众人辞别，端坐圆寂。

海鼻耳

海鼻耳（？—1265），西域康里人，一说是波斯人，大约出生于西辽天禧年间。穆斯林随军教长。“文狮子”舞创始人。

蒙古国太祖十三年（1218 年），成吉思汗遣大将哲别征西辽，西辽可散（今乌兹别克斯坦纳曼干）八思哈长官曷思麦里（吉尔吉斯斯坦人）降蒙，被成吉思汗封为蒙古军西征大将。曷思麦里率军进攻波斯你沙不儿、花剌子模、康里、钦察诸地，大多数中亚伊斯兰国家被征服。时康里人海鼻耳被俘从军，在蒙古军中任头目和答失蛮（伊斯兰教教长）。蒙太祖二十一年（1226 年），海鼻耳随北庭（畏兀儿）人将领察罕东征西夏国。蒙古太宗四年（1232 年），海鼻耳又随察罕军入中原讨伐金国。太宗六年（1234 年），海鼻耳随察罕围攻金朝最后的都城蔡州（汝南），二月九日蔡州城破，金朝覆灭。平金后，察罕留居沈丘鲖阳城。海鼻耳则留居于项城（今沈丘县县城槐店回族镇）传教。当地人多皈依回教，成为回民。

南宋宝祐六年、蒙古宪宗八年（1258 年），忽必烈奉蒙宪宗之命，率军征讨南宋。兵至沙颍河项城渡口，当地船夫拒绝摆渡，忽必烈怒，欲杀之。此时，海鼻耳站出，出言阻谏："英雄何必以杀人取天下，你好比一只舟船，百姓好比这河中之水，水能载舟，亦能覆舟。"忽必烈顿悟，自此不再滥杀无辜。后来他招募一批汉人，如赵壁、姚枢、刘秉忠等当幕僚，为日后统治中原建立元朝打下政治基础。

海鼻耳为进一步感化蒙古统治者减少暴政，多施仁政，就结合当地居民在春节、元宵节期间舞龙灯的习俗，在西域五方狮子舞（《新唐书》第 210 卷："五方师子，高丈余，饰以方色。每师子有十二人，画衣，执红拂，首加红袜，谓之师子郎"）的基础上，融入中国图腾文化独角兽、獬豸及祥兽麒麟，创编了"三兽"齐舞的"文狮子"舞。后经你麻拉丁、买牙巴都等传承艺人加工和提炼，使该舞蹈在沈丘槐店回族中世代相传，现已传至第 25 代，有 700 余年历史。文狮子由于初创人为海鼻耳，故在当地又被称做"海狮子"。2007 年 2 月，"文狮子"以"沈丘回族文狮舞"的名称，被河南省政府公布为第一批省级非物质文化遗产。2008 年 6 月 7 日，以"槐店文狮子"的名称被国务院公布为国家级非物质文化遗产。

郝　戭

郝戭，字伯牙，石州定湖人。家贫而好学，后中进士，调任宛丘（今淮阳县）尉。他年纪尚轻，但因父年迈，未及到任，就向太守上书要求退休让父亲赴任。太守回答说：你先到任，如果政绩突出遇皇恩可及父亲。于是留下妻和子，单独带着父亲赴宛丘。在任一年仍要求退职，太守因其有治绩，坚决挽留；三老也遮道不让其离职，但不能阻止，授太子中允而归。未到家父亲去世，自己用箕畚运土为父造庐墓以守孝。皇上听到后，下诏赐粟帛。宋英宗治平末年

(1067年)，吕蒙正力荐，但他不去就职。亲戚让其妻聂氏劝丈夫就职，聂氏说："妾无德，无法用来助丈夫，难道我不想让他就高位吗?"他坚守气节，不任而卒。司马光为其写墓志铭。

何中立

何中立，字公南，今西华县黄桥乡何庄村人。宋孝宗淳熙七年（1180年）举进士第一，授大理评事，历佥书镇安、武胜二镇节度判官，迁殿中丞，召试学士院，为集贤校理。改太常博士，修起居注，迁祠部员外郎、知制诰，权发遣开封府事。中立为人正直，文如其人，所任政绩优异。后召拜弘文馆直学士。因言时政不合上意，免职归里，著书自娱。后屡召授官，均坚辞不就。卒年54岁。

怀　敏

怀敏，字仲纳，陈州宛丘（今淮阳县）人。北宋时医学家。怀敏年少聪颖好学，尤其喜读有关医学书籍，钻研治病药方，后来终于成为医学博士。他给人诊病药到病除，因此名传方圆数百里，来问诊者络绎不绝。

在医学博士这个职位上数年后，他不愿再从事这一职业，于是就把医道医方尽数传授给他的后人。等到后代人能独立行医时，他就离家出走，找了一个偏僻之地幽居，找来佛经研习。佛经本不好领悟，说来奇怪，怀敏对佛经却无师自通，无论多么难理解的地方，经他一领悟就会涣然冰释，不几年他对佛学就有大成。江浙一带信佛教者，纷纷登门相见，切磋佛学，就连朝中的王公大臣也多有人同他交往。

到了晚年，他不吃不喝，像老僧入定一般；儿孙后代也不能断定他是死是活，累世不葬，就这样经过了20多代人。

黄　实

黄实，字师是，陈州（今淮阳县）人。北宋神宗元丰年间（1078—1085）进士及第，历任司农主簿，提举京西、淮东、常平、河北转运副使。宋哲宗即位，欲以黄实为监司，曾布暗中阻止，让林希奏曰："实在陈与苏辙友善，两个女儿皆嫁苏辙之子，行为不正，不宜重用。"于是改任陕州知州，不久，提升江淮转运副使。为贺辽主登位，上遣实出使辽国，回来后升任太仆卿，擢宝文阁待制，后外放知瀛州，徙定州。此时朝中有旨：移定州之民到旁郡。黄实怕扰民就藏匿檄文不发，同时上书朝廷，陈奏利害。朝廷终以情免移。不久卒于官任，赠龙图阁直学士。

黄实为人谦恭忠厚，好结交文人侠士，其善行多为世人所称道。与苏辙在陈交游并结为姻亲，后又与苏轼友善。绍圣元年（1094 年）党祸起，因实为章惇甥故获免，但亦不能久居朝中做官，仅以外任而已。

黎德润

黎德润（？—1034），宋仁宗天圣五年（1027 年）任卫真县（原真源县，大中祥符七年，即 1014 年改为卫真县，县治仍设今鹿邑县太清宫镇）知县。他为人严峻刚直，生活俭朴；为官光明磊落，清正廉洁。在卫真任职期间，他抑制富豪的不法行为，正确处理长期不能决断的疑案，处处为百姓谋利，深受邑民的爱戴。

明道二年（1033 年），卫真发生灾荒。黎德润一边赈灾，救助灾民度荒，一边积极请求朝廷减免赋税，以使民众休养生息。而淮南东路亳州（卫真属之）官吏不顾百姓疾苦，乘人之危，极力搜刮百姓。黎德润对上司的行为极为愤慨，据实上奏朝廷，弹劾揭发其罪行。贪官污吏十余人因此受到惩处。

受惩处者对黎德润恨之入骨。这些人纠集起来，罗织罪名，一同诬告黎德润，又重金贿赂前来办理此案的官员。办案人拿了诬告者的钱财，就替他们办事，也不再详细调查，就宣布黎德润有罪，并将其拘捕入狱。黎德润悲愤不已，在狱中自缢而死。

卫真百姓闻听黎德润死讯，罢市歇业，数万人拥到县衙，哭声震彻卫真城。同时，黎德润的死也激起满朝正直官员的不满，他们纷纷用确凿的证据来证明黎德润的清白。彭城（今江苏徐州市）人颜太初赋诗为其申冤，范仲淹上书朝廷，请加追恤。景祐元年（1034 年）三月，宋仁宗诏赐黎德润家钱 3 万。

李宗易

李宗易，字简夫，宛丘（今淮阳县）人。年轻时爱好诗歌创作，仿效唐朝白居易的乐府诗体写作。宋仁宗庆历二年（1042 年），官至太常少卿。在任不久，患小病，上表乞归。皇上放归后隐居陈地，所交往的人，大多是当时有名之士，与晏殊交情尤深，优闲自得于林泉 16 年。陈人有移栽洛阳牡丹者，宗易就在陈人的牡丹园里，边喝酒边赋诗。后苏辙出任宛丘博士（教谕），常常同宗易一起游赏陈州名胜，写下了不少酬唱诗作，有《李简夫少卿诗集》传世。

鲁有开

鲁有开，字元翰，宋亳州鹿邑（今鹿邑县）人。鲁宗道的侄子。鲁有开从小跟随鲁宗道生活。他爱读书，特别爱读有关礼仪方面的书，对《左氏春秋》

也很精通。不但能背会讲，还能应用到实际生活中去。由于叔父鲁宗道在朝廷很有威信，在大臣面前也很受敬慕。以鲁宗道之荫德，鲁有开被推荐到韦城县任知县。周边盗寇闻其名，不敢到韦城作案。在确山担任知县时，有大姓干预政事，滋事扰民。鲁有开将最坏最有势者治罪，县境大治。又兴修水利，使数千顷田地得以灌溉。不年间，民阜年丰，老百姓无不称颂。

他的上司富弼（后任丞相），时任蔡州太守，认为鲁有开有古循吏（遵理守法的官吏）的风范，就多次举荐他。鲁有开也因此不断升迁。知金州，为数十人辩白冤狱；知南康军（治江西），对官吏管理有序，人心威服，出现了较好的稳定局面。

熙宁年间（1068—1077），朝廷颁行青苗、均输、市易、免役、农田水利等新法。王安石问鲁有开，长江以南近来有什么反映？人们怎么看待新法？鲁有开直言不讳地说："新法刚刚推行，还没有出现危害，过一段才能知道。"因为鲁有开没有直接表示赞同，对变法持观望态度，很不符合朝廷及王安石等变法者的口味，就受到排挤，外放到杭州做通判。后改知卫州。时卫州遭水灾，百姓没粮食吃，鲁有开未经允许便开仓贷粮给饥民，后又奏请朝廷免除贷粮的利息，使全州生灵免遭涂炭。后又改知冀州。他未雨绸缪，纠工增修河堤。有人说："州内并无水患，何必兴师动众，劳民伤财。"有开说："有备无患。"事有凑巧，第二年黄河决口，大水果至，然堤防高固，水不能漫，州民安居。朝廷派人察看水情，至卫州，百姓载道歌颂鲁有开的功德。朝廷闻鲁有开政绩卓著，被调回到朝中任膳部郎中。元祐中（1086—1094），历知信阳军、洺州、滑州、冀州，最后升至中大夫。卒于任上。

鲁宗道

鲁宗道（966—1029），字贯之，宋亳州鹿邑（今鹿邑县）人。出身贫寒，年少丧父，寄养于外公家。他的三个舅舅都是习武之人，平时颇轻视鲁宗道。鲁宗道更加发奋读书，进士及第后，被任为濠州定远尉。

宋真宗咸平六年（1003 年）至景德三年（1006 年），鲁宗道调任海盐县县令。当时海盐县境东南原来有长 18 里的港口，引导海水到城邑之下，年久岁深，港口被泥沙堙塞，失去了功效。鲁宗道到任后，立即征发县里的壮丁疏浚，便利了水运和农田灌溉，人们得到了极大的便利。当地百姓感激其恩德，改这个港口为"鲁公浦"。

天禧元年（1017年），宋始设谏官6员，擢鲁宗道为右正言。鲁宗道在任期间，对朝廷大事多有议论。他曾提出严格选拔地方长官，认为："现在任用地方长官，虽然才质低下，但只要考核勉强合格，从未有撤职之虞，所以贪赃枉法者十居二三。汉宣帝时，任用地方长官，皇帝往往亲自召见，考察其才能。现今皇上虽未暇亲见，宜令大臣延之中书省，进行考察，以观察其能力。"宋真宗采纳了他的意见。后因屡屡上言，真宗对鲁宗道颇为厌烦。一天，真宗召见他，鲁宗道趁机上言道："陛下用臣为谏官，难道是以纳谏来博取虚名耶？臣以在其位不尽其职为耻，请免去臣之职务。"这真让皇帝有点下不了台。但真宗还是感到他"忠实可大用"，对他安抚了许久，并在宫殿的墙壁上写下了"鲁直"两个字。随即授鲁宗道为户部员外郎兼右谕德。

鲁宗道为人刚正，嫉恶少容，遇事敢言，不拘小节。他担任右谕德（东宫属官）时，一次微服在外边的酒店饮酒，刚巧宋真宗有事要召见他。传达命令的使者到鲁宗道家等候许久，鲁宗道才从酒店归来。使者很不安地对他说："皇上如果责怪公迟延，将如何回答？"宗道说："照实回答。"使者说："如果照实回答，必定会受皇上怪罪。"宗道说："饮酒，人之常情；欺君，臣子之大罪也。"真宗果然责怪，宗道谢罪说："有故人自乡里来，臣家中无餐具，所以上酒家饮。"真宗再次为鲁宗道的诚实、仁义性格所感动，遂转怒为喜，之后也更加信任鲁宗道了。

仁宗即位，迁鲁宗道担任右谏议大夫并参知政事。他在任内精简办公程序，严厉惩罚为非作歹的官吏。当时，章献太后临朝执政，问鲁宗道说："你认为唐代武后与高宗相比，谁更有能耐？"鲁宗道回答道："武后是唐代的罪人，几乎葬送了国家社稷。"章献太后无言以对。时有官员请为刘太后家立庙，章献太后向辅臣征询意见，没有谁敢回答。鲁宗道站了出来，说："如果为刘太后家立庙，那么皇上又该如何处置呢？"章献太后觉得有道理，于是让立庙之事作罢。

仁宗朝时，朝廷的高级官员多让自己的孩子在馆阁读书，鲁宗道上言说："馆阁应该培育天下英才，岂能只是纨绔子弟独受恩泽的地方。"枢密使曹利用仗恃旧日功勋，气势骄横。鲁宗道对其作为绝不屈挠，在仁宗面前屡屡指责他，数次上书皇帝将曹贬官。于是，当权贵戚都为之畏惧，称他为"鱼头参政"，因其姓"鲁"，"且言骨鲠如鱼头也"。

仁宗天圣七年（1029年）鲁宗道卒，皇太后亲临祭奠，赠兵部尚书，谥肃简。宋李迪撰《鲁肃简墓志铭》云："直哉贯夫，宦寓于湖。土坚而秀，室安而固。其名不朽，其嗣孔茂。何以铭之，千古名在。"

吕大临

吕大临（1040—1092），字与叔，北宋陕西蓝田县人。出身于世代书香的官宦之家。

吕大临气质刚强，不留连科举，更无心仕途，一生追求学术研究。当时，关中地区涌现出以张载为首的博学鸿儒，被后人公认为“关学派”。吕氏兄弟也被公认为关学大家。吕大临与他两个兄长吕大忠、吕大钧投入张载门下求学，潜心研究《六经》，尤深于三礼（即《仪礼》、《周礼》、《礼记》）的精研与实践。晚年开始对青铜器进行收集、研究和文字注解。

吕大临虽然出身于官宦之家，但他并不以熟读古代典籍为满足。他认为选拔官吏必须录取有用的人才是治国根本，对当时科举制度和选拔官员任人唯亲进行抨击。他追随张载求学，十分崇拜横渠先生注重“气节”、躬行礼仪的实践，受张载经世致用及《横渠易说》影响极深。他所著《易章句》带有明显的张载《易说》和原始儒家《易传》的特征。由于他文才出众，张载的弟弟张戬将女儿许配与他。

宋英宗治平三年（1066 年），张载应长安京兆尹王乐道之邀到长安讲学。在讲学期间，著名理学家“洛学派”程颢、程颐兄弟来关中讲学，吕大临听后觉得他们的学说很有见地，大为叹服。张载去世之后，他便奔扶沟拜二程为师。《程氏遗书》卷二上《元丰己未吕与叔东见二先生》记录了吕大临元丰二年到扶沟问学于二程的内容。其间，他涉采众长，博览群书，在当时众多的二程门徒中，吕大临因其渊博的学识与谢良佐、游酢、杨时三人一起被时人称为“程门四大弟子”或“程门四先生”。南宋时朱熹说他“于程子门人中最取吕大临”，并把他与程颢相比而论。

吕大临不但是当时著名的理学家，还是金石学家。他的著述很多，有《易章句》、《礼记传》、《大学解》、《论语解》、《考古图》、《考古图释文》、《吕氏家礼》等，但大部分著作失散，只留下《易章句》、《考古图》和《考古图释文》。《考古图释文》奠定了现代考古学、古文学的基础。他将青铜器铭文作为一门学问系统地进行研究，并对文字加以考证。《考古图》共 10 卷，收录了当时秘阁、太常、宫廷内藏和民间青铜器 224 件，石器 1 件，玉器 13 件，大多是价值极高、造型优美的精品。每器先摹画器物图像，定以器名，然后又写短文叙述出时间、地点、大小尺寸、容积重量，流传经过及收藏情况。在《考古图释文》中，吕大临对其他 85 件青铜器的文字用《广音句》四部进行编排，系字于其下，用于纠正当时人们对古字的形、音、义的一些传统看法，成为研究中国古代青铜器的第一部参考书籍，受到历代学者的重视和推崇。

吕大临一生，先投张载，后投二程求学，决意仕进，最后以门荫得太学博士，秘书省正字。元祐七年（1092 年），范祖禹以其学行和人品出众，向朝廷举荐他为太学博士讲官，但还没来得及任用，他就去世了。时年仅 52 岁。

吕夷简

吕夷简（978—1044），字坦夫，寿州（今安徽凤台）人。进士及第，累官检校太傅、同中书门下平章事。后出任陈州州判，不到一年，又奉召回京任相职。因与王鲁不和，数争而事不能平息，于是二人皆罢相。夷简以镇安军节度使平章事出任许州州判，又徙天雄军节度使。未几，以右仆射再入相位。后以太尉致仕。既薨，帝见群臣时涕下说："安得忧国忘身如夷简者也。"赠太师，谥文靖公。

乔维岳

乔维岳（926—1001），字伯周，生于五代后周之南顿。后周显德初年（954年）登第，任太湖主簿，后迁平舆县令。北宋太祖开宝年间（968—975），右拾遗刘积认为他才华出众，极力推荐，被提升为太子中舍，主持高邮军（今江苏高邮县）政务，后来又做扬州通判（通判是在知府下掌管粮运、家田、水利和诉讼等事项的副职官员）、常州通判。金陵平定后任升州（今江苏南京）通判，不久升任中丞。太宗太平兴国六年（981年），调襄州，后家有丧事，辞官丁忧，回乡3年。

太平兴国八年（983年），陈洪进表投宋，愿献疆土归附，并乞求让他儿子陈文显留驻泉州，泉州百姓对此很不满。朝廷官员经过讨论，决定选择有能力的官员，去掌管那里的州郡政务，于是乔维岳被任命为泉州通判。

时当盗匪蜂起，泉州附近的仙游莆田县百文镇，有十多万闹事的人攻打莆田，可城中只有兵丁3000，众寡悬殊，形势万分危急。监军何承炬、王文宝2人，商议先把城里的百姓全部杀死，然后烧毁府库，弃城逃跑。乔维岳坚决反对，气愤地对他们说："朝廷寄以绥远靖边，今惠泽未布，民心不服，反以屠城对之，这岂是主上旨意?"何承炬等人只好继续坚守。时间不长，转运使杨克让率领福州军打败闹事的人，莆田这才解围。乔维岳受到朝廷褒奖，被升任为淮南转运副使、转运使。

淮河上游30里的山阳湾，水势汹涌湍急，运输船只经常沉没遇难。乔维岳上任转运使后，就规划疏通沙河故道，从下游到淮阴的磨盘口有40里远，他就在安北至淮澨的地方，建了5道河闸（五堰），凡超重的运粮船从这里经过，必须把超重部分卸下来才允许通过。当时，粮船经常遇到盗窃抢劫，运夫中也有人监守自盗。乔维岳采取在第3道闸门设卡的办法，严加防查。从第3道闸门到卡子有50步远，这50步远全部建有出厦的房屋，一方面供盘查人员休息，一方面作为超重粮临时储存的地方。同时在河堤上筑土垒石，用来固定河基。从此以后，航运畅通，各种失粮弊端也都消失了。

乔维岳建立的河闸有闸门，已经具有积水泄洪功能，这在全世界还是首创，比欧洲1375年建成的第一个船闸早389年（引自［美］罗伯特·K. G. 坦普尔著《中国：发明与发现的国度——中国的100个世界第一》，21世纪出版社，1995年）。

有一次，乔维岳去泗州观察断狱情况，发现有因执法者错断而导致囚徒死亡的。乔维岳责问执法的属官，属官自知获罪，就趴在地上哭泣说：我今获罪不要紧，可是80岁的老母亲没人奉养了，也没法活了啊。乔维岳同情他的孝道，就对他说："以后按朝制复查这案子时，你就说是转运使让这样判的。"后来那个属官果然没有获罪，但乔维岳却被罚赎金120斤，并被解除转运使职务，调往楚州任知州。后转任户部员外郎，兼度支判官。不久又回原所属的部曹任郎中，继而出任两浙转运使。其间，主持过怀州、沧州政务。

朝廷考核地方官员，有人说乔维岳在淮南有决狱不公允的事，知道事实真相的人，就出面为他辩解。太宗特加赏他为太常少卿，成了常驻京城的重要官员。京城里杂事多，乔维岳都能周详敏捷地评处，不论褒奖还是贬谪别人，都非常适宜。太子赵恒称赞他精明能干，继位（为宋真宗）以后，就任命乔维岳和毕士安共同掌管开封府，拜给事中（可出入宫廷）、知审官院。后来因为乔维岳身体肥胖，年龄也大了，进宫行礼很不方便，要求外调，遂出任海州刺史。咸平初年（998年），再调到吴中（今苏州）任知州。乔维岳平时有风湿病，皇上认为是他在吴中吃鱼蟹过多造成的，就把他调去安徽寿州，并派太医前去治疗。宋真宗咸平四年（1001年），乔维岳病逝，享年76岁。朝廷赠封他为兵部侍郎，丧葬费用全部由朝廷负担。

沈　伦

沈伦，字顺仪，五代时期出生于开封府太康县。原在嵩县、洛阳一带讲学，后汉乾祐年间（948—950）跟随白文珂镇守陕西。后经朋友宣徽使昝居润推荐给宋太祖，被聘为州级幕府，继任滑、许、宋3镇从事，掌管财务。宋太祖赵匡胤登基后，知其廉洁耿直，任为户部郎中。太祖建隆三年（962年）升给事中，四年任陕西转运使。太祖出兵讨伐四川，改为随军水陆转运使。成都攻破后，沈伦独居庙院，洁身粗食，拒收贿赂。东归时，只带图书数卷，别无他物。太祖得知，深为钦佩，即提升他为户部侍郎、枢密副使。太祖开宝六年（973年）任中书侍郎平章事、集贤殿大学士，兼管荆南、剑南水陆发运事。太宗太平兴国初年（976年），加右仆射兼门下侍郎，监修国史。后来太宗率兵赴太原，令沈伦留守兼理开封府一切事宜。回朝后论功行赏，又加沈伦左仆射。太平兴国五年（980年）监修《太祖实录》告竣，六年（981年）加开府仪同三司。七年（982年），因为他的同僚卢多逊犯罪，他没有及时察觉上报，降为工部尚书。不久，沈伦年老辞职，终年79岁。赠侍中，谥号恭惠。

沈　括

沈括（1031—1095），字存中，北宋钱塘（今浙江杭州）人，是北宋著名的政治家、科学家。他博学多闻，对文学艺术、历史、天文、地理、数学、物理等都有较深入的研究，并有所发现和发明。他编著的《奉元历》，其历法和现行阳历基本相同；他主持制作的河北地形立体模型，是地理学上的一大创举，比欧洲最早的地形模型还早700多年。

他是一个爱国主义者。宋神宗熙宁年间（1068—1077），他以大无畏的英雄气概，出使契丹，说服契丹停止侵略战争，取得了外交上的胜利；后又率师抗击西夏，收复失地多处。因作战有功，升任龙图阁直学士。

晚年失意，住在润州（今江苏镇江）的梦溪，致力于学术研究，写成了《梦溪笔谈》26卷，另有《补梦溪》2卷，《续梦溪》1卷。这些著作记下了他在学术方面的渊博知识和独到见解，如实展示了我国古代科技的发展状况，是我国宝贵的文化遗产之一。

沈括曾以龙图阁直学士判（宣抚）陈州（今淮阳县）。在陈，他关心民众疾苦，当时陈地百姓体弱多病，括曾与医家共采草药以治民疾。《梦溪笔谈》卷26有《采草药》一文。

苏　辙

苏辙（1039—1112），字子由，号栾城，晚年号颍滨遗老，宋朝眉山（今属四川）人，苏洵之子，苏轼之弟。宋仁宗嘉祐时进士，累官尚书右丞、门下侍郎。王安石变法初期，曾被任命为制置三司条例司的“检详文字”官，参与草拟新法。因与吕惠卿不合，对“均输法”也有意见，被免官。他在文学方面很有成就，与其父苏洵、兄苏轼并称“三苏”，为“唐宋八大家”之一。古人说他的文章“汪洋淡泊，深醇温粹，似其为人”。著有《栾城集》传世。宋神宗熙宁十年（1077年），苏辙出任陈州（今淮阳）教谕。他在《初到陈州》里写道：“谋拙身无向，归田久未成。来陈为懒计，传道愧虚名。俎豆终难合，读书强欲明。斯文吾已试，深恐误诸生。”

苏辙在陈州对陈州名胜游历殆遍，对西柳湖风景情有独钟，常到这里一处高台上读书作诗，并不断邀请其兄苏轼、张耒、李简夫等著名文人来此吟诗作画。

后人敬仰苏辙的文才和功绩，便在苏辙读过书的台上筑亭纪念。明宪宗成化六年（1470年），时任陈州知州的戴昕，重修八角琉璃亭，亭基为船形，象征“宦海扁舟”。从此，苏亭莲舫成为陈州八景之一。

苏舜元

苏舜元，字才翁，祖籍绵州盐泉（今四川绵阳），宋代定居京师（今河南开封市）。苏舜元的祖父苏易简，才思敏捷，以文章知名，太宗时进士第一。他的弟弟苏舜钦，即著名诗人苏子美。苏舜元为人精悍，尚气节，歌诗风格雄浑豪放；尤其擅长草书，为弟弟舜钦所不及。

苏舜元于宋仁宗嘉祐年间出任扶沟主簿。他在扶沟的情况历史记载不多。民间传说他曾在流经扶沟境内的蔡河岸边捐俸禄修建供奉观世音菩萨的白衣大士阁，以祈求保佑过往船只和百姓安全。另外还有一段文坛佳话流传。

《扶沟县志》载：当时扶沟县城东南隅，有一座有名的道观瑞云宫，后改名白鹤观，又名白鹤宫。规模很大，香火旺盛，闻名遐迩。有一年，他的弟弟苏舜钦到扶沟探望兄长。他乘坐的船只经过崔桥时，当地一位张姓士人慕名拜访。苏子美因而写了一首《舟至崔桥士人张生抱琴携酒见访》。到了扶沟县城，弟兄二人闲暇时，慕名到白鹤观游玩。有感于观内黄道士的热情接待，弟兄俩就写了一首《赠扶沟白鹤观黄道士诗》，由苏舜元题写在白鹤观墙壁上。

孙思恭

孙思恭，字彦光，邓州人。登第后任宛丘（今淮阳县）县令，后迁升转运使。因发生水灾为官府征役夫而没征到，弃官而去。后以吴奎荐，补国子监直讲。累官至天章阁待制。为人耿直，不怕得罪人，但也不与人计较得失，敏于事而慎于言，很受皇上信任。皇上欲有所创建，思恭必以密疏奏明皇上。大臣们议论说：皇上因政事暗访孙思恭呢。

田　京

田京（997—1066），字简之，世居沧州，后徙鹿邑。田京自幼聪敏，读书以刻苦用功闻名乡里。长大后，喜读兵书，通晓战阵，善于骑射。进士及第后，调为蜀州司法参军，后任秦州观察推官、秘书省著作佐郎、大理寺详断官、右谏议大夫。有吏能，以尚书工部侍郎致仕。

天圣六年（1028 年），李元昊叛宋，率兵攻占了甘州（今甘肃张掖）、凉州（今甘肃武威），刘平、石元孙惨败。侍读学士李仲容向朝廷举荐田京，说他知晓兵法，有才干谋略。仁宗召见田京，询问对边境防御的看法。田京作了一番议论，仁宗甚为满意，擢升田京为通判镇戎军。时，夏守赟为陕西经略使，推荐田任经略安抚判官。

后夏竦任西北枢密使，田京参与其军事谋划。一次翰林学士晁宗悫到军中问攻守对策，众欲举大兵进剿。田京说："西夏人不道好久了，不容易攻破。今欲驱不习之师，深入敌境，与之角胜负，此兵家所忌，师出必败。"有人曰："不如讲和。"田京说："敌兵未尝挫，安肯降我哉?"未几，元昊一边派黄延德叩延州乞降，一边出奇兵袭原、渭，大败宋将任福。夏竦素不悦京，借这次兵败，说田京谋敌不周，将其改任庐州通判，徙知邵武军，提点河北路刑狱事。田京上言："请择要官守沧、卫，凿西山石臼废道以限戎马，义勇聚教，复给粮，置卒守烽燧，用奇正法训兵，徙战马内地以息边费。"凡十余事，仁宗对此颇为心服，采纳了他的建议。

庆历七年（1047 年），河北涿县人王则在恩州城发动起义。田京缒城到恩州城南关外，入骁健营军中安抚士卒。有军兵焚烧民居欲应贼，田京捕斩之乃定军心。义军遣其党崔象伪出降，田京以其妖言惑众之名，又把他斩首示众，由是营兵 26 指挥在外者皆慑服，不敢叛。恩州南关，民众多如城中，得不陷贼，京有功焉。田京督士攻城甚力，义军拘囚了田京的妻、子和家人，押着他们登上城墙，向田京喊话："毋亟攻，城中将屠我辈矣!"军士们闻听后有所顾忌，怕伤及他们。田京大声呵斥，要军士们加紧进攻，众矢仰射，杀其家 4 人。义军看田京无所顾，乃杀其妻、子去。田京设计连日进攻城北牵制义军，以有利于在城南挖掘地道进入城中，然后挑选精壮军兵，在中夜时分由地道入城。官军入城后，义军用火牛阵向官军发起进攻，田京命令军士们用长枪刺中牛鼻，牛群返攻义军。义军猝不及防，慌乱溃散。王则令部下开东门逃窜，被官军捕获。历时 66 天的王则起义被平息。

参战诸将均以军功得到升迁，独田京却以不能预察贼而被谪。后来，御史言失察贼过轻，忘家为国义独重，乃徙京通判兖州。又徙知江阴军，知密州，历提点淮南刑狱事、京西转运使，累迁兵部员外郎、直史馆、知沧州转运使。

沧州地阔人稀，田京招集流民，分给田地，免除税租，由此增加 1.7 万户，成绩显著，特擢升为工部郎中。后来，田京被提拔为天章阁待制、陕西都转运使，迁兵部郎中、复知沧州，拜右谏议大夫、御史中丞。卒于任上。

田京博学多知，颇通兵战、历算、杂家之术；喜欢谈论时事，曾经写文章议论民生，洋洋千言，然语繁而迂；为人重气节，洒脱不拘，以"倜傥有大度"

闻名。

田京著有《天人流术》、《通儒子》十数书，又有奏议10卷。

田　瑜

田瑜，字资忠，宋代河南寿安（今河南宜阳）人。举进士，历任袁、郢、合3州军事推官，迁大理寺丞，知鹿邑县。累迁尚书司封员外郎、提点广南西路刑狱。

庆历中，区希范诱使溪洞环州蛮夷叛乱，皇上以田瑜熟悉南方情况，授瑜荆湖北路转运使。田瑜一边出榜招募民勇攻击叛军，一边督运粮饷屯守要冲，步步为营。叛兵见势，料无胜算，遂作罢。田由是徙两浙转运按察使。杭州龙山堤每年都决口，水浸民居，为害不浅。田瑜到任后，采取得力措施，将堤岸用石头垒砌，从此断绝水患，民皆称颂。遂加封直史馆、益州路转运使，改江、淮制置发运使，擢天章阁待制、知广州，累迁谏议大夫、权三司户部副使。

侬智高进犯邕州，田瑜向朝廷上书用兵破敌十策。照此，很快平息侬智高叛乱。皇上问其何以有如此良策，瑜具言南方地理、攻守事要，帝甚喜，授其广南东路体量安抚使。后回京，纠察刑狱，同判吏部流内铨，再授龙图阁直学士、知青州。时，城中有杀人投尸井中者，吏多以无人报案而不问，瑜则出重金悬赏捉拿凶手。不数日，邻州乡民将凶犯揪送青州。之后，田瑜立赏罚，定方略，大力捕盗惩凶，州遂肃然。徙知澶州，背生毒疮，不治而终。

万　适

万适（？—992），字纵之，自号遣玄子。陈州宛丘（今淮阳县）人。北宋隐士，六七岁即能作诗。及长，博览群书，精于《道德经》。淳化中，喜与韩伾等交游，酬唱多有警句。不求仕进，专以著述为务，有《狂简集》100卷、《雅书》3卷、《志苑》3卷、《雍熙诗》200首及《经籍括科讨论》40卷。

王　回

王回（1048—1101），字景深，仙游（在福建省东部，木兰溪上游）人。廉静好学，少事亲孝。宋熙宁六年（1073年）中进士，授江陵府松滋县令。荆、沔地区，有用人祭鬼的习俗，谓之采生，商旅不敢过，民生凋敝。王回捕治甚严，松滋风气为之改变。后改知鹿邑县。

王回在鹿邑期间，存心以公，莅事以勤，宽恤甲里，滞狱积案为之一清，政绩显著，年余旋调任他职。鹿邑百姓闻讯，争向朝廷状其治行，乞留者万余人。

王回与邹浩交往情笃。建中靖国元年（1101年），邹浩以谏事不妥，触怒皇帝，被谪，王回仗义替浩辩解，亦被罢官。后徽宗召浩入朝，奖叹再三，升监察御史。数日，卒于官，年53岁。

王　速

王逨（1116—1177），宛丘（今淮阳县）人。南宋史学家。宋高宗建炎年间（1127—1130），随其父王俣迁居浙江余姚，拿钱捐“仕郎”官职。后参加科举考试，中进士。曾任监察御史，权右正言。因直言论事触怒执政官员，调吏部侍郎，到任仅一日，降为鄂州知州。后死于国子司业位上。王逨平生勤奋好学，至老也不停止。文章仿效先秦诸子笔法，诗效法《三百篇》，书法仿钟繇、王羲之等人。著有《两汉决疑》。

王　俣

王俣，字硕夫，宛丘（今淮阳县）人。宋徽宗政和年间（1111—1118）举进士，官至两浙计度转运使。秦桧专权时，引退居家28年。秦桧死后，起任明州知州，旋授工部尚书。为官廉洁，史称“宋中兴名巨”。

谢　谔

谢谔（1119—1194），字昌国，南宋新喻县（今江西新余县）人，祖籍阳夏（今太康县）。谢安25世孙。自幼聪敏好学，每天背诵上千字的经书、古文，文章写得又快又好。宋高宗绍兴二十七年（1157年）中进士，调任峡州夷陵县（今湖北宜昌市东南）主簿。未及上任，因乐安县盗匪猖獗，命他暂兼乐安县尉。他向朝廷提出20条平匪策略，重点是让盗匪互相揭发检举，立功受赏。时间不长，首恶被抓，余众归服，社会安靖。当时金国时常派兵骚扰边境，朝廷提拔一批有政声的县官充实州府，谢谔被任为吉州（今吉安市）录事参军。

一年，吉州农业遭灾，粮食歉收，饥民万余人到知府衙门要求开仓放粮，大小官员手足无措。谢谔站出来主持放粮事宜，他用五色旗把饥民分成5部分，按次序依次到官仓买米，饥民很快平静下来。

吉州百姓陈氏，家童偷了他的箱子逃跑了，有人把其家童藏匿起来。陈氏将此事告到官府，把所失财物多说了些，藏其家童的人说陈氏栽赃陷害，州将龚茂良要治陈氏的罪。谢谔给龚茂良去信晓之以理，陈氏才得以解脱。龚茂良从这件事上认识了谢谔的为人。后来，谢谔调任袁州知府。宜县是袁州属县，比较富裕，该县每年都要往州府输送数十万斤粮食，另外还要加征钱2万多缗（一缗一千文）。谢谔把此事的不合理性通报给下属，免除了此项无理征收。

谢谔因母死离职服丧，继而又丁父忧。丧服期满后，被任为管理京城仓库的官，后又改任国子监簿，不久升任监察御史。在任期间他奏请免去袁州、秀州等地不少钱粮。谢谔为父母服丧期间也没有忘记国家政事，利用闲居之便创立《义役法》，编订成书，这时便上呈朝廷，颁布实行，百姓以为很合适。此后谢谔又改任侍御史，再升任右谏议大夫兼侍讲，主讲《尚书》。他对皇帝说："《尚书》讲的是治理国家的根本，所以学习五经应当重点学习《尚书》。"皇上说："我最喜欢伊尹、傅说两个人，他们所学的都是帮助国君治理国家的真本领。"谢谔接着说："伊尹、傅说固然有治国本领，但如果不是商汤、武丁（商朝第22代国王）信任他们，恐怕他们治国的本领也无从发挥。"当谈到宋国边境的事情时，皇上有利用可乘之机出兵北伐的打算，谢谔说："机会固然不可失去，要把握准它，但出兵的事也不能轻举妄动，一定得有充分的准备！"有一次皇帝问谢谔："听说你和郭雍经常交往，郭雍很有学问，他是否曾见过程颐呢？"谢谔回答说："郭雍之父名郭忠孝，曾拜程颐为师，郭雍从其父那里得到程颐学说的真传。"皇上遂封郭雍为"颐正先生"。

谢　绛

谢绛（995—1039），字希深，浙江富阳人，祖籍阳夏（今太康县）。谢安20世孙，谢涛之子。幼年时勤奋好学，善于言辞，能透彻地分析当时国家大事。因父亲的荫庇试秘书省校书郎，不久又考中进士，知汝阳县。因擅长为文，天子在金殿召对，被任为秘阁校理、同判太常礼院。母亲逝世丁忧在家，丧满后已是仁宗时期，升他为太常博士，出任常州通判。在任期间恪尽职守，为民请命。天圣年间发生灾荒，水灾、旱灾、蝗灾接连而至，黄河又在滑州境内决口，禾稼不收，田园成了一片水乡泽园，百姓纷纷外逃。谢绛上书仁宗，说是天象示警，天子应当下罪己诏；虚怀求谏，广开言路；朝野上下应重用贤良之臣，疏远奸佞之臣；同时停止那些不急之务，轻徭薄赋，取信于民。这样才能国祚长久，国运兴昌。仁宗认为他所说有理，便采纳了他的建议。他任祠部员外郎，主管集贤院期间，为照顾体弱多病的父亲，要求外放，朝廷让他担任河南府通判。他身在地方而心系庙堂。他上书天子，提出国家的职能是养百姓，要养育百姓须选择官吏，可让公卿大臣推荐州一级政权的长官，由州的长官推荐县令，允许州官便宜行事，如果他贪赃枉法，再严厉惩治。这个建议大胆而新颖，仁宗虽然采纳了，但未全部实行。后来仁宗另觅新宠，废黜冷落了郭皇后，谢绛赋诗讽喻，诗中引用了周幽王宠褒姒而废申后的故事，词恳意切，仁宗没有怪罪他。不久，谢绛升任三司度支判官。三司是主管国家财政的部门，谢绛在这个部门任职，便提出削减皇宫开支，朝廷不要滥加赏赐，宫廷之内要尽量节俭，以为全国百姓表率。谢绛曾出使过契丹，回朝后在邓州任过地方官。距邓州120

里有座美阳堰，可引湍河水浇田，但水源小，流量也不足，很难满足灌溉之用。堰的周围设有堤防，因修得不坚固，每年都毁坏几次。为修补堤岸，每年都要花去不少钱财。还有些老百姓为用水而扒堤，这样一来，本来是为灌溉而修的堰却起不到应有的作用。谢绛经过实地勘测，发现距域3里处有6个已淤塞的门堰，如果稍加疏浚，便可灌溉3万顷土地。于是他奏请开挖，得到上峰批准。可惜尚未竣工，谢绛就病逝于任上。时年仅45岁。

谢 贶

谢贶，陈州阳夏（今太康县）人。谢文瓘之子。宋徽宗宣和中（1119—1125），为驾部员外郎、知汝州。钦宗时上封事10篇，论事至切。出使金国还，提点京西北路刑狱。金兵犯汝州，贶自襄阳率兵往援，战死。

谢 麟（鳞）

谢麟（鳞），字应之，建州瓯宁县（今福建建瓯）人，祖籍阳夏（今太康县）。晋太傅谢安第18世孙，谢寔子。中进士后任会昌县令。当地有一百姓喝醉酒后与仇人打架，回家后被亲人杀死，他家便诬告是被仇人所杀。谢麟调查后，得知死者无子，他的亲族贪他的财产把他打死，并非仇人所杀。经过审讯，害他的亲人供认不讳，得到惩罚；被诬的“仇人”无罪放回。后调石首县当县令。这个县临着大江，江水经常泛滥，堤防损毁严重。于是他发动百姓用石头垒堤，江水不再泛滥，百姓都安居乐业了，人们称此堤为谢公堤。又调任辰州（今湖南沅陵）通判。大臣章惇奉命出使湖湘，新置了一个州叫沅州（今湖南芷江），推荐谢麟为太守，他由太常博士改为西上阁门副使。瑶民起义侵扰辰、谿二州，谢麟一面拘捕，一面招抚，很快使这一地方获得安宁。接着，朝廷又让他处理宜州獠人事件，招降4800人，安抚思广洞百姓1400户，获得铠甲2万副。朝廷赏赐甚多，加封果州刺史，知荆南泾、邠二州。元祐初年（1086年），他以朝议大夫、直秘阁的头衔担任潭州（今湖南长沙）知州，又加封直龙图阁。后调任江宁、凤翔，及渭、桂二州行政长官。融江有少数民族造反，谢麟率兵讨伐。士兵从北方来，不服水土，多亏谢麟部下有土人士兵，便派他们到南方打仗，而北方来的士兵只在附近屯驻，很多士兵得以存活下来。谢麟后来死于任上。

谢 泌

谢泌（948—1012），歙州歙县（今属安徽）人，祖籍阳夏（今太康县）。谢安第18世孙。少年时即胸有大志，注意砥砺操行。太平兴国年间进士及第，任大理评事。不久外放当了两任知县，回朝后任著作佐郎、殿中丞。他把自己所写的文章呈献给宋太宗，太宗知道他学问渊博，调他到国史馆做官。

太宗即位后，上书言事的人很多。太宗不胜其烦，告诉臣下，凡能证明上书不是希求升官发财者才能接受，否则一律拒收。上书的莘莘士子中自然有以此作为晋身之阶者，但也不乏忧国忧民之士；只有保持言路通畅，才能做到政治清明。谢泌认为太宗此举欠妥，马上上疏说：现在边境不靖，不可高枕无忧；百姓尚未安居乐业，更须从长计议。因此，即便是狂夫之言，陛下也该认真对待，从善如流。如果陛下一味拒人于千里之外，凡上书者都要寻根究底，问他是何居心，恐怕就没人敢上书了，真实情况陛下就听不到了。太宗觉得谢泌说得有理，就采纳了他的意见。

淳化年间，天旱成灾，谢泌上书议论朝政得失，说天灾是政治不清明所致。大臣王禹偁上书太宗，说宰相、枢密使不应接见宾客，以免贻误政务军务，谢泌激烈反对，太宗只得同意他的意见。皇宫准备斥巨资修缮正殿，谢泌认为奢侈过甚，应该节俭。太宗认为他忠心辅弼，升他为左司谏，赐钱30万，并在便殿召见谢泌，对他赞誉不已。谢泌说，陛下豁达大度，臣才敢不计得失，踊跃献言。唐朝时有个大臣叫孟昌图，早上上疏谏诤，晚上便被撤销了官职，这样一来，谁还敢说话呢？太宗听了这番话，很是高兴。太宗朝，谢泌不仅在朝中任职，还在地方上知过湖州、虢州。

赵恒继太宗即位，是为真宗。当时北方的契丹屡屡入寇。面对这一形势，大臣中意见不同，有主张迁都者，有主张和亲者，有主张割地者，还有主张多送金帛者。谢泌赞同寇準的意见，主张真宗应御驾亲征，这样既可表示朝廷的决心，又可鼓舞百姓的士气。至于和亲、割地、献金帛、迁都等意见，都有损泱泱大国的形象，绝不可取。谢泌理直气壮，得到了朝中多数大臣的支持。真宗听从了谢泌的建议，和辽打了平手，“澶渊之盟”才得以签订。谢泌任福州知府时，政绩不凡，很受百姓爱戴。离任时当地老百姓为他立了德政碑。

大中祥符五年（1012年），谢泌病逝，终年63岁。

谢　微

谢微（？—1053），泉州晋江（今鲤城区）人，祖籍阳夏（今太康县）。谢安第20世孙，曾祖谢瑫在唐朝为官，因避黄巢之乱定居泉州郡北门。

谢微于大中祥符年间考中进士，历任抚州临川令、漳州军事推官。知龙溪县时，那里滞狱甚多，一些不合情理的苛捐杂税压得百姓喘不过气来。谢微到任之后，处理久拖不决的冤狱，轻徭薄赋，风气一新，百姓感戴。迁广西容州北流县知县。那里的仓库年久失修，县衙等公廨也破敝不堪，谢微都一一修葺一新，吏民称便。知雷州军（今广东海康）事时，那里荒远偏僻，生活贫困，百姓没有读书的习惯，家家都目不识丁。谢微先修了孔子庙，在那里办学，鼓励农家子弟到此读书，并亲自去那里讲课，从此结束了雷州老百姓不知读书的历史。若干年后，雷州人还对这位关心百姓命运的父母官赞不绝口。雷州有个大土豪叫李郁，他在筑城时得到一枚古印，用古印伪造假田契，百余家的田地都被讹诈到他的名下，百姓为此打了几十年官司，但都未打赢。谢微一上任，便有人来告状。经过调查，得知李郁作恶多端，即将他拘捕，并亲自审问。李郁不得不从实招供。当时李郁已年纪老迈，按律条可以用金钱赎罪，但他民愤太大，谢微严厉惩治了他；被他霸占的田地一一退还给原主，百姓无不拍手称快。通判福州时，福州有巨盗出没，扰乱了百姓的正常生活，好几任官员都无能为力。谢微决心除恶。他命人悬巨盗的画像于大街小巷，让人辨识，最终将巨盗一网打尽。知广州时，他制订公平的贸易政策，使当地和外来客商都有利可图。知建州（今福建建瓯）时，勤理狱案，重教轻罚，牢内几无囚徒。知海州时，曾对儿子说：谢氏居闽未有出仕者，我从州县起家，自大理寺丞八迁至尚书职方郎中，朝廷感我功著，赠你祖父都官郎中，祖母为长寿县太君，这已是无上光荣了。我当官39年，没有一点过失，实在是谨慎小心所致，你们要记住我的话。

谢　绪

谢绪，祖籍陈郡阳夏（今太康县）。东晋名相谢安第28世孙，谢明远之孙，谢孟第4子。性格刚毅正直，从小就志向不凡。他痛惜宋朝将亡，读书却不出来做官，在祖坟的金龙山顶上建亭隐居，此亭因能望见东山上的白云，故名望云亭，今旧址还在。宋度宗咸淳七年（1271年），两浙发生了饥荒，百姓忧愁不已，谢绪便散家财赈济穷人，下墟湾的百姓才安然渡过灾荒。咸淳十年（1274年）秋八月，大雨连绵，天目山发生滑坡，大水淹了临安，余杭等县百姓淹死甚多。苕、谿两地居民忧虑焦急，谢绪和百姓会合在一起，哭着说：天目山是临安的主山，天目山崩塌，宋朝就危险了。不久，宋朝灭亡，谢太后被俘北上。谢绪叹息说，活着不能报效朝廷，吃元朝的俸禄是个耻辱，便写了一首诗说："立志平夷尚未酬，莫言心事付东流。沦胥天下谁能救，一死千秋恨未休。湘水不沉忠义气，淮淝自愧破秦谋。苕谿北去通胡塞，流此丹心灭虏酋。"写完便跳水而死。当时水势滔滔，高约丈余，似愤怒之状，大家都感到惊奇，便在他的祖茔灵惠庙立像祭祀。尸体葬于金龙山麓。

谢　炎

谢炎，字华南，北宋苏州嘉兴县人，祖籍阳夏（今太康县）。谢安后裔。北宋较有影响的文学家。其父崇礼，曾任泰宁军书记。谢炎自幼热爱文学，尤其喜欢读韩愈、柳宗元的文章。他的文章与当时另外一个青年文学家卢稹齐名，世人称之为“卢谢”。卢稹性格温和，谢炎性格急躁，但是他们两个却很合得来，是很要好的朋友。宋太宗端拱初年（988 年）二人同榜中进士，谢炎任昭应主簿，后来连任华容、公安二县县令。有文集 20 卷传世。

谢道清

谢道清（1210—1283），浙江天台人，祖籍陈郡阳夏（今太康县）。谢安后裔，谢深甫孙女，谢渠伯之女。宋理宗赵昀皇后。谢深甫为相时，曾帮助杨皇后立为太后，杨太后对此心存感激。理宗即位挑选皇后时，杨太后吩咐从谢家女子中挑选。道清入宫前皮肤黑，眼睛也看不见东西，入宫后患了一次病，皮肤蚕蜕，变得白嫩晶莹，光滑细腻，眼睛也被御医治好了。当时竞争皇后的还有大将贾涉之女。她貌美但举止轻浮。理宗想立她为后，但杨太后坚持谢女端庄稳重，应主正宫。大臣们也说，不立真皇后，难道要立个假（贾）皇后吗?理宗不敢违拗杨太后之命，只得立谢道清为皇后。贾涉之女被立为贵妃，甚受理宗宠爱，谢道清毫不嫉妒。贾妃死后，理宗又宠爱阎贵妃，谢道清仍不计较，理宗对她甚为敬重。

理宗末年，蒙古兵大举南侵，理宗想丢掉临安，迁都庆元（今浙江宁波）。谢道清认为，此时迁都，必然动摇民心，对抗击蒙古入侵不利，要他慎重考虑。理宗这才打消迁都的念头。度宗赵禥即位，谢道清成了皇太后，她的祖父、父亲都追赠了官爵。度宗当了 10 年皇帝便撒手而去，瀛国公赵㬎即位，是为恭帝。恭帝年幼，体弱多病的太皇太后谢道清不得不垂帘听政。当时战事频繁，国家财政拮据，谢太皇太后下令节约开支，她自己也带头节俭。宰相贾似道指挥无方，兵败还朝，大臣们要求对他治罪。谢太后说贾似道是三朝元老，应留一点情面，只削了他的官职。后来在流放中被人刺杀于漳州木棉庵。元军压境，朝中大臣纷纷逃走，有的甚至让人弹劾自己，奏疏刚递上去，他本人就逃得没有踪影了。谢道清不得不在朝堂上贴出告示说：我大宋立国 300 多年，待士大夫不薄。如今国难当头，你们大小臣等不能设谋救国，反而钩心斗角，争权夺利，敌军未到，便弃印逃跑，死后有何面目见先皇于地下！今日天命未改，凡忠心为国者，可提升一级官职，凡玩忽职守者，御史台要立即上报，一律严惩不贷。但是宋朝大势已去，没有人肯听她的话了。当时丞相王伦年老昏聩，陈宜中、留梦炎等为争权夺利吵闹不休，张世杰兵败焦山，朝中一片混乱。陈宜中不告而辞，谢道清给陈宜中之母写信，以大义相责，陈宜中才回朝，但仍无所作为。元军破常州，谢道清派陆秀夫议和，但无结果；陈宜中要求迁都，谢道清不允；

陈宜中痛哭流涕陈述迁都的好处，谢道清只好应允。谁知次日启程时，陈宜中又不见踪影，谢道清一怒之下，不再迁都。景炎元年（1276 年），谢太后命陈宜中向元请求称臣，陈宜中不肯前往。她哭着说，只要能保全社稷，即使称臣也在所不惜。元军迫近临安（今浙江杭州），陈宜中借口搬取救兵，逃到了现在的越南。宋军主力已经被歼，元军驻扎钱塘江畔，谢太后计无所出，只得偕恭帝投降。她和恭帝、全皇后等先后均被押往大都（今北京市），后来便悄然死在那里。终年 74 岁。

谢德权

谢德权（952—1010），字士衡，福州人，祖籍阳夏（今太康县）。谢安之后。其父谢文节是南唐战将，以骁勇著称，因拒宋师，战死鄂州（今湖北武昌）。谢德权曾任南唐后主李煜的庄宅副使。李煜降宋，德权也跟随到了京都开封，任殿直陕西巡检。咸阳浮桥年久失修，无法使用，德权奉命修复。他察看情况后，先运土填实两岸，以石头砌成石槽，然后将河中铁牛系上铁链，在石槽上铺上竹子，一座浮桥便修成了，既节约材料，又坚固耐用，得到好评。真宗咸平年间，宜州（今广西宜山）的少数民族发生暴乱，朝廷命谢德权随大臣陈尧叟前往招抚。谢德权不畏劳苦，冒着生命危险深入到少数民族居住区，找到他们的头领，宣传朝廷恩德。他耐心细致地百般晓谕，当地少数民族首领终于被他的一片至诚所感动，决定化干戈为玉帛，归顺朝廷。回朝复命后，又奉命提点京城仓草场。这座仓草场修建多年，地下潮湿，粮草发生了霉变。谢德权检查之后，命人用砖垒成一二尺高的平台，把粮草屠放在平台上，从此再无粮草变霉腐烂的事情发生。不久，朝廷又命谢德权负责拓宽京城的狭窄街道。要拓宽街道，只有拆毁临街的房屋，但这些房屋多属权贵之家，他们对此甚为不满，纷纷向真宗告状，真宗下诏停止拆迁。办事认真的谢德权上奏真宗说，拓展街道是利民的大事，不可半途而废，遭人议论。臣既奉命办理此事，也不愿虎头蛇尾，草草收场。现在从中作梗的都是那些戚畹权贵，只因此举损害了他们的房屋财产，没有别的原因。真宗听他说得有理，便批准了他制订的京城街道拓展方案。

咸平年间，北方的契丹准备牧马南下，攻打宋朝。谢德权奉命修筑蒲阴（今河北安国）等地城墙。谢德权经过调查之后，向真宗建议说：看现在的形势，契丹人必然南侵，我方应做到有备无患。边境之兵屯聚一处，不便往来策应，应分兵扼守镇州（今河北正定）、高阳（今河北蠡县）、天雄（今河北大名）等处，同时修缮澶州（今河南濮阳），以防备契丹军的突然袭击。真宗肯定了他对局势的分析，让他速回蒲阴修葺城墙。果然，不久契丹兵就到了蒲阴。

因宋方已有准备，契丹方面未捞到便宜。宋真宗在寇凖劝说之下御驾亲征，前往澶州，谢德权认为天子亲往前线有危险，建议不要渡河北上。真宗到达澶州后，他又赶去护驾。“澶渊之盟”后，谢德权回到京城，朝廷又让他率领民工治理汴河。汴河是开封的一条重要河流，经过多次疏浚。但以前修浚时，主管官吏不够重视，只是派民工把沙子挑到河岸上，到了汛期，水势增大，沙子又流到了河内，河道马上淤塞。如此循环往复，汴河的问题不仅没解决，反而情况更糟了。谢德权在调查的基础上，重新拟定了方案：河底的沙全部运出，直到见河底的硬土为止；沙子不准倒在河堤上，要运到河堤以外。检查堤岸时，他派人用大铁锥测试，凡铁锥能扎入者，说明堤岸夯土不实，要追查有关人员的责任，不少官员因此受到惩罚。他又在两岸栽种了树木，一是加固了堤防，二是美化了环境。经过这一次疏浚，汴河很长一段时间没再泛滥过。

真宗准备到泰山封禅，命他与刘承圭预算费用；并任他为供备库使，先修缮玉清昭应宫。刘承圭提出了一些劳民伤财的意见，谢德权恐怕百姓劳役过重，表示不同意，但刘承圭却坚持己见。谢德权见无法合作，又回到了京城仓草场。后来他又主持了金水河的治理工程，经过疏浚，河水清澈，岸柳成行，绿荫婆娑，成了京师一景。大中祥符年间，谢德权出任泗州（今江苏泗洪东南，盱眙对岸）知府，卒于任上。终年59岁。

谢方叔

谢方叔（？—1272），字德方，威州（今四川汶川）人，祖郡阳夏（今太康县）。谢安后裔。南宋宁宗嘉定年间考中进士，任监察御史。监察御史的职责是扶正祛邪，使政治清明。他上书皇帝，要天子纳谏：凡有人进忧危恐惧之言的，必定是忠臣；凡是要天子安逸享乐的，必定是奸臣。又规劝天子，锦衣玉食时当思念两淮辗转沟壑的饥民，夜夜笙歌时要想想四川堆积如山的白骨。宁宗看了，甚为感动，不断升迁他的官职。大臣徐元杰被人暗杀，有关部门缉捕凶手不力，方叔上书请天子加紧捉拿凶犯，以慰死者于九泉。他又举荐朱熹的门生吕焘、胡安定等人为官，辅佐朝廷。由于谢方叔为国尽忠，办事认真，很受天子嘉许。他的官职也就扶摇直上，当上了参知政事（副宰相），不久晋升为左丞相兼枢密使。

宦官卢允升、董宋臣很受理宗宠信，他们气焰熏灼，干预朝政。理宗装聋作哑，熟视无睹。谢方叔作为宰相，自然不能不闻不问。他让监察御史洪天锡弹劾董宋臣等人，奏章递了上去，理宗却留中不发。大宗正寺丞赵崇璠说谢方叔身为宰相，处理不了此事是失职，方叔无言以对。不久洪天锡被免职，引起了朝野正直人士的愤怒，纷纷上书朝廷，抨击董宋臣等人。董宋臣等仗着天子的宠信，收买一些人制造舆论，说洪天锡上书是受谢方叔的指使，将洪天锡免职也是他的主意。谢方叔孤立无援，只得请求辞职，理宗罢免了谢方叔的宰相职务。董宋臣等仍不罢休，收买太学生林自养，让他上书天子，请求杀掉谢方叔。消息传开后，国子监的学生们出于义愤，集体上书天子，要求治董宋臣等误国殃民之罪。理宗知道谢方叔无辜，让他去提举洞霄宫。宫观官只拿俸禄，没有一点实权。尽管如此，董宋臣等仍不放过他，指使人继续弹劾他。结果谢方叔连宫观官也丢了，被贬谪到荒凉偏僻的广南（今广东广州一带）安置。

景定年间，谢方叔上书要求致仕。理宗览奏，知道他无辜，不禁动了恻隐之心，颁诏恢复他的官职。但还未落实，理宗便一病不起。度宗即位后，谢方叔携带一琴、一鹤和一粒金丹入朝进献，表示自己已皈依道门，无意复出。但奸相贾似道唯恐他有朝一日再入朝为相，威胁自己的地位，便指使人弹劾他，要求褫夺他的官职和封爵。幸亏制置使吕文德为他说情，力保他忠于朝廷，才幸免于难。致仕后病死家中。

谢枋得

谢枋得（1226—1289），字君直，号叠山，信州弋阳（今江西弋阳）人，祖籍陈郡阳夏（今太康县）。谢缵 30 世孙。自幼聪慧，每观书五行俱下，一览终生不忘。为人豪爽，喜直言，以忠义自诩。南宋宝祐四年（1256 年）中进士，与文天祥同科。因在对策中抨击了宰相董槐、宦官董宋臣祸国殃民的罪行，得罪了权奸，被录取在乙科，授抚州（今属江西）司户参军，掌管户籍、赋税和仓库。他不愿干这种琐碎事务，不久即挂冠而去。次年再次参加考试，中兼经科，被分配到建宁府（今福建建瓯）任教授。还未到任，适逢宰相吴潜宣抚江东、江西，知道谢枋得才干过人，便调他到幕下干办公事。他组织饶（今江西波阳）、信（今江西上饶）、抚（今江西抚州）3 州地方武装，及当地邓、傅两大姓的兵丁，共万余人守卫信州。他本是不谙韬略的书生，守住城池理应受到表彰，但蒙古人退走后，宰相贾似道为了陷害忠良，竟在诸路推行打算法。所谓打算法，就是查处为支付抗元战争费用而动用了国库钱粮的各路将领，一大批人因此获罪，不得不破产还债，有的人还身陷囹圄。谢枋得气愤不已，上书贾似道说："千金而募徙木，将取信于市人；二卵而弃干城，岂可闻于邻国？"这才得到豁免。景定五年（1264 年），谢枋得主持建康府的考试，以贾似道平日所作所为当题目，说"权奸擅国，天心怒，地气变，民心离，人才坏，国有亡征"。贾似道大怒，将他降两级，贬谪兴国军（今湖北阳新）。信州知州冯梦得知道他是忠臣，没有为难他，派人抚恤他的家属，让他自己到贬所报到，3 年后才遇赦放归。贾似道见他是个奇男子，派人拉拢他，被他拒绝。

元世祖忽必烈即位后，频频进攻南宋，南宋节节败退。咸淳九年（1273年），守御襄阳（今湖北襄樊）的宋朝统帅吕文焕降元，领着元军顺长江东下，黄州（今湖北黄冈）、蕲州（今湖北蕲春）、九江（今属江西）、安庆（今属安徽）相继降元。德祐元年（1275年），贾似道被贬出朝，谢枋得始得复出，被任命为江东提刑、江西招谕使，知信州。景炎二年（1277年）初，枋得在安仁（今属江西）、信州打了败仗，背负母亲逃走，以图再举。这年二月，元军攻入临安，南宋实际上已经覆亡。枋得国破家亡，无处栖身，流亡福建建阳，以卖卜为生。他的妻子李氏携熙之、定之2子逃往贵溪（今属江西）丛林中，以摘野果、采野菜为生。后被元兵发现，拘捕于金陵（今江苏南京）狱中。元朝大臣、集贤殿学士程文海向世祖忽必烈推荐谢枋得才堪大用，但谢枋得拒做贰臣，辞官不赴。不久，元朝福建行省参政魏天佑强行将他押往大都（今北京市），威逼利诱他为元朝服务。谢枋得毫不屈服，在北上时写诗明志："云中松柏愈青青，扶植纲常在此行。天下岂无龚胜洁，人间何独伯夷清？义高便觉生难舍，礼重方知死甚轻。南八男儿终不屈，皇帝上天眼分明。"降元的留梦炎使人端来了饭菜，枋得掷之于地，绝食5天后，壮烈殉国。他一家满门忠烈，叔父徽明代理当阳（今属湖北）县令，为抗元兵而壮烈捐躯。枋得之母被元兵拘系，逼她写信劝儿子投降，她以死相拒，元兵只得释而不问。其妻李氏貌美，与两子系于金陵狱中，一将官欲纳以为妻，李氏义不受辱，解带自缢。谢枋得著述甚丰，诗文俱佳，后人辑有《叠山集》，至今犹存。

谢皇后

成肃谢皇后，祖籍阳夏（今太康县），其先祖移居丹阳。谢安后裔。因父母早亡，被翟姓人家收养，改姓翟。成年后被选入宫，宋高宗宪圣太后把她配给普安郡王赵昚（高宗养子），封咸安郡夫人。孝宗赵昚即位（1163年）后，晋封为婉容，次年封为贵妃。成恭皇后死后，皇后的位置空缺。淳熙三年（1176年）她被立为皇后，恢复谢姓，其亲属有10人受到封赏。孝宗把帝位传给光宗赵惇以后（1190年），谢皇后尊号为寿成。孝宗死后，尊为皇太后。宁宗庆元初年（1195年）改尊号为惠慈。嘉泰二年（1202年），又进尊号为慈佑太皇太后，次年病故，谥号成肃。

谢皇后生性俭朴仁慈，因同情羊，所以不吃羊肉。每次吃饭必让皇帝先吃，一件衣服竟穿十几年。其弟谢渊被封为武翼郎，谢太后曾告诫他说："皇上崇尚谦恭俭朴，我也亲自洗衣，你应该时时谦逊，避免骄横奢侈。"后来谢渊历任阁门宣赞舍人、果州团练使、莱州防御使、保信军节度使等职，又加封太尉、开府仪同三司。谢皇后生前遗诰给谢渊钱10万贯、黄金2000两、田地10顷，这些钱仅运输费用1天就要1万贯。

谢景初

谢景初（1020—1084），字师厚，号今是翁，宋杭州富阳人，祖籍阳夏（今太康县）。谢绛长子。仁宗庆历六年（1046年）进士。知余姚县，禁民私煮盐，以增课税；又筑海塘以御潮。历通判秀、汾、唐、海诸州，迁湖北转运判官、成都府提刑。神宗熙宁初，上疏反对青苗、免役等法，遭劾免。博学能文，尤长于诗。有《宛陵集》传世。

谢景温

谢景温（1021—1097），字师直，宋杭州富阳人，祖籍阳夏（今太康县）。谢绛次子。仁宗皇祐元年进士。历京西、淮南转运使。因与王安石善，骤擢为侍御史，诬劾苏轼以迎合安石。后知潭州，时章惇开五溪，景温协力拓筑，以功进拜礼部侍郎。哲宗元祐中，历知永兴军、河阳。卒年77岁。

谢景之

谢景之，祖籍阳夏（今太康县）。谢缵28世孙，曾祖父谢闿，同知台州府事，遂居临海县之下渡，宋赠秦国公。祖父谢颜，宋赠富国公，娶柯氏，赠楚国夫人。父亲谢诜，赠太师、齐国公。母亲解氏，赠齐国夫人。景之生在累世簪缨的家庭，而且幼时聪颖好学，为官清正廉洁，后又因曾孙女道清为南宋理宗皇后，被追封为秦国公、鲁王、卫王，授一品官位。其有两子，长子润甫，官中散大夫；次子深甫，官至宰相。

谢克家

谢克家（？—1134），字任伯，上蔡（今河南上蔡县）人，祖籍阳夏（今太康县）。谢缵25世孙，谢诰孙，宋进士谢良弼次子。宋哲宗绍圣年间进士。历知平江府、徽猷阁学士知泉州，颇有政绩。入朝任吏部侍郎，兼太子詹事，迁兵部尚书，充龙图阁待制。宋高宗建炎四年（1130年），以礼部尚书迁中大夫，任参知政事（宰相）。次年，罢参知政事，以资政殿学士提举洞霄宫。高宗绍兴初，寓居临海。

谢良佐

谢良佐（1050—1103），字显道，祖籍阳夏（今太康县），移居上蔡（今河南上蔡县）。谢缵24世孙。著名理学家。

北宋理学家的代表人物程颢、程颐二兄弟兴学扶沟时，青年时代的谢良佐也慕名来到扶沟，拜师于程颢，后卒业于程氏门下。与游酢、杨时、吕大临同为程门高徒，被称为“程门四子”、“程门四先生”，是上蔡学派之祖，时称“上蔡先生”。

谢良佐少年聪颖，博闻强记。刚到扶沟见程颢时，程颢就对他人说，此人经过拓展，大有希望成才。一次在谈话中间，程颢所举史书，良佐背诵如流，不遗一字。程颢赞叹道：有才能呀！记忆这么多！为此，他抄写了一本五经语录，自以为博学多才，常常引经据典，谈个不休。于是程颢纠正他说：“足以记忆何多，亦可谓玩物丧志。”谢良佐听到这句话，感到惭愧，面发赤红，当即表示要改正缺点，虚心学习。程颢说：“这就是羞恶之心。”于是，程颢就用“静修”的办法，给谢良佐制造一个艰苦的学习环境，把他安置在书院旁边的一座破屋子里，冬天下雪没有煤炭取暖，夏天下雨屋里漏水，晚上没有蜡烛，白天连饭也吃不饱。可是，他仍然不抱怨叫苦，还是一个劲儿地学习，经过一段时间的考验，程颢对别人说：“此秀才展拓得开，将来可望。”

谢良佐深得宋代理学修身之法：读书、静坐和反省。他曾向老师程颢请教，如何做到心口相应，程颢说：“且静坐。”于是，良佐就时时静坐。良佐学习努力，每当有理会未透彻的时候，他的脑门就出汗，殚精竭虑弄懂、弄通，程颢说他“不会之处要弄精也”，愤悱如此。良佐勤于思考，对问题考虑深刻透彻，程颢常说：“杨时之学会得容易，谢良佐之学如水投石。”良佐修身甚谨，时时反省自己，处处克制自己，孜孜以求，强力不倦。他每天记日记，对所做之事经常反思。日常言行皆用礼仪约束，如果违背了礼仪，就自己制裁自己。良佐说：“要克制自己，必须从本性最难克服的地方克服。”良佐认为修身的最大障碍在于“矜”。刚愎自用、自欺欺人的心态，骄傲自大的气势，皆是由矜引起的。与程颢相别一年后相见，程问他一年来有何进益，良佐说：“唯去得一‘矜’字。”此事成为千古佳话。良佐为人诚笃，品德高尚。于得失泰然，于势利泊然，平生未尝冒犯别人，亦不奉承权贵。后来在书局时，也不拜见执政大臣。

离开扶沟，谢良佐参加过太学考试，中举人，元丰中进士。在应城（今属湖北）等州县做过地方官吏。后来调到京师做官。应徽宗之诏对策，言论不合天子心意，被贬谪到西京（今河南洛阳）管理竹木场。满腹经纶，竟然无用武之地，良佐心中甚为不快。他说话上蔡口音太重，因此引起别人误会，竟被投入狱中。后来虽然获释，但已无官可做，只能归家为民。他读书甚多，且过目成诵；与别人谈话时，引经据典，竟至一字不差，甚为世人佩服。他的性格比较急躁，一件事办不完，便急得汗流浃背。士子讲究的是临危不乱，遇事从容，谢良佐的这种表现，不免被人嘲笑。崇宁二年（1103年）卒，时年53岁。著有《上蔡语录》、《论语说》3卷行世。

谢渠伯

谢渠伯，字元石，祖籍陈郡阳夏（今太康县）。谢缵30世孙，谢深甫次子。南宋右丞相。其女道清被封为皇后、太皇太后，垂帘听政。渠伯后因女贵，被南宋理宗封为侯丈太师，禅为魏王，官居正一品高位。卒后，追赠为忠烈公，谥恭简。又敕建香火院，赐额延恩寺。

谢深甫

谢深甫，台州临海（今属浙江）人，祖籍阳夏（今太康县）。谢安第26世孙。南宋宰相。自幼颖悟，嗜学苦读，为防疲倦，常把头放在水瓶下面，让凉水滴在头上。其父谢景之临终前对其母亲说，此子将来定会光大我家门庭，你无论如何也要供他读书。他的母亲对他督导甚严，深甫终于没有辜负母亲的期望，在南宋孝宗乾道二年（1166年）进士及第。

初入仕途，谢深甫任嵊县（今属浙江）尉，负责维持治安。一天他外出公干，见路旁有一具尸体，一个老太太哭着诉说，死者是她的儿子，外出佣工，被主人打死。深甫观察老太太并无凄楚之情，心中不免有疑。后来终于找到了老太太的亲儿子，弄清了事情的原委。原来是两人有矛盾，其中一人给老太太银钱，让他诬告另一个。人们都很佩服谢深甫的观察分析能力，被人誉为有廊庙之才。他任浙江考官时，不拘一格，广招贤才，凡德才兼备者都被录取。时人称赞他说，考官代代都有，但像谢深甫这样独具慧眼的考官还不多见。后来他又去处州青田当知县，政绩也很优异。朝中大臣交章推荐，孝宗在临安宫召见谢深甫，对大臣说，谢深甫应对得体，有古代贤士之风，前途不可限量啊！遂留他在朝中为官。不久浙东大旱，谢深甫奉命前往赈灾。他体恤民情，躬亲考察，订立条规，严防贪官污吏克扣粮食，终于使160多万灾民保住了性命。

谢深甫是一位有真知灼见、忧国忧民的政治家。针对南宋官员蝇营狗苟、不思进取的状况，他上书天子，提出在任命官员之初，就考察他有什么才能，适宜做什么官职，创造条件以发挥他的才干，多做栽培工作，不要使人心灰意懒，感到沮丧。天子很欣赏他的见解，任命他为给事中。他还当过临安府尹。任满上朝谢恩时，光宗对他说，管理京城的官不好当，有许多官员职务都比府尹大，不好管。管得严了会使人无所措手足，百姓也大受其苦，太宽了又容易产生徇情枉法之徒，只有你任府尹时一切措施都恰如其分。

谢深甫认为，当官者须具备一定的才能和实践经验，如不具备这些条件而仅凭个人好恶升擢官职，一则对朝廷不利，二则会助长奔竞之风。有个叫陈源的人，罢官已久，通过贿赂活动，竟然有了转机，有关部门又要起用他。深甫上书光宗，要求查办此事，使陈源未能得逞。还有一个叫张子仁的被任命为节度使，谢深甫认为他才能不够，多次给光宗上书，光宗终于收回了成命。后来天子只要任命官员，都要征求谢深甫的意见。

宁宗庆元年间，谢深甫任参知政事（副宰相）。太监王德谦恃着天子恩宠，竟想出任节度使，谢深甫上书宁宗，提醒他不要重蹈徽宗宠爱童贯导致北宋灭亡的覆辙。宁宗思虑再三，把王德谦逐出了朝廷。庆元五年（1199 年），谢深甫被任命为丞相，封鲁国公。此时有个叫余嘉的人上书言事，说朱熹、蔡元定的理学是“伪学”，两人是“伪党”，应该治罪。此人想哗众取宠，一鸣惊人。谢深甫气愤地将表章扔在地上，对朝中的文武大臣说，朱熹、蔡元定不过是讲解自己的学说而已，何罪之有！余嘉小子是个狂妄之徒，咱们应该奏明皇上，将他逐出京城，以儆效尤。谢深甫晚年以少傅致仕，其孙女谢道清为理宗皇后，追封他为信王，谥惠正。

谢文瓘

谢文瓘，字圣藻，北宋开封府太康县人。谢安 21 世孙，谢履正之子。进士及第后，任大名府教授。他出仕后正值王安石变法，他不理解，但因官职低微，未敢公开反对。王安石罢相，他对王安石变法中的弊端提出自己的意见，有人说他是诽谤朝廷，应当治罪。幸亏宋神宗理解他，说他只是对下边执行新法的人提出批评，并非全盘否定变法。哲宗即位，他任过秘书省正字、考功员外郎之类的小官。徽宗赵佶即位后，谢文瓘任起居舍人、给事中。徽宗命人修撰《神宗宝训》，这涉及神宗一生中的方方面面。谢文瓘提出，《神宗宝训》中要体现皇帝的主要方面，不要事无巨细，主次不分，一一录入。辽道宗耶律洪基病逝，按照惯例，宋朝应派人吊唁，谢文瓘奉命前往。进入辽境后，谢文瓘命从人一律换上辽人服装，以示悼念之意。尊重辽国风俗，这本是密切宋辽关系的明智之举，但谢文瓘回朝后，却有人弹劾他自作主张，讨好辽国，结果受到处分。崇宁年间，谢文瓘出任濮州（今山东鄄城北）知州。当时新党得势，他们以维护变法为借口，打击与自己政见不合的官员，把元祐年间主张废除新法者均列为“元祐党人”，对他们残酷迫害，甚至株连子孙。有许多所谓“元祐党人”被流放到南方的瘴疠之乡。谢文瓘因在元丰年间怀疑过变法，又给反对变法的大臣吕公著写过信，也被列入了“党人”名单中，先贬谪到邵武军，再让他去处州。徽宗查看“党人”名册时，勾掉了谢文瓘的名字，任命他为集英殿修纂、知济州府（今山东巨野）。病死任上。

北宋神宗熙宁年间，谢文瓘曾回老家谢家堂拜谒祖先。当看到始祖谢缵墓碑破坏严重，若不及时修补，必然颓圮不存，其当即决定按旧碑重新刻石，只添上“后裔宋进士谢文瓘重刻”10字。谢缵墓碑现为周口市重点文物保护单位，是谢姓流传最久的文物。

阎士安

阎士安，除州宛丘（今淮阳县）人。北宋画家，医学家。官任四门助教。善画墨竹及草树、荆棘、蟹燕、蒲藻等。为人疏荡嗜酒，精通医术。

晏　殊

晏殊（991—1055），字同叔，抚州临川（今江西抚州）人。殊生性聪颖，宋真宗景德初年（1004年），殊13岁，以神童召试，赐同进士出身。宋仁宗庆历四年（1044年）官至集贤殿大学士，同中书门下平章事兼枢密使。在政治上虽无甚建树，但他特别重视并积极推荐人才，如范仲淹、富弼、欧阳修、韩琦等均出自他的门下。他在文学上贡献也很大，他是北宋前期较早的词家，词的内容多反映富贵悠闲的诗酒生活，受南唐冯延巳的影响很深。虽然所写词的内容有时单调，但是他工于造句，词语雅丽，笔调闲婉，音律谐适。死后谥元献，有《珠玉词》、《晏元献遗文》传世。

晏殊与陈州很有渊源，据《淮阳县志》记载，晏殊曾3次出任陈州知州。宋仁宗庆历八年（1048年），晏殊以故相之尊移知陈州，于陈州西园开辟隙地种植莎草，观花养鸟，饮酒赋诗，并作《庭莎记》一文，叙写自己“偃藉吟讽，无施不谐”的闲适自得之情。

杨　时

杨时（1053—1135），原字行可，后因犯友人父讳，改字中立，号龟山先生。北宋延平府南剑人（今福建省将乐县），杨时祖籍河南，系东汉太尉杨震第34世孙，后因世乱定居延平。

杨时幼颖悟异常，能属文。稍长，心仪经史。少年时到扶沟求学，专门投于著名学者程颢门下，与游酢、吕大临、谢良佐为程门四大弟子。杨时研习理学虚心刻苦，程颢非常喜欢他，认为杨时能弘扬自己的学说。程颢常说：“杨时之学会得容易，谢良佐之学如水投石。”因此杨时学成回归时，程颢目送他远去，感慨地说："吾道南矣！"

熙宁九年（1076年），杨时进士及第，调官不赴，继续师学于程颢。程颢去世后，又学于程颐。一天，游酢和杨时冒着大风雪来拜见夫子程颐，正好程颐瞑目而坐，游酢与杨时不敢打扰程夫子，毕恭毕敬侍立旁边守候，等程夫子醒来时，门外积雪已一尺厚了，这就是"程门立雪"的故事，千古流传，成为尊师重教的佳话。扶沟县大程书院里的立雪讲堂，就是因此而得名的。

后来杨时历任浏阳、余杭、萧山三县知县，多有惠政。高宗时，官至龙图阁直学士，致仕后优游林泉，以读书讲学为事。他是北宋时代的鸿儒，被东南学者奉为"程氏正宗"。朱熹、张式的学部，都出于杨时。杨时著有《龟山集》28卷行于世。高宗绍兴五年（1135年）卒，终年82岁。谥文靖。

杨仲元

杨仲元，字舜明，管城人。进士及第后调任宛丘主簿（掌管文书的官吏）。时天大旱，收成锐减，上征税，民诉说旱情，太守说："邑未旱，是狡猾的差官教你们如此说的。"仲元说："田野里旱得不长青草，大人整日足不出户，所以不了解旱情，只要你到郊外看一看就知道了。说有狡猾的差官并非别人。其实就是我吧。"于是太守减免了赋税。仲元做官50年，不曾因个人恩怨加于人。法有两端，必以轻对人，并说：我以此救国也。

姚　晔

姚晔，乳名蔼，今商水县化河乡姚桥村人。少年时，家境贫寒，全家4口人仅有河滩地2亩，衣食不济，赖父亲木工手艺、母亲纺织过活。他少有宏志，决心走仕进之路；父母也望子成才，节衣缩食，供他读书。19岁时，他中秀才，22岁乡试中举人，大中祥符元年（1008年）殿试状元，授著作佐郎。其间，在国史撰写上，他十分谨慎，用词恰切。后有《艺藻篇》刻印本流传民间。卒于职，葬于祖业地（河滩地）。一子名仲孙，宋仁宗时中进士，后迁升龙图阁学士。

姚仲孙

姚仲孙，北宋淮宁府商水县（今商水县化河乡姚桥村）人。其父姚晔是北宋大中祥符年间状元，官为著作佐郎。仲孙早孤，其母将其养大，考中进士，官历三司至龙图阁学士。

姚仲孙，终生孝母，性正直，为官勤政务实。中进士后，被补任许州（今许昌市）司理参军，为一名掌管狱讼的职官。在任职期间，有一案与知州王嗣宗认识相悖。有民妇马氏，丈夫被人暗杀，马氏状告是本村里长所为。状述“里长常有求于我夫，均被我夫拒绝，怀恨在心，报复杀人”。经州衙拘捕审理动刑，里长认服，仲孙疑其枉，知州王嗣宗怒责仲孙说：“你敢以身担保里长不是凶手吗?”仲孙未直接应答说：“幸亏尚未处决，望能得到缓办。”事经两月，果然抓到真凶，里长被平反释放。此事为上所知，升仲孙为邢州（今河北邢台市）推官（勘问刑狱的官)。不久迁升资州（今四川省资阳县）转运使（宋代转运使职权扩大，兼理边防、治安、巡察钱粮，成为州府以上官职)。朝廷下诏，命仲孙前往富顺监（宋代行政区划名，在矿产、铸钱、产盐等地设置监治所，富顺监在川南，隶属于路）审察疑狱案。仲孙依据案发原委，理清主从，按情节轻重，免刑释放数十人，上报结案，疑案得平。仲孙升为大理寺丞。后知建昌县（今西昌县在川南)。此处高峻多山，是通往云南边境的要地，是宋代的置军县，也是山茶运往内陆的通道。这里夏秋多雨，茶运客商常在此露积于道，茶叶多为霖潦霉变所坏。仲孙了解到这一情况，发动当地吏民，输山木就道旁高阜处建仓，使茶运客商遇雨有处避藏，免受损失，也给当地带来收益，吏民赞颂不已。不久调任彭州（今四川省彭县）通判。

彭州在成都平原内陆北侧，长期无战乱侵扰，故州民防范意识懈怠。仲孙据当时宋朝北面契丹大军压境、西面党项羌人的西夏政权不断犯边，教育当地官吏要居安思危，不可松懈兵备。并向朝廷上疏前世御戎料敌之策《防边龟鉴》，不久调任滁州通判。

滁州（今安徽省滁州市）在安徽东部，时年境内岁旱成灾，饥民遍野，人心慌乱，已有外出逃难者。朝廷有诏，已同意开官仓赈民，因州衙主吏对灾情严重性认识不足，限时限量，才引起人口外流。仲孙到任，立劾主吏，夜索丁籍，以户籍人口定量下发到户，安定了民心。朝廷嘉许，升任仲孙为尚书户部屯田员外郎。

尚书是皇帝身边的文书，仲孙任职后，知道了一些宫廷内幕。原仁宗皇后郭氏，在后宫见尚、杨二美人同仁宗嬉戏，低声骂了两句。尚美人听见后反唇相讥，郭后气愤难忍，走上前去给尚美人两记耳光。尚美人随身倒向仁宗怀里，郭后不肯罢休，又上前打时，尚氏一躲，郭后出掌难收，打在仁宗脖子上，现出两道红痕。仁宗大怒，赶走3人，气犹未息。宦官阎文应见状，添油加醋地说：“百姓之家女人尚不敢欺夫，皇上居然被打伤，成何体统。”仁宗说：“你去召吕（夷简）丞相来。”阎文应本来与吕丞相是同伙，与郭后有隙，二人借机对郭皇后落井下石。仁宗在说了事情经过后，让吕丞相看了伤痕，问该怎么办。若丞相出于公心好言化解，仁宗不致废后，因皇后不是有意打皇上的。吕丞相却说：“皇后太属无礼，不足母仪天下，以臣愚见，只有废除。”他见仁宗有些迟疑，又说："把陛下打成这样子，还算无罪吗?"仁宗这才下废后的决心。于明道二年（1033 年）把郭皇后废为尼姑，迁居长宁宫修道。郭后被废，尚、杨二美人更为得宠，同仁宗 3 人荒淫无度。不出多时，乐极生悲，仁宗卧床难起，不能进食。宫中群议汹汹，归罪于尚、杨二美人。在杨太后参与下，将尚、杨二美人赶出宫门，废为女道士。经过这一周折，仁宗又开始想念郭皇后了，经常派人去慰问，并互通诗文，感悔往事。这一切当然瞒不过宦官阎文应的视线。阎怕郭皇后回宫会对自己不利，在仁宗斋宿太庙之际，贿赂太医，药中施毒，引起郭皇后暴亡。仲孙数其罪白于仁宗，避免了已是泰州兵马钤辖的阎文应回朝任都知。

仁宗把朝中很多要事交给仲孙管理。他以起居舍人主持谏院，管理国子监；以尚书户部员外郎兼侍御史，知朝中杂事。谏院是掌管规谏朝政缺失的官署，时有谏议大夫 12 人，都是朝廷以序进方式从职高年长官员中选定的，仲孙认为这样不妥，需要改革。他向仁宗建议说："今诸寺卿至前郎中，尚有 35 人，贴近职者，犹不在数。若以年劳授之，数年后谏议大夫益多，认识更难一致。今后选任应以才、望之臣任之，其余次补卿监。"这样提高了谏议大夫的品位，增强了工作效率。仲孙还提出，为使用人上公平公正，可通过考查，第列三等升黜之。仁宗即诏仲孙司考课之法。仲孙已历三司要职，授衔为天章阁待制（学士、直学士、待制均为文官正式官职之外的衔号，并非实职），让其出使河北都转运使。他到任后，针对北部西辽契丹政权大军压境，大修城垒，搞兵备，受到仁宗赐诏书褒扬。继而澶州（今濮阳市濮阳县）水涨河坏，仲孙亲自登堤指挥清障固堤。权知大名府（今河北省大名县东），夜领禁军塞金堤通河道，因措施及时得力，是岁澶、魏二州虽遭大雨大水，但未造成大灾，民心安定。仲孙因此升迁礼部郎中，龙图阁学士。他又奉命以三司使赴西北备边，募兵屯田，储草积粮，以备战用。朝廷在经济上大力支持，仲孙悉心管理运作，虽病未曾误事。后因小吏诈为文书获罪，出知蔡州（今驻马店市汝南县）。

游　酢

游酢（1053—1123），字定夫，北宋福建建阳阳禾平里（今建阳市麻沙镇长平富垄村）人。元丰五年（1082 年）中进士，宋代理学家、教育家、书法家、诗人和闽学宗师。学者称廌山先生、广平先生。

游酢自幼聪颖好学，经书看过一遍就能熟记在心，倒背如流；所交皆天下士，与兄游醇均以文章和品行知名。熙宁五年（1072 年），游酢在京城（今河南开封市）上太学时，理学家程颢、程颐弟兄一见到他，就认为可以担当传承道统重任。后来，程颢调任扶沟知县，筹备设立学校，派人迎请游酢到学校赴职，并任其为扶沟县教谕。在扶沟，他得理学真传，与杨时、吕大临、谢良佐并称程门四大弟子。在程门四大弟子中，只有游酢是被二程邀请来扶沟职掌学事而又师学于二程的。他一面担任学职，一面受业于程颢，以虚心灵利高才而见称。一天，游酢和杨时冒着大风雪去拜见夫子程颐，正好程颐瞑目而坐，游酢与杨时不敢打扰程夫子，毕恭毕敬侍立旁边守候，等程夫子醒来时，门外积雪已一尺厚了。这便是“程门立雪”的故事，千古流传，成为尊师重教的佳话。扶沟县大程书院里的立雪讲堂，就是因此而得名的。游酢、杨时学成南归时，以师礼见明道先生，程颢目送之曰：“吾道南矣!”从此，二程的理学传播到东南各省，传播到福建，同时形成了独特的闽学体系。

离开扶沟后，游酢历官监察御史，知汉阳军及和、舒、濠州。游酢一生品行纯正，高风亮节，处理政务，得心应手。在任期间，足迹所到之处，百姓拥戴犹如父母。他一生著述颇丰，主要著作有《中庸义》、《易说》、《诗二南义》、《论语·孟子杂解》、《文集》各1卷，被学者尊称为廌山先生，谥文肃。南宋宝祐三年（1255年），理宗皇帝写诗称赞游酢：“皇天眷命，泰运南旋。祈我邦国，亿万斯年。伟哉圣道，光载南传。允矣君子，德业精专。春光融融，秋月娟娟。泰山之峻，河海之渊。先生风教，丽日中天。四方其训，朕有赖焉。”

殷崇义

殷崇义（954—996），五代后周西华县人。文圭子。官居右仆射、同平章事，司空知左右内史事。博学能文章，朝中书檄诏诰，皆由其撰。周世宗常称赏之。国亡入宋，因避太宗赵光义讳，改姓汤，名字改为悦。

张 耒

张耒（1054—1114），字文潜，号柯山。淮阴（今江苏淮阴）人。张耒幼年聪明好学，而且极有文学天赋，13岁能写文章，17岁时写下名著《函关赋》。青年时到陈州（今淮阳）游学。时任陈州学政的苏辙很爱他的文才，就把他推荐给其兄苏轼。于是，张耒就拜在苏轼门下，成为“苏门四学士”之一。苏轼很欣赏张耒的文学才华，对他的文章有极高的评价，称为“汪洋冲淡”，有一唱三叹之声。

张耒年及弱冠（不满20岁）就考中了进士（神宗熙宁六年进士），经范存仁推荐任史馆检讨。哲宗绍圣初年（1094年），以龙图阁直学士的身份出任润州知府。因参与新旧党争，被贬谪到黄州任酒税官。宋徽宗即位后被召还京师做太常太卿。不到数月，又外出做颍州知府。张耒在颍州听到苏轼的讣告，身着孝服私下离任为苏轼举哀奔丧，得罪朝廷。后因谏官为之申辩，用为房州别驾（州刺史的佐官）。5年后辞官自便，在陈州定居，自称为“宛丘居士”。

张耒身材伟岸，仪表丰美，擅长诗词歌赋。居陈时，苏轼、苏辙、黄庭坚、晁补之等相继辞世，张耒便成为文坛泰斗，前来受教的文人才俊络绎不绝，张耒每天载酒肴与他们畅饮并交流写作心得。张耒教人作文以说理为主，写诗务求平淡易读，效仿唐朝诗人白居易的诗风诗体，而乐府词则仿效唐朝诗人张籍。

张耒因年纪轻轻就丢了官职，仅在陈州闲居，生活越发贫困。陈州郡守翟汝文欲为张耒购置些田地家产，被张耒谢绝。到晚年，他监南岳庙，主管崇福宫，61岁卒。宋高宗初年（1127年）赠集英殿修撰。

张耒平生著作颇丰，有《宛丘集》、《张右史文集》传世。

张　先

张先（990—1078），字子野，宋代吴兴（今浙江湖州）人。天圣二年（1024年）进士，知鹿邑县。历任宿州掾、吴江知县、嘉禾（今浙江嘉兴）判官。皇祐二年（1050年），晏殊知永兴军（今陕西西安），先辟（帝王召见并授予官职）为通判，后以屯田员外郎知渝州，又知虢州。以曾任安陆知县，故人称张安陆。治平元年（1064年），以尚书都官郎中致仕。

张先一生安享富贵，诗酒风流，颇多佳话。好友苏轼赠诗“诗人老去莺莺在，公子归来燕燕忙”，为其生活写照。据传张先在80岁时仍娶18岁的女子为妾。一次家宴上，苏轼赋诗调侃：“十八新娘八十郎，苍苍白发对红妆。鸳鸯被里成双夜，一树梨花压海棠。”

张　咏

张咏（946—1015），字复之，濮州鄄城（今属山东）人。宋真宗时进士。先为崇阳令，又两度知成都，再是金陵留守，枢密直学士。大中祥符四年（1011年），因3次弹劾丁谓、王钦若，触圣意，被外放知陈州（今淮阳县）。

他刚直不阿，治政崇尚严猛，恩威并施，主张臣子应“廉不言贫，勤不言苦，忠不言己，效公不言己能”。张咏个性还颇有些怪异。他自号“乖崖”，拿他自己的话说：“乖则违众，崖不利物。”实际上，他是一位难得的好官。

张咏爱憎分明，有着非同一般的个性表现。任崇阳令时，他曾亲手执铡，将一偷窃库银并傲慢的库吏斩之阶下；知成都时，他给一名老母有病的差役一个俸禄较好的职事，以资助；他手下有一参军不肯见他，张咏很生气，那参军献上一首诗，其中有“秋光却似宦情薄，山色不如归兴浓”之句，张咏看后大加赞赏，转怒为喜，走上前去握着那参军手说：“部下有这样的诗人，我却不知，这是我的不是。”于是待为上宾。可见，张咏不仅能诗，而且善鉴赏，并重视人才，十分难得。他被调任金陵留守期间，范延贵押兵路过金陵，张咏问范，在境内是否见过好官？范说萍乡知县张希颜是个好官。张咏问何以见得？范说所见萍乡境内驿站、桥梁、道路修整完好，荒地得到开垦，田地里农民勤奋，集市上无赌之人，买卖无争吵，晚上更鼓分明，可见治理得法，当是好官。张咏听后大笑道："张希颜固然是个好官，由此看您也是一个好官。"当即，张咏就把张希颜、范延贵一起作为贤能推荐给朝廷。

张咏在陈州任官约有4个年头，表现不凡。其时，朝中小人丁谓以怨报恩，将忠良之臣寇准流放至雷州，并迫害致死。噩讯传到陈州，张咏顿时伏桌大哭了一场，大骂丁谓缺德。张咏自知祸将临头，就请了当地3个大财主与他赌博，赢了一大笔钱。他用这笔钱购置了田宅和奴婢，整日歌舞，不理政事，以此自损，示人堕落，因而躲过了丁谓的加害。大中祥符八年（1015年），张咏在陈州临终前再次上疏真宗皇帝："国家不应大兴土木，劳民伤财。此属奸臣丁谓诳惑陛下所为。乞求斩丁谓，悬头国门以谢天下；然后再斩张咏之头，置丁门以谢丁谓。"真宗皇帝感叹张咏之忠，赐谥忠定。

张咏死后葬于淮阳。《淮阳县志》载："张咏卒后，葬于今县城西北柳林集北，今墓不存。"

赵志忠

赵志忠，原名赵英，辽代契丹人。曾任契丹史官、中书舍人，因得罪辽兴宗耶律宗真，遂于宋仁宗庆历元年（1041年）八月归宋，更名赵志忠（或作"赵至忠"）。英宗治平三年（1066年）前后担任开封府扶沟县知县。赵志忠归宋后撰有多种介绍辽朝情况的杂史、笔记、舆图等，其中最重要的一种是嘉祐二年（1057年）四月献上朝廷的《虏廷杂记》10卷。宋人有关辽朝的许多知识都来自于此书。

赵志忠任扶沟县知县期间，就曾和在陈州（今淮阳县）任上的范镇通信讨论过契丹人起源的"青牛白马"问题：起初，有一名男子乘骑着白马，一名女子驾骑着灰牛，两人相遇于辽水河畔，遂结为夫妇。生下8个儿子，8个儿子后来成为8个部族的首领，其中一个儿子即大贺氏，是契丹人的祖先。

后来，范镇和宋敏求奉诏编纂《仁宗实录》时，曾将赵志忠所述的"青牛白马"传说写入《仁宗实录·契丹传》里。后虽被删去了，但"青牛白马"的故事却流传下来，故事的原创应是当时的扶沟知县赵志忠。

周 元

周元，大约活动于北宋仁宗、英宗、神宗年间。他与司马光系同年进士，中进士后曾被朝廷授予职方郎中之职。后于宋仁宗嘉祐年间出任扶沟知县。据明清《扶沟县志》记载：他在任上对扶沟百姓颇有惠政，而且很有文才，能写诗作文。虽然他在扶沟任职年份已无法考证，但他在扶沟却有一段文坛佳话流传至今。

在他任扶沟知县之前，北宋著名书法家苏舜元在扶沟任主簿时，他的弟弟著名诗人苏舜钦（即苏子美）因来扶沟探望兄长，到扶沟县城著名的白鹤观游玩，有感于观内王明志骑鹤成仙的故事，就写了一首《赠扶沟白鹤观黄道士诗》，由苏舜元题写在白鹤观墙壁上。若干年后，周元任扶沟知县，听说了这件事，也慕名到白鹤观游玩，看到壁上苏氏兄弟题诗已日久漫灭，不可辨认，就命人认真查访，终于在民间得到了完整的全诗。于是，他就到京城（今开封市）向同年进士司马光及欧阳修、韩琦等征求和诗。于是司马光就写了《苏才翁子美有赠扶沟白鹤观黄道士诗，记于屋壁。为此，今县宰周同年得完本于民间，抵予求诗》。司马光在诗里写道：

潦倒黄冠无足论，白头嗜酒住荒村。
狂名偶为留诗著，陈迹仍因好事存。
金石锵洋虚殿寂，龙蛇洒落古墙昏。
飞黄灭没浮云外，疲马何能望骏奔。

欧阳修也写了《扶沟知县周职方录示白鹤宫苏才翁子美赠黄道士诗，并盛作三绝见索拙句为四韵奉酬》一诗：

能棋好饮一道士，醉墨狂吟二谪仙。
道士不闻乘白鹤，谪仙今已拚黄泉。
古来豪杰皆如此，谁拂尘埃为惆然。
华发郎官才调美，更将新句续遗篇。

和诗中以魏国公韩琦的《和周元郎中扶沟白鹤观诗》最为时人称道：

二苏遗迹匿仙局，贤宰重来为发明。
字久半随风雨驳，气豪犹入鬼神惊。
直疑鸾凤褰云去，不假江山到地清。
人对盛时须自勉，洒毫颠草尚垂名。

当时就有人写诗话记道："畿邑扶沟有白鹤观，苏才翁子美壁间留题二绝。周元郎中知是邑，爱之，作是记其美，公卿和者，韩卫公诗最佳。"

这些著名文人的和诗，在当时就传为佳话。

朱　弁

朱弁（1085—1144），字少章，号观如居士，南宋文学家，婺源（今属江西）人。建炎二年（1128年）自愿使金，以诸生补修武郎，藉右武大夫、吉州团练使，擢任通问副使。随王伦赴金，被拘不屈，留16年，至绍兴十三年（1143年）方南归。其侄孙朱熹写有《奉使直秘阁朱公行状》（《朱文公文集》卷98）。

朱弁自幼聪颖乐读，性格耿直。20岁左右，他离开家乡，来到了京城（今河南开封），认识了著名学者、宫学教授晁说之。晁说之致仕后定居于东里（在今新郑市），有一次朱弁去拜访他，说之一见大喜，将自己的侄女许配给了朱弁为妻。朱弁结婚后，便与妻子晁氏在曲洧购置田园安家。曲洧又叫曲洧池，是春秋时期的一座古城池，汉朝和魏晋时期，曾在这里设新汲县，后来撤销并入扶沟。其遗址就在今扶沟县西南柴岗乡汲下村东。在曲洧，朱弁就两件事：读书和从事农事。种粮种菜，养鸡养鸭，春种秋收，静心耕读，悠然自得。

朱弁酷爱梅花，在曲洧特地开辟了一处梅园。他的好友韩景文听说后，特地给他送了4棵椒萼梅、绿萼梅，并说："将来有一天我来这里拜访少章先生，不用通名报姓，梅花就是我们的通报人！"朱弁特别喜爱这两种梅花，专门修筑了绿萼亭。

朱弁经常坐在绿萼亭里，一边赏梅，一边读书，他酷爱读书到了痴迷的程度。有一年夏天，朱弁和儿子把地里收获的麦子晒在场上。麦子摊开以后，他拿起一本书坐在亭子里读了起来，不知不觉整个身心都进入到了书里，就连一场瓢泼大雨来到，也没有察觉。直到儿子惊慌地叫他，才赶忙弃书收拢麦子。结果，辛辛苦苦打下来的麦子，被一场暴雨冲走了许多。晁说之有一首《朱少章曝麦为雨所漂》的诗记述此事。

在曲洧，朱弁依然与京城和洛阳、许昌、新郑等地的文人经常来往，特别是与晁说之这样的学贯古今的大学问家来往，见闻日广，加上他在京城东京的亲历亲见亲闻，他把这些东西一一记录下来，写成了10卷的笔记体书籍。里面记述了上至皇亲贵族、王侯将相，下及文人学士、黎民百姓的生活，如宋太祖、宋仁宗、宋神宗、王安石、苏东坡、司马光、邢和叔、寇准以及奸贼蔡京、童贯等人的佚事。资料翔实丰富，是一部不可多得的宋代史料。因为这部书是在曲洧这个地方写成的，朱弁便把书名定为《曲洧旧闻》。

后来，金人大举入侵中原，朱弁的妻子晁氏和儿子，都不幸死在兵荒马乱之中。再后来，宋室南迁，朱弁任南宋修武郎，累迁右武大夫、吉州团练使、河东大金军前通问副使等职。在出使金国期间，他不辱使命，表现了坚贞不二的节操和品质。回到临安，却因为奸相秦桧的忌妒，未能受到重用，忧郁而死。

金元时期

阿　李

阿李（？—1287），亦名阿力，全称穆罕默德阿李（原明碑刻为：阿合马阿李），波斯你沙不儿人，纳丹部落酋长，信奉伊斯兰教。

蒙古国太祖十四年（1219年），蒙古大军攻克你沙不儿，强征你沙不儿各部落加入“探马赤军”。经数十年的西征后，纳丹部又被签发到中原戍守。世祖至元七年（1270年），该部在阿李的率领下，移驻淮阳、沈丘一线屯田牧养，阿李住项城东郊（今沈丘县城东关大什字）。在此他亓凿一口四方沿井，众称“四沿井”，井下挖有一条通往沙颍河的军事地道，作为逃生或传递情报用。这口井直到20世纪80年代初，还是当地群众的饮用井，现古井尚存。

世祖至元十年（1273年），忽必烈下诏：“令探马赤军随地入社，与边民等。”据沈丘至元清真古寺《重修清真寺碑记》载：“殆世祖忽必烈至元十年，驱使被征服回疆及波斯人移入中原，以波斯人穆罕默德阿李为首，驻屯古项之秣陵（项城县治所时称秣陵，即今沈丘县城槐店回族镇）。”自此，阿李部由军转民，留居沈丘。由于自身民族文化及宗教习俗的需要，阿李率众在西天寺西侧（今东门里临河一带）创建了豫东地区第一座麦斯吉德教坊（即清真寺），该寺明初移建今址。2000年9月25日，该寺被河南省人民政府列为省级重点文物保护单位。

阿李率族众在沈丘入社为民后，垦荒耕田，发展生产。作为沈丘回族的早期先民，为开发建设沈丘作出了贡献，当年所建的清真古寺和四沿井等古迹，而今已成为沈丘的历史文化遗存，见证着沈丘的历史进程。

察罕·帖木儿

察罕·帖木儿（？—1362），字廷瑞，元代沈丘人，系出北庭。曾祖阔阔台，元初随军至河南，祖乃蛮台，父阿鲁温，皆家沈丘。察罕幼年好学，曾应进士举，颇有时名。身长7尺，修眉覆目，左面颊上有3根毛发，一发怒则毛发皆直。元至正十二年（1352 年），红巾起义军首领刘福通兵起汝宁、颍州后，占领江淮诸郡，元顺帝派兵镇压，成效甚微。此时察罕联合罗山李思齐组织民团对抗义军，并攻克罗山县城。元顺帝闻讯大喜，遂封李思齐为汝宁府知府，察罕为达鲁花赤。察罕与红巾军多次交战，兵力日渐扩大，旋逾万人，自成一军，屯沈丘。至正十五年（1355 年），刘福通率部西移，攻陷邓州、许州、洛阳。察罕驱兵跟进，相峙于虎牢。刘福通北渡孟津，进军覃怀（今河南焦作），河北震动。察罕奉命进击，在河州击败红巾军。元顺帝嘉其功，授察罕中书刑部侍郎阶中议大夫。次年升中书兵部尚书阶嘉议大夫，后以功加封中奉大夫。至正十七年（1357 年），红巾军出襄樊，破商州，攻武关，直趋长安，占领同华诸州，三辅（陕西中部地区）震惊。察罕又领兵入潼关进击义军，多获胜，被授为陕西行省左丞。至正十八年（1358 年）五月，刘福通攻破汴梁，建造宫殿，选定日期，迎接另一支红巾军首领韩林儿“称帝建都”。次年五月，察罕发秦晋之兵进攻汴梁。掠取外城后，察罕命诸将环城筑垒，围而不攻。3 个月后，察罕侦知城中粮尽，遂令攻城。至夜城破，刘福通保护韩林儿败走安丰。察罕镇压义军有功，晋升为河南行省平章政事，兼知河南行枢密院事，陕西行台御史中丞。河南既定，察罕以兵分镇关陕、荆襄、河洛、江淮，而以重兵屯太行，营垒旌旗相望百里。察罕训练士卒，务农积谷，复谋进击义军。

至正二十一年（1361 年），义军攻占山东，元将田丰投降义军。六月，察罕自陕抵洛大会诸将，率各军分兵 5 路，向山东水陆兼进。因知田丰久居山东，颇有实力，遂下书招抚。田丰惧于大军压境，遂与王士诚归降察罕，东平、济宁不战而取。此时义军主力集聚济南，察罕分兵出击，略泰安，逼益都，北取济阳、章丘，中取濒海郡邑，察罕亲率大军进逼济南，攻围 3 月破城而入。察罕因功被封为中书平章政事，兼知河南、山东行枢密院事，陕西行台中丞。

至正二十二年（1362 年）六月，田丰与王士诚再谋反元，将察罕诱至田丰营内杀死。元顺帝哀叹说：“察罕死，天下无人矣！”追封察罕为颍川王，改谥忠襄。封其父阿鲁温为汝阳王，后又晋封为梁王。

冯梦弼

冯梦弼，字士启，元代扶沟县人。据《五杂俎》卷 15《事部三》记载：元朝初年，他奉命担任云南宣尉司令史。上任以后，一天夜晚，他要到云南某地处理紧急公务，需要连夜动身前去。他的当地同事都劝他说：“到某地必须要经过一条河流，这条河里近来出现了一个妖怪，往往夜间出来拦路吃人。那个地方的官府报告说已经吃掉好些人了。只有白天经过那里才平安无事。不如明天白天再动身前去。”冯梦弼听了不以为然，坚持前行。

当天夜里，冯梦弼和随从来到那条河边，正要渡河，月光下河里突然风浪骤起，哗啦一声，从河里钻出一个怪物，眼睛像两只灯笼大小，幽幽闪着绿光，嗎嗎向人们扑来。众人一见，个个心惊胆战，魂飞魄散，不敢前进。梦弼毫无惧色，大步径直走到怪物面前，厉声说道："我冯士启，本是中原扶沟县人氏。奉皇上之命到此做官。如果命该绝于此地，请把我吃掉，不要伤及他人。如果我命不该绝，请让路容许我前去处理公事，且不容许你在此地害人。"那怪物听了梦弼一番言语后，两只眼的绿光渐渐暗淡下来，身子一点点缩小，直到像一只普通的狗那么大，然后一步一步退到河里不见了。从此，此怪物竟然绝迹，行人夜行不用担心受到危害了。

后来，冯梦弼做官一直到工部尚书之职。

冯梦周

冯梦周，字士可，元代扶沟县人。至正九年（1349 年）曾担任新昌（今属浙江）知州。他性喜读书，终日手不释卷，常对人说："岂可一日无此？"

冯梦周曾出资建立许昌颍昌书院，并向书院捐书达万卷之巨。据郑元祐《颍昌书院记》载：该院为冯梦周所建，梦周"平日捐金以购买之书，自六经传注子史别集，以至稗官杂说，其为书凡若干万卷，亦归之书院，师生有欲借之者，则具姓名列书目，而以时谨其出纳"。于此可知，该院不仅藏书数量达数万卷之多，经史子集稗官杂说皆有，品种齐全，而且已形成专门的借阅制度。

致仕以后，他在家乡专门建造了一座藏书楼，置书数千卷，以读书自娱。冯梦周乐于助人，他常常把自家的藏书用于资助家乡缺乏书读的贫苦寒士。凡是向他借书的人，他让家人登记下借书人的姓名、书目册数。借书人还书时，再把姓名注销，但从不催促借书人还书。冯梦周性情宽厚仁慈，对于借书人读书时不慎把书损坏的，从来不要求赔偿，即使借书不还的，也从来不去追问，家人有时埋怨，他淡然一笑说道："他不还自然是书对他有用，还是让这本书在他那里起到应有的作用吧。"对于书中有缺漏者，他一一补辑完好以待乡亲借阅。他的举动得到了乡亲们的交口称赞。

冯梦周博学善文。著有《积善篇》、《续积善录》2 书，书中列出了人们生活处世中应该戒绝的 14 种弊行，全是警世劝世要语，当时就传诵广泛。可惜此书没有流传下来。此外，冯梦周还支持吴县人温怀仁于至正九年刊刻完成《太上感应篇》。

韩元善

韩元善（？—1352），字大雅，元朝太康县人。由国子监生出任新州判官，历任江南行台监察御史、吏部尚书、佥枢密院事等职。元顺帝至正三年（1343年）升中书参知政事；五年（1345年）任大司农卿，不久出任江南御史台中丞、燕南肃政廉访使；九年（1349年）任中书左丞，掌管军事机密和朝中政务。十一年（1351年），丞相脱脱上奏朝廷："韩元善和韩镛都是汉人，军机大事不宜让他们掌管，应使其退避。"因此朝廷便派韩元善去彰德（今河南安阳）任职。十二年（1352年），韩元善同御史大夫也先铁木儿统兵讨伐汝宁，至卫辉，突然病发而死。

胡闰儿

胡闰儿（？—1338），陈州（今淮阳县）人。元末河南农民起义军首领。胡闰儿年轻时酷爱武术，擅长使棒，人称"棒胡"。

元朝末年，政局动荡，灾荒不断，农民起义军蜂起。胡闰儿利用传教的形式组织灾民，鼓动反抗元朝。元顺帝至元三年（1337年）二月，胡闰儿率众在汝宁信阳州（今信阳市）发动起义。首先，义军攻克归德府（今商丘市），继而攻占陈州、鹿邑等州县。胡闰儿自称是李老君的太子，用弥勒佛的图案做旗帜，拟定了年号，把义军的大本营屯扎在杏冈。

次年（1338年）四月，元朝派大将庆童统兵围剿义军。义军寡不敌众，胡闰儿战败被俘遇害。

姬汝作

姬汝作（？—1233），字钦之，金汝阳（今商水县）人。读书知理，豪宕不拘小节。金哀宗正大年间（1224—1231，南宋理宗宝庆、绍定时期），避兵乱于松山、交牙山寨。后被授为北山招抚使，治理汝州（今临汝）。时汝州几经兵变，残破不堪。他招抚流亡，营建街市。蒙古兵招降，不从，以兵来攻，互有胜负。哀宗命其为总帅，坚守汝州。天兴二年（1233年）八月，州人梁臬作乱，杀死汝作。哀宗感其功，追赠他为昌武军节度使。

九　住

九住，金朝完颜皇族宗室子，金宣宗完颜珣贞祐二年（1214年）前曾知扶沟县。

他为武州（在今湖南省境内）刺史时，在金宣宗完颜珣贞祐二年十一月间，元太祖成吉思汗的军队押解他的子侄到武州城下，向他劝降说："如今山东、河北等地都已投降大元朝，你的家属已在我们手中，你应认清形势，早日投降，方能保住全家性命；否则，将要把你们全部杀死。"九住听后立即回答说："大丈夫当以死报国，哪有闲时间顾及身家性命呢!”誓不投降，仍据城坚守。在元军猛烈的进攻下，城被攻破，九住也力战而亡。为褒奖九住的忠烈，诏赠九住为临海军（今在浙江省境内）节度使，加骠骑卫上将军。树碑立石，岁时致祭。

孔 全

孔全，又写作孔佺，元代亳州鹿邑（今鹿邑县）人。父亲久病，想吃肉。然而家贫无钱买。孔全至孝，就从自己的大腿上割了一块肉，烹给父亲吃。父亲吃了肉，病很快就好了。父亲后来去世，孔全居丧尽哀。父尸入墓穴后，孔全靠双手捧土起坟，日凡 60 次。遇到下雨下雪天暂停，待天晴后全数补上。3 年时间，坟高 3 丈有余。

扩廓·帖木儿

扩廓·帖木儿（？—1375），本姓王，名保保，察罕·帖木儿的外甥，因骁勇深得察罕喜爱，被养以为子，后改名扩廓。元末随父兴兵，对抗红巾义军，元顺帝赐名扩廓·帖木儿。察罕死后，扩廓袭父职，代统察罕旧部兵马。

扩廓承父志，誓报父仇。至正二十二年（1362 年）十一月，扩廓率兵围攻田丰、王士诚据守的益都，挖地道进入，田、王 2 人被擒。扩廓取田丰、王士诚之心祭父亡灵。田丰部卒被杀数百人。扩廓又遣将攻取莒州，完全占据山东，后扩廓大军移驻汴、洛，元朝廷倚之以为安。

至正二十三年（1363 年），红巾军失败，朱元璋继续伐元。

至正二十四年（1364 年），元将孛罗·帖木儿叛变，率兵入据京师。皇太子向扩廓求救。次年扩廓奉命讨逆，七月孛罗被杀。九月，扩廓扈从皇太子返京师。当时，太子欲借扩廓之力，拥重兵入城，胁迫顺帝让位。扩廓知其用意后，距京 30 里就把军队遣散。太子蓄意不能得逞，非常气愤。扩廓入京后，元廷授之太尉、中书左丞相，知枢密院事。扩廓后生晚辈，骤至相位，朝廷旧臣多嫉妒不服。他在朝两月即请求南还治兵。元顺帝封扩廓为河南王，总领天下兵马，代皇太子亲征，总制关陕、晋冀、山东诸路，掌握机务、钱粮、封黜等一切大权。

至正二十六年（1366 年），朱元璋遣师北伐，夺取山东诸郡。元廷驻河南、山西、陕西的张良弼、图鲁卜、孔兴、李思齐等部因不服扩廓俱不受其节制，形成拥兵自保的散乱局面。朱元璋义军顺利进展，破汝阴，夺取颍州。扩廓退兵沈丘，义军乘胜进击，扩廓携沈丘军民毁城北遁。

至正二十七年（1367 年）八月，元顺帝轻信貊高上疏，以扩廓不遵君命，罢黜其兵权，命貊高出兵讨伐扩廓。扩廓的部将关保也背叛反击扩廓。十月，元顺帝再下诏罢扩廓本兼诸职，仅留河南王的空爵位，以汝州（今临汝）为食邑。

至正二十八年（1368年）六月，朱元璋称帝，改国号明。元顺帝复下诏起用扩廓，以图恢复。时扩廓虽被罢黜官职，仍带兵据守太原。他对元顺帝轻信谗言异常愤恨，不但不应诏，且杀掉了朝廷命官。二月，元顺帝诏削扩廓爵邑，命诸将会讨。扩廓退守晋宁（今山西临汾）。七月，貊高、关保攻打晋宁被生擒。扩廓怒杀貊高、关保后，上书辩理。元顺帝悔悟，下诏复扩廓河南王、中书左丞相等旧职。诏下一月，明军已至河北，进逼大都（北京），元顺帝仓皇北逃。扩廓入援不及，退守冀宁。

明军既定大都，元军仍与对抗。明将徐达、常遇春击败扩廓，占领晋陕后，元朝旧臣多归附明朝，唯扩廓集旧部拥兵塞上，继续对抗明军。明洪武三年（1370年）四月，明太祖朱元璋命大将徐达率大兵出西安，追剿扩廓。扩廓再败，逃奔和林（今新疆和林格尔）。洪武五年，明复遣徐达、李文忠、冯胜等率兵15万，分道出塞，于岭北大败扩廓。洪武六年（1373年）四月，扩廓进攻雁门，十一月攻大同，明军震恐，自此明兵不敢出塞。其后，扩廓从其主奔徙金山（今阿尔泰山）。洪武八年（1375年）八月，卒于哈剌那海的衙庭。

扩廓死后，明太祖大会诸将时，曾论及天下奇男子为谁，诸将皆说是常遇春，称赞他兵不逾万，能横行无敌。太祖笑着说："遇春虽是人杰，我可得他为臣，却不能收王保保为臣，王保保真是奇男子！"后，太祖竟册封扩廓之妹为秦王（朱元璋次子朱樉）妃。

李　圭

李圭（1104—1188），金卫真宁平乡崇贤里（今属郸城县）人。官从五品，早退，居于乡里。

太清宫屡罹兵火，淳熙十一年（1184年）六月，知宫郭居明率道众30余人，敦请李圭为劝缘功德主，以主持兴缘募化、修建太清宫事宜。

李圭宏谋远略，大过于人。他躬诣诸乡，化导兴缘，自本州以至邻郡奉道者，或舍金珠、粮粟、钱帛、材木、笆箔、椽柱、薪草，莫可胜计。经过半载的准备，于十二月八日开工续修太清宫，至淳熙十三年（1186年）春月，立前后三门，屹然高大。

四月，洞霄宫失火，其三殿灵仪，俱焚为灰烬，诸女道士号哭抚膺。李圭锐情恢拓，暂停太清宫建筑工程，于淳熙十四年（1187年）开工复建洞霄宫。在修建先天太后殿时，于法座下，辟地得玉石，纵横5尺。命石工王熙复琢太后玉容，未几而成，端丽殊妙，尊严厚重。

太清、洞霄两宫工程历时7年告竣。规模整肃，气势庄严。费总计数千万。

李　夷

李夷，字子迁，后名武，字季武，陈州宛丘（今淮阳县）人。金代隐士。幼喜读史书，究古今功败治乱之理，尤喜武事，精习兵法、击剑、驰射。有志于功名，多次参加科举考试，均不中。善写文章，作诗多摹效唐人，今存《中州集》。宛丘陷于蒙古兵之手时，死于城中。

买闾忠翊

买闾忠翊，蒙古人。元英宗硕德八剌至治元年（1321年）任扶沟县监县兼诸军奥鲁。

他在任期间，重视农业生产，劝民发展农桑。并重视教育，修黉学神门，首置学田以资学生读书之用。以其勤政爱民，受到上司的赞誉。

潘　炎

潘炎，字光大，元代扶沟县人。由进士出任黄州录事，转襄城县尹。汝颍兵乱时，退官居家。乱兵攻陷扶沟以后，派人逼迫他参加兵乱，并且许他担任学士的职务。潘炎大骂道："我是名进士，岂能跟从你们犯上作乱！"自吟一联道："人有百端能害己，地无一窍可容身。"而后纵身触柱而死。

王　浩

王浩，大约生于金世宗完颜雍大定年间（1161—1189），金哀宗完颜守绪开兴元年（1232年）正月任扶沟县令。

王浩性格刚介耿直，为政宽简适度，所以深得百姓的爱戴。金正大末年（1231年），元兵围攻扶沟县城时，王浩组织军民予以顽强抗御，元兵始终不得进城，百姓免受侵扰。元兵进攻扶沟县的同时，也对王浩这样的忠烈之士非常钦佩，于是便派遣与王浩熟识的人前去劝降。王浩听后非常生气，愤然说道："哪有忠臣投降贼子的道理呢？"于是防守更加严谨。金哀宗天兴元年（1232年）正月，有奸民李钧、钱大亨等为内应，缚王浩向元兵投降。因他们知道王浩是个好官，也不忍把他杀害，并劝说王浩投降，王浩始终不从。由于城中无人领导守卫，县城很快被元兵占领。王浩与主簿刘坦、典史宋乙等一同被元兵杀害。元兵虽然佩服王浩的忠勇，但也非常恼恨他的顽强抵抗，把王浩杀死后还不解恨，又把王浩的尸体扔在路上，不让埋葬。

王浩深得百姓的敬仰，故在他死后，县民为他建立祠堂，春秋崇祀，以旌表他为民抗元被杀的功绩。

在元朝右丞相脱脱等编纂的《金史》中，把王浩收录在循良之列，并称赞他是“清慎才敏，极一时之选，吏得其人也”。

王元佐

王元佐，字彦才，元汴梁路太县人。由征辟任河南裕州判，继升濠州定远县尹，因事调山东盐运司官台场令。不久，又升任通州同知，最后任奉训大夫、彰德通判。所到之处，皆有惠政。因其孙王瀹显贵（位居户部右侍郎），赠封通议大夫、户部右侍郎。元顺帝至正年间，太康发生饥荒，元佐令家人从淮西购大米千余石，赈济乡人，救活了很多人。子孙繁衍，簪缨接武。

相居仁

相居仁，元代亳州鹿邑（今鹿邑县）人。在孟州任知府期间，布施德化，劝课农桑，兴设学塾，平抑赋役，开发通商贸易，处理狱案快捷，诉讼无久滞。离职后，孟州人民都很思念他。

徐世隆

徐世隆，字威卿，陈州西华县人。金哀宗正大四年（1227年，南宋理宗宝庆三年），徐世隆20岁，中进士。“辟（授予官职）县令”，其父以少年不要急于做官相教，遂辞职。仍发愤读书，立志治学。

元世祖忽必烈为世子时，屡率兵征战，所到之处杀戮掳掠，人民苦不堪言。蒙古宪宗二年（1252年，南宋理宗淳祐十二年），世祖在私邸召见徐世隆，问他对即将征讨云南有什么建议。徐说：“孟子有言，不嗜杀人者能一之，人君不嗜杀人，天下可定，何况小小的西南夷呢！”世祖说：“照你说的，我的事业可以成功了！”以后每次征战，有所收敛。世祖即位之初，任徐世隆为燕京等路宣抚使，授翰林院侍讲学士兼太常寺卿，掌管本路学院。世祖问尧舜禹汤文武为君之道，他把《书经》上所载帝王之事，译写后奉上。升迁吏部尚书后，他奏请设学校，劝世祖：“帝中国，当中国事。”由是苛虐之政渐敛抑。徐向世祖请求到地方做官，世祖就拜他为东昌路总管，并授予他兵权。朝廷欲征日本，世隆上书竭力谏止。召为翰林学士，集贤院学士，皆以病力辞。

世隆谙掌故，明律令，元室典章制度，多出其手。朝廷大政，咨询其而后行。著有《瀛洲集》百卷，文集若干卷。

谢　让

谢让（1251—1317），字仲和，元代颍昌（今河南许昌）人，祖籍阳夏（今太康县）。谢安后裔。其祖父名谢义，很有才华，且勇略过人。宋王朝南迁以后，北方大片国土为金国占领，为反抗异族侵略，农民起义不断发生。谢义在金朝贞祐年间参加农民起义军，并担任义军千户。谢让幼年聪颖好学，成年以后，元已灭金，他被推选为吏，任宣慰司令史。元灭宋后，设江西行中书省，谢让又被江西行中书省任为令史，后调任河间等路都转运盐司经历。原先煮盐的老户凡入了军籍的，都脱离了盐户户籍，战争结束后，这些人又按人丁多少上交定额盐数，他们大都雇佣旧盐户代为煮盐上交，而付的工钱很少。谢让认为这样极不合理，便提议：一是这些军户既已转为民户，就应该与民户同等负担；二是既然雇人煮盐，工钱就应多给。上司采纳了他的建议。战乱期间，农民逃荒在外，流离失所，但他们的盐税并未减掉，而是加在现有农户头上，让他们分摊，这样一来，有些土豪劣绅往往利用种种手段把这些负担转嫁给贫困农民，致使贫者愈贫。谢让命令清查户口，按财产多少划分等级分摊盐税。此后谢让升任南台御史，他向朝廷推荐三个较为廉洁的官出任御史台官员，弹劾浙江行省官员违法乱纪；朝廷派人核实以后，让浙江官员与谢让都到朝廷听诏，许多人都很害怕，只有谢让坦然面对，若无其事。处理了浙江官员以后，御史台的威望大大提高。

元成宗大德年间（1297—1307），设立陕西行省御史台，以谢让为都事，凡御史台报送的奏章及行文全由他一人裁定。后又回朝任中书省右司都事，不久又升任户部员外郎。时东胜州、云州、丰州等地大灾，饥民要求到邻近州郡籴粮救灾，但邻郡长官怕他们贩卖牟利而加以禁止。谢让知道后，奏明朝廷，宣布凡禁止灾民籴粮者有罪，这样三州的灾民才保全了性命。大德四年（1300年），谢让先后任宗正府郎中、监察御史、中书省右司员外郎，又出任湖广行省左右司郎中。当时广西两江一带的岑雄、黄圣许两派势力互相仇杀，酿成边患，有人主张进兵剿捕，谢让则坚持实行怀柔政策，反对出兵镇压。他派人前往说服，并张贴安民榜文，结果不动刀枪使边乱平息。此后他又调任河南行省左右司郎中。是时，江淮一带驻军 20 余万，由元宗室亲王统领镇守扬州等诸大城市，其给养供奉皆由两淮百姓赋税供给，不足部分从湖广、江西漕运。这年两淮合计尚缺 30 万石粮食，这么多的粮食如果再从湖广、江西运入，既加重百姓负担，又要浪费许多物资钱财，所以谢让请求把淮盐卖掉，用所卖钱钞以充军资，这样做于国家、于军队、于地方百姓都有利。

武宗至大元年（1308 年），谢让升任户部侍郎。京城主管仓库的官吏以仓廪多漏、恐遇雨米坏为由，请求在上边覆盖些糠秕，其真实目的是想趁机把这些糠秕掺进米内，自己好从中渔利。谢让洞察其奸谋后，命他们改用秸秆覆盖，使其奸谋落空。其后，谢让历任西台治书侍御史、治书侍御史、同佥枢密院事、户部尚书等职。

元仁宗为太子时，因谢让是先朝老臣，威望很高，所以多次召见他，赏赐酒宴以表示关怀。至大四年（1311 年），谢让改任刑部尚书。是年仁宗即位，又加谢让为正议大夫。过去曾发生过这样一件事：尚书省权臣构陷杀害了留守大臣郑阿尔思兰，并抄没了其家产。此事朝野都知道是一冤案，但是没有人敢为其申冤。谢让查明此事以后，把抄没的家产退还给死者家属。他作为一个汉人官吏，能够做到这些已经是很不容易的事了。此后仁宗昭命：六部中如有难以解决的事，必须由谢让参加共同商议后再上奏。此后六部大事，谢让都要参与。刑部有个案件，谢让尚未签署，掌管官印的官吏却先加盖了印鉴。此人怕谢让怪罪，便模仿谢让字体，私自署上谢让的名字。后来事情暴露，谢让觉得并无大的妨碍，又怜悯此人会因此罢职，所以就承认名字是自己所署。那个小吏的一场灾难算是得免。

元朝开始时没有法律，全靠人治，以致“吏任其情，民罹其毒”。谢让上书要求制定法律，仁宗首肯，命中书省起草法典。因谢让精通律学，任其为校正官，赐予青鼠皮裘 1 件，侍宴服装 6 件，从此元朝才开始用法律治理天下。

仁宗皇庆二年（1313 年），因有些案件上报迟缓，往往造成审理延期，于是朝廷就命各地可以不按法律程序上报。谢让知道后立即找宰相理论，他认为刑狱之事不能和钱粮的征集相比，宽限时间是恐怕案情失实，催索过急，那就难免要造成冤案。宰相觉得谢让说得有道理，从此，刑狱案件不再追究延期不报的责任。

此后，谢让又历任陕西省参知政事、西台侍御史等职。延祐四年（1317 年）病故，终年 66 岁。追赠正奉大夫、河南行省参知政事；追封陈留郡公，谥号宪穆。

张　柔

张柔（1190—1268），字德刚，易州定兴人（今属河北）。世代务农。张柔少年时就以慷慨豪侠、尚气节著称。

金贞祐年间（1213—1217），河北盗贼蜂起，张柔聚集乡邻亲族数千人筑寨自保。金廷封他为骠骑将军、定兴令，后升迁至中都留守兼知大兴事。

元太祖十三年（1218 年），张柔率所部与蒙古军战于狼牙岭（今河北易县紫荆关附近的狼牙山一带），马倒被俘，遂率众投降，成吉思汗以他的旧职委任他。在此期间，张柔扩张势力，占领了以保州（今河北保定）为中心的 30 多座城池。元太祖二十年（1225 年），成吉思汗任命他为行军千户、保州等处元帅。元太宗四年（1232 年），张柔随蒙古将军速不台围金国之汴京。次年，金元帅崔立献汴京城投降。接着，张又随塔察儿攻克蔡州。金国灭亡。

元宪宗蒙哥即位后，赐张柔以拔都（蒙古语意为勇士）的荣誉称号，被提升为万户，镇守亳州，兼管军民，成为独据一方的汉军首领之一。元世祖忽必烈于中统元年（1260年）颁布太清宫执照诏令，第二年，再颁圣旨，宣布太清宫属皇家所有，令张拔都护持。

时，邑多水患，民深受其害。张柔莅任，誓解民水患之苦。他实地勘察水势地情，多方听取民众意见，于今城北4里处开直河，上下通涡水，向东注入淮水、泗水。由于张柔亲自抓此工程，并得到邑民广泛的支持，历时半载，即完成了西至观武集北（今玄武集），东至县城东约90里、宽20丈、深三四丈不等的开河工程。建渡口5个：丁家路口、贾家滩、王家口、杨湖口、安家溜；建木桥3座：一在杨家屯，一在安家溜南，一在冯家圭；建砖桥1座：傅家桥。从而，不仅解决了水患问题，还贯通了航运，使沿河居民尽享其利。

张三丰

张三丰，名通，又名全一，字君实（一作“君宝”），号玄玄子，以其不修边幅，人称张邋遢。元代扶沟县南张店村（今属扶沟县练寺镇）人。著名道士。其活动时间约由元延祐年间（1314—1320）到明永乐十五年（1417年）。《扶沟县志·仙释传·张三丰》载：“张三丰，初在城东凤凰岗洪山庙学道，其族人犹能言之。后坐化于武当山太和宫。遗像尚存，以铜钹为笠。明史以为辽东人，不知何据。”扶沟县至今还流传着他许多神奇的传说。

张三丰幼丧父母，先是在扶沟县城东三里的凤凰岗洪山庙（1938年黄水泛滥时被淤没）学道，后流落到舞阳北姜店东干柴庙里当火工道士，后来曾在舞阳西土城上砌了一个圆形小屋，在里边修真养性，炼药治病，人称“张仙洞”，《舞阳县志》上说是“张三丰炼真处”。最后去武当山修行。

传说张三丰风姿魁伟，大耳圆目，须髯如戟。无论寒暑，只一衲一蓑，一餐能食升斗，或数日一食，或数月不食，事能前知。游止无恒。南宋宝祐六年（1258年），宗教界爆发了中国历史上规模最大的一次佛道大辩论，蒙古大汗蒙哥亲临主持，嵩山少林寺长老福裕和全真教高道张志敬分别率队参加舌战，结果道教遭到惨败。从此，道教日渐衰沉。但一个世纪后，张三丰在武当山创立一个新的道派——三丰派，掀起了中国道教发展史上的新浪潮，并成为武当武功的创立者。张三丰认为，古今儒、释、道三教，仅为创始人之不同，实则

"修己利人，其趋一也"，又称"一阴一阳之谓道，修道者修此阴阳之道也，一阴一阳一性一命而已矣，《中庸》云：修道之谓教。三教圣人皆本此道以立其教也。"

入明，张三丰自称"大元遗老"。时隐时现，行踪莫测。洪武二十四年(1391年)，朝廷觅之不得；永乐年间，成祖遣使屡访皆不遇。由于张三丰的神名噪起，明朝皇帝又给他三个赐号。即明英宗赐的"通微显化真人"，明宪宗特封的"韬光尚志真仙"，明世宗赠封的"清虚元妙真君"。

赵　祐

赵祐，字天锡，陈州（今淮阳县）人。其父官拜元兵把总，每年都统领官兵巡哨江淮一带。有一天，祐父从江北带领官兵南巡，看到一个被囚禁的人，两只脚冻得皮肤脱落，绑在一队元兵的马后呻吟不止。祐父问囚犯是谁，囚犯说："我是南宋庐州通判胡某，今年新考中秀才。"祐父问："能教授学生吗?"胡通判说："哪有秀才不能教授学生的呢?"祐父向统兵总管请求，用两匹马把胡通判换了回来。

回到家后就命下人给胡通判洗澡更衣，并给喂下米粥酒浆。胡通判由是绝处逢生，不过两脚已落下终生残疾。祐父请胡通判做家庭启蒙教师。当时淮河以北找不到五经、四书的全本，胡通判全凭记忆传授赵祐他们。

6年后，胡通判病发不治而死，赵家把他安葬在陕西周至后山。胡通判临终时说："我料想六年前必死矣，感谢你们赵家大恩大德，多亏你家所请，让我又多活了六年，你家以后必定出有文才显贵之人。"

等到赵祐成年以后，随父游学吴越。在吴地参加科举考试，一举考中，做了吴地的属官。后官拜浙江省照磨（官名，以校勘为职，是主管文书照刷卷宗的官吏），接着又任财富总管。一次出使吴地，因为这里是他出身（考取官职）之地，所以故地重游，免不了要做些探亲访友之事。赵祐特地告诫仆人说："我们去友人家探视时一定要鞠躬屏气，温文尔雅。有人问起，只能说以前的小官赵天锡，千万不能说是赵总管。"后来赵祐生子名期颐，字子期，登元朝泰定帝泰定四年（1327年）丁卯科进士，历任河南行省参知政事。赵祐及其父赵某都被封为二品官员，终于像胡通判所预言的那样：赵氏满门皆显贵。

明 时 期

白傅芳

白傅芳，字莹之，世袭陈州（今淮阳县）中所正千户，加封千总衔。傅芳髯长过腹，称“美髯公”。平生武艺超群，骁勇善战，跟随左所指挥刘淳剿灭流贼有功，又跟从右所指挥李元春剿灭土匪流寇丘二毛、郑和轩等人。剿匪时每每是他先登上贼寨墙，突入寨内破贼巢穴，斩杀贼首。因赫赫战功，持掌中所印务。

明崇祯十五年（1642 年）三月，闯王围困陈州，白傅芳受命守南门，激战几昼夜后，知义军破城之势不可挽回，就准备以身殉国。傅芳先用槐花水染身，茜草染红了手和脚的指甲，告诉他弟弟白同芳说：“我食君之俸禄，当死君王之事，此次出战绝无生还之理，我战死后，你就按我身上的颜色，收回我的尸身。”于是就打开城门，傅芳与儿子白受采肩背相倚，杀义军无数。义军恐慌，于是就在城南思陵冢埋下伏兵与大炮。第二天，义军把傅芳等引诱到伏击圈，用大炮轰击，傅芳父子等人皆遇害。

白同芳为兄收尸，按颜色寻找，只找到了白傅芳的下体，其子受采的尸体无法找到。同芳仅仅用苇席裹尸放于门板上把兄葬于三家洼，然后携全家及世谱官诰（古代朝廷授官的凭证）避于城东北古家桥。

白思义

白思义，山西平定人，举人出身。明孝宗弘治十三年（1500 年）出任陈州知州。莅政廉洁清明，减轻百姓赋税；善辨忠奸，奸猾者敛迹。陈地低洼，多年苦于水患。思义到任后发动民众，筑堤防御，并大浚其流，颍水、蔡河、沙河其流畅通，终免水患；官署、府库、学舍、祭器、神龛无不焕然一新。政绩卓著。监司推荐，擢升永州知府。

曹　嘉

曹嘉，字仲礼，明代今扶沟县崔桥镇曹岗村人。曹岗旧名曹嘉寨，就是以他的名字命名的。曹嘉是著名文学家，“前七子”首领李梦阳的外甥。李梦阳的大姐李香嫁与曹经为妻，曹嘉即其子。曹嘉于明正德五年（1510 年）中庚午科举人，十二年（1517 年）中丁丑科进士，因他的文学与书法特别好，被选为庶吉士。正德十四年（1519 年）春，武宗自加太师，下诏令到南方巡察。曹嘉与修撰舒芬向武宗上疏进谏，陈述不宜南巡，武宗十分愤怒，想在朝廷上杖击曹嘉，被众大臣力保才获免。世宗嘉靖元年（1522 年）被提升为浙江道监察御史。他曾上疏揭发坐院都御史，而都御史不知道曹嘉弹劾的是谁，就问道：“你所弹劾的是哪个啊？”曹嘉挺身而出说：“就是老先生你啊！”由此事，使得曹嘉名震天下。

不久，给事中史道揭发大学士杨廷和的罪行，恰逢嘉靖皇帝心情不好，下诏要把史道监禁起来。曹嘉随即向嘉靖皇帝上言：新政之初，应使人们畅所欲言，不能不让人们提出不同意见，以堵天下人之口。嘉靖皇帝不听，曹嘉便串联朝中 50 余人，分为 4 等，分别向皇帝上书进谏。这件事被给事中安盘、毛玉告发，嘉靖皇帝便把曹嘉降为山东昌邑县知县。这件事没过多久，他又被御史向信以其他罪名揭发，嘉靖皇帝不分青红皂白，再次把曹嘉降职为四川判官，掌管刑狱。后来嘉靖皇帝知道了杨廷和的罪行，非常痛恨他，并下诏书：凡是因揭发杨廷和而被降职的人都召回任用，曹嘉这才得以恢复官职，出任凤阳知府。后升为山西提学副使，历参政、按察使，再转江西右布政使。扶沟县城内的“方伯坊”，就是曹嘉任江西布政使时所立。他所任职的地方，都以其精悍称颂他。

受舅舅李梦阳的影响，曹嘉不但书法精绝，而且工诗善文，有《漫山集》行世。与东楚人王廷陈、仁和人江景孚、陕西人马如骥齐名，一时有“曹王江马”之称。何出图《词林列传》说：“仲礼之于空同，如孔庭颜闵（指孔子学生中德行并称的颜回和闵子骞），具体而微也。”“后七子”之一的谢榛在《艺苑卮言》中评价说：“曹仲礼诗如公孙大娘弟子舞剑，颇见淋漓，见其师者，不觉怆然。”

曹嘉十分敬重舅父李梦阳，终身像对待父亲一样对待李梦阳。嘉靖年间（1522—1566），他在吴地挑选最缮写者和刻工，刻印李梦阳诗文集《空同集》66 卷，其中赋 3 卷，诗 34 卷，文 20 卷，至今流传于世。

曹嘉喜好宾客，其中交游最密切者，诗文是谢榛，书法是徐子仁，弈棋是阎子明。可谓是“座上有鸿儒，往来无白丁”。

曹赐爵

曹赐爵，明代今扶沟县崔桥镇曹岗村人。例贡生。江西右布政使曹嘉弟弟的儿子。赐爵性情机敏，善于为文。尤其精通钟繇和二王书法。他跟从伯父曹嘉在北京学习儒业的时候，北雍六馆里的人们得到他的书法片纸，都要把玩珍藏。曹嘉曾经对人说："他日亢扬光耀我曹家的，一定是这个孩子啊！"嘉靖年间，赐湖广钟祥县主簿，为王中丞所器重，王中丞有了疑难问题或决定不了的事情，就交给赐爵去办理。后来，中丞越过县令，直接将赐爵的政绩上奏朝廷，经过吏部考核后擢升山西武乡县丞。

柴 虎

柴虎，元末明初扶沟县人。柴虎少年时期即怀壮志，身材魁梧，膂力超过平常之人，且精于骑射。20 岁参加朱元璋的农民起义军。曾跟随徐达常年征战，伐鄱阳，克姑苏，屡立奇功。由士卒历官陕西、临洮卫都指挥，且有子孙世袭。

陈 纪

陈纪，字孟纲，明代山西省临汾县人，景泰二年（1451 年）至五年（1454 年）以举人衔任扶沟县知县。

莅任初，时逢岁荒，百姓饥饿，多有外流者。他为安抚百姓，煮粥以食贫民，使民得以度过荒年。他在勤政的同时，教百姓敦本务实，养成淳朴美德。此外，还注重教育，兴办学校，鼎新庙学。他派遣吏属每夜深入民间，伺察民间读书、纺织情况。凡有读书、纺绩之声者，第二天早晨便慰谕之，给膏油以助之，鼓励他们勤学劳织。由于他勤政爱民，治理有方，使扶沟县大治，百姓都勤劳耕种，境内既无懒惰之闲汉，亦无荒废之田亩。他在任期间，除理政务民外，还在县城墙上首建敌楼，以加强防御。又于景泰五年（1454 年）二月重修了明道先生祠。他在任 3 载，以考绩卓异升许州知州。百姓为感念他的恩德，立碑以颂之，并将他的名字设在县名宦祠中春秋崇祀。

陈 价

陈价，陕西南郑人，进士出身。明成祖永乐二十一年（1423 年）出任陈州知州。陈价在任期间，以德教化民众，政治平和，讼诉尚简。不久因母亲去世，离任守孝，陈人思之。明英宗正统初年（1436 年）为母守丧期满，陈州人向皇上请求，让陈价复任陈州知州。皇上下诏准许。然价未到任即去世。

陈　朴

陈朴，字一初，陈昂公之四子，今淮阳县人。生而岐嶷，英俊潇洒，饱读经书，最善古典文辞，文才出众。青年时，于明嘉靖四十三年（1564 年）甲子科考中举人，后又在万历二年（1574 年）甲戌科考中进士。授廷评事。朴主持正义，对冤假错案敢抒己见，使其得以昭雪。转户部主政后，管理西太三仓，革除弊病，严于管束，使仓库余粮达 4000 余石。陈朴既不私自乱用，也不上报邀功请赏，而是待饥荒之时。救济军旅，以减轻民众负担，欢呼声响遍军伍，得到官兵们极高的赞誉。由于陈朴文笔超凡脱俗，故大司农凡有奏章文论多交朴办，他侃侃而谈，文思如涌泉。后来朝廷欲调他到徐州任职，陈朴心有不愿而告归。皇帝起用任员外郎中，因偶感风寒而未到任。再次起用任楚宪副备兵。适值刘汝国之变，势力庞大，威胁朝廷安危，命其挂帅平叛。陈朴不仅善文而且精通兵法，胸有成竹，用调取粮草之法，施计而平之。朝廷因功而赏银币。由于陈朴长期奔波于任所，积劳成疾，加之足疾更甚，故决意挂冠。皇上念其平叛有功，晋升光禄少卿。后封世袭陈州卫指挥，妻魏氏封太安夫人。至陈州后，陈朴不事张扬，不居功自傲，不放纵族仆，不置田地，而是筑一小圃，种竹数千竿，以高风亮节之品格自喻，故号“竹墅居士”，邀朋携友，日吟咏其间。卒葬于淮阳县城南关外。

陈尚嗣　陈尚家

陈尚嗣，字秀峰，曾任陈州（今淮阳县）守备。其弟陈尚家，字桂峰，丁酉年拔贡。任陈州都司，兄弟二人生性奇伟，勇力过人，且谋略超群。闯王围城时，兄弟二人守西门，率领士兵人众昼夜与义军拼杀，义军不敢靠近。后来由于城东南火药库爆炸，义军乘烟雾登上城墙，陈尚家领兵与义军转入巷战。尚家手执利刃接连刺死义军数十人，义军势愈炽，知不能胜，就自刎而死。陈尚嗣率众赶来截杀，力尽被俘。义军首领爱尚嗣是一员猛将，劝说陈尚嗣投降。尚嗣欺骗义军说：“放开我，让我回家看一下就降。”义军放开尚嗣，让他回家。尚嗣回家后，就端坐于中堂，大骂义军说：“我祖辈代代忠义，作为国家世臣，我恨不能尽灭丑类来报效国家。我之所以没有当即死，是因为我不想死得那么草率，现在我堂堂正正地死在家里，亦遂我志耳！”于是骂不绝声，伸颈饮刃而死。

崔泌之

崔泌之（1584—1642），字饥仲，号小定，明代鹿邑县（今郸城县李楼乡崔老家村）人，与崔源之是堂兄弟。其父崔应闰，陈州廪生，乙酉科乡试副榜，不幸早逝。那时，泌之刚满5周岁，由伯父崔应夏将其抚养教育成才。

泌之气质魁岸，性格豪爽，悯时嫉俗，慷慨激昂。为生员（即秀才）时，便有澄清四海的远大志向。为此，有人嘲笑他轻狂，而泌之却不以为然。

因他学行兼优，于明泰昌元年（1620年）被选为恩贡（国子监生员之一种）第4名。天启元年（1621年）参加辛酉科乡试，取得举人第4名的优异成绩。天启五年（1625年）取得同进士出身。在工部见习8个月后，即被授予北直隶保定府雄县（今河北雄县）知县（正七品）职务，封文林郎。在雄县3年，勤于政务，治行卓异。于崇祯元年（1628年）调任清苑县（今河北清苑县）知县。在清苑两年间，又得到“政绩有声”的考语。

这时，泌之怎么也没有料到祸从天降，遇到了影响仕途的大麻烦。

清苑前任知县黄宗昌升任御史（从五品）以后，向皇上检举揭发了当朝内阁首辅（相当于宰相）周延儒的不法罪状。周延儒怀恨在心，便指使亲信保定知府史躬盛婉言唆使属下崔泌之“收集”前任知县黄宗昌的“违法事实”，实质上是让泌之出面罗织罪名，诬陷无辜。如果泌之屈从权贵、迎合首辅，这确是一次高升的好机会。但崔泌之不愿做亏心事，断然回绝了史躬盛的“关照”。史恼羞成怒，反诬崔贪污钱粮3万两。泌之对此无端陷害，愤恨之极，经多次辩白，陈明原委，方保无虞。崇祯三年（1630年），泌之升任户部主事，正当他离清苑赴京之际，史躬盛设陷阱，借为泌之送行之机，当着到保定视察的巡按御史的面，嘲讽泌之。泌之本就对他十分反感，盛怒之下，中其奸计，挥拳打了史躬盛。泌之遂被下狱。审讯者以“提供黄宗昌罪名，可减轻处罚”诱惑之，泌之虽身陷囹圄，对此却嗤之以鼻。后，史躬盛贿赂上司将泌之下狱4年，于崇祯六年（1633年）流放山东。

过了好几年，泌之被释放回归故里。后居住陈州（今淮阳县）城里，督促兄弟子侄辈读书，倒也平安无事。

崇祯十五年（1642年）三月初九，李自成起义军围攻陈州，十二日陷城。泌之率兄弟子侄与义军巷战，不敌被杀，时年59岁。

顺治二年（1645年），清廷下令旌表死难者，泌之复故官，并赐谥号“忠烈”。康熙四十七年（1708年），提督河南学政汤又曾奏请朝廷恩准泌之加赠中宪大夫、光禄寺少卿。

泌之著述有《广陵草集》1卷、《取代云集》等，多散佚。现能见到的诗作有七律《出科场》2首。

崔应夏

崔应夏（1554—1638），字仲亨，号健宇，明代陈州（今淮阳县）城东40华里崔老家（今属郸城县李楼乡）人。23岁以陈州庠生（即秀才）身份参加万历丙子（1576年）科乡试，中第34名举人。会试中明通榜，从此走上仕途。

初任河南嵩县教谕（正八品），丁内艰后，补授山东长山县教谕，丁外艰后，补授鄢陵县教谕。当时教谕是学官，职责是主持文庙祭祀，宣讲儒家经典和皇帝的训示，教授和管束所属生员。任上他表现出众，成绩卓著，遂升任北直隶（即今之河北省）定州曲阳县知县。在知县任上，他清丈地亩，平均差徭，政声远播。再升任山西沁州知州，又以廉明称著。调任亲王府审理，即理刑之官。

应夏致仕归里后，闭门谢客，深居简出，从不请谒官府，有公事则侃侃直言，无所回挠。

还有值得一提的是，他抚教孤侄崔源之、崔泌之皆登进士第，在当地留下一段佳话。

崔源之

崔源之（1583—1653），字士本，号宿海，明代鹿邑籍陈州人，其出生地即今郸城县李楼乡崔老家村。其父崔应春是鹿邑庠生（县学生员，即秀才），源之自幼受到父亲熏陶，勤学上进。不幸在他10岁那年父母相继去世而成为孤儿。在其叔父崔应夏抚养教育下长大成才。

明万历四十六年（1618年）乡试得中举人。天启二年（1622年）取得进士出身，被派往吏部观政2年，于天启四年（1624年）被授予工部营缮司主事（从六品），并以主事职代理本部员外郎之职。天启五年主管修方泽坛工程。这一工程下来，为朝廷节约白银6万两。天启六年，源之被派往荆州修惠王府，又接管买铜铸钱和修造战船之事。三个工程下来，又为朝廷节省数十万两白银。回朝述职，皇上以功给予嘉奖。天启七年（1627年），源之晋升为刑部员外郎（从五品）。时值宦官魏忠贤窃权专断之时，许多部郎都依附于魏忠贤，而屡屡升迁：半年升少卿，一年升正卿，二年有升侍郎甚至尚书、都御史者。到魏忠贤倒台时，因此被牵连治罪者达40多人，得免者仅两位做官不满月余者。只有崔源之因不附和魏珰而致居6年郎署不见提拔。一时皆推重他的为人，朝廷也更器重他，于崇祯三年（1630年）擢迁源之为北直隶大名府知府（从四品）。

崇祯七年二月（1634年3月），源之升任整饬蓟州等处兵备道，以山西提刑按察司副使衔管监军粮饷驿传海防事务（正四品）。此后两年以考核鉴定优秀受到钦赏银两3次。崇祯十年（1637年），以副使考满钦赐四品诰封，又以屯田功两次受到朝廷赏赐，并加升参政（从三品）衔，随转永平兵备道。后又加升廉使（即按察使，正三品，别称臬台或臬司）。崇祯十一年（1638年），以“除盗”功受赏两次，并升任山西承宣布政使司右布政使（从二品，俗称藩台或藩司）。崇祯十四年五月（1641年6月），以右布政使考满，诰封父、祖二代。时任遵化巡抚特疏推荐源之：“从来边道未有一任八年，八年两次考满者。有之自崔源之始。则内而京卿，外而节钺，所当急于一席以酬其贤劳者也。”崇祯帝准其疏，令吏部与九卿会推源之升任巡抚（陕西）延绥等处赞理军务、都察院右副都御史（正二品）。当时，榆林驻军军饷缺至5年，源之到任后以智安抚之，以恩结交之。虽军饷不能及时调发，但士卒没有怨言，士气稳定，没有闹事者。这个时候，李自成、张献忠的起义军发展壮大，全国形势比较紧张。次年（1642年），源之上疏请朝廷准予休假归里。皇上以其“名誉素著，西土允赖，不必固辞”之由不予批准。崇祯十六年（1643年），源之以老、病为由反复上疏恳辞，终于获准休假，于当年腊月回到家乡。时年他已60岁。

过了两个多月，到崇祯十七年（1644年）三月十日，起义军攻破北京，崇祯帝吊死煤山。源之听到消息，面北痛哭，数日不吃不喝。

清顺治五年（1648年），国史馆大学士宋权（河南商丘人）向清廷推荐崔源之。帝两次征召，均被源之以年老病弱为由坚辞。

志载：源之外貌魁伟，虎头燕颔，身躯丰满，气概轩昂；性宽洪厚，遇事沉着，喜怒不形于色。退居家乡十年间，布衣蔬食，出无车马，坦然自得。好像从没有过公卿之贵一样。他处事平和，从不偏激。既不邀人之喜，也不干人之怒。与人交往平易近人，像春风一样和气。士大夫凡被其接待引进者，时间长了，回味起来，好像饮醇厚的美酒一样不觉自醉。源之至老保持固有美德。清顺治十年（1653年）六月初九，终老林下，享年71岁。

源之死后，清廷为褒扬其功德，恩赐其谥号为忠贞。

戴 昕

戴昕，上海人。举人出身，明英宗天顺年间（1457—1464），先任临漳县令有名声，擢升陈州（今淮阳县）知州。在陈州任职期间，兴办学校，重视教育；修陵建庙，保护名胜古迹。清正廉明，广施仁政，士民爱戴如父母。

戴天德

戴天德，号命吾，明代山西省太平县（今襄汾县）人。万历二十五年

(1597 年)夏至二十九年(1601 年)二月以举人衔任扶沟县知县。

他在知扶的第二年(1598 年)二月，便开始对文庙的大成殿、廊房、启圣祠、戟门或重修或重饰彩绘，历时 7 个月，使庙貌一新。二十七年(1599 年)，又对百姓为嘉靖八年(1529 年)任扶沟知县的杨瞻立的祠堂进行了重修。

扶沟因地洼，又有惠民河流经县境，往往十年九涝，民不堪命，与西华向有水患之争。西华强力塞河，戴天德言于上官，上官亦因戴言有理而不再偏袒西华一方。故在他为任期间，基本上解决了扶西两县的水患之争。在灾荒之年，百姓生活无着，上司让他放粮赈贷。他忧民之疾苦，便骑马下乡深入村户察访民情，自带干粮，逾旬月不返，赈粮 4 万石，终使扶沟境内百姓面无饥色，渡过难关。而他却因劳累而变得黑瘦，甚至因骑马把小腿上的汗毛都磨光了。

当时陈州(今淮阳县)至许(今许昌市)有一官道，经过扶境西南部，办公事的人来往不断。因距县城较远，一切费用都是当地临路百姓负担，而那些办公的人还因吃住不好迁怒于百姓。戴天德就向上司如实反映这一情况。上司嘉奖他能为百姓着想，免除了一切招待费用。

他到扶沟之初，见到城墙有颓圮现象，想修葺又感到费财力太大而没有动工。不久，因有小警而百姓愿修城以防御乱者入城扰掠。在这种情况下，他劝众捐款，自己也首先带头捐俸共同修城。不久，所颓城墙修复，百姓始得无忧。此外，他还对列在祀典的诸神祠全部修葺一遍。由于他的政绩显著，离扶沟后升为陕西陇州知州。百姓为感念他的功德，当修葺好孔庙后，扶沟已致仕的显宦何出图撰《扶沟重修孔子庙记》碑文以记之。他离任之后，何出图撰《扶沟令戴公兴革政略记》文、杜化中书丹、郝维乔篆额为他立碑以示怀念。

丁恒昌

丁恒昌(？—1645)，字火锵，今鹿邑县试量镇人。

丁恒昌身材高大，果敢勇猛，从小习武，技艺高强。出门时常带着一对 40 斤重的铜锤，在马背上能使 36 斤重的一双铁鞭。他豪饮不知醉。行侠仗义，轻财善疏，誉满乡里。

明朝末年，灾荒连年，赋税沉重，农民起义频起。崇祯年间，高迎祥、李自成领导的农民起义军转战鹿邑数年，邑人蜂起响应，其中不乏扰民者，丁恒昌救人无数。

崇祯十五年(1642 年)，河南巡抚王某被起义军首领刘超所杀，其遗体也被抢去。丁恒昌闻讯，提枪上马，飞速急去，出其不意，独入超营。刘超及其部下不明就里，乱成一团。丁恒昌抢得巡抚尸体而回。他将尸体献于巡抚夫人。夫人感其恩，赠以千金。丁恒昌固辞不受，痛饮而归。

崇祯帝死后，明朝旧臣在南京拥立福王朱由崧称帝，建号弘光。弘光帝闻丁恒昌之名，遂诏封为保驾大将军，随弘光帝南行。

顺治二年（1645 年），清军南下，进攻南京。丁恒昌自守水西门险要之处，浴血奋战，多次击退清军的进攻，杀敌无数。水西门既破，丁恒昌被清军俘获，押至豫亲王多铎面前。多铎很喜爱一身硬骨头的丁恒昌，对他说："你力战被俘，已经为南明尽忠尽义，我请求你投到我的麾下，帮我扫平江南。"丁恒昌义正词严地回答："我到了这里只求一死，没有什么别的念头。"

清军中的官员，包括降将轮番劝说了 3 天，可丁恒昌仍然拒绝投降。多铎下令施以磨刑，丁恒昌骂不绝声，从容赴难。

杜 成

杜成，号熙载，元末明初扶沟县人。今扶沟杜氏二世祖。杜成赋性慷慨，以削平祸患为己任，毅然赴汴梁（今河南开封市）投坚城卫，因建殊勋官拜中军，后调湖广瞿塘卫，威名更著。卒于任上后，当地士民请求其家人将他埋葬于瞿塘卫所，以凭借杜公英灵永镇此方。清嘉庆十年（1805 年），其后人建衣冠冢于扶沟侯谢岗。

杜 津

杜津（1543—1612），字巽庵，明代扶沟县人。万历元年（1573 年）癸酉科举人，授北直隶怀柔知县。上任之年，怀柔遇到灾荒，杜津详细上报灾情，获准赈济。他还劝说当地富裕之户借贷，以工代赈，一县百姓赖以生存，尽感其德。

怀柔离京城很近，皇亲贵族很多人在境内购置产业，当地百姓经常受到这些庄头的欺负。而之前的知县大都惧怕招引灾祸，不敢过问。杜津上任后，不避权势，将几个不法庄头绳之以法，使群恶慑服，不敢继续为非作歹，民众得以安宁。

杜 清

杜清，明代扶沟县人。岁贡生。杜璇的父亲，杜绍的祖父。杜清，历任山西大同府经历、通判。

杜清清廉自励，勤政精干。大同知府郝渊之曾对人说："同僚中有了杜君，我就没有难做的公事了。"威宁伯为西总镇时，让他主管银库，监督阳和军储，他勤恳敬业，一丝不苟，处置得当，军民双方都感恩戴德于他。吏部考核时为最优秀，得到褒扬的玺书，擢升大同府通判。后致仕归家。

杜　璇

杜璇（1437—1525），字良玉，号雪崖，明代扶沟县人。成化、弘治年间以诗名于世。杜璇天性孝友，博极群书，尤精晋人王羲之、王献之书法，他手录的《圣教序》逼真二王，当时的人得到他的一片遗墨即视为珍宝，争相把玩。著有《雪崖诗稿》、《杜氏族谱》、《见闻录》传世。杜璇早年家庭贫寒，但平生胸怀坦平，处世坦然，晚年以儿子杜绍显贵，而被朝廷赠封为承德郎、户部主事。每日闲暇以鼓瑟、弈棋、赋诗为乐。其诗清新自然，颇得唐人真昧。

明弘治、正德年间，以著名文学家李梦阳为领袖的文坛"前七子"，高举复古主义的旗帜，以杜甫为宗，倡言"文必秦汉，诗必盛唐"，其领导的文学革故鼎新运动风靡全国，天下影从。杜璇与儿子杜绍在家乡首为响应，并为之羽翼。他们承接家学渊源，诗承少陵遗风，极力推崇秦汉古文和以李白、杜甫为主的盛唐诗歌，在扶沟影响很大，以至于扶境"五尺之童，争言韵调"（何出图《词林列传》），扶沟文风鼎盛一时。杜璇还与县中有寿德者7人结为"耆英八老杜"，每于朔望日集会，吟诗作赋，互相酬答，并有《寿德会诗集》传世。以他为首，与邑人严宪创修第一部《扶沟县志》。享年88岁，葬县城西关坟茔。

世传扶沟杜氏为杜甫后裔，杜璇秉承诗圣遗风，诗书传家，因而科第代显，世世簪缨。《杜氏族谱》记载说：杜璇虽然从未登上仕途，却学行最为优秀，子孙十分旺盛，"皆其培植之厚也"。据《扶沟县志》和《杜氏族谱》记载，从四世杜清起，明清两代以科举计，有进士2人，举人7人，副榜2人，贡生8人。以官职计，有监察御史巡按2人，主事3人，知州、州同、通判3人，经历2人，知县6人，训导2人，教谕3人，主簿、吏目2人。可谓累世阀阅。而继承"诗圣"遗风、能诗善文者，不胜枚举，因而代执扶沟文坛之牛耳，仅传世诗文集即达30余部、60多卷。这在扶沟县是绝无仅有的。因此扶沟历次撰修县志，都为杜璇立传。

杜化中

杜化中，字民孚，号西泉，明代扶沟县人。嘉靖三十七年（1558年）戊午科举人，四十四年（1565年）乙丑科进士，授官直隶顺德府推官，断决官司上下称平。巡抚、按察使纷纷推荐他。穆宗皇帝将擢升他时，吏部尚书杨某却把这个职务给了私人。不久，擢升他为工部主事，监督大内各项工程建筑。他精心设计，认真施工，为朝廷节省数十万金，朝内上下都认为他很有才干。因此得以转升广东道监察御史，坚守清操素节，一如既往。在他奉旨巡按福建时，阃帅（统兵在京城以外的将帅）朱钰等有罪被囚禁在狱中，因为贿赂首相张居正，得以免罪。杜化中知道这个情况以后，就上书朝廷予以弹劾。疏中说道："宋朝名臣岳飞论天下太平时说'文官不要钱，武官不怕死'。今天朱钰等人是要钱，还是不要钱；是怕死，还是不怕死呢。臣恐怕将相这个样子，天下太平是难以实现的。"张居正知道以后，十分恼怒，将杜化中左迁为绛州通判，再贬谪为榆次知县、汶上知县。后迫于舆论，才稍迁东平知府。神宗（即万历皇帝）即位后，张居正得到进一步信任，更加专横跋扈。他假传圣旨，不但驱逐了政敌高拱，而且排斥两河（河南、河北）籍的官绅。张居正尤其嫉恨的杜化中被削职回家，但杜化中正直的名声却因此更加显著。后来张居正事情败露，朝内大臣都推荐杜化中，但最终没能起用，病逝于家。著有《八闽奏议》、《城南小草》行于世。

杜孟典

杜孟典，字默庵。明代中叶扶沟县诸生，约活动于嘉靖、隆庆、万历时期。户部主事杜璇之孙。杜孟典工于诗文，其诗宗少陵（杜甫），宛然李唐气象；文宗空同（李梦阳），古朴高雅，能脱烟火之习（何出图《词林列传》）。惜其诗文未传。

杜孟乾

杜孟乾，号洧南居士，明代扶沟县人。工于诗文。嘉靖二十年（1541年）贡士，最初任江南庐州府经历，再调陕西巩昌府经历。两任上都有很好的政声，考察官员的政绩时都居最高。在将要超等擢升的时候，因病致仕归家。之后，闭门著书。刊刻有《洧南诗集》、《北上稿》、《南归稿》、《西行稿》、《五经韵语》、《书经驯驳》行于世。

段乃成

段乃成，字凝之，号曙阳，明代鹿邑县人。7岁通音乐，10岁能作诗，读书不泥章句，唯求意理。万历三十四年（1606年）中举，后两次进京会试不第，遂绝意仕途。喜谈古今诗文，策励后进，孜孜不怠。崇祯八年（1635年）春，有20多名妇女先被匪虏，后一同逃出。乃成遇之，收容于别院，锁其门，令妻子送饮食。问其姓氏家乡，送信与其家庭联系，终使这些妇女得与家人团聚。著有《瓮天考》1卷、《樗林集》、《竹马园诗》。

房　宽

房宽（？—1409），陈州（今淮阳县）人。明将领，洪武间以功官指挥佥事，守大宁城。燕王朱棣起兵“靖难”克大宁，被执，即归附朱棣。建文帝的大将李景隆闻讯，统兵进击。朱棣分兵5路迎战，以房宽统后军，于郑村坝大败景隆。逾年师还，升为北平都司指挥使。成祖即位后，封思恩侯。

冯盛明

冯盛明，字梦元，号月桢，明代今河北省涿州市人。万历十七年（1589年）己丑科三甲第169名进士，十八年（1590年）至二十年（1592年）任扶沟县知县。

他在扶沟任上，勤政爱民，恩威并用，宽于德而严于法。他率先律己，然后为诸父老、诸弟子相约：为县吏不得为奸，衙役不得索百姓一钱；约富豪有力者不得暴横恣睢、鱼肉孤弱。凡是违犯以上条例者，法不得宽赦，并逐一落实。此约使县衙吏役不得首鼠作奸，使富户豪强不得狼贪横索。他的这些规定，吏民奉如神明，谁也不敢违犯，于是扶境大治。同时他还关心民瘼，问民疾苦，招抚流移、给耕牛，使民得乐安生。在他的治理下，扶境内盗贼敛迹，流民复业。他均差役，缓征输，息争讼，理渠道，修黉宫，课子弟等，有些零用急需，都是他割金解决的。

他在勤政的同时，于万历十九年（1591年）奉旨敕封山东布政使左参政郝维乔之祖父母，并为之立碑建碑楼。同年春，为江村观音寺修六祖殿树碑立石。此外，他还续建吕家潭石桥。

他在扶3年，吏称其便，民怀其德，无不对他感戴。正当他在扶政成民信、百业备举的时候，因被人诽谤遭横祸离开了扶沟。在他离扶之日，民无老幼皆垂泣攀辕不忍舍去。为感念他的功德，他离任之后，在县城南街路东为其建冯公生祠，并把他的名字设在县名宦祠中春秋祟祀。不仅如此，又有当时的工部尚书开封人刘昌撰写了《扶沟令月桢冯公祠记》和少司成季道统撰写的《扶沟令涿鹿冯侯去思碑记》以记其功。

冯盛明后来以优异的政绩官至河南左布政使，又以子贵赠少傅。

傅　安

傅安，字志道，明朝开封府太康县人。初任县吏，后在翻译少数民族及邻国语言文字的四夷馆中任通事，又在掌管朝祭仪礼的鸿胪寺中担当序班。明洪武二十七年（1394年）转任兵科给事中。翌年又改任礼科都给事中。永乐初年，持节出使西域，在招降撒马尔罕（在今乌孜别克中部）时，被其酋长羁留13年，备尝艰辛。后来，酋长知其不能屈服，便以礼相待并送他回国。临行献名马、珠玉等贡品，自此宾服中国。

傅安回朝后，因年高多病不能任事，恳请回家休养。朝廷念他通西域有功，赐予一品官服，准其辞官还乡。明宣德四年（1429 年），傅安病死家中，葬于朱仙镇岳飞庙后。著有《使远传》。

高 鹏

高鹏，字南远，明代扶沟县人。永乐十六年（1418 年）例贡，以才干授苏州推官。他执法严明，断决明允，因此很受知府的依赖器重，让他督办两江税课，政绩称最。后来朝廷命高官傅某监督江南漕运，使高鹏作为他的副手，输入的租税连续九年数倍于他人。此后他几次请求，致仕归家。

巩 庸

巩庸，字友常，陈州（今淮阳县）人。明画家。好古玩。早年从张世禄学画，工山水人物。永乐间被召至京师，参与当时名画家绘画比试，名噪一时。

古 朴

古朴（？—1428），字文质，陈州（今淮阳县）人。明太祖洪武中年，因太学生清理郡县田赋户籍，朴欠田赋，交吏部断事理刑。朴自陈家贫，希望得到俸禄赡养母亲，皇上嘉许之，任工部主事。母亲去世后，回乡归葬守孝，三年期满改任兵部郎中。明建文三年（1401 年）擢升兵部侍郎。明成祖即位，改任户部。永乐二年（1404 年），朴奏："朝廷惯例令江西、湖广，及苏、松诸府运输粮食到北京。现在这些地方都发生了水灾，粮食转运艰难。而北京诸郡年成好，岁丰稔，应该拿钱命主管官增价收籴，减少南粮北运的麻烦。"皇上从之。营建北京，皇上命朴去江西采木。朴到后，抚恤人民，百姓称赞。永乐七年（1409 年）召还，复任户部。户部主事刘良做事不检，犯下过错，求古朴对上面替他说情，古朴认为不妥。刘良怀怨，诬古朴有罪，古朴被捕。成祖察朴受诬，即令释放。仁宗即位（1425 年），改任南京通政使。第二年升任户部尚书。

古朴在朝做官 30 多年，自郎属至尚书，清正廉洁，从不请托于人，与右都御史向宝，俱以清高耿直著称。明宣宗宣德三年（1428 年）二月逝世于官任。

谷逢春

谷逢春，字履元，号关石，明代鹿邑县人。万历四十七年（1619 年）入国子监读书，以贡士授南阳府唐县训导。他宽以待人，严以督课。尤精后苍（西汉经学家）之学。学子都很尊敬他。谷性廉介，不受馈遗。御史某令其察唐河及桐柏二县奸弊，逢春受命揭发无遗，老吏猾胥皆惊曰："长厚者能如是邪？"

御史很满意，举荐他为县令人选。逢春不愿做官于州县，竟拂袖归里。年 90 犹作《含弄耄言》百篇，以教育诸孙儿。

顾　佐

顾佐（1376—1446），字礼卿，明代太康县人，出身于世代官宦家庭。祖父顾泉，元代官至太常礼仪院佥院；父名澄，字景清，元时任山西阳城知县，转辽州知州，明洪武初授两浙盐运司库官。

顾佐自幼聪明，严遵父训，苦读诗书。于建文二年（1400 年）以明经科登进士第，任陕西庄浪知县。永乐初年，升监察御史，不久，奉命去广西庆远（今广西宜山县）一带招抚少数民族。事毕还朝，又受命往四川督办采集木材。因处置有方，军民称便，甚合成祖心意，于是就命他随驾北征，巡抚边关。很快升任江西按察副使，在任 2 年，又授应天府尹。他为官清廉，吏民敬服，人们把他比为"包孝肃"。永乐十九年（1421 年）为顺天府尹。当时北京的权贵们嫌他办事认真，不徇私情，多感不便。不久就以"贵州新入版图，必得公勤廉干之人，以司风纪，振肃抚绥"为借口，让他出任贵州按察使。他奉母前往，不料母于途中病故，便扶柩归里安葬。3 年后，于洪熙元年（1425 年），又奉诏任通政使。

顾佐性刚毅，重德操，持法严谨，为官 30 多年，历 5 朝，所任皆有政声。宣德三年（1428 年），都御史刘观因贪赃被贬黜。大学士杨士奇、杨荣力荐顾佐继任，说他公正无私，素有威望，历任皆政绩卓著，特别是做京兆尹时，政治清明、弊端革除等等。宣帝立即任他为都察院右都御史（正二品），并赐敕书，命他考核诸御史，不称职者罢免，缺员由顾佐荐举，报吏部补选。顾佐上任后，竭诚尽心，决心澄清风纪。经严格考核，奏请罢黜严皑、杨居正等 20 人，贬谪为辽东各卫所小吏。另又降职 8 人，免职 3 人，接着举荐进士邓棨、国子生程富等 40 余人任御史，经皇帝许可，试任 3 个月后再正式任职。这是顾佐对都察院吏制所作的第一次重大改革，但这次改革并非一帆风顺，他受到各种邪恶势力打击。后来杨居正等 6 人不服，又提出辩诉，皇帝很生气，把所有降职为吏的御史全部遣戍边境。不久，严皑从戍所偷偷回京，结帮行贿，妄图翻案，被顾佐发觉，奏闻皇帝，皇帝处死严皑，纲纪为之一肃。

又过一年多，有个小官诬告顾佐，皇帝问清情况后交顾佐处理。顾佐对那个小官说："皇上让我治你的罪，你只要改正了，我就饶恕你。"那个小官马上认罪，并决心改正。皇帝听说后，认为顾佐很识大体，就更加信任他。后来又有人指控顾佐不理冤诉，皇帝命刑部查核。原来是千户臧清，因杀害 3 个无辜的人，被顾佐判处死罪，臧清就唆使人诬告顾佐。事情查明后，皇帝气愤地说：

“不杀臧清，顾佐的法制就不能施行。”亲自下令将臧清车裂。这次改革终于取得胜利。宣帝对顾佐无比信任，每逢外出巡狩，总让他留守京都。

宣德八年（1433年）秋，顾佐忽然中风，一年多病才稍愈，即扶杖就职。

英宗即位不久，顾佐又对诸御史进行一次考核，对15个不称职的人分别降职或免职。其中邵宗任御史已9年，也被降职。邵宗不满，向朝廷申辩，吏部尚书郭琎也说邵宗不该降职。英宗昏庸，听信郭琎，责备顾佐。这时御史张鹏等弹劾邵宗过失，英宗却认为张鹏等与顾佐串通同谋，有意欺压邵宗，于是再次痛责顾佐。顾佐看英宗昏庸无能，又奸臣当道，宦官专权，便含愤辞归。临行时，公卿士大夫送别车马列满都门之外。

英宗正统十一年（1446年）九月二十七日，顾佐病故于太康老家，次年五月十二日葬于祖茔西南一里许之善德村旁（即今县城西南7华里的顾坟）。万历三年（1575年），朝廷追赠顾佐为少保，谥号端肃。

郭世忠

郭世忠，字戆韩，明开封府太康县人。南京太仆寺卿郭显忠之弟。幼年跟随显忠学习易经，聪明异常。万历二十二年（1594年）中举。初授广平府通判，驻防于临关，把守通往京师的要道。迎来送往非常麻烦，而且费用很大，世忠处理得得心应手，显得安闲快乐，又不劳累百姓。后转任泰安知州。每年到东岳泰山朝谒的人不下数十万，给地方百姓带来很大干扰。世忠制订科条，布告百姓，严行禁止。自此，来朝拜的人没有违犯的。适逢朝中派人筹备皇帝泰山东封一事，因其供给不足而触怒皇帝。世忠于是交还官印，归家养老。

郭显忠

郭显忠，字同竹，明朝太康县人。明神宗万历五年（1577年）丁丑科进士。任湖南桃源县知县时，以治河（沅江）有功，受到朝廷钦赏。后任陕西三原知县，以政绩突出，晋升为工科给事中。后因得罪了当权太监，外放汉中知府。他为政清廉，刑轻政简，受到百姓赞扬。后迁升分巡湖南靖北道及湖北、山西等地，继任山西布政使。待9年任满，政绩卓著，赠3代建坊，官升南京太仆寺卿。崇祯元年（1628年）病故。

郭显忠擅长诗文，著有《云中吟》、《楚游草》、《效颦小草》、《纪年谱》等。

韩 瓛

韩瓛，明洪武二年（1369年）前后任鹿邑知县。

可以说，韩瓛是受命于危难之际。明朝刚刚建立，百废待兴，此时的鹿邑是满目疮痍，县城内残垣断壁，官廨、学宫、城堞，损毁殆尽。乡间百姓颠沛流离，不少人尚未回归故土，空巷凄凉，土地荒芜，社会秩序混乱不堪。为了尽快让百姓脱离苦难，恢复生产，安居乐业，韩瓛遍访乡老士绅，商讨制定切实可行的便民利民政令，并以布告形式张贴城乡，让民众感受到国家的关怀，鼓励大家奋发努力，重建家园。同时，韩瓛将鹿邑的现状上书朝廷，敦促明廷发放救济粮款，以稳定民心，安定社会。上表请求免除税粮，设立孤寡养济院，登记编排户籍，分发土地。设置官府，修筑城池，兴办学塾等。时间不长，县境内便呈现出一派蒸蒸日上的大好局面。

洪武二年，韩瓛征得朝廷同意，重修鹿邑城池。城以土筑，周长9里13步，高2丈，宽1丈3尺，设城垛2585个。建城楼4座，城门4座：东曰望仙、南曰迎恩、西曰通济、北曰迎仙。城周掘护城河，河深1丈，宽8尺，周长1591丈5尺。另于西门内建县署；县西门外路北，立社稷坛；县南1里许，立风云雷雨山川坛；在北堤内之东建邑厉坛，立神祇坛、义冢；在万寿寺西建预备仓；在县治东建城隍庙；在东大街北建养济院，以养不能自养者，赡养人月给米3斗，薪30斤，冬夏布1匹。

经过韩瓛励精力创，鹿邑规制焕然一新。旧志记载："明三百年县令，有声迹者推瓛为最。"

韩孟阳

韩孟阳（1506—1582），祖居山东，元至正元年（1341年）迁项城，定居于城郊韩老家。韩氏家族以善德为本，经数代经营，家境殷实，富甲一方。

孟阳天赋质朴，好读书，勤耕作，为人好善乐施。每年春荒之时，他都要出资恤灾济难，设灶舍粥。韩家借贷给别人粮食，从不要利息；遇到特别贫穷的人家找他借粮，连借据都不要。人们感谢他的恩德，称他"有粮不私，能广于众"，陈州知府称他们韩家是"第一清白人家"。

嘉靖二十七年（1548年），韩府的舍粥棚前，一时人数剧增，门庭若市，询问之下，才知道是山西遭了大灾。孟阳当即和父亲商议，父亲说：财粮有何用，恤灾救难为上策，舍施取义，机不可失，有什么可商议的。韩孟阳说："对，山西也是我们的邻居，那就给他们几千石粮食赈灾吧！"孟阳立即开仓运出粮食几千石，亲自押送去山西灾区。途经淮阳时，闻知城里净吃盐碱水，就出资在南关购地开凿了一口甜水井。

河南巡抚把韩孟阳的事迹上报给朝廷，嘉靖皇帝下诏旌表，为他建功德牌坊，特赐"为国惠民"四字；河南巡抚赞他"中州尚义无双"。乡亲们感到很荣耀，称韩家的功德牌坊为“广粮门”——意为“广其粮于众”。明万历十年(1582年)，韩孟阳病逝，享年76岁。其子用石棺将其安葬于韩老家西南，并勒石树碑。

郝维乔 郝维康

郝维乔，字子迁，明代扶沟县人。嘉靖四十三年（1564年）甲子科举人，隆庆二年（1568年）进士，授真定知县。以循良第一擢升吏部给事中。又因政绩考核居上等，迁户、刑两科都给事中。任上，他有奏议几千言，都被皇帝嘉奖采纳。郝维乔弹劾不避权贵，因而遭到一些人的嫉恨，被调出京城，任江西道参政。再调山东参政，转山西按察使，又晋升为陕西右布政使。在他任职的地方都政绩卓著，民众多处为他立庙建祠予以崇祀。

郝维乔致仕归乡后，在家闭门著书。他乐于奖掖后学，曾应邀到开封任主讲，被中州士子尊奉为典型、楷模。他常常在座右书写“随处体认天理”六字，用以警励自己。过去，扶沟县城里的“两科都谏”牌坊、“三代恩光”牌坊和“黄门威风”牌坊都是为旌扬他的宦迹而建立的。

其弟郝维康，官太医院吏目。万历四十五年（1617年），地方发生蝗蝻灾害，郝维康捐献粮食1000石助赈。因此朝廷颁旨在其家乡扶沟县城建“高义匡时”牌坊一座，予以旌表。

何 岑

何岑，字具瞻，明代扶沟县人。嘉靖十九年（1540年）庚子科举人。嘉靖三十二年（1553年）八月，柘城师尚诏聚众造反，何岑意料到师尚诏必犯扶沟，就为知县出谋划策，建议预先做好防备。知县不听劝告。不久，果然师尚诏犯扶。知县登城一看，吓得面色顿变，就欲弃城逃跑。何岑强拉着说：“你逃能逃到哪里安身?”知县无奈只好与何岑共同防守。师尚诏围困扶城，何岑竭力坚守，乘隙击毙其首领2名，师尚诏见久围不克，遂撤兵退去。

何岑任广宗知县时，京畿一带大饥。而广宗土地瘠薄，灾害比其他地方更甚。何岑把县仓里的4000石粮食全部拿出，并向富户权贷6000石。何岑说：“以往赈济，官府浪费而民众不获，是赈济者责任没有尽到啊!”于是就令属下认真统计人口，每日亲率僚属发放。从冬天到春天4次赈济，使广宗饥民面无菜色。

广宗出产上好的梨子，例供皇帝。上官以此为例也索要供应，其费用比正常的费用还要多。何岑就请求朝廷罢止了供梨之额。当时邢台户口因外逃十不存一，朝廷派何岑前去治理。何岑到邢台后，经过认真勘察，觉得此地荒芜，复垦艰难。于是就上书建议减免租税与贷款助耕同时进行。得到允许后，他就按户口贷给农民耕牛和种子，约定3年以后再收租税。一时，返乡者骤增，荒地得以垦种。治邢刚有起色，逢皇帝下诏宽恤刑狱。刑部尚书某公深知何岑办事公平精练，就把各郡县的囚犯交付他来审理。何岑矢心公允宽恕，使案件多为平反。次年事竣，巡抚和按察使刚将他的政绩列为上等上报朝廷，边境又告紧急，军饷供应不上，吏部立即推荐何岑任河间府通判，兼管宣府西路粮饷。宣府西路粮饷署在宣府北边80里，地当敌人要冲。过去这里不设防务，而是与敌方私下约定，向其交纳粮食钱币，听到警报就退到城里。何岑到任了解到此情况后，十分恼怒地说："这里完全是可以防守的，为什么要损丧国威啊？"于是就修葺城池，开挖堑沟，备足粮饷，勤练兵卒，并且亲自上城巡逻，兵卒也一致表示听命守卫。继而敌兵逼近城下，惊骇地说："大那颜（蒙古语，对守城主将的称谓）厉害如此啊！"结果不战自退。何岑于是向朝廷上安边十策：一曰归并屯保，二曰据守要害，三曰防虑属夷，四曰勘处屯粮，五曰开中盐法，六曰简练将领，七曰汰去冗食，八曰护绥边民，九曰严明探哨，十曰出兵劫剿。十条全是凿凿诤论，皇上颁旨施行。不久出兵斩获敌人首级数千，振旅凯旋。正当何岑以运筹转饷有功应受上赏时，遭到真定巡抚李迁邢台库藏不明的弹劾，因此落职。子出图，官兵部职方主事；出光，官山东巡按。

何　维

何维，字承之，明开封府太康县人。举止风雅端庄，善于言辞，为人处世坦荡有操守。在任山东冠县知县时，廉明仁恕，时有"莘县城隍，冠县何郎"之美誉。据说，莘县城隍最灵验，故以此比喻何维之神明。后擢升南京户部主事。在收取扬州专卖行业税时，以清介著称，因而升任贵州思南府知府。因其执法不阿，很多人忌恨他，于是就有人中伤陷害他。民众都为他惋惜，抱不平。

何　岩

何岩，字邦镇，号东村，明代扶沟县人。正德十二年（1517年）丁丑科进士，授户部浙江司主事，监临清商税，以政绩最为显著获朝廷金币之奖，晋秩员外郎。世宗（即嘉靖皇帝）即位（1522年）后，想隆重追封生身父母，何岩上疏直谏不可，世宗大怒，在朝堂之上杖击何岩，并出何岩为瑞州知府。之前，瑞州华林盗贼蜂起，为剿贼使民物耗殆尽。何岩上任以后，用朝廷重典以威吓强暴，抚恤民瘼以播撒和惠，使百姓很快安定下来。不久又补任南雄知府，任上他减免了陵江、梅陵两个地方的商税。此前，当地官府允许屠牛者一日交输一金，以放松屠杀耕牛的禁令。何岩叹息道："宋仁宗能忍耐一夕之饥，不为饱口腹杀戮耕牛。而今官府为何重利而放任屠杀耕牛呢?”于是何岩下令予以严厉禁止。丁内艰后再补南康知府。上任以后，何岩教导当地民众疏浚沟渠灌溉农田，可得十世之利；又在庐山白鹿洞书院增置诸生馆，拨付钱粮帮助士子学习。这时西部边陲多次发生战事，朝廷选拔清廉精干官吏充实边地。何岩因此被任命为庆阳知府。任上他效仿宋代名臣魏国公韩琦创立的义勇之制，推行耿寿昌的常平法，由此庆阳兵强粮足，境内安然。后因病致仕，卒年70岁。殁后葬于今扶沟县吕潭乡前河村。

何出光

何出光，字兆文，明代扶沟县人。何岑子，何出图胞弟。万历十年（1582年）壬午科举人，早其兄3年于万历十一年（1583年）得中癸未科进士，十三年（1585年）任山西曲沃知县。3年任满考核，其政绩为三晋之最，因之晋升监察御史。当时皇太子未立，贵戚郑成宪与宦官张鲸阴蓄异谋，为国家大患。何出光因此上《劾近臣结党疏》，极论阉党八大罪状，言辞十分激烈。上疏后，自认自己必死，便以禾秆为席坐以待罪。不久，皇帝就下旨剥夺了他所弹劾的12人的职务，但张鲸又很快被释放。大臣们怕贵戚阉党复起作乱，便联名推荐何出光为京城巡按使巡按京师，以察阉戚动静。但朝廷却趁何出光南下巡按之机，重新召用张鲸。于是何出光于万历十七年（1589年）再上《再劾中阉疏》，极言张鲸不可复用。鲸遂被切责。

万历十九年（1591年），何出光被任命为山东巡按。其间，他于万历二十年（1592年）主持监制《孔子事迹图》。孔庙原有反映孔子事迹的木刻图画，他建议改为石刻，由杨芝作画，章草刻石，嵌在殿内壁上，这就是为数120幅的《圣迹图》。圣迹图每幅宽38厘米，长60厘米，笔触刚劲，人物有神态。其所表现的“圣迹”从孔母祷于尼山生孔子，到孔子死后弟子守墓为止，是我国古代唯一的一部有完整人物故事的石刻连环画。为保存《圣迹图》，他又主持修建了高12.55米，长30.69米，宽10.12米，单檐绿瓦歇山式的圣迹殿，是如今孔庙中的第9进庭院。《圣迹图》现作为国宝存于其中。万历二十一年（1593年）《曲阜县志》编纂完成，何出光应邀为之作序。当年秋试，礼部官员将试题为家乡人透露，何出光弹劾其奸，为礼部官员忌恨，密谋夺了他的弹劾之权，外调镇守山西太原，再贬宁州判官、山东乐陵及河北完县县令。在完县，他曾考证：完县就是历史上著名的代父从军的女英雄花木兰的征战之地，并为《木兰祠赛神曲》撰写序文道：“汉文帝时，单于寇边，帝亲征，大括民兵，追可空国。将军以父老，不任授甲，身伪丈夫子以行，转战燕山。完为古曲逆，当燕山之麓，将军百战，收其地，土人庙祀之。”此文道出了完县人民敬祀木兰的原因。后，何出光卒于完县任上。归葬于今扶沟县韭园镇湾赵村南。

何出光著有《兰台法鉴录》23卷，《荐闻清献录》及《始音钞》、《言钞》、《思诸录》和《中寰集》11卷。他的长诗《渔村谣》描写的是：频繁的洪涝灾害吞没庄稼，冲毁庄园，给人民带来颗粒无收、饿殍遍野、妻离子散、哭声载道，以及地方官吏贪残凶暴，在大灾面前催租逼捐，迫使人民不得不卖儿鬻女来交租纳税的悲惨情景。抨击矛头直指最高封建统治者，这在古代文学作品中尚不多见，具有深刻的现实主义意义。

何出图

何出图（1539—1616），字启文，又字云荪，号见寰，自称伯子，明代扶沟县人。父亲何岑，官河间府通判，颇有政声。何出图于隆庆元年（1567年）得中丁卯科举人，万历十四年（1586年）丙戌科进士。万历十九年（1591年）任山西长子知县时，因逢大灾荒，庄稼颗粒无收，他把库粮赈贷于饥民，因此活下来的百姓很多。任上，他还推行"条鞭"法，使百姓所负粮差不致偏累，受到县民称颂。

3年任满，何出图升兵部职方司主事。当时东南沿海军情紧急，他因此向皇帝上《应变陈言疏》，提出防范倭寇侵扰的方略。万历二十二年（1594年），倭寇首领平秀吉率寇入侵朝鲜，并派使者来北京向明朝求封。兵部尚书石星便命何出图为使者，和倭使进行谈判，并让何出图厚待倭使。出图则建议：倭寇言而无信，应对倭寇威严相加。石星不听，反以方应选代替何出图为使，结果加封失败，石星因此获罪。万历二十四年（1596年），何出图再升兵部员外郎。后来因封使李家城在朝鲜丢弃封册逃走，万历皇帝大怒，罪及出图，贬为陕西保安典史（知县下属）。不久就荐升南京兵部主事，再升兵部武选司主事。后病逝，终年78岁，归葬今扶沟县城郊乡姜女村。

何出图一生著作颇丰。有《何伯子年谱》1卷，《扶沟县志》3卷，《长子县志》、《摄生浅言》、《百六友》及《友藜稿》8卷。其诗意境深远，语言隽永。

黑伯李

黑伯李（约1536—约1612），亦称黑白理、黑李。陕西省凤翔人，伊斯兰教经学家，阿訇。明万历八年（1580年）到槐坊（今沈丘县城）至元清真古寺坐位。精通汉、阿拉伯、波斯3种语言文字，擅长中、阿文书法。在沈丘任教30余载，开沈丘经堂教育（一种回族文化教育形式）之先河，促进了沈丘回族教育事业的发展，在豫东、皖北一带名望较高。黑伯李一生著书立说，编写多本民族文化教材，誊抄大量经书，其《连五本》、《凙五》、《满俩》、《白亚尼》、

《伟尕耶》、《这俩勒尼》、《戛最》、《凯俩目》、《爱尔白欧》、《侯赛尼》、《昭元密诀》、《归真要通》、《古力斯坦》等课本流传至今。直至“文革”前，沈丘至元清真古寺内还保存有黑伯李时期的各种藏书近2000册。黑伯李除在民族教育及经学、书法方面多有建树外，有关他的传说也很多，至今仍在沈丘回族中流传。

洪 蒸

洪蒸，浙江平湖人。进士及第，明武宗正德九年（1514 年）知陈州。到任后整治奸邪，剔除污吏；调整不适合百姓利益的弊政，陈州人民额手称庆。对县学士子，亲自课训，谆谆不倦。明世宗嘉靖六年（1527 年）升任兵部员外郎，离任时陈州士民攀辕卧辙数十里。并为之立生祠祀之。

侯 辅

侯辅，明朝今郸城县人。自幼读书，洪武二十一年（1388 年）戊辰岁拔贡，建文元年（1399 年）己卯科举人，授文林郎，宫户科给事中（正五品）。侯辅以刚直敢言，威倾朝野，一时权贵们都敬畏他。

侯君擢

侯君擢，字际明，成安举人。明崇祯十四年（1641 年）出任陈州知州。君擢在任洁己爱民，有惠政。李闯王兵围陈州，君擢亲率士民登城守卫。后城破，君擢正色危坐于衙前，遂被执。缚诣闯王，骂声愈厉。义军怒，削其面、砍其膝而戕之。事闻于崇祯，赠右参议。

胡鲲化

胡鲲化，字鹏南，号五洲，明代鹿邑县人。刻厉实学，崇祯九年（1636年）举于乡。家贫，奉父母至孝。心境恬静，不以穷困而自馁。后选知铜陵县。

铜陵地处楚、蜀、广、滇的交通要道，人员流动量大，舟马供给不足，邑民经年奔波应付，苦不堪言。鲲化到任后，将差派项目折半，减轻了民众负担。

抚衙胥役张某，仗势横行，作威乡里。鲲化据实知会抚尹，予以惩戒。县民拍手称快。

县南有凤凰、铜官等山矿，工部督促开发。矿区内有民舍和坟墓，为尽量减少百姓损失，鲲化跋涉山谷间，细致筹划，大多予以保全。他施政慈义，凡有益于民的事情，他都尽力争取，从不怕得罪上级官员。他曾说：“利民者，重要的是明察是非，尤为宝贵的是宽厚待民。执政过于苛刻，是会严重伤害百姓的。宽厚做官，可能会使奸猾之徒得逞于一时，然而，你的主导思想是惠民，虽有不足，老百姓也不会抱怨你。”

时有楚盗攻铜陵。铜陵城高丈余，三面环山，唯城南一路通江，易守难攻。鲲化坐镇城楼，日夜巡察。城民感奋，誓与鲲化共存亡。与贼相抗24日，援军到，围遂解，铜陵人皆欢呼。鲲化曰：“我自幼读书，以节义自勉；县城若被破，我岂会偷生苟活啊!”

华　淳

华淳，字宗仆，明代北直隶宛平县人。进士出身。嘉靖五年（1526年）由兵科给事中谪任鹿邑知县。

华淳为政务持大体，对不符合鹿邑实际和违背民意的政令，他执而不行；上面催促，他陈述利害，据理力争。尝曰：“官可去，罔民以媚上，吾不忍为也。”华淳闲暇时，还召集县学生员，亲为讲解。律立条规，让学子注重修身。后调任天长，士民送之，攀辕涕泣。

黄仲恭

黄仲恭，江西龙泉人，朱元璋洪武年间（1368—1398）任项城县令。由于他“勤敏有干”，当了9年项城县令，升迁离任时，项城人还攀辕留靴，跪地挽留，不想让这位好官走。之所以这样，是他“抑强扶弱”，把赋税、徭役大部分派在富家有钱人头上，对于穷人则不派或少派。项城人之所以永久怀念他，“千百世后，犹在溯其芳”，还因为他在任期间开始筹划但并未完工的“政绩工程”——“迁邑”。那时项城县治还在沈丘，地势低洼，容易受水灾。有次“发黄水”，汹涌的黄河水几乎冲垮项城的城墙，彭仲恭带领军民日夜奋战，终于战胜洪水，保住城墙，避免了一场灾难。洪水过后，他奔走呼号，舆论迁邑，真的是想群众之所想，急群众之所急，一门心思全用在服务于项城百姓身上。虽然，迁邑工作没有经他手完成，直到宣德三年（1428年）才搬迁到殄寇镇（今项城市秣陵镇），但项城人对他的“迁邑”构想铭刻在心、永世感念。

纪懋勋

纪懋勋（？—1642），字枫山，明代山东胶州人，崇祯十三年（1640年）任鹿邑知县。

纪懋勋忠厚倜傥，洁己爱民，有古循吏风。他临政不盘剥百姓，百姓有诉讼必亲自询问，如果不是很大的过错当场就下令释放。做事有主见，从不为小吏们所惑，很受百姓们的拥护和爱戴。

崇祯十五年（1642 年）正月，李自成率起义军攻占归德府（今商丘睢阳区），挥师南下，至鹿邑境。兵临城下，纪懋勋率领城内兵民，日夜坚守，拼命抵抗。一日，乘起义军将领袁时中不备，纪懋勋带领数十骑，出其不意，冲进义军大营。这突如其来之势，使袁无法集合兵马，慌乱中自相践踏，伤亡惨重。当袁时中组织起人马反攻时，纪懋勋已率兵返回城内。如此神速，使袁时中始料不及，无可奈何。

三月，起义军将鹿邑围困已两月之久。此时鹿邑城内有百姓 4 万余人，粮饷难以为继，兵民饿病相兼，孤城独守，岌岌可危。而起义军大队人马源源不断地向鹿邑城涌来。二十七日攻陷鹿邑城。纪懋勋见城已破，便长叹一声，整理衣冠，向北恭拜，自缢于南城民舍。

起义军离去后，邑人张达谟收殓纪懋勋遗体，葬于东城外，百姓八方举哀。邑人感念纪懋勋忠烈，在城西关北隅精忠祠（今盐务局）立牌位祭祀之。

季道统

季道统，字亦卿，陈州（今淮阳县）人。明神宗万历十一年（1583 年）癸未科进士，面试庶吉士为第一，授检讨。万历二十年（1592 年）壬辰科帮礼部主持会试，称能得士，晋升为南京国子监司业（最高学府校长）。到职后严肃纪律，不听教育者按校规处罚，学风马上有了变化。季道统很有文才，特别是以酒助兴，酒喝到高兴时写诗文挥笔立就。他所写的诗有盛唐时的风格。著有《岩栖集》、《秣陵草》传世，读来脍炙人口。万历二十二年（1594 年），他上疏皇上，建议认真选拔人才，对不称职者严加甄别。后因病离任，卒于荆山道中。

贾明远

贾明远，字惟精，号文村，山西汾州人，举人出身。明穆宗隆庆元年（1567 年）莅项为县尹，其主要政绩是为项城人民兴修水利，疏通河道，复修河防。

项城位于淮河流域，有 5 条河穿境入淮：西北有黄河故道，上沿朱仙镇汇合古汝水经南顿、新桥下达颍川流入淮河；西南有洪河来自西平，经上蔡入境然后与汝水汇合流入淮河；中间有两道河，叫做包河、虹河。人们自古就因势就便，导水入淮，并修筑堤防，使其不能泛滥成灾。但也有目光短浅的民众，为一时一己之利，或平堤为田或毁堤求鱼，结果一旦发了大水，防不胜防，往往溃然成灾。

隆庆六年（1572 年）秋季发水。项城有姓刘名诏的大户人家，为了捕得几条碎鱼烂虾，竟带头聚众在河道设置渔具，致使河水漫溢，酿成水灾，淹没了项城、上蔡两县大片农田，也冲塌了大批农舍。

贾明远视察灾情时，许多上蔡受灾的农户涌到他跟前说理。经过实地调查，他下令立即逮捕了平时人们不敢招惹的刘诏，给予惩罚；并迅速扒掉了堵塞河水的捕鱼设施，河里的洪水畅流了，田间积水没几天也排泄完毕，拯救了大批庄稼，避免了更大的灾难。因此不光是项城人，连上蔡人也感谢他。

贾明远关注民生，为了保护项城人民的生命财产，杜绝水患，他在具文征得上级批准后，“北自广阳坡开支河四十余里，导阎家坡、范亭坡之水汇支河以归于黄河故道；南自清静坡、部家坡开新渠五十余里，导韩、刘、吴（等）四桥之水以归于洪河”。他根据水量大小，水势缓急，确定河渠的宽窄，而且“不妨民事，不费民财”！老百姓几乎都是自发地到工地参加施工的。经过一年多时间，工程完工。他又怕部分河道会溃漫成灾，于是又为之复修堤防，筑堤30多里。当时的工部尚书曹亭在《知县贾明远修复河防》里这样赞扬他：“惟守令之职，务在安民。择可劳而劳之，则民不怨；因民之利而利之，则所以利民者深且久。”员外雷大壮撰写的《知县贾明远疏通河道碑记》里写道：“拯溺捍患，可以观仁；除憝戢梗，可以观义；能机迅发，可以观勇；镜奸烛枉，可以观智。一事而众善备，侯（贾明远）之才度，可以易及哉？”

蒋　鏊

蒋鏊，明代湖南零陵人。嘉靖九年至十年（1530—1531）以举人衔任扶沟县令。

蒋鏊性格纯静，宠辱不惊，淡泊名利，以清廉著称。他的书法精绝，清劲出尘。在任期间，曾重修真武庙，邑人罗玹撰写《重修真武庙》碑文以记其事。在扶沟，他写下很多诗文，但仅仅留下《感遇诗》1首。他与明代著名诗人、书画家徐渭（字文长）兄长徐淮是崇道的好友，徐渭曾写有《蒋扶沟公诗》6首，称赞他：“太阿佩陆离，抟割扶沟剧。”“修礼重致问，德音美如玉。”“攘攘日中霜，亭亭风中木。”

蒋鏊为政清廉，不受地方一草一木。有一年，蒋鏊回到家乡，看到家里一贫如洗，经常断炊，到了大年除夕，家中还没有过年的物资，他的妻子苦笑着说：“一年到头，一无所有，这个年怎么过呢?”蒋鏊就像没听到一样，转身坐到窗前，吟诗自我解嘲：“柴米油盐酱醋茶，七般都在别人家。惟有老夫无计策，开窗独坐看梅花。”故人称“梅花县令”。传说他离任后放弃尘世，出家修道。

焦永固　焦璟

焦永固，明代扶沟县人。洪武二十六年（1393年）癸酉科举人，授工部员外郎。督大工称旨，改山西道监察御史。任上，他多次直谏弹劾，不避权贵。后以疾病致仕。他的儿子焦璟，明宣德四年（1429 年）己酉科举人，官至环县知县。

康 钺

康钺，字廷器，辽阳夏州卫（今辽宁省境内）人。嘉靖二年（1523 年）任扶沟县县丞，三年（1524 年）署扶沟县事，果毅有为。

他在署县事的当年五六月间，霖雨大作，城北贾鲁河漫溢，泛水涌入城壕内，而北门又受城内外泄之水冲击，城门、城楼坍塌，人心惶恐。这时，康钺一方面安抚百姓，一方面向上级请示解决办法。他发动百姓有钱出钱，有力出力，共同修筑城墙。一月之内，用石头做基础，修好了城门及城楼，并把城楼修作重檐，又开挖城壕，结果使城高池深，再不受水患之苦。

乐 韶

乐韶，宁远人。明景泰六年（1455 年）由举人任鹿邑训导（学官名，主要职责是协助同级学官教育所属生员）。

乐韶为人忠厚，勤于职守，经常深入生员中问寒问暖，教诲勉励学生之辞诚恳切实，深受学生爱戴。他注重廉耻，厌恶钻营，交结贤明，劝惩丑恶，从而德高望重，广为邑人敬重。

乐韶施教之暇，潜心文献编研，征得知县同意，于成化年间主纂《鹿邑县志》，为最早的《鹿邑县志》（已佚）。县有“志”自乐韶始，后，明、清之际又数次再修。

雷 敬

雷敬，字肃会，陈州（今淮阳县）人。明太祖朱元璋登基后建都金陵（今南京市），国号大明，年号洪武，诏示天下，举国纷纷响应。原元朝陈州守将左君弼拒绝承认，太祖写信招抚之，左不理睬。当时雷敬任左君弼幕僚，劝左说：“这是天命所属，不可违背，不要因为你而苦害了一郡百姓。”左不听雷劝。未几，朱元璋派大将徐达率兵攻破陈州，敬携守将归顺明朝，凭借武功得指挥佥事职。

明惠帝建文年间（1399—1402），敬官拜前军都督，率领禁军。燕王“靖难”领兵攻陷金川门（京都守门），雷敬率禁军力战，阵亡。有 6 子：长子雷升，袭龙骧卫指挥；其余儿子均居住在陈州。

理苍和

理苍和（1593—1645），字卿雲，号寒石，今西华县皮营乡茅岗村人。崇祯十五年（1642 年）壬午科举人。初授苏州理刑官，政声衔誉，改授中宪大夫兼江浙兵务。福王弘光初年（1644 年）授右兵部职方司主司，任江西监军道，后擢为太子博士，辅助福王南下。他对明帝忠心耿耿，不畏义死，不荣幸生，后慷慨赴难，殉职虔州。

苍和原本姓李，因李自成反明，不愿与之同姓，改李为理。西华茅岗理姓，从其始。

李　佸

李佸，一做括，世称李山人。明代扶沟县人。约活动于嘉靖、隆庆、万历年间。少时落魄，学业未竟，沦为青衣。20 岁才开始学诗，偶有警句为人称道。李佸为诗能脱烟火之气，潇洒不尘。当时诗坛以“后七子”中的谢榛名声最高，李佸仰慕其名，前往与之同游。见面以后两人切磋诗艺，虽各自凭借才气争论不相上下，却都受益匪浅。可惜他贫窭特甚，去世的时候，所有的文稿都委诸尘埃。《皇明诗统》和朱彝尊的《明诗综》以及钱谦益的《列朝诗集》、《列朝诗集小传》，都收有他的诗和传记。

李　纪

李纪，明代陕西兴平县人。弘治十五年（1502 年）由举人任鹿邑知县。

李纪才识明敏，案无滞牍。在县严惩奸恶，体恤民瘼，干练爽直，不二年吏畏民敬，境内秩序井肃，风气卓然。有拾到遗物者，必自觉挂于门外明显处，示众求还。真正做到“路无拾遗，夜不闭户”。后因政绩显著，调任祥符，再升监察御史。

李　琳

李琳，明代定州人。进士，是沈丘复置后创建新治所的首任知县。

沈丘自元末废县，历 130 余载，至明弘治十年（1497 年）复置，李琳受命创县。当时，沈丘故城（今临泉西）已成废墟，新辟之处为陈、项、颍三地边隅，已使县域北移，于是李琳选乳香台，新筑沈丘城，十一年（1498 年）二月正式破土动工。李琳勤于职守，左右唯谨，率沈邑群众，辟草除荒，建立城郭。街巷集市，以及县衙、学宫、庭宇、祀庙陆续建立，各得其所。李琳措置有方，身体力行，功莫大焉。弘治十三年（1500 年）八月新城落成，沈丘建立。

李 珉

李珉，字伯玉，陈州（今淮阳县）人，幼年好学，在郡诸生中出类拔萃，而且记忆力特强。明太祖朱元璋洪武十八年（1385 年）颁发了刑法条例汇编，共 13 篇，曰大诰。在学馆里讲授，由塾师教读，就连犯罪之人如果能读大诰的也罪减一等。洪武三十年（1397 年），珉因为能诵读大诰，随众朝京师（南京），受到皇上嘉奖，赐钞遣还。不久被补选为太学生。明宣宗宣德初年（1426 年），拜交趾道御史，巡察云南及直隶。所到之处，剔除邪恶，推崇俊良；奖励廉洁，劝勉农耕；辨别冤案，审理民情。口碑极好，擢升陕西佥宪。在任有耿直廉明之称。后官至都察院左佥都御史。

李 诜

李诜，明代扶沟县人。书法家。他的楷书浑厚遒劲，章法精美，当时扶沟县的碑碣书丹、篆额多出其手。他的诗文古健雄浑，有秦汉遗风。至今，县内还有人存有他的书法作品，尚村岗还有他书写的碑刻。

李 泰

李泰（1371—1453），字淑通，明代鹿邑县人。幼颖悟，稍长为邑庠弟子，习《春秋》，以文章诗赋称誉乡里。洪武二十四年（1391 年）辛未科中举，升为太学生。3 年后中进士，时年 22 岁。被任为鸿胪寺司宾，改詹事通事舍人。未几，以谏事不合上意，外放为永平昌黎县丞。洪武冗年，因他事涉嫌被免职，还归乡里。永乐六年（1408 年）复被起用。

李泰满腹经纶，文章冠绝一时。除经史外，又熟掌故，兼通阴阳、卜筮等学，为明成祖朱棣所倚重。永乐七年（1409 年），朱棣派李泰及礼部侍郎等，在京城附近堪舆陵地，最终选定了一个叫黄土山的地方。此地谓曰“龙兴之地”，完全符合风水学要求。苛求完美的朱棣皇帝从南京到此地察看，也颇为满意，正巧那日正逢他的生日，就把黄土山改名为天寿山。李泰为成祖卜陵地厥功甚伟，被诏令领率钦天监。

晚年的李泰定居金陵，以教授生徒为业，闲暇时则专意著述。其作甚丰，有《阴阳书》50 余卷，《训蒙书》55 卷，《诗赋书》16 卷，《毂鸣》、《坚瓠集》、《北上金陵》、《清凉》诸集合 36 卷，杂著 30 卷，凡百数十卷。

李 增

李增，字廷重，明代河北省新城（今河北高碑店市）东马社人。宪宗成化十四年（1478 年）戊戌科三甲第 160 名进士。成化二十一年（1485 年）至孝宗弘治三年（1490 年）任扶沟县知县。

他来扶沟之前，曾任洛阳令。在扶沟任职期间，为政公平，究心民虞。他重视水利建设，兴修水利。原扶沟境内的惠民河至吕家潭入蔡故道，东南直达西华县境，后因蔡河淤塞，泛滥为患，他便亲自规划，自吕家潭南张单口另疏新河，迤西南至县东北五里张会桥与双洎河汇流，并筑堤以防溃溢，又复开惠民支河以分水势。减少了扶境内的水患，使农田得有较好的收成。此外，他还均徭役，广营建，在来扶的当年重修黉宫和城隍庙。更重要的是他首创编纂扶沟县志的先例，为以后历次编修县志的典则。他在扶沟 6 年，政成民信，深受百姓爱戴，为他在县名宦祠中立祠春秋崇祀。之后，以政绩优异升苏州府同知。因其父病故，回籍守丧，期满后补任淮安府。当时民间传有“寒潭秋水”的歌词，以示其为官清正。后又为其母守孝，期满后补任温州府。在此任上，恰好赶上海盗横行抢掠，他单车前往安抚，骚动得以平息。皇帝赐五品官衔。最后他辞官还乡，自号“靖庵居士”。

李　正

李正（1439—1495），字唯中，号吏隐公，又称奉直公，祖籍扶沟县。著名文学家、“前七子”首领、江西按察司副使李梦阳之父。早年求学于合水县韩公。天顺三年（1459 年），受籍于师，充郡学，并娶庆阳县城西南赤城镇高成女高慧为妻。成化十年（1474 年）成为岁贡，选阜平县（今属河北）训导。

李正艺精六书，勤学善教，克勤职守，且性度宽宏，交游有情，于成化十八年（1482 年）升任封丘温和王府教授，遂举家徙还故里扶沟大岗（今扶沟县崔桥镇曹岗村）。温和王为明太祖朱元璋第 4 代孙，与李正十分友善，由温和王提亲，其子李梦阳与尉氏县皇亲左梦麟（左梦麟娶明太祖第 4 代孙镇平恭亲王孙女广武郡君为妻）仪宾之女结婚。

弘治八年（1495 年）五月十六日卒于开封，年 57 岁。死后赠承德郎、户部山东司主事，加赠奉直大夫、户部贵州员外郎。

李枝　李四维　李冕

李枝，字伯才，明代今扶沟县崔桥镇曹岗村人。著名文学家，“前七子”首领李梦阳长子。李枝性情警敏，为文不暇构思，援笔立就。何出图《词林列传》说他：“隽才不羁，敏于空同，考其词，骑风云，薄日月，率口成之，辄缘手弃之，故其草不存。”其时，李枝与父亲李梦阳、表兄曹嘉 3 人在扶沟影响很大，有“三大人”之称。故《词林列传》又说：“当是时也，扶人士游三大人境中，五尺之童，争言韵调。”

李枝于嘉靖元年（1522年）考中壬午科举人，次年考中癸未科进士，授南京工部主事。任上因他事被贬谪海州州判。他性好饮酒，少检点，不约束，经常与群婢女荡舟莲花塘中，不复关心世事。所著诗文，零落散佚，未能流传下来。

他的儿子李四维，中隆庆元年（1567年）丁卯科举人，官至绵州知州；孙李冕，万历二十二年（1594年）甲午科举人，官确山县教谕。

李梦阳

李梦阳（1473—1530），字天赐，又字献吉，号空同子，祖籍扶沟县大岗村（今崔桥镇曹岗村），祖上迁居庆阳（今属甘肃）。文学家，文坛“前七子”的领袖。

幼年家贫，随父亲在外地过着漂泊生活。9岁时，父亲任开封周王府教授时，回归故里。18岁参加乡试，考中解元，次年，又登进士第。科场得意的李梦阳从此步入了他几度出生入死且饶具传奇色彩的仕宦生涯。他历官户部主事、郎中，江西按察司副使。由于倔强不屈的性格和为社稷安危着想的思想，使他对统治集团的腐朽邪恶势力敢于坚决勇猛地抗争，因而5次下狱，2次罢官还乡，却始终不屈。其中弹劾寿宁侯张鹤龄和宦官刘瑾而身陷囹圄两案，性质积极，意义重大，并由此在政治上声震天下，被誉为“文章气节，明代当不居第二”（光绪《扶沟县志》）。

弘治十八年（1505年），李梦阳上书孝宗皇帝，明确提出了从根本上动摇明王朝统治的要害问题“二病”、“三害”、“六渐”，并表明对国家前途的担忧及革除弊端的主张。最后还把矛头直指孝宗皇后的弟弟张鹤龄，“今陛下至亲莫如寿宁侯，……今寿宁侯招纳无赖，罔利害民，白夺人田土，擅拆人房屋，强掳人子女……势如翼虎”。这份热血刚肠、正气凛然的奏疏，招来了权贵们的打击报复。孝宗受张皇后哭逼，不得已将李梦阳关进锦衣卫狱。张鹤龄更是凭国舅之势，必欲置李于死地。幸孝宗尚属开明，深知李梦阳赤心为国，断然驳斥了张氏处决李梦阳的要求，亲自开脱了李梦阳。李梦阳出狱后，并没有对入狱之事后悔和胆怵。一天，他在朋友家喝酒归家途中，忽听得前面一阵阵吆喝，行人惊慌地四处躲避，原来是张鹤龄游冶归来、家丁们胡乱鞭打行人为之开道。李梦阳见状怒火中烧，上前拦住车驾，指着张鹤龄痛骂道：“你这匹夫，狗仗人势，祸国殃民，天理难容！”张鹤龄一看是李梦阳，心想这个骨头不好啃，便叫驭手赶快驾车回避，李梦阳一把夺过驭手的鞭子，朝着车上的张鹤龄狠狠地抽去，只听张鹤龄“哎呀”一声惨叫，那鞭子不偏不倚正抽在他的嘴上，两颗门牙不翼而飞。张鹤龄忍着疼痛，喝叫手下人快跑。事后却不敢向他人说起。

正德初年，武宗浮浪昏庸，宠幸刘瑾等8个太监。刘瑾乘机怂恿武宗宴乐游冶，轻慢政事，他遂把持朝政，横行跋扈。时人称之“八虎”。朝中有正义感的大臣莫不对“八虎”切齿痛恨，但又无计可施。户部尚书韩文每每谈及朝政，往往不禁哭泣。李梦阳正色责问他：“公为大臣，哭有什么用?”就冒死向韩文建议：一、让谏官上疏弹劾“八虎”，并联合内阁大学士策应支持；二、由韩文率领众朝臣在朝廷上力争，“八虎”定可除去。韩文慨然应允，并委托李梦阳起草奏章。李梦阳一腔忠愤，思如泉涌，笔泻江河，连夜疾书，一一罗列“八虎”的种种倒行逆施，希望武宗“奋朝纲，割私爱，潜削祸乱之阶，永保灵长之业”。由于内阁中某些人的软弱，倒阉运动归于失败，韩文被革职归家。刘瑾矫诏，下李梦阳于锦衣卫大牢，必欲处死。李梦阳作为倒阉运动的先锋，又代草奏疏，自然难逃“八虎”魔掌。

在狱中，李梦阳几经拷打，终不屈服。在生死关头，他只好委托好友康海搭救。康海与刘瑾是陕西同乡，又是皇帝御点状元，他多次拒绝刘瑾的拉拢，不愿与之同流合污。但为了搭救李梦阳，他毅然登门拜见刘瑾。刘瑾见康海来拜，“倒屣”相迎，盛赞康海为关中增光。因李梦阳生于庆阳，庆阳在明代辖属陕西，康海就说：“在下不算什么，只有李郎中的诗文，才称得上是当今李白，真正为关中增光啊。”刘瑾一听就恶狠狠地说：“李梦阳应杀无赦!”康海很巧妙地回答：“当然该杀，但杀了他，我们关中就少了一才啊!”第二天，李梦阳就奇迹般地出狱了。李梦阳的抗争，是统治集团中开明进步与邪恶腐朽的斗争，体现了维护人民起码生存权益与权贵豪势压榨奴役群众的冲突，反映了历史前进要求与封建制度后期僵化、没落之间的矛盾。

刘瑾被诛后，李梦阳才官复原职，不久又迁任江西按察司副使。上任途中，在九江渡长江时，当地官员告诉他说：“此地习俗，凡要渡江者均要先到水神庙祭拜，请求水神保佑后再渡江。否则，就要出危险。”还说前不久，就有一位也是姓李的大人，过江前未祭神，船到江心，风浪突起，掀翻渡船，若不是搭救及时，性命几乎不保。李梦阳一听，就让当地官员带其到水神庙去。一进庙，李梦阳就对水神塑像大声喝道：“你是水神，就应该在水里供职，到此陆地上干什么?”随即令随从将水神塑像抛入大江波涛之中，面对长江，李梦阳呵呵大笑道：“水神入水，适得其所，适得其所!”当即登船渡江而去。人们都为他捏了一把汗。在江西，李梦阳振兴古学，力变士习，奖掖后进。还改100多座鬼祠为学堂，深得江西士人的拥护。有一天，他发现一个生员与自己同名，心里很不高兴，就出一上联说：“蔺相如司马相如名相如实不相如”，让那个同名生员属对，那个生员很快对答：“魏无忌长孙无忌人无忌我亦无忌。”李梦阳一听大喜，便给予奖励携拔。但他不与世俗同流合污和敢于抗争、桀骜不驯的性格，却不为上司和同僚所容。又两次被人诬陷入狱，遭到罢官，经人力救方得获释。从此，再未出仕，在家闲居近 20 年，纵情田园诗酒。

明初制定并推行的八股文考试制度，到弘治正德年间，已日益成熟、定型；程朱的理学教条，通过八股文考试成为独尊的统治思想，形成一种有力的精神上的链锁，牢固地束缚着文士们的思想，严重地阻碍着社会文化的发展。卑靡萎弱、庸冗浮浅的“台阁体”文风弥漫一时，以至于人们只知道文有八股、诗有台阁。这种现象，引起了一批血气方刚、充满朝气的文人的强烈不满，这些人中的领袖人物便是李梦阳。他才思雄鸷，卓然以复古自命，在文学理论上，倡言“文必秦汉，诗必盛唐”，以复古为形式，以光焰万丈、彪炳千秋的秦汉文章和盛唐诗歌为内容，发起了改变萎靡浮浅文风的创造活动。其宗旨，就是要冲破程朱理学教条、八股文和台阁体文风的统治地位，使文学更有效地为统治阶级服务。在诗歌创作上主张抒写真情，公开宣布：“真诗乃在民间。”近人言一切新文学之来源，出自民间，而李梦阳在 400 年前已有此论，其见解之卓绝，诚为可叹。他的主张，得到了何景明、徐祯卿等人的大力支持与响应，在世人称为“七才子”、“十才子”中，李梦阳均居首位。他登高一呼，天下响应，以不可阻挡之势，扫荡了“台阁体”在文坛上的统治地位，明兴以来的萎弱的文坛，为之面貌一新。在他去世以后的嘉靖、万历年间，以王世贞、李攀龙为首的“后七子”以李梦阳为宗，推波助澜，遂形成了一个长达百年之久的声势浩大的文学复古运动。这是我国古代文学史上延续时间最长的文学运动。

李梦阳的诗歌继承了杜甫、白居易的现实主义优良传统，以解放思想、面对现实为基础，在自己雄豪壮阔的文风中，纳入了同情人民疾苦，揭露政治黑暗，反映社会动荡，关心国家危难，以及抒发愤懑或豪壮胸怀，歌颂祖国壮丽河山等深广内容，在他最为擅长的七古和七律中，得到了思想性与艺术性高度统一的典型表现，如《秋望》：“黄河水绕汉宫墙，河上秋风雁几行。客子过壕追野马，将军韬箭射天狼。黄尘古渡迷飞挽，白月横空冷战场。闻道朔方多勇略，只今谁是郭汾阳。”描写战云密布下的塞上风光，抒发对于扶危定倾、安边卫国的良将向往的忠贞情怀。风力遒劲，慷慨悲凉，雄浑壮丽，是李梦阳边塞诗的杰出代表作。他的《石将军战场歌》一出，人们竞相传抄，几乎洛阳纸贵！当代人评价说：李梦阳诗歌所反映的深度和广度，是超过了宋元而无愧于三唐的。特别是敢于把讽刺的烈火，烧向炙手可热的重臣和权奸，甚至当时的最高统治者。诗人刚肠疾恶、义胆包天，不愧是中华民族的脊梁。《明史·李梦阳传》说：“七言律自杜甫以后，善用顿挫倒插之法，惟梦阳一人。”“天下推李（梦阳）何（景明）王（世贞）李（攀龙）为‘四大家’，无不争效其体。”他的文学主张，当时就影响到了国外。日本著名学者狄生徂徕宗法李梦阳文学主张，提倡古文，“天下翕然从之，遂至风靡一时”。

李梦阳的文学复古运动，与几乎同一时代的欧洲文艺复兴运动颇有相似之处，即在冲破现有的精神枷锁时，都借助于已有的思想、文化宝库中的精华为武器，来进行革故鼎新。茅盾先生在评价以李梦阳为代表的前后七子的文学运动时说，这场运动“有它的政治改革和思想解放的意义，他们的文学主张是说实话、记实事、抒真情，这是符合当时对政治不满的人民大众的要求的，那时候政治的黑暗，人民的痛苦，士大夫的庸碌畏缩，都表示着，非有一个大爆发不能振奋人心，前后七子是担当了这一历史使命的，……是有进步的意义的。”

李如松　李玩　李时芳

李如松，字河山，明代扶沟县人。万历四年（1576 年）丙子科举人。他的祖父李玩，曾任南乐县训导，因其教育有方，南乐士风为振。父亲李时芳，祁县教谕，工于诗词，著述甚丰。与县人杜孟乾、王格齐名。如松侍奉双亲纯孝至致，终身不曾懈怠，为时人敬重。

李行志

李行志，字仲升，号鹏南。他祖籍怀庆府修武县（今属河南焦作市），明正德年间（1506—1521）定居项城。

李行志体格魁梧，天性朴实厚道，幼年酷爱读书，足不出户。他和兄长李尚志受业天中彭先生门下，知识渊博，在士林名声很大。万历十三年（1585 年）乡试中举，万历二十六年（1598 年）中三甲第 163 名进士。曾被任命为登州兵备副使、莱州兵备副使，后晋升大参。

年老辞官回乡后，恤贫济困，德泽乡里。尤其在奖掖后进方面，至诚至力。他精通声韵学，著有《字音汇》、《切韵发微》。

梁光狄

梁光狄，字梁父，号宇衡，明代鹿邑县梁老家村（今属郸城县虎头岗乡）人。明天启四年（1624 年）甲子科举人，诰封奉政大夫，晋赠朝议大夫，乡饮大宾。

著述有：《左史类编》、《传家诫语》、《养心解》、《修身十四则》、《知足漫语》。光狄教子有方，四子均成材：长子梁遂中进士，三子梁建中举人，次子、四子均为秀才。

林朝卿

林朝卿，号三箱，明代荆州浮梁（今江西省景德镇）人。嘉靖三十八年（1559 年）冬至四十二年（1563 年）以举人衔任扶沟县知县。

下车伊始，林朝卿首先询问百姓疾苦。当了解到对百姓危害最大最严重的问题莫大于水患时，便下决心予以解决。嘉靖四十年（1561 年），经再三力请上司，获准对双洎河进行开浚。他率士民治河勘察，认为引双洎河向南流最合适，因工程太大，就取捷径改向东流，把双洎河水由韩家桥引入惠民河。他亲临指挥，布恩昭义，惩惰奖勤，以一月时间就完成了此项工程。为此，邑人杜孟乾撰《改修双洎河记》碑文以记其事。

另外，于嘉靖三十九年（1560 年）三月，在他的支持下，对县城内天宁寺圆通殿进行了重修。工竣，由邑人刘自强撰《天宁寺重修圆通殿记》以记之。

刘 柬

刘柬，明代扶沟县人。嘉靖四十三年（1564 年）甲子科举人，授湖广枣阳知县。时县内豪强贵族强占百姓田地，刘柬到任后，立即勒令退还。后以优秀的政绩调往岳阳。因检查边防军储时，革除很多弊端，升任昌平知州，再补开州知州，迁南康府同知，所至皆有政声。

刘 默

刘默，字善言，明代河北省大名县人。万历元年（1573 年）癸酉科举人。万历二十年（1592 年）至二十五年（1597 年）任扶沟县知县。

他在扶沟任职期间，为政清而惠，民存敬思。万历二十一年（1593 年）夏秋皆遭大水灾，颗粒无收，民断粮炊。他奉旨发帑银赈济灾民。与此同时，又在东南城上建魁星楼 1 座。二十二年（1594 年），他彻底完成了上 3 任知县所修吕家潭石桥的未竟之业。此外，他在扶沟还拔识名俊，均徭役，并置猾吏于法。后升徽州通判。徽州富室甲于他乡，贿赂之风盛行。有巨商以千金赠刘默，刘拒不接纳，故而行贿之风敛迹。后迁平凉同知、静宁知州。后以绩著晋升刑部郎。卒后赠宫保。

刘 通

刘通（？—1466），今商水县郝岗乡千斤刘村（时属西华县）人。膂力过人，县衙前有石狮子，重千斤，通能以手举之，因号“刘千斤”，后人为纪念他，将其生地刘庄村改为千斤刘村。

明朝中叶，土地兼并加剧，赋役繁重，民不聊生。英宗正统十二年（1447年）大灾荒，刘通为生计所迫，流亡到襄阳、房山一带山区。此处山中有野生果实可果腹，但明朝官吏却严禁逃难到此的“流民”进山摘食。“流民”既多，饥饿所迫，渐不听命，于宪宗成化元年（1465年），公推所敬之人刘通组织“流民”，反对官府封山，史称“流民起义”。刘通自称汉王，建元德胜，以和尚石龙（绰号石和尚）为军师，率起义军攻打襄阳、邓州（今邓州市）、汉中等地，屡胜明军。“流民”纷纷响应，义军迅速发展到10万人，明廷震惊。遂命抚宁伯朱永为总兵官，兵部尚书白圭为提督军务，太监唐慎为监军，统领京师、山东、河南及湖广军队，从南漳、保康、房县分3路围攻义军。刘通、石龙指挥义军诱敌深入，设伏以待，在梯儿崖大败明军。成化二年（1466年）三月，明廷又调集重兵，分4路再次扑向义军。刘通率部转移，明军处处围追阻击，义军转至房县大石厂与苗龙率领的起义军会师。同年闰三月间，义军在雁坪与明军激战中失利，刘通之子刘聪及苗龙牺牲，刘通率部退至后石岩山。白圭督军攻山，被义军用滚木、礌石击退。白圭视正面难攻，乃密令部将刘清领兵千名，迂回到义军背后，登山纵火。义军腹背受敌，伤亡惨重。刘通等3500名将士及1万多名家属被俘，只有石龙率一小部分将士突围西走，进入四川，后失败。刘通被押解至北京，惨遭磔刑，其他被俘的将士和家属，凡年龄在10岁以上的男子，统被杀害。

刘通领导的“流民”起义失败后，明王朝对“流民”作了一些让步，允许在山区附籍为民，开荒种地。

刘　熙

刘熙（1621—1638），明代鹿邑县人。崇祯九年（1636年），刘熙父刘魁被贼所掳。17岁的刘熙自缚诣贼，曰：“我父衰老，恐不任役使；我身强力壮，愿和我父交换，任你们差遣，唯命是从。”贼信其言，即放魁归。

刘熙估计父亲已经回到家里，便骂贼曰：“我良家子，为救父而来，岂真从你们当贼啊！”贼知上当，怒，将熙分尸杀害。乡人仰其孝，收其遗骸厚葬之。

刘必逵

刘必逵，明代陕西咸宁人。举人。鹿邑知县。

由于连年水患，旧沟多淤塞，鹿民流亡。万历三十二年（1604年），刘必逵详察鹿邑地势，从城西40里的试量集南开沟数道，下通偃王陂；再自偃王陂以下深挖河道，疏通刺河沟至太和县界。使鹿邑之水由刺河沟直达颍水，不再由亳州入涡水。

刘伯亮

刘伯亮，明洪武初年从山西洪洞迁徙扶沟县，最初在城外以种菜为生，家境十分贫寒。

一年夏天，刘伯亮在菜地忙碌。有一过路人到菜园求水喝后，急匆匆上路，竟把所携布囊遗忘在井台上。刘伯亮发现后，查囊内全是金银，就急忙去追，却未见遗者。于是他就把井壁砖块掘起，把布囊藏进去，又将井壁恢复原貌。3年过去了，刘伯亮终未等来失银人。一天他看见一人在菜园水井边哭泣，忙走过去询问，那人难过地说："3年前，我奉上司命令解送一笔金银，曾路过此处歇息喝水，临行不慎把褡子遗忘此处。本想回来寻找，思想如果遇上一个忠义之人还可取回，若遇上一个贪财之辈，徒惹闲气呢。为偿还官银，已卖掉了妻子和两个女儿。如今重过此地，怎能不见景伤悲呢？"

刘伯亮掘起井砖，取出布囊说："我整整等了你3年，如今终于可以物归其主了。"

刘伯亮义还遗金的事迹，被收录于《扶沟县志》中。他的儿子刘原弼，曾于明初任刑部主事。明嘉靖朝的兵部尚书、户部尚书、刑部尚书刘自强，万历朝的福建转运使刘懋武等，均为其后代。

刘恩泽

刘恩泽（？—1641），字斗一，明代扶沟县人。崇祯三年（1630年）举人。刘恩泽素负气节。明朝末年，李自成的农民起义军进入河南，威逼扶沟时，他向扶沟知县苏显祐建言献策，得到苏显祐的器重和依赖。崇祯十四年（1641年）十一月二十一日夜，刘槌子部袭破扶沟县城。刘恩泽宁死不屈，吟罢绝命诗一首后，坠楼身亡。诗曰："梯云岂得已，止水可栖身。千古纲常事，男儿肯让人？"

刘恩泽生前曾著有《三友草》一书，内有挽先代殉难诸君子的一副楹联："国士一身轻豫让，睢阳千古重张巡。"其用以自比，最终竟得践行。

刘恭献

刘恭献，陕西人。明太祖洪武四年（1371年），以举人的身份任陈州知州。当时战乱刚刚平息，百姓流离不定，田野大多荒芜未开垦。恭献于是招抚安慰百姓，让百姓定居下来耕田种地，并减免赋税。一年后民复业者500余户。于是就修建学校，选聘教师，让民间子弟8岁入学。在任4年去世，百姓悲哀涕泣，为其修墓立碑。

刘汉儒

刘汉儒，字文卿，号司鲁，明代沈丘县人。嘉靖三十八年（1559年）进士，起初任滑县令，廉洁不阿，治绩优良，被誉为“循良第一”。后因母逝守孝离任，服孝期满，补浚县令，后升兵部主事，再转山西按察司副使。时，总兵郭虎丢失了符验，将罪责推给千户，造成冤狱。刘汉儒悉察辨疑，确断其罪不在千户，而在郭虎，使沉冤得雪。

刘汉儒在上党，整饬部伍，精炼器械，慎守边塞，致力于剪除强悍，安顿良民。奉命巡视边防，驰驱千里，指划扼塞，条陈机宜，著《九边图说》以进呈帝览，皇帝大悦，赐玺书以褒奖。再因父逝，遵例离任。孝满后补云中兵宪，后转浙江廉访史。执法严明，满一年，转浙江右布政，不久晋为左布政。莅任未久，中丞张某因减饷激起兵变，张某被杀。刘挺身至张部，晓明利害，宽恕兵变的胁从，使部卒得到妥善处置。而后，在福建左布政任内，请旨造田，招抚流民归耕。在云南左布政任内，清查勋戚富户之无粮地亩，勒令出租，不增赋而钱粮足，有卓著政绩。万历十六年（1588年）因病告老，乞归故里。万历三十年（1602年）以“覃恩”晋升正二品。

刘汉儒一生廉洁，居官30年，家中除图书外，无贵重之物。居乡里循循恭谨，遇大事一言立决，非礼义不敢妄为。每遇灾年，常以粮粟周恤贫民，言谈行止为里人称颂。

刘撝谦

刘撝谦，明代山东德州人。洪武二十七年（1394年）考中进士，授鹿邑知县。他为人严正刚毅，有才识，在鹿邑7年，政声遐迩。

乡民张三无子，只有一个女儿，赘李丑儿为婿，婚后居张三家。张三的女儿与李丑儿琴瑟不和，父女常谋害之。一日，张三让李丑儿出外打猎。李丑儿奔波整日，甚是劳累，早早歇息。趁其睡熟，张三伙其女将李丑儿害死，藏匿尸身。反诬同猎者。刘撝谦审问案情，张三一口咬定，李丑儿为同猎者所害，一时难于定案。后，刘撝谦贴出告示，诡称让城隍神审断。这时，张三的邻居张宽急急忙忙来到县衙，以真凭实据向刘撝谦说明张三残害李丑儿的实情。于是，刘撝谦将张三及其女绳之以法。

刘撝谦后升至礼部员外郎。

刘懋武

刘懋武（1557—1615），字如川，明代扶沟县人。其父就是曾任户部、兵部、刑部尚书的刘自强。因为父祖的恩荫，刘懋武8岁荫袭入国子监读书。25岁时因父丧授前军都督府都事，再转经府和宗人府，被荐升户部山东司郎中，都有显著的政绩。出守云南武定郡期间，他清操自励，一毫不取；兴办学校，百姓感恩，给他建立生祠。后补澄江，率领当地民众开挖沟渠，灌溉农田；创办书院，选拔人才。此后武定反叛，朝廷加他藩宪的秩衔，前去平叛。他恩威并用，为政崇尚宽和，因而羌人畏惧他的威严，士人百姓感戴万分，一时将他比作宋朝的名宦韩琦和范仲淹。朝廷因此特地擢升他为福建转运使。致仕后居于乡间，依然敦厚古谊，邻里称颂。卒后，由万历十七年（1589年）己丑科状元焦竑撰文，万历二十三年（1595年）乙未科状元朱之蕃书丹，万历二十年（1592年）壬辰科状元翁正春篆额，3个状元同为其一人作墓志铭，这种情况确实少见。

刘原弼

刘原弼，字颍村，明代扶沟县人。洪武十七年（1384年）贡生，任刑部主事。他公廉自持，仁慈忠恕，深得尚书杨公器重，正要推荐他担任重要职务时，明成祖发动“靖难之役”攻入金陵（南京），刘原弼率领家人竭勇巷战，力尽阵亡。家人刻木肖形，埋葬在扶沟城南冈陵之上。

刘泽深

刘泽深，字涵之，号警圜，明代扶沟县孟亭（今属韭园镇）人。万历二十八年（1600年）进士，授任密云（今属北京市）县令，因绩考高等擢刑部主事。其间，江南许多冤狱经他手得以平反。升为北平（今北京）知府。任上，他向皇帝上《免赏军银两》和《签报商役》两道奏议，减轻了京城内外商民的负担，京师为之欢呼。

时白莲教教徒王森啸聚清凉山，泽深设计擒之。因功再擢湖广参议。上任离家前他曾登临天井岗（即今韭园镇境内的烟雾山），并吟诗一首：“冈峦伏耸势联绵，征辔因之指绝巅。两岸晴铺千界晓，双河曲抱九亭玄。高丘浮井从残迹，虚阁陵空抹黛烟。老去红尘非久约，归来好结紫山缘。”

在湖广任上，他曾上书皇帝平乱14策，受到赏赐，先后晋升为陕西按察使、右布政使转山西左布政使。阉党李应江奉旨到山西巡视，借机敲诈勒索，耀武扬威，泽深借迎接圣旨之机，厉言正色予以痛斥，打击了阉宦的嚣张气焰。

此后，刘泽深又奉命抚平了广东省九连山的拳乱，因此崇祯十年（1637年）被任命为兵部侍郎。当时朝政极度腐败，民不聊生，农民起义的烈火遍地点燃。为挽救岌岌可危的明王朝，他向崇祯皇帝上《平寇奏疏》，指出朝政有

“六玩”、“三难”的弊病，如能反“六玩”，破“三难”，则“流寇”（指农民起义）可平。尽管上下都认为刘泽深的建议中肯，但明王朝已日薄西山，气息奄奄，刘泽深纵有才干，也“无力去补苍天”了。

崇祯十四年（1641年），刘泽深晋升为刑部尚书。当时，崇祯皇帝受天下混乱的困扰，喜怒无常，对官员十分苛刻严厉。朝臣惶恐不安，正常朝事也不敢处理，刑部因此积案千余件。刘泽深上任后，临危不惧，大胆处理，有时一天就处理大要案数十件。尤其是他营救翰林黄道周一事，更为时人拍手称道。

黄道周，福建漳浦人，天启进士，著名书画家。善画山水松石，其字峭厉方劲，别具面目。他因向皇帝建言而获死罪，廷臣无人敢于施救。刘泽深则直言上书说：自古以来判死罪的大臣不是谋反，就是贪酷，从来没有因向皇上提意见而遭杀戮的。如今黄翰林既无谋反之罪，又无贪酷之行，故此不能给他任何罪名，更不能无辜受戮。崇祯帝既为刘泽深的胆识而赞叹，又为判黄道周死罪而悔过，于是就颁旨赦免了黄之罪。

在刑部尚书任上，刘泽深夜以继日，积劳成疾，多次上书要求致仕，均未获准，只好勉为工作。结果痰涌而卒，临终犹握笔在手。崇祯得知，十分悲痛，专为他辍朝哀悼，赠他为太子太保。

刘智明

刘智明，今郸城县汲水乡刘小集村人。生于明朝中叶。年少时刻苦勤奋，饱读诗书。稍长即学识过人，仗义疏财，怜贫救难。嘉靖（1522—1566）时以捐资助饷，铨注（吏部量才授官）湖广荆州府江陵县知县。

在任期间，智明勤于政务，体恤百姓，兴修水利，开办学馆，整饬社会秩序和风气。他为官清正，公廉勤慎，政绩斐然，口碑道载。

智明致仕归里后，清心寡欲，颐养天年，寿享百岁。

他教育后代勤奋读书，继承家风，不求富贵显达，只求子孝孙贤。因而其子孙后代蜚声豫东文坛者不下百余人。

刘自存　刘自养

刘自存，字体心，明代扶沟县人。刘柬的儿子，刘懋武的堂弟。刘自存于嘉靖四十四年（1565年）乙丑科登进士第，授行人。因奉命册封安南不辱使命，受到皇帝嘉奖，升任兵部职方主事，转升刑部郎中。所任皆能秉公执法，肃清吏弊，迁升湖广按察司佥事。致仕归家事亲，以孝闻名。弟弟自养，嘉靖三十一年（1552年）壬子科举人。

刘自强

刘自强（1507—1582），字体乾，因县境内洧水河、惠民河、蔡河三川交汇，故号三川。明代扶沟县人。童年曾拜著名诗人、“前七子”之首、江西督学李梦阳为师。嘉靖十年（1531 年）乡试中举。但此后却一直考场困蹇，考中进士的时候，已经 37 岁了。

刘自强入仕后，最初被朝廷任命为河北广平府推官，负责掌勘刑狱，因为执法严明，断案公平，而被提拔为吏部主事，继而又升文选郎中，这是朝中吏部负责考察选拔官员的高级部员。当时严嵩任内阁首辅，累加官至少傅、太子太保、吏部尚书、谨身殿大学士，权倾朝野。他为了培植私人势力，多次要刘自强按他的意图去考察提拔自己的亲信。刘自强不畏严贼淫威利诱，依据法度严加拒绝，严贼对他又恼又恨，想方设法予以陷害。但因为找不到刘自强的丝毫差错，只好罢休。

皇帝知道刘自强耿直，便晋升他为太仆寺少卿。后来，严嵩借调整官员之机，将刘自强调出朝廷，任山西布政司参议。为此，同僚纷纷为他鸣不平。刘自强却坦然地说：“朝内为官，纵然显赫，何如外任，自领一方之民，行自己一腔报国之志哉?”于是，毅然离开京师赴任。

刘自强出任山西布政司参议第三天，太原城驻军中低级官吏王庆因聚众抢夺民财，强奸民女，有司官吏正要对他绳之以法之际，竟率领一部分士兵夜间发动叛乱。城中官员措手不及，被王庆围攻府衙。刘自强镇定自如，聚集士兵奋勇抵抗。王庆攻打不下，便退了下去。刘自强趁机招集“仓皇”官吏和士兵，安定官兵之心。一时间，不论上司下级，都自觉听从刘自强的调度。刘自强了解到晋祠附近王庆有一个情妇，便挑选一部分勇士，预先埋伏在那里。晚上王庆果然来会情妇，企图带上她一齐潜逃，被刘自强带领的勇士逮个正着。次日，刘自强将王庆斩首示众，混乱局面遂平。因平叛有功，刘自强升任陕西参政，又升湖广左、右布政使，继升应天府尹。

应天府南京，为朱元璋立国之地。弘治十七年（1504 年），刘自强奉命监应天甲子科乡试。他以为国选拔人才为己任，谢绝一切请托。某尚书为使儿子考中本科举人，让家人带着礼物找刘自强说情。刘自强看那家人自恃尚书官高权重，态度蛮横，十分恼怒，便挥手一拳打折了他的牙齿，将他轰出府去。此事传到北京，京城人作歌谣称颂说：“尚书脏，舆台偃，矫矫刘公洵自强。”

当时湖广黄安人耿定向任南直隶提学使，一到任就要去淞江看大海。当时淞江人徐阶在朝中担任内阁大学士，耿定向和他是至交。他去淞江只是个借口，实际是要拜谒徐氏祠堂。因此，有人作联讽刺说：

名虽观海，实则望湖，耿学使初无定向；

这句联里，“湖”指的是“少湖”，因徐阶号少湖。人们以为要对上这个上联很不容易。但刘自强拒绝说情的事情一传出，有人即对出了下联：

京师攘臂，衙役折齿，刘府主果然自强。

后来刘自强任南京户部尚书时，有一次进京谒见皇帝，因户部尚书又称地官大司徒，皇帝就出了一句上联让他对句：“地官胸阔阔如海。”刘自强思虑了片刻，看见严嵩在场，就奏道：“为臣对万岁上联：阁老心高高似天。”众朝臣一听，心里暗暗叫好，手心里却捏了一把汗。

“对得好！对得好！”皇帝一听，连声称赞。

听了刘自强的下联，严嵩心里憋了一肚子气，但有了皇帝的赞赏，只好奸笑着，随着众人一起称好。嘉靖年间，四川人黄中、蔡伯贯发动叛乱，对抗朝廷近20年，满川官员坐视不敢反击，致使黄、蔡拔州夺县，成为朝廷心腹之患。朝廷数次进剿，均无战果。对刘自强怀恨在心的严嵩，乘机推荐刘自强为四川巡抚。刘自强本一文职官员，从未曾领兵打仗，人们都劝刘自强上书辞去这一任命。但他以为虽然奸相用心险恶，但作为一个臣子，为国分忧解愁应义不容辞，毅然奉命入川。

黄中据守的牛栏坪，山势十分陡峭，仅有一条山路可通其上，白日防守严密，夜间则在小道上垂下绳索，上挂铜铃百余，由士兵轮番把守，铃声一响，则弓箭、檑木一齐落下。刘自强来到山下后，亲自带领士卒，在当地山民的带领下察看地形。察访到山后有一道山石裂开形成的石缝，可直达山顶，并了解掌握了叛军的部署及防守规律，便指挥士兵，斩木为梯。半夜时分，派一队士兵手持火把在前山佯攻，吸引叛军的注意力，自己则亲率一队士兵攀援而上。来到贼寨后，自强命士兵锣鼓齐鸣，一时声震山谷。不待贼兵醒悟，自强就带着士兵猛虎一样直扑敌巢。叛军以为神兵天降，惊慌失措，不战而溃。黄中见大势已去，跳崖身亡。刘自强又乘胜挥师，击溃了蔡伯贯的白莲教义军。四川局势，20年不稳，刘自强入蜀，一岁而平，嘉靖皇帝闻知，龙颜大悦，即派官员携带金银绮缎、牛羊美酒入川犒赏慰问，并拜封他为户部右侍郎并总督仓场。

穆宗隆庆初年（1567年），皇帝下旨命令户部花数十万两巨金购买珍珠玉器，供内廷享用。户部右侍郎刘自强上书说：当今国家财政困难，尤其皇上亲政之初，应该崇尚节俭，不应该拿国库金银来换取珠宝，应以选用人才为先。他的上书言词恳切，深深打动了皇帝，便下旨让各部选拔推荐人才。刘自强以国家为重，慧眼识才，经他推荐的赵贞吉、曹全、赵贤、吕藿、孙应元等人，后来都成为当世名臣。隆庆三年（1569年），刘自强转任南京都察院右都御史，继升南京兵部尚书，不久改南京户部尚书，参赞机务。隆庆皇帝对他的信任倚重越来越深。下诏让他回到北京，担任了刑部尚书。任上他锐意平刑罚，尚宽仁，辅朝政。有个大官在嘉靖年间，因克扣香料罪被抄没家产，两个儿子也被判重罪系于狱牢。刘自强认为：既然已查抄家产，又罪其子，处罚过重，与大明法律不合，就上疏皇帝，释放了大官的两个儿子。正当皇帝准备拟任他入阁任大学士时，他却以有病为由上书告老还乡回到扶沟。万历十年（1582 年），刘自强因病去世，享年 75 岁，葬于扶沟城南一里黄土岗上。朝廷追赠他为少傅少保。

娄志德

娄志德（？—1568），字存仁，今项城李寨镇老娄庄人。明武宗正德十二年（1517 年）中进士，最初在直隶真定府的赵州任职。由于清廉自守，治下清明，当时远近驰名。后升迁为杭州太守、浙江右布政使和福建“方伯”（明、清时，布政使称方伯），最后出任都察院右副都御史，节制山东。

据明代人叶权编撰的《贤博编》记载，娄志德在杭州任上（嘉靖九年至十三年，1530—1534），铁面无私，敢说敢为，人称“黑娄青天”。杭州显宦“襄惠公”洪钟（历任刑部尚书、太子少保、太子太保等重要职务）的子孙，邀请地方名士一起找到娄知府，要求把洪钟也编入杭州地方志的《乡贤》中去。娄志德认为不合体例，断然拒绝说：“襄惠公是朝廷重巨，在地方上有名望就可以了，怎么能列入乡贤中去?”杭州状元茅瓒从京城回到家，娄志德与同僚去拜访，可这个茅状元居然托大，迟迟不迎，娄知府回头就走，再不与他见面。浙江省有 3 个知县要外出，来向娄志德辞别，娄志德叫着其中一名知县的名字说：“你还有事没办完，如果总是外出，我就要审查你了。”弄得那名知县很尴尬。京师（今南京）民谚说：“天下清官娄志德。”

在杭州任职时，娄志德收集整理各种赋役制度，汇编为《两浙赋役全书》12 卷，是考察明代经济的重要文献。

隆庆二年（1568 年），娄志德病死在山东任上。穆宗皇帝为表彰他的功绩，赐葬于项城李寨西南老娄庄西北 500 米处（民间俗称“娄公墓”），并赠封他为工部右侍郎，谥“庄肃公”。穆宗皇帝表彰他的诏书，是用白云勾花、纹金的黄色绫缎，长 182 厘米，宽 30 厘米，共 40 行，238 字。现藏于汝南县档案馆。

卢传元　卢传姓

卢传元，字贞复，明代扶沟县人。万历十年（1582 年）壬午科举人，十四年（1586 年）丙戌科进士。官授山西榆次知县。时逢岁饥，卢传元加意抚恤灾民，民众赖以生存者众。万历二十年（1592 年）以“天下清官第一”擢升礼科给事中。时，河南大灾，饥民群起为“盗”，朝廷议论有剿有抚。在双策难定之时，卢传元上言道：“干戈一动，伤害的百姓就会更多。不如以安抚为上策。”廷议称是。

不久，卢传元转刑科，再转工科。他曾上疏条陈勤政慎德的6条建议，十分恳切。正逢皇太子出阁讲学，大内拟备办绿宝石、琥珀、龙涎香，户部即将行文广东地方采买。卢传元上疏谏阻，并弹劾户部不规法度。这时江南、陕西、山西等地连连灾荒，皇帝下旨令工部制造绒袍、缎袍等服装，需用布匹数万匹。卢传元上言力持不可行，一再请皇帝收回成命。皇帝大怒，下旨剥夺卢传元的俸禄，很久才予以恢复。并迁他任山东布政司右参议、备兵临清。时倭寇兵警邻边周县，卢传元一面招募兵马，加紧操练，一面增高城池，为事先之防备，贼竟不来。

万历二十六年（1598年），卢传元转任陕西按察副使，庄浪兵备道。庄浪是古代允吾之地，大小松山适当其中，隆庆、万历年间，被宾青、著宰等地方酋长盘踞，原来边境上的边防设施都被遗弃，因而庄浪成为咽喉要地。而当时的兰、靖、泗、凉四地不时遭到外族侵袭，卢传元即挥兵进行扫荡，平息之后，他经过深思熟虑，制订安定边防的12条策略上报朝廷，请求恢复边防设施，以巩固边地安全。得到朝廷赞许。但刚刚动工修筑，边虏就来侵犯。卢传元指挥士卒，先斩杀敌人哨骑，接着出动偏师，一举斩敌数百，敌军闻风丧胆，落荒而逃。继而新的边防设施筑成，城堡、烽火台、敌楼、公署及营房无一不备。同时又屯垦田地几百万亩，开挖沟渠灌溉，又招降了敖巴思我科等2500多人，斩断了蒙古军队的右臂，安定了松山的局面，巩固了明朝的西部边境。这都是卢传元两年中茹草卧沙、苦心经营才得来的。事迹上闻朝廷，资以金币褒奖。

万历三十四年（1606年），卢传元奉旨进京为皇帝祝寿，时掌管陕西赋税的太监梁永贪赃累累，满朝荐弹劾他的罪行，而他反而诬陷满朝荐抢劫贡品。皇帝偏听偏信梁永，下令逮捕满朝荐。一时上下人心恐惧。卢传元于兵备道上为满朝荐力辩冤屈，满朝荐才得到释放，梁永被执于法。卢传元因此声震中外，不久就以守边人才调任洮岷兵备道，晋升按察使。这时大学士某对卢传元有私怨，竟然唆使某御史诬告陷害卢传元，卢传元因之被削落职务。到了天启元年，卢传元上疏皇帝辩白冤情，才得以复职致仕。

其兄卢传姓，官天长县训导。大灾之年，他捐献俸禄，助饥民粥饭，天长人都感戴他的恩德。

卢桂芳

卢桂芳（1548—1594），女，明代扶沟县人。出身农家，父亲卢大亨是个饱

学之士。3 岁时，母亲去世，由婶母刘氏抚养成人。一天，舅舅偶然把她抱去。到了半夜，她突然醒来，大哭不止。舅舅问她为什么哭，她说："我刚刚做了个梦，梦见孔圣人说我不读书，要打我，吓得我哭了起来。"舅舅听了十分奇怪。她的父亲知道了这件事，就试着教她读《尚书》、《论语》、《诗经》、《列女传》等书籍，桂芳果然颖悟异常，一学即会，过目成诵。桂芳尤其喜爱书法，小小的年纪练起字来，竟然达到了废寝忘食的痴迷程度。她的父亲不无遗憾地对人说："可惜小女不是男儿，不然，定能蟾宫折桂，金榜夺魁，光耀我卢家门庭！"

有一天，桂芳随父亲到县学里游玩，学校里有一座明伦堂，堂内屏风上镌刻着宋朝状元文天祥书写的"魁"字，8 尺见方。桂芳一见，便站在字前仔细揣摩起来。过了许久，她恍然有悟，说道："呵．我知道了。"于是，急忙向别人要来笔纸，饱蘸浓墨，当场摹写了一个大大的"魁"字。在场的人看了，都说这个小女孩儿比文丞相写的还强几分呢，一下子整个县学都轰动了。

当时的扶沟知县胡伯涵，听到这件事后，特地把小桂芳和她父亲召到县里，亲自面试。桂芳不拘不怯，轻舒纤腕，挥洒自如，但见满纸墨花飘举，婉然芳树清风。胡知县禁不住连连击节叫好，对卢大亨说："这是香奁闺阁中的奇葩，怎能不富贵起来呢！"

父女二人从县衙里出来，正遇上县里的某举人在大街上鸣锣开道，街上行人纷纷惊退躲避。小桂芳一见十分不满地说："这岂能是孔夫子对于乡里人谦恭谨慎的样子啊?"那个举人一看，此语竟出自一个不满十岁的小女孩之口，十分惊讶羞愧，便收敛了自己的行为。从此，不论远近都知道扶沟县卢家出"才女"了。

桂芳精心阅读、揣摩前人的书法理论，刻苦摹写前人碑帖，勤学苦练，书艺日益精进。她善写蝇头小字，点画分明，端庄秀丽；尤精大篆，亦能写丈余大字。志书记载，她写大字的时候，用沙子铺在地上，然后伸纸于上边，扎一束麻线为笔，渍墨引行，足挽钩撤；又曾把衣服投到墨瓮之中，掷以为点，字成则如行云流水，气势磅礴。人们皆以为奇。当时的县人能得到她的一幅字，均感到十分荣幸。

为了女儿的前程，在卢桂芳 13 岁那年，她的父亲带着她写的"帝德广运仁者寿"条幅，专门去了一趟北京，把女儿的书法送给有关官员，请求献给皇帝评赏。不料此字却被当权者收留，事件压下未上报。到了第二年，即嘉靖四十年（1561 年），朝廷下诏征求民间淑女文才、品行、容貌出众者入宫，礼部郎中庞远始和尚书李春芳发现了桂芳的书法和她父亲的奏折，桂芳因此被选入皇宫。这一年她才 14 岁。

入宫后，嘉靖皇帝十分喜爱她的书法，亲自诏封她为贵人，让她佩戴印绶，掌管皇宫内的一切文书工作。桂芳年纪虽幼，却天性奇敏，于书无不读，尤其关心国家大事。因此，嘉靖皇帝遇到疑难之事，常常与她商量，而她的意见往往被采纳。有时，桂芳论起朝政得失，侃侃而谈，听得皇帝都入了迷，唯恐她忽然住口，不由大声呼叫："卿真是我的文曲星啊！"

卢桂芳病逝于万历二十二年（1594 年），年仅 46 岁。可惜她早年入宫，遗留在民间的文墨很少。

卢荣春　卢世扬

卢荣春（？—1641），字素卿，明代扶沟县人。万历三十一年（1603 年）癸卯科举人，授职山西孝义县知县，再任介休县知县。介休民俗善于诉讼，一些人包揽官司，横行不法，危害社会与百姓。卢荣春调查一番后，将其中为首的几个人绳之于法，刁风顿息。张兰镇有个左道旁门之徒欲煽惑民众作乱，卢荣春出其不意，将其捕获。天启五年（1625 年）官吏政绩考核，他获得优上等。不久丁外艰居家。期满进京，正逢皇帝大开言路。卢荣春以世道之败坏，有奇异人才限于资格，民脂民膏竭于贿赂，官方倒于举劾等方面向朝廷建言，忠愤所激，语言十分切之。于是补北直隶滦县知县。当时外族入侵的警报不时有闻，县人常常为此东躲西藏。卢荣春叹道："县里不自己做好防备，而专依靠调援，贼来兵去，兵来贼去，久而久之，则有兵无民啊！如果不仿照古时寓兵于民，并设法训练，怎么能自己保护自己呢？"为此，卢荣春上书，条陈 12 策略。却被一些当权者阻挠，说这些建议不足为道，无法实施，于是这些建议就被搁置起来。

后来朝廷打算大力挑浚运河，卢荣春又上书 3 条建议。大意是：河内全是流沙，难于施工，沙随水走，数锹无一锹之功；来沙又填补去沙的坑坎。即使沙子开挖上岸，岸仍是沙，秋水一来，前功尽弃。不如各县分工，有了淤浅，即行疏浚，何必浪费国家有限金钱呢？治河官员采纳了卢荣春的建议。

滦县人刘枝是个奸猾之徒，因为反对平均差役，搜罗民田 17 顷，投谳朝中权贵。卢荣春为此申诉三院，却被占据朝廷要津的权贵阻挠。卢荣春愤然说道："我为朝廷留户口，不为权门做鹰犬。"毅然流放了刘枝。朝中权贵因此对卢荣春恨之入骨，千方百计设法陷害，指使巡按某寻事弹劾卢荣春。滦县人士几千人进京为卢荣春辩白，遭到当权者拒纳。两年以后滁县人再次进京哭诉，冤事才大白于天下。卢荣春离任时，滁县民众哭送数十里。

卢荣春回到家乡，乐善好施，每逢灾荒年景，乡民依赖他才得以举火者达数百家。崇祯十四年（1641 年），卢荣春病逝于扶沟县城家中。

子卢世扬，字长华，又字抑之，崇祯十三年（1640 年）庚辰科进士。入清，官至徽宁兵备道。著有《长华诗集》2 卷行于世。

卢同春

卢同春，字太和，明末扶沟县人。卢同春性情警敏，为诗作文，下笔千言立就。以副贡授巩县训导。巩县城池低薄，知县就委任卢同春率领百工，将城墙增高一丈有余，县人对他感恩戴德。兹后转任舞阳县教谕。时李自成兵逼舞阳，卢同春与知县一道，分兵把守。舞阳县人邢某因曾为卢同春所挫，怀恨在心，就跑到李自成义军的营垒里，说："舞阳县敢于和义军对抗者，是卢教谕啊。"于是邢某带领义军潜入进城，将卢抓获。卢同春被俘后，不屈而死。

吕 毅

吕毅（？—1409），史书上仅说他是项城人，具体出生地、出生时间及其他事迹无可考。生平脉络，是从他担任济南卫百户（明代下级军官，相当于百夫长）开始的。他任济南卫百户时，曾追随燕王朱棣（即明成祖）过江，参加了"靖难"之役。因累立战功，官至都督佥事（明代统率军队出征的将领，相当于总兵），后来官至广西左副将军，明改安南（今越南）为行省——布政使司后，被任命为安南的最高军事长官——都指挥使。

建文二年（1400 年），大明王朝发生"靖难之变"时，属国安南（越南）黎氏也发动篡权，杀死了原陈氏国君的诸多后裔。永乐二年（1404 年），陈氏旧臣裴伯耆辗转逃到明廷告发；陈明宗的孙子、陈裕宗的弟弟陈天平也在老挝宣慰使护送下到了明廷。于是，明成祖在永乐三年（1405 年）三月，令广西左右副将军吕毅和黄中，率 5000 人马护送陈天平回国。可是，吕毅等护送陈天平到达安南的芹站（今越南的河北省该普）时，周围山道险峻加上大雨滂沱，道路泥泞，队伍已不成列。突然，雨雾之中安南黎氏的伏兵四起，鼓噪震动山谷，似有千军万马，将明军团团包围。伏兵并不与明军交战，而是突入明军队中，将安南王孙陈天平当场杀死。吕毅等兵力有限，又是在异国作战，只好返回国内。

永乐五年（1407 年）春，明成祖派"靖难"名将张玉的长子张辅为征夷大将军，一举平定了安南的黎氏动乱。

永乐六年（1408 年）六月一日，明廷正式下诏书，把“安南”更名为“交趾布政使司”（行省），设布政司、按察司、都指挥使司，吕毅任都指挥使司的都指挥使（负责军务），黄中为副。时隔不久，原跟随明军平定黎氏叛乱的将领陈頠，本是越南陈朝皇族的后裔，幻想黎氏被灭后，可以复辟陈姓王朝，可结果却是交趾设“省”。他一气之下，干脆竖旗复辟，又在越南发动叛乱。

永乐七年（1409 年）十二月，吕毅跟随征夷将军沐晟率大军到交趾镇压叛军。在厥江与叛军激战时，沐晟因轻敌致败。吕毅等突围逃至大安海口，“飓风大作，扬沙昼晦，舟不得行”，终被交趾叛军包围，吕毅被俘。他宁死不屈，旋被叛军杀害。

罗俊　罗赞　罗玹　罗玶

罗俊（？—1457），明代扶沟县人。永乐十八年（1420 年）考中庚子科举人，授山西大同府通判，因卓有才干，为知府所倚重。英宗天顺元年（1457 年），因护驾有功，擢升汉中知府，圣旨到的时候，因病逝世。

子赞，孙玹、玶。

罗赞（？—1487），字世卿，成化八年（1472 年）考中壬辰科进士。初授职江西新昌知县。他为政清廉自持，仁慈爱民，深得民众赞颂，当时就有“好雨如膏何处至，贤侯新上起云堆”的歌谣颂传。巡按沃公推举他为太守、县令等地方官员中的第一名，擢升山西道监察御史，奉命巡按陕西。闻说罗赞巡按陕西，陕西的不少贪官污吏自动辞职离去。罗赞曾向朝廷上疏，疏中有 8 条社稷中兴的建议，都为皇帝嘉奖接受。接着，他又奉命巡按山东，更展雄厉风采。之前山东境内发生一起翻船事件，几年内不得判决，罗赞到后，通过查实，一个早晨就予以决断，当事双方心悦服判。

由于罗赞性情刚直，不避权贵，因而为一些权贵嫉恨，把他降职为武州通判。罗赞于是就以疾病为由请求归家。弘治初年（1488 年），朝廷诏用被贬谪的官员，罗赞亦得以官复原职。但他已于此前去世。

罗玹，字孟玉，号东原，弘治十二年（1499 年）己未科进士，授山东兖州府推官。时逢大饥，“盗贼”蜂起，监狱里押满“犯人”（多为贫民，因饥饿铤而走险者）。罗玹到任后，一一核实，予以平反，因此很多人得以存活下来。与此同时，罗玹积极向上请求赈济，向州内富户劝贷钱粮，每日等待就食的超过万人。巡按御史把罗玹的政绩上报朝廷后，擢升罗为监察御史。罗玹登上言路，以耿直遭到权贵嫉恨，被出为凤阳知府。凤阳是明朝开国皇帝朱元璋的家乡，其陵墓就在境内。当时负责保护陵墓的是个很有权势的太监，所以自监司以下的官员都以下属的礼节拜见他。而罗玹偏偏不认这个账，一直不去拜见。因此这个太监十分恨罗玹，借故将其调守嘉兴，再调延安。在延安，罗玹守土安民，抚恤贫疾，政绩显著，卓有美名，因而被擢升为固原兵备副使。任上，他弹劾贪污渎职，镇帅因之被绳于法。不久，因病致仕归乡。

罗玶，正德八年（1513 年）考中癸酉科举人，品行享誉千里。

马斯和

马斯和（1564—1619），字继竹，今项城市高寺镇小马庄人，他天资颖悟，经常整夜读书，五六岁的时候就很会写文章。14 岁考中秀才时，对经史子集已经很精通，词赋诗文也冠绝一时。当时的项城知县魏震彝特别器重他，推荐他为“中州冠冕”，可是却“七困棘闱”——连续七次没有能考中进士，最后以恩选入京都，考中拔贡。

廷对时，试官很欣赏他的文章，嘱咐他“远略鸿裁，切勿小就”。万历三十七年（1609 年），经地方推荐（领乡荐），他终于在会试中考中进士，而且排名为河南、河北第一。

他初次做官，是在山西文水当县令。马斯和以保境惠民为居官原则，修城墙，减差徭，办学校，锄强豪，洁己爱民，风移俗易。钦差巡抚山西督察院御史对他的考语是：“厚重山凝，精明月皎，泽沛千村，膏雨掺严，两袖清风。”因政绩卓著，被提拔到刑部任掌印郎中。上任后，他对冤狱多所平反，3 次受到朝廷嘉奖，最后官至刑部侍郎。当时人们对他的评价是：“公忠粹品，醇亮端儒。”他为国忧劳成疾，最后病死在官邸，终年 55 岁。

马斯和生平有许多著述，流传于世的却仅有《来虹楼诗集》和《清净一得语》两部，《项城县志·丽藻志》载有他的《瑞莲赋》。万历二十四年（1596 年），当时县城（今秣陵镇）的莲溪，出现一茎开出两朵莲花的奇观。县宰王师钦命马斯和以此作赋。他当即挥笔而就，先以瑞莲出现的时间、作赋时的情景为引，然后分别从莲之美、莲之形、莲之情、莲之景、莲之德、莲之瑞几个方面铺陈，最后以万物一体、应当正视瑞祥之兆作结。行文恣肆汪洋，文采横溢，“铺采摛文，体物写志”。

马文烇

马文烇，字振南，号义符，马斯和的侄子，今项城市高寺镇小马庄人。约生活于明万历至崇祯年间。他小时候就异常聪明，读书很快，且过目不忘。应童子试的时候，白姓的项城知县，一见他的文章就很惊奇他的才华。26 岁参加万历四十三年（1615 年）乡荐，中举，第二年赴礼部参加进士考试，中乙榜第一名。

他虽有功名，但没有得到任用，仍居住于项城老家。家居 30 年，他从没有为私事到官府去递过书信。在处理自己与邻里的关系上，礼让求全；如果别人有了过失，他的规劝也很严肃，所以大家都对他又敬又怯。

直到晚年，他才得以出任河津（今山西河津市）知县。他主政期间，努力减少刑罚，自捐俸银修治桥梁，还减去了河滩地（河津位于汾河与黄河汇流的三角地带）的赋税，办了许多造福于民的实事。一年大旱，他率众向上天祈祷，居然当时就下起了大雨。他生性耿直，从不去巴结上司，上司对他早怀不满。当时宦官魏忠贤弄权，地方官员纷纷搜刮钱财（名曰“募捐”）为魏忠贤修建生祠。小小知县的马文烇，却拒不在河津建祠。因为这事，他遭到诬陷，受到处罚。一时民情汹汹，老百姓纷纷上访替他申冤。后来虽然保留了职务，但他看透世情，毅然辞职归田。离开河津以后，河津人竖大木记载他的政绩，立生祠祭祀祈祷他长命百岁。

马文烇回乡后，日餐稀粥，怡然自得，闲暇时，骑驴带经，让两个小童陪着游山玩水，一点没有当过官的人的那种派头。后来逝世乡里。享年 72 岁。

孟　镛

孟镛，字宗器，陈州（今淮阳县）人。明太祖洪武二十三年（1390 年）庚午科举人，授湖广道（今湖北省）御史，转贵州道。弹劾贪官不畏权势，朝中公卿忌惮。明成祖永乐初年（1403 年），他巡视云南，因审理一桩陈年冤案，被当地人视若神明。最终因直言敢谏，触怒权势，左迁（降职）为大同府。镛于是辞官归里，颐养天年。

倪　诰

倪诰，字汝制，直隶阜城人。举人出身，明孝宗弘治三年（1490 年）出任陈州知州。倪诰为人仁厚存于心，处世敏于外，施政薄赋敛，惩治豪顽，除盗安良；增置吏舍行署，修葺羲陵圣殿。任满后擢升湖州郡（府级）郡丞。陈州百姓为之立碑纪德。

倪之稷

倪之稷，字舜邻，明代北直隶密云县人。崇祯十五年（1642 年）十月任鹿邑知县。是年九月，李自成率起义军围攻开封，月余未克。河南巡按高名衡想以水代兵，遂掘开黄河大堤。时值秋汛，黄河水势浩大，向东南一泻千里。鹿邑境内皆为洪水淹没，田间水深没禾，百姓四方逃亡，遗民无几，政令不行。

倪之稷有胆略，性廉洁；善于谋划，能断大事。到任后，他询民疾苦，毅然曰："吾既官此土，当为民请命，不敢负国，忍负民乎?"先置土贼某于法，城中肃然，纲纪为振。

次年春天，河水稍退。凡田未被湮没者，倪之稷备牛、种，募人耕种。及秋收获以三分为率，二分予民，而贮其一。士民初复业无食者，按人口授之。患难流离之年，而鹿邑百姓无沟壑之忧，倪之稷力也。

李自成起义军转战鹿邑一带七八年，得到了各阶层人民的信任。这期间鹿邑灾荒严重，饥民从者愈众。上司细究，发檄文到陈州府征讨。曾参加过农民军的百姓非常害怕，都馈金求贷其罪，倪之稷却之。曰："尔能改行从善，即良民也，何赂为!"由是一州四县之民皆得安绪。

时，县境土豪筑寨以居，恣意杀戮，竟为不法；安平寨土贼王之屏、王之股等尤为横暴。倪之稷设计诱捕魁首，诛之；又依法斩通贼吏役数人；对贼众晓以祸福利害，众感悟，回归农事。境内因此大治。

宁守道

宁守道，明洪武时扶沟县人。精通针灸医术。应诏进京面试，以铜人为模，举手就刺中所要求的穴位。奏闻朝廷，授予太医院大使。

欧阳照

欧阳照，明代湖北省竹溪县人。万历三十八年（1610 年）庚戌科三甲第 141 名进士，万历四十一年（1613 年）至四十四年（1616 年）任扶沟县知县。

欧阳照在任期间，合理征收百姓赋税，制定乡规民约，亲自检查执行情况，使民遵纪守法，戒争讼，和睦乡里。以往，一些奸猾不守本分的人好向上级告状，他通过察访，把那些不如实反映情况、蓄意制造事端的人严加惩治，才算彻底肃清了这一弊端。当时扶沟上进之风怠惰不振，登科乏人，他通过考试，选拔成绩优秀者以整饬学气。修葺化民台，建龙泉观，建扶沟做过显宦者的石坊，借以激励后学之士。他整修城墙，扩大城门，建仓库，积盈粟，以后又修诸神祠，以便冬夏祈祷祭祀。并多半在遇到歉收的年成让百姓服劳役，以工代赈，解决百姓的生活困难。其间，皇帝接受征王公福邸用地的请求，要搜刮民田 3 万余顷，各郡县份额多少不等。欧阳照即向上司反映：扶沟地洼多水，没有好地归为王田。由于他的极力抗争，扶沟分担之田竟得免征，使百姓无失田之苦。此外他还为知县王廷华和孝廉何岑建保障二勋祠以春秋崇祀。

平志奇

平志奇，字士常，自号烟水渔人、随园迂叟，世称平烟水。扶沟县城东陆桥村（今属农牧场）人。明崇祯时诸生，喜欢古文诗词，清高自持，不谒当权。历任知县虽然都很看得起他，却从不去拜访造谒。

明末，天下大乱。他和年迈的父母一道避乱安徽颍上。以教书养活父母双亲。其间，母亲病故于当地。即使在兵荒马乱中，平志奇也没有一日放弃读书。清朝鼎革，他于顺治四年（1647 年）携父回归故里。

父亲去世以后，平志奇就一心一意于诗文。他性喜游历，秦楚齐鲁，燕赵吴越，足迹几遍。所走到的名山大川，都要凭吊一番。他特别喜欢校注经史，不避冬夏寒暑，即使是借阅别人的书籍，也要补注一遍。有《烟水诗钞》行于世。

戚　究

戚究，直隶宣城人，具体明代哪个时期出任的项城县令，已不可考。史书上仅记载他“宗阳明、讲良知”。他用大儒王阳明的理学理念为治县的指导思想，推行“乡规民约”，以理服人，以德化人，让人民群众自己管理自己；同时，对那些横行乡里、无法无天的“武桀”者绳之以法。他还关注教育，经常在县办学校与师生们露天坐在庭院里联句酬唱，切磋学问。

有一年，项城大旱。相信“天人感应，天人合一”的戚县令也加入了求雨行列。他官服官帽，足蹬朝靴，长跪在骄阳似火的祭坛之下，比别人流出了更多的汗水。也许是他的虔诚感动了上天，刚刚还晴空万里，烈日当头，一时间竟浓云密布，下起了滂沱大雨！他跪在那里一动不动，任“大雨濡首”，“俟霁乃起”。此情此景，真使在场的人感动。

可惜，他未到任满就毅然辞官。项城人念他的好，跪在地上，苦苦挽留，但他去意已决，怎么也留不住。项城人遂为他立祠纪念。

齐　圭

齐圭，明代扶沟县（今扶沟县曹里乡齐家村）人。万历二十七年（1599 年），扶沟遇到旱灾，他捐输粮食 1000 石帮助政府放赈，灾民赖以存活，百姓无不称颂。朝廷感其义，颁旨修建“恩扬赈义”牌坊予以旌扬，并赏赐其冠戴。至今扶沟百姓仍然尊称其为“齐小官”。其坟墓为县级文物保护单位。

秦　岿

秦岿，明嘉靖扶沟县人。其家濒临洧水（今双洎河），故号一川居士。他侍奉双亲周到，以礼节闻名遐迩。喜好读书，尤其精解《孙吴兵法》。时逢贼寇作乱，他挑选壮士护卫乡里，时人尊称他为“秦城”。晚年更是乐善不倦。在他期颐寿辰之时，乡人为他绘《期颐行乐图》，海内名流、刑部尚书大司寇刘春冈亲洒文翰为其祝寿。

全良范

全良范，字心矩，明代山东省沂州（今山东临沂市）人。万历二十二年（1594 年）甲午科解元，二十六年（1598 年）戊戌科进士，万历二十九年（1601 年）至三十四年（1606 年）任扶沟县知县。

到扶沟后，首先解决了与西华的水利争端，接着带头捐款续修城墙，在城外广栽柳树，修缮黉宫的棂星门、儒林坊等。为防歉年，他出俸购粟，积粟至万余斛，一半供河工，一半济饿夫，百姓全活者以万计。时瘟疫流行，给百姓生命造成很大的威胁，他施药治病，救人甚众。万历三十一年（1603 年），天降大雨，大水淹坏官厅民舍无数，他亲临河的决口处率众堵塞。三十三年（1605 年），他复疏双洎河故道 60 里以分水势，并复疏二河故道，南至周寨入惠民河。他在任中，还有修公署、起桥梁等诸多利民之举。他治理百姓，宽严相济，恩威并用，深得百姓爱戴。故他离任后，扶沟名宦杜化中撰《扶邑中恪全公德政碑》文以表示对他的怀念，并把他的名字设在县名宦祠中春秋崇祀。他离扶后，升为开封府尹、户部尚书郎，兼任湖广漕运。上疏奏请朝廷，在城陵矶设立码头，装卸船只，全省都感到便利。他任潞安和襄阳郡守时，对客户的税收和一些门包常例等不合理索取，都尽力免除。后升任河南按察副使兼管河道。当时，汴河口由于治理不当，连年发生水灾，他到任后治理 3 个月就大见成效。以此进位为中宪大夫。他死后，祀位乡贤祠中。

桑廷恩

桑廷恩，明代扶沟县人。万历年间，扶沟遇到旱灾，他捐输粮食 300 斛，帮助政府赈济灾民；又施舍耕地百亩作为学田。地方官员将其义举上报朝廷，朝廷颁旨授爵藩府典宝。

桑在凤

桑在凤，字五文，明代扶沟县人。他学问渊博，不趋势力，敢于和公卿王侯当面辩论是非。喜爱校雠《六书》，题咏丰富。喜欢种竹，煮茶，曾筑室曰“与畏轩”，并自撰对联于堂中云：“陆羽编经专论茗，王维开坐但焚香。”县人以“卧龙”称之。万历进士、南京户部给事中张笃敬有《题桑五文与畏轩》诗。诗云：“一室峥嵘甲第东，远山回合翠微重。几竿新植王猷竹，三尺初移杜甫松。扫径有时延畏友，抱书永日坐高春。频观瑞雾常相护，为有庐中一卧龙。”

史能仁

史能仁，举人，明代鹿邑县人。崇祯间知新城县。令行禁止，刚柔互济，邑境靖泰。崇祯十三年、十四年（1640—1641）两年间，岁大祲，人多流亡。终岁，县内降雨，地生羊肚菜，可食。能仁赋诗曰："上天降甘露，遍地生羊肚。肌食羊肚菜，渴饮甘露乳。涕泣告吾民，慎去吾乡土。"因能仁治县有功，调淄川迁兵部主事。顺治八年（1651 年），复知新城县。邑民闻讯，妇孺丁壮皆持炬迎至十余里之外。

宋　麟

宋麟，直隶新城人。明孝宗弘治（1488—1505）年间任项城县令。县志记载他："雅意农稼，礼文学之士。"说明他关心农业生产，注重教育工作。项城是农业大县，全县百分之九十人口历史上都从事农业生产，所以农桑为治世之本。宋麟注重农稼算是抓住了根本，抓到了实处，所以项城农民就欢迎他拥护他；又因他礼贤下士，所以项城读书人就尊敬他爱戴他。宋麟后来不幸因病死在项城，"士民以考妣丧之!"

孙贵妃

孙贵妃（1343—1374），今淮阳县人。其父元朝时在昆陵（今江苏常州）做官，母亲晁氏。贵妃少年时，因战乱随兄逃避扬州。后与兄失散，被马熊元帅收养。18 岁时与朱元璋结婚，册封为贵妃娘娘。明初创业时，对朱元璋有警戒相成之助，又协助马皇后理事。生有 3 女，明洪武七年（1374 年）卒，时年 31 岁，谥成穆。

孙忠弼

孙忠弼，字良佐，明代江南宣城县人。嘉靖十年（1531 年）由举人任鹿邑知县。他明经博学，平易近人，好贤乐善，政务德化。

鹿邑自弘治二年（1489 年）后，士不登第者 40 余年。孙忠弼初至鹿邑，即建新学宫。选择资性较好的生员，亲自授课，直到夜半乃罢。他训导诸生，孜孜不倦，王尧日成进士，实孙忠弼所造就也。

孙忠弼性俭约，不妄费民间一钱。由此，忠弼不为上司青睐，无奈请求辞官。巡抚知弼境遇，深表同情，挽留再三。荐改知寿昌，旋升顺天府通判。复忤中贵，罢仕归里。

汤师项

汤师项，字启英，贵阳人。明万历十六年（1588 年）举人。初任顺天府别驾，后升治中。因与府尹不睦受排斥谪陈州知州。师项性镇静清和。在陈任职两载，不侵扰民众，不做失礼败德之事，宾客往来清茶一杯，绝请托之陋习。不久辞官离任，陈人思之。

田 辟

田辟（？—1644），字茅公，今项城市王明口田老家人。是项城田氏一族的十世祖。

田辟自幼就非常聪慧，早年中秀才，倜傥自负，不拘小节。当年他的堂兄田闿在项城（今秣陵镇）某宅当塾师，因故被宅主勒讹 3000 两银子。当时田氏因势力薄弱，未敢与宅主计较。田闿气愤难平，终日郁闷在心。后值新春佳节，田氏族中老少聚在一起。田闿的叔父田应勋长叹一声说："有财无官，徒受人欺，不知这一耻辱何时可雪，此仇何时可报！"田辟听了此话，当即拍案而起，愤然说："诸位伯叔如能供我读书，报仇雪恨一事，非他人而在田辟一人也。"田应勋及田闿等人听了田辟的话，当即应诺供田辟读书。

新春过后，田辟就在村中关帝庙（传说是一阁，然田氏族谱载为关帝庙）内，闭门读书。田辟读书专心致志，足不出户，别无他念，有三年不下"阁"之说。一日家人送饭，有馍有汤和下饭的蒜泥。饭后，家人去取碗筷，见馍汤已吃，可下饭的蒜泥完好如初，桌案上砚台里的墨却没有了。再看田辟的嘴唇已被墨汁所染，家人见了大笑，问他："相公，蒜泥现在，砚台中的墨汁何以告罄？"田辟以手抹嘴笑而不答。此虽小事一桩，然足见田辟读书用心之专，求知之切，已达到食而不知其味的境地。如是苦读数载，终成大器。

崇祯七年（1634 年），田辟背负家族的重托，进京应试。三科已毕，考中进士。家族一时欢聚，燃放鞭炮，非常欣慰。田辟未负众人之望，为官清廉，后官至内阁中书。

原讹诈田闿的那个宅主，闻讯惧怕而又惭愧，登门复还田闿 3000 两银子。田辟官至内阁中书之后，邑中一个有钱有势的人，对田辟升官非常嫉妒，便勾结沈丘县崇藩，捏造事实，百端诬陷。他们通过贿赂，打通关节，参奏弹劾田辟。崇祯皇帝令交付刑部查办，于是田辟被革职，陷入刑部狱中。田辟在狱中多次向皇上申诉，其他主持正义的官员亦各具奏折力保。在这种情况下，崇祯派员复查，结果真相大白，实属冤案，田辟这才得以官复原职。后陷害田辟之人皆以诬告罪被查办。

明朝末年，政治十分黑暗。陕西等地连年灾荒，民不聊生，各地农民揭竿而起，爆发了大规模的农民起义。起义军在李自成、张献忠的带领下，攻城略地，势如破竹，占领了许多地方。

清世祖顺治元年（1644年），田辟奉旨随从鲁王南下闽中劳师，抵抗起义军。所谓“劳师”，实则督战。可是，起义军英勇奋战，所向披靡，官兵难以抵挡。由于田辟的愚忠，不辨形势，仍带领残兵败将负隅顽抗。如此，相持数月，粮尽兵疲，官兵失去斗志，城池陷落，田辟战死。

田　福

田福（1391—1457），字君寿，号贞斋，明代鹿邑县人。幼年纯朴勤学，读书常至夜半，寒暑不辍。曾路见遗金百两而不取。

永乐十二年（1414年），田福以乡荐贡入太学，曾被选入宫内抄写制令诏书。次年被提拔为泽州判官。到任后，他抑制富豪的不法行为，处处为百姓谋利，深受百姓爱戴。因为有善政，升迁为四川道监察御史，巡按四川。

田福为官正直廉洁，谦恭谨慎。当时朝中贿赂成风，有官吏富商向他馈送钱财，都被他毫无余地地拒绝了。一知府为让田举荐自己，至其家馈送数百金，田福家人拒之不受。田福得知这一情况，申奏朝廷，使求荐的知府受到重罪。

田福任监察御史期间，疾恶如仇，铁面无私，敢于直言，多次弹劾违法和失职的官员，使权贵皇亲都惧怕几分。在考核吏治、办理案件的过程中，精明能干，毫不徇私，所到之处，皆赞其是“真御史”！

有一次，田福为了了解一件案子，微服出访，但在途中不小心触犯了当地的知县。知县正要拷问他，听说清廉的按察使就要到来，便把田福关进了监狱。在狱中，他从囚犯口中了解到这个知县贪赃枉法的情况，掌握了证据。于是告诉狱吏：“我就是按察使。”知县知道了，忙赶去道歉。事后，田福向朝廷上奏弹劾，罢免了这个知县。

田　海

田海（1560—1633），字荆玉，明代扶沟县人。少有至性，风姿绰绰，如春柳初就。读书时，很得人器重。不料失去双亲，家境拮据，无奈辍学务农。到了与两个兄长分家的时候，田海说：“哥哥与我情同手足，我怎么能要厚实之物呢?”全部推让给两个哥哥。由于他勤俭持家，中年时就富裕起来。晚年富饶无计。

田海乐善好施，乐于周济贫乏。其家居临近小黄河（今贾鲁河），没有桥梁，人们来往过河十分艰难。田海就向街坊邻居发出倡议，带头捐钱捐物，召集工匠，架起一座桥梁。来往过河之人皆津津乐道田海功德。至于他捐款修葺佛寺庙观更是难以计算。田海乐于助学，终年开辟私塾，延师教育子女学习举业。对家贫的学生免去费用。晚年尤喜交游，与贤良长者仿唐诗人白居易结香山诗社，曲水流觞，酣畅自娱。

天启四年（1624 年），扶沟县令李公听说田海年高品优，就向朝廷推荐他为乡耆，奉旨赏赐冠带，一时，荣耀非常。崇祯六年（1633 年）九月初一病卒，享年 74 岁。

田惟嘉

田惟嘉，江西上饶人，明万历（1573—1620）年间到项城当过一任知县。有关这位田知县在项城的政事活动，史志诸书记载不多，但却广为乡人传颂。所谓“田公政事多，历今将百年，其事难概。举如耕凿教训，至今人言之”。这段话是田惟嘉死后近百年，一位外省籍游学名儒名叫舒逢吉的人说的。他说他来项城游历，住在文昌阁里，见里面祀有两尊塑像，既非至圣先师孔老夫子，又非项城先贤名宦应劭、张遇之辈。询问慕名来访的项城进士王耿言等，才知道是项城的两位县令。其中左边那位，身穿明代官服，“丰颐而重耳者”，就是万历县令田惟嘉。因他在项城当知县期间，关心农业生产，关心农民生活，注重教育，政清刑明，尤其注重以德育人、以德化人、以德治项，所以项城人感激他，敬重他，怀念他，在文昌阁塑像祭祀他。

与他同祀的，则是项城另一县令顾芳宗。

万　宣

万宣，安徽当涂人。举人出身，明代宗景泰七年（1456 年）出任陈州知州。在任政令严明，约束胥吏，不要为害百姓。当时陈州境内盗贼蜂起，万宣把盗首全部缉拿归案并绳之以法，一州肃然，盗贼绝迹。吏部向皇上奏明其政绩，朝廷下令嘉奖。

王钝　王伦

王钝（1336—1406），字士鲁，号野庄，元末明初太康县人。父名元佐，字彦才，曾任通州同知。王钝饱读经史，学识渊博，元顺帝至正二十六年（1366 年）中进士，任山西猗氏县知县。元灭后，王钝隐居龙门，以教书为生。

明洪武十年（1377 年），王钝应诏至南京，任礼部主客司主事。由于他熟悉典章礼仪，善于宴劳应酬，办事得体，很快升任长沙府通判。不久，因事免官。洪武十六年（1383 年）由礼部尚书任昂举荐，又被起用为大名府通判，继而升吏部总部郎中。洪武十九年（1386 年）任福建左参政，不久又升福建右参政。

王钝居官廉洁，办事谨慎。他任右参政时，麓川平缅宣慰使思伦发叛乱，朝廷欲选派大臣前往招抚。苦无人选，恰好王钝自福建至朝，于是就命他为使前往招抚。王钝对思伦发陈明利害，耐心劝说，语甚恳切。思伦发心悦诚服，遂归顺朝廷，退出侵地，并纳贡象、马及其他土特产品；又馈赠王钝白金 500 两，王钝坚辞不受。有人劝他说："如不接受，恐怕思伦发会有疑虑而产生二心。"他不得已才暂且收下。归途经过云南时，把这些赠物全部交给云南官府。

洪武二十三年（1390 年），王钝迁升浙江左布政使。在浙 10 年，修水利，办教育，减徭役，惩奸除弊，选贤任能，颇有政声。明太祖曾当众称赞他为"方岳之最"。

建文二年（1400 年），王钝升为户部尚书。明成祖攻入南京后，他跳城墙逃跑，被巡逻士兵捉住送交成祖，成祖仍让他任户部尚书。不久，成祖追究建文时改革官制的事，他和吏部尚书张纨都被解职，月俸减半，留居京师。后来又起用他巡抚山东，继之让他管理北平一带的屯田事项。

永乐二年（1404 年）四月，王钝以布政使职衔辞归太康故里，于永乐四年（1406 年）八月二十二日病故，享年 70 岁。

王钝一生老实持重，善恤民事，素有爱民之风。其著作有《野庄诗集》6 卷，收入《四库全书》，另有《归田》、《公余》2 集，流传于世。

子伦（1375—1450），字文清，号退翁，明初著名文学家。王伦幼年受其父熏陶，勤学好问，虽生富贵之家，素恶纨绔之习。30 岁登进士第，授翰林院庶吉士，复入文渊阁参与纂修《永乐大典》事宜，后被仁宗选拜左春坊司直郎，教授皇族子弟，深受赏识。累官至户部郎中、户部右侍郎。曾奉诏巡抚浙江。巡浙 5 年间，罢力役以息民劳，宽赋敛以厚民生，举贤能而黜奸贪，抑强暴而扶寡弱，深为浙人敬仰。晚年上书归田，行装萧然，家无余资，居茅庐以终。王伦常以诗文自娱，著有《退翁文集》6 卷。

王格　王模

王格，字表民，号天中山人，明代扶沟县人。万历元年（1573 年）岁贡。王格少年丧父，以侍奉嫡母乔氏、生母陈氏至孝而闻名。授清丰县丞，迁同州同知，委监临潼榷税。他清廉自持，于公款公物毫无染指。再转湖南邵阳知县。告老归乡时，家产仅仅相当于中等人家。他的几个兄长家贫穷，他一一予以周济。弟弟早丧，他就分出自己的一片田地给弟媳，让她养家育子。王格工于诗词，与李时芳、杜孟乾齐名，有《政学囊颖集》传世。

王模，字师范，号秋潭，明万历三年（1575年）岁贡。专心研究探索宋程朱理学要义，万历年间授莒州训导，升曲沃县教谕。在任上，他仿照苏湖旧例设立教科条例，督饬士子，人称有方。清廉自守，于地方一无所取。去世之日，家贫得几乎无法入殓。曲沃人士为其哭送执绋者，几满郊野。

王 冠

王冠，字正甫，明代山西榆次人。隆庆三年（1569年）任鹿邑知县。性端严，有干济。此前县为土城，经日渐倾，圮高仅及肩。冠到任后，特请于朝廷，纠工督修。工料、夫役，皆措置有方。民乐于役，不期而成。

县东南境，地势低洼，潴水难排，每值霪雨，即成鸿陂。隆庆六年（1572年），王冠督众自偃王陂（今郸城县界）以东至孤柳树十字河等处，共开渠35道；自偃王陂东至神塚洼，开沟10余条，以达练沟河；自多泥店至棉家洼，开沟10余条，以达肥河；自华家洼开沟8里达唐岗河（今黑河）；自虎八里口开沟10里到刺河。

王冠还向部院陈述申请，让亳州接鹿邑开沟通水：上自十字河，下至三丈口，长48里，宽1丈5尺，深5尺。自是鹿之积水得由亳入涡而达于淮河，千里通流，水患顿息。

民歌其德，比诸先贤西门豹开12渠。

王 节

王节，字仲礼，明开封府太康县人。9岁能写诗文，县令崔敬大为惊奇，便将孙女嫁给他。英宗天顺六年（1462年）乡试中举，授陕西周至县知县。周至县是崔敬家乡的邻县。王节到任后，亲戚相见，分外高兴。他慈祥爱民，时称良吏。在任3年，卒于官任。士民非常思念，将他祭祀于周至县名宦祠。因其孙官居都御史，遗赠封为右副都御史。

王 敬

王敬（1556—1625），字祈永，号苍坪，明末鹿邑县王老家（今属郸城县虎头岗乡段岭村）人。他出生于书香世家，自幼读书，万历十六年（1588年）中举人。

初任陕西凤翔县知县。在他到任之前，这个县地分三等，官绅沆瀣一气、鱼肉百姓，黎民生活在水深火热之中。他到任后，履亩勘丈，立石为记，使地有定则，均平差徭，万民称颂。遂升任山东东平州知州。当时，白莲教起义军正活动在滕、郯之间，所向披靡。而东平州辖区地势低洼，城池不坚，王敬采用引水的办法，以水代兵，进行自卫，自率本州武装，出奇兵，挫伤了义军的锐气。不仅保全了本州，也为他州争取了时间，使之能有备无患。遂调王敬担任管理皇族事务的宗人府经历，不久升任刑部广东清吏司员外郎（从五品）。后，卒于任上。

王敬为官清廉，忠孝仁厚。故后3年，儿子王心升、王心一为其修墓立碑之时，明末著名书画家、资政大夫、南京礼部尚书董其昌为其撰写墓志铭，东阁大学士、著名书画家张瑞图为其墓志铭书丹。

王 耒

王耒，明代鹿邑县郸城北胡庄（今属郸城县洺北办事处）人。世代以农为业，以农起家，资累巨万，雄于乡里，急公尚义，慷慨好施，乡人多受其恩惠，名闻遐迩。

明隆庆（1567—1572）末，县境灾荒严重，知县王冠（字正甫，山西榆次县人）倡议绅士捐金煮粥以赈济灾民。王耒说："行善事，无所谓贵贱。我宁可拿出我所有家产赈济灾民，而使我成为平民，也在所不惜！"遂带头捐出千金以赈饥。灾民吃饭问题解决了，全县局势安定了，知县十分高兴，遂上书抚台、臬台，呈请上官予以旌表。巡抚、按察使为其颁发奖匾一块，上书"尚义"二字。

王 懋

王懋，字德儒，安徽芜湖人。举人出身，明神宗万历十六年（1588年）铨试（通过考试选择官员）第一，授湖州郡丞，有异政。为郡奸党所中伤，谪（贬官）陈州知州。到任后奖励文学青年，聚集贤士，传承古陈文化。恰逢年成歉收，斗米值千钱。王懋打开粮仓取米做成粥赈济州民。后又遇大疫，懋又设法寻医问药，精心施治，赖以存活者甚多。陈地有一巨豪，不守法，祸及乡里，懋将其擒拿后置于法，乡民额手称快。后升任彰德（今安阳）府丞，不久晋升刑部员外郎。在职期间，为400多名受冤者平反。清顺治十四年（1657年）卒于京。

王 煦

王煦，字景阳，明开封府太康县人。代宗景泰四年（1453年）乡试登科，授襄阳府同知。王煦性廉洁耿介，俸禄之外不取丝毫钱财。在襄阳府9年，衣箱里存放的只是几件旧衣服而已。后升任福建都转运同知，因不愿经手钱粮而未到任。

王 柱

王柱，字子立，号介石，山东宁海人。嘉靖三十六年（1557 年）夏天到项城当知县。他是“拔贡”出身，“才华明敏，果毅有为”，懂得“以育才为致治之本”。到任的第三天便去学宫视察，见其规模虽宏而朽敝相仍，栋宇虽存而凋落日浸，慨然以兴修为己任。他“举其轻重缓急”，决心把学校修建成为“永固之业”。历时两年，财不费而民不扰，学宫则修葺一新。

项城人张承恩撰写的《知县王柱重修学宫记》如是说：“享礼有殿，升散有堂，讲习讨论有斋有号。藏修游息于斯，皆安其居，静其虑，大肆其力于诗书礼乐之场，无湫隘垫湿之忧者……”整修得完美而辉煌，给项城士子营造了一个完美的从学空间。除此之外，他还带领民众兴修水利，开挖了 20 公里被淤塞的河道，使水流通畅；又加高城墙，加宽加深护城河 600 余丈。这些措施，使项城成了躲避匪患水患、民众能安居乐业的城池。

王朝璗

王朝璗（？—1524），字仲冕，明代陕西朝邑人。进士出身。正德十六年（1521 年）调任鹿邑知县。

当时，鹿邑连年荒歉，王朝璗体恤民情，关心百姓，开仓赈饥，使民无流徙。次年，山东王堂率众入境抢劫，贾滩、王皮溜、辛集等地遭难，不少人逃匿他乡以避灾祸。王朝璗关心邑民之苦，痛恨盗贼之恶，一边奏报朝廷匪情，一边组织精壮数千人，与盗匪展开殊死斗争。直到明廷派军队围剿，才完全扑灭盗贼。

王朝璗性情刚毅，执法严正。他改变由衙役转状的惯例，让告状者直接到公堂见官纳状，自陈冤屈，使吏属无法敲诈勒索告状人，从而使案件得到公正审理。吏民谓之“阎罗王”。

王朝璗廉洁耿直的性格并不为当时的社会风气所容。刁民因他阻挡了自己的财路而诬陷他，同僚为了个人的仕途推波助澜。一时谣言四起，上司面对众多的非议，也不再信任他。虽然事情后来得以昭雪，他却愤恨成疾。去世之日囊中空空，凄凉冷落，以致无以为殓，士绅村民筹资葬之。

王朝献　王朝元　王朝贤

王朝献，字宠之，明开封府太康县人。以明经科仕辽海卫。虽居下级职位，但他践行其抱负宏志，善于昭雪冤假错案，人称仁明。后来受命稽查捐税，遇有没交够税额者，予以遮拦，对上说：税额定得有错误，并非故意漏交，不加责罚。朝中达官贵人乘船顺河而来，所到之处大受惊扰，人皆惧怕避而不见。王朝献却从早晨开始就在河边迎接他们。见面后，与他们从容应对，巧于周旋，贵人们只好空手而去。他执掌官印大权，却洁身如玉，被人们称赞为清官廉吏。

王朝元，字铺宸，朝献弟。岁贡生出身，躬行孝友，被宗族敬仰为典范。

王朝贤，字立之，朝献弟。明嘉靖十一年（1532 年）进士，和厚质实，言不出口。初授大理寺评事，后迁寺正务。他以谨慎持重而出任顺德府知事。在任上，他对属下以政绩委任官职，人称王佛。后任陕西副使，擢升太仆卿，外放为湖广参政。他奉公忠耿醇谨，被朝廷上下誉为长厚君子。

王敬民

王敬民，字用司，金陵句容人。其祖父王训到河南经商，先住项城南顿，后迁西华，定居田家口北许家集（今西华县田口乡许营村），后代又迁到今叶埠口乡徐桥村。明隆庆五年（1571 年）辛未科考中进士，授直隶大名府推官。行取（外官内擢）授吏科给事中，历工科右给事中。出使朝鲜，不辱君命，礼成而归，赐一品服，升吏科左给事中，工科都给事中，升太常寺少卿，都察院右佥都御史。

命巡抚赣南时，闽粤赣交界处的盗匪，畏惧敬民法纪严明，皆潜踪匿迹。南雄、南安相邻处，常为亡命之徒聚集之地，敬民大赦其罪，并予以自新之路，于是群盗自行散去。

在贸易市场征收税款者，多有贪污情事，敬民严令禁止，商贾感德。

敬民辞官归里后，乐善好施，遇有灾荒年景，常以粮款赈济乡民，口碑甚佳。死后葬于潘岗（今西华县艾岗乡潘岗村）东南里许。

王良臣

王良臣，字汝邻，陈州（今淮阳县）人。明孝宗弘治年进士，授德清县令。在任廉洁奉公，口碑很好。他曾用积粟赈灾救民，民众很感激他的恩德。在任 4 年，召拜（任命）南京贵州道御史。明武宗时期，宦官刘瑾受宠干政，残害忠良。忠臣陆昆等人上疏极谏，要求皇上严惩宦党。刘瑾怒，把陆昆等人悉数逮捕下狱。良臣时为江西清军御史，听说陆昆等大臣被逮，骑马星夜驰回京师上疏施救。刘瑾等宦党听说后，把良臣也逮捕入狱，后打 30 杖，斥为平民。

良臣被逐回家后，闭门读书，不谈国事。后来刘瑾事发，受死伏诛，良臣等冤情大白天下，皇上擢升他为山东登、莱、青兵备副使。当时山东流贼活动猖狂，明抢暗盗，气焰嚣张。良臣到任后，号令严明，对流贼及不法之人，严厉打击。流贼收敛，社会安定。良臣因政绩卓著，迁升山东按察使。

有一小吏，想凭贿赂迁升，曾于一天夜间入良臣府衙馈送银两。良臣于是把馈金者置诸法。这样一来，官民恐惧而慑服，再也没有敢向良臣行贿者。

王良臣是一个孝子，平时用官俸赡养父母，就在他被陷害下狱、逐为平民的时候，也不忘记把自己的衣物典当换钱托人捎寄给父母。良臣又是一个忠臣，他在不同的官位上，忠于职守，清正廉洁。最后终以为国操劳积劳成疾，病死在官任上。

王乔年

王乔年，明代山东高密县人。嘉靖二十九年（1550 年）庚戌科三甲第 188 名进士，嘉靖三十四年（1555 年）十月至三十六年（1557 年）任扶沟县知县。

他涵养深沉，对下属宽和，从无恶言相斥过。他记忆力极强，事无大小巨细，人无贵贱高卑，只要他见过一面，再也不会忘记。他疾恶如仇，对一些屡屡祸害社会治安的不法之徒、舞文弄墨败坏纲常法纪者，都从严处理或以乱棍打死。在他的治理下，扶沟境内太平无事，万民乐业。他还在嘉靖三十五年（1556 年）十月为孔庙重置祭器，并刻《扶沟县重置祭器记》碑以记其事。后以考绩优异征拜为监察御史。人们为纪念他在扶沟的功绩，将他的名字设在县名宦祠中春秋崇祀。

王仁宇

王仁宇，明代商水县人。生于贫苦之家。崇祯十年至十二年（1637—1639），商水连续 3 年遭受蝗灾，十四年（1641 年）春秋大疫，饥民嗷嗷，饿殍载道。王仁宇率饥民活动在商水、周家口、西华一带，崇祯十四年十月进驻商水县城。此后直至清顺治二年（1645 年），豫王会园山土（满人，八旗兵将领）驻在沙河边黄家滩后，这整整 5 年王仁宇在商水县被称为“伪官”。因他虽拥有数千众，但既不属明朝遗臣，也不属清朝委任的地方官。清兵一来，王部遂溃散而去。《商水县志》云：“商民不睹天日凡六年（实五年），至此，始入隶王籍。”意是商水百姓自明亡后 5 年，未有政府领导，直至顺治二年才归化清廷。这 5 年，商水人称其为“五年断代史”或“五仁宇时期”。

王瑞麟

王瑞麟，字咸有，号泰阶，明开封府太康县人。万历四十六年（1618 年）举人，博览群书，尤精《书》经。县中有个崔姓的府官，贪婪成性，损公肥私，中饱私囊，侵占了太康邻县的驿马费用，却把驿金加派到太康绅民身上，每年要出 8000 多金钱。王瑞麟率领县城绅民向上级禀陈此事。崔姓人遂得到应有惩罚。后补任林虑县教谕、临晋知县，又迁升濠州知州。他切实为民，政绩出众，后卒于任上。

王顺志

王顺志，今项城市孙店镇王楼村人。他和闯王李自成是同榜武举人，二人曾经比武，李自成用千斤石突然砸来，王顺志眼明手快伸手接住，身子后退三步，鞋底子都蹬掉了。

李闯王起义时，曾亲自到王楼请王顺志共举义旗。当时王顺志在椅子上坐着说："你能把我拉起来，我就跟你去。"李闯王连拉了三拉，椅子腿在墁地的方砖上，下陷了四指深，也没能拉动他。其实是王顺志恋家，他家有 2700 顷地，从本村一直到汝宁府，不用喝人家井里的水，因为一路上都有他的外庄子。

王顺志箭法很好，现在三张店乡王土屯村西头有一长方形的坑，名叫跑马坑，就是王顺志练习跑马射箭留下的遗迹。一次，王顺志在城关剃头，匠人用两把刀子摺着剃。王顺志说："这是咋着?"匠人说："在你头上显本事哩!"剃了头，王顺志对剃头匠说："我也在你头上显显本事。"他让人在匠人头上放个红萝卜用箭射，一箭射掉一块儿，箭不虚发，却没伤着匠人一根头发。

他在王楼盖了 18 所堂楼。一天在楼顶上练箭，见一队人马从官路上过，王武举为了显本事，一箭射断了马缰绳。不料，那是一个王子的马队，这一下可惹下了大祸：王子罚他在汝宁府盖一座黉学。那里的县官却贴了个告示："偷砖不犯法。"王武举每天用大车拉着钱去买砖，可是白天运的砖，过夜便被人偷光，天天如此。家业快花完了，黉学也没盖成。他后来还是听了别人的建议，把工程承包给当地人，才算完工。

王顺志的后裔人丁兴旺，分居于孙店、三张店、李寨等地。

王廷华

王廷华（？—1512），字彦实，明代河北省涿鹿县人。先由岁贡生任辉县儒学博士，以其政绩突出，于正德五年（1510 年）升为扶沟县知县，正德七年（1512 年）四月卒于任所。

王廷华知扶沟县时，适逢明朝中叶社会动荡不安，河北霸州爆发了农民起义。河南诸郡县均以农民义军远在河北，自恃黄河天险而不设防。王廷华却不以为然，为保障县城安全，带领百姓修筑城墙，使城墙高 2 丈，上宽 5 尺，下宽 9 尺，一周 9 里左右。不仅如此，他又创建女墙，设立敌台，疏通护城河，建城郭门，加以重檐，使之睐哨，严阵以待。正德六年（1511 年）九月，城刚建好，农民义军突然至扶沟城下，王廷华组织百姓登城守卫，乡民分队游击巡逻，首尾相应，又加以动员百姓为皇上效力守城自保，使扶沟县城得以充分准备，义军没有攻城而去。正德七年（1512 年）二月，义军又至城下，围攻 3 昼夜，王廷华督励守御，指挥有方，义军受到很大损失，罢围而去，县城得以保全。遂之，他又告诫百姓：义军虽走，必不甘心罢休，一定还会再来。为了保证县城的绝对安全，还得对县城全面检查，加以整修。同年三月，义军果至，声势较前更大。见此情况，王廷华的好友劝他说：扶沟小县不可守，不如放弃扶沟而去省城。王廷华坚决不肯，说："吾受命邑令，责当死事去。"誓与城共存亡。结果，扶沟县城及百姓的生命都得到了保全，而独王廷华因操劳过度、积劳成疾，卒于任所。百姓感念他的恩德，立碑以记其功，并把他的名字设在县名宦祠中供奉。不仅如此，又于万历四十二年（1614 年）为王廷华建"保障二勋祠"，春秋崇祀。

王廷谏　王启明

王廷谏（1511—1592），字信卿，号青蒲，祖居山东新城，明弘治（1488—1505）年间迁居令项城市。

父王三德，谦恭谨慎，重视读书，有古代的君子风度。廷谏生来颖异，10 岁会作文，13 岁应童子试，为士子之首，补为"弟子员"，官府称他是"贾太傅再生"。27 岁登贤书。嘉靖十七年（1538 年）会试为第 11 名进士。次年，授内黄县令，为政平明廉察，名声很好。他认为嘉靖年间编修的《内黄县志》过于简单，就主持重修。万历二十九年（1601 年）调任滑县知县，又聘用后来的进士胡权，编修了《滑县县志》。

当时滑县兵悍民刁。王廷谏到任后，兴学校，清军饷，查究处理酷吏，不容奸人，安抚百姓，很快政治肃然。朝廷诏令褒奖，要越级提拔他到内廷任职。可是王廷谏认为自己个性耿介，不适宜在政治矛盾比较集中的内廷行走，坚不奉诏。结果被降职使用，被派到京城附近当一个辅翼别人的属官。

一怒之下，他索性拂衣归田。回项城老家后，就居住在乡下，日常布衣淡食，吟诗作赋，与地方名士互相唱和，但是绝不与公门中人交往。对待乡里士人，和颜悦色。三尺小儿，也知道称颂他的盛德。他事亲恪守孝道，从不懈怠；对子女课读管教很严，寒暑不易。

81 岁时，王廷谏在家中无疾而终。著有《诗经捷解》、《四书口说》、《七子文华图》、《南草》若干卷，很为时人崇仰。

王廷谏生 6 子，都在艺苑有声望。孙子启明，字海曙，读书一目十行，曾经笑着对一同读书的伙伴们说："你们为什么说作文章难呢，一直写就是了。"18 岁中秀才，24 岁中举人，清顺治十五年（1658 年）、十六年（1659 年），两次参加礼部会试，两次名列副榜（正取之外，另取若干名时所用的附加榜示），后任安阳县教谕十多年，告老还乡后著有《怀堂世业》。

王尧日

王尧日，字明时，号复轩，明代鹿邑城内人。幼时励志苦读，8岁即通诗经，明嘉靖十三年（1534年）举于乡，十七年（1538年）中进士。授广平府推官，以忧去职，起补真定府推官。

嘉靖二十三年（1544年），内阁翟鸾贿试官（主官）使其两个儿子汝俭、汝孝同时登科，京师舆论大哗："一鸾当道，双凤齐鸣。"王尧日据此弹劾翟鸾与试官暗通私贿，破坏制科。嘉靖震怒，遂罢去翟鸾官职，黜罚试官；汝俭、汝孝及其他由行贿而得中的皆除名。此事轰动京师，朝野上下无不赞佩王尧日不畏权势，不避凶险，执法严明。

王尧日在京为官期间，家中因宅基与邻人发生争执，家人便修书到京，要王尧日出面干预，欲借权势压制对方。尧日看罢来信，立即回信作诗劝导家人："千里捎书为一墙，让出3尺又何妨！万里长城今犹在，不见当年秦始皇。"家人见书明理，立即把墙主动退后3尺；邻家见此情景，深为感动，也把墙朝里让了三尺。这样，两家的院墙之间，就形成了6尺宽的巷道，遂成一街，世人称为"仁让街"。此故事在鹿邑县几乎家喻户晓，被载入《鹿邑县志》，今张寨坑农贸市场南侧，仁让街犹存。

明嘉靖二十六年（1547年），王尧日以双亲年高需侍奉乞归。是年受府县委托撰修《鹿邑县志》。因其热爱故土，任内留心有关本县的文献，悉心摘录。受命后夜思昼为，一年志成。可惜该志已佚，现仅能从保存下来的书序中，知志之内容体例。

王真卿

王真卿（1586—1645），字心铉，明代扶沟县人。天启元年（1621年）辛酉科举人。当时正值魏忠贤擅权，把持朝政，王真卿就以侍奉年迈双亲为由，不愿入仕。直到21年后，父母相继去世，才于崇祯十五年（1642年）来到北京。这时闯王（李自成）的农民起义军已成星火燎原之势，中原鼎沸。王真卿通过大司马、刑部尚书冯元锡，向崇祯帝上疏，陈述安定中原的4个策略。一是安抚土著，凡居家良民恢复差役，减免租税，使他们感到皇恩的高厚；二是招徕流亡，发放赈济，给他们借贷耕牛和粮种，使逃亡的百姓有乐归的诚意；三是孤立闯军势力，对愿意舍恶向善的，予以优待，使跟着造反的人有潜离闯军的行动；四是凡是地方土寇头目，都给他们典封职爵，以利鼓动他们的勇气，与闯军作战，这样闯军可以不战而败。崇祯帝见疏后感到惊异，立即授予王真卿兵部职方清吏司主事，赐他印符，到河南见机行事。并且传谕先救大梁（今开封市）。王真卿奉命即行。但他还没有到河南境内，大梁已经陷落。巡抚、按察使等都屯据在黄河以北。他们迎接王真卿时，都劝他说："河南大势已经不可挽回了，先生不要轻易冒险，以遭祸殃。"王真卿说："我已身许朝廷，受命之日即是我尽命之时，即使千难万险，也不能退却！"当天就渡过黄河。河上有很多闯军遗留下的粮食，王真卿立即发放赈济贫民，并且安排船只，让他们北渡避乱。

王真卿驻节在登封，他安抚土著、招徕流亡、孤立闯军、借寇拒闯的策略一一予以落实。李祭遇是豫西群寇巨魁，王真卿几次相招均不应。王真卿就只身前往其盘踞的山寨，向李祭遇宣谕朝廷的恩德、君臣的大义以及时势的利弊。历经三昼夜，王真卿更加精神，言若洪钟，李祭遇等皆感泣说道："真公的忠心真是可贯日月，想不到今天还有这样的人啊！"于是拜服接受招安。李一带头，拐河、平头垛等巨寇相继归附者50多个寨子。仅仅3个月，河南境内的土寇尽成为朝廷的兵马。崇祯帝闻知大喜，派遣使者奖以金币，将其部下文武将吏各晋升一级，王真卿另有大赏。

正当王真卿带领部下加紧操练时，传来京城失守、崇祯帝殉社稷的消息。真卿闻听悲痛气绝，很久才苏醒过来。抚胸流涕道：'我之所以能联络土寇为江山社稷出力，是凭借着先帝的恩德和威望啊，如今到了这个地步，他们谁还会为朝廷出力用命啊！"当听到福王在南京即位的消息后，就晓谕各寨严守以待，只身前往南京。在南京他看到长江的各处防卫全部撤销，朝廷官员尽与手握重兵的左良玉为难时，就向朝廷上疏说："长江的天险，是上天用来限制南北的。如今以江南众兵严守长江，另派遣良将由山东北上，臣率领河南归附的兵马作为前驱，丧失的国土就可以恢复，先帝的仇耻可雪。即使国家再造，也应当韬光养晦，以待时机，沿长江多设立重镇防守，也不失过去东晋、南宋偏安的局面。如今将防卫全部撤除，万一闯军长驱，投鞭渡江，不就大事全完了吗？至于左良玉的专横跋扈，审度今日局势，他势必不肯俯首就擒受戮的。万一激变，不是一个闯王未灭，又生一新的闯王吗？如果下诏让左良玉领兵北征中原，使他前有所希望，后有所畏惧，或许他就能效死破敌。即使他不肯尽力，也算是我兵北向恢复失地之举，也可以诱惑敌人，不至于激变他树立伪帜来扰乱我们啊。"

王真卿的上疏竟然被权臣马士英压了起来，不使皇帝知道，因而未得施行。王真卿不得已，到扬州见阁部史可法。史可法出城迎接他时，感叹地说道："我在此本来想经略中原，恢复燕云的大片失地，意想不到被权臣悍将事事为难。

如今的事情，只有一死来上报朝廷罢了。”两人相对哭泣。王真卿告别史可法以后，叹道：“时事不可违啊!”于是北望再拜，涕泪交横，7日不吃不喝而死。时年59岁。

卫 道

卫道（1585—1636），字以承，号孟心，今项城市李寨镇卫店集人。他为人光明磊落，豪爽旷达，不拘小节，性格清高，不谐俗气。早年困顿，小试作文，却无人能和他相比。

当时的同乡人马斯和，才学名望在地方上都很高。卫道也打算以弟子礼前去拜见，马斯和却认为卫道年轻，狂傲自大，拒绝和他见面。过后，马斯和见到了一篇卫道写的文章，却拍着巴掌赞扬说：“这种文章，正是时势需要的，这人很快就能高中。”果然，卫道于万历三十一年（1603年）登贤书（中举），次年中进士。历任中书舍人，户部山西清吏司（户部下属的二级办事机构）的员外郎（临时一把手），在户部的身份是郎中（二级机构的一把手）。

万历三十七年（1609年），他被分派到北闱（顺天府试院）主持科考。正好，马斯和也因恩选到京城参加廷试。主考官对马的文章很欣赏，让他去北闱参加考试。试榜发表，马斯和榜上有名，这样，按习惯他就应当是卫道的“门生”。马斯和前去拜见卫道，卫道却仍然谦恭地站在马斯和的下手，了解往事的人，都很佩服卫道的雅量。

两年后，卫道被提升江西广信知府。他在任上除暴安良，严斥说情者，广信士民都称颂他的廉明。当任职期满后，又升任盐运使。后来辞职回乡，在家乡教导子孙，和一班老朋友一起诗酒相娱。51岁无病而终，葬于卫店集东南隅。

魏 玺

魏玺，字廷宝，明代陕西武功县人。成化二年（1466年），由举人任鹿邑教谕。

魏玺嗜学秉礼，未尝妄言，对于所学无所不通。闻非礼之言，耳颊俱赤。魏玺明约严束，对儒学士子们的一言一行，都用礼仪法度来规范。课业督导之勤，寒暑无间。魏玺曾对诸生曰：“古人云，‘读好书，行好事，做好人。’此语明白简易，即尔等座右铭也。”

魏玺任满去官，诸生争挽留之。车不得前行，5日才走30里。

魏玺被补吴江商河教谕，所至有声。迁国子助教，再迁代府右长史。卒于官。

魏 勋

魏勋，字世卿，山东临朐人。进士出身，明武宗正德元年（1506年）莅项为县尹。他“正刑严明”，善于整顿吏治，也善于分析和处理问题。他案头从不搁置久而未决的材料，对不法之徒，能很快绳之以法；对遭受诬陷的守法良民，他则悉心保护，还其清白。闲暇时，他经常去县学，鼓励学子们认真从学，甚至亲口传道授业解惑，亲手帮生员批改文稿。当魏贲看学宫“倾圮日甚”时，便提议倡修，得到项城士人拥护，于是“乃鸠工抡材”，起而更新，至嘉靖四十四年（1565年）冬，“厥工告成”。学校兴废是关系人才盛衰、世道隆替的大事，把学校修葺得焕然一新，给学生创造一个良好的从学空间。

有一年项城大旱，庄稼颗粒无收，饿死了很多人。又发生了瘟疫，真是雪上加霜，害苦了项城人。魏县尹积极请求上级赈济，同时又拿出自己的俸禄银子买来大米、面粉和汤药，救活了数万项城人。他任满升迁时，人们见他的行囊里仅“书一叠，琴一张”而已，真可谓是两袖清风！

魏县尹离职3年后，项城人又为他立碑纪念，曰“知县魏勋去思碑”。

吴大田

吴大田，字绍曾，号榕东，明代福建省莆田县人。正德四年（1509年）以举人任扶沟县教谕，正德七年（1512年）四月署理扶沟县事。

吴大田为人师表，端庄严肃，认真执教，使扶沟士风丕变、文运聿兴。江西右布政使曹嘉、户部主事杜绢、陕西庆阳府知府何岩皆出其门。他不仅教育有方，而且在正德五年（1510年）至七年（1512年）这3年中，辅佐知县王廷华守城，抵御河北霸州农民起义军围攻扶沟县城时，他出谋划策，指挥有方，终使义军不得入城，保证了县城的安全，使百姓免受抢掠之灾。正德七年三月，王廷华卒于官后，他即署扶沟县事。后迁兴国伴读，随世宗入继大统，官至工部侍郎。

由于他在扶沟任职时政绩显著，邑民深为敬仰，遂把他的名字设在县名宦祠中春秋祟祀。

吴中奇

吴中奇，字偶子，号龙耳，今西华县奉母镇吴店村人。明崇祯十六年（1643年）癸未科进士，授江西丰城县知县。任职7个月，县内大治。豫王以中奇喜读书课士，荐署江南督学道。其间，他选拔、荐举不少知名人士。晚年嗜学益笃，手不释卷。清顺治十六年（1659年），与西华进士王鼎镇同修《西华县志》。

夏 宝

夏宝，字来山，山西南城县人。嘉靖二十三年（1544 年）由举人任鹿邑知县。

夏宝涵养沉粹，以文学饰吏治。履任两载，不携妻子，独一老仆供饮食。一天因事外出，很晚才回来。看老仆没做饭，有点生气。高言大嗓问老仆为何不做饭。仆跪着说："你出门把门锁上了，我没法做饭；再说，也没有钱买粮了，没面用啥做饭哪。"宝曰："是我考虑不周到。"遂笑着将仆人扶起。

任满离职时，按惯例可雇车送行，价银 24 两。宝曰："无物可载，用车何为?"他让学吏雇了两匹骡子，简要成行。

及赴任至归德（今商丘），闻母丧，遂不入县，即日归里。囊橐萧然，咸叹慕之。

谢 铎

谢铎（1435—1510），太平（今安徽当涂）人，祖籍阳夏（今太康县）。谢安裔孙。明英宗天顺八年（1464 年）进士及第，授翰林院编修，曾参与《英宗实录》的编纂。宪宗成化年间奉命校勘《通鉴纲目》。他为此上书朝廷，说：常言"盛世修志"，而今天下有太平之形，无太平之实。北方边境不靖，瓦剌经常入侵，而边将却专权跋扈，和唐朝末期的藩镇一样，克扣粮饷，虐待士兵。当务之急是练兵屯粮，防守边疆，校勘《通鉴》宜往后放。这些分析虽切中时弊，但忠言逆耳，天子并不喜欢，更不采纳。不久谢铎因母丧去官，待他丧期满后，朝廷却未再起用他。

明孝宗即位后，朝中许多大臣交章推荐谢铎，他的侍讲官职才得以恢复，并主持编修《宪宗实录》。弘治年间升任南京国子祭酒。他上书朝廷，提出改进朝政的建议，孝宗没有答复。一怒之下便挂官而去，居家近 11 年之久。此次辞官后，朝中大臣举荐他的人更多，孝宗特提升他为礼部右侍郎兼管祭酒事。国子生早就钦佩谢铎的人品学问，得知他来充当祭酒，都非常高兴。谢铎任职 5 年后才因病回乡。他任职期间，生活俭朴，粗衣粝食，但对穷学生周济甚多，使其能完成学业。对学生功课要求严格，杜绝请托之风，尽力修缮校舍，自己对经学研究也愈来愈精湛，这些都得到朝中官员和学生的一致好评。正德五年（1510 年）逝世，享年 76 岁。著有《赤诚论谏灵》、《伊洛渊源续录》、《赤城新志》等流传于世。

谢 环

谢环，字庭阶，永嘉（今浙江温州）人，祖籍阳夏（今太康县）。谢灵运后裔。明代画家。幼年博览群书，学问大进，能诗文，善画山水。师从画家张步起，并经常临摹荆浩、关仝、米芾等先朝画家作品，做到形神俱似，在明洪武时期已闻名遐迩。永乐年间召入宫中，成为宫廷画家。明宣宗朱瞻基喜欢丹青，特别看重谢环，对他奖掖甚多。明代宗景泰年间，曾作《水光山色图》，现藏于日本。

谢 杰

谢杰（？—1604），字汉甫，明代福建长乐县人，祖籍阳夏（今太康县）。谢安后裔。神宗万历初年（1573 年）中进士。初任行人（官名，掌册封、传旨等职责），奉命到琉球国册封其国王，临回时他不接受任何馈赠。琉球使者入朝谢恩时，又馈赠他金银物品，他向皇帝报告后，又全部退回。后历任南北两京太常少卿、顺天府（今北京市）尹。任右副都御史时，曾巡抚江西南部诸地，被他举荐升迁的官吏给他送礼，他都严词拒绝，说："贿而后荐，干戈之盗；荐而后贿，衣冠之盗！"这话以后流传出去，成为千古名言。此后又升任南京刑部右侍郎。

万历二十五年（1597 年）春，因神宗皇帝长期荒淫无度，沉迷酒色，不理朝政，国事日非。谢杰上书朝廷，用今昔对比的形式，历数神宗皇帝的种种失误。其语言尖锐犀利，情感激越，最后指出："陛下孝亲、尊祖、好学、勤政、敬天、爱民、节用、听言、亲亲、贤贤，皆不克如初矣！"这封把皇帝说得一无是处的奏章，皇帝看了当然会极不高兴，如果是一般官员，可能还会招来杀身之祸；但一来谢杰久负盛名，二来所写内容也确为事实，所以神宗皇帝尽管不高兴，也没有加罪于他，而是不予理睬。后来谢杰又历任刑部左侍郎、户部尚书，于万历三十二年（1604 年）病故于任上。

谢杰不但为官清廉，刚正不阿，而且富有容人的雅量。其父谢廷衮原任教谕，因年老退居在家，同族人以他的名义拖欠赋税，县令刘禹龙要逮捕他。当时谢杰尚在家读书，便代替父亲受刑，险些被打死。后来他任右副都御史，到江西南部巡察时，刘禹龙已致仕在家，很怕谢杰实施报复。但谢杰对刘禹龙的事从不提起。时人皆服其品德。

谢 缙

谢缙，字孔昭，别号兰庭生，也称"深翠道人"，吴（今江苏苏州）人，祖籍阳夏（今太康县）。谢缵后裔。明代画家。绘画以王蒙、赵原为师。技巧娴熟之后，便独出心裁，立意创新，画风别具一格。善画山水，千岩万壑，气象雄浑，使人耳目一新。数丈长的画幅，只几天便可竣笔。明宣宗宣德年间作《松阴·高士图》，享誉远近。性喜吟咏，著有《兰亭集》。

谢缙亢直耿介，疾恶如仇，为乡里豪绅所不喜，将他当作画工贡于京师。当时的京城尚在南京，他在那里20余年，后因眼睛有疾，才得以放归。

谢　迁

谢迁（1447—1531），字于乔，浙江余姚人，祖籍陈郡阳夏（今太康县）。谢安后裔。明成化年间状元，授修撰。孝宗朱祐樘刚刚即位，宦官郭镛为巴结天子，请求在全国挑选美女，充实后宫。谢迁当即上书，指出先皇宪宗龙驭宾天不久，举国还在哀痛之中，于此时选美女入后宫，是对大行皇帝的不尊重，于情于理，均不契合，请求立即停止这种活动。朝野之间一致认为他说得有理，孝宗便采纳了他的建议。孝宗还在藩邸时，谢迁就是他的（太子）侍读。每次讲课前，他都认真准备，要太子忧国忧民。他讲得生动形象，详尽具体，很受朱祐樘赞赏。

弘治年间，孝宗决定让他和李东阳共同入阁，参与机要。谢迁因居丧未赴任。丧期满后，于弘治九年（1496年）升任太子少保、兵部尚书兼东阁大学士。明代制度，入阁为大学士就是宰相了。谢迁给太子上书，劝他亲贤臣，远小人，勤勉办事，不要淫乐享受。孝宗看了，甚以为是。谢迁不同意增加百姓赋税，主张轻徭薄赋。他说，老百姓还很困难，如再增加捐税，势必弄得民不聊生，赋税增加得再多也会挥霍一空。孝宗很赞赏这一意见。孝宗晚年想改良吏治，要谢迁草拟一道圣旨，禁止各种弊端。谢迁对天子说，泛泛而谈禁止弊端，于事无补。应该先让各部门自查积弊，梳理清楚后上报朝廷，然后再由朝廷立法，违者必治其罪。孝宗采纳了他的意见。在封建社会中自上而下地革除弊端是不可能彻底的，但这次改革也取得了一些成绩。

李东阳、刘健与谢迁共同辅政，三人特点不同，百姓说：“李公谋，刘公断，谢公尤侃侃。”意思是说李东阳善于出主意，刘健善于作出决断，谢迁善于议论，往往把李东阳出的主意推向更为完善。这三个人同心协力，共同辅弼朝政，被朝野称为贤相。

武宗朱厚照即位后，朝中局势发生了变化。朱厚照是个享乐天子，整日声色犬马，不理朝政，又宠信宦官刘瑾。刘瑾把皇帝玩弄于股掌之上，迫害贤良，搞乱朝纲，坏事做尽。谢迁义愤填膺，多次向武宗进谏，请求杀掉刘瑾，但武宗不纳。谢迁既无力回天，又恐遭刘瑾迫害，便挂冠而去，回到家乡。刘瑾恨谢迁，还有一个叫焦芳的奸臣也恨他，原因是谢迁没有荐举他入阁，是刘瑾帮忙，焦芳才入阁当了大学士的。焦芳与刘瑾狼狈为奸，让武宗罢了谢迁弟弟和儿子的官。又诬谢迁徇私援引浙江文人学士，要将他和刘健逮捕，抄没家产。幸亏李东阳极力相救，才只是将谢迁免官，没有入狱。刘瑾又要褫夺谢迁、刘健的诰命，追回所赐玉带，受牵连剥夺诰命的官员达675人之多。不少人为谢迁的处境担忧，但迁却不以为意，仍照常与人赋诗下棋。

横行无忌、罪大恶极的刘瑾被诛杀后，谢迁恢复了官职，但仍赋闲在家，未到职。直到世宗朱厚熜即位，才命人慰问，并敦促他还京就职。年已79岁的谢迁只得赴京。有的人怕谢迁阻挡了自己的前程，对谢迁态度冷淡。他在京只几个月便请求归老林泉。世宗不允所请，赐诗褒勉，又派御医看病。但谢迁去意已决，还是回到了故里。嘉靖十年（1531年），84岁的谢迁辞世，追赠太傅，谥文正。

谢 用

谢用，字希中，明代徽州祈门县（今属安徽省）人，祖籍阳夏（今太康县）。谢安后裔。其父谢永贞，娶妻汪氏、妾马氏，谢用为马氏所生。马氏怀谢用时，其父外出谋事，汪氏因自己尚未生儿育女，唯恐马氏生子后自己失宠，所以趁机把马氏改嫁他人。马氏改嫁后生下谢用。谢永贞还家后对此大为恼火，便找到马氏，抱回谢用，寄养在邻舍一个老婆婆那里。汪氏于心不忍，为了补过，又把谢用接回，自己抚养。一年以后，汪氏也生下一子。她对两个儿子都极喜欢，同样抚养，不分厚薄。

谢用长到20岁才知道自己生母为马氏，其悲愤之情难于言表，于是便秘密查访马氏下落。等到查得马氏所嫁人家时，马氏因后夫病死而又更嫁别人了，至于嫁到何处，又不得而知。谢用寻母心切，到处打听，几乎找了一年，也没有找到。有一天晚上，他在休宁县一个农家借宿，这家有个寡妇老婆婆出来问他来历姓名，他把一切都告诉了她。原来这位老妇人正是谢用生身之母马氏。当马氏弄清楚站在自己面前的这个青年人就是离散20多年的亲生儿子时，忍不住抱住他放声大哭。这时是明弘治十五年（1502年）四月。原来马氏再次改嫁后，其后夫又死，撇下一个孩子。现老母幼子，相依为命。

谢用回家把此事向父亲禀报后，便把其母及所生异姓兄弟一同接回，安排另宅居住。谢用侍奉汪、马二位母亲尽心竭力。后来汪氏感到很对不起谢用母亲，便把马氏母子接回同住，全家和睦相处。此后，谢用孝名传遍乡里。他在县学读书时，督学御史也因其孝顺而把他的德行列为优等，每月发给他伙食津贴予以奖励。

谢 瑜

谢瑜，字如卿，明代浙江上虞人，祖籍阳夏（今太康县）。谢安后裔。明世宗嘉靖十一年（1532年）中进士，先任南京御史，后又调往北京任御史。十九年（1540年）正月，礼部尚书严嵩因屡被大臣弹劾，便向朝廷假意提出辞职请求。世宗对严嵩一向宠爱有加，舍不得让他离开，于是便加以慰勉挽留。谢瑜知道后，立即上书世宗，一面揭发严嵩的罪恶，一面揭露他假辞职的阴谋。严嵩知道谢瑜告了他，就跑到世宗那里，说谢瑜是有意赌气，想和皇上争胜负。世宗对严嵩是言听计从，于是就严厉斥责了谢瑜。

严嵩是个貌似忠厚、内怀奸诈的阴谋家，凭其老奸巨猾的政治手腕，两年以后居然爬上宰相的宝座。大臣畏其权势，虽对他很恼恨，却敢怒而不敢言。谢瑜身为谏官，他忠于职守，处处为国为民，早已把个人荣辱、甚至生死置之度外。严嵩拜相不到一个月，他便上书朝廷，一面要求禁止无限制的游乐，加强边备，扩充军事实力；一面说严嵩和张瓒、郭勋、胡守中为“四凶”，现“四凶”“已诛其二”，“何不并此二凶放之、流之，以全帝舜之功”。世宗看罢此表后，对谢瑜大加斥责。这时的世宗皇帝虽对严嵩宠信，但对上书参奏者还不愿过分加罪，而老谋深算的严嵩也因初登相位，还不敢明显地排挤、陷害他人，所以谢瑜仍能照常做官，没有受到什么处分。但事过不久，严嵩便借故把谢瑜贬黜。三年以后谢瑜又搜集了严嵩大量罪证，但因自己官小，又是贬谪之臣，所以不便上书参奏，便让自己的上司上书朝廷，要求罢黜严嵩。表章上奏以后，世宗大怒，代谢瑜上书的长官被定以“贪酷”之罪而除名，谢瑜本人被废为庶民。后，老死家中。

谢瑜为人耿直，疾恶如仇，对国家忠贞无二，所以他敢于直言犯上，不计后果。在他初任御史时，武定侯郭勋权高位显，曾上书“极诋大小诸臣不足任”，要求派太监到各地镇守，世宗已经同意，即将下诏实行。谢瑜知道后上表抗争，他揭露了郭勋与宦官勾结的阴谋，历数了正德年间宦官当政的危害，迫使世宗皇帝收回成命，挫败了郭勋及宦官的阴谋。

世宗死后，穆宗即位，于隆庆初年（1567年）追赠谢瑜为太仆少卿。

谢 榛

谢榛（1495—1575），字茂秦，山东临清人，祖籍阳夏（今太康县）。谢安裔孙。明代“后七子”之一，自号“四溟山人”、“脱屣山人”。一目失明。早年工词曲，16岁时作乐府商调，青少年争相传唱。后来发奋读书，刻意为诗，享誉远近。曾游历彰德（今河南安阳），受到赵康王礼遇。由彰德北上至北京，适逢诗人卢楠入狱，谢榛联络士人全力营救，终于使卢楠获释。谢榛在北京与李攀龙、王世贞、宗臣、梁有誉组织诗社，谢榛为社长，被称为“五子”。后徐中行、吴国伦加入，改称“后七子”。后来李攀龙居高官，谢榛在给他的信中有责备口气，李攀龙竟回信与他绝交；王世贞等也因诗名在谢榛之下，合伙把他从“七子”中除名。但谢榛诗名太响，山西、陕西一带的明室藩王争相敦请，尊称为谢榛先生。他在彰德盘桓多年，赵康王死后才回到故乡临清。

明神宗万历初年（1573 年），谢榛又游历彰德，赵康王的裔孙穆王待以宾客之礼，命宠姬贾氏用琵琶演奏并清唱谢榛所作的竹枝词，一连唱了 10 首。贾氏风姿绰约，光彩照人，谢榛听得心旷神怡。演奏完后，谢榛说这些作品是俚俗之音，不足挂齿。穆王命他再写一些以备弹唱，谢榛一口气又写了 14 首。穆王让贾氏全部谱曲弹唱。后来穆王干脆把贾氏送给谢榛，并为他们主持了婚礼。谢榛夫妇无事时喜欢游历，燕赵之间留下了他们的足迹。当夫妇俩游玩于大名时，有人祝寿，请谢榛写祝寿诗 100 首，谢榛只写到 80 首时便力尽而死。终年 80 岁。

“后七子”在文学上主张复古，诗歌上多以模拟为能。谢榛虽也主张复古，但他认为“文随世变”，“有意于古，而终非古”，也就是说，谢榛主张熟读盛唐诗篇，只求领会其精神，不必刻意去模拟句子。著有《四溟集》10 卷传世。

谢存儒

谢存儒，字懋玢，蒲圻（今属湖北）人，祖籍阳夏（今太康县）。谢缵后裔。幼时好学，读书甚多，通经术，颇为人赏识。明世宗嘉靖年间中进士，任行人，执掌传旨、册封等事宜。他多次上书天子，纵论时政，建议甚多，嘉靖帝甚为嘉许。后来因受别人牵连，贬官邛州（今四川邛崃）。谢存儒并未因此消沉，在县兴办学校，教民读书，劝农稼穑，兴修水利，甚受百姓欢迎。他还善断疑案，邻县有棘手案件，多请他去帮助解决。因政绩优异，升任礼部郎中。回朝任职不久，又命他为南昌知府。南昌是个大郡，政务繁忙，但存儒处理得有条不紊。并率先垂范，下属不敢渎职，不法之徒也收敛锋芒，不敢以身试法。任满后迁升陕西参政。那里地广人少，荒地甚多，存儒命所属诸郡垦荒种田，积贮粮草，修筑堡垒，加强战备，以防瓦剌进犯。不久，调任山东布政使。因连年水旱，庄稼歉收，他下令允许民间用钱代纳部分漕粮，可节省运费，为朝廷采纳。任河南巡抚时，上疏请求将钧州（今河南禹州）瓷器税改为货币交纳，省去了长途运输的费用。后来卒于兵部侍郎任上。

谢定住

谢定住，明初大同广昌县（今河北涞源县）人，祖籍阳夏（今太康县）。他

12岁那年，家中养的牛走失，其母抱着年幼的弟弟出外寻找，谢定住也相随同去。来到野外，忽然跳出一只老虎，咬住其母，在这紧急关头，12岁的谢定住，不顾一切，奋力向前，猛击老虎，虎负痛逃去。谢定住抱起弟弟，搀扶着母亲往回走。不料老虎复又回来，趁其不备，咬住其母脖颈，其母命在垂危。谢定住放下弟弟，再次和老虎搏斗。老虎被击，放下其母再次逃去。谢定住抱弟扶母尚未走几步路，老虎又返回来咬住其母的腿，其母仆倒在地，血流如注。谢定住拾起路边的石头，向老虎头上猛砸。最后，老虎放开其母，远远遁去，母子三人平安回家。

一个12岁的孩子为了救母，竟然三次奋力与猛虎搏斗，并最终打败了老虎，这确实是一项壮举。此事迅速传开，社会为之轰动。不久传入朝廷，明成祖也拍案称奇，并于永乐十二年（1414年）亲自召见了谢定住，对其大加褒奖，赐米10石，银200锭，并为其竖立牌坊，赐匾额予以旌表。

谢孟金

谢孟金，字子纯，陈州（今淮阳县）人。14岁时进入县学，明世宗嘉靖二十二年（1543年）在春闱和秋闱中均夺魁。第二年进士及第，授兵部职方主事，累官兵部郎中。平时做事筹策悉当，大司马说他有前朝谢安的风度。当时，奸相严嵩当国。官以行贿才能迁升，孟金不为所动。不久到兰州任兵备。到职后，他严明纪律，抚恤伤兵，训练新兵，边陲赖以安宁。孟金做官，政绩卓著，有锄贵戚、杖妖僧、不受馈赠、为民祈求雨泽等奇异功绩。等调到楚参职位时，当地有叫潘留的出赎金5000两助边，孟金不入私囊，全部交给驻军。迁升山东按察使。因与河西佘侍御某人不和，于是辞官归乡。朝中御史台倾力推荐，孟金坚辞不就。明穆宗隆庆初年（1567年），全朝大臣合力保举，方出任陇右少参，转楚省副使。后因病辞职。居乡治家有礼法，族党称颂。后卒于家。

谢士元

谢士元，字仲仁，明代福建长乐人，祖籍阳夏（今太康县）。谢安后裔。于代宗景泰五年（1454年）中进士，任户部主事，兼管通州仓库。他废除了仓库管理上的许多弊端，因此常常和监督仓库的宦官发生矛盾。英宗天顺七年（1463年）升任建昌知府。时建昌境内匪盗大都与府县军将有联系，因受到庇护，所以十分猖獗。谢士元到任不久，便借故把有关军将逮起来。经过审问，弄清了内情，逮捕了一批首恶要员，其余有的投案自首，有的逃往外地，治安形势很快好转。任满后经考核政绩卓著，升为从三品，仍任知府。后因父死丁忧去职。丧服期满后，任广信（今江西上饶市）知府。府辖的永丰县有银矿，处州（今浙江丽水一带）居民纷纷前去偷偷开采，竟然聚集了好几千人。广信府惧其人多又十分剽悍，不敢前去制止。谢士元到任后，立即亲率府兵去矿区。在驱赶盗矿民众中，他的左腿被刺伤，简单包扎后，又在人搀扶下到现场指挥。终于赶跑了盗矿者，填塞了矿井。

后来谢士元因功升四川右参政，不久又升任右布政使。孝宗弘治元年（1488年）升为右副都御史，朝廷派他巡抚四川。当时正好四川一些少数民族闹事，谢士元听说后，以巡察边境为名，迅速赶到出事地点。乱民看到钦差带大兵到来，都跪在道旁请罪。谢士元对他们好言安慰，让他们各自回家安分谋生，这样一场流血事件得以避免。一年，四川灾荒严重，饥民载道，由于谢士元赈济有方，大大减少了饥民死亡人数。后因事被牵连入狱。冤案昭雪后，他虽官复原职，但已心灰意冷，加之年事已高，便自动辞官回家养老。后病逝于故里。

谢廷瓒　谢廷琼

谢廷瓒，字曰可，明代江西金溪县人，祖籍阳夏（今太康县）。金溪原名上幕镇，南朝时属临川辖境，谢安后人多在临川为官，并安家于此，故谢廷瓒当为其后人。

谢廷瓒于万历二十六年（1598年）中进士。未授职之前，他就上书朝廷，极力论述当时矿税的危害，不久任刑部主事。

神宗长子朱常洛，系恭妃王氏所生，按惯例皇长子应立为太子。但是，神宗十分宠爱郑贵妃，因此想立郑贵妃生的常洵为太子，又怕不合礼制，引起矛盾，所以犹豫不决。大臣们也看出端倪，纷纷上书要求立皇长子常洛为太子，并尽早举行册立加冠完婚典礼，神宗不允。后来大臣呼声愈来愈高，神宗迫不得已才答应定于二十八年（1600年）春为太子加冕完婚，实际上这是推辞的话，他尚未作出最后决定。这是万历二十五年（1597年）的事儿。

到了万历二十八年春天，原定典礼日期来临，可是朝廷无任何动静，神宗对此只字不提。于是以都御史温纯为首的几位大臣纷纷上书要求按期举行典礼，可是神宗却无动于衷，毫不理会。其实，这时的神宗在立谁为太子的问题上仍是举棋不定，心理十分矛盾。年轻气盛的谢廷瓒看到几位大臣的奏章如石沉大海，就按捺不住火气，也不顾自己官微言轻，便向神宗奏了一本，说："阁员当补，台省当选，矿税当撤，冠婚册立当速，诏令当信。"并手捧奏章跪在文华门等候皇帝传召。这么激昂的文字，加上这样异常的举动，神宗自然震怒，便派宦官田义前去谴责，并把谢廷瓒赶走。神宗怕引起大臣骚动，便指令大学士赵志皋、沈一贯草拟诏书，让礼部制订太子加冕完婚典礼仪式。神宗这种做法只不过是为掩人耳目、缓和暂时矛盾，所以诏书拟好并不颁发。赵志皋、沈一贯对神宗说：因为谢廷瓒想邀功升官，所以才有那种举动。神宗命他们向各衙署安抚，让他们安心等待，册立太子的典礼自有皇上妥善安排。接着便解除谢廷瓒一切职务，贬家为民。罚没尚书萧大亨，侍郎邵杰、董裕等人一年俸禄，郎中徐如珂，员外郎林耀，主事钟鸣陛、曹文伟等人降官三级，流放到最远的边疆去做小吏。这年册立太子的事儿终于没有进行。

谢廷瓒被贬以后没有回家乡，而是定居扬州，以教书谋生，后病故于扬州。

谢廷瓒之兄名谢廷琼，字友可，万历二十三年（1595 年）中进士，任南京刑部主事。他也是生性耿直，爱上书言事，曾参奏不少官员，指责朝廷弊政，神宗对他也不太满意。谢廷瓒的遭贬，对他的仕途升迁也不无影响，所以终生只做到顺庆知府。

谢应芳

谢应芳（1295—1392），号龟巢居士，江苏武进人，祖籍阳夏（今太康县）。明初思想家、理学家。自幼好学，潜心钻研程朱理学，以道义名节自励。他隐居在白鹤溪上，建一如元龟的小房，称为“龟巢”，便以“龟巢居士”为号。郡中让他教授本地贵族子弟，他循循善诱，因材施教，学生皆成风雅俊士。达官显宦纷纷聘他为师。明朝平定江南，年过七旬的谢应芳迁居武进老家芳茂山，买庐隐居，读书自娱。后来修纂郡志，当地官员知他是耆宿硕儒，便以礼敦请。他认为史志有益后世，便应聘前往。他年高德劭，知识渊博，各级官吏凡从此经过者，莫不登门拜访。应芳身着布衣以礼相待，谦恭有加，被远近传为美谈。他又是愤世嫉俗之人，常站在理学家的高度抨击异端邪说，反对道教、佛教，斥老、庄、仙、佛之说为异端。他的诗文风流蕴藉，广被称颂。但他最擅长的还是理学，著有《辨惑编》等。

轩　輗

轩輗（？—1464），字惟行，一字惟衡，明代鹿邑县西轩庄（今鹿邑县赵村乡轩庄村）人。永乐二十二年（1424 年）甲辰科进士，授行人司副。

入官后，振纲纪、绳将吏、擒巨寇、赈饥民、缉豪强、兴学校、抚流移、核钱谷、练兵马、革弊蠹、慎刑名、清屯牧。一生历经了永乐、洪熙、宣德、正统、景泰、天顺 6 朝。公心处事，始终如一。

正统元年（1436 年），他奉命整顿浙江军务，劾黜不称职官员 40 余人。正统五年（1440 年），超擢为浙江按察使。浙江历任官员奢侈浪费，民多怨言。轩輗到任后，力改陋习，极力节俭。他寒暑一青布袍，补缀殆遍。居常蔬食，妻儿老小亲操井臼。即便故友来，轩輗也食唯一豆，只不过多一鸡黍罢了，让众官员惊以为异。在轩輗的带动下，浙江官场风气大变。当时镇守内臣阮随、布政使孙原贞、杭州知府陈复、仁和知县许璞居官皆廉，一方大治。

温处有银场，洪武间岁课仅2800余两，永乐时增至8.2万两，民不堪命。帝即位，以大臣议，罢之。后参政俞士悦请复开，谓利归于上。朝廷让三司议，輗力持不可，乃止。时间不长，给事中陈傅复请，朝廷遽从之，遂致叶宗留之变。景帝立，以輗为右副都御史镇守浙江。景泰元年（1450年），命兼理两浙盐课。闽贼吴金八等流劫青田诸县，輗与原贞讨平之。輗等因功进秩一等。次年改督南京粮储。五年（1454年）复改左副都御史，掌南院事考，黜御史不职者数人。

轩輗孤峭，遇见没有操守贤能的官员不与往来。出会同年，言尽即辞，坚辞不允时方吃顿饭。回到家总是拍着腹部对其妻说："此中有脏物也！"南京都御史张纯请客，輗恶其为官龌龊不去。张遣人送礼到家亦不受。

到了年底，皇帝下旨礼部拜表庆祝，而轩輗独居一室，撤烛端坐。拜表庆贺尚未结束，他竟然不辞而别。轩輗不愿意与僚友们大吃大喝，认为吃喝乃官场之大忌。其清操闻天下，论及廉吏，皆曰"轩輗矣"！

天顺元年（1457年）二月，轩輗奉旨回京任刑部尚书。数月后，因病上书请求告病还乡。明英宗召之问道："昔浙江廉吏考满归，行李仅一簏，是你吗？"轩輗顿首称是。皇帝赐白银嘉奖，准予所请。"一簏廉吏"传为佳话。

天顺二年（1458年），南京督理粮储缺官，明英宗朱祁镇问大臣李贤，朝中谁能胜任此职？李贤力荐轩輗："此人清廉，唯他最适。"明英宗将轩輗召回朝中，任命他为左都御史前往淮上督粮。轩輗在途中坐船不慎落入水中，浑身湿透。时值霜降，而行李中竟无一件替换衣物。地方官员来见，他竟披被接见。当地府衙要做衣服与他，轩輗坚辞。可见其勤俭廉政。

天顺八年（1464年）夏，轩輗以老乞骸骨，自知大限已到，不待英宗许可径归。五月二十四日抵家而卒。他的寿衣还是那件补缀殆遍的旧青布袍，内衫亦无一件是新的。他临终前告诫儿子轩维明："吾食吾禄，民脂民膏，下民易虐，上天难欺。尔等日后从仕，切记洁身自好，要清廉自律！"

皇帝闻轩輗卒，痛心疾首，特封号廉兢公。遣官营葬，赐祭12坛。神宗时，追谥介肃，建祠祀之。明万历中，赠少保，谥端肃；诏鹿邑县于县衙东侧（今县政府东侧）建轩公祠以祭祀。轩公祠楹联曰：

人文初祖家声远

一簏廉吏道脉长

上联典指始祖轩辕黄帝，下联说明朝刑部尚书轩輗。

严恭　严宪　严兰

严恭，明代扶沟县人。官至浙江富阳县知县，为政能约束自己，宽厚爱民，著有政声。

严宪（1428—1512），字廷章，严恭之子。景泰二年（1451 年）辛未科进士，由户部主事擢升陕西按察司副使。严宪性情刚直峻厉，从不干私。成化四年（1468 年）逆首满俊占据石城作乱，都御史项忠督率兵马前去征讨，严宪以固原兵备的职衔随军征战，出力甚多。叛乱平息后，以功获得金币的奖赏。然而严宪不愿久居宦途，于是请求致仕归乡。严宪退居林下后，在城西关构筑“南园”，遍植竹木花卉，与扶沟县中德重寿高的杜璇等结为“耆英八老社”，优游 30 余载。每于朔望日集会，吟诗作赋，互相酬答，并合著有《寿德会诗集》传世。严宪并于成化年间（1465—1487）创修第一部《扶沟县志》。84 岁时逝世。

严兰，字时馨，严宪之子。成化十九年（1483 年）中癸卯科举人，授两淮盐运司运判，以勤于政事、处事警敏、政绩卓著闻名。后擢升为隰州知州。

阎　坦

阎坦（？—1667），字平之，号磐石，今项城市贾岭镇阎老寨人。10 岁时母亲去世，他已经能细微周到地孝养父亲和继母。那时他弟弟阎垣才 8 岁，在阎坦尽力教育下，培养成为秀才。年长以后，兄弟非常友好，一直生活在一起不舍得分家。哥哥阎培，乏嗣无后，阎坦为哥哥尽礼送终，极得乡人称颂。

明万历四十六年（1618 年），阎坦考中乡试亚魁，己未（1619 年）、乙丑（1625 年）两榜，又都考中了副进士（同“会副”，未能正取，名列副榜）。当时魏忠贤当权，听说阎坦的名气很大，就派人去劝说阎坦投靠自己，承诺委派给他重要职务。可阎坦却当场对来人大发脾气说：“他魏忠贤把我当成什么人了！”于是拂衣回乡，终身都不再参加科举考试，只醉心于优游山水林泉。

他不仅工于吟诗作赋，还精于医道以及传统的堪舆之学。

李自成领导的农民起义爆发后，阎坦与同乡张应宏，带头倡导捐资训练兵勇防守家乡，并详尽筹划制定了完善的守城及夜战方略，名曰《守城图说》。因此，项城没有被起义军攻破。崇祯十六年（1643 年），李自成攻占北京，建立新朝，就把项城改县为州。委派的州牧姓赵，州尉姓陶，他们备上厚礼聘请阎坦出仕，被阎坦断然拒绝，并远避淮上隐居。后来李自成的一个军门（一省的军事长官），又送来重金聘请阎坦。阎坦仍不回应，军门一怒之下，就查封了他的家产，抓捕了他的子侄，意图强迫阎坦就范。阎坦不惜弃侄破产，坚不就聘。

清顺治二年（1645年），阎坦回到家乡，专心于耕教传家。著有《罗经图说》、《阴虚燮理篇解》、《解遗稿》、《脉诀解》，最著名的是诗集《竹逸园草》。

康熙六年（1667年）九月十三日，阎坦在家无疾而终。

阎 炤

阎炤，字德闇，号“抱凤”，今项城市贾岭镇阎老寨人。他是阎廷梓的侄子。学识渊博，清高古朴。他生长在有功绩的大家族，却飘然有超尘脱俗的念头。阎炤喜读黄老的书，懂得吐纳修炼之术。

明万历三十七年（1609年）中举，任束鹿（今河北省辛集市）知县。那里驻军较多，军屯交错，士兵与地方士民经常发生矛盾。他不疾不徐，就把那地方治理得“廉静民安”。不久转任高邮知州（又名“州牧”）。在任上他政简刑清，官吏考核被定为“循良第一”。两年后解职还乡。时值明末，战乱频仍，他纶巾道服，和项城的县宰李元善，共同策划城池防守办法，使得项城在乱世中保全。逝世后，皇帝颁“制命”表彰他的政绩，并诰封他为文林郎。

炤生5子，都是艺苑有名的人，子孙都能以诗书传家。

阎梦夔

阎梦夔（？—1644），字侪益，号云章，明代鹿邑县人。万历四十七年（1619年）进士，授山西孝义县知县。

阎梦夔为官清介自持，抚民以仁厚。治行考核第一，授礼部精膳司主事，迁员外郎，出为大名佥宪。旋调陕西肃州参议，又调洮岷副使。方略丕著，名播崆峒、嘉峪间，升山西雁平道副使，进参政。

崇祯十七年（1644年）正月，闯王李自成将抵关门，有劝其退避者，梦夔不应。继有迫其降闯王者，夔亦不应，唯曰：“城亡与亡耳。”力屈被执，受严刑而死。

清时，赠太仆寺卿，赐祭葬。顺治四年（1647年）入祀代州名宦祠，七年（1650年）祀乡贤。

阎梦夔著有《中隐园草》、《中阳纪事》、《春曹题稿》、《天雄政略》、《酒泉初政》、《岷山政略》、《雁门政略》、《西行日记》等。

阎廷梓　阎暖

阎廷梓，字子材，号新泉，约生活于明隆庆至万历年间，今项城贾岭镇阎老寨人。他小时候聪明异常，父亲过世早，是在母亲教育下成长的。幼年刻苦读书，乡里童生考试，每次都是他得第一名。

明隆庆元年（1567 年），阎廷梓考中举人，被派任河津（今山西河津市）知县。上任后立志学习汉代的循吏龚遂和黄霸，奉职守法，廉洁自守，甘愿过清苦的日子。因从不接受任何人的任何贿赂，所以以往在地方上很有权势的人，也不敢背地里去拜见他、拉关系。三年后，他被升迁到镇定府（今属河北玉田县）任别驾（即通判，明清设于州府，分管钱粮及农田水利）。

一次，他奉命负责云中（今内蒙古托克托东北云中县）的军饷征集。云中是个土匪、罪犯隐藏的地方，很多人都为他的安全担心，劝他不要去。但他毅然独自前往，并说："当臣子的应当对皇上感恩，东西南北去哪里，都只能听上级派遣。如果到什么地方任职要自己挑选，那就不是明哲的人了！"到云中以后，他组织修缮城堡，加强防范，但绝不轻易出兵打仗。他对士兵推心置腹，赤诚相待，很受士兵拥护，都愿意为他死战。从此，强盗或恶人都知道云中有个像宋代范仲淹和韩琦一样的人物，一直到阎廷梓调离云中，都不敢到云中作乱。他的上司非常佩服他的才能，又派他去清查宣大的粮仓。阎廷梓稽核有法，三军将士衣食无忧。后来他因母亲去世，卸任守孝三年。丁忧期满，被任用为济南（今山东济南）别驾。他一心一意为老百姓办事，老百姓像敬重父亲一样敬重他。他管理泰山的香税，从不贪占一分一厘，每年为国家增加税收白银万余两。后来还在泰安、长清等地任职，政绩卓著，很受上司赏识，得到了朝廷的特殊恩宠，连他的伯父伯母都因他受到封赠。

深州（今河北深县）是个强盗、土匪猖獗的地方。阎廷梓从长清调去任知州，用德感化那些强盗，不到一个月时间，那些舞刀弄棒的人又都去耕田了。有时也有不悔改的强盗，阎廷梓就用计逮捕并杀掉这些人。他又在城墙周围建墩台 40 多个，沿城墙筑护堤一周。直到清代，深州的城垣还非常牢固。同时，他还大兴乡学，培养人才，还捐献自己的俸禄救济灾民。

阎廷梓的善政远近闻名，朝廷正准备重用他，他却因为积劳成疾请求退休回乡。回乡后的第二年，病重不治而逝，终年 54 岁，葬于阎老寨西北半里许。项城人在乡贤祠里立了他的牌位纪念他，深州人则上报朝廷，将他列入"名官祠"。他夫人张氏，封安人，加赠太宜人。

阎暖（1573—1644），字德煦，号又新，阎廷梓的长子。

明万历四十年（1612 年），阎暖乡试中举。四十四年（1616 年）获赐进士出身。四十七年（1619 年）殿试为二甲，被安排在户部任职，负责管理德州（今山东德州市）草场。他为人耿直，从不向权要献媚行贿，结果被停职。六年后，他又被起用为部郎，并被晋升为姑苏（今苏州）太守。当时正是宦官魏忠贤专权乱政的时候，他不愿趋时，一年后以有病为由，辞官回乡。

崇祯七年（1634 年），被起复为广平（辖区为邯郸一带九县）知府，境内政通人和。一年后，5次被推荐升迁，却因为耿直不受顶头上司喜欢，反被弹劾免职，而且有议论说要将他下狱。最终他虽然没有获罪，但也没有被重新起用。了解他的人都很为他惋惜。此间，他还回家乡主持修订了项城阎氏家族的第一部家谱，撰写了《创修宗谱序》。

崇祯十七年（1644年）九月十五日因病去世，享年71岁。

晏 玘

晏玘，明代巴陵人。嘉靖十五年至三十四年（1536—1555），以睢阳卫经历代理鹿邑知县。

嘉靖十六年（1537年），黄河漫溢，水侵鹿邑，百姓苦不堪言。晏玘沿河勘察，针对不同情况，采取不同措施，或疏浚，或堵口，或复堤，使水归故道。之后，他于每年夏至以后，抽调距离河堤一二里以内村庄的劳力，加固河堤，按人头付给工食。

由于水患频仍，蝗灾随之加重，境内灾荒连年不断，“人饥谷贵”，百姓无法生活。晏玘屡屡奏报，开仓放粮，减赋免税。邑民深受其惠，对晏感恩戴德。

杨 鼎

杨鼎，字廷器，明代扶沟县人。永乐十九年（1421年）辛丑科进士，授翰林院庶吉士，改兵科给事中，以政绩擢升都给事中，转山西布政使参政。任上，正遇旱灾，杨鼎就上书朝廷，请求以公费购买粮食赈济百姓，灾民赖以生存下来的无法统计。时朔方、云中一带的边防贮备告乏，杨鼎奏请用平阳府10万石粮食运往边地；永乐皇帝因此下玺书予以嘉奖慰劳，称赞他“干办公勤，识达缓急”。后擢升山西布政使。卒葬扶沟城南。

杨 堪

杨堪，山东禹城人。明嘉靖四十年（1561年）贡士。性情刚毅，果于任事。明万历二十三年（1595年）以灵宝令擢升陈州知州。刚到任，正值河决栗六岗，冲塌民宅多处。堪率领民夫堵塞河道决口。因水流湍急，需下水打桩，方能留住沙袋，堵复决口。堪不顾个人安危，率先跳入水中。在他的感召下，州民奋力筑堤，仅十余日便告竣工。同时，又疏浚河道10余处，陈地从此少有水患。堪除恶不畏强暴，犯法者立即予以处置，刁蛮者闻之股栗。任满，擢升苏州府同知。陈州人焚香泣送，遮道不能行。州人建生祠祀之。

于 宽

于宽，山东滨州人。正德二年（1507年）由举人任鹿邑知县。

于宽度宏阔，能容人小过，以无事处事。僚属士民同声叹服，谓之“不烦”。

于鹤龄

于鹤龄，陈州（今淮阳县）知府。居官多有善政，而且事继母极为孝顺，远近闻名。鹤龄喜会宾客，重信用，一诺千金，从不失信。崇祯庚辰年（1640年），陈州发生灾荒，一斗米值数千钱，饿死的人纵横相枕而卧。于鹤龄就拿出豆谷数千石，一是赡养孤老及同族老人，二是收育道旁遗孤（孤儿），三是替那些负债累累以子女抵债的人赎回子女并加以抚养。

闯王围城时，他带领各界人等率先登城坚守，并捐金济军，下令说：“能伤一人者尝花币（古时每五文为一花）。”后来城被攻陷，鹤龄率子乔寿、乔芳、乔荇及家丁胡强与义军展开巷战，并奋臂高呼，决与城共存亡。久战力竭，一并战死。仅存一幼子乔惠，背父兄尸体而葬之。

曾省信

曾省信，字抱一，明开封府太康县人。万历四十七年（1619年）进士。他热衷古文经学，读书有自己的独到见解，讨厌辞藻华丽的文风，平时不苟言笑。崇祯六年（1633年），礼部奉旨正文体，易文风，以其文章为全国科举考场的典范。著有《芝香居诗集》、《忠孝文集》。世人节取其精华部分而传诸后世。卒后，朝廷赐赠户部主事。

张凯　张仑　张崇

张凯，明代扶沟县人。景泰元年（1450年）庚午科举人。曾经捐资倡议增修学宫，县人都认为他有很高的义行。初授曲沃知县，因为政绩突出，擢升南康府通判，不久又升延安同知。他所任职的地方皆有政声。巡抚、按察使竞相上书推荐，他却因病请求致仕归家休养。

他哥哥张仑为宣德十年（1435年）乙卯科亚魁，官曲沃县教谕。

弟弟张崇，天顺三年（1459年）举人，官漳县知县。

当时，弟兄三人有“同胞三凤”的美誉。

张　濂

张濂，字景周，明代北直隶宣化府人。正德十三年（1518年）由进士任鹿邑知县。

张濂威严自持，人不敢干以私政。厌烦碎，不扰民。尝曰：“牧民者犹牧牛羊也，能勿扰之而已。旧规不可轻变，惟当厘剔其弊，弊在纵，更法何益矣。”履任二年，政教通达，百务皆兴。调任海盐，后升任监察御史。

张 宪

张宪，字文度，明代扶沟县人。嘉靖四年（1525 年）授直隶永宁知县。永宁逼近宣府、大同，是明朝北方经常发生战争的地方。这里山高民贫，号称“难治”。张宪素来刚正不阿，每处置骄横的官宦豪绅，多凭借法律和胸中义愤，给予严厉惩罚。巡抚刘源清听说张宪的贤明与才干后，就委派他督运军饷 10 万石，他既安全又不误时地完成任务。这时宦官王隆凭借权势裁减军饷，张宪摘录王隆的奸行予以上奏，结果王隆被削去秩权。掌权的不法太监由此收敛。在任三年，正当他政绩卓著、将要得到提拔重用的时候，因病离职。归里二年后逝世。

张 遇

张遇（1445—1518），字逢道，号蔡川，今项城市秣陵镇侍郎张庄人。

明成化二十年（1484 年）甲辰科进士。初任山西潞城知尹，三年，潞城大治，盗息民安。任满升南京、广东道侍御史，陕西道监察御史，后转四川按察司副使，浙江按察使，山东布政使及顺天府尹。在所有任职的地方，他都能兴利革弊，实现一方治化，所做的事都是别人不敢做的。特别是升任顺天府尹的时候，去了三个月，名望就震动了京城。武宗朱厚照下诏表彰他说：“京师重大之居，四方攸萃；府尹弹压之职，庶僚所宗。顾维任重而责艰，务在得人而登用。匪谐舆论，曷称朕怀？尔顺天府尹张遇，才识深长，气资弘伟；业工经术，名荐贤科。徇良功著于花封（意为：功劳大于朝廷的封诰），謇诚声驰于乌府（意为：忠厚的名声传遍了御史府）……”

不久，升迁为亚卿、工部右侍郎，主管易州山厂（山厂，明朝的官名，掌督办宫廷所用柴炭。易州，今河北易县）。以前这里的各种奸弊，都被张遇一一革除。壬申年回到工部，甲戌年春转任户部右侍郎。此时，张遇已被世人称为“三朝元老，一代名贤”。可是皇帝下诏任命他为户部右侍郎的时候，他却召集家人说：“人要知止知足。懂得适可而止，就不会受辱；懂得自我满足，就不会有危险。”于是，他第二天就向皇帝上疏，要求归隐。后来又连续上疏三次，皇帝才批准了他的请求。

明正德十三年（1518 年）八月二十一日，张遇在家乡去世，享年 74 岁。第二年四月，明武宗赐葬于家乡县城（今秣陵镇）西三里店的前张庄东（今为侍郎张庄），“螭碑表墓，翁仲峙前”，十分荣耀。当时还未出仕的当地青年才俊娄志德，为他撰写的碑文说：“项城徙县百年，名位之显而终者张公焉。”

张　质

张质，字彬宇，今商水县邓城镇张堂村人。出生于明万历年间。父张学礼五子，张质为长。明天启四年（1624 年）甲子科中举人，崇祯七年（1634 年）甲戌科中进士，授山西临汾县知县。

质性善良刚直，爱民忠君，儒家风范。他任知县时，明末农民起义已成燎原之势。地处山西南部的临汾县，西同陕西接壤，是农民起义军的发祥地域。高迎祥、李自成领导的农民起义军曾在这一带活动。崇祯八年（1635 年），13 家起义军首领“荥阳大会”后引起朝廷重视，加强了对农民起义军的镇压，次年闯王高迎祥战死，李自成继举闯王大旗，同明军展开战斗。崇祯十一年（1638 年）起义军在潼关战败，李自成领军向南，后仅余十余骑隐伏陕西东南商洛山中。此时，张质作为知县，镇压农民起义军当然是第一要务。但是，他深知起义军都是贫苦农民，内心有同情感，对抓获的起义军不忍杀戮，经过询问便予释放，其中也包括一些骨干要员。

崇祯十三年（1640 年），农民大起义已使明朝对不少府县失去控制，张质无奈从山西省临汾县返回家乡。这时，李自成领导的农民起义军，在灾荒严重的河南省提出“均田免赋”的口号，军队很快发展到百万之众。崇祯十四年秋，起义军包围商水县城，家人劝张质逃离。张质说：“我为臣子，在官在乡义无二也，有死而已。”城破，起义军听到原临汾县知县张质在城内时，因不少人知道或亲历过他在临汾任上的德政，争迎善待，劝其参加起义军。张质执意不从，遂自缢而死。起义军撤离后，明廷闻报此事，下诏谥忠烈公，赠封礼部主事，令入县忠义祠，并铸铜像三尊。

张朝瑞

张朝瑞，字凤梧，明代江南海州人。万历五年（1577 年）由进士任鹿邑知县。

张朝瑞以为政和平清廉为百姓爱戴。在任期间，针对邑内田赋不均的情况，朝瑞亲自带人，深入田垄，逐亩丈量。而后，据实定赋，百姓无不拍手称快。涡水淤塞，舟楫难行，朝瑞纠工疏浚，农商悉便。创建尊经阁，藏贮经史，以利教化。置学田 20 余顷，以帮助贫穷学子安心读书。劝民种植树木，一时绿阴载道，遍地生机。

张朝瑞性俭朴，俸禄以外分文不取。一身粗布衣褂，一把旧纸扇，数年不变。辞官离任时，鹿邑百姓恋慕不已，攀辕涕泣相送。

张朝瑞官至都察院左都御史。

张承恩

张承恩，字君宠，号东轩，今项城市秣陵镇侍郎张庄人。5岁丧父，由祖父张遇抚养成人。祖父去世后，家境衰落，在母亲邓氏的严厉督导下，励志向学，贯通经史。后来由官监入太学（明史官办最高学府），出任江南濡须（今安徽巢湖东南）县丞。

当时州牧缺职，他被任命为代理州府政事，给老百姓做了许多好事，老百姓把他的功德刻到石碑上进行赞颂。后来升任山东登州别驾（官名，全称为“别驾从事史”，亦称“别驾从事”或“通判”，权位仅次于刺史），为政清正廉明，所属吏员畏惧他的威严，老百姓则感念他的恩德。

回归乡里后，张承恩首先在县学的东南角建造了一座文昌阁，用以振作项城文运；又助建启圣祠，还出资在县城南郊设义冢4处，专门用来埋葬贫病而死的人。闲暇时，他以诗酒自寻开心，年70岁善终。

张东星

张东星，号念默，明代鹿邑人。嘉靖年间由县学生进太学，授光禄寺署丞。居父丧，庐墓3年，以孝称。幼尝从徐稚登，学于弦歌台。捐资设义塾，以教邑之后生，40年如一日，成就斐然。万历己卯庚辰间（1579—1580），庄稼歉收，民多断炊。东星捐粮数百石，以赈饥荒。又置义冢3处，凡贫无地葬者，都埋在这里。县令刘一澜，申请旌表乡里。寿80而卒。

张笃敬

张笃敬，字崇诚，号参衡，明代扶沟县人。万历二十二年（1594年）甲午科举人，二十九年（1601年）辛丑科三甲第23名进士。

据张氏族谱载，其始祖姓李，原籍河北大名府滑县（今河南省滑县），先辈为官，因遭谗人陷害全家被剿戮，仅一孩童逃出得免，流落扶沟城西老龙岗村，寄张氏篱下为螟蛉子，易为张姓。及长，因遭人忌妒而折居，迁城西关以张姓自立，越四世而发迹，遂为张氏望族。

张笃敬中进士后，初授中书舍人，即做些缮写文书的差事。因负责修建后妃所居的宫闱而有功于皇帝，被擢升为南京户科给事中，掌管稽核国家财赋、注销户部文卷的工作。他性格孤忠戆直，有汉汲黯、唐阳城之风度，为权阉魏忠贤等所忌，被迫害而罢黜。魏忠贤广植党羽，专横国政，使明朝政治日益腐败，并兴大狱戮异党，后被黜职而惧罪自缢。权阉败后，廷臣刘泽深等曾两度推笃敬复职。他坚辞不就。

张笃敬不愿再涉足仕途，厌恶政坛上的钩心斗角，与他那孤忠戆直的个性有关，他忠心朝政，敢于明谏，故皇帝赐他“清朝明谏”四字。

张笃敬退居故里后，隐居城南十多里之遥的焦花园村，不涉世俗，除书法咏吟外，专心研究中医，研制中药，以救死扶伤济世救人为己职。在他的精心研究和实践中，对医理医术，有了较深的造诣，特别是对妇科积累了很多有效验方。他治病救人，不计名利，深受当代人的赞誉。所积验方，流传后世，至今，焦花园村仍代代祖传张氏妇科。

张尔统

张尔统，字孝养，明代偃师人。崇祯年间由举人任鹿邑教谕。

张尔统学问博洽，勤于教育。择优秀诸生十余人，授教于己斋中。每日管2顿饭，一月测试3次，分高下以示激励。每议论学问，剖析明畅，使众悦服。梁遂、李金瓯、陈琯、轩冕、胡平等先后登第，皆赖其力。后任中牟教谕，升国子监助教。

张弘志

张弘志，字狷小，号梦蔡，约生活于明朝后期。他是张遇的六世孙，天赋颖慧，倜傥大度，深受父母兄弟喜爱，尤其能厚待乡里亲邻。兄长弘业去世早，他就担起了抚养侄儿的责任。

他14岁入学，16岁“食饩”中秀才，天启四年（1624年）23岁乡试中举，天启七年（1627年）中进士。荣归故里后，他出重金修建了县里的文庙。崇祯十一年（1638年）被选派为直隶广平（今保定市永年县东）县令。时逢荒年，很多人当了强盗。他上任后一方面修建砖城防盗，一方面开仓放粮赈灾，许多老百姓因此得以活命。人们对他颂声载道，说他：“学深宗孔，接踵河南；夫子政美，歌张空群。”有人还在冀北的神君庙里，为他立牌位祭拜。任职广平二年，多次受到朝廷嘉奖。

崇祯十四年（1641年），张弘志被提升为刑部的秋官，司“主政”（主事人）。次年，他以刑部郎中的身份巡察江南常州府时，果断地杀掉了当地的一批恶霸豪奴，境内治安很快好转。有个姓徐的恶霸，按律应处绞刑，其家属托人带重礼3000金，夜里找到张宏志，请张想法开脱死罪。张宏志不为重金所动，依律将其处死。

崇祯十六年（1643年），张弘志因病死于任所。

张孔修

张孔修，字允治，别号椿岩，明代河北省大名县人。他少敏力学，时仲兄孔时有文名，孔修拜其为师。后与从兄崇功同榜，登嘉靖四十四年（1565年）乙丑科三甲第238名进士，于嘉靖四十五年（1566年）至穆宗隆庆元年（1567年）任扶沟县知县。

据《大名府志》记载：张孔修在扶沟时，有豪绅笃信阴阳家言，欲夺民宅以为茔。乡中长者投诉于知县孔修，欲令杀之。孔修曰："知县不敢得罪百姓，亦不敢使长者得罪乡里。长者谅之。"后迁孔修为登州府同知，摄胶州。知府欲拉拢孔修，孔修不为所动，知府衔恨之。时大名遭水，孔修以母在家请假探视。知府趁机构陷，对巡抚说："（孔修）老矣，又迂阔不及事，故弃印逃耳。"巡抚听了知府的话，便上书弹劾之。待孔修辞官时，巡抚见到他才40岁，并不是年老之人，大悔。随即又驰书朝廷，调孔修榆林镇同知。他恤军峙饷，缮城修备，政声暴起。诸使者荐孔修书30余，上迁孔修为延安府知府。不久，又调西安。西安事繁民悍，钱谷岁入80.4万余，孔修出纳甚平，毫无差错。神宗万历四年（1576年）大举廉吏，孔修迁天津兵备副使。后丁母艰，起补汉中知府。到任后见栈道损毁，捐俸修葺。以考绩升参政，晋太仆。然他不能随俗，巡抚病，诸吏邀孔修为之祈祷，孔修不从。巡抚很不高兴，遂上书言孔修年老让其致仕，其时他还不到60岁。

孔修回家后，优游林下，与亲戚朋友觞咏为欢。年70岁，卒于家。

张同升

张同升，字伯巽，明代扶沟县人。嘉靖直隶永宁知县张宪之孙。张同升侍奉继母如同生母，遂以孝顺闻名遐迩，被授予河南邓州训导。曾作《教家十戒》教导诸生，成就很多青年士子。

张信古

张信古，字述卿，号葵吾，明代鹿邑县人。万历元年（1573年）中举。事亲至孝，待友诚厚。在改造旧房时从壁中得金百两，经询问知是袁清流的故址，即召袁清流至，将金奉还。万历二十三年（1595年）岁荒疫行，信古做粥赈饥，舍药治病，并以300余石谷物赠给无米为炊的邻里。每值严冬常做棉衣广施寒者。

张信古著《家训》1卷，《诗文集》2卷，《医良方》1卷，《古文选》若干卷。

张修德

张修德，字凤芒，今太康县高贤乡张庄村人。明万历三十二年（1604年）

进士。张修德祖父涵为有名的诸生，家里非常贫穷，有一富翁馈赠他很多钱，他坚拒不受。最后，不得已而受之。他说："日后必当厚报。"等到他官任潜山训导后，返归故里，那富翁已死。他来到富翁的坟前，进行祭奠，并把钱还给富翁的儿子。人们纷纷称颂他的诚义厚德。修德之父正蒙，是岁贡生；其兄崇德是举人。

修德幼年聪慧机敏，每日读书数千言。考中进士后，初授南乐知县。在任期间，他清正廉明，真心为民办事。对于疑难狱讼，都能准确断决。官吏百姓非常拥戴他，刁奸之人非常惧怕他。因父母丧事而离职回家尽孝，后补宁津邑职，镇守大海疆域。有一伙持刀称王的贼寇，侵害百姓，无恶不作。张修德设计擒获了贼首，其余贼人尽皆逃散。不久，便被提升为广东御史。他恪尽职守，向朝廷直陈时弊，奸人害怕得不敢正面看他。皇帝令他出使巴蜀藩地，解决藩国争端。回朝后，因病而卒。皇帝对他非常哀怜，诏谕进行厚葬，并入祭太康故里乡贤祠。

张亿斌

张亿斌，鹿邑县东南70余里金陵寺（后改称耐中，今属郸城县白马镇）人。明宪宗成化十五年（1479年）考中进士，入翰林院庶常馆学习，为庶吉士（亦称翰林）。3年后散馆留馆任职。成化十九年（1483年）因功被招为郡马。

亿斌在京7年，清廉寡欲，光明磊落。看到明王朝政治腐败，权奸当道，因而产生厌世恶官思想，遂携郡主离京返归故里，隐居林下，终老天年。为缓解郡主思念京城生活之沉闷心情，曾在耐中建望京楼一座。

赵　氏

赵氏（？—1641），陈州（今淮阳县）人。明朝女诗人，晚年自号梅竹道人。其父赵固硕为陈州名士。赵氏嫁禹州陈济济为妻。济济为明神宗万历八年（1580年）进士，官至湖广参政，赵氏也因之被封为淑人。赵氏多才多艺，尤其擅长诗文，她平时除相夫教子以外，还赋写了不少优秀诗作。崇祯十四年（1641年）十二月，李自成起义军攻克禹州，赵氏被义军杀害，享年70余岁。她所著诗集《大中解》稿已散佚，还保存有其他诗集。康熙年间被同邑人刘玉威发现手抄本，于是就让人刻印，名为《赵淑人诗集》。

赵时献

赵时献，号练亭居士，陈州（今淮阳县）人。明诸生，擅长书法、绘画。书法一点一画，悉心考究。画人物宗张路，山水宗黄文进，翎毛花卉宗吕纪。

其画以鸡为最著，远近闻名。时人购其画，作为家藏珍品。

赵玄曜

赵玄曜（？—1641），明代扶沟县人。万历四十三年（1615 年）乙卯科举人。赵玄曜素负气节，工诗善文。旧《扶沟县志》载有他诗文多篇。卢世扬有诗称赞他："噫嘻此君，气岸凌云。独专彩笔，自许逸群。"明朝末年，李自成的农民起义军进入河南，攻占扶沟时，赵玄曜与举人刘恩泽等守城而死。

赵宗昉　赵大生

赵宗昉，字旭伯，号宋乾，约生活于明代后期。他祖上是大梁（今开封市）人，系宋王朝皇室的后裔。七世祖避难迁到项城，改姓李。他父亲名兰亭，没有做官，但博学多识，在艺苑名望很大。赵宗昉弱冠补"弟子员"，并很快考取了廪生。地方上每次考试，他都是第一名。后来，他设馆授徒，一时的名士，大都出自他门下。

一次，他在路上捡到了别人遗失的金子，数额巨大，但他却不为所动，就站在拾到金子的地方等待失主。失主寻到了他，大喜过望，要以遗金的一半酬谢他，他却笑着谢绝了，分文不受。知县听说了这件事，就派人专门给他送去匾额，表彰他的义行。

明光宗泰昌元年（1620 年），他以"李"姓考中拔贡，被任命为成安知县。后政绩显著，被调任山东日照知州。当时，日照那地方有一大股强盗，经常骑着马四处抢劫扰民。赵宗昉上任后办的第一件事，就是把这些强盗缉拿归案。因此，日照全境都得到了安宁，人民安居乐业。

正当赵宗昉要大展宏图的时候，却因为一件小事得罪了权宦魏忠贤的党羽，于是挂冠而去，拂袖还乡。在老家以教育子侄为乐，并恢复了本姓"赵"。其孙赵大生，字子复，以生员身份出任白盐井提举司提举，后官至庆阳府（今甘肃庆阳）知府。

赵宗昉著有《燕居诗集》1 卷，收录诗作 200 余首、词 3 首。他的诗不刻意求工，多是应酬之作，也有发于性情的作品。

朱嘉臣

朱嘉臣，字调元，陈州（今淮阳县）人。年轻时因擅长写文章而表现自豪。他不仅有文才，而且武功也很好，善于射箭，能开硬弓。一次，有贼寇聚众骚乱。众人闻风逃匿，嘉臣奋勇当先，召集几个习武者前去对付。贼寇闻风而退。由是嘉臣在群众中享有很高威望。他曾 7 次参加科举考试，均未考中，后以贡生出身授应山府学训。逢岁饥，嘉臣捐金买了300石粮食赈济贫困学生。朝廷嘉之，调授南乐县学谕。在此结识魏允贞、魏允中、魏允孚兄弟，勉励他们学习求知。后来三兄弟一起高第，嘉臣也被擢升藁城县知县。不久因病归养，数月后去世。魏允中为他修墓立碑，并写了墓志铭说："有才不能尽用，就同千里马驾盐车，无所见其千里，士不逢时，大都如此吧！"

宗五经

宗五经，号鸣吾，湖广夷陵人。明隆庆年间任沈丘县令。到任伊始即稽查滞案，为民除害兴利。

时，陈州胥役吴志士将所谓灵济庙丁圯、武盘等的土地400余顷，税额粮400余石，飞洒沈丘县界。沈民苦于额征，多次申诉。或因前司更易，或因官府畏难，迟迟不予处理，一拖再拖。宗五经到任后不久便着手处理这件事，他愤慨地说：这种田赋欺隐之弊，一天也不能坐视！遂广询博访，力求弄清原委。经查访得悉，西华城南有灵济庙，环庙有田，实为丁、武等的土地，税额粮在陈州。就禀告抚台，抚台委托临颍、郾城两县县令秉公查处，终使吴志士的奸谋破产，免除了沈丘这一非分的额征。

县城南关外原有河舟之便，后河之南分出一支流，夺北河之利，商旅不行，货财不聚，民怨日增。宗令到任，邑人要求治河情切。宗五经徒步勘查，选定湍水汎处说："此流可断！"遂调动民力筑堤断流。宗五经用心筹划，并亲自驾舟运土，历时2月零6日功成。堤底宽7丈余，长15丈，既解两河冲突之害，又有澄淤拓土之利。堤东淤田一里，堤西淤半里，俱成沃土。

左　史

左史，字文箴，明代陕西省耀州（今陕西耀县）城内东街左家巷人。万历三十五年（1607年）岁贡，万历四十六年（1618年）至四十八年（1620年）任扶沟县知县。

左史为耀州望族世家。知扶沟县之初，县吏作弊枉法，他便另择谨慎干练之人补为吏，又聘外地老狱卒授以法律知识，充任狱吏。凡重要措施均由他亲自制定，由小吏缮写。当时的县民多好殴斗，死伤案件时有发生。左史以教化为主，结合制定乡规民约，不到两月，秩序井然。一些盗贼经过打击、捕斩，渐无踪迹。县境西北，地势低下，积水成潦，如过境河水暴涨，则助河为患。左史即发动百姓，疏通水道，引水归流，百姓得以安居乐业。县西北境接鄢陵、尉氏，三县百姓互相开沟引水，以邻为壑，纠纷时起。左史亲自勘查测量，根据三县的利害关系，订出用水条规，立碑水畔，共同遵守。时有楚兵过河南，当事者恐骚扰百姓，命左史驻襄阳负责支应。左史没有那样做，而是派人到楚了解主将姓名、人数、马匹、先行官及粮草车辆等情况，然后按实际需要，提前与主将取得联系，安排好食宿、粮草、用具安放地点，使军队到来如同回家，而百姓亦免受扰乱之苦，市面照常营业。后因积劳成疾卒于任所，百姓无不号恸。左史以其在扶沟政声卓著，入祀耀州乡贤祠中。后以其子左佩殖的功名，被赠为浙江道监察御史。又在崇祯年间奉旨为左史立“父子御史”坊以旌其荣。

清 时 期

薄 玫

薄玫，字绍素，清代扶沟县人。乾隆二十一年（1756 年）丙子科举人，不愿仕途进取，着意为文，尤其精通史学。其为文不趋世俗，常常以古人自诩。乾隆二十七年（1762 年），受扶沟知县七十一（字椿园，满洲正蓝旗人，乾隆甲戌科进士）委派，参与九修《扶沟县志》。该志书由薄玫执笔，文章大都出自薄玫一人之手，且考据明确，体例精严。有人见过他的改抹底稿，感叹他无愧是治史的人才。

曹善臻

曹善臻，字诚甫，清代江苏省溧阳县人。光绪十一年（1885 年）乙酉科拔贡。光绪二十五年至二十六年（1899—1900）任商水知县。

光绪二十三年至二十五年（1897—1899），商水大灾，旱涝交加，疫病流行，蝗蝻肆虐，稼禾无收，人口外流，饿殍枕藉。就是在这种情况下，曹善臻被派知商水县。到任前曹已得知商水景状。作为未来的父母官，他深知嗷嗷待哺的饥民急需他的救助，而赈济他们需要大量的钱款。于是他邀集林县的幕友唐秋帆等 5 人，带头捐资，并动员富绅出资济难。筹得 3000 金（铜币一斤为一金），方携币赴任。

到县后，未入县衙便与同来的幕友下乡勘察灾情。每到一地，通过与乡民父老座谈、深入农户察看，弄清情况后，便根据灾情大小，立即将钱币发给灾民；老弱照顾，病者付以药资。钱款不经胥吏保甲之手，减少损耗，民皆敬服。待全县赈遍，民心安定后，才入衙莅任。后发现有遗赈者，予以补发。全县百姓赖以存活者甚众，无不感戴。赈灾之后，尚有余金。曹便在县城东关外空旷处，购地一段，定为漏泽园，专门用作埋葬无处葬身者。

曹善臻在县 2 年，主要精力花在救济灾民上。其本人节衣缩食，俸银除少量家用外，全部用在困难百姓身上。县内士绅有艳称他的政绩者，他淡然说：

“只是行吾心之所安而已。”

后从商水调知鄢陵县。离县之日，民众从四乡云集县城，遮道跪送十余里。泣泪声竭，感人至深。

曹学礼

曹学礼，字钦轩，号仲立，今项城市新桥镇曹楼村人。生活于清代中叶。在他几岁的时候，父亲溺水身亡。突然事件使他痛不欲生，是他母亲哭着反复劝说，才息了他轻生的念头。他认为父亲是死于非命，此后近30年坚持吃素。在家奉养母亲极尽孝心，是远近闻名的大孝子。

他读书能一目数行，特别在儒学方面很下工夫，躬行实践。他与同乡以及周边县的几个名人，以道义相砥砺。他20岁的时候就在全县组织的考试中名列第一，因而顺利进入县学读书。咸丰八年（1858年）恩科乡试中解元，但后来参加会试却没有能考中进士。因母亲年寿已高，就放弃进取，在家乡尽孝。

当时捻军在江苏、安徽一带声势浩大，曹学礼就带母亲避居到新蔡城中。有个名叫杨法恒的人，联络捻军攻打新蔡。泄密后，杨被官府杀死。捻军围攻新蔡很急，曹学礼就与韩姓县令及众乡绅，昼夜在城上巡视。捻军表面上装作退兵，暗地里挖了一条通往城里的地道，准备用地雷里外夹击。学礼与韩知县看出了疑点，恰好捻军派使者进城劝降。韩知县要烧掉劝降书，杀掉来使。曹学礼忙劝阻他说：“不可，我们何不逼迫使者说出不攻城的原因?”因此得到了捻军地道的详细情况，于是，日夜督工加修了第二道城墙，又准备了很多“火药罐”。加修的城墙刚刚完工，捻军的地雷响了。外墙被炸毁，捻军将士越过外墙，却被第二道城墙所阻。守护的士兵把火药罐点燃，从内墙上扔下，无数捻军当场被烧死炸死。捻军无奈撤围而去。事后，曹学礼因守城功劳大，被保举为同知（副职）。

不久以后，曹学礼回到项城，任莲溪书院的主讲。郡守刘伯瑗、县令程国棠，都对曹学礼极为尊重，把他看成是当代的澹台灭明。

曹学礼的母亲性格严厉，做什么事都很急躁。曹学礼对母亲百般奉承，每顿饭都要亲手捧着送给母亲。如果母亲稍微感到不如意，他当即就跪下请罪。母亲不说让他起来，他不敢起来。有时母亲发怒斥责他，他当即趴在堂前，如同还不会走路的小孩，用这来博取母亲的欢心。闲暇时，他还为母亲弹琴娱乐。母亲有病了不吃饭，他也不吃饭；给母亲熬的汤药，他都要先尝尝凉热；每天晚上向老天爷焚香祈祷，愿以身代母。后来母亲害眼病，不久双目失明，性情更加暴躁。曹学礼干脆闭门谢交，目的就是为随时侍候母亲。有要事必须出门，一定按时回家，有时候超过了预定时间，回家后就会遭到母亲不停的严厉斥骂，曹学礼的面色更加和蔼，说话的声音也更小。见过他这样的亲友，都说自己很难做到。

他有位朋友死了，家里穷，曹学礼就尽力周济。他先后担任过西华县“衍畴”、汝南郡“南湖”两个书院的讲席，每年可得束脩百金，除供养家用外，余下的多用来修桥、建庙、刻善书。母亲病逝，曹学礼的哀痛远远超过了礼仪要求。《礼记·丧服四制》规定说：“毁不灭性，不以死伤生。”可是曹学礼过于伤痛，守孝的时候形容枯槁，几乎要毁灭自己的生命。

为母亲守孝期满，曹学礼被任命为永定县（今属福建省龙岩市）知县。在任3年，政简刑清。闲暇时，他就在衙门前散步。遇见来打官司的人，他总是婉言劝解；审讯盗犯，也是多用善言感动，有的罪犯当场就被感动得痛哭流涕。他司刑打人，从来不超过200下，人们背后就称他为“曹二百”。

后来，曹学礼因病死于任上，家里穷得连送他回项城老家安葬的费用都拿不出。他上司知道后，赠给他家一笔丧礼，永定县的绅民又集资帮助一些，家人才得以将他归葬故里。

车　文

车文，字彬若，清代太康县人。地理学家。雍正时拔贡，湛深经术，博研汉宋诸经，皆有论著，绘井田三图，论古今沟洫之制甚备。尤精舆地，论河流古今变迁如数掌纹。乾隆元年（1736年）诏举博学宏词。左都御史孙嘉淦以文荐之，廷试未录取，士论惋惜。

陈大任　陈大贤

陈大任，字萃农，清代扶沟县人。康熙五十二年（1713年）癸巳科进士，授汝宁府教授。由于他训导士子有方，几年以后，弟子考中举人、进士的达十多人。他的弟弟陈大贤，康熙五十九年（1720年）庚子科举人，授开封府杞县教谕。

陈履忠

陈履忠，字卓如，福建闽县人。清光绪二年（1876年）权（暂代）淮宁（今淮阳县）县令。为人坦诚容物，平易近人，为治不嫌烦琐繁复，政平讼理，民称青白良吏。撰对联悬挂堂前为“座右铭”，有“吾于百姓何求，谁谓宰官易做”二句，论者以为言出心声。

陈王猷

陈王猷，字宪嘉，清代陕西鄜州人。顺治十五年（1658年）由拔贡任鹿邑知县。

陈刚直不阿。凡有不利于地方的事，他力抗上官，为民请命，从不避灾祸。终以此不悦于上司，遭诋毁中伤，被解职。

在任时曾主持续纂《鹿邑县志》。

程光溥

程光溥，字道南，清代福建闽县（今福建闽侯县）人。同治九年（1870年）至十年（1871年）以进士署扶沟县事。

他到扶沟当年，便督饬邑绅重修了明道祠。他性豁达仁慈，晓畅吏治，善听断，不轻易对犯人用刑，更不轻易拘捕人。他注重教育，尤熟娴文学诗词，经常深入学校，考课诸生，若有疑难问题向他请教，他便立即讲解。当时，扶沟县境内有巨盗李某等数人，与县衙捕隶勾结在一起，长期作案，历任知县不能破获。光溥到后，知悉此事，却不动声色，暗中查访。一日下半夜，他带两名捕役悄悄离开县城，中午时分回衙，带回盗贼一人，经审问投入狱中。数日后，他又率从人数名去剿盗贼的老窝，及人到时，盗贼已知消息跳墙逃跑。他便让从人跟在他的后面，自己拿刀站在空隙地方等候。当盗贼奔到他藏身的地方时，他出手将盗首擒获，并乘机将其伙一网打尽。百姓知道这一消息后，奔走相告，拍手称快。乡里随之肃然。他在扶刚满一年，以亲病故而返故里。去之日，百姓泣相挽留，士绅作诗数百首相赠。他见此乃对人说："有诗如此，已强于两袖清风矣！"

崔联奎　崔廷镛

崔联奎，字占三，号星垣，今淮阳县安岭镇小崔庄人。祖父兴甫，太学生。父逢清，候选千总。联奎身躯丰伟，多力善射，能开铁胎弓，能舞60公斤重的大刀。清道光五年（1825年）和六年（1826年）乡试、会试均告捷，殿试为第二名——榜眼，以二等侍卫录用。历任甘肃平凉营游击、山东参将、江南漕标中营副将。道光九年（1829年），皇帝的车驾到东陵祭礼，礼成后比武，联奎矢无虚发，箭箭中的，大蒙皇上赏赐。在喀什噶尔独自一人驱回夷浩罕余党数千人。经富、徐二公合力保荐，以"才技出众，力事勤能"出任山东莱州营参将。东抚崇公以其器宇开阔、才能技优保列一等入京，陛见奏，甚合心意，遂擢升联奎为漕标副将。当时总漕运使与总河防使之间有矛盾，联奎竭诚周旋，使其言归于好。于是漕运迅速凑捷。漕河二督倾心于联奎，认为联奎可堪重任，正要合力保荐，而联奎病逝，享年50岁。联奎有二子：长子廷秀，武庠生；次子廷镛，历任金山、婺源等县知县。

戴良佐

戴良佐，顺天（今北京）人。清康熙十三年（1674 年）六月任沈丘县令。为政勤慎，奖惩严明。常黎明出郊，对勤耕者以酒食慰劳。有一次，他走到田间，见劳作者尽是妇女，询问原因，知男子在家聚会饮酒，遂把他们拘禁训斥，自此，惰农渐稀。在农闲时，他督令疏浚沟渠，兴利除害，使生产大为发展。

戴良佐非常重视教育，重修文昌阁，立义学，择师施教，暇时常往视导。对邑境失职的塾师严加训斥，塾中子弟列名登记常加以稽考。对惰业学生，训后交其父兄严教。

康熙十九年（1680 年），王提督提兵南下，沿河两岸抢掠民财，邻邑皆大受其害，戴毅然前往严词抗议，使境内秋毫无犯，太和边境也因此免受兵祸。戴在沈八年，升太常寺博士，转任陕西商州知州。

邓万吉　邓玉皜

邓万吉，字薌田，今项城市人。他性格敦厚，才思颖敏。9 岁时随父亲流寓息县、商城一带，历经险阻，备尝生活的艰辛，还乡时已年近 20。

父亲去世 3 年后，他得补“博士弟子员”，成为县学的学生，不久中秀才享食饩。他夜以继日苦读，“四书”、“五经”都用工笔抄写过一遍。乡试的时候，却没有路费去省里应试。亲友们为他集资，催促他前去。他经过朱仙镇的时候，夜里住在客店，听邻家哭泣哀切，就披衣问是什么原因。店主人回答说：“那家的上世也是书香门第，今双亲年老，子女幼小，家里穷难以养活，不得已把妻子卖给了商人。夫妻不忍分离，所以举家恸哭。而且这个做妻子的，非常贤惠孝顺，可惜呀！”邓万吉就让店主把那人喊来，拿出囊中的金钱送给那个卖妻的人，劝他谋生计以尽孝养。此人千恩万谢而去。他没了路费，第二天只好整理行装返回家乡。家人们都埋怨他，他却毫不在意。下一轮科考是乾隆四十八年（1783 年），他终于得中举人。以后 4 次上京会考，却又都名落孙山。

按照清代的科举制度，举人登科即可授官。所以邓万吉被委派到安阳县当教谕。他在此任一干就是 24 年，24 年一直保持以清操自励，教育生员品行为先，后升任汝宁府（今淮阳）儒学教授，时间不长就告老回乡了。

邓万吉平生爱读宋代儒家的书，他择要摘录，力求躬行实践。他特别喜爱孙夏峰的理学宗传，亲自书写“慎独”为座右铭，用来警示自己。他学识渊深，修养洁纯，从不对人厉言厉色，终日正襟危坐，毫无倦容。著有《周礼撷要》。他儿子邓玉皜，字瑶启，工于诗赋，由拔贡中嘉庆九年（1804 年）举人，被选挑为第一等，以知县候用。但他遵从父亲邓万吉的意思，不当知县，愿意从事教育。后被授陕州的学正，新德、汝宁等府的教授。

丁朝栋　丁殿邦

丁朝栋，字松梓，生于清嘉庆年间，今周口市川汇区人。世代以岐黄为业，到朝栋时施药济众近50年，享誉乡里，众赠匾额百余方。清光绪十一年（1885年），朝栋捐资400缗（一千文为一缗）创办了崇正义塾。光绪二十四年（1898年），他又同鄢世仁合资创办乐善义塾。光绪二十六年（1900年）出资帮助官府办赈灾粥厂，使不少背井离乡的逃难者赖以活命。并在民间施种牛痘，预防天花。购置义地，让穷苦人死后有个厝瘗的地方。朝栋一生积德无数，享年84岁，无病而逝。知府刘树棠赠匾曰“好善襄勤”，知县程钟赠匾曰“荫留桑梓”。

子殿邦，字治辅，为人慷慨大度，做事严谨周到，因为协助官府开设粥厂赈济灾民，上司保举授五品官衔，不久又捐资升任三品，领候选道衔。在地方曾协助商绅李延英、周之德等，出钱招募团丁修筑寨墙，又把沙河大堤增高，并在沙河上建北坝，以防水患，还办了两所小学校。1913年，奉皖督倪嗣冲之命，任正阳榷运局局长兼矿税局局长。殿邦把自己在任上所得的俸禄悉数拿出周济穷困的人，亲戚邻居等待殿邦周济然后才能举火者（生火做饭）不乏其人。

丁朝祯

丁朝祯，字振卿，清陈州周口镇（今川汇区）人。性情温厚，尊老敬兄，守法遵纪。老母年迈，多病卧床，不能举步。朝祯身侍床褥，数年如一日，熬药喂饭，端屎擦尿，乡人交口称赞。其父一生悬壶济世，尤其精通外科。朝祯自幼随父学医，医道精湛，上门求医者络绎不绝，每日以百计。每每遇到穷困之家拿不出药费者，他就慷慨施予，开药方在自己药店里免费抓药，直到病愈为止。他四十年如一日，赠药上万服，在乡里享有美誉。

每有闲暇，朝祯好去旷野郊游，如果发现有谁家的坟墓坍塌，不问姓氏，均加以修葺。平时出善款在乡间修桥补路，抚恤孤贫之家，好事不胜枚举。

他有两个儿子。长子名殿都，清朝宣统己酉年参加科举选拔，尤其精通医学，能继承祖业。1926年，土匪攻破周口镇，他被掳，坚持气节，骂贼不辱，遇害，年46岁。次子殿郅，以教书为业。

丁渭源

丁渭源（1683—?），清末鹿邑试量（今鹿邑县试量镇）人。他自幼丧父，是母亲纺花供养其读书。为富不仁的舅父胡三省对他们母子不予周济，这更坚定了丁渭源刻苦攻读的决心。

康熙四十七年（1708 年），丁渭源考中举人，五十七年（1718 年）进士及第，授官永安县知县。

永安县滞狱甚多，久久不决，一些不合情理的苛捐杂税压得百姓喘不过气来，丁渭源到任之后，处理久拖不决的冤狱，轻徭薄赋，风气一新，百姓咸以为便。

永安县衙、常平仓等公廨年久失修，破敝不堪，丁渭源在任内都一一修缮，吏民称颂。那里荒远偏僻，生活贫困，百姓没有读书的习惯，家家都目不识丁。丁渭源先修葺了孔子庙，在这里办学，鼓励士子们到此读书，并亲自来这里讲课，从此结束了永安不读书的历史。若干年后永安人还对这位关心百姓疾苦的父母官感戴不已。

董丰垣

董丰垣，号菊町，清代浙江省归安县人。解元。乾隆十六年（1751 年）辛未科三甲第 153 名进士，乾隆二十二年（1757 年）至二十八年（1763 年）任扶沟县知县。

乾隆二十六年（1761 年），董丰垣纠工重修了吕家潭北 5 孔砖桥，重建吕家潭三里桥闸。这年秋七月，黄河水经惠民河在橱桥漫溢，河堤尽毁。董丰垣一边向上奏报，率民修堵，一边奉旨以工代赈，贫民均沾实惠，齐心协力，不三月而完固逾旧。在修惠民河堤的同时，又疏浚半截河。董丰垣会同尉氏知县陈在玑，赴半截河履勘，自扶沟境内的合河嘴起，至尉氏的毛家桥、自家桥、王三桥，共长 6 里，堤高四五六尺不等，河身都已淤浅，亟宜疏浚。后达成共识，两县同时修筑，河身各疏各境，以除积害。此外，这年因大水，白家潭、柏子岗、吕家潭、江村墩台营房都倒塌在水中，董丰垣将倒塌营房全部重建一新。又因柏子岗地势低洼，将其墩台营房移建于罗敷庙。乾隆二十七年（1762 年），他主持重修文庙大成殿、明伦堂，并修崇圣、忠义、名宦、乡贤等祠，及两庑、棂星门、戟门、魁星楼、泮池、宫墙等，创建仓神司仓厅 6 间，并且对县城墙进行整修。此外，疏浚了县西北 40 里常年积水的罗王陂，并写了《罗王陂记》以记其事。

丰垣长于诗文，不仅将前知县七十一续修未完的九修《扶沟县志》续修完毕，并写了九修《扶沟县志》序。他勤政爱民，性情和厚，治县有方，几十年后，百姓尚以七公、董公并称。

董渭滨

董渭滨（1860—1919），字辅周，号渔村，清代扶沟县人。孝廉方正。董渭滨上承家学渊源，弱冠就补为博士弟子员，以岁贡授官府经历。其性情恬淡，不慕宠荣，孝长敬友。他的伯父性严峻，病重坚不服药，董渭滨就捧着药跪在床前。伯父被他的诚意感动，始服药进食。与弟弟泗滨同笔共砚学习时，由于他的精心认真辅导，使弟弟也进入县学读书。董渭滨学宗程颢、朱熹，注重忠义，多年设帐教学，所以当时出其门下大多是有气节的人士，不少弟子进入县、府学习毕业，成为廪贡生。

董渭滨待人接物，满面春风，谦逊和气，乡里之间有了燕雀之争，往往找他排解，大都嫌忌俱释。宣统元年（1909 年），朝廷开孝廉方正之科，县上士绅一致推举他应诏参加，当时都认为他名副其实。1917 年，扶沟设立水利分会，董渭滨被公举为会长。他勤于公务，并且辞去给他设立的薪金。其时扶沟境内的惠民河（今贾鲁河）旧堤损坏，他就商请县长亲临勘察，督促临河为首的士绅趁农闲的时候增修。当时有一些人认为多此一举。当年六七月时，惠民河暴涨，其他地方尽为泽国，而扶沟境内却没有发生水灾。人们都说："今天才知道以前董公让我们劳累，正是使我们今天得到安逸啊！"

董渭滨担任县水利分会会长一年多，兴利除弊，积劳成疾，以至不起，年仅 59 岁便与世长辞，实为遗憾。扶沟人景仰他的功德，在城东惠民河滨竖立石碑，予以表彰纪念。

窦光绪　窦荣绪

窦光绪，字述公，陈州（今淮阳县）人。乾隆中年附贡，官居北城兵马司副指挥。平时侍奉双亲孝敬备至，兄弟和睦相处。遇到乡里有饥寒丧葬者，多资助。乡邻欠其债，无力偿还者，悉焚其债券。在他担任指挥使时，有一名官员凿井卖水抬高价钱，光绪上疏弹劾罢掉了这名官员。有一女盗，经常盗窃百姓钱财，光绪访得实情后，将其捉拿归案，绳之以法。豫省如有害民伤民之官者，必禀台谏弹劾除之。正直清廉之声誉传遍京师。离任时，京都人为他制了一块清官匾悬挂在中州会馆。死后陈州人徐辅为其树碑立传。其弟荣绪，字芳远，廪贡生。清乾隆八年（1743 年）大荒，捐谷 200 石，白银 150 两，赈济灾民；并出巨资修葺书院、厄台。县令许佩璜向巡抚报告，上赐"宅心仁厚"匾额，并令在城内勒石建碑以示纪念。

窦烺轩

窦烺轩（1876—1938），字元暹，又名炎，今沈丘县槐店回族镇人。清末民国时期书画名家。

窦烺轩自幼苦读经书，清光绪年间考取贡生。洋务运动后考入保定东关大学堂（后改保定陆军军官学校），毕业后曾任连长、营长、团长、豫西警备司令等职。此间，结识了蔡锷将军，随其去云南讲武堂任教官。云南起义夭折后，赴陕西省从政，先后任沔县县长、汉中道尹十余年，侦破许多冤假错案，其办案传奇故事在当地民间多有流传，被百姓誉为“窦青天”。

窦烺轩擅书画，通医道，书法有王羲之、王献之之遗风。爱画梅、兰、竹、菊，尤擅墨菊。

杜　贲

杜贲，字文白，清代扶沟县人。康熙十一年（1672 年）亚魁，官授河南息县教谕。任上，曾带头捐俸禄，主持增修学宫，增添祭祀孔子的礼器，因训导有方，深得士子的敬重。历二载，卒于任上。

杜贲天性孝友，他的长兄因交游不慎，误陷囹圄，经过杜贲的多方奔走，才使其获释。他的三弟夫妇早亡，杜贲就为其抚养后嗣。每次分析家产，杜贲都是推厚就薄。因此，扶沟县历次修志，都将他收录于《孝友传》中。

杜宝琳

杜宝琳，字瑞生，清朝中叶扶沟县人。性情敦厚温和，公正自持，乐于为善。年 60 余仍手不释书，笃学不倦。曾授予府知事衔。

清嘉庆十八年（1813 年），扶沟冬春大旱无雨，禾苗旱死，夏秋难以播种。到农历六月初四，天才第一次降雨，于是，人们都种荞麦，期望得以接济。不料九月二十八日，突降严霜，荞麦枯萎而死。贫民饿死无数，卖儿鬻女者遍布城乡。杜宝琳积极响应知县江心筠劝捐的号召，带头捐钱捐物。知县江心筠深为感动，赠送他对联曰：“见义必为，当世共推君子；非公不至，神交无愧古人。”

杜桂陵

杜桂陵，字月峰，清代扶沟县人。清嘉庆六年（1801 年）辛酉科举人，任四川南部县知县，并先后署理永宁、剑州等处。所到之处，平均徭役，清理狱案，尤其是乐于创立学堂，培植后学。仅在南部县就设立乡学 21 处。永宁有个旧的习俗，为了使家里的婢女多操作干活，婢女往往三四十岁了，户主还不把她们嫁出门去。杜桂陵立即申饬各乡保，造婢女年岁清册，规定 25 岁不出嫁者，以不遵守法律治罪。结果，不到 3 个月，县境内已没有怨女了。在剑州，他了解到煤价之所以高出周围其他地方几倍，是因为有巨石镶嵌在两座大山之间，挡住了进出道路，结果贩运煤炭的路途迂回几十里，才到达剑州。于是杜桂陵就根据山势，首先捐献出自己的俸禄开山凿石打通了山路。这样一来，不但降低了煤价，而且便利了民众出入。剑州民众因此创作歌谣道："杜公路，不百步，利万家，济万户。"

嘉庆十八年（1813 年），扶沟冬春无雨，禾苗枯死，庄稼难以播种。六月初四，才第一次降雨。于是人们纷纷播种荞麦，期望得济。不料九月二十八日，天降严霜，荞麦尽死，造成大灾，贫民饿死无数。杜桂陵和同宗杜宝琳响应知县江心筠劝捐的号召，第一个捐钱捐物，全县共捐款1万多贯，分设3个粥厂救济灾民，县民赖以活下来的人很多。

杜鉴林

杜鉴林，字雨江，号亮庵，清代扶沟县人。嘉庆五年（1800 年）庚申恩科贡生，注选直隶州州判。

杜鉴林赋性温和，善诗能文，屡次参加考试均居前茅，但乡试却屡屡落榜。后居家以教授学童为生，异姓人家子女赖以成名者不计其数。曾参与七修《杜氏族谱》，其父杜文年例赠征侍郎直隶州州判，一生淳厚谨慎，不符合礼节的事情从来不做。

杜俊彦

杜俊彦（1614—1665），字士美，号�圃，明末扶沟县人。清顺治二年（1645 年）拔贡，廷试时得上上卷。初授推官之职，后来推官裁制，改授广西平乐府贺县知县。贺县是个边远偏僻县，分为 18 里，县城与江东 2 里，以旧例为借口，只交纳租税，不担当差役。杜俊彦通过调查，就命这两个地方和其他地方一样，平均担当。后来，朝廷的军队因为围剿富川这个地方的叛乱，分派车马运输的差役十分繁重，唯有贺县因为平均差役的缘故，才没有给百姓造成危害。信都乡有个叫罗四的人，曾经带领一些民众反叛过朝廷，但投诚已经好几年，督府却怀疑他们是诈降，准备派兵围剿。贺县民众因此惶惶不安。杜俊彦亲到督府，极力陈说不可派兵，事情才得到止息。有一年，广东遇到天灾，饥民到贺县逃荒的很多，杜俊彦就想方设法予以赈济，饥民都很感激他的恩德。杜俊彦自上任后，尽职尽责，"均赋役，抚流民，诚信以化梗顽，兴教以正民风"，夙兴夜寐，不辞疲劳。终积劳成疾，卒于任上。贺县人感激涕零，立祠堂来纪念他。

杜俊彦天性孝友，持躬方正，扶沟县人把他看做是古时的贤人陈太丘，有了曲直难分的事情，都来向他咨询求教。他学问渊博，长于诗文，曾参与编纂《扶沟县志》和编修《杜氏家谱》，有《详语补》行于世。杜俊彦教育有方，其家族的子弟很多赖他才事业有成。

杜俊章

杜俊章（1601—1672），字明锡，号芝圃，明末扶沟县人。天启元年（1621年）辛酉科举人。

入清，杜俊章于顺治八年（1651年）被授予陕西扶风县知县。当时天下初定，政颓民疲，百废待兴。杜俊章一到任，就极力安抚百姓，救助贫苦，招徕流移，平反冤狱，政绩显著，很得民心。及丁父艰，扶风乡里士民自发为其父修旌幡，奠考者终日不绝。离任之后，扶风百姓为他立碑建祠予以纪念。扶风百姓不忘杜俊章的恩惠，每当路过扶沟，必来探望。杜俊章的儿子杜子丛有《先大人宰扶风邑人不忘旧泽过里必拜感而赋此》一诗：

> 已谢铜符二十秋，西来秦客叩林丘。
> 碑前尚有羊公泪，车下何疑杜母讴。
> 试问遗民添野外，为言遣戍半关头。
> 情深先世桐乡地，不觉眉攒一夜愁。

杜俊章十分好学，长于诗词和古文辞，扶沟县重要的文作，多出于他的笔下。河南大中丞贾公十分器重他，聘请他参与修纂《河南通志》。杜俊章晚年特别喜欢《易经》，坚持一日一卦，说："我是用来减少我的过失啊！如今闭门思过的人有几个呢？"居家16年，他与子言孝，与弟言悌，有一点长处就不惜奖励。著有《适草二集》、《竹斐园诗稿》、《杜氏家乘》、《省语随笔》行于世。并参与修纂《扶沟县志》。卒年72岁，葬扶沟城南马村集。

杜如棏

杜如棏，字晓初，号柳湖渔者，晚年号柳湖老渔，清代扶沟县人。杜如棏天分颖悟，13岁就能写径尺大字，观者钦佩异常。他善于鼓琴，能诗工画，著有《咀华斋诗钞》、《柳湖诗集》行于世。他所画的山水梅花，得到的人都作为珍宝。画家童二树称赞他"胸中自有丘壑，观其清浅横斜，不啻置身空山明月间也！"杜如棏不囿于仕途进退，虽然遨游于公卿大夫之间，与达官贵人诗酒谈笑，却绝口不谈公事，家境虽然贫寒，却从来是口不言贫。说到他的人品文品，人们都把他比做平烟水（即平志奇，另有传）一样的人物。

杜维标

杜维标，号瑶圃，明代扶沟县人。聪慧智敏，县试、府试皆登榜首。然而乡试多舛，屡试不中。清顺治元年（1644 年）恩授贡生，任河南偃师县教谕，升彰德府教授，转山东邹平县县尹，后因病回乡。杜维标善草书，能诗文，兼好弈棋。曾参与编纂《扶沟县志》。著有《菊潭集》行于世。其诗清新自然。

杜之昂

杜之昂，字叔抑，号坦如，明末扶沟县人。清顺治十四年（1657 年）丁酉科举人，康熙二十七年（1688 年）任山西潞安府平顺县知县。平顺县境内有二岭，依山傍谷，路仅尺许，商旅行人经常有坠下深谷伤命的。杜之昂知道这个情况后，亲自率民凿石开道至丈余，并临崖建墙，方便过往行人。平顺县人感其功德，称此岭为“杜公岭”。

有一年，平顺县遇到灾荒，他奏请上司允许开仓借给老百姓粮食，未能得到准许，他就按户散发给灾民，使无数灾民幸免于难。还有一年，有一只豹子进入平顺县城，危害居民。杜之昂率领军民，经过 3 天，除掉了这只豹子。

杜之昂在平顺 9 年，政绩卓著，擢升山西道监察御史，奉旨巡视江南道、河南道。身居言路，杜之昂慨然以天下为己任。时逢征讨噶尔丹，因需要用骆驼运送将士和军需，这些费用差役分派在了百姓身上。杜之昂上书抗言说：“军需紧急，如果各省有关部门滥派钱粮差役，所牵连的就不是一般的小事。”大学士张玉书对兵部尚书杜臻说：“大战就在眼前，百姓不可骚动，杜御史的话是对的。”于是就免除了老百姓的负担。山西巡抚温保纵许属下摊派，激变了太平等 13 州县的民众。杜之昂不畏权势，上书劾奏，结果温保与知州谢廷机等 20 多名官吏受到惩处。翰林陈悦旦称赞杜之昂说：“昔除山中豹，今为殿上虎。”扶沟在正常的赋税之外，按旧例还有三分私派，老百姓难受其苦。杜之昂就上书府衙，得到准许，将扶沟百姓负担的私派，永为革除。杜之昂在御史台 8 年，建白（向上陈述意见和建议）很多，功于社稷。

杜之昂一生著述颇丰，有《兰台奏议》、《平邑政录》、《宦游吟稿》传世，并 3 次参与修纂《扶沟县志》。

杜之丛

杜之丛（1637—1714），字树滋，号去病，又号容庵，明末扶沟县人。清康熙十四年（1675 年）乙卯科举人。康熙二十八年（1689 年）授怀庆府武陟县教谕。时武陟知县是甘国垓。

奉河南巡抚编修地方志的要求，甘国垓延请杜之丛负责组织修志馆，编纂《武陟县志》。杜之丛接受任务后，组班子，拟篇目，搜集资料，悉心撰辑，圆满成书。此部《武陟县志》是现存最早的清代《武陟县志》。全志共 8 卷。杜之丛编纂时，不但在旧志基础上做了补充和修订，还对建置诸目重新进行了排列组合，对于以前的古迹、陵庙等建筑，虽废必书，用以传史。贡赋门增加盐政目。户口、丁田等则以《赋役全书》编定，清代各项数额逐年载录，明晰翔实。人物门进行了较大补订，如旧志将名宦、乡贤杂列在职官、荐举、科贡诸目内，杜之丛则专另标出，并详其传记，突出其事迹。该志内容宏富，保存了大量珍贵资料，为了解研究武陟历史提供了可靠依据。

杜之丛在武陟5年，因政绩卓著擢升直隶宝坻知县。宝坻地近京城，按旧例每百亩地供养驳船一只，以防运河淤浅，但豁免已很久。这时，有人上书朝廷，建议把这些船民的田地改作马厂。于是朝廷派户部侍郎到宝坻调查丈量，一时民情惶遽。为维护船民利益，杜之丛抗言说："这些田地全是民田，而且零零星星，不在一处，不适宜改作马厂。"他还以辞职来维护百姓利益。于是朝廷罢止了此事。宝坻境内多王府庄园，庄头之间有诉讼，往往以千金行贿。之丛对此一律谢绝，唯秉公科断，于是庄头之间的诉讼渐渐平息。杜之丛在宝坻任职的第二年，宝坻县发生了严重的蝗灾，飞蝗遍野。杜之丛率领民众设法灭蝗，使之不致蔓延。然而竟以"灭皇"之罪被免职。他离县那天，宝坻百姓扶老携幼，哭泣相送几十里，直至杜之丛离开县境才归。

据明代成书的《杜氏族谱》记载：扶沟杜氏是"诗圣"杜甫后裔的一个分支。作为"诗圣"杜甫的后裔，杜之丛素工诗，因其家学渊源，童年便喜吟咏，又沉酣古籍，故得承风入雅。著有《葆光堂诗稿》、《师检堂诗集》、《陟城吟》6卷行于世。有人评论说："子丛诗似少陵，沉雄朴老，当远接工部；而清隽秀丽，又自成一家也。"他的诗有不少是关心社会现实、爱国忧民的篇章。如《洎水行》即是写扶沟农民在遭遇洪水后天灾人祸雪上加霜的悲惨景象，其关心农民疾苦之情溢于言表，鞭挞社会黑暗直言无忌，和杜甫"朱门酒肉臭，路有冻死骨"以及《三吏》、《三别》等篇章相应和，大有诗圣遗风，因此在扶沟有"小杜"之称。

杜之丛还乡后曾在县城内建竹斐园，常与家人或友人宴会于园中，春赏芍药，夏观荷花，秋咏菊桂，冬探腊梅，别有一番情趣。杜之丛伟干修髯，丰仪峻整，峨峨如千丈松，淡淡似雪中梅，而性情温厚平和，蕴藉风流，汪洋万顷。每当友朋聚会，即燃烛飞觞，偶出隽语，举座鼓掌称妙。

杜子丛卒于康熙五十三年（1714年）七月五日，享年77岁。葬于县西北曹台祖茔。

杜宗度

杜宗度，号希裴，贡生，清代扶沟县人。初授孟津县教谕。按旧例，祭祀文昌阁魁星是在戊日，宗度认为魁星是主管文运之神，与戊不合，于是就下令改为丁日祭祀。还刊刻御制训饬士子的文章，分发给诸生背诵学习。巡抚杨宗仁委派他办理漕运事务，他处置得方，深得杨的嘉许，遂让他为孟津县代理知县。雍正三年（1725 年）年奉旨引见后，以知县擢用，因病乞求致仕归乡。宗度善诗文，曾参与编纂《扶沟县志》，著有《书带轩诗草》行于世。

杜宗甫　杜宗预

杜宗甫，号吉甫，清代扶沟县人。拔贡，康熙二十一年（1682 年）辛酉科副榜，授官淅川县教谕。曾参与编纂《扶沟县志》，著有《环竹园诗稿》藏于家中。

弟宗预，号晋番，康熙二十五年（1686 年）拔贡，授官卫辉府教谕。宗预擅长书法，工于诗文，曾参与编纂《扶沟县志》。与宗甫齐名，时称“二杜”。

樊明德

樊明德（？—1778），清代鹿邑县人。乾隆三十九年（1774 年）正月初，樊明德患病，经杨集医治痊愈。樊明德感谢杨集救命之恩，从此来往密切。杨集传给樊明德《混元点化书》、《天子问道经》两本书和《请神疏头》一文，让他每晚诵读一遍，并嘱“切勿泄露”。

杨集去世后，樊明德创立混元教，提出“换乾坤，换世界”的反清口号。广收教徒，约定每年清明、五月十五、九月初十、十二月初一等日聚会传教。一时间，鹿邑、淮宁（今淮阳县）、西华、上蔡、汝阳及安徽亳州等地，许多士民纷纷入教，使各级官府大为震动。

乾隆四十二年（1777 年）三月，鹿邑知县侦获樊明德“邪教”一案，先后抓获教徒 93 人，樊明德也被官府拘捕。四月初十，河南巡抚徐绩奏闻朝廷，乾隆帝颁旨，命河南、安徽二省速拿要犯，严厉惩治。五月，樊明德被凌迟处死，枭首示众；兄弟子侄斩立决；收徒 10 人以上者斩立决；亲属缘坐；同教 90 余人分别斩、绞、流、徙；杨集起棺戮尸。

以后，樊明德的三传弟子刘协之，改混元教为三阳教。后成为嘉庆元年（1796 年）爆发的川、楚、陕白莲教大起义的一支重要力量。

樊执中

樊执中（1714—1790），字圣传，号敬亭，又号迂村，今项城市高寺镇马庄（原名樊楼，一说为老城乡樊小庄）人。小时候爱好读书，不喜欢与别的孩子一块玩耍。稍微长大一些，一举一动，都像大人一样。20 岁应童子试，考中第一名，深受县令关爱。由于县考优等，不久得到了官粮（时称食饩）奖励。

一位姓尹的都察院右副都御史到陈州考察民风，看到了樊执中写的一篇文章，非常欣赏，就推荐他到淮阳（当时项城属淮阳府）弦歌书院继续学习。书院的院长岑兆松、淮阳郡守金长白，都很器重他。当时一位姓沈的按察使（臬台）负责管理全省的书院，极力倡导程朱理学，樊执中也从此开始深入钻研，系统掌握了“濂”、“洛”、“关”、“闽”（濂指濂溪的周敦颐，洛指洛阳的程颢、程颐，关指关中的张载，闽指讲学于福建的朱熹）的要旨，得到了沈姓按察使的一再赞许。

乾隆六年（1741 年）乡试，樊执中考中了举人副榜，成为贡生。此后他开始经常去省城开封，与一班有名望的文人士大夫交往。其间，结识了一位名叫汤大山的青年，两人很快成为莫逆之交。一次他问起汤大山的家学渊源，才知道汤大山是顺治年间进士、官至工部尚书、因为清廉而闻名于世的“文正”公汤斌的曾孙。因此，他得以读到汤斌留下的许多珍贵书籍。特别是从汤大山那里，他还读到了清初理学“夏峰学派”创始人孙奇逢（字启泰，号“夏峰”）的理学著作。夏峰学派以“慎独”为宗，以体认天理为要，以日用伦常为实际，以“毋自欺”即是“致知”之首，“自慊”便是“知至诚意”，“诚意工夫只一毋自欺便了”的理论，给了樊执中深刻教益。他曾经对别人说：“自从我和汤君交往以后，受他熏陶，就是在吃饭睡觉闲暇时，都如同进了夏峰先生、文正公的书房，亲耳聆听他们的教诲。”

乾隆十八年（1753 年）乡试中举，十九年樊执中考中进士。这时他已经 40 岁。不知何因，朝廷未授予他任何职务。他只好一边在家候命，一边开馆授徒。几年间，成就了许多青年人。他平时布衣素食，不论冬夏，安闲自得，并不追求名望地位。在上蔡书院当主讲时，他教学生以“践履、笃实、忠惠、廉节”，以“慎独”作为重要的修身功夫。这些都是夏峰学派的理论精髓。他还为学生制定了“三约”、“三戒”的操守规范。在上蔡 5 年，有许多读书人追随他。后来他回到项城，任莲溪书院主讲，项城四邻各县的学子，闻名前来就学的与日俱增。可惜老天没有给他更多的时间。乾隆五十五年（1790 年）七月十七日是他 76 岁生辰，他写了一首自题诗，其中有两句说：“数满洛书犹欠五，寿追东鲁已余三”，意为按洛书九九归一计算，自己还差 5 岁，但孔圣人也只活了 73 岁，和他比自己已经超过了 3 岁。这如同谶语，至这年九月十二日，他竟然无病而逝。

樊执中虽为进士，一生则以教学为业，从未做过官，所以说他是个“布衣进士”。但他林下耕读近 40 年，读书愈富，穷理愈深，养心愈纯，讲学愈笃。尤其他能反躬责己，其德性与年俱进，已经达到独知、独觉的境地。他一生抱道自重，鄙视迎合。他的高尚情操，对社会影响很深。他接近农民，同情农民，关心农事，常以数理知识和农民商谈如何种田。这方面的故事流传很多，如农民问樊进士："今年种什么庄稼好？"进士答："勾着头情种啦！"农民问："今个有雨没有？"进士答："今个有雨，不过下不到咱场里。"等等，迄今还为家乡农民津津乐道。

樊执中不仅精于程朱理学，也精于《周易》，晚年精研儒书，深契儒家堂奥。著有《古堂集》、《日省录》、《甲子年表》，可惜散佚不传。民国初年，邑人张锦芳搜集整理印刷了他的41首诗、3首词。

方成法

方成法，清代信阳商城人。道光二十八年（1848年）以举人衔任扶沟县教谕，后于咸丰二年（1852年）至七年（1857年）任扶沟县知县。

他在扶沟期间，见到百姓年年苦于水患，便以治理水患为己任。县西北境地势下洼，黄甫岗开后，鄢陵县的水分流入卢义沟。道光十四年（1834年），双洎河水涨发，把卢义沟淤为高地，沟上之桥尽被淤没，沿沟的百顷良田尽被摧毁。至咸丰二年（1852年），积水更大，不仅无地可耕，亦无房舍可居。在这种情况下，方成法便向上宪请示准予挑挖卢义沟。他不厌其烦，历尽曲折，直至咸丰五年（1855年）终始获准，将淤沟疏通以泄积水。上游被淤之田十之七八可以耕种，即使遇到春秋雨季，也能获得较好的收成，百姓亦皆能安于生产。他又将卢义沟上的张桥、王桥、插桥重修，以便百姓往来。

方于光

方于光，大兴进士。清康熙元年（1662年）出任陈州知州。在任期间政清事简，百废俱兴。尝修建钟鼓楼，又重建子由亭，与同年莫尔榷等在子由亭（又名苏亭）中讲诵诗词。时人把他视作颍滨（苏辙的号）。

方忠怀　方家兴　方太祥

方忠怀（1711—1794），原籍江苏镇江，出生于中医世家。乾隆年间至项城定居，创"方家药室"。

据说，乾隆皇帝出巡时，偶伤腿部筋骨，肿疼难忍，是镇江方家的"神异膏"解除了他的病痛。他当即挥毫，为方家写下"方家药室"四个大字。乾隆回京后派人到镇江请方忠怀，方即背着用乾隆题字制作的牌匾，沿途行医北上。走到项城南顿时，治愈一筋骨严重损伤的回民马氏，并与马氏结拜金兰之好。在马氏及另一刘姓穆斯林的苦苦挽留下，方忠怀放弃进京，定居南顿，开馆行医。

“方家药室”牌匾是用南方的“倒拉木”独板雕刻而成。长4.6尺，宽1.2尺，厚0.5寸，木纹细腻，沉重异常。“方”字的一点像仙桃，一横像鹿嘴和鹿眼，一撇像卧鹿；“家”字像飞翔的啄木鸟正扭头叼树虫；“药”字更像白鹤仙鸟；“室”字如同宝石、甘草节组成。牌匾竖坐在一个圆形莲花墩子上，墩上刻有乾隆书×年×月。

方忠怀不仅尽得镇江膏药真传，长于治疗骨科、伤科、疔毒疮痈，还长于治疗各种疑难杂症。方家药室在南顿开业后，老百姓都说：“乾隆下江南，请来方神仙。”

方忠怀有一子叫方良伯，尽得乃父真传，子承父业，以悬壶济世为生。迄今，方忠怀创办的方家药室，已至第9代。

第5代传人方家兴（1881—1964），第一次出诊治病才25岁。当时平店（今商水平店乡）有一李姓人家，女主人患伤寒传里症，当地医生久治不愈。在奄奄一息之际，派人去请方家兴。方诊断后，叫人搬条板凳横跨病人身子中间，他坐在板凳上用双脚像蹬药碾子一样来回蹬病人肚腹，直至病人大汗淋漓，病症即刻见轻，后用药调治，不久痊愈，自此名声噪于前代。

第7代传人方太祥（方家兴之孙），在祖传绝技的基础上，又结合现代科技和现实病况，研制出了“神异膏”系列的“复活神经中药膏”、“鼻窦通胶囊”、“脑心疏胶囊”等药物，都获得了国家专利。

冯奕宿

冯奕宿，字紫拱，山西代州人。清乾隆十年（1745年）任淮宁（今淮阳县）知县。奕宿在任执法严明，请上司批准用公款修建太昊陵殿宇，至今壮丽。因病离职，十七年（1752年）回任。前任吴溶倡修县志未竟，奕宿继续纂修，并付梓成书。创办保甲，逢上级颁发条规，实力奉行。尤其殚心竭力于兴修水利、疏源节流，使淮阳免受水患。

傅　弼

傅弼，字象岑，号筑亭。陈州（今淮阳县）人。年幼时就失去母亲，依靠祖母抚养长大成人。弼天资聪慧，倍于常人，以县元及院试第一入邑庠，清光绪十四年（1888年）进太学。老师对弼有“玉堂人物”之嘉许。精通各科试题，考试经常是第一名。后开馆授徒，教人勤学且要胸怀大志；讲授《中庸》、《大学》“鬼神之为德”章时，致呕血不停。光绪二十八年（1902年）逢乡试，这一年门下学生考入县学者十有六，列优行第一；补廪生者5人，房荐2人，堂备3人，当时被称为极盛；一县的名士，多半出自傅弼门下。其中最出类拔萃的考中了举人，出任县令。

傅弼崇尚义气，看重品节；对不平之事疾恶如仇，多次澄清冤案，有豪侠之风，被选充谘议局议员。弼第一次揭发本县粮吏积弊，皇帝大怒，蒙准革除粮吏270人，陈州士民称快。时袁世凯镇守朝鲜，曾派亲戚聘弼出山为幕僚，弼严词拒绝。光绪二十九年（1903年），朝廷的典章设有经济特科，林宗师已拟定列荐，想召弼参考意见，自守不肯往。林于是荐弼出任陈州县令，府尹聘任弼为劝学总董师校监（监管教育）。到任监督数年，勤勤恳恳，不曾稍有私干。县城有一豪族，仅有一女，缺子嗣，有意与傅结为姻亲。弼不齿其为人，一言回绝。众人多为之惋惜。晚年与同县举人严汝诚从事编修县志一事，开局后，严北上经营主稿，其余事项，由傅弼一人承担。因劳累而致病，勉强支撑病体完成了巨大的编修任务。之后又参与编修家族宗谱，制劝词20条为全族训。傅弼治家整肃，孝亲友弟，提倡积极进取，反对庸德之行。著作甚丰，有《筑亭遗稿》（未付梓）。有3个儿子：长曰凝厘，次曰凝谷，三曰凝祉。

傅广聪

傅广聪，字听思，号拙斋，清代鹿邑县人。少颖异倜傥，性慷慨侠义。乾隆三十五年（1770年）举于乡。游历各地，广交豪俊，与偃师武亿最为要好，赠诗有云："倾囊赠客去，是君闭门时。"后以大挑历署湖南善化县、宝庆府通判，补长沙县令。以父丧归里，不复出。

傅汝翼

傅汝翼，字予弼，号西圃。先世山西洪洞人，占籍鹿邑后奕叶皆隶邑庠：曾祖宇柱增广生，祖懋和父交泰并附学生。汝翼襁褓失恃。九岁遭父丧，哀号动邻里。事继母解，尽孝，性尤嗜学。家贫，不能延师，近村有道观，曰草寺。每揣书独往，计米以炊。历寒暑，弗稍倦。年十七人邑庠，刚毅自持，敦励气节。继母解卧疾，躬侍汤药不遑寝食者累月。

值大比，外祖解淦，严促赴试。汝翼诡词给之，卒不往及。遭丧，躬度凶功，并迁祖父、父及母椁之厝葬焉。艰苦劬瘁，四棺并举，民咸赞佩。

捻军将至，汝翼协乡团防御。团长或专权自恣，汝翼嫉之，携家避居汝州。慕名者竞执贽从游。

咸丰八年（1858年）举乡试第三，再试礼闱不售，遂绝意进取。客授数十年，弟子以百数。汝上才俊，率出其门。晚见理益真，淡泊自守，居家训子，恒以敦本尚俭为训。

傅松龄

傅松龄（1854—1907），字伯贞，号留仙，鹿邑县城内人。清光绪二十四年（1898年）考中进士，先后出任四川省蓬县、巴县、涪州知县。

松龄未出仕前，曾记录了境内的物产、风土、人情，集为一册，名为《佩弦斋杂记》。光绪十六年（1890年）赴京应试，路遇新任鹿邑知县于沧澜，问及县情，傅详加陈述，于感佩不已。后谈到《鹿邑县志》失修已久，希望于在任期内重新修纂，于欣表赞同。于到任不久，即委松龄筹办修志事宜。为广聘修志人才，松龄跋山涉水，跑遍3省10余县；为绘制图表，他不避严寒酷暑，对全县145条沟河渠道，逐段测量，把流程经过，河床宽窄，水位深浅，连同桥梁、村落、行政区划绘为一图；为搜集素材，囊携纸笔，深入乡里，了解风情，访问宿老，辑录百业。撰稿中，松龄主张志务求实，凡事有据，不分巨细，反复校对核实。付梓后亲为校订，表现出史学者不辞劳苦的勤奋求实精神。

傅松龄在巴县任职期间，白莲教活动频繁，清廷屡令剿捕，而松龄口应心违，不予行动。松龄亲自组织劝工局，劝民务农务工，发展生产。3年中连获丰收，木雕、油漆、编织等手工产品远销省外，使民间四季不闲，各有事做，县民生活水平有所提高。松龄连续任职9年，而囊无积蓄，家境如故。光绪三十三年（1907年），卒于任上，靠同乡资助，方柩归故里。

高宓　高应简

高宓，今项城市高寺镇高老家人。项城高氏家族第8世祖。他虽少有大志，但一生不曾入仕，仅补了一个弟子员——县学生员的身份。他经常以“时命自安”，常与两三个知己朋友饮酒赋诗。他待人随和，慷慨好施，从不把钱财看在眼里。邻居有人欠他400多金，归还困难，他就把借据一火焚烧；有人想用自家的田产还他债务，他坚决不要。胞兄高宣病故，他一力承担起全部丧葬费用。乡里人都称赞他仁慈友爱，历任县令也都很仰慕他的道德文章。但如果不因为公众事，他是从不去找县令的。高宓80多岁去世时，时任项城知县的张国英，为他题写了一幅门额，上书“品重儒林”，以示褒奖。

他生有4子，都成大器。其中第3子叫应简，字霖含，贡生，是候选州同（知州候补）。当时项城城墙倒塌，县学房屋破旧，知县刘其时找他商量，想更新、修葺学舍，应简慷慨地承诺一力员担。施工期间，他不辞劳苦，亲临工地督导监察。项城高氏家族自高应简后，日益兴旺，《县志》说：当时项城县没有能和高家相比的家族。

高积健

高积健，字体乾，号毅庵，今项城市秣陵镇人。高敏中的儿子。他 5 岁开始读书，整天都不知道疲倦。性格很内向，很少与别人说笑。14 岁的时候，写文章的条理已经很清晰，一点废话都没有。壮年以后，特别注重身心修养和养生之道。同治九年（1870 年）中举，光绪三年（1877 年）中进士。先后被分发到四川任大竹县和大邑县的知县，政声很好。光绪八年（1882 年）任四川乡试同考官，录取的多是知名士子。

后来，高积健因为患眼病，辞去了所任职务，两袖清风地从四川回到家乡。在家乡，他安贫乐道，天天监督辅导儿辈们读书，闲暇时候自己也背诵能记忆的儒家经典。他喜好读书的习惯，并没有因为眼睛不好而废弃。

他经常教育两个儿子说："我们家从明朝中期来到项城，世代都是诗书忠孝传家。我 4 岁的时候母亲就去世了，令我抱恨终生。长大以后，虽然在乡下居住，也饱受战乱之苦。但是，我自入仕以来一直都能以忠厚待人待己，读书稽古，力戒浮躁。虽然不能说已经完全理解了古人的思想、学问，但也不与古人的思想、学问相矛盾。你们也应当这样来要求自己。"

他著有诗文集数卷，日记 130 卷。

高积勋

高积勋，字卓如，今项城市高寺镇后高老家村人。是吏部主事高钦中的次子。小时候入县学读书，成绩优异，很快就得到食饩的待遇。

清同治初年，他跟从张勤果参加了收复尚店寨的大战。战后，地方上准备让他担任教育方面的职务，但当时他们高家已经家道中落，积勋锐意功名，产生了投笔从戎的想法，就加入了袁保恒西征的军队。第二年，袁保恒奉旨回京，高积勋也失去了建功立业的依靠。他想，先辈都是走科举之路起家的，我在行伍中能有什么出息呢？于是幡然悔悟，重新埋头读书，准备参加科考。

光绪二年（1876 年），高积勋终于在乡试中中举，次年（1877 年）中进士，被分配在刑部锻炼。刑部的官员很欣赏高积勋的才华。他在同僚中是个佼佼者，可是限于资历，在刑部很难受到提拔。有人感慨地说，在刑部受资格限制，想建功立业需要熬 20 年啊！高积勋就积极活动外调，被吏部任命为浙江青田知县。

青田县位于山地丘陵中，虽然境内溪谷纵横，烟江秀丽，山峦连绵，奇峰挺拔，但那时却是个非常贫瘠的地方。以往历任知县，害怕把俸禄赔进去，都是一到任就要求调离，结果留下了许许多多没有处理的案件。盗贼受不到惩处，是以异常猖獗。高积勋到任后首先处理积案，手批口判，只用了一个多月时间，就把旧案处理完毕。当时有个大盗名叫邢有保，以深山老林为据点，四处抢掠，人民深受其害。以往的知县惧怕征剿艰难，对匪情隐匿不报，致使以邢有保为首的匪患出现星火燎原之势。高积勋具实详细向上呈报，申请上司出兵征剿。上司也害怕匪患蔓延，听从了高积勋的建议。剿匪过程中，高积勋负责部队的运输供应，并且悬赏侦察邢有保的踪迹。邢有保终于被捕获。

他在青田任职3年，政通人和；改任仁和县，5年大治。因政绩显著，被擢升为同知（副知府），并代理知府主持政务。吏部向皇上引见他时，却因为碍于不得破格提拔的旧例，而回仁和县等待。仁和县官府内有个姓任的，百般阻挠他的升迁，二人矛盾很深。后来朝廷让他改任镇海县县令。

镇海县位于中国海岸线的中段，长江三角洲南端，东屏舟山群岛，西连宁绍平原，南接北仑港，北濒杭州湾，与上海一衣带水，自古以来一直是对外交往的主要口岸。他到镇海上任几个月后，甲午战争爆发，日本人的兵船在附近出没不断，枪炮声不绝于耳。当地居民纷纷外逃躲藏，多亏积勋处之泰然，人心稍微安定下来。一年后任满，他决计回归故里不再当官。

在仁和县的时候，前任县令邢某是河南同乡卫中丞的好朋友。邢某去世的时候，宦囊尚有剩余，怕儿子年幼守不住，就嘱托积勋代为保管。积勋回老家以后，亲自到汴梁找到邢某的儿子，全数交给他。对他说：你已经长大成人，应当体会先人的良苦用心，妥善保管使用。只有这样，我才会不辜负老朋友的嘱托。

高积勋年寿50岁。9个儿子都自幼读书，德才兼备，很好地守护和传承了先人的绩业。

高甲三

高甲三，原名甲寅，号霁堂，清代扶沟县人。嘉庆五年（1800年）庚申恩科举人。他性情刚直，从来不轻易去拜谒官府。因此，知县十分倚重他，专门为他创立义学，请他担任主讲。高甲三尤其嗜好搜罗文献，曾手订《扶诗钞存》数卷，刊行《平烟水诗钞》1卷，又为明朝诗人李梦阳建故里碑。在朝廷授他为湖北枝江知县时，已经70多岁了。枝江地瘠民贫，高甲三因此振作精神，勤奋吏治，劝事农桑。当地有个豪强，平日横行乡里，欺男霸女，民愤极大，前几任官役难以拘捕。高甲三就亲率壮丁，直捣其巢，将其捉拿归案，民众称颂。枝江濒临长江，江水暴涨往往势莫能御，高甲三一面上报抚司，一面捐出俸禄，号召富户捐钱捐物，增修堤坝。枝江民众十分感动，为他在江堤建立了生祠。祠刚建成，高甲三就去世了，枝江民众自动兑银，使其家人能扶棺归里。著有《霁春轩诗草》、《霁春轩文集》行世。

高峡云

高峡云（1793—1843），字晓江，号芝崖，今项城市官会镇范桥人，后迁居高寺镇后高老家村。他幼年读书非常刻苦，从入私塾到考中进士，每年研读八股文的心得体会都要写一到两本，存放在书箱里。17岁中秀才，食廪饩，26岁中嘉庆二十四年（1819年）己卯科第6名举人，第二年成进士。

道光十八年（1838年），高峡云被任命为浙江丽水县知县。丽水县是丽水州府所在地，位于万山丛中。那里土地贫瘠，财政困乏，而民风又很刁悍，偷盗杀人的事经常发生。高峡云到任后，审问犯人，经常是夜里子时以后才休息。有个勒死人的案件，罪犯在半夜里把尸体扔在护城河里，然后逃走了。为了抓到凶犯，峡云亲率衙役化装外出调查。一天夜里，他们走到一座桥上，听到桥下有响声，着人查看，发现有人躺在桥下，很是可疑，遂将其带回衙门。经审讯，恰好是勒死人的凶犯，案件随之了结。

道光二十年（1840年）庚子恩科，他兼任浙江乡试同考官，主持评卷，被授予文林郎赠中宪大夫。他上任丽水知县不久，发生了鸦片战争。洋人侵扰海疆，扬威将军奕经、靖夷将军奕山，受命率军到广州与英军作战，他们的军队相继从丽水县境经过。当时战事正紧，"军容盛，帅令严"，地方县官要为过境的军队准备帐篷、军粮，运送军装，制造刀枪，稍有做不到的，马上就有插羽毛（表示紧急）的军中征调文书和一把快刀（表示办不到就杀头）一起送给你。就这样，高峡云竭尽全力应付了两年之久，上司认为他贤良而且很劳苦，就把他调去比较富裕一些的永嘉县任知县。即将成行，滨海的轮船突然到了，似乎有战争的警讯，他只好把妻儿留在丽水，自己先去赴任。第二年，他的妻儿被接到永嘉时，他已经积劳成疾。临终前，其子高钦中问他有什么嘱咐，他说了"守拙"两个字后，又告诫儿子："你如果考中，千万不要再做州县的官了！"道光二十三年（1843年）二月初七，高峡云病逝在永嘉任上，终年50岁。

为支付军需，他连自己的薪俸都用光了，公债私债，欠了很多。家属拿他为供军需垫支的凭据，到军需局核销，可是军需局却以军务未清为由，不给审核报账。6年后，他儿子高钦中以庚戌进士的身份当了官，又拿这些欠账到吏部去报销。可是，吏部不仅不报，还要他赔偿他父亲在丽水任上欠下的债务。当时袁甲三任江南道监察御史、掌兵科给事印，是他写了一封信给浙江的官员，说明高峡云居官的廉苦情况，他留下的"债务"才得以解决。

高峡云去世时，高钊中才10岁。钊中跟随父亲在丽水、永嘉一起生活总共不到5年，只记得父亲的声音容貌。他回忆说：他们一家带着父亲的遗体离开永嘉时，听到街上的人相互议论说："新县官坐轿攲斜，不似原任官（指高峡云）坐必正，视必端也。”

高梅阁

高梅阁（1783—1860），名芳云，晚年自号荆布老人，今项城市高寺镇后高老家村人。其父高玉麟是贡生，兄颉云是举人，弟峡云是进士。

梅阁自幼好学不倦，与兄弟共砚读书。诸兄弟热衷于功名，她却留心日用伦常之道。22 岁嫁与监生张东林为妻。张家世代习武不习文，于是她也藏起文墨，做起家务来，好衣好食奉养公婆，粗茶淡饭留给自己。公爹脾气不好，时常怒发不可遏，梅阁则委曲承顺，伺机劝解，直到皆大欢喜。丈夫嗜酒，不爱文墨，见梅阁写字常发无名之火。邻人有喜爱高梅阁书法的，就先请张东林饮酒，然后张东林才“喜而命书”。日久天长，公婆知其贤且才，于是凡所筹划，无不言听计从。

梅阁初生 1 女 2 子，皆夭亡，40 岁才生子安雅承嗣。此前，自以为命中无子，为丈夫买妾王氏，生 2 女 1 子。王氏早亡，子女尚幼，梅阁抚育如同亲生。等到安雅 7 岁，她才搬出自己所收藏的书，教儿子学习。她先教“小学”，次教《论语》，要求儿子注重事亲敬长、应对进退之仪，“不汲汲于时文应试之学”。她曾经说：“吾不望其为官，但愿其为人耳。”张安雅得母亲言传身教，后来成为名士，居“陈郡七子”之首。

咸丰十年（1860 年），高梅阁连病 3 个月，但穿衣坐卧仍像平时一样端正，每天的洗漱也像平时一样洁净。最后病情严重的时候，不能说不能动了，偶然有不正不干净的，就用目光示意，表情很厌恶，为她整理端正洁净以后才安静下来。她患耳聋近 10 年，病重的时候，很小声地跟她说话，她却能听清楚。去世前几天，侄儿高钦中拿她的《训子语》请她校正，她还能在别人搀扶下坐起来，用手写字批审。又过了几天，高钦中又让弟弟钊中来看望她，请她留下遗言。她力撑起坐，与侄儿谈论了好久的学问之道，但是说话已经很吃力了。荆布老人享年 77 岁，逝后葬于李寨（今属郑郭镇）村南 100 米处的张氏墓地。

荆布老人一生谨言慎行，遇事必虚心观理，审定则坚确不移。与人谈话，多切中事理；与人相处，则诱之以善。天资虽然不是很聪慧，但好学不倦。说话的时候讷讷笨拙，平实无文，大智若愚。她诗学杜工部（杜甫），字学颜平原（颜真卿），篆刻绘画无所不能。可惜她的字画今存无几。

有《形短集》传世。朱撰卿（太康人，做过知县）评价《形短集》说：“老人之诗及训子语各条，裕道韫之才华而去其浮靡；具惠姬之深厚而出以温雅。观其论学见道之章，直可振士林之聋聩，以导其先路。奚仅树范裙钗云尔哉！”

高民望

高民望，三韩（今山西晋城）人。出任陈州（今淮阳）知州，战乱刚过，城内萧条，百废待兴。民望到任后，多方安顿抚慰，首先让市民恢复营业，然后对城垣、衙署、学宫、神祠等次第修复。陈民为驿站用马所苦，希望州官怜之。后民望令过客向民索马就付给百钱，并戒过客勿扰民，人民困苦方解除。民望性宽仁，赏罚严明，牢狱中没有冤枉或长期不决的积案。生活俭朴到清苦处：只吃菜疏，穿粗布衣服，仅可御寒。擢升南康知府，陈人思之，交口相传。

高敏中

高敏中，字陪斋，今项城市秣陵镇人。他自幼聪明过人，读书过目不忘，20岁入县学并食饩。咸丰年间，高敏中见朝政日非，官场黑暗，就毅然放弃举业，专心于王阳明的学说研究。但他平生谨慎，轻易不与人谈论，别人也不认为他有什么出奇之处。

咸丰二年（1852年），江南爆发了太平军起义，朝廷命曾国藩率大军驻扎武昌，于是大批太平军逃到江北，想越过项城北上进攻北京，河南也有很多老百姓起事响应。汝南、上蔡、项城、淮亭（今淮阳县）等地，烽烟四起。为保地方安宁，高敏中挺身而出，募集资金修缮城墙，训练团勇保卫家乡。太平军首领李士林攻克沈丘县城后，又想占领项城，但因为项城防范严密，不得不放弃。

咸丰五、六两年间，局势日趋严峻，太平军及当地起义民众越来越多。河南巡抚张之万驻军汝南郡围剿，一时尸横遍野，血流成河。高敏中见此，心中很是难受，就向张之万上书，痛论“剿不如抚”，受到了张之万重视。袁保恒率兵来项时，张之万就把高敏中的信转给他。袁保恒找高敏中商议，高敏中说：“各处起义民众以鲖阳最强大，如果采取劝说的办法招抚了那里，其他地方也就不攻自破了。”袁保恒当即把劝说起义民众向官军投诚的任务，交给了高敏中，高敏中毫无难色地接受了。

第二天一早，高敏中单枪匹马准备去鲖阳城劝降，临行前他与袁保恒约定：“如果劝说成功，我会早早返回这里；如果过午还不见我返回，你们就进攻吧！”

鲖阳起义民众中有位姓曹的，与高敏中是朋友，靠他的关系，高敏中见到了起义军首领。去见首领的时候，枪林夹道，刀锋耀眼，高敏中只能侧着身子从夹道中走。有人想乘机伤害他，他从容镇定，对这些起义民众徐徐开导。起义民众包括首领，都被他的话打动了。首领上前拉着他的手说：“先生真是义士，是男子汉，还有什么说的，我们投降！”可这时恰好过午，有人报告说官军杀来了。首领一听大怒，认为高敏中是在诳他，又要杀高敏中。高敏中让首领陪着他来到外面，要袁保恒退兵。清军退走后，鲖阳城这才竖起降旗。此后，东南70余里的起义民众，也都纷纷或降或散。但是，以袁安愚、陈大喜为首的两股起义军，有40多万人，坚持不降。高敏中又只身去劝说他们，袁、陈二人佩服高敏中的大义大勇，遂也听从了高的劝说。

事过以后，朝廷要封高敏中官职，高敏中力辞不受。他对人说：我这样做是为老百姓，哪里是为了当官！

高钦中

高钦中（1815—1864），字敬直，号恒溪，是高崃云的长子，今项城市高寺镇后高老家村人。他幼时体质很弱，不好玩耍。7岁的时候曾戏题诗句在墙上："心亘万古始为恒，日月常悬昼夜明。士心自有平生志，江鸟哪知得意鸿？"他祖父见了说：这孩子虽然身体羸弱，但志存高远，绝不会是一般的人。

青年时代的袁甲三，曾在高家做塾师，是高钦中的启蒙老师。有一次高钦中看到在袁甲三的书案上有《朱子全书》，便认真读起来，每天都要读到天快亮的时候。从那以后，他的一言一行，都能按朱熹讲的去做。16岁当童生，17岁中秀才，道光十七年（1837年）考取拔贡（22岁）。后来父亲到浙江丽水县任职，把他也带去了。

道光二十年（1840年），高钦中回项城应河南乡试，得以认识河南名儒王淡泉（新郑人）。王淡泉很欣赏高钦中的才华，把自己的宋元明各儒学大师的集子，都送给高钦中读。于是，高钦中就单独整理出一个书房，天天在书房里静坐读书，一连读了5个月。其间，还不时向王淡泉先生质难问疑，并详细记录下来。

其父改任永嘉县后，高钦中到永嘉随父居，就把与王淡泉先生的谈话及心得，编辑成《健复录》和《居瓯随录》（"瓯"，温州别称）两本书。

不久，父亲病逝，他准备扶柩回归故乡。但为了把父亲在永嘉任上的公事交代清楚，又在浙江停留了半年。在丁忧居丧的哀痛之中，高钦中更加刻苦攻读诸儒经书，常常整夜读书不辍。一天夜里，他在读书中突然悟出《易经》关于天地变化和新生事物产生的主旨。于是高兴地说：天地的大德就叫做"生"，与告子认为天地为"气"的理论大不一样。在天叫做"命"，在人叫做"性"，在心叫做"仁"，没有其他的了。并用一首诗记下自己的感悟，其中有一句是："从今打破生关去，生意绵绵仔细寻。"从那以后，他再读先儒的书，就能融会贯通了。回到项城以后，他闭门谢客，奋发自励，学有大进，常常感叹淡泉先生的亡故，使自己再没有可以交往的人了。于是，他延请淡泉先生的侄儿王绍阳，为弟弟高钊中及几个子侄讲授经书。

道光二十九年（1849年），高钦中中举，次年成进士，被分配到吏部的考功司任职。其间，曾和李观庭、杨兰士等切磋学问，与倭仁（倭仁，蒙古正红旗人，乌齐格里氏，字艮峰，道光进士。道光末年，和曾国藩同为理学大师，同治初年任文渊阁大学士）论证新学。

同治元年（1862年），穆宗皇帝下诏征求海内诤言。高钦中正打算上疏，陈述自己关于时事的看法，赶上太平天国起义，攻占了金陵（南京），河南境内也动荡不安。钦中惦记老母年高，不能朝夕奉养，就请假回乡省亲。因骑马不幸摔折右臂后，就更加无意仕途，只愿在家享受天伦之乐。闲暇的时候，便研读《周易》或考课家中子弟的学业。

这时候，朝廷正在江南用兵，袁甲三也在临淮率兵剿捻，来信请高钦中到临淮参赞军机，高钦中没答应。河南巡抚郑小山，邀请他主持河南的捐输事宜，他也没有答应。后陈为（今淮阳）知州聘请他任西华演畴书院主讲，因在古先贤箕子的大殿一侧设帐，他这才接受。他常说：商、周时代，天地大法尽在箕子的《洪范》一书中。为此他还写了一本书，认为人立身的关键，在于“貌、言、视、听、思”五个方面。

两年后，太平军的王廷桢部、捻军的陈大喜部，相继在西华南部起事。于是，高钦中辞去书院的事，回项城故里。为保家卫土，他出面“编保甲、联部伍、备军械”，保卫项城。同治二年（1863年），捻军占据了项城县城（今秣陵镇）北部的尚店寨（今为范集镇尚店村），省督张耀率大军包围尚店，太守刘瑗率民团协助，高钦中主动为他们策划方略。两个多月后，进驻尚店的捻军被歼灭。高钦中因此被保奏，朝廷赐他郎中衔，赏戴花翎。

尚店战时，高钦中为求救兵，曾在风雪中骑马奔跑几百里，落下了严重的肺病。同治甲子年（1864年）春，他到京城看望弟弟钊中，肺病突发，两日后不治身亡，时年49岁。

最初高钦中与王淡泉交往，崇尚“提斯本心，扩清私念”，就自号为“爽亭”；后来认识了倭仁，认真探究了明代儒学研究的弊病，认为“颖悟不足恃，以笃实践履为主”——人的聪明不值得恃仗，踏踏实实做事才是根本，他就把自己的号改为“恒溪”。

高锡爵

高锡爵，字康侯，明末奉天府辽阳（今辽宁省辽阳县）人。康熙三年（1664年）八月至六年（1667年）及六年六月至十四年（1675年）两次任扶沟县知县。

他在扶沟期间，鼓励垦荒，与民相约，有垦荒者3年无取租税，招集流亡，垦田甚多。当时额饷颇多，百姓负担不起，他重新更定赋役，凡是对百姓不利的全部免除。

他在勤政的同时，从第二年开始便对县署、城墙进行重修。他首捐廉俸70两以倡士民。在县署旧址上相继创建了大堂3间、二堂3间、主室3间、大门3间、仪门3间、六曹房左右各10间、库房1间、主室左右厢房各3间、群房、厨房21间、花厅3间，又与其相联翼7间、书室2间、寅宾馆3间、衙神庙3间、马神庙1间、牧厩10间，另建戒石坊1座。历时3年，共建房屋92间。为此，他撰写了《重建扶沟县堂上梁文》、杜画章撰写了《创建公署记》、卢世扬撰写了《扶沟县重建县治记》以记其事。他于康熙四年（1665年）建典史署、五年（1666年）重修白马寺佛殿、八年（1669年）重修明道祠、九年（1670年）重修东岳庙。他还先为表率捐俸银，重建了县城鼓楼。何际美撰写了《扶沟县创建鼓楼记》，他本人写了《重建鼓楼成漫赋二律》。十一年（1672年），他又首捐清俸重修了陆家桥，卢世扬撰写了《重修陆家桥记》以记之。他重视县志的修纂工作，于康熙十三年（1674年）完成了4修《扶沟县志》，并为之作序。

高锡爵仁惠慈和，博览经史，精于古今治理之得失与生民之剔弊。在扶12年，使社会安定，百废俱举。后以绩升陕西延安府同知。

高岫生

高岫生（1865—1949），今沈丘县冯营乡人。书画家。高岫生本欲通过科考进入仕途，不巧，其时正逢清帝退位，科举制度废除。无奈，遂在家乡设馆教书，成为名噪乡里的塾师。

高岫生尊崇孔孟之道，常以仁德为邻，以仁德结友，德泽乡里。他对父母谨遵孝道，常言："乌鸦反哺，羊羔跪乳，为人子不孝，禽兽弗如。"他对李密在家侍奉96岁的祖母以终天年极为推崇，视李密为典范。高曾搜集古代孝子贤孙的传说，画成"二十四孝图"分赠亲朋挚友，并自题诗曰："郭巨埋儿孝当先，王祥卧冰感动天。二十四孝作典范，家风端正子孙贤。"

高擅长行书，临摹"二王"，文体得当，运笔自如。他有三不写的习惯：窗几昏暗时不写，偶染小恙时不写，精神委靡时不写。高写字专选天朗气清、窗明几净、心情愉快之时，以使字韵和神韵合二为一。高录的《滕王阁序》四幅屏，如行云流水，在写到"落霞与孤鹜齐飞，秋水共长天一色"句时，其笔法更是逸兴湍飞，笔走龙蛇，腾蛟起凤，神韵毕现。

高擅长山水画，其画有"远看山有色，近听水有声"之妙。他给山水画自题诗曰："泼上几滴大墨点，霎时勾成米家山。水秀山清百鸟唱，碧波一叶打鱼船。"

高在《文王访贤图》中自题诗为："岸草青青渭水流，子牙曾此作钓钩。今日已入飞熊梦，文王访贤到河洲。”融诗情画意于一体。高岫生还擅长画虎，他在一幅《下山虎》的画面上自题诗曰：“几阵窗前翰墨香，一笔挥就震山王。怒目圆睁百兽恐，大吼一声下山岗。”又：“怒目圆睁，咆哮一声。山鸣谷应，草木震动。”高岫生的书法绘画作品今在民间流散较多。

高玉珍

高玉珍，字怀瑾，今项城市官会镇范桥人，约生活于晚清时期。他秉性豪爽，不喜欢科举文章，只喜爱诗书；通达人情，富有待人接物的处世经验，所以谈起事来滔滔不绝。虽然从不对人阿谀奉承，却好客好友。

他在自家庭院里开出一块地，专用来植花种草，朋友或客人来了，就在花间把酒联欢，几乎每天都是这样。当时项城县令邹尧廷，是著名的进士，他到项城后，经常到高玉珍家把酒谈心。杭州名士周相容、梁山舟，怀宁名士杜汝杩，是当时著名的书画大家，他们每从项城经过，就要在高家盘桓一个多月，与高玉珍谈论书画。

高玉珍还喜读医书，他家大门左边就是他的医药室。家乡人不论贫富，都可以到这里看病。如你说没有钱先欠着，他就免费送药给你。

抚筝，也是高玉珍的一大爱好，而且造诣相当高。当时几百里内以弹古筝为生的瞎子，都来找他正音律。

总之，上至官府、绅商、文人、术士，下到瞎眼乞丐，都能与高玉珍交往；不论远近的人，都知道项城有个“高怀翁”。他没有儿子，收侄儿高崃云为嗣子。

高赞善

高赞善，字襄廷，今项城市秣陵镇人。大邑知县高积健的二儿子。

他少有大志，书法出众。光绪二十年（1894 年）以优贡朝考二等，加捐知县，被分配到安徽定远县任知县，良好的声望远近闻名。涡阳发生动乱，他受命带兵前去协助进剿。动乱平定后，经制军刘某保奏，被升以直隶州知州品级，赏戴花翎。

太和在安徽的最西部，与河南接壤。因是两省交界处，盗贼很多，难以治理。他调任太和知县后，逮捕了几个强盗头子，绳之以法，当地的治安才稍微好一些。当时有军队驻扎太和县城，官兵纪律散乱，经常聚众赌博，老百姓深受其害。他抓捕了为首的官兵，依法严审后，处以杖毙——用棍打死。为此，他几乎受迫害致死，多亏太和士民 1000 多人到省城申诉，才让上司了解到真相而免予处分。遇上灾荒年景，他请赈救济贫民，分配均匀，贫民都得到了实惠。

其他方面，如修文庙，兴教化，疏通河道，禁止赌博，组织捕蝗等，实施了许多善政。

太和任满，升任亳州知州。亳州连接江苏、安徽、河南三省，四通八达，是交通要道，也是客商、货物的集散地，但也有许多土豪恶霸及蛮横的官兵骚扰商贾。高赞善到任后着力治理，只一年时间，这里的治安明显好转。在巡抚推荐下，他被提升为道员，以知府候补。

直隶总督袁世凯，得知了他的才能，准备重用他。不幸他却在这个时候无"病"而逝（可能是急性心肌梗死），只活了35岁。人们查看他的遗物，除几件衣服被褥外，书桌上还放着一份未完成的亳州规划，床头有3块银元和300铜板（10文的铜板30个，入殓时装棺），除此而外再无他物了。消息传出后，前来吊唁的人络绎不绝，就连太和县的老百姓也都痛哭不止。灵柩送回项城时，途中不断有人路祭，为他戴孝送葬的老百姓有几百人。太和县的士绅和有声望的老人，集体禀请在太和名宦祠立上了他的牌位。

高赞善著有《涡匪纪略》以及诗文集。

高钊中

高钊中（1833—1907），字勉之，今项城市高寺镇后高老家村人。高钦中的弟弟，是道光秀才，咸丰拔贡，同治举人，光绪翰林。他小时候非常恭顺谨慎，父亲崃云死于永嘉知县任所时才10岁，母亲李氏对他管教严厉，哥哥钦中对他教育认真，16岁补"博士弟子员"。河南提学使俞子襄对他十分推赏。

咸丰十一年（1861年），他考取一等拔贡，成了户部的一个小京官。当时进入河南的捻军扒了他父亲的坟墓，他和哥哥高钦中重新安葬父亲，发誓一定要消灭捻军。二人曾联络曹庚五、夏耀荣等人，徒步跑到商丘，跪在僧格林沁亲王的马前叩求救兵。此后，又只身去汝宁府谒见中丞张子青请兵。捻军离开项城以后，他才回京供职。在京都，他先后拜见了当时非常著名的学者李文清、倭仁、吴竹如、方鲁生、何子永诸先生，相互切磋学问。

高钦中在京城寓所去世，他扶榇回项安葬后，应淮阳郡守刘伯瑗聘请，担任了弦歌书院主讲。同治六年（1867年）乡试中举，光绪二年（1876年）中进士后，被任命为"庶常散馆"，参与国史编修。不久，任为国史馆协修。

光绪八年（1882年）出任湖北学政。他晓谕湖北全省，向朝廷推荐朴学笃行的人，同时减去很多新生试卷的费用。他还向朝廷递交了《海疆折》，被"留中"——奏折内容不合皇帝的意思，被扣留在朝中，但他却被调任为功臣馆的纂修，继而入上书房，当了皇子们的老师。这期间黄河郑州段决口，高钊中与同为翰林院编修的蒋仲仁（名艮，号后山，商城伏山乡人）等8人，弹劾河督成浮渎职害民，并请筹款赈灾。朝廷采纳了他们的建议。

此后，他被派去云南视学（学政），主持乡试，和中丞谭叙初刻印《理学宗传》，在一、二等生员进入考场的时候，各分给他们一册，让他们质疑辩难，各抒所见。对生员的疑问，他随手批答，这对生员们鼓舞很大。他从问疑的生员中，发现有可造之才，就择优选入省城的书院深造。云南人知道有“正”学（以“遵经”为鼻祖），就是从高钊中任云南学政开始的。他先后保荐了几位不仅学问好，而且能踏实实践的士子。回京后，他升迁为翰林院侍讲，之后再转侍读。

高钊中64岁时（1907年），因患痢疾，呈请开缺辞归，不久即病逝于家乡。

从少年时期，高钊中受益于王淡泉的侄儿，又读了孙夏峰、张宗诚等理学大师的很多著作。这些人都是以“姚江学派”（主张“心即理”，“知行合一”，“致良知”，认为“吾心”是宇宙万物的本原）为宗师，讲学的时候也都是这种观点。在湖北，他经常与荆州道于次棠辩论学问，晚年，经常与湖南学者黄恕轩谈论理学。有病的时候，脑海里仍在探究学问。他说，自己对程颢（北宋著名理学家）的学说感悟最深，有独到的心得。

虽然他家里遭受了很多变故，但没人见他发过脾气，与人说话总是言温气和，严格遵循程朱理学的修养道德。

高钊中尤其关心民间疾苦，关心水灾救治情况。他有一封写给袁保龄（时任内阁中书）的信，谈到疏通泥河的事；逢到灾年，又写信给湖南的黄恕轩，告诉他饥民的悲惨情况，请他得便把信转给巡抚，拨发救灾款救济灾民。很多事，就是靠高钊中的上下斡旋，才使家乡人相安无事。

高钊中生平著述不多，但善书法，其撰写的“桂林一枝昆山片玉，黄河九曲太华三峰”联被北京故宫博物院收藏。项城民间迄今亦有他的作品流传。

耿绣彝

耿绣彝，字用中，清开封府太康县人。耿耀之子。康熙四十二年（1703年）进士，品行端正，学识渊博。初授湖广临湘县知县。在任期间，为政宽仁公平，崇重礼教，士风为之大变。后以卓著的政绩荐补礼部仪制司主事。不久，因病告退归家，在太康书院教书为职。讲习勤恳，精于训导，生员大受裨益。退隐家中后，仍经常吟咏诗文，著有《四书遵注》、《性理解》、《寺经集要》。

谷明登

谷明登（1594—1666），字公选，号逢春子，明代鹿邑县人。万历四十年（1612年）举于乡里。设塾授徒，远近从学者百数十人。

顺治元年（1644年）授顺义县知县。顺义为畿辅近地，人多豪强、狡黠，诸从事善以利诱上官。明登上任3个月，有库掾薛某给他说：做了某个事，可得金若干。明登怒，杖械之，并将他投入狱中，狠狠地惩治了他。杀一儆百，全邑震惊。廉名传至朝廷，擢升明登为工部都水司主事，提督淮徐中河。

是时，中原战乱刚止，河道久废不治，堤岸卑薄。明登亲行量地置堤，计工征夫，身先士卒，大工立现。四年（1647年）秋，河决黄浦口，明登督工塞堵。众见水势汹涌皆奔避。明登不畏险危，负土下水，人人感奋，决口旋复。继修月堤40里，高广3丈余，迤逦绵亘，遍植杨柳。河道总督上奏明登功绩，升都水司郎中。

后，以病致仕归里，村居安逸，不入城市。每日读《老子》、《庄子》、《离骚》及陶杜诗集，讽咏忘倦。时以酒自娱。卒年72岁。

谷元斌

谷元斌（1860—1940），字莲塘，号浣花老人。今沈丘县老城镇前谷营村人。其父谷仁杰，清朝贡生。谷元斌自幼学习刻苦，16岁考取童生，光绪二十八年（1902年）中壬寅科举人。

他一生教书育人，著书练字。清政府曾选他出仕，他推辞不就。袁世凯欲聘他为幕僚，亦被他婉言谢绝。他曾发誓“不以清白之身坠于污泥之中”。乐于自食其力，不仕乱世，独善其身不与官方来往。每天著书写字之余常到村边散步，见人就避开。有时到三里远的县城会友，常走背街小巷，不愿露面。

其作品有《撒床歌》、《采茶歌》、《劝人勿争讼》、《三字经巧合记》等。这些作品都是以诗歌的形式来醒世劝人，读起来朗朗上口，雅俗共赏，受人欢迎。当时印刷技术不发达，人们争相传抄，广为流传。还写有300多回的章回小说《海底月》，抒发他青年时期的理想抱负。此稿是他晚年的心爱之作，用皮箱装着，外出逃避匪患也随身携带。1933年逃霍子录匪患时，途中被土匪误当作财物抢去。为此他数年惋惜不已。其他作品也都在匪乱中散失。现存的《撒床歌》、《采茶歌》是几位老人凭记忆辑录而成的。

《撒床歌》约4000字，内容丰富，语句流畅，押韵合辙，趣味性强。歌中援引了上百个历史典故、爱情故事和100多名历史人物，还描写了当时的风俗、穿戴、家庭摆设等，很有时代和地方特色，有较高的艺术价值。

《采茶歌》约600字，大部摘自“四书”句子，言简意赅。主要表达了作者怀才不遇、安贫乐道的心情。

他精于书法，真草隶篆俱通。笔法潇洒自如，婉转圆润，体式独特，自成一家。写字时束腰紧带，弓腿悬臂，全神贯注，一气呵成。他写字认真，一丝不苟，如有一处败笔，即抛入纸篓全幅作废。他还常为附近的名门大户撰写碑文、匾额。他曾留有几箱笔墨遗作，可惜“文革”时全部当成“四旧”焚烧，只有个别条幅散落亲友家中得以幸免。

顾 珽

顾珽，四川盐亭人。以举人任陈州知州。莅陈值水灾，陈民逃亡者甚众。珽请求上级打开粮仓，设法赈济灾民。州治所在城的城墙坍塌，珽捐出俸银，招募饥民修筑。又聘请教师立义学。境内有恶棍“瞎骡马”、“老鼠眼”为害民众，珽差皂役缉拿以正王法，士民称快。任3年，卒于官，囊空如洗。陈州绅民经理其丧，设奠送归。

顾芳宗

顾芳宗，字可亭，浙江上虞人。清康熙十二年（1673年）任项城县令，连续任职十几年。项城人对他的考语是：“恺悌爱民，百废俱举，修学、开渠、建阁、课士、教养兼备。”

他在项城的主要政绩之一，是修建官办学校（学宫）。他到项第二年（1674年）便捐俸重修大成殿7间。这是一个近似现代礼堂的高大建筑，里面宽敞明亮，供奉大成至圣先师孔子，同时又是县令、教谕、训导集合学生开大会、演讲或演礼的地方。此后，他又在康熙二十三年（1684年）、二十七年（1688年）、二十九年（1690年）、三十年（1691年）4次捐俸重修或新建东西庑、戟门、泮池、棂星门、启圣祠、名宦祠、乡贤祠、明伦堂，等等。为维持办学经费，他又发动乡绅捐资助学，募捐所得全部用于官学购置学田，以为长久计。

顾芳宗的另一大政绩，是“大修邑志”。盛世修志，所谓“邑之有志，其所关着大矣！”“上之可列于职方，下之可藏于石室，盖有关于政治者非浅也！”修志的目的是“以备观览于一时，昭劝于后世”。所以必须“辩而不华，质而不俚；其文直，其事核，不虚美，不讳恶”。顾芳宗于康熙二十九年（1690年）主持编修《项城县志》，这是项城历史上较前比较完备的一部志书。

顾县长对项城人民所作的贡献，“尤其大者，莫过于抚宇”。抚即安抚、慰抚，宇即一县之宇，有为官一任，造福一方之意。他每月初一、十五，都要召集吏属、学子、士绅、耆老到县衙堂前，向他们进行演讲，开启民智，使他们懂得修身、齐家、治国、平天下的道理，遵循为人子之道、为人臣之道……顾芳宗通过这些“思想教育工作”，很好地净化了社会环境。他在项城十几年（中间有3年因母亲去世尊制丁忧）间，项城治安良好，物阜民丰。“讼无赎锾，而疑狱立辨”，“私人不用而徭役已清”，有政清刑明气象。

老百姓说，顾县长有福，“禳蝗而蝗不入境，浚河而水不为灾”。又说自从顾县长来后，“肃然神在，妖孽退而祯祥兴”，因为境内的南顿孙家湾、高寺刘铁冢等地，都出现了稻麦黍谷“一茎两歧”的吉祥征兆。

顾嘉蘅

顾嘉蘅（1834—1902），字湘坡，今沈丘县白集镇顾营村人。书法家。清咸丰十一年（1861 年）辛酉科拔贡，同治六年（1867 年）丁卯科举人，光绪三年（1877 年）丁丑科进士。曾任翰林院编修，湖北、云南学政，南阳知府。

关景新

关景新（1831—1910），字警庵，今扶沟县包屯镇人。庠生，以弟弟关作栋贵，赐赠皇清武功将军。

关景新高身法行，激扬风流。他为了使在外为官的弟弟专心致志，效力朝廷，就格外看待弟弟的子女，延请师傅训育读书，亲自督促责问，如同己出，使他们都能蜚声黉序。邻里之间有了纠纷，他积极出面调停，使双方矛盾和解。同治年间，社会动荡，兵戈四起，他倡议增修村寨，加强守备。邻近村庄多遭蹂躏，而该村得免。他还创办自立小学堂，让自己的子侄充任教员，以劝学行，并创立天足会，提倡妇女放脚，开扶沟地方妇女解放先河。乡人因之称赞他“六行咸备”。扶沟知县因此上表称颂他的功德。

关作栋

关作栋（1847—1905），今扶沟县包屯镇人。幼年读私塾，通文墨。咸丰九年（1859 年）捻军经过扶沟，13 岁的关作栋被虏走，随军奔波闯荡。同治元年（1862 年）捻军再次经过扶沟，关已成人，且安然无恙回到家中。随拜本乡雁仓村韦姓武秀才为师习武。

成年后的关作栋身高 6 尺，膂力过人，善使长柄大刀，重达 50 多斤。同治四年（1865 年）入武庠，六年（1867 年）参加乡试，得中武魁。光绪三年（1877 年）进京会试，名列二甲，钦点赐进士出身，即授游记衔御前侍卫。时一河南籍同乡病故，出殡时途经午门，守卫不许通过。请关作栋疏通，仍然不允。关作栋一跃跳到棺木之上，守卫不便阻拦，遂得通过。

光绪十五年（1889 年），皇帝大婚盛典，关作栋圆满完成护卫任务，经庆亲王保奏，赏加副将衔，钦赐朝珠一挂。光绪十七年（1891 年）奉旨出任广西柳庆镇游记，札委官带抚标后军中营。接任年余，队伍严整，防务安靖，深得巡抚器重，屡受升迁，继中军参将实授浔州副将。浔州地处边陲，地势险要，少数民族揭竿而起者时有发生，清廷防范极严，军民关系十分紧张。关作栋莅任，即严格约束部下，不许骚扰百姓；且恩威并用，以安抚为主，改善民族关系，避免兵事。任上9年，官民相安。两广督抚争相调用。总督欲调其到广州听用，而广西方面以军事要缺、接替无人奏请留用，并保列一等。不料竟功高见忌，被怨家排挤，于光绪二十八年（1902年）还乡。光绪三十一年（1905年）因病去世，终年59岁。

圭龙骧

圭龙骧，字巨卿，清末民初太康县人。善作文章，文章一经写成，人们便争抢抄录诵读。历任县公私高初级小学教员及校长。从事教育30年，成就很大。清宣统年间，他创办的县前街地方初级小学在全县独树一帜，成绩优甚。奉河南省府命令，被改为全县模范小学。在本县教育改良方面，圭龙骧出力很多。他亲手创办的淑毅女校、女子高级小学校更是全县女子教育的先声。宣统三年（1911年），圭龙骧加入同盟会。1912年加入国民党。1926年，杆匪金贵彬、牛绳武等攻破县城，全城罹难。掳1000多人，圭龙骧在其内。因圭不屈服，骂贼被杀。绅民为之痛惜不已。著有《玉在堂文集》传世。

郭登轩

郭登轩（1812—1898），回族，槐坊厅东镇（今沈丘县槐店回族镇）人。祖籍山东曹州，沈丘回族查拳的掌门人。

清道光、咸丰年间匪患猖獗，流寇四起，回族作为中原弱势族群，常遭土匪及暴徒的洗掠。为抗暴自卫，众回民被迫组织起来，由槐坊厅清真寺阿訇李润哲赴河北沧州，请查拳大师史德胜、丁纪林（二人系查拳石太春派）到沈丘传授查拳。时，郭登轩少年聪慧、悟性高，深受史、丁二位拳师的偏爱。二人把所有查拳套路悉数传授给郭登轩。史、丁二位拳师走后，郭登轩凭着高人一筹的技艺，成为沈丘查拳的掌门人。由于查拳属教门（伊斯兰教）拳，豫东、皖北各州县不少回族“老表”纷纷赴沈拜师学艺。在郭登轩的教授下，沈丘回族人人都会几路拳法，故当时有“喝了四沿井（阿李率军驻沈丘时开凿的回民专用井）的水，人人都会踢趟腿”，“学会四趟拳（查拳中的母拳），出门防身不作难”之说。

“南京到北京，查拳传于教门中。”据说，明朝末年，土耳其穆斯林将领“查密尔”奉派到闽浙一带抗倭，在路经山东历城时发疟疾病倒，在历城清真寺养病。病愈后抗倭战事已结束，查将军就留居当地传授西域拳，后人称其为“查密尔拳”或“查拳”。郭登轩在继承查拳传统套路的基础上，对查拳进行了改革和创新，使查拳技法更加科学实用。他结合自己的体验，编了十路查拳歌诀。一是手法拳诀："一路上手母子拳，二路行走势相连，三路飞脚摇穴势，四路撩阴势当先，五路快速风魔起，六路六角埋伏拳，七路梅花上手势，八路飞花带连环，二十四势龙摆尾，串通十路先人传。"二是招式拳诀："查拳本是教门拳，古兰经中圣人传，起手冲拳练马步，二路跃步翻身劈，三路左右二起脚，四路摆莲腾空急，五跃挑踢旋风脚，六路连环飞云里，七路歇步不落地，八路栽拳按反劈，九路扫趟暗踹腿，十路箭弹势归原。"此外还编了"弓、马、扑、歇、丁"六步型，"拳、掌、勾"三手型，"弹、挂、踹、箭、缠、蹬"六腿法。郭登轩的查拳注重手法与身法，抡臂穿掌灵活多变，技击快而不乱，慢而不散，姿势工整舒展，手眼身法步上下相随，其进攻特点为"缩、小、绵、软、巧、错、连、硬、脆、滑"，缩如张弓蓄巨力，出拳如放点；小而紧凑如封闭，奥妙人难击；绵而不断意相随，变化分虚实；软能克刚随机关，借力出奇计；巧中生智灵活用，四两拨千斤；错则侧身跟步进，避实以来虚；速如闪电莫迟疑，出手快打迟；硬如钢锥戳软泥，冲撞莫松弛；脆如爆竹发寸力，克坚如摧壁；滑能消化敌人力，乘势再进来。郭登轩还把查拳十路发展为正、副十路，增加了器械和对练项目，如查刀四路、查枪六路、查剑三路、查棍二路、查钩二路、查蹚十二路等。对子拳有四趟破、五趟破、单刀进枪、大刀进枪、双刀破枪、双剑破枪、梢子、三节棍等。

郭登轩开场授徒，使查拳得以广泛传播。他一生授徒无数，高徒如林。晚年最得意的弟子是"马门四杰"，即近代史上人称"大老师"的马忠卿、"二老师"马忠启、"三老师"马忠立、"四老师"马孝良。四位"老师"把查拳推广到上海、徐州、武汉、亳州等地。整个20世纪上半叶，上海有半数武林人士为郭登轩的再传弟子，如打败白俄大力士名震上海滩的"中原大侠"王效荣（解放后任上海市武协副主席），威震上海武坛的马孝凯、李尊恭、李大勋、李树元、白云飞、李尊思、海兆襄、海肇端、李道广、李大尚、白恒祥等，他们的弟子遍及大洋彼岸的美国、加拿大，其中拳师李尊思还应邀赴新西兰、澳大利亚、荷兰、马来西亚、新加坡等地讲学。他们对以武术为核心的中国民族体育体系的构建，对创建武术教育技术理论体系作出了非凡的贡献。

郭鹤龄

郭鹤龄，字羽仙，号顿南，今项城市永丰乡郭草楼人。父亲去世时，他才9岁，但表现的哀痛已经和成年人完全一样。此后，他精心奉养母亲，孝顺承欢。有次母亲病了，他就诚恳地向上天祈祷，愿自己以身代母。他对兄长们也非常恭谨，分家产时，肥沃的土地让给哥哥，自己要荒瘠的土地；家里原来所欠外债，全部自己承担偿还。哥哥去世，他对侄子们的抚养，也像对待亲生子女一样。

他读书求精熟，凡是“五经”、“四书”中有争议有歧义的地方，都多方考证以求精当准确。他的见解新奇，都是先儒没有的观点。他写文章不追求标新立异，但在清真雅正中蕴有一种奇特之气。同乡进士樊执中对他极其器重。

乾隆四十八年（1783年）乡试中举，以后会试却屡试不中，便在家乡设馆授徒。他教育学生，强调以敦睦人伦、培养人品为先；他讲经课艺，全凭一颗至诚之心。遇到贫穷的学子，他不但不收学费，还给以生活补贴，千方百计助他学有所成。周邻沈丘、淮宁、商水、汝南、上蔡各县许多有名的士子，多出自他的门下。

嘉庆十九年（1814年），他终于被选任为浚县教谕。临行前，专门到父母墓前拜祭，告知泉下父母自己的进步，向父母发誓要廉政尽职。每月初一、十五，他还到当地的学馆里讲学，和他以前在家乡办学一样。他革除了以往当地举办春、秋祭孔大典时的各种弊端，重新修整了孔圣人殿中的学舍，祭孔用的礼乐器具，也都焕然一新。浚县县令杨公很赏识他的人品，聘用他主持希贤书院，教授100多名学生。

邻县滑县有土匪作乱，余党未能全部歼灭。上司命令浚县的知县清查，知县就请郭鹤龄帮他筹划清查方略。郭鹤龄告诉知县：应采取“因正人引正人，由正人别匪人”的办法。知县采纳了他的建议，结果匪人再无处隐藏，人民不再受到侵扰。知县非常感激他，让他出面宣讲朝廷的旨意，增讲了两条律例，惑于动乱的人，一时都安定了下来。此事一过，郭鹤龄便告老还乡了。浚县士民特制了锦帛为他饯行，竞相与他唱和赠答。这些唱和诗，后来被他编辑成一卷《黎阳咏归集》。

郭鹤龄回到家乡后，致力于创办义学，跟从他读书的人越来越多。郡守伯昂，亲笔题写“教泽宏敷”，对他予以表彰。日常，他按照圣人“吾日三省吾身”严格要求自己，唯恐有遗憾的地方。卧床不起时，还口占几首诗责备自己。淮阳智君赠给他的诗有一句是：“知非尚友蘧君子，好学遐师卫武公。”是对他为人的确切评价。

郭鹤龄著有《梦觉一得录》、《易经集解》，可惜都散失了。他主持编修的族谱，条例详备，可为世人效法。其中所定的家规十条是：“敬祖宗，正伦理；笃思谊，息争讼；务正业，守勤俭；教读书，重庆吊；尊古礼，慎丧葬。”他有两个儿子。长子郭原，极其聪明，6岁丧母，已经能读祭文了，15岁的时候精通“五经”，讲授理学有条有理。郭鹤龄对这个儿子充满希望，可惜儿子快要结婚的时候，突然染病去世。郭鹤龄很伤心，专门写了一篇文章哀悼儿子。次子名叫郭川，是个秀才。

郭绍璞

郭绍璞，字荆岩，清代山西省翼城县人。康熙六十年（1721 年）辛丑科三甲第 92 名进士，雍正二年（1724 年）任扶沟县知县。

任职期间，他以爱民为本，为政清廉，恪尽职守，白天常在三堂。他的宅门外设有一个梆子，有事找他的人，可以直接击梆子后进入他的屋内，他的看门人只是开门关门而已。有争讼之案，以原告拘被告；征收钱粮他采用滚催法，使县境内永无差役之苦。按惯例，扶沟要派数百名民夫去中牟服役。郭绍璞看到百姓的艰辛，不忍让他们去服劳役，就用自己的廉俸雇人前往中牟。去中牟服役这种事，连续 3 次都有扶沟的名额，而每次他都是以自己的廉俸雇人代役的，百姓对他万分感激。他这样做，虽然减轻了扶沟百姓的负担，而他自己却囊空如洗，尽管如此，他始终也不让百姓多摊一文钱。他在勤政的同时，还十分注重教育，稍有闲暇，就到学校视察，以振文风。在校诸生，经过他的指导讲授，有些很快就成为知名之士。

此外，他还于雍正三年（1725 年）奉旨为南练寺、北江村、东百子岗、西李家集、西北白家潭、东北吕家潭 6 座墩台（军队驻地）建营房 48 间，每座墩台 8 间。

他在扶沟 3 年任满，调往太康。后升河南陕州（今河南陕县）知州。

郭天锡

郭天锡（1621—1695），字简侯，今商水县白寺镇郭小寨人。清初拔贡，康熙时内府中书科舍人。

郭天锡出生在明末动乱年代，幼年聪慧，勤奋好学，儒学启蒙，成绩优异。他外祖父家是明朝故臣，家中藏书甚丰，他任意搜览，经史子集，莫不博洽。弱冠补博士弟子员，在儒学造诣上名闻乡里。

时逢明末农民大起义，自然灾害严重，病疫流行，社会动荡，科考中断。崇祯十四年（1641 年）秋，他同母亲一起在县城为父亲治病。李自成领导的农民起义军，从项城击败明军围攻商水县城。天锡意料城池难保，夜领父母缒城返家。出城不久，被围城起义军抓获。经天锡垂泪哀告，是为父亲治病才入城的，遂得获释。返家不久，父亲连病带吓辞世。天锡将父亲埋葬后，带母逃往他乡避难，受尽颠沛流离之苦。

迨至清朝定鼎，局势粗平，才得返乡。在乡邻的推举下，设馆教书，奉养老母。清顺治五年（1648 年），经地方举荐，考取戊子科副榜贡生。授平阳府（治所在山西临汾市）理刑。郭天锡以母年高多病未赴任，在乡奉母。

顺治帝亲政后，社会日趋安定，下诏修志，商水知县高理聘郭天锡为首主持纂修《商水县志》。天锡勇担重任，组织县境名儒，采辑、编纂、校订，不辞辛劳，于顺治十六年（1659年）付梓，完成清代第一部《商水县志》。志书修成，清廷授天锡顺天府文安县（在河北省中北部）知县。

文安县属京师要地。天锡到任后，以兴利除害为己任，劝农课桑，开发民生，任职9载，政声卓异。选升入朝，为内府中书科中书舍人，成为皇室的亲近属官。康熙亲政后，逮捕拘禁了专权的贵族大臣鳌拜，朝廷空前安定，继而准备削藩，削去已封为王的明朝降将吴三桂等三藩王的军权，引起南方三藩王的恐惧不安。为了稳住三藩势力，康熙十四年（1675年）宣布祭祀南岳。原以为康熙亲往，到秋初时突然下诏，让郭天锡代天子前往南岳祭祀。因代皇上致祭，规格声势浩大，沿途道路桥梁整修一新。各州府县要在辖区边境迎接护送，蔚为壮观。祭毕返回时，郭天锡在享尽荣耀后反思，在皇宫内府数年，深知"伴君似伴虎"，尤其面对异族统治，更难以应对，已近耳顺之年，不愿再回朝视事。当得报陈州府及商水县官员迎接时，知道已至家乡。随以路途风寒成疾，请求回家探视。到家之后，以身病难支，让随从官员回朝复命，自己在家养病。月余之后，朝中内府带礼前来探视。据说他以槐水刷身，让来人亲见病情垂危，无法返朝。自此以病致仕，优游林下近20年而卒，享年75岁。

郝廷松

郝廷松，字茂如，清代扶沟县人。乾隆十七年（1752年）壬申科举人，候选知县。曾与薄玫等一同编纂《扶沟县志》。郝廷松工书法，其字功力遒劲，在陕西、山西两地名声尤高。时人每以获得他的墨宝为自豪。其诗清新飘逸，有唐人之风。

何 权

何权（1836—1906），字子衡，清代扶沟县人。权自幼聪慧颖悟，喜爱读书，学纯行修，以廪贡见知于陈州知府吴重熹。他为河防督办时，夙兴夜寐，寝不安席，食不甘味，尽心竭力，操持河务，使一方河流不至为害。因功被褒奖县丞衔用。光绪二十二年（1896年）补直隶大城县丞。这年夏秋两季，大城河水暴涨，何权昼夜巡视于河上，监视修补堤坝，消除了隐患，使城及下游各县免受水灾之苦。文安、霸州等县民众赠送"惠及邻封"的匾额，以颂扬他的恩德。

大城百姓素来以编织席子为生，但一些奸商为谋取重利而使用私钱，致使榆荚钱充斥市面，老百姓多受其危害。以前的几任知县都未能革除掉这个陋习。

何上任伊始，问民疾苦，首先拿禁止使用私钱开刀，行文严厉制止。不到一年，就除掉了这个弊端。大城百姓为此立“恩周贫民”碑予以颂扬。

光绪二十八年（1902年），直隶总督袁世凯令何权修保定南关。他于酷暑烈日之下，每日驾一叶小舟，终日巡视毫无倦色，功成而不扰民。因此，上司十分器重他。光绪三十二年（1906年），何权被总督袁世凯褒奖为直隶候补知县，委放河南、安徽两省陆军粮饷，再委放直隶陆军粮饷。时值冬季，他在道经青县时感染疾病去世，时年70余岁。

何 珖

何珖，字辉山，清末扶沟县人。安徽捻军起义时，扶沟境内混乱，他被士民推举领办团练。当此重任，他不敢懈怠，精心筹划，训练民众，加强防卫，境内赖以得安。他尤其乐于为善，县里修缮文庙、黉学，义办赈济等一切善举，他不但积极参与，而且带头捐钱捐物，受到当时扶沟知县的信赖，把捐助、赈济等事务全部交给他办理。他往往是临危受命，皆不遗余力，尽职尽责，被城乡士民尊为“长者”。

何登棅

何登棅，字梦葵，江西德化人。清乾隆四十年（1775年）以举人任淮宁（今淮阳县）知县。登棅勤于职守，政不懈怠，案无留牍。曾因公外出，途中遇到诉讼者，登棅就现场办公，到村内调解，以后便成惯例。嘉庆五年（1800年）遇到大水，登棅亲自坐小船另载钱粮，查灾问户。他把受灾群众分成极贫、次贫几等，按等差给钱。往往黎明时分他就已查了四五个村庄。县绅雷方晓捐钱24万助之，钱到设赈，实力奉行，民无饿殍。嘉庆六年（1801年）夏，蝗蝻生，率众扑灭，使蝗不为害。社期训谕乡民，终日不倦。所选社长雷方晓等，众人皆服。修弦歌书院房舍20余间。邑人杨立志，家贫无力入学，多方设法使其成就，后入县学。任满以终养求归，老百姓制旗伞（清朝时做官离任时，百姓为怀念其德政，制旗伞送行）饯行，泣送数里。

何际美

何际美，明末扶沟县人。清顺治五年（1648年）戊子科举人，康熙三年（1664年）甲辰科进士。官至福建德化县知县。

何汝洋

何汝洋，字观止，清代扶沟县人。弱冠即补博士弟子员。其先世本富有，因其不善事立业，故家道中落。然亦不急于富贵，又不戚于贫贱。性恬淡闲静，少言寡语，初与人交往，使人感到冷淡，久而久之则情感弥笃。其一生经历坎坷，却能随遇而安，了无愁容。何汝洋喜爱读书，自髫龄至耄耋，手不释卷。又好吟咏，能诗善文，每有兴趣，便直抒胸臆。扶沟创办高等小学，众人推举他管理日常事务。他勤勉谨慎供职，十余年如一日，克己奉公，深得师生敬重。乡民赠送“五福第一”的匾额予以颂扬。县里感其言行，将其事迹呈报民国政府，大总统先是予以奖赐褒词和“修德于乡”的匾额，不久又授予他紫红绶银质奖章。

何应元

何应元，约生活于清代乾隆至道光年间，扶沟县人。精通医学。家境本不富裕，但由于他勤俭持家，因致小康。他乐善好施，听到知县动员士民捐助义学的消息后，马上让儿子捐钱30万，为全县第一人。后又向义学捐地和房屋，计算下来，他捐出的东西相当于他的一半家产。道光十二年（1832年），扶沟境内发生水患，灾民生活无依，他又捐钱15万救济饥民。

何之璞

何之璞（？—1799），字万镒，清代扶沟县人。何之璞潇洒倜傥，为人不拘小节，豪放直爽，与人每议论起古时忠臣义士来，就感慨激昂。乾隆四十四年（1779年）中己亥科武举，四十九年（1784年）中甲辰科进士，由侍卫任贵州永安营都司。

永安地近苗族百姓居住的地方，当时苗人不喜爱读书，何之璞就捐献俸禄营建书院，延请教师为苗人子弟训课。不到3年，考入县学读书的就有5人，登贤书的1人，致使当地文风丕振。永安人都称何之璞为“何夫子”。

何之璞因征讨叛乱的苗人有功，奉旨赏戴花翎，升任上江游击，不久又升云南抚标参将。嘉庆三年（1798年）奉旨调赴四川围剿白莲教。何之璞大小经历数十次战斗，攻寨解围都十分神速，生擒首领石柳邓、王抱羊。总计得战功奖11次。钦赐一品顶戴。在军中何之璞从来没有退败之战，经略十分倚重他，称赞他为“无敌将军”。嘉庆四年（1799年），在开县朝阳观战斗中，他率领的士卒全是才投降过来的，不肯用命向前，因此遇难阵亡。殁后，朝廷颁旨赏赐葬祭银两。何之璞的儿子何国宝因袭云南骑尉。

侯起龙

侯起龙（1856—1895），原名朝阳，清代鹿邑县侯楼村（今属郸城县钱店镇）人。出生在内忧外患的清咸丰六年（1856年），鸦片战争刚结束不久，太平天国建都南京仅4年，清政府对外妥协对内压迫，社会矛盾尖锐复杂，国家处在风雨飘摇之中，广大人民饥寒交迫，在死亡线上挣扎。面对如此国势，侯家让小朝阳自5岁起便拜武术名师侯三元学艺，以图练就真本领，为国家效力。侯朝阳勤奋好学，练功刻苦，进步很快，没几年，即力量出众、武艺超群。

科举时代，武士子和文士子一样，要取得出身（入学资格）必须参加严格的县、州、府层层考试。侯朝阳年纪虽小，却凭着一身真功夫，过关“斩”将，顺利通过县试、府试，于同治八年（1869年）考取武秀才。此年他才13岁。

4年后，17岁的侯朝阳考中同治癸酉科（1873年）武举人，此时的他已长成身材魁伟、艺精力大的青年后生。他能骑在马上挥舞70公斤重的大刀，自如地举动70公斤重的掷石（即旧时习武用的一种工具），他用的弓箭，没有90公斤的力量是拉不开的。此后，他又狠下了3年苦功，使武艺更加精湛，终于在光绪二年（1876年）考中武进士。这一年他刚满20岁，改名为起龙。此后，经过见习由兵部授予武职。

光绪十八年（1892年），黄河决口，淹没几十个州县。朝廷拨巨款，派员鸠工堵口，三年未见成功。皇上震怒，将河道总督斩首，另选山东巡抚杨某任河道总督，任侯起龙为河标，监工督效。

由于大小官员尽职尽责，民工日夜奋战，工程进展很快。就在大堤将要合龙时，突然河水猛涨，水流加急，筑成的河堤被一批批冲垮，如不抓紧下水打桩，合龙大堤，就要前功尽弃。在这千钧一发之际，侯起龙把生死置之度外，拿起一根绳子，一头拴在岸边树上，一头系在腰间，扛着木桩，掂起油锤，飞步跳下水去。众人见此情景，纷纷跳入水中，木桩打下，大堤迅速合龙，决口被堵，大功告成。

河道总督深为侯起龙临危不惧的行为所感动，向皇上作了详细的奏报。为奖掖侯起龙，皇上将他晋升为山东镇台，并拨银两，在其家乡侯楼村竖起了高14米、粗0.7米的旗杆（毁于1946年），以示恭贺。

筑堤竣工后，侯起龙返乡探亲。到家不久，即患重病，不久便去世了。时年39岁。

侯庆麟

侯庆麟（1867—1947），字浮祥，今郸城县钱店镇侯集村人。10岁时跟武秀才侯进帮学艺，清光绪十九年（1893年）考中癸巳恩科武举。

侯庆麟虽是举人，却不摆架子，对乡民和蔼亲善，乐于相帮。一年冬天，本村不少人家没有柴烧，有的人就去拽他家的麦秸垛。他知道后，不但不生气，反而从家里拿来抓钩，放在麦秸垛上，说：“用抓钩比用手拽快，需要多少就拽多少，我不会看着乡亲没柴烧!”村民没粮吃时，向他家借，常以大斗借出，小斗收回，吃一斗还一斗，从不计利。有的人借了还不起，他也不去要，还说：“一点粮食算啥，别伤了和气。”有一年，他到粮行卖粮食，开粮行的人为讨好举人，用小斗来量，结果多出了两斗。他不但不收这两斗的钱，还训了粮行的人。他常把自家的车马、家具借给百姓使用，从不收费用。

侯望国

侯望国（1787—1863），字鲁宗，清代鹿邑县西南钱店附近（今属郸城县钱店镇）人，著名中医。

他从医多年，医术精湛，医德高尚。不仅勤于为百姓治病，而且注重研究地方病发病规律和特点；不但精于诊断用药，而且善于针灸治疗，为患者减少痛苦，节省费用。他将自己多年积累的临床经验，整理成册，传于同仁。至今，他的《脉博学》和《针灸学》抄本，还在一些中医世家中流传。

他授徒弟数十人，为地方医疗卫生事业作出了有益的贡献。

胡 平

胡平，字仲荒，别号十州，明末鹿邑县人。性刚直，不随俗。明末时局动乱，父母相继卒，从兄鲲化避难金陵。后鲲化死于贼乱，胡平奉寡嫂携孤侄回归故里。家徒壁立，赖妻勤恳纺织以糊口。然胡平读书不辍，以求科进。平夫妇事嫂尽礼，教育孤侄如己出，将祖产田园尽给嫂侄，而自己另置陋产简居。侄儿涉案遇难，胡平破己产救之。顺治十一年（1654 年），胡平考中举人，授陕西宜川县知县。有善政。

胡金榜

胡金榜，字题名，清末太学生，扶沟城东北吕潭镇世家。弟弟胡金章早逝，留下一子，胡金榜将其视若己出。而侄又早歿，他再抚养两个侄孙直至成人。胡金榜抚三世孤幼的事，在当时传为佳话。

胡金榜乐善好施。清同治、光绪年间，黄河两次决口，扶沟受害严重。荒年的谷米贵如丰年之玉，胡金榜向灾民借贷钱粮，计 1000 余两银子后，当众将债券一火焚烧，人们感激涕零，称他“胡善人”。胡金榜曾用 1000 串钱在吕潭镇上购买一处宅子，但等到收取契约的时候，才知为卖主欺骗，这处宅子已经当出，需要 1000 串回赎。亲戚朋友都劝胡金榜起诉公堂，胡金榜一笑置之，说道：“我只当作 2000 串买宅，起诉他做什么?”

胡金榜重视教育，曾延请名师教扶沟、太康两县士子读书，所以当时进入县学、府学攻读，登名贤榜，补廪生、贡生者不下数十人，使扶沟东部文风为之一振。胡金榜85岁时，乡人共同商议，给他送“齿德兼尊”的匾额一块予以颂扬。

胡先甲

胡先甲，清代鹿邑人。医术精湛，邑人呼之“神医”。

胡先甲自幼聪明伶俐、智慧超人。7岁开始读书，有“日诵千言，过目不忘”的才赋。少年时代，他得了一场大病，由于缺医少药，使他病魔缠身，久不能愈。这次患病，他痛苦万分，感受颇深，从此改学医道，立志治病救人。

凡求他看病没钱者，他不但不收诊费、药钱，还腾出住房，给远道而来的病人住，并亲自熬药给病人喝。不论是三更半夜，还是恶劣天气，只要有人请他看病，他从不推辞，一定赶去救治。一次，一个腿疼的病人前来就诊，胡先甲便给他针灸。扎了两针，病人立即感到腿疼的症状减轻了许多，又扎了一针，病人的腿就不疼了。亳州有个叫高子义的，老年得子，全家人呵护有加。不料，那年冬天，3岁小儿受了惊吓，陡发癫痫。高子义遍请城内医生，皆束手无策。眼看着孩子将死，高子义心急如焚。医者中有人告知鹿邑有神医胡先甲，不妨一试。高子义急令人备车相请。胡先甲来到高家，见房中炉火熊熊，热气蒸人，立即让人灭掉炉火，把帘子卷起，抱起病儿，置于雪中。刻烛一寸为限，届时抱起，危病遂愈。高家人先是怀疑，后皆叹服，问其故，先甲曰：“我视其色赤，火旺而水伏也。不克不生，我以水克之者，生之而已。”赵村农人刘子允生病，6天不言不语，气息奄奄。先甲令壮者嘘其口，而自以左手大拇指按其胸腹，咯咯有声。连续7日，病去如初。

黄　甲

黄甲（1734—?），字天一，号雪庄，今项城市郑郭镇黄张营村人。他幼年丧父，中年丧母。小时候跟着哥哥读书，第一次读《论语·孝悌章》时感慨地说：“不这样去做，便是枉度一生。”他9岁能写诗，近20岁考上秀才，在县学读书，因成绩优异而食饩。

嘉庆三年（1798年），他考中了举人，但已经63岁了。他去拜见主考官朱见庵，朱见庵称赞他是古道君子。黄甲四上春宫不第，便优游林泉，终生以教读为业。他精通诗、书、易、礼、乐和春秋6经，尤其精通《易经》，在讲学50多年的同时，躬行实践，却不屑为应付科考苦读“帖经”。

黄甲能书善画，迄今项城仍有他的作品流传。他对书画非常认真，年过古稀的时候，写起字来仍然一点一画从不草率。著有《省克斋诗钞》、《雪庄文集》、《教家格言》等。

吉云嘉

吉云嘉，字冠英，清代扶沟县人。同治年间恩赐举人。他品行端方，学业精粹。年50多岁时还没有子嗣。一个朋友为他买了一个年轻女子做妾，他坚却不受，说："像古人杨秭那样的占有，我是不会接受的。况且人有子无子是命中注定的。假如我纳了妾，还没有儿子，又奈何呢？"众人强迫他留下，他就把这个女子作为自己的义女嫁了出去。云嘉的妻子本来已不再生育，50多岁时忽然怀孕，生下一子。此子不到20岁，就成为本县秀才。

江心筠

江心筠，清代江西新城县（今黎川县）人。嘉庆五年（1800年）庚申科举人，嘉庆十六年（1811年）至二十一年（1816年）任扶沟县知县。

嘉庆十八年（1813年），江心筠奏请上宪，将年久失浚、河身淤浅的惠民河挑浚畅通。与此同时，他捐银千余两督民疏浚县境西南的大浪沟。这年大旱，六月四日才下大雨，百姓皆种荞麦。九月十八、二十等日又下严霜2次，荞麦尽皆枯萎，遭遇大饥荒，百姓多有卖子女以生者。他奉旨赈济，又劝富者助赈，民以此活者甚众。十九年（1814年），他又重修了县域内的八蜡庙。

此外，因书院小容纳不下读书的诸生，他便别择一地，立为义学以分学校，使学生都能就近读书。并且他每年还捐俸金资助学校。因仅靠他自己所捐廉俸远远不能满足学校的需要，为久远计，他又广设学田，倡县之好义者及生员共捐地32亩以助学校。

江心筠离开扶沟后，任山西省灵石县知县。

焦思浚

焦思浚，字仰之，直隶长垣人。清光绪八年（1882年）以举人署淮宁（今淮阳县）令。思浚为官勤政仁惠，崇尚文教，与读书人交往，人皆把他当作朋友。月课诸生，闭卷考试亲自评定优劣。充当府衙常务理事专管教育，遇到聪明懂事的幼童必亲自教诲。募集资财修建黉学、魁星楼，崇经义塾，治城谯楼，周围城墙修葺一新。县内有一名姓赵的寡妇改嫁后，前室女儿已许配人家，赵氏为了以女获利，扬言女儿已死，设灵柩欺骗夫家。夫家鸣冤，审讯时赵氏不吐实情。焦思浚开棺以验，内唯土囊，于是治赵氏于法，令女与其夫完婚。思浚因享"焦青天"之誉。

雷方晓

雷方晓，字惊万，号抱痴，陈州淮宁（今淮阳县）人。为人豪爽仗义，行侠乡里。同乡有叫张乾的，本是名家子弟，后来家道中落，陷于困顿，方晓费尽周折帮助提携他。同乡人有叫旺晰的，因病去世，但由于家境贫困，迟迟无钱安葬，方晓就拿出 2 两银帮他安然入土。方晓平生喜爱作画，与当时陈州名士彭湖南、钱廷文、张体铨相交，一起切磋画艺，作诗填词，遂成为知己。清乾隆十九年（1754 年），县里修编志书，雷方远、雷方晓兄弟二人均有著作收入。

雷继祖

雷继祖，字聿斋，清代陈州淮宁（今淮阳县）人。善诗文，好结交，乐于施舍，尤精通医药和医术，名播乡里。著有《医论》。因其孙雷鹏，被赠封朝议大夫。

李振奇

李振奇，字平之，今商水县邓城镇路口村人。出生于明崇祯初年。清顺治九年（1652 年），经朝考选为拔贡，诏授江苏省如皋县知县。

如皋东临黄海，时地瘠民贫，政局未安，反清武装活动频繁。李振奇到任后，衣不解带两个月，局势才逐渐安定。

李振奇经过访察，实施了一系列的治皋措施。其一，因明末战乱，皋地恶棍结党，放债害民，月息利倍。对欠债贫民、田房、妇女任意攘夺，百姓饱受其苦。时有恶棍郝大逼债，白昼强奸黄氏；并毒打陈新，造成重伤之案。振奇即秉上宪，拘获治罪。借此告示全县，严禁高利放债害民，百姓称颂不已。

其二，当地盐碱不毛之地过半，加之兵燹、自然灾害连年，赤贫饿殍遍野。李振奇面对此情，捐资醵金，在全县境设赈饥粥场 20 余处，人日给粥 3 碗，自春至麦收方止，使全县半数 30 万饥民度过灾荒，百姓万分感激。

其三，皋地临海，明末失治，清政初建，社会尚乱。一些海盗勾结内地盐枭，明商暗匪，抢掠民财。时有县府衙皂桑凤所，被盗匪买通充做内应，欲犯县城敛财。李振奇得此情况，密遣县府兵丁、乡勇，出匪不意，直捣其穴。杀死叛逆桑凤所，捕获其子桑瑞生及谋划者方国珍，并收缴了凶器。通过审判，对首要分子上报正法。社会趋于安定，得到各界赞誉。

其四，皋地苇田沙地面积很大，明清两朝都得向官府交地税。这些苇沙地因水旱灾害收入很不稳定，甚至绝收。全县民间拖欠官府苇沙地赋税，累至

8000多两银子。振奇洞悉民苦，对陈欠赋税不忍逼收，上疏请免。朝廷体恤民情，对所欠赋税全部免除，百姓感激莫名。

其五，皋地百姓素受假兵之害，加重负担。李振奇查得，城东有土棍沈玉华，冒名外营王茂之军居住该境，派粮要捐敲诈百姓。经呈报上级追查，清除了这股假兵，百姓得以安定。

其六，如皋县过去养差马18匹，应付上下公差。明末战乱，马匹被盗。上级公差到县，因无马匹供用，任意勒索要县府支付，加上本县催差费用，每年需银2000余两，加重了县内负担。李振奇利用向全县富户捐借的办法，买马20余匹，作为公差用畜。后又上疏陈述，上差下支费难于处置，应该谁派谁支费。求得减免，节省了开支。

其七，明末如皋全县交纳赋税的额田3万余顷，每年须上交国府银2万多两。清初又增加练饷（练兵费用）每亩1分，增加3万多两，超过全县原定额赋，百姓怨声载道。振奇在《县志》上查到斥卤田（盐碱地）折地法。如皋县土地大都是斥卤不毛之地，按此折地法推算，只需增练饷银2800两，比上定3万余两少10倍还多。振奇据此三申上级，恳请巡抚核议具奏，才获得减免。

除上述政绩外，还有捐夫价，免供需，赈贫士，锄强惩恶等，善政不胜枚举。

顺治十六年（1659年），李振奇积劳成疾，力请歇职医治方准。疾病尚未痊愈，即行带痾视事。顺治十八年（1661年）年老离任时，当地百姓、绅士、儒生遮道送行，攀辕涕泣，挚意遮留。由于路遥，振奇归途中资绌，减膳才回到家。病亡后，噩耗传至如皋县，民间派人前至商水吊唁，带有歌功颂德诗篇成帙，请求建名宦祠以作纪念。李振奇著有《皋治政略》、《施政记事》等。

李子金

李子金，字之铉，生于明末清初，鹿邑县西北30公里处罗李村（1954年划归柘城县）人。幼时勤学聪慧，爱好广泛。动荡的社会现实与高尚的民族气节促使他不入清朝为官，远离仕途，潜心钻研学业。善诗文，通律吕，尤其对算数有精湛的造诣。一次与友聚饮，友见邻有高楼，问子金能否测出高度，李答：“能。”随即用小尺在地上纵横量之，又卧地睨视良久，站起来说出了楼的高度。友将信将疑，使人从楼上垂绳于地实际一量，与李子金说的高度完全相同。

李子金一生清贫，常与人谈论古今成败，口若悬河，了如指掌。然，闻有言人过者，则勃然色变，或拂袖而去。若与人辩论，则坚持己说，即使你列举古圣先贤，也不能使他屈从。

李子金著述很多，有《律吕心法》3卷、《书学慎余》2卷、《算法通义》5

卷、《天弧象限表》2卷、《几何易简集》4卷、《历范》3卷、《闲居五操》1卷、《传声谱》1卷、《解环谱》1卷、《周易后天图说》1卷、《狂夫之言》3卷、《蛩鸣录》1卷、《隐山鄙事》27卷。

《律吕心法》第1卷《律吕正义》，阐述了音乐“相生相合相应之妙”。他自制竹笛，吹而听其音。在“六律”的基础上作出“十二律”和“隔八音相生”的科学论断。第二卷《新书辨误》，以蔡西山著的《律吕新书》为商榷对象，探讨有关音乐的学术问题。第三卷《诸家辟谬》，上自《管子》、《吕氏春秋》、《淮南子》、《史记》、《汉书》等，下迄《文献通考》等书，以“十二律”与“七调”为依据，论述各家的正误得失。

《闲居五操》讲“琴、瑟、三弦、琵琶和缯的演奏方法”。《解环谱》用“尺工”记谱。《算法通义》讲数学问题，综述各类算法。《几何易简集》讲珠算和几何学。

这些著作，传世仅五六种，余皆散佚。

李　辅

李辅，字文臣，清代商水县人。道光二十四年（1844年）甲辰科进士，吏部授任知县，分发江西。李辅以母老多病，请求在近处任职，后补任安徽省潜山县知县。任职3年，勤政爱民，兴利除害，政声卓异。不久，母亲病故，回乡赴丧，守孝3年期满，已是咸丰元年（1851年）冬天。这时，广西桂平县金田村洪秀全领导的太平天国起义，已成星火燎原之势。咸丰二年（1852年），太平军向东北已攻入湖南省境内。按明清惯例，李辅守丧期满后，应由原任职省补用。因南方形势紧急，委署他到江西省德化县（今已并入九江市）任知县。这里正处太平军沿江东下的冲途，时已兵差络绎，人心浮动。就在他上任的那年，太平军相继攻克岳州（今岳阳）、汉阳、汉口、武昌等重要城市。太平军的迅速发展，震动江南，震惊清廷。朝廷在调集八旗军镇压的同时，加强各地方绿营兵（汉兵）的防御，并命江西巡抚张芾，集结兵力把守九江，防堵太平军沿江东进，并拨发给一批军需物质（平常对汉兵供应不足）。咸丰三年（1853年）初春，太平军自湖北武汉沿江顺流而下，水陆并进，气势汹涌。巡抚张芾的九江防堵，全师惊溃，向省城南昌退逃。知县李辅不敢逃跑，发誓要与县城共存亡。太平军到，抗击无力，李辅看城池已破，愤激投水自尽，被身边兵勇救起。逾时方醒，在兵勇护卫下逃往省城。

咸丰三年三月，太平军攻克南京，定为国都。是年五月，开始北伐和西征。西征军五月底返回江西，包围了省城南昌，围城达3个月未克。李辅在省城帮同守城，兼办支应局，做些后勤工作。南昌解围后，蒙巡抚奏免余罪（包括李辅失守德化县城之罪)，仍未安排实职，在省城做些支应工作。在朝廷的策划下，周围各省去支援江西抗击太平军。李辅因无正式官位，被安排做外省援助官员的问讯或向导。咸丰七年（1857 年），湖北巡抚胡林翼奏准才给予开复（清制，官员被降革后复其原职叫开复)，委署为江西省鄱阳县知县。该县水陆零散，尚有半境为太平军占领，烽火相望，刁斗时闻。在曾国藩办湘军的影响下，李辅同饶州府（治所亦在鄱阳）倡办团练，筹兵筹饷，尽瘁国是，筋疲力尽，越年才得交卸。

咸丰十年（1860 年）七月，李辅又被委任代理江西省中部新淦县（今新干县）知县。次年二月，不意太平军突入县境。李辅速率兵勇出城堵截，太平军却由间道入城。李辅又率兵回城抵抗，太平军退出。这时弹劾他的文书已到，李辅卸事。太平军一部由水路突至，抢掠一空而去。李辅无奈，徒步奔至省城，积劳成疾，卒于省寓。

李　皓

李皓，字伍四，陈州（今淮阳县）人。清顺治十七年（1660 年）庚子科举人，授新野县教谕，后迁升河南府教授。明朝末年李闯王起义时，其父李养素因守卫陈州城战死，皓背负母亲逃亡他乡，待战乱平息后方回归乡里，找到父亲尸体葬入祖茔。就在其父墓旁，结一草庐，白天用力耕田来供养母亲，夜晚灯下苦读，终于学有所成。守孝期满后，就在城内开馆授徒达 20 余年。李皓开设私塾，不收取贫困学生一分钱；新野孝廉乔大任、河南进士张起鹤都是经李皓教授后有所成就者。他为人清静淡泊，耻于结交权势。侍奉母亲极为孝顺，在乡间口碑极好，为儒生所仰慕。

李钦　李介祜　李介祺

李钦，字敬庵，今川汇区小南街人。清末候补巡检，以赈济有功加五品衔。长子介祜，字笃臣，花翎监提举衔，光绪二十三年（1897 年）科拔贡，授候补直隶州判。次子介祺，字仲吉，宣统元年（1909 年）科拔贡，宣统二年（1910 年）朝考二等候补直隶通判，曾任长芦运司文案委员。李钦以两子官贵被晋封为奉政大夫。

李钦自幼读书，后弃学经商，持家勤俭，性情骨耿，喜打抱不平，尤善为人排难。知县识其才、惧其势，委其办理周家口寨（今川汇区）工局事务。周家口濒临沙颍河和贾鲁河，盛夏水涨，堤防危险，李钦与地方诸绅集民财购石筑堤，以防水患。凡外地到周经商者，或官府到周办理公务者，无不向李献媚求助。清光绪年间，天津商人黄世煦（杏樵）到周家口经营淮商盐务，恰遇荒年，黄便捐资委托李钦助其办理慈善事业。光绪十六年（1890 年），陈州知府陈秋圃到周办理专卖税务和保甲事务，到周家口后，即召李钦相助。光绪二十四年（1898 年）和二十五年（1899 年）发生饥荒，贫民流离，集聚周家口，李钦等筹设粥厂，营救灾民，并处理善后事宜。时李钦发病，在病中仍竭力筹划救灾。不久去世。

李　璋

李璋，字峩亭，亦作莪亭，祖籍西华县聂堆镇大李庄村。其父李绍曾精通岐黄之术，医德高尚。人赘扶沟严门，遂居扶沟。李璋幼年就学，清咸丰元年（1851 年）辛亥科中举，咸丰六年（1856 年）丙辰科中二甲 94 名进士，任为香河知县。后历职衡水、固安、平谷等县，所至皆有政声。礼部尚书祁寯藻、直隶总督曾国藩对他的才能非常赏识，以其治行第一保荐他任东安县知县，署理大城县，题补宛平县。京师多大族，李璋刚峻廉正，无人敢以私情干预政事。一时，名闻帝听，着升定州知州。他理事果断，案无留牍，政简刑轻。光绪三年（1877 年）大旱，李璋上书免征定州赋税，得蒙赈恤；又捐俸银并劝富绅多设粥场，救济饥民。民多存活，万姓感戴。李璋在定州 10 年，死于任上。定州士民罢市数日悼念，“又送车载路至其家焉”。

李鼎玉　李孕嘉

李鼎玉，字水樵，明末清初沈丘人。其父孕嘉曾任潜山县令，因对抗义军张献忠，被俘后处死。鼎玉自幼读书，由进士任内阁中书，后升监察御史，转山东济南府推官。任职谏院时，对有关国计民生诸事无不痛切直言，置个人利害于度外。任职山东，廉洁奉公，曾获“李青天”之誉称。后对时政不满，厌弃荣华，慨然辞官归里。

鼎玉归隐后，家有母族王姓田 600 亩，他为仰体母志，将全部地契文券一火焚烧，地归原主，颇受里人称赞。婶母施氏，守节 60 余年，鼎玉奉之如母，使其丰衣足食。晚年致力医道，尝感慨地说：“不得为良相，犹愿为良医。”著有伤寒痘疹诸书，缮刻成集。顺治十五年（1658 年）参加纂修《沈丘县志》（14 卷本），该志是沈丘县现存的第二部志书。

李东运

李东运（1837—1907），字木君，回族，沈丘县城（今槐店回族镇）东门里街人，出身于宗教世家。自幼习读《古兰经》，精通阿拉伯、波斯、汉 3 种语言文字，善书画。年轻时游学关东、高丽、台湾诸地。游学期间拜著名画家石砚为师，为石派绘画传人。

李东运对山水画造诣颇深，其画笔致繁复，满皴圆染，览胜窥奇，研几入微，含道应物，万象在旁，意匠之工妙造幽谧之境，给人以苍茫、浑穆、阔远之感。此外，李东运的《三羊开泰图》曾名噪豫东、皖北，时任槐坊厅同知的袁五伦深爱其画。袁五伦也是一方知名书画大家，他常到李处切磋画艺，二人成莫逆之交。经常互赠书画并相互题字，袁在李《三羊开泰图》上题字“三羊开泰，万物出震”，李在袁《松鹤遐龄图》上题字“鹤羽仙尊，宗长骐骥”。李东运的书画作品散失民间较多，1958 年反右及“文革”期间，其孙李大允阿訇（现任县政协委员，周口市伊斯兰教协会副会长）遭到迫害，其珍藏书画包括李东运的作品被抄，家传书画佚失殆尽。《沈丘县近现代书画选》一书收有李东运的山水画 3 幅。

李干公

李干公（1881—1911），字勉斋，商水县李集村（时属商水县，今属西华县）人，辛亥革命中河南著名的十一烈士之一。

干公少年读儒书，勤奋好学，成绩优异，因家道贫寒，被迫辍学。14 岁投师学铁匠，练就一手好手艺，也养成了一种刚强勇敢的性格。他为人正直，主持正义，不随波逐流，敢于扶弱济贫、蔑视权贵。一次，清政府官吏向铁匠铺勒索捐税，蛮不讲理。干公挺身而出，与之相争，几遭不幸，气愤之下，投军当兵。光绪三十三年（1907 年）年冬，其大哥李锦公从日本留学回国在开封创办大河书社，干公弃军投之，在书社做招待。此间，他常和同盟会的领导人张钟端、刘积学、曾昭文、杜潜、程克等接触，受到革命思想的熏陶。遂以推翻清朝统治为己任，工作积极热情，除搞好书社接待工作外，还联络同盟会会员和开明人士，壮大革命力量，虽屡遭危险，仍锐气不减。武昌起义一声炮响，河南同盟会积极响应，决定于 12 月 22 日（农历十一月三日）夜起义。总司令张钟端委任他为民军先锋队队长。干公驱清建国的斗志倍加高涨，星夜奔走，联络军界旧友及有关人士，组成一支强有力的民军先锋队。12 月 22 日，干公率先锋队埋伏在开封南关陆军营盘附近，严阵以待。不意，被义军内巡防营统领柴德贵出卖，突遭清军包围，不少将士在激战中牺牲，起义失败，干公等革命志士被捕。12 月 23 日（农历十一月四日），在审讯干公时，他直认不讳，并痛陈革命大义和时局趋势。刑场上慷慨不屈，大骂清廷腐败无能，并义正词严地警告刽子手：“我为光复而死，不准捆绑我，让我坐在椅子上，任你们砍头剖腹!”就这样，在刽子手的屠刀下，干公从容就义，时年仅 30 岁。

李滑公

李滑公，字开周，清代商水县人。监生，精于医术，应手辄愈。遇贫者施医舍药，不求回报；遇危症不避寒暑风雨，随叫随到。

李金瓯

李金瓯，字仲琳，明末鹿邑县人。幼颖悟，入学三试皆第一，食饩。性至孝。袁寇之乱，负父汝梅逃避，辗转陷于贼中。备历艰险，终脱于难。顺治十三年（1656 年）署兰阳县教谕。日与诸生讲论不辍，而馈赠一无所受。十五年（1658 年）考中进士，因有病回归故里。去世时，家贫如洗，无以为殓。

李锦公

李锦公（1874—1944），字炯斋，商水县李集村（时属商水，今属西华县）人。锦公幼年家道贫寒，父耕母织，勤俭度日。清朝末年，吏治腐败，地方官员横征暴敛，民怨沸腾。锦公立志读书，以图革除旧制，争取民主和自由。

锦公幼年入私塾，智力过人，加之刻苦好学，12 岁中秀才，14 岁为贡生。因生活所迫，他以 300 两纹银将贡生卖给他人，用此款置一片宅基地和 6 亩田地，从此家庭生活稍有转机。清光绪三十年（1904 年）考入开封武备学堂。光绪三十二年（1906 年）春被选送到日本东京留学，学习法政。同年，经留日学生曾昭文（光山县新集人）介绍加入同盟会。入会后，接受了孙中山的进步思想，救国之心强烈。光绪三十三年（1907 年），他同河南籍留日学生集资创办《豫报》（后改为《河南》杂志），撰稿积极传播革命思想。为实现同盟会“驱除鞑虏，恢复中华，建立民国，平均地权”的总纲领，于 1907 年冬归国回到开封。在刘青霞（女，尉氏县人）捐资帮助下，锦公一班人在开封西街创办大河书社，锦公任经理，刘醒吾、罗殿卿任副经理。大河书社的对外宗旨是：“同人慨我豫省教育之不兴，风气之固蔽，冀大输新智，溥饷同胞，爰投巨款，组成斯社，聘请教育名家，编纂东西要籍，其有海内已出名书，亦选厥精华，代为销售。”对内是联络同盟会会员及开明人士，积蓄革命力量，为推翻清王朝做准备。

清宣统三年（1911 年）10 月 10 日，辛亥革命爆发，河南同盟会及进步人士大受鼓舞，积极准备在开封举事响应，并推张钟端（许昌人）为起义军总司令。张与同盟会商定，以大河书社为据点，于 12 月 22 日（农历十一月三日）夜举义，以放火鸣炮为号，分区出动。锦公心情激奋，日夜奔忙，协助总司令联络开封民军和商学各界进步人士，并帮助部署兵力。就在起义时日即将到来之际，义军内巡防营统领柴德贵叛变，起义将士遭到清廷镇压，不少革命者遭杀害，锦公幸免于难。

1912年，河南稽勋总局局长冯自由聘任锦公为分局局长。不久，袁世凯称帝，为防范革命，豫督张镇芳勒令大河书社停业，河南稽勋分局停办。锦公失业，返回故里，在周口开饭店谋生。1939年，受国民党淮阳行政督察专员公署专员刘基炎聘请任参议。时值日军入侵，局势动荡，锦公潦倒抑郁，于1944年卒于周口，享年70岁。

李润科

李润科（1849—1915），清代沈丘县人。举人，中原书法名家。其书法艺术在省府及颍、陈二州颇具影响。其字体凝重大方，洒脱秀美，大字尤佳。常为当地寺院、府第、商户门店书写招牌及匾额。沈丘至元清真古寺讲经堂挂有李润科书写的“一笔横扫千军”条幅，古寺大殿中央明柱上有李润科写的颜体楹联，上联“狱海火烈要是欲火点捻”，下联“考赛水甜究从德水发源”。

李三姐

李三姐（1666—1698），清代鹿邑县孤柳树人。17岁时，她的父亲麒生被族人李础与其子兆龙杀害。李础欺麒生无子，谓必不能报。

李三姐闻父死则痛哭，当即携带镰刀，疾去仇家。李础家人皆避匿。李三姐归家对其母张氏说：“女子也能报仇，儿誓与贼不共戴天。”她刺血书字而讼于县衙。李础自知有罪，以重金贿赂县吏。县吏因纳贿而徇私，将此案久拖不决。李三姐无奈，决定赴京喊冤。真是福无双至，祸不单行，途中，一群劫匪抢光了李三姐的银两，她身无分文，只得徒步上京。晚上露宿街头，白天沿街行乞，风餐露宿，终于到了北京，找到了刑部。李三姐不顾一切，上前击鼓鸣冤。她的事迹最终感动刑部大吏，并上报朝廷。康熙帝怜其志，亲自过问此案，并诏令河南严加审理。

李三姐回到河南，住在省府开封鼓楼街旅店，投牒候判。此时，李础役使族亲李挺九到开封见三姐，说：“李础确实杀了你的父亲，再告也不能使死人复生，不如与他讲和，他愿出钱赡养你们母女。”李三姐假装同意，让他去拿钱来，在神灵面前交接。李挺九信以为真，果然带钱至李三姐寓所。李三姐先于房内设一神位，自己燃香，令李挺九酹酒。才一拜，李三姐迅速上前扼其喉，以口啮面。李挺九疾呼奔避，李三姐又抽刀刺中其左臂。三姐力小，被李挺九夺门逃去。三姐追至街上，骂不绝口。当时，群聚而观者数百人，都很钦佩她的行为，由是李三姐名满中州。

经过审理，李础因打死人判死刑，其余皆以轻重定罪。李础闻之自缢而死，拘李兆龙行至杞县，廷杖创重亦死。案竟结。

李三姐听说后，为李挺九受贿帮凶办事而不获罪耿耿于怀。她跪于父墓之前，哭着说："大仇虽死，而有漏网，儿之恨犹未全伸也。"

几年诉讼，李三姐已过婚龄，有人为其议婚。三姐哭着说："父死非命，理不忍生，今复苟活，以母在耳，念及婚姻，不敢为也。"她为母亲收养了两个养子，一个5岁、一个3岁。从此，一家4口，相依为命。

康熙三十七年（1698年）八月母卒。李三姐一痛而绝，既苏，收泪治葬，事毕乃自尽。四方闻之，皆为流涕，登门祭吊者络绎不绝。越明年，朝廷旌表之。

李绍侗

李绍侗（？—1912），字循愿，清末扶沟县人。岁贡生。天性孝友，弱冠即进入县学读书。四方与其交游者，大都是知名人士。因为家境贫寒，故不甘于仕途腾达，而以明经老于乡里。乡里众人景仰他的德风高义，有了纠纷往往求他排解。人们得到他的一言，争端顿息。清廷变政，地方多事，一切紧要公务，士绅公推他为盟主。他遇事循持公允大体，无废弛，无侵渔，无论事情如何繁杂均不去扰乱地方民众。历任扶沟知县都很敬重他。宣统三年（1911年），辛亥革命爆发，社会动荡不安。他被推举为地方"守望社社长"。此时他虽已年逾古稀，依然不避劳怨，一心为公，矍铄不减当年。几十个村庄寨堡赖以得安，被人称为"邑社保障"。不久，他因积劳成疾去世。一县民众为其立纪念碑，以示奖掖和怀念。他的事迹，多年传颂不辍。

李思忠

李思忠（1870—1938），今沈丘县老城镇东关人。擅书法。清光绪二十四年（1898年）戊戌科拔贡。其书临章草，大字尤佳。书名享誉颍、陈二州，周口、淮宁、亳州、阜阳、太和、界首等地商号多藏有其墨宝。有"中原怀素"之称，故豫东皖北一带乡贤文人多以藏其佳作为幸。

李铁林

李铁林，字子铮，直隶临榆人。以翰林院庶吉士授夏邑令，不久调任淮宁（今淮阳县）县令。到任整治衙役，剔除奸恶，严明律纪，胥吏不敢仰视。听讼公允，严正仁明。郡府幕索地方车马，力拒弗（不）诺（应）。减轻差徭，十止用一。曾说："减省一文钱，民即沾一钱之利。"到四乡去视察，不烦不扰。严禁游妓入境，以正风化。后任汝州牧，豁免粮行，岁缴官小麦400石。字写得很好，求得者视为宝贝。

李桐 李士成

李桐，字凤鸣，清代扶沟县人。武庠生。李桐性仁慈，轻财好义。咸丰十一年（1861 年）扶沟大饥荒，李桐捐献粮食数百石，用来赈济乡里百姓，一乡百姓赖此无恙。扶沟知县向上司详报其义行，河南中丞特制“惠周乡里”的匾额予以旌奖。

李桐的曾孙李士成，字纯儒，系太学生，任侠好义，大有祖风。道光年间，黄河水决，境内大饥，百姓待助。李士成冒着平籴的风险，到颍郡购买粮食。适逢郡守下达关闭籴粮的禁令，一时米商云集，都没有办法。李士成就面见郡守，以帮助邻县救灾恤民的大义请告郡守，郡守对李士成的话十分感动，立即解除平籴禁令。米商感其恩德，集体赠“刚直可风”的匾额送到他的家中，悬挂在大门之上。时人皆称其为“义士之家”。

李延年 李焕章

李延年，字龄九，清末扶沟县人。少年聪颖，风流倜傥。幼工诗书，究心于训谟典诰之章，探微于治国兴邦之略，却屡试不第，遂投笔从戎，入归德镇标。因效力日久，屡建奇功，蒙赏蓝翎，褒奖五品职衔，授守御所千总，委署扶沟、西华、太康 3 县守城。任上，他巩固城池，勤于治理，德威所慑，宵小敛迹。在职 10 余年，人无杂言。三县民众赠送匾额、伞旗以彰显他的德政。因时政混乱，灰心进取而告老还乡。清廷逊位，民国鼎革，改地方为乡镇，李延年被公众推选为乡长。不久，省县设议事会，又当选县议员。1918 年，改乡镇为市街村，又被选为村长。任上，他积极兴办学校，开办实业，故村民感恩戴德。生 2 子，长名宪章，清国子监太学生；次焕章，河南省立武术大学毕业，曾任陆军少校军需主任。

李延英

李延英，字宾阁，周家口（今川汇区）新街人。清末增广生员，例捐五品衔候补通判。幼时从兄毓英、擢英同攻儒书。成年后，其两兄均中举从政，延英弃学，独操家业。因两兄皆为官宦，依势发家致富：经营商号多处，置地万余亩；家有雇工，外有佃户，为周家口巨富。光绪十三年（1887 年）黄河从郑州一带决口，南流入贾鲁河和沙颍河，一时沙颍河周家口南堤面临决口危险。为保其家产，李延英与当地绅士集资，组织民工加固险堤，使沙颍河南岸人民免受水患之灾。光绪二十四年（1898 年）和次年春发生饥荒，社会动乱，李延英先后在周家口南寨陆陈会馆（今文化小学处）、南寨门外设立粥厂，施舍灾民。周家口寨垣出现残缺，贾鲁河二板桥倒塌，延英多次联合地方绅士集资加以整修。民国初年，延英任周家口商务会长时，以保护商界利益为名，呈请将周家口乡勇改为保安团等，为保护地方安定做了不少有益的事情。67岁时因病去世。

李毓英

李毓英，字俊卿，周家口（今川汇区）新街人，祖籍焦作市温县，明末迁到周家口。毓英幼年丧父，随母偕弟擢英到外祖父雷兼山家寄居。雷对其要求甚严，兄弟均能勤奋学习，三年后与弟都考取了秀才，不久补廪生。清同治三年（1864年），毓英考中举人，在家从事教育。其后又到镇平、西平、西华、杞县、光州等地学馆任讲席，品学为当时知识界共钦仰；对人和气，从无间嫌话语。毓英孝亲好友，在西平时得知母丧，号痛欲绝，数日不食。

光绪三年（1877年）以大挑知县，分发江苏省无锡县，其间精心吏治，公余又致力经史研究，务为实学，以求精进。后充任海运委员，途中积劳成疾，卒于任所。

李仲宝

李仲宝（1734—1803），字禹山，今沈丘县老城镇人。书法名家。清乾隆年间进士，官至翰林院编修、御史。书法尊崇晋唐，笔画圆润大方，寓刚劲于委婉之中，走龙蛇于指腕之下。乾隆御批“笔若游龙”。

李筑高

李筑高，清代扶沟县人。康熙四十七年（1708年）戊子科举人，授江西永新县千总，任上他裁革船丁帮银4000两，运户感戴他的恩德，为他立生祠祭祀。因6次率队运米到通州有功，加都司衔。乾隆元年（1736年）擢升广东四会营游击管都司事。四会地处边疆，城守最重。李筑高勤加操练士卒，增高壁垒。公务之暇，李筑高虽然身为武职，却性喜儒生，成就了当地不少士子成才。他爱身穿儒服，为雅歌投壶之艺。乾隆十二年（1747年）转升浙江衢州参将，汛接闽海。李筑高整饬营伍，昼夜操劳，身染病疾，卒于任上。巡抚和督镇联合上疏朝廷，请求抚恤。蒙圣恩拨付银两，扶榇归乡。

李擢英

李擢英（1844—1914），字子襄，周家口（今川汇区）新街人。6岁丧父，时外祖父雷兼山任郾城县教谕，随其母及兄毓英前往投靠。在郾就读，学业精良，及长与其兄同中秀才，不久晋为廪生。清同治十二年（1873 年）为拔贡，光绪二年（1876 年）中进士，以主事在刑部直隶司行走。光绪十六年（1890 年）补直隶司主事，光绪十八年（1892 年）提升员外，不久又补直隶司郎中，光绪二十一年（1895 年）考取御史，光绪二十二年（1896 年）被派往江南道为监察御史，光绪二十三年（1897 年）转任贵州道监察御史，兼命其巡视北城事务，光绪二十七年（1901 年）春，因功升内阁侍读学士，光绪二十八年（1902 年）赏戴二品花翎，不久调任太常寺少卿，光绪三十二年（1906 年）因违皇帝意旨，阻挠新政，开缺另候任用。宣统元年（1909 年）受命礼部参议，奉派为西陵奉安大臣，负责安葬光绪皇帝，宣统二年（1910 年）受命任甘肃、新疆考试法官正考官，宣统三年（1911 年）调任典礼院直学士兼礼学馆提调，是年七月以年老请准致仕。归家后，与太康王新祯，项城杨凌阁，淮阳周景濂、于云楼，西华凌甲烺等知名人士组成宛丘耆英社，擢英被推为社长。

李擢英在刑部的 16 年中，承审案件唯法是持，众多疑案、奇案均能审得一清二楚。光绪十四年（1888 年），北京西城北沟沿勾结奸夫谋害本夫一案，擢英阅卷后认为案情可疑，再三力争，开棺验尸，终为死者申冤。在办理天德木厂打死工人一案中，当权者一意为之辩护，对擢英威胁利诱，软硬兼施，擢英不为所动，终得水落石出，一时京城有“李青天”、“活包公”之称，光绪二十年（1894 年）钦差大臣裕廖奏请他随往四川查办案件，所到之处，多年未决案件皆得以审结。光绪二十二年（1896 年）在江南道任监察御史时，鉴于河南全省赋税过重，请旨减免并剔除中饱，后又弹劾河北镇崔廷桂父子枉法营私，诬良为盗，并盗卖武备库铅弹等情，清廷命河南巡抚查办，按实褫职。此外，他对财政、水利、学校、矿务等国家大事切实详陈，多被采纳。他对词讼案件一贯随批随办，毫无滞留。他常说：“吾侪听断少事一刻留连，即为小民多留一刻幸福。”光绪二十六年（1900 年），慈禧太后和光绪帝逃往陕西，擢英留守西城。各国联军到京，他不惧威胁，据理力争，与美国统带官戴丽生签订地方自治章程，使京城民心得以安定。当地绅董恽毓鼎等人倡议为其立生祠作为报答，他拒绝说：“天子蒙尘，孤城被陷，徒以一息尚存，为民请命，此守土者分内事，若等祠我，非荣我，实辱我也。”此事始作罢。同年任刑科给事时，义和团兴起，他上疏说：“邪术不足峙，外夷不可欺，乘此各国求和，宜许之，以收美满效果。”但未被采纳。

擢英为官 40 年，廉洁公正，生活朴素，好善乐施。1914 年病故，享年 70 岁。著有《退思斋诗草》4 卷、《诗草拾遗》百余首、《蜀江竹枝词》40 首、《云司慊心要言》1 卷、《言责录》2 卷等，均毁于兵燹。

栗毓美

栗毓美（？—1840），字含辉，号箕山，又号朴园，山西浑源州人。清嘉庆六年（1801年）以拔贡考授知县，分发到河南，历任温县、孟县、安阳、河内等县知县。嘉庆十八年（1813年）七月，代理西华知县。刚到任，早秋已登场，以六成收上报。不想严霜早降，荞麦、谷、豆均遭霜灾。为民生活计，他不怕受责备、丢官，呈请上峰赈济，并请减免钱粮。州府以从前已报六成收为由，不准所请。毓美曰："我是朝廷命官，也是西华人民的父母官，捏造灾情和隐匿灾情我都不愿干。"于是亲赴陈州面陈灾情及灾民困苦情状，终于感动州衙，准如所请。毓美亲自查灾，分出远近、轻重，作为散谷施粥的依据。遇有弃婴，设堂收容；遇有外乡灾黎，发给路费，遣送回籍。并带头捐俸作倡导，劝殷实富户捐输助赈。

因受灾面积大，粮价高涨，断炊者日增，毓美报请开仓出借平粜。没等批复下来，即提前放赈。上官闻之，怒其专权，县中其他官员都很害怕。毓美曰："我一日为官，不忍一日坐视民困，就因此罢官，绝无遗憾"！仍继续赈贷。绅民闻知，愿代为赔补赈贷之粮。后来据实详陈，上官念其情真，未予深究。

嘉庆十九年（1814年）春，西华瘟疫流行，民畏传染，见病危者即弃之路旁。毓美一面出布告严加禁止，一面配制药物，令官医按户调治，活命无算。后闻其将调任宁陵，士民数千人赴府恳留，未准。临行之日，全县绅民攀辕卧辙，且呼且泣。

毓美由宁陵知县累升光州知府、汝宁知府、河南粮储、开归陈许道，湖北按察使、河南布政使。道光十五年（1835年）擢任东河总督，专管河南、山东境内的黄河和运河的治理。在任期间励精图治，改碎石坝为砖坝，数年间节省官银3000余万两，河患平息。道光二十年（1840年）卒于任。死后，朝廷念他治河有功，降旨赐祭葬，追赠太子太保，谥号恭勤，封为巡河督大王，并号令各地建立庙堂纪念。西华在县城东关修建有"栗大王庙"。

梁　璨

梁璨（约1824—1884），字星桥，号伯琛，清代鹿邑县梁老家（今属郸城县虎头岗乡）人。

道光二十四年（1844年）与堂兄弟梁珏同榜得中举人。

咸丰初年，安徽捻军起义，发展迅速。因鹿邑近邻安徽，其势力很快波及鹿邑。璨为了保障自己家乡一带的安全，便拿出家财，修筑了寨堡。捻军多次向他家乡进军，屡吃败仗，后来不再敢冒进。所以，距梁老家寨堡近20里都没有捻军的活动。咸丰六年（1856 年）十月初六日，河南巡抚、督办皖苏豫三省军务英桂自陈州（今淮阳县）进次鹿邑县境，不久进驻亳州，被捻军围困在亳州城内。璨率领家乡丁壮迅速支援。他身先士卒，勇冒矢石，使亳州之围得解。

又曾经与县尉之子陈谟，各率数百人驻防白龙王庙（今称龙王庙，隶属于今郸城县石槽镇夏庄村委会）。捻军突至，急忙与之接战。因众寡悬殊，梁、陈所带队伍伤亡众多，陈谟战死。撤退时，梁璨突然发现对方一发炮弹正向他所在的地方飞来，他迅速飞跳下马向芦苇丛奔去。刚潜伏进芦苇丛中，捻军发射的炮弹正落在璨原来所在位置，马被炸死，璨躲过了一劫。

经屡次叙功，梁璨得到任山西候补知县的资格，但他以戎事起家为羞耻，不肯就职。于是便纳资财于官府，捐了个员外郎（从五品）的职衔，被分派到工部屯田司（专司屯田的机构）行走。在屯田司办事期间，他根据自己的学识和掌握的大量材料，写出了两份条陈。其一是，分条列举八旗人口越来越多，吉林、盛京有许多荒田，应该命令他们开垦耕种，以增加繁衍人口、聚集物力；其二是，新疆每年浪费国家府库的钱财款项极大，不如设官牧民试办屯田，模仿古代寓兵于农之策。当权者对这两个条陈都非常重视。

咸丰十年（1860 年），府丞毛昶熙出任统领河南团练（有称团练大臣，即团总）。毛知道梁璨懂得用兵之道，于是便奏请批准璨与他一同赴任，钦差协助办理归（德）陈（州）团练事，统带前军。在与捻军作战中，他以生擒捻军首领周合子的功劳，升转郎中（正五品），并赏戴孔雀花翎。

梁璨在中举之后，一直没有放弃读书。同治十年（1871 年），也就是他中举 27 年之后又参加会试，考中了进士。朝廷任命他担任礼部精膳司郎中，每有大典，都是梁璨负责起草文稿，上司依靠他像自己的左右手一样须臾不能离开。丁艰后调任主客司（礼部属司，掌诸藩的朝贡、接待给事等事）郎中。

鉴于他的功绩，恩赏二品封典，封赠二代、诰命三代。诰授奉政大夫，晋封资政大夫。

梁 建

梁建（约 1623—1690），字南吕，号元庵，明末清初鹿邑县梁老家（今属郸城县虎头岗乡）人。梁遂之三弟，举人，曾任广西柳城县（今广西柳州市西北部）知县，其后辈人尊称他为柳城公。

梁建自幼聪明过人，记忆力特强，入学后，读书能过目不忘，背诵如流。未至成年就已通过童生考试而进学。顺治十四年（1657 年）考中举人。当时正是清初局势初定的用人之际，经过选拔，他被派往广西担任柳城县知县。地处岭南的柳城县多是高山峻岭，又在藩王封地的范围之内（当地是吴、尚、耿三王藩属之地的一部分）。当地的少数民族——僮人（即今之壮族）生性勇猛强悍，在当地社会动荡、人民不得安居乐业、生活无着的情况下，多结伙为众，揭竿而起，使地方更加混乱。官府追剿得紧了，他们就分散躲藏起来；官兵一放松，他们就出来四处活动。梁建采取的方略是歼其首领，宽待从属，使他们明白朝廷的恩惠和威严。从此，当地人民顺服，地方安定无事。

梁建到任时，柳城这个县，国家应征收的赋税每年不满千两白银，而苛捐杂税的数量却超过了万两。这是当地人民不堪重负的主要原因。于是，他就革除了一切额外赋税，减轻了人民的负担，受到百姓称赞。

为了兴教化、正民风，梁建曾单人独骑到乡社作宣教，劝勉属下百姓多做与人为善的事情。因为言语不通，有的百姓不能全部理解。于是，梁建决定设立义学，聚集全县的优秀人才在义学中读书。建亲自给他们讲授道理，以使他们返回家乡引导邻里。这样做的结果，很快使县境内的民风大变：有地位的人懂得读书的重要，普通老百姓知道端正自己的品行、勤于自己的职业。

后，梁建因病离职。柳城人感其恩德，勒碑以记对他的思念和敬慕。

梁建学博识广，会写诗，但流传下来的不多，遗稿只有数十首，经后辈人梁纯一编辑成册，名为《元庵诗稿》。他的诗虽比不上其长兄梁遂，但其中也有不少佳句。

梁　鉴

梁鉴，字以清；原名虎文，字秀如。清代鹿邑县梁老家（今属郸城县虎头岗乡）人。梁群英独生子。附贡生，入仕后，初任州判（从七品）职衔，分发云南任寻甸州吏目（掌管缉捕、守狱及文书等），又先后升任云南龙井大使、云南临安府同知（正五品），曾官腾越厅同知（厅，清代新开发的地方政权，其长官称为同知），后行南安州州判。

梁　珏

梁珏，字伯瑜，号少云，另号监唐，清代鹿邑县梁老家（今属郸城县虎头岗乡）人。约生于嘉庆年间，梁大鹏之子。进士出身，官至吏部主事（正六品）。

初为童生，聪颖好学。进学为秀才，仍锲而不舍。道光十七年（1837 年）经选拔贡入国子监（称拔贡）读书。道光二十四年（1844 年）与叔伯兄弟梁璨同时得中举人。咸丰二年（1852 年）得中进士。被派往吏部，官授考功司主事兼本部稽勋司行走，负责官员的考课记功。诰授奉政大夫。

梁 遂

梁遂（约1621—1685），字大吕，号雪樵，明末清初鹿邑县梁老家（今属郸城县虎头岗乡）人。他出生于书香门第，清顺治年间中进士，官至贵州清军粮驿道道员（正四品）、贵州布政使司参议，署理贵州布政使司布政使。后辈人多称其为参议公或学宪公。博学多才，一生著述颇多。

梁遂乃明朝天启举人梁光狄之长子。自幼入塾读书，弱冠补为博士弟子员。清顺治二年（1645年）中举人，第二年（1646年）联捷成进士。刚刚26岁的梁遂幸运而顺利地走上了仕途。

不久，他就被派往山东汶上县任知县（正七品）。大汶河和著名的京杭运河在境内流贯。他上任时，当地除战争所造成的焚损破坏之外，盗匪也像蚂蚁一样到处出没，老百姓不得安生。年轻的梁遂到任后，了解到这些情况，即制定剿抚并举的方案，带兵征讨。没过几个月，全县境内便安定下来。这时，他不幸得了重病不能视事，即告假回乡调理。

顺治七年（1650年），调任浙江武义县（在今金华市南部）知县。武义县是个是非之地，前任官员就是因“府库亏空”而被羁押者达4人之多。梁遂经察视得知，这些人并非是贪墨之吏。于是，便亲自去处理了结这一案件，并助资让涉案人员还家。时人无不佩服并赞扬他的正义行为。

武义县地近南藩（靖南王耿继茂所辖地方）。一日，梁遂方坐堂理事，突然有8个蛮横的差役，手持马鞭径直闯入大堂，气势甚为嚣张。梁遂问他们自何处来，回答说是来自王府。问他们有王命没有，回答：“没有。”梁遂怒喝道：“你们原来都是些邪恶诈伪之徒，给我拿下，各打30大板。”并随即给藩王致书一封，以刚直不阿的言辞列举藩王部下士卒不遵法度、干预国法的行为，告知藩王，不要护佑他们。耿继茂为梁遂的话所折服，便回书一封，婉言相谢。

在武义居官11年，以其出身和学识，曾先后于顺治十一年（1654年）和顺治十五年（1658年）充任浙江甲午科、戊戌科的乡试同考官。因政绩突出，于顺治十七年（1660年）升任内阁中书舍人（清朝掌管书写机密文书的官员）。

康熙四年（1665年），梁遂奉命充任粤西颁诏使。他顽强地克服了路途遥远、山路难行的困难，完成了赴广西颁诏的任务。

康熙五年（1666年），梁遂出任四川乡试正考官。回京复职后执掌内阁中书科印，旋升户部江西司主事（正六品），不久晋升户部四川司员外郎（从五品），再升刑部江西司郎中（正五品），成为朝中一名高级司法官员。康熙九年（1670年），请假探亲。康熙十二年（1673年）复任本部郎中，第二年升任山东督学道（正四品）。康熙二十三年（1684年）补授贵州清军粮驿道道员，布政使司参议。康熙二十四年（1685 年），诰授朝议大夫，署理贵州布政使司布政使。不久，经批准致仕。在返回家乡途中，不幸病逝，归葬于故里梁老家。

梁遂学识渊博，诗词文赋无所不通，一生多有著述。清光绪《鹿邑县志·艺文》中存目的有：《待云堂文集》、《种石斋诗集》、《倦飞吟》、《放言集》、《廊檐草》各 1 卷，《杂著》6 卷。他处记载还有《黔中草》等。

《种石斋诗集》是按诗体编辑，共收入诗 243 首。自少年到老年的篇咏都在其中。《倦飞吟》也是一部诗集，乃其在武义做官时所刊刻。该集也是按诗体编辑，共收入 99 首诗。其中有两篇序言，分别为醉李钱澄、笛江陈瑶仙所作。《放言集》是一部以诗为主的集子，计收入赋 1 篇、诗 29 首、词 17 阕，末附联语，另有禽言令数首。前有辛广恩所作序言。也是在武义任上所刊刻。《廊檐草》也是一部诗集，共收入诗 76 首，诗前载有联语 7 副，诗后附有禅颂。都是其行取入都后、到贵州做官以前所作。梁纯一写有前言，说明取名“廊檐”乃隐括在朝在野之意。

其诗多五言，语言苍郁有力，达到了相当高的水平。近体诗也很工整，只是在声调方面间或有不合韵律之处。

梁遂的文章不受题材限制，能以挺拔有力的笔锋，自由地进行表达。其文集《待云堂文集》收录有：论、解、疏、记、引、柬、小引、赞、引言、祭文，总共 31 篇。前有纯一所写《待云堂辨》。他的政论有独到的见解，反对墨守成规，主张除旧布新。他说过：“天下之大患，莫过于死守有害的律例，而不知去革新。”在用人方面，他反对“以资格限人”，在《贺刘尔玉岁荐序》中曾说：“国家用人的弊端，莫过于以资格限人，而人也以资格自限。”他的这些论述都具有远见卓识。

《杂著》6 种，包括：1.《读古辨误》。杂采众家之说，分类编录，收入 105 则。梁纯一在前边加有序言。2.《避讳考》。共分 23 类 106 则。3.《历代年号考》。该书写成于康熙九年（1670 年），梁纯一也写有序。4.《黔游日记》。是他到贵州做官时所作，描绘景物有巧妙之处。其中附载有诗 12 首。5.《喷饭录》。是一部笑话故事集，仅有 19 则。所记都是当时的事情。6.《强记录》。共有 18 篇。记事半涉荒怪。

在鹿邑《梁氏家乘》中记有书目的还有：《续世说》、《原始录》、《典故考异》、《新修秘省典要》、《小雅草》、《蓼虫吟》、《视月革》、《鸣鹿寇变纪略》、《南中近》等书，并称“俱已行世”。

梁大鹤

梁大鹤（约 1793—1876），字兰岩，号绮楼，清代鹿邑县梁老家（今属郸城县虎头岗乡）人，梁大勇之三弟。嘉庆二十四年（1819 年）与长兄大勇同榜得中举人。

道光六年（1826 年）举人大挑时被列为二等，选派到彰德府（今安阳市）代理府学事务。后历任封丘县、西华县、罗山县训导（从八品，学官）。在近20年的学官生涯中，他协助县教谕主持文庙祭祀，灌输儒家经典和皇帝的训示，教诲和管束所属生徒，尽心尽力，恪尽职守。

道光二十九年（1849 年），他被选任为许州（今许昌市）学正（相当于今省辖市教育局局长。从七品）。他每月都亲自督促州学生员完成指定的功课，并对他们的学业进行考核，要求严格而又有法度。他还捐出自己的俸禄，用于奖励优等学生。咸丰初年致仕归里，年不满 60 岁。光绪二年（1876 年）卒于家，享年 80 余岁。

大鹤性情和善，平易近人，平生从无疾言厉色，尤不喜欢谈论他人过错，议论是非。但他好急人之难，好帮人之需，排除解决穷人急难，从不吝啬。不论亲疏，凡遇他人有了困难，他都能慷慨解囊，倾力相助。亲朋故友中如有家贫不能参加科举考试的学子，他必定拿出足够的资金资助其应考。乡里都以其行为高尚而敬重他。

敕授修职郎，赠封奉政大夫。

梁大鹏

梁大鹏，字徙螟，号云阁，又号仙洲，清代鹿邑县梁老家（今属郸城县虎头岗乡）人，梁大勇之二弟。清道光二年（1822 年）举人。

道光二十四年（1844 年）举人大挑中被列为一等。派往山西代理右玉县（今山西省北部，邻接内蒙古自治区）知县，接着被任命担任高平县（今山西省晋城市北部）知县，后又调任武乡县（今山西省长治市西北部、太行山西侧、浊漳河上游）同知衔知县。同治元年（1862 年），担任恩科山西乡试第一房同考官。诰授奉政大夫，晋封中宪大夫。

梁大勇

梁大勇，字慈若，号义门，清代鹿邑县梁老家（今属郸城县虎头岗乡）人。嘉庆二十四年（1819 年）与三弟梁大鹤同榜得中举人。后曾赴京参加会试，屡试不第。遂在家执掌家业，无意于仕途。赐赠奉政大夫。

梁群英

梁群英（约 1733—1798），字瀛滨，一字泰初，号晏坡，清代鹿邑县梁老家

（今属郸城县虎头岗乡）人。举人出身，官至道员（清代地方省和府、州之间的高级行政长官，正四品）、署理布政使。

群英出生于书香世家。他弟兄们多，家贫，自幼入学，发愤读书，成为同窗中的佼佼者，并顺利进学，成了县学生员。他性情戆直，不屈于人。早年，为解决家庭生活困难，曾课徒以自给。在应聘教书期间，遇到塾馆主人稍有失礼，就立即振臂辞职而去。

乾隆二十四年（1759 年），他考中举人。此后参加会试屡试不第。乾隆三十七年（1772 年），在举人大挑中他被列为一等，分发到广西柳州府任通判（实为闲职，从七品），代理雒容县知县。任职期间，凭他的胆气捕获两个越狱犯，遂升任广西藤县知县（正七品），后因家有丧事，告假卸职，返乡尽孝。

服丧三年满后复旨起用，被派遣到奉天铁岭任海城县（在今辽宁省中部）知县。由于政绩卓异，被提拔担任山西岢岚州（今山西省西北部）知州（从五品）。上任 6 个月，即升任江苏松江府（地域大致在今上海市东南部的松江县及周围一带）知府（从四品）。当地久困于漕运，存在问题比较多。在松江任职 3 年中，梁群英大力革除弊政，减免超过百姓承受能力的赋税。因而，民力得以宽舒，老百姓的疾苦得以解除。在改革弊政中，对部下的提拔和贬斥，皆当其功过，恰如其分。

乾隆五十年（1785 年），皇帝弘历南巡时，群英得以护从皇帝车驾。在有幸受到召见时，他对答如流，言词明白而思路敏捷，充分表现了他的聪明才智和从政才干，得到皇上赏识并予以记名登记。不久，继母亡故，梁群英回乡尽孝。

守孝期满后代理常州府知府。群英到职后，雷厉风行，发挥了他善于清断滞狱的才能。只用一个月就了断了数十起积压案件。

不久，升任江宁督粮道道员，监领布政使司政务，后又调任常镇通海道道员。在这一任上，他主张以俭素为美，严格约束关税的支出和收入，以便节约俭省。他管辖下的盐商要拜见他，以套近乎拉关系，群英皆拒而不见。他发现镇江都天会及其所属乱搞不合礼制的、过分的祭祀，便立即严令禁止，使当地奢靡之风很快得以禁绝。

因政绩突出，他被任命为署理江宁布政使司布政使。上任伊始，适逢黑水洋盗案案发。黑水洋位于大海，地域在山东日照和江苏赣榆间。因双方对此案互相推诿，引起皇上的重视，诏令两省督抚会同勘察。山东巡抚令登莱青道道员曹芝田参与会勘，江苏总督发文令梁群英前去共同勘察。海盗所在的大泽实际上在山东日照界，山东巡抚隐瞒了事实真相。群英和芝田共同复勘的结果同以前没有什么两样。群英依据勘查中收集到的许多典籍，参考疆域沿革，写出了著名的《黑水洋考》，呈报了上去。不料，山东巡抚为袒护掩盖以前拖延、畏避、推诿黑水洋盗案的罪过，恶人先告状，向朝廷弹劾梁群英。上官未作调查核实就做出了给群英遣戍充军的处罚。曹芝田也被罢了官。

此时已年过六旬的梁群英被迫奔赴塞外戍边。在塞外戍边期间，贫至衣不暖、食不饱，吃尽了苦头。嘉庆三年（1798 年），梁庆幸遇赦放归。当时群英没有回家乡，而寓居于直隶宣化府（今河北省宣化县），不久病逝，享年 65 岁。归葬于梁老家西北角的段岭村西。

梁群英著述传世的有《黑水洋考》、《偃坡诗存》各 1 卷。《黑水洋考》共有一千数百字，杂引诸书，而以《元史》为断，足备海域掌故，文字翔实。《偃坡诗存》共收诗 147 首，除少量诗篇外，都是梁在遭受不白之冤被遣戍军台时所作。所以“诗存”另有一名为《塞外吟》。

梁锡祜

梁锡祜（1845—1906），字淑生，号笃斋，清代鹿邑县梁老家（今属郸城县虎头岗乡）人。其父梁瑹进士出身，官至礼部郎中、记名肥缺知府。锡祜是梁瑹的长子，自幼读书，举人出身，官至同知衔知县。

一

锡祜幼时就聪明过人。5 岁入私塾读书，凡读之书都能过目不忘，为祖父所钟爱。13 岁时即能背诵 13 经，且能全部默写。从开始学做诗文就多有精警之句。

就在他七八岁的时候，太平天国和捻军的活动范围就已逼近锡祜家乡一带，有一定资产的人家终日提心吊胆，梁家即在其中。咸丰初期（大约 1853 年后），适逢其二祖父梁大鹏到山西武乡县做知县。于是，大鹏便携带眷属到其任所，并且设馆邀请睢州名师汤树范教授其诸子侄（锡祜在内）课读。锡祜学习与众不同，他人多以揣摩应试文章的风格以迎合主考官的意图，专在为取得科名上作文章，而锡祜则是醉心于师承名家，掌握真才实学，不事涂饰。

到了应考的时间，因道路阻断，不能回河南原籍应试。其父梁瑹考虑到山西地处偏僻，孤陋寡闻，于是，便命锡祜随侍京城邸舍，师从河南固始籍名师毕云楼先生读理学。锡祜身体力行，必求实践。当时，京官子弟多陷于酒食笙歌，染上糜烂生活习气，整天聚集在一起吃、喝、玩、乐，不务正业。而锡祜则淡泊自甘，不染京都风尘，除笔墨文章外别无嗜好，且举止稳重，寡言少语，不苟言笑。有见识的人看到后都认为他能成大器。

岁次庚申（1860 年），锡祜之父梁瑹奉旨回河南家乡办理团练，携带年已 15 岁的他回到原籍。在家乡应县试、府试，锡祜俱名列前茅。但未到省提督学政（又称提学使）莅临查考，即连遭母亲、继母丧事。服丧期满，同治五年（1866 年）始得第一次参加院试。省提学使欧阳用甫先生奇其文才，对监场某儒学教官说："童子军不应有如此老宿。"询知原委后大加夸奖勉励。

这时，其父梁璨被调回京城供职，而其祖父、祖母年事俱高，锡祜担心他们家务繁重，过于操劳，便在读书之暇兼理家政，故深知农事之艰难。每当花晨月夕，坚持在垄畔朗诵不辍。乡亲们都笑其痴。

二

光绪初年，灾荒连连，锡祜全家生活拮据。于是他决定教书自赡，遂应聘主持淮宁（今淮阳县）太康书院。之后两县学子飞黄腾达者，有半数出自他的门庭。

光绪六年（1880 年），举人大挑，他被列为一等，分派到山东任候补知县。按照部里先例而被截留，他仍回河南，主持淮太书院。此后，在课读之余，更加刻苦砺行。闲暇时间则又读些国家法律，探讨吏治。又常与老于刑名者，设疑案相互驳诘，为他入仕后办理案件打下了基础。后来他在知县任上屡折大狱，而无舛错，与他未入仕前预先掌握了法律知识和办案经验有直接的关系。

光绪十年（1884 年），锡祜在做了 7 年书院教育之后，山东来文催他去上知县任。适逢其父梁璨去世，他便回家恪守孝道。

光绪十三年（1887 年），锡祜服丧期满，到省里报到，中丞（即巡抚）张勤果多次委他以重要差事，俱以勤慎著绩大受赏识。

三

光绪十六年（1890 年）七月，黄河下游出现险情，锡祜即被委派总管东河抗洪抢险事宜。他上任时，大雨滂沱，黄河大堤多处裂渗，形势十分严峻。他充分发挥自己的组织才能，组织人员昼夜防堵，以车为室 47 天，未尝入舍休息，直到秋汛平息。负责考察河务的观察（道员）张虞箴、李莲舫都是精通河务的官员，他们考察后，无不高度赞扬锡祜的才能，而且钦佩他的勤政精神。遂具扎委锡祜驻防利津（县名，在山东省东营市西北部，濒临渤海，南界黄河），专管黄河下游一带河务，并且说："得你来管河务可保无忧无虑了。"到差后，锡祜督促工程，储备防洪材料，并常告诫同仁说："我辈既然承担了防洪任务，虽薪金不多，而妻孥赖以豢养，但开支不宜以少报多，辜负国家恩典，使工程暂时完竣而不能持久。"上宪委派的验工者，都认为锡祜承办的数段工程工坚料足。光绪十八年（1892 年，壬辰）夏，中游桑家渡出现险情，堤已冲溃。各上宪了解锡祜承办此事能够胜任，飞檄札调，他虽坚辞不受而没得到批准，只好赶往桑家渡上任。到工才两天，而黄河决口，锡祜被革职留在工地。同事们无不为他鸣冤叫屈，而锡祜却坦然自适，仍日夜督工。未几抢险成功，大堤合龙，原案纠正，恢复锡祜原有职衔。

四

光绪十九年（1893 年）奉命代理益都县（旧县，在山东省中部。即今青州市）知县。他轻骑简从，于上任途中，遍访民间疾苦。到任后，他终日裁判积案（前任遗留），废寝忘食，黎明讯鞫，深夜方罢。到任不到 4 个月，清理决断 700 余件。舆论一致称赞，制匾、衣、旗以献者不计其数，锡祜一概谢绝，并说："这是我分内之事，何功德之有。"而"神君"之誉遂名播遐迩。

刚到任不久的山东巡抚李秉衡知道后，即委任他以代理益都知县身份兼任济南府、县两级谳局差。不到半年即剖解疑狱及赴京控告案数百起。肥城（县名，在山东泰安市西部）有巨蠹充任县捕致富，因与邑令李君有纷争，退差纳粟，屡屡控告官长，必欲罗织县令李公罪名使其获罪而甘心。巡抚李秉衡怀疑这是一起冤狱，虽不属于锡祜管辖范围，但李中丞相信锡祜能查清这一案件，所以便委托锡祜调查处理这一疑案。锡祜微服而往，经细致查视得其实情，逮捕那无赖县捕，严加审讯，真情毕露，即诉诸法律，远近称快。

光绪二十二年（1896 年），箴补锡祜任同知衔博兴县知县。任上，他决断了不少疑案，惩治了一名专门唆使别人打官司，借以从中渔利、为害一方的讼棍。冒着被弹劾的危险，彻底解决了辖区内汉带河上下游为争水利构讼 50 余年的遗案。博兴县境地壤偏小，民情刁悍，锡祜亲自接待告状的群众，当面接受呈辞，立为判决。离城稍远者，予限三日，随到随结。一时间，这个县监狱内无被囚禁之人，诉讼双方无守候之累。

五

光绪二十六年（1900 年），锡祜调任昌乐（县名，在今山东省潍坊市西部）知县。当时正赶上义和团一些成员在当地活动。时谕旨是："凡参加义和团的人，不分老幼均就地正法。"而锡祜只惩其首领，放逐团众。他考虑，对义和团内未成年人若一并杀戮，甚失好生之德，遂禀请上官，剀切直陈。山东巡抚袁世凯当时认为锡祜条陈中的意见是对的，遂通令全省改无分老幼均就地"正法"为"监禁"，给其自新的机会。正巧，反复无常的朝廷不久也有了这样的旨意。这样一来就保住了数以万计人的生命。

昌乐境内有不少初入义和团习练拳术的人，委派下去的官员捉拿到数人，请示要正法。锡祜为他们开脱说："愚民无知，偶一学步。与已经成为仇视官府的教民的人，应该有所区别，不应玉石俱焚。”锡祜遂与这位官员产生了矛盾。这位官员以玩视洋务、行为近于护匪等语恫吓他，锡祜发怒道：“我宁可辞官不干，也绝不冤杀一人。”由于锡祜对拳民的宽松，到庚子之变结束，昌乐县也没有随便杀一人。

昌乐县里有一个姓赵的巨富，一些教民对其巨额财产非常眼热，很想占为己有，便勾串西洋住在当地的传教士污蔑赵某劫掠青州教堂，当面请县府严加追究。锡祜有疑，回言：“姑待查考。”之后洋人多次到县衙催促，并对锡祜施以压力。锡祜非常反感，正言相告：“我食大清俸禄，是大清官员，不是做你们洋人的官员。我们大清的子民如果有罪，我们自然要科以律法。赵某本来是一个良民，哪能依据你们那些没有根据的言辞荡其家产呢？你们怎么能驱使我去做违心的事情呢！”声色俱厉，洋人没能得逞，只好愤愤而去。故交好友多为锡祜担心，终亦无他。到锡祜离任的时候，感激禀留者、哭泣送别者达千余人。

光绪二十七年（1901 年），锡祜调任莘县知县。莘县比邻大运河和直隶，寇盗迭犯行旅。锡祜派人访拿，捉其头目，毙之杖下，盗氛遂息，士庶安业。当时有一个低级武官依恃有奥国援助，带兵经过莘县县境时，骚扰闾巷，索要物资甚多。锡祜遂将其劣迹款款飞禀上宪，这一武官受到上司申斥，气焰大有收敛。

六

大概因为他有主持淮太书院的经历，锡祜深知读书的重要，所以他做官以后很注重兴办教育。凡历数县，皆以兴贤育才为己任。

他平时对子女要求很严。光绪二十八年（1902 年），遣儿子梁毓淮回原籍参加科举考试。临行前教训儿子说：“尔等生长富厚，不知农事之艰难。遣你还乡，半为应试，半欲使尔习以勤苦。且入桑梓之邦，要必恭敬止。穿衣吃饭不要过于华美，待人接物不要表现倨傲。入村不要乘车马，探亲不要带仆从。居家莫有官气，片纸不可入公门。吾家世代以青毡为业，不急欲尔等取得科名、做得美官，但愿尔等继书香、做正人。”就在这一年，长子毓淮进学成为县学生员。锡祜手书谕令：“在原籍读书，就便应乡试。”

博兴原有锦秋书院，后来因经费不多，半行废弃。锡祜捐俸增益，聘请知名之士到院主持讲席。公务之暇，常选学业突出者的文章亲手加以删改，谆谆详批，长达数纸；提醒教诲，超过他们的师尊。

七

锡祜尤尽心水利，在他任上从不与邻境分畛域。如滨、蒲交界之彭家沟，博、新交界之安家圈，俱通盘筹算，务使上下游均受其益。勘定之日，两县子民欢呼载道。后，具文上报立案，勒石刻碑，以垂永久。

还有值得一提的是，锡祜幼年居住在农村乡下，深知官员和老百姓之间有隔阂之故，了解官吏和差役敲诈勒索之频繁。所以，锡祜每有事到乡下去，必定先于吏役提前到达。他的说法是："我担心，我未到吏役先至滋扰百姓。"下乡完成任务后则令部属吏役先返，而自己殿后，他的理由是："我担心，我先去吏役勒索百姓！"历任数年，通通以此为常例。

光绪三十年（1904 年）春，锡祜在其免职另任之时，请求回乡休养，获准。这年他 59 周岁。

锡祜卸印之后，博兴县民刻石以颂其德。

锡祜一生唯两个爱好：一是收藏古墨。有一回去省城，遇有售旧墨者，辄典衣购之。二是抄书。自成童以及外出做官，每日必手抄数页。不论酷暑严冬，只要有一点空暇，就伏案如诸生。自己尝说他有抄书癖，不可一日离开。几个儿子的读本，都是锡祜亲手所抄。其子在《诰授奉政大夫、同知衔山东博兴县知县笃斋府君暨诰封宜人显妣张、李、袁宜人行述》中说："呜呼，手泽犹新，而教泽永湮，能勿痛哉！"

梁锡康

梁锡康（1854—1930），字晋斋，号润生，清代鹿邑县梁老家（现属郸城县虎头岗乡）人。

锡康幼入家塾，因颖异过人，深为祖父所钟爱。同治十二年（1873 年）春进学入邑庠，成为秀才。当年秋天，与长兄梁锡祜同时参加乡试，同榜得中，成为副贡（乡试正榜录取称为举人，额外录取列在副榜的称副贡或副车），进入国子监肄业。

早岁显达

进入国子监学习不久，吏部即引用成例，选派锡康入内阁任内阁中书（从七品），兼办中书科诰敕事务，掌管为朝廷书写诏令、命令等机密文书，还兼任国史馆分校和方略馆校对。可谓早岁显达。锡康兢兢业业在朝廷中枢机关供职 10 余年，淡泊自守，从不沾染京邦贵胄纨绔余风，深得上司赏识。但他也看透了高层政治的腐败、清廷的无能以及官场的凶险。

弃官授徒

光绪十年（1884 年），也就是锡康 30 岁那年，在京城任吏部主客司郎中的父亲梁瑑，因病离京回家治疗，锡康也告假随父亲回到老家。因他已经绝意仕途，事后上司虽多次致信让他回京供职，都被他以种种理由婉言回绝。

不久，其父因病去世。锡康同兄弟们料理完父亲的丧事之后，就在家乡设馆授徒，当起了塾馆先生。鉴于他的学问和名望，远近的求学者纷至沓来。在教学中，他训教自己的子侄尤为严格，经常以敦本、尚俭为勉励。他在家乡教书20余年，桃李争艳，成为名闻遐迩的一代名师。

倡修邑志

《鹿邑县志》自乾隆至光绪，失修百余年。光绪十六年（1890年），锡康联络当地举人傅松龄、王瓛等人动议请官府组织人力重修县志，得到刚到任的知县于沧澜的支持，并被委任分修兼总校。一年多后，因县事停工。又一年余，在锡康等诸发起人的督促下，于光绪十九年（1893年）下半年，县里请来具有修志实践经验的蒋师辙担任纂修，纠工再纂。至次年十月，创稿过半之时，纂修蒋师辙奉派去邯郸做官，知县于沧澜也在这年冬天去任，修志之事再度受挫。光绪二十二年（1896年），锡康等人再次督促新任知县马家彦完成修志大业。当年仲冬时节，终于使《鹿邑县志》面世。作为自始至终努力倡导并积极参与者，梁锡康、傅松龄、王瓛等人欣喜若狂，且功不可没。

三修宫阁

鹿邑县黉宫自同治六年（1867年）修缮后，到光绪二十三年（1897年）有30年没修缮过，时已百孔千疮，破败不堪，亟待修葺。锡康作为设馆授徒多年的塾师，深知办好黉宫的重要，于是多次向县府动议整修黉宫。知县为锡康的诚意所感动，批准大修黉宫，并委派锡康等几位学识渊博的地方名士担任监修。他们以修缮黉宫为己任，不辞劳苦，不求报酬，监督工程质量，督促修缮进度，受到县府和学子们的好评。这项工程竣工后，锡康等人又用余下来的资金修缮了奎阁。又过了22年，到民国八年（1919年），锡康看到黉宫栋桷摧落，遂又独自倡议提烟亩余款2000元重新修缮黉宫，并召来侄辈参与这一工程。

五参选举

清末宣统初，清政府改良政务，在各省建立谘议局。锡康以他在地方上的崇高威望当选为河南省谘议局议员。他根据自己对地方上兴利除弊的深思熟虑，提出条议：一、开垦荒地，二、修浚河渠，三、整顿钱粮厘积弊，四、劝导养蚕种棉，五、办理清乡守望。这些都是当时有利于地方和百姓的重要政见，所以很快就被采纳施行。不久就见了成效。

1912年10月，锡康等4人被县知事王光第委任为国会选举筹办员。锡康等人赴各乡调查和开展选举筹办事宜。经调查认定全县有选民资格者1.3万多人。此后，锡康又先后4次参与全县选举事务，为民国的县级选举作出了开创性的贡献。

四司出纳

1912年，锡康被推举为鹿邑县公款局局长。当时县级财务经费由省财政厅专管。公款收入主要是田赋，全县户册房所辖48个钱粮征收处，全征白银，每年收入有四五万两，大部分上解，县留存的很少。地方支出大部分用于官员俸禄及衙役饷银，锡康之前任将公款用于地方公益事业及赈济贫民的微乎其微，而锡康在当时县级财政尚无统一预算制度的情况下，精打细算，致力于兴利除弊。他坚持俭约，力主节流，克勤克俭，公私分明，不贪不占，每年都为县里节省巨额资金用于其他公益事业。在他任职期间办了几件有影响的大事：

一、办理平粜，救济饥民；二、于1916年建成鹿邑城北通济桥；三、1919年重修黉宫。

锡康自己清正廉洁，对贪官污吏深恶痛绝。在他任局长期间，某官员侵吞公款数万元。锡康代表绅民申诉到上级官府，几经周折，终于将那笔公款追回，得到绅民的一致赞扬。锡康在县里连任四任财政局长，口碑如一，名声极佳。

威树乡里

锡康自弃官归田几十年，德望日高。就是他辞去局长职务以后，当局者凡有疑难必来家找锡康咨询，锡康也每每以服务桑梓为义务，以谋解人民痛苦为己任，直言不讳，慷慨提出意见和建议。长此以往，为当政者中一些私心较重的人所痛恨。人们都替他担心，怕惹出祸端，而锡康却不以为然。

锡康晚年，乡里争相选石勒碑，记录锡康的品德行操，以求训诫子孙以锡康为楷模，成为对社会有用的人。这又从侧面说明了锡康的社会威望。

林贻熊

林贻熊，广东东莞人。以举人知陈州。贻熊到职，恰逢年成不好，农业歉收。贻熊将详情上报太守，要求缓征并开仓平粜，以缓解百姓的困苦。陈州民众无不称颂。贻熊居官清正仁厚，不逞才智，不事粉饰，简事宁人，民服其德。陈地欠有赋税，总督王檄一改弓口丈量地亩按亩追加增收。贻熊曰："我宁愿不做官，也不愿给陈地百姓留下祸害。"事遂得止息。后因疏忽防守被解职，陈人如失慈母，不让归去，在陈停留3年，老百姓奉薪献米，贻熊辞不受。归里时，陈民攀辕卧辙，车马不能前行。

凌保生

凌保生（1848—1924），又名甲朗，字叔炳，号光远，以字行；因院中植石榴树五株而自号“五榴先生”，西华县城人。其祖父、父亲都曾在直隶做官。

凌保生6岁时随祖父学文，甚得祖父赞赏。17岁考中秀才，名列全县第一，选为拔贡。督学看了他的文章，高度赞扬说：“九皋鹤鸣，空谷白驹；亮拔不群，为今无双。”按常规，凌保生要取得举人功名并非难事。但在乡试中，因性情耿直，所写文章借题发挥，指陈时弊，不为试官所容，屡考不中。

凌保生一生嗜古若渴，以读书著述、搜集隐人字画、刊刻逸士之诗文为好。每见名人真迹，志在必得，以高价购求，精心保护，以求传世。尤其注重收集西华县明末理寒石、胡湄园和刘海鹤3位节义之士的诗文，并编撰成《寒石诗文集》、《湄园诗集》、《海鹤传》，然后汇编成《西华三先生集》。久而久之，其家中书籍、字画累箱盈柜，当时在文人绅士中，堪称收藏第一家。

民国后，袁世凯和徐世昌都知道凌保生的学问和为人，他们曾先后征召凌保生为官。他毫不动心，坚辞不就。后来又召他编撰清史，凌保生又婉言谢绝。河南省通志局请他参与修《河南通志》，他也未答应。后来，当公推他编修《西华县志》并担任编辑主任时，他毫不推托，慨然就任。从搜集资料、起草到成书的几年里，他呕心沥血，一丝不苟，精益求精，终为后人留下一部高质量的地方文献。他的著作还有《续中州人物考》及《中州文献》。

1924年，凌保生因病去世，享年76岁。

刘　璐

刘璐（1643—1728），字石渠，号雪水，退老林下时，别号柳浪七里人家，沈丘老城镇人。

其父刘祖向是清顺治年间福建光泽县令，刘璐曾随父住光泽。时，光泽人苦于逆藩商人的高利贷剥削，璐帮助父亲封仓储粟，逆商不能复取，遂与其父为敌，谗言诬陷，其父蒙冤遭受重谴。璐痛父被诬，奔走豫闽，往复数次，家业荡尽，始得奉父归里。自此，璐衔父冤，苦发愤，于教书之余，博览群书。凡易学、象数、术艺之书，无不精研其妙，医术尤精。康熙四十一年（1702年），刘璐年59岁，由岁贡拔魁抵京会试，考授中书留京都。适逢康熙帝患病不起，投药罔效，刑部大司寇励廷仪推荐刘璐诊治。康熙帝病愈，诸臣晋贺，并奏请各减级给刘璐加官晋爵，璐以年老辞谢。诸王大臣皆称他为高人先生，由是声闻海内。

璐身受隆崇，不受高官，向康熙帝泣诉父冤。清帝赐金数千，复其旧产，修其庐舍。康熙五十九年（1720 年）复召刘璐进京裁定六壬书，书成，适逢雍正皇帝即位，赐还其父刘祖向的光泽县令，晋赠文林郎，前冤尽雪。赐刘璐中书诰封，授征仕郎，面赐锦缎，袭官诰金千两，准以归里祭祖。雍正六年（1728 年）三月，璐于乡里终其晚年，享年 85 岁。世称“刘御大夫”。

刘 璞

刘璞，字石友，号尔琢，清代沈丘人。刘汉儒的曾孙。幼好学，天资聪敏，学业早成而不喜仕途。少年丧父后，足不履市。事母至孝，母病时，昼夜服侍，百余日衣不解带。怜贫惜苦好施与，每年底及麦前，米珠薪桂，刘璞将积谷减价抛售，遇过于贫苦者不问姓氏，无偿施粮。刘家自办义塾，请名师督课，里中子弟，皆令就学，有成就者数不胜数。

刘璞精于医理，有人请求出诊，立即前往，雨雪无阻。对家贫的病人，施医赠药。著有《医学集要》6 卷行世。逝世之日，远近莫不哀泣。

刘 松

刘松（1714—1793），清代鹿邑县人。樊明德创立混元教后，收王怀玉为教徒，接着王怀玉又发展了刘松。乾隆四十二年（1777 年），混元教被官府取缔，樊明德被凌迟处死，刘松判充军，发配甘肃省隆德（今宁夏回族自治区隆德县）。

刘松昔日曾收安徽太和县人刘之协为徒。混元教犯案时，刘之协未被供出，因得免惩。乾隆五十三年（1788 年），刘之协到隆德配所探望刘松，两人商量恢复旧教。拟将“混元教”改为“三阳教”，将《混元点化经》改为《三阳了道经》，将经文改为口诀。

刘松让刘之协分赴各省传经，先后收宋之清、萧咏为徒，宋之清又收齐林、伍公美、王学陇为徒，从此互相传播，教徒日众。七月，陕西破获邪教大案，牵连四川、河南、湖北数省，陕甘总督勒保以甘肃与川陕毗连，即通饬各属密查。乾隆五十八年（1793 年）六月，侦知隆德军犯刘松与邪教有联系，遂派按察使陆有仁驰往隆德查究。刘松在配所得知官府查拿教内人犯甚紧，遂将《三阳了道经》、灵文、口诀及一切字迹全行烧毁。九月，刘松在甘肃隆德被捕获。勒保认为宋之清既为传教重要案犯，又是刘松旧徒刘之协之徒，故判定刘松“即是此案教首，案关重大”，他一面驰奏朝廷，一面亲往督率查拿究办。

乾隆帝命将教首刘松凌迟处死，将陕西樊学鸣等同教 14 犯，湖北宋显功、齐林、伍公美等 19 犯，甘肃刘松之子刘四儿处斩，数百名从犯俱发遣黑龙江为奴。唯重大案犯刘之协，在解往河南扶沟县途中，乘间脱逃。

刘澄之

刘澄之（1853—1919），字逸上，号印心，清末民初河南鹿邑县城南17公里刘凤舞寨（今属郸城县汲水乡刘小集村）人。清光绪年间邑庠生，光绪三十四年（1908年）任鹿邑县同善局教读。

澄之出身于书香世家，幼承家教。他3岁丧父，由母亲云孺人抚育成人。早年入私塾，天资聪颖，酷爱书法，习书成癖。塾师以其碍读，屡禁而不能改。为习书他常废寝忘食，不论寒暑，临摹不辍。凡名人法帖，多设法购取，悉心研临，取人之长，补己之短。即便在家计中衰、十分拮据的情况下，仍以水代墨，以砖为纸，坚持苦练。因没钱买笔，便用细竹篾、鬃、麻及捶劈的柳树根自制成笔；没钱买墨，便用锅烟子灰和水代替。他经年累月，乐此不疲，矢志不移，勤学苦练，终于书艺大进，受到督学使者的欣赏。曾由翰林董启绥推荐，为光绪皇帝载湉御影题字，光绪钦赐“书道多才”四字以示嘉奖。

澄之终生以书为友，翰墨做伴，寄书画于神情之外，如痴如醉。他尤喜与名家交流，当时，豫皖一带书法名家朱炎昭、王祖同、褚继文、胡纯厚、任兴邦、王朝宾、筱朴、谢宝树、刘恩波等，他都多有交往。其书斋（斋号：有志竟成书屋、尚友书屋、旷逸斋）经常墨友满座，共同切磋交流书艺。

他书学“颜柳”，宗法“二王”，又博采众家之长，兼收并蓄，而后自成一格。善楷体榜书，尤精于正、行、草书和小楷，兼工篆、隶。其楷书取“颜柳”宽博厚重之体势，含“褚虞”灵异秀拔之气质，加上浑穆刚健的魏碑笔法的贯通融会，铁画银钩，雍容大度，外张中巧露机制。其深奥得古人三昧，锋芒尽挫，光耀内含。如其楷书代表作《男儿八景》，端庄遒劲，大气磅礴，极具颜书的勃郁苍劲，而又有柳书的刚劲挺拔，行笔粗细相间，错落有致。缓笔的大捺出以细锋，锐气逼人；急笔为横弯若断若连，含蓄而有韵味。其楷书另一代表作《岣嵝碑》，用笔圆转飞动，秀美婉畅，似颜而只有其神韵，似褚而只有其气度，出神入化，自成一格，隽永高古，不同流俗。以颜书柳体的行草和小楷最负盛誉。其特点是：清朗端庄，严谨秀丽，骨肉匀称，俊逸豪迈，受到墨友及书法爱好者推崇。其篆书师古而不泥古，大胆地以破笔行其法度，逆锋颤抖，捺顿明显，如画而不是画，朦朦胧胧，颇有诗意。用笔灵活多变，极富新意，结体古朴庄重，超凡脱俗。一变古法，自成脉络，其好友书法家任兴邦写诗赞誉：“古追蝌蚪字，奇拟鸟鱼书，凤逸神全肖，龙蟠体宛如。颜筋兼柳骨，珍重等琼琚。”自是切当之论。其隶书多为大字对联。他从石鼓文入体，取邓石如的笔意，一变古法，自成脉络，创独具风格的疙瘩隶书，字体遒劲多姿，雍容盎然，不落俗套，具有近代美术字的魅力，深受行家赞扬，并为后人效法。他的隶书还有一特点：使用点子和断笔特多，融以篆意，“当联处而断之，当断处而联之”，奇宕多姿，妙趣天成。代表作有对联“名酒过于求赵璧，异书浑似借荆州”，读此隶书真如品尝名酒，久而弥笃，别开天地，令人耳目一新。其草书宗法“二王”，巧涉宋意，缠绵环绕，气贯神足，一气呵成，如玉带临风，空潭布影。笔力坚劲，内含柔韧，于平实中见奇崛，自然婉畅，给人以“清水出芙蓉，天然去雕饰”的美感。

他性情豪爽，耿直健谈，豁达大度，但不重功名，不慕仕途，志淡青云。唯潜心研究书法，以教书育人为乐。先后在鹿邑城北关、王皮溜、虎头岗、汲水集、白马驿和亳州境内开馆授徒40余年。他忠厚坦诚，琢玉思坚贞，慷慨以为人。凡有求其书画作品者，皆不吝纸墨，有求必应，使求者满意而归。在晚年极其清贫之时，亦不忘乐施行善，常以所得报酬捐赠社会，扶危济贫。还曾鬻田典物以解他人之困。实谓人品书品俱佳，以德高望重，享誉乡里。

他博学多才，诗、书、画兼备。其诗稿、墨宝和画卷多在战乱和“文革”中散失，现民间及其家族尚有收藏。

刘拱宸

刘拱宸（1751—1867），字守中，江西吉安人。清道光五年（1825年）任西华县知县。任职期间俭朴清廉，体恤百姓，捐资千金修葺县城“衍畴书院”，亲自登台讲学，深受百姓爱戴。后晋升为南阳知府，著有《洪范九畴考略序》、《南阳人物志》10卷、《南阳人物名人表》8卷和《名宦志》、《居官慎刑录》8卷等。

刘贯斗

刘贯斗（1825—1885），鹿邑县唐集刘庄（今唐集乡刘贯斗村）人。清道光五年（1825年）中秀才，后乡试落榜，弃文习武，人称“文武双秀才”。为人正直，待人忠厚，怜贫惜苦，深得村民拥护，推为“首事先生”。他曾几次进谏知县，陈述民苦，减免赋税。清光绪年间，为了村民安全，率民筑寨，光绪十年（1884年）刘庄寨竣工。刘贯斗因操劳过度，翌年病逝。村民为记其功德，改村名为刘贯斗寨。

刘郇膏　刘果

刘郇膏（1818—1866），字松严，太康县常营人。清道光二十七年（1847年）进士。咸丰元年（1851年）任江苏娄县知县。三年（1853年），巡抚吉尔杭阿命刘郇膏随营进剿太平军，他率兵300攻克嘉定，即暂代嘉定知县，加同知衔，赐花翎。后继任青浦。八年（1858 年），调任上海知县。当时上海租界外国人飞扬跋扈，屡构衅端，清朝官吏畏外夷如虎，独刘郇膏不为所屈，敢与抗争。九年（1859 年）夏，外国侵略者绑架大量上海贫民，企图外运贩卖，而巡抚、道台之类的大员均不敢过问，并准备拘捕告状人向外国人谢罪。上海万余民众聚集抗议，刘郇膏亲自带人到租界搜查，结果无获；又赴江岸登轮船搜查，终于在底部搜出这些被绑架者，均被填入麻袋，有的已经闷死。刘郇膏又命人乘船出海，追回已运走的千余人。外国人为之震恐。

后来，苏州、杭州被太平军占领，上海成为孤城。刘郇膏训练民团，创设 20 个局，决心死守上海。咸丰十年（1860 年）七月，李秀成率部攻上海 10 余日，不克而去。十一年（1861 年）冬，太平军攻占浦东，清廷驻上海大吏命刘郇膏往援。刘迫不得已率部出战，被太平军击溃，他投水自尽，被部下救回，从此坚守不出。但他却因此出名，并受到清廷的重用，相继被提升为道台、知府、海防同知、按察使、布政使。

同治元年（1862 年）三月，李鸿章率淮军抵上海，命刘郇膏总理营务，筹集军饷，连江宁大营的军饷也归他供应，每月需饷银 20 万两。因此，他又被提升为代理江苏巡抚。后因母死居丧在家，于同治五年（1866 年）病故，追赠右都御史。

其子刘果（1855—1914），字毅夫，又字绍严。12 岁丧父，刻苦自励，勤学不懈，18 岁应童子试，列为案首。光绪二年（1876 年）中举，十二年（1886 年）中进士，任礼部主事，兼管太常司乐部、四译馆、鸿胪寺等事务。对于朝中各种祀典和礼文仪范都能周密筹备。

刘果为人不骄不卑，洁身自持，颇得礼部正直同僚尊敬。但对于侵占公田、偷漏官税等弊端，则坚持核实上报，秉公处理。后调学部行走，任宪政编查馆、修订法律馆谘议官，逐步提升为员外、郎中京察一等、记名道府、右丞、典礼院学士、副掌院学士等。朝夕谨慎小心，未敢稍有懈怠，数十年如一日。光绪二十六年（1900 年，即庚子年）护驾陕西，功绩尤为卓著。当时光绪皇帝和慈禧太后仓促赴陕，所有档案、册簿大都存于京师，刘果则根据旧制立新法，补遗漏，没有丝毫差错，受到大宗伯鹿文端、浦公良和陆润庠的赞赏。光绪二十七年（1901 年）诏令开设经济特科，选拔洞达中外时务的人员时，刘果即被陆润庠荐举参加考试。后来，袁世凯执政，河南各级官吏争相投奔其门下，而刘果虽与袁世凯有姻亲关系，却不愿谄媚于他，表现了正直无邪的处世态度。

清朝末年，集资修建洛（阳）潼（关）段铁路，刘果解职后专主修路事宜。路将竣工，清廷下达铁路收归国有的命令。刘果不辞劳苦，往返数次，苦口力争，终归无效，遂愤恨成疾。1914 年病故，终年 60 岁。

刘耀庚

刘耀庚，字西爽，今项城市三张店乡刘老庄人（后迁居三张店瓦房庄）。清嘉庆六年（1801 年）辛酉科拔贡，十五年（1810 年）庚午科举人。其胞兄耀林，是乾隆五十七年（1792 年）壬子科举人，被分在河北办驿差。由于亏空公款几万金，他卖掉家里 800 亩田产弥补亏空。田产是他们弟兄的共有财产，但刘耀庚对此毫无怨言。就是二人分家的时候，他也没提这事。

后来刘耀庚担任了宁陵（今河南宁陵县）教谕，工作出色，得到中丞保举，被调任为四川庆符（今宜宾市庆符镇）县令。到任后，首先询问老百姓的疾苦，然后均徭役，联保甲，修书院，兴学校，还建了一所养济院，收容鳏寡孤独的穷人。当地的读书人作了一首“十德”诗，歌颂他的善政。

刘耀庚特别善于处理案件。有个姓沈的犯人，在当地监狱关押了30 多年。他认为处罚过重，极力向上司反映，要求释放这个姓沈的，为此几乎受到上司的处分。最后上司还是听从了他的建议。从那以后，上司知道了他在断案方面的才能，凡是遇到疑难重案，都要征询他的意见。后来他名气越来越大，周边邻县有了疑案，也都越境把文书送来请他帮忙。有人作诗说：“隔县争迎慈父母，随车纷颂刘青天。”

因刘耀庚政绩显著，上司拟将他调去四川东北比较富庶的达县任县令。还没去上任，雷波县发生了彝族人暴乱，他又被改任为雷波厅（今四川雷波县）通判加知州衔。这时，暴乱的彝人围困了雷波，与城内的兵勇相持了3 个日夜。3 天后，刘耀庚见彝人有些松懈，就派有胆识的乡绅带壮勇 500 人，悄悄出城绕到暴乱彝人后面夹击，彝人终于大乱而逃。雷波是土城，为加强城防，刘耀庚在平息了暴乱后，请示上司同意，对土城进行改建。总计增修大石堡 1 座，土堡 5 座，驻扎兵勇和衙署的地方 10 所，还有碉楼、炮台、火药局、演武厅、校场、箭道等等，历时 3 年完工。

任满后，刘耀庚被实授四川邛州（今四川邛崃）知州。上任不久，因病辞官回项城老家休养。

3 年后，他病体痊愈，又回到四川，被委任为潼川知府。在这里，他用 8 个月时间，清理了积压旧案 200 余件。后来这里发生暴乱，他亲自带兵剿抚，很快平息，全郡得以平安无事。这时，他已经年逾古稀．就告老还乡，安度晚年。死后葬于秣陵镇城西 8 里的虹河南岸。

刘永庆

刘永庆（1862—1906），字延军，今项城市丁集镇刘新庄人。幼年刚开始读书，就喜读兵书战策，而对应付科考的知识不感兴趣。他 12 岁时曾说：“读书以求用世，非特弋取功名。”很受业师任乔格（贡生）赞许，说他：“有志不在年高。”

光绪十一年（1885 年）冬，袁世凯驻朝总理交涉通商事宜时，因了解刘永庆素有远大志向，就邀请刘永庆到朝鲜协助处理各种事务。刘永庆处理事务措施妥当，被袁世凯倚为得力助手，接着又先后派他襄办龙山交涉通商事务、韩语学堂监督、仁川领事等。刘永庆在朝鲜 9 年，由县丞升到了直隶州知州。光绪十九年（1893 年），刘永庆卸差内渡回国。

光绪二十一年（1895 年），经军务处的王公大臣们保奏，袁世凯总领小站练兵事，刘永庆也去了小站，主管军粮生产和粮饷转运等后勤事务。二十六年（1900 年），袁世凯任山东巡抚，刘永庆又跟过去总理军需后勤。第二年，以知府资格被选任为参谋营务处。北京义和团举事，刘永庆应诏率军镇压，京都附近的义和团被赶走以后，被保升为道员。《辛丑条约》签订后，袁世凯保举刘永庆交军机处记名简放（简放，派任道府以上外官），并加二品衔。朝臣建议仿日本陆军省的体制，设北洋军政司，由刘永庆主持。继而刘永庆又到日本考察，验证日本陆军体制的运行情况。他观看了日本陆军的操练，对所有相关事宜都一一详细了解。

回国后，刘永庆对军队内务进行了大力整顿，军队的战斗力日渐提高。光绪二十八年（1902 年），袁世凯在保定东关外，创练常备军（新军），并设军政司（旋改为督练公所），下设兵备、参谋、教练等 3 处，刘永庆任兵备处总办。二十九年（1903 年）冬，刘永庆被加封副都统衔，军政司正使。时间不长，又被特授镶白旗汉军副都统。

光绪三十一年（1905 年），清廷改设江北提督一职，刘永庆首任，仍兼漕河盐务诸政，镇、道以下都归他节制，同时为他加兵部侍郎衔。军事方面的事，他可以直接向朝廷奏报。给他的圣旨说：“江北地方重要，宜有精强得力之大员以资统摄。”那时刘永庆才 43 岁。每当他谈到朝廷的厚恩，总是感激涕零，发誓一定以身报国。在上任陛辞（向皇上告别领训）的时候，慈禧皇太后告诫他，要特别注重改练新军。可是练兵必须先筹款，江北地方异常瘠苦，筹措很不容易，他就诚恳地找两江总督周馥商量。按预算需要筹集白银 100 多万两。在周馥协助下，不几天就落实下来了。在地方治安方面，刘永庆认为，警察是维持治安的根本。淮河以北地区一向匪盗活跃，社会纷乱，他决定从根本上治理，先训练巡警，再设立警察机构。为逐渐推广警察制度，他又奏请创办了一所警察员弁学堂，经费不足，就捐献出自己的俸禄作补充。

江北防务积累的问题很多，如军队驻扎不集中、士兵不懂操练是怎么回事等等。针对此种情况，刘永庆把所有辖军调集一起，亲自点阅，裁汰老弱，补充新兵，督令训练。接着按规章把所属军队改编为巡防、骑兵、步兵共 8 队，指定了各队防地……布置极为周密。

光绪三十二年（1906 年）春，练兵处奏拨陆军 13 协（旅）归北督训练。刘永庆深感朝廷的信任，处事更加恭谨，规划细之又细，唯恐有疏漏的地方。鉴于江北防营的人员还需要扩充，急需军事人才以供使用，他在江北巡防营开办了陆军速成学堂（陆军军官短训班），亲自到学校考核学员，勉励学员立志、立品，养成良好的军人素质，对这些学员寄托了很大期望。

这年夏天，长江以北大雨连绵，下了一个多月还不停止，江北防营辖区内积水成灾，各处饥民纷纷南下，抢粮的事件时有发生。提督府驻地清江（在宜昌长阳县），讨饭的人也很多，大有闹事的势头。刘永庆昼夜焦虑，筹划补救的办法。加上湖水河水暴涨，历年罕见，上游、下游险情频传。刘永庆一面派兵固堤防汛，还多次冒雨到河堤上察看水情。结果劳累过度，旧病复发。有人劝他注意身体，他说："但使江北数万生命得免流离，一身劳瘁何足惜！"

一天雨住的时候，他去河堤上察看水势。天突降倾盆暴雨，而他没带雨具，衣服被淋湿透，寒邪侵入体内，回到大营后病情愈重，到第二天，就突然去世了。时年 44 岁。在他奄奄一息躺在病床上的时候，还坚持依着枕头，口授回复南京籴粮的函电！

刘永庆虽然少小离家，但对家乡感情深厚，为家乡人民办的许多好事，至今还为家乡人念念不忘。光绪二十八年（1902 年）河南盗匪横行，民不聊生，乡亲们动议修寨防匪。刘永庆慨然卖掉自家 600 多亩地，支持修寨。寨子周围所占土地，80% 属于他家的地产。科举制度废除后，他捐出老家的房产 30 多间，创办了刘新庄小学堂，这是项城创办最早的小学堂之一。还有一次，大概是他任兵备处总办时，曾在夏天回项城探亲。有一天，突然乌云密布，雷声阵阵，听邻居吆喝"快去窑场垛砖坯子呀！"他忙脱掉锦袍，跑去窑场抢垛砖坯，与乡亲们一样被暴雨淋成了落汤鸡。

刘泽汇

刘泽汇，字菡石，明代扶沟县人。刑部尚书刘泽深的弟弟。崇祯元年（1628 年）拔贡。入清于顺治二年（1645 年）被委任署理西华县。时西华县巨寇高金雄占据县城，肆意滥杀无辜平民。泽汇任职的第 3 日，就请总兵孔希贵率领士兵剿剪。五月二十八日高金雄被斩首后，泽汇立即招抚余孽，改兵为农。同时招抚逃亡的百姓数百家，开垦荒地 1000 多顷，积存粮食 140 石，用以赈济灾民。还设立学田 500 亩，用来解决贫困学生的生活问题。署理西华一年后，辞职归里。从此绝意仕进。

柳堂　柳翰华

柳堂（1843—1929），字纯斋，号勖庵，清代扶沟吕潭人。为近代华北藏书与金石名家。其先世籍河东，后徙陕西朝邑。祖父殿鳌，往来经商于汝宁。卒，继室扶沟李氏，艰难扶其柩归葬，后返扶沟守节以终。柳堂随母居扶沟，即以扶为籍。

柳堂生而岸异笃懿，幼承家教。少长，不与群儿伍，勤奋好学，读书至忠孝大节，必详究其始终。遇有疑难问题，必聚精会神详究其义。授帖括，虽日习之，私心不以为然也。家贫，尝负书担囊求师百里外，卧病三日犹赋诗百首。其勤励刻苦多类此。以县学廪生举同治十二年（1873年）癸酉科拔贡。次年联捷领乡荐。然中举后，偃蹇将20年。为家境计，曾先后坐馆于项城秣陵莲溪书院及扶沟大程书院，并任大程书院山长，以人品才气备受时人敬佩。诗集《莲溪吟草》即作于此时。

光绪十六年（1890年）庚寅科会试举第5名进士，以知县分发山东。至鲁，因不擅钻营，又不求于人，故久未职任。直到海城李中节巡抚到任，始派任定陶。

光绪二十二年（1896年）任惠民知县，年已54岁。下车即张示，严禁差书丁仆需索安班铺堂等规例。是年九月，即逢黄河决口，境内清河镇险出，秸料一无所存。濒河居民，争移避高阜，哭号之声殷天。柳堂亲临河防，日乘丈余小舟，于掀天风浪中查拯灾民，复设粥厂，救助寒衣而饥食者。并痛咽为文祝，誓以身殉。竭蹶奔抢护防，为昼夜至十有六，用夫至3万余，擅用地丁银集料至400余万斤，始堵复决口。光绪二十四年（1898年），济阳桑家渡口决，惠民正当其冲。柳堂亦亲临河工，奋力抢险，得以化险为夷。在惠五年如一日，慎刑罚，严苞苴，正田里，谨征榷，讲谕约，广学校，兴水利，植树木，护提防，又作浅易歌辞，诵习上口，劝民息讼；筹助宾兴，旌扬贞烈，被誉为“齐鲁循吏”。复栽柳近万株，以护翼城池。开西惠民沟，得腴田万亩。改黄河窝铺，岁省钱万缗。浚陡骇淤道，量出土至17万余方，百废俱兴。1300余村落，足迹无不至者。项城袁世凯极称柳堂朴诚练达，曰：“柳令傲吏抗上，然其强项皆为民，无为己者，终是循吏也。”

时义和拳之众，成于京津，而发于山东。光绪二十六年（1900年）夏秋交，拳众数千人突入城，柳堂径迎谓：“尔辈既自称效朝廷，雪仇耻，应北上决一战。此间无洋人，来此欲何为者?”即夜撤去，境内无丝毫侵扰。义和拳败，四处遭残酷镇压。唯柳堂在惠民坚持只论匪不匪、不论拳不拳的主意，仅将混入拳里无恶不作者三二人置于法，余则亲历各约，导谕以安业分，使得县内数千拳众免受杀戮。光绪二十七年（1901 年）二月，移任东平知州，时境内义和拳民与天主教徒冲突，互有死伤。教民忿候选教职尹式翱、贡生李树芳不相保护。主教将尸体放进抚辕、洋务局，指控义和拳民为匪，尹、李为匪首，有司惧洋媚外，下文东平严加惩办，札饬切急。堂公牍迭上，力辩其诬，事卒白；平民得以脱噬嚼者 160 余家。其后，天主、耶稣两教士以事来谒，柳堂语诫二人：“前者教民不和，皆地方官措理不善之咎。大乱甫平，何可再结仇衅?”乃假以辞色，予钱百缗，属修补零星什器，以永释葛藤。两教士感服，连称堂晓事，叹惜而去。继而济阳玉皇庙戕官事起，祸首孙玉龙籍惠民，故武夫将移营搜捕，堂为设法缓之，使民无鱼池殃，而他属率遭屠戮，而惠独免。

光绪二十九（1903 年）年四月，柳堂调任德平，次年六月复任惠民，三十一年（1905 年）正月调乐陵，次年五月再任惠民。两复惠民，县绅民皆焚香郊迎数十里，百姓以亲见其人为快。所遇，肩舆前叩头，冀一望颜色，率欣欣然喜；或泣下，邀坐场圃矮屋中，老者献茗，壮者立门外候指使，蔼然家人父子之谊。是时，百姓不知其为百姓，堂亦自忘其为官。每届离任时，率以民众“脱清官靴”而留任，一时传为佳话。县人送联曰：“官惠民，惠民民受惠；作知县，知县县周知。”先后蒙海城李中节、项城袁世凯等荐保，迭遇皇恩，至“赏戴花翎，四品衔，大计卓异，以知府班用”；三代祖考皆赠中宪大夫，加级晋通奉大夫；妣皆赠恭人，晋夫人。光绪三十三年（1907 年）四月调任济宁知州。以新政急迫，体弱不能尽职为由请告，再改署章丘不赴，致仕。时年 66 岁。

1912 年 3 月，袁世凯担任中华民国临时大总统后，曾派人到济南，以山东省巡抚一职务相许，邀柳堂出仕，为其推行专制独裁统治、复辟帝制效力。堂复以体弱不能尽职，且言一臣不事二主为由，予以婉言拒绝。

民国建立，柳堂侨寓山东治学不归，曰：“吾将老死圣人之乡。”寓历城西关二道虹桥，日与诸遗老徜徉山水、纵情诗酒。与孟津古文家许鼎臣为文字交，往来书札辑为《耄学问答》一书，1918 年由商务印书馆出版。

柳堂治理属下十分严整，所至辄风清弊绝。他长于折狱，疑难之案，三数语即了决。词讼案件至，应手批答之。刚直无委曲，好面折人过，亦喜人规己过。一事不慊于怀，终夜不能成寐。与人交，中藏豁然。每论及郡国利病，生民疾苦，侃侃然旁若无人。平日自奉俭约，而好客礼士如不及。酷爱善本古籍及金石碑帖，平时自奉俭约，所得廉俸，除救济戚友，均分兄弟子侄外，不遗余力，尽以购金石图籍，遂列当时华北藏书名家及金石名家。1928 年济南“五三”惨案时，以惧其文物遭劫，惴惴几废寝食，因嘱其长孙柳式古将所藏书68箱、14531册及其他珍贵文物数万件，悉捐赠山东省立图书馆，俾使保存，以遗后世。尔后变乱频仍，所捐书籍文物已大部散失，所幸《耄学问答》及《笔谏堂全集》手稿，尚安然无恙。今山东省图书馆以善本设专室专人保管。

柳堂嗜书成癖，多所博通，室中卷轴多至数十万卷。尤好吟咏，诗学白傅。有《莲溪》、《北上》、《宦游》、《仕余》、《舟行》、《寿余》、《古稀》等各吟草，及《宰惠》、《牧东》、《宰德》、《宰乐》、《牧济》及《惠民赈灾》、《东平教案》、《寿余》各日记。另著有《笔谏堂全集》手稿13卷（内《笔谏堂书札记事》8卷，《禀读偶存》1卷，《粤海湖音集》1卷，《古稀书札记事》2卷，《大耄书札记事》1卷）。其诗文，重直爽写实，冲淡自然，能关注民间疾苦，颇具乐天风骨。

1929年春无疾而终，享年86岁，归葬桑梓吕潭。德配李夫人，与其同岁生，随宦30载，犹贫家妇，持理内政，老而操作不休。二人伉俪笃睦，敬爱如宾。显贵以后，不娶偏房，不纳妾，终生不二色。宦界传为佳话。子一曰翰华，光绪二十九年（1903年）癸卯举人，直隶候补同知。

柳国勋

柳国勋，清开封府太康县人。监生。人聪明，好相貌，直性。实心任事，不尚机巧。康熙二十三年（1684年）捐纳录用知县，康熙四十五年（1706年）选授山西襄垣县知县，康熙五十五年（1716年）擢汾州府同知，康熙五十八年（1719年）遵大同府捐马事例捐纳知府，康熙六十年（1721年）正月选授湖广汉阳府知府。雍正元年（1723年）八月十六日，奉旨补授湖北驿盐道。

柳同春

柳同春，清开封府太康县人。顺治二年（1645年）乙酉科拔贡，被派往山西稷山县做官。稷山位于汾水河畔，因河水浸地，实际地亩少于粮赋核计之数。到任之后，他据实上报请减免空头粮赋，并形成条文固定下来。又置二簿，将本县各业之人分别造册，由县衙统计备案；对于固定职业者以法约束其正当经营。两年后，晋升为江南通州牧。

柳相林

柳相林（1814—1878），字懋周，祖居河东，后来迁徙陕西朝邑。曾祖父长茂、祖父大荣，皆赠资政大夫。父亲殿骜，字伟公，娶妻李氏。李氏娘家在扶沟，因扶沟俗淳朴，李氏思乡心切，伟公便携家到扶沟吕潭镇落户，故今为扶沟人。

柳相林10余岁时，父母相继去世，孑然无依，而性爱乡邻。有来借贷者，从来不计多少、偿还与否，慷慨相送。久而久之，家道日落。遭到荒年，家用匮乏，求助别人，少有赞助者。柳相林思己从前，慨然道："人情怎么这样啊！"于是刻苦自励为商做贾，决心重振家业。由于他经营有方，家境很快富饶起来。他家产虽然因此而丰，积有余财，依旧散发给亲戚与乡党中间贫乏者。看到桥梁、道路有损坏的，就捐资予以修补；遇到灾荒年景，就尽最大的能力予以救助。有人以轻视财产规劝他，就说："商人鬻财逐利，相比起农耕来说，所得是相对容易的。我自我得之，自我散之，有什么可惜呢？据己为私，久将生孽，谁见到守财奴后世不衰败的呢？"听到他这话的人无不叹服。咸丰八年（1858年），安徽捻军进入河南，商业凋敝，柳相林毫不在意，恬然说道："我家有薄地二顷，宅子两处，今后可以归田务农了。"

柳相林为人喜欢儒术，热衷于推究书里的疑义，不耻下问，经营商业并非他的志向，故取廉而守介。他还喜爱书法，抄书临帖，少有宁日。尤其喜欢写擘窠大字，用麻束成大笔，蘸水在石头上书写，不工不辍。经常交游的好友有秀才张季瑞、明经李云渠等。他家居严整敬肃，教育子弟严于义利。次子柳堂中同治十二年（1873年）癸酉科举人后，他告诫说："你应当顾名思义，如果他日为官治民，妄取百姓一钱，就不是我柳家的子孙。"

柳相林晚年居住乡间，每日与田父野老讨论晴雨勤耕，闲暇在麦场秋圃，与村民谈论福祸善淫之事，以教导人们一心向善。光绪三年（1877年）大灾荒，年已63岁的柳相林十分忧愁，思想如何救民困厄。于是就募资于富裕户家，不顾年迈，亲自引舟，前往江南购买大米，回来散发灾民。以此存活乡人无算。就连平常待以举火的人家，也赖此得以生存。因数次来往南北，冒霜犯露，于光绪四年（1878年）三月行至安徽界首得病去世，卒年64岁。后以子贵，晋资政大夫，降旨在乡里修建"乐善好施"牌坊，予以旌扬。

柳正芳

柳正芳，清开封府太康县人。康熙时初任渑池教谕，康熙五十六年（1717年）擢云南澄江知府。在任期间兴利除弊，政绩卓著。后致仕闲居家中，恬静安然，卒年70岁。著有《就正集》传世。

龙之章

一

龙之章（1812—1883），字绘堂，今永丰乡金庄人。清咸丰岁贡。青少年时期攻读经史百家，中年教书兼及岐黄，晚年著《蠢子医》4卷，刊行于世。

他一生勤求古训，谆谆育人；博览深究，严谨治医，凭借传统文化与中医理论的深厚积淀，及其开拓创新的胆识与才智，在传统医学领域独辟蹊径，为祖国医学的发展与提高，提供了成功的探索之路；为济世活人，留下了许多神话般的奇迹。他的良好医德、高超医技及精湛的医论，对后世有着深远的影响，被医史大家尊称为“清代河南名医”。

二

项城龙氏家族，原籍太康县大兴集。清乾隆四十五年（1780年），龙之章的祖父龙复迁居项城。龙复迁居的原因和经过，清宣统三年（1911年）《项城县志·人物》中有这样一段叙述：“龙复字培元，原籍太康。幼颖异慷慨，多大节。弱冠膺乾隆丁酉萃科。旧有浮税苦民，复叩阍吁请革其弊官。几罢任，以贿免，恨刺骨，欲中以奇祸。复奉母迁项，居城（今秣陵镇）东北二十五里金庄（今属永丰乡金庄），养亲教子，乐道安贫，著《四树堂文集》藏于家……”

由于志书文字简略，其间剪去了许多重要情节。如复公奉母避难之初，先到陈州府（今淮阳），被知府（陈州府行政长官）聘做家庭教师，鉴于他的才学声望与义举，故深得知府敬重。恰在此时，项城有异宗同姓的龙某，为诉讼事久困陈州，时至腊月岁底，独自在客店向隅悲泣。店主人早知龙复在知府家教书，于是便向龙某推荐求助于复公。复公在向龙某征询案由时，听到蒙冤受屈之处，顿时勃然而怒，继而潸然泪下，泣涕相慰说：“你冤即我冤，有冤当申，弟必为兄尽力。”

当晚，龙复借陪知府用餐之便，把案情向知府备述原委。不数日，以龙某胜诉结案，二人皆大欢喜，遂结成一家。嗣后，龙复应龙某的邀请，才来项城安家。

龙复21岁到项城。老城有一高氏望族，久闻龙复才俊学博，因而又被高家聘做家塾教师。不久，经高家介绍，与其沈丘至亲李姓姑娘结婚。李姓世代官宦之家，龙复在李家资助下，置了少量薄田，盖了书屋居室，买了大量书籍，择定金庄为安身立命养亲教子之所，才算又有了家。也就是在这个小小的穷家里，养育了龙之章及多个才学卓著的文人学士。

清宣统三年《项城县志·人物》龙复传中说：“……伯子廷圭岁贡；仲子廷霖嘉庆辛酉拔贡；季子廷言癸酉选拔。廷霖尤好学稽古，每读史至忠孝被冤，辄呜咽流涕，眦裂发指，欲与权奸拼命。著京都游稿《学古斋文集》行世；孙之章咸丰岁贡……；之黼增生，少有俊才……”由此可见，就在这样一个祖孙3代的10口之家，同时出人着3个拔贡，2个岁贡，1个秀才，真可谓人才济济了。

龙之章的父亲廷霖，字怡如，24岁考取拔贡，既而去京都游学，著《学古斋文集》。是时郡守费畊亭，阅稿后赞不绝口，遂批其文曰："议论纵横，出入经史，笔力奇奥……"并为文集作序，一时间轰动京都上下。翌年，费畊亭任主考，目中早已预定状元非廷霖莫属。不料廷霖在赴考途中母亲病故，弃考奔丧而回。为此，费畊亭甚感惋惜，连声哀叹："功名真命也!"

三

清宣统《项城县志·人物》龙之章篇中说："之章幼颖异好学，落落有大志，弱冠饩于庠……"；又说："之章岁贡，束发受书，即不屑于章句俗学，必求有济于世。通岐黄，精风鉴，功名富贵视之蔑如……"

其侄金门回忆说："叔父讳之章，字绘堂，岁贡生。兄弟五人，叔父次居四……天性孝友，精于地理之学，又精于医。生而颖悟，不事戏嬉，幼即专志于学。吾祖廷霖虑其幼弱太专而受病，虽每使之玩弄，亦不能变其专心。既而功夫纯熟，为文亦卓然成家。吾祖尝顾而喜曰：'是儿或可以光门楣乎？'乃命运多乖，终困棘闱，又值兵燹，遂泊志于功名。"之章自述说："予自弱冠游泮而后，潜心于举业，何暇及医？无奈自身多病，室人亦多病，不得不于课读之余，兼及于岐黄。"由以上文字记载可知，龙之章的青少年时期，有良好的"家学渊源"，优越的读书氛围；学业优秀，前程远大。却又命运不济，闱场多乖，遂淡泊名利，潜心医术，以求济世救人。

初为"课徒之余兼及于岐黄"，潜心研读《素问》、《灵枢》、《伤寒论》、《金匮要略》、《石室秘录》等中医经典及历代各家名著，遨游于医籍烟海，广涉博览，穷深探微，初步掌握了大量书本知识。嗣后，之章设馆于沈丘，得与名医宴廷予相交。宴氏精于医道，之章娴于堪舆，二人互为倾慕已久。既遇之后，相互切磋，各尽其长，遂医术大进。继而在熟谙经典理论的基础上，之章又勤于临症，勤于探索，在临症中细心求证于前贤。在求证前贤过程中又大胆设疑，不为成说所缚。师古而不泥于古，进而走自己的发展创新之路。对各科疾病的诊断、治疗到立方用药，皆有独到之处。许多危症痼疾，经之章诊后，每能切中病情，着手成春。之章在《眼科不知脉理断乎不可》一篇中写道："不知脉理妄用药，如今皆是这眼科。不知伤了多少人，犹自搬砖当镜磨。我尝官家去教学，他妾数数请眼科，一日问我治眼否，我一诊脉大黄多。他就照此吃一服，好如秋水立澄波……又尝古镇去教学，其中治眼多专科，动至寒热皆颠倒，病人问我作生活。我一下药锋立解，好如宝匣出太阿……"，又如《山甲可封平和将军》中说："山甲亦可号将军，我尝治病屡出神。有一妇人月病久，诸药不效死为邻。腹疼卧床甚难忍，一为诊脉脉横陈。即用山甲末一两，黄蜡为丸麝香匀。日食一钱痛即止，不满十日大回春。又有男儿虚痨久，诸药不效死为邻。一寒一热不能止，一为诊脉积已深。即用山甲末一两，黄蜡为丸青黛匀。日食二钱热已止，不满十日大回春……”如此桴鼓之效的病例书中比比皆是。

龙之章前半生以教学为业，兼治医而不售药，不忍取病家之利。到了42岁，夫人病故；继而匪盗四起，兵荒频仍，几至炊烟不继。不久，长子宾门与次子耀门又相继去世。到了晚年，由于家计日艰，诸孙待哺，不得不以医为生计。同时，培养孤孙，为他们寻求生存出路的重担，也压在年近七旬的老人肩上。由于家贫业薄，之章忧虑重重。“欲课以农，无田可耕；欲课以读，无暇可乘。”于是，便以医道相传，将平日临床经验及心得之妙，参以历试有验之古人方略，以诗歌夹叙的形式见症即录，取其朗朗上口，以便诵读，使诸孙朝诵夕维，作为传世“衣钵”。这便是之章著《蠢子医》一书的初衷，也是书名的含义。时间既久，积篇成帙，经编次整理，成为家藏之秘。继而在亲友中争相传抄，无不以先睹为快。

龙之章于光绪九年（1883年）病逝，享年71岁。遵其遗愿，与商水好友孟某同葬于商水县东庵村附近，人称“龙孟坟”。之章殁后，其侄金门、孙镇川及侄孙浚川，恐传抄错讹失真，反没叔祖之苦心，再经编纂校订，于1911年首次集资石印刊行，以广流传。至今龙氏医学已相传6代19人，代代有人闻名乡里，皆得力于《蠢子医》一书。

卢　坤

卢坤，清代扶沟县人。道光元年（1821年）举人。卢坤家境贫寒，学习十分刻苦，因而博通经史，尤其是工于科举文章。世人评价他说：“沉鸷透快，得桐城真传。”授官考城县教谕。后因丁艰回归故里，从此绝意仕途。在家营办私塾讲学，成就了很多后学人才。

卢愈奇

卢愈奇，字滋大，清代扶沟县人。康熙四十五年（1706年）丙戌科进士，雍正二年（1724年）以知州衔借补陕西平凉通判。任上他整饬盐政，革除了积年弊端。补泾州知州。泾州地处甘肃最东部，民俗以抗粮为能事。对此，卢愈奇不用刑罚，而是设法规谕百姓。于是百姓争着输粮纳租。他又建立义学，延请教师教育青年士子。这时，朝廷在西部边境用兵，输运军需的任务一再下达。卢愈奇经办3年，既没有延误公事，又没有扰动百姓，因此被推举为陕西“第一能吏”。

鹿伯元

鹿伯元，字抡甫，号赞廷，清代鹿邑县人。道光二十九年（1849 年）己酉科举人。以办团练有功，授官江苏知县。

时，粤寇初平，田园荒芜。伯元到任后，亲率邑民大力垦荒种地，成效斐然。任武进令时，扑灭盗贼，设立义学书院，政声卓著。移知丹徒，革旧弊，设义渡，荐人才，造福一方。后因丁忧离职。起复仍署武进。伯元时有病在身，想以疾辞官。武进派士绅到鹿邑迎接他，他深为感动，带病赴任。过了一年，死于任所。

路淑人

路淑人，女，清代鄢陵县杨姓女。及长，嫁于扶沟县监生路洪范为妻。路淑人聪颖绝伦，喜欢吟咏，工于书画。她学习赵孟頫管夫人风格作的《绣列国图式样》尤称针绝。可惜她的诗词书画作品流传下来的很少，存世的只有她临摹的作品和小品花卉数纸。

路在庚

路在庚，字悝泊，清末扶沟县人。他相貌魁梧，燕额虎头，言语慷慨，才藻卓绝，过目成诵。不到 20 岁，就成为县廪生，考试屡为冠军。他工于诗文，喜爱旅行。所遇名山大川、神庙佛寺、英杰陵墓以及虫鱼鸟兽、木石花卉，都有吟咏以抒发情怀；又工于书法绘画，草书和隶书冠于一时，尤以画梅著称。

路在庚热衷于地方文教公益事业，常说：“在一乡则立功于一乡，在一邑则立功于一邑。”同治初年（1862 年），安徽捻军进入扶沟境内，城乡惶恐，书院废弛，没有人敢带头倡言修整。全县乡绅都推荐他担当此事，说：“修整书院除了悝泊先生，再没有人可做表率的。”他慨然说道：“书院是一县文教的关键所在，不能看着它凋敝如此，不去过问。”就不避风雨，不避诽谤，在极其艰难的条件下，成功修整了书院。扶沟县城以前没有考院，童生都是在临时搭建的芦棚内参加县考，一遇风雨，艰苦状况无法叙述。路在庚乘机劝说知县杨恩铭，在书院内增设考场。还未竣工，杨恩铭离任，他又劝说继任知县孟宪章再接再厉，终于成就此事。

路在庚赋性刚方，疾恶如仇，而又能不念旧恶。光绪五年、六年，鄢陵县的一些人蒙蔽上司，私挖沟渠，将积涝嫁祸于扶沟百姓。路在庚当面斥责鄢陵县以邻为壑者包藏祸心，又到省道，当面直言，抗辩力争，不能移咎扶沟百姓于水患之中。事遂息。

此后，路在庚先后任考城、新野两县训导，均恪尽职守，训育有方，门下桃李满园，两县学风为之大变。

路在衡　路在洽　路在午

路在衡，字玉甫，清代扶沟县人。少年时代跟着堂兄路星白读书，入学成为诸生。光绪初年，朝廷开孝廉方正科，有关方面推荐路在衡应诏参加。因其成绩优秀，被授县丞职衔，官广西。

在广西受到巡抚的赏识，让他司掌巡捕的事宜。先后参加了围剿土匪莫梦弼和到怀集放赈救济灾民等事宜。越南侵犯顺营时，路在衡负责龙州地方的粮饷军需采供，承办保甲军装、火药、厘金，事务十分艰巨繁杂，没有一时一刻的闲暇。路在衡兢兢业业，恪尽职守，成就斐然。尤其以剿灭雒容地方的土匪、生擒匪首侯得的功劳最著。因此被推荐擢升为监司。先是授权怀集，继而授权思隆，再授权归顺直隶州。由于公务繁剧，身染病疴，直隶州任上刚刚20日，因病去世。

路在衡为官清廉自持，不轻取一钱一物。他少年时父母双亡，依赖叔母养育成人，所以做官以后尽力报答。他的俸禄，平均公允地分别寄送家人亲戚；同族的子弟延请师傅读书，他必定给予资助。至于劝农赈贫，防卫盗贼，明断冤狱，更是有力必尽。因而，去世后几乎无钱发丧。在他的灵柩离开归顺直隶州的时候，老百姓夹道燃香祭祝。他的继任者道经九江的时候，几次遇到游匪强盗的抢劫。而路在衡的灵柩返回原籍，道经九江的时候，也被游匪拦截，当游匪知道是路在衡的灵柩时，就互相告诫说："这是个清官，是不可冒犯的啊！"于是就离去了。

路在洽，字化甫。随堂兄路在衡至广西。光绪年间在跟随广西护抚李中丞围剿土匪莫梦弼中，以军功被保奖六品职衔，赏戴蓝翎。

路在午，字叔明。随堂兄路在衡至广西。光绪年间在跟随广西护抚李中丞围剿土匪莫梦弼中，屡立战功，被保奖五品职衔，赏戴花翎。

路在兹

路在兹（约1845—1904），字念堂，清代扶沟县人。路天资颖悟，文章俊逸，弱冠即补博士弟子员。光绪十四年（1888年）戊子科举人，候选知县，敕赠文林郎。光绪十三年（1887年）大灾，一县百姓困苦。他协助知县赈济贫苦，勤恳敬业，没有一丝一毫的差误。知县孟宪章创立大程书院，委任路在兹为斋长，既而充任监院，他都以笃厚敬业见称。他参与光绪十九年（1893年）十一修《扶沟县志》的编纂，以宏览博达、搜采详明著功。光绪三十年（1904

年）创办扶沟县立小学堂时，知县田子丰把一切事务委任于他。路在兹夙兴夜寐，购置校田，监造什物，不有懈怠。遂患感冒，年未逾花甲，10 余日而卒。

吕士鵕

吕士鵕，字任庵，清代江南歙县人。康熙二十四年（1685 年）以贡监任鹿邑知县。

康熙二十八年（1689 年），吕士鵕率邑民治水患，开浚大小沟洫 12 道。前令闵三元所开沟洫百余道淤塞，疏通如旧。复巡视境内，将黄堆寺坡、吕家洼 2 处，开新沟 2 道。鹿水归流，灾害锐减。

二十九年（1690 年），鹿邑受旱严重，翌年因蝗灾绝收，饥民无数。吕士鵕单车周游鹿邑灾区，详细察看灾情，上奏批拨救济粮款。劝请官吏和富裕之家，捐资济荒。在城北关外设立赈灾粥厂，选择老成练达、德高望重之人管理，更不时到厂，亲自尝粥。粥厂内“列号给筹，使男女有别，先后有序，大小不同器皿随分得饱，严稽冒领夹带”。妇女有不遮体者给以衣，有年老得疾者给以疗治。从十二月至翌年三月，共赈饥民 209172 名。不动仓谷而捐资劝赈全活无数。是年，创建尊经阁，广储书籍；在城东隅升仙台之阳建学舍；在寓宾馆东重修常平仓。

康熙三十一年（1692 年），吕士鵕在升仙台前重修观复亭；在升仙台东南隅、义学旁建澄清亭。养济院院舍颓倾，穷民无所栖身，在原址重建养济院；城西关北隅精忠祠久圮，因旧址重建，而大其规模，塑像立碑并亲自撰文；县治东侧的轩公祠是为明刑部尚书轩輗建，兵燹后，旧址仅存茅屋数椽，碑记被流寇损毁，祀田为不肖者盗卖，吕士鵕整理复旧轩公祠，并题其额曰“勋垂奕世”；重修明道宫，筑犹龙堤，建坊于前，额曰“伊人宛在坊”。是年，吕士鵕组织续纂的《鹿邑县志》刊行。全书 10 卷。

吕士鵕在鹿邑为官 8 年，凡所举措，具有古代名吏风范。

吕阳桐

吕阳桐（？—1899），字奉冈，清代今扶沟县练寺镇吕庙村人。出身书香门第，祖父、父亲都是举人。受家庭熏陶，自幼跟着父亲学习举业。他天资聪颖，勤奋好读，过目成诵，被县人誉为“神童”。光绪十一年（1885 年），以优异成绩成为拔贡，十四年（1888 年）得中河南戊子科举人。他擅长书法，工诗善文，名重城乡。光绪年间，扶沟县十一修县志，吕阳桐是五名编校之一。他“采风问俗”，参与采访、编写、校点，并为县志作序，为成书付出了大量心血。其文笔之严谨，才华之锦绣，深得当时的扶沟知县熊灿和同事们的钦佩与称赞。

扶沟县人为之作歌曰："扶沟县，两支蜡，路老庚，李老花。两支蜡，不算明，还数南街吕阳桐。"该志书于光绪十九年（1893年）成书，流传至今。

吕阳桐自幼学习举业，饱读五经四书，思想开明不陈腐，眼光开阔不淤滞，善于接受新事物。虽然已经中举，却对科举制度的陈旧腐朽以及考场腐败早有不满，愤然喟叹："国家沛减赋赐租，而民不加富裕；变瘠养醴之化，而俗不加厚；际重熙累洽之盛，而学校不加奋。是何故载?"在戊戌变法期间，由于康有为、梁启超变法思想的影响，吕阳桐很快接受了西方资产阶级民主科学思想，竭力反对科举制度，积极倡导筹办新式学堂。第二年，扶沟举行县考，吕阳桐和秀才周文密谋，决定抵制这次考试。两人以匿名传单张贴大街小巷，在县城天宁寺鸣钟集合参加县考的童生，吕阳桐在演说中公开揭发县令孙敬修在官场和考场徇私舞弊的劣迹，宣扬科举制度的腐败，鼓动童生们罢考。孙敬修惊恐恼怒，当即派人上报省府开封和州府淮阳，派兵镇压，当夜即将吕阳桐、周文2人逮捕，随即押解淮阳关押。在狱中，吕阳桐遭受百般拷打，终不屈服。

吕阳桐的女儿吕义妮，是个有胆有识的奇女子。为了营救父亲，她不顾一切，东下淮阳，北上开封，托情于父亲旧好，哭诉于省、州官府。吕阳桐的好友、学生也四处奔走，为其鸣冤叫屈。省、州府不少官员为吕义妮这个当代缇萦救父举动所感，纷纷站出来为吕阳桐说情。当时相传已经有开释的可能。谁知风云突变，康、梁的戊戌变法失败，帝党失利，全国大规模搜捕屠杀与改良派有牵连者，致使吕阳桐在开释前被毒死淮阳狱中，成为扶沟近代史上为变法献身的第一人。

吕阳桐书法笔力苍劲，铁钩银画，绵里藏针。诗歌精于绝句。

栾繇雍

栾繇雍，字益恭，清代扶沟县人。康熙五十八年（1719年）岁贡，天性纯孝，双亲亡故，他悲伤异常，以至于双眼哭出血来。因此，后来扶沟县修志，将他收录于《孝友传》中。栾繇雍乐于奖掖后学。他创办塾学时，县里跟着他学习交游者达数百人。晚年被任命为河南渑池县训导，后以年老退职回乡。

罗金川　罗仲保

罗金川（？—1848），字西镇，清代鹿邑县人。出生于武将世家，自幼兼习文武，性刚直，有才略。由军功官滑县千总，升开州城营守备。

道光二十七年（1847年），英夷寇广东，总兵刘天保奉调往，罗金川跟着到粤。夷势甚嚣。金川与天保合谋，以奇兵攻之，屡屡获捷。后因粮饷不继，移军廉州。二十八年（1848年）七月，金川与夷兵大战于灵山，失利后退至宜信，再战于化州，力屈遇害。朝廷传旨褒恤，追封云骑尉，入祀忠节祠。

次子仲保（1818—1860），忠勇有父风。由行伍起家，官至直隶北塘游击。九里关剿土寇，西炉村平教匪，皆有功。咸丰十年（1860 年），调署归德镇左营游击，率师进剿亳州乱匪。七月初五日与敌遇于县东五里庙，鏖战自辰迨申，斩匪数百，力竭而死，时年 42 岁。上诏优恤，附祀郡昭忠祠。

罗芝征

罗芝征，字升如，明末扶沟县人。清顺治五年（1648 年）戊子科举人。官授陕西洛川知县。

麻　坦

麻坦，字平子，今项城市贾岭镇麻腰庄人，大约生活于清康熙年间。他性格严谨，很少说笑，尽管家里穷得徒有四壁，也从不轻易接受别人资助。是否进学不得而知，却列于县志的“方正”人物中。他工于钟繇、王羲之草书。因平时喜爱饮酒，一旦喝醉，不择笔，不择纸，酣畅泼墨，写的字苍劲有力，气势磅礴。宣统三年（1911 年）的《项城县志》说：“至今获其只字者悉宝之。”为了生活，麻坦也曾设馆授徒。

据民间传说，当时项城县城（秣陵）内有马、李两家，一路之隔，大门相对，都想请麻坦写门匾。他们找到麻坦的好朋友阎贡生商量后，在阎家设宴款待麻坦。

酒至半酣，阎贡生看麻坦有点醉意了，就对他说：“今请麻兄，不为别事，因马、李两家请我写匾，我这就给他们写，请麻兄指教！”说话间，残席撤去，摆上笔墨纸砚。阎贡生也不谦让，提笔就写。写后，观看一番，似有不满之意，撤去再写，如是者再三。旁观绅士一言不发，静观事态发展。麻坦虽有醉意，却还醒事，觉得阎贡生看不起他，于是一个人走出客厅，来到西厢房。进屋一看，有墨有纸没有笔，两块新匾都放在板凳上等待贴字雕刻。他头脑一热，心动手痒，写字瘾上来了。没笔咋写呢？抬手摸头，抓下毡帽，嘴里说着：“有啦！”毡帽一卷，蘸上墨汁，直写匾上。霎时，龙飞凤舞的“南苑风光”、“花满虹阳”，分别落在两方新匾中央，还题上了落款“麻坦”。写完，毡帽一扔，倒在床上酣然入梦。

请来的刻字师傅，进屋一看，此人似有疯癫之病，竟然污了大匾。他怕主家见怪，就让徒弟刨去木匾表面字迹，可墨迹已经入木。正无奈时，阎贡生领着马、李和众士绅赶到，慌忙制止。他们拾起麻坦的毡帽一看，已磨损了半边。

麻坦设馆授徒，教学生写字，凡带钩的字要求一律不准钩，只需要顿笔回锋。他共收14名学生，其中有2名慕名来投师的学生年龄较长，是从念《诗经》开讲的。这两人认为麻老师不准带钩的字带钩，没有道理，依然我行我素。麻坦不好说他们，只好听之任之。3年后，麻坦带着这14名学生到开封参加会试。在拜会主考、监考们时，他开玩笑地说自己教的学生写的字不好，该带钩的都不带钩。主考、监考们评卷之后，果然从录取的试卷中，找到了12份写字不带钩的卷子，但是并非如麻坦所说字写得不好，而是字字工整，像一人书写。

马伯辂

马伯辂，清代陕西省绥德县人。乾隆四年（1739年）己未科三甲第218名进士，乾隆十三年（1748年）至十七年（1752年）任扶沟县知县。

马伯辂到扶沟的当年便重修了文庙，改两庑各为5间。乾隆十四年（1749年），他捐俸买县废察院旧房建立雪讲堂3间，同年主持开挖了县北李田沟。此沟从李田起至盐厂村东入太康清水河，全长26里，宽约4米，深约2米。为此事，巡抚鄂公还专门批示，并于十五年（1750年）立碑记之。乾隆十五年，乾隆帝巡幸河南。马伯辂奉旨蠲免百姓十分之五的钱粮赋税。乾隆十六年（1751年），他向上宪请示开挖冯陵沟，长10里，宽4米—4.5米，深0.6米—1米，以使从通许下来的客水不酿灾害。乾隆十七年（1752年），他重修县城关帝庙，并应监生刘祖唐、邑民赵成功之请，创建三代庙。工竣，他奉命调任兰阳县（今河南兰考县）知县。

马步瀛

马步瀛，字寄州，清代扶沟县人。道光十九年（1839年）己亥科举人，初授大挑知县，署理江苏桃源、睢宁、邳州等处，卓有政声。时安徽爆发捻军起义，忠亲王僧格林沁看重马步瀛的才干，让他随营听用。因其善于安抚百姓，被加授运同衔，补砀山知县。砀山民风强悍，喜欢争斗，不注重农商产业。马步瀛到任后，就教给他们开垦种桑之法，并走遍乡村，见到务农植桑的人就予以褒奖，见到佩带刀剑的人和懒惰好游的人就予以惩戒。由此砀山民风为之大变。砀山妇女不习惯纺织，马步瀛就设立纺织局，让妻子陈淑人作为老师教她们纺纱织布。他因此在考核官员政绩时被列为上等。后因疾病告归，卒于家中。有《自省斋录》行世。

马朝宣

马朝宣（1687—1756），回族，清代沈丘县人。中原书画名家。康熙五十二年（1713年）癸巳科举人。马少年时就酷爱书画，遍访名家求艺。他博采众长，守质增华，外师造化，中得心源。至中年，遂成一代名家。马擅长动物画，延承唐代韩滉和宋人李迪的画风，其临摹韩滉的《五牛图》和李迪的《风雨归牧图》更是达到以假乱真的境地。沈丘至元清真古寺原藏有马朝宣书写的匾额和《三羊开泰图》等书画。

马际唐

马际唐（1813—1899），名文思，字际唐，以字行。回族，清代沈丘县人。咸丰、光绪年间成名画家。马不应科举，一生从事绘画创作，晚年号柳溪钓叟，久住颍州（阜阳），终年86岁。

马际唐崇尚沈恒古、杜琼，有董源、巨然之画风。擅工山水，其画岩峦郁密，峰峦浑厚，布景奇兀，草木花滋，水墨淡着。“懒登高阁望青山，愧我年来学闭关。淡墨遥传千古意，孤峰只在有无间。”松亭掩映其中，人物遇小望大，古风荡荡，横点烟峰云树，构图平稳，运笔苍润秀雅。其《骑驴观景图》大有“骑驴已下萝浮去，回首又贪岭上梅”、“骑驴一路寻花去，入此山中几许深”的意境。初以画小幅见长，晚年拓为大幅。时颍、陈二州官商、富家、士绅多收藏其画作。

马金波

马金波（1706—1778），字祯，名铆铭，回族，清代沈丘县人。画家，雍正十年（1732年）壬子科举人。因读苏轼《洞仙歌》“冰肌玉骨，自清凉无汗，水殿风来暗香满……金波淡，玉绳低转”有感，言月光穆穆，若金之波流，加之伊斯兰教斋月以新月为征，遂易名金波。马擅长画龙水、竹石、花鸟、草虫，延承五代后蜀黄筌画风。其《牡丹富贵图》和《四时竹雀图》下笔轻利，明丽工致，勾勒精细，设色鲜妍，随类敷彩，飘悠之气，宛然如生。自嘲“莫道此画无艳色，须知富贵有天真”。其画作曾被宫廷收藏。

马盛德

马盛德（？—1856），清代鹿邑东南乡（今郑家集）人。威武强壮，尚武悍勇。

咸丰初年（1851年），黄淮流域遭大旱，处在豫、皖、鲁、苏交界处的农民不堪压榨剥削之苦，爆发了由捻党转化而来的农民起义军的反清战争，各路捻军首领聚集在亳州雉河集（今涡阳西北）“会盟”，带领农民抗捐，抗差，抗粮，杀富济贫。入捻的农民逐渐增多，捻军势力颇为强盛。一时间，与雉河集相邻的鹿邑县南一带动荡不安。

咸丰三年（1853年）二月五日，捻军朱效先（邑人）、王万（安徽人），率众数百人自太和至，据县东南之南丰集。乡民马盛德纠合邻里少年，以兵法训之，追奔十数里，驱义军于南丰集。几经激战，义军败北。二十五日，朱效先复率众至白马驿，声言寻仇。马盛德复出迎敌，斩首无算，生擒12人。义军余众遁去。三月初三日，王万带数千人至白马驿。马盛德与之战，大胜，追奔至淝河集而还。

马盛德勇猛善战，深得县令茅崧林赏识，奖其功，特委他为练总，团练乡兵。五月，捻军与太平军联合作战，攻陷归德后，数万人转战鹿邑一带。马盛德率乡勇，循淝河数十里，扼要御之。太平军不敌，节节败退，马盛德威名大振。

四年（1854年），钦差大臣袁甲三驻师双沟、油河，马盛德挑选精壮乡丁随袁剿捻，在三汊口、张信、溜集、花沟集，屡败捻军。

六年（1856年）正月十一日，马盛德奉令率领鹿邑数百乡丁屯兵于傅家桥。大雪骤降，寒冷异常。乡勇们多半归家取衣御寒，而捻军猝至。马盛德率余众鏖战，双方以弓箭互射、土炮互轰，伤亡枕藉。因为义军多于官兵十几倍，寡不敌众，马盛德身受数创，力屈而死。次日，子云青觅得其尸，运抵县城，隆重安葬。

七年（1857年），巡抚瑛棨至县，奖盛德之忠，旌其庐。

马铁通

马铁通，清代沈丘槐店人。武举。光绪十五年（1889年）二月，应界首武举郭其昌之邀，一道赴京会试。在京目睹清廷政治腐败，对外屈辱于列强，对内欺压人民，颇多愤懑，二人计议放弃功名，返乡聚众反清。途中于开封结识长江水师提督程文炳之子程绍周。程亦不满清廷，欲谋起义，遂志同道合，结伴返里，共谋推翻清室，改革国政。经年余奔走，联络反清义士千余，成立哥弟会（又名哥老会）。提出口号："反清驱洋，打倒贪官污吏、土豪劣绅，绥靖天下，保护百姓，平等相处，安居乐业。"

光绪十六年（1890年）农历三月初三，哥弟会会首聚议于界首大义门郭家山货店——德祥号，推选郭其昌为总督，程绍周为协统，马铁通为武英军师，李和风为文化军师。下辖各旗都督、标兵统领等，并计议扩大影响，壮大实力。为招揽会众，马铁通利用"龙舞"幻影，传出"真龙下世，大清当灭"。时有民谣："界首集是北京，郭其昌坐朝廷，能掐会算李和风，外国王子马铁通，领兵元帅岳老总（指太和县知事袁学昌之保镖岳山）。"一时会众大增，不数月，达数万人。

光绪十九年（1893年）旱涝虫灾，太和县知事袁学昌以关心百姓疾苦为名，由颍州府借来一批人马到界首捕蝗，实则欲乘机搜捕哥老会弟兄，哥老会也正想伺机起事，夺取太和县城，杀死知事袁学昌。不料事泄，岳山、李和风被捕。哥老会聚集会众在陶庄湖与清兵展开激战，双方皆伤亡惨重。为保存实力，郭其昌急令撤退。马铁通率众向北，为掩护会众，他留在最后抵挡追兵，不幸激战中负伤被俘。由于伤势过重，不久病逝狱中。

马廷襄

马廷襄（1858—1924），回族，槐坊厅东镇小教胡同人（今沈丘县城槐店回族镇生产南街）。出身于武术世家，其祖父是朝中的一员武将。马廷襄 18 岁（清光绪二年，即 1876 年）考中武举。清光绪六年（1880 年）赴京应试，考中庚辰科武进士，遂留宫任御前带刀五品侍卫。清光绪二十四年（1898 年）任直隶正定府镇台（总兵，武职副将，从二品）。在今生产南街（今槐店回族镇政府机关大院、河北派出所院以及原县糖酒公司家属院处）建有马将军府，当地人称其为马侍卫府。原正门上有铁叉翅林，正院中间竖有功名旗杆。1989 年被沈丘县人民政府列为县级文物保护单位。

据传，马廷襄在京城考场上险些与功名擦肩而过。当时他手提 60 公斤重的新月样大刀在舞，动作轻快，刀光闪闪，考场上掌声阵阵。马廷襄比较得意，节奏越来越快，突然刀从他手中失控飞出，马惊出一身冷汗。心中一急，一个箭步猛扑过去，伸手抓住了刀把的末端。他腕力过人，只见大刀晃了几晃，按势收回。众人一片喝彩，并未看出破绽，主考官们一致同意点为武进士。

马廷襄兄弟 4 人，还有 2 名考中武举。其后人大部分定居在北京、保定一带，其孙马天宝曾是保定军官学校的武术教官。

马秀芝

马秀芝，字瑞宇，约生活于清末，今项城市三张店乡石桥口人（后移居高寺镇樊楼，与樊执中同村）。他父亲马万峰，以仗义疏财、尊师重道著称当时。秀芝是长子，小时候读书，不但思维敏捷，而且非常努力。20 岁的时候郡试获第一名，得到食饩待遇。同治十二年（1873 年）夲科拔贡，后得地方政府推荐，取得了进士考试的资格。

他外表柔和而心有主见，能见义勇为。他的授业老师陶潜庵，在咸丰、同治年间遭遇土匪后脱险，乱中被诬告与土匪是一伙的，被官府逮捕。马秀芝的父亲出面担保，未能奏效。当时四川督学张百熙正临时住在汝南，马秀芝就前往投诉，终还业师清白。

马秀芝家住泥河下游，与沈丘、阜阳接境，几个县的乡邻经常为水打官司。

马秀芝就邀请阜阳、沈丘的绅士，一同上诉。于是，河南、安徽的巡抚，各委派重要官员会同查办。得空的时候，马秀芝求见河南委派的朱姓观察，替他出谋划策，终于圆满解决了泥河下游几个县乡民的争执。在解决水患中，他向县令杜师竹建议筑堤。知县多次向上申请，最终得到巡抚同意，拨下筑堤专款。后来两岸筑堤70里，人们称为马公堤。

光绪六年（1880年）大挑（乾隆十七年定制，会试数次不中的举人，由吏部据其形貌，应对挑选，一等以知县用，二等以教职用。六年一次，使举人有较宽的出路），马秀芝被选拔为知县，先分到了广西，因父亲年龄大了，要求就近任职，被改分到安徽。他仍然以奉养父亲为由，迟迟不肯就任。一直到他父亲去世后，服阕3年期满，才又被分到广西任职。受上司看重，他先后担任了滕县和淮新的釐务（主管地方财税）官。他到任后明定规章，剔除积弊，结果每年为地方增加税收7000余金，被升任为广西武宣知县。

武宣县境内强盗很多，治理困难。他到任后联合驻守地方的军队，历尽艰辛，先后剿平了寮略湾、甘张、纸札等地的土匪，捕获了匪首，遣散了协从。又修建城池，兴办学校，惩处恶豪，一时政声远播。后调广西贵县任知县，政绩如同在武宣一样显著，上司专门对他提出嘉奖。

在贵县时，有名武举秦某，财大气粗，因与刘姓不和，就诬告刘姓是强盗。刘姓遂被官府判处死刑。刘姓家属不服，向马秀芝申诉了事情原委。那姓秦的武举自知理亏，便向秀芝行贿7000金，以求保全。但遭到了秀芝的严词拒绝。他把原告、被告都召集到城隍庙审讯，弄清了事实真相，秦姓武举被依法惩处。马秀芝还自撰一副对联说："自昔不爱钱，倘存半点私心幽明共鉴；尔今惭作吏，特祝两年归案神鬼效灵。"

有一个富商，假造了一份军队的开矿许可证明，到贵州开采矿藏。他先向马秀芝承诺，让马入股分利，又拿出5000金为马秀芝祝寿。这都遭到马秀芝严词拒绝。马秀芝还向上反映，阻止了那富商开矿。后来他由于筹办海防得力，获赏戴花翎，加同知（副知府）衔。就在他将要被升迁的时候，国家推行新政，升迁的事被搁置。他因年老多病，请求辞职没有得到批准，又一再恳请回河南就医，终获准。

回乡后，他布衣淡饭，与乡人处得很好。那年遇上淫雨成灾，他先出百金，首倡捐款赈灾。平时乐与贤良的学问人交往，组织文社，出资延请老师培养人才。宣统元年（1909年），项城的官绅筹办新政，可是操作起来遇到的难题很多，因为马秀芝名望高，就敦请他一起筹办。可是方案刚刚定下来，就爆发了武昌起义，马秀芝叹气说："大势去矣！"从此抑郁成疾，饮食逐渐减少，不久去世，享年72岁。葬于县城（今秣陵镇）东北3里金营东，人称马公墓。

茅崧林

茅崧林，原名昌林，字寿泉，清代江苏丹徒县人，祖籍顺天大兴。道光二十五年（1845 年）任鹿邑知县。2 年后，丁母忧卸职，咸丰元年（1851 年）回任。前后在鹿邑 9 年，恪尽职守，严肃法度，打击豪强，体恤百姓，颇有政绩。

鹿邑地处黄河下游，县境南部低洼，潴水积涝严重，百姓深受其苦。为了治理水患，茅崧林疏浚沟渠，务使排泄通畅，减少灾害。

道光二十六年（1846 年），涡水堤决，茅崧林亲率邑民冒雨堵塞决口，数日奋战，终使堤复，水归正道。

咸丰三年（1853 年），寇陷亳州。时，承平已久，城垣颓圮；警报忽至，人皆惶恐；相率遁避，巷静户空。崧林慨然独立井侧，怀印持剑，誓与城池共存亡。寇过境而北去。崧林复招丁壮，力筹守御。众恃其忠义，胆益壮，誓守土抗匪。

是年，孤柳树巨盗朱效先阴结太和群盗，屯于境外，威胁鹿邑。崧林潜招大猾傅金铃，历数其恶，令其擒朱匪将功折罪。金铃感奋，不旬日，果将朱效先扭至。崧林立即将其正法，境内遂靖。

茅崧林在任内重修鸣鹿书院。延邑人张梯主讲。戎马在郊，弦歌不辍，人文蔚起，称盛一时。乾隆以后，邑内得祀名宦者，仅茅崧林一人。

梅茂南

梅茂南，字庾村，清代湖北麻城县人。嘉庆十六年（1811 年）辛未科进士。道光四年（1824 年）由阳武调任鹿邑县令。鹿邑县位于豫皖交界之处，素为匪盗骚扰、藏身之地。梅茂南到任伊始，即整肃保甲之法，组织丁壮，配备器械，站岗巡逻。一处有贼，鸣金集捕。这样一来，盗贼很少有能逃脱者。不数月，境内大安。对县衙属吏，要求严格，奸胥猾役，皆敛迹自重。而对民众，体恤备至，课农桑，建学宫，凛凛有古循吏风。道光七年（1827 年），邑民多人被诬为邪教徒。茂南亲自调查，取证核实，澄清问明后，将被诬者全数释放。爱民之心，感人肺腑。

孟宪璋

孟宪璋，字觐南，清代山东章丘县人。同治十三年（1874）甲戌科三甲第 158 名进士，光绪五年（1879 年）至十一年（1885 年）任扶沟县知县。

孟宪璋在扶期间，劝百姓修筑惠民河堤以防溃决。为避免与鄢陵屡因水患之争讼，他经过调查，在大浪沟上修建迎水坝一道，以防水漫溢。光绪七年

(1881年)，他督饬疏浚大浪沟，使之宽约3丈，深约丈余，以减除西南洼地之水患。九年（1883年），他见扶沟书院破旧，童子支席为舍而学；县试时，应试者自带几案，若遇风雨天气，更无法动笔。他便与县诸父老商议，修建试院，与书院合二为一。并劝谕绅民捐钱1.5万缗，重修大程书院。此工程从光绪十年（1884年）春开始，历时年半，至十一年（1885年）夏完成，自大门、龙门、大堂、东西文场、官厅、花厅、山长院、斋房、执事房、文昌阁、魁星楼等100多间，修葺一新，并添置石条大凳、创建照壁，围以高垣，绕以花墙。工竣，孟宪璋为此次创修撰写了《扶沟创修考院碑记》以记修建之颠末。此外，他还为诸士子月课地租，使书院经费宽余，学风奋兴。十年（1884年），恭逢慈禧五旬寿庆，他奉旨蠲免光绪五年（1879年）以前所欠的钱粮。十一年(1885年)，他又重修了明道祠与节孝祠及东行宫、北极宫。

宪璋公务之暇，尤好读书，每与诸生讲解，动逾千言，谆谆教诲。以此，扶沟士风渐振。他在扶沟政绩卓异。因性憨直，不会仰承上意，任满时，降为县尉而后罢官。对他的不公正处理，百姓深为痛惜。他罢官后仍暂居扶沟，至光绪十三年（1887年）黄河决口，才委他赈恤灾民，以其劳绩又复其官。

闵三元

闵三元，字奇斋，明代辽东满洲籍人。贡士。顺治五年（1648年）任鹿邑知县。时朝代更迭，新君刚立，地皆新垦，借机倒售粮食、牟取暴利者，坑民乱政，危害甚剧。三元尽力打击，奸徒敛迹。抑豪强以禁扰民。学宫、官署次第修复。邑境受黄河之水冲击之后，旧沟淤塞，排水不畅，水患日甚。三元循旧迹察看，相其高下，开挖疏通，较原沟扩浚4倍，使潴水悉达于下游河道。虽工程浩繁，皆乡民奋力自为，闵三元督勉勤劳，功不可没。至顺治六年(1649年)，计开浚大小沟渠119条。

闵三元在鹿邑5年，政绩昭著。经考核授直隶晋州知州。

缪应晋

缪应晋，字武雇，清代浙江省绍兴府山阳县（今绍兴市）人。康熙二十八年（1689年）二月二十一日至三十五年（1696年）以例监衔任扶沟县知县。

缪应晋莅任后，关心民虞，知扶邑之大害莫过于水患。恰在这时，西邻鄢陵县欲挖开扶沟境内秦家、黄甫两道岗，以泄鄢境之水。那样扶沟必酿水患。在此情况下，缪应晋于康熙二十八年（1689年）五月奉文同鄢陵许知县会勘，遍寻河迹，访求故道，至十二月才算从鄢陵朱家庄等处，因势疏浚。使水顺利流入河道。这样一来，既使鄢水有了归处，又使扶境免于水患，基本上解决了郿扶两县的水利争端。

他在治理水患的同时，亦极其重视教育。他刚到扶沟，见到只有家境较为富裕的子弟读书，而乡里贫穷人家的孩子却没法上学，便下决心要办一所也能让穷孩子上学的学校。于是，在书院旧址建社学1处，并于二十九年（1690年）奉文立义学，将原社学扩建。他首捐俸金在南街路西买地买房，又拿俸金聘请好的老师授教，他也在公务之暇到学校查看，考试学生的功课，以振文风。

二十九年（1690年），他聚金纠工，将芝亭寺殿宇修葺一新。三十年（1691年），奉旨蠲免两岁（包括次年）钱粮。同年，他奉上宪抚军之命纂修县志，于三十二年（1693年）编纂成书，并撰写了"六修《扶沟县志》序"。此外，他还于三十三年（1694年）将清朝初年在县城西门内建的3间常平仓，移在县治东边，重新创为30间。

欧阳绣之

欧阳绣之（1841—1906），字宸堂，号蕴璞，今项城市贾岭镇欧寨人。他生来沉默寡言，但非常聪明，读书都是一目数行，很小的时候就博通经史。16岁在府试中获第一名，成为县学的生员并得到食饩的待遇。当时项城经战乱之后，村落颓废，田园荒芜。他就上书竭力反映民间疾苦及百姓流离情况，受到朝廷重视，责令地方开仓放粮，并按农户发给耕作工具和种子。

同治九年（1870年）他29岁，考中举人，光绪三年（1877年）又中进士，被钦点为刑部主事。因父母年老，辞官欲回。恰有同乡薛凤德，考取了太医院的吏目，却因病死在了京城的寓所里。欧阳绣之替他打点丧事，并带着这位老乡的灵柩回到项城。

光绪十七年（1891年）春，被任命为范县知县。这年淫雨连连，庄稼都被淹死了。他上报详细的灾情，结果当地的赋税被全部免征。当地缙绅制作了一副对联歌颂他："德泽旁敷众人母，官方澄叙一条冰。"当时上级官府命他督疏小清河，由于他的合理调度，老百姓不感到有劳役之苦。后来，因为他母亲去世，回家守孝3年，期满后，被选授为兵马司正指挥。

兵马司任期满后，欧阳绣之又出任直隶府井陉县的知县。刚到府里报到，正遇上八国联军攻占了北京。他参加乡试时的主考官简崇文正在保定府，听说这事吓得自己上吊死了。当时衙署的官吏们都望风而散，欧阳绣之却不怕风险，亲自去为老师装殓。后，接到朝廷诏命，让他暂时到位于山东西北边缘、邻接河北的庆云县任职。那里是义和团最活跃的地方，他上任后，剿抚并用，地方很快安定下来。当地有很多妇女参加了义和团的"红灯照"，他抓到以后，允许她们的亲族家人具保后领回家。

后来，他又回到原任的井陉县任职。井陉县是京师的门户，西连陕西、山西、川陇，各地向朝廷进贡的使者络绎不绝，又兼洋商在境内修铁路，开煤矿，虽然交涉很多，但欧阳绣之始终没有处理不当的事，朝廷对他记录嘉奖，政绩考核被评为知县中的第一名。积劳成疾，他患了痰喘病，最后死在井陉任上，终年65岁。

祖父欧阳琳、父亲欧阳树楹，都因他的政绩而被赠封为“中宪大夫”；欧阳绣之的3个儿子，长子鹏献是秀才，次子鹏印、三子鹏举都是太学生。

潘廷扬

潘廷扬（1719—1780），字赓虞，号直鹿，清代四川省江津县（今江津市）人。乾隆十二年（1747年）丁卯科举人，十三年（1748年）戊辰科三甲第131名进士。乾隆三十五年（1770年）至三十八年（1773年）任扶沟县知县。

他初仕于江西饶州府安仁县知县，禁溺女之俗，有惠政。后调任江西彭泽知县，以其父殁返家守丧。服满，于乾隆三十五年（1770年）任扶沟知县。他到扶沟的当年，恰逢乾隆之母孝圣宪皇太后80岁寿辰，奉旨普免当年应征钱粮赋税。在扶为政，他折狱平允，多能审理疑狱奇案，尤其以劝解为主，孜孜训导，使闻者悦服，故百姓不受冤枉，多为民所乐道，人皆称其为潘菩萨。在扶任满，以政绩优异升贵州省麻哈州知州。后署思州府（今贵州思南县）知府。

潘廷扬无论在任何地方做官，都是清白自律，勤政为民，实事求是，以实心行实政，深得百姓爱戴。乾隆四十五年（1780年）春，委任他运送楚地之铅，卒于重庆铅局，终年62岁。

潘钟瀚

潘钟瀚，字子青，号稚莼，江苏溧阳人。清同治十年（1871年）任淮宁（今淮阳县）知县。治政有体要，疏通麻沟水道，因之水讼案渐稀。编保甲12条，实事求是，是自邑侯冯奕宿以后仅有一见的官员。治城试院低湿狭窄，随郡守蒋询募钱修拓，改变旧制；创设柳湖书院，请名师课诸生；捐出俸禄奖励优秀学士。口碑甚好。

庞丕化

庞丕化，字泽普，淮阳县人。清同治十二年（1873年）拔贡。丕化幼聪敏，好学博闻，热心邑内公共事宜；免丁银浮收、开沟渠、修学宫、创书院、办学校、建藏书楼等均捐资相助。清宣统二年（1910年），筹集银币500元，在城内首建棉纺织厂。卒年80岁。

七十一

七十一，字椿园，正蓝旗满洲人。清乾隆十九年（1754 年）甲戌科三甲第 42 名进士。乾隆二十年（1755 年）至二十二年（1757 年）任扶沟县知县。

七十一在扶沟，首重教育，当年倡捐俸银 200 两 5 钱 6 分，带动绅民捐银 283 两 8 分，都交给当铺商人，以 2 分生息，以资大程书院。乾隆二十一年（1756 年），他率领百姓疏通半截河。此河由尉氏流经扶沟，因尉氏地高而扶沟下洼，又加河身中丛苇阻塞，河口淤塞，每遇夏秋雨水，河水漫溢，水在尉氏是过而不留，在扶则是积而不散。两县百姓各持己见，争讼不已。他请示上宪，将河中阻水的芦苇尽行拔除；两县淤浅的河身，按疆界清挖深通，直达于贾鲁河，并将原有 6 尺高的河堤加固，以解除水患。与此同时，他将大浪沟疏通，解除了县境西南农田的水患。因这年夏大水，他又奉旨赈济灾民。乾隆二十二年（1757 年），他在县城迎春庙后建大王庙，在东冯陵建砖桥 3 座以利交通，重修老龙窝古闸泄陂水入贾鲁河，又修一闸泄陂水入马家河。这年夏天大雨成灾，洼地水深丈余，七十一睡不安寝，食不甘味，或乘船救民，或骑马巡视，一直关心着百姓的生命安全。他在一次乘舟救民时，忽遇大风，险些葬身水中，船至迎春庙后才算脱险。

他非常注重对史志的编修整理，在他的主持下，续修了《扶沟县志》。刚脱稿即调任武陟县知县。

七十一到武陟后，因触犯上宪，将有不测之患。武、扶两县之民奔走呼号于省城，为七十一喊冤以鸣不平。为此，上宪方识七十一为清廉之官，顿释前嫌，赏识尤加。

钱腾云

钱腾云，字映斗，淮宁（今淮阳县）人。清代大将。明末，随巡抚高明衡，辟为参军，为镇压农民起义军筹谋划策，征河北，以计擒义军将领张天则。太傅王之纲征为监军。是时豫王铎南下，腾云去拜见豫王，陈述平定江南的策略，被豫王看重，授淮海副使（未赴任）。清顺治六年（1649 年）考中武进士，授江南鹰扬卫守备，督运粮船，兼领 48 卫。后擢升湖广都指挥使，寻改掌印都使司。康熙元年（1662 年）督饷讨李来亨。事后，奉命抚苗疆。历任布政使、巡抚、荆岳水师总兵。因军库失火，降江西副将，卒年 81 岁，封昭勇将军。

钱廷文

钱廷文，字朴庵，号柳圃。陈州淮宁（今淮阳县）北小关人。例贡生（由生员援例捐纳进入国子监的）。喜欢读书且爱好藏书，学识渊博，古文诗词为一时之冠。每有诗词脱稿，读书人便争相传抄，以先睹为快，时有“钱才子”之美称。为人品德高尚，行为端正，做事一丝不苟。当时陈郡的崔郡守、县令许胥等很看重他。

钱不愿出仕为官，在家设立私塾，前来求学者背着书箱从外州县而来。他教的学生，睢州的蒋金门、中牟的仓圣脉都成为诗词大家，刘钦和中进士，于仲连、夏丕昌、王陈舜、刘乐滢都被贤士书所录。柳圃的母亲也颇通经书，擅长书法，工习诗词，有学士风度。柳圃之妻万氏，极其贤良孝顺，祖母年迈生病时，曾割下腿上之肉让祖母吃。有《柳圃诗集》流行于世。

钱万选

钱万选，字一公，淮宁（今淮阳县）人。清将领。顺治十二年（1655 年）武进士。官江南颍川卫守备，莅官清廉守职，凡遇送礼者，皆辞谢，常说：“吾以尽职不为钱，为居有之要。以此抚民，即以此报君也。”为人坦率，胸襟潇洒。归时弹琴赋诗，学书以终世。

乔　岳

乔岳（1869—1913），字镇五，原籍山西，其祖父经商迁居秣陵南街。幼入私塾，20 岁考取秀才，后任项城县县丞。由于他秉性耿直，能言善文，乐与人谋，在城乡颇孚众望。

清光绪二十三年（1897 年）五月十五日，项城发生地震，夏季又遭大水，灾情严重。省令免征项粮，而知县姚礼咸（绰号姚渣）不但违令不行，反将每两银丁加征三文制钱，百姓闻之怨声四起。以乔岳为首的知名人士联名上书，提出抗议。而姚却坚持己见，不予理睬。乔等更加气愤，议定：先扒县衙影壁墙，再将衙门垒堵，以示抗议。姚礼咸恼羞成怒，诱请乔进衙议事，乘机将乔拘禁班房。乔家学徒魏河得知后，遂串联地方名绅和城乡百姓数千人，手持叉、锨、扫帚，肩扛土枪、土炮，从四面八方涌向县衙，并高呼：“若不放出乔岳，砸烂姚渣狗头。”姚迫于无奈，只好放出乔岳。

犯此众怒，姚还不思悔改，这边放乔岳，那边具文上报，谎说乔岳等率众滋事造反，要求派员查办。后经翰林高钊中出面调停，终以将姚调离项城，免征银、粮了事。

地方艺人后来将此事编成戏剧《打姚渣》，在县内多次演出，深得观众好评。

乔履信

乔履信（1708—1746），字实夫，号敦峰，今商水县城关乡人。其祖父乔廷谟，原籍河南偃师，清初以贡生学历出任商水县教谕，遂在商水落户，至履信已3代。

乔履信自幼聪颖，恪守祖训，勤奋好学，未冠，经地方考试选拔，补为博士弟子员。年21岁，领雍正七年（1729年）己酉乡荐。雍正八年（1730年）考取庚戌科进士。时属年轻登第，朝野瞩目。但他仍谦谨自若，言行粥粥，温厚和易，然诺不欺。随奉诏发陕西省学习。到省后即委署为郿县（今眉县）县丞（八品，次于知县，用现代话来说为挂职学习）。乔履信虽年轻，谙知做官之道，一到任便辅佐知县，担起兴利除害、造福百姓的重任。他不辞辛劳，勤政爱民，勇担重任，政声卓扬。未几调任富平县知县。富平县是个古县，三国时魏置。地处渭河平原北侧，较为富庶。但民俗浇薄，文风不振。履信察知后，先从县属及地方官吏抓起，以敦厚朴实、和善待人教之。又以培养人才为己任，捐俸筹金建起县属南湖书院，集县境优异学子肄业其中；又置学田百亩，以补师生食宿学习费用。在政事闲暇之际，常亲莅学院讲授论文，并鼓励县境名儒到书院讲课。县内文风翕然振升。在政务上，对每个问题，先察访理清原委，参照民意，公正处理。使境内存在多年的“河水冲没田界”的悬案，“里长承办科税敛财害民”的积弊，得到公正解决，乡里百姓称颂，戴之以学富、贤能之声。后又调任咸宁县令。

咸宁是唐置县，与长安县同城属京兆府；清时属西安府，后并入西安，是历史上政治文化的中心。商业兴盛，市场繁荣。辖境内有不少驿站铺户，为迎送各地办事官员和传递公文人员服务，有些驿站和铺户还设有兵卒监保。这些驿站铺户的人员，打着为官府办事的旗号，向民众摊派索取所谓“赔付”，向商户赊借商品、用品，搅得市井不安，民愤很大。履信得知此情，调整和处理了一些有营私贪占的责任吏卒，制订了规章制度。奸弊一清，市井和顺，里民感拥。

知府推荐乔履信候考御史。寻，因母丧返家，待守孝服阕，误了考期。朝中据情授任礼部主事，候补御史。任职不长，才华未展，于清乾隆十一年（1746年）病殁，年仅38岁。朝臣多为之扼腕痛惜。遗著有《乡甲条约》1册、《富平县志》8卷、《陕西通志》2卷、《宁远堂诗草》1册。

任 栋

任栋，字隆九，清代鹿邑县人。幼颖异，10岁能为诗，弱冠为诸生，食饩。雍正四年（1726年）中举，七年（1729年）举贤良方正，乾隆元年（1736年）

中明通榜，四年（1739 年）授延津县教谕。首捐俸银，修黉宫，建书舍，育良才，声誉卓然。乾隆七年（1742 年）任栋参加壬戌科会试，不幸卒于京邸，年 56 岁。

任左君

任左君，字王置，号修公，明末鹿邑县人。幼聪慧，下笔为文，数百言立就。为督学黄运中所赏，拔入苏门文社。性情豪侠，轻财乐施。后流离金陵（今南京），贡入太学。顺治二年（1645 年），任广德州同知。不到一个月，土寇作乱，任左君被捕，不屈而死。州人感其德，收葬于西山之麓。建祠祀佑圣阁中。

邵元璋

邵元璋，江苏常熟人。清嘉庆十八年（1813 年）署任陈州。当时陈地正遭遇灾荒，元璋向上级恳请停征赋税，又开仓平粜，率邑绅捐钱赈粥，民赖以活命者甚众。临县有匪滋事，邑告警，招募丁勇以备，百姓得安居。槐店傍颍河，为淮、沈、项交结之重镇，舟行不断。当地恶霸以盘查奸人为借口，勒索商旅钱财。元璋予以严厉打击，航运始通畅。因家有丧事而辞官，士民思之。

束存敬

束存敬，字心一，号“垧野”，今项城市秣陵镇束庄村人。生活于明末清初，弱冠乡试中举。其祖籍在东海兰陵（今山东枣庄东南），是西汉宣帝太傅疏广的后裔。当时疏广的曾孙孟达为逃避王莽时的战乱，改姓为“束”。明朝初年，束姓一支迁到项城，始祖名束朝阳。

束存敬为人豁达，淡泊名利，无意仕途，对什么都不在乎，甚至带病十几年都不加理会。他擅长医术，精通医道。休闲时吟咏诗词，尤其钟爱王羲之的书法。明崇祯十六年（1643 年）避乱他乡，清顺治二年（1645 年）回归故里。此时他的生活极度困难，几乎难以为继。顺治六年（1649 年）参加礼部会试，考中了进士，十四年（1657 年）被选任广平司理（法官）。到任后，他清理前任留下的所有卷宗，找出多年没审结的积案，仅用了 10 天时间，就全部结案。他在任 4 年，宽严得宜，无一冤案发生。

著有《详刑录》1 卷。因政声颇佳，得上司推荐，朝廷提拔他到吏部担任主政。可到吏部不久，就因病去世。

宋 恂

宋恂，清西华县知县。乾隆十六年（1751 年），宋鸠工浚颍河，修固堤防；

同时疏浚清河、土垆河、柳涉河、朱家沟、大浪沟、二郎沟、白汤沟、鲤鱼沟、鸡爪沟、白马沟、刘家沟、姚家沟、蔡庄沟。乾隆十七年（1752 年）春，宋督率民众，修筑沙河堤；并于老门潭、万寿寺、仓门等村处，增筑月堤。同时，疏浚汾河、李家沟、贾家沟、高郭沟、盐场沟、响水沟、王四沟、白马沟、清泥沟、叉沟。经两年治理，西华水患顿减；民众感恩戴德。是年微旱，生蝗虫。宋知县率邑民用布墙扑打，并捐钱收买蝗蝻。灾情锐减，万民称颂，承载史册。

宋渊周

宋渊周（1822—1861），今鹿邑县贾滩乡大宋庄人。体貌丰伟，秀目长眉，勇猛过人。少年尚武，练就一身武艺，并组织有武班。远近乡里多向他学武，收徒甚多。因他不收学资，故在贾滩一带颇有名气。清咸丰十一年（1861 年），渊周组织数百人响应捻军起义，并倾家资作军费。富豪劣绅以渊周入邪，骂为叛逆。他却仰天大笑，坚定地站在贫苦农民一边，向鹿邑境内的土豪劣绅展开斗争。与鹿邑反动团练马青云交战数十次，大多获胜。是年秋，捻军首领苏天福抵鹿邑贾滩，清军追至，渊周与苏合作，奋力与清军搏斗。清军败，渊周急追，因黑夜追杀误坠贾滩南门里井中，后被鹿邑地方团练捞出杀害。

苏名弼

苏名弼，字梅峰，今淮阳县城关回族镇人。苏应元第 4 子。成年进入县学，后又贡为太学生。循例授湖南浏阳县知县。在位多有善政，上级官员皆知。因父丧返乡，守孝期满，再次出任广西陆川县知县。该县有 18 个堡，36 个墟。每当冬季货物上市，无论油布米盐等物，凡在墟上出卖的，富豪们依价十取其三，名叫“抽墟”。名弼知此弊端后，便刻石为文，严令永久禁止。陆川百姓十分感激。年过 60 岁，告老还乡。在家乡曾捐资赈灾，陈州知府赠他一面黄旗，上书“岂（和乐平易）弟长存”。86 岁寿终。

苏名杰

苏名杰，字汉三，今淮阳县城关回族镇人。苏立元第 3 子。聪明不凡，才略过人。初任山东阳谷县知县，抚慰百姓，礼贤下士，教养并举，赈济饥荒，合理断案，县里人把他奉若神明。清圣祖（康熙帝）南巡时，因他政绩卓著，赐诗 1 首，绫扇 1 柄，以资表彰。后官拜员外郎。父丧回乡守孝，因庐墓被水，名杰溺死。郡人悲哀痛悼，列为乡贤祭祀。

苏名俊

苏名俊，字翌皇，今淮阳县城关回族镇人。苏应元长子。机敏有胆识，遇事敢直言，待人接物平和而有礼貌。早年饲养牲畜，常因公事紧急而献出牲畜，所以被奖掖为候补内阁中书佥事道同知。陈州为设置里长之事有托名俊，名俊也多次向州牧申报，后下令改为滚单，百姓很感激他。

苏名卿

苏名卿，字价蕃，今淮阳县城关回族镇人。苏应元第5子。清康熙二十三年（1684年）武举，任潼关守备。名卿在任里兴办学校，重视农业，鼓励农民耕田养蚕，奖励守节孝顺之人，并在乡间设立义馆。康熙五十六年（1717年），临近潼关的河南阌乡里哗变，上峰调兵剿捕，其民扶老携幼，男女杂沓欲叩关吁求者几千人。潼关道台恐有不测，闭关不让进人，名卿力请道台开关安置，并按户发给粮食。数月后，阌乡之乱平定，才让他们平安归去。康熙六十年（1721年），潼关发生饥荒，斗米值白银1两多。当地百姓欲背井离乡去外地逃荒，名卿力劝他们留下，于是自己解囊帮助灾民，按户口各给两月口粮，百姓才安定下来。名卿治理潼关18年，政令严明，教化融洽，老百姓皆称名卿为“召父杜母”（西汉召信臣，东汉杜诗，二人相继为南阳太守，因能为民兴利，故当时有“前有召父，后有杜母”之说）。离职返乡时，当地绅民相送数里外，洒泪而别。又于潼关立碑颂扬他的政绩。

苏名庭

苏名庭，字纶掌，今淮阳县城关回族镇人。苏应元次子。以善书法而闻名乡里。早年为生员入县黉学，到任郏县教谕，又升任贵州施秉知县。后因病告退，终老于家。

苏名勋

苏名勋，字彤献，今淮阳县城关回族镇人。苏应元第6子。贡生。初任柘城县教谕，后迁升直隶唐县知县。遇灾荒年开仓减价售谷，百姓赖以度荒。子牙河决口，他拿出俸银造小车百辆，引水归河，唐县得免水患。盐价上涨，苦害百姓，他急令平价出售以利民众。由于政绩突出，逐渐迁升至主事员外郎。清雍正元年（1723年）调至四川省任知府，皇上召见时赐奶茶、貂皮。到任后，他整顿吏治，剔掉弊端，很合皇上心意，补受顺庆知府。在任3年卒于官。当他的灵柩移归故里时，无数乡民捧香燃烛啼泣相送。

苏应元

苏应元，字仁寰，是淮阳的旧族。李自成起义军攻破陈州城时，他死里逃生，流离他乡，艰苦备尝。后来终于返回故里，诚恳对人，勤勉做事，崇尚道义，乐善好施。他十分注重公益事业，曾拿出数百金修葺太昊陵围城。任城内清真寺董事时，于清康熙八年（1669 年）主持建造城内清真寺（址在城内西北隅），又于康熙十八年（1679 年）建造北关清真寺。康熙四十八年（1709 年），淮阳遭遇歉年，应元捐款施粥。后又遇到瘟疫流行，应元施医舍药，多数乡亲被他救活。陈州百姓长久苦于淮盐，应元鼎力向上司陈述，很快得到解决。他教育的 6 个儿子个个成才。道光二十四年（1844 年）六月，陈州知府王掌丝为应元镌刻碑文颂之曰：“苏淮阳，有义方，教六子，名俱扬。”

孙 常

孙常，字大年，陈州郡宛丘（今淮阳县）人。清康熙三十八年（1699 年）中举，次年进士及第，出任湖广枣阳（今湖北枣阳）县知县。枣阳县城临近山谷，有很多强盗常出没扰民。孙常到任后，访得实情，将强盗头目缉拿归案，并置之以法，于是群盗惊慑，遂销声匿迹。旧时封建官府征收赋税时向百姓额外勒索，并诡称之为“人耗”，孙常到任后马上革除此陋规，百姓欢欣鼓舞。到任不久因政绩卓著被提升为吏部文选司主事，累迁至验封郎中。康熙四十一年（1702 年）改任文选郎中。此时因父丧辞官归乡守孝．服阕（为父母守孝 3 年期满除去孝服）再补任考功郎中。奉皇命去盘查直隶粮仓，有官吏来行贿，孙常除拒收外，还向皇上呈奏疏《定禁陕西私钱稿》。皇上看后很高兴，传示九卿科道曰：“凡为国办事，当以此为法。”康熙四十六年（1707 年）调云南，补任永昌知府。此地汉苗杂处，赋税繁冗。孙常到任后就确立定额，废除滥征乱收，深得当地百姓拥戴。苗族土司以地方土特产相馈赠，孙常一概不收。在任 3 年，孙常为公秉正的声名大著，云南总督推荐孙常任驿盐道总兵，任命诏书未下达而病亡于原任上。士民苗人闻讯哭泣声震动天地，并争相送其遗体归葬。

孙 芳

孙芳，字馨如，满洲镶白旗人。以正四品外放任陈州知州。为官廉洁勤敏，上任后革除陈规陋习 80 多条。设置垦荒官成员，安插闽兵，各得其所，民不受扰累。滇黔（今云南贵州）一带有战事，朝廷用兵需过陈境，讹传士兵抢掠，民皆逃匿。芳驰谕止之，兵过亦不扰民。以俸置义田 700 余亩，给贫穷之人耕种，以解燃眉之急。于城乡设置义塾，请名师任教，就学者免差徭，文风以振兴。人民画像以纪念之，并作歌曰：“前有高公，后有孙公，又教又养，遗惠无穷。”后任云南鹤庆知府。

屠尔敏

屠尔敏（1862—1937），字逊安，号仲捷。今商水县邓城镇屠家村人。自幼酷爱读书，不贪玩乐，村中演戏也不去看。外出必带书，有时走路还在默诵。有一天吃饭，竟以墨汁当蒜汁食用，被邻里传为佳话。经数年努力，于清光绪十五年（1889 年）乡试中举，又 3 年，于光绪十八年（1892 年）考取进士第 38 名，被录用为吏部主事（正六品），3 年之后升为员外郎。

屠尔敏任官时，正值清末非常之际，西太后慈禧垂帘柄国，光绪皇帝形同傀儡，中法战争创伤未愈，中日甲午之战又起，戊戌变法失败，八国联军打进北京，大清帝国处在风雨飘摇之中。屠尔敏作为一个初级京官，内心受到深刻的感触和冲击。他在慈禧挟光绪西逃后写的《壁诗》中，表白了他当时的思想："小臣无策空流涕，泪洒西风向帝家。"那是无可奈何地关心着国家，幻想着蒙汉团结一致抗敌。"不堪对泣向新亭"（新亭是南宋岳飞破金兀术的地方），表明他是个主战的爱国者。

进入民国以后，他失去了官位，居住在北京宣武门斜街。袁世凯当上临时大总统后，曾以乡谊派人约他出仕，他婉言予以谢绝。家人问他为何不出仕为官，他慨然说："袁君同谭嗣同谋变法，竟又向荣禄告密，使变法失败，谭氏惨死。这种丧失气节之人，怎能同他共事？"

屠尔敏与项城的张镇芳是同科进士，又是同乡同时为官，友情较好。1914 年，张镇芳任河南督军兼民政长时，知晓屠尔敏在京城闲居，一次回京时往访晤面，坦言愿将河南省民政长一职让于屠尔敏。屠说："盛情已领，吾非将才，担当不了如此重任，实在不敢轻易接受。"最后商定让屠尔敏任河南省盐务督办，机关设在京广线西平站处，管理盐务（张镇芳曾做过芦盐运使）。尔敏才表示从命前往。

他在任盐务督办时，因西平距家乡较近，其三弟尔行在本县龙胜集办一盐坊，生意兴隆，获利颇丰。时有当地大户因事卖地，经人说合，尔行买了 10 多亩。在交付的地价中，因有少量钱币成色较差，向尔行提出调换，尔行不允。卖地户无奈，写信向屠尔敏表示不满。他见信后十分生气，认为有损自己的声誉，除令其弟调换外，不许家人再置田产。

屠尔敏任盐务督办不到 3 年，经济稍充，见世道放乱，军阀轰起，南北对峙，民生日艰，遂辞职回京家居，过平民生活。他对家人子女，以儒家伦理思想教导，强调谦恭、仁爱、忠恕、孝义，处理事情坚持中庸之道，他说："凡家业不得其正，未有能久享者，故要崇德象贤。"他身体力行，为子女做出榜样。对家乡穷困之人，常相周恤，每逢年关，都要以粮施舍无依靠的老弱之人。

屠尔敏晚年习书法，喜收藏，每得历代名人书画如获珍宝。有一年他表弟李安卿进京，想欣赏一下他收藏的书画，尔敏热情接待，然而只让他见了几幅自己的仿品，所藏珍品秘不让见。客走后，家人说："李先生是姻亲内客，远道而来，何以不让他目睹真品？"尔敏对家人说："安卿不是书画鉴赏者，他也看不出其中奥妙，只是一时心趣而已，看什么都一样。"

他晚年生活日益艰困，很少宴客，为了生计，把院中10多棵成材槐树卖掉，补做家用。他童年同窗好友夏诚汉在宋哲元部当营长，在北京驻防时去拜访他，见其家中生活困顿，帮他讨还部分息款债务，又支持他一些钱维持生活。他从内心感激这种童年的友情。隔年回邓城老家，卖掉几亩地，将好友夏诚汉周济他的钱送到夏寨诚汉老家。1937年病故，享寿75岁。

屠又良

屠又良，字若留，清代浙江省仁和（今浙江余杭县）人。康熙二年（1663年）癸卯科解元，九年（1670年）庚戌科二甲第14名进士，康熙十四年（1675年）闰五月至二十年（1681年）三月任扶沟县知县。

他在扶任职期间，忠于职守，招抚流民，扶沟的人口显著增多，并导民垦田737顷88亩，使扶境内无荒芜之地。他在扶6年，举废兴坠，政诚民信，社会安定，百姓乐业，扶沟境内呈现出一派太平景象。他在政通人和、百业俱举的情况下，于康熙十六年（1677年）在县公署东花厅之南建"小扶亭"一座，并撰写了《小扶亭记》一文以记之。后他又创建了文昌祠，撰写了《扶沟县新建文昌祠记》。十九年（1680年），他主持编纂了第5次续修的《扶沟县志》，撰写了五修《扶沟县志》序，记述了他在扶沟6年为治的全部情况。此外，为澄清蔡河水患原委，他对蔡河仔细勘察，召里中父老详细询问，写了《蔡河水患说》。他还写了《罗敷庙考》，对罗敷的原委加以考证。他文思敏捷，喜爱诗作，对县里的历史遗迹及山川景色写诗以歌颂之。

万方极

万方极，字如锡，清代扶沟县人。雍正十一年（1733年）进士，授江苏青浦县知县。时青浦民俗刁诈，号称"难治"。朱家角是青浦的一个大镇，不法奸民煽动聚集数百人，阻截商船。武弁前往禁止，遭到这些人的围困。万方极听到消息，立即赶往朱家角，向聚乱者宣讲朝廷法度，收回了被截商船，遣散了聚乱之人。不久之后，他听说督抚有前来抄剿的动议，就赶往督府，上言应该只逮捕首恶，跟从的人应根据情况予以宽免。因此保全了100多人的性命。

万九思

万九思，字睿子，清代扶沟县人。康熙二十三年（1684 年）举人，授河南内乡县教谕。在他主持重新修葺学宫、建魁星阁时，都第一个捐献俸禄，为士子敬重。在内乡县教谕任 16 年，致仕离开内乡时，诸生哭泣着将他送出县境，并立碑于明伦堂，悬挂匾额“鹅湖遗范”。年 88 岁时卒于家中。

万如济

万如济，字禹瀹，陈州府宛丘（今淮阳县）人。他的祖父名世显，系明朝甲戌年进士，历任元城、章丘县知县。平生洁己爱民，刚直不避权贵，终为南京礼部主事。如济 13 岁丧父，事奉母亲王氏极尽孝顺。16 岁克己立志，发愤读书。21 岁在县学学习期满，参加科举考试，于清康熙四十一年（1702 年）壬午科中举，四十八年（1709 年）己丑科中进士，授开源县知县。在任上，他体察民情，豁免了千百余家贫民的赋税。无论是兴新政还是革旧制，务求合乎民情。由于政绩突出，迁升户部四川司主事，未到任而病逝。居官 8 载，囊中空空，竟然死后身无分文。如济文采斐然，著述颇丰。

万如洛

万如洛，字汇庵，陈州府宛丘（今淮阳县）人。生逢明朝末年，政局变乱，家道败落，贫困不能自给。如洛 7 岁时丧父，备尝艰辛。23 岁时入县学，以后又经 6 年，通过层层严格选拔终于进入太学（当时国家最高学府）。

如洛平时不苟言笑，严肃治学，即使盛夏酷暑，也衣帽整齐地端坐读书，毫不松懈。最难能可贵的是他虽居住城市 30 年，从来没有去过集市一趟，把点滴时间全用在读书学习上。

如洛侍奉母亲极其孝顺，遇到母亲偶有不安，即便是极寒冷的冬夜，也不敢解衣入睡，给母亲喂吃喂喝，自己则寝食俱废。后来母亲辞世，如洛哀伤悲痛欲死，在族人劝说下，尽礼而葬母。每逢父母忌辰，必到墓地哭泣跪拜，一生如此。如洛对自己的同胞兄弟很是友爱，后来他开馆教书，自己的收入，不论多少，必分给兄弟。

如洛文才尤佳，长于诗词、古文，著有诗集《香草亭》、《京雒吟衡门集》，文集《衡门新稿纂》、《四书讲义》等。还没有等到他抽出时间把这些文集、诗集编成卷帙刊刻发行，就因积劳成疾而离世。当时陈州府及其他地方的学者，还有如洛的弟子都纷纷表示哀悼和痛惜。因为他最终没有参加科举考试，没有获得功名，所以后学者在致悼词中均称他为“先生”。

王 庚

王庚，字华金，号寄圃，祖籍陈州邑（今淮阳城）人。继父文光，字含宏。庚幼年随同窗学友到孔庙观礼，他问同学说：“孔子是何官职?”同学回答：“圣人不求做官。”庚又问：“现在读书为何?”学友异口同声：“为了做官。”大家对王庚的提问深表惊奇，认为王庚是个人才。从此他和同学们只求勤奋苦读，不求功名。王庚继父患上了瘫痪病，王庚就恭敬侍候，一年四季奉汤送药，从不间断。继父之弟文忠、文朱孤贫，庚就把他们接到家同吃住。庚有一孤甥，他便授室娶甥媳，直至生子才让甥归宗。乡里有兄弟因为争家产而不停争讼，庚竭诚相劝，解囊相助，直到兄弟友好如初。

同乡有少年喜狂游，好械斗，庚力诫之，于是少年改正了劣行。王庚一生乐施好善，排难解纷无闲暇之日。

王庚幼时聪明好学，9 岁能属对、作五言七言绝句，11 岁时作帖括（习字时的样本）。他的老师十分惊喜，认为王庚是个人才。这一年王庚应童子试，郡守出题“秋溪独钓”、“卧治阁怀古”等作为应试题，王庚当场写下七古及杂体诗 10 多首，深受郡守嘉赏，一时有神童之称。当时李郡守很器重他，后来北平的瞿子皋做陈州郡守时把王庚招到门下，荐为都阃西席（官府的幕僚），王庚不去就职。后来竟然因目疾而失明，成了盲人。王庚从此慷慨激昂，借助吟诗而自娱，一生不得志，可以从诗中表现出来。后来遇到一高士叫石梦山人与王庚促膝长谈，顿悟人生真谛，烦躁之意尽除，年 57 岁而卒。有作品《寄圃诗草》刻版传世，后因子王骧衢显贵被赠为奉政大夫。

王 廪

王廪，字米庠，号爵辰，明末鹿邑县人。幼读诗书，精于书礼。清康熙二十四年（1685 年）选任桐柏县教谕。训教诸生，先德后文，管束严厉，士子皆敬惧。后因事得罪上官，解职归里。遂闭户著书，足不履城者 20 余年。卒年 86 岁。著有《爵辰杂著》若干卷。

王 宪

王宪，字元公，明末清初鹿邑县郸城北胡庄（今属郸城县洺北办事处）人。出生于耕读世家，系王耒之曾孙、武德将军王琏之子。

宪自幼读书习武，清朝顺治五年（1648 年）考中戊子科武举人。官至江西浮梁卫守备（正五品）。殉难于任上。

王　緦

王緦，字翔洽，清代鹿邑县人。沉默嗜学，弱冠入邑庠，食廪饩。以父母在不远游为训，40 年不参加乡试。父母丧，以礼葬之。村邻有难者，王緦举所能而助之。族人因一件小事闹意见，求緦评理，緦晓以大义，争者遂止。后来，在他 84 岁时，由恩贡选为罗山教谕。上任后，捐俸钱修学舍，训迪诸生，德行为先。88 岁时卒于官舍。

王　辙

王辙（1701—1773），字子由，今沈丘县石槽集乡虎头陈寨村人。清康熙五十九年（1720 年）庚子科举人，雍正元年（1723 年）癸卯科进士。王辙性颖异，经史过目不忘。为文简洁，数篇立就。常在上蔡等地设帐授徒，教成许多名士。一生工诗，著有《浮生老人诗集》。被誉为中原才子。

王　仲

王仲（1726—1802），字资深，号墨愚，今沈丘县槐店回族镇田沟村人。画家。清乾隆丙子科解元。王仲文武兼备，时人说他作诗倚马可待。擅绘画，以瓶菊著名。冯治堂评其瓶菊："秀劲拔俗，真翰墨中精武之将也。"其诗文绘画多失散，遗珠甚少。

王炳扬

王炳扬（？—1927），字焬臣，商水县人。晚清廪贡，民国初年，曾任商水县劝学所所长。

他少年聪颖能文，名震一时。后屡考举人未中，乃设塾授徒，学生先后入庠、补廪者数十人。商水清末秀才李心阶、张硕卿、李世恭、范乐水等皆出其门下，当时乡人称他的学塾为"秀才铺"。

王长胜

王长胜（？—1897），字凯勋，清代扶沟县人。王长胜性情严厉，寡言少语。早年读书未成，改务农业。20 岁那年，其父担任河南抚标守备兼稽查省城南门时，他到省城开封看望父亲。一日在南门看见一个军官骑马由一队兵勇护卫喝道而过，顿生羡慕之意。问左右的人说："这是几等武官如此荣贵？"左右回答说："这都是入营带兵，打仗得功，被保举而得来的。"于是慨然投军于江苏巡抚刘公标下。刘是太康县常营人，遂将王长胜转荐到镇军张治邦营内，派管军需。

王长胜勤劳异常，不久又派为稽查官，随军克复无锡、常州等地，因功劳被保至都司，并赏戴花翎。从军5载，归来省亲。这时项城人袁世凯在河北充当翼长，办剿捻军张乐行事务。因其父王文魁曾为袁甲三部下，遂送王长胜到袁世凯军中，派充先锋官。捻军起义失败后，王长胜被保授参将加副将衔，归属河南抚标候补。光绪元年（1875年）署理彰德营参府。这一年，彰德大饥荒，王长胜勤恳办理赈济灾民、缉拿土匪、安定社会事务，不遗余力。

光绪三年（1877年），其父王文魁去世，王长胜守孝7年后，被委任为光州营游击。光绪十三年（1887年）奏补汝宁参府。当时汝南地方盗贼很多，王长胜加强兵卒训练，维护境内安定，屡次捕获巨匪，得到百姓称颂。按例，三品官员必须回避本省，因此，王长胜于光绪十五年（1889年）被光绪皇帝接见后，调补山西大同东路分镇府。任上，他训兵安民，屡得奖赏。光绪二十三年（1897年）病故于任所。

王道晖

王道晖（1726—?），字星南，湖北江夏（今武昌）人。进士。清乾隆十二年（1747年）任项城知县。王到职后，经深入考察民情，悉知百姓年年苦于水患。又访问耆老，详查资料，始知在康熙二十二年（1683年），上蔡杨（廷望）知县和项城顾（芳宗）知县为县界上杨家集的归属争执不下，后经河南抚院核定，杨家集为项城地。因此，杨知县又气又愧，遂将一腔怒愤泄于项城。导祸之巨莫如洪水，于是，他指导当地民众在塌桥之北、洪河东岸，开凿一个水口，并顺口修渠；又于包河西北开挖一道新河，名曰杨河。这样一来，每年汛期，坡水、河水汇注项境，致使项地大小水灾年年不断。

是时，王道晖作为项城人民的父母官，深为百姓不断遭受水灾而忧心忡忡。为解决这一关系群众生活、生命的大事，他亲自到包河、塌桥一带勘察。在弄清了水灾根源之后，就决定遏止蔡水东泄。他调集民工在包河东北地段，因路筑堤，阻水折而南流，注入洪河。堤始筑成，即为蔡人所毁。

王道晖得此消息后十分气愤，遂将筑堤、决堤的情况具文报告河南抚台，“请求拨款于十字河心修建石坝”。呈文被核准后，工料未齐，为解燃眉之急，就先行修成土坝。在未完工的情况下，王道晖奉令调离，其石坝工程由后两任知县继续完成。

在项城民间，至今流传着罗娃修坝的故事。王道晖是湖北人，湖北简称鄂，“鄂”、“罗”谐音。王道晖21岁中进士，22岁任项城知县，在县民的眼里是个娃娃，故将“王道辉”传为“罗娃儿”。

王德炳

王德炳，字子范，清代鹿邑县王皮溜集（今鹿邑县王皮溜镇）人。父霁，邑庠生，有六子。长子德炳，少有文名。道光十二年（1832年）举于乡，二十四年（1844年）中进士，授湖北郧县令，旋知竹山。所至有政声。父卒，服丧归里。居家9年复出，先后任直隶盐山、青县吏，民咸爱之。同治元年（1862年）知永年县。

至任，德炳明断有威，吏莫敢欺。修葺书院，亲莅讲解。九年（1870年）冬，外夷人至永年，因居住地与邑民产生矛盾。德炳从中周旋，保全了国人利益。洋人有争，德炳安抚之，事得以妥处。虽如此，上不悦，调德炳署理成安。离永年之日，百姓攀辕塞道，泣涕相送。县旧有六公祠，内祀明代五知府和一同知。邑人立德炳位于其中，以志感戴。

始至成安，恰逢灾年。德炳上书求赈，得钱万余缗，安然度荒。他治县不尚严峻，以德化为先。浮沉得失不以为怀，30年未晋一格，淡然处之。《永年县志》为其立传。

王德固

王德固，字子坚，清代鹿邑县王皮溜集（今鹿邑县王皮溜镇）人。霁次子，德炳弟。弱冠入邑庠。道光十五年（1835年）举于乡，十八年（1838年）成进士，授刑部主事，再迁郎中，江南道监察御史，转掌广东道，协理京畿道事务，历署吏、礼二科掌印给事中。

咸丰九年（1859年）出知江西南安府。时，太平军首领石达开率兵至南安境。德固急招兵勇防御。部署未定，石达开兵临城下。德固登城，命人将旗帜插满城墙，设疑兵之计。太平军误以为城中有备，遂退去。

上以其智勇兼备，调守赣州兼署吉南赣守兵备道，赏孔雀翎，旋擢授江西按察使。

同治九年（1870年）升四川布政使。在任5年，成绩卓然。光绪元年（1875年）卸职归里，卒于家。

王德瑛

王德瑛，字莲墅，清代山东省福山县（今福山区）人。嘉庆十九年（1814年）甲戌科进士。他分别于嘉庆二十四年（1819年）四月至道光元年（1821年）和道光八年（1828年）至十一年（1831年）两任扶沟县知县。

他第一次来扶的当年八月初，黄河漫溢，使扶沟县境内各河堤埝大多决口，尤其陆桥决口最大，堤陷90余丈。在此情况下，他一方面将全县各个决口逐一查勘，有时还与尉氏知县汪景焯一同会勘；一方面组织民夫堵塞决口。仅陆桥一处，从九月十四日起，半月才堵塞告竣。使原认为种麦无望的一片汪洋而能于十月五日前全部种完。并且他还改变了原来每堵决口，差役四出，号树催夫，民不堪其苦的现象。他公平摊派，亲自验收，致使百姓乐输忘劳。对于善后的土工，王德瑛不再加重百姓负担，捐俸钱以助之。与此同时，县城东门至陆家桥计长5里，因地低洼，每遇夏秋多雨，积水汪洋，百姓皆撑筏而渡，深以为苦。他首捐廉俸倡修，各绅民在他的影响下，亦捐资1700余，修垫官路一条，彻底解决了交通不便、百姓行路艰难问题。他还利用三河内罗沟东的废桥石料把东门外的3孔紫来桥修为5孔石桥。也是在这一年，恰逢嘉庆帝60大寿，他奉旨蠲免历年来百姓所欠的丁地钱粮。道光八年（1828年），他重修了原知县周钰移建在天宁寺的普济堂，并在原有14间的基础上又添建新瓦房20间。在郝街路北创建政先堂瓦房47间，又将县北26里长的李田沟疏浚。道光九年（1829年），他重修了县公署，修了北门外通济桥、洪济桥，督饬武生贾丹重修毛家桥石桥，又修建砖桥3座，重建了宋家湾砖桥，将大王庙从迎春庙后移建于东门外紫来桥边，将崇祀明代知县杨瞻的杨公祠移并于崇祀明代知县冯盛的冯公祠内。此外，他又将县西北40里地洼积水的罗王陂疏浚。将演武场重新清丈，挑沟3尺，周围栽树，彻底制止了周围百姓侵占演武场地的现象。道光十年（1830年），他在重修县城隍庙的同时，又重修了祀明生员刘清妻张氏等49人的节孝祠。重修了橱陵岗大孔桥石桥、吕家潭三里桥闸，建了老龙窝砖桥、老龙窝二桥、江村东砖桥，督饬监生刘世有等在罗敷庙西建砖桥3座，又督饬挑浚闸上沟18里、冯陵沟10里等。又挑浚太沟河，于南岸开宽3丈，取河土培堤，并把虹石桥上下也开宽丈余，使水南溢愈减，堤之溃决永除。

道光十二年（1832年），王德瑛聘县绅完成了十修《扶沟县志》的编纂工作。当他调离扶沟任舞阳知县时，又嘱前任扶沟知县殷秉慵、张坦及杨国桢为此次修志作序。

王鼎镇　王遵训

王鼎镇，字禹烈，今西华县奉母镇奉母村人。明崇祯四年（1631年）辛未科考中进士，授陕西西安府推官（府置，掌理刑狱）。履职勤勉，狱无冤案。当时关中灾荒严重，人民纷纷流亡，聚众起事者日渐增多，郡守恐惧。鼎镇废寝忘食，全力筹划，招抚商旅，安定人心，功绩显著。巡抚、巡按一再推荐，授监察御史，巡按江北。后因和当局意见不合，外补江北道，未到任改为衡水道，不到一年，升尚宝少卿。清朝统一江南后，鼎镇以应天府丞改授江南驿传道。

不久以病辞职归里。著有《四书略》、《傲病草》、《南巡封事》、《半隐堂遗稿》。闲居家乡之时，与西华进士吴中奇于顺治十六年（1659年）同修《西华县志》。

子遵训，字信初，又字湜庵，清顺治十二年（1655年）乙未科进士，授庶吉士。随皇上到南苑，世祖命其作雪赋，顷刻千言，世祖称赞他文思敏捷。不久改任监察御史。第一次上疏请定“薄赋之令”与“疏通用人之法”，被朝廷采纳。当御史10余年，章疏屡上，皆关乎国计民生。四个月内，屡次提升，由通政佥都晋为太常卿副都，又进阶户部右侍郎。任翰林时，母亲以自织土布给他说：“我们世代清白传家，以此护体，总比无衣强得多！”遵训接受，缝衣穿上，虽破旧仍不舍弃。在朝时，力改陈郡淮盐为芦盐，陈州人民感恩戴德。年纪不到50岁，辞官归里。著有《广数汇考》、《余清轩诗集》、《击楫草疏稿》、《焚余小窗杂著》、《初学文资》等书。人称鼎镇和遵训为“父子双翰林”。

王方田

王方田，字子坤，原籍扶沟县魏寨村（今属扶沟县柴岗乡），后移居扶沟县城南大街。王方田由优廪生中同治九年（1870年）庚午科举人，次年即登辛未科进士榜。同治十三年（1874年）充任湖北乡试受卷官，光绪元年（1875年）授署湖北潜江县知县，次年补广济县知县，兼理武黄江防同知。其间曾于光绪五年（1879年）和八年（1882年）两次充任湖北乡试同考官。他性喜诗文，政事之余建立鹿萍文学社，使广济文风称盛一时。光绪十二年（1886年）丁忧回籍，在籍掌教扶沟县大程书院。适值黄河决口于郑州，扶沟正当其冲，王方田办理赈济抚恤灾民不遗余力。接着又疏浚双洎、贾鲁二河，排除水患积涝。因功擢用直隶州知州。光绪十六年（1890年）服阕到广东，被广西大中丞延请入幕府，不久就委任他署理宾州知州，补上林县知县，剿办叛乱。因功奉旨以知府衔任用，又因政绩显著，被广西马中丞以贤良奏保朝廷，传旨嘉奖，当即在上林县任上，升补归顺直隶州知州。归顺直隶州与越南接壤，游散兵勇出没无常。王方田一面设法招抚，一面筹办边防，安内攘外，使内外归心，越南及殖民越南的法国两方面都十分服膺，边境遂安。光绪十九年（1893年）被召回京城，光绪帝亲自召见他，并言语温和地询问了他从政情况。

光绪二十年（1894年），王方田升补泗城知府，先行试归顺州，次年莅任。泗城所属西隆州有大土匪徐三，多年来负固恃险，扰乱民生。王方田约会都督，挥兵直捣其巢穴，旬日之内斩获徐三首级，祸乱遂平。奉旨以道员任用。光绪二十三年（1897年）正月，游匪在广西、贵州、云南三省交界处窜扰，劫掠村镇无数，戕杀八达、讯官与法国传教士，十分猖獗，朝廷命令三省合剿。王方田昼夜兼程驰往潞城，会同马、梁两镇军，办理围剿与招抚事宜。他事无大小，无不躬亲，终日夜不食不寐，苦心筹划。七月匪首游维翰被获正法，余党经过招抚被改编入伍。而王方田却积劳成疾，病逝于军中。

王抚官

王抚官，字希周，清代项城人。他性格刚烈，注重气节。小时候，家里为他聘娶张氏为妻。后，得知张氏病“痞”，父亲要为他退婚，他坚决不同意。结婚后，张氏事事都需要有人照顾，王抚官毫无嫌弃的意思，千方百计为妻子治病。经过几年调养，张氏的病竟然痊愈。但张氏不能生育，王抚官这才纳龚氏为妾。

青年时代的王抚官雄辩恣肆，议论纵横，才气逼人。雍正七年（1729 年）己酉科中举，后来虽多次进京应试，但都名落孙山，只好受聘到永城县当名教师。他当老师最注重培养学生的品行道义，对学生的功课也督导很严。如果有学生敢于恃仗才华，藐视儒学和老师的教化，他必严肃训谕；如果有学生敢仗势欺人，在乡里横行霸道，他必严厉惩治；如果有学生因为家里贫穷，出不起生活费，他则会拿出自己的俸禄以资助……他那种士大夫的操行，很快使永城的文风大振。

初次进京应试的时候，他在京师与老乡樊执中成了好朋友。当时，一位姓赵的商丘人在礼部会同馆任职，让王抚官进会同馆等候考试，王抚官就邀请樊执中一起住。可是刚在馆里住了 3 天，樊执中就得了流行的传染病，卧床不起，别人都害怕传染，不敢接近，而王抚官则日夜守护在樊的身边，侍候饮食，煎汤喂药，一连 20 多天，天天如此。后樊执中的病稍有起色，担心年近古稀的父亲在家挂念，想回家又不好意思对王抚官说。王抚官得知情况后，就毅然告别商丘赵姓老乡，陪同樊执中南下项城。他照顾着樊执中，千里跋涉，风雨同舟，走了两个多月才回到家里。

当他返回京城时，正赶上夏邑知县彭公因奸人陷害，被皇上赐自缢死。在京城的河南老乡很多，没有一个人敢去吊唁。王抚官毅然前去哭祭，哭祭以后，又到午门前拃着腰高声大骂奸人，大声为彭知县鸣冤。他族侄王仲，正以武解元的身份在京候试，听说这消息后，偷偷跑去午门，硬把他背起来就跑。衙门中的巡捕，知道彭知县冤枉，对王抚官的叫骂听而不闻，听凭王仲将他背走，他这才幸免于难。

回到河南后，王抚官又在永城县当了 4 年县学老师。后因病回乡，不到一年就去世了。家里穷得连丧葬费都拿不出来。

王辅运　王渔

王辅运，字林州，清开封府太康县人。顺治四年（1647 年）进士，授内阁中书舍人。任中曾提出过罢去屯垦官等4项奏议，均被皇帝采纳。后迁刑部四川司主事。定律令，清疑狱，选择直隶狱犯，奏免秋刑。吏部以其出众的才品将其调入礼部祠祭司，后升任礼部郎中。他依据祀典规定，除去了古人张浚进、于谦的从祀礼遇，时人认为他做得很对。后转任湖广上荆南道。荆州位于进入云南的交通要道，每年军队频繁换防，供应任务繁巨。王辅运却独自承担，从不烦扰民众。康熙元年（1662年），图穆傅三大将军统领禁军及川陕河南官兵共计12万，进剿山西残寇。王辅运任粮饷督转。他经常单枪匹马深入贼穴，日夜催办粮饷。兵马粮草相继得到充足供应。康熙二年（1663年），进剿大捷，康熙三年（1664年），进剿大军班师回朝。康熙四年（1665年），王辅运任湖广提学道，后卒于任上。

其子渔，岁贡生，国子监学正，迁升工部司务白堂官。国库里的旧税钱物，都得到他的妥善管理，从没发生过耗损和火患。后又迁刑部主事，转任员外郎。所办狱讼，详察细办，平反了很多冤狱。继又迁户部江南司郎中。他治理江苏高邮水淹田地700余顷，百姓没有遭受任何损失。因积劳成疾而卸职归家。

王观成

王观成（1882—?），清代今商水县城关乡王楼村人。家境贫寒，靠父亲的手工艺——制马鞍过活。他少年立志读书，勤奋好学，曾受业于名师李仲吉门下。20岁（光绪二十八年，即1902年）中举人，后又考取小京官（同进士位），授官交通部主事。他性格耿介，勤于职守。当时，京都有袁世凯、张镇芳等同乡，都是朝中重臣，大权在握，而王观成不攀权贵，坚持薄薪守志，故久不迁升。有友人怜悯他清苦，介绍他赴汉口邮局任职。乡人名士刘镜堂去汉口找他，见他仍是布衣粗食，甚为感慨。劝他治些家产，被他一笑置之。后重返北京任职。他书法很好，留迹甚广。去世时，家无余资，是众友凑钱备灵柩，运遗体，才得以安葬祖茔。

王光第

王光第，字鳌峰，清末民初扶沟县建雄镇（今太康县瓦子村）人，世居扶沟县城。其府第人称王公馆。

王光第为光绪年间优廪生，候补知县。光绪十九年（1893年）曾参与十一修《扶沟县志》。清廷逊位，民国鼎革，曾先后于1912年8月、1916年9月担任鹿邑县、郑县（今郑州市）知县，后来又出任过河南省财政厅厅长。其所任职的地方均名声不佳。

王光第能诗善文，书法也很出色。光绪《扶沟县志》卷首录有他的诗词手迹数幅。

王广运

王广运，清代商水县人。著名医家，擅长针灸，素重医德。曾有一个南方商人李某，到河南经商，不小心将钱丢失，一时气血上涌，中风瘫痪，不能站立，只能半卧在地，以手爬行，乞讨为生。一天李某来到王广运家，王广运见此情状，询知原委，把脉诊视后说："这个病可以治疗，你不要着急，我会给你治好的。"遂将他留在家中，供给吃住，每天精心熬制中药给他服用。没过几天，病情就大有好转。一个多月后，李某完全康复。王广运又赠与盘缠让其回乡。李某感动万分，跪地叩谢，以致泣不成声。

当地有一户姓柴的穷苦人家，夫妇只有一个女儿，视若掌上明珠。柴女患了急症，请王广运诊治。王广运诊脉后说："此症九死一生。要治，你们也付不起药费，弄不好，会人财两空。"柴氏夫妇痛哭流涕，跪在地上，苦苦哀求。王广运被感动了，就自己花钱买来良药为柴女治病。由于柴女患的是危重病，王广运每天两次前往柴家，随时根据病情调整处方。医治两个月，王广运为柴女花费的药费竟达50金之多，终于治好了柴女的病。柴氏夫妇欣喜异常，他们感念医家的恩德，却无力回报，就让女儿拜王广运为干爹。

王茂松

王茂松，字硕辅，一字霖庵，今项城市李寨人。他父亲秉性正直，尽管家里穷得揭不开锅，却从没见他有可怜的样子，即使有人资助他，如果他认为这人不可交，也绝不接受，所以乡邻们都很敬重他。王茂松读书好深思，不猎奇，有高蹈山林的志向。他对医卜诸书无一不读，尤其对《奇门遁甲》、《周易》等书的占卜术数等很精通，但对科举考试却不很在意。

有一夜，他独坐灯下阅读《汉书》，有一张姓姑娘给他送来茗茶，逡巡徘徊不忍离去。王茂松就问她缘故，姑娘说："我是个女人，不懂得男人的志向。但我在小时候看过艺人演的《杨椒山妻选夫》（明嘉靖时名臣杨继盛，任兵部员外郎时，因写《请罢马市疏》被贬职，重新起用后又因冒死弹劾权相严嵩，终被严嵩迫害致死）。杨妻选夫时说，节义一定要如同杨椒山，我才会嫁给他。后来杨椒山因弹劾严嵩被杀，妻子哭他时，令围观的人都流下了眼泪。说心里话，我很敬慕她。"茂松说："你可不是个普通姑娘啊！杨椒山是明朝的名臣义士，你这样期望我，我还有什么不知足呢。然而我毕竟不同于椒山，因为时代不一样啊！"于是他举起手中的《汉书》，讲述汉文帝的故事。张姓姑娘说："如果这样，你将向谁学习？我将来是不会嫁给碌碌无能之辈的。"王茂松被姑娘的话感动了，从此更加注重自我激励（最后王茂松娶没娶这位张姓姑娘，可惜史志没有记载）。

乾隆二十四年（1759年），王茂松在乡试中考中举人。可是考进士的时候，因父亲生病卧床，他决定不进京赴试。后来在父亲和哥哥极力劝促下，他才忍泪上路。但他心里牵挂父亲的病，走了几天又托病回到家里。这时试期已过，父兄也没了办法。他从此闭门读书，更加注重对治国学问的研究，写出了《长治鉴》、《长治策》等政论文章，论述当时国事的利弊，打算上书进言。有人担心他由此得祸，他说："读书人研究古代的典籍是为了达到实用的目的，君子立言就是为了对世事有所裨益。我本来就是要将这几篇文章的观点，作为我以后当了官用在事业上的。现在进献出来，如果官府用我的，又不怪罪我，当然是我期望的；如果忌讳我的说法，重罚我，我也不后悔！"

平时，王茂松慷慨好施，只是对那些不自尊而乞怜的人，绝不救助。他尤其急公好义，遇难不避。包河流经上蔡和项城交界，项城居上蔡下游，受水灾最严重。乾隆十二年至十三年（1747—1748），江夏人王道晖任项城知县，体恤项城人所受水患的苦处，就开始勘察地形，计划在包河的东岸因路筑堤，河堤从包河桥开始，一直修筑到魏家庄，用来防范上蔡杨河的水注入。此规划向河南巡抚鄂山作了详细汇报，鄂山也上奏朝廷得到了批准。后来又在十字河心修建石坝，意在堵住上游泄下的洪水，这样一来，项城40多年没有发生水患。嘉庆初元（1796年）六月，大水泛滥，上蔡人乘机挖开了路堤。项城人因为修堤是得到巡抚批准的，一切都记录在案，就多次与上蔡打官司。王茂松的住处临近决口，首当其害，可是两个县的官司年年打，年年都没有结论。于是官司上报给了朝廷，皇帝下旨，交两湖总督马慧裕，会同河南巡抚及陈州、汝南两郡和项城、上蔡两县联合查办。经实地勘察，此堤关系四个县的安危，非常需要按原来的路线补筑被决开的堤防。可是正要开工的时候，上蔡人又在旧的决口上游10余里处的汝堤，决开40余丈的口子。

汝阳（汝南郡属，今商水县西南一带）人愤怒至极，与上蔡人械斗起来，重伤上蔡人关某。关不久死亡，于是汝南太守、上蔡县令合谋陷害王茂松，企图以人命翻堤案。他们抓捕了王茂松。当时项城知县缪公愤怒地说："王茂松的冤案不能伸，那么修筑的路堤也就废了，路堤废，项城就成泽国了，那样，我还能当谁的父母官！"于是他极力为王茂松申辩。其实，在上蔡人挖决汝堤的时候，被委派监督筑堤的是陈州府派去的杨世福。杨世福就住在王茂松的家里，汝阳、上蔡人打架的时候，王茂松根本不知道。杨听说上蔡人想置王茂松于死地，就愤然把事实真相报告给了河南巡抚。河南巡抚就把河堤案与械斗案合并成一案，将一干涉案人提到开封会审，最后判决第一个挖堤的人常大化刺配到甘肃山丹县，上蔡的讼师许允升流放岭南，王茂松无罪释放。这已是嘉庆十五六年间的事了。

事件平息后，王茂松被选派到怀庆（今焦作一带）任府学训导。不久，“八卦教”（又名天理教，属白莲教分支）“人王”李文成（滑县人）率众起事，占据了滑县，钦命那彦为钦差大臣，率提督杨遇春、副都统富僧德、总兵杨芳带兵围剿。李文成教众接连攻占了道口、桃源各镇，声势浩大。怀庆离滑县只有300里，也是人心惶惶。怀庆府所在地的河内县县令吴为义，就依靠王茂松筹办防守的事。王茂松到处扬言说，李文成他们是小丑跳梁，用不了多久就会被消灭。怀庆人知道王茂松精通奇门遁甲，平时就把他的术数看得很神奇，听他这么一讲，心才稍微安定下来。嘉庆十八年（1813年）十二月，李文成在清军围追堵截中，溃不成军，最后自焚而亡。王茂松虽然没有冲锋陷阵，但他运筹帷幄，安定人心，保障一方，断敌退路，对大局还是有功的。

王茂松著有《奇门心悟》3卷、《四清斋絮话》4卷，以及《覃怀记游》、《平滑纪闻》等。

王庆澜

王庆澜，字裕方，号静波，江苏吴县人。清嘉庆二十四年（1819年）出任淮、沈、项三县县丞，专驻槐店镇，严防颍河水患。道光三年（1823年）正月二十一日夜，庆澜被已经革职的猾役刘三轩等杀害。事发后，陈州府很快将刘三轩及其同党逮捕，斩首示众，并让这伙人为王庆澜殉葬。下令让槐店建专祠按时祭祀之。

王全吉

王全吉，今项城市三张店乡王土屯村人。为人乐善好施，扶困济贫，誉满乡里，人送外号“王老好”。

每逢年关，王全吉都向过不去年的贫困乡亲施舍钱粮。有一年，木匠庄的王喜把从他家借的粮食背回家，发现里面有几串钱，误以为是王全吉把藏在粮囤子里的钱装进了自己的口袋，就连忙把钱给王善人送了回去。王全吉说：“这钱是我故意放进去的，你过年能不给小孩添件新衣裳吗？快拿回去吧！”王喜的后人现在提起来还感激不尽。

王全吉有400多亩地，每年的柴草堆积如山，贫困人家和乞丐可以随便去拽。有一次纪庙住的要饭的去拽柴火，见柴垛上挂着两个齿的抓钩，便“顺手牵羊”偷了回去。其他乞丐一见非常生气，都斥责他说：“这是王老好为了方便咱们拽柴火特意挂的抓钩。快给他送回去！”原来他是个新来的乞丐，不知道这情况，当即又把抓钩送了回去。

本地乡亲在每年青黄不接之时，都可以用王老好的名义，到县城各杂货铺店赊各种日用品，待麦罢，王老好派人用大车拉着各家凑的粮食到城关还债。这一举措缓解了许多人家的燃眉之急。

王全吉虽然很富有，生活却很节俭，一只斗用了多年，下面磨了个大洞也不舍得换新的，用猪皮补一补继续使用。这样一来，挖粮时往上一提，粮食下陷一截，他就再添满倒给借粮人。还粮食时，却用人家的斗量，这样便可少还一些。这样猪皮斗的故事便流传开来。

向他借钱粮的人家，年底一般都自觉偿还。也有无力偿还的人，王老好认为：年底还不起债，一定是特别有困难。所以每到年三十儿，他就把账本拿出来一火焚烧，所有债务都一笔勾销。

王老好真的那么好吗？有人不相信，就故意验证一下。王楼有个人，一个月去王家29趟，今天要钱花，明天要粮吃，后天要东西用……尽管如此，王老好仍然每天笑脸相迎，一点都不烦。最后那人才由衷赞叹："王老好是真好！"

一次，王老好的伙计赶着大车到县城买粪，不小心撞着了一家商铺的柜台子，人家拦住车不让走。伙计说："这是王老好的车呀！"那人一听忙赔笑说："原来是他老人家的车呀！没事儿，快走吧！"还有一年，王老好带着全家人避难到王冢子村。该村财主王天恩听说是王老好一家，连忙请到家里安排吃住，住了一月有余分文不要。

当时的项城县令听说了王老好的大名，亲自去拜访。临走时说："一个好字，万金难买呀！"

王日烈

王日烈，字位午，清代项城人。秀才。他对诗词非常痴迷，9岁就已经熟悉声律。因为写的诗中有一句"春山洗雨树啼莺"，为当时的文章大师吴眉庵所欣赏，所以他就为自己起个号叫作春山。还以"染尽绿苔三月雨"的佳句，为陈州郡的郡守所看重。

他家里很穷，却非常嗜好学古文吟诗词，整天沉迷在吟诗中，有飘然欲仙的样子。他作诗注重格律，工整严谨。平时深居简出，全身心地投入诗词创作。他曾向淮宁人雷方晓借阅秦汉以降诸大家的文集，用心揣摩。时间长了，他的学问越来越大，名声也越来越高。很多士大夫一听说他写了新诗，就都到他家去拜读。上自郡守、县令，下至士绅名宿，如铜城名士江介夫、范让水等，都和他来往分韵联吟，很爱日烈的才华。而王日烈虽然生活清贫，箪瓢陋巷，却自得其乐。

日烈幼年丧母，青年丧父，中年丧妻，几乎遭遇了人生所有的大劫难。在家徒四壁、饥寒交迫的境遇中，创作《泣血草》百余首。读到这些诗的人，没有不被感动得流泪的。他曾拿自己的诗作，请安徽名士朱卉斧正。朱卉是《儒林外史》的作者吴敬梓的好朋友，也是终生贫寒。他写的诗立意清古，造诣高深。相同的遭遇，相同的感受，使朱卉读过王日烈的诗稿，欣然为诗集作序。湖广著名诗人彭廷梅，还把王日烈的诗选入康熙第21子慎靖郡王允禧主编的《据经楼诗选》。

王日烈为人爱交朋友，注重名声气节，尽管家里穷，与他交往的人却很多。他总是说别人的好话，为朋友甘当“曹丘生”（汉代曹丘，为了抬高朋友的声望，不惜贬低自己，对季布的任侠义勇到处赞扬，季布因此而享有盛名）。王日烈曾将所著《虹溪草堂诗稿》，交给怀宁府的名士雷抱痴选入《国朝名诗》，可惜没有能够付梓。

王瑞孟

王瑞孟（1855—1935），字邻三，今项城市官会镇人。出生于耕读之家，因居五故称“王老五”。

瑞孟性刚直，族中晚辈人见他，常常悚然敬畏。他兄弟六人，长兄瑞尧、六弟瑞曾均秀才出身。他幼年读书不成而习医，于清同治九年（1870年）拜著名兽医田芳志为师，学医5年，对辨症、药理、治疗（包括针灸、方剂）皆理通技娴。

清光绪元年（1875年）开始行医。他对所诊治的牲畜，都细心切脉，有时伏在病畜的胸、腹部，侧耳听音，直到完全把握病症，方对症下药。凡经他治疗的病畜，只要不是绝症，都能药到病除。经过多年实践，积累了丰富的经验。

1925年秋，安庄农民王一清牵着病马到他那里求医，刚到他的大门口，他就说：“赶快回去。”问其何故，他说：“你的马病重，再服药也不会有效了。走快了，可能到家，稍慢一点就会倒在路上。”后，事实正如他说。

1933年夏，南村有匹骡子，因患自泌症（即肺结核）找他治疗。经诊断，他认为病情已到后期，不予开方发药。他对畜主说：‘回去后，把笼头取下来，听任它自由地吃、卧，过不了10天，它将吃不进草而死。”畜主半信半疑，不忍看着自己心爱的骡子不治而死，另请一位兽医用药、针灸，但总不见效，到第十天骡子死去。畜主始信王瑞孟医术的高明。

清光绪三十年（1904年）夏，一天下着大雨，有一中年农妇，浑身湿淋淋地登门求医。她紧张地对王老五说：“俺家的驴生病不能站，请先生到俺家看看。”王问其远近，来者说：“离这儿有10来里地。”瑞孟见她是穷人打扮又求医心切，就毫不犹豫地披上蓑衣，背上褡裢，冒雨上路。路上他了解到农妇早年丧夫，家境贫寒，深表同情。到了农妇家，他已是一身泥水一身汗了。脱掉蓑衣，不尝烟茶，急看牲口。经诊断是急性胫骨流火症（如果失治，会导致四肢瘫痪）。他取出银针，照准四蹄的穴位，扎了数针。最后一针刚拔出，那驴竟猛地站了起来，走跳自如，并连叫几声。这时他也松了一口气。农妇给他端上鸡蛋茶，他没挨口；给他钱，他不但分文不取，反而从褡裢里掏出300个铜钱相赠。他说："这种病我是第一次遇到，扎针时还没有把握治好，只是抱着试试看的想法，不料却成功了。用你的驴做实验来提高我的治疗技术，理应以资相谢。"他的这种医德和体贴穷人的心肠，使农妇感动得热泪盈眶！

王老五行医60年，其声誉播及项城、沈丘、淮阳、商水、上蔡、汝南、新蔡、临泉、界首等地，有兽医"圣手"之称。在他80岁寿辰时，很多人给他送了"德和桑梓"、"辞严气正"、"刚正同钦"的寿匾，并集资在官会东公路北侧为他立了一座"惠及乡党"的懿行碑。

王三纲

王三纲，字政体，号醉石，晚号半颠跛者，清代鹿邑县人。增广生。读书必期有用。咸丰初年（1851年），粤寇犯境，三纲召集族众，修筑寨堡，以戚继光《纪效新书》中记述的"三才阵"法，训练丁壮，保全了一方乡土。

三纲性敦孝，以父母多疾而究研岐黄，遂精通医术。好为诗而不轻作，尤喜奖掖后进。同县举人朱炎昭曾受三纲资助，成名享誉乡里，传为佳话。

王嗣邵

王嗣邵，字协之，号洁雍，清代鹿邑县郸城南王寨寨后门（今属郸城县洺南办事处王寨村委会）人。出生于耕读世家，邑增生，学问宏博。父亲王二山为举人。

嗣邵自幼读书，天资颖悟，好学而钻研。当时阮刻经解初出版发行，嗣邵得之，爱不释手，孜孜研读。每有心得，即笔录于册。从那时起他就一意著述，对《周易》、《尚书》、《诗经》、《春秋》等均有所研究，著有《周易补注》4卷、《尚书简余录》4卷、《春秋笺》6卷、《毛诗序传异同析疑》8卷、《古本大学解》1卷、《目耕堂笔记》2卷。以上著述都有其独到见解。只可惜他居于偏僻之地，名不出于乡里，遗稿仅仅自家保存，没有为他刊印流传者，实是可叹！

王文魁

王文魁（1813—1877），字冠英。清代扶沟县人。王文魁性情慷慨，注重信义，乐善好施。清咸丰初年，张乐行、任柱领导的捻军驰骋于安徽、河南，王文魁作为乡绅办理团练，保境安民。当时袁甲三为钦差大臣督办安徽、河南两省团练，驻节亳州，围剿捻军，调陈州（今淮阳县）所属各县团练参与围剿。王文魁带领团兵应调前往，被留在军中差遣，派充巡捕官兼盘查亳州北门。

一日，钦差出兵围剿捻军，捕获50余人，交给王文魁负责审讯，并且晓谕：如果是乡民被迫胁从，不是甘心作乱的，可以取保；如果是积年为匪，按军法处置。王文魁经过审讯，发现这些人都是被裹挟，情愿改过自新，就令全部取保。因为当时亳州城数里外就有捻军活动，故这50多人中，很快有几个人得保。王文魁就让已保出的人再寻找熟识亲友，连环互保，结果50余人全部被保去，没有杀戮一人。大帅十分称好。不久，因为军饷不足，钦差委派王文魁向陈州各县劝捐，保证了军营所需。王文魁因功被保至守备之职。袁甲三将他调到河南巡抚标下补用。当时的河南巡抚英公，即补他为巡标左营把总兼稽查省城南门。

这时汝宁府陈大喜作乱，巡抚出省防剿，委派王文魁为省城五门总稽查，会同知县祥符县办理。不久捻军进入河南东南部，各县民众纷纷逃乱到省城开封南门外大堤上屯聚，不下数万家。而省城戒严，藩台代行巡抚事宜，恐怕捻军混入难民之中，不敢令难民进城。时值秋末冬初，难民露宿于荒野，警报一夜传来数次，哭声震惊数里。王文魁就建议藩台设立城所，以保护难民。并且说："如今捻军逼近，而逃难的民众屯聚野外，扶老携幼，饥寒交迫，情形很是悲惨。我是扶沟人，东南各县多有亲朋好友。我情愿出城，在难民中寻找相识亲友，让他们站立在吊桥下监视，令难民鱼贯而入，相识者准保通过，再连环互相查保，则捻军不至于混入，而难民可以保身护家。如有差错，我愿以全家性命担保。"藩台采纳了他的建议，使得难民得以入城。王文魁为此名声大噪，人都称他积德大焉。在此之前，稽查兵士在城门开时，凡是担挑柴草蔬菜果品进城的，都要收取一些，名为"抽丰"。王文魁知道以后，立即严令禁止。并且每于开门之时，亲临监视，因而积弊铲除，百姓皆称便利。

同治年间，王文魁的大儿子王长胜从苏州巡抚李鸿章克复苏州、常州，积功保至花翎副将衔，以参将用，回省归标。父子同僚而官阶悬殊。王文魁感到不便，就辞去把总的实缺，留居省城自养。光绪元年（1875年），大儿子王长胜为彰德营参府，想接他到彰德养老，被他推却。光绪三年（1877年）八月去世于开封，终年64岁。

王骧衢

王骧衢，字颉云，号筱圃，陈州（今淮阳县）人。自幼饱读经史。尤其娴熟诗赋。17岁进太学即有月俸。清道光十五年（1835年）乡试贡生。因父亲患眼疾，去襄城求医，涉水而渡，几遭灭顶之灾。十九年（1839年）己亥科秋闱，主考官在批阅试卷时，得骧衢文，喜曰："此元魁是矣。"卷中有"贻我干将亲拂拭，夜来虹气贯重霄"之句，于是擢拔第一。司训原武以事，罢，又奉檄督办团练，奖光禄寺。署正衔，秉铎许昌，立社课文，是科获捷4人。授陕西户县县令。到任后政绩卓著：建书院，减差徭，旌表节孝，彰显硕德；设立养济院，收养遗弃婴儿，雇乳母哺育之。庚午年、癸酉年两次充任陕甘乡试同考官，举荐多名学士，左相上奏皇上以直牧升用之。在官20余载，家无私蓄，著述甚丰。

王新祯

王新祯（1849—1931），字楷庭，太康县城东后官庄人。天资聪敏，少年进学。清光绪十二年（1886年）中进士，改翰林院庶吉士，散馆后归工部选授陕西洛南知县。光绪二十八年（1902年）十月，署理陕西澄城县。次年山西、陕西乡试合并，他充任山西同考官。接着又被派往陕西凤翔县厘局。陕西巡抚知其廉洁正直，又任他为吴堡知县。巡抚升迁陕甘总督时，王新祯亦相随赴甘肃。宣统元年（1909年）任甘肃提学使，参与考试法官的事宜。中华民国建立后，王新祯回归故里，博览群书，从事著述。他恪守程朱理学，仰慕欧阳修之为人，自号"两一子"。善书法，其著作有《百子草异》、《两一子遗稿》、《新封神演义》等。

王秀章　王天经

王秀章（1765—1854），今项城市高寺镇王冢子村人。生于木雕世家，手艺及经营至王秀章时达于鼎盛。王在县城（今项城市秣陵镇）东关建有木雕铺，收徒最多时有107人，人称"木雕圣手"。

他长于多种木雕绝技。制作的古式盆架，四柱（盆架腿）顶端雕有四个龙头，放上水盆，龙口能自动吐水入盆；雕刻的花鸟图案，栩栩如生；熬制桐油更为一绝，他熬制桐油时，是先将油烧沸至270多度再骤加冷水……如此制作出的批灰泥子不打卷、不皴裂，油漆的器物平滑如镜，永不褪色且耐高温；他刻木制匾，能完全再现原作的用笔虚实和神韵。

高家才女高梅阁出嫁前，曾聘请王秀章及其子王天申、王天常，在高家制作嫁妆达3年之久。高钊中任翰林院侍讲时，在县城（今秣陵镇）东大街建高家祠堂，王秀章父子受聘刻制了所有木饰和牌匾。开封修缮龙亭，王氏父子独自承修了东南一角的所有木雕饰物；后又应聘承制开封新建山西会馆的所有木雕。

王秀章有3个儿子：长子王天申及次子王天常继承了他的木雕绝技，三子王天经则在开封读书得进士出身，任云南思茅知县。迄今，王秀章的木雕绝技及独门桐油熬制技术薪火相传，现有王门阎姓姻亲，仍在高寺业此。其玄孙王长宇，左手书法独树一帜，硬笔山水速写亦臻化境。他曾说，这是小时候受祖父王西志（王秀章木雕传人）绘图影响所致。

王银清

王银清，今郸城县汲水乡王盘寨村人。于道光年间继承祖业，而后苦心经营，很快成为当地首屈一指的大财主。清咸丰年间，山东遭受严重自然灾害。王银清埋名给三个县的灾民送去足以度荒的粮食。正当王银清返程时，当地人给王银清呈上一个赈灾账册，意在丰年之时，偿还救命之恩。王银清手持账簿，微微一笑，当着众人将账册一火焚烧，以此表示“舍粮”诚意。

王银清在山东舍粮的事后被清廷得知，于咸丰元年（1851年）御授参赞大臣，咸丰五年（1855年），亲王僧格林沁赏给王银清护寨红衣大炮一门。同时，在汲水大隅首北侧，诏命为王银清立过街石质牌坊一座，上书“埋名舍粮大寨主王银清”。

王应昌

王应昌，字仲卿，今西华县聂堆镇古楼营村人。自幼上学，然困于考场，援例得县丞。他善于雄辩，思维敏捷。在农村排疑难、解纷争，得其一言，胜于法庭裁判，10余年中平息争讼数百起。又乐善好施、勇于助人，被推举为护陵（商王高宗陵，又名皇陵）领头人。清宣统元年（1909年）县设谘议局，被选为议员。

王应佩

王应佩，字素园，清代江南望江人。康熙四十八年（1709年）己丑科二甲第39名进士，初授内阁中书。康熙六十年（1721年）至雍正二年（1724年）由通许县令署理扶沟县事。

雍正元年（1723年），黄河决口，扶沟境内被水。王应佩奉旨停止征收当年的钱粮赋税，赈济灾民，使得扶沟百姓得以度过水患灾荒。

康熙四十八年（1709年）春，他在北京做内阁中书时，曾做了一个十分奇怪的梦，梦里他到了从未到过的扶沟县，拜谒了程颢夫子祠堂。想不到12年后，他竟然奉命到河南代理扶沟知县。在拜谒程颢祠堂之后，他感慨地写了一首《谒明道夫子祠》的七律："十二年前京邸梦，寻源伊洛若神交。先生此地曾游仞，小子何缘忽代庖？遗像一堂垂绛幄，高台百尺俯青郊。瓣香低首怀畴昔，绕槛春风拂柳梢。"并在祠内化民台墙壁上题诗，在赞叹程颢一生的功德后，感慨地写道："至今数在秋，馨香荐樽俎。如彼召析棠，孰忍施斤斧。如彼羊祜碑，瞻望泪如雨。我来谒祠堂，仰止独延伫。"

王云明

王云明（1620—1691），字汉章，号圣能，乳名三猴儿，今西华县黄桥乡后石羊村人。初，家境殷实，云明17岁那年，遭土匪洗劫，遂家道中落。云明幼年好学，虽草房残垣，仍处之泰然。在苦读中，每得一解，往往狂呼。清顺治十四年（1657年）丁酉科中举，授湖广黄安县（今湖北省红安县）知县。该县过去有每年上交"米运水费"数百金的惯例，云明莅任后，觉得此例甚不合理。于是一边上报说："黄安县环绕皆山，并不用水运，收水运费无由！"一边布告四乡豁免此费。因此开罪郡守。

县境有一豪绅名叫李素，网罗党羽，为害地方。云明刚到任，就调查他的劣迹，派皂隶拘捕，重责100板。李素怀恨在心，经常在郡守那里以"莫须有"的罪名诬陷云明。郡守泄私愤，借机向上说云明的坏话。上不明是非，给云明撤职处分。云明离开黄安时，县民攀辕哭泣挽留，车马不能前行，留城内5天才得脱身。百姓带着干粮送他，以致把道路都堵塞了。群众赠他的颂联有"可怜赤子离慈母，但愿皇天启后人"之句，可见他为官不长，深得民心。

当地人说云明诙谐滑稽，点子多。民间流传着许多关于他的趣事，如"王猴拔橛"、"王猴吃腊肉"、"王猴赶考"……有的是事实，但附会的也不少。他的《落榜文》，至今广被传诵。

王子由

王子由（1696—1778），名辙，今项城官会镇汾庄村人。耕读家庭出身，幼时颖异过人，经史过目不忘，写文章简洁精悍，每篇仅八九十个字，每天能写十几篇。喜爱写游戏性文章，迄今民间还流传着他的谐趣文章《讽学生歌》、《不得已而之景丑氏宿焉》、《沛然下雨》等，这些文章不仅朗朗上口，而且充满生活情趣，群众喜闻乐见，在民间传为佳话。

康熙五十九年（1720年）秋，他得中解元，雍正元年（1723年）参加殿试，被赐进士出身。他生性放荡，不愿为官，甘为布衣。曾在上蔡县设馆授徒，从学的多是开讲习文的青年俊秀。

晚年，王子由家道衰落，仍吟诗咏歌，安贫乐道。虽遭诬讼，毫不介意，赋诗作文怡然自得。一生著述很多，尤其工诗。他的诗直率坦荡，抒情言志，笑傲人生；随笔挥写，好像很不在意，佳句却如同天授，发于性情。著有《浮生老人诗集》2卷，“浮生”源自他的《述怀》诗：“自笑浮生七十余，天怜倔强人嫌迂。”他享年82岁，临终前曾口占一绝：“一梦醒来富贵无，卢生梦里悔仕途。今人不理卢生梦，日向卢生梦里图。”

子由生前曾在项城东北35里保安寨东修筑兴龙桥，即“王进士桥”。他死后，就被葬在进士桥东北500多米的地方。

王祖同

王祖同（1861—1919），字认庵，号肖庭，今郸城县虎头岗乡麦仁店人。幼年聪慧好学。清光绪十一年（1885年）乙酉科拔贡，光绪十四年（1888年）戊子科与其兄祖武为同榜举人，次年（1889年）考取进士，授翰林院编修。

光绪二十三年（1897年），他掌管山西考试，能认真选拔人才，受到朝廷赏识。光绪二十六年（1900年）被特授监察御史之职，不久兼任五城提督。其时，什刹海基督教堂建楼违例，他亲自前去责令拆除。后因弹劾工部侍郎张翼盗卖开平煤矿事，得罪朝廷权贵，受到诬陷，被贬任广西庆远知府。宣统元年（1909年）调任江西饶州知府。所到之处，劝学兴农，励精图治，受到百姓称赞。

1912年，出任河南布政使，6月因病离职，次年改任内务司长。当时，河南灾情严重，他亲自办理赈济事宜，并呈请批准豁免田赋，以减轻农民负担。他还为整顿财政日夜操劳，使多年积压的问题很快得到清理。亲友听说他在省里做官，去找他办事，他一概不予接见，并让人传话：“我来本省做官，是为公而不是为私。”转告来人尽快回去，否则就要“勒令回籍”。1914年以后，曾在袁世凯统治时期任“约法会议”议员、参政院参政，继任广西巡安使会办军务。袁倒台后，弃职返回河南，购置田产，栖居郑州，自号退翁。1918年复出，任北京政府参议院议员。次年9月18日于郑州病故，终年58岁。

魏 观

魏观，字元庚，清开封府太康县人。以岁贡生选授曲阳通判，管辖倒马、固关、龙泉三关事务。改革三关政务之初，地方尚不安定，贼人作乱，关外尽为贼人盘踞之地。魏观勒令关令严加守备，擒获奸细100多人。对奸诈狡猾之人全部予以诛杀，对其余的人以恩义之情感化。至此，人心方才稳定。后被擢升为泉州府同知，署惠安县事。为了抚慰百姓安居乐业，魏观按照户籍名册逐户清查丈量地亩，百姓惊恐不安，纷纷躲藏起来。他向百姓苦口婆心地陈说清丈地亩的利害关系，力请老百姓积极配合，停止躲藏。丈量结束后，魏观为惠安百姓少派了万金赋税。百姓非常感激他，为他建立生祠，四时敬祀。办理完父母的丧事后，又任镇江通判。海盗入侵时，城墙残缺不整，守城官非常恐惧。魏观下令乡绅百姓分包修整任务。一天一夜各种器具齐上，城墙修整一新。官民凭借坚固的城墙进行防御，无所畏惧，打败了进犯的海贼。魏观因病卸任归家。病好之后，亲友有人劝他复出再任官职。他笑而不答，悠闲地游玩在花间林下，后以高寿而终。

魏　钰

魏钰，字连璧，清代商水县人。精岐黄术，虽险证多获奇效，一时有“神医”之称。钰之长子硕儒，清庠生，次子德馨；钰之孙孟云、鼎臣；钰之曾孙体元，清庠生，均为医，称世家。

温玉如

温玉如，字润甫，清代扶沟县人。光绪十五年（1889 年）己丑科举人，授章武知县。光绪十九年（1893 年）曾参与十一修《扶沟县志》的编纂。温玉如能诗善文，书法也很出色。光绪《扶沟县志》卷首录有他的诗词手迹数幅。

吴　溶

吴溶，字芝崖，江苏湖阳人。清乾隆十五年（1750 年）以举人署淮宁（今淮阳县）县事。到任剔除奸邪，深恤民众伤痛，以致力培养名士而成名。县名宿钱廷文、雷方晓等皆出其门下。曾论政治之要：熟察风土人情，因势利导；若泥古而不知今，未有能得其平者。募捐钱资修县志，未竣而去，殁于家。邑人闻讣，设立灵位哭祭之。

吴　耀

吴耀，浙江钱塘人，清雍正元年（1723 年）九月莅任商水知县。吴耀姿性英爽，谙练世故，决狱平恕，人不忍欺，政简刑轻，吏民安闲自如，禁胥吏，礼贤士，锄强扶弱。到商水未及一月，黄河决口之水顺贾鲁河南下，周家口沙河北一带，村庄街市皆陷入汪洋之中，房屋倒塌十有八九。周家口沙河南堤，岌岌可危，市民奔走呼告，乱作一团。吴耀闻讯，立即来到沙河堤上。此时大堤已有多处向外渗漏冒水，加之北风，浊浪拍击堤岸，大有随时溃堤之险。他当机立断，让沙河中停泊的所有大小船只，立即划至南岸，头尾相接，一字排列堤边，防止风浪冲击堤身；动员市民百姓背土斩木，填穴固堤。吴耀往返于堤上指挥督导，两餐未食。同僚劝其休息，吴谢绝道："百万生灵在此一刻，岂忍自己安逸！"抢险民众无不感激，护堤倍加努力。奋战三个昼夜，水势回落，堤岸安然，沙河南岸免受黄泛之害。百姓感吴耀之恩功，在沙河堤上（今中州路大桥处）立石碑曰"吴公堤"。吴知县后以治水有方调补仪封令。

吴东皋

吴东皋（？—1910），字孟阳，清代扶沟县人。他聪颖好学，能诗善文，书法也很出色，弱冠就驰名地方文坛。光绪年间为廪贡。曾经设立学校，延请名儒训课诸生。不仅教师的餐费全由其供应，还为贫寒学生代交学杂费，推恩于寒士贫儒，一年到头习以为常。因此诸生感戴其恩德，更加发奋学习，考入县学堂食公粮的不下数十人。至于解衣推食、急人之难的事情，更是数不胜数。光绪十九年（1893 年）曾参与十一修《扶沟县志》的编纂。宣统二年（1910 年）卒于家。

吴履坦

吴履坦，字平叔，号适园，清陈州府淮宁（今淮阳县）人。岁贡生。曾出任河南鲁山县训导，年轻而知名。擅长书法，当时学政批阅他的试卷时，发现有两份，分别用真、草不同字体书写，而且均可入帖。他摹写一部《黄庭经》，没有人不认为是羲之真迹。平生善诗文，著作颇丰。

吴清简

吴清简，字履中，清末扶沟县人。庠生。性仁和淳厚，乐于施舍。光绪三年（1877 年）扶沟县境大灾，乡人背井离乡、抛舍子女、逃难他乡者络绎于道。一日，在其村南 2 里多道路旁有一个 4 岁的幼童，不知是谁家的。吴清简见了就领回家中，抚养犹如亲生，给他起名同心，长大后给他订婚成亲，还给他 50 亩田地，宅子 1 处。

光绪三十四年（1908 年），黄河南岸溃决，扶沟正当其冲，泽国灾民，嗷嗷待哺。国家赈济粮款不足，吴清简就拿出自家的财米，用来弥补赈资的不足。到了年关，又散放财米数次，使灾民得以生存下来者很多。人们要将他的义举报官府，他都以自己不好名为理由婉言推辞。在他逝世的时候，远近之人都感到十分痛惜。

武昌国

武昌国，清朝奉天（今沈阳）镶蓝旗人。拔贡。乾隆二十二年（1757 年）

任太康知县。

武昌国非常重视水利建设。在任期间，对境内河流亲自查勘，共疏浚涡河、铁底河、李贯河等28条沟河，并在涡河上修建了25个涵闸，减轻了水涝灾害，便利了农田灌溉。同时他又修筑了境内的重要道路，修建了西关桥、东关桥、官桥、马厂桥、杨庙桥、老冢桥等许多重要桥梁，大大改善了境内的交通条件。

武昌国注重文化教育。到任后便着手重修文昌阁、魁星阁，重建兴贤书院，公余时间不辞辛劳，亲临书院讲课。在他的倡导下，太康学风焕然一新。

此外，他还重修了育婴堂、普济堂，收养孤儿和鳏寡孤独无人赡养的穷苦百姓。

乾隆二十六年（1761年），武昌国主持纂修的《太康县志》问世。二十八年（1763年）离任。

夏天朗

夏天朗（1838—1929），字宏运，以字行。今鹿邑县辛集镇夏楼村人。精于丹青，代表作有水墨葡萄和八骏图。

水墨葡萄多为八幅屏，画得藤蔓曲折，势若蛟龙，枝有老嫩，叶分阴阳，果实串串，玲珑剔透，宛然甜熟。

八骏图多为山条，画马有站、有卧、有走、有驰；有低头啃草，有昂首长嘶，有双马竞奔，有单马翻滚。体态不同，颜色各异，无不神韵十足。

夏的作品传世甚少，现偶有所见。

萧　让

萧让，字光胎，明末河北保定府博野（今蠡县）人。顺治二年（1645年）由拔贡任扶沟县知县。

萧让知扶沟前，隐居在北岳恒山之中，不愿为官以求显达。当时的扶沟是：经过战乱之后，房屋倒塌，土地荒芜，遍地蒿草，一派荒凉景象，百姓流离失所，无家可归。匪盗盘踞县城为非作歹，当萧让上任时，他们还气势汹汹地身着铠甲，手持利刃，欲与萧让相抗礼。萧让见此情况，神色自若，让属下以礼相见，与他们交谈。当这帮匪徒出门时，萧让叫他们都到阶下，他自己端坐不动，也不与他们回礼。萧让这一做派完全震慑了这帮匪徒的嚣张气焰。又下令，凡不是居住在自己房屋的人，3日之内一律搬出来，否则将严法处置。之后便把那些无主的房屋，让给鳏寡孤独及残疾之人居住，并解决这些人的衣食。在外地的人听到这种情况，也都迅速回到了扶沟。他招集一些农户，发给他们耕牛，并赈恤贫乏之家。不久就有800多户人家回到扶沟，开地370多顷，并使当年取得了较好的收成。他很注意发展商贸，活跃市场，下令禁止市场上一切乱收税、乱摊派现象，保护了商贸者的利益。随之经商者又集于县城，使县城初步出现一些繁荣景象。他还很重视文化教育，将70多名乐贫好学的秀才及50多名质美聪颖的童子集中在学宫，亲为他们制订学规，发给他们口粮书籍，并免去他们的赋役，让他们安心读书。

一些不法之徒，乘战乱之机大肆杀掠，使民无宁日，关门待毙。一些匪首勾结太康顽匪，以他们为羽翼肆虐社会。萧让一方面驱除太康顽匪以孤立扶沟匪首，一方面佯慰13个匪首让他们自首以保其身家性命。然后械送至杞县，杀戮于市。与此同时，又逮捕了其他一些重要土匪，也都就地处置。萧让此举，使另一些土匪非常害怕，便纠合在一起准备作乱。萧让知其阴谋后，又分兵捕获数十人，为防他们逃跑，把他们的小腿都打断送到杞县。这样一来，扶沟的积年大害为之一清。迫于形势，不仅使那些剩余的匪徒改恶从善，也使那些游手好闲、聚众赌博之辈从事生业。

他为了清断讼狱，单骑去郡府汇报请示，深入四寨查访，将害怕受株连的400余人招回县城。同时还直接为一些受冤案的人平反。他的这些举措，安定了社会，发展了生产。正当他雄心治理扶沟之时，上司以其刑罚太重为由，将他征调至杞县，撤销了他扶沟知县的职务。

萧国弼

萧国弼，辽阳人。出任陈州署知州事。到任后问民疾苦，锄抑豪强，抚恤柔善，调兵治民，文武和睦，政平讼稀。遇到旱天，督民浇田；逢到涝灾，率官民排水。修建陵庙，开设学宫，开仓赈饥，定礼均役，礼贤爱士，养老恤孤，诸政毕举。在位6载，囊无余赀（钱币）。活民以万计，竟因劳累过度卒于任所。陈州民众为之举丧致哀。

萧晋荣

萧晋荣，字子坚，江苏吴县人。清同治九年（1970年）以举人知淮宁县（今淮阳县）。吏治清明，官吏奉公守法，丁役无敢作奸。商贾安泰，百姓安乐。善判决，民无冤狱。即使再复杂的案件，晋荣一语即能明断原告和被告双方之争的要害，并能使之折服。民颂之“萧青天”。

谢乃果

谢乃果，字松麓，清代山东福山县人。康熙四十一年（1702年）由进士任鹿邑知县。

到任即视学宫，睹其倾圮，心甚痛惜，故首谋修复更新。经营7年，规制空前。政事之暇，常与生徒讨论学问；质疑问难，应对无倦。为政尤实，心系民瘼。

年适有水患，力请于上官，豁免田租十分之三；开仓平粜赈饥。赖以存活者数千家。境内沟渠颇多，通则利，塞则害。乃果履察地势，殚心疏浚，蓄泄有方，变害为利。在官8年，以绩著，升吏部主事。

谢启昆

谢启昆（1737—1802），字良壁，江西南康县县城东街人，祖籍陈郡阳夏（今太康县）。谢缵后裔。状元及第，清著名方志学家。历官镇江府知府、宁国府知府。后回原籍，迁居南昌。清乾隆五十五年（1790年）后又任江南河库道、浙江按察使、山西布政使等，所至多有建树。嘉庆四年（1799年），以兵部侍郎副都御史衔巡抚广西。著有《树经堂集》、《小学考》等。晚年主修《广西通志》。此志影响颇大，谢启昆也因此名噪一时。

谢廷宾

谢廷宾，又名成彬，太康县县城北八里窑人。谢缵54世孙。清道光六年（1826年）武进士，以侍卫职司禁，10余年功绩卓著。道光二十七年（1847年）曾荣归故里，专程到祖地太康县谢家堂村，祭祀祖先谢缵。祭拜时，当地官员、绅士莅临，三里五村百姓参加，场面十分隆重。竖旗杆，唱大戏待客7天，一时传为佳话。谢廷宾离开谢家堂时，为显示自己的武功，在谢宗俊家，以提靴为由，一脚蹬向院内的一棵胸径6尺余的大黑槐树，同时两手照树干一拍，当即树皮和树干分离。此树现在仍枝繁叶茂，靴和手掌印犹存。

辛鹤楼

辛鹤楼（1832—1902），今沈丘县北城办事处大辛营村人。擅书法。清道光三十年（1850年）庚戌科廪生。设馆教书，其门下弟子曾同科4人中秀才。书法遍临诸帖，各取所长，备受乡里称赞。

熊　灿

熊灿，字扆云，清代湖北黄安县（今湖北红安县）人。光绪十五年（1889年）冬至十六年（1890年）及光绪十九年（1893年）至二十五年（1899年）以附贡先后两次任扶沟县知县。

他到扶沟后，首以励风俗、振士气、培育人才为急务。十六年（1890年）

春，他首捐廉俸并劝谕绅民同心趋义，把从县城东门至陆家桥的5里官路垫至3丈宽、四五尺高。又将陆家桥改建为砖桥，以畅行人。同年，大浪沟水涨发，鄢陵百姓把前任扶沟知县孟宪璋修的迎水闸偷偷扒开，使县西南数十处村庄尽受水患。他便同鄢陵汪知县共同会勘、议准，扶民在许埠口建闸，视水的大小而启闭，百姓皆赖以安。他为了更有效地避免鄢扶两县百姓的争讼，又会同鄢陵汪知县共立条规3章，名为《大浪沟建闸条规》，并刻石立碑以便共同遵行。光绪十八年（1892年）五月，县南榆林诸地方，忽有蝗蝻入境，吞食庄稼。他一面积极组织调集民夫并力捕打；一方面捐俸禄1300缗以助灭蝗。由于他领导有方，不几日蝗蝻全歼，使之没有造成大的灾害。

他在勤政的同时，亦注重县志的编修。在他的领导与支持下，于光绪十九年（1893年）九月完成第十一次《扶沟县志》的编纂工作，他并为此次修志撰写了十一修《扶沟县志》序。光绪二十三年（1897年），他准予廪生以膳银禄抵地丁粮银，若无粮银者，并准以族邻之粮钱抵之。广大廪膳生员深为喜悦。光绪二十五年（1899年）春大饥，老弱贫苦流离载道，岌岌待毙。他首捐白米10石，并劝谕各善士解囊以助，救饥民生命于青黄不接之时，活者不可胜数。

修映辰

修映辰，清代山东单县人。贡生。康熙五十年（1711年）任商水县知县。他儒家风范，仁爱忠恕，平易近人，关心民瘼，注重兴利除害，很受士民爱戴。在职6年，是清代在商水任期最长的县官，是商民建祠纪念的唯一县令。

他到商水任知县时，已是清朝平定了“三藩”，收复了台湾，正致力整顿吏治，发展生产的时期。他上任后，见到县城战争创伤未愈，百姓对清衙官吏还有隔膜，信任不足。加上集市都在县城关外，士农工商赶集上市，无事谁也不进城内。四街冷冷清清，房舍颓圮，街道狼藉，岗洼不平，行人稀少，十分萧条。他通过走访城中父老和衙居官吏，决定要改变这种局面，使县城成为全县政治经济文化中心。他同县府官吏和城中绅要商行，决定将关外集市移入城内，让沿街居民整修门面，设店摆摊，招商进城，发展农商。关外土地多种蔬菜，海河坑塘养鱼栽藕。经过多方引导，城内居民在四关经营买卖的首先搬回城内，以十字大街为中心，天天有集，店铺渐增，摊贩云集，向四门发展。加上节日庙会，香客增多，赶集交易，买卖日盛，市场渐次繁荣。逢年过节，又成立玩会，狮子、旱船、高跷串街表演，又带动了县境远处集市。不但改变了县城的萧条局面，对发展城乡经济也起到了很好的作用。

修映辰任知县不到二年，通过实地察访，对商水有了深刻认识。县境地势低洼，湖坡相连，河道淤塞，沟渠不通。一到雨季，不能下泄，便成泽国，禾稼淹没，造成粮荒。县境北部，地势稍高，沙河沿边而过，堤岸薄削，无排水作用，客水骤至，决堤南下，灌入湖坡，加重灾害。他情况明，决心下，令绅士大户出钱出粮，百姓出工，县衙督工，分段疏浚汾、枯两条主要泄水河道，然后整治支流及排水沟渠，使小河沟渠连坡，积水能随时泄入汾、枯大河，减少了积水面积。在北部沙河流经地带，根据以往决口地方，划定险要堤段，鸠工复土，加固堤岸。在他任职期间及以后数年，水患大大减少，农业走向逐年增产的趋势。

封建社会，都是知县亲自掌管境内诉讼官司。据旧志书记载说：他在断案时宽严得宜，重事实，不以喜、怒、爱、好决判。对平民百姓，过错轻微，经说服训导，使其认错，让其返里，改过自新。对明末以来的积案，实属冤枉者，给予昭雪平反。深受百姓称赞。

康熙五十七年（1718 年），以知州调任福建沿海晋江。县中父老难于挽留，遂建祠纪念。

胥明德

胥明德（1842—1913），字俊斋，清代鹿邑县赵村集（今赵村乡赵村）人。父母早亡，靠乞讨活命，严冬在集上蹲锅壳廊取暖过夜，人称“独寨主”。稍长靠帮工挣钱度日。他身高 6 尺，力大性直饭量大，一些人喜欢他干活，不喜欢他吃饭。咸丰末年，杨寿山（统领）在赵村招兵，胥入选。先是当旗手，由于打仗勇敢，先后擢升统领、都指挥使、花翎总兵、侍卫内阁大臣兼提督军务总兵。镇守大同（亦称北镇侯），统辖雁门 3 关。光绪末年，因得罪袁世凯被贬职。先后在河北彰邱镇、江苏苏州镇、河南淮阳镇当统领。后任皖北大统领，镇守亳州。

胥明德出身贫寒，后虽官居显位，仍能平易近人。在镇守大同时，乡里去人他都亲自接送，嘘寒问暖。每次返乡进村就下车和乡亲父老攀谈。光绪二十五年（1899 年），鹿邑大旱，麦秋无收。胥将多年积蓄派人送往家乡买粮放赈。有人劝他趁荒年置买庄田，他说：“人都饿死了，我要地有啥用!”胥晚年解甲归里，住着几间草房，生活俭朴。1913 年病逝，终年 71 岁。

徐广绂

徐广绂，字黻堂，清代鹿邑县人。父瀚，嘉庆十六年（1811 年）辛未科进士，官内阁中书。广绂，其长子也。幼有隽才，郡五试皆冠，旋食饩。嘉庆二十三年（1818 年）戊寅科中举，道光九年（1829 年）己丑科中进士，改庶吉士散馆，授职编修。充乙未（1835 年）科会试、乡试，丙申（1836 年）科会试同考。官迁江西道监察御史，转掌贵州道，巡视西域。乞假养亲。再起授山东道监察御史，擢吏科给事中，再转户科给事中。及弟广缙巡抚云南，遂引例规避。终不复出，卒于家。

咸丰年间，粤寇势炽，安徽人苗沛霖乘机谋逆，据寨自雄。广缐时居太和督团练，绝不与苗来往。苗寻败。太和不染于逆者，广缐之力也。以功赏孔雀翎加四品卿衔。

晚年家居，布衣蔬食，孝悌礼让。子孙笃守其教。

徐广缙

徐广缙（1787—1858），字靖侯，清代鹿邑县人。嘉庆二十三年（1818 年）与兄广缐同举于乡，二十五年（1820 年）进士及第，派习国书散馆，授编修。道光四年（1824 年）大考二等，记名候升。六年（1826 年）、十三年（1833 年）两次任会试同考，官补山东道监察御史，转掌江西道督理五城街道。历任御史、福建按察使、顺天府尹、四川布政使、江宁布政使、云南巡抚、广东巡抚、两广总督兼通商大臣等。

知陕山榆林府时，正赶上大饥荒。他一边赈发口粮和种子，拯救灾民，发展生产；一边大力惩治奸商、猾吏，严防他们借机渔利，发国难财。

道光二十七年（1847 年），广州城西黄竹岐村村民打死前来骚扰的 6 名英国暴徒。英酋声言将要血洗该地。广缙不为其嚣张气焰所屈服，协助两广总督耆英，妥善处理此案。并向朝廷奏报说：外夷狡黠，桀骜成性，不得过纵，致损国体。夷人经商，不得入城。对外夷的不合理要求，不能随意承许。

从道光二十八年（1848 年）五月起，英国公使文翰多次照会徐广缙，要求允许英人进城经商。开始徐广缙严词驳回，后经道光二十九年（1849 年）一月两次与文翰在虎门会谈后，徐广缙态度为之一变。会谈中，文翰以武力相威胁，徐广缙不敢擅自做主，上奏道光帝裁决。道光帝下谕，暂且允许英人入城，观察其动静。徐广缙害怕广州城内百姓反对英人入城，不敢执行道光帝的决定。他一面接见反抗英人的爱国士绅许祥光，并秘密下令水陆军官备战，一面上奏朝廷不能准许英人入城，否则会引起骚乱。他照会英国公使，以反英人民斗争激烈为由拒绝英人入城。文翰鉴于广州城内人民齐心协力保卫，防御森严，英军在香港的兵力、财力不足，因而向各国商人宣布入城问题暂时搁置，以后再议。

道光二十九年（1849 年）二月，英国公使文翰再次要求入广州城。徐广缙认为此时英人入城时机仍未成熟，应继续向后延迟。他照会文翰曰：“广东民情剽悍，不同于他省，不许外夷进城，妇孺同声。”其实，徐广缙所说也是实情。

当时广州民众同仇敌忾，一致反对英人入城。城乡民众组织团练壮丁10余万人，城内到处都贴有反洋揭帖。徐广缙权衡再三，还是决定站在广州民众一边。他暗中鼓动广州绅民，制造强烈反对英人入城的氛围。广州绅士许祥光在他的支持下，向文翰修书一封，口气强硬，表达了广州人民坚决反对英人入城的态度。哪知文翰对徐广缙及广州绅民的说辞根本不屑一顾，自己亲率3艘军舰，闯入广州内河，战争一触即发。徐广缙对战事重开一点都不意外。文翰其实早就表态，即使广州民众激烈反抗，英军愿帮助清廷镇压，但若徐广缙从中作梗，则中英战争不会避免，到时便不仅仅是入城的问题。

徐广缙感受到英国人入城态度之坚决，只得向道光帝如实汇报。道光帝认为，英人入城并无不可。徐广缙实在不愿让英人入城，想与英人作最后一搏。他假传道光帝谕旨，向文翰发出照会："本月初八日12点钟，恭奉大皇帝谕旨，以本大臣由驿驰奏。贵国现议进城一节，谕以设城所以卫民，卫民方能保国。民心所向，即天命之所归。今广东百姓既齐心志定，不愿外国人进城，本大臣岂能拂百姓以顺夷人。外国亦应察民情。更须严禁土匪，勿令乘机滋事，扰我居民。外国商人远涉重洋，总为安居乐业，亦当一体保护，庶几永敦和好，共享太平矣。可见本大臣等与贵公使面议之言，非固执己见，即远奉谕旨，亦不出引公论也。为此照会。"

文翰收到徐广缙照会后，权衡再三，决定暂时放弃入城要求，照会徐广缙："现经议定之后，再不辩论进城之事。"徐广缙"假传圣旨"的最后一搏居然成功。因英人放弃进入广州城要求，道光帝嘉奖徐广缙世袭子爵。

道光二十九年（1849年）三月，葡萄牙驻澳门总督亚马勒照会两广总督徐广缙，要求澳门应类比香港，裁撤海关，在广州设立葡萄牙领事馆。亚马勒宣称："澳门已成为自由港口，葡萄牙海关业已关闭，且不容许他国海关设于澳门。"徐广缙断然拒绝葡人的无理要求，复照曰："尔国在省城并无贸易，何必设立领事，徒饰外观？澳门税口，历久相安，更何得扰乱旧制？尔国频年穷蹙，共见共闻，倘再无知妄作，中外各商俱抱不平，生理必至愈见消耗，切宜熟思，勿遗后悔。"葡萄牙之所以此时打破和局，其如意算盘在于：当时清廷正与英人交涉广州"入城"问题，无暇顾及澳门，借此趁火打劫，将澳门占为己有。徐广缙此时正与英人艰苦周旋，亦不愿开罪葡人，恐怕一旦与葡人发生争端，英国趁澳门之乱占据广州城。他再三权衡，决定"以商制夷"，在距广州城60里的黄埔另立码头，动员中国商人迁至新码头与洋人经商。

亚马勒见照会无用，决定强行关闭中国海关。3月11日，亚马勒率领几十名葡萄牙士兵，推倒中方旗杆，驱除海关官员，武装关闭中国海关。亚马勒恐中方报复，亲赴香港向英国借军舰1艘，马兵400名，做好防御准备。然新码头开设后，澳门货物交易量日渐减少，徐广缙“以商制夷”策略初见成效。

咸丰二年（1852 年），太平军起义，诏徐广缙署理两湖总督，督办湖南军务。太平军攻陷武昌，朝廷问罪于广缙，将其入狱。咸丰三年（1853 年）十一月，清帝下诏起用徐广缙，与按察使牛鉴一起率兵“会剿”归德、陈州一带捻军。

徐广缙在广州与洋人周旋中，卓有勋绩，为朝廷所倚重。晚年参与剿捻兵事，声名几殒。然其前功不可没也。

许世荣

许世荣（1863—1911），字淑申，号国泰，今商水县大武乡焦寨村人。自幼聪颖好学，志向高远，十四五岁时其文才就很出众，清光绪十八年（1892 年）考中秀才。

当时，地方盗匪猖獗，乡民深受其害。许世荣为保一方平安，联络乡党士绅，集资募款，自领首事，重修焦寨。乡绅富家提出按户摊派粮款，许世荣则主张按地亩摊款。这样一来，减轻了贫苦人家的负担，却得罪了乡绅。乡绅联名告他，许世荣为此事卖了几十亩地，与乡绅打了四五年官司。

焦寨寨修好，许世荣去淮阳教书，后去开封，其间加入同盟会。为配合武昌起义，河南同盟会积极响应。许世荣编入李干公领导的民军先锋队，参加了由起义师生秘密从校园内往清军火药库挖地道的敢死队，准备于 1911 年 12 月 22 日（农历十一月初三）举行起义。由于起义军内原清军巡防营统领柴德贵投敌泄密，起义惨遭失败，许世荣被捕。受尽严刑拷打，最终以身殉国。

薛化成

薛化成（？—1722），字仁遐，号痴翁，清代鹿邑县（今鹿邑县穆店乡薛老家村）人。康熙四十七年（1708 年）中举，次年成进士，授广西平乐府富川县知县。禁贿托，抑豪强，判狱明允，一县敬之如神明。

薛化成性慈祥而淡于宦阶。初选为富川知县，人皆以地方荒僻、贫穷劝之，化成曰：“此亦王土也，只顾自己何可为政耶？”

粤西俗好打官司，前两任知县皆将行贿胜诉视为常例。化成曰：“以贿断狱，理还公吗？”立革其弊，而讼以平。富川瑶族人犷悍，喜仇杀，不怕死。前官多不把他们当人看，以禽兽待之。薛化成到任后，将瑶人视同兄弟。瑶人大悦，以手加额，奔走相告：“今日始得为王民矣！”民皆称化成为“父母”。

先是邑中有莫氏孀妇，被富豪朱某诬陷，说她偷牛 30 头。朱某贿赂巫婆，假借神语为证据。前令受朱贿，明知莫氏屈，皆不为之理。薛化成审知其实，拘捕朱某和巫者，审讯后绳之以法。莫氏得释，一邑称薛神君。

上司因薛化成称职能干，欲提拔他为府掾，薛力辞不就。意其淡于仕进。

康熙六十一年（1722 年），薛化成卒于官，举县悲泣。至殡葬之日，老百姓涌塞了道路，号哭不止，就如同失去了亲人一般。乾隆四年（1739 年）归葬于故里。

阎济源　阎盛森

阎济源（1856—1926），名松壄，字济源，号逸圃，今项城市南阎庄人。他父亲淑震，于咸丰十年（1860 年）3 月，带母亲及家人逃难。不幸遭遇土匪，淑震不忍弃母逃生，遂被土匪杀害，时年 25 岁。乡里人称颂他为“孝烈”。其母 23 岁守寡，持家勤俭，严于教子，46 岁谢世。

阎济源自幼从师徐晴轩，继就读于莲溪书院。此后他以父亲的孝烈言行为榜样，学业由此精进，成为邑庠生。淮阳杨仲唐、睢县施景舜等，都是名噪当时的鸿儒，阎济源经常与他们一起切磋学问。他为人正直，崇礼尚义，反对私欲邪念，不信佛也不信风水，俨然以儒家卫道士自居。清光绪三十三年（1907 年），张镇芳捐资办百冢铺师范学堂，聘他当汉文教习，他不就；友人劝他让儿子到学堂读书，也不允。次年，邑人推举他为孝廉方正，又坚辞不从。

他秉性直爽，一生坎坷，4 岁丧父，入学深造皆赖族人接济。17 岁的时候，就成了顾姓家塾的童子师。母亲去世后，他又将爱心推及族人乡里。光绪二十三年（1897 年）农历正月十五项城发生地震，夏季又遭水涝，灾情特重，省令减去旧额按时价现银征收。当时的知县姚咸礼不唯抗命不减，还将每两赋银又加派三文制钱（清币）。苛政猛如虎，激起民愤。阎济源与乔岳挺身而出，为民请命。初向藩司（省管人财的官府）学宪处申冤不果，又同乔岳赴京告御状（当时两宫逃西安），路遇义和拳而回。姚知县施行镇压报复，先逮捕乔岳，又缉拿阎济源。于是四乡民众愤极，就聚众示威，摇旗呐喊，直奔县城，大闹县衙。大众先扒屏风再垒衙门，而后上书请求罢免姚令。姚在众怒难犯的威慑下放出乔岳。嗣后则上报诬陷乔、阎等闹事造反，省里派员来县，地方官绅为乔等辩白，又经翰林高钊中斡旋，最后由刘御史上奏朝廷，终以姚令调离、减征项银结案。

清宣统三年（1911 年），项城闹饥荒，阎徒步开封，协省议员杨仲唐出面上陈省抚宪，得以发谷 2000 万救灾。民国初建，他先是襄助杨仲唐重修《项城县志》，后热心教育，担任张镇芳成立的“存古学社”斋长，施景舜任主讲，杨仲唐（凌阁）讲《易经》。外地学生来此求学者络绎不绝。

1926 年，土匪“老姬子”攻陷项城，想胁迫阎济源归顺。阎济源长叹一声说："是死的时候了，我父骂贼而死，我哪里能怕死啊。"于是愤极骂贼，土匪没杀他，却掳走他两个孙子。当年9月23日，他在家中自整衣冠，从容去世，享年70岁。

阎有3子4女。遗作有《强善堂家训》、《洗心斋学规诗文集》。

他儿子阎盛森（1898—1970），字友三，自号柳溪居士，人称三先生（排行也居三）。从小就跟着父亲学习儒家学问，12岁从师施景舜，读完四书五经。善写诗，尤爱医术和书法。17岁设馆教徒，一生授徒上千人。著有《周易浅说》、《眼科三字经》、《柳溪存稿》。

严炳寰

严炳寰（1746—1796），字代明，清代扶沟县人。庠生。严炳寰颖悟绝伦，入学后不求仕途上进，而是致力于易学研究。晚年尤其精通奇门遁甲、天文星象、地理风水。时人称他"占断如神"。著有《浑天仪》和《武侯八阵图说》。病故前将他的著述一火焚烧。他的儿子请求保留下来，他告诫儿子说："想要读书，自有经史书籍可读。我的这些东西，如果不善用它，只有连累自身和家人罢了。"

严惟恺

严惟恺（？—1911），今淮阳县城关回族镇人。清光绪年间庠生，曾于将弁学堂上学时参加同盟会，毕业后奖以候补知县。惟恺为响应辛亥革命，串联同仁在县城组织游行，宣传推翻清帝、打倒清朝卖国政府，并带领游行队伍在府衙、县衙门前痛斥丧权辱国的罪魁祸首。在惟恺等人的积极活动下，县内民主爱国的革命浪潮日益高涨。不久，清政府疯狂反扑，同仁被捕，严郁愤而殁。

颜懋伦

颜懋伦，清代山东曲阜人。拔贡。乾隆年间任鹿邑知县。在任期间，其主要政绩是：根据当时鹿邑水灾频仍的实际情况，大力兴修水利，筑堤防，浚沟洫，造福于民。经颜治理的沟河渠洫有：

南八里河。自黄堌寺涡河故道南出分为2支：一支自石家口南流，至八里桥，又东南经贾家桥，又东南经王皮溜入白河；一支东南流经西三里桥，又南经城南八里，又东经陈家桥，又东南经斑竹帘寺入白河。乾隆九年（1744年）复浚子河52里，面宽四五丈，底宽三四丈不等，两岸筑堤高5尺，底宽丈余。

急三道河，即谷水故道。乾隆九年复浚。自黑龙潭起，至郑家桥止，面广三四丈，底宽二三丈，深三四尺不等。城中自此无水患。

黑河。乾隆九年复浚。自淮宁县界王家桥至唐桥店，面宽七八丈，底宽三四丈，深七八尺不等，两岸筑堤，水道深通。无堤。宽深稍逊清水河，冬春微流涓涓不绝。

清水河。自九龙口曲而南流，经凤凰岭西，水势巨阔，两岸相距3里，南流10里经试量集东，又东南12里经白家寺南，又东6里经清河寺西分为2支。一支南流4里，入偃王陂。一支东流9里经横岭店北，又东南15里经汲水集北，又东南90里，至半陂堌堆入刺河。乾隆九年，颜知县自葛家桥东崇普集开始疏浚。河面宽达七八丈，底二三丈不等；两岸筑堤高5尺，广1丈。至淝河止，计长10里。夏秋水涨，四季流潺。

杨　烛

杨烛，字玉调，清代河北省固安县人。雍正八年（1730年）庚戌科三甲第184名进士，乾隆十二年（1747年）任扶沟县知县。

他来扶沟后，首重教育，将吴滐重修后的书院更名为“大程书院”，大程书院始有今日之名。并聘山长1人，招集生员、童生在这里读书，按月进行考试，成绩好的，发给津贴，以资鼓励。扶沟这年因大雨河堤决口，他为了尽早堵住决口以减少水患，亲率民夫，白天立在烈日之下，夜间宿在湍流之侧，与民夫共患难。民夫们劝他休息，而他却坚持留在工地。决口堵塞后，天又下起了大雨，田中禾苗尽被淹毁，他便呼告上宪，请赈济免粮，使全县百姓多得活命。

扶沟的河堤按旧例是公修公堵，因双洎河水浊流，人贪于淤地，多偷扒开河堤以淤自己的田土。这样容易使之溃决，造成水患。杨烛便规定，河水从谁家的地中决口，水患之灾就由谁来负责，这样偷扒河堤的现象才被制止。杨烛在扶一年，丁母忧离职。去时囊空如洗，士民争相赠送钱物以助丧。他走之日，绅民都穿戴孝服拥满街巷以向杨烛表示致哀，为其母送的纸钱及祭酒杯满路都是，致使他3日才得出境，可见百姓对杨烛的亲切感情。

杨恩铭

杨恩铭，字仲和，清代河北省大兴县（今北京市大兴区）人。同治十年（1871年）至光绪五年（1879年）任扶沟县知县。

他在扶任职期间，将县西北淤积的洪义沟疏浚8里，由莲花池前入马家河，使流水畅通，减少水患。同治十二年（1873年），重修了先农坛。光绪元年（1875年），重修崇祀明代扶沟知县冯盛明的冯公祠，并将崇祀明代知县杨瞻的杨公碑移于冯公祠内，亲为祠榜书名曰“杨冯公祠”。同年，又奉旨将同治十年以前百姓欠的钱粮概予蠲免。光绪二年（1876年）夏，他重修县北双洎河上的岳家桥。

杨峻峰

杨峻峰（？—1857），又名和尚，字华瞻，今商水县汤庄乡杨石桥村人。清咸丰年间监生，性刚直，仗义疏财。清咸丰六年（1856 年），县境大旱，粮食减收，知县张冲魁召集地方绅士及各街首事至县衙，强行加征丁粮。峻峰据理反对，直言："大灾之年加征丁粮，不达民情！"事后，杨又带领乡民找张冲魁抗辩，张趋于无奈，收回成命，不再加征。但对杨峻峰却怀恨在心，后设毒计将杨害死。乡民得知消息，纷纷向上控告，张冲魁遂被革职。

杨凌阁

杨凌阁（1857—1918），字仲唐，号怡斋，晚号遁庵，今商水县黄寨侯家楼村镇人。清光绪十五年（1889 年）中恩科举人，是豫东一带知名的理学家和教育名家。

他 19 岁离家到高寺（今项城高寺镇）设馆教书，养家糊口。曾先后受聘开封明道书院任监院、许昌育英书院任主讲。光绪二十四年至二十七年（1898—1901）出任固始县教谕。卸任后，在精心治学、课子读书的同时，悬壶济世，为乡邻诊病治病。

清光绪二十九年（1903 年）受高钊中推荐，清政府委任他为礼学馆顾问，兼修《大清一统志》。时值辛亥革命前夕，朝廷内人心惶惶，他寻机离京回到河南。后应挚友直隶总督张镇芳之邀，主撰宣统三年（1911 年）《项城县志》。历时 3 年，完成 32 卷。辛亥革命后，时任河南总督的张镇芳聘他为省谘议局副议长。不久，张镇芳因白朗起义被罢职，杨凌阁也躲避到扶沟。晚年，他自号遁庵，安居乡野，清净度日。后应好友之邀，参加《商水县志》的编纂。1918 年 2 月 12 日，杨凌阁在家乡病故，终年 61 岁。葬于项城张寨（今属项城花园办事处）。

卒后，其门生捐资，在侯家楼村东古道东侧立功德碑纪念，并将他写的文章整理编辑成书，取名《杨遁庵遗集》，于 1921 年刊印。书的内容涉及"易学"、"儒学"、"理学"、"史学"、"方志学"、"谱牒学"等，甚丰。可惜，因保存不善失传。

杨凌霄

杨凌霄（1848—1896），字步青，号达斋，一字伯汉。今商水县黄寨镇侯家楼村人。幼勤于塾，31 岁入邑庠，一生教书育人，桃李满天下。

杨凌霄性耿介，凛然难犯。而与乡人处，慈祥坦荡，平易近人。其引导后学，谆谆不倦，随人浅深，委屈详尽。以敦伦励品为先，反身自得为贵。对弟子讲经论文，必反复开导，俾畅晓而后已。对待聪慧者，多循诱让其感悟。尝为一事，必自问曰：“是足馁吾浩然之气否？”又曰：“人生大事，孰有逾于读书学道者哉？”又曰：“名利二者最坏事是一热字，能冷淡一分，人品便高一分。”又曰：“有纤毫不以圣贤处而即为不敬，其亏在辱亲，罪莫大焉！”病中犹曰：“人死亦常事，但未闻道而死，则生为徒生，死为徒死矣，可乎哉？”

杨凌霄笃于孝友，父患失血症，乃历陈己罪，焚香吁天，为亲祈寿，亲殁则哀毁骨立，丧葬悉尊古礼，庐墓3年，每哭辄痛不自胜，年方40岁而发白殆尽。咸丰九年（1859年）八月，凌霄病疾稍愈，母亲又染疾患。他不顾自身寒热，依偎母亲床前，不忍一刻相离。母逝，凌霄一痛而绝，移时方苏。遂拖病体竭力营葬。隆冬盛暑，居守墓侧。居父丧，3日始饮稀粥，百余日不梳发。及居母丧依然。虽病垂危，仍不食一米，病情稍愈方进稀粥。居丧中，晨起必拜墓，入祠必焚香。平日厚于亲党，济于戚眷，无不曲尽其情。有姑嫁高氏，墓南顿官道旁半里，每过必拜姑墓。李怡亭先生乃其业师，事之如父，恭敬赡养他6年。师去世，痛哭数日，葬时为文致祭。逢年过节祭必有文，拜墓必痛哭。

凌霄与弟凌阁相勉为程朱理学。兄沉笃善守，弟明敏善悟。其道义切磋，兄弟唱和，诚极人间之乐事，兴之所至，发为吟讴。凌霄著《怡怡诗草》，一有空便呼弟并坐同读，得意则相视而笑，感慨则相对欷歔。凌阁常告诉友人：“我兄弟互相友亦相互师也。”友爱之诚40年如一日。

杨凌阁死后，湖南湘潭举人黄曙轩为其作铭曰：“呜呼！君之学足以达天而不永其年，君之善足以复性而偏促其命，岂斯道之多厄兮抑天之无常？问之太空而无言兮终古之茫茫。然而先儒正学之绪，藉君以传，后来一线之脉，藉君以延，其行可质诸鬼神，其德增光于河岳，我铭匪私，以示后览。”

方圆桑梓百姓，习惯尊称杨凌霄为大先生，杨凌阁为二先生。其仁心懿德善举至今仍流传于民间。后，两位先生的弟子及后人在侯家楼村东为二人立碑，永作纪念。

杨六德

杨六德，字亮彩，少有文名，明末鹿邑县人。顺治四年（1647年）进士，授汉阴县知县。到任后，巡视县境山川，遍问百姓疾苦，课农桑，禁盗贼，民生祥和。汉阴旧有月河，可灌农田。因年久失修，河道淤塞。六德带领县民广为开浚，农获其利。朝廷考核，六德为三秦治行第一。升兴安知州。后为同僚所中伤，罢职归里。

杨清魁

杨清魁，字冠瀛，直隶清苑人。以进士出身权泌阳掾，旋补滑县，历著政绩。清光绪八年（1882 年）、十一年（1885 年）两次充任河南省科举主考官。后继任淮宁（今淮阳县）令。他执政严明廉正，丁役不敢擅权。判讼若神，曾一日断 20 余案，民服吏畏。去乡间视察，轻车简从。恐随从差役向民索项，先行写下告示令乡民勿给。回县时，让差役先行，自己押后，不给胥吏犯赃任何机会。唯治淮日短，士民惜之。

杨在陛

杨在陛，字台卿，明末陕西省三原县人。顺治三年（1646 年）丙戌科三甲第 139 名进士。登第当年任扶沟县知县，在县 7 载，于顺治九年（1652 年）奉诏升迁而去。

杨到扶之初，乃战乱之后，荆榛满目，瓦砾载道，民舍倒塌，人烟稀少，田荒未垦，赋税无收，十分艰难。他招抚流亡，开垦荒地，发展生产，安定社会。在陛为人谦虚谨慎，在勤政之暇，深入民间，询问疾苦。他还注重教育，经常去学宫，亲自给学生讲课，并对那些品学兼优的学生给予奖励。此外，他于顺治七年（1650 年）建文庙的东西两庑各 3 间。九年（1652 年）在文庙立训饬碑，教育士子遵守学规，养成贤才，以便上报国家，下立人品。他重视县志的整理和编纂，亲自主持了顺治九年完成的第 3 次《扶沟县志》成书工作，并为之作序。

耀 德

耀德，汉军人。清乾隆二十八年（1763 年）以举人署理淮宁县（今淮阳县）事。耀德为官，以除暴安良、维持社会安定为要旨。淮宁时有奸民郑四十横（四十横为郑的外号），耀到任不久，即将其绳之以法，境内随之安定。每月初一和十五日宣讲圣谕，读后召民进前，谆谆以敦行为劝，涉讼为诫，时有感动得落泪流涕者。

叶奉先

叶奉先，字善继，今商水县邓城镇邓城村人。其父琇章，崇尚儒术，豫东富商，常周济乡邻，义声名著漯（河）周（家口）一带。

叶奉先幼时聪明颖慧，6 岁入蒙学，勤奋好学，博闻强记。15 岁下笔成章，文采清秀。弱冠在岁科两试中考生员一等，即食廪饩，升入国子监读书。励志于学，专心不苟。清光绪十三年（1887 年）丁亥科被取为岁贡，授遂平县教谕。在任，兴修学宫，兴利除弊，有口皆碑。任职期满，调任宜阳教谕。后辞官归隐，闭门教子。晚年捐县城家宅做试院，并出资 500 两黄金为办学经费。

奉先有 3 子：长子凌霄，字向斗，监生，捐县丞。次子凌汉，监生，早逝。三子复元，字启运，承兆先嗣。廪贡生，捐五品衔教谕，豫东巨富。

叶复元　叶海楼

叶复元，字启运，今商水县邓城镇邓城村人。清光绪十八年（1892 年）在县试岁科两试中考一等前列，补为廪生，3 年后取为廪贡。捐教谕，未仕。

叶复元幼承家教，敏而好学，少有才名，十一二岁能辨四声。父亲以唐诗授之，培养他的文学兴趣和爱好。18 岁时，中庠一等，一时名噪商水县。

叶复元出身富商之家，幼时被生父奉先（岁贡）将其过继给二叔兆先（秀才）。养父是叶家的贫穷读书人，以在叶家塾馆教书，挣些束脩维持生计。此家庭环境对复元读书学习大有裨益。18 岁时他参加县试，考一等前列，补为廪生，旋食饩。嗣子争光给兆先脸上贴了金，堂兄族弟也对他有了好的看法。

叶复元 19 岁时，娶富商韩老云之女为妻。在岳父的资助下，复元经营起石料、木材生意。由于他精明能干，诚信为本，生意越做越大，成为豫东巨富。

光绪二十四年（1898 年）春，商水县受水灾，民众大饥。叶复元慷慨解囊，捐县城粥厂银 300 两、钱 270 缗；捐周家口粥厂 50 缗。光绪二十五年（1899 年），他又放谷百石，救济灾民。光绪三十年（1904 年），叶复元和乡绅李延英等捐扩建商水县初等小学堂；购买民宅，建立商水县高等小学堂。

宣统二年（1910 年），沙河白地决口，叶复元放谷 30 石，捐赈款 100 缗，又捐修本县高等学堂钱 300 缗。

叶复元一生乐善好施，饮誉乡里。娶妻韩氏生 3 子：长子海楼，优贡，宣统元年（1909 年）任中书科舍人，掌管清廷银册，从七品；次子海关；三子海珊，附生。

叶继祖

叶继祖（？—1898），字绳武，今商水县邓城镇邓城村人。由恩贡登清同治六年（1867 年）丁卯科会元。曾任遂平县教谕。邓城叶氏住宅大门西侧的广亮门即是叶继祖登第时，乡里百姓为祝贺他荣获功名而报经府县两级同意修建的。

叶继祖擅长书法及文章，不喜欢写诗词，因为他感觉诗词尽是些闲情逸致，对于百姓生活没有什么裨益。他性格敦厚朴实，与人为善。其书法、文章、德行闻名一时。在遂平居官时，曾有一位钦差大员至河南巡视，全省地方官员均按当时的惯例到开封府拜见，继祖也随同前往。大家都在开封府城门外跪迎，继祖因官职较低排在后面。钦差到后，略与众人寒暄，便问：叶继祖在哪儿？并越过数人上前挽着叶继祖手臂共同走进官驿。众官都面面相觑，不知道是什么缘故。原来此钦差曾与叶继祖同年参加科考，叶考第一，文笔优于他。解放前期，邓城一些人家里还保存着叶继祖的书法作品，可见其书法、文章影响之深远。

在遂平任教谕期间，叶继祖每天与县里的鸿儒、学子谈经论史，教育学生要道德文章并重。他非常注意读书的实用性，力戒学究式的文风，并且率先垂范，遂平全县学子的文风为之一变，邻近诸县的学子也纷纷前往求学。其道德文章及经世致用的教育思想得到中州士子的赞誉。

叶继祖一生重才学、轻金钱，曾经说："我不求青蚨（钱财的代称），只望遂平士子得为国家、百姓之用，内心就知足了。"

清光绪二十四年（1898 年），叶继祖病殁于任上。

叶卿云

叶卿云，字星聚，今商水县邓城镇邓城村人。性沉毅淳厚，言笑恭谨。自幼读书，清同治九年（1870 年）庚午科中举，未仕。

光绪六年（1880 年）七月，淫雨连绵，沙河水暴涨，邓城堤段浸水，形势岌岌可危。叶卿云向陈州知府吴重熹、商水知县李普润详细报告了水势堤防情况，并提出固堤堵渗的建议，深得吴、李赞许。在他的努力下，沙河大堤得到有效保护，人民生命财产转危为安。大水过后，他又带领乡民对河堤进行修复加固。为把好工程质量，他吃住在工地，日夜操劳；为加快工程进度，他拿出自家的钱米补贴民役。在修复加固堤岸的 3 年多时间里，叶卿云是殚精竭虑，呕心沥血，无一日稍安。30 余岁已须发变白。

光绪十三年（1887 年）夏，豫东大饥，西华、商水尤甚。逃荒要饭、卖儿卖女者随处可见。县府倡导富者助赈救灾，叶卿云积极响应，立即捐谷 200 石。陈州府上禀"赠封"叶卿云"监提举"。翌年八月十四日，黄河决于郑州，太康县一带受灾严重，灾民衣食艰难。叶卿云雇用大船 5 艘，派管家、家丁数十人，携带米粮衣物同往太康赈灾。3 个月花费数百金。次年春，又捐赈 200 金，赏顶戴蓝翎。

光绪二十四年（1898 年）五月，大雨经旬，麦子绝收。秋大疫，死者无数。商水知县孙多祺在县城设粥厂，救助饥民。叶卿云向粥厂捐 300 金，又在邓城设粥棚两月余。孙知县特禀河南学政赏叶卿云"河润均沾"匾额。

光绪三十二年（1906 年）春，商水知县谢宗楷扩修商水县高等小学堂，叶卿云捐钱200缗。平时，叶卿云对族人乡邻的困难也多有资助，慈心善举，传誉乡里。

叶卿云晚年喜静处一室，钻研医书。遇有患者，施以方剂，多有疗效。

叶卿云有3个儿子。长子尔昌，次子乃昌，皆庠生；三子世昌为监生。

殷秉慵

殷秉慵，字竹坡，号东桥，清代直隶天津（今天津市）人。乾隆五十七年（1792年）壬子科举人。嘉庆十年（1805年）至十三年（1808年）任扶沟县知县。

嘉庆十一年（1806年），他对明道祠、先农坛进行了重修，并在社稷坛建庙3间。十二年（1807年），他主持重修了县公署和风云雷雨山川城隍坛，在大程书院东侧为李梦阳重建了李空同先生祠。十三年（1808年），他首捐银100两，又劝请原舞阳县训导张厢捐钱1000串、监生郝廷杼捐银1000两，俱交当商以1分5厘生息资助书院。他在扶三载，洞悉民隐，听断如流，往往于收呈词时以一两句话审问，便使讼端顿解。他常说："天下事不外乎情理二字，情字尤居理先。若光以是非与之争，能制止住人的口，而不能降服人的心。"他对于书院这些培育人才的场所及慈善机构普济堂，都首捐廉俸以资助，并倡议乡绅也踊跃捐输。在他的率先与倡导下，使书院、普济堂的经费充裕。他制定完整的乡规民约，使社会井然，百姓永享其利。凡车马差徭、行户支应等，他不假苟取，亦不危害百姓，一切都按所定的章程行事。他所定的章程，使后来历任官吏都能遵行，无能改者，所以百姓爱戴他如父母。他若去乡间察访回县城稍晚一些，沿途村庄的百姓就点起灯笼相互对他迎送。原来百姓的旧俗，称县令为青天，邻县的百姓有冤上诉者，都要将案发到扶沟让殷青天审讯。

他离开扶沟后，先后调任荥泽、祥符县知县，升汝州知州，在所任职的地方都有政声留世。他两署陈州府，过境时，扶沟的缙绅耆老都叩迎他，阻拦住道路不能行走，而百姓都站在房屋上或上到树上攀枝而望，以能见到殷知县而感到高兴。后来，他升为南阳知府。道光十二年（1832年），他任南阳知府时，受原扶沟知县王德瑛所嘱，为十修《扶沟县志》作序。

永　铭

永铭，字云樵，镶黄旗人。清道光四年（1824年）以举人任淮宁（今淮阳县）县令。他实心任事，功劳卓著。适逢文庙（孔庙）礼乐器缺，令照原样添置购买，又募捐添置关圣、文昌两庙的祭器。重修县志，身任编辑，披阅修删十次才完成。筑万寿宫、昭忠祠、钟楼、鼓楼。政声四播，今犹称颂之。

于沧澜

于沧澜，光绪十六年（1890年）任鹿邑知县。上任伊始，主持修纂《鹿邑县志》。二十年（1894年）冬奉讳去官。二十二年（1896年）《鹿邑县志》刊行。

清光绪《鹿邑县志》共16卷，详细记述了鹿邑的地域沿革、天文地理、文化教育、乡贤良吏、名胜古迹、风土人情、兵燹匪患、历史掌故、灾害祥瑞，所载资料弥足珍贵。《河南地方志提要》评价清光绪《鹿邑县志》说："规模之大、测绘之详、有图有文，为此前河南地方志中独一无二之作。且有关农业生产和人民生活的记载甚详，是方志中的珍贵财富。"

于大海

于大海，字昆山，生活于明末清初，今项城市付集镇国公庄人。他身躯高大，孔武有力，饭量也是别人的几倍。由于家贫，就和父亲一起以卖瓦盆为生，可是赚的钱不够他吃的。父亲嫌他饭量太大，就逼他去讨饭。

有一次，于大海外出讨饭时，正赶上明朝的军队与清军打仗。明军打了败仗，清军在后面紧紧追赶。于大海一见大怒，顺手拔了一棵枣树，跑进清军人群中大打出手。枣树横扫，清军一片片倒下。明军乘势反攻，结果反败为胜。带领明军的是福王，很看重于大海的勇力。永历（1647—1661）即位后，就授给于大海铁券（古代皇帝颁赐功臣授以世代享受某种特权的凭证），并封他为"伯"。可惜时间不长，南明的都城被清军攻破。清廷以于大海的母亲为人质，迫使他归顺了清朝，改授他为总兵。

清无名氏著《名人轶事》，有一则故事讲到于大海说：顺治年中，于大海从滇南衣锦还乡，大摆宴席，款待故乡父老。他在宴会上说："我过去因为穷，亲戚不是亲戚了，朋友不是朋友了，只好背井离乡，四海为家。后来披坚执锐当了兵，出生入死，那时候我哪里还有活命的心？每打一仗都要受伤，还每次都是重伤，伤得最重的一次，我的胸口和肚子都被兵器穿透了，自己都觉得必死无疑，可是结果却活过来了。当兵的胆小懦弱，还没和敌人交战，就想着后退逃跑，结果反倒是这样的人死在战场上很多。怕死的人先死，不怕死的人反而能生，这就是天意啊，天意不容胆小鬼。"说到这，他脱下上衣，露出身体让乡亲们看。只见他身上古铜色的伤疤密密麻麻像绣的文身，在座的人都感叹不已。

于大海降清后屡立战功，先后被升任为潮、广、郧、襄各镇及广东高雷镇的总兵左都督。康熙七年（1668年），于大海被钦赐加入正白旗，授"精奇尼哈番"——子爵，俗称国公。后来康熙召见他的时候，还给了他很多赏赐。据说其后代保存有一副御制对联，上面写着“月照龙旗转，风吹仙仗回”，落款是“御书宸翰”四字，用了两方御印，一方刻的是“康熙御笔”，一方刻的是“万几余暇”。

于嗣昌

于嗣昌（？—1702），字文侯，生活于清初，今项城市傅集镇于寨人。他幼年很聪明，却不肯下工夫读书。青年时代始有所悟，对老师的严厉督责视为爱护，曾诚恳地对老师说：“他日富贵，我一定重谢先生。”此后，于嗣昌发愤读书，进步很快。

到了壮年，于嗣昌终于得到进京赴试的机会。可他是因父亲的余荫而得到的“监生”身份，所以有人看不起他，说：“荫生么，多数没啥学问!”可殿试的时候，嘉庆皇帝看了他的文章却大为喜欢，对左右臣子说：“这个于嗣昌的文才，可以中进士。”可惜在殿前石阶上跪听的于嗣昌，不知何因却没有当即谢恩，受到了礼仪官的责备。

于嗣昌首次做官，是在关东。当时皇庄内有一宗奸杀案，嫌犯平时名声很好，不像会犯罪的人，于嗣昌就找嫌犯的父兄、子弟调查情况。这些人来接受调查时，其中有个少年腰悬匕首，服饰华丽。于嗣昌就要过那少年的匕首，到门外用舌头舔了舔刀刃，感到刀刃的味道很咸（有血腥味）。回屋后，让其他人都回去，只留下那带匕首的少年问话。讯问之下，那少年果然是真凶，承认了他所犯的奸杀罪。

过了不久，有个名叫金雍（字拾弓）的人，因罪充军到于嗣昌这里。这个金雍，原来是名儒金圣叹的儿子。于嗣昌为了确认他的身份，让他沐浴后坐在自己的书房中。起初，金雍好像呆痴一样，不言不动。几天以后，他偶然间在书架上看到一本金圣叹的著述，不禁放声痛哭起来。派人给他送去笔砚，让他写文章，他一气呵成，毫不停顿。于嗣昌很爱惜他的才学，就出资为他赎罪，开释了他。

于嗣昌转任袁州（今江西宜春）知府。当时天下承平既久，他就在政事闲暇时，与一些宾客贤士游乐，还写文章记下这些乐趣并刻石留念。后从袁州调云南任盐道，接收时发现前任亏空万金，他慨然承担，为的是不让前任受牵累。

在杭州任臬台（按察使）任上，他遇到了一宗未破的大案。犯罪嫌疑人杨大复，工于绘画，还会所谓的五鬼搬运术。每当物色到一个美女，他就跟踪到人家的住处，夜晚再施“妖术”偷走。每奸污一女，便画一幅美女图。于嗣昌到任的时候，听说他已积有“百美”——就是说他已奸污百女却没有犯案。杭州人对他恨之入骨，而又无可奈何。于嗣昌一上任，状告杨某的诉状就有几百份。他立即拘捕了杨大复。这个杨大复衣冠楚楚，口称“山人”，立而不跪。对他严刑拷打，却不动声色还像没事人一样（可能会气功）。于嗣昌就用官印封了他的刑具，不给他饭吃，继续升堂审问。此人技穷，终于据实招供画押。由于狱卒们对这个恶霸恨之入骨，没几天便在狱中将他折磨毙命。杭州人对于嗣昌感恩戴德，都在门口设一木主牌位，顶礼膜拜。

于嗣昌在杭三个月，掌管着巡抚印务。后来报升山东藩司，可是没来得及上任就病死在杭州官邸。时在康熙四十一年（1702 年）。

余连萼

余连萼（1854—1889），字棣堂，号孚山，今项城市高寺镇余营人。14 岁的时候父亲去世，是在母亲教导下成长起来的。他才思敏捷，20 岁为优等生员，享受到官学发放的生活补贴（食饩）。因为家里穷，请不起塾师，他就到外地蹭别家的学馆读书。母亲留在家里他不放心，又把母亲接到学馆里同住。母亲有病时，他总要先尝汤药的温凉，日夜侍候，衣不解带。

光绪二年（1876 年），他中乡试前五名（经魁），心想得了官有了俸禄可以奉养母亲了，可是母亲这时却不幸亡故。他给母亲办丧事完全遵古礼去做：不用器乐，不散发孝布，不作佛事，待客的时候不用酒肉。并不计较违俗受人讥笑。

他敬叔如父，每次外出的时候一定要告知叔叔一声，回来的时候也要先去见叔叔一面，与兄弟相处友爱和睦，教导子侄们谆恳详勉，尽心尽力。他还为家族建宗祠，修族谱，制定家规。他们家居几十口，不论在家里还是在外边，一年到头，从没有人听到过他们家有吵骂声。方圆几十里，注重家教的人都向他学习。

为母亲服丧 3 年期满后，余连萼就去北京参加会试（春闱）。其间，由于想念母亲，经常梦见与母亲在一起，就写了一首诗，名字就叫《都门梦母表哀六十韵》，悲切之情令人不忍读完全篇。

由于家大地少人多，兄弟们就商议分居，余连萼原不同意分（因为古礼讲究的是四世同堂），最后不得已才顺从了众议。他本来应分田百亩，但他考虑到长门人多事多，还要主持家族的各种事务，就仅取薄田 30 亩，还说：“这已经足够了。”

光绪九年（1883 年），他考中进士，被分配在刑部任职。他惟勤惟忠，上司很器重，先后担任过刑部公文撰稿人、“秋审减等”等重要差使。连萼身在刑部，负责秋审处决罪犯，所以他常考虑人命关天，刑罚是天下的大律，必须公正无私，无偏无倚。他办事特别慎重、细密，从无丝毫草率，甚至宵衣旰食，几至心力交瘁。大太监李莲英很有权势，仰慕余连萼的人品学问，就通过一位余连萼的同乡介绍，想与余连萼交往，却遭到了余的断然拒绝。

光绪十三年（1887 年），郑州下游十堡（即石桥）黄河决口，陈州首当其冲。于是余连萼约同一批人，积极为救灾募捐，他日夜为劝捐的事奔波，腿都跑肿了。一月之间，募集捐款 13 万金。如何发放募捐款？很多人主张通过官府发放。但余连萼坚决不同意，认为官赈弊端太多，主张让士绅主持发放赈款，这样灾民能得更多实惠。大家同意了他的主张，因而救活了无数灾民。

光绪十五年（1889 年）夏天，北京的天坛突然失火。余连萼认为这是不祥之兆，为此郁闷了好几天，结果染上了暑症。时好时发，精神大损，他自知已经难以痊愈了。一天，他的门生张镇芳在旁侍奉，余连萼勉强坐起来，要来笔墨颤颤巍巍写道："吾生平事业竟止此哉！"书毕，当场气绝。时年 35 岁。

余连萼去世后，不论认识不认识他的人，都交口称赞他是"忠孝完人"。同僚好友，争来为他吊唁，都泣不成声地说：我们失一好友，国家失一良臣。等到灵榇还乡，乡邻妇孺没有不流泪的。

余连萼著有《孚山诗文稿》一书。

郁士超

郁士超，字南皋，清代江苏省宜兴县人。康熙四十五年（1706 年）丙戌科三甲第 61 名进士，康熙五十四年（1715 年）至五十八年（1719 年）任扶沟县知县。

他在扶沟任职期间，为政严明，刚直无私。当时扶境内有一些不法的破产户，自称"五郎神"，作恶多端，为患乡里，百姓都非常害怕他们。郁士超知其情况后，经过明察暗访，将他们逮捕，项挂铁牌，游街示众，严加惩治，才使地方平宁。扶沟地势较洼，为双洎河、惠民河、贾鲁河诸河汇流之地，每年苦于水患。更有鄢陵、西华两县一凿一塞，以邻为壑。皇甫岗、秦家岗是扶沟免于水患的保障，鄢陵人却想凿开两岗，让水泄往扶沟县境，从张单口古蔡河故道流入西华；而西华人却想堵塞住河道不让水顺流而下。鄢陵、西华两县为自己的利益，皆使扶沟陷于水患之中。在这种情况下，郁士超不遗余力，多次找两县官民协商，终将鄢、西两县疏、塞河水的想法打消，使扶沟免于长期遭受水患灾害。

他重视文教，于康熙五十六年（1717 年）在书院建敬业堂、乐群堂，五十七年（1718 年）重修了文庙。他为政五载，吏畏民怀，且尤严于拘捕盗贼，稳定了社会秩序，使县境宴然。上宪考绩，他以治行第一升府同知。

袁保纯

袁保纯，字粹庵，庠生，清代项城袁张营（今属项城市千佛阁区）人。袁重三次子。在项城袁氏家族为宦子弟中，袁保纯只是个地方小官。因为他在学业方面，不如堂兄弟袁保庆、袁保恒等，没有功名。但因为袁甲三的缘故，受荫加知州衔，先就任于云南安州，后调山东莒州任知州。

袁保纯到山东莒州任职时，当地社会治安很是混乱，官匪互相勾结，老百姓怨声载道。他上任伊始，先从惩治一贯为非作歹的衙役入手，整顿政风，继而又严厉惩办地方恶霸，终于使社会治安得到好转。然后大兴文教，德化乡里，一时政声卓著。此后还担任过山东的益都知县和德州知州。

光绪十五年（1889 年）项城闹灾荒，很多人饿死。他闻讯后急忙给家里写信，要家人把存粮发给族内贫困人家，许多人因此得以度过灾年。灾年过后，乡邻们共同出资为他立碑，表示不忘他的活命之恩。

袁保纯因病卒于德州任上。儿子世漠（字显庭），四品衔，被补用为东河同知，宣统三年（1911 年）《项城县志》有传。

袁保恒

袁保恒（1826—1878），字筱午，清代项城袁张营（今属项城市千佛阁区）人。袁甲三长子，历任翰林院编修、侍读学士、刑部左侍郎。因剿灭捻军有功，获一品顶戴赏。

袁保恒自幼在父亲调教下苦读孔孟，兼修武学，21 岁中举，25 岁中进士，成了一位年轻的翰林院编修。咸丰三年（1853 年），袁保恒请假送亲回籍，转赴安徽看望父亲袁甲三。袁甲三奏请朝廷同意，把他留在军中辅佐军务。此后袁军解亳州之围，又连拔白龙王庙、寺儿集、稚河集等捻军据点。战斗中，袁保恒作战勇敢，所向克捷。随军钦差大臣胜保，提议为他请功，却被袁甲三为避嫌疑而拒绝。直到咸丰七年（1857 年），胜保坚持上奏袁保恒的功劳，他才得到圣旨赏“侍讲”衔花翎。

咸丰八年（1858 年）十月，李大喜率领部分捻军从安徽怀远出发进攻孙家寨，袁保恒率领步兵由潘家屯、杨庄一路配合骑兵会剿，俘斩捻军数十人，夺得大量辎重。十一月，又统兵取道永城，追剿孙葵心、刘狗带领的进攻陈州、周家口的捻军。经鹿邑绕道截击，后在太和境内击溃孙刘部，被朝廷赏“伊勒图巴图鲁”（勇士）名号。

咸丰九年（1859 年）正月，袁保恒跟随父亲奉命回京，被允文渊阁校理，八月份任顺天乡试官。咸丰十年（1860 年）三月，袁保恒奉命仍回袁军营中听候乃父差遣。六月份率马步军剿定远捻军，屡战屡捷。袁甲三的军务帮办穆腾阿移，建议袁甲三给袁保恒请功，袁甲三仍以“不敢与将士争爵赏之荣”阻拦。后来朝廷得知此事，特发上谕给袁甲三：“保恒卓有功绩，亦应实叙，不必引嫌。”

咸丰十一年（1861年）九月，捻军将领苗沛霖、张士端分别攻占了定远和怀远。袁保恒率精兵5000进攻怀远，于当年十二月收复二地，斩杀苗、张二人。

同治元年（1862年）五月，袁保恒被擢封为翰林院侍讲，八月份转为侍读。这时袁甲三病重，上折请求解职，获恩准退养后，袁保恒请假回淮阳侍奉父亲。次年六月袁甲三病逝，袁保恒被赐封为翰林院侍讲学士（皇帝的老师）。这时，皖北、山东的捻军已在清军镇压下渐趋平息，袁保恒担心捻军再起，上折提出了八项建议，其中有一条是“置军屯田”，可惜朝廷无议。恰在这时，苏州又被捻军占领，江苏巡抚李鸿章奏请法国军队帮助剿灭捻军。袁保恒得知后，立即上折反对，认为夷人贪而无信，不但不能借用，还应多加防备。这份奏折引起了朝廷重视，终于没有采纳李鸿章的建议。

同治三年（1864年），袁保恒再次上奏请“置军屯田”，认为此举已经刻不容缓，并提出愿回京与廷臣“面议”。可是朝廷认为他不经督抚而反复奏请一事，属于自信过深，不合体制，交吏部议处，结果在同治四年（1865年）正月，被吏部给予降一级处分，由翰林院侍讲学士降为鸿胪寺少卿候补。

同治七年（1868年）正月，捻军又起，声势如前，朝廷命湖广总督李鸿章率部剿灭。袁保恒立即上折请缨出战，奏折中提到豫皖各路大军都是父亲的旧部，自己愿意和他们同甘共苦完成父亲未完成的事业。朝廷准奏，调他到李鸿章营中委用。清军与捻军在商河一带决战时，袁保恒率轻骑冒酷暑追击捻军，配合李鸿章的部队围歼捻军于徒骇河。捷报上呈后，朝廷撤销了对袁保恒的处分，仍以翰林院侍讲学士补用，并授予三品衔。

这年八月，袁保恒又受命赴陕甘总督左宗棠部候委，同年九月授实缺，被委管理西征粮务，并得专折奏事。同治十一年（1872年）五月，擢升为詹事府少詹事（备翰林官升迁，无实职），十月再升为詹事。左宗棠军克复肃州时，朝廷大奖左军将士，袁保恒荣膺一品顶戴。后升任内阁学士兼礼部侍郎、户部左侍郎兼管三库事务。

同治十三年（1874年），袁保恒回籍省亲，协同堂兄袁保中编修《袁氏家谱》；返军时，让侄儿袁世凯随侍身边，想为袁世凯以后的发展丰富阅历。这年十月是慈禧太后四旬寿典，她特别恩赐袁保恒的祖母郭氏匾额、如意、文绮，以示对袁保恒的恩宠。光绪元年（1875年）三月，袁保恒奉召从左宗棠军中回京，八月，兼署吏部右侍郎，次年四月升任刑部左侍郎。

光绪三年（1877年），祖母郭氏寿终（享年101岁）。袁保恒回籍奔丧，正赶上河南发生特大旱灾，饥民相食，饿殍遍野。河南巡抚李庆翔因赈灾迟延，被朝廷革职查办。袁保恒丧假期满后，受命到河南府（开封）帮办救灾事宜。此间，袁保恒摒绝供帐，服食粗粝，协同暂署河南的河东河道总督李鹤年，通饬所属府、州、县署，详查灾民户口造册上报。他日夜为救灾操劳，连上数折陈述灾情，还亲书求助信件发给全国各省大吏，并写家书要求家人倾尽家财恤救本地灾民。

赈灾事务繁重，袁保恒经常食宿无定，身心日渐憔悴。光绪四年（1878年）四月，豫东一带春霖普降，袁保恒正计划到灾区巡视春种情况，尚未成行却不幸染上霍乱。那时，霍乱本就属不治之症，心力体力都近衰竭的袁保恒更加承受不住，患病三日就溘然长逝，终年52岁。灾民闻袁侍郎病故，无不痛哭流涕；朝廷追念他的功德，谥文诚，并将他的事迹列在临淮、陈州袁甲三祠内配享。他的长子袁世勋，被赐封员外郎。

袁保基

袁保基（1829—1888），字立亭，清代项城袁张营（今属项城市千佛阁区）人。属项城袁姓二世祖袁久能次子袁耀南一脉。他最初的出身是廪贡，报捐两淮盐大使，先后在两淮釐局任职，这个时期加捐花翎同知。

光绪三年（1877年），老家项城遭遇灾荒，他父亲恰在这年去世。在家服丧期间，他积极协助地方官府办理赈灾事务。服丧期满，被引荐到省候补，先后被任命为各局提调，协助解送东京、河南、甘肃等省的饷银，从未出过什么差错。后又被保举为知府加盐运使衔。光绪十三年（1887年），郑州段的黄河决口，洪水泛滥，他被派去察看水灾，并为救灾筹集银饷。黄河复道后，被钦封为知府，领二品衔，以补缺道员升用到金陵任职。不久，调上海主持布捐总局。任职仅1年，就因积劳成疾而病故，终年59岁，葬于今商水白塔寺（原属项城）。

他有两个儿子，长子世钊，字勉堂，直隶候补通判盐提举衔；次子袁世均，字秉政，知府衔，分省补用同知，但他终身不曾进入仕途，系地方实业家。

袁保龄

袁保龄（1841—1889），字子久，一字陆龛。清代项城袁张营（今属项城市千佛阁区）人。是袁甲三续娶妻陈氏所生次子，与袁保恒为同父异母兄弟。

袁保龄生性沉毅，聪慧勤学，10岁已通“十三经”，能写经史著论，14岁入庠生，受教于高阳名人李文正。同治元年（1862 年）乡试中举，时年 21 岁。咸丰年间，父亲和长兄保恒、从兄保庆都在临淮与捻军作战。父亲劳于军务，病于辕帐。在家奉养祖母郭氏和母亲陈氏的袁保龄，哭着对祖母和母亲说："我父亲率军队作战已经积劳成疾，我两个哥哥也是常年在军旅中拼杀。只有我不能拿起武器保家卫国，不能像个大丈夫一样有所作为。我不忍心离家的原因，实际上是为了奉养祖母和母亲啊！"郭氏和陈氏见他志向宏伟，就让他前往军中探视父亲并留在军中效力。

袁甲三连年血战捻军，正是用人之际，见了家书就让袁保龄留在了军中。刚去的时候，袁保龄的地位自然在袁保恒、袁保庆之下，但都是袁甲三的得力臂膀。袁保龄发挥自己所长，自请宣讲职责（部队教育工作），常以戚继光的兵法《纪效新书》为教材，向部队传授协同作战技术，并到各部游说，以鼓舞士气。袁军将士能在饥困中踊跃效命，能每战必胜，袁保龄的"思想政治工作"是起了很大作用的。

同治二年（1863 年）四月，袁甲三被批准回籍治病，袁保龄也随侍回到淮阳。不久，已被招抚的捻军苗沛霖部，又在怀远、蒙城重新造反，并准备联合驻扎在陈州（淮阳）附近、已归顺清廷的捻军数部，合力攻破陈州府。朝廷命在家养病的袁甲三督办团练，袁保龄代行父职，一方面在陈州周密布防，一方面不顾生死亲赴驻扎在陈州附近的原捻军各部，陈述利害，终于使苗沛霖的攻陈计划破产。

袁甲三病故后，清廷赐重恤，同时恩赏袁保龄内阁中书职，于同治五年（1866 年）十月到阁补缺。同治十一年（1872 年），袁保龄奉命校注钦定《剿平粤匪方略》、《剿平捻匪方略》，告成后奖侍读职，遇缺奏补。光绪三年（1877 年）编纂《穆宗毅皇帝实录》过半，恩赏花翎，换四品顶戴。光绪四年（1878 年），因长兄保恒在河南赈灾未果而卒，袁保龄毅然上折，请求辞官归里承担赈务，完成胞兄未竟事业。恩允后，他首先倾自家钱财救济灾民，带动省内外富户纷纷效仿；此后又提出"兴水利，添农具，靖贪官，剿匪徒"四条赈灾善后建议，受到河南巡抚涂宗瀛赞赏。涂上折为袁保龄请赏，朝廷赐三品衔。

光绪五年（1879 年）完成《穆宗毅皇帝实录》，嘉赏二品顶戴。

光绪七年（1881 年），北洋大臣李鸿章为强固北洋海防，奏请将他调入直隶。袁保龄被派赴津沽张靖达处办理海防营务。此时津沽所驻淮军军纪松弛，时常扰民。袁保龄到任后，常常黑夜巡查军营，遇有不法官兵当即严惩，对兵民讼案尤为重视。驻防淮军为之一肃，他因此极得张靖达信赖。

光绪八年（1882 年），朝鲜发生内乱，捣毁了日本驻朝使馆。日军借口从仁川登陆入汉城，企图把朝鲜变为日本的附属国。李鸿章命袁保龄加强北洋海防护卫，并接手负责旅顺港建设工程。关于对朝问题，袁保龄及时向李鸿章提出四条建议：1. 韩王懦弱，须派精兵入朝戡乱，捕杀闹事案犯，堵日本人之口。2. 同朝鲜更定原条约，让朝鲜方面允许中国派得力人员带领军队常驻朝鲜辅政。3. 对朝鲜政府实行监察，靠文治使它富强起来。4. 加强辽东三省海陆防务，以为朝鲜的坚强后盾。李鸿章全部接受了袁保龄的建议。朝鲜从属清王朝的附庸国地位，因此举多延续了十几年。

光绪十年（1884 年）十一月，大沽口封冻。朝鲜叛逆金玉均乘清朝驻朝军队与北洋水师的通讯电线还没有接通，就勾结日本军队，胁迫国王请日本军队入宫“护卫”。当时留驻朝鲜的袁世凯，见形势万分危急，在率军冲破日军重围迎护韩王李熙的同时，专差驰报袁保龄求援。袁保龄闻讯后，当即急电李鸿章，建议速派北洋水师从旅顺分批接应，同时集结水陆军破冰渡海到马山口布防。在给李鸿章的电文中，袁保龄还特别提出：朝鲜已是“政刑失当”，眼下派南、北洋舰队合力救援，只是暂解燃眉之急，要保住朝鲜不落入日本人手中，还必须“越俎代谋”，进一步控制其朝政。李鸿章完全按照袁保龄的电文要求，让朝廷一方面派吴大澄、续昌到朝鲜查办乱党（同时也是调查袁世凯），一方面调遣北洋各舰队，在马山口一带严阵以待。率军入宫“护卫”的日本大使井上馨到达马山口的时候，清军已经完成布防 3 天了。日军慑于清军的声势，再未敢轻举妄动，从而又一次暂缓了朝鲜的战争危机。

鉴于朝鲜的危乱局势，袁保龄又向李鸿章建议：在边门凤凰布重兵防守，西连旅顺，东接珲春，形成巨大而牢固的防护网，使各驻防军队首尾相应。他还建议铺设汉城到边门的电话线，以方便通报军情，及时应变。袁保龄说：自古以来，国家外交成败的关键要看兵势的强弱，其次才是外交策略，万万不可单纯依靠口舌文字搞外交。

为确保海防工程质量，袁保龄亲自到旅顺口勘察地形，调查原海防装备，制定新的建设规划，筹集建设资金，聘请专家，广召工匠，以旅顺为中心，拓舰埠，筑堤坝，建炮台，修垒坞，造军营，设炮厂，布雷器，设海障，扩军库，疏交通……工程之浩大，施工之艰难，都是历史罕见的。袁保龄主持的工程，主要是海门疏浚、拦潮大坝、船澳及泊岸工程、炮台、水雷营、鱼雷营、电报局、水陆医院，和军港内部的道路、库房、码头、小型机器厂等。其中，拦潮大坝建设是整个项目中的首要工程，目的在于将东港与入海口分开。此工程原由李鸿章的同乡、海防营务处道员黄瑞兰主持，在袁保龄接任时已近完成。由于黄瑞兰组织施工时，坝底胶泥四五丈未曾挖净，坝身收坡也太小，所以出现了渗漏下塌，随时有崩溃的危险。袁保龄到任后，想方设法予以补救，一方面增高加厚旧坝，另一方面又在东面加修备坝以为候补方案。从他到工之日起到

1883年底，工程一年之中数次发生危情。尤其是从1883年十月二十八日起，连日雷雨，潮水大涨，狂风巨浪，工程告急。十月三十一日上午，大坝南段在一两分钟内突然陡陷5尺，下午又进一步陷落8尺许，几乎与水面持平。南段40余丈近中段二三十丈处均出现横裂大缝。

危急时刻，袁保龄率局员、民工在提督宋庆及所部毅军3营、总兵王永胜及所部护军营1营3哨官兵的全力配合下，奋力抢险。所幸从十一月一日天气开始转晴，风势减弱，潮水下落。他们就使用传统河工办法，层土层阶加筑护坝小埝。十一月十日，天气又转恶劣，昼夜狂风震撼，拔木破屋，是袁保龄到旅顺后所见到的最大风势，但是大坝依然经受住了考验。至十九日，所有塌陷之处，全部堵闭合龙。袁保龄在给周馥的私信中说："敝工竭一年之力，澳工将近九分，而坝工陡塌四十余丈。变生顷刻，不遑措手，几令人心胆俱碎。请各队伍帮忙不过场面文章。""仰天太息，涕下弥襟，代人受累乃至此极。上帅（李鸿章）禀中咬定牙不说前人一字坏处，以力避世俗诿卸之习。恃公爱我，一倾吐之。"其后，袁保龄督率部下，在冰雪风雾中坚守坝上40余日，用块石护坝之法，终于使得大坝得以坚稳。

此间，袁保龄心力交瘁，中风病倒，昏厥复苏，后延请曾给慈禧太后治过病的名医汪守正诊治，方渐恢复。

工程即将告竣时，袁保龄曾向李鸿章密献6策：

1. 重事权——请朝廷设海防大臣一名，大凡沿海七省军队，都要归海防大臣节制。

2. 定经制——确定海防编制，由部颁关防，制度如同朝廷设立的六部，北洋、南洋、渤海各设参赞一名，参赞下设军政（军队行政管理）、船政（舰船管理）、度支（后勤管理）、考艺（军事训练管理）四司。

3. 建军府——建立海防指挥中心，以旅顺为基地，以威海备巡阅。

4. 简船械——精简海防装备，机械制造要统一整顿，分别明确责任，枪炮制造应当规定画一。

5. 筹用费——减少额定冗员，重新布设江海防线。

6. 储人才——建立水师小学、大学，培养专业海防人才。他特别强调，如果不重视培养人才，即使船坚炮利也难以在国防上起到应有的作用。

这6条都被李鸿章采纳。

此后，袁保龄身体每况愈下，多次禀辞退养治病，都被急需海防人才的李鸿章慰留。他在《病中有感》一诗中说："上相贤劳教水师，支离空复望旌旗。愿言求艾七年病，好及彻桑三月时。犹有贾生忧国泪，敢忘祖逖渡江辞。丈夫未死龙泉在，他日终当斩郅支（代指外国侵略者）！"光绪十五年（1889年）七月，终因病情延误，刚刚48岁的袁保龄，不幸病故于任上。他逝世后，朝廷从优抚恤，赐祭葬，赠内阁学士衔。并把他的生平事迹宣付史馆，附刊其父甲三传后。有《阁学公诗稿》传世。

其妻何氏、继妻高氏、妾刘氏均封一品夫人；7个儿子有6人得到荫封。

辛亥革命后，袁保龄的续妻高氏要儿子们都退出政界，专务实业。其子袁世传，附贡出身，办理过扬州巡警，于1912年接手徐州贾汪煤矿。1926年，高氏为天津南开大学捐赠巨资，建造了一座“思源堂”科学馆，在社会上曾引起巨大轰动。《北洋画报》于是年10月30日出版的第28期，刊出了《袁太夫人捐建南开大学思源堂》消息。消息称：“中国妇人，斥巨金，建大学者，自项城袁母高太夫人建南开大学科学馆始。”同时还配发了高氏和思源堂的照片。

袁保庆

袁保庆（1825—1873），字笃臣，号延之，清代项城袁张营（今属项城市千佛阁区）人。袁澍三次子，袁世凯的嗣父。他幼承家教，学业突出，于咸丰八年（1858年）中举。后跟随叔父袁甲三在鄂豫皖苏一带，参加对捻军作战，战功卓著，官至江宁盐法道（二品）。

袁保庆少年时代，袁家尚三世同堂，全家8口人，仅有土地30多亩，家计窘迫。父辈兄弟4人都在读书，全靠祖母郭氏苦心经营，才勉强维持全家生活。后来父辈中4人有3人入仕，特别是叔父袁甲三官职不断升迁，家境才开始好转。

7岁时，他与堂弟袁保恒，同受读于叔父袁甲三。袁甲三管教严格，细心教他们读儒家著作。袁甲三入仕后，他们又到邻村继续读书。袁保庆性格内向，不好玩耍，经常一个人思考问题，对老师所教内容都能融会贯通。遇到宋儒以来的著作，总是探赜索隐，务求甚解。

青年时期，正是袁甲三统军剿捻时期。袁甲三恐他们学业无进，就把他们召入军中，一方面让他们参与军事行动，一方面特聘睢州著名塾师吕新吾、汤潜庵为他们授课。先生们对袁保庆的评语是：“学切于实用。”咸丰八年（1858年），叔父让他回乡参加乡试，考中了举人。因为他在叔父军中作战勇敢，亲自带领清军攻克了安徽的六安，被副督统胜保上奏朝廷，封光禄寺署正。

咸丰十年（1860年），顺天府丞毛昶熙督办河南团练，奏请袁保庆帮办，专司训练。那年十月，山东捻军集结亳州拟西进，袁保庆督率团丁声援官军，在开封、归德（商丘）一带布阵阻敌。战斗中，他身先士卒，冲锋陷阵，率军在数日内杀死捻军几千人，捻军节节败退，随后退回亳州。袁保庆又率领军队攻破夏邑、睢州等地，斩杀捻军首领数人，被朝廷嘉奖四品衔并赏戴花翎。

第二年正月，捻军占领了陈州宋集、雷集一带，袁保庆约请道员周旭徵带领团练前后夹击，再次大败捻军。同治二年（1863 年），豫皖交界捻军迅速发展，势力波及正阳、息县、项城、沈丘等地，还占领了新蔡县城。毛昶熙及钦差大臣胜保，先后把陈州、汝宁防地交给袁保庆。袁保庆率军先后击溃多处捻军，俘获并杀死捻军大小首领上百人。捻军将领王九现、李如松率兵攻占了项城尚店寨，袁保庆督军和他交战 50 多个昼夜，最后杀死了李如松等 19 名捻军将领，斩杀、俘获捻军 3000 多人。这次胜仗，使袁保庆又被加封盐运使衔。

同治四年（1865 年），河南巡抚张之万保举袁保庆为道员，留河南补用，浙江巡抚马新贻也力保留浙江补用，但都未被吏部批准，却被旨封为知府，发山东补用为济南府。同治七年（1868 年），升任两江总督的马新贻，再次力保袁保庆赴江苏办江防，终被军机处议准，钦封江宁盐法道，掌一省食盐的生产、运销，衙门设于南京。这年袁保庆 43 岁。

在盐法道任上，他查看河工，督办盐务，并指挥江防水陆各军，清正廉洁，恪尽职守，克勤克俭，昼夜操劳。同治十二年（1873 年）六月，袁保庆病故于任所，终年 48 岁。谥中义。生平事迹被宣付国史馆，附祀于临淮袁甲三专祠内。

袁保庆逝世后，袁保龄将他的文稿编纂为语录体《自义琐言》一书，详述为官之道。如他认为官民本是一体，当官的只要能对老百姓关心五分，老百姓就会对你颂扬十分。“官不负民，民断不负官。”所以他特别强调：“为官者，不责己而责民，动曰百姓不好，是醉语耳！”据说，他逝世时留给嗣子袁世凯的就有这部书。袁世凯的一生，受其影响甚大。这部书于辛亥年夏，被收入清芬阁刊印的《项城袁氏家集》流传至今。

袁保颐

袁保颐，字荫臣，清代项城袁张营（今属项城市千佛阁区）人。父亲是禹州训导袁凤三。14 岁那年，他父亲去世，随堂兄袁保恒在京师读书。后来也是因袁甲三余荫，被授为户部主政，后补户部陕西司主事。升为知府候选后，就跟堂兄袁保龄到旅顺督办船政。

光绪十一年（1885 年）十月，台湾建省，刘铭传首任台湾巡抚，袁保颐被派去协理军务。由于他治军有方，兵不扰民，很受当地老百姓敬重。后来受命办理沪尾的海关税务，更显示出突出的管理才干。沪尾今名“淡水”，是一个山水汇集的山城河港。因特殊的地理位置，成了当时台湾南北的财政要枢。然而，这里的征税却向来困难，地方财源日涸。袁保颐到任视事后，采取果断措施，一举征得税银数十万两，为台湾府的稳固提供了坚实的财力支撑。

光绪十五年（1889 年）七月，他听说驻守在旅顺的从兄袁保龄病危，急忙请假前往探视。可是等他赶到时，袁保龄已经病逝在任所。袁保颐只好协助堂兄的家人，把袁保龄送回天津办理丧事，又扶柩回项城袁阁祖茔安葬。

其间，与袁家祖茔所在地袁阁相距不远的娄堤店，位于汾河北岸，因河渠淤塞，道路梗阻，行走很是不便。袁保颐就慷慨解囊，出资疏通道路，方便行旅。

光绪十七年（1891 年），台湾发生“漳蕃之乱”，袁保颐受命返台，投入戡乱战争。平乱战斗中，他功绩卓著，被叙为道员，加三品衔，负责办理营务处并处理善后事宜。

因为受瘴疠之气侵扰，内地驻台官兵死亡很多。袁保颐长期在烟瘴中生活，也曾大病过一场。病愈后，他一方面想方设法治理瘴气；一方面亲自处理病故官兵的后事，有时还亲自带人把死亡官兵的遗体送回家乡。有地址不详的人，就买义地埋葬在当地。平时他施药、舍棺、兴办义学等种种善举，都是用自己的俸银办理的。别人听说了这件事，万分感激，口碑传扬一时。台湾巡抚刘铭传非常器重袁保颐，凡军务要政都要保颐协助。

后来合肥人龚仰濮受命出使英国，就奏调袁保颐当参赞。可袁保颐刚回到天津，突然病故。

袁保中

袁保中（1823—1874），字受臣，清代项城袁张营（今属项城市千佛阁区）人。袁澍三的长子，袁世凯的生父。在项城袁氏家族中属长门长孙。他一生没有出仕为官，仅以附贡生资格捐过同知。

袁甲三、袁保恒、袁保庆等都在外地做官时，袁寨袁氏家族几十口人同居，主持家务的就是袁保中一人。当时他的祖母郭太夫人、母王太夫人都已年高，袁保中尤能恪尽孝道，使老人们心情愉快。袁甲三在淮阳去世时，他怕年迈的祖母伤心，刻意隐瞒。祖母询问甲三的情况，他强作欢颜，编假话让奶奶高兴。弟弟袁保庆膝下无子，他就把自己的儿子袁世凯过继过去。

地方不安宁时，他又在本村筑寨堡，练乡团，保护乡里。凡有兵燹匪乱，逃难的人只要去投袁寨，他都让开门接纳。

他在家族中主事的时候（约咸丰年间），正是袁家官宦日盛的时期。一次他接到弟弟袁保庆来信，说朝中有“项城官难做”、为官者都不愿到项城当县令的传言。按照袁保庆的意思，袁保中为家族定了 5 条家规：

1. 袁家不准干涉政令，无论谁家官事，吾家一概不管；

2. 不准仗势到县衙为别人说情，万不可用人持名片、拜帖到衙门说项；

3. 袁家上下人等，不准对本地官员和官府的事评长说短；

4. 足额向官府缴纳税银，按季全完，毫无拖欠；

5. 按官府指令完成袁府应当承担的差役。

这5条家规，袁府上下严格律守。虽然“树大招风”，但从咸丰到民国初年的几十年间，袁府从未给本族为官者添乱子，尤其与地方官府及周边四邻能和睦相处，平平安安。袁保中治家有方，应当说起了非常重要的作用。

他平时督促子弟读书要求很严，特别是在忠孝节义教育方面用心更多，要求家族子弟“在乡则睦族里，在官则笃忠义”。处理家务，他强调一个“公”字，所以家族中的尊卑长幼，都能遵循礼法，家族中从没有吵骂声。

同治十三年（1874年），袁保中在袁保恒支持下，主持编修完成袁氏家族搬迁项城后的第一部《袁氏家谱》，并铸于铁牌，镶嵌在袁阁村袁氏家祠中——这就是著名的“铁牌家谱”，也是项城袁氏家族最早的谱系史料。这年十一月，袁保中病逝于袁寨，终年51岁。

袁凤三

袁凤三，字桐友，取凤凰为“百鸟之灵长，非竹实不食，非梧桐不栖”之意。清代今项城市高寺镇袁阁人。

袁凤三和澍三、甲三、重三一母同胞，不知是没二哥聪明还是没二哥运气好，虽然同在母亲耳提面命之下，篝灯夜读，可就是进不了学，以致“屡困秋闱”，登不上“走科举正道入仕”的门槛，连袁甲三都为之扼腕叹息。

于是，袁凤三想走大哥澍三的路，但他不具备大哥廪贡生的资格，想用纳捐买官的办法却又没钱。无奈之下，借钱捐了个禹州教谕的实缺。

在禹州任上，他一干就是20年。袁凤三很看重自己所从事的教职，身教为先，时时向生员们和百姓、下级官吏讲解“修身、齐家、治国、平天下”的道理和方法。在禹州，袁凤三不仅个人享有很高声望，禹州的官绅富户士农工商也大都了解袁母郭氏的为人。郭氏到禹州看望儿子期间，禹州的官绅士子往往搀扶着自己的老母亲到学塾去拜望她，争睹郭太夫人的风采。

禹州虽然地处河南中部，但西临伏牛山区的鲁山、宝丰等边远县境，自古以来，因贫穷拉杆起事、铤而走险者甚众。而禹州正好处于杆众东掠西顾的要道，“跑反”避难的事经常发生。每当此时，袁凤三都表现出惊人的镇定和未着戎装的儒将风度。他亲率兵丁在全城巡逻，彻夜不眠。为接济守城粮草，他甚至典当自己的衣物。禹州官民被他的忠义所感动，守城更加坚定。

县境平靖之时，州守想松口气，凤三便说：“现在天下正是多事之秋，守城的事一日不可松懈。”于是州守率士民修城、培隍、浚池、修缮兵器、修复城外石桥，为防备贼人再次攻城做好了充分准备。后来捻军活跃时，许多州县的城池都被攻陷，只有禹州城完好无损。因为守护禹州的功劳，袁凤三被加四品衔，在任候选同知。

可惜的是，袁凤三死在禹州训导任上的时候，也没能补上副县令的实缺。官位四品，不过是虚衔而已。但当地的官绅百姓追念他的功绩和人品，对他的不幸辞世表示了沉痛的哀悼。族人从禹州“扶柩归葬”时，禹州的民众因不能在袁凤三生前攀辕留靴、送万民伞，在他死后自发地为其送行，“士民哭巷，追思弗衰”。

袁甲三

袁甲三（1805—1863），字午桥，袁耀东次子，清代今项城市高寺镇袁阁人。他是项城袁氏家族中第一位以科举功名（进士）入仕的人，也是第一位官居一品的朝廷大员。最高官职是漕运总督兼江南河道总督，提督8省军门。因为他的功劳，曾祖父袁志恭、祖父袁九芝、父亲袁耀东，都被朝廷追封为一品。母亲郭氏、原配妻陈氏、续妻陈氏也都被追封为一品诰命夫人。

袁甲三自幼聪慧，读书刻苦。他7岁入学，8岁的时候曾偷偷写了一篇《事君能致其身》的文章，袁耀东见后很感诧异，认为“孺子可教”。可惜，袁耀东40多岁就因病去世，没能看到这个儿子“功成名就”。袁甲三“家贫，刻苦励学，以慰母志”（《端敏公集·礼部议奏入祀乡贤祠折》），14岁与长兄澍三同补县学。中秀才后，加入“勤工俭学”行列，在项城望族高峡云家当家庭教师。高家世代书香，“谈笑有鸿儒，往来无白丁”，袁甲三在此受益甚多。他22岁得廪生功名，30岁中举人，31岁（道光十五年，即1835年）终于考中进士。而后，顺利步入官场，先后在京担任礼部主事、充军机章京、郎中，直至担任御史、给事中。

他性格刚毅，敢言直谏。咸丰元年（1851年），列款奏劾定郡王载铨“卖弄横势，擅作威福”，弹劾刑部侍郎书元“贪鄙险诈，谄事载铨”。宣宗皇帝接到袁甲三的奏疏，亲自接见他，让他“明白回奏”载铨的情况。经朝廷查证，袁甲三所奏都是事实，于是载铨被免去侍卫大臣职务并被罚去王爷的3年俸禄。此事当时震动朝野。后来他又弹劾广西巡抚郑祖琛“慈柔酿乱”，弹劾江西巡抚陈阡“贿赂交通”。这两个巡抚也因袁甲三的弹劾而被朝廷罢免。户部提出恢复捐官制度，袁甲三亟陈利害，据理力争，朝廷不得不收回成命。

清道光三十年（1850年），宣宗皇帝驾崩，文宗奕詝即位，年号咸丰。袁甲三被升任为江南道监察御史、掌兵科给事印（负责辅助皇帝处理政务），并监察六部，纠弹官吏。

咸丰三年（1853年），起义的太平军、捻军声势日大，工部侍郎吕贤基被派去安徽办团练防剿事宜，他奏请让袁甲三同去“帮办军务”。时当太平军攻陷了凤阳府，占领了临淮关，接连攻克蒙城、怀远以后，又由滁州、亳州窥视河南。袁甲三采取先稳定军心民心的办法，成功平息了颍州因汉回纠纷焚杀围攻府衙事件。

当年秋，兵部侍郎周天爵卒于亳州，诏命袁甲三继任统率军队。在这之前，周某曾奏报说，蒙城、亳州的捻军，合58捻为1大股，设有4大天王等名目，不可急剿。周某死后，袁甲三到亳州的王市集时，兵勇已散，民无斗志。袁甲三急忙召集散兵游勇，整顿团练，凝聚军心，占据要隘，结果在高公庙首战告捷。皇帝下旨命袁甲三接办“剿匪”事宜，加三品衔，署安徽布政使。袁甲三向朝廷上疏推辞说，担任布政使职务后，政务繁杂，无法指挥军队打仗。朝廷认为他的话很有道理，就让他专门办理安徽捻军的事。后来他又在标里铺打了个大胜仗，活捉了捻军首领邓大俊，俘获捻军2000多人。这年十月，安庆太平军占领桐城后不久，又攻陷舒城，吕贤基战死。朝廷想让袁甲三移军桐城，袁甲三急忙上疏说：“捻军首领张茂盘踞在怀远、蒙城之间，正想进攻庐州（合肥），请先驻军蒙城和亳州，声援各州。”十二月，太平军果然攻陷庐州（合肥），巡抚江忠源战死。袁甲三上疏弹劾陕甘总督舒兴阿“拥兵坐视”，舒兴阿被免职。

咸丰四年（1854年），袁甲三入据临淮，属安徽剿捻的北路军。不到一年，皖北捻军被他各个击破。朝廷褒奖，擢升他为都察院左都御史。这时他最关心的是庐州收复问题，认为“庐州居江北腹地，又旁陷十余州县……庐州不克，不特江北各路防兵为所牵制，楚师东下亦不能急捣江宁”。但是中路军首领和春、福济“师老兵疲，急难奏效”，谕旨却让他与和春、福济“联衔具奏”，“详细酌度办理”。和春、福济二人却上疏举劾袁甲三：“坚执己见，无从会衔”，诬告他“株守临淮，粉饰军情，擅截饷银，冒销肥己”。朝廷听信了和春、福济的奏报，命袁甲三回北京交兵部“严加议处”。袁甲三在淮北很得人心，他离开的时候，挽留他的百姓把路都堵住了。

袁甲三到京不久，即被革职。

咸丰五年（1855年）五月，袁甲三向督察院申诉说：和春他们说我擅截饷银等罪名，都是诬陷的。因为在桐城战役（咸丰四年）后，我曾经责怪和春他们“置不应援”。今年又因为他们攻打庐州失败，弹劾过他们。他们怀恨在心，所以捏造流言飞语诬陷我。督察院接到袁甲三的申诉，就向文宗皇帝作了汇报，文宗命两江总督怡良秉公查办。

袁甲三离开皖北不久，捻军首领张洛行又把安徽、河南各部捻军联合在一起，声势更加浩大。言官给事中孙观，御史曹登庸、宗稷辰等，先后上疏说："袁甲三在临淮剿办有方，地方才因此得到安宁。"两江总督怡良、江苏巡抚吉尔杭阿、浙江巡抚何桂清，也纷纷上呈奏章，请求"仍起甲三视师"。经各方查证，和春、福济指责袁甲三的种种罪名，确系诬告，袁甲三才得以平反并被重新起用。

咸丰六年（1856 年），袁甲三受命协助河南巡抚英桂剿办河南捻军。他先到归德（今商丘）召集旧部与捻军对垒，三战三捷，一举解除了捻军对亳州的包围。然后在燕家小楼打败捻军几万人。对此，朝廷特诏嘉奖，命以三品京堂候补。

咸丰七年（1857 年），袁甲三指挥军队先后消灭了王、邓、宋、姚几股捻军，被升任为太仆寺卿，赏戴花翎。

咸丰九年（1859 年）四月，上谕袁甲三为漕运总督。胜保因母亲病故回籍丁忧时，袁甲三被升任钦差大臣，督办安徽军务，实授漕运总督。咸丰十年，他进军凤阳，屡战屡捷，朝廷嘉奖他调度有方，赐黄马褂。这年秋天，英法联军攻陷北京，王公贵族都逃到热河去了。袁甲三请求率兵北上，保卫北京，朝廷说临淮是南北要塞，没有批准。

咸丰十一年（1861 年）十一月，袁甲三督军攻占捻军坚守的定远县城，并派兵与多伦阿部同取庐州城。袁甲三知道自己带领的军队不是嫡系，又无用人和筹饷的实权，与自成一派的湘军、皖军不可同日而语，所以他虽然屡战多胜，但寿州失陷仍有诬言上达。这使他处事更加谨慎，长子袁保恒作战勇敢，就从不准他与别的将士争功。

多年戎马生涯，袁甲三已积劳成疾，全身麻痹。他先请假休养，后病势剧增，又请开缺回籍。朝廷批准了他的请求，但是所下谕旨却说："前因寿州失陷，袁甲三与翁同书共办一事，且有督办军务之责，降旨交部严加议处。维念该大臣督办安徽军务三载，时值艰危，竭力支持，一切尚属稳练，该部所议袁甲三应得革职处分，著（着）加恩宽免。"

袁甲三住在陈州（今淮阳县）家中养病期间，捻军两次进攻陈州。当时袁甲三的病已非常严重，他就在病榻上向陈州的将吏传授守卫方法，结果捻军两次进攻陈州都没有成功。同治二年（1863 年）六月二十四日，袁甲三病故，终年 58 岁。同治皇帝赐谥号端敏，葬于淮阳西关并设专祠祭祀，后又在他率兵作战过的临淮、淮安建专祠。有《端敏公遗著》传世。

袁世敦

袁世敦（？—1909），字厚甫，清代项城袁张营村（今属项城市千佛阁区）

人。袁保中的嫡出次子，在项城袁氏家族中虽非长子却是“长门”。他也没有走通科举入仕的道路，而是捐了个盐大使的虚衔。虽是虚衔，也是正八品，可以得到一张吏部所发的“执照”，取得某一类官员的资格。但如果想补实缺，还必须到吏部报到，也就是“投供”。当时袁世凯已经是朝廷大员，自然要为这位“长门非长子”的哥哥投供，结果他被吏部分发到淮北候补。

因为袁氏家族为清廷世宦的关系，袁世敦多次得到重要的差使。张勤果出任山东巡抚后，马上把他调到山东，秘密保奏他为候补知府，同时管代营务处兼巡河工。

当时义和拳在山东方兴未艾，光绪二十五年（1899 年）仅一个平原县就设有拳场 700 余处。八月份，其中一位名叫李长水的首领与教民发生冲突，导致部分拳民被捕。李长水向邻县的义和拳首领朱红灯求援，十月，朱红灯率拳民 300 人，与平原县的清兵大战，大败清兵。袁世敦受命率兵弹压，于十月十八日联同数县兵马，在平原城西南与朱红灯大战，清军死伤惨重。但最终（十一月二十一日）朱红灯还是中计，被袁世敦诱捕。尽管如此，继张勤果任山东巡抚的毓贤，仍因“清剿”不力引起列强不满，被清廷撤换。袁世敦也因“纵勇扰民”，“被议除职”。

据清史专家骆宝善考证，袁世敦实在是“代弟受过”，因为袁世凯的政敌拿袁世凯没办法，就“杀鸡儆猴”，拿他哥哥下手。说袁世敦“纵勇扰民”，这才导致朝廷将他革职并驱逐回籍。袁世凯维护不力，自然令袁世敦对弟弟含恨在心。后来袁世凯回乡葬母，才有了所谓“嫡庶之争”——袁世敦坚决不让袁世凯的生母入祖坟与父亲合葬。袁世凯无奈，只好另辟新茔葬母于红冢凹。

光绪二十八年（1902 年）六月，张之洞奏请为袁世敦平反，朝旨准袁世敦开复原官。宣统元年（1909 年）六月，袁世敦逝世于济南，身后之事由山东巡抚孙宝琦、臬台胡建枢和道员徐世光等操办。

袁世钧

袁世钧（1866—1919），字秉政，清代项城袁张营村（今属项城市千佛阁区）人。袁保基次子，与袁世凯属同一祖父母，是项城袁氏大家族中唯一一位不从政却在地方影响深远的人物。他是项城市水寨工商业较早的创办者，也是水寨镇较早的投资建设者，所谓“水寨兴，袁氏功”，就主要指他。

他在家族中排行第二，时人称其为袁二佬。20 多岁的时候，与长兄析居，分得两顷土地。他不愿靠这两顷地过日子，就离家到夹河集（水寨）去他四叔的盐店学徒。当时的水寨虽然很小，但傍临沙颍河，地理位置优越，是一个很有发展前途的水陆码头集镇。袁世钧看准了这点，便在这里从盐店学徒，到当铺、粮行伙计，到自立门户，开办油粮行、山货场、油坊、酒厂、酱园等。当时的商人，一般赚了钱就置地，但他却从不买地，而是将所得盈利用于扩大经营，或用来建设水寨。因此，他的生意越做越大，房子也越盖越多，水寨4门他占了3门。其中最大的两处是“福”字院和“永康油粮行”。

“福”字院是一组具有浓郁中华古文化底蕴的建筑群，位于今项城市区内十字街口偏南路西。始建于清光绪三十三年（1907年），1916年停建。该院建房99间，占地面积6000多平方米。坐西东向，在横轴线上对称布局为中、左、右3组并列院落组群，每组院落皆有前中后3节四合院，组群整体形若“福”字。中组院落是整个组群的核心部分，分别由垂花门、客厅、主楼、前厅等个体建筑组成。西侧往北建有一处别致的花园，名曰小西湖。园中花草繁茂，竹木蓊郁，亭台阁榭，画梁雕柱。今人称“福”字院为“袁世凯行宫”，实际上非袁世凯所建，袁世凯也未曾到过。现为河南省文物保护单位。

“永康油粮行”位于水寨南关老寨门外新寨门里的南新街，坐东向西，包括项城老县委家属院、毗邻的临街门面房及家属院东边、南边的居民院。有两个大门，一排20多间房屋。临街有经营铺面和经营用房，也有宽阔的经营场地。经营的商品种类主要是粮食、油料，其次是竹木、石器、石料、石油、煤炭等，也出售袁家自己生产的烧酒。

“永康油粮行”是袁世钧创办并经营的商号中最成功的一个，给袁家创造了取之不尽、用之不竭的滚滚财富。他利用这些财富，独资铺修了水寨街道，修盖了数不清的临街铺面和商品房；独资开挖修整了海河，使其与沙颍河西大坑相通连，坐小船可绕行水寨一周。这一修整，也带动了诸如水上航运、陆路交通的发展，客观上促进了水寨的市场繁荣。

袁世钧持家很会精打细算，例如他认为做寿毫无益处，就规定家里的人不到60岁不准做寿。袁世钧仅活了53岁，没有活到他自己规定的可以做寿的年龄。

袁世廉

袁世廉，字清泉，庠生。清代项城袁张营村（今属项城市千佛阁区）人。是袁世凯六兄弟中与袁世凯关系最好的一个，最受袁世凯的敬重与关爱。

袁世廉少年时，胆识过人，以才干享誉乡里。当地的土匪头子张天罕，横行乡里到处抢劫，官府对他无可奈何。有人查知了他的落脚处，可是害怕抓捕不住自己受害，不敢向官府举报。袁世廉得知后，挺身而出，带人抓获了张天罕，亲自绑送到县衙正法，全县人心大快。

但是，袁世廉没能走通科举升官之路，最初家里出钱给他捐了“理问”（布政使司直属官员之一，掌勘核刑名），保知县候补，因为表现出色，得到上官“朴实耐劳”的奖励，又被保举为“知府道员”候用。

光绪十一年（1885年），袁世凯任驻朝鲜总理交涉通商事宜大臣后，让袁世廉到朝鲜“阅时务，知交涉事宜”。甲午战争后，他投效到聂军，总理芦防营务处。庚子年义和拳暴动时，母亲恰好在山东病危。他身着便衣，潜行到山东袁世凯的任所看望母亲，并留在那里帮助袁世凯设立山东减成捐局，为袁世凯剿、抚义和拳筹集资金。母亲病故后，他被河南的督抚委任为军队的翼长，正赶上祥符（今开封）一带沙压荒地，地方官却要升科起租（开垦荒地，征收税租），灾民们一同起来抗拒，几乎酿成一场大变。袁世廉出面排解，取消升科起租，得到灾民感戴。

后来他被调到武昌，办理淮盐总局的督销事务，不久又奉命出任徐州府兵备道（整饬兵备的道员）。到任不久，因患风痹病自请辞职养病，病休不久又被委任为大同盐局督销，病情已是越来越重。袁世凯派袁克文接他到安阳洹上村养病。兄弟二人谈诗论文，蓑笠垂钓，生活倒也安逸。可惜他已病入膏肓，虽经袁世凯精心照料，还是死在了风痹病上。死的时候有两个儿子，皆年幼，被袁世凯收养。

袁世彤

袁世彤，字孟昂，清代项城袁张营村（今属项城市千佛阁区）人。袁世凯六弟。台湾高拜石的《古春风楼琐记》说他享年不到50岁。

世彤少年时代也曾勤读诗书，但没有走通科举之路。光绪十四年（1888年）曾报捐同知，以后又报捐道员。光绪十九年（1893年）十月，龚仰蘧继薛福成出使英、法、比利时的时候，邀请他作为参赞同行。3年后回国，被奏保为道员任用。但他已对政治没了兴趣，弃官回到项城老家袁寨，以莳花种竹为乐。

他家的花园名叫怡乐园。园中建有小亭，名叫留春亭。他为小亭撰写了两副楹联。一副是：“避境远红尘，过眼烟云观事变；名园依绿水，忘机鱼鸟乐天真”，另一副是：“世外沧桑，但愿花鸟同乐；烟笼绿水，惟爱风月无边。”这两副楹联，透出了他的隐士胸臆。

除拾掇园圃，他还喜爱画画。他没有什么师承，只是临摹当时著名画家恽寿平的“没骨”画法，以潇洒秀逸的用笔，直接点蘸颜色敷染成画，有文人画的情调和韵味。他作画完全是为了自娱自乐，一般不以画示人。但在绘画上的成就，也达到了一定高度。他有12幅作品，现收藏于台湾故宫博物院。

他乐善好施，每年都要拿出一笔钱周济穷困的亲邻。平日出门散步，遇见叫花子向他伸手，他总要摸摸口袋，只要有钱就会施予。据说他逝世后，竟然有很多要饭的人凑钱排队来祭奠他，而且不受赏赐，说：“六爷是善人，我们再见不到他了！”

据说，他对袁世凯实行君主立宪制很不满意，曾写公开信与袁世凯断绝兄弟关系。还有传说，他曾组织军队讨伐袁世凯，被陕西督军陆建章镇压了（他本人当然无恙）。但这些都仅是传说而已。

袁澍三

袁澍（一为“树”）三，是袁甲三的同母长兄，清代今项城市高寺镇袁阁人。他与二弟袁甲三少小入学，都因品学兼优而“食饩”，受到士子们推崇。为减轻家庭负担，兄弟俩也曾设馆授徒。在设馆授徒的同时，为博取功名以实现父亲的遗愿，兄弟俩专以八股文（时称制艺、时艺）为务，不去研究那些无病呻吟的诗词和不能“代圣人立言”的华丽文章。

后来由于家计艰难，虽有远大志向的袁澍三却不得不终止走科举考试为官的“正途”，以廪贡生（县学一等生员的前列，由官府供给膳食，简称廪生）的资格，被任命为陈留训导兼摄教谕。上任之前，他母亲郭氏教育他说：“不要把你所从事的教职看成小事呀！这是为朝廷培养栋梁之才，为社会培养精英和青年才俊啊！也是你学以致用和帮助司牧官员治理国家的大事。”

袁澍三在陈留干得非常出色，受到陈留县地方官绅、士子及百姓的爱戴，名气很大，口碑很好。道光二十三年（1843 年）间，黄河发大水决口，冲毁了开封城墙。这个在陈留小县“分管教育”的小小芝麻官，却以其政绩卓著被封疆大吏看中，请他主持修葺那段被黄水冲坏的城墙。袁澍三没敢立即接受如此重任，而是先请假回项城向母亲禀明这事。母亲见儿子有畏难情绪，便训诫说：“城墙是保护老百姓安全的重要屏障，对抵御兵匪和自然灾害都能起到很好的保护作用。修葺被黄水冲坏的开封城墙是为国为民的大好事，上司命你负责督修，你为什么还要心存疑虑呢？你应当仔细地综合考察修葺工程中的各种具体问题，不要怕麻烦，不要避艰苦，一定要把这个差使干好。”听从母亲教诲，袁澍三当即返回开封接受了任务。他不辞劳苦，不避风吹日晒、严寒酷暑，亲临修复工程现场。为保证工程质量，他革除了当时官场上的诸多弊端，堵塞了贪污受贿、虚报冒领、以次顶好等侵吞或挪用工程银两的各种漏洞。在袁澍三的监督下，修复工程进行得非常顺利。但他的身体却累垮了。

袁澍三终因积劳成疾，殉职在修复工程任上。他有两个儿子，长子袁保中一生虽没从政，但以附贡生资格捐过一个“同知”，在家族中以嫡长子身份主持家政，事奉尊亲。次子袁保庆则官至二品，成为江宁盐法道，掌管南京（江宁）府的食盐产销。

袁重三

袁重三，字惺轩，号敬有，清代今项城市高寺镇袁阁人。他是袁澍三的三弟，小时候很聪明，早年“食饩”，远近闻名。

他素有大志，可是看到哥哥澍三、甲三、凤三，侄儿保恒、保庆都在外地做官，老母亲郭太夫人年事日高，需要侍奉，就不再往仕途上努力，专心在家料理家务，孝养老母，课读子侄。他为子侄们请来了塾师，严厉督导子侄们的学业。当时他们家三世同堂，一家数十口，却能和睦相处。他为人处世忠厚老成，待人接物不论老少都和平坦易，遇事却又敢作敢为。中年的时候恰逢乱世，就倡导修建寨堡，保卫乡里不受侵犯。

母亲年龄越大，他越是不忍离开母亲，只以训教族中后辈，博取老母亲欢心为愿。后来朝廷为表彰他侄儿袁保恒平定捻军的功绩，封他为资政大夫。

锃　钟

锃钟，字觉山，清代江西南城人。以进士到淮宁县（今淮阳县）任县令。钟为人性情质朴，深通经术，多次充任乡试同考官，所举出的多是优秀人才。生活俭朴，亲自上街购柴草为炊。减轻差徭，非急不索供给。遇到秋后处决死刑犯，彻夜研讯，必得其情而后已。审盗戒累，狱少波及。旱天有人作巫求雨，俗名“擂马”，钟严厉禁止，以惩陋俗。两次治淮，政治崇尚宽厚，有政绩。然才逊于德，白璧微瑕。

查天化

查天化（1897—?），原籍河南鄢陵县查家村，清光绪初年，其父查聚迁居扶沟施家村（今属扶沟县曹里乡），查天化即生于此。

20世纪初，腐朽没落的清王朝摇摇欲坠，封建统治者外对帝国主义屈膝投降，丧权辱国，内对人民群众横征暴敛，残酷剥削。宣统年间，豫东大地水旱蝗灾频仍，庄稼绝收，民不聊生，而苛捐杂税依然成千累万。广大贫苦人民为谋生路，不时掀起抗捐、抢粮运动，反抗清王朝的黑暗统治。其中影响较大的就是查天化领导的豫东黄道会农民大起义。

幼年的查天化十分痛恨清廷官府包庇土绅、鱼肉乡里的行径，在心中早早种下锄恶除霸、济困安民的种子。成年后，为生活计，他以裁衣制鞋帽为生。由于他性情豪爽，行侠仗义，逐渐成为轮布会的棚头。他与贫苦农民麻天祥等人秘密组织“无极老母会”，又名“穷光蛋会”，利用走乡串户做生意之机，秘密联络，增设堂子（老母会分点）。对内宣传“一人信道，全家免灾”，“入会者分地九顷六，掂起犁子没有边”；对外则宣传老母会员是硬肚子兵，“刀枪不入”，“拿起板凳能骑马，拿着鸡毛能当刀”。这个宗旨符合了当时广大贫苦农民的愿望，仅2年时间，堂子就遍及扶沟、鄢陵、太康、尉氏、杞县、通许等县，会员1万余众。查天化还秘密到尉氏县长智乡润店村，和曹金川联系，联合组织穷苦青年，参加老母会，扩大力量。查天化指导各地堂子秘密打制兵器，赶制车辆，还请来山东武术教师范东海、遂平武教头王万德，教会员习武。宣统二年（1910年）夏，山东莱阳民众抗捐税斗争失败，一支40多人的农民军携带洋枪洋炮，到扶沟投奔查天化，使老母会如虎添翼。活动逐渐由秘密口头宣传发展到夜聚昼散、打富济贫的武装行动。他们曾抢了鄢陵知县的老家和扶沟摆渡口村恶霸的马匹，把粮食、衣物分给贫苦百姓，使得当地土豪劣绅惶惶不安，贫苦农民则欢天喜地，盼望“老母会”早成“大事”。

宣统三年（1911年）初，孙中山领导的同盟会，得知豫东有这样一支农民力量，便派同盟会员、鄢陵籍庠生姚黄携带经费与查天化取得联系。姚黄建议老母会以东汉末年黄巾军农民大起义“苍天已死，黄天当立”的口号为宗旨，改名为“黄道会”，以查天化为“大帅”，姚黄为“军师”，正式提出“免粮赦草，除苛捐杂税，平均地权”的口号，从而把老母会的奋斗目标与同盟会的宗旨联系在一起。黄道会秘密传播“末稍（辛亥）年，满清气数尽；灭大清，三年不完粮和银，中华享太平”。还秘密制定了起义纲领和计划。入会者每人备黄巾一条，昼夜习武操练，伺机起义。

不料，黄道会的活动被鄢陵县监生韩超发现，告发于鄢陵、扶沟县衙。两县知县大惊失色，立即呈文省城开封，请兵剿灭。查天化、姚黄见起义事泄，便立即决定提前行动。命令各堂子首领率会众向鄢陵栗园集结，后又把起义地点改为扶沟施家。以施家为中心，方圆30里内，征大户军马300余匹，建立了骑兵队。宣统三年农历十月二十日（1911年12月11日）上午，以查天化为大帅，麻天祥为副帅，姚黄为军师的豫东黄道会农民起义爆发了。

查天化气宇轩昂，骑着红马率领300名骑兵、600名步卒，头戴黄巾，高举旌旗，浩浩荡荡，由施家东进，直扑扶沟县城。一路宣传“大户财产分光分净，良民百姓寸草不动，灭掉清家鞑子，平分土地免征，百姓有吃有穿，天下永享太平”。穷苦农民纷纷投奔黄道军。义军经过曹里寺（今曹里乡政府所在地）、扶沟县城和古城村（今属崔桥镇），到达黄道会另一个“堂子”太康县西扶乐城时，队伍已扩展到5000多人。

在扶乐城东大寺内，查天化等义军首领研究制定了行动方案，商定一面扩军，一面整编，把全军人马分为黄、蓝、红、绿、黑5旗，兵分3路。北路由红旗军首领曹金川率领，攻夺杞县、通许，直取河南省城开封；东路由查天化率领东进，夺取太康县城，扩大根据地，建立临时政权；中路由姚黄指挥，留守扶乐城，随时策应。

北路义军经太康县施楼、邢楼时，分了恶霸地主的财产；攻克杞县沙沃寨后，将官商盐店数百包大盐分给群众。义军所经之处，百姓扶老携幼，摆设茶果，夹道欢迎。进入杞县，圉镇贫苦农民余永德见义军打富济贫，即联络数十人持械投奔。在安岭寨，义军向寨内避难的四乡大户提出出银300两，马10匹，即不攻寨。而寨主李春荣不答应，还站在寨垣上大骂义军，义军立即用土炮猛轰，狠狠打击了土顽的反动势力。农历十月二十四日，北路义军在杞县石陵岗遭到开封清军洋炮队和杞县、通许两县地方武装包围，双方血战数日，终因武器落后，不敌洋炮的进攻，加之粮草乏困，除部分义军突围外，大部分壮烈牺牲。

东征军在查天化率领下，进军神速，在赵楼，把土豪赵老续的财产分给了穷人，在方城镇压了顽固抵抗义军的恶霸财主朱修道。沿途百姓赞扬："金黄道，银黄道，黄道来了财主逃，穷苦百姓拍手笑。"至今，扶沟、鄢陵一带还流传着这样的民谣："宣统二年半，黄道起了反。苦了有钱人，合了穷光蛋。"

在黄道军"只要头扎黄巾，都是一家人"的号召下，方圆数十里群众两天一夜之内，头扎黄巾者达6000余人。义军的行动，给清廷以极大震动，急忙调集军队围剿。义军经独塘集直抵太康县城下时，与清廷南阳统带谢瑞祥骑兵队及太康、扶沟、鄢陵、鹿邑4县地方武装遭遇被围，而义军又因内奸的破坏，使相当有威力的土炮全部失灵。因而清军放胆直攻，义军奋起抵抗，直杀得白日无光，山摇地动。查天化临危不惧，一马当先，挥舞大刀，连砍清兵数人，最终陷入敌阵。官兵劝其投降，查天化喝道："我黄道义军，志在灭清，宁可玉碎，不为瓦全！"同麻天祥一道纵马挥刀尽力拼杀，身中数弹，壮烈牺牲。义军群龙无首，纷纷逃散。清军乘胜攻陷了义军大本营扶乐城，军师姚黄化装突围，逃往外地。轰轰烈烈的豫东黄道会农民起义失败了。

起义失败后，清兵及地方武装对逃散会众及其家眷进行了惨绝人寰的大屠杀。起义爆发地施家村被500兵丁包围，全村财产被抢，查天化父母逃回查家，藏在红薯窖内，被搜出后，当众砍头，只有儿子查炉侥幸脱险。姚黄突围后，秘密潜至开封，继续进行反清活动。后在郑州被捕，英勇就义于开封南关。

查天化领导的农民大起义打击了清朝的封建统治，他们可歌可泣的壮举在豫东人民反抗封建统治压迫的斗争中写下了光辉的一页。

张　煟

张煟，字照紫，清代鹿邑县城人。幼家贫，常借书夜读，计日以还。道光十二年（1832年）中进士，委以知县，分发广东。由于双亲年老求近，改任陕西米脂县。后以礼去官，起复授广东海丰县知县。

海丰民俗尚奢华，当地嫁女必以金银装饰发鬓，贫苦人家置办不起。重男轻女，有溺女婴之风，山崖间女婴遗骸累累。张熉到任后，下令废除奢侈的婚俗，严设禁约，不准溺女婴，违者严惩不贷，其风遂改。革除了此弊，民深感其德。

距海丰县西北数里有一座莲花山，上有古刹“大佛寺”，殿宇宏丽，为佛教圣地。被官兵击溃的海盗头子乜海鳌，因官府画影通缉，无处躲藏，欲遁入佛门，伺机再起。进寺后，骗取了住持方丈的信任，收为徒弟。后乜海鳌把长老暗害，当了住持方丈。乜海鳌贼性难改，暗暗召集残散的海盗来寺“出家”，一时聚集恶僧400余人。他们习拳练武，广结乡里不肖之子，为害乡里，名为“佛”寺，实为海盗窝穴。乜海鳌又广泛勾结贪官劣绅和地痞流氓，有恃无恐，无恶不作。除抢劫商船、绑票杀人外，还常抢民女藏于大殿后面幽室里，供主僧淫逸。烈性女子，誓死不从者，多被杀害。周围百姓恨之入骨，唾骂秃驴罪该万死。乜海鳌平常派人以“化缘”为名，遍访乡旦，一方面为了敲诈勒索群众，另一方面是物色美女，或者打探群众中对乜不满的人，以便设计谋害。

每年九月九日集会，乜海鳌便令僧人搭起佛坛，集结百戏，旁筑土丘，上置巨鼎，为“洪炉会”。是日，朝香的人人山人海。乜身穿袈裟，合十登坛，煞有介事地礼佛，口宣佛号，举出平时有仇隙者（对其不满的人），谎称：昨夜如来召见，赐法旨，某当在今日火化升天成仙！令随从恶僧将此人捆绑，抬到坛上，投入鼎中，纵火烧死。一连9年，被烧死9人。民惧遭害，逃往他乡者无数。

张熉上任后，微服私访，掌握了乜贼的累累罪行。表面上装着与其友好，多次邀请乜海鳌到县衙盛宴招待，喜接欢送，相待甚厚。乜海鳌认为，张熉也与前任贪官一样，消除了戒心。

道光十八年（1838年），张熉为了替民除害，亲自到惠州府报告乜海鳌的罪恶，与知府大人密议了诱捕计划，暗中调来惠州府捕快，以及附近县的乡丁2000余人，分头埋伏在海丰县城里。

一天，张熉邀请乜海鳌到县衙赴宴。席间，张熉对乜海鳌说：“刚才惠州府来个紧急公文，要招募200人开赴海防，限期3天。因时间仓促，招募已来不及了。咱二人是莫逆之交，听说贵寺贤僧武艺高强，勇敢善战，何不抽出200人以应海防，且为时不久，并能邀上功。惠州知府又信佛，也是你的大檀越啊。”乜海鳌听了，对此深信不疑。

隔了一天，乜海鳌便把选拔的200名精壮僧人亲自送到海丰县署。事先布置好的捕快、乡丁、兵勇立即围捕，恶僧全部束手就擒。经审讯，乜海鳌对他的累累罪行供认不讳。

张熉命捕快把乜海鳌及其主要帮凶也绑了9人，召集百姓至郊外观看。把9名恶僧也放在大鼎里一一烧死，大解民愤。众皆悦服，高呼："张青天!"说："西门豹投巫于水，张熉公投僧于鼎，一水一火，功德同辉。"

后，张熉因病辞官归里，病逝家中。著有《归田诗草》2卷，120首。皆寓兴之作，平实易懂。

张　环

张环，字联庆，清代扶沟县人。雍正七年（1729年）以才能荐任广东南雄府经历。时逢灾荒，他奉督抚之命，连夜乘马飞驰湖北籴粮，速运回粤，使灾民得以救济。此后他署理保昌、遂溪、东安、平远等县，都有很好的声誉。在将要擢升他为乐昌知县时，因病卒于任上。他为官清廉自守，去世后，家里穷得没有钱将他入殓。巡道潘思矩赠送银两，才得以运棺回乡。

张　辉

张辉，字旭之，清代鹿邑人，监生。生而母丧，依赖祖母抚养长大。17岁时，祖母经常患病。每次他都精心侍奉，亲尝汤药，不离床前，衣常不解带，孝心闻名乡里。其间，其父请亳州名医3次到鹿邑为祖母治病。药到病除，其高明医术，令张辉佩服不已。遂潜心于医术，救死扶伤，行医足迹遍及豫、鲁、皖等地。尤擅妇科，著有《妇科摘要》数卷。

传说，某村一名孕妇死于难产。出殡时，恰遇张辉路过。细心的张辉见棺内有鲜血流出，急呼停柩。开棺诊视后，一针刺下，孕妇复活，婴儿出世，母子平安。

道光二十一年（1841年），黄河决口，大水侵入涡河，堤防岌岌欲溃。辉出重资雇民夫抢修复筑，昼夜不停，终使大堤转危为安。遇有讨饭者，辉倾囊恤之。后家境中落，为赎一被拐女子，不惜卖掉家产，并不远数百里送诸其家。义声流播，至今尚响。

张　鲤

张鲤（亦写作张礼），约生活于清嘉庆、道光、咸丰、同治时期，祖籍山东，明洪武七年（1374年）迁居鹿邑县城西南90里郸城集西寨后张庄（今属郸城县）。

张氏祖传骨科，擅长于跌打损伤的救治。至17世传人张傲、张鲍、张鲁、张鲤兄弟时，以张鲤医术最高。张鲤幼承家教，功底深厚。年轻时把祖传的理论、经验和自己的临床实践结合起来，对各种骨伤的医治效果更加显著，用中草药熬制的膏药传为神奇。他医德高尚，以“医术者，救人之道”为座右铭。开封府知府得知其事迹，把他请到省城供职，并赠他一块题写“杏林奇葩”的金字匾额。

张 森

张森（1730—1791），今商水县张庄乡井营村人。清乾隆十九年（1754 年）甲戌科岁贡，入仕任山西省临汾县知事（其曾祖父张质曾于明末任山西临汾县知县）。

张森任职后，勤理政事，艰苦创业。历三年，使临汾百姓过上“衣食有着，安居乐业”的生活。至第四年，以功德昭著迁升太原知府。临别时，百姓犹如当年盛情挽留他祖父那样，攀辕泣求说：“俺临汾人离不开您，留下来吧！”只因天命难违，张森拜谢曰：“吾年轻历浅，未能为临汾造下洪福，有愧！而乡亲如此厚爱，吾实不敢当啊！”

张森到太原任职后，不断派人去临汾询问县情，给予帮助。临汾人为报答他的恩德，在县城东郊竖一石碑，记其伟绩，以作纪念。此碑与其曾祖父张质的功德碑并立，世称“祖孙碑”、“双功碑”。

张 梯

张梯（1778—1853），字云阶，号颐园，清代鹿邑县王皮溜集（今鹿邑县王皮溜镇）人。幼有至性，7 岁丧母，哀痛至极。弱冠入邑庠，食廪饩，名噪一时。道光元年（1821 年）举于乡，十五年（1835 年）大挑，得授甘肃秦安知县。

张梯在陇任职期间，听断明敏，百姓悦服。整肃陋习，士风焕然。考核优异，以才能调任平罗。

平罗广袤六七百里，地瘠俗敝，比之秦安，难于治理。梯到职后，广泛走访当地绅士耆老，详细查问县中利弊，疏浚沟渠，减粮赋，均徭役，断牢狱，惩盗贼，纠奸宄。凡有不利于百姓者，革除不遗余力。书院义塾，以次修建。倡导尊老爱幼之风，推行礼让谦恭之德。创建万寿宫，初一、十五亲莅拜祝。集士民宣讲圣谕，促民知服王化。旧俗：兄弟死，其妻归于生者。梯严禁之，其俗遂除。又着力续纂县志，征文考献，多补前人所未备。在官 3 年，声绩卓越，为诸城最。以老乞休，士民泣留不得，相率立生祠而祀之。

张 元

张元，清末扶沟县人。家境贫穷而性格狷介，深明大义。一天他在县城保生堂种菜时，在土里挖到白金70多两，随即告诉并交给附近的人们，人们不愿接受，一起商量把这部分钱财一半救助穷人，一半捐出修缮庙宇。此后张元依然贫穷如故，有人可怜他，给他钱财，他都不肯接受。

张安雅

张安雅（1824—1892），字晏如，别号菱湖，今项城市高寺镇后高老家村人，是著名才女高梅阁（晚年自号荆布老人）的儿子。

张安雅从小就很聪明，受母亲熏陶，童年已经能诗。20岁左右，以陈郡考试第一名入学（秀才），与当时的淮宁郝蓉塘、太康李又哲、同乡王丹君等7人，经常一起诗酒唱和，人称他们是“陈郡七子”。“七子”中，张安雅年龄最小，而发表议论却经常是他滔滔不绝，其他人则答不上“曰”，所以他为“七子”之首。在省城汴梁（今开封）读书时，张安雅爱游名胜古吹台（春秋晋国乐师师旷学艺弹琴的地方），登禅院宝塔观黄河，那水流滚滚宛如自天而降的景观，使他感觉胸襟开阔、情思浩荡，而后作文千言立就。

安雅返乡后，母亲开始传授他《理学宗传》，为他专门打扫干净一间书房，让他每天在书房博览儒家先贤的书。他穷思力索，凡有感悟就记下来，遇有疑难处，就找表兄高钦中、高钊中质难辨疑，没有所得绝不罢手。还时时和母亲谈论古今人物的哲理名言，受益甚多。

张安雅对功名富贵不屑一顾，认为虽贵为“三公”，也比不上天伦之乐。荆布老人去世后，他更加绝意仕途，曾经10年不进县城，专心整理母亲的《形短集》和《训子语》。

当时捻军正兴，曾国藩督军剿办，曾招募人沿贾鲁河筑墙上百里，想用来阻止捻军西进。张安雅认为这样做不可靠，便上了一份万言书，直言曾国藩“劳民伤财”，是决策失误。曾虽认为万言书说得很对，但藐于张安雅的书生身份，且言辞过于犀利，没有采纳。

袁保恒受命督办西征粮台（清代行军时沿途所设经理军粮的机构）时，邀张安雅做幕僚。后袁保恒回京，张安雅则饱游华山、崤函，所到之处都要题诗。后编在一起，名字就叫《游秦集》。游历归来，他在扶沟创办了一个免费私塾，自编自拟八股文作教材，题名《唾余碎玑》。朋友见了很惊奇他的才华，劝他去省城参加乡试，他却笑而不答。

张安雅评诗论文，受母亲的影响偏爱杜甫，不喜欢苏轼的文章，也不欣赏王渔洋的诗，认为这两个人的作品连篇累牍，“几无一句本于性情，无一语及于军民也”——没有真情实感，不关心民生民瘼。著有《得所轩诗文集》12卷。诗有《春华集》、《秋实集》、《人春集》、《洗心集》、《游秦集》、《晚余集》各1

卷，共1541首。作品朴实而立意深远，很多鸿篇巨制，直追杜诗风格，如《战城南》、《黄雀行》、《兵车行》、《蒙城盗》等，都是感慨时事、关注民生的现实主义作品。文6卷，114篇。最具特色的是他的史论文章，观点独到，论述周详，言辞犀利，恣肆汪洋。如《读汉书古今人物表》，指摘班固《汉书》，褒扬司马迁《史记》，如指黑白一目了然，如数一二通俗易懂。

不论吟诗还是作文，张安雅都有强烈的社会责任感，体现出一种高尚的文品和人品。他常说："宁可担粪种瓜，终身力食，为不识一字之愚农，耻为风流无行之才子，浮华无用之词人!"

晚年，张安雅喜好临摹颜、董的草书，他临帖只取其神而不取形，懂书法的人都赞不绝口。他自己认为书法是"游艺之末"，所以他写的字轻易不拿给人看。

光绪十八年（1892年），张安雅卒，享年69岁。

张大化

张大化（1839—1916），字芳亭，清代扶沟县人。光绪十九年（1893年）岁贡生。少有至性，以事亲孝敬闻名乡里。家境贫寒，以砚代耕，而春风广被，桃李满门。其尤善书法，有亲书《朱子治家格言》法帖流传于世。

有一年，邻村刘姓与张大化村张姓发生矛盾，刘姓聚众持械，到村里叫骂，势将动武。村里张姓主张坚决抵抗，眼看一场流血械斗事件就要发生。张大化出面竭力劝阻，并只身来到刘姓村庄，挨门挨户拜谒当事者道歉，使得张、刘两姓和好如初。

科举制度取消后，张大化受聘为高小教员，殷殷以保全国粹为职志，使学校校风丕振。不久又膺任洛阳潼关铁路董事。后来铁路收归国有，他慨叹世事日非，家居不出。1916年无病而逝，终年77岁。

张见龙

张见龙，字羽京，清开封府太康县人。顺治九年（1652年）进士。授浙江万山知县。时万山"田地荒芜，无力纳赋。旧欠未清，新税又加，困难重重。"于是他奏请朝廷，减免赋税，对邑民进行安抚。地方疑难狱讼颇多，张见龙要求把那些被冤枉的人全部释放。观察使多次驳回他的意见。张见龙坚持己见，说："我这是为朝廷着想，他们全是无辜之人，并非与你观察使故意争执。"观察使被他的执著所感动，就同意了他的建议。当时，在浙江把他传为天下廉明第一人。后补缺升嵊州知州。嵊州巨猾之人很多，煽动百姓不交赋税，欠有8万之多。他想方设法，使民众没有缺欠赋税的。后补静敏知州。任满，又被擢升为礼部祠祭司主事。上任不久，即告老还乡。

康熙十九年（1680年），太康淫雨连绵，庄稼绝收。张见龙力请朝廷免去当年一半赋税。百姓无不感激，遂为其立碑致谢。

张老一

张老一（1813—1883），清代鹿邑县张荣然庄（今鹿邑县唐集乡张老一村）人。有才智，爱戏曲，热心于乡里公益事务。中年时变卖家财，招聘戏曲艺人，置买服装道具组织戏班，在鹿邑西部及邻近诸县巡回演出，颇有声望。同治五年（1866年），率戏班回村演出，土匪趁机进村抢掠财物，张老一率戏众各执道具，带装抗击土匪，众匪惊惧，落荒而逃，村免于难。清光绪九年（1883年）张老一病逝，村民对其深为怀念，出外以说与张老一同村为荣。后来张荣然庄鲜为人知，张老一庄则人人皆晓。

张联璧　张桐叟　张惺

张联璧，明末扶沟县人。顺治十一年（1654年）甲午科举人。他的儿子张桐叟，字沧洲，岁贡生。桐叟慷慨好义，有古贤风范。扶沟岁逢大饥，族人依赖他得以生存者几十家。官授河南偃师县教谕。偃师地处洛阳、巩县之间，宋朝以降就是仕宦人家休闲游乐的地方。当地人每逢盛会，总要唱南曲为笑乐，而不注重诗文之趣。张桐叟任职以后，就引导他们像晋人王羲之等人兰亭聚会那样，饮酒赋诗。不几年，当地旧风为之一变。张桐叟性嗜程朱理学，每日取《朱子全书》或者《先儒语录》与诸生辩论，以探讨幽义。在任6年，以老致仕。张桐叟通医术，曾经治好很多人的疾病。他的儿子张惺，字心斋，是雍正元年（1723年）癸卯拔贡。

张履平

张履平（1830—1890），号跛仙，今鹿邑县王皮溜镇张楼村人。幼颖悟好学，常通宵达旦，寒暑无间。及长，才学出众，为一方称颂。因其耳聋、目矇、脚跛，自称“三不全人”，别人送号“跛仙”。清咸丰八年（1858年），举于乡，后连两次会试未中，遂弃功名仕途，以开馆授徒为业，著述自娱。

张跛仙博学多识，精通经史子集，陈（淮阳）、宋（商丘）、亳、颍等州县，从其学者数百人。他授徒，首先正心术、端品行，经史诗文次之。同邑人王渔村（贡生）病危时对其两子祖武、祖同说：“县内品学兼优者唯张跛仙一人也，我若不测，尔等可往师之。”王渔村死后，二子遵父遗嘱，从学于张跛仙。光绪十四年（1888年），王祖武、王祖同兄弟二人同登乡榜，次年中进士。一任工部主事，一任翰林院编修。其门人秦绂卿、傅松龄先后中举、中进士，其余中举入庠者很多。

张跛仙善医，光绪十六年（1890 年）夏，瘟疫流行，张不顾年事已高，奔走乡里为百姓治病，救活不少人。行医中，不幸自己也为疫病传染，六月十四日病逝，终年 60 岁。

张跛仙一生著述颇丰，有《笔耕斋琐记》4 卷、《童子模范》4 卷、《吟率草》、《古今完人录》和《鹿志拾遗》各 1 卷等，多散佚，仅存《三不全人自传略》传世。

张钦祖

张钦祖，字霁峰，清代太康县人，祖居太康县城西门内。由县丞职派到直隶，不久即以廉洁能干而被保举，历任静海、广昌、天津等县知县，后迁升沧州知州。同宗室的琦善对他深有了解，认为他可以督办四川事宜，遂奏请朝廷，调张钦祖补缺四川，授职剑州知州。到任后，先清理查办积案百余件，接着革除积弊，严惩盗贼，剑州一时大治。在任期间颇有廉俭明决之称，所管辖的绅民也沐浴钦祖恩德。在路上经常可以听到颂扬他的声音。

张绍唐

张绍唐，清代扶沟县人。虽然家境贫寒，却高洁自持。他的孙子张逢辰初入塾学，他就教他爱惜字纸。一天，张逢辰在门外拾到字纸一团，拿给他看，却是一张价值 10 万多钱的币券。于是他见人就问，寻找失主。一天，商人某闻讯而至，张绍唐听到他丢失的钱券与孙子拾到的完全相符，即取出奉还。商人要酬谢他，他坚辞不受谢。深得时人称赞。

张省躬

张省躬，字允修，号石淙，明末鹿邑县人。明季流寇陷城，其兄省括骂贼而死。省躬抚孤侄张巽若己出。当初省躬曾救助一个叫范魁光的人。后来范聚集数千人，啸聚于乱世。一次攻掠邑城，省躬叫着范的名字，斥之曰："吾，始以汝为良民故资，汝乃作贼耶。若要杀人，就从我开始吧。"范魁光惭愧不已，挥众遁去。邑人赖以保全。康熙九年（1670 年），张省躬考中进士，授山西石楼县知县。在任兴学劝稼，名绩显著。后卒于官。

张太室

张太室（1615—1701），字宸正，鹿邑人。清顺治年间副贡，出任浙江淳安县丞（掌管司法的八品官）。该县威平镇有一汪姓家被盗，太室察访得知是退职副总兵王八石、退职游击（催护粮运的官）陈治国作案。王、陈两家豢养数百无赖，专在江浙、福建一带抢劫，地方官不敢过问。太室查清后，率兵捉拿了王、陈等27名匪首。王、陈余党想乘机作乱，要挟太室释放王、陈。太室果断处决了王、陈等27名匪首，余党惊散，不敢为患。张为浙闽除一大害。

张维修

张维修（1836—1911），今太康县逊母口镇梁堤口村人。幼读诗书，粗通文墨，性情温和，寡言少语。

清同治年间，年饥岁荒，盗匪蜂起，社会混乱，为自保，张维修开始习练武术。由于他身材魁梧，力大劲足，加上勤奋刻苦，不久便小有成就，武艺精进。为了提高武术水平，他决心再拜名师。经过多方寻访，终于在陕西华县找到武术高人“青山客”，遂跟他学习八卦拳。青山客见他淳朴憨厚，又有一定功底，便收他为徒，将八卦拳之绝技和内功的修炼方法全数传授给他。

此后，张维修日复一日，年复一年，将八卦拳研练到炉火纯青的程度，成为太康一带有名的拳师。他开馆授徒数十年，成名弟子达280余人。其中孟广尧、张庆柱等深得其真传，为其佼佼者。1933年在开封举行国术省考，张庆柱技压群英，注名部册，增光乡里。张维修也因此名望陡涨，享誉中原。

张修五

张修五，清代江南上元县人。雍正三年（1725年）由举人任鹿邑知县。

张修五施政宽厚，息事宁人。他深入了解民情，凡县里决定的事情，无论大小，都自己做主，使滑吏无法操纵。所以百姓不敢犯法，讼案也没有积压。历任5年，城不知有官，村社不知有吏。

雍正七年（1729年），河南旱灾，饿死人多，朝廷命官吏救济。张修五预先准备好百姓的生活必需品，击鼓分发，亲往检查。10个月内共救活饥民2.6万多人。

离任之日，邑人阻道，攀舆相送，焚香诵佛，声闻遐迩。乡民某，原为无赖之徒，曾因事被张修五惩处，也来到送行现场，哭着说：“民得改行，自比于人者，公所赐也。”

张映台

张映台，字咸德，清代山东省海丰县（今山东无棣县）人。18岁补县学生员（秀才），乾隆十七年（1752年）壬申科解元，十九年（1754年）甲戌科三甲第148名进士。乾隆二十九年（1764年）至三十二年（1767年）任扶沟县知县。

他幼年聪颖好学，省学政曾夸赞他："我考校过6个府，童生中还没见到过能和你媲美的呢！"故映台在以后的科场考试中皆能连连得中。他到扶沟前，先以知县分发河南补武安县令。当时武安民俗强悍，崇尚义气，打架斗殴，聚讼不止。他到任后推行德政，感化民众。一年之后，民风大有改变。当时适值年岁歉收，他首捐白银千两作为倡导，设局赈灾，使4000余名饥民赖以存活。此外，他还延请有名望的儒者主持教育，召集学生在一起饮酒赋诗，互相切磋，使文风有所变化。他在武安5年，官吏不敢徇私枉法，人民感恩怀念。遭父丧回籍，士民纷纷为他流泪送行。3年服除，仍回河南，于乾隆二十九年（1764年）补任扶沟县令。他在扶任上，于乾隆三十二年（1767年）春，督饬何功璜重修保障二勋祠，竣工后，他撰《保障二勋祠记》以记其事。又劝谕生员买地254亩8分以资助大程书院。当时旱灾严重，飞蝗进入扶沟县境，他组织吏员严厉督促农民扑打。上级有人对扶沟的这种做法提出异议，认为这样会引起百姓不满。而他对此却不以为然，一面据理力争，一面亲身深入捕蝗现场，解说捕蝗意义，勉励大家奋力扑打，抢救庄稼。结果在没有扰害百姓的情况下，全歼入境飞蝗，庄稼也未遭到大的损失。上司见他办事忠诚，很器重他，把他调任洛阳县令。洛阳是个大县，地当交通要道，迎送过境官员应酬频繁，一切开支供应都得向百姓摊派，且摊派中多有弊端和漏洞。他到任后便设法克服弊端，结果百姓不觉负担重而一切支应均无违误。那时清廷正进军缅甸，下谕各地支援骡马和军粮。从洛阳到云南大营行程数千里，人人视为畏途。他计算好费用，买到牲口后，先集中饲养一段时间，待膘肥体壮后，再选派年轻力壮人员带足经费口粮，经安慰鼓励，然后出发。抵达大营后，他县押运的骡马多有死伤，唯独洛阳解送的骡马抵消正式供应数额后还余10多头，押解人员经过万里征程也都安全返回洛阳。为此，他以政绩卓异著称于世，升授州府同知，借补河南府通判。为了回避洛阳一带的私人请托，改调任为福建漳州同知，省按察司委托他审理全省积压案时，其中有的是数十年未经审结的大案难案。他接手后，未及一月，即审结百余起，原告、被告均服其公允明断。移时，改调他为兵部员外郎。不久即辞官归里，主讲于海丰县希贤书院。武定府试时，聘其为同考官。以疾卒于家，时年64岁。

张永勋

张永勋（1861—1923），清代鹿邑县城西南70里张集村（今属郸城县宁平镇）人，著名塾师。

张幼年家贫，入学后，由于资质颖异，笃心好学，刻苦攻读，成绩显著，颇受塾师关爱。因诗文皆佳，得中秀才，但又无意功名，遂终生从教。教学中，不分贫富，皆能谆谆善诱，精辟讲解。受其业而成器者颇多，誉满乡里，名播鹿（邑）亳（州），被后生尊称为“师中泰斗”。当地著名的堂兄弟同榜中进士的王祖武、王祖同就是他的门生。在他60大寿时，来祝寿者车马盈门，弟子满棚。身为翰林的王祖同（后曾官居布政使）亲题匾额“南山北斗”以示尊贺。匾上署名弟子百人，其中进士、举人、秀才几十人。同时，树碑一通，表彰其育人功勋。

他一生清贫无产业，仅以教书所得微薄薪水养育子女。

张镇芳　张瑞祯

张镇芳（1863—1933），字馨庵，号芝圃，今项城市秣陵镇阎楼村人。其先世从明朝初年由山西洪洞徙项城虹桥（今秣陵镇），经过几代人的惨淡经营，积蓄日丰。

张镇芳的祖父名叫张致远，字静斋，饱读诗书，应童子试名列前茅，仕途有望。但县太爷放出风声，意在索取贿赂。张氏从来是“求仁维克己，羞趋邑宰门”，因此便无意仕途。乃父张瑞祯，字恩周，又字雨延，半生苦读。“寒窗四十载，破壁晚登龙”，50多岁才考中光绪二十年（1894年）甲午科举人。张镇芳的母亲刘静斋，乃江北提督刘永庆的姑母。

张镇芳幼儿时期，刚会言语，其二老就口授《三字经》，继教《四字鉴略》。稍长，即开讲解意，使之口诵心维。8岁入塾，孜孜攻读诗书。父亲常于书斋伴读。每当张镇芳读史涉及忠、孝、仁、爱、信、义之事，他父亲总要大呼：“汝辈能如此，方不愧为子，无愧为人矣。”后来只要是张镇芳读经典诗词文赋，父亲不但危坐静听，而且对声调的抑扬顿挫稍有含混失调的地方，立即指正，发现有了错读就严加斥责，课后还要布置作文，次晨交卷。平时学习中，他父亲为他立了严格的学规，如闻鸡而起，默背功课等。张镇芳背诵诗文时，向不许点灯，只准燃两只香火。这是为了让他集思静心，慢慢养成勤学强记的习惯。业师余连萼，教导有方，与他父亲的指导相配合，才使张镇芳的学业得以早成。青年时，他即以八股文做得好闻名乡里。

光绪十年（1884年），张镇芳考上廪生，次年成拔贡，秋闱乡试为第一名举人（解元），光绪十八年（1892年）壬辰科举进士，时年29岁。最初被分到户部任六品京官，一直干了8年。光绪二十六年（1900年）八国联军侵入北京，慈禧太后和光绪皇帝仓皇西狩长安。张镇芳刚服丧期满回京不久，在京师失陷的当夜，同军机处、礼部、内阁中书等一班官员，都换上便衣，准备出西直门追赶圣驾。他们西去十余里，就见逃难人纷纷返回，声称前有散兵匪徒拦路抢劫，有的已被抢掠一空。此路不通，张镇芳便转道项城，待筹好盘缠后，又从河南往陕西。他日夜兼程，历尽艰辛，一直追到潼关，才追及銮驾。被任命为陕西司行走，效劳两宫。

光绪二十七年（1901 年）《辛丑条约》签订，两宫由西安回銮，东绕河南进入直隶。时任山东巡抚的袁世凯迎驾入京时，张镇芳见到了袁世凯。袁力劝张外调地方，并许以留鲁任职。张权衡时机，未加轻诺。两宫回京后，张被恩赏为四品衔，仍在农曹供职。

光绪二十八年（1902 年），李鸿章病死，袁世凯升任直隶总督兼北洋大臣，张镇芳开始腾达。先被委为银元局会办、直隶差委总办、天津河间兵备道，又擢升长芦盐运使。张镇芳恪尽职守，剔除积弊，为国库增收税银 56 万两。还同英大使谈判，使英人独霸的开滦煤矿转为中英合办，因此升为二品京堂。光绪三十三年（1907 年），袁世凯遭御史弹劾，乃自请辞去练兵大臣等 8 项职务。清廷明升袁为军机大臣兼外务部尚书，暗夺袁的军权。直隶总督一职，才由张镇芳代署（从一品），因此他成了清代最后一位直隶总督。

1901 年，袁世凯在两宫回銮时所奏《山东学堂事宜及试办章程》，对我国开办三级制的新式学堂，起到了催生作用。张镇芳代署直隶总督后，立即将《章程》付诸实施。他首先在保定捐资创办了优级师范学堂，为强国造就新人。张镇芳为了帮家乡培养人才，凡属陈州（今淮阳县）所辖区县（淮宁、西华、项城、沈丘、太康、扶沟、商水）学子去保师上学的，食宿及学习费用全部由张镇芳负担。每期仅项城县的学生就有 10 多名。他们毕业后有的从军，有的从政，多数从教，为民主共和的革命建设作出了贡献。二次革命牺牲的烈士朱丹陛，就是其中的杰出代表。

光绪三十三年（1907 年）春，张镇芳为家乡捐银 6 万两，开办百冢铺师范学堂，比河南大学早办 6 年。百冢铺师范学堂校址在今项城永丰集南，袁世凯任名誉堂长，堂长黄承恩（曾任直隶盐务处提调，湖北人），讲师有任镜海（巩县举人，保定政法学堂毕业）、师景舜（睢县举人）、张庚熙、刘振玉（皆为项城举人）等，聘有职工 50 人，校警十几人。学堂遵照“忠君、尊孔、尚公、尚武、尚实”的教育宗旨，本着“中学为体、西学为用”的指针，按癸卯（1903 年）学制开设文（国文、修身、教育学、英语、历史）、实（博物、地理、数学、体操等等）两科。学堂经费 3 万两银子，存淮阳盐场，年息 5000 两银子，作为学堂经费开支。百冢铺师范学堂后更名为中学堂，招生 400 人，属陈州管辖，并增设养蚕、染织等专业，学制 4 年。1911 年辛亥革命爆发，学堂停办，学生提前毕业。

宣统元年（1909 年），豫省受灾。项城地势低洼易涝，灾荒更重。张镇芳特捐资 4000 元救灾，一半给项城，一半给豫省其他受灾地区。

宣统三年（1911 年），项城修志，缺少人、财，适值张镇芳在直隶总督任上。他对此异常关心，出资承包了修志的一切费用，并聘请豫东名士杨仲唐（字凌阁，商水县人）、施景舜（睢县人）为主笔，为避免在项城修志的干扰，以周口黄杏樵的杏园为修志寓所，并为志书亲自作序。志成，为宣统三年《项城县志》，这是项城历史上最为详尽的一部地方志书。

1912 年 3 月，民国成立，袁世凯就任中华民国临时大总统，张镇芳即被署理河南都督，10 月实授。1913 年 1 月，又受命兼任民政长。

作为大总统袁世凯的表弟兼亲信，张镇芳在河南不折不扣地执行袁世凯的指令。宋教仁被刺后，河南革命党人召开宋教仁追悼会，国民党河南机关报《民立报》编辑敖瘦蝉写了副挽联："目中竟无拿破仑，宜公先死；地下若逢张振武，说我即来。"讽喻宋教仁不把袁世凯放在眼中，和张振武（武昌起义功臣，因与黎元洪有隙，被黎设计调离湖北，假袁世凯之手杀害）一样该死。张镇芳认为此联是"指桑骂槐"（骂袁世凯的），立即将敖捕杀。《民立报》曾对"宋教仁案"、"罢免赣、粤、皖三督案"（赣督李烈钧、粤督胡汉民、皖督柏文蔚）多有揭发，因而张镇芳对之极度不满，继而开封火药库爆炸，张镇芳认定是《民立报》人所谋，派军警包围报社，逮捕报社职工 10 余人，其中编辑主任罗锐青、记者刘绶青、会计邢拱宸、临时校对姚黄等，经严刑审讯后，全被杀害。张镇芳还建立所谓军警联合会，借以对时局加强控制，对革命随时阻挠。太康县青年学生李纯，被军警联合会逮捕后，稽查员李永谦逼其承认是孙文、黄兴派来的，其实十几岁的李纯根本不知道孙文、黄兴是什么人，最后被枪杀。新蔡县青年学生马友斋、杨元杰、薛龙涛等 3 人，解至开封，刑讯后被杀害。项城同盟会员朱丹陛，在项城被追捕枪杀。尤甚者，在开封后街一所宅院内，有来自城乡的 28 名好友，在那里烧香结拜，被人告密，说他们在开封追悼阎子固（新蔡人，国民党河南省支部领导人之一），即被军警联合会逮捕，28 人全被枪杀。

1912 年，豫西白朗起义的战火炽烈，几乎威胁到大总统袁世凯的家乡项城。白朗（1873—1914），字明心，宝丰人。1911 年因与同村的王姓大户发生争执，被关进监狱 1 年多。家里为他卖了 100 多亩地，才被释放。出狱后他前去投奔革命党吴禄贞，可是吴被暗杀。为了生计，他就在嵩山落草。当时正赶上河南大旱又遭冰雹，夏粮歉收，于是他号召饥民揭竿而起，正好与武昌起义同时。1913 年夏，白朗军乘北洋军调离豫西南之机，率众攻破了唐县、禹城。二次革命爆发后，白朗又于 9 月南下，夺取湖北枣阳，占据县城 11 天。11 月再攻占宝丰县城……袁令张镇芳“武力镇压，勿令蔓延”。可是张镇芳在襄县、郏县一带，为白朗军所败。后在宝丰、鲁山被包围，再遭惨败，一时举国震动，中外哗然。对此，袁世凯大为震怒，认为张镇芳作为河南都督难辞其咎，急忙派陆军总长段祺瑞赴豫视察。为稳固稚弱的民国统治，也是为了保护张镇芳这位姻亲，他又给段祺瑞发电说：“张督近为中外攻击甚力，留之适足害之，不如避位以塞舆情，于公于私为两得也。”按照大总统指示精神：“张前督奉令留河南会办剿抚事宜”，被就地免去河南都督职务。直至1914年7月白朗起义被北洋军彻底镇压，张镇芳才被调回北京任总统府顾问。

张镇芳督豫期间，他的启蒙老师夏五云（字轩臣，贡生，人称夏老轩），为修漕河上的板桥，筹不够建桥经费，曾北上开封找张镇芳求援。老轩步行3天到开封找到都督府，门卫见他满脸风尘，衣冠不整，既不让进，也不通报。老轩无奈亮出“牌子”：“我是张都督的老师。”门卫这才进内禀报。张镇芳一听说恩师到，竟然让大开仪门，亲自把老师迎进帅府。寒暄间张镇芳弄清老师来意，便没言声。老轩一住几天，酒肉招待无微不至，可他再也呆不下去，便向张镇芳提明：“乡亲们修板桥，要我向您求援，你不长不圆，中不中，今个要说清，我好回去。”张镇芳满脸堆笑，告诉老师说，修板桥的银两您来的当天就派人送回去了。我想让老师多住几天，所以一直没说透。夏老轩回项后，果然钱早送到，于是他逢人便称道张镇芳如何尊师，“张镇芳大开仪门迎老轩”也成了迄今项城人津津乐道的一段佳话。

1913年，梁士诒代理财政总长时，曾向当时国务院建议设立盐务实业银行。1914年10月20日，面临经济支绌的袁世凯，又通过政事堂指示说：“盐款为财政大宗，亟宜筹办银行。”曾任清末长芦盐运使的张镇芳，对中国盐业比较熟悉，所以“著派张镇芳筹办盐业银行事宜，以专责成”。对此，张镇芳驾轻就熟，很快就有了头绪。但是，他又向袁世凯请求：“筹办盐业银行事体重大，条理繁赜”，“非一人所能胜任”，“请添派乃宽会同办理”。并计划在天津和上海设立分行，然后再在其他地方发展。在张镇芳努力下，盐业银行总管理处于1915年3月26日在北京正式成立。盐业银行属官商合办性质，负责管理全部盐税收入，而且“代理国库金的一部分”。成立时的银行资产，由盐务署投入的政府银币200万元和招商合股金300万元组成。张镇芳出任盐业银行首任董事长兼总经理。当时享誉全国的中资银行有金城银行、中南银行、大陆银行，加上盐业银行合称“北四行”。“北四行”的金融辐射功能，遍及长江以北，因盐业银行有政府的盐业税收投资，加之大批军、政首脑入股该行，其实力后来居上，列“北四行”之首。

可是，第二年（1916年）袁世凯病死后，盐务署不愿续拨所欠官款，张镇芳只得“改制”，把银行改为商办，筹得资金125万元。

1917年，段祺瑞被黎元洪免去总理职务，想借张勋的力量驱逐黎元洪。张勋原任清政府的江南提督，时任民国江苏都督、长江巡阅使，驻守徐州。他一贯向往帝制，连他的军队都继续留着清朝的发辫，号称“辫子军”，他自称“辫帅”。他得到段祺瑞“驱黎”的暗示后，马上在徐州召开督军团会议酝酿复辟，其间，多次与张镇芳密电磋商。鉴于此时北洋政府内部明争暗斗，张勋就以调停之名，带5000（一说7000）辫子军进京逼黎去职。当年7月1日，清废帝溥仪宣布复位。张镇芳等人被封为议政大臣，张还兼“度支部尚书”。因遭到全国人民反对，仅到7月12日，复辟就彻底失败。

张勋复辟失败，段祺瑞政府建立。张镇芳、雷震春同乘火车欲遁回天津。行至丰台，即被讨逆军东路司令兼北京卫戍司令段芝贵逮捕，被解至铁狮子胡同陆军部羁押。张镇芳在羁押中，表现出“世受君恩、忠于故主”的态度，认为恢复清朝，是他的责任，这样做是对的。后移交大理院审理，在审理过程中，有岳乾斋（盐业银行北京行经理）为其周旋，特聘律师汪有岭出庭为张镇芳辩护（出庭费10万元）。又有熊希龄（京畿赈灾督办）、王祖同（张任豫督时的内务次长）2人，为营救张镇芳而四处奔走。此时，张镇芳之子（张伯驹）以其父的名义，义捐赈款40万元。在审理案件需要对盐业银行查账时，徐树铮（段祺瑞心腹，时任段祺瑞政府陆军部次长）从旁建议：天津造币厂厂长吴鼎昌是学银行专业的，查账应该不在话下。这样，办理张镇芳的案子就落到吴鼎昌手中。当时盐业银行协理、天津分行经理朱邦献与吴鼎昌有旧关系。为了营救张镇芳，他向吴鼎昌献策：“你去和段总理说，假如你能担任盐业银行总经理，就能查明盐业银行为复辟付款的事。”就这样，吴鼎昌以财政部的命令接收了盐业银行。同时也请徐树铮替张向段祺瑞缓颊，张镇芳果然很快得到特赦：“着即暂行开释发交曹。”

吴鼎昌正式接任盐业银行总经理职务后，首先为总行增资500万元，并在汉口、杭州等地设分行。

1920年9月，张镇芳应张作霖的邀请赴奉天。在一天晚上的谈话中，提及盐业银行领导权被吴鼎昌攘夺，张作霖遂令人给吴鼎昌发电要回银行董事长的职权，即推举张镇芳为董事长。张镇芳为此向张作霖献计：“陕西省地居关中，既可雄视中原，又可控制西北，是个天府之国，如能掌握，就可以左右时局。”这段话，勾起了张作霖觊觎关中抢地盘的决心。

1927年，张作霖自任安国军大元帅，派财政部次长董士恩到天津，邀来张镇芳面晤商谈组织内阁事。张镇芳以“自己的政治生命，在张勋复辟中，毁于一旦。同时，南方革命军胜败难可逆料”为由婉辞，继续担任盐业银行董事长。

但是他住天津的时间多，有时也回项城小住，却再未介入政治。

1933年，张镇芳病逝，终年70岁，葬天津东南郊吴窑村。著有《津寓感怀诗草》传世。张镇芳有子女各一人，均早殇，以胞弟锦芳长子家骐（伯驹）为继子。

张周翰

张周翰（1724—1801），字方宣，清代鹿邑县人。乾隆二十一年（1756年）丙子科举人，官许昌学正。以奖励后进为己任。诸生有贫难者，常周济之。致仕归里，乐行善举。居县城北门外，舍前有涡水，修道路、筑堤防，皆独力完成。

乾隆五十一年（1786年）大饥馑，张周翰熬粥舍饿者，救了不少人。平素喜欢储备珍贵药物，向他乞药者趾错于门。嘉庆六年（1801年）卒，时77岁。

张宗礼　张居易

张宗礼，字道凝，清代鹿邑县人。家设义塾，贫不能读者，常资助之。教诲谆谆，以孝悌廉介为宗旨。宗礼卒，子敏夫继之，敏夫卒，子居易又继之。三世相袭，设塾施教不辍。造就极广，而不图任何回报。张恩波是居易的弟子。本富家，入学时拿一狐皮大衣送老师。居易坚决不收，说："我自有御寒的衣物，怎么用得着这样豪华的东西呢！"

道光四年（1824年），乡里感其惠教之德，给他家送了块"三世师范"的匾额，以示景仰。

赵百元

赵百元（1870—1909），号殿一，今商水县邓城镇张湾村人，清光绪二十年（1894年）武进士，官至御前侍卫。赵百元武功高强，而且爱戏如痴。清光绪三十年（1904年），他在家乡张湾收了当地几十名伶人，办起了"小科班"，又称水旺村赵东升戏班。该戏班就是豫东大名鼎鼎的"二赵家戏"。几年后，赵百元因病去世，掌班赵连升（商水县西赵寨村人）几经周折，把二赵家戏班从张湾迁到赵寨。此后，戏班虽几易掌班，时盛时衰，但一直在商水周边县乡演出。1949年建国前夕散班，共活动46年。

赵炳蔚

赵炳蔚（1807—1900），字华躬，今沈丘县纸店镇人。家殷富，为清末著名的团练首领。因镇压捻军起义有功，受封为武功将军，昭武都尉。

咸丰三年（1853年），太平天国定都南京，沈丘揭竿响应者众多。赵炳蔚为保卫家产，阻止义军，便以保乡安民为名，纠集数十村民众，组织团练。是年七月，刘天喜等率众起义，数次围攻沈丘县城。赵炳蔚率团练登城拒守一个月，刘天喜等攻城不克撤离。而后，纸店附近杆首会合方集李士麟部欲袭击纸店，列阵颍河南岸。赵炳蔚率团练于北岸拒守，后会合清军追击李部直至长官店。咸丰五年（1855年），赵炳蔚与太和县团练联合，防堵捻军西进。后多次率团练进击安徽的捻军张洛行部，使张部遭受重大损失。张洛行视赵为劲敌，欲借清廷之手除此凶顽，遂虚构书信，付侦卒泄于汴营。清廷震怒，降罪杀赵。布政使贾某舍命力保，赵炳蔚得免一死。咸丰九年（1859年），清副都统胜保南下剿捻，赵炳蔚以精壮2000人相助，其部伍深受胜保赞赏。次年，胜保追击张洛行部，路经纸店，嘉赵镇压捻军之功，保赵炳蔚为候补守备，加都司衔，赏戴花翎。安徽当局以赵炳蔚曾七次入皖镇压捻军，对皖有功，保奏赏给三品封典。河南布政贾某曾当面问赵有何欲求，赵炳蔚回答："素业农，不愿仕。"一直安居乡里。

赵炳蔚不求仕进，养尊处优，不务政事，成为当时沈丘著名乡绅。曾倡导修筑纸店寨墙，赵领头捐资，主持施工，数月工成。赵炳蔚又率众修补桥路数十里，每逢荒年暴月也常施账救灾，在纸店一带颇有声望。赵炳蔚人丁兴旺，五世同堂，为沈邑一大家族。光绪二十六年（1900年）卒，终年93岁。

赵国贤

赵国贤（？—1911），字良臣，今项城市郑郭镇赵楼村人。小时候靠为别人佣耕为生，他堂兄赵芳当时是袁保恒家的管账先生。堂兄约国贤也去袁家打工，让他负责到乡下催租。国贤能吃苦耐劳，很得袁保恒的信任。闲暇时候，堂兄与他谈论兵法将略，他都能听懂，并且产生了从军的念头。

对于赵国贤，项城流传着许多关于他的故事。其中之一说：袁世凯当上内阁总理大臣以后，个别项城老乡就进京找他，想谋个一官半职。这天，来了三个自称是河南项城的人。袁世凯听他们说话，清一色的项城口音，可问到项城的风俗民情，却支支吾吾，躲躲闪闪。袁世凯知道社会上流传有"学会项城话，就把洋刀挎"的说法，表面上装作很客气的样子，推荐他们到皇上招纳贤士的聚贤堂考试。谁知他们一看考题，个个傻了眼，你看看我，我看看你，半天写不出一个字来。正在这时，门外又来了一个叫赵国贤的项城人，此人身材高大，站在那里，好似一座"黑铁塔"。他拿起考卷一看，不禁哈哈大笑起来，原来，纸上的考题是："外甥给老爷拜年，回来时拿点什么？"只见赵国贤不卑不亢地说："这有何难，拿个枣山馍就是了。"袁世凯一听，开怀大笑："着哇！我们项城有‘外孙搬他姥姥家的枣山，日子越过越暄’的俗话，你答得对!”接着，他命令把三个假项城人拉下去痛打一顿，驱赶出城。赵国贤力大如牛，袁世凯就留他这位老乡当了贴身保镖。

其实，赵国贤投奔袁世凯远在此前。光绪七年（1881年），袁世凯准备去山东投奔吴长庆，赵国贤就恳求他也带上自己，一同投效庆军。第二年（1882年），朝鲜发生内乱，吴长庆督师赴朝鲜，任用袁世凯为“军谘祭酒”（相当于营务处的参谋），赵国贤也随同去了朝鲜。后来吴长庆回国，袁世凯被留戍朝鲜，赵国贤就直接留在了袁世凯帐下。

光绪十年（1883年），朝鲜右相洪英植在日本人支持下，占据王宫，挟持了一班大臣。袁世凯当机立断，率部下一举攻进王宫，成功营救出了朝鲜国王和被挟持的大臣。朝廷论功，赵国贤因平乱作战勇敢，被任用为把总（武官职务，位次于千总）。袁世凯任清政府驻朝鲜通商全权大臣后，赵国贤也因积累的战功而被提拔为守备加都司衔。甲午战争爆发前夕，赵国贤才随同袁世凯回国。

小站练兵时，赵国贤任右翼第3营左队领官；袁世凯率领武卫右军出任山东巡抚时，赵国贤为行营中军兼带左队。义和团运动中，山东境内只有袁世凯的7000武卫右军，地广兵单，多靠赵国贤打仗身先士卒，平时与士兵同甘共苦，往往能以少胜多，才先后平定了70多股义和团和骁匪马贼，保持了山东境内的安定……赵国贤战功卓著，升为参将并加副将衔，后又因功实授副将加总兵衔。

光绪二十七年（1901年）九月，袁世凯调任直隶总督兼北洋大臣，赵国贤跟从他到了直隶，成了督标候补。这期间，他多次率兵平定匪乱，又先后被任命为“简放总兵”、“帮统”，统领新练左军兼带左营。光绪二十九年（1903年）十二月，赵国贤出任广东潮州镇总兵，兼统领“宿卫营”（皇宫警卫营）。袁世凯主政期，认为赵国贤很会管理军队，就任命他以潮州镇总兵的身份，兼统左路巡防营的5个大营。

1911年（辛亥）秋，“辛亥革命”爆发，一时天下响应。潮州人也在汕头建立了军政府，筹饷募兵，准备起义。赵国贤听说后，只身匹马去汕头劝说军政府放弃起义，没有成功，他就天天与潮州太守陈兆棠一起筹划防守办法。

九月二十二日深夜，他乘家人熟睡的时候，面向北方磕头说：“臣以一介武夫受恩深重，戴罪海疆二载，于兹力尽声嘶，外援不至，死不足惜，但苦吾民耳!”说完，就上吊自尽了。第二天，潮州城被革命军攻陷，太守陈兆棠也被杀死。朝廷得到禀报，赠赵国贤太子少保，谥号忠壮，依提督阵亡标准抚恤。

赵龙章

赵龙章（？—1829），字石泉，今商水县城关北街人。出生于清乾隆中期，嘉庆五年（1800年）庚申科考中武举。

赵龙章自幼热爱武术，成年身体魁梧，仪表端庄，胆略过人。中举后经考官举荐，清政府授四川省顺庆府绿营游击（清代汉人兵用绿旗称绿营，游击为武官名，次于参将）。时西南山区土匪猖獗，赵龙章任职后尽职尽责，率领所辖汉兵，击败并捉获了南充县匪首李允把，收缴了他用以骗人的“天机回原”逆书。经四川省督堂常保（满人）指令，提升赵龙章为督标后营参将（标为军队编制名称，一标人马相当一个团，督标受总督管辖，参将次于副将）。不久又受命到广东西部德庆、封川、罗定一带剿匪。这里同广西交界，匪盗活动狂妄。赵龙章分兵探查敌情，先后抓获了名匪叶哑七和其他股匪大小头目200余名，地方治安大有好转，民生得以保障。两广总督下令，提升赵龙章为副将，并报军机处记名。后又协同邻境绿营武装，抓获外号“梁金弹子”和苏继明等两股杆匪头目，被军机处调任福建省守城副将。其间，署理福建沿海城镇漳州，西部边陲要镇汀州（今长汀），北部边塞要镇建宁（今寿宁）总兵（为绿营兵中的高级武官），捕获处罚了一些内外勾结的海盗，平息了“平头会”杆匪，抓获了伙匪“盐枭”，赵龙章名声大振，被军机处提升为台湾提督（提督是受总督节制的高级武官）。清道光九年（1829年）死于任上。

赵如桓

赵如桓，字廷一，号仁庵，清代河北省宛平县（今北京市）人。康熙三十五年（1696年）二月三日至四十二年（1703年）以岁贡衔任扶沟县知县。

赵如桓幼时勤奋好学，及长博览群书，凡经史所编无所不读。对古今致治之故、兴废措置之宜无所不通。他在扶沟首重农事，除每月的初一、十五两日督课劝诫外，经常单骑下乡体察民情。他去掉以往给县官的常例钱，谢绝请托，严格保甲制度，肃清坏人偷盗的根源；惩戒游闲懒惰之人，严治赌博械斗之徒，教人敦本务实，安定社会。

他非常注重教育，来扶的第3天，见大成殿檐瓦脱落，随即捐资集工拆旧而新之。又见学宫内没有为一邑文运所关的泮池，他又捐俸首倡，在棂星门内创浚泮池。工竣，由何际美撰《创凿泮池记》碑文，杜宗度撰《赞邑侯赵公凿泮池》诗以赞其事。他设义学，请教师以振扶沟文风。关心民瘼，捐米设粥场，使孤贫之人得以生活。严禁诬告控诉的不实之词，劝善亲睦，借以干息讼狱。奖善惩恶、扶弱抑强等诸多惠政不一而足。

此外，赵如桓在来扶的当年，见县城有火星庙而无戏楼，无以壮观瞻仰、以唱太平，便倡捐创建了火星庙的戏楼。并撰写了《创建火星庙戏楼小记》碑文。在来扶的当年十月，下乡视察时，见城北董家桥村的关帝庙倾圮颓败，残破不堪，便捐薪予以重修，至次年三月竣工，撰《重修关帝庙碑记》以记之。康熙三十六年（1697 年），他主持重修了县城墙，在县署三堂之前创建晶极门，其额曰“居仁”、“由义”，又在迎春庙东买地 6 亩半以扩大原漏泽园的面积。因扶沟的监狱毁于兵火，他便在原监狱的旧址上建监房 3 间，仓房 3 间，女铺 3 间，狱神庙、地藏庙各 1 间，并砌以坚固的外墙，使之高 2 丈，厚 5 尺。北向置牢门，内通更道，设窝铺。并使更夫、女铺隔以高垣，各开门户，各留空院。这年五月，为幼女奸杀案找不到凶手，他寝食不安。他采用迷信的做法，借助城隍神托梦，或事有巧合，或他巧设的破案手段，终破此案。为此他撰写了《城隍庙灵梦记》以记破获此案的始末。康熙三十七年（1698 年）二月，赵如桓秉承其父的意愿，重修了天宁寺。之后，杜子昂写了《重修天宁寺记》以记之。康熙三十八年（1699 年），因贾鲁河、双洎河两岸的不法之徒常常在河边捣乱，阻碍来往商船的正常运行，他设法在河的桥梁处竖置木棚，两岸筑墩堡，并派兵加强守卫，使商船方得正常往来，河道遂得畅通。他的这种做法，受到上宪的嘉许，并让沿河州县也都采用这种办法。

清制规定的赋税，除地丁（土地、人口税）外，又从山东、河南、江苏、安徽、浙江等省征收一定数量的米豆，漕运京师，并选派好的官员领取银两购买。每石银价（包括盘驳、装卸和沿途捐耗在内）6 钱 5 分。银份固定，而粮价贵贱无常，丰岁尚可办理，歉年还得购同样多的粮，所缺之银由负责购买粮禽的官员再加派给百姓分担。赵如桓为不加重百姓负担，从康熙三十五年（1696 年）至三十八年（1699 年）的 4 年中，所不足的银两，全部由他自己负担。百姓万分感激，请在京师做官的杜子昂写了《邑侯赵公办运漕粮纪实垂远记》以颂赵如桓的功德。他还特别注重县志的编修工作，亲自主持了第 7 次续修《扶沟县志》并亲自撰写了七修《扶构县志·序》。

赵如桓在扶 7 载，为扶沟人民做了许多好事，实为封建时代不可多得之良吏。

赵万里　赵庆云

赵万里，字鹏程，号忍斋，清代陈州（今淮阳县）人。例贡生，赠武功将军。性至孝，母亲去世，三年不笑；堂兄半盲，万里极为医治，多方求医求药。山西关某在陈州经商，生意兴隆，因与万里交情甚笃，密存千金于万里处。此人后来以急病殁，万里将原金还其子，其子方知。有好友因重债被官衙逮捕，施以酷刑追逼，万里立即代为偿还。万里平时捐资向善，多有义举：清乾隆五十一年（1786 年）陈州大饥，出粟百石，活人甚众；独力捐资修萧桥及洪山庙大桥，免蔡河水逆流之患，受利者上下百余里。其他如修桥路，给药饵，施棺木，岁以为常。万里最喜欢读《忠孝经感应篇》、《敬信录》等书，闲暇之时便拿来课训子弟。嘉庆十年（1805年），县城修建文昌宫，万里身当重任，经营3年，捐资3000余金。又修包公祠、大慈庵、魁星楼、文场号舍，皆有所捐赠。陈州知府褒以“惟善为宝”匾额。

有子五：长子庆云，武庠生，例捐守备。嘉庆十八年（1813年）岁歉，首捐2000两，煮粥赈济。文庙、弦歌书院、画卦台、金龙桥等工皆有捐助。数年如一日，大有其父遗风。次子凌云，武举，勇于赴义，每遇到赈济修造施舍诸多善举，无不昆仲（兄弟）争先。次青云、祥云、瑞云。

郑羽侯

郑羽侯，字尔畏，号念生，福建闽县人。顺治九年（1652年）进士及第，顺治十一年（1654年）到项城为尹。刚进项城县境，就见督修河堤的官员向民众催要柳条。郑羽侯心想：项城是穷乡僻壤，地瘠民贫，又经连年战乱，老百姓都生活在水深火热之中，哪里拿得出折抵柳条的银子！于是和督修河堤的官员协商，减免了数万捆柳条银子。他上任两个月，便能做到“案无留牍，圄无罪囚”，处理了所有积案，开释了很多原本就无罪或可关可不关的犯人。当他看到项城城墙经战争和匪乱有部分毁圮时，便拿出自己的俸禄银子请工匠修葺。民众见县长这样，便自发地开挖淤塞的护城河，结果十来天工夫，项城就宜守难攻，“固若金汤”了。他又修固城门，在每个街道要口设置栅栏门，并派专人启闭，岁以为常。

郑羽侯县长在项城期间，时常修葺孔庙、奎星阁和学宫。他尊儒敬儒，关心教育，受到项城人的赞赏与拥护。项城人说他“亲民如子、亲邑如家”，赞扬他：“端品洁操，始终一德，不爱一钱，亦不爱一官。”所以他在项城八年之后于康熙元年（1662年）升官去四川茂川当州官时，项城人男女老幼都舍不得他走，哭着说：“到哪里再找这样的好官呀！”挽留不住，就为其立碑立传永远缅怀。

周龙章

周龙章，字云台，清陈州府太康县人。为人刚毅果敢，爱读史书。乾隆十五年（1750年）考中武举，兵部考试一等，分派河东任千总。王伦叛乱，周龙章奉命平叛，擒获伪总兵丁士杰等5人，即迁升守备。其部下私自向当地农民征收钱粮，周龙章查明真相，严厉惩戒了属下，并奏明朝廷免除当地一年税赋。乾隆四十七年（1782年），黄河决堤，周龙章立即调往河工，投入防洪。水患平息之后，升任河营都司。不久，又擢升游击职。乾隆五十一年（1786年），大饥荒。周龙章奏请朝廷借济宁常平仓1000石粮，分发给兵卒，军营才得以安全保命，没出变故。

他连续多年征发粮船，从没收受任何贿赂。有一次，湖南粮船遗漏数只，他独自驾船，查明实情，如实向上揭发举报。因此，他以清正廉洁闻名朝野，迁升参将职。

楚、豫、川、陕诸省白莲教起事，周龙章统兵防守汴梁。嘉庆二年（1797年）调防长江。之后，长年与白莲教作战，因战功升为中镇副将，引见记名以总兵用。嘉庆十四年（1809年），以眼疾告休归家。

周龙章，天性谦恭孝友，凡遇祭祀先祖之日，整日痛哭流涕。81岁时因病去世。

周汝霖

周汝霖，字肖岩，清代鹿邑县城西大周庄村人。幼贫失学，十五六岁时始入里塾。攻读刻苦，至深夜不辍，一年后入邑庠。道光十二年（1832年）举于乡。咸丰初（1851年）以大挑，官汝州学正。

汝地士民朴拙，有学问的人很少。汝霖到任后，广设塾馆，督民就读，奖励优秀，树立典范，使学风蔚然大变。举人李瞻，阴险悍毒，组建乡团，蓄养敢死士，以守御为名，恣行乡里，为害百姓，从不把地方官员放在眼里，随意欺侮。汝霖每每以礼抑之，且令人戒备。未几，瞻与彭氏结怨，瞻带领兵丁攻彭寨，拆屋掘坟，烧杀奸掠，令人发指。时，知州刚上任，问汝霖怎么办。汝霖曰："瞻众正在兴盛期，急于派兵擒捕，必有大的伤亡。不如表面上装作调解两家纠纷，乘其不备，方可将其捉拿。"知州依汝霖计，将瞻擒而杀之。汝地赖汝霖多年安定。年70余卒于官。

朱炎昭

朱炎昭（1832—1919），字飞仙，号鸿升，原籍安徽省颍州东南25公里常白庄（今属阜南县闵庄乡）。

炎昭天资聪慧，其家贫，得邻里资助，7岁入塾就读。9岁丧父，又逢灾年，度日十分艰难，但仍勤学不辍。18岁为荒乱所逼，随母携弟妹逃离故土。途中母亲病故，妹送人做童养媳，兄弟二人依靠为富户门壁上题颂诗求食。辗转至当时的鹿邑县杏店集（今属郸城县石槽乡），被独具慧眼的岁贡朱启元收为义子，幸而续读数年。此后，经乡绅推荐，先后在罗楼村、柘丘寺、王寨等地开设塾馆。29岁时娶当地人张氏为妻，购置田产，遂定居朱屯村（今属郸城县城效乡）。

清同治三年（1864年），炎昭32岁，赴淮宁县应试，得中秀才。后投师于麦仁店庠生王三纲门下，刻苦攻读诗文，习字画，长年坚持不懈。同治六年

(1867 年) 丁卯科，由优廪生考中举人。中举后，复在柘丘寺、杨老家等地从教，后受聘于太和县王寨、旧县集，开塾馆执教多年。光绪三年（1877 年），会试落第，仍不气馁。在勤习诗画同时，曾去天津等地，以出售诗画所得，游览古迹胜地。直至光绪十五年（1889 年），参加己丑科大挑，名列二等。光绪二十年（1894 年）四月，出任郑州东里书院学正，八月皇帝敕命，追封其父朱依中为修职郎，母王氏为八品孺人。光绪二十二年（1896 年），参与纂修《鹿邑县志》，任校阅。宣统三年（1911 年）升任卫辉府教授（正七品）。清帝退位后，去职返居朱屯。年届耄耋，仍精神矍铄，常访亲会友题诗作画。1919 年初冬病故，享年 87 岁。

炎昭性格诙谐不羁，平易近人，常与乡人戏谑，邻里均以亲人相待。离乡去郑任学正后，凡经济拮据前往向其求助的乡亲，均以书画相赠，无一人空还。平日，喜即兴赋诗作画，画上题诗，诗寓画意，画寄诗情，故以诗、书、画“三绝”闻名中州，尝自评“字不如画，文不如诗”。著有《飞仙游记》、《蔬香阁诗集》。其诗多为写景抒情，情景交融，意境四溢，随韵成趣，雅俗共赏。其书以颜筋柳骨楷书结构的纵势，吸取书家何绍基笔运腕功法，遒劲洒脱，气势磅礴，别有风姿。其画早期为山水花鸟，中期习山石松鹰，晚期以水墨淡彩的象形石为主。画石自然生动，用笔纯熟，古貌奇姿，苍老拙怪，故时有“朱老怪”之称（此系双关语绰号，寓意其貌不扬，其石怪姿）。因他从不吝笔墨，有求必应，故字画流传甚广，民间多有收藏。

左 辅

左辅，字素储，清代湖南长沙人。为官严明果决，有谋略有作为。初由附监生改官直隶，补盐山令，旋任河南封丘、西平等县。西平地处冲要，有土匪经常出没。时境内有武榜眼张忠祚引盗为患，辅到任力置之于法，百姓皆称快。岁饥，向上请求调拨帑币 7000 缗，设厂散粥，活人无数。调淮宁（今淮阳县）任职后，西平士民来淮送匾：“所去民恩。”淮宁仁义会首吴太山，在周口镇聚敛恶人欲谋逆，左辅立拿渠魁，使境内肃然。又疏通柳涉、清水两河河道；修城西大道 50 多里。断狱明决，口碑争颂。治淮 3 年，卒于任。百姓闻者涕下，西平民前来奔丧者，络绎不绝。抚院感其功，准予将其以循吏写入志书。

左 岘

左岘，字我庵，清代浙江鄞县人。以进士出任陈州知州。自身廉洁端正，勤于课士。饥岁时捐俸籴米做粥以赈饥民，赖以存活者万人。为政废除烦苛，推崇德义，刑械措置不用。大有古代良吏之遗风。后擢升户部员外郎。

周口歷史文化通覧

人物卷

（下）

《周口历史文化通览》编委会　编

學苑出版社

民国时期

安俊才

安俊才（1892—1956），回族，河北省保定人，早年毕业于保定陆军军官学校，后任该校教官。民国初年，调张学良部任骑兵第二军参谋长。九一八东北沦陷，安随张部调防陕西，升任中将副军长。西安事变后，奉南京当局军事委员会命令，安所在的骑二军进驻安徽，1939 年 8 月安俊才率部驻扎沈丘槐坊。青海骑八师驻防槐坊后，安移驻沈丘县城（今老城镇）。

安俊才驻沈期间，军纪严明，从不扰民。他命令部队只准住在庙院和废祠堂里，严禁士兵进入民宅。他与槐坊镇回教救国协会理事长马化堂（孝治）、绅士杜绍棠（字芾村）、马恒斋、马焕五（字文伦）、马济众（字仁同）、李栋才（字子贞）、麻纪仓（若村）十分要好，还常派他的秘书请杜绍棠去做客。安俊才与沈丘县纸店程营的乡绅程其祥（字长发）原是同事，都曾任过保定军校的教官，程因年长安十几岁，安常带礼品到程处叙旧。

第 15 集团军总司令、二战区副司令长官何柱国是安俊才保定军校的学生，当时国民党军中的陈诚、顾祝同、傅作义、程天放等也同为他的学生。安能发现人才、重用人才，在沈丘期间，曾招聘不少有才华的回、汉青年到军中任职，为国效力。如大学外语生程麟，黄埔军校毕业的吴翔、李贯一等，回民大学生马仁尧、马志领、马连三，黄埔军校毕业的回民青年马学德、马文钦（字敬斋）、马仁才、马仁孔等。

1943 年，安俊才被委任沙河（界首）警备司令部总司令，并协调地方各县市军警督察处、公安局维护地方治安。当时国民党加紧对我地下党组织的破坏，四处搜捕地下党人，安对此非常不满，因安从军的目的是抗日。与他的前任不同，安在任期间未杀一人，包括共产党人，故他在国统区口碑颇佳，特别是中下层人士称安俊才为“安善人”。槐坊镇回族青年杜永珍因给共产党地下组织运送物资被抓，安就以违反治安为名把杜关几天就给放了。很多被抓的“通共”嫌疑人，他都找个借口给放了。为此，军统部门对安颇有微词，何柱国只得把安调往临泉任军队风纪视察团团长。1944年，安俊才升任第15集团军参谋长兼总参议。1945年抗战胜利，安俊才奉命接收徐州，任徐海警备司令部中将总司令。1946年3月，蒋介石派顾祝同坐镇徐州，主军政大权，为发动内战做准备。安为保晚节，遂以年迈多病为由辞去徐海警备总司令的职务。

巴志忠

巴志忠（1915—1981），字干臣，曾用名志清，郸城县石槽镇巴楼村人。他以雕刻、泥塑和国画闻名于郸城、沈丘、界首一带。

志忠8岁进私塾读书，酷爱书法、绘画，14岁因生活所迫辍学，后在沈丘县白集、槐店等地以卖字画谋生。开始画门帘、肚兜和绣鞋花样，后来模拟画神像，并书写中堂和楹联。1931年经其表叔夏应科（老中医）推荐，为槐店集上西北军将领李鸣钟作画，受到垂青，名声初显。其时人们称他为“秮画家”，意思是既无学历、又缺名师指点，土生土长，只是个聪明人而已。

1934年，他从师沈丘县著名画师单青松，潜心钻研，进步很快，年许，即能较好地掌握作画的各种基本笔法和技巧，且理论知识有显著提高，又兼学了雕塑方面的技能。此后，行艺于沈丘、郸城、界首、临泉、新蔡、息县、潢川等县城和集镇，因他对书画、篆刻、雕塑、扎彩、裱糊等样样都会，群众又送绰号“百事通”。

1945年，志忠在界首县正式挂牌开业，主要经营项目为书画中堂条幅，雕刻各种牙章。其间，曾给南京杂技团画过宣传画——老虎和杂技表演人物造型等，形态栩栩如生，受到各界好评。

建国后，巴志忠结束了在外地闯荡流浪的生涯，回到自己的家乡。1950年先在郸城集上从事个体手工业，除写字、画画、刻章外，还兼营油漆活。1956年，他正式参加县建筑队。工作后，他运用自己掌握的各种技艺，为人民做了不少有益的事情。1964年，他的国画代表作《鱼》，曾参加河南省第三届美术展览会。1965年调进县木工厂，1978年由木工厂调到县美术社，1980年退休。1981年，因患肺气肿，治疗无效去世，终年66岁。

白书章

白书章（1917—2006），今西华县奉母镇小白庄村人。1934年和张仁甫等在西华丁庄、诸葛寺一带组织农民暴动，因叛徒告密而失败。1936年至1937年，和张仁甫在西华县城西部搞抗日宣传活动，发展抗日民族解放先锋队组织，成立抗日救国会。1938年加入中国共产党。历任新四军8团3营政治干事、支部书记、政治指导员、苏南江抗大队指导员，新四军6师政治处主任、组织科长，新四军2师、16旅卫生部政治协理员，华东军区卫生部直属党委书记兼主任。

抗日战争中曾参加合肥山口、东店埠、阳澄湖、靖江北等地的对敌顽战斗。解放战争中，参加涟水战役、宿北战役、莱芜战役、孟良崮战役、济南战役等。

建国后，任白求恩医院政治主任，上海市卫生局党委书记，上海市环境卫生局党委书记，上海市园林管理局党委书记。1984年8月离休。

白彦章

白彦章（1902—1976），字俊卿，原籍河北省磁县。1928年毕业于北平大学医学院。1929年在原籍行医，1931年到漯河安息日会医院（即美国医院）任副院长。1934年到周家口（今川汇区）南寨老街开设同仁医院，先后收学徒20余人。白彦章精通西医各科，尤娴熟外科，能做多种手术，名噪周口及邻近各县，就医者门庭若市。

1938年，中共地下党组织在周口创办抗日建国干部训练班，白彦章被聘为医务教官，主讲医务和战地救护知识。同年，日本侵略军的飞机轰炸周家口，周家口抗敌后援会成立青年医疗服务队，白彦章等积极组织医护人员参加抢救伤员活动。

1951年，白任商水县人民医院副院长，先后被选为商水县一至四届政协委员和常委。1976年去世，享年75岁。

薄自勉

薄自勉（1907—1975），又名亢宗，字诚斋，今扶沟县崔桥镇薄庄村人。自幼上学，五六岁就会背诵《三字经》、《百家姓》和百余首古诗词。1921年考入县立高等小学，1924年辍学。1926年结识中共党员施于民和一大批进步知识分子，对共产党有了初步了解。1928年经人介绍到山东韩复榘部当兵，任文书。1930年加入中国共产党。1931年九一八事变后，因在30分钟内写了一篇慷慨激昂的抗日布告而官升3级至64旅任书记主任。1933年3月，因叛徒告密，党组织遭到破坏。他死里逃生，只身来到上海，在左联沪西区工委，与鲁迅、周扬、胡风等知名作家一起从事革命活动，以何兰人笔名发表很多针砭时弊的时政杂文。

1948年夏，薄自勉奔赴中共中原局所在地宝丰，参与由中共领导的河南第一所高校——中原大学的筹建，是中原大学的首批教师。1949年5月，中原大学除医学院和师资培训班留开封外，其余院系南迁。薄自勉随校来到武汉，先后在中南政法学院和湖北大学任教。他是全国罕见的小学肄业当大学教授的老师。他把教学、研究、创作有机结合起来，在《长江日报》、《奔流》等报刊上发表《突壳》、《土改中的儿童》、《读鲁迅全集》等数十篇作品。由于建国前在左联与胡风共事，建国后又有一些交往，他在1958年反右运动中受到株连，以体弱多病、思想顽固为由被勒令退职。1960年落实政策，湖北大学让其返校工作或作退休处理。他因身体尚未恢复，不愿白拿国家工资而谢绝。1960年后在上海专业写作，创作发表了评论《鲁迅在辛亥革命前后的文学活动》、《金圣叹关于律诗的一些见解》、《漫谈陶渊明的诗》、《漫谈杜牧的诗》、《诗歌杂谈》，戏剧剧本《城乡新曲》、《续西厢记》、《大破天门阵》，电影剧本《朝鲜红姑娘》，诗歌《古大梁行》等数百篇作品。

1963年和1965年，著名作家李准两次看望他并建议他担任河南省文联顾问，他都以身体不好、难以胜任而谢绝。1966年郑州市豫剧团决定排演他的《续西厢记》，聘请他担任该团编剧和导演，正当他应允赴任时，因“文化大革命”运动而搁浅。1968年回乡定居，1974年创作长篇小说《黄道会起义》，未完稿而于1975年病逝。

卜云龙

卜云龙（1911—1996），今沈丘县傅井镇卜楼村人。

1927年，16岁的卜云龙参加冯玉祥的西北军，在骑兵1军3师1团1连当兵。1930年，蒋冯阎中原大战，冯阎败北，骑1军被蒋介石收编为骑兵第3师，卜云龙任师部参谋。1931年至1933年，卜云龙先后到开封中央陆军军官学校、庐山军训团和南京骑兵学校高等马术班学习、受训。其间，集体加入国民党。结业后，卜云龙回到骑兵第3师改编成的骑兵14旅，任教导队队长。“西安事变”期间，被调任28团1连连长。1937年7月卢沟桥事变后，骑兵14旅调至豫北安阳一带，多次击退日军的进攻，卜被提升为副团长。

1938年冬，彭雪枫部与骑兵14旅建立统战关系，组成政训队，汪治任教导员，卜云龙任队长。其间，卜云龙在汪治的帮助下，深刻认识到国共合作、团结一致、共同抗日的重要性，思想发生了根本性变化。汪治把卜云龙作为中共党的发展对象。这时国民党4旅参谋长潘鸿飞和28团团长马仁兴均被汪治发展为共产党员。

1941年春，团长马仁兴率团起义。因卜云龙与其关系密切，也于4月15日被捕。定卜云龙与马仁兴“同谋叛变”罪，关押在特务连，决定第二天处以极刑。卜云龙下属牛副官与卜关系密切，与卜云龙商定，在当夜2点逃走。夜2点，看守卜云龙的哨兵更换为河南老乡。卜云龙披着大衣，要求解手。哨兵对卜云龙毫无戒备，连说：“去吧去吧。”卜云龙入厕后用木棍撑起大衣，靠墙而放，佯作自己。而后迅速翻越围墙，逃出院子。牛副官备两匹马在院外等候，于是2人骑马投奔八路军。4月17日，与八路军129师1旅取得联系，经左权批准，到蟠龙镇抗日军政大学学习。

一个多月的学习后，卜云龙被派往马仁兴的部队工作。这个部队经过整训，编为八路军冀中骑兵团，马仁兴任团长，芦克任政委，卜云龙任参谋长。卜云龙在该团任职期间，经马仁兴、芦克介绍，于1940年10月1日加入中国共产党。

1942年5月1日，日军在华北开展大扫荡，冀中骑兵团受到严重威胁。遵照上级指示，骑兵团分散转移。卜云龙与政治部副主任杨经国（后在突围中牺牲）带一个连，于5月中旬同马本斋带领的回民支队会合，8月底，他们到达濮阳范县一带。这时，卜云龙以带出的部队为基础组建了一个骑兵营，自己任营长，史铭林任政委。

1943年，骑兵营与冀贡军区骑兵团合并，编为教1旅32团，卜云龙任团长。1944年初，为执行保卫党中央、保卫毛主席的任务，教1旅32团和回民支队，在军区司令员杨得志的带领下，星夜经太行、晋西北奔赴延安。这年，卜云龙33岁，与回民支队女战士申萍结婚，司令员杨得志做他们的主婚人。秋，32团与16团合编为教1旅第2团，卜云龙任副团长。

日军投降后，卜云龙所在部队调往东北，卜云龙被任命为热北军分区副司令兼骑兵支队队长。为适应当时形势的需要，卜云龙将骑兵支队扩编为骑兵团。

1947年1月，卜云龙调任冀察热辽军区训练部部长，负责骑兵干部的培养和训练。此后，军区决定组建骑兵师，卜云龙任师长。骑兵师组建后，随即参加了辽西战役，在锦州北金家屯全歼国民党174师；锦州战役中，骑兵师圆满完成阻击任务；解放平津之前，骑兵师掩护东北大军挺进关内；平津解放后，骑兵师由华北军区指挥。数月后随四野南下，担任河南部分地区的剿匪任务。

1950年3月，骑兵师返回东北开办马场。1951年3月，骑兵师改为步兵166师，卜云龙任师长；6月，卜云龙调中央军委马政局任副局长。1958年底，马政局人员整体到云南工作，自此，卜云龙历任云南省农林厅、畜牧厅、农业厅正副厅长等职。

1996年3月6日，卜云龙在昆明病逝，享年85岁。

曹同德

曹同德（1892—1961），今扶沟县练寺镇河套村人。10多岁开始学戏，20岁就在西华、鄢陵、扶沟叫响，是扶沟早期的大鼓书艺人。他的演唱以词句干净利落、唱腔洪亮、表演稳重大方称誉。1948年，他在扶沟县城隍庙演出，书中有一段“勾奸夫、害本夫”的情节，说一妇人为了与情夫百年永好，趁丈夫生病，把一条蛇从其肛门塞入，害死丈夫。此段故事曹同德连说几十场还没说完，吸引得国民党驻军的一个连长听入了迷，场场不落。适逢军队开拔，当天晚上该连长依旧前来听书，开场前他把手枪“啪”地摔在曹面前的桌子上，说：“今天晚上你再不把长虫掏出来，老子就崩了你！”由此可见曹说书技艺的精湛程度。他的主要曲目有《刘公案》、《杜公案》等十多个，演出地点大都在县城茶馆，很受人们欢迎。

曹彦章

曹彦章（1901—1965），幼名力儿，今郸城县石槽镇曹楼村人。豫剧沙河流派代表，豫东著名武生，曾任县豫剧团副团长、县四届人大代表、县人民委员会委员。1962 年参加河南省名老艺人会演，获一等奖。

彦章性憨厚，14 岁为糊口进科班学戏。因不识字，唱词请人口授，全靠专心，记词娴熟。18 岁入淮阳县“五福班”唱戏，后转入“赵家班”掌班报单。31 岁进“界首民众舞台”报单。37 岁到鹿邑县八区剧团唱戏，后在大赵庄、石槽等地业余剧团当教师。1954 年，郸城县豫剧团建立，他才结束了流浪卖艺生涯，成为县剧团正式演员。此后，他的思想觉悟和艺术水平不断提高，无论在配合中心工作排演现代戏方面，还是在传授技艺培养青年演员方面，他都尽心竭力，作出了一定贡献。

彦章是童子功，形神兼备。唱腔响亮圆润，激越高亢。武打动作干净利落，舒展优美，扣人心弦，尤以脚功、腿功、眼功、翎子功著称。表演艺术上的吹胡髭（胡髭平挑，以示愤怒）、瞪眼（瞠目如球，炯炯有神）、窜椅子（纵身、腾跃、挺卧在坐椅上），被誉为“三绝招”。他的武打技巧，既能在扎大靠、穿厚底靴的情况下翻滚腾跃，做高难度动作，又能在背手接枪、跪步甩发，造型亮相时，准确地踩在锣鼓点上。

彦章舞台生活 40 年，唱、念、做基本功深厚，驰名于郸城、淮阳、鹿邑、界首、沈丘等地。在传统历史剧《黄鹤楼》、《伐子都》中表演的“窜椅子”、“挂椅子”、“入被窝”、“金鸡独立”等武打动作，以及武生戏《南阳关》、《反楚国》，老生戏《群英会》和文生戏《提寇准》中的大段唱腔，都深受群众赞颂。1962 年全省名老艺人会演，他饰《黄鹤楼》中的周都督十分成功，被称为“活周瑜”。为此，著名豫剧表演艺术家常香玉让其女儿常小玉拜他为师，重点学习他饰演周瑜的唱腔和动作。

曹振邦

曹振邦（1875—1946），今扶沟县固城乡鸭岗村人。幼年因家境贫寒，12 岁就从师学唱坠子书。他声音洪亮，吐字清晰，念唱俱佳。每到一处演出，总是一气把书唱完，中间从不休息，因此人送绰号“一样梅”。他常在许昌、驻马店、鄢陵、密县、扶沟一带演出，主要曲目有《雷公子投亲》、《洪凤传》、《罗绣记》等。1946 年病逝于驻马店界牌镇。

陈 焰

陈焰，上海市人。1935 年加入共青团，1937 年在延安抗大学习，1938 年加入中国共产党。抗大毕业后分配到新四军 4 师工作，1938 年底随 4 师到鹿邑，任妇女工作团副团长。1939 年 3 月，日军占领鹿邑县城，陈焰和妇女工作团的人被困城里，后经群众掩护，化装成送殡的孝子，撤至城外。在城南找到新四军后，继续随组织工作。

1940 年底，陈焰离开鹿邑，到永城等地工作。1946 年调回鹿邑任集区任区委书记。中华人民共和国成立后，陈焰先后任南京总工会妇女工作部部长、财政局人事科长、企业党委书记，北京有线电厂党委纪检副书记。

陈 震

陈震（1922—1977），又名道修，今商水县城关乡陈庄人。1938 年 10 月加入中国共产党。后随军参加抗日战争和解放战争，历任排长、营部教导员等职。1947 年参加著名的孟良崮战斗，荣立战功。

建国后，任南京市直机关党委书记兼组织部长，华东政治研究院院务主任等职。1977 年 7 月 30 日病故，终年 55 岁。

陈碧青

陈碧青（1907—1987），又名碧卿、五瓒，今扶沟县包屯镇小岗村人。8 岁上学，在本村读了 8 年私塾，1926 年考取省立淮阳中学。1928 年，经校长朱纪章、校务主任王少明介绍加入中国国民党。1929 年在开封高中上学。九一八事变后，日本帝国主义大肆侵略中国。消息传到开封，他义愤填膺，在学校积极组织学生运动，担任开封高中抗日救国会主席，带领学生游行示威，宣传抗日。

1934 年 8 月，他以优异成绩考上了国立北平辅仁大学数理系。1935 年 12 月，陈碧青和同学们一起罢课，参加了著名的一二·九运动。1936 年，他在辅仁大学参加了民族解放先锋队，积极印刷刊物，散发传单，上街演讲。1937 年辅仁大学毕业，接着到河南大学数理系深造。

1938 年，看着大片河山被日军占领，人民被日军蹂躏，他再也读不下去了。于是，怀着满腔救国激情，弃学从戎，参加豫东抗日游击队。后在叶县 30 军子弟中学和南阳战中任教。

1941年，陈碧青受河南省豫东游击区教育专员朱纪章的邀请，到扶沟联合中学任训育主任，兼数学教员。当时，扶沟联中的学生年龄偏大，成分复杂，有的不安心学习，和国民党驻军相勾结，走私鸦片，酗酒赌博，嫖娼斗殴，旷课迟到，影响极坏。大多数师生都强烈要求整顿学校纪律，还师生一个安静的工作、学习环境。是年冬，陈碧青在宣布整顿学校纪律的同时，严格考试，按成绩执行升留级制度。少数学生乘校长朱纪章去省城开会之机，写匿名信进行恫吓，想迫使他放松管理。又勾结校外流氓，夜晚趁他去教室检查之机，突然袭击，将其暴打一顿。陈碧青面对邪恶，毫不软弱，更加抓紧纪律整顿。不久，这伙人又闯入他的住室，趁他不在将其衣物、书籍焚烧。陈碧青本想通过教育，使他们改过自新，不料他们越走越远。无奈之下，陈碧青狠狠心，开除了数十名学生。学校风气顿时好转，广大师生和社会各界拍手称快。

1944年，日本侵略军打通了平汉线，郑州失守，扶沟危急。暑假后，陈碧青随学校迁往水寨（今项城县水寨镇），仍任训育主任。1945年抗战胜利后，朱纪章任商丘专署专员，委任陈碧青为专署视察员。1947年又应聘到省立开封女子师范学校，任训育主任。

建国初，陈碧青在开封私立真光中学任辅导主任，兼数学教员。1951年参加了中国民主同盟会，同年6月调省立开封高级工业学校任教。1954年随学校迁至郑州。1962年调郑州市39中学，1964年调郑州市第5中学。他长期从事初等微积分和解析几何的教学和研究，曾编写《微分方程题解》书稿。因被错划为右派，“文革”期间又遭批斗，未能付印。

“文革”后，被平反昭雪，安排工作。他拖着病体，继续为党的教育事业贡献余力。79岁时方离职休息，次年病逝，享年80岁。

陈大娘

陈大娘（1903—1982），原名张爱民，今西华县迟营乡吕王村人。出生于贫苦农民家庭，幼年丧母，在苦水中长大。丈夫陈景仁，婚后夫妻感情不和。爱民既失母爱，又无夫妻之情，遂养成了倔犟的性格。

1947年，受黄水灾害逃往外地的农民纷纷返里，爱民因丈夫在异乡被抓丁当兵，只得只身随乡亲回到西华。

中共西华党组织及县人民民主政府领导人民开荒种地，以期重建家园。而国民党整11师、整5军及县武装，不时进犯解放区，形成了“拉锯战”态势。苦大仇深的张爱民开始感觉到党的温暖，尝到阶级的友爱。在西华县人民民主政府郭建华副县长的动员下，担负起地下交通员及侦察敌情的任务。她冒着生命危险，蹚着齐胸深的大水，为县大队送情报、搞联络，并几次到周口侦探国民党整 11 师的情况。因她貌丑（麻脸、大脚），多次瞒过敌人的搜查、盘问，圆满完成侦察任务，受到县、区领导表扬。1948 年春，由贾希文、潘笑萍介绍，张爱民加入了中国共产党。当时城关区区长潘笑萍称她为“陈大娘”，于是张爱民的名字没人叫了，不论干部群众，男女老少都以“陈大娘”呼之，就连她的私章，也刻着“陈大娘印”四个字。

当时开荒种地，农民缺牲畜、少农具。针对这一情况，她按照党的指示，成立了西华县第一个互助组。将有限的牲畜、农具搭配开，有效地解决了眼前的困难。在互助组里，她干活带头，不怕苦、不怕累，群众赞成她，敬佩她，还编了顺口溜颂扬她，说：“陈大娘真正忙，组织妇女去打场，打了这场打那场。”

黄水虽说退下去了，而河道淤塞，一遇大雨，仍泛滥成灾。党和人民政府领导人民挖河修堤。秋天，陈大娘带了 28 名妇女，参加了治颍大军，成为当地妇女挖河的先例，对工程进度起到推动作用。

1948 年，陈大娘任城关区邵蛮楼乡乡主席。

1949 年，中华人民共和国成立，陈大娘参加了党中央、政务院召开的首届劳模大会，受到毛泽东主席、周恩来总理的亲切接见，并合影留念。

陈大娘一生无子女，由生产队“五保”。1982 年，79 岁的陈大娘因病去世。迟营公社为她举行了隆重的追悼会。

陈莲生

陈莲生（1894. 5—1958. 7），今扶沟县柴岗乡两冢坡人，后居扶沟县城关镇凤台街。著名豫剧演员。因乳名胖墩，体胖，人称陈胖。

陈莲生出身贫寒，为生活计，七八岁时即被父亲送到扶沟四街戏班学戏，拜花脸张大印为师。他刻苦练功，认真学习，时常一人跑到城墙上鼓劲喊练，幼时人们就称他为“三里响”。由于虚心好学，又聪明伶俐，10 岁就登台演出。渐大时，乃立志改学旦角。一天从早到晚忙于演出，深夜、黎明在野外练嗓，经过七八年的不懈努力，终于练就一副声音洪亮、吐字清晰、韵圆腔柔、音高而不噪、声低而不沉的好嗓子。他扮相美，会戏多，成为河南豫剧界的旦角名伶，享誉河南及鲁、苏、皖边区一带。

他常年在省内外农村演戏，植根于人民之中，了解人民的疾苦与心声。社会的腐败，恶霸的横行，激发了他与封建思想、官僚地主抗争的强烈激情。1927 年，北伐军入河南，他向民众传播消息，讲述革命前途。1935 年，他组织进步青年，宣传革命思想，破除封建迷信，剪掉男子头上的长发辫，鼓励妇女放足。他不信鬼，不信邪，率众打掉庙里的神像，他说："各位神灵，我给你们唱一辈子的戏，还落个下九流，你说扒你亏不亏?"1937年，他受中共进步思想的影响，和穷苦群众一起，抢收地主地里的麦子，分地主粮仓里的粮食。他曾多次到鄂、豫、皖、苏区演戏，在那里亲眼看到了苏维埃政府开展的没收地主土地分配给贫苦农民、兴办教育、恢复和发展工农业生产的动人局面。亲自体会到了红军官兵遵守纪律、英勇善战、爱护百姓的风范。他走到哪里，就把这种感受宣传到哪里。1938年后，他坚决不在日伪占领区演出，他说，我不能演戏给杀我同胞的日本鬼子看。他多次在豫中、豫南赈灾义演，把所得收入捐献给多灾多难的泛区同胞。

他演戏熟中有巧，巧而严谨，一字不苟，一丝不草，依戏着装，应着棉虽酷暑也不着单，该穿单临三九不穿棉。唱、做、念、打、悲、愤、喜、忧，表演格调独特，秀出班行。在河南及皖、苏、鲁边区一带广泛流传着："宁卖几亩地，不能不看胖的戏；宁叫荒了地，也要看看胖的戏；宁跑十里地，也要看看胖的戏。"他在省内外豫剧界影响越来越大，省会开封的同乐、豫声、永安等豫剧团多次邀请他，均被谢绝。他说："我不谋城市，不想为官宦唱戏，我的戏只能唱给乡人听。"他有三不唱，即色情诱人的粉戏不唱，奸诈惑众的奸戏不唱，淫秽不洁的淫戏不唱。他每到一地演出，总是让群众点戏，只要符合他三不唱原则的，点什么他就唱什么。杨家将中的《穆桂英挂帅》、《穆柯寨》、《辕门斩子》、《天门阵》、《破洪州》、《雁门关》、《四郎探母》；王宝钏戏中的《彩楼配》、《别窑》、《武家坡》、《大登殿》；包公戏中的《秦香莲》；瓦岗戏中的《对花枪》、《花打朝》以及《三上轿》、《大祭桩》、《藏舟》、《蝴蝶杯》、《桃花庵》、《黄桂香》、《刀臂杨藩》、《齐寡妇》等都让群众百看不厌。他用精湛的艺术，引导观众入情入戏，每戏高潮则往往把观众引入童婴无声、商贾不叫的宁静之中，使观众哀而悲啼欲声，怒而群情激愤，喜而情不自禁，乐而欣喜若狂，从而发挥着戏剧醒世育人、潜移默化的作用。

陈莲生记忆力极强，不但会他饰演角色的台词唱段，就是全剧中的台词、曲调、过门牌子，无不娴熟。乐队中的司鼓、简板、锣、镲乐器亦样样都会。他不但旦角演得好，而且文生、武生、花脸、丑角也都很出色。他曾在100多个剧目中扮演过多种行当的角色，塑造出了众多身份不同、性格迥异的艺术形象。人们都称赞他的戏路宽，戏活全，唱啥像啥，演谁像谁。人们把他那副紫檀色的面孔比喻成高粱杂面，把他会唱的戏比喻成美味肉馅，给他送了一个响亮的绰号——杂面肉包。他的代表剧目，旦角戏有《三皇姑出嫁》、《金盆记》、《齐寡妇起反》、《秦香莲》、《张才妇认子》等，花脸戏有《殷郊下山》、《收严颜》、《斩单雄信》、《斩吴驸马》等，武生戏有《黄鹤楼》等。

在他演出的剧目中，多有当时演员难及的绝活。演《金盆记》时，他饰娘娘，上军阵时，面对皇儿及齐王表现出两种不同的心情，他一半脸对皇儿是哭，一半脸对齐王为笑。在演《齐寡妇起反》时，他饰齐寡妇，他的两个脚能登“拐子”（用三寸金莲形的假脚装脚尖上），他身穿大靠、跑、跳、武打，表演自如，特别是唱到对恶霸切齿痛恨时，能用旦、净混合的唱腔，表现出齐寡妇的神勇，更为别的演员所不及。炉火纯青的表演艺术，赢得观众场场掌声。

建国前，戏剧界有抢戏风俗，即剧团组织众人，以人多力强、人多势众，从另一剧团将名角名演抢走，这是给予一个演员的特殊荣誉。莲生一生，先后被周口骡马行戏班、扶沟四街易俗社等剧团抢戏十多次。建国后，他受聘于许昌地区戏剧学校任教。他教戏意为先，以意促情，依情记戏，以使记忆深刻，表达准确，能做会唱。他要求学员，要善于吸收他人之所长，弥补自身不足，在学的同时，要有创新，要唱出自己的特色来。他常说，戏不惊人，白披一张戏子皮。1958 年 7 月 20 日病逝于许昌，葬于扶沟，终年 64 岁。

陈良治

陈良治（1895—1988），又名善政，今鹿邑县城关镇人，著名中医。

陈良治幼年入塾读书，1911 年入回生堂药店从郑天机学习中医。1918 年改当塾师，兼攻医道。1922 年弃馆从医。1938 年日军侵占鹿邑县城后，迁居乡下，继续行医。常施医舍药给贫困的患者，声望渐高，邻里患者多慕名求医。城北傅弯村一女病危，水米不进，命悬一丝，绝望中求陈诊治，只 4 副草药病即痊愈。丁亮村一农民全家食物中毒，生命垂危，陈良治用药后，皆化险为夷。

1950 年春，陈良治到县人民医院工作。曾当选鹿邑县一至四届人民代表大会代表，第四届人民委员会委员。1988 年去世，享年 93 岁。

陈良治在行医中精心授徒，培养出不少中医人员，有的已成著名医师。晚年撰写《验方集锦》、《常见病治疗》书稿传世。

陈万春

陈万春（1915—1946），今商水县邓城镇人。自幼上学，后考入国民党军官学校第七分校。1941 年毕业后，以中尉衔被派往某部任排长。后所在部队与日军作战溃败，陈潜回老家。时，周家口已经沦陷。陈万春卖身投靠，与驻周日军取得联系，当上了邓城区区长，成为侵略者的奴才。

陈万春当汉奸后，网罗一些地痞流氓、土匪恶棍、无业游民，组成六七十人的队伍，在邓城亦兵亦匪，敲诈勒索，奸淫烧杀，无恶不作。1944 年 8 月，被国民党部队击溃，陈万春潜逃。日本投降后，陈万春以陈寻梅的名字，身穿国民党军服，佩上校军衔，以军统局第二稽查大队名义在漯河、许昌一带活动。后被查出系冒牌的汉奸陈万春，枪毙于漯河。

陈行先

陈行先（1906—1938），今淮阳县城关回族镇南关人。1931 年秋参加冯玉祥部队，曾任班长、排长、连长、营长。在台儿庄与日军作战时不幸牺牲，后追任为副团长。为抗日民族英雄。

九一八事变后，全国掀起抗日救国浪潮，他因家贫生活所迫出外谋生。此时，冯玉祥正积极筹备组织民众抗日力量，成立抗日同盟军，行先就参加了这支抗日的队伍。因行先有一定文化基础，很快被提升为班长。他作战勇敢，头脑敏锐，于 1933 年秋被提拔为排长。其间，有一个战士得了疟疾，他亲自喂水喂药。一位士兵衣服烂了，他把自己的衣服给这位士兵穿。点点滴滴小事使部下深为感动，大家对他亲如兄弟。由于他驭兵有方，几个月后又被提拔为连长。1938 年初，他以冯玉祥编写的《国仇问答十条》、《民众抗战问答》为教材，对士兵进行爱国主义教育，使部队激发出高昂的抗日斗志。上级发现他有超群的指挥能力，练兵有巧妙的方法，作战有一定策略，把他提为营长。

1938 年 3 月，他奉命北上。在抗日的战场上，他带领战士勇猛杀敌，消灭大量日军。在台儿庄战役中，日军以几十倍的兵力向这支队伍猛扑。在敌众我寡、援兵没有及时到位的情况下，战士在阵地前一个个倒下，陈行先也不幸为国捐躯，时年 32 岁。战役结束后，他所在的师部长官，指派士兵从千百具尸体中找到了他的遗体，从河北台儿庄战场上派人派车护守运回到他老家淮阳南关。1938 年 11 月 11 日，省政府、县政府主办了他的丧事，追认他为副团长。

陈振凯

陈振凯（1904—1945），今沈丘县大邢庄乡陈埠口村人。

振凯出生于农村小康之家。父为医生，行医乡里，常施诊贫家，为里人称颂。振凯自幼入学就读，后事农耕。1922 年怀报国救民之志，入冯玉祥部当兵。受冯玉祥“不扰民，真爱民，誓死救国”的思想教育，守纪爱民，作战英勇而逐级提升，曾任吉鸿昌部第 11 师连长。1930 年蒋、冯、阎中原大战，冯军兵败。陈振凯随冯系残部溃退到晋南，由宋哲元收拢，被蒋介石改编为第 29 军，陈振凯任该军骑兵少校连长。九一八事变后，第 29 军驻防通县、蓟县、遵化至喜峰口一线。1933 年 3 月，陈振凯参加了著名的喜峰口抗战，给日本侵略军以深重打击。后又出征长城内外，参加察哈尔省的同盟军抗战，屡创日军。1937 年 7 月 7 日夜，日军在卢沟桥寻衅，陈振凯参加了这次有历史意义的反击战，是首开全面抗日战争、荣立战功的人员之一。此后陈又随军转战于冀、鲁、豫、苏、皖等省广大地区，多次与日军作战，并卓有战绩。

1940 年，陈振凯升任第 59 军暂编第 53 师第 1 团上校团长。该军原系张自忠的 38 师，此时属张自忠的第 33 集团军所辖，驻防湖北西部，防止日军进犯。陈振凯长期受冯玉祥、吉鸿昌、张自忠等爱国将领的思想熏陶，又多次目睹日军侵华的种种罪行，对日军无比痛恨，抗日志坚。他多次教育部属“不打倒日本帝国主义，中国将永无宁日；抗日军人要和日寇死拼，抗战到底!”陈振凯积极拥护中国共产党的抗日民族统一战线政策，拥护国共合作，共同抗日。1943 年陈部驻防荆门、南漳一带，防区曾与新四军的第 5 师毗连。陈振凯亲自到第 5 师邀请政工干部到该团教唱抗日歌曲，宣传抗日救国的道理。一次奉命配合 179 师去敌后打游击，在荆门育溪河附近的“二五七”高地和日军激战，因敌众我寡，伤亡惨重。陈振凯派人向新四军第 5 师求援，第 5 师立即派出援军，共同把敌人击退。第 5 师收容陈团伤员，伤愈后全部送回。陈振凯给第 5 师送去弹药、粮食、药品作为酬谢，两军关系更为融洽。

1945 年 3 月，日军第 39 师团在鄂西发动了南漳战役。陈振凯团驻在荆门以北的白云山（距城 80 里）东侧，是迎击由荆门东北朱家埠来犯日军的第一阵地。战前，陈动员部属誓死抗敌，精忠报国。同时给他的夫人写了一封遗书，信中说：“我给你写信的时候还是一个爱国军人，当你收到这封信的时候，我很可能已不在人世了！日寇又要对我们发动进攻，我决心率领全团誓死保卫阵地，绝不让鬼子得逞……我为抗日而牺牲，你应该自豪，不要悲伤！要好好教育孩子，让他们好好上进，热爱祖国！”

3 月 21 日晚，日军向陈振凯团的前哨阵地发起猛攻，陈振凯指挥部队英勇阻击，毙敌甚众，敌势顿挫。不久，日军后续部队增至，敌我兵力悬殊成五与一之比。陈振凯深知自己的阵地关系着全师乃至全军的安危，毫不动摇地誓死阻击敌人。击退敌人多次进攻，双方均伤亡惨重。自 21 日晚接战，坚持到次日晨 6 时许。陈振凯虽身负数处重伤，仍沉着指挥部队奋勇杀敌，最后冒着敌人的炮火，率众冲入敌阵血拼，给敌人以重创。是役歼敌千余人，创造了以少敌众的辉煌战绩，陈振凯在这次战役中首挫敌锋，壮烈殉职。26 日的《新华日报》、《大公报》、《新湖北报》均报道了陈团以少敌众、誓死报国的英勇事迹。战后，陈振凯遗体安葬在南漳县武镇张公（自忠）祠内，第 59 军军长刘振三为陈振凯墓碑题字，以表彰其为国献身的光辉业绩。

1985 年 10 月 6 日，河南省人民政府批准追认陈振凯为革命烈士。

陈志平

陈志平（1931—?），今商水县魏集镇陈楼村人。1947 年 1 月参加新四军，

1948年10月加入中国共产党。历任副班长、班长、排长、连长。曾参加枣庄战斗、莱芜战役、孟良崮战役、淮海战役、渡江战役、解放上海战役。1952年9月，参加抗美援朝战争。1969年3月，以顾问名义，参加中苏珍宝岛战役。他身经百战，出生入死，战功卓著，先后荣获二等功2次，三等功6次，奖章有豫东战役纪念章，淮海战役纪念章，中华人民共和国解放奖章，渡江战役纪念章，抗美援朝和平纪念章。

陈子先

陈子先（1899—?），乳名陈良，今商水县固墙镇陈大器村人。他幼年丧父，母亲去世较早，与其兄相依为命，过着饥寒交迫的日子。

因为家贫，他未踩过学屋门。在他幼年时，就酷爱曲艺，一有空就练。他上地拾柴或挖野菜时，也常拿着简板练唱。他发誓："要指我这张嘴，养活我一辈子!"

1921年的豫东平原兵荒马乱，土匪如毛。陈大器村村小人少，是土匪时常洗劫的重灾区。为免遭意外，全村七八户人家投亲靠友纷纷迁往外地，陈子先迁到邻村徐屯村岳父家居住下来。从此，位于徐屯村东北1公里处的陈大器村消失了。

陈子先为了学到精湛的说唱技艺，先后到魏集、上蔡拜师学艺3年。他如饥似渴，勤学苦练，深夜不眠，喉咙练哑了，眼睛熬红了，从不叫一声苦。他17岁便外出说书，一手拿简板，一手拍"梆梆筒"，独自演出，有唱有白，声音圆润洪亮，吐字清晰。故事情节婉转，人物生动形象。不论是赤日炎炎的盛夏还是滴水成冰的严冬，观众听他说书，仿佛被磁铁吸住了一样，一动不动，屏息静气，侧耳聆听。1941年毛爱莲在固墙演出，陈子先打地摊说书，大戏开演快一个时辰了，听他说书的观众仍纹丝不动，舍不得离开。陈子先在鄢陵、扶沟两县名声更大，谁家娶媳妇或母畜下仔，总要请陈子先说一场书，以示庆贺。

他最拿手的书是《陈三两爬堂》、《打满船》、《回龙传》、《响马传》等。陈子先虽目不识丁，但他聪明绝顶，记忆力惊人。凡唱词只要听上两遍，就像刻在脑子里一样，永不消逝。中华人民共和国成立前夕，他在本村唱《陈三两爬堂》，村里有一位文化人名叫徐乃佑，在旁边灯下看剧本，对照唱词，看有无出入，一场戏下来，一字不差。徐称赞他说："老陈，你真中，我佩服，你说的和书上印的一字不差!"

中华人民共和国成立后，商水县文化馆对民间曲艺人员进行培训，陈子先都积极参加。通过学习，他改造了思想，提高了文艺为工农兵服务的自觉性。

他说："旧社会我唱了30多年的小戏，全是为了吃穿。为了革命，今后我还要再唱几十年。"实践证明，陈子先实践了自己的诺言。在商水县文化馆多次举办的会演和评比中，他总是名列前茅。演出的同时，他又呕心沥血，培养了近20名徒弟。

陈子先数十年的文艺生涯，在群众心目中留下了美好的印象。在固墙镇一些上了岁数的群众中，一提起陈子先，至今仍是赞不绝口。

陈子欣

陈子欣（1906—1973），今西华县奉母镇陈庄村人，河南省立第四中学毕业。1930年加入中国共产党，3月至5月任中共西华县委书记。后因时局动乱失掉组织关系。1932年7月，由王访舟介绍在西华重新入党。8月，第二次任中共西华县委书记。1934年元月，调中共河南省委工作。1938年返回西华，任西华三区七里仓联保主任（中共地下党组织派遣）、西华人民抗日自卫军连指导员、副大队长等职。1942年任新四军11旅供给部财务科长。建国后，任河南省荣军管理处处长，最高人民检察院处长，检察员，机关党委书记。1973年在北京逝世，终年67岁。

程长发

程长发（1887—1952），字其祥，今沈丘县纸店镇程营村人。程早年就读于保定陆军军官学校，历任北洋陆军少将旅长、保定陆军军官学校教育长、第15集团军中将参谋等职，是抗日战争爱国将领。

一

程长发出身于贫苦农家，祖辈靠二亩薄沙地糊口。7岁时程长发靠亲戚资助读私塾，光绪二十九年（1903年）考入保定军校速成戒备学堂步兵科。由于他学习刻苦，成绩优异，毕业后被分配到北洋陆军一镇四标二营右队当排长，从此开始了他的戎马生涯。

程长发本分勤劳，不怕苦累，表现出色，部队长官很看重他，不久便提升为连长。后调陆军速成学堂，任军制学教官、机关枪教练处副官。1913年4月调离学堂去带兵，在北洋陆军一师四团一营任营长。保定陆军学校选"苗"时，程长发复回母校步兵科任上校科长。保定军校是民国初年仿日本、德国的军事教育，为培养陆军军官而建立的一所完整的正规化军事学府。近代中国的一些风云人物，如叶挺，国民党高级将领白崇禧、傅作义、陈诚、顾祝同、邓锡侯、刘文辉、张治中、刘峙、薛岳、唐生智、何柱国等都出身于这所名校。程长发调回该校不久，被升任少将教育长。1918 年 7 月，程长发奉命调任北洋陆军参战军 1 师 2 旅少将旅长。1920 年 8 月，他参加了直皖战争。其所在的皖系兵败，他被迫脱离军伍，返回沈丘程营老家赋闲。

二

程长发解甲归田后，一直住在侄子的三间茅草屋里，过上了清淡悠闲的农民生活，一住就是十多年。1937 年七七事变后，北平沦陷，太原、上海也相继失守，中原告急。这时期蒋介石在中共竭诚抗日与全国各族人民抗战激情的极大推动下，接受了国共一致抗日的建议，抗日民族统一战线形成。这时，骑二军（该军后改编为第 15 集团军）驻防沈丘，军长何柱国曾是程的学生，就亲自登门拜访程长发，请程担任骑二军军部参谋。程上任后随何柱国参加了长城抗战、台儿庄大战、武汉保卫战等战役，狠狠地打击了侵略者。何柱国升任第 15 集团军上将总司令后，程也被国民政府授予陆军中将衔。

骑二军原是东北军张学良的旧部。沈丘老百姓由于长期受国民党宣传的影响，认为东三省是张学良不抗日，拱手送给日本人的，对他的旧部到抗日前线沈丘来驻防有抵触情绪。程长发家居沈丘，对老百姓有很深的感情。他建议何柱国应入乡问俗，搞好军民关系，要多接触各阶层人士，争取他们的支持。何柱国采纳了这些意见，多次举行军民联欢会，印发宣传品，端正沈丘人对张学良的看法，从而军民关系得到改善。

河南省会开封失陷后，日寇魔爪伸向豫东、皖北，1939 年 2 月 18 日，一股 1000 多人的日本兵经沈丘向南开进。发现敌情后，程长发怀着对日军的无比仇恨，建议何柱国调集部队痛击敌人，并请战到前线指挥。何同意后，程带兵在沈丘直河头一线布防阻击南进日军。此役多次打退敌人进攻，打死打伤日军 100 多人。最后，何柱国下令炸坏直河头大桥，敌军不能前进，退回原地。这次战斗，骑二军有数十名将士阵亡，为中国人民抗日救国谱写了一曲壮歌，给豫东人民留下了不泯的记忆。

三

程长发十分关心和重视沈丘教育，多次严令所部要爱护学校，保护学生。为推动学校文体活动，部队经常与驻地附近学校联欢，和教师进行篮球、足球比赛，深受师生的欢迎。1943 年初，程长发与何柱国议定，利用第 15 集团军的职权，为安置沦陷区学生就学，在沈丘盆尧同德中学的基础上，创办国立第 21 中学，任命李贯一（沈丘人，北平国立大学毕业，曾任沈丘私立颍滨中学校长，终身国大代表，后移居美国）为校长。程长发派专人帮助建校，为确保安全，又派一个团的兵力进驻学校附近警卫。学校当年建成，当年招生。1944 年，国民政府确定鲁豫皖边区创建一所师范学校，程长发和何柱国又决定校址在沈丘盆尧，仍由李贯一负责筹备，校名定为国立第一战时师范。学校建成后，王济宽（曾任信阳师范校长，沈丘教育局局长）任战师校长。在如火如荼的抗战时期，豫东一个偏僻乡村盆尧，接连办起两所国立学校，被当时的教育部督学梁醒黄誉为奇迹，就连沈丘人也感到自豪，这是何柱国和程长发造福沈丘人民的功绩。

1946 年 10 月，何部奉令调离沈丘。程长发此时已届花甲之年，便主动恳请退役，又回到程营老家，仍住在当年侄子的三间草房里，从此结束了军旅生涯。

四

1920 年冬，程长发第一次离伍返乡时，自己无房住在侄子家，生活很困难。1924 年 7 月，保定陆军学校的学生、无家可归的安徽亳州市人李效庄，找到程长发诉说故乡人亡家破时，程毫不犹豫地收留了他，同甘共苦，生活多年。每逢过年过节，自己的旧衣洗净补好凑合着穿，设法也要给李效庄添件新衣服。全村人都说，他俩不是亲人，却胜过亲兄弟。最后李效庄病逝，他出资将其安葬在程营村的田地里。

陕西省宝鸡市李姓商人在抗战时期到沈丘做生意，时间长了赚了些钱，当地一个地痞就想法敲诈他。而李不认勒索，分文没给。这个地痞串通了县警察局，以走私资敌为罪名把他抓进牢房，动用重刑把他折磨得死去活来。最后放李姓商人出来筹措罚金，警官经常上门追索。李倾家荡产也交不够罚款，无奈之时，有人叫他去找程长发，说程是沈丘人，品性好，心地善良，乐于助人。李在无路可走之际，就抱着试试看的心态，痛哭流涕地向程长发诉说了冤情。程长发听后非常气愤，一再安慰说："别生气，你的事我管，先回去等着吧。"转天，程长发亲自到县警察局，问明事由，对警察局局长连训带骂，使李姓商人得到解脱。

程长发献身军伍 26 年，虽职高位重，却清贫如洗。退役居乡期间，保定军校的学生或旧友，像陈诚、顾祝同、何柱国等高级将领，知他困顿，送他钱物，都被他婉言谢绝。当汤恩伯看到老师居住在侄儿的简易草屋时，深感不安，要出巨资为他建造别墅。程长发却说："你的好意我领了，别墅无论如何也不能盖，我的脾气你是知道的，盖了我也不会住。"有一年中秋节，何柱国乘坐高级轿车，在卫兵的护卫下威风凛凛来到乡下，给老师献上慰问品和月饼，问寒问暖非常亲热。何柱国离去后，程长发把月饼和"洋货"食品拿出来分给程氏族人，让大家也享享"口福"。

1947年春，沈丘处于“国共”拉锯状态，政局不稳。考虑到自身安全，程避居安徽界首。建国后，沈丘县人民政府把程长发从界首接到县城魂店回族镇居住，不久，淮阳专员公署又把程长发接到淮阳居住。人民政府把程长发作为爱国将领对待，按月发给程生活补助金，在衣、食、住房、医疗等方面给予关怀照顾，使其安度晚年。1952年冬，程长发病逝于淮阳，终年65岁。

程西海

程西海（1919—1981），西华县人。出生在普通农民家庭，后毕业于西华县逍遥师范学校，被聘为小学教员。

抗日战争爆发后，程西海于1939年9月，经八路军驻西安办事处介绍到抗大学习，之后留校任教。1940年11月加入中国共产党。1943年夏随八路军挺进中原，曾在河南省淇县任抗日县委执委、县民政科科长、代理县长、汤阴县县长等职。1947年又随刘邓大军南下进入大别山，先后任太岳县、太湖县、宿松县县长。建国后，程西海陆续在淮南煤矿工业专科学校、淮南矿山机械厂、中共淮南市委任主要领导职务。1963年夏，程西海调任铜陵有色金属公司党委书记，并同时兼任铜陵特委副书记、铜陵市委副书记。1968年10月被选为安徽省革命委员会委员。1980年12月当选为铜陵市第八届人民代表大会常务委员会主任。1981年因病去世。

程彦乐

程彦乐（1914—1986），又名进伊、鹏，今许昌市鄢陵县西程岗村人。中共鄢陵县地下党创始人之一。自1937年起，历任中共鄢陵县党小组成员，党支部委员，工作委员会、县委会、中心县委员会委员，黄泛特区委员，扶太西县政府白潭区区长，鄢扶县抗日民主政府民教科科长，鄢扶县委委员、县政府副县长等职。

他家境贫寒，在其叔父的帮助下，1923年春入县文清书院读书，1931年秋考入开封中山中学，1935年考入淮阳师范。其间，接受中国共产党的教育，积极响应一二·九学生运动，参加游行示威，支援省城学生卧轨请愿活动。由于其思想进步，1936年被学校开除。回家后，曾任小学教员。1937年5月入党并参加工作。6月在县城南街成立了读书会，激发入会者的爱国主义思想。7月成立抗日救亡宣传队，向广大民众宣传抗战形势和党的抗日民族统一战线政策。1938年，根据豫东特委“应把工作重点放在发展武器上”的指示精神，他出面利用统战关系，争取鄢陵国民党左派建立民运工作团，各联保的义勇壮丁队归民运工作团统一指挥，地下党向重点联保派出了大都由共产党员担任的政训员，插入各保以抓武装。1944 年 6 月，日军占领鄢陵，他通过统战关系搞到一部分枪支，经地下党委同意建立了 20 余人的抗日武装。1945 年 5 月，他调到豫东解放区。1946 年回任扶太西县吕潭区区长。1947 年 4 月建立鄢（陵）扶（沟）县人民民主政权，同年 7 月至 11 月，任鄢扶县政府副县长。

任副县长期间，他一方面带领区队配合豫皖苏独立旅打击敌顽势力，一方面组织农民协会开展减租减息斗争，实行土地改革，没收地主、富农的土地、牲畜、农具、粮食、房屋等分给农民。11 月 27 日，他奉命带一个警卫排开辟鄢陵、许昌以南地区。他们先到张桥，与张桥区队汇合，去消灭扰乱张桥的 40 余名国民党乡丁。战斗开始不久，国民党骑兵旅赶到。因寡不敌众，他们边打边撤，退入扶境道清寺待援。敌军将寺包围，激战至傍晚，终因弹尽粮绝，他受伤被俘。

他被俘后押至洛阳。一年后出狱，在上海学习一年，回河南省税务局工作。后回家从事农业生产。1986 年 9 月 3 日病故，终年 73 岁。

楚　博

楚博（1909—1939），原名竟烈，字淑和，河南荥阳县城关镇土沟桥村人。1925 年，他奔赴洛阳参加河南农村工作处学习。结业后，被分到郑州、豫北从事“农运”工作。

1931 年先后任渑池县、封丘县县长。1937 年调任西华县县长。当时西华是中共豫东特委所在地，在特委和县委的领导下，已掀起抗日高潮。经豫东特委书记沈东平的帮助，楚博由亲共反蒋到决心为共产主义奋斗。他亲赴陵头岗参观豫东特委主办的抗日干部训练班，并向特委和学员表示：“要和西华人民一起抗战到底！”1938 年春与中共豫东特委合作，在县城办了 3 期抗日干部训练班，为西华和附近各县输送了大批抗日骨干。

为了配合党的工作，楚博首先撤掉了县政府、区公所及各联保处的反动工作人员，换上了共产党员和进步人士。接着于 1938 年 5 月创建了一支 3000 人、枪的抗日武装，名为西华人民抗日自卫军，他任司令。这支部队，不但担负着新黄河沿岸的防务，而且主动出征，打击日、伪军，坚持敌后斗争。10 月，经彭雪枫介绍发展楚博为中共特别党员。

楚博的行为为国民党当局所不容。1938 年 12 月，他被国民党省政府以“述职”为名，召至洛阳，遂扣押西安行营。中共党组织多方营救未成。1939 年 11 月 17 日凌晨，国民党以“逞匪殃民”的罪名，将楚博秘密杀害于西安，年仅 30 岁。

崔道昂

崔道昂（1912—1947），名子骏，字道昂，号“潜阳子”，今项城市孙店镇广阳后崔寨人。他为人正直，致力教育，敢于状告数任贪官县长，名震一时。1936年至1946年间，在项城民众中，知名度极高。

1937年“七七”卢沟桥事变后，全国人民掀起抗日高潮，崔道昂于1941年毅然辞去民教馆馆长兼《项城简报》编辑职务，开始筹建“抗建中学”（校址在老城文昌宫）。办学的宗旨是：“培养人才，抗战建国，以拯救祖国的危亡。”

为创办抗建中学，他卖掉自己家的25亩土地，作为办学基金。又广征校田，以补助学校经费。经与官方磋商并得到政府认可，凡被征为校田者，免征赋税及一切杂款。凡考取抗建中学的青年学生，免服兵役、家庭不出壮丁、不出人头税。他择优聘任教师，重视教育质量。当时有进步思想的教师陈品三（临泉人）、董国昌（字伯驹、西平人）、任龙（字湘波、汝南人）、程祖汉等，都是中共地下工作者。他深入课堂，亲自讲课，并拟订《学生守则》、《读书十要》、《告抗建同学书》，以教育激励学生立志报国，艰苦学习。从1941年至1946年，每年春、秋两季招生。5年内共招收学生10届20班，1000余人。

1940年秋，广阳一农民拉牛车去县城粮库交军麦粮。当时县政府向全县派征军麦450万斤，全县3个区，36个联保，108个保，每保军麦任务4万余斤。农民交粮时，经常被验收人员百般刁难。一住几天，人畜露宿，粮还交不上。排上号的，验收人员用大秤扣压，农民叫苦不迭。广阳一农民找到崔道昂，崔到验收处质问：“是谁收粮？为何不验收？”验收人员见是崔馆长来问，随口就说：“这就收，这就收。”即时，未验就收了，也没压秤。

在抗日战争时期，国家民族危在旦夕，大块土地被日军占领。当时偏僻的项城是一小片后方，但政繁赋重，除田赋外，还有壮丁款、军麦款等，苛捐杂税，名目繁多。1942年，春荒严重，民不聊生，哀鸿遍野。项城县县长易云峰大肆贪污军麦款，大发国难财。崔道昂闻之，即向各乡镇摸清事实，写成状纸，控告给河南省政府。

1944年春，项城县县长何国暹，重修县城4个城门楼，实际用款2万元，但他虚报为8万元。同年9月15日，日军飞机骚扰项城县城，投弹2枚，未炸毁仓库，何却上报说敌机炸项城，将城内仓库全炸毁，粮食全烧光。为此崔道昂摸清情况报于省政府，何闻知是崔道昂告他，即将崔逮捕入狱2个月。后来经田镇洲专员写信，才获释放。

1946年春，项城县县长田云樵，滥收、滥支、滥加、滥借统一粮款4000余万元，又额外非法摊派，侵挪救灾急赈及驻军已还粮款数千万元。崔道昂利用去省会机会，在开封住了一个多月，撰写诉状控诉田云樵“十大罪状”。控状中有一条是“统一摊派”——全县每亩地摊1元。连同他人控告田的诉状，一并分呈南京国民政府、河南省政府监察使署、中国时报、上海益世报。田云樵得知崔道昂告他，于农历四月下旬的一天下午，派县保安团大队长王景宇率领武装百余人，把崔道昂抓走。此时，民众正在打麦，听说道昂被抓走，附近村庄的农民一呼百应，数千人拿着杈耙扫帚蜂拥追赶，追至广阳前楼村后，将道昂夺回。次日，田又派武装到崔寨抓人，把道昂妻子史氏抓走入狱。那一段时间，县保安团不断到崔寨抓人，弄得鸡犬不宁，致使崔寨农民一度不敢姓崔。当时有一青年崔留根怕被抓走，伪称“姓刘，叫刘根”。此人年逾花甲之时有人还向他逗笑，叫他“老刘”。

崔道昂在界首撰有一副长联说：

无官不贪，无绅不劣，无人不利，恨无三尺剑，扫除群凶，再建华夏；有事必载，有闻必录，有正必扶，幸有一支笔，挥动三军，重振山河。

1947年，崔道昂病故于家乡，时年35岁。

大脚芳

大脚芳（艺名），原姓花，郸城人。自幼随父花天成（花天成艺名梁闺女，时人赞誉他一场戏值80两银子，故号为“80两”）学戏。后来，天成病故，其妻改嫁李姓，大脚芳随姓李。当时“顾家班”女演员顾秀荣在豫东一带名声很高，顾的艺名叫“顾小脚”，她就针锋相对，给自己起了个艺名叫“大脚芳”。这一来说明她也很会唱戏，二来显示了她不服输的倔犟性格。

大脚芳受其父教育，名师出高徒，一时成为豫东、皖西有口皆碑的名旦演员，与其夫葛家斌合演的《日月图》、《双凤山》、《白玉灯》、《白玉碑》、《千秋灯》等剧在观众中很有影响。

戴宝真

戴宝真（1894—1976），回族，原籍今太康县逊母口镇。出身宗教世家，一生钻研实践伊斯兰教，为淮阳及周口地区知名度较高的职业阿訇。曾任河南省伊斯兰教协会筹备委员会委员，商丘专区民族宗教事务委员会委员，淮阳县人大代表，淮阳县政协常务委员会委员等职。

他幼年即兼习阿拉伯文。清光绪二十七年（1901年）至1919年间，先后在睢县、洛阳、卢氏、开封等地的清真寺学习伊斯兰教，后到项城老城、沈丘槐店、周口明善堂、太康张集、淮阳新站、淮阳县城内等清真寺任阿訇。1963年到淮阳城内第二合作饭店任副经理。1968年迁居郑州其子处度晚年。1976年病逝，享年82岁。

戴成龙

戴成龙，1928年2月至1931年任扶沟县县长。

戴成龙身高不足五尺（1.5米），脸膛黝黑，常穿一身半旧灰色军装，走路如跑。几乎每天早晨都拿一把大扫帚到大十字街扫街，并亲自喊叫铺店的人出来打扫卫生。

他虽其貌不扬，可在革除积弊上确有办法，很为时人叹服。他首先革除了县长出县府至少要带二三名护兵以显威风的积习。他常一人微服独行，出入于市井、民间，又常亲自扫地，遇人交谈。他这种毫无官架的县长，那时是见所未见、闻所未闻的。由于他身材矮小，故人们背后提到他时，便不约而同地叫他“小戴官”。

其次，在他任上，县衙敞开，百姓可以自由出入。县政府的警政人员常在那里集合上早操。

再次，剪除男子发辫。办法是：在关卡要道设专人检查。这些人手里拿着利剪，看见有发辫者，即上前把他的辫子剪去，方准通行。如有拒绝或趁势逃跑者，则即赶上捉住，强制执行。他有时带两三个人，有时他自己经常在城乡各地检查。见到有留发辫的，亲自拿剪刀给剪去。一边剪，一边蛮声蛮气、连说带笑地讲道理。

最后，强迫妇女放足。办法是：发动女校（那时有县办女子简易师范）教师或社会进步女青年，组成三五人一组的查脚小组，深入街道居户检查。凡30岁以下的女子，有裹脚者，当即令其拆去。那时户家一听说“查脚的来了”，青年妇女便立即把裹脚布拆去，好应付检查。来不及拆者，就找旮旯躲避。查脚小组到哪家如不见年轻妇女，便像查户口那样，质问家里都有什么人，哪里去了。一边问，一边讲放脚的好处，一边在家里到处查找。找到时，就强迫给其拆去裹脚布。遇有拉拉扯扯的抗拒者，就予以批评教育。抗拒不拆兼出言不逊者，视情节轻重，处一元以上、十元以下罚金。戴成龙不仅组织他人查放足，而且也让自己40来岁的太太及十七八岁的女儿参加查脚小组。她们不着花红柳绿，不戴金银首饰，活动积极，态度认真，起到了骨干带头作用。而戴成龙自己对查放足也亲躬力行，经常带两三个人，一人手里拿着一根六七尺长的竹竿，挑着许多肮脏的裹脚布在街上走。这些裹脚布，一部分是他巡察时遇到裹脚的妇女逼着她们去掉的，一部分是遇见裹脚的十来岁的小姑娘，他笑着、逼着亲自给去掉的。

另外，他破除封建迷信，扒掉庙里的神胎，做的多是别人不敢做、不愿做的好事。

邓中华

邓中华（1911—?），四川省三台县马家桥村人，1950年落户西华县红花集镇张庄村。

1933年，邓中华参加徐向前、张国焘领导的红四方面军，1935年加入中国共产党。遵义会议后，参加红军长征。1938年任770团2连连长，留守后方，执行屯田任务。因成绩卓著，被评为模范连长。1945年8月，解放登封县城时，因英勇善战，被提升为营长。1947年2月，邓中华在湖北兴山县突围激战中与部队失去联系，辗转回到四川老家。1949年参加奉节县县大队，任副大队长。1950年由万县军分区介绍到西华工作。因未得到妥善安置在农村落户。30多年中，中华始终保持红军的光荣传统和作风。在社会主义建设中，多次被评为模范。1982年在解决中原突围历史遗留问题时，经报请河南省人民政府批准，恢复邓中华红军待遇。从此他焕发青春，积极投身到社会主义现代化建设中。

丁　琳

丁琳（1917—?），女，原名殷高霄，今商丘市睢县人。1942年12月参加革命，1945年8月加入中国共产党，历任新四军接生员，夏邑县湖桥镇镇长，鹿邑县试量区联络站站长、区长，白马区区长，夏邑县般口区组织部长、农会主任，扶沟县妇联主任兼三区区委书记，淮阳地区妇联会组织部长，商丘地区妇联副主任，柘城县副县长，周口地区生产公司党委书记，物资局副局长，地区妇联副主任。

1939年，22岁的丁琳走出家门到抗大联中学习，结业后从事抗日救国运动，后转战到夏邑县胡桥镇任镇长。1947年随八分区一起到鹿邑开展工作。当时鹿邑县境内敌人非常嚣张，国民党新五军和土顽相勾结，横行乡里，斗争很艰巨、很残酷，共产党人随时有被杀头的危险。丁琳到鹿邑后，党分配她去试量敌占区任联络站站长。为了开展工作，化名丁琳。因为试量一带群众多数都姓丁，与当地姓丁的叙为同宗，便于掩护。她经常活动在大郎庄、丁小楼一带，发动组织群众进行斗争。1947年冬，敌人到处搜捕丁琳，联络站的金同志闻讯与丁琳商量转移。丁琳化装成卖花线的农妇由金护送，躲过敌人严密搜查，转移到县委活动区丁小楼以南。而金在回去的路上被敌人抓住，严刑拷打后五牛分尸，并把头抛到井里。丁琳把这一惨案给县委作了汇报，县大队对敌人进行了清剿，沉重地打击了敌人。随后建立了试量区人民政权，丁琳任区长。

建区后，开展了急性土改。在土改运动中，地富分子耍花招，到处贴标语、造舆论，说什么请老姑娘给我们“分家”（续家谱时按辈分大多群众都应叫丁琳姑娘），并给丁琳送了试量有名的狗肉、钱等收买丁琳。丁琳揭穿了敌人的阴谋，将计就计，说：“要让我们分家先交出文书。”地富的文书全部收上来后，她在试量区大郎庄召开群众大会，当众把文书一火焚烧。彻底粉碎了地富的阴谋与幻想，使土改运动顺利进行。

1947 年秋，丁琳带领区队十几人在毛王庄征公粮。粮食刚集中到一起，敌人突然来抢粮，当时其他区队队员都深入农户去做工作未归，只有丁琳一人在场。丁琳双手提枪，沉着应战，给敌人以迎头痛击，使敌人抱头鼠窜。从此，双枪老太婆丁琳的英勇事迹在鹿邑群众中广为传颂。

丁琳在艰苦的斗争环境中，紧紧依靠群众，机动灵活地与敌人周旋。一次，试量区与五台区汇合在两区交界处的毛王庄整体学习，区队战士刚刚把枪卸开准备擦拭，鹿邑城里的敌人扑来了。区队紧急集会，由五台区区长杨林掩护撤退。由于敌人来得突然，丁琳没有撤出。她隐蔽在一户群众家里，化装成农妇，坐在纺车前纺线，躲过了敌人的挨户搜查。晚上，狡猾的敌人住下继续搜查，丁琳隐蔽的这家房东有点害怕，催丁琳跳墙跑。丁琳想敌人处处放的都有岗，跳墙更易被发现。她灵机一动，走到房东的织布机前，剪下一条白布，糊住鞋，头上缠条白布，让这家农民护送出村。碰见岗哨盘查，说去娘家烧纸，巧妙地跳出了敌人的包围圈。

在革命斗争中，丁琳将自己的安危置之度外。1945 年，她的爱人在战斗中牺牲。丁琳把仇恨埋在心里，化悲愤为力量，更加坚定地投身于解放战争。一天，丁琳在白马区小王庄召开群众大会，讲话时肚痛难忍，跑到村旁的一棵大树下，生下了孩子。孩子出生后，她将其寄养在群众家里，又投入了剿匪反霸斗争。1948 年，这个孩子被还乡团找到，活活摔死了。敌人夺去了丁琳一个又一个亲人的生命，这更加坚定了她的革命意志，她没有悲观，没有消沉，而是更加积极地为解放全中国而斗争。

建国后，丁琳大多是从事妇女工作。她积极培养选拔妇女干部，关心妇女群众的疾苦，为妇女的解放事业作出了很大贡献，深受妇女群众的爱戴。

丁 琪

丁琪（1919—1947），女，山西省高平县人。共产党员。抗日战争时期在豫西工作。1946 年中原突围后，于年底回到晋冀鲁豫解放区，并与刘波涛结婚。

1947 年初，丁琪随波涛分配到豫皖苏区沈鹿淮县，任中共郸城区区委书记兼区队政委。3 月 3 日（农历二月初十），她随县委书记刘波涛等在郸城西南罗楼村进行土地改革试点，深夜突然遭到地主武装与国民党鹿邑县自卫团袭击。

她在战斗中腰部负伤，突围后于次日晨被群众救护，组织上把她隐蔽到郸城北赵老家村赵广富（村长、外科医生）家中治疗。治疗期间，村干部秘密串联贫农赵谷氏等6人分班护理，相处十分亲密。丁琪不断向他们宣传革命道理，还向赵广瑞说："老大爷，你们这样侍候我，以后我一定报答你们的恩情！"经20多天治疗，伤情大为好转。3月底，郸城区区长王良带领区队一个班，前往赵老家接她归队。不料叛徒告密，夜间联络时误中敌人奸计，被地主武装、联防队队长谷金银率百余人半路伏击，区队败退，联系未遂。次日晨，丁琪被杀害，时年28岁。

郸城建县后，将其遗骨移葬县烈士陵园。

丁加辛

丁加辛（1903—1979），今鹿邑县试量镇南丁楼村人。1934年参加中国工农红军，在红25军徐海东部当战士。1935年参加二万五千里长征。1936年加入中国共产党，同年调入中央工作。历任班长、管理员等职。

1956年复员回乡务农。他关心集体，生活俭朴，乐善好施，谦虚自爱，深受群众敬仰。有人要他讲自己的革命史时，他总是笑笑说："我没什么功劳，叫我讲啥。"

董恒祥

董恒祥（1899—1947），字瑞久，号傻先生。今鹿邑县涡北镇老庄乡董庄村人。11岁入私塾，因家贫几经辍学。1913年以贩卖谋生，旋即弃商务农，农闲自钻学业。受辛亥革命启迪，倾向革命，逢人就说："中国有了希望"，"国家属于民众"。每次进城必借报纸和进步书刊阅读。见清廷丧权辱国就义愤填膺，切齿痛骂。遇革命军的捷报佳音就欣喜若狂，奔走相告。自编顺口小唱《推翻满清》、《打倒封建》、《反对腐败》、《破除迷信》，宣传革命。1915年考入县师资训练班，翌年毕业分配到马铺小学任教。1922年积极参与破除迷信活动，改庙建学，领导学生宣传剪发放足。1938年6月1日，日军占据县城。恒祥辞去教职，回家自编、自刻、自印抗日救亡小报，肩挑书箱，串馆出售。不少青年受其影响，投身于抗日救亡的行列。

1946年，恒祥见日军已降，内战又起，广大人民再陷水火，遂举笔痛斥国民党反动派发动内战的罪行，歌颂共产党抗日救国的功德。是年冬，邻村一家为母办三周年大祭，宾客云集，恒祥站在高处对众演说："咱穷人非走朱毛平均地权的道路不行……"很多人为之感动，也有人为之厌烦，说："傻先生又疯了！"不久，他投身革命，任董庄农民会会长。是年，保长董恒春把本村牛金宝

（中共地方武装独立团战士）的牛、驴等财产变卖为现金，欲送交国民党联防队。他闻讯奔至现场，阻止董恒春。董恒春大怒，当夜串通联防队将恒祥绑到戴桥河下，严刑拷打，逼他说出谁是共产党人。恒祥忍着疼痛，气愤地说："丧尽天良的走狗，想让我冤枉好人，万不可能！"在一阵痛打之后，以布塞嘴，用绳活活勒死。尔后用刀挑断喉咙，刺破胸腹，扒光衣服，投入河中。中共地方武装独立团（又称黑马团）闻讯，在牛金宝的带领下从县西安平直袭董庄，活捉董恒春。董庄群众帮助恒祥亲属捞出尸体，含泪殡葬。恒祥被害时48岁。

董庆发

董庆发（1922—1982），河北省涉县更乐村人。幼年入塾馆读书，后因生活所迫辍学。青少年时期，正值日军入侵，人民惨遭涂炭，严酷的现实，激发了他的抗日救国热情。1940年起，他积极参加抗日救亡和抗暴活动。1941年4月成为中国共产党党员。

1941年至1947年，庆发先后任村民兵队长、村长、武委会主任、农会主任、四区抗日救国联合会宣传委员、副区长等职，积极领导群众抗日锄奸，减租减息，剿匪反霸，支前扩军，使更乐村成为涉县抗日模范村。

1947年11月，他带送新兵南下，曾任中国人民解放军11纵队5团1营4连指导员。1948年1月，奉命留在沈丘、临泉一带从事开辟新区工作。当时，沈、临两地处于"拉锯"状态，形势险恶，他曾几次被地主武装堵截包围。他发动群众，依靠群众，战胜了敌人，壮大了农民组织和武装力量，稳定了局势，巩固了民主政权。

1950年土地改革时，他任中共宜路区（今郸城宜路镇）区委书记。1951年5月至1954年，任郸城办事处副主任，郸城县副县长、县长。1954年7月，他调往郑州，先后在国棉三厂和郑州铝业公司负责工会工作。1963年3月，庆发重返郸城任县委第二书记。1968年9月调黄泛区农场任革命委员会副主任。1982年3月28日与世长辞，终年60岁。

窦全恕

窦全恕（1896—1951），字道一，今沈丘县槐店回族镇人。窦出身于翰墨世家，清末民初书画大家窦焜轩之子。窦饱读诗书，酷爱传统书画艺术。青年时曾任冯玉祥部少校参谋，蒋冯阎中原大战后，赋闲在家，专工书画，技艺大进。其金石书画无所不精。擅画花卉，尤工墨兰。书法学习"二王"、颜、赵等，遍临历代碑帖。在诸家书体的基础上敢于创新，显露其厚积博学的书卷气，为颍、陈一带书画名家。

窦抟九

窦抟九（1879—1949），字鹏翥，今沈丘县槐店回族镇人。清末贡生，书法家。民国初年曾任直隶省顺义县知事，司北京盐务。其叔伯兄弟十人，居十。他在窦氏家族中德高望重，众人尊他为“十老”。书法尤擅榜书，书风浑厚，刚柔相济，誉满京城，求字者甚多，为一代名家。

窦文俊

窦文俊（1911—1944），字灿章，今沈丘县纸店镇赵楼村人。幼时，其父在界首、纸店开业经商，家有土地60余亩。文俊读私塾8年，辍学后，初驶船，后经商。他生性豁达，重义气，喜玩枪，爱打抱不平，广交中下层人士，甚至以乞丐为友。

1937年后，抗日救亡活动风起云涌。1939年，豫东各地相继沦陷（沈丘幸免），人心慌乱。文俊受抗日形势影响，决心弃商，拿起武器抗击日本侵略者，以图有所作为。1940年春，文俊变卖存货，筹集枪支，邀集好友，到日军占领下的淮阳东部黄泛区，拉起一支抗日游击队。

初，文俊的人少枪缺，借袭击日军和汉奸以补枪弹粮饷。为筹措给养，曾率众抢过淮阳县著名大地主。一次，率队包围某寨维持会，文俊手持双枪，只身进寨，抓住维持会长，强行要枪要钱。维持会长不敢违拗，竖起大拇指说：“窦文俊，你真有胆，我带枪带钱送你出寨。”文俊说：“我怕谁！老天爷老大，我老二，我就是二天爷。”从此，窦文俊就有了个“二天爷”的绰号，他的队伍也被人称为“天爷队”。

1941年春，文俊率队袭击设在水寨镇的国民党鲁西招兵处，缴获长短枪30多支。事后文俊被淮阳县国民政府捕获羁押。其兄文元及亲朋奔走营救。纸店人梁子云从中斡旋，与同窗好友驻临泉的鲁苏豫皖边区副司令沈克联系。沈克行文将文俊解送临泉处理。接见中见文俊抗日志坚，为抗日而越轨，免予追究。时，边区总部正招兵买马，扩充实力，遂委任窦文俊为鲁苏豫皖边区抗日游击队沙北支队少校支队长，并供给武器、军服。文俊有了正式编制，收拾旧部，招收新兵，逐渐发达起来。1942年春，河南大灾荒，沙北支队多有饥民加入，发展至近千人。他们主要活动在淮阳、鹿邑、郸城、秋渠、巴集、冯塘一带，打击日军和汉奸伪军，割断日军和伪军张岚峰的电话线，多次爆破淮阳至商丘的公路，伏击拦截日伪运输汽车，作战数十次，缴获大量枪支弹药，使这一带的日军和汉奸心惊胆战，日夜不安。其间，该部与中共魏凤楼部经常联系，协同作战，共同打击日本侵略军和汉奸伪军。

1943年，河南灾情缓和，入队灾民纷纷返乡，沙北支队大量减员，仅剩400余人，60多匹马。次年划归鲁苏豫皖抗日游击纵队方守清部管辖。方守清心胸狭窄，视文俊支队非自己嫡系，凡艰巨任务皆令文俊执行，以保存自己实力。1944年冬，日伪军2000余人包围文俊部驻扎的冯唐。文俊严阵固守，奋起抵抗，当天打退敌军多次冲锋。后日伪军越集越多，文俊让群众从南门撤离，然后动员部队坚守阵地，提出“抗日到底，英勇杀敌，与阵地共存亡”的口号。到第二日中午，日伪军攻城不破，调来重炮轰击。北门城墙多处轰塌，日伪军攻破北门，冲进城里。文俊脱掉上衣，手持双枪，赤膊率队反击。日伪军三次攻进城，三次被杀退，文俊身负三处重伤仍坚持战斗。此时，方守清坐镇离冯塘仅五里之遥的石集，文俊三次电话请援，方守清按兵不动，下令说：“顶住也得顶，顶不住也得顶，要死守冯塘，不许后退！”文俊求援无望，誓死战斗，端起轻机枪与日伪军拼杀。延至下午2时许，弹尽，敌人自北门、西门蜂拥而入。文俊率众与敌边肉搏边转移至城东南角，文俊翻墙而下，欲沿濠冰突围，不料冰破落水。大队长李德洪上前抢救，饮弹牺牲，窦文俊未及上岸，中弹殉国。此役日伪军伤亡200余人，汉奸司令梁士英被击重伤。日军虽占冯塘，一无所获，放火而去。

文俊重创日军伪军、为国捐躯之后，国民党商丘专区专员辛少亭亲到冯塘主持入殓，国民党第15军王副军长带一连人护棺送葬。至槐店在窦家祠堂设灵追悼，鲁苏豫皖边区总司令部、第15集团军总司令何柱国，国民党淮阳、沈丘、项城党政机关献了花圈、挽联。第15军军长刘昌义主祭并致悼词。《颍川日报》详细报道了此一消息。追悼会后，窦文俊的遗体送回故里赵楼安葬。

1947年春，纸店解放，人民解放军豫皖苏军区二分区司令员魏凤楼亲至文俊家中探视慰问，对窦文俊的抗日牺牲精神表示敬意。

杜丙亮

杜丙亮（1917—1947），今鹿邑县赵村乡杜庄人。出身贫苦农民家庭，自小以乞讨为生。1936年境内大旱，全家讨饭到永城，备受饥寒。日军侵占中原后，丙亮耳闻目睹日军暴行和生灵涂炭的惨景，产生了抗日报国之心，于1944年9月参加了新四军。先在区队当战士，由于作战勇敢，不久被提升为排长。新四军过津浦铁路东征，杜丙亮留地方工作。后被国民党军队抓捕。因正值国共两党实施统一战线时期，看管不严，杜趁机逃回老家杜庄。

1946年10月，八路军区队来到赵村，杜丙亮与其接上关系，继续做传送情报工作。1947年11月，国民党新5军到鹿邑，地主、土顽乘机配合捉拿共产党人和乡村干部，杜丙亮再次被捕。敌人对他严刑逼供，可他宁死不屈。敌人无计可施，就将他杀害。丙亮牺牲时年仅30岁。

杜桂成

杜桂成（1883—1942），又名阳成，今商水县舒庄乡杜店村人。清末至民国年间闻名乡里的型砂铸造匠人。

杜桂成青年时期精明性直，做事认真，热诚事业。读书不成，就跟着胞兄杜桂荣学习翻砂铸造手艺，成为其兄的得力助手，人称二匠人。他在做工中，留心实践经验，不断探索改进施工方法，技术日臻精湛，名声随之远播。清末，周家口关帝庙（原山陕会馆）确定在大殿前竖一对铁旗杆，以壮景观。这一工程，循名包给了杜桂成兄弟。他又找到了张党等人做帮手，按照业主提出的规格要求，研究施工方案。他们以旗杆高作长挖了两条地沟，以铸砂做外型，以布带裹糠作成旗杆布囊，放入地沟中，上面封土埋实。在大端安装化铁熔炉，让铁汁顺布囊焚糠进入型砂内，糠被焚尽旗杆成型。冷却后取出，型如设计标准，完全符合要求。

1934年初夏，周家口原沙河大桥（今川汇区中州路沙颍河桥）开工建造，杜桂成以500块银元的报酬，包揽了大桥桥栏杆及铁水牛的铸造工程。栏杆主要是浇铸立杆，平杆由钢管螺接而成。初制的铁水牛，原立于贾鲁河口，后移至大桥北头西侧，作为警戒水位的标示。

杜桂成的型砂技术出名后，外地的翻砂作坊不断向其求教。一次项城县南顿镇某翻砂作坊，专门请他去向其学徒传授浇铸经验。他在其作坊进行浇铸表演时，光脚端铁汁坩埚浇铸物件，不撒不溅。同样的熔化铁汁，比学徒工多铸一个物件。一次在正阳县汝南铺作翻砂技术比赛，他制作砂型的速度快、质量高，浇铸出的物件，表面平正光滑，纹路边沿清晰，被评为技工第一。1942年，杜桂成病逝。

杜继周

杜继周（1904.10—1985.6），名希孟，字继邹，出生在扶沟县城一个小吏家庭，兄弟7人，排行第7。祖父杜善教是扶沟县纪承。父杜鹏程，早年开学馆，后做省府巡长。

杜继周启蒙时在父亲学馆读私塾，8岁起在县城杜氏初等小学上学，成绩优异，翌年跳级到杜氏高等小学堂学习。1916年考取鄢陵旧制中学，1920年考入（淮阳）省立第二师范学校。

1925年淮阳师范毕业后，到扶沟师范任教。1927年受聘于尉氏县立师范，同年加入中国国民党。

1928年，他任开封第六小学训育主任兼国文教师，主编校刊，极力倡导实用主义教育。课余时间拜一位外籍牧师为师，学习英语。经过8年的刻苦学习，能流利地用英语会话，写文章，读英文书报，翻译资料。1935年8月，自荐到省立开封实验民校任教员，深得校长信任。次年任教导主任，编辑出版《初级中学算术》一书，被省会很多中学采用。

1936年，杜继周由实验民校杜振介绍，加入复兴社。由于他思想开明，倾向革命，凡让他考察的共产党员杜希唐、刘秀婉、何秀婷等，他都说不是共产党员，保护了一批革命力量。1937年卢沟桥事变后，他参加了教职工组成的战时工作团，到全省各县市作抗战宣传。是年，华北沦陷，徐州危急，他随开封实验民校先后南迁到汝南、正阳、泌阳、唐河、南阳、南召，过着战地流动生活。他多才多艺，能拉会唱，曾编排过宣传抗日的哑剧《保卫武汉》、京剧《打渔杀家》、时装剧《团圆》及《改造二流子》、《王秀鸾生产》等，并在剧中饰演角色。

1940年2月，杜继周应当地之邀，在南召县创办南召师范，任教导主任。1942年夏，因公开反对国民党腐败和卖国投降政策，被国民党南召县大队逮捕，后经多方营救获释。

1943年和1944年先后任西华县、扶沟县干部训练所教育长。1945年7月，他乔装商人，东渡新黄河，寻找共产党，任扶太西吉氏公学副校长，并当选为扶太西县人民代表。同年9月，因反对国民党搞内战，被国民党81师逮捕，押解到淮阳，经中共和亲属多方营救获释。之后，离开吉氏公学到商水县联校任教导主任。国民党特工人员一直监视他的行动，直到商水解放前夕。

1949年1月，杜继周任商水县第一完全小学校长。他积极参与社会宣传活动，业余编写了曲剧《转嫁负担》、梆剧《王秀覃》等3个剧本，在商水城乡公演。

1949年夏到淮阳专署干校学习结业后，分配到扶沟县中学任教。1951年任教导主任、副校长，当选为县第一、第二届人民代表大会代表、常委，县人民委员会委员，扶沟县土改委员会委员和中苏友好协会副会长。

1957年，杜继周当选为扶沟县副县长，负责教科文卫等工作。“文化大革命”中，杜继周被批斗，下放县油厂“劳动改造”。1976年4月5日首都人民为悼念周总理举行大规模游行活动，他深受感动，索性将名字改为继周，以作永久纪念。

1978年他的冤案得到平反。1979年4月被推选为扶沟县科技协会教育分会副主任、理事长。1981年1月当选为扶沟县首届政协副主席。他喜爱文史，对诗词颇有研究，曾写了不少诗作。1985年6月病逝，享年81岁。

杜茂桐

杜茂桐（？—1943），字峄莱，今商丘市柘城县人。南京高等师范学校毕业，1935 年 8 月到省立淮阳中学任教，并任教导主任，1941 年至 1943 年任淮阳中学校长。他在办学中殚精竭虑，励精图治，大力改革教学，力求使学生德、智、体全面发展，曾多次组织初中三年级学生英语演讲和英语作文比赛。并从南阳购回篮球、排球等体育器材，在全校大力开展体育活动，学校曾多次在商水县召开的运动会上取得优异成绩。

在担任校长期间，淮阳中学受到省教育厅通令嘉奖，被赞誉为“坚持在抗日前线办学的明珠”。1943 年，杜茂桐因积劳成疾，突患脑溢血，病故在任上。全校师生及商水社会各界在学校操场为其举行隆重追悼会和送葬仪式，商水县县长齐惠吾致悼词。当灵柩运往商水南关外殡葬时，机关工作人员、各界群众和闻讯赶来的师生都佩戴白花站在大街两边致哀，从学校门口一直排到十字街口。

杜同力

杜同力（1898—1955），字子劲，今西华县逍遥镇固庠村人。北京师范大学毕业，曾任河南省立开封师范、开封女师教师。建国后调至教育部，与叶圣陶等人任中学语文课本编辑，后又调至中国辞书编纂处编辑辞书。

建国前在开封任教时，提倡白话文，不但在课堂上讲授白话文，并要求学生习作白话文。提倡文字改革，推广注音符号，与北京、郑州等地文字改革者书信来往及个人日记都用注音符号。

由于思想进步，经常与进步人士嵇文甫、王毅斋交往，并关怀进步青年成长。开封刚解放，他的学生吴芝圃（河南省长）就到开封女师拜访他，并请他为《中州日报》写评论文章。

杜西京

杜西京（1880—1962），今商水县舒庄乡杜店村人。他一生信奉佛教，遵守教义，不杀生不淫欲，修桥补路，施舍衣食，慈善利人，是方圆百里闻名的“大善人”。

杜西京 10 岁丧母，15 岁离家，到淮阳县新站集一家财主开的油坊里当童工。打杂跑腿干了 3 年，长成一个身材魁梧、壮健有力的青年汉子。他在油坊里身体力行打油几载，成了一名精通各道工序的油匠。二三十斤重的油锤他挥耍自如，一个“垛子”打下来须上百油锤，常常汗流浃背，很受东家的赏识。

这家财主的长辈男女老人都信佛教，为了稳住杜西京的心，经常给他些小恩小惠，并劝他加入佛教。杜西京自认为命苦，便成了佛教西华堂派教徒。他在这家财主家一干就是15个年头，熬去了自己的青壮年华。而立之年回到家中，种他父亲给他撇下的几亩坡洼地，但他在身心上成了自由的人。他仍然忠实地遵守佛教教义，开始吃“三关斋”（初一、十五、节气），不动荤腥，不吃葱韭芥蒜。后来吃全斋，一切肉食禽蛋全不食。坐禅念经、救济贫困，成了他的归依。1917年夏秋，时称大家病（瘟疫）流行，得病腹泻、呕吐，死亡率很高。他以佛教善心，跑遍附近寺院为民祈祷消灾，虽无补益，也是他佛心使然。他自此组织路会，修桥补路，为过往行人施舍茶水。为解决烧茶用柴，他拾麦茬、扫树叶，积柴成垛备用。当地老人回忆说，他烧茶时跪在地上，手捻佛珠，口默佛经。杜店村明清时曾是南阳至周家口、项城至漯河的交通要道，有店铺、寺庙，过往行人不断。夏季他在村外路旁供茶水，不收茶费。偶有放下钱者，也不强拒，积攒起来，救济乞讨缺衣食的穷人。农忙路上行人少时，他持锨背筐，巡视道路，遇有被冲坏的地方背土修好，以便车辆和行人通过。他以行动写下的事迹，随着过往行人的传播，百里闻名，多知商水西南边有个大善人。1941年春，他的事迹传至商水县县长齐惠吾那里。因为当时日本侵略军已侵占河南中部地区，不断派飞机到周家口、商水轰炸骚扰，社会秩序混乱。齐县长让县署为杜西京出具一个证明，以防被误为可疑之人。证明说：查商水县城西南18里杜店村杜西京，是个慈善公民，望所到各地见证加以保护。

日本投降以后，他更加热心慈善事务，经常舍衣舍饭，救助乞讨之人。当时农村道路失修，运输工具落后，全靠木轮牛车和人力推车运物，遇上低洼沟坎路段，常常发生“打车”（陷入泥中）现象。他在修路的同时，经常帮人推车，有的还拉车送上一程。他一生很少生病，身体健壮，在离世的当天上午，还在帮助贫困人家干活，下午无病而终，享年82岁。村民自发为其请4班鼓乐，冒雨将其安葬，给后人留下很多念想。

杜希唐

杜希唐（1914.4—2004.8），今扶沟县江村镇人。其父杜清云生3子3女，长女杜希健，抗战初期奔赴延安参加革命，是原中共中央委员、国务院秘书长罗青长的夫人。长子即杜希唐。

杜希唐早年先后就学于扶沟北街小学、淮阳县第3中学，1934年考入河南大学，在“河大”参加民族解放先锋队，走上革命道路。后因组织语文研究会宣传抗日，被捕入河南反省院。抗日战争爆发后，国共两党第二次合作，才被释放。1937年10月加入中国共产党。1938年2月“河大”南迁后，他留开封，先后任党领导的青年工作团团长、扶沟县练寺区政治部指导员、扶沟县工委书记。

1940年1月，杜希唐到太北区委党校学习后，留任学校教育干事。1943年3月任陵川县委宣传部长兼区委书记，1944年10月任修武县委副书记兼宣传部长，1948年1月任温县县委宣传部长、县委书记。建国后，历任新乡地委党校副校长，新乡地委秘书长，平原省委宣传部副处长，河南省委宣传部宣传处副处长、处长，河南省文教部办公室主任，河南省文联主席、党组书记，河南省文化厅党组组长，河南省文化厅党组书记、副厅长，河南省民间文艺家协会首任主席。1985年4月离休。1998年9月，经批准，享受副省长级医疗待遇。是河南省第5届政协委员。2004年8月2日逝世，终年91岁。

杜希唐一生勤奋好学，著述丰富。主要著作有《我国第一个五年计划讲话》、《冬学民校政治补充教材》、《批判文艺上的修正主义思想》、《党员个人利益和党的利益的关系》、《共产主义和家庭》、《捍卫社会主义文艺路线》等。

段广义

段广义（1882—1963），字正则，今淮阳县城关回族镇人，清末案首。宣统元年（1909年）考入河南省高等优级师范博物科。民国时，历任县简易师范学校校长等职。工书法，善隶书。著有《金文》、《历代名人书法要诀》、《近代名人书法读论》等书，并两次参与纂修民国《淮阳县志》。建国后，他将不少藏书捐献给县文化馆，并撰写《淮阳杂俎》、《淮阳名胜散记》、《辛亥革命纪实》及《淮阳沦陷八年纪》等稿本。

段金城

段金城（1918.10—1986.2），今鹿邑县玄武镇段庄村人。1936年6月因生活所迫赴山东济南投军，被到鲁招兵的阎锡山部收下。1938年3月，日军大举进犯山西，太原危殆，阎部拒不抗日，激起段金城反感，遂逃出阎部。

1939年6月，金城在稷山县找到八路军，参加了抗日决死一纵队，被派往212旅部学习军事。结业后留该旅56团2营4连任排长。旋即入抗大学习。1940年6月加入中国共产党。1942年2月抗大毕业后任晋鲁豫边区太岳2分区54团3连排长。一日，行军在山间崎岖的小道上，忽然炮弹呼啸而来，落在队前不远处，队后也同时传来爆炸声。金城当即指挥全排战士向山坡转移，刚离开的山道上一连落了几发炮弹，战士对金城投下了赞佩的目光。翌日，部队接近日军炮楼，密集的炮火向金城的身边射来。他命副排长领1班从正面佯攻，金城摔掉上衣带领战士从侧面向炮楼冲去。战友不断在枪声中倒下，接近炮楼时，金城身边仅剩下5名负伤的战士，自己身上也血流不止。可他没能察看伤在何处，抢过炸药包冲到炮楼脚下，刹那间，随着一声巨响，日军的尸体连同炮楼腾空而起。

1943年6月，金城任晋鲁豫边区太岳2分区洪洞大队副连长。一日傍晚，一农民跑来报告说他们为部队做的120双军鞋被日伪军抢去。金城当即集合队伍，由这位农民带领追赶。急进6公里，听到前面有日伪军的骚动声，金城把战士分成两队，一队循声悄悄追赶，他带一队抄小路赶到日伪军的前面。一声信号，在日伪军的前后同时响起枪声。黑夜中日伪军懵头转向，丢下军鞋和几具尸体狼狈逃窜。金城率众捡起军鞋和敌人的枪支返回。约行2公里许，后面传来马嘶声。金城马上命令战士隐蔽于离山道不远的树丛中，他爬上一棵大树，借着星光看见日伪军的前锋已距此100来米。几分钟后，日伪军全部进入伏击圈。金城举枪击中骑马的军官，战士也一齐开枪，日伪军又丢下10多具尸体鼠窜而去。日伪军为报此仇，到处侦探“段大个”（金城）的行踪。1944年7月的一天深夜，100多名日伪军头顶白毛巾，裸露右臂，包围了金城驻地。一时炮火密集，喊声四起。金城率众突围，十数个战士在突围中牺牲。就在这时，金城发现日前缴获的一支手枪忘在屋里，他不顾战士的劝阻，脱掉右臂衣袖，扎上白毛巾，高喊着“活捉段大个”冲进敌群，抢先进入屋内，摘下手枪冲出屋门。他对迎面的伪军喝令：“上后院搜！”他冲出院后，反手击毙几个伪军，平安返回部队。

1946年9月，金城升任特务连连长。为摸清国民党的行踪，他带一名战士，化装成行商潜入敌占区。他佯装修表来到一家修表店，不幸被敌人发觉，立即被包围。金城摔出一颗手榴弹，随着爆炸声金城与战士冲出表店，混入大乱的人群，闯出敌占区。1947年1月，金城提升为该区青训队队长，后调任教导大队二队队长。1950年1月升任18兵团62军随营分校4大队副大队长。1951年7月调任西南军区补训第7师37团副团长。是年9月赴朝任中国人民志愿军独立5团副团长。1952年10月，朝鲜政府授予金城国旗三级勋章1枚。是年12月升任志愿军铁道兵团1师3团团长。1953年10月，朝鲜政府授予他自由独立二级勋章1枚。是年底奉命回国，参与了祖国多条铁路的修筑。1957年6月，中华人民共和国授予他三级独立自由勋章和三级解放勋章各1枚。1961年1月任铁道兵10师副参谋长。1964年春调四川峨眉任铁道兵1师副师长。1965年7月带领300名军队干部到四川江游县冶金部第四冶金公司，将公司改编为基本建设工程兵第一支队。

“文化大革命”中，备受摧残。1972年，金城返回原籍养病。1986年病逝，安葬于段庄村。

樊启元

樊启元（1897—1957），原名文贞，今淮阳县刘振屯乡泥河村人。他出身中医世家，对中医理论及临床诊治具有较高的造诣，是民国时期和建国初期的淮阳四大名医之一。

启元自幼聪慧好学，16 岁随父学医，18 岁拜中原名医宋仰之为师，深得宋老先生赏识，成为得意弟子。在宋先生教诲下，他医术猛进，在淮阳一带小有名气。1936 年，他继承祖业在淮阳城内开设“启元堂”药店，行医济世。他擅长内科、儿科，尤通妇科，临床经验丰富，对各种疑难杂症，特别是内科杂病，治愈率较高。

启元医德高尚，对求医者不问贫贱，随请随到，不择场合，随地就诊。尤其是对穷苦病人，关怀备至。“启元堂”每年舍药治病达 30%，灾年高达 50%以上，深受民众爱戴。

建国后，启元自愿将药堂及家产捐献给国家，应聘到县人民医院工作。1954 年当选为淮阳县第一届人民代表大会代表、县人民委员会委员，1955 年任县卫生科副科长，1956 年 12 月当选为政协淮阳县委员会委员。1957 年病逝于任，终年 60 岁。

樊西曼

樊西曼（1915—1966），女，今川汇区人。自幼读书好学，1930 年考入省立开封女中。她学习刻苦，思想进步，在同学中威信较高，是学生自治会主要负责人之一。1935 年秋，国民党河南省教育厅和学校当局对进步教师进行迫害。樊西曼等同学挺身而出，要求学校当局释放被捕教师，随后又组织学生自治会的骨干，发动全校学生进行罢课，并率领学生代表赴南京国民政府请愿。这次学潮震撼开封城。

1936 年，樊西曼高中毕业，为追求革命，从开封赴北平，经地下党员陆冬年的介绍，9 月间秘密参加了中国共产党。后考入北平女子文理学院，并担任学校地下党支部书记。这时中共在北平灯市口附近办了一所女工识字班，樊西曼主动担任教学工作。在工人中广交朋友，宣传革命理论。1937 年卢沟桥事变后，她遵照党组织的指示，带领识字班的一些女工到西山打游击。后党组织考虑她的特长，又派她到山东济南做抗日救亡宣传工作。同年 11 月，她回到豫南，参加了游击队。她积极能干，作风泼辣，待人热情，在战斗中机智勇敢，受到领导和战友的赞扬和尊敬。1938 年初，新四军四支队在高敬亭司令员率领下，开辟豫皖抗日游击根据地。豫南游击队在确山竹沟改编为新四军 4 支队 8 团，组织上安排她在团政治处工作。3月，部队由豫南邢集出师东征，开赴抗日前线。樊西曼在行军途中分发宣传品，张贴传单标语，教唱抗日歌曲和演唱报剧等。8月，部队由皖中转战到皖东全椒一带。在战斗中，她冲锋在前，英勇杀敌，曾多次荣立战功，受到上级嘉奖。1939年4月至日本投降，先后担任和含、盱眙、江全等县县委组织部长，定远县建立抗日民主政权时，担任中心区委书记。工作中，无论是党的建设，坚持清野，锄奸反特，发动青年参军，组织妇女支前以及做敌占区的秘密工作等，她都能迅速打开局面。为了巩固和扩大革命根据地，她毫不畏惧，深入敌伪据点周围，走村串户布置、检查工作。1944年秋，敌人侵占香北，江全县大队撤回和含，她和县委一些人坚持在当地开展斗争。在香北时，县委出了一个叛徒，携枪逃跑。她得知情况后，迅速追捕，果断将其击毙，消除了后患。在根据地，她按照党中央的指示，组织学习延安大生产运动的经验，带头参加生产劳动。在婚后怀孕期间从未离开战斗岗位，产后不久，把孩子托给老乡喂养，自己很快归队。解放战争初期，组织上让她负责24军留守处工作。该处有家属、伤员、小孩，事务繁杂，由于国民党反动派的经常窜扰，使留守处处于险境。她克服重重困难，保证了大家的安全。后党组织派她到华东局党校学习，结业后，转到地方工作，先后在青岛、济南纺织厂做党务和工会工作。

建国后，樊西曼再次回到部队，任24军70师后勤部政委。1952年调到铁路系统工作，先后在南京、南昌铁路分局任政治处主任，上海铁路局副局长。1955年到北京任铁道部党校党委副书记。1966年“文化大革命”初期，樊西曼受到冲击，同年8月25日被迫害致死，时年52岁。周恩来总理知道后十分痛心地说：“樊西曼同志是铁路系统的第一个女局长，就这样被打死了，不幸啊！”薄一波等中央领导著文对她表示深刻的怀念。中共十一届三中全会后，其冤得以昭雪。

樊作云

樊作云（1876—?），今扶沟县曹里乡樊家村人。他出身于较为富裕的人家，除种地外，还兼营烟丝加工生意。作云10余岁，即辍学从事工商。青年时期，他身材魁梧，急公好义，虽读书不多，却精明能干。20岁时即主持烟铺产销业务，常肩挑烟箱，走村串乡叫卖。后来生意做大，还雇了四五名工人，帮助经营。一次店铺遭土匪抢劫，打伤作云，故此他决心习武。由于他身体条件好，所以很快便练就一身好武艺，并开始收徒传艺。其弟子不乏武功超群者。同时，他凭着自己吃苦耐劳的精神，将生意越做越大。先是把烟铺迁至距本村8里外的白潭，并挂牌为“同泰昌”烟丝铺。再于1929年春，将“同泰昌”烟铺迁到扶沟县城经营。迁城一年后，烟丝作坊工人即增至50余人。1930年，又试验成功手工卷烟，由卖烟丝改为出售烟卷，更字号为“豫泰昌卷烟工厂”。至此，产品行销远近各县，且供不应求。1935年，樊作云派人到上海购买一套机械卷烟设备，以人力搅动机轮进行生产，产量和质量大大提高，效益也成倍增长。影响所及，不少商人集资联合，兴办烟厂。短时间内就先后建立了“自丰”、“盛丰”、“永丰”、“俊昌”等10余家，至此，全县的卷烟工业得到长足发展。

1937年，抗日战争爆发后，交通阻塞，商品流通困难，烟源出现紧张局面。正因此，扶沟卷烟业遇到大发展的好时机。樊作云的“豫泰昌”烟厂，原有卷烟机1台，相继增加为3台，不久又创办了“德昌”、“信昌”两个分厂，其经理分别由其子善正、善继担任，“豫泰昌”的经理由其孙殿臣接任，樊作云则成为“三昌”的总经理。

由于“三昌”所产烟卷货真价实，讲究信誉，销路甚广，附近烟厂，鲜有与之匹敌者。继而为占据市场，又在县城南大街路西开设了一个独立商号，名为“振泰昌”，专门经营批发烟卷业务。接着，又在南大街“振泰昌”隔邻，开设华昌百货商店，经营日用百货。既满足了工人生活所需，又方便了县城市民。

当时“振泰昌”、“华昌”各有雇员10余人，而“三昌”每个烟厂各有搅车工、撕烟叶工、封烟工、炮制烟丝工、刷纸工、印刷工及勤杂工等300人以上。当时扶沟共有烟厂12家，卷烟机23台，工人2200余人。其中“三昌”就有卷烟机9台，工人900余名，几近全县卷烟业的一半，其经济实力十分雄厚。但“三昌”对于其他烟厂始终是提携相助，共谋发展，而无丝毫排挤之事，这在旧社会民族资产阶级企业中，是很少见的。

樊作云为人厚道，对工人关心备至。刷纸工刘长江，唇豁无配偶，樊便托人做媒，为之成家。磨面工姚某和杂工李中印，无房结婚安家，樊便把自己家中房屋腾出数间，让他们居住。

1938年夏，黄水涌进扶沟县，樊家、邵家、牛新等村，被黄水吞没。各村灾民都逃至三官庙岗上避难。黄水滚滚，少衣缺食。樊作云听说后，立即让其儿孙，或购或租，筹集船只或木筏，连夜将所有被困群众运到城西十里店附近的安全地带，并发给干粮路费，让其外出逃荒。当时不少灾民感动落泪，口称救命恩人。

当时扶沟县境内的外出逃荒者，大都先到城里求助于“三昌”烟厂，而“三昌”烟厂的经理都是有求必应，受其资助者，难以数计。1943年春，扶沟灾荒严重，四方灾民，陆续向城内集中，希望政府救济。当时，县政府虽也派人设点放赈，但人多粥少，无济于事。樊作云目睹桑梓遭此浩劫，下决心倾产救灾。灾发之初，他动员全家及“五昌”职员节衣缩食，共渡难关。他教育大家："穿衣戴帽就是个人，是个人就应当长人心，有人性。见死不救，不但没有人性，还是犯罪。"他让厂里拨出巨款，派人到南方各地购进豆饼、小麦、大米等，运回扶沟。于农历四月初，在城内杜街自己住宅的大院里，以及城西逃荒出境的路口，支起大锅，派人日夜蒸馍、烧汤，定量发给灾民，对特困者酌量发给路费。此外，他还邀请本县开明富户闻华阁等捐资乐善局，购置大量药品，配合救灾。

四月下旬，灾民愈来愈多，灾情也愈来愈重，而"三昌"由于开支过大，经济逐渐枯竭。樊作云决定商店停业，工厂停产，破釜沉舟，倾资救灾。他说："太平时治钱，遭灾时散钱，这才算聚散有方。"他又说："能聚财者未必不仁，若陶朱公者，大有人在。"当"三昌"的流动资金为救灾即将散尽时，作云又借入大量高息贷款，继续救灾，终至债台高筑。灾情过后，讨债者接踵而至，作云向债主们婉言求缓。幸亏平时信誉尤在，债权人多不强逼。至秋季，"三昌"陆续开工，一有盈余，即依其缓急，清偿债务。如此二年有余，债款始得还清。而"三昌"之经济，也因此元气大伤，捉襟见肘，一蹶而不复振。作云为救灾而破产，全家老幼，毫无怨言。

20世纪三四十年代，社会混乱，盗匪时常拦路抢劫。一次，作云携款赴襄县采购烟叶，至许襄公路，专在早晚和午间行走，果然遇到劫匪拦阻。这时，作云的武功派上了用场。他先将劫匪揍得跪地求饶，旋又好言劝慰，与之钱物，令其改邪归正。劫匪感恩，表示绝不再做伤天害理之事。

尹家村紧邻樊家村（樊作云老家），村中居民贫困者多。每当成熟季节，尹家村民便结伙偷盗樊家的庄稼。一次为樊家村民所抓获，双方争执不下，进城告知樊作云，以期送至县府治其罪。樊作云对来人说："贫者缺衣少食，非生活所迫，无以为盗。乡邻为重，不能送官。"遂派人将两村尊者及当事人请进城去，设宴款待。尹家村人一时不知所措，同声认错，保证偷窃之事绝不重演。作云好言劝慰，并送以钱物，面许众人，今后有困难者，但来言无妨，定当解囊相助。自此以后，两村和好，再无相扰之事。

卢家村与永昌村田地相毗，一次两村因地边之争，引起械斗，双方受伤者俱进城讼之官府。此两村之人与樊家皆有亲戚关系，双方都托作云为之疏通官府。作云乃安置两村代表，分别在相距较远的西街和南街住宿，使其互不见面。且故意拖延时日，俟其锐气渐煞后，则以睦邻大义，和风细雨，解劝双方。最后，对一方说，对方愿设宴求和，不咎既往，又对另一方亦如是说。席间双方互表歉意，终至谈笑风生，和好如初。双方取得谅解后，始知酒席乃"和事老"樊作云所备。

范更申

范更申（1889—1975），民国时期扶沟县城东范庄村（今属农牧场）人。自幼跟随本县城南巩河村一艺人学艺，主攻豫剧青衣，反串老旦。10岁登台演出，其唱腔细腻圆润，吐字清晰，口齿伶俐，尤为动听。后来一些商贩就用他的唱腔叫卖东西，可见其在群众中的影响。他经常辗转于密县、新郑、长葛、许昌、太康、扶沟、淮阳、商水、西华等地演出，主演有大型古装戏《刀劈杨藩》、《白蛇传》、《陈三两》、《小双印过河》等剧目，很受人们欢迎。

范更申在民国时期扶沟县城四街戏班搭班时，有“活杨藩”、“响八县”的美称。

范好古

范好古（1911—1993），经名阿布杜拉，今淮阳县大连乡文兴集人。自幼学习经文，职业阿訇，伊斯兰教界知名哈吉。曾赴麦加朝觐。

1918年至1931年，好古在河南周口、淮阳，江苏南京等地清真寺学习阿拉伯文。1932年就学于北京成达师范学校，1936年毕业。1937年留学埃及爱资哈尔大学。1939年随全体留学生赴麦加完成朝觐功课，在埃及学习生活9年。1947年至1955年在郑州、周口、淮阳等地清真寺任阿訇。1956年至1972年在北京中国伊斯兰教经学院、上海外贸学院、上海外国语学院教授阿拉伯语。1973年退休后回郑州定居。1993年9月20日，因心脏病突发，逝世归真，享年83岁。

范好古曾担任全国七届、八届人大代表，中国伊斯兰教协会第五届委员会委员，河南省伊斯兰教协会副会长兼秘书长，郑州市第七届人大代表，郑州市政协第七届委员会委员，郑州市伊斯兰教协会会长等职。

范行克

范行克（1915—1980），又名长银，今淮阳县刘振屯乡范庄村人。

行克于1938年投身革命，同年7月加入中国共产党。抗日战争时期，行克历任河南省豫东专署秘书、鄂豫皖边区军分区财训班主任、边区政府粮食分局局长、财政科科长等职。解放战争时期，范行克历任中原区人民政府财经科科长、济南市政府税务稽征处处长等职。建国后，他历任青岛市军管会调研室主任、青岛市税务局局长、青岛人民政府秘书长、青岛市计划委员会主任、政协山东省委员会秘书长、枣庄市副市长、济南市财贸办公室党的核心小组组长，及政协山东省济南市委员会副主席等职。范行克在长期的革命斗争中，工作兢兢业业，忠于党，忠于人民，为社会主义革命和建设作出了积极贡献。

范子龙

范子龙（1882—1951），今沈丘县留福集镇范营村人。家巨富，有土地千余亩，为沈丘城南恶霸地主。与官府、土匪多有勾结，依仗权势，称霸一方，外号“七里地县长”。

范子龙幼读私塾10年，无所进。及长，游手好闲，无所事事。民国年间任村长、保长，鱼肉乡里。1926年为任应岐招兵500余人，其子明五借势当上营长。自此，范豢养打手，肆意乡里，四出抢劫。附近贾庄、苏州李家、潘庄等村皆被其骚扰，范获赃甚丰。

范子龙荒淫成性，奸污妇女甚众。1928年强奸佃户李兆之妻李侯氏。李兆怒，毒打其妻，李侯氏羞愤外逃，改嫁给李庄桥石德藻。范子龙得知后，派人将该女抢回。石得藻请平民姚干卿为其寻妻，范子龙诬姚为匪，送交区部严刑拷打。后又与区长密谋，将姚干卿枪杀于程小庙。范子龙唯恐事泄出祸，指使打手将李侯氏活埋在侯庄义地，杀人灭口。同年，其表侄女与徐三通奸，范子龙怀恨在心，诬称徐三为匪，派打手夜入徐家，当场打死徐三之妻和儿子，又将徐拉至范营南地用刀扎死。

范子龙田连阡陌却贪得无厌，霸人田产。1930年强占留福集韩步青坟地。1936年霸占留福集张天才宅地及贾干臣等人房屋。1942年岁荒，其佃户马占标欠租一石二斗，范子龙强行追要，逼死马妻，收走马家菜园。

1947年，沈丘解放。范子龙不甘灭亡，纠集地方反动势力70余人，与人民政府为敌。是年7月29日，国民党县长鲁子弼亲委范子龙为反共游击队大队长。范组织反动武装200余人，多次与人民解放军对抗。直到沈丘县城第三次解放，范子龙的乌合之众被解放军击溃，范畏罪潜逃。清匪反霸时，将范子龙逮捕归案。1951年被依法枪决。

方平　康强

方平（1920—1948），原叫金连行，又叫金汤，湖北英山县金家铺人。

方平7岁读私塾，9岁入小学，16岁到武昌读初中。时值日本侵略军对东北、华北大举进犯，成千上万的百姓，为逃脱日军的蹂躏，背井离乡，大批涌向武汉。方平目睹中华民族惨遭践踏的情景，热血沸腾。在抗日高潮的影响下，他毅然报考武汉航空学校，因身体条件未被录取。后经其三哥介绍到国民党22师政治部宣传队工作。1938年4月随军从武汉转战到山东，一路遭到日机轰炸，后又随军撤回武汉。武汉失守后返回老家。此后他报考了由共产党创办的英山模范学校，在学生中成为一名宣传抗日的活跃分子。当得知英山县亲日派要逮捕他时，他告别了学校和家庭，投奔到安徽立煌县革命队伍中去。组织分配他到安徽省民众总动员会直属工作团做宣传工作，后任副团长。此间，他经常在《皖中日报》上发表抗日救国的文章，引起国民党皖中专署的注意，下令逮捕他，中共党组织迅速将其转移。1939 年 12 月 31 日夜，他来到新四军江北游击纵队司令部，被分配到教导队学习，并留队工作，后调到江北干校任一队文化教育干事。1940 年 2 月由李甲介绍加入中国共产党。1940 年 11 月被调到抗大五分校一队任文化教育干事。1941 年 7 月到江苏省盐城税务局任中共党支部书记兼税警大队副指导员，后任盐埠五区行政区员、盐城县联救会秘书、政治指导员等职。

1945 年，国民党撕毁《双十协定》，向解放区发动全面进攻，方平由苏北转战到山东，先后任鲁南俘虏军管处教育科员，渤海俘虏军管教导纵队教育科副科长。1947 年 10 月，为解放全中国，中共中央从山东老解放区抽调一批干部随军南下，方平等 36 人留在周家口工作，方任南寨区区长。方平对工作极端负责，走街串巷了解群众疾苦。发动群众开展剿匪反霸斗争。时周家口正处在"拉锯战"时期，国民党军队及反动地方武装不断对周家口发动袭击。1948 年 3 月 6 日，国民党整编第 11 师沿周（口）漯（河）公路向周口南寨窜扰。在敌强我弱的严峻形势下，方平为了人民的生命财产不受损失，深入街巷组织群众转移，在机关干部和群众转移到北寨后，方平和区员康强才最后撤离。当他们走到南寨东堤子街时，与国民党地方便衣队遭遇。在战斗中，康强牺牲，方平也因寡不敌众，被敌抓获。敌人反复审讯，严刑拷打，方坚贞不屈，丝毫未透露党组织情况。3 月 10 日，方平被带到周口桥南头沙河滩上，立而不跪，英勇就义。方平牺牲后，中共周口市委、市人民政府和人民群众将其遗体妥善安葬。1962 年将其遗骨移葬周口市烈士陵园。

康强（1917—1948），江苏省昆山县人。1940 年毕业于师范学校，历任中学教员、行署科员等职。1946 年参加中国共产党。1947 年 10 月随华东局干部大队南下，于年底到达周家口（今川汇区）。1948 年元月任周口市南寨区区员，同区长方平等并肩战斗。同年 3 月 6 日拂晓，国民党整编第 11 师进犯周口。当他与区长方平一起将群众安全转移后，正要撤离时与敌遭遇，战斗中壮烈牺牲，时年 31 岁。事后周口人民将他安葬于周口东郊，1962 年移灵于周口市烈士陵园。

方楚瑞

方楚瑞（1900—1975），又名萍祥，今淮阳县冯塘乡方营村人。幼年在桑梓从父（清廪生）启蒙，后就读于省立淮阳四中、国立河南大学理工科。在“河大”学习时，他就萌生“为国育人”的雄心壮志，课余时间应聘为一些中学授课。1931年后，相继在河南百泉乡村师范学校、南阳中学和安徽省颍州中学等校任教，后出任淮阳县中、淮阳简师校长。1946年，他在淮阳简师任校长时，学生同镇公所发生冲突，镇公所派地方武装将学校包围，威胁校方交出“肇事”学生。为保护学生，他挺身而出，据理力争，说服地方武装撤走。为此，学生联名给楚瑞赠金字巨匾，上书“士林表率”。

建国后，到淮阳中学任教。1959年，被错划为“右派”分子，回家接受劳动改造。1962年恢复工作。1975年12月因病逝世，享年75岁。1979年9月14日，中共淮阳县委为方楚瑞平反恢复名誉。

方殿林

方殿林（1930—2002），回族，今淮阳县刘振屯乡方庄村人。1947年参加中国人民解放军。曾任机枪班战士，班长。1949年7月加入中国共产党。在陕西战役、兰州徐家战役中，英勇顽强，不怕牺牲，带领全班战士与敌奋战。左眼被子弹打伤，完全失明，为二等残废军人。曾多次获师团营连的表彰和嘉奖，1950年被中央军委授予人民功臣称号。

1952年，转业到地方工作，任刘振屯乡方庄大队党支部书记。1985年因病离职。2002年病故，享年72岁。

方绍周

方绍周（1915—1986），原名叶文，回族，今淮阳县城关回族镇人民街人。1933年毕业于淮阳简师，毕业后在淮阳广化小学执教，后在第十小学任教导主任。日军侵华，国难当头之际，他与薛朴若、韩继文等创办“豫东书报杂志社”，出售进步书籍，参与组织“淮阳抗敌后援会”，编写《民众周报》，宣传抗日救国，激发民众爱国热情。1948年7月参加筹办淮阳联中，后随大军南下。

建国后，方历任完小教员、主任、校长、重点中学教导主任，兴阳初师和淮阳师范教导员等职，在教育阵地上辛勤耕耘40余年，为淮阳县教育事业的发展作出了积极贡献。1979年，他积极参加筹建“陈州书画社”。1980年后，他当选为政协淮阳县委员会4届、5届委员，晚年致力于《淮阳县教育志》及《淮阳县回族志》的编写工作。1986年因病去世，享年71岁。

方守卿

方守卿（1909—1946），又名砖，今淮阳县冯塘乡南方庄人。早年行商，系民间货郎，后改贩盘纸。1940 年，方弃商从戎，混入冯塘游击队刘秀松部。不久，方杀刘篡权，以石集为基地，扩充武装 5000 余众，后被国民政府军第一战区收编为“泛区抗日游击挺进 17 纵队”。1941 年，日军两次南犯，方守卿曾率部奋起抵抗，重创日军。方部虽被国民政府收编，但盘踞一方，自恃无恐，常索粮抢财危害百姓。1945 年，日军投降后，国民政府军 55 军奉命将方守卿诱捕，次年处死于漯河。

方中铎

方中铎（1912—1986），沈丘县人。1936 年 4 月加入中国共产党。1937 年 10 月参加八路军。1939 年起在新四军工作，曾任新四军第 6 支队 3 团政治委员，抗日军政大学第 4 分校教育长。1941 年起，先后任新四军第 4 师政治部保卫部部长，新四军第 3 师 8 旅 24 团政治处主任。1946 年 6 月以后，历任华中野战军第 9 纵队 77 团政治委员，华东野战军第 2 纵队第 5 师 14 团政治委员，第 2 纵队 5 师政治部主任、师政治委员，第 31 军政治部主任。建国后，曾任华东军区空军政治部主任。1956 年 7 月任第 22 军政治委员。1960 年 5 月任上海警备区副政治委员。1961 年 8 月晋升为少将军衔。1973 年 10 月任江苏生产建设兵团政治委员。1978 年 4 月离职休养。

冯明高

冯明高（1911—2006），西华县逍遥镇沙沟桥村人。1938 年 4 月在西华、淮阳抗敌训练班学习，9 月任西华抗敌自卫团逍遥动员委员会文书、总务，11 月加入中国共产党。1939 年入抗大一分校学习。1940 年任八路军山东营、苏鲁豫支队敌工科干事、支委。1941 年以后，历任永城县第三区区委书记、区长、县委委员；新四军淮北军区政治部组织科教导队干事、政治指导员；新四军 4 师 11 旅供给部政治协理员、总分支书记；中共太康县委组织部长、副书记；中共西华县委书记、县大队政委；鄂西北枣阳中心县委委员、工委书记；中原局组织部干部大队长、政委；豫皖苏区党委组织科副科长。1947 年任中共西华县委书记。当时，西华受黄水洗劫，人民生活极度困难，冯明高通过统战工作，运用联合国救济总署物资，救济困难群众，并以工代赈，让灾民挖河排水，垦荒种地，恢复生产，重建家园。

1948 年，冯明高任中共郾商西县委书记、县长。他组织地方武装，打击反动势力，安定社会秩序；发动群众参军参战，支援前线，成绩卓著。

1949 年后，冯明高历任中共商水县委书记，淮阳专署副专员、地委委员，中共河南省委农村工作部处长，河南省农林厅、农业厅、林业厅厅长，中共河南省委农工部副部长，省委监委委员，河南省农林局、农业局局长，河南省革命委员会农业办公室副主任等职。

冯学思

冯学思（1875—1962），人称“老冯仙儿”，今项城市孙店镇冯营村人。他终身行医，是一位能妙手回春的地方名医。

他家祖辈务农，没出过一个读书人。学思10来岁的时候，他父亲在家境并不宽裕的情况下，决心让这个小儿子读书。一年，为学思讲学的先生突然得了急病，大声喊叫肚子疼。郎中开了一剂药，先生吃下去病居然好了。从此，学思迷恋上了神奇的医药书。父亲的愿望是要他读书走科举的路子，他却突然迷上了医学，这以后还怎么做官！还怎么光宗耀祖！于是父亲干涉起儿子的爱好，劝说了几次，学思一句也听不进去，仍然我行我素。父亲说，你不愿意走科举的路，读那药书有什么用，干脆回家干活来吧！学思只好回家劳动。

学思家里的土地不多，不够父兄们干的，十几岁的学思，任务就是拉筢子搂柴火。他在筢杆头上束一根长绳子，后边连着筢子，绳子挎在肩上和腰里，只需要一直往前走就能搂到柴火了。他就边拉筢子边读药书，每天既可以搂两大捆柴火，又可以看几十页药书。学思记性好，一二年里，就把《伤寒论》、《医宗金鉴》、《本草纲目》、《千金方》等重要医学书籍读了个遍、记了个全。他悟性也好，书中所说的药性药理、病因病源、临床诊治、对症下药等，他马上就能联系现实。遇到一般的病人，能把他们患的什么病，怎样患的病，需要用什么药，说个八九不离十。病人按他说的方子去抓药，大多药到病除。这就更坚定了他学医的信心。这时学思已经18岁了。

当然，这些事情都是背着他父亲做的。但是纸里终究包不住火，父亲终于发现他给别人看病的事。父亲是个谨小慎微的人，见过因误医而赔钱打官司的事，极力反对学思给人看病。学思有些初生牛犊不怕虎的劲头，说什么也不肯放弃看病行医的愿望。父子二人大吵大闹了一场，谁也说服不了谁，最后父亲恼了，说：既然你不听我的话，就滚出这个家门，从今以后，我没你这个儿子，你也没有我这个父亲。学思一气之下，真的离开了家门，来到了今李寨镇的项营村，投靠一远门亲戚，正式挂起了药铺牌子。

过去，行医人虽能治病救人，可社会地位却很低，往往被读书人看不起，所以行医的人很少。尽管如此，冯学思把药铺牌子刚挂出来的时候，乡亲们却并不认可。认为他太年轻，“嘴上没毛，办事不牢”，有病也轻易不敢让他看。你不来找我看病，我去找你看病还不行吗？冯学思挂牌行医的时候正赶上夏秋之交，小儿患肠胃病拉肚子的很多。这种病一时半会儿不会有什么生命危险，可是若不及时治疗，会形成脱水，也会要人的命。学思来到病人家，遇上有钱的，他就给你开剂药，说：吃个试试，好了病再给钱，不好不要钱。没钱的，他就说：不用吃药，到集上买半斤狗肉，吃吃就好了。要是半斤狗肉也买不起，或者小孩子还不会吃东西，他就说：到苇棵里找些拉拉秧，熬水给孩子洗脚，先洗脚底板儿，止住了就别洗了，止不住再往脚面上洗，再止不住再往脚脖儿上洗，至多只能洗到膝盖。要试着洗，一次不要洗得太高，洗得高了，又拉不下来了。这一招果然灵验，无论是吃药的还是用土方的，病都能好。人们开始对这个小郎中刮目相看了。

冯学思终身不吸烟不喝酒，唯一的爱好就是购买药书。刚开始行医的时候，他就想，自己没投过师，许多疑难杂症还拿不准，更不敢随便乱用药。不能一辈子只看拉肚子这一种病吧？可是拜名师学医，又不比学习其他手艺，没有个十年八年是出不了师的。自己这么大了，怎么能等这十年八年呢？必须快一点学习。

项城、上蔡、汝南，这些县城大药铺有的是名医，可是直接到人家药铺里去请教，一不沾亲二不带故，肯定要吃闭门羹。学思心想，你不教我，我还不会“偷”吗？偷学手艺可不是什么丢人的事。为此，学思常常隔三差五的早早起床，怀里揣个馍就往县城跑。路上，专门找那些进城看病的，遇不到这一天就算白跑一趟。遇到了，他就主动上前打招呼，一边套近乎一边问病人的病是怎么得的，找谁看过，吃过什么药。一边问一边思考，如果是自己给他诊治，会怎样调治，怎样用药。到了县城，学思装作病人家属，随着病人进药铺。大夫看病，他一言不发站一边，听诊断，看开方，然后将先生说的、出的方子，和自己的想法相对照，评判一下各自的优劣。再不然就装做什么都不懂，提一些可笑的问题。名医不防，什么都说，学思就暗暗记在心中。去一次县城，可以学习一种病的治法。学思每年都要把这几个县城光顾个十遍八遍，每年都能学到很多种治病的方法。三年下来，学思居然在家乡小有了名气。

冯学思特别注意搜集土单验方，搜集过来之后，经过分析筛选，汰劣存优，记入医案，用起来特别得心应手。比如发疟子，金鸡纳霜是最好的特效药，可价钱高得吓人，富人吃起来也“心疼”，穷人更吃不起。病人来找学思，学思就说上椿树摘些椿翎子（方言，椿树的种子，成嘟噜的生长，很像鸟翎，故名）来，剥出里边的仁儿，几岁吃几个，1天吃2次，连吃3天。不能多吃，吃多了热性大，人受不了；也不能少吃，少吃了治不住病。就地取材，一个钱不花，就能治住疟疾。

有些人家的媳妇生了孩子没有奶，找到学思，他说：到集上向杀猪的要个“气猪蹄儿”（杀猪煺毛的时候，需要往猪皮下充气，就从一只蹄子上割个口，再从这个口上往里充气。这只蹄子就叫“气猪蹄儿”)，再加上一把胖胖腿（即王不留草）煮熟，连汤带肉都吃了，就能催下奶来。要是冬天要不到“气猪蹄儿”，就在煮苤蓝叶子的锅里煮几个鸡蛋吃吃，也能催下奶来。

俗话说，病怕无名，疮怕有名。没有名的病难下药，有名的疮不好治。项营西边村里有个专门瞧疮的先生，医术非常高明，一般的小疮根本不在话下，就是那些“缠腰蛇”、“冲天炮”、“人面疮”、“打背疮”等有名的恶疮，经他调治后，没有治不好的。可这位先生“宰”病人不眨眼。他瞧疮从不用膏药，纯吃中药。因为贴膏药难要大价钱，吃中药，尤其是吃名贵药，不打钱不行，钱少了也不行。他开药必须吃3剂，第一剂药吃了不轻不重，找他再开第二剂，吃后开始发火，必须吃第三剂，第三剂吃罢准好。这三剂药下来现洋得5块，穷家小户拿不出，拿不出你就疼着受着，想让他舍药，没门儿！冯学思知道了这种事情，心中很不高兴，就细心选择药材，精心熬制出各种膏药。可是他瞧疮又轻易不用膏药，他常常说：你这疮不用贴膏药，找些瓜把子、茄秆子、冬瓜皮、西瓜秧等不值钱的东西，烧成灰儿，擀成面儿，香油一和，一天抹三遍，三天就能好。找不到这些东西的时候，拿生锈的刀放在磨刀石上磨，用磨出的铁锈水抹，抹几遍也能治好你的疮。

中医看病，讲究望、闻、问、切。冯学思看病，只要瞧一眼病人，不用你开口，不号脉就能说出你得的是什么病，说出病根病源，就如同他亲见一般。随手开个方子，就能保你药到病除。有一年项营附近发生了小瘟疫（流行性感冒），远远近近的病人像赶庙会一样，来到他的药铺前，少者三十五十，多者百八十，这么多病人他一人怎么看得过来？他不慌不忙，在过道里摆张桌子，旁边放一把椅子，他坐在椅子上面，先让病人在大门外排队，一个一个从桌子跟前走到院子里，再从院子里一个一个走到大门外，只问一下姓名，就挨个儿开方子，让徒弟照方抓药。病人说：先生还没给我号脉呢？他说，不用号了，只管回家熬药吃吧。果然，病人回去吃了他开的药，病好了。

冯学思也擅长针灸。有些病稀奇古怪，他的针也扎得稀奇古怪：明明是老寒腿，他偏偏扎手面，明明是五脏六腑的病，他却扎脚底板儿。有些时候小孩子也需要扎针，他给小孩子扎针更稀奇。农家的孩子常因吃东西不讲究闹肚子疼，他取出一根一头带有高粱米粒大小疙瘩的银针，哄着孩子说：“别怕，不给你扎针，我给你掏掏耳朵眼儿好不好？掏掏耳朵眼儿肚子就不疼了。”孩子听说掏耳朵眼儿能治肚子疼，就乐意配合。他就用这针在孩子的耳朵轮里边轻轻地点着捻着，边问：肚子还疼吗？孩子说疼，他就换个地方点捻，还问疼吗？孩子说肚子不疼了，他就对孩子的父母说回家吧，没事儿了！孩子来的时候，疼得翻身打滚的哭闹，走的时候活蹦乱跳。

曾经有一个瘦得皮包骨头、肚皮薄得能透亮儿的病人来找他看病。病人说经常肚子疼，已经有3年了。冯学思给他把脉却没啥病；听听声音，少气无力；问问饭食，比好人吃得还多；摸摸肚子，里面疙疙瘩瘩，像似有什么东西在蠕动；贴着肚皮听听，里边有丝丝响声；翻开下嘴唇，见有个扁豆大的疙瘩。他说：你没病，是肚子里有虫。我给你开一剂药，回家三天不吃饭不喝水，然后一次将开的药吃完。病人一看是二两砒霜！问用这么多砒霜，还不把我毒死？冯学思说："无妨，死了人我抵命。"5天后病人拿个纸包来了，说：先生真是"活神仙"。然后打开纸包让冯学思看打下来的蛔虫。冯数数虫子，说：药你只吃了一半，对吧？病人佩服得点点头。他生气地说：自作主张！3年后你再来，重新配药，才能把虫子全部打下来。病人问其原因，他说：你肚里的虫子少说也有300条，平时吃的饭食全部被虫子吃光了，所以你才瘦成这个样子。让你吃二两砒霜，是算准了的，你只吃了一半，结果只把虫子毒死了一半，另一半虫子没有吃着砒霜却闻着了砒霜的气味儿，再也不会上当了，虫子再生虫子，3年后老虫子全部死完，新虫子无知，才可用药。3年后，此人听从冯学思的安排，二两砒霜一次吃完，虫子全部被打下来，身体才算康复。

食道癌，农村过去称噎食病。得了这种病，先是吃不进食物，再是茶水不进，十个有十个治不好，最后活活的饿死。冯学思的夫人在65岁时，也得了噎食病。冯学思当了一辈子大夫，给人家瞧了一辈子病，被人喊了一辈子"冯神仙"、"老冯仙儿"，除了那些绝症老病，还真没有他治不了的病。可是如今偏偏自己的夫人有了病，却束手无策。他查遍了家藏的所有药书，请教了好多名医高手，也没能想出一个给夫人除病的方子。夫人临去世前，留下遗言：我死后，你把我的喉咙剖开，看看里面究竟是啥东西，想个法子化解它，也好为别人治病。

夫人去世后，他含泪剖开夫人的喉咙，发现里面有一块二指长短、指头粗细的东西，说石头不是石头，说骨头不是骨头，卡在食道中间。他把这个东西取出来，用锅蒸、用水煮、用火烧、用油炸，都不见有一点变化，用最厉害的化骨丹，也丝毫无损。无奈，他就用个红丝线绳儿系住挂在胸前，以示对夫人的怀念。挂了几年，也没想出个化解的法子。有一年过端午节，他家杀了一只大白鹅，接了满满一小盆鹅血。当时天很热了，冯学思只穿了一件小汗衬儿，红丝线绳儿系着的那个东西在胸前悠荡着。弯腰端那盆鹅血时，不小心那个东西掉在了鹅血里。他把那东西取出来，放在院里凳子上。等送了鹅血回来取那东西，一掂红丝线绳儿，线绳儿空了，那东西还留在凳子上，伸手一摸，成了一堆儿灰儿。难道说鹅血能化解这东西？

后来，有个患噎食病的来找冯学思瞧病，那人的病才发展到不能吃硬东西的地步。冯学思把自己发现鹅血能化解那东西的事情说了一遍，病人说，你就在我身上试试吧，中不中我都不怪你。老冯仙儿亲自杀了自家的一只白鹅，当场让那人喝鹅血。喝完后，不到一袋烟的工夫，那人就开始咳嗽起来，咳出了好多灰粉。待不咳后，拿点馍一吃，居然没啥挡了。老冯仙儿又留病人住了一天，什么东西都能吃了，这不就是病全好了吗？此人是老冯仙儿的一个表亲，得病的时候不到60岁，用鹅血治愈后，一直活到86岁才去世。从此，用鹅血治噎食病就成了冯学思的一个绝招。

冯学思50岁的时候，乡亲们已经开始尊称他为老冯仙儿了。当时汝南县城二龙里有一个杨姓富商，夫人染上了伤寒病，请了县城里无数名医诊治，不但没治好病，病情反而越来越重，竟有随时要撒手人寰的样子。情急之中，杨富商用轿车子把冯学思请到了汝南。冯学思诊断说：夫人只是以前吃补药太多，必须改换方子。杨富商问用何方，老冯仙儿说：先泄后补，需要3个月，只是我家中还有药铺需要料理，不能在此专为夫人调理。杨说这好办，本人出资，在这里为你开一间药铺，家中之事交给徒弟们就可以了。老冯仙儿也想在县城扬名，就答应了富商的建议。药铺开了门，自有病人来。开始老冯仙儿只不过是看一些伤风感冒之类的小病，人们还不相信这个乡村土郎中的本事。3个月过去，夫人的病彻底痊愈，人们才算看到了老冯仙儿的本领，前来求医者络绎不绝，可谓是门庭若市。就这样，老冯仙儿在汝南开了5年药铺。

沈丘县莲池乡有一土匪，听说冯学思在汝南开药铺赚钱很多，就把冯的8岁长孙留芳和一个邻居幼童一起绑了票，留下字条让他到莲池赎人。冯学思来到莲池见到土匪。土匪搞了一个圈套，把留芳和另一幼童关在隔壁，以鞭击打棉花包，让其他幼童装做哭叫声，这边力逼老冯仙儿拿出3万大洋。老冯仙儿心疼两个孩子，说：不要再打孩子了，你们这样做不就是为了钱吗？我一生挣钱无数，又都随手撒了出去，现在让我拿出3万大洋确实难办。这样吧，你们把两个孩子放了，我在此地开药铺做人质，挣的钱是你们的，什么时候3万大洋挣够了，你们再放我，行不行？土匪也听说过冯学思的为人，就同意了。

从此，冯学思放弃汝南药铺，在莲池当起了坐堂郎中。土匪嫌他挣钱慢，他说：救死扶伤是我们行医之人的最高原则，如果嫌我挣钱慢，你们就把我杀掉好了，我可不愿意这样给你们挣钱。土匪没法，只得任其作为。3年里，老冯仙儿经常向土匪宣讲仁义道德，劝他们改恶从善。也许是水滴石穿的缘故吧，土匪终于被感化，3万大洋没敢装进腰包，也学着冯学思救济了穷人，自己也金盆洗手，规规矩矩地做起了良民。莲池事了，冯学思急着要走，莲池乡民依依不舍，上万人流着泪欢送他。

建国后，项城县李寨区人民医院成立。当时医生很缺，冯学思便以70多岁的高龄加入了该医院，并且把自家的全部药物以及后来购买的药书无偿捐献给了医院，还动员两个儿子（长子冯可福，人称大先生；次子冯可禄，人称二先生；三子冯可寿，学的是兽医）和三个女婿（大女婿郭某、二女婿赵连全、三女婿王中宪，初跟冯学思学徒，后招为婿，这几人当时也都是名震一方的名医）加入到医院。

冯学思不但是一名优秀的中医大夫，而且懂得一些西医。当年他艰苦学艺的时候，项营有一所天主教堂，教堂的神父是美国人，也是一名医生。可是在那时候，老百姓不相信西医，害怕他那刀子叉子和针管，很少有人找他看病。老冯仙儿却很有主见，认为不论是什么医学，只要能为人治得了病都是好医学。于是他就主动向这位神父请教西医，相互切磋，取长补短，学得了不少西医知识。当年他自己开药铺的时候，购买的也有西药，也给病人用。怕病人误会，不说是西药，说成是自己研制的新药。病人崇拜他，让吃什么药就吃什么药。西药效果来得快，病人把老冯仙儿夸得就更神奇了。这在当时的乡村大夫中，敢于使用西药，是极为难得的。

在李寨医院里，他不但把自己的中医本领全部使出来，而且把从洋人那里学得的西医本领也使了出来，大胆搞中西医结合，治病效果尤为明显。他不但把自己的本领都用到治病救人、救死扶伤的工作中，而且把自己积累多年的成方、验方贡献出来，耐心教给年轻医生。因此，李寨医院的名声响遍周围几十里地。他在李寨医院里工作了10年，从没休息过，他去世的前两天，还在为人看病。

1962年某日，冯学思突然无病而终，享年83岁。送他的灵柩回项营时，李寨、宗庙、前后韩的群众坚决不让项营去的群众动手，亲自把老冯仙儿的灵柩送到墓地，以示尊崇。那一天恰巧下起了瓢泼大雨，几十个小伙子不披戴任何雨具，光脚踏着脚脖上深的烂泥，轮流换班，终于把老冯仙儿安葬归土。李寨到项营有十几里地的路程，几十个小伙子硬是没有把灵柩放到地上歇息一次。灵柩后边披麻戴孝的男男女女成千上万，他们都是受过老冯仙儿恩惠的人，有许多人是老冯仙儿硬从死神手里拉回来的。

冯学思虽然“走了”，但他把毕生所学传给了后代，成就了一批医务工作者。其中，二孙子冯化训是河南医学院的中医教授，多次出国讲学；重孙辈一个叫冯堃的在河南医学院中医科任主任，一个叫冯新亮的在家乡行医。

冯志方

冯志方（1916—1967），今西华县逍遥镇沙沟桥村人。1938年6月参加地方救亡活动，同年8月加入中国共产党，11月参加新四军。历任政治生活委员，连指导员、营教导员、团政委、师政委、西藏军区干部部部长、西藏军区政治部副主任，公安部队学院副政委。行政9级。

志方参加革命工作以后，经过艰苦环境与战争的考验，立场坚定，对党忠诚，生活朴素，作战勇敢，曾受通令表扬，评为模范党员，两次荣立一等功。

“文化大革命”中，受到冲击。因不堪忍受折磨，于1967年7月30日自缢身亡。1975年，经中共第二炮兵委员会呈请军委批准，予以平反，冤屈得以昭雪。

傅陶然

傅陶然（1871—1943），名启钧，今商水县城关镇东街人。早年丧父，由母亲供其读书。他学习勤奋，尤喜书法。因家境不济，无钱购买笔、墨、纸张，就用毛刷蘸黄泥水练习写字，寒冬酷暑从不间断。经多年苦心磨炼，他写的颜体字别具一格，在省内颇有名气。

1922年，河南督军冯玉祥曾邀陶然赴开封写字。他在相国寺门楣上挥毫写了“天下为公”四个苍劲有力的大字，博得书法爱好者的交口称赞。冯玉祥十分满意，酬以500块银元，还送了两件狐子皮皮袄。他拒金不纳，只收了皮袄。陶然书法一时誉满中州，不少亲友和官吏请他写字。是年，直鲁豫巡阅副使吴佩孚之母亡故，派专人请陶然为其书写碑文。

陶然因书法著称，曾被国民党政府先后委任为河南省警察厅第三科科长、山东曹县代理县长、汝南专员公署收发室主任等职。任职期间为政廉洁，不贪钱财。1943年病卒于潢川，享年72岁。

高光第

高光第（1909—1995），乳名光宇，今扶沟县大李庄乡七里河村人。1924年在县高等小学上学。1926年考入开封省立第一师范学校。8月经施于民介绍加入中国共产党。1927年2月，与中共党员施于民、吕调阳回到扶沟，在县城西街成立读书会，传播马列主义。3月，根据中共豫西执委指示，成立扶沟县第一个中共党支部，代号“符扣芝”，高光第任支部委员。大革命失败后，扶沟处于白色恐怖之中，高光第转入乡间开展工作，在固城成立“年作会”（即长工会），与地主开展斗争。正当农民运动迅速发展时，高光第被国民党通缉。河南省委为保存革命力量，10月将他调到开封，以洋车工作掩护，从事地下工作。

1928年2月，省委派高光第回扶沟，与吕调阳、施于民恢复中共扶沟党支部，仍任委员。4月，中共扶沟县委成立，光第任委员，在鄢陵刁河召开县委扩大会议，决定举行武装暴动，夺取政权。下旬以中国共产党扶沟执行委员会名义发表起义宣言。宣言撒遍扶沟城乡，国民党扶沟县政府惊恐万状，下令搜捕共产党人，高光第再次被通缉。在群众掩护下脱险后，前往郾城豫中区委。时，区委也被破坏，联络员被捕。遂又到许昌文化书社寻找中共联络员薛朝立，仍未找到。从此便和组织失去联系，无奈到淮阳师范继续上学。

1933 年 6 月到扶沟姜师堂中学任教。1938 年 6 月，中共特别党员魏凤楼任扶沟县长，委任高光第为县民运工作团团长，负责组织训练民众，动员民众参加抗日。他先从城南的万岗做试点，把村民按年龄、性别组成自卫队、妇女队、老头队、老婆队、儿童团，在不误农时的情况下，定期集合训练。以后又在裴柿园、王墩、谢村工作。由于魏凤楼调离扶沟，10 月民运工作停止。

1942 年 3 月任省教育厅第 3 科科员，9 月被国民党中统局河南调查室以中共嫌疑分子逮捕。1944 年 1 月由中统特务监狱送叶县劳动集中营关押，7 月被送往国民党第 1 战区司令部党政处西峡口（即西峡县）训练班学习，8 月任该处党政总队第 1 大队 3 分队上尉队副。1945 年 5 月，被国民党豫西警备司令部以中共嫌疑分子再次逮捕。9 月出狱，被派到国民党 85 军参谋处工作，12 月自动离队。1946 年 2 月任卢氏县定远镇小学教师，11 月任国民党国防部新闻局人民服务总队 1 大队少校督导员，1947 年 6 月任大队少校大队副。

1948 年 6 月与中共豫皖苏 5 分区情报小组建立联系，为中共 5 分区提供情报、经费、通行证、军服等。1949 年 8 月调陈留县剿匪反霸工作队，12 月任陈留县立中学校长。1953 年 8 月到省荣军中学任教。1956 年 12 月，在肃反中因历史问题被捕，1969 年出狱后回家务农。1978 年在大李庄高中教书。1984 年 7 月，省民政厅、劳动人事厅对 1956 年错捕错判平反。1995 年去世。

高学彬

高学彬（1898—1945），乳名彬，绰号高大辫，回族，西华县城内人。高学彬在青少年时期主要是每天随父亲上街卖鱼汤，以此维持家计。他自幼酷爱曲艺，尤喜河南坠子，一有闲暇便自拉自唱。16 岁时拉唱皆佳，小有名气。卖汤时，只要群众有要求，他便击掌为板，边卖边唱，往往戏未唱完而汤已售尽。27 岁时，其母说学彬的妻子不正经，唆使学彬将妻子休掉。后来，学彬发觉妻子是无辜受冤，遂愤而离家，在外以卖唱为生，并立志不再续弦。他先到西华陆城、方庄回民村演唱，后到周家口定居演唱。演出时受同行限制，每天只准唱一场（两个小时），但仍囊满而归。特别是在武汉演出时，以俏段“小黑驴”战败武汉曲艺名将“黄马褂”（清光绪帝曾听其坠子，十分赞赏，赐“黄马褂”），誉满武汉三镇。因长年演出，积劳成疾，1945 年病死于漯河，时年 57 岁。

高育英

高育英（1913—1989），女，今项城市秣陵镇人，出身于书香门第。

她小时聪慧，家教严格。1931 年考入开封女子师范学校，1934 年 7 月考入北平京华美术学院，1937 年毕业。1937 年冬，高育英随同丈夫来到重庆。她丈夫张荫堂，是河南巩县国民党兵工厂的劳工课长。这个兵工厂是袁世凯于 1915 年 8 月在德国人帮助下创建的。兵工厂占地 2700 亩，投资 1127 万银元，与当时沈阳、汉阳、上海的兵工厂合称“四大兵工厂”。1937 年 9 月，日军的飞机频频出现在兵工厂上空，三次大规模空袭后，巩县兵工厂几乎被夷为平地。因此，才有了这次搬迁。

1938 年，她夫妇又随兵工厂迁往泸县（今泸州市）。其间，经中共四川省委书记罗世文介绍，她被中共川南党组织吸收为中共党员，由此开始了艰苦的地下工作。她经常写抗日广告，又自己拿出去张贴，并借在泸县育群女中、川南师范任教（讲授卫生课）的机会，对学生进行全民抗战和革命统一战线教育。1941 年，她又以张荫堂家属的身份，打入国民党兵工署 84 区分部工作。任务是了解敌情，向八路军驻渝办事处处长周怡汇报，后直接向董必武汇报。高育英曾多次摆脱特务盯梢，冒着生命危险，将情报送到董必武手中。在重庆浮图关，她通过国民党中央军校特别训练班主任康泽的参谋梁铁豹的老婆夏洪志掩护，为组织密送情报，并公开出壁报、画刊，宣传抗日。八年抗战期间，高育英朝夕与敌特明争暗斗，不避艰险，英勇顽强，遇事坦然。一次因暗拆特别党部密信，险些暴露身份，千钧一发，却被她机智摆脱。

1946 年，高育英按党的指示，回河南项城老家，利用地主家庭为掩护，创办学校，团结知识分子，发动群众，培养新人，迎接解放大军过黄河。她带着陶行知的教材、教法和部分图书，领着外甥张新民、儿子张守威回到家乡，在新桥张大庄村（夫家）开展工作。这里原有一所初级小学，经多方努力，她把初小发展成为完小，依靠进步教师汪爱民、张贺堂，团结张树明、马全荣和原校长张伦堂，又聘请了几位教师，在提高教学质量上站稳脚跟，再依靠进步力量，占领学校阵地。同时还办了夜校、识字班，专门对长工、佃户及青壮年妇女进行启蒙教育，讲解“劳动创造一切”、“谁养活谁”的革命道理。她丈夫张荫堂这时在上海工作，为支持她在家乡办学，把每月工资除生活费用外，全部用以购买进步书籍和教学仪器寄回学校，并为学校筹措经费。

1947 年春末，解放战争形势起了变化。她要去上海、南京向与她单线联系的董必武汇报、请示，临行前对汪爱民、马全荣安排：以后如果国民党来了，就说办的是陶行知、武训学校；八路军来了，就说是为党办的教育。汪爱民他们就是用这种应变措施，才使育英学校在敌我拉锯的险恶环境中得以保存。不巧的是，高育英到上海的时候，国共和谈破裂，董必武等去了延安。困境中，她遇到了陶行知先生的助手方与严和陈鹤寿，参观了晓庄师范、农民学校及上海郊区的农校，得到了方与严的指教和支持。这年秋，她返回项城。途经开封时，她聘请到了两位思想进步的教师，还为育英小学的幼儿园募集到风琴、食品。

1948 年春，项城第一次解放，建立了人民政权。县委土改工作组进村，她向组织表明了身份，交出了藏在夹壁中的枪支、烟土、什物，同时也将学校移交给了人民政权。麦收前，高育英根据项城县委指示，开始筹办中学，为地方新政权培养干部。当时解放战争已转向战略进攻，三大战役还没有开始，一些土顽土匪、地主还乡团活动猖獗。她就是在这种情况下，终于在项城老城文昌宫，办起了育才中学——实际上是豫皖苏区七专署中学，简称“七中”。文昌宫是项城旧学址，早已废弃，一片荒芜，她和儿子、妹妹一起动手，除杂草、扫屋子……终于把学校办了起来。但在当时的战争环境中，学校不可能有安定的教学环境，仅在淮海战役期间，学校就跑了 11 次“敌情”。

1949 年初，育才中学（七中）与汝南县联中合并，到秋天搬往驻马店，又合并为信阳高中。在驻马店办完交接手续后，高育英就登上了去北京的路途，从此离开了家乡项城。

建国后，高育英在北京市妇联工作，先后担任北京市妇联宣传部副部长、北京市西城区政协副主席职务。1981 年 5 月，离休后的高育英又联系退休教师陈法政和老美术工作者林乃干，自筹资金，办起了一所实习性质的业余艺校——京华艺术学校。1982 年 7 月 5 日《人民日报》第一版，专题报道了她的办学情况。

1989 年，高育英病逝于北京，终年 76 岁。

高煜亭

高煜亭（1904—1962），原名高德亮，直隶省通州永乐店仇庄（今北京市通州区永乐店仇庄村）人。

高出身于农耕世家，幼年逢乱世，加之连年灾荒，家道渐衰。高是家中长子，父母为改变窘境，竭力供其读书。6 岁时，高煜亭就读于村中私塾，从蒙学读本到四书五经，刻苦求学，孜孜不倦，深受师长器重、同窗敬重。课外喜读《三国》、《水浒》及孙子兵法，常集同学及村中儿童于麦场上，率众模仿列队作战，指挥进退，微露将帅之才。他爱好中医，崇拜古代圣医扁鹊、张仲景、华佗、李时珍等，遍读各种医书，谙熟医道，初为邻里开方医治小病，多有见效，岐黄之术日渐长进，乡民皆视其日后定成社会良医。

一、从军报国。仇庄居北平、天津之间，来自两地的各种信息，特别是代表时代潮流的进步思想，使成长中的高深受启发，他逐步认识到，不变革社会，国民就摆脱不了贫愚。于是，他常以实际行动与财主斗争，揭露、抨击他们的罪恶。他的言行遭到富人们的反对，联名上告县府，欲以“谋反”治罪。高在恶势力的逼迫下，愤然离乡去北平寻求出路。

在北平，高目睹了军阀混战，民不聊生，一些仁人志士多空谈而少行动的社会现实，感到茫然，不知所措。恰在这时，他与驻豫毅军米振彪师长茶馆邂逅，两人一见如故，忧国忧民之心相照。米言明身份，约他从戎疆场，以武治乱，报效国家。高遂随米来到河南开封。

到了毅军，经过一段观察，米认为高是一个人才，于是就于1928年将其保送到军校深造。高煜亭深知进军校上学不易，是实现报国之契机，故勤奋刻苦。三年学成毕业，军事理论、训练、进攻、防御、战术等成绩优秀，单兵擒拿格斗、射击投弹等项本领过硬，毕业考核中各科俱名列前茅，受到学校嘉奖。

高煜亭回到毅军后，米师长见其学绩卓越，命其协助部队训练，并参谋军中要务。就在这时，毅军被冯玉祥部打败，米师长解甲归田。临走前，米振彪托人将高安排到开封警署工作。当时警署中还没有军校毕业的人，高煜亭算是凤毛麟角、鹤立鸡群了。正因此，在成立河南省警察大队时，省民政厅厅长方策极力推荐，让高当上警察大队副大队长，主管警队训练工作。高不负众望，不到一年警容焕然，方策对高越发信赖和器重。开封沦陷前，高煜亭接任警察大队大队长，保护省府机关迁至洛阳。

当时槐店（今沈丘县城）市面混乱，匪患频仍，省府已因警匪勾结，依法查办枪毙了两任警察局长。为此，省主席对方策严加申斥，限期派人治槐，扭转局面。方策本是国民党早期元老，受此责备，甚觉无颜。于是加紧物色局长人选，情急之中想起高煜亭，甚为合意。只是高前途无量，还要降级使用，实难启齿。然，更无合适之人，决计亲顾茅庐，以诚聘贤。周日，他步行到警察大队附近，在一处民宅中找到高煜亭家。方推门而入，高见方到，甚觉惊诧。方简言心意，并反复声明“只是来求，无命令”之意，可去可不去，全凭自愿。如肯受命，所有要求，尽力满足。高见其态度诚恳，又有恩于己，便答应下来。他对方说：“我弃学从军以来，一直服务于军中，对戡乱地方无施政经验，当尽心尽力治理。我若有贪赃枉法、谋取私利、欺压民众、不为民做主的行为，厅长可将我绳之以法。请您相信我，两年内我会交给您一个繁荣安定的新槐店。”方策听罢甚喜，即承诺：“你治槐成功之时，即荣升省府警察局局长之日。”中午高请方厅长在自家吃了一顿北京风味的炸酱面，无酒无肉，豆芽、黄瓜丝等小菜几碟。饭后方策说，你这样清淡待客，去治槐我更放心了。高取纸笔，草书条幅一帧敬献厅长以示决心，书曰：“使一文枉法钱，幽有鬼神明有禁；做半点亏心事，远报子孙近报身。”方公大悦道：“此即做你我之座右铭张挂正厅。”

二、治警戡乱。1938 年 9 月，高煜亭接到调令后，自雇马车携眷赴任。到任后，槐店许多士绅富商邀住己宅或赠款建宅，高一一拒绝。他先住旅店，后租住小胡同（即小教胡同，今生产南街）马卫堂家，又租住马孝贺家，三年后又搬宋怀章家（今县工会处）。槐店百姓见新来局长竟租居民房，甚感新奇。

高上任伊始，走家串户，访问社情民意。掌握镇情后，决定治槐先治警。他清理警察队伍，纯洁内部；严惩警匪、警商、警痞勾结；强制训练，端正警风警纪；开展利民活动，密切警民关系……不到一年，警察局的形象和社会面貌焕然一新。

一次得到举报，匪首窦大郎潜入沈丘大姚营，高亲率警队，连夜追剿。当时窦大郎见围，急忙逃窜，高紧追不舍。窦纵身上墙，高随之跟进，与窦匪脸对脸跨坐墙上。高举枪逼窦投降，窦欲夺枪，被高击中胸部跌下被擒。高临危不惧，身先士卒之举，被广为传颂。

为壮大剿匪队伍，高煜亭将当地武术队组织起来，统一指挥。警民联合，很快将槐店周边十余股杆匪扫平。一天，安徽太和的大杆土匪袭击槐店。为保剿匪万无一失，高先向地方驻军借兵援助，又亲率警察及槐店回族组成的民防队部署防御，军、警、民联合，彻底击溃该股土匪。事后，槐店的民防队及警察局名声大振，震慑外围杆匪不敢轻举妄动。境内秩序稳定，沦陷区许多商户纷纷迁槐，一时槐店安定繁荣。

三、治军肃俗。槐店从抗日开始就有许多驻军，数量最多时全县境内有 10 万余人。如有中央军汤恩伯部，西北军何柱国部，刘昌义部，青海马步芳的一旅一团，别动军一个大队，康乐三部一个团，40 军庞炳勋的一部分，当地一些自立旗号的游击队多个。这些部队建制不同，归属序列混乱，不少军队素质极差，兵祸成了槐店大害。高来槐之前已知此情，上任后查悉情况更为严重，自视靠警局难于约束驻军。于是，他与刘昌义军长商定：利用刘军军力大于各部，有统辖实力之优势，成立了“豫皖鲁苏战区军警联合稽查处”。刘任处长，高任执行副处长，各部派员驻稽查处为联络副官，协助执行稽查处有关条例和命令，配合稽查处约束各自部队在沈项淮城乡之作为。他严惩康部扰民士兵，制服唐二，禁止酗酒赌博，社会治安明显好转。

当时槐店居民多有不良生活习惯，为倡导新生活，高煜亭常令护兵带一木板戒尺，对随地大小便者，袒胸赤背者，趿拉着鞋、叼着烟卷东游西逛者等进行整治。对初犯者，让护兵帮其纠正；对屡教不改者，就用木板戒尺抽打。在这次改良民风中，最难改的是夏天一些喂奶的妇女，光着上身在街上给小孩喂奶，男警察也不好意思去管。正在无奈之时，高的干亲蒋医生的夫人出了个主意："再有光身在外喂小孩的，派两名警察用布围遮着为其站岗。"这招果然灵验，羞得这些妇女再也不敢在大街上喂奶。经过三个月治理，槐店的陋俗明显减少，而高毫不松懈，早中晚必绕几道街巡逻检查。

高对弱势族群非常关心，曾帮助数十户经营饮食业而无资金的回民向富户筹借资金，解决了贫户之生计。他还组织百姓织袜子并联系各军购买，增加百姓收入，改善百姓生活。

四、暗中助共。高煜亭青年时就接触进步思想、关注国家民族之前途命运，到槐店后对青年学生的进步活动给予理解和支持，与中共地下党秘密接触，支持国共合作共同抗日，利用自己的合法身份暗中帮助新四军。1940 年 3 月，中统情报员向高煜亭报告，有两名新四军人员正在进步青年马捷家开会，让高立即抓捕。高煜亭家与马捷家隔路，两家平时关系密切，高让贴身护卫回家告诉高妻，高妻遂到马家告诉马捷的母亲，当时在马捷家开会的有新四军派来的两名同志、马捷及颍滨中学的一名地下党员，马捷家临沙河（今槐店法庭处），备有一条船应急，四人急忙上船撤离，去了界首。而此时的高煜亭当着中统情报员的面，通知三个分局的警力全部到警察局集合（实际上警局的警力足够，高只是虚张声势，拖延时间），待人到齐后，高开始训话，布置抓捕方案，啰唆多时后，才让警察出动。高率警包围马宅，马母开门后问有何事，高说是查户口的，马母说查户口来这么多人，房上都是，恁是不是看俺回民弱，欺负俺回民，接着大闹起来。高一面佯装解释，一面令警察收队。回局后，见中统情报员还在警局，就大声斥责，刚才抓捕共党时你躲哪里去了，是不是你给共党报了信让我们抓不到人，你两面落人情，让我们警局得罪人。见此景这位中统情报员懵了，悻悻而去。

建国后，政府对高煜亭在槐 8 年的结论是："无罪恶，无民愤。"因此对高的家庭多方照顾，帮助其孩子参加工作，土改中给其家眷在大王楼分地 3 亩和房屋两间，1953 年又帮助高全家迁回北京通县老家。

五、敬业恤民。高煜亭在槐店勤政敬业，不畏权贵，不欺弱民，多次公正处理回汉两族械斗事件。他明确指出回族是弱势族群，应平等相待；不要对回民无端指责、欺辱、诽谤、讥笑，甚至侮辱丑化回民的风俗习惯；不要恃强凌弱，无事生非。他还登门向回汉族士绅们做工作，讲回汉本是一家，只是信教不同，应和睦相亲。抗战中，他贯彻有钱出钱，有力出力，驱逐倭寇，一致对外，中国人不打中国人，全民团结，誓守槐店之精神。当时，他在警局大门外建一影壁墙，正面画有戚继光巨幅画像，大字书写“还我河山”，背面（正对警察局大门）上写“精忠报国”四字，每个字有一米多高。以此时时告诫警员爱国、抗日、为民，牢记责任，忠于职守。

在新生活运动中，高煜亭经常告诫百姓，衣服破了常补，脏了勤洗，生活要俭朴。高煜亭本人十分注重警容风纪，外边着警服束武装带，戴白手套，无论天气多热没穿过短袖衣服外出。高不抽烟，不饮酒，不用茶，吃素食（在回民集居的小胡同不吃肉以示尊重回民习俗），长年饮凉白开水。经常教育子女，食求饱腹，衣求温暖，从不让子女在外花钱。衣服由其夫人缝做，饭菜自家烹饪。遇有灾荒每有施粥棚，必让子女去吃一顿，以体验灾民之苦。有时他自己也到粥棚盛一碗食之，看是否碜牙，了解稀稠。每到粥棚就与灾民敬礼道歉，动员大家战胜灾荒，共度困难。在槐店任职期间，灾荒中贫富之人无不称赞高之品德，称他是“陈州放粮的包青天”。

他特别爱惜儿童学子。房东宋怀章的外甥窦某溺水身亡，高几次去宋家安慰其父母，并严令二分局在河岸边设警禁止儿童学生游泳，公告镇民及学校，管好儿童和学生，不得下河洗澡游泳。并在南大水坑、北大水坑和警局前水坑坑边整修人行道。警局门口之坑与崇实小学校门仅有4米远，雨天水坑溢水漫路，崇实小学都是6岁—10岁儿童，放学时易失足落水。一遇下雨，高总让警察去水坑边护送小孩，有时人手不够，他还亲自拉着小孩靠墙走，远离坑边。他的这种行为家长们十分感动，给他送“爱童善举”锦旗一面。

过去群众文娱活动少，他到任后令各校教唱抗日或进步歌曲，支持学生组织歌舞话剧团，经常排练剧目到乡下演出，或在街头演出活报剧，鼓动群众抗日，加强回汉民族团结。临街墙壁涂写抗日标语及防灾抗灾、自救互救、破除迷信等口号，配合形势宣传。他尤其重视对学生及民间武术队的军事训练，各种集会他总当值日官，军、警、民、学都列队受检，每逢此种集会百姓都前来围观，十分热闹。在学校音乐课堂上常见高的身影，有时还亲自教唱和领唱《大刀进行曲》、《义勇军进行曲》等进步歌曲。当时地下党向高提出在学校中成立“抗日儿童团”。他考虑再三，对来人说：“以抗日为目的宣传教育儿童，以持久抗战为战略思想军训儿童，是好事，我支持。但是还是叫童子军的好，不授人以柄，这样我可以名正言顺地支持大家的工作。”当时在高的默许下，各进步青年及地下党员基本掌控了各校的童训工作。直到抗战胜利，槐店的宣传教育工作一直是共产党暗中掌握，培养了大批进步青年，为革命输送了优秀骨干。

六、善为善终。当两年治槐目标实现后，方策厅长仍未选上接替高煜亭的合适人选，只好“反悔”约定，请高在槐留任，这一留使高在槐干了8年，打破了“槐店的官最难当，不到两年就挨枪”的惯例。直到1944年秋，国民党省党部接中统报告，说高煜亭“纵共赤色宣传”，应予撤换。高在毅军中没有加入国民党，在警察大队中只是一个普通国民党员，到槐店当警察局局长后，没有介入各党派的关系网，“中统”一直对高不满，颇有微词。但方策厅长不理会他们那一套，致使高的工作较为顺利。直到1944年方策去世，高失去倚恃，处境每况愈下，有人建议把高调到“赤化”县当县长，有人建议“必诛之以正党纪”。刘昌义军长得知此情，为保护高，特聘他为上校军法处长，并代表军方兼任豫皖鲁苏战区槐店军警稽查处处长。稽查处设在大胡同杨敬堂府上，直逼警察局，何柱国部派代表接任副处长，而警察局新任局长王兆麟当了第二副处长，这样槐店仍在高的掌控之下。1946年秋，刘军调防安徽太和，高煜亭这才离开槐店。高到太和后出任亳州八县稽查处处长，授少将军衔。

当高煜亭1944年被解职时，槐店东、西、中3镇百姓送万民伞9顶，清官彩幅数十幅，各种歌舞队、武术队全部出动，万人空巷礼送“白脸包公”卸任。欢送队伍游过汉民街，又游回民街，各种歌舞、杂耍直到天黑才散。民众这种感情是对高煜亭八年警察局长的充分肯定和褒奖。

1946年冬，刘军奉调山东，与解放军作战。高与刘之前有约不参加内战，遂向其辞职。刘说：“你已是少将，仅排在我之后，难道这职位留不住你吗？你我共事，我不会亏待你，还是留在军中吧！你可以不上前线。”高说：“不是职位问题，我从军的初衷是抗日，实在不能参加内战。双方交战，血必染刃，何有后方之幸？”刘见高去意已决，就拿出200块大洋给高，但高只取了50元大洋离开。

高煜亭离开刘军后，到开封找到方策旧部，被介绍到陕西咸阳保安司令部工作，筹办军粮，供应胡宗南进攻解放区。高感不合夙愿，复辞职。1947年底，凭着通悉药材之长，高弃军从商，跟河南旧友在川甘陕经营药材生意。全国解放后，他于1950年主动返回槐店向政府自首投案，得到政府及槐店群众的宽大处理，助资返乡。

民国年间，槐店警察局共有5任局长，高煜亭是第3任，也是干得最长的一任。之前的2任张国修、宋进才因通匪害命被国民党杀了，之后的2任王兆麟、王坦因作恶反共被共产党杀了。高煜亭做过对社会、对人民有益的事，支持过进步力量，帮助过共产党。党和人民功过分明，因此宽大了他，使他得到新生。

高志航

高志航（1908—1937），原名铭九，字子恒，辽宁省通化县高丽墓子村（今属吉林省）人。曾任国民党空军少将驱逐机总队司令。1937 年 12 月，日本侵略军空袭周口机场时，以身殉国。时年仅 29 岁。

高志航出身于殷实农户家庭。6 岁入通化县三棵树小学，9 岁入沈阳指南高小，继入中法中学。读过中学后，考入奉系郭松龄主办的东北陆军军官教育班炮科学习。时该班派遣去法国学习航空者 27 名，待到他们快要起程时，高志航才得消息，经多方努力，获单独应试的机会，由于成绩优异，体格健壮，被录取。

1925 年，高志航和同学们一起搭船赴法国巴黎附近的牟拉纳民用航空学校，学习初级航空知识。结业后，又转到马赛附近的伊斯特陆军航空学校。在掌握了普通飞行和各种军事飞行技术之后，高志航又选修了要求高、难度大的驱逐机（今称歼击机）专科。三个月期满获伊斯特航校军士资格，被派往驻南锡的法军第 23 航空团见习。

1927 年，高志航学成回国，任张学良部东北航空飞鹰队少校队员。1928 年升少校中队长。1929 年因队中没有驱逐机，他便在仓库中找了一架报废的飞机，经竭力修理，试飞时因机架不坚而坠毁，其右腿骨折，经过治疗，伤势痊愈。1930 年入东北航空教导队学习，次年夏季毕业后，到东北航空教育班任少校教官。1931 年九一八事变后，东北三省沦入日军铁蹄之下。抱着救国之决心，志航化装南下。到了南京，经老友介绍，被任命为军政部航空署第四航空少校飞行员。1932 年 1 月 28 日，日军进攻上海，第 19 路军奋起抵抗，高志航驾机到上海，准备参战。不料飞机出了故障，高也受了伤，未能投入战斗。2 月高被晋升为中校。

1933 年 2 月，高志航入杭州笕桥中央航空学校高级班学习，毕业时，依年资考绩，定为空军上尉，任军政部航空署署员。6 月任中央航空学校教官，兼该校暂编驱逐机队队长，后编为空军第一驱逐机队，高志航任少校队长。

1935 年 8 月，高奉命赴意大利考察空军。次年 4 月回国，到南昌空军教导总队任队副，他协助总队长毛帮初对驱逐机飞行员进行了严格的训导。

1936 年 7 月，高志航任空军第六大队大队长，12 月，改任空军第 4 大队大队长。时该队在周口机场驻防。他对部下精心训练，号召平时如战时，吃饭限 5 分钟，加油自己动手。生活上他与部属同甘共苦。一日，他发现自己桌上菜肴独丰，于是当众对副官严加训斥并予革职。由于训练成绩卓著，1937 年 5 月，晋升为中校。8 月，淞沪抗战爆发后，高志航奉命由周家口到南京，担任战场制空任务。8 月 14 日，高志航乘运输机先行到达杭州笕桥机场，进行战前准备。当第 4 大队 21 中队抵笕桥机场时，接到警报，说驻台湾的日本海军木更津航空队 18 架轰炸机越海袭击上海，他立即命令刚到的机队不要停车，一半飞起警戒，一半加油待命出击，并以信号指示适时赶来的第 22、第 23 中队留在空中，他自己也驾机升空。当在空中发现日机时，立即开炮射击。僚属们见此，纷纷加入战斗。短短的时间里，高志航击落日机 2 架，全大队击落 6 架日机。战斗中，高志航受了伤，他命机械士不要声张，在慰问僚属、巡视部署完毕后，才寻医求治，因伤势过重，不得不住院治疗。“八一四”笕桥空战，开创了中国历史上首例克强敌于不败的纪录。高志航和他的大队博得了国民政府和全国各界的极大赞誉，他因功晋升为上校。住院期间，闻第 4 大队正在南京、上海一带与日军作战，不等伤愈即返回南京。10 月 12 日，高志航率队在镇江上空与日军再战，击落日机 2 架。在战斗中，旧伤发作，忍痛应战，几至昏迷，最后坚持安全降落于溧水。10 月底，高志航晋升为空军驱逐机总队司令，辖驱逐机第 3、第 4、第 5 大队及直属第 29 队，另兼第 4 大队大队长之职。

1937 年 11 月 15 日，高志航奉命赴兰州接苏联援赠的 13 架伊－15 驱逐机，回航时飞抵周家口机场，因天气恶劣，奉令原地待命。21 日晨，天气转晴，正当他在会议室向苏联飞行员介绍南京机场情况时，从北面飞来日机 9 架，袭击周口机场。在事先毫无警报的情况下，他一面命令飞行员迅速起飞，一面不顾日机的扫射和轰炸，强行登机，命机械士开车。因天气寒冷，连续三次开车失败，高志航高声疾呼：“全队起飞迎战！”此时，一颗炸弹落在他机舱前 3 米处，顿时，飞机处于一片火海之中，高志航头部和下肢被炸得不知去向，壮烈牺牲。事后，国民政府对高志航明令褒扬，追赠为空军少将，将其残尸运往南京安葬。

葛冠学

葛冠学（1921—1999），今濮阳市范县人。1945 年 1 月参加工作，1946 年 6 月加入中国共产党。他出身贫寒，青年时期就坚定了共产主义信念，投身革命事业。

葛冠学先后当过村长、工作队员、区农委副主任、县委工作队员等。旧社会的苦难，造就了他思想坚定、爱憎分明的立场；残酷的革命环境，锻炼了他机智勇敢、一往无前的大无畏精神。1948 年，他参加了淮海战役。战斗中，他英勇顽强、勇猛善战，多次受到部队首长的表扬。不久，他被上级抽调到南下工作队做群众工作。在支前扩军时，他废寝忘食地做工作，为部队的及时补充作出了应有的贡献。

建国后，冠学历任鹿邑县农场场长、农工部副部长、县委组织部部长、书记处书记，淮阳县生产组副组长、生产指挥部副指挥长、副县长、县委常委、县革委副主任、县委组织部部长等职务。1991 年离休。1999 年 8 月去世，享年 78 岁。

龚长法

龚长法（1887—1976），绰号“翻毛鸡”。西华县龚楼村人。从小跟父亲串庙会摆茶摊为生。酷爱戏曲，自学自唱，嗓脆音清，12 岁即谙熟二簧调、花鼓戏、渔鼓腔等。

清光绪二十六年（1900 年）二月的一天，13 岁的龚长法赶太康老冢会卖茶。时，会上有 3 个戏班，其中一班“道情筒子”甚为稀奇。他们不搭高台演唱，而是于平地上用粗布遮挡成一个“园子”。演员 10 余人，全是男的，皆手执道情筒，化装演唱。扮男者仅身着长衫；扮女者头顶花布，身穿花衣裙，脸上涂脂抹粉，身子扭扭捏捏。主演杨金荣（男旦）唱得悦耳动听，尾音“得儿哎……”俏丽流畅，乡土味浓，通俗易懂。龚长法看得如痴如醉，将卖茶的事忘个净光，连茶具都丢了，最后乞讨而回。

回家后，经过一段筹备，由龚长法发起，于光绪二十八年（1902 年）成立了西华县第一个道情戏班。此班开始多在平地或小土台子演出。形式多为小段对唱，不做动作，不走台步；且化装简单，多演小戏。不久，龚长法感到，见多而厌，听多而腻，长此下去，观众会失去兴趣，戏班的路也难以走远，“道情”应向大戏发展。

清光绪三十二年（1906 年），龚长法拜本县坠子艺人高郎头（艺名“戏串子”、“戏怪”）为师。在高的帮助下，龚长法及其师兄弟沈西文、罗成德，于次年排出多场次道情戏，并第一次将道情戏搬上高台演出。改革后的道情戏很受群众欢迎，戏班由此走出西华，先后在淮阳、太康、扶沟、尉氏、通许、杞县、睢县、宁陵演出，名噪一时。

1916 年秋，龚长法从外地回乡，组班教演道情戏。其高徒有余星海、王之明（又名王马，艺名“嗡倒山”）、王文志（又名王桥，艺名“五鱼儿”）、刘成名（艺名“老满”）、李成林（艺名“李娃”）、张大妮（艺名“洋犁子”）等。这个全系男角的道情戏班，在豫东、皖北一带活动，颇负盛名。

龚长法迷恋戏曲，常达忘情状态。一次正排戏间，因抽烟不慎燃着了自己的棉袄。众人发现后，帮其拍打灭火，揪起片片棉絮，其状如同“翻毛鸡”，于是便有了“翻毛鸡”的绰号，他的戏班也被称为“翻毛鸡”道情班。

戏班在安徽演出时，受到军阀冲击，艺人四处逃散，龚长法买了一辆木轮车，靠卖盐换盆为生。一日行至界首，恰遇庙会唱戏。龚长法戏瘾难耐，驻车台下观看，被台上一杨姓艺人认出，遂请他登台演唱。虽剧种不同，但龚长法演艺高绝，观众为之叫好。会后，当地管总决意留龚组班教戏，龚盛情难却，只好留下。因当地人不知龚长法姓名，称他的戏班为“盆客道情班”。

1931 年，龚长法从界首回西华，将流散的艺人余星河、李成林、田广同（艺名“蛤蟆嘴”）、吴花荣、朱凤仙等聚集起来，招收学员 23 人，组成大戏班。1933 年，受太康县常营集聘请前去任教。至 1936 年，在太康先后教出常营集、石榴寺两个道情班。

1938 年，西华、太康遭遇黄水灾害，人民流离失所，众多艺人外逃，龚长法以地摊唱戏糊口。解放战争时期，龚长法在西华、太康一带，经常组班演出。然因时局动荡，戏班时组时散。

建国后，龚长法以家乡龚楼为基点，物色邻村一些老艺人，组成戏班，为宣传党的政策、活跃群众文化生活而演出。1957 年，太康县道情剧团成立，龚长法、王之明、田广同等 6 位老艺人受聘任教。著名道情演员朱锡梅、冯春芳、王瑞兰、黎青枝等均得到龚长法真传。

龚长法工大红脸，唱腔圆润浑厚，其代表剧目有《打万监生》、《夫妻观灯》、《王金豆借粮》等。

1976 年 5 月 13 日，龚长法谢世。终年 89 岁。

顾大妞

顾大妞（1893—1945），女，本名秀荣，大妞是其艺名，清末出生于鹿邑县吴台庙西大顾寨（今属郸城县吴台镇），豫东、皖北著名河南梆子坤角演员。

大妞自幼随父（顾锡轩）学戏，平常耳濡目染，加上天资聪慧，15 岁便技艺初成，登台演出，轰动乡里。当时，顾家班的“顾家六姑娘”是群芳荟萃，名闻遐迩，作为大姐的顾大妞始终是佼佼者。

由于顾大妞身材好、容貌美，加上唱腔优美，表演入戏，深受观众喜爱。至今郸城、鹿邑、亳州、界首一带还流传着“三天不听大妞戏，吃起饭来没滋味”的顺口溜。

顾大妞功底厚、戏路宽，演谁像谁，惟妙惟肖，活灵活现。拿手戏有《蝴蝶杯》、《苏三爬堂》、《双骑驴》、《反长安》、《大祭桩》、《桃花庵》等等。

1934 年，顾家班到河南省城开封演出，在豫声剧院与后来成为豫剧四大名旦之一的陈素真轮流演出。顾大妞主演的《苏三爬堂》、《跑汴京》、《桃花庵》场场爆满，大妞之名一时轰动开封城。

顾立志

顾立志（？—1959），艺名顾瞎子，今鹿邑县邱集乡东顾庄村人。出身贫苦。少年时从师于舅父刘同学唱大鼓，青年时期萍踪江湖。能演唱曲目甚多，最出色的是《大红袍》。他吐字清晰，音韵铿锵，有金嗓之称。1946 年投身革命，在中共地方武装区队任交通员。他身背鼓板，深入敌占区搞侦察，为鹿邑的解放事业作出了很大贡献。建国后，他不图名利，以唱为乐，与鼓板终身为伴。

顾锡轩

顾锡轩（1875—1969），幼名群，今郸城县吴台镇大顾寨人。豫东、皖北著名梆子戏演员。

锡轩 13 岁入科班学唱梆子戏，先后拜梆子戏老前辈张蛮子、乔正华为师，工老生，19 岁正式登台演出。由于他表演技艺高超，赢得了广大观众的欢迎，同年便升为班主。为了培养人才，1922 年，锡轩在安徽省界首段庙村创办了第一个戏曲科班。1928 年他返回老家大顾寨，开办了第二个戏曲科班。先后培养戏曲艺人百余名。他本人既是演员、教师，又兼任掌班、报单。在他的熏陶和培养下，全家都酷爱戏曲事业：其妻朱氏能掌班；长女顾秀荣（人称顾大妞）工青衣、花旦，为豫东早期著名坤角之一；子顾新法工小生（后改司鼓）；儿媳段氏演技较全面，能演多种角色。另外，他还先后收养五个义女，行当有别，各有所长：大义女顾爱荣演老旦、青衣；二义女顾秀清演青衣、花旦；三义女顾秀梅演小生、老生；四义女顾秀华，生、旦均可胜任；五义女演彩旦、小生。加上顾大妞，观众称她们为“顾家六姑娘”，很受观众青睐。因其带领的戏班多为顾姓家人，故世人称其戏班为“顾家班”。1920 年至 1944 年，顾家班活动于豫东及皖北沙颍河南北，颇负盛名。群众中有“三天不听顾家班，急得乱转圈”和“顾家戏，顾家箱，顾家演员真排场，人人出来都能唱”之说。后因战乱，顾家班解散。顾锡轩带领全家客居安徽阜阳，仍不时组班演唱。1954 年，顾锡轩已 79 岁高龄，仍能登台演出，在华东区戏曲观摩演出大会上，一折《寇准背靴》赢得专家及同行的高度赞赏。

关金鼎

关金鼎（1865—1931），字云台，今扶沟县包屯镇季历岗村人。清末廪生，后来毕业于河南优级师范。曾担任扶沟县劝学所所长。1923 年 8 月，劝学所改为教育局，关金鼎担任扶沟县第一任教育局局长。

关金鼎为人忠厚，实事求是。在任职期间，严于律己，诚恳待人，在领导教学上讲究实效，成绩显著。

关廷英

关廷英，字莜云，今扶沟县包屯镇后季历岗人。河南大学法律系毕业。1932年起，历任扶沟县立小学、女子师范、县立初中校长近20年。在长期的校长工作中，关廷英治学严谨，认真负责，有丰富的办学经验。所任职的各个学校，一切简朴正规。尤其是在担任县立初中校长时，他严肃学校师生纪律，倡导认真踏实学风，做到了校纪严、学风正。关廷英特别重视学生的思想品德教育，对严重违犯学校纪律者，绝不宽恕。他关心老师学生生活，经常到师生宿舍、伙房了解情况，发现问题及时解决。他为扶沟县的教育事业作出了一定贡献。

关子和

关子和（1881—1954），原名关文彬，今扶沟县包屯镇肖庄村人。幼年丧父，被其伯父广西浔州副将关作栋携往任所延师训读。光绪二十八年（1902年）关作栋卸任，关子和随其返回原籍，从师雁仓王作宾。不久进入郑州铁路学堂就读，结业后分配到同蒲铁路任测绘员，后转洛（阳）潼（关）铁路任收支员、董事员。1914年被原京师典礼院掌院学士、洛潼铁路董事会总理刘果推荐给热河镇守使姜桂题，委任为赤峰、丰宁等县警察局局长，及西安、潼关公路工程处处长。1922年被河南督军刘镇华委派为卢氏县知事。

卢氏县处于河南西部群山之中，由于军阀混战的影响，村村有自卫武装，经常发生枪战事件，社会动荡不安，田园荒芜，民不聊生。关子和上任后，了解到县境内几股大杆首领起着关键作用，就只身步行数十里，以民间武装的礼仪，拜访最有权威的杆首，向其请教安民良策。杆首备受感动，遂邀约各杆首领共同商订安邦富民之计，以维护正常社会秩序，恢复和发展生产。关子和因之得以招回政府原有人员，整顿机构，行使职权，告示全县工农学商，恢复经营，使卢氏逐渐出现生机。3年卸任时，相送人群结队至十里长亭。1927年，刘镇华任命关子和为平陆棉花包装局局长；1928年，刘镇华部被北伐军收编为国民革命军第8方面军，任命关子和为郑州留守处处长，负责军需的补给与采购。这虽然是肥缺，但关子和不但自己清廉自守，而且还建立了一整套廉洁制度，使留守处成为一个清水衙门。卸任后竟然找不到接任的人选。

1929年北伐战争胜利，南北统一，关子和被委任为安次县（今河北廊坊市）县长。后因与刘茂恩发生矛盾，愤然辞职。1930年出任河南省财政厅考核处处长。次年豫东南大旱，潢川等县饥荒，他受河南赈济委员会派遣到商城一带放赈。当时吉鸿昌部驻防豫鄂皖边境，逢吉部秘书长何兆乾病故，关子和就向吉鸿昌推荐挚友马遐福继任吉部秘书长。马遐福后来成为吉鸿昌的心腹。

1932—1938 年，刘镇华任安徽省主席，委派关子和先后担任潜山、滁州等县税务局局长。后因刘镇华精神病发作离职休养，关子和亦去职返乡。1938 年中共特别党员魏凤楼出任扶沟县长，委任关子和为县政府第一科科长。当魏凤楼调任鹿邑县县长时，邀约关子和同往，关以母亲年高为由谢绝同行。

新黄河以东沦陷后，驻兰封的第 12 区专员公署在专员韦孝儒带领下渡河迁入扶沟境内，即聘关子和为专署参议。杞县、太康的一些民间零星武装打着抗日的旗号，派粮派款，搞得鸡犬不宁，民怨载道。韦孝儒以统一抗日为由，通知各武装头目数十人在太康县高贤庙开会，特派关子和全权主持会议，史称“高贤和会”。会议决定：所有武装统一编制，归属豫东游击区第一纵队（司令为韦孝儒）。抢劫之风得以制止。

1940 年，关子和被委派为许昌难民收容所主任，每月每批收容安置黄泛区外逃难民两三千人。他不辞劳苦，尽心竭力，对难民每日供应的两顿米粥坚持插筷不倒，保证难民吃饱。1943 年卸任后，扶沟沦陷，他躲居于乡村。抗战胜利后，联合国救济总署派遣工作队到扶沟开展救济工作，他受聘负责救济物资的发放，并担任县政府秘书。中华人民共和国成立后，村里请他担任民师，教适龄儿童读书识字。1954 年春节病故，终年 73 岁。

郭大同

郭大同（1920—1953），字志浩，今太康县大许寨乡小郭楼村人。幼读私塾，受祖父教导，勤奋好学，12 岁考取淮阳中学，15 岁考入西安高中，18 岁考取国民党西安军官学校教导团。毕业时，日军侵占太康，县城沦陷，太康县政府西迁扶沟大新集。受流亡县政府邀请，他回县任抗日自卫队大队长、教导员。1943 年任县西第四区、第五区、第六区区长。秋，到临川军政学校培训半年后，回县组建抗日第 4 大队，任大队长兼教导员，继又任县三青团书记兼县政府政治主任。后在淮阳专署任政治主任兼一团政工室主任，在商丘县任县长。随着解放战争的节节胜利，郭大同率部南撤，投国民党军队，任国民党 127 军 309 师 926 团中校政工室主任。1949 年 12 月，随 127 军军长赵子立在四川起义，所在部队改编为中国人民解放军 60 军。起义后，他被派往西南军政大学高级将官培训班参加培训。1952 年 10 月回家探亲时，太康正在开展镇反运动，郭大同被错误逮捕入狱，不久即被枪决。

中共十一届三中全会后，太康县委、县政府于 1982 年 8 月 14 日为郭大同平反昭雪。

郭林海

郭林海（1919—1995），今沈丘县周营乡张营村人。幼年家贫，未能就学。少时，割草、拾柴；稍长，帮父母种地。18岁时，父母相继去世。因债务沉重，不得不帮人种地，挣些租子，还债过活。

抗日战争爆发后，日军的种种暴行传遍沈丘大地，激起郭林海的满腔义愤。他决心参军，拿起武器反击侵略。1938年9月，郭林海入国民党78师当兵。一次对日作战，他不幸被捉，被锁在一所空房子里。半夜，一个老婆婆打开门，给他松了绑，让他逃走。可他怕连累老婆婆，又把门锁好，绳子扔到屋里，弄坏一扇门，做了个假现场，方去追赶部队。回队后，连长不唯不表扬，还骂他擅自行动，要打军棍。一气之下，他跑回老家。

1940年5月，国民党扩军，郭林海以17块银元身价替当地财主子弟当兵，当时叫“卖壮兵”，可他只得1元，被送到阎锡山部61军208旅205团3营7连当兵。3个月提副班长，次年10月提班长。后来，他看到阎锡山不是真心抗日，便于1943年5月，开小差到山西蒲县北于村宋老五家帮助种地，并入了户口。次年，又被阎锡山部征入炮兵27团1营1连当兵。1945年5月，由排长李发盛介绍加入同志会。8月，上党战役打响，在解放军的强大政治和军事攻势下，郭海林与其他战友于磨盘山起义投诚，被编入二野11军33师山炮营3连当战士。关于参加同志会一事，随即向连指导员作了交代，声明彻底脱离关系。10月，在平汉战役中，郭林海冲锋在前，光着脊梁缴得敌人机枪1挺，战斗结束，被越级提为副排长。

1946年解放安徽宿县，他与全排战士一起，首先攻入东门，为解放宿县打开缺口，立功1次。旋，升为排长。

1948年11月，郭林海参加淮海战役，奉命攻打徐州外围东西马尾子。他发着高烧坚持战斗，用6个小时完成4门炮的工事，保证提前进入阵地。除指挥本排山炮外，还指挥两门迫击炮的发射。他看炮手发炮慢，即代炮手操炮，消灭多处敌人火力点，为整个战役的取胜作出贡献。战后，经33师师部批准，记一等功1次，提为副连长。

1949年3月，在山东省周村高炮营基地，因改装高射炮有功，调任高射炮营副营长。

此后，郭林海还参加了渡江战役，解放大西南战役，以及在四川梁山参加大生产等，都有建树。

1950年11月，郭林海任65军高炮营副营长，随部队跨过鸭绿江，赴朝作战。因技术过硬，战功显著，被提任为正营长。

1952 年 3 月，在攻打七井洞南山时，他寒腿病复发，疼痛难忍。当时气温在零下十几度，他没有停止工作，而是带着战士在冰天雪地里看地形，选炮位，以顽强的毅力完成了战斗任务。

1952 年 12 月，在开城半布店作战，他又当指挥又当炮手，同一时间内，他比别人多发炮弹近一倍。过多的暴露，将敌人的炮火吸引到他这里，他腿部两处负伤，无法行走，不得不撤出战斗进行治疗。朝鲜人民民主共和国授予他国旗三级勋章，受到金日成主席的接见。

1953 年 2 月，郭林海回国，在 12 陆军医院休养。次年 4 月 15 日，到河南省革命残废军人总校学习。后，转业回沈丘。先后任县委农村工作部工作员，赵德营乡乡长，县农场场长，手工业管理局局长，交通局局长等职。他到哪里就把党和军队的优良作风带到哪里。1960 年春，国家经济困难，群众生活很苦。郭林海主动拿出自己的工资和抚恤金、生产补助金，接济周围群众，至今还为当地群众津津乐道，念念不忘。

郭泰岗

郭泰岗，字寿山，今西华县西华营镇郭集村人。清末秀才，早年倾向革命，加入同盟会，参加辛亥革命。曾任河南第一届省议会议员，西华县第一届县议会议长。后寄居开封，任国民党河南省财政厅简任秘书。建国后任鹤壁矿业局经理。

郭效孟

郭效孟（1907—1940），曾用名传轲，今太康县城关回族镇东街人，1938 年县城沦陷后迁居今张集镇司庄村。童年随父读私塾，1914 年入崇文小学，1923 年考入河南省立第一师范学校。1926 年师范毕业回到家乡，被聘到振太小学任教。1927 年 6 月考入国民党高桂滋部军官教导营（后改为教导团），12 月下旬加入中国共产党。1928 年 4 月 9 日参加中共皖北特委领导的阜阳武装暴动。失败后，奉派到永城县做地下工作。1929 年 1 月调回太康，在县第一小学教书。之后，他很快和太康地下党组织负责人连金章取得联系。经过筹备，建立了太康县第一个中共党支部，郭并兼任支部书记。1 月 15 日，中共河南省委巡视员李梅村到太康，指示他们抓紧时间，摸准对象，发展党员，壮大力量。郭效孟按照省委指示，建立中共太康县特别支部，下设县东、县西两个支部，他任特支书记兼县东党支部书记。1931 年秋，又建立了大新集党支部。直到 1934 年，郭效孟一直领导太康党组织的工作。在这一时期，全县中共党员发展到 21 人，建立党支部3个。1934年10月，他在中共河南省委巡视员史少卿的领导下，和党员刘振东、连金章、郑灿林等组织了大闹国民党县长周镇西上任4周年纪念活动，并痛打了周镇西。

1935年2月，太康党组织遭到严重破坏，郭效孟被捕，关押在开封监狱，后转到反省院。1936年8月出狱后，继续从事革命工作。1940年11月，郭效孟在太康县芦庄执行任务时，与国民党顽军遭遇，不幸再次被捕。国民党反动军警把郭效孟吊在梁上，打得遍体鳞伤。但他坚贞不屈，咬紧牙关，不向敌人透露一点党的秘密。敌人无奈，用绳子把他勒死，装入麻袋，投入河中。时郭效孟仅33岁。

郭馨坡

郭馨坡（1900—1957），名芝塘，太康县城内郭街人，原籍今太康县张集镇郭楼村。自其祖父迁入城内，家道殷实。父亲郭学伊，粗通文墨，游手好闲，爱吃喝，嗜鸦片，家产几乎被其荡尽。

郭馨坡幼年入私塾，后就读于县立甲种蚕业学校。1922年春，和刘运之在郭家祠堂共创私立蚕业讲习所。在北伐声浪中，郭馨坡加入国民党。1928年1月，当选为国民党太康县党部执行委员，任中山公园筹备委员会主任；翌年任“平民澡堂”经理，家境逐渐富裕。

在县党部中，郭馨坡资历最浅，但他擅弄权术，阴险奸诈，心狠手毒，又能说会道，颇受县长周镇西的青睐。1931年12月，他任县水利委员会副委员长，很快又兼县志馆副馆长，后任县政府秘书，成了周镇西的智囊人物。以后国民党太康县长屡易，而郭馨坡的县政府秘书却稳若泰山。1944年，郭馨坡终于爬上太康县县长的宝座。

郭馨坡当县长后，靠收编土匪、网罗地痞流氓、抓丁拉夫等，扩充其武装力量，人数最多时达1700多人。盘踞在大新至彭庙一带，把守新黄河各渡口，控制交通要道，敲诈勒索过往行人。他不抗日，而与汉奸姜廷彦互相勾结，经常袭击共产党领导的水东抗日根据地。冀鲁豫军区主力在1945年2月的叶寨战斗中，将其俘虏，经教育后释放。但他仍不悔改，又搜集残部、股匪，继续与人民为敌。

日军投降后，郭馨坡抢占县城，收编汉奸，扩充队伍，四处骚扰。1945年9月，新四军解放太康县城，郭馨坡部被歼殆尽。他从西南城角仓皇缒城逃跑。

郭馨坡几次惨败后，愈加疯狂。他纠集残部，在国民党水东司令周炎（驻商丘）的支持下，卷土重来，乘新四军主力部队奉命转移之机，又抢占了太康县城。

1945年10月，国共两党“双十”重庆会谈纪要生效后，郭馨坡在太康首先破坏停战协定。1946年春，抓走淮太西县交通站站长陈廷魁等人。是年6月秘密杀害了扶太西县逊母口区副区长黄廷俊。多次制造摩擦，残杀共产党人和革命群众。

1947年，郭任河南省第七行政区督察专员兼保安司令、沙河区清剿司令。他密令其部下：“要消灭共产党，必须先消灭村干部；没有村干部，就没有小区；没有小区，就没有大区；没有大区，就没有共产党。”是年6月，他搜罗亡命之徒1000多人，扩编8个大队，组织还乡团、老虎队等反动武装，经常袭击共产党地方政权，反革命气焰十分嚣张。老冢区区长李宏善等4人，常营区主任赵熙德等7人，芝麻洼区委书记兼区长吴忠召等11人均在这一时期遭郭馨坡杀害。他还率部先后在太康县老冢、马厂、五里口、城关等地搞“清剿”，捕杀共产党员王桂芝、马厂区委书记赵新民以及农会会长、民兵李冠邦、谷嗅、渠反、轩照清、贾应岗等90余人。1948年4月，郭馨坡率部长途奔袭驻太康常楼的淮阳军分区独立团新兵营，在窜往开封的路上，枪杀被俘人员数十人。是年，郭部夜袭驻在马小庄的一支解放军整训连队，有20多名被俘人员惨遭屠杀。

郭馨坡嗜杀成性，血债累累。凡共产党地方干部、部队指战员，以至革命群众被俘或被其抓捕者，绝无生还希望，先是施以毒刑，百般折磨，继以秘密处死，用铡刀肢解、活埋、剖腹等残忍手段将其杀害。

1948年，郭馨坡任国民党301师师长，开封战役时率部仓皇南窜，沿途遭到人民解放军沉重打击。1949年春任127军副军长，驻扎咸宁一带。是年4月，人民解放军四野部队进逼武汉，横渡长江指日可待；蒋家王朝已处风雨飘摇之中，驻守江防的国民党19兵团司令张轸偕同128军军长辛少亭准备起义，迎接解放军渡江。郭馨坡仍妄图继续顽抗。5月13日，他一见辛少亭，便怒放厥词说：“我姓郭的是翻脸不认人的，谁敢投共，我就把他的二斤半割下来当夜壶用。”5月16日，四野部队横渡长江，守军纷纷溃逃。郭馨坡看到大势已去，难逃覆灭命运，便精心挑选亲信30余人，妄想潜回河南。途中被解放军击溃，他化名张大林，以做生意作掩护，在四川、湖北、湖南等地流窜。1952年在逃亡途中，为掩盖行踪，伙同乔继功将新野县船夫张学照勒死，抛尸江中。

太康县公安机关多方侦查，终于在1956年1月把郭馨坡逮捕归案。经县人民法院公开审理，判处死刑。1957年4月12日，执行枪决。

郭毓彬

郭毓彬（1892—1981），今项城市秣陵镇人。16岁考入天津南开学校。他从1908年至1918年在南开中学、大学读书10年。其间，曾在南开中学的体育学会担任 5 年会长。

1915 年，第二届远东运动会在上海举行，中国获得了田径、游泳、足球和排球 4 项冠军，并获得奖牌总数第一名。23 岁的南开学生郭毓彬代表中国参加这次运动会，一人独获 800 码和 1 英里跑 2 枚金牌，为中国赢得了荣誉，对诬蔑中国为“东亚病夫”的外国佬以沉重棒喝。

郭毓彬酷爱中长跑，长年每天围着当时的天津城墙奔跑，就是冰天雪地，他也只穿背心裤衩坚持刻苦锻炼，从不间断。正因为他苦练不辍，成绩不断提高，曾在当时天津的学校运动会、“万国运动会”上多次获得 400 码、800 码、1 英里赛跑和竞走冠军，于是天津人赠给他“飞毛腿”绰号。

由于郭毓彬在体育方面才能出众，又在运动会上成绩突出，在 1918 年，南开校长张柏苓特选送他去上海基督教青年会训练班深造，他是继董守义去上海深造的第二人。他在上海除在该班学习外，还在上海美国办的一所学校兼任体育指导。1922 年，张柏苓校长见郭毓彬的英语和体育成绩优良，又推荐他赴美国公费留学。先后在葛林乃尔学院和依林诺斯大学攻读生物学，至 1928 年毕业回国。先后任东吴大学、北师大、北师院教授，生物系主任。

20 世纪 50 年代初，郭毓彬在一次听周恩来总理作报告时，坐在前排被周总理看见，在南开读书时就熟悉郭毓彬的周总理，休息时走下台来，握着郭毓彬的手说：“我们是南开同学，你比我大，是老学长喽！”周总理又接着说：你在远东运动会上得过金牌，都是你单枪匹马个人苦干出来的，是多么不容易呀！那时的国家根本不讲体育，运动员都是自发的，完全是靠自己下工夫。现在好啦，新中国在共产党和毛主席的领导下，非常重视体育运动。毛主席说：“发展体育运动，增强人民体质。”今后咱们国家要培养大批优秀运动员，培养许多像你这样做出成绩的运动员，还要培养大量的体育师资，体育运动才会一代代广泛深入地发展下去。

后来，每遇重大球类和田径赛，周总理都给郭毓彬送票。1980 年，郭毓彬被聘为国家体委文史编审委员会委员。1981 年 11 月 21 日，他因病逝世，享年 89 岁。临终前，他嘱咐家属将他在第二届远东运动会上获得的两枚金牌献给国家，了却了一个运动员爱党爱国的夙愿。

韩丙寅

韩丙寅（1872—1933），字辛斋，今项城市新桥镇人。幼年家贫，寄居于高寺镇王冢子村外祖父家。外祖父供他读书，弱冠入黉门，补增生，下学后设馆授徒。清光绪二十九年（1903 年），他在王明口王庄寨教的学生，有 4 人中了秀才。

1922年10月，河南自治军总司令张庆（即“老洋人”，大杆首）攻破新桥寨，拉走韩丙寅的族叔韩文秀和儿子生芳，要求每人赎金120两烟土。韩丙寅当即变卖家产、借贷，凑集够一人身价的鸦片，赶到阜阳赎人。在两人中，他思谋着先赎族叔，儿子年轻，或有机会逃脱。结果赎回了族叔，儿子果然伺机脱身，他也因此受到乡里赞颂。

1923年，韩丙寅出任县财务局局长。在任二年，经手钱粮无数，他却一尘不染。继而调任南一区区长，1927年，新桥禁烟办事处裁撤，负责人离任时，赍馈区长800元银币。韩面对巨款毫不动心。他弟弟听说后偷偷对他说：可收下来置田买产。韩正色教训弟弟：此款并非留给我的，我无功不受禄。思谋再三，他夜访“义学”，决定把钱拿来办学，造福后代。可是钱并不多，办学不敷所需，他和义学负责人商定，再向乡绅募捐。当韩丙寅赴县开会时，义学负责人以区长名义宴请四乡的头面人物，又集资2000余元。韩回区后，得知这一募捐成绩喜出望外，决定拆掉辖区内所有的奶奶庙，派官车给新建学校运砖木，同时向各牌（基层组织）筹集柴粮，作为工人伙食。1929年农历正月，新学校终于在新桥“香国寺”破土动工。施工当中，韩不时亲到工地视察，帮助解决具体问题。至农历五月，新校舍拔地而起，一座“育婴学校”落成。这是项城东部第一所完全小学，邻县沈丘和临泉边境的少年，也多到此就学。

1930年5月，国民革命军第4军第25师朱晖日部围上蔡，项城县县长张义超闻风遁离职守。在此兵荒马乱之际，经各区区长公议，推举韩丙寅代理县长一月有余，应付了非常局势。1931年夏秋之交，项城连发七场大水，秋苗绝收，房倒屋塌，次年春荒已成定局。韩丙寅身为一区的父母官，忧心如焚，日夜焦虑。到1932年青黄不接的紧要关头，他东拼西凑，经与槐店区长窦雅斋联系磋商，借到精粉（群众叫“洋面”）20吨，让饥民平安渡过了灾荒。灾民们感慨地说：“过年（春节）吃的窝窝头，过春荒吃的‘洋面’，这是区长的大恩德啊！”

韩丙寅于1933年7月因积劳成疾逝于任所，终年62岁。1935年韩丙寅三周年忌辰时，四乡集资为他在新桥集西北、紧靠沈项公路，竖起一座“德遍桑梓”的青石碑，以志纪念。

韩继文

韩继文（1916—1941），原名绍愈，今淮阳县临蔡镇人。1934年8月考取开封师范学校普通班。在校期间，他积极参加反帝反封建的斗争，散发革命传单，参加集会游行，并加入中国共产党。

1935年，中共河南省委遭到破坏，国民党反动派下令通缉各地的共产党员、共青团员和进步人士。7月，韩继文被国民党淮阳县党部书记于伯龙传讯拘留，后经具保释放。1937年卢沟桥事变后，他和张文彬、周坤明、李克弱等人发动组织“抗敌后援会”，发展会员50多人。成立话剧团、歌咏队、墙报组，采取多种形式，在城乡广泛宣传党的抗日主张，动员群众，抵抗日本帝国主义的侵略。他经常接触地下党组织，常与豫东特委书记沈东平、统战部长刘作孚、特委委员王子英保持联系，积极动员进步青年到特委举办的抗日干部训练班学习，为革命输送力量。

1937年11月，继文放弃在城里的教书生活，到离城30里的薛孟庄，与薛朴若一起发动群众，组织起淮（淮阳）太（太康）西（西华）抗日游击队，薛朴若任司令，韩继文任参谋长。游击队采取“敌驻我扰”的战术，有效地打击了驻扎淮阳的日军。1939年初，他带领9名游击队员，奇袭大郑庄伪据点，智捉汉奸段国真，缴获长短枪10余支，拔掉了日军安在靠近游击区的钉子。他协助薛朴若司令员，依靠人民群众，使游击队不断扩大，由开始的20来人、十几支枪，逐步发展到四五百人、500多支枪，使方圆100多华里的淮太西地区，成了可靠的抗日根据地。

1940年秋，韩继文到豫皖苏根据地淮上工作。皖南事变后，淮上地区党委决定机关人员分散，韩继文与即将分娩的妻子陈杰人一起回淮阳老家，途中因行动不便，暂停在鹿邑县冯桥村一位同学家里。由于坏人告密，被国民党反动区长冯开运逮捕，关押在漯河警备司令部监狱。1941年10月24日被国民党反动派杀害在漯河市老盐岗，就义时年仅25岁。

韩若雪

韩若雪（1918—?），曾用名敬才、可复、张若雪，今川汇区太平街人。1936年参加革命工作，1938年加入中国共产党。

韩自幼爱好文艺，曾先后毕业于淮阳豫东中学、开封艺术师范学校。1936年冬，基于爱国热忱，在沈丘槐店参加“民先队”和“共青团”，并以书、画为武器，做抗日宣传工作。1938年夏转入周口抗日建国干部训练班学习，同年冬，在淮阳、西华、周口等地坚持抗日宣传活动。1939年3月，按豫东特委书记刘道安的指示，秘密成立了中共周口市委员会，韩若雪任宣传委员，在黄楼小学以教师身份为掩护，积极开展革命活动，并与王文芳一起，先后发展中共党员和民先队员数十人。1939年10月，中共豫东特委派韩若雪到确山竹沟党校学习。到校不久，组织根据形势需要，决定让其重返豫东。当时，周家口反动势力猖獗，中共周口市委已经无法开展工作，被迫转移到周口东苑寨。韩不畏艰险，毫不犹豫地同王文芳一起回到周家口。国民党周口区委部闻讯后，派出军警到苑寨捉拿韩若雪、王文芳等，由于群众的掩护才得以脱险。此后，他到沈丘、项城、淮阳等地以教书为名，坚持党的地下活动，在学校和社会上培养了一批进步青年，并动员青年人参军参干，为革命队伍增添了新生力量。1947 年，韩若雪被党组织派到豫皖苏独立旅政治部任文工队指导员。1948 年周口市人民政权建立，韩先后任周口市委秘书、宣传部部长、市委联合剧团团长等职。1949 年秋，调到中共淮阳地委文工团任团长兼地委宣传部文艺科长。1952 年 8 月到武汉中南中级党校学习，结业后到河南省总工会任基建委员会办公室副主任，兼任省直单位理论学习教员。1956 年调任全国总工会干部学校武汉分校教师，1958 年调到湖北省博物馆工作，1984 年离休。离休后参加了《中国名胜辞典》、《中国名人名胜大辞典》、《湖北省文物志》的编写工作，同时，为周口党史和《周口市志》的编纂，提供了大量的资料。

韩振岐

韩振岐（1873—1952），字景周，号贞一，今项城市傅集镇韩营村人，清末廪生。先从教继从政，后又从教。著有《迈征交勖录》、《岸室录》、《贞一诗文集》。笃理学，擅书法，系清末民初项城县的杰出人物之一。

他考中秀才后，即从事教学。在教学期间，循循善诱，因材施教，言行一致，以身示表，教学效果显著，曾被袁寨袁府聘教多年。他一边教书，一边博览群书，见闻益广，济世之志遂坚，便开始从政。1922 年任南阳放赈委员，深入灾民，殷勤抚恤，把救济物资及时用于灾民。正如他放赈时写的一副对联："聚万家脂膏，未尝受福一脔；抛半粒粟米，不免开罪三农。"放赈结束，立即张榜公布名册，并开诚宣告：如有差错，可到项城东北 30 里傅集找韩振岐。当时的项城县知事郑国翰，知韩刚阿清廉，就聘任他为项城公款局局长。

韩振岐虽从事经济工作，但却一尘不染，两袖清风，工作一生，家中不仅未添一分土地，反而家道中落。据老贫农韩炳祥回忆说："每年年终，韩先生必定派家人连夜将粮食送到村中一些缺粮人家中。当时，有一无家可归的韩炳尧老人住在庙内，韩先生就经常叫孩子给他送粮送饭，一直养到去世。"

清末民初盗贼蜂起，民不聊生。韩振岐为保境安民，于 1914 年冬协同近村邻里，在本村修筑寨堡。动工中，他身先群众，脱下长袍，拿起锨镐，踏着冰凌挖海河。在他的带动下，工程进展很快，修寨提前竣工。

1926 年腊月三十，外村逃避匪患的群众，多住在草庵内，有户行将分娩的妇女，更加可怜。韩振岐慨然把自家的堂屋腾出来，让坐月子的产妇居住。这般情操，至今仍为当地群众称道。

韩振岐涉足仕途多年，鉴于国民党日益腐败，官场尔虞我诈难展抱负，又毅然弃政从教。从 1933 年至 1944 年，他在陕西各地讲学。1945 年，韩振岐年逾古稀，返回故里继续讲学。1952 年，他偶感不适，端坐椅上，泰然长逝，享年 79 岁。

何东营

何东营（1904—1967），回族，今扶沟县崔桥镇人。从小跟着父母逃荒要饭。1914 年在长葛县一科班学艺，主攻武生。他聪明伶俐，学习刻苦，3 年就练出一身好本领，20 岁就成为鄢陵县戏班班主，带领戏班以鄢陵为中心，在许昌、长葛、扶沟、周家口、淮阳、太康一带演出。曾与著名演员唐喜成、桑振君、阎立品同台演出，在豫东一带名声很响。1947 年，他回到家乡，任崔桥梆子戏班班主。1956 年，该戏班与扶沟县豫剧团合并，何东营担任副团长。其代表剧目有《刀劈杨藩》、《雷音寺》、《胡青打爹》、《火烧纪信》、《卖华山》等。他在《刀劈杨藩》一剧中饰演杨藩，形象逼真，观众誉其为“活杨藩”。

何海帆

何海帆（1898—1932），又名何肇沧，今扶沟县城郊乡小何庄村人。1932 年春任扶沟县县长。

何海帆学生出身，思想进步，先任国民党扶沟县党部执行委员（一把手）。上任后，他大力提倡妇女放足、男人剪辫子、婚姻自由、男女平等、破除迷信、反对封建等活动，并带领学生砸神胎，公演《孔雀东南飞》等，倡导新思想。

1932 年 5 月 1 日，他在县大程书院前操场上召开全县机关、学校及群众大会，发表重要讲话，宣传抗日思想。他从日本侵略中国讲到中国国弱民贫，他痛斥旧俗、旧政，扬言要铲除贪官、劣绅，并号召全民注重身体锻炼。最后，他宣布要在“五四”举办全县运动会。第二天他就动身亲赴开封购买体育器材。上午 8 时，何在扶沟南关汽车站搭上长途汽车。行至城西太康营村西 1 里处，车厢里突然站起 4 个农民打扮的大汉，用手枪将何打死，把尸体扔出车外，并强迫司机继续西行。车到天地庙岗西韭园村附近时，4 个暴徒下车顺岗逃窜。何海帆牺牲时年仅 35 岁。何故后，被国民政府追认为烈士。

何鸿皋

何鸿皋（1896—1980），字鹤亭，号老作，今扶沟县城关镇人。17 岁在城内“鸿德堂”中药店当学徒，后随中医张老明学医，待能独立诊病时自行开业。

何鸿皋从医 60 余年，有着丰富的实践经验。不仅对中医理论、诊断方法造诣较深，对中药切、炒、炮、制也尤有专长。写有《伤寒论注解》、《药性注解》、《脉诀》、《经络》、《五运六气学》、《外科秘方集要》、《妇科概要》、《农医八卷》、《儿科》等文稿传世。

建国后，获得中医师职称。先后任城关镇、汴岗乡卫生院中医内科医师，以及县卫生学校中医教师，1955年当选为扶沟县中医学会副主任委员，1980年病故，终年84岁。

何鸿勋

何鸿勋（1920—1947），今扶沟县练寺镇练寺村人。1938年参加革命，同年8月加入中国共产党，任新四军120部政治宣传员。1938年底至1945年，何鸿勋在东至界首、西到许昌的广大区域内做党的地下联络工作。1946年后任鄢扶县大队副大队长。4月，根据上级"扫除障碍，拔掉钉子，开辟区域"的指示精神，何鸿勋率众处决了练寺乡伪保安团副大队长张振宇。8月，何鸿勋率领水西大队袭击了商水县邓城乡公所，活捉伪乡长，虏敌1个班，击毙敌10余人，获枪20余支、子弹数百发，有力地打击了敌人，壮大了人民武装。1947年调5分区任侦察参谋。同年，在许昌剿匪战斗中英勇牺牲，时年仅27岁。

何化民

何化民（1912—2006），本名爪邦，字化民，今扶沟县城南双庙村人。出身于书香门第。幼年受家庭熏陶攻读经书，及长，就读于省立开封高级师范，毕业后从事教育工作。

1940年春，何化民应聘担任扶沟联合中学初中语文教员。他讲课主次分明，情感充沛，深受学生欢迎。

抗战初期，由于交通不便，纸张缺乏，买不到课本。为此，学校购置一台石印机印刷讲义。但因班级多，印刷任务重，来不及印刷时，就由任课教师自行选文让学生抄写学习。何化民选的教材有朱德的文章、反战总同盟的文章、记述平壤战役的《左宝贵死难记》，以及《自卫的战争》、《净火》、朱自清及冰心等人的新文学读物等。这些进步文章，增强了学生对侵略者的仇恨与愤怒，提高了学生热爱祖国、热爱和平的思想认识。但也因此招来了国民党特务的怀疑，以共产党嫌疑分子遣送到叶县集训，后又转到西安西北青年劳动营集训数月。后经同乡同族人何子嶙（时在西安黄埔7分校任职）、何泰丰（时任西北青年劳动营区中队长）保释，才得自由，返籍继续教书。国民党政府逃跑时，被挟持到台湾，依然从事教育工作。2006年病逝于台湾，终年94岁。

何介福

何介福（1916—1947），今扶沟县练寺镇何楼村人。1937年参加革命，在西华县“三岗”中共豫东特委办的训练班学习，同年加入中国共产党。1938 年 7 月调魏凤楼部，任榆林乡联保主任，以合法身份进行革命运动。1939 年春随西华凌作云团东征，编入新四军第 4 师彭雪枫部。1940 年春到魏凤楼部 2 团 1 营 2 连任文化教员、连长等职。1941 年夏，他在中条山抗击日军的战斗中，带领连队冲杀在前，英勇无畏，战功卓著。1944 年初，何介福凭着大智大勇，同何洪勋等砸了漯河洋行，把得到的资金安全转送游击队。1945 年 6 月，新四军 120 部队攻打扶沟，何介福同何洪勋等潜入城内，侦察敌情。并去做三青团书记吴忠实的投诚工作。后被敌人发觉，全城戒严，他们在群众的掩护下，化装成木匠安全脱险。1945 年 7 月他受命开辟“水西”根据地，任练寺区区长。

1947 年任鄢扶县大队副政委，曾亲率武工队夜袭张桥区部，获枪 20 多支。同年 11 月 18 日，中共鄢扶县大队在扶沟城南肖营一带与国民党太康保安团郭馨坡部及国民党扶沟县大队展开激战。他边战斗边指挥，在用望远镜观察敌情时，被敌人击中额头，壮烈牺牲。时年 31 岁。

何向岑

何向岑（1887—1970），号寄山，中医师，原籍开封市杞县，1912 年定居周家口（今川汇区）。幼读儒书，清光绪二十六年（1900 年）应童子试。后为杞县基督教夏牧师器重，于清光绪三十年（1904 年）被推荐到开封福音医院，从英籍金纯仁大夫学医。清宣统元年（1909 年）结业，因成绩优异留院行医。1912 年到周家口创办博爱医院，初建于南寨后张营街，后迁丁字街，设病床 30 张。医院以做白内障摘除术和治疗肝腹水很快享誉周家口，就诊者日益增多。1936 年何又在山货街购房 70 余间，设病床 35 张，医院得以长足发展。时豫东各县不少病人慕名到此就医。

1944 年，日军侵占周家口。因其拒绝医院改名和为日本人看病，全家一度被赶出医院。日军投降后，何一家被请回医院，重新开始从事他心爱的医疗事业。

何寄山医术造诣很深，擅长西医内科。对眼科白内障、倒睫，妇科难产，外科兔唇、痔瘘、肿瘤、膀胱结石、开放性骨折复位等均能予以手术治疗。民国初年，赵寨村一农民之子被牛抵伤，肠管破腹而出，抬医院求治，何医师即将脱出的肠管清洗整复，缝合后无感染，半月出院。1939 年一王姓之妻生产，产妇辗转床褥 32 小时之久，接生婆无能为力，经何医师诊断为横产，急做内转术，婴儿得以出生，产妇转危为安。当时，以上这些手术在周家口一带属罕见，因而，受到群众称赞。行医数十年，群众赠送匾额 60 余方。何寄山不但是周家口西医的开创者，也是豫东一带西医的传播者。一生收授学徒 20 余人（如林叶如、张阜民，均为豫东名医），也教授子女、侄、媳等 20 人操习医术，均有成就。何寄山不仅医术高明，而且为人正直，乐善好施。在灾荒之年疾病流行时，或是遇到求医有困难者，他常舍以药物或救济以钱粮。建国初期，在当地人民政府缺医少药的情况下，博爱医院曾承担了全市机关干部的医疗任务，为新中国的健康成长作出了自己应有的贡献。

何寄山曾任周家口基督教内地会牧师、河南省基督教豫东分会会长。周口市一至四届人民代表大会代表，一、二、三届市政协委员。“文化大革命”中遭受摧残，1970 年病逝，享年 83 岁。

何仰羲

何仰羲（1923—1996），原名明钦，字文安，号砚农，今淮阳县临蔡镇大何村人。曾任河南省文史馆馆员、全国老年书法研究会会员、中国书法家协会河南分会会员、政协河南省委员会委员，政协淮阳县委员会常务委员，周口地区书法家协会主席。

何仰羲天资聪慧，酷爱书法。幼师从刘象豹，摹颜、柳、欧、赵，有陈州秀笔之称。弱冠临“二王”和唐、宋名书，继研怀素体意，尤攻板桥书神，历经坎坷，矢志不移。1957 年被错划为“右派”，1987 年平反。在乡下劳动期间，自号砚农，大地为纸，扫把当笔，晨昏不辍。久经砥砺，深悟名书之奥，笔随意转，墨至出神入化之境。用笔刚柔相济，润燥间亲，意势雄强，骨神兼备，自成风貌。其楷书法度严谨，脉络流畅，点面坚实，结体端正。其草书笔走龙蛇，灵活遒劲，字字异趣，浑然天成。特别是他书写的板桥体，参差错落，跌宕奇险，章法新奇优美。

何仰羲的书法，久负盛名。1957 年书写的《长征诗》被毛泽东主席所珍藏，1983 年被收入《毛泽东故居藏书画家赠品集》。1984 年，他参加了安阳殷墟笔会，其作品受到日本书道联盛评议员渡边寒鸥先生的高度赞扬。1986 年，其作品应邀参加日本举办的国际和平年书画展，深受东瀛同道的广泛赞誉。1989 年至 1993 年间，其作品分别收入《纪念中国人民解放军建军 60 周年中国书画选》、《河南书法》，并为毛主席纪念堂和韶山毛泽东纪念馆所收藏。

何肇乾

何肇乾（1884—1931），字孟元，世居扶沟县城郊乡姜女庙村。其家明、清两代科举入仕之人不绝。其曾祖何家儒于清同治年间移民城内严街；祖父何朝选被朝廷赠封奉政大夫；父亲何石菴为候选训导、褒奖知县，习举子业开馆授徒，累年聘请名宿设帐于家。

何肇乾少承家学，颖异勤奋，18 岁参加县试获第一名，得到院试学使王垿器重，擢入河南高等学校学习，肄业后赠封举人出身。宣统三年（1911 年）毕业于北京师范大学堂，赠同进士出身，以通判衔签分到安徽省补用。还没有到任，武昌起义爆发，清廷逊位，民国建立，他先后充省立二师（淮阳师范）首任校长及省立开封一中、二中学监，上下都称颂他称职，学者把他作为宗师对待。1920 年，任河南财政厅秘书及吏治调查员。他大力整饬吏治，革除弊端。1925 年，投笔从戎，到西北军冯玉祥处任绥远骑兵旅书记官。次年春任绥远警务处秘书，这时 36 旅旅长吉鸿昌奉命驰援甘肃，调何肇乾为其旅部书记官，救援陕的时候兼任军法官。两地作战均远道跋涉，艰苦备尝，但何肇乾做事精干警敏，深受吉鸿昌信任。1927 年春，吉鸿昌升 19 师师长，提何肇乾为行政主任。是年 7 月，何肇乾任河南温县县篆，年终解职，归乡省亲。1928 年春，何肇乾秉承父亲严命，北上追随吉鸿昌再次进入甘肃。7 月，吉鸿昌晋职宁夏省主席，何肇乾任省政府秘书长之职，先后历任教育厅厅长、财政厅厅长、建设厅厅长。任财政厅长时，吉鸿昌亲自题写匾额，称赞他“功在度支”。1930 年，吉鸿昌由军长历升第 9 及 22 路总指挥，均任何肇乾为秘书长。他历年随军作战，橐笔戎幕，飞书草檄，皆出自其手。吉鸿昌多次称赞他为文“动中肯綮”。受到吉鸿昌的知遇愈重，何肇乾知恩图报之情更殷。由于操劳过度，精力耗减，在随吉鸿昌移防潢川时，遇天寒牵动内伤，喘咳咯血，终于 1931 年 1 月 15 日病逝军中。时年仅 45 岁。

何柱国

何柱国（1895—1956），广西玉林容县人。抗日战争期间曾在沈丘驻防 7 年。先后任骑二军军长、第 15 集团军总司令、第 5 战区副司令长官、国民政府临泉党政指挥所主任，上将军衔。建国后，任全国政协委员。

1914 年，何柱国前往北平求学，受到时任北洋政府陆军总长贾德耀的青睐，收为义子，并保送何到保定东关大学堂（保定军官学校）学习。军校毕业后，何东渡日本，入士官学校深造。1924 年，何学成归国。时逢第二次直奉战争，张作霖控制了北平。何柱国在保定军校老师安俊才的劝说下，一起投入张作霖的东北军，何被任命为骑二军军长，安任副军长，二人均成为东北军的高级将领。九一八事变后，何、安随张学良进驻陕西。西安事变后，蒋介石为瓦解东北军，于 1939 年 10 月调何柱国、安俊才率骑二军进驻沈丘国统区。

骑二军军部驻扎沈丘县城（今沈丘老城镇）后，开始在沈丘县城大兴土木，扩街道、筑马路，建学校、戏园、银行、邮局、人民会堂、军医院、军械库、粮库、马场、草料场等，一度萧条的县城日渐繁华，商铺酒楼大增。何柱国的骑二军辖骑三师、骑六师和一个步兵旅，骑三师师部驻水寨（今属项城市），骑六师师部驻太和县城，步兵旅驻沈丘县城（今沈丘县老城镇）东郊，特务营驻县城北郊，警卫连驻县城西门。军直八大处分驻县城原官署各单位。

1940 年 8 月，日军向豫皖边区大举进攻，淮阳、周口相继沦陷，何柱国亲临项城张营前线指挥，采取埋伏突袭、近战夜战等灵活机动的战术，有效地狙击了日军的南侵。之后几年间，日军多次重兵压境，何柱国率骑二军浴血奋战，终于保住了项城、沈丘、界首、临泉、颍上、太和、阜阳等一线城镇免遭摧残。

1942 年，国民政府擢升何柱国为第 15 集团军总司令，安俊才升任第 15 集团军参谋长。时集团军下辖两个军，除原骑二军，又把沈克的第 7 军并入 15 集团军，兵力扩充到 4 万余人。八大处还是何的原班人马，军部遂成为集团军总部，沈丘县城一跃而成为豫皖国统区的军政中心。

作为军政要员的何柱国，在战时状态下，他不但要御敌戡乱，还要管理地方政务。何最卓有成效的就是发展地方教育，他先后在沈丘、界首、临泉创建国立小学 24 所，并兼任当时名望较大的槐坊镇私立颍滨中学名誉董事长，在沈丘创办国立 20 中与国立师范，招收苏北沦陷区的流亡学生和当地学生入学，收留东北流亡大学生在沈丘任教，给战时的沈丘培养出一大批优秀学生。

何柱国为开通国统区物资流通渠道，稳定经济，他把位于沙颍河中游豫皖交界处的原有两省三县分管的皂庙、界首、刘兴三镇连成一个城区，建成独立的行政区即界首特别市，由集团军委派行政长官管理。并按城市功能规划市区，成立沙河（界首）警备司令部，控制了自漯河至正阳关的河道航运权，并修建界首机场和至阜阳的公路，使沦陷区的一些银行、商号、工厂、学校及文艺团体纷纷入驻界首。为吸引各路商家在界首开埠，专门兴建了一条商业街——天棚街，时称“柱国街”，使界首一时商旅辐辏、人口骤增，成为豫皖国统区的商贸和文化重镇，其繁华程度在当时有“小上海”之称。

1944 年，何柱国被提升为第 5 战区副司令长官、临泉党政指挥所主任。1945 年 9 月调任东北行营副主任兼参谋长、东北护路军总指挥。一天，东北行营主任熊式辉为何柱国举行欢迎宴会，席间，何柱国突然发病，双目失明。11 月，何赴美治疗，次年回国，也未把眼睛治好。何柱国自此退出军界，闲居在杭州家中。

鉴于何柱国在抗日战争中对国家民族所作出的贡献，建国后，党和政府把何柱国按爱国将领对待，当选为第一届全国政协委员。

贺霖良

贺霖良（1907—1971），原名霈霖，又名冠良，濮阳市濮阳县两门集人。少年在本村上私塾，1924 年由私塾转入初级小学读书。1925 年考取高级小学。

1929 年，经朋友介绍，贺霖良到勾湾庙小学任教。次年，应本村小学校长田秉和之聘回本村教学。在受聘小学教员后，被选为国民党庆祖集三区部委员。三区行政助理刘俊贤（中共党员）经常给贺霖良送《大公报》看。贺霖良从《大公报》上看到蒋介石军队在江西“围剿”红军的消息，使他对共产党有了初步认识。经过一段考验，刘俊贤于 1932 年 3 月 12 日介绍贺霖良加入中国共产党。1934 年 5 月，贺霖良因在家乡参加对地主武装的斗争，受到敌人的通缉，被迫到黑龙江海沧县一家药店当勤杂工。1936 年 2 月从黑龙江回到家乡，继续从事党的地下工作。1937 年 11 月，上级派蒋中岳到两门恢复了贺霖良的党籍。

1938 年 3 月，日军侵占两门。为了发动群众，组织起来共同抗日，4 月，中共成立濮（阳）滑（县）边区县委，李光禄任县书记，贺霖良任组织部长。

县委成立后，以濮滑边区为中心，开展活动。此时，汉奸地主李景诗几次抓贺霖良未获，国民党专员兼濮阳县县长丁树本又派便衣特务暗杀贺霖良。地委为了贺的安全，调他到安阳县工作。不久，又调到冀鲁豫游击第 2 支队任民运科科长。1940 年 10 月调睢杞太地区工作，任中共淮阳县委书记。

1941 年初，太康境内日伪顽势力嚣张，据点林立，200 多人的太康县大队，在同日军作战中 3 个中队长、指导员全部牺牲，县大队解体。地委书记韩达生、县委书记刘振帮和区委书记郑杰，在战斗中被捕，斗争进入最困难阶段。1941 年 3 月 25 日，贺霖良奉命任太康县委书记。他只身一人，化装成小商贩挑担以卖烟、油为掩护，单独活动在太康、杞县、睢县 3 县交界地区几十个村庄。

经过秘密串联，做艰苦细致的说服动员工作，重新启动了大康原有的基层组织。还在汪小集、果子王、胡寺、袁庄、李鸿渐、葛庄等村新发展了一些党员，建立了新的支部。11 月，地委组织部长张剑石在太康北部葛庄召开会议，宣布正式建立太康县委，贺霖良任县委书记，耿仁宽任组织部长，王延庆任宣传部长。县委建立后，注重加强党的组织建设，随后建立了 3 个区委，划分了活动地区。

1942 年 6 月，地委组织部长张剑石从淮北区党委回来，任命贺霖良为地委民运部长，参加地委活动，仍兼太康县委书记。8 月中下旬，为了巩固杞北地区，地委决定建立杞（县）民（权）县，命贺霖良任县委书记。他去不久，敌人开始进攻，环境恶化，地委遂调他离开杞北，回地委。11 月上旬，地委调他到杞（县）南任县委书记。那年逢大旱，蝗虫遍地，五谷不收，国民党地方顽军向根据地进攻，到处抢粮，群众纷纷外逃。他在张国仁、朱留芳、王克昌等地下党员协助下，坚持斗争。

1943年2月，贺霖良重返太康任县委书记。他住在程庄、葛庄、西河坡一带，仍以卖烟、油为掩护，开展党的地下活动。1944年8月，太康县改为庆华县，地委委员贺霖良兼任县委书记。

庆华县委建立后，正式组建了县委机关，开办了4期党员训练班，全县党员轮训一遍。到抗战胜利时，仅太康北部就建立了4个区委，党员发展到400多人，有武装300多人（枪）。其间，贺霖良多次带人打击日伪军，派人除掉了睢县潮庄的叛徒郭文森。

1946年12月12日，豫皖苏区党委、豫皖苏军区在睢县平岗成立，下辖3个地委、专署、军分区，贺霖良任一地委民运部部长，兼一专署公安局局长。当时，国民党地方政权还十分嚣张，太康县长郭馨坡招集豫东各县地痞流氓，建立还乡团，与中共明争暗斗。为了彻底消灭郭匪武装，贺霖良在各县建立联络站，随时掌握敌情，有力打击敌人，镇压了一批罪大恶极的地主、恶霸、土匪头子，稳定了社会秩序。

1948年7月，贺霖良被派去华北党校学习。次年1月，天津解放。正在学习的贺霖良奉华北局指示进驻天津市，任七区区委书记。1949年6月，贺霖良遵照天津市委指示，成立了手工业工会，任工会主任。他热情宣传党和人民政府的政策，组织工人搞生产自救，很快使停产的工厂恢复生产，门店开门营业。同时在工人群众中，建立了党、团、工会组织，加强了党的领导。次年，市委又派他组建了化学工会，贺任化学工会主任。

建国后，贺霖良长期在天津工作，历任司法局党委书记、双喜自行车厂厂长等职。“文化大革命”期间，受到迫害。1971年9月病故。

贺文明

贺文明（1903—1981. 3. 24），老红军，今淮阳县临蔡镇贺店村人。1930年10月参加革命，同年加入中国共产党。文明在部队作战勇敢，曾4次立功受奖。1946年，文明在东平战役中负伤身残。1951年4月复员返乡，担任大队党支部书记，带领群众战天斗地，为改变农村面貌作出了新的贡献。

侯　杰

侯杰，原名肯堂，1920年出生在今郸城县钱店镇后碱厂村。自幼读书，后考入鹿邑县师范学校，毕业后又到丁村意大利人开办的天主堂附属医疗诊所学医2年。诊所停办后，回到其父开办的药铺里边学习边诊治一些小病。6年后，成为独当一面的坐堂医生。

1947年秋季，刘邓大军南下路过郸城，肯堂积极报名，当了一名支前卫生员，并用自家的药品，帮助部队医疗队救治了许多伤病员。1948年夏天，有一支解放军的部队路过石槽集，肯堂家的药铺就在集上。肯堂同父亲一起将3名伤员接到药铺，给以精心治疗。一日三餐，肉、蛋招待，四五天伤员就能下地走动了。临离开时，部队要付钱给侯家，肯堂父子坚决不收，使3位伤员十分感激。

建国后，肯堂先后在区、乡、县卫生院工作，诊治了许多疑难杂症，多少次将病人从死神手中夺回来，被群众传为神医。

肯堂医德高尚，医术高明，医绩辉煌，无数次被评为县、市、省、国家先进工作者，他的事迹先后被收入《中国名医大全（优秀名医精选卷）》、《世界优秀专家人才名典》等书。

侯洪军

侯洪军（1922—2000），西华县艾岗乡侯桥村人。1938年参加西华人民抗日自卫军，同年加入中国共产党。曾任新四军四师旅支部书记、政治指导员，师、军副科长、科长、办公室主任。1952年起，先后任浙江军区和南京军区科长、处长、副参谋长、参谋长、副军长，南京军区空军参谋长、副司令员、顾问。参加过淮海、渡江等战役。两次荣获三等功，1955年授中校军衔，1960年晋为上校，1957年被授予三级解放勋章，三级独立自由勋章。

侯西斌

侯西斌（1919—2002），西华县艾岗乡陵头岗村人。1936年参加中共豫东特委举办的第一期抗日干部训练班。同年12月参加中共豫东特委及西华县委发动的向西华三区大地主马乐园、胡逊安抢粮的斗争。1938年加入中国共产党。1939年任西华县龙池头和倚岗联保处民运指导员、支部书记，西华三区区委委员。1940年赴延安中央党校学习，在边区工作学习5年。1945年调东北，历任辽吉一分区锄奸科长、辽北省公安处侦察科长、辽西省公安厅政保处长、副厅长。1963年调任中央公安部6局副局长，公安部西北警校校长。1972年任公安部边防局局长。

侯香山

侯香山（1906—1941），原名存芝，化名郭馨斋，今西华县艾岗乡陵头岗村人。幼年在本村上学，并随父亲侯自诚学习武术。青年时期，正是军阀混战、盗匪丛生的年代，他同邻村好友胡晓初一起组织地方武装，保护了“三岗”（都城岗、苗里岗、陵头岗）一带人民生命财产的安全。

1933 年参加革命工作。利用其国民党保安中队队长的合法身份，掩护了中共派往豫东工作的不少同志。1936 年参加中国共产党。

1938 年春，他任西华四区区长时，遵照党的政策，先后剿抚土匪 18 股，组建千余人的地方武装。5 月，奉党组织令，率武装加入西华人民抗日自卫军，任副司令。

1939 年 10 月，豫东特委率领西华部队东进抗日，行军至界首时，突然遇国民党骑兵袭击。香山断后，沉着指挥，打得敌人人仰马翻，使部队安全渡过沙颍河，到达豫东抗日前线。部队改编为新四军，他任新四军 6 支队 2 总队副总队长兼 5 团团长。后调任抗大四分校训练部副部长。

1941 年 9 月，因受叛徒袁晓轩诬陷，在江苏半城含冤遇难。1982 年得到平反昭雪。

胡　蛮

胡蛮（1904—1986），原名王洪，字钧初，笔名祜曼，扶沟县人。著名画家、美术理论家、国际美术活动家。祖父王方田，曾任清朝广西泗城知府。致仕回乡后任大程书院山长（负责人）。父亲工书善画，是当地颇有名气的书画家。胡蛮自小敏而好学，受家庭熏陶，喜爱书画。他早年参加革命，在长期的革命实践中，为中国美术理论研究开辟了新的道路。

胡蛮在中学时代就受到五四新文化思潮的影响，对自己的封建家庭和包办婚姻产生强烈不满，以至于后来在报上公开声明与家庭决裂。1925 年，他考入北平国立艺专油画系，在教师齐白石、林风眠、徐悲鸿的教育下，发起组织了进步艺术团体“胡涂画会”，反对学院派因袭守旧的画风，提倡创造新形式画风，表现现实社会生活。他还多次举办“胡涂画展”，在学校产生很大震动。其间为躲避反动当局迫害，一度转入田汉创办的上海南国艺术画院，因而结识了陈凝秋、柯仲平等狂飙社进步青年作家。受鲁迅、郭沫若新文学运动影响，他创作了《拔刺》、《鞭痕》等大量反映劳动人民生活的美术作品，在国内外产生了积极的影响。

1929 年，胡蛮从艺术学院毕业，以第 1 名成绩留校任助教，并由学校资助去日本考察。在日本，他结识了青年革命美术家渡边次郎，访问了日本左翼美术家联盟。回国后，他利用艺术学院和北师大艺术系教员身份，在进步师生和文艺青年中发起组织了无产阶级革命的左翼文艺团体“青年文艺家学会”和“画工同盟”，指导两校学生的“普罗画会”和“石斧画会”开展进步活动。

1930年，胡蛮加入“左联”后，发起创办了《世界时报》和《艺术周刊》，进行革命文艺活动。1932年起，胡蛮被选为左翼美术家联盟常委书记和左翼文化总同盟执委，在鲁迅先生指导下，参加了在法国巴黎展出的“中国革命美术展览”国内组织和筹备工作。这次展览，法共机关报《人道主义》专门予以报道，给予高度评价。胡蛮还与美国进步人士斯诺、史沫特莱等许多朋友交往，努力把中国的革命美术介绍给世界人民。并创作发表了油画《来自农村》、《被日军蹂躏的农村妇女》、《孟姜女哭长城》和国画《王道》等大量作品，还为鲁迅小说《药》、茅盾小说《山巫》作了插图。

九一八事变后，胡蛮由于为支援冯玉祥、吉鸿昌领导的察哈尔抗日同盟军举行平津艺术界募捐展览和频繁的革命美术活动，遭到反动派的缉拿追捕。在白色恐怖下，鲁迅先生立即亲笔致信共产国际，介绍胡蛮到苏联工作学习，并亲自为他筹措经费，最后在宋庆龄帮助下终于成行。在莫斯科，他由著名诗人肖三介绍到国际文学编辑部从事编辑工作。1936年，共产国际中国支部负责人介绍胡蛮加入了中国共产党。七七事变后，他立即要求回国参加抗日，因受王稼祥嘱托暂留苏联。1939年5月，胡蛮由共产国际中国代表团负责人任弼时引导，回到延安，在鲁迅艺术学院任美术理论研究室主任兼美术教研组组长，同时担任中央党校文艺工作室美术组组长（工作室主任李伯钊、指导员胡乔木），参与陕甘宁边区文联和美协工作，为党培养了大批的革命文艺干部。这期间，他写出了中国第一部革命的《中国美术史》，为中国美术史的研究开辟了一条崭新的道路，从此中国美术史的研究走上了马克思主义理论研究的方向。在延安《解放日报》上，他还发表了《论美术运动史》、《抗战以来的美术运动》、《鲁迅先生的艺术活动》等文章。1942年，他参加了延安文艺座谈会，聆听了毛主席的重要讲话。在周恩来的直接领导下，他在边区大礼堂成功地举办了各解放区木刻家作品展览。在延安和陇东地区组织了连环画展览。他是延安时期最活跃的美术评论家和活动家，为党的抗日宣传工作作出了重要贡献。

建国前夕，他又担任了华北人民政府图书古物管理委员会副主任，把边区珍藏的和土改中没收的图书古物分类编目装箱，运交北平故宫和历史博物馆。建国后，他历任北京文联常务理事兼研究室主任，北京市文化局副局长，中国美术家协会常务理事，中国美术研究所研究员等职。他曾担任《苏联大百科全书·东方美术部》的撰写和修订工作。他为中国美术事业的发展，为国际美术交流，特别是为中苏美术交流作出了重大贡献。

1986年秋，这位为中国美术事业奋斗了一生的扶沟赤子闭上了双眼。按照他的遗嘱，他的骨灰撒在了河南省境内的黄河之中。

胡红霞

胡红霞（1905—1970），原名兰英，今甘肃省兰州市人。

胡红霞毕业于兰州女子师范学校。在校期间，她各科成绩优秀，思想进步，是一个要求民主自由、具有反封建意识的知识女性。1926年7月，吉鸿昌救援甘肃到达兰州。胡红霞由其在吉鸿昌旅部任见习参谋的姐夫林少文介绍，于1927年与吉鸿昌结为伉俪，吉鸿昌给她改名红霞，故又称吉胡红霞。

胡红霞与吉鸿昌结婚后，在帮助吉鸿昌提高文化水平上付出了很多心血。她深明大义，积极支持吉鸿昌的各种进步活动。1933年，吉鸿昌在察哈尔组建民主抗日同盟军，需要大批枪支弹药，她毅然取出家中即将到期的存款支援丈夫的抗日义举。当有人劝她再等几天，到期再取，多得些利息时，她果断地说："买军火是抗日急需，这钱用的是地方，为了打鬼子，一天也不能拖延。"并给在前线的丈夫去信说："取款买枪之事，当遵嘱办理。抗日，此乃义举，把钱用在抗日上，实属正当用途，为抗日过穷日子，于心也甘。为了避免招惹麻烦，妻当躬亲其事，一俟办成，我一定亲自送去。我深知军器是军中急需之物，你静候佳音吧。"在天津，她通过关系，花钱活动，打通关节，找到购买武器的渠道，分批买下了部队抗日急需的冲锋枪、手枪及子弹。租用"满洲铁路汽车公司"的卡车，亲自跟车奔赴张家口，机智勇敢地通过了各个哨卡的检查，顺利将武器弹药送到前线。

察北抗战失败后，吉鸿昌遵照党的指示，在天津进行地下秘密抗日活动。她冒着极大危险，为吉鸿昌的各种抗日活动作掩护，印刷抗日进步刊物《民族战旗》，还曾多次充当信使，为抗日救国冒险奔波。1934年6月9日，吉鸿昌秘密致信隐居泰山的冯玉祥将军，希望他重举抗日大旗，"本平生之大勇，号召民族，为民众而奋斗，组织抗日，誓死抗日，誓死反帝"。胡红霞冒着极大危险，南下泰山，将这封信亲手交到了冯玉祥手中。

1934年11月9日，吉鸿昌在天津国民大饭店进行抗日活动受伤被捕后，她泰然自若地拒绝了国民党特务的威逼利诱，严守地下党的机密，拒绝辨认南汉宸等中共重要人物名单，并四处奔波，南下泰山找冯玉祥，把吉鸿昌因抗日被捕的原因刊登在英文《泰晤士报》上，千方百计营救吉鸿昌。吉鸿昌壮烈牺牲以后，敌人不准领尸，她把头撞在陆军监狱的铁栏杆上，还花了钱，才把烈士的尸体领回，并遵照烈士的遗嘱将其人殓后，厝于北平南斜街头长寿寺。原拟安葬在天津，后担心会遭到国民党特务的破坏，于1935年春天，和吉鸿昌的弟弟吉永昌、秘书马侠夫等搭乘京汉路火车，将烈士的灵柩千里迢迢运回原籍扶沟吕潭镇。并不顾国民党的干预，与吕潭镇的乡亲一起，毅然搭起了灵棚，为烈士举行了葬礼，将灵柩安葬在吉家老坟里。

1934 年 11 月 24 日，吉鸿昌就义前在给胡红霞的遗书中说：“夫今死矣！是为时代而牺牲。人终有死，我死您也不必过于伤悲，因还有儿女得您照应。家中余产不可分给别人，留作教养子女等用。”胡红霞与吉鸿昌结婚后生有 2 女 1 子，长女早夭。秉承烈士遗愿，不到 30 岁的胡红霞在极端白色恐怖下，含辛茹苦，将两个年幼的子女抚养成人。儿子吉兰泰曾任天津某中学教师，女儿吉瑞芝天津师范学院毕业后留校任教，1969 年调天津市政协，任天津市政协常委，港澳台委员会主任，中国炎黄研究会副会长，扶沟县吉鸿昌学校名誉校长。

建国后，胡红霞满怀深情，写出了《吉鸿昌就义前后》的回忆文章，刊登于各种报刊上，并多次出版单行本。

1970 年，胡红霞在天津病故，终年 65 岁。

胡凌云

胡凌云（1915—1947），原名韩景龙，今驻马店市平舆县后岗村人。幼入学，1933 年于新蔡县立中学读书时，加入中国共产党。1938 年汝南师范毕业后，回本县胡营小学任教。以教师职业为掩护，从事中共地下活动。1940 年，新蔡县党组织遭到破坏，国民党政府下令通缉凌云，其家庭多次被搜查，家属被逼逃散在外。敌人的镇压恐怖措施，并未使凌云屈服，斗争意志更为坚定，毅然转移到沈丘，在县城一小学任教，次年（1941 年）转界首皂庙小学。始终与党保持联系，继续为党工作。1942 年 5 月奉调豫鄂边区鄂东专署，任财政科长。

1947 年人民解放战争迅速发展，豫皖苏军区决定开辟豫东南新区。沈丘县是年 2 月起，由北而南先后建立人民政权。继沙河北建立沈鹿淮县之后，沙河南建立了沈项临县。5 月，胡凌云调任沈项临县首任县长。当时，沈丘县城（今老城）虽曾获解放，但人民政权尚不巩固，两党处于拉锯状态。地方反动势力很猖獗，环境险恶，斗争十分激烈。胡凌云不顾个人安危，担起开辟新区重任，既做群众工作，又搞武装斗争。在解放水寨（今项城县城）的战斗中，他身先士卒，英勇作战，不幸负伤。7 月初，他带领 20 多名伤员，回到沙河北岸，在沈鹿淮县民主政府联络点北杨集区的张保园休息养伤。7 月 13 日，杨集恶霸地主勾结国民党县政府自卫总队 200 多人偷袭张保园，将村庄团团包围。村内防守力量薄弱，且缺乏戒备，听到报警枪声，始仓促应战。胡凌云县长和军区派沈工作的赖鹏团长，指挥 30 多名武装人员，与敌展开浴血搏斗，并组织重伤员和群众突围。终因寡不敌众，战斗失利，除少数人突围外，多在战斗中牺牲或被俘。胡凌云县长献出了宝贵生命，时年 32 岁。

国民党反动派为恫吓革命群众，竟割下胡凌云的头颅，悬挂在县城北门。

此举激起人民群众的无比愤怒，同时也激励革命者誓死向敌人讨回血债，加速了沈丘全境解放的进程。9月底沈丘县城重获解放，张保园事件的罪魁祸首受到人民的惩处。

胡瑞甫

胡瑞甫（1892—1951），原名胡迎祥，今扶沟县吕潭镇南胡楼村人。省立淮阳师范学校毕业，1927年加入中国国民党，1944年6月至1945年8月，因李慎思县长抗日负伤，他以国民党县党部书记的身份兼任扶沟县县长；因李光初在县城任伪县长，他住吕潭镇南大街。

他任扶沟县长之前，以校董身份主办私立姜师堂学校，由此起家。20世纪20年代起，他就积极运作，把这个学校由乡间搬到县城东关龙王庙，再迁到县城文庙。由完全小学发展到兼有初级中学，班数由原来的五六班扩大到十几个班，校田由原来的百余亩发展到八九百亩。由于他在办学中苦心经营，提高了他的社会地位，逐渐爬上了县政治舞台。20世纪30年代，他当上了国民党县党部委员、县党部执行委员（后改为县党部书记，即第一把手），仍兼姜师堂学校校长、董事长的职务。他每天早晨带着学生上早操，深入学生生活，还担任几节课。有一次因为学生上操时队伍凌乱，不听带队教师指挥，他曾跪在学生队伍前边儆戒学生。他还注意添置图书和理化仪器设备，曾把吉鸿昌将军参观学校时捐赠的1500块银元全部购买图书和仪器。他请优秀的教师任教。每天上午他在学校，下午到县党部办公。他利用自己的权势，把扶沟的甲保长、联保主任、仓库主任、小学校长等地方基层行政人员，都安排成他的学生。

当他认为政治地位已经巩固时，生活开始腐败堕落起来：打麻将、吸大烟、玩女人，包揽词讼、从中敲诈，巧立名目，摊派豪夺等等。

他虽然在办学上为发展扶沟的教育事业作出了一定的成绩，但他异常效忠于国民党的统治。在1940年前后，他在扶沟地方上杀了不少人。他杀人不用批报，只要他的亲信保长、联保主任向他汇报某某人当杀，他就点头做主把某人杀了，或者直接派人把某人杀了。他所杀的人，尽管有些是群众痛恨的坏人，但不少是无辜的好人，是官报私仇。

在抗日战争时期，他缉捕地下党员，解散抗战救亡第5宣传队，勾结省调查统计室扶沟区主任逮捕共产党员和进步知识分子5人，并将其中4人送西安劳动营，又勾结省调查统计室人拘捕6人，囚县党部数日，将有的遣送叶县青训班。此外，他于1942年冬，在黄水、蝗虫、旱灾交织之年，以埋爹为名，向全县发出讣告，大办丧事。全县的机关、学校、乡镇、保甲、商号，按户按人摊派财物，收受寿礼。1943年春，扶沟遭受史无前例的大饥荒，他趁火打劫，大发国难财。令保甲长逼迫农民用地契顶债，从而他把土地占为己有。1944 年，他任地方武装游击司令，伙同中统特务，先后逮捕共产党员和进步青年 30 余人，亲自拷问，借机勒索数十万元，仅从烈士施钦典一人身上就讹诈 8000 余元，使其倾家荡产。1945 年 5 月 20 日，他勾结国民党 81 师 3 团，在城西李集一带袭击共产党部队，当场击伤 300 余人，逼至河边，落水溺死者甚众。同年 10 月，他在斗仓捕到 3 名中共地下党员，当晚活埋在县城西北角城墙下。

1948 年扶沟解放，他流窜到开封、广东、湖北襄樊等地，改名换姓，以卖纸烟为掩护躲避制裁。1951 年 4 月，扶沟县人民政府将其捉拿归案，7 月，在县城东关召开万人大会，公开审判枪决。

胡绍周

胡绍周（1912—1961），今沈丘县槐店回族镇人。民国时期书法家。自幼随父（清末秀才）研习书法。弱冠，与父开馆任塾师，教学相长，其书法技艺精进。而立之年，其榜书已闻名遐迩。时胡绍周与擅长墨兰的名画家窦全恕被世人赞誉为“胡书窦兰”。

胡蔚然

胡蔚然（1899—1976），今郸城县白马镇胡楼村人。中医主治医师。曾任商丘地区政协委员。

建国前，在乡下行医数十年，擅儿科、内科、妇科。1958 年出席全国群英会，荣获“医药卫生技术革命先锋”奖章，受到周恩来总理、卫生部部长李德全等中央领导的集体接见。

蔚然关于传染性肝炎、膀胱炎、半身不遂、小儿麻痹、痛经等病的论文，收进《全国医药卫生技术革命经验交流汇编》一书。蔚然一生授徒 17 人。1976 年因病去世，终年 77 岁。

胡晓初

胡晓初（1906—1941），原名悦明，字晓初，后以晓初为名，改字普照，今西华县艾岗乡都城岗村人。家无劳力，幼年辍学，以农为业。晓初性情豪放，有骨气，对当时社会不满。20 岁弃农从戎，参加毅军张锦标部。因作战勇敢，从士兵直接升为连长。目睹旧军队的腐败堕落，晓初不愿与其同流合污，于 1930 年携手枪、八音枪各 1 支由鄢陵返回故里。

晓初疾恶如仇，路遇不平，必拔刀相助。本村大地主胡经邦，曾任区长、财务局长、寨长，又仗着有两个大学毕业的儿子（胡作霖、胡震霖），鱼肉乡里，欺压百姓，群众敢怒而不敢言。就连他的近族胡心旺、胡双成父子也狗仗人势，为所欲为，群众恨之入骨。一天，胡心旺把一个10岁小孩侯成林拉到自己家里，声言要银元100块方可赎人。成林父亲跪倒在地，苦苦哀求。胡心旺见不到钱，就是不放人。晓初闻讯，飞奔胡心旺家，与之面理。胡心旺霸道成习，不但不听劝阻，反而恶言相向。晓初怒从心头起，拔出手枪，一把拽住胡心旺。胡父双成见势不好，拔腿就跑，藏到邻居家中。晓初拉着胡心旺追出门外，问邻人胡双成的去向。邻人口说没有见，可手指屋门，示意胡藏在屋内。晓初遂把胡双成揪出，与胡心旺一起押到村外，当众枪杀，借以杀“鸡”儆“猴”。而后台胡经邦在众怒难犯及晓初正义行动震慑下，只好忍气吞声，事件也就不了了之。晓初不畏权势，为民除害之举，赢得远近乡民的称赞。

侯斧头、侯胡闹、侯协和3人，是陵头岗的憨厚农民，平时很少有人与其交往，而晓初则主动同他们交朋友，并拿出资金让斧头卖煤油、火柴维持生计。附近农民看晓初处处维护穷人利益，便纷纷围在他的身边，有事同他商量，遇难求他解救。晓初呢，有求必应，威望渐高，逐步成为群众的自然领袖。

1932年春，西华灾荒严重，加上官府派粮征款，地主压榨剥削，军阀混战，兵匪掠夺，人民处于饥寒交迫、水深火热之中。晓初和邻村好友屈申亭、侯香山等挺身而出，在西华三岗（都城岗、陵头岗、苗里岗）、红花集一带组织农民看家队，打富济贫，深得人民拥护。

从1933年起，中共党组织加强了对胡晓初等人的培养教育。1935年，经地下党负责人沈东平、路岩岭介绍，晓初加入了中国共产党。1935年冬，党组织将陵头岗小学改名普理学校，暗寓以马列主义普遍真理教育学生之意。王子英（豫东特委委员兼中共西华县委书记）任校长，胡晓初任董事长。提出“学校向工农开门”、“贫苦子弟免费入学”等口号。在学校中还建立了青年学生同盟会、少年先锋队等先进组织。

1938年5月，胡晓初在中共豫东特委领导下，同屈申亭、侯香山一起，发动群众，聚集枪支，组织起3000余人的抗日武装——西华人民抗日自卫军，胡任自卫军副司令（楚博任司令）。自卫军成立后，曾三渡新黄河，痛击日本侵略军。1939年，国民党害怕自卫军逐步扩大，阴谋以调其到舞阳改编为正规军之名，予以歼灭。晓初根据中共党组织的指示，在去舞阳途中（行至郾城县冷饭店）回师东进。国民党看阴谋破产，遂派军队尾追阻截。自卫军一边作战一边行军，艰难跋涉800余里，终于到达中共冀鲁豫根据地，与彭雪枫抗日游击队会师。所部改编为新四军4师第2总队，晓初任总队长。1940年，晓初调冀鲁豫边区政府任行政处长。为扩大抗日武装与革命根据地，他带人到永城、夏邑一带活动，不幸遭国民党骑兵师袭击，被俘。1941 年 5 月在沈丘就义。

1963 年，西华人民政府将其遗骨迁葬于艾岗乡陵头岗村普理学校校园内，并立碑纪念。

胡友琴

胡友琴（1922—1947），女，今西华县城关镇南门人。1936 年在中共豫东特委举办的普理学校读书时，参加了学生同盟会。1939 年加入中国共产党，从事抗日救亡工作。1940 年，党组织安排她到冀鲁豫边区联中学习，毕业后到永城做地下工作，1941 年皖南事变后，随军到津浦路东，先后任泗（县）五（河）灵（璧）凤（阳）县樊集乡妇救会主任、洪泽县临淮头区妇救会主任，宿（县）怀（远）县罗集区妇救会主任、区委委员。1947 年 4 月，在怀远县隐蔽时，因叛徒告密而被捕。在敌人的严刑拷打下，坚贞不屈。后被杀害于荆山脚下。时年 25 岁。

黄廷俊

黄廷俊（1911—1946），曾用名黄英，今太康县城郊乡黄庄人。家境贫寒，父母早丧。为了追求光明，他毅然告别妻儿，于 1936 年 3 月到陕北参加红军，翌年加入中国共产党，后又进延安抗大学习。毕业后，被分配到冀鲁豫区行署工作。1945 年初，黄廷俊奉命回到太康，开展“扩大‘水东’，开辟‘水西’，向上蔡以南发展”的工作。其间，他在冀鲁豫军区主力部队围歼盘踞在叶寨一带国民党顽军的战斗中，冒着生命危险，侦察敌情，立下了很大功劳。

1945 年 3 月，扶太西县、区政权建立，黄廷俊任逊母口区副区长。他积极组建武装力量，领导当地农民，开展减租减息斗争。日本投降后，国民党太康县县长郭馨坡悬赏缉拿黄廷俊等人。他不畏艰险，仍率队活动在全区各地。一次区队在台集附近棉花地里休息，突然被郭馨坡的“老虎队”包围。突围时区队长受伤，黄廷俊临危不惧，背起区队长，边战边撤，跑了 10 多里方才脱离险境。

1946 年 5 月 16 日，黄廷俊在县北张帝臣村召开会议，由于叛徒告密，郭馨坡部包围了村庄。黄廷俊立即烧毁文件，组织突围，战斗中负伤被捕。敌人对他严刑拷打、灌辣椒水、压杠子，严刑逼供一个多月，他受尽酷刑，宁死不屈。是年 6 月惨遭杀害，时年 35 岁。

黄维刚

黄维刚（1897—1943），字震三，号雨辰，今项城市郑郭镇范营村人，1919

年毕业于保定军官学校第6期，1922年转入冯玉祥西北军11师，历任排长、连长、营长、团长、旅长，直至第2集团军总部少将参谋长。中原大战后，部队被改编为第29军，他任该军38师112旅旅长。1937年，38师扩编为59军，他任38师师长，1940年擢升59军军长。

黄维刚为人正直，富有爱国思想和民族气节。平时治军严谨，与官兵同甘共苦。战时身先士卒，英勇无畏。先后在喜峰口、临沂、豫鄂等地对日军作战。

1933年3月初，热河日军铃木服部2旅团1万余人，由平泉向喜峰口进犯，司令部命38师增援，师长即命黄维刚率112旅急驰喜峰口。当时西北军军官中认为学生官打仗不行，胆小怕死，黄维刚则以作战勇敢、指挥若定，赢得大家的信赖。3月11日，他率部攻击喜峰口及其左侧孩儿岭时，遭到日军猛烈阻击。他赤膊上阵，指挥战士，反复冲杀。3月14日，日军多次组织反攻，均在112旅、109旅左右夹击下被挫败。至3月16日，日军不支，向平原方向溃退。在此次喜峰口战役中，黄维刚以战果显著被授予“青天白日勋章”。

1935年1月初，日军派飞机向112旅驻地（赤城、龙门所）频繁侦察，并投掷炸弹威胁。同时，日军热河驻军司令森一朗向黄维刚旅长提出警告：要求所部撤出龙门所，遭黄严词拒绝。1月16日，日军组成2000多人的步骑炮联合作战队，向龙门所阵地发动进攻，多次竖云梯爬城头，并派飞机配合作战，均被击退。黄维刚部以劣势武器对日军优良装备，扼守长城，激战3天，歼敌800余人，后日军借口“误会”，缩回原防地。

1937年七七事变后，日军在7月28日大举进犯北平的同时，天津方面日军也占领了东局子飞机场和天津车站等地，黄维刚率部与日军在天津外围展开激战，并在马厂、碱河及沧州一线，阻击日军向津浦线进犯。其后部队撤转至山东东阿、平阴附近。此时，38师奉命扩编为58军，黄维刚遂升任38师师长。不久，在驰援石家庄作战中，他率部队西行至河北省广平县与邯郸东进的日军遭遇，黄即令部队迅速展开，给日军以迎头痛击，歼其400余人，缴获大批战利品，日军狼狈回窜。1938年2月，日军为了打通津浦线，企图南北夹击徐州。当时淮南明光、池州、定远等地相继失守，日军又强渡淮河，河北之小蚌埠、曹老集亦为其所陷。38师奉命增援淮北，部队行至固镇与北犯日军相遇，黄维刚部迅速向日军猛烈攻击，并乘胜克复曹老集、小蚌埠，迫日军退回河南。

3月上旬，日军板垣师团围攻临沂，战况吃紧，38师驰援前线，一昼夜急行军180华里，于3月12日到达临沂城郊。为捕捉战机，38师未加休息，即于当晚强渡沂河，以迅雷不及掩耳之势，插入板垣师团背侧，避其优势装备之长，采用夜战、近战的战术，在佛房头、沙岭子、独树头、大小太平、许家太平、陈家太平等6处，突入敌人阵地，血肉相搏，一夜歼敌2000余人，日军遂放弃攻城。3月13日、14日，双方在沂河两岸反复冲杀，犬牙交错，战况激烈，在3天激战中，毙敌5000余人。38师中的排、连长因阵亡几乎换了一遍，营长以上亦牺牲不少。3月15日，黄维刚亲临前线，入夜，赤背指挥战斗，鏖战至16日子夜2时，号称“铁军”的板垣师团，再无抵抗能力，遗尸千余具，仓皇向临沂北50华里的汤头溃退。中国作战军队乘胜追击到董官屯、白塔、鲁村，与汤头之敌对峙。3月19日，38师奉命进驻费县。汤头溃敌在得到板本旅团增援后，卷土重来，向临沂再次进攻。3月25日，38师转头又回援临沂。在临沂城西北部，向敌侧背发动攻击，日军亦全力反扑。38师在毫无凭借的情况下，前仆后继，浴血奋战，虽伤亡相继，但士气旺盛，无不勇往直前，以血肉相拼搏，激战到3月31日，敌终不能支，向北溃退。前后两次临沂战斗，歼板垣师团和板本旅团过半，使其不能前进，为以后台儿庄大捷打下了基础。此两战役，黄维刚所率的38师（辖3个旅），每战都首当其冲，牺牲较重，战前全师1.5万人，战斗结束剩下不足3000人。

1938年9月，38师转移到河南信阳一带整补。此时，日军分5路进犯武汉，图宜昌。其中一路由安徽合肥、六安，犯河南潢川、固始、商城，38师奉调开赴潢川阻击西进之敌。该师112旅在潢川东春河集与日军遭遇，经迎头痛击，将敌遏止在潢川以东地区。此时，38师在左、180师在右，从宴家河起至淮河止，沿潢水左岸布阵，阻击日军前进，使其多次进攻均未得逞。9月底，武汉失守。38师奉命由孝感、花园、安陆向京山、天门转进。

1940年5月，在“随枣”会战中，由黄琪翔部（第11集团军）、汤恩伯部（第30集团军）、张自忠部（第33集团军），分别担任正面和左右翼作战。汤部为保实力，在战争打响后，不战而退。枣阳暴露敌前，张自忠所率的74师及手枪营和骑兵一部，5月16日遭日军包围，在激战中，因众寡悬殊，张为国捐躯。5月17日，黄维刚奉命反攻，含愤率部协同179师，与日军激战一昼夜，克复南瓜店附近山区，找到了张自忠的遗体。7月，收复枣阳。此次“随枣”战役，历时30余日，日军遗尸5000余具，马匹器械无算。日军企图占领随、枣、襄、樊、南阳的企图破灭。

张自忠殉国后，第33集团军总司令由冯治安接任，黄维刚升任59军军长。其后，黄维刚在军长任内，参加豫西战役，收复南阳，第二次获“青天白日勋章”。

黄维刚一生戎马，十数年转战疆场抗击外敌，积劳成疾，于1943年8月3日，病逝于湖北南漳，时年46岁，归葬于家乡范营。重庆国民党政府明令褒奖，追晋陆军中将。

吉鸿昌

吉鸿昌（1895—1934），原名世五，字恒立，今扶沟县吕潭乡吕潭村人。父亲吉筠亭在镇上开小茶馆，为人正直，有朴素的爱国思想。鸿昌6岁丧母，读私塾2年。14岁因家境窘迫，在镇上“松盛楼”首饰店当学徒。1913年夏天，因痛打镇上一个恶少，被迫逃到周口镇“曾盛和”杂货行当学徒。

1913年8月，18岁的吉鸿昌投冯玉祥部当兵，开始了戎马生涯。因他为人忠实，机敏果断，吃苦耐劳，智勇正直，具有典型的军人性格，而临阵的勇猛，尤出一般人之上，因此很受冯玉祥的赏识。提升为手枪队连长。1921年，冯玉祥任第11师师长，鸿昌被提升为营长。

1924年9月，吉鸿昌奉命到北京南苑，参加冯玉祥发动的驱逐末代皇帝溥仪出宫的“北京政变”。1925年10月，吉鸿昌升任绥远督统署直辖骑兵团团长兼警务处长，又被任命为第36旅旅长。十几年间，吉鸿昌虽不断升官，但他一直抱着“当兵救国，为民造福”的初衷，并牢记父亲的嘱咐：“做官即不许发财。”而把平时积攒下来的钱，用在扶沟家乡及其他地方办学校和救贫济难上。他严于律己，也约束部队不许扰民，还让部队做些修桥补路等利民的好事。

1925年，吉鸿昌在张家口结识了共产党员宣侠父等人，开始学到新鲜的革命道理。1926年9月，吉鸿昌追随冯玉祥在五原誓师，参加北伐战争，率领36旅参加攻克咸阳、西安之战，部队扩编为第19师，吉鸿昌升任师长。在陕西期间，吉鸿昌还结识了中共陕西地方党组织负责人、当时国民联军驻陕西政治部主任魏野畴。其间，时任前敌总指挥政治部主任的宣侠父和魏野畴先后派了一批共产党员到19师工作，吉鸿昌对他们十分尊重，亲自和士兵一起听他们讲政治课，使吉鸿昌部队的战斗力大大加强。

接着，吉鸿昌率部沿陇海路东征，相继攻克洛阳、巩县，接着强渡黄河，占领豫北重镇新乡，所向披靡，奉军被打得抱头鼠窜。因此，吉鸿昌所部被称为国民联军中的“铁军”。

1927年6月，蒋冯徐州会议后，国民联军内部进行“清党”、“送客”，大批共产党员被迫离开部队。吉鸿昌却在19师暗中保护了一大批共产党员。因19师“清党”、“送客”不力，孙良诚借故取消了19师番号，并免去了吉鸿昌的师长职务，调北平陆军大学特训班学习。

1928年秋，吉鸿昌被任命为11师师长，他又吸收了原在19师工作的地下党员和部分进步青年。1929年春，吉鸿昌率部进入宁夏，担任宁夏省主席。他提出“开发大西北”的口号，自任开发西北总指挥，决心为民兴利除弊。他在自己的相片上写下这样几句话赠送友人、激励自己：“公正纯洁，为做事而做官，训练民众，使知五权（立法、司法、行政、考试、监察）运用，政治注重下层，工作适合一般民众需要。”他推行回汉合作的民族政策，经常穿着回族的衣服到清真寺去，回民亲切地称呼他“吉回回”。在部队中，他支持共产党员李子纯等开展工作，办图书馆、识字班，创办进步刊物《铁军》。

1930年春，蒋、阎、冯中原大战爆发。冯玉祥劝吉跟自己一起讨蒋，吉鸿昌不得不暂时搁置“化剑戟为农器，舍破坏而生产”的开发大西北计划，率部从宁夏出发到潼关，参加讨蒋大战。杞县战役中，吉部以2.7万对付20万的悬殊兵力，挫败了陈诚部的多次围攻。但他亲眼看到军阀混战把人民推向苦难的深渊，内心痛苦万分，对军阀混战十分反感。中原大战以冯、阎的失败而告终，吉鸿昌部被迫由蒋介石收编为22路军，并担任总指挥。

接着，22路军被派往潢川进攻鄂豫皖苏区。吉鸿昌对进攻苏区打红军十分反感，因此部队同红军一接触，即遭挫折。后来他干脆按兵不动。蒋介石派亲信冷欣任22路军高参，监督吉鸿昌。吉鸿昌就将计就计，让士兵对天开枪，红军一反击，吉部即丢枪弃弹“溃败”，给红军丢下了大批枪支弹药。至今河南光山、潢川一带还流传着“吉军一来到，红军哈哈笑。先丢机关枪，后丢盒子炮。吉军来打仗，对天放空枪。走时丢武器，送给共产党”的民谣。这时，中共中央军委派刘仲华与吉鸿昌取得联系，鄂豫皖苏区领导人也派人至吉部特邀吉鸿昌到苏区考察。为掩人耳目，吉部先在苏区，他转了一圈，“打”了一阵子，回到潢川，向蒋介石汇报了“辉煌战果”后，即化装秘密进入鄂豫皖苏区。在苏区，他受到中共领导人的热情接待，看到红军严明的纪律和明确的斗争目标，思想受到很大启发。回到部队后，秘密策划起义参加红军。冷欣将此事密报蒋介石，蒋惊恐万状，急调汤恩伯、陈诚等部十几个师包围了吉部。八月，吉鸿昌被蒋介石解除了兵权，调任农业部部长。吉鸿昌对此不屑一顾，根本就不去上任。

九一八事变爆发，吉鸿昌对日军暴行十分愤恨，立即向蒋介石请缨上阵杀敌。不但没被获准，反而被强令“出国考察”。9月23日，吉鸿昌怀着“归来报命日，恢复我神州”的决心，出洋游历欧美各国，视察各工业发达国家情况，想为日后开发大西北作借鉴。在国外考察期间，吉鸿昌做了大量抗日救亡的宣传鼓动工作。在华胞的欢迎会上，他大讲抗日救亡的道理，号召大家团结起来，同仇敌忾，用热血保卫祖国，解救受难同胞。1932年2月28日，吉鸿昌回到上海，将出国考察情况写成《环球视察记》一书出版，抒发他忧国报国的激情。

1932年8月，吉鸿昌到湖北黄陂、宋埠一带策划旧部起义参加红军。蒋介石急令派兵抓捕吉鸿昌，吉鸿昌带了30师的一个团奔向苏区，遭敌阻击，只有吉鸿昌等少数人突出重围，在红安与鄂豫皖苏区负责人沈泽民、徐海东、郑位三等见了面。吉鸿昌接受了徐海东“独树一帜，另起炉灶，南北呼应，打击敌人，比起义的作用大”的建议。1932年秋，吉鸿昌光荣地加入了中国共产党，由一个爱国的旧军人转变成了共产主义战士。

1933年5月，吉鸿昌奉中共北方局党组织之命，上泰山联络冯玉祥，筹组抗日同盟军。5月26日，冯玉祥、吉鸿昌、方振武等在张家口宣布成立“察哈尔民众抗日同盟军”，冯玉祥任总司令，吉鸿昌任第2军军长兼警备司令和公安局局长。共产党员宣侠父、许权中分别任第5师和第18师师长，张克侠任干部学校校长。当时抗日队伍面临无法解决粮秣、被服的重重困难，吉鸿昌变卖家产，将所得6万元用于购置军备。

6月15日，抗日同盟军在张家口召开第一次军民代表大会，选出35人的军事委员会，由冯玉祥、吉鸿昌、宣侠父、方振武等11人组成常委会。会上，冯玉祥接受吉鸿昌尽快出兵察东北抗日前线、一致对外的主张，任命吉鸿昌为北路前敌总指挥，率部北征收复察东失地。22日，鸿昌率部收复康保城，日伪军溃逃。7月1日，吉鸿昌率同盟军冒雨攻占宝昌城日伪军主要阵地，许多伪军携械反正。同盟军奋勇攻城，日伪军3000人不支，败退多伦，宝昌收复。抗日军乘胜又收复沽源县。7月5日，吉鸿昌召开前线主要将领会议，决定分3路猛攻塞北重镇多伦城。攻城开始前，他慷慨赋诗：“有贼无我，有我无贼。非贼杀我，即我杀贼。半壁河山，业经改色。是好男儿，舍身报国。”战士们群情激昂，誓死杀敌，收复祖国大好河山。7日同盟军发起总攻，日伪军用重炮、飞机轰炸顽抗，吉鸿昌亲率敢死队持大刀袒臂匍匐前进，冒弹雨3次爬城。后又暗派精兵入城，里应外合，用大刀肉搏拼杀，激战7天后，终于12日光复多伦。至此，察哈尔省全境收复，这是中国军队“九一八”以来从日本侵略军手中收复的第一块国土，有力粉碎了日军不可战胜的神话。消息传开，全国人心大振。然而，国民党竟于此时命何应钦率大军进攻察哈尔。吉鸿昌与各将领联合通电，谴责南京政府，表示：“誓以战士之碧血，渲染塞外之秋草……四省不复，此志不渝。”

8月8日，日伪军大举反扑多伦城。飞机猛炸多伦、沽源，吉军伤亡众多。根据前委意见，吉鸿昌率部撤出多伦。24日，前委在张北县二泉井村召开军事会议，成立抗日同盟军革命军事委员会，鸿昌被选为常委，任军事总指挥。会议决定为保存抗日革命力量，部队西进商都，然后转至陕北或南下。但到商都附近后，遭商都守军阻截，前委开会决定东进独石口，与方振武部会合，然后南下。9月9日到达独石口，与方部汇合，壮大了力量。部队沿黑河向冀东挺进到大、小汤山地区，遭国民党军队和日军飞机、大炮的联合围攻、阻击。吉、方率部与国民党军、日伪军奋勇激战，由于众寡悬殊，同盟军伤亡惨重，弹尽援绝。11日，吉鸿昌和方振武只得同国民党32军商震谈判。

1934年5月，脱险后的吉鸿昌在天津组织了“中国人民反法西斯大同盟”，在他的住宅天津法租界霞飞路40号，设立秘密印刷所，印刷大同盟的机关刊物《民族战旗》。他的住宅也成为党的秘密工作的联络点，因而被党内同志称为“红楼”。9月，鸿昌派往安徽进行兵运工作的人员被捕，自己在天津组训抗日武装力量的工作也相继暴露。蒋介石急令北平军分会逮捕吉鸿昌等人。党组织通知鸿昌速离天津。吉鸿昌因经手的几批武器尚未运到，准备面会的广西方面抗日反蒋代表也尚未到达，决定暂时留下，于11月9日晚，转移到天津国民饭店45号房间。当他以打牌为掩护，正在房间内与广西李宗仁的代表刘某秘密会谈时，突遭国民党特务枪击，刘某当场死亡，吉鸿昌胳膊中弹受伤，被法租界工部局逮捕。11月14日被引渡到国民党天津市公安局。面对敌人连续审讯，他“态度倔强，骂不绝口”，痛斥国民党当局卖国媚日，表现了共产党人的凛然正气。

党组织多方营救无效，吉鸿昌部下准备在他被解押去北平时劫车。鸿昌得知后要求停止劫车行动，他认为这种冒险行动不会成功，只会造成更多人牺牲。11月22日，在敌人重兵严密警戒下，鸿昌被秘密押解北平。

11月23日，国民党北平军分会组织所谓“军法会审”。吉鸿昌在法庭上义正词严地说：“我是中国共产党员，我为我们党的正义和政纲而奋斗。我摆脱了旧军阀的生活而转到为工人、为劳动群众，为全国国民、为全人类的正义进步而奋斗的阵营里。我参加了为全世界历史上所未有的伟大工程，这正是我的光荣……”11月24日晨，吉鸿昌面对“就地处决”命令，镇静安详地向敌人要笔墨纸砚，挥笔疾书，写了自己怎样走上革命道路，历数蒋介石反动派祸国殃民的罪行。在给妻子胡红霞的遗嘱中写道：“夫今死矣，是为时代而牺牲……”殉难前，鸿昌披上斗篷，从容走上刑场。他用树枝作笔，以大地为纸，写下了气壮山河的就义诗：“恨不抗日死，留作今日羞，国破尚如此，我何惜此头！”然后严正地对刽子手们说：“我为抗日而死，不能跪下挨枪，我死了也不能倒下！给我拿椅子来，我得坐着死！”他坐在椅子上又向拿枪的敌人说：“我为抗日而死，死得光明正大，不能在背后挨枪，你们在我眼前开枪，我要亲眼看到敌人的子弹是怎样打死我的。”当刽子手在鸿昌面前举起枪时，他扬眉瞪目，高呼：“抗日万岁！”“中国共产党万岁！”英勇的共产党员、抗日民族英雄吉鸿昌壮烈地牺牲了。年仅39岁。

1945年，在党的“七大”上，吉鸿昌被定为全党褒扬的革命烈士。毛泽东主席高度赞扬了吉鸿昌的抗日精神，周恩来总理评价吉鸿昌说：“他由旧军人出身，后来参加了共产党，牺牲时很英勇，从容就义。”

1984年，在纪念吉鸿昌烈士牺牲50周年前夕，扶沟人民在烈士陵园吉鸿昌事迹陈列馆前，为烈士塑了铜像。胡耀邦在郑州烈士陵园吉鸿昌墓碑上题写了“吉鸿昌烈士纪念碑”，邓小平为《吉鸿昌将军牺牲五十周年纪念辑》题了书名。1995年，中共河南省委在烈士家乡召开大会，隆重纪念烈士诞辰100周年，江泽民、李鹏、李瑞环、聂荣臻、刘华清、薄一波、李长春等中央领导先后为烈士题词。

吉星文

吉星文（1908—1958），字绍武，乳名黑星，出生在扶沟县吕潭镇一户农民家里。吉鸿昌是吉星文的远门族叔。1926年，吉鸿昌在西北军当师长的时候，回过一次家乡，地方欢迎场面十分盛大。吉星文看到吉鸿昌的光彩，敬慕之心油然而生，从而立志效乃叔之为人，当兵报效祖国。就在那年冬天，年仅18岁的他便只身到灵宝县文地镇，投入冯玉祥部宋哲元旅骑兵营当兵。由于他身材硕伟，勤奋好学，很快就受到提升重用。

1932年的喜峰口对日作战，是自“九一八”以后以弱势装备击败强敌的第一次。这次战役震惊中外。喜峰口作战的指挥官是37师109旅旅长赵登禹，打硬仗的是217团团长王长海。3月11日夜，吉星文营奉命绕袭敌后，配合217团作战。吉营在董家口集合出发，绕过日军右翼，于清晨4时，分别攻占王家、瓦房等村，并将村中宿营之敌全部歼灭，缴获小口径炮多门，机枪、榴弹十多挺具。这是一次完全彻底的胜利。喜峰口之战后，国民政府奖励有功人员：赵登禹升132师师长，王长海升109旅旅长，吉星文升219团团长。时吉年不过24岁。

1937年7月7日下午7时左右，日军驻丰台一木青直大队，借口在演习时失踪一名士兵，突然向守卫卢沟桥桥头堡的部队袭击，并将桥头堡占领。为了掩饰真相，日军同时包围宛平城，无理提出要进城搜查。当时卢沟桥和宛平城都是吉星文团的防地。吉星文接到桥头堡丢失的消息后，并未上报，因为他对当时平津的局势很清楚，知道宋哲元不在北平，对日军的挑衅，没有人敢出来决定如何应付，更知道卢沟桥失守的消息一旦传出，将使整个平、津震动，那时事件的处理，将更加困难。在他心里只有一个信念：“卢沟桥不能丢！”

吉星文经过思虑，将日军要进城搜查的事，请专员王冷斋应付；将宛平县城的防务交由苏团副负责；自己则带随从一人悄悄出城，直趋第3营营长金振中的营部，立即招集连以上干部讲话，筹组敢死队，誓言夺回桥头堡。在他号召之下，自动报名参加敢死队的有300多人。吉星文亲自挑选出150人，分成5

个组。每人步枪1支，手榴弹2枚，大刀1把，由郭振威营副率领，利用夜色潜行，限8日晨4时进入攻击位置，看信号发起攻击。同时命重机枪连占领两侧高地，掩护敢死队的攻击，并适时将火力往敌人后方延伸，阻止敌人逃窜。

日军连做梦也不会想到，在无人负责并威胁着要进宛平城搜查的情形下，吉星文敢采取攻击行动，而且又如此快速。就在日军疏于戒备的情况下，敢死队利用熟悉的地形和阵地交通壕，一下子摸了进去，分别用手榴弹、大刀和刺刀，在20分钟内，把数十名日军全部解决，无一逃生。

日军当天竟无丝毫反应。吉星文对上级的报告，也轻描淡写地说："昨夜犯我桥头堡的日军，已被我逐退，现在正加强工事中。"日军第8中队吃了大亏以后，自7月9日起，疯狂向中国阵地轮番炮击报复和试探性攻击，企图再次占领桥头堡。在吉团英勇还击下，日军均遭惨败，队长一木青直也被击毙。吉星文后来感慨地说："这次士气的旺盛，较前喜峰口作战时尤甚。因为士兵们含垢忍辱，已非一天，这一口郁积在胸中的气，无处发泄，所以大家听说打日本，个个都纵身跳起来。"219团坚守卢沟桥直到7月26日下午6时，奉命将防务交给地方保安部队。卢沟桥在219团撤退数小时后就丢掉了。后来冯玉祥见到吉星文，拍着他的肩膀说："好小子，干得好，没有给咱西北军和你老叔丢脸！"

事变前，当时宋哲元为了避开日方"华北特殊化"的纠缠，借口扫墓回山东老家去了，军政事务交北平市市长冯治安代理，冯治安因兼河北省主席驻节保定，109旅旅长何基丰正主持大学生军事训练，吉星文本人，刚从南京军校结业，回到防地才一个星期。战史记载：宋哲元委员长当时指示吉星文说："卢沟桥即为尔等之坟墓，应与桥共存亡，不得后退。"实际上这句话是宋哲元回到天津后，指示秦德纯转达给吉星文的。那时的吉星文已经是名满天下、全国敬仰的英雄了。收复桥头堡后，吉星文当机立断，决定要为民族、历史负责，把卢沟桥的战况，向全国作个明白交代。他请苏团副用电话邀请北平各报社记者战地采访，碰巧日军那天用大炮连续轰击中方阵地，一发榴弹呼啸而至，落在吉星文身侧数十米处。记者们早伏地掩蔽，吉星文却站在那里丝毫未动。其头部、颈部均被弹片击中，他十分镇静地一方面让护兵替他包扎，一方面和记者们谈笑自如。这给了记者们很好的镜头和题材。第二天各报第一版都是吉星文受伤的照片和抗战情况的报道。吉星文民族英雄之名，响遍了全国，获得了全国人民的赞扬和尊敬。中国共产党于7月8日通告全国，呼吁进行全面抗战。中国外交部向日军提出严正抗议，全国各界人士纷纷集会声讨日军的侵略罪行，支援217团的抗战行动。抗日救亡运动在全国兴起，全民族的抗战正式开始。而吉星文也因此幸免一难。事变后，吉星文升任109旅旅长。

1938年5月初，77军经过整补后，奉命开往安徽省宿县集结，准备迎战向蒙城北犯的日军第9机械化师团。吉旅到宿县后，立即奉命向涡河急进，占领赵家渠、卢沟集（真巧这里也有个卢沟），拦截敌人北上。吉旅连夜急行军，但仍然赶不上敌机械化部队的快速，等到部队到达目的地，日军早已经占领了那两个集镇。吉旅未完成任务，决心向敌人发动攻击。吉星文将全旅及配属的一个团组成两组，全部投入战斗。吉星文亲自指挥一个组，进攻赵家集。日军探知中国军队在行动，将战车用麦草堆成小屋来伪装，机枪架在树上或屋顶上，只有少数前哨诱使中国军队入伏。

吉星文针对敌军部署，以营为一战斗正面，班、排为一战斗小组，必要时得独立作战，尽量利用地形接近敌人，从四面八方向卢沟集中心推进。天亮之前，所有部队都很快进入集镇，将敌人缠住，使敌人的空军及炮火都无法发挥作用。当吉旅进入敌预定火网时，敌战车、机枪和手榴弹一齐发射，吉旅虽在心理上有准备，但仍然遭遇到很大的伤亡。愈向内，火力愈猛，前进愈困难。这时各战斗小组都能发挥独立作战精神，找敌人个别目标，往返冲杀，逐屋争夺，以大无畏拼搏精神，挫败敌人之锐气，给敌人以很大创伤。从拂晓激战到黄昏。入夜，敌人不敢出击了。吉星文才下令撤到预定地点集合。

待回到驻地后，吉星文清点人数，阵亡者，营、连、排长达50余人，士兵达1300余人，伤者未计。吉星文目睹惨状放声大哭，环立者亦掩泣。他突然从随从军士身上拔出手枪，欲行自杀。身旁的贾副官眼尖手快，双手抱住了吉星文，让其他随从把枪夺下，随即牵来两匹战马，硬把吉星文推上马背离去。吉星文因思念他一手训练出来的干部和士兵的惨重牺牲，两天都没有吃东西，对人也极少讲话。由于吉星文的英勇指挥和官兵们勇敢拼搏，有效地阻止了敌机械化部队的快速北进，使整个徐州大军都能安然转移。就在转进途中，吉星文接到命令，升任为179师师长。后又晋升为33军军长。

吉将军身材魁梧，风度从容，笃厚稳重，平易近人。因此，所有他的长官和部属都喜爱他。29军的宋哲元、冯治安将军，对吉星文都视如子弟。每次军事会议或视察过后，都要另行召见，详询生活及抗战情形，并摄影留念。1936年元旦，宋哲元为了展示他苦心训练军队的成果，在北平举行过一次万人阅兵大典，柬邀中外宾朋数百人观礼。出人意料的是，这次大阅兵的指挥官，就是上校团长吉星文。如此规模的阅兵大典，至少需要少将以上的指挥官，才够分量，可宋哲元却选上了吉星文。究其原因，一、吉星文受过严格的军事教育训练，有指挥大部队的能力；二、吉星文年轻力壮，身体健硕，精于骑术，娴于口令；三、他天生大嗓门，音长而清远。在那时没有扩音设备的情况下，要使一万人的部队，在一个口令下，一致表演动作，没有差错，发口令者，只有吉星文是最佳人选。那天，吉星文骑着骏马，闪耀着指挥刀，给人一种威严的印象，阅兵场上齐声赞叹。

1948年，吉星文跟随蒋介石去台湾，在国民党国防部任职。1957年随胡琏到金门任防卫司令部中将副司令。1958年8月23日，国民党国防部部长俞大维到金门视察，美国顾问团准备于当晚在太武山水上餐厅举行鸡尾宴为其接风，吉星文等4人先去餐厅察看。下午4时，解放军向金门炮击，吉星文等人慌忙出餐厅向防空洞躲避，刚一出门，被炮弹击中，不治身亡。8月25日，胡宗南派专机把吉星文的尸体运至澎湖安葬。吉星文死后，国民党追认他为上将。

冀宜亭

冀宜亭（1884—1964），新乡人。原在新乡经营豫丰蛋厂，1923年与上海、天津等股东到周家口（今川汇区）开办鼎丰蛋厂，招收男女临时工人200多名，开业生产。至1939年，每年平均生产蛋粉600吨左右，其间，最高年份达1210吨，工人增至500多人。产品通过天津、上海、汉口等地，转销英、法、美等国。每年所得利润达30余万两白银。抗日战争期间，日军侵占中原，局势动荡，工厂歇业。“抗战”胜利后，冀宜亭于1946年联络天津、江西等地商人投资，恢复生产，工厂易名为福康蛋厂。增添了设备和厂房，由原来的手工操作改为半机械化操作，提高了生产效率，该厂到周家口解放（1947年）前夕停业。

1948年1月17日周口市人民政府成立。随后，市政府对冀宜亭的蛋厂予以扶持，很快重又开业，厂名更改为华通蛋厂。1949年至1950年生产蛋粉130余吨，由于产品质量差，销路不畅而停产。1954年4月18日，周口镇人民政府根据国家“以副食品争取出口换外汇，加速工业建设”的要求，征得冀宜亭的同意，将原厂房、设备，以租赁形式提供人民政府使用，厂名改为周口制蛋厂，生产的蛋粉销往苏联及东欧等国。1956年国家对资本主义工商业进行社会主义改造，1月25日，冀宜亭向政府写出书面申请：“社会主义改造运动，已在全国范围内形成高潮，伟大的形势给我指出光明前途，决定了我应走的道路，我虽年迈，犹觉未老，仍愿和社会一道前进。为此，特申请将自己经营的蛋厂一处包括设备、房屋及全部生产资料，出租于国家作为股金，成为公私合营性质，以便发挥更大的生产作用。”1956年3月18日经政府批准，周口蛋厂改为公私合营。冀宜亭因年老，不能到厂担任工作，经市人民委员会同意，冀宜亭除享受定息外，并任董事，每月由厂方发给固定工资。1964年病故，享年80岁。

贾安澜

贾安澜（1910—1994），又名仁波，今南阳市镇平县杨营乡大贾庄村人。7岁读私塾，13岁上高小，15岁进初中。当过小学教员、保长。抗日战争爆发，他满怀爱国激情，于1938年12月进了陕公分校，从此走上革命征途。1940年随南下八路军东进，分配到苏北阜宁县任区长。1942年加入中国共产党。1945年1月担任区委书记、县总支书记、县执行委员。日军投降后，随新四军3师北上，留在山东鲁中3专署任民政科副科长，1946年10日调鲁中行署任民政科员。1947年随陈毅部队解放豫皖苏，留该地区5专署任民政科副科长。1948年调任扶沟县副县长。其间，他协助县主要领导组织群众进行土地改革，打击国民党残余势力，为扶沟人民的解放事业作出了积极的贡献。1949年随人民解放军第四野战军南下，和平解放武汉，组建武汉市建设局，任建设局秘书主任、财政局秘书主任。1951年任武汉市第三区、第二区区长，统计局副局长等职，1955年调任全国手工业合作总社计划统计局副局长，1958年任辽宁省手工业管理局副局长、东北局经委轻工局副局长。1962年至1982年先后任手工业合作总社五金局、国家经委轻工业局、第二轻工业部农具五金局、家电局副局长。1982年12月离休，1994年12月11日病逝。享年85岁。

贾达夫

贾达夫（1918—1942），原名兼善，今商丘市宁陵县乔楼乡小贾楼村人。中共沈丘县委首任书记。

贾达夫出生于中医世家。6岁就读私塾，1931年考入商丘第二中学，九一八事变后，抗日怒潮蜂起，商中师生走出课堂，深入街道、农村，宣传抗日。1934年秋，达夫考入淮阳师范。在学校，他利用各种机会和形式宣传抗日救国的道理。1937年，他光荣地加入了中共外围组织民族解放先锋队。1938年经曾志介绍，加入中国共产党。

1938年9月，达夫受上级委派到沈丘槐店“五小”（时为沈丘县第五小学，今槐店回民小学）当教师，以此为掩护，秘密从事党的地下活动，正式组建起中共沈丘县委员会，贾任县委书记。当时，党的地下组织力量虽很薄弱，但抗日救亡为人心所向，党的宣传很易为群众接受，抗日活动甚为活跃。国民党当局对此恐惧异常，派特务监视槐店“五小”。达夫为保存革命力量，使党的组织不被破坏，制定了“面向基本群众，控制在社会上层发展”的组织路线，积极在手工业工人、农民、学校师生中发展党的组织和党员。1939年6月，县委传达了中共河南省委在西华召开的豫东县委书记会议精神，部署停止活动，调走已暴露的党员到解放区，割断动摇分子与党的联系。12月又把县委机关由槐店“五小”转移到东杨集“二小”。次年3月，有计划地转移知识青年党员去豫皖苏和鄂豫皖根据地工作。达夫在任职期间，不但为党保存了革命实力，而且使党的组织大有发展。支部由1938年重建时的1个，发展到10余个，党员由3人发展到100多人，并发展民族解放先锋队员900多人。

1940年5月，中共豫东特委决定，调贾达夫任永城县委副书记，7月调任柘（柘城）宁（宁陵）商（商丘）中心县委书记，先后在商丘县的郭庄和宁陵县的小路庄以教书为掩护从事地下活动。1942年3月9日凌晨，因叛徒告密，日本宪兵队及汉奸闯进小路庄，将达夫逮捕，投入监狱。

商丘日本宪兵司令部为索取中共地下组织人员名单，对达夫严刑审讯：坐电椅、火棍燎、灌辣椒水、用狼狗咬……一次酷刑，一次昏厥，达夫坚贞不屈，一字不吐。敌人又采取软化伎俩：设宴款待、封官许爵、妖女陪伴，妄图诱供。达夫洞烛其奸，严词痛斥："愿杀，杀！愿剐，剐！要我当汉奸，痴心妄想！"并慷慨激昂地吟诗一首："抗日烽火燃中州，中华儿女怒气吼。钢骨铁筋锻炼就，正义岂能怕杀头！"

贾达夫在狱中继续坚持斗争，向难友宣传抗日救国，鼓励难友斗争。他对一起被捕的王伟廷说："鬼子已经计穷，无奈我何。你出狱后，见到王建一、王儒先等人，让他们勿以我为念，要继续战斗下去。"达夫在狱中曾托人捎出家信一封，告慰其父。信中写道："吾志已决，当以死报国。今儿深为憾者，不能杀敌于疆场，救民于水火。二老膝下尚有两子，可事农耕，以取温饱，并赡养二老。但绝不可当汉奸走狗，儿死亦瞑目矣！"

敌人对达夫无计可施，1942年5月将其解送到济南宪兵总部。在济南复受审讯，倍遭酷刑，达夫坚贞如故。日寇黔驴技穷，将其秘密杀害，时年仅24岁。

贾永祥

贾永祥（1917—?），字叔久，民国时期商水县人。1938年毕业于河南省立开封师范学校。曾任小学、中学校长及中学国文教员。后任三民主义青年团淮阳分团干事长，中国国民党商水县党部书记长。1948年当选为行宪国民大会代表，复任动员戡乱建国委员会委员，宪政督导委员会委员。1949年去台湾，一度任台湾"行政院"国民住宅兴建委员会专门委员。1954年任光复大陆设计研究委员会委员，参加该委员会国际关系组，任组召集人。1960年任台湾"国民大会"宪政研讨委员会委员，参加修宪组。著有《联合国代表权与我国前途》、《论世界人权运动》、《论有关国民大会应予改进的几个方面》、《对国民大会第六次会议的期望》等。

江梦霞

江梦霞（1888—1932），原名长寿，学名潜，化名江松樵、汪一三、孟星明、陈化然，今信阳市潢川县伞坡寺人。出身乡村医生家庭。清光绪二十年

(1894 年) 入私塾，宣统二年（1910 年）考入信阳师范，后转入开封师范。1913 年赴印度尼西亚任华侨学校中文教员。1915 年回国。1917 年至 1922 年，先后在固始、潢川当小学教师。1923 年，任教于开封中州大学，同年加入中国共产党。1925 年 5 月，中共开封地方执行委员会成立，江梦霞任书记。1926 年执委改为市委，江梦霞任市委书记。1927 年冯玉祥在河南清党，江梦霞被通缉，化名孟星明到武汉，又化名汪一三到潢川、固始、商城三县交界处改造红枪会，建立农会。

1928 年 3 月，化名江松樵到鹿邑，利用与教育局长王云圃的同学关系，由教育局出面集资，在城内中山大街路南（今城郊乡医院西侧）开设民智书社。自任经理，以书社为阵地，宣传新文化，传播进步书刊。在出售的书刊中杂以马克思的《通俗资本论》，鲁迅的《彷徨》、《呐喊》和《大公报》、《红旗报》等。在此期间，与先期到鹿邑的中共地下党员李梅村取得联系，共同发展组织，建立党支部，并任宣传委员。在学生中组织学生联合会，在职工中组织读书会，在城市摊贩中组织扁担会，在农民中组织老冤会，发动民众抗税、抗捐。1930 年冬，扁担会砸了厘金局，赶跑税警，迫使当局停收摊贩捐税。江梦霞的活动引起当局的注意，国民党河南省府于 1931 年 5 月通知逮捕江梦霞。通缉令在中途被雨水淋湿，在县府摊晒时被邮差邵子奇（中共党员）发现，邵当即通知并资助和护送江梦霞转移到潢川县。7 月，江梦霞在光山县任鄂豫皖苏区公社经理，后任潢川县苏维埃政府财贸主席兼经济公社经理。

1932 年 9 月，潢川县苏维埃政府被国民党军包围，江梦霞在突围中中弹牺牲。时年 44 岁。

江秀芝

江秀芝（1915. 11. 29—1999. 9. 19），女，祖籍山东省兖州市城北石马村。她出身贫苦，兄妹 3 人，上有 2 个哥哥。1925 年长兄江兴业因生活所迫，到吉星文部当兵。1930 年，母亲病逝，从此，江秀芝便挑起了家庭生活的重担。江兴业在部队与扶沟籍人金振华一同供职，二人十分要好，亲如兄弟。后来江兴业将妹妹江秀芝说给金振华为妻。卢沟桥事变时，金振华阵亡，江秀芝带着两个孩子搬迁到金振华老家扶沟练寺。

当时江秀芝 22 岁，两个孩子加上婆婆和嫂嫂，全家 5 口人，艰难度日。江秀芝是一个十分坚强、十分孝顺、十分勤劳的女性，她不顾街坊邻里的闲言碎语，起早贪黑，家里地里，辛勤劳作，纺棉花，织土布，卖馒头，打零工，什么活都干。家里有点好吃的，她总是先紧着老人和孩子，自己吃些残汤剩饭。当时有一个坚强的信念支撑和鼓舞着她，再苦再累再难，也要把孩子养大成人，支撑起金振华家这个门户。

1948 年，江秀芝满腔热情地参加了练寺农民协会工作，没收地主的财产，斗争地主恶霸，处处走在前头，后被选为农民协会领导成员和妇女主任。1949 年 7 月受党组织委派担任了杨王乡的妇女主任。1949 年 11 月 15 日出席了扶沟县第一届人民代表大会（此后又参加了第二届、第三届、第四届、第五届、第六届人民代表大会）。1950 年 11 月出席了扶沟县第一届妇女联合会代表大会。1951 年 2 月任杨王乡（小乡）乡长。1953 年 2 月任练寺乡信用合作社第一任主任。1958 年，练寺公社成立“三院”（敬老院、妇产院、幼儿院），江秀芝改任“三院”院长，同时加入中国共产党。

江秀芝品德高尚，从来没有向组织向任何人诉说过自己的困难、艰辛、劳累、委屈和不幸。无论是工作和家事，她都是有困难自己克服，有委屈自己承受，以顽强的毅力和拼搏精神去解决一个个难题。她既是一位普通而伟大的母亲，又是一位合格的共产党员。

姜鸿起

姜鸿起（1920. 6. 21—1948. 6. 5），原名新起，今扶沟县韭园镇西太康营村人。童年随父母居住在扶沟县城，在本族伯父的资助下，入县城小学读书。后因父亲长年有病，生活难以为继，回老家居住，姜鸿起也只好辍学在家。

1938 年 6 月，魏凤楼就任扶沟县县长。魏是中共地下党员，名义上任的是国民党的县长，实际上是按照中共豫东特委的指示办事。他在积极向灾民发放救济粮款、组织灾民外出逃荒的同时，又在县城举办抗日救国训练班，向广大青年和群众宣传共产党的抗日救国思想和主张。姜鸿起受到党的教育，积极按照党的指示从事抗日救亡工作，并秘密加入中国共产党。

1942 年，扶沟遭遇大灾荒，广大人民的生活面临严重威胁。虽如此，国民党政府却加紧向群众派粮派款。为了活命，姜鸿起在县城大伯家楼后的三间草房里建立起抗粮联络点。当时参加活动的有姜鸿起及叔伯大哥姜其昌、二哥姜鸿超、侄儿姜宽、姜殿冠、姜同勋等。恰在这时，国民党县党部书记胡瑞甫与县城中的地方势力发生矛盾，互相攻击。姜鸿起就利用这一有利时机串联老百姓抗粮。他写了一张“把胡瑞甫爹的骨头刻成扣卖了，也不够还老百姓的债”的标语，夜里亲自贴到胡瑞甫家的大门口。次日标语就在全县引起轰动，咒骂胡瑞甫和反对保甲长向群众逼粮派款的呼声顿时高涨起来，不同形式的抗粮标语出现在全县各地。抗粮活动取得显著成效。

抗粮活动结束后，姜鸿起参加了彭雪枫的队伍。1948 年，姜鸿起担任中国共产党领导的扶沟县区队政委。6 月 5 日，当姜鸿起率领区队在城西南小何庄宿营时，被国民党太康县土顽郭馨坡的部队包围。区队仓促应战，伤亡惨重。子弹打完后，姜鸿起等数十人壮烈牺牲，20 余人受伤被俘，仅区长一个脱险。

姜鸿起牺牲后，葬在小何庄南地的高坡上。后因在此建水库，移葬太康营村。1997 年 4 月 4 日，韭园镇政府为姜鸿起烈士树立一座石碑，以作永久纪念。

姜运昌

姜运昌（1883—1956），字瑞生，今扶沟县曹里乡摆渡口村人。清朝末年拔贡。他幼年刻苦好学，因家境贫寒，12 岁就外出画画乞食。至许昌被一蒋姓人家收养。生活有了依靠后，更加勤奋攻读。28 岁赴汴京（今开封市）应试，得中河南宣统三年（1911 年）辛亥科拔贡。出任安徽亳州推事。他严于律己，秉公办事，为人忠厚，礼貌待人，被誉为“姜青天”。

中老年时期，曾在扶沟县曹里寺、黑蟒寨及李集等地任塾师。黄水泛滥期间，他逃居扶沟县西李集村，靠教授十几名大龄失学青年为生计。1956 年，姜运昌病故，终年 73 岁。

姜震中

姜震中（1901—1983），今扶沟县大新镇三太冢村人。1920 年赴法国勤工俭学，1922 年在比利时劳动大学进修时加入中国共产主义青年团。1924 年转入法国都鲁斯大学化学院学习，翌年加入中国共产党。1926 年毕业后，任巴黎弗郎克化工厂工程师。1927 年接受党的指示加入国民党，并担任国民党驻欧支部执委兼训练部主任。四一二反革命政变后，即退出国民党。1928 年由组织派往莫斯科中国共产党大学（即中山大学）学习，1930 年 6 月毕业后，任应用化学研究院工程师。1933 年被调回国，因未和组织接上关系，失去党的联系。之后，先后任上海复旦大学、云南大学教授。1942 年加入中国民主同盟，任民盟云南支部执委兼组织委员。1946 年，李公朴、闻一多反对蒋介石独裁、反对内战而遭暗杀，姜震中也被追踪。不久，经上海转往杭州，任浙江省农业改进所技正兼农业系主任，并接受民盟总部的委托，负责民盟浙江支部工作，任组织部长。

1949 年以后，姜震中先后任民盟中央委员，民盟杭州市委员会主任委员，政协浙江省第一、四、五届常务委员。1955 年任浙江省司法厅厅长。1957 年被错划为右派。1978 年中共十一届三中全会以后，他积极贯彻党的“长期共存，互相监督，肝胆相照，荣辱与共”的民主政策，为巩固和发展爱国统一战线贡献了自己的力量。

姜震中因长期患病，医治无效，不幸于 1983 年 6 月在浙江医院逝世。

蒋鸿宾

蒋鸿宾（1916—2005），字雁亭，回族，沈丘县槐坊东镇小教胡同（今县城生产南街）人，出身于中医世家。5 岁时读私塾，8 岁入本镇明远学堂（今槐店镇回民小学）念书。1931 年考入省立三中（淮阳），1934 年考入省立百泉乡师。1937 年考入西南联合大学，就读畜牧兽医系。1941 年至 1944 年留学美国芝加哥大学，获博士学位，毕业后在美国加利福尼亚大学任教。1945 年回国，任浙江大学生物化学系教授。建国后，任北京大学教授。1954 年院系调整，调兰州大学任生物化学系教授。其间，他常带学生到草原牧区考察，为掌握第一手资料，经常露宿草原野地。1964 年在一次草原勘察中不幸感染上杆菌疫病，但他仍带病坚持学术研究。"文革"中被下放农场劳动。1978 年复职，仍从事畜牧兽医学研究，多有建树。后因杆菌病复发，到上海定居休养。蒋鸿宾发表关于草原疫情疫病防治及兽医学方面的论文 50 余篇，为我国草原畜疫防治事业培养了大批专业人才。

蒋麟祥

蒋麟祥（1873—1947），字符孔，今项城市范集乡蒋寨村人。清宣统元年（1909 年）己酉科拔贡第一名，曾代理孟津县知事，后专修地方志，曾先后受聘为淮阳县、上蔡县修志。1939 年家乡遭灾，他挺身而出为民请命，得重庆政府批准免除项城两年税收。是一位德高望重的文人，民国初年还被推选为首届省议员。

他代理孟津县知事（即县长）时，谨遵孔夫子"听讼吾犹人也，必也使无讼乎?"监狱里只关了一个犯人，不久连这唯一的犯人也开释了。他任期内监狱里再没有关押过人，一般词讼他都采取调解或谕教。他在孟津县只干了一个月，便又有新官上任了。因为他的确廉明，从没向地方上派过什么苛捐杂税，还替地方上挡了一些"客军"的驾，地方上非常感激。在他离县上火车时，县里专门派了一个绅士，以地方绅商的一点心意的名义，送给他 100 块现大洋。可是等到下车时再一摸身上，那 100 块大洋已经没有了，被小偷扒走了。这在他同辈朋交中当作笑话传了很久。

1933 年，正在南京吉鸿昌的第 22 路军驻京办事处任文秘的蒋麟祥，被专门聘请回乡任淮阳县志馆馆长。蒋麟祥非常虚心谦恭，他的学养完全可以自任主纂。当时淮阳县属第七区督察专员公署，公署辖区内的太康县有位健在的清代举人朱撰卿，在家赋闲。蒋麟祥便亲自登门，请他来担任主纂。

就在他负责承修县志的第二年，淮阳县来了个贪官杨序一。因为杨克扣县志馆的公费，弄得连录事的薪水都发不下来。杨序一还召集地方士绅开会，要大家捐钱继续修县志，实质上是他自己想乘机捞一把。谁不捐钱，就把谁抓进监狱里去，一时间，抓的人几乎塞满了监狱。后来地方上联名上告，他才被免职。因怕百姓闯进衙门把他打死，半夜里偷偷出城跑了。好在新官上任，重又补齐了县志馆的办公费。蒋麟祥终于在花甲之年，竭尽心力修成了民国22年《淮阳县志》。这部志书收集资料翔实，体例完备，有着较高的使用和研究价值。

蒋麟祥66岁时，又被上蔡县请去任《上蔡县志》的主纂，因病未能竟事。他的病源于两件事：一是长期从事文字编辑工作，心力交瘁，二是亲身感受家乡连年灾荒，民不堪命，上书请求减免田赋，奔波劳累。那时国民政府在重庆，不经过中央有关机关与行政院的批准，要减免应纳田税，是非常困难的。首先要经过县政府田赋管理处（俗称"田粮处"），县里通过后还得到省政府核示，同意后才可能转报到中央，国民政府核准批下来，才算完成了公文旅行手续。1941年春，蒋麟祥亲笔起草呈文，请求豁免本地区的田赋粮款。呈文记述了项城的灾难与贫困，请求豁免田赋3年，养丁抗敌。陈词十分沉痛真挚。当时很多读书人都能背诵这篇求免田赋的呈文。这篇呈文由他亲自上县述说，请求转呈上去。当时的县长读后颇受感动，便呈转河南省政府并请转呈国民政府行政院。他又担心到省府被压下来，以66岁的高龄，亲自奔赴省府所在地的鲁山县。

从项城去豫西山区鲁山县，交通十分不便。他雇了辆"土牛"车，强忍着暮年离家、风霜野店、不尽颠簸的辛苦，终于到了鲁山县。省政府一位有点实权的处长，十分同情老人为民请命的一头白发，满口承诺绝不积压，马上用急件上呈。从鲁山回来不久，他就病倒了。

1942年，他终于得到行政院批文，准予减免项城两年田赋。5年后的1947年，蒋麟祥寿终正寝，故于蒋寨，享年74岁。传世有古诗一卷，科举论文数篇。

蒋其正

蒋其正（1882—1949），字端甫，回族，沈丘县民国年间名医，祖籍项城县秣陵镇（时为县城）。蒋生于中医世家，自幼随父学医，习读中医名著《金匮要略》、《针灸甲乙经》、《证类本草》、《黄帝内经》、《脉理学》以及回回药书《海药本草》、《南海药谱》、《饮膳正要》、《忒毕医经》等，勤求古训，博采众方。熟背汤头歌，药性赋和望、闻、问、切四步诊断要领。中医、回医学基础理论深厚，外科医技娴熟。成年后即独立门户行医。为了提高医疗水平和切实掌握豫东、皖北多发病、常见病之发病规律，遍访医界名流，搜集民间防治不同地方疾病的验方、单方，与同行名流切磋交流。几年中跑遍豫东、皖北各县，为不同病案的上千人进行治疗。对一些外伤患者不仅一次治疗包扎，还追踪施治，直至痊愈。他因之被众多患者称为“华佗蒋”。后选中沈、项、淮三县分管的繁华古镇——槐坊镇（今沈丘县县城槐店回族镇）落户，在小教胡同（亦称小胡同，今生产南街）路东开设中医外科门诊部，为当地百姓治病。经他治愈许多疑难杂症及骨伤，誉名远播，几十里乃至百里以外的病人登门求医者络绎不绝，门庭若市，小教胡同的三岔路口常被拥挤堵塞。蒋有求必应又关心穷苦百姓，他依照药理炮制膏、丸、散、汤，舍济贫穷病人和战乱中的逃难者。一次，郸城郅子庙一老妪被同村人送来治病，胳膊患牛皮癣久治不愈，已开始红肿溃烂，因其老伴过世，膝下无子无亲人照顾，同村人得知蒋中医为穷人治病免费，就慕名送来。蒋把老妪安顿在自己家吃住，通过半个月的精心治疗，老妪病体康复。老妪临走时，蒋又给她雇了一辆“土牛”（木制独轮推车），赠送八串钱，把老妪送回家。被世人誉为“慈善郎中”、“真主派来救苦救难的阿卜杜拉（仆人）”。不断有患者赠匾。

抗战期间，蒋其正义务为伤兵医伤。1938 年秋，高煜亭被省府派到槐坊任警察局局长，他力抓警风警纪建设，在严格训练中发现警察因卫生条件太差皆患疥疮，影响训练。因高家与蒋家同住小教胡同，遂请蒋帮忙，蒋即允诺，与其子锡九、鸿勋带药前往治疗。他与高煜亭（亦谙熟医道）二人亲自动手为患者洗擦疮口，消毒、熏药，坚持数月，全部治愈。结账时，蒋念警察局经费拮据，又敬重高之清廉，数千元药费分文不取。高十分感动，将其幼子高学武送与蒋其正为螟蛉义子，使其正夫人圆了“五子登科”之梦。高煜亭以子抵“债”之举一时传为美谈。高在任豫皖苏槐店军警稽查处副处长时，向 15 军军长刘昌义中将推荐蒋其正给刘军将士治疗疥疮，以解将士之疾苦。刘非常高兴，亲自登门求助，蒋欣然承诺。刘军在沈丘驻军分散，蒋跑了数日，方掌握全部病情。他对症配药，培训军医做助手，分赴各连认真施治，终使数万将士恢复健康，战斗力大增，从另一个角度，为抗日战争作出贡献。

1947 年槐店镇解放，刘邓大军千里挺进大别山路过沈丘，部队中许多官兵患有疮疥。蒋其正闻讯主动与驻军首长联系，为部队治病。蒋不仅施医、施药，而且向军医传授医术及药剂配方，使部队深为感动。部队离沈时，首长亲自登门赠送锦旗，上书“军民团结典范，民族团结楷模”。

蒋其正自创许多膏、丸、散等中成药，其中“疥疮一抹灵”、“清毒大丹丸”、“烫伤一抹清”，疗效极佳，传承至今。

蒋其正共有 5 子：长子鸿恩（锡九），一生从医。次子鸿宾，字雁亭，1941 年留学美国芝加哥大学，回国后先后任浙大、北大、兰大教授。三子鸿勋，医生。四子鸿箴，教师。五子，即义子高学武，从事国际商贸，后从事写作。

蒋秀荣

蒋秀荣（1883—1953），今商水县魏集镇蒋庄村人。系喉科医生，他继承并发展了祖传秘方，研制的“催喉散”、“白降雪散”、“润喉膏”、“清凉散”等10余种药品，疗效甚佳，方圆数百里的病人慕名前往求医。他还编著了《喉科妙术》、《妇科杂症》等手稿。

焦英豪

焦英豪（1925—1987），今河北省永年县苗庄乡施庄人。1944年8月秘密加入中国共产党，在本村从事党的地下抗日工作，并任民兵队指导员。他带领民兵扒铁路、埋地雷，切断日军的运输线。日军投降后，他又投身到解放战争中去。1946年，他参加了围攻广武城（原永年老城）的战斗。战斗中，他冒着生命危险将牺牲的民兵队长马明义从枪林弹雨中背回营地，并接任村民兵队队长。1947年2月，他带领民兵队80余人集体参加中国人民解放军，任连指导员。遂跟刘邓大军南下，先后参加了彰德府战斗、杨山战斗和举世闻名的徐州战役、洛阳战役等。在艰苦卓绝的大别山战斗中，不幸腰部受伤。伤好后被分到淮阳县公安局工作。建国后，先后任淮阳县公安局政保股股长、县社保卫科科长。1957年任淮阳县王店乡乡长，1959年任商业局保卫科科长。1960年后，任淮阳县工业局副局长、手工业管理局副局长、石油煤炭公司党支部书记、商业局副局长等职。

1987年2月病逝，终年62岁。

金修德

金修德（1905—1948），今鹿邑县试量镇金寨村人。1946年参加革命，曾任本村村长，农会会长。1947年3月加入中国共产党，担任联络工作，多次保护中共地下党的工作者。是年底不幸被捕。金修德面对刽子手的严刑逼供，始终坚贞不屈。1948年2月3日被联防队杀害。牺牲时43岁。

居福田

居福田，1947年春，任扶沟县练寺区区委书记。他发动群众支前，带领区队剿匪，工作热情积极。5月中旬，与贺居清等4人去固城姜岗村筹集支前资金。因有人告密而被鲁山县保安团匪徒包围。居福田为掩护他人脱险，奋力与匪徒搏斗，不敌，惨遭杀害。匪徒用牛将其尸体拖拉十余里，丢在路旁示众。后被群众安葬在练寺王村。1976年，县政府将其灵骨迁葬于扶沟县烈士陵园内。

孔繁玉

孔繁玉（？—1948），乳名憨头，今商水县练集镇人。少年家贫，入戏班拜名师学武生。他初为练集豫剧晚会班成员，后进大赵家戏班。

多年的舞台生涯，他练就一身精湛的武打功夫。在《醉打蒋门神》戏中，他饰武松，以逼真的“醉拳”，在场上“跌跌撞撞”，打得恶霸蒋门神晕头转向，迎来阵阵掌声。在《智盗九龙杯》中，饰杨香武。他以戏台顶棚为楼顶，翻滚、倒悬，演到关键处，全场鸦雀无声，都为他提着心。直到九龙杯到手，场内顿时欢声雷动，鼓掌喝彩。民国初年，大赵家戏班赴武汉演出，在《黄鹤楼》戏中，孔繁玉饰周瑜。当闻听刘备不肯归还荆州之时，周瑜大怒，滚动红色眼球（绝技），博得观众掌声一片。

建国后，孔繁玉加入商水县大众剧团。此时他已是中年之人，演武生力不从心，改演二红脸。他唱腔高亢，吐字清晰，做功形象，深受观众青睐。

孔繁玉死后，商水一带流传着“要看‘憨头’的戏，除非在梦里”的俗语，足见他深受观众的喜爱。

孔祝三

孔祝三（1904—1971），今太康县马头镇黄庄人。出身贫寒，以扛长工谋生，因不满封建压迫愤而离家寻求出路。1929年11月在湖北阳新暴动时参加红军，1930年4月加入中国共产党，任瑞金红军学校供给主任、师供给部部长等职。1934年10月任红八军团供给部部长。在长征路上，孔祝三呕心沥血，筹措粮款，为解决部队的军需供给，他三渡金沙江，并在江中救出5名战士，周恩来副主席夸奖说：“孔祝三很有办法。”

1936年，孔祝三任延安军委总供给部副部长，1945年在东北图们办事处从事后勤工作。1952年任东北商业部会计处处长，1953年任外贸部矿产公司副经理，1961年担任中国五金矿产进出口总公司副总经理。1971年12月11日，因病去世，终年68岁。

寇惠民

寇惠民（1911—1980），今太康县常营镇寇家村人。7岁上小学，成绩优良。后考入开封嵩阳中学，1931年考入冯玉祥的国民军26路军军士队。同年12月14日该部在江西宁都暴动，20岁的寇惠民随部队参加红军，开始革命生涯。

寇惠民于1932年3月加入中国共产党，先后担任班长，排长，连指导员，连长，五军团侦察参谋、副团长。参加了第四、第五次反围剿战斗。

1933年3月在江西黎石镇战斗中负伤。1934年8月参加长征，任红一方面军侦察营营长。在四渡赤水、湖江战役、强渡乌江等战斗中，都机智勇敢，为中央军委的正确决策提供了许多有价值的军事情报。在金沙江绞车渡战斗中，他率领部队阻击敌人，坚守3天3夜，打退敌人多次进攻，保卫了中央机关全部渡江，受到中央军委通令表彰。为了接应兄弟部队，两次过雪山草地。在甘肃省张掖县西米家营战斗中，腰负重伤，让警卫员扶着继续指挥战斗。到达陕北后，于1937年8月入中央军委参训队学习，毕业后任385旅770团参谋长，1943年任延安联防军司令部作战科长。

1944年随抗日第4支队到河南，在禹县任河南豫西抗日军政干校校长，为部队培养了大批干部。1946年任中原军区15旅参谋长。是年“中原突围”，在陕南柞水县西北山战斗中，他端着机枪冲锋，又一次身负重伤，由地下党和武工队把他护送到延安。1947年又随中央领导李先念到中原军区12纵队任参谋处处长。1948年任豫西5分区参谋长，率领部队剿匪进入伏牛山。建国后，寇惠民在河南省军区任职。1955年荣获二级八一勋章、二级独立自由勋章、二级解放勋章。1980年在郑州病故，终年70岁。

赖　鹏

赖鹏（1913—1947），字云程，今驻马店市汝南县马乡小赖庄人。幼年就读于马乡，好习武，爱打抱不平。1929年4月，在高等小学读书时，经国文教师张玉斋介绍，加入中国共产党，时年仅16岁。1932年在民权师范学校读书时，为反抗国民党警察局的反动统治，秘密处死该局科长。后离开民权，进入大别山参加红军。在一次战斗中负伤离队。1934年回到马乡，在安庄以教书为掩护，从事中共地下工作。与赵国祥等人组织“鞭竿会”，领导附近农民与恶霸地主展开斗争并取得胜利。1935年奉命在潢川做地下工作，又亲手处死国民党政府民政科科长。1936年任中共马乡区委书记，积极组织地方武装。1940年任马乡中心区委书记，其领导的游击队力量更加壮大。国民党汝南县政府异常恐惧，密调县保安队偷袭革命武装，并对赖鹏三次下令通缉。有一次，敌偷袭罗庄，赖鹏掩护游击队转移后，自己尚未撤出，村庄已被包围，枪声四起，情况危急。赖鹏临危不惧，沉着应变，只身单枪冲出重围，从此赖鹏名声威震城乡，敌人闻之丧胆。是年夏，赖鹏调到新四军第5师工作。次年任淮北支队支队长、挺进3团团长，积极投入开辟新区工作。

1944年初秋，赖鹏率挺进3团奔袭淮北正阳金宇栋伪军，于胡冲店激战一夜，活捉团长金宇栋，俘敌千余。此战对瓦解敌13纵队、促使陈道荣部起义起到了重要作用。1945年抗日战争胜利，挺进3团改编，赖鹏调任1纵3旅28团副团长，后又调任河南省军区7团副团长。1946年6月，国民党军大举围攻中原解放区，解放军主力奉命突围，实行战略转移，赖鹏率部向西突围进入陕西。在洛川战斗中，赖鹏亲操一挺机枪，利用有利地形，弹无虚发，打得敌人不敢露头，被全团誉为神枪手。不久，赖鹏调任洛川支队支队长。在掩护主力自洛川突围时，他率领千余名战士，与敌人展开浴血搏斗，当胜利完成任务离开洛川时，身边只剩下20余人。此役的惨烈程度可想而知。战后，他奉命返回河南，在沈丘、项城一带开展游击战。

1947年春，沈丘沙河北地区相继解放，但革命政权尚不巩固，处于国共双方拉锯状态。7月，赖鹏不顾环境险恶，率十余名干部到沙北工作，住在沈鹿淮县民主政府联络点张保园。7月13日，杨集恶霸地主勾结国民党县政府自卫总队200多人偷袭张保园，将村庄团团包围。赖鹏团长与胡凌云县长指挥干部群众突围转移，亲率武装战士与敌展开搏斗，终因寡不敌众，弹尽被俘。7月23日，在沈丘县城西关，赖鹏团长高呼着“共产党万岁”从容就义。时年34岁。

郎世昌

郎世昌（1907—1959），字京五，今扶沟县包屯镇斗仓村人。河南大学文史系毕业。抗日战争初期，在鄢陵县中任教。黄水泛滥期间，他携带家眷漂流他乡，先后在密县郐阳中学、许昌五区联中、长葛县中、许昌灞陵高中任教。日军侵占许昌后，他不愿屈膝异族，愤然离开城市，隐居许昌西南30里榆林村，一面开办私学，一面宣传抗日。日本投降后，先后在许昌高中、许昌县肋石固中学执教。1948年春，应聘到省立淮阳三中，年底随学校迁徙信阳。1949年投身轰轰烈烈的解放战争，参加支前工作，负责组织车辆向长江沿岸运送物资，被评为支前模范。1950年返回故乡，任教于扶沟县中。1952年调淮阳高中，执教古典文学。1957年被错划为右派分子，遣回原籍。两年后患病去世，年仅53岁。1978年得到平反。

郎世昌自幼勤奋好学，语文学科造诣尤深。他执教严谨，课堂语言精练，双手皆能板书，备课、批改作业一丝不苟，深受学生欢迎。他精通英文，口语流利。抗战前夕，外国牧师一行数人到扶沟县中参观，他用英语介绍了学校情况，使参观者十分惊讶。

郎世昌学识渊博，喜爱钻研经史及诸子百家，尤其喜爱唐宋诗词。早在上大学期间，就不断有诗文见诸报端。著有《鸡鸣》、《夜窗》两本诗集，约300余首诗。

郎笑天

郎笑天（1920. 3. 26—1998. 6. 12），原名鸿昌，今扶沟县城关镇人，祖籍扶沟县包屯镇斗仓村。

1928 年 2 月入扶沟县城西街小学读书，1931 年 8 月转入县立小学，1933 年 8 月考入开封中州中学，1937 年 8 月考取开封高中，1940 年 2 月转回扶沟联中。1942 年毕业后留校任教，同年 12 月入临泉鲁苏豫皖边政治学院学习。1943 年 9 月任 31 集团军汤恩伯总部军风纪密查员。1944 年 7 月至 1948 年 8 月先后在太和县育英中学、许昌天宝中学、扶沟县中学任教。1947 年 8 月到联合国救济总署在扶沟开办的孤儿院任院务委员会副主任。1948 年 8 月进入鄢陵 5 专署师训班学习，翌年 3 月任扶沟县中教导处副主任。建国后任教于扶沟县一中、高中，并担任扶沟县教育局教研室教研员，周口地区中学语文教学研究会副会长，县教育学会副理事长，县政协第一届委员、第二届常委。1986 年 9 月离职休养，享受县处级待遇。

郎笑天长期从事教育工作，为扶沟县的教育事业，特别是语文教学作出了应有的贡献。他曾编写了一本《形音比较辨字手册》，收集常用字 1200 多个，对方便学生学习起到一定作用。

郎笑天喜爱文学，不断有诗文发表在报刊上。1956 年创作的豫剧剧本《春大姐》由河南人民出版社出版。《河南日报》发表其小说多篇。他创作的戏剧《双玉佩》，由县豫剧团参加周口地区汇演时荣获二等奖。

雷兴旺

雷兴旺（1897—1966），鄢陵县南邬乡孙老庄人，绰号“假麻利”。自幼学戏，工武生，定式好，气色好，扮相英武，以扮演《投楚国》中伍子胥、《长坂坡》中赵云为最佳。

1922 年，雷兴旺开始担任西华县皂家班掌班。他为人温良忠厚，许多名角慕名来投，一时皂家班名播遐迩。1928 年秋后，雷兴旺率班在淮阳演出。适逢土匪老王泰掠村放火，村民躲匪在外，无人救火。火势越来越大，雷兴旺带领全班艺人奋力抢救，直至火灭。村民回，见雷兴旺头发烧光，衣服成缕，满手燎泡，万分感激。于是杀了一口猪，敲锣打鼓，向戏班致谢。

1946 年，雷兴旺带班在商水县城演出，一个国民党县大队长视雷的 18 岁女儿玉芬貌美，欲纳为妾。雷兴旺对媒人怒喝道：“我们是卖艺的，不是卖人的!”遂连夜逃出县城。

1948 年冬，雷兴旺率班在逍遥镇演出，男旦“金蜻蜓”的妻子李贞被国民党逍遥区队队长看中，派护兵持枪到剧团要人。雷见状大怒，左右开弓，打了来人两个耳光。护兵回告，区队长暴跳如雷，命人将雷兴旺吊在逍遥北门楼上毒打至昏，抬回家数月不能下床。

1950 年秋，雷兴旺携子女加入西华重建豫剧团。1966 年病故，终年 69 岁。

雷太平

雷太平（1890—1950），别号子安，今商水县汤庄乡雷坡村人。曾任国民党军队某部手枪旅旅长兼山东省济南市警备司令。抗日战争时期回乡任国民党商水县第一区区长、县民团副团长等职。日军投降后，雷赴安徽省投国民党何柱国部任少将参议。何部北调，雷弃职回商水。解放战争时期，他组织国民党地方反动武装与人民为敌。1950 年，雷被商水县人民政府公安机关逮捕处决。

雷中田

雷中田（1893—1950），字兰波，今商水县汤庄乡雷坡村人。幼年家贫，10 多岁便给人佣工，因不堪忍受贫困生活，于 1913 年投冯玉祥部当兵。因他作战骁勇，深得冯玉祥器重，由列兵累升班长、排长、连长、营长、团长、旅长、师长、军长等职。

1930 年 10 月，蒋、阎、冯中原大战结束，冯军败北。雷中田随冯部退守甘肃，任混成旅旅长。不久，雷命小老婆携款 10 万元找宋美龄活动。1932 年，蒋介石派员赴西安以西北绥靖公署名义招抚雷中田，雷欣然从命，出任蒋第 8 师师长兼甘肃省保安司令。1933 年，日军攻占山海关、承德，并分兵攻打长城各口，冯玉祥激于爱国义愤，于同年 5 月 23 日召集旧部，组成察哈尔抗日同盟军，冯亲任司令，吉鸿昌任前敌总指挥，雷中田任第一军军长，驻察哈尔省宣化御敌。同年 7 月初，在吉鸿昌亲自指挥下，雷带领第一军将士，在解家营、柳家沟、柳条沟一带与日伪主力相遇，力战获胜。旋又攻破被日伪占领的交通要枢多伦，打击了日军的嚣张气焰。此时，蒋介石却调集 20 万大军，向张家口逼近，冯玉祥被迫重回泰山，同盟军解体，雷中田隐居北平。

1941 年，雷中田受人推荐，任日伪河南开封警备司令。1945 年初，日军败亡局势已定，雷看对己不利，辞职返乡。春，国民党河南省主席刘茂恩命其任七区保安副司令，8 月进驻周家口，接受日军投降。1947 年任国民党商水、西华两县指挥部指挥官，网罗土匪和地方武装千余人，在商水、上蔡边界与共产党军队和地方政权对抗。1948 年 4 月，雷在三李家庙会上，以通共的罪名，逮捕无辜群众 10 多人，有 7 人被活埋。5 月，商水县民主政府将雷抓获，劝他交出武器，投降人民。可他只交出 100 多支枪，不愿意投降。淮海战役后，他潜藏周家口。不久，被当地公安机关捕获，1950 年被处决。

冷新华

冷新华（1911—1984），原名继尧，今川汇区榆树园街人。中共党员。

幼年在家读私塾。1926 年到开封上学，在开封河南省立一中读书时，各课成绩突出，受到教师的器重，同学的钦佩，被选为学生自治会委员。1929 年该校校长被免职，引起学潮。冷新华和其他几位同学被推选为学生代表，在召开校务会议期间，向校方提出质问。新任校长认为是红色分子捣乱。次日，学校被军警包围，教育厅勒令他和其他几位同学离校。1930 年，考入河南省第一高中，同年冬转入天津南开附中。1935 年考入天津南开大学经济系。12 月 9 日，北京爆发爱国学生运动，他被推选为学生代表去北京慰问受伤同学，并参加 12 月 16 日的示威游行。回校后，组织同学赴南京请愿，诉说亡国之危，要求实行抗日。后受到国民党顽固派的监视，不久，又和其他同学组织秘密读书会，学习马克思列宁著作和其他进步书籍。

1937 年 7 月，在南京参加平津流亡学生会，同时与其他同学一起到南京八路军办事处要求去抗日军政大学受训，受到周恩来接见。周恩来表示，前方需要人员，也很艰苦，你们可改变名字，以免将来家庭受到迫害。他非常兴奋，随即改名为冷新华。经周恩来介绍，1937 年 8 月，随八路军总政治部宣传部副部长黄镇到达山西五台山八路军总政治部参加了革命。9 月，分配到总政治部随营学校学习，11 月，在山西孝义县由随营学校分配做民运工作。12 月 2 日参加了中国共产党。中旬，回随营学校（后改为抗日军政大学一分校）任政治教员。

1939 年，冷先后任鄂豫挺进纵队政治部宣传科长，纵队一团政治处主任，负责部队政治教育、宣传鼓动以及统战工作。全团学习、宣传比较活跃，曾受到上级表扬和奖励。其间，参加在应山县大山头与日军的战斗和进军信阳、罗山，攻克黄陂县以及对大小梧山顽军据点的战斗。1940 年 1 月，奉命从湖北黄冈出发，出奇制胜，全歼浉水县顽军一个大队。在火线上利用喊话和写信方式，采取有拉有打的战术，作用较大，纵队曾以“火线统战的范例”让其介绍经验。

1940 年 5 月，到纵队随营学校任政治部主任。1942 年 3 月调鄂东游击特务旅（后改为鄂东军分区）任政治部主任（地委委员），分工负责民运和统战工作。曾参加黄（安）麻（城）边区全歼鄂东顽军保安第 4 旅的战斗。

1945 年 1 月，任新四军 5 师河南游击团政治部主任，兼豫中指挥部政委。采取又团结又斗争、有理有节的方针，打击了顽固势力，争取了中间力量，团结了进步分子。建立了遂平、西平、泌阳等县人民政权，为发展和开辟豫中南的革命根据地做了大量工作。同年 10 月任鄂中军分区政治部主任。

1946 年 6 月，组织决定让冷新华和其他同志化装由河南转到山东，先后任渤海军区第 10 纵队第 7 师政治部主任，第三军分区政治部主任、副政委、地委委员。1947 年 8 月，国民党以 7 个师的兵力向第三军分区推进。组织决定让其与副司令员冯仁恩会合后，率 2 个团和国民党部队周旋，牵制敌人。10 月间，当国民党部队重点转移到胶东时，乘隙率队攻克了广铙、寿光县城，受到军区的通令嘉奖。1948 年 1 月到华东党校学习，9 月到第三野战军教导师任副政委兼政治部主任。

建国后，历任华东军区特种纵队特科学校（后为第三炮兵学校）副政委、政治部主任，第四炮校政治委员，炮兵工程学院政治部主任、副政委等职。1976 年离休，1984 年 7 月 17 日逝世于南京，享年 73 岁。

黎广诗

黎广诗（1897—1954），字雅斋，今淮阳县城关回族镇人。1921 年在冯玉祥部当兵，后入日本士官学校深造。回国后，历任国民政府第 2 集团军参谋科长、第 38 师教导队教育长、第 3 集团军补充团团长、第 3 绥靖区总司令部第 4 处少将处长等职。

九一八事变后，随部队积极参加抗日，1933 年在喜峰口与日军作战，取得重大胜利，冯玉祥亲笔为广诗题联勉励："不抗战自寻末路，要生存必须斗争。"七七事变后，广诗率军在卢沟桥附近抗击日军，其弟广训、侄儿士祯、外甥李德存等均在与日作战中牺牲。1944 年，日军侵犯湖北省漳县沐浴镇，广诗协同张克侠部抵抗，消灭日军一个连队。1948 年，广诗随部在徐州驻防，淮海战役中溃败南逃，在南京被俘。受训后被释放返回故里。1954 年病逝，终年 57 岁。

李　林

李林（1918—2006），原名文章，今扶沟县城郊乡李堂村人。出身于农民家庭。1926 年，李林 8 岁时入扶沟县城小学读书。1930 年升入县城高小，1932 年考入吕潭初中，1935 年升入河南省立百泉高师就读。李林在学生时代，通过阅读进步书刊和与一些进步青年交朋友，思想受到很大影响，为以后走上革命道路奠定了坚实基础。

七七事变后，他怀着对日本侵略者的仇恨，离开家乡，奔赴山西抗日前线，参加了共产党领导的八路军。1938 年加入中国共产党。这个时期，他在八路军 129 师 359 旅文工团工作，先后担任班长、中队长、政治指导员等。1940 年至 1942 年春，在延安鲁迅艺术学院学习 2 年。结业后，又回原部队，接着参加了南泥湾的大生产运动，同时参加了延安的整风运动。

1945 年 8 月后，李林在太岳军区 4 分区担任过 1 年多的宣传队长。1947 年春，到吉林省人民政府教育厅担任科长和中学校长。1949 年 5 月至 6 月，李林担任吉林省随军南下干部大队政治部宣传科长兼队长，跟随解放军渡过长江，于南昌解放后留在江西工作。

1949 年 6 月至 1959 年秋，李林在江西工作十余年，曾先后担任“八一”革命大学文艺部主任、省文联副主席、省人民政府文办副主席、中共江西省委文教部副部长、江西大学党委副书记等职。1959 年秋，调任中国驻朝鲜大使馆文化参赞，做了将近 3 年的外交工作。

1962 年夏，李林奉调到河南工作，担任郑州大学副校长。“文化大革命”初中期，郑州大学的“造反派”曾一度将李林打成“走资派”，多次进行批斗。中共十一届三中全会后，拨乱反正，李林恢复工作，回到郑州大学担任校长。1979 年调洛阳任市委书记，1980 年调任开封市委书记兼河南大学校长，1981 年任省委组织部副部长，1982 年调省科学院任党委书记。1983 年底离职休养，享受副省级待遇。2006 年因病去世，终年 88 岁。

李长太

李长太（1918—1948），今商水县黄寨镇阎先店村人。1947 年参加商水县三区区队，任班长、农协会干部。1948 年 4 月底，因患病回家诊治。就在他病愈准备归队时，被土匪头子李春成发现。李纠集匪众，将李长太包围在两间土墙草房的家中。他们想活捉李长太，要一些农协会的枪支弹药。

李长太守在屋内，从窗户往外投手榴弹，用手枪向匪敌射击，众匪终不敢逼近。在各种威胁利诱的诡计均告失败后，李春成命令匪兵用麦秸、木柴将其房子点燃。李长太宁死不屈，坚持到最后一刻，壮烈牺牲于熊熊烈火之中。建国后，李长太被河南省政府追认为革命烈士。

李道祥

李道祥（1902—1984），字瑞安，回族，今沈丘县槐店回族镇人。祖父、父亲均以店员低薪养家糊口。道祥幼年就读私塾，后转高级小学堂。1917 年考入省立淮阳第二师范。毕业时以品学兼优选送省实验小学任教。1924 年免试升入中州大学（后改为河南大学）教育系，1930 年 2 月毕业，留校任助教。8 月调省教育厅编辑处，主编《河南教育月刊》。

道祥求学期间积极参加爱国正义活动，五四运动中参与反帝、抵制日货的斗争。1925 年五卅惨案发生，河大进步学生声援上海工人、学生的反帝斗争，道祥主动参加。1931 年九一八事变，日军侵占东北，道祥游行示威走在前列。6

月23日“沙基”惨案后，李大钊自北京去武汉路过河南，到河南大学演讲“英帝国主义侵华史”，道祥极为愤慨，在主编的《河南教育月刊》第1卷第12期上，办“抗日救国专号”，以东三省彩色地图为封面，并署名撰写《民元以来日本在华暴行统计》和《为暴日横行报告教育界》两文，以唤起读者抗日热情。时，国民党对强敌压境，不思抵抗，河南省主席刘峙一意反共，蓄谋迫害共产党人和进步人士，道祥激于义愤，毅然辞去编辑职务，以示抗议。

1932年2月，道祥去百泉乡村师范实验小学任主任，兼师范部教育学教师，8月任百泉乡师教导主任，直至1949年，历近18个春秋。其间日寇入境，中原沦落，百泉乡师辗转迁移，由辉县而汝南，而淅川，直至信阳鸡公山。道祥率领师生，颠沛流离，坚持教育，育才不辍。全国解放前夕，国民党欲裹胁师生渡江南逃。道祥团结进步师生，坚持留豫。校长李崇武弃校不顾，尽刮学校资财，携眷南逃。道祥亲赴南京领取最后经费，黄金50两，安顿师生员工，迎接解放。1949年鸡公山解放后，道祥将剩余经费，连同经费账目、学校人财清册报送当地军管会。6月，军管会保送道祥入河南人民大学师资培训班学习，并将道祥廉洁奉公、上缴经费的事迹，通知河南人民大学予以公开表扬。1950年3月，道祥学习结业，分配到南阳中学任师范部主任，兼南阳专署冬学第一大队队长。次年8月任南阳师范教导部副主任兼心理学教师。1955年8月任唐河师范教导部主任，1956年9月任南阳地区教育行政干校组教科副科长，同年2月兼任南阳地区民族事务委员会副主任。其间被推选为河南省第一届政协委员。1958年11月，在整风反右运动中，被错划为反革命分子，送返原籍劳动。

李道祥解放前追求民主，倾向革命。百泉任教期间，主持正义，曾掩护共产党人摆脱国民党反动派追捕。多年从事教育，悉心探索教育理论，总结教育经验，勤于著述，多有作品问世。曾在《河南教育月刊》发表《怎样做一个好的中学教师》、《中学时期学生生理和心理》、《实用儿童心理学述要》、《考察江浙报告》以及有关教育法规、学级编制、考试方法、成绩处理等各方面的专论、撰述、译述、报告、专载等共约80万言，并公开发行《实用儿童心理学》和《教育统计学》专著2册，后被采用为教材。解放后，道祥拥护社会主义，忠于民族团结和党的教育事业。为人忠诚正直，作风质朴，严谨治学，光明磊落。解放前后育才树人，早已桃李遍中原。虽经历坎坷，蒙冤受屈21年，但对党的信念从无动摇，既不怨天尤人，也不灰心气馁。他谦虚谨慎，坚持原则，绝不卑躬屈膝。“四人帮”横行时，在手枪威逼下，也不说假话，不做伪证，不损人保己，始终坚持清白做人。

1979年3月17日，中共南阳地委为其冤案平反昭雪，恢复政治名誉和工资待遇，分配到南阳地区教师进修学院任教。1980年12月道祥离休返里。1982年

3月增补为沈丘县政协常委，并任省政协第五届委员会委员。1984年，道祥心肌梗塞症复发，经多方抢救无效，于3月11日零时40分在北京逝世，安葬于卢沟桥旁北京市回民公墓。

李法白

李法白（1914—1985），字仲仙，今川汇区西寨人。中国民主同盟成员，郑州大学副教授。

幼入私塾，勤勉好学。1930年考入省立第三中学，1933年考入河南省立第一高级中学，1936年升入青岛国立山东大学，后转入国立中央大学学习，1941年毕业。先后在商淮联中，四川省白沙国立十七中、合川国立二中，河南省立南阳中学，河南省立淮阳师范学校任教。1943年秋，在周口西寨创办私立豫东中学。建国后，先后在淮阳师范、河南省师范专科学校，郑州师范专科学校、郑州师范学校任教，旋任郑州大学副教授，担任语言教研室、古代汉语教研室、语言研究室主任，兼任郑大《辞源》审稿组组长，中国语言研究学会河南分会理事等职。

1951年5月，以特邀身份参加周口市第二届各界人民代表大会，被选为周口市人民政府委员。1954年，被选为淮阳县人民代表大会代表。1956年12月，在郑州师范专科学校加入中国民主同盟，曾任语文科民盟组组长。1961年12月，特邀出席郑州市人民代表大会。

他博览群籍，知识渊博，喜诗词，对汉语研究有较高的造诣，著有《松荫室诗词》。在担任郑大《辞源》审稿组组长期间，不仅精心审稿解答青年提出的许多疑难问题，还挤出时间与另一位教师合作编写了《水浒辞典》。编写的《汉语知识》曾在河南省人民出版社出版。他的许多有价值的论文，多在全国有关刊物上发表。在他逝世前的一周里，还在征求对《水浒辞典》的定稿意见。

李法白忠于教育事业，治学严谨，为人正派，品德高尚，教学效果及科研成果显著。由于积劳成疾，1985年8月在郑州病逝，享年72岁。

李光初

李光初，字纯斋，绰号李老七，今扶沟县韭园镇李集村人。法政大学毕业。1944年6月任扶沟县伪县长。他于1925年加入国民党和青帮，曾任国民党周口镇党部教官、中小学教师，亦曾随吉鸿昌将军当过县长，不久辞官，退居乡里。1944年春，县民张荫吾投降日军，当上了伪师长，引着日军攻陷了扶沟县城，李光初随张荫吾进城，并当上了扶沟县伪县长。

他当上伪县长后，即收罗坏人组织伪县政府。他们横行霸道，压榨人民，致使县城附近村庄的百姓不堪其苦，纷纷外逃。最后又扒拆机关、学校的房屋，伐掉公家的松柏大树，甚至将老县衙、文庙等古建筑拆卖殆尽，以供其挥霍。

李国瑗

李国瑗（1887—1950），字绍蘧，因排行第八，世人称其李八少，今川汇区新街人。其父李延英在清光绪年间发家致富。李国瑗继承父业，从事商贸经营和出租土地，产业日渐扩大。1928 年被选为河南省议会议员。曾任河南省财政厅秘书，商水县议会议员，县参事室参事。1946 年被推选为国民党国民大会代表，曾出席在南京召开的国民代表大会。

1924 年曾被土匪绑票，赎回后，恐再遭祸患，携眷迁居北京，并在北京开设一座杂货店。北京被日军占领后，迁往开封居住。1949 年全国解放，政局稳定，遂携眷返回周口。以开明人士受到人民政府的欢迎，后被推选为周口市各界人民代表大会代表。

李国瑗乐善好施，邻友因婚丧或其他情况有困难者，向其求助，无不解囊相赠。1917 年夏，阴雨连绵，沙河暴涨。南寨平王庙（今市八中校址）后的河堤出现穴坑，水花上涌，十分危急，因近处取土困难，他毅然打开自家粮仓让群众用麻袋装小麦运往险堤，将穴坑填实。这种舍己救难的举动，虽有保护自己财产的意识，但也确实保全了沙颍河南岸人民群众的生命财产。1924 年 10 月，杆首路老九率数百人攻破周家口，将李国瑗和百余名群众当作肉票绑架。他对杆首说："这些百姓都是街市贫民，请把他们放回，钱由我一人承担。"杆首同意，百余名群众遂被释放。他将票银交齐后，亦获释放。1931 年秋，阴雨连绵，河水暴涨，贾鲁河在朱庄北决口，洪水淹没田禾数百顷，皇庄坡一带尽成泽国。群众奋力抢险，夜以继日。李国瑗将周家口街上所有卖馍户的馍全部收购起来送往工地，并组织佃户将自家地里的树木砍掉运到河堤，作打桩堵水之用。决口很快被堵上，减小了灾情。之后，他又施舍米粥，以救灾民。建国初期，他曾出资兴修水利，捐资助学等。1950 年因病在北京去世，终年 63 岁。

李海全

李海全（1902—1968），今商水县农场老支家村人。系中医世家，行医 15 代、300 多年，擅妇科。

李海全自幼读私塾，16 岁跟父习中医，进步很快。他注重学习，对古医书尤嗜钻研，一方一剂，逐一在临床验证。他对清代著名妇科学家傅青主很崇拜，在实践中借鉴傅青主治疗经验，屡得奇效。对傅青主著的《傅青主女科》、《女科仙方》、《女科产后编》是手不释卷，悉心研读。尤为可贵的是他尊古不泥古，临床辨证，对症下药，灵活施治。对妇女不育不孕症和胎儿性别的诊断有精到之处。

李海全著有《产前产后病治验》上、下册传世。

李鹤鼎

李鹤鼎（1913—1991），今扶沟县崔桥镇人。1931 年北平师范大学体育系毕业。先后任教于西北大学、西北师范大学、重庆大学、天津体育专科学校。1946 年赴美国留学，获得硕士学位。1951 年，他拒绝高薪聘请，毅然返回祖国。曾任中央教育部体育处指导员、北京师范大学教授、北京体育学院教授、中国体育科学学会常务理事兼全国体育科学理事学会主任、全国足球协会副主席兼科研委员会主任、北京市高校教授副教授职称评审委员会体育组副组长，是国务院学位委员会第一届学科评议组成员、全国体育文史资料编辑委员会成员。他知识渊博，治学严谨，在体育理论、篮球、足球等学科均有所建树。他担任大百科全书体育卷主编。1985 年国家体委授予他中国体育开拓者奖章，1988 年国家体委授予他体育运动荣誉奖章。

1991 年 4 月 19 日，李鹤鼎因脑溢血逝世，终年 78 岁。

李华宣

李华宣（1904—1947），今沈丘县周营乡李刘营村人。父金山，为人纯厚，务农，有地 20 亩，家道小康。华宣姐弟 3 人，居少，8 岁就读私塾，16 岁结婚，次年生女月桂。华宣青年时崇拜岳飞，常说："大丈夫生当为民，死当报国。"

1931 年九一八事变，日寇侵华，华宣受抗日怒潮影响，立志救国。恰同窗好友李华林由国民党军探亲返里，华宣等 7 人随之入伍。1937 年七七事变后，抗日烽火燃遍全国，华宣随军多次参加战斗，表现英勇。次年初，一次与日寇作战中，营长李华林和大部分战士阵亡，部队失散，华宣返里。逾年生子高生。1942 年春大灾，生活艰辛，父母相继去世。妻染重病，久治不愈，1945 年病故，只好将 6 岁幼子寄养女儿月桂家。由此，孤苦伶仃，历尽人间艰辛。

1947 年春，沈丘解放，李华宣绝路逢生，投身革命，参加县大队，从事开辟新区斗争。秋，华宣跟随沈鹿淮县县长马捷当警卫，历次战斗机智勇敢，深为马捷喜爱。部队暂住其村时，华宣率众没收了大地主李华义的粮食。12 月 8 日，马捷见华宣衣着单薄，让其回家取棉衣，顺便看看孩子。事有凑巧，华宣回村被李华义发现，他立即密报匪首唐二。华宣当夜住在赵德营女儿月桂家，准备待月桂做好棉裤即归队。次日晨，唐二匪徒突袭月桂家，将华宣及其女婿抓去，遂押送纸店。

华宣被捕后，有人向唐二密告，说华宣没收他家小麦 200 石、芝麻 80 匹、马4匹、牛2头、枪5支，诬称枪在其女儿家。唐二指使爪牙对华宣严刑审讯，逼问："马捷在何处？当地哪些人参加了八路？枪支藏在哪？"匪徒施用皮鞭、竹板、压杆、老虎凳、辣椒水等种种酷刑，华宣几次昏厥，但只有"不知道"三字。连匪徒背后也议论说："真是条硬汉子！"次日，女儿月桂来牢送饭，见华宣重伤，行动不便，不禁痛哭。华宣安慰女儿说："不必难过，我能熬过去。"第三天，匪徒再行审讯拷打，仍无所获。

1947年12月12日，唐二在纸店西河岸设下刑场，布置铡刀，200多名匪徒，荷枪实弹，如临大敌。华宣走出牢门，知是临刑，要求饮酒，匪徒应允。行至酒店，一气喝了三大碗，掏出15万元法币扔给酒家，自豪地说："解放军任何时候都不拿群众一针一线，不白喝你的酒。"说完昂首阔步，走向刑场。大声高呼："乡亲们，不要怕，我李华宣是为穷人翻身干革命死的。""唐二！你绝不得好死，穷人要找你算账！解放军要找你算账！"至刑场，李华宣高呼："共产党万岁！""毛主席万岁！"大义凛然地走向铡刀，自动躺入铡口。其英雄气概一时让刽子手惊恐万状，不知所措。

李化一

李化一（1904—1947），今扶沟县曹里乡花牛李村人。1927年毕业于开封济汴高中，历任鄢陵县第一民众学校、文清小学、社仓小学、县立中学教师，王岳小学校长。

李化一执教严谨，成绩斐然。1930年，河南省督学李凤章在《鄢陵县教育视察报告》中说："第一民众学校教员李化一，程度、教法，均属优良。"他曾编写《国际国内大事纪实》、《文史地学习讲义》、《小学数学习题集》等资料。因中年牺牲，文稿失落，未能付梓。1937年，李化一在社仓小学教书时，思想进步，倾向革命，曾在鄢（陵）扶（沟）抗日民主县政府秘书室协助工作，对革命事业有一定的贡献。他牺牲以后，鄢陵县地下党县委书记李爽评价他说："化一参加工作以后，思想坚定，斗争性强，能顽强地、长期地多次完成党交给他的光荣任务。他一生对党忠心耿耿，对劳苦大众极端热情，为党和全国人民的解放事业作出了很大的贡献，他是一位模范党员。"

1938年，李化一加入中国共产党。1947年10月，在解放鄢陵的战斗中，他积极配合部队搜捕残敌和枪支。后因坏人告密，被国民党鄢陵县自卫总队逮捕，活埋于鄢陵县城西北隅乾明寺后。

李甲烜

李甲烜（1905—1980），字旭初，今商水县邓城镇杨河村人。甲烜出身书香门第，其祖父为清乾隆四十五年（1780 年）庚子科解元，其父李坦（字安卿）于清宣统年间毕业于法政学堂，官至开封地方检察厅实习检察官。甲烜幼年入私塾，后进学堂，毕业于南京金陵大学。1928 年应聘任泌阳某职工学校教师。1935 年，经人介绍到山东省烟草改良所任技士，开始从事烟草研究工作。

日军侵入山东后，甲烜便购买一批苹果树苗带回老家种植，几年辛劳，换得硕果累累。这期间曾任商水县中、七区联中教师三四年。日军投降后，他迁居开封。1947 年被推荐到许昌烟草改良场育种研究室工作。此间，他精心培育了优良烟苗大柳叶、小柳叶、大树瓣、小树瓣等，均获成功，同时引进了国外烟草“401”和“拂克”等，经试种颇有推广价值。

建国后，李甲烜继续从事烟草研究工作，曾著《烟叶烘烤技术》一书，对推广和普及烤烟新技术起到了重要作用。1963 年，他参加了国家组织的 5 人烟叶专家小组，同小组成员一起制定了烤烟标准。“文化大革命”期间，他被诬陷为反动学术权威，遭受迫害。1980 年得到平反。

李甲烜曾先后任华南区烟草改良处技正、河南省农业厅科技特产处副处长，获高级农艺师职称，并被选为河南省政协第三届、四届委员。1980 年 9 月 3 日因病卒于郑州。终年 75 岁。

李杰三

李杰三（1907—1976），今太康县五里口乡李楼村人。1922 年考入省立第二师范（即淮阳师范），毕业后曾在长葛、项城、新安、杞县、鄢陵、淮阳任教。李杰三热爱教育事业，国民党政府官员多次邀他进入政界，他都婉言谢绝。1942 年 8 月至 1943 年 7 月，因不满日伪统治，曾辞教回家种田。中华人民共和国成立后，李杰三受聘到太康一中教书。李杰三擅长数、理、化各科，备课特别认真，批改作业字字斟酌，苦心钻研授课艺术，教学效果显著。人民政府多次授予他模范教师称号。1954 年被选为县人大代表，1965 年因病退休，1976 年 12 月去世。享年 70 岁。

李克弱

李克弱（1916—2002），原名刘圻，字耕中，今淮阳县城关回族镇人。1932 年加入中国共产党。1936 年毕业于国立杭州艺专高级艺术科。1937 年抗战开始返回河南淮阳，组织淮阳县抗敌后援会，进行抗日救亡工作。1938 年初赴延安抗日军政大学四期一大队学习，后分配至延安鲁迅艺术学院，后又调陕甘宁边区教育部工作。1939 年起，先后担任新四军 4 师《拂晓报》、《时事漫画》插图及拂晓剧团艺术指导，新四军军部华中鲁艺绘画研究班负责人。1943 年赴国民党统治区做统战工作。1949年初代表淮阳专区参加中原第一届文代会，后调河南省开封市宣教局负责文娱工作。1950年调第四野战军政治部宣传部《战士画报》任编辑。1953年调上海美术电影制片厂工作，曾任副导演、导演、编辑组组长。经他导演的动画片有《乌鸦为什么是黑的》、《骄傲的将军》、《墙上的画》、《大闹天宫》、《人参果》等。

1979年至1985年先后发表《忆彭雪枫同志》、《忆少奇同志》、《忆鲁雨亭同志》、《战斗在敌后的拂晓剧团》等回忆文章，编写了《彭雪枫》电影剧本上下集。

李茂山

李茂山（1897—1977），字林森，清末扶沟县人。茂山幼读私塾，后随父习医，1920年赴西华县投师学中医外科，专攻痔、瘘、疮、痈之术。1924年起，在扶沟城内开业行医。之后50余年，救死扶伤，积累了丰富的临床经验，尤其在诊治剥脱性皮炎、温性坏疽方面，是手到病除，妙手回春。建国后，在东街卫民联营站、国医联合医院任外科医生。1956年6月调入扶沟县人民医院为中医外科医师。1977年病逝，终年80岁。

李梅村

李梅村（1893—1979），原名郑鼎，又名云鹤，号卫华，曾用名秦波，醒湖，安徽省霍丘县人。出身于农民家庭，少年时放过牛，18岁入私塾，26岁进小学，1922年考入皖江专科师范，1924年春进广东讲武堂，同年冬回安庆。1925年春，作为安徽省学生会的代表赴京参与处理学潮问题。在京期间加入了中国共产党，不久被派到豫东任夏邑、永城、虞城中心县委书记。

1927年秋，李梅村奉命到鹿邑做红枪会的工作。到鹿邑后即与县北丁亮村红枪会首领张朝聘取得联系。李梅村自称峨眉山道主，下山替天行道，张尊李为大师兄。李利用这一身份向会众宣传革命道理，鼓励他们组织暴动，拒交苛捐杂税。1928年2月，张朝聘带领数万会众围鹿邑县城，要求当局减免赋税，献出四大劣绅。

1928年4月，中共地下党员孙实任鹿邑县县长，把李梅村安排到鹿邑县第一完小任教。李以教员身份在师生中发展党员，在一小、女小建立党支部，并任支部书记。1930年6月，根据上级指示，以红枪会为基础，在鹿邑、商丘、亳县交界处集中100余人建立了红27军，李梅村任军长，活动于商（丘）鹿（邑）公路两侧。因初建，武器简陋，人少力单，被豫东民团第3军韩多峰部冲散。李梅村在鹿邑的活动，引起了国民党地方当局的注意，豫东绥靖公署派军警到鹿邑搜捕共产党人，李梅村不得不于1931年秋转移到沈丘县槐店镇任教。

翌年，至山东省任日照、诸城、沂水、莒县中心县委书记。1933 年 2 月，由于叛徒告密被捕。1937 年 4 月，经组织营救出狱。抗日战争时期，在山东省组织抗日地方武装，先后任队长、统战部长、县委书记等职。日军投降后，先后任华东农委书记，华东局城市工作部第二工委书记，野战军山东联络部副部长，淄博特区区委书记，新海连特区特委副书记兼专员。

中华人民共和国成立后，历任安徽省委统战部部长，中国人民政治协商会议安徽省委员会副主席，省人民代表大会代表，省人民委员会委员等职。1979 年病逝，享年 86 岁。

李明善

李明善（1904—1972），今太康县清集乡李庄村人。14 岁随父兄习兽医，18 岁即悬壶桑梓，驰名一方。

李明善从医 50 余年，钻研典籍，对《本草纲目》、《牛马经》、《中药》尤为深究。他辨症准确，组方简要，选药炮制，极其严格，用药常出人意料。在治疗风湿症配方中，加吴茱萸一味，不为同仁所理解，而临床效果良好。李明善医术精湛，不仅谙熟药理，并且擅长针灸。针“玉堂”血随针涌，刺“百会”于行走之间。有些病仅用针灸即可治愈。

李明善对《黄帝内经》、《傅青主女科》亦有研究。治疗妇科病、生理性不育症效果奇特，治疗精神分裂症也有特效验方。

他为人坦荡耿直，沉默寡言，工作兢兢业业，不论刮风下雨，严冬酷暑，均能忠于职守，毫不懈怠。遇有疑难病症，即使是节假日或深夜，都是随请随到，直到晚年始终如一。因此在群众中声望颇高。1962 年，他被选为县人民代表大会代表、县政协委员。

李鸣钟

李鸣钟（1887—1949），字晓东，沈丘县人。幼家贫，早年投军，1911 年辛亥革命爆发时，任新军第 20 镇排长。随该镇管带冯玉祥、王金铭、施从云等举行著名的滦州起义。不幸功败垂成，王、施等人就义，冯玉祥、李鸣钟均被革职。民国成立后，冯复被启用，任左路补备军营长，李复回冯部共练新军。由此追随冯玉祥南征北战，逐步成为冯军集团重要将领，与张之江、鹿钟麟、刘郁芬、宋哲元并称为西北军“五虎上将”。

1913年，左路补备军改编为京卫军，冯玉祥升任团长兼第1营营长，李鸣钟任1营前哨长，驻防北京。次年冯部改编为第16混成旅。为提高军官素质，特设一模范连，训练干部。李任模范连连长，勤于操练训导，为冯部培养了大批骨干，后西北军将领大多出于该连。1915年底，袁世凯称帝，蔡锷组织护国军讨袁，李时任营长，随冯驻军四川。袁命冯讨伐护国军，冯违令与护国军暗中联系，予以扶持。次年春与蔡锷部旅长朱德会师泸州，后又联络蔡锷等迫使四川将军陈宧宣布独立。1917年，李任16混成旅第3团团长时，张勋拥清帝宣统复辟。时，冯玉祥在西山养病，李与张之江、鹿钟麟等一起，坚决反对复辟，迎冯玉祥回旅主持大计，7月6日在廊坊誓师，参加讨逆。12日，李率部向天坛总攻，破敌获胜，粉碎了复辟。1920年，直皖战争后，皖系失败，北洋政府于1921年6月任命直系阎相文接替皖系陕西督军陈树藩。陈拒不退让，16混成旅奉命与阎相文部入陕，武力驱陈。李率部进抵临潼，击败陈军姜宏谟部于杨虢镇。配合友军，夺取西安，陈树藩败逃。战后，16混成旅因功改编为第11师，冯任师长，李鸣钟任21旅旅长。1922年4月爆发第一次直奉战争，吴佩孚在长辛店受挫，急调冯玉祥部星夜驰援。李率部北上至保定。吴令其三日内绕道坨里、戒台寺，出大灰场攻奉军后路，解吴军之围。李率部急行军提前到达，乘敌不备发起猛攻，大败奉军，对整个战局起了决定作用。吴嘉其功，以师长职挽留，李不受，回师河南。冯玉祥调任河南督军，李鸣钟仍任旅长，兼归德镇守使。是年10月，冯调任陆军检阅使，将所部扩充为三个混成旅，李任第8混成旅旅长，驻防北京南苑，由此开始为时两年的南苑练兵，使冯部军事素质更为提高。

1923年，曹锟贿选窃位后，吴佩孚穷兵黩武，次年秋发动第二次直奉战争。冯玉祥联络孙岳、胡景翼发动倒曹败吴的北京政变。10月19日滦平班师，李亲率一旅兵力直趋长辛店，截断京汉交通，为顺利完成北京政变荣立战功。此次政变粉碎了贿选，幽禁了曹锟；驱逐溥仪出宫，铲除了帝制祸根；电请孙中山北上主持大计，意义殊为重大。辛亥革命以来，李鸣钟屡建战功，被授予“刚威将军”称号，获一等嘉禾勋章。1925年春，李升任国民军第1军第6师师长，并兼绥远都统。李主政绥远期间，选贤任能，得吉鸿昌、邓哲熙、何其巩、李兴中等辅佐，励精图治，尊重少数民族，促进民族和睦，团结蒙古族上层人士，建立五族共和俱乐部。修桥、筑路，倡导植树，兴办学校，扫除文盲，诸多建树。

1926年7月，广东革命政府出师北伐。9月，冯玉祥于五原誓师，命李以国民军代表身份赴南方与北伐军接触。蒋介石为拉拢李、冯为其反动目的服务，对李鸣钟优礼相待，并表示对冯尊重敬仰。1927年，冯玉祥进军河南后，蒋更对李表示：渴望与冯会晤。遂有是年6月的徐州会议，而后又有蒋、冯的金兰结拜。李、冯出于拥戴孙中山三民主义的愿望，受蒋介石满口革命辞藻的迷惑，误认蒋是北伐中坚，遂持联蒋拥蒋的错误立场，并一度附蒋反共，步入歧途。次年，各派军阀争权夺利，矛盾激化。1929年蒋桂、蒋冯战争之后，一场更大规模的蒋、冯、阎（锡山）中原大战即将爆发。李鸣钟既忠于冯，又附于蒋，不赞成蒋冯对战，同时从连年战乱中深感群雄逐鹿，黎民遭殃，不忍再看故乡罹难，遂向各方奔走劝阻。但各派首领皆不相让，战火一触即发。李为避免卷入这场战祸，无奈自费出国，赴美考察农业水利。之后，又赴英、法、德、意等国访问。

1930年冬，李归国后，被南京军委任命为豫鄂皖边区绥靖督办，率吉鸿昌的22路军，向大别山区红军进攻。李不愿再打内战，借肺病住上海疗养，由参谋长王同生代行其职，至次年秋始赴任所。其部属吉鸿昌更不愿对红军作战。蒋帮特务机关派冷欣、王慈博等打进边区绥靖公署。1931年5月，冷、王联合张印湘师长，擅自动兵围剿潢川、光山一带红军。此后吉鸿昌暗访苏区，积极抵制剿共，冷欣密报蒋介石，称："吉鸿昌通共谋反。"蒋欲对吉下毒手。李鸣钟为保全西北军的残存实力，急派葛云隆去劝吉交出兵权，暂避风头。吉鸿昌遂于8月被逼离开部队，9月出国，其22路军总指挥职务由李鸣钟兼任。9月18日，日军侵占沈阳，蒋介石奉行不抵抗侵略，加紧反共，国民党特务、党棍纷纷潜入边区各军政机关，继续与红军为敌，制造战乱。李自知难匡国是，愤而辞去本兼各职，赴北平隐居养病，读书学画。

李辞官归隐，仍忧虑抗日前途。1934年，宋哲元率领的第29军喜峰口抗日告捷。李鸣钟兴奋异常，亲书"但使龙城飞将在，不教胡马度阴山"的条幅，派人送给参战的旧属赵登禹旅长。七七事变后，北平沦陷，李的住宅被日伪查封。北平日伪维持会会长汤尔和亲访李鸣钟，请其参加汉奸政权，许其宅第财物可以启封。李愤慨地说："亡国奴不如丧家犬，我绝不给日本人干事！"决心毁家纾难，毅然化装成商人，从塘沽乘船转道烟台返回河南。还乡后，李欣喜抗日民族统一战线形成，怀着大敌当前、军人志当报国的宏愿，于1938年春上书国民党中央政府请缨再赴沙场。蒋介石唯恐西北军将领再获兵权，不予军职，但慑于李在河南的声望，授其河南省政府委员之职，后又委以中央军委委员的空衔，不久又兼任河南省赈济委员会主任委员。中条山抗日大捷，第1战区司令长官兼河南省主席卫立煌在洛阳西工长官部设宴祝捷。第18集团军总司令朱德及第1战区各集团军将领均应邀出席，李鸣钟以军政界耆宿身份在主宾席就座。席间，朱德与李鸣钟一同回顾昔日讨袁、泸州会师情景，畅谈饶有兴味。

1938年3月，开封进步师生组织的光明话剧团到槐店宣传抗日救国，适逢李鸣钟旋里，李让出家宅，热情接待剧团，为该团活动提供方便。该团中共支部在槐店发展党员，使中断已久的沈丘党的活动得以恢复。1942 年，国民党 CC 派及军统特务机关在河南迫害爱国人士，河南大学进步教授嵇文甫以“共党嫌疑犯”被捕入狱，李鸣钟与王幼乔、刘积学等联名力保，终使嵇获释。李在主持赈济委员会任内，终年为救济灾民操劳。在省府会议上常为民请命，力争赈济款，不惜与省主席多次激烈争辩。又积极以各种方式为灾区人民募捐粮食、棉衣，减轻灾民冻馁之苦。1944 年，黄河水利委员会成立，李受聘为高等顾问，投身于防洪抢险以及人力工料之筹措，为家乡治水，倾注了心血。1947 年，李鸣钟当选为河南籍的国民党政府中央监察委员。

李鸣钟乐善好施，热心公益事业。早在中原大战以后，河南灾荒严重，李在北京以河南同乡会名义，邀请京剧名角为赈灾募捐义演，收入 4000 余元，李又私人解囊 5000 余元，凑足万元汇赠河南，救济家乡灾民。隐居北平时，汇文第一小学举办万元捐款活动，李慷慨捐赠 5000 元，被该校推选为董事长。该校立碑志谢。李在京西四牌楼大街独资创办博仁医社，延请名医王希忱等应诊，又捐赠巨款支持前西北军军医总监杨振声在西四丁街建振声疗养院，对赤贫市民免费诊治，一时传为市民福音。

李鸣钟幼年失学，深受缺乏文化之苦，对家乡兴学育才尤为关切。槐店创办私立颍滨中学后，李捐资为该校建造教室、礼堂，捐赠成套的图书、仪器，被推选为董事长。1940 年，李商请省教育厅在槐店筹设豫东游击区联合中学，使战区学生免受失学之苦。1945 年协助“颍中”扩建高中班。1946 年，李鸣钟返乡，适逢其 60 寿辰。李将亲友及地方官绅所赠寿金全部捐作“颍中”基金，又捐赠土地 300 亩为校产。李每次还乡，必到校与师生晤谈，并指导和参加学校文体活动。支持“颍中”不惜高薪聘请教师。李对教师优礼相加，数名教师在李宅食宿，李又帮助外地教师成婚立家，使教师在偏僻小镇安心施教。“颍中”创办 13 年，桃李累累，为建国后各条战线输送了不少人才。

1949 年春，蒋介石政府即将瓦解，国民党官员纷纷奔逃海外，李的旧部孙连仲和刘茂恩等劝李出走，并提供飞机票。李说：“自古得民心者昌，失民心者亡，国民党已完全失去人心，到哪也不行。叫我离开国土，去海外做高等华人，我不干。”并劝他们也不要走。李与家人欣然住沪，等待解放。

冯玉祥黑海遇难，李极为悲恸，组织原西北军旅沪袍泽张之江、孙连仲、李兴中、刘骥、过之翰等，以及张自忠、宋哲元、冯治安等人的亲属在静安寺举行追悼会，公推李鸣钟主祭。时值解放前夕，蒋帮特务横行，人民噤若寒蝉。上海《新晚报》记者李士钊曾以《无声的追悼会》为题，对追悼会作了真实报道。李鸣钟书赠冯公的挽联为：“伟范常昭，灿烂勋猷归史册；羁魂不返，凄凉部属失瞻依。”

追悼会后，李鸣钟过分忧伤，心情沉重，竟日不曾进餐，食道癌症发，遂一病不起。是年6月29日病逝于上海虹桥中西疗养院，终年63岁。遵其遗愿，于1961年辛亥革命50周年之际，将其骨灰安葬在苏州灵岩山麓、民族英雄韩世忠墓旁。

原绥远都统府参谋长、建国后任河北省副省长的李兴中，献给李鸣钟的挽联写道：“为政以德，有勇知方，缅怀儒将风流，精神不死；起义滦州，归真沪上，历数终身行谊，大节无亏。”

李沛霖

李沛霖（1905—1990），回族，沈丘县县城（今槐店回族镇）东门里街人。家有薄田10亩，以磨面卖面为生。1929年，李沛霖毕业于河南大学。毕业后赴南京，国民政府因他是回民，就调他到甘肃民乐县任县长（后调任秦安县县长）。由于他敬业勤政、秉公办事，被当地百姓称做“李青天”。1936年，李沛霖调往宁夏省任宁朔县（今属宁夏青铜峡市）县长。1937年7月，抗日战争爆发，李沛霖调往35师任17旅少将参谋长。1940年升任宁夏省政府专员、中将参议。1942年任国民政府蒙藏委员会中将秘书，后任白崇禧部处长。建国后回沈丘，靠卖水为生。剿匪反霸期间，将其列为处决镇压对象，交当地群众斗争。后，由于他无民愤，加之待人和善，为官期间其家庭一贫如洗，无贪敛行为，免其死罪，作为战犯改造。1976年被政府大赦，回沈丘定居。1987年当选沈丘县第三届政协委员。

李启栋

李启栋（1922—1984），贫农出身，今西华县城关镇南街人。1938年参加中共豫东特委领导的西华人民抗日自卫军。1940年加入中国共产党，参加新四军。历任战士、通讯站站长、参谋长、科长、副处长、主任、安阳军分区副司令员兼中共安阳地委委员、副书记、安阳关心下一代协会副主席等职。解放战争中荣获三级自由勋章和三级解放勋章各一枚。

他党性强，坚持原则，个人利益服从党的利益，不计较个人恩怨。由武汉大军区下到安阳军分区工作，由正师级降到副师级，但他毫不犹豫地走上新的工作岗位。“文化大革命”中，他身心遭到摧残。但立场坚定，是非分明，不计较个人得失，仍照常到机关上班。

他始终保持战争年代的艰苦作风，一件衬衣，打了28块补丁，还要继续穿，对孩子们的生活更是严格要求，在穿衣吃饭上从不让孩子挑拣。

1976年离休后，仍关心部队和民兵建设，对党史征集工作非常重视。1984年7月，参加武汉军区党史资料征集工作表彰大会，获得奖状、奖品。当年11月30日病故于郑州153医院。终年62岁。

李启栋去世后，安阳市委、安阳军分区联合作出“关于开展学习宣传李启栋同志活动”的决定，并授予他“优秀共产党员”、“模范离休干部”光荣称号。中央人民广播电台、河南广播电台、《解放军报》、《河南日报》、《战斗报》、《安阳日报》等新闻媒体报道了他的事迹。

李荣谦

李荣谦，字勋庵，今淮阳县王店乡李集村人，生于清朝末年，长于民国。性情豪爽，有胆有识。幼年蒙其父教诲，曾以岳飞“还我河山”之箴言为座右铭。及年龄稍长，游学北平，1913年毕业于河南官立第一法政学校高等警察正科。先任北平特别市财政局局长，后任乐亭县掾。在任适逢政变，不肯苟同，愤而去职。1935年出任河南清丰县县长。在任政通人和，百废俱兴，兴办学校，缉捕盗贼，抚恤孤寡，查凶惩奸。并有捕蝗救灾、开仓赈贫、筑城修路、凿井造林种种善政。清丰之民为其树碑立传。

李松斋

李松斋（1917—1968），原名凤鸣，祖籍今山东省安丘县柘山乡西柿梓园村。

松斋故里沂蒙山区系革命老根据地，穷乡僻壤，文化落后。他幼年就读于本村私塾，读书刻苦，奋发上进，学习成绩优异。

松斋爱憎分明，仗义执言。本村贫民的耕牛被土匪抢劫，他不顾个人安危，毅然深入匪穴与其据理力争，遭土匪吊打两昼夜，遍体鳞伤，誓不屈服。1942年，安丘县日伪文教科长曾多次胁迫松斋任教，均遭其断然拒绝。1943年，松斋坚持走自己“开明办学，为民办学”的路子，先后在本乡华家宅和本村办抗日小学，自任教员。对贫苦农民子女入学，概不收学费。为革命培育人才，被沂山专署评为模范。1944年被评为安丘县模范教育工作者。

解放战争时期，松斋为解放全中国，毅然投笔从戎，辞别家乡父老、妻室儿女，西进莱芜，立下二等战功；南跨陇海，参加举世瞩目的淮海战役。南征北战3年，与家庭断绝音信，以致全家及乡亲误以为他已捐躯沙场。

建国后，松斋定居淮阳。历任淮阳中学教导主任、淮阳师范副校长兼初级师范校长、淮阳师范校长、中共淮阳县委候补委员、淮阳县人大一届、二届、三届代表，把余生精力贡献给了人民的教育事业。松斋酷爱书法，工作之余，常坚持临池习书，他的书法作品曾在省级书法展览会上多次展出。他撰写的书法论文曾在《河南日报》上发表。

“文化大革命”中，松斋蹲“牛棚”、受批判、遭迫害，于1968年含冤去世。1978年12月7日，中共淮阳县委召开数千人大会，为李松斋平反昭雪，恢复名誉。

李文甫

李文甫（1903—1973），今扶沟县大李庄乡大李庄村人。1924年投笔从戎，投入冯玉祥的西北军，在西北军总部当了一名录事。1925年调到吉鸿昌部当中尉。由于工作认真，为人忠厚，深得上下称赞，晋升上尉。在冯玉祥、吉鸿昌五原誓师参加北伐时，李已升任旅部书记官。后来又到吉星文团充任军需主任，驻守北平要地卢沟桥。

1937年7月7日，卢沟桥事变爆发。李文甫夜以继日为一线官兵组织供应粮饷弹药，保障了战事需要。事变后，李文甫晋升为师部军需处处长。抗战期间，李文甫随部队转战于山东、河南、湖北等地。他殚精竭虑，千方百计保障了部队官兵战斗、生活所需，曾多次受到长官何基沣、吉星文的嘉奖。

抗战结束后，李文甫随部驻防徐州一带。1948年11月，他所属的部队在副总司令何基沣、张克侠的率领下，在淮海战役中起义，由于他奉命带领全师军官家属留守南京，未能随部起义。1949年春，李文甫与37师留守处随军南下至浙江金华溪县时，他不听吉星文去台湾的劝告，暗地与解放军接头，将留守处的武器弹药等军需物资全部交给了解放军。之后，带着军管会主任张茂青给他写的立功证，和同乡李心良（在部队任副团长，扶沟县城郊乡石桥村人）一道返回家乡务农。1973年11月14日去世，终年70岁。

李锡岭

李锡岭（1883—1961），幼名顺，今郸城县张完集乡西李庄人。

其父为清末秀才，家境殷实。锡岭幼年不喜读书，仅粗识文字。青少年时期，桀骜不羁，性格爽朗，仗义执言，受到邻里称赞。成年以后，不愿继承家业，乐于外出闯荡，曾推车贩运瓦盆，到集市干草行掌秤，与附近同龄人结交颇深。时逢战乱，当地盗贼蜂起，他组织青壮年巡视乡里，惩治恶人，维护治安，敢作敢为，深得人心。1938年底，彭雪枫率领的新四军游击队在东进抗日途中进驻白马驿、张完集一带，并在此整训扩军，锡岭受抗日宣传影响，参加了这支队伍。1939年1月，部队向亳县、永城方向挺进时，他奉命留地方工作。此后，他在鹿邑县县长兼抗日游击总队司令魏凤楼（中共特别党员）领导下，积极扩充地方武装，开展抗日救亡活动。其间，他曾先后4次被国民党当局和地方土顽武装拘捕坐牢，经营救保释出狱后，仍矢志不渝。1947年初，他组织成立300余人的自卫团。同年2月中旬，豫皖苏区鹿（邑）亳（县）太（和）县民主政府重建后，他拥护民主政府，自卫团由县民主政府收编，他出任鹿亳太县大队大队长，不久改任豫皖苏军区独立旅第三团三营营长，为开辟新解放区、组建基层人民民主政权作出了一定贡献。

建国后，他任淮阳专署基建科副科长。1953年淮阳专区撤销时，他已年届古稀，遂主动申请辞职返乡。1961年病逝于家，享年78岁。

李向荣

李向荣（1902—1980），又名留成，字新安，今扶沟县城关镇竹园村人。李从7岁起，读私塾10余年，随后教书。因家中人口多，常因患病求医到处奔波，为此乃发奋学医。他边读私塾边学中医，经常向老中医请教。经刻苦学习10多年，1932年正式开业行医。

李向荣由于熟读过医学经典著作，对中医治病的“固后天之本”这一理论有独到的见解。他认为对大病、急病，先治标，然后根据病人体质，调解脾胃以固本，达到正气盛而邪气退之目的。他一生善用“八珍汤”，气血双补，以补气为主，利用这一理论治疗脑血栓引起的偏瘫、语言障碍、大小便失禁，取得较好的治疗效果。他生前曾写有《四大家论》、《火字解》等文稿。

1953年，李向荣加入城关镇联合诊所，后调入城关卫生院任门诊医生。1980年病故。

李向寅

李向寅（1891—1962），字丙午，今商水县城关乡东街人。1919年在商水县高等小学毕业，同年到冯玉祥部当兵，后陆续提升为班长、排长、连长、营长、骑兵旅旅长等职。1940年转到地方工作，任汝南县县长。李向寅跟随冯玉祥将军21年，两人关系甚厚。他到汝南后，仍与冯不断有书信往来。时值抗战最艰难时期，李向寅人在地方，心系抗日战场。他动员县内士绅，捐款捐物，及时向冯玉祥部提供援助。同时，组织民团，保护邑民的生命、财产安全。在汝南时间不长，威信很高。

李秀章

李秀章（1896—1962），字雅操，今鹿邑县观堂乡观堂村人。

李秀章出身豪富，家有土地300亩。1918年在当地开设日杂商店，生意兴隆，拥有雇员七八人，资金万余元。1938年秋，中共地下特别党员魏凤楼任鹿邑县县长，号召群众抗日。李秀章积极响应，捐长枪5支，短枪3支，子弹1000余发，银币1000元和一些粮食衣物。在解放战争中，李秀章多次掩护区队工作人员，赠送开辟新区区长郑复举长枪3支，短枪1支，子弹150余发。

1942年，蝗虫遍地，庄稼歉收，翌年春荒。李秀章拿出2万斤粮食赈济乡民，另拿1万斤粮食谎按“借一斗还四斗”的“高利”贷给四乡。1943年秋收后，他把贷粮户请到家里，以酒席款待，当众焚烧借据，宣布借粮一律免还。借粮者无不感激涕零。1946年，他在观堂初级小学的基础上，出钱筹料盖起教室18间，办公室3间，并聘请教师办起了完全小学。他见观堂周围桥梁失修，交通不便，就自筹资金请工备料，修建桥梁5座。

1949年土地改革时，他主动把全部家产交给农民协会，受到人民政府的表扬。

1950年，他当选为鹿邑县第一次各界人民代表大会代表，并被推选为出席河南省各界人民代表大会代表。河南省人民政府授予他“开明绅士”奖章。

李玉亭

李玉亭（1908—2008），西华县李大庄乡李大庄村人。河南省立淮阳师范毕业，在学校加入中国共产党。曾任西华逍遥区委书记、县委副书记，宿灵、宿东县委书记，豫皖苏区二地委、五地委、陈留地委民运部长、副书记。建国后，历任河南省委政研室主任，土改委员会副主任，省农民协会副主席，省委农村工作部部长，开封地委、商丘地委书记。离休后，任省农业委员会顾问，河南省党史征编委员会委员。李玉亭为党的事业呕心沥血，勤奋工作，作出了巨大的贡献。

李振海

李振海（1861—1933），字静宇，今项城市傅集镇苏州李村人。

李振海青年时代行为放荡，不好学习，在私塾中只读了三四年就辞馆了。当时无人管束，很快染上赌博恶习。以后愈演愈烈，竟将家产输光，仅留下半亩坟地、两间草房，夫妇陷于极度困顿的境地。这时他才省悟，追悔不已。于是向邻居借了半袋高粱面，蒸成窝窝头，带上去闯江湖。

彼时袁世凯正奉旨在项城老家服养母牛氏丧，以乡邻关系收留了李振海。袁服丧期满，便带他到朝鲜听差。袁所指派事务，李振海均办得妥妥帖帖，深得袁的赏识，遂屡有擢升。至戊戌变法后，李振海解甲归田。他拿出军中积蓄，置田务农，农闲时经商。大雪纷飞，冰封千里，依然从水寨运食盐到乡间发售。

如此苦干了3年，家中日子渐好，他又弃商从医。

李振海聪明颖悟，年轻时虽未认真读书，但从军后曾刻苦学习，掌握了多方面知识，更精医道。从医之始即中西并举，在当时农村落后的情形下，他算是有名的“洋医生”了。他开设的济生药房有三个特点：第一，治疗效果好。不论内科、外科、妇科、儿科，举凡常见病均可药到病除。第二，收费低。他的口头禅是“穷人吃药富人拿钱”，他特别关照穷苦人，往往不收或少收药费。第三，医德好。不论路途远近，不论风天雨地，不论赤日寒夜，随请随到，他总是急病人之所急。

以后李振海又被推举为庄主。他喜欢勤劳人，厌恶懒汉赌棍。曾下令村民禁烟戒赌，教人走正道。

李振海枪法很好，百步穿杨，百发百中，射击飞鸟，弹无虚发。春冬两季辄选村中勇敢青年，教习射击。所以在军阀混战、盗贼乘机而起的混乱岁月里，许多村寨遭到大杆土匪的洗劫，而苏州李村却安然如磐石。

他的性格暴烈而又开朗。发怒，若猛虎；欢悦，如兰香。因此村民畏惧他又亲敬他。冬闲日，他邀请村中人到家听讲《三国》、《水浒》故事。他谈锋健，涉及面广，有时讲自己过去的军旅生活，有时评论乡里人物，更多的时候是讲“天下大事（时事）”，定是斥非。村民们由此长见增识，耳目一新。

李振海逝年72岁。

李正风

李正风（1919—1983），原名灿鼎，今太康县高朗乡李盘石村人。出生于书香门第，6岁开始跟随父亲读书。1934年以优异成绩考入太康职业中学，在中共地下党员张俊峰老师的指教下，走上革命道路。1937年春，李正风加入抗日救亡文艺团体——长白话剧团。是年夏参加了职业中学和县中师生开展的砸盐店、反盐警（盐务警察）斗争。在抗日救亡募捐活动中。李正风、杨昆等200多名爱国青年在县城大街游行示威，开创了太康抗日救亡运动的新局面。

1938年10月，李正风加入中国共产党。奉组织安排到新四军第6支队随营学校学习。结业后，任新四军6支队供给处财粮科科员，1942年提升为供给处财粮科科长。

1945年2月，李正风任庆华县（即今太康县）政府秘书，协助县长杨震做了大量工作。同年11月，为了粉碎国民党顽军的“围剿”，建立睢（县）太（康）县人民政府，李正风任县长。1946年4月，李正风调任扶沟县委书记兼县长，同年8月调任睢县县长。一天夜里，李正风率60名战士在睢县南的荆楼宿营，计划天明袭击洪山庙、平岗的敌人。深夜12点左右，被国民党81师包围。

李正风沉着应战，指挥部队迅速转移。解放战争时期，李正风带领革命武装力量，配合水东军分区和冀鲁豫部队，与国民党地方反动势力进行了不屈不挠的斗争，为新中国的建立贡献了力量。

1953 年后，他历任淮阳专区供销社主任、河南省商业厅副厅长兼省供销社干校校长、中南局财委商业局副局长、河南省合作总社副主任、河南省检察委员会主任。1983 年在郑州病故，终年 64 岁。

李正型

李正型（1899—1982），字典则，原籍商水县黄楼村（今属西华县）人，1949 年迁居周家口（今周口市川汇区）。他出身富裕家庭，其父李敦仁为清末宣统年间拔贡，典则幼年从父读儒书。1932 年考入省立第二师范学校，后考入上海美术专科学校，毕业后从事教育事业，为祖国培养了不少建设人才。抗日战争爆发前后，利用他的特殊身份——国民党员、学校校长和区长，掩护了商水、周口一带不少中共地下党员，并积极领导师生开展抗日救亡活动。

1935 年 10 月，他任商水、淮阳联立中学校长时，聘请中共地下党员和进步人士任教师，并竭力掩护和支持他们的工作。地下党员张君膺因积极开展革命活动，被国民党周家口市党部发觉并决定逮捕。河南省绥靖公署驻周家口特派员周济武把此事告知李典则，并让其看了逮捕令，要求予以协助。李看后，镇定自若，严肃地说："站在学校的角度，在周家口逮捕张君膺影响不好，群众知道学校里有共产党员，谁还敢来上学？不如趁放暑假张君膺返回老家荥阳，路经漯河时再予逮捕。"周济武认为有理，接受了他的建议。事后，李典则立即赶回学校，把情况告知张君膺，让他迅速离开，并再三叮嘱他，转移时千万不要经过漯河。张连夜出走，转危为安。此后，李典则在不同的环境与场合下，用他那特有的智慧和应变能力，先后掩护了杨仲民、孙思贤、张西康、王文芳、张侠、李骏、李玉亭、何可人、李木棠、史超等地下党员和进步人士，使他们得以顺利开展工作。同时，典则还接待了从延安、上海、北平、天津、竹沟等地到商水、周家口一带活动的党的地下工作者多人。其间，李典则还遵照党的指示，秘密组织转送数批青年学生到延安抗日军政大学学习或去敌后开展工作。

1937 年春，典则任商水县第三小学校长，同年 7 月，抗日战争爆发。他激于强烈的爱国热情和民族责任感，积极组织师生开展抗日救亡活动，教唱抗日歌曲，绘制抗日漫画，编印抗日小报，并带领师生到街道及农村公演《放下你的鞭子》等活报剧，揭露和控诉日军暴行，激发群众抗日情绪。1938 年，他在中共地下党举办的抗日训练班任教官，利用讲坛大讲抗日救亡乃当务之急，揭露蒋介石消极抗日、积极反共的罪恶行径，并为学员绘制有镰刀、斧头的毕业纪念章。同年10月，典则出任国民党三区（邓城）区长，筹集枪支弹药，为抗日游击战争做准备。国民党政府怀疑典则是共产党员，先后撤去了他的区长和校长职务。1944年返回故里，种粮种菜，过着田园生活。1945年8月，他闻日军投降，乐不可支，遂咏“喜见山河迎春光，载歌载舞恨天低”的佳句，抒发其爱国情怀。1946年春，创办私立豫东中学周家口分校，自任校长。周家口解放后，任周家口公立中学副校长，当时干部缺乏，典则动员大批青年学生充实了干部队伍。

建国后，典则先后任周口市（今川汇区）副市长、政协副主席、商水县人民政府副县长，并为河南省第6届政协委员。1982年11月18日因病逝世，享年83岁。

李之龙

李之龙（1897—1928），字在田，号赤显，今湖北省沔阳县人。是淮阳早期中共党员，革命领导人。1913年参加武装讨袁战事。1914年考入烟台海军学校，以优异成绩成为中国海军高级人才。五四运动时期，他开始接受马列主义。1921年在上海结识中共一大代表董必武、陈潭秋、李汉俊，9月，回到武汉随同董必武从事革命活动，12月加入中国共产党，任苏联顾问鲍罗廷的英文翻译。1924年，李之龙进入黄埔军校学习，被孙中山先生任命为国民革命政府海军政治部主任、海军代理局局长兼中山舰舰长。1928年2月在蒋介石制造的“中山舰事件”中被捕，同年6月获释。不久被国民党反动派杀害于广州，年仅32岁。

1922年4月，李之龙受党组织派遣，从开封到淮阳，任省立第四中学（即淮阳中学）英语教员，是中国共产党在淮阳境内最早的中共党员。在校期间，李之龙利用一切可以利用的机会宣传马列主义，传播进步思想，并直接向党中央总书记陈独秀汇报工作。1922年10月15日，他致函中国社会主义青年团中央执行委员，建议在河南建立青年团地方组织。李之龙和英文教员吴丹坤一起工作，经常给吴讲国内外形势、看进步书刊。吴丹坤接受到革命思想，很快走上革命道路，于3年后加入中国共产党，成为革命者。

李之龙在淮阳中学时，该校校长张福星生活腐败，贪婪成性，压制学生，扣压教师工资，把钱用在投机生意上，引起全校教师的反对。李之龙疾恶如仇，和吴丹坤一起联合其他教师，多次向上级揭发张福星的贪污行为，最终取得驱张的胜利。

1922年底，李之龙辞聘返鄂，离校时正下雪，师生列队为其送行。许多人泪流满面，泣不成声，握手言别，表现出淮中师生与之建立的深厚情感。

李中皋

李中皋（1922—1985），今扶沟县练寺镇戴疙瘩村人。1938 年 7 月参加工作，在魏凤楼将军成立的军政干校当学员并随军抗日，曾在鹿邑、亳县抗日人民自卫军政治部教导队工作。1939 年 4 月，在安徽涡阳新四军第 6 支队彭雪枫部拂晓剧团当团员、分队长。1940 年元月，在涡阳新四军第 6 支队司令部当通讯员、文化教员、司令部直属机关政治部宣传干事，6 月加入中国共产党。1941 年 4 月后，在新四军 4 师水东睢杞太独立团任连指导员，1945 年 11 月在鲁西南军区后方留守处工作。1946 年 3 月后，任扶沟县吕潭、崔桥、白潭、练寺区区长。1948 年 3 月任西华县李大庄区区长。1949 年 8 月后，任西华县文教科科长、初师校长、水利局副局长等职，1958 年被错划为右派，1979 年 2 月平反，任西华县教育局局长。1985 年 2 月病故，终年 64 岁。

李中垣

李中垣（1916. 4. 22—2003. 12. 12），原名九龄，曾用名丙辰，今扶沟县崔桥镇曹岗村人。18 岁以优异成绩考入开封师范学校读书，20 岁到北平中国大学求学。其间，他积极参加中共领导的抗日救亡运动。1936 年 8 月加入中国共产党。

1937 年 7 月，他奉党的指示到山西省工作，担任牺牲救国同盟会特派员。1938 年初任翼城县县长兼政治保卫 4 支队政委。1940 年初调任晋察冀边区浑源县县长、县委常委，后兼任县委宣传部长。在残酷的对敌斗争中，他出生入死，不畏艰险，为晋察冀边区的巩固与发展作出了贡献。1944 年至 1945 年 8 月，他遵照党组织安排，在晋察冀边区北方分局党校学习。1945 年 9 月至 1948 年，他先后担任冀中区天津工作委员会三分会区长、津沽三联区区委书记，静海县县长、县委常委等职，参与领导了开辟天津津南地区工作，为天津解放作出了贡献。

天津解放后，李中垣先后任天津市民政局秘书主任、副局长，市敌伪产业清理局副局长等职务。1951 年初转入工业部门，先后任市工业局党委副书记、副局长，115 厂厂长，市机电工业局局长等职务。1959 年至 1960 年先后任市计委副主任、主任，1961 年起任副市长。“文革”中，李中垣受到严重冲击。1973 年恢复工作后，历任市二机局革委会副主任，市建委副主任兼市建港指挥部总指挥、副书记、书记，市革委会副主任兼市建委主任，副市长兼市经委主任、口岸办主任，市经济协作工作领导小组组长，市食品工业协会会长等职务。1983 年 4 月，李中垣担任天津市人民代表大会常务委员会副主任、党组副书记。

李中垣是中国共产党第 12 次全国代表大会代表。从 1958 年至 1988 年他先后担任过 8 届天津市的人民代表大会代表。2003 年 12 月 12 日零时 50 分逝世，享年 88 岁。

李中垣逝世后，党和国家领导人李瑞环、李岚清、薄一波、谷牧等分别来电表示沉痛悼念，并向家属表示深切慰问。

李忠臣

李忠臣（1914—1983），绰号李疤瘌，今郸城县双楼乡小李庄村人。

他 9 岁跟随兄长李忠华学唱道情（俗称道情筒子），后又拜著名老艺人牛立才为师。他不识字，学戏全凭口授心记。但他学艺刻苦，小小年纪便具有扎实的基本功和娴熟的戏目。

开始他是在当地“唱门头子”，就是站在人家门口唱一段，主家给拿个馒头或端碗汤。12 岁那年，他到南阳卖唱，看到有几个说书棚，听唱的人不少。他想这比在乡下唱门头子好得多，于是就有了在棚子里演唱的想法，可是自知演艺水平低，难以拢住人。为了提高演艺水平，就拜名师张立才、侯立山为师。老师对他说：“学好艺有三点：学得像、吐字清、唱得好听。”他从此就在这三点上狠下工夫。戏里需要马的叫声，他就住在马棚里听马叫、学马叫；为了吐字清，他就学说绕口令。功夫不负有心人，终于成了当地知名艺人。他到安徽、江苏、山东、河北、山西、湖北等地演出，听众无不交口称赞。他在亳州演出《大红袍》、《九美图》、《牤牛阵》，长达数月之久，天天听众坐满书棚；在新蔡戏院旁边演《汪三叨鹌鹑》，戏院里看戏的纷纷跑出来听他唱；在洛阳与歪头女对阵，一折《孔圣人逃学》，把听戏的人全都拉了过来。

建国后，他响应党的号召，改革旧戏，编演新戏，配合中心工作，宣传党的政策，受到人民的爱戴和政府的奖励。《一个篱笆三个桩》、《团结起来力量大》、《社会主义光明道》，便是他的杰作。1955 年，他加入郸城县曲艺宣传队，并被推选为县曲艺改进委员会主任。1957 年在全省曲艺汇演中，他改编演出的《关云长月夜盘貂蝉》，获演出奖。1964 年在商丘地区现代曲艺汇演中，他演的《儿女风尘记》再次获奖。“文化大革命”中，县曲艺队解散，他被迫回家务农。1979 年县曲艺协会恢复，他被推选为副主任。之后，他废寝忘食地工作，为县曲艺事业的发展作出了很大贡献。一次他骑自行车下乡，因劳累过度，加之天气炎热，晕倒在丁村。醒后，人们问他：“你这样拼命干，图个啥？”“啥也不图，图的大家有鼓书听，有小戏看。”

忠臣音色浑厚，吐字清晰，喷口连珠，韵脚稳切，卧嗓运用颇有特色，又长于技巧上的偷字闪板处理和巧句穿插，善于借题发挥，随机应变。尤其是传统历史剧《牤牛阵》、《大红袍》和传统生活戏《汪三叨鹌鹑》、《孔圣人逃学》等，演唱起来得心应手，听众无不交口称赞。几十年中，他为群众演出5000余场，听众达百万人以上。

李子纯

李子纯（1900—1933），字粹夫，今西华县东夏亭镇杨树李村人。早年考入开封东岳艺术师范学习，参加中国共产主义青年团，曾以《四个元宵》为题发表文章，抨击学校当局。1926年春从“艺师”毕业，受中共党组织委派，回西华开展工作。子纯以“拓荒者”自任，终日奔走，联合同志，筹集资金，名为开办“新新公学”，实为发展革命力量。子纯利用讲授文章之机，选辑《新青年》及鲁迅著作中的小品文，向学生灌输进步思想。7月北伐战争开始，子纯于秋末奉命离开新新公学赴武汉，入农民运动讲习所学习。由共青团员转为共产党员，亲聆毛泽东讲授《中国社会各阶级的分析》等，思想觉悟大为提高。七一五汪精卫反革命政变后，子纯不顾反动军警的镇压，深入群众宣传“宁汉合流”的反动本质。时值炎热酷暑，子纯衣物书籍被反动军警没收。没有长衫，而又需穿长衫，他就从朋友那里借来皮袍，穿在身上，热得他汗流满面。他将每天的思想、工作情况记载下来，辑为《皮袍日记》。1927年秋，由武汉回河南，任国民党西华县党部干事，与共产党员苗洪轩、马锡山等共同主持中共西华县委和城内支部工作。冬，借办国民党党义训练班名义，暗中开展革命活动。训练班除一般讲授《三民主义》等课程之外，对少数富于革命热情的学员，让他们读革命书刊。训练结束后，子纯又与胡电生奉命恢复师范讲习所，子纯任国文教员，以《皮袍日记》为教材，向学生灌输革命思想。1928年4月，河南省政府向各县派售大批鸦片，子纯便借此机会，揭露其罪恶，印制大量“拒毒”传单，深夜在城内散发。5月，子纯打入国民党周家口党部，任党务训练班主任。他一面主持训务，一面组织工人运动，短时间内即先后成立了搬运、水泥、纺织、理发等工会。1929年春，国民党河南省党部在全省“整理党务”，实为清除共产党员，子纯被迫离开周家口，回西华青年村（今属郾城）学校任教。其间，他在学校发展青年教师多人加入共产党，又在附近的庞墩、纺车刘、碱场等农村建立中共党支部，发展党员30余人。1930年2月，奉中共党组织派遣，入冯玉祥部11师进行军运工作。该师师长吉鸿昌，任命子纯为政训处上校秘书。子纯征得吉师长同意，创办期刊《铁军》。他既当编辑，又撰写文章，忙得不亦乐乎。此刊对该师官兵思想的提高，有着很大的帮助。

中原大战开始，吉师奉令参战，子纯借机在军队内宣传揭露蒋介石的罪恶。大战结束，冯、阎败北，吉师被蒋介石改编为22路军派驻潢川。子纯在此期间，常借机往苏区运送枪支和给养，把俘虏的红军干部、战士放回苏区。1931年8月，吉鸿昌被解除兵权，出国考察。子纯仍留该部任30军上校秘书长，为中共在该军地下党的负责人。该军军长彭振山当时尚同情革命，子纯积极建议举办军官教导团，亲自担任教官，向学员灌输革命思想，宣传党的抗日主张。并在该军组织“反帝大同盟”，作为党的外围，团结和争取了一大批下级军官和士兵。1932年2月，吉鸿昌回国，翌年春到湖北黄陂、宋埠一带策动旧部起义，子纯亦参与筹划。此时，冯玉祥在中共的影响和帮助下，于张家口组织抗日同盟军，号召旧部，对日作战。为了激发30军官兵反蒋抗日的情绪，子纯满怀激情地用“满江红”词牌填写了四段题为《北望满洲》的词，并亲自谱曲在军中教唱。他在第一段中悲壮激昂地写道：“一九三一，九一八，怎敢忘却沈阳城，日本强盗铁蹄践踏，东北三省颜色变，千万工农遭浩劫，奈当局镇静不抵抗，空悲切！”这首词对激励30军官兵爱国抗日热情起了很大作用。30军在地下党员宣传鼓动下，抗日热情日益高涨。1933年5月，就在起义工作接近成熟时，该军上层顽固分子和一些国民党特务发动“黄陂惨案”，大肆搜捕共产党员，子纯也被捕了。在敌人严刑逼供下，他临危不惧，大义凛然，面对敌人的询问，他严词以对：“要命有，要口供没有！”敌人对他用遍酷刑，也未得到任何党的秘密，黔驴技穷之后，将他杀害于宋埠南门外河滩，时年34岁。临终时，子纯高呼：“中国共产党万岁！”

李子干

李子干（1907—？），今商水县谭庄镇三李家村人。1930年加入中国共产党，以教书为掩护，从事党的地下工作。1934年被捕，关押在南京国民党陆军监狱。1937年经党组织营救出狱。1938年任中共周家口沙南区委民运委员，在郾商西边区发动群众开展抗日救亡活动。商水解放后，历任巴村区副区长、县建设科副科长、县农林局副局长等职。

李子模

李子模（1904—1975），名书楷，以字行，今项城市南顿镇李塚村人，是民国年间项城第二代著名的牧师和西医医生。

李子模的祖父叫全山（1866—1944），自耕几亩薄田，宅基地上遍栽果树，农闲时以竹、荆编织为副业；一生信奉基督，无论雨雪寒暑，必定到水寨（当时是繁华的水运码头、集市）鼓楼西街彭家教会做礼拜。李子模生长在这样的家庭，受祖父基督教思想的影响特别深。其祖父常说，家穷上不起学，一辈子拴在土地上不会有出息，于是他以教友的身份，托人把李子模送到水寨唯一的西医医院——启明医院，拜田文朗为师学习西医。

田文朗是水寨人，早年家贫，去漯河拜外国传教士为师，入了教，学了医。传教士病故后，他继承传教士的衣钵，回水寨创办了福寿堂和启明西医医院。他是项城第一个正式的基督教牧师，启明医院也是项城第一个专业的西医医院。

开始，李子模在启明医院只是当徒工，白天干杂活，晚上护理病人的吃喝拉撒睡，这样一干3年，却因为不识字连药瓶都没摸过，当然说不上学到医术。他的品格为北街大户曹先生（田文朗的友邻）看中，认为“孺子可教”。曹先生便教他汉字和拉丁文。李子模便紧咬牙关挤时间认真习写，一晃又是4年，基本过了文字关。于是在曹先生说情下，田文朗便收李子模为徒，教他习医术、学医理。谚云：“熟读王叔和（魏晋医学家），不如临症多。”还是实践出真知。李子模每天“三更灯火五更鸡”，含辛茹苦度过10年学徒生涯，终于得到田文朗的真传，并接受洗礼成了基督教徒，后又当上了牧师。

1929年，李子模出师自立门户，应沈丘士绅邀请在槐店开了一家西医诊所。到了1931年，田文朗病重，急召他回启明医院。田文朗故世后，他在启明医院执事5年之久。李子模为人实在，医术好医德好，无论官场、民众，皆有好口碑，很自然地成了地方上结交广的头面人物。交际场少不了吸烟喝酒，上帝的教规只得先扔脑后了。著名传奇作家蒋敬生，著有一部专说项城旧事的《岁月项城》，其中有一段文字描述这时的李子模说：“洋药铺没见有什么大夫，只有一位据说是洋药铺学徒出身的医生，叫李子模，圆胖胖的脸，总是一脸十分和善的笑，后来成了一方名西医，并从洋药铺出来自己开了医院。李穿件实际是像棉布般的粗呢大衣，还把两手插在大衣袋里，挺着个已发胖的圆鼓鼓肚子，笑呵呵地站在门前。”其实，李子模因社会交往需要，是很注重“硬件”配置的，那时他家已有收音机、留声机、自行车、电话，经常西装革履。他讲派头，注重仪表：日常生活中，是冬皮夏绸；会见外国人时，身穿西服，头戴博士帽，脚蹬皮鞋，手掂文明棍；与军界人物交往时，又是长袍、马褂、礼帽；行使业务时，白衣素装与普通大夫没有区别。

1938年，淮阳县政府流亡水寨，骑8师（陆军骑兵第8师。原驻扎在青海省，因抗战需要，由师长马步康率领3万人马到华东抗日）亦驻防水寨，由此人口倍增，市面繁荣。经当地士绅赞助，李子模始在水寨北大街路西创立门户，开办了“生命活水医院”。开张时，骑8师军乐队开道，中间展开的红缎料、黑绒字、桃红里、长两米宽米五的匾幛，落款为“陆军骑八师师长马彪率全体官兵鞠躬”，军乐队后自然是那位威风八面的马彪师长及随从，还有30对高头大马的骑兵殿后，场面大，气势高，一扫抗战以来的紧张惶惑气氛。不用说，当时的县长、县党部书记及地方大户袁家、曹家、任家，无不在贺客之列。有军政和地方朋友捧场，“生命活水医院”不仅立住了脚，还大大超过了启明医院的规模。李子模先后收了5个学徒，雇了几个杂工，拥有5间门面房，28间住房，前后2个院落。他关心徒弟，不让学徒走自己的路，师徒关系好，和回民邻居的关系也很和睦。不几年，徒弟们出师都能独当一面了。

在抗战时期医药难购，医院仅有酊剂、粉剂、注射剂，一般药品来之不易，尤其抗生素奇缺。住院的多是伤兵，一般平民到院，多是患了难治的黑热风、传染病和皮肤病。李子模自己是苦出身，对穷人看病特别优惠，拿些小药分文不取，以济世活人为准则。

作为医生，李子模恪守优秀医德，不论顾客的政治身份、经济地位，一视同仁。在国民党当局残酷镇压共产党地下活动时，他与地下共产党人任德性结成八拜金兰，支持任组织青年读书会宣传抗日。任德性的抗训班曾在李子模家开会批判蒋介石的《中国之命运》，李子模也出席了会议。全国解放前夕，任德性患肺结核，李子模不惜舍弃医院工作，亲自护理他去庐山疗养。任德性病入膏肓终于不治，李子模一直帮助他的家人处理完后事才返回项城，前后时间长达一年有余。

抗战后期，他与抗日名将田镇南的家人多有交往，其长子李国贤被田镇南的弟弟、国防部武汉被服厂中将厂长田镇瀛，安排到被服厂当了个中尉督察员。1945年，时任淮阳行政督察专员的田镇洲，提挈李子模为区办医院主任，专区参事、县议员。建国后，他坦然把这些情况向人民政府作了交代。

1952年后，李子模先被分到新桥卫生院工作，后调入县第一人民医院、范集卫生院，晚年回南顿卫生院。1974年患喉癌，1975年8月去世，享年71岁。

李子木

李子木（1917. 5. 1—2007. 9. 20），曾用名同堂，今扶沟县大李庄乡郑庄村人。1937年7月参加革命，同年9月加入中国共产党。

李子木出身农民家庭，父亲是私塾先生。李子木自小跟随父亲读书，1934年考入淮阳简易师范就读，4年后毕业。其间，受到进步教师许锐卿等人的影响，对社会有了较深刻的认识。从1935年开始，受上海左翼作家联盟、文学研究会和创造社等社团的影响，读了不少鲁迅、郭沫若、茅盾、老舍、臧克家以及“七君子”的著作。1936

年“双十二”事变时，曾向同学们宣传张、杨的8项主张，并成立读书会，创办校刊《旭日》。在校刊和县办周刊上，他以“小堂”的笔名发表了《桃花》、《雪》、《旭日发刊词》、《苦学生》等多篇散文、小说和诗歌。

七七事变后，他和中共党的地下组织开始发生联系，同施德生、施济恩等人一同领导了扶沟县的抗日救亡运动，8月在扶沟县城组织成立了第5宣传大队，参加者达400余人，社会影响很大。9月，经施济恩介绍，加入中国共产党。12月中旬，受党组织派遣，进入西华县陵头岗中共豫东特委创办的抗日干训班高级班受训。在该班认识了豫东特委书记沈东平和特委委员胡晓初、王其梅、刘作孚、王子英等人。1938年1月底，特委书记沈东平派李子木和何介夫等到西华县黄营魏凤楼驻地附近的30多个村庄组织联庄会，建立了300余人枪的群众性抗日武装。6月中旬，魏凤楼出任扶沟县县长后，派李子木到扶沟西镇做抗日群众工作，任西镇联保主任。8月下旬，李改任魏凤楼部手枪连政治指导员。9月初随魏凤楼部队东进鹿邑抗日。到鹿邑后，任县抗日军政干训班大队长兼教官、中共鹿邑县委委员兼3区区委书记。1939年2月，任鹿邑县抗日总队政治部民运科长。1939年4月上旬，进入延安抗大学习，7月考入中共中央马列学院学习。1940年春任马列学院管理科科长，8月任中共陇东特委统战部干事，11月任中共环县县委常委兼统战部长。1943年任八路军129师385旅政治部联络科长。1944年任延安联防军招待处党支部书记。1945年10月任冀鲁豫军区干部队政治指导员兼党支部书记。1946年5月调豫东工作，10月后相继任豫东纵队交际处处长、情报处处长。1947年7月任豫皖苏军区驻东北地区办事处主任。1948年1月任豫皖苏军区驻西南区办事处主任。1949年4月任河南军区司令部侦察科长。1950年5月后，先后任广东军区情报处副处长、华南和中南军区情报处处长、中南军区公安部队司令部侦察科科长、广东省军区副参谋长、驻瑞典大使馆武官、驻保加利亚大使馆武官、广东省军区副司令员兼国家南海区渔业指挥部副指挥。1983年6月离休。

李子木从事革命工作70年，功勋卓著，曾荣获三级自由勋章、三级解放勋章、独立功勋荣誉章各1枚，并获有二等模范荣誉称号。

李紫垣

李紫垣（1906—1958），又名光窟、少蓬，因行九，绰号李九，今扶沟县韭园镇李集村人。

李紫垣小学毕业后，考入开封省立商业学校，1925年7月在该校加入国民党和青帮。曾任汝南县国民党县党部筹委会委员、周家口镇国民党镇党部训练所教官、新安县立师范训育主任、扶沟县女校教员。20世纪30年代中期，在任家乡李集联保主任、地方团队大队长、泛东挺进军第一纵队独立支队司令、国民党第一战区军官总队上校指导员。1947 年 6 月 11 日至 1948 年 3 月底任扶沟县县长。

李紫垣的家里办了两个卷烟厂、一个造枪的铁工厂，还办了一个完全小学。他办厂、办学均为依仗权势，大发横财。他所需用的资金来源，一是赊购当地农民的烟叶，做成卷烟卖出赚钱后，再偿还群众的烟叶款；二是向李集附近的小王庄和后杨村的几家烟厂派捐；三是以联保主任身份听理讼事，借端罚款。1944 年，他花钱当上豫东挺进支队司令。于是勾结土匪、官绅成立 3 个大队，闹得地方鸡犬不宁。1947 年当上县长后，曾在天爷阁将中共地方政权的 2 名通讯员及 4 名战士活埋；同年，又将 2 名共产党区长从鄢陵骑兵旅那里赎出，押到鄢陵西七里井村当众杀害。他还亲自带领部下镇压饥民，并杀死无辜百姓 5 人。薄岗一战，解放军 30 团将其部歼灭，他只身逃到上海。

1951 年，他潜入甘肃，化名王天成隐居。1956 年，他潜回宁陵县开设酱菜园，后又混入合作商店。1958 年春被人民政府逮捕归案，10 月处决于扶沟县城北关。

李宗田

李宗田（1914—1948），今郸城县胡集乡郝寺村人。1929 年投身革命，不久加入中国共产党。先后在中国工农红军、八路军、人民解放军中，担任排长、连长、营长、团长等职。曾九次负伤，臂膊、面颊和下颌部留有日军的弹痕，满口装的是假牙，从口腔的伤痕处时常吸吮出脓血。1948 年 9 月 14 日，在皖北夹沟车站战斗中光荣牺牲，时年 34 岁。

宗田幼年家贫如洗，6 岁跟父母去南乡逃荒要饭，饱尝人世辛酸，磨砺成倔强慓悍的性格。1925 年，他随父回老家瞧看十年前被送做童养媳的大姐，受到姐夫王广汉（地主）大骂，他据理相争又被打。当晚父子即返回南乡，走时，宗田指着王广汉说：“咱走着瞧，我不信穷人胜不了你！”他刚满 15 岁那年，就从豫皖边界的三河尖黄岗寺出发，投奔了红军。

1942 年，宗田在陕北参加了大生产运动。以后，在雁北和冀中开辟敌后根据地，开展抗日游击战争。一次在雁北不幸受伤被俘，汉奸看他膀大腰圆，诱迫他留下当伪军。宗田机敏地指着腰部的伤口说：“我这里有子弹，成了残废人，怎么跟你们干？”敌人替他做了手术，伤口刚愈合，他就寻机逃出，历尽千辛万苦，又找到了八路军。

1945 年冬，日军投降不久，国民党反动派为争夺抗战胜利果实，猖狂地向革命根据地进攻。一次，八路军与盘踞在河北肥乡县的国民党师长陈国子展开阵地争夺战，8 旅 22 团担任主攻任务。身为副团长的李宗田亲率尖刀排，冒着敌军强大火力，直逼城下，并迅速架起云梯，率先登城。警卫员谷凤五为保证首长安全，上前一把拉住他，焦急之下，他伸手就是一耳光，说："咱不能当怕死鬼，快，跟我上！"当尖刀排的战士登上城墙时，他已在城头上指挥战斗了。城被突破，敌人龟缩在据点内作垂死挣扎。在摧毁敌据点的战斗中，一颗炮弹在附近爆炸，突击排借以掩护的小楼被炸塌，烟尘弥漫，宗田被震昏，脸也被灼伤，棉衣几处燃起火苗。他苏醒后，只作了简单包扎，便又冲上前沿阵地，继续指挥战斗。

1946 年 5 月，国民党军队配合地方"游杂土顽"，企图打通平汉铁路安阳以北段。晋冀鲁豫军区决定，调派老五旅的 3 个团把敌人牵到安阳西北崔家桥一带包围起来。这时，宗田在老五旅 13 团任副团长，负责进攻东南片。他冲锋在前，连克魏县的几个集镇后，直捣敌旅部，击毙旅长郭清，生擒匪首王自泉、程大豪等，取得辉煌战果。

1947 年，宗田随第二纵队转战于山西潞城，河北高邑、邢台、大名以及山东聊城等地，屡建战功，后又渡过黄河，挺进中原。是年秋，他调任豫皖苏军区独立团团长，不久改任第 34 团团长，驰骋于中原豫皖苏一带，先后参加了宛西、宛东、开封、睢杞等重要战役。1948 年 8 月，为配合济南战役，奉命进攻徐州南夹沟火车站，就在这次战斗中，宗田为革命献出了宝贵生命。

宗田参加革命二十年如一日，工作和战斗一贯英勇顽强，具有藐视困难、敢于拼搏的大无畏精神。指战员一致称赞他："打起仗来不要命，见了敌人就眼红，说话好像板钉钉，接受任务敢保证。"他对同志和下级则亲如兄弟，怀有深厚的阶级感情。行军中常替战士扛枪，背弹药和米袋，把马匹让给伤病员骑；宿营时帮伙房劈柴煮饭，给战士盖被子；聊天时推心置腹，无话不谈，连乳名也告诉战士。警卫员小谷家庭生活困难，他把自己的津贴费给谷家寄去，小谷每提及团长的好处，就激动得掉泪。

宗田牺牲后，党和人民为缅怀他的功绩，在他的家乡郝寺村修建了陵园，又在郸城洺河大桥南侧建了一座李宗田烈士纪念碑。

理　琪

理琪（1908—1938），原名游建铎，今太康县大许寨乡游庄人。高小毕业后，于 1924 年入开封圣安德列学校读书。在校学习期间接触到共产党人和马列主义，思想进步很快，于 1925 年 4 月加入中国共产党。6 月，他参与和领导了该校学生反对帝国主义文化侵略的游行示威、驱逐学监王保贤、集体转学等活动，并被选为善后委员会委员。后理琪被派到太康，根据中共中央关于当时国共合作的政策和工作方针，参与了国民党县党部的筹建工作。为配合全省农民运动的开展，培养骨干力量，在游庄开办了30余人参加的农民运动讲习所，习文练武，讲解革命道理，破除封建迷信，并做了一些有关成立农民协会的准备工作。

为了斗争的需要，1925年9月，理琪离开太康，到开封考入冯玉祥创办的西北军无线电学校。毕业后，被分配到冯玉祥部队任电台报务员。在大革命失败后的困难时期，他发动士兵和群众准备举行武装暴动，因敌强我弱，条件不具备未成。1929年随部队移驻江西。在瓦解敌军活动中他搜集敌人军事情报，用无线电密码提供给红军，为根据地军民粉碎国民党的军事“围剿”作出了重要贡献。后被敌人发现，离开部队，到中央苏区瑞金，负责通讯联络工作。1934年，主力红军长征后，理琪被派往上海从事地下工作。当时上海共产党组织经常遭受破坏，他不顾个人安危，坚持工作。1935年下半年，因与党组织失掉联络离开上海，回到开封与中共河南省委接上关系。

1935年11月29日，中共山东胶东特委领导的胶东暴动失败后，特委书记等一大批共产党员被捕牺牲，各级组织遭到严重破坏。后来，一部分党员干部组成了中共文登县临时县委，设法与河南省委取得了联系。经中共河南省委介绍，理琪于1936年3月到胶东，成立了新的中共胶东特委，被选为书记。他和特委同志针对当时的斗争形势，采取了恢复和发展革命力量的一系列措施。他在《胶东特委给各级党组织的一封信》中，正确分析中国及胶东的政治形势，总结过去的经验教训，批评了胶东党组织的错误倾向，指出了纠正的方法及今后胶东党组织的任务。他搜集毛泽东主席的一些军事著作，以特委名义油印成册，发给党员学习。为克服党内存在的急躁和悲观失望情绪，提高党员的思想水平，恢复党的县、区组织，提高党组织领导武装斗争的能力，他做了大量工作。其间，为了打击敌人气焰，武装自己，理琪和特委同志组织一次夜袭国民党文登县界石集据点的战斗，缴获敌人长短枪40余支、子弹10多箱，扫除了开展游击活动的一个障碍，壮大了革命声威。是年，九一八纪念活动中，理琪写了《九一八告同胞书》，散发文登、牟平等县城乡，揭露国民党不抵抗政策，鼓舞胶东人民的革命热情，推动了抗日救亡运动。

1936年11月，因叛徒出卖，特委机关遭破坏，理琪在烟台市被军阀韩复榘部逮捕。在狱中，敌人用尽酷刑逼问口供，使其几次昏死，他坚定地只有一句话：“我要抗日！”敌人无计可施，把他解赴济南高等法院看守所关押，再次毒刑拷打，他始终坚贞不屈，并当庭大讲抗日民主政策。敌无奈，将他判刑5年。在狱中，他联系在押的19名共产党员，建立党支部，他任组织委员，领导狱中党员学习时事和革命理论，捐款抗日，进行绝食斗争。1937年11月，在国共第二次合作、全国人民团结抗日、要求释放政治犯的形势下，理琪由中共党组织保释出狱。出狱后，他立即找到了中共山东省委，旋即返回胶东，投入发动群众、组织抗日武装起义工作。在以理琪为首的胶东特委精心组织下，1937 年 12 月 24 日，举行文登县天福山起义，建立了一支共产党独立领导的胶东人民抗日武装“山东人民抗日救国军第三军”。起义部队以武装宣传队的名义，分赴各地，组织群众，开展斗争。

天福山起义后，理琪和特委其他同志又到威海市，发动群众参加抗日斗争，做国民党上层人物的统战工作。他曾到国民党海军教导队作《团结抗日》的报告，并同国民党专员进行谈判。1938 年 1 月，在理琪的领导下，以原国民党二区政训处的部分力量为基础，组织市郊人民，在胶东特委原有武装力量的配合下，举行了威海起义。起义人员打开了威海专员公署军械库，取出大批枪弹、辎重，赶跑了警察局局长郑维屏。起义的成功，扩大了共产党和抗日救国军第三军的影响，壮大了抗日武装力量。随后，特委将起义队伍整编为 3 个大队，健全了司令部，成立了军政委员会，理琪任司令员兼军政委员会主席。

1938 年 2 月 13 日，理琪率部攻打被日军占领的牟平城。他亲自部署战斗，并带领战士首先冲进日伪县政府大堂和后宅，一举收复牟平城。这次战斗活捉伪县长宋健武以下 70 多人，缴获长短枪 100 余支。他们打开监狱，放出了在押人员，惩处了伪县长等汉奸，有力地打击了日伪气焰。理琪率部撤出牟平城，至城东南二里许雷神庙时，被由烟台追来的日军包围，展开激战。战斗中打死打伤敌军多人，击落敌机 1 架。不幸，理琪两次中弹，英勇牺牲。时年仅 30 岁。

理琪遗体初葬文登县崔家口村，1945 年 11 月迁栖霞县英灵山革命烈士陵园。1962 年 8 月 16 日，全国人大常委会副委员长、著名诗人郭沫若为纪念理琪题诗。

连金章

连金章（1904—1985），今太康县城郊乡连庄人。1927 年 6 月在淮阳考入国民党高桂滋部军官教导营（后改为教导团）。1928 年 3 月加入中国共产党，4 月 9 日参加了中共领导的阜阳武装暴动。暴动失败后，回太康从事地下工作。5 月，他和尚立政、张文彬在斜地张村建立太康县第一个党小组，他任组长。1929 年 7 月，他奉调到周口联络站工作。1931 年 2 月重回太康，在蒋埠口学校以教书为掩护，从事地下工作。1934 年 10 月和郭效孟一起组织了反对国民党太康县长周镇西的群众游行，痛打了周镇西。1935 年 2 月，由于叛徒出卖，太康党组织遭到破坏，连金章因受国民党通缉被迫出走，从此失掉组织联系。抗日战争时期，他从外地回乡务农。建国后，在本村学校任教师、校长及生产队长等。1985 年 8 月病逝。

梁百祥

梁百祥，字子善，清末民初鹿邑县虎头岗集南头（今属郸城县虎头岗乡）人。

梁自幼读书，1915 年考入北京模范团，1917 年毕业。这一年，北京模范团改编为陆军第 5 混成旅，百祥任机关枪营 2 连排长。1918 年，在伐闽战役中，奉北京大总统令，授予百祥陆军步兵中尉军衔，旋晋级上尉。1924 年充任福建省陆军第 4 旅机关枪连连长。是年帮办福建省军务，奖六等文虎章，晋升步兵少校军衔，代理兴泉永护军使卫队营营长。

1928 年，东明县民众推举其任代县长，未几充任国民革命军第 3 军第 1 师参议，当年调任集团军第 3 路总指挥部少校参谋兼作战科科员。第二年（1929 年），奉河南省民政厅委任署理商丘县公安局局长职务。1930 年调任集团军第 3 路手枪旅 1 团中校副团长，旋即接任胶州公安局局长职务并代理县长。1931 年，调任睢县公安局局长。

梁奉高

梁奉高，字侍臣，清末民初鹿邑县麦仁店（今属郸城县虎头岗乡）人。

梁自幼读书，后入北京模范团学习，结业后被授予机关枪连连长职务。1923 年擢升总统府军事处第二厅第一科科长（处级）。

不久，被授予陆军部上校军衔，升任 20 师参谋长。1931 年被委任代理湖北省潜江县（今潜江市）县长。接任数月，剿“匪”出力，案牍劳形，积劳成疾，常常呕血。这时，他借此机会申请辞职，经批准归里颐养。

因为奉高的尽职和廉洁，潜江县民众信服并感激他。在离任时，百姓特意送旗、伞并刻石树碑，以志遗爱。

梁彦章

梁彦章，字镇英，以字行，清末民初鹿邑县梁老家（今属郸城县虎头岗乡）人。自幼读书，清光绪三十一年（1905 年）入保定武备学堂，三十三年（1907 年）毕业后，充任陆军六镇马队排长。宣统元年（1909 年）升任第二营连长，宣统三年（1911 年）升任三营营副。

1912 年升任第九师步兵营营长，1917 年奉调充任师部一等参谋，1919 年充任辎重营营长，1922 年升任大总统府（大总统黎元洪）侍从武官。这一年他奉命充任赴河南、陕西、湖北三省剿匪督战官，补授陆军少将军衔，奖二等文虎章、三等嘉禾章。

当时，军阀林立，时局混乱。前有大总统黎元洪与国务总理段祺瑞的府院之争及直奉战争，后有黎元洪与军阀曹锟的任期争执，1923 年又有曹锟“贿选总统”之事。军阀混战，钩心斗角。这时的梁彦章愤世嫉俗，淡于世事，急流勇退，于 1925 年辞职归里。过起了在乡下隐居的生活。

林俊生

林俊生（1912—1982），今沈丘县槐店回族镇五福街人。家贫，幼丧父母，由祖母抚养成人。17 岁从军，当马夫，参加基督教。23 岁返家，做小生意，从事宗教活动。1944 年帮助胡福田筹建槐店福音堂。1949 年，以长老身份主持槐店福音堂教务。1952 年与苏桂真、韩林光发起组织沈丘基督教自立会，走自立、自传、自养的道路。1958 年春，被错划为右派，1979 年 10 月平反。次年春，在林的参与下，槐店教堂恢复活动。1981 年 7 月，当选为沈丘县政协委员。同年 12 月成立沈丘县基督教“三自”爱国委员会筹备组，林任组长。1982 年当选为县政协常委。同年 11 月病逝，终年 70 岁。县政协、县统战部、县宗教局等单位送花圈、挽联吊唁。

林士笑

林士笑（1917—?），陕西省汉中市人，1932 年 4 月加入中国共产党。参加革命后曾任卫生员、卫生队长。1938 年 9 月随彭雪枫率领的新四军游击支队（后为新四军六支队），从确山县竹沟来到鹿邑县境，林士笑担任支队卫生队（7 人组成）的队长。到鹿邑后，士笑被任命为中共鹿邑县委委员，具体负责新四军后方医院（址在汲水集）的筹建工作。同年 11 月医院建成，对外称为鹿邑县医院，士笑担任院长、院党支部书记。

建院后人手不够，士笑就开办了个医训班，在当地招收了 20 多名具有一定文化知识的青年当学员。他们一边学习，一边参加医院的医疗护理工作。当时医院的 35 名工作人员中，大多数是学员。

士笑领导的这个医院的主要任务是：1. 商丘专署保安司令部所属部队（即中共特别党员魏凤楼部）伤病员的医疗工作。2. 新四军六支队伤病员的医疗工作。3. 群众病人的医疗工作。医院每天接收新四军伤员和县保安大队的伤员二三十人，最多时每天达到 120 余人。士笑带领全院人员夜以继日地工作，圆满完成了医疗和培训任务，为服务抗日作出了应有的贡献。

1939 年 4 月，为了抗日部队的需要，党组织调林士笑等 10 余人回到新四军六支队卫生处工作，士笑任处长。

后来，士笑在部队和地方担任过许多领导职务。建国后，先后在中央办公厅、中国红十字总会、中央爱委会办公室、卫生部医政局任职。1979年后曾任中国医学科学院党委书记、中国首都医科大学党委书记。离休前任卫生部中医医学科学院党委书记。

林万院

林万院（1914—2006），今太康县常营镇刘庄村人。1932年秋在江西参加红军，在红一军团2师4团当战士、班长，参加了中央苏区第5次反“围剿”和二万五千里长征。长征途中曾参加湘江战役、强渡乌江、飞夺泸定桥、突破天险腊子口等战斗。在湘江战役中肩膀负重伤，伤未愈就吊着胳膊参加战斗。到达陕北后参加了著名的直罗镇战斗。1936年2月加入中国共产党。

1937年调兵站保管处和延安兵站部工作，历任会计股长、科长等职，长期在陕北和晋西北地区做后勤工作。

1945年8月，林万院调冀热察辽军区兵站办事处任副处长，后到热西军分区任供应部部长。1948年5月参加隆化战役，担任热西分区前敌副总指挥，负责战役的后勤供应工作。8月任热西分区副司令员。曾参与接收改组傅作义的运输部队及后勤单位，组建察哈尔省运输公司。1950年10月，林万院调任北京军区军需部检查室主任、运输部副部长。1955年国家授予他二级独立自由勋章、三级八一勋章和三级解放勋章。1962年调中央军委总后勤部第7分部任副部长。1981年离休。

林叶如

林叶如（1892—1956），字其蓁，原籍福建，父辈移居商水县邓城集。父系中医，早亡。姐弟2人依母度日，生活艰辛，省吃俭用供林叶如读书。苦读10年，因家境不济辍学，后到周口何寄山办的博爱医院当学徒。由于他勤奋好学，被何器重，推荐到开封南关福音医院学习。1920年转至山东齐鲁医学院半工半读5年，毕业后于1925年在淮阳创办广仁医院。1929年返回周家口，在北寨磨盘街开设博济医院，遂定居周家口（今川汇区）。曾任周家口基督教内地会牧师，河南省基督教联会豫东分会副会长，内政部注册医师。

林叶如医术造诣很深，不但能医治普通的常见疾病，而且能对内科、外科、五官科、妇科等病症做手术治疗。在周家口与何寄山、白彦章并称为三大名医。1951年3月，在医疗设备很差的条件下，为一妇女摘除重30余斤的卵巢瘤，使病人很快康复。

林医德高尚，以治病救人为本，全身心为患者服务。1932年，杆首杨小黑攻破郑城，他不怕威胁报复，对被打伤的数十名群众精心治疗。1938年日机轰炸周家口时，他成立抗敌后援会青年医疗队，并与白彦章一起组织医护人员参加抢救群众伤员。1942年夏天，有一乞丐下肢溃烂，膝关节以下化脓生蛆，他不但给予免费治疗，还在生活上予以扶助。1948年，林叶如应聘到开封南关福音医院当业务院长。此时正值开封解放前夕，医院财物随时有被哄抢的危险，且战火危及病人安全，在他的领导下，医院组织了保卫小组，将重病号转移到地下室，他和保卫组成员轮流在院中巡逻，从而使这座医院得以完好保存。

1950年，林叶如出任商水县人民医院院长，1952年任淮阳专区人民医院副院长，1954年调任商丘专区人民医院业务主任，1956年在肃反运动中蒙冤自尽。1984年政府予以平反昭雪，恢复名誉。

林叶如一生培养了张性初、王瑞五、杨衡如等20多名学徒，均成当地名医。

凌西萍

凌西萍（1913—1978），原名侯希文，今西华县红花集镇陵头岗村人。1938年5月在西华二区薛那村参加抗日游击队，任新四军一营书记。同年加入中国共产党。1939年8月，先在安徽省淮上地委任管理员，后任怀远县委秘书。1941年5月任泗阳县委秘书。1942年6月任泗阳县屠元区委书记、县交通局长。1946年2月任宿东县民运部长、县委委员兼县联合会主任。同年7月，任扶太西县委副书记兼民运部长，1947年6月任扶沟县委副书记，主持县委工作。其间，凌西萍领导全县人民建立巩固人民基层政权，安定社会，支援部队，为迎接扶沟的解放作出了积极的贡献。1949年2月任陈留专区联合会副主任兼妇委会书记，后兼陈留半坡店重点区委书记，同年12月任郑州地委宣传部副部长、部长，郑州与开封合并为开封地委后仍任宣传部长（常委）。1956年9月在中央第二中级党校学习，1957年7月后，历任开封地委秘书长兼宣传部长、市委书记处书记、市革命委员会副主任。1978年病逝，终年65岁。

刘　登

刘登，字瀛然，号静轩，清末扶沟县人。恩贡生。刘登精通经史，能文工诗。虽然文才、声誉和意气都很高，却科场困蹇，几次参加乡试均名落孙山。于是干脆弃举子业，以文化教育泽化乡里。其弟子头角崭然于庠序，青云直上于朝堂者济济蔚然一时。太康县刘少岩右丞、扶沟县温润甫举人，都出自他的门下。

刘登性情刚介，疾恶如仇，他人有不检点之处，立即当面厉声斥责。他从不奉承依阿权贵。乡间都很敬畏他，不敢以私利干扰他。县里典史某，性贪鄙，每逢生日，就向县人勒索寿礼。刘登认为这种歪风不可长，就在公庭上当面斥责，遂使这个弊端革除。同族人刘某欲以刘姓宗祠之地接纳官府，刘登不同意，与扶沟知县当堂抗辩。但被官势抑制，得不到支持。遂郁郁而殁，年仅57岁。

刘　亘

刘亘（1881—1947），原名文元，号惺衢，太康城郊大刘庄人。幼读诗书，12岁中秀才，入黉学。不久，清廷选派留日学生，他以优异成绩应考入选。先后就读于日本早稻田大学经济科、中央大学法律系，获法学学士学位。光绪三十二年（1906年）在日本加入同盟会，是河南最早的同盟会会员之一。

宣统三年（1911年），辛亥革命爆发，刘亘回国参加了攻打上海江南制造局的战役。翌年，在北京创办一家报馆，宣传革命。后为反革命势力所不容，被迫返回家乡。

1914年7月，孙中山领导建立中华革命党，刘亘为“首义党员”。1916年，广州护法军政府成立，刘亘任第9混成旅参谋长。北伐回师后驻福建南部，因旅长被害，刘亘无法存身，返回河南暂居开封。不久被人诬陷为赤化党被捕，后由太康县知名人士保释出狱。1921年在太康当选为省参议员。

1924年，刘亘任上蔡县长，以清正廉洁著称。1933年，刘盼遂主纂《太康县志》，刘亘参与编辑工作。志书完成后去开封私立建国中学任教。

日军侵占中原后，刘亘坚持民族气节，拒绝做日伪政权官员，躲避到一个私塾教书。1936年底，任太康救济院院长。1947年因病逝世，终年67岁。刘亘生前译有《市政通论》、《各国自治制度比较》、《银行原论》、《经济大要》、《蚕业法规》等著作。

刘　果

刘果（1917—2003），原名立业，西华县黄桥西湖村人。1937年加入中国共产党，在中共豫东特委领导下，做党的宣传工作。1938年2月任中共西华西湖村党支部书记，3月，通过统战关系，任国民党河南省淮阳专员刘莪菁主办的抗日干部训练班的党支部书记。后，历任中共西华三区区委委员、区委书记、县委委员，新四军6支队锄奸部干事、新四军9旅锄奸科股长、新四军9旅27团特派员、新四军4师12旅锄奸科长，淮北三分区锄奸科长，豫皖苏军区3团政委兼阜阳县委书记，河南省淮阳军分区政治部副主任，广州军区215师政治部主任、55军干部部部长、219师政委，湖南益阳军分区政委等职。曾荣获二级独立自由勋章和解放勋章各一枚。1966年因病离职休息，副军级。

刘本智

刘本智（1895—1947），字世杰，今沈丘县石槽集乡刘业寨村人。父亲刘承三，秀才，以教书为业。刘本智虽出生于书香门第，但家境贫寒，兄妹8人过着食不果腹的困苦生活。为生计，1913年刘本智投军从戎，参加冯玉祥备甫军左翼2团，时年18岁。

刘本智中等身材，相貌威严；办事丁是丁卯是卯，非常认真；待人诚实守信。1914年，被选入冯玉祥组建的模范连。在冯玉祥爱国爱民思想教育下，刘本智懂得了为谁当兵、为谁打仗。在作战时，他机智勇敢，总是冲锋在前，杀敌最多。因为他表现非凡，得到冯的赏识，很快由士兵递升班长、排长、连长、营长、团长之职。

1917年夏，刘本智任团长期间，部队驻防河北邢台。时值洪水暴发，堤防失修，河水漫溢，大有溃决之势。刘本智率领全团将士投入抗洪抢险。危急关头他率先跳进河内，打桩填土，复堤堵漏，终于保全大堤，避免一场大灾难。当地民众感其功德，赠龙旗、龙伞以褒之。

次年（1918年），山东德州土匪猖獗，攻城掠寨，绑票烧杀，民不聊生。刘本智奉命率团进剿，其军纪严明，部队在野外安营，不住民房，不害民，不扰民，深得民心。剿匪以各个击破、孤立匪首的战术，步步紧逼。匪首看难以逃脱，便以重金贿赂。刘本智严词拒绝，终将匪徒彻底消灭。民众欢呼雀跃，拍手称快，立碑志颂。当部队离开时，万民跪道挽留。

1924年，刘本智升任49旅旅长，时年30岁。1930年升为师长。不久，在中原大战（蒋冯阎大战）中，冯阎失败，刘本智离开部队，隐居北平。

1937年，七七事变后，冯玉祥在河北张家口召集旧部组织抗日联军，刘本智欣然前往，并被委任为大队长去奉天（今沈阳）招募训练部队。他训练部队，首先是思想教育，而后是战术演练。他经常对士兵讲：日本入侵，国土沦丧。我们的父母、兄弟姐妹被蹂躏，亿万同胞遭灾难，我们应该拿起枪，挥动刀，把日军赶出中国去。在操练场上，他身先士卒，言传身教，无不感奋。所以，他带的部队打仗非常过硬。在一次战斗中，他率先履冰过河，子弹打完了，就用大刀与敌人拼杀。后因不满蒋介石的“攘外必先安内”政策，再次隐居北平。

1945年至1946年，孙连仲拉他当了一年多的天津保安司令。日军投降，蒋介石发动内战，刘本智坚决反对。因无力改变现状，怏怏退居北平。次年4月，抑郁而终，时年53岁。

刘波涛

刘波涛（1915—1947），原名桂林，曾用名汝斌，河南省临汝县（今汝州市）蟒川乡娘庙村人。

波涛自幼上学，1935 年在省立临汝中学读书时，结识共产党员张友奇，在其教育影响下，阅读了大量的进步书刊，思想觉悟有了很大提高。

1936 年 7 月，波涛中学毕业，任蟒川乡联保主任。因办事耿直，触犯土豪劣绅利益，被罗织罪名，投入监狱，后托人取保获释。不久，七七事变发生，日军进犯，国土沦丧，人民遭殃。他深感国民党政府腐败无能，决心寻求救国救民之路。1938 年 6 月，经中共党员王象乾、韩润甫推荐，与胡克慎、王力民等 6 位同学串联相约，毅然离家赴西安投奔革命。几经辗转，找到七贤庄八路军办事处，被介绍到抗日军政大学（简称抗大）三支队学习。同年 9 月，波涛加入了中国共产党。

在抗大学习期间，他多次被评为学习标兵，劳动模范。1939 年夏，波涛随抗大二分校向晋察冀边区根据地——河北省阜平县转移。在长途急行军中，他担任收容队长兼伙食委员。一路上，常常替别人扛枪、背背包；宿营时，忙于操办伙食，还把亲自做成的饭菜端到伤病员面前；遇有空袭或战斗，更是不顾个人安危，做好掩护和救护工作。到达目的地后，获支队党委嘉奖并授予模范共产党员称号。

1940 年至 1944 年，波涛先后任晋察冀边区北岳第一专区抗日联合会副主任，晋察冀边区农民协会干事，参加了“自己动手，丰衣足食”的大生产运动。1944 年 7 月，中共中央决定从晋察冀边区抽调一批河南籍干部南下开辟豫西抗日根据地，波涛的申请被批准。9 月，他随皮定均、徐子荣率领的豫西抗日先遣支队抵达临汝大峪店，他被分配到家乡蟒川做抗日统一战线工作。当时敌顽如麻，形势险恶，在当地党组织支持下，他白天隐蔽，夜晚走访、发动群众，不久就打开了局面。他还带领郭光道等人，在摸清敌情的基础上，精心绘制了焦古山、蟒川、滕店一带以及通往南山的地形地势和敌军兵力分布详图，为后来皮定均纵队解放背孜街、开辟新根据地提供了重要依据。

1945 年 5 月后，波涛随河南军区司令员王树声将军的抗日部队驰骋在豫西山区鲁山、汝阳一带，扩大革命根据地，抗击西侵日军。他曾以共产党员的公开身份，先后 3 次到拥有 800 多条枪的河南第五保安旅旅长焦道生和滕店地主武装头目郭宣卿家里，动员他们一致抗日。经过刘波涛说服教育，焦、郭二人不仅不骚扰抗日根据地，而且允许中共抗日人员在焦家聚会、住宿，几次为八路军的行动提供方便。不久，临汝县抗日民主政府在汝河以南建立，孔祥祯任县长，刘波涛任副县长，县政府就设在波涛家里。10 月，波涛又随部队继续南下，并留在桐柏山区工作一段时间。1946 年 6 月，国民党大举围攻中原解放区，波涛在突围时与部队失去联系。后来，他与战友张廷林、杨春长等 3 人昼伏夜行，历尽千辛万苦，终于在年底回到晋冀鲁豫中央局所在地冶陶。

1947年1月，波涛奉命再次南下，并受豫皖苏区二地委派遣，到郸城开辟新区。当时的郸城，处于鹿邑、淮阳、沈丘3县接合部，属“三不管”地区，土匪、地主武装猖獗，国民党新五军和交警二总队穿梭活动，形势十分险恶。波涛等人不畏艰险，深入发动群众，壮大武装力量，于2月初建立了沈鹿淮县，吴忠培任县长，刘波涛任县委书记兼县大队政委，下辖郸城、巴集、秋渠3个区级政权。3月3日（农历二月初十），波涛带领县大队两个班，住在郸城西南罗楼村开展群众工作，为土地改革做准备。由于反动地主告密，地主武装配合国民党鹿邑县自卫团300余人，于4日凌晨包围了该村。波涛面对10倍于己的敌人，镇定自若，迅速处理好随带文件，组织力量突围。因天将破晓，他断然决定：由大队副胡立克带队突围，自己和两名战士负责阻击掩护。他说：“能多保留一人一枪，也是对革命的贡献。”于是，他数次主动出击，故意暴露目标，将敌人火力引向自己。终因寡不敌众，壮烈牺牲在村西路口。时年32岁。

当地群众含泪掩埋了烈士遗体。10天后，沈鹿淮县民主政府主持召开追悼大会，并备棺重葬。郸城建县后，将波涛遗骨移葬于县烈士陵园。

刘德昌

刘德昌（1918—1998），今安阳市滑县上官村乡后刘村人。1939年10月参加工作。1943年元月加入中国共产党。历任冀鲁豫军区第4分区材料股股长、情报支站副站长、情报处外勤秘书、冀鲁豫社会部外线科副科长。参加过抗日战争和解放战争。

建国后，历任平原省公安厅机关保卫科副科长、管教科副科长，河南省公安厅管教科副科长，省政法办公室秘书，平顶山市监察局局长、劳动局局长，许昌地区检察院第一副检察长，1964年10月至1968年4月任扶沟县人民政府县长。“文革”后，任新乡市税务局副局长、新乡市中级人民法院副院长。

1984年9月离休，1998年病故。终年80岁。

他在扶沟任职期间，了解到该县农贸集日过于频繁和由此而导致的多种弊端后，断然颁布政令：改每周多集制为每周一集制。事实证明：该项改革的成功之处在于既保护了广大农民群众从事农贸交易的积极性，又在很大程度上促使农民群众把主要精力和时间用于发展农业生产上。

他结合扶沟本地实际情况，借鉴兰考经验，推广种植毛白杨和泡桐树。为改良土壤，提倡以淤压沙的治理方法。带领全县人民兴修水利，增强抗旱及排涝能力。

他注重机关干部的廉洁和领导干部的自律。下乡不乘公车，不带随员，他一人或骑车、或步行于村头田间，深入实际，了解民情，深为广大干群称颂。

刘福林

刘福林，字得五，清末扶沟县人。刘福林秉性忠厚勤劳，好善乐施，尤其喜欢栽树，附近方圆20余里的寺观庙地，他都自购树苗，亲自栽培，亲自灌溉，成材之木可充任栋梁者不下千株。因此，凡是公产之地皆树木葱郁，远近称颂。

刘更寿

刘更寿，字锡眉，安徽省庐江县人，清副贡。清光绪二十八年（1902年）任陈州（今淮阳）知府，光绪三十年（1904年）调河南府，光绪三十三年（1907年）回任陈州知州。淮阳中学创始人。

刘更寿自幼聪明好学，博览群书。及长，深受西方科学和民主思想的影响。他从政清廉，兴学为先。任陈州知府时，适逢清廷下谕，所有书院于省城均改设大学堂，府厅直隶州改设中学堂，州县改设小学堂。翌年，更寿即就柳湖书院并购文昌宫以西民房（今淮阳一中西南隅）创办陈州府中学堂，学额50名，附设小学堂1班，学额20名，合取“七十子”之意。（“七十子”指春秋时大教育家孔子门下弟子三千，贤者七十，史称“七十子”。）更寿家中富足，就以薪俸资助学堂，不敷用时便向家中索取。在学堂抱柱上，他撰写了一副楹联：“二千石自信未能，幸淮水东流，不带渣滓污故土；七十子同心向学，看柳湖西畔，遍栽桃李待成才。”上联抒发了他殚精竭虑教育治国的远大抱负，下联寄托他渴望莘莘学子成才报效祖国的美好愿望。

刘更寿创办的陈州府中学堂，后屡经迁徙相继改称河南省立第四中学、省立第三中学、省立中山学校、省立淮阳中学、淮阳五七学院，1978年定名为河南省淮阳中学，是河南省重点中学之一。

刘广然

刘广然（1907—1948），鹿邑县试量乡马刘庄人，世代务农。1947年初，中共区工作队到试量领导群众斗地主反恶霸，刘广然积极参加，被群众推选为农会会长。同年3月到区队当战士。9月，区队在高集北与国民党县联防队100多人遭遇。区队只有20多人，力量悬殊。撤退中敌马队紧追不放，紧要关头刘广然断后掩护，用步枪打死敌骑兵1人，使其不敢追赶。

1948年2月，联防队左瞎子部200余人驻扎在丘集西北阎张庄。由于侦察失误，区队前去包围攻打。左部匪徒闻听八路军来到赶快越墙逃跑，到了村外后发现区队人少，又整队反扑，双方展开激烈战斗。由于寡不敌众，区队决定撤退。刘广然隐于麦秸垛后阻击敌人，掩护部队转移。最后刘广然被敌人团团包围，壮烈牺牲。

刘国权

刘国权（1917—1948），字子威，曾化名刘磊、柳威、刘淼，鹿邑县高集乡人。1931 年考入归德府（今商丘市）中学。1935 年考入四川国立大学。在学校革命者的影响下，于 1937 年 4 月参加共产党领导的军队。1938 年加入中国共产党。1939 年 3 月被派往豫皖苏军区情报处负责搞地下工作，以《开封晚报》记者身份活动于豫东、皖北等地方国民党军政机关，收集情报。1944 年秋到洪泽湖国民党某部王松先团采访，对王松先反复做思想工作，使王毅然跟随杜新民师长率部投于张爱萍部。日军投降后，他先后在柘城县中学和归德师范学校以教师身份在师生中发展党组织，为革命队伍培养输送人才。他配合党的土地改革政策，把自己家的 100 多亩地分给了农民。他指挥成立了农民武装，从中挑选优秀者输送到解放军部队。1947 年 2 月，刘国权带领农民武装，配合解放军，里应外合解放鹿邑。

1948 年 9 月，由于叛徒的出卖，刘国权在归德师范被捕，以共产党员要犯解往“剿总”监狱时，惨遭杀害。尸骨被友人秘密葬于徐州子房山。

刘国玺

刘国玺（1920—2000），今扶沟县崔桥镇人。出身于农民家庭，粗通文字。1936 年逃荒到陕西，以拉黄包车为生。在此期间，经常和八路军驻西安办事处的人接触，受到共产党的熏陶，吸收他为党的地下交通员。1937 年 11 月，在陕西省渭南县头骨庄加入中国共产党。后因形势需要，返回故里。曾先后任鄢扶县大队大队长，扶太西县大队大队长，水西独立营营长等职。1951 年，随王其梅进藏，曾任西藏军区生产科科长，八一农场场长，运输大队大队长。1962 年，调任西藏林芝地区农场场长。他参加过抗日战争、解放战争及中印边境反击战。荣获 3 枚战斗勋章，享受副师级待遇，1982 年离休。2000 年 8 月病故，享年 80 岁。

刘华飞

刘华飞（1919—1961），曾用名杨森奎，河南省宝丰县杨木寨村人。幼年丧父，随母落户泌阳县大杨庄，跟着继父生活。11 岁时，受雇给地主放猪、放牛、做杂活。15 岁在方城一个小窝班学唱戏，后流浪叶县、遂平等地，乞讨为生，尝尽人间悲苦。

17岁时在确山参加王国华领导的豫南工农红军游击队。他立场坚定，遵守纪律，服从命令，作战勇敢，很快被提升为班长、排长。1937年7月，由王国华介绍加入中国共产党。

1938年秋，豫南工农红军游击队主力调豫东开辟敌后抗日根据地，被改编为新四军4师6支队31团，他先后任连长、营长、团长等职。一直转战于豫皖苏边区各个战场，屡立战功。在战斗中，他身先士卒，敢冲敢拼，人送绰号“杨傻子”。日伪军一听说“杨傻子”，无不胆寒。

1946年冬，华飞奉命到华东军区党校学习。由于文化基础差，上课听不懂，笔记记不上，学后记不住，8个月的学习生活，使他消瘦了许多。他常说：“学习比领兵打仗还难。”他是个不服输的硬汉子，一时学不会，就起早贪黑，加班加点地学，借别人的笔记抄，向学得好的人求教，直到把难点攻克才肯罢休。就这样，他以惊人的毅力，圆满地完成了学习任务，结业时取得了优良成绩，各科考试均在90分以上，赢得了师生的好评。

1948年初，中共河南省委任命刘华飞为中共西华县委书记兼县大队政委。当时的西华，遍地蒲苇，草深没人，一片荒凉。外逃灾民纷纷返里，住在芦苇搭成的草庵里，衣食无着。政治状况是泛区才告解放，逍遥还驻着国民党县政府及其武装，土匪、反动势力互相勾结，在县境内骚扰。面对这严峻的现实，他采取了紧急措施：首先加强县大队和各区队的武装建设，并发动贫雇农和积极分子建立各乡村的民兵组织，使社会治安得到维护；其次是帮助灾民解决生活和生产中的困难，一面组织自救，深入发动群众，利用泛区的优势，割蒲草、芦苇，运往非灾区换回粮食、红芋，动员妇女纺线、织布换取日用品，一面向上级请求援助，并派出大批干部到已解放的地区征粮、运粮、募捐、借贷。上级给西华发放救济粮60多万斤，有些低洼地区道路不通，粮食不能直接发放群众手中，华飞就带领干部，一起背粮、扛粮，及时送到群众家里。由于他和全县干部的艰苦工作，战胜了特大灾荒。

为了鼓励群众开荒种地，迅速恢复黄泛区生产，他大力宣传省政府颁布的“泛区废除旧地权，实行垦者有其田”，“谁开谁种、谁种谁收、三年不纳粮”的垦荒政策。大大鼓舞了群众开荒的积极性，也促进了外逃灾民迅速返乡生产、重建家园。至1949年，大部分灾民返回家乡，全县开荒94万多亩，全种上了小麦，次年夏收获得7670万斤的好收成。初步恢复了生产元气。

为了改变生产条件，根治水患，改造飞沙，华飞组织上百名干部，深入全县各地，对洪涝、河沟、飞沙等进行实地调查。他亲自骑马历经半月，行程2500多里，考察了全县的地势、沟河流向、大片积涝区。县委县政府根据调查的实际情况，制订了治水、治沙的全面规划：第一步防洪除涝，结合兴利；第二步大搞兴利，结合除涝，搞植树造林，防风固沙。根据上级指示，他组织以工代赈多次治理颍河，并开挖了清流河、重建沟、双狼沟等颍河支流，疏通西华境内颍河80多华里，基本上消灭了颍河流域50多万亩耕地的内涝灾害。

1952年，华飞调离西华，任中共淮阳地委组织部长。1953年任国营黄泛区农场副场长兼河南省西华县拖拉机站站长。1956年9月任河南省委农村工作部农场管理处处长。1958年任河南省农业机械化学校校长兼校党委书记，1960年调任河南省农机局副局长。

1961年4月，华飞受诬陷，被非法拘禁4个月。8月，中共河南省委得知情况后，立刻派人把他接出来，并给予安慰。由于残酷的迫害和过度的气愤，在关押期间得了急性黄疸肝炎，经医治无效，于1961年9月去世。终年42岁。

刘惠普

刘惠普（1889—1972），又名洪恩，今淮阳县城关回族镇人。幼年攻读经史，后历任小学教员、店员、司账、经理等职。建国后曾任淮阳县工商业联合会主任委员，政协淮阳县委员会副主席。

青年时期适逢列强侵华，国耻累累，官绅腐败，兵匪横行，他不忍目睹国运日衰、生灵涂炭，立志振兴经济，实业救国。1930年，他弃学从商，开办“中兴裕”油行，兼营蚕丝手工业。1938年，淮阳县城沦陷，他被迫携眷族居界首、水寨、漯河等地，继续经销粮油、杂货。为抗击日本侵略者，先后送子女4人赴革命圣地延安。1945年日军投降，他在项城与人合资开办“义成”烟厂。1946年，烟厂遭国民政府军抢劫而倒闭，他转至漯河经营杂货。1948年，淮阳县城解放，惠普回归故里。建国初期，淮阳县人民政府号召工商界人士集资合股组织公私合营“利民”煤炭公司，他积极响应，被任命为经理。1956年在工商业社会主义改造中，他带头执行党的政策，主动将财产捐献给国家，捐股金1000元、银元106枚、黄金1.3两、公债券200元，商号门面18间，住房16间。同年被推选参加省工商界赴京学习参观团，受到毛泽东主席、周恩来总理和国家其他领导人的接见。

“文化大革命”中，惠普遭诬陷被抄家，身心受到严重折磨，1972年含冤逝世。中共十一届三中全会后，淮阳县委对刘惠普的问题重新作了审查，1979年7月为其公开平反昭雪。

刘基干

刘基干（1921—1975），原名国良，今商水县平店乡平店村人。1937年参加革命，后加入中国共产党。1938 年 4 月在周家口参加抗日训练班，任班长，后任西华、槐店抗日游击队副队长。1945 年春，任华中局组织部交通科副科长时，克服重重困难，护送参加中共七次党代表大会的代表安全到达延安。

中华人民共和国成立后，历任烟台市副市长、上海市委行政处处长等职。1959 年反右倾时，被错误地开除党籍。1963 年下放到上海粉末冶金厂。1975 年因病去世，时年 54 岁。

1980 年，中共上海市委为刘基干平反昭雪，恢复党籍。

刘继彬

刘继彬（1918—1948），今淮阳县郑集乡烟刘庄人。1945 年 8 月参加革命，1947 年奉命回淮阳县任县支队侦察班班长。一次，他和几名战士来到城西龙路口一带，发现龙路口东边十几辆炮车陷在泥水中。刘继彬一边派人向支队报告，一边装作当地群众向炮车群接近。敌人问他是干什么的，哪里人，继彬说是附近种地的。敌人叫他回村找人，牵牲口拉炮车。继彬问："你们有多少辆车？需要多少人？"敌人找人心切，便一五一十地告诉了继彬。继彬弄清了实情，乘敌兵不备，抄小道飞速回队。县支队根据刘的报告，当即出动向炮车隐蔽进发。县支队的突然出击，使敌人乱作一团，乖乖当了俘虏。这次战斗，毙敌 70 多人，俘敌百余人，缴获步枪 100 多支，机枪 17 挺。

1947 年秋，县支队派刘继彬带两名战士进城侦察敌情，要求抓一"舌头"回来。刘继彬同战士装扮成农民进城后，刚走到一家修表店门口，忽听有人说："专员出来了！"刘继彬抬头一看，见专员张镇江带着秘书和勤务兵在大街上游逛。刘继彬向两名战士使个眼色，三个便尾追上去。到城隍庙后小街上，刘继彬看四下无人，一打手势，三个猛跨步上前，一齐拔出手枪顶着敌人的腰部，低声喝道："不许动，我们是解放军！"专员等 3 人吓得魂飞天外，双手举起。刘继彬命令道："快带我们出西门！"张镇江认为这几个解放军是怕岗哨盘查，让送出城去，便乖乖地向西门走去。出城门时，敌岗哨见专员驾到，个个立正敬礼。当走到西关西头时，张才感到不妙，赖着不走，刘继彬用枪狠狠顶一下他的腰，逼他过西大堤。为行动方便，就地处决了勤务兵，并派一个战士回支队报告。在支队的接应下，刘继彬把专员、秘书押到支队驻地，审讯后送往军区。之后，豫皖苏军区授予刘继彬侦察英雄的称号，奖给他手枪 1 支、皮大衣 1 件，并任命刘继彬为侦察排排长。

1948 年 10 月，刘继彬在执行任务时被郭馨坡部便衣队逮捕。在太康县老家刘屯村，匪徒们割掉他的鼻子、舌头，逼他交代县支队情况，继彬踢翻桌凳，宁死不说半个字。敌无奈，将其肢解。继彬壮烈牺牲。

刘家庆

刘家庆（1893—1953），今西华县逍遥镇人。国民党员、民社党员、红帮分子，保定陆军军官学校毕业。毕业后在张学良、刘镇华、卫立煌等部历任排长、少校副官、旅长、上校副官处长、少将高级参议、警备司令、五县动员区司令、省参议员等职。1932 年任刘镇华部上校副官处长时，参加截袭、追击红四方面军徐向前部。1933 年任刘茂恩部上校交通处长时，积极运送粮秣、武器、弹药，支持卫立煌“围剿”潢川、麻城、六安解放区。1939 年任第一战区司令部少将高级参议，1942 年任郑漯警备司令。1944 年任西华、临颍、郾城、西平、遂平 5 县动员区司令时，镇压农民暴动，屠杀无辜灾民，罪大恶极。建国后，西华县人民政府于 1953 年将其镇压。

刘建功

刘建功（1918—2008），西华县黄桥西湖村人。1937 年 10 月加入中国共产党，同年参加西华人民抗日自卫军，任大队政治委员。1938 年以后，历任新四军连指导员、营教导员、团政治处主任、团政委，陆军 21 军 61 师政治部主任、副政委、政委，21 军政治部主任、副政委、政委，兰州军区政治部主任、副政委、顾问等职。1983 年离休。

刘金忠

刘金忠（1915—1996），今淮阳县城关回族镇人。出身贫寒，祖祖辈辈靠磨豆腐卖豆芽为生。1946 年，他在淮阳中共地下党组织的培养教育下走上了革命的道路，秋天加入中国共产党，任农民协会会长。

1947 年，他配合南关镇镇长高孝言，依靠群众，按照政策，镇压了土匪头子孙六和保长陈绍堂，为人民除了大害，巩固了人民的政权。1948 年，他组织民兵方万海、方殿伦、尚民法、葛园栋、张文忠等人，成立运输队，为刘邓大军运送粮草，组织以金学青为首的妇女会，给解放军做军鞋、袜垫和慰问袋。

1949 年建国前夕，土匪恶霸活动猖獗，他带领民兵日夜巡逻，为保护人民生命财产常常几天几夜不睡觉。发动街道群众参加巡逻队，看家守夜，维护治安。还组织了以马帮义、尚兴才为首的儿童团，站岗放哨，查防坏人，查反动会道门的破坏活动，查贩卖毒品行踪。

建国后，他带领群众成立互助组、农业合作社，走集体道路。1996 年因病去世，终年 81 岁。临终前他嘱咐儿女们："丧事要从简办理：不请唢呐，不扎社火，不用花架，不行旧礼。"

刘乐亭

刘乐亭（1893—1968），原籍河北涿县。幼读私塾，13 岁从师学习建筑。他天资聪敏，刻苦钻研，又受名师指教，18 岁已颇有技艺。1919 年任北京一木工家具厂领工，人称"刘头"。1936 年初，应李鸣钟之邀，到槐店为李设计建造住宅（人称"李公馆"），两年建成。后与扶沟一逃荒妇女结婚，在沈丘定居。1941 年任槐店联中劳作教师。次年，该校并入国立二十一中界首第一分校，刘随转校继续任教。抗日战争胜利后，复回槐店在李鸣钟官邸服役。1953 年至沈丘县一中任工友，1959 年调烈士陵园任管理员，逾年仍回一中。1968 年 10 月 15 日去世，终年 75 岁。

刘乐亭多才多艺，以能工巧匠著称。善木工，精园艺，对竹、扎、油、绳、泥、石、画诸艺无所不通。设计并领工建造的"李公馆"为其代表作。此宅前的高大门楼上，砖雕 2 幅，木雕 4 幅，有八仙图与虎、凤等栩栩如生。牡丹怒放，含笑迎宾，葡萄晶莹，含浆欲滴。宅中为一连 3 节四合院，各院正堂 7 间，东西厢房各 3 间，左右各有角门 4 个。3 节院落南北相连，各院各室，走廊互通，穿室越院，遮日挡雨。后为大花园，建吸虹式轧水井 2 眼，西有小花园，建有卷毛式观花厅 1 座，厅后书房 3 间，另建有厨房，役人住室近 20 间。整个建筑严谨高雅，具有北方民族建筑特色。房宅建成后，刘乐亭除亲手设计、培植大小花园的奇花异草外，又在各个院内栽植丹、桂、紫荆四季名花，常年郁郁葱葱，花香不绝。刘乐亭到沈后，还设计建造有国民党安徽省地方银行，中共郸城县委、县政府办公室、住室，沈丘县银行营业楼，沈丘县烈士陵园和人民戏院等建筑。他亲手建造的烈士陵园纪念亭，飞檐挑角，古朴壮观，堪称艺术珍品。

刘乐亭到一中担任工友时，已是 60 高龄，常为各科教师制作教具，或看图仿制，或按教师授意创制，无不精美适用，深受教师称赞。制作的平板仪、日光钟、日光灶、百叶箱、圆规、三角板、量角器、各种几何体模型等教具，皆可与国家配发的教具媲美。他亲手制作的教室门窗，久不变形，他油漆的暗光黑板经久耐用，板书清晰。他为学校养蜂，蜂蜜产量高，质量好。他精通多艺，被人们誉为"巧刘头"、"百事通"。

刘乐亭技广艺精，使不少人慕名投师。刘在沈丘定居 30 年，收徒 10 余人，有木工、泥工、油漆工、园艺工。他授徒认真，要求严格，虽态度严厉，令人生畏，却人人心悦诚服，尊而亲之。其生前同事、学生、徒弟，每每谈及，无不交口称赞。

刘茂林

刘茂林（1882—1941），字竹轩，今项城市孙店镇汝阳刘村人，是一位技艺高超的制笔名手，也是民国时期非常活跃的中共地下工作者。曾任中共汝南南区区委委员、和孝中心区委委员、汝南县委委员。

民国时期，汝阳刘村是个土地不多的贫瘠小村庄，很多人没有土地。但却是远近驰名的毛笔之乡，村中建有毛笔发明祖师蒙恬的庙。村里的人多靠制笔和卖笔为生（毛笔制作一般都是作坊式的，自制自卖）。虽然卖笔得些钱，但除去成本投入，生活并不富裕，多数人家在温饱线上挣扎。有民谚形容当时的汝阳刘人：“做笔十年不富，一年不做就穷。”

刘茂林从小就被父母送去投师学艺。他从取毛、洗毛开始，又学梳毛、择毛……起早贪黑，吃苦受累，把70多道毛笔制作工艺学得烂熟。出师后，凭一手精湛技术，很快创出了名声。他没有本钱设立笔庄，只能以自己的名字做产品的名号，在制作的毛笔笔头根部口外，精心雕刻“刘茂林制造”的手戳字样。

30岁以前，刘茂林已驰名于汝南、项城、上蔡、新蔡等地。

豫东农村，男人们有吃饭偎堆的习惯，地点往往选在村头大树下或麦场边，俗称“饭场”。一次，在饭场吃晚饭时，有人叹息说，风风雨雨跑了几年，卖毛笔攒的钱还是买不了一分地——购置田产是那时汝阳刘制笔人的最高追求，多数人卖笔攒点钱，总想着用来买地。这时刘茂林却接过话茬说：“买啥地？有的是地，不用买。将来是耕者有其田，每人都有一份。”这话令饭场里所有的人都感到不理解：“每人白分一份地，可能吗？”原来，长期的生活现实，使刘茂林逐步认识了社会，确立了革命思想。1931年，他在汝南（1930年，他把家搬到汝南县城）加入了中国共产党。入党后，一直从事党的秘密联络和宣传工作，常年以卖笔作掩护，游乡串馆，奔波于汝南、项城、新蔡、上蔡、确山、正阳之间，活动于和孝、马乡、常兴、金铺、代塔和汝南城关等处。经常巧作比喻，算账对比，以通俗的道理、确凿的事实，启发群众觉悟，宣传党的主张，是党的一位积极活动家。

1939年，刘茂林以基督教徒的公开身份，担任着中共汝南县委委员的职务。按照县委决定，他在汝南城内考棚街南口（西大街警厅门路北）开设“天顺斋”笔庄，作为汝南中心县委的秘密联络站。汝阳刘村制笔艺人刘鸿勋曾到那里找他交流笔艺，在“天顺斋”住了10个月。这期间，刘鸿勋按刘茂林的要求，曾多次深夜到汝南东关买馍，可买回来馍又不见有人出来吃。有时听到有人说话，却不见人影。他感到好奇，就问刘茂林：买这么多馍干啥？刘茂林说：这事你不要过问。入冬的一天，国民党军警突然闯进“天顺斋”搜查，结果一无所获。后来刘鸿勋见有个生人从厨房里出来，悄然离开“天顺斋”。他想：军警搜查的可能就是这个人。但他想不明白的是：厨房并没地方藏身，这人又是如何躲过国民党军警搜查的呢？某天他到厨房烧开水，清除灶膛积灰时，一揭火篦，才发现火篦下有一个大洞。刚好刘茂林从厨房经过，刘鸿勋忙向他讲了自己的发现。刘茂林再三严禁他不要对别人说，他只好把这事闷在心里。直到1991年，《项城文史资料》资料员刘家典、刘子毅，找他座谈刘茂林烈士的事迹，他才把这事讲出来。

1940年冬，“天顺斋”笔庄已成为中共汝南地委的秘密联络站。由于汝南县委出了个叛徒马鸿猷，刘茂林不幸被捕。可是国民党军警未得到刘茂林从事地下活动的任何证据，加上刘茂林据理力争，军警无法结案。1941年春节前夕，日军进犯汝南县城，国民党政府在仓皇逃离时，将刘茂林释放。刘茂林出狱后，继续在汝南做中共秘密联络工作。

1941年4月，刘茂林暴露了身份，第二次被捕入狱。严刑拷打下，他始终坚贞不屈，表现了共产党人的高尚气节。5月下旬（农历端阳节），被解往漯河五里庙国民党13军军法处监押。他入狱即参加绝食斗争，军法处拿他毫无办法。6月6日，刘茂林在狱中被杀害，终年60岁。

刘茂林有3个儿子：伯英、奎英、冠英。他牺牲后，儿子们被迫潜逃隐匿，被地下党转移到正阳落户。建国后，经组织部门调查核实，追认刘茂林为革命烈士，其子孙为革命烈属。

刘庆功

刘庆功（1903—?），今鹿邑县辛集镇辛集村人。8岁入私塾读书。1920年随父刘忠启习兽医。1924年，姜桂题部驻鹿邑，营长岳德功见刘庆功医术高明，便带他随军医马。约1年，部队整编，刘返家续操旧业。他医术精湛，很多痼疾顽症，逢刘便起死回生，同业者为之叹服。1949年当地牛瘟流行，牵牛就医者甚众。他一次看病牛10多头，多化险为夷。

1950年春，刘庆功在全县200名兽医考核中独拔头筹。晚年声誉更高，群众为之谚曰：“要治牲畜病，必请刘庆功；不经刘庆功，心里不安生。”

刘书珍

刘书珍（1862—1936），字聘卿，号东坪，太康人。出身中医世家。幼承家教，后拜名医张老瑞为师。他医术超群，医德高尚，求其治病者门庭若市，行医遍及豫东、豫南、皖北等地。经他医治，“久病者，起；几死者，生”的医例举不胜举。1922 年，太康县霍乱病大流行，到他家看病的人特别多。刘书珍与其子昼夜应诊，来者不拒。对远道而来者，安排食宿；对无力付钱者，免费施治。由于他们的努力，拯救了方圆十几里内成百上千人的性命。

有一次，袁世凯的婶母身患重病，多方医治无效，慕名请刘书珍诊视。刘切脉用药，使其病一剂（药）见轻，三剂痊愈，七八天康复如初。袁府感激万分，赠送题有“功同良相”的匾额一块和袁克定（袁世凯之子）亲书红缎中堂一幅。

刘书珍一生凭精湛医术，救人无数。为致谢意，地方政府和群众给他送了许多书有“风追仲景”、“济世救人”、“妙手回春”、“起死回生”的匾额，并为其勒石立碑。1936 年 10 月 24 日刘书珍病逝，享年 74 岁。

刘肃正

刘肃正（1921—2007），今山东省长清市赵官镇刘庄村人。1938 年 8 月参加工作，历任村抗日自卫队队长、武委会副主任、区委书记等职，1939 年 6 月加入中国共产党。1948 年到河南淮阳县槐寺区任区委书记，继任淮阳地委办公室秘书。1950 年 6 月任扶沟县委副书记，次年 4 月主持全面工作，1952 年 3 月至 1955 年 6 月任中共扶沟县委书记。后调任中共许昌地委宣传部部长。1973 年后历任南阳地区革委会副主任、地委副书记，河南省文化局副局长，河南省文物局局长，河南省人大常委。1989 年离休，2007 年病故。

在扶沟任职期间，他领导全县人民开展反霸、镇压反革命和土地改革斗争，安定了社会秩序，巩固了新生的人民政权。实行生产自救及粮食统购统销，成立了互助组、初级社，发展了农业生产。参与筹建国营黄泛区农场。在县城建扶沟一中，努力发展教育事业。创建扶沟县发电厂。在全县各区安装了电话，在县城内安装了有线广播喇叭。召开扶沟县第五、第六届各界人民代表大会，为以后扶沟县人民代表大会和政治协商会议的召开奠定了基础。为扶沟人民作出不可磨灭的贡献。

刘协进

刘协进（？—1951），字和斋，以字行，今郸城县双楼乡人。幼时家贫，读过书，有文化。先是中共党员，后为国民党员。

1928 年 12 月，在鹿邑县城读书的刘协进被到鹿邑开辟地下工作的中共党员李梅村、江梦霞发展为鹿邑县第一批中共党员。1929 年春，鹿邑县第一个中共党支部成立，刘协进任组织委员，不久刘任鹿邑县第一小学党支部书记。1932

年中共鹿邑县党组织遭到严重破坏，党的活动被迫中断6年之久。

1934年，国民党在鹿邑县成立核心组织复兴社，已脱离中共党组织的刘协进成了复兴社成员，并成为复兴社鹿邑县分社负责人之一。后加入国民党，并担任了国民党的区长。1940年7月，刘协进升任国民党鹿邑县城沦陷后设在石槽（今属郸城县）的县党部书记长。1942年10月，刘曾去西安参加国民党中央组织部举办的党训班，接受反共教育。1944年兼任县党部和县政府联合组织的鹿邑县县党政工作团副团长。到1947年鹿邑县区党部发展到7个，区分部发展到38个，小组发展到88个。

1947年2月1日，鹿邑县城第一次解放时，刘协进扮成商人混出县城，经淮阳、漯河、郑州，辗转到开封，向国民党河南省党部执行委员会代主任刘锡五和书记长张藏青报告鹿邑守城经过。1948年6月，刘协进南逃浙江兰溪。1949年6月潜回开封，9月10日向公安机关投案自首。

刘蔚同

刘蔚同（1905—1982），太康县人。1929年毕业于同济大学医学院。1934年在德国慕尼黑大学皮肤病医院从事皮肤性病研究。曾任中华留德学生会会长。1936年获医学博士学位。1937年回国，历任河南大学医学院、陕西医专、西北大学医学院皮肤花柳科教授，河南大学医学院附属高级护士职业学校校长，陕西省卫生处处长，陕西省卫生试验所所长，陆军军医学校第1分校皮肤花柳科一等军医教官等职。建国后，先后任西北医学院、西安医学院皮肤科教授、教研室主任、麻风病研究室主任，中国人民解放军19兵团名誉教授，西安医学院教育工会常务委员、副主席，西安医学院第2附属医院工会主席，全国政协特约委员，陕西省政协委员，1951年参加中国民主同盟，曾任民盟陕西省委员会委员，民盟西安医学院支部委员。1956年加入中华医学会，任中华医学会皮肤科学会常务委员，《中华皮肤科杂志》编委，中华医学会陕西分会理事、皮肤科学会主任委员，《陕西新医药》杂志编委等。1982年逝世，终年77岁。著有《淋病分泌物中类脂体的研究》、《甘肃天祝坐牢区性病防治报告》、《蒸发罨包封急性湿润性皮肤病的介绍》、《引起急性女阴溃疡的粗大杆菌初步研究》、《皮肤病药物学概要》、《皮肤病与性病学》（主编）、《实用皮肤病学》等。

刘文蔚

刘文蔚（1879—1951），字象豹，号隐山，今淮阳县城关回族镇人。清末附生。20岁时即在县内设馆授业，执教50余年，尤擅长行草书。民国时期为豫东一带书法名人，是书法家何仰羲之师。建国前曾于省府开封举办个人书展，其作品被争相收藏。所书“大而化之”、“抱一为式”两块巨匾，悬挂于太昊陵统天殿前檐下，目睹者无不称赞。所书“国粹”二字，颇有大家风范，曾作为中国书法学校的鉴赏品，因此，被追记为中国书法学校荣誉学生。曾参与编修民国5年（1916年）、22年（1933年）《淮阳县志》，并为民国5年版《淮阳县志》书写序文。1992年《河南书法史》记载为清末民国时期豫东书法三位代表人物之一。

刘晓初

刘晓初（1924—1948），原名永彩，字久光，郸城县宁平镇三刘庄人。7岁入宁平小学读书。在校勤学好问，成绩优良，且性格开朗，爱好广泛，深得师生喜爱。但其家境贫困，父亲双目失明，常因忙于农活而几度辍学，致迟迟未能毕业。九一八事变后，抗日救亡热潮席卷全国。晓初在进步师生影响下，幼年即投身于抗日救亡宣传活动。在宣传队里，他学唱抗日歌曲，练习各种乐器，为学会拉胡琴，手指磨出血泡而练习不辍。不长时间，就成为全校闻名的出色宣传员，吹拉弹唱无所不通的“多面手”。

1938年冬，鹿邑县委派民运指导委员、共产党人李子木在宁平小学举办抗日干部训练班，刘晓初踊跃报名参加。训练班学员一面学习，一面工作，在宁平、汲水一带发动群众，组织“民众抗日自卫团”、“妇女救国会”，为抗日救亡事业作出贡献。由于晓初表现突出，刚满15岁，李子木就介绍他加入了中国共产党，成为当地早期秘密党员之一。1939年春，晓初被调到鹿邑县城做宣传工作。5月，形势恶化，中共党组织撤离，晓初被留在当地坚持工作。

1942年至1944年，晓初先后考入设在安徽太和县的鲁苏豫皖边区战时中学和该校增设的师范部求学。1944年秋，学校西迁，他返回宁平小学任教。其间，他身在课堂，心忧天下，经常在师生中宣讲国际国内形势和共产党的抗日救国主张，揭露国民党反动派的欺骗宣传，成为团结革命青年的中坚人物。

1946年10月，豫东纵队交际处处长李子木重返鹿邑县开展工作。一天，李在张集约见刘晓初，恢复了晓初的党组织关系，并任命他为联络员。1947年初，豫东纵队情报处（即原交际处）在三刘庄刘晓初家设立情报站，晓初为站长兼情报员。这年秋天，鹿邑县民主政府县长张笑南动员进步教师恢复宁平和张集小学，委派刘晓初任宁平小学校长。晓初以宁平小学校长的公开身份为掩护，开展情报联络工作，先后发展刘明增、刘永庆、牛心占等人为联络员或情报员。此外，还动员父亲、妻子和弟弟冒着生命危险，为党组织传递重要情报，出色完成各项任务。年底，军区主力部队转移，当地地主武装乘机反扑，宁平小学被迫停办。

1948年1月11日（农历1947年十二月一日）上午，晓初与妻子、内兄等乔装改扮，推着棉花车南行，准备到亲戚家暂避。行至五岔路南，被无赖韩湘亭发现。韩立即向地主武装头目王侠民报告了刘的去向，结果晓初等人被王侠民追回扣押在徐老家。王侠民亲自出马，先假意笑脸相迎，让他与妻子见面，妄图实现软化目的。晓初冷眼以对，紧闭双唇，坚不吐露党的机密。王恼羞成怒，凶相毕露，责令手下将他打得皮开肉绽，并使用老虎凳、火烙铁等酷刑，整整将晓初折磨了一个通宵。12日天将亮时，王于绝望中下了毒手，先剁去晓初十个手指头，又挑断双脚脚筋。最后，晓初被拉到徐老家东门外遭杀害。时年仅25岁。

1951年郸城建县后，中共郸城县委、县人民政府追认刘晓初为革命烈士。

刘振东

刘振东（1905—1946），今太康县城郊乡白塔刘村人。1929年8月，国民党讨逆军第13路军学兵团在太康招生，他考取了这个部队。在训练期间，接受马列主义，并加入中国共产党。

1931年秋，学兵团在河北唐山与张学良的部队作战溃败。刘振东回到太康，与太康县中共地下党组织取得联系之后，被编入县东党支部。1932年2月，县东党支部改选，刘振东任支部书记。

1934年8月下旬，上级党组织派中共豫东特委书记史少卿到太康，首先和刘振东接上关系。通过刘振东的介绍和郭效孟、杨灿瑜、郑文耀、张龙镇等取得了联系。其间，他们大闹县长周镇西上任4周年庆祝会，痛打了周镇西，打击了反动势力的嚣张气焰，群众拍手称快。

1935年2月，由于叛徒告密，刘振东被捕，被关押在开封监狱。敌人对他多次审讯，他始终没有泄露党的机密。1936年，进步人士郭中立仿刻太康城关伪联保的公章，保释刘振东等出狱。1941年秋，杨灿瑜托人把刘振东安排到高贤学校，以教书为掩护，继续从事党的地下工作。

1942年4月，刘振东到城郊石庄探望姨母，被伪保长得信告发。地主武装大队长郭传灵带人将他逮捕。关了几个月，看他病重，就把他放了。

1946年秋，刘振东在执行任务中被郭馨坡手枪队杀害，时年41岁。

刘子杰

刘子杰（1878—1940），今商水县城关乡刘楼村人。他出身贫寒，成年后入伍。在军中数年，提升到旅长。后转地方，先后任罗山县、遂平县县长。其间，他大肆搜刮民财，中饱私囊。1919年离职返家。在村里建起一座五门相照的深宅大院，购买5顷多地，成为小刘庄首富。后因贩毒，其家被官府查抄。从此他一蹶不振，郁郁而终。建国后，其宅先为城关区公所，后做学校。村民讽他“泡影之家”。

娄国清

娄国清（1919—1951），乳名向林，学名彦林，今扶沟县崔桥乡西娄村人。1938年投军到傅作义部，由于作战勇敢，逐级由勤务兵晋升为排长、连长、团长职务。在解放战争中，娄国清逐步认识到“只有共产党才能救中国”的真谛，发出了“觉悟我恨”的心声，义无反顾地倾向革命。1949年，娄国清率部随傅作义投诚，回到人民身边，并于年底加入中国共产党，成为一名解放军战士。1951年2月赴朝鲜参战，在五音山战役中壮烈牺牲。

卢翔九

卢鹏洋（1895—1967），字翔九，以字行，今沈丘县老城镇卢营村人。家殷富，自幼就读，聪颖过人。后习医，苦学成才，为沈丘名医。

翔九在而立之年，因爱女患疮疹，备尝庸医害人之苦，深感医学为救命之道，遂发愤研习岐黄之术。他博览群书，遍求医案，边学习，边实践，30多岁即以外科闻名乡里。应诊中，他渐觉外感温病发病多，变化快，危害大，且治疗颇为棘手，遂决心研讨温病。熟读吴又可、叶天士等清代温病学家的著述，尤对吴鞠通的《温病条辨》最为推崇，反复研读，细心体验，终成一代温病名家。

卢翔九给人看病，深恶单凭切脉诊断的恶习，对每例病患，他都施以“望、闻、问、切”，细心辨症。翔九思路敏捷，辨症用药，每见奇效。卢用药精而少，简而效，每方不过五七味，能迅速抓住主症，立即见效。有“手上巧，心中精，长于方”之誉。

卢从医40余载，虽术娴技精，未敢轻易示人。曾言“但人则传，非人勿言”，直至晚年始择优授徒。其收徒严格，传艺认真。对药性、汤头、脉诀、温病、伤寒、内经等亲自教授，令学生熟能背诵。虽重理论，却不泥教条，常言“良将可予人规矩，不可予人巧”。强调以理论为指导，临症发挥，随机化裁。

卢一生致力医术，驰名乡里，但受家庭出身局限，视政治为畏途。1967年自缢身亡。终年73岁。

卢振中

卢振中（1896—1974），字正甫，今扶沟县白潭镇卢家村人。自幼随名医王燕芝学医，出师后行医兼开药铺，悬壶济世。因其医德高尚，民众曾赠其“仁术在胸”匾额。建国后执医于白潭卫生院。他诊断细心，服务热情，先后当选许昌专区和河南省卫生战线群英会代表。

卢振中擅长中医妇科，有《正甫医集》手稿4卷传世。

卢子美

卢子美（1900—1985），今沈丘县李老庄乡卢庄村人。幼家贫，靠父母勤耕俭用，得读私塾8年。下学务农时，一家6口，仅有薄田3亩。生活所迫，于1922年入冯玉祥部当兵，后历任班、排、连长。卢步入军伍，受冯玉祥保国爱民思想的影响，国共合作北伐时，受共产党人马克思主义教育，思想倾向进步。

1930年蒋、冯、阎中原大战，冯军兵败，被蒋介石收编。卢任第26路军第27师80旅3团连长，调往江西宁都。次年7月，经军总参谋长赵博生和中共特别支部组织委员袁血卒介绍，卢子美秘密加入了中国共产党。卢入党后，积极从事党的地下活动，培养发展了同团5连连长董俊彦为地下党员。同年12月，在中共党组织的领导下，赵博生等发动了著名的宁都暴动。卢是暴动骨干，他与董俊彦率部把守宁都南关要害之地，完成了外线警戒任务。暴动成功后，部队转移到中央苏区，在瑞金城外沙洲坝，卢子美和参加暴动的十余名骨干人员受到毛泽东、朱德等的接见。此后，中央军委任命卢子美为中国工农红军第5军团13军9师27团团长。

部队经过短期整训，即投入“反围剿”的战斗。1932年2月，卢子美率部参加赣州战役，掩护红军第3、第4军团自赣州撤围。4月19日随中央东路军参加漳州战役，次日占领漳州。此役歼敌49师2个旅大部，俘敌1600多人，缴获甚丰。在龙岩、顺昌、水口、南雄、黄狮渡、黄陂、东陂等多次战役中，卢子美均很好地完成了任务。尤其在南雄战役中，卢以一个团主攻敌一个师盘踞的险要山头，战斗异常激烈。卢英勇奋战，身负重伤，仍坚持战斗，指挥若定，直至昏迷，被抬下火线，为保卫中央革命根据地作出了突出贡献，受到通报表扬。

1934年10月，中央红军开始了举世闻名的万里长征。卢子美率领27团担任全军后卫，牵制敌人兵力。10月至12月掩护红军主力突破信丰、粤北、湘南、湘江四道封锁线，于1935年1月到达遵义。经过整顿，红军继续北上，在四渡赤水和过乌江、渡金沙江等战斗中，卢子美率部出色地完成了后卫任务，为保卫全军，特别是保卫党中央安全突围起到了重大作用。1935年5月，卢子美调任第1军团第2师红4团团长，担任长征先遣团开路任务。5月25日抢渡大渡河后，为加快全军渡河速度，卢子美受命于29日抢占了泸定桥右岸桥头。

下午4时，卢命1营2连组成22名勇士参加的突击队，攀越铁索桥，攻占了左岸桥头堡。卢率红4团乘胜迅速占领泸定桥，保证了中央红军于6月2日全部渡过大渡河，创造了誉满中外的杰出战例。

是年6月中旬，卢子美随中央红军突破了国民党军的芦山、宝兴防线，接着翻越了终年积雪、道路险峻的夹金山，与红4方面军的先头部队在懋功县的达维附近胜利会师。此后，卢子美调到红1师2团任团长兼参谋长。6月至7月间一天傍晚，卢率警卫员赵德胜等外出侦察行军路线，被国民党军便衣队包围，卢与战士分头突围失散。黄昏时，卢按记忆的方向返回驻地，不料又遇敌便衣，不幸被俘。敌人审问他红军情况，卢称是刚被抓来的伙夫，一无所知。敌见他衣着破烂，视他为一般俘虏兵，让他担水扫地服杂役。如此被困月余，一天黑夜，乘敌不备逃出。时，红军已北上走远，踪迹难寻，加之白色恐怖，难以存身，无奈之下他只得沿途乞讨，辗转还乡。

卢子美不幸离开了红军，心境空虚，虽与家人团聚，犹觉举目无亲，终日忧心忡忡。多次试图寻找党的地下组织，打听红军的消息，均杳无音信。只好一面务农，一面耐心等待，盼能早日归队。1937年全面抗战开始后，卢归队心切，几年内数次外出寻找党和部队均未果。

卢子美数次奔波徒劳，对党的信念并未动摇，心想：虽暂时与党组织失去联系，但自己仍是共产党员，单枪匹马也要为党工作。他对苦大仇深的穷人秘密进行革命启蒙教育，向儿子以及李学贤、卢子香、王自立、刘庆深等乡亲宣传共产党和红军，鼓励他们团结穷人和土豪恶霸斗争，为革命培养了骨干，积蓄了力量。1947年春，人民解放战争推进到沈丘，党在刘庄店开辟新区，卢子美是第一个靠近工作队的人，全家主动参加革命活动。依靠他培养的骨干力量，广泛发动群众，配合工作队，没收地主匪霸长短枪百余支，与地方反动武装拉锯周旋。不久，卢被选为刘堂村村长，领导十几个自然村成立农会，开展减租减息斗争。1948年刘堂建立了乡政权，卢任该乡第一任乡长。第一次征收公粮时，刘堂乡踊跃交粮，出色完成任务，被评为全县征粮模范乡。1949年，他带领千余民工组成的担架队，支援解放大军南下渡江，从安庆渡江后又随军南下200余里，圆满完成支前任务。清匪反霸时，他斗争坚决，亲自监督处决原国民党反动军长、县长、县大队长等罪犯。土改时，他把应分的胜利果实转让别人。抗美援朝捐献时，他全家带头，人人捐献。爱人珍藏多年的一对金戒指也奉献国家，8岁小女儿也捐了款。卢子美在参加开辟新区的革命斗争中，欣喜多年来盼党找党为党效力的愿望得以实现，他先找刘庄店区党委的成允、孟连俊，又找县长王方明等人，向党倾诉了自己的全部经历，恳求恢复党籍。县区党委考虑到当时的客观条件，要恢复一个曾任红军团长的人的党籍，事关重大，且情况复杂，一时又无法查证，遂搁置下来。卢子美也就默默无闻地站在革命生产斗争第一线勤恳工作。1952 年，卢子美已年逾半百，体弱多病，加之旧伤复发，行走困难，遂辞去乡长职务，离职休养。

卢子美离休后，仍帮村里排忧解难，成了村干部的好帮手、好顾问。1953 年粮食统购，他带头把全部余粮卖给国家。1954 年大雨成灾，群众生活困难，政府号召生产自救。卢子美帮助干部组织群众搞副业，成立了木业组和纺织组，腾出自己的住房，安置 6 张织布机和纺线机，全村人不向国家伸手，胜利渡过了灾荒。这年兴办农业社，卢又第一个把耕牛、农具投入社里，自报担任了饲养员。卢在年过花甲之后，仍热心为群众服务，队里办敬老院，他当管理员，民办小学缺教师，他又主动当民办教员，不计报酬，不讲名利。他说：只要能为群众出力，为共产党争气，干啥都行。

“文化大革命”十年浩劫，卢子美遭受严重迫害。他连续被批斗几十场，全家受株连。1979 年，实行拨乱反正，纠正冤假错案，卢子美从全家受迫害的遭遇中，深感自己的历史必须澄清，决定向组织申诉，找红军时的老上级寻求证明。8 月，他带着女儿湘云去兰州军区寻访肖华政委，受到肖华的热情款待。1982 年 3 月，聂荣臻为杨成武撰写的《忆长征》一书写的序文中，提到卢子美曾任红 4 团团长。《河南日报》发表了《卢子美健在》的报道，引起了省、地、县委的重视。经多方调查访问，慎重研究，县委于 1982 年作出决定，给卢子美以退伍红军待遇，并增补为县政协常委。后又增补为省政协委员。1983 年县委批准卢子美为中国共产党党员。

1985 年 1 月 26 日，卢子美病逝。29 日，县党政机关隆重举行追悼大会。中共中央政治局委员、全国人大副委员长聂荣臻，中央军委副总参谋长杨成武，全国政协副主席肖华，民政部副部长袁血卒发唁电悼念，省、地、县党政机关及县直各单位献了花圈。卢子美遗体安葬于故里李老庄。

路尔忱

路尔忱（？—1950），字丹初，号平甫，民国时期扶沟县人。少年嗜学，天资聪慧，往往读书于三更尚不入眠，后考入河南国立监狱学校。毕业后，先在西北军冯玉祥、吉鸿昌部当兵，任文书、军法官，后当选河南省议员，出任伊阳县县长、河南省督学等职。返籍后在扶沟县农业推广所供职。路尔忱乐善好施，晚年与他人组织扶沟县乐善局，为贫苦患者赠送丹药，为无名尸体施舍棺木。常言“可担大事，切莫做大官。一辈官，十辈冤”。故一生只守业，不扩产。

路干卿

路干卿（1889—1939），今扶沟县吕潭乡路庄村人。他出身农家，粗通文墨。1921 年，他 32 岁时投冯玉祥的西北军当兵。后入西北军军校学习，半年后毕业当了军需，不久升任军需主任。1926 年，冯玉祥任河南省主席，将路干卿带至开封，担任检察厅厅长。后来，冯玉祥到横山开荒，让路担任会计组织群众进行民垦。几年后回到部队任副旅长。这时，适逢南北军开战（即蒋冯阎中原大战），路干卿所在部队在黄河北岸被打散，路便到开封吉筠亭（吉鸿昌将军之父）家里住了一阵子，战事平静后，回到扶沟老家。

1935 年夏，有一支部队到吕潭镇抄吉鸿昌的家（时吉鸿昌已牺牲）。吉的继母让人到路庄去找路干卿，说带领抄吉家的部队师长是路的同学，请路出面调停。路干卿赶到吕潭一打听，这个师长果然是自己的同学，住在吕潭镇上的恒源药铺，马上赶去拜见。交谈中，路对那位师长说："老弟，吉鸿昌的为人啥样，他都干了些啥事，你是知道的，他的家该抄吗？再说他家里也没有什么东西可抄哇。"师长说："我也是很敬佩吉将军的，但上边有令，不得不来呀！"路干卿请师长吃了顿饭，这支部队在镇上盘桓了四五天，便回去了。

没过多久，上边又让县里没收吉鸿昌创办的吉氏学校。吉的继母无奈，又求路干卿帮助疏通关节。路找到县教育局的胡维岳局长，说明来意。胡也不含糊，说："既然是您来了，您说咋办吧？"路干卿说："既然上面有令，我们就给学校变一下名字，能应付过去就应付过去。"胡说："这个主意不错，改什么好呢？"路说："就用孙总理的名字，叫中山学校吧。"胡表示同意，事情就这样过去了。吉氏学校的校长是关廷九，遂聘路干卿为校董。当上校董后，路干卿增修了学校门楼和耳墙。

黄水侵犯扶沟时，路干卿带人扒开村西官堰，将村中积水排出。这本是件利民好事，却被与路有隙之人利用，告他私扒国防大堤，与"共匪"吉鸿昌是表亲，曾为吉鸿昌看管学校等等。上边派人调查，连续抄路家 3 次。本来就有病的路干卿，经这么一折腾，雪上加霜，遂一病不起，不到 50 岁便去世了。

路继贤

路继贤（1926. 2—2004. 7），字顺生，出生于扶沟县城一书香门第。其祖父路在衡为清末扶沟县硕彦。伯父路尔昌毕业于北京政法大学，曾任陕南陆军第 15 混成旅骑兵团书记官。父亲路尔康，亦于民国初年毕业于北京政法大学，担任过扶沟县政府的秘书、科长一类的职务。路继贤少年英俊，风度翩翩，自幼喜爱文艺。1940 年至 1942 年在扶沟联中求学，因能歌善舞，能编会演，加之思想活跃，追求进步，成为学校进行抗日救亡文艺演出的积极分子。但也因创作改编、演出进步文艺节目而受到国民党特务的监视和威胁。

1948年，路继贤在其同乡同族人路岩岭任院长的中州学院参加革命工作。因他谙熟音律，受到艺术大师崔嵬的器重，遂跟随中原大学文工团渡江南下。次年被推荐到武汉中南文艺学院音乐系深造。在专家名师的教导下，路继贤系统地学习了中外音乐典籍和戏剧音乐理论，河南地方戏曲是他重点研究的科目之一。历时4年，他完成了20万字的《河南梆子音乐》专著，于建国初期由长江文艺出版社出版发行。这是中华人民共和国第一部系统的完整的豫剧音乐研究专著。20世纪50年代中期，他还先后出版了《河南梆子男声唱腔的改革问题》和《河南大调曲子集》两本戏曲研究专著。

1952年，路继贤由中南文艺学院调到中南人民艺术剧院从事剧目创作。1956年调到洛阳市文化局，继续剧目创作工作。他为庆祝建国十周年编写的曲剧《掩护》，荣获全省第二届戏曲汇演优秀创作奖；新编历史剧《洛阳会》由豫剧著名演员唐喜成主演，轰动省内外艺术界。《扒瓜园》等5部戏剧被拍成电影、电视剧。

路继祥

路继祥（1917. 11. 25—1942. 2. 14），今扶沟县城关镇西街人。少年时期勤奋好学，胸怀大志。10多岁就经常参加由中共扶沟支部创办的进步组织“读书会”，听讲革命道理及马列主义。1936年，豫东特委成立，党的抗日政策和“分粮”运动极大地鼓舞了他，使他决心投入到革命队伍中去。同年6月，经施继恩介绍加入中国共产党。从此，他便在尊生寿药店以卖药为掩护，积极从事革命工作。七七事变后，中共扶沟县委就设在他家。是年冬，他参加了施于民、施德生领导的第5宣传队。并在党的领导下，联络各校学生，成立了400多人的扶沟县抗日救国会。

路继祥的革命活动，引起国民党县党部的注意，派特务经常盯梢、监视。1938年春，国民党县党部胡瑞甫、李子正搜查了尊生寿药店。党组织为安全考虑，让他转入地下。不久，经豫东特委书记沈东平介绍，他去延安抗大学习。

1938年11月，他从延安抗大学习结束回到扶沟，把中央指示精神及时向特委作了汇报。根据上级指示，结合扶沟实际，他把家中所有值钱的东西卖掉，买了一部油印机和枪支弹药。他印刷了大量抗日传单，号召民众，动员一切力量积极抗日。为了了解情况，他不顾个人安危，肩担小担，身背干粮，奔走于城乡，传递宣传材料及信件，吸收了不少进步青年入党，发展壮大了党的队伍。1938年12月，豫东特委任命他为中共扶沟县委书记。他带领党员，在复杂艰苦的环境中发动群众，抗租抗捐，支援抗日活动。

1940年，国民党妄图消灭中共党组织，在全县进行搜查、大清洗，一大批中共党员、爱国青年被捕入狱，党组织遭到破坏，对路继祥悬赏通缉。为避免更大损失，上级党组织决定：扶沟党组织暂时停止活动，让他转移到豫西襄县，化名刘仲康，在南山小学教书。他身在异乡，心系扶沟，不顾个人安危，多次回扶沟察看工作。1942年初，他从襄县步行140华里到鄢陵，找到中心县委书记李爽谈了情况后，又连夜回到扶沟。2月14日，他因劳累、饥饿过度，不幸在家中逝世。时年仅25岁。

路剑平

路剑平（1922.10—2000.5），今扶沟县韭园镇李集村人。父亲路岩岭是扶沟县中共早期党员、三岗革命根据地的创建人和黄泛区农场的开拓者。1948年，路剑平毕业于中州学院。

第二次世界大战结束后，联合国善后救济总署和中国行政院善后救济总署第16工作队在扶沟创办孤儿院，收养战后无依无靠的流浪孤儿。路剑平与其妻杨静芳于1946年11月应首任孤儿院院长荣延龄（中共地下党员，建国后任南京工学院党委书记）聘请，担任孤儿院教师，1948年担任第4任孤儿院院长。孤儿院收养了战后大批流浪孤儿，年龄大者十三四岁，小者七八岁。路剑平夫妇和其他教师一方面照料孤儿生活，辅导孤儿学习文化知识；一方面带领孤儿学习白铁、编席、织袜子、毛巾等生产技术。路氏夫妇对孤儿无微不至的关怀，有“慈父慈母”之称。

建国后，路剑平一直从事教育工作，历任小学校长，高中教师。曾被选为扶沟县第三届、第四届人大代表和县政协一届、二届委员、常委。1983年10月离休。2000年病故，终年78岁。

路岩岭

路岩岭（1901.8.—1989.6），今扶沟县城关镇人。青少年时期，受进步思想影响，常阅读《新青年》等进步刊物。1919年五四运动爆发，被推举为学生代表，领导学生在县城游行示威，聚众演讲，禁售日货，揭露北洋政府的卖国行径。1923年考取开封东岳艺术学校美术专科。1925年6月，学校老师谢瑞阶率路岩岭等30名学生，前往宁沪杭参观，适逢五卅惨案发生。路岩岭等在上海，将传单从火车站一直撒到英租界，遭到英租界巡捕的逮捕。路岩岭等在国际会审公堂据理力争，痛斥英巡捕的蛮横行为。英租界当局被迫将30多名师生释放，事件震动上海各界。

1926年，路岩岭参加吉鸿昌的19路军，任宣传员。后调23军魏凤楼、赵博生部任文书、军法官。1930年，蒋、冯、阎大战，冯部失败，路岩岭回到扶沟，在西华、扶沟一带发动群众，组织地下武装，积蓄革命力量。1931年在西华“三岗”（陵头岗、苗里岗、都成岗，当时是豫东红色革命根据地）普理小学，以教学为掩护，与胡晓初、侯香山共同组织农民武装。

1933年6月，在张家口参加了察哈尔民众抗日同盟军。同盟军失败后，在许昌与中共北方局代表沈东平取得联系，陪沈东平到西华同胡晓初、侯香山等见面，共同研究开辟西华工作的方案和对敌斗争的策略，为豫东特委的成立和发展作出了贡献。经沈东平介绍，中共北方局批准，同年8月，路岩岭加入中国共产党。1934年春，国民党调集部队围剿“三岗”根据地，路岩岭根据组织安排，到许昌灞陵中学教书，开展中共党的地下工作。

1936年秋随沈东平回“三岗”建立中共豫东特委，任委员，负责组织工作。他联络西华、扶沟的进步青年，成立了党领导下的进步群众组织——民族解放先锋队。又以自然村为单位，组织农民识字班，让农民学文化。还在西华、扶沟等县发动群众，打开地主粮仓，分粮给贫苦农民，既解决了农民的生活问题，又扩大了党的影响。七七事变后，他协助特委，在普里小学开办3期抗日干部训练班，训练400余人。以后又在扶沟、鹿邑、西华等地举办抗日干部训练班多期，为革命积蓄了力量。

1938年夏，豫东特委根据中共河南省委以各种方式扩充武装的指示，数日之内，就在“三岗”拉起了一支3000人的抗日队伍——西华县抗日自卫军。1939年12月，国民党以调自卫军到舞阳整编为名，妄图途中将其伺机消灭。特委识破了敌人的阴谋后，在向明、路岩岭等带领下，转头东进，突破国民党重重封锁，在界首渡过颍河，与新四军4师会师。自卫军编入4师2纵队，路岩岭任纵队供给处处长。

1941年，路岩岭调任涡阳县政府秘书兼科长。1942年任淮北行署秘书兼科长。1943年调苏北盐阜区3师工作。在此期间，他积极发动群众，为部队筹集粮饷，确保了部队的物资供应。还曾受黄克诚派遣，多次化装成绅士，通过同族侄子路耀林的关系，在日伪部做策反工作。

1945年，路岩岭任新四军干校教育长。1946年春，任华东高级党校总务处长、校党总支书记。是年冬，他带领200多人开赴豫皖苏边区进行武装斗争，任新四军豫南支队政委。在解放商水、邓城、许昌战斗中冲锋陷阵，立功受奖，被人们誉为“路大胆”。

建国后，路岩岭先后任华中交通部、河南省政府交通厅、农业厅办公室主任。1950年春，河南省设立黄泛区复兴局，他被任命为复兴局副局长，负责实际工作。3月27日，路岩岭离开省政府，偕妻带子，同复兴局职工一道，乘两辆马车，到泛区腹地西华县。随即，调运良种，引进农具，组织号召返乡的农民开垦荒地，重建家园。1950年底，黄泛区复兴工作大见成效。路岩岭赴北京向中央汇报复兴情况，得到周总理的赞扬。

1951年1月，国营黄泛区农场建立，路岩岭任场长兼党委书记。建场伊始，生活艰苦，设备简陋。他带领全场职工，发扬战争年代艰苦奋斗的优良传统，在荒凉的土地上，开始了战天斗地的艰难创业。他身先士卒，和垦荒队员一起，吃干粮，睡窝棚，开荒地，育五谷，种果树，养牲畜，几年苦干，建成了一个林茂粮丰、农田井然、果园深秀、道路笔直、房舍林立，拥有电厂、机械加工、水果加工、医院、学校，配套齐全的、农工商一体化的、大型综合性的农业企业。路岩岭作为第一任场长，功莫大焉。

1956年，路岩岭被调往省农业厅工作。1989年6月因病去世。享年88岁。

吕芳亭

吕芳亭（1914—1976），西华县聂堆镇马三营村人。1938年，西华遭受黄水灾害。为生活所迫，吕芳亭一家于次年沿途乞讨到西安，住在西关难民收容所里。4月，慈善家朱子桥将军派人把吕芳亭等难民送到眉县、扶风两县交界的渭河滩上（今陕西眉县横渠乡）垦荒。1940年1月，朱子桥写信约吕芳亭等8个代表在扶风见面，朱对他们说："我以前在江南、塞北办了不少农场，但都不理想。《大公报》记者戈公振写的《从东北到苏联》，介绍苏联国营农场、集体农庄的情况，我想让你们照书上说的办个集体农场，共同劳动，评工记分，按劳取酬。我派金陵大学农学系的高才生朱个千协助你们，请你们同心协力，把集体农场办好。名字我已想好，就叫'第一集体农场'。"回到垦区，在朱个千指导下，比照书上写的，依样画葫芦干了起来。1940年5月5日，第一集体农场诞生了，吕芳亭被选为农场主席。

眉县解放后，党和人民政府派工作组驻场，重新建立农场的各项规章制度，使农场得到迅速恢复与发展。1950年，吕芳亭出席全国工农兵英模大会，受到毛泽东、刘少奇、周恩来、朱德等党和国家领导人的亲切接见。1951年参加西北行政区英模大会，西北军政委员会授予他"劳动战线上的模范"锦旗，西北农林部授予他"农林先声"锦旗。1953年，眉县县委、县政府将农场正式命名为"太白集体农庄"，吕芳亭当选为农庄主席。1955年大抓阶级斗争，怀疑芳亭在河南有历史问题，况且农场又是在国民党将军支持下创办的，眉县县委派人接替了他的农庄主席之职，从此他成了普通农民。"文化大革命"中，受到不公正的待遇。中共十一届三中全会后，为他平了反。1984年11月，吕芳亭光荣地加入了中国共产党，并先后当选为眉县政协委员、县人大代表。

吕复权

吕复权（1920—1958），今商水县张明乡胡芦湾村人。幼年在本村念私塾，17岁进入郾城县青年村（时属西华县）学校读书。此时正值抗日战争爆发，学校进步师生在中共地下党组织的领导下，积极参加抗日活动。他于1938年5月参加了中共在砖桥区举办的抗日训练班，8月加入中国共产党，积极从事抗日宣传活动。1939年因国民党破坏统一战线，中共党组织派吕复权到西华县新庄村任小学教师，从事地下活动，并任党支部书记。

1940年6月，复权赴陕北抗日军政大学学习。他认真刻苦地学习马克思列宁主义，聆听党中央领导人的讲课，参加了1942年党的整风运动。1946年春，中共党组织派他回家乡开展地下工作，在龙胜沟吕成先的油坊里，以管账做掩护，秘密开展革命工作。一天，吕在新庄黄廷臣药铺里活动，被国民党地方反动头目张镇得知，即带人闯进药铺，开枪击吕。子弹从复权耳边掠过，复权机警灵活，受黄掩护迅速逃脱，幸免于难。吕复权在恶劣的环境下，从不动摇妥协，工作积极，不但把党的情报和搞到的枪支弹药及时转送到中共西华县委，还先后发展了张望山、王国印等7名农民加入中国共产党，并建立了党支部。与此同时，他通过砖桥区委，恢复了10余名党员的党籍，建立了临时沙南区委，并任书记。

1948年，他任中共郾商西县砖桥区委书记，带领干部群众剿匪反霸，减租减息，多次参加攻打国民党地方反动武装的战斗。是年冬，淮海战役打响后，他带领数千名郾商西县担架队员奔赴前线，在冰天雪地里，指挥并亲自抬运解放军伤病员。中华人民共和国成立以后，他历任中共商水县委组织部部长，太康县委副书记、书记，商丘地委组织部副部长，商丘地区专员公署副专员等职。在长期的革命斗争中，吕复权积劳成疾，久治不愈，于1958年6月29日在北京协和医院逝世。时年仅38岁。

吕应南

吕应南，字秉丽，今西华县西夏亭镇葫芦湾村人。清光绪十一年（1885年）乙酉科举人。曾任涉县教谕，县咨议局议员。中华民国成立后任西华第二届县议会议长。1925年任西华修志馆馆长，续修西华县志。1934年稿成，因地方困敝，筹款艰难，未能如期刊印。1937年，应南携稿赴开封，商请南阳张嘉谋、孟津万宝祯重行厘定，详为撰改，终于1938年春将《西华县志》铅印成书。

罗　氏

罗氏，清鹿邑试量集丁桥口村人，夫丁元善。自嫁入丁家，夫妻俩琴瑟和美，相敬如宾，辛勤劳作，家道兴旺。丁元善早逝，膝下无子，罗氏独支家业。她为人刚直，心胸开阔，一生乐善好施，享誉乡里。清水河流经丁桥口，由于年久月长，桥塌路断，附近乡民出入极为不便。罗氏看在眼里急在心上，她出资请来工匠，重修丁桥口桥。她长寿百岁，无疾而终。

罗华艇

罗华艇，字光华，又名罗老四，今扶沟县城关镇人。1928 年任扶沟县保安队队长。

罗华艇是陕西陆军军官讲武堂第一期学员，毕业后历任陕西督军署稽查少校副官、讲武堂教官、陆军第 2 师少校副官、35 师师部稽查长、建国军军官学校副校官、建国军司令部武术营营长、河南民团军大队长等职。

麻德昌

麻德昌（1853—1935），今项城市老城乡南十里麻腰庄人，是清末民初蜚声遐迩的一代制笔名匠，被业内誉为麻祖师。

他幼孤家贫，随母寄居于汝阳刘村外祖父家。9 岁入私塾，13 岁丧母辍学，14 岁拜师习制毛笔。做徒工时，对师父指教的 70 多道制作工序、制作方法总是千习百练，直到手熟方止。

出师后，他没有满足所学，而是遍投名师，努力提高技艺。他曾向下江制笔艺师侯守昌讨教择笔技术，向浙东名匠巴俊德学习垫净胎纯羊毫技巧。侯、巴 2 人技艺保守，且嗜烟。在 70 天里，麻给 2 人买了 26 两鸦片烟膏，仍未学到绝招。但是，两个多月的亲身实践、体验，还是受益匪浅。清同治九年（1870 年），经过他无数次的试验，终于创制出净胎纯羊毫和活头羊毫。尤其活头羊毫，其笔头隐在笔管里，使用时可以伸缩大小笔头，随欲挥毫，这在手工生产时代，算得上一个创举。

麻德昌研制的行笔，“尖、圆、齐、健”四德兼备，且有独创，较之当代名家，均有过之而无不及。晚清进士袁保恒试用后，给以“健笔汝阳刘，矫若惊龙游”的评价，并书赠一联：“十年不入纷华域，一室可当安乐窝。”清宣统三年（1911 年），清室某亲王用过麻氏毛笔后，连声赞叹：“妙笔难得!”并即席挥毫，书成一联：“诗入司空廿四品，帖临大令十三行。”随后将麻氏毛笔定为“贡品”。麻德昌为“毛笔之乡”的项城汝阳刘赢得了声誉，树起了一座里程碑。

当他艺成名噪之后，所制毛笔，人们竞相购买，拜师求艺的同行也与日俱增。对学艺者，他来者不拒，诲之不倦，从不保守，总让其各有所得。尤其对同行所请，招之必应，不但满足所求，而且不计酬劳。20世纪20年代初，淮阳“刘天聚”笔墨庄的掌柜刘冠林（麻的舅辈）请他当技师。麻盛情难却，提出3条要求：1. 每年工钱60串（铜币）；2. 允许他自由干活；3. 吃穿不特殊。得到应诺后，麻德昌便离家赴淮。时年67岁。

在“刘天聚”店里，他带徒操作，言传身教，从不稍怠，在不足3年里，为笔店聚财上百万。店主给增薪，而他从不多取分文。他对履行第二条，自主自觉有余，自由随便不足。除接待来访者外，他以店为家，节假日仍旧干活，不论酷暑盛夏，或是数九寒天，从不误工。他常对徒工说：“世上千般好，天下无如吃饭难啊！”身教胜于言教，其弟子无不热爱生活、事业，精于一技，敬其人品。

1935年，麻德昌得了重病，卧床不起。病危时，乃召唤侄儿九高到淮，在病榻前嘱咐九高说：“我来淮阳十几年，东家对我照顾周到，我死之后，不要向东家提任何要求，不要坏了我的名声！”旋病逝，享年82岁。是年11月，刘冠林制棺备椁，扶柩送麻回汝阳刘，大行殡事3天，安葬于麻腰庄祖茔。生徒咸来祭吊，同行、乡里云集追悼，送葬车马人众迤逦里许，哀声动天。

麻德昌从业68年，活到老、学到老、做到老、传艺到老，弟子遍及鲁、豫、皖、秦、晋等地，如著名笔匠刘存义、刘东阳、刘汝渊、刘海清、刘洪德、刘智德、刘汝仁、刘家荣等皆其高足。

马　捷

马捷（1923.1—2007.6），原名学敏，回族，沈丘县槐坊镇顺河街（今槐店回族镇南关解放街）人。马捷的父亲文炳是一位商人，祖上系城东马楼村马姓二门，后迁大于庄。清末民初，举家迁到槐店经营粮食和山货生意，家道殷实。

马捷自幼上学，1936年考入省立淮阳中学。抗日战争爆发后，淮阳沦陷，马捷回到槐坊在颍滨中学读书，并积极投入到抗日救亡运动之中。1939年1月加入中国共产党，1940年赴延安抗日军政大学学习。1942年至1946年在新四军4师工作，历任师政治部宣传干事、政治指导员、12旅直属部队党总支书记、豫皖苏军区政治部宣传科科长、警卫团政治处主任等职。1946年冬，中共沈鹿淮县委和县人民政府成立，县政府驻沈丘罗楼村（建国后增设郸城县时，罗楼划入郸城）。1947年3月4日，国民党鹿邑县县大队长谢澄江集结100多人包围了罗楼，由于寡不敌众，县委书记刘波涛等人壮烈牺牲。7月，沈项临县县长胡凌云被国民党军杀害。新生政权遭到摧残。中共豫皖苏边区党委遂派边区独立旅进军沙河两岸，对国民党军进行围剿，重创了国民党地方政权，端掉了多个土匪窝点。中原军区皮定均旅抽掉干部充实到地方政府，为巩固地方武装，军区派时任警卫团政治处主任的马捷任沈鹿淮县县长兼县大队长。11月27日，沈鹿淮县改名界首县，下辖界首市，县大队收编了市大队和各区队改编成沙河支队（亦称界首支队），支队直属中原军区指挥，其活动范围东至太和、临泉，西至商水、淮阳。

1947年11月，华东野战军副司令员粟裕率“华野”总部到界首，认为界首地处豫皖苏边区中心，具有重要的战略地位，应把它建成解放区根据地。于是从“华野”警卫团抽掉两个半连和50多名干部，加入沙河支队，使支队一下拥有8个连和1个通讯连及2个机枪大队，700多人（后又扩充到1000余人），马捷仍任支队长。通过这次整编，沙河支队成为一支英勇的中原轻骑劲旅。

1947年12月，马捷带领支队进驻槐坊镇东北的王营子。12日夜，在新安集东老桥口与杀害朱彬的匪首唐二（唐存礼，曾任国民党第15集团军游击纵队大队长，沙北剿共联防司令部司令）部展开激战。唐匪不敌，向纸店逃窜。13日晨，马捷率队兵分5路包围纸店，激战1个小时，击毙敌10余名，擒获100多人。唐二赤脚携残匪30多人逃向阜阳。支队解放了纸店镇，抓捕了唐二的爪牙号称“九只狼”的9个保长。接着，支队配合独立旅，击溃了盘踞县城（今老城镇）及泉河一带的国民党沈丘县自卫总队张洪亮、张茂轩、韩国珍的3个大队近2000人。至此，沙颍河南岸地区得到解放。

1948年3月，国民党皖北剿共联防区头目段敬斋、曹党、李汉顶、阎萼轩等盘踞太和县负隅顽抗。6日，马捷率支队在华野第11纵队的支援下，突袭太和县城，仅用4个小时，全歼48个联防队和国民党军1个营，计1万余人，一举解放太和县。

1948年7月，马捷奉命围剿国民党淮阳公署专员郭馨坡。在与郭部的战斗中，歼敌1000余人，郭馨坡逃窜湖南。1948年11月，马捷奉命率队开往淮海战场，阻击国民党李延年兵团（第六兵团）。时李部正由蚌埠沿津浦路向宿县进攻，企图打通徐州至蚌埠通道。马捷率支队抢占宿县与蚌埠之间的有利阵地，双方交战20多日，使美式装备的李延年部未能前行一步，李每次发起进攻都遭到马捷的重创。后李延年得知黄维兵团被歼后南逃。马捷支队的有力阻击，为淮海战役取得胜利起到一定的作用。沙河支队在马捷的指挥下，骁勇善战，屡建奇功，为解放沙河两岸和人民政权的建立发挥了巨大作用。

1949年3月，中央军委命令沙河支队改编为中国人民解放军第18军48师1团，马捷调豫皖苏行政公署工作。

在豫东皖北沙颍河流域，马捷是一位富有传奇色彩的人物。他作战时常骑着一匹白马，他的妻子张灿华骑着一匹黑马，二人经常并肩作战，当地人称他们夫妇为白马团和黑马团。张灿华是安徽萧县人，当时的职务是“华野”沙河纵队队长兼太和县县长。黑马团和白马团每到一处老百姓都前呼后拥，而残喘的国民党及地方恶势力则闻风丧胆，望风而逃。

建国后，马捷与张灿华一起担任党的重要工作：马捷任陈留县县长和开封县县长时，张灿华是副县长；马捷任开封县委书记时，张灿华任开封县县长；马捷在第一拖拉机厂任职时，张灿华是第一机械工业部研究所书记兼拖拉机厂油泵分厂书记；马捷任国防科工委主任时，张灿华任中国农业机械科学研究院党委书记。

1953 年 7 月，毛泽东主席批准筹建第一拖拉机制造厂，马捷参与该厂的筹建工作。1956 年 11 月，中央派 124 名干部赴苏联哈尔科夫拖拉机厂学习，马捷担任副团长（团长为陈正人）。回国后，马捷先后任该拖拉机厂副厂长、厂长、党委书记。1970 年任焦枝铁路建设指挥部副指挥长，后又担任河南省重工业局局长、省计委党的核心小组副组长等职。1973 年 8 月调北京工作，参与了氢弹、洲际运载火箭、潜艇发射运载火箭、第一颗试验通信卫星的研制和发射工作，为我国国防科技发展和武器装备建设作出了贡献。1988 年，马捷被授予中国人民解放军独立功勋奖章。马捷为大军区副职。

2007 年 6 月 19 日，马捷因病在北京逝世，享年 84 岁。

马纯德

马纯德（1902—1988），字修如，今扶沟县汴岗镇马楼村人。中国民主同盟成员。1929 年毕业于北京师范大学数学系，曾任北京女子一中和河南省安阳高中教员。1931 年考取河南省公费留学生，赴美国斯坦福大学深造，翌年在美国加利福尼亚大学研究院被评为优秀研究生，获得 JIME 金牌，并加入美国 JIME 数学会。1934 年在加利福尼亚大学获得数学博士学位。1935 年回国，历任河南大学、山东大学、西北大学、西北工学院、北洋大学、天津大学数学教授。另外，在社会工作中还担任过北洋大学教授会主席和天津市科联数学理事长。他精通英、法、德、俄等国语言，对《高等微积分》、《富氏级数》等造诣颇深。编著和翻译有《代数学》、《新代数学》、《三 S 几何学》、《郝克司高等代数学》、《应用高等微积分》等书。发表《二阶线性微分方程解的分析理论》、《复变函数的发展》、《发射行星的最佳路线问题的研究》等论文。

建国后，他一直在天津大学任教，多次获得先进教育工作者称号。

1984 年，他致信中共扶沟县委、县政府，愿将自己多年珍藏的 530 册书籍捐献给家乡人民。次年扶沟县委、县政府派专车将书运回，专室保管。1988 年马纯德在天津病逝，终年86岁。

马道本

马道本（1902—1950），今川汇区榆树园街人。曾任国民党中统豫室通讯员，国民党周家口区党部执行委员、秘书、干事，国民党周家口区分部书记等职。

1937年抗日战争初期，商水县第三小学（设在周家口）的一些中共地下党员和进步教师，大力开展抗日救亡宣传活动，引起国民党周家口区党部及马道本的敌视，他们予以百般刁难和破坏。当师生在街头贴出抗日宣传壁报时，马道本指使亲信跟踪撕毁，并对学校进步师生进行监视。部分教师被迫转移他校任教，学校也于1937年底被其查封停办。

1938年，在共产党与国民党左派共同努力下，在周家口举办抗日建国干部训练班，马道本被国民党区党部派进抗日建国干部训练班任生活委员。他利用工作之隙，监视共产党的活动，并向上级控告"抗建班"是豫东赤化了的学校。国民党河南省第七区专员督察公署专员刘庄甫下令解散豫东所有救亡团体，由于马道本的破坏，"抗建班"中断，部分爱国学生随共产党员到淮阳、商水、西华县等地做抗日救亡工作。马道本辱骂这些学生是一批中了毒而不可救药的东西。因其破坏抗日建国干部训练班，当时周口流传着"千刀万剐马大鼻子"（马道本的绰号）的顺口溜。1939年10月，国民党反动派掀起反共高潮。刚从确山竹沟党校来到周家口的韩若雪、王文芳（均系周口人，中共周口市委主要成员），均遭到马道本等的监视，马并于农历十一月二十二日和十二月三十日晚，派武装军警突击搜捕韩、王两家。同时，以查户口为名，将进步青年和积极分子李萍、马珍、陈增样、刘玉输、杨清源等分别予以逮捕，后被送到洛阳劳动营关押。中共周口市委在白色恐怖之下，无法开展工作，被迫转移到周家口东苑寨工作。马道本又派便衣和军警到苑寨进行追捕。由于群众的掩护，韩若雪、王文芳机智地转到项城等地开展工作，党组织在周口的活动被迫中断。

马道本破坏抗日救亡宣传活动，敌视共产党，大量搜刮民财，坑害群众，民愤极大，1950年被人民政府镇压。

马富禄

马富禄（1900—1969），幼名汉忱，字寿如，成名后称马三爷，祖籍扶沟县，祖父时，迁居北京。幼年家贫，以捡煤核、拾破烂帮家度日。8岁替人喂牲口。后在三庆、同乐等茶园卖五香花生、咸瓜子。旋被搭同庆班武戏演员田春奎所赏识，收入鸣盛和班。从教习郭春山受业3年后退班，又入叶春善主持之喜（富）连成科班，由郝喜伦、刘喜益、宋启山、贾顺成教习教练武功。在富连成受业4年，又为母校效力3载，共在科7年，在丑角艺术上为科班争得荣誉。1921年辞师出科。在北京搭班，入玉成班1年。1922年被杨小楼、吴堃芳所赏识。1923年返北京，又搭松庆班。尚小云成立双庆班，邀任大丑。1924年搭春雪社、和胜社、玉华社、协庆社，同尚小云等一道演出。1926年与荀慧生合作创演"荀派"花旦剧目。翌年，又傍荀慧生演《荀灌娘》中之丑公子荀常。从此，与荀慧生合作演出荀慧生与陈墨香共同创编或改编之戏共48出，2人合作达10年之久。20世纪20年代，德国蓓开唱片公司誉之为"北平第一丑角"，马富禄还擅长京剧和演花脸戏。1950年赴广州迎马连良返国，并在同年组成马连良京剧团，任副团长。1956年组成北京京剧团，与李多奎共同担任艺委会主任。1954年被北京文学艺术界联合会推选为文联常务理事。1956年加入中国民主同盟。1969年病逝。终年69岁。

马国帧

马国帧（1878—1959），今项城市秣陵镇西大街人，民国年间的地方名医。

他幼年虽勤奋学习，却屡试不第，在最后一次应试归途中，遇一中年妇女为给婆母治病长跪路旁求助，他施舍出了仅有的一串铜钱。回家后，还不时想着那妇女痛哭流涕向人哀告的惨状，决心不做良相做良医，济世活人，做个多为穷苦百姓看病的好医生。于是便在老城中医邓大老家学医。他在邓家一心学医，竟然一言不发，人们笑他是个"哑巴"。

3年出师后，他自立门户开业治病，仍然边治边学。马国帧治病，望、闻、问、切十分细致。经他诊治的病人多者吃药5剂，少者3剂即愈。他听力不好，人称"马聋子"，因此当地有"马聋子治病——十拿九准"的歇后语。他的医风医德好，穷户来请，立即就去，不论雨雪或晚间，绝不误诊。"马聋子"名声大振，本名马国帧反而鲜为人知了。

1938年，项城县城（今秣陵镇）发生霍乱、瘟疫、伤寒等"大家病"。传染迅速，几天就蔓延全城，特别是西大街、祖师庙街一带严重，半月之内死去10人，尤其韩家，11口人死了7人。有的传染全家，连请医的人都没有。行医的，多避而远之。只有马聋子挺身而出，走东家望西家，开方送药。他连家人都动员起来四处送药，几天之后病情不再蔓延，有的服药后已经好起来。有一王姓，全家5口人全部病倒，他闻讯后及时赶去，当即诊脉开方，让家人煎好送去喂服。几天后，这家人的病情基本好转，后全部痊愈。这一时期，他舍药千剂，救活百余人。

1939年9月，郸城逃荒要饭的张天成一家，住在城内祖师庙中。张天成不幸染上伤寒，一家人围着他哭守了一天一夜。好心人劝他妻子去找马聋子过来瞧瞧。经马聋子半个月治疗，张天成痊愈了，医疗费马聋子却分文未取。他说：“黄金有价药无价。可他是一家要饭的，能要钱吗？”他救活一个马天成，实际上是救活了4口人（加上马天成的妻子和两个孩子）。这家人渡过灾荒回到郸城后，每年都要去看望马国帧，一直延续到1959年马国帧去世。

他同村有个“五保户”叫孙学帧，小时候家中一贫如洗。有天上吐下泻，昏迷不醒，邻居请来马国帧。诊断为急性肠炎，当即开出止泻散，后又连服两剂，竟然痊愈。邻居因孙学帧家贫负担不起药费，愿代为支付。马国帧不受，说：这孩子命大，再晚半个时辰我也没法啦。

他儿子马祖兴（1908—1988）“门里出师”，精妇幼科和疑难杂症。医德有乃父遗风，三里五里随请随到，不用车代步，不吃患家饭，不收病人礼。他诊病与众不同，就是从不询问病情，而是双目半闭，静心切脉，然后说出得病情况。得到病人首肯后，他才开方用药。由于他能对症下药，病者好得快，所以他坐诊时，病号多得都要排队。

他81岁病故。出殡时，吊唁者上千人，多来自十里八乡，人头攒动，街道为之堵塞。

马建农

马建农（1902—1951），原名西山，又名鸿恩，回族，今西华县城关镇人。中共沈丘党组织的最早创建人。

1926年，马建农和中国新民主主义青年团员李子纯（中共党组织派往西华的地下工作者），在西华县城隍庙街创办了一所新光小学。他们以县立师范讲习所的名义在新光小学举办青年学习班和妇女训练班，积极宣传革命思想。秋，中共党组织派马建农、李子纯去武昌农民运动讲习所学习。1927年春，马建农、李子纯加入了中国共产党。

1927年6月，马建农、李子纯、胡殿生、苗洪轩4人随北伐军回西华，建立了中共西华第一届县委。时值国共合作时期，他们利用参加国民党县党部工作的合法地位，公开组织农民协会，宣传革命道理。大革命失败后，马建农转移到杞县继续开展革命工作。

1928年春，河南省农民协会派马建农到沈丘县槐店镇做农民运动工作。马通过民族宗教关系，以教师身份为掩护，在槐店的沈丘县立“五小”（原清真寺经汉学堂，后改为明远学堂，即今回民学校）任教。不久，共产党员袁灵涛（回族）、马汉卿（回族）、马春亭（回族）3人从淮阳到槐店，4人建立了党小组，马建农任组长，自此沈丘县开始有了中共党的组织。他们着手开展反帝反封建的斗争，创办《颍河》周刊，传播马列主义。不久，发展“五小”校长庞正斋（回族）为共产党员，后又在学生中发展李道海、李道恒、李道连、庞谦4人（均是回族）为党员。是年底，马建农调往许昌开展党的工作。

1929年8月，马建农任中共许昌特委书记，秋调离。1932年3月，马建农被叛徒出卖，在周口被捕入狱，1936年西安事变后获释。1938年9月，马建农以任鹿邑县政府秘书为掩护，在魏凤楼部搞兵运工作。

1948年，马建农任西华县供销合作社经理。1951年3月，在镇反运动中被冤杀。中共十一届三中全会后，有关部门对马的问题重新审查，后经地、县两级法院甄别复议，予以平反昭雪。

马仁尧

马仁尧（1921—2005），回族，沈丘县槐坊镇顺河街（今槐店回族镇南关解放街）人。其家是当地回族中的首富，有田地200余顷，府邸占据顺河半条街（时有“马半街”之称）。马仁尧少年时在明远学堂（今回民小学）读书，1934年考入省立淮阳中学，1940年赴开封读大学，后转入黄埔军校（中央陆军军官学校）学习，毕业后在15集团军供职，少将军衔。1944年任沙河警备司令部（辖豫东皖北国统区16县公安局、军警督察处）参谋长。1949年，随国民党军撤离大陆到台湾，在台北大学任教。退休后回归教门，先后赴麦加正朝3次，副朝2次。开放台湾同胞回大陆探亲以后，马仁尧先后10次回沈丘探亲。1991年12月，他把1971年赴麦加朝觐时沙特阿拉伯国王费赛尔御赠的天方帷幔转赠予沈丘清真古寺。

2005年，马仁尧病逝于加拿大，终年84岁。

马松亭

马松亭（1900—1977），原籍焦作市温县祥云镇王村，后定居周家口（今川汇区）。自幼读书，1923年北京艺术学院毕业后，在河南省泌阳县自办中学任校长，1936年到河南省淮阳师范任美术教师。1950年先后在周口一中、周口二中、周口师范任教。在长期任教中，认真备课，精心讲授，自编山水花卉教材，为继承和发展祖国文化艺术事业培养了大批人才。为表达对共产党和社会主义的热爱，曾以大地升起一轮红太阳为题作画，表达人民沐浴着灿烂的阳光见了青天。马松亭在国画艺术上有很高的造诣，尤精山水、花卉，1946年、1950年、1956年曾在淮阳、周口先后举办个人美术画展三次，均受到社会的好评，对当地文化艺术事业的发展影响至深。

马松亭不但擅长国画，而且长于书法，对象棋、围棋亦颇有研究。

1977年去世，享年78岁。

马万章

马万章（1895—1950），字彩岑，回族，今淮阳县城关回族镇北关人。擅长书法，当时城关各商号招牌，多出其手。下学后，在家设馆，任教多年，对就学贫穷子弟从不收学费。后弃教经商，在淮阳县城北大关路东开设天顺杂货铺，坚持薄利广销，生意兴隆，名闻乡里。1949年被推荐出任淮阳县商务会常务委员。万章为人忠厚正直，谦虚谨慎，品行高尚，被回民选为淮阳北关清真寺董事，羲陵委员会聘为太昊陵陵工局委员。他平时施舍自配小儿口疮药、十滴水，主动周济困难群众。淮阳城乡民众一提起马彩岑，无不称颂。1950年因病去世，时年55岁。

马遐福

马遐福，又作侠夫，或遐夫，民国时期太康县人。河南省立法政专门学校毕业，抗日民族英雄吉鸿昌的秘书。

吉鸿昌捐献家产在家乡兴办吕潭中山学校以后，先是于1926年委派秘书郝继贞（字子固）担任校长。郝子固去世后，校董们没请示吉鸿昌，就把当时的训导主任关廷玖举为校长。不料关廷玖能力品德远不及郝子固，每处理学生中的问题，不是循循善诱，而是一味高压，因而大失人心。任职几个月内，学生中两次发生“逐关”风潮。吉鸿昌得知后，非常气愤，就又派他的秘书马遐福回乡接任校长。

马遐福于1934年春到任，直到1939年学校停办离开。他作风民主，凡事依靠群众，开明办学。他高薪在全省聘请知名教师到校任教，听到学生反映某个教师教学质量差或教学不力，即使在学期中间，也要想法撤换，另聘高明，以免贻误学生学业。他重视学生的各科学习，使学生品学全面发展。他对学生在校出刊物、演剧等活动都很支持，也重视学生的体育锻炼。他每天早晨和学生一块儿上早操，下午课外活动时他在篮球场、足球场观看学生活动。每年春秋都举行运动会，他兴致勃勃地参与评判。他经常听课，遇有教师请假，他去代课。他利用早晚升降国旗之机，结合学生实际，举出历史名人的一两句箴言，加以简明讲解，潜移默化地熏陶学生。

1938年至1939年黄水泛滥初期，学校环境和办学经费已经十分困难，国民党40军曾两次聘请马遐福担任要职，他都断然拒绝了。马遐福说：“吉总指挥叫我和郝子固一样死在学校，遗嘱宛然在耳，士为知己者死，倘见异思迁，有何颜见将军于地下！”直到后来学校受黄水和战事影响，校田全部被淹，校舍倒塌，教具大部分被毁，学校又不时被军队强占，已到山穷水尽之时，万般无奈马遐福才离开学校。

马艳秋

马艳秋（1933—1977），原籍安徽省宿县南九里湾小马庄人。父亲马敬君、母亲祁桂清是当地有名的“花鼓”、“弦子鼓”（后为坠子）演员。艳秋是独生女，聪明伶俐，生就一副好嗓子。

在父母的精心培养下，艳秋8岁开始登台演出。10岁那年，在睢溪演出时，艳秋先演垫场，连唱三段，掌声不断，谢不了场，最后还是她父亲向观众再三道歉才算下了场。14岁时，跟随父母到亳县，先拜著名演员张治昆为师，后又向坠子名家张大贵、杨玉红学习演唱技巧，从而形成自己“脆腔巧口弯弯多”的独特风格。她演唱的《王二姐思夫》、《鸿雁捎书》、《小黑驴》等节目，轰动了亳县城乡和商丘、淮南等县。

艳秋成名后，地方上一些地痞流氓常在场子里扔银元、说下流话，艳秋品行高洁，正气凛然，使想装孬的人望而生畏，终不敢过于放肆。一次，国民党的一个连长办堂会要艳秋陪酒，艳秋很生气，满脸嗔怒地说：“我是说书的，想听我就唱，别的我啥都不会！”把那个连长顶得张口结舌。

1948年，亳县解放了，艳秋高兴极了，积极排演时装戏，努力学习政治和文化，参加了扫盲班，一有空就找人教她认字。她说：“过去唱戏都是人家教一句学一句，以后再这样就不好了。”功夫不负有心人，很快艳秋就能自己看剧本了。

1951年，艳秋参加了商丘市群声曲艺剧社，任剧社工会主席。这年春天，艳秋和张敬铭结了婚。婚后，艳秋没有沉湎于家庭生活之中，而是更加努力地在艺术道路上不断探索和创新。1955年，她和吴宗俭、吴宗贵等一起攻关，把坠子搬上舞台。从此，坠子剧作为稀有剧种，填补了河南地方戏的空白。1956年，她随剧社调到郸城，建立郸城县坠剧团。自此，她20多年如一日，为坠剧这一新创剧种的革新和发展作出了可贵的贡献。

为了提高艺术水平，艳秋经常早起晚睡，学习文化，钻研业务，苦练表演基本功。由于她的勤奋努力，其表演艺术日臻成熟：不但能演古装传统戏，而且能演时装现代戏；唱腔婉转灵活，音脆韵圆，让观众百听不厌。1954年，她在北京参加了全国民间音乐舞蹈会演，1963年又在郑州参加全国坠剧流派会演，均获演出三等奖。1963年12月成为中国曲艺家协会会员，享受国家特殊待遇，提为文艺10级。她演唱的《回龙传》、《状元打更》、《黛玉悲秋》等，由河南电台录音播放，《赵部长探亲》被河南电视台拍摄成电视剧。

“文化大革命”中，艳秋被扣上“文艺黑线人物”的帽子，身心受到严重摧残。粉碎“四人帮”以后，她精神振奋，加倍努力工作。因劳累过度，在安徽黄口镇演出时，旧病复发，经医治无效，于1977年12月16日逝世，时年44岁。

马兆骧

马兆骧（1888—1953），字筠岑，又字简斋，今西华县址坊镇南陀村人。历任国民党河南省民政厅、财政厅及建设厅的科员、科长、秘书，桐柏县长，内政部、卫生部秘书，水利委员会秘书长，水利部常务次长及国民党区部书记等职。1944年在重庆任水利委员会秘书长兼国民党区党部书记时，大肆吹捧国民党报纸，诬蔑《新华日报》。1945年回家，索回八路军128部队领导农民没收他家的土地。1946年任水利委员会秘书长时，主谋堵塞花园口，亲临指挥水归故道，有计划地淹华北解放区，阻止解放军南下。1948年蒋介石令他布置长江防线，阻挡解放军渡江。解放后马兆骧畏罪潜逃上海、开封等地。1951年，人民政府将其逮捕归案，1953年11月12日依法处决。

孟繁馨

孟繁馨（1916—1987），又名滨，今淮阳县安岭镇薛孟庄人。幼年曾读私塾，后因家贫辍学经商。参加革命后，历任中共淮阳县工委书记，豫皖苏2分区独立团副团长、3团团长等职。

1937年，七七卢沟桥事变，激起孟繁馨的抗日救国热忱。他积极参与筹备建立淮阳抗日游击队，次年3月加入中国共产党。1939年初，孟繁馨率游击队击垮双楼据点汉奸队，首战告捷。4月12日，他为掩护群众不幸被俘，遭受严刑拷打。在押送县城途中，乘敌不备，巧妙逃脱。同年11月，率游击队奇袭日伪据点小郑庄，处决汉奸头子段国珍。1941年4月任独立团3营副营长。

解放战争中，孟繁馨率部在睢杞太根据地连续粉碎国民政府地方武装48次围剿。1946年春，县保安团抓走孟繁馨的父亲为人质，诱其投降，孟拒不屈从。5月，他率部痛击国民党太康县地方武装郭馨坡部，处决了便衣队队长石太兴。9月，他又率队拔掉大崔寨县保安团据点。1947年，第3次解放淮阳县城时，他身先士卒，冲进专署大院，击垮了国民政府军守城部队最后一道防线，使全城迅速结束战斗。

建国后，孟繁馨先后任开封市交通局科长、太原铁路局第一工程队党委书记、太原铁路局副局长、山西省交通厅副厅长、郑州铁路局副局长等职，为国家的交通运输事业作出积极贡献。1987年6月病逝于郑州，享年71岁。

孟宪斌

孟宪斌（1876—1951），今淮阳县安岭镇薛孟庄人。幼年家贫，曾讨饭、扛长工、做小生意为生。1938 年，淮阳抗日游击队在薛孟庄成立，年已 62 岁的孟宪斌毅然参加革命，当了交通员。他四处奔波，为游击队传递情报，护送人员，转运物资。他南到大别山，北至睢杞太，西抵平汉铁路沿线，行程万余里，十年如一日，人称老交通。1939 年 2 月，他去项城在中共地下党员阎自安那里，为游击队领了一挺机枪。为躲过敌人封锁，他扮成花生贩子，将机枪拆开装进花生包里。过沙河时，国民党县政府河防队员上船搜查，他灵机一动，打开花生包，双手捧着花生一个劲儿地往搜查人袋里装，几个家伙高兴得放过对他的检查。走到淮阳城西李集保公所门前时，孟宪斌见两个保丁正搜查行人，他把花生包往保公所门前一放，掏出块剩馒头边啃边喝水，保丁以为是个讨饭的便没对他检查。行至郑集又蒙过两个伪兵，把机枪安全运到游击队。同年，游击队派他进城了解敌情，当走到县城西湖堤上时，一辆日本兵汽车迎面驶来。车到他跟前戛然停下，跳下几个日本兵，不容分说把他推上汽车，逼他带路去游击区。汽车飞速疾驶，孟宪斌站在日本兵中低头不语，为脱身寻找时机。当汽车一次急刹车时，随着惯性，他用尽力气向前猛倾，将前边几个日本兵冲倒，压在身下。一个被压在最下边的日本兵十分恼火，站起来向孟宪斌劈脸打来。孟宪斌趁机向后躲闪，有意掉下汽车。他躺在地上一动不动，日本兵以为他摔死了，笑着开车驶去。孟宪斌等汽车走远，爬起来迅速潜入县城，摸清敌情后返回。

1940 年，孟宪斌奉命保护淮阳抗日游击队领导人之一的陈杰人（女）由苏北回淮阳。每过关卡，他都让陈躺在小车上，用被子盖着，只露两只脚，对检查人说："这是俺闺女，在永城上学，得了肺结核，学校不叫上了，说是怕传染。"敌人听说是肺结核病人，连看也不看就放行了。

1942 年 8 月，孟宪斌护送水东独立团 8 连指导员薛丕渡和薛朴若去睢杞太根据地，行前他特意买盒孬烟，把介绍信和情报装在烟盒里，遇到日伪岗哨搜查时，他掏出烟盒让烟，敌人看见孬烟谁也不理，3 人身上屡遭搜查，那盒烟始终没引起敌人注意，使介绍信和情报闯过关卡送到目的地。

1943 年，孟宪斌加入中国共产党。1944 年冬，他护送中共独立团营长孟繁馨由睢杞太回淮阳，至太康东关，遇上日本兵搜查，情况十分危急。孟宪斌见路边有卖豆沫的挑子，立刻计上心头：只见他快步走过去抓起豆沫勺把，高声叫喊："热豆沫！热豆沫！"并使眼色让孟繁馨刷起豆沫碗来，巧妙地躲过了敌人的搜查。

1949年，淮阳县人民政府把他安排在北关仓库工作。1951年逝世，享年75岁。被追任为革命烈士。

貊元栋

貊元栋（1889—1940），乳名垛儿，字国才，号老国，以字行，今郸城县汲家镇貊楼村人。曾任地方武装骑兵团团长，获省长赐予的金质奖章。

他出生在一个拥有两顷地的殷实人家。幼时入私塾读书。但他更喜欢舞枪弄棒。学生时代的貊国才即树立了远大抱负，常以民生为念，到青年时期已显露出他的英勇和武略。

20世纪二三十年代，由于军阀混战，社会动乱，老百姓难以过上安稳日子，尤其是有一些财产的富裕农民都渴望地方稳定，能保住自己的财产和舒心日子。鉴于这种形势，貊国才顺应地方治安需要，投笔从戎，建起一支由他领导的地方武装，并经鹿邑县国民政府批准给了番号，负责貊楼附近方圆几十里的地方治安。后来，他的队伍发展到数百人，先后叫保安团、骑兵团，国民政府委任貊为团长。

当时，在汲家周围方圆几十里内有好多股大、小土匪，经常夜聚明散，四处骚扰，弄得老百姓不能安居乐业。匪众较多、危害最大的匪首有：任集（今属鹿邑县）的苗体增，黄集、戴集（今属淮阳县）的王四、孙寡妇等。

貊国才以四处打土匪保地方太平著名。他胆大心细，勇略过人，每次出击都能成功。往北一直打到戴集（今属淮阳县管辖）。一时使远近的土匪闻风而散，不敢再为非作歹。附近村庄出现了抢劫、绑票等骚扰地方的事情，都请他带兵去清剿。附近村庄的社会治安一时稳定，老百姓安居乐业。

他性情至孝，曾匪穴救母一事被传为佳话。1930年农历八九月间，活动在豫东一带的豫西杆首老王泰纠集多股土匪，有数千人之众，侵扰并驻扎在汲家一带。当地老百姓人心惶惶，小村庄有一定财产的人家，大都躲避到有寨的村庄内，老百姓称这种行为叫“跑反”。

攻打貊楼的是王泰的部属张六。杆首设法买通了寨内的貊狗腿做内应，打开了寨东门。匪众进入貊楼后，没有遇到抵抗，抢了钱财、枪支，并抓到貊国才之母后，就离去了。

匪众劫持了貊国才的母亲之后，把貊母押解到豫西，并给貊留下条子，让貊带重金去豫西某地赎其母亲。貊虽是个孝子，但家被抢劫后上哪凑很多财物做赎金呢！貊想来想去，还是采用智取的办法。

貊母被押解到豫西之后，关押在宝丰某村土匪家里，受尽皮肉之苦和精神折磨。貊决定选拔几名精干壮丁，由他亲自带领前去营救。经过细心侦察，弄清他母亲被藏的具体地点以后，以其大智大勇深入虎穴，冒着生命危险，硬是把他母亲背出匪巢。事后，有人编了一出渔鼓道情小戏《貊老国救母》，在貊楼附近传唱。

攻打李锡龄是貊国才的一大污点。李锡龄，张完集西李庄人，是一个新兴的地主兼商业者。从20世纪20年代起挂牌招兵，拥有100人的地方武装。在此后的10多年里，方圆百里的股匪、散匪被他陆续消灭。李以豪爽且行侠仗义、胆大心细著称。在鹿邑、亳州、太和一带名声显赫。

这时，貊国才对日益壮大的李锡龄耿耿于怀，妄图吃掉，以扩大自己的地盘和势力。但又觉得拔李这个硬钉子很难，于是，便拉拢在鹿邑南驻防的国民党某部吴师长，造谣说李是个恶霸，如何如何坏等，请吴师长帮助拔这颗钉子。1936年农历十一月间，吴应邀带几百名士兵同貊一起行动。貊带着他的兵携带迫击炮、机枪等武器开到张完集。李锡龄拒绝他们入寨，吴、貊便将队伍分驻在张完集东各村，吴的师部驻在阎湾。吴、貊商议，硬拿不行，便以请他结拜、提升为名，写信派人送达。李喜敬、讲义气，便备些礼品，使人抬着，自带10多名卫兵赴约。走到阎湾西发现有埋伏，卫兵劝他回去。他说不能失信做小人。结果到达吴的师部即被解除了武装，将李锡龄捆起来，罗织罪名，说他是恶霸、土匪，逼迫他交出金银财宝。因他不服，吴、貊就对他施以重刑，打得李皮开肉绽。晚上将他反绑起来，双手压在磨中，派人看守。李是条硬汉子，强忍疼痛，但没屈服。在对李刑讯的同时，吴、貊派兵到张完集将李锡龄局子里的枪支、弹药全部收缴，并征派各村牛车几十辆，将他家中财物全部拉走。李锡龄在李庄的两个弟弟家也被抄一空。吴、貊把李锡龄带到鹿邑监狱关押。后李虽被保释，但他的队伍和家业已大伤元气。

1938年9月，魏凤楼（中共地下特别党员）任鹿邑县县长，貊得到魏的信任和支持，并与魏建立了良好的关系。

淮阳东南冯塘、朱集一带有一支地方武装，其头目叫朱金生。据传说，朱与貊是拜把子兄弟。但因争地盘、争利益发生了矛盾，都想吃掉对方。

1940年八九月间，朱金生的司令部驻在西谢寨（在汲冢西南，今属汲冢镇），大批队伍驻在铁佛寺（又叫铁佛店，今属汲冢镇，在汲冢西南，郑集西北），还有小部分队伍驻在汲冢。显然，朱金生侵犯了貊国才的地盘和利益，貊国才的存在也影响了野心勃勃的朱金生的发展和壮大。于是二人之间矛盾逐步升级。朱决定先下手为强。

这年八九月间的一天，朱金生下请帖请貊去铁佛寺赴宴。蒙在鼓里的貊国才认为两者力量相当，又是自家兄弟，朱不会对他怎么样。于是，带上8个卫兵前去赴宴。貊哪里知道这是一次“鸿门宴”，朱金生早在铁佛寺村头两边设好了埋伏，单等貊进入伏击区。当貊走到铁佛寺快进村时，街两旁预伏好的人就一齐开枪了。没等貊国才及其随从醒过神来，9个人就有8人倒在了血泊里。

当地对貊国才有“急公好义”、“勇于卞庄、孝于黄香”的赞美之句。

穆岐太

穆岐太，陈州（今淮阳）城内人，回民，生于清朝末年，卒于民国年间。是陈州武术界泰斗，他与邢景（陈州邢楼人）、傅礼斋（陈州傅楼人）并称豫东三杰。岐太为人性情刚直，品行端正，好为人排忧解难。自幼爱好武术，常到西门里大王庙练功。为练头功，他经常用头往墙上、树身、石碑上撞，天长日久，终于练成一身钢筋铁骨的本领。后拜河北李武师为师，学习七势拳，他虚心好学，刻苦钻研，坚持数年，终于达到炉火纯青的程度，能手捏碎砖石，脚踢断木桩，尤其是头功过人，经得起油锤的打击。

一次，岐太去周口拜访六合拳回族拳师袁凤议，正赶上袁率众与周口一李姓大户欲发生械斗。双方都出动上百人，持刀弄棒，一触即发。岐太想如果械斗一旦发生，后果不堪设想。于是他对袁凤议说：“要听我的。”袁凤议知道穆岐太的功夫，点头说：“好。”岐太就站在两队中间说：“老少爷们，我是陈州的穆岐太，听说河南、河西兄弟们闹点意见，特来劝架，都是老邻居，不能打，谁要动手，先打我吧！”说罢，盘膝坐地，像老僧入定。这时回民队里走出两个棒小伙子，各掂一柄三四十斤重的油锤，照岐太头上就打，你一锤，我一锤，岐太纹丝不动。几番轮锤之后，岐太一摆手，两个小伙子归队。这时他一个飞脚站起，作了个圈揖说：“各位老师见笑了！”大家看岐太坐的地方往下陷了四五寸深，个个都伸出了舌头。双方都向穆岐太称谢，纷纷散去。一场风波就这样平息了，从此“穆二油锤”的名声便在豫东传开了。

聂振亭

聂振亭（1916—1967），今扶沟县韭园镇庙头寨人。自小随父母流落在安徽亳州讨饭为生。1929年到河北石家庄京剧团跟班学艺，主攻武生兼司鼓。3年学徒期满，随团演出《白水滩》、《盘肠战》、《杨家将》等剧目。1932年离开剧团回亳州与家人团聚，改行。1933年重返石家庄京剧团，并担任业务指导。1944年到青海省京剧团当演员。建国后回扶沟弃艺务农。

1953年春，聂振亭应邀担任扶沟县戏剧学校武功教练兼导演，为扶沟文艺界培养了大批戏剧人才。曾主导大型神话剧《红珠女》、《水淹泗州》。在扶沟戏剧舞台上第一次使用“踢枪”绝技，受到观众好评。1959年担任扶沟越调剧团教练兼导演。1967年7月逝世，终年51岁。

欧阳挺

欧阳挺（1918—2001），原名王天序，今扶沟县城关镇人。中国人民解放军防化兵种创始人之一。

欧阳挺天资聪颖，性格刚强。因家庭贫穷，弟兄2人不能同时上学，父亲看大儿子性情憨厚，就送二子王天序进学堂读书。少年王天序自知读书机会来之不易，因此学习十分刻苦，不论严冬酷夏，手不释卷。后来便以优异的成绩，考进了淮阳师范。在那里，他受到了进步思想的影响，树立了为民族解放做一番事业的雄心壮志。

1937年7月7日，卢沟桥事变爆发，年仅19岁的他，毅然拜辞爹娘，投笔从戎，来到山西太原，参加了中国共产党领导的抗日组织牺牲救国同盟会（简称牺盟），并改名为欧阳挺。后来，国民党扶沟县党部书记胡瑞甫曾派奸细专程到延安去调查，是否有个大名叫王天序，小名叫“录”的人，参加了八路军。结果一无所获。正如他的女儿欧阳燕在《辛巳祭父诗》中所说，父亲之所以改名欧阳挺，“不是为儿忘祖宗，只为亲人免祸殃。不是好汉弃旧土，英雄从此无故乡”。

1938年4月他奔赴延安，成为陕北公学学员，并加入中国共产党。1938年5月转延安抗日军政大学，成为抗大第4期学员。在延安，他“陕北公学识马列，抗大四期读华章，马恩列斯毛泽东，救国革命求解放。源头活水清如许，人间正道是沧桑。舞旗猎猎宝塔山，磨刀霍霍延水旁”。欧阳燕回忆父亲的这几句诗，正是他在延安时期的真实写照。

抗大毕业后，欧阳挺作为被挑选出的6名学员之一，接受滕代远参谋长的指示，经武汉到湘西，在国民党防化部队（第二次国共合作时期）接受防化训练。1939年6月他回到延安，分配到晋东南抗大一分校担任防化教员。是年冬，调到八路军129师司令部任训练参谋。1944年秋，调到八路军皮定均旅徐子荣支队任作战股长，南下开辟豫西根据地，在偃师、登封、临汝一带与日军作战。

1946年夏，他担任皮（定均）徐（子荣）支队2团参谋长，参加了新四军5师东路突围，与新四军会合后，任独立师2团参谋长。参加了华东淮阴、涟水和著名的孟良崮战役。1948年春，在晋冀鲁豫军区任18兵团司令部作战科科长，参加了解放临汾、晋中、太原3大战役。1949年7月任18兵团61军181师参谋长，进军大西南，参加了解放川西的战斗。

建国后，欧阳挺被调任西南军区空军参谋长，参加了人民空军的初创、组建工作，并参与了开辟康藏空中航线的组织领导工作。1954 年 6 月，赴广州军区成立空中指挥所，任参谋长。1955 年 7 月调任武汉军区空军参谋长，授上校军衔，次年授大校军衔。1964 年因病离职休养，为广州军区空军正军职离休干部。1965 年荣获二级独立自由勋章、二级解放勋章。1988 年被中央军委授予独立功勋荣誉章。

2001 年 2 月 19 日 12 时 6 分在武汉逝世，享年 84 岁。

潘　素

潘素（1915—1992），张伯驹夫人，字慧素，江苏苏州人。早年习花鸟，中年转攻山水，晚年善金碧青绿山水及雪景山水。民国时期曾任北平美术分会理事，建国后任北京中国画研究会理事，吉林艺术学院教授，中国美术家协会会员，北京中山书画社副社长，北京工笔重彩画会艺术顾问，第六、七届全国政协委员，民革中央委员，中国和平统一促进会理事等职。

她父亲潘世恩，逊清名流。与张伯驹结婚时，潘素 20 岁。她自幼酷爱绘画，21 岁时正式拜师学画。初从朱德簪习作花卉，后与老画家陶心如、祁景西、张梦嘉合作绘画。婚后，她潜心观摩张府珍贵书画真迹，悉心钻研隋唐两宋工笔重彩画法，并陪张伯驹游历名山大川，进行实地写生。功夫不负有心人，40 年代已崭露头角，尤擅长工笔重彩山水画，承继了细密严谨、金碧绯映的一派，成为我国著名的青绿山水画家。

潘素不仅是一位蜚声中外的艺术家，也是一位有着炽烈爱国热情的巾帼英杰。她与丈夫张伯驹，不惜钱财甚至生命，为保护国家珍贵文物作出过巨大贡献。20 世纪三四十年代，张伯驹先生为保护民族文物、不使之流失海外，竭尽自己全力予以收藏。为不使我国珍贵无比、传世最古的隋代展子虔的一幅青绿山水画《游春图》被画商贩至海外，他们夫妇卖掉房产，又向朋友转借，凑足 240 两黄金买回，将画收藏。画家溥心畲丧母急需款项，有心转让珍贵历史文物西晋陆机的手笔真迹《平复帖》。他们四处筹措，潘素又将自己的大量首饰卖掉，不惜以 4 万银元的代价买下了这幅传世墨宝。蒋介石的秘书长张群以及日人所雇古董掮客，均愿出几倍高价索购，张伯驹和潘素断然拒绝，并声称："我们买它，不是为了钱，黄金易得，国宝无双，万一流落海外，我等岂不成了千古罪人！"他们夫妇先后收藏了李白、杜牧、黄庭坚、唐寅等人的手迹和其他珍贵文物。这批瑰宝历经烽火战乱，得以保全而未遭劫难，潘素是有很大功劳的。抗日战争时期，汪精卫手下的一个师长绑架了张伯驹，限期以重金去赎，扬言过期“撕票”。好心的朋友劝潘素卖一两件国宝，营救伯驹先生。潘素昼夜不安，但终不肯变卖国宝。她日夜奔波，求亲告友，到处借贷，在规定限期内，以40万元赎救出伯驹先生。他们视国宝胜于生命，在旧社会历险跋涉护国宝。建国后，又于1956年陆续将珍贵文物捐献国家。文化部沈雁冰部长曾签署《褒奖状》表彰其爱国之举，在文物画界同仁中传为佳话。

早在40年前，潘素就曾和张大千两度合作绘画。1981年又将两幅《芭蕉图》托香港友人转给台北的张大千给予分别补绘、题字，完成了二人第三次合作绘画。建国初期，她与何香凝合作绘画；三次参加为抗美援朝义卖作画；1952年还同陈半丁、胡佩衡、吴镜汀等老画家合作一本画册，敬送毛主席，为毛主席祝贺生日。毛主席曾复函并特派秘书回礼答谢。1955年，周总理对她的《漓江春晴》给予“此画颇有新气象”的评价。近30年来，潘素的创作活动频繁，其作品有千余幅之多，在国内外多次展出。国家领导人出访时，还曾以她的画作为礼品赠送外国元首或政府首脑。1958年，其山水画《临吴历雪山图》被赠送给了英国首相；所临摹的隋朝展子虔的《游春图》，在中国文化代表团访问东京时，被赠与日本天皇。她的画推陈出新，独树一帜。我国著名绘画大师张大千先生曾称赞潘素的绘画：“神韵高古，直逼唐人，谓为杨升可也，非五代以后所能望其项背。”

潘素曾于北平、西安等地举办个人画展。1949年夏，潘素将自己的作品与张氏家藏名贵书画，在燕京大学贝公楼展出，其多幅山水画——《桂林伏波山》、《希夏邦马峰》等，被收入《全国妇女美术作品集》、《首都中国画集》、《桂林山水画选集》，以上画集还被选送到芬兰、瑞典巡回展出，备受称赞。

1957年，张伯驹被错划为右派，潘素亦受株连，其创作一度低落。张伯驹平反后，她重返画坛，奋笔创作。1980年2月上旬，由中国美术家协会北京分会主办，在北海画舫斋举行张伯驹、潘素伉俪书画联展，共展出作品56幅。

1992年4月16日，潘素因病医治无效逝世，享年77岁。

其主要作品有《漓江春晴》、《夏山过雨》、《万松积雪》等。有《张伯驹、潘素书画集》行世。

庞正斋

庞立端（1902—1960），字正斋，以字行，回族，今沈丘县槐店回族镇人。1923年淮阳中学毕业后，从事教育工作。是中共沈丘党组织的奠基人之一，为沈丘党组织的建立与发展作出过重要贡献。

1925年，庞正斋在槐店明远小学（后改沈丘县立槐店第五小学，简称“五小”）任教时，上海“五卅”反帝爱国运动爆发。庞正斋与进步教师一起，倡导组织了槐店工商农学各界千余人集会，声讨日、英帝国主义屠杀上海工人的罪行，游行示威，开沈丘爱国反帝斗争的先例。7月，明远小学在全县率先建立学生联合会，后沈丘县学联成立，以演剧、漫画、标语等形式，积极开展爱国反帝的宣传活动，领导学生运动。明远小学的革命活动，吸引了不少进步教师到校任教。庞正斋团结进步知识分子，借回民的地方势力，保护了学校师生。

1928年春，中共地下党员马建农受命到沈，做党的开辟工作，在槐店“五小”任教。不久，庞正斋被吸收加入中国共产党，而后又发展2名教师、4名学生入党（全是回民），建立了沈丘县第一个党小组。是年五一节，槐店“五小”公演了反帝反封建的话剧，开展了破除迷信的打神活动，使沈丘很受震动。年底马建农离开槐店，沈丘党组织的工作由庞正斋负责。次年春，马建农被捕，国民党当局借机在槐店张贴反动标语，大肆进行反共宣传。“五小”外地教师、地下党员马春亭、马汉卿被迫离开槐店，白色恐怖一时笼罩“五小”。但正斋等槐店的党员，赖团结无隙，沉着应变，无人暴露身份。党小组采取“减少会议，暂停发展，保存实力”的方针，正常进行教学工作，使党组织免遭破坏。

1930年，庞正斋任“五小”校长。春，共产党员张茂林由淮阳受命到沈，任“五小”教员，重新整顿党小组，逐步开展组织活动。7月，又有6名党员调进槐店“五小”任教，槐店党小组改建成党支部，庞正斋任支部书记，活动又趋活跃。是年冬，中共豫东特委转移到槐店，特委副书记徐庶、共青团特委书记曹铨到槐店，在学生中发展了一批党员。党的力量壮大，槐店党支部改为特别支部，由豫东特委副书记徐庶兼任特支书记。特支下设3个党小组：教师组、学生组、妇女组，庞正斋任教师组组长。鉴于正斋世居槐店，与社会各阶层有广泛联系，党的活动出现问题时，他总是出面周旋，故党组织尽量不让其在组织活动中公开露面，以校长身份秘密为党工作。次年2月，庞正斋利用国民党槐店镇长庞子刚，开办一所女子学校，即黎明女校，派共产党员孟广贞、刘修英任校长和教师。在庞正斋的具体帮助下，孟、刘二人以交朋友、拜姐妹等形式，组织起妇女会、姐妹团，领导妇女反对封建礼教，开展妇女解放运动。

1932年元月，日军进攻上海，激起全国人民的愤怒。在全国抗日浪潮的推动下，4月10日，槐店“五小”、黎明女校的共产党员教师马梦霞、刘修英2人出面，组织发动槐店4所小学的师生近千人，开展声势浩大的反日爱国活动——高呼口号，游行示威，捣毁了外国人主办的天主堂和福音堂。国民党当局异常震恐，槐店警察逮捕了马梦霞；刘修英在党组织的掩护下连夜转移；庞正斋受追究，被撤去“五小”校长职务。一时，白色恐怖又笼罩了槐店。秋，庞正斋到大刘营小学任教，国民党当局派马程九任“五小”校长。庞正斋与“五小”共产党员教师王文曾秘密联系，抓住马压制学生的弱点，发动学生贴标语，造舆论，又利用社会力量，对马施加压力，终于驱逐了马程九，换上比较开明的李栋才代理校长。

1933年，年景荒歉，粮价猛涨，教师生活困难，教育局以灾年为借口，扣发教师薪金，激起广大教师的愤慨。庞正斋发动“五小”师生，组织30多名学生到县府请愿，发起索薪斗争，终使教育局局长李新民答应学生要求，取得斗争的胜利。

庞正斋离开了槐店“五小”，但党的组织并没有被破坏，党的发展并没有停止，并逐步扩展到全县农村。1937年抗日战争爆发后，沈丘党组织积极领导了抗日救亡活动，党的力量更加壮大。次年9月，中共沈丘县委在槐店建立。不幸后来在尖锐复杂的斗争中，正斋与党失去了联系，自此默默无闻地从事教育工作。1940年在沈丘女子小学任教，次年转入盆尧私立同德中学。1944年，正斋由盆尧回槐店，任教于颍滨中学，后应聘于鲁台简易师范学校。建国后，庞曾在徐州市清真寺小学任教务主任。后因病离职返乡。1960年病逝，终年58岁。

彭雪枫

彭雪枫（1907.9—1944.9），原名修道，乳名隆兴，1928年在天津易名彭雪枫，取枫叶有傲霜雪之意。镇平县七里庄人。

1925年，彭雪枫投身革命，历任党支部书记、红军大学政委、河南省委军事部长、红军大学政委、中央军委第一局局长、纵队司令员等职。他是一位优秀的军事家和政治家，徐向前称他“能文能武，精悍潇洒”，陈毅赞他为“俊才”。

1938年11月初，彭雪枫司令员率领的新四军游击支队经过淮阳窦楼战斗后，来到鹿邑白马驿（今属郸城县），后转移到王皮溜镇刘大庄休整。时值隆冬，战士们还穿着单薄的军衣。鹿邑县县长魏凤楼及时送去了棉衣和给养。彭司令要战士们用打胜仗来报答鹿邑人民。

部队稍作休整，于11月24日，一夜急行军进入杞县，到达板木集，突袭邢口、姜楼、大魏店、祁娄等据点，歼敌众多。后至睢县，一举消灭西陵寺伪军马培善部和于厢铺一区伪军300多人。几次战斗的连续胜利，沉重地打击了敌伪匪的嚣张气焰，在百姓中树立起共产党军队的崇高威信，为之后取得抗日战争和解放战争的胜利打下了坚实的群众基础。

蒲　荣

蒲荣（1907—1948），女，今扶沟县练寺镇陶村人。

抗战初期，蒲荣积极投身抗日救亡活动，被中共地下党组织任命为联络员，并在她家里设立了地下联络站。她经常冒着生命危险，为共产党地下组织和在扶沟城南活动的抗日部队送情报，烧茶做饭，救护伤员，组织妇女、儿童站岗放哨，进行抗日宣传。她的活动被国民党练寺乡乡长发现，她被迫离开家乡，躲到临颍县五沟营，在地下党员何介福、张振洋的支助下，以小商贩身份为掩护，继续做地下情报和联络工作，并秘密加入了中国共产党。

1947 年，蒲荣回到家乡，被任命为豫皖苏军区 5 分区联络站站长。她机智勇敢，经常化装成乞丐深入到国民党土顽扶沟县李紫垣部和太康县郭馨坡部搜集情报。为了解放全中国，她毅然送儿子到中共鄢（陵）扶（沟）县大队参加革命。不久，党组织在她家设立了 5 分区伤员转运站，不少伤病员在她家经过短暂治疗和休养，脱离危险后再转到后方医院。敌人察觉后，进行了多次突然搜查，都在蒲荣的巧妙周旋下，使敌人屡屡扑空。1947 年底，蒲荣家再次突然遭受国民党军队的搜查，蒲荣突围时不幸中弹，壮烈牺牲。时年仅 41 岁。

齐有荣

齐有荣（1887—1957），今淮阳县安岭镇杨庄村人。1938 年 10 月，共产党领导的淮阳抗日游击队，在齐有荣家乡成立。齐有荣遂把大儿子铁梁送到游击队，参加抗日战争。临行他嘱咐儿子“要多杀鬼子”！铁梁成为游击队战士后，作战勇敢，后在与日军作战中牺牲。为报国仇家恨，他又把二儿子铁礼送到游击队。由于铁礼不仅勇敢，而且有组织能力，很快就被提升为排长。一次在同敌人肉搏中，铁礼壮烈殉国。两个儿子牺牲后，齐有荣怀着悲痛的心情，一连 4 次向村党支部要求，坚决把第三个儿子再送到人民军队里去。支部书记感慨地对他说：“你三个儿子为革命已牺牲两个，这小三就留在家里吧！”齐有荣坚定地说：“日本鬼子不赶跑，汉奸不除掉，国家就要灭亡，小家顶个啥！”支书只得同意。齐有荣把最小的儿子又送上了革命征途，三儿子经过南征北战，也牺牲在战场上。

1950 年，党和人民政府送给齐有荣安抚费 400 元，一是照顾他的生活，二是让他把三儿子遗体从外地迁回。齐有荣对来人说：“多少人在前线拼命流血，就是为了今天的解放，现在咱掌权了，还没搞建设，处处都得用钱，哪里黄土不埋人？坟还是不迁的好，把这笔钱省下来用到国家最需要的地方去吧！”钱原封不动退给了政府。齐有荣被评为全国烈属模范。

乔道三

乔道三（1915.12—1951.7），又名世纲，河南省偃师县夹沟村人。

出身于耕读世家的乔道三，自幼喜爱文艺，擅长绘画。7岁在本村念私塾，17岁时其父亲从登封县聘请名师到家坐馆为乔执教。九一八事变后，乔道三插班偃师中学，开始接触进步书刊，参加民族解放先锋队，投身学潮运动。1935年8月经乔华堂介绍秘密加入中国共产党。1938年初，随中共河南省委宣传部部长郭孝棠去国民党第15军参加干部训练班，5月进陕北公学学习马列理论。1939年初在延安鲁迅艺术学院学习，7月调华北联大文学艺术部深造，其木刻、绘画大有长进。1945年10月，乔道三随皮定均支队南下中原与李先念部会师。

1946年8月，乔道三跟随吴芝圃率领的豫皖苏干部大队开到阳谷县，进冀鲁豫党校学习。1947年夏，乔道三随军南下，越过黄河，进入豫皖苏边区，分配到沈丘，任刚成立的沈鹿淮县县委副书记兼宣传部部长。刚建立的沈鹿淮县机构不全，干部缺少，又处于“拉锯”局面，土顽经常骚扰，人民群众对党的政策还不了解，不敢接近新政权，因此需要做艰苦细致的发动工作。乔道三带领干部战士深入沈丘各村镇，访贫问苦，与群众拉家常，帮群众干农活，宣传党的政策。有一次，警卫员郑坤成到群众家做工作，因老大爷张明山的儿子被土顽打死，不说话不理人，但老大娘却热情接待，留着吃面条，郑怕违反群众纪律，借故跑了。乔道三得知后，与他一起又到老大娘家，帮助织布劈柴打水，老大爷看他们态度诚恳，语言谦和，就主动与他们攀谈起来，消除了对解放军的疑虑，还提供许多有关土匪及顽固分子的重要情况，老大娘看着郑坤成年纪小，就认做干儿子。后来，老大爷成了积极分子，为民主政府做了许多有益的事情。

乔道三在小赵寨村搞建立基层政权的试点工作，培养积极分子，对地主赵万顷开展说理斗争，废除旧的保甲制度，建立村政权，成立农协会、妇女会、青年团、儿童团，组织民兵，扩大县大队武装。为了保证刘邓大军挺进大别山后顺利通过沈鹿淮县境，他与县委书记吴忠培、县长马捷（回族）一起，带领干部战士，在黄泛区修道路，在沙河上搭浮桥，日夜奋战，不遗余力，使大军按时顺利通过。

根据斗争形势的发展，乔道三按县委的决定在北杨集区做当地土豪杨显卿的工作，希望他不要与民主政权为敌。但杨却自恃有土顽做靠山，不听规劝，继续与人民为敌。无奈，人民政权不得不将杨逮捕。杨的亲友勾结土顽数百人，偷袭解放军伤病员所在地张保园村。乔道三闻讯后沉着机智，带领战士声东击西，冲出重围，并救出一些同志，但终因寡不敌众，未能救出在此养伤的沈项临县长胡凌云等8人。乔道三极为悲痛，后来带领县区武装袭击土顽，对为首的几个作恶分子给以严厉惩处。

1947年10月1日，陈、粟大军挺进豫皖苏边区，解放了界首城区，遂成立县委领导下的界首市政府，沈鹿淮县县委副书记乔道三兼任市长，在大军支持下积极开展市政府工作。

当时民主政府刚建立，原界首城区由界首、刘兴、皂庙三镇组成，且分属沈丘、太和、临泉3县分管，局势复杂。乔道三进城后，即开始紧张的工作。他深入穷苦市民和工商业者中间，召开各种会议，宣讲党的各项政策，建立各行业工会和街道政权，初步安定了社会秩序。

为了进一步巩固新生政权。在沈鹿淮县委的领导下，组建了市大队和刘兴区队。没有武器，他搜缴了土顽隐藏的枪支，在剿匪中缴获了一批枪支，又从华野领到一批枪支弹药，从而解决了市大队、刘兴区队的武器装备。乔道三正确执行党的统战政策，充分信任、利用地方势力的力量，如任陈好朋为市大队副队长，任王立善为刘兴区区长、区队长，这样既争取了群众，又加强了市区的武装。

陈、粟大军离开界首后，土顽势力蠢蠢欲动，妄图扑灭新生政权。乔道三临危不惧，带领市大队、刘兴区队和黄桥区队，配合马捷（回族）领导的界首县大队，与土顽势力展开了一场殊死搏斗。他们采取区区联防、互相配合、灵活机动、彻底消灭土顽的方针，用袭击、突击、打埋伏、围歼、夜间奔袭等游击战术，相机歼灭敌人，打了许多漂亮仗，给界首周边土顽以沉重的打击。

每次打伏击，乔道三总是身先士卒。一次，他闻知纸店区委书记及二地委工作队被土匪包围于大王庄，立即带领市、区大队，奔袭而至，将匪击溃，救出21位同志，并俘虏一批匪徒。又一次，他从积极分子那里得知，国民党皂庙镇镇长阎锷轩正在沙河南岸进行反共宣传，他立即带领武装赶到，打得阎匪抱头鼠窜。1947年11月上旬，华野民运部副部长朱彬一行6人，到界首给乔道三传递情报后返回时，在纸店区刘庄东头遭豫东联防司令唐存礼伏击，6人惨遭杀害。乔道三得知后悲痛欲绝，决心报此血仇。他带领武装剿灭了那一带的土顽，查出并惩治了参与杀害朱彬的凶手。

12月，粟裕率华野总部复至界首，乔道三向粟司令员汇报了开辟界首的工作情况，受到粟司令员的好评。粟司令员决定，派出华野主力两个连，与界首县、市大队组建沙河支队（支队长由马捷担任），尽快消灭这一带土顽势力。乔道三配合支队在嗣后的几个月内，主动向土顽发动进攻，很快肃清了界首周围的土顽。

1948年春，沙河中游沿岸各城镇均已解放，为把界首建成豫皖苏边区行政中心，上级决定，组建中共界首市委和中共沙河工委（驻界首，下辖界首、槐店、周口三市），以统一沙河沿岸各城镇的工商税收和金融财贸工作。乔道三被任命为沙河工委委员、界首市市委委员、界首市市长。

乔道三把工作的重心放在恢复和发展工商业上，繁荣商贸，发展生产，筹备物资，支援解放战争。他鼓励商人经商，工厂开工。在没收官僚资本工作中，由于政策界限不清，把某些工商业者的财产也没收了，打击了工商业主的积极性，他及时纠正，报请上级批准，逐户逐物登记造册，折成中州币彻底退赔，消除了工商业者的疑虑，纷纷抽回外流的资金，界首市场迅速繁荣起来，成为豫皖苏区的重要商埠。

为了稳定金融市场，他根据上级布置，取消法币。为了不损害群众利益，他们把群众中的法币集中起来，派人携带到国统区换回各种物资，这样既解决了本区对军用品和生活用品的需要，又使广大群众得到益处，很受群众欢迎。界首市的“排法币”斗争创造了可贵的经验，受到中共豫皖苏分局的表扬。

淮海战役开始后，市委成立了支前大队，乔道三深入大街小巷，带领干部组织征粮、磨面、搞运输、做军鞋，做了许多具体工作。他兼任界首中学校长，亲自到校作动员报告，号召学生参加支前，组成了一支130名学生参加的支前工作队，开赴前线。余下百余名学生又组成秋收工作队，在后方搞征粮和运输等项工作。

淮海战役胜利后，乔道三响应党中央“打过长江去，解放全中国”的号召，支援渡江战役。1949年3月8日，召开全市动员大会，他作了鼓舞人心的报告。会后，动员了100多只船、150名水手和数十名学生，随军南下作战。

1949年春，豫皖苏边区建制撤销，界首市划归皖北行署管辖，与界首县（沈鹿淮县此时已更名界首县）平级，乔道三任市委书记、市长。在做好巩固新生政权、稳定社会秩序、开展对敌斗争、支援解放战争工作的基础上，努力搞好市政建设，创办工厂，繁荣经济，发展工商业，变消费城市为生产城市，后来又开展“镇反”斗争和土地改革运动。对于这些工作，他既当指挥员，又当战斗员，表现出坚强的毅力和战斗的韧性。

他对改造人的工作抓得很紧。界首市有一批旧社会遗留下来的地痞、流氓、小偷、娼妓、赌徒等，他把他们收容在一起，组织起戒毒教养所，对他们进行改造，通过做木工、缝纫、纺织、编织等工作，把他们改造成自食其力的新人。界首市有一条教门街，居住的大多是回民，乔道三十分注重贯彻党的民族政策。有一次，新舞台演了一出刺激回族民族感情的小戏，引起回民的不满。他闻知后，立即出面处理此事，对涉事干部进行教育，让他们在群众会上认识错误，向回族同胞道歉。又调动有关人士做好回族群众的思想工作，很快平息了这次波动，稳定了社会秩序，加强了民族团结。

乔道三非常注意团结各界人士，调动各方面的积极性，共同建设新界首。1949 年春，市场相对萧条，部分工人失业，穷苦居民生活困难。他采取“以工代赈”的方法，组织居民修河坝，整街道，挖水沟。向银行贷款，组织生产合作社和供销合作社，解决劳动就业问题，帮助居民渡过难关。他对私人企业贯彻保护、扶持和发展的政策，根据“劳资两利”的原则，鼓励工人到私人企业里做工，使工人和企业主都能从中得到好处。10 月初，乔道三召开界首市第一届各界代表会，他代表市政府报告了两年中的工作情况，提出了建设界首、发展界首的举措，得到与会代表的拥护。

乔道三对界首工业的发展倾注了大量的精力和智慧。他深入工厂，同工人和技术员促膝谈心，广交朋友，了解情况，寻求措施，初步开创了在界首发展轻工、能源、交通和机械的路子，给界首工业的发展打下基础。在他当政的四五年间，先后办起了发电厂、铁工厂、造船厂、面粉厂、麻袋厂等。这对于没有工业基础、又经战争破坏、刚刚建立起来的新政权，不能不说是一个了不起的政绩。如兴办电厂，当时无资金、无设备、无技术，困难重重。乔带领大家白手起家，迎难而上，多方筹集资金，选派骨干去上海学习。终于在 1950 年 6 月，建成阜阳地区第一家电厂——界首电厂。界首街头大放光明那天，全市一片欢腾。

乔道三在领导界首市的各项斗争和建设事业中，做出了突出的成绩，赢得了工商界和全市居民的爱戴。1951 年，乔道三检查出患肺癌晚期，经组织安排，去阜阳、怀远治疗。但为时已晚，7 月 9 日 11 时 45 分，乔道三停止呼吸，与世长辞。终年 36 岁。皖北行署鉴于他在战争年代的贡献，上报追认为烈士。

乔慕东

乔慕东（1908—1984），字观山，今江苏省宝应县夏集乡小尹庄人。8 岁时就读于本村私塾，次年因灾荒而辍学。1923 年改读于张家庄私塾。1926 年后执教于张家墩、应家河、小唐河私塾。抗日战争爆发后，在中共党组织的领导下，他利用讲台，宣传抗日救国。1943 年春弃教从政，5 月加入中国共产党，任宝应县双塘乡代理乡长。1944 年 8 月调入中共夏集区委员会，先后任宣传干事、宣传部副部长。1945 年 8 月日军投降后，蒋介石发动内战，国民党部队大举进攻苏中解放区，乔慕东率地方党组织武装人员转战苏中。1946 年调任高邮县中共临津区委书记，年底奉令撤离，编入黄河大队任副中队长。1947 年 10 月调入华东野战军随营学校学习，任学校巡视组组长，辗转豫、皖、苏解放区。1948 年 10 月调入中原 6 队第 5 大队直属队任指导员兼中队长。1949 年 3 月调入中共淮阳地委土改工作队，12 月任淮阳县文兴区区长，次年 6 月任中共文兴区委书记，8 月任淮阳县人民政府司法科科长。

建国后，历任淮阳县人民政府县长、县委书记、第一届至第三届政协主席和商丘专区贫下中农协会副主任。1969 年病休，1982 年 6 月离休。1984 年 2 月 29 日逝世，终年 76 岁。

屈申亭

屈申亭（1898—1942），原名守义，今西华县红花集镇屈庄村人。1933 年开始接受中国共产党的领导，1936 年加入共产党。历任中共西华县三区区委委员、区长，中共豫东特委委员。西华人民抗日自卫军副司令，新四军 6 支队 2 总队 4 团团长、副总队长、总队长等职。

申亭关心群众疾苦。1932 年春，西华灾荒严重，人民嗷嗷待哺。他和胡晓初、侯香山挺身而出，在三岗及红花集一带组织农民看家队，打富济贫，深受广大群众拥护。

他为人忠厚正直，公而忘私。1937 年支持和配合豫东特委处决了破坏抗日救亡运动的胞弟屈窝。

申亭忠于党，积极开展革命工作。1938 年春他任三区区长时，遵照党“积极发展抗日武装”的指示，迅速建立了一个团的人民武装，这支武装在抗日锄奸、开展游击战争中，打击了日、伪、顽的嚣张气焰。5 月编入西华人民抗日自卫军。

他作战勇敢，身先士卒。1938 年在讨伐国民党南流渡口拒交抗日粮、款顽固派的战斗中，他亲临火线，架梯攻寨，身负重伤，仍坚持战斗。在家养伤时，领导屈庄及附近农民、抗属在黄水退下去的土地上种稻子，解决群众生活及部队部分粮饷。

1941 年，中共冀鲁豫边区党委派屈申亭、屈登瀛父子 2 人秘密筹集人员、枪支和军用物资。屈氏父子化装成商人，不畏艰险，往返于西华、商水、沈丘等地。1942 年 4 月，屈氏父子将筹集的军用物资准备运往冀鲁豫边区，因国民党黄委会的干部孙西超告密，申亭父子被捕，在安徽临泉同时慷慨就义。申亭被害时仅 44 岁。

冉茂林

冉茂林（1890—?），今商水县白寺镇王庄寨村人。中医世家。自幼受父亲言传身教，年纪轻轻即医道娴熟。冉氏祖传喉科，经冉茂林钻研提高，臻至顶峰。他创新的外治法、上病下治洗足法等，为同行称道。他配制的“咽喉症散”治口腔溃疡，效果明显，药到病除。

任 邦

任邦（1898—1963），原名任怀荣，今焦作市温县南张羌乡南张羌村人。河南法政专门学校毕业。

他天资聪颖，读书刻苦，成绩优异，但家境贫寒。因其学习成绩好，经常帮助富家子弟写字、作文章，富家子弟亦因此从经济、物资上给他以帮助，供他上学。以此人们不叫他原名任怀荣而称其任帮，后遂以“任邦”名世。

他原先曾任开封女师教员、小学校长，后任许昌难民收容所主任。1933 年 5 月任浚县县长，1937 年任孟县县长，1940 年 8 月任南召县县长。1941 年 8 月任扶沟县县长，1943 年 9 月任襄县县长，1947 年 3 月任鲁山县县长，1948 年 7 月任商丘县县长。开封解放后，他只身去台湾，先后在台南、台北等地谋事。1956 年 8 月，任台北市信义国民小学校长，在职 7 年，于 1963 年 2 月 8 日在台北病故，终年 66 岁。

他在扶沟任职期间，社会混乱，地方上经常遭受杆匪的袭扰，以致百姓封门闭户，相继逃亡。为治理好扶沟，他下决心铲除匪患，为民除害。当时县里有自卫队 200 来人，他将他们分为一、二两队。每次剿匪都是他亲自带领，骑马走在队伍的中间，以便前后指挥。当时县境内最乱、为害最深的以县北白潭一带曹某的游击队为最，他便首先剿除曹匪。一次，他从白潭捉住一二十名土匪拴押在县政府大院，还未来得及处置，土匪头子曹某即带人进城向任邦要人。走到县城北门，先把县自卫队守门 6 人的枪下了，然后把县政府围住，机枪架到县政府大门前，有的还鸣枪示威，立逼任邦放人。迫于土匪势大，只得把捉到的这些土匪暂时放走。由此使他深刻地认识到，要想剿除土匪，必须得有好的武器，于是便购买 4 挺机枪（每队 2 挺）和一些步枪、弹药。他每次剿匪，都是遇到土匪即打，捉住土匪就地枪决，有些土匪被捉后，愿出重金赎身，任邦对这些人是不管出多少钱非杀不可。这样一来，社会很快得到了安定，百姓始得过上较为平安的日子。

他在扶沟时，水、旱、蝗灾不断。1941 年秋旱，粮食减产。1942 年春大旱，土地龟裂，小麦只有四成收，延至 7 月，禾苗旱得叶子卷成筒。在这干旱严重的时刻，蝗虫遮天蔽日，由北向南飞入扶境，把禾苗吃得只剩光秆，基本绝收。至 1943 年春，小麦涨到 800 元（纸币）1 斗，灾民罄其所有，换取斗升粮食，亦难渡过春荒。百姓无食，无法生活，无数的穷苦百姓聚集在城内，嗷嗷待哺。在这种情况下，任邦组织放赈，设法救济灾民。或把豆子碾碾，或把豆饼、花生饼配着芝麻分成小包，分给饥民。尽管这些救济是杯水车薪，每天仍有人饿死，但还是减少了些无辜饿死的灾民。

任传清

任传清（1923—1975），今山东省齐河县人。1944 年参加革命工作，1945 年加入中国共产党，1947 年大军南下时留到淮阳县。先后担任村自卫队队长、村长、区委组织干事、区农协主任、区委副书记、武工队指导员、情报站站长、区长、区政委、区委书记、县法院院长、县委宣传部部长、县委书记处书记、副县长、县委副书记、镇革委副主任、镇委书记、市供电局革委会副主任、党委副书记等职务。

在抗日战争和解放战争中，任传清和战友们一道同敌人进行了艰苦卓绝、英勇顽强的斗争。特别是在他担任武工队指导员和情报站站长期间，曾率队深入敌占区，获取重要情报，立功受奖；曾多次身负重伤，其中一次子弹贯通颈部，险些打断动脉血管；曾两次为掩护战友而落入敌手，惨遭敌人严刑拷打，百般折磨，终坚贞不屈，视死如归，表现出革命者钢铁般的坚强意志和顽强的斗争精神。敌人的酷刑严重地摧残了他的身体，他因此而摘除了脾脏。

建国后，他长期在淮阳县、沈丘县、周口镇、新乡市等地担任党政领导职务。他谦虚谨慎，从不居功自傲，始终保持一名共产党员的朴素本色。长期的操劳，使他积劳成疾。跟随他的秘书常常看到：深夜，他在办公室里加班，拿钢笔或茶缸用力顶在腹部，额头滚落着豆大的汗珠。劝他赶快检查治疗，他却总淡淡地说：没什么，过会儿就好了。然而令人痛惜的是，正是这样一次又一次延误了治疗的时间，他在 1975 年 12 月病逝于新乡市。终年 52 岁。

任虎子

任虎子（1922—1943），今淮阳县安岭镇大杨庄人。1943 年 1 月 29 日，日本侵略军与伪军千余人突然袭击薛孟庄抗日根据地。进村后，他们用刺刀逼着男女老少到村头集合，逐人相面、摸腿、看手相，搜查共产党、八路军、游击队队员。不一会儿，一个日本兵从人群里拉出一个面部黑胖、一身英气的小伙子。大家一眼便认出是民兵任虎子。

日本兵像恶狼一样抓住任虎子的领口，厉声逼问：“谁是共产党，谁是八路军，统统说出来！”任虎子昂首挺胸斩钉截铁地回答：“不知道！”任虎子的回答激起侵略者的恼怒，一阵拳打脚踢，任虎子嘴里鲜血直流。日本兵再次逼问，任虎子仍说：“不知道，就是不知道！”敌人气急败坏，把任虎子的棉袄扒掉，将他吊在大树上，用棍棒打，用皮鞭抽。任虎子被打得皮开肉绽，血肉模糊，昏了过去。

敌人在任虎子身上一无所获，便将他绑到汽车上到外村去认共产党员、游击队员。到程楼时，人群中一个个游击队员的面孔是虎子都熟悉的，在场群众都捏着一把汗，唯恐虎子挺不住，将他们认出来。在敌人的逼问下，任虎子大义凛然，铿锵有力地回答："没有，杀了我也没有。"敌人声嘶力竭地喝道："不说，打死你！"随即又将任虎子吊在树上，一阵毒打后，将汽油浇在虎子的下半身点燃，两个汉奸还推着任虎子的身体荡秋千。熊熊烈火在任虎子身上燃烧，在场群众目不忍睹，泪流满面。任虎子却在烈火中怒吼："狗日本鬼子，你们活不长，打倒日本……"日本侵略军看从任虎子口中问不出什么，就将烧得乌黑、奄奄一息的任虎子带回县城。汽车开到西关停下，敌人把任虎子从汽车上推下来，气势汹汹地喝问任虎子："说不说？再不说就要你的命！"英勇不屈的任虎子置生死于度外，怒目直视着敌人，连连摇头，只字未吐。绝望的敌人举起屠刀砍掉任虎子的右臂，又用刺刀扎进任虎子的胸膛……

任虎子被惨杀后，群众当晚将任虎子尸体收回，埋于村南高地上。

桑振君

桑振君（1929.2.6—2004.7.9），女，今鹿邑县枣集镇人。著名豫剧表演艺术家、豫剧名旦，桑派艺术的创始人，原河北省邯郸东风豫剧团团长。

桑振君生于贫苦坠子艺人之家，从小具有唱河南坠子的功底，她把河南坠子的韵律和嘴皮子功夫巧妙地融入唱腔，形成了自己独树一帜的演唱风格。唱腔乖巧灵动，丰富多彩，动听美妙。慢唱时如泣如诉，快唱时如珠落玉盘，让人如醉如痴。这位当年曾与崔兰田、马金凤、阎立品等齐名的艺术家，以她独有的表演风格和音韵享誉中原。演出的《打金枝》、《投衙》、《对绣鞋》等，曾使无数戏迷为之倾倒。民间曾流传："断了烟，断了茶，不能断听桑振君唱《投衙》"、"卖了房子离了婚，也要去看桑振君"……她所到之处，票价猛增，场场爆满，由于技艺精湛，曾受命赴朝鲜战场慰问演出，20世纪50年代曾2次在郑州为毛主席演出。

桑振君所塑造的每一个人物，都有与众不同之处。她善于博采众长，又不拾人牙慧，可以固本求新；从她演出的几个大戏里，细心的人都能体察京剧四大名旦的韵味。如《打金枝》中有梅派的雍容富丽，《桃花庵》有程派的深沉委婉，《对绣鞋》有荀派的俏丽清新，《大狼山》有尚派的刚健洒脱。

桑振君为了培育更多的豫剧人才，在自己艺术事业最辉煌的时刻，毅然辞去剧团团长职务，潜心教学。她含辛茹苦，精心育才，甘当人梯，把一个个新人推向艺术的高峰。胡小凤、牛淑贤、苗文化、郭应丽等4人成为国家一级演员，还有11人成为国家二级演员，胡小凤、牛淑贤获得了梅花奖，这在一个地区的地方戏舞台上可以说是少有的。桑派艺术可谓桑果累累，桃李满园。桑振君所在的邯郸东风豫剧团曾数次进京演出，使豫剧之花飘香燕赵大地。

尚茂林

尚茂林（1890—1959），鄢陵县人，1918 年起客居扶沟 30 余年。幼年家贫，被送到鄢陵县某大饭庄学艺。由于能吃苦耐劳，勤学好问，3 年从师，技艺渐精。出师后到扶沟县和何广灿、吴庚寅合伙开设第一楼饭庄。在当时这是扶沟最大、最有名气、经营时间最长的饭庄。尚茂林由此成为名厨。

尚茂林在厨艺上秉承师教，博采众长，勇于创新，自成一家，在烧、炒、爆、炸、炖、焖、熘、扒等技术上皆有过人之处，最擅长燕翅席、海参席。他的拿手菜是糖熘醋鱼和红烧鱿鱼，其特点是光鲜透亮，油而不腻，薄而不脱，甜中透酸，酸里含甜，虽有蒜味，不夺鱼鲜。用筷子一扒，脱骨成块，鱼刺不丝连，同行多有效法者，均逊一筹。

尚茂林在扶沟授徒 14 人，其中李培顺、李西彬、吴成具、李卯、郑东明等，建国后都成为扶沟、鄢陵两县的知名厨师。

邵良辰

邵良辰（1924—2009），今鹿邑县城关镇人。中共党员。1938 年在鹿邑县军政干部训练班学习，后来参加鹿邑县农村工作队，在鹿邑县第 3 区军政干部训练班政治队任队长，1939 年为鹿邑县魏凤楼部党组织与豫皖苏边区党委间的秘密通讯员。

1939 年 12 月参加新四军游击支队，1940 年 3 月当选为永城县青年救国会执行委员兼组织部长。后历任永城县粮食局仓库主任，淮北区党委机关粮食股长、淮北党校会计、办公室主任。1942 年调淮北泗阳县新化乡任乡长，泗阳独立团第 10 连政治指导员，华中 7 分区独立 3 团 8 连指导员，江淮军区独立团 2 营政治教导员。渡江前任 34 军通讯营教导员。国民党海军第二舰队起义后，任华东海军楚同舰军事代表，同年调任南京市警备区营政治教导员。

建国后，邵任南京市警备政治部青年科科长。1956 年任烟台边防检查站政治委员。1960 年转业，安排在烟台第一炼钢厂任副厂长。后历任烟台电厂党委书记、山东辛店发电厂筹备处核心组成员、山东南定热电厂党委书记、山东省电力学校党委书记、山东沾化发电厂党委书记。1984 年 6 月离休。曾获三级独立自由勋章 1 枚，三级解放勋章 1 枚。

邵相成

邵相成（1900—1978），字立业，号建功。商水县巴村镇大邵村人。

邵相成出身于中医世家。在家庭的熏陶下，自幼便刻苦学文习医，为以后行医打下坚实基础。1917 年至 1919 年，商水相继发生了伤寒病和霍乱病，发病率和死亡率都很高。一时间，人人自危，恐惧异常。邵相成作为一名乡村医生，以治病救人为己任，他深入研究张仲景的《伤寒杂病论》，并把书中医理与当地疫情病案结合起来，制定了采用阻断病源和服用麻黄桂枝汤（加减）治疗的方法，有效地遏制了流行病的传播和蔓延，活人无数。

邵相成一生行医，医德高尚。著有《伤寒论浅析》、《温病辨证治疗》、《民间单方偏方集锦》等流传于世。

邵子奇

邵子奇（1904.9—1990.11），原名良材，又名席珍，今鹿邑县城关镇人。世代开设中药铺。15 岁辍学入药铺当学徒，1923 年充当信差。1928 年秋，因工作之便结识了中共地下党员李梅村与江松樵。受其教育，思想觉悟迅速提高。1929 年加入中国共产党，负责党的文件、书刊及秘密信件的传递。1930 年春夏之交，邵到县署投递邮件，因路上遇雨，邮件全湿，就将邮件摊在收发室案子上晾一晾。邵趁机进行翻看，发现有缉捕江松樵的密令。邵当即通知江松樵撤离县城，约定在城西三里胡庄相会。是夜，邵携 10 元银币、1 块怀表来胡庄赠与江松樵，并护送他脱离险境前往潢川。翌日县署派人缉拿查抄，一无所获。1932 年 8 月，邵子奇因活动被国民党县署发觉而被捕，押解开封。行至柘城境，遇雨住进茶棚。当夜，其父趁解差不备，将邵救出茶棚东逃徐州。旋至临沂从军，与党组织失掉联系。1934 年回到鹿邑，在大张庄张笑南（地下共产党员）家躲居 2 年。1938 年 9 月，邵子奇与张爱萍取得联系，张指示邵开展抗日救国工作。1939 年 3 月，在邵子奇开设的太清宫中药店里秘密成立了以邵为首，以王一夫、罗笑尘、夏晴初、周学颜为骨干的抗日锄奸团。1941 年 9 月，在李八集与抗日游击队联合一起，夜袭太清宫日伪警察所，击毙了所长，缴获步枪 8 支，电话机 1 部。1947 年 2 月，县长张笑南要邵继续为党工作，邵遂在商户中宣传革命，为革命筹措经费。1949 年，邵担任鹿邑县工商业联合会主任。

1981 年，邵子奇被选为县政协副主席。年逾古稀仍孜孜不倦地工作。1983 年 6 月重新加入中国共产党，1987 年离休。1990 年去世，享年 86 岁。

申凤梅

申凤梅（1927—1995），女，艺名大梅，今漯河市临颍县涂庄村人。1938 年，为生活所迫，凤梅与妹妹秀梅同入张潘镇越调科班学戏。3 年出科，又为班主效力 1 年。1942 年首入临颍县南将罗村越调班。之后，入西华县长乐村、临颍县繁城镇、郾城县大新店等戏班或剧团演戏。因她嗓子又宽又亮，上百句的

唱词，一气呵成，不倒腔、不岔音，所以出科不久群众就送她个“铁嗓子”的美名。凤梅出名后，所在剧团凡演出挂牌，总把凤梅写成大梅，秀梅写成二梅，久而久之，大梅、二梅便成了姐妹俩的艺名。

1947 年，凤梅所在的大新店剧团在叶县解放区改成刘邓一纵人民胜利剧团，申凤梅出任业务团长，开始了她新的艺术生涯。1949 年春，胜利剧团由部队交地方，改为漯河市人民越调剧团。剧团排演《天水关》时，申凤梅根据剧团需要和自己的情况试演诸葛亮，一举获得成功。自此她改变过去以演旦角为主，而以演生角、演诸葛亮为主。

1951 年，该团归属项城，改为项城县越调剧团。1958 年 10 月，毛泽东主席在郑州观看了申凤梅主演的《收姜维》，备加赞赏。同年 11 月，她加入中国共产党。1963 年 3 月 19 日，申凤梅所在的商丘专区越调剧团进京演出。申凤梅的出色表演，受到北京群众和文艺界田汉、老舍、曹禺、马连良等名家的热情赞扬。曹禺说她：“诸葛亮再世，越调之光。”马连良高兴赞赏之余，收申凤梅为徒。她是马连良唯一的一位女徒弟，唯一一位地方戏的徒弟。4 月 9 日晚上，周恩来、董必武、李先念、彭真、薄一波、包尔汉、邓颖超、罗瑞卿等党和国家领导人在怀仁堂观看了申凤梅主演的《收姜维》，并接见了全体演员，周总理高兴地说：“河南的诸葛亮会做思想工作。”称申是“活诸葛”。

1965 年，剧团改属周口专区，申凤梅仍任业务团长。是年，她主演的《扒瓜园》一剧，由北京电影制片厂拍成彩色戏剧片。这是她第一次走上荧屏。

“文化大革命”开始后，申凤梅被打成“大戏霸”、“反动学术权威”、“马连良的孝子贤孙”、“反动文艺路线的黑干将”，受到批斗，下放太康县常营劳动改造。1976 年粉碎“四人帮”，申凤梅重返剧团当团长。1978 年党的十一届三中全会后，党的文艺政策得到贯彻落实，申凤梅焕发了青春，带领全团职工，以饱满的热情连排了一批新老剧目，《李天保娶亲》、《诸葛亮吊孝》、《收姜维》拍成了电影，《吵闹亲家》获中宣部“五个一”工程奖。申凤梅得到省委、省政府“人民艺术家”、“河南的骄傲”的崇高评价。

1995 年 5 月，申凤梅赴太原参加中国戏曲第二届“金三角”交流演出。而后，又应文化部之邀进京演出。当时，她身体已极度虚弱，演出时往往需要输氧、输液才能维持。但她以惊人的毅力，坚持到底。返周不久，因心脏病发作，于 7 月 20 日 5 时，不幸逝世，享年 68 岁。国家和省委、省政府有关部门及领导发了唁电，送了花圈。26 日，数以万计的群众，怀着无比沉痛的心情，挥泪送别了这位在舞台上奋斗了一生的人民艺术家。

申凤梅从艺57年，先后在200多个剧目中扮演过生、旦、净、丑等角色，塑造了性格迥异的各种艺术形象。老舍先生称赞她“生旦不挡，悲喜咸宜”。而她更大的成就，在于塑造了活生生的诸葛亮。为演好诸葛亮，她不断学习、探索、改革，把毕生精力倾注在饰演诸葛亮上。她获得了成功，饰演的诸葛亮得到了专家和群众的认可。特别是《诸葛亮吊孝》和《收姜维》搬上银幕后，在周口人们的心中形成了固定的思维模式：一提起诸葛亮就和申凤梅联系起来，或曰诸葛亮就是申凤梅，或曰申凤梅就是诸葛亮。

作为一名人民的演员，她始终保持着高尚的革命情操和敬业精神。经济改革大潮中，她不为金钱所动，多次谢绝高酬走穴的聘请。她时刻牢记党的宗旨，忠于人民的艺术事业，带领剧团常年奔波于基层，把戏曲艺术奉献给人民群众。剧团在开封演出时，她高烧40度，打着吊针，坚持出场。在新疆烤人的戈壁上，她颠簸200多公里，专程到油田为工人演出。在几十年的戏剧舞台上，她脚踏实地走出了一条为人民服务、为社会主义服务的光辉道路。鞠躬尽瘁，死而后已。

基于她高尚的思想品德，深厚的艺术造诣，卓著的成绩和崇高的威望，1977年被选为河南省第四届人大代表；1979年被评为全国“三八”红旗手；1987年被评为省劳动模范；1988年被选为第六届河南省政协委员，被河南省文化厅、省文联授予人民艺术家称号；1989年被评为全国劳动模范。她是中国戏剧家协会常务理事，中国戏剧家协会河南分会主席，出席过中共第十三次、十四次全国代表大会。面对荣誉，她说：“我是党培养的一名演员，是人民给了我艺术生命，为了报答党和人民，我只有一心一意唱好戏!”这正是一个攀登艺术高峰者的原动力，道出了一位人民艺术家的心声。

沈东平

沈东平（1904—1938），原名张丙乾，舞阳县太尉乡林庄村人。幼入私塾，16岁在舞阳北舞渡一家京货店当学徒。1924年到漯河吴佩孚部当学兵，在洛阳西工受训，不久加入中国共产党。毕业后，先后到兰州、汉中、重庆、包头、上海等地活动。1933年在张家口参加吉鸿昌领导的察绥抗日同盟军。9月，受中共北方局派遣到河南，先后在临颍繁城、许昌、漯河、洛阳、西华等地从事党的地下工作。历任中共许昌县委书记、豫东特委书记、河南省委委员、西华人民抗日自卫军参谋长。

东平对党忠诚，立场坚定，对敌斗争机智灵活，方法多样，能团结可以团结的力量，善于应付各种环境和各阶层人物，在党内有“机灵鬼”的称号。

1936 年冬任豫东特委书记时，党指示东平做上层统战工作。他先与河南省淮阳专员刘莪菁取得联系，继又和西华县县长楚博及西华进步人士胡晓初建立了统战关系。

1937 年抗日战争爆发后，东平遵照党的指示，开始创建抗日武装。他以淮阳专员刘莪菁的秘书及西华县县长楚博的秘书做掩护，在西华陵头岗举办抗日干部训练班和农民夜校，培养了大批抗日骨干。1938 年 5 月，他建立了 3000 余人枪的西华人民抗日自卫军，为共产党在豫东掀起抗日高潮，作出了巨大贡献。

1938 年 7 月，为了深入敌后对日作战，以扩大中共武装在豫东的政治影响，东平率 1500 余人东渡新黄河，屡创敌顽。28 日，东平带领 17 名战士到睢县侦察敌情，在马路口与 100 多名日军遭遇。东平沉着指挥，与敌展开激战，终因弹尽援绝，18 人全部壮烈牺牲。自卫军指战员听到东平牺牲的噩耗，无不失声痛哭。

沈金学

沈金学（1923—1974），今扶沟县包屯镇董桥村人。出身国乐世家，6 岁跟随父亲吹唢呐。由于他天资聪颖，勤奋好学，8 岁就登台演出，12 岁熟练掌握吹奏技术，在扶沟、通许、尉氏、鄢陵、西华、太康等名声大噪，被誉为“响八县”、“半拉天”、“唢呐王”。他摸索出了自动换气法，一口气能吹 20 分钟。不仅精于唢呐，对笛、弦、笙、锣、鼓样样都能操作。1953 年被聘为开封市曲剧团演员，1956 年被聘为驻西藏 18 军文工团（后为西藏军区文工团）乐队队长。1974 年，在拉萨市的一次演出中，他应观众要求，连奏 4 个曲子，当场昏倒，抢救无效逝世。

沈文献

沈文献（1919 ~ ?），今商水县郝岗乡沈庙村人。出生 3 个月死了母亲；4 岁时，父亲被土匪打死，10 岁的哥哥病死，12 岁的姐姐当童养媳，累饿而死；11 岁时爷爷病故。从此，沈文献成了孤儿。1930 年冬，沈文献开始了讨饭生活。1 年后，认漯河东边大徐村木匠徐西顺为干爹，开始学唱地摊戏，不久加入砖桥北张庄窝班。17 岁入上蔡“百十街”窝班。18 岁时，入上蔡县南街戏班，拜李春秀为师，学唱“红脸”戏。沈文献人勤快，很受师傅和师兄弟们的喜爱。李春秀将自己的成名戏《杨河摘印》、《反徐州》和一些绝技，毫不保留地一一传给了沈文献。3 年后，又将女儿李秀颜许沈为妻。

沈文献在上蔡南街戏班先后 10 余年。1947 年麦收后，回家探亲，走到逍遥集，被四街剧团留住。以后便加入四街剧团。两年后，转为西华县重建豫剧团。

1952年10月，沈文献当上重建豫剧团副团长，在淮阳地区戏剧会演中，荣获优秀演员奖。1953年5月离开西华，加入漯河市豫剧团。

沈文献工红脸戏，嗓音高亢洪亮，表演泼辣奔放，善大段唱。如在《斩黄袍》中饰赵匡胤，一段唱词达百余句；《反登封》中饰李敖，有段唱词69句，垛子连板，越唱越快。每唱至“有李敖迈步把城进……”时，一句甩腔，台前顿时掌声雷动，观众无不叫好。

沈文献擅演悲剧，做戏逼真，声情并茂。在《闯幽州·碰碑》一折中，饰杨令公。连丧5子后，他仰天大笑，由笑转哭，热泪纵横，痛喊一声，摧人肺腑，举座为之抽泣。

盛广才

盛广才（1919—1990），今江苏省泗洪县黄岗乡人。1941年被选为村长，同年6月秘密加入中国共产党，任黄岗乡农会主任（中共党支部书记）。他依靠群众，积极为新四军筹集枪支弹药；带领民兵埋地雷、藏粮食、封井口、站岗放哨，配合部队打击日本侵略者；与地主开展斗争，实行减租减息。1942年，驻泗洪县城日军在城周围实行33天的大扫荡，他带领民兵抗击月余，后与彭雪枫部主力配合，一举歼灭日军两个连，迫使日军龟缩在县城。1943年上半年，他带领两个排编入中共泗洪县独立团，下半年调任雪枫县曹四区顺河乡农会主任，后任副区长。一次区长姚义飞在曹四区善集被维持会和土顽包围，他立即带领一个排激战5个小时，将区长姚义飞解救出来。1946年11月调任淮阳县汲冢区副区长。

1947年3月，他带人一举端掉国民党冯塘镇公所，成立冯塘区，任副区长。之后，与土顽、国民党保安团进行游击战，在王套楼、朱楼、红楼、牛寨、染房庄、葛楼、路楼、陈滩、果菜园等战斗中连连获胜。麦收时节，一次巧俘国民党军20人。当年秋天，刘邓大军南下时，他组织筹集100副担架、5000双军鞋、5000块银元、1000元中央票送交大军，并亲自给大军带路，支援刘邓大军渡过沙河。

1948年7月，淮阳县城解放时，他任买臣区区长。建国后，他历任淮阳王店区委书记、鲁台区委书记、大连区委书记、县检察院检察长、副县长。1966年任夏邑县副县长。1978年12月后历任淮阳县委常委、县革委副主任、县委副书记、县政协主席。1985年离休。1990年5月因病去世，享年71岁。

施德生

施德生（1906—1968），乳名结实，今扶沟县柴岗乡塔湾村人。父亲早逝，他与母亲、姐姐相依为命，生活非常艰难。1922 年进入扶沟福音堂学校读书。1924 年考入开封安德列中学，开始接触马列主义。他积极参加各种进步活动，领导学生游行示威，因而当选河南省学联代表。毕业返乡后，参加了由同村人、扶沟早期中共党员施于民组织的读书会。1929 年 8 月，他进入扶沟白云寺师范学习。1932 年毕业后在本村小学教书。1935 年夏，由施于民介绍，施德生到西华县陵头岗小学教书。1936 年 6 月，由中共豫东特委书记沈东平介绍，在西华县屈庄加入中国共产党。次年春受党组织派遣，到西华枣口小学以教员身份为掩护从事革命工作。1938 年 6 月，中共特别党员魏凤楼到扶沟任县长，建立了扶沟县抗日民主政府。在魏的支持下，他和施于民、张金荣、杜健超、施继恩等在练寺区组建了 400 余人的抗日武装——练寺区团，并任区直属中队中队长。11 月，国民党军队马步芳骑兵师进驻扶沟县城，疯狂“围剿”共产党领导下的抗日武装。为了保存革命力量，施德生、施于民率练寺区抗日武装突破敌人封锁，强渡新黄河东进抗日，转战至鹿邑编入魏凤楼部，任魏部特务中队队长。

1939 年初，张爱萍介绍施德生赴延安学习。他化名方人也从鹿邑出发，越过黄泛区，经西华、扶沟、许昌、洛阳到达西安，由西安八路军办事处介绍，3 月间到达延安，在抗大总校 5 期驻潘龙镇的 4 大队 4 中队学习。7 月，又进入延安中央马列学院 4 班学习。其间，他如饥似渴地学政治、学军事，研究马列主义，学习成绩优良；在生产劳动和日常生活中，他处处起模范带头作用。

1940 年夏，施德生在马列学院毕业后，被党中央选派到陕甘宁边区关中地委统战部任友军科科长。1942 年秋，调任中共淳耀县委统战部部长。在此期间，他化名张宏道，曾多次参加反击胡宗南围剿陕甘宁边区的战斗，为保卫陕甘宁边区作出了贡献。同年 12 月，他随王震部队南下，越过黄河，来到豫西，任中共豫西 4 地委委员，兼任中共平汉路东工委书记。他曾化装成小商贩，手推独轮车，以卖纸烟作掩护，来往于许昌、鄢陵、扶沟、临颍一带联络地下党员，搜集敌情报。他通过朋友关系，以个人名义写信给时任国民党扶沟县县长的聂法禹，晓以利害，明以大义，劝其认清形势，多做善事，从而瓦解了敌人。他成功策反了驻守扶沟县城的伪 63 师刘国玺补充营做内应，向冀鲁豫军区提出了“先打扶沟，而后收复鄢陵”的建议，军区 28 团、29 团、30 团长途奔袭，突然包围了扶沟县城，在刘营的内应配合下，一举攻克扶沟县城。此为扶沟县的第一次解放。

扶沟解放后，建立了中共冀鲁豫 13 地委和鄢扶县委，施德生任地委组织部部长兼鄢扶县委书记，协助29团把刘国玺的补充营改编为29团独立营，并扩大到600多人。1945年秋，施德生调任冀鲁豫1地委组织部长。在他的领导下，1947年春成立了中共水西工委和水西支队，施德生任工委书记兼支队政委。10月，中共豫皖苏5地委建立后，他任地委副书记兼组织部长。1949年3月，中共豫皖苏5地委撤销，他调任陈留地委副书记兼代理专员。当时的陈留土匪横行，自然灾害严重，政治、军事局面十分复杂。他认真执行党的路线、方针和政策，密切联系群众，成功地领导了该地区的剿匪反霸和土地改革运动。

1952年2月，陈留专区撤销，施德生调任河南省民政厅副厅长，1954年10月升为厅长、党组书记。1958年，民政厅以封丘县应举社为试点，帮助群众开展生产自救。施德生在试点上出主意，想办法，帮助应举社渡过了难关，创造出了好经验，受到党中央和国务院的赞扬。4月15日，毛泽东主席亲笔写了《介绍一个农业社》一文，发表在《红旗》杂志创刊号上。充分肯定了应举社的做法和经验。在当年召开的全国民政工作会议期间，毛主席邀请施德生和应举社代表崔希彦在自己家吃饭。“文化大革命”中，施德生于1968年8月26日被迫害致死。时年62岁。1978年5月3日，中共河南省委为施德生平反昭雪，并为他举行了隆重的追悼会。

施立志

施立志（1916—1945），今扶沟县柴岗乡塔湾村人，1936年参加革命，同年加入中国共产党。1937年经组织同意去西安当搬运工。1940年冬到新四军4师抗日军政大学第4分校6分队学习。1941年夏毕业后历任税务主任、区员、政治指导员、县大队副大队长等职。1945年10月7日，施立志率部在安徽省灵璧县娄庄镇魏楼村与日伪作战。因敌众我寡，身负重伤，光荣牺牲。

施立志牺牲后，当地人民立碑纪念。1946年，又把他的遗体从河边迁葬大山坡上，集会致哀，大祭3日。

施钦典

施钦典，今扶沟县柴岗乡塔湾村人。1937年8月参加革命，同年加入中国共产党。秋末，他和施德生、施济恩一起在塔湾、小张、梅桥、张余集、翟楼一带，秘密组织贫苦农民四五十人，掌握了三四支枪，建立起抗日武装。进入冬季，为解决贫民生活问题，扩大党的影响，他和其他人一起先后在朱岗、塔湾、罗家寨、翟楼一带打开地主粮仓“借粮”，分发给贫苦农民。1938年春到确山竹沟党训班学习，结束后同张耷荣等一道返扶，参与了县政府的工作。1939年2月，受县委负责人委托，任塔湾保长，以此为掩护，组织人民抗捐抗税，并率群众砸了伪联保主任施同寅家的匾额，打击了敌人的嚣张气焰。当地恶霸对施钦典怀恨在心，多次阴谋暗算他，并到县国民党党部胡瑞甫处告发，施钦典在白色恐怖下被迫离家，流浪许昌五女店一带。

1945 年，共产党 120 部队从荣村渡河南下，建立鄢扶县政府。施钦典任鄢扶县第 4 区区长。1946 年任扶太西县第 4 区（汴岗区）区长，率区大队剿灭了大新集一带的土匪。1947 年，他和指导员岳廷详奉命率领区队，到河西鄢扶边界捕杀了支亭大恶霸固化景，有力地打击了国民党地方乡绅势力。同年 8 月，他在鄢陵邵家村与敌人战斗中被俘。后被反动派杀害。

施于民

施于民（1908—1981），今扶沟县柴岗乡塔湾村人。自幼刻苦攻读，博识多闻，受五四运动的影响，接受马列主义，17 岁（1925 年）时即加入中国共产党。1926 年在开封嵩阳中学读书时，奉河南省委指示，回扶沟从事革命活动，1927 年 2 月，他与吕调阳、高光第在城内建立读书会，组织革命青年学习马列主义书籍，宣传共产主义。同年 3 月，根据省委指示，组建了中共扶沟县支部，他任支部委员。7 月，扶沟党组织转移乡间，领导固城一带“年作会”（给地主扛长工人员的组织）进行经济斗争。是年冬，他被调外地工作。1928 年，他与吕调阳、高光第回扶沟恢复支部活动，确定以固城、塔湾、曹台为重点，发展党员，组织贫雇农，准备武装起义。4 月，以中共扶沟县执行委员会的名义发表起义宣言，号召全县人民起义。宣言发表后，反动当局逮捕了吕调阳，他与高被通缉。10 月，他赴外地求学。1935 年，到杞县大同中学以教书为掩护进行地下活动，积极宣传爱国主义思想和革命道理，发展党组织。1937 年冬回扶沟，在王其梅的领导下，组织塔湾、朱岗、翟楼、张余集一带农民，打开地主粮仓，分粮给贫苦农民。1938 年，扶沟县抗日民主政府成立，他被委任为练寺区区长。任职期间，他为了解除贫苦农民饥饿之苦，亲自带人强征地主的粮食。他积极发展抗日武装，在练寺从各联保抽调 300 多人，钢枪 300 多支，手枪数十支，组成抗日游击队。10 月日本侵略军出动汽车、汽艇，从百党岗出发，妄图进攻扶沟。他率区武装 400 多人严守贾鲁河防，与日军激战 10 多个小时，击退日军。11 月，国民党撤掉他的区长，密令驻练寺的骑兵团解决练寺抗日武装。在这紧急关头，他偕施德生夜间强渡黄河，投奔新四军，保存了抗日武装力量。1941 年，他调皖北行署法院工作。1946 年任扶太西县县长。1947 年任鄢扶县县长，同年任豫皖苏区 5 专署专员。他出生入死，与国民党军战斗，扩大根据地。1949 年，他到河南大学任教。1951 年，任中南军政委员会司法部科长。1954 年，任河南省民政厅秘书。1957 年被错划为右派。1963 年以后在扶沟高中、柴岗高中任教。中共十一届三中全会后，摘掉右派帽子，平反昭雪。1981 年 2 月 6 日病逝，享年 73 岁。

石大个子

石大个子（1917—1948. 2），今商水县练集镇石庄村人。因身材矮小被戏称为石大个子（已不知姓名）。1947 年 12 月，豫皖苏边区西北工委在商水县由南向北逐步建立了 7 个区政权。1948 年 2 月成立城关区（后改为姜庄区）后开始访贫问苦，扎根串联，发动和组织群众斗地主。石大个子在分配地主财物时表现积极、勇敢、公平、公正，深受贫下中农拥护，在贫农代表会上被选为土改筹备组组长。他表示坚决在党的领导下积极完成土地改革任务。此时，国民党 11 师对周家口、商水县进行着疯狂的反扑，区政府被迫转移，反动武装和地主等顽固分子曾将铡刀架在当街，威胁、毒打群众。在石大个子的带动和鼓励下，贫下中农无一屈服、低头，可石大个子不幸被捕。被捕后，他被敌人打得遍体鳞伤，鼻梁打塌了，脊骨打折了，被折磨得死去活来，可他对党的机密仍守口如瓶，昂首挺立，敌人无可奈何，最后残忍地将他杀害。牺牲时年仅 31 岁。

时君谋

时君谋（1902—?），名树猷，号君谋，清代淮阳县人。毕业于保定军校第 7 期步兵科，后入陆军大学特别班第 6 期深造。曾任连长、营长、团长，第 38 师参谋处处长，第 59 军副参谋长，第 180 师参谋长，第 3 绥靖区司令部少将处长等职。1946 年当选为制宪国民大会代表。1947 年 9 月被聘为宪政实施促进委员会研究委员会委员。1948 年当选为行宪国民大会代表。

史大成

史大成（1887—1988），河南著名琴师，今扶沟县江村镇白亭村人。史大成 8 岁拜中州著名琴师李振明为师学艺，精通三弦、唢呐、京胡、二胡等乐器。11 岁搭班演出，活动于许昌、长葛、扶沟、周口、淮阳、太康、界首、开封、漯河一带，前后 40 余年。光绪三十四年（1908 年）在淮阳、界首等地演出时，获“南李北史”之称，有“北半边天史大成，南半边天李振明”之誉。后来他还经常为豫剧名角马金凤、陈素真、司凤英等伴奏。

建国后，他被调入河南省豫剧二团，继续从事戏剧事业。1952 年，参加中南地区首届戏曲观摩表演，获得音乐演出个人奖。1955 年开始整理他演奏的弦子曲和唢呐曲，集成 300 多首出版发行。

史国宾

史国宾（1901—1985），字寅昇，号少青，原籍川汇区，后移居商水。

史国宾幼读私塾，后随父学医。在父亲的督导教育下，国宾医疗技术进步迅速，很快便名闻乡里。23岁时，在周口（今川汇区）沙颍河北岸顺河街开办了普仁堂药店。

史国宾中医医术颇有造诣，尤擅妇科，特别是治疗“产后痉症”（俗称产后破伤风），有药到病除之把握，深受群众赞誉。对幼儿四风、六风（小儿破伤风），也有独到疗技，治愈率很高。登门求医者络绎不绝。

史国宾三个儿子承传家学，行医治病，将“史氏妇科”叫响周、商一带。

史万成

史万成（1900—1928），今商水县邓城镇杨河村人。自幼拜师习武，尤长于九节鞭。为西华县大地主王倬如保镖。

1926年2月，史万成拉杆成匪，绑票抢劫，危害乡里。后被西华驻军一安姓团长收编，任为营长。初驻邓城，旋调西华县城。两个月后，安调离，史万成率部投皖系军阀靳云鄂部，任团长，辖两个营，驻商水。后收编张六带领的一股土匪，加编一个营。奉军攻打商水县城，史万成不敌，逃往南顿，又转至漯河。时靳云鄂与冯玉祥两军在西平交战，靳败走，史万成脱离皖军自立。后勾结鲁山、宝丰等地土匪，于1927年5月，侵扰项城娄堤。寨内民众奋勇反击，史部伤亡惨重。史万成恼羞成怒，赤膊上阵。寨破，杀死百姓八九百人，杀绝70多家。12月中旬，史万成部遭冯玉祥部痛击，溃逃至商水县大武寨。当地民众不开寨门，并以土炮轰之。匪众受创，竭力攻寨，寨破后杀百姓200多人。

1928年农历正月四日，史匪部攻破商水县城，索钱害命、奸淫抢掠，无恶不作。农历三月八日，韩复榘派张凌云部攻城围剿。城破，史部崩散。史万成携母仓皇出逃，在城北八里湾被捉，后押解郾城处决。

司 峻

司峻（1915.11—2006.8），曾用名清敏、冰琪，今项城市南顿镇司老街人，是中共项城县地方组织创建人之一。

他于1936年毕业于省立淮阳中学，1938年10月以“清敏”的名字参加了国民党第七专署在周口举办的抗战建国训练班，并秘密加入中国共产党。训练结束后，被派往沈丘县做抗日救亡工作，同时担任中共槐店区委宣传委员兼中共纸店支部书记。1939年2月，他在老家项城发展南顿初小教师刘振海入党，

又先后吸收滕崇文、刘芳洲进入党组织。6月，为贯彻中共中央“坚持抗战，反对投降；坚持团结、反对分裂；坚持进步，反对倒退”的方针，沈丘县委调司峻（时名清敏）回项城开展工作，在光武庙秘密建立了中共南顿党支部，他担任支部书记。因当时项城还没有建立中共县委，南顿支部属中共沈丘县委领导。

南顿支部建立后，又先后发展党员10多名。由于当时国民党政府到处捕杀共产党人，上级指示南顿支部“隐蔽精干，长期埋伏，积蓄力量，以待时机”。在“等待时机”过程中，南顿支部并未放弃斗争。国民党南顿乡乡长宋万善，贪赃枉法，作恶多端，民愤极大。1942年4月，南顿支部决定利用“合法”手段，为老百姓除掉这一恶霸。司峻执笔起草状词，支部成员分头发动群众，串联小学教师和贫苦农民联名上告。后在中共地下党员、七专署收发主任尹海滨协助下，终将宋告倒。宋被国民党政府判刑3年。

掩护党的地下工作者，也是南顿支部开展的一项重要工作。中共鄂豫皖特派员李彬、政治交通员王治国、新四军敌工干部许天民等，经常取道南顿，与南顿支部联络，由南顿支部筹措路费，收集情报。沈丘县委李致远，也在项城以教书为掩护，从事地下工作。1940年中原军区撤退时，取道南顿的一批干部，无不安全地到达解放区。南顿支部成了党的情报站、联络站。

1946年6月，国民党调集30万大军包围鄂豫边区革命根据地，妄图消灭新四军5师。为保存革命力量，中共中央决定组织“中原突围”，突围人员除5师指战员外，还有大批地方革命干部。这些突围人员经过南顿时，南顿党支部负责掩护，并协助侦察敌情、确定转移路线。在司峻领导的南顿党支部努力下，被转移的地方干部无一损伤。

1948年春，司峻离开地方，到豫皖苏军区干校学习，当年秋任豫皖苏第七专署民教科副科长。1949年到1954年秋，先后任第八专署民教科副科长，河南省信阳专署文教科副科长、科长，中共信阳地委宣传部副部长。1954年秋，任中共河南省委宣传部学校教育处副处长，1956年秋任河南省科联、科普两会秘书长，1959年任河南省科协秘书长。

“文革”期间，司峻被下放到洛阳林校，任校革委副主任、副书记；1978年，河南省科协恢复后，任秘书长。1981年任河南省科协党组副书记、副主席。1983年11月离休。晚年，司峻经常为报刊撰文，先后发表有《南顿故城考》、《记1941年项城县的“人祖搬家”事件》、《抗世蔑俗的晚清女诗人高梅阁》、

《回忆徐玉诺老师》、《建筑学家杨廷宝轶事》等文章。

2006年8月，司峻在郑州逝世，享年91岁。

宋大经

宋大经（1901—1956.11），字国范，今扶沟县包屯镇斗仓村人。出身书香门第。自幼上学，13岁读高小，14岁考入淮阳三中，高中毕业考取国立武昌师范大学数学系，毕业后留校任助教。

1925年，宋大经因办理丧事返回河南。河南省教育厅闻讯后，特颁发给他一张优等教学讲师合格证，派专人送到他家中。持此证可免试应聘到全省各个学校任教。但他不忘母校教育之恩，放弃高校职务，决心到淮阳三中任教。后因开封各省立学校争相聘用，无法推脱，在淮阳三中任教年许，不得不到省立一中、四中、女中、女师授课。在汴执教数年，誉满全城。此时，扶沟在白云寺办了一所乡村师范，校长李寿山也是武师大毕业生，亲自到家敦请，宋大经遂回到白云寺，为培养桑梓英才尽力。

1939年，河南省教育厅在扶沟创办了一所联合中学，称作扶沟联中，宋大经应邀到联中任教。后因日军袭扰，学校迁至项城县水寨，他随学校到水寨，同时又兼了羲都中学的课程。1947年秋，他重返汴京，执教于两河高中和开封女师，直至开封解放。1948年，宋大经重返故里，在扶沟任教3载，1952年被调至省立淮阳中学，直至1956年11月患食道癌逝世。

宋景廉

宋景廉（1883—1955），字仰之，号老仰，今淮阳县大连乡宋屯村人。清末庠生。淮阳地方名医。

宋景廉自幼勤学好问，善于钻研，清光绪二十七年（1901年）考取文庠生，时年18岁。20岁时妻子因产后风不治身亡，从此立志学医。

他开始在家乡宋屯开一诊所，治疗小伤小病。由于他苦心钻研，医技骤增，尤其在妇科方面很有研究，前来治病求医的人越来越多。后在陈州城内钟楼街开一药铺，并收徒传艺。当时苗德垕县长的妻子长期有病，久治不愈，请宋诊治后，药到病除。为感谢宋景廉，苗县长把自己的坐骑送给他。

由于宋景廉医术高明，医德高尚，且乐善好施，他的名字在豫东一带广为传颂，来药铺求药请诊者络绎不绝。他对前来就诊者，不分贫穷富贵，一视同仁，对穷苦患者，减免药费。

宋景廉平时除忙于为患者治病外，还非常注意医务人员的培养。樊启元、穆遐岭、丁敬书、王东梅等都成为他的得意弟子，他的两个儿子之德、之俊也成为地方名医。

建国后，宋景廉积极响应政府号召，主动组织县内医务人员参加联合诊所。他是淮阳县第一届卫生协会主要负责人之一。

宋秀启

宋秀启（1916—1948），今开封市杞县宗店乡宋庄村人。父亲张名卿，1927年参加吴芝圃领导的农民暴动，任农民团团长。曾参加攻打杞县、陈留县城的战斗。失败后，回村组织18家贫苦农民同恶霸地主宋名政、李天文斗争。宋、李勾结官府、土匪，于1936年将其父活活打死，并扬言要杀绝其全家。宋秀启一家无奈逃难到太康县转楼乡孙桥藏身。其兄秀彬回家探亲，又被恶霸地主杀害。

1938年，日军侵占睢（县）杞（县）太（康）地区，宋秀启在孙桥一带组织50余人的武装，为乡亲看家护院。后在中共豫东党组织的教育争取下，于1939年带队加入睢杞太抗日独立大队。是年9月，成立太康县独立中队，他任中队长。建队不久的一天，在通许县南沙沃与汉奸娄伯芳交战，从早到晚，战斗10多个小时，中队弹药消耗殆尽。敌组织敢死队，赤背露胸地向宋秀启部猛扑。在这生死关头，他一面指挥部队撤退，一面将全队仅有的8发子弹集中起来，用一棵树做掩护，接连打死8个敌人。敌阵顿乱，弃枪窜逃。战后，独立团命名宋为“神枪手”，并登《拂晓报》表扬。后来，该队升级为睢杞太独立团第3连，宋秀启任连长。1940年5月，独立团驻地门楼张突然被日军包围，他率部英勇阻击敌人，使独立团安全转移。

1940年秋，国民党掀起第二次反共高潮，调集兵力进攻根据地。独立团撤至永城，睢杞太地区斗争进入困难时期。宋秀启顾全大局，服从组织安排，留下坚持水东斗争。他冒着生命危险，深入敌后，发动群众，于同年12月，组建太康新兵连，共有40余人（枪），宋任连长。新兵连活动在太康县北部，采取游击战术袭击日寇，铲除汉奸，打击土顽，取得一个又一个胜利。日军曾多次出兵围剿，妄图消灭新兵连，但始终未能得逞。

1941年2月，新兵连在县东北部活动，被日军骑兵包围。他指挥部队分散隐蔽。当两名日本兵荷枪逼近时，他因手枪失灵被捕。敌人把他拴在马后，带往龙曲据点。他一路高喊：“打倒日本帝国主义！打倒汉奸卖国贼！”在狱中，敌人软硬兼施收买他，他回答：“我是中国人，我是新四军，活一天就抗战一天。金钱、美女、做官买不了我的心。只要留着我的手，就要打你们，留着我的嘴，就要骂你们！”汉奸轩传芳劝他时，被他狠打一记耳光，大骂其“汉奸、走狗、卖国贼”。敌人给宋戴上脚镣手铐，投入监狱，施用各种酷刑，他终未泄露党的任何机密。在敌人决定杀害他的头天晚上，他乘看管人员麻痹之机，在墙上挖洞逃出，带着镣铐，艰难地越过寨墙、壕沟，一夜爬行5华里，在庄稼地里藏了一天，躲过日军搜捕。第二天夜里，他拖着血肉模糊、手脚被镣铐磨得露出骨头的身躯，爬到地下联络站，找到了组织。他伤未痊愈，即请战归队，又杀向抗日战场。

1942年11月，宋秀启在冀鲁豫区学习结束，重返太康县工作，着手筹建太康县大队。1943年4月，太康县大队正式成立，共有200余人枪，宋任大队长。同年宋秀启加入中国共产党。

1944年9月的一天晚上，宋秀启率队转移，在太康县马厂东侧与伪县警备队遭遇。宋当机立断，马上作了战斗部署。他端着刺刀，带着一连走在前头，冲入敌群，接连刺死10多个敌人。战士勇气倍增，如猛虎下山，杀得敌人溃不成军，不到一个小时，敌方死伤七八十人。他们顺利通过敌占区，到达目的地。从此，宋秀启部作战勇敢、善于肉搏拼刺的英勇作风在睢杞太地区广为传颂。1946年底，国民党72师190团驻在杞县南刘寨，上级命30团和警备团予以围歼。时任30团1营营长的宋秀启，率本营担任突击。当他查清地形及敌兵分布后，一阵猛打攻入寨内，打掉敌指挥所，歼敌300余人，并缴获大量武器弹药。军区首长表扬宋秀启营在此次战斗中立下第一功。

1948年3月，当宋秀启任太康、淮太西两县联合剿匪指挥部指挥长，加紧剿灭郭馨坡等顽匪时，参加了地委在扶沟县半截岗村举办的整党学习班。当时由于豫东党内的派别斗争，地委领导人以宋秀启“勾结敌人，要投降郭馨坡，有土匪行为”等所谓罪状，将其错捕、冤杀。当时他才32岁。1983年8月4日，中共河南省委在全面调查后，发文为宋秀启平反昭雪，恢复党籍，恢复名誉。

苏　华

苏华（1921—1993），今山东省长青县三合村人。1938年参加革命工作，先后任农会副主席、河西县政工科干事、区委副书记、南下干部大队指导员、雪商亳县营部区政治委员、信阳地委办公室农村组组长，汝南、正阳、确山特委副书记。同年12月加入中国共产党。1949年10月后，曾任信阳地委组织部组织科长、干部科长，平舆县委书记兼县人武部政委，信阳地委组织部副部长，中共河南省委组织部农村党员管理处处长、中共三门峡市委组织部长、市委书记、市委第一书记，商丘地委常委、组织部长，淮阳县委第一书记兼县人武部政委，政协淮阳县委员会主席，周口地区生产指挥部指挥长，驻马店地委书记、军分区第一政委等职。1984年11月离休。1993年4月14日因病逝世，终年

72岁。

苏 堃

苏堃（1916—1986），原名李俊，回族，今沈丘县槐店回族镇人。幼年父母早逝，靠伯父抚养成人。1937年毕业于淮阳中学。时值七七事变，抗日救国的怒潮高涨。苏堃满怀报国激情，在槐店天乙阁与庞佚辛等筹建大众图书馆，积极宣传抗日救国，动员民众共赴国难。苏堃常推着流动图书车，走街串巷，供群众阅览，很受群众欢迎。不久，大众图书馆的宣传活动，引起当地警察局的疑惧，局长张国修以“宣传赤化，共党嫌疑”密报上级，强令该馆停止活动。

反动当局扼杀抗日宣传活动，激起苏堃等爱国青年的无比义愤，常聚谋斗争之策。适闻警察局局长张国修唆使亲信溺死一携巨款潜逃的国民党军官，苏堃等探实其事，乃与张一、王子龙、庞佚辛、杨天增、王候6人联名，上书国民党中央国民政府，控告张国修渎职枉法，谋财害命。并一再上书，催促查处。国民政府只好令河南省政府派专人到沈查办此案。但负责查办的省民政厅官员荆培焕一入沈境，便被张国修伙同劣绅马化堂等收买，对控告人6青年的家长施加压力，妄图借家长迫使6青年就范。苏堃等毫不妥协，当荆培焕在马化堂家中与张国修、马化堂及其他豪绅多人正密谋时，苏堃等6人骤然闯入，与张国修展开面对面的斗争，并揭发其蒙蔽专差、抗拒查处的新罪行，使张国修张口结舌，荆培焕异常狼狈，不敢再行包庇。因证据确凿，张国修被撤职查办。苏堃等爱国青年的正义斗争获得胜利。此事轰动槐店，传为美谈。

1938年夏，日军进犯中原，郑汴危急，豫东告警。淮阳专署督导处主任，共产党员何九廷派督导员孙师贤（共产党员）到槐店，成立抗敌工作团。苏堃主动参加，组织群众开展演剧、唱歌、出壁报等抗日宣传活动，并组织妇女、儿童识字班。不久，该团改为抗敌自卫团，孙师贤任团长，苏堃任组织股长。发动城乡民众自带枪械参加训练，很快集中私人枪支百余条，另有大刀队百余人，训练活动异常活跃，曾在白集乡进行实弹射击演习，城乡震动。苏堃为此日夜奔波，为自卫团的发展壮大作出不少贡献。秋，淮阳专署左派专员刘莪菁离任，新任专员刘庄福到任伊始便排斥进步势力，下令解散各县抗日救亡组织，槐店抗敌自卫团被迫解体。苏堃徒有报国宏志，苦无报国之门，忧心忡忡，义愤填膺。不久，中共豫东特委机关报——《豫东大众报》——传入槐店。苏堃一见倾心，急与有关人员联系，在天乙阁门前挂起《豫东大众报》代销处的牌子。既为该报代销，又积极为该报写稿，不久被委为该报记者，仍兼负推销任务。苏堃积极采访撰稿，有时上街卖报，对抗日救国倾注满腔热情。是年冬，国民党军庞炳勋部一个骑兵连驻槐店。该连军纪败坏，一士兵公然抢劫，被群众告发。苏堃对此撰文抨击，并广为宣传，迫使该部将抢劫士兵处决，伸张了正气。

1939年2月，新四军某部刘玉柱、雷明等人自抗日前线回竹沟汇报工作，路过槐店，携带日本战马，钢盔、战刀、防毒面具、太阳旗等战利品多件。时值春节，苏堃为宣传抗日，扩大新四军政治影响，在崇实小学举行抗日战利品展览。发动各界募捐慰劳抗日将士。他走家串户，宣传动员，又在乐育小学召开慰问抗日将士大会。为防止国民党当局作梗破坏，还邀请当地驻军骑兵连参加。苏堃以《豫东大众报》记者的身份出席并讲话。热情赞颂抗日部队杀敌卫国的英雄业绩，表达人民群众对抗日救国的期望，使长期避居后方的骑兵部队哭笑不得，对所“赠”慰问品表示谢绝。是年春，苏堃秘密加入了中国共产党。

1940年春，苏堃在西华中共党校学习回沈后，正值国民党反共气焰嚣张，槐店中共的组织活动受到国民党当局的注意和监视。为保存革命力量，中共沈丘县委于3月有计划地转移青年党员苏堃、马捷、赵卓如等到豫皖苏解放区工作。苏堃在抗大四分校学习后初任文书，后任《抗大生活》编辑。1942年调任淮北行政公署社教科科长。1943年淮北大众文工团成立，苏堃担任团长，由此献身党的文化艺术事业。解放战争期间任华东野战军（后改为第3野战军）文工3团团长，经常率文艺战士深入连队、农村，为军民演出，随军参战，做战地服务，为人民解放事业贡献诸多。建国后致力于艺术教育事业，1951年任上海华东戏曲研究院秘书长，次年上海戏剧学院成立，苏堃任该院秘书长，后升任副院长、院长兼党委书记。

苏堃在全国文艺界颇负声望，是全国文代会一届、二届、三届、四届代表，中国戏剧家协会理事，上海戏剧家协会常务理事，上海市七届人大代表，上海市民族事务委员会委员。

1986年1月5日，苏堃在上海病逝，终年70岁。14日，上海市为他举行了隆重的追悼大会。遗体安葬于上海市回民公墓。

苏桂真

苏桂真（1913—1993），女，今沈丘县纸店镇秦庄村人，原籍商水县袁老乡。祖父、父亲都是基督教徒，受其影响，桂真自幼信奉基督教。12岁入周口教会小学读书，高小毕业后，升入信阳女子圣经学校，3年毕业。22岁在确山县教会平民学校任教。她每逢星期一、星期三、星期五在校教书，星期二、星期四、星期六下乡布道，任教2年。24岁成为专职布道员，到唐河、泌阳、商水等地布道多年。

苏桂真初从父命，“终身不嫁”。32岁时，经胡万盛长老介绍与同教教徒秦雅堂结婚。35 岁主持纸店教堂。1952 年与林俊生、韩林光共同发起组织沈丘县基督教自立会，走自立、自传、自养的“三自”爱国道路，一时基督教徒纷纷脱离内地会加入自立会。1953 年 5 月，参加河南省宗教代表会，与林俊生、韩林光组成漯河豫皖教会沈丘联合会。1958 年夏，被错划为右派，接受劳动改造。1961 年 10 月被摘掉右派帽子，仍从事宗教活动。“文化大革命”中，再次受到冲击。1979 年 10 月右派平反。1984 年当选为沈丘县“三自”爱国委员会委员，纸店基督教“三定点”堂口设其家。

1993 年 11 月，苏桂真去世，享年 80 岁。其子继承遗志，任沈丘县基督教“三自”爱国委员会委员。

苏志新

苏志新（1898—?），今商水县魏集镇苏童村人。苏志新酷爱武术，读私塾时文武兼修。1926 年始供职于冯玉祥部队，曾任冯玉祥的警卫员、卫队副队长、武术教官。

1933 年，苏志新参加冯玉祥与吉鸿昌组织的察哈尔民众抗日同盟军“敢死队”，奔赴抗日前线。1934 年至 1937 年，苏志新先后入汾阳、黄埔军校学习。1939 年，因不满蒋介石的“反共抑冯”政策，毅然离开部队，解甲归田。

1940 年，1000 多名伪蛮兵袭击苏志新家乡群众避匪的吴屯寨。在这兵临城下、枪炮齐鸣的危急关头，苏志新用疑兵之计，吓退蛮匪，救了众乡亲。开始，苏志新就清楚地知道，单靠寨中百姓是难以抵挡蛮兵的，只有用智慧才能取胜。于是，他便想到了在寨中养伤的八路军战士。也是他多年军旅生涯的锤炼，养成临危不惧、胆大心细的军事素质，毅然登上寨墙，吹响正规部队的军号。匪兵摸不清寨中实情，以为有大部队，故此撤离。事后，苏志新得了个“老敢”绰号。1941 年至 1948 年间，为防匪侵扰，苏志新领头组织自卫队，追回过被土匪抢走的民女、被中央军抓走的壮丁，还亲自深入匪巢，与匪众展开智勇较量，说服匪首改邪归正。他行侠仗义，为群众敬仰。

孙　毅

孙毅，1920 年 7 月出生在安徽省临泉县一区杨庄寨村。

孙毅初在临泉读小学，后入沈丘县槐店颍滨中学读书。抗日战争爆发，遂弃学从军，在第五战区李宗仁领导的抗敌青年军团当学员。1938 年 4 月，在共产党的教育下，加入民族解放先锋队，正式参加革命。1940 年春，受中共党组织派遣，到抗大四分校学习。学习期间，由刘建功、董振华介绍加入中国共产党。同年秋结业，分配到豫皖苏军区保安司令部 1 营 2 连当文化教员。12 月到永城县苗桥区警卫队任指导员，不久调任宿西县一区指导员。孙毅带领百余人的抗日游击队，扒铁路，炸火车，割电线，炸桥梁、伏击日军。日军为拔掉这颗身上的硬钉子，曾派3个团合击，可孙毅等利用空隙，穿插游击，日军企图终未得逞。1941年秋，因形势所需，孙毅按照党的安排，转移到津浦路东开展工作。

津浦路以东是日军占领区。孙毅到路东后，找到一家地主当长工，他与其他长工一起拜把子，很合得来。临近春节，地主拿出枪来，让长工佃户为他看家。孙毅通过工作，让几个看家队联合起来，组成一个30多人的“联庄会”。春节后，孙毅又联合4个联庄会，组成100多人的武装队伍。不久，通过孙毅从中协调，使这支武装成为抗日游击队的一个组成部分。遂与新四军接上关系，接受新四军4师领导，孙毅被编入8连任连长兼指导员。

1942年12月初，日军对津浦路东进行大规模清乡扫荡，孙毅率部与日军进行了顽强拼斗。“宿沂”之战，8连被分割多处，孙毅身边仅有7人，他们边打边退，准备转移到津浦路西。这时，日军大队涌来，孙毅中枪倒下。一日兵踢了孙毅几脚，以为“死了”，跑向别处。孙毅死里逃生。后来，当地群众把孙毅背回村里。第二天，部队找到孙毅，将他安置到沱北区大顾家村小吴家养伤。

1942年12月下旬，日军对沱北进行扫荡，部队转移，孙毅因伤重无法撤离。这时一位老大娘挺身而出，把她儿子的衣服给孙毅换上，把孙毅背到自己家，放在儿子的床上，用被子盖好，然后坐在床边纳鞋底，说：“谁问就说你是我儿子，叫我娘。”这位老大娘认识孙毅，孙毅在这个村向地主借粮，帮助群众度春荒，接济过她。一会儿清乡队来了，走到床边问躺的是谁，老大娘说：“别动，是我儿子，有病，刚睡着。”清乡队见老大娘不慌不忙，镇静自若，信以为真，又到别处去了。

孙毅在军分区医疗队治伤期间，一位青年护士对孙毅英勇杀敌，光荣负伤事迹很感动。她日夜守护，精心料理，两人慢慢产生感情，并约定抗战胜利后结婚。（解放战争中，孙毅到别处工作，与这位护士断绝音信。）孙毅伤好后，曾任沱南区委书记，营教导员。

1949年元月，孙毅任纸店区区委书记，后升任沈丘县委宣传部部长。他重视教育，帮助纸店完小复课，创办《沈丘小报》，组织全县抗美援朝运动，为党的事业呕心沥血，作出不朽的贡献。

孙绳祖

孙绳祖（1879—1969），字守训，今郸城县秋渠乡马庙村人。著名中医。

他幼读私塾，成年在安徽界首、太和一带教书。其间，他一边教书，一边钻研医学。功夫不负有心人，终于他自学中医成才，遂弃教行医于安庆市和豫皖交界的郸城、太和、界首、临泉等地。1956年入郸城县秋渠卫生院当医生，直至1969年病逝。

他擅长妇科、儿科，著有《医案录》8集。建国前在安徽省太和县光武庙一带有“孙神仙”之誉称。

孙卫和

孙卫和（1903—1994），曾用名臣忠、民忠，今郑州市须水镇马庄村人。1931年河南省立第一师范毕业，1935年5月参加工作，同年12月加入中国共产党。

1938年5月先到安吴青训班学习，秋，分配到晋西北战地总动员委员会工作，数月后入抗大5期（旋即改为抗大一分校）学习，曾先后担任班长、队救亡室主任、区队长。1939年夏，抗大结业，又入八路军总部参谋训练班学习。1940年春，分配到八路军115师师部5科任参谋。1942年秋被派到河南省睢杞太地区工作，历任冀鲁豫水东“联办”（专署级）副主任，睢杞太办事处主任兼大队长，宁柘商、扶太西县（1945年3月至7月）县长兼县大队大队长，冀鲁豫南路军指挥部豫东办事处主任，冀鲁豫12分区司令部参谋主任，12分区西南地区指挥长，冀鲁豫6分区办事处主任，冀鲁豫和豫皖苏一地委城工部副部长兼主任等职。在此期间，他充分依靠群众，积极发动群众，建立地方武装，帮助群众开荒生产。在极其困难的情况下，先后开辟建立了杞通边区、宁柘边区、扶太西区等办事处和抗日县政府，扩大了共产党的影响，为赢得抗日战争的胜利作出了贡献。

解放战争时期，他主要从事军事联络工作。1947年任豫皖苏军区情报处长，1948年又兼任开封警备司令部处长。1949年春任河南省军区情报处长，夏任河南省社会部（公安厅）二处处长等职。他领导的情报工作，准确及时，为军队的行动提供了可靠的依据。他曾多次到敌占区开封、郑州花园口侦察敌情，机智灵活，临危不惧，为开封的解放做好了前期工作；成功地对国民党徐州冯治安部的两军进行策反，促其起义，受到华东野战军的表彰；他还争取国民党新乡守军庞清振投降，解决了冀鲁豫最后一个国民党据点，为大军南下打下了基础。

建国后，他任河南省交通厅副厅长，后兼任省治淮指挥部供运、财务部长，1955年任省财粮贸办公室副主任，1956年至1985年先后任河南省人民委员会副秘书长、省人民委员会建设委员会副主任、鹤壁市市长、省人民委员会房管处处长、政协河南省委员会副秘书长、省政府参事室副主任等职。1985年6月离职休养，1994 年 11 月 27 日病故于郑州。享年 92 岁。

他在任扶太西县县长期间，充分依靠群众，积极发动群众，在主力部队的协助下，第一，抓基层政权和地方武装建设，迅速建立了区级政权和各区区队，安定了社会秩序，维护了人民利益。第二，号召当地外逃群众还乡生产，重建家园。第三，贷粮救济，帮助群众度荒，并组织生产自救，开荒生产。第四，组织运输，促进内外交流。第五，恢复和兴办学校。第六，进行麦征和藏粮工作。第七，组织近 2 万名民工打黄河堤（尉氏县锦背岗至麻里截支归干），救出良田五六万亩。孙卫和在扶沟的时间虽短，但做了许多利国利民的事情，扶沟人民非常感念他。

孙雨兰

孙雨兰（1872—1944），今商水县姚集乡孙庄村人。以雕刻技术高超著称。

孙雨兰自幼家境贫寒，聪明好学，做事认真，有志气，能吃苦。刚过童年，被当地有名的木匠王师傅慧眼看中，收为随身徒弟。他拜师离家，尊师如父，勤学好问，刻苦操业，爱美求新，学习 3 年，深得师傅的真传。各种人物造型、鸟兽虫鱼、花草树木，均能雕刻成形；图案清新，栩栩如生。民国年间，曾先后在商水城内赵培基、项城袁世凯、邓城叶复元等官宦和富豪之家修缮府舍。他的得意之作是“二龙戏珠”、“蛟龙盘柱”、“十八学士”、“丹凤朝阳”、“二十四孝”等图案，手法细腻，惟妙惟肖。他的作品，现在商水邓城叶氏宅院尚有遗存，其他大都毁于战乱及风雨剥蚀之中。抗日战争时期病故，享年 72 岁。

孙占和

孙占和（1912—1948），化名金国，今太康县高朗乡孙庄人。幼年读过几年小学。为谋生计，东挪西借，在家开办小药铺，生意不好，勉强度日。

1934 年，孙占和经淮阳师范附属小学校长李鸿鹄（太康县人）介绍，到淮阳师范读书。半年后，因家庭无力供给，便在校内做勤杂工兼办小诊所。1935 年 5 月在该校加入中国共产党。抗日战争爆发后，他积极宣传抗日救国，组织游行示威，发表演说，强烈要求国民党政府枪口对外，积极抗日。当局对师生的爱国行动惊恐不安，严密监视。他被迫辞掉学校差事，转到淮阳县半斋医院以习医作掩护，从事党的地下工作。

1938 年 9 月，日军侵占淮阳，孙占和返回太康。很快同太康中共党组织负责人张俊峰、杜力生取得联系，秘密从事地下工作。1939 年春，孙庄党支部建立，他任党支部书记。

1939 年初，国民党 40 军一名营副叫陈扩中，带一个加强连到高朗执行任务，孙占和通过各种渠道争取到陈部联合抗日。后来，陈扩中部与当地抗日武装联合成立一支300多人的抗日游击队，多次袭击日伪区部。陈扩中调走后，游击队在孙占和的领导下，由李泽民、袁亚伦带领，编入新四军第4师。

1939年9月，孙占和任中共太康县委委员。1942年，新四军水东军分区为加强情报工作，建立情报站，任命孙占和为站长。联络站设在他的药铺内，他以行医作掩护，深入敌伪据点，侦察敌情，为新四军购买药品和军需物资，传递情报，护送党政军领导干部。1944年春，他和新四军4师水东办事处秘书王洽惠一起，动员太康警备队小队长安锡成起义。安锡成起义时带出两个班的武装，整顿后编入太康县三区队。

日军投降后，国民党太康县县长郭馨坡不断袭击共产党地方政权，屠杀革命干群。孙占和无所畏惧，经常化装侦察，传递情报。

1948年1月9日夜，由于叛徒出卖，孙占和弟兄4人不幸一同被捕。敌人对其施用各种毒刑逼供，他始终坚贞不屈，表现了一个共产党人的高贵气节。11日，敌人杀害其四弟孙占荣，想以此胁迫孙占和就范。但他视死如归，毫不动摇。后来敌人又严刑拷打，百般折磨，仍一无所获。1月19日，孙占和在城东关英勇就义，时年36岁。

孙占兴

孙占兴（1897—1947），今沈丘县石槽集乡毛营西寨人，原籍扶沟县柴岗乡，其父逃荒至沈，落户毛营西寨。父母早逝，弟兄五人，大哥病逝，二哥饿死，四弟、五弟先后被抓丁外出，杳无音信。其家贫，上无片瓦，下无寸土，靠租地当长工为生，寒冬挑担贩卖，生活困苦。

1947年，沈丘解放，占兴拨云见日。10月，人民政府工作组周铭等人至毛营访贫问苦，扎根串联，发动“土改”。占兴积极响应，成为工作组得力助手，组织农会，当选为主席。在工作组领导下，占兴率众收缴地主枪支，向地主开展说理斗争。12月11日，毛营地主勾结匪徒唐二袭击毛营。当时占兴正在农会办公，听到枪声，到一家躲避，不料被户主出卖而被捕。占兴被押送纸店，遭受毒打，临危不惧，与匪徒进行说理斗争，置生死于度外。12月12日被唐匪用铡刀残杀于纸店西河岸，就义时年50岁。

孙志光

孙志光（1921—1982），原名金榜，今许昌市鄢陵县柏梁镇孙家村人。1938年5月参加工作，同年8月加入中国共产党。1946年1月至6月任中共黄泛特区工委书记，1947年4月至6月任鄢扶县人民政府县长。

他幼年刻苦读书，青少年时便胸怀大志，为寻求革命真理，17岁徒步到延安参加革命。历任中央职工学校文化教员、华北联合大学工部政治指导员、黄泛特区工委书记、鄢扶县县长、许昌县副县长、豫皖苏第5分区战勤司令部秘书、中牟县副县长、陈留专署农林水利科科长、河南省财委计划局秘书、省计委基建计划处处长、轻工部郑州轻工业学院领导组成员等职。

在任黄泛特区工委书记和鄢扶县长期间，他一方面领导发动群众，组织群众生产自救，解决灾区群众衣、食、住的迫切问题，一方面建立、发展地方武装，开展武装斗争。与此同时，领导组建区、村基层政权，为开辟鄢陵扶沟革命根据地，领导当地武装和革命群众积极进行清匪反霸斗争作出了积极贡献。

他在任黄泛特区工委书记期间，他父亲由鄢来扶看望他。因他的清剿反霸引起了反动地方武装的仇恨而将其父杀害，使他为革命失去了亲人。

建国后，他长期从事经济建设工作，为河南经济的发展作出了很大贡献。1978年春因患脑血管病住院，1982年7月病逝。终年62岁。

汤明奇

汤明奇（1912—1981），今太康县毛庄镇马河沟人。1932年考入上海交通大学电机系，毕业后，到上海西门子洋行当推销员。1937年春，进上海华成电器厂任工程师，承担制造感应电动机的技术工作。他发誓要制造出国产电机电器。

1938年夏，汤明奇到昆明任西南联大电机系助教，1940年入国民党政府资源委员会所属昆明电工四厂，任变压器组设计股股长、工程师。从此他把毕生精力投入到变压器制造工业，并为之奋斗终生。这期间他在著名爱国民主人士钱昌照影响下加入了九三学社。

1932年，汤明奇受资源委员会派遣，赴美国深造。在美国通用电器公司实习1年，成绩优良。该公司愿以高薪留用，被他拒绝。后入麻省理工学院研究院当研究生，1945年获科学硕士学位。1946年1月回国任资源委员会上海中央电工厂工程师。翌年春任中央电工厂沈阳分厂厂长。该厂刚从日伪手里接收，破烂不堪，问题成堆。他到厂后立即召集职工清查物资，整理资料，连宿舍、粮食、产供销等都管了起来。终于把工厂办得井然有序，大批产品源源出厂。沈阳解放前夕，有些人准备南逃，总厂也一再电催要他回上海，他却再三借故拖延，想等待沈阳解放后，为人民干一番事业。后在重重压力下，他给职工积下粮食、原料，安排好守厂事宜，才忍痛离开。1948年8月抵南京，任上海电工器材厂制造处工程师。

上海解放后，汤明奇任华东工业部上海电机厂工程师。他舍不得在沈阳留下的事业，经向领导多次申请，于1950年4月1日回到沈阳，任沈阳变压器厂总工程师、副厂长。

在担任全厂产品设计和技术领导工作中，从生产技术到行政事务，他都要亲自过问，工作极其繁重。他身体力行，深入实际，学习国外先进技术，结合我国具体情况，使该厂变压器品种迅速增加，技术水平和产品质量大大提高。生产的变压器，开始电压只达35kV，很快提高到44kV、60kV、110kV，直到220kV，产品在国内居同行业之首。他在东北帮助设计、修建了几个大型发电站，设计、制造了我国第一台33万伏超高压输变电装置。1957年晋升为一级工程师，1958年1月4日加入中国共产党，被选为辽宁省第一届、第二届、第三届人大代表。

1965年10月，汤明奇调一机部78局任副总工程师，担负电工行业的技术领导工作。“文化大革命”中，汤明奇遭受残酷迫害。1975年调科技情报所任工程师。1977年调电工总局任副总工程师、党分组成员、技术委员会主任、中国电机工程学会常务理事、中国电工技术学会名誉顾问，被评为高级工程师。

1980年6月，汤明奇患癌症住院。1981年11月，在生命垂危之际，请求组织在他死后不要开追悼会，把骨灰撒在河南家乡的黄河里。

汤明奇生前著有《高电压直流输电工程》、《机械工业的基础理论研究》、《机电产品设计方法概论》等（在内部刊印）。

唐存礼

唐存礼（1893—1951），字立斋，今沈丘县纸店镇唐庄村人。弟兄三人，居二，人称“唐二”。其兄存义，字敬斋，曾任第7混成旅和24师团长。其弟存信，曾任唐二部23师连长，助兄为虐。唐二幼读私塾，清宣统元年（1909年）去奉天昌图府当兵，后编入吴佩孚部。在军阀混战中历任排长、连长、营长。1924年升24师团长，1926年升第14军23师师长。1929年任北京警备部参议。1931年任均彰剿匪军骑兵旅旅长，次年任暂4旅团长。抗日战争爆发后，避回沈丘。1938年任县自卫团大队长，次年任15集团军游击纵队大队长，从此亦兵亦匪，称霸乡里。1947年沈丘解放，唐二纠集地方反动势力，组成反动武装——沙北剿共联防司令部，自任司令，与中国共产党和人民为敌，成为豫东皖北一带罪恶累累的著名匪首。

1938年，国民党鹿邑县自卫队队长曹志西眷属二人寄居唐家，后因曹抢劫客商被告发，唐二怕受连累，将曹眷二人捆绑掷入沙河。1940年，唐率部驻扎卜楼，勒索银元4000余元，面粉1万余斤，并纵容部下奸淫抢掠，群众受害殊深。在游击纵队大队长任内，贪污敲诈，抢劫分赃，搜刮民财，买地300余亩，至解放前，唐二已拥有土地700余亩。1945年，唐二与白店赵新善合伙抢劫，因分赃不均，唐指使爪牙，将赵勒死于纸店东北红石桥上。

1947年4—5月，沈丘沙河以北地区相继解放，人民政权随之建立，纸店成立区民主政府。唐二自知末日来临，拼命对抗，组织起500余人的土匪武装，乘革命政权尚不稳固之机，到处骚扰、恫吓革命群众，阻止新区开辟。10月21日，唐二指使匪众杀害华东野战军政治部民运部副部长朱彬一行6人。11月，唐二指使匪众抢劫界首，绑架40余人，勒取旧法币3亿多元，无钱回赎者，妄加“共党”之名加以迫害，其中有2人被杀害。是月，孙庄村村长孙凤阁给纸店区政府送信，被唐二发觉，即派人将孙凤阁杀害于程营北村。纸店集医生唐树同因给区政府干部看病，被唐二匪徒活活勒死。解放军便衣侦察员3人在欧大桥被俘，唐二亲自审讯后立即杀害。11月15日，唐二率众偷袭设在大王庄的纸店区民主政府，残杀小区区长2人。12月11日，唐二指使匪众偷袭毛营，杀害民主政府县、区干部和贫农团、翻身队干部及其家属10余人。唐二为镇压群众，对抓获的毛营农会主席孙占兴及区队战士李华宣亲自审问后，在纸店西门外用铡刀杀害。刽子手石占廷手提人头大声号叫：“谁给共产党办事，谁再均地均粮搞斗争，我就铡谁！”反动气焰极为嚣张。县区人民武装次日向唐二匪部发动猛攻，击毙10余人，俘30余人。唐二率残部窜逃阜阳，与逃亡的沈丘国民党党政军头目麇集一起，密谋策划，妄图卷土重来。但未及其阴谋得逞，阜阳已宣告解放，唐二携眷潜逃苏州。

1951年5月，沈丘县人民政府将唐二逮捕归案。经审讯，依法判处死刑。未及上级法院批复执行，于8月毙命狱中。

唐存义

唐存义（1888—1925），字敬斋，今沈丘县纸店镇唐庄村人。父鸿儒，清贡生，名望乡里，与袁世凯亲信唐天喜同村有交结。清光绪三十二年（1906年）春，唐天喜回家葬母，唐鸿儒协其治丧甚周。临走时，鸿儒托唐天喜带存义从戎。唐天喜见存义天资聪敏，有文才，欣然允诺。回军后即送其入保定陆军讲武堂学习，与杨虎城、李鸣钟、陆仲林同窗。毕业后，回唐天喜部，职务随着唐天喜的迁升而迁升。1913年，袁世凯组建两个混成旅，唐天喜任第7混成旅旅长，唐存义任旅参谋长兼2团团长。唐存义为唐天喜的心腹兼顾问，加之唐存义才干超群，实际军务落在唐存义身上。1916年5月，他随援湘副司令唐天喜率3万军队赴湘。见全国讨袁声势浩大，怂恿唐天喜反袁起义，唐天喜从之。5月下旬一日夜，突然向援湘司令马继增的第6师发动进攻，该师溃散，马拔枪自杀，湖南宣布独立。

1918年4月，唐天喜任山东兖州镇守使兼第7混成旅旅长。1922年春，唐天喜决定辞去镇守使和旅长职务解甲为民，唐存义力劝唐保留一职，唐不从。唐的部下多系沈项籍人，大家聚集在一起，拒不遣返。唐天喜无奈，请唐存义出面说服，经几天的动员，每人发3个月的饷银，始各自回家，唐存义也回唐庄暂居。同年夏，河南南阳镇守使派专人接唐存义出任参谋长，兼万国红十字会会长，他随即前往。

1924年冬，唐存义的保定讲武堂同学史德纯（安徽寿县人）受段祺瑞指使，回乡组织武装。史从天津坐汽车直驶唐庄，时唐存义在任南阳，其弟唐存礼（号唐二，时任南召县警察局局长，因事在家）迎接。史说明来意，又拿出段祺瑞给唐存义师长的委任状，唐存礼满心欢喜，随打出“豫皖国民联军”的旗号招募兵丁。为时不长，应招者两三千人，分驻县城（今老城镇）、纸店、莲池等地。人员一多，给养、武器等问题接踵而至，唐旧日家资早不敷用，两次派人求史德纯，史自顾不暇，二人决裂，粮饷只有向地方摊派，又与地方发生矛盾。当时群众编了这样的顺口溜：“中华民国十四年，唐二起反在河南，招的人马千而万，少枪无子真作难……”无奈，唐存礼到南阳请唐存义回来收拾残局。唐存义见弟为当官招兵扰民，非常气愤，同着族人在客厅大加训斥，但事已至此，只好自己出面统领军队。他立即派人向河南督办岳维俊请求收编，岳派人赴沈点验唐部，给一个旅的编制，唐存义坚持要一个师，并扬言要把部队拉给憨玉琨。点验委员向岳汇报后，岳大怒，派周煜坤率豫东镇守使郭振才的4个营和陕军一个加强营，从商丘向沈丘进剿。一路浩浩荡荡，扬言要扒老唐窝。

1925年4月，周部抵沈丘县境。由于上年冬唐部杀害了陕军营长杨鹤龄，两军有隙，所以这次围剿陕军打头阵。在纸店他们铡了唐部秘书王丽安，率众扒了唐宅。接着，大军包围沈丘县城（今老城镇）。这时唐存义妥善部署，沉着应战，便服与街坊乡亲交谈，安慰大家：“不要惊慌，我们有把握守住城。”人们见他从容不迫，心情稍安。半夜枪声骤起，战斗十分激烈。陕军敢死队攻破北门，进入教门街，唐部与敢死队展开巷战，全歼敢死队，收复北门。黎明时战斗渐停，唐存义一面让红十字会安置伤员，掩埋尸体，一面收缴了警察枪支加强城防，并软禁了县长胡修辅，派人监视牧师童约翰、教士杜金丝的行动。又请出当地商绅与红十字会10多人，以地方人民性命，特别是2个洋人性命为重，去周部谈判，希望和平解决事端。当时童约翰已电函上海英领事馆，要求干涉。但周要唐部投降，谈判决裂。次日拂晓，周部再次攻城。陕军数次在炮火掩护下，接近城门，登上城头，但均被唐部用土炮、石块打退。唐部又扎了草人，戴上帽子，在城垛口上诱敌打枪，等发现目标，冷枪射杀，陕军伤亡很大。相持半月后，周部调来大炮攻城，仍未夺取。当时北洋政府控制的上海《申报》连续3次报道唐存义占领沈丘县城，逮捕县长胡修辅，软禁牧师、教士及战斗情况。

不久，通过英领事馆和唐天喜的活动，陆军第5师到沈接替周部。参谋长秦德纯、第9旅旅长孙耀齐给童牧师和唐存义写了亲笔信，唐存义派周绍宾和唐立斋见秦德纯。秦向他们说明，此是师长王文蔚受唐天喜之托，前来解围。两人回城复命后，唐存义立即出城，把两个洋人交给秦德纯。秦安排说："你不要先把摊子铺得太大，树大招风，人和枪留好的，收起多余的，以备扩充。"于是整编为一个团，番号为陆军第5师补充团，唐存义为团长，翟什一为团副。第二天下午，第5师入城，百姓鸣炮迎接，战争结束。后，唐存义随5师驻邓城。临行，唐存义给沈丘县父老乡亲写了一封谢罪信，由红十字会贴在十字街口牌坊上，大意是："存义被围县城20多天，多亏父老兄弟帮助，免遭覆灭。在此期间，使乡亲担惊受害，存义万死莫赎，此恩此德，永世不忘。今已投身革命，参加北伐，誓与军阀决一死战，以报国家，以报桑梓。"

1925年冬，唐存义任国民革命军第2集团军242团团长，随军开赴山东与军阀张宗昌作战。张凭借凤凰山天险，与北伐军对抗，唐部担任主攻任务，战斗十分惨烈。农历十月十五日下午6时，唐存义不幸被炮弹炸掉右腿，因流血过多牺牲，时年37岁。

唐天喜

唐天喜（1868—1949），字云亭，今沈丘县纸店镇唐庄村人。自幼跟随袁世凯，由贴身仆从升任总统府卫队司令。

唐天喜幼年家贫，在豫剧班学戏，长相俊美，习唱旦角。深得邻县少爷袁世凯赏识，收为家童。自此跟随袁世凯，成为贴身仆从。袁世凯从政后，于清光绪八年（1882年）随淮军提督吴长庆入朝鲜，负责前敌营务处。时，唐天喜年仅14岁，也随袁入朝，住在汉城。光绪二十年（1894年），唐随袁回国。次年袁世凯受命在天津小站训练"新建陆军"，提拔唐天喜为武卫右军右翼第3营哨官（相当于连长），后改建陆军，升唐为领官（相当于营长）。陆军第3镇成立，唐升任该镇第10标标统（相当于团长）。1912年3月，袁世凯就任临时大总统，以唐天喜的第10标做自己的卫队，唐任总统府卫队司令。1913年，袁下令成立两个混成旅，任命唐天喜为第7混成旅旅长。不久，改任京汉铁路北段护路司令，保卫北京至彰德（安阳）一线。时，袁世凯家居彰德，唐天喜实际上是保卫北京和彰德，仍是袁世凯的看家司令。袁亲之信之，视为心腹。

1915年12月21日，袁世凯宣布实行帝制，改次年为洪宪元年。12月25日，蔡锷通电讨袁。次年，全国各地纷纷响应，湖南告急。袁命帮办江西军务马继增为援湘司令，由江西率第6师入湘。唐天喜此时向袁请战，痛哭流涕地要求率兵攻打蔡锷，以报袁对他的深恩厚泽。袁嘱以看家要紧，但唐坚决恳求，袁遂任命唐为援湘副司令，率3万人赴湖南。唐天喜由侍从升至旅长却从未领兵打过仗，真要出征湖南，颇为踟蹰。进入湖南后，湖南讨袁军赵恒惕以30万两白银收买他（一说16万两），唐目睹全国讨袁声势，想到袁世凯过去的所作所为，遂决定叛袁。某夜，唐部突然袭击马继增的第6师，马部猝不及防，全师溃乱，马继增拔枪自杀。5月29日湖南宣布独立。袁世凯闻讯，如晴天霹雳，异常震惊而精神失常，旧病复发，6月6日死去。死前仍口口声声念叨："唐天喜反了！唐天喜反了！"袁死后，唐天喜之妻自开封去北京吊唁，袁妾（袁克定之母）大骂唐天喜忘恩负义，气死了袁世凯，将唐妻逐出门外。袁世凯之死虽有多方原因，但唐天喜的倒戈，弃暗投明，对其刺激最大。

唐天喜参加了讨袁、护国运动后，保留了军队，被任命为山东兖州镇守使，兼第7混成旅旅长。后调任将军府参军，从此失去军权，成为有名无实的将军。

1949年12月20日，唐天喜病逝，终年81岁。

唐允成

唐允成（1885—1959），字信安，号杏庵老人，今淮阳县城关回族镇人。幼年攻读经史兼习医道，清光绪三十一年（1905年），允成就读于陈州府中学堂，光绪三十四年（1908年）考入河南省高等警校，参加兴中会，从事推翻帝制建立共和活动。民国初年，入地方政府任职。1921年当选为河南省第二届议会议员。曾两次参加纂修《淮阳县志》。

建国后行医。著有《四时治病全书歌括》、《杏庵丛谈》传世。1959年逝世，享年74岁。

陶均安

陶均安（1913—1996），又称君安，安徽怀宁县万桥人。1936年春参加工作，在安徽巢县冯玉祥开办的园山学校以及巢湖、巢南等地，以教学为名开展抗日救亡活动。1938年4月在延安抗大及延安中共中央行政人员训练班当学员，8月加入中国共产党。1939年7月，任南下干部第5纵队队部支委、冀南行政公署巡视员。1940年4月后任鲁西行政公署文教处教育科科长、鲁西昆山抗日县政府文教科科长、鲁西23专署民政工作队队长及鲁西寿张县抗联主任。1943年5月后任鲁西水东办事处民政科长、鲁西水东杞南办事处主任、鲁西豫东中学教导主任。1945年3月任冀鲁豫12地委秘书兼宣传科科长、秘书长，同年12月任冀鲁豫杞县抗日县政府县长。1947 年 4 月任鄢扶县委书记。

在鄢扶县任职期间，他首先以鄢扶县南的练寺镇为中心，组织群众开荒、种地，发展生产，重建家园，解决灾区群众衣、食、住的切实问题。接着开展“双减”（即减租减息）工作，减轻灾民经济负担，部分地改善了灾民的生活。其次是大力发展武装。长期的艰苦斗争，使他深深地体会到武装力量的重要性。开展政治斗争，必须有足够的军事力量做后盾。为了开展群众工作，必须组织武工队；为了征收粮食，必须有武装掩护；开展敌工工作，更少不了武装斗争。因此，他狠抓武装力量的发展，建立起百十人枪的县区武装。与此同时，他亲率县、区队员及民兵，配合边区群众开展清匪反霸和反“蚕食”斗争，取得了一系列的胜利，巩固扩大了根据地，为以后解放战争的大反攻奠定了良好的基础。

他调离扶沟后，于 1948 年初任鄢陵县委书记，同年 5 月任豫皖苏 5 地委组织部部长、河南陈留地委组织部部长兼地委委员。1949 年 9 月任河南南下干部大队政委、皖北区党委组织部干部科科长。1951 年 12 月任安徽省委组织部干部处第二处处长、副部长、省委候补委员。1964 年 10 月在安徽省委社教队参加“四清”。1965 年 12 月任山东省菏泽地委副书记。“文革”期间下放劳动，1970 年 2 月后任菏泽地委宣传组负责人、山东农学院革委副主任、党委副书记。1976 年 5 月后任安徽省革委视察员、省革委视察室副主任。1981 年 9 月任安徽省委党史资料征集委员会副主任兼办公室主任，抢救性地征集和整理了大量的党的文献资料。1983 年 12 月以副省级待遇离休。1996 年 11 月 29 日病故于合肥市，享年 84 岁。

滕崇文

滕崇文（1915—1972），项城县人。原为淮阳中学副校长。

抗日战争爆发后，与学校进步教师自发组织抗日宣传活动，开始走上革命道路。1939 年初加入中国共产党，成为项城县最早入党的 3 名党员之一。1939 年 6 月，项城县第一个党支部成立，滕任宣传委员。1940 年 2 月，项城第二个党支部——王老家支部成立，滕任支部书记。同年，国民党反动派到处捕杀共产党人，项城周边县的党组织先后遭到破坏，一些党员相继来到项城。滕崇文按照党组织的要求，把他们安置到南顿、王老家等学校，为党保存了一批革命力量。此后又按照党中央提出的“隐蔽精干，长期埋伏，积蓄力量，以等战机”的方针，组织党员以教书做掩护，秘密开展党的地下工作。

建国后，滕崇文先后任项城县政府文教科科长，睢县中学、淮阳中学副校长，淮阳师范副校长。1972 年 5 月病逝，享年 57 岁。

田伯英

田伯英（1915—1996），名联甲，字伯英，田镇南长子，今项城市王明口镇田老家村人。

他青年时期投身军旅。抗日战争时期，曾任河南省第8旅旅长，授少将军衔。在豫皖（涡阳、蒙城）地区，以游击战术抗击日军，人称“游击司令”。后受命任14绥靖区督察专员。抗日战争胜利后，国共两党和谈失败，内战即将爆发。田伯英此时顿生倦意，便解甲弃职，回到了妻子袁家瓓（袁世凯六弟袁世彤的孙女）身边，携家眷到漯河、武汉等地居住。

1948年，国民党溃败，一些军政要员纷纷去台。此时，其父田镇南和叔父田镇洲要田伯英一起去台湾，然被田伯英拒绝。他当时想：自己早弃军职，和国民党、共产党均无瓜葛，凭一介平民百姓，两党谁胜谁负与己无关。所以他拒绝去台，留在了大陆。

解放初期，政治运动频繁，田伯英这个曾是国民党少将级的人物，被从四川押回到项城。那时，各种法律程序尚不完备，仅凭“国民党少将”这一条，就足可以将其处决。幸亏上级察觉，指名将田伯英提到陕西，关押在西安战犯管理所，直到1975年3月19日被特赦。这是第七批特赦战犯。1975年正值“文革”后期，而特赦工作又停止多年，在周恩来总理的推动下，将当时仍关押的战犯全部予以特赦。田伯英就是这批特赦的国民党将校级军官之一。

田伯英被特赦后，被湖北省武汉市人民政府任命为参事室参事。

1985年秋，76岁高龄的田伯英回到阔别的故土项城省亲。他受到县领导的热情接待。项城县政协主席周世禄宴请了他。他在致谢词中说：“我以一个战争罪犯之身，受到了项城人民如此的接待，说明了什么？说明了项城人民对自己的儿女，有着不计前嫌、一切向前看的胸怀！我向项城的乡亲父老鞠躬了！并对各位领导表示衷心的感谢！”

田伯英于1996年6月23日病逝于武汉，终年81岁。

田伯英有2男2女。长子书炎，在武汉铁路部门工作，已退休；次子书礼，在四川地方铁路部门工作，是高级工程师。长女书训已退休，次女书玉已故。

田海伦

田海伦（1909—1975），今项城市永丰乡火星阁村人。佃农出身，识字很少，一生勤劳好善，以根治缠腰蛇病而驰名。

缠腰蛇病，实名疱疹，又叫蛇蛋疮，属于内发病。此病集中分布于患者腰间。开始皮肤微红肿，接着出现密密麻麻的红白泡。小的似谷粒，大的像高粱籽。逐步由小片扩展成带条状，直到如长蛇环绕患者的腰部一周，故此俗名为“缠腰蛇”。患者疼如火燎，昼夜不能躺卧，严重者皮肉溃烂，淌脓流水。若不及时治疗，就有生命危险。

田海伦治缠腰蛇，已是几代相传，由来已久。晚清时期，他的曾祖父得此方。据说，当时从洛阳来一云游的道人住宿他家，其曾祖父对道人多日宾客相待。道士感激不尽，临行前传此秘方，以作酬谢，并嘱其施行善道，为患者解除痛苦。

田海伦治病用的是土法。所谓土，就是不花钱、不号脉、不用药、不扎针，仅用一根去皮麻秆，把它剪碎，与适量的车辙土混合在一起，放入罐中，用开水沏，和成泥糊，敷于患处即可。敷后当时见效，两三天就能痊愈，并且根除永不再犯。

这种土法治病，方法简单，效果很好。近则方圆几十里，远则县外几百里，患此病者，纷纷慕名前来求医治病。城南荀狼庄有一财主，兄弟3人只有一个男孩儿，珍视异常。2岁时患了缠腰蛇病，疼得哭叫不已。财主遍请名医，住到他家里治疗都无效。后来得知田海伦能妙手回春，便使人赶着轿子车来请。田到财主家客房，这时有几位穿大衫戴礼帽的先生们，一见来了个穿撅尾巴小袄土里土气的庄家佬，对病人一不号脉，二不抓药，仅用泥巴糊糊治病，以为是天大的笑话。名医们撇嘴的撇嘴，挤眼的挤眼，并说些冷嘲热讽的话，意思在看这位乡巴佬先生怎样出丑。而田海伦却视而不见，不慌不忙，神情自若。约半个时辰，小孩子逐渐止住哭，稍后就呼呼酣睡了。那些以貌取人的“名医”先生们见状，自知没趣，不辞而别。结果小孩不日而愈。

田海伦去世，其子田孝生继承祖志父业，治病除痛，施行善道，望重乡里，求医治病的仍然络绎不绝。后栾楼有个外号叫“扫帚”的农民，初得此病时很不相信这样的土法管治病。在遍求名医、治疗无效的情况下，最后还是求救于田氏。“文化大革命”期间，南京军区某部有一领导患了缠腰蛇，在城市大医院久治不愈，后来专车来项。田孝生当日用药，病症大轻，不久即痊愈。

田景韶

田景韶（？—1929），字成化，大号老成，清末安徽省太和县芦村区姚庄（今属郸城县秋渠乡）人。出生于耕读小康之家，这为他读书求知提供了条件。他幼读私塾，后成监生，学有所成，文笔斐然。他本有仕进的条件，但却无意功名。官府数次举荐，他都坚辞不受。

他虽然自幼受的是封建思想教育，但却赞成康梁维新思想，后来又在辛亥革命影响下，崇尚中国民主革命的先驱孙中山之民主革命理论，趋于革命洪流，终于成为一个新派人物。其谈论救国之道时，一反“民可使由之，不可使知之”的封建观念，常向人说：“国之根本在于民，而民之根本在于教化。倘若民愚昧无知，则国将难为矣。”因而他不置产业，不谋官位，矢志办“洋学”，以传播新文化。他认为这才是救国救民之正道。

在一个尊儒读经有2000多年历史的氛围中办“洋学”实非易事。那些前清遗老遗少们顿足捶胸地说：“反了，反透了！各府州县闹‘洋学’，这下子‘洋学’闹到咱乡下来了。”田景韶顶着各方面的压力和家庭成员的极力反对，借助他是当地著名乡绅的身份，经多方奔走，争取到县府“私办官助”的准许。他率先捐出耕地40亩（其田产共67亩）、牲畜数头、宅基一片（供建校舍用），几十棵树做房料。为有稳定的办学经费，他又广开财源，开办了油坊、粉坊，还搞运输。在他的义举影响下，地方上的群众、开明绅士也纷纷解囊相助，有的捐款，有的捐地，有的捐料，有的捐工。其兄长也转变了态度，一下子捐出10间房屋用于办新学。经过不懈的努力，一所较完备的新式学堂——安徽省太和县芦村区姚庄高等小学堂，于1919年终于在偏僻落后的小村里建成了。学堂建成了，但其家庭生活却苦起来。当时全家近20口人，过起缺油少面的日子。

学堂有教室、课桌凳、黑板、教务室、庶务处、仓库和医疗室，还有宿舍和食堂。教室内正前方墙上张挂孙中山画像，像上方横幅为“天下为公”，两边对联是“立志救中国，不要争做官”，皆为田景韶亲笔所书。校名迭经更改，到1921年称“安徽省太和县第六区第一高等小学堂”。同年，上司又正式行文委任田景韶为学校主事（即校长）。

在教师选聘上，他坚持以新思想为标准，所聘用的教师大多数都是府县新学讲习所毕业且品学兼优的新派人物。作息时间安排和教学形式也完全接受了近代教育思想。景韶还组织师生在节假日去“远足”，即短途旅游；利用庙会宣传革命救国，宣传新学和妇女放足、男子剪辫子。全校师生统一着校服（短衣褂，秋冬为黑色，春夏为土黄色）。他冲破重重阻力，抨击旧势力、旧思想，倡导、宣传新思想、新文化，在群众中影响颇深。

建校初期，学堂开办有1—6年级6个班。学生来自附近农村，不分贫富，男女兼收。光武、芦村、李兴、马集（以上当时均属安徽太和）、白马、丁村、宁平（以上当时均属鹿邑）、宜路（当时属沈丘）等地开明人士、富家子弟多集于此，也有少数贫民子弟到此就读。学生人数最多达到200多名，在校住宿生达六七十人。因为群众对“洋学堂”缺乏正确认识，加上多数农民家境贫寒，无力供子女上学，所以，学堂班级名额一直不足。

课程开设，办学初设有国文、修身（即政治课）、历史、地理、算术5门主课。第二年增设了英语课。后来修身课改为公民课，增设常识课。常识课内容包括历史、地理、自然。另外，还有体操、歌咏、劳作、书法课。课本是商务印书馆出版、教育部门审定的。

教师都是高薪聘请，分别来自颍州、临泉、蒙城和太和等地，还有一位广东籍的英文教师黎先生。教师的薪水由县里拨经费发给，学堂再给以补贴。

当时的学费高年级每期每生交小麦30公斤，初年级20公斤。家境困苦者，学堂酌情给予减免，特别困难者和女孩学费全免。

就在学校逐步发展之际，遇到了巨大的挫折：1929年8月底，豫西杆首老王泰带人将学校焚为灰烬，田景韶也遭残害。他去世后，学堂停办。3年后，田景韶的侄孙田鸿业等人重建小学。1938年，黄水泛境，冲垮校舍，学校停办。

田景韶一生致力于创办新学堂，传播新文化。他呕心沥血，备尝艰辛，为当地教育事业作出了不可泯灭的贡献，不愧为郸城境内第一位新文化的传播者。

田敬堂

田敬堂（1906—1986），今项城市王明口镇田庄村人，与田镇南同宗而非近亲。他是抗战时期著名抗日将领，曾参加过娘子关战役、台儿庄战役；也是著名的国民党起义将军，1949年率国民党一个军起义。历任解放军补训师师长、项城县第一届政协副主席。

他出身贫寒，祖父曾给地主当小把牛，到他父亲这一辈仍家贫如洗，无力供应田敬堂兄弟二人就学。1924年春，17岁的田敬堂带着一肚子愤懑，投奔了冯玉祥的西北军。他没有文化，没有钱财，没有靠山，凭聪明才智，凭勇敢不怕死，在和东北军张作霖打仗时，在和阎锡山、蒋介石拼杀中，屡立战功，一次次受到上峰奖励，第三年当上了排长，不足半年又被提升为连长，在连长任上不到一年，再晋升为少校营副，两月有余再提升为少校营长，时年21岁。

1937年7月7日，卢沟桥事变，从此中国人民陷入8年的战争深渊。西北军著名爱国将领吉鸿昌的侄儿吉星文，率领他的团打响了抗日战争的第一枪，揭开了8年抗战的序幕。10月，田敬堂在娘子关带一个营的兵力断敌后路，配合部队一举歼灭日寇李登联队1500余人。获奖金表1块。

1938年，国民党调集44万大军于徐州、台儿庄一线，日军也有20多万人投入这次战役。田敬堂属田镇南的第30军，是台儿庄大战的主战部队。田敬堂的营，被安排在最重要的前沿阵地，部队从农历二月初二进入主战场，直到麦黄梢才结束战斗。

台儿庄大战中，日本动用了他们当时最先进的武器，一个平方米的地面上，能落炮弹十几发甚至几十发，村落被夷为平地，平地又炸成大坑，参战将士伤亡的惨重可想而知。田敬堂深知，阵地能否守住，关键在他这个营长。他早已下定决心，无论战斗多么残酷，牺牲多么惨重，他都要带领官兵与日本血战到底。几天几夜连续作战，使田敬堂两眼红肿，满面灰土。他的腿被敌人的子弹穿透，血流不止。他让卫生员简单做个包扎，又继续赤膊投入战斗。战后回漯河养伤，数月方愈。

1939 年 3 月，他被提升为上校团长，1940 年 5 月又调任 30 军 27 师 81 团上校团长。

田敬堂是靠枪杆子拼杀出来的一名团长，他对任何上级从不巴结奉承，就连蒋介石他也不甩乎。他曾说过这样一句话："我服从他（蒋介石）的调遣，但不听从他的召见。"据说有一次蒋介石召见 30 军团以上的军官，田敬堂竟没服从召见，可见他的性格非同一般。

解放战争初期，西北军爱国名将高树勋，毅然在战场上树起了义旗，这对蒋介石是一个很大的打击。蒋介石原本对西北军就不放心，这次事件后，他就在西北军中暗暗放入不少军统特务，监督西北军各部的行动。高树勋平时和田敬堂关系不错，起义后为了让田敬堂也在适当时候起义，就偷偷给田敬堂写了一封信。可是这封信没有寄到田敬堂手中，却被保密处（特务机关）查获，田敬堂被以叛军罪关押。田敬堂的全团官兵平时都十分爱戴自己的团长，自从团长被关押，大家情绪激昂。一名副团长带领全团官兵全副武装包围了保密处。迫于形势，保密处不得不交出田敬堂和大家见面。田镇南和孙连仲等高级将领见局势不妙，又深知田敬堂的为人和脾气，就联名出面为他担保，才幸免被害。

田敬堂被释放后，调到省城开封军官总队。那时已是 1947 年，共产党在他的家乡项城县建立了县区两级政权，虽然还处在"拉锯"时期，但大局已定。县大队联合军区独立旅在蒋桥打败末任县长王凤鸣，王凤鸣化装潜逃，项城县根除了国民党县政权。时任省城开封警备司令的 30 军军长田镇南，为了竞选国会议员，串通省长刘茂恩委任田敬堂任项城县县长，但因形势所迫，田敬堂只挂了个虚名，并没有赴项城任。

时隔一年，解放战争进入关键时刻，蒋介石为了维护自己的统治，不得不起用闲置军官，田敬堂也被委任为 127 军 310 师少将师长。这个师是个加强师，归桂系军阀白崇禧指挥。田敬堂始终没有忘记高树勋劝他起义的那封信，所以虽奉命南下追击李先念部，但并没有真追。当李先念让他撤兵 25 里时，他还真的将部队和解放军拉开了距离。

127 军留守处驻在四川万县，后迁钟县。田敬堂的爱人带着孩子也住在那里。留守处处长张开轩，是项城人，他当处长也是田敬堂向军长推荐任命的，所以对田的家属照顾得无微不至。西南即将解放，国民党当局看到末日来临，争相逃窜，少将以上的家眷，都可以乘飞机赴台湾。张开轩把这个情况告诉给田敬堂，赵军长也动员他，他爱人也征求他的意见。他认为这是蒋介石要的手腕，把家眷运往台湾，表面上看是对下属关怀，实际是要掌握人质。他决定让爱人和孩子就留在万县等他的消息。

1949年初冬季节，127军进驻南江县境。田敬堂师的政工处陈丹亭处长主动找他聊天，两人东扯西拉，谈古论今，从宁都起义谈到高树勋起义，从他被保密处关押审讯，到蒋介石怎样排斥异己……直至他们部队眼前的处境和寻求生路的打算等等。陈丹亭处长毫不隐瞒地点破："师长是否想和共产党联系？"两人的密谈很快达成一致。田敬堂决定以请吃饭的名义，做军长赵子立的工作。

他请赵军长到他的师部后，餐餐有肉食，天天有酒饮。二人同榻共寝一个多星期。赵军长也正为几万人的生命、财产、前途发愁！两人促膝谈心，从全国谈到西南，从国民党反动派的失败谈到127军的绝境。赵军长让田敬堂找出路，想办法，并表态说："敬堂兄，心里咋想就咋说，不论说到哪里，兄弟我绝不见怪。咱弟兄在这里说话怕啥？"田敬堂就借故去厕所，到室外巡视了一遍，安排勤务兵，不论任何人都不准打扰。一切布置停当后，他就向赵军长揭了底牌：把部队带过去，投靠共产党。

赵军长非常赞成走起义这条道路，并指示田敬堂想法与解放军取得联系。田敬堂把陈丹亭叫来，共同商量。最初提出用电报联系，但不知道对方的密码，若用明码，被其他师、团收去，要出大差错。为了安全，决定派人前去，人选问题又是个难题。陈处长自告奋勇亲自前往，赵军长也决定派他的心腹赵寿山（一峰的同乡）与陈处长一同前去。因为赵寿山加入了三番青红帮。四川地方最大的势力就是胞哥（红帮），这个有利条件要利用。

解放军61军183师，是进川的前卫部队。陈丹亭在去汉中的半路上就碰到了前卫部队，接待他的是该部副师长张介民。陈丹亭说明来意，张副师长详细询问了情况和军、师长的姓名。当陈提到奉师长田敬堂的指使来联系时，张介民副师长问："你们的田师长是否参加过西北军？"陈说："参加过。"张副师长兴致勃勃地说："我和你们师长是老朋友了。我要知道是他，早就派人把他请到我这里来了。"原来抗日战争时期，田敬堂从宁夏到西安，住在城防司令部里，张介民在司令部里任书记官，从此他们俩就熟识了，又很谈得来。张介民想到延安去上学，是田敬堂找司令批准的。

田敬堂听陈丹亭汇报说解放军的负责人是张介民，心里更踏实了。当天晚上，他就与赵子立军长联名，发出了反蒋通电，宣布"从即日起与蒋贼介石脱离一切关系"。次日凌晨，他们的电台也收到了蒋介石通缉赵子立和田敬堂的悬赏电。

解放军183师的前卫部队，已从两侧山上来到他们的防地外围。为防备其他师出现反对起义的行动，田敬堂对防地又做了新的部署，把他的西北军老底子、师警卫营布防在要道口。

为了避免意外，他提出先不要告诉另外两个师长，只是让部队集结到正直坝，把武装交给解放军。手中没有枪，谁想作乱也作不成。赵军长采纳了他的意见，又向接收起义的解放军183师首长说明情况。事实证明田敬堂的考虑是周全的，就在当时十分严密的情况下，还出现了抗拒起义的事件。军政工处处长兼930团团长田中田在起义过程中，带一个营逃跑了。田得知情况后，非常恼火，亲自带兵追击，追到嘉陵江边，一边命令炮击，一边用无线电话喊话，那位受蒙蔽的营长明白了真相，才又带着兵跑回来。那个田中田，带了10多名亲随向西逃窜，没出四川就被解放军消灭了。

127军全体官兵，在军长赵子立和田敬堂率领下，于1949年12月27日在四川省南江县正直坝起义。起义后，部队在川北南部县进行整编，全军3个师和1个军管区，编为4个团，纳入解放军建制，为61军补训师，田敬堂被任命为补训师师长，张介民任政委。赵子立调往南充，任61军副军长。

建国后，田敬堂于1950年2月进西南军政大学学习，直至1952年1月学习结束后，又调入中国人民解放军第二高级步兵学校任军事教官。1953年，他又走进西南军区高级干部训练班，上级安排他再次学习，目的是想让他担任某军分区司令员。可田敬堂惦念远在家乡的双目失明的老父亲，决心解甲归田，回乡务农。

临走时，胡耀邦设宴为田敬堂全家送行，一再嘱咐田敬堂，回乡遇到什么困难就找他反映。1954年11月，田敬堂回到家乡，开始过上了从将军到农民的大起大落生活。由于他长期从军，土改时当然不会分给他土地，这时突然回家当农民，没有土地全家就无法生活。当时土地都已分到一家一户，而且地里都已种上了麦子，要想得到土地必须从农民手里挤出来，挤谁的地都得付出一定的代价，还要包赔青苗钱。田敬堂不得不拿出自己的复员安家费，解决土地问题。土地问题解决之后，还必须盖房，等把这些问题都解决了，复员费已基本用光。

大家都知道田敬堂是国民党的旧军官，在那个特殊年月，受委屈是常有的事，但他从不把起义证拿给政府和干部看，甘心忍受不公的政治待遇。夫人栗跃华终于忍不下去了，向河南省民政厅去了一封信，大致反映了田敬堂的情况。民政厅接信不久就回信，让栗跃华到民政厅去一趟，详细汇报一切。栗跃华去了，民政厅领导热情接待了她。她把田敬堂的起义证书交给了领导，领导当场表态说，像田敬堂这样高级起义军官，又当过我军的高级干部，按照党对起义人员的政策，他不应该受到这种待遇，这是地方上执行政策的问题，并告诉她很快就会改变。

栗跃华回来后不久，省民政厅来了一位科长，在县领导的陪同下去了田庄，向干部做了工作，从此，改变了对他的待遇。三年困难时期，田敬堂也和广大社员群众一样，过着艰苦的生活。那时候生产队的牲畜，也是饿得东倒西歪，换了几任饲养员都没改变这种状况，眼看着牲畜要饿坏，大家都愁得没办法。一生从没养过牲畜的田敬堂，自告奋勇当上了饲养员，在他精心饲养下，骨瘦如柴的牲畜竟慢慢肥壮起来，从此，昔日的将军成了地地道道的称职牛倌，一干就是七八年。

一天，他突然接到一封信，是从北京寄来的，拆开一看竟是老军长赵子立的亲笔信。读罢信方知老军长的后半生也十分坎坷，因某种原因被监禁，直到“文革”后才和杜聿明他们一起被特赦。信中邀请田敬堂前去相聚，共叙友情。在北京期间，他不仅和老军长赵子立畅谈了惜别之情，还意外地受到了时任中组部部长胡耀邦的接见。

田敬堂回项不久，即被安排到县图书馆工作。从此，他结束了20年的农民生活，在人生的道路上又转了个180度的大转弯。

1981年，田敬堂被选为政协项城县第一届委员会副主席，1983年加入“民革”。1986年在家乡去世，享年80岁。

田彦卿

田彦卿（1913—1996），笔名皓首，今沈丘县刘庄店镇人。周口近代著名画家。田擅长人物、山水，尤擅走兽、花鸟。对剪纸、木刻、刺绣等，造诣颇深，麦秸画、指画、纸编画、揉纸画和蜡果等，都有精到之处。1937年在开封相国寺，1945年在西安百乐饭店，举办个人画展，名噪豫、陕两省。

建国后，田彦卿为河南省美术家协会会员、河南省第五届人大代表、周口地区美术家协会名誉主席、淮阳县美术家协会主席、政协淮阳县第三届至第七届常委。

田耀堃

田耀堃（1874—1931），名泰，原名炳荣，字耀堃，号蕴庵，今项城市丁集镇田周营村人（与田镇南同宗而非近亲）。曾任河南督军署参谋长，同时兼任河南军校校长、矿务局局长和税务局局长。为人谦和恭顺，为官清正廉洁；重道义，尚节俭。

他父亲名叫天顺，是清末“昭武都尉”；母亲杜氏，封“恭人”（明清时期四品以上官员妻子的封号）。父亲弟兄 3 人，仅有他一个男丁。他自幼父母双亡，是叔父将他抚养成人。婶母倪氏，于 1916 年受大总统袁世凯旌表，赐“松筠励操”匾额 1 方，金质奖章 1 枚。田耀堃幼年聪明好学，读书必求其精，钻研必求其深，20 岁的时候补博士弟子员——被地方政府推荐到太学读书。家里虽然也有几十亩薄田，但也需要他设馆教书补贴家用。光绪年间，与其同乡好友蒋麟祥一起赴陈州府学应试，为同榜秀才。他看到清廷腐败无能，目睹国弱受欺之现状，深感文章不能救国，便投笔从戎，远离家乡去河北省报考保定陆军武备学堂（即保定学堂）。在学堂里，他学习了一系列军事知识，成绩优秀。毕业后，便寄身于戎马，充任北洋军第一镇及禁卫军排长、队官等职。

1913 年，田耀堃随赵倜（倜，字周人，民初任河北镇总兵。“二次革命”时，率所部进入河南，1913 年因功授河南护军使，此后长期任河南督军兼省长）奉调回河南，任督军署参谋长。

由于田耀堃智慧过人，办事干练，尤其是几次代督军赵倜渡过生死险关，屡建奇勋，很得赵倜重用。在督军署工作 10 年，历任督署参谋、军务科副科长、豫北镇署参谋长等职，因战功而授步兵上校，五等文虎章。他任督军署参谋长时，还兼任河南省官检局（即税务局）、矿业工程处总办。他理财有道，认为河南矿业必须开发才能大有益于国计民生。作为军务科副科长，又兼河南讲武堂总裁，亲自为学员授课，大力培养军事人才。供职河南的 10 年，是他事业上最辉煌的 10 年。蒋麟祥在为他撰写的墓表中，说他“事上以忠，交友以信，为长官所器重，朋侪中皆视为畏友”。

田耀堃在官运亨通、大权在握之际，从不以权谋私。用人上唯贤则用，从不任人唯亲。家族中有一兄弟，品行不端，人送外号大赖。大赖去找田耀堃求职，田耀堃知其所为，断然拒绝。大赖便在督军署门外的大街上，铺一芦席，又找一娼妓，在席上滚来滚去，吆喝田耀堃“六亲不认”。门卫碍于参谋长的情面亦不敢驱赶。田耀堃无奈，虚任大赖为豫东各县监察。大赖上任月余，便向下属各县敲诈勒索。督军署接报后，田耀堃立即将大赖革职查办。

田耀堃严于律己，从不索取。就以他的职务而言，督军署参谋长，官检局和矿业工程处总办，这三个职务都是人们所向往的美差。官检局总管省内各口卡物货税收，是积富之署，是官场人钻营而不可得的。然而田耀堃除应得俸禄月薪外，其他则分毫不取，无愧于“廉吏”二字。家中绝无奢侈之物，唯书香满堂而已。他说这是“净室为净心”。在项城的住宅，只是因他昔年的官威人望，被人尊称为田公馆。其实这田公馆就在水寨一条不起眼的人和街上（在人和街南头路东），实际上是避风雨的普通住房院落，只有一道隔墙加间可摆两三把小竹椅遮阴的二门，成了所谓的“两接院”。与当时的高公馆、袁公馆等，简直不可同日而语。他为官多年，积劳成疾，身体日衰，加之厌倦军阀混乱生涯，逐渐淡泊于名利，便不顾赵倜的挽留，毅然解甲归田，迁居漯河，颍滨布衣，粗茶淡饭。天命之年，又潜心佛学，以求养生之道。常诵经打坐至深夜，领悟禅机。

田家门衰祚薄，田耀堃是唯一“承重”之人。所以族人按“一门三祧”习俗，各门都给他明媒正娶一妾。可是直到田耀堃55岁（1929年）时，夫人王氏才为他生下一子，取名景留。田耀堃喜出望外，到处给朋友写信，夸初生儿子“两耳大，眼有神，可望成丁”。

1931年4月13日，田耀堃因患支气管炎后恶化为肺结核，医治无效，谢世，终年57岁。归葬于南顿镇张寨。

田耀堃逝世后，全部理家教子、应酬世事等，都落在遗孀王氏夫人肩上，艰难岁月，她扶孤成人。抗日战争开始后，带着举家老小从漯河搬回在水寨的田公馆居住。

田景留在母亲和姐姐们的精心呵护下，虽然家境困难，仍受到了良好的教育。建国后参加工作，曾在黑龙江国家机械工业部直属特大型企业——中国第一重型机械集团公司任劳动人事处处长、教育中心主任，是中共党员，高级经济师。

田镇南

田镇南（1888—1974），字柱峰，号位午，今项城市王明口镇田老家村人，田作霖长子。曾参加徐州会战及武汉会战等重大抗日战役，是民国时期项城军阶最高的抗日将军。

他从小就被父亲送到天津读书，在经史名师和英文老师教育下度过6年基础教育时期。后来就读于国立陆军武备学堂，继而升入国立陆军师范学堂，国立陆军速成学堂。1921年毕业后，在国立陆军中学任教2年，后又入陆军大学深造。

陆军大学毕业后，田镇南投身北洋陆军，历任排、连、营、团、旅长等职。1921年任湖北督军署谘议。3年后，任国民联军第2军旅长。该旅训练精勤、纪律严明，人称“劲旅”。时值北京政府更迭，内战频仍，“直皖”之战方停，“直奉”之战又起，兵连祸绕，民不聊生。1927年春，国民革命军渡江北伐，孙连仲率10余万大军东出潼关，策应于豫、鄂、苏、皖之间。田镇南应其邀请参赞军务，先后担任陆军检阅使公署参军、西北军第59军副军长，河南省民团第4军军长、第2集团军第2方面军总参赞。1929年任青海省政府委员兼交通处处长，兼任甘肃造币厂监督。他到西北时，西北边陲许多豪强买马购械，拥兵称雄，势如割据。他以大义说服其巨魁马麟、马廷骧等，服从政府，宣誓与国军合作。由于他的悉力规划，西北交通由梗阻而渐进发展，经济由枯萎而渐富裕，为西北地区的安定、发展作出了一定贡献。1930 年任第 5 路军总参赞，1931 年任中央军事委员会参议兼第 26 路军总参议，1936 年连续升任少将和中将。

1937 年，抗日战争爆发后，田镇南任国民革命军第 30 军军长兼豫南游击司令。30 军于 1937 年 7 月 11 日开赴保定、涿州、琉璃河一带驻防，与北平宋哲元之 29 军相策应，与日军苦战百余日。后接前敌总指挥孙连仲令，沿正（正定）太（太原）路向晋省进军，扼守娘子关御敌。田镇南率 30 军抵达娘子关，作周密部署，以 27 师 81 团为主力固守娘子关。他从谍报机关得知，日军李登联队正紧紧尾随他的部队向娘子关追进。李登联队是日本天皇的卫队，因侵华战争吃紧才被调到中国。整个联队有 8000 多人，装备精良，训练有素，配有炮兵营和骑兵队。他认真分析了敌我态势后，决心在娘子关设伏，一口吃掉这股敌人。娘子关地势险要，南为关山，北为绵山，两边都是悬崖峭壁，东边紧连关沟，整个地形呈 60 多里长的大峡谷。他利用这种地理优势，有意引诱日军侵入峡谷内，然后迅速堵死关沟和西端出口，仅用 81 团 4000 多兵力，与敌展开激烈搏斗。战斗从 11 月 18 日下午打响，到 21 日上午结束，一举全歼李登联队包括联队长在内的 8000 多人，缴获的武器弹药，用火车转运至洛阳展览了 4 个月。而 81 团的 4000 多将士，也壮烈牺牲 3000 多人，仅剩五六百人。

1938 年，田镇南奉命固守台儿庄，正面迎击日本侵略军板垣和矶谷两师团一部。初次会战关系抗战前途。孙连仲和田镇南制订的方案是：力挫日军之凶焰，不惜任何代价，务达胜利目的。田镇南和孙连仲多次冒着枪林弹雨视察阵地，命令 27 师师长池峰城死守阵地。池峰城率众宣誓："台儿庄是吾人之光荣，亦是吾人之坟墓。"田镇南又命令部下，当场抬一口棺木，誓与台儿庄共存亡，士气为之大振，官兵同仇敌忾，决心与日军血战到底。

4 月 2 日，台儿庄内的阵地已失去三分之二，阵地一片火海，1600 多户民房化为灰烬。但是敌人每前进一步，也都付出了无数血躯。孙连仲向前线总指挥李宗仁请求撤退，未获批准。田镇南鉴于军情火急，时而热血沸腾，时而沉着镇定。他深知死守已成定局，遂采用"围魏救赵"之计，命令 30 师师长张金兆率部向北，对南洛、北洛一线之敌发起猛攻，钳制日军不能合围，打乱了日军的阵脚。日军仓促迎战，减轻了主阵地的压力。自台儿庄战役开始，田镇南便赤膊督战，奔波于弹片横飞的战场上。随从们担心军长的安全，他却挥手笑着说："吾若被子弹击中，是中头等奖也。"极大地振奋了军心，坚定了必胜信念。

4月7日，日军在我内外夹攻之下，伤亡惨重，被歼灭1万余人，中国人民终于迎来了轰动中外的“台儿庄大捷”。

有首诗这样描述台儿庄大战的壮烈景象：“忆昔血战台儿庄，将军守土气昂扬。一军抗日两师团，誓与阵地共存亡。上有敌机之肆虐，下有坦克大炮之凶狂。阵前敌尸横，刺刀闪血光。寨里起火海，房毁人亡硝烟茫。堪叹战壕成焦土，热血男儿多半悲国殇！危身哉，阵地拼杀寸寸缩，将军高唱易水歌，白楂棺木抬阵前，不破楼兰誓不还。感天撼地气如虹，将士临危争效命。围魏救亡敌阵乱，楚歌四面歼敌顽。大扬国威民族气，无愧乎青史留名春秋传。”

1938年5月下旬，田镇南受国民党中央军委的嘉奖，荣获“青天白日勋章”。台儿庄战役之后，田镇南率余部到河南信阳休整，其后又参加了武汉会战。

台儿庄大战及武汉会战后的1939年2月17日，田镇南升任第2集团军副总司令兼豫南挺进军总指挥。他又集结部队，参加了“随枣”战役，与日军作战大小数十次，歼敌无数，致使日军不敢离平汉铁路5里以外。

1940年8月10日，田镇南离开部队，出任河南省政府委员，赞襄政务，建设地方。1942年秋，田镇南慨然解囊，在家乡创办了谷河中学及田老家小学。1944年，田镇南奉命到陆军大学第2期甲级将官班进修。内战爆发后，他历任第2集团军副总司令、第四绥靖区副司令长官、开封城防司令（兼）、第8兵团副司令长官。淮海战役后，他随军去了台湾，任上将参军及台湾当局的“总统府”国策顾问和立法委员等职。1959年退役。

1974年12月2日，田镇南病逝于台湾空军总医院，20日葬于台北南港区河南同乡会墓园，终年86岁。蒋介石曾为其墓碑题词“傥论流徽”。生有3子4女：长子联甲（即伯英），次子三民，三子四民；长女莲英，次女莲珠，三女莲美，四女安陆。

田镇南的元配夫人没有去台湾（在台湾的夫人叫李秀真），而是终老故土。现已不知这位夫人的姓名，但家乡人至今每每谈到她的懿德仍赞颂不已。

田夫人出生在一个贫苦农民家里，15岁到田家当童养媳。后来田镇南当上了军长、总司令，她满可以跟着丈夫当官太太享清福，可她没有这样做，而是一直留在家里，操持家务。她见人先说话，和群众平来平往，没有丝毫官太太架子。对佃户、佣人从不苛刻。凡在她家当过差的人，无一不说老太太为人和善，宽以待人。

为了把田老家小学办好，她征得丈夫同意，从外地聘请时之仁（中共地下党员）任校长，后又陆续聘请了韩若雪、王文芳、宋雪枝、林若琴（以上都是中共地下党员）、于成烈等一批积极上进的青年任教师。学校在这一班人的共同努力下，发展很快，成为拥有十几个班级、中小学联办的大学校。学校在共产党人的带领下，注重进步思想教育，经常组织学生参加抗日宣传活动，从而激发广大学生的爱国热情。许多学生积极响应号召，把节省下来的钱捐献给国家，支援前线抗日。这个时期，学校搞得热火朝天。当时在广大学生中流传这样一个顺口溜："想捣蛋，上××，想求学，上谷河。"（谷河指田老家谷河中学）

田夫人对贫苦学生的学习十分关心，凡在田老家上学的学生，有了困难，只要找到她，她都竭力帮助。有个叫田国生的贫苦学生，上学交不起学费，老太太知道后，立即跟校长说："田国生的学费、书钱由我支付。"从此以后，田国生一直到中学毕业，一切学杂费都是田夫人供给的。

作为田镇南的结发夫人，当然有权势，但她从不仗势欺人，还对自己要求很严。有一次，有个叫田李氏的妇女在拾麦时偷了她家的庄稼，小孙子书源看见了，就用鞭子打田李氏。田夫人知道后非常生气，狠狠地教训了孙子一顿，然后拉着孙子一起到田李氏家赔礼道歉，并承担了自己管教不严的错误。

田夫人对己严，对别人则宽。村里有个叫田丰瑞的，其儿子名叫稀罕，生性好偷，屡教不改。后来偷到田家，一连3次，均被捉住。最后一次是在大年三十夜晚，这次是连驾辕骡子和"年货"一起偷。追回后，家里人都非常气愤，有的说打他一顿，教训教训他，有的说把他送到县里关起来，有的说干脆毙了他，以免今后再偷。田夫人却摇摇头说："算了吧，稀罕还很小，不懂事，不要难为他了，放他回家吧！"放走了稀罕，把田丰瑞请到家里，田夫人拿出40块钱交给田说："这40块钱你拿回家用吧，好好管教一下稀罕，以后不要让他再偷了。"

1942年久旱不雨，颗粒无收。次年春，灾情显现，贫苦农民十有八九断炊。真是白骨遍野，死尸成山。田夫人看在眼里，急在心里，决定开仓放粮，赈济灾民。每天发放一次（从上午8点到中午12点），每人发一碗杂粮。就这样一直坚持到收麦，共发放杂粮数百石，拯救了一大批灾民。广大群众对此十分感激。春荒过后，谈论此事时，都感慨地说："今年春天要不是田老夫人放赈，我们怎么能活到今天。"

20世纪70年代，这位老人在家乡去世。后事是生产队操办的。

田镇洲

田镇洲（1916—1989），字维五，田镇南同父异母三弟，今项城市王明口镇田老家村人。

田镇洲青年时期赴德国留学，毕业于德国康城工业大学机械工程系。时值国内抗日战争爆发，他毅然回国从戎，入国民党中央航空委员会，负责空军训练的典籍、档案整理工作。

抗战时期，田镇洲奉调到地方，任河南省第七区行政督察专员公署专员兼保安司令（当时专员公署设在淮阳县城东大街）。他在任时，严令下属各县组织训练保安团队，以维持地方治安。同时，他还关心教育，1946 年春，亲自去七区联师给学生讲解军事知识，增强学生的国防意识。1946 年秋，因国内时局的关系，他辞去专员之职。1948 年离开大陆去台湾。

在台湾，他初任花莲高级工业学校校长，1959 年调任建设厅副厅长，1963 年改任煤调会委员。在主任任上，颇有建树。1970 年矿务局成立，田镇洲出任第一任局长。

1970 年 9 月，他因健康原因引退，随同子女定居美国。1989 年 7 月病故于美国，终年 73 岁。

田作霖

田作霖（1867—?），一名启云，字澄瑞，今项城市王明口镇田老家村人。他幼承庭训，饱读诗书，学识渊博，名重乡里。早年从戎，毕业于北洋陆军大学第 1 期。清末曾任 13 营统领、副都统直至都统之职，授陆军中将衔。他在任职期间，竭力剿灭匪患，力保豫西南社会安定。曾受大总统冯国璋嘉奖，亦为当地群众所称道。

1913 年，原豫西都统调任江西，田作霖以副都统之职接任。当时，豫西南一带兵匪交扰，社会极不安定。前任巡防使收抚的兵马，都是乌合之众，专事抢掠；后又招募各处土匪，毫无训练。官兵一方面与匪私通，贩卖军火；一方面乘机勒索百姓。田作霖掌握真实情况后，便下决心对属下进行整顿，发现有劣迹行为的官兵，严惩不贷。有些官兵便贿赂当地的教士（基督教的牧师）、教民，找田作霖为他们说情。田作霖对前来说情者概不理睬，并告诫他们："你们教士主要是传教，无干涉军事、民政之权。"这些教士、教民为此怀恨在心，他们便串通南阳所属各教堂，联名致电时任河南督军的张镇芳，称田作霖剿匪不力，并捏造种种劣迹予以诬告。

作为同乡人，张镇芳深知田作霖的为人，所以对教士们的诬告置之不理。前清时，各处教士、教民往往护匪通匪，贩运枪弹，官方一经查获，教士、教民即出面干涉，文武官吏无法惩处。田作霖看到山内杆匪林立，夜晚火光如市，决心痛除匪患；但又考虑到民国初建，国基未固，恐惹国际责难。经过深思熟虑，他禀报上峰，令各地教士、教民，暂离豫西南，避开乱地，俟 5 个月后，匪徒肃清、地方安定，再回豫地。上峰同意，并即令实行。可是，此一举措，各地教士、教民怀恨尤甚。他们控告田作霖驱赶教民等十大罪状，并由英国路透社直电总统冯国璋，冯国璋电饬张镇芳查办田作霖。

张镇芳知道田作霖的作为对地方有益，便以全家性命相保田作霖。无奈，外国人在京城里天天催逼，上峰只好对田作霖给予撤任褫职，但是仍让其统领各处巡防追剿土匪。田作霖此时痛下决心剿灭匪患，加之指挥得力，几个月后，匪患平息，境内安定。上峰立即对田作霖撤销处分，并连次擢升至军门统领，授衔为陆军中将。

1917 年，大总统冯国璋为田作霖之父田炳勋授“荣典匾”一块，匾上写：民国六年，大总统冯国璋为陆军中将田作霖之父炳勋，特颁文曰：矜式闾里，印文以荣典之玺。

田作霖在南阳任军门期间，不仅不遗余力剿匪安民，亦亲理民政，卓有政绩。他常说：“为民劳则思，思则善心生。”在南阳他开办习艺所，使无业之民能有一技之长。他说：“多一习艺之人，市中则少一犯法之人。”他办军事以尚武力，兴女学以广妇女之功。南阳 13 属为他立德政碑。其中一碑文曰：“军门携以来宛，事无大小，悉以咨之，公倾心赞助，不遗余力。尝病民轻于犯法必教之……”在豫西南一带（南阳、南召、荆关、方城、襄县、桐柏、舞阳）为他立德政碑者，比比皆见，有的县一二处，有的县三四处。碑文详多，不及备述。

田作霖有 3 个儿子，在国民党军界、政界和科技界均有建树。长子镇南乃抗日名将，曾任国民党中将军长；次子镇瀛，曾任国民党中央设计局局长；三子镇洲，曾任国民党河南省第七行政督察署专员。

童玉振

童玉振（1896—1980），字佩声，今沈丘县莲池乡童庄村人。出生于农民家庭。一家 9 口，耕地 17 亩。7 岁就读私塾，后转入县立学堂，1914 年毕业。时，家产土地增至 60 余亩。

1915 年，日本继上年龙口登陆和侵占青岛以后，急欲灭亡中国，无理提出“二十一条”。袁世凯接受丧权辱国条约，激起全国义愤。玉振志在报国，坚信“欲抗强救国，除持枪对敌，别无他途”。乃毅然赴漯河应募从军，考入冯玉祥部陆军第 16 混成旅，开拔赴四川。同年冬，随军北上讨伐袁世凯，由此开始其戎马生涯。

童玉振在冯部历 3 年士兵生活，1918 年起逐级提升，历任排长、连长、营长，1924 年 11 月升任西北边防公署卫队旅 3 团团长。时，他驻防张家口，接触赴外蒙经商者，获悉苏联在十月革命后建设发展情况，颇觉新鲜。同时，冯玉祥聘请苏联顾问研讨军事，玉振常与顾问接触，初步领略无产阶级革命真理。1926 年，任西北军 4 师 11 旅旅长，9 月 17 日五原誓师后参加北伐。西北军改为中国国民军联军，共产党员刘伯坚任政治部长。玉振进而接受革命熏陶，加之数次聆听邓演达演讲，更知帝国主义、贪官污吏及土豪劣绅之可恨，革命热情更为高涨。1927年任第23师师长，继续参加北伐。四一二反革命政变后，玉振对蒋介石无比愤慨，愈加认识到共产主义能救国救民，一心赴苏学习，多次恳求出国考察，终获冯氏批准。惜出国护照难获，在沪等候80余日，竟成泡影。后蒋（介石）冯（玉祥）合作，玉振因反蒋心切不愿归队，毅然辞去师长职务。1929年，蒋冯决裂，冯发起讨蒋之战，玉振再次领兵伐蒋，任冯部第9师师长。1930年5月参加中原大战，任独立军副军长兼第4师师长，讨蒋失败后进陆军大学学习。

1933年5月，冯玉祥在张家口成立抗日同盟军，玉振担任同盟军总部高级参谋。同年8月，冯下野，玉振随之住闲泰山。次年，应山东省主席韩复榘之约，任军事教育团团长。1938年到汉口追随冯玉祥，任军委军风纪巡察团委员，直到1945年底被编余退役返籍。玉振忠诚追随冯玉祥，驰骋南北近30载，与冯同兴衰，共进退。因受蒋排斥，故反蒋志坚，倾向革命。

1935年，玉振在济南军事教育团团长任内，曾掩护由江西返豫之中共工作人员薛某。在军风纪巡察委员任内，曾以枪支援助中共魏凤楼部。退役后，多次向魏凤楼提供地方情报。1946年将在陆军大学珍藏的军用地图赠魏，被地方团队查出，国民党河南省政府主席刘茂恩为此将其逐出开封。

建国后，党和政府对玉振诸多关怀、重用。1950年邀为河南省各界人民代表，授省人民政府参事室参事。1953年任开封市政协副主席。1954年后，历任省一、二、三届人大代表，省政协历届委员、常委、副秘书长，河南省红十字会副会长。1955年起任省民政厅副厅长。

1980年12月，玉振因病逝世，享年84岁。

万玉山

万玉山（1923—1974），艺名万福云，原籍商丘市商丘县占坡集，因与扶沟籍女艺人刘菊琴结婚，遂落籍于扶沟。

万福云自幼跟义姐施凤英学艺，后在开封投师刘朝富、李万春，主攻文武小生。他聪明伶俐，学艺刻苦，10岁就登台演出。他技艺精湛，扮相俊美，唱腔圆润，吐字清晰，戏路宽展，文武小生、花脸、花旦、青衣、老旦、文武老生，行当兼长。主演有《前后楚国》、《火烧纪信》、《黄鹤楼》、《长坂坡》、《胡青打爹》、《刀劈杨藩》等上百出戏。主要活动于开封、商丘、徐州、济南、郑州、西安、兰州、天水、潼关等地。

汪明德

汪明德（1919—2007），今江西省鹰潭市夏埠乡江上村人。7岁上学，15岁

考入湖南省立二中初中部，3 年后因成绩优秀免试进入高中部。1937 年 9 月考入武汉空军学校，在武昌左旗营房编入 14 期第 2 总队步兵 1 大队 1 中队。1939 年以步兵科总分第 1 名、总队总分第 2 名的优异成绩，在毕业典礼大会上获得校长蒋中正亲授佩剑的殊荣。军校毕业后，留校带新兵，后调入空军西安 7 分校，继入国民政府军兰州部队第 42 军。先后在军部任军事教导队少尉区队长、军参谋处上尉参谋、少校参谋科长、辎重兵团营长、骑兵团副团长兼骆驼兵营营长、军司令部科长、军特务营营长、新疆警备总司令部喀什区边卡大队中校大队长。1949 年起义时在稳定部队官兵情绪、维护防区安宁等方面做了大量工作，受到中国人民解放军新疆警备总司令部嘉奖。

部队整编后，到南疆军区政治部联络部学习，不久抽到部生产委员会做水利工作。1952 年底学习改造任务结束，荣立三等功。军区政治部颁发“立功证”。时逢中国人民解放军军事学院赴新疆在起义人员中考选教员，汪明德被选用。1953 年初，到南京军事学院师资训练班学习，结业后分配到空军系“合同战术教授会”任教员。1955 年底转业到商丘，经短期学习后分到淮阳，先后任淮阳县采购局储运股长、服务局饮食管理股长、第二科科员、商业局科员。1959 年调食品经理部任业务股长，1960 年初调食品公司任业务股长，1980 年调入淮阳县商业局职工学校，负责教务。其间，他多次被评为县、地先进教师、先进教育工作者。

1980 年后，汪明德先后任政协淮阳县委员会第四届至第八届委员、常务委员。离休后，享受地专级待遇。2007 年 1 月 20 日去世，享年 88 岁。

王　杰

王杰（1885—1942），字从周，西华县城内人。早年倾向革命。清光绪三十二年（1906 年）与周口的李锦公（同盟会员）、新蔡的刘积学在豫东从事革命活动。1907 年负笈东洋，入日本法政大学，在东京加入同盟会。宣统二年（1910 年）底，受同盟会总部派遣回国。旋与刘积学、王庚先等秘密组织同盟会河南分部。

宣统三年（1911 年）夏，同盟会会员张钟端奉总部之命，从日本归国，计划在河南起义。武昌首义后，同盟会河南分部的王杰、刘积学、王庚先等与之密切联系，加紧谋划，积极发动省内各县志士，及吴太山在周口创立的“仁义会”等组织，公推张钟端为“江南革命军总司令”，定于 12 月 12 日夜 3 时举事。以放火鸣炮为号，分区出动，里应外合，攻取省城开封。这时开封巡防营统领柴德贵指使潜伏在革命组织内部的张光顺等暗行告密，张钟端、王庚先等数十名起义骨干被捕，王杰幸免。

1912 年 1 月 1 日，中华民国成立，王杰任河南省议会议长，不久被选为国会众议员。5 月 22 日，同盟会河南支部函邀各团体发起筹办“国民捐”组织，召开“国民捐”大会，与会 3000 余人。王杰在会上慷慨陈词，抗议袁世凯政府拟向六国（英、美、德、法、日、俄）借款；反对帝国主义列强借此干涉、控制中国财政。

6 月 30 日，王杰返回西华，组织成立同盟会西华分部。

1915 年，袁世凯称帝后，王杰寄居开封赋闲，不再过问政治。

1931 年，黄河在开封东贯台向北决口，水淹新乡一带，灾民嗷嗷待哺。王杰不忍坐视，利用人事关系，在开封奔走呼吁，发起募捐，成立河南灾童教养院。收容灾童，供给衣、食、住，并设立小学部，使灾童受到教育。

王杰对西华公益、慈善事业皆大力支持。1933 年参与以工代赈疏浚西华境内的颍河工程。1937 年担任《西华县续志》纂修时，在日机肆扰滥炸下，仍撰述不辍。1942 年，王杰在鲁山逝世，终年 57 岁。

王 溥

王溥（1909—1962），字博泉，鹿邑县人。毕业于北京大学政治系。曾任监务稽核总所督察员。抗日战争爆发后，在豫东被推为聊庄自卫团总团长，旋调任河南、陕西、安徽等省新闻检查处处长，并任郑州大华日报社社长。1948 年任行宪国民大会代表。1962 年逝世，时年 53 岁。著有《地方自治与国民经济》、《土地政策应以耕者有其田为理想标准》。

王 兴

王兴（1900—?），今商水县大武乡苦子王村人。曾为漯河豫剧团头牌演员。

王兴出身贫寒，为糊口，10 多岁时随邻村堤子王村同名师傅王兴学唱戏。王兴记性好，悟性高，戏词经师傅口授后就能烂熟于心。15 岁登台，十八九岁时即小有名气，被舒庄乡王千庄一财主聘为戏主，开始领班演戏。主要剧目有：《桃花庵》、《寒窑》、《三上轿》、《白莲花临凡》。其主要角色为花旦。他唱腔甜润，扮相秀美，演技细腻，一招一式，真切生动，一颦一笑，形象逼真。20 多岁时，成为漯河豫剧团的台柱子，仅出场费就高达 50 块大洋，甚至 150 块大洋。

王兴演技精湛，艺压同行。一天晚上乡下演戏，王兴在去戏台的路上听到一个老婆婆说：“深一脚，浅一脚，不知王兴出角不出角。”王兴深为感动，随口说道："深一脚，浅一脚，只要想看王兴的戏，应不出角也出角。"

王　彦

王彦（1864—1936），今扶沟县城郊乡大王庄人。自幼酷爱曲艺艺术，十七八岁时就能单独行艺。早期演唱莺歌柳书，后改为坠子书。他功底坚实，无论是唱腔还是道白都堪称上乘，有"坠子王"之誉。演出时，声情并茂，吐字清晰，情意真挚。主要演出曲目有《金镯玉环记》、《三洪传》、《蝴蝶记》等10多个曲目。演出遍及许昌、鄢陵、长葛、通许、扶沟等地。对扶沟曲艺事业的发展有一定贡献。

王丙申

王丙申（1871—1937），即王秉森，今商水城关乡马庄人。早年丧父，母子俩住在一间低矮的草屋里，靠乞讨生活。16岁那年，他离家投冯玉祥部当兵。初为伙房杂役，干得十分勤快，被破格提为上等兵。后屡立战功，累升班长、排长、连长、营长、旅长。1931年，在对阎锡山作战中负伤，愈后晋升为师长，进驻郑州，兼城防要职。这年秋，他返乡祭祀已故母亲。祭典时，他把一个讨饭时用过的条篮子挂在灵堂上，众人都不解其意。他将条篮抱在怀中，流着眼泪对大家说："乡亲们，是老娘依仗这个条篮子常年讨饭，把我养大成人，看见它就像见到我娘。我虽为一师之长，但永远不会忘掉那段苦日子，忘记我娘！"说着便号啕大哭起来。这时，宾客们方知其灵堂挂条篮的意思。

退役后，王丙申带着妻子儿女返回老家马庄，安度晚年，直至寿终。

王步洲

王步洲（1901—1976），字瀛波，清末鹿邑县东南乡白马驿东王庄（今属郸城县白马镇）人。初就读于鹿邑县学堂，继考入开封高中，后升入河南大学，成为今郸城县境内第一名大学毕业生，获文学学士学位，并留校任讲师。

日军进犯中原，他洁身返乡，先后在亳县中学、临（泉）沈（丘）太（和）联中、沈丘师范、国立二十一中和徐州中学（时迁入太和县）任教。日本投降后至1948年执教于沈丘县盆尧中学、徐州连云港中学和商丘师范。建国后，在淮阳中学任语文教师。

步洲爱憎分明，主持正义，从不趋炎附势。大汉奸张岚峰多次以老同学关系利诱与胁迫其去日伪统治区任教，屡遭拒绝。对国民党统治者的腐朽作风深恶痛绝，常说："国府不亡，是无天理。"他不愿与当权的军政人员交往，而对抗日爱国志士和青年学生寄予热切期望。联中几位学生因学潮被国民党军警逮捕，他出面据理力争，迫使当局无条件释放。国立二十一中校长采用法西斯手段压制学生爱国行动，他毅然拒绝续聘，拂袖离校，并题“振衣千仞岗，濯足万里流”句赠学生。学生陶霞章因参与罢课被当局开除，李宁文、尤玉芬、李文钺因家乡沦陷，经济拮据，无家可归，步洲均收为门生，关怀备至，言传身教，促其成才。他对中共党员和干部十分敬慕，虽在白色恐怖时期，仍广为结交，如魏凤楼、张爱萍、黄林、左琴、许遇之、王荆耀等常为其座上客，并在工作或经济上不断给予扶助。

步洲生活俭朴，常布衣敝履，粗茶淡饭，薪俸大部分用来购置图书，唯以精心研究学问、兴教育人为乐。他珍藏书籍近万册，读过的二十四史和《资治通鉴》均有标点、批注，研究《说文解字》更是不遗余力。曾与邵嗣公合作研究甲骨文，并撰写论文刊登于河南大学校刊。1944 年在《淮风月刊》上发表《国家兴旺，匹夫有责》论文，倡导对青年进行爱国自强教育，灌输教育救国思想。他还写了不少爱国诗篇，如抗日时期写的“谁将硕鼠驱逐去，应有伊人盼我还”，以及日军投降后写的“多凭将士回天手，收拾东瀛息怒涛”等，曾在学生中广泛传颂。

步洲笃信“以德服人，心悦诚服”，常说：“缺德少才者，何以为人师！”自己更是身体力行，处处做学生表率。他在教育中做到“谆谆善诱”、“动之以情，晓之以理”，讲课时“举一反三，不厌其烦”，不仅使学生知其然，而且知其所以然。1940 年前后，在槐店、水寨、太和、界首、临泉的豫皖边境教育界，人们曾将国文教师王步洲、英语教师丁右民、数学教师季绳武共称为“教师三绝”。1976 年，步洲因病去世，享年 75 岁。

王从周

王从周（1884—1943），原名述，西华县人。早岁曾入河南法政学校。后东渡日本，入帝国大学。加入兴中会。回国后，任职同盟会豫支部。河南光复后，被选为河南临时省议会会长。1943 年 5 月 23 日病逝。时年 59 岁。

王德茂

王德茂（1893—1967），今郸城县汲水乡汲水集大隅首西首人。父超脆，幼年读私塾，因家境贫寒，未成年就去烈山打工。其时，他遇见一位姓吴的老中医，就拜吴为师学起医来。学成后，回家乡挂牌行医。

王德茂幼读私塾，稍长即随父超脆学医。父逝，自撑王家药铺。他继承乃父的经营原则：人无分穷富、贵贱，凡上门求医者，皆认真诊治。病人一时无钱可赊欠，待夏秋之后，以粮抵账。对实在困难的病人，施医舍药，不求回报。

因此，他在当地名声较好。

1938 年，彭雪枫率领新四军东进游击队挺进豫东地区，因对日伪作战频繁，一时伤员大增，使设在汲水的新四军后方医院人手顿缺。请王德茂帮忙，王欣然前往，无偿在医院服务 7 个月之久。后，鹿邑沦陷，医院需转移，王德茂就帮助分散隐藏药品；院长、医生离开时，王德茂又掩护他们在自己家中换上便衣，使他们顺利脱险。战争年代，王德茂深明大义，为革命作出了很大贡献。

王德茂有四个儿子。长子法恒建国后在汲水卫生院当医生。二子法俊（即王明英）曾任新疆煤炭厅厅长。四子法魁现任武汉财经大学教授。三子法际不走正道，被枪毙。

建国后，王德茂被举任为郸城县第一、二届人民代表，并任县人民委员会委员。

1967 年，王德茂病逝，享年 75 岁。

王殿选

王殿选（1909—?），今商水县姚集乡鹭鸶村人。幼年读书，14 岁投商水城内文明饭馆的名厨袁文学为师，学习烹饪。5 年技成，在醉仙楼菜馆当厨师。

1931 年，国民党骑兵三师少校副官王具中到姚集一带招兵，殿选应招，分配到师部给师长张占魁做饭。因他做的饭菜味美可口，为张赏识，给予班长衔待遇。他曾为张做过翅席、参席等九级席面，招待国民党政府要员，赴宴者无不称赞其精湛手艺。1933 年，张占魁为父立碑，命他掌厨宴请宾客。他带领 60 余名厨工，为时 4 天，每天 50 桌，顿顿花样翻新，为众人称道。

王殿选做的“南熘鱼”、“炖汁鱼”、“烧猴头”、“螺蛳肉”、“冰糖肘子”、“烧蹄筋”、“玻璃藕”、“烧瓢菜”、“拔丝玫瑰卷”、“卧鸡下蛋”等名菜和“口蘑银耳汤”、“腰花三鲜汤”、“蜜汁莲子汤”等，色、形、味俱佳。特别是“卧鸡下蛋”别具一格：只要用筷子一触鸡的某一部分，鸡就会立刻生出一个“蛋”（肉丸）来。

建国后，他回归故里。在为农家婚丧嫁娶掌厨办席中，带出了 18 名烹调新秀。

王法洲

王法洲（1918—2002），今开封市杞县宗店乡程庄村人。幼年读私塾，升入初中后，因家庭贫困辍学。1938 年 6 月参加吴芝圃领导的豫东游击第 3 支队，部队整编后留地方工作。1939 年 2 月加入中国共产党。担任新四军睢（县）杞（县）太（康）独立大队第一中队指导员。为扩大抗日武装，他说服宋秀启，带领50多人的游击队接受共产党改编，成立新四军太康独立中队，王法洲任指导员。在中共党组织的教育下，这支队伍成长很快，两个月后编入睢杞太独立团3连，成为独立团的主力。1940年任睢杞太独立团政治处民运干事兼通信联络站站长。1940年底，王法洲在太康县建立联防队。当时，太康县的抗日斗争正处在最艰苦阶段，王法洲带领联防队，采取化整为零、分散隐蔽、夜聚明散等游击形式同日伪周旋，打击土匪汉奸的活动，保护群众利益，保护干部及军人家属的安全。1941年6月，王法洲任太康县大队大队长。其间，他带领县大队端掉了杨庙伪区公所，打掉了葛岗村“红学会”，镇压了睢杞太三县交界处几个罪大恶极的日伪暗探和汉奸保长。经过几个月的奋战，太康县大队发展到300多人。几个月后，县大队升级编入水东独立团，王法洲调水东专署任武装科科长。

1941年底，水东地委决定开辟杞（县）北地区，打通水东与冀鲁豫的联系，命王法洲带一部分武装成立杞（县）北独立第2大队，王法洲任大队长兼政委。不久，2大队改为杞（县）北独立营，王改任教导员。1943年，眭法洲从冀獬豫分局党校学习结束，地界栉命他瞠飓康县委民噪部长、抗联主任。后又阮扶（沟）太（康）西（华）县抗联主任。在职期间，他经常深入群众，宣传党的政策，砼结各界杷昕，共同抗日；组织群众成立抗枵救国会、妇女会、泷兵和儿滮团，动员玎潢参军，瞠部队筹峋筹款，支援抗枵部队。1947潢，王法洲任中共太康镓畀副书肩。他带领武装喉土镐工作队员到龙曲区、马头区搞砹镐暝点，取点经验，璜镓礤广。通过土改，促进了政权建设，太康（县）的区政府由5个发展到11个，同时还建立了区委、区队武装。太康县1947年的土地改革经验曾刊登在《雪极通讯》上。1948年后，王法洲历任中共临颍县委副书记，中共开封市五区区委书记，中共通许县委副书记。他参加领导了几个县的剿匪、反霸、减租斗争，为取得民主革命斗争的胜利作出了应有的贡献。

建国后，王法洲历任河南省委工业部办公室副主任，河南省交通运输指挥部副指挥长，河南省交通厅政治部主任、副厅长，河南省委驻郑州大学工作组组长等职。1983年离休。

王傅曾

王傅曾（1907—?），字述鲁，西华县人。1925年淮阳中学毕业后，考入武昌大学文预科（1926年该校改为武昌中山大学），1932年毕业，留校任经济系助教。1934年考取河南公费留学，入英国伦敦政治经济学院研究生部，专攻财政金融学。1937年回国后，历任湖南大学、河南大学、上海法学院、上海复旦大学、上海立信会计专科学校、上海财经学院、上海社会科学院等校教授。著有《现代货币原理》、《现代银行原理》、《资本主义财政》等。

王刚元

王刚元（1917—1945），今太康县转楼乡前楼村人。幼年家庭贫寒，以讨饭为生。15 岁开始跟随父亲给地主家种地。1937 年上级派杜力生到太康县恢复党的组织，领导抗日斗争，就住在离前楼不远的油坊庄。通过访贫问苦，在长工中结识了王刚元。在杜力生的开导、教育、帮助下，王刚元对共产党有了深刻的认识。同年 10 月，加入中国共产党。

按照党组织的指示，王刚元入党后的第一个任务，就是发展党员。他积极在长工中活动，宣传共产党的宗旨，动员穷人团结起来，同地主、恶霸作斗争。几个月中，他和杜力生先后吸收王舒然、王俭元、王秩然入党。党组织发展到周庄、王坟、杨建、东门、大营子等村。1938 年春，经县工委的批准，成立中共半坡楼支部，王刚元任支部书记。

1938 年 6 月，太康沦陷。王刚元协助杜力生以半坡楼为中心，成立了抗日游击队，有队员 20 余人（枪）。7 月，游击队在杜力生带领下，参加了吴芝圃领导的豫东抗日游击 3 支队，年底编入新四军游击支队。1939 年，王刚元和王舒然等人成立了半坡楼抗敌自卫分团。他们大力动员群众参加抗日，不到半年时间，自卫分团发展到 100 多人（枪）。6 月份，总团整编时，半坡楼分团有 70 余人编入总团。1940 年，以半坡楼分团为骨干成立太康县大队，几个月后，县大队编入新四军睢杞太独立团。

1940 年后，日、伪军在太康北部较大集镇安设据点，寻找中共主力作战。地委和县委命王刚元为党的交通员，任务是为党、政、军机关收集、传送情报。王刚元接受任务后，以农民打扮，粪箩头、要饭棍不离手，经常深入到杨庙、王湾、马头、转楼等日伪军据点，收集敌情，出色地完成了党交给的任务。

1945 年 5 月，王湾据点驻着伪军一个营，水东军分区决定消灭之，派王刚元前去侦察敌情。一天早晨，王刚元随着赶集的群众进入王湾，返回时被敌人抓捕。在审讯时被当地伪兵认出，说他是共产党。敌人开始对他诱供、诱降，要他交代谁是共产党，谁是新四军家属，地委、县委领导住在什么地方，说出有重赏。他面对敌人，毫不畏惧，冷静观察，说：“你们说我是共产党，我就是共产党。”“就知道我是共产党员，其他啥我都不知道。”到中午时分，敌人把他吊在梁上，用棍棒打，用鞭子抽。他坚强不屈，咬紧牙关，死不开口。敌人把他放下来，用辣椒水灌，拳打脚踢，却没有一点收获。晚上，伪营长赤膊上阵，20 多个刽子手张牙舞爪，对王刚元轮番毒打，让他坐“老虎凳”，用竹签子扎他的手指。面对凶残的敌人，王刚元愤怒地说：“你们是中国人，不打日本鬼子，打共产党，替日本人卖命，当汉奸！你们给子孙后代留骂名，对得起祖宗吗！你们的日子不长了！”敌人挨了骂，更加疯狂，将王刚元打昏过去，再用冷水泼过来，连续几次，直到折磨致死。

王刚元死后，敌人用绳子套着他的脖子，把尸首拉到王湾西北角，扔到寨沟水中。中共庆华（太康）县委为他召开了追悼会，号召全体党员干部向他学习。

王拱璧

王拱璧（1886—1976），名璋，字拱璧，以字行，西华县青年村（今属郾城县）人。拱璧幼时聪慧，17 岁（清光绪二十九年，即 1903 年）考中秀才，后又以第一名考入陈州中学堂。光绪三十年（1904 年）考入河南大学堂。光绪三十二年（1906 年）起到上海中国公学、中国体育专科学校深造。由革命党人万仞千介绍，加入同盟会。

宣统二年（1910 年），王拱璧从上海回到河南，在开封、郑州、洛阳、南阳等地从事革命活动，策动武装起义。1917 年赴日本早稻田大学攻读教育和社会科学。任中国留日学生会干事，河南省留日学会会长。在反对皖系政府签订《中日共同反帝协定》的斗争中，他率领留日学生在东京街头游行示威，与日警展开械斗。

1919 年受留日学生会派遣回国参加五四运动，此间为揭露日本侵华阴谋将留日观感写成《东游挥汗录》（两集）及《河南人的头等大事》等，对于唤醒民众爱国热情起了一定作用。

1920 年留日回国。遂以农村为阵地，以教育为中心，搞村治，办教育，改本村崇实小学为青年公学，实行政教合一。1925 年，青年公学被土匪焚毁，拱璧忍痛携眷迁至开封，任河南大学教授。因思想左倾，1935 年与嵇文甫、王毅斋等 8 名进步教授被学校当局解聘。

1937 年，抗日战争爆发，他积极参加抗战，到开封、淮阳等地讲演，揭露日本军国主义者的侵略本质，鼓舞人民抗战必胜的信心。

1938 年，河南部分地区沦陷，拱璧赴四川和著名历史学家顾颉刚等组织“边疆建设协会”，冀图开发边疆，巩固后方。曾撰有《川康资源初探》及《川康经济建设刍议》。后被军阀所阻，未能实现。又写《看重庆、望中原》一文，登载于《大公报》上。1942 年返乡，改青年公学为青年中学，以培养人才，支援抗战为业。

建国后，王拱璧先后被选为河南人大代表、省政协委员、民盟河南省委委员。1951 年，任河南省图书馆副馆长，著有《版本常识》、《版本学》。1976 年病故，享年 90 岁。

王广建

王广建（1898—1933），今沈丘县冯营乡王楼村人。世代务农，弟兄三人，广建最小。靠父兄劳动所得自幼入学就读。以舅父清末秀才高岫生为师，攻读四书五经十余载，学业优良。其舅父赞赏广建多才，常说：若还兴科举，外甥定可高中。1916年广建结婚后，受当时反封建民主思潮影响，不安于再读五经，进县城入学堂就读，逐步产生献身报国之志。1919年毅然投笔从戎，考入保定军官学校。毕业后在冯玉祥部任连长，驻防南苑，深受冯玉祥爱国爱民、除暴安良思想的熏陶。在参加直奉战争、北京政变等诸多战斗中，英勇善战，1923年升任营长，1925年在甘肃临洮晋升团长，1927年5月进军河南，配合武汉政府北伐。1930年蒋、冯、阎中原大战，冯军失败，广建所在部队被蒋介石收编为第26路军。广建任该军25师73旅上校旅长兼团长。

1931年九一八事变后，蒋介石推行“攘外必先安内”的反动政策，将第26路军调往江西宁都围剿红军。时，红军反围剿不断取得胜利，原有中共工作基础的第26路军在全国抗日反蒋浪潮日益高涨的形势推动下，反对进攻红军。总参谋长赵博生（共产党员）和旅长季振同、董振堂等人，于是年12月14日领导举行宁都起义。王广建积极参加了这次起义，并担任起义委员会总监军。起义胜利后，部队改编为红军第5军团，王广建任第13军39师师长。

王广建加入红军后，政治觉悟迅速提高，率领部队积极投入反围剿的战斗。他英勇善战，指挥有方，屡立战功。1932年4月在福建彰州击溃刘凯部，缴获满载军火及其他军用物资的轮船一艘，歼敌一个营。同年8月在乐安、宜黄战役中，又先后歼敌三个团，缴获大批军火。1933年2月，在江西宜黄南部的黄陂以西地区，王广建率部投入伏击敌人的战斗。当时，由于敌受红军声东击西战术的迷惑，加之山高雾大，群众封锁消息，始终未能觉察红军的主力所在。当敌人进入伏击圈时，王广建率部突然发起猛攻，敌军溃乱。此役经两天激战，歼敌近两个师，活捉国民党军师长陈时骥，取得了第四次反围剿中的决定性胜利。战斗将结束时，王广建沿阵地巡视敌情，不幸中流弹牺牲，时年35岁。

王桂芝

王桂芝（1907—1947），女，今太康县马头镇马头村人。家境贫寒，半岁丧母，由姐姐抚养，后给人当养女，17岁与马厂区大任庄农民任尚春结婚。出嫁后，年年逃荒要饭，大儿子出生不久就饿死在逃荒途中，1942年丈夫又被日军抓去当苦力折磨而死。她在共产党的培养教育下，走上了革命道路，担任党的地下联络员。曾多次冒险传递情报，掩护革命同志，带领贫苦农民为部队筹集物资，护理共产党伤员，并把自己的儿子送入部队。

1947 年 1 月，土地改革在太康县 9 个区逐步开展，为加强对土改运动的领导，县委副书记王法洲带 20 余人的武装到四区搞土改，工作队住在孙桥、大任庄一带，工作队到达以后，开办了土改培训班，王桂芝参加了培训班，通过学习，使她懂得了为什么要进行土改，土改热情更加高涨。土改开始后，她主动帮助工作队了解情况，挨家串联，发动群众，武装骨干，培养积极分子。在公审当地恶霸地主刘老乾的大会上，她带头说理。对此，刘老乾的儿子——郭馨坡的老虎队队长刘明儒怀恨在心，伺机报复。王桂芝的处境十分险恶，有人劝她躲一躲，她神态自若地说："咱们和敌人的斗争就是你死我活的斗争，这些反动东西，你越怕他，他越欺负你。咱们只有团结起来和他们斗，才能得到胜利。"敌人为了挫伤王桂芝的斗志，造谣说她的儿子在八路军里失踪了。她听后不但不悲伤，反而更增强了同敌人斗争的意志。她对传递消息的人说："我把孩子交给共产党，一百个放心，就是为革命牺牲了，也是值得的、光荣的。"是年 8 月，王桂芝由驻大任庄的工作队员介绍加入中国共产党。入党以后，她严格要求自己，立场坚定，不畏艰难，带头与地主斗争，推动了当地土改工作的开展。高庄地主高元，威胁群众，扬言谁要他的东西，晚上都要给他送去。王桂芝听说后，带领农会干部，找高元算账，高元被吓跑了。

1947 年 9 月初的一天早晨，王桂芝与中共马厂区委书记赵新民等人，正在孙桥集上宣传党的土改政策，突然被敌人包围。经一阵激烈的战斗，有的当场牺牲，王桂芝等 3 人落入敌手。他们受尽各种酷刑，遍体鳞伤，但毫不畏惧，仍以共产党员的钢铁意志和敌人进行英勇斗争。9 月 16 日，刘明儒把王桂芝带到柘城县南关，强迫她站在桌子上"坦白罪恶"。她昂首挺胸，大义凛然，表现了共产党员视死如归的大无畏英勇气概。她对围观的群众说："乡亲们，我没有罪，我是为咱穷人闹翻身的，他们是国民党反动派，是我们穷苦人不共戴天的敌人！"她又指着刘明儒说："他是郭馨坡的老虎队队长、土匪头子，他老子是我们县的大恶霸，血债累累，民愤极大，被人民政府镇压了。"群众愤怒的目光一齐投向了刘明儒。敌人怕她再讲下去，把她拉下桌子，押到柘城西关外邵园，砍掉了她的胳膊和腿，割了乳房……她高喊着——共产党万岁！——毛主席万岁！壮烈牺牲，时年 40 岁。

王国兴

王国兴（？—1948. 2），今鹿邑县唐集乡王小楼人。1947 年任夏庄农民协会会长、小区区长等职。领导当地人民斗地主、打联防，引起鹿邑县国民党联防队的注意，是年底被联防队部和等人抓走。他身受多种酷刑折磨，宁死不屈。

1948年2月，王小楼地主王国治为报“均地”之仇，以2万元贿赂部和，把国兴要回，活埋在王小楼村南。1955年，县政府在墓前立碑，以志永念。

王洪鸣

王洪鸣（1905—1950），太康县大昌村人，恶霸地主。其父王崇英有4子，因他们剪发辫较早，当地人以“秃子”谑称四兄弟。王洪鸣行四，故号“四秃子”。

王家父子5人，有土地70顷，楼、瓦房79间，奶妈、仆女8人，管账先生、家丁多人。他们主要靠出租土地盘剥农民、享受淫逸生活。其方式有让农民种拉边地、种当地和平种地多种，分别收取劳动果实的十分之七或十分之五。庄稼看好时，就抬高地价，加重剥削量；有时农民租种的土地不到期就收回，再高价租出。在经济剥削的同时，王家勾结官府，横行乡里，无恶不作。

1926年，冢王村农民王崇山打死王家一条狗，王家兄弟硬逼着王崇山给狗买棺材，并披麻戴孝，扛幡哭“爹”埋葬。

农民王锁到王家坟地扫了盐土，王洪鸣力逼王锁唱一台大戏。王锁哪里有钱请戏班，无奈只好卖掉全部家产。唱完戏，出外讨饭。

1936年，佃户王万幸家的鸡子吃了王洪鸣晒场上的粮食，他们就把王万幸的妻子打得一头栽进缸里淹死。王洪鸣的两家邻居，一个叫王号，一个叫王黑。王洪鸣就给自家养的一条哈叭狗叫“号号”，一条大黑狗叫“黑黑”，见到王号、王黑，就故意大声喊叫他的狗“号……号……”，“黑……黑……”，借狗侮辱乡邻。此类事情数不胜数，周围群众对王洪鸣无不恨之入骨。

王洪鸣民愤极大，1950年被人民政府依法判处死刑，并召开公审大会，执行枪决。

王金祥

王金祥（1909—2006），字霞光，回族，今淮阳县城关回族镇人。原任淮阳县武术协会顾问组组长，淮阳县伊斯兰教协会常委，河南省二级拳师。曾任西华县姚庄，太康县逊母口，漯河市归村，淮阳县盖庄、方李庄、南关等清真寺阿訇。

他7岁随父习武，后拜豫东名师马孝全门下学艺，擅长查拳、六合拳、七势拳及相关器械，18岁开始授徒，一生从事伊斯兰教和武术事业，为淮阳县穆斯林拳法代表人物。

1935年在湖北省大别山祁家湾，一人战胜数十名匪徒，被传为佳话。建国初期在剿匪反霸运动中，只身擒拿匪首李吾全，为民除害。1973 年在淮阳县大连乡方李庄任阿訇并教武术时，阻止了方李庄与高桥两村因伐树问题可能引发的大型械斗。70 年代中期以后，多次率队参加省市（地）县武术比赛，均获较好名次。习武长年不辍，1983 年 74 岁高龄时，尚能表演腹上开石的绝技“刀板桥”的功夫。在武术锻炼的同时，他积极进行理论研究，著有《查拳》、《大力谱》、《截刀》、《中国穆斯林与武术》等作品，参与省地体委完成了《七势拳》、《七十二擒拿》等武术资料。

几十年授徒逾万人，不少弟子参加过国家、省级大赛，并获得好名次。1993 年，河南省体委授予他河南省武术老拳师称号，同年还被河南省老龄委、河南省体委授予河南健康老人称号。他的事迹先后被《河南体育》、《周口日报》等媒体报道，入选《中国百科专家传奇》、《中国民间武术家名典》等书刊。

王林章

王林章（1887—1968），今沈丘县周营乡王寨村人，幼家贫，性倔强，因不堪受地主凌辱，打死地主之子，无法存身而漂泊异乡。清宣统二年（1910 年）从戎，入北洋陆军第 6 团当兵，后任排长、连长。1925 年任国民革命军第 3 军特务营营长。大革命失败后，王林章离伍，于南昌住闲。当时国民党反动派实行白色恐怖，江西各地为反抗残酷镇压，纷纷组建工农武装，发动起义。1928 年 9 月，王林章与罗炳辉一起在吉安带一个大队进行暴动，成立了红军独立 4 团，担任副团长。次年 5 月在吉安丁江镇领导红枪会，继续从事武装斗争。但因反动势力强大，斗争难以持续，遂离开吉安隐蔽，又过半年流浪生活，躲避反动派的迫害。1931 年 1 月不幸在南昌被捕，身陷囹圄 6 年之久。多次受审，严守党的机密，与国民党反动派斗争到底的意志毫无动摇。1937 年 8 月，因抗战开始，国共合作获释。出狱后，立即奔赴延安，10 月入抗大学习，12 月加入共产党。1938 年 3 月分配到河南省新四军 8 团竹沟留守处，任管理科长。后又担任皖北人民自卫军中队长，新四军 8 团副官主任，淮南路东独 3 团参谋长等职，英勇参加抗击日寇侵略的人民战争。

1940 年 10 月，王林章奉调从事地方工作，任天长货检处处长，1945 年任淮南银行副行长，淮南生产处处长等职。解放战争开始后，王林章随部队北撤山东，1947 年 1 月任华东野战军驻鲁办事处主任。1949 年夏至皖北，5 月任中国人民银行皖北分行副行长兼总金库主任。1952 年 7 月任安徽省干部疗养院院长。1958 年 5 月离休。1968 年 11 月 23 日逝世，享年 81 岁。

王霖征

王霖征（1901—1960），又名林增，今太康县龙曲乡西河坡村人。家贫，9

岁入学，读过2年书，14岁当佃工，青年时代喜练拳术，性刚强，有胆略。

1938年6月，王霖征参加豫东游击第3支队任班长。同年8月加入共产党后，他以伪保长身份与敌人周旋，组织群众抗粮抗捐。1939年2月任地方武装抗敌自卫总团分团长，9月调入主力部队任中队副队长。11月迁任睢杞太独立团政治交通员，负责侦察敌情，传递文件，运输武器装备等工作。奔走在新四军4师驻地洪泽湖畔和睢杞太革命根据地之间。

1940年6月，新四军4师决定把一批枪支弹药运往睢杞太根据地。当时，沿途日伪据点、哨所林立，封锁甚严，往来十分困难。王霖征接受这一艰巨任务后，把枪支弹药装在白茬棺材里，伪装解运灵柩。他身穿重孝，肩扛灵幡，在中共地下党组织的配合下，有时绕道夜行，避开据点，有时痛哭流涕，蒙混哨卡，或把“灵车”停在哨兵近处，惹得哨兵骂着催他走开。历经艰险，跋涉数百里，终于把武器安全运送到根据地。

1941年2月，王霖征任冀鲁豫军区轮训队武工组组长。在近两年中，他率众时集时散，袭击和扰乱敌人，配合水东独立团打了不少漂亮仗。1942年3月，国民党军张国荣部到西河坡村抢劫，他组织民兵用土枪土炮打退了敌人，保卫了村民的安全。

1943年，王霖征任庆华县二区区长。3月18日，他在睢县平岗筹办粮饷时，同其他4位同志一起被伪军逮捕入狱。敌人对其施尽威胁、利诱、拷打等手段。他坚贞不屈，坐牢3个月，后经党组织营救出狱。

解放战争时期，王霖征曾任太康县武装部长、组织部长、县委副书记等职。1947年秋，他在高朗乡桂庄一带扩军时，被郭馨坡部抓获，准备立即枪杀。在去刑场的路上，他奋力挣脱逃跑，敌人追击开枪，他嘴部和左背两处中弹负伤后，仍以惊人的毅力甩掉敌人，死里逃生。后定为三等甲级残废。

建国后，王霖征历任河南省农民协会生产部长、土地改革委员会委员、农业试验场副场长等职。

王霖征一向坚持原则，勤奋工作，艰苦朴素，为政清廉，始终保持着共产党的优良传统。负伤后，上级配给他一匹马，他拒绝接受。他任县委副书记时，公安局没收小偷60多只鸡，低价卖给县委食堂。他得知后，先在会议上提出严厉批评，又报告地委，让吃鸡者按市价付款，还给丢鸡群众。

1951年7月，在省农业试验场，按规定他应吃中灶，但他坚持和职工一起吃大灶。1952年“三反”、“五反”时，他细致观察，发动群众，坚持斗争，揭出了一个以当权人物为首的贪污集团。是年，《河南日报》登载他的模范事迹。

1960年，王霖征在郑州病故，终年60岁。

王龙章

王龙章，字见田，陈州（今淮阳县）王寨人。县庠生。龙章性孝好义，幼年嗜好读书。清朝末年为避战乱居乡间，以箔围墙成粮仓形居其间读书，终以第一名入邑庠（县学）。同宗有一侄儿出卖田地，龙章拿钱赎回又交还其侄子，并代替他出丁赋，对其侄说："这是我的父亲叫我成全你的。"清光绪二十五年（1899 年）春天，一日外出，见邻村姓刘的两个孤儿在沿街乞讨。俩孩子面黄肌瘦，奄奄一息。龙章看在眼里，痛在心上，晚上回到家，立即派人寻找。此时小的已饿死。龙章很后悔，就把大的领回家抚养 20 多年，一直等到孩子能自立时方令归去。

村西狼牙沟有一孔旧石桥，千孔百洞，行人过桥战战兢兢，时有落水者。龙章捐出钱款增修至两孔，上加添三块石板。又偕同连致祥（陈州大连人）一起创修同心寨，工程不到一半，积劳成疾而卧床不起。至死时还念念不忘修寨的事。

王梅花

王梅花（1923—1954），女，字素霞，民国时期开封陈留（今属开封县）人。自幼随母亲流落开封要饭为生。后来，其母与相国寺还俗和尚王清书结婚，王梅花遂跟着养父学戏。11 岁时，拜火神庙剧院马双苓（女）、杨金玉夫妇为师，主攻青衣和花旦。1937 年，抗日战争爆发，火神庙剧院流散，王梅花随义父辗转扶沟、鄢陵、尉氏等地搭班演出，1938 年投扶沟县城四街戏班任主演。她的主要剧目有《凤仪亭》、《莲花庵》、《二龙山》、《樊梨花征西》、《洛阳桥》、《大祭桩》、《三上轿》、《汾河湾》等。

王梅花唱腔细腻，扮相俊美。舞台上她同著名演员王松山旦、生配合，演唱情真意切；台下卿卿我我，感情真挚，在扶沟一时有"金童玉女"之称。两人走到街上，大人小孩高呼着两人的名字，争相追逐围观。扶沟县城义利卷烟厂经理极力赞誉 2 人，专门为 2 人制作了"松山牌"和"梅花牌"烟卷，销路很广。人们买这两种烟卷，目的就是想得到两个人的画像而已。

1943 年，王梅花被扶沟恶绅吴化孚抢去做姨太太，无奈离开舞台。建国后，于 1950 年到工人剧院重新登台演出。1954 年，因心脏病突发，逝世于新乡。

王明显

王明显（？—1940），诨名硌牙，今扶沟县白潭镇永昌村人。曾任扶沟县抗日自卫军大队长、上校泛东游击支队司令，是抗战时期风云一时的人物。

王明显出身贫苦，青年时代为生活所迫，曾给人做工，对当时黑暗社会不满，嫉恨社会财富不均，因此十分崇尚绿林豪杰。民国初年，豫西杆徒常流窜袭扰扶境，王见杆徒多袭扰富豪之家，甚合心意，遂模仿杆徒，结伙“打富济贫”，活动于扶沟、尉氏、鄢陵几县边境村镇。富豪官绅畏之如虎。地方政府腐化无能，对之无可奈何。但因其不危害骚扰家乡附近村庄，故其乡人尚称其“仁义”。抗战之前，王已是扶沟北部著名的杆首。因他性格狡诈凶狠，难以捕获，人们就以浑身光滑、脊背带刺、尖如刀锥、十分难捉的硌牙鱼（俗名黄颡鱼）称之。后人多知其诨号，而不知其本名。

1938年，国民党军队“以水代兵”，扒开黄河花园口，黄水沿贾鲁河道滚滚而下，形成“新黄河”，扶沟与沦陷区日军仅一河之隔，成为抗日最前沿。时国共两党通过抗日民族统一战线，促成第二次合作。中共豫东特委通过统战工作，经国民党第七专员同意，由原西北军将领、西华县抗日自卫军副司令、中共特别党员魏凤楼为扶沟县县长。1938年6月，魏凤楼莅任后，为扩大抗日武装，派秘书赵英侠前往白潭争取王部参加抗日。王见抗日军兴，家乡垂危，亦有愿为政府收编之心，加上赵英侠晓以抗日救亡、人人有责之大义，故欣然同意接受改编，听从魏县长指挥。其部四五百人被改编为扶沟抗日自卫军大队，进驻豫东重镇吕潭。大队长王明显，副大队长阎运生、游克贞，大队部设有军需、参谋、秘书、卫生等室，下辖3个中队。魏凤楼为改造王明显部，在该部设立了政治部，由赵英侠任政治部主任，还向该部输送了一批共产党员和进步青年。1939年9月，日军占领太康、常营一带，在吕潭东边的尚村岗集结，企图强渡新黄河，进犯中原。王明显部在吕潭人民的大力支援下，毫不畏惧，冒雨对强渡日军猛烈还击，英勇抵抗数小时，击沉日军汽艇3艘，击毙日军十数名，使日军凶焰顿挫，不敢再轻易冒进。经此一战，王部声威大震，国民党洛阳第一战区司令长官部传令嘉奖，并赏王部官兵500钢洋。

不久，魏凤楼奉命率部东征鹿邑，因王部大部人员系杆徒出身，不愿随同前去，王部中共党员亦随之撤出。王明显接受国民党泛东游击司令陈又新改编为游击支队，王任上校游击支队司令，有800余枪众。先在吕潭驻扎，后来先后又驻在扶沟城南肖营、郭庄。他们失去正确的引导，旧习复发，经常骚扰群众。陈又新以王明显没有带兵能力为由，将王降职为副司令，而委派其部下王试斌为司令。王明显心中不满，自恃其实力，依然故我。王试斌名为司令，虽对其无可奈何，却暗中策划除掉王明显。

某日，王试斌将王明显骗到中午宴会上，以“上馍”为暗号，布置枪手将王明显及第一大队队长阎运生、第二大队队长游克贞、秘书万某击毙。王明显旧部见其首要已死，遂“树倒猢狲散”，或逃逸，或受编，或被遣散。

王明英

王明英（1922—1987），原名法俊，郸城县汲水乡人。自幼读书，1938 年入鹿邑县抗日干部训练班学习，次年转入延安抗大一分校。在校时加入中国共产党，毕业后即投入革命工作，转战于冀鲁豫、鲁西南、赣东北、贵州、云南、成都、重庆等地。

在冀鲁豫军区，明英以智勇双全闻名。他曾独创表册十数种，提高了机关工作效率；为传送机密文件，多次冒险突破敌人封锁线。一次激战中，子弹打光后，他纵身跳进渭河脱险，携带的文件安然无损，被军区授予模范共产党员、模范干部称号。

1949 年春，他在南下军分区任组织科长。当时行军急速，部队供应困难，他主动带领先遣队开路，沿途组织宣传发动，及时筹集粮秣物资，保证了进军需要，受到上级通报表扬。1950 年，他任贵州军区医学专科学校副政委时，带领学员组成的工作队到贵筑县参加土改和清匪反霸。一天夜晚，驻地被土匪包围，他沉着镇定，爬上屋脊喊话，开展政治攻势，终于驱散了乌合之众，在该县土改史上留下光辉的一页。1952 年至 1958 年，他先后任解放军军医学校和军委总后第二预备学校政委兼党委书记。为培养政治坚定、技术优良的合格人才，他继承、发扬抗大办学精神，出色地完成教学任务，受到云南军区通报表扬。1958 年，明英随预备学校集体转业到新疆。之后的近 30 年中，他先后在新疆煤炭工业学校、煤矿设计院、煤炭工业管理局、重工业厅、工学院、煤炭工业厅担任领导职务。1987 年 12 月 22 日，明英因病去世，终年 65 岁。他的骨灰被安放在乌鲁木齐市烈士陵园。

王乃奎

王乃奎（1897—1975），字仲华，今商水县张明乡西张明村人。因排行第四，人称“王四少”。

其祖父王操酷爱戏剧，自费组织了一个戏班，并请知名艺人在家中教唱练艺。仲华时值少年，深受影响，常常在教场外模仿着老师的唱腔和动作进行自练，有时，竟达到废寝忘食的程度。17 岁那年，他冲破封建家庭礼教的束缚，毅然走上戏剧舞台，开始了演艺生涯。

仲华相貌清秀，言谈举止温文尔雅，饰演旦角具有得天独厚的条件。为了塑造各种妇女形象，他深入生活，细心观察，揣摩妇女的心理活动和性格特征，模仿不同地位的少女少妇说话、走路和待人接物的动作表情。他婚后不久的一年夏天，在其住房里，让其妻做慢步、碎步、快步、上楼、下楼等动作表演，他在一旁从眼神、手臂、腿、脚、腰的屈伸进行仔细观察，苦学苦练。由于他学戏认真，对艺术精益求精，初登台即赢得了观众的好评。青年时期，他在豫东商水、西华、淮阳等地演出，不论白天或夜晚，男女老少闻风而往，有的群众看得入迷，戏班挪到哪里就跟到哪里，在豫东一带曾流传着“高一脚，低一脚，不知王四少出角不出角”的民谣。1930 年至 1935 年他曾 4 次应邀去省城开封演出，均获好评。在演《白莲花临凡》一剧中，他饰白莲花，演得惟妙惟肖：走圆场不见腿动，快步如风；裙带好似孔雀开屏，飘飘然，如仙女下凡；唱腔婉转柔和，优美动听，扣人心弦。古城汴京一时为之轰动。

仲华娴熟的剧目有 200 多个，最拿手的除《白莲花临凡》外，还有《对绣鞋》、《拴娃娃》、《金盆记》、《小二姐做梦》、《春秋配》、《三上轿》等。他到各地演出时，常和各流派著名演员进行艺术交流。建国前后，曾和常香玉、陈素真、王素君等作过沙河调与祥符调艺术的探讨，至今祥符调演唱的《对绣鞋》、《拴娃娃》还吸收有他的艺术精华。1936 年，在孝义他与常香玉同台演出《闹书馆》、《罗焕跪楼》，其舞台艺术深为常香玉感佩。原省文化厅副厅长冯纪汉在《豫剧源流初探》中写道：“沙河调中李佳玉的学生王仲华，是继易相山之后的后起之秀。”

建国后，仲华曾任商水县大众剧团团长、县第一届人民代表大会代表。1962 年参加河南省豫剧各流派著名老艺人座谈会，会上他表演了《拴娃娃》、《对绣鞋》等剧目，由于功底深厚，虽年逾花甲，仍嗓音嘹亮，不减当年风采。1975 年病卒于家，享年 78 岁。

王佩明

王佩明，字子昭，号虚谷子，原籍滑县，清末随父迁居太康县城落户。开封省立第一师范学校毕业，长期从事教育事业。从 1922 年创办振太小学到振太中学停办，他担任校长 16 年。他治学严谨，学校成绩突出，培养出一大批品学兼优的学生。1931 年，该校学生考试成绩为豫东第 2 名，被评为太康“特优”，河南省视学亲临太康慰问，通令全省表扬，奖金 1000 串（一串为 1000 文铜钱）。当时太康县知名人士王国璋为其送匾一块，上书“不可灰心”四字，并附诗一首云：“任劳任怨莫灰心，日后自有皂白分。达到目的无遗恨，苍天不负苦心人。”据统计，振太小学、振太中学毕业学生 2000 多人，后来参加革命者达百余人。

王洽惠

王洽惠（1920—2003），今太康县王集乡王集村人。8 岁开始在本村读书，

14岁辍学从事农业劳动。1938年8月，中共太康县工委书记张俊峰到王洽惠家乡开展地下工作。他见王洽惠聪明机灵，又有正义感，就加强了对他的培养，让他动员青年参加新四军抗日。王洽惠不负所望，很快动员了海小二、刘善本、李玉等10多个青年参了军。后来，又帮助中共抗日部队买了几十支枪和几千发子弹。12月，王洽惠由张俊峰介绍加入中国共产党。1939年11月，中共太康县北区委建立，王洽惠任书记。主要活动在高贤、方城、龙曲、高朗、半坡楼、潮庄等地。

1941年初，中共睢（县）杞（县）太（康）根据地遭到敌人破坏，抗日武装力量损失90%以上，地委书记和太康县委书记相继被捕，整个太康笼罩在白色恐怖之中。9月，日军对水东根据地残酷“扫荡”，加上国民党反动派的严密封锁，水东根据地的工作遇到很大困难。为了对敌斗争的需要，地委决定：让王洽惠转入隐蔽战线，通过各种渠道进行分化瓦解敌伪军和收集情报工作。是年冬，王洽惠说服汉奸轩传仁带着他的队伍投靠中共，被编入太康县大队3连。1942年7月，地委成立敌军工作小组，汤绍禹任组长，王洽惠和王延庆任秘书，直接归地委领导，不参加县委活动。1943年6月，王洽惠任冀鲁豫12分区办事处内勤干事，在争取日本人中村一郎和朝鲜人安翻译的投诚中，做了大量的工作。1944年5月，王洽惠任太康县敌工站站长，敌工部副部长。12月下旬，王洽惠受县委派遣到县城见伪县长张子修，迫使张接受了中共提出的抗日条件。由于太康县对敌军工作成绩显著，受到地委的表扬。

日军投降后，国民党反动派对睢杞太根据地大举进攻。1945年11月初，为了保卫水东根据地，地委派王洽惠到国民党46师136团当文书，打入敌人内部，搜集情报。11月下旬，王洽惠奉命到国民党张岚峰部协助副团长兼一营营长程培兆做策反工作，最终使该营在柘城远襄顺利起义。

1947年7月，王洽惠调豫皖苏一分区任民联科副科长。次年8月调太北县任民联科科长兼公安局局长。淮海战役开始后，王洽惠任支前指挥部副指挥长，亲自带领800名支前民工奔赴淮海前线。

1949年2月，太北县和太康县合并，王洽惠任民政科科长，兼文教科、司法科、建设科科长。1949年10月调任周口市（今周口市川汇区）政府秘书兼文教科科长。1950年9月任周口市劳动局副局长，12月任局长。1951年秋兼法院院长。1952年周口市改为周口镇，王任副镇长。1953年11月，周口镇又改成周口市，王任代市长。1954年9月调许昌专署任民政科副科长。1955年3月任劳动处副处长，后来处改局，王遂任副局长。1975年到舞阳工区任气象台书记。1980年调郑州公路总段任副书记。1984年离休。

王青锋

王青锋（1907—1993），民国时期长垣县人。1923年，他在县立师范讲习所毕业后，任小学教师。1938年3月加入中国共产党并参加工作，4月任中共开封市电话工会支部书记，5月任中共开封市委委员，6月调中共豫东特委（西华）工作。并于同月调到扶沟，任魏凤楼部中共党组成员，并公开出任实际由中共掌握的国民党扶沟县政府秘书。

任职期间，王青锋不怕困难，努力工作，先后在城关组织儿童团，在练寺组织农救会，建立抗日武装，开办抗日军政干部训练班，编辑出版《大众报·战地版》，使扶沟的抗日救亡工作开展得有声有色。

1938年8月，根据中共豫东特委指示，在扶沟县城建立中共扶沟县委，在县委书记冯白楚到来之前，先由他代理书记，主持工作。8月下旬，王青锋离开扶沟，调回西华，任中共领导的西华抗日部队第一大队政治员（即教导员），后改任该大队副政委。1939年2月，到新四军游击支队军需处学习，同年5月至1941年6月，先后任新四军游击支队第1团军需主任和支队军需处副处长兼会计科长、新四军6支队3总队军需处处长；萧县抗日民主县政府财经科长、八路军第4纵队6旅和新四军第4师6旅军需处处长。1941年9月至1947年2月，先后任苏皖边区行署财粮所和苏皖边区政府财政厅会计科长、苏皖边区第七专署财粮处副处长。1947年7月，随刘邓大军南下大别山，9月至次年5月，先后任新县县长、麻东县和新洲县副县长。1948年10月至1949年5月，任开封市粮煤供应管理局局长，1949年5月至1983年，先后任河南省花纱布公司经理、河南省商业厅财务室主任和办公室副主任、商业干校副校长、河南省计委办公室主任、河南省农产品采购厅副厅长、河南省视察委员会委员等职。1983年离休，1993年在郑州病故。享年86岁。

王瑞吾

王瑞吾（1907—1983），字敏英，今沈丘县冯营乡西王老家村人。其父王永会，拥有土地500余亩，土改时病逝。瑞吾兄弟6人，居少。幼年读私塾4年，后入教会学校。因体弱多病，深受缺医少药之苦，立志学医自救救人。小学毕业后，入开封医专学习，2年余还乡，1938年在县城东大街开设保康医院，由此终生献身于医疗卫生事业。

保康医院为沈丘较早的中西结合诊疗的医院。瑞吾应诊早晚不误，随时出诊，风雨无阻，对穷苦者施诊舍药，传为患者福音。太康县逃荒过境的刘姓夫妇有一个9岁的男孩患黑热病，已濒临死亡，其父母焦急万分，痛不欲生。瑞吾免费为其治疗，打针吃药，使孩子转危为安，刘姓夫妇感激莫名。此时县境内黑热病流行，患者日多，瑞吾采用六六六针剂（属青霉素之类）救治不少危重病人，使保康医院声誉大振。1940 年 8 月，日本侵略军飞机轰炸沈丘县城，保康医院被炸，其兄王冠英遇难。瑞吾不甘沉沦，积极筹措资金，于东大街路南另觅新址，使保康医院很快复业。后，沈丘县医院成立，瑞吾出任院长，并兼任县禁烟（鸦片）委员会主任，为地方兴利除弊，贡献殊多。

1948 年秋，瑞吾在漯河市马路街开设保康诊所。适逢淮海战役开始，不少解放军伤员运往漯河，瑞吾积极投入抢救工作。为伤员开刀取弹头、弹片，做了大量手术，抢救了不少重伤员。1949 年 8 月经解放军 175 师副师长卜云龙（沈丘傅井镇人）引荐，瑞吾参加了人民解放军。与此同时，瑞吾动员女儿月华、月桂，妻弟褚耀宗以及徒弟王恩从、赵润霖等多人参军，投身于人民解放事业。瑞吾参军后，曾任第四野战军骑兵师军医，东北军区司令部、后勤部保健医生，为救死扶伤忘我工作，多次受到部队嘉奖，并荣立过战功。

1955 年，王瑞吾由沈阳部队复员还乡，先后在县医院、老城卫生院、留福卫生院任医生，继续从事医疗卫生事业。1979 年，王瑞吾离休。晚年还常为乡亲义务看病。1983 年 4 月猝发脑溢血逝世，终年 76 岁。

王舒然

王舒然（1918—1940），今太康县转楼乡半坡楼村人。童年读了几年私塾。1937 年 10 月由共产党员杜力生、杜省吾介绍加入中国共产党。1938 年 1 月，在“二杜”的帮助下，太康北部建立了第一个党支部——半坡楼党支部，王刚元、王舒然先后担任该支部的书记。为了壮大组织，他先后介绍了王初然、孙楷书等 10 余人入党，使半坡楼成了中共在太康北部活动的中心。

1938 年 6 月，吴芝圃在睢（县）杞（县）太（康）地区组建了豫东人民抗日游击第三支队，王舒然带领半坡楼支部在人力、物力、财力上，对三支队大力支持，动员十几个人参加了三支队。

1939 年 1 月，睢（县）杞（县）太（康）地方抗敌自卫总团成立，太康县组建了 7 个分团，王舒然任半坡楼分团（第 5 分团）团长，6 月兼任总团政治处主任。之后，王又被增补为中共睢（县）杞（县）太（康）特委委员。

1939 年 9 月初，豫皖苏边区召开第一次党员代表大会，王舒然作为太康县的党员代表参加了这次大会。会后，睢（县）杞（县）太（康）特委根据党代会精神，在今龙曲镇牌坊杨建立了中共太康县委，王舒然任县委委员。县委建立后，组建了太康县独立中队。按照县委部署，王舒然和张俊峰一起，在王集、牌坊杨一带筹款购买枪支弹药，动员青年参军，使独立中队不断发展壮大。

1940 年 3 月，太康县大队成立，王舒然担任大队长。大队辖 2 个中队近 200 人，在豫东特委领导下积极开展睢杞太地区抗日武装斗争。一次，县大队得知伪军杨树森部的两个团要调防至李大庄、大营子一带的情报，王舒然便率县大队乘敌人立足未稳之机，主动出击。经过一个多小时激战，击毙敌人数十名。

是年秋，王舒然患了伤寒病，暂时离开县大队，在群众掩护下游击休养。由于缺医少药，王舒然的病情日益恶化，1940 年 10 月中旬在杂户营村病逝，时年仅 22 岁。

王素行

王素行（1914—1947），原名永仁，安徽砀山县梁寨区王明集人。自幼随父母干农活，12 岁始至本集小学读书，1936 年毕业于江苏海州运河乡村师范学校。毕业后在王明集任教。

1938 年底，他任教的学校被日本飞机炸毁，看着自己的学生顿时失去学习的机会，心中激起对日寇的无比愤恨。不久得知新四军 6 支队在永城渔山举办抗日干部训练班，王素行就秘密串联一些学生毅然离家来到渔山。在训练班里，他们学习毛主席的《论持久战》，对抗战形势有了明确的认识，坚定了抗战必胜的信心；受到比较系统的党的知识教育，逐步树立起革命的人生观，决心为共产主义的实现而奋斗终生。结业时经王智慧介绍，他光荣地加入了中国共产党。

1940 年底，永城地区中共组织内部出现叛徒，许多共产党员被捕并遭杀害。在这极其困难的环境中，王素行按照组织的安排巧妙地隐蔽下来，继续开展情报搜集工作。他在日军盘踞的黄口开了个“国光书店”，以小店作掩护，建起党的情报联络站。他常常冒着生命危险夜里外出接送情报，并积极参加破坏敌人控制的铁路沿线的交通运输。此时的王素行为国难深重、人民生灵涂炭忧心如焚，对反动派的累累罪恶恨之入骨，而对革命胜利充满信心。

对敌斗争形势进一步恶化，王素行根据地下党的指示不断变换工作地点、公开职业和斗争方式，他种过地，当过行商小贩和测字先生。在日伪扫荡时，他组织隐藏新四军部队留下的 20 多支长短枪；并向暂时撤到洪泽地区的新四军 4 师及时报告砀山、虞城、永城一带敌人的兵力部署情况。后来根据工作需要，于 1942 年秋天他被调进永城中学（地下党员李尊阁任教务主任）任教。教学中，他常常利用国文课，满怀激情地向学生讲历史上岳飞、文天祥等民族英雄反抗异族侵略的英雄事迹，痛斥鸦片战争以后帝国主义列强仰仗坚船利炮侵我主权、占我国土、掠我资财、杀我同胞的滔天罪行，大大激发了学生反抗日寇侵略、热爱国家民族、要奋起保卫祖国的革命热情。他深入学生之中，和他们交友谈心，了解思想动态，不失时机地进行爱国教育。

1944年夏天，新四军4师向西挺进，豫皖苏根据地不断扩大，到1945年春天，在永城办起了共产党领导的建设中学。王尊阁、王素行都被调进该校。王素行在自己的学校里执教，心情舒畅，工作热情很高，他教国文、数学和植物学，备课认真，讲授生动有趣，备受学生尊敬。同时他十分重视学生的思想品德教育，他结合学生的特点深入浅出地讲《共产党宣言》和毛主席的有关著作。注重帮助青少年逐步树立革命的人生观和共产主义世界观。他教育学生认识革命的长期性、复杂性，干革命要不怕吃苦、不怕牺牲，坚信中国革命无论经历多么曲折复杂的斗争而最终一定能胜利。王素行的教育是卓有成效的，不久，新四军领导在建设中学内办起抗日训练班，他教的学生都踊跃报名参加学习。

解放战争开始，国民党反动派大举向根据地侵犯，建设中学的学生组成学生队，由王素行（任指导员）、王传义（任队长）率领做战地服务工作，后来又随肖县县大队越陇海路向华北转移。此间王素行视学生是党的宝贵财富、革命事业的接班人，对他们关怀备至。在生活上尽量给予照顾，尤其关心他们的安全，宿营时经常查寝并巡视岗哨。在政治上坚持做深入细致的思想工作，勉励大家努力战胜各种困难，增强信心，自觉接受战争的考验，为夺取最后胜利贡献自己的一切。在他经常教育鼓励下，学生队一直情绪稳定，工作干得很有成绩。由于长期生活战斗在艰苦紧张的环境中，王素行得了严重的胃病，犯病时常常疼得满头大汗，但他以惊人的毅力，忍受着疾病的折磨。稍有好转即照常工作，情绪饱满，思想乐观，这些都使学生和周围的战友深受感动和影响。

1947年6月，中央决定组织3万名干部随军南下开辟新解放区，王素行不顾体弱率先报名，学生中年龄较大的骨干也报名参加了。6月底，素行被分配到2分区鹿邑县丁村区任区委书记（对外称政委）。这一时期的丁村地区，斗争形势严峻复杂。丁村北朱楼的恶霸地主朱传绳网罗地方兵痞、土匪、纨绔子弟拉起一支数百人的联防队。朱心狠手毒，攻打区政府，杀农会干部，活动十分猖狂。王素行到任后，和副政委邱冠华、副区长李炳全紧密团结，带领区队，在县大队、独立旅的帮助下，依靠基本群众，不断袭击敌人。凭着对党的忠诚，对革命必胜的信念，亲自指挥洼吴庄突围、王楼伏击战、毛从庄战斗，沉重地打击了土顽势力，保护了群众生命财产的安全，巩固了地方政权。

农历十一月十八日，正在晋菜园参加县委会议的王素行和邱副政委，接到李炳全的急信，说朱传绳率所部匪徒正向丁村西北方向运动，意在袭击区政府。他们根据县委指示，立即返回丁村。在池王庄和李炳全及区队相遇，他们根据当时的严重形势，决定全体人员分为两路，一路由一人带领去寻找地委李中一书记（正在附近活动）求援；一路准备战斗。邱、李二位鉴于素行身体不好，要他去求援，而他坚持把危险留给自己，并以命令的口气让邱冠华带队西去找人，自己和李副区长率区队迎战敌顽。严酷的斗争使意志薄弱者动摇，区队排长朱传义此时叛变敌人，并带着朱传绳和200多名匪兵包围了区队的住地。经过激烈战斗，终因寡不敌众，李副区长被打死，王素行被俘。

1947年12月30日（农历十一月十九日）上午，丁村逢集，朱传绳在十字街口开大会，让王素行站到桌子上示众。王素行大义凛然，趁机大声向群众揭露朱传绳当伪乡长、扣军饷、刮地皮、霸占良家妇女、坑害四乡百姓，以及拉联防队杀共产党干部、抢劫群众、奸污妇女等严重罪行。朱恼羞成怒，命其爪牙殴打王素行。王被打得遍体鳞伤，但他仍顽强挣扎着站起来，向群众讲党的政策……朱传绳怕激起民愤，不好收场，急忙派人把王拖走。刚走到集东门外，敌人便向王下了毒手。随着一声枪响，王素行倒在血泊中，告别了他热爱的民众和终生为之奋斗的事业。

王文成

王文成（1914—1948），别名慕萍、锦波，今沈丘县冯营乡王老家村人，世代务农，家贫。8岁就学，14岁小学毕业后务农。1932年，土匪劫村，文成家被焚掠一空，生活无着。次年入冯玉祥部，曾任警卫连班长4年。1936年赴陕北公学学习，不久加入中国共产党。

抗日战争开始后，文成奉派还乡，先后在东王老家、王拖庄、曹营等村组织抗日活动，发展抗日力量。1941年，日本侵略军窜犯界首，威胁沈丘。文成与开明士绅王韵先、知识青年王明坤等人积极筹建地方武装，准备抗击日寇，保卫家乡。日军撤离界首后，文成入鹿邑魏凤楼主办的青年训练班，任教务长，兼办《民运周刊》，培养革命骨干，宣传革命道理。1944年回县，在庞营小学任教。因宣传抗日救亡，被以赤色嫌疑解聘。

抗战胜利后，国民党反动派玩弄假和平阴谋，内战迫在眉睫。文成借为李汉章招兵之机潜入该部，担任连长。发动组织百余人，准备拉往解放区，不料被敌察觉，未果而去。1946年赴界首皂庙小学任教，4月，去鹿邑与魏凤楼取得联系。1947年，沈丘解放，文成任杨集区区长。时，地方斗争形势激烈复杂，文成认真执行政策，通过艰苦细致的工作，促使临泉保安团一个小队起义。1948年1月4日，民主政府县大队配合豫皖苏军区老3团和独立旅35团，在南韩湾围歼国民党自卫总队张洪亮部。文成率区队截击溃逃之敌，不幸在战斗中英勇牺牲，时年34岁。

王锡龄

王锡龄（1908—1982），今项城市高寺镇王营村人。国民党少将师长，全国解放前夕组织新乡起义，为和平解放新乡立了新功。建国后，曾任解放军石家庄高级步兵学校战术研究员、河北省水利厅农田水利局副科长，系中国民主促进会河北省省委委员、河北省政协委员。

他出身贫寒，幼年丧父，靠三叔父种拉编地、二叔父和五叔父做木工活为生。在项城读过高小，因参加学生运动被学校开除。流浪中他跑到北京，时逢冯玉祥驻军南苑，他就投入西北军当了一名普通士兵。中原大战时，他已经是冯玉祥的上尉副官了。蒋介石的军队逼他母亲要他投降，结果他母亲在蒋军的枪托下被吓死。抗日战争时期，王锡龄已经是第五战区 68 军暂 36 师 3 团的上校团长，驻守南阳一带。

当时，第五战区顾问和国民参政会参政员王葆真（号“卓山”，人称“卓老”，与周恩来、董必武等共产党人往来频繁，对共产党的政治主张和抗日民族统一战线政策深表赞成和信服），正在南阳一带开展反蒋抗日联共工作，经南阳武侯祠园艺场场长程次喜介绍，王锡龄与王葆真有了联系。日寇向豫西鲁山进攻时，王锡龄团奉命进驻鲁山南部的四十里冲南口铁牛庙，相机阻击南犯之敌。曾击毁日军坦克 3 辆，由此，王锡龄被提拔为河南师管区少将副司令。有一天，王葆真通过武侯祠方丈找到王锡龄，二人推心置腹，谈了各自的情况。王葆真对王锡龄说：你在鲁山打了一个漂亮仗，中央提升你为师管区少将副司令，官是升高了，兵权却没有了。以此策动王锡龄的反蒋情绪。日寇从唐河大举进攻南阳时，五战区的 68 军溃败南逃，王葆真力劝王锡龄也逃离南阳，自己去了内乡暂避。

1945 年 12 月，以爱国反蒋为宗旨的中国国民党民主促进会（民革前身）宣告成立，王葆真是民促会最早发展的会员之一。他当时担任国民党河南省军管区司令部少将参谋，后改任国防部部员，均为闲职。1946 年夏，已经回到南京的王葆真与王锡龄恢复了联系，约王锡龄去南京面见李济深（抗日战争胜利后，李济深联络冯玉祥等反对蒋介石发动内战，曾两次在庐山与蒋介石面谈，批评蒋的内战政策。1946 年 3 月至 4 月，李济深联络李章达、蔡廷锴等，先后两次会议，正式成立中国国民党民主促进会，李济深并当选为主席）。在王葆真和李济深动员下，王锡龄正式加入中国国民党民主促进会，接受了民促会在河南组建筹委会、在国民党军队中开展兵运工作、相应策动刘汝明及豫北 40 军反正起义的任务。1948 年初，民促会在香港改组为“民革”，王葆真写信告诉王锡龄：生意改组了，下面扩大啦，总经理很有本领，不久生意一定会大发展。

王锡龄入会后，开始在河南组织民进筹委会，积极在国民党军队中发展进步力量。1948 年 6 月，他改任豫北（新乡）师管区司令部副司令后，与驻新乡北小集车站的解放军 14 纵队秘密取得联系，因管区归属 40 军，他又以师管区副司令的身份，打入驻守豫北的40军（该管区）。

国民党陆军40军军长李振清，兼任郑州绥靖司令。王锡龄到任后，先见了李的密友王国光，由他引见军长和副军长李辰照。王锡龄和两位军长均系西北军旧属，见面后畅叙友情，格外亲切。从此，王锡龄在共产党的领导和关怀下，开始在40军上层做策动工作。

1948年10月，郑州、新乡已处于人民解放军包围之中，蒋介石电令李振清率部突围南移。李走留犯难，犹豫不决。王锡龄力劝李拒绝南调，准备起义，且主动将师管区的2000余人和武器并入40军。李于是任命王锡龄为264师师长。此时，王锡龄已与黄河北小集车站的解放军14纵队政委甘渭汉取得了联系。甘提醒他做好3件事：第一，能早起义早起义；第二，不能早起义，也不能率兵出城与解放军打仗；第三，想方设法不让40军过黄河，以便各个击破。王锡龄看到营长以上军官都在想法把家属送过黄河，他急中生智，反而让人把自己的家属从开封接到了新乡。他对别人的不解解释说：现在是战争时期，哪里都不是安全的地方，一家人住到一块反而好照顾一些，彼此也都放心。他让自己的爱人主动去接近参谋长的爱人，劝说她留在新乡……经过这一番工作，许多军官家属打消了南逃的想法，甚至一些已经去了郑州的又返回新乡。

淮海战役前夕，蒋介石两次电令40军南下。李振清集合团以上军官紧急开会。王锡龄在会上虽然没有发言，却在会后邀请李去检阅他组建的军官队，在检阅的空隙，他单独与李密谈，说队伍南调有问题。他坦诚地对李振清说：40军驻扎新乡已经多年，不少军官已经就地成家生有儿女，现在到处都打败仗，谁还愿意离开家？再说，解放军军民一体，消息灵通，善于设伏。如果40军离开新乡的城防南下，结局可想而知。还有关键的一点是，40军不是蒋的嫡系，属于杂牌军。嫡系部队打了败仗，是你杂牌军援助不力；你杂牌军打了败仗，是你作战不力，到哪儿说理去。听了王锡龄的分析，李振清认为很有道理，并当场约请王锡龄以后到40军任职。

不过，李振清仍未消除南窜的幻想，第二天又亲率3个团赶赴郑州，企图北运粮弹，补充40军。14纵队得知消息后，紧急部署：对敌运输部队予以伏击，对李振清本人只伤其筋骨，不毁其性命。果然，李率运输部队至黄河铁桥南岸时，被解放军伏兵击溃，李的腿部两处负伤。蒋介石派飞机接他去南京疗伤，他一再推辞。后，蒋派人把他母亲接去南京为“人质”，他才不得不上了蒋派的专机。李振清走后，军权交给了副军长李辰照。这时有谣言说，美国出兵助蒋，正沿陇海路西进。面对这复杂的局势，王锡龄开始为40军的起义前景担忧。正在这时，40军接到了蒋介石任命王锡龄为该军264师少将师长的委任状，他及时向解放军14纵队的甘政委通报了情况，并请甘政委派人协助他工作。

不久，人民解放军拟经新乡渡黄河南下，蒋数次电令40军截击。王锡龄力排众议，劝说副军长不要阻拦，以尽早起义为上策。李辰照也认为该给自己留条后路，决定按兵不动。解放军南下部队，得以从新乡顺利通过。当年10月6日，邓小平、陈毅率领的中原解放军主力解放郑州，新乡之敌完全失去南部屏障，成了瓮中之鳖。不过，李辰照在起义问题上仍有顾虑。他同军长关系甚密，军长在南京养伤，颇似蒋扣留的人质，如自作主张率部起义，恐于军长不利。王锡龄遵照解放军甘政委的指示，抓住时机，不仅对副军长反复晓以利害得失，而且首先率领264师起义，城内地方民团也随之放下了武器。1949年5月5日，人民解放军华北军区第14纵队，举行了隆重的入城仪式，新乡宣告和平解放。

第二天，人民解放军程子华司令员派王锡龄作为起义将士代表，到国民党40军柴世烈师给全体官兵讲话，不料有不愿起义的顽固分子，竟然在会场上向王锡龄射击，幸亏他的传令兵刘党生和柴世烈的传令兵掩护，王才幸免于难。当讲到“中共政策伟大，起义道路光明”时，反动分子又突然向他开枪，仍未射中。

王锡龄将军以国民党将领和民进党成员的双重身份，在40军上层开展统战工作，协助解放军拔掉了国民党政府在冀南、豫北地区的最后一个据点，为大军渡河过江扫除了障碍。建国后，王锡龄曾在北京军事学院学习，退役后在河北省水利厅任职，1965年离职休息，1982年病故于北京。著有回忆录《起死回生》，记录了民进党在新乡策动蒋军起义的详细经过。

王熙康

王熙康（1917—1946），今太康县大许寨乡王贡士村人。中学毕业后，于1934年考入淮阳农林专科学校，1937年3月在该校加入中国共产党。是年7月毕业后，参加西华人民抗日自卫军，在该军政治部主办的《大众报》社工作。1939年1月，任该军2支队3大队7中队政治指导员。11月，该部挺进永城，编为新四军6支队第2总队，王熙康任第2总队5团3营7连政治指导员。先后参加过窦楼、彭沟崖、白庙、“六一”诸战斗。

1940年4月，王熙康进抗大四分校学习。9月毕业后任八路军第4纵队6旅34团1营3连政治指导员。1941年3月在永城县万楼村被国民党军包围，激战竟日，打退敌人10余次进攻。连长牺牲后，王熙康烧毁文件，动员党员、干部血战到底，宁死不当俘虏，最后带领30余人突围。

1942年5月，王熙康任新四军4师2营副政治教导员。1943年任11旅31团政治处组织股长。1945年12月任华中野战军9纵队73团政治处副主任。1946年7月16日，国民党171师向皖北进犯，73团奉命在灵璧县西南大山一带埋伏阻击。拂晓接敌，打退敌人多次冲锋，杀伤大量敌人。下午2时，敌人在炮火掩护下，用2个团的兵力向大山猛攻。前沿阵地被突破后，王熙康带领一个连坚守制高点，压制敌人火力，掩护部队撤退，不幸中弹牺牲。其遗体由当地党组织掩埋于灵璧县张圩村。

王效荣

王效荣（1908—1990），回族，今沈丘县槐店回族镇东关人，出身于武术世家。5岁时，其父开始教他站桩、拿顶、腰功、劈叉和关东拳。由于他掌力过人，少年时就名噪乡里。30岁时去上海谋生，开办“六合”武馆，在上海滩擂台比武中，打败洋人。建国后，进入上海市体委工作，任武术队总教练。是全国武术协会会员、上海市武术协会副主席。

清末民初，时局动荡，匪寇猖獗，为保家自卫，尚武之风日盛，由此也产生了不少优秀的武术人才。在槐店回族镇东关及相连的30余个回民村街，人人都会几招几式。当时，在回民中流行的主要拳种有查拳、七式拳、汤壶拳、心意六合拳、通臂劈挂拳、关东拳、峨眉拳等。有名的拳师是人称“大老师”的马忠卿、“二老师”的马忠启、“三老师”的马忠立、“四老师”的马孝良。王效荣就是大老师马忠卿的高徒。在王效荣有了一定武术基础之后，为扩展其拳路，马忠卿让王效荣拜自己的妻哥尚学礼为师，学习心意六合拳。尚学礼是心意六合拳的传人，他曾在省城开封打擂，荣摘头牌。王拜尚为师后，由于悟性较高，很快学会了“八法六六式”、“十大形”、“鸡形四把”、“西一门”等套路，达到了心与气合，行之依意，气固神凝，后奇正先的境地。18岁时，王效荣已成为豫东心意六合拳造诣高深的领军人物，并开场授徒。

抗日战争爆发后，各系军队到处抓壮丁，以扩充实力，加之苛捐杂税，百姓是苦不堪言，纷纷外出谋生。当时沈丘有近半数回民逃亡上海。在这种时局下，王效荣的武场办不下去了。1938年春，他随家乡的逃荒“队伍”也携家人来到上海，办起了“六合武馆”。武馆开张后经营惨淡，原来学武的大都是来上海逃荒的穷人家的孩子，武馆入不敷出，日渐不支。这时，在上海拉黄包车的一个徒弟资助他开了间“王记饼店”，店伙计用的都是交不起学费的小徒弟，实际上是以“店”养“馆”。当年的上海滩日子并不好混，到处是帮会，“白相”（光棍、无赖）、打乡堂（帮与帮械斗）者随处可见，他们各有各的码头和地盘。也有一些是为了生存自卫的“苦力帮”、“家乡帮”，但王效荣从不参联帮会，包括家乡人的帮派。一次一个阿三（地痞）向王效荣饼店收“保护费”，扬言不给就砸店，“家乡帮”愿帮王摆平，被王婉言谢绝。第二天，这个阿三果然带一帮人来滋事，王也未与他们理论，只当众对着店内一个枣木板凳用力劈下，咔嚓一声，凳随掌断。地痞们见状，吓得目瞪口呆，惶惶逃窜而去。

1943年，日本人以举办国际擂台赛为名，向上海武术界叫板，扬言中国无人敢参擂。为给中华民族争光，上海著名武术家、时任中央国术馆少林门门长的王子平（回族，河北沧州人，解放后任全国武协副主席）亲自组队，挑选了8名武术精英参赛。在回力球场（上海卢湾体育馆）擂台上，中国武术队以6∶2的比分击败西洋拳击队，振奋了国人士气。日本人没有达到自己的目的，再次设擂，并请来“白俄”大力士卢素诺夫。此人身长6尺，力大无比。中国人与其相比，身高体重上明显处于劣势。王子平此时想到了王效荣，因为王效荣个高6尺余，功力扎实。王子平上门找王效荣让其出山，以扬国威。王子平早年在北平冯玉祥部下做军事教官时，与王效荣的叔父是莫逆之交，王效荣见王子平亲自登门，又是为国而战，欣然应允。王子平虽知王效荣已得“六合”真传，但他不放心的是比赛规则允许有摔跤动作，这正是王效荣的弱项，一旦被洋人识破，必败无疑。当时王子平会蒙古式摔跤，但因自己年事已高，力气不足，难于与洋人较量。于是就用了一个星期的时间把所掌握的摔跤技巧、要领，包括他善用的“穿裆靠”、“倒口袋”等绝艺，毫无保留地传授给了王效荣。这次擂台设在上海八仙桥大舞台，观者如云，场内人声鼎沸，座无虚席。不少洋人杂在其中，立等看“东亚病夫”的笑话。一些汉奸败类、纨绔子弟还利用这次比赛赌博，并把宝押在洋人身上。然而更多的中国人对王效荣寄予厚望，暗自祝愿他马到成功，为国争光，为民出气。

比赛的哨声响了，王效荣面对膀大腰圆的卢素诺夫，暗暗提醒自己，要沉着冷静。他默念拳谚：“示之以虚，开之以利……见之似好妇，夺之似惧虎”，以笑眯眯的表情麻痹对方。而卢素诺夫趾高气扬，一开场便向王效荣发起猛攻，企图三拳两式就把中国人打趴下。而王效荣面对体重高于自己的敌手，既不逞猛，也不示弱，严守门户，不乱方寸，矫捷地左格右挡，下压上架。卢素诺夫是先入为主，强攻猛追，奋西洋拳击之悍霸作风；王效荣则审时度势，避实就虚，巧妙应对，示中华武术之玄奥本色；洋人脚下如履蒺藜，活蹦乱跳；王效荣则稳扎稳打，紧盯洋人双目，洞察对方心理，以备不虞。这样你来我往，一攻一守，至第一场结束，未见输赢。

第二场开始，洋人已知对手不是等闲之辈，谨慎起来，不断变换招数。王效荣在展闪腾挪中，抓准时机“回敬”洋人。两人是越战越猛。这时的王效荣已没有了笑眯眯的表情，一双眸子射出熠熠逼人的光芒。他听到台下王子平为他助威的喊声，立即想到摔跤技法。于是他轻捷地走起摔跤步，从对方密集的拳缝中瞅空隙。这招着实有效，没多久，王看准对方胸前空当，一个箭步贴近对手，右手猛然下插对方裆部，就势将洋人举了起来，这便是王子平传授的

“穿裆靠”。王效荣兴奋地绕场一周，把洋人狠狠地摔在台上。顿时观众掌声雷动，欢呼雀跃。“白俄”力士卢素诺夫只得举手认输，狼狈退场。王效荣击败卢素诺夫，再次粉碎了日本人的阴谋，大长了国威，“中原大侠”的威名震撼了上海滩。

王效荣为人耿直，注重武德，从不攀附权贵、屈从恶势。处世有主见，做事讲原则，从不随波逐流。对此，一些家乡人及个别拳师，还颇有微词，认为他不合群。比如，他虽武艺高强，又有众多高徒，但他从不参与“打乡堂”。他对自己的徒弟管教非常严，不让与在“帮”的人来往，更不准参与帮派之间的争斗。

上海解放后，王效荣开始了新的生活，被分配到上海市体委工作，担任上海市体工大队总教练，兼上海体院和上海师院的课程。天道酬勤，他带的上海体工大队名将辈出，不少人多次获全国冠军。

1954 年，王效荣参加国庆观礼武术表演，受到毛主席、刘少奇等中央领导的接见。1968 年王效荣当选为全国武术协会会员。1974 年又当选为上海市武术协会副主席。1975 年，他参加西安全国武术比赛任总裁判长，回沪途中顺道回沈丘探亲，受到当时县革委和家乡人民的盛情接待。1983 年，王效荣出席在北京召开的全国武术工作会议，再次受到党和国家领导人的接见。1990 年，王效荣病逝于上海市第一人民医院。享年 82 岁。

王效荣有 4 女 1 子，子王文俊原在上海市第一石油机械厂工作，后调任市公安局防暴大队总教练。

王修身

王修身（1904—?），字新民，今项城市丁集镇丁集村人。抗日战争中，他以旅长率兵，先后参加了武汉保卫战和第二次、第三次长沙会战。

修身幼年时家无田产，13 岁就到富家当小工。1920 年，与同乡马式斌一起去冯玉祥的第 16 混成旅当兵。由于他为人忠厚，作战勇敢，很得上级的赏识和信任，入伍 10 年内，由士兵逐级提升为排长、连长、营长、团长、旅长职务。

1930 年中原大战，冯玉祥的西北军战败，10 余万官兵被蒋介石统编。王修身部编入国民党陆军第 25 军 32 师 96 旅。1936 年，王修身由旅长升任 32 师师长。

1937 年七七事变后，日军侵入华北，全面抗日战争开始。8 月 13 日，上海保卫战打响后，王修身奉命带领 32 师于 9 月初参战，编入第 15 集团军固守柳杭阵地，与日军最精锐部队久留米师团对敌。日军以飞机、大炮、坦克发动进攻，王修身指挥的 32 师官兵浴血奋战，抱誓死与阵地共存亡的决心，在 20 余日的激烈战斗中，寸土不让，所守阵地稳如磐石，日军未能攻进一步。王修身被国民政府授一等功。9月16日，蒋介石为其颁发嘉勉令。由于该师官兵牺牲惨重，后奉命调后方整训，被编入26军。

1938年秋，部队整训完毕。这时日军已攻占南京，进逼武汉。王修身奉命率32师在武汉左翼蕲春、广济、黄梅等地布防，阻击敌人西进。在四望山战役中屡挫强敌，歼灭敌人大部精锐部队，获国民政府特别嘉奖。此后，32师一面整训，一面防守荆州、沙市一线，阻止沿汉宜公路西进的日军。次年秋，32师一个营，歼日军200余人，击毁运输车20余辆。1941年秋，荆州、沙市相继沦陷，32师退守宜昌，在江南大桥曹家畈一带防守，与敌对峙半年之久。1942年春，王修身派蒋修仁团长率一个营兵力，在长江北岸打游击，歼敌800余人。

长沙会战打响后，王修身奉命率32师从湖北第5战区进入湖南第9战区参战。长沙是华中战略重镇，当粤汉铁路之要冲，是屏障中国战略大后方（大西南）的战略要点。1939年9月14日，日军集中10万兵力，向南进犯，在中国军队反击下伤亡万余人，以失败告终。王修身到达时，第一次会战已经结束，他只参加了第二次和第三次会战。二次会战中，32师在长沙东北春华山之梅索桥战役歼敌400余人，并缴获大量军用物资。日军第三次进攻长沙，32师顽强作战，伤亡很大，但日军最终惨败。

长沙会战后，王修身于1942年4月27日晋升陆军第26军副军长，带职赴重庆中央陆军大学将官班特八期学习。1945年毕业后，任中央军事训练团主任。不久，又被调任中央第2军官总队总队长。

日本投降后，王修身在国民党徐州剿总指挥部供职。未久，调任106军军长，奉命固守江防，驻徽州外围宁国。人民解放军渡江部队顺利渡过长江，王修身带兵败退到福建，后被提升为第15兵团司令，于福州、厦门等地收容败退散兵。在人民解放军进攻福州时，王修身被蒋介石派飞机接往台湾。后，终老台岛。

王永现

王永现（1897—1948），今郸城县吴台镇王寨村人。贫苦农民出身，为人耿直、朴实。

1946年底，随着解放战争的发展，当地建立了共产党领导的人民民主政权。在党的教育下，永现串联贫下中农，积极投身于斗争恶霸地主、进行土地改革的斗争。由于他阶级立场坚定，斗争勇敢，大公无私，群众推选他当了村长，后来又担任村农会会长。

1947年农历十月底，一支解放军部队过境时，将一批军用物资交给地方基层政权分散保存。王永现带领2名农会积极分子，用大车拉回步枪18支、土布2捆（约2800尺）和军鞋4000双，悄悄地隐藏起来。

不久，地主联防队勾结国民党“新五军”乘隙而入。他们逐村逐户搜捕共产党的干部，抢掠群众财物。王永现牵挂存放的物资，未能提前转移，被敌人抓住。敌人风闻该村藏有军用物资，便把他吊起来拷问，威逼他说出存放地点。在连续拷问中，他几次被打得昏死过去，用冷水激醒后，他仍是回答：“不知道。”敌人施用了老虎凳，往手指里扎竹签，往脖子上挂耪石等酷刑，结果仍一无所获。

经过多次拷打用刑，王永现身体已极度虚弱。一天，敌人又要逼供，他拿定主意说：“我领你们去找。”当他们走到一口井边时，他趁敌人不注意，一头扎入井中。为了索取口供，敌人把他捞上来。已奄奄一息的永现还是那句话：“不知道！”敌人觉得从王永现嘴里掏不出他们想要的东西，在无计可施的情况下，于农历十一月二十六日（1948年1月6日）早晨将他杀害。

1948年6月，王永现用鲜血和生命保护下来的军用物资，全部交回军队。

王右文

王右文（1893—1972），字蔚甫，原名曰贵，今扶沟县吕潭镇东王庄人。幼年曾在扶沟县基督教内地会福音学校读书，1914年由英国牧师保送到开封中华基督教内地会福音医院（今中国人民解放军115医院所在地）攻读西医4年。毕业后返回扶沟，在县城开办爱华医院，兼营书社。

王右文擅长西医内科，兼治外科、五官、妇科、儿科等，对结核、哮喘、吞金服毒、胃肠道疾病、妇科难产等症均能妥善处理。他医德高尚，不论贫富亲疏，昼夜随时应诊，在群众中享有很高的威望。群众为其送匾额曰“第十一人”，意为中国古代有十大名医，之后便是王右文了。

王右文思想进步，同情革命。中共地下党员施德生经常通过爱华医院传递秘密文件。1929年，吉鸿昌任西北军11师师长兼宁夏省主席时，经吉鸿昌的父亲吉筠亭推荐，王右文担任了11师军医处长兼宁夏省中山医院院长。建国初期，王右文在扶沟县吕潭镇开办大同医院，后调入县卫生院任西医内科医生。1972年12月19日夜，他冒雪出诊时不幸遇难。

王右文精通英语，通晓古典诗文、宗教、哲学等科。20年代曾在上海《通向报》上发表《科学、宗教、哲学三者一贯论》，被该报聘为驻河南省名誉访员。

王月惠

王月惠（1923—1986），今淮阳县白楼乡王花园村人。略识文字，酷爱园林事业，是淮阳县太昊陵公园的主要开创人，著名园艺工作者，曾任政协淮阳县委员会委员。

王月惠出身于园林世家，自幼随父学习剪枝艺术（父王殿一，民国时期在武汉从事园林工作，其花木造型技术堪称一绝）。后，回到淮阳，在老家种植、培育花木，将松柏修剪成栩栩如生的各种形态，供人观赏，时称“王家花园”。1957 年筹建太昊陵公园时，王月惠将家中珍贵花木 200 余种献给公园。为了继续培育和发展园林业，县政府将王月惠聘为公园正式员工。之后，月惠将全部精力投入到园艺工作中，把松柏造型艺术演绎到极致。其主要作品有，建筑造型——直升机、火车、汽车、汽艇、坦克、拖拉机、摩托车等；动物造型——雄师、猛虎、骆驼、大象、长颈鹿及雄鹰翱翔、凤凰展翅、孔雀开屏、猴子舞棒、游龙腾空、金鱼摆尾等；戏剧场面造型——“黄鹤楼”、“白蛇传”等。这些松柏造型，千姿百态，惟妙惟肖，形成太昊陵公园的独特风格。《大公报》、《河南画报》、《北京晚报》、《人民日报》均有报道。

1986 年，王月惠病逝，终年 63 岁。

王阅一

王阅一（1915—1970），今扶沟县韭园镇大王庄人。一生从事教育事业，工书画，是扶沟县乃至豫东 20 世纪 40 年代至 70 年代美术、书法界代表人物，是县第一、四届人大代表。

王阅一上小学时，就十分喜爱书画。1934 年后，在开封中州中学和淮阳师范读书。其间，他刻苦钻研绘画、书法艺术，并崭露头角。师范毕业后，先后在扶沟县福音堂小学、城关完小任教。1938 年，日军侵入中原，他以宣传画、漫画、标语等形式揭露日军暴行，激发人民抗日斗志。1945 年在许昌育幼院教书。1948 年返回扶沟，先后在曹里小学、扶沟一中、泛区师范、县高中任美术教师。

王阅一在绘画上擅长山水、花鸟，兼画人物、壁画、连环画；在书法上擅隶书、行书、美术字。在绘画上，他注重生活写生。他在自己居住的门前屋后种上菊花，然后观察写生，所以他画的菊花栩栩如生，人们称他“王老菊”。书法上，他注重字的神和气。在开笔之前，他先是凝思静立，养神蓄气，提起笔来，一气呵成。他说：“楷书不慢，行书不快，草书如鹅运颈。”这是他几十年书画实践的精辟总结。

王芸圃

王芸圃（1875—1952），又写作王芸璞，字兰田，今郸城县汲水乡竹恺店村人。清光绪年间生员（即秀才）。清末在留美预备学堂时加入同盟会。1912年为河南省参议会参议员，是当时鹿邑县教育界早期著名进步人士之一，也是当地乡间学校教育的开拓者。

鹿邑县地处豫东边陲，清末民初时交通闭塞，教育落后，人才缺乏。王芸圃于1912年受命筹建鹿邑县教育会（1914年改称劝学所，芸圃任所长），投身于教育事业，倡导兴办现代意义上的学校，倡导女子接受学校教育。就在这一年，于鹿邑县城内芙蓉街建立鹿邑县高等小学校，是为全县第一所高等小学。县辖5个区均办起初级小学，离区较远的集镇由2个至3个保联合开办了初级小学。到1922年，鹿邑全县有区立小学20所，私立小学4所。

1923年，鹿邑县始建立教育局，劝学所所长王芸圃出任第一任教育局局长。当时师资奇缺，无条件筹办。为解决兴办学校的师资问题，他于1926年借鹿邑县城西关外山陕会馆为校舍，委任淮阳县籍的马子贞（回族，共产党员）为主任，创设2年制师范讲习所，招生约80人。这批学员于1928年毕业后首先充实高等小学堂（校址在鹿邑县城原书院）扩充班次，并增设西关小学，成立了北大街阎氏私立初小和南大街张氏私立初小。

同一时期，他主持在各大集镇创设学校，1924年春，芸圃支持和协助社会贤达张存诚（清末秀才，今郸城县李贵集村人），在宁平城（今属郸城县）创建了鹿邑县第二所高等小学堂——鹿邑县立宁平高等小学堂（1926年改名为鹿邑县立第二完全小学校）。在芸圃任鹿邑县教育局局长的六七个年头里，他开创性地工作，为当时鹿邑县现代意义上的学校、尤其乡村学校的兴办，作出了奠基性的贡献。

芸圃重视和支持女子入学校读书。他担任教育局长上任伊始，即着手成立鹿邑县女子小学堂，并亲自兼任校长，为当地女子进入学堂读书创造了条件。1925年，在共产党员李梅村、吴静汝的襄助筹划下，在王子久家创立了家庭女子小学堂，1927年元月迁至王隅首，更名为鹿邑县女子小学校。

王芸圃思想进步，积极支持革命活动。1929年8月，曾与中共鹿邑中心县委负责人李梅村、江梦霞等在鹿邑县城共同开设民智书社，销售进步书刊，传播马列主义，并以其县教育局长的合法身份，掩护、协助李梅村等从事革命工作。

1930年后，芸圃先后担任鹿邑县教育馆馆长、民众教育馆馆长。他主持在竹恺店（今属郸城县）创办了鹿邑县第三完全小学。这是今郸城县境内创办较早的学校之一。此后，相继改贾滩小学为第四完小，玄武镇小学为第五完小。此外还有马铺完小、试量完小，使当时的5个行政区均有了完全小学。在人口稠密的农村，创办了初级小学。

1939年4月25日，日寇第三次占领鹿邑县城，鹿邑县境清水河以北沦入日寇铁蹄之下。芸圃随鹿邑县政府南迁石槽集（今郸城县石槽镇所在地），在县政府任职。这时，年过花甲的他，仍关心支持处于游击状态的黄泛区学校的发展及教学工作，并主张积极抗日。石槽简师发生学潮，原校长任子慎去职后，年近70岁的王芸圃代理鹿邑县立简易乡村师范学校校长职务。他将那个烂摊子收拾好并搬回县城后，把校长职务交给了安锡芳。

抗日战争胜利后，他改任鹿邑县赈济委员会主任委员，年届70岁的他，还在为社会作着贡献。

1948年，芸圃退居乡里。1952年，为鹿邑、郸城两县的乡村教育作出开拓性贡献的老人，以78岁的高龄与世长辞。

王治国

王治国（1920—1984.3），又名邵馥，今淮阳县安岭镇湾张村人。1938年8月参加革命工作，是淮（阳）太（康）西（华）抗日根据地创建人之一，曾组织带领群众积极开展抗日活动。王治国在睢杞太独立团期间，率领战士机智勇敢地与日军作战，他身先士卒，屡立战功。1945年加入中国共产党。

解放战争时期，王治国奉命开辟淮阳、郸城解放区。他出生入死，串联发动农民与地主恶霸斗争。1949年7月出任淮阳县县长。时百废待举，他不惧困难，为人民政权的巩固和发展作出了很大贡献。1952年，王治国调河南省干部学校任主任。1964年任省气象局局长。1984年3月病逝，终年64岁。

王秩然

王秩然（1915—1978），今太康县转楼乡半坡楼村人。幼年读于私塾。1935年在太康县振太中学毕业后，任教于大营子村小学。1937年底，结识中共太康工委书记杜力生，翌年4月加入中国共产党，从事地下工作，发展党员20多人。同年10月，参加豫东人民抗日游击第3支队。不久，该队与彭雪枫部合并为新四军第6游击支队，他任司令部司务长。6支队扩编为新四军第4师后，王任师管理科副官。1941年任粮秣科科长。一次到敌占区筹粮，被敌人发现，他在高粱地潜伏3昼夜，终将粮食运回。途中，他因病饿交加昏倒在运粮船上。1943年任团供给处主任时，组织100多名后勤人员，自办小型榴弹厂、被服厂、鞋厂、毛巾厂、合作社等，解决部队部分军需用品，同时在“发新缴旧”、缴获归公等方面，制订了一系列规章制度，受到上级通报表扬，荣立二等功。后任4师供给部军需科科长。

1946年，王秩然调任华东军区供给部工管处商店经理、军需科长、师供给处处长、23军后勤部供给部部长等职。1947年3月莱芜战役中，王秩然带领后勤人员长途跋涉几百里筹集了大批粮食、盐、油、菜等送到前线。孟良崮战役中，国民党整编74师被人民解放军包围，23军担任主攻，战斗异常激烈，前沿阵地急需补充弹药。在这关键时刻，王秩然率领后勤干部、战士40余人，冒着密集炮火，爬山越岭把弹药送到前沿阵地，途中16人牺牲。在1948年的淮海战役中，徐州周围屯兵百万，粮菜皆缺。他带领50个民工，赶着几十头毛驴，东行300余里，筹到大批白面、猪肉、小米等送往前线。一位团长感动得向他打躬作揖，热泪盈眶。由于他后勤工作搞得出色，曾多次受到纵队司令员陶勇的表扬。1949年春，23军集结待命，准备渡江。王秩然为保证部队供应，赶制、征集船和筏，训练船工，日夜操劳，后随部队第一批渡江。1950年5月后，相继任军后勤部副部长、部长。

1952年8月，23军赴朝参战，王秩然任分管后勤的副军长。他提前到东北为部队准备给养、装备，将一切事宜部署得井井有条。部队入朝后，他经常深入基层单位，检查工作，了解情况。他乘坐的吉普车有两次被敌机炸坏，一名司机牺牲，他手部负伤。

1954年春，王秩然参加志愿军归国代表团，金日成首相亲自送行。1955年被授予大校军衔，获三级独立自由勋章和二级解放勋章。1958年9月离朝回国，荣获朝鲜民主主义人民共和国红旗勋章。

1959年1月，王秩然任北京军区后勤部军需部部长、营房部部长。1968年7月，王秩然先后任内蒙古军区后勤部部长、副司令员，1970年9月兼任内蒙古自治区生产建设指挥部主任。由于工作繁忙，他长期抱病坚持工作，直到病重时，才到北京、上海医治，先后动过4次手术。1978年6月12日，病情再次加重，最终不治，长眠于上海。终年63岁。

王子亮

王子亮（1901—1984），字寅初，今沈丘县傅井镇杨集村人。幼家贫，一家8口，仅有薄田2亩许。父廷英务农，兼做木匠活，家庭生计靠种菜与做木工维持。子亮幼读私塾3年，稍长，挑担卖菜，推车贩盆。1921年，他贩盆时路遇乱兵，遭抢劫毒打，激于义愤，立志当兵从军。时，冯玉祥部在沈丘县城西大寺插旗招兵，子亮前往应募。是年5月，考入冯部学兵团，由此步入军伍。

1925年，子亮于学兵团结业后，调第15混成旅任排长，后升任连长。1928年调宋哲元部炮兵团，升任营长。1931年升任军部军械处上校处长。1933年部队改编为第29师，任132师396旅上校团长。抗日战争开始后，任396旅少将旅长。1940年任副师长，1946年任第30军政治部主任。子亮自入军伍，一直在爱国将领冯玉祥部任职，深受其影响，素怀报国之志。日寇侵华战起，全国人民抗日怒潮汹涌，在中国共产党抗日民族统一战线影响下，冯部力主抗战，子亮多次参加抗日战斗。每战，子亮都身先士卒，英勇善战，指挥有方，多次荣立战功。

1933 年，子亮率部与日军战于喜峰口，夜袭日军获胜，并首次负伤。29 军给子亮记大功 1 次，军长宋哲元奖其摩托车 1 辆，并提升为 29 军卫队团团长。1937 年卢沟桥事变，子亮率部在南苑黄村车站与日军肉搏，给敌重创。而后转战津浦路静海、王口马场、沧州等地。1938 年，日军占领平陆，不时炮击陕州，致使陇海铁路中断，物资运输困难。第一战区副长官宋哲元亲自命令 396 旅旅长王子亮，不惜一切代价，限 3 天拿下平陆，并将 37 师和 179 师各一个旅拨归王指挥。王子亮率军抢渡黄河，攻夺平陆，与日军展开殊死搏斗。敌伤亡惨重，兵溃逃窜。王部亦付出重大代价，伤亡士兵千余，3 个团长受伤，营、连、排长伤亡 20 余人。战事历时 2 天，子亮出色完成任务，保证了陇海铁路畅通。此后，王又奉命参加著名的台儿庄战役，向进攻台儿庄的日军侧背发动袭击。王率部由得胜口渡河，与日军展开激战，占领金陵寺，重创敌人。战斗中王子亮右腿负重伤，仍带伤指挥战斗，一直坚持到敌人溃逃，战斗结束才下火线。第 5 战区长官部接王子亮去徐州养伤，司令长官李宗仁亲到车站送行。此役后，王子亮以战绩卓著，再次受到嘉奖。

抗日战争胜利后，国民党以整编部队为名，排除异己。王子亮因非国民党嫡系被编余，在南京集训后编入军官总队。1946 年，王通过私人关系到 30 军任政治部主任。该军曾在战后因抢夺胜利果实，被人民解放军击溃，残部在豫西休整补充，徒有番号虚名，并无实际兵力，在整个解放战争中亦不曾再与人民解放军交战。1949 年，该部驻四川德阳，12 月，在贺龙部某参谋长的策动下，王子亮率部起义。

王子亮起义后，初在第 7 兵团军官教导团任大队长，1951 年任西北军区参议室师级参议。1955 年转业退伍，任甘肃省人民政府参事室参事。1984 年 10 月 27 日 14 时 15 分，王子亮因病在兰州逝世，终年 83 岁。

王子英

王子英（1912—2004），山西省定襄县人。自幼上学，曾以优异成绩考入山西第一师范。1928 年春，参加阎锡山的北伐军。阎失败后，又回校学习。毕业后考入山西大学并任《山西报》记者。1934 年加入中国共产党。不久到天津，任《大方报》编辑。

1935 年 8 月，中共北方局派他到西华开辟工作。到西华后，在中共地下党创办的普理学校任校长。1936 年秋建立中共豫东特委，子英任特委委员兼西华县委书记。1937 年冬，组织群众打开红花集大地主胡逊安、马乐园的粮仓，将 100 多石存粮分给农民。七七事变后，楚博（中共特别党员）任西华县县长。通过统战关系，子英任县抗敌动员委员会秘书。1937 年底，他以西华县政府的名义在县城举办干部训练班，宣传抗日道理，为后来建立武装打下基础。1938 年 5 月，中共豫东特委商同国民党淮阳专员刘莪菁在周口举办抗战建国训练班，特委派子英任主任教官。10 月，到延安抗大学习，毕业后历任抗大一分校营组织干事、团民运股长、工作团长。转入地方后，任财校教员、实验科长、边区政府财政厅秘书主任、政策研究室主任。1948 年任华北人民政府财政部秘书主任。1950 年任中央人民政府财政部预算司司长。1960 年调中央财政金融学院任教师，不久评为教授。

王作宾

王作宾（1864—1940），字国光，今扶沟县包屯镇雁仓村人。晚清邑生，早年留学日本，就读于宏宜管师范大学，是扶沟县最早的留学生之一。毕业后，留驻扶桑 14 年，其间参加了孙中山领导的同盟会。归国后，不趋名利，终生从事乡村教育事业。曾先后在扶沟、鲁山等地教书。1934 年，扶沟县创办白云寺师范学校，他应邀任教并担任校长。

王作宾知识丰富，教学方法灵活严谨，管理有方，学校办得有声有色，远近求学者络绎不绝。1938 年日军入侵扶沟，学校被迫停办。两年后，王作宾辞世而去，享年 76 岁。

王作宾博闻强记，才思敏捷，能诗善文，下笔千言立就，尤精属对。有一年农历三月初八吕潭庙会，有人找到他，说戏台上想挂一副别人没有用过的新对联。王作宾一挥而就："千里做官不出乡，大动干戈不带伤；同胞兄弟不一母，结发夫妻不同床。"来人大喜而去。

王作宾生活不拘小节，潇洒倜傥。有一年，乡间土匪作乱，王作宾携全家老小到扶沟城里投亲躲避。待到城里，方知一份重要文约掉到家里了。8 天之后，土匪遁去，王作宾遣其长子回家寻找。长子回到雁仓，一进家门就见家里养的一条黑狗死在大门里边。这条黑狗很受王作宾喜爱，为其起名"乌龙"。长子一拉乌龙，文约竟然在其身下，原来这条黑狗为了看守这份文约，七八天水米未进，直到饿死。王作宾得知后感慨万分，回家后将黑狗埋葬。并为狗立了碑，亲自写了碑文《乌龙传》。

王作宾富有正义感和忧国爱民思想。抗战初期，他编写活报剧《安重根刺杀伊藤博文》和《十二个月》，揭露日本军国主义者的侵华暴行，组织师生到乡村巡回演出，有力地配合了中共领导的抗日救亡运动。

魏凤楼

魏凤楼（1896—1978），今西华县迟营乡魏营村人。出身贫寒。18 岁投冯玉祥部当兵，曾参加反张勋、战奉军、北伐、讨蒋等重大战役。由于作战骁勇，从士兵逐级晋升到军长。1926 年随冯玉祥到苏联参观，深受鼓舞和启发。1930 年蒋冯阎中原大战，冯部失败，魏凤楼不愿降蒋，遂到北京赋闲。其间，与共产党取得联系。1932 年，中共北方局柯庆施让魏回河南组织抗日武装。按照党的指示，魏凤楼在商丘、许昌、扶沟、西华等地秘密串联，组成千余人的队伍，活动于商丘、柘城一带。蒋介石以“师出无名”为由，出万元赏金悬赏通缉魏凤楼。不得已，魏改名王凤祥到泰山找冯玉祥闲住。七七事变后，冯让魏回西华组织抗日武装。不到一月，又被国民党豫皖绥靖主任刘峙通缉。魏避居西华黄营村，经中共豫东特委书记沈东平动员，参加抗日救亡工作。1938 年 5 月，豫东特委批准魏为特别党员。1938 年，中共党组织通过统战关系，使魏先后任西华一区区长、扶沟县县长、鹿邑县县长。任鹿邑县县长时，所部 1200 余人被编为国民党归德保安第 4 总队，魏兼任总队长。中共派张爱萍到部队协助魏建立党组织，举办干部训练班。同年 10 月，彭雪枫从竹沟经西华到睢杞太地区整训，魏凤楼本着“先新四军后自己”的原则，为彭部补充人员，供给军饷、装备。1939 年春，中共派尹景湖到魏部工作。经尹疏通卫立煌，7 月，魏部改编为第一战区游击第 1 纵队，魏任司令，率部在豫东抗击日军。曾指挥睢县马路口伏击战、牛王谷堆战斗、高蔡战斗，给日伪军以重创。1941 年，日军进攻中条山，蒋介石令魏参战，不供装备，却按正规军使用，魏部伤亡惨重。1944 年，魏在陕县张茅守河防。5 月，日军突过黄河，魏率部通过日军封锁线东进临汝休整，被日军俘虏。后以其身弱体残被释放，辗转回到西华。不久，“皇协军”张岚峰函约魏凤楼为其招兵买马，承诺供应武器装备。魏便在淮阳柳林一带为其组织武装，并很快招募几百人。1945 年春，冀鲁豫军区派中共党员杨春芙等和他联系，魏说：“我要带人回解放区，否则内心有愧。”又经半年，队伍发展到三四千人。夏，杨春芙等两次与魏联系，魏同意起义。8 月 18 日，魏率 4000 多人起义，编为冀鲁豫军区豫东纵队，旋即歼灭国民党杜书部。1945 年冬，魏凤楼任豫皖苏军区副司令员兼二分区司令员，率领骑兵黑马团、白马团，驰骋豫东、鲁西、皖北一带。1947 年歼灭驻界首国民党军一个营，消灭周家口交通警察 17 总队。1948 年 9 月在商丘阎集一带消灭鹿、淮、太、亳等 8 县联防团 2 万余人。其间，蒋介石派人以河南省主席相许策反，魏未予理睬。建国后，魏先后任北京军管小组副组长、天津芦台农场场长、林业部顾问等职。1952 年因患高血压回北京休养。1978 年病故于郑州。

魏文超

魏文超（1923—1988），曾用名曹宗正，太康县城关县前街人，祖籍老冢镇南小魏庄（今属淮阳县）。

魏文超早年当过小学教员。1941 年 8 月在大许寨参加薛朴若组织的“青救会”，1943 年 6 月参加革命，1945 年 6 月加入中国共产党。先后任过会计、管理员、民政科员、宣教股长、区长、区委书记等职。

1945 年 4 月起，他先后任淮太西县一区、五区、三区、七区区长兼区委书记。11 月，水东地区第一次反围剿斗争开始，淮太西县委及武装奉命北撤，魏文超主动要求留下坚持斗争。在当时困难复杂的环境中，他机智勇敢，带领区小队和敌人进行游击战。1946 年初，他们在李贯桥村宿营，被太康保安团包围，激战中突围南撤，又遭淮阳保安团迎头阻击。他乘夜色巧妙转移，诱两县保安团自相火拼，伤亡惨重。区小队受到上级表彰，魏文超被冀鲁豫第 6 军分区和豫皖苏第 2 军分区授予特级战斗英雄称号。

1946 年 12 月，魏文超调淮太西县大队任大队长。1947 年 4 月，任县大队副政委兼太康、淮太西县联合剿匪指挥部政委。10 月，奉派到豫皖苏干校学习。1948 年 7 月，任太康县副县长。其间，他主动承担剿匪任务。农历八月十五日夜，他带领 20 名战士，到城南一带搜查，于天亮时在香王庄活捉土匪头目杨修森、段麻子等 30 余人。11 月，他和县政府其他领导人一起带领 9500 多名民工组成的担架队，支援淮海战役。

建国后，魏文超曾任太康县代县长。不久调省委工作。先后任省人事厅秘书，办公室副主任，省编制委员会办公室副主任，汲县卫校校长、代理书记，豫北医专党委第一副书记兼校长，河南中医学院医教部主任、党委委员、附属医院党委书记、学院顾问等职。

吴丹坤

吴丹坤（1892—?），原名世珍，又名丽泉，今鹤壁市浚县人。1919 年武昌高等师范学校毕业后从事教育工作。1922 年在淮阳中学任英文教员时，曾和中共早期党员、国民政府海军代理局局长兼中山舰舰长李之龙一起工作，并通过李之龙接受革命思想，信仰马列主义。李之龙离开淮阳时，对他说：“已把你的情况汇报给上海陈孚木（即陈独秀），希望你继续研究马列主义，多为党工作。”李之龙的殷切嘱咐，激励他树立了革命人生观，最终成为革命者。

1923 年，吴丹坤在潢川省立七中任教导主任时，成立了读书会，学习《新青年》、《向导》、《灯塔》等杂志，宣传革命道理。1925 年在开封两河中学任教导主任时加入中国共产党。1927 年中共河南省委派他和高靖宁、刘任平到省立二师（即淮阳师范）做地下工作，公开职务是：高任训育主任，吴任教导主任，刘任语文教师。在省立二师期间发展多名学生入党。1928 年，吴丹坤回家乡浚县办学。1933 年起，他先后在南阳、镇平任教。建国后，历任河南省五届政协委员，镇平县政协副主席、人大常委会委员，镇平一中名誉校长等职。1960 年离休。

吴化孚

吴化孚（？—1949），学名宽恩，今扶沟县汴岗镇五所楼人。高小毕业，1948 年 3 月 21 日任国民党扶沟县最后一任县长。

他曾任小学教师，20 世纪 30 年代，改任西华县聂堆区区队长。1938 年 9 月，魏凤楼县长离开扶沟时，委任吴为扶沟县兵团副司令（司令，县长例兼）。他在副司令任内，到处打条子向群众强行借枪（当时民间存有不少看家枪），因而聚敛长短枪三四百支。1939 年春，他被免职后，便当上国民党泛东挺进军的纵队司令，又到处抢劫掳掠，抗战不足，扰民有余。他平时不理军务，全以拉拢关系和贩毒走私为业。他直接和洛阳第一战区司令长官部某些高参联系，又和水东日伪张岚峰部暗通，用武装押运购销，大发国难财。任扶沟县长后，仍不理政务，过着声色犬马、纸醉金迷的生活。1949 年 2 月，被人民政府枪决于县城西关。

吴健雄

吴健雄（1912—1997），女，江苏太仓人，袁家骝夫人。曾参加美国制造原子弹的“曼哈顿工程区域计划”，负责解决了连锁反应无法延续的重大难题，被人们誉为“原子弹之母”。她还验证了著名的“弱相互作用下的宇称不守恒”和“β 衰变中矢量流守恒定律”……太空中有颗小行星的名字就叫“吴健雄星”，是中国科学院紫金山天文台命名的。

吴健雄的父亲吴仲裔，毕业于清末洋务派首领盛宣怀创办的南洋公学（上海交通大学的前身），是个有超前意识、兴趣广泛的人。据苏州地方史料记载，他在无线电、手风琴、狩猎、唱歌、吟诵古诗词等方面，均有相当造诣。比如安装收音机，他不仅给自己家中安装了一台，还安装了好几台送给乡邻，使乡亲们除了茶馆之外，又多了一个了解外部世界的渠道。他受蔡元培的新思想影响，在家乡创办了一所明德小学。吴健雄正是在这所学校里，受到启蒙教育。

吴健雄对她父亲极为崇拜。在一次回答记者采访时她说："父亲是一生中对我影响最大的人。"走遍世界许多地方，接触过不少杰出人物，直到晚年，吴健雄仍然认为，像她父亲那么优秀的男人并不多。

1923 年，11 岁的吴健雄进入苏州第二女子师范学校就读。这所学校在江南很有名气，除了聘有许多优秀的老师教授新式课程外，还经常邀请著名学者进行学术讲座。给吴健雄留下深刻印象的是胡适的一次演讲，题目是《摩登的妇女》。吴健雄以前在报刊上看过胡适的文章，对胡适的思想有一定的了解，这次演讲，校方恰又安排她做记录，因此她听得格外认真。胡适在演讲中举例说，假若一个穷得不得了的老太太，拾荒为生，无意间在垃圾堆里捡到一包钱，她是无论如何不会送人的……所以说，道德标准与生活水准有关。胡适这种深入浅出的演讲，给了吴健雄很大的启发。

1929 年，吴健雄进入中国公学继续深造。这是我国第一所私立大学，是几个留日学生愤恨日本人的民族歧视，集体退学回国创办的，胡适先生被聘担任校长，并亲自讲授一门文化史的课程。胡适是有名的洋才子，知识广博，风度翩翩，是青年学生们追捧的偶像。每当他讲课时，学校都要开一间最大的教室，即使这样也是挤得水泄不通，连教室外的走廊上都站满了人。吴健雄的心目中，除了她父亲外，又多了胡适这个明星老师。有一次考试，三个小时考试时间，吴健雄只用了不到两小时便第一个交卷。胡适很不以为然，谁知道拿起试卷一看，倒抽一口冷气：这个小女子思维如此清晰，对他所授课程理解得如此透彻！在教务处办公室里聊天，胡适谈到了这件事："我班上一个学生，对清朝 300 年思想史剖析得那么深邃，真不简单，我给了她 100 分。"恰逢大历史学家杨鸿烈、著名社会学家马君武在座，也说在各自的学科中，有个学生每次考试都是 100 分。3 位大学者将这个学生的名字说出来一对，原来他们说的是同一个人——吴健雄。

1936 年 8 月，从南京中央大学毕业的吴健雄去美国留学，搭乘的是"胡佛总统号"海轮，不像穷困的袁家骝，她乘坐的是头等舱位。

到了美国，吴健雄始终保持着她特有的中国品位，尤其是在衣着穿戴上，总是身着一袭暗红色镶边高领旗袍，高贵典雅。她听说袁家骝是袁世凯的孙子，就用好奇的眼光看了他，没发现他有任何纨绔子弟的影子，看到的全是刻苦用功、生活俭朴、乐于助人等良好的品德，这使吴健雄对这个衣着朴素的年轻人留下了不错的印象。当然，她这位美丽聪慧的"东方公主"，也引起了袁家骝的特别注目。

1941 年，吴健雄获得博士学位，开始在加州大学分校柏克莱物理系做博士后。这年 5 月初，其指导教授、著名的物理学家劳伦斯建议她到美国东岸看看。她乘坐火车从旧金山出发，横越美国大陆。一路上，吴健雄参观访问了沿途各著名大学，结识了很多美国物理学界杰出人物。这次旅行，也促使她最终决定回应袁家骝的注目。

1942 年 5 月 30 日，两颗未来的世界物理学巨星终于融为一体——他们正式结婚了。

恰在这时，美国的原子弹计划正式启动。总部设在纽约市曼哈顿区，因此叫做“曼哈顿工程区域计划”，由“二战”传奇人物马歇尔将军担任主持人。负责这个计划的科学主持人（实验室主任），由著名物理学家奥本海默担任。吴健雄也参与了这一计划。

吴健雄参与“曼哈顿工程区域计划”，源于一次机缘：有一天，在柏克莱的物理学家想听听原子核分裂的新发展。奥本海默知道吴健雄在这方面钻研很深，便请她来讲。当时对于刚刚起步的原子核分裂发展，吴健雄已经做了许多研究，并有深刻独到的见解。她先讲了一个小时关于原子核分裂的纯物理，然后提到连锁反应的可能。演讲相当精彩，赢得了在场物理学家们的一片赞扬，也让奥本海默对这位来自东方的女性刮目相看。此后每次开会讨论核分裂及原子弹相关问题时，奥本海默总是会说：“去叫吴小姐来参加，她知道所有关于中子吸收截面的知识。”

在美国和西方物理学界，已经有人将吴健雄称为“东方的居里夫人”。柏克莱研究所的所在地奥克兰郡有份《奥克兰论坛报》，曾刊登过一篇报道，标题是《娇小中国女生在原子撞击研究上出类拔萃》，下边刊登了一张大幅照片，吴健雄明眸皓齿，秀丽的脸上透出自信坚定的神情，十分优雅迷人。在“曼哈顿工程区域计划”中，奥本海默向美国国防部大胆推荐了这位“东方居里夫人”。吴健雄当时到美国只有五六年时间，而且不具备美国国籍，能以这样的身份参加到原子弹试验这种国家头等机密的核心计划中，确实出乎很多人意料。

1945 年 7 月 16 日，在美国新墨西哥州的一个沙漠地带，人类第一颗原子弹试爆成功。它惊人的威力和巨大的蘑菇云，象征着一个新时代的降临。

1947 年，在第二次世界大战结束的欢庆声中，结婚已经 5 年的吴健雄，生下了他们唯一的儿子袁纬承。

1984 年 10 月，她回到家乡浏河，参加了恢复明德学校校名和为纪念父亲而兴建的明德楼落成典礼，并成立吴仲裔先生奖学金基金会，慨赠基金并担任了基金会的名誉会长。

1997 年 2 月 16 日，吴健雄在纽约病逝，终年 85 岁。遵照她本人生前的愿望，吴健雄的骨灰被运回中国，安放在故乡太仓浏河镇。吴健雄先生逝世2年后的1999年，中共中央、国务院批准在其母校——东南大学校园内建造吴健雄纪念馆。纪念馆对吴建雄的生平业绩进行了充分展示，而且陈列了由吴健雄家属和美国哥伦比亚大学捐赠的大批遗物，包括她生前所获得的奖章、奖状、证书、聘书，有关文件、书籍，朋友及要人赠送的书画、物品、日常生活用品等。

吴自修

吴自修（1884—1932），女，又名德保，天津人。幼时入私塾读书。

清光绪二十四年（1898年），因遭官司家产荡尽，随父逃难到鹿邑，寻找故旧何君武。何君武早年客居天津，与吴自修的父亲交往深厚。故友重逢，何以礼相待，吴家于是定居鹿邑。

吴自修自幼勤奋好学，聪颖过人。经何君武推荐，先后在绅士张维诚和王子久家当家庭教师。

1925年，鹿邑县创办女子小学，吴自修受聘任教。1928年，中共地下党在该校建立支部，她在共产党员李梅村、吴静茹等人的教育和影响下，阅读了大量进步书籍，走上了革命道路，1929年经李梅村介绍加入中国共产党，并任鹿邑女子小学党支部副书记。她以教员的身份经常深入城乡办夜校、演唱文艺节目、宣传革命、秘密发展党员。

1930年，中共豫东特委在鹿邑建立，接着成立妇女放足委员会，吴自修任副主任。在“放足”运动中，吴自修首先发动女小学生带头放足。师生共同组成宣传队，以戏剧、诗歌、快板等形式，走上街头，深入农村，宣传放足。经常用竹竿挑着裹脚布条敲锣打鼓，走街串巷，挨户检查放足情况。并以好坏典型，在祠堂里进行展览，还编写了《放足歌》在妇女中传唱，一时，“放足”运动在鹿邑城乡开展得轰轰烈烈。很多青年妇女放了脚，走出闺门，参加社会活动；到女小读书的女青年急剧增加。

1931年夏，中共鹿邑地下党组织惨遭破坏，吴自修的社会活动被迫停止。1932年6月，地下党组织通知吴自修：“处境险恶，迅速转移。”由于联络失误，消息走漏，吴自修被国民党县政府秘密逮捕。吴自修面对敌人的收买利诱，严词以拒，始终没有泄露党的机密。数日后，她被押上囚车，解往开封。时值盛夏，途中，吴自修牺牲在囚车上。时年48岁。

吴宗贵

吴宗贵（1930—2002），商丘市人。幼时因病导致双目失明，为生活计，拜张运廷为师，学习曲艺，攻坠胡演奏和坠子音乐。原在商丘群声剧社，后随剧社调到郸城坠剧团，任领衔琴师。

吴宗贵是河南坠子剧创始人之一。在坠剧的改革中，他与吴宗俭、马艳秋等共同努力，将坠子剧搬上舞台。从此，坠子剧填补了河南地方戏剧种的空白。

吴宗俭

吴宗俭（1926—2003），原名占超，艺名宗俭，安徽省双沟镇小吴庄人。出身贫苦，12 岁学唱河南坠子，15 岁拜名艺人张理山为师。他学习刻苦，进步很快。由于他嗓音洪亮，吐字清晰，很受听众欢迎。

1944 年，他在安徽省涡阳龙山区抗日根据地，为抗日军民演唱，受到热情欢迎。在那里他懂得了一些革命道理，创作演出了不少抗日题材的段子。1945 年日本投降后，他回到亳州。1946 年亳州解放，他主动参加民主政府组织的曲艺活动，积极创作现代题材的书目。1949 年，吴宗俭参加了商丘市曲艺组。1950 年，云集商丘的艺人吴宗俭、马艳秋、吴宗贵、张恒泰、杨克明等人，大胆提出了坠子演员化妆登台演出河南坠子的设想，得到了市文化主管部门的大力支持。于是，一个新剧种——河南坠子剧就这样诞生了。首次走上舞台的是吴宗俭创作的《济南的一笔血债》，接着又排演了《白毛女》、《送军鞋》、《渔夫恨》、《梁士英舍身杀敌》等，均获成功。一时，商丘曲艺名播遐迩，商丘市曲艺组也因此扩编为曲艺剧团，吴宗俭任团长。

1955 年，为了支援新建县的文化建设，商丘市曲艺剧团调郸城县，改名为郸城县实验坠子剧团，吴宗俭任业务团长。1956 年，吴考入河南戏校导演班，毕业后回县任团长兼导演。在他的带领下，坠子剧不断得到创新发展，越来越为群众所喜爱。

半个世纪中，吴宗俭创作、与人合作、移植、改编、导演、主演的剧目达数十部，特别是将坠子书发展成坠子剧，吴宗俭贡献很大。1959 年，中国戏曲家协会主席田汉写信赞扬。1984 年，与李洪喜合编的坠剧《嫁母》，在周口地区戏曲调演中，荣获剧本创作一等奖和演出二等奖，河南电视台录像，河南电台录了音。上海、河南、安徽、北京等音像公司和唱片厂，先后录制了他说唱的坠子《铡郭槐》、《回龙传》、《罗红征南》、《皮匠招驸马》、《大红袍》、《父子挂帅》等 6 部大书，共 30 盒盒式录音带和两版唱片。1989 年荣获全国“华中杯”河南坠子明星大奖赛十大明星奖、1990 年 7 月荣获全国“山河杯”曲艺奉献奖。

武修章

武修章（1883—1976），出生于太康县城南街一个贫民家庭里。童年习做木工，喜爱美术，花草树木、飞禽走兽、剧中人物，无所不画，为从事木工雕刻打下了基础。18 岁即成为名匠艺人。

武修章的木工成就除了为民间制造、雕刻一些家具、匾额之外，突出的是同其三弟武修太承建和维修了县城内许多大型建筑，如清末、民国年间的县衙门，几所主要学校，一些楼堂馆所等。建国后，维修黉学大成殿时，他负责木工雕刻部分。施工中他废寝忘食，精益求精，成功地完成了大成殿的双挑角、重飞檐以及托木斗拱和围檐下五组雕花、剔空、隔断等高难度工艺制作。雕刻内容为“八仙过海”、“二龙戏珠”、“凤凰牡丹”和“文人四爱”。1960 年开拓天宁寺坑时，他设计建造了坑中的 3 个八棱飞檐挑角亭子，等等。

武修章的作品工艺外形美观，结构严谨，经久耐用。既古色古香，又新颖别致。他的木刻艺术，刀口圆润，内容广泛，形象逼真，深受民众的喜爱。有“神刀妙手”、“太康鲁班”之誉。

夏五云

夏五云（1859—1922），字轩臣，号乐善，人们通称“夏老轩”，今项城市高寺镇人。老轩幼时勤奋学习，立志进取，经多年寒窗苦读，于光绪十五年（1889 年）考选为己丑恩贡，候选教谕。河南督军张镇芳是他的启蒙弟子。民国年间开始悬壶济世，为一代地方名医。

光绪二十三年（1897 年）五月十五日（6 月 14 日），项城发生地震，六月又遭大水，灾情严重。邑令姚礼咸（百姓恼他，称其“姚渣”）违例苛征，百姓怨声载道。夏五云与乔岳、阎济源等社会知名人士，联名上书，提出抗议。几经周折，终斗倒“姚渣”，免征项银。

夏老轩在“打姚渣”事件后，轰动邻近各县，经剧作家编成剧本《打姚渣》演出宣传。于是，老轩的形象更深入人心。所以，群众之间如有矛盾或发生诉讼事件，多请他从中调解。

沈丘县莲池集附近某村（当时属项地），有一李姓之女，童年与管姓之子通帖订婚，双方都是富豪之家，门当户对。过门后，方知新娘面麻丑陋，因此，新郎与之感情不和，常寻衅打骂；公婆对之态度冷淡，亦时加虐待。新娘每到娘家见了父母，都是哭哭啼啼，多次提出与管家罢亲。父亲则从旧礼教出发，对女儿严厉斥责，教训她听天由命。新娘回婆家后，左思右想觉得走投无路，遂悬梁自缢。李家得知后，向管家提出很多难以接受的条件，经当地多人调解无效。管家正在为难之际，有人提出到高寺请夏老轩来调解，准能解决问题。于是管家托人，用轿车将老轩请去。夏五云先征询李家的意见，李家强硬提出了棺椁要好、衣衿要丰，还要公爹披麻送殡三点要求，如达不到，不许埋人。

老轩心中沉思后说，李先生你提的条件不算高，前两点系人之常情，儿女连心，放在谁身上都一样；关于公爹披麻送殡，虽有难度，看在我的面上管家也得照办。请你放心，我敢担保，如果他不接受，孝帽我戴，柳幡我扛。若别的没什么要求，我关照管家，按你所提条件准备，后天上午出殡。第二天上午一切齐备，让李家一一过目，出殡时李家看不到女儿的公爹，便提出质问：老轩说，要让公爹戴孝送殡，怕社会公论，李管两家都有影响。前天我已说过，如他不接受这点我可代替。李家看此情景非常感动，并转思到人已死了，再刁难管家，怕遭到公众舆论，现看在老轩的面子，算了！埋殡结束后，在老轩劝解下，管、李两亲家各说了一些客气话，一场人命事件，得到冰解雪融。

夏老轩考选贡生后，专事教育。曾在高丘寺、南杨楼设馆授徒多年。他教学认真，循循善诱，诲人不倦，培养了不少人才。

夏五云目睹清末民初世道混乱，缺医少药，很多人被疾病夺去了生命，深感不安。于是，他在教书之余，便博览医学群书，精心钻研医理，诸如《脉诀》、《内经》、《本草纲目》、《伤寒论》、《石室秘录》、《薛氏医案》、《秦氏保元》等，皆能理解，掌握其精华。他边研究边给人看病，理论联系实际，进步很快，50 岁时其医术已达到炉火纯青的程度。

据昔日的老人讲：老轩从医通过望、闻、问、切，对病症认得准、看得切，能说出就诊者所患病症的病因及症状，几剂药就能治愈。遇绝症者，他一面安慰治疗，一面提示家属早作后事准备。老轩晚年以济世活人为己任，不论贫富，随请随到，不避酷暑，不畏严寒，经常五更出半夜回。方圆几十里，无人不知道，无人不信仰夏老轩。1922 年，老轩病逝，终年 63 岁。

夏老轩有诗作 15 首传世。

肖　虹

肖虹（1920—1951），女，原名清芸，今商水县谭庄镇肖谭村人。1938 年加入中国共产党。1940 年至 1941 年在延安中国女子大学学习。结业后，先后在中央情报部、中央社会部、晋绥公安总部、哈尔滨公安局工作。中华人民共和国成立后，任湖南省公安厅经济保卫科科长。

长期艰苦的工作，严重摧残了她的身体，虽经多方医治，终未留住性命，于 1951 年 1 月 31 日与世永诀，时年仅 31 岁。

肖　健

肖健（1923—?），学名金桢，曾用名若亭，今商水县谭庄镇肖谭村人。

1934 年入开封私立济汴中学上学，后转学到汝南县汝宁中学。抗日战争爆发后，投笔从戎，在确山参加新四军竹沟教导队。9 月加入中国共产党。入冬，随军挺进鄂中京山县敌人后方，开展游击战。在游击大队先后任政治干事、中队政治指导员、大队副教导员、教导员等职。1941 年夏在京山曹武街剿匪战斗中负伤。1942 年 2 月奉调到鄂豫边区党委社会部高级保卫研究班学习，年底返回京山，任县委社会部秘书，随后转任南山县委社会部秘书。次年秋，调任京山县吴堰岭中心区委书记兼区长。1944 年 9 月，鄂豫边区第五军分区成立，在应城皂市以西建立西山工委，他被任命为工委书记。日军投降后，被调往新四军 5 师江汉独立旅，任 1 团 1 营政治教导员。1945 年 12 月，中原军区成立，1 团奉命改编为洪山独立团，被任命为副政治委员。1946 年夏，1 团奉命在平汉铁路以西开展游击战争，并改编为江汉独立游击大队，肖健任 1 大队副政委。1947 年春节，攻克江陵县郝穴镇，南渡长江，深入武陵山区，打击江南顽敌。5 月，与一纵队参谋长张才千部会合，整编为江南游击队，攻占湖南石门县磨市，歼敌两个保安大队，又于澧县大堰挡歼敌一个营。1947 年夏，该队奉中原军区之命返回江北，改为中原游击队，配合豫皖苏军区主力，先后解放了西华、周家口、项城、太康、亳州、太和、阜阳等城镇。1947 年 8 月，刘邓大军挺进中原，纵队改编为中原独立旅，任 1 团政治处副主任，作为刘邓大军先头部队向大别山区进发。进军途中，一路解放了河南正阳、新县，湖北黄安、礼县（今大悟），并配合主力于黄安县高山铺歼敌 40 军两个半旅。刘邓大军战略展开，中原独立旅与第二野战军第 12 纵队（新四军 5 师）合并，奉命创建新的江汉军区。独立旅 1 团渡汉水开创襄南分区，沿途解放丁皂市、天门、岳口、潜江诸县城。普济观一战，歼敌两个团，创造了以少胜多的出色战例，部队扩大了 3 倍，受到中原军区通令嘉奖。其间，肖健先后任江（陵）、监（利）、石（首）三县指挥部副政委、政委兼县委书记。1949 年春，调任湖北军区独立 2 旅第 4 团政委，参加并指挥平汉路花园战斗，在友军配合下歼白崇禧部一个团。同年夏初，参加渡江战役，协同第四野战军第 47 军作战。随后进军大西南。8 月，在湖北长阳县战斗中，歼敌一个营，生俘敌营长，第二次负伤。在解放湖北恩施后，转入执行剿匪和建立新政权任务。

肖健戎马半生，屡立战功，获有三级独立自由勋章、二级解放勋章以及解放大西南奖章。

肖　里

肖里（1918—1969），女，原名国贤，今商水县谭庄镇肖谭村人。1933 年进县第一小学读书，1934 年随母去开封读书。1935 年 12 月 9 日，北平爆发学生抗日爱国运动，她受其影响，在开封参加并组织学生抗日救国活动。1937 年 10 月加入中国共产党。次年初，奔赴延安，先后在抗日军政大学、中国女子大学、中央党校、晋绥军区等单位学习和工作。1940 年与李井泉（建国后曾任全国人民代表大会副委员长）结婚。在抗日战争和解放战争中，夫妇二人转战南北，为中国人民的解放事业作出了卓越贡献。

建国后，历任西南革命大学成都分校教育科科长、教导处副处长，成都针织厂党委书记兼厂长，四川省轻工局局长，四川省轻工业厅党组副书记、副厅长兼政治部主任等职。“文化大革命”期间，受到林彪、江青反革命集团的残酷迫害，身心受到严重摧残，于 1969 年 4 月 23 日含冤去世，终年 51 岁。

1978 年 4 月 23 日，中共四川省委、省革委为肖里平反昭雪，并举行了隆重的骨灰安放仪式。

肖俊岭

肖俊岭（1897—1945），字秀峰，淮阳县人。中学毕业后，参加北伐等战役。1937 年抗日战争爆发，任陆军第 4 军上校团长。旋升陆军暂编第 1 师少将参谋长。1945 年，随军调驻河南叶县。在追击日军作战中中埋伏遇难。时年 48 岁。

辛自明

辛自明（1924. 5—1994. 11），祖籍太康县南 15 里老绛庄，建国后，迁居今毛庄镇三里阁村。幼年父母早亡，同哥哥相依为命，靠乞讨为生。

1938 年 6 月 6 日，日军侵占太康县城，太康沦陷。15 岁的辛自明，随着逃难的人群，来到河南确山竹沟一带。9 月，加入了彭雪枫领导的竹沟新四军游击支队二大队。不久，即随彭雪枫新四军游击支队东征，并在西华杜岗与萧大队、吴芝圃领导的豫东游击三支队会师，深入敌后睢杞太地区抗击日寇。

1939 年 1 月 8 日，新四军游击支队由鹿邑白马驿（今属郸城县）向皖北进发，开辟豫皖苏抗日根据地。辛自明由一般战士进入游击支队政治部保卫科，从事后勤保卫工作。1946 年 12 月 12 日，重建豫皖苏边区，吴芝圃任党委书记兼政委，张国华任军区司令员，王幼平任政治部主任。辛自明跟随王幼平当通讯员。1949 年 7 月，由政治部锄奸部部长张向明（建国后任西藏自治区主席）介绍，在安徽荣陵加入中国共产党。1949 年 8 月，王幼平调离豫皖苏边区。不久，豫皖苏边区撤销，改编为二野第 18 军，辛自明随部参加了豫东战役、济南战役、淮海战役。建国前夕，18 军奉命进军大西南，辛自明跟随政治部主任郭影秋当警卫员。1950 年，辛自明随 18 军参加了解放成都的战役，继又进入峨眉山区剿匪。后又随 18 军进军西藏，参加了昌都战役和解放甘孜的战斗。1951 年，辛自明升任 18 军政治部警卫连排长。1952 年，18 军改建为西藏军区，辛自明遂留藏服役。由于他不适应西藏的环境，经常咳嗽吐血，于1955年元月28日转业回太康。

回乡后，辛自明先后担任城郊乡王隆集大队、老龙窝大队大队长。1994年11月因病去世，终年70岁。

邢汉三

邢汉三（1906—1993），原名幼杰，今太康县芝麻洼乡邢楼村人。幼年读私塾，12岁考入淮阳中学，1925年到开封学习两年后任国民党河南省党部主办的《河南通讯》记者。其间曾于1927年5月受国民革命北伐军派遣，与张宗衡一起到太康开展国民党太康县党部的筹建工作。因派系斗争尖锐，半月后无功而返。

1929年春，国民党中央蒋汪分裂，河南省党部奉令停止活动，《河南通讯》停刊，邢汉三到开封梁苑女中教书。1937年1月，邢到开封创办《河南小报》，宣传抗日救国。1938年6月5日开封沦入日军之手，《河南小报》停刊。是年6月6日，改《河南小报》为《新河南日报》，邢继续主办报纸。该报为日伪河南行署机关报，是日本侵略者在河南的宣传喉舌。其间邢曾任该报社社长兼日伪河南宣传处处长，1943年夏又转兼新民会河南省总会事务部部长。1944年7月，邢调任日伪新民会中央总会宣传局局长职务，直到日军投降。

1945年8月，日军投降后，邢在北京创办《新平日报》，出报3个多月，被国民党北京市新闻检查所勒令停刊。翌年春，经友人介绍到东北锦州女师任教，1947年冬由锦州返回北京。年末经旧同事孙子俊介绍到北京中共工作部工作，宣传共产党城市政策及对知识分子政策；保存、传送、散发、张贴各种宣传品，扩大共产党在各界的影响，粉碎国民党的反动宣传。

1949年2月北京和平解放，邢被安排到北师大附中任教。1951年10月被审查，以汉奸反革命罪判处7年徒刑。1983年9月，北京市中级人民法院撤销原判刑处分，恢复其教师身份。其间，1952年春开始在京西大台煤矿改造；1962年由东北兴凯湖农场回北京养病；1966年调河南省正阳县五三农场劳动；1968年回太康县原籍当社员，在本村知青补习班任教。

1981年秋，邢汉三到郑州为史志单位撰写历史材料，半年后到开封定居。1982年春被河南省地方史志总编室聘为特约撰稿人。之后出版的专著有《日伪统治河南见闻录》、《日伪统治下的开封》、《姚黄烈士传》、《刘伯泉烈士传》、《伪省长回文炳》等，发表的文史资料有《日伪时期新民会的性质及其活动》、《日伪时期的河南金融》、《伪省长陈静斋丑闻》、《伪军大头目张岚峰》、《记伪新河南日报》、《冯玉祥治豫记实》等。

邢老虎

邢老虎（1899.5—1985.2），今扶沟县城关镇人。祖籍扶沟柴岗乡徐庄村。光绪二十五年（1899年）中原大灾，举家逃荒东南时，出生于安徽省颍上县。家境贫寒，及长，为生活计，跟随扶沟城南万岗村一周姓木工学艺。由于他学习刻苦，不足20岁即已成名。擅长制作各种农具、家具，尤其是其制作的播种耧，坚固耐用，使用起来得心应手，很受欢迎。一时“邢家耧”名扬扶沟、鄢陵、太康、通许各县。

1943年，中原赤地千里，饿殍遍野，邢老虎弟兄姊妹5人，除他以外全部饿死。无奈投靠扶沟县城南关一范姓亲戚家，以走街串巷为人做家具为生。一次，他在街上买了一个馒头，一掰开不声不响就要求退换。馒头铺掌柜一看，原来里面有一粒鼠屎。掌柜的觉得此人心地宽厚，不坏别人的名声，就留下他为馒头铺做家具。他身高力大，做活踏实，手艺精湛，价钱随和，深受人们欢迎，“邢木匠”名声远播，由此全家渡过了难关。他乐于教人，技术上从不保守，喜欢带徒授艺，他的徒子徒孙20多名遍及扶沟、鄢陵各地。

1948年冬，淮海战役打响。为支援淮海战役，县里决定修建县城东关贾鲁河木桥。邢老虎闻知，带着儿子邢法全积极报名参加修建队伍。他和木工同仁冒着严寒，在寒风凛冽、波涛滚滚的贾鲁河上连夜施工，在较短时间内建成木桥一座，支前民工和物资通过大桥源源不断运到前线。

建国后，他和木工同仁积极响应政府号召，组建了扶沟县木业合作社。鉴于他在扶沟木业界的声望，被推选为木业社主任。1953年，在扶沟县工商业者第一次代表大会上，被选为县首届工商联副主任。1958年，他和儿子邢法全大搞技术革新，研制成功可以带动发电机的木制水轮机，被评为许昌专区技术革新先进分子。1985年2月19日无疾而终，享年86岁。

熊金义

熊金义（1908—1941），今项城市新桥镇人，抗日烈士。

1938年，日军“铁蹄”踏进中原（河南）大地，战云密布，狼烟四起。省会开封失守，豫东商丘、淮阳等地也相继沦陷。当时项城民众人心惶惶。在此战争阴霾笼罩的形势下，国民党政府饬令所属各专、县，大量征兵（抓壮丁）补充兵源。

这年11月间，王慈博回项城为吉鸿昌的部队招兵，招募地址在淮阳马旗屯（今项城南顿马旗村）。该团二营营长孙汉卿（今官会镇孙寨人）与肖庄王府是顶门亲戚。熊金义身高5尺有余，体壮力强，粗通文字，在肖庄王子玉表兄的介绍下，报名入伍。之后月余，队伍开到郑州京水镇驻防，把守黄河防线。他被编入2营4连当兵，连长王立善，是官会王寨村人。

一年多后，由于他勤学军事知识，苦练杀敌本领，升任中士班长。

1941年，日军发动中原大扫荡，实行“三光”政策，河防被击溃，郑州失守。熊金义所在部队（12军）奉令南撤，在津浦线右侧皖北蒙、亳一带与日军相遇。两军对阵，敌人使用了陆空及各兵种联合作战的战术，整个战场炮火连天，硝烟弥漫。

熊金义所在的2营，在激烈的争夺战中官兵十伤八九。这时，他内心燃起报仇雪恨、杀敌救国的火焰，坚持战斗。他班中的士兵余某劝他退出火线，他说：“我是中国人，要为保卫祖国流尽最后一滴血！”说罢，他用颤抖的双手，抱着机枪狠狠地向敌群扫射。最后，力竭弹尽，壮烈殉国，时年33岁。

徐济生

徐济生（1916—1975），今淮阳县郑集乡人。

1937年，徐济生在淮阳县李集实小任教师，1938年参加周口抗战训练班。结业后到淮阳抗日游击队任生活指导员，1942年升任大队指导员。1943年任新四军独立团营政委。1945年7月起先后任淮阳、太康二县县委书记。1948年3月调淮阳地委任“土改”工作队分队长。建国后，历任汉口中南劳动局副局长、中央劳动部工资局副局长、北京劳动学院工厂部主任、河南省二技校副校长。1975年11月17日在上海病逝，时年59岁。

徐济生在青年时期受进步思想影响，走上革命道路，从事中共地下工作。由于日本帝国主义者的入侵，他毅然投笔从戎，组织和领导了豫东第一支抗日武装力量——淮太西抗日游击队。他带领这支队伍，在豫东大地上与日军浴血奋战，创建了淮太西革命根据地。抗战胜利后，又与国民党反动派及地方反动武装做了大量艰苦卓绝的斗争。建国后，他兢兢业业，任劳任怨，在不同的工作岗位上，为社会主义建设事业作出了应有的贡献。

徐家璘

徐家璘，浙江省吴兴县人。监生。1913年6月在商水县任县知事。任职不到2年，给商水士民留下难忘的印象。他是民国初年《商水县志》上唯一记有德政碑碑文的一个县官。

徐家璘在商水县任县知事时，正值清廷退位、民国初立、社会混乱、杆匪蜂起、民无宁日之际。商水县第一任县知事曾纪烜（江西省彭泽县人），于民国元年冬季在县境北魏家楼一带剿匪时，被杆匪击中身亡，所带兵丁差役被打死8人。第二任县知事到任不久，畏惧辞职。为此，南京临时政府精心挑选了一名懂得军事的人出任商水县知事，他就是徐家璘。

据德政碑碑文记载，徐家璘到任后，关心民间疾苦，先约乡绅举办守望社，旋改为保卫团，编查户口，以清当地参加或通匪之源。保卫团要听从调遣，及时报告匪情，并同上蔡县与周口的武装巡警联系，建立相互联合支援，形成防剿机制。6月，商水县西部边界巴村、砖桥一带有杆匪啸聚抢掠，徐家璘约上蔡团丁共同往剿，杆匪闻风向西窜去。8月，杆匪又来抢掠民财，当月22日，徐家璘偕同周口团丁前往攻剿，南北夹攻，击毙杆匪数十人，余皆潜逃。边境遂得安宁，百姓感谢不已。碑文说："徐公每次剿匪都是闻风而动，亲临指挥，为士卒先前官。"为民除害，可谓不遗余力。

徐家璘非常重视民众力量，经常到县境各地的保卫团进行检查指导。交流训练方法。并协商组成周口、邓城、县城、上蔡华陂几个武装据点，成为犄角之势，相互支援，包剿聚众杆匪。

徐家璘对每次地方保卫团捉拿送县的匪徒，经审讯确系奸民，就按律惩办，对确因生活所迫、偶有偷抢行为的，经教育取保开释，允以自新。严明中寓仁厚，迫胁荷矜，恤之厚恩。境内安定好转，士民称颂不绝，孙中山发动的第一次"讨袁"失败后，袁世凯派张镇芳主豫，徐家璘被迫离职。

徐乃贞

徐乃贞（1895—1949），乳名坷垃，今商水县胡吉镇胡吉村人。出身贫寒，地无一垄，仅有两间破草房。幼年靠逃荒拾庄稼过活，稍长就给地主打长工，没明没夜地当牛作马，受尽了人间苦楚。共产党解放了胡吉，苦日子才算熬到了头。

乃贞性格正直，忠厚善良，对共产党感恩不尽，视解放军为亲人。1948年10月，当淮海战役打响后，他主动向当地政府要求支援前线，经上级批准，他当了商水县担架队固墙一中队胡吉二班民工。到前线后，时值隆冬，大雪纷飞，寒风刺骨。在炮火连天的阵地上，他顶风冒雪，不分昼夜，抬运伤员40多天，每天往返路程都在60华里以上。鞋磨烂了，赤脚抬运，脚磨出鲜血，用布包着继续前进，有病也不下战场。在这严峻而艰苦的日子里，从没叫过一声苦，喊过一声累。他的英雄事迹受到部队多次表扬，并在《战地报》上刊登。后因劳累过度，身患重病，经医治无效，在淮海战役即将胜利前夕，不幸病逝，时年

54 岁。后被河南省人民政府追认为革命烈士。

徐师梁

徐师梁，笔名老百姓，民国时期江苏太仓人。中共党员。早年留学日本，学习蚕桑专科。九一八事变后回国，在江苏省立蚕桑学校任教。抗战爆发后，于 1938 年 2 月 7 日在武汉创办《大众报》汉口版，宣传抗日救亡。与范长江、阎宝航、江凌、曹荻秋同为发起人。同年 7 月中旬停刊。

武汉沦陷后，满怀抗日激情的徐师梁只身来到与日军只有一河之隔的抗战最前线扶沟县，在极其艰难的条件下，于 1938 年 7 月 27 日恢复出版了《大众报》，称战地版，继续宣传抗日救亡。这份油印报纸在扶沟以至整个豫东产生了很大影响。后来，徐师梁在《扶沟武装民众东征记》一文中这样写道："《大众报》的同志，也成了当时一个很令人注意的部分。他们推着一辆货车，满载着印刷机、誊写器、棉纸和其他的工具，他们都是热心大众文化，热心救亡工作的同志！他们离开了汉口总社，下了决心到豫东游击战区里去灌输老百姓以抗战的意识。在扶沟他们每天只睡两个钟点，生活非常艰苦。这次他们的计划，更打算在前线出版日文增刊，把中国军民的真意，通过《大众报》，深入到每一个被法西斯强盗压迫而走上失去真理的战场上的日本弟兄们！"

扶沟县长魏凤楼奉命率领扶沟抗日武装东征时，徐师梁由扶沟随军东征，并在行军中继续出版报纸。后来，新四军 4 师以编印《大众报·豫东版》的班子作基础，扩充为拂晓报社，编发了著名的《拂晓报》。

1941 年皖南事变时，徐师梁被国民党军逮捕，囚禁在江西上饶集中营，在茅家岭暴动中不幸牺牲。著名报人范长江听到徐师梁牺牲的消息后，十分悲痛地说："徐师梁是位好同志，他是豫东《大众报》的创始人，笔名老百姓……真是可惜啊！"

徐世林

徐世林（1901—1979），今扶沟县白潭镇陈家村人。幼年家境贫寒，只读了几年私塾，即随祖父学医，20 岁时已能诊断一些常见病。为提高医术和谋生的需要，他在禹县一边为群众治病，一边向名医求教，医疗技术特别是在中医皮肤科与炼丹方面提高很快。1940 年前后他回到家乡。当时，中共地方游击队经常在扶沟白潭一带活动，他不怕风险，为战士治疗枪伤。建国后，继续坐诊行医，被群众誉为"百姓医生"。曾出席全国群英会，荣获国务院嘉奖。1962 年被选为省二届人大代表、省二届政协委员。

许硕甫

许硕甫（1900—?），原名朝贵，回族，太康县城南关人。1922 年河南省立第二师范学校（在淮阳）毕业后，任小学教员、校长。1927 年 8 月加入中国国民党，1928 年被选为县党部候补监委，1929 年 1 月任县党部执行委员。1938 年 6 月后行医、教私塾，任博爱小学校长。1949 年 2 月参加革命工作，历任太康完小、方城小学、博爱小学校长，一中、二中教员。1954 年县一中扩建时，他捐赠土地 15 亩，受县人民政府嘉奖，获锦旗一面。1957 年 1 月被选为县政协委员，连任二至五届政协副主席。1958 年 5 月、1963 年 11 月在县三届一次、四届一次人民代表大会上被选为县人民委员会委员。1979 年 3 月兼任县一中副校长。他以人民利益为重，为民族团结、统一战线做了许多有益的工作。

许诣端

许诣端（1891—1952），字正斋，今商水县固墙镇郁屯村人。

1918 年，诣端考入北京大学国文系。1919 年参加五四青年爱国运动，与同学一起闯进曹汝霖家，痛打陆宗舆。1922 年北京大学毕业后，从事教育工作。先后在保定育德中学、河南省立第三中学、开封高中和省立淮阳师范学校任教。因他学识渊博，治学严谨，深受学生爱戴。

中华人民共和国成立后，任商水县一中教师。1952 年病逝，终年 61 岁。

许友义

许友义（1872—1958），字纯心，回族，今安徽省砀山县人。清光绪十八年（1892 年）受聘于今淮阳县白楼乡沙庄清真寺任阿訇。因他是祖传外科医生，后迁居淮阳城内民族南街，开坛行医 60 余年。他善于治疗发于脊背、面颊、肛门的疮瘘，远近闻名。他不但精通医术，而且乐善好施，凡贫苦群众就医者，不收药费、宿费。他配制的绿膏活血疖治疮特效，常常施舍给贫苦患者。他捐资修桥，乐捐天课，救济回族贫民。他严以克己，宽以待人，深爱群众尊敬，曾被城内回民选为城内清真寺董事长。1958 年 1 月去世。享年 86 岁。

许兆坤

许兆坤（1865—1934），今扶沟县韭园镇南良许村人。10 多岁时开始学唱三弦书，后改唱坠子书，是扶沟县早期演唱坠子书的主要艺人之一。他的主要曲目有《活人墓》、《张廷秀私访》、《何文秀私访》等。他擅长唱腔表演，大书紧凑有力。活动地区为许昌、鄢陵、通许、扶沟等地。

许兆松

许兆松（1921—2008），今扶沟县韭园镇南良许村人。1937 年，许兆松在扶沟县立中学学习期间，参加路继祥（曾任扶沟县地下党县委书记）组织的青年读书会，与同学李子木（地下党员，建国后曾任广东省军区副司令员）积极参加由施于民、施继恩领导的抗日救亡第 5 宣传队。1938 年由于黄水威胁，战争形势紧张，学生被疏散回家。回家不久的一天，他正在地里劳动，施继恩找到他，说要去参加抗战。他毫不犹豫，扔下锄头，也未与家人告别，便与施一起参加了当时由吴之圃、彭雪枫等领导的豫东抗日游击队。

1940 年 9 月，他任八路军 4 纵 6 旅旅部收发员，加入中国共产党。1941 年 5 月起先后任新四军 4 师 11 旅 35 团团部收发员、11 旅旅部收发员、11 旅通信连支部书记、11 旅骑兵连支部书记、11 旅司令部统计员等职。1945 年 12 月任华中 9 纵司令部统计员。1947 年 3 月起先后任华东 2 纵 5 师司令部统计员、见习参谋、人事参谋、教育参谋等职。1949 年 3 月任 21 军 62 师司令部作战参谋，参加了泗阳、新兴集、泗县、两淮、宿北、临朐、昌南、益村、众兴、渡江、郭楼、坡山等战斗，为民族独立和人民解放事业建立了不朽功勋。

建国初，曾任 21 军 65 师司令部作战科科长、训练处副处长等职。1953 年赴朝参战。1958 年回国。1961 年 3 月起，历任北京军区司令部军训处计划科副科长，北京军区司令部干部训练科科长等职。1965 年 7 月调任 69 军司令部作战训练处处长。1969 年 11 月调任北京军区守备师第一师副师长。与此同时，他还积极投身经济建设，曾任山西省矿务局革委会主任、党委书记，山西省煤炭局第一副书记。1980 年离休。

1957 年荣获三级独立自由勋章，三级解放勋章；1988 年获独立荣誉勋章；2007 年获抗战老战士勋章。

2008 年 11 月 21 日去世，享年 88 岁。

许振文

许振文（1902. 11. 9—1970. 2. 6），今扶沟县崔桥镇许庄村人。出身于贫苦农民家庭，幼年成为孤儿，生活无着，食不饱腹。1918 年应招在冯玉祥部吉鸿昌连当兵。抱着“当兵救国，为民造福”的初衷，白天高强度习武练兵，夜晚勤奋读书。通过不懈努力，成为吉鸿昌手下文武双全、骁勇善战的一位猛将。深受吉鸿昌赏识，由战士接连提拔为班长、排长、连长、营长。

1926 年 9 月，冯玉祥所部在五原誓师，参加北伐战争，许振文参加了攻克咸阳和西安解围之战。部队沿陇海路东征，在攻克洛阳、巩县，抢渡黄河，占领豫北重镇新乡中，许振文屡建战功，晋升为团长。1929年春，他随吉鸿昌进入宁夏。1930年，在蒋、阎、冯中原大战中，冯玉祥的西北军败北，吉鸿昌部被蒋介石改编为22路军，派往潢川进攻鄂豫皖苏区。1931年，吉鸿昌秘密策划率部起义投奔红军，被蒋介石解除兵权，强令“出国考察”。许振文怀着对蒋介石的满腔愤恨，离开部队，回归故里。

1933年，察哈尔民众抗日同盟军成立，应前敌总指挥吉鸿昌之邀，他赴漠北参战抗日，被委任少将参议。在收复宝昌、沽源、多伦战斗中，他冒着枪林弹雨，用大刀与敌肉搏。终因与敌实力悬殊，同盟军失败，振文再次弃甲归农。

“文革”中，许振文受到冲击，多次被批斗，无奈自杀。党的十一届三中全会后平反。

许之绘

许之绘（1917—1986），今郸城县宁平镇许楼村人。江苏医学院毕业，主任医师。建国前曾任中央西北卫生实验院医师、许昌行政区医院院长、黑热病徐州地区专员兼防疫研究所所长。建国后，任南京市卫生局防疫站主任医师、副站长。对黑热病、结核病防治有研究。

薛广奎

薛广奎（1883—1961），又名隽瞻，字坦斋，淮阳人。清末秀才，后毕业于开封警武学堂，时委任确山县警备队长，因辛亥革命爆发，未到职，返里设馆授业。抗日战争爆发后，广奎不忍国土遭污，人民被蹂躏，积极支持建立县抗日游击队，当时群众称抗日游击队为“薛老坦的队伍”。薛孟庄抗日根据地遭日伪军围剿时，广奎房屋被烧，家产被抢，生活无着，但他抗日热情不减，胸中怒火更高。1944年11月，在淮太西县党政军民沉痛追悼彭雪枫师长时，他悲痛挥毫撰挽联：“雪融淮岸寰球晓，枫落吴江半壁寒。”广奎长子丕滋（畅若）曾任淮太西县区长。次子丕沃奔赴抗日前线与日本侵略军浴血奋战，献出了宝贵生命。广奎虽出身富室，但在民族危亡的关键时刻，大节不夺，参与抗战，赤心救国，实为县民国时期知识界开明士绅之楷模。

薛桂芳

薛桂芳（1912—1947），女，今扶沟县城关镇北街人。1944年参加革命后，担任北街妇联主任。她的丈夫张新正是国民党县政府的巡长，原籍扶沟县大李庄乡林宋家村，他同情革命，支持妻子的革命活动。因此中共扶沟县中共地下党组织就在她家设立了联络站。她常常以巡长老婆的身份，出入街巷，为党和军队搜集传递情报。扶沟县党组织和县大队曾多次在她家召开秘密会议，由她放风掩护。

薛桂芳遵照党的指示，秘密发动妇女群众给人民解放军做军鞋，做好的军鞋就集中到她家，由她负责转送到部队。1947年3月14日，扶沟县地下党在她家召开紧急会议，准备搜集敌军情报，部署兵力，解放扶沟县城。薛桂芳在门口放哨，被一个伪装卖菜的国民党密探识破。当晚，国民党11师就派兵偷偷进入扶沟县城捉拿他们夫妇。因张新正不在家，薛桂芳不幸被捕。3月16日，被国民党杀害，年仅35岁。她的两个儿子继承她的遗志参加了中国人民解放军。长子就是著名的康藏公路筑路英雄、解放军某部班长张福林烈士；次子张福力曾担任西藏某部师政委，多次受到曾任西藏藏族自治区党委书记、现任中共中央总书记、国家主席、中央军委主席胡锦涛的接见。

1990年，扶沟县民政局为薛桂芳烈士在其婆家大李庄乡林宋家村张福林烈士陵园内立了纪念碑。

薛丕渡

薛丕渡（1919—1946），今淮阳县安岭镇薛孟庄村人。幼时聪敏，品学兼优。1938年在淮阳简易师范读书时接受马列主义教育，加入中国共产党。时值县境沦陷，他胸怀报国壮志，参加胞兄薛朴若领导的淮（阳）太（康）西（华）抗日游击队。在抗日战争和解放战争中，历任中共淮太西县委副书记兼县大队副政委、太南支队副政委等职。

“皖南事变”后，为巩固睢杞太革命根据地，淮阳抗日游击队奉命北上。薛丕渡在与日军作战中，右臂受伤，他以坚强的革命意志，练习用左手打枪、写字。1942年，随着革命形势的发展，中共水东地委派他返回淮阳，恢复中共地下党组织，重建淮太西武装力量。薛丕渡返县后，在日军碉堡林立、匪霸横行的一片白色恐怖中，星夜奔波，联络党员，发动贫苦群众，团结农民自卫组织，宣传党的抗日方针政策，扩建党支部和武装组织，采用灵活机动的游击战术，打击敌人，壮大自己。他率游击队配合水东军分区二大队攻夏亭、战齐老、破刘屯，连战告捷，歼灭日军千余人，旋又率部两次攻绪寨，捣毁日伪据点，恢复淮太西革命根据地。当时，薛丕渡率部涉黄水、宿芦荡、吃蒲根、咽糠菜，与群众同甘苦，和战士共患难，抓住战机，主动出击。1945年9月，他率部在太康板桥打伏击，生俘国民政府军81师一个连。1946年5月某日晚上，奔袭张子营，摧垮国民政府五县保安团。一个月打29仗，屡战屡胜。6月，在太康县青集反击战中，他身先士卒，奋勇歼敌，不幸以身殉国，年仅27岁。冀鲁豫军区举行追悼大会，追认他为一级战斗英雄。

薛朴若

薛朴若（1910—2000），今淮阳县安岭镇薛孟庄村人。1937年加入中国共产党。入党不久即成为中共淮阳县委领导成员，是淮（阳）太（康）西（华）抗日游击队及革命根据地的创始人之一。

青年时代，目睹日军大举入侵中国，义愤填膺，奋起从戎，发动和组织淮阳地区的青年学生和农民，组成中共在豫东地区第一支抗日武装力量——淮太西抗日游击队，并任司令员。他领导和指挥游击队，与日军及伪军浴血奋战多年，多次重创敌人，创建了淮太西革命根据地，为后来豫东地区的全面解放奠定了基础。

建国后，他历任河南省淮阳专署专员，河南省人民政府副秘书长，武汉市第一纱厂党委书记兼经理，武汉市计委主任，中共武汉市委常委、工业部部长，武汉市副市长等职，长期从事国民经济建设和发展工作。参与制定武汉市国民经济发展的前几个五年计划，制定和组织实施武汉地区发展工业生产纲要，为发展武汉市纺织、机械、汽车、轻工、农机等工业生产作出了积极贡献。他尤其关注学生的升学和就业问题，早在60年代初期，就倡导、主持和调动各方面力量，创建了武汉市财政、商业、服务、房地产等10多所中等职业学校和农村半耕半读学校，其中不少学校发展成为大专院校，成为武汉地区职业教育的重要基地。

1984年离休后，继续发挥余热，老有所为，为革命老区再作贡献。不顾年迈体弱，四处奔波，多方筹集资金，在淮阳革命老区兴建了烈士陵园，创办了高堂中学和一个小型纺织厂。2000年因病去世，享年90岁。

严鹏举

严鹏举（1896.8—1946.3），字翼云，今扶沟县城关镇严街人。开封蚕桑师范毕业。他习文之余，注重练武，1927年6月27日，豫西杆首牛绳武率众攻打扶沟县城，他参与守卫。因寡不敌众，在城池即将被攻下时，严鹏举于四门洞内设置铁皮桶，在桶内燃放鞭炮惑敌，终使牛杆畏惧，弃城而去。1929年，他在省府开封打擂比武时，荣膺第一，被吉鸿昌举荐为辉县人民自卫团大队长，后又在彰德、民权等县任民团团长。从1930年至1941年，在扶沟县先后任国民党扶沟县党部监察委员、扶沟县壮丁队干部训练所副所长（所长由县长苑玉华例兼）、扶沟县民团团长等职。

1933年5月，吉鸿昌领导的抗日同盟军成立，他利用与吉鸿昌私交甚厚的关系，写举荐信使多名扶沟爱国青年参加抗日同盟军。国共合作抗日时期，他积极和中国共产党领导的抗日民族统一战线联合在一起，浴血奋战，抵御日军。1939年3月，他在水东秘密为抗日武装力量筹集军粮时，由于汉奸告密，被日军擒获。日军盘问："你就是严团长?"他从容回答："我不是!"日军又问："你不是团长你怎么这样胖?（严鹏举身材高大）"他说："我是严团长的伙夫，每次做好吃的都是我先吃，所以我才吃得胖。"严鹏举和日军斗智斗勇，巧妙周旋。当夜，他凭借深厚的武功，杀死2名看守日军，夺取2条枪支和1匹快马，逃出日军军营。

1939年3月，他指挥率领全县数万民工，堵复扶沟县白潭镇韩寺营堤口，引黄水东流，救出被淹土地50万亩，并保住了扶沟县城不被黄水淹没。

严汝诚

严汝诚（1853—1923），字纯一，号竹泉。今淮阳县城关回族镇人。清光绪五年（1879年）举人。少时奋发读书，通文法，懂平仄。曾与项城袁世凯、沈丘高养趾、邑人任道芗等结文社，习文赋诗。中举后，任中牟县训导，成绩突出，时人悦服。后调北洋粮饷局任职，继任东光、南和知县。1914年，汝诚任察哈尔财政分厅厅长，经财部考核，该厅业绩为全国之冠。汝诚辞职归里时，闻鲁台一带乡民因抗交烟款惹怒上峰派兵驻县督办，抗款民众大祸临头，他旋出面调解，平息事态，鲁台乡民感德尤深。卒年70岁。

严图阁

严图阁（1903—1936），沈丘县刘庄店人。出生于农民家庭，家有薄田十余亩，尚可自给。1911年（清宣统三年）入家乡学堂就读，1915年考入县立高等小学堂，1917年考入淮阳中学。严勤奋攻读，成绩优良，但在外地上学，经济负担过重，1920年因生活所迫辍学返家。次年灾荒，民不聊生，严图阁怀忧国忧民之志，外出应募从戎，入冯玉祥部学兵连。而后随冯军转战南北，逐步提升至营长。1930年蒋、阎、冯中原大战，冯部兵败，严所在部队被蒋介石收编为第26路军，严任该军第25师74旅1团3营营长。

1931年九一八事变后，东北三省沦丧，严图阁对国民党当局"攘外必先安内"的政策极为反感。11月部队奉命开赴江西宁都"剿共"，严强烈愤慨。12月13日，旅长季振同、团长黄中岳将准备起义的打算告诉严图阁，严非常兴奋，欣然接受了季、黄首长面授的机宜：率领3营秘密包围第26路军总指挥部，负责捉拿参加总部宴会的全体反动军官。次日，起义的各项准备工作紧张进行。参谋长赵博生通知总部特务营长，下午4时将总部警戒任务交给74旅，特务营另有任务，在驻地待命。届时，严图阁派兵顺利接替了总指挥部的警戒。将近6

时，严亲率3营（缺机炮连），迅速包围总指挥部。6时，严命令9连焦连长带领20多名士兵，冲进总指挥部，突然出现在正举行宴会的二楼会议厅，以迅雷不及掩耳之势，将反对起义的旅长王恩布、张方昭，团长杨守道、王天顺、曹明道等10多名团以上军官全部逮捕，为整个起义的成功作出了杰出的贡献。

宁都起义后，部队改编为红军第5军团，严图阁任第16师参谋长。1932年，严图阁加入了中国共产党，在红军大学学习结业后，历任师参谋长，湘鄂赣军区参谋长、司令员，红18师师长等职。1934年10月，红军主力北上长征，严图阁奉命留在湘鄂赣革命根据地坚持游击战争。

这期间，严图阁经常率领部队转战于鄂东南的蒲沂、阳新、通城，赣西北的修水、铜鼓、万载、高安，湘东的浏阳、平江、湘阴、长沙等地。无论是指挥大部队作战，还是带一个排、一个连小部队出击，掩护大部队转移，他都多谋善断，运筹稳重，被誉为“小诸葛”。

长期艰苦的战斗生活，使严身患严重肺病，有时在战场上吐血，但他置疾病于度外，战斗不退缩，生活不特殊。虽居要职，仍经常身着破衣，脚穿草鞋，深入基层，与士兵同甘共苦。他对下级、对战士关怀备至，平易近人，和蔼可亲。当时环境恶劣，有时靠野菜、竹笋、野草充饥。他身体消瘦，两眼塌陷，但多次拒绝到后方，坚持率领部队指挥战斗。严图阁对革命的满腔赤诚和高贵品质，博得战士干部的尊敬和爱戴，在湘鄂赣苏区有口皆碑。

1935年冬，严图阁肺病加重，不得不去湖北省中心县委休养。该县县委书记李济贫（外号豆腐渣）叛变投敌，带领国民党军把严图阁等人包围，李济贫公然喊话，指名要严图阁投降，形势十分危急。严沉着应对，一面开枪射击，吸引敌人火力，一面指挥战友突围。被围人员全部脱险，严图阁在身中数弹的情况下，凭着机智勇敢，也终于跳出重围。

1936年，严图阁带伤转战在湘鄂赣地区，环境险恶，斗争十分残酷，但他斗志益坚，从不畏缩。同年冬，他在浏阳、平江两县交界的黄花尖大山的山洞中养伤。当时缺医少药，伤病日趋恶化，不幸以身殉职，时年33岁。

1937年4月的一天，毛泽东主席与人谈及宁都起义的事，称赞说：“严图阁同志后来表现得很好！”毛主席还特别把“很好”的“很”字拉得很长，表达了他对严图阁的衷心赞扬和怀念。

严图俊

严图俊（1908—1984），今沈丘县刘庄店镇人。幼就读乡里，小学毕业后，随兄严图阁去北平读书。1930年就读于北平第一英语专门学校，学习2年，1932年入弘达学院深造。其兄曾任冯玉祥部营长，思想进步，后起义加入红军。

图俊受其影响，在弘达学院加入进步团体社会科学联盟（简称社联），开始从事革命活动。经常书写墙报，张贴标语，散发传单，宣传革命道理，发展盟员。1932年加入中国共产党。后受党指示在宣武门外开办“艺林书店”，做党的地下联络站，以经理为掩护做党的地下工作。

1933年6月，严图俊因叛徒出卖被捕，半月后解送南京国民党宪兵司令部。敌人为索取中共北平党组织机密，对严图俊或严刑逼供，或收买利诱，软硬兼施，但均遭严词拒绝。敌人无计可施，判处图俊有期徒刑12年。严身受铁窗之苦4年有余，至1937年全面抗日战争爆发，抗日民族统一战线形成，国民党释放政治犯，图俊始得出狱。出狱后，立即北上，欲找党联系。不料车至济南，泺口铁桥被炸毁，平津失陷，无奈返回故乡沈丘。

1938年2月，严图俊应聘到沈丘“县师”任教。6月初，继徐州沦陷，日军进逼中原，开封失守，豫东告急，学校停课。严图俊组织30多名进步师生，成立救亡话剧团，自编抗日救亡节目在城乡演出。又办夜校，出画刊，写标语，宣传抗日，鼓舞群众坚定抗日必胜信念。次年元月，沈丘地下共产党员孙师贤约严图俊在槐店共办《大众周刊》，发动群众抗日救国。不久，因孙师贤调离，该刊停办。严图俊接着创办了《沈丘新振》小报。因撰文抨击时弊，触动了国民党当局，被驱逐回家务农。

1942年2月，严图俊再次到沈丘“县师”任教，虽数经挫折，而爱国赤忱、为正义斗争的热情不减。后因组织教师反对学校克扣教工粮款，被教育局以共产党嫌疑辞退。1944年春，严图俊应聘去颍滨中学莲池分校任教。国民党政府闻讯后，6月派警察去莲池搜捕，由于严外出幸免。该校校长童玉林星夜通知严图俊，嘱其速速转移。次日黎明，警察又去严家中搜捕，结果扑空。严图俊有业难就，有家难归，无奈隐蔽于亲友家中。次年抗日战争胜利，形势缓和，严图俊始敢露面，后在刘庄店小学任教。此间，中共地下工作人员荆典漠与严图俊交往甚密，二人经常互通情况。严动员家属、亲友对荆多方给予帮助。有时情况紧急，多次让7岁的女儿莉莉（柔玉）传送消息，积极从事党的地下工作。

1947年沈丘解放，严图俊与工作队一起发动群众收缴地主的枪支数百支。是年冬，中共沈县委书记赵卓如吸收严图俊参加地方政权工作。1949年，严图俊任县人民政府民教科科长。9月，民教分科后，严任教育科科长兼“县中”校长。他和师生一起，担水和泥，脱坯打墙，修葺校舍，给师生很大教育和鼓励。1953年因外语师资缺乏，他被调往省立淮阳高中任教。1958年整风反右，他被错划为右派分子，1979年平反昭雪，恢复工作。1984年8月20日，严图俊患脑溢血去世，终年76岁。

严照煦

严照煦（1901—1951），又名如选，今扶沟县练寺镇榆林村人。乙种蚕业学校毕业。1921 年春，应吉鸿昌之聘，在其创办的吕潭镇吕北初级小学执教。1925 年，由吉鸿昌举荐，在冯玉祥西北军第 6 师任上尉军需，兼交通团少校军需官。1928 年秋，晋中校，被冯玉祥委任豫鲁长途汽车开封站站长。1929 年春，辞职归里，旋被南京陆海空军总司令部召为参议。不足一年，因故回籍。1930 年冬，又被吉鸿昌委任为第 22 路军少校军法官。1931 年冬，吉鸿昌被蒋介石解职，强令出国考察，严照煦遂遭排斥，被降为中尉司事。严照煦心中愤懑，请假归乡。3 年后，为生计才复出谋职，在汉口任特务旅第 1 团中尉书记。1936 年春，他又往北平谋事未成，流落街头以卖字为生。七七卢沟桥事变前夕回扶。

1940 年秋，为生活所迫，投军 31 师 92 团当文书上士，旋升 30 师中尉军需。1942 年夏调任独工营军需。1944 年参加南阳抗日守城战役后，因军队开往鄂西，他以家属在宛、随营不便为由辞职。后考任《扫荡报》一级编辑。1945 年日军投降后，先后调任 143 师政治部上尉干事，68 军新闻处少校教官。1949 年 9 月 20 日，中国人民解放军解放福建时，严照煦在石码投诚。后被遣回原籍务农。

阎　斌

阎斌（1917—1976），又名文中，今太康县城关回族镇人。1938 年 6 月参加革命工作，任太康县工作队员。1939 年 7 月加入中国共产党。1940 年 1 月在豫皖苏参谋训练班学习半年，7 月任水东独立团侦察参谋，继任联防队长，随同水东特委书记韩达生在杞县梁寨一带活动，坚持对日伪顽的武装斗争。1945 年 9 月起任冀鲁豫军区 12 分区杞县大队参谋长、副大队长，参加了睢杞战役、开封战役、淮海战役，为动员组织民众支前做了大量工作。

1949 年 3 月后，阎斌历任陈留军分区情报科长、作战科长、中南空军司令部情报科长、空军 18 师司令部作战科长、广州空军沙堤站副站长。1955 年 6 月，国家授予阎斌三级独立自由勋章和二级解放勋章。

1958 年 5 月转业，历任开封市建设局、劳动局、工商行政管理局副局长，1970 年任开封市百货公司党委书记、革委会主任。1976 年 4 月病故，终年 60 岁。

阎坤瑞

阎坤瑞（1895—1973），字伯麟，号逸园老人，今项城市秣陵镇阎岗村人。

他自幼文武双修——跟父亲阎盛典读书，跟叔父阎盛镛学拳。十几岁以后，再受业于本乡举人杨仲唐（名凌阁）、睢州举人施虞琴（名景舜）、孟津举人徐士衡等名士。杨精于《周易》，施长于经史、工于诗词，徐尚古文、尊理学。他们的教育，使阎坤瑞青年时代受到了较为全面的国学教育，为他日后从事国学教育、国学研究及诗词创作奠定了良好基础。

1922 年至 1949 年间，他先后在阎氏祠堂、水寨、韩营、张庙、王楼、阎楼、柳杭、赵楼、大范庄等学馆授徒，桃李满门，学生遍及项、沈、汝、蔡、淮、临等县，约 3000 余人。正如他在一首诗中写的："桃李花开焕豫东，名山木铎景阳钟。"建国后的河南大学教授、著名教育学专家王汉澜，就是他在柳杭设馆时的弟子。

他的青壮年时期，是在动荡不安的社会环境中度过的。为此，他的教学指导思想，就是"使学生能文能武，成为国家有用人才"。教学内容除传统国学中的经史、诗词歌赋外，也讲授孙吴兵法及有关军事知识。早晚间，亲教学生练习武术。他因材施教，分别讲授，注重深入浅出，联系实际。凡从他学习，不论年龄大小（私塾中的学生年龄、进学先后都参差不齐），都要经过"开讲"。他讲课主张"不拘泥于一家之说，不以讹传讹；不因名家注释，贻误后人；不以己见强加给学生"。尊重学生的独特见解，尊重学生的个人爱好，尊重师生互学，反对读死书。讲后要求学生写"学习心得"，当天记"日记"一则，五日写"作文"一篇。对学生的作业，面批面改，并有眉批、段批、总批。举凡学生的优秀作品，都选入他专门为学生编辑的《道南诗社存稿》。

阎坤瑞治学严谨，精于备课。教学时常提出本人认识，正误由学生自取。遇学生请教疑难时，必详尽而后已，见学生有不同理解，便喜形于色。有时主动找学生一起散步，有问有答，谈笑风生。或有学生假期去家请教，一谈便兴致无穷，甚至彻夜不懈。

对贫苦学生，他给予优惠从读。上蔡程景文、汝南龚汉周、项城老城的夏静庵等，幼有才华，家境贫寒，他不仅不收学费，还供给食宿费用。袁克周幼有"袁才子"之称，他亲自登门访问，后给予免费教诲多年。他常以范仲淹"断齐化粥"、归有光在古庙苦读的故事，鼓励贫寒子弟奋发读书。他循循善诱，因势利导，使一些有"狂才"的学生得以有所成就。韩营村一个放荡不羁的学生韩铭新，人称"冒料鬼"，经阎坤瑞多方劝勉，指示处世之道，后来转变成了闻名乡里的当代周处，后任国民党陆军 22 军某旅参谋。还有个名叫王绍曾的弟子，人称"王傻"，经阎坤瑞启发诱导，博学强记，最后当上了国民党宁夏省政府的秘书。

阎坤瑞研究儒学，尊奉儒学，不慕权势，安贫乐道。当时名门贵族，多次以高金聘请他做家庭教师，均被他婉言谢绝。事后他说："不能因教几位纨绔子弟，而把广大学生拒之门外。”还有不少富豪请求其为自己树碑立传，亦遭拒绝。他常言，写作要实事求是，不违心歌功颂德；要秉笔直书，不以假乱真；写文章要有独特见解，不人云亦云。他经常和学生讲“文如其人”，“文要有文品”，“诗要有诗格”。他认为晚清应付科举的文风，是华而不实的颓废文风，影响极坏。他教育学生要做正直的人，要做爱国的人。他经常以岳飞、文天祥、史可法等民族英雄的事迹激励学生。在讲历史时，他著有《读史猥笔》，对历代有立德、立功、立言三不朽的人物，极力推崇；对佞臣、酷吏、贪官，严正批斥。以他写作的鲜明论断，陶冶学生，端正努力的方向。不少学生在他影响下，投笔从戎，走上抗日革命之路。

他爱读诗，爱写诗，更把旧诗名篇作为重要教材。他认为诗言简意赅，情景交融，对陶冶学生性格可起到潜移默化作用。在讲诗当中，不仅讲立意、审题、谋篇、定题、选韵、协律等写诗规律，也讲字法、句法、章法、赋法、比法、兴法等作诗技巧，特别强调诗要有“真情实感”、“言之有物”，要有“味外味”。写诗强调师承，他本人推崇杜甫、陆游、白居易的诗，但对学生不求一格，根据学生的不同性格，分别给予指导，逐步使之入门。在改诗方面，从未通改过学生的诗篇，只因势利导，改换几个要点字，调和全篇诗意。或就题立意自己范作，启迪学生再作。这样给学生的印象深，学习兴趣高。他写诗要求很严，反复推敲，有时拿自己写的诗和学生共同商榷，并把自己立意、构思、推敲的过程讲给学生听，既吸收学生的见解，又使学生明白诗无止境，逐步深化。

他一生写诗很多，但多佚失，仅存一小部分，多忧国忧民、咏物抒怀之作，对所处的时代环境留下了深刻的素描。

晚年，已是建国后，阎坤瑞虽没有再登讲坛，但对乡里学生和教师，在学习古典有疑难时，他仍满腔热情，有问必答。

1973年10月26日，阎坤瑞终老林泉，享年78岁。他整理过《阎氏传家集》，主编过《阎氏宗谱》，著有《周易箚记》120册，《读史猥笔》23册，《绵道精舍主人杂著》12册，《道南诗社存稿》、《逸园老人诗选》等。流传至今的，仅《逸园老人诗选》1册。

阎立品

阎立品（1921—1996），女，原名桂荣，今新乡市封丘县人。父亲阎彩云是豫剧祥符调著名男旦艺人。迫于生活，1932年，阎立品10岁时，拜杨金玉为师学戏。次年初登台演出她的第一个戏《打金枝》。由于她扮相美，个头小，奶腔优美动听，多次获得观众掌声，因此赢得个“小闺女”的昵称。挂牌阎桂荣。

1936年4月，她随父亲到太康民醒社搭班。后太康沦陷，阎立品一家人来到扶沟县，搭四街戏班。

四街戏班管主闻华庵很喜欢阎立品的艺术和品行，不让她住在外面，请她住在自己家里。后来，闻先生成为阎立品艺术生涯中唯一的义父。

这时，开封的前辈艺人耿新田也来到扶沟，他教阎立品《抱琵琶》。这出戏成为阎立品在扶沟演出的“头炮戏”，并且一炮打响。一下子，阎立品成为名满扶沟城乡的青衣演员、“四街戏班”的“馍筐子”。此戏也成了她以后的常演剧目。

在扶沟，阎立品虽然受到当地士绅的喜欢，给她以庇护，但扶沟也非清净之地，国民党兵常常骚扰剧社。1939年秋，一批“国军”来到扶沟，住进闻华庵家。一天晚上，一个兵跑到阎立品住处打门，吓得阎立品躲进闻老太太房中，才躲过一劫。遭此惊吓，害怕出意外，阎母决定带着阎立品离开扶沟继续西行到许昌搭班“一道辙”。

1939年秋，阎立品离开扶沟。由于她的品行和艺术都给观众留下良好的印象，因而，临走时扶沟士绅赠送她一块缎子匾额，上面书写“品清艺精”四个大字。阎立品认为这是观众对她最真切的希望，因此，她将自己的名字“桂荣”改为“立品”，以勉励自己：立业需先立身，立身必先立品。此后她便以阎立品之名遍行河南各地。

抗战后期，四街戏班解散。1948年，扶沟县城解放，局势基本稳定下来。于是，商会会长聂超然倡议再起县城戏班，得到了四街众商号及县城居民的赞许，于是筹集资金置办戏箱，并招聘了陈连生（陈胖）、何义然、王梅花等较有名气的演员。但是这些演员都是在本县唱了多年戏，怕群众看腻了，开台戏给演砸了，就想从外地挖一名角来踩踩台子。经过商量，认为曾在扶沟搭班、时已是省城名角的阎立品可以，于是便从开封请来了阎立品。阎立品当时二十六七岁，开台演出《游龟山》，其高超演技，轰动全城。3天演出，场场爆满。

于是，商界人士想通过增加身价（演出费）的办法把阎立品多留些日子，但是戏社的掌班李老疙瘩认为这样做会伤害本戏班几个名角的心。经过与商会会董商量，终于想出了一个妙法，就是在本县给阎立品认个干亲，以此为理由多馈赠阎立品些金银，这样阎立品就能多住一段时间。

民国时期演员认干亲是常有的事，戏班每到一个地方，必须找当地有钱有势的人物做某演员的干爹或干娘，只有这样才能平安，否则会受地痞无赖的骚扰。找谁认干亲呢？找个国民党的党政要人，阎立品肯定不愿意，找共产党方面的人，共产党不搞认干亲拜把子这一套，最后选定了闻华庵先生。因为闻华庵是县城的富商大户，人缘好，是各党派、各界都公认的开明人士。与闻华庵一商量，闻欣然同意；而抗战初期阎立品在扶沟时曾得闻华庵的帮助，也没推辞。

认干亲的仪式就在闻华庵的住宅举行，据当年亲睹仪式的袁鸿勋回忆说：“只见中厅里摆了5张桌子，都围着大红桌裙。中间八仙桌前放一把太师椅，太师椅前地上有一块红毡。大约11点钟，四街大商号的股东有20多人陆续来到闻家。中午时分，戏班的李老疙瘩领着阎立品进了门。一阵鞭炮响声过后，阎立品跪在红毡上给闻华庵磕头。闻华庵当时已经60多岁，喜欢得直捋胡子，当面给阎立品一托盘礼品。各商号的股东也都有贺仪（红包）往托盘上放。随后，由同心楼饭庄送去4桌酒菜。吃饭中间，阎立品又唱了几段戏。宴会很晚才结束。认干亲之后，阎立品果然在扶沟演了半个月戏，让县城的群众过足了戏瘾。”

阎立品虽不是扶沟人，但在扶沟影响很大。她当时“学戏、唱戏、认干爹”的事，一直为扶沟人津津乐道。大家把她看成了自己人。

杨昆

杨昆（1921—1986），今太康县龙曲镇牌坊杨村人。幼时在本村读私塾，之后随父到太康城里振太小学读书。1935年考入淮阳成达中学，因参加了淮阳地下党领导的声援一二·九学生爱国运动的活动，被勒令退学。1936年春转入太康县立中学读书。其间，在中共地下党员张俊峰老师带领下，曾参加办墙报、贴标语、演话剧等抗日救亡宣传活动，及反对国民党盐务警察禁止农民生产小盐、抬高官卖盐价的斗争。1938年元月参加革命工作，跟随张俊峰和长白话剧团赴西华、漯河、舞阳等地进行抗日宣传演出。同年8月返回太康，在县北龙曲一带开展地下工作。11月，张俊峰介绍杨昆加入中国共产党。1939年后，杨昆家成了中共太康工委及后来成立的太康县委的活动点，县委书记张俊峰就住在他家。由于来往的人多，引起了敌人的注意。1940年正月初一早晨，太康龙曲据点的日军出动3辆汽车，包围了牌坊杨村东头与杨昆家相似的人家。杨昆乘机掩护县委的同志安全转移。敌人扑了空，十分恼怒，就放火烧了20多间房屋撤离。从此，日军和伪军张岚峰部、顽匪郭馨坡部多次去抄杨昆的家。为了他家的安全，县委决定让其转移，投亲靠友过隐蔽生活，致使全家流离失所。抗战前，杨昆家有400多亩地，为资助革命，到全国解放时，仅剩几十亩，财产所剩无几。

1941年2月，杨昆任太康县委组织部干事、民运部长。1942年6月调任水东独立团政治处民运股长。1943年任地委敌工部干事。曾对驻高贤的伪军55师72团团长朱彦斌进行统战工作，使朱不再向游击区骚扰；同时参与对55师师长王继贤的统战工作。后经中共党组织较长时间的努力，终使王继贤率部起义。1947 年 5 月，杨昆任通许县委副书记。1948 年 6 月，中原野战军和华东野战军发起了开封战役和睢杞战役。通许县委、县政府为部队筹集了大批面粉、蔬菜、柴草、肉食，动员 2000 多民工组成担架队，运送物资，抢救伤员。淮海战役前，上级任命杨昆为豫皖苏五地委支前支队政委。1948 年 11 月，他冒着风雪，带领许昌、临颍、通许、扶沟、鄢陵等县组成的担架大队，奔赴淮海战役前线。后因手脚冻伤，调回任开封县委副书记。他和县委一班人，深入发动群众，开展减租减息运动，清剿国民党潜伏特务，稳定社会治安。

建国后，杨昆历任中共中牟县委书记，河南省商业厅办公室主任，河南省对外贸易局局长，河南农学院副书记、副院长等职。1983 年离职休养。

杨安平

杨安平（1916—1980），原名濂，今太康县龙曲镇潮坡村人。幼读私塾，1929 年到开封求学，先后在省立第一小学、第五小学、第一师范学校就读。因“有共产党嫌疑”被“一师”开除。1936 年 9 月转信阳省立第三师范求学，1937 年 6 月在开封加入中共外围组织——民族解放先锋队。

1937 年 8 月，杨安平为抗日救国，历尽艰险，奔赴陕北，参加八路军 120 师 359 旅 717 团任工作员。后在八路军总部随营学校、抗大、延安马列学院学习深造。1938 年 4 月加入中国共产党。1939 年 7 月任中共河南省确山县县委书记。1941 年 5 月后，任中共豫鄂边区信阳地委宣传部部长，新四军第 5 师政治部秘书长、民运部部长、对敌工作部部长。1945 年 1 月任新四军河南军区 4 团政委兼泌阳县县委书记。9 月任军区政治部秘书长。1946 年 2 月起，先后任中原行政公署副秘书长、军调处执行部武汉小组工作人员、八路军冀中军区政治部副部长。1948 年 8 月任中国人民解放军 20 兵团政治部副部长、代部长。1950 年 1 月任 36 军 107 师政治委员。

在艰苦的战争年代，杨安平多次深入敌占区，英勇作战，舍生忘死，历尽艰险，供应军需，为战胜敌人的封锁和围剿，支援抗日战争和解放战争贡献了力量。

1950 年 4 月，杨安平转业到交通部任人事司代司长，1952 年参加中国农工民主党，为该党北京市委员会第一届委员。1953 年 3 月，任交通部上海区港务局副局长。1956 年进清华大学机械系干部班，刻苦攻读 4 年。1959 年调国家科学技术委员会二局任副局长，并被聘为中国机械工程学会理事。

1962 年，杨安平出任哈尔滨量具刃具厂厂长。1965 年 11 月调第一机械工业部二局任副局长兼沈阳机床公司党委书记、经理。“文化大革命”中，遭到批斗，身心受到摧残。1974年调一机部产品管理局，1978年6月任中国机械设备进出口总公司副总经理。1980年4月22日去世，终年64岁。

杨百让

杨百让（1908—1981），今沈丘县石槽集乡徐营村人。幼家贫，一家十数口人，仅有薄田10余亩。祖父杨中和既务农事，又教私塾。其父杨体义昆仲六人，居三。大伯体仁务农，六叔全德教书。辛亥革命后数年内，父与四叔及二伯全礼、五叔体信，弟兄四人先后投军。二伯、四叔分别在军阀张作霖、吴新田部任过连长。父与五叔在冯玉祥部分别任书记长和军需官。至1932年家颇殷富，已拥有土地150亩，自种百余亩，出租50余亩，成为富户。1935年其父兄弟六人始分居。

百让自幼受教于祖父，12岁读完“四书”。家庭的影响，使百让胸怀“男儿当自强”之志，不愿安贫守业。1924年随父去汉中从军当勤务，后又就读高级小学一年。1927年12月14日参加江西宁都暴动，加入中国工农红军。

百让参加革命后，初任苏区红5军团14军军部通讯员、通讯排长。1932年4月先后任第1军团3军7师师部副官和通讯排长。其间参加乐安、宜黄、乌头街、建黎、泰黄、狮渡、漳州、水口及粉碎国民党第四次“围剿”等多次战斗，经受了锻炼，提高了觉悟。1933年1月入瑞金红军大学第三期步兵科学习半年。学习期间积极进取，成绩优良。结业后到瑞金九堡彭杨步兵学校任副连长、连长，1934年9月调任干部团政治营3连连长，10月参加长征。进入贵州后调任步兵营连长，多次参加战斗。在土城战斗中，率部钳制敌人，夺取敌人阵地，掩护部队、机关顺利通过。而后，在刘伯承率领下，3天急行军345华里，抢占了金沙江渡口，是胜利渡江的第2支部队。渡江后，配合3军团胜利攻下会理县城。过草地前，奉命攻打鼓手桥，坚守阵地一个半月，保持懋功县至卓克基的联络，保护周恩来副主席安全通过草地。进入陕北后，又在吴起镇战斗中胜利完成掩护任务。百让在举世闻名的两万五千里长征中，不畏艰险，英勇善战，经受了严峻考验。1935年10月长征结束后，于瓦窑堡加入中国共产党。

时，干部团与陕北干校合并，百让任干校步兵营政治连连长兼教员，1936年1月升步兵营副营长，3月干校扩大改为红军大学，百让升任步兵科营长，10月，“红大”改为教导师，杨又升任该师第1团团长。1937年8月，奉中央军委命令，他调入延安抗大，先后担任队长、教导员、主任教员、大队训练处处长等职，从事中央军委教育工作。1939年11月调任120师教育科长，1942年4月调358旅716团任参谋长，多次参加抗击日寇的战斗。1944年9月入延安中央党校学习，次年10月结业后，调冀东军区14分区任参谋长，1948年7月升任冀东军区副参谋长，后任独立5师参谋长。保定战役之后，部队向平绥线转移，百让因健康不佳，调往石家庄华北军大，任高研组组长。

建国后，百让继续从事军事教育工作，初任陆军大学筹备处行政处代理处长，继任南京军事学院训练部教务部副部长，教导团团长，合同战术教授会主任教员、副主任，北京高等军事学院合同教授会副主任。1959年底转业地方，任新疆石油管理局副局长。1964年以后，百让带病坚持工作，直至1979年8月离职休养，与爱人老红军干部马光清一起安置在四川省通江县。

1981年12月5日9时30分，杨百让因病逝世，终年74岁。

杨春芙

杨春芙（1905—1992），原名秀蓉，开封市人。出生在贫民家庭，无房无地，全靠母亲磨卖面和洗衣、缝补为生。8岁时，父母为减轻负担，给她找了婆家，要她当童养媳。后来费了很大周折，才算退了婚。

12岁时，母亲托人说情，将她和妹妹送进打蛋厂当童工，每天挣到20到35个制钱。蛋厂关闭后，冬天她到花生行剥花生，夏季糊火柴盒。火柴公司停业，她也没了活计。母亲托本家三爷说合，想让她进省立贫民工厂做工。三爷是秀才，怕暴露有穷本家而丢面子，不肯出面。母亲含泪答应三爷不说姓杨。三爷说姓杨也可以，但不能说是一家，这才答应给找活干。

1921年，春芙进了工厂。当编织、织染工，后升为工目。月工资由2元提到3元。

1924年，省立六个工厂成立工友联合会，春芙当选为工会主席。1925年4月，她加入了中国共产党。党组织决定由李晴馥领导各厂的工人斗争，春芙即投身到斗争中去。工人提出的条件是：增加工资，病、事假不扣工资，保障工人的人身自由、开会自由等，最后工厂都予答应。

1926年，厂主以爱闹风潮为名，将春芙开除，党组织介绍她到樊钟秀部。不久又回到开封，成立厂工会，她当选为工会常务主任。1928年冬，开封工业总厂以工厂赔钱为借口，宣布停工，工人要求复工未成。春芙串联电业、纺织业、鞋业、水业、面粉业、屎业等工会工人三四百人，在龙亭前集合出发，游行示威。建设厅厅长张钫派军警镇压，并逮捕了一些工人，后经工人强烈抗议，才一一释放。

1929年，由于春芙组织工人罢工，被当局注意，党组织决定让她暂离开封。中共地下党员王兴东托人将她介绍到密县国民党县党部蔡德安处，任县平民工厂技师，改名杨春芙。在此期间，她结识了西华县早期共产党员李子纯。1930年7月19日和子纯在开封结婚，婚后仍回密县工作。不久，国民党对她怀疑，无法继续工作，又回到开封，失掉了组织联系。

1931年，在潢川经子纯介绍，接上了组织关系，又找到省委委员李华，安排在开封县妇女工艺传习所任主任。

1933年秋，李子纯不幸牺牲。在这一严重的精神打击下，杨春芙病了。但坚强的春芙很快从悲痛中解脱出来，医治好病体，抱着遗腹女儿楚南，找到党组织，投入到更加艰难的工作之中。1938年，她被党组织派到河南省第七行政区专员刘莪菁部做宣传工作。刘下台后，西华县县长楚博（中共特别党员）把她介绍到鹿邑魏凤楼部。在鹿邑，春芙见到了张爱萍，被张安排到干部训练班。不久，魏向张要一个女联保主任，张让春芙充任，并兼妇女工作团团长。

1939年7月，魏部改编，魏凤楼任第一战区游击第一纵队司令，春芙当时为魏部中共党总支联络委员，公开身份是宣传队长，后宣传队改编为话剧团，春芙任剧团主任。国民党认为魏部有共产党人，派员监视魏，不准唱抗日歌曲，强令解散话剧团，春芙离开魏部。

1940年11月，春芙同施裕民在蒙城一带找到了新四军4师。党组织决定，仍让春芙到国统区工作，建立新的联络点，接待过往同志，疏通组织关系。皖南事变后，她的任务改为了解地方和驻军情况，每周向4师汇报一次。后因4师转移，春芙到洛阳找18集团军办事处（河南省委）汇报，其间见到白毅之同志。18集团军办事处决定，仍让春芙回魏凤楼部工作。到魏部后，魏让春芙任被服厂主任。是年，18集团军办事处主任袁晓轩投敌，魏部的中共地下党失掉组织关系。1944年，春芙渡黄河到解放区接关系未成。此时她一边寻找组织，一边坚持工作。1945年春，冀鲁豫边区12军分区组织决定让她仍做地下工作。这时，日伪出布告，以千元悬赏捉拿她。魏凤楼在淮阳柳林替皇协军张岚峰组织武装，冀鲁豫军区决定派春芙做魏的工作，最终使魏于1945年8月18日率部起义。接着又数次往返商丘做尹景湖（68师参议，原魏部副司令）、郭永照（安徽人，老西北军，任张岚峰部独立团团长）起义工作。她对分化瓦解敌人起到很大作用。

1946年4月，杨春芙被选为冀鲁豫边区出席南京国民代表大会代表，这是对国民党斗争的另一种形式。由于蒋介石背信弃义，发动内战，中共宣布：退出国民代表大会。三年解放战争时期，春芙随军打游击，转战豫东、鲁西南地区。

1949年全国解放，河南省省长吴芝圃让她接管开封市救济院，当院长。她除收容孤儿、贫民外，还办起工厂、小学部。

“文化大革命”中，受到“四人帮”的迫害，中共十一届三中全会后，得到平反，出任河南省政协常委。1992年4月病故于郑州，终年87岁。

杨敬堂

杨念先（1883—1954），字敬堂，以字行，今沈丘县槐店回族镇人。其父杨同节，教私塾为业，收入微薄，家境贫寒。敬堂姐弟6人，他最小。为生活所迫，仅读了3个月的书，即辍学为生计奔波。未及弱冠，又离家赴外地学习经商。先后在周口粮行、当铺等行业当学徒，由此步入从商之道，并逐步摆脱贫穷，成为巨富。

历十余载学徒生涯的磨炼，杨敬堂经商本领大增。1913年前后，受亲友举荐，前往淮阳开设当铺，担任经理。其为人忠厚，勤业守信，故生意兴隆，积资日丰。1925年，杆众攻陷淮阳，当铺破产歇业，后又集资开设“协裕”行庄，改营贩运粮盐，囤迟卖快，牟取暴利。其间，他常往来于上海、无锡、常州诸商埠，目睹江南经济之繁荣，社会之开化，眼界大开。尤其与一些爱国的工商界人士频繁接触，得悉他们与帝国主义、官僚资本主义企业抗衡竞争的成败经历，对其奋发图强的开拓精神异常赞佩。他常对同事称道无锡荣氏家族、常州刘国钧等人经营起家，办厂致富，以及热心公益、造福乡里的事例。遂锐意进取，陆续扩大经营范围，以原“协裕”为总商号，先后在槐店开设“新陆”油坊、“新陆”煤油庄；在水寨、淮阳与人合资开设“永裕公”和“裕隆厚”煤油庄；在界首开设酱菜园。凡此庄号，均由“协裕”总号投资经营，杨敬堂担任总经理。他勉励同事向江南实业家荣、刘学习，常说：“人生在世要踏踏实实干点事业，尽己所能，不要虚度一生。”他认为办实业、开工厂能获巨利，遂把经营重点移向开办烟厂。先后在界首和沈丘的代庄、周庄开设“新陆”、“济中”等烟厂，开创了沈丘地方工业之先例。1942年大饥馑，农民破产度荒者日多，杨敬堂乘机廉价收买土地。占地由原来的300余亩猛增至千亩，并在项城的牛新庄，沈丘的周庄、下溜村购置房产，收租存粮。每年收租粮五六百石（15万—18万斤）。至建国前，已拥有资金银币10万余元，土地1200多亩。

敬堂常以自己幼年失学为憾，睹及江南的文明开化，对比家乡的闭塞落后，痛感兴学育才的重要。1930年，他将自己在下溜村楸树园内的3间北房修缮扩充，作为村办小学教室。40年代，又在莲池乡周庄开办一班复式教学的小学。1934年槐店创办颍滨中学，敬堂被公推为学校董事会董事，派“新陆”号驻周口人员，为学校购运建筑木材。次年，李鸣钟自北京返里，应邀任颍滨中学董事长，捐助基金，兴建学校礼堂，并捐助图书及理化仪器，敬堂与另一董事赴京，接受捐款，采购图书、仪器，并在北京、天津、济南、开封拜会沈籍官员、绅士，接洽募捐，为兴办学校奔波劳碌。

1938年，黄水泛滥，槐店南关一带一夜之间沦为泽国，“颍中”校内水深数尺。学校师生将图书、仪器运送“新陆”号保存。敬堂亲自动手，将水渍图书摊在院中晾晒，一连数日，精心照料，视为珍宝。水灾过后，校舍大部倒塌，敬堂会同董事会，修葺残垣。次年3月，迅即复课。1943年，“颍中”董事会推敬堂为常务董事，专负经济筹措之责。聘敬堂长子、国立北京大学毕业的杨谨斋担任校长。时，学校经济困难，靠学生交纳学费维持，入不敷出。敬堂乃在“新陆”商号为“颍中”立下户头，允许学校随时借支款项。“颍中”赖此可靠“金库”，得以巩固发展。1945年增设高中班。此前，高薪聘请中国大学、北京师大、辅仁大学、北京艺专、杭州美术学院、河南大学以及百泉师范、开封女师等毕业生任教，教学效果良好。而校方连年累欠“新陆”号款项，有增无减，债台高筑。直至1946年李鸣钟捐寿金400余万元，捐田300亩为校产，经济紧张状况始告缓和。

敬堂一生尊重文人，喜与文人结交。太康县举人，主编《淮阳县志》的老儒朱撰卿，素为敬堂所敬重。1926年，他命长子谨斋厚礼往谒，行拜师礼。1936年，“颍中”一美术教师辞职离沈，敬堂特在“新陆”挽留款待数日，邀请校董陪同饮宴，请该教师为同席者作画，借此厚集川资，以壮行色。槐店老塾师汪霞轩、窦步青生活困难，敬堂常加资助。1946年，塾师窦砺初病故，敬堂出资，并约请好友为其治丧，又将窦的两个儿子安置在自己商号就业。

敬堂爱好赏鉴书画，常与同好纵谈古今书法名画，品评甲乙。对家乡文献颇重搜存。1929年将其先父精心抄录的项城老儒张菱湖的母亲荆布老人诗稿《形短集》，请朱撰卿校订作序，铅印成帙，分赠沈、项、淮三县图书馆和各地人士，使该书广为流传。对张菱湖所著《得所轩诗文集》拟继之印行，因原稿卷帙较多，工大未果。

敬堂乐于从事慈善事业。1942年饥荒严重，槐店设灾民收容所，敬堂捐助钱粮，并派“新陆”号孟俊甫为代表参加管理。此外，敬堂又单独施赈，从安徽购进大量豆饼，按人口分发贫苦人家；又在“新陆”号门口设专人施放杂面，乞食者每人一碗。每年岁末敬堂均派人探视栖身于庙宇、城门楼内的穷苦人，发给救济金，不留施主姓名。

敬堂一生办实业，办学校，热心公益事业，造福桑梓，为里人称道。建国后定居蚌埠。土改时，主动将家产1200亩土地的地契文书和管业证编造清册，派专人回乡呈交人民政府。政府签发收据，赞许为开明，并邀请敬堂还乡参加经济建设。时，敬堂年已古稀，憾难效力，特向家乡政府兴办的工厂投入一笔资金，以表热爱家乡、感激政府的拳拳赤忱。

1954年冬，敬堂因病逝世，享年72岁。

杨青玉

杨青玉（1914—1967），今川汇区蔬菜乡王庄村人。1935 年 11 月参加革命工作，1943 年 9 月加入中国共产党。

杨青玉家庭贫穷，以种菜为生。后讨饭到西北地区，在张学良 109 师炮兵团当兵。1935 年 11 月，杨青玉脱离张学良部，参加中国工农红军红四师 12 团，1936 年 2 月至 1938 年 3 月任红四师 12 团 2 连副班长，班长、副排长、排长等职。1938 年 4 月在 14 团任机枪连教员（副连级），1945 年 1 月调 12 团 3 营机枪连任连长，1947 年 6 月在华北军区和平医院任休养连连长。1949 年 7 月转到地方，先后任商水县第 6 区公安助理员，商水县公安队队长，商水县第 7 区民兵大队长。1951 年 6 月到淮阳军分区教导队学习，9 月到扶沟县第 5 区任人民武装部部长，1953 年 8 月到河南省军区文化补习学校学习，1954 年 1 月在省军区训练团 4 营 13 连当学员。后复员返乡，历任村民兵营营长等职。

杨青玉入伍后，立场坚定，作战勇敢，服从领导，听从指挥，任劳任怨，忠于职守。曾参加战斗 18 次，负伤 16 次，为三等一级残废军人，荣立二等功、三等功各 1 次，奖章 1 枚。1943 年 10 月在薄菁树战斗中，奋勇杀敌，经独立团批准为二等战斗英雄。复员后，仍不失英雄本色，发扬了红军的光荣传统，艰苦朴素，积极参加生产劳动和民兵训练，为家乡的社会主义物质文明和精神文明建设作出了贡献。

1967 年，杨青玉因病去世，终年 53 岁。

杨如贤

杨如贤（1911. 1—1986. 12），字希云，幼名本仁，今商水县白寺镇邬沟张村人。

杨如贤出身骨科中医世家，自幼随父行医，擅长骨折整合和关节脱臼复位。他将祖传的接骨膏，加进新的药物，使之止疼效果更好，愈合速度更快，更稳定。他把自己多年治病的经验和体会整理成《骨病治愈要领》，在医学杂志上发表，为祖国中医学的发展作出了应有贡献。

杨思温

杨思温（1874—1949），字恭则，一字恭齐，今洛阳市辛店乡杨窑村人。光绪二十九年（1903 年）癸卯科举人。1923 年 12 月 29 日至 1926 年 11 月任扶沟县县长。

幼年家贫，勉力就学，时读时辍。后由父、兄艰苦支撑，就学于何光乎、张熙皋先生门下，学识精进。中举后，因清廷腐败、外侮频仍，乃无意进取，在家乡设塾授徒，以供家用。民国建立，他出任洛阳劝学所劝学员，继应河洛道尹陶翼云聘任文书。1920年任职河南省水利局。

1923年年底，他由温县县长调任扶沟县县长后，对水利、教育、手工业极为重视。当时扶沟境内河水溃决成灾，他星夜督复堤坝，兴办水利，增进群众农业收入。县里有一陶瓷厂，因经营不善，濒临倒闭。他亲临督饬，指导创新，终使企业蒸蒸日上，产销两旺。扶沟县当时仅有一县立高等小学堂，他经常独自到校查问。每于开学、结业时必亲往训诫劝勉，师生、校长深受感动。时，社会动荡，匪盗迭起，他督练民团，保家安民，深受百姓拥戴，当他于1927年离任时，士绅群众赠“万民伞”、“锦旗”，结队相送10余里，并“脱靴”以颂扬其清廉。

离扶后，杨思温任偃师县县长，后回原籍。

返乡后，他致力于慈善救济事业。40年代初期，洛阳成立县志馆，他任馆长。虽年逾古稀，仍孜孜不倦地撰稿。1944年日军攻陷洛阳，他千方百计保存志稿，直至解放前夕，才将160万字的《洛阳县志》刊印成册。1945年秋，洛阳成立临时参议会，他任副议长。1949年春，他携家人旅居苏州。4月25日因病逝世，终年75岁。

杨西恩

杨西恩（1887—1947），今沈丘县洪山乡杨庄村人。幼年家贫如洗，父在纸店当搬运工人，母常常外出讨饭，以此度日。20岁时，西恩结婚，生二子，长子玉山，次子玉波。1919年秋水成灾，西恩因拾本村地主家高粱收后的再生小穗，遭大地主杨刚年痛打。1921年携妻带子出外讨饭，不幸身染重病，为本村群众救回。1932年再次逃荒南兆集，生活更为艰辛。1943年返里，给纸店地主种地。1945年夏，西恩种瓜二分。一日其子玉波看瓜，杨刚年及其子孙数人前去吃瓜。他们边吃边糟蹋，玉波心痛，上前制止，遂引起口角。杨刚年凶相毕露，狂吼：“都上去给我打，打死破上仨骡子。”于是其子孙、狗腿子蜂拥而上，将玉波打得遍体鳞伤。

1947年3月，纸店解放。杨西恩苦大仇深，当选为杨庄贫农团团长。时值春荒，多数贫农无以糊口。西恩发动群众分了大地主杨刚年的粮食，接着组织起20多人的民兵武装。群众要求斗争杨刚年和其管家胡天顺。胡系旧军官出身，是杨刚年的姐夫，仗势欺压群众，无恶不作，群众恨之入骨。西恩领导群众多次开展诉苦斗争。5月初，召开公审大会，王寨小区区长刘广芝和杨西恩主持大会，宣布胡天顺罪恶。群众愤怒已极，当场将胡杖毙，将杨刚年关押。由此，王寨小区的群众运动轰轰烈烈，成为反霸斗争的先进典型。

是年11月15日凌晨，唐二匪部偷袭纸店区人民政府驻地大王庄。区长刘广芝率众驰援，激战失利后向杨庄撤退。百余名匪徒紧追不舍，刘广芝等人刚退至杨庄，未容将寨门关闭，匪徒已一拥而进。刘广芝在战斗中牺牲，杨西恩被捕。

大地主杨刚年摆脱关押，即以百倍疯狂，施行报复，把杨西恩押至程营，吊在马桩上，令数名匪徒对其严刑拷打。杨西恩大义凛然，严词斥敌，只求速死。杨刚年奸笑说："你想死得快，我偏要你多受会儿。"遂命刽子手卢狗捆住杨西恩双脚，挂在牛后，然后奋力赶牛。西恩本已身负拷打重伤，又被奔牛拖出一里多路，头部、面孔全被磨烂，血流不止，在气息奄奄之余，复遭枪杀，终年60岁。

杨西恩牺牲后，杨刚年欲斩草除根，派4名匪徒捕杀其全家。次子玉波腿上长疮，未及逃脱，首先被抓，杀害于唐村南；妻子程氏被带至程营沟北杀害；长子玉山当时在纸店，幸赖程营群众程九飞奔报信，逃脱得免。

是年12月13日，纸店再度解放，唐二、杨刚年逃跑外地。1949年，杨玉山由南兆集返纸店，知杨刚年尚畏罪潜逃，决心捕其归案。他自带干粮，四处查寻，终于1951年在安徽省太和县税河镇一船上，将杨刚年拿获。同年，人民政府将杨刚年依法处决。

杨显卿

杨显卿（1887—1950），今沈丘县北杨集乡人。民国年间任沈丘广德乡（今北杨集乡）乡长及六区区长多年。家资万贯，为沈丘县沙颍河北的大土豪。

杨显卿拥有良田千亩，内雇长工，外置佃户；依仗区长权势，垄断北杨集商业：榨油、酿酒、磨粉诸业，以及当铺、粮坊，或独自经营，或入股分利，皆归其掌握。各类市场及零商小贩，杨亦无不染指，并以各种名目收税，肆行勒索，假公肥私。每年，杨还以各种借口，高筑戏台，请名优演唱，有时两三台对演，以招揽外地商贩。杨则派其爪牙逐户摊派收捐，除少量必支费用外，大半入其私囊，当地因有"穷人没钱卖了地，财主想钱唱台戏"之民谣。

民国年间，杨显卿曾猎得国民党县府"排难解纷，息事宁人"之誉。杨确有"管事"之癖，方圆几十里，遇有纷争，杨必介入，有时不请自至。吕寨一妇女自缢身亡，其娘家追究，相持不下。杨显卿乃出面管事，佯作同情死者，许以厚棺隆葬，以慰亡灵，并扬言将自己母亲的备用"喜棺"和葬衣拿给死者使用；又以白布百丈高搭葬棚隆重吊唁。结果是：杨显卿以一口破棺、几件葬衣，夺去丧者良田12亩。杨在吕寨吃喝数日，临行将百丈白布作为"管事之酬”堂皇掠去。杨集农民富成，受杨显卿豢养的爪牙天成欺凌，天成持枪欲杀害富成，入其院不慎跌成重伤而死。天成母恣意讹诈，请杨显卿出面管事，逼使富成厚葬凶手，并设宴赔罪。富成哭告无门，只好忍辱吞恨、遵命照办。此事拉扯数日，富成家耗纸烟百余条，火纸百余斤，白布47斤，小麦两石二斗，仅招待杨显卿及其爪牙鸦片，就耗资40余万元（法币），待客17桌，弄得倾家荡产，外出流浪。

1932年元月（农历腊月十六日），外地流窜过境的宋、夏杆匪包围了吕寨，附近各村均向北杨集告急，北杨集群众亦要求帮助解救。此时，如北杨集略放几枪以佯攻，杆匪即会退去，但独霸乡里又号称爱管事的杨显卿，却坐视不救，以致次日杆匪破寨，杀害村民300余人，掳走100多口，其中18户村民被斩尽杀绝。匪患过后，杨显卿假施慈悲，向吕寨赊销抛售棺材寿衣。次年，清算赊欠，借此掠夺吕寨土地百余亩。

杨显卿为镇压群众反抗，豢养大批保镖打手，横行乡里。又勾结土匪唐二、单华轩、林启成等攻村破寨，抢劫绑票，杨坐地分赃，大取不义之财。

1947年春，人民解放军进驻沈丘，杨显卿自知末日将临，垂死挣扎，恣意与革命为敌。5月，两名解放军战士去北杨集侦察，杨令其侄杨纪文率爪牙将二战士杀害。乘解放初期人民政权未稳之际，杀害了杨大庄民兵队长杨德贵和区人民政府干部张国庆。

1947年6月，北杨集区人民政府将杨显卿逮捕，关押在县民主政府联络点张保园村，并没收了杨家浮财，开仓济贫，使沙北群众精神大振。杨显卿不甘灭亡，令其子杨景文勾结国民党政府自卫总队张洪亮大队，于7月13日偷袭张保园村，造成血案：沈项临县县长胡凌云当场牺牲，解放军某部团长赖鹏和群众7人被俘，后，于沈丘县城惨遭杀害。杨显卿在双方激战中乘机逃跑，畏罪潜逃外地。

1950年，沈丘县人民政府将杨显卿逮捕归案，与其子杨景文、其侄杨纪文等一并依法处决。

杨一亭

杨一亭（1902—1976），又名巽德，山东泰安县凤凰庄人，世代务农，家道小康。一亭幼读初小二年，稍长，即放猪放羊，从事农耕。1931年5月，杨曾在凤凰庄组织封建迷信团体“无极道”，任道长，发展道众百余人。月底，杨率众配合外地道徒袭击国民党新太县政府，被击溃而散。1935年，凤凰庄几姓地主钩心斗角，各不相让，庄长无任，乃公推杨一亭任庄长，负责收缴粮款，维护地方治安。杨由此开始连任庄长7年之久。

1938年，抗日烽火燃及泰安，凤凰庄一带组织抗日游击队。该庄东四乡为国民党辖区，西四乡属共产党领导的抗日游击第4支队。时值抗日统一战线，杨一亭任庄长两方应付，为各部供给粮草，照应食宿。其间，深受中共抗日救国思想之影响，倾向革命。1939年7月秘密加入中国共产党。后国共决裂，统一战线解体，凤凰庄与东四乡断绝往来，成为中共抗日根据地。杨一亭仍任庄长，宣传抗日，发动青年参加抗日武装，帮助抗日政府刺探日伪情报，瓦解敌顽军，积极从事党的地下工作。1942年5月，日伪对泰安抗日根据地发起进攻，抗日武装转移，日伪占领凤凰庄，环境恶化。杨一亭经组织允许，仍以庄长身份留村与敌周旋，表面上应付日伪，暗地为党工作。是年秋，伪军自卫团2营有3名伪军携械投共。其一被抓回，供出系受杨一亭指使，杨遂被捕。但日伪审讯，杨一无所供，后经人营救脱逃。日伪扬言要捕杀杨一亭，杨在家乡无法立足，乃于是年10月到泰安县抗日民主政府任通讯员，正式脱产参加革命。

杨一亭参加革命后，次年调任泰安县六区粮食助理，在鲁中行署整训学习8个月，结业后，任行署民政处干事。1946年任太宁县天保区副区长。1948年2月调河南，曾任鄢陵县彪岗区区委书记兼区长、县民政科科长，1950年元月升任鄢陵县副县长。1951年8月调省建筑公司兴华窑厂任厂长，而后历任省建筑公司福利委员会主任，省建筑工程厅办公室副主任，省建二公司办公室主任，省地质局办公室副主任。1960年11月调沈丘任县委副书记。

杨一亭到沈丘工作时虽已年近花甲，但精力充沛，干劲十足，常骑自行车到各公社检查指导工作。有时冒雨步行下乡，深入村队，了解群众疾苦。杨个性爽朗，心直口快，对人热情，态度和蔼，干群多愿与其接近。对工作积极肯干，敢于负责，执行政策严肃认真，处理问题坚决果断。虽身患心脏病，却置疾病于度外，常带着备用药忘我工作。1966年春，全县掀起学习兰考县委书记焦裕禄的热潮，年已64岁本欲退休的杨一亭又焕发青春活力，决心继续努力工作。3月在《河南日报》发表文章，表示以实际行动向焦裕禄学习，只要还有一口气，就要干革命，鞠躬尽瘁，死而后已。不料“文化大革命”开始，杨一亭被打入“牛棚”，残酷的肉体折磨和精神迫害，摧残了这一革命老人。1976年，杨因病去世，享年74岁。

姚德昌

姚德昌（1922—?），今西华县奉母姚桥村人。1938年入伍，同年加入中国共产党。历任连长、连指导员、营教导员、团长、师参谋长、副师长等职。在长期革命战斗生涯中，他出生入死，身经百战。在抗日战争中荣获战斗英雄称号，在解放战争中荣获“解放战争勋章”一枚。

叶广清

叶广清（1868—1959），今西华县东夏亭镇后楼村人。出生在一个贫苦农家，因父母早逝，生计维艰，终生未娶。

1938年，黄水淹没了西华。这位年届70岁的老人，跟随一帮逃难者辗转来到西安，住在难民收容所里。不久，在陕西放赈的朱子桥将军派员到收容所，组织难民到眉（县）扶（风）垦区的渭河滩上开荒，叶广清被选中，遂来到渭河滩。1940年1月，朱将军写信约在渭河滩开荒的难民派代表去见他。大家不知道是什么事，有些害怕。叶广清则挺身而出，说："我跟你们一块去，反正我也快该死了。他要打，我就趴到你们身上，遮挡一气。打死了就拉倒。"他的勇气把大伙悬着的心放了下来。于是他就跟着西华老乡吕芳亭等8名代表见了朱将军。事情完全出乎预料，朱将军不仅不打人，而且和蔼可亲，用腊八粥招待大家，和代表们拉家常，说到苏联十月革命后成立了集体农庄，过上了幸福生活。最后拿出一本书叫吕芳亭看，说："这是我一位朋友写的书，你们就按书中说的样子办集体农庄吧。"大家都很高兴，决心按朱将军的吩咐办集体农庄。吃过饭，朱将军又问了每个人的家庭情况。他首先问年龄最大的叶广清："老哥，今年多大了？"叶广清比了个码子说："70岁了。"朱将军说："比我大4岁，我66岁。家庭几口人？"叶广清说："单身一人。"朱将军关切地问："妻儿老小呢？"叶广清说："没有娶老婆，哪有妻儿老小！"朱将军听了半天没吭声，尔后感慨地说："多不公平啊！财主家一人娶几个老婆，穷人却连一个也娶不起。"说罢转向吕芳亭："你们成立了集体农庄，要把这位老人养起来。管他吃，管他穿，叫他晚年有个依靠。"吕芳亭当即表示，一定照办。回到垦区，吕、叶等人立即按朱将军的要求，办起中国第一个集体农庄——太白集体农庄。

农庄建立后，大家像对待自己的亲人一样恭敬地赡养叶广清。建国后，按照政策，叶广清成为"五保"老人。1958年，叶广清作为中国第一个"五保"老人的事迹广为传颂，在西北军政委员会广场上悬挂着叶广清的巨幅画像，西北美术学院的师生用泥为叶广清塑了一尊40厘米高的塑像，在陕西省农业展览会上展出。1959年，叶广清91岁，无疾而终。大家用隆重的葬礼，把他安葬在太白集体农庄的土地上。

叶本瑞

叶本瑞（1919—2001），又名杨木林，今淮阳县城关回族镇人。1938年参加中共领导的抗敌训练班，后去沈丘槐店从事党的地下工作，同年8月加入中国共产党。后去新四军第4师工作，先在电台中队学习，后任干事、报务员、训练班队长。1942 年冬调师特务营任书记。次年 2 月，师政治部派叶本瑞去水东地委工作，报到后地委分配他回淮阳参与筹建淮太西县。1944 年淮太西县建立，叶本瑞任淮太西县委宣传部部长兼敌工部部长。

8 月，他与杨春芙协助魏凤楼部在柳林起义。9 月，淮太西、扶太西 2 县合并，成立太南支队，叶本瑞任支队政治处主任。10 月，叶本瑞调军分区政治部任敌工科长。1946 年夏，叶本瑞参与发动和组织国民政府军某部一个营的起义工作。次年 8 月，叶本瑞任淮阳市市长，10 月任中共淮阳市委书记兼市长。1949 年 2 月，淮阳市奉令撤销改建淮阳县，叶本瑞任淮阳县第一副县长兼城市工作委员会书记。同年 6 月调中共河南省委党校工作，先后任秘书、教育科长、副教育长、教育长及平原省委初级党校副校长。1961 年调遂平县任县委第一书记、驻马店地委副书记。1972 年调省建一公司工作。1978 年 9 月调回省委党校，任教育长、副校长。1982 年负责创建河南省财经学院并任院党委书记。1985 年离休。

叶炳旭

叶炳旭（1899—1976），字昂甫，今商水县邓城镇邓城村人。

叶炳旭 3 日丧父，3 岁丧母，由祖母张氏抚养成人。6 岁入学，先由祖父叶凌霄（庠生）启蒙，后得堂祖父叶卿云（举人）指导，学业精进。10 岁转至县高等小学堂就读。1913 年考入河南省陆军学堂。

1914 年，叶炳旭与项城名门望族、袁张营村袁世钊（字勉堂）之女袁河清结婚。袁世钊为民国大总统袁世凯之堂兄，系清末正五品太医院御医。袁世凯任民国大总统期间，聘袁世钊为“总统府国医顾问”。故邓城一带的人们习惯称叶炳旭为“郡马”爷。

1924 年，叶炳旭以优异的成绩考入黄埔军校二期炮科，因不服水土，常患疾病，无奈放弃学业。次年，考入北平警官大学。毕业后返回故里，被众乡亲推举为邓城寨首事。1932 年农历八月初二，杨小黑杆匪数千人攻打邓城寨，叶炳旭率众抗匪，坚守寨堡，保全了寨内百姓免遭涂炭。在这次守寨战中，叶炳旭负了伤。从此，他锐气大减，不久，携眷寓居北平张伯驹家。

1946 年，商水县国民政府县长齐会吾亲自登门，邀请他出任商水县政府田粮科科长。叶炳旭碍于县长情面，勉强同意挂个名，让王聘清为副手代理事务。他实在看不惯国民政府的腐败，挂职 7 天，就以“生活诸多不便，闲散惯了，不适应此项工作”为由告退，从此赋闲在家。

叶孔然

叶孔然（？—1933），字硕德，尊称“老硕先生”，今商水县邓城镇邓城西村人。

叶孔然20岁就在邓城西街自己家的临街店内开设“中和堂”药铺，悬壶济世。开始仅限于诊断治疗，后来生意日益兴隆，也兼营中药的批发与零售。

叶孔然一生对医术不懈追求，特别推崇陈修园、叶天士等中医名家，认为洞察病因是治疗的前提。下方要能洞察病源，叙述病症如同自身亲历疾病一样，使病人感觉还未吃药症状已减轻了几分。对中医内科、妇儿科最为擅长。曾经被百姓挂4次名誉匾。他的部分处方被后人珍藏，如太圣膏、固本定喘丹、育胎丸等，至今仍然在临床上大量使用。

在行医的同时，叶孔然积极学习研究民国的法律，对于当时民法的运用非常熟练。而且擅长辩论，写讼状行文严谨，是当时商水县有名的讼师。加上他性格豪爽，仗义执言，热心公益，为当地群众所敬重。

民国时期，兵荒马乱，匪盗蜂起，民不聊生。叶孔然积极出面组织修筑邓城寨墙，为周边的百姓提供避难场所，并被大家推荐为邓城绿枪会首领，负责邓城寨的防卫事宜。叶孔然慨然受命于危难的时刻，积极组织寨兵训练，筹措资金购买枪支弹药，兢兢于此，从不懈怠。他说：邓城方圆几十里的父老乡亲、豪绅大户都在这里躲避匪兵，近万条人命，千百万财产。重任在肩，岂敢掉以轻心。在他的带领下，邓城数次击退土匪的进攻。鲁山杆首杨小黑垂涎于聚集在邓城的巨额财产，于1933年9月21日（农历八月初二）聚集杆匪几千人勾结寨内奸人攻破邓城寨。这时，叶孔然正在出诊，听见枪声就提着自己的长衫往寨墙上跑，边跑边喊：“土匪来啦！大家快上寨，快上寨！”跑到小北坑西大井附近时，被寨内奸人暗枪击中，当即殒命。叶孔然的两个兄弟也在这次匪祸中遇难。土匪走后，兄弟三人与其母同一天葬于叶家祖坟。后来，邓城人以“一门出四棺”来形容八月初二那天匪祸的悲惨。

叶启猷

叶启猷（1914—1996），四川省巴中县人。1932年加入中国工农红军。1935年，中央红军长征途经四川，叶启猷随276团参加长征，任团部通讯员。爬雪山，过草地，冲破敌人道道封锁，于1936年到达延安。在延安，启猷担任安边、定边运盐任务。1942年，启猷参加著名的南泥湾开荒生产，成绩显著，升任排长。1943年进入中央党校学习。抗战结束后，从延安调往东北，先后担任合江省军区基干第1团骑兵连连长，第四野战军第30军训练团助教参谋，炮兵团指挥参谋等职。

曾参加过辽沈、四平、黑山阻击战等重大战役。在解放吉林时，他随部队冒严寒涉冰水追击国民党溃军，为此，双腿患严重关节炎疾病。

1949 年，调军委炮校学习，1952 年毕业后分配到海南 43 军炮团，任团副参谋长，1955 年调任广西省八步县武装部副部长，后转业到地方工作，先后任广西省平乐专署外贸局局长、商业局副局长。同年因病离休，定居淮阳县城。离休后，保持和发扬红军光荣传统，协助街道办铝锅厂、制伞厂、罗底厂、制钢厂、针织厂等。1980 年被选为淮阳县第 6 届人大常委会副主任。1996 年 1 月 1 日因病逝世。享年 82 岁。

叶桐轩

叶桐轩（1913—1971），别名荫槐，今淮阳县城关回族镇人。曾任开封师范学院艺术系副教授，中国美术家协会会员，河南省美术协会常务理事。

叶桐轩自幼酷爱美术，勤于习画。1928 年春考入河南省立开封艺术学校。1930 年春以优异成绩被上海新华艺术专科学校中国画专业录取。在上海求学期间，深得著名国画大师潘天寿教授器重，是潘得意门生之一。1931 年毕业后，返里在县立一小任教，致力于发展家乡美术事业。1934 年起，他先后到遂平县文城中学、项城县师范学校、槐店镇颍滨中学、方城县师范、省立沁阳中学执教。1941 年 8 月受聘于开封师范。

叶桐轩是河南省现代美术教育家和国画理论研究者。在长期的教书生涯中，他一边从教，一边悉心探索国画理论，于 1946 年撰写出《国画教范》6 册，先后重版多次，是河南省较早的自编美术教材和美术论著。

建国后，叶桐轩以饱满的热情，投入到社会主义教育事业。20 世纪 60 年代初，他先后应邀在郑州、开封、洛阳、焦作、许昌等地举办中国画讲座与表演 20 余次。60 年代中期，又应邀分别在开封、洛阳、焦作、新乡等地举办了个人画展。“文化大革命”中身遭摧残，1971 年含恨而死。终年 58 岁。

叶桐轩擅长中国画，尤精写意花鸟，兼习山水、人物，艺术造诣颇深，具有深厚功底。他不存门户之见，取精用宏，博采众长，在发扬继承民族传统绘画的基础上，学古而不拘泥于古，师造化而不为自然所役，充分发挥自己的个性和天赋，创作了大量多彩的作品，形成了自己的独特风格。他的作品思想深邃，饱寓诗性，意境优美，格调清新，章法多变，色彩瑰丽。在他的笔下，鸟兽虫鱼、山川草木，都赋予蓬勃顽强的生命力。他早年创作的《西湖之秋》、《西湖风光》、《西湖山水》、《庐山苍松》、《鸡公山》等作品，描绘了祖国的大好河山。《鸭河水库全景》、《沙河新貌》、《南湾水库》、《喜讯频传图》、《三门峡水库工地》、《旭日东升喜讯频传》等作品，展现人民改天换地的业绩和建设社会主义的豪情。50 年代末到 60 年代初，是叶桐轩创作的高潮期，此间，他先后创作发表了各种风格的作品 34 种，其中《梅花》一幅参加河南省第三届美术作品展览，《鸭河水库黑山工地》一幅，1960 年参加全国美术作品展览，并先后为装饰人民大会堂河南厅作画 6 幅，全部应选。《四季花鸟条屏》于 1963 年、1964 年先后被河南人民出版社出版，发行 18.8 万套。

1978 年以后，《河南画报》、《郑州文艺》等刊物上先后发表他的遗作 11 幅。1979 年，河南省群众艺术馆与郑州市文联、开封市文化馆先后举办叶桐轩国画遗作展览，展出了作品 100 余幅。1980 年 10 月，河南人民出版社从他的遗作中精选 24 幅，编辑出版了《叶桐轩画选》。1982 年 10 月，中国美术馆将叶桐轩遗作《金鱼》、《牡丹鸡子》作为中国国画艺术珍品收藏。

叶志强

叶志强（1923—?），字任之，今淮阳县城关回族镇前尚武街人。叶志强幼年曾就读于淮阳县简易师范。1938 年参加淮阳抗日学生军，同年加入中国共产党。次年，叶志强任新四军第 6 游击支队教育员、4 师政治部民运科员。1940 年秋被调往延安，在中央军委工作。

建国后，叶志强历任重工业部基建司司长、中央华北局经委副主任、冶金部副部长、中共四川省渡口市市委书记、第五届全国人大代表、中国金属学会理事长、人民解放军基建工程兵冶金指挥部第一政委、中国有色金属工业总公司副董事长等职。

尹楷之

尹楷之（1903—1944），名树模，今太康县大许寨乡盖庄人。幼年读私塾，稍长就读县城高小，后到开封读中学。1924 年入上海同济大学医学预科，未及毕业因兄遭土匪杀害辍学，后又考入开封讲武堂。1926 年毕业即加入中国国民党，当年受命组建国民党太康县党部，曾任总干事、特派员、书记、书记长等职。1937 年秋兼任国民党太康抗敌自卫团副总团长和抗日后援委员会主任委员。

1938 年 6 月，日军进犯太康县城，国民党县长逃跑，尹楷之率抗敌自卫团 300 余人撤到大许寨，与西华县共产党胡晓初部取得联系。尹接受胡的建议，将自卫团改编为 4 个中队。7 月 14 日，日军撤离，尹楷之立即率自卫团入城，奉淮阳专署令，代理县长职务。尹一方面安定城内社会秩序，一方面逮捕了一批汉奸和日伪组织人员，并顶住说情、送礼之风，与刚接任的县长张一农一起，将其中 11 名罪大恶极者枪决。同年 8 月 6 日，日军再度进犯太康县城，尹楷之与张一农率县自卫团，配合国民党军葛子厚旅据守迎击。尹部守护北城。当日军坦克逼近北门时，尹率自卫团利用土制罐炮猛轰，打得日军不得不改攻西关。尹、葛部队与日军激战竟日，撤出县城。

县城第二次沦陷后，尹与中共淮阳党组织负责人薛朴若联系，并得到薛的大力支持。1938 年 10 月 19 日夜，尹率领许孝勋中队百余人，由县西彭庙村移驻到城南桂李寨村。次日上午 8 时，盘踞在洪山庙的日军骑兵 10 余人，突然窜到桂李寨。尹接到情报后立即率兵迎击。日军骑兵 2 人被击毙，其余逃跑。追击中，缴获日军战马 6 匹、手枪 2 支、指挥刀 1 把和其他物资。日军不甘失败，立即出动数百人前往报复。尹率队迎击至傍晚由东北隧道转移出寨。

1939 年 2 月 17 日，日伪军 3000 余人进犯常营，尹楷之与张一农率县团百余人，进驻五子李村与国民党 40 军协同作战。在 40 军旅长李振清统一指挥下，激战 3 天 3 夜，歼灭日伪军千余人，取得常营大捷。同年 3 月，尹楷之被任命为太康县县长，移驻大新集。他在此兴办学校、医院，疏通西去扶沟县的水陆交通，为疏散灾区难民西去谋生提供了方便。

1941 年夏，尹楷之被诬告，县长职务被撤，是年冬被任为睢县县长。1943 年，尹被调任国民党泛东挺进军第一纵队支队长，后任挺进军独立团团长。

1944 年春，尹楷之率部进驻扶沟，抓获了伪扶沟县长李光初，并镇压了扶沟伪巡长白长河等人。是年 10 月，泛东挺进军副总指挥曹茂林（后降日）挟嫌报复，将尹楷之逮捕，11 月 4 日枪杀于扶沟县郁岗村。

于伯龙

于伯龙（1891—1947. 7），今淮阳县城关回族镇人。1918 年毕业于中国大学。

于伯龙早期奉行三民主义。自 1928 年起，历任中国国民党淮阳县党部监察常务委员、干事、特派员，中国国民党淮阳县区党部特派员、党务督导员（兼理淮阳、太康、睢县、鹿邑等县党务），中国国民党淮阳县委党部书记长等职。

1936 年，他创立成达中学，对发展本县文化教育事业曾起到一定作用。日军投降后，他兴办永泉茂绸缎庄、源亨茂杂货店、烟厂、文化书店等，对工人、店员进行残酷剥削。在商业经营中，囤积居奇，垄断市场。在农村大量掠夺土地，鱼肉百姓，民愤较大。1947 年 7 月，淮阳县城解放时，他与人民为敌，曾以私人名义出资激励国民政府军顽抗，后被群众活捉处死。

于朝俊

于朝俊（1904. 6—1984. 9. 9），今沈丘县洪山乡于庄村人。幼年家境贫寒，10 岁时即给地主家当童工。为了分担父母的艰难，他拖着瘦小的身躯，没日没夜地干活。累死累活，还不断被地主打骂。于朝俊不堪忍受这种折磨，17 岁那年，即 1921 年冬天，毅然离家，到国民党军队当兵。1931 年 12 月，他所在的部队在宁都起义，于朝俊随之成为中国工农红军的一员。1939 年 5 月加入中国共产党。在土地革命时期和长达 8 年的抗日战争中，于朝俊先后担任过时任红五军政治部主任刘伯坚的警卫员，红五军团总部警卫班长、排长，中央军委总部管理员和中央军委总后勤部延安“西北菜社”（即中央招待所）主任。1932 年 6 月参加了著名的“南雄、水口战役”。据聂荣臻回忆录载：“南雄、水口战役战场尸横遍野，河沟里的水都变成红色，景象之惨烈，为第二次国内革命战争时期所罕见。”随后又亲历了中央苏区第四次和第五次反“围剿”，接着参加举世闻名的二万五千里长征。遵义会议后，萧劲光找于朝俊谈话，征求他到毛泽东、周恩来、朱德身边工作的意见。乍听到到中央领导身边工作，于朝俊没有一点思想准备，确实有些害怕。怕自己没文化，万一做不好出了岔子，就会影响大局，给革命带来损失。出于这种考虑，他没敢接受任务。几天后，萧劲光二次找于朝俊。这次他没有推辞，答应下来。于是，中央红军总部正式任命于朝俊为中央军委总部管理员，具体任务是直接负责毛泽东、周恩来、朱德和其他中央军委领导人的日常生活。从此，于朝俊就在毛泽东等中央领导身边，参加了“四渡赤水”、“巧渡金沙江”、“强渡大渡河”、“飞夺泸定桥”、爬雪山、过草地等重大战役，亲身经历了战争的艰辛和残酷。1935 年 10 月，中央红军到达陕北。为了安排好领导们的食宿，于朝俊提前一周到达延安，对毛主席、周副主席、朱总司令等领导住的窑洞进行修整，砌好炕，垒好灶，并抽空熟悉了周围环境，为首长们的日常生活尽力做到安全周到。之后的十来年间，他带领警卫及管理人员，开荒种菜补贴伙食。为了节省开支，他自制菜盘子、改造炉灶。他设计的节柴灶，在延安农村广为使用。

解放战争时期，根据党中央建立巩固东北革命根据地的指示，于朝俊被派往东北战场，先后任东北民主联军总后勤部供给管理科科长、第四野战军后勤军需部运输科科长、东北人民解放军军需部管理科科长，参与了著名的四平保卫战、临江战役、辽沈战役和平津战役的后勤保障工作。他尽职尽责，多次冒着生命危险运送生活物资到前线。

建国初期，于朝俊随第四野战军南下，进驻武汉，继续负责军队后勤管理工作。先后担任中南军区军需生产部管理科科长和中南军区后勤部生产管理局管理科科长等职。当时，中南军区接管一批国民党残留下来的工厂，军委指示将其改造成军工企业。在缺乏企业管理人员和技术人员的情况下，于朝俊费尽千辛万苦，终于使这些新军工企业很快生产出武器、弹药和被服。1956 年，于朝俊被中央军委授予三级八一勋章、三级独立自由勋章和三级解放勋章。由于身体多病，组织照顾他离职休养。

于朝俊对毛泽东主席的感情非常深厚，最让他津津乐道的是毛主席对他的三次特批。一次是亲批让他到延安军政大学学习；一次是一个冬天亲批给他一件棉袄；一次是1955年毛主席到武汉视察工作，约见于朝俊，在了解到他家的困难后，亲批他月工资201元（当时和他同级别人员的工资为每月100元）。1976年9月9日毛主席逝世，于朝俊万分悲痛。他满含热泪，一路北上，用历历往事，一遍遍赢得听者崇敬，最终让他在吊唁大厅瞻仰主席遗容。见到主席，他抑制不住悲恸，号啕大哭，在场人员无不为之动容。1977年，于朝俊患了肺癌。面对疾病，他以革命的乐观主义精神，与病魔作顽强抗争。1984年9月9日，于朝俊走完他一生的路程，带着满足离开人世。终年80岁。

于秀生

于秀生（1889—1972），今郸城县秋渠乡于关帝庙村人。中医世家，祖孙三代均为当地民间名医。

秀生自幼读私塾，热爱文学、书法，有坚实的文化功底。后随父学医，十几岁即开始行医，被秋渠中药材行请去当坐堂医生，之后自开诊所。他乐于助人，遇有治病无钱者，不收分文，视病人如亲人。其书法作品，民间多有收藏。建国后，到乡卫生院、县医院工作。1953年全省中医统考中，取得全省第一名的好成绩，1963年，获中医师职称，曾被选为县人大代表。

秀生从医60余年，在群众中享有很高的威望。擅治中风、肝腹水，对儿、眼、妇等科疾病皆有研究。著有《中医妇产科、内科、外科验方集锦》一书。1972年因病去世，终年83岁。

袁邦政

袁邦政（1890—1969），字端甫，回族，今淮阳县城关回族镇袁庄人。自幼随其三哥习中医，后改学兽医成才，为豫东有名兽医。他对治牲畜瘘蹄、掉胯、倒草、瘦虫等病有绝技，只用针、鞭、凿等工具立即见效，尤其是对针灸有特殊研究。一天，邦政从淮阳北关回家，途经北门里时，见张姓驴肉锅前躺一病马，将被宰杀。那马还一阵阵抽筋。邦政走过去绕马转了两圈，蹲下身用手摸摸马鼻，掰开马嘴，看了看说："这马还很年轻，宰了很可惜。"说着从腰中取出针包，连扎数针。顷刻间，马腹中响了一阵，又长嘶数声，便一跃而起，疾病顿时解除。围观群众拍手称奇，盛赞邦政是"神医"。他关心公益事业，常为群众做善事，1931年7月，天雨成灾，西关大路不通，群众行走不便。他亲自到城西傅楼村说服富户出车、出土垫路，深得群众的好评。建国后，他在淮阳县城关镇西关兽医站任医生20多年，1969年5月因病去世，享年79岁。

袁家骝

袁家骝（1912—2003），出生于河南安阳洹上村，是袁克文的三儿子。他没有承继袁克文的风流倜傥和诗书文章，却在现代科学领域独树一帜，成了世界著名的高能物理学家。他担任过加州理工学院物理研究员、普林斯顿大学物理研究员、布鲁克海文国家实验室高级物理学家。先后获全美华人协会“杰出成就奖”，驻美工程师协会“科学成就奖”。1979年退休后，受邀担任法国、苏联及台湾等许多国家和地区的核物理、高能物理研究机构与大学的访问教授，也是国内著名的南京大学、中国科技大学、郑州大学等高等院校的名誉教授。曾先后受到周恩来、邓小平、江泽民、胡锦涛等国家领导人接见。

袁家骝4岁时，祖父袁世凯去世，全家搬回安阳洹上村居住。他母亲叫薛丽清，是袁克文的妾，去世早，他就一直跟着袁克文的正房刘梅真生活。13岁时回到天津，进入天津南开中学读书，后转入英国伦敦教会开办的新学书院，一直是班上的优等生。1928年又考入天津工商大学工学院，1930年转入北京燕京大学物理系三年级插班就读。在燕京大学读书期间，他狂热地迷上了无线电，并与当时大名鼎鼎的司徒雷登（时任燕京大学校长）结成了亲密无间的“无线电友”。司徒雷登经常把袁家骝叫到家中研究无线电，二人结成了忘年交。

燕京大学毕业后，袁家骝到唐山开滦煤矿干了一年。有一天，忽然接到司徒雷登发来的电报，嘱他迅速进京，说有要事相商。袁家骝未及弄清事情原委，即刻来到燕京大学。司徒雷登告诉他，美国加州大学柏克莱有一个奖学金，问他愿不愿意争取。当时袁氏家族已经衰落，能依靠奖学金去美国留学，当然求之不得。征得父亲（袁克文在袁家骝去美国后的第二年去世）允许后，养母刘梅真帮他筹措了40美元的旅费。那一年（1936年）袁家骝24岁。他买的是三等舱船票，每餐伙食都是腥味很重的沙丁鱼，吃得直想呕吐，可他舍不得花钱再去买一块钱一碗的白米粥。就这样在船舱里颠簸了16天，到达目的地的时候，他的体重下降了近30斤，口袋里却还剩25美元。

袁家骝在美国读的第一所大学是加州大学柏克莱分校。这里聚集着一大批年轻有为的物理学家，有发明并建造了“回旋加速器”的劳伦斯，有被称做“原子弹之父”的奥本海默等明星级人物。袁家骝幸运地生活在这样一个良好的学术环境中，靠助学金读完了第一学期的课程。可是，到了 1937 年，日本发动侵华战争，美国开始对亚洲人采取歧视政策，取消了中国留美学生的助学金。为了继续学业，袁家骝试着给加州理工学院寄了一份入学申请。很快，院长密立肯教授亲笔回信，欢迎他到该校学习，并答应给他一笔奖学金。密立肯教授是享誉世界的大学者，曾因测出电子的带电荷量而获得过诺贝尔奖。他的回信给了袁家骝极大鼓舞，进入加州理工学院后，他更加苦读，以优异成绩获得了博士学位。

在这期间，他认识了才貌超群的吴健雄，并最终结成伉俪，共同走过了富有传奇色彩的一生。1942 年 5 月 30 日，袁家骝与吴健雄在加州理工学院指导教授、密立肯院长家中举行了结婚典礼。婚后，有着深厚物理学素养和丰富无线电实践经验的袁家骝，就受命到美国 RCA 公司从事国防军事设施连波雷达的研制工作。这种雷达的研制成功，实现了飞机的飞行高度及飞机间距离的自动控制，战后被应用于民间，大大增强了民航飞机与轮船的安全系数。“二战”结束后，袁家骝先后在美国国家科学实验室和普林斯顿大学长期从事基础物理研究。他与合作者们共同取得了很多重要成果，在中子的来源、高能质子加速器、共振物理学等领域，都取得了重大成就。

袁家骝、吴健雄没有忘记自己的根在中国，一直都想回来报效祖国。可是 1945 年“二战”刚结束，国内又是三年内战。吴健雄的父亲看到局势混乱，写信要他们暂缓动身。此时正逢吴健雄怀孕，回国的事就搁了下来。建国后，袁、吴二人的家庭背景成了阻拦他们回国的极大障碍。朝鲜战争爆发，中美关系更跌至冰点，成了敌对国。美国国务院对赴共产党国家的科学家要求非常苛刻，袁家骝、吴健雄的回国梦想再次化为泡影。这对祖国的优秀儿女无奈地选择了留在异乡。

从 1950 年起，袁家骝夫妇就住在哥伦比亚大学一所高级公寓里，他们的家庭始终保持着浓郁的中国情调：红木家具，绣花地毯，墙壁上挂着郑板桥、张大千、徐悲鸿、吴作人、董作宾等名家的字画。这对科学家夫妇的原则是实验第一、生活第二。袁家骝曾这么说：“家庭生活对我们来说是第二位的，吃穿住都很简单。做起实验来，家里人有时几个礼拜都不见一次面。这几十年我们工作的地点经常是分开的，她忙她的，我忙我的，只有周末才回到纽约这个家。”

随着中美紧张关系的松动，袁家骝再次萌发了回国的念头。1973 年 9 月，他们夫妇终于开始了第一次故乡之旅。国务院总理周恩来，在北京人民大会堂安徽厅接见了他们夫妇。袁家骝是河南人，吴健雄是江苏人，所以周恩来有意把接见地点安排在安徽厅，因为安徽是位于河南与江苏中间的省份。事后袁家骝夫妇私下议论，天天操心无数国家大事的周总理，竟然对这等细微小节也考虑得这么周到，让人从心眼里佩服。袁家骝、吴健雄夫妇长期生活在美国，对中国国情并不十分了解，说话自然显得小心翼翼。周恩来似乎明白他们心中的隐情，就“文革”中损毁吴健雄父亲坟墓一事，主动向吴表示歉意。谈到袁氏家族，周恩来并不回避，笑着说袁家出了三个“家”：“政治家袁世凯、文学家袁克文、科学家袁家骝。”还说：“你们袁家可是一代比一代进步啊!”

这次回国，他们首先被总理安排去了安阳。时值“批林批孔”，当时袁林破败不堪，更由于当时的“形势”，袁家骝在袁林仅待了不到半小时。他只是在爷爷的墓前，默默地、恭恭敬敬地鞠了三个躬。

1984 年，他第二次回国访问时，受到时任中顾委主任邓小平的接见，并进行了长时间的亲切交谈。邓小平接见他们夫妇时，杨振宁、丁肇中作陪，宴会中，袁家骝发现自己一只脚上的皮鞋开了线，裂开一条大口子，露出了里边的袜子，很不好意思，幸亏当时没被人发现。宴会结束后，返回宾馆途中，他悄声问陪伴的弟弟袁家楫：“能不能去附近找个修鞋的?”显然是没有找到，这双旧皮鞋的裂口一直没有补上。他逝世后，才由他住院期间的特护张涛女士捐赠给了项城博物馆。这次他到了安阳，看到袁林已经过修整，恢复了原状，很高兴，上午在博物馆转了半天，下午又带了相机在博物馆内照了半天相。

1986 年他第三次回国，除了到袁林祭拜祖父，还专程回到祖籍项城县。那年 9 月 29 日上午，袁家骝在周口地委和项城县委主要领导陪同下，参观了项城县博物馆，然后驱车袁寨，有生第一次踏上祖籍的土地。不巧，刚到袁宅，突然下起大雨，可袁寨的乡亲们热情不减，冒雨夹道欢迎他们。这之后，袁家骝、吴健雄夫妇多次回国参观访问。

袁家骝夫妇非常关心祖国的科学发展，从 1981 年到 2003 年逝世于北京期间，频繁往返于大陆和台湾之间，全程参与了台湾第三代同步辐射加速器建设，参与了北京正负电子对撞机和合肥同步辐射加速器研制，并促成了南京大学等 4 所高校的学者赴台进行同步辐射加速器的研制与使用的学术交流与访问，海峡两岸的高能物理研制成果，无不凝结着他的智慧与心血。同步辐射加速器研制成功，使中国人在这一领域取得了与美国、欧洲在世界上鼎足的地位。

夫人吴健雄，先他于 1997 年 2 月 16 日去世。人生最后几年的路程，袁家骝是单独走过的。直到 2001 年 6 月下旬，袁家骝在天津突发心肌梗死，在当地医院抢救后，转入北京协和医院。在生命最后的日子里，老人最思念的是爱妻吴健雄。由于记忆力衰退，袁家骝似乎经常忘记妻子已经病故，言谈中不时会提到吴健雄：“健雄在哪？我能不能去看看她?”有一天，医院的护士问他饿不饿，袁家骝脱口而出：“我不饿，健雄饿了。”护理人员将袁、吴夫妇早年的一段纪录片放映给他看，当看到自己和妻子的画面时，袁家骝老人眼中立刻有了异样的神采，对着电视喃喃地自言自语："健雄，你好吗……" 看到这个情景，在场工作人员无不为之动容。

2003 年 2 月 11 日，袁家骝走到了人生的尽头，在北京协和医院与世长辞，享年 91 岁。

儿子袁纬承，选择的也是物理学专业。袁纬承的女儿婕塔，竟然遗传了她祖父袁克文的某些基因，对写作有着浓厚的兴趣，在耶鲁大学读书时，是校园文学社的活跃分子。毕业后进入《纽约》杂志社担任编辑，业余时间喜欢文学创作，有时还写写时评和社论。

袁克定

袁克定（1879—1958），袁世凯长子，字云台，别号"慧能居士"，人称"北京大爷"，今项城市王明口乡袁寨村人。清光绪二十七年（1901 年）捐纳为候选道，三十一年（1905 年）入盛京将军幕，参军事，三十三年（1907 年）后任农工商部右参议、左参议、右丞。袁世凯任中华民国大总统期间，他虽然没有在民国政府任职，却秘密参与了袁世凯的许多军国大事，且是"帝制"的积极倡导者。他后来虽穷困潦倒，却坚持不与日本侵略者合作，保持了民族气节，恪守了个人晚节。

他出生时脸上有一胎记，"记儿"就成了乳名。入学时，老师谐"记"音，为他起了个学名曰"继光"，所以袁世凯的家书中也称他为"继儿"。袁克定 2 岁多的时候，袁世凯投笔从戎，单独跟随吴长庆去了朝鲜。一直到清光绪九年（1883 年）10 月，袁世凯因协助吴长庆平定"壬午事变"有功，被清政府褒奖为"同知补用"，在庆军中有了根基，才请假回国娶沈氏为妾，连同 4 岁的袁克定一起带去了朝鲜。

此后，袁世凯一直让他随任在侧，不时交办些事情，刻意培养他的政治才能。袁克定非常注重生活细节，不抽烟、不喝酒，循规蹈矩。成年后曾赴德国留学，通晓英文和德文，被时人称为"青年俊才"。清帝退位时，他曾向袁世凯建议：把满清作恶多端的王公一律处死，把溥仪也流放到黑龙江去。袁世凯没有采纳他的建议，因而溥仪也就有了第二次（1917 年张勋复辟）、第三次（日本人建立"满洲国"）当皇帝的机会。

袁克定是个瘸子，袁世凯就曾拿他腿瘸这事，搪塞别人关于"帝制"的话题。袁克文写了一本《辛丙秘苑》的书，其中有一段《袁克定坠马》，讲述的就是袁克定瘸腿的原因。

那是袁世凯当了大总统不久，彰德一带治安混乱，住在洹上村袁宅的家眷日日惊恐。于是袁世凯就在天津置办了一所宅院让家眷居住，但遭到袁克定反对。后来因为匪患闹到了洹上村附近，袁世凯最终决定搬家。搬迁分三批，袁克定、袁克文他们是最后一批。但是袁克定和母亲于氏仍坚持要继续留在洹上村。袁克文一行出发那天，袁克定送他们上车时，汗如雨下，面颊红紫，显然是有病。在他骑马回村时，突然从马上摔下，摔伤了腿，也摔伤了头部。

他摔伤后，当地巫医借机向没有文化的于氏进言：腿摔伤流血过多，元气大亏，必须服用人奶增加营养，方能早日恢复健康。于氏听信了巫医的话，没有去请中、西医大夫治疗，却选择了一个乳母，每日挤奶供袁克定服用。结果袁克定的腿伤虽然痊愈，却留下了跛足的后遗症，走路时双腿一高一低，左右摇曳，背后就有人叫他“袁大瘸子”。

对袁克定的残疾，袁世凯很忧心，因为在他心目中，儿子虽多，却“只此一子可支门户”，于是他决定让袁克定去德国治疗伤腿和休养。谁知袁克定这次德国之行，却膨胀了他的政治野心，直接导致他后来积极谋求“帝制”而“欺父误国”。原来袁克定抵达柏林后，拿着袁世凯的亲笔信函，面交德皇威廉二世。当时德国实行的是君主立宪制，袁克定在德皇设宴款待他时，就向德皇力陈中国也应当实行君主立宪，深得威廉二世赞成。威廉也把从前摄政王载沣到访时，对载沣所说的“强干弱枝”理论，向袁克定重述了一遍，表示支持中国实行君主立宪。所以到1913年袁克定回国后，就马上向袁世凯讲述了德皇的态度，引起了袁世凯重视。当时可供袁世凯选择的政体有三种：一是原来的封建帝制，显然不可取；二是正在实行的民主共和制，但是袁世凯觉得并不得心应手；第三就是德国、英国、日本实行的君主立宪制。从封建帝制中登上权力宝座的袁世凯，闻知德皇的态度后，终于坚定了帝制的抉择，所以对袁克定更加倚重，许多军国大事都让他秘密参与。

如行帝制，袁克定是当然的皇太子。他也相信星象家张宗长（在政事堂供职）对他的奉承：“命中注定要做20年太平天子。”于是，他在杨度、梁士诒等所谓“筹安六君子”怂恿支持下，紧锣密鼓地开始了帝制活动。

第一，插手军队，控制军权。他向袁世凯提出两项建议：一是迎接“北洋三杰”之首的王士珍到京，代替段祺瑞主持军事（段祺瑞反对帝制，也讨厌袁克定）；二是在总统府内设立陆海军大元帅统帅办事处，为全国最高军事机构，由总统亲自掌控，再在统帅办事处设立“新军模范军”（实际成立的是“新军模范团”），训练出的官兵逐步分配到北洋各军去，以达到逐步控制北洋各军为帝制所用的目的。

第二，培植势力，借口在北京小汤山继续疗养腿疾，竭力拉拢各种势力人物，组建以变更国体为目的的“太子党”势力集团，如中央的梁士诒、杨度、段芝贵、雷震春、夏寿田、杨士琦等，地方的陈宧、汤芗铭、龙济光等文臣武将，一时都聚集在了袁克定周围，成为鼓吹帝制的中坚力量。

第三，是制造假版《顺天时报》和捏造“祥瑞”，进一步巩固袁世凯实行帝制的决心。袁世凯平时不看别的报纸，只看在北京销售量较多的《顺天时报》。这是一份由日本外务省在北京办的汉文报纸，代表日本官方意见，对中国国内事务的报道特别详细。当时，该报总体上对“帝制”持反对意见，袁克定害怕袁世凯看到后会动摇称帝的决心，就纠合一班人马，自掏3万银元购买报纸印刷设备，伪造了一份《顺天时报》，把反对帝制的文章一律改为拥护袁世凯称帝的文章。此事暴露后，他受到了袁世凯痛责，骂他“欺父误国”。所谓“祥瑞”，像什么“赤龙”现于居仁堂，项城袁家祖坟袁保中墓旁“长出一棵丈余长的紫藤”、“色鲜如血”等等，都是袁克定、袁乃宽等帝制“积极分子”弄的欺骗袁世凯的把戏。袁克端的儿子袁家宾回忆说：“后来在天津听我家老佣人陶树德说，我大伯父（袁克定）为迎合我祖父（袁世凯），1914年底，指使原籍项城祖坟看守人韩诚，将旧石块刻写‘天命攸归’等字样，加以人为的古化，深埋地下，待其腐蚀多日，取出后送到北京展示，作为朕兆，并让韩诚谎称在我曾祖父袁保中坟侧，夜间不时有红光出现，形同火炬，照耀方圆里许。又捏造说，袁氏祖茔附近长出一株紫藤树，状似盘龙，长逾丈许。这些谎言征兆和国际上的舆论，无疑对我祖父‘洪宪称帝’有很大的影响。”

第四，就是让杨度等所谓“六君子”出面组建“筹安会”，大造帝制舆论。

当代著名作家二月河2006年6月9日参观项城袁世凯旧居时感慨地说：袁世凯“一生吃斋念佛，老了老了却尝了口猪肉”。罪魁祸首，正是他认为“可支门户”的袁克定。

袁克定早年娶湖南巡抚吴大澄的女儿吴本娴为妻，过门不到一个月，他又娶了一个叫马彩云的姨太太。吴氏耳朵聋，袁克定和她说话只能笔谈；马氏长得也不好，均不能如袁克定的意。袁世凯就任总统时，他就又纳了一个唱戏的章真随（又名章淳一）为二姨太太。这位二姨奶奶是女文武须生，因擅演《定军山》，故时人多称她“老黄忠”。这个人举止轻浮，对袁克定非常厉害。袁克定很怕她，又很宠爱她。这位二姨奶奶恃宠而骄，竟在津门家中与某西医大夫行为逾轨，其暧昧事被袁克定闻知，才大发雷霆，断然割爱，将她驱逐遣送出津。

袁世凯死后，开始一段时间袁克定主持家政，各房姨太太有不能解决的问题，就必须“请示大爷去”。后来分了家，姨太太们陆续搬出彰德，他这个“家长”也搬迁到了天津德租界定居，鞭长莫及，就逐渐不再过问各房的事了。

1935 年 12 月，宋哲元任冀察政务委员会委员长，袁氏家族有 3 人在其部下任职，于是，袁克定在母亲于氏去世后，就将全家从天津迁到北京地安门外宝钞胡同 63 号（原是清廷宫内养金鱼的金鱼张家的住宅）居住。

后来家境每况愈下，手头拮据，袁克定就托段祺瑞找蒋介石说项，请求蒋介石返还他被没收的河南家产。蒋答应了，却没有兑现，他只好以典当家产为生。

1937 年，华北沦陷。当年袁世凯政府的外交次长、《二十一条》谈判代表、已经投靠日本出任华北临时政府顾问的曹汝霖，劝袁克定把彰德洹上村花园卖给日本人。袁家的亲戚听说这个消息，都议论纷纷。赞同的、怂恿的颇多，其目的无非是每个人借机能分得些“条子”（金条）。袁克定却坚决不同意，说这是先人发祥地，为子孙者不可出售。当时占领华北的日本陆军长官土肥原贤二，由于从前与袁世凯认识，想笼络袁氏之后，尤其是袁克定，希望袁克定也能在华北伪政权任职，能对北洋旧部施加些影响。袁克定曾几次向表弟张伯驹谈到过这事，说：出任则从此有了财源，但也从此当了汉奸，最终还是得不偿失，所以决计不干！当时，北京伪政府市长余晋龢，华北伪建设总署督办殷同，华北伪教育总署督办汤尔和，伪司法部长、后又充任华北伪政务委员会委员长的朱琛，未取得袁克定同意，即在《新民报》上刊登了他们和袁克定联名的《拥护东亚新秩序》声明。袁克定见报后，欲公开澄清他不在联名之列，但北京各报纸均不敢登载。他辗转托人，得到日人野崎诚近（华北伪政务委员会顾问）的帮助，才得登出声明：“未经本人同意，署名不予承认。”为此，他遭到日本宪兵特务的猜忌和注意，被跟踪监视达几年之久。他的行为，却也受到了爱国人士的赞赏，有人将刊登他声明的那张报纸装裱为册页，并题诗表彰他的气节。

袁克定的生活日渐艰困，就从宝钞胡同搬到颐和园租房子住。张伯驹与他时有往来，见他吃饭时，虽无鱼肉菜肴，只是以窝窝头切片，加上咸菜而已，但依然正襟危坐，胸戴餐巾。张伯驹有诗说他“池水昆明映碧虚，望洋空叹食无鱼。粗茶淡饭仪如旧，只少宫詹注起居”。

1948 年，张伯驹看他家产耗尽，生活难以为继，便将他从颐和园接到承泽园张家寓所居住。1949 年后，在中央文史馆馆长章士钊安排下，让他出任文史馆馆员，每月坐领 60 元（旧币）工资。他住在张伯驹家的楼上，满屋子书，以德文书最多，每日读书译著，很少下楼。后来，张伯驹把承泽园卖了，家搬到了城里，袁克定也跟着搬了去。1958 年，袁克定在张伯驹家中去世，终年 81 岁。去世时，是次妻马彩云在他身边照料，丧事则全由张伯驹代为料理。迄此，袁克定在张宅整整寄居了10年。

袁克定虽然有政治野心，而无政治才能；精通德文和英语，学识也说得上渊博；在书法方面善狂草，擅篆隶，还能丹青作画。因他的作品很少赠人，所以存世不多。

袁克定生1子2女，子家融，女家锦、家娣。家融生于清光绪三十年（1904年），1921年赴美留学。先上中学，后在宾夕法尼亚州LAFYETTE上大学，专业是采矿工程。1930年获哥伦比亚大学地质学博士学位，1931年回国，在开滦煤矿任工程师。建国后，先干了几年地质勘探，后调到武汉地质学校教书，几年后调任贵阳工学院教授，1964年退休，1992年获国务院工程技术突出贡献奖，1999年以95岁高龄辞世。

袁克桓

袁克桓（1898—1956），袁世凯第6子，字巽安，后改名心武，母亲是袁世凯的五姨太杨氏。他没有大哥袁克定的政治野心，也没有二哥袁克文那样的风流文采，但在袁世凯的17个儿子中，也是比较出类拔萃的。他遵从母亲杨氏“不要从政”的遗训，致力于兴办实业，不仅在民国时期，就是在中华人民共和国成立以后，都是著名的实业家。

他出生于天津，出生时袁世凯任直隶按察使，专管小站练兵。后来袁世凯奉旨“回籍养疴”，全家都搬到了河南安阳的洹上村。袁世凯对自己子女的教育，仍沿用旧式家馆的办法。可是到1911年武昌起义爆发，因有传闻说反袁者将不利于袁的家属，袁世凯这才命全家人分批再迁回天津，并把几个儿子的教育事托付给了他的好朋友严修。因当时袁世凯在北京主政，家属在天津属于临时居住，不便于再设私塾，就采纳严修的建议，拟把袁克桓和他四哥克端、五哥克权、七弟克齐、八弟克轸，一起送入严修出任直隶学校司督办时创办的南开大学读书，因未与校长张伯苓谈妥，又改送到天津新学书院读书。这所书院是英国人赫立德于1902年创办的，聘用的都是资深教员。袁世凯还向书院捐资3000银元，作为儿子们的读书费用。袁世凯当选中华民国大总统后，袁克桓已经15岁（1913年），袁世凯就又把他和克权、克齐一起，送英国学习军事。在英国学习时间不长，大概一年多的样子，袁克桓就回国了，回国后在北海静心斋总统府教育专馆男馆继续读书。

袁世凯去世时，袁克桓才 18 岁。分家时，分得现款银元 8 万元，黄金 40 两，股票（包括开滦煤矿、启新洋灰公司、江南水泥、耀华玻璃、盐业银行、华新纱厂、天津造胰公司等的股票）总面值约 7 万余元。袁克桓不像其他兄弟，将分得的家产用于挥霍，而是在母亲杨氏帮助下，投向了实业。

两年后，袁克桓娶陈启泰的女儿陈徵为妻。这门亲事，应该是袁世凯在清末任职时定的。陈启泰（1842—1909），湖南长沙县人。字伯屏、鲁生，自号癯庵。曾任同治十三年（1874 年）及光绪六年（1880 年）会试问考官等，后改任监察御史，以直言敢谏著称。在云贵总督刘长佑军饷奏销失察大案中，他奏劾粮道崔尊彝、永昌知府潘英章结托京官周瑞卿贪贿，事涉军机大臣、户部尚书王文韶等，因起大狱，被罢官 80 余人，一时朝野注目。光绪三十三年（1907 年）升任江苏巡抚。后以奏劾苏松太道蔡乃煌贪渎虐民，两江总督端方使蔡行贿庆王奕劻，受到二人庇护，其所奏未得批准，由此积愤成疾，于宣统元年（1909 年）5 月病逝。袁世凯因为叔祖父袁甲三也曾任谏官，也以不惧权贵直言敢谏闻名，对陈启泰这位耿直的巡抚也大为钦佩，这才把少年袁克桓挑出来做他的女婿。陈家也颇殷富，据克桓的后代讲，陪送陈徵的妆奁，就装了一火车。这对袁克桓的事业，无疑也起了很大的支撑作用。

袁世凯在世时，支持周学熙创办了开滦煤矿和启新洋灰公司两个大型企业，袁氏家族也得到了这两个企业的大量股票。袁世凯去世后，诸子各奔前程，纷纷将各人分得的股票低价抵押、转让、出售。袁克桓不然，他拿着分得的股票去和周学熙谈判。按他手中的股票计，他袁克桓也是大股东，有权决定企业的前途命运，所以要求参与企业管理。可是他初进启新洋灰公司时，负责管理的，全是周学熙的旧属亲信，清一色的安徽人。以袁氏家族为核心的河南系，难以与之抗衡。袁克桓就说通周学熙的妹夫、八弟袁克轸，在 1924 年新春召开的一次董事会上站出来率先发难，当面指责周学熙用人不当，把公司搞得一团糟。他脸红脖子粗地说道："对待你的姑爷如此偏袒，为何对老姑爷我就不照顾照顾？"周学熙梗得说不出话，河南帮的其他成员跟上助阵，会场乱成了一锅粥。周学熙是启新公司的创建人，也是最大的老板，谁敢在他面前说"不"字？可现在是老姑爷给他难堪，他又如何计较？从此以后，他对启新公司的事也就不愿多过问了，而这正是袁克桓所要的结果。到 1927 年启新公司改选董事会，河南系就占据了显著位置，袁克桓当选为公司协理。

1931 年 11 月 10 日，寓居在天津静园的清朝逊帝爱新觉罗溥仪，在日本人诱使下，孤注一掷去了满洲，下人都被遣散。下人中的皇族后裔毓舒，就去找袁克桓的母亲杨氏想办法谋生路，正好袁克桓在家，问明情况后，袁克桓说："早劝你们别再跟着皇上了，不听！复清？做梦吧！金玉其外，败絮其中，中国不能有皇上了。还是多兴办实业，一来国家所需，二来老有寄托。我看毓舒你忠实，去井陉吧！正好宏业找我要人。”当时井陉发现煤矿，德国人首先取得开采权，命名井陉煤矿。段祺瑞时任民国执政，看着不忿，便组织皖系几个同僚投资合办了正丰煤矿，由其弟和长子宏业主持，与德国矿对着干。于是毓舒便拿着袁克桓的推荐信去了井陉，当了段宏业的帮办。

数年后，袁克桓对启新公司的经营管理状况已了如指掌，加之头脑活、善管理、人缘又好，终于升任启新公司总理。到抗战结束时，风传何应钦将派人以“资敌罪”没收启新公司。迫于各方压力，袁克桓才不得不抽出自己的股份，和启新洋灰公司脱离了关系。袁家桓任公司总理期间，还在湖北创建了华新水泥厂，在南京创建江南水泥厂和江南辰溪水泥厂，在北京创建北京琉璃水泥厂，此外，还在上海、唐山、河南卫辉创办有棉纱厂。其中，江南水泥厂是河北唐山启新洋灰公司的子公司。1935 年 5 月，袁克桓为主任常务理事，曾负责向丹麦史密斯公司、德商禅臣洋行、英商怡和洋行购买旋窑、电器设备和开山机械。1937 年厂房竣工设备安装完毕试机时，时逢日军逼近南京。工厂被迫停止试机，并将部分设备拆除隐蔽。在南京保卫战中，江南水泥厂所在的栖霞山地区，是南京外围阵地，不少败退的中国军人到水泥厂避难。该厂历史档案记载：“民国 26 年冬，各地逃难人民麇集于栖霞山甚众，闻其中不乏不及撤退之少数高级军官，以失却政府保护，咸惴惴不可终日。幸赖江南水泥厂收容男女难民约四五万人。”

在经营启新公司的同时，袁克桓还在开滦煤矿接替大哥袁克定，担任了公司的常务董事。以前，公司内部事务（包括用人权等）都由担任总经理的英国人说了算。袁克桓就提议说，既然公司是两家合营，那么中英双方都得有人负责。最后袁克桓的意见被采纳，他的权力无形中增加了许多。

据袁克桓的儿子袁复（家宸）回忆乃父说：“他一辈子都没叫过累。每天早晨 7 点钟按时起床，穿戴收拾好，8 点整准时到公司。时，工友还在打扫卫生呢！……我父亲没有别的嗜好，就是应酬应酬，打打麻将。舞场、赌场、马场、妓院从来不去。舞场为什么不去呢？理由很简单。有一次他办完房子买卖，吃完饭，很早就回来了。我问他其他叔叔呢，他说去舞场了。我问他为什么不去，他说：‘手底下的人都去玩，我往那儿一坐，人家还玩不玩？’我父亲喜欢看历史书，也喜欢讲历史。一生从来没有假期、星期天。……全部精力都投入到搞实业中去了。”

中华人民共和国成立之前，袁克桓已是北方闻名的实业家。听袁家人讲，按照袁克桓在发展民族工业中作出的贡献和地位，新中国成立初期，政府曾经考虑他做天津市的副市长，据说是他自己不愿意。1956 年 9 月，袁克桓因心脏病发作在天津去世，时年58岁。当时的重工业部给袁克桓的家属发来了唁电，并送了花圈，还赠了几千元的抚恤金。

袁克桓有2子5女。长子袁复，1947年曾赴美国留学，建国后回国从事教育工作。当时他所在的学校要扩建校舍，袁家宸主动提出将父亲留下的一块9亩的土地无偿献给学校。1958年，当他们听说北京天安门广场建设需要一批风景树时，又主动提出将北京香山四王府祖坟上的200棵松树献给了国家。北京市人民政府当时给他们作价50元，但他们分文未取（秦炳南：《银丝两鬓，一片丹心》，《教工月刊》1984年第5期）。袁复曾担任天津市河西区政协委员。次子袁家卫一直在上海。关于袁家卫，袁克桓的长子袁复说："父亲去世后，家卫受妻子朱章绣调唆，将父亲的启新、江南等各公司股票，全部据为己有，以致母亲与他对簿公堂，并宣布脱离母子关系。"

女儿中，袁家英、袁家仙、袁家蕖、袁家菽都先后定居美国，最小的女儿袁家芯，一直在天津市从事教育工作。

袁克文

袁克文（1890—1931），袁世凯次子，字豹岑，号寒云，乳名招儿，学名继前。生于朝鲜，母亲为朝鲜人。清末曾任法部秘书。他一生风流倜傥，不喜政治，是著名的"民国四公子"之一。能诗、能文，诗文"高超清旷，古艳不群"；能书、能画，书画也是博采众长，自成一家；又是著名集邮和古玩鉴赏专家及昆曲票友。

据说在他出生时，袁世凯梦见韩王送来一只花斑豹，用锁链系着。忽然踊跃跳踉，扭断锁链，直奔内室，是时恰好袁克文降生。所以，袁世凯就为他起名克文，字豹岑，"寒云"、"抱存"则是后来袁克文自己的别署。因为袁世凯的大姨太沈氏未生子女，所以克文从小便被过继给大姨太。1913年随父入住中南海，在流水音挂上"二爷处"名牌。他从不问政治，一直过着诗文酒会、"浅吟低唱"的文人生活。

袁克文自幼聪明异常，6岁学识字，7岁读经史，10岁习文章，15岁就能吟诗作赋。18岁的时候他居住在津沽，跟从老辈罗瘿公、吴彦复、方地山等名士游。所以他作诗、填词、写文章件件皆精，写的字风流潇洒，特别是篆书，造诣很深。

袁世凯称帝已成定局时，袁克定谋臣得知袁世凯对袁克文宠爱，深恐其承欢谋储，于是蜚言中伤。袁克文原作七律二首，题为《感遇》，是两首记游诗，叙为："乙卯秋，偕雪姬游颐和园，泛舟昆池，循御沟出，夕止玉泉精舍。"其中"绝怜高处多风雨，莫到琼楼最上层"句，有劝诫袁世凯不要当皇帝的意思，岭南文人就向袁克定举报，袁克定又向袁世凯禀报，因而袁克文被软禁于北海。

从此，袁克文诡称有病，闭门不出。后来又援清朝册封皇子往例，请名家刻了一方"上第二子"印章，以示别无大志，那些谣诼才渐渐平息。

袁世凯曾在与"合肥李蜕庐"议论帝制时，谈到过袁克文："九爷（李蜕庐行九）试思，余行年将60矣，功名忧患，均饱经之，何必再干此劳什子！如曰为子孙万世之业，环顾诸儿，老大（指克定）足跛，老二（指克文）日与樊山、实甫闹诗酒，都非能任大事者，老三老四（指克良，克端）更年幼识浅……"看来，还是袁世凯最了解自己的儿子。

袁克文与清末民初名记者林白水（1837—1926）友谊甚深，林于1926年8月为军阀张宗昌杀害，其女林慰君亦捐身殉父。袁克文为林撰写了两副挽联。

袁克文的诗词联赋，1914年由易实甫选定为《寒云诗集》3卷，但他不自爱惜，生前未能印出。殁后多年，才由张伯驹等人辑为《洹上词》油印传世。

他自号"寒云"、"抱存"（意为"自存怀抱"），据说与昆剧《千忠戮·惨睹》一曲有关。他最喜唱该剧【倾怀玉芙蓉】中的一段："收拾起大地山河一担装，四大皆空相，历尽了渺渺程途，漠漠平林，垒垒高山，滚滚长江，但见那寒云惨雾和愁织，受不尽苦雨凄风带怨长。雄城壮，看江山无恙，谁识我一瓢一笠到襄阳。"

学唱昆曲，袁克文师从的是老丑郭春山，曾先后组织"饯秋社"、"温白社"、"延云社"，假北京之江西会馆演出。据张伯驹《春游琐谈》卷四介绍：

"昆曲《八阳》（即《千钟禄》）一折，脍炙人口，以其（克文）演来，恰如其身份，戏者为之动容，人比之陈思……然文采风流固一时翩翩，而家国沦尘，更多感触，中岁放歌，饮醇近妇，其遇亦可哀之。1930年冬夜，以某义务事共演戏于开明戏院。寒云与凤卿等演《审头刺汤》，多弹戏寒云只饰《群英会》《审头》之蒋干、汤勤两角，饰演更出色……终场时夜三点，送寒云至霭兰室饮酒作书，时密密洒洒，飞雪漫天，室内炉暖灯明，一案置酒肴，一案置纸墨，寒云右手挥毫，左手持笺，即席赋《踏莎行》，词云：'随兮衾绸，无端醒醉，银床曾是留人睡。枕涵一躺滞余温，烟丝梦缕都成忆。依约房栊，乍寒情味，更谁肯替花憔悴，珠帘不卷画屏空，眼前犹有天花坠。'时已交寅，余遂归去。词上阕忆说谈以入作古，余亦示注意及之，迄今30余年乃为发现，在当时为寒云兴到之作。……后人知其词而不知其事矣，爰为记之。"

袁克文与清皇族"红豆馆主"溥侗均喜粉墨登场。有一天，袁克文在宣武门外会馆彩唱昆腔《状元钻狗洞》，溥侗则唱《连党寨》带《哭灵牌》。有好事者撰一对联说："公子寒云，煞脚无聊钻狗洞；将军红豆，伤心亡国哭灵牌。"煞脚，即土语"末路"之意。寒云阅毕哈哈大笑。

他爱唱昆曲，小生、丑都扮演得很好。拿手好戏是《长生殿·游园惊梦》。袁世凯死后，他没了管束，开始"票戏"，即当票友。有一年，他在北京新民大戏院与陈德林合演《游园惊梦》，他大哥袁克定知道了，认为他这种当"戏子"的行为"玷辱家风"，便通知北京警察总监薛松坪把他抓起来。薛不便推托，可又觉得这是他们袁家的"内部矛盾"，便去找袁克文，如此这般把"令兄的意思"一谈。袁克文笑着说："明天还有一场，唱完了，我就不唱了！"票友借台唱戏是要自备费用的，袁克文唱这两场戏，据说他花费了三四千银元。

书法方面，袁克文初习颜体，后来又博览唐宋名迹，而得益于金石版最多。在学书上，广益多师，学而善变，到20岁的时候，已自成一家风格。篆隶真草诸体，无不精通。他与南社文人徐半梦（名云石，著有《写字实验》、《梦窗谈艺》诸作）讨论书法，有手札一通。手札书法精美，立论很高，主张书法学习应从古篆入手，然后由草书、隶书到楷书，全面贯通。三杯酒下肚，写起字来纵横驰骋，豪情奔放，大有苏东坡之风。

袁克文喜爱书法，也喜爱收藏文物古玩。他收藏有宋代王晋卿之《蜀邑寒云图》，卞玉京的象牙小印，最早刻本唐女诗人《鱼玄机集》，宋本诗、书、易、礼、《论语》、《孟子》和《孝经》，明万历木刻《牡丹亭还魂记》等，袁克文辟八室储之。获并搜罗各国金质稀币，装于锦盒，分格藏之。还有卢葵生小漆砚和周芷岩所刻小笔筒。黄荛圃有百宋一廛，袁克文有皕宋书藏一所，获宋版书几200种，并曾手写宋本28种摘要。这些古籍文物，多因贫乏质人或散失。北京图书馆有李盛铎藏书目录，列有袁克文撰《行脚集》石印本一册。

不仅诗词书法，袁克文还是一位小说作家。1927年5月，上海大东书局出版了《袁寒云说集》，收入了袁克文发表在《半月》杂志上的4篇小说，有文言，也有白话。包括：白话小说《枕》，以一位豆蔻少女的枕头为故事主角，描写那少女无法跟所爱的人结婚，到所嫁非人的经过。文言小说《韦雉》，叙述翩翩浊世公子为人所害，幸为红粉知己解救，才逃脱红色陷阱。文言小说《侠隐豪飞记》，类似唐传奇聂隐娘的故事，叙述一侠盗飞飞子，某次作案为记者徐隐撞上，两人萌生爱情；他朋友张慧是探长，为不连累张慧，他出面投案；后来飞飞子不但越狱，并且将捉拿他归案的后任探长张言寿构陷入狱，飞飞子从此恢复她的女儿身，和徐隐隐居海外仙岛。白话短篇小说《万丈魔》，是篇幅最长的一篇，叙述上海某市区经常失窃，引起当地居民不安，名探白公乙经过明察暗访，抽丝剥茧，最后侦破盗窃集团的故事，颇有福尔摩斯侦探小说的味道。

这些小说取材都不尽相同，白话、文言都写得清新亮丽。可惜至今只能见到这4篇作品，不然，民国小说史上也许会有他一笔。

袁克文一生从不为衣食奔忙，追求的完全是一种任情任性的生活。他喜欢金石书法，集联填词，冶游嫖妓，粉墨登场，兼及传统文化和20世纪初的新潮时尚，在享受上，可以说是达到了极致。他还花钱加入“青帮”，当上了“大字辈”的“老头子”。因为花钱如流水，所以他在父亲死后分得的十几万银元遗产，很快就用光了，不得不靠卖字、卖文来维持生活。

袁克文病故于天津，逝年42岁。身后只有“日记十余册，记载起居、交游、遗闻、政治、唱酬、考订，逐日无间”。可惜的是，这些日记大部分都散失不存，只有1926年和1927年两本，辗转落到“悯其志、悲其人”的刘秉义手中，才获“影印百版”（刘秉义《袁寒云丙寅丁卯日记跋》）得以面世。还有杂记文集《洹上私乘》、《三十年行见录》、《辛丙秘苑》、《洹上词》及小说集《袁寒云说集》传世。

他一生交友无数，都是笔墨文翰之交，筵宴冶游之友。他的丧事算得上风光，“灵堂里挽联挽诗，层层叠叠，多到无法悬挂”。家里为他办不起丧事，是“青帮”的徒子徒孙凑钱帮他办的。出殡时，“帮”里的人以及天津的和尚、道士、尼姑、喇嘛，都来送葬，据说有些妓女也扎了白头绳前来哭奠。

袁克文葬于天津西沽，方地山题写墓碑。

育4子3女。子：家嘏、家彰、家骝、家缉，女：家华、家宜、家祉，多为知识分子。其中家彰、家骝留学美国，皆学有所成，且均加入美籍并定居美国。

袁乃宽

袁乃宽（1868—?），字绍明，民国时期项城县人。历任天津县知事，拱卫军军需总长，镶红旗蒙古副都统，筹办煤油矿坐办。1915年，袁世凯谋称帝时，袁乃宽任筹安会会员。1923年9月任高凌蔚内阁农商部总长。1924年1月去职后居天津。1947年参加耆英会。

袁世凯

袁世凯（1859.9.16—1916.6.6），字慰庭，号容庵。少年乡试不第，于光绪七年（1881年）前往山东投奔吴长庆。吴长庆将他留在营中读书，不久被提拔为庆军营务处帮办，踏上了仕途。

光绪八年（1882年）六月，朝鲜发生兵变。丁汝昌、吴长庆率海陆军赴朝，以阻止日本借机生事。袁世凯当时在前敌营务处，负责军需供应、勘定行军路线等事务。船抵朝鲜马山浦，一营官说多数士兵晕船，请稍缓登陆。吴长

庆立即将此人撤职，命袁世凯代理。袁马上部署，两小时内完成了登陆行动。吴当众大加夸奖。九月，朝鲜国王派使者向清政府致谢，并要求清政府派出教习，帮助朝鲜训练新式军队。李鸿章命吴长庆筹划，吴长庆派袁世凯等办理编练朝鲜新军。选千人，分左右营，按淮军操法训练。朝鲜国王检阅后，极为满意，称赞袁世凯训练有方。决定再选500名编为镇抚营，仍由袁世凯训练。

中法战争爆发后，吴长庆回国，袁世凯总理驻朝营务处，会办朝鲜防务。金玉均在日本公使支持下发动政变。袁世凯不暇请示清政府，自行派兵入宫。在朝鲜人民的支援下，攻入被日军占领的朝鲜王宫。日军自焚使馆，狼狈逃走。事变后，袁世凯亲率淮军一营驻守王宫。国内却有人指责袁世凯擅启边衅，李鸿章电告袁世凯，勿遽与日本开衅，同时派吴大澄、续昌前往查办。袁世凯有惊无险。

光绪十一年（1885年）九月二十日，清政府正式任命袁世凯为驻扎朝鲜总理交涉通商事宜的全权代表，并以知府分发，以道台升用，加三品衔。

甲午战争爆发前夕，袁世凯回国。光绪二十一年（1895年）十月二十二日，清政府命令袁世凯接管"定武军"十营，在小站改练新军。袁世凯依照德国军队的编制，编成"新建陆军"，聘请德国军官进行训练。因练兵有功，升为直隶按察使，仍专管练兵事宜。

光绪二十四年（1898年）七月，戊戌变法运动达到高潮。后，变法失败，袁世凯的新建陆军随即改名为武卫右军。不久，升工部侍郎，仍专管练兵。光绪二十六年（1900年）二月十四日，升授山东巡抚，率领武卫右军赴任。八国联军侵华战争中，荣禄的四支武卫军全部崩溃，只有袁世凯的武卫右军安然无恙。

李鸿章逝世后，袁世凯署理直隶总督兼北洋大臣（翌年改为实授）；袁世凯受命进驻天津，创建了中国第一支警察部队。后清政府筹办新政，成立督办政务处，袁世凯又兼任参预政务大臣、练兵大臣。他在保定创设北洋军政司（后改为北洋督练公所），自兼督办，开始编练北洋常备军，即北洋军。

光绪三十四年（1908年），光绪帝与慈禧先后死去，宣统皇帝继位，摄政王载沣监国。十二月十一日，袁世凯被免去一切职务，退隐安阳洹上村。

宣统三年八月十九日（1911年10月10日），武昌爆发革命，朝野一片惶恐。清廷派北洋军武备学堂总办、新任陆军部大臣荫昌，率领从北洋二镇、四镇、六镇3镇中抽调的官兵混合组成的军队前去讨伐。到达湖北孝感后，大批人马因各有派系，拥挤在武胜关车站，迟迟不能展开行动。

八月二十三日（10 月 14 日），隆裕太后召开御前会议，决定起用袁世凯为湖广总督，命令他会同荫昌指挥前方各军；但是清廷对袁仍不完全信任，同时任命他的政治对头、被慈禧贬黜的岑春煊为四川总督，意在对袁有所钳制。在朝野改良政治的浪潮推动下，九月九日（10 月 30 日），清廷又发第 4 道上谕，宣布撤销皇族内阁，任命袁世凯为内阁总理大臣，负责组织责任内阁。那天晚上，袁世凯一家聚在一起吃饭，为他送行，他却叹了口气说："你们不要太高兴了，我是不愿意出去的。这次出去了，怕是不能够好好回来啊！"

按传统说法，接到圣旨后，袁世凯提出 6 条要求，与清廷讨价还价。然著名清史专家骆宝善先生在《骆宝善评点袁世凯函牍》一书中，根据袁世凯回复张镇芳的信件考证，袁世凯提出的"条件"，是督师制胜必备的 8 个基本条件而非"讨价还价"，这就是"节略八条"。其中 3 条是：第一，调集直隶后备、续后备军万余人，编练为供自己指挥的军队。第二，筹拨军饷三四百万两。第三，前方战事，不能受远在京城的军咨部、陆军部"遥为牵制"。"八项要求"得到了清廷舆论支持，没有多少阻碍，清廷基本全部"照允"，仅对不为遥制一条略有迟疑但也照准了。下旬，袁世凯即给黎元洪写信，派人与武昌起义推举的湖北军政府都督黎元洪进行停战交涉。黎元洪称："此时不将皇上推倒，随便和了，将来更无法子。"

九月十一日（11 月 1 日），袁世凯乘车到达孝感，指挥冯国璋率军发动进攻，很快占领了武汉三镇的汉口、汉阳，开始直接炮轰武昌。这时，北洋第 20 镇官兵在革命党人策动下举行"滦州兵谏"，清政府同一天又电令袁世凯"即行来京"，"迅即筹划改良政治一切事宜"。九月十九日（11 月 9 日），清廷正式任命袁世凯为内阁总理大臣。同日，黄兴致函袁世凯，建议他"以拿破仑、华盛顿之资格，出而建拿破仑、华盛顿之事功。直捣黄龙，灭此朝食"。并保证：南北各省人民都"拱手听命"。九月二十三日（11 月 13 日）袁世凯回京就职，组成新的责任内阁。

袁世凯复出，不论对革命党起义军，还是对清王朝反袁贵族集团，都是很大威胁。欲置他于死地的，大有人在。就在他出发去湖北的几天后，他留在彰德洹上村的家人，忽然接到一个惊人的消息：北洋军第 6 镇统制吴禄贞（秘密革命党人）要派人杀害他全家。正当全家人惊恐万状时，又传来消息说，吴禄贞在石家庄车站遇刺身死。此后，袁世凯就让他的家人分批搬到天津，分别住在几个地方。住下不久，家人又接到袁世凯通知，让分批搬到北京住进了设在石大人胡同（明朝尚书石亨的府第所在，故称）的外务部里。那时袁世凯也正在北京介于清王室和南京政府之间进行谈判。

有一天，他乘坐双套马车从皇宫回家，走到东华门大街东口的时候，突然从街道右侧（路南）当时有名的饭店——东兴楼上扔下3颗炸弹。炸弹落地时，马车已经越过弹着点，袁世凯有惊无伤，但卫队营长袁振标、内尉差官杜某和一名骑兵卫士当场炸死，随从差官申明善及右侧辕马被炸伤。在外务部门口，袁世凯下车后笑着对人说："今天有人跟我开玩笑。"可从那以后，他再不敢轻易外出，与清王室交涉，多是派代表去。后来有人又往外务部门口扔了一颗炸弹，把袁世凯办公室的玻璃窗都震出了"水纹"。

1912年1月1日，孙中山在南京宣告中华民国成立，就任临时大总统，各国列强纷纷表示：满清王朝没被推翻，他们不承认南京的中华民国。于是，孙中山在1月4日给袁世凯发电明确表示："如清帝实行退位，宣布共和，则临时政府绝不食言，文即可宣布解职，以功以能，首推袁氏。"经过双方继续谈判，达成的协议是：1. 国号——中华民国，首都定于南京。2. 规定《临时约法》为现行宪法。3. 袁世凯任临时大总统，宣誓就职后解除孙中山临时大总统职。4. 次年选举正式大总统。

迫于局势，隆裕皇太后不得不同意清帝逊位，国事全权委托袁世凯处理。

按照约定，南京临时政府特派教育总长蔡元培等几位专使，北上迎袁到南京就任中华民国临时大总统。因为北京突然发生兵变，局势不稳，蔡元培等受兵变惊吓，又见到外国士兵的猖狂，便报告南京临时政府参议院："北京兵变，外人极为激昂，日本已派兵入京。设使再有此事发生，外人自由行动，恐不可免。培等睹此情形，集议认为，速建统一政府为今日最要问题，余尽可迁就，以定大局。"南京方面同意了蔡元培等专使的意见，但要求袁世凯派专使到南京说明情况。袁世凯派的专使是范源濂和唐在礼，他们在南京临时参议院传达了袁世凯的意思："俞允世凯在北京宣誓就职。"与会的参议员们一致鼓掌，通过了袁世凯专使的说明。

3月10日，袁世凯在北京就任中华民国临时大总统。是年10月6日，两院召开国会，依中华民国《总统选举法》，选举袁世凯为中华民国正式大总统。

清末，国家经济已陷困境；中华民国初建，经济状况更成了国基能否稳固的关键。迫于财政困难，袁世凯采纳梁启超等人的建议，以办理善后的名义，命国务总理赵秉钧、外交总长陆征祥、财政总长周学熙为全权代表，向英、法、德、俄、日5国银行团商谈"善后大借款"。"政府为国权起见……但求有一分之减少，即少一分之负担"，"是以交涉数月未能就绪"，一直经过近一年艰辛谈判，才于1913年5月借得2500万英镑。去掉折扣、到期外债、赔款及利息，实际到手760万英镑，支撑了民国政府半年多的开支，暂时稳定了民国初年的社会秩序。因借款条件十分苛刻，此举遭到了全国舆论反对，国会也两次质问政府。袁世凯告诉国会说："政府为民服务，即系为国效忠。但求大局之保持，何敢避人言之交责。”

1915年秋，袁世凯根据《修正大总统选举法》，将自己的继任人选，亲手书于嘉禾金简、钤盖国玺，密藏于金匮石室。

项城袁氏家族虽以武功鸣世，却一向尊崇儒学，诗礼传家。袁世凯是在儒学熏陶下，一步步登上国家权力巅峰的，所以他一当上民国大总统，就把举办祭孔、祀天大典的事交政治会议讨论。1913年10月公布的宪法草案中还规定："国民教育要以孔子之道为修身大本。"1914年9月28日孔子诞辰，袁世凯亲自在北京主持了隆重的祭孔大典。1915年1月颁布《教育要旨》，更以"爱国、尚武、崇实、法孔孟、重自治、戒忿争、戒躁进"为要旨。同年2月，再颁布《教育纲要》，明确提出"各学校均应崇奉古贤以为师法，宜尊孔子以端其基，尚孔孟以致其用"，要求各"中小学校均加读经一科"，正式在中小学恢复读经。

袁世凯在推翻清王朝统治后，经历了4年共和时期，中华民国出现让袁世凯头痛的许多棘手问题：各省纷纷截留税收，使得中央失去了财政来源；各省各自为政，行政不能统一，他掌握不了国家的外交，中国将丧失自卫能力。最让他气愤的是，议会效率低下，中央政府的行政措施通常在议会就遭搁浅。于是，他对共和政体产生了怀疑，在政体抉择的困惑中，开始把目光转向与封建君主制血脉相通的"君主立宪制"，转向了日本和英国实行的"君主立宪"政体。又由于长子袁克定及"筹安六君子"杨度等人的推波助澜，一场"帝制运动"由此开始，袁世凯的风云生涯，也因此到了终结时期。

经过一番运作，袁世凯发布申令"承受"帝位，改国号为"中华帝国"，以次年（1916年）为"洪宪"（含弘扬宪政之意）元年。正当"国体改制"筹备就绪时，开始时积极怂恿袁世凯实行"君主立宪"的各国公使，突然转变了态度。日、英、俄公使都到中华民国外交部，一本正经地提出暂缓变更国体的"劝告"。日、英、俄、法、意5国公使还联合劝告袁世凯："中国恢复帝制，进行甚速，其里面反对者暗潮甚烈，实行之期，恐发生事变。目前欧洲正当多事，凡有害和平者，皆当避之。"而这时，袁世凯已经骑虎难下、欲罢不能了。

不久，蔡锷在云南组织护国军，宣布云南独立。并立即向四川、两广出兵。在全国反袁呼声中，袁世凯终于从"皇帝梦"中醒来，于1916年3月22日，匆匆宣布撤销帝制，仍称大总统。从1916年元月1日"洪宪改元"计，至此仅83天。

此后，袁世凯食量渐减，恹恹成病。病后，一边吃中药治疗，一边坚持办公，会见客人。几个月后，病势渐重，就在卧室里看公文。直到1916年的农历五月初，病情加重，卧床不起，才停止处理公务。

1916年6月6日，袁世凯可能已经意识到自己病情严重，就把段祺瑞和徐世昌找来，取出大总统印交给了徐世昌。对他们2人说：“总统应该是黎宋卿（黎元洪）的。我就是好了，也准备回彰德啦！”段、徐走后，他渐渐进入昏迷状态。次日早晨5点多钟，袁世凯慢慢清醒过来，把长子袁克定叫进去说：“这个事我做错了，你以后不要再上那几个人的当！”说完这话就昏迷过去，直至咽下最后一口气，再没有醒来。时年58岁。

袁世凯去世后，曾任总统府秘书、机要局长、时任教育总长的张一麐，在袁抽屉中发现一副他自撰的挽联：“为日本去一大敌，看中国再造共和。”

1916年6月28日，袁的灵柩运回河南彰德（安阳）洹上村，8月23日下葬于“袁林”陵墓。

袁世凯1妻9妾，共生育17子、15女。17个儿子中，社会影响较大的是长子袁克定、次子袁克文、六子袁克桓。孙子辈中最有影响的则是袁克文的四子、美籍著名高能物理学家袁家骝。

至今，袁世凯任民国大总统期间遭人责骂最多的，当数外交上与日本签订《二十一条》。

1914年7月28日，第一次世界大战爆发。日本对德宣战，并不顾中国的中立地位，向驻扎在中国山东境内的德国军队发动了猛烈进攻。11月7日，日本攻占青岛。1915年1月18日，针对中国政府要求日军撤出山东的照会，日本驻华公使日置益从日本匆匆返回，要求马上同袁世凯会晤。日置益当面向袁递交了一个秘密文件（即《二十一条》），作为日军从山东撤出的条件，要求中国接受。并警告袁：倘若事机不密泄露出去，定将招致严重后果。那时，一个国家的公使要求和驻在国进行外交谈判，只能通过驻在国的外交部，如果直接去找驻在国的总统，是极不合理、极没有礼貌的。所以袁世凯说：“请贵公使去找外交部商谈。”

日置益提交的秘密文件的内容共分5大类21条，就连曹汝霖都说：“日本这次提出《二十一条》，包罗万象，集中大成，势力由东北、内蒙古，以至闽、浙，权利由建铁路、开矿产，以至开商埠、内地杂居。甚至第5项要求政府机关设立日本顾问，两国用同一军械，警察由日本训练，小学用日本教师，日本僧人到内地传教。凡此苛刻条件，思以雷霆之压力，一鼓而使我屈服。若使遂其所欲，直可亡国。”

袁世凯自驻朝鲜就与日本人对抗，即使在劣势情况下，仍屡挫日人阴谋，是不惧日人武力威胁的。如今他当了大总统，日本咄咄逼人，他更是忍无可忍，就询问陆军总长段祺瑞：“开战如何？”谁料想段回答说：“如果发生战事，三天内可以亡国。”陆军总长都如是说，他只有选择谈判，于是，才与他的部下竭尽全力去进行一场艰苦的谈判。

如何谈？他指示曹汝霖说："我已逐条细阅批示，你们照此商议。与日本谈判时，应逐项逐条商议，不可笼统并商。"他制定的方针是"拖"，能拖多久拖多久，拖到西方国家出面干涉更好；逐条逐项谈，争取最小损失。基本原则是，坚决拒绝谈涉及领土完整如第5号中的条款。他还把对《二十一条》的逐条手批，交给外交部作为谈判依据。至今尚能完整见到的袁世凯手批件有3份，一份原件，一份修改件，一份最后通牒。袁世凯除用朱笔墨笔重重圈点，手批文字达76条之多。如对"日人可在南满及东蒙任便来往、经营工商业"，他的手批是："漫无限制，各国援引，尤不可行"；对"中国政府允准日人在东蒙与华人合办农业及工业"，手批："办不到"；甚至他还在"最后通牒"的文本上手批："顾问、兵器、兵厂大损主权，中国政府决难承认"等等。据日方秘档记载，在双方交涉开始的时候，袁世凯曾疾言厉色地对日本使者明确表态：可以退让的自然可以谈，不能退让的，如第5号各条，就绝不能让。

1915年2月2日下午3时，中日双方代表在北京中国外交部开始正式谈判。谈判期间，袁世凯为争取主动权，请民国政府聘用的日本顾问有贺长雄赴日本游说日本元老重臣，收买大批日本浪人做间谍，并秘密支持4个日本议员竞选。这些接受选举"运动费"的议员，也果真弹劾了大限内阁，但无明显效果。

谈判进行到第94天（5月7日），日本命令军舰游弋渤海，同时在山东、奉天一带增加兵力，关东戒严，日侨回国，准备大打出手。下午3时，日方提出最后通牒，限中国政府于5月9日午后6时前答复。这就是五四运动时，经常提起"五七"国耻日的由来。

5月8日下午，袁世凯在纯一斋召集参政院全体参政开会，准备正式宣布政府接受日本《二十一条》最后修正案的决定。袁世凯沉痛地讲话说："……为权衡利害，而至不得已接受日本通牒之要求，是何等痛心，何等耻辱。无敌国外患国恒亡，经此大难以后，大家务必以此次接受日本要求为奇耻大辱，本卧薪尝胆之精神，做奋发有为之事业，举凡军事、政治、外交、财政力求刷新，预定计划，定年限，下决心，群策群力，期达目的，则朱使（英驻华公使朱尔典）所谓埋头十年与日本抬头相见，或可尚有希望。若事过境迁，因循忘耻，则不特今日屈服奇耻无报复之时，恐十年以后，中国之危险更甚于今日，亡国之痛，即在目前。我负国民付托之重，绝不为亡国之民。但国之兴，诸君与有责；国之亡，诸君亦与有责也。"

著名史学家唐德刚先生评论说："袁世凯这番话，痛定思痛，实是发自肺腑的知耻之言。"（台湾远流版《晚清七十年》）

《二十一条》谈判，历时94天，经过25次正式会商，20次非正式会商，终使所谓的《二十一条》，签订了12条。原《二十一条》中的第5号共7条，没有签订；第4号1条删除；第3号2条，删除1条；剩下的关于山东和满洲的11条，签订的条件与原先提出的条件大为不同，不是“留待日后磋商”，就是加进了限制的条件。完全签订的几条，在条约签订后，又被袁世凯利用行政手段，颁布《惩治国贼条例》等给予了破坏。这正验其说：“我已筹划好了。购地租地，我叫他一寸地都买不到手；杂居，我叫他一走出附属地，即遇危险。警察顾问用日本人，用虽用他，月间给他几个钱便了，顾不顾，问不问，权却在我。我用行政手段可以破坏条约。其他各条，我都有破坏之法。对‘日本人可在南满买地’条款，拟颁布惩治国贼条例：凡未经政府许可，私卖田土与外国人者，以国贼论，杀无赦。”

此后，在东北的日本人也曾说：“我们日本人在东北，被囚禁于附属地界内，一步不敢出附属地。”至于向中国人购地、租地，更谈不上。日本受中国各机关聘雇人员也说：“我等名为顾问，其实绝无人顾，绝无人问。”日本首相寺内正毅说：“大隈（前任日本首相）内阁向中国要求《二十一条》，惹中国人全体之怨恨，而日本却无实在利益。”

5月9日，陆徵祥、曹汝霖将《二十一条》的最后修订本交给日本公使日置益。曹汝霖说：“当时，我心感凄凉，有一种亲递降表的感觉。”陶菊隐在他的《袁世凯传》中写道：“袁世凯被迫在《二十一条》上签字后，好多天神志为之不宁。他让丁佛言撰写了一本书，叫《中日交涉失败史》，印刷了5万册，密存山东模范监狱中。他经常对左右说：‘勾践不忘会稽之耻，最终打败了吴国；那些咄咄逼人的人终有肉袒牵羊之一日，到那时，此书就可以问世啦。’”

袁世谟

袁世谟，字显廷，祖籍项城。其父袁保纯，是民国大总统袁世凯的堂叔，曾任山东莒州知州。世谟在淮阳县城南广置田产，为了经营方便，遂定居淮阳。世谟是一位有谋略有作为、慷慨大方、行侠仗义之人。成年后他跟随父亲到燕赵齐鲁（今河北山东）一带游历，中丞杨某看世谟有才干，就举荐他到曹州（今山东曹县）任同知随营。在此期间，有一股土匪窜入曹县境内掳人掠物，百姓很是惊慌。县令让世谟筹划剿除方略。世谟采取表面给以财物作为诱饵，暗中埋伏勇士以力擒捉之策，结果把土匪一网打尽。老百姓欢呼雀跃，额手称庆。

中华民国成立（1912年）后，世谟回到淮阳。恰逢土匪黄治礼部在淮阳起事，以迷信蛊惑人心，淮阳民众多有追随者。世谟见状很是焦急，约同县府，速写了几千份告示，四处张贴；并组织人力，分乡包片，劝谕县民不可相信迷信、受匪人蛊惑。由于防范及时，才未酿成大患。

世谟居乡里能排难解纷，抚恤孤贫。至于修路建桥、解囊捐助之事，概无所吝。1918 年县内设立水利分会，世谟担任水利分会会长，其间凡县中重大水利建设项目，他皆只身勇任，无所畏避。死后，乡民感其德，捐钱为世谟建了义行碑。

袁湘舟

袁湘舟（1892—1967），名克洞，字以行，又称“袁五少”，今项城市千佛阁办事处袁张营村人。他敏而好学，古诗文功底深厚，亦钟情戏曲和弦乐，而在岐黄尤其儿科疾病诊治方面，也颇有造诣，是个多才多艺的人，是民国时期项城著名的开明士绅。

他父亲袁世钧精于经营，长于理财，留给袁湘舟的遗产，仅场行店铺就有七八处，林木几大片，家产拥有水寨“四门”中的三门，开封还有一处大宅院。丰厚的资产，为袁湘舟发展艺术才能、助人纾难提供了财力保证。他继承父产却不理业，把一切交给管家掌管，自去闯他的世界，人称“甩手东家”。

1919 年，袁湘舟赴京参加高级文官考试，一举得中，被皖系段祺瑞政府委为内政部“简任职”，这是个只拿薪俸不办事的闲差。

1923 年，“大杆”老洋人（张庆）骚扰项城，为避匪患，其眷属都随他迁居北京。袁湘舟既不忙公，也不理家，正值新文化运动方兴之时，有闲追求其艺术天堂。他和“民国四公子”之一的张伯驹有亲戚，私交厚，志趣同，过往密，参加了张的诗社、词社、评剧社、国剧社，共同切磋诗词戏曲，研究新文化。几年的文学艺术陶冶，造诣更上一层楼，著诗词一卷（已佚），对戏曲由爱到迷，由外行变内行，尤对胡琴有天赋，可谓无师自通，大器晚成。

道不同不相为谋。1927 年，袁湘舟耻食薪俸辞去公职。当时河南连受水、旱、黄、匪之灾，1928 年，河南旅平赈灾会成立，他和张伯驹等出于对家乡的一片爱心，举行了一次隆重的赈灾义演。据其长女回忆说：“我和母亲去看义演，张伯驹演《空城计》中的诸葛亮，袁寒云演《群英会》中的蒋干，演周瑜的是‘王爷’溥侗。父亲虽然没有参加演出，但捐了款，购了戏票，还奔走推销了不少戏票。义演所得，全部寄往灾区。”

1930 年初，袁湘舟携眷迁回河南开封，仍是我行我素，每天总是看书报、拉二胡、串戏园，与志投者交往。很快便结识了豫剧（河南梆子）界名艺人赵义廷、陈素真、司凤英、常香玉等，还有一些琴师，得以研讨豫剧各流派的唱念做打及乐奏曲牌演操技巧，经过潜心琢磨及演奏实践，对豫剧的唱奏编导已成行家。以后再去戏园，就不单纯是观赏取乐，而是粉墨登台，或伴奏、或研究剧情曲调、或磋商修改戏文。他曾给豫剧皇后陈素真当过伴奏。

1931 年九一八事变后，袁湘舟更加关心时局，每天看报不辍。日本侵占东北三省，东北军一枪不发，接着一·二八事变，上海军民浴血抗战又被出卖。正当他大惑不解之时，一位不速之客来到开封曹门大街 56 号袁湘舟的家，他就是吉鸿昌将军。吉鸿昌在 1930 年化装成小贩去鄂豫皖根据地考察时，就曾在袁家落脚，这一次是去湖北宋埠的。此时吉鸿昌在天津担任“中国人民反法西斯大同盟”的主任委员，积极宣传联合抗日，去宋埠旨在策动其旧部起义。袁湘舟和他心志相孚，视之为腹心之友，解惑之师。途经开封，就住在了袁湘舟家。

从 1936 年开始，他在开封为宣传爱国意识，张扬爱国精神，着手创作剧本。费两年时光，完成 15 场古装大型豫剧《如姬窃符》。这个剧本是根据《列国演义》第一百回，参考《史记·魏公子列传》等有关史料创作的。剧本完成后，本打算交常香玉演出，因当时常的班子小演不了，最后交给了司凤英的剧团演出，公演后在开封轰动一时。郭沫若在建国初所编话剧《虎符》，取自同一题材。郭老曾在报上征寻《如姬窃符》的作者，因历史原因，袁氏未敢应承。后来剧本佚失，袁湘舟念念不忘。定居武汉后，一次儿子袁家干问起《如姬窃符》的剧情，他马上振奋起来，对儿子说：“我一幕一幕地讲给你听，你用笔记下来，也许以后还有用处。”这时他已年近古稀，身体虚弱，一目失明，就躺在床上口述，由儿子笔记，每天一段，用了一个多月的时间，终于使这个剧本重现。

1938 年上半年，开封沦陷前夕，袁湘舟全家回归故乡水寨。紧接着郑州花园口黄河大堤被国民党炸开，豫东顿成“黄泛区”，泛北国土沦陷，水寨成了泛南的抗日后方前哨。当时淮阳县政府也搬迁水寨，国民党的党政军和县境的官绅商民，都拥进小镇，水寨顿时繁华起来。

至今，水寨老年人还在传说着袁湘舟回乡后十年办的不少好事：

——率众抗洪。1939 年黄水灌入沙河，危及水寨堤防。于是袁湘舟出面，亲自带领街邻乡亲抢险固堤，且让家里为上堤抗洪的人供饭送水。直到险处加固、堤防增高、黄水退落了，他才下堤，这时他的双腿已肿胀得好粗。

——搭棚舍粥。1942 年大灾荒，袁湘舟为救乡亲，在楸树林内搭棚舍饭，一粥一饭挽救了不少生命。影响所及，连国民党驻军骑二师也开始节粮赈灾。

——支持文艺。水寨一时繁华，但没有剧院，一些豫剧、曲剧、越调、四平调等剧团，只能在水寨露天演出。于是，袁湘舟慨然出资，在水寨关帝庙的东南角，盖了一座砖墙木架草顶的大戏园，免费供剧团演出。戏园建成后，又出资养了一个小科班。逢科班演出，他准会风雨无阻地登台，悠闲自得地操琴伴奏，这成了他生活中的重要组成部分。像于清海、马银成等项城知名艺人，都是当年袁家小科班的小演员。

——扶孤济贫。因战祸天灾，很多少年儿童流离失所，于是士绅共同出资，在水寨建了一处专门收留孤儿的“养子院”。袁湘舟是“养子院”的主要出资人，他自己家里还收养了两个孤儿。

——乐于为乡邻解忧排难。厨师李某妻子病故，没有坟地埋葬，求助于他，他当即指给袁家在西寨门外的一块地（今人民医院），后来这块地成了公用坟园。卖馍的王某，父死后无棺安葬，袁湘舟马上派人买口棺木送去入殓。袁家有两个池塘，养有鱼虾，栽有莲藕，周边十几户人家，时常偷捕暗捞。管事的想干预，袁湘舟却说：“算了，别断了他们的生路。”卖凉粉的吴某生活困难，袁湘舟就派人送去两布袋豌豆让他做本。战乱时期，苛捐杂税多，水寨商民有拿不出捐款的，拖欠一向都由他包下来。至于为乡邻解决壮丁钱、军麦款等等，也是常有的事。为此，人们都敬重他，尊称他“五少”或“五爷”，“袁五少”三个字，比他的名讳还要响。

袁湘舟回水寨10年，所做有益乡里的事，从没对子女说过，但对乡亲们的好处，却念念不忘。据其子女们谈：建国初困难时期，他去武汉没盘川，水寨的乡亲们就给他送馍送盘川。这事，他直到弥留时刻还在念叨。

袁湘舟通医学精医道，尤对儿科痘疹专长，有妙手回春之术。其三女和孙女出痘疹病危，是他从死亡线上拯救的。对邻里求医，他瞧病带送药，不取分文，不收谢礼。著有《小儿痘科》一书，该书自序中说：“余留心此症垂30年”，“前年冬余得一抄本阅之，知为田秀章先生所著，书中用药亦主以泻白散重加麦冬、苇根，清凉降火，滋阴透邪……而不敢尽信，数年来子女邻右出疹者，虽极险之症，施治无不立奏奇效，……遂汇集王氏（王明堂）、田氏诸法，参以己意编制成书，公之于世，是或育婴之一助也。”该书还录有治口疮、喉症的诸多验方和预防之法。

袁湘舟有仁者胸怀。其长子家桐十几岁的时候，一天与佣人小柱子等摆弄枪玩。小柱子以为手枪中没有子弹，便举枪对着家桐说：“少爷招枪！”“嘣”的一声枪响了，子弹打中家桐的肚子。家桐当晚死去，全家哀绝。对此突发不幸事件，家人主张把小柱子送官偿命。袁湘舟痛定思痛，佯将小柱子送官，暗地里却派人拿盘川放走了小柱子。他说：“也不是有意的，人死不能复生了，何必又多死一人？”

1947年，袁湘舟全家迁往武汉。他常与子女们聊天，讲历史故事，感叹人生，其中谈论得最多的是旧社会的种种弊端和对新中国的向往，认为共产主义世界大同是人类最理想的社会。当时有些从武汉去台湾的亲友，邀他也一道去台湾，都被他婉言谢绝。在送别这些亲友时，他还作了一首题为《题枇杷》的诗："既耐天寒又耐霜，清明依旧上新妆。不和春色争桃李，何似秋风落海棠。"他以枇杷自喻，抒发了对个人得失的超然态度，对国家前途的憧憬，和对洁身自好的自负及对未来政府政策的信赖。战乱中，他的诗集都在水寨丢失，这首诗恐怕是他留下的唯一一首完整的诗作。

1967年1月21日，袁湘舟逝世于湖北京山"五三"农场，享年75岁。著有诗词、医道、戏剧，今仅存《如姬窃符》一稿。

袁永财

袁永财（1901—1960），字恒吉，原籍山西高平西河镇。1917年，袁永财的父亲在扶沟吕潭镇经商病故，袁永财奔丧到扶沟。时逢军阀混战，袁永财羁留于吕潭。先是在裕记商号当学徒，3年满师后留店当伙计。他勤奋敬业，精通酿酒、榨油技艺和购销业务，被东家赏识，20多岁就当上了领事掌柜。他施展晋商理财天赋，使生意发展很快，不几年便在周口、界首、漯河、武汉、开封、许昌等地建立了分号，并落籍于扶沟。

1940年，豫东大部分地方沦陷于日军之手，杞县、柘城等县的国民党县政府搬迁到吕潭，一时把曾经繁华的小镇搞得混乱不堪。性情耿直的袁永财愤然辞职，孑身一人到扶沟县城做香油生意，并被县城里的山西同乡推举为扶沟陕西会馆会首。为补充会馆开支，他在县城南关和尚塔购买4亩多地，全部栽种柿树，收入作为会馆开支和救助困难晋商。袁永财轻财好义，视金钱如粪土。县城杜街有一落魄老者杜继山，原为清宫御林军，常年到袁永财的香油铺赊油，从不还账，旁人说起，袁永财却一笑置之。县城四街戏班晚上演戏点灯，在油铺赊油700多斤，他看到戏班经济不景气，就爽快地予以豁免。在吕潭时，有一宋姓同乡初到河南找不到活干，袁永财不但承担了他全部生活费用，还帮助他支付了结婚的一切花销。

1948年秋，一支南下解放军夜宿扶沟县城街道上，他不但把自己门前的20多名战士拉到房屋内住宿，熬粥让战士们喝，还叫开街坊邻居为战士做饭。为此，他和该部连长陶耀卿成为好友。陶后来担任江苏南通市直机关党总支书记。

1960年2月16日，袁永财卒于扶沟，终年59岁。其子袁鸿勋，工诗文，善书画，曾任扶沟县人民商场经理，县楹联学会会长，河南省楹联学会理事。

袁占春

袁占春（1890—1969），字魁芳，回族，今淮阳县大连乡高桥村人。袁出生于中医世家，在淮阳城内开药铺行医。祖传喉科，尤其擅治白喉。1937 年，淮阳城内民族南街苏秉哲喉中生了“双头蛾”，肿得滴水不进，经占春诊断，针药并用，当日见轻，3 天基本痊愈。建国后，袁曾任城关回族镇卫生所所长，1955 年被选为城关镇卫生协会主任，1956 年经技术考核晋升为中医师。他为人谨慎，对工作极端负责，一生心血全部倾注在医疗事业上。1969 年因病去世，享年 79 岁。

苑玉华

苑玉华，字琢璋，民国时期河北献县人。1932 年 5 月至 1937 年 2 月任扶沟县县长。

当时的扶沟，由于军阀混战，县政失修，政治腐败，官民吸毒、贩毒之风遍及城乡；盗匪绑票、抢劫日有数起，社会动荡，民无宁日。他莅任之后，遍访县中缙绅，悉询民苦，下决心要将扶沟治理一番。他在任 5 年，确实做了一些前几任县长没有做到的事，诸如整顿联保，训练保甲长，加固城墙四周炮楼，增修护城河上的吊桥和栅栏门，组训县队武装，增加人马枪支等。但给人印象最深、影响最大的要数他禁毒和治理匪患这两件事。

一、明令禁毒

烟毒对扶沟危害已久，历任县长虽也提倡禁毒，但官民吸、售仍肆无忌惮。苑玉华到扶沟后，即采取有力措施，明令禁毒。先是大力开展宣传，在城乡墙上刷写大字标语宣传吸毒的危害，如：“烟毒不禁、国破家亡”，“严惩贩毒、吸毒分子”等。并在大街上醒目的地方贴些漫画，有的是“高楼大厦、衣物、金银都吸进了烟葫芦”，有的是“烟鬼子衣衫褴褛去卖儿卖女”，还有的是“骨瘦嶙峋的烟鬼子正走向白骨累累的深坑”，使观者触目惊心。这给当时扶沟城乡带来了一种前所未有的新气息。同时，县府还贴禁毒条令，对凡种、制、贩毒者处以死刑，对吸毒者进行登记，令一月戒除，以后如再吸，一经查获即予判刑。他对禁毒是非常认真的。县政府组织有缉查队，不论白天黑夜可随时深入户家缉查。缉查队侦知其户有售毒及吸毒者，即一举捕获。教育不改者，坚决镇压，毫不留情。经过打击，扶沟贩毒、吸毒现象基本绝迹。

二、治理匪患

苑玉华在开展禁毒的同时，亦大力治理匪患。其时扶沟匪患猖獗，城乡不安，杀人越货的事件时有发生，有时城内的生意也遭到抢劫。1934 年秋，城内刘街张清秀（又名张黑子，曾任山东韩复榘部旅长）家夜间曾遭匪徒抢砸，掠走金银细软财物不少，一时城内官民惊慌。苑玉华遂令加强城防，每城楼上驻兵一班，并令四街住户轮流夜晚值班，鸣锣打更，四座城门晚开、早闭，并严查过往行人。同时下令各保长对本辖区内经常为非作歹者报县，县府派兵捉拿，如不报，以通匪、窝匪论罪。凡各保所报，一经捉拿，或各保将为匪者逮捕送县，他必处以死刑。在他任上，以匪处死者不下百人。

苑玉华对匪患的严惩，引起了匪首对他的极端仇恨，扬言要攻城杀苑以报仇。而苑玉华亦严加防范，有时白天只开一两座城门。为了打击土匪的嚣张气焰，在城门口，经常悬挂几颗血淋淋的人头，以儆效尤。1934年秋，侦知县北白潭某村为匪首陈老大等所盘踞，他即令县保安队当晚出城，半夜奔袭其村，出匪不意，一举将陈老大等擒获并当即处死。其余诸匪送县系狱，不久亦予正法。

苑玉华在禁毒治匪的同时，还积极改革封建的婚丧礼俗，收集整理资料，为编纂《扶沟县志》作准备。

苑玉华离扶后调任永城县县长，继任商丘县县长。

曾次亮

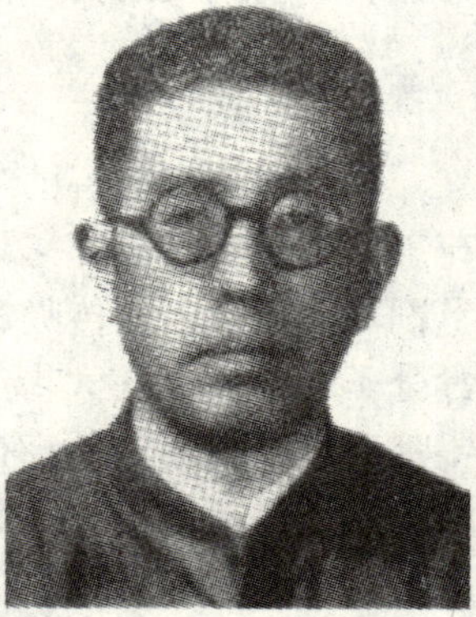

曾次亮（1896—1967），又名纪堂，今太康县城关回族镇仓园街人。祖父、叔祖父、父亲都以教私塾为业，人称父子三秀才。

1923年，曾次亮毕业于北平高等师范学堂（今北京师范大学），在校时深受五四运动新思潮的影响，立志深入民间，改革教育，毕业后即回县任教育局局长。因受守旧势力的排斥，举步维艰。他看事难遂愿，一年未满，便拂袖而去。

1924年在省立第三师范（信阳）任教，因军阀混战无法上课，又到开封私立北仓女中任教。大革命时期，他倾向革命，赞成国共合作和反帝、反封建的北伐战争。在校内宣传民主思想，支持学生的革命活动，资助学生南下参加革命。他在1927年加入国民党。1930年因拒绝国民党部的党员重新登记，被开除党籍；河南省党部通令各机关、学校对曾次亮不得任用。

1931年，曾次亮经北京师大母校协助谋职，先后在吉林永吉私立毓文中学（朝鲜首相金日成当时就读于该校）、河南省焦作私立福中中学、南阳省立第五中学、信阳省立女子师范等校教书。后因在焦作福中反对校长压制学生抗日运动，在信阳女师反对特务教员诱惑学生加入反动组织，被解职。

1934年，国民党对他的禁令渐渐松弛，于是就应开明校长鲁鸿谨（女）聘请，回汴到省立女子中学任教，并在北仓女子中学兼课。

抗日战争爆发后，他随开封女中南迁，半年后转至流亡豫西的省立淮阳师范，扶老携幼随学校过着颠沛流离的生活。

1946年，经好友张邃青介绍，回汴任河南省通志编委、编审。1948年夏，携眷离蒋管区，沿途历尽艰险，于秋天到达豫西解放区，受到邓小平接见，《新华日报》11月16日报道了《河南老教育家曾次亮抵豫西》的消息。后在中南区教科书编辑委员会及华北中、小学校教科书编辑委员会编写中学地理教材。1950年在政务院出版总署任职，继任文化部古籍出版社、中华书局编审，负责审定二十四史中天文、律历部分。1959年加入中国共产党。

曾次亮一生注重自修，不喜交际，学术研究以中国历史为主，旁及文字学、音韵学、词学、红学及围棋。1936年自费刊印过《汉语拼音新方案》（也是采用拉丁字母，较国语罗马字简便）、《曾氏速记术》、《十三月新历法》，称为“三小”发明。另编有《词选》书稿。由于考史需要，他从30年代起就从事古天文历法研究，首创治历捷算法，著有《史时另尺》。后半生不断完善此法，成了他的专门研究课题。其主要著作有：《四千年气朔交时连算法》、《殷周秦汉历谱》、《历代历法的数据及计算公式》和《七政法源》。

1967年2月在北京病逝，享年72岁。

展书堂

展书堂（1899—1941），字秀文，今西华县西夏亭镇展庄村人。父展学易，为一村儒，在本村设馆授业，维持家计。1912年，其父在贫病交加中谢世，家境顿艰。1915年，其母又被瘟疫夺去生命。展书堂弟妹3人失去依靠，活路渺茫。无奈之下，展书堂把弟弟满堂托于伯父，把妹妹送人收养，自己离家投军。正巧，冯玉祥部在漯河招兵，展书堂报名即被录用，时年18岁。

1920年3月，冯玉祥部奉调攻打陕西督军陈叔藩。胜，冯因功擢升北洋陆军第11师师长。展书堂被提升为班长。1922年冬，展书堂随部队驻北京南苑。在军训中，各科考核均为优等，被提为排长，次年升为连长。1924年10月，冯玉祥出任国民军总司令，兼第1军军长，展书堂升为营长。后在与直系张兆钾部作战中，勇敢杀敌，火线提为团长。旋升58旅旅长，驻军舞阳县。此时他才有机会探望阔别9年的故乡。

西华民生甚苦，非但天灾，且加人祸。刘老三、史万成两股土匪经常窜扰，拉杆绑票，杀人放火，闹得民无宁日，百姓都把剿匪希望寄托在官兵身上。展书堂探家时，听到这些情况，便调部队彻底消灭了刘、史两股杆匪。展名遂响遍西华、商水两地。

1930 年中原大战中，冯部败北，被蒋收编。原冯部的师长韩复榘被委为山东省主席，第 3 集团军总司令。该集团军下辖 5 个师，展书堂任其中 81 师师长。

抗日战争爆发后，81 师奉命扼守德州。此为津浦线要镇，战略位置十分重要。德州北 50 里之桑元车站，日军建有大型军火库，存有百门重炮、千余箱弹药及其他战略物资。展书堂决心夺取之。他组织 12 人的破路队，连夜拆除桑园北铁道 300 米，切断援敌；又组织 200 人的敢死队，一律配上 3 大件（冲锋枪、手枪、大刀片），趁夜突入桑园车站，全歼守敌，将武器弹药运至驻地。

日军第 18 师团对德州采取了报复性进攻。展书堂率全体官兵坚守城池，奋力拼杀。苦战 3 昼夜，所辖 458 团将士，全部殉国，展书堂率余部杀出重围南撤。途中与敌遭遇，激战竟夜，歼敌 300 余人。后在三官庙误中埋伏，损失 200 余人。退至济南，部队损失惨重。此时山东省主席韩复榘正准备弃城逃离。行前，他委任展书堂为济南卫戍司令。

展书堂在济南苦撑了 3 个月，于 1938 年初退至豫鲁交界处。8 月 22 日，日本大本营发出攻占武汉的作战命令，中国国民党军事委员会、中共中央长江局共同决定，武装保卫大武汉。国民党军委军政部长陈诚电令中央陆军 81 师速往赣鄂交界处瑞昌县曹家湾一线布防，阻击西犯之敌。

布防甫毕，日军 11 军团沿江西进，直指武汉。展部与其先头部队激战 7 昼夜，阻敌不得前进。敌后援源源增至，展部不敌，退至湖北阳新。之后，展部在武汉外围作战 48 天，歼敌无数，自己也大伤元气。战役结束，81 师驻扎鄂西北襄（阳）枣（阳）一线休整。

1939 年 2 月 2 日，第三集团军总司令孙桐轩电招展书堂赴洛阳开重要军事会议。展顿起疑心："莫非诱捕我？"然而又一想，我何罪之有？几年来，我身经百战，冲锋在前；81 师转战南北，浴血奋战，损失惨重，虽败犹荣。

会议由何应钦主持，他先对 81 师赞扬了一番，说：自抗战以来，81 师奋勇杀敌，战果辉煌，总参谋部已命军政部即日擢升 81 师师长展书堂将军为中将军长，待扩编就绪后，即可上任。

这是蒋介石明升暗撤的把戏。他质问孙桐轩："为什么拿掉我？"孙说："哪里，哪里，你已经荣升军长了。"展气愤地说："无一兵一卒，我当谁的军长？"孙说："那你就候着吗！"展要求说："我还回 81 师。"孙说："你的人呢？你的枪呢？81 师被你拼光了，再当师长，还有什么意思！你的位置军政部已委贺粹之接替了。"

展书堂气得天旋地转。知事无挽回余地，便携妻带子回到家乡。此时，抗日战争已进入最艰苦的阶段。作为一名军人，闲卧孤村，坐视国土沦丧、生灵涂炭，心痛如煎。不久就恹恹得病，日重一日。

1941年元月，一群国民党伤病员从火线上退下来，路过展庄、倚岗、张村一线。日军事前得到消息，派4架飞机追逐轰炸。展书堂看着飞得只有树梢高的敌机，想着侵略者连伤病员也不放过的残忍，气得大叫："小鬼子欺人太甚，给我挺机关枪把他们统统揍下来。"一摸腰，只有一只勃朗宁，他觉得有股热血冲口而出，当即倒地。元月29日，展书堂口吐鲜血数升而卒，终年42岁。

张 超

张超（1918—1942），女，乳名贵，曾用名捷民，今扶沟县城关镇人。父亲张心安，靠卖豆腐为生。由于贫穷，几代人没上过学，父亲决心供张超读书识字。1936年，张超在扶沟县女子师范读书，当时正是中共特别党员魏凤楼任扶沟县县长时期。受地下党影响，张超与同乡同学刘玲等人于1937年奔赴山西太原参加了革命。

1937年，张超在山西太原参加了薄一波主办的牺牲救国同盟会，并加入刘亚雄（女）领导的军政训练班11连。这是全国闻名的女兵连，穿军装、扛大枪，受严格的军事训练。七七事变后，她参加了抗日决死队（山西新军），被分配到3纵队任政治指导员。当年11月，随部队到山西翼城。后被派到翼城地方工作。不久到延安抗日军政大学5大队学习，1938年在抗大入党。1939年秋，抗大毕业分配到山西翼城中心县委工作，任中心县委妇女救国会主任。1939年冬，山西顽固势力发动"十二月政变"，晋南工作转入地下，张超随政治部3支队撤到沁沅一带，组织又派她到北方局工作。

1942年5月24日，日军从四面八方向八路军总部发动疯狂进攻，总部及其直属机关被包围在桐峪尖庙、周家垴地区，情况十分危急。总部首长彭德怀、左权、罗瑞卿，果断决定部队分3路突围。就在左权带领众人准备行动之时，突然一发炮弹打来，左权将军壮烈殉国。同时牺牲的还有张超，当时她年仅24岁。

1993年，周口地区民政局拨款为张超烈士修建了纪念碑。

张 侠

张侠（1912—?），女，又名敏芳，今川汇区人。1937年参加革命工作，1938年8月加入中国共产党。

张侠自幼上学，1937年因抗日战争全面爆发，家庭经济困难而辍学，到商水县第三小学（校址在今川汇区）任美术教员。当时，学校校长、教导主任、音乐教师多为共产党员和进步人士，经常一起议论抗日战争形势，开展宣传抗日救亡活动，遭到国民党周家口党部的敌视。学校被查封后，张随校长李典则等到西华县黄楼一带农村以教学为名，宣传抗日。1938 年受党的派遣到国民党骑兵 14 旅（旅长张占魁）任文化教员，并做统战工作，致使张部 2 个团起义、1 个团瓦解。1939 年 4 月，奉命到华北抗日军政大学学习，结业后留校任党支部书记。1943 年冬到山东莒县团林区任区委书记。

解放战争时期，先后在东北军区司令部任指导员，东北局组织部干事，东北局妇委会主任蔡畅的秘书。

建国后，在中国人民解放军第四野战军六纵队后勤部及四野干部子弟学校任政治协理员，中国人民解放军 43 军 129 师政治部组织科长。1953 年到广东中山大学任人事室主任。1955 年后在北京大学任人事处处长、组织部部长、国际政治系党总支书记、教育工会（专职）副主席等职。

张爱萍

张爱萍（1910—2003），四川达县人。1925 年参加工作，1926 年加入共青团，1928 年转为中国共产党党员。曾任新四军第四师师长兼淮北军区司令员、国务院副总理等党政军要职。曾获一级八一勋章、一级独立自由勋章、一级解放勋章。出版著作有诗集《纪事篇》、《张爱萍军事文选》。

1938 年 11 月至 1939 年 7 月，张爱萍奉命到豫东一带领导统战工作，开辟敌后抗日根据地。他以鹿邑为基地，公开身份任魏凤楼部参谋长，党内为中共豫皖边区工委书记。

帮助魏凤楼整顿部队，改造政权。首先在魏部成立参谋处，亲自担任参谋长，继而建立政治部，下分三个科，负责人均由我党委派干部担任；营以上建立了党组织，基层各区和联保也有党内派去的一批同志开展工作。1939 年春，组建了中共鹿邑县委会。由于加强了党的领导，使当时的县政府和部队在政治上、思想上、组织上有了明确的方向，能够更好地适应抗战的需要，魏凤楼部队的面貌很快焕然一新，战斗力大大增强，鹿邑的抗日救亡运动很快开展起来。

为了培养抗日干部，于 1938 年 12 月开办鹿邑抗日军政干部训练班。魏凤楼任校长，张爱萍任教育长，干训班地址设在鹿邑书院，男女兼收。县内青年踊跃报名，第一期录取学员 200 人。张爱萍亲自讲课，主持参加各种军事训练，和学员们一起吃住在干训班。当时的工作生活相当艰苦，他住在书院大厅的西侧耳房里，只有一张破床和一张办公桌，连板凳也没有。早上，他和学员们一样5点起床出操，用冷水洗脸。

张爱萍在干训班讲授的“游击战术”课，常以各种战例和图解讲解游击战克敌制胜的特点；讲述毛泽东《论持久战》、《为争取千百万群众进入抗日民族统一战线而斗争》等重要著作，详细、生动，鼓励大家为民族解放事业而奋斗到底。干训班继承和发扬延安抗大作风，天天出墙报、办专栏、唱歌、演戏、开生活会、进行军事训练、组织军事演习等等，充满了官兵平等、师生团结、生活愉快的生动活泼气氛。张爱萍注重青年学员们的政治进步，在干训班组织抗日先锋队，发展党组织；组成农村工作队，先后深入到观堂、汲水一带宣传贯彻《抗日救国十大纲领》；发动群众建立健全农村各种抗日组织，如儿童团、妇救会、自卫团。干训班共举办两期，学员400余人，为我党培养了一批优秀干部，为我军输送了一批抗日骨干力量。

张爱萍同志在鹿邑遇到的一个最大问题是部队军费不足，特别是彭雪枫率领的新四军游击支队进驻鹿邑以后，军饷供应更加困难。为了解决这个问题，一方面向群众广泛宣传抗日救亡的道理，动员群众有钱出钱，有力出力，团结一致，支援抗日；另一方面，让魏凤楼利用县长的合法地位和各种统战关系，采取各种机智巧妙的手段进行筹粮筹款。目标是县内较出名的富商和大地主，通过“卖城楼”、“卖老君台”、“卖涡河大桥”等，向他们借款，为部队筹集了大批军用物资。1938年冬季，魏部一次支援新四军棉衣2500套，并将所属部队拨给新四军两营兵力。过春节时，魏凤楼还亲自带着猪肉等物资前往新四军驻地进行慰问，送去了3000块银圆的军饷，使新四军游击支队在鹿邑得到了很好的休整，为游击支队的发展、壮大及继续东进提供了有利条件。

1938年11月14日，鹿邑县城第二次沦陷，日军抢掠后，留下一个伪军中队守城。第二天夜里，天降大雪，张爱萍、魏凤楼带领部队，让战士们翻穿大衣，从东南城角翻越城墙，神不知鬼不觉地摸进城里，俘虏了伪军岗哨，消灭了伪军，一举收复了县城。1939年4月，日伪军千余人，第三次侵占鹿邑县城。张爱萍在云楼组织新四军游击支队留守处有计划地转移，魏凤楼率部同日伪军展开了激烈的巷战。当满载新四军留守处的枪支、弹药、粮食的20多辆牛车及留守处人员撤离后，张爱萍迅速带领部队100余人赶往西关阻击日军，支援魏部。激战一个多小时，因敌我力量悬殊，得知魏部已撤出县城，遂将部队撤出战斗。

傍晚，张爱萍随部队来到王皮溜西南宫店附近时，遭到当地“红枪会”的伏击，不幸头部受伤。原来这支“红枪会”受了国民党的唆使。张爱萍看到“红枪会”里多是受蒙蔽的群众，即命令不准开枪，不准和群众发生冲突。经过与“红枪会”会首交涉，对其晓以民族大义，并对会众进行教育，他们把抢去的东西全部送会，并向我军道歉。

郭大楼“红枪会”由于受国民党反动宣传，背叛了抗日民族统一战线，成了一支死心塌地反对共产党、反对八路军的地方武装，扬言一定把共产党和老魏撵出鹿邑县。针对当时的情况，张爱萍与魏凤楼立即召开党内会议，决定实施武力镇压：火烧郭大楼，打下他们的反动气焰，争取其他地方的“红枪会”共同抗日。火烧郭大楼之后，鹿邑其他区、保的“红枪会”，经宣传说服教育，先后都接受了“抗日农民自卫团”的番号，为豫东的抗日起到了一定的作用。

1939 年 7 月，张爱萍离开了鹿邑。他在鹿邑工作虽然不到一年时间，但和鹿邑人民建立了深厚的感情，对加强魏部、指导豫东的抗日救亡运动作出了卓越的贡献。

张斌珍

张斌珍（1890—1955），外号张老斌，今项城市丁集人。他自幼学医，以开诊所和中药铺为业。他当医生治病，医德高尚，多行善，少要钱，深得人心，对治疗小瘟疫病比较得手，在当地民间很有威望。

1928 年秋，杆首霍子禄（外号霍老虎）的队伍路过丁集，在丁集东门外止步集聚，高喊要寨主出寨与他们议事。当时老寨主田瑞奇刚被杀害，新寨主田得陆贪生怕死，认为与土匪打交道太危险，不愿出寨。可是寨主不出，丁集又面临破寨的危险。这时张斌珍挺身而出：“大家若信任我，我愿为大家效劳。”于是冒着生命危险，出寨见霍。他对霍子陆等杆众先作了个圈揖，然后，鼓动喉舌，动之以情，申之以理，终于说服了霍子陆，免去了丁集人的一场灾难。

抗日战争期间，黄泛区以北多被日军侵占，南北交通阻滞，从漯河到界首东西一线，中间经过丁集，自然形成从商活动的交通干线。此时，张斌珍转换行业，将诊所药铺改为旅馆。吃有名手厨师，住有房间床位，此旅馆已成为客商往来之家。1940 年 4 月 12 日，孟津县一位富商，路经丁集住在张斌珍的旅馆。第二天早晨，客人因急于赶路，遗下巨款 3000 元（每元当时相当 1 块银元）。日后客商以失望的心情返此寻款，张斌珍就将包袱巨款原封未动交还失主。客商感激不尽，赠送“拾金不昧”金字大匾一块和与匾相陪的门联一副，上联是：“真君子拾金不昧”，下联是：“大丈夫见义勇为”。

张斌珍拾金不昧的名声传出之后，秣陵、水寨还有张庙的友人为祝贺他的高尚行为又送金字匾 3 块；丁集周围乡邻也都抬着礼物，请上乐器班、敲锣打鼓前来祝贺，一连几天热闹非凡。张斌珍对来者摆设宴席热情招待，又请唱一台大戏，表示谢意。

张斌珍平时待人处事都是彬彬有礼，特别是对有困难的乡邻，乐于救人之危，解人之忧。1941 年冬的一天，有一支国民党的过路队伍住在丁集。临走时，有一个兵拉住西街赵建堂家的马就走。马是赵家的主要家产，赵拼命抓住不放，在大街上撕扯不休。张斌珍听到街上有吵闹声，也来到现场。当他了解了事情的原委，就大大方方地走过去，说："赵建堂，你松手，让他把马牵走。你别急，我这就找他的头头去。"说着就往前走（实际没去），那兵信以为真，很快丢下马溜走了。

张斌珍为人管事不图名声，不怕操劳，主动登门，哪怕很棘手的事，只要他说句话，问题就迎刃而解，已结冤仇者也能化"敌"为友。潘庄与沈庄两个村，因牲口吃庄稼引起械斗。在双方都鸣枪将要大动干戈之时，张斌珍出面说服了双方，避免了一场流血事件。

张伯驹

张伯驹（1898—1982），字家骐，号丛碧，别号"好好先生"、"重瞳乡人"，今项城市老城乡阎楼村人。原名张家骐，是张锦芳的长子，张镇芳的嗣子。他一生酷爱书画鉴赏收藏、诗词创作、戏曲表演和书法艺术，被人称誉为"当代文化高原上的一座峻峰"（刘海粟语）。

光绪三十一年（1905 年），张镇芳调署长芦盐运使，张伯驹随父去天津于家塾读书。清宣统三年（1911 年）与袁世凯的四、五、六、七子同入新学书院肄业。这年秋，武昌革命事起，沿旧时"小乱居城，大乱居乡"之说，伯驹被父送回家乡项城居住。清室退位改"民国"，张镇芳任河南都督，就让张伯驹进河南陆军小学读书。张镇芳从河南卸任后，张伯驹随父入京，考入中央陆军混成模范团骑兵科，时袁世凯以陆海军大元帅兼任团长。袁世凯死后，黎元洪继任团长，伯驹 20 岁毕业。此后，青年张伯驹历任安武军全军营务处提调（安徽督军为倪嗣冲）、长江巡阅使署谘议、盐业银行监事、湖北湖南四川江西四省经略使署谘议（经略使为曹锟）。1923 年，张伯驹 26 岁，因近畿水灾结案，熊希龄为褒奖伯驹，给予二等大绶嘉禾章，以简任职，分发陕西任用，为陕西督军公署参议兼驻京代表。

第二次直奉战争爆发后，冯玉祥倒戈，曹锟下台，刘镇华战败下野，张伯驹不满军阀那套腐败生活，更看不惯上层人物对老百姓敲骨吸髓、彼此之间又尔虞我诈的虚伪行径，乃决心离开旧军队，辞去一切挂名差事。家庭里做主，为他在父亲首创的北方第一家商业银行——盐业银行中挂了个常务董事兼总管理处总稽核之名。1934年，张伯驹又出任南京盐业银行经理。盐业、金城、中南、大陆四行储蓄会成立后，张伯驹兼任监察委员。卢沟桥事变后，南京盐业银行迁往重庆。后，共推张伯驹去上海照料总管理处事务。

人生“三十而立”，恰如其言，张伯驹走上艺术之路岁正30。此年起，他开始收藏中国古代书画，初则出于爱好，后则以保存中国主要文物不使其流出国门为旨，变产借债以事收蓄，如传世最古之法书《平复帖》、传世最古之绘画《游春图》，皆经其收藏而得以保存，进而成为近代著名之书画收藏家。

《平复帖》是西晋陆机给友人的一页信札，由于信的开头有“彦光羸瘵，恐难平复”一句话，后人称之为《平复帖》。笔体为草书，共9行81个字，明代书法家董其昌在此帖上题跋：“右军（王羲之）次前，元常（钟繇）次后，唯此数行，为希代宝。”此帖清代曾为皇室收藏。张伯驹于1938年以4万银元，从溥心畬处购得。《游春图》是唐代展子虔传世的唯一画作，长80.5厘米，高43厘米。宋徽宗在画上题写《展子虔游春图》6字。1932年溥仪将《游春图》带至长春，后落到商人手中。张伯驹担心这件国宝流失国外，遂多方设法凑足240两黄金，卖掉弓弦胡同1号的丛碧山房住宅，购买下这件国宝。张购得上述两件国宝后，将其书斋命名“平复堂”，自称“平复堂主人”，住宅名为展春园。

张伯驹收藏文物的目的，正如他自己所说的，“予之烟云过眼所获已多”。“予所收藏，不必终予身，为予有，但使永存吾土，世传有绪”。1941年，张伯驹不幸被汪精卫手下师长丁雪山在上海绑架，索价300万（伪币），不然“撕票”。绑匪通知潘素，说张伯驹连日绝食，已昏迷不醒，但求一见。得见时，伯驹已憔悴不堪，潘素不免欷歔。可张伯驹已将生命置之度外，悄悄关照潘素：宁死魔窟，绝不许变卖所藏古代书画赎身。如是僵持了近8个月，绑匪见敲诈无望，自动将赎身价降到了40万。经过多方奔波借贷，张伯驹总算被赎出来了。是年秋，张伯驹携全家入秦。一路上，将国宝《平复帖》缝入衣被，虽经乱离跋涉，未尝去身，可见用心之苦。

1942年，张伯驹任秦陇实业公司经理。

日本投降后，孙连仲任第11战区司令长官、河北省政府主席。他是张伯驹旧友，聘伯驹为顾问，襄助军政，随前进指挥所回北京。张伯驹最初认为日本投降，中国局势当将好转，对前进指挥所襄助颇多。但努力后见接收单位及军政机关贪污腐化，国民党政府且将准备内战，他的态度遂渐行消极。孙连仲到京后，以唐山市及石家庄市两市长职由张伯驹选任。张伯驹都推辞不就，只任故宫博物院专门委员、北平市美术分会理事长。盐业银行董事长、兼北四行储蓄会执行委员任凤苞病故后，张伯驹继任董事长，时又任华北文法学院国文系教授等职。

1947年6月，在北平参加中国民主同盟，曾任地下北平市临时工作委员会委员。参加过北京大学学生会助学运动、反迫害反饥饿运动、抗议枪杀东北学生活动等。

解放军包围北平时，张伯驹与侯少白（民国第一届国会众议院议员，后在天津经商多年）、邓宝珊（国民党第21军团军团长，1949年率部起义）三人各在不同场合劝说傅作义将军要保护首都文物，保护老百姓的生命财产安全。张伯驹的意见深为傅作义所重视，由此对和平解放北平起到了不可磨灭的作用。

中华人民共和国成立后不久，北京盐业银行成立工会，张伯驹出席并讲话。当时对工商业的口号是“公私互助、劳资两利”。张说：“进一步应劳行两利，由劳方将行维持好，准备到时将行交给国家。”银行公私合营后，张伯驹代表盐业银行任董事。重估财产完竣，重选董事时，张伯驹提出个人无股票不能再任董事，虽经挽留，他仍以实事求是为由，退出公私合营银行。

建国后，张伯驹曾任燕京大学国文系中国艺术史名誉导师，北京棋艺研究社理事兼总干事，北京京剧基本艺术研究社副主任理事，北京中国画研究会理事，北京古琴研究会理事，北京书法研究社副主席，国家文物局文物鉴定委员会委员，公私合营银行联合董事会董事，第一届北京市政协委员，中国民主同盟总部财务委员会委员、文教委员会委员、联络委员会委员。

1956年，他参加了中国国民党革命委员会。出于赤诚的爱国心，与其夫人潘素共商，从30年蓄藏的书画名迹中，挑出8件精品无偿捐赠给国家，以偿夙愿，被文化部部长沈雁冰褒奖为“化私为公，足资楷式”。张伯驹认为这是平生最可欣慰的一件事。

1957年，他被戴上了一顶右派“铁冠”。20年后，他在大连棒槌岛与刘海粟结邻而居，闲谈间刘问及他“戴上右派帽子后有什么感想”？张伯驹苦笑一阵，说出了肺腑之言：“先父任过直隶总督，又是第一批民族资本家，说我是资产阶级，有些道理。但是我平生不会赚钱，全部积蓄，包括卖字的钱，都花在收藏上了。这些东西捐赠给国家后，我已成了没有财产的教授，靠劳动吃饭。戴什么帽子，我倒无所谓。一个渺小的凡人，生死得失，无关大局。但说我反党，实在冤枉。只是担心：老张献出这么多国宝，换了一顶‘铁冠’，传到海外，对党的威信不利。本想见见周总理、陈总，一吐为快，后来饱受打击歧视，见领导人已极难，我又不愿为个人荣辱浪费他们时间，一拖就是4年。……1961年，去吉林离京前，陈公派车接我到中南海，问到生活、写作、爱人作画等方面有什么困难，十分细致。然后询及去东北后的打算。我说可以教诗词、书法和古画鉴定。陈总说：‘这正是你们当行的事情。关于右派的事，有些想不通吧？'我老老实实地说：'此事太出我意料，受些教育未尝不可，但总不能那样超脱，做到无动于衷。在清醒的时候也能告诫自己：国家大，人多，个人受点委屈不仅难免，也算不了什么，自己看古画也有过差错，为什么不许别人错送我一顶帽子呢？……我只盼望祖国真正富强起来！'陈公说：'你这样说，我代表党谢谢你了。你把一生所收藏的珍贵文物都献给国家，怎么会反党呢……我通知你们单位，把结论改成拥护社会主义，拥护毛主席，拥护共产党。'我们珍重道别，心里暖烘烘的……”火辣辣的一颗爱国之心跳跃在言语中间，日月共鉴！

1962 年，张伯驹任吉林省博物馆副研究员、副馆长。此期间，吉林省博物馆有一鉴定古代书画组，由吉林大学于省吾教授等收购古代书画，再由张伯驹召集审定。借每周一会之机，谈笑之外，无论金石、书画、历史、轶闻、风俗、游览、考证、掌故，均可随书一则，录之于册，并约北京、天津、上海相识老人分写，日积月累，自然成书，此亦即《春游琐谈》的缘起。谁知此种于国于民有益的事，在“文革”期间竟成了一大罪状。1967 年，张伯驹填了两首《金缕曲》，批判林彪、江青，却被诬为“现行反革命”。“文革”中，一天红卫兵来抄家，将他收藏的卷轴丢到院子里焚烧，还让张伯驹跪在火边挨烤。张伯驹哀求道：“你们要烧就烧我吧，这可都是咱们国家的宝贝，烧了就再也没有了。”

张伯驹在被指为“现行反革命”的险恶处境下，得知陈毅元帅亦遭挨斗，当即致函慰问：“我公功在国家，尚且被辱，我何足道。所指我之罪名，皆是莫须有之事，只可一笑置之。”

在隔离审查 8 个月后，给张伯驹做了“敌我矛盾，按人民内部矛盾处理”的结论。1969 年被迫退职，送往舒兰农村插队，那里不收，才与夫人一起又回到了北京。此时陈毅已病重住院，不能见客。1972 年，陈毅元帅不幸逝世，张伯驹悲痛万分，挥泪写挽联挂于灵堂之上。之后，为纪念陈毅，又由夫人潘素取其曾在北戴河观海的意境，画青绿山水《海思图》，张伯驹题悼诗四首以奠。

其时，张伯驹那副用泪与情写下的挽联被有意悬挂在灵堂中一个很不起眼的角落里。可参加追悼会的毛泽东主席一眼就看见这副用鸟篆书写的挽联，走了过去，低声吟诵，连声说“写得好，写得好”，并询问陈毅夫人张茜：张伯驹来了没有？张茜告诉毛主席，张伯驹是陈毅生前好友，但今天的追悼会却不允许他参加。毛主席又从张茜口中得知张伯驹老夫妻从吉林回北京后很狼狈，住房、户口都无法解决。主席感叹了一声，转身关照周恩来总理过问此事。

1978 年 9 月，中共吉林省委宣传部批准了吉林省文物局上报的对张伯驹的复查结论，当众予以平反，恢复名誉。自此之后，张伯驹更是精神抖擞，笔耕不止。1981 年 1 月，在北海公园画舫斋成功举办《张伯驹、潘素夫妇书画联展》。

1981年元宵节，民革和中山书画社举办了一次集会，张伯驹对没有台湾代表深感惋惜，即席填词，表示对祖国统一的渴望。恰好当时的盛会上，有刚从美国回大陆探亲访问的黄花岗烈士方声洞的胞妹、著名画家方君璧女士，当场即由王莲芬女士挥毫写下了张伯驹的《浣溪沙》词，赠送给方君璧女士，带去国外。这首词是：玉镜高悬照大千，今宵始见一年圆，银花火树夜喧阗。隔海河山同皎洁，阋墙兄弟早团圞，升平歌舞咏群仙。

1982年正月，张伯驹参加了一次宴会，归来时突患感冒，不思饮食，紧接着连发高烧，引起了肺炎合并症。到了正月十五，病情急变，家人将老人送进了医院。因级别不够，不能住单人病房，与7人共挤一室。入院六七天，一直处于昏沉状态，靠输液维持生命。正月二十二日（2月15日）早晨，老人突然变得神志清醒，提出要吃一点东西。这一天正是他的85岁生日。上午10时许，台湾国画大师张大千的孙儿张晓鹰来探视。张晓鹰将要动身赴美，奉父亲、爷爷之命前来看望，并要带去合影像。伯驹得知详情后，紧握晓鹰双手，泣不成声。晓鹰的泪水也在眼圈里打转转，嘴里连声说："祝张爷爷健康长寿！"老人挣扎着坐了起来，斜靠在被子上，与晓鹰留下了一幅永存的纪念照。老人用依恋的目光送走了晓鹰，卧榻安息。看似平静的老人，内心深处却涌起阵阵波澜，往昔难忘的岁月一幕幕地浮现在眼前。他欠着身子想取纸笔，记下此时的心怀，但未能成功。下午1时许，《文物天地》主编王禹时前来探视。老人请他取来笔纸，录下已吟成的七律诗一首和《鹧鸪天》词一首。

王禹时录完此词时，已被老人热爱祖国、热爱人民的赤诚深深感动，含在眼里的泪水大颗大颗地滴落在恭录的诗、词间。这位向祖国捐献了价值连城的珍宝而饱经沧桑离乱的老人，在告别人世之前还在"自省吾身"，生怕辜负了生养自己的人民和父母。他留恋祖国，留恋大自然的山川河流，留恋博大精深的华夏文明。他即将离去了，但他还要同这"升平世""物我同春共万旬"。禹时望着老人微微闭上的双眼，便悄悄地离开了。

到了2月25日晚，张伯驹病情急剧恶化，已进入弥留状态。医生竭尽了全力，但终未能回转天意。1982年2月26日上午10时43分，这位85岁老人的心脏停止了跳动。

3月4日上午，举行张伯驹遗体告别仪式。3月26日下午，举行了张伯驹追悼大会。追悼会上，叶剑英、邓颖超、王震、谷牧等国家领导人送了花圈。赵朴初、夏衍、胡愈之、牛满江、刘海粟等各界知名人士200多人送了挽联。有500多人参加了追悼大会。

张超海

张超海，民国时期南阳县人。1945 年 3 月至 9 月任中共扶太西县县委书记。

他在任职期间，领导扶太西县委做了如下工作：

一、安定局势，稳定社会。当时暗藏的零星匪特不断造谣生事，扰乱社会秩序，斗争尖锐复杂。在此情况下，县委和县政府首先抓政权的建设和武装力量的扩大，迅速建立了四个区级政权和各区地方武装，使其各有枪支三四十支和百十支不等。区队长由区长兼任，各区都配备了专职区队副，借以安定局势，巩固新生政权。

二、领导群众渡过春荒。当时群众生活十分困难，为解灾民的燃眉之急，县委、县政府决定向余粮户借粮、贷粮。其办法是：政府立约，愿意借给粮食的，借一斗秋粮，麦后还一斗小麦；愿意贷给政府粮食的加利 3 分，麦后按约还本息。此举共借贷了 500 多石粮食，并将此粮转发给缺粮少种的 1000 多户农民，使群众的口粮和种子有了保证，同时，也解决了机关本身用粮的困难。麦收后，政府将合理征收的公粮按约逐户偿还给借贷给政府粮食的余粮户。这既帮助群众渡过了春荒，也扩大了政府在群众中的威信。

三、开展生产自救活动。在群众生活困难得到缓解的情况下，有的组织群众熬盐熬碱，除供应当地食用外，还到外地换回粮食和其他日用必需品；有的利用黄水过后遍地长的芦苇、三春柳，组织群众编筛编篓，运往外地换回粮食；有的组织群众到外地搞运输，以运换粮。通过以上这些工作，群众的情绪逐渐稳定下来，在外逃荒的灾民，也纷纷返回家乡开荒种地。

四、征麦藏粮。1945 年的小麦长得特别好，为了防止日伪军前来抢粮，扶太西县的当务之急是快收快打，迅速完成征麦任务，把粮食藏起来。为此，一方面组织武装力量严阵以待，保卫麦收；一方面组织县、区机关干部全力以赴投入征麦和藏粮工作。由于准备和群众发动工作做得好，办法简便，只用几天时间就完成了近百万斤的征收任务，除偿还春天政府借贷的粮食外，其余都迅速埋藏起来。

五、截新黄河向东的支流南归贾鲁河，救出良田五六万亩。新黄河在麻里和锦背岗之间有一股黄水向东岔出，流经扶太西县清集、桂岗一带，注入涡河。这股支流，每年汛期泛滥成灾，淹没五六万亩良田，直接危害着扶太西县农业生产的恢复和发展。为此，县委、县政府决定，截支归干，救出被淹的五六万亩良田。报上级批准，于 1945 年 7 月组织近 2 万名民工，预计 1 个月的工程，结果只用 25 天就完成了。黄水南去，支流河床内的五六万亩良田被解救，当年的绿豆、次年的小麦都获得了大丰收。

他从扶沟走后，调任中共通许县县委书记。

张朝聘

张朝聘（1898—1932），字正方，号真源，鹿邑城南小翟庄（今城效乡翟庄）人。幼时上私塾，当学徒，后给地主看庄子。1920 年在县城开干果店，多次受官府勒索、兵匪讹诈和人身侮辱。1925 年生意倒闭，张朝聘在气恼之下，跑到人不常去的魁星楼睡了三昼夜，之后，精神突然“失常”，在街上大喊大叫，自称“上天祖师”下凡，要替天行道。人见他满口“疯话”，送号“张疯子”。

1927 年 2 月，城北丁亮村红枪会听说张朝聘得“道”，就请他去传道安学。张到后，吹他有神授法术，只要念动咒语、摇动羽扇，就可刀枪不入。农民信以为真，尊他为仙师。张遂成为红枪会会首。

鹿邑、亳县交界处的枣集，有土匪百余人，拉票抢掠，危害百姓。张朝聘带领会众围剿土匪。打仗时，张口中念念有词，一手持剑，一手摇扇，冲锋在前，会众见“仙师”如此，个个奋勇向前。匪兵慑于众势，丢下武器，纷纷逃窜。群众见此情景，笃信张术神授，入会的人更多。鹿邑、商丘、永城、亳县等地一时入会者达数万人。

7 月，中共河南省委派李梅村（李云鹤）到鹿邑开展工作。他根据上级指示，与张朝聘联系，向张宣讲革命道理和斗争策略，张由衷佩服，遂拜李为师兄，经常向李请教，受益颇深。

1928 年 2 月 14 日，张朝聘带领会众，夜袭亳县八大队驻十字河王兴仁部，得枪 100 多支，迫击炮 1 门。16 日，亳县八大队为报复红枪会，联合鹿邑保卫团，向张朝聘进攻，结果又损人丢枪败回城里。

2 月 18 日，张朝聘在李梅村的鼓励下，带领会众 3 万多人，围攻鹿邑县城，声言要县长冯秉奎减免赋税，交出劣绅。鹿邑地方当局电请省府派兵援救。20 日，国民党河南省府派商丘豫东民团第 3 军军长韩多峰带兵到鹿邑解围，红枪会在公路上埋木耙、设埋伏，阻止韩部。韩军汽车开到高口南，车轮被扎破，伏兵四起，与韩军肉搏。因众寡悬殊，红枪会败退。22 日，红枪会在两面夹击下围城失败。张朝聘带着部分会众撤到安徽太和，在倪邱、李兴一带活动，旋即太和、颍上、霍丘等地又有数万农民加入红枪会。一时声威大震，在豫东、皖北十多个县流传着“中华民国十七年，张疯子起反在江南，先打亳县八大队，后打鹿邑保卫团。金银财宝他不要，专杀恶霸与贪官”的歌谣。

1929 年 9 月，国民党驻徐州 44 师肖之楚部，进剿豫皖苏区。中共鄂豫皖特委指示地方党组织，发动红枪会进行阻击。当肖部岳维俊旅 3000 多人，进驻亳县南淝河集时，张朝聘率会众夜袭岳旅，将其打垮，缴枪2000多支。

1930年6月，国民党驻皖北部队方振五、高桂滋、杨虎臣部，为打通进剿鄂豫皖苏区的通道，联合向红枪会进攻。张朝聘集合会众4万多人，战于亳县南十字河大高桥，厮杀一天，双方伤亡惨重。国民党军终没打通通道。

1931年5月下旬，霍丘群众请张朝聘去传道安学，他在途经太和东门外时不慎被捕，被押送安庆反省院。1932年8月病逝于安庆狱中，时年34岁。

张春堂

张春堂（1885—1974），字子和，今项城市高寺镇张庙村人，民国年间的项城县教育局局长。

他自幼聪慧，敏而好学，品学兼优。先上私塾，后入百冢铺师范学堂读书，再后考入开封优级师范。曾参加五四运动，毕业后任开封第三小学校长。

1929年，在项城频受兵灾匪祸之后，张春堂回县任教育局局长。当他到县之时，一无校舍设备，二无师资员工，三无办学经费。困难重重，步履维艰。也就在此时，北伐军进入河南，革命形势顿时高涨，张春堂在此鼓舞下，办了几件大事：一是筹办教育基金，把全县庙产（庙地及房子）全部收归公有，亲自领人打泥塑神像，把庙宇改为学校。二是没收旧官僚的土地8000余亩，并组织了教育基金保管委员会，以司其事。有了较安定的环境，又有了这两项收入，项城的教育事业才得以开展。三是倡导妇女放脚。这些作为，实难能可贵！

古人云："为政不难，不得罪巨室。"张春堂反其道而行之，处处侵犯巨室豪绅的利益，遂招致豪绅的不满，种下了祸根。在地方稍安，逃往外乡的富豪先后回县，不久便重握地方政权。是以张的"三块大印"旁落，仅任一衔有名无实的城防局长。但他关心地方群众疾苦与关心教育的赤心仍未衰落。到1930年中原大战之后，吉鸿昌将军率部经过项城，张春堂与吉将军原系旧识，今又重逢，自有一番离衷相叙。经吉鸿昌推荐，河南省政府直接委派张春堂任项城县教育局局长。张春堂二次当上教育局长，觉得有靠山了，决心再大干一番。但是，地方官绅表面上吹捧张春堂为全县的"都光棍"（含有讽刺的意味），暗地里却企图搞垮他。

1932年起，豫东各县连年遭受水灾，项城分到一批赈粮。当时政府开会商议发放办法，多数官绅认为，先官绅而后灾民，只有张春堂主张先发给非赈不活的灾民，且采取"以工代赈"办法，组织灾民挖掘书院坑塘以蓄水，疏通城内小虹河以排洪。每天早晨，就在工地计口发放救灾粮食。张春堂的主张获得灾民和一些官绅的拥护，结果这批赈粮由张春堂主持发放。而那些没捞到油水的官绅，就在一边造谣起哄。有一天张春堂因公事未能摆脱，他到迟了，便有人鼓动灾民说，张局长迟迟不来，莫非是想克扣赈灾粮饿死灾民吗！豪绅们看到灾民受惑不满，又接着煽动说，等他来到了大家都喊抠，抠，抠（抠是侮辱人的土语）。一会儿，张春堂来到工地，在一阵掌声过后，人群大喊“抠，抠，抠！”张春堂事先没有察觉这些情况，掌声初响，还以为是欢迎他呢。当听到大喊“抠，抠，抠！”才意味到是办难堪的。他很有机智应变的才能，便冷静地向灾民承认来晚的错误，说明来晚的原因，他诚恳地说：“如果大家还有什么意见，可以当面提出，假若您有更好的放赈办法，咱们可以共同商量。”他接着解嘲地说：“‘抠’是打浑子的话，抠是抠不出粮食的，粮食是大家挖出来的，大家要抠……我的屁股是钢镶的，抠我也不怕。”群众都笑了。他再三征求群众意见，大家都表示没意见，结果还是按原来的办法去领粮，张春堂在笑声中粉碎了操纵者的阴谋。

1933年，项城县政府为庆祝“双十节”，在城隍庙召开群众大会。先是县长何慎斋讲话，后是张春堂讲话。他在讲话中大讲了三民主义，抨击了地方上的土豪劣绅。当讲到民主时，他说：虽然革命胜利了，可有些人还在挂羊头卖狗肉，不是为群众办事。接着说出谚语：“衙门口朝南开，有理没钱别进来。”他指着何县长开玩笑说：“可别轻易诉讼告状，一告状（他拍着何县长的衣袋）钱都装进他的腰包了，就这项城县的地皮他就刮得不少了，何必再给他送钱让他发洋财，把项城人民的血都让他吸走呢！”何慎斋当众红了脸，下不了台，暗地里却下了除掉张春堂的狠心。

1933年底，何慎斋拉拢土豪劣绅，欺压群众。教师张希贤写信寄给张镇芳告状。当信送到邮局时，被何县长派人查出。何根据此信，逮捕张希贤入狱，关押两个多月才释放。不久，项城来了国民党军霍子禄（外号霍老虎）旅，霍原系活动在项城一带的杆匪头子，后收编为军队。来项城后，他和地方官绅沆瀣一气，相互勾结，由地方派粮派款支应。但是，地方百姓在天灾人祸之后，生活十分困难，多数群众都是非赈不活者，哪有粮款来供应军旅呢？但是县政府所派的衙役如狼似虎，常到四乡逼粮索款，对那些迟交欠交粮款的人，诬以抗粮抗款，绳捆索绑解县治罪。有一天，衙役押解十多名群众在县城西街与张春堂相遇，群众向张局长喊冤求救。张春堂询问情由后，义愤填膺，即向衙役要回拘票，放走被抓群众。衙役们说：张局长这样放人，我等交不了差。张春堂说：“你们回去向县长说，抗粮抗款的是我张春堂，与群众无干，叫县长来抓我吧！”此后，何县长表面对要粮逼款有所收敛，也没有追究张的行为，只是对支应霍的官差变成了歌功颂德，送旗送伞，挂匾立碑。

次年秋，霍部调防周口，何与霍密谋已就，临行，何县长命令，一街两行摆茶点，放炮竹，隆重欢送。何某人亲率官吏士绅送霍至北门外。当霍告别时，敦请张春堂说："师座请局长赴周口开会，正好同行，上车吧！"在何县长的帮腔下，没容分说，张春堂只得仓促上路。走到城北八里刘铁家村时，霍老虎陡然变脸，命令部下将张捆绑押送周口。

到了周口，霍老虎把张春堂暗押起来，什么人也没见面，一句话也没讯问，更没宣布罪状，竟然于第二天把张春堂押赴沙河滩里执行枪决。张春堂走到周口街上，情知没命，便大声疾呼："我叫张春堂，项城北八里张庙人，是项城县的教育局局长，因为反对贪官土豪，反对土匪军队，才落到今天这个下场！正义的革命志士是杀不完的！请好心的人给俺家送个信。"

张春堂死后第4天，周口一位老人乘夜将噩耗送到项城张庙春堂家。

张登山

张登山（1893—1949），乳名骡子，今商水县邓城镇张堂村人。幼喜烹调，后投厨师学艺。他爱学习，肯钻研，哪里有名师高手，必不避远近前往求教。经多年学习、实践，掌握了多种面食的制作技术，对菜肴的配料、炒炸、汆熘、火色、刀工等技术皆甚精湛，成为商水一带有名的厨师。

他对面食最得手的是空心拉面、实心拉面，还能做成菱形的拉面，加汤烧制，味美可口。对做菜亦有深功，蛋类能做成像凉粉样的混黄蛋，色形犹如宝石花，食之兼有多种蛋味。能把蒸熟的鸡鸭骨头抽光，放入盘中，仍保持鸡鸭原形。对刀口更为讲究，能将肉切成菱形、古钱形、核桃形等十多种花样；能把鱿鱼制成竹节形和蝴蝶形。他做的席面像一桌优美的艺术品。

1932年，国民党豫鄂皖绥靖督办李鸣钟曾请登山为厨师，他做的饭菜深受李赞赏。1934年返乡后被国民党西华县县长王兆珍请去当厨师。因王吃中了登山做的饭菜，在他调往民权、杞县、上蔡等地任职时，仍带登山随行做饭。1939年，他辞别王兆珍回到邓城，在富豪叶尔昌家当厨师。其间，国民党河南省民政厅厅长方策夫妇到商水视察，闻听张登山厨艺高超，专程前往邓城品尝他做的饭菜，吃后夸赞饭菜俱佳，别有风味。

1949年，因时局混乱，登山返回老家张堂村开设酒馆，年余病故。终年56岁。

张福林

张福林（1926—1951），河南扶沟人。被收录于1980年版《辞海》中。作为一名普通士兵，其事迹能收录到《辞海》中，是扶沟和周口的骄傲。

1926年，张福林出生在今扶沟县大李庄乡宋家村一个贫苦农民家庭。家乡被黄河水淹没后，他出外逃荒，后来入阎锡山部当兵。1948年，被解放军救出，遂加入人民的军队。之后，他随部队转战南北。在解放太原的战役中，他利用喊话，使他曾待过的那个班火线投诚。接着，他随部队进军大西南。1950 年 4 月，在川西名山一带剿匪时，他带领全班战士深入群众，宣传群众，发动群众，争取土匪停止反抗。他现身说法，以自己的经历感动了一位老人，再通过老人做工作，瓦解了当地有名的土匪杨万贵部。他们班得到了部队的嘉奖，成为剿匪模范班，张福林也荣立三等功，8 月光荣地加入了中国共产党。

1951 年冬，张福林所在的部队 18 军接受了抢修康藏公路雀儿山段的任务。抢修康藏公路最大的难关是雀儿山。雀儿山以矗立的冰川、巍峨的雪峰著称于世，主峰高达 6168 米，终年积雪不化。施工段海拔 5400 米，是康藏公路上海拔最高的工段。当地藏胞中流传着这样一首民谣："登上雀儿山，伸手能摸天，一步三喘气，风雪迷漫漫，深沟峻岭多，断崖峭壁连，要想过山去，真是难！难！难！"过山都这般困难，要在山上修一条公路的难度可以想见。

11 月，气温平均在零下 20 度，地上的冰雪几米厚，地下的冻土 1 米多深。空气稀薄，寒风如刀。时，张福林任 53 师 159 团 3 连小炮班的班长，担负爆破任务。开始，一炮只能炸掉不到两立方米的石头，工程进度缓慢。张福林作为班长，心急如焚。为了提高爆破效率，他利用晚上休息时间，去工兵团学放大炮。参考他人的经验，结合自己的实际，张福林终于研究出改善装药方法和利用石缝放炮的方法。第一炮装炸药 70 公斤，炸掉了 570 立方米的石头，第二炮装药 40 公斤，炸掉了 470 多立方米，工效提高了 26 倍（上级规定 1 斤药炸 5 方石头），创造全国最高纪录。取得成功后，他将此法推广到兄弟部队，极大地加快了工程进度，得到修路指挥部的表扬。

1951 年 12 月 10 日 12 时，张福林正在做放炮前的检查，一块巨石滚过来，张福林躲避不及，右臂被砸成 3 段，腿也折了，血流如涌，当即昏了过去。十几分钟后，张福林苏醒过来，第一句话是叫指导员，说："我明白伤很重，不能再为人民服务了。我还有四万五千元（折今币 4 元 5 角）作为最后的党费。"说完，又昏了过去。当他最后一次醒来，对连长说："我给 3 连丢了人，我没做到人员安全。我们连从修机场以后没有伤过人，这都怨我。希望把我的教训用来教育全连。"这时，卫生员要给他打针，他说："我已经不行了，打针也没用了，给国家节省这一针吧！"

张福林牺牲了！西南军区给他追记一等功，授予模范共产党员光荣称号，一等功臣。战友们在他牺牲处刻了"永垂不朽"4 个字。1952 年 7 月 25 日，师党委任命他所在班为"张福林班"。

1958 年，张福林班班长、修筑川藏公路英雄、全国劳模文绍华在平叛战斗中光荣牺牲，著名的西藏军旅女作家杨星火在《拉萨的山峰》一诗里，热情歌颂了这两个"张福林班"班长。

张吉甫

张吉甫（1908—1999），西华县城关镇人。1929 年加入中国共产党，1930 年 6 月至 1931 年 9 月任中共西华县委书记。

张吉甫是西华早期共产党员之一。在西华曾任区委委员，县委委员，县委书记，县抗敌动员委员会主任。1938 年随西华抗日部队东进，历任淮北区党委组织部科长，新四军 4 师政治部民运科科长，华东军区政治部民运科科长，华东军区军工部政治处主任，皖南军区后勤部政委，安徽军区后勤部政委，江苏省徐州军分区副政委等职。

张济民

张济民（1902—1941），今项城市高寺镇张庙村人，抗日烈士。

他父亲张春堂（字子和），是一位德高望重的塾师。他在其父的教导与熏陶下，自幼就胸怀革命之壮志、报国之理想。

在第一次国共合作北伐战争后期，吉鸿昌将军率部进驻河南省巩县。为了培养一批军队干部，派员到开封招募学生兵。这时，正在开封上学的张济民听说后，立即联络数十名同学一起应征入伍。吉将军看到朝气蓬勃的学生兵喜出望外，深为满意。在训话时说："我随冯（玉祥）总司令在五原誓师，转战万里回到河南家乡，是为了拯救处于水深火热之中的父老乡亲，各位弟兄前来参加革命，共赴国难，正如给我添了左右手，北伐之胜利，指日可待，希望寄托在你们身上！"张济民听罢，非常高兴，郑重地向同学们即席演说："我们今天参军了，实现了梦寐以求的夙愿。救国救民，是我们革命军人的神圣职责。为了革命的胜利，为了拯救父老乡亲，我们要赴汤蹈火，抛洒热血，在所不辞！"

时值深秋，19 师奉命向东推进。在吉鸿昌将军的率领下，连克兰考、开封，继而又收复鲁西的单县、曹县、郓城等十余个县城，后会师于山东省牟平县。年底，西北军整编，张济民被派回项城，任项城自卫队分队长。

七七卢沟桥事变，抗日战争爆发，张济民义无反顾地投入抗战。1941 年，张济民在河南省第八区保安司令部直属中队任中队长，时逢日军进犯汝南，保安部队奉命守城。在敌人的飞机、大炮轰击下，张济民指挥士兵给日军以有力的还击，他鼓励士兵们说："弟兄们！报效祖国的时候到了，我们坚决与汝南城共存亡！"激战一昼夜，由于敌我力量悬殊，城被攻破。守卫部队被敌人分割包围，展开巷战。黎明时分，张济民率部分士兵冲出重围，发现负责指挥他们的鄢副司令还在城中，张又带人杀回城去。经反复拼杀，无奈日军兵力过于强大，汝南城最终被日军占领。鄢副司令阵亡于汝南西门之外，张济民牺牲于东门之外。张时年39岁。

张金荣

张金荣（1912.11.20—2002.8.9），字华甫，今扶沟县柴岗乡小张村人。1928年9月到西北军学兵团学习。1930年学兵团在徐向前亲自指挥下，同吉鸿昌的部队一起参加了中原大战。1935年在开封河南艺术师范学习时，为声援北京一二·九学生运动，组织开封大、中专学校的同学一起到国民党省政府门前请愿，上街游行，到开封南关火车站卧轨3天3夜。通过斗争，迫使南京政府派代表谈判，取得了斗争的胜利。1936年河南艺术师范学校毕业后，到陕州学校（今河南陕县）当教员。因宣传抗日被学校解聘，回到扶沟县从事革命工作。1937年2月受豫东特委书记沈东平的委派到扶沟县姜师堂中学当教员，从事党的秘密工作。1937年5月经施德生介绍加入中国共产党，并和施德生、施济恩、施钦典在塔湾村成立党小组，领导农民暴动。1937年8月在扶沟县城成立抗日宣传队，分工负责搞武装斗争。1938年2月受中共豫东特委委派，带领杜健超、施钦典等10人秘密去竹沟干训班学习。学习3个月结束后分配到西华、扶沟县工作。1938年7月，他和施德生、施济恩带领中共西华特委派来的胡晓初部队，武装夺取了扶沟县政权，他任魏寨联保处指导员。1938年9月，形势发生突变，为适应形势的需要，从各联保中抽调人员组成扶沟县练寺区抗日自卫团，他任副团长。1938年11月，国民党骑兵第1师马步芳的部队进驻扶沟，按照特委的指示，他带领部队往水东配合新四军彭雪枫、吴芝圃、张爱萍的部队进行抗日游击战争。一路上边打边走，全团800多人，最后只剩160多人，被编为新四军游击纵队司令部的直属中队，他任中队长。1940年初，在对敌战斗中负伤，成为三等残废。1945年1月与施德生一起开辟水西工作。同年6月，建立鄢扶县，他任公安局局长及县大队长。1947年4月任鄢扶县大队参谋长，同年12月，任中共豫、皖、苏5地委联络站站长（情报站长）。在任站长期间给第3野战军送情报并随第3野战军部队一起参加了解放许昌、开封等城的战斗。1948年10月受鄢陵5地委的委派到中牟县任副县长兼公安局局长。1952年任中牟县县长。之后历任林业部开封杏花营林场党委书记、开封地区柴油机厂办公室主任、开封地区知青办主任、开封地区检察院副检察长、开封地区司法处处长。1982年7月按厅级待遇离职休养。2002年8月9日逝世，终年90岁。

张锦芳

张锦芳（1872—1942），张镇芳的弟弟，张伯驹的生父，字絅庵，今项城市老城乡阎楼村人，晚清禀生、中华民国众议院议员、政事堂存记、道尹。属地方名士。

张家在项城是赫赫有名的官宦大家。他当选为众议院议员后，也算有了“官场”身份。但他为人能顺应潮流，明辨大是大非。一般人家对张家“大帅府”自然望而生畏，他却深恐子弟家人因此而飞扬跋扈，所以管教甚严，而对乡邻极为尊重。

他未去北京前，二儿子张家骥在县文昌宫上学，和县城（今秣陵镇）北街张之勤的儿子张文钰同窗。一天，张家骥故意问张文钰“是哪里张”，张文钰则有意炫耀地说：“是北街牌坊底下的张。”文钰又问他是什么张，他说“是牌坊顶上的张”。二人互相口角，愈争愈多，最后竟然打了起来。当时“山长”没了法：一个是河南督军的侄儿，一个是文昌宫的老山主（文昌宫是张文钰的先人张承恩捐款修的）的后人，不论处罚谁，都不适当，只好各说几句不了了之。

虽然张文钰的祖上张承恩，在明嘉靖年间任过登州别驾，但论财论势，都远不能与张锦芳家相比。张家骥认为院长不给自己扶理，是看不起他们这个张家，回家后就愤愤地向父亲说了此事。不想张锦芳听了原委，不仅不为他扶理，还严厉斥责了他一番。并让下人套车，拉着家骥去了北街张之勤家，不是去吵架，而是赔情道歉。

1912 年，张镇芳任河南督军时，不仅杀害了革命党阎子固、朱丹陛等，还继续逮捕青年学生。身为张镇芳胞弟的张锦芳，却反其道而行之，极力保护青年志士，如项城的阎凌云，汝南的阎秀峰、马应坦、王懋官等。据汝宁府知府张子晋撰写的《絅庵先生纪念碑》碑文中说：“自清末逮民国初元，汝南改办一切公益，得公赞助之力居多，其他排难解纷造福于汝人者，殆不可以数计，而尤以解脱阎姓冤狱为最，汝人不忘公惠。”清项城县令朱名昭（翰林）撰写的《絅庵先生懿竹碑》载：“各省戒严，党祸益烈。汝南阎秀峰、马应坦、王懋官等牵连阎子固案内，先生极力剖白，咸得无恙。”从这些碑文记载中，可见锦芳保护革命青年的行为于一斑，一时为乡里所称道。

张锦芳未入政界逐鹿，是个热心地方公益事业、吟咏风雅的地方名士。在诗文创作方面，他也很虚心，曾两次走访名士朱飞仙，以求切磋借鉴。朱飞仙是位不求功名、性格孤怪、不慕权势的人，其书、画、诗被称为“豫东三绝”。张锦芳慕名前往，第一次因朱飞仙外出没见到，仅留下了名片。第二次见到时，朱飞仙正在菜园干活，见到张锦芳后也不让进屋，只是问：“你找我有什么事？”张锦芳说：“听说朱先生诗作得很好，想跟先生和和诗。”朱飞仙问道：“你的诗属于哪一家？”张锦芳谦恭地说：“我是乱凑杂学，说不上什么家。”朱飞仙说：“你不入家，跟我和什么诗？”转身忙活去了。张锦芳受到冷遇后，不胜感叹地说：“真清高名士也！”遂驱车而回。

其实，张锦芳的诗作造诣很高，在天津和许多名人唱和。所著《修竹斋引玉咏》问世后，很受世人赏佩。其中《项城八景》、《高丘寺八景》、《南顿八景》等诗，记录旧时项城风貌，文史价值甚高。

张俊峰

张俊峰（1913—1943），又名崇岩，字俊峰，后取字舍名，今太康县龙曲镇楚张村人。幼年随全家迁居县城，就读于县立第一小学，1929 年考入开封中山中学，后入开封职业中学读书。在校期间，他积极参加抗日救亡宣传活动，担任宣传队长。一二·九学生运动时，参加了开封学生卧轨请愿活动。

张俊峰于 1935 年夏加入中国共产党。次年春受组织委派回太康，在职业中学以教书为掩护，从事中共地下革命活动。1936 年底，在杞县中心县委书记杜省吾的支持下，中共太康县党支部在县职业中学建立，张俊峰任党支部书记，随后又发展一批党员，为中共太康县工作委员会的建立奠定了基础。1937 年 2 月，他组织进步师生办墙报，连续登载中共河南省委《振兴中华》的文章，积极开展抗日救亡宣传活动。4 月，他组织学生进行反对国民党盐务警察禁止农民生产小盐、抬高大盐价格的斗争，砸了官办盐店。10 月，他组织反对国民党县长张廷柱妄图贪污 50 万斤仓谷的群众游行，迫使当局交出 10 万斤粮食，用于抗日宣传，其余以廉价售给群众。12 月，建立中共太康县工作委员会，张俊峰为领导成员之一。

1938 年 5 月，张俊峰带领进步师生组织长白话剧团离开太康赴延安，途经扶沟、西华、漯河、西平等地，演出了《放下你的鞭子》、《五月的鲜花》、《东北的一角》等抗日救亡节目，后在舞阳得到地下党组织指示，要他回豫东找吴芝圃。张俊峰带队于农历八月二十二日返回太康后，立即去县北河坡村向彭雪枫、吴芝圃请示工作。按照组织安排，张俊峰被任命为太康工委书记，在县北龙曲一带发展地下党组织，组建地方武装，进行抗日救亡工作。

1939 年 9 月，中共太康县委员会在牌坊杨建立，张俊峰任书记。发展党员 60 余人，武装力量发展到 700 多人，建立了 7 个抗敌自卫团，成立了新四军太康县独立中队。全年向主力部队输送 400 余名战士。

1940 年春，张俊峰已患肺病，并日益严重。睢（县）杞（县）太（康）地委领导为了减轻他的工作负担，改任他为太康县委组织部部长。他顽强地与疾病作斗争，积极跟随抗日武装部队活动。7 月，水东地委机关和独立团 1000 余人，在韩达生、孔石泉的带领下，进驻太康县西部的马屯、衣冠营、清集等地。张俊峰和中共太康县委领导一起为保证地委机关和独立团的衣食住行，深入城乡筹粮、筹款、做军鞋（1000 多双），保证了地委和独立团的物资供给。

1941 年 1 月，皖南事变后，日（军）伪（军）顽（军）一起向睢（县）杞

（县）太（康）地区大举进攻，至3月底，睢杞太根据地武装力量损失90%，县委书记被捕。在此情况下，张俊峰和王法洲一起，动员一批进步青年，成立了太康抗日联防大队。这支队伍采取隐蔽活动，寻找机会打击敌人。其间，镇压了向日伪告密、抄了杨昆的家的伪保长；处死了名匪刘立德、刘立身。经过几个月的顽强斗争，至6月底，太康县武装力量发展到200多人，并重建了太康县大队。1941年10月，张俊峰任水东独立团军需主任。他拖着病体四处奔波，千方百计地为部队筹粮筹款。一次部队要买子弹没有钱，他回家卖了60亩地。

1943年11月，由于过度劳累，病情恶化，在太康县芦庄村不治逝世。时年30岁。

张奎文

张奎文（1903—1932），原名英文，字星跃，号拱辰，今太康县逊母口镇斜地张村人。1927年考入国民党高桂滋部军官教导营。同年11月加入中国共产党。入党后从事兵运工作。1928年春，党组织调他任皖北特委委员，从事农民运动，参加了影响较大的阜阳暴动。同年5月调河南省委工作，不久在开封被捕。敌人对他严刑拷打，百般折磨，而张奎文坚贞不屈，视死如归，同敌人进行了不屈不挠的斗争。1932年3月7日，张奎文在开封被敌人杀害。时年仅29岁。

张凌云

张凌云（1895—1946），字步衢，今项城市新桥镇刘营村人。

清末，其父张连山为抗粮抗款，打死一名衙役，被捕入狱。为此，倾家荡产。后迁居刘营村当佃户，生活困苦。清光绪三十三年（1907年）春荒严重，人自相食，张连山在无可奈何的情况下，将13岁的张凌云送给张埝村的张子荣为义子。张凌云在义父家的药铺里辛勤劳动，长大成人。

一日，他看到药铺中挂着“济世活人”的招牌，自言自语地说：“在这个年头，开个小药铺，当个医生，能救活几个人呢？我不如当兵，用枪杆子和热血去救活更多的人！”于是，在他19岁时，投军到冯玉祥部。

在部队里，他除白天参加紧张的操练外，还在夜间苦练杀敌本领。因他作战勇敢，屡建战功，由班长、排长、连长，升任冯玉祥司令部的手枪营（即警卫营）营长，后又升任第2团团长、第8混成旅旅长。1925年12月，率部在天津杨庄车站同奉系军队交战。时值烟雾弥漫，寒风刺骨，他身先士卒，接连冲破奉军两道防线，使部队迅速占领了天津。在这次战斗中，张凌云三处负伤，住院医治月余出院。他在医院写了《病榻吟》一诗：“戎马生涯乃宜人，浴血奋战廊房门。彩花三挂不知痛，笑指奉军惊落魂。”

1926年1月，冯玉祥部控制了热河、察哈尔、直隶、北京、天津、绥远、甘肃等地。这时，张凌云的部队驻守京畿。3月18日，京师发生镇压学生的武装行动，凌云得知后，急派一个警卫营跑步到总统府门前保护游行示威的学生和群众。

1927年，张凌云部奉调去豫东“剿匪”。当时，史万成匪部固守商城，曹福林旅屡攻不下，由第8混成旅接防后，在张凌云指挥下，经两天激战，攻破城池，匪部溃逃。他遂晋升为第6师师长兼南阳镇守使。

1936年，张凌云在陆军第29军（宋哲元部）任骑兵司令兼独立25旅旅长，驻守北京南苑、西苑。抗日初期，其部在靖海与日军接火，他以一个旅浴血奋战，阻击日寇20余天。1938年，凌云任77军副军长兼37师师长，在兖州战役中，全师荣获国民党中央军委嘉奖。之后，部队移防老河口，在随枣战役中击溃日军一部。

1942年，张凌云任59军副军长兼安徽省怀太师管区司令。后其部过项时，司令部驻在老城东街。当张凌云得悉新桥的乡亲熊兆祥兄弟为争地边兴讼时，立即派警卫员到县司法处抽回诉状，并邀请双方在司令部设宴和解。

抗日战争胜利后的1946年，怀太师管区撤销，张凌云奉调回南京，途中行至安徽桐城不远的新安渡，不幸遭土匪袭击遇害。时年52岁。

张岷元

张岷元（1877—1961），也写作张岷源，号老岷。今郸城县汲水乡前张岭村人。

张岷元是一位多才多艺的人，不仅擅长绘画，而且精于装裱和纸扎；会唱渔鼓道情，自制“渔鼓”（亦称“道筒”、“竹琴”）、简板。闲暇时常有村民聚集其家，请他演唱。他也毫不推辞，自弹自唱，与大家同乐。

张岷元的画多为水墨画和水彩画。水墨画皆以笔法为主导，充分发挥墨法的功能，取得“水晕墨章”“如兼五彩”的艺术效果。而水彩画则充分表现出“透明、轻快、湿润”的特有效果。他的《风中竹林》颇有郑板桥之画风，怪石则酷似晚清举人朱炎昭之笔法。

他的画品内容繁多，不仅有虎、猫、仙鹤、昆虫、鱼虾、鸟类，也有梅、兰、竹、菊、山石，还画人物。常画的有《松鹤图》、《苍鹰图》、《虎啸山林》、《上下八仙》、《钟馗打鬼》等。

他画画主要是卖钱，用于养家糊口，有人求画，他也乐于奉送。画左多署“郸城艮方远人”。

张岷元赖以维持生计的另一手艺是纸扎。这是一门集绘画艺术与造型艺术于一体的手工工艺。他能扎制亭台楼阁，各种器具，车辆鞍马，人物事件等，尺寸比例协调，活灵活现，栩栩如生。

建国后，他作画不再出卖，主要是应邀之作。晚年，张岷元清癯硬朗，仍坚持画作，自我消遣。

张岷元有1儿1女。儿子年轻时患眼疾，久治不愈，双目失明，儿媳在张岷元72岁时病逝，从此家中的生活重担完全落在了张岷元一个人身上。1961年春，张岷元病逝于公社敬老院中，享年84岁。

张清廉

张清廉（1916—1985），字友白，今商水县谭庄镇碱场村人。幼时家道贫寒，父母节衣缩食，供他上学。1936年郾城县初级师范毕业后，即进本村小学任教员。

张清廉少年时期受其叔张学陆（中共地下党员）的影响，对国民党的倒行逆施和学校法西斯统治深感不满。任教以后，经常与进步人士和中共地下党员接触，1938年7月，加入中国共产党，参加了抗日宣传队，从事抗日宣传活动。不久，党组织派他到砖桥区王亭寺联保做党的地下工作，任地下党支部委员。其间，他曾亲自越过日军封锁线，把胡廷刚、宋永钦、赵黑龙等人送往水东参加新四军，还同屈凤舞等先后发展张合群、刘保山、韩玉岱等10余人入党。

抗日战争胜利后，清廉于1946年5月任中共沙南地下党临时区委组织委员，并主持中心情报站工作，负责竹沟与水东一带的情报联络。与此同时，他发动党的地下工作人员设法购置弹药30余箱，并配合中共地方武装力量收缴国民党地方武装枪支2000余支，送交中共沙北地方部队。1947年，国民党西华县政府下令逮捕中共地下党负责人吕复权，张清廉得知消息，立即派刘占伦星夜赶往吕家，将此情况告知吕复权，吕得以安全转移。张学陆等也曾先后被国民党西华县政府逮捕，经清廉多方奔走，将他们营救出狱，保护了革命力量。

建国后，他历任商水县人民医院院长，商丘地区第二人民医院院长、党支部书记，开封医药公司副经理，开封蔬菜公司批发站党支部副书记、副经理等职。1985年5月因病卒于开封，享年69岁。

张清秀

张清秀（？—1951），原名“张黑子”，今扶沟县城关镇人。旧时家境贫寒，靠做泥工活为生。那时，干泥业活没有先进的工具，像掂泥兜、运砖瓦等全靠人力。年轻时的张清秀就跟随其兄长干些掂泥兜、运砖瓦的杂活。一次在干活中，不小心将泥浆弄到富人身上，遭到富人的白眼和侮骂。他一气之下，投奔韩复榘部当兵。

初到部队，因他个子低、体质欠佳，仅当了个备补兵，做喂马的差事。他当兵，是因为憎恨当时的不平等世道，所以自离开家乡便抱定志向，要在部队干出个名堂。因此，无论让他做什么，他都做得很好。有付出就有回报，几年过去，他便由一名士兵逐步擢升到旅长。

抗日战争初期，张清秀擢升为陆军第12军81师副师长，在扶沟驻防时，也给扶沟办了些有益的事。1943年，张清秀调任第一战区暂编第2旅旅长，驻防鄢陵县境。翌年春，日军西渡黄河进犯中原，时驻扎在漯河的国民党汤恩伯的第13军，不战即溃，致使豫西大片国土沦入敌手。张清秀带领暂编第2旅向豫南转移。后过平汉线（今京广线），转战豫西山区和日军周旋，直至日军投降。后，其部队改编为第66师。张清秀调离部队，结束了他的军旅生涯。

解放战争时期，张清秀隐居开封，按照他的出身情况，本应投靠共产党，为祖国的解放事业出力，但他却无动于衷。他的姻亲路延龄是共产党的高级干部，曾令人多次做过他的工作，可他不听劝告，依然和国民党旧军官相往来。1951年，在镇压反革命运动中，张清秀被处决。

张庆禄

张庆禄（1901—?），字祥瑞，外号张豁子。原籍山东，幼时随祖父落户今淮阳白楼乡辛庄村。张少时浪荡，弱冠即为兵痞。1925年杀害其营长，拉起人马自称司令。其兵常出没于商水至漯河之间，拉票抢粮，危害乡里。日军入侵时，张拥众数千，认贼作父，为虎作伥。解放战争中，张组织地主武装“还乡团”疯狂向人民政府反扑，对翻身群众和中共干部、民兵残酷迫害，采用挖眼、割耳、剖腹、铡首等血腥手段，杀害无辜甚多。1948年，张随国民政府军南逃，后下落不明。

张仁甫

张仁甫（1908—2000），西华县奉母镇岗张村人。1927年在河南省立第二师范学校读书时参加中国共产党，不久被派到中共临颍县委工作。在农村，他积极组织成立农民协会，打土豪，分田地；发展党员，在岗张村建立第一个党支部。1936年至1937年，在中国共产党领导下，张仁甫和白书章、李学文等在西华县城西部，发展抗日民族解放先锋队组织，成立抗日救国会，发动群众，开展抗日救亡活动。1940年，张仁甫被选任西华县人民民主政府城关区区长。1945年调任淮太西人民民主政府五里口区区长。1947年元月升任西华人民民主政府县长，12月调临颍县任县长，后任许昌师范党委书记，许昌市医院党委书记。离休后，积极参与地方公益和慈善事业。

张书甫

张书甫（1903—1948），今商水县袁老乡张桥村人。6岁丧母，14岁随父学木工，由于家境不济，时常随父逃荒要饭，过着漂泊流离的生活。1943年春，全家逃到息县境内，他的侄儿活活饿死异乡。返乡后，于同年6月7日（农历五月五日）遭土匪抢劫，微薄家当被抢掠一空。次年3月间，保长带着保丁把书甫抓到乡公所，强迫他充当壮丁。其父向保长苦苦哀求，保长厉声说道："没有钱别想要人！"父亲无奈，只好求亲告友，七拼八凑30块银元交给保长，把书甫赎回。

1947年秋，中国人民解放军晋冀鲁豫野战军奉命南下挺进大别山，途经书甫家乡，解放了张桥村。在部队帮助下，张桥村成立了农民协会，书甫被选为会长（时称穷人头）。从此，他在共产党地方组织的领导下，积极带领穷苦农民，向恶霸地主开展斗争，清算了保长的罪恶，并报请上级批准予以镇压。书甫斗争在前，享受在后，在分配胜利果实时，他首先想到的是最困难的人家，自己不要或少要，受到区长张明君的表扬。由于他对革命事业赤胆忠心，赢得了党组织的信任，不久，便任命他为地下联络员。书甫接受任务后，白天领导农民开展减租斗争，夜间不失时机地把党的情报送到项城、南顿等地。

1948年3月9日（农历正月二十九）夜间，以智继水为首的地方还乡团，冒充共产党区队混进张桥村，书甫被捕。敌人利用威胁、诱骗等手段，要他交出枪支和农会干部名单，书甫坚定沉着，慷慨回答："不知道！"敌人恼羞成怒，把他捆绑在树上严刑拷打，他毫不畏惧，痛斥敌人。次日，穷凶极恶的还乡团将书甫押到尚庄集上，当众用铡刀铡死，群众无不落泪。时，书甫45岁。

张邃青

张邃青（1893—1976），名森桢，今太康县芝麻洼乡接花村人。1919年毕业于北平高等师范学堂（今北京师范大学），任开封省立第一师范学校教员、校长。为声援五四爱国运动，曾积极捐款，资助该校进步学生团体。1927年10月到开封中山大学（后改为河南大学）任文史系教授。1941年兼任文史系主任，次年任文学院院长。由于他对河南地方史研究较深，曾被聘为河南省通志局协修。

建国后，曾先后任河南大学历史系教授、图书馆馆长、开封市副市长、民革开封市委副主任、河南历史学会会长等职，并当选为河南省首届、全国第三届人大代表。

张邃青是一位造诣很深的历史学家，精研《史记》、《汉书》、《文史通义》、《史通》等史学名著。在河南大学任教期间，开设中国通史、历史名著研究、河南史地研究、中州文化史、宋辽金元史等课程。他知识渊博，治学严谨，讲课时，广征博采，举一反三，引人入胜，使听者如身临其境。主要著作有《史通研究》、《河南地理》、《新郑古物研究》、《中原文化史》、《河南陵墓通考》、《伏牛山中之蛮族》等。他所编著的《河南史地研究》教材，内容丰富，体例完整，有关河南的文物发掘，金石考据，书籍流传，人物记述，民族迁徙变化，行政区划沿革，政治机构更迭，宗教传播分布，以及经济发展和风土民情，无不加以论述。同时，还穿插不少神话传说，为读者提供了有关河南极为丰富的历史文化知识。他特别重视出土文物的发掘与研究，具有一定的文物鉴别能力。

张文彬

张文彬（1918—1938），今淮阳县城关回族镇吉庆街人。1925 年至 1936 年，先后在淮阳县城、开封、北京求学，成绩优良。他爱读进步书刊，从中接受马列主义，主持正义，不畏强暴，赢得同学们的尊重，被推为同乡会召集人。

1936 年冬，辍学回家，加入中国共产党，先后任党组织负责人、中共淮阳县委书记等职。1937 年 7 月，他和中共党员周坤明等组织“抗战后援会”，分别成立话剧团、歌咏队、墙报组，进行抗日宣传活动。他既是领导者，又是演员、作者和歌手，积极参加排演《放下你的鞭子》、《张家店》、《反正》、《我的故乡》、《打回老家去》、《林中口哨》等文艺节目，在城乡巡回演出，激励民众投入抗日救国活动。

张文彬在对敌斗争的艰苦环境中，出生入死，全心全意为党工作，先后发展薛朴若、曹玉林、朱传贤、李兴望、陈怀朝等 30 多人加入中国共产党，壮大了党组织的力量。分别在省立二师、省立三中、薛孟庄等处建立党支部，为恢复和发展县内党的组织作出重大贡献。同时，他还介绍许多进步青年到中共豫东特委所在地西华三岗受训，为党输送抗日骨干。1938 年，按照上级党组织指示，参加国民政府淮阳专署举办的抗日训练班，与反动分子韩克敬等人积极斗争，夺回训练班领导权。同年农历五月，他和特委委员刘作孚等人一起组织抗日学生军，建立县内第一支抗日武装。为开展统战工作，联合国民党一致抗日，张文彬受党组织委派，于同年到第七区督察专员公署任民运科科长，以合法身份，联合部分国民党地方上层人士，宣传共产党抗日主张，深入各区动员民众抵抗日本侵略者。并通过专员刘莪菁以第七区督察专员公署的名义，委任共产党干部薛朴若为淮阳城郊西北区游击司令，为开辟抗日根据地、壮大抗日武装力量，作出了重要贡献。

继而，党派张文彬到国民党淮阳县政府四区大队任政治教导员，通过艰苦细致的工作，使该部3个中队170多人开赴抗日前线。他和薛朴若领导的县抗日游击队出没于日、伪虎口狼穴，转战淮、太、西3县边区，威震四方。

张文彬的革命活动，使日军又恨又怕。凶狠残暴的侵华日军，将其父砍头示众；大姐蜡灌七窍，活活折磨致死；二姐悲愤交加，疯癫而死。面对敌人屠刀，张文彬毫不怯懦，化家仇为民族恨，立场更加坚定，常拖着病体，走村串户，进行抗日宣传工作。

1938年，党组织派张文彬赴竹沟学习，结业后到中共周口市委任民运委员，后主持全面工作。他以黄楼为基地，以教学作掩护，办夜校上党课，发展壮大党的组织。由于夜以继日的工作，操劳过度，不幸肺病转重。经医治无效，于是年11月25日在项城杨营村逝世，时年20岁。

张西挺

张西挺（1926.10—1993.7），女，原名简玉霞，民国时期河南淮滨人。1940年1月在豫皖苏边区联合中学学习，同年参加革命工作。1941年9月加入中国共产党。12月在抗日军政大学第4分校学习，任班长、文书、党支部书记。1943年5月任中共淮宝县委书记、组织干事。1945年8月任中共华中第8地委工作大队副书记、工委委员。11月任苏皖边区雪涡县丹城区党委委员。

1946年9月至12月，张西挺任扶（沟）太（康）西（华）县区党委副书记。1946年11月在反“扫荡”中被俘，1947年7月出狱。9月任豫皖苏边区新蔡县政府秘书、新蔡县土改工作队工作组组长。1948年5月任豫皖苏边区中共阜阳县委秘书。1949年1月任中国人民解放军第18军随校组织干事、随校14队指导员。

建国后，张西挺历任中共川南区宜宾县委宣传部部长，江安县委宣传部部长、组织部部长，宜宾地委组织部干部科科长，宜宾地委办公室主任，宜宾市委第2副书记、纪委书记，宜宾市委第2书记、第1书记，宜宾市委书记处书记，四川省革委会副主任兼政工组组长，四川省革委会副主任、党的核心小组成员。1970年8月停职接受审查。1971年8月被撤销党内外一切职务，后被开除党籍。因“文革”中犯有罪行，1982年3月被判处有期徒刑17年，剥夺政治权利5年。1993年7月24日在成都去世。

张先舟

张先舟（1913—1983），原籍焦作市。1938年10月首任中共周口市（今川汇区）市委书记。

1928年，张先舟入河南省汲县师范学校读书，毕业后到铁道部开封扶轮小学任教。1937年11月加入中国共产党，同年参加革命工作。1938年5月随开封青年工作团到朱仙镇、西华县做群众工作。在西华时受豫东特委委派，到魏凤楼部任中队政治指导员。他和其他人一起多次在西华、周家口举办抗日建国干部训练班，培养了大批优秀人才。同年10月组建中共周口地下市委，并任书记。

周口抗日建国干部训练班是国民党河南省第七区督察专员公署与中共豫东特委合作举办的。当时国民党周口区党部干事马道本（顽固派）是“抗建班”领导成员之一，张先舟与其进行了针锋相对的斗争，赶走了马道本，使中共掌握了抗日建国干部训练班的实际领导权。由于国民党顽固派刘庄甫接替国民党左派刘莪菁的专员职务，对抗日建国干部训练班百般设置障碍和破坏，学员只好提前结业，绝大部分学员走上了抗日救国的革命道路。1938年11月，张先舟离开周家口后，历任豫皖苏边区地委组织部部长、宣传部部长，新四军第四师团政治处主任，华东野战军骑兵团副政委、党委书记，特种兵部队政治部部长、组织部副部长，坦克二师政治部主任，装甲兵第二战车编练基地政委，第二、第四坦克学校政委，装甲兵党委委员，为人民解放军特种兵的建设和发展作出了贡献。1955年，党和国家授予二级独立自由勋章和二级解放勋章。1964年转业到第五机械工业部，先后任六一七厂党委书记，教育局局长，部党组纪律检查组副组长等职。1983年，因患脑血栓病逝于北京，享年70岁。

张笑南

张笑南（1920—1973），原名明义、治，曾化名丁永沾，今郸城县汲冢镇寨后张庄人。

幼年上私塾，1932年转入学校读书。1935年在淮阳成达中学参加和领导抗日救亡运动，1936年被国民党当局“清查”逮捕，后经多方营救出狱，被开除学籍，返乡务农。1938年参加张爱萍举办的鹿邑县抗日干部训练班，当年10月由张爱萍、魏凤楼介绍去延安进入抗日军政大学学习。笑南兄妹6人，唯有笑南是男孩。笑南的父亲不同意儿子远离家乡，说：“你要想出去，就得娶了媳妇再走。”笑南说：“只要让我出去，什么条件我都答应。”父亲是想通过儿媳妇留住儿子，结果在新婚之夜，笑南让6岁的妹妹陪新娘子过夜，自己却忙着收拾行李。就这样，他和表弟侯玉山一块奔向延安抗大。

这消息很快传遍家乡，当时笑南的妹妹刚上小学四年级，因笑南是八路军被学校开除，母亲被保长逼得喝大烟身亡。保长不让埋人，扬言：“儿子回来摔老盆，才能入土。”以此诱笑南回家。笑南听到母亲不幸的消息之后，悲痛欲绝：“娘啊，原谅你不孝的儿子吧！忠孝不能两全，为了更多的儿子不失去母亲，我不能回去给你送终了。”保长的奸计未能得逞。

笑南在抗大学习期间加入中国共产党。毕业后，先后在晋冀鲁豫军区部队、太行地区武工队、解放军1纵队46团任连指导员、武工队长、团政治部主任、团长、政委等职。抗日战争胜利后，他奉调回原籍工作。在地方党组织支持下，他宣传发动群众，变卖家庭大部分土地，购置枪支弹药，组建革命武装。1946年7月，晋冀鲁豫军区6分区任命他为淮（阳）太（康）西（华）支队政委。他与队长王荆耀率领支队战士，运用游击战术，出奇制胜，多次抗击和粉碎了国民党军队和地主武装对解放区的进攻。国民党当局和地主武装曾出动重兵围捕，并悬赏5000大洋捉拿他，但在群众掩护下，每次都化险为夷。

1946年10月，鹿淮太县民主政府成立，张笑南任县委书记兼县长、县大队政委。不久，县大队壮大到300余人，并正式建立5个区级政权。为巩固民主政权，打击敌人，他不顾个人安危，经常亲自率队出击。一次，乘夜袭击敌玄武镇公所，活捉镇长朱明礼，缴获长短枪14支和一批弹药；10月中旬，在吴台南孙庄，截击外出抢粮的地主联防队，歼敌10余人，缴枪10余支，夺回粮食万余斤；11月，他带领战士30余人，在鹿淮公路截获敌运输汽车1辆后，化装抵汲冢镇公所，击毙敌镇长，俘全部镇丁，获长短枪14支，并向国民党县长打电话说：“我是张笑南，由我代表鹿淮太人民处决了你的镇长。”他还率领县大队，在解放木店、奇袭辛集镇公所等战斗中获取全胜。

鹿淮太县分置后，张笑南任鹿邑县民主政府县长兼县大队长。1947年1月，他化装成商人，从吴台直奔鹿邑县城，沿途受敌3次盘问、1次搜查，他镇定自若，随机应变，顺利进入城内，经6个小时访查，胜利完成分区交给的绘制县城战略要图的任务，为解放鹿邑城提供了可靠依据，受到军分区通报表扬。2月1日，他率领县大队配合豫东纵队第一次解放鹿邑县城，活捉县长孙敬轩，砸开监狱放出“政治犯”200多人，释放被抓丁夫700多人，还开仓赈济贫民。8月，县大队扩建成独立团，笑南兼任团长。9月14日，敌军在城关魏庄一带骚扰，他率领独立团分3路包围合击，大获全胜，缴获长短枪200余支。同月21日，又在城南阎河滩一带，巧袭地主联防队和王润丰部保安团近千人，毙敌百余，俘400人，缴获轻机枪4挺和大批枪支、弹药、辎重。

张笑南大义灭亲之举，在鹿邑、郸城一带亦被传为佳话。他的姨表兄马敬德，曾帮助过他，后来成了独立团战士，但在国民党新五军梳篦式扫荡时叛变，后来笑南亲自将其处决。他的姑表弟史德新，形势紧张时投降了地主武装，1948年初被独立团捉住，笑南也将其就地正法。

1949年2月，笑南随大军南下，任中国人民解放军第18军后勤部运输科科长。4月调回河南，在省人民法院任政策研究组组长。1957年后，到商丘专区农业干部学校夏邑县林场工作。1973年12月1日，张笑南在林场病逝，终年53岁。

张笑南父亲张永福（字备五，著名骨科医生）和同家族的张永祯、张永海、张永兴、张新斗、张新法，因跟随张笑南参加革命，或为支持和掩护革命者，先后惨遭地主武装联防队的残酷杀害。1949年12月，鹿邑县召开追悼会，河南省人民政府称张笑南家庭“一门六烈士”；省主席吴芝圃亲笔题字“备五先生暨诸烈士名垂千古”，并撰写挽联：“居乡蒙难，就地坚持，一门六烈士永垂典范，老先生领导群众骂贼而死，大节殊荣称鹿邑；铡腰惨罚，断指酷刑，千载数英灵长留壮烈，诸同志效忠革命为国捐躯，丰功伟绩炳中州。”

张学陆

张学陆（1908—1985），字艺文，今商水县谭庄镇碱场村人。出身富裕家庭，幼年读书，敏而好学。1926年18岁时以优异成绩考入河南省立第三中学（淮中），在校受进步师生的思想影响，倾向革命，其言行遭到校方反对，被开除学籍。

返乡后，于1929年春任本村小学教员。5月经楚润芝介绍加入中国共产党。次年秋，受中共地下党派遣，到青年村以教书为名任地下中心党支部委员。此间，他组织进步师生向国民党反动派开展斗争，在周（口）漯（河）公路沿线的城乡张贴和散发标语及传单，反对国民党统治，宣传共产党政策。1932年元月，参与制定竹园寺农民暴动计划，后被叛徒告密未成功，学陆被国民党西华县政府通缉。后来，他转移到登封县大金店学校教书，隐蔽多年。

抗日战争爆发后，他返乡与中共党组织取得了联系，遵照地下党的指示，任沙南区委统战委员，公开身份为冷饭店联保主任。此间，他利用合法权力，打击了民愤极大的地方邪恶势力。1940年春，奉党组织之命，同李子干、张合群赴敌后安徽省涡阳县新兴集找彭雪枫联系，途中几经险境，在地下党员胡艳芳（时任国民党某部特务营副营长）的帮助下，终于到达目的地。此时彭已转移，他与吴芝圃取得了联系，后按吴的安排返回家乡，继续开展抗日救亡活动。1945年5月，中共冀鲁豫128部队在砖桥、华陂一带抗击日军，建立革命根据地，委任学陆为三区（回墓）区长，他配合大部队和友军打击日伪军。1947年12月，成立中共郾（城）商（水）西（华）民主县政府，学陆任砖桥区区长，他领导区干部和农民打土豪分田地，围剿国民党地方残余，为解放商水县作出了贡献。

建国后，他历任商水县建设科科长、淮阳专区治淮指挥部秘书、商丘地区水利局修防科科长等职。1985 年 8 月因病卒于商丘市，享年 77 岁。

张勋亭

张勋亭（1908—1976），民国时期项城县人。7 岁入私塾。13 岁毕业于县立高等小学。嗣后入河南省立第 4 中学，毕业后考入河南大学（原名中州大学）数理系。后入西北陆军干部学校。毕业后任第 6 师第 17 旅 2 团少尉排长，嗣任上尉连长。1927 年任第 1 师少校参谋。1928 年入日本陆军士官学校中国学生队第 22 期野战炮兵科。在日期间，任中国国民党留日总支部执行委员。1931 年秋毕业返国，任南京四路要塞司令部科员，旋调豫鄂皖边区陆军第 30 师第 89 旅 177 团中校团副。1932 年任该师炮兵营营长，旋任上校辎重营营长，第 89 旅副旅长。1934 年秋入陆军大学特别班第 2 期学习。1937 年 9 月毕业，派任陆军第 30 师参谋主任，代参谋长，随部参加平汉线、娘子关、晋南抗日之役及台儿庄大战。1938 年春，入珞珈山国民政府军事委员会军官训练团将官班第 1 期受训，受训期满，留团服务，任校官班第 1 期 2 大队 6 中队副队；后调任炮兵学校战术组主任教官。1939 年任少将研究委员兼战术班主任。1941 年春调任第 11 集团军第 66 军参谋长，并兼该军国民党特别党部书记长；冬，调任军委会高级参谋。1942 年春，改任第 68 军参谋长，参与豫西、鄂西各役。1946 年入重庆陆军大学将训班第 2 期受训；11 月调任陆军整编第 68 师第 119 旅旅长。1947 年入国民党中央训练团第 3 期受训。1948 年任陆军第 119 师师长。1949 年担任淮河及彭泽、湖口江防守备。1950 年 3 月赴台湾。1953 年 6 月任云南“反共救国军”第 2 军政区参谋长。1954 年 1 月任云南“反共救国军”第 20 路副司令兼参谋长，旋奉令撤退台湾，9 月任国防部少将参议。1956 年 7 月退役。1976 年 2 月 15 日病逝。

张荫吾

张荫吾，今扶沟县韭园镇韭园村人。农民出身，好讲江湖义气，自其侄儿张润生当本地区长后，他的名声也逐渐升高。在那土匪肆虐的年代，他广交带枪佩刀的朋友，身边经常有一班闲人帮其作威作福。

抗日战争时期，蒋介石妄图以水代兵，扒开黄河大堤，洪水奔腾南下。扶沟县境北、东两域，尽成泽国。韭园地处鄢、扶交界，是通向许昌的交通要道，每月逢一、四、七日，形成集会，客商来自百里之外。张荫吾以土霸身份，于集会日派人收地摊税，并在韭园村西小越寨内设造枪局，造卖步枪和手枪，还成立有海洛因公司，贩卖毒品。时间不长便富甲一方。他纠合一批打手，横行乡里，俨然成为县西的一个“山大王”。

1938 年 7 月，魏凤楼当扶沟县长时，曾以武力突袭其巢穴，收缴过他的枪支，但为了利用他组织抗日力量，叫他到城里当过公安局局长。他无意为百姓做事，所以在魏县长调离后，他便返回韭园，重操旧业。

1944 年 5 月，日军攻占许昌。国民党军队大溃退，81 师的团长郭寿天，纠集一些散兵游勇，在鄢陵组成伪军，投靠日本。他们以封官许愿拉拢收买扶沟的土豪张荫吾、李纯斋之流。由于臭味相投，这两个败类也欣然当了汉奸。他们去许昌引日军进驻扶沟县城，曾偏安一隅的扶沟县随之沦陷。

张荫吾进城后，对城内的古建筑、古遗址进行了严重破坏，东岳庙、文庙、天爷阁、山陕会馆等，损毁殆尽，使扶沟千百年的文化遗产，变为废墟，给扶沟造成无可估量的损失。后伪军吴东亚部进驻县城，张荫吾军中失势，带亲信返回韭园。

日军投降后，胡瑞甫进城当政，他带人剿了韭园张荫吾的家，并将其房舍付之一炬。

建国后，张荫吾被人民政府镇压。

张永珩

张永珩（1888—1966），字佩珍，号老佩，今淮阳县城关回族镇人。

他出生于中医世家，14 岁跟随二伯学医。由于他刻苦用心，3 年后便可独自行医。1937 年，冯玉祥部下有一个团长，患有忽冷忽热慢性病数年，找很多医生都没治好。经张永珩诊断，开药 5 服，服后痊愈。那位团长万分感谢，送给他一辆“三枪牌”自行车作为纪念。城南银张庄有一位十六七岁的少女，夏季在她月经期间蹚水栽稻子，受凉得了“女儿干”（病学名“闭经”）。整天只喝水不能进食，一动全身出虚汗，瘦得皮包骨头。经张永珩诊断后，开了两服药。病人只花了 1.8 元钱，就把病治好了。由此，时人编了个顺口溜称颂他：“张老佩，医药好，治病快，花钱少。”

张永珩以妇科最为擅长。县城南街有一位妇女得了“血山崩”，从阴道向外淌血，久治不愈，面无血色，卧床不起，奄奄一息。后经张永珩精心诊治，10 天大有好转，20 日痊愈。群众赞颂他是“神医”。

他编写有《二十八脉脉诀》传世。

张又铭

张又铭（1901—1981），原名沐，字子新，今郸城县虎头岗乡张庄村人。

又铭 2 岁丧母，幼年随父读书（父名守信，光绪秀才，后补为廪生，一生

执教，1924年创办宁平小学，任校长，抗战胜利后任鹿邑县文献委员会主任委员）。7岁入私塾，12岁进高等小学堂，17岁入省立淮阳四中，22岁毕业于省立第二师范（即今淮阳师范）。之后，初任鹿邑县教育干事，后在淮阳二师附小、鹿邑县立师范讲习所、淮阳县立师范教书。抗日战争时期，先后在槐店联中、扶沟联中、水寨联中、鹿邑县简师任教。抗战胜利后，在鹿邑县中、商丘归德中学任教。建国后，继续执教于淮阳中学、商丘师范和河南省教育行政干部学校。

1927年，又铭在淮阳二师附小任教时，结识中共党员吴丹坤、李梅村，阅读了《共产党宣言》、《马列主义概论》、《唯物史观浅释》等书籍，开始接受进步思想。1938年日军进逼中原，又铭回到鹿邑，承担了共产党人张爱萍主办的抗日干部训练班的教学任务，主讲《日本研究》和《战时教育》。1939年任职淮阳联中（时迁水寨，又称水寨联中），他时刻以宣传抗日救国为己任。讲历史课，他高度评价南宋爱国军民抗金和鸦片战争中升平社学的爱国思想和行动，宣传团结抗日，痛斥投降派的卖国主张；并指导学生办起联中第一个青年抗日墙报——《爝火》；又布置学生以《致薛朴若将军的慰问信》为题作文，介绍和歌颂共产党人薛朴若领导的抗日游击支队。建国后，又铭积极参加省教育厅主办的讲习会，认真学习马克思主义和党的教育方针政策，确立忠诚党的教育事业的思想。他多次被评为先进工作者和优秀教师。1950年曾任淮阳专区土改委员会委员。1954年当选为淮阳县人民代表，县人民政府委员。1960年任商丘市政协委员。1965年退休时，他把数十年积累的教育经验文稿和购置的数百册图书全部献给了国家。

1981年1月13日凌晨5时，张又铭病逝于鹿邑县马铺公社，享年80岁。葬于郸城县宁平乡李贵集村。

又铭一生勤奋嗜学，治学严谨。他把顾炎武的“博学于文，行已有耻”写成条幅自勉，并身体力行，又说自己“半辈事业唯读书”。他博览群书不受绳束，国文、历史、地理等科无所不精，有豫东“小圣人”、“活辞典”之称。各校竞相聘用，曾同时兼任三校课程。他讲课突出重点，分散难点，述事析理，如数家珍，将有些知识编成谐韵的歌诀，化难为易，利于记忆，受业者无不赞其博学多才，教授有方。他还注意总结自身教学经验，培养教育年青一代，曾先后在报刊上发表《博，精，熟》、《“谦”字三谈》等文章，深受青年教师欢迎。

张又铭逝世后，子女遵其遗嘱将他在原籍所遗房产，由宁平乡政府作价

3000元，全部捐献给宁平小学。学校将此款设立“张又铭奖学金”，用以奖励优秀学生。1989年9月，郸城县人民政府在县城洺河南岸为其建立一座纪念碑，县政协编辑出版了《张又铭先生纪念集》，以此纪念张又铭为教育事业作出的卓越贡献。

张占彪

张占彪（1917—1953），鹿邑县穆店乡小张庄村人。出身于贫苦农民家庭，稍长即给人家当长工，受尽了欺侮。1946年12月，国民党派夫修城墙，他忍受不了监工的打骂，夜间逃跑参加了中共在县境打游击的地方武装第10区队任战士。由于他作战勇敢，不避艰险，多次受到领导表扬。

1947年，国民党地方武装——联防队集结于商丘西南毛固堆，占彪所在区队奉命进行偷袭。占彪与战友在混战中夺取一门迫击炮。战后占彪被提升为班长。1949年4月随军南下，参加横渡长江解放南京的战役，擢升为排长。

中华人民共和国成立后，调任贵阳市公安队教导队中队长。1953年7月，占彪率队在惠水县雅水山区剿匪。战斗中，被土匪击伤。因缺医少药，救治无力，不幸牺牲，时年仅36岁。雅水区政府把他的遗体葬于雅水区不远的西南山脚下。勒石立碑，以为永久纪念。

张振江

张振江（1898—1975），字靖波，今川汇区北郊乡张埠口村人。幼年入私塾，1915年毕业于开封陆军测量学校，随到河南省陆军测量局供职。1922年夏，冯玉祥任河南省督军时，张振江被任命为书记，1923年任冯部少校参谋。1926年，西北军响应北伐，张任孙连仲部中校参谋。1927年任冯部北伐军兵站总监部中校参谋，兼任河南省民团军第4军上校参谋、代理师长。1928年10月后，先后被调任青海省蒙藏事务处副处长，青海省巴燕县（今化隆县）、甘肃省泾川县县长。1930年5月中原大战爆发，张又随冯讨蒋，失败后，到国民党河南省民政厅工作。1931年6月到国民党第26路军孙连仲部任参谋，兼任该军驻武汉办事处主任。1934年5月到1947年8月，先后任国民党河南省商城县县长，汝南、潢川、淮阳行政督察公署专员。1947年8月，人民解放军豫皖苏军区独立旅在解放淮阳县城时，张振江被俘。经过教育，宽大释放，遣回原籍。不久，他到武汉、信阳一带做煤炭生意。当时在信阳的国民党河南省政府主席张轸得知张振江在信阳时，定要张参与军务，并推荐为国民党19兵团127军军长之职。国民党驻武汉行辕主任白崇禧认为张振江被共产党俘虏过，不甚信任，旋任赵子立为军长，张振江被任命为额外副军长。1949年5月，张轸率19兵团主力在湖北省金口起义，赵子立率残部赴四川巴东地区。冬，正值人民解放军大举入川，张振江为局势所迫，与赵子立作出率军起义的决断，并通过原起义人员邓锡侯的参谋牛范九介绍，与刘伯承司令员的代表朱德钦联络，共商起义计划，127军随即发布了停止与解放军作战、集结待命的电令，同年12月26日，该军在四川发布了起义电令。起义后，张住成都养病。1950年5月24日，人民解放军按照政策，发给起义证明和安家费，令其复员。此后多年，他在成都、武汉、上海其子女处赋闲。1959年，在肃反运动中，以历史反革命罪在沪将其逮捕，后关押于周口监狱。1960年被释放回乡，参加劳动。在此期间，他回忆亲身经历，撰写了《西北军与北伐军会师中原的经过》、《冯玉祥在河南组织民团军的经过》等文章。“文革”中，张又以历史反革命的罪名，遭到批斗。“文革”后政府为其平反昭雪。

1975年，张病故，享年77岁。

张振江长期担任重要军政职务，由于受到冯玉祥进步思想的影响，1938年在汝南任行政督察专员时，曾与确山竹沟的彭雪枫联系，并任用中共党员林亮为秘书。1939年，张振江在潢川任职，对豫东黄泛区南下逃荒的群众给予适当安置，并在潢川南关设立孤儿教养院，聘请教师，对孤儿进行半工半读教育。每遇周家口一带乡亲向其求助时，无不倾力相帮。1942年春，周家口灾情严重，他派专人运回大米、豆饼以济难民。1947年在淮阳被俘后，他向豫皖苏军区领导表示，要在解放战争中为人民立功。在上海居住期间，曾多次应邀参加徐汇区政协组织的政治学习，对社会主义建设提出许多好建议。

张志刚

张志刚（1920.5—1999.1），今扶沟县城郊乡李堂村人。自1935年8月起，先后在淮阳三中、省立信阳师范和扶沟联中后师部读书。抗日战争爆发后，参加了中共豫东特委领导的学生军，并加入中国共产党。在中共特别党员魏凤楼任扶沟县县长期间，曾担任中共地下党领导的扶沟县西镇联保处主任和练寺联保处主任，在党的领导下，积极发展筹措钱粮枪支，发展群众抗日武装，组织农救会、青救会、姊妹会、老婆队、儿童团等民众抗战团体，发动各阶层人士投入抗战。

1938年9月，魏凤楼调离扶沟，11月，国民党暂编骑兵第1师进驻扶沟，奉行“积极反共政策”，搜捕中共地下党员和进步人士，扶沟县革命斗争处于低潮。根据豫东特委指示，由施德生率领抗日武装强渡新黄河东进抗日，杜希唐、路继祥、张志刚等留下坚持工作，组成中共扶沟县委工作委员会，杜希唐任书记、路继祥任副书记、张志刚等3人为委员。到1939年4月，杜希唐等人相继离开扶沟工委，仅有路继祥、张志刚2人坚持工作。1943年7月，张志刚被国民党逮捕入狱。出狱后与组织失去联系，曾在许昌石固小学、淮阳水寨一小、新蔡淮西中学和大昌中学任教导主任。1948年在汝南一带经商。1948年底回到扶沟担任新华书店副经理、县人民政府教育科科员等职。

建国后，张志刚历任扶沟县简师教导主任，县一中副校长，二中校长，县高中副校长，城关镇完中校长，县师范校长，县政协二届、三届、四届、五届副主席，县人大六届、七届、八届、九届、十届常务委员等职。

张子石

张子石（1902—1981），字纯斋，原名秉诚，复改子石，今商水县城关乡王沟桥村人。初读私塾，后考入县高等小学堂，接着在河南省立二师（今淮阳师范）学习。毕业后历任邓城区员、区长。1943年任县教育科科长。他为人诚恳，与世无争。当科长时，体贴教员，关心教学，常深入学校了解情况，谁有困难，即予相助。其间，他对周家口和县城一些学校内的中共地下党员予以帮助和保护。一次，进步人士李典则被周口专员刘锡五举报，子石知道后，立即通知李典则，让他向有关人员说明情况，终告无事。他关心青年学生，曾鼓励肖健、陈道修、刘基干、王杏凤、刘润琴等学生赴延安从事革命活动。他一生酷爱书法，早年习欧、颜，晚年习汉魏六朝。其汉隶写得丰满润利且苍劲有力；其行书流畅自如，若行云流水。现民间多有其墨迹。

张宗衡

张宗衡（1904—1987），字子权，今太康县芝麻洼镇人。早年就读于太康县立高级小学堂，后在淮阳省立四中读书。1922年入冯玉祥部当学兵。冯任西北边防督办时，跟随冯当传令兵，后又调学兵团任排长、连长。北伐战争时任国民革命军少校旅长、副师长、丙种师暂编64师师长（丙种师辖3个步兵团）。

抗日战争时期，张宗衡在张自忠将军指挥下，参加了喜峰口、临沂、台儿庄及大别山战役。他勇敢善战，屡挫日寇，有抗日名将之称。在喜峰口战役中获二等奖章，临沂战役中获一等奖章，碾庄战役中获华胄纪念章。

抗日战争胜利后，调国民党中央军校七分校，任少将辎重兵科科长。蒋介石撕毁停战协议后，他不愿卷入内战旋涡，于1946年8月16日以陆军少将衔退役。

1948年6月20日，开封第一次解放。当时住在开封的张宗衡，看到开封人民欢庆解放的热烈场面和“欢迎国民党军政人员个人起义参加革命！”的标语，感到国民党就要完蛋了，只有跟着共产党才是唯一出路，于是写了一份简历，带上证件，到华东野战军前线指挥部政治部，要求参加革命工作。政治部的负责人对他热情接待。经过几次谈话，批准了他的请求，并让他以原有身份，做中共党的地下工作，任务是策动敌军起义，搜集敌人重要情报。这之后，张宗衡为解放军提供了许多军事情报，并策动国民党第 3 军需处处长郝石阶，带第 3 军 4 个团和 12 军 3 个步兵团，1 个工兵营，1 个通讯兵营，1 个汽车辎重兵连及 42 部卡车起义。编为四川民主联军第 5 纵队。郝石阶为司令员，张宗衡为副司令员。

1950 年 9 月，张宗衡入武汉中原大学学习，毕业后任河南省人民政府参事室参事，政协河南省委员会委员。1987 年 5 月在郑州病故，终年 84 岁。

张作舟

张作舟（1894—1971），字济川，号老济，今郸城县巴集乡田阁村人。

幼年读私塾，后因帮助父亲掌管家业而辍学。他性情开朗，善言谈，广交识。常与佃户交往，了解和同情农民的疾苦，以钱粮赈济穷人。对有困难向他求助的人，都热情款待，有求必应。他热心社会福利事业，曾出资建桥修路，方便行人，还曾腾房延聘塾师办起村学，招收邻里的孩子就读。

抗日战争爆发后，作舟拥护共产党的抗日救国主张，支持国共合作，为抗击日本侵略者出钱出力。解放战争时期，他的家庭成了民主政府工作人员的隐蔽所和联络点，他本人曾以当地乡绅身份多次冒险掩护解放军战士和民主政府工作人员。1947 年春，一股土顽武装抓住解放军一名侦察员要枪杀，经他多方斡旋，以朋友名义将其保释。一次，豫皖苏区武装工作干部王、刘、徐三人（名字不详）途经田阁，被国民党军队发现追捕，他闻讯后，领到他家隐藏，并亲自站在门口应酬，将追捕者骗走，后又让儿子将其连夜护送至安全地点。又一次，民主政府区队 10 人正在他家聚会，适逢国民党“新五军”官兵 30 多人突然袭来，一时未及躲避，他便沉着镇定地把这伙人让进家里，指着区队的人向为首者介绍：“他们是我请来的亲戚邻居，正在给我调解分家的事哩!”接着向区队人员介绍说：“这是‘新五军’我的朋友，路过到家，难得相遇。天晌午了，大家赏我个面子，在这喝几盅，随便聊聊。”随即叫家人准备酒饭，让两方人员同桌就餐，终于解除了对方怀疑，保证了区队人员安全。

当地土地改革前，作舟主动把自家的土地和财产分给农民：在外村的地谁种归谁；本村的地按人平均每人 5 亩。并把车、马、犁、耙等农具搭配成套，分给农户使用。他的行动得到人民政府的支持和群众的赞扬，被誉为开明士绅。1950 年，他被推荐为淮阳专区土地改革委员会委员，并出席了淮阳县首次各界人民代表会议。郸城建县后，他被选为县第二届、第三届人民委员会委员。

1958年至1962年，有几位在战争年代曾受他保护过的干部来信，请他去郑州、武汉等地安度晚年，他一一婉言谢绝，给他寄的钱，都原数交给了县政府。他处处严格要求自己，从来不谈他对革命、对人民所作的奉献。

1971年3月，张因病逝世，享年77岁。

赵　沨

赵沨（1916—2001），曾化名吴福田、赵天民等。祖籍在今项城市范集乡小王庄村，出生于开封。是当代著名音乐理论家、音乐教育家、社会活动家、中华人民共和国专业音乐教育的开拓者。曾获中央音乐学院萧友梅音乐教育建设奖，中国文联、中国音协首届中国音乐“金钟奖”终身荣誉勋章。

他父亲赵向辰，字辅庭，清末秀才，是一个清贫、正直的知识分子，是诚实的旧民主主义者。赵沨三四岁开始接受父亲的启蒙教育，识字，背诵《诗经》、《论语》、《古文观止》等选篇。1921年直接进入小学三年级，学名赵孝方。在父亲的教育和影响下，赵沨从小好学，兴趣广泛，尤喜音乐，声音好，爱唱歌，每学期的音乐课都得满分。赵沨的父亲好京剧，母亲喜豫剧，在这样的家庭氛围里，耳濡目染，使赵沨幼年就能模仿哼唱一些名家的唱段。他小学时学过吹曲笛，入中学后学过拉京胡；还和几个兴趣相投的同学一起参加京剧社学唱京剧，黑头、青衣都喜欢。1924年小学毕业考入河南省立第二中学后，参加了离家很近的圣公会圣咏队（即基督教堂唱诗班）。在这里，他经常唱二至四部合唱，也唱过《创世纪》、《哈利路亚》等大合唱。这个教堂的牧师安德生，是加拿大人，很器重赵沨，经常请赵沨到他家里谈音乐、听音乐，还教弹钢琴、学唱歌。课余时间，他经常到大相国寺的西院听相声、大鼓、坠子、评书。就这样，赵沨在接受民族音乐熏陶的同时，也接触了西洋音乐，这为他日后进一步学习音乐打下了坚实的基础。

1928年在省立二中期间，赵沨思想活跃，要求上进，和同桌同学、光山县的王梦晓一起被推为学生会文宣部正副部长。从王那里他知道河南、湖北边境有个苏区，知道共产党、共青团和农民土地革命等。

在旧制4年初中毕业后，赵沨因参加过驱逐校长的学潮，未能升入该校高中部。于是投考河南大学文预科，同时又考入河南建华艺术学校；最后权衡学费的高低和学制的长短，决定入“建华艺校”，同时在河大文预科旁听最有兴趣的历史课，业余师从安德生学声乐，并继续参加京剧社活动。在艺校期间，中共地下党员、文学老师方治刚对赵沨影响很大。通过方老师，赵沨开始理解科学社会主义、共产国际、中国共产党章程等革命知识。1930 年方志刚被国民党侦缉队追捕，赵沨又参与了保护方志刚的行动，结果学校被查封，赵也被迫离开开封。

在父亲的关照下，赵沨来到北平，原打算找同乡张伯驹先生进科班学京戏，因张不在北平而未能如愿。一次偶然的机会，在北京饭店一个叫做“法文图书馆”的小书店里，遇见了在这里当店员的阿甫夏洛莫夫，事后才知道他是俄籍著名作曲家。赵沨与他交上了朋友，在他指导下学习《和声分析》，经他介绍，又向当时在华文学校学中文的俄国女学生索柯罗娃学俄文。这时，赵沨在朋友的介绍下，在专出乐谱的中华乐社当计件校对以维持生活。但赵沨一心想学音乐，在阿甫夏洛莫夫的建议下，他去哈尔滨进了俄国人办的所谓音乐学校（其实不过是一些白俄教师招收私人学生授课而已）学习声乐。由于在这里没有学历教育，半年后又回到北平，继续跟着阿甫夏洛莫夫学和声。

1931 年底，赵沨返回开封。为生计，先在开成中学代课，继而又先后受聘为河南鲁山县立中学、尉氏县立中学国文、音乐教员。1933 年任《河南晚报》特约记者，并主编《联星影报》和项城旅省同学会“会刊”，介绍空想社会主义者欧文等人和俄罗斯革命民主主义者的思想。赵沨当时的日常行动和谈吐，很自然地被一些人视作“左”倾，不久，记者的饭碗就砸了。

1935 年初冬，赵沨从报上得知南京中央电影摄影场训练班招生，赶到南京时考期已过。但赵沨的文笔不错，考官看了他的自传和他唱歌后，破例录取。当时他不满 19 岁。

在电影场学习期间，赵沨跟中央大学一位讲师学习德文，并向金律声学习长笛和声乐。1936 年毕业后，留在场里音乐组工作，担任过副组长。1937 年 7 月，全面抗战爆发后，电影摄影场迁往重庆，赵沨开始兼任电影场新闻组代组长。当时他所能做的本职工作，就是拍摄抗日新闻片，曾负责拍过《战地简报》、《保卫大武汉》等。与此同时，他还先后受聘于从上海迁至重庆的两江体育专科学校和精益中学任音乐教师，并积极参与社会音乐活动，在几个业余合唱团教唱苏联歌曲和抗日歌曲，投身于群众性的抗日歌咏运动。赵沨凭借自己的音乐修养和男高音嗓子，成为群众抗日歌咏运动的活跃分子。

1939 年 9 月的一个星期六，受中共指派从延安到重庆打算创办音乐刊物和开展革命音乐活动的李凌（当时著名的青年音乐家）约见赵沨。李凌离延安前，冼星海（赵、冼在南京曾见过两次面）曾给李凌开过一个可以与之共事的音乐名流或友人的名单，其中就有赵沨。李凌向赵沨介绍了来重庆的目的，并且还讲了在抗日救亡的基础上团结一切可以团结的人、广泛开展统一战线的必要性和重要性。这使赵沨的思想豁然开朗起来；从此生活道路发生了重大的转折，开始了赵、李的长期合作（建国后赵任音乐学院党委书记，李任院长）。

1940 年 1 月，在重庆八路军办事处张颖（时任周恩来秘书）的指导下，他们团结一批音乐工作者，组织了“新音乐社”，创办《新音乐》月刊（开始由李凌、林路主编，第 4 期起至 1950 年 12 月终刊，均由李凌、赵沨主编）。这是一个既发表歌曲创作也刊载理论文章的综合性、普及性的音乐期刊，其显著特点是密切关注并及时反映社会现实，把刊物与祖国的危亡联系在一起，深受国统区文化知识界尤其是广大青年、学生的欢迎，成为当时国统区发行量最大（销售量近 3 万份）、影响最广泛的进步期刊之一。周恩来得知这一情况后，在一次会上表扬说：“这是两个年轻人李凌和赵沨在业余时间里做出的成绩。”这使赵、李他们受到很大鼓舞。这个刊物，大量刊登了解放区的歌曲，在国民党严格的图书审查的夹缝中，透露出广大群众极欲了解解放区的音乐工作情况；同时，刊物还通过一些具体问题的探讨，广泛宣传了革命文艺思想，促进了新音乐运动的发展。一时间，刊物实际上成为指导和推动国统区群众歌咏运动的中心。赵沨在刊物上先后发表了《释新音乐》、《音乐的民族形式》、《新音乐史的考察》等文章，还翻译发表了苏联电影歌曲《夜莺曲》、《喀秋莎》等。

1940 年底，在八路军重庆办事处支持下，由新音乐社出面，组织重庆业余合唱团首次在重庆公开演出了冼星海的《黄河大合唱》。词作者光未然（张光年）亲任朗诵，赵沨担任《黄河颂》独唱，李元庆担任大提琴助奏。这次公演相当成功。演出结束后，观看演出的周恩来登台看望大家，并与主要演员亲切握手祝贺。周恩来对赵沨说：“通过唱歌为抗战和广大群众服务，这是音乐家的光荣。”

这一时期，赵沨参加了原政治部第三厅、当时由郭沫若主持的文工会的诗歌音乐组活动。这个组的负责人光未然，后来就是赵沨的入党介绍人。他还参加了也是由郭沫若主持的星期文艺演讲会，曾以《抗日的音乐运动》为题发表过演讲，引起了中央电影场场长的注意，警告他不要过问政治。当时赵沨已是貌在电影场而身心俱在新音乐运动了，成为国统区左翼文艺阵线中的一名年轻战士。

1941 年 1 月皖南事变后，国民党顽固派对民主党派和文艺界进步人士实行种种迫害和打击。在此情况下，赵沨与张光年、李凌等人，在重庆八路军办事处的安排下，离开重庆，经昆明到缅甸开展统战、文化和青年工作。这时赵沨 25 岁。

到缅甸后，赵沨化名赵天民，在仰光勃固华侨学校教书。同时又与李凌等一起，团结当地华侨中的进步音乐工作者陈杰夫、郑翔鹏、吴曲夫等，成立了新音乐仰光分社，出版《新音乐（海外版）》。为了配合缅甸及盟军反抗日本法西斯的进攻，赵沨与张光年、李凌等又组织了近百人的缅甸华侨青年战地服务团，在街头进行抗日宣传（有活报剧、独唱、合唱等节目），也曾用拼音的办法唱翻译成缅文的抗日歌曲，在曼德勒等地巡回演出，受到华侨的广泛欢迎。他们还做过缅侨上层人士和缅甸反英人士的工作。

赵沨经过几年的实际锻炼与考验，经张光年介绍，于1941年底，在仰光加入了中国共产党。

1941年12月太平洋战争爆发，翌年3月，日军进攻缅甸，占领仰光。战地服务团先撤退到曼德勒，后又撤退到八莫和密支那，最后因日军切断中缅公路，才与张光年等率队由密支那步行，翻越高黎贡山山脉，通过大雪山和澜沧江，跋涉50多天，历尽艰辛，到达云南保山，搭难民汽车于5月回到昆明。

经李公朴、闻一多介绍，赵沨受聘为云南大学附中国文、音乐教员，同时兼路南县立中学教师。1943年随云南大学附中迁回昆明，同时在昆明无线电厂、中央机械厂合唱团教歌，并任原昆明各学校合唱团联合组成的昆明合唱团指挥。

这一时期，赵沨在从事音乐活动的同时，按照党的指示开始参与民主同盟的工作。1944年，他受聘为路南中学高中部主任，兼国文、音乐教员。抗战胜利后，1945年9月，赵沨从路南返回昆明。根据党组织的决定，作为民盟第一批个人盟员，由李公朴介绍，正式加入民主同盟（建国后赵沨仍是民盟中央音乐学院支部主任委员），并参加由李公朴组织创办的以出版和出售进步书刊、宣传革命思想为宗旨的北门书屋。还参加了闻一多、潘光旦组织的西南联合大学和云南大学学生的夏令读书会，与闻一多等人一起在昆明西山讲学。

1945年10月，赵沨参加民盟云南支部工作，在青年教师和文化界发展民盟组织，积极开展各种活动。这一年，赵沨还被聘为中苏文化协会俄文班俄文歌咏队教师。1945年末，昆明爆发了反对蒋介石内战政策与争取和平、民主的“一二·一”学生运动。当时的民盟中央执行委员、云南支部主要负责人李公朴、闻一多等都是投身于民主运动的坚强战士。1946年7月11日，李公朴为赵沨等筹办音乐学校和音乐会找人借礼堂外出时被害。从内部得到消息，暗杀还将继续进行，黑名单上的前几名有楚图南（民盟云南支部主任委员）、闻一多（支部宣传委员）、赵沨（支部组织委员兼秘书长）。大家认为闻一多更危险，劝他暂时避一避，但他坚决表示：“只要我活着，就要干一天。”7月15日，楚图南、闻一多和赵沨在主持和参加李公朴追悼会后，又在《民主周刊》社举行记者招待会，闻一多在回家途中遭枪杀。当夜，美国驻昆明总领事馆罗赛尔，邀请民盟教授楚图南、张奚若、费孝通、赵沨等9人赴领事馆避难，被称为“九教授避难美领事馆”事件。由于旧政协民盟代表团和中共代表团提出抗议，新任云南省主席卢汉出面到美领事馆谈判，承诺保证避难民盟教授的人身安全，但几位教授必须离开云南。几天后，赵沨与楚图南、张奚若等人，同机被送往上海。经民盟沈钧儒和中共代表华岗决定，派赵沨经香港赴缅甸恢复民盟工作。这年他30岁。

赵沨到香港后，编辑出版《新音乐》华南版。1947年春，李凌也来到香港。为了培养音乐干部，他们决定筹建香港中华音乐院。根据香港工委的指示，由乔冠华、李凌、赵沨继续对当时任广东省立艺术专科学校音乐系主任的马思聪进行团结工作，决定由马思聪出任中华音乐院院长，李凌、赵沨任副院长。而广东艺专音乐系也正需要有人去帮助工作，经香港文委同意，赵化名吴福田，被聘任为音乐系声乐教授。这个时期，赵沨在教学过程中，编译了《和声学初步》、《对位法初步》、《赋格初步》和《简易转调法》等书，先后由香港前进书局出版。

1947年底，赵沨离港去新加坡，准备赴仰光。但新加坡无缅甸外交代表，故无法前往。于是应著名华侨领袖陈嘉庚创办的华侨中学聘请，任国文、音乐教师，并在育英中学兼课。1948年，新华社在新加坡成立分社后，赵沨公开兼任民盟支部文化委员会负责人，党内任侨支委负责人。为了培养当地音乐干部和音乐人才，在当地进步华侨领袖和社团的倡导下，赵沨会同黄力丁、陈卓然、丁波等创办了中华艺术专科学校，赵任校长。为教学需要，赵沨又编写了《视唱》、《贝多芬的九个交响乐》和《诗经的音乐及其他》等书，并开始编译《曲调与和声》、《和声的进行》等，后交由上海万叶书店出版。

1948年底，赵沨由新加坡返回香港，担任华南局统战部交通工作。其间，曾负责组织、护送民主人士李济深、沈钧儒、马寅初，文艺界人士郭沫若等去解放区工作。

1949年5月，中华全国青年代表大会在北平召开，赵沨任华南青年代表团团长。到北平后，他在会上被选为全国青联总会委员。不久又先后参加新政协筹备会议和正式会议，任无党派民主人士小组秘书。7月，中华全国文学艺术工作者代表大会在京召开，赵沨在秘书处工作，被选为中国文联全国委员会委员、中国音协秘书长。8月，参加中国青年代表团出席布达佩斯世界民主青年联合会。这时他还不足33岁。

建国初期，赵沨先后在政务院、中宣部、文化部，从事与教育、卫生、文化艺术交流相关的行政管理工作和业务工作，主要与知识分子、艺术家们打交道。1956年12月调任中央音乐学院（设在天津）党委第二书记，1957年升为书记，兼副院长；1958年学院迁至北京，至1966年“文革”开始，由他主持校政近10年。

"文革"中赵沨被"打倒"，1975年10月才重返领导岗位。1983年退居二线。是全国政协五届、六届、七届委员。2001年9月1日，病逝于北京，享年85岁。11月6日，《人民日报》第四版发表专文介绍他的生平事迹和成就。

赵沨一生，著述颇丰，仅1935年以后，就有30余部。最后一部，是他去世后，由人民音乐出版社于2001年11月出版的《赵沨文集》，辑录了他生前未结集出版的所有重要论文及《欧游散记》、《南美见闻》等著作。

赵　铮

赵铮（1925.3—2006.12），女，原名淑君，赵沨胞妹。祖籍今项城市范集乡小王庄村，出生于开封，是国家一级演员，河南赵派坠子宗师，享受国务院特殊津贴，获中国曲艺牡丹奖终身成就奖。曾任政协河南省第一、第六届委员，民盟河南省委七届委员，民盟河南省文艺界支部主任委员、民盟河南省妇女委员会第六至第八届主任，第四届全国文代会代表，中国曲艺家协会理事，河南省曲艺家协会名誉主席，河南省文史研究馆馆员，中国曲艺家协会河南坠子艺术委员会名誉主任。

她6岁入开封省立第三小学读书，后因父亲的工作变动，举家迁往淮阳，就读于淮阳女师附小。抗日战争爆发后，淮阳沦陷，学校无法上课，她与同学们一起参加了由第四游击支队组织的学生流亡剧社，晚上编歌词、撒传单、贴标语；白天去医院、军营演出。先后演出过话剧《血衣》，歌剧《呐喊》，街头剧《放下你的鞭子》，京剧《捉放曹》、《四郎探母》等。那时她一天要跑几个地方演几场戏，要是碰上战斗，就帮助部队运子弹、救伤员或随队转移。1939年，流亡剧社被国民党当局遣散，她回到故乡项城读了两年私塾。

1950年，25岁的她凭着扎实的戏曲功底，考入了省立开封艺术学校戏剧专修科。那时她已是2个孩子的母亲，小儿子还不到3岁。艺校毕业后，她留校任教，负责讲授地方戏曲课。为了搞好教学和创作，她开始听唱片，钻书棚，学习豫剧、河南坠子等民间戏曲、曲艺。她买了一根相国寺的站签（站票），有时间就到剧场书棚，边听边记词录谱。相国寺里有当时很有名的露天书场和戏园子，各种流派的戏剧、曲艺艺人云集于此，他们精湛的艺术表演深受人民群众的喜爱。长期在此听戏，她结识了一大批著名演员和艺人，并主动向他们请教学习，和他（她）们交朋友，请他（她）们到艺校讲课，切磋技艺。为了尽快提高自己，她借来王敬先的对帔练习水袖，夜晚在操场上走台步、跑圆场；她还特地买了一块镜子钉在卧室的墙上，每天对着它练身段、练表情。她定做了一副简板又长又沉，别在身上，随时练习，直练得她右手腕肿起了个大包，连筷子都拿不动。这为她以后从事专业曲艺事业，打下了坚实的基础。

在相国寺书场观摩交流期间，她喜欢上了老艺人王玉宝演唱的《摘棉花》，遂用自己的《美猴王》与她交换。然后重新加工创作词、曲、唱腔，使段子里的人物造型、声音是过去从未有过的，赵铮用斯坦尼斯拉夫体系分析演绎，将人物演得更细腻、更有个性。1951 年春节，开封艺术学校在开封人民会堂举办晚会，赵铮演了《摘棉花》，不想掌声雷动，不让下台。那时赵铮会的坠子少，只好清唱豫剧《花木兰》、《红娘》，连续返场几次。演出结束后，诗人徐玉诺握着赵铮的手说："赵铮，你豫剧唱得好，我认为不如河南坠子好。豫剧唱得再好那是模仿。坠子你有发展、有创造。艺术上要走自己的路。"赵铮说："这是高人的点拨，这句话让我记一辈子。"

1955 年 5 月，她被调进河南省文化局曲艺组，专业从事河南坠子的演唱与研究。1956 年，她把《摘棉花》这个段子带到北京参加全国首届音乐周，在天桥剧场演出。一上台，"太阳出来满天霞"四句小段一甩腔，就来了一个满堂彩。没想到她以演唱河南坠子《摘棉花》而一炮走红，竟以音乐周上的"三条辫子"之一而闻名于大会（另两条辫子是北京演唱《小二黑结婚》的郭兰英和云南唱《绣荷包》的黄虹）。之后，中国曲协王尊三主席亲自主持座谈会，让她谈《摘棉花》改革创新的经验体会。她也随大会代表进入怀仁堂受到党和国家领导人的接见。接着，《摘棉花》作为全国音乐周的精选节目留在北京连演数场，轰动京华。作为后起之秀，她为河南坠子争得了全国性的荣誉。

赵铮的另一名段是《双枪老太婆劫刑车》。这部中篇坠子唱白并重，白多于唱，唱的内容又因故事的需要采用了多种风格，使人物极其生动，体现了赵铮鲜明的艺术个性。

在 1958 年的反右斗争中，赵铮因提了"河南坠子后继无人，创作人才缺乏，演出无阵地"这样一个意见，被打成"右派"，下放郑州北郊农村劳动改造。被"扫地出门"时，她只要求把自己的简板带走。"文革"中，她被停止一切活动，在郑州市金水区卫生队，扫了四年马路。粉碎"四人帮"后，她重新回到省曲艺团，开始了她演艺生涯的第二个春天。在此期间，她随河南代表团进京参加曲艺调演，参加中国文学艺术工作者第四次代表大会，为河南曲艺事业的繁荣日夜奔忙。

1980年，赵铮从工作岗位上退下来。她想，坠子必须有新生力量才能发扬光大，仅仅在团内带学生已不能满足时代的需要，要想发展曲艺，必须办曲艺教育。主意一定，她就找领导磋商，找朋友帮忙，找校址，筹资金。在领导的支持和朋友们的合作下，经过一年多的努力，终于办起了当时在全国还是唯一的一所正规曲艺教育机构——河南省戏曲学校曲艺班，她任班主任，专职讲授河南坠子，并负责全面教学工作。当时的中共河南省委副书记张树德，到郑州东郊视察这个在废弃的知青点上创建起来的河南省戏曲学校曲艺班时，十分高兴地赞赏说："你们这里真是一个发扬抗大精神的学校啊！"

晚年，赵铮在身患癌症、老年丧子（其长子陈雷于1997年不幸患癌症去世）的双重打击下，顽强拼搏，将毕生创作演出的成果认真整理，编著出版了《赵铮河南坠子艺术》、《赵铮河南坠子精选》音像光盘和《赵铮回忆录》，为河南曲艺留下了一笔珍贵的资料和财富。

赵铮秉性耿直，胸怀坦荡，处世谦和，情操高尚，一生钟情曲艺，献身曲艺，践行了人民艺术家的职责，赢得了全国曲艺界的爱戴和尊敬。2005年1月，河南电视台《沟通无限》栏目以《铁骨铮铮金玉声》为题，拍摄专题访谈节目，介绍赵铮卓越的艺术成就；6月，河南省文化厅、河南省文联联合举办"赵铮先生从事曲艺艺术55周年暨赵派河南坠子艺术研讨演唱会"，隆重庆祝赵铮80岁寿诞。

2006年12月1日凌晨，赵铮与世长辞，享年81岁。12月7日上午9时，河南省文化厅主持召开追悼会，中共河南省委宣传部部长、副省长孔玉芳，在会上介绍了赵铮的一生成就，对她的人品风范和艺术成就，作出了极高评价。2008年4月2日，项城市人民政府将赵铮塑像永久立于人民公园。

赵海静

赵海静（1923—1948），又名雪洁，女，今确山县经后乡曹庄村人。其父赵进先为当地早期中共党员。海静受父亲思想熏陶，15岁即同姐姐海书在家乡从事抗日救亡活动，募集支前物资，教妇女学习文化。抗日战争第二年，她到革命根据地竹沟彭雪枫领导的教导队学习，并参加抗日服务团。在此期间与教导队成员周光武（今商水县邓城镇周庄村人）结婚。不久，随父亲率领的抗日大队南下，海静任湖北省云梦县胡金店分区区委书记、县委秘书等职。1946年，党组织派侯光益护送她到商水县邓城区开展地下活动。她不畏艰险，深入群众，秘密工作，白天同乡亲一起干活，夜晚向苦大仇深的农民讲解共产党的宗旨。1947年12月，海静任郾商西县妇联主任。次年4月，遵照上级指示，海静同李德龙、刘福全等人组成土地改革工作队，在陈半台等村发动群众搞急性土改。

当工作队在村中召开群众大会时，突遭国民党部队11师及其纠合的还乡团包围。工作队员突围东移，海静与李德龙行至杨河村北地时，海静因病实在走不动了。李要背她走，海静怕连累战友，坚决不同意，并厉声斥李德龙速去。李无奈撤离后，她故意暴露自己，诱敌于己。敌误以为有诈，未敢靠近，即开枪射击。海静身中数弹，壮烈牺牲，时年仅25岁。

赵鸿台

赵鸿台（1916—1941），又名效文、仑，今淮阳县王店乡季庄人。1927年入县立第一小学读书，1936年毕业于河南省立开封初级中学，秋，考入北平中国中学高中部。他在北平读书时，常阅读进步书籍，学习马列主义，积极参加反帝反封建斗争。

1937年卢沟桥事变后，他弃学回乡，以极大热情投入抗日战斗行列。写抗日标语，到街头演说，宣传抗日形势等，成为县内著名抗日宣传积极分子。同年11月，淮阳县中共党组织负责人张文彬介绍赵鸿台到西华县陵头岗，参加中共豫东特委举办的抗日军政干部训练班，并光荣加入中国共产党。

1938年10月创建淮阳抗日游击队，赵鸿台任大队长，与日、伪进行了艰苦卓绝的斗争。游击队在对敌斗争中不断壮大，由20多人、20余支枪发展到400多人，使方圆50多公里的淮太西边区成为抗日根据地。

1940年，赵鸿台任新四军睢杞太独立团特务2连连长。他战斗勇敢，机智果断。同年底，随团调往豫苏根据地。1941年初，编入新四军第4师11旅33团，他任该团2营营长。不久，国民党反动派掀起第二次反共高潮，汤恩伯部大举进攻豫皖苏边区，赵鸿台所部在形势异常严峻的情况下，面对强敌，英勇作战，避实击虚，神出鬼没，顽强度过3个月恶劣生活。5月，所在4师主力部队奉命由津浦路西转移到路东的洪泽湖地区。当行至宿县固镇到灵璧的公路上时与日军遭遇，激战中与先头部队失去联系。赵鸿台为使部队少受损失，独自骑马与上级联络，途中遭日军伏击，中弹牺牲。时年25岁。

赵礼民

赵礼民（1918—1946），原名醒华，今沈丘县傅井镇赵寨村人。1938年加入中国共产党。曾任淮北财政处政治指导员，淮北银行发行科科长，淮北印钞厂主任、厂长，华中银行睢宁支行行长等职。

赵礼民少年时在外祖父家读私塾。他勤奋好学，尤喜书法，深为老师赏识。时值日寇入侵，全国抗日救亡运动如火如荼。1938年，他怀着满腔救国热情，去临泉参加了抗日工作。不久，随该县杨县长（中共地下党员）奔赴安徽涡阳参加新四军第4师领导的抗日斗争。他先在安徽津浦路西做民运工作，后又辗转至路东。在领导减租减息和动员青壮年参军抗战中，工作勤奋，成绩显著，受到群众的爱戴和上级表扬。

1942年冬，赵礼民奉命筹建淮北印钞厂。当时物质条件困难，所需器材奇缺。仅有一台石印机，纸张、油墨均靠上海秘密支援，毫无保障。后来，因敌人封锁，供应中断。印钞厂就反复试验用当地土黄纸印钞，终于保证了解放区的货币流通和市场稳定。

1942年11月，日寇对淮北地区进行扫荡。印钞厂几经搬迁。厂内机器设备几度拆卸分散，或掩埋地下，或放置水中，赵礼民无不亲自参加。待反扫荡结束，取出装配，即刻生产。而当时采取这些紧急措施是很秘密、艰苦和紧张的。这些工作都倾注了赵礼民的大量心血。

1944年秋，新四军第4师准备进军津浦路西，解放皖北豫东。为适应部队和扩大根据地的需要，必须发行大量纸币和印刷大量布告。任务重，时间紧。当淮北财政处长李人俊和总经理陈醒交给任务并限期完成时，赵礼民表示坚决照办，保证部队前进到哪里，抗币和布告就一定发行、张贴到哪里。随后，他带领全厂职工展开了热火朝天的“学英雄，争立功”的竞赛活动。他不但以普通劳动者的姿态和广大职工战斗在一起，还抽空给大家端水、送饭、递毛巾，鼓励大家的情绪。时值初秋，气温还高，而厂内设备简陋，大家就不分昼夜地干，提前一星期保质保量完成了任务。全厂职工都光荣地立了功，受到上级的表扬。

1946年7月，国民党军队进犯淮北解放区。根据上级指示，睢宁银行一分为二，一部分通过洪泽湖向华中银行转移，一部分坚守原地，配合新四军开展游击战争。留下来工作是艰苦而危险的。按当时情况，让赵礼民率领一部人员北撤，由当地出生、社会关系比较熟的岳旭华留下，比较合适。但赵礼民坚决要自己留下，让岳旭华带人北撤。赵的这种关心战友、勇挑重担的高尚品德，深为大家感动。

洪泽湖一带，芦苇杂草丛生，人烟稀少，部队吃粮问题严峻，赵礼民主动挑起筹粮重担。有一次，他带了3个人外出筹粮。其间情况突变，部队转移了，3人只好孤军作战。淮北解放区被国民党军队占领后，地主还乡团十分嚣张，赵礼民等只好分散隐蔽活动。他们忍受着冬日的严寒和饥饿，出入于荒无人烟的旷野中，坚持两月之久。1946年底，在一个朔风凛冽、雨雪交加的夜里，赵礼民到泗洪县石集区后桂村一姓鲁的家中隐蔽，不料被还乡团发现，遂被捕入狱。敌人对赵礼民严刑拷打，但他坚贞不屈，未向敌人透露半句党的秘密。敌人计穷，将赵礼民杀害。赵时年28岁。

赵良甫

赵良甫（1922—2008），原名世贤，今扶沟县江村镇麻里村人。其岳父张华岗，曾追随孙中山先生闹革命，是秘密策划武昌起义的核心人员，系著名共产党人彭湃的部下。受其父进步思想的熏陶，抗战爆发后，赵良甫毅然投笔从戎。1940 年，相继考入郑州第 3 集团军学生营和西安黄埔军校。1943 年 6 月黄埔军校毕业后，任国民革命军第 12 军 20 师见习少尉。

1944 年夏，赵良甫所在部队奉命阻止日军侵犯南阳，其排的任务是在许南公路东侧罗寨布防设伏。战斗开始，他命令全排战士，任凭敌军狂轰滥炸，绝不许开枪暴露目标。日军全部进入伏击圈后，他一声令下，机枪、步枪、手榴弹猛烈开火，将日军全部歼灭于罗寨外。日军恼羞成怒，接连发起 4 次冲锋，都被打退。其间，他向营长张连科表示："罗寨在我在，罗寨不在我不在，我与罗寨共存亡！"奉命撤退时，师部通讯连的几匹驮线骡子被打死，他带着全排战士冒着炮火把通讯器材全部抢运回来，保证了战时通讯畅通。战后，被嘉奖，提升为中尉排长。

1944 年，日军从南阳进攻老河口和邓县。其排奉命在邓县文曲集掩护大军撤退。他利用有利地形，将阻拦撤退的日军击退，其排无一人伤亡。文曲战役结束后至日军投降，他由 12 军转入 30 军 200 团 1 营 1 连，仍任中尉排长。1946 年其所在部队驻山西省翼城时，他带着全排战士全副武装起义，受到陈赓部郭铁团长的欢迎。后退伍回扶沟从事教育事业。2008 年去世，享年 86 岁。

赵培五

赵培五（1908—1951），原名振昌，今商水县邓城镇张湾村人。1922 年，其父赵德和到西华县城行医，他随去读小学。1929 年考入开封高中。在校期间，他被选为学生代表，积极参与反对学校当局的学潮。国民党河南省政府派宪警残酷镇压学生运动，他被开除学籍逮捕入狱，月余被释放。后辗转到北京，改名培五，进入市第一高中读书，毕业后考入北京大学。1933 年大学毕业后，在开封明诚中学任国文教员。1934 年，经国民党河南民国日报社社长王隐三聘请，任报社编辑，后升为总编辑、社长。在报社工作期间，正值抗日战争爆发，蒋介石掀起反共高潮，报纸虽然登了一些抗日救亡的文章，但主要矛头是攻击共产党，凡发表的社论、社评、告民众书等重要文章，大都由他修改定稿或亲自撰写。由于他竭力为国民党效劳，先后被提升为国民党河南省党部宣传科长、新闻处长、代理省党部书记等职。

1947 年，中共地下党员王革非、赵炳之 2 人通过私人关系与赵培五进行联络，劝他脱离国民党，与共产党一起为人民的解放事业作出贡献。他表面同意，并接受了两个金戒指作为活动经费，但事后仍坚持为国民党效劳。1948 年 4 月，他 3 次亲往南京向蒋介石请求增加河南兵力，开封第 2 次解放前夕，又亲赴徐州向国民党高级将领刘峙请求缓撤郑州、开封驻军，企图长期顽抗。

1948 年 10 月底，开封解放。赵培五先到南京，后到武汉，改名赵振声，在某私立中学任文史教员，隐瞒身份，以图逃避制裁。不久，赵被当地政府侦缉捕获，送交河南省人民政府。1951 年 3 月在开封被依法处决。

赵文彬

赵文彬（1910—1949），字含实，又名李含山，今商水县邓城镇张湾村人。1938 年加入中国共产党，后在延安抗日军政大学学习 2 年。1949 年任中国人民解放军一野 10 支队队长。同年 10 月，在甘肃省武威地区贺兰山藏沟对敌作战中英勇牺牲。

郑凤梧

郑之桐（1916—1979），字凤梧，以字行，今沈丘县莲池乡小郑营村人。自幼上学，1934 年省立百泉师范学校毕业后，从事教育事业。曾任项城县立中学教师、项城县柳行中心学校校长、槐店项城第二小学校长，1943 年任槐店颍滨中学事务主任，兼数学教员。1947 年秋，到内乡县菊潭中学任教。次年 5 月参加中国人民解放军鄂豫陕边区游击第 2 支队。冬，随豫西军区第 6 军分区（后为南阳军分区）第 40 团赴淮海战场参战。1949 年入二野第 4 兵团 13 军 39 师 116 团。历任教育干事、教育股长等职。建国后，任云南滇边军区干部文化速成学校、干部子弟学校教导主任。1956 年转业到云南省通海县中学任副校长。1957 年还乡，先后任刘庄店中学、石槽中学、沈丘第一高中、北郊高中、莲池高中语文教师，终生献身教育事业。

郑凤梧为人正直，谦逊谨慎，勤奋质朴。解放前任教，治学严谨，忠于职守，为师生钦敬。在“颍中”管理总务，四年如一日，廉洁奉公，深受校长、教师赞许。槐店解放后，战局不稳，当地属国共双方拉锯状态，“颍中”停课，教师纷纷出走。凤梧主动接触革命部队，接受了马列主义、毛泽东思想，毅然参军入伍。是沈丘中学教师参加人民解放军的先例，在学生中颇有震动，影响很大。凤梧参军后，严格要求自己，不畏艰苦，积极工作。随军南北转战，为鄂豫陕边境广大地区的解放作出了贡献。1949 年随军南下，参加渡江战役、粤桂边区战役。旋又进军大西南。同年 10 月参加著名的滇边战役，为江南和西南广大地区的解放再作贡献。

凤梧自云南还乡分配到农村任教，他虽为营级转业干部，资历较高，工资较高，但入乡随俗，毫不特殊，从不居功自傲。一次在建校劳动中不慎脚被碰伤，后转为破伤风，高烧 39.5 度，脚肿得穿不上鞋子。老师、学生都劝他休息，他却说不要紧，坚持照常上课。一年冬季，凤梧访问学生家庭，返校时天色已晚，风雪弥漫，道路难辨，不慎滑倒跌入路旁水沟，下身衣服湿透。路过郑营，本当回家换换衣服，但怕耽误回校时间，他临家门而不入，毅然连夜赶回学校。

郑凤梧教学认真，无论备课、讲课、批改作业、辅导学生都兢兢业业，一丝不苟。学生缺了课，他主动挤时间给其补课，严格要求学生完成课业，他所教学科每年高考学生均获高分。凤梧知识渊博，经验丰富，常帮助教师解决教学中的疑难问题，教师称他为“活字典”。

郑凤梧患有冠心病，每次犯病总是依墙休息片刻，吃点药又去上课。1979 年 3 月，凤梧身染严重痢疾，身体日渐消瘦，面色蜡黄，但他仍坚持上课。领导和教师劝他休息治疗，他却说：“这点病算个啥。”一直坚持上课到病故的前一天。郑凤梧为教育事业鞠躬尽瘁，光荣献身。终年 63 岁。

郑岚峰

郑岚峰（1886—1966），回族，原名清奇，开封市人。出身于贫苦家庭。12 岁时投靠亲友，在开封文殊寺学习伊斯兰教义，后又在开封善义堂深造。他学习刻苦，成绩优异。学成后应聘到善义堂、辛庄清真寺、开封市郊张庄清真寺、封丘县海庄清真寺坐位。

1928 年应邀到周家口（今川汇区）南寨陈州街清真寺坐位。郑岚峰阿訇严以责已，宽以待人，乐善好施。建国后，积极响应党的号召，不断召集广大回民宣传党的民族政策，经常带领一些回民到市委统战部参加学习讨论，以加深对民族政策的理解和认识。1956 年，为支援边疆社会主义建设，党和政府动员内地人民往青海移民，郑岚峰积极协助政府，动员周口回民踊跃报名，愉快迁移。1957 年，郑岚峰虽年迈体弱，但他不畏长途跋涉，曾随周口市人民政府组成的慰问团赴青海慰问移民。在处理回、汉两族之间发生纠纷时，郑岚峰总是居中调解，耐心说服，教育回民，防止事态扩大，从而使当地的回汉两族人民和睦相处。郑岚峰在周口市回族人民中享有崇高威望。先后被选为周口市、商水县人大代表、政协委员、许昌地区民族事务委员会委员、河南省伊斯兰教协会委员等。1966 年因病去世，享年 80 岁。

郑琴堂

郑琴堂（1885—1946），又名树桐，太康县城西关人。13 岁中秀才，以

"一县英才"之荣入淮阳中学，后又到开封省立优级师范深造。毕业后在省立女中、一师、一高、河南大学等校辛勤执教40余年。据1933年《太康县志》记载：郑琴堂曾任开封县公署科长，临时省议会议员。

他专教数学，对平面几何、解析几何及大代数，能驾驭教材，触类旁通。作图不用直尺圆规，看似随手一画，却相当准确。授课效果很好，居于开封"四大名教"之冠。著有《解析几何问题解》一书。双目失明后，还坚持登台讲课。开封沦陷期间，宁做家庭教师糊口，也不接受日伪校长的高薪聘请。

郑琴堂的学生成名成家、出国留学者50余人。1946年他逝世后，在省立女子师范大礼堂举行追悼会，嵇文甫（时任河南省副省长）致悼词，前往吊唁的有各界人士和社会名流。他的学生送的花圈、挽幛，摆满了两条大街。可见其声誉之高。

支天恩

支天恩（1917—1944），字凌云，今商水县巴村镇小支村人。幼年喜读书，以优异成绩毕业于高等小学，后考入周口商淮联中。在联中学习期间，受进步教师的影响，开始倾向革命。抗日战争爆发后，他于1938年6月弃学，参加中共西华县委组织的抗日青年训练班，任政治部宣传员。他组织训练班学员撰写抗日救亡文章，刷写抗日标语，还利用演讲、演唱等方法，进行抗日救国宣传。同年9月加入中国共产党。12月受中共地下党组织派遣，转赴确山县竹沟新四军8团留守处教导队学习，结业后被分配到鄂中地委工作。旋任驻孝感新四军第5师13旅某团连指导员，后又到新四军第5师13旅政治部民运科任干事。在此期间，他率部与当地游击队配合，经常在孝感、云梦、安陆一带袭击日伪军。1944年9月，天恩带领10余名战士外出执行任务，途经花园镇附近一村庄时，被汉奸告密，数百名日军连夜包围了村庄。他和战士们隐藏在农民的稻草场里，伺机突围。但隐蔽未稳，日军已扑向他们。激战中，天恩和战士们寡不敌众落入敌手，被带到日军据点花园镇。战士全被残酷杀害，对天恩却采取收买、利诱、威胁、恐吓等手段，企图让其供出新四军的秘密。天恩大义凛然，揭露了日军的滔天罪行。日军恼羞成怒，放狼狗抓瞎了他的眼睛、咬烂了他的躯体。天恩遍体鳞伤，鲜血淋漓，但宁死不屈，高呼"共产党万岁！""打倒日本帝国主义！"壮烈牺牲。时年仅27岁。

周　鼎

周鼎（1883—1943），字金芗，号髯农（因胡须浓而美故名）。清宣统元年（1909年）己酉科拔贡。酷爱书法，曾收藏有唐姚元之、北宋米芾、清代何绍基的书法作品和北宋著名画家文同的竹子。可惜这些名人书画都毁于日军侵略的战火。

周鼎对所藏书画珍惜之至，平时舍不得挂，只在过春节时挂在自己的住室里，过了正月十五日，就收藏起来了。每年要晾晒几次，以免受潮发霉。有一次，他女婿没打招呼便拿走了他珍藏的两幅书画，他知道后非常生气，说："我送你一套写在绢上的楷书四幅屏，你一定把那两幅古人字画送回来。"女婿无奈只好送还。

周鼎的书法以颜氏为骨，欧氏为体，行草最为隽秀。遗墨传世颇多，绝大部分是馈赠亲朋好友的。

周鼎热爱祖国，对日本侵略者恨之入骨。他浓墨书写岳飞的"还我河山"悬挂在自己的书房内。教自己的女儿、孙女学习《木兰辞》，如有机会，便奔赴抗日前线；教儿子学习陆游的《示儿》诗，说：我年纪大了，赶走日本鬼子，收复大好河山，我不一定能看到了，将来抗日必然胜利，家祭无忘告我。他还教育子女，与人交往不要怕吃亏，要肯吃亏，要会吃亏，还要学吃亏。他写了一幅条屏，名曰《学吃亏》："问谁肯吃亏，吃亏谁肯学！吃得一分亏，去得一分忌。吃得十分亏，博得十分乐。吃亏得便宜，十人九为错。"

1926年，杆匪攻破太康县城，全城罹难。盘踞十余天，掳1000多人，其中有周鼎和邻居家的许多小孩。周鼎挺身而出，说："你们把孩子都留下，我跟你们去，赎金找我要。"后来花了很多钱，周鼎才被赎回。

周鼎一向和睦邻里，凡有求助，从不推诿。钻研书法，锲而不舍。他将读书看作人生乐事，年至花甲，仍手不释卷。时人教育子女，皆以周鼎为楷模。

周开章

周开章（1901—1966），字济南，今扶沟县大李庄乡周楼村人。周幼承家教，立志光大祖国医学事业。在熟读中医经典著作中，遇到疑难问题，必反复质疑，为父辈所赞赏。20余岁开始行医，声望日增，建国后，先后任大李庄、城关卫生院医生。

周开章行医40余年，积累了丰富的临床经验，尤其擅长妇科，对经、胎、带、产等方面疾患有较好疗效，晚年整理有《妇科家传良方》，记载验方300余种，留传后世。

周老国

周老国（1856—1943），今商水县邓城镇周庄村人，生于清末一小财主家庭。从小读四书五经，科场考试无名。成年后性格开朗，精于人情世故，乐善好施，擅息争斗。祖辈为他留下的家业，被他施舍殆尽，晚年清贫度日，一无所有。他生平乐于和事，乡间难解的纠纷，经他从中调停说合，总是大事化小，小事化无，干戈变为玉帛，沟坎化作通途。在管事中抑强扶弱，背富向贫，有理有节，不留后患，深受百姓拥戴，方圆百里传为佳话。

捧煞财主婆：周老国喜欢豫剧，他掌家之后，收养贫困艺人，成立了两个小豫剧团。“戏子”在封建社会地位低下，常是寄人篱下，求碗饭吃。周老国却将他们兄弟相待，亲如一家。他卖地置办了戏衣道具，为几十口演职艺人解决吃饭穿衣问题。清末世道很乱，即使农闲季节，小戏班能赶个庙会，也很难生活自给。为解决衣食问题，欠下了邓城街大财主叶家一笔债务。事隔数年，叶家管家婆多次向账房先生追问这笔债务，催促向周老国讨要。周老国对叶家讨债伙计总是热情招待，好言应酬，除让其吃饱喝足外，还送烟酒礼物。讨债伙计每到周家再不提要账之事。久之，财主婆不见收账，决定亲自去一次。扬言去时带一面大锣，若周老国再不还债，鸣锣宣告乡邻，说他赖账不还，给他办个大丢人。这事很快传到周老国的耳朵里。在亲友正为他发愁时，周老国说：“不要紧，再瘦的骆驼比马大，她哪里在乎我那点债。”在财主婆要账那天，周老国备些酒菜，让全体演员化妆打扮，列队在村外路旁迎接。财主婆的轿车一到，周老国带领演员将轿车围住，上前行礼问安，恭维奉承话连声不断，弄得财主婆不知如何回应才好。周老国向着正在祝福问安的演员们说：“您看老人家真知道咱剧团的难处，咱正缺一面大锣就给咱送来啦！”没等财主婆回话，演员们七嘴八舌，又是一个感谢奉承高潮。说得财主婆满脸堆笑，怒气全消。接着在化妆女演员的簇拥下，将其迎入客房，宾客相待，名演员敬酒献唱，气氛动人。周老国说：“秋后消闲了，让演员们到家为您演几出新段子，让您开开心。”财主婆再也没法提要债之事了，违心地发话说：“我是来看看剧团里还有啥困难。”周老国随声应答：“老人家真关心咱的演员，眼下淡季无处演戏，就是缺点吃的。”财主婆说：“那你明天派车去拉点粮食吧。”结果，一场虚捧，除未还债，还得一面铜锣，又去邓城叶家粮仓拉了她两车小麦。

小事也爱管：一年秋天，周老国去邻村访友，在村头见两个孩子吵嘴，争“撞钱”的输赢。一个说：“你明明输了为啥不认，就是把周老国请来也说不好。”一个说：“我亲眼看见你没有打住，把周老国叫来我也不认。”周老国听得清清楚楚，从腰兜里掏出一把零碎铜钱，每人给他 10 个说：“快别吵啦，赶快回家去吧！”二人很高兴，要走，周老国说：“你知道我是谁？我就是周老国，给你们管好了吧。”二人抬头一看笑着跑了。又一年的深夏，天气闷热，周老国从外村回家，刚走出庄，见村头一个卖西瓜的正和一个买瓜的争吵。买瓜的说：“你卖的瓜根本就不熟，叫你退钱你为啥不退。”卖瓜的说：“我这一挑子瓜你扒过来完，又不是我给你拿的，你挑个生瓜怨谁，你切开了叫我卖给谁。”周老国走到跟前，二人都说让这位老哥评评理。周老国说：“买卖心思不同，这个瓜多少钱，我买啦。”随即把钱交给了卖瓜的人。二人不再吵了，周老国也扬长而去。

家务难事他也管：邓城东南有个腊梅庄，有户张姓小财主，兄弟5人不和，妯娌不睦，虽已分家立户，为财产问题仍然吵闹不休，有时还动手打架。父母年岁已高，说谁也不听，还落个向偏。气得无法，打发人把周老国请到家。周老国到张家，听了老人的诉说和亲邻的议论，把兄弟5人叫到一起说：“常言说家务事难断，不是一句话能解决的问题。这样吧，我也不能天天跑路，你们每人出一斗麦，给我安个伙。谁有啥想法分别向我说说，我再找亲友了解一下再说。”兄弟5人很快把麦兑齐立了伙。周老国分别同兄弟5人谈心，让其说出自己的心事，针对情况进行孝悌和合的教育。最后安排说：“还有认为啥不公平，随时和我说。”几天之后，兄弟5人话说完了，都受了不同的指正、教育和表扬，态度大有转变，对二老也亲热了。周老国无事，天天约两三个要好朋友去张家吃饭闲聊，不几天把5斗麦吃完了。周老国找老先生放风说：“他们兄弟和睦不吵了，我该走啦。谁要还有意见再出点麦继续解决，没有意见的就不兑麦啦。”又过了一天，周老国向老人家辞行说：“他们都不出麦，看来没意见了，不会再吵架了。”老人家表示说：“你真有办法，太感谢你啦!”

先责己后论人：民国初年一个秋天，周老国到周家口办事。坐一辆马拉的轿式车子，前面一个车夫赶着，以示有些名望地位。从他家周庄到周家口顺沙河堤，一帆风顺。办完事后，已是下午太阳平西。在返家的时候，走到周家口西寨南端，因为马中午没喂，有点“不用扬鞭自奋蹄”，急于返回。岸边一头正拱草的猪仔，听到车响，越堤往回跑，让车轮压死在路上。堤边养猪户一见，上前把轿车拦住，扬言不赔猪不让走。二人争吵不下，周老国一掀车帘从车上跳下。他面向车夫指责说：“你赶车几年了，怎么把车赶人家猪圈里了，还把人家的小猪辗死。”车夫说：“这明明是大路，哪里是猪圈!”周老国停片刻说：“这大路就是叫走车走人的，不是叫放猪里，既然把猪撵死了，也算个交通事故吧。”又面向养猪户说：“我看这样吧，请你上车，咱们到里街的交警队问问，交警说叫赔钱，随时把钱交给你，再坐车把你送回来，也不让你走路，你看行吗?”养猪户半天答不上话，心想见了交警，除受批评，也难得到赔偿。周老国看透了他的心思，再次让他上车，他仍不动。周老国最后说：“我是邓城的周老国，经常走这，你有时间了问问警察，只要他们说该赔钱，下次走这照样赔你，我们先走啦。”跳上车走了。

受请出县管事：民国初年，项城县南顿有户人家，因婆媳不和吵架，媳妇一气之下悬梁自尽。媳妇娘家户大人多，一听凶信，气愤顿生，随时去了一批亲近的年轻男女，进家就吵就骂，还砸坏了婆家的一些东西。婆家的人躲藏在别家不敢照面。亲戚邻居劝说不下，闹腾了一天。第二天双方亲友调解人接触，除在棺材服饰上用较高标准外，娘家人坚持，人是婆婆逼死的，必须婆婆陪葬才能埋人，结果不欢而散。婆家无法，又怕娘家人再来闹事，次日备一辆专车把周老国请了去。周老国先询问了事发经过和争执焦点，前去接触媳妇娘家的主事人。满口答应了让婆婆陪葬的要求，封住了娘家人的嘴。然后确定次日下午出殡埋人。晚间，周老国对婆家执事人安排说："明天上午打个大墓坑，出殡时让婆婆穿上新衣上坟，棺材下葬后，将婆母送下墓坑，多去些封墓人，老人不出来不封土，其他事听我安排。"次日下午出殡时，媳方娘家来了主亲门宗和管事的几十人，婆方一帮封墓人手持铁锹，抬架子的手拿抬杠，把墓坑围了起来。外围是看热闹的，人山人海。棺材下葬后，将婆婆送下墓坑，坐在盖棺席上。周老国大声令封土，连喊三遍无人动锹。都说：我们埋死人不埋活人，埋活人犯法。周老国向媳方娘家人说："他们不埋你们埋。"媳方人既无思想准备，又未封土工具，看看周围的人都是怒目相视，也没人答话。冷场片刻，周老国发话说："既然你们都不埋活人，那就让她婆婆上来啦。"几个人下去把老人家架了上来。周老国如开会讲话一样，高声说："据我了解，媳妇是个好人，只是心眼有点窄，和婆婆拌了两句嘴，一时想不开上吊啦。农村娶个媳妇很不容易，他婆婆已经十分后悔，不然能会愿意陪媳妇去死吗！别再悲痛上添悲痛啦。"下令封土埋人，一桩难解惨剧结束了。事后，婆方给周老国准备了一份不薄的谢礼。周老国说："你们人财已经受了很大的损失，把我送回算了。"分文未收。

据当地老人说，周老国一生乐观，爱说爱笑不爱财，老年虽贫，质性未变，身体硬健，70岁时又长一嘴小牙，活了87岁。

周天福

周天福（1894—1957），乳名牲口，今商水县舒庄乡王庄村人。因家贫，1岁时被父母将其送给城关镇一赵姓人家，改名赵天福。6岁时学戏，9岁登台演出。既长，身材高大，话语洪亮，虎虎有生气。饰《白玉杯》中的严嵩，《过巴州》中的张飞，《霸王别姬》中的项羽等，形象惟妙惟肖，唱腔粗犷奔放，吐字清晰。晚上演出，说、唱能听数里之外，群众赞誉他"一声听十里"。

1947年秋，刘、邓大军南下驻上蔡，刘伯承司令员听说周天福戏演得好，特邀其到上蔡县为部队演出。演后，刘司令员亲自接见了他，并奖给演员每人5块银元。

建国后，周天福加入周口新生剧团。1957年随团赴南京演出，走到安徽省滁县，因病逝世。终年63岁。

周著宗

周著宗（1906—1972），字志甫，原籍湖北省黄陂县，后定居周家口（今川汇区）。

周自幼读书，1924年在武昌共进中学毕业后，从名医胡伯奎学医。1929年到周家口，在南寨北永兴街开设德化堂药店，并坐堂行医。曾被选为周家口中医分会理事会会长，中医研究社社长，国医砥柱社周家口分社负责人，并定期讲授《伤寒论》。建国后，因医术精湛，中央卫生部发予中医师证书。1956年后，分别在商水县人民医院和周口市（镇）人民医院工作。曾当选为商水县第三届人民代表和政协委员。

周著宗擅长内科、妇科，对慢性肾病、膨胀、痹症、哮喘、顽癣等疾病均有创见。理、法、方、药有独到之处，治疗甚验。在周家口及附近县、市享有盛誉。1963年收治乙型脑膜炎210例，治愈率达90%。工作期间，带中医学徒多人，为继承和发扬祖国中医事业作出了贡献。著有《内科杂病论》、《中医学讲义》等，但书稿毁于"文化大革命"，未能传世。

朱 彬

朱彬（1903—1947），又名开璠，今湖南省郴县大奎上乡大奎龙形村人。家境贫寒，3岁母逝，深受继母虐待之苦。12岁就读于瑶林国民小学，只读初小四年，即辍学务农。1926年秋被抓丁，当兵10年升任排长。朱彬在国民党部队受军官凌辱压迫，目睹政治腐败，社会黑暗，民不聊生，对国民党统治满腔义愤。1937年抗日战争全面爆发，国民党军队消极抗日，积极反共。这使朱彬忍无可忍，他毅然逃离国军，参加了湘赣红军游击队，在汝城一带打击敌人，屡立战功，同年加入中国共产党。

1937年10月，南方游击队改编为新四军，朱彬任新四军第1支队第1团2营军事教官，从事军事教育工作，受到战士好评。次年调任第1支队政治部管理科科长。1940年新四军北进创建苏中抗日民主根据地，朱彬任第1师兼苏中军区政治部总务科长。孝丰保卫战后，部队缺粮，朱彬不畏艰险，四处奔波，千方百计保证粮食供应。渡江北进时，敌人严密封锁长江，朱彬担任渡江运输任务。他吃大苦，耐大劳，夜以继日地工作，出色地完成运输任务。皖南事变中，朱彬历尽艰险突围抵达苏中新四军第1师驻地。1944年新四军1师奉命南进，创建浙西抗日根据地，朱彬改任苏浙军区政治部总务科科长。次年随军转战浙西，任浙西军区政治部管理处处长。抗日战争胜利后，朱彬随军从浙西北撤至两淮，任新四军华中野战军政治部总务科科长。在苏中战役中，朱彬全力投入动员民工参军参战、战场救护和接收战俘工作，曾立功受奖。苏中七战七捷后，从苏中千里转战到山东，战事频繁，为保证部队的后勤供应，朱彬作出了杰出的贡献。1947 年初，朱彬任华东野战军政治部民运部副部长。是年秋，华东野战军挺进豫皖苏新区，朱彬受命进驻安徽省太和县光武区小刘寨办理民运，领导土地改革。他不顾个人安危，深入发动群众，使新区开辟工作迅速打开局面，为部队筹集粮食、布匹等军需物资取得巨大成绩。

1947 年 10 月 20 日（农历九月七日），朱彬骑一匹黑马，一行六人，赴界首联系工作，途经纸店区刘庄附近时，被唐二匪部的李秀杰发觉。当晚，唐二召集匪徒进行部署，在刘庄、宋阎庄八里桥和王路口三处设伏，伺朱彬等返回时予以截击。次日中午，朱彬六人自界首返回，行至刘庄东头，预伏在那里的匪徒从四面八方向六人扑来。朱彬六人顽强还击，但终因寡不敌众，惨遭杀害。匪徒们怕解放军认出受害者，竟将朱彬等人的面容刮毁，惨不忍睹。

事后，纸店区政府将朱彬等六烈士遗体收殓安葬于大王庄东北，后移葬于沈丘县烈士陵园。

朱　墩

朱墩（1880—1957），今商水县巴村镇上城村人。出身于手工业之家，专门锻造“小鱼刀”。18 岁从父学艺，由于他刻苦好学，不但继承了祖传技艺，而且创造了新的工艺品种，使上城“小鱼刀”愈负盛名（因上城村距名集三里桥近，又称三里桥小鱼刀）。

朱墩锻造“小鱼刀”工序繁多，技艺精湛。在锻制刀片时，把钢均匀地铸在刀刃上，制刀鞘时精雕细刻，开刀口时平稳打磨，鞘星钉得错落有致，每道工序都恰到好处。成品小刀式样各具特色，有鱼形刀、春秋刀、牛角刀等。刀鞘有铁、木、铝、铜、牛角、塑料等制品，色有黄、红、绿、白、黑等多种。“小鱼刀”坚固锋利，造型美观，不仅实用于日常生活，而且还是一种欣赏品，可作为礼物送人。

朱家祖传手工锻造的“小鱼刀”，久负盛名，源远流长。民国年间其家曾用小刀代交赋税，建国前曾展览于开封博物馆，1974 年进入广州商品交易会而销往国外。

朱丹陛

朱丹陛（1878—1913），名紫贵，曾用名炳薰，今项城市三张店乡西盛营村人。出生于自耕农家庭，自幼聪颖，求学勤奋，深受老师喜爱。老师评价说：

“紫贵少年大志，与众不同，必成大器。”

朱丹陛16岁中秀才，名扬乡里。但他认为读书不足以成就大业，遂于清光绪二十二年（1896年）入保定学堂就读，求取救国救民之本领。当时的中国正处于中日甲午战争失败的第二年，除日本侵略中国外，西方列强都对中国虎视眈眈，中国正处在十分危急的境地。怀有救国救民思想的朱丹陛义愤填膺，曾对同学慷慨陈词：“我辈生不逢时，清政府腐败无能，丧权辱国，实为国耻，中华民族已到万分危急之际，天下兴亡，匹夫有责，吾辈岂能袖手旁观！”在学校接受资产阶级民主革命先进思想之后，他和进步同学一起积极宣传革命道理，唤醒沉睡的中国民众。在革命活动中结识很多革命志士，如封丘的杜扶东，新蔡的刘粹轩、刘放甫、任芝铭、阎子固、夏述庚等，后来他们都加入了孙中山领导的同盟会，1912年8月成为中国国民党党员。

朱丹陛在保定学堂毕业后，从事教育，决心为救国救民培养人才，曾先后就教于新蔡侯阳小学、巩县黑石关师范学校、卫辉中学、北洋优级师范学校等。通过言传身教，向学生宣传灌输先进思想。

1911年10月10日辛亥革命爆发，朱丹陛和阎子固等同仁受同盟会的派遣，到新蔡、息县、潢川、陈州、项城等地活动，并与安徽张孟介结合组织淮上军，准备策应辛亥革命军北伐，与清军交战。

民国成立后，朱丹陛被项城人民推选为河南省临时参议院议员。1913年任国民党中央总部评议员及国民党河南省分部评议员，发表了很多抨击时弊的文章。时张镇芳任河南督军，朱丹陛发动群众张贴标语并游行示威，反对张镇芳督豫。为此，张镇芳非常恼恨朱丹陛，在一次参议员会上，张镇芳公开提出朱丹陛只是一名秀才，功名低下，没有资格当参议员。朱丹陛说我的参议员是项城人民依法选举的，你对民国寸功未建，有什么资格督豫？这更激怒了张镇芳，扬言要罢免朱丹陛的参议员，朱丹陛毫不示弱，并说张镇芳无权罢免他，双方已达到针锋相对、剑拔弩张的地步。

国民党中央总部派朱丹陛到张家口及内外蒙古等地宣传并组织革命，未达目的又回河南。这时以袁世凯为首的北洋派和以孙中山为首的革命党人矛盾日趋尖锐，革命党人准备发动二次革命，袁世凯也积极准备镇压革命党人，将很多枪支弹药运往河南开封。这样一旦爆发战争，武器容易运往前线。黄兴亲自责成朱丹陛，一定要炸毁开封火药库。火药库戒备森严，朱丹陛千方百计接近火药库，终于在1913年7月1日完成任务。当夜，开封大街小巷贴满标语，说火王爷显灵了。之后，朱丹陛躲回老家避难。

张镇芳岂能善罢甘休，派人到项城追捕朱丹陛。朱丹陛到家的第二天，去看望久未见面的私塾老师。老师当晚留朱丹陛吃饭，并挽留他住下。朱丹陛谢绝挽留，摸黑回到家，到家就被捕了，与他同时被捕的还有他的老母、妻子和两个未成年的儿子。

当天夜晚，张镇芳的弟弟张锦芳在老城（当时项城县政府所在地）祖师庙为朱丹陛举行“追悼会”，实为戏谑并泄私愤。在“追悼会”上，把朱丹陛的母亲、妻子和儿子同时带到，在场的人无不为这祖孙三代担忧。还是当时的项城县长出面求情说：六大人，满清已亡，如今是民国，株连九族的法律早已废除，一人做事一人担，如果将这祖孙三代一齐杀掉，会影响袁大总统和张督军大人的声望，群众的口，文人的笔，你是封不住的，不如把他们放了。

张锦芳经过沉思，即将朱丹陛的几位亲人释放，而将朱丹陛押至西关刑场杀害，时年丹陛35岁。临刑前，他面对民众慷慨陈词：我朱丹陛是革命党人，没干什么坏事，为国为民才反对腐败的政府，他们杀害我，我死而无憾，革命党人是杀不完的，革命一定会胜利。希望我的儿子继承我志，将革命进行到底。他又对儿子朱苏亚、朱扶亚说：你们要孝顺祖母和母亲，爱护弟妹，一定要记住我的话。

1926年冯玉祥主豫时，为了纪念辛亥革命烈士，责成河南省国民党部同项城县政府，在城隍庙附近为朱丹陛建立忠烈祠（未果）。县长赵彦卿为朱丹陛组织了追悼会并致悼词，县城各界人士及广大群众都参加了大会。

1943年秋，国民党河南省党部派张放来项城创办丹陛中学，并向中央教育部备案，以示永远纪念朱丹陛的革命精神。

1983年，项城县人民政府宣布朱丹陛墓为县级文物保护单位。

朱纪章

朱纪章（1895—1967），字修亭，今商丘市柘城县岭子朱村人。抗日战争期间曾任河南省第七行政区教育专员兼河南省第七行政区扶沟联合中学校长。

朱纪章的父亲朱慰然，清末举人，曾任光山知县。朱纪章幼年跟随父亲在私塾读书，1914年考入北京大学英语系。其间，1919年5月4日爆发了震惊中外的“五四运动”。当时朱是毕业班学生，又是学校足球运动员，他同学生领袖一起带领学生上街游行、讲演。当游行到赵家楼曹汝霖家时，曹汝霖因惧怕学生闭门不敢接见，墙高门重，学生们十分着急。这时朱纪章看到墙上的窗户，就叫人托着他打破玻璃，跳了进去，打开大门，手拿门闩，带头往里冲，看见一个人慌里慌张往里跑，便追上前就打。但从旁边跑过来一个人拦住朱纪章说：“这个人不是曹汝霖。”后来有人拿着照片一对，刚才跑掉的正是曹汝霖，但再也找不到了。后来抓到了陆宗舆，痛打了一顿，并火烧了赵家楼。结果警察赶来，把朱纪章和其他同学一起抓了起来。朱纪章的父亲进京托人，立下字据

“以后不许参加政治运动”，才把朱纪章保了出来，但却失去了出国留学的机会。

北大毕业后，朱纪章历任河南省第一中学英文教员，省立第三中学、省立第二中学、省立女子中学等校校长。

1939 年，河南省教育厅委派朱纪章为豫东教育专员。朱纪章接任后，首先在扶沟成立了教育专员办事处，并相继在扶沟、周家口、槐店创办了三所联合中学，并兼任扶沟联中校长。学校主要招收苏、鲁、豫、皖的青年入学，豫南和豫中的学生也有到此上学的。学校于 4 月上课，暑假后重新考试编班，作为秋季始业。到了 1943 年，全校有高中 3 班、初中 4 班、师范（中师）3 班、简师 4 班，共计 14 班，学生约计 600 余人，其中扶沟的学生占 30% 以上。1944 年春，日本侵略军打通了平汉线，郑州失守，扶沟危急，学校被迫停课，外籍教师暂时在扶沟西南 20 里的魏寨村避难。暑假后，学校迁项城水寨南 5 里袁张营村，改名为水寨联中，又称第三临时中学。抗日战争胜利后，1945 年 9 月，国民党河南省政府决定将该校由水寨迁往睢阳定址，改名为河南省立睢县中学。建国后，又改名为河南省睢县中学。

朱纪章办学很重视对教师的聘用，他聘用的教师多是学识渊博、善于教书育人者。他认为，要办好学校，教师是重要因素。为聘请名师，他各方奔走，到处联系。同时还注意发挥各方面人才的积极性，用人不疑。例如，学校教学方面，都由教务主任全权处理。他很爱护教师，对思想进步的教师，总是多方保护。有一次督学到校视察，对某个教师评论不佳，提出更换。他说：“如认为我聘用的教师不能胜任，可先撤我的职。”因此，和教师相处很好，无话不谈。他注重学生的学习，对学生要求很严。有的学生学习不认真，就严加训斥。有时学生打架斗殴，他不但大声呵斥，甚至拳揍。但很少开除学生。还常到学生食堂用饭，以便了解学生伙食。当时办学非常困难，因扶沟地处抗日前沿，与日军仅一水之隔，教师多不愿前往任教。朱纪章为此费了很大力气，聘请一些过去的老同事、老同学来校任教。学生当时多无经济来源，靠“贷金”（即抗战时期对沦陷区学生设置的救济金）生活。而贷金往往发不下来。为此，他经常到当时的省府所在地如宝丰、临汝、洛阳等地奔走活动，为学生贷金呐喊呼吁。学校在极端困难的情况下，由于朱的积极努力，学校能按时发给学生每人每月粮食 3 斗 6 升 8 合，折合市斤 51 斤。此外，还有菜金，使这些黄泛区的穷苦学生才能得以安心学习和生活。

1945 年 8 月，日本投降，朱纪章被任命为第二行政区（商丘专区）行政督察专员兼保安司令。1947 年，他辞去专员职务，竞选国民立法委员，并于 1948 年秋当选。建国前夕，朱纪章只身一人到台湾，除继续担任立法委员外，还担任过半公半私的农林公司顾问。1967 年 8 月 5 日因患脑膜炎去世，终年 72 岁。

朱泽新

朱泽新（1922—1947），安徽省五河县人。

1942年，泽新加入中国共产党。1946年随解放军自华北南下，留在鹿亳太县民主政府任交通科科长。1947年9月，调任鹿邑县宁平区（今郸城县宁平镇）区长。当时解放战争正处于双方“拉锯”形势，国民党新五军勾结交通警察总队和地主武装，不断向解放区发起攻击。11月的一天，泽新带领区队一个班，到宁平北于堌堆村开展工作，夜间遭受敌人袭击，区委委员、区武装部长阎新营等7人罹难，他在突围中受重伤被捕。敌人砍断了他的脚腱后押解至鹿邑县城。

朱泽新受尽严刑拷打后被杀害于鹿邑，牺牲时年仅25岁。

朱占标

朱占标（1912—1949），乳名搭拉，今商水县巴村镇巴村人。自幼放荡不羁，既长，吃喝嫖赌无所不为。1939年，朱以维护社会治安为名，成立了一支10余人的护路队，自任队长，驻大武寨。是时，他勾结社会各阶层头面人物，拉拢流氓无赖，敲诈勒索民众，伤天害理，无恶不作。

1944年5月，国民党商水县清廉乡乡长朱芳林扩编地方武装，朱占标被任命为第20中队队长。不久，他收编了在许昌对日军作战中溃退的国民党军队某部官兵30余人枪，又网罗社会上一些地痞、流氓、无赖等，组成一支300余人的地方武装，拥有机枪2挺、长短枪200余支。6月，朱芳林被国民党商水县县长黄如璋扣押，朱占标率众攻黄救朱，被黄击败。朱遂携残余投靠五沟营汉奸旅长朱新斋。两个月后，朱率众返乡。1945年7月底，朱住小杨楼村，率部截击日军于侯庄东地，击毙日军5人，击毁汽车1辆，缴步枪5支。因日军陆续赶到，朱率众乘“青纱帐”退走。

1947年冬，朱占标召集旧部400余人，自称团长，与中国共产党领导的革命力量为敌。到处抢粮、派款、奸淫妇女。一次，他到安庄村敲诈贫民冯闺女，诬称冯家放有枪支，冯惧其权势，无奈卖地6亩，给朱小麦5石了事。1948年初，朱部在巴村乡杨楼村截击解放军运粮车队，抢粮3000余公斤，残杀解放军战士11人。抢掠邓城镇，牵走农民耕牛50余头，奸淫妇女几十人，枪杀无辜群众14人。初冬，朱率部盘踞后党、小庄、董村一带，被中共豫皖苏独立旅34团围剿，除朱率少数人泅水逃脱外，其余全部被歼。

1949年秋，朱于临颍被逮捕归案，同年12月，在张庄乡被公审枪决。

庄思勤

庄思勤（1907—1950），今鹿邑县贾滩乡夏户营村人。出身豪富，是当地有名的大地主。1930 年，为保其家产，组织红枪会，自称会长，鱼肉乡里。1939 年，日军占领鹿邑县城，庄思勤向伪县长提供长短枪百余支，得到日军的赏识。其更加有恃无恐，为所欲为，无恶不作。解放战争时期，庄思勤购置枪支，组织队伍，与人民为敌。1947 年 6 月，庄率领数百人截杀解放军南下部队，在夏户营一带打死解放军排长 1 人，农民 10 余人。同年 8 月，鹿邑县联防队队长谢澄江任命庄为涡北联防主任，驻苏双庙把守河防，阻止魏凤楼部和区、县人民武装北渡惠济河。其间，庄勾结鹿邑县保安团疯狂破坏农会组织，残杀农会干部。1948 年 8 月，庄伙同谢澄江部围攻驻桑园村的鹿邑县民主政府，打死桑园村农会会长刘肥等人。

1949 年，庄思勤畏罪潜逃。1950 年被人民政府抓获处决。

邹静安

邹静安（1903. 10. 21—1989. 9. 9），曾用名静庵、秉智、魁，今扶沟县曹里乡邹家村人。兄弟 3 人，排行第 3。父亲邹庚辛，乡村郎中，擅长内科。先后在曹里乡摆渡口、白潭镇开设药铺，舍药济难，称颂乡里。

邹静安 7 岁入学，在本村读私塾 8 年，古文功底深厚。1918 年考入扶沟县立高等小学。1921 年高等小学毕业后，在本村和李集小学执教 4 年，传授传统启蒙教材和算术。1925 年以优异成绩考入省立淮阳师范，毕业后被商水县师范聘为教师。

1926 年至 1932 年，土匪猖獗，邹家村连续 8 次遭土匪洗劫。为保村民的生命和财产安全，邹静安多方集资，费时 3 个月，率众修筑了周长 800 米、四门设有土炮的邹家寨。每有动乱，附近乡民都能进寨躲避，受到乡里好评。1935 年，他组织进步青年宣传革新思想，破除封建迷信，剪掉男子头上长辫子，号召妇女放脚。他不信鬼，不信邪，在邹家村附近的五虎庙和广福寺，捣毁神像。请来教师，在五虎庙和广福寺办起了小学。

1933 年至 1942 年，邹静安先后在扶沟县何氏小学、长葛县师范、洧川县小学等校任教。1943 年，邹受聘于省立扶沟联中。1947 年，他携带家眷到鄢陵县马坊学校任教。次年，解放军南下暂驻马坊，他积极腾房子、做向导，鼓励学生和青年参加解放军，亲手把大女儿、二女儿送进部队。在当地传为美谈。

1948 年 9 月，邹静安参加了中共豫皖苏五地委的中州学院师资训练班。是年 11 月学习结业后被分配到扶沟县人民政府任文教科副科长，1953 年晋升为文教科科长。1956 年，教育部派人到扶沟总结教育先进经验，《人民教育》杂志报道了他的事迹和扶沟办学经验。1957 年被错划为右派，遣送回曹里乡邹家村，取消了职务和工资。1979 年 3 月，中共扶沟县委为邹静安平反昭雪，恢复政治名誉和工资待遇。从此，他焕发青春，全身心地致力于乡村公益事业，为群众办了许多好事。为此，1981 年 1 月，他当选为扶沟县首届政协委员。1985 年 8 月光荣地加入了中国共产党。

1989 年 9 月 9 日，静安因心脏病复发，医治无效，不幸逝世。享年 86 岁。

左老明

左老明（1886—1960），原名树敬，音谐“树镜”，因裁字老明，今郸城县汲水乡左集村人。

左老明是当时鹿邑南部（即今郸城汲水一带）知名的大财主，拥有土地 900 余亩，家境殷实。他读过私塾，对中国传统文化理解深刻，为人处世圆融、机变。在社会上，他广交朋友，不得罪人，热心乡里济难救危之事。谁家遇上难事，只要请左帮忙，他都能办得使你满意。1947 年初冬的一天，赵楼村联防大队队长赵国富带一帮人到后杜庄索饷，他把全村男女老少押到一个打麦场上，说拿不出钱来绝不放人。村保长出面说情未能奏效，便派人去请左老明。左得信便骑马赶到。一见赵国富就说：“这是怎么了赵大队长，是不是弟兄们缺了鞋袜钱了？要是这样，你赵大队长该派人去给我打个招呼，我说啥也得给凑点。要说起来，这后杜庄也不外，小外甥就在这村（左的侄女婆家在该村）。兄弟这么做，要是吓着小孩了多嫌不好。好了，弟兄们的鞋袜钱包在我身上了，回头我就打发人给您送去，请你把乡亲们都放了吧。”赵国富见左这样说，也不好再说什么，也就顺坡下驴把人放了。左老明事后也使人将钱送赵。

又有一次，白马驿一张姓人家因家中生气，儿媳寻短见上吊身亡。儿媳娘家人闹上门来，提出非要其公爹打幡才能出殡。双方几经协商，终未达成一致。停棺相持，气氛紧张。无奈之际，想到左老明，遂派人去请。左老明见请，虽非相识，却未推辞，立刻上路。他见张家儿媳娘家人说：“让公爹打幡有失常礼！我来打幡，你们看行不行？”娘家人知道左的大名，现见他情愿打幡，自知过分，也就给左一个面子，同意照常出殡。一场风波得以平息。

1938 年秋冬之交，中共特别党员魏凤楼任鹿邑县县长不久，左老明就与他在观堂集李万有商铺中互换庚帖，结为金兰之好。二人结拜后，未在李家用餐，而是到观堂街上吃红薯，以表他们日后无论贵贱都不离不弃。后来魏凤楼安排左老明任汲水镇名誉镇长。

1939 年 4 月，日寇占领鹿邑，设在汲水的新四军后方医院奉命转移，为避免损失，将一部分药品隐藏在左老明家中。左老明为妥善保管这批药品尽了很大心力。

1946 年，张笑南受中共派遣回鹿邑开辟革命根据地。左老明曾帮助党做中小地主的统战工作。建国后，张笑南极力推荐左老明任县人民代表。

1960 年，左老明病逝，终年 75 岁。

附　录

周口市历代职官简录

一、古代（依次为：姓名，时代，籍贯，职务）

万世显，明代，淮阳，南京礼部主事
于　奎，明代，淮阳，陕西道御史
于　洙，清代，西华，湖广守备
于之大，明代，淮阳，平阳知府
马　嵩，明代，淮阳，陕西宁夏储粮
牛　肄，明代，扶沟，福建参政
牛子龙，元代，西华，工部尚书
王　刚，明代，鹿邑，四川布政司理问
王　旭，明代，鹿邑，兴国州同知
王　诩，明代，鹿邑，刑部主事
王　淯，明代，沈丘，陕西永寿县知县
王　相，明代，商水，浙江按察司佥事
王　祯，明代，郸城，候选州同
王　琏，明代，郸城，武德将军
王　琛，清代，鹿邑，福建邵武知府
王　镐，明代，太康，佥事
王　瀹，明代，太康，户部右侍郎
王　垙，明代，太康，都御史
王之臣，明代，郸城，武英殿中书舍人
王怀衮，明代，商水，亳州知州
王辰顺，清代，西华，举人

王制礼，明代，太康，御史
王所梦，明代，西华，兵部主事
王金鼎，清代，项城，户部主事
王养晦，清代，沈丘，武昌府理刑同知
王省身，明代，西华，员外郎
王祖武，清代，鹿邑，工部主事
王继东，清代，沈丘，武昌府理刑同知
王道极，明代，郸城，武英殿中书舍人
王新桢，清代，太康，甘肃提学使
包世节，明代，沈丘，湖北公安县知县
卢元凯，明代，沈丘，山东鲁府长史
卢文鸿，明代，沈丘，剑州刺史
可邦震，明代，淮阳，陈州卫镇抚
史载策，明代，沈丘，山西崞县知县
叶　泌，南朝陈，太康，金紫光禄大夫
田　能，明代，鹿邑，乾州同知
任　谅，宋代，商水，京兆府知府
任继祖，明代，项城，户部副员外郎
刘　东，明代，沈丘，山西参政
刘　让，明代，西华，行人司司副
刘　钊，明代，沈丘，山西参政
刘　哲，明代，鹿邑，庆州同知
刘　浡，明代，淮阳，太常少卿
刘　逵，明代，项城，刑部尚书
刘　湜，明代，鹿邑，南京户部员外
刘　慎，明代，鹿邑，福建司郎中
刘呈祥，清代，太康，成都营守备
刘祖向，清代，沈丘，福建光泽县知县
刘得章，清代，太康，河南府尹
华　能，明代，商水，真定府同知
孙　诚，明代，鹿邑，隆庆州同知

孙　馥，清代，沈丘，刑部观政
孙友锡，明代，淮阳，盐运使
安　远，明代，沈丘，河北高邑县知县
安　康，明代，太康，徽州知州
师存智，明代，太康，御史
朱　浩，明代，西华，郎中
朱学海，清代，太康，广西左州知州
许　扦，明代，鹿邑，山东都司
许定国，清代，太康，光禄大夫
许重华，清代，太康，温处副史
邢　越，清代，鹿邑，湖广参将
阴　庆，汉代，沈丘，鲖阳侯
何　绥，晋代，太康，尚书
何　熙，东汉，太康，大司农
何　衡，东汉，太康，尚书
启际运，明代，沈丘，寿州刺史
吴奉先，明代，淮阳，寺丞
宋一韩，明代，淮阳，兵科都给事
宋存德，明代，沈丘，都水司主事
宋伯义，明代，西华，参议
应　郴，东汉，项城，武陵太守
应　叠，东汉，项城，江夏太守
张　义，清代，项城，平凉府副总兵
张　节，明代，太康，同知
张　朴，明代，鹿邑，霍州知州
张　寿，明代，项城，陕西参政
张　弦，清代，鹿邑，布政司理问
张　经，明代，鹿邑，山东东昌知府
张　勉，明代，太康，御史
张　庠，明代，鹿邑，胶州知州
张　哲，明代，项城，贵州御史

张　谅，元代，扶沟，衡州录事
张　敏，明代，沈丘，藩司使
张　渊，明代，淮阳，广东右布政
张　敬，明代，西华，知府
张　曾，清代，太康，广东粮道
张　楫，元代，鹿邑，工部主事
张　楫，明代，项城，工部主事
张　锟，明代，太康，山西布政
张　端，明代，鹿邑，临清运河守备
张　撰，宋代，商水，太子中允
张五端，明代，沈丘，江西铜鼓卫教授
张斗寅，明代，沈丘，河南汝宁府教授
张日昇，明代，项城，开州知府
张四术，明代，沈丘，陕西郃阳县知县
张正学，明代，太康，卢州知府
张永寿，明代，沈丘，山东清平县知县
张礼行，宋代，西华，淮北六省副职水将军
张延福，清代，项城，泾州知州
张应云，清代，淮阳，湖南澧州营守备
张应选，明代，沈丘，山东清平县知县
张明礼，明代，沈丘，漳县知县
张明性，明代，沈丘，甘肃甘知卫知事
张法世，清代，太康，抬抚同知
张养志，明代，淮阳，通政使
张思义，元代，扶沟，左司郎中
张接武，明代，沈丘，四川荣县知县
张淑栋，清代，项城，刑部主事
张维世，清代，太康，右佥都御史
张铭旗，清代，太康，提学道
张善政，明代，西华，江西道监察御史
李　允，清代，沈丘，山西浮山县知县

李　伦，明代，沈丘，辽东卫教授
李　在，明代，淮阳，南阳守备
李　询，明代，项城，山东佥事
李　迪，明代，扶沟，户部主事
李　晓，清代，沈丘，四川大宁县知县
李　焕，清代，沈丘，国子监学正
李　晶，清代，沈丘，福建政和县知县
李　澄，明代，西华，江西按察司副使
李九成，元代，扶沟，府尹
李大仲，明代，沈丘，陕西城固县知县
李开勋，清代，太康，临洮卫守备
李开第，清代，沈丘，吏部文选司主事
李孕嘉，明代，沈丘，太仆寺少卿
李如霖，明代，沈丘，陕西城固县知县
李存敬，清代，项城，吏部尚书
李罕之，五代，项城，河阳节度使
李宗培，清代，沈丘，广东会同县知县
李建勋，五代，西华，左仆射
李明昉，清代，西华，武平卫守备
李俊民，明代，鹿邑，都督府断事
李钟瑶，清代，商水，驻京业务府都司
李梁园，清代，沈丘，四川大宁县、新津县知县
李登第，清代，沈丘，国子监助教博士
李德成，五代，西华，赵王
杜　绍，明代，扶沟，陕西司主事
杜文焕，明代，太康，山西参政
杨　鸾，明代，沈丘，山东沾化县知县
杨安仁，明代，商水，湖广左参政
杨尚贤，明代，淮阳，陈州卫千户
杨春祥，清代，淮阳，记名提督
杨镇原，明代，淮阳，山西河东副使

沈　科，明代，沈丘，陕西汉中府教授
沈弘彝，明代，淮阳，户部员外
狄宗哲，清代，鹿邑，刑部江西司主事
肖俊德，清代，商水，庐州府都同
肖麟德，清代，西华，举人
苏　鉴，清代，淮阳，江南铜沛营守备
苏　铉，清代，淮阳，陕西永安毕守备
苏泳曾，清代，淮阳，沙州卫守备
邵　明，清代，鹿邑，桐城守备
陈　标，清代，淮阳，浙江定海总兵
陈　瑗，明代，太康，湖广参政
陈天相，清代，淮阳，湖南澧州营守备
陈彦良，明代，鹿邑，藤县丞
陈禄兴，清代，太康，总兵
使能红，清代，鹿邑，兵部主事
周　贞，明代，鹿邑，南京羽林右卫
孟　洴，清代，太康，刑工两部主事
季之骏，明代，鹿邑，南昌知府
屈圣祥，清代，淮阳，总兵
房宜润，明代，淮阳，灵丘守备
林光祚，明代，扶沟，云南提标游击
泽　义，明代，淮阳，同知
郑志鲸，清代，太康，绛州知府
金　励，明代，西华，山东按察司副使
金敬五，清代，西华，拔贡
姚　斌，元代，太康，中书
胡新铭，清代，西华，庠生
胡嘉栋，明代，西华，山东按察司佥事
赵　洪，清代，沈丘，四川剑州知州
赵　廉，明代，沈丘，江苏松江府知事
赵　篪，明代，沈丘，甘肃陇州同知

赵　頖，明代，项城，山东盐运使
赵大生，清代，项城，庆阳太守
赵启智，清代，沈丘，兵部守备
赵青云，清代，淮阳，湖北副将
赵锦章，清代，商水，山东东昌知府
郝　谦，金代，淮阳，总管行军元帅
郤　巡，五代，淮阳，侍中
唐　朴，清代，沈丘，山西璐城县知县
唐开运，清代，沈丘，广东灵山县知县
唐汝翼，清代，沈丘，山西璐城县知县
唐时亨，清代，沈丘，山东博平县知县
唐际运，清代，沈丘，泰州知州
徐　瀚，清代，鹿邑，内阁中书
柴士元，明代，商水，山西按察司知事
殷　师，晋代，西华，晋陵太守
殷　孚，南朝宋，西华，抚军专史
殷　茂，晋代，西华，左光禄大夫
殷　亮，唐代，西华，杭州刺史
殷　恒，南朝宋，西华，度支尚书
殷　康，晋代，西华，吴兴太守
殷　融，晋代，西华，吏部尚书
殷　顗，晋代，西华，中书郎
殷　允，南朝宋，西华，吏部尚书
殷　涓，东汉，西华，高平尉
殷　寅，隋代，西华，永宁尉
殷　淡，南朝宋，西华，步兵校尉
殷　瑗，南朝宋，西华，司徒右长史
殷　遹，东汉，西华，龙骧将军
殷　邈，南朝宋，西华，山阳王休佑骠骑参军
殷少野，隋代，西华，进士
殷成己，隋代，西华，晋州长史

殷汪齐，南朝齐，西华，豫章王行参军
殷季友，隋代，西华，秘书郎
殷承业，隋代，西华，右威卫将军
殷梵童，南朝齐，西华，尚书金部郎
殷道矜，南朝宋，西华，太中大夫
殷道鸾，南朝宋，西华，衡阳王
殷僧首，隋代，西华，秘书丞
秦　蛟，明代，沈丘，浙江绍兴府教授
秦尚明，明代，扶沟，户部主事
秦绂卿，清代，鹿邑，内阁中书
袁　乔，晋代，太康，西伯相
袁　式，北魏，太康，豫州刺史
袁　成，东汉，商水，中郎将
袁　京，东汉，商水，蜀郡太守
袁　侃，三国魏，太康，郡守尚书
袁　枢，南朝陈，太康，尚书左仆射
袁　质，晋代，太康，东阳太守
袁　亮，三国魏，太康，尚书
袁　宪，隋代，太康，晋王府长史
袁　象，南朝宋，太康，淮南太守
袁　洵，南朝宋，太康，征虏将军
袁　济，北魏，太康，魏郡太守
袁　原，东汉，商水，司徒
袁　峻，南朝梁，太康，散骑常侍
袁　耽，晋代，太康，历阳太守
袁　觊，南朝宋，太康，武陵内史
袁　基，东汉，商水，太仆
袁　赦，东汉，商水，中常侍
袁　跃，北魏，项城，车骑将军
袁　隗，东汉，商水，太傅
袁　彭，东汉，商水，光禄勋

袁　敞，隋代，太康，谯州刺史
袁　敬，南朝陈，太康，金紫光禄大夫
袁　湛，晋代，太康，太尉
袁　滋，唐代，太康，淮阳郡公
袁　猷，晋代，太康，侍中卫尉卿
袁　瑰，晋代，太康，长合侯
袁　粲，南朝宋，太康，吏部尚书
袁　腾，西汉，商水，蜀郡太守
袁　颖，五代，太康，骠骑大将军
袁　戬，南朝宋，太康，黄门侍郎
袁　蔚，隋代，太康，淮南节度副使
袁　颤，南朝宋，太康，吏部尚书
袁士政，隋代，太康，南州刺史
袁子温，隋代，太康，左卫大将军
袁方平，晋代，太康，琅琊太守
袁光辅，隋代，太康，沔阳刺史
袁匡符，隋代，太康，合州刺史
袁利贞，隋代，太康，太常博士
袁君方，南朝梁，太康，侍中
袁君正，南朝齐，太康，吴兴太守
袁承序，唐代，太康，宏文馆学士
袁明子，晋代，太康，临贺太守
袁恪之，晋代，太康，侍中
袁廊之，南朝齐，太康，太子洗马
袁景隽，南朝宋，太康，淮南太守
贾吉甫，元代，淮阳，兵部尚书
郭　昌，清代，太康，提学佥事
郭　绪，明代，太康，四川督储参政
郭　曾，明代，太康，御史台治书
郭在丰，明代，太康，寺丞
顾　镜，明代，太康，登州推官

高　举，明代，商水，南京兵马司指挥
高　鉴，明代，太康，镇江同知
康　银，明代，商水，四川隰州同知
康友贤，明代，商水，北直秦川州同
梁　琳，清代，郸城，五品顶戴花翎
梁　漠，清代，太康，柳庆营守备
梁　璇，清代，郸城，六品顶戴花翎
梁九畴，清代，郸城，山西高平县知县
梁汝冉，清代，郸城，州同（从六品）
清支玉，明代，商水，湖广都司指挥佥事
黄　钦，明代，鹿邑，刑部侍郎
黄文锦，清代，淮阳，广西抚标中军参将
黄金色，明代，鹿邑，监洮府同知
龚鼎臣，宋代，项城，京东安抚使
傅光俞，宋代，项城，中书侍郎
彭　翔，明代，项城，北平道御史
彭大有，明代，淮阳，陕西参政
普　锡，明代，沈丘，甘肃平凉州通判
普仲节，明代，沈丘，镇宁知州
普济时，明代，沈丘，荆州府通判
曾大吉，明代，淮阳，户部主事
曾省三，明代，太康，户部主事
程　秉，三国吴，项城，太子太傅
童　琪，明代，沈丘，宿州州判
童原兰，明代，沈丘，河南卫辉府教授
蒋宗孟，清代，淮阳，岳州营参将
谢　升，清代，太康，吏部尚书
谢　礼，南朝梁，太康，咨议
谢　冲，晋代，太康，中书郎
谢　成，明代，太康，永平侯
谢　约，南朝宋，太康，卫尉参军

谢　沦，南朝宋，太康，金紫光禄大夫
谢　纯，南朝宋，太康，卫军长史
谢　宜，清代，太康，汾州知府
谢　枢，宋代，太康，临江府推官
谢　飏，南朝宋，太康，金紫光禄大夫
谢　俨，南朝梁，太康，御史
谢　庠，宋代，淮阳，汝州知州
谢　恂，南朝宋，太康，鄱阳太守
谢　泉，晋代，太康，义兴太守
谢　绚，南朝宋，太康，镇军长史
谢　胄，南朝梁，太康，尚书仆射
谢　重，晋代，太康，骠骑长史
谢　峻，晋代，太康，建昌侯
谢　恩，晋代，太康，武昌太守
谢　涛，宋代，太康，太子宾客
谢　铁，晋代，太康，永嘉太守
谢　堂，宋代，太康，枢密使
谢　综，南朝宋，太康，太子舍人
谢　谖，南朝梁，太康，司徒右长史
谢　弼，明代，沈丘，山东文登县知县
谢　惠，晋代，太康，南康郡公
谢　瑍，晋代，太康，秘书郎
谢　瑶，唐代，太康，上柱国太师
谢　瑶，晋代，太康，琅琊王友
谢　韶，晋代，太康，车骑司马
谢　璞，南朝宋，太康，光禄勋
谢　璟，南朝梁，太康，左户尚书
谢　曜，南朝宋，太康，骠骑长史
谢　瞻，南朝宋，太康，黄门侍郎
谢　谌，南朝梁，太康，右光禄大夫
谢子襄，明代，太康，处州知州

谢方直，明代，商水，福建布政司左参议
谢汇伯，宋代，太康，朝奉大夫
谢玄大，南朝梁，太康，侍中
谢采伯，宋代，太康，魏国公
谢惠宣，南朝宋，太康，临川内史
谢斐伯，宋代，太康，光禄大夫
谢景平，宋代，太康，秘书郎
谢景隽，南朝宋，太康，淮南太守
谢廓然，宋代，太康，刑部尚书
谢榘伯，宋代，太康，祁国公
韩 铎，明代，太康，侍郎
韩 瑀，明代，鹿邑，工部主事
韩公武，唐代，太康，户部尚书
韩克昌，元代，太康，监察御史
韩淑文，清代，项城，无为州刺史
虞 羽，东汉，淮阳，尚书令
虞 恭，东汉，淮阳，太守
解 淦，清代，鹿邑，保定中军守备
貊出奇，明代，鹿邑，山西都司
雷辰化，明代，沈丘，甘肃三水县知县
雷其浚，清代，淮阳，直隶试用知府
冀 凯，明代，扶沟，工部侍郎
冀 凯，明代，鹿邑，工部侍郎

二、近现代（依次为：姓名，籍贯，任职单位，职务）

丁永泰，太康，四川省万县军分区，司令员
马可（女），西华，交通部航海司，司长
马军良，商水，南京空军基地政治部，主任
马式宾，项城，西北军第53师，师长
孔庆洙，太康，河南省建设银行，副行长
方中英，沈丘，空军11军，政委

方德清，淮阳，新疆生产建设兵团办公室，主任
牛心超，太康，台东市师管区，副司令
王　珍，商水，第7工业部第3研究院159厂，党委书记
王化顺，鹿邑，四川省宝山茶场，副场长
王心一，商水，翰林院，检讨
王丕焕，淮阳，陆军训练总督，骑兵监
王世德，沈丘，江西尚高团管区，司令
王玉锦，淮阳，北京，拱卫使
王传一，西华，河南省银行，行长
王庆典，太康，大庆油田建设设计院，纪检书记
王志中，沈丘，川军，师长
王进仁，项城，北洋军总部，副参谋长
王国璋，太康，河南省政府，秘书长
王官铭，西华，湖南省长沙军分区，副司令员
王性风，商水，中国农业科学院，党委副书记
王治国，扶沟，四川江军分区，司令员
王秉云，淮阳，陆军206师司令部，副参谋长
王恩步，项城，第26路军17师，师长
王崐崿，淮阳，山西蒲州，协镇
王雪堂，项城，豫南挺进军22纵队，副司令
王敬斋，太康，山东驻军×师，副政委
冯　铁，太康，六机部劳资局，局长
冯国昌，鹿邑，张岚峰部剿共第2路军，司令
叶维峻，淮阳，中国人民解放军86师，副师长
田启云，项城，河南南阳镇，镇守使
田春芳，沈丘，第77军，副军长
申应聘，西华，广州市交通厅，党委书记
亚林（女），沈丘，内蒙古广播局，副局长
任学森，沈丘，30军军校，参议
刘广信，郸城，68军，副军长
刘同生，淮阳，中国人民解放军491师，师长

刘庆云，淮阳，贵州永安，协镇
刘国祯，沈丘，陕川区，行政长
刘绍尧，扶沟，宁夏财政厅，厅长
刘思明，太康，广东省冶金工业厅，副厅长
刘培贤，太康，解放军后勤四分部，副部长
孙广信，郸城，商丘军分区，副政委
孙显增，西华，四川省南充军分区，司令员
庄俊田，淮阳，三机部政治部，副主任
朱传贤，太康，青岛警备区政治部，副主任
朱骥章，鹿邑，河南第6绥靖公署，督察专员
朱耀臣，项城，新疆农垦7师，副师长
齐金香，西华，兰州军区后勤部，参谋长
严觐光，淮阳，河南警察厅，厅长
何兆乾，扶沟，宁夏教育厅，厅长
何重建，西华，上海冶金局，副局长
张凤鸣，商水，民航沈阳管理局，政治部主任
张刚剑，沈丘，四川南充军分区，司令员
张克林，太康，四川乐山军分区，副司令员
张志亭，沈丘，甘肃武威军分区，副司令员
张侠（女），川汇区，北京大学教育工会，副主席
张国均，西华，广西河池军分区，政委
张诚三，郸城，第8军第3师，师长
张彦光，扶沟，福建漳州石油供应站，党委书记
张树品，项城，五省联军总部，稽查长
张铭卿，西华，广州军区武汉总医院，医务部主任
张善修，西华，河南民团军，师长
张紫筠，太康，济南军区卫生学校，副校长
时鼎岑，淮阳，河南将军署，参谋长
李汉章，沈丘，暂编第五军，军长
李团沙，项城，西北军，师长
李延华，沈丘，豫8师，副师长

李孝纯，太康，四川万县军分区，副司令员
李秀清，扶沟，北京大学建筑工程局，党委书记
李学舜，扶沟，和平建国军，副军长
李泽民，项城，国民党中央监察委员会，委员
李金田，鹿邑，国民党某部，军长
李春龄，太康，湖南省长公署政务厅，厅长
李荣汉，沈丘，48 集团军，参议
李振中，西华，中共天津市委机关调查部，副部长
李继轲，太康，四川成都军区军分区，司令员
李耀中，沈丘，金门马祖防务司令部，副参谋长
杜　槐，西华，国务院办公厅法制局，局长
杜幸林，西华，四川省电业局，局长
杨洪早，淮阳，成都军区后勤部，副政委
肖里（女），商水，四川省轻工业厅，党组副书记
苏　挺，商水，河南省卫生厅，厅长
苏自启，商水，中国人民解放军 35 军，副师长
苏贵荣，沈丘，第 4 军 12 师，师长
邵金盘，太康，直隶第三路巡防，统领
陈康纳，扶沟，河南省石化厅，副厅长
屈国栋，西华，贵州省都匀军分区，副司令员
苑春芳，项城，河南省交通厅，厅长
段廷美，商水，北京市粮食局，副局长
胡凤冈，淮阳，云南，知府
赵　耕，沈丘，第 181 医院，副政委
赵廉清，西华，河南省委老干部局，副局长
凌　波，扶沟，上海第二军医大学，校务部主任
夏兆麟，项城，北洋军六镇，统制
柴　震，川汇区，上海市第 5 勤备区，司令
袁　英，项城，国民政府军事参议院，参议
贾应秀，太康，安徽宿县军分区，副司令员
郭金荣，沈丘，豫南游击纵队，司令

郭景岱，项城，河南省第九行政区，专员
郭遵性，商水，总后勤部轻工学院，参谋长
高去骄，扶沟，国民党22路军，副师长
高鸿善，项城，河南省都督公署，财政厅厅长
常连三，淮阳，武昌督村，左营参府
梁畏三，淮阳，怀庆府，右营都司
黄丰成，西华，四川万县海洋研究所，党委副书记
黄坤岐，项城，天津市公安局，副局长
黄宸熙，项城，西征军粮台，参赞军务
智一文，沈丘，广东经济干部学院，副院长
程　鹰，太康，河南省卫生厅，副厅长
程其祥，沈丘，保定军校，教育长
董兰芸，淮阳，御前侍卫
谢松年，川汇区，许昌督察专员公署，专员
韩时针，项城，煤炭部制造局，副局长
蒲振英，扶沟，南京军区后勤政治部，主任
路庭训，扶沟，河南省政府，参事
雷曰楠，淮阳，哈尔滨江防司令部，少将参谋
雷曰楹，淮阳，航空署经理厅，厅长
靳雪帆，项城，河南省交通学校，校长
蔡祥斌，太康，广西壮族自治区交通厅，副厅长
穆　欣，扶沟，国家外文出版发行事业局，副局长

周口市科技学术界人物简录

（依次为：姓名，时代，籍贯，成果）
袁休明，晋代，太康，《巴蜀志》
袁　崧，晋代，太康，《宜都山水记》、《句将山记》、《袁崧书》
袁　真，晋代，太康，《老子道德经注》（2卷）
袁　粲，南朝宋，太康，《袁粲集》（11卷）
谢　绰，南朝梁，太康，《宋拾遗》（10卷）、《谢绰集》（11卷）

袁　宪，隋代，太康，《丧礼五服》（7卷）

欧阳询，唐代，太康，《欧阳询艺文类集》（100卷）

王士元，宋代，淮阳，武王誓师独立崇钦图

袁　箐，南宋，淮阳，工绘人物，代表作是《王与宠姬共照镜图》

王朝唐，明代，太康，《瑞映楼诗集》

理　和，明代，西华，《周易吉学图》、《天经集》、《沙水需言》

卢绍恩，明代，沈丘，《一得稿》、《四书醒言》、《劝世编著》、《行条鞭议》、《筑河堤说》

诏大年，明代，沈丘，《周易讲义》

程宗儒，明代，沈丘，《周易探蹑集稿》

李　焕，明代，沈丘，《诗骚楼诗文》、《李子语录》

张远览，清代，西华，《春秋义略》、《春秋主臣录》、《宋诗漫录》

曹若枬，清代，项城，《孝经刊物集解》、《陈东学考》、《养正诗编》

刘德成，近现代，淮阳，《验方八阵》

李祥麟，近现代，项城，《逼粮记》

魏　鼎，近现代，淮阳，《厉斋全集》（8册）

潘同江，近现代，淮阳，《十八学士登瀛洲》

雷方运，近现代，淮阳，著《医论》，精岐黄

张乃来，近现代，淮阳，《疮证辨》、《瘟疫条辨》

曹欣然，近现代，淮阳，《易经启蒙》（5册）

郑嘉祥，近现代，淮阳，《郑氏妇科》

郸城县不立传的举人简录

崔应期，明，郸城，万历二十二年（1594年）举人

崔　杰，明，郸城，崇祯六年（1633年）武举

王　瑚，明，郸城，崇祯六年（1633年）武举

王　纪，清，郸城，顺治十四年（1657年）武举

梁光仁，清，郸城，康熙十七年（1678年）武举

王隆旗，清，郸城，康熙二十年（1681年）武举

崔　季，清，郸城，康熙四十七年（1708年）武举

刘立贤，清，郸城，乾隆四十四年（1779 年）举人
王二山，清，郸城，嘉庆九年（1804 年）举人
王四山，清，郸城，嘉庆九年（1804 年）举人
王三山，清，郸城，嘉庆二十四年（1819 年）举人
梁苑棣，清，郸城，光绪八年（1882 年）举人

扶沟县历代行政主官简录

（依次为：姓名，年代，籍贯，职务，任职时间）
夏侯祥，南朝宋，谯郡，新汲令，泰始五年（469 年）
郭　王，隋代，太康，扶沟令，仁寿年间（601—604）
马　光，唐代，扶沟令，开元二十九年（741 年）前
赵志忠，宋代，知县，治平三年（1066 年）
谢寺丞，宋代，知县
楚屯田，宋代，知县
周职方，宋代，知县，熙宁元年（1068 年）
程　颢，宋代，河南洛阳，知县，熙宁八年至元丰三年（1075—1080）
九　住，金代，知县，贞祐二年（1214 年）前
刘昌祖，金代，知县，正大年间（1224—1231）
王　浩，金代，知县，开兴元年（1232 年）前
相兀孙，元代，知县，延祐元年（1314 年）
八忽达儿，元代，知县，延祐二年（1315 年）
赵　琼，元代，知县，延祐二年（1315 年）
塔　海，元代，监县，延祐三年（1316 年）
买闾忠翊，元代，监县，至治元年（1321 年）
也先海牙，元代，知县，约至治二年（1322 年）
莫承事，元代，监县，至治三年（1323 年）
周　玠，元代，知县，至顺元年（1330 年）
申克威，元代，知县，元统元年（1333 年）
王××，元代，知县，至元元年（1335 年）
雷　铎，元代，知县，至元二年（1336 年）

莫世昌，元代，知县，至元四年（1338年）
姚都宫，元代，知县，至正二年（1342年）
纽台大举，元代，监县，至正八年（1348年）
陈文懋，明代，知县，洪武三年（1370年）
张遵道，明代，陕西宝鸡，知县，洪武二十年（1387年）前
马文炯，明代，浙江山阴，知县，永乐二年（1404年）
俞　存，明代，江西，知县，宣德年间（1426—1435）
董　谊，明代，山西，知县，宣德年间（1426—1435）
韩　璟，明代，山西泽州，知县，正统七年（1442年）
服用休，明代，襄垣，知县，正统年间
陈　纪，明代，山西临汾，知县，景泰二年（1451年）
陈纪善，明代，知县，天顺初年（1457年）
刘　澄，明代，知县，天顺初年（1457年）
康　昭，明代，直隶井陉，知县，天顺三年（1459年）
张　杰，明代，直隶霸州，知县，天顺年间（1457—1464）
何　喻，明代，浙江，知县，天顺年间（1457—1464）
金进德，明代，江西，知县，成化三年（1467年）
高　恒，明代，江苏江都，知县，成化六年（1470年）
王　铎，明代，河北任丘，知县，成化九年（1473年）
朱　俊，明代，直隶，知县，成化十四年（1478年）
石纯粹，明代，署知县，成化十五年（1479年）
胡　宣，明代，河北藁城，知县，成化十六年（1480年）
李　增，明代，直隶新城，知县，成化二十一年（1485年）
法宗尧，明代，南召，知县
李　溥，明代，顺天，知县，弘治三年（1490年）
汪　瀚，明代，四川开县，知县，弘治五年（1492年）
颜　显，明代，阳信，知县，弘治六年（1493年）
杜　昂，明代，安徽霍丘，知县，弘治九年（1496年）
汪　瀚，明代，四川开县，知县，弘治十年（1497年）
任　和，明代，山西怀仁，知县，弘治十一年（1498年）
高　升，明代，陕西洛南，知县，弘治十五年（1502年）

罗　棠，明代，署县事，正德四年（1509 年）
王廷华，明代，河北涿鹿，知县，正德五年（1510 年）
吴大田，明代，福建莆田，署知县，正德七年（1512 年）
黄　绅，明代，濮州，知县，正德九年（1514 年）
王彦卿，明代，广东海丰，知县，正德十一年（1516 年）
夏　亨，明代，湖北咸宁，知县，正德十五年（1520 年）
张　璠，明代，河北沧州，知县，嘉靖二年（1523 年）
康　钺，明代，辽阳复州卫，知县，嘉靖三年（1524 年）
王　侑，明代，广东万州，知县，嘉靖四年（1525 年）
赵　辅，明代，陕西华州，知县，嘉靖六年（1527 年）
杨　瞻，明代，陕西蒲州，知县，嘉靖八年（1529 年）
蒋　鳌，明代，湖南零陵，知县，嘉靖九年（1530 年）
赵　辅，明代，陕西华州，知县，嘉靖十年（1531 年）
刘廷瑚，明代，署县事，嘉靖十年（1531 年）
贺希禹，明代，湖南耒阳，知县，嘉靖十一年（1532 年）
刘　璋，明代，福建莆田，知县，嘉靖十四年（1535 年）
时　绅，明代，湖北枣阳，知县，嘉靖十七年（1538 年）
刘××，明代，河南尉氏，署知县，嘉靖十九年（1540 年）
董汉儒，明代，河南泌阳，知县，嘉靖二十年（1541 年）
宋尚恩，明代，广西临桂，知县，嘉靖二十三年（1544 年）
黄　铎，明代，江西铅山，知县，嘉靖二十四年（1545 年）
陈　辂，明代，四川南充，知县，嘉靖二十六年（1547 年）
高　经，明代，山东高唐，知县，嘉靖二十九年（1550 年）
钱　仕，明代，湖广江陵，知县，嘉靖三十一年（1552 年）
王乔年，明代，山东高密，知县，嘉靖三十四年（1555 年）
吕××，明代，署县事，嘉靖三十六年（1557 年）
谢　莆，明代，山西代州，知县，嘉靖三十六年（1557 年）
林朝卿，明代，江西浮梁，知县，嘉靖三十八年（1559 年）
李　俨，明代，四川，知县，嘉靖四十二年（1563 年）
胡伯涵，明代，湖北黄州府，署县事，嘉靖四十二年（1563 年）
司　杞，明代，山西泽州，知县，嘉靖四十四年（1565 年）

张孔修，明代，直隶大名，知县，嘉靖四十五年（1566 年）
周　京，明代，福建莆田，知县，隆庆元年（1567 年）
王大用，明代，山西赵城，知县，隆庆二年（1568 年）
黄　芬，明代，湖广江夏，知县，隆庆五年（1571 年）
牛宗彦，明代，山西汾阳，署县事，隆庆六年（1572 年）
徐　宏，明代，江西临川，知县，万历元年（1573 年）
管应凤，明代，浙江余姚，知县，万历五年（1577 年）
刘汝梅，明代，山东馆陶，知县，万历七年（1579 年）
狄　纶，明代，顺天大兴，知县，万历十一年（1583 年）
谢××，明代，知县，万历十三年（1585 年）
张一心，明代，直隶获鹿，知县，万历十三年（1585 年）
杨柏柯，明代，直隶昆山，知县，万历十五年（1587 年）
焦尚铭，明代，河北固城，知县，万历十七年（1589 年）
冯盛明，明代，河北涿鹿，知县，万历十八年（1590 年）
刘　默，明代，直隶大名，知县，万历二十年（1592 年）
戴天德，明代，山西太平，知县，万历二十五年（1597 年）
全良范，明代，山东沂州，知县，万历二十九年（1601 年）
李登先，明代，山西榆次，知县，万历三十四年（1606 年）
张茂桂，明代，山西垣曲，知县，万历三十七年（1609 年）
丁可取，明代，洮州卫，知县，万历三十九年（1611 年）
欧阳照，明代，湖广竹溪，知县，万历四十一年（1613 年）
李　循，明代，山西曲沃，知县，万历四十四年（1616 年）
左　史，明代，陕西耀州，知县，万历四十七年（1619 年）
李芳春，明代，山东昌乐，知县，万历四十八年（1620 年）
张茂芹，明代，四川铜梁，知县，天启二年（1622 年）
邱登阶，明代，山东鳌山卫，知县，天启四年（1624 年）
黄　锟，明代，山东临清，知县，崇祯二年（1629 年）
岑维嵩，明代，四川，知县，崇祯四年（1631 年）
许无奇，明代，陕西城固，知县，崇祯五年（1632 年）
苏显祐，明代，辽宁辽阳，知县，崇祯七年（1634 年）
陈　庄，明代，山西晋阳，知县，崇祯十一年（1638 年）

李邓林，明代，湖广麻城，知县，崇祯十二年（1639 年）
朱谊沰，明代，秦府中卫，知县，崇祯十四年（1641 年）
杨　琛，明代，署县事，崇祯十四年（1641 年）
方重朗，明代，山东临清，知县，崇祯十六年（1643 年）
陈召南，明代，县令，崇祯十六年（1643 年）
刘　馨，明代，河南扶沟，县令，崇祯十六年（1643 年）
张笃祜，明代，县令，崇祯十七年（1644 年）
萧　让，清代，直隶博野，知县，顺治二年（1645 年）
杨在陛，清代，陕西三原，知县，顺治三年（1646 年）
吴朱祯，清代，山东胶州，知县，顺治十年（1653 年）
王　佐，清代，陕西泾阳，知县，顺治十一年（1654 年）
刘　深，清代，河北南皮，知县，顺治十四年（1657 年）
蒋其昌，清代，江苏临淮，知县，顺治十五年（1658 年）
刘瑞星，清代，陕西汉阴，知县，顺治十八年（1661 年）
白不缁，清代，四川营山，知县，康熙元年（1662 年）
高锡爵，清代，奉天镶白旗，知县，康熙三年（1664 年）
杜多斑，清代，陕西泾阳，知县，康熙六年（1667 年）
高锡爵，清代，奉天镶白旗，知县，康熙六年（1667 年）
屠又良，清代，浙江仁和，知县，康熙十四年（1675 年）
李其麟，清代，镶红旗，知县，康熙二十年（1681 年）
周士皇，清代，武昌，知县，康熙二十一年（1682 年）
胡　上，清代，江西宜黄，知县，康熙二十五年（1686 年）
许鹏程，清代，署知县，康熙二十八年（1689 年）
缪应晋，清代，浙江山阴，知县，康熙二十八年（1689 年）
赵如桓，清代，北京宛平，知县，康熙三十五年（1696 年）
刘万选，清代，广西桂平，知县，康熙四十二年（1703 年）
吴士熺，清代，福建莆田，知县，康熙四十三年（1704 年）
刘嗣理，清代，广西全州，知县，康熙四十六年（1707 年）
何　深，清代，广东连平州，知县，康熙五十二年（1713 年）
郁士超，清代，江苏宜兴，知县，康熙五十四年（1715 年）
姜公绶，清代，镶蓝旗汉军，知县，康熙五十八年（1719 年）

张　铎，清代，陕西山阳，知县，康熙六十年（1721年）
王应佩，清代，安徽望江，署知县，康熙六十年（1721年）
郭绍璞，清代，山西翼城，知县，雍正二年（1724年）
秦　铸，清代，河北曲周，知县，雍正五年（1727年）
宋世俊，清代，山东胶州，知县，雍正七年（1729年）
张元祐，清代，江苏武进，知县，雍正八年（1730年）
周学裕，清代，贵州黄平州，知县，雍正八年（1730年）
周　鈺，清代，河北大兴，知县，雍正九年（1731年）
慕震生，清代，署知县，雍正十一年（1733年）
周　鈺，清代，河北大兴，知县，雍正十二年（1734年）
吴　溶，清代，署知县，乾隆十二年（1747年）
杨　烛，清代，直隶固安，知县，乾隆十二年（1747年）
马伯辂，清代，陕西绥德州，知县，乾隆十三年（1748年）
徐步蟾，清代，江苏兴化，知县，乾隆十七年（1752年）
七十一，清代，正蓝旗，知县，乾隆二十年（1755年）
董丰垣，清代，浙江归安，知县，乾隆二十六年（1761年）
孔传科，清代，山东曲阜，知县，乾隆二十八年（1763年）
张映台，清代，山东海丰，知县，乾隆二十九年（1764年）
杨永朝，清代，河北庆云，知县，乾隆三十四年（1769年）
潘廷扬，清代，四川江津，知县，乾隆三十五年（1770年）
刘　瑄，清代，天津，知县，乾隆三十八年（1773年）
李　锋，清代，江苏吴县，知县，乾隆四十年（1775年）
苏登莱，清代，江苏江阴，知县，乾隆四十二年（1777年）
赵文重，清代，甘肃正宁，知县，乾隆四十五年（1780年）
刘清鼐，清代，河北文安，知县，乾隆五十六年（1791年）
杨芝年，清代，长安，知县，乾隆六十年（1795年）
殷秉镛，清代，天津，知县，嘉庆十年（1805年）
丁士元，清代，贵阳，知县，嘉庆十三年（1808年）
江心筠，清代，新城，知县，嘉庆十六年（1811年）
胡秉钧，清代，贵州开泰，知县，嘉庆二十一年（1816年）
李　高，清代，福建闽县，知县，嘉庆二十三年（1818年）

王德瑛，清代，山东福山，知县，嘉庆二十四年（1819 年）
胡秉钧，清代，贵州开泰，知县，道光元年（1821 年）
姚用书，清代，河北涿州，知县，道光三年（1823 年）
王德瑛，清代，山东福山，知县，道光八年（1828 年）
李玉盛，清代，知县，道光十一年（1831 年）
唐　铸，清代，江苏江都，知县，道光十一年（1831 年）
唐锡筹，清代，江苏江都，知县，道光十八年（1838 年）
唐锡筹，清代，江苏江都，知县，道光三十年（1850 年）
方成法，清代，河南商城，知县，咸丰二年（1852 年）
刘封典，清代，河北交河，知县，咸丰七年（1857 年）
孔宪琮，清代，山东曲阜，知县，咸丰十年（1860 年）
邹金生，清代，金溪，知县，咸丰十一年（1861 年）
冯金甲，清代，署知县，同治六年（1867 年）
孟宣泗，清代，河北清苑，知县，同治七年（1868 年）
王　政，清代，河北丰润，知县，同治九年（1870 年）
程光溥，清代，福建闽县，知县，同治九年（1870 年）
杨恩铭，清代，北京大兴，知县，同治十年（1871 年）
孟宪璋，清代，山东章丘，知县，光绪五年（1879 年）
沈祖煌，清代，浙江山阴，知县，光绪十一年（1885 年）
倪德龄，清代，署知县，光绪十三年（1887 年）
车××，清代，知县，光绪十五年（1889 年）
熊　灿，清代，湖北黄安，知县，光绪十五年（1889 年）
孙敬修，清代，知县，光绪十六年（1890 年）
熊　灿，清代，湖北黄安，知县，光绪十九年（1893 年）
王××，清代，知县，光绪二十五年（1899 年）
杨敬修，清代，知县，光绪二十五年（1899 年）
田子丰，清代，知县，光绪二十八年（1902 年）
林仲膺，清代，知县，光绪三十年（1904 年）
杨敬修，清代，知县，光绪三十年（1904 年）
张　订，清代，知县，光绪三十二年（1906 年）
谢××，清代，知县，光绪三十四年（1908 年）

吴竭仁，清代，知县，宣统元年（1909 年）

甘士达，清代，江苏嘉定，知县，宣统二年（1910 年）

武培元，清代，知县，宣统三年（1911 年）

张星汉，民国，湖北黄冈，县知事，1912. 5

张自新，民国，河南郏县，县知事，1913. 4. 3

王俊德，民国，直隶河间，县知事，1914. 3. 28

胡发珠，民国，江西兴国，县知事，1915. 1. 5

陈培兰，民国，湖北安陆，县知事，1915

左质恒，民国，湖北云梦，县知事，1916. 3. 4

言同霨，民国，江苏常熟，县知事，1917. 9. 27

丁康保，民国，江苏宜兴，县知事，1918. 4. 11

张秉庚，民国，县知事，1918. 4. 13

戚渠清，民国，浙江余姚，县知事，1918. 8. 8

魏锡庚，民国，河南临汝，县知事，1919

万云翱，民国，河南罗山，县知事，1920. 9. 17

赵佩鹤，民国，河南开封，县知事，1921. 10

王崇闻，民国，山东聊城，县知事，1921

李文甫，民国，县知事，1922

周士森，民国，江苏淮安，县知事，1923. 11. 27

杨思温，民国，河南洛阳，县知事，1923. 11. 27

黄荣忠，民国，河南鹿邑，县知事，1926. 4

单进魁，民国，县知事，1926. 11. 30

孙书年，民国，县知事，1927. 1. 10

关一南，民国，县知事，1927

戴成龙，民国，湖北京山，县长，1928. 2. 15 代

王　鑫，民国，县长，1928. 6. 19

李国锦，民国，县长，1928

李树芬，民国，河南舞阳，县长，1928. 11

余　斌，民国，安徽桐城，县长，1929. 2. 1 代

刘统汉，民国，县长，1929. 7. 31 代

王彤祥，民国，县长，1929. 8. 23 代

赵作霖，民国，河南郾城，县长，1929. 9. 9 代
候光陆，民国，县长，1930. 3. 25 代
贾懋海，民国，河南封丘，县长，1930. 4. 16 代
张勤益，民国，县长，1930. 7. 3 代
刘秉坤，民国，北平，县长，1930. 7. 12 代
杨宗敏，民国，浙江黄岩，县长，1930. 9. 20
张鉴箴，民国，河南卢氏，县长，1930. 10. 14
卞敬五，民国，河南，县长，1932. 9. 9
苑玉华，民国，河北献县，县长，1932. 12. 12
宋炳春，民国，河北安国，县长，1937. 3. 14
魏凤楼，民国，河南西华，县长，1938. 7. 1
禹升联，民国，河南汜水，县长，1938. 9. 11
任　邦，民国，河南温县，县长，1941. 8. 27
李建刚，民国，河南光山，县长，1943. 9. 11
李慎思，民国，河南太康，县长，1943. 9. 21
沈延年，民国，河南潢川，县长，1943
李光初，民国，河南扶沟，伪县长，1944. 6
胡迎祥，民国，河南扶沟，县长，1944. 6
吴凤翔，民国，河南扶沟，县长，1944. 6
杨树兰，民国，河南扶沟，县长，1945. 7. 3 代
李慎思，民国，河南太康，县长，1945. 7. 31
沈延年，民国，河南潢川，县长，1945. 12. 18 代
吴重辉，民国，河南淯川，县长，1945. 12. 21
聂法禹，民国，河南扶沟，县长，1946. 7. 6
李紫垣，民国，河南扶沟，县长，1947. 5. 20
吴化孚，民国，河南扶沟，县长，1948. 3. 16

淮阳县历代职官简录

周　朝

陈胡公（约公元前 11 世纪）

陈桓公（前719—前707）
陈厉公（前708—前700）
陈庄公（前699—前692）
陈宣公（前692—前649）
陈穆公（前648—前633）
陈共公（前632—前615）
陈灵公（前614—前599）
陈成公（前598—前569）
陈哀公（前568—前534）
陈惠公（前533—前507）
陈怀公（前506—前502）
陈湣公（前501—前479）

汉　代

淮阳王友，高祖十一年（前196年）
淮阳王强，惠帝元年（前194年）
淮阳王武，惠帝五年（前190年）
淮阳王武，文帝前元三年（前177年）
淮阳王余，景帝前元二年（前155年）
淮阳都尉岑彭，新莽地皇四年（23年）
淮阳王玄，更始帝元年（23年）
淮阳都尉潘蹇，光武帝建武二年（26年）
淮阳王苏茂，光武帝建武二年（26年）
淮阳王延，光武帝建武十五年（39年）
淮阳王延，光武帝建武二十八年（52年）
陈敬王羡，明帝永平三年（60年）
淮阳王昺，明帝永平五年（62年）
淮阳王昞，章帝建初四年（79年）四月
淮阳王宠，献帝建安元年（196年）

三　国

陈王邕，魏黄初三年（222 年）

陈思王曹植，魏太和三年（229 年）

晋　代

陈王斌，武帝泰始元年（265 年）

南北朝

淮阳公皮豹，北魏太武帝时（424—451）

淮阳王尉元，北魏献文帝时（466—470）

陈郡公李叔仁，北魏时

陈王纯，北周武帝建德三年（574 年）

唐　代

淮阳王道元，高祖武德初年（618 年）

陈王珪，玄宗开元二十一年（733 年）

陈王成美，文宗开成二年（837 年）

五　代

陈王重杲，后晋时（936—946 年）

陈王承勋，后周太祖广顺元年（951 年）

淮阳王符彦卿，后周太祖广顺元年（951 年）

宋　代

陈王元份，真宗景德二年（1005 年）

陈王佖，徽宗建中靖国元年（1101 年）

明　代

李子义，江西人，陈州知州，举人

白　珪，内黄人，陈州知州，监生

沈　钦，江苏海盐人，陈州知州，进士

韩思贤，上海嘉定人，陈州知州，监生
胡　骥，直隶人，陈州知州，监生
李　遂，潞州人，陈州知州，监生
杨　升，安徽六安人，陈州知州，监生
陈原宗，湖南衡阳人，陈州知州，监生
张志道，武进人，陈州知州，监生
周　庠，麻城人，陈州知州，监生
唐　铨，江苏定海人，陈州知州，监生
蒋　泰，建德人，陈州知州，进士
朱　祥，盱眙人，陈州知州，举人
尚　观，湖北武昌人，陈州知州，举人
李天衢，乐平人，陈州知州，进士
王　用，真定人，陈州知州，举人
杜　杰，江苏会稽人，陈州知州，举人
袁　经，江西庐江人，陈州知州，举人
文　渊，盖州卫人，陈州知州，举人
叶　淳，江苏桐庐人，陈州知州，举人
陆　冕，上海昆山人，陈州知州，进士
郭天锡，山东人，陈州知州，举人
郝　璋，淳县人，陈州知州，举人
王大绍，清苑人，陈州知州，举人
唐　方，山东东平人，陈州知州，举人
沈应元，江苏常熟人，陈州知州，举人
伍应召，福建人，陈州知州，举人
盖光宇，永年人，陈州知州，举人
许汝升，甘肃华亭县人，陈州知州，举人，万历五年（1577 年）
潘志伊，江苏吴县人，陈州知州，万历八年（1580 年）
殷　濡，江苏常熟人，陈州知州，万历十一年（1583 年）
李春和，新建人，陈州知州，举人，万历十三年（1585 年）
夏　相，湖北孝感人，陈州知州，举人，万历二十年（1592 年）
胡大成，高安人，陈州知州，进士，万历二十年（1592 年）

罗　彬，滋阳人，陈州知州，举人，万历二十七年（1599 年）
康应乾，直隶鸡译人，陈州知州，进士，万历三十三年（1605 年）
陈大期，南海人，陈州知州，举人，万历三十七年（1609 年）
丁三益，汶上人，陈州知州，举人，万历三十九年（1611 年）
孙继祚，仁和县人，陈州知州，举人，万历四十三年（1615 年）
林一贵，福建莆田人，陈州知州，进士，天启六年（1626 年）
张国仁，高平人，陈州知州，举人，崇祯元年（1628 年）
薛　坤，福建人，陈州知州，进士，崇祯年间
牟应春，云南人，陈州知州，举人，崇祯年间
沈万春，仁和县人，陈州知州，举人，崇祯年间
傅为辑，四川人，陈州知州，举人，崇祯年间

清代（顺治、康熙、雍正三朝）

1. 陈州知州

赵　炜，山东人，陈州知州，举人，顺治三年（1646 年）
王宏猷，山东人，陈州知州，举人，顺治五年（1648 年）
李复元，陕西宝鸡人，陈州知州，举人，顺治十年（1653 年）
王宏仁，辽宁辽阳人，陈州知州，举人，顺治十四年（1657 年）
王士麟，辽宁辽阳人，陈州知州，举人，顺治十六年（1659 年）
姚廷佐，山东青县人，陈州知州，副贡，康熙六年（1667 年）
刘汝埴，任丘人，陈州知州，岁贡，康熙九年（1670 年）
李云景，江西晋江人，陈州知州，拔贡，康熙十四年（1675 年）
潘士端，辽宁锦州人，陈州知州，举人，康熙二十六年（1687 年）
王清彦，满洲正红旗人，陈州知州，康熙二十八年（1689 年）
张　喆，安邑人，陈州知州，贡生，康熙三十二年（1693 年）
蔺复元，满洲正白旗人，陈州知州，贡生，康熙四十年（1701 年）
赵之璘，山东诸暨人，陈州知州，贡生，康熙四十四年（1718 年）
林鸿暹，江苏钱塘人，陈州知州，进士，康熙五十四年（1715 年）
蔡维翰，四川成都人，陈州知州，拔贡，雍正二年（1724 年）
王箴舆，宝应人，陈州知州，进士，雍正八年（1730 年）
黄起盛，正红旗人，陈州知州，例监，雍正九年（1731 年）

2. **陈州州判**

樊士英，河北唐山人，陈州州判，贡生，顺治年间

蒋应泰，大洪人，陈州州判，贡生，顺治年间

顾尔健，直隶人，陈州州判，贡生，顺治年间

季淑梁，灵州人，陈州州判，贡生，顺治年间

安　璇，直隶人，陈州州判，贡生，顺治年间

覃进恩，湖南人，陈州州判，贡生，康熙七年（1668 年）

何　藩，上海人，陈州州判，贡生，康熙十九年（1680 年）

杨上联，闽县人，陈州州判，贡生，康熙三十一年（1692 年）

巨国英，阳城人，陈州州判，监生，康熙五十一年（1712 年）

胡公谕，崇庆人，陈州州判，贡生，康熙六十年（1721 年）

余靖献，星子人，陈州州判，拔贡，雍正七年（1729 年）

胡时壮，崇庆人，陈州州判，副榜，雍正十一年（1733 年）

3. **陈州学正**

张星燧，洛阳人，陈州学正，贡生，顺治年间

张仕鹏，郏县人，陈州学正，贡生，顺治年间

马崇贤，卫辉府人，陈州学正，贡生，顺治年间

段亭昭，裕州人，陈州学正，贡生，顺治年间

刘　洄，光州人，陈州学正，贡生，顺治年间

丁文熯，河内人，陈州学正，贡生，康熙四年（1665 年）

尚吁梭，陕州人，陈州学正，贡生，康熙十二年（1673 年）

徐　琏，光州人，陈州学正，贡生，康熙十六年（1677 年）

吴　板，泌阳人，陈州学正，贡生，康熙十六年（1677 年）

苗作梅，武陟人，陈州学正，贡生，康熙二十八年（1689 年）

梁维极，新野人，陈州学正，贡生，康熙五十七年（1718 年）

傅克魁，鹿邑人，陈州学正，举人，康熙五十七年（1718 年）

马作砺，新乡人，陈州学正，举人，康熙六十一年（1722 年）

皮天福，柘城人，陈州学正，贡生，雍正二年（1724 年）

张　越，巩县人，陈州学正，贡生，雍正四年（1726 年）

注：清雍正十二年陈州府，置府辖淮宁县，设知县。

4．淮宁知县

潘廷伟，崇安人，淮宁知县，举人，雍正十三年（1735 年）
杨枝华，都匀人，淮宁知县，进士，乾隆二年（1737 年）
许佩璜，江都人，淮宁知县，监生，乾隆七年（1742 年）
单履威，江苏阳湖人，淮宁知县，拔贡，乾隆十二年（1747 年）
宋 恂，夹江人，淮宁知县，进士，乾隆二十年（1755 年）
汪 圻，江苏吴县人，淮宁知县，举人，乾隆二十四年（1759 年）
王泰曾，宛平人，淮宁知县，举人，乾隆三十五年（1770 年）
冯履豫，代州人，淮宁知县，举人，乾隆三十五年（1770 年）
施义爵，铜梁人，淮宁知县，举人，乾隆三十七年（1772 年）
杨火单，安宁州人，淮宁知县，拔贡，乾隆三十八年（1773 年）
刘 彤，掖县人，淮宁知县，拔贡，乾隆四十年（1775 年）
裘冠一，江苏山阴人，淮宁知县，举人，乾隆四十八年（1783 年）
梁元瑾，临桂人，淮宁知县，举人，乾隆四十九年（1784 年）
卢又绅，如皋人，淮宁知县，举人，乾隆五十四年（1789 年）
李知德，灵州人，淮宁知县，贡生，乾隆五十四年（1789 年）
吴元润，北京仁和人，淮宁知县，监生，乾隆五十四年（1789 年）
华 灿，无锡人，淮宁知县，监生，乾隆六十年（1795 年）
沈履祥，德清人，淮宁知县，举人，嘉庆四年（1799 年）
萧 鸣，浙江温州人，淮宁知县，举人，嘉庆五年（1800 年）
叶大奇，北京宛平人，淮宁知县，举人，嘉庆七年（1802 年）
丁履泰，武进人，淮宁知县，翰林，嘉庆八年（1803 年）
张世濂，湖南湘潭人，淮宁知县，进士，嘉庆九年（1804 年）
马 瀚，聊城人，淮宁知县，进士，嘉庆十二年（1807 年）
焦以润，章丘人，淮宁知县，进士，嘉庆十三年（1808 年）
邵希曾，仁和人，淮宁知县，举人，嘉庆十九年（1814 年）
郑承烈，江山人，淮宁知县，举人，嘉庆二十年（1815 年）
刘广树，文州人，淮宁知县，进士，道光元年（1821 年）
俞从龙，遵义人，淮宁知县，举人，道光元年（1821 年）
白士梅，太谷人，淮宁知县，举人，道光三年（1823 年）
师俊公，韩城人，淮宁知县，举人，道光十六年（1836 年）

麦　祥，楚雄人，淮宁知县，进士，道光十六年（1836 年）

高　钧，舒城人，淮宁知县，举人，道光二十一年（1841 年）

丁作霖，荆溪人，淮宁知县，举人，道光二十二年（1842 年）

吴承芳，江夏人，淮宁知县，举人，道光二十三年（1843 年）

郭维藩，荡州镜正红旗人，淮宁知县，举人，咸丰元年（1851 年）

戴成元，侯官人，淮宁知县，举人，咸丰元年（1851 年）

杨尚瑛，江华人，淮宁知县，监生，咸丰元年（1851 年）

王树汉，四川沔阳人，淮宁知县，举人，咸丰四年（1854 年）

保　淳，满洲人，淮宁知县，咸丰五年（1855 年）

路　璜，毕节人，淮宁知县，进士，咸丰九年（1859 年）

余　铨，咸宁人，淮宁知县，举人，咸丰九年（1859 年）

杜　翃，滨州人，淮宁知县，同治三年（1864 年）

孔　庆，山东曲阜人，淮宁知县，举人，同治六年（1867 年）

杨丽堂，太谷人，淮宁知县，光绪六年（1880 年）

王舍棠，隆德人，淮宁知县，举人，光绪二十七年（1901 年）

郑鸿瑞，光泽人，淮宁知县，举人，光绪二十八年（1902 年）

李德基，阳湖人，淮宁知县，光绪三十四年（1908 年）

舒树基，奉仕人，淮宁知县，宣统三年（1911 年）

王会沣，山阴人，淮宁知县，解元，宣统三年（1911 年）

陈毓沂，繁峙人，淮宁知县，拔贡，宣统三年（1911 年）

5. **雍正十三年，陈州升为府，府志缺修，兹特另表记录，上接乾隆府志，下终宣统，惟其籍贯履历，或世远难详，或缺载莫稽，失者缺之，著者知者如下：**

高士璜，陈州知府，乾隆十九年（1754 年）

孙　栝，陈州知府，乾隆三十九年（1774 年）

陶万选，陈州知府，乾隆五十九年（1794 年）

吕宣泰，陈州知府，嘉庆十五年（1810 年）

王钟吉，山东诸城人，陈州知府，翰林，嘉庆二十四年（1819 年）

瞿　昂，宛平县人，陈州知府，翰林，道光二年（1822 年）

尚政麟，满洲人，陈州知府，廪生，道光十二年（1832 年）

刘荫堂，贵州清平人，陈州知府，翰林，道光十四年（1834 年）

泰伯度，广西桂林人，陈州知府，进士，道光十六年（1836 年）
王常丝，天津人，陈州知府，举人，道光十七年（1837 年）
邹鸣鹤，江苏无锡人，陈州知府，进士，道光十九年（1839 年）
冯光奎，顺天宛平人，陈州知府，举人，道光二十年（1840 年）
于尚龄，江苏金坛人，陈州知府，进士，道光二十六年（1846 年）补
朱师濂，浙江宁海人，陈州知府，监生，咸丰元年（1851 年）
王　宪，甘肃陇西人，陈州知府，拔贡，咸丰四年（1854 年）
安　奎，满洲正黄旗人，陈州知府，笔帖式，咸丰五年（1855 年）
郑廷锦，山西阳夏人，陈州知府，举人，咸丰六年（1856 年）
刘　拱，江西新昌人，陈州知府，进士，咸丰十年（1860 年）
袁绳武，直隶安肃人，陈州知府，廪贡，同治五年（1866 年）
厉文炜，浙江萧山人，陈州知府，监生，同治八年（1869 年）
蒋　珣，广西全州人，陈州知府，监生，同治九年（1870 年）
高　握，湖南桃源人，陈州知府，举人，同治十年（1871 年）
李在铭，直隶盐山人，陈州知府，拔贡，同治十三年（1874 年）
闫庆华，山东荣城人，陈州知府，附生，光绪五年（1879 年）
吴重喜，山东海丰人，陈州知府，举人，光绪六年（1880 年）
方荫棠，安徽桐城人，陈州知府，光绪十五年（1889 年）
方观园，安徽桐城人，陈州知府，监生，光绪十六年（1890 年）
陈桂芬，山西繁峙人，陈州知府，进士，光绪二十三年（1897 年）
陈履亨，山西汾县人，陈州知府，翰林，光绪二十八年（1902 年）
端　谨，满洲镶黄旗人，陈州知府，翰林，光绪三十年（1904 年）
润　芳，满洲镶白旗人，陈州知府，进士，光绪三十年（1904 年）
邹道沂，山东聊城人，陈州知府，举人，光绪三十二年（1906 年）
刘更寿，安徽庐江人，陈州知府，附贡，光绪三十二年（1906 年）
陶福同，江西新建人，陈州知府，进士，光绪三十四年（1908 年）
朱隽瀛，顺天大兴县人，陈州知府，举人，宣统二年（1910 年）
万本端，江西德仕人，陈州知府，翰林，宣统三年（1911 年）
太　昌，罗山县人，陈州知府，翰林，民国元年（1912 年）

淮阳籍在外做官人员简录

郝　谦，金，总管行军元帅
李　在，明，南阳守备
何帮震，明，陈州卫镇府
于之大，明，平阳知府
万世显，明，南京礼部主事
苏立魁，清，怀远将军
苏　鉴，清，江南铜沛营宋备
苏　鋐，清，陕西永安守备
苏泳曾，清，沙州卫守备
杨春祥，清，记名提督
赵青云，清，湖北副将
张应云，清，湖南澧州营守备
陈天相，清，湖南澧州营守备
蒋宗孟，清，岳州营参将
胡凤冈，民国，云南知府
王玉锦，民国，北京拱卫使
王崐嵂，民国，山西蒲川协镇
梁畏三，民国，怀庆府右营都司
董兰芸，民国，京都御前侍卫
王丕焕，民国，陆军训练总督骑兵监
雷曰楠，民国，哈尔滨江防司令部少将参谋
严觐光，民国，河南警察厅厅长
雷曰楹，民国，航空署经理厅厅长
时鼎岑，民国，河南警察厅民国河南将军署参谋长
严汝诚，民国，察哈尔财政厅分厅厅长
刘庆云，民国，贵州永安协镇
常连三，民国，武昌督标右营参府

丁碧岩，民国，南昌市副市长
江浩近，代空，军事法院副院长
理黎影，民国，军委工程兵后勤部政治委员
马益三，民国，上海市民族义务委员会副主任
肖　予，民国，山西省汾西机器厂副厂长
杨洪早，民国，成都军区后勤部副政委
庄俊田，民国，三机部政治部副主任
张继超，民国，23集团军后勤部副部长
叶维峻，民国，中国人民解放军86师副师长
刘国生，民国，中国人民解放军49师师长
王秉云，民国，陆军206师司令部副参谋长
王泽民，民国，西藏军分区政治部主任

西华县文、武进士简录

（依次为：姓名，年号纪年）

张凤翮，清顺治十二年（1655年）乙未科文进士
张圻隆，清顺治十八年（1661年）辛丑科文进士
张文岭，清雍正五年（1727年）丁未科文进士
凌松林，清咸丰三年（1853年）癸丑科文进士
刘可畏，明万历十七年（1589年）己丑科武进士
王　灿，明天启二年（1622年）壬戌科武进士
王维枢，明崇祯十年（1637年）丁丑科武进士
王安世，明崇祯十三年（1640年）庚辰科武进士
于　洙，清顺治九年（1652年）壬辰科武进士
胡靖宸，清顺治九年（1652年）壬辰科武进士
王世卿，清康熙十五年（1676年）丙辰科武进士
王念默，清康熙三十年（1691年）辛未科武进士
高　焕，清乾隆四年（1739年）己未科武进士
赵百元，清光绪二十年（1894年）甲午科武进士

明、清、民国时期西华县县长（县令、县知事）简录

（依次为：姓名，职务，年代，籍贯，功名，任职时间）

唐　英，县令，明洪武三年（1370 年）

张　本，县令，明洪武十年（1377 年）

吴文郁，县令，江南黟县，监生，明永乐四年（1406 年）

要　毅，县令，直隶南和，监生，明永乐十二年（1414 年）

许　隽，县令，山西榆次，监生，明宣德元年（1426 年）

许　向，县令，江西宜黄，举人，明宣德二年（1427 年）

王在明，县令，明正统六年（1441 年）

罗　睿，县令，直隶真定，举人，明正统十二年（1447 年）

苏　纶，县令，山东临清，监生，明天顺五年（1461 年）

张　豸，县令，江南宜真，举人，明成化二年（1466 年）

翁积德，县令，广西程乡，举人，明成化三年（1467 年）

陈嘉谟，县令

杨　凤，县令，府军前卫，进士，明弘治十年（1497 年）

李　景，县令，直隶浚县，举人，明弘治十二年（1499 年）

赵　通，县令，山西崞县，举人，明弘治十五年（1502 年）

陈　濂，县令，直隶献县，监生，明正德元年（1506 年）

卢　鉴，县令，直隶东明，明正德三年（1508 年）

李　景，县令，山西广灵，举人，明正德四年（1509 年）

王尧臣，县令，山西忻县，举人，明正德七年（1512 年）

杜　钦，县令，浙江余姚，举人，明正德九年（1514 年）

黄文黻，县令，广东横州，举人，明正德十年（1515 年）

汪汝珍，县令，江南休宁，监生，明正德十六年（1521 年）

张　淳，县令，直隶任丘，举人，明嘉靖四年（1525 年）

陈世熙，县令，明嘉靖十二年（1533 年）

向光启，县令，明嘉靖二十年（1541 年）

刘光瑞，县令，江西浮梁，监生，明嘉靖二十年（1541 年）
史　衢，县令，陕西两当，举人，明嘉靖二十二年（1543 年）
张　龙，县令，山东济宁，举人，明嘉靖二十六年（1547 年）
董　第，县令，直隶高阳，举人，明嘉靖二十九年（1550 年）
郑宗岱，县令，浙江浦江，监生，明嘉靖三十四年（1555 年）
冯余庆，县令，直隶滦州，岁贡，明嘉靖三十五年（1556 年）
陶文渊，县令，江南崑山，举人，明嘉靖三十八年（1559 年）
隋廷栋，县令，山东莱阳，岁贡，明嘉靖四十年（1561 年）
彭之骕，县令，江西大庾，贡生，清顺治十三年（1656 年）
吴燕芳，县令，江西宜黄，举人，清顺治十五年（1658 年）
左国桢，县令，江南桐城，贡生，清顺治十六年（1659 年）
王镇寰，县令，山西平顺，岁贡，清顺治十七年（1660 年）
张起万，县令，山西孝义，拔贡，清康熙元年（1662 年）
喻天祥，县令，奉天，恩荫，清康熙二年（1663 年）
岑　鹤，县令，江南建平，进士，清康熙十二年（1673 年）
潘　仁，县令，浙江仁和，吏员，清康熙十五年（1676 年）
王登朝，县令，江南常熟，举人，清康熙十八年（1679 年）
牛衍庆，县令，陕西武功，举人，清康熙二十一年（1682 年）
文秉濂，县令，广西全州，举人，清康熙二十四年（1685 年）
金依政，县令，正黄旗，恩荫，清康熙二十四年（1685 年）
朱　培，县令，浙江山阴，岁贡，清康熙二十六年（1687 年）
徐树庸，县令，江南崑山，进士，清康熙三十五年（1696 年）
李　培，县令，福建侯官，监生，清康熙三十八年（1699 年）
陈文灿，县令，湖广公安，进士，清康熙四十一年（1702 年）
雷先春，县令，富平，进士，清康熙四十五年（1706 年）
归　鸿，县令，上海，进士，清康熙四十九年（1710 年）
邓尚友，县令，广西全州，举人，清康熙五十八年（1719 年）
张曰聪，县令，高密，举人，清康熙六十一年（1722 年）
钱宗禹，县令，浙江会稽，监生，清康熙六十一年（1722 年）
范　绒，县令，范县，监生，清雍正二年（1724 年）
吴大炜，县令，钱塘县，举人，清雍正七年（1729 年）

刘　焜，县令，宁河，例贡，清雍正八年（1730年）
介锡龄，县令，山西解州，举人，清乾隆四年（1739年）
吴　溶，县令，江苏阳湖，监生，清乾隆十二年（1747年）
宋　恂，县令，四川夹江，进士，清乾隆十二年（1747年）
杜　宪，县令，清乾隆二十年（1755年）
程际太，县令，清乾隆二十二年（1757年）
刘　焯，县令，江西，进士，清乾隆二十八年（1763年）
郭　照，县令，清乾隆三十一年（1766年）
沈云望，县令，清乾隆四十五年（1780年）
叶期颐，县令，清乾隆四十九年（1784年）
朱希良，县令，进士，清乾隆六十年（1795年）
鲁　铨，县令，进士，清嘉庆五年（1800年）
徐　汉，县令，清嘉庆八年（1803年）
方起萃，县令，举人，清嘉庆十八年（1813年）
段长福，县令，清嘉庆十八年（1813年）
栗毓美，县令，山西浑源，拔贡，清嘉庆十八年（1813年）
张如衡，县令，清嘉庆二十三年（1818年）
刘拱宸，县令，江西新昌，进士，清道光五年（1825年）
史秉直，县令，进士，清道光十年（1830年）
赵文瀛，县令，辽宁辽中，进士，清道光二十八年（1848年）
杨尚英，县令，清咸丰二年（1852年）
杨修田，县令，山东海风，贡生，清咸丰四年（1854年）
顾守壬，县令
龚德渤，县令，举人
徐　炳，县令，顺天宛平，监生，清咸丰十一年（1861年）
王凤森，县令，直隶滦州，进士，清同治四年（1865年）
顾世纶，县令，清同治五年（1866年）
孔庆钵，县令，清同治六年（1867年）
孙永治，县令，湖北汉阳，进士，清同治十一年（1872年）
刘衍庆，县令，陕西长安，监生，清光绪二年（1876年）
曹星焕，县令，顺天武清，举人，清光绪三年（1877年）

瑞　徵，县令，监生，清光绪四年（1878 年）
杨彦修，县令，陕西临潼，举人，清光绪五年（1879 年）
张鉴堂，县令，关中郧县，进士，清光绪六年（1880 年）
裕　勋，县令，正黄旗汉军，举人，清光绪八年（1882 年）
张　薇，县令，广东大埔，进士，清光绪九年（1883 年）
鲍振镛，县令，江苏东台，拔贡，清光绪十年（1884 年）
马嘉桢，县令，江苏吴进，进士，清光绪十六年（1890 年）
廖国琛，县令，福建侯官，进士，清光绪十九年（1893 年）
冯作栋，县令，举人，清光绪二十年（1894 年）
赵　完，县令，江苏吴进，监生，清光绪二十三年（1897 年）
孔庆筠，县令，山东曲阜，监生，清光绪二十五年（1899 年）
汪时丰，县令，清光绪二十六年（1900 年）
林廷赞，县令，清光绪二十六年（1900 年）
舒树基，县令，监生，清光绪二十七年（1901 年）
沈福元，县令，江苏元和，清光绪三十二年（1906 年）
王政敷，县令，清光绪三十二年（1906 年）
刘鼎瑞，县令，清宣统元年（1909 年）
蔡俊镛，县令，清宣统二年（1910 年）
周　恕，县知事，江苏丹徒，1912 年
李之桑，县知事，安徽阜阳，1912 年
李福遐，县知事，安徽巢县，1912 年
王沛棻，县知事，光山，翰林，1913 年
王受福，县知事，信阳，1913 年
张俊英，县知事，直隶束鹿，进士，1914 年
汪继祖，县知事，江苏江宁，1915 年
刘泽清，县知事，湖北江夏，1915 年
王锡田，县知事，京兆宛平，1916 年
邓锡瑞，县知事，云南盐兴，1917 年
苏绳武，县知事，陕西长安，进士，1918 年
徐仲贞，县知事，四川万县，1919 年
王钟睿，县知事，湖北黄冈，1920 年

杨光斌，县知事，江苏栗水，1921 年
念梅荫，县知事，山东堂邑，1921 年
谢云亭，县知事，封丘，1922 年
张维藻，县知事，安徽凤阳，1922 年
吴高准，县知事，固始，1923 年
周朝政，县知事，1925 年
韩葆谦，县知事，柘城，举人，1926 年
陈赓飏，县知事，1926 年
祝鼎铭，县知事，1926 年
杨祖尧，县知事，1927 年
夏云图，县知事，1927 年
黄廷杰，县知事，1927 年
宋炳春，县知事，1927 年
高　爽，县知事，江苏，1927 年
肖德普，县长，偃师，1928 年
纪泽生，县长，1928 年
张维寅，县长，武陟，1928 年
姚中选，县长，山西，1929 年
周卜五，县长，阳武，1929 年
刘东浦，县长，山东曹县，1930 年
弁　卓，县长，1930 年
滕载厚，县长，山东滕县，1930 年
王瀛蛟，县长，项城，1930 年
王兆珍，县长，项城，1931 年
张澜栋，县长，兰封，1932 年
任右农，县长，湖北谷城，1933 年
潘龙光，县长，湖北麻城，1934 年
仇曾枯，县长，山西曲沃，1937 年
楚　博，县长，荥泽，1937 年
王瀛蛟，县长，项城，1939 年
陈友俊，县长，温县，1939 年

肖德乾，县长，沁阳，1939 年
冯伯靖，县长，商城，1940 年
李相丞，县长，商城，1941 年
辛绪钧，县长，1942 年
张维亚，县长，孟县，1942 年
高蓝田，县长，西华，1944 年
田荆茂，县长，郾城，1945 年
周本立，县长，鄢陵，1946 年
李树栾，县长，舞阳，1947 年

明清两代商水县进士、举人和贡生简录

一、明　代

1. 进士

杨安仁，洪武二十四年（1391 年）辛未科，官至湖广左参政
王　浚，天顺四年（1460 年）庚辰科，由平乡县知县擢御史
王　相，成化十四年（1478 年）戊戌科，浙江按察司佥事

2. 举人

赵可行，洪武初年（1368 年）戊申科，直隶省武邑县知县
陈　翰，洪武初年（1368 年）戊申科，直隶省无极县知县
袁　廉，永乐十二年（1414 年）甲午科
康　镛，永乐十八年（1420 年）庚子科，四川省隰州同知
单　启，永乐二十一年（1423 年）癸卯科，湖广光化县知县
王　溢，永乐二十一年（1423 年）癸卯科，官至通政司左参议
任　嵩，永乐二十一年（1423 年）癸卯科，浙江乌程县县丞
王　吉，正统三年（1438 年）戊午科，山东巨野县知县
胥　聪，正统十二年（1447 年）丁卯科，浙江严州府同知
王　荣，景泰元年（1450 年）庚午科，由知县升鸿胪寺卿
王　浚，天顺三年（1459 年）己卯科，平乡县知县
王　相，成化十三年（1477 年）丁酉科
王　彻，成化二十二年（1486 年）丙午科，山西省平陆县知县

高　需，弘治十四年（1501 年）辛酉科，南直隶崇明县知县
时应璧，正德二年（1507 年）丁卯科，保安州知州
柴士元，正德二年（1507 年）丁卯科，山西按察司知事
高　古，嘉靖四年（1525 年）乙酉科，直隶东光县知县
王怀衮，嘉靖四年（1525 年）乙酉科，亳州知州
刘培然，嘉靖七年（1528 年）戊子科，直隶武强县知县
王怀忍，嘉靖二十二年（1543 年）癸卯科，河南浚县知县
萧　淮，嘉靖二十二年（1543 年）癸卯科，山东掖县知县
隋大经，万历十年（1582 年）壬午科，辽东自在州知州
王问道，万历三十一年（1603 年）癸卯科
王风淳，天启七年（1627 年）丁卯科，山东栖霞县知县

3. **贡生**

张由义，洪武十四年（1381 年）辛酉科，虎贲卫知事
王时中，洪武十五年（1382 年）壬戌科，山东文上县主簿
郭　达，洪武十六年（1383 年）癸亥科，山东曹县教谕
胥　安，洪武十八年（1385 年）乙丑科，大理寺评事升主事
杨子中，洪武十九年（1386 年）丙寅科，浙江兰豁县知县
郭文中，洪武二十年（1387 年）丁卯科，兵部主事官
毌居正，洪武二十一年（1388 年）戊辰科，盐课提举司主事
单守道，洪武二十五年（1392 年）壬申科，山东盐课提举
李大安，洪武二十六年（1393 年）癸酉科，湖广黄岗县县丞
隋　良，洪武二十八年（1395 年）乙亥科，浙江布政司理问
姜　绶，洪武二十九年（1396 年）丙子科，大同府同知
裴　川，洪武三十年（1397 年）丁丑科，兵科给事中
康友贤，永乐二年（1404 年）甲申科，北直隶泰州同知
李　喜，永乐四年（1406 年）丙戌科，云南建州知州
杨正芳，永乐五年（1407 年）丁亥科，陕西淳化县县丞
段　暹，永乐五年（1407 年）丁亥科，山西蒲州同知
陈　宠，永乐六年（1408 年）戊子科，顺天府文安县主簿
惠　庄，永乐七年（1409 年）己丑科，顺德府通判
张　奋，永乐八年（1410 年）庚寅科，山西襄垣县知县

柴　阳，永乐九年（1411 年）辛卯科，顺天府漷县县丞
胥　葩，永乐十年（1412 年）壬辰科，湖广喜鱼县县丞
王　禄，永乐十一年（1413 年）癸巳科，北直隶乐亭县县丞
朱　保，永乐十二年（1414 年）甲午科，湖广桂阳州州判
刘　伟，永乐十四年（1416 年）丙申科，山西徐沟县县丞
张　翼，永乐十八年（1420 年）庚子科，顺德沙河县知县
马　贞，永乐十九年（1421 年）辛丑科，山东长清县主簿
史　志，永乐二十一年（1423 年）癸卯科，陕西凤翔府经历
陈　纲，宣德三年（1428 年）戊申科，直隶南乐县县丞
韩　温，宣德四年（1429 年）己酉科，巡检
杨　平，宣德七年（1432 年）壬子科，山西荣河县教谕
栗　懋，宣德八年（1433 年）癸丑科，知事
韩　豫，正统二年（1437 年）丁巳科，北直隶清县知县
高　举，正统五年（1440 年）庚申科，江南兵马司指挥
华　能，正统七年（1442 年）壬戌科，河间府通判升真定府同知
邓　喜，正统九年（1444 年）甲子科，广东泉州吏目
刘　涣，正统十一年（1446 年）丙寅科，陕西庄浪卫经历
王　魁，正统十一年（1446 年）丙寅科，南京兵马司吏目
娄　义，正统十一年（1446 年）丙寅科，陕西罘县知县
王　文，正统十一年（1446 年）丙寅科，湖广随州吏目
苏　谦，正统十一年（1446 年）丙寅科，山东海丰县主簿
郑德善，正统十一年（1446 年）丙寅科，县丞
王　礼，正统十三年（1448 年）戊辰科，真宁县主簿
王　安，景泰元年（1450 年）庚午科，元城县知县
袁　正，景泰二年（1451 年）辛未科，深州州判
翟　友，景泰五年（1454 年）甲戌科，陕西王府奉祠
柴　楫，景泰五年（1454 年）甲戌科，山西乡垣县知县
惠　智，景泰六年（1455 年）乙亥科，陕西韩城县县丞
乔　元，天顺元年（1457 年）丁丑科，直隶盱眙县教谕
杨　俊，天顺二年（1458 年）戊寅科，直隶无极县主簿
李　臻，天顺六年（1462 年）壬午科，保定府照摩

王　屺，天顺六年（1462 年）壬午科，湖广随州吏目
李　铉，天顺八年（1464 年）甲申科，云南涧水州知州
时克宽，成化三年（1467 年）丁亥科，湖广武昌府经历
韩　鸾，成化四年（1468 年）戊子科，直隶新乐县知县
魏时生，成化六年（1470 年）庚寅科，南京兵马司指挥
王　珺，成化七年（1471 年）辛卯科，陕西蓝田县县丞
王　进，成化十年（1474 年）甲午科，山西平遥县主簿
魏复宗，成化十一年（1475 年）乙未科，陕西临潼县训导
王　志，弘治元年（1488 年）戊申科，直隶安庆府经历
惠　屺，弘治三年（1490 年）庚戌科，京山县县丞
王　寿，弘治十八年（1505 年）乙丑科，陕西真宁县县丞
袁　寅，正德元年（1506 年）丙寅科，直隶唐山主簿
李　鸾，正德四年（1509 年）己巳科，直隶涿州卫经历
刘　暹，正德八年（1513 年）癸酉科，湖广长沙府知事
李　首，正德九年（1514 年）甲戌科，直隶庆都县知事
高　深，正德十年（1515 年）乙亥科，山西徐沟县知县
王克勤，正德十一年（1516 年）丙子科，陕西通渭县县丞
杨　兰，正德十二年（1517 年）丁丑科，陕西潞川县县丞
黄　骈，正德十四年（1519 年）己卯科，山东历城县主簿
王　勋，嘉靖元年（1522 年）壬午科，山西霍州训导
赵　惠，嘉靖元年（1522 年）壬午科，光禄寺署丞
支尚文，嘉靖三年（1524 年）甲申科，鸿胪寺叙班
刘　钧，嘉靖六年（1527 年）丁亥科，直隶江都县县丞
王子翰，嘉靖七年（1528 年）戊子科，阜平县知县
范应谷，嘉靖八年（1529 年）己丑科，山东阳城县训导
柴士贞，嘉靖十二年（1533 年）癸巳科，直隶良乡县知县
王　前，嘉靖十二年（1533 年）癸巳科，陕西王府教授迁咸阳训导
刘　周，嘉靖十四年（1535 年）乙未科，直隶广平府训导
赵文显，嘉靖十五年（1536 年）丙申科，直隶玉田县训导
马　仲，嘉靖十六年（1537 年）丁酉科，苏州府吴江县主簿
王　淳，嘉靖十七年（1538 年）戊戌科，陕西淳化县训导

曹　士，嘉靖十九年（1540 年）庚子科，知县
李　逵，嘉靖十九年（1540 年）庚子科，知县
沈　极，嘉靖二十年（1541 年）辛丑科，山东夏津县主簿
时应辰，嘉靖二十七年（1548 年）戊申科，直隶昌平州州判
惠　垣，嘉靖二十八年（1549 年）己酉科，山东高唐州同知
刘涣然，嘉靖三十一年（1552 年）壬子科，山东蒲州州同
韩崇康，嘉靖三十三年（1554 年）甲寅科，山西岳阳县训导
惠　坤，嘉靖三十九年（1560 年）庚申科，王府教授
陈　言，嘉靖四十年（1561 年）辛酉科，山东博兴县训导
高　旦，嘉靖四十二年（1563 年）癸亥科，北直隶柏乡县县丞
王　冠，嘉靖四十三年（1564 年）甲子科，罗山县训导
杨梓霄，嘉靖四十四年（1565 年）乙丑科，浙江会稽训导
黄　庚，嘉靖四十五年（1566 年）丙寅科，山西太原训导
王春泽，隆庆元年（1567 年）丁卯科，北直隶三河县知县
王　枏，隆庆三年（1569 年）己巳科，直隶南和县训导
韩崇德，万历元年（1573 年）癸酉科，永宁县教谕
焦廷光，万历三年（1575 年）乙亥科，山东莱阳县训导
赵光霁，万历五年（1577 年）丁丑科，直隶蠡县训导
吴天伦，万历七年（1579 年）己卯科，睢州训导
滕济伦，万历九年（1581 年）辛巳科，顺天府学训导
韩　科，万历十一年（1583 年）癸未科，山西阳城训导
夏廷恩，万历十三年（1585 年）乙酉科，嵩山县训导
王　印，万历二十一年（1593 年）癸巳科，山西临汾县知县
韩向上，万历二十四年（1596 年）丙申科，上蔡县训导
刘　芳，万历二十四年（1596 年）丙申科，河间府通判
王硕楠，万历二十六年（1598 年）戊戌科，直隶和州训导
李养性，万历二十七年（1599 年）己亥科，六安州州判
康维乐，万历二十八年（1600 年）庚子科，怀庆府训导
高应宿，万历三十年（1602 年）壬寅科，山东恩县县丞升留守司经历
吴　遇，万历三十一年（1603 年）癸卯科，睢州训导
惠承先，万历三十三年（1605 年）乙巳科，训导

黄才擢，万历三十七年（1609年）己酉科，确山县训导
王希文，万历四十一年（1613年）癸丑科，南阳县教谕
王　享，万历四十五年（1617年）丁巳科，平乡县知县
王　顺，万历四十七年（1619年）己未科，山阳县主簿
张　弘，泰昌元年（1620年）庚申科，山东峄县知县
康　逵，天启元年（1621年）辛酉科，贵州经历
雷化龙，崇祯元年（1628年）戊辰科，直隶清河县知县
朱正色，崇祯三年（1630年）庚午科，直隶广平县知县
王来聘，崇祯五年（1632年）壬申科，昌平州州判
陈　厚，崇祯七年（1634年）甲戌科，平凉县县丞
赵　鹤，崇祯八年（1635年）乙亥科，松江府检校
王　用，崇祯九年（1636年）丙子科，沅陵县县丞
沈　芳，崇祯九年（1636年）丙子科，江都县县丞
王　巨，礼部仪官

二、清　代

1. 进士

乔履信，雍正八年（1730年）庚戌科，由陕西富平知县升礼部仪制司主事
赵　渭，乾隆十三年（1748年）戊辰科，渑池县知县
李　辅，道光二十四年（1844年）甲辰科，安徽潜山县知县
王心一，光绪十八年（1892年）壬辰科，官至翰林院检讨
刘　汉，乾隆二年（1737年）丁巳科武进士
李钟瑶，乾隆四十五年（1780年）庚子科武进士，授武德郎，住京总理河南塘务
萧俊德，光绪三年（1877年）丁丑科武进士，钦点御前侍卫，后庐州都司

2. 举人

王廷献，顺治八年（1651年）辛卯科，授浙江乌城县知县
李　楫，康熙五年（1666年）丙午科，授光州学正，升知州
杨思震，康熙十四年（1675年）乙卯科，由教谕升四川塾江县知县
高　犹，康熙二十年（1681年）辛酉科，授南阳县教谕
邓克振，康熙五十九年（1720年）庚子科，拣选知县未仕

李富元，乾隆九年（1744 年）甲子科，授直隶河间县知县
胡廷臣，乾隆二十一年（1756 年）丙子科，仪封知县兼教谕
李慎先，乾隆四十五年（1780 年）庚子科解元，如皋县知县
李　轩，道光十七年（1837 年）丁酉科，授鄢陵县教谕
郭东升，道光十九年（1839 年）己亥科，授获嘉县训导
叶继祖，同治六年（1867 年）丁卯科，汲县、遂平县教谕
胡裕芳，光绪十五年（1889 年）己丑科，直隶献县，偃师县知县
周庆祉，光绪二十八年（1902 年）壬寅科，拣选知县花翎同知
刘宪章，雍正元年（1723 年）癸卯科武举人，江淮卫千总
萧占魁，咸丰八年（1858 年）戊午科武举人，兵部差官
朱重熙，同治三年（1864 年）甲子科武举人，兵部差官
苏在田，光绪元年（1875 年）乙亥科武举人，信阳协省把总

未授职文武举人

文举人：刘际昌、魏承烈、叶方治、李　盘、石含辉、叶含阳、李　岩、刘了凡、郭巨元

武举人：李可培、于　起、李上国、劳有功、李　鼎、祁君钖、李　嵫、王殿元、周廷献、刘廷勋、刘廷遴、刘廷铨、刘　潞、贾运辛、胡含光、高麟祥、彭　彪、任　奎、刘体训、李连成、李焕章、李荷亭、程振邦、雷腾龙、李振川、李　质、王显儒、朱镜熙、党占鳌、黄清云、张思诚、郭子清、邵世忠

3. 授职贡生

雷鸣鲁，顺治八年（1651 年）辛卯科，四川渠县知县
李振奇，顺治十一年（1654 年）甲午科，江南如皋县知县
刘　恂，顺治十一年（1654 年）甲午科，乡饮大宾
苏文炳，康熙元年（1662 年）壬寅科，上蔡县教谕
王祚锦，康熙三年（1664 年）甲辰科，宝丰县教谕
雷振先，康熙五年（1666 年）丙午科，遂平县教谕
张单新，康熙七年（1668 年）戊申科，孟县训导
王　命，康熙九年（1670 年）庚戌科，桐柏县训导
陈王前，康熙十一年（1672 年）壬子科，卢氏县训导

李宏柱，康熙十七年（1678年）戊午科，上蔡县教谕
魏　襄，康熙二十一年（1682年）壬戌科，林县训导
王　兑，康熙二十七年（1688年）戊辰科，辉县训导
王允恭，康熙二十九年（1690年）庚午科，河内县训导
傅大器，康熙五十年（1711年）辛卯科，长葛县教谕
王汝攸，康熙五十三年（1714年）甲午科，兰阳县训导
李　枚，康熙五十七年（1718年）戊戌科，商城县训导
苏麟角，康熙六十年（1721年）辛丑科，镇平县训导
单　昭，雍正六年（1728年）戊申科，浙江金华县县丞升青田县知县
李乾元，雍正十二年（1734年）甲寅科，浙江桐乡县县丞
吴　瓒，雍正十三年（1735年）乙卯科，淅川县训导
张克昌，雍正十三年（1735年）乙卯科，考城县训导
李桂芳，乾隆元年（1736年）丙辰科，以招集临潼流民赐知县
邓伯元，乾隆三年（1738年）戊午科，内黄县训导
李　拔，乾隆七年（1742年）壬戌科，济源县训导
李　玖，乾隆十年（1745年）乙丑科，商城县训导
李　守，乾隆十二年（1747年）丁卯科，山东童丘县知县
王廷然，乾隆十三年（1748年）戊辰科优贡，历温县、浚县、邓州教谕
李　溶，乾隆十五年（1750年）庚午科，柘城县训导
李继祖，乾隆二十五年（1760年）庚辰科，郑州训导
赵锦章，乾隆五十六年（1791年）辛亥科，官至东昌府知府
周于德，咸丰十一年（1861年）辛酉科，封丘县教谕
李兆英，同治二年（1863年）癸亥科，历封丘、获嘉县训导
李儆公，同治五年（1866年）丙寅科，博野县、赞黄县知县
叶德先，同治七年（1868年）戊辰科，阌乡县教谕
李应堂，光绪三年（1877年）丁丑科，遂平县训导
王聚典，光绪七年（1881年）辛巳科，永城县训导
叶奉先，光绪十三年（1887年）丁亥科，遂平县教谕
王芳德，光绪十七年（1891年）辛卯科，郏县训导、息县教谕
王蔚东，县丞